Bundesreublik Deutschland
Federal Roublic of Germany
République ·dérale d'Allemagne

WER IST WER?
DAS DEUTSCHE WHO'S WHO

THE GERMAN WHO'S WHO
LE WHO'S WHO ALLEMAND

Begründet von Walter Habel
XXXI. Ausgabe
(vormals Degeners Wer ist's?)

Bundesrepublik Deutschland

400 JAHRE 1579 - 1979 · DEUTSCHLANDS ÄLTESTES VERLAGS- UND DRUCKHAUS · LÜBECK

Ohne ausdrückliche Genehmigung des Verlages ist es nicht gestattet, das Buch ganz oder teilweise nachzudrucken, fotomechanisch zu vervielfältigen, ihm Adressenmaterial zum Zwecke der Datenspeicherung und zu Werbezwecken zu entnehmen oder dieses Material sonst zu verarbeiten. Alle Angaben erfolgen trotz sorgfältiger Bearbeitung ohne Gewähr.

Alle Rechte vorbehalten
© 1992
Redaktionsschluß: 15. Juni 1992
Bis zum Druck eingegangene Informationen
wurden noch berücksichtigt
Verlag Schmidt-Römhild, Lübeck
Verlagsleitung: H. J. Sperling
Redaktion Essen: Karin Di Felice
Redaktion, EDV und Lichtsatz:
Verlag Beleke KG, Essen
Druck: Schmidt-Römhild, Lübeck
Einband: Hunke & Schröder
Printed in Germany 1992
ISBN 3-7950-2012-3

DM 330,–

INHALT

Vorwort	VII
Abkürzungen	X
Die obersten Behörden der Bundesregierung, der Bundesländer	XXV
Biographischer Teil	1
Nekrolog (Verstorbene der XXX. Ausgabe)	1546
Geburtstagsliste	1549

CONTENTS

Preface	VIII
Abbreviations	XV
The Government of the Federal Republic of Germany, the Federal States	XXV
Biographical Part	1
Necrology (deceased of the XXX. edition)	1546
Birthday list	1549

CONTENU

Préface	IX
Abbréviations	XX
Le Gouvernement de la République fédérale d'Allemagne, des États fédéraux	XXV
Notices biographiques	1
Personnalités décédées dont la notice figurait dans la XXX. édition	1546
Liste d'anniversaire	1549

Vorwort

Ebenso wie ihre Vorgängerinnen seit 1905 ist diese XXXI. Ausgabe des WER IST WER? – DAS DEUTSCHE WHO'S WHO – niemals ein Forum der Eitelkeit gewesen, vielmehr ein Beweis dafür, das Persönlichkeiten, die beachtliche Leistungen vollbringen, es auch als eine Verpflichtung ansehen, sich der Öffentlichkeit vorzustellen. Anonymität wäre bei Prominenten als Widerspruch anzusehen.

In den letzten Jahrzehnten ist der Umfang dieses Werkes beständig gewachsen, denn in unserer, sich ständig entwickelnden Gesellschaft ist die Schicht derer, die große Leistungen vorweisen, immer größer geworden. Die bessere Lebensgestaltung für fast die gesamte Bevölkerung der Bundesrepublik Deutschland erfordert immer mehr qualifizierte Leistungen, immer mehr Wissen und Können.

Im Jahre 1955 waren nur 15.000 Personen im WER IST WER und im Jahre 1967 bereits 25.000 Personen. Heute sind es fast 40.000 Persönlichkeiten, die nach den gleichen Kriterien gemessen, in dieser Enzyklopädie aufgenommen sind. Eine Bilanz, die dem Fortschritt unserer Gesellschaft eine Bestätigung gibt.

Bei fast 80 % aller Texte wurden Ergänzungen oder Korrekturen vorgenommen, über 2.000 Personen sind durch Tod oder Rückzug in den Ruhestand nicht mehr vertreten, bei über 2.200 Personen ist ein Porträtfoto zugefügt, und schließlich sind über 3.000 Persönlichkeiten neu aufgenommen worden.

Der Zuwachs aus den neuen Bundesländern ist noch spärlich, wenn auch Minister, Abgeordnete und höhere Mandatsträger größtenteils enthalten sind, so ist doch die Zahl derer, die über einen längeren Zeitraum auf beachtliche Leistungen und Bedeutung zurückblicken können, offensichtlich noch klein. An persönlicher Transparenz in der Öffentlichkeit muß sich mancher wohl auch erst noch gewöhnen.

Aufnahme und Erscheinen in diesem Nachschlagewerk sind grundsätzlich kostenlos. Für Porträtfotos wird nur eine Selbstkostenerstattung der technischen Raster- bzw. Kopierkosten erbeten.

Redaktion, Verlag und alle Mitarbeiter dieses Werkes haben für die Neuerscheinung wieder eine große und verantwortungsvolle Aufgabe bewältigt. Umfangreiche und zuverlässige Recherchen, Korrekturen, Prüfungen und sorgfältiges Redigieren mußten durchgeführt werden. Dabei waren selbstverständlich auch modernste Computer und elektronische Satztechnik für die Herstellung im Einsatz.

An dieser Stelle gilt allen Mitarbeitern besonderer Dank. Darin sind eingeschlossen die vielen Behörden, Institutionen, Redaktionen, die Verbände, Vereinigungen, Interessenvertreter sowie alle übrigen Freunde dieser Publikation. Anerkennung und Dank gebühren aber auch denen, die in diesem Buch verzeichnet sind und durch Aktualisierung ihrer eigenen Angaben die Leser dieses Werkes bereitwillig und authentisch informieren.

Herausgeber und Verleger
Norbert Beleke

Lübeck, Berlin, Essen, Dortmund, Düsseldorf, Wiesbaden und Brandenburg
im Oktober 1992

Preface

Like its predecessors, going back to 1905, Edition XXXI of WER IST WER – the GERMAN WHO'S WHO – should not be regarded as a forum of vanity but rather as a token of proof that personalities who have accomplished some remarkable achievement consider it to be a commitment to present themselves to the public. Anonymity would in any case be incompatible with people who stand out as prominent figures.

The size of this work has continued to grow in the course of the past few decades. This may be attributed to the fact that those sections of the population demonstrating outstanding accomplishments are subject to continual expansion in our progressive society. The enhanced life-style, affecting virtually everyone in the Federal Republic of Germany, is productive of higher qualifications as well as greater knowledge and skill.

Only 15,000 persons were admitted to the 1955 edition of WER IST WER, a figure which was found to have increased to 25,000 by 1967. Today, almost 40,000 prominent figures are found listed in the work, all of whom are selected on the basis of equal criteria for inclusion in this encyclopedia. These figures in themselves are a clear reflection of the progress covered by the society in which we live.

Almost 80% of the entries have undergone amendment or modification. There have been over 2,000 deletions on account of death or retirement. Photos of more than 2,200 persons are now included and, last but not least, over 3,000 new names have been added.

The number of entries representing the newly created federal regions of Germany is still somewhat sparse and is largely made up of MPs and those holding ministerial posts or exercising positions of high authority. If anything, this serves as a reminder that the number of those able to lay claim to remarkable achievements in these regions over a large period is still very low. Personal transparency in public would appear to be something which people have yet to grow accustomed to.

Inclusion in this reference work is, on principle, free of charge. Only refunding of the prime costs is requested to defray screen and copying expenses.

Editorial staff, publishers and all the employees involved in producing this work have once again successfully completed a remarkable task. Comprehensive and accurate research, amendments, checking, and painstaking editing had to be carried out. Obviously this has involved using the most modern computer- and electronic typesetting production techniques.

At this stage we would like to express particular thanks to all those who have participated, including the many authorities, institutions, editorial offices, associations, organizations and agents, as well as anyone else involved in this publication. We would also like to acknowledge and extend our thanks to the people who feature in the book, who have allowed details about themselves to be published and have willingly provided the readers of this publication with authentic information.

Norbert Beleke
Editor and publisher

Lübeck, Berlin, Essen, Dortmund, Düsseldorf, Wiesbaden and Brandenburg,
October 1992

Préambule

Pas plus que celles qui l'ont précédée depuis 1905, cette 31ème édition du WER IST WER?, le WHO IS WHO allemand, n'est en rien un ouvrage futile. Au contraire, il apporte la preuve que des pesonnalités, dont les performances retiennent l'attention, considèrent que c'est pour elle un devoir de se présenter au public. Pour une personnalité de premier plan, l'anonymat représenterait une contradiction.

Au cours des dernières décennies, notre ouvrage s'est constamment élargi, car dans notre société en expansion régulière, la proportion de ceux qui réalisent des performances remarquables n'a cessé d'augmenter. L'amélioration des conditions de vie pour la majorité de la population de l'Allemagne exige toujours plus de qualification, de connaissances et de capacités.

En 1955, 15000 personnalités étaient inscrites au WER IST WER? En 1967, leur nombre dépassait 25000. Aujourd'hui, cette encyclopédie rassemble selon les mêmes critères plus de 40000 personnalités, bilan qui atteste l'avance de notre société.

Près de 80% de tous les textes été complétés ou corrigés, quelque 2000 personnalités (décès, retraite) ont cessé d'y figurer, plus de 2200 ont fait insérer leur portrait-photo, enfin, plus de 3000 personnalités viennent d'y entrer.

Cette augmentation doit peu aux nouveaux Länder. Même si les ministres, les députés et les autres élus y sont pour la plupart représentés, le nombre de ceux qui peuvent se prévaloir d'une longue carrière et d'une notoriété durable est, semble-t-il, encore limité. Maints d'entre eux doivent encore s'adapter (se faire) à la transparence exigée de tout homme public.

L'inscription et la publication dans cet ouvrage de référence sont absolument gratuites. Pour les portraits-photos seulement, une participation aux frais techniques de trame et d'impression est demandée.

La rédaction, la maison d'édition et tous les collaborateurs qui ont participé à la réalisation de cet ouvrage ont su maîtriser, pour assurer la nouvelle parution, une tâche importante et pleine de responsabilités. En effet, ils ont dû, pour ce faire, mener à bien des recherches précises et de grande envergure, des travaux soigneux de correction, de vérification et de rédaction. Et bien sûr ces travaux ont supposé l'utilisation des techniques les plus modernes de l'informatique et de la photocomposition électronique.

Nous adressons ici nos remerciements à tous les participants, au nombre desquels nous comptons les nombreuses administrations, institutions, rédactions, les groupements, les associations et les représentants de communautés d'intérêts ainsi que tous les autres amis de cette publication. Mais notre gratitude et nos remerciements s'adressent également à tous ceux qui sont mentionnés dans ce livre et qui, en mettant à jour les données qui les concernent, ont permis d'informer de façon authentique les lecteurs de cet ouvrage.

Responsable de l'édition et de la publication
Norbert Beleke

Lubeck, Berlin, Essen, Dortmund, Dusseldorf, Wiesbaden et Brandenburg
en octobre 1992

VERZEICHNIS HÄUFIGER ABKÜRZUNGEN

A

A. – Auflage(n) (nur in Verbindung mit einer Zahl: 2. A.)
AA – Auswärtiges Amt
A. B. – Augsburger Bekenntnis
Abg. – Abgeordnete(r)
Abh. – Abhandlung(en)
Abit. – Abitur
Abt. – Abteilung(en)
Acad. – Academy u. ä.
Accad. – Accademia
a. D. – außer Dienst
ADGB – Allgemeiner Deutscher Gewerkschaftsbund
adv. – advanced
a. G. – auf Gegenseitigkeit
AG – Amtsgericht; Arbeitsgericht
AG. – Aktiengesellschaft
a. i. – ad interim (Geschäftsträger)
Akad. – Akademie(n) (akad. - akademisch)
akt. – aktiv
AL – Alternative Liste
allg. – allgemein
amerik. – amerikanisch
Amtm. – Amtmann
Anat. – Anatomie (anat. – anatomisch)
and. – andere
Anekd. – Anekdote(n)
Anf. – Anfang
Angelegenh. – Angelegenheit(en)
Angest. – Angestellte(r)
angew. – angewandte (Chemie usw.)
Angl. – Anglistik
Anh. – Anhalt
anschl. – anschließend
Anst. – Anstalt(en)
Anthol. – Anthologie(n)
Anthropol. – Anthropologie (anthropol. – anthropologisch)
ao. – außerordentlicher(s)
AOK – Allgemeine Ortskrankenkasse
apl. – außerplanmäßiger (Professor)
APO – Außerparlamentarische Opposition
appl. – applied
AR – Aufsichtsrat (Aufsichtsräte)
-arb. – -arbeiten; -arbeiter (Einzelarb., Metallarb. usw.)
Arbeitg. – Arbeitgeber
Arbeitsgem. – Arbeitsgemeinschaft(en)
Arch. – Architekt(in, ur)
Archäol. – Archäologie (archäol. – archäologisch)
ARD – Arbeitsgemeinschaft der Rundfunkanstalten der Bundesrepublik Deutschland
Argent. – Argentinien
Art. – Artikel
Artl. – Artillerie
Ass. – Assessor
Assist. – Assistent(in)
Assoc. – Association
AT – Altes Testament
Auff. – Aufführung(en)
Aufg. – Aufgabe(n)
Aufl. – Auflage(n)
Aufs. – Aufsatz (Aufsätze)
Auftr. – Auftrag (Aufträge)
Aufz. – Aufzeichnung(en)
Aug. – August
Ausb. – Ausbildung
Ausg. – Ausgabe(n)
Ausl. – Ausland (ausl. - ausländisch)
Aussch. – Ausschuß (Ausschüsse)
Ausst. – Ausstellung
außerd. – außerdem
ausw. – auswärtiges (Mitglied)
Ausw. – Auswahl
Ausz. – Auszeichnung(en)
Autodid. – Autodidakt

B

b. – bei(m); bis
-b. – -buch, -bücher (Handb. usw.)
BA – Bergakademie; Bezirksamt
B. A. – Bachelor of Arts (Baccalaureus Artium)
BAG – Bundesarbeitsgericht
Bakt. – Bakteriologie (bakt. – bakteriologisch)
Ball. – Ballade(n)
Batl. – Bataillon
Bay. – Bayern
Bd. – Band
-bd. – bund (Beamtenbd. usw.); -band (Schulterbd.)
Bde. – Bände, Bande
BDI – Bundesverband der Deutschen Industrie
BDP – Bremer Demokratische Partei
BdV – Bund der Vertriebenen
Bearb. – Bearbeiter(in); Bearbeitung
Beauftr. – Beauftragte(r)
Begr. – Begründer (begr. – begründet)
Beigeordn. – Beigeordnete(r)
Beis. – Beisitzer(in)
bek. – bekannt
Bekenn. – Bekennende (Kirche)
Belg. – Belgien
Berat. – Berater; Beratung
Ber. – Bereich
bes. – besonders;
-bes. – besitzer (nur in Verbindung: Fabrikbes.)
beurl. – beurlaubt
Bevollm. – Bevollmächtigte(r)
Bez. – Bezirk
Bezirksverordn. – Bezirksverordnete(r)
BFH – Bundesfinanzhof
BGB – Bürgerliches Gesetzbuch
BHE – Block der Heimatvertriebenen und Entrechteten
BGH – Bundesgerichtshof
Bgm. – Bürgermeister (bei Wiederholung)
Bibl. – Bibliothek(en)
Bibliogr. – Bibliographie (bibliogr. – bibliographisch)
BIEM – Bureau International de l'Edition Mécanique
bild. – bildende (Kunst)
Biogr. – Biographie(n)
Biol. – Biologie
-bk. – -bank (Landesbk. usw.)
-bl. – -blatt (Tagebl. usw.)
Botsch. – Botschaft(en, er)
BP – Bayern-Partei
BPA – Bundespatentamt (bei Wiederholung)
BR – Bayerischer Rundfunk
Brasil. – Brasilien
BRD – Bundesrepublik Deutschland
Brig. – Brigade
BRK – Bayerisches Rotes Kreuz
Brosch. – Broschüre(n)
BSG – Bundessozialgericht
BSP – Bayerische Staatspartei
Bürgerm. – Bürgermeister
Bulg. – Bulgarien (bulg. – bulgarisch)
Bundesrep. – Bundesrepublik
BV – Buchveröffentlichung(en)
BVG – Bundesverwaltungsgericht; Berliner Verkehrs-Gesellschaft
BVerfG – Bundesverfassungsgericht
BVK – Bundesverdienstkreuz
BVP – Bayerische Volkspartei
bzw. – beziehungsweise

C

CDU – Christlich-Demokratische Union
Charl. – Charlottenburg (Bezirk von Berlin)
Chir. – Chirurgie (chir. – chirurgisch)
Coll. – College
CSU – Christlich-Soziale Union
CVP – Christliche Volkspartei (des Saarlandes)

D

d. – das, den, der, des, die
D. – Doktor der evangelischen Theologie (ehrenhalber)
-d. – deutsch (westd. usw.)
DAG – Deutsche Angestellten-Gewerkschaft
DAI – Deutsches Archäologisches Institut
daneb. – daneben
dar. – darunter
Darst. – Darsteller
das. – daselbst
dass. – dasselbe
dazw. – dazwischen
D. D. – Doctor of Divinity (Theologie)
D'dorf – Düsseldorf (bei Wiederholung)
DDP – Deutsche Demokratische Partei
DDR – Deutsche Demokratische Republik
DDU – Deutsche Demokratische Union
Deleg. – Delegation(en); Delegierter
Demokr. – Demokratie (demokr.– demokratisch)
DENA – Deutsche Nachrichten-Agentur
Dermatol. – Dermatologie (dermatol. – dermatologisch)
Dez. – Dezember
Dezern. – Dezernent(in)
DFG – Deutsche Forschungsgemeinschaft
DGB – Deutscher Gewerkschaftsbund
DHV – Deutschnationaler Handlungsgehilfen-Verband
Dipl. – Diplom; Dipl.-Bibl. (Bibliothekar), Dipl.-Chem. (Chemiker), Dipl.-Hdl. (Handelslehrer), Dipl.-Ing. (Ingenieur), Dipl.-Kfm. (Kaufmann), Dipl.-Landw. (Landwirt), Dipl.-Polit. (Politologe),

Dipl.-Volksw. (Volkswirt), **Dipl.-Wirtsch.** (Wirschafter)
Dir. – Direktor(in)
-dir. – direktor, -direktion (Bundesbahndir. usw.)
Dirig. – Dirigent
Diss. – Dissertation; Dissident
div. – diverse
Div. – Division
DLG – Deutsche Landwirtschafts-Gesellschaft
DNA – Deutscher Normenausschuß
DNVP – Deutsch-Nationale Volkspartei
DOG – Deutsche Olympische Gesellschaft
Dok. – Dokument, Dokumentation
Doz. – Dozent(in)
DP – Deutsche Partei
DPS – Deutsche Partei Saar
d. R. – der Reserve
Dr. – Drama (nur bei Titelangabe); Doktor (bekannte Grade: agr. [Landwirtschaft], -Ing. [Ingenieur], jur. [Rechte], jur. et rer. pol. [Rechts- und Staatswissenschaften], med. [Medizin], med. dent. [Zahnheilkunde], med. vet. [Tierheilkunde], oec. publ. [Volkswirtschaft], phil. [Philosophie], phil. nat., rer. nat. u. sc. nat. [Naturwissenschaften], rer. oec. [Wirtschaftswissenschaften], rer. techn. [technische Wissenschaften], theol. [Theologie]
Dramat. – Dramaturg(in)
DRK – Deutsches Rotes Kreuz
DRP – Deutsche Reichs-Partei; Deutsches Reichspatent
-dst. – dienst (Wehrdst. usw.)
dstl. – dienstlich
dt. – deutsch (aber in Verbindung: ostd.)
DTH – Deutsche Technische Hochschule (Prag)
Dtschl. – Deutschland
DU – Deutsche Union
DVP Demokratische Volkspartei (n. 1945); Deutsche Volkspartei (b. 1933)
dzt. – derzeit

E

e. – ein(e, er, es)
EAG – Europäische Atom-Gemeinschaft
ebd. – ebenda
ebenf. – ebenfalls
EDV – Elektronische Datenverarbeitung

EG – Europäische Gemeinschaften
eG. – eingetragene Gesellschaft/Genossenschaft
eGmbH. – eingetragene Genossenschaft mit beschränkter Haftpflicht
E. h. – Ehrenhalber
ehem. – ehemalig, ehemals
Ehrenz. – Ehrenzeichen
eig. – eigene
Einf. – Einführung
EK – Eisernes Kreuz
EKD – Evangelische Kirche in Deutschland
Els. – Elsaß
em. – emeritierter (Professor)
emerit. – emeritiert
engag. – engagiert
Engl. – England
engl. – englisch
Entd. – Entdeckung(en); Entdecker
Entomol. – Entomologie (entomol. – entomologisch)
entpfl. – entpflichtet
Entw. – Entwicklung
Erf. – Erfindung(en)
Erg. – Ergänzung
ern. – ernannt
Erz. – Erzählung(en)
Ess. – Essay(s)
ETH – Eidgenössische Technische Hochschule (Zürich)
ev. – evangelisch
e. V. – eingetragener Verein
EWG – Europäische Wirtschafts-Gemeinschaft
EWH – Erziehungswissenschaftliche Hochschule
-ex. – -examen (Staatsex. usw.)
Exped. – Expedition(en)
exper. – experimentelle

F

f. – für
Fa. – Firma
Fachgem. – Fachgemeinschaft
Fak. – Fakultät(en)
FAO – Food and Agriculture Organization (Einrichtung der Vereinten Nationen)
FB – Fachbereich
FDP – Freie Demokratische Partei
FDV – Freie Deutsche Volkspartei
Febr. – Februar
Feuill. – Feuilleton(s)
Feuillet. – Feuilletonist(in)
ff. – folgende
FG – Finanzgericht
FH – Fachhochschule
FNA – Fachnormenausschuß

Förd. – Förderung
fr. – freier (Schriftsteller)
Fraktionsf. – Fraktionsführer
Frankr. – Frankreich
franz. – französisch
Frhr. – Freiherr
FS – Fernsehen
FU – Freie Universität (Berlin)
-fürs. – -fürsorge (Sozialfürs. usw.)
FVP – Freie Volkspartei
FW – Freie Wählervereinigung

G

GA. – Gesamtauflage (nur in Verbindung mit einer Zahl)
GAL – Grüne Alternative Liste
Gastsp. – Gastspiel(e)
GB – Gesamtdeutscher Block
GDA – Gewerkschaftsbund der Angestellten
GDBA – Genossenschaft Deutscher Bühnen-Angehörigen
Gde. – Gemeinde
GDP – Gesamtdeutsche Partei
geb. – geboren(e)
Geb. – Gebiet
Ged. – Gedichte
gef. – gefallen
Gegenw. – Gegenwart (gegenw. – gegenwärtig)
GELU – Gesellschaft zur Verwertung literarischer Urheberrechte
GEMA – Gesellschaft für musikalische Aufführungs- und mechanische Vervielfältigungsrechte
gemeinn. – gemeinnützige(r)
gen. – genannt
Generallt. – Generalleutnant
Genoss. – Genossenschaft(en)
Geogr. – Geographie (geogr. – geographisch)
German. – Germanistik
ges. – gesammelte (Aufsätze)
Ges. – Gesellschaft(en)
Gesch. – Geschichte(n)
gesch. – geschieden
Geschäftsf. – Geschäftsführer(in)
Geschäftsfg. – Geschäftsführung
Gesellsch. – Gesellschafter(in)
Gewerksch. – Gewerkschaft(en)
gf. – geschäftsführendes (Vorstandsmitglied)
Gf. – Geschäftsführer (bei Wiederholung oder in Verbindung: Landesgf.)

GH – Gesamthochschule
gleichz. – gleichzeitig
GmbH. – Gesellschaft mit beschränkter Haftung
GMD – Generalmusikdirektor (bei Wiederholung)
gottgl. – gottgläubig
gr. – groß, -gruppe
Griech. – Griechenland
Großm. – Großmutter
Großv. – Großvater
Gründ. – Gründer
Gründg. – Gründung
Grundl. – Grundlage(n)
Gymn. – Gymnasium (Gymnasien)
Gynäk. – Gynäkologie (gynäk. – gynäkologisch)

H

H. – Heft(e)
Habil. – Habilitation (habil. – habilitiert)
HB – Hamburger Block
H. B. – Helvetisches Bekenntnis
Hbg. – Hamburger, Hamburgische Bürgerschaft)
Hann. – Hannover
haupts. – hauptsächlich
h. c. – honoris causa
Hdl. – Handel
hebr. – hebräisch
Herausg. – Herausgeber(in)
hg. – herausgegeben
Hgf. – Hauptgeschäftsführer (bei Wiederholung)
HH – Handelshochschule(n)
HK – Handelskammer (bei Wiederholung)
hl. – heilig
Hoh. – Hohenzollern
höh. – höhere (Schulen)
Holl. – Holland
holl. – holländisch
Holst. – Holstein (holst. – holsteinisch)
Hon. – Honorar (-professor)
Hptm. – Hauptmann
HR – Hessischer Rundfunk
-hs. – -haus, -häuser (Bankhaus, Krankenhäuser usw.)
HTL – Höhere Technische Lehranstalt
human. – humanistisch
Hyg. – Hygiene (hyg. – hygienisch)

I

i. e. R. – im einstweiligen Ruhestand
IG – Interessengemeinschaft (Farbenindustrie); Industriegewerkschaft (Metall)
IHK – Industrie- und Handelskammer

XI

ILO – Internationales Arbeitsamt (Genf)
Ind. – Industrie
Ing. – Ingenieur
Inh. – Inhaber(in)
insb. – insbesondere
insges. – insgesamt
Insp. – Inspektor(in)
Inst. – Institut(e)
Insz. – Inszenierung(en)
Int. – Intendant
integr. – integriert
intern. – international
i. R. – im Ruhestand
isr. – israelisch
i. W. – im Wartestand
Ital. – Italien (ital. – italienisch)

J

J. – Jahr(e)
Jan. – Januar
jap. – japanisch
Jg. – Jahrgang (Jahrgänge); Junge (Bühne)
Jh. – Jahrhundert
Journ. – Journalist(in)
Jugosl. – Jugoslawien (jugosl. – jugoslawisch)
jun. – junior

K

Kapt. – Kapitän
kath. – katholisch
Kaufm. – Kaufmann (kaufm. – kaufmännisch)
Kd. – Kind(er)
-kd. – -kunde (Altertumskd. usw.)
KdÖR – Körperschaft des Öffentlichen Rechts
kdr. – kommandierender (General)
KFA – Kernforschungsanlage (bei Wiederholung)
-kfm. – -kaufmann (nur in Verbindung; Bankkfm. usw.)
KG – Kammergericht
KG. – Kommanditgesellschaft
kgl. – königlich
KH – Kirchliche Hochschule (bei Wiederholung)
KJV – Kommunistischer Jugendverband
Kl. – Klasse(n); Klinik nur in Verbindung: Kinderkl. usw.)
kl. – klein
Kom. – Komödie(n) (nur bei Titelangabe)
Komit. – Komitee(s)
komm. – kommissarisch
Kommiss. – Kommission(en)
Komp. – Komponist
Kompl. – Komplimentär
Kompos. – Kompositionen (kompos. – kompositorisch)
Konfz. – Konferenz(en)
Konservat. – Konservatorium (Konservatorien)
kopt. – Koptische Kirche
korr. – korrespondiertes (Mitglied)
Korresp. – Korrespondent(in)
KPD – Kommunistische Partei Deutschlands
Kr. – Kreis
-kr. – -kreis (Wahlkr.); -krieg (Weltkr.)
Krkhs. – Krankenhaus
Kt. – Kanton
Kunstgew. – Kunstgewerbe
Kurat. – Kuratorium (Kuratorien)
KWI – Kaiser-Wilhelm-Institut (bei Wiederholungen)
KZ – Konzentrationslager

L

Labor. – Laboratorium (Laboratorien)
LAG – Landesarbeitsgericht
Lat. – Latein (lat. – lateinisch)
Ld. – Land
Leg. – Legende(n)
Leit. – Leiter(in)
Leitf. – Leitfaden
lfd. – laufend(e)
L'felde – Lichterfelde (Berliner Stadtteil)
LG – Landgericht
LH – Landwirtschaftliche Hochschule
lib. – liberal
Lit. – Literatur (lit. – literarisch)
LK – Landwirtschaftskammer
L. L. D. – Doctor legum (beide Rechte, England u. USA)
Lothr. – Lothringn
LSG – Landessozialgericht
Lsp. – Lustspiel (nur bei Titelangabe)
ltd. – leitend
Ltn. – Leutnant (aber in Verbindung, Oblt. usw.)
Luftw. – Luftwaffe
luth. – lutherisch
Lyz. – Lyzeum (Lyzeen)
LZB – Landeszentralbank

M

m. – mit
-m. – -meister (Bürgerm. usw.)
M. – Märchen (nur bei Titelangabe)
MA – Mittelalter (bei Wiederholung)
MA – Medizinische Akademie (bei Wiederholung)
M. A. – Master of Arts
m. a. – mit anderen
Mand. – Mandate
Math. – Mathematik(er) (math. – mathematisch)
Mb. – Member; Mitgl.
M. C. P. – Master of Comparative Jurisprudence
MdA – Mitglied des Abgeordnetenhauses (von Berlin)
MdB – Mitglied des Bundestages
MdBB – Mitglied der Bremischen Bürgerschaft
MdEP – Mitglied des Europa-Parlaments
MdHB – Mitglied der Hamburgischen Bürgerschaft
MdK – Mitglied des Kreistages
MdL – Mitglied des Landtages
MdR – Mitglied des Reichstages
Meckl. – Mecklenburg (meckl. – mecklenburgisch)
Med. – Medaille(n); Medizin (med. – medizinisch)
Meteorol. – Meteorologie (meteorol. – meteorologisch)
Meth. – Methode(n)
Mfr. – Mittelfranken
MH – Medizinische Hochschule (bei Wiederholung)
Mill. – Millionen
milit. – militärisch
Min. – Minister (ial-, in. ium, ien)
Mineral. – Mineralogie (mineral. – mineralogisch)
Mitgl. – Mitglied
Mithrsg. – Mitherausgeber(in)
Mitt. – Mitteilung(en)
mod. – modern
moh. – mohamedanisch
Mon. – Monat(e)
Monogr. – Monographie(n)
Morphol. – Morphologie (morphol. – morphologisch)
mos. – mosaisch
MPG – Max-Plank-Gesellschaft (bei Wiederholung)
MPI – Max-Planck-Institut (bei Wiederholung)
M. Sc. – Master of Science
ms. – mütterlicherseits
Msgr. – Monsignore
Mskr. – Manuskript(e)
Msp. – Märchenspiel (nur bei Titelangabe)
Mus. – Museum (bei Wiederholung)

N

n. – nach
N – Nord(en)
N. – Novelle(n) (nur bei Buchtiteln)
NA. – Neuauflage (nur in Verbindung mit einer Zahl)
Nachf. – Nachfolger(in)
Nachr. – Nachrichten
Nationalök. – Nationalökonomie
n. b. – nicht beamtet; nicht bedienstet
Ndb. – Niederbayern
NDR – Norddeutscher Rundfunk
Neurol. – Neurologie (neurol. – neurologisch)
Niederl. – Niederlande (niederl. – niederländisch)
Nieders. – Niedersachsen (nieders. – niedersächsisch)
NL. – Niederlausitz
NLP – Niedersächsische Landespartei
NOK – Nationales Olympisches Komitee
Nordrh. – Nordrhein
Norw. – Norwegen (norw. – norwegisch)
Nov. – November; Novelle(n)
NPD – Nationaldemokratische Partei Deutschlands
NS – Nationalsozialistische
NTG – Nachrichtentechnische Gesellschaft
NWDR – Nordwestdeutscher Rundfunk

O

o. – ordentlicher (Professor)
O – Ost(en)
OB – Oberbürgermeister
o. B. – ohne Bekenntnis
Obb. – Oberbayern
Obersek. – Obersekunda
Oberstlt. – Oberstleutnant
Oblt. – Oberleutnant
Observat. – Observatorium (Obversatorien)
od. – oder
Odenw. – Odenwald
OdF – Opfer des Faschismus
OdN – Opfer des Nationalsozialismus
OECD – Organisation für wirtschaftliche Zusammenarbeit und Entwicklung
öfftl. – öffentlich
ÖTV – Gewerkschaft Öffentliche Dienste, Transport und Verkehr
OFD – Oberfinanzdirektion
Offz. – Offizier
Ofr. – Oberfranken

oHG. – Offene Handelsgesellschaft
Okt. – Oktober
OL. – Oberlausitz
Oldbg. – Oldenburg (oldbg. – oldenburgisch)
OLG – Oberlandesgericht
OPD – Oberpostdirektion
Opf. – Oberpfalz
Orator. – Oratorium (Oratorien)
Orch. – Orchester
Ord. – Ordinarius
Org. – Organisation(en)
ORR – Oberregierungsrat (bei Wiederholung)
orth. – orthodox
OS. – Oberschlesien
Österr. – Österreich (österr. – österreichisch)
OT – Organisation Todt
OVG – Oberverwaltungsgericht

P

PA – Pädagogische Akademie (bei Wiederholung)
Päd. – Pädagogik (päd. – pädagogisch)
Paläontol. – Paläontologie (paläontol. – paläontologisch)
Parlam. – Parlament(arischer [Rat])
Pat. – Patent
Pathol. – Pathologie Pathol. – pathologisch)
Patrol. – Patrologie (patrol. – patrologisch)
PEN – Poet Essayist Novellist
pens. – pensioniert
pers. haft. – persönlich haftender (Gesellschafter)
PH – Pädagogische Hochschule(n)
Ph. D. – Dr. phil. (engl.-amerikan. Graduierung)
Pharmak. – Pharmakologie (pharmak. – pharmako logisch)
pharmaz. – pharmazeutisch
Phil. – Philosophie (phil. – philosophisch)
Philol. – Philologie (philol. – philologisch)
PhThH – Philosophisch-Theologische Hochschule(n) (bei Wiederholung)
Physiol. – Physiologie (physiol. – physiologisch)
PI – Pädagogisches Institut (bei Wiederholung)
Pl. – Platz
Plak. – Plakette(n)
plm. – planmäßiger (Professor)

Pom. – Pommern
Pr. – Preußen (nur in Verbindung mit einem Ort: Königsberg/Pr.); Preis (bei Wiederholung)
PR – Public Relations
Präd. – Prädikat
Präs. – Präsident(in)
Präsid. – Präsidium (Präsidien)
Pred. – Prediger; Predigten
priv. – privat
Prod. – Produktion, Produzent
Prof. – Professor
Promot. – Promotion
protest. – protestantisch
Prov. – Provinz(ial-)
Ps. – Pseudonym
Psych. – Psychiatrie (psych. – psychiatrisch)
Psychol. – Psychologie (psychol. – psychologisch)
Publ. – Publikation(en)
Publiz. – Publizistik

R

R. – Roman(e) (nur bei Buchtiteln)
RA – Rechtsanwalt, Rechtsanwältin (bei Wiederholung)
Redakt. – Redakteur(in)
Ref. – Referat; Referent(in)
Refer. – Referendar
reform. – reformiert
Reg. – Regierung(en); Regierender (Bürgermeister)
Regiss. – Regisseur(in)
Regt. – Regiment
Relig. – Religion (relig. – religiös)
Rep. – Republik; Reportage(n)
Res. Fellow – Research Fellow
Rh. – Rhein
Rhld. – Rheinland
Rhpf. – Rheinpfalz
RIAS – Rundfunk im amerikanischen Sektor (von Berlin)
RKW – Rationalisierungs-Kuratorium der Deutschen Wirtschaft
Roman. – Romanistik
Rotarier – Clubmitglied Rotary International
RR – Regierungsrat (bei Wiederholung)
Rundf. – Rundfunk
russ.-orthod. – russisch-orthodox

S

s. – seit; siehe; seine
S. – Seite(n); (Süd(en); Sohn

Sachbearb. – Sachbearbeiter(in)
Sachverst. – Sachverständiger
SAJ – Sozialistische Arbeiter Jugend
SBZ – Sowjetisch-besetzte Zone
sd. – seitdem
SDR – Süddeutscher Rundfunk
Sekr. – Sekretär(in)
Sekt. – Sektion
selbst. – selbständig
Sem. – Semester; Seminar
Sept. – September
Serol. – Serologie (serol. – serologisch)
SFB – Sender Freies Berlin
sieb. – sieben
SJD – Sozialistische Jugend Deutschlands
Soc. – Society u. ä.
sog. – sogenannt
Son. – Sonette (nur bei Titelangabe)
soz. – sozial
Soziol. – Soziologie (soziol. – soziologisch)
Sp. – Spiel (nur bei Titelangabe)
spät. – später
SPD – Sozialdemokratische Partei Deutschlands
Spd. – Spandau (Bezirk von Berlin)
spez. – speziell
Spr. – Sprache(n)
SR – Saarländischer Rundfunk
SS. – Sommersemster
SSW – Südschleswiger Wählerverband
Superint. – Superintendent
SWF – Südwestfunk
Syn. – Synode(n)
Synd. – Syndikus

Sch

Sch. – Schauspiel(e) (nur bei Titelangabe)
-sch. – -schule(n) (Volkssch. usw.)
Schausp. – Schauspieler(in)
Sch'berg – Schöneberg (Bezirk von Berlin)
Schles. – Schlesien
Schlesw. – Schleswig
Schr. – Schrift(en)
Schriftf. – Schriftführer(in)
Schriftl. – Schriftleiter(in)
Schriftst. – Schriftsteller(in) (schriftst. – schriftstellerisch)
Schw. – Schwaben
Schwerp. – Schwerpunkt

St

-st – -stelle(n) (Verwaltungsstelle); -stück(e) (Bühnenstücke usw.), -stoff(e) (Wasserstoff)
Stadtverordn. – Stadtverordnete(r)
Stellv. – Stellvertreter
StGB – Strafgesetzbuch
Stiftg. – Stiftung(en)
Stip. – Stipendiat; Stipendium (Stipendien)
Str. – Straße
Stud. – Studien; Studium
stv. – stellvertretendes (Vorstandsmitglied)

T

T. – Teil(e); Telefon; Tochter
Tätigk. – Tätigkeit(en)
Technol. – Technologie (technol. – technologisch)
Teilh. – Teilhaber(in)
Teiln. – Teilnahme; Teilnehmer(in)
TH – Technische Hochschule(n)
Theol. – Theologie (theol. – theologisch)
T'hof – Tempelhof (Bezirk von Berlin)
TiäH – Tierärztliche Hochschule (bei Wiederholung)
Thür. – Thüringen (thür. – thüringisch)
Töcht. – Töchter
Toxikol. – Toxikologie
Trag. – Tragödie(n) (nur bei Titelangaben)
Tsp. – Trauerspiel (nur bei Titelangabe)
Ts. – Tausend (nur in Verbindung mit einer Zahl)
Tschechosl. – Tschechoslowakei
TU – Technische Universität
TV – Television

U

u. – und
u. a. – und andere; unter anderem
UA. – Uraufführung (bei Wiederholung)
u. ä. – und ähnliche
üb. – über
Übers. – Übersetzer(in); Übersetzung(en)
Uffz. – Unteroffizier
Ufr. – Unterfranken
Ung. – Ungarn (ung. – ungarisch)
Univ. – Universität(en), University u. ä.

XIII

unt. – unter
Untern. – Unternehmen(er)
Unterr. – Unterricht
Unters. – Untersuchung(en)
Urauff. – Uraufführung(en)
USA – United States of America (Vereinigte Staaten von Amerika)
USPD – Unabhängige Sozialdemokratische Partei Deutschlands

V

v. – vom, von
VDE – Verein Deutscher Elektrotechniker
VDEh – Verein Deutscher Eisenhüttenleute
VDI – Verein Deutscher Ingenieure
VdK – Verband der Kriegsbeschädigten, Kriegshinterbliebenen und Sozialrentner Deutschlands
VDMA – Verein Deutscher Maschinenbau-Anstalten
VELKD – Vereinigte Evangelisch-Lutherische Kirche Deutschlands
verantw. – verantwortlich (Verantw. – Verantwortung)
Verb. – Verband (Verbände)
Vereinig. – Vereinigung(en)
Verf. – Verfahren; Verfasser(in)
vergl. – vergleiche(nde) (Sprachwissenschaft)
verh. – verheiratet
Veröff. – Veröffentlichung(en)
verm. – vermißt
Vers. – Versammlung
versch. – verschieden
Versich. – Versicherung
Vertr. – Vertreter; Vertretung
verurt. – verurteilt
Verw. – Verwaltung(en)
verw. – verwitwet; verwundet
Verz. – Verzeichnis(se)
Vet. – Veterinär- (Vet.rat)
VG – Verwaltungsgericht
VGH – Verwaltungsgerichtshof
VHS – Volkshochschule(n)
VO. – Verdienstorden
Volont. – Volontär
Vorb. – Vorbereitung
Vorf. – Vorfahren
Vors. – Vorsitzende(r) Vorsitzer
Vorst. – Vorstand; Vorsteher
Vorstellg. – Vorstellungen
Vortr. – Vortragender (Legationsrat)
vorübergeh. – vorübergehend
VR – Verwaltungsrat; Volksrepublik
vs. – väterlicherseits

W

W – West
W. – Westfalen (nur in Verbindung mit einem Ort: Münster/W.)
-w. – -wirtschaft (Betriebsw. usw.); -werk
währ. – während
Wahlkr. – Wahlkreis
Wahlp. – Wahlperiode
WAV – Wirtschaftliche Aufbau-Vereinigung
WdF – Wählergemeinschaft der Fliegergeschädigten Vertriebenen und Währungsgeschädigten
WDR – Westdeutscher Rundfunk
Wehrm. – Wehrmacht
Westf. – Westfalen (westf. – westfälisch)
WH – Wirtschaftshochschule(n)
W'höhe – Wilhelmshöhe (Kasseler Stadtteil)
Widerst. – Widerstand
wiederh. – wiederholt
W'dorf – Wilmersdorf (Bezirk von Berlin)
Wirtsch. – Wirtschaft
Wiss. – Wissenschaft(en)
Wohlf. – Wohlfahrt
WS. – Wintersemester
Württ. – Württemberg (württ. – württembergisch)

Z

z. – zum, zur
zahlr. – zahlreich
ZDF – Zweites Deutsches Fernsehen
zeitw. – zeitweilig, zeitweise
Zhldf. – Zehlendorf (Bezirk von Berlin)
ZK – Zentralkomitee
Zool. – Zoologie (zool. – zoologisch)
Ztg. – Zeitung(en)
Ztschr. – Zeitschrift(en)
zugl. – zugleich
zul. – zuletzt
zun. – zunächst
zus. – zusammen
ZVEI – Zentralverband der Elektrotechnischen Industrie
zw. – zwischen
z. Wv. – zur Wiederverwendung
z. Z. – zur Zeit

Anmerkung: Die Endung „ung" ist in Fällen, in denen die Lesbarkeit nicht darunter leidet, weggelassen worden (Entlass. – Entlassung). Das gleiche gilt für „ig" und „isch". Dagegen wird die Silbe „lich" durch „l." angedeutet.

LIST OF FREQUENT ABBREVIATIONS

A

A. – circulation(s); edition(s) (only in connection with a number)
AA – Foreign Office
A. B. – Confession of Augsburg
Abg. – Deputy (-ies)
Abh. – treatise(s)
Abit. – leaving examination
Abt. – department(s), section(s)
Acad. – Academy and the like
Accad. – Accademia
a. D. – retired
ADGB – General Federation of German Unions
adv. – advanced
a. G. – mutual
AG – Inferior Court; Labour Court
AG. – stock-corporation
A. I. – ad interim (chargé d'affaires)
Akad. – Akademy (Akad. – academic)
akt. – active
AL – alternative list
allg. – general
amerik. – American
Amtm. – bailiff
Anat. – anatomy (anat. – anatomic)
and. – other
Anekd. – anecdote(s)
Anf. – beginning
Angelegenh. – affair(s)
Angest. – clerk, employee
angew. – experimental (chemistry etc.)
Angl. – English philology
Anh. – Anhalt
anschl. – following, subsequent
Anst. – establishment(s)
Anthol. – anthology(-ies)
Anthropol. – anthropology (anthropol. – anthropological)
ao. – extraordinary
AOK – local sick-fund
apl. – associate (professor)
APO – extra-parliamentary opposition
appl. – applied
AR – supervisory board(s)
-arb. – ...work(s); worker(s) (Metallarb.–worker in metals)
Arbeitg. – employer
Arbeitsgem. – study group(s)
Arch. – architect, architecture
Archäol. – archaeology (archaeol. – archaeological)
ARD – Committee of Broadcasting Stations of the Federal Rep. of Germany
Argent. – Argentina
Art. – article
Artl. – artillery
Ass. – assistant, assessor
Assist. – assistant
Assoc. – association
AT – Old Testament
Auff. – performance(s)
Aufg. – task(s)
Aufl. – circulation(s); edition(s)
Aufs. – essay(s)
Auftr. – order(s)
Aufz. – note(s)
Aug. – August
Ausb. – education
Ausg. – edition(s)
Ausl. – foreign country (-ies) (ausl.–foreign)
Aussch. – Committee (-ies), commission
Ausst. – exhibition
außerd. – furthermore
ausw. – non-resident (member)
Ausw. – choice, selection
Ausz. – decoration(s)
Autodid. – self-taught person

B

b. – with; to, uncil
-b. – -book(s) (in compounds)
BA – mining college; county council (in repetitions)
B. A. – Bachelor of Arts
BAG – Federal Labour Court
Bakt. – bacteriology (bakt. – bacteriological)
Ball. – ballad(s)
Batl. – battalion
Bay. – Bavaria
Bd. – volume
-bd. – ...Federation; ...ribbon
Bde. – volumes, ribbon
BDI – Federation of German Industries
BDP – Democratic Party of Bremen
BdV – Union of Expellees
Bearb. – adapter; adaption
Beauftr. – authorized representative(s)
Begr. – founder(s) (begr.– founded)
Beig. – deputy (-ies)... (in repetitions)
Beigeordn. – deputy (-ies)...
Beis. – associate(s)
bek. – known
Belg. – Belgium
Berat. – consultant; consultation
Ber. – area
bes. – (in) particular
-bes. – ...owner (in compounds only: factory owner)
beurl. – on leave
Bevollm. – proxy (-ies)
Bez. – district
Bezirksverordn. – district delegate
BFH – Federal Financial Court
BGB – Civil Code
BHE – Union of Expellees and Persons Deprived of their Rights
BGH – Federal Court
Bgm – mayor (if repeated)
Bibl. – library (-ies)
Bibliogr. – bibliography (-ies) (bibliogr. – bibliographical)
BIEM – Bureau International d'Education Mécanique
bild. – visual (arts)
Biogr. – biography (-ies)
Biol. – biology
-bk. – ...bank (in compounds)
-bl. – ...paper (daily paper etc.)
Botsch. – Embassy(-ies), Ambassador(s)
BP – Bavarian Party
BPA – Federal Patent Office
BR – Bavarian Broadcasting System
Brasil. – Brazil
BRD – Federal Republic of Germany
Brig. – Brigade
BRK – Bavarian Red Cross
Brosch. – brochure(s)
BSG – Federal Social Court
BSP – Bavarian State Party
Bürgerm. – mayor
Bulg. – Bulgaria (bulg. – Bulgarian)
Bund.Rep. – (Bundesrepublik) Federal Republic
BV – book(s) published
BVG – Federal Administrative Court
BVerfG – Federal constitutional court
BVK – Distinguished Service Cross
BVP – The Bavarian People's Party
bzw. – respectively

C

CDU – Christian Democratic Union
Charl. – Charlottenburg (ward of Berlin)
Chir. – surgery (chir. – surgical)
Coll. – College
CSU – Christian Social Union
CVP – Christian People's Party (of the Saar)

D

d. – the, of the, to the
D. – (honorary) Doctor of Protestant Theology
-d. – ...German (West German etc.)
DAG – Trade Union of German Employees
DAI – German Archeological Institute
daneb. – besides
dar. – among
Darst. – actor, actress
das. – there, ibidem
dass. – the same (thing)
dazw. – in between
D. D. – Doctor of Divinity
D'dorf – Düsseldorf (in repetitions)
DDP – German Democratic Party
DDR – German Democratic Republic
DDU – German Democratic Union
Deleg. – delegation(s); delegate
Demokr. – demokratcy (demokr.– demokratic)
DENA – German News Agency
Dermatol. – dermatology (dermatol. – dermatological)
Dez. – December
Dezern. – expert
DFG – department head
DGB – German Federation of Trade Unions
DHV – German National Federation of Clerks

XV

Dipl. – diploma; Dipl. Bibl. (certificated or graduated librarian), Dipl.-Chem. (holder of state diploma in chemistry), Dipl.-Hdl. (certificated or graduated teacher at commercial schools), Dipl.-Ing. (holder of state engineering diploma), Dipl.-Kfm. (holder of state business school diploma), Dipl.-Landw. (certificated or graduated agriculturist), Dipl.-Polit. (holder of state diploma in political science), Dipl.-Volksw. (holder of state diploma in political economy), Dipl.-Wirtsch. (holder of state diploma in business-administration)
Dir. – director(s)
-dir. – ...director, –administration (of Federal Railways etc.)
Dirig. – conductor (orchestra)
Diss. – thesis; dissident
div. – diverse, division
DLG – German Agricultural Society
DNA – German Committee of Standards
DNVP – German National-People's Party
DOG – German Olympic Society
Dok. – document, documentation
Doz. – lecturer
DP – German Party of the Saar
DPS – German Party of the Saar
d. R. – of the Territorial Army
Dr. – drama (only with the title); doctor (know degrees: agr. [doctor of agricultural science], -Ing. [doctor of engineering], Jur. [Doctor of law], jur. et rer. pol. [doctor of law, political and economic science], med. [doctor of medicine], med. dent. [doctor of dental medicine], med. vet. [doctor of veterinary medicine], oec. publ. [doctor of political economy], phil. [doctor of philosophy], phil. nat., rer. nat., sc. nat. [doctor of natural sciences], rer. oec. [doctor of business-administration], rer. techn. [doctor of technological sciences]
Dramat. – dramatic producer
DRK – German Red Cross
DRP – ...; patent of the German Reich
-dst. – ...service (military etc.)
dstl. – official (duties)
dt. – ...German (in compounds: East German)
DTH – German Technical College (Prague)
Dtschl. – Germany
DU – German Union
DVP – The People's Democratic Party (after 1945) the German People's Party (before 1933)
dzt. – at present

E

e. – a, an
EAG – European Community of Nuclear Research
ebd. – there, ibidem
ebenf. – likewise
EDV – Electronic Data Processing
EG – European Communities
eG. – registered company/co-operative society
eGmbH. – cooperative society with limited liability
E. h. – honorary
ehem. – former
Ehrenz. – decoration(s)
eig. – own
Einf. – introduction(s)
EK – iron cross
EKD – Protestand Church in Germany
Els. – Alsace
em. – emeritus (professor)
emerit. – retirement
Engagem. – engagement
engag. – engaged
Engl. – England
engl. – English
Entd. – descovery(ies); discoverer(s)
Entomol. – entomology (entomol. – entomological)
Entpfl. – retired
Entw. – development
Erf. – invention(s)
Erg. – complementing
ern. – appointed
Erz. – narration(s)
Ess. – essay(s)
ETH – Federal Technical College (Zürich)
ev. – protestant
e. V. – registered association
EWG – European Economic Community
EWH – Pedagogical College
-ex. – -...examination (state examinaton etc.)
Exped. – expedition(s)
exper. – experimental

F

f. – for
Fa. – firm
Fachgem. – Committee of experts
Fak. – faculty (-ies)
FAO – Food and Agriculture Organization
FB – Subject area
FDP – Free Democratie Party
FDV – The German People's Free Party
Febr. – February
Feuill. – feuilleton(s)
Feuillet. – feuilletonist(s)
ff. – following
FG – Finance Court
FH – College of Advanced Education
FNA – Committee of Standards
Förd. – promotion
fr. – free-lance (writer)
Fraktionsf. – speaker of a parliamentary group
Frankr. – France
franz. – French
Frhr. – baron
FS – television
FU – Free University of Berlin
-fürs. – -...welfare (social welfare etc.)
FVP – The People's Free Party
FW – independent voters' alliance

G

GA. – total circulation or edition (in connection with a number)
GAL – Green Alternative List (political party)
Gastsp. – stariung performance(s)
GB – All-German Bloc
GDA – Trade Union of Employees
GDBA – Association of Actors with German Theaters
Gde. – Municipality; parish
GDP – all German Party
geb. – born; née
Geb. – territory
Ged. – poem(s)
gef. – fallen
Gegenw. – present
GEMA – Society for Musical Performance and Mechanical Reproduction Rights
gemeinn. – non-profit
gen. – called; mentioned
Generallt. – lieutenant-general
Genoss. – cooperative(s); society (-ies)
Geogr. – geography (geogr. – geographical)
Geol. – geology (geol. – geological)
German. – Germanic philology
ges. – collected, collection (essays)
Ges. – society (-ies)
Gesch. – history; story(ies)
gesch. – divorced
Geschäftsf. – business-manager, manageress
Geschäftsfg. – management
Gesellsch. – associate(s); partner(s)
Gewerksch. – Trade Union(s)
gf. – managing (director)
Gf. – manager, director (in repetitions or compounds)
GH – Comprehensive University
gleichz. – at the same time; simultaneous
GmbH. – limited liability company
GMD – Conductor
gottgl. – free-thinking
gr. – great, large
Griech. – Greece
Großm. – grandmother
Großv. – grandfather
Gründ. – founder
Gründg. – Founded
Grundl. – basis(-es)
Gymn. – grammar school(s) high school
Gynäk. – gynaecology (gynäk. – gynäcological)

H

H. – copy; booklet
Habil. – aualification to teach at University (habil. – qualified)
HB – Hamburg Bloc
H. B. – Helvetic denomination
Hbg. – Hamburger, Hamburg (City Parliament)
Hann. – Hannover
Haupts. – principal (-ly)
h. c. – honoris causa
Hdl. – commerce
hebr. – Hebrew
Herausg. – editor(s), edited

Hgf. – managing director (in repetitions)
HH – academy(-ies) of commerce
HK – Chamber of Commerce (in repetitions)
hl. – holy
Hoh. – Hohenzollern
höh. – secondary (schools)
Holl. – Holland
holl. – Dutch
Holst. – Holstein (holst. – Holstein adj.)
Hon. – (professor) h.c.
Hptm. – captain
HR – Hessian Broadcasting System
-hs. – ...house(s), (banking house etc.)
HTL – polytechnic school
Human. – humanistic
Hyg. – hygiene; sanitation (hyg. – hygienic; sanitary)

I

i. e. R. – temporarily retired
IG – pool, syndicate; trade union competent for a line of industry
IHK – Chamber of Industry and Commerce
ILO – International Labour Organization (Genf)
Ind. – industry
Ing. – engineer
Inh. – proprietor(s); bearer(s)
insb. – in particular
insges. – in total
Insp. – inspector(s), supervisor(s)
Inst. – institute; institution
Insz. – staging(s); production(s)
Int. – manager (of a theatre)
integr. – integrate
intern. – international
i. R. – retired
isr. – Israelian
Ital. – Italy (ital. – Italian)

J

J. – year(s)
Jan. – January
jap. – Japanese
Jg. – year(s)
Jh. – century
Journ. – journalist
Jugosl. – Yugoslavia (jugosl. – yugoslavian)
jun. – junior

K

Kapt. – captain
kath. – catholic
Kaufm. – merchant (kaufm. – commercial)
Kd. – child, children
KdÖR – Statutory corporation or body
kdr. – commanding (general)
KFA – nuclear research plant (in repetitions)
-kfm. – ...merchant, business-man (in compounds)
KG – Court of Appeal
KG. – limited partnership
kgl. – royal
KH – theological college (in repetitions)
KJV – Communist Youth Organization
Kl. – class(es); clinic (appears only in combinations; children's etc.)
kl. – little, small
klin. – clinical
Kom. – comedy(-ies) (only in titles)
Komit. – committee
komm. – by provisional appointment
Kommiss. – commissions
Komp. – composer
Kompl. – general partner
Kompos. – composition(s)
Konfz. – conference(s)
Konservat. – conservatory (-ies)
Konsistor. – Consistory(-ies)
korr. – corresponding (member)
Korresp. – correspondent
KPD – German Communist Party
kopt. – Koptish Church
Kr. – district; county
-kr. – ...war (World War)
Krkhs. – hospital(s)
Kt. – canton
Kunstgew. – applied art
Kurat. – board(s) of trustees
KWI – Emperor William Institute (in repetitions)
KZ – concentration camp

L

Labor. – laboratory(-ies)
LAG – provincial labour court
Lat. – latin
Ld. – country (land)
Leg. – Legend(s)
Leit. – manager, manageress, chief
Leitf. – text-book, manual
lfd. – current
L'felde – Lichterfelde (ward of Berlin)
LG – provincial curt
LH – academy (-ies) of Agriculture
lib. – liberal
Lit. – literature (lit. – literary)
L. L. D. – doctor of Roman and Canon Law (England and USA)
L. L. M. – Master of Laws (GB/USA)
Lothr. – Lorrain
LSG – provincial social court
Lsp. – comedy (in titles only)
ltd. – leading
Ltn. – lieutenant
Luftw. – air force
luth. – Lutheran
Lyz. – secondary school(s) for girls
LZB – Central Bank of a German Federal State

M

m. – with,...master (burgomaster etc.)
-m. – fairy tale(s) (in titles only)
MA – Medical Academy (in repetitions)
MA – Middle Ages
M. A. – Master of Arts
m. a. – with others
Mand. – mandats
Math. – mathematics; mathematician(s) (math. – mathematical)
Mb. – Member
M. C. P. – Master of Comparative Jurisprudence
MdA – Member of the Chamber of Deputies (Berlin)
MdB – Member of the Bundestag
MdBB – Member of the City Parliament of Bremen
MdEP – Member of the European Parliament
MdhB – Member of the City Parliament of Hamburg
MdK – Member of the Kreistag
MdL – Member of the Landtag
MdR – Member of the Reichstag
Meckl. – Mecklenburg (meckl. – Mecklenburg adj.)
Med. – medal(s); medicine (med.-medical)
Meteorol. – meteorology (meteorol. – metereological)
Meth. – method(s)
Mfr. – Central Franconia
MH – Medical University College (in repetitions)
Mill. – millions
milit. – military
Min. – minister(s); ministry (-ies), ministerial
Mineral. – mineralogy (mineral. mineralogical)
Mitgl. – member
Mithrsg. – co-editor
Mitt. – communication(s), information
mod. – modern
moh. – mohammedan
Mon. – month(s)
Monogr. – monograph(s)
Morphol. – morphology (morphol. – morphological)
mos. – Mosaic
MPG – Max Plank Society (in repetitions)
MPI – Max Planck Institute (in repetitions)
M. Sc. – Master of Science
ms. – on the mother's side
Msgr. – Monsignore
Mskr. – manuskript(s)
Msp. – fairy play (in titles only)
Mus. – museum (in repetitions)

N

n. – to, for
N – North
N. – short-story(-ies) (only in book-titles)
NA. – new edition; reprint (only in connection with a number)
Nachf. – successor
Nachr. – news
Nationalök. – political economy
n. b. – not established; no civil servant
Ndb. – Lower Bavaria
NDR – North German Radio
Neurol. – neurology (neurol – neurologica)
Niederl. – Netherlands (niederl. – Dutch)
Nieders. – Lower Saxony (nieders. – lower saxon)
NL. – Lower Lusatia
NOK – National Olympic Committee
Nordrh. – North Rhine
Norw. – Norwey (Norw. – Norwegian)
Nov. – November
NPD – National Democratic Party of Germany
NS – National Socialist
NTG – Society for Telecommunication and Engineering

XVII

NWDR – North West German radio (system)

O

o. – in ordinary (professor)
O – East
OB – Lord Mayor
o. B. – without religious belief
Obb. – Upper Bavaria
Obersek. – Upper second form
Oberstlt. – lieutenant colonel
Oblt. – first lieutenant
Observat. – observatory (-ies-)
od. – or
Odenw. – Odenwald
OdF – Victim(s) of Fascism
OdN – Victim(s) of National Socialism Organization for European
OECD – Economic Cooperation
öfftl. – public
ÖTV – Public Services and Transport Union
OFD – Regional Board of Revenue
Offz. – officer
Ofr. – Upper Franconia
oHG – co-partnership
Okt. – October
OL. – Upper Lusatia
Oldbg. – Oldenburg (oldbg. – Oldenburg, adj.)
OLG – Regional Court of Appeal
OPD – Regional Postal; Administration
Opf. – Upper Palatinate
Orator. – oratorio(s)
Orch. – orchestra(s)
Ord. – Professor in Ordinary
Org. – organisation(s)
ORR – Senior Councillor to the Government (in repetitions)
OS. – Upper Silesia
Österr. – Austria (österr. – Austrian)
OT – Organisation Todt
OVG – Superior Administrative Court

P

PA – Pedagogical Academy (in repetitions)
Päd. – pedagogic, educatior (päd. – pedagogical)
Paläontol. – Palaeontology (paläontol. – palaeontological)
Parlam. – Parliamentary (Council)

Pat. – patent
Pathol. – Pathology (pathol. – pathological)
PEN – Poet Essayist Novelist
pens. – retired
pers. – personal
pers. haft. – individually liable (partner)
PH – Teacher's College(s)
Ph. D. – Philosophiae Doctor
Pharmak. – pharmakology (pharmak. – pharmacological)
pharmaz. – pharmaceutical
Phil. – philosophy (phil. – philosophical)
Philol. – philology (philol. – philological)
PhThH – philosophic theological College(s) (in repetitions)
Physiol. – physiology (physiol. – physiological)
PI – Pedagogical Institute (in repetitions)
Pl. – place
Plak. – plaquette(s)
Plm. – regular (professor)
Pom. – Pomerania
Pr. – Prussia (only in connection with a town); price (in repetitions)
PR – Public Relations (in repetitions)
Präd. – prädicate
Präs. – President
Präsid. – presidency
Pred. – preacher(s); sermon(s)
priv. – private
Prod. – production; manufacturer
Prof. – professor
Promot. – promotion; graduation
protest. – protestant
Prov. – province, provincial
Ps. – pseudonymous
Psych. – psychology, adj. psychological
Publ. – Publication(s)
Publiz. – journalism

R

R. – novel(s) (in book titles only)
RA – lawyer (in repetitions)
Redakt. – editor
Ref. – report; review; section junior barrister (teacher)
Refer. – speaker; consultant
reform. – reformed
Reg. – government(s); chief (burgomaster)

Regiss. – stage-manager, producer
Regt. – Regiment
Relig. – religion
Rep. – Republic; report
Res. Fellow – Research Fellow
Rh. – Rhine
Rhld. – Rhineland
Rhpf. – Palatinate
RIAS – Radio in American Sector (of Berlin)
Roman. – study of Romance languages
Rotarier – Rotarian
RR – Councillor to the Govt. (in repetitions)
Rundf. – broadcasting, radio
russ.-orthod. – Russian orthodox

S

s. – since; see; his
S. – page(s); South; Son
Sachbearb. – expert, official in charge
Sachverst. – expert, specialist
SAJ – Organisation of Young Socialist Workers
SBZ – Soviet Occupation Zone
sd. – since
SDR – South German Radio (System)
Sekr. – secretary
Sekt. – section
selbst. – independent
Sem. – term; seminary
Sept. – September
Serol. – serology (serol. – serological)
SFB – Radio Station in the Western Sectors of Berlin
silb. – silver
SJD – Socialist Youth in Germany
Soc. – Society an the like
sog. – so called
Son. – sonnet (only in titles)
soz. – social
Soziol. – sociology (soziol. – sociological)
Sp. – Play (in titles only)
spät. – later
SPD – German Social Democratic Party
Spd. – Spandau (ward of Berlin)
spez. – special
Spr. – language(s)
SR – radio station of the Saar
SS. – summer-term

SSW – Union of Voters in Southern Schleswig
Superint. – superintendent
SWF – South-West German radio (system)
Syn. – synod(s)
Synd. – syndic

Sch

Sch. – spectacle, play (only in titles)
-sch. – ...school (elementary school etc.)
Schausp. – actor, actress
Sch'berg – Schöneberg (ward of Berlin)
Schles. – Silesia
Schlesw. – Schleswig
Schr. – paper(s) publication(s)
Schriftf. – secretary(-ies)
Schriftl. – editor(s)
Schriftst. – writer (schriftst. – literary)
Schw. – Swabia
Schwerp. – central point of interest

St

-st. – place; piece
Stadtverordn. – city councellor
Stellv. – deputy; substitute
StGB – Penal Code
Stiftg. – donation, grant
Stip. – scholarship(s); holder of a scholarship
Str. – street; road
Stud. – study(-ies)
stv. – deputy..., assistant (in compounds)

T

T. – part(s); telephone; daughter
Tätigk. – activity, activities
Technol. – technology (technol. – technological)
Teilh. – partner, associate
Teiln. – participation; participant
TH – Technical College
Theol. – theology (theol. – theological)
T'hof – Tempelhof (ward of Berlin)
Thür. – Thuringia
TiäH – Veterinary College (in repetitions)
Töcht. – daughters
Toxikol. – toxicology

Trag. – tragedy (in titles only)
Tsp. – tragedy (in titles only)
Ts. – thousand (only in connection with a figure)
Tschechosl. – Czechoslovaquia
TU – Technical University
TV – television

U

u. – and
u. a. – and others, et alia
UA. – first performance (in repetitions)
u. ä. – and the like
üb. – over; on; above
Übers. – translator; translation(s)
Uffz. – non-commision officer
Ufr. – Lower Franconia
Ung. – Hungary (ung. – Hungarian)
Univ. – university (-ies)
unt. – under; among
Untern. – Conpany; enterpriser
Unterr. – lessons; teaching
Unters. – investigation(s), inquiry(-ies)
Urauff. – first performance(s); release(s)
USA – United States of America
USPD – Independent Social Democratic Party of Germany

V

v. – of, of the; from
VDE – Association of German Electro-Technicians
VDEh – Association of German Engineers in Iron Works
VDI – Society of German Employees
VdK – Federation of war invalids, widows and orphans and social insurance pensioners
VDMA – Association of German Machine works
VELKD – united Lutheran-Protestant Church of Germany
verantw. – responsible (Verantw. – responsibility)
Verb. – association(s), union(s)
Vereinig. – union(s), federation(s)
Verf. – procedure, proceedings; author
vergl. – comparative (linguistics)
verh. – married
Veröff. – publication(s)
verm. – missing
Vers. – assembly, meeting
versch. – different
Versich. – insurance
Vertr. – representative; representation
verurt. – condemned, sentenced
Verw. – administration(s)
verw. – widowded; wounded
Verz. – index(es), register(s)
Vet. – veterinary, veterinarian
VG – administrative court
VHS – University Extension for Further Education of Adults
Vis. – Visiting (Prof.)
VO. – distinguished service cross
Volont. – trainee
Vorb. – preparation
Vorf. – ancestors
Vors. – chairman, president
Vorst. – director
Vorstellg. – Performances
Vortr. – reporting (Embassy Councillor)
vorübergeh. – transitory
VR – board of directors; people's republic
vs. – on the father's side

W

W – West, Westphalia (only in connection with a town: Münster/W.)
-w. – ...economy (in compounds); -work
währ. – during; while; whereas
Wahlkr. – constituency
Wahlp. – election period
WDR – West German Radio (System)
Wehrm. – armed forces
Westf. – Westfalia (westf. – Westfalian)
WH – Academy of Commerce
W'höhe – Wilhelmshöhe (quarter of Kassel)
Widerst. – resistance
wiederh. – repeated
W'dorf – Wilmersdorf (ward of Berlin)
Wirtsch. – economy
Wiss. – science(s)
Wohlf. – welfare
WS – winter term
Württ. – Württemberg

Z

z. – to, to the
zahlr. – numerous
ZDF – Second German Television Service
zeitw. – temporary
Zhldf. – Zehlendorf (ward of Berlin)
ZK – Central Committee
Zool. – zoology (zool. – zoological)
Ztg. – newspaper(s)
Ztschr. – periodical(s), journal(s)
zugl. – at the same time, simultaneous
zul. – at last, finally
zun. – at first
zus. – together, jointly
ZVEI – central association of electro-technical industries
zw. – between
z. WV. – to use again
z. Z. – at present

CATALOGUE DES ABRÉVIATIONS FRÉQUENTES

A

A. – circulation(s), tirage(s), édition(s) seulement en rélation av. un chiffre: 2. A.)
AA – ministère des affaires étrangères
A. B. – confession d'Augsburg
Abg. – député
Abh. – dissertation
Abit. – baccalauréat
Abt. – subdivision
Acad. – académie
Accad. – accadémia
a. D. – en retraite
ADGB – confédération des syndicats allemands
adv. – avancé
a. G. – mutuel
AG – tribunal èreinstance trubunal de prud'hommes
AG. – S.A.
a. i. – ad interim (chargé d'affaires)
Akad. – académie (akad. - académique)
akt. – actif
AL – Liste alternative
allg. – général
amerik. – amérique
Amtm. – bailli
Anat. – anatomie (anat. - anatomique)
and. – antres
Anekd. – anecdote
Anf. – commencement
Angelegenh. – affaire(s)
Angest. – commis
angew. – appliqué (chimique etc.)
Angl. – anglistique
Anh. – Anhalt
anschl. – suivant
Anst. – établissements
Anthol. – recueil(s)
Anthropol. – anthropologie
ao. – extraordinaire
AOK – caisse locale de maladie
apl. – sans chaire (professeur)
APO – opposition extra-parlamentaire
appl. – appliqué
AR – conseil d'administration
-arb. – travail; -ouvrier (monographie, ouvrier métallurgiste etc.)
Arbeitg. – employeur
Arbeitsgem. – coopération(s)
Arch. – architecte (-ur)
Archäol. – archéologie(-gique)

ARD – organisation d'Allemagne fédérale de la radiodiffusion et télévision
Argent. – l'Argentine
Art. – article
Artl. – artillerie
Ass. – assesseur, adjoint
Assist. – assistant(e)
Assoc. – association
AT – Ancien Testament
Auff. – représentation, exécution
Aufg. – mission, fonction, tâche
Aufl. – édition(s)
Aufs. – essai
Auftr. – ordre(s)
Aufz. – annotation(s)
Aug. – août
Ausb. – éducation
Ausg. – édition
Ausl. – étranger (ausl. – étranger, ère)
Aussch. – comité, commission
Ausst. – exposition
außerd. – en outre
ausw. – externe (membre)
Ausw. – choix
Ausz. – décoration
Autodid. – autodidacte

B

b. – près de, de, à, dans, chez; jusque
-b. – livre(s) (manuel etc.)
BA – école des mines
B. A. – Bachelor of Arts (Baccalaureus Artium)
BAG – tribunal fédéral du travail
Bakt. – bactériologie (bakt. - bactériologique)
Ball. – ballade
Batl. – bataillon
Bay. – la Bavière
Bd. – volume, tome
-bd. – union, ligue (union des fonctionnaires etc.; ruban d'épaule)
Bde. – tomes, bande
BDI – association fédérale de l'industrie allemande
BdV – union des personnes réfugiées
Bearb. – adaptation
Beauftr. – mandateur
Begr. – fondateur, -trice (begr. – établi)
Beig. – adjoint (à plusieurs reprises)
Beigeordn. – adjoint

Beis. – assesseur
bek. – renommé
Bekenn. – (l'église) confessionnelle
Belg. – la Belgique
Berat. – conseiller
Ber. – secteur
bes. – particulièrement
-bes. – propriétaire (seulement en connexion avec fabrique etc.: propriétaire de fabrique ou fabricant, usinier)
beurl. – suspendu, en congé
Bevollm. – plénipotentiaire, mandataire
Bez. – district
BFH – cour fédéral de finances
BGB – Code civil
BHE – union des personnes réfugiées et privées de leurs droits
BGH – tribunal fédéral
Bgm. – maire (à plusieurs reprises)
Bibl. – bibliothèque
Bibliogr. – bibliographie (bibliogr. – bibliographique)
BIEM – bureau international de l'édition mécanique
bild. – (arts) plastiques
Biol. – biologie
-bk. – banque-, banque de...
-bl. – journal
Botsch. – ambassade(s), am-bassadeur
BP – parti bavarois
BPA – bureau fédéral des brevets
BR – radio bavaroise
Brasil. – le Brésil
BRD – R.F.A. (République Fédérale Allemand)
Brig. – Brigade
Bezirksverordn. – Délégué général
Brosch. – brochure
BSG – tribunal social de la République fédérale
Bürgerm. – maire
Bulg. – la Bulgarie (bulg. – bulgare)
Bund.Rep. – (Bundesrepublik), Republik Fédérale
BV – publication de livres
BVG – tribunal administratif de la République fédérale, régime autonome des transports berlinois
BVerfG – tribunal constituonel fédéral

BVK – croix fédérale du mérite
BVP – parti bavarois du peuple
bzw. – ou bien, éventuellement, respectivement

C

CDU – Union démocratique-chrétienne
Charl. – Charlottenburg (arrondissement de Berlin)
Chir. – chirurgie (chir. – chirurgique)
Coll. – College
CSU – Union sociale-chrétienne

D

d. – de, la, du, de la
D. – docteur de la théologie évangélique (honoris causa)
-d. – allemand (allemand occidental etc.)
DAG – confédération allemande des syndicats des employés
DAI – institut allemand d'archéologie
daneb. – outre cela, en même temps
dar. – parmi
Darst. – acteur, actrice
das. – de (la) même
dazw. – entre les deux
D. D. – Doctor of Divinity (théologie)
D'dorf – Düsseldorf (à plusieurs reprises)
DDP – parti démocratique allemand
DDR – République Démocratique Allemande
Deleg. – délégation(s); délégué
Demokr. – démocratie (demokr.– démocratique)
DENA – agence allemande d'information
Dermatol. – dermatologie (dermatol. – dermatologique)
Dez. – décembre
Dezern. – chef de service
DFG – communauté allemande de recherches
DHV – association nationale des employés allemands
Dipl. – diplôme (bibliothécaire diplôme), Dipl.-Chem. (chemiste diplôme), Dipl.-

Ing. (ingénieur diplômé), **Dipl.-Kfm.** (diplômé de l'école de commerce), **Dipl.-Landw.** (agriculteur diplômé), **Dipl.-Polit.** (politologue diplômé), **Dipl.-Volksw.** (économiste diplômé)
Dir., dir. – directeur, directrice (directeur des chemins de fer fédéraux)
Dirig. – chef d'orchestre
Diss. – dissertation
div. – divers
Div. – division
DNA – comité allemande des normes industrielles
DNVP – parti national du peuple allemand
DOG – société allemande olympique
Dok. – document, documentation
Doz. – chargé de cours
DP – parti allemand
DPS – parti allemand de Sarre
d. R. – de réserve
Dr. – drame (seulement en connexion du titre); docteur (degrés connus: agr. [agriculture], -Ing. [ingénieur], jur. [en droit], rer. pol. [sciences politiques], med. [en médicine], med. dent. [méd. dentaire], med. vet. [méd. vétérinaire], oec. publ. [économie politique], phil. [ès lettres, resp. ès sciences], phil. nat., rer. nat. et sc. nat. [sciences naturelles], rer. oec. [économie politique], rer. techn. [sciences techniques], theol. [théologie])
Dramat. – dramaturge
DRK – Croix-rouge allemande
DRP – parti du Reich allemand; brevet allemand
-dst. – service (service militaire etc.)
dstl. – officiel
dt. – allemand
DTH – école supérieure polytechnique allemande (Prag)
Dtschl. – Allemagne
DU – Union allemande
DVP – parti démocratique du peuple (après 1945); parti allemand du peuple (jusqu'en 1933)
dzt. – présent

E

e. – un, une
EAG – Communauté Européenne Nucléaire
ebd. – à cet endroit – en même endroit
ebenf. – pareillement
EDV – Traitement électronique de l'information
EG – communauté européenne (à plusieurs reprises)
eG. – société/coopérative déclarée
eGmbH. – S.A.R.L. enregistrée
E. h. – honoris causa
ehem. – ancien,
Ehrenz. – décoration
eig. – spécifique
Einf. – introduction
EK – croix de fer
EKD – église évangélique en allemagne
Els, – Alsace
em. – en retraite (professeur)
emerit. – (Emerit. – mise à la retraite)
Engagem. – engagement
engag. – engagé
Engl. – Angleterre
engl. – anglais
Entd. – découverte(s); explorateur
Entomol. – entomologie (entomol. – entomologique)
entpfl. – soulager
Entw. – developpement
Erf. – invention(s)
Erg. – supplement
ern. – nommé
Erz. – nouvelle
Ess. – essai
ETH – école supérieure polytechnique de la confédération (Zurich)
ev. – évangélique
e. V. – société enregistrée
EWG – C.E.E. (Communauté économique européenne)
EWH – Ecole supérieure d'enseignement scientifique
-ex. – examen (examen de l'Etat) diplôme d'etudes supérieures)
Exped. – expédition
exper. – expé1rimental

F

f. – pour
Fa. – maison
Fachgem. – communauté professionnelle
Fak. – faculté(s)
FAO – Food and Agriculture Organization (fondation des Nations Unies)
FB – Spécialisation
FDP – parti démocrate libre
FDV – parti libre du peuple allemand
Febr. – février
Feuill. – feuilleton(s)
ff. – suivant
FG – tribunal des finances
FH – Ecole supérieure professionelle
FNA – comité spéciale des normes d'industrie
Förd. – avancement
fr. – libre, indépendant (écrivain)
Fraktionsf. – chef de fraction
Frankr. – la France
franz. – français
Frhr. – baron
FS – télévision
FU – université libre (Berlin)
-fürs. – sollicitude (assistance sociale)
FVP – parti du peuple libre
FW – Association libre d'électeurs

G

GA. – édition entière (seulement en jonction av. un Chiffre)
GAL – Liste Verte Alternative
Gastsp. – représentation d'acteurs de passage
GB – rassemblement allemand entier
GDA – confédération des employés
GDBA – société allemande des ressortiments de théatre
Gde. – commune
GDP – parti allemand entier
geb. – né
Geb. – territoire
Ged. – poème
gef. – mort à la guerre
Gegenw. – Temps présent (gegenw. – présent)
GH – Ecole supérieure intégrée
GELU – société par utilisation des droits d'auteur
GEMA – société pour les droits d'exécution et de la reproduction mécanique
gemeinn. – d'intérêt général
gen. – nommé
Generallt. – général de division
Genoss. – société(s), coopérative
Geogr. – geographie (geogr. – géographique)
Geol. – géologie (geol. – géologique)
German. – études des langues germaniques
ges. – compilé (articles)
Ges. – société(s)
Gesch. – l'histoire
gesch. – divorcé
Geschäftsf. – gérant(e)
Geschäftsfg. – gestion
Gesellsch. – associé
Gewerksch. – syndicat
gf. – membre gérant (de la comité de direction)
Gf. – gestion des affaires (à plusieurs reprises ou en connexion d'une association centrale)
gleichz. – simultané
GmbH. – S.A.R.L. (société à responsabilité limitée)
gottgl. – dieu-croyant
gr. – grand
Griech. – Grèce
Großm. – grand-mére
Großv. – grand-pére
Gründ. – foundateur
Gründg. – Foundation
Grundl. – fondement
Gymn. – lycée
Gynäk. – gynécologie (gynäk. – gynecologique)

H

H. – cahier
Habil. – soutenance de thése (habil. – qualifié pour l'enseignement supérieur)
HB – rassemblement hambourgeois
H. B. – confession helvétique
Hbg. – Hambourgeois
Hann. – Hanovre
haupts. – principal, essentiel
h. c. – honoris causa
Hdl. – commerce
hebr. – hébreu, hébraïque
Herausg. – éditeur
hg. – édité
Hgf. – gérant principal (en cas de répétition)
HH – école des hautes études commerciales
HK – chambre de commerce (en cas de répétition)
hl. – saint(e)
Hoh. – Hohenzollern
höh. – (école) supérieure
Holl. – la Holland
holl. – hollandais
Holst. – Holstein
Hon. – (professor) h.c.
Hptm. – capitaine
HR – radio hessois

XXI

-hs. – maison(s) (maison de banque)
HTL – école supérieure polytechnique
human. – classique
Hyg. – hygiène (hyg. – hygiénique)

I

i. e. R. – en retraite provisoire
IG – communauté d'intérêts
IHK – chambre d'industrie et de commerce
ILO – Bureau des syndicats international (Genève)
Ind. – industrie
Ing. – ingénieur
insb. – particulièrement
insges. – tous ensemble
Insp. – inspecteur, -trice
Inst. – institut
Insz. – mise en scène
integr. – intégré(e)
i. R. – en retraite
isr. – israélite
i. W. – en disponibilité
Ital. – l'Italie (ital. – italien)

J

J. – an(s)
Jan. – janvier
jap. – japonais
Jg. – année, classe; jeune (théatre)
Jh. – siècle
Journ. – journaliste
Jugosl. – la Yougoslavie (jugosl. – yougoslave)
jun. – junior, jeune

K

Kapt. – capitaine de vaisseau
kath. – catholique
Kaufm. – marchand, négociant, commercant
Kd. – enfant(s)
-kd. – -logie (archéologie etc.)
KdÖR – Corporation du Droit Public
kdr. – commandant (général)
KFA – centre d'études nucléaires (en cas de répétition)
-kfm. – marchand etc. (seulement en connexion)
KG – cour d'appel (Berlin)
KG. – société en commandite
kgl. – royal
KH – école supérieure théologique (en cas de répétition)

KJV – jeunesse communiste
Kl. – classe; clinique (en connexion d'une association centrale)
kl. – petit
klin. – clinique
Kom. – comédie (seulement en connexion du titre)
Komit. – comité
komm. – provisoire
Kommiss. – commission
Komp. – compositeur
Kompos. – composition
Konfz. – conférence
Konservat. – conservatoire
Konsist. – consistoire
kopt. – Église coptique
Korr. – (membre) correspondant
Korresp. – Correspondant(e)
KPD – parti communiste d'Allemagne
Kr. – canton
-kr. – district etc. (aussi: circonscription); guerre (mondiale)
Krkhs. – hôpital
Kt. – canton
Kunstgew. – art décoratif
Kurat. – conseil d'administration
KWI – Institut Guillaume II
KZ – camp de concentration

L

Labor. – laboratoire
Lat. – latin (lat. – latin, e)
Ld. – pays
Leg. – légende
Leit. – directeur, gérant, – en chef
Leitf. – manuel
lfd. – courant
L'felde – Lichterfelde (faubourg de Berlin)
LG – tribunal de première instance
LH – école supérieure d'agriculture
lib. – libéral
Lit. – littérature (lit. – littéraire)
LK – chambre de l'agriculture
L. L. D. – Doctor legum (docteur des deux droits, Angleterre et les Etats Unies)
L. L. M. – Licencié en droit (Angleterre/USA)
Lothr. – Lorrain
Lsp. – comédie (seulement en connexion du titre)
ltd. – gérant, en chef

Ltn. – lieutenant (mais en connexion: -lt., par exc.: Oblt.)
Luftw. – arme aérienne
luth. – luthérien
Lyz. – lycée de jeunes filles
LZB – banque centrale

M

m. – avec
-m. – maître de –, mestre (bourgmestre etc.)
M. – conte
MA – moyen âge (à plusieurs reprises)
MA – Académie de médecine (pour une répétition)
M. A. – Master of Arts, magister artium
m. a. – et alii
Mand. – Mandat(s)
Math. – mathématiques, mathématicien
Mb. – membre
M. C. P. – Master of Comparative Jurisprudence
MdA – membre de la Chambre des députés à Berlin
MdB – membre de la diète fédérale
MdBB – membre de la Chambre des députés à Brême
MdEP – membre du Parlament Européen de Strasbourg
MdHB – membre de la Chambre des députés à Hambourg
MdK – député cantonal
MdL – membre de la diète
MdR – membre du Reichstag
Meckl. – Mecklenbourg
Med. – médaille; médecine (med. – médical)
Meteorol. – météorologie (météorologique)
Meth. – méthode
Mfr. – la Franconie centrale
MH – Ecole supérieure de médicineill. – des millions
milit. – militaire
Min. – ministre, ministère, ministériel
Mineral. – minéralogie (mineral. – minéralogique)
Mitgl. – membre
Mithrsg. – éditeur associé
Mitt. – communiqué, communication
mod. – moderne
moh. – mohamétan
Mon. – mois
Monogr. – monographie

Morphol. – morphologie (morphol. – morphologique)
mos. – judaique
MPG – Société Max Planck (à plusieurs reprises)
MPI – Institut Max Planck (à plusieurs reprises)
M. Sc. – Master of Science
ms. – du coté maternel
Msgr. – Monsignore
Mskr. – manuscrit
Msp. – exécution du conte
Mus. – Musée (en cas des répétition)

N

n. – aprés
N – nord
N. – nouvelle(s) (seulement en connexion du titre)
NA. – édition nouvelle (seulement en relation av. un chiffre)
Nachf. – successeur
Nachr. – informations
Nationalök. – économie politique
n. b. – non titulaire
Ndb. – Bavière-basse
NDR – radio de l'Allemagne du Nord
Neurol. – neurologie (neurol. – neurologique)
Niederl. – les Pays-Bas (niederl. – néerlandais)
Nieders. – la Saxe-basse
NL. – Niederlausitz
NOK – Comité Nationale Olympique

O

OB – premier bourgmestre
Oberstlt. – lieutenant-colonel
Obersek. – seconde supérieur
Oblt. – lieutenant
Observat. – observatoire
od. – ou
OdF – victime du fascisme
OdN – victime du nationalsocialisme
OECD – O.C.E.E. (Organisation de Coopération Economique Européenne)
öfftl. – public
ÖTV – confédération des syndicats de la service publique, du transport et du trafic
OFD – direction générale des finances
Offz. – officier
Ofr. – la Franconie supérieur

Okt. – octobre
Oldbg. – Oldenbourg (oldbg. – oldenbourgeoise)
OLG – cour d'appel
OLD – direction générale des postes
Orat. – oratoire
Orch. – orchestre
Ord. – professeur titulaire
Org. – organisation
OS. – la Haute-Silésia
Österr. – l'Autriche (österr. – autrichien)
OVG – cour d'appel d'administration

P

PA – Academie de pedagogie (pour une répétition)
Päd. – pédagogie (päd. – pédagogique)
Parlam. – parlement
Pat. – brevet
Pathol. – pathologie (pathol. – pathologique)
PEN – Poët essayiste nouvelliste
pens. – en retraite
pers. haft. – personnellement responsable (associé)
PH – école des hautes études pédagogiques
Ph. D. – Philosophiae Doctor
Pharmak. – pharmacologie (pharmacologique)
pharmaz. – pharmaceutique
Phil. – philosophie (phil. – philosophique)
Philol. – philologie (philol. – philologique)
Physiol. – physiologie (physiol. – physiologique)
PI – Institut de pédagogie (pour une répétition)
Pl. – place
Plak. – plaquette
Pom. – la Poméranie
Pr. – la Prusse (seulement en connexion d'une ville); prix (à plusieurs reprises)
PR – Relations pupliques
Präd. – attribut
Präs. – président
Präsid. – présidence(s)
Pred. – prédicateur
priv. – privé
Prod. – production; fabricant
Prof. – professeur
Promot. – promotion
protest. – protestant
Prov. – province
Ps. – pseudonyme
Psych. – psychologie (psych. – psychologique)
Publ. – publication
Publiz. – journalisme

R

R. – roman
RA – advocat
Redakt. – rédacteur
Ref. – rapport; rapporteur
Refer. – licencié
reform. – réformé
Reg. – gouvernement; régnant (bourgmestre)
Regiss. – régisseur
Regt. – régiment
Relig. – religion
Rep. – république; reportage
Rh. – Rhin
Rhld. – la Rhénanie
Rhpf. – le Palatinat
RIAS – Radio dans le Secteur Américain à Berlin
RKW – Curatoire pour rationalisation dans l'économie allemande
Roman. – études des langues romanes
Rundf. – radiodiffusion

S

s. – à partir de, depuis que; voir; ses
S. – pages; sud; fils
Sachbearb. – personne compétente
Sachverst. – expert
SAJ – jeunesse socialiste ouvrières
SBZ – zone soviétique
Schw. – Souabe
Schwerp. – Point essentiel
sd. – depuis que
SDR – radio de l'Allemagne du Sud
Sekr. – secrétaire
Sekt. – section
selbst. – indépendant
Sem. – semestre; séminaire
Sept. – septembre
Serol. – sérologie (serol. – sérologique)
SFB – radio de Berlin Libre
silb. – argenté(e)
SJD – jeunesse socialiste de l'Allemagne
Soc. – society, société
sog. – soi-dit
Son. – sonnet (seulement en connexion du titre)
soz. – social
Soziol. – sociologie (soziol. – soziologique)
Sp. – jeue
spät. – postérieur, plus tard
SPD – parti social-démocrate allemand
Spd. – Spandau (faubourg de Berlin)
spez. – particulier
Spr. – langue
SR – radio de la Sarre
SS. – semestre d'été
Superint. – superintendent
SWF – radio du Sud et de l'Ouest
Syn. – synode
Synd. – syndic

Sch

Sch. – spectacle (seulement en connexion du titre)
-sch. – école(s)-(école primaire)
Schausp. – acteur (-trice)
Sch'berg – Schöneberg (arrondissement de Berlin)
Schles. – la Silésie
Schr. – écriture
Schriftf. – secrétaire
Schriftl. – rédacteur
Schriftst. – écrivain, homme (femme) de lettres

St

-st – place; pièce (de théatre)
Stadtverordn. – conseiller municipal
Stellv. – remplacant
StGB – Code pénal
Stiftg. – fondation
Stip. – boursier(ière); bours
Str. – rue
Stud. – études
stv. – remplacant

T

T. – morceau; téléphon; fille
Tätigk. – activité(s)
Technol. – technologie (technol. – technologique)
Teilh. – associé
Teiln. – participation; participant(e)
TH – école supérieur polytechnique
Theol. – théologie (theol. – théologique)
T'hof – Tempelhof (arrondissement de Berlin)
TiäH – Ecole véterinaire
Thür. – Thuringe (thür. – thuringien)
Töcht. – filles
Toxikol. – toxikologie
Trag. – tragédie (seulement en connexion du titre)
Tsp. – tragédie (seulement en connexion du titre)
Ts. – mille (seulement en rélation avec un chiffre)
Tschechosl. – ea Tchéchosl.
TU – université technique
TV – télévision

U

u. – et
u. a. – et d'autres encore etc.
UA. – première (à plusieurs reprises)
u. ä. – et d'autres semblables
üb. – sur, pendant, plus de
Übers. – traducteur(trice); traduction
Uffz. – sous-officier
Ufr. – la Franconie-basse
Ung. – la Hongrie (ung. – hongrois)
Univ. – université(s), university et d'autres semblables
unt. – sous
Untern. – entreprise; entrepreneur
Unterr. – enseignement
Unters. – recherche, enquête, expertise, analyse
Urauff. – première
USA – Etats-Unis d'Amérique
USPD – parti social-démocrate indépendant allemand

V

v. – de
VDE – association des électriciens allemands
VDEh – association des gens métallurgistes allemands
VDI – association des ingénieurs allemands
VdK – association des mutilés de guerre, des survivants de guerre et des rentiers sociaux
VDMA – association des établissements de la construction des machines
verantw. – responsable (Verantw. – responsabilité)
Verb. – association, société
Verein. – (ré)union, association, alliance
Verf. – procédé, procédure
vergl. – comparé (études comparées des langues)
verh. – marié
Veröff. – publication
verm. – disparu
Vers. – assemblée
versch. – divers

Vers. – assurance
Vertr. – représenter; représentation
verurt. – condamné
Verw. – administration, gestion, régie
verw. – veuf; blessé
Verz. – spécification, liste, registre, catalogue
Vet. – vétérinaire
VG – tribunal administratif
VGH – cour d'appel administratif
VHS – université populaire
Vis. – Visiting (Prof.); professeur de l'hospitalieté
VO. – décoration du mérite
Vorb. – préparation
Vorf. – ancêtres
Vors. – président
Vorst. – direction, comité de direction
Vorstellg. – Représentations
Vortr. – rapporteur
vorübergeh. – transitoire
VR – conseil d'administration; République Populaire
vs. – du coté paternel

W

West – ouest
W. – la Westphalie (seulement en connexion d'une ville: Münster/W.)
-w. – économie (économie industrielle); -usine, -œuvre
währ. – pendant
Wahlkr. – circonscription électorale
WAV – association de la reconstruction économique
WDR – radio de l'Allemagne de l'ouest
Wehrm. – force armée
Westf. – la Westphalie (westf. – westphalien)
WH – école des hautes études économiques
W'höhe – Wilhelmshöhe (faubourg de Cassel
Widerst. – résistance
Wiederh. – à plusieurs reprises, en cas de répétition
W'dorf – Wilmersdorf (arrondissement de Berlin)
Wirtsch. – économie
Wiss. – science
Wohlf. – prospérité, institution de bien public
WS. – semestre d'hiver
Württ. – le Wurttemberg (württ. – wurttembergeois)

Z

z. – à; de, en, par, pour
zahlr. – nombreux
ZDF – deuxième station de la télévision allemande
zeitw. – temporairement
Zhldf. – Zehlendorf (faubourg de Berlin)
ZK – comité centrale
Zool. – zoologie(zool. – zoologique)
Ztg. – journal (-aux)
Ztschr. – revue, périodique
zugl. – en même temps
zul. – en dernier lieu
zun. – en premier lieu
zus. – de compagnie
ZVEI – association centrale de l'industrie électrotechn.
zw. – entre
z. Wv. – à disposition
z. Z. – actuellement

Die obersten Behörden der Bundesregierung
und der Bundesländer

The Government of the Federal Republik of Germany
and the Federal States

Le Gouvernement de la République fédérale
d'Allemagne et des États fédéraux

Bund

Dr. Helmut Kohl
Bundeskanzler

Dr. Richard von Weizsäcker
Bundespräsident

Prof. Dr. Rita Süssmuth
Bundestagspräsidentin

Baden-Württemberg

Erwin Teufel
Ministerpräsident

Erich Schneider
Landtagspräsident

Bayern

Dr. h.c. Max Streibl
Ministerpräsident

Dr. Wilhelm Vorndran
Landtagspräsident

Berlin

Eberhard Diepgen
Regierender Bürgermeister

Dr. Hanna-Renate Laurin
Präs. d. Abgeordnetenhauses

Brandenburg

Dr. Manfred Stolpe
Ministerpräsident

Dr. Herbert Knoblich
Landtagspräsident

Bremen

Klaus Wedemeier
Bürgermeister

Dr. Dieter Klink
Präs. d. Bürgerschaft

Hamburg

Dr. Henning Voscherau
Erster Bürgermeister

Elisabeth Kiausch
Präs. d. Bürgerschaft

Hessen

Hans Eichel
Ministerpräsident

Karl Starzacher
Landtagspräsident

Mecklenburg-Vorpommern

Dr. Berndt Seite
Ministerpräsident

Rainer Prachtl
Landtagspräsident

Niedersachsen

Gerhard Schröder
Ministerpräsident

Horst Milde
Landtagspräsident

Nordrhein-Westfalen

Dr. h.c. Johannes Rau
Ministerpräsident

Ingeborg Friebe
Landtagspräsidentin

Rheinland-Pfalz

Rudolf Scharping
Ministerpräsident

Christoph Grimm
Landtagspräsident

Saarland

Oskar Lafontaine
Ministerpräsident

Albrecht Herold
Landtagspräsident

Sachsen

Prof. Dr. Kurt Biedenkopf
Ministerpräsident

Erich Iltgen
Landtagspräsident

Sachsen-Anhalt

Prof. Dr. Werner Münch
Ministerpräsident

Dr. Klaus Keitel
Landtagspräsident

Schleswig-Holstein

Björn Engholm
Ministerpräsident

Lianne Paulina-Mürl
Landtagspräsidentin

Thüringen

Dr. Bernhard Vogel
Ministerpräsident

Dr. Gottfried Müller
Landtagspräsident

BUNDESREPUBLIK DEUTSCHLAND

Die obersten Behörden des Bundes

BUND

Der Bundespräsident: Dr. Richard von Weizsäcker
Villa Hammerschmidt, Adenauerallee 135, 5300 Bonn

Bundespräsidialamt
Chef: Dr. Meyer-Landrut
Kaiser-Friedrich-Str. 16, 5300 Bonn 1
Tel.: (02 28) 2 00-0, FS: 0 886 393

Deutscher Bundestag
Präsidentin: Prof. Dr. Rita Süssmuth
Görresstraße 15, Bundeshaus, 5300 Bonn 1
Tel.: 1 61, FS: 08 86 808

Deutscher Bundesrat
Vorsitz: wechselnd
Görresstraße 15, Bundeshaus, 5300 Bonn 1
Tel.: 1 61, FS: 08 86 841

Der Bundeskanzler: Dr. Helmut Kohl

Bundesministerium für besondere Aufgaben und Chef des Bundeskanzleramtes
Bundesminister Friedrich Bohl
Adenauerallee 139-141, Bundeskanzleramt, 5300 Bonn 1
Tel.: 56-0, Fax: 56 23 57

Presse- und Informationsamt der Bundesregierung
Chef: Staatssekretär Dietrich Vogel
Stellv. Chef: Ministerialdirektor Wolfgang G. Gibowski
Stellvertretender Regierungssprecher:
Ministerialdirektor Norbert Schäfer
Welckerstraße 11, 5300 Bonn,
Tel.: 20 80, Fax: 208 25 55

Bundesaußenministerium
Minister: Dr. Klaus Kinkel
Parlamentarische Staatsminister:
Ursula Seiler-Albring und Helmut Schäfer
Beamtete Staatssekretäre:
Dr. Hans Werner Lautenschlager
Dr. Dieter Kastrup
Adenauerallee 99-103,
Eingang Tempelstraße 5, 5300 Bonn 1
Tel.: 1 71, FS: 08 86 591

Bundesministerium des Innern
Minister: Rudolf Seiters
Parlamentarische Staatssekretäre:
Eduard Lintner und Dr. Horst Waffenschmidt
Beamtete Staatssekretäre:
Franz Kroppenstedt, Hans Neusel, Dr. Walter Priesnitz
Graurheindorfer Straße 198, 5300 Bonn 1
Tel.: 68 11, FS: 08 86 963

Bundesministerium der Verteidigung
Minister: Volker Rühe
Parlamentarische Staatssekretäre:
Ingrid Roitzsch und Bernd Wilz
Beamtete Staatssekretäre:
Dr. Peter Wichert und Jörg Schönbohm
Hardthöhe, 5300 Bonn-Duisdorf
und Ermekeilstr., 5300 Bonn 1
Tel: 1 21, FS: 08 86 575

Bundesministerium für wirtschaftliche Zusammenarbeit
Minister: Carl-Dieter Spranger
Parlamentarische Staatssekretäre: Hans-Peter Repnik und Michaela Geiger
Beamteter Staatssekretär: Wighard Härdtl
Friedrich-Ebert-Allee 114-116, 5300 Bonn 1,
Tel.: 53 51, FS: 08 86 9452

Bundesministerium für Bildung und Wissenschaft
Minister: Prof. Dr. Rainer Ortleb
Parlamentarische Staatssekretäre:
Dr. Norbert Lammert und Torsten Wolfgramm
Beamteter Staatssekretär: Dr. Fritz Schaumann
Heinemannstraße 2-10, 5300 Bonn-Bad Godesberg
Tel.: 5 71, FS: 22 83 832

Bundesministerium für Familie und Senioren
Ministerin: Hannelore Rönsch
Parlamentarische Staatssekretärin: Roswitha Verhülsdonk
Beamteter Staatssekretär: Albrecht Hasinger
Godesberger Allee 140, 5300 Bonn-Bad Godesberg
Tel.: 30 60, FS: 08 85 673

Bundesministerium für Frauen und Jugend
Ministerin: Dr. Angela Merkel
Parlamentarische Staatssekretärin: Cornelia Yzer
Beamteter Staatssekretär: Willi Hausmann
Kennedyallee 105-107, 5300 Bonn-Bad Godesberg
Tel.: 93 00, FS: 08 85 437

Bundesministerium für Gesundheit
Minister: Horst Seehofer
Parlamentarische Staatssekretärin:
Dr. Sabine Bergmann-Pohl
Beamteter Staatssekretär: Baldur Wagner
Koblenzer Str. 112, 5300 Bonn-Bad Godesberg
Tel.: 94 10, FS: 88 69 355

Bundesministerium für Forschung und Technologie
Minister: Dr. Heinz Riesenhuber
Parlamentarischer Staatssekretär: Bernd Neumann
Beamteter Staatssekretär: Dr. Gebhard Ziller
Heinemannstraße 2, 5300 Bonn-Bad Godesberg
Tel.: 59-0, Fax: 59 36 01

Bundesministerium für Raumordnung, Bauwesen und Städtebau
Ministerin: Dr. Irmgard Schwaetzer
Parlamentarische Staatssekretäre:
Jürgen Echternach und Joachim Günther
Beamtete Staatssekretäre:
Gerhard von Loewenich und Herbert Schmülling
Deichmanns Aue, 5300 Bonn-Bad Godesberg
Tel.: 33 70, FS: 08 85 462

Bundesministerium der Justiz
Ministerin: Sabine Leutheusser-Schnarrenberger
Parlamentarische Staatssekretäre:
Dr. Reinhard Göhner und Rainer Funke
Beamteter Staatssekretär: Ingo Kober
Heinemannstraße 6, 5300 Bonn-Bad Godesberg
Tel.: 58-0, Fax: 58 45 25

Bundesministerium der Finanzen
Minister: Dr. Theo Waigel
Parlamentarische Staatssekretäre:
Manfred Carstens und Dr. Joachim Grünewald
Beamtete Staatssekretäre:
Dr. Peter Klemm, Dr. Horst Köhler und
Dr. Franz-Christoph Zeitler
Graurheindorfer Straße 108, 5300 Bonn 1
Tel.: 6 82-1, FS: 08 86 645

Bundesministerium für Wirtschaft
Minister: Jürgen W. Möllemann
Parlamentarische Staatssekretäre:
Klaus Beckmann und Dr. Erich Riedl
Beamtete Staatssekretäre:
Dr. Dieter von Würzen und Prof. Dr. Johann Eekhoff
Villemombler Straße 76, 5300 Bonn-Duisdorf
Tel.: 61 51, FS: 08 86 747

Bundesministerium für Ernährung, Landwirtschaft und Forsten
Minister: Ignaz Kiechle
Parlamentarische Staatssekretäre:
Georg Gallus und Gottfried Haschke
Beamtete Staatssekretäre:
Dr. Helmut Scholz und Walter Kittel
Rochusstraße 1, 5300 Bonn-Duisdorf
Tel.: 52 91, FS: 08 86 844

Bundesministerium für Arbeit und Sozialordnung
Minister: Dr. Norbert Blüm
Parlamentarische Staatssekretäre:
Horst Günther und Rudolf Kraus
Beamtete Staatssekretäre:
Dr. Werner Tegtmeier und Dr. Bernhard Worms
Rochusstraße 1, 5300 Bonn-Duisdorf
Tel.: 5 27-1, FS: 08 86 641

Bundesministerium für Verkehr
Minister: Dr. Günther Krause
Parlamentarische Staatssekretäre:
Dr. Dieter Schulte und Wolfgang Gröbl
Beamtete Staatssekretäre: Dr. Wilhelm Knittel
Robert-Schumann-Pl. 1, 5300 Bonn-Bad Godesberg
Tel.: 3 00-0, FS: 88 57 00

Bundesministerium für Umwelt, Naturschutz und Reaktorsicherheit
Minister: Prof. Dr. Klaus Töpfer
Parlamentarische Staatssekretäre:
Dr. Paul Laufs und Dr. Bertram Wieczorek
Beamteter Staatssekretär: Clemens Stroetmann
Kennedyallee 5, 5300 Bonn-Bad Godesberg
Tel.: 30 50, FS: 08 85 790

Bundesministerium für Post und Telekommunikation
Minister: Dr. Christian Schwarz-Schilling
Parlamentarischer Staatssekretär: Wilhelm Rawe
Beamteter Staatssekretär: Frerich Görts
Heinrich-von-Stephan-Str. 1, 5300 Bonn-Bad Godesberg
Tel.: 1 40, FS: 08 861 101

Die obersten Behörden der Länder

BADEN-WÜRTTEMBERG

Staatsministerium
Ministerpräsident: Erwin Teufel
Staatssekretär: Dr. Lorenz Menz
Staatsminister: Dr. Erwin Vetter
Regierungssprecher: Hans Georg Koch
Richard-Wagner-Straße 15, 7000 Stuttgart 1
Tel.: 21 53-0, Telex: 722 207 u. 723 711, Telefax: 21 53 340

Innenministerium
Minister: Frieder Birzele
Dorotheenstraße 6, 7000 Stuttgart 1
Tel.: 20 72-1, Telex: 722 305, Telefax: 20 72-37 79

Ministerium für Wissenschaft und Forschung
Minister: Klaus von Trotha
Staatssekretär: Josef Dreier
Königstraße 46 (Mittnachtbau), 7000 Stuttgart 1
Tel.: 2 79-0, Telex: 721 585, Telefax: 2 79-30 80

Wirtschaftsministerium
Minister u. stv. Ministerpräsident:
Dr. Dieter Spöri
Staatssekretär: Rainer Brechtken
Theodor-Heuss-Straße 4, 7000 Stuttgart 1
Tel.: 1 23-0, Telex: 723 931, Telefax: 1 23-21 26

Ministerium für Ländlichen Raum, Ernährung Landwirtschaft und Forsten
Minister: Dr. h.c. Gerhard Weiser
Staatssekretär: Ludger Reddemann
Kernerplatz 10, 7000 Stuttgart 1
Tel.: 1 26-0, Telex: 721 608, Telefax: 1 26-23 79

Umweltministerium
Minister: Harald B. Schäfer
Staatssekretär: Peter Reinelt
Kernerplatz 9, 7000 Stuttgart 1
Tel.: 1 26-0, Telex: 723 162, Telefax: 1 26-28 80

Ministerium für Kultus und Sport
Ministerin: Dr. Marianne Schultz-Hector
Staatssekretär: Rudolf Köberle
Schloßplatz 4 (Neues Schloß), 7000 Stuttgart 1
Tel.: 2 79-0, Telex: 711 13 75, Telefax: 2 79-25 50

Justizministerium
Minister: Thomas Schäuble
Schillerplatz 4, 7000 Stuttgart 1
Tel.: 2 79-0, Telex: 711 1379, Telefax: 2 26-15 60

Baden-Württemberg

Finanzministerium
Minister: Gerhard Mayer-Vorfelder
Staatssekretär: Werner Baumhauer
Schloßplatz 4 (Neues Schloß), 7000 Stuttgart 1
Tel.: 2 79-0, Telex: 711 1390, Telefax: 2 79-38 93

Ministerium für Arbeit, Gesundheit und Sozialordnung
Ministerin: Helga Solinger
Staatssekretär: Werner Weinmann
Rotebühlplatz 30, 7000 Stuttgart 1
Tel.: 66 73-0, Telex: 711 1033, Telefax: 66 73-70 42

Vertretung des Landes Baden-Württemberg beim Bund
Staatssekretär: Gustav Wabro
Hauptstätterstr. 67, 7000 Stuttgart 1
Tel.: 6 47-1, Telefax: 640 09 15

Verkehrsministerium
Minister: Hermann Schaufler
Hauptstätterstr. 67, 7000 Stuttgart 1
Tel.: 6 47-1, Telex: 722 305, Telefax: 20 72 34 74

Ministerium für Familie, Frauen, Weiterbildung und Kunst
Ministerin: Brigitte Unger-Soyka
Hauptstätterstr. 67, 7000 Stuttgart 1
Tel. 6 47-1, Telefax: 640 09 15

Präsident des Landtags
Erich Schneider
Haus des Landtags, 7000 Stuttgart 1
Tel.: 20 63-0, Telefax: 20 63 299

BAYERN

Ministerpräsident
Dr. h.c. Max Streibl
Stellvertreterin: Dr. Mathilde Berghofer-Weichner

Staatskanzlei
Staatssekretär: Johann Böhm
Prinzregentenstraße 7, 8000 München 22
Tel.: (0 89) 2 16 50

Staatsministerium des Innern
Staatsminister: Dr. Edmund Stoiber
Staatssekretäre: Dr. Günther Beckstein und Dr. Herbert Huber
Odeonsplatz 3, 8000 München 22
Tel.: 2 19 21

Staatsministerium der Justiz
Staatsministerin: Dr. Mathilde Berghofer-Weichner
Staatssekretär: Alfred Sauter
Prielmayerstr. 7, 8000 München 2
Tel.: 5 59 71

Staatsministerium für Unterricht, Kultus, Wissenschaft und Kunst
Staatsminister: Hans Zehetmair
Staatssekretäre: Hermann Leeb und Dr. Otto Wiesheu
Salvatorplatz 2, 8000 München 2
Tel. 2 18 61

Staatsministerium der Finanzen
Staatsminister: Dr. Georg Freiherr von Waldenfels
Staatssekretär: Dr. h.c. Albert Meyer
Odeonsplatz 4, 8000 München 22
Tel.: 2 30 61

Staatsministerium für Wirtschaft und Verkehr
Staatsminister: Dr. h.c. August R. Lang
Staatssekretär: Alfons Zeller
Prinzregentenstraße 28, 8000 München 22
Tel. 21 62 01

Staatsministerium für Ernährung, Landwirtschaft und Forsten
Staatsminister: Hans Maurer
Staatssekretär: Josef Miller
Ludwigstraße 2, 8000 München 22
Tel.: 2 18 20

Staatsministerium für Arbeit, Familie und Sozialordnung
Staatsminister: Dr. Gebhard Glück
Staatssekretärin: Barbara Stamm
Winzerer Straße 9, 8000 München 40
Tel.: 12 61 01

Staatsministerium für Landesentwicklung und Umweltfragen
Staatsminister: Dr. Peter Gauweiler
Staatssekretär: Otto Zeitler
Rosenkavalierplatz 2, 8000 München 81
Tel.: 9 21 41

Staatsminister für Bundes- und Europaangelegenheiten
Staatsminister: Dr. Thomas Goppel
Staatssekretär: Dr. Paul Wilhelm
Kardinal-Döpfner-Str. 4, 8000 München 2
Tel.: 2 30 60
– Dienststelle München –

Schlegelstraße 2, 5300 Bonn
Tel.: 0228-20 21
– Dienststelle Bonn –

Präsident des Landtags
Dr. Wilhelm Vorndran
Maximilianeum, 8000 München 85
Tel.: 41 26-0

BERLIN

Der Senat von Berlin
Regierender Bürgermeister: Eberhard Diepgen
Bürgermeisterin: Dr. Christine Bergmann
Chef der Senatskanzlei: Volker Kähne
Presse- und Informationsamt des Landes Berlin und Sprecher des Senats: Dr. Dieter Flämig
Berliner Rathaus, O-1020 Berlin
Tel. (0 30) 26 95-0

Senatorin für Arbeit und Frauen
Dr. Christine Bergmann
Staatssekretärin: Helga Korthaase
Staatssekretär: Peter Haupt
Storkower Str. 134, O-1054 Berlin
Tel. 21 74-0

Senator für Bau- und Wohnungswesen
Wolfgang Nagel
Staatssekretär: Hans Görler
Württembergische Straße 6, 1000 Berlin 31
Tel.: 8 67-1

Senator für Bundes- und Europaangelegenheiten
Peter Radunski
Staatssekretärin: Dr. Hildegard Boucsein
John-F.-Kennedy-Platz, 1000 Berlin 62
Tel. 7 83-1

Senator für Finanzen
Elmar Pieroth
Staatssekretäre: Werner Heubaum und Theodor Strauch
Nürnberger Straße 53-55, 1000 Berlin 30
Tel.: 21 23-1

Senator für Gesundheit
Dr. Peter Luther
Staatssekretär: Detlef Orwat
An der Urania 12-14 (Postanschrift)
1000 Berlin 30, Tel.: 21 22-1
Rauchstr. 17/18 (Dienstsitz)
Tel.: 26 11-1

Senator für Inneres
Prof. Dr. Dieter Heckelmann
Staatssekretäre: Eike Lancelle und Armin Jäger
Fehrbelliner Platz 2, 1000 Berlin 31
Tel.: 8 67-1

Senator für Jugend und Familie
Thomas Krüger
Staatssekretär: Klaus Löhe
Am Karlsbad 8-10, 1000 Berlin 30,
Tel.: 26 04-1

Senatorin für Justiz
Prof. Dr. Jutta Limbach
Staatssekretär: Detlef Borrmann
Salzburger Straße 21-25, 1000 Berlin 62
Tel.: 7 83-1

Senator für Kulturelle Angelegenheiten
Ulrich Roloff-Momin
Staatssekretär: Hermann Hildebrandt
Europa-Center, 1000 Berlin 30
Tel.: 21 23-1

Senator für Schule, Berufsbildung und Sport
Jürgen Klemann
Staatssekretär: Günter Bock
Bredtschneiderstraße 5, 1000 Berlin 19
Tel.: 30 32-0

Senatorin für Soziales
Ingrid Stahmer
Staatssekretär: Armin Tschoepe
An der Urania 12-14, 1000 Berlin 30,
Tel.: 21 22-1

Brandenburg

Senator für Stadtentwicklung und Umweltschutz
Dr. Volker Hassemer
Staatssekretäre: Prof. Dr. Lutz Wicke und Wolfgang Branoner
Lindenstraße 20-25, 1000 Berlin 61
Tel.: 25 86-0

Senator für Verkehr und Betriebe
Prof. Dr. Herwig Erhard Haase
Staatssekretär: Ingo Schmitt
An der Urania 4-10, 1000 Berlin 30,
Tel.: 21 22-1

Senator für Wirtschaft und Technologie
Dr. Norbert Meisner
Staatssekretäre: Jörg Rommerskirchen und Dr. Hans Kremendahl
Martin-Luther-Straße 105, 1000 Berlin 62
Tel.: 7 83-1

Senator für Wissenschaft und Forschung
Prof. Dr. Manfred Erhardt
Staatssekretär: Prof. Dr. Erich Thies
Bredtschneiderstraße 5, 1000 Berlin 19
Tel.: 30 32-0

Präsidentin des Abgeordnetenhauses
Dr. Hanna-Renate Laurin
Rathaus Schöneberg, John-F.-Kennedy-Platz,
1000 Berlin 62, Tel. 7 83-32 91

BRANDENBURG

Ministerpräsident
Dr. Manfred Stolpe

Chef der Staatskanzlei
Staatssekretär Dr. Jürgen Linde
Regierungssprecher:
Staatssekretär Erhard Thomas
Leiter Presse- und Informationsamt:
Eberhard Grashoff
Heinrich-Mann-Allee 107, O-1561 Potsdam
Tel.: (03 31) 3 39-250 oder 030-8 16 94-250

Ministerium des Innern
Minister: Alwin Ziel (Stellv. MP)
Staatssekretär: Dr. Werner Ruckriegel
Henning-von-Tresckow-Str. 9-13, O-1561 Potsdam
Tel.: 40-0

Ministerium der Justiz und Bevollmächtigter beim Bund:
Minister: Dr. Hans-Otto Bräutigam
Staatssekretär: Dr. Rainer Faupel
Heinrich-Mann-Allee 107, O-1561 Potsdam
Tel.: 36-0

Landesvertretung (Stellv. des Bevollmächtigten)
Staatssekretärin: Irmgard von Rottenburg
Schedestraße 1-3, W-5300 Bonn 1
Tel.: 0228-915 00 21

Ministerium der Finanzen
Minister: Klaus-Dieter Kühbacher
Staatssekretär: Dr. Heinz Padberg
Steinstraße 104, O-1561 Potsdam
Tel.: 62 30 91

Ministerium für Wirtschaft, Mittelstand und Technologie
Minister: Walter Hirche
Staatssekretär: Dr. Knut Sandler
Heinrich-Mann-Allee 107, O-1561 Potsdam
Tel.: 36-0

Ministerium für Arbeit, Soziales, Gesundheit und Frauen
Ministerin: Dr. Regine Hildebrandt
Staatssekretäre: Detlev Affeld und Amtschef Olaf Sund
Heinrich-Mann-Allee 107, O-1561 Potsdam
Tel.: 36-0

Ministerium für Umwelt, Naturschutz und Raumordnung
Minister: Matthias Platzeck
Staatssekretär: Dr. Paul Engstfeld
Albert-Einstein-Str. 42-46, O-1561 Potsdam
Tel.: 31 50 oder 030-801 40 91

Ministerium für Ernährung, Landwirtschaft und Forsten
Minister: Edwin Zimmermann
Staatssekretär: Günter Rudolf Wegge
Heinrich-Mann-Allee 107, O-1561 Potsdam
Tel.: 36-0

Brandenburg

Ministerium für Wissenschaft, Forschung und Kultur
Minister: Hinrich Enderlein
Staatssekretär: Prof. Dr. Dittberner
Friedrich-Ebert-Str. 4, O-1560 Potsdam
Tel.: 3 29-0

Ministerium für Bildung, Jugend und Sport
Ministerin: Marianne Birthler
Staatssekretär: Dr. Gerd Harms
Heinrich-Mann-Allee 107, O-1561 Potsdam
Tel.: 36-263

Ministerium für Stadtentwicklung, Wohnen und Verkehr
Minister: Jochen Wolf
Staatssekretär: Dr. Horst Gräf
Dortusstraße 30-33, O-1560 Potsdam
Tel.: 47 51

Präsident des Landtags
Dr. Herbert Knoblich
Heinrich-Mann-Allee 107, O-1561 Potsdam
Tel.: 96 60

BREMEN

Senat (Landesregierung) der Freien Hansestadt Bremen
Präsident des Senats und Bürgermeister
Senator für kirchliche Angelegenheiten
Klaus Wedemeier
Stellvertreter: Bürgermeister Claus Jäger
Chef der Staatskanzlei: Staatsrat Dr. Andreas Fuchs
Sprecher des Senats: Dr. Klaus Sondergeld
Rathaus, 2800 Bremen
Tel.: (04 21) 36 10

Senator für Inneres und Sport
Friedrich van Nispen
Staatsrat: Dr. Helmut Kauther
Contrescarpe 22/24, 2800 Bremen
Tel.: 362 20 00

Senator für Justiz und Verfassung
Dr. Henning Scherf
Staatsrat: Michael Göbel
Richtweg 16-22, 2800 Bremen
Tel.: 361 24 84

Senator für Bildung und Wissenschaft
Dr. Henning Scherf
Staatsrat: Prof. Dr. Reinhard Hoffmann
Rembertiring 8-12, 2800 Bremen
Tel.: 361 64 03

Senator für Arbeit und Frauen
Bürgermeisterin Sabine Uhl
Staatsrat: Manfred Weichsel
Contrescarpe 73, 2800 Bremen
Tel.: 361 47 20

Senatorin für Gesundheit, Jugend und Soziales
Irmgard Gaertner
Staatsrat: Dr. Hans-Christoph Hoppensack
Birkenstr. 34, 2800 Bremen
Tel.: 361 22 03

Senatorin für Kultur und Ausländerintegration
Dr. Helga Trüpel
Staatsrat: Dr. Gerhard Schwandner
Herdentorsteinweg 7, 2800 Bremen
Tel.: 361 40 78

Senator für Umweltschutz und Stadtentwicklung
Ralf Fücks
Staatsrat: Dr. Uwe Lahl
Ansgaritorstr. 2, 2800 Bremen
Tel.: 361 60 04

Senator für Wirtschaft, Mittelstand und Technologie
Bürgermeister Claus Jäger
Staatsrat: Dr. Frank Haller
Zweite Schlachtpforte 3, 2800 Bremen
Tel.: 397 84 00

Senator für Häfen, Schiffahrt und Außenhandel
Uwe Beckmeyer
Staatsrat: Gerd Markus
Kirchenstraße 4, 2800 Bremen
Tel.: 361 22 02

Senatorin für das Bauwesen
Eva-Maria Lemke-Schulte
Staatsrat: Dr. Jürgen Lüthge
Ansgaritorstr. 2, 2800 Bremen
Tel.: 361 22 27

Senator für Finanzen
Volker Kröning
Staatsrat: Dr. Hartwig Heidorn
Rudolf-Hilferding-Platz 1, 2800 Bremen
Tel.: 3 61 23 98

Senator für Bundesangelegenheiten
Uwe Beckmeyer
Staatsrat: Erik Bettermann
Schaumburg-Lippe-Str. 7-9, 5300 Bonn 1
Tel. 0228-2 60 50

Präsident der Bürgerschaft
Dr. Dieter Klink
Haus der Bürgerschaft, 2800 Bremen 1
Tel.: 360 70

HAMBURG

Der Senat der Freien und Hansestadt Hamburg

Präsident des Senats
Erster Bürgermeister Dr. Henning Voscherau
Stellv. und Zweiter Bürgermeister
Prof. Dr. Hans-Jürgen Krupp

Senatsämter

Senatskanzlei
Erster Bürgermeister Dr. Henning Voscherau
Zweiter Bürgermeister Prof. Dr. Hans-Jürgen Krupp
Chef der Staatskanzlei:
Senator Dr. Thomas Mirow
Rathaus, 2000 Hamburg 1
Tel.: (0 40) 36 81-0, FS: 2 12 121

Staatliche Pressestelle: Dr. Reimer Rohde

Senatsamt für die Gleichstellung der Frau
Senatorin Traute Müller
Vertreterin: Senatorin Dr. Lore Maria Peschel-Gutzeit
Poststraße 11, 2000 Hamburg 1
Tel.: 36 81-0

Vertretung der Freien und Hansestadt Hamburg beim Bund
Bevollmächtigter: Senator Peter Zumkle
Kurt-Schumacher-Str. 12, 5300 Bonn 1
Tel.: 02 28 - 22 87-0

Senatsamt für den Verwaltungsdienst
Erster Bürgermeister Dr. Henning Voscherau
Senator Peter Zumkle
Steckelhörn 12, 2000 Hamburg 11
Tel.: 36 81-0

Senatsamt für Bezirksangelegenheiten
Erster Bürgermeister Dr. Henning Voscherau
Senator Peter Zumkle
Johanniswall 4, 2000 Hamburg 1
Tel.: 24 86-0

Staatsarchiv
Erster Bürgermeister Dr. Henning Voscherau
Senator Dr. Thomas Mirow
ABC-Straße 19, 2000 Hamburg 36
Tel.: 36 81-0

Justizbehörde
Senatorin Dr. Lore Maria Peschel-Gutzeit
Vertreter: Senator Wolfgang Curilla
Drehbahn 36, 2000 Hamburg 36
Tel.: 34 97-1

Behörde für Schule, Jugend und Berufsbildung
Senatorin Rosemarie Raab
Vertreter: Senator Ortwin Runde
Hamburger Straße 31, 2000 Hamburg 76
Tel.: 29 18 81

Behörde für Wissenschaft und Forschung
Senator Prof. Dr. Leonhard Hajen
Vertreterin: Senatorin Dr. Christina Weiss
Hamburger Straße 37, 2000 Hamburg 76
Tel.: 29 18 81

Kulturbehörde
Senatorin Dr. Christina Weiss
Vertreter: Senator Prof. Dr. Leonhard Hajen
Hamburger Straße 45, 2000 Hamburg 76
Tel.: 29 18 81

Behörde für Arbeit, Gesundheit und Soziales
Senator Ortwin Runde
Vertreterin: Senatorin Rosemarie Raab
Hamburger Straße 37, 2000 Hamburg 70
Tel.: 29 18 81

Stadtentwicklungsbehörde
Senatorin Traute Müller
Vertreter: Senator Dr. Fritz Vahrenholt
Alter Steinweg 4, 2000 Hamburg 11
Tel.: 3 50 40

Baubehörde
Senator Eugen Wagner
Vertreter: Zweiter Bürgermeister
Prof. Dr. Hans-Jürgen Krupp
Stadthausbrücke 8, 2000 Hamburg 36
Tel.: 34 91 31

Wirtschaftsbehörde
Zweiter Bürgermeister
Prof. Dr. Hans-Jürgen Krupp
Vertreter: Senator Eugen Wagner
Alter Steinweg 4, 2000 Hamburg 11
Tel.: 35 04-1

Behörde für Inneres
Senator Werner Hackmann
Vertreter: Senator Wolfgang Curilla
Johanniswall 4, 2000 Hamburg 1
Tel.: 24 86-0

Umweltbehörde
Senator Dr. Fritz Vahrenholt
Vertreterin: Senatorin Traute Müller
Steindamm 22, 2000 Hamburg 1
Tel.: 24 86-0

Finanzbehörde
Senator Wolfgang Curilla
Vertreter: Senator Werner Hackmann
Gänsemarkt 36, 2000 Hamburg 36
Tel.: 35 98 1

Präsidentin der Bürgerschaft
Elisabeth Kiausch
Rathaus, Postfach 10 09 02, 2000 Hamburg 1
Tel.: 36 81-0

HESSEN

Ministerpräsident
Hans Eichel
Bierstadter Straße 2, 6200 Wiesbaden
Tel.: (0611) 3 20, Fax: 32 38 00

Chef der Staatskanzlei
Staatssekretär: Hans Joachim Suchan
Sprecher der Landesregierung:
Staatssekretär Erich Stather
Bierstadter Straße 2, 6200 Wiesbaden
Tel.: 3 20, Fax: 32 38 00

Minister des Innern und für Europaangelegenheiten
Dr. Herbert Günther
Staatssekretär: Christoph Kulenkampff
Friedrich-Ebert-Allee 12, 6200 Wiesbaden
Tel.: 3 53-1, Fax: 3 53-7 66

Ministerin der Finanzen
Dr. Annette Fugmann-Heesing
Staatssekretär: Dr. Otto-Erich Geske
Friedrich-Ebert-Allee 8, 6200 Wiesbaden
Tel.: 3 20, Fax: 32 24 33

Ministerin der Justiz
Dr. Christine Hohmann-Dennhardt
Staatssekretär: Dieter Schmidt
Luisenstraße 13, 6200 Wiesbaden
Tel.: 3 20, Fax: 32 27 63

Kultusminister
Hartmut Holzapfel
Staatssekretärin: Christiane Böck
Luisenplatz 10, 6200 Wiesbaden
Tel.: 3 68-0, Fax: 3 68-20 99

Ministerin für Wissenschaft und Kunst
Prof. Dr. Evelies Mayer
Staatssekretär: Dr. Bernd Kummer
Rheinstraße 23-25, 6200 Wiesbaden
Tel.: 1 65-0, Fax: 1 65-7 66

Minister für Wirtschaft, Verkehr und Technologie
Ernst Welteke
Staatssekretär: Dr. Jürgen Wefelmeier
Kaiser-Friedrich-Ring 75, 6200 Wiesbaden
Tel.: 8 15-0, Fax: 8 15-22 25

Hessen

Minister für Umwelt, Energie und Bundesangelegenheiten
Joschka Fischer
Staatssekretäre: Rainer Baake und Ulrike Riedel
Mainzer Straße 80, 6200 Wiesbaden
Tel.: 8 15-0, Fax: 8 15-19 40

Ministerin für Jugend, Familie und Gesundheit
Iris Blaul
Staatssekretärin: Brigitte Sellach
Dostojewskistraße 4, 6200 Wiesbaden
Tel.: 8 17-1, Fax: 80 93 99

Ministerin für Frauen, Arbeit und Sozialordnung
Prof. Dr. Heide Pfarr
Staatssekretär: Dietmar Glaßer
Dostojewskistr. 4, 6200 Wiesbaden
Tel.: 3 20, Fax: 3 90 75

Minister für Landesentwicklung, Wohnen, Landwirtschaft, Forsten und Naturschutz
Jörg Jordan
Staatssekretär: Rolf Praml
Hölderlinstraße 1-3, 6200 Wiesbaden
Tel.: 8 17-1, Fax: 8 17-28 00

Präsident des Landtags
Karl Starzacher
Schloßplatz 1-3, 6200 Wiesbaden
Tel.: 3 50-0, Fax: 3 50-5 11

MECKLENBURG-VORPOMMERN

Ministerpräsident
Dr. Berndt Seite

Chef der Staatskanzlei
Dr. Gabriele Wurzel
Stellvertr.: Dr. Michael Bednorz
stv. Regierungssprecher: Dr. Michael Koschinski
Schloßstraße 2-4, O-2750 Schwerin
Tel.: (03 85) 5 71 90

Innenministerium
Minister: Lothar Kupfer
Staatssekretär: Klaus Balzer
Karl-Marx-Straße 1, O-2750 Schwerin
Tel.: 57 40

Ministerium für Justiz, Bundes- und Europaangelegenheiten
Minister: Herbert Helmrich
Staatssekretär: Dr. Klaus Letzgus
Demmlerplatz 1-2, O-2754 Schwerin
Tel.: 88 90

Landesvertretung (Bevollmächtigter beim Bund)
Staatssekretär: Dr. Karl-Egbert Mroch
Godesberger Allee 18, W-5300 Bonn 2
Tel.: 0228-95 85 02

Finanzministerium
Ministerin: Bärbel Kleedehn
Staatssekretär: Wilhelm Bunke
Schloßstraße 9-11, O-2750 Schwerin
Tel.: 57 80

Ministerium für Wirtschaft, Technik, Energie, Verkehr
Minister: Conrad-Michael Lehment
Staatssekretär: Wolfgang Pfletschinger
Stellingstraße 14, O-2755 Schwerin
Tel.: 5 72 40

Ministerium für Arbeit, Gesundheit und Soziales
Minister: Dr. Klaus Gollert (Stellv. MP)
Staatssekretär: Neithart Neitzel
Frauen- und Gleichstellungsbeauftragte: Dr. Gabriele Kriese
Werderstraße 124, O-2750 Schwerin
Tel.: 57 70

Ministerium für Natur und Umwelt
Ministerin: Dr. Petra Uhlmann
Staatssekretär: Dr. Peter-Uwe Conrad
Schloßstraße 6-8, O-2750 Schwerin
Tel.: 57 80

Ministerium für Ernährung, Landwirtschaft und Fischerei
Minister: Martin Brick
Staatssekretär: Brar Roeloffs
Paulshöher Weg 1, O-2786 Schwerin
Tel.: 88 60

Ministerium für Bildung, Wissenschaft, Kultur, Jugend und Sport
Ministerin: Steffie Schnoor
Staatssekretär: Dr. Thomas de Maizière
Werderstraße 124, O-2750 Schwerin
Tel.: 57 80

Präsident des Landtags
Rainer Prachtl
Schweriner Schloß, O-2750 Schwerin
Tel.: 88 80

NIEDERSACHSEN

Ministerpräsident
Gerhard Schröder

Staatskanzlei
Staatssekretär: Dr. Wolf Weber
Pressestelle: Uwe-Karsten Heye
Planckstraße 2, 3000 Hannover 1
Tel.: (05 11) 1 20-1, FS: 923 41 460

Minister des Innern
Gerhard Glogowski
Staatssekretär: Claus-Henning Schapper
Lavesallee 6, 3000 Hannover 1
Tel.: 1 20-1, FS: 923 41 475

Minister der Finanzen
Hinrich Swieter
Staatssekretär: Peter Neuber
Schiffgraben 10, 3000 Hannover 1
Tel.: 1 20-1, FS: 923 41 470

Sozialminister
Walter Hiller
Staatssekretärin: Birgit Gantz-Rothmann
Hinrich-Wilhelm-Kopf-Platz 2, 3000 Hannover 1
Tel.: 1 20-1, FS: 923 41 445

Kultusminister
Prof. Rolf Wernstedt
Staatssekretärin: Renate Jürgens-Pieper
Schiffgraben 12, 3000 Hannover 1
Tel.: 1 20-1, FS: 923 41 465

Ministerin für Wissenschaft und Kunst
Helga Schuchardt
Staatssekretär: Dr. Uwe Reinhardt
Leibnizufer 9, 3000 Hannover 1
Tel.: 1 20-1, FS: 923 41 456

Minister für Wirtschaft, Technologie und Verkehr
Dr. Peter Fischer
Staatssekretär: Dr. Alfred Tacke
Friedrichswall 1, 3000 Hannover 1
Tel.: 1 20-1, FS: 923 41 435

Minister für Ernährung, Landwirtschaft und Forsten
Karl-Heinz Funke
Staatssekretär: Uwe Bartels
Calenberger Straße 2, 3000 Hannover 1
Tel.: 1 20-1, FS: 923 414 10

Ministerin der Justiz
Heidi Alm-Merk
Staatssekretär: Horst Henze
Am Waterlooplatz 1, 3000 Hannover 1
Tel.: 1 20-1, FS: 923 41 430

Minister für Bundes- und Europaangelegenheiten
Jürgen Trittin
Staatssekretär: Frank Ebisch
Clemensstraße 17, 3000 Hannover 1
Tel.: 1 20-1, FS: 923 41 440

Umweltministerin
Monika Griefahn
Staatssekretär: Jan Henrik Horn
Archivstraße 2, 3000 Hannover 1
Tel.: 10 41

Frauenministerin
Waltraud Schoppe
Staatssekretärin: Dr. Christa Karras
Schiffgraben 44, 3000 Hannover 1
Tel.: 12 01

Präsident des Landtags
Horst Milde
Hinrich-Wilhelm-Kopf-Platz 1, 3000 Hannover 1
Tel.: 30 30-224

Nordrhein-Westfalen

NORDRHEIN-WESTFALEN

Ministerpräsident:
Dr. h.c. Johannes Rau
Stellv.: Minister Dr. Herbert Schnoor

Staatskanzlei
Minister für besondere Aufgaben und Chef der Staatskanzlei: Wolfgang Clement
Mannesmannufer 1a, 4000 Düsseldorf
Tel.: (02 11) 8 37 01, FS: 8 584 739

Ministerium für Wirtschaft, Mittelstand und Technologie
Minister: Günther Einert
Staatssekretär: Hartmut Krebs
Haroldstraße 4, 4000 Düsseldorf
Tel.: 8 37 02, FS: 08 582 728

Finanzministerium
Minister: Heinz Schleusser
Staatssekretär: Dr. Karlheinz Bentele
Jägerhofstraße 6, 4000 Düsseldorf
Tel.: 4 97 20, FS: 08 584 739

Innenministerium
Minister: Dr. Herbert Schnoor
Staatssekretär: Wolfgang Riotte
Elisabethstraße 5, 4000 Düsseldorf
Tel.: 87 11, FS: 08 582 749

Justizministerium
Minister: Dr. Rolf Krumsiek
Staatssekretär: Dr. Heinrich-Hugo Röwer
Martin-Luther-Platz 40, 4000 Düsseldorf
Tel.: 8 79 21, FS: 08 581 930

Ministerium für Wissenschaft und Forschung
Ministerin: Anke Brunn
Staatssekretär: Dr. Gerhard Konow
Völklinger Straße 49, 4000 Düsseldorf
Tel.: 8 96-04, FS: 08 581 993

Kultusministerium
Minister: Hans Schwier
Staatssekretär: Dr. Friedrich Besch
Völklinger Straße 49, 4000 Düsseldorf
Tel.: 8 96-03, FS: 08 582 967

Ministerium für Umwelt, Raumordnung und Landwirtschaft
Minister: Klaus Matthiesen
Staatssekretär: Dr. Hans-Hermann Bentrup
Schwannstr. 3, 4000 Düsseldorf
Tel.: 4 56 60, FS: 08 584 965

Ministerium für Arbeit, Gesundheit und Soziales
Minister: Hermann Heinemann
Staatssekretär: Dr. Wolfgang Bodenbender
Horionplatz 1, 4000 Düsseldorf
Tel.: 8 37 03, FS: 08 582 192

Ministerium für Bauen und Wohnen
Ministerin: Ilse Brusis
Staatssekretär: Joachim Westermann
Breitestr. 31, 4000 Düsseldorf
Tel.: 8 37-04, FS: 8 584 410

Ministerium für Bundesangelegenheiten
Minister: Dr. h.c. Johannes Rau
Staatssekretärin u. Bevollm.:
Heide Dörrhöfer-Tucholski
Dahlmannstraße 2, 5300 Bonn 1
Tel.: 02 28 - 26 99-0, FS: 08 86 850

Ministerium für Stadtentwicklung und Verkehr
Minister: Franz-Josef Kniola
Staatssekretär: Dr. Heinz Nehrling
Breitestr. 31, 4000 Düsseldorf
Tel.: 8 37-04, FS: 85 84 410

Ministerium für die Gleichstellung von Frau und Mann
Ministerin: Ilse Ridder-Melchers
Breitestr. 27, 4000 Düsseldorf
Tel.: 8 37 05, FS: 08 582 728

Präsidentin des Landtags
Ingeborg Friebe
Platz des Landtags 1, 4000 Düsseldorf
Tel.: 8 84-0, FS: 8-586 498

RHEINLAND-PFALZ

Ministerpräsident
Rudolf Scharping

Staatskanzlei
Staatssekretär und
Chef der Staatskanzlei:
Dr. Karl-Heinz Klär
Peter-Altmeier-Allee 1, 6500 Mainz
Tel.: (0 61 31) 1 61

Minister des Innern und für Sport
Walter Zuber
Staatssekretär: Klaus Rüter
Schillerplatz 3-5, 6500 Mainz
Tel.: 1 61

Minister der Finanzen
Edgar Meister
Staatssekretär: Dr. Thilo Sarrazin
Kaiser-Friedrich-Straße 1, 6500 Mainz
Tel.: 1 61

Minister der Justiz
Peter Caesar
Amtschef: Ministerialdirekor Dr. Gerhard Hofe
Ernst-Ludwig-Straße 3, 6500 Mainz

Minister für Arbeit, Soziales, Familie und Gesundheit
Ullrich Galle
Staatssekretär: Udo Reichenbecher
Bauhofstraße 4, 6500 Mainz
Tel.: 1 61

Ministerin für die Gleichstellung von Frau und Mann
Jeanette Rott
Amtschefin: Ministerialrätin Ursula Hahn
Bauhofstraße 4, 6500 Mainz
Tel.: 1 61

Minister für Landwirtschaft, Weinbau und Forsten
Karl Schneider
Amtschef: Ministerialdirektor Günter Eymael
Große Bleiche 55, 6500 Mainz
Tel.: 1 61

Minister für Wirtschaft und Verkehr
Rainer Brüderle
Staatssekretäre:
Ernst Eggers und Jürgen Debus
Bauhofstraße 4, 6500 Mainz
Tel.: 1 61

Ministerin für Bildung und Kultur
Dr. Rose Götte
Staatssekretär: Dr. Joachim Hofmann-Göttig
Mittlere Bleiche 61, 6500 Mainz
Tel.: 1 61

Minister für Wissenschaft und Weiterbildung
Prof. Dr. Jürgen Zöllner
Staatssekretär: Erwin Heck
6500 Mainz, Tel. 1 61

Ministerin für Umwelt
Klaudia Martini
Staatssekretär: Roland Härtel
Kaiser-Friedrich-Straße 7, 6500 Mainz
Tel.: 1 61, FS: 4 187 852

Minister für Bundesangelegenheiten und Europa
Florian Gerster
Staatssekretär: Prof. Dr. Wolfgang Rumpf
Amtschef: Wolfgang Gerhards
Heussallee 18-24, 5300 Bonn

Präsident des Landtags
Christoph Grimm
Deutschhausplatz 1, 6500 Mainz
Tel.: 20 80

SAARLAND

Ministerpräsident
Oskar Lafontaine
Stellvertreter: Minister Hans Kasper
Regierungssprecherin: Maria Zimmermann

Chef der Staatskanzlei
Staatssekretär: Dr. Kurt Bohr
Am Ludwigsplatz 14, 6000 Saarbrücken 1
Tel.: (0681) 50 06-01, FS: 4421 371

Ministerium des Innern
Minister: Friedel Läpple
Staatssekretär: Richard Dewes
Franz-Josef-Röder-Straße 21, 6600 Saarbrücken 1
Tel.: 5 01-1, FS: (17) 681 724

Ministerium der Finanzen
Minister: Hans Kasper
Staatssekretär: Henner Wittling
Am Stadtgraben 6-8, 6600 Saarbrücken 3
Tel.: 30 00-1, FS: 44 28 687

Ministerium der Justiz
Minister: Dr. Arno Walter
Staatssekretär: Dr. Roland Rixecker
Zähringer Straße 12, 6600 Saarbrücken 1
Tel.: 5 05-1, FS: 44 28 648

Ministerium für Bildung und Sport
Ministerin: Marianne Granz
Staatssekretär: Werner Raber
Hohenzollernstraße 60, 6600 Saarbrücken 1
Tel.: 5 03-1

Ministerium für Wissenschaft und Kultur
Minister: Prof. Dr. Diether Breitenbach
Staatssekretär: Dr. Rüdiger Pernice
Hohenzollernstr. 60, 6600 Saarbrücken 1
Tel.: 5 03-1

Ministerium für Frauen, Arbeit, Gesundheit und Soziales
Ministerin: Christiane Krajewski
Staatssekretärin: Barbara Wackernagel-Jacobs
Talstraße 43-51, 6600 Saarbrücken 1
Tel.: 5 01-1, FS: (17) 681 937

Ministerium für Wirtschaft
Minister: Reinhold Kopp
Staatssekretär: Reinhard Störmer
Hardenbergstraße 8, 6600 Saarbrücken 1
Tel.: 5 01-1, FS: (17) 681 966

Ministerium für Umwelt
Minister: Jo Leinen
Staatssekretär: Burghard Schneider
Hardenbergstraße 8, 6600 Saarbrücken 1
Tel.: 5 01-1, FS: (17) 681 7506

Der Bevollmächtigte des Saarlandes beim Bund
Staatssekretär: Hanspeter Weber
Kurt-Schumacher-Str. 9, 5300 Bonn 1
Tel.: (0228) 2 67 93-0, FS: 886 553

Präsident des Landtags
Albrecht Herold
Franz-Josef-Röder-Straße 7, 6600 Saarbrücken
Tel.: 50 02-1, FS: 4-421 120

SACHSEN

Ministerpräsident
Prof. Dr. Kurt Biedenkopf

Sächsische Staatskanzlei
Chef der Staatskanzlei:
Staatssekretär Günter Meyer

Staatsminister für besondere Aufgaben
Dr. Karl Weise

Bevollmächtigter für Bundes- und Europaangelegenheiten
Staatssekretär Dr. Günter Ermisch

Gleichstellungsbeauftragte:
Parlamentarische Staatssekretärin Friederike de Haas
Regierungssprecher: Michael Sagurna
Archivstraße 1, O-8060 Dresden
Tel.: 03 51-5 98 20

Landesvertretung
Pressesprecherin: Barbara Ewald
Godesberger Allee 18, W-5300 Bonn 2
Tel.: 0228-95 85 01

Staatsministerium des Innern
Staatsminister: Heinz Eggert (Stellv. MP)
Parlamentarischer Staatssekretär: Dr. Albrecht Buttolo
Archivstraße 1, O-8060 Dresden
Tel.: 5 98 20

Staatsministerium der Justiz
Staatsminister: Steffen Heitmann
Staatssekretär: Eberhard Stilz
Archivstraße 1, O-8060 Dresden
Tel.: 5 98 20

Staatsministerium der Finanzen
Staatsminister: Prof. Dr. Georg Milbradt
Carolaplatz 1, O-8060 Dresden
Tel.: 5 64-0

Staatsministerium für Wirtschaft und Arbeit
Staatsminister: Dr. Kajo Schommer
Parlamentarischer Staatssekretär: Dr. Helmut Münch
Staatssekretäre: Dr. Rüdiger Thiele, Dr. Wolfgang Zeller
Budapester Straße 5, O-8010 Dresden
Tel.: 4 85 20

Staatsministerium für Soziales, Gesundheit und Familie
Staatsminister: Dr. Hans Geisler
Staatssekretär: Dr. Albin Nees
Albertstr. 10, O-8060 Dresden
Tel.: 59 90-601/602

Staatsministerium für Umwelt und Landesentwicklung
Staatsminister: Arnold Vaatz
Parlamentarischer Staatssekretär: Dr. Dieter Reinfried
Staatssekretär: Dieter Angst
Ostra-Allee 23, O-8010 Dresden
Tel.: 4 86 20

Staatsministerium für Landwirtschaft, Ernährung und Forsten
Staatsminister: Dr. Rolf Jähnichen
Staatssekretär: Hermann Kroll-Schlüter
Albertstr. 10, O-8060 Dresden
Tel.: 59 90-801

Staatsministerium für Kultus
Staatsministerin Stefanie Rehm
Staatssekretär: Wolfgang Nowak
Parlamentarischer Staatssekretär: Dr. Klaus Husemann
Palaisplatz 2d, O-8060 Dresden
Tel.: 5 98 20

Staatsministerium für Wissenschaft und Kunst
Staatsminister: Prof. Dr. Hans Joachim Meyer
Wigardstr. 17, O-8060 Dresden
Tel.: 5 98 20

Präsident des Landtags
Erich Iltgen
Holländische Straße 2, O-8012 Dresden
Tel.: 4 85 50

SACHSEN-ANHALT

Ministerpräsident
Prof. Dr. Werner Münch

Chef der Staatskanzlei
Staatssekretär Walter Link
Regierungssprecher: Gerd Dietrich
Hegelstraße 42, O-3010 Magdeburg
Tel.: 03 91-38 20

Gleichstellungsbeauftragte
Staatssekretärin Carmen Stange
Domplatz 1a, O-3010 Magedeburg
Tel.: 38 20

Ministerium des Innern
Minister: Hartmut Perschau
Staatssekretär: Dr. Peter Mahn
Halberstädter Straße 2, O-3014 Magdeburg
Tel.: 38 70

Ministerium der Justiz
Minister: Walter Remmers
Staatssekretär: Rainer Robra
Wilhelm-Höpfner-Ring 6, O-3037 Magdeburg
Tel.: 38 20

Ministerium der Finanzen
Minister: Dr. Wolfgang Böhmer
Staatssekretär: Dr. Eberhard Schmiege
Olvenstedter Straße 2, O-3013 Magdeburg
Tel.: 38 20

Ministerium für Wirtschaft, Technologie und Verkehr
Minister: Dr. Horst Rehberger
Staatssekretäre: Rudolf Bohn,
Prof. Hans-Peter Mayer
Wilhelm-Höpfner-Ring 4, O-3037 Magdeburg
Tel.: 3 82 37 02

Ministerium für Arbeit und Soziales
Minister: Werner Schreiber
Staatssekretär: Richard Zimmer
Wilhelm-Höpfner-Ring 4, O-3037 Magdeburg
Tel.: 3 82 37 02

Sachsen-Anhalt

Ministerium für Umwelt und Naturschutz
Minister: Wolfgang Rauls (stv. MP)
Staatssekretäre: Dr. Eberhard Stief,
Dr. Herbert Spindler
Olvenstedter Str. 1-2, O-3013 Magdeburg
Tel.: 38 20

Ministerium für Ernährung, Landwirtschaft und Forsten
Ministerin: Petra Wernicke
Staatssekretär: Klaus Gille
Olvenstedter Straße 4, O-3010 Magdeburg
Tel.: 37 20

Kultusministerium
Minister: Dr. Werner Sobetzko
Staatssekretär: Dr. Wolf-Dieter Legall
Breiter Weg 31, O-3040 Magdeburg
Tel.: 5 81 14

Ministerium für Bundes- und Europaangelegenheiten
Minister: Hans-Jürgen Kaesler
Staatssekretär: Klaus-Günter Schaper
Domplatz 2-3, O-3010 Magdeburg
Tel.: 3 37 61

Ministerium für Raumordnung, Städtebau und Wohnungswesen
Minister: Dr. Karl-Heinz Daehre
Staatssekretär: Dr. Hans-Joachim Gottschalk
Herrenkrugstr. 66, O-3092 Magdeburg
Tel.: 38 70

Ministerium für Wissenschaft und Forschung
Minister: Prof. Dr. Rolf Frick
Staatssekretär: Prof. Dr. Hans-Albert Freye
Breiter Weg 31, O-3010 Magdeburg
Tel.: 5 81 14

Landesvertretung
Pressesprecher: Dieter Mönnich
Dahlmannstraße 18, W-5300 Bonn 1
Tel.: 0228-2 60 80

Präsident des Landtags
Dr. Klaus Keitel
Am Domplatz 6-7, O-3010 Magdeburg
Tel.: 33 83 95

SCHLESWIG-HOLSTEIN

Ministerpräsident
Björn Engholm
Landeshaus, Düsternbrooker Weg 70, 2300 Kiel
Tel.: 59 61, FS: 2 99 871

Chef der Staatskanzlei
Staatssekretär: Dr. Stefan Pelny
Landeshaus, Düsternbrooker Weg 70, 2300 Kiel
Tel.: 59 61, FS: 2 99 871

Pressestelle der Landesregierung
Regierungssprecher: Andreas M. Rink
Landeshaus, Düsternbrooker Weg 70, 2300 Kiel
Tel.: 59 61, FS: 299 871

Innenminister
Prof. Dr. Hans Peter Bull
Staatssekretär: Dr. Ekkehard Wienholtz
Düsternbrooker Weg 92, 2300 Kiel
Tel.: 59 61, FS: 2 99 871

Finanzministerin
Heide Simonis
Staatssekretär: Klaus Gärtner
Düsternbrooker Weg 64, 2300 Kiel
Tel.: 59 61, FS: 4 31 574

Minister für Ernährung, Landwirtschaft, Forsten und Fischerei
Hans Wiesen
Staatssekretär: Rüdiger von Plüskow
Düsternbrooker Weg 104, 2300 Kiel
Tel.: 59 61, FS: 4 31 536

Minister für Wirtschaft, Technik und Verkehr
Uwe Thomas
Staatssekretär: Peter Steinbrück
Düsternbrooker Weg 94, 2300 Kiel
Tel.: 59 61, FS: 4 31 551

Ministerin für Bildung, Wissenschaft, Kultur und Sport
Marianne Tidick
Staatssekretäre: Dr. Joachim Peter Kreyenberg und Dr. Bodo Richter
Düsternbrooker Weg 64, 2300 Kiel
Tel.: 59 61, FS: 2 99 871

Justizminister
Dr. Klaus Klingner
Staatssekretär: Uwe Jensen
Lorentzendamm 35, 2300 Kiel
Tel.: 59 91, FS: 4 31 553

Minister für Arbeit und Soziales, Jugend, Gesundheit und Energie
Günther Jansen
Staatssekretär: Claus Möller
Brunswiker Straße 16-22, 2300 Kiel
Tel.: 59 61, FS: 4 31 557

Minister für Natur, Umwelt und Landesentwicklung
Prof. Dr. Berndt Heydemann
Staatssekretär: Dr. Volker Schmidt
Grenzstraße 1-5, 2300 Kiel 14
Tel.: 2 19-0, FS: 4 31 754

Die Frauenministerin des Landes SH
Gisela Böhrk
Beselerallee 41, 2300 Kiel
Tel.: 59 61, FS: 2 99 871

Minister für Bundes- und Europaangelegenheiten
Gerd Walter
Staatssekretär: Dr. Michael Bürsch
Landeshaus, 2300 Kiel 1
Tel.: 59 61, FS: 2 99 871
Kurt-Schumacher-Str. 17-19, 5300 Bonn
Tel.: 9 15 18-0

Präsidentin des Landtags
Lianne Paulina-Mürl
Düsternbrooker Weg 70, 2300 Kiel 1
Tel.: 29 98 71, FS: 29 98 71

THÜRINGEN

Ministerpräsident
Dr. Bernhard Vogel
Johann-Sebastian-Bach-Str. 1, O-5085 Erfurt
Tel.: 03 61-37 30 01, Fax: 37 30 19

Minister in der Staatskanzlei: Franz Schuster

Chef der Staatskanzlei
Staatssekretär: Dr. Michael Krapp
Regierungssprecher: Hans Kaiser
Johann-Sebastian-Str. 1, O-5085 Erfurt
Tel.: 03 61-37-0

Frauenbeauftragte
Dr. Birgit Bauer
Am Steinplatz 1, O-5025 Erfurt
Tel.: 57 92 07, Fax: 57 92 12

Landesvertretung
Staatssekretär: Dr. Volker Gerisch
Simrockstraße 13, W-5300 Bonn 1
Tel.: 0228-91 50 60

Minister für Wissenschaft und Kunst
Dr. Ulrich Fickel (stv. MP)
Staatssekretär: Dr. Werner Brans
Schützenplatz 1, O-5071 Erfurt
Tel.: 386 31 61, Fax: 386 31 54

Innenminister
Willibald Böck
Staatssekretär: Dr. Michael Lippert
Schillerstraße 27, O-5082 Erfurt
Tel.: 398 23 35, Fax: 398 22 19

Finanzminister
Dr. Klaus Zeh
Staatssekretär: Dr. Sieghart Nehring
Wilhem-Wolff-Straße 9, O-5087 Erfurt
Tel.: 41 51 12, Fax: 41 11 78

Justizminister
Dr. Hans-Joachim Jentsch
Staatssekretär Dr. Karl-Heinz Gasser
Alfred-Hess-Str. 8, O-5082 Erfurt
Tel.: 6 66 20, Fax: 666 21 55

Kultusminister
Dieter Althaus
Staatssekretär: Hermann Ströbel
Schützenplatz 1, O-5071 Erfurt
Tel.: 38 60, Fax: 386 31 79

Minister für Wirtschaft und Verkehr
Dr. Jürgen Bohn
Staatssekretär: Dr. Friedrich Hermann Stamm
Johann-Sebastian-Bach-Str. 1, O-5085 Erfurt
Tel.: 663 32 01, Fax: 3 16 15

Minister für Landwirtschaft und Forsten
Dr. Volker Sklenar
Staatssekretär: Dr. Jürgen Hartmann
Hallesche Straße 16, O-5024 Erfurt
Tel.: 52 90, Fax: 642 16 57

Minister für Soziales und Gesundheit
Dr. Hans Henning Axthelm
Staatssekretär: Heinz-Friedrich Benner
Werner-Seelenbinder-Str. 14, O-5010 Erfurt
Tel.: 38 93 36, Fax: 66 90 05

Minister für Umwelt und Landesplanung
Hartmut Sieckmann
Staatssekretär: Dr. Ernst Wilke
Richard-Breslau-Str. 11a, O-5082 Erfurt
Tel.: 6 57 50, Fax: 657 52 19

Ministerin für Bundes- u. Europaangelegenheiten
Christine Lieberknecht
Staatssekretär: Dr. Volker Gerisch
Melchendorfer Str. 7, O-5083 Erfurt
Tel.: 39 43 27, Fax: 39 43 02

Präsident des Landtags
Dr. Gottfried Müller
Arnstädter Straße 51, O-5082 Erfurt
Tel.: 37 20 10, Fax: 3 10 01

Biographischer Teil

Biographical Part

Notices biographiques

A

AACH, Hans-Günther

Dr. rer. nat., em. o. Prof. u. Direktor Botan. Inst. TH Aachen (s. 1965) - Tittardshang 8, 5100 Aachen - Geb. 2. Okt. 1919 Oldenburg/O. - S. 1961 Lehrtätig. Köln u. Aachen (1962 Prof.). Spez. Arbeitsgeb.: Virologie, Biotechnologie. Zahlr. Fachaufs.

ABB, Friedrich Wilhelm
Dr. rer. pol., Dipl.-Volksw., Univ.-Prof. - Schubertstr. 24, 6000 Frankfurt/M. (T. 74 55 01) - Geb. 14. April 1930 Darmstadt, kath., verh. s. 1963 m. Verena, geb. Kunkel, 2 Kd. (Sigrid, Claus) - Stud. Volkswirtsch.lehre u. Jura Univ. Frankfurt - S. 1966 (Habil.) Priv.doz. u. 1971 Prof. Univ. Frankfurt (1972/73 Dekan); 1983 Wiss. Leit. Akad. f. Welthandel Frankfurt; 1992 Mitgl. d. Präsid. Dt. Inst. f. Betriebswirtsch. Frankfurt - BV: Wirtsch.wachstum u. Einkommensverteilung, 1971. Fachveröff. - Spr.: Engl., Franz.

ABE, Horst Rudolf
Dr. phil., ao. Prof. f. Geschichte d. Medizin an d. Med. Akademie Erfurt (s. 1960) - Goethestr. 32, O-5082 Erfurt (T. 2 66 81) - Geb. 12. Okt. 1927 Erfurt (Vater: Erich A., Kaufm.; Mutter: Margarete, geb. Köhler), ev., verh. s.

1962 m. Eva-Maria, geb. John - Stud. Univ. Jena, Ex. 1951; Promot. 1953 Jena; Habil. 1966 Rostock - S. 1960 Leit. d. Abt. f. Gesch. d. Med. an d. Med. Akad. Erfurt; s. 1991 Vizepräs. d. Akad. gemeinn. Wiss. zu Erfurt - BV: D. med. Fakultät Erfurt in d. J. 1392-1524, 1974; 230 Facharb. u. Herausg.schaften - Liebh.: Kunst, Lit. - Spr.: Engl. - Lit.: Beitr. z. Hochsch. u. Wiss.gesch. Erfurts 21 (1987/88).

ABEL, Herbert
Dr. phil. nat., Ltd. Direktor Übersee-Museum i. R. - Vogelweide 37, 2800 Bremen (T. 35 11 59) - Geb. 8. März 1911 Bremen - Zul. stv. Dir. ÜM Präs. Wittheit - BV: Naturvölker zw. Pol u. Äquator, 1955. Div. Einzelarb. z. Landeskunde des südl. Afrika, z. Geschichte d. brem. Sammlungen u. z. Gesch. d. dt. Polarforschg. i. 19. Jh. - 1975 Brem. Senatsmed. f. Kunst u. Wiss.

ABEL, Hubert
Dr. med., Prof., Chefarzt u. Ärztl. Dir. Med. Klinik St.-Josefs-Hospital Wiesbaden (s. 1965) - Alwinenstr. 23, 6200 Wiesbaden (T. 30 17 49) - Geb. 6. Juni 1927 Bochum (Vater: Josef A., Rektor; Mutter: Anna, geb. Meyerhans), kath., verh. s. 1956 m. Dr. Ingrid, geb. Schmidt, 3 Kd. (Ludger, Ulrike, Joachim) - Univ. München. Promot. 1952 München; Habil. 1961 Mainz - 1954-56 Univ. Heidelberg (Physiol. Inst.) u. Mainz (1956 Med., 1963 II. Med. Klin.); 1961 Privatdoz., 1968 apl Prof.) - BV: Electrocardiol. I, 1976; II, 1977; VI, 1981; Electrocardiol., 1988 - Mitgl. zahlr. in-u. ausl. Fachges.; u. a. Präs. I. Intern. Kongreß f. Elektrokardiologie, Wiesbaden 1974, Präs. XV. Intern. Kongreß f. Elektrokardiologie, Wiesbaden 1988 - stv. Deutschherrenm. d. Dt. Ordens; Ritter d. Alten Ordens v. St. Georg - Liebh.: Kunstgesch. - Spr.: Engl.

ABEL, Karlhans
Dr. phil., Prof. f. Klass. Philologie Univ. Marburg (s. 1971) - Am Grün 35, 3550 Marburg/L. - Geb. 31. Dez. 1919 - Promot. 1955; Habil. 1966 (- BV: Bauformen in Senecas Dialogen, 1967; Zone. D. Probl. d. Biosphäre im geograph. Denken d. Antike, 1974; Seneca. Leben u. Leistung, 1985; D. dritte Satire d. Persius als dichter. Kunstwerk, 1986; Senecas lex vitae, 1987; Kynismus, 1988; Stoa, 1988; Recognitio sui, 1989; Tacitus: seine geistige Gestalt, 1990; D. beweisende Struktur d. Senecanischen Dialogs, 1991; Aus d. Geistesleben d. frühen Prinzipats. Horaz-Seneca-Tacitus, 1991.

ABEL, Kurt
Dr. rer. pol., Dipl.-Vw., Geschäftsführer IHK Hannover-Hildesheim (s. 1969)-Eichenstr. 17, 3257 Springe 2 (T. 05045-469) - Geb. 25. Juli 1929 Obernkirchen (Vater: Fritz A., Angest.; Mutter: Luise, geb. Kuhlmann), ev., verh. m. Annekatrin, geb. v. Oppen, 3 Kd. (Ulrike, Christina, Cornelia) - 1952-61 Zollref., dann Marketingassist. u. Außenwirtsch.sref. - BV: Ausfuhrerleichterungen in den BRD; Exportförderungsmaßnahmen konkurr. Ind.länder; Priv. Entwicklungshilfe; Weltwirtsch. Strukturwandel als Folge d. Entwicklungshilfe; Nieders. Ind.land m. Zukunft; Wertordn. od. Wirtsch.techn. - Soz. Marktwirtsch. als geistig-moralische Ordnung - Liebh.: Sport, Wandern - Spr.: Engl., Franz.

ABEL, Wolfgang O.
Dr. phil., Prof., Ordinarius f. Allg. Botanik/Genetik u. gf. Institutsdir. (m. Botan. Garten) Univ. Hamburg (1976-81) - Anne-Frank-Str. 59, 2000 Hamburg 55 - Geb. 4. April 1932 Berlin - Promot. 1956 Wien; Habil. 1968 Heidelberg - 1963-71 Wiss. Mitarb. MPI f. Pflanzengenetik Heidelberg (zul. Arbeitsgruppenleit.); 1968-75 Privatdoz., Wiss. Rat (1971), apl. Prof. (1973) Univ. Heidelberg. 1981-87 Vors. Gesellsch. f. Genetik. Üb. 40 Facharb.

ABELE, Heinrich Albrecht
Dr. rer. nat., Prof. f. Mathematik u. ihre Didaktik - Schlittweg 33, 6905 Schriesheim (T. 06203 - 6 19 16) - Geb. 28. Mai 1932 Esslingen (Vater: Heinrich A., Prof.; Mutter: Margarete, geb. Richter), ev., verh. s. 1962 m. Ursula, geb. Wirth, 2 S. (Hartmut, Johannes) - 1952-58 TU Stuttgart, Univ. u. TU München, Univ. Tübingen; 1. Lehrerprüf. 1959 Stuttgart, 2. Prüf. 1961, Promot. 1966 - 1961-66 wiss. Assist. Stuttgart, 1966 Doz., 1970 Prof. PH Heidelberg, 1976-78 Rektor ebd. - Facharb.

ABELEIN, Manfred
Dr. jur., o. Prof. f. Öfftl. Recht u. Polit. Wiss., Rechtsanwalt, Wirtschaftspr., Steuerber., MdB (s. 1965) - Schafhofstr. 21, 7090 Ellwangen - Geb. 20. Okt. 1930 Stuttgart - Zahlr. Veröff. CDU.

ABELER, Franz
Kaufmann, Inh. Carl Engelkemper O.H., Münster - Propsteistr. 58, 4400 Münster/W. - Geb. 10. Juli 1913 Münster/W. (Vater: Heinrich A.; Mutter: Paula, geb. Fränken), verh. 1939 m. Johanna, geb. Zilliken - 1980 BVK I. Kl.

ABELER, Joachim
Ass. d. B., ehem. Vorstandsvorsitzender Salzgitter Stahlbau AG u. Salzgitter Maschinen AG (b. 1980), Präs. d. Investofin S.A., Neuchâtel/Schweiz - Ennigerloher Str. 8, 4740 Oelde (T. 02522 - 6 12 16) - Geb. 22. Nov. 1931.

ABELN, Olaf
Dr. rer. nat., Geschäftsführender Vorstand Forschungszentrum Informatik, FZI, Univ. Karlsruhe (s. 1992) - Rieslingweg 2, 6905 Schriesheim (T. 06203 - 6 16 08) - Geb. 6. Nov. 1936 Hamburg-Harburg, kath., verh. s. 1965 m. Regina, geb. Lenz (Dipl.-Vwt.), 2 Söhne (Christian, Guido) - Stud. Physik, Math., Informatik Univ. Münster, Innsbruck, Berlin; Promot. 1965 - 1965-70 Kernforsch.zentr. Karlsruhe; 1970-91 Dir. BBC/ABB Zentralber. Konstruktion u. Normung, Leit. techn. Datenverarb.; s. 1992 Vizepräs. d. GI, Ges. f. Informatik - BV: Handbuch computergestützter Ingenieurmethoden. D. CA...-Techniken in d. industriellen Praxis. Herausg.: Buchreihe: Praxiswissen CA...-Techniken - Liebh.: Bergsteigen, Ski, klass. Musik - Spr.: Engl.

ABELS, Herbert
Dr. rer. nat., Prof. f. Mathematik Univ. Bielefeld (s. 1972) - Zu erreichen üb. Univ. Bielefeld, Universitätsstr. 25, 4800 Bielefeld 1 - Geb. 4. Mai 1941 Aachen - Promot. 1965; Habil. 1971 - 1966/67 Research Fellow Univ. of Calif., Berkeley; 1987/88 Visiting Prof. Cornell Univ., Ithaca, NY - BV: Finite presentability of S-arithmetic groups. Compact presentability of solvable groups, 1987. Fachaufs.

ABELS, Kurt
Dr. phil., Prof. f. Deutsch - Grünmatten 24, 7819 Denzlingen/Br. - Geb. 27. Nov.1928 Düsseldorf - 1955-69 Gymn.-lehrer (NRW); Promot. 1965 - S. 1971 Prof. PH Freiburg. 1973-79 Leit. Real-

lehrinst., s. 1981 Leit. Außenst. d. Prüfungsamtes. Fachveröff., wiss. Schwerpkt.: Gesch. d. Deutschunterr.

ABELS, Ulrich
Dipl.-Ing., Geschäftsführer Gipswerke Dr. Karl Würth GmbH & Co., Vorst.-Mitgl. Bundesverb. d. Gips- u. -bauplattenind., Darmstadt, u. a. - Hagentorstr. 7a, 3457 Stadtoldendorf - Geb. 9. Febr. 1930.

ABELSHAUSER, Werner
Dipl.-Volksw., Dr. phil., Univ.-Prof. f. Allgem. Geschichte Univ. Bielefeld, Lehrstuhl f. Wirtschaftsgesch. (s. 1991) - Postf. 86 40, 4800 Bielefeld 1 (T. 0521 - 1 06-30 47) - Geb. 24. Nov. 1944 Wiesloch/Baden, verh. s. 1974 m. Petra-Monika, geb. Jander, S. Hans - 1966-70 Stud. Univ. Mannheim u. München; Dipl. 1970 Univ. Mannheim; Promot. 1973 u. Habil. 1980 Bochum - 1983-89 Prof. f. Sozial- u. Wirtschaftsgesch. Univ. Bochum; s. 1989 Prof. f. Europ. Geschichte, Europ. Hochschulinst. Florenz. S. 1979 Gastprof. Univ. Bielefeld, Oxford, Göttingen, Köln, Florenz, St. Louis u. Sydney. 1985-88 Gf. Dir. Inst. z. Erforsch. d. europäischen Arbeiterbewegung, Bochum - BV: u.a. Wirtsch. in Westdtschl. 1945-48, 1975; Wirtschaftsgesch. d. Bundesrep. Dtschl., 1983; D. Ruhrkohlenbergbau s. 1945, 1984; D. Weimarer Republik als Wohlfahrtsstaat, 1987; D. Langen Fünfziger Jahre, 1987; Revolution in Rheinland u. Westfalen, 1988.

ABENDROTH, Günther
Dipl.-Ing., Bezirksbürgermeister a. D. - Prettauer Pfad 11, 1000 Berlin 45 (T. 817 36 55) - Geb. 16. Aug. 1920 Berlin, verh., 3 Kd. - Oberrealsch. (Abit. 1939) u. TU Berlin (Chemie; Dipl.-Ing. 1955) - 1 J. Soldat aus rass. Gründen; b. 1945 Lager; Chemiker; 1963-75 Bürgerm. Bez. Kreuzberg. 1948-58 Bezirksverordn. W'dorf; 1958-63 MdA Berlin. SPD s. 1946 (u. a. stv. Kreisvors. W'dorf u. Beis. Landesvorst. Berlin) - 1989 BVK I. Kl.; 1990 Stadtältester v. Berlin.

ABENDSCHÖN, Günter
Rechtsanwalt, Hauptgeschäftsführer u. Justitiar d. Kassenärztlichen Vereinigung Nordbaden KdöR, Karlsruhe (s. 1971) - Neue Bahnhofstr. 52, 6800 Mannheim 71 (T. 0621 - 47 31 92) - Geb. 24. Mai 1937 Mannheim-Neckarau, kath., verh. s. 1963 m. Elke-Heide, geb. Hochlenert - Abit. 1957; Jura-Stud. Univ. Heidelberg u. München; 1. Staatsex. 1963, 2. Staatsex. 1967. S. 1965 Rechtsanwalt - Spr.: Engl.

ABERLE, Gerd
Dr. rer. pol., o. Prof. f. Volkswirtschaftslehre Univ. Gießen (s. 1973) - Geb. 30. Sept. 1938 Stolp (Vater: Eugen A., Dipl.-Ing.; Mutter: Martha, geb. Hieby), ev., verh. s. 1966 m. Yolande, geb. Heilmann, T. Viola - Stud. d. Wirtsch.- u. Sozialwiss. Univ. Köln; Dipl.ex. 1962; Promot. 1965; Habil. 1971 (alle Köln) - 1972 Wiss. Rat u. Prof. Beiratsmitgl. Bundesverkehrsmin.; Beiratsmitgl. Bundesbau- u. -raumordn. min.; Vizepräs. Dt. Verkehrswiss. Ges.; 1978 Ruf TU Berlin, 1989 Ruf Univ. Köln abgelehnt; Mithrsg. u. Chefredakt. Zeitschr. Internationales Verkehrswesen - BV: Leistungsanalyse u. Kostenrechnung im gebrochenen Verkehr, 1965; Z. Lösung d. Wegekostenproblems, 1970; Verkehrsinfrastrukturinvestitionen im Wachstumsprozeß entwickelter Volkswirtsch., 1972; Wege z. Sanierung d. Eisenbahn, 1973; Wegerechn., Wegefinanz. u. Straßengüterverk.syst., 1978; Wettb.theorie u. -politik, 1980, 2. A. 1992; Verkehrspolitik u. Regionalpolitik, 1981; Verkehrswegebenutzungsabgaben f. d. Eisenbahn, 1987; Öffntl. Personennahverkehr in d. Fläche, 1987; Zukunftsperspektiven d. Dt. Verkehrswiss. 1988 - Spr.: Engl., Franz.

ABERLE, Hans-Jürgen
Rechtsanwalt, Geschäftsf. Zentralverb. d. Dt. Handwerks u. Bundesvereinig. d. Fachverb. d. Dt. Handw. - Johanniterstr. 1, 5300 Bonn - VR-Mitgl. Bundesanst. f. Arbeit; Mitgl. Konzert. Aktion im Gesundheitswesen.

ABICH, Hans
Chef Programmdirektion ARD (1973-78) - Rondell Neuwittelsbach 1, 8000 München 19 - Geb. 4. Aug. 1918 Schlesien - Stud. Rechtswiss. Refer.ex. -Verlagswesen; n. 1945 Filmproduzent; 1961-73 Programmdir. u. Int. (1968) Radio Bremen. Herausg.: Versuche üb. Dtschl. (1970) - 1977 Filmbd. in Gold - Spr.: Engl. - Rotarier.

ABMEIER, Hans-Ludwig
Dr. phil., Lic. theol., Studiendirektor. Historiker - Bonhoefferstr. 22, 4530 Ibbenbüren 1 (T. 05451 - 28 58) - Geb. 23. Nov. 1927 Bonn (Vater: Hans A., Prof. Dr. phil., Hochschuldir., Mitgl. d. Reichsrates; Mutter: Helene, geb. Hostmann), kath., led. - Promot. 1974 Mainz - 1976 Mitgl. Hist. Komm. Schlesien, 1985 Stiftungsrat d. Stiftg. Haus Oberschlesien. Zahlr. Fachveröff. Herausg.: Mitteil. d. Beuthener Gesch.- u. Museumsvereins. Mithrsg.: Oberschles. Jahrb. (s. 1985) - 1987 BVK - Liebh.: Entomologie - Lit.: P. Chmiel, H. Neubach, N. Gussone: Beitr. z. Gesch. Schles. im 19. u. 20. Jh. (Festschr. z. 60. Geb.).

ABRAHAM, Reinhardt

Dipl.Ing., Aufsichtsratsvorsitzender Lufthansa-Consulting GmbH, stv. Vorstandsvorsitzender Dt. Lufthansa AG a. D., Köln - Lufthansa-Basis Flughafen, 6000 Frankfurt 75 (T. 069 - 696 40 80) - Geb. 15. Juli 1929 Kunzendorf (Vater: Gert A., Gutsverwalter; Mutter: Ella, geb. Lilienthal), ev., verh. s. 1962 m. Erika, geb. Nolte, 3 Kd. - 1948-56 TU Berlin (Physik, Luftfahrttechnik, Wirtschaftsing.wesen); 1970 Harvard Business School Cambridge (USA) - S. 1956 Dt. Lufthansa AG (1970 stv., 1972 o. Vorst.-Mitgl.; Bereich: Technik). AR-Mitgl. Versuchs- u. Planungsges. f. Magnetbahnsysteme mbH (MVP); Mitgl. Techn. Beirat Allianz; AR-Mitgl. Dt. Service Ges. d. Bahn mbH u. Mitropa AG, Veba Öl AG, Lufthansa Consulting GmbH, DARA (Dt. Agentur f. Raumfahrtangelegenh.) GmbH; Vice Chairman Board of Directors AMECO, Peking; Member Board of Governors Flight Safety Foundation; Mitgl. Beirat DGLR; Mitgl. Museumsrat Dt. Museum; Vorst.-Mitgl. Dt. Ges. f. Luft- u. Raumfahrt (DGLR); Mitgl. d. Senats (DLR) Dt. Forsch.- u. Versuchsanst. f. Luft- u. Raumfahrt - Spr.: Engl. - Liebh.: Musik, Schwimmen, Ski-Langlauf - Bek. Vorf.: Otto Lilienthal, 1848-96 (Urgroßonkel ms.).

ABRAMOWSKI, Luise
Dr. theol., o. Prof. f. Kirchengeschichte - Brunsstr. 18, 7400 Tübingen 1 - Geb. 8. Juli 1928 Schwentainen/Ostpr., ev. - s. 1962 (Habil.) Lehrtätigk. (1974 Ord. Univ. Tübingen) - BV: Unters. z. Liber Heraclidis des Nestorius, 1963; (m. A. E. Goodman) A Nestorian Collection of Christological Texts, 1972; 3 christol. Unters., 1981; Formula and Context: Studies in Early Christian Thought, 1992 - 1982 FBA.

ABS, Hermann J.
Drs. h.c., Ehrenvorsitzender Deutsche Bank AG (s. 1976) - Dt. Bank AG, Taunusanlage 12, 6000 Frankfurt/M. 1 - Geb. 15. Okt. 1901 - Ehrenvors. AR; AR-Vors. u. Mitgl. e. Reihe größerer Ges.

ABSHAGEN, Ulrich W. P.

Dr. med., Prof. f. Klin. Pharmakol. Univ. Heidelberg (Mannheim), Mitglied d. Geschäftsfg. Boehringer Mannheim GmbH - Zu erreichen üb. Sandhofer Str. 116, 6800 Mannheim 1 - Geb. 18. Juli 1943 Würzburg (Vater: Wolfgang A., Jurist; Mutter: Irmgard-Maria, geb. Tratt), kath., verh. s. 1967 m. Ursula-Marie, geb. Pröstler, 2 Kd. (Christian-Constantin, Constanze-Catharina) - 1962-68 Stud. Med. Würzburg, Kiel, Wien; Promot. 1970 Würzburg, Habil. (Klin. Pharmakol.) 1974 Berlin, Umhabil. 1977 Heidelberg - 1970-73 wiss. Assist. Inst. f. Klin. Pharmakol. Klinikum Steglitz, FU Berlin; 1973-77 wiss. Assist. Med. Klinik u. Poliklinik Steglitz; 1974 Facharzt f. Pharmakol.; 1977 Funktionsoberarzt Med. Aufnahmestation Klinikum Steglitz; 1977 Facharzt f. Inn. Krankh.; s. 1977 Boehringer Mannheim GmbH (1978 Leit. Inst. f. Klin. Pharmakol., 1982 Leit. Herz/Kreislaufforsch. d. tierexperiment. Pharmakol. u. Klin. Entw., 1982 Prok., 1983 Bereichsleit. Produktentw. Therapeutika u. Volldir., 1985 stv. Geschäftsf., 1987 o. Geschäftsf.). S. 1980 apl. Prof.; 1984-88 Vors. Sekt. Klin. Pharmakol. Dt. Pharmakol. Ges. (DPhG), Düsseldorf - BV: Handbook of Experimental Pharmacol. (Vol. 76, 1985); rd. 150 vorw. engl.spr. Veröff. in intern. Ztschr. - 1971 Preis Kurat. d. Unterfränk. Gedenkjahrstiftg. f. Wiss.; 1972 Fritz-Külz-Preis Dt. Pharmakol. Ges. - Liebh.: Segeln, Skifahren, Klass. Musik, schöngeist. Lit. - Spr.: Engl.

ABSMEIER, Ludwig
I. Bürgermeister Stadt Tittmoning - Rathaus, 8261 Tittmoning/Obb. - Geb. 25. Sept. 1923 Tittmoning - U. a. Verwaltungssekr. CSU.

ABT, Horst
Schreinermeister, Stadtrat, Präsident Handwerkskammer Rhein-Main Frankfurt-Darmstadt (s. 1971), AR-Mitgl. Frankfurter Volksbank (s. 1972), AR-Mitgl. Signal Versich.-Gruppe (s. 1980), Vors. Vertreterversammlung LVA Hessen - Atzelbergstr. 125, 6000 Frankfurt am Main 60 (T. 47 22 02) - Geb. 2. Mai 1927 Frankfurt a. M. (Vater: Georg A., Fabrikant; Mutter: Margarete, geb. Körber), ev., verh. s. 1954, 2 Kd. (Peter, Karin) - Mittlere Reife, Schreinerlehre - Vors. div. Gremien - Gr. BVK.

ABT, Klaus
Dr. math. stat., Dipl.-Ing., Prof. f. Biomathematik Univ. Frankfurt/Fachbereich Humanmed. (s. 1973) - Promenade 100, 6380 Bad Homburg v.d.H. - Geb. 3. Nov. 1927 Hamburg, ev., verh. s. 1956 m. Ursula, geb. Riedel, 2 Kd. (Michael, Sabine) - Dipl.-Ing. 1955 Karlsruhe; Promot. 1959 Genf - 1959-73 Math. Statistiker USA (Dahlgren) u. Schweiz (Basel; 1967) - Spr.: Engl.

ACH, von der, Arnim
s. Ophoven, Hermann

ACHENBACH, Hanno E. J.
Rechtsanwalt u. Notar, Fachanwalt f. Steuerrecht - Graf-Bernadotte-Str. 33, 4300 Essen-Bredeney (T. 41 19 53) - Geb. 26. Juni 1938 Boulogne-Billancourt (Vater: Dr. Ernst A., s. dort; Mutter: Dr. Margaret, geb. Goodell), ev., verh. s. 1973 m. Ulrike, geb. Göke, 2 S. (Lutz, Jost), 1 T. (Ruth) - Stud. d. Rechtswiss. Univ. Bonn, Paris, Freiburg/Br.; 1. u. 2. jur. Staatsex. 1962 bzw. 1966 - Liebh.: Ski, math. Logik - Spr.: Engl., Franz., Ital., Span., Russ.

ACHENBACH, Hans
Dr. jur., Univ.-Prof. f. Straf- u. -prozeßrecht, Wirtschafts- u. Steuerstrafrecht Univ. Osnabrück, I·B Rechtswissensch., Vorst.-Mitgl. d. Inst. f. Finanz- u. Steuerrecht - Heger-Tor-Wall 14, 4500 Osnabrück - Schüler v. Prof. Dr. Claus Roxin, München - 1978-80 Wiss. Rat u. Prof. Univ. Bochum, s. 1980 Univ. Osnabrück - BV: Histor. u. dogmat. Grundl. d. strafrechtssystemat. Schuldlehre, 1974; Alternativkommentar StPO (Mitverf.), 1992.

ACHENBACH, Werner
Dr., Dr. h. c., Dipl.-Ing., Prof. f. Fertigungstechnik, insb. -verfahren, u. Produktionssystematik Bergische Univ.-GH Wuppertal (Fachbereich Maschinentechnik) - Blumenstr. 7, 4020 Mettmann - Geb. 22. Jan. 1926 Marburg/L. (Vater: Heinrich A., Schmied; Mutter: Rosina, geb. Reitz), fk., verh. s. 1956 m. Helmtrud, geb. Keil (Mettmann), 2 Kd. (Wolfgang, Beate) - Stud. Maschinenbau u. Wirtschaftswiss. - Prakt. Tätigk. (zul. Management-Consultant); s. 1972 wie oben. Sachverst. -BV: Anwendbark. d. Kalkulationsformen, NA. 1975 - Spr.: Engl., Franz., Span.

ACHER, Anton

Maler - Eslarner Str. 34, 8000 München 90 (T. 089 - 68 11 04) - Geb. 19. Sept. 1927 Peißenberg/Oberbay. (Vater: Michael A.; Mutter: Juliana, geb. Lux), verh. m. Jutta, geb. Poschenrieder, S. Georg - Kunstakad. München - S. 1960 Teiln. b. d. Ausst. im Haus d. Kunst München; s. 1960 Mitgl. d. Freien Münchner u. Dt. Künstlerschaft - Ausst.: Deutschl., Frankr., Österr., Schweiz u. Norwegen. Stil: Konstruktiver Luminismus - Spr.: Engl. - Lit.: Kat. Herbstsalon; Kunstsalon; Kunst s. 1960; Meister Bildender Künste, Ziesel (1983).

ACHILLES, Walter
Dr. sc. agr., Prof., Oberstudiendirektor

a. D. - Lindenkamp 31, 3201 Diekholzen - Geb. 26. Mai 1927 Lutter/Barenberge - Promot. 1957 - S. 1970 (Habil.) Lehrtätigk. Univ. Göttingen (1975 apl. Prof. f. Agrargesch.) - BV: Vermögenverhältnisse braunschw. Bauernbetriebe im 17. u. 18. Jh., 1965; D. steuerl. Belastung d. braunschw. Landw. u. ihr Beitrag zu d. Staatseinnahmen im 17. u. 18. Jh., 1972; D. Lage d. hannov. Landbevölk. im spät. 18. Jh., 1982; Landwirtschaft in d. Frühen Neuzeit, 1991.

ACHMEDOWA, Jacqueline

Ballerina, Solistin Bayer. Staatsoper München z. Z. Hess. Staatstheater Wiesbaden - Geb. 9. Nov. 1961 München (Eltern: Dr. med. Murat u. Gedja Achmedow), verh. s. 1987 m. Günter Czernetzky, Filmregiss. u. Doz. - M. 5 J. 1. Ballettunterr. Ballettsch. Roleff-King; m. 14 J. 2 J. Elevenklasse Bayer. Staatsoper München (staatl. Bühnenreifeprüf. f. Tanz, München); m. 16 J. 2j. Stip. UdSSR/Moskau (Lehrer: W. P. Mey, W. J. Proskurina, Staatsex. u. Dipl.) Bolschoi-Theater, Moskau (Lehrer: B. R. Kariewa) - Zahlr. Hauptrollen in Balletten, u.a. Giselle, Schwanensee, La fille mal gardeé (Ashton), Papillon (Hynd), Bach-Suite (Neumeier), Nuages (Kylian), Familiendialog (Kresnik), E. Sommernachtstraum (Neumeier), Dream Dances (Kylian), Onegin (Cranko), Don Quichote - Liebh.: Bücher, Malen, Musik, Schwimmen, Tennis, Klavierspielen - Spr.: Engl., Franz., Russ.

ACHT, Peter

Dr. phil., o. Prof. f. Geschichtl. Hilfswissenschaften - Adelheidstr. 22, 8000 München 40 (T. 271 14 11) - Geb. 11. Juni 1911 Treuburg - Habil. 1950 München - 1935-52 bayer. Archivdst., zul. Staatsarchivrat Hauptstaatsarchiv München, sd. ao. u. o. Prof. (1959) Univ. München - BV: D. Cancellaria in Metz, E. Kanzlei- u. Schreibsch. um d. Wende d. 12. Jh., 1940; D. Traditionen d. Kl. Tegernsee, in: Quellen u. Erörterungen z. bayer. Gesch., Bd. IX, 1 1952; Mainzer Urkundenb., Bd. II, 1. u. 2., 1968/71. Herausg.: Münchener Hist. Studien, Abt. Geschichtl. Hilfswissensch. 1-14, 16-22 (1961-87). Schriftl.: Quellen u. Erörterungen z. bayer. Gesch. Bd. 10-39 (1953-91), Regesten Kaiser Ludwigs d. Bayern (1314-1347), nach Archiven u. Bibl. geordnet, Heft 1 (1991).

ACHT, René Charles

Prof., Maler u. Bildhauer - Schwarzwaldstr. 30, 7800 Freiburg/Br. (T. 7 25 48) u. Spitalstr. 22, CH-1920 Basel - Geb. 24. März Basel (Vater: August Joseph A., Bildhauer; Mutter: Ida, geb. Reinharth), kath., verh. s. 1978 m. Bärbel, geb. Geigele - 8 Sem. Kunst- u. Gewerbesch. Basel - 1980-88 Doz. PH Freiburg; 1962-65 Gastprof. Hochsch. f. Künste Hamburg. Spez. Arbeitsgeb.: Ungegenständl. - BV: Werkverzeichn. u. Monogr. René Acht, Arb. v. 1938-80, Augustiner-Mus. Freiburg 1980 - Spr.: Franz. - Div. Art. in Kunstzschr.

ACHTEN, von, Helmut

Dr. jur., Dipl.-Kfm., Geschäftsführer Industrieanlagen Auerbach-Föro GmbH. u. Westf. Maschinenbau GmbH., beide Unna - Zechenstr. 5, 4750Unna/-W. - Geb. 28. Juli 1935 Recklinghausen (Vater: Dr. Erich v. A., Fabr. (s. XVII. Ausg.); Mutter: Luise, geb. Hütten), kath., verh. s. 1964 m. Lilo, geb. Eckhardt, S. Dominik - Altsprachl. Gymn. (Abit. 1955); Bankprakt.; 1955-59 Stud. Rechtswiss., 1961-65 Betriebsw. Promot. 1965; Dipl.-Kfm. 1966 - 1964 Revisionsassist., 1965 Prüfungsleit., 1967 Gf. - Liebh.: Mod. Kunst (Malerei, Plastiken) - Spr.: Engl., Franz.

ACHTEN, von, Reimar Guido

Dipl.-Ing., Teilhaber Westf. Maschinenbau Ges. mbH, Unna, Vorst.-Mitgl. Braunschweigische Maschinenbauanstalt AG, u. VDMA-Nord, Hamburg - Roßpfad 34, 4000 Düsseldorf 31 (Wittlaer) - Geb. 5. Sept. 1928 Recklinghausen (Vater: Dr. Erich v. A., Fabrikant; Mutter: Luise, geb. Huetten-Lenz), kath., verh. s. 1957 (Ehefr.: Anne, geb. van de Loo), 2 Töcht. (Patricia Katharina, Juliane Daniela) - Hittorf-Gymn. (Abit.); Schlosserlehre; Stud. Maschinenbau TH Aachen - Member of the Board of Directors SEW Silver Engeneering Works. Inc., Aurora/Colorado/USA; Dir. BMA/LTA, Selby/Johannesburg/Südafrika - Liebh.: Mod. Kunst, Theater, Musik. Jagd, Segeln, Skilauf - Spr.: Engl., Franz.

ACHTENHAGEN, Frank

Dr. rer. pol., Dipl.-Hdl., o. Prof. f. Wirtschaftspädagogik Univ. Göttingen (s. 1971) - Am Goldgraben 11, 3400 Göttingen (T. 5 74 24) - Geb. 28. Mai 1939 Berlin (Vater: Wilhelm A., Bankkfm.; Mutter: Käthe, geb. Ulrich), ev., verh. s. 1965 m. Roswitha, geb. Manski †1990, 2 Töcht. (Claudia, Leona) - Gymn. u. FU Berlin (Wirtschaftspäd.) - Zul. Akad. Rat Univ. Münster - BV: Didaktik d. fremdsprachl. Unterrichts, 1969, 3. A. 1973; Curriculumrevision - Möglichkeiten u. Grenzen, 1971, 4. A. 1975; Lehren und Lernen im Fremdsprachenunterricht, 2 Bde. 1975; Beanspruchung v. Schülern - Methodisch-didaktische Aspekte, 1978; Wirtschaftslehreunterricht Sekundarstufe II, 1981; Neue Verfahren z. Unterrichtsanalyse, 1982; Didaktik d. Wirtschaftslehreunterr., 1984; Lehrerverhalten u. Lernmaterial in institutionalisierten Lehr-Lern-Prozessen, 1985; Gute Absichten u. tatsächliches Verhalten - Üb. Schwierigkeiten d. Lehrens u. Lernens, 1988; Lernen, Denken, Handeln in komplexen ökonomischen Situationen, 1988; Lernprozesse u. Lernorte in d. berufl. Bildung, 1988; Didaktik d. Rechnungswesens, 1990; Komplexe Lehrlern-Arrangements, 1992; Lernhandeln in komplexen Situationen, 1992. Üb. 180 Fachveröff. - 1991 Dr. oec. h. c. St. Gallen - Liebh.: Tennis, Ski - Spr.: Engl., Latein, Span.

ACHTER, Martin

Monsignore, Prälat, Generalvikar Diözese Augsburg - Fronhof 4, 8900 Augsburg - 1970 Bayer. VO.

ACHTERBERG, Arno

Dr. rer. nat., Chemiker - Litziger Weg 25, 5580 Traben-Trarbach - Geb. 17. April 1932 Koblenz (Vater: Arnold A., Kaufm.; Mutter: Paula, geb. Eger), ev., verh. s. 1961 m. Monika, geb. Mayer, 3 Kd. (Renate, Klaus, Arno) - 1949-56 Univ. Gießen, TH Darmstadt, Univ. Paris, TH Karlsruhe (Chemie) - B. 1971 stv., dann o. Vorst.-Mitgl. Dynamit Nobel AG., Troisdorf, 1982 Geschäftsf. H.O. Schümann Vermögensverwaltung, Hamburg, 1987 freiberufl. Chemiker - Spr.: Engl., Franz., Holl.

ACHTERFELD, Hans

Dr. med., Frauenarzt - Fischlaker Str. 39, 4300 Essen 16 (T. 0201 - 40 53 03) - Geb. 17. Febr. 1929 Oberhausen, kath., verh. s. 1958 m. Ursula, geb. Bludau, 2 Töcht. (Uschi, Claudia) - Stud. Freiburg, Marburg, Düsseldorf, Bonn. Med. Staatsex. 1958 Bonn, Dipl. f. Akupunktur u. Aurikulomed. 1978 - Liebh.: Klass. Lit., Wandern - Spr.: Engl.

ACHTERFELD, Wilfried

Journalist, pers. haft. Gf. Gesellschafter Spielbank Hamburg (s. 1977) - Fontenay 10, 2000 Hamburg 36 - Geb. 25. Dez. 1931.

ACHTNICH, Hans

Dr., Rechtsanwalt, Gf. Vorstandmitglied a. D. Arbeitsgem. Dt. Verkehrsflughäfen - Flughafen, 7000 Stuttgart 23 - Verh., 3 Kd. (Dr. Tilman, Dr. Susan, Stefanie) - Ständ. Mitarb. Ztschr. f. Luftrecht u. Weltraumrechtsfragen, Köln.

ACKENHEIL, Werner

Landrat i. R., Regierungsvizepräs. i. R. - Neumattenstr. 41, 7800 Freiburg/ Br. - Geb. 12. Febr. 1922 Freiburg i. Br. (Vater: Franz A., städt. Beamter; Mutter: Frieda, geb. Schäfer), verh. s. 1947 m. Hanny, geb. Janßen - Univ. Freiburg - AR H. Kossmann AG Plastic Fabrik., Freiburg; Vizepräs. Landesverb. Badisches Rotes Kreuz.

ACKER, Dieter

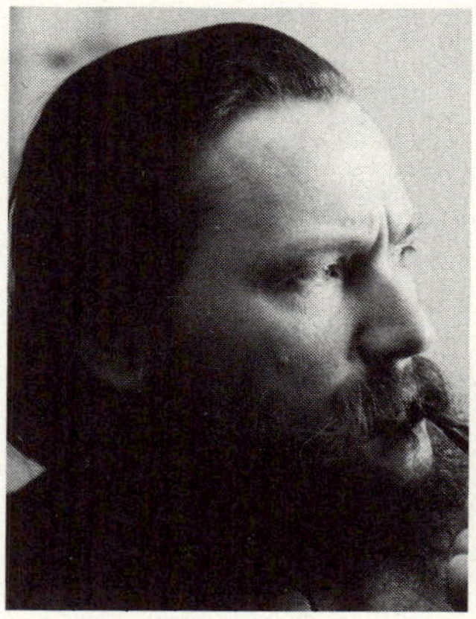

Prof., Komponist - Kleiststr. 12, 8012 München-Ottobrunn - Geb. 3. Nov. 1940 Hermannstadt, ev. - 1958-64 Kompositionsstud. staatl. Musikhochsch. Klausenburg/Cluj. Künstler. Diplomprüf. - 1964-69 Doz. f. Kompos. Klausenburg. Musikhochsch.; 1969-72 Robert-Schumann-Konservat. Düsseldorf; s. 1972 Münchner Musikhochsch.; s. 1976 Prof. f. Kompos. - Werke: 2 Symph., 2 Konzertante Sinfonien, Konz. f. Fagott u. Orch., Konz. f. Violine u. Orch., Konz. f. Klavier u. Orch., Texturae I f. gr. Orch., Konz. f. Streich-Orch., Musik f. Harfe u. Streich, Musik f. Oboe u. Streich, Musik f. 2 Hörner u. Streich, Kammermusik, Orgelwerke, Chorkompos. u. Lieder - 1966 Kompositionspreis Prager Frühling; 1970 Stamitz-Pr. Stuttgart; 1971 Kompositionspr. Stadt Stuttgart; 1972 Kompositionspr. Lions-Club-Intern. Düsseldorf; 1973 Kompositionspr. Stroud-Festival/Engl.; 1974 Hitzacker-Pr.; 1988 Prix Henriette Renié d. Acad. d. Beaux Arts-Paris; 1990 J.W. Stamitz-Pr., Mannheim.

ACKER, Ludwig

Dr. rer. nat., o. Prof. f. Chemie u. Technol. d. Lebensmittel (emerit.) - Potstiege 52, 4400 Münster/W. - Geb. 17. Sept. 1913 Mannheim (Vater: Ludwig A., Bäckerm.; Mutter: Susanne, geb. Betz), ev., verh. s. 1945 m. Josefine, geb. Bechtum, 2 Kd. (Barbara, Rolf-Dieter) - Univ. Heidelberg u. Frankfurt/M. Dipl.-Chem. 1939; Staatsprüf. f. Lebensmittelchem. 1947 - 1949-53 Lebensmittelchem. Städt. Lebensmittelunter.samt Frankfurt/M.; 1953-58 Privatdoz. Univ. ebd.; 1959 Doz. Univ. Gießen; s. 1959 Wiss. Rat, apl., ao. (1961) u. o. Prof. (1965) Univ. Münster (Dir. Inst. f. Lebensmittelchemie, b. 1979). 1973 ff. Mitgl. Bundesgesundheitsrat, em. 1979 - Spr.: Engl.

ACKER, Rolf

Verkaufsleiter BRD, CH, A, Druckerei Jean Didier, Mary-Sur-Marne, Frankr. - Walter-Wörn-Weg 16, 7148 Remseck 3 - Geb. 26. Juni 1934 Esslingen (Vater: Paul A.; Mutter: Paula, geb. Wieland), ev., S. Marc Chris - 1960 Dipl. Staatl. Fachhochsch. f. Druck, Stuttgart - Liebh.: Lit., Orchideen - Spr.: Engl., Franz.

ACKEREN, van, Robert

Prof., Regisseur, Produzent - Kurfürstendamm 132 A, 1000 Berlin 31 - Geb. 22. Dez. 1946 Berlin - Film-Stud. - Selbst. als Filmemacher tätig; Lehrtätigk. an d. Kunsthochsch. Köln. Festivals in Cannes, Berlin, Montreal, Paris, Locarno, La Rochelle, Sorrent, Los Angeles, Barcelona - Filme: D. Venusfalle, 1987; D. flambierte Frau, 1983; Deutschl. privat, 1980; D. Reinheit d. Herzens, 1980; D. andere Lächeln, 1978; Belcanto, 1977; D. letzte Schrei, 1975; Harlis, 1973; Küß mich Fremder, 1972; Blondie's No. 1, 1971; F. immer u. ewig, 1969; Ja u. Nein, 1968; D. endlose Reise, 1968; Eva, 1967; Nou Nou, 1967; D. magische Moment, 1966; Sticky Fingers, 1966; Wham, 1965; 19. Sept., 1965; E. weiß mehr, 1964 - Dt. Filmpreis, Ernst-Lubitsch-Preis, Bundesfilmprämie, Prix Celuloide, Premio Incontri Intern., Prix L'age d'or u. a.

ACKERMANN, Andreas

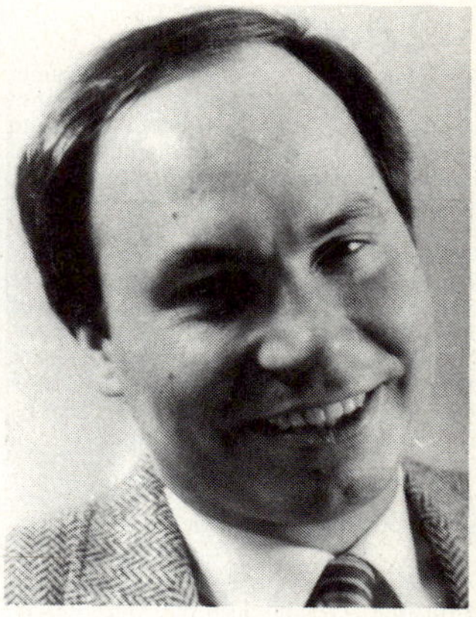

Rechtsanwalt, Mitgl. Hbg. Bürgersch. (s. 1982) - Düsterntwiete 8, 2000 Hamburg 53 (T. 040 - 800 44 88); gesch.: Grimm 12, 2000 Hamburg 11 Sozietät Ackermann, Keller & Partner Hamburg/Dresden (T. 32 35 00) - Geb. 20. April 1946, verh. s. 1982 m. Julia, geb. Krüger - Human. Gymn. (Abit. 1965); Bundeswehr (Ltn. d. R.); 1967/68 Sprachenausb., 1968-73 Stud. Rechtswiss. Univ. München, Genf, Heidelberg u. Hbg. (dazw. Volont. in Banken), 1971-75 Stud. Betriebsw. Hbg.; 1975-77 Refer.; Gr. jurist. Staatsprüf. 1978 - S. 1979 selbst. RA; Lehrauftr. Univ. Hamburg u. Hochsch. f. Wirtsch. u. Politik, Akad. d. Handwerks. Zahlr. Ämter u. Mitgl.sch. SPD (1978-82 Deputierter Finanz- u. Kulturbeh.) - Spr.: Engl., Franz., Span.

ACKERMANN, Eduard

Dr., Ministerialdirektor/Leit. Abt. 5: Gesellschaftl. u. polit. Analysen - Kommunikation u. Öffentlichkeitsarbeit Bundeskanzleramt (s. 1982) - Adenauer-Allee 139-41, 5300 Bonn 1 (T. 0228 - 5 61) - Geb. 1928, verh. (Ehefr.: Johanna), S. Thomas - 25 J. Pressesprecher CDU/CSU-Bundestagsfraktion.

ACKERMANN, Elisabeth

Dr. sc. nat., Dr.-Ing., o. Professorin f. Mikrobiologie Humboldt-Univ. zu Berlin - Unter den Linden 6, O-1086 Berlin - Geb. 10. Juli 1945 Dresden.

ACKERMANN, Ernst

Dr. phil. (habil.), Prof., Geologe - Eschenweg 1, 3406 Bovenden (T. Göttingen 89 28) - Geb. 14. Aug. 1906 Berlin (Vater: Ernst A.), ev., verh. s. 1957 m. Charlotte, geb. Wegner, T. Ingrid, Stiefkd. Wolfgang u. Christoph Stein - Univ. Leipzig (Promot. 1930) u. Göttingen - 1930-34 Tätigk. Südzentralafrika (Prospektion auf Lagerstätten nutzbarer Mineralien), anschl. Assist. u. Doz. Univ. Leipzig, 1940-45 Chefgeol. Luftwaffe u. ltd. Ing.geol. OT Norwegen, s. 1947 Doz. u. apl. Prof. (1953) Irumiden Orogen in Sambia, Büßersteine - BV: Thixotropie bei Fließbeweg. v. Erdrutsch; Geol. Karte Ostafrika - Spr.: Engl., Franz.

ACKERMANN, Friedrich

Dr.-Ing., o. Prof. f. Photogrammetrie u. Vermessungswesen Univ. Stuttgart (s. 1966) - Pfeilstr. 22, 7000 Stuttgart 80 - Geb. 1. Nov. 1929 - Industrietätigk. Inu. Ausl. Zahlr. Fachveröff. - 1964 Otto-v.-Gruber-Preis, 1976 Brock Award.

ACKERMANN, Hans K.

Dr. rer. nat., Prof. f. Experimentalphysik (s. 1978) -Universität, 3550 Marburg/L. - Geb. 26. Juni 1935 Ulm/D. - Promot. 1966 Tübingen; Habil. 1970 Heidelberg - Zul. Wiss. Rat u. Prof. Univ. Heidelberg (1974 ff.). Aufs.

ACKERMANN, Hermann

Vorsitzender d. Vorstandes C. Baresel AG., Stuttgart - Fritz-v.-Graevenitz-Str. 27, 7016 Gerlingen/Württ. - Geb.17. Okt. 1918 - 1978 Gr. BVK.

ACKERMANN, Karl

Dr. phil., Zeitungverleger - Mannheimer Morgen, Postf. 12 12 31, 6800 Mannheim 1 - Geb. 15. Dez. 1908 Heidelberg (Vater: Richard A., Mechaniker; Mutter: Gertrud, geb. Huhn), T. Renate von Reisweitz - Realgymn.; Stud. Soziol. u. Nationalök. - 1933 Landessekr. württ. Widerstandsgr., 1934 Proz. weg. Vorb. z. Hochverr., b. 1937 KZ, dann Emigr. Schweiz, n. 1945 Chefredakt. Stuttg. Ztg., ab 1946 Chefredakt. u. Mitherausg. Mannh. Morgen, 1974 Beiratsvors. Dr. Haas GmbH - BV: Reden z. Zeit, 1945; Üb. d. Fetisch uns. Zeit, 1946 - Liebh.: Kunst, Lit. - Spr.: Franz., Engl.

ACKERMANN, Kathrin

s. Ackermann-Furtwängler, Kathrin

ACKERMANN, Leonore

Dipl.-Ing., Architektin u. Gartenarchitektin, MdL Sachsen (s. 1990), Vors. Aussch. Kultur u. Medien - Eichbergstr. 6b, O-8132 Cossebaude - Geb. 27. März 1936 Dresden, verh. in 1. Ehe s. 1957 m. Hans-Ulrich Schmidt, in 2. Ehe s. 1984 m. Kurt Ackermann, 3 Kd. aus 1. Ehe (Konrad, Cornelia, Roland) - Abit.; 1954-61 Architekturstud. TH Dresden, Dipl.-Ing.; 1976/77 Gasthörerin Teilabschl. Garten/Landschaftsarch. TU Dresden - S. 1977 eigenverantwortl. Projektantin in staatl. Projektierungsbüro - Liebh.: Kultur im umfassenden, ganzheitl. Sinn.

ACKERMANN, Paul

Dr. phil., Prof. f. Politikwissenschaft PH Ludwigsburg - Pfullinger Steige 13, 7410 Reutlingen 2 - Geb. 31. Jan. 1939 Fridingen/D. (Vater: Johannes A., Schmiedem.; Mutter: Agnes, geb. Schwarz), kath., 2 Töcht. (Uta, Eva) - Univ. Berlin, München, Tübingen (Politikwiss., Soziol., Phil., Altphilol.). Staatsex. f. d. höh. Lehramt 1967; Promot. 1968 - B. 1969 Univ. Tübingen, dann PH Reutlingen, 1976-79 Rektor ebd., 1976-80 Vorst.-Mitgl. d. Dt. Vereinig. f. Polit. Wissensch., Jurymitgl. f. d. Gustav Heinemann-Jugendpreis. Kreisrat, Bezirksbürgermeister - BV: D. Dt. Bauernverb. im polit. Kräftesp., 1970; Polit. Lernen in d. Grundsch., 1973; Polit. Sozialisation, 1974; Einf. in d. sozialwiss. Sachunterr., 1977; Polit.-lehrerausbildung, 1978; Polit. - e. einführ. Studienb., 1980; Friedenssich. als päd. Probl. in beiden dt. Staaten, 1982; Studienbrief Herrschaft, 1985; Politisches Lernen vor Ort, 1988; Arbeitstechniken politischen Lernens, 1991 - Herausg.: Anmerk. u. Argumente z. hist. u. polit. Bildung, Sachunterr. / sozialwiss. Bereich. Schulb. f. d. Politikunterr.

ACKERMANN, Reinhard

Dr., Dipl.-Kfm., Geschäftsführer Gesamtverb. kunststoffverarb. Industrie, u. Kunststoff-Wirtschaftsförd. GmbH - Am Hauptbahnhof 12, 6000 Frankfurt/M.; priv.: Fröschpfort 16, 5430 Montabaur - Geb. 28. Sept. 1927 Speyer/Rh. - Spr.: Engl., Franz., Span.

ACKERMANN, Rolf

Dr. med., Prof. f. Urologie, Direktor d. Urol. Univ.-Klinik Düsseldorf - Am Steinebrück 83, 4000 Düsseldorf 13 (T. 0211 - 75 45 60) - Geb. 14. Aug. 1941 Ulm (Vater: Ludwig A.; Mutter: Hedwig, geb. Küchle), ev., verh. s. 1972 m. Dr. Christl A.-Schopf - 1953-62 Schubart-Gymn. Ulm; 1962-68 Med.-Stud. Univ. Würzburg u. Wien (Staatsex. u. Promot. 1968 Würzburg); Habil. 1977 - 1970-72 wiss. Assist. Urolog. Univ.klinik Würzburg; 1973 Postdoc Fellow. Dept. of Surgery Univ. California, Los Angeles; 1974 Wiss. Assist. Chir. Univ.klinik Würzburg, 1975 Urol. Klinik ebd.; 1975 Facharzt f. Urol., 1978 Privatdoz., 1980 Prof. f. Urol. Univ. Würzburg; 1983 Dir. Urolog. Univ.klinik Düsseldorf. 1975-83 Mitgl. Sonderforsch.bereich Dt. Forschungsgem. Univ.; s. 1985 Vorst.-Mitgl. Dt. Ges. f. Urologie; s. 1986 Delegierter Dt. Sektion d. Intern. Soc. of Urology; s. 1988 Generalsekr. Dt. Ges. f. Urologie - BV: mehrere Buchbeiträge u. Publ. in dt. u. engl. - 1980 Heinrich-Warner-Preis - Spr.: Engl.

ACKERMANN, Rudolf

Dr. med., Prof., Abteilungsvorsteher Univ.-Nervenklinik Köln - Sonnenwinkel 48, 5030 Hürth-Efferen - Geb. 14. Mai 1921 Würzburg -S. 1961 (Habil.) Lehrtätigk. Univ. Köln (1968 apl. Prof. f. Neurologie u. Psychiatrie). Zahlr. Fachveröff., insbes. üb. Infektionskrankh. d. Nervensystems.

ACKERMANN, Theodor

Dr. rer. nat., o. Prof. f. Physikal. Chemie Univ. Freiburg (s. 1970) - Albertstr. 23a, 7800 Freiburg/Br. - Geb. 18. Nov. 1925 Rostock - Stud. Chemie - 1965-70 Lehrtätigk. Univ. Münster (zul. Wiss. Abt.svorsteher u. Prof. Inst. f. Physikal. Chemie). Zahlr. Facharb.

ACKERMANN, Werner

Geschäftsführer Siegener Verzinkerei GmbH, Verzinkerei Rhein-Main GmbH, Verzinkerei Würzburg GmbH u. Verzinkerei Bochum GmbH - Zu erreichen üb.: Industriestr. 7, 6845 Groß-Rohrheim. - Vors. Gemeinsch.aussch. Verzinken e.V., Vorst.-Mitgl. Verb. Dt. Feuerverzinkereien.

ACKERMANN-FURTWÄNGLER, Kathrin

Schauspielerin - Musenbergstr. 12, 8000 München 81 (T. 089 - 95 56 68) - (Vater: Prof. Dr. phil. h.c. Wilhelm Furtwängler, Dirigent, 1886-1954/s. XII. Ausg.), 3 Kd. (Maria, David, Felix) - Zahlr. Bühnen, dar. Residenztheater München. Letzter Film: D. unerreichb. Nähe - Bek. Vorf.: Prof. Dr. phil. Adolf Furtwängler, Archäologe, 1853-1907 (Großv.).

ACKERMEIER, Volker

Dipl.-Kfm., Geschäftsführer Verb. f. d. Verkehrsgewerbe Westf.-Lippe (s. 1973) u. Konvention Westf. Getreidelagerhalter (s. 1974) - Saarbrücker Str. 46, 4400 Münster (T. 7 24 77) - Geb. 24. Nov. 1947 Bielefeld (Vater: Heinz A., kfm. Angest.; Mutter: Anna, geb. Schroeder), ev., verh. s. 1968 m. Sigrid, geb. Zeitschel, 2 Kd. (Ingo, Karen) - Stud. Betriebswirtsch.lehre Univ. Münster - Spr.: Engl., Franz.

ACKLIN, Jürg

Dr. rer. pol., Schriftsteller, Psychoanalytiker - Wohnhaft Zürich (Schweiz) - Geb. 1945 - BV: Michael Häuptli; alias 1971; Das Überhandnehmen 1972; D. Aufstieg d. Fesselballons, 1980; D. Känguruhmann, R. 1992 - 1971 Bremer Lit.preis.

ADAM, Adolf

Dr. theol., em. o. Prof. f. Prakt. Theologie Univ. Mainz (1960-77; 1967/68 Rektor) - Waldthausenstr. 52, 6500 Mainz-Finthen (T. Mainz 4 06 30) - Geb. 19. März 1912 Dietesheim/M., kath. - 1959-60 Privatdoz. Univ. Bonn; 1985 päpstl. Ehrenprälat - BV: D. Sakrament d. Firmung nach Thomas v. Aquin, 1958; Firmung u. Seelsorge, 1959 (auch ital., span., franz.); Theol. Aspekte z. modernen Kirchenbau, 1968; Erneuerte Liturgie, 5. A. 1982; D. Messe in neuer Gestalt, 1974; Sinn u. Gestalt d. Sakramente, 1975 (auch slowen.); Im grünen Wald ein Blick z. Himmel?, 1979; D. Kirchenjahr mitfeiern, 5. A. 1990 (auch engl., ital., portug., niederl.); Pastoralliturg. Handlex., 5. A. 1990; Wo sich Gottes Volk versammelt, 1984; Grundriß Liturgiewiss., 1985 (auch engl., franz., ital.), 4. A. 1990; Te Deum laudamus, 2. A. 1990; In deiner Hand geborgen, 2. A. 1989; Maria, wir rufen zu dir, 1989; D. Kirchenjahr - Schlüssel z. Glauben, 1990; D. Eucharistiefeier - Quelle u. Gipfel d. Glaubens, 1991; Höre mein Gebet - Aus d. Schatzkammer d. Stundenliturgie, 1992.

ADAM, Adolf

Dr. phil. (habil.), em. Prof. f. Angewandte Systemforschung u. integrale Forschungsstatistik - A-4040 Linz-Auhof - Geb. 9. Febr. 1918 Pürgg/Ennstal - S. 1960 Lehrtätig. Univ. Wien (1962 Prof.), Univ. Köln (1964 Ord.), Johannes-Kepler-Univ. Linz. Bücher, Buch- u. Ztschr.beitr. 300 Publ.

ADAM, Alfred

Chefredakteur/Unternehmensberater - Donnerblock 14, 2071 Köthel/Hzgt. Lauenburg (T. 04159 - 3 18; Telefax 04159 - 7 51) - Geb. 2. Mai 1942 Rosenthal - 1959-78 Journ./Verlagsman. (Neue Presse, Coburg; Münchner Merkur; Presseref. SPD-Vorst., Bundesmin. f. innerdt. Bez., Mitarb. v. Willy Brandt, Herbert Wehner, Alfred Nau, Egon Franke; Management Verlag Gruner + Jahr AG, Redakt.dir. Jahreszeiten-Verlag; s. 1979 Chefredakt. u. Unternehmensberat.

ADAM, Anton

Drucker u. Verleger, AR-Vors. Leonische Drahtwerke AG, Nürnberg - 8100 Garmisch-Partenkirchen - Geb. 8. Nov. 1914 Garmisch/Obb. - Setzer- u. Buchdr.-Lehre; Münchner Akad. f. d. graf. Gewerbe (Lehrm.prüf. u. Diplom); Staatslehranst. f. d. Lichtbildwesen. 1958-70 Vorst.-Mitgl. A. Zink, Filzfabrik AG, Roth b. Nbg.; 1971-79 Inh. väterl. Druckerei - Liebh.: Fernreisen, Angeln.

ADAM, Dieter

Dr. med., Dr. rer. nat., ao. Prof. f. Kinderheilkunde, Arzt u. Apotheker - Am Wiedenbauernfeld 19, 8021 Baierbrunn b. München - Geb. 25. Okt. 1935 München (Vater: Dr. August A., Apotheker; Mutter: Gertrud, geb. Wagner), ev., verh. s. 1964 m. Dr. Adelheid A., 2 Kd. (Christoph, Barbara) - Stud. Pharmaz. u. Med. Univ. München, Facharzt f. Kinderheilk., f. Med., Mikrobiol. u. Infektionsimmunolog. f. Klin. Pharmakol., Dipl. f. Mikrobiol. (DGHM), Vorst. Abt. f. antimikrobielle Therapie u. Infektionsimmunologie Dr. v. Haunerschen Kinderspitals Univ. München - Vorst.-Mitgl. Bayer. Landesärztekammer, Schriftleit. Münchner Ärztl. Anzeigen u. Ztschr. antimikr. antineoplast. Chemother. u. Fortschr. dto. - BV: Handbuch f. d. Pharmareferenten, 1984 - Spr.: Engl.

ADAM, Dieter Robert

Rechtsanwalt, Ministerialrat a. D., Hauptgeschäftsf. BPA - Berufsverband d. Praktischen Ärzte u. Ärzte f. Allgemeinmedizin Deutschlands, Geschäftsf. BPA-Wirtschaftsges. f. Hausärzte mbH - Belfortstr. 9/IX, 5000 Köln 1 - Geb. 30. März 1935.

ADAM, Gerold

Dr. phil. nat., Prof., Fak. f. Biologie Univ. Konstanz - Oberstegle 4, 7750 Konstanz/B. - Geb. 3. Mai 1933 Wolmirstedt (Vater: Wilhelm A., Chemiker; Mutter: Johanna, geb. Mühmert), verh. s. 1969 m. Gerburg, geb. Schaufler, 7 Kd. (Hartwig, Hiltrud, Helmut, Dietmar, Gerhard, Reinhold, Irmgard) - Dipl.-Phys. 1958 Aachen; Promot. 1961 Marburg - B. 1969 Wiss. Assist. Univ. München, dann Doz. u. Prof. (1973) Univ. Konstanz - BV: Physikal. Chemie u. Biophysik, 2. A. 1988 (m. Läuger u. Stark) - 1982 Citation Classic. Inst. f. Scientific Information.

ADAM, Gottfried

Dr. theol., Univ.-Prof. (Lehrstuhl f. Evangelische Theologie) - Nikolaushöhe 17, 8708 Gerbrunn - Geb. 1. Dez. 1939 Treysa (Vater: Johannes A., Pfarrer; Mutter: Anna Minna A.), ev., verh. s. 1965 m. Dr. Heidemarie, geb. Mahler, 3 S. (Christoph, Martin, Matthias) - Abit. 1958 Steinatal; 1. Theol. Ex. 1965 Univ. Bonn; Promot. 1968 ebd., Habil. 1975 Univ. Marburg - 1968 Wiss. Assist. Univ. Marburg; 1976 Doz., 1978/79 Lehrst.-vertr. Univ. Göttingen; 1980 Prof. Univ. Marburg; 1981-90 stv. Dir. R.-A.-Schroeder-Haus, Würzburg; s. 1981 Univ. Würzburg - BV: D. Streit um d. Prädestination im ausgeh. 16. Jh., 1970; Einf. in d. Exegetischen Meth. (m.a.), 1963, 6. A. 1979; D. Unterr. d. Kirche, 1980, 3. A. 1984; Religionspäd. Kompendium (m.a.), 1984, 3. A. 1990; Gemeindepäd. Kompendium (m.a.), 1987. Mithrsg.: Arb. z. Religionspäd. (1987ff.); Religionspäd. Jh.bibliogr. (1987ff.); Stud. z. Theol. (1987ff.); KU-Praxis (1990ff.); Glaube u Lernen (1991ff.) - Spr.: Engl., Lat., Griech., Hebr. - Lit.: Catalogus Prof. Academiae Marburgensis II, Bearb. v. I. Auerbach, 1979.

ADAM, Heinz

Vertriebsleiter, Geschäftsf. Siegener Zeitg. - Blücherstr. 41, 5900 Siegen (T. 0271-5 25 98) - Geb. 11. Jan. 1918 Dresden, verh. s. 1945 m. Ingeborg, geb. Dopp, T. Susanne - Hotelfachsch. Dresden (Hotelkaufm) - Vorst. DAK Hamburg; 1956-62 Kurator Ev. Sozialsem.; 1962-68 staatskdl. Jugendsem. Gründ. u. Ehrenmitgl. Ges. f. christl.-jüd. Zusammenarb. Zahlr. Kunstkat., Verf. u. Herausg. üb. Malerei u. Bildhauerei aus Israel, Span., Dän., Frankr., Holl., Ung., Rum., Deutschl.; Mitherausg.: V. d. Juden im Siegerland (1968-70) - Liebh.: Musik - Spr.: Engl., Franz.

ADAM, Hermann-Heinz

Dipl.-Soz., Vorstandsvorsitzender i.R., öbv Sachverständiger - Donauschwabenstr. 21, 7920 Heidenheim (T. 07321 - 2 30 76) - Geb. 10. Juni 1917 Hannover (Vater: Gustav A., Arbeitsprüf.; Mutter: Luise, geb. Pulsfort), ev., verh. s. 1951 m. Gisela, geb. Zepter, 7 Kd. - 1951-59 Stud. Wirtsch.- u. Sozialwiss. Hannover u. Bochum (Wirtsch.-Dipl.) - B. 1949 Dolmetscher; 1952 Stenograf; Fachlehrer; Doz. Akad. f. Wohnungswirtsch. - 1937 Dt. Meisterkl. Kurzschr./Masch.-schreib. 1974 Sportabz. - Spr.: Russ., Engl., Franz., Span. (auch Steno).

ADAM, Klaus G.

Vorstandsvorsitzender Landesbank Rheinland-Pfalz - Große Bleiche 54-56, 6500 Mainz - Geb. 22. Sept. 1941.

ADAM, Theo

Prof., bayer. u. österr. Kammersänger, Mitgl. Bayer. Staatsoper - Schillerstr. 14, O-8054 Dresden - Geb. 1. Aug. 1926 Dresden (Vater: Johannes A.; Mutter: Lisbeth, geb. Dernstorf), ev., verh. s. 1949 m. Eleonore, geb. Matthes, 2 Kd. (Regine, Matthias) - Hum. Gymn., Privatstudium (Oper, Konzert, Lied, Oratorium) - Gastsp. zahlr. Bühnen Ost- u. Westdtschl.s u. Ausl. Operninsz.: Figaros Hochzeit, Eugen Onegin, Lohengrin, Capriccio u. a. - Zahlr. Schallpl. - BV: Seht, hier ist Tinte, Feder, Papier (E. Sängerwerkstatt), 1980; II. Sängerwerkstatt: Ich mache e. neuen Adam ... - Nationalpreis I. Kl. DDR; 1985 Kurat.-Präs. Staatsoper Dresden.

ADAM, Waldemar

Dr., Prof. f. Organ. Chemie Univ. Würzburg - Am Hubland, 8700 Würzburg - Geb. 26. Juli 1937 Alexanderdorf (Ukraine) (Vater: Traugott A., Buchhalter; Mutter: Ella, geb. Leder), ev., verh. s. 1958 m. Sonia, geb. Tirado, 4 Kd. (Karin, Heidi, Adam, Tamara) - Stud. Univ. Illinois, Urbana/USA, B. Sc. Grad 1958 ebd., Ph.D. Grad 1961 Massachusetts Instit. of Techn., Cambridge/USA. 1961-80 Prof. f. Chemie Univ. Puerto Rico, Rio Piedras, 1980 Prof. f. Org. Chemie Würzb. - Entd.: alpha-Peroxylaktone, Wirkst. in d. Biolumineszenz d. Leuchtkäfers. Ca. 400 wiss. Arb. - 1977 Chemiker-Preis Puerto Rico, 1979 L. Igaravidez Preis, Brasil. Akad. d. Wiss., 1991 A. v. Humboldt - J. C. Lentis-Preis (Spanien) - Liebh.: Tischtennis, Reisen - Spr.: Engl., Span.

ADAM, Werner

Journalist - Zu err. üb.: Frankfurter Allgemeine GmbH, Postf. 2901, 6000 Frankfurt/M. -Geb. 1935 Hamm/Westf. - Univ. Würzburg u. Heidelberg (German.) - 1968-78 Korrespondent i. Pakistan u. Indien - S. 1978 FAZ-Skandinavien-Korrespondent in Stockholm.

ADAM, Wilhelm

Dr. med., em. o. Prof. f. Dermatologie, Ärztl. Direktor Universitätshautklinik Tübingen a.D. - Martin-Crusius-Str. 6, 7400 Tübingen 1 - Geb. 16. Juli 1921 Regensburg (Vater: Wilhelm A., Studienrat; Mutter: Elisabet, geb. Lammert), röm.-kath., verh. s. 1952 m. Käthe, geb. Mayer, 3 Kd. - Habil. 1961, Klin. Lehr- u. Forschungstätigk. Spez. Arbeitsgeb.: Dermatol., Androl., Mykol. - BV (Mitverf.): Klinik u. Therapie d. Nebenwirkungen, 1. A. 1960; Praxis d. Antibiotikatherapie im Kindesalter, 2. A. 1964; Lokalanästhesie u. Lokalanästhetika, 1973; Krankenhaushygiene, 2. A. 1983. Etwa 120 Einzelarb.

ADAM, Wolfgang

Dr. phil., Univ.-Prof. f. Germanistik/Literaturwiss. Univ. Osnabrück (s. 1988) - Falkenring 6, 4512 Wallenhorst-Rulle - Geb. 16. März 1949 Ludwigshafen/Rhein - Stud. German., Gesch., Klass. Archäol. Univ. Mannheim, Heidelberg, Wuppertal; Promot. 1977, Habil. 1985 (Dt. Philol.) - 1977-85 Wiss. Assist. Univ. Wuppertal; Mitgl. Arbeitsstelle 18. Jh.; 1985/86 Priv.-Doz.; 1986-88 Prof. Wuppertal - BV: D. wandelunge, 1978; Poet. u. Krit. Wälder, Stud. z. Schreiben b. Gelegenheit, 1988; D. Achtzehnte Jh. Facetten e. Epoche, 1988. Herausg.gremium u. Redakt. Literaturwiss. Ztschr. Euphorion; Mitgl. im Komitee d. Internat. Arbeitskreises f. Barockliteratur, Wolfenbüttel.

ADAMS, Erwin

Kaufmann, geschäftsf. Gesellsch. b. Leo Adams (GmbH. & Co.) - Dammtorstr. 13, 2000 Hamburg 36, priv.: Liebermannstr. 9 A, 2000 Hamburg 52 - Geb. 9. Juli 1911 (Vater: Leo A., Im- u. Exportkaufm.), Söhne: Dr. Peter u. Paul M.) - Vorst. d. Dr. Paul-Adams-Stiftg. Vors. Bundesverb. d. Eierwirtsch., Bonn - 1961 Orden Ridder af Danebrog; 1982 BVK I. Kl.

ADAMS, Hans

Dipl.-Volksw., Vorstandsmitglied Daimler-Benz InterServices (debis) AG - Epplestr. 225, 7000 Stuttgart 80 (T. 0711 - 17-9 26 10) - Geb. 25. April 1935 Bonn, verh., 3 Kd. - Dipl.-Volksw. - Mitgl. in versch. AR.

ADAMS, Willi Paul

Dr. phil., Prof. f. Geschichte Nordamerikas - Am Schlachtensee 18, 1000 Berlin 37 - Geb. 16. Jan. 1940 Leipzig (Vater: Paul A., Kfm.; Mutter: Elisabeth, geb. Junker), verh. s. 1968 m. Angela, geb. Meurer, 2 S. (Johannes u. Thomas) - High School Dipl. Frewsburg Central School, Frewsburg, New York 1957, Abit. Bad Godesberg 1960. Univ. Bonn u. FU Berlin 1960-68 (Gesch., Angl., Amerik.), Promot. 1968, Habil. 1972. 1972-77 Prof. Univ. Frankfurt (dazw. Fellow, Warren Center, Harvard Univ.), s. 1977 FU Berlin, 1978 Visit. Prof. Univ. of Chicago, 1980/81 Fellow Woodrow Wilson Intern. Center for Scholars, 1990/91 Res. Assoc. Inst. of Governmental Studies, Univ. of California at Berkeley. S. 1984 Kurat. Atlantik-Brücke - BV: Republikan. Verfass. u. bürgerl. Freiheit, 1973 (übers. engl. 1980); Amerik. Revol. in Augenzeugenber., 1976. Herausg.: D. Verein. Staaten v. Amerika (1977, übers. ital. 1978, span. 1979); D. dt.spr. Auswand. in d. Verein. Staaten (1980); Guide to the Study of United States History Outside the U.S. 1945-80 (f. Bundesrep. Dtschl.), 5 Bde. (1985). Mithrsg.: Deutschl. u. Amerika: Perzeption u. hist. Realität (1985, m. Knud Krakau); D. Amerikanische Revolution u. d. Verfassung 1754-91 (1987, m. Angela Adams); Länderbericht USA, 2 Bde. (1990) - 1976 Bicentennial Award American Hist. Assoc.

ADE, Meinhard

Dr. jur., Ministerialdirektor, Leit. Abt. Innenpolitik Bundespräsidialamt (s. 1985) - Zu erreichen üb. Bundespräsidialamt, Kaiser-Friedrich-Str. 16, 5300 Bonn 1 - Geb. 5. Febr. 1944 - Jura-Stud. (Promot.) - 1973-75 Bundesvorst. Junge Union; 1981-84 Senatssprecher u. Leit. Presse- u. Informationsamt Berlin (1981-84).

ADEBAHR, Gustav

Dr. med., Prof., Ordinarius u. Dir. Inst. f. Rechtsmed. GH/Univ. Essen (1971-89) - Klinikum, 4300 Essen 1 - Geb. 3. Juni 1924 Köln (Vater: Hermann A., Straßenbahnf.; Mutter: Christine, geb. Krumbach), verh. s. 1955 m. Eleonore, geb. Failner - Univ. Tübingen u. Köln. Promot. u. Habil. Köln - S. 1959 Lehrtätigk. Univ. Köln u. Frankfurt/M. (1965 apl. Prof.). Emerit. 1989. Fachveröff. - Sammelt Fossilien.

ADELMANN, von A., Graf, Josef Anselm

Kath. Priester, Rundfunkpfarrer Msgr., Vors. Diözesankunstverein - Rosengartenstr. 74, 7000 Stuttgart 1 (T. 0711 - 42 54 84) - Geb. 4. Okt. 1924 Köln (Vater: Dr. Sigmund, Graf A. v. A., Reg.präs.; Mutter: Irma, Gräfin A. v. A., geb. v. Hake), kath. - Jura-Stud., Refer., Stud. d. Theol. Freiburg, Tübingen, München, 1. u. 2. Ex. - 1942-45 Soldat, 1960-62 Studentenpfarrer Tübingen, 1962-73 Pfarrer Tübingen, s. 1973 Rundfunkpfarrer SDR - BV: Sonne Gottes, 1977; Vitamine f. Herz, 1979; Versöhnung, 1981; Oberschw. Krippen, 1981; Atemholen, 1982; Vorzimmer, 1990 - Spr.: Engl., Franz. - Bek. Vorf.: Bernhard Adelmann, Humanist.

ADELSBACH, Rudolf

Regierungsdirektor, Präs. Fremdenverkehrsverb. Saarl., Saarbrücken - Koßmannstr. 26, 6600 Saarbrücken 6 - Geb. 29. Jan. 1936 Neunkirchen/Saar - Gegenw. Saarl. Wirtschaftsmin.

ADELUNG, Dieter

Dr. rer. nat., o. Prof. f. Marine Zoologie - An der Schwentine, 2301 Raisdorf - S. 1973 Ord. Univ. Kiel.

ADEN, Detthold

Vorsitzender d. Geschäftsführung THL Thyssen Haniel Logistic (s. 1990) - Hebbelstr. 23, 4000 Düsseldorf 1 (T. 0211 - 679 92 13) - Geb. 21. Febr. 1948 Wilhelmshaven, verh. s. 1983 m. Anna-Maria, geb. Freytag - Sped.kfm. - 1976-82 Gründungsgeschäftsf. UPS United Parcel Service Dtschl.; 1982-87 Geschäftsf. Bertelsmann Distribution; 1988-90 Vors. d. Geschäftsfg. Union-Transport Gruppe; AR-Mitgl. A. Sutter Gruppe, Essen; stv. Vors. d. BVL Bundesvereinig. Logistik - 1987/88 Logistikpreis - Liebh.: Oldtimer, Reisen - Spr.: Engl.

ADEN, Walter

Dr. rer. pol., Dipl.-Kfm., Hauptgeschäftsführer IHK Dortmund (s. 1980) - Märkische Str. 120, 4600 Dortmund 1 (T. 5 41 70) - Geb. 28. Juli 1933 Oldenburg - Univ. Graz, Freiburg/Br., Hamburg; Promot. 1960 - B. 1980 IHK Oldenburg - 1986 BVK.

ADENAUER, Hans Günther

Dr. jur. Rechtsanwalt, Bankdirektor - Zu erreichen üb.: Gallusanlage 7, 6000 Frankfurt, - Geb. 25. Juni 1934 Liegnitz (Vater: Ludwig A., Staatssekr. a.D.; Mutter: Margarete, geb. Humpert), kath., verh. s. 1963 m. Renate, geb. Liske - Human. Gymn. (Abit.); Stud. Freiburg, Lausanne, Oxford (Balliol-College), Köln (Rechts- u. Staatswiss.).

ADENAUER, Konrad

Dr. jur., Direktor i.R. - Am Platzhof 3, 5000 Köln 41 (T. 43 47 25) - Geb. 21. Sept. 1906 Köln (Vater: Dr. h. c. Konrad A., 1949-63 Bundeskanzler †1967 (s. XV. Ausg.); Mutter: Emma, geb. Weyer), kath., verh. I) 1942-83 m. Carola, geb. Hunold †, 6 Kd., II) s. 1985 m. Irma, geb. Dienelt - Gymn. St. Aposteln Köln, 1925-29 Univ. Freiburg, London (1926), Berlin, Köln (Promot. 1932) - 1933 Gerichtsass., 1934 bis 1941 Tätigk. AEG (1936-37 Oslo), dann kaufm. Leit. Waggonfabr. Talbot, Aachen, Ende 1942 Leit. Kalkulationsaussch. Gemeinsch. Dt. Lokomotivfabriken, Berlin, 1943-45 Wehrm. u. Gefangensch., 1946-71 Vorstandsmitgl. Rhein. Elektrizitätswerk im Braunkohlenrevier AG (stv.), Rhein. AG f. Braunkohlenbergbau u. Brikettfabrikation (1952) bzw. Rhein.Braunkohlenwerke AG, alle Köln. Div. Ehrenstellungen. CDU - BV: D. Gefahrtragung b. aufschiebend bedingten Kauf u. b. Kauf m. Anfangstermin - Rotarier - Bruder: Max A.

ADENAUER, Max

Dr. jur., Honorarkonsul von Island f. d. Reg.-Bez. Köln u. Arnsberg (s. 1980), Oberstadtdirektor a.D. - Spitzwegstr. 16, 5000 Köln 41 (T. 48 78 78) - Geb. 21. Sept. 1910 Köln, kath., verh. s. 1941 m. Dr. Gisela, geb. Klein, 4 Kd. - Promot. 1937 Köln - 1938-39 jurist. Mitarb. Klöckner-Werke AG, Duisburg, 1945-48 Prokurist Klöckner-Humboldt-Deutz AG., 1948-65 Beigeordn. (Dezernat f. Wirtsch. u. Häfen) u. Oberstadtdir. (1953) Köln, 1965-77 Vorstandsmitgl. d. Rhein. Westf. Boden-Credit-Bank, Köln. Div. Ehrenstellungen; Aufsichts- u. Beiratsmandate. CDU - Ehrensenator Univ. Köln; 1976 Gr. BVK - Spr.: Engl. - Liebh.: Bergwandern (1971 Nepal) - Rotarier - Bruder: Konrad A.

ADENEUER, Dieter

Dipl.-Kfm., Geschäftsführer Verb. d. Dt. Sauerkonserven Industrie e.V. Bonn, Generalsekr. Vereinig. d. Industr. f. Sauerkraut in d. EWG - Von-der-Heydt-Str. 9, 5300 Bonn 2 (T. 0228 - 35 40 26) - Geb. 10. April 1940.

ADER, Bernhard

Prof. Musikhochsch. Stuttgart (Orgel), Kirchenmusiker - Pestalozziweg 17, 7407 Rottenburg 1 (T. 07472 - 2 15 15) - Geb. 25. Dez. 1933 Gelsenkirchen, kath., verh. s. 1962, 2 T. - Kirchenmusikstud. Essen (Folkwang-Dipl.) u. Köln (A-Ex. 1957); Kapellmeisterstud. Essen (Abschl. 1961) - 1954-70 Kirchenmusiker in versch. Gemeinden d. Diözese Essen, s. 1963 Orgelsachverst. Bistum Essen; 1970-83 Dir. Kirchenmusiksch. Rottenburg/Stuttgart; s. 1983 Prof. Staatl. Musikhochsch. Stuttgart (Leit. Abt. Kath. Kirchenmusik); Konzertorganist - BV: Musik im Gottesdienst, Handb. z. kirchenmusikal. Grundausbild., 1975, 2. A. 1983 (m.a., Sachber. Orgelkd.); Mitbearb. Orgelb. z. kath. Einheitsgesangb. Gotteslob - Div. Bearb. f. Chor, Orgel, Bläser; Schallpl.aufn., Rundf.send. - Spr.: Lat., Engl.

ADERHOLD, Dieter

Dr. jur., Dr, phil., Prof. f. Polit. Wissenschaften Univ. GHS Siegen, MdL Nordrh.-Westf. (1966-70 u. s. 1980, SPD) - Am Nocken 47, 5883 Kierspe/Westf., (T. 24 43) - Geb. 27. Nov. 1939 Herne Juu/Tansania (Eltern: Missionare Friedr. u. Elise A., geb. Müller), ev., verh. s. 1964 m. Gitta, geb. Wiegold, S. Bernd - Univ. München u. Bonn (Rechtswiss., Volksw., Phil., Gesch., Polit. Wiss.). I. jurist. Staatsprüf. 1964, 2. jur. Staatspr. 1973 - Ratsmitgl. Kierspe (1969-79), KT-Abg. (LÜD, MK) (s. 1971), Vors. Kreissozialaussch. (1975-84), SPD-Landesaussch. (1972-82), Landesmedienkommiss., stv. Mitgl. WDR-Rundfunkrat (1980-85) - Spez. Arb.geb.: Medienpolitik, Haush.Kontr. - BV: Nichtseßhaftigkeit, 1970; Kybernet. Regierungstechnik in der Demokratie (Dt. Handb. d. Politik, Bd. 7), 1973; Eiserner Steuergroschen d. Bundes d. Steuerzahler f. Rechnungsprüfungsausschuß Nordrh.-Westf. - 1982 BVK.

ADERKAS, von, Claus

Pastor, Geschäftsf. Innere Mission u. Hilfswerk d. Ev. Kirche in Bremen - Am Dobben 112, 2800 Bremen (T. 32 18 51).

ADLER, Brigitte

Reallehrerin, MdL Baden-Württ. (Wahlkr. 41, Sinsheim), MdB (Wahlkr. 181, Odenwald-Tauber) - Zu erreichen üb. Bundeshaus, 5300 Bonn 1 - Geb. 22. Juni 1944 Drangstedt - SPD.

ADLER, Clauspeter

Dr. med., Prof., Facharzt f. Pathologie - Albertstr. 19, 7800 Freiburg/Br. - Geb. 13. Dez. 1937 Danzig (Vater: Dr. med. Kurt A., prakt. Arzt; Mutter: Elisabeth, geb. Michaelis), ev., verh. s. 1971 m. Dr. med. Maria, geb. Kopf, 2 Töcht. (Elisabeth, Nikola-Maria) - Gymn. Neumünster (Abit. 1958), Stud. Med. Univ. Heidelberg, Wien u. Freiburg. Med. Staatsex. 1963, Habil. 1971 Univ. Freiburg - 1967-71 Wiss. Assist., 1971-80 Oberarzt (1976 apl. Prof., 1978 C3-Prof.), 1980-83 kom. ärztl. Dir. Abt. Allg. Pathol. u. pathol. Anat. u. Cytopathol. Path. Inst. Univ. Freiburg; Leit. Referenzzentrum f. Knochentumoren - Entd.: Polyploidisierung d. menschl. Herzmuskelzellen u. d. Vermehrung v. Herzmuskelzellen im menschl. Myokard; neue Entitäten unter d. Knochentumoren - BV: Spezielle Pathol., Lehrb. 1976; Allg. Pathol., Lehrb. 1981; Histopathol., Lehrb. 1981; Morphol. d. Knochenkrankheiten, 1983; Knochen u. Gelenke, 1990 - Liebh.: Lit., Musik - Spr.: Engl., Franz.

ADLER, Friedrich

Dr.-Ing. o. Prof. f. Bergbaukunde Techn. Univ. Berlin (s. 1964) - Ahornstr. 22, 4300 Essen-Stadtwald - Geb. 30. Juli 1916 Rheinhausen - Zul. Dir. Walsum AG.

ADLER, Hermann

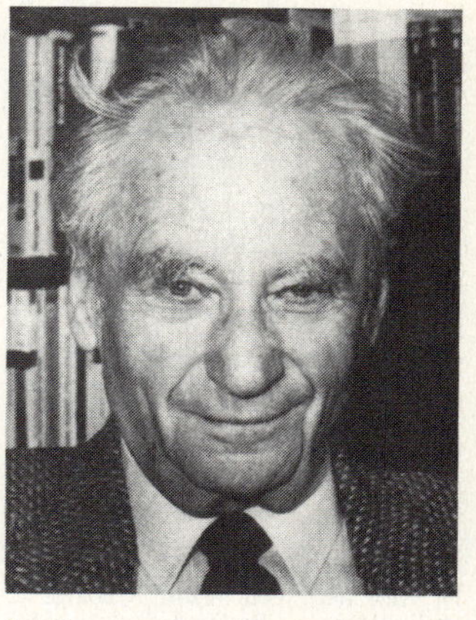

Schriftsteller, Journalist - Breisacher Str. 95, CH-4007 Basel 7 (T. 692 66 40) - Geb. 2. Okt. 1911 Deutsch-Diosek b. Preßburg, jüd., verh. m. Anita, geb. Distler - Lehrersem., Mitgl. Verein d. Auslandspresse in d. Schweiz - BV: Ostra Brama, Legende aus d. Zeit d. gr. Untergangs, 1945; Gesänge aus d. Stadt d. Todes, Ged. 1945; Balladen d. Gekreuzigten, d. Auferstandenen, Verachteten, Ged. 1946; Fieberworte v. Verdammnis u. Erlösung, Ged. 1948; Bilder n. d. Buche d. Verheißung, Ged. 1950; Lied v. letzten Juden, Ball., 1951; Veränd. Neuaufl. d. Untergangs-Epos: Jizchak Katzenelsons Lied vom letzten Juden, 1992. Zahlr. Lesungen in Gymn. u. Kirchengemeinden. Zahlr. Hörfolgen, - sp. u. Fernsehsend., u.a.; Ursprungsgesch. d. Antisemitismus, Hörf.-Feature, 1985; Wie d. Hexenglauben entstand, Rundf.-Feature, 1986; Wieso ist Israel d. auserwählte Volk?, Rundf.-Feature, 1986; V. Golgatha nach Auschwitz, Rundf.-Feature in 7 Sendern, 1986; D. Jesusbild v. jüdischen Autoren, 4 Radio-Features BR, 1986; D. Lied v. letzten

Juden, Radio-Feature HR, RB, SR, 1986; Psychologie d. Verleumdung, Radio-Feature HR, RB, BR, 1986; D. Traum als Sprache d. Seele, Hörf.-Feature, 1988; D. Jude in d. christl. Symbolik, Hörf.-Feature, 1988; Franz Anton Mesmer, E. Wunderheiler m. Methode (ZDF); Gesch. e. Rettung (SFB, BR, SDR), 1990; Das wissen d. Götter, Aberglaube! Aberglaube? (4 Teile, ZDF); 4000 J. Orakel u. Tests, Hörf.-Feature (2 Teile); Sigmund Freud u. C. G. Jung, Hörf.-Feature (2 Teile); Jesus u. d. Frauen (Aus zeitgenöss. jüd. Sicht), Hörf.-Feature - 1947 Ehrengabe Stadt Zürich; 1969 DAG-Anerk. (ZDF-Film: Feldw. Schmidt); Mitgl. Phil. Ges. Basel, Psych. Ges. Basel, Religionswiss. Ges. Basel; Ehrenmitgl. Psychotherapie-Seminare (e.V.), München; 1991 Lit.preis d. Zürcher Steinberg-Stiftg.; Mitgl. PEN-Club, PEN Zentrum Bundesrep. Dtschl.

ADLER, Jürgen

Rechtsanwalt u. Justitiar, Mitgl. Abgeordnetenhaus v. Berlin (s. 1979) - Wiesbadener Str. 58i, 1000 Berlin 33 - Geb. 11. Mai 1950 Berlin (Eltern: Gerhard (Angest.) u. Gertrud A.), ev., verh., 1 Kd. - Gymn. u. FU Berlin (Rechtswiss.) - Spez. Arbeitsgeb.: Öfftl. Recht u. DDR-Recht. 1975 ff. Vors. Jg. Union W'dorf. CDU, s. 1979 Vors. CDU Schmargendorf, s. 1981 Mitgl. d. Landesvorst. d. Berliner CDU, Mitgl. Fraktionsvorst. - Liebh.: Lyrik, mod. Kunst, Tennis, Reisen - Spr.: Engl., Franz.

ADLER, Max

Reeder - Rockwinkler Landstr. 35, 2800 Bremen-Oberneuland - Geb. 6. Okt. 1910 Lübeck (Vater: Richard A.), verh.m. Hanna, geb. Wuppesahl.

ADLER, Meinhard

Dr. med., Arzt, Wiss. Rat, Prof. f. Heilpäd. Psychiatrie Univ. Köln, Hon.-Prof. FU Berlin, Med. Psych. - 1974 Prof. FU Berlin (Physiol. Psych.) - BV: Brecht im Spiel d. techn. Zeit, 1976; Z. Frage d. Identität d. Med. Psych., 1976 (m. H. P. Rosemeier); Psychochir., 1979 (m. R. Saupe); Phys. Psych., 2 Bde. 1979; Plädoyer f. e. Biol. Psychiatrie, 1986; Vergangenheitsbewältigung in Deutschland, 1990.

ADLER, Peter

Dr. phil., Schriftsteller - 8999 Grünenbach/Allgäu - Geb. 4. Mai 1923 Dresden (Vater: Dr. Helmut A.; Mutter: Armgart, geb. Esche), verh. s. 1947 m. Katharina, geb. Krieg, T. Armgart - BV: D. Vergessenen, D. Leute v. Beersheba, D. Provinz (Mitverf.). Hör- u. Fernsehsp. - 1957 Leo-Baeck-Preis, 1962 Feature-Preis Radio Bremen, 1968 DAG-Fernsehpreis in Silber, 1979 DAG-Fernsehpreis in Gold.

ADLER, Rudolf

Dr. rer. nat., Univ.-Prof., Geologe u. Paläontologe - Berliner Str. 1, 3392 Clausthal-Zellerfeld - Geb. 8. Juli 1929 Breslau - S. 1960 (Habil.) Lehrtätigk. Bergakad. bzw. TU Clausthal, Leit. Abt. f. Kohlengeol. u. Geomechanik Inst. f. Geol. u. Paläontol. Zahlr. Fachveröff.

ADLKOFER, Franz Xaver

Dr. med., Prof. f. Innere Medizin FU Berlin, Leiter Wiss. Abt. Verband d. Cigaretteind., Bonn (s. 1976) - Parallelstr. 18, 1000 Berlin 45 - Geb. 14. Dez. 1935 - Promot. 1965 Max Planck-Inst. f. Biochemie, München; Habil. 1974 FU Berlin - S. 1980 apl. Prof.

ADLON, Percy

Regisseur - Zu erreichen üb.: Bayer. Rundfunk, 8000 München 2 - Spielfilm: Céleste (1982). Div. Fernsehf. Film: D. Schaukel (1983) - 1979 Adolf-Grimme-Preis in Gold (f.: D. Vormund u. s. Dichter - Robert Walser), 1983 Bayer. Filmpreis 1982 u. Bundesfilmpreis/Filmbd. in Silber (f. D. fünf letzten Tage).

ADOLFF, Helmut

Vorstandsmitglied J. F. Adolff AG., Backnang - Walksteige 31, 7150 Backnang/Württ. - Geb. 8. Sept. 1933.

ADOLFF, Jürgen

Dr., Geschäftsführer u. Hauptgesellsch. Jara Atelier Einrichtungshaus GmbH - Delpstr. 8, 8000 München 80 - Geb. 1. Febr. 1936 Stuttgart, verh. m. Rita, geb. Wollfarth - Bruder: Peter A.

ADOLFF, Peter

Dr. jur., Rechtsanwalt, Vorst. Allianz Versicherung AG., München (s. 1976) - Königinstr. 28, 8000 München 44 - Geb. 18. Juni 1933 Stuttgart (Vater: Martin A., Generaldir.; Mutter: Marianne, geb. Bofinger), verh. s. 1963 m. Inge, geb. Feuerbacher, 2 Kd. (Christine, Johannes) - Oberrealsch.; Handwerkslehre; Univ. Tübingen. Gr. jurist. Staatsprüf. 1963 - Zul. Geschäftsf. Wacker Chemie GmbH. AR- (u.a. Robert-Bosch-GmbH) u. Beiratsmand., Vorst. Stifterverb. f. d. Dt. Wiss. Ehrenämter - BV: D. Rechtsschutz d. Käufers in d. arbeitsteil. Wirtschaft, 1961 - Liebh.: Segeln (Dt. Meister) - Spr.: Engl. - Rotarier - Bek. Vorf.: Prälat Weitprecht (Stuttgart); Bruder: Jürgen A.

ADOLPH, Thomas Viktor

Journalist, Ehrenvors. Dt.-Dän. Ges. - Manrade 20, 2300 Kiel 1 (T. 33 22 88) - Geb. 7. Sept. 1914 Bochum (Vater: Dr.-Ing. Johannes A., Dir. BEWAG, Berlin; Mutter: Helene, geb. May), ev., verh. s. 1947 m. Ruth, geb. Vogt, 2 Kd. (Susanne, Stephan) - Landschulheim Juist (Schule am Meer); 1934-36 Lehre Franckh'sche Verlagshandl., Stuttgart; Univ. Berlin (Ztg.wiss., Kunstgesch., Volkskd.) - Verlagsbuchh. u. Sortiment. 1939-45 Kriegsdst., 1945-47 Mitinh. Übersetzungsbüro Pinneberg, 1947-71 NWDR (Redakt.), 1949 Leit. Studio Flensburg) bzw. NDR (1964 Leit. Landesstudio Kiel, 1970 Dir. Funkhaus Kiel). CDU - BV: Höchst ergötzl. Verse u. Bilder f. Kinder, 1948; D. Fabelkiste, 1979; D. Narrenhaus, 1980. Kinderhörsp.; Segelfernsehfilme - 1966 Ritterkreuz Danebrog-Orden (Dänem.); 1971 BVK I. Kl., 1980 Ritterkreuz I. Kl. z. Danebrogorden (Dänem.) - Liebh.: Segeln, Malen, Bücher - Spr.: Engl., Dän., Franz. - Rotarier.

ADOLPHS, Hans-Dieter

Dr. med., Prof., Chefarzt Urologische Abt. St. Ansgar-Krkhs. Höxter (s. 1983) - Brenkhäuser Str. 71, 3470 Höxter (T. 05271-66 2 81) - Geb. 7. Aug. 1942 Raeren, kath., verh., 3 Kd. (Julia-Christiane, Claudia-Verena, Stephan-Tobias) - Medizinstud. s. 1962; Staatsex. m. Promot. 1968; wiss. Assist. an theoretischen Inst. u. Kliniken, ECFMG-Ex. (USA) m. Assist.-Tätigkeit in Amerika; Habil. 1979 (Urologie). S. 1984 apl. Prof. Univ. Bonn - BV: Verhinderung e. Blasentumorrezidivs durch Chemoimmunprophylaxe, neue Erkenntnisse z. Sensitivität u. Spezifität v. Tumormarkern. Üb. 100 wiss. Original-Publ., zumeist in engl. Spr. m. d. Schwerpunkt urologische Onkologie, spez. Harnblasentumoren - Mitgliedschaften in zahlr. nationalen und intern. wiss. Ges. - Liebh.: Skifahren, Tennis, Musik - Spr.: Engl. Franz.

ADOMEIT, Gerhard

Dr.-Ing., o. Prof. f. Allg. Mechanik - Belvederealle 1, 5100 Aachen - Geb. 1. Sept. 1929 Lünern/W. - Promot. 1962; Habil. 1967 - S 1972 Ord. TU Berlin u. TH Aachen (Institutsdir.).

ADOMEIT, Hans-Joachim

Prof., Cellist (Ps. Hans Adomeit) - Wittelsbachstr. 7, 6700 Ludwigshafen (T. 0621 - 58 28 99) - Geb. 20. Juli 1918 Berlin (Vater: Fritz A., Dir.; Mutter: Anita, geb. Lambeck), ev., verh. s. 1953 m. Margaret, geb. Grosse - 1937-41 Schüler v. Ludwig Hoelscher (Berlin u. Salzburg) - 1942-45 Solo-Cellist Berliner Staatsoper; dan. Mitgl. im Fritz-Rieger-Trio u. Norbert Hofmann-Quartett; 1953-83 1. Solo-Cellist Mannheimer Nationaltheater; 1963-83 1. Solocellist Bayreuther Festsp. Orch.; Rundfunk, Fernseh- u. Schallplattenaufn.; 1953-88 Prof. f. Violoncello staatl. Hochsch. f. Musik Heidelberg-Mannheim (s. 1988 Ehrenmitgl.) - 1953 Stip. Kulturkr.; s. 1983 Ehrenmitgl. Mannheimer Nationaltheater - Spr.: Engl., Franz.

ADOMEIT, Klaus

Dr. jur., Prof. f. Rechtstheorie, -informatik, Bürgerl. Recht u. Arbeitsrecht - Lutherstr. 4a, 1000 Berlin 41 - Geb. 1. Jan. 1935 Memel - Promot. 1959 - S. 1968 (Habil.) Lehrtätigk. Univ. Köln u. FU Berlin - BV: Rechtsquellenfragen im Arbeitsrecht, 1969; Arbeitsrecht, 3. A. 1974 (m. Peter Hanau).

ADORF, Mario

Schauspieler - Via Dei Cartari 42, (Italien) Rom - Geb. 8.Sept. 1930 Zürich (aufgewachsen Mayen/Eifel) - Univ. Mainz, Zürich (Phil., Theaterwiss.; n. abgeschl.); Falckenberg-Sch. München - S. 1955 Kammersp. München. Film: 08/15, Nachts, wenn d. Teufel kam (Preis d. dt. Filmkritik u. Bundesfilmpreis), D. Arzt v. Stalingrad, D. Mädchen Rosemarie, D. Totenschiff, D. Verlorene Ehre d. Katharina Blum, D. Blechtrommel, Lola (1981; Baulöwe Schuckert), u. a. TV: Via Mala (Jonas Lauretz) - 1974 Ernst-Lubitsch-Preis, 1978 Bambi-Preis, 1979 Hersfeld-Preis (f.: Arturo Ui) - Liebh.: Malerei (abstrakt), Modellieren, Musik (Jazz, Bach), Sport (Tennis, Golf).

ADORNO, Eduard

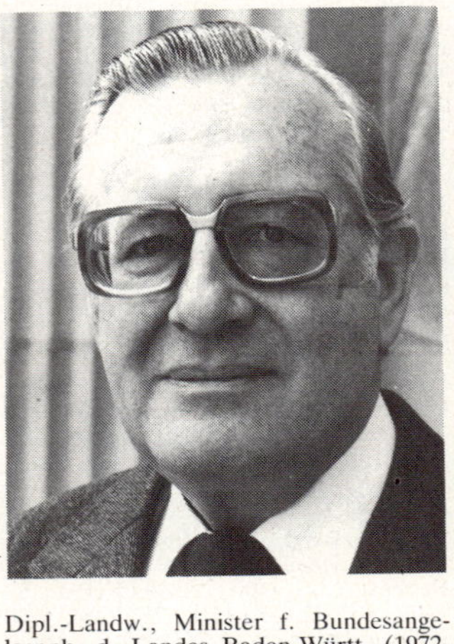

Dipl.-Landw., Minister f. Bundesangelegenh. d. Landes Baden-Württ. (1972-80) - Weißtannen 10, 7000 Stuttgart 1 (T. 0711 - 24 11 79) - Geb. 31. Okt. 1920 München (Vater: Dr. med. Ludwig A., Arzt †; Mutter: Aenny, geb. Nothhaft †), kath., verh. I.) 1950 m. Marliese, geb. Dahmen, 5 T.; II.) 1983 m. Heidi, geb. Illgen - TH München u. LH Hohenheim - 1961-72 MdB (1965-67 stv. Vors. CDU/CSU-Fraktion), 1967-69 parlam. Staatssekr. d. Bundesmin. d. Verteidigung, 1959-63 Vors. Verb. Dt. Hopfenpflanzer; 1959-67 Vizepräs. Europ. Hopfenbaubüro in Straßburg, 1962-71 Vors. d. Arbeitskr. Bodenseeobst e.V.; Ehrensenator Univ. Hohenheim; Landesbeauftr. f. d. Direktwahl z. Europäischen Parl. (1976-80); Vors. Landesverb. Baden-Württ. d. Europa-Union (1976-80) - 1975 Gr. BVK, 1980 Gr. BVK m. Stern - Liebh.: Gesch., Tennis, Skilanglauf.

ADRIAN, Fritz J.

Dipl.-Ing., L. & C. Steinmüller GmbH, Gummersbach - Lauenburger Str. 6, 5270 Gummersbach - Geb. 3. Juni 1930 Oberkassel/Siegkr. - Ernst Kalkuhl-Gymn. Oberkassel; TH Darmstadt (Dipl.-Ing. 1955).

ADRIAN, Helmut

Rechtsanwalt, Geschäftsführer Alfred Kaut GmbH & Co Elektrizitätsges., Wuppertal - Kleiststr. 26, 4030 Ratingen (T. 02102 - 84 64 29) - Geb. 19. Juni 1933, verh. s. 1959 m. Ruth, geb. Wiesjahn, 2 Töcht. (Susanne, Barbara) - Jurist. u. wirtschaftswiss. Stud. Univ. Freiburg u. Münster - Spr.: Engl.

ADRIAN, Joachim

Dr. jur., Rechtsanwalt - Löwengasse 9, 6380 Bad Homburg v.d.Höhe (T. 61 20) - Geb. 24. März 1925 Düsseldorf, kath., verh. s. 1953 m. Rosemarie, geb. Koester - 1946-49 Univ. Bonn (Rechtswiss.). Jurist. Staatsprüf. 1949 u. 1953; Promot. 1950 - 1954-59 Finanzverw. u. -min. v. Nordrh.-Westf.; 1959-63 Bausparkasse d. Rheinprov. (Mitgl. Geschäftsltg.); 1963-71 Westd. Landesbank (1965 Dir. Niederlass. Köln, 1971 Generalbevollm. Düsseldorf), Vorstandsmitgl. Investitions- u. Handelsbank (1972-80).

ADRIANI, Götz

Dr. phil., Direktor Kunsthalle Tübingen - Philosophenweg 76, 7400 Tübingen (T. 6 14 44) - Geb. 21. Nov. 1940 Stuttgart, ev. - Univ. Tübingen, München, Wien. Promot. 1964 Tübingen - 1965-66 Staatsgalerie Stuttgart; 1966-71 Hess. Landesmuseum Darmstadt. Herausg.: Werkdokumentationen Willi Baumeister (1971), Franz-Erhard Walther (1972), Klaus Rinke (1972), Joseph Beuys (1973), Toulouse-Lautrec, d. graph. Werk (1976), Dt. Malerei im 17. Jahrh. (1977), Paul Cézanne-Zeichnungen (1978), Paul Cezanne-Aquarelle (1981).

ADRIÁNYI, Gabriel

Dr. theol., o. Prof. f. Mittlere u. Neuere Kirchengeschichte m. Einschl. d. Kirchengesch. Osteuropas Univ. Bonn/Kath.-Theol. Fak. (s. 1976) - Wolfsgasse 4, 5330 Königswinter 1 - Geb. 31. März 1935 Nagykanizsa/Ung. (Vater: Dr. Ferenc A., Rechtsanw.; Mutter: Ilona, geb. Migliorini), kath. - Schule Budapest (Abit.); 1954-59 Kath.-Theol. Akad. ebd. Promot. Rom - 1963-66 Kaplan; 1968-72 Religionslehrer; s. 1973 Doz. u. Ord. - BV: 50 J. ung. Kirchengesch. 1895-1945, 1974; Ung. u. d. I. Vaticanum, 1975; Az egyháztörténet kézikönyve, 1975; Apostolat d. Priester- u. Ordensberufe. E. Beitr. z. Gesch. d. dt. Katholizismus im 20. Jh., 1979; Beiträge z. Kirchengeschichte Ungarns, 1986. 91 Aufs. in versch. Ztschr. - Spr.: Ung., Ital., Engl., Russ., Franz.

ADT, Harro

Vortr. Legationsrat I. Kl., Leiter d. Referats Implementierung u. Verifikation Ausland in d. Abt. f. Fragen d. Abrüstung u. Rüstungskontrolle d. Auswärtigen Amtes - Adenauerallee 141, 5300 Bonn 1 - Geb. 20. Mai. 1942 München (Vater: Dr. Guido A., Gesandter; Mutter: Anne, geb. Stieber), verh. s. 1969 m. Dietlind, geb. Bossel, 2 Kd. - Stud. Univ. Tübingen, München u. Freiburg (1. u. 2. jurist. Staatsex.) - S. 1972 Ausw. Amt; Tätigk. in Kabul, Kalkutta, Genf, Bonn; 1984-86 Botsch. in Bangui/Zentralafrika.

AECKERLE, Fritz

Autor u. Dramaturg, (Ps. Hans Rein) - Christophstr. 14, 7570 Baden-Baden (T. 07221 - 2 30 83) - Geb. 13. Sept. 1908 Essen (Vater: Friedrich A., Abt.-Leit. Krupp AG; Mutter: Julie, geb. Rein), verh. s. 1974 m. Wera v. Albert-Aeckerle (s. dort) - Stud. Lit.- u. Theaterwiss., Kunstgesch., Psych.; Schausp.-Ausb. Folkwangsch. Essen; Reifeprüf. 1932 Hamburg - 1931 Städt. Bühnen Kiel; 1932 Dramatug u. Regiss. Stadttheater Halberstadt; 1934 fr. Journ. f. Film u. Funk Berlin; 1935 Lehrer Tonfilm-Abt. Schule Reimann, Berlin; 1938 Dramat. Terra-Filmkunst, Babelsberg u. 1940 Heinz-Rühmann-Prod. Terra; 1941 Regie-Assist. R.A. Stemmle Bavaria-Film, München; 1945 Leit. Kunstamt Berlin-Zehlendorf: Gründ. Haus am Waldsee f. mod. Musik u. bild. Kunst; 1946 Gastsp. Berliner Gastsp.-Bühne (BGB); 1950 Dramat. Comedia-Film u. 1952 Dramat. u. Autor Ufa, Berlin; 1955 fr. Autor f. Werbefilme; 1957 Leit. neugegr. Abt. Werbeferns. SWF Baden-Baden, 1961 zugl. Hauptabt.leit. Fernseh-Unterh. (Prod. u.a. Alle meine Tiere, Forellenhof, Salto mortale) 1965 stv. Verw.dir. u. ab 1966 Verw.dir. 1945 Bürgerm. Groß-Glienicke. 1972 Vors. Finanz-Komiss. ARD - BV: Kyritz-Pyritz, Neubearb. 1954 (m. H.O. Wuttig) - Insz.: Herrl. Zeiten (m. Günter Neumann u. Hans Vietzke) 1950 - Spr.: Franz.

AELKER, Erich
Dipl.-Kfm., Geschäftsführer Schweriner Volkszeitung (Landesverlags- u. Druckges. mbH Mecklenburg & Co. KG), Generalbevollm. Norddeutsche Neueste Nachrichten Rostock - Kröpeliner Str. 21, O-2500 Rostock; von-Stauffenberg-Str. 27, O-2791 Schwerin - Geb. 10. Jan. 1942, kath., 3 Kinder (Erik-Fred, Hans-Jörg, Nina) - Liebh.: Tennis - Spr.: Engl., Altgriech., Latein.

AENGENEYNDT, Hans-Wolf
Dipl.-Ing. Fabrikant, gf. Gesellsch. J. H. Schmitz Söhne GmbH., Homberg, Präs. IHK Duisburg, Vors. Unternehmerverb. d. Metallind. Ruhr-Niederrhein, Duisburg, Vorstandsmitgl. Metallind. Arbeitgeberverb. Nordrh.-Westf., Düsseldorf - Königstr. 68, 4100 Duisburg 17 - Homberg (T. Büro: 2010) - Geb. 25. März 1921.

AENGEVELT, Wulff O.
Dr. rer. soc. oec., Mag. rer. soc. oec., Gf. Gesellschafter Aengevelt Immobilien KG, Düsseldorf, u. BC Business Flugzeug-Charter GmbH - Heinrich-Heine-Allee 35, 4000 Düsseldorf (T. 0211 - 83 91-0), Fasanenstr. 29, 1000 Berlin 15 (T. 030 - 88 41 84-0), u. Eilenburger Str. 15b, O-7050 Leipzig (T. 003741 - 686 84 37) - Geb. 19. Nov. 1947 Düsseldorf, kath., verh. s. 1984 m. Susanne, geb. Nöthen, 4 Kd. (Mark, Alicia, Luisa, Robin) - Div. Veröff. üb. Währungs- u. Immobilienfragen - Liebh.: Sport, Politik, Oper/Theater - Spr.: Engl., Franz.

AEPLER, Eberhard

Dr.-Ing. habil., o. Prof., gf. Institutsleiter f. Maschinenmeßtechnik, Kolbenmasch. u. Instandhaltung TU Magdeburg (s. 1991) - Faßlochsberg 23, O-3040 Magdeburg (T. 5 17 15) - Geb. 29. Okt. 1936, verh. s. 1960 m. Brigitta, geb. Thiele, S. Jörg - Stud. Maschinenbau TH Chemnitz u. TH Magdeburg, Dipl. 1960; Promot. 1965, Habil. 1970 Magdeburg - 1969 Doz. u. 1979 o. Prof. f. Masch.meßtechnik. 1968 stv. Dir. u. 1986 Dir. d. Sekt. Dieselmotoren, Pumpen u. Verdichter - BV: Prozesse in perspektivischen Dieselmotoren (m. N. K. Schokotow), 1991 (russ.) ; 95 Facharrt. - Liebh.: Sport - Spr.: Engl., Russ.

AFFELD, Detlef
Staatssekretär im Ministerium f. Arbeit, Soziales, Gesundheit u. Frauen, Brandenburg (s. 1990) - Heinrich-Mann-Allee 103, O-1561 Potsdam (T. Potsdam 86 91-0) - Geb. 22. April 1943 Berlin, verh., 2 Kd. - Stud. Soziol., Psychol. u. Päd. - Univ. Dortmund; Bundeskanzleramt; Bundesgesundh.min.; Bundesarbeitsmin.; Min. f. Arbeit, Gesundh. u. Soziales Nordrh.-Westf. - Spr.: Engl., Franz.

AFFELD, Klaus
Dr.-Ing., Prof., Wiss. Mitarbeiter Klinikum Westend (Arbeitsgruppenleit. z. Entwickl. e. künstl. Herzens) - Niebuhrstr. 11a, 1000 Berlin 12 (T. 324 54 62) - Geb. 22. Juli 1935 Berlin (Vater: Franz A., Gartenarch.; Mutter: Erna, geb. Neumann), verh. s. 19069 m. Petra, geb. Niemeyer, 2 Kd. (Felix, Paul) - Dipl.-Ing. - Flugzeugbau (TU Berlin, 1962). Wiss. Ass. TU Berlin, 1969 ff. techn. Leitung Entw. künstl. Herz a. d. FU Berlin. Ca. 100 wiss. Veröff. - Liebh.: Bildhauerei - Spr.: Engl., Span., Franz.

AFFELD, Wilfried
Vorstandsmitglied Transatlant. Versicherungsgruppe, Hamburg - Theodor-Fontane-Str. 20, 2 Norderstedt - Geb. 12. März 1944 Timmendorfer Strand (Vater: Bruno A., Kesselschmied; Mutter: Ida, geb. Schröder), vd., verh. s. 1964 m. Renate, geb. Wiedemann, 2 S. (Andreas, Stefan) - N. Mittl. Reife Versicherungslehre - S. 1970 Abteilungsleit., -dir./Prokurist (1973), Vorstandsmitgl. (1976) - Liebh.: Musik, Sport - Spr.: Engl.

AFFELDT, Werner
Dr. phil., Prof. f. Mittelalterl. Geschichte - Nickisch-Resenegk-Str. 10, 1000 Berlin 38 - Geb. 8. Sept. 1928 Brandenburg/H. - Promot. 1955 - S. 1972 (Habil.) Lehrtätig. FU Berlin - BV: D. weltl. Gewalt in d. Paulus-Exegese, 1969.

AFFLERBACH, Hermann
Geschäftsführer Afflerbach Bödenpresserei GmbH. & Co. KG., Puderbach - Auf der Huth 26, 5419 Puderbach/Rhld. - Geb. 12. Jan. 1941.

AFFLERBACH, Otto
Dipl.-Kfm., Geschäftsführer Afflerbach Bödenpresserei GmbH. & Co. KG., Puderbach - Sonnenstr. 34, 5419 Puderbach/Rhld. - Geb. 12. Jan. 1941.

AFHELDT, Heik
Dr. rer. pol., Dipl.-Kfm., Herausgeber Verlagsgruppe Handelsblatt (s. 1989), Herausg. Wirtschaftswoche (s. 1988), Herausgeber (geschäftsf.) Handelsblatt (s. 1991) - Kasernenstr. 67, 4000 Düsseldorf 1 (T. 0211 - 83 88-0) - Geb. 22. Juli 1937 - Stud. Wirtsch.- u. Sozialwiss.; Dipl.-Kfm. 1961; Promot. 1964 - Praktikum EWG-Kommiss.; fr. Mitarb. b. Unternehmensberatungen; 1964-87 Prognos AG, Basel (1970 Mitgl. u. 1977 Vors. d. Geschäftsltg.); VR-Mitgl. Prognos AG. Mitgl. versch. nat. u. intern. Vereinig. - Autor zahlr. Veröff. u.a.: Zukunftsfaktor Führung - Untern. auf d. Weg ins Jahr 2000, Praxis d. strategischen Unternehmensplanung. Herausg. v. Fachztschr.

AFTING, Ernst-Günter
Dr. med., Dr. rer. nat., Prof., Leit. d. Welt-Pharmaforschung d. Hoechst AG (Hauptabt.-Dir.) - Zu erreichen üb. Hoechst AG, Postf. 800320, 6230 Frankfurt 80 (T. 069 - 305 78 79) - Geb. 1942 Osnabrück (Vater: Dr. August A., Dipl.-Landw.; Mutter: Dorothea, geb. Wellmann), verh. s. 1968 m. Ingrid, geb. Ruf - Med.- u. Chemie-Stud. Univ. Münster u. Freiburg; Dipl.-Chem. 1969; Staatsex. Med. 1974; Promot. 1972 u. 1978, Habil. 1978 - 1980-85 Prof. u. Abteilungsvorst. Inst. f. Biochemie Univ. Göttingen; 1984-88 Forsch.leit. u. 1986-88 Vorst.-Mitgl. d. Behringwerke Marburg; 1988-91 Forschungsleit. d. weltweiten Pharmaforsch. d. Hoechst AG; s. 1991 Leit. d. Geschäftsber. Pharma d. Hoechst AG - Rd. 80 Publ. in Fachztschr. u. Facharb.

AGOP, Rolf
Prof., Generalmusikdirektor - An d. Wilhelmsburg 12, 5912 Hilchenbach/W. (T. 02733 - 49 77) u. 8213 Sachrang-Huben - Geb. 11. Juni 1908 München (Vater: Stephan A., Kaufmann; Mutter: Louise, geb. Haecker), verw. - Staat. Akad. d. Tonkunst München (Schüler v. Pfitzner, Hauseger, Waltershausen, Röhr, Knappe) - 1934-35 Dirig. Münch. Symphonie-Orch., 1935-38 Kapellm. Bayer. Landesbühne, München, 1938 bis 1941 Kapellm. u. Chordir. Kärntner Grenzland-Theater, Klagenfurt, 1941-42 musikal. Oberleit. Niederschles. Landestheat., Jauer u. Bad Altheide, dann Kapellm. Stadttheater Nürnberg, 1943-45 Wehrdst., 1945-48 musikal. Oberleit. Vereinigte Theater Nürnberg-Fürth u. Leit. städt. Symphoniekonz., 1948-52 künstler. Oberleit. Nordwestd. Philharmonie, Bad Pyrmont/Herford, 1949-52 zugl. Doz. Nordwestd. Musik-Akad., Detmold, 1952-62 GMD Dortmund (Leit. Orch. u. Konservat., Dirig. d. Oper), 1962-77 Chef Siegerland-Orch. u. s. 1974 Leiter d. „Woche junger Komponisten". Gastdirig. in 24 Staaten in 4 Kontinenten. S. 1977 Leit. d. Siegener Collegium Musicum u. Dozent a. d. Siegerland-Univ. Ständ. Dirigier-Gastspielverpflicht. im In- u. Ausl. Div. literarische Arb. u. Vortr. - BV: Lex mihi ars, nachdenkliche u. kuriose Begegnungen m. gr. Musikern, 1985; D. sinfonische Orchester d. Gegenwart. Struktur - Aufgabe - Probleme, 1986 - BVK, Verdienstkreuz d. Mauretan. Ehrenlegion - Liebh.: Bergsteigen, Filmen - Spr.: Engl. - Mitgl. Lions-Club, Hans-Pfitzner-Ges., Rich.-Strauss-Ges., Intern. Anton-Bruckner-Ges., Intern. Ermanno Wolf-Ferrari-Ges.

AHEMM, Hildegard
s. Meschke, Hildegard

AHLBERG, René
Dr. phil., Prof. f. Soziologie - Matterhornstr. 6, 1000 Berlin 37 (T. 802 61 12) - Geb. 1930 Riga - 1955-60 FU Berlin (Soziologie, Phil.; Promot.). 1951-55 Lehrer Berlin (Ost); s. 1960 Assist. 1968 Privatdoz., 1969 Prof. FU Berlin - BV: Entwicklungsprobl. d. empirischen Sozialforschung in d. UdSSR, 1968; D. sozialistische Bürokratie, 1976. Hrsg.: Soziol. in d. Sowjetunion, 1969; Sozialismus zw. Ideol. u. Wirklichk. 1979.

AHLBORN, Hans
Dr.-Ing., Prof. f. Ingenieurwissenschaften Univ. Hamburg (s. 1973), apl. Prof. f. Metallkunde u. Werkstoffprüf. TU Clausthal (s. 1970) - Neuengammer Hausdeich 141, 2050 Hamburg 80 - Geb. 26. April 1929 Kalefeld/Harz (Vater: August A., Hauptlehrer; Mutter: Anna, geb. Rolf), ev., verh. s. 1955 m. Marie-Luise, geb. Hillebrecht, 5 Kd. (Gisela, Ingrid, Klaus, Helga, Ulrike) - Gymn.; Modellbauerlehre; 1950-53 Berufspäd. Inst. Frankfurt/M.; 1953-57 TU Clausthal. Promot. (1961) u. Habil. (1965) Clausthal. 1963-69 Oberings. TU Clausthal. Abt.Vorst. u. Prof. Inst. f. Metallkunde u. Metallphys. TU Clausthal, 1970-73 Leit. Hauptabt. Werkstoffe/Battelle-Inst., Frankfurt/M. Spez. Werkstoffkd. (Mitarb.: Wassermann, Praktikum d. Metallkd., 1965). Mithrsg.: Materials

under Extreme Conditions, Proc. MRS Symp. Strasbourg (1985).

AHLE, Hans
Dr., Geschäftsführer Imperial-Werke GmbH, Bünde/W. (s. 1983), Unternehmensberater (s. 1975) - Obererle 35, 4650 Gelsenkirchen - Geb. 4. Nov. 1930 - 1971-74 Vorst.-Vors. F. Küppersbusch & Söhne AG, Gelsenkirchen.

AHLENSTORF, Heinz
Ing., Gf. Gesellschafter LUTEC GmbH u. SIP GmbH - Bärenallee 30, 2000 Hamburg 70 - Geb. 28. Juli 1925, verh. m. Anna Barbara von Bernem-Ahlenstorf, geb. Brocke, 4 Kd. (Heiko, Ralph, Anna Rebecca, Eva Johanna) - 1978-86 Präs. Bundesverb. selbst. Ing. VSI.

AHLERS, Hans-Hermann
Dipl.-Kfm., Geschäftsführer OSPIG-Textilges. W. Ahlers, Bremen-Arsten, u. Hettlage & Fischer GmbH, Recklinghausen - Am Deich 21, 2803 Weghe (T. 25 36 76) - Geb. 14. Okt. 1948 Herford (Vater: Wilhelm A., Kaufm.), verh. s. 1973 - Stud. Univ. Münster.

AHLERS, Klaus
Vorstandsvorsitzender Howaldtswerke/Dt. Werft AG, Hamburg/Kiel (1982-89) - Postf. 111480, 2000 Hamburg 11 - Geb. 1935 - Zul. Sprecher d. Geschäftsfg. Hapag-Lloyd Flugges. mbH., Bremen.

AHLERT, Dieter
Dr. rer. pol., Dipl.-Kfm., Univ.-Prof. f. Betriebswirtschaftsl., insb. Distribution u. Handel, Direktor Inst. f. Wirtschafts- u. Sozialwiss., Univ. Münster (s. 1975), Dekan Fachber. Wirtschafts- u. Sozialwiss. (1980/81) - Siebenstücken 80, 4403 Senden (T. 25 97-55 84) - Geb. 19. Februar 1944 Staßfurt (Vater: Dietrich A., Mutter: Theodora, geborene Pieper), ev., verh. s. 1968 m. Heide Marie, geb. Wacker, 3 Kd. (Stefan, Martin, Iris) - Helmholtz-Gymn. Dortmund (Abit. 1963); Dipl.ex. 1967 Univ. Köln; Promot. 1971 u. Habil. 1974 RWTH Aachen - BV: Absatzförderung d. Absatzkredite an Abnehmer, 1973; Ind. Kostenrechnung, 5. A. 1992; Grundlagen u. Grundbegriffe d. Betriebswirtschaftsl., 6. A. 1991; Grundzüge d. Marketing, 4. A. 1992; Vertragl. Vertriebssysteme zw. Ind. u. Handel, 1981; Distributionspolitik, 1985, 2. A. 1991; Marketing-Rechts-Management, 1989; Rechtl. Grundlagen d. Marketing, 1989 - Liebh.: Skifahren, Segeln, Tennis, Tanzen - Spr.: Engl.

AHLERT, Wilhelm
Dr.-Ing., Dr.-Ing. E. h., Direktor - Heierbusch 48, 4300 Essen - Geb. 7. Juni 1905 Langenlonsheim/N., verh. m. Hanne, geb. Schnabbe, 2 T. - S. 1933 Th. Goldschmidt AG., Essen (u. a. Gf. Elektro-Thermit GmbH.). Erf. auf d. Gebiet d. Schienen- u. Reparaturschweiß. m. Thermit R, etc. - Ehrendoktor TH Darmstadt.

AHLGRIMM, Ernst-Dietrich
Dr. rer. nat., Apotheker, Präs. Apothekerkammer Hamburg - V.-Katzrock-Ring 6a, 2000 Hamburg 65 - Geb. 23. Aug. 1927, verh. s. 1974 m. Cornelia, geb. Eylmann, 4 Kd. - Stud. stv. Hbg. Landesverein. f. Gesundheitserziehung u. Aktion gegen Drogensucht; Lehrauftrag Univ. Hamburg; Leit. Dt. Deleg. im Zusammenschl. d. Apotheker in d. EG; Vizepräs. Weltverb. Federation Intern. Pharmaceutique, Sektion Offizin-Apotheker - Spr.: Engl.

AHLHEIM, Klaus
Dr. theol., Prof. f. Erwachsenenbildung u. Außerschulische Jugendbildung Univ. Marburg (s. 1982) - An der Schäferbuche 3, 3550 Marburg - Geb. 28. März 1942 Saarbrücken, ev., verh. s. 1966 m. Rose, geb. Beutin, T. Hannah - Stud. Ev. Theol., Soziol., Gesch., Erziehungswiss. Univ. Marburg, Kirchl. Hochsch. Berlin, Mainz, Frankfurt; 1. Theol. Prüf. 1968 Mainz; 2. Theol. Prüf. 1972 Darmstadt;

Dipl. (Erziehungswiss.) 1976 Frankfurt; Promot. (Theol.) 1972 München; Habil. (Erziehungswiss., Schwerp.: Erwachsenenbild.) 1981 Frankfurt - 1971 Pfarramtskandidat Ingelheim/Rh.; 1972 Ordination; 1972 Studentenpfarrer Frankfurt - BV: Kirche u. Krieg (m. Deschner u. a.), 1970; D. manipulierte Glaube. E. Kritik d. christl. Dogmen (m. Deschner u. a.), 1971; Auf e. Auge blind. Unterwanderung d. evangelischen Kirche v. rechts? (m. Wiesinger), 1975; Zw. Arbeiterbildung u. Mission, 1982; Neue Technik u. Kulturarbeit, 1986; Im Griff d. Computers-Computer im Griff? (m. Winger), 1986; Öffnung d. Hochschulen f. ältere Erwachsene (Hg. m. Eierdanz), 1988; Mut z. Erkenntnis, 1990 - Spr.: Engl, Franz., Griech., Hebr., Latein.

AHLRICHS, Reinhart

Dr. rer. nat., Prof. f. Theoret. Chemie Univ. Karlsruhe (s. 1975) - Gangsgrabenweg 20, 7505 Ettlingen 6 (T. 07243 - 9 34 34) - Geb. 16. Jan. 1940 Göttingen (Vater: Fritz A., Tapezierm.; Mutter: Elisabeth, geb. Hofmeister), verh. s. 1967 m. Elke, geb. Tümmler, 2 Kd. (Annette, Patrick) - Stud. d. Physik Göttingen, München; Promot. 1968 Göttingen - 1967-74 Wiss. Assist. Univ. Göttingen, Chicago (1969) u. Karlsruhe (1970) - Spr.: Engl.

AHLSEN, Leopold

Schriftsteller - Waldschulstr. 58, 8000 München 82 (T. 430 14 66) - Geb. 12. Jan. 1927 München (Eltern: Max (Beamter) u. Margarete A.), verh. s. 1964 m. Ruth, geb. Gehwald, 2 Kd. (Julia-Philipp) - Obersch. u. Univ. München (German., Phil., Theaterwiss.) - 1946-48 Schauspieler u. Regiss.; 1949-60 Lektor Bayer. Rundf. (Hörspielabt.) - Aufgeführte Bühnenw.: Zwischen d. Ufern, Pflicht z. Sünde, Wolfszeit, Philemon u. Baukis (verfilmt unt. d. Titel: Am Galgen hängt d. Liebe), Raskolnikoff, Sie werden sterben - Sire, D. arme Mann Luther, D. Wittiber. 23 Hör- u. 42 Fernsehsp., Drehb., Schulfunksendungen, Romane Der Gockel vom goldenen Sporn; Vom Webstuhl z. Weltmacht. D. Gesch. d. Fugger; Die Wiesingers (2 Bde.); D. Satyr u. sein Gott - 1955 Gerhart-Hauptmann-Preis Freie Volksbühne Berlin u. Hörspielpreis d. Kriegsblinden, 1957 Schiller-Förderungspreis Baden-Württ., Gold. Bildschirm 1968, Silb. Nymphe Monte Carlo 1973.

AHLSWEDE, Rudolf

Dr. rer. nat., o. Prof. f. Mathematik Univ. Bielefeld (s. 1975) - Stapenhorststr. 150, 4800 Bielefeld 1 (T. 10 40 32) - Geb. 15. Sept. 1938 Dielmissen - Stud. Math., Physik, Phil.; Promot. 1966 Göttingen - 1967 Ass., Prof., 1971 Fullprof. Ohio State Univ., Columbus, USA. BV: Suchprobleme (m. I. Wegener), 1979 (russ. A. 1981, engl. A. 1987) - 1988 u. 1990 Prize Paper Awards d. Information Theory Society.

AHMAD, Amjad

Dipl.-Designer, Journalist, Chefkorresp. f. Asien u. Europa World Press Intern. (1983-89) - Mailänder Str. 12/1012, 6000 Frankfurt 70 (T. 069 - 68 17 57) - Geb. 10. Nov. 1952 Lahore/Pakistan, Islam, verh. s. 1988 - 1975 Grafik-Arts Stud. Lahore Pakistan (Akad. Grad); 1980-83 Stud. Bildjourn. FH Darmstadt; 1983-86 Design-Stud. Hochsch. Darmstadt (Dipl.-Designer) - S. 1982 Mitgl. Bundesverb. Bild. Künstler Dtschl.; s. 1986 Geschäftsf. Orbis Pictus u. Europ. Pictures Service (Bildagenturen); 1984-89 Zusammenarb. m. d. Nobelpreisträger f. Physik (Prof. Salam) b. d. Weiterentwickl. d. techn. Gestaltung d. Photo-Painting-Verfahrens; s. 1989 fr. Mitarb. Dt. Welle in Köln - 1982 Erf. e. neuen Lichttechnik (Photo Paintings) als Forschungsarb. an d. Hochsch. Darmstadt - 1982 Begründer d. Photo-Paintings; 25 Ausst. (innerh. v. zwei J. in d. BRD u.a. 1984 Römer Frankf. sow. 1986 Paulskirche Frankf.). Künstler. Arb.: 1982 Sun & Soal, 1983 Free Hand Sketch u. Synästhesie - 1986 Stip. Dr.-Arthur-

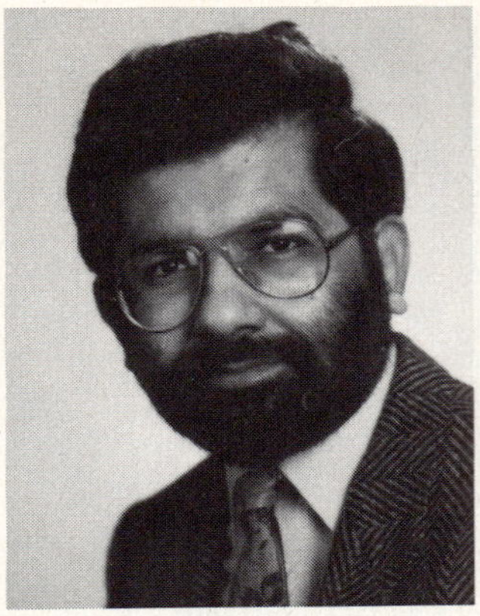

Pfungst-Stiftg., Frankf.; 1988 Ehrenmed. u. Ehrenurkunde d. Reg. Pakistan; 1989 William Blake Preis, Kulturpreis d. Ztschr. Albion - Liebh.: Reisen, Interviews, Lesen, Fotografie, Malerei - Spr.: Deutsch, Engl., Arab., Urdu - Bek. Vorf.: Rajput, Mitgl. e. d. ältesten Herrscherfam. Indiens (Urgroßv.) - Lit.: Lebendiges Darmstadt, Stadt Darmstadt (1982); Vorwort z. Ausst.-Katalog v. Prof. Dr. Krahnen (1982); Archiv-Verz. FH Darmstadt v. Prof. Dr. Langner (1983); Ztschr. Inst. f. Angew. Physik TH Darmstadt v. Prof. Dr. Wolfgang Kreutz (1983); Blütenstaub v. Alexander Schadow (1984); Künstler-Lex. d. Stadt Frankf. (1988); Allg. Lexikon d. Kunstschaffenden in d. bildenden u. gestalteten Kunst d. ausgehenden 20. Jh. (hg. v. Forsch.inst. d. Bildenden Künste, Nürnberg, 1991); Adreßbuch d. bildenden Künstler Deutschlands (1991/92), Deutschlandkorresp. f. AKHBAR-E-JAHN Weekly, Karatchi/Pakistan (s. 1990), u. f. NRK (Norwegian Broadcasting Corp.), Oslo, (s. 1990); 1983-86 Beitr. in Zoom, Fotomagazin, Fotografie u. Art & Design; 1982-89 zahlr. Ztg.-Art. d. In- u. Auslandspresse, sow. zahlr. FS- u. Hörfunk-Interviews zu Kunst u. Kultur.

AHNEFELD, Friedrich Wilhelm

Dr. med., Dr. med. h. c., Prof. (Abteilungsleit.) f. Anästhesiologie, Intensivtherapie, Wiederbeleb. u. Rettungsdienst, Verbrennungsbehandl. - Steinhövelstr. 9, 7900 Ulm/Donau (T. 179 21 40) - Geb. 12. Jan. 1924 Woldenberg/Neumark (Vater: Wilhelm A., Dipl.-Kfm.; Mutter: Gertrud, geb. Petznick), ev., verh. s. 1962 m. Dr. med. Sabine, geb. Olbertz, 5 Kd. (Birgit, Jan, Anette, Frank, Sven) - 1942 Abit.; 1946-51 Stud. Med. Univ. Münster, Düsseldorf; 1951 Promot.; 1964 Habil. Univ. Mainz; 1957 Facharzt Chirurg., 1962 Anästhesie - 1962 Leit. Abt. Anästhesie u. Verbrennungskrankh. Zentralkrankenh. Bundeswehr, Koblenz; s. 1968 Abt.leit. Anästhesiologie Univ. Ulm; 1970-72 Bundesarzt DRK, 1973-81 Leit. Fachaussch. Rettungsdienst/Krankentransport DRK - Wissensch. Beirat zahlr. med. Zeitschr.; Herausg. med. Bücher u. Schriftenr.; zahlr. wiss. Publik. u. Buchbeitr. - 1974 Ehrenz. d. DRK; 1978 BVK I. Kl.; 1989 Verdienstmed. Baden-Württ.; 1991 Ehrendoktor d. Semmelweis Univ. Budapest - Spr.: Engl., Franz.

AHNERT, Frank

Dr. phil., o. Prof. f. Phys. Geographie TH Aachen (s. 1974) - Templergraben 55, 5100 Aachen - Geb. 12. Dez. 1927 Wittgensdorf (Vater: Paul A., Astronom; Mutter: Rose, geb. Ungibauer) - Promot. 1953 Heidelberg; 1954-74 Univ. of Maryland/USA (1954 Res. Assoc.; 1956 Assist., 1961 Assoc. u. 1966 Full Prof.). Fachmitgl.sch. Fachveröff. Mithrsg.: Catena (s. 1974); Earth Surface Processes and Landforms (s. 1981) - Spr.: Engl.

AHNSJÖ, Claes H.

Kammersänger, Opernsänger - Hofmarkstr. 21G, 8033 Planegg/München - Geb. 1. Aug. 1942 Stockholm, Schweden (Vater: Sven A., Arzt; Mutter: Doris, geb. Lindström), ev., verh. s. 1969 m. Helena, geb. Jungwirth, 3 S. (Fredrik, Mattias, Sven) - 1963 Abit.; 1964-67 Lehrerhochsch. Stockholm; 1967-69 Opernsch. Stockholm - 1969-73 Königl. Oper Stockholm, s. 1973 Bayer. Staatsoper München - Zahlr. Schallplattenaufn. Alle lyrischen Mozart-Tenorpartien, ca. 50 Hauptrollen: Rossini, Donizetti, Verdi, Britten u.a. - 1980 Ehrenmitgl. Königl. Oper, Stockholm; 1977 Kammersänger - Interesse: Menschen - Spr.: Deutsch, Engl., Franz.

AHRENDS, Günter

Dr. phil., o. Prof. f. Engl. Philologie u. Theaterwiss. Univ. Bochum (s. 1975) - Hahnenfußweg 26, 4630 Bochum - Geb. 27. Dez. 1937 Wilhelmshaven (Vater: Erich A., Beamter; Mutter: Erika, geb. Krägenbring), ev., verh. s. 1965 m. Evelyn, geb. Buschmann - 1959-65 Stud. Angl., Gesch., Phil. Köln u. Bonn; Promot. 1965 Bonn; Habil. 1974 ebd.; Venia Legendi f. Theaterwiss. 1987 - BV: Liebe, Schönheit u. Tugend als Strukturelemente in Sidneys Astrophel and Stella u. Spensers Amoretti, 1966; Traumwelt u. Wirklichk. im Spätw. Eugene O'Neills, 1978; D. Amerik. Kurzgesch. Theorie u. Entw., 1980; Theaterkunst als kreative Interpretation (Andrea Breth), 1990. Herausg.: Buchr. Stud. z. Engl. u. Amerik. Lit. (s. 1982); Ztschr. Forum Modernes Theater (s. 1986); Buchr. Forum Modernes Theater. Schr.reihe (s. 1988); Konstantin Stanislawski: Neue Aspekte u. Perspektiven (1992). Mithrsg.: Engl. u. amerik. Naturdicht. im 20. Jh. (1985); English Romantic Prose (1990); Unconventional Conventions in Theatre Texts (1990); Theater im Revier. Kritische Dok. Jahrbuch d. Bochumer Inst. f. Theater-, Film- u. Fernsehwiss. (s. 1991).

AHRENDT, Armin

Stadtdirektor Bad Münstereifel - Kneipp-Promenade 34, 5358 Bad Münstereifel (T. priv. 02253 - 81 54; dstl. 02253 - 50 51 00) - Geb. 1. Aug. 1936 Köln, kath., verh. m. Gabriele, geb. Osterberger, 3 Kd. (Andrea, Daniel, Christoph) - Dipl.-Verwaltungswirt, Dipl.-Komm. - Kurat.-Vors. Dt. Seminar f. Fremdenverkehr; Generalsekr. Europ. Gemeindewaldbesitzerverb. - Fachveröff. CDU.

AHRENS, August-Wilhelm

Landwirt, Senator, stv. Vorst.-Vors. Bundesverb. Landw. Berufsgenossensch., Alterskassen u. Krankenkassen, Vors. Landvolkkreisverb. Salzgitter (Kreislandw.), stv. Vors. d. Vorst. Landu. Forstw. Arbeitgeberverein. Nieders., Vors. d. Vorst. Brschwg. landw. Berufsgen., Alterskasse, Krankenkasse, Vors. d. Planungsaussch. d. Dtsch. Bauernverb. - 3321 Salder P. Salzgitter (T. 4 23 15) - Geb. 23. März 1921 Hildesheim (Vater: Wilhelm A., Landw.; Mutter: Hedwig, geb. Hanne), ev., verh. s. 1961 m. Renate, geb. Hesse - Gymn.; landw. Lehre; Stud. Naturwiss. - 1940-45 Reserveoffz. (div. Kriegsausz.); BVK I. Kl.; Ehrenratsherr Stadt Salzgitter - Spr.: Engl., Franz. - Mitgl. Lions Club.

AHRENS, Christian

Dr. jur., Hauptgeschäftsführer Vereinig. d. Nieders. Industrie- u. Handelskammern - Königstr. 19, 3000 Hannover 1 (T. 0511 - 348 15 65-66) - Geb. 22. Okt. 1943 Krakau (Vater: Dr. med. Hans-Joachim A., Facharzt f. HNO; Mutter: Friede, geb. Küster), ev., verh. s. 1975 m. Dr. med. dent Heba-Maria, geb. Dempwolff - 2. J. Bundeswehr (Res.-Offz.); Banklehre Hannover; Stud. Rechts- u. Staatswiss. Univ. München; 1. u. 2. jurist. Staatsprüf. München, Promot. 1983 - Rechtsanw. München; s. 1978 IHK Vereinig. Nieders.

AHRENS, Dieter

Dr. phil., Kunstwissenschaftler, Ltd. Museumsdirektor - Franz-Ludwig-Str. 41, 5500 Trier (T. 0651 - 7 20 46); u. Städt. Mus. Simeonstift, Simeonstiftsplatz, 5500 Trier (T. 0651 - 718 24 40) - Geb. 15. Juli 1934 Gelsenkirchen, kath., verh. s. 1962 - Promot. 1960 Münster - 1960-63 Wiss. Assist. Univ. Münster; 1963-65 Bischöfl. Mus. Trier; 1965-74 Konserv. Glyptothek München; s. 1974 Dir. Mus. Simeonstift Trier. Doz. Univ. Trier (Museologie, Metrologie) - BV: D. röm. Grundl. d. Gandhara-Kunst, (Diss.) 1962; Metrol. Beobacht. am Apoll v. Tenea, (in: Österr. Jahreshefte 49) 1968; Mus.didakt. Führungstexte, (Hrsg.) Bd. 1ff. 1976ff. - 1981 Ehrenmitgl. u. Goldmed. Kopt. Kulturzentrum Venedig - Mitgl. Intern. Komitee f. Histor. Metrologie - Liebh.: Musik, Lit. - Spr.: Engl., Franz., Ital., Span.

AHRENS, Dieter H.

Dr. iur., Arbeitsdirektor, Vorstandsmitglied Dt. Shell AG (Personalbereich) - Überseering 35, 2000 Hamburg 60 (T. 6 34 -1) - Geb. 17. Okt. 1934 Hannover - 1. u. 2. jurist. Staatsprüf. 1959 u. 1964, Promot. 1964 - 1964-66 Rechtsanw. in Hamburg; s. 1966 Dt. Shell AG.

AHRENS, Geert-Hinrich

Dr. jur., Vortr. Legationsrat I. Kl. im Auswärtigen Amt - Tempelstr., 5300 Bonn 1 - Geb. 29. Juli 1934 Berlin (Vater: Prof. Dr. Wilh. A., Chef Geol. Landesamt NRW), ev., verh. m. Zofia Maria, geb. Marciszonek, 2 Kd. (Philipp Emanuel, Julia Henryka) - Abit. 1954 Düsseldorf; jurist. Staatsprüf. 1958 u. 63 Düsseldorf, Promot. 1964 Bonn - Fellow Center for Intern. Affairs, Harvard Univ.; 1964/65 Rechtsanw. Düsseldorf; 1965/66 Attaché Sao Paulo, 1968-72 Konsul Hongkong, 1972-75 1. Sekr. Belgrad, 1975-79 Botschaftsrat Peking, 1984-86 Botsch. Hanoi/Vietnam - Spr.: Engl., Franz., Span., Ital., Portug., Serbokroat., Chines.

AHRENS, Hanna

Pastorin, Schriftst. - Süntelstr. 85i, 2000 Hamburg 61 (T. 040 - 550 88 11) - Geb. 6. Sept. 1938 Heiligenhafen, ev., verh. s. 1965 m. Dr. Theodor Ahrens (Pastor u. Prof. f. Missionswiss. u. Ökumene Univ. Hamburg), 4 Kd. (Johannes, Susanne, Micha, Isabel) - Stud. German., Phil. u. Theol. Univ. Kiel, Zürich, Neuchatel, Tübingen, Göttingen, 1. theol. Ex. 1966, 2. theol. Ex. 1969, Ordinat. 1975 - 1971-78 Missionsarb. Papua-Neuguinea; Pastorin auf Kreuzfahrtschiffen; s. 1971 schriftst. Tätigk.; Entw. f. Karten - BV: Jesus, mein Bruder, 1978; Schwerer Stein od. Süßkartoffel, 1980; Schenk mir e. Regenbogen, 6. A. 1990 (engl. Übers. Who'd Be A Mum, 1983); Feste, d. v. Himmel fallen, 3. A. 1989; Worte, d. d. Tag verändern, 4. A. 1988 D. Herz hergeben, 3. A. 1988; D. kleine Stern v. Bethlehem, 3. A. 1988; D. kleinen Hindernisse, 2. A. 1989; D. Esel u. d. Apfelbaum, Kinderb. 1987; Pandanus wächst niedrig im Sand, 1988; E. Gefühl v. Freiheit u. Glück, 1988; Und manchmal liegt im Abschied e. Geschenk, 2. A. 1989; Augenblicke d. Glücks, 1990 - Liebh.: Lit., Reisen, Handwerkl. Arbeit, Botanik - Spr.: Engl., Neo-melanes. Pidgin, Franz.

AHRENS, Hans Georg

Rechtsanwalt u. Notar, Vorstandsmitgl. Dt. Schutzvereinigung f. Wertpapierbesitz e. V. - Sedanstr. 3, 3000 Hannover (T. 0511 - 1 76 81) - Geb. 10. März 1927 - ARs- u. VRsmand. (z. T. Vors.).

AHRENS, Hans Joachim

Dr. rer. nat., Dipl.-Psych., Prof. Univ. Heidelberg - Bergstr. 27a, 6900 Heidelberg - Geb. 15. Juli 1934 Braunschweig - Dipl. 1964 Univ. Hamburg, Promot. 1967 TU Braunschweig, Habil. 1971 Univ. Heidelberg - BV: Multidimens. Skalier., 1974; Brennpunkte d. Persönlichkeitsforschung, 1984, 1989; zahlr. Buchbeitr. u. Aufs. üb. Soz. Urteils- u. Entsch.bild., Informationsverarb. u.

Kognition, Multivariate Meth., Differentielle Psychol. u. Biopsychol.

AHRENS, Heinz

Dr. rer. pol., Dipl.-Kfm., Vorsitzender d. Geschäftsfg. Karl Kässbohrer Fahrzeugwerke GmbH, Ulm - Strigelstr. 23, 8940 Memmingen (T. 6 48 86) - Geb. 12. März 1935 Rheine/Westf. (Vater: Heinrich A.), kath., verh. s. 1959 m. Ria, geb. Revink, 3 Kd. (Ute, Christoph, Hendrik) - Banklehre, 1955-59 Stud. d. Rechts- u. Staatswiss., 1965-67 Stip. Dt. Forschungsgemeinschaft f. intern. Steuerrecht - 1959-67 Univ. Münster (Wiss. Assist., 1960ff. Lehrbeauftr.), 1963-65 C. G. Trinkaus, D'dorf; 1967-80 Geschäftsf. Stetter GmbH, Memmingen; 1981-86 Geschäftsf. X. Fendt & Co, Marktoberdorf. AR- u. Beiratsmand. - Spr.: Engl.

AHRENS, Herbert

Dr. jur., Ministerialrat a.D., Vorstandsmitgl. Wirtschaftsaufbaukasse Schleswig-Holstein AG. (s. 1968) - Bismarckallee 1a, 2300 Kiel (T. 33 24 78) - Geb. 12. Juni 1912 Kiel (Vater:Paul A.; Mutter: Frieda, geb. Sachau), ev., verh. m. Irmgard A.-Braksiek, geb. Eggert - Gymn. u. Univ. Kiel (Rechtswiss.). Promot. 1938; Ass.ex. 1939 - 1944-68 Finanzamt Plön, OFD Kiel, Finanzmin. SH (zul. Min.rat) - Spr.: Engl., Franz., Dän.

AHRENS, Jens-Rainer

Prof., Dr. rer. pol., Hochschullehrer (Soziologie), MdL Nieders. (1970-90) - Am Krähenberg 5, 2116 Asendorf (T. 04183 / 39 99) - Geb. 22. Aug. 1938 Hamburg - 1955 Mittl. Reife, Buchhandelsl., 2. Bildungsweg, s. 1961 Stud. d. Betriebswirtschaftsl. u. Soziologie, 1966 Dipl.-Kfm. 1972 Prom., s. 1976 Prof. a. d. Univ. d. Bundeswehr in Hamburg. Hauptarbeitsgeb.: Sozialisation u. Erziehung, Bildungspolitik. 1978-90 Vors. d. Kultusaussch. d. Nieders. Landtages.

AHRENS, Joseph

Em. Prof., Komponist - Hüningerstr. 26, 1000 Berlin 33 (T. 030 - 832 53 90) - Geb. 17. April 1904 Sommersell (Vater: Robert A., Organist; Mutter: Elisabeth, geb. Vogt), kath., verh. s. 1931 m. Gisela, geb. Schroeder, 2 Töcht. (Ingeborg, Sieglinde) - BV: u.v.a. D. Formprinzipien d. Gregorian. Chorals u. mein Orgelstil, 1977; V. d. modi z. Dodekaphonie, 1979 - Zahlr. Musikw., u.a. Trilogia contrapunctica; Tril. dodekaphonica; Passacaglia dodekaphonica; Orgelw. u.a. Toccata eroica Tripychon B-A-C-H; 5 Choralpartituren; Zyklen: D. hl. Jahr. Cantiones Gregorianae; Verwandlungen I-III; Trilogia Sacra; Chorw.: dt. u. lat. Motetten; 7 lat. Messen; Weihnachtsevangelium Sei uns willkommen Herre Christ a capp; Matthäus- u. Johannespassion a capp - 1955 Berliner Kunstpreis; 1965 Ritter des Gregorius-Ordens durch Papst Paul VI; 1968 Ehrengast d. Accad. Tedesca (Villa Massimo, Rom); Pontifikats-Med. (Rom).

AHRENS, Karl

Dr. jur., Präsident Parlam. Vers. d. Europarates (1983ff.), MdB (s. 1969; Wahlkr. 42/Holzminden) - Conseil de l'Europe, B.P. 431 R 6, F-67006 Strasbourg Cedex; u. Hermann-Löns-Weg 9, 3007 Gehrden (T. 48 09) - Geb. 13. März 1924 Hilter, ev.-luth., verh. m. Gudrun, geb. Eck, 2 T. (Gudrun, Almut) - Oberschule Osnabrück; Stud. Rechtswiss. u. Volksw. Univ. Göttingen; Promot. 1952, Ass.ex. 1955 - 1959-63 Stadtdir. Northeim; 1967-69 Min.-Dirig. nieders. Innenmin., Hannover; ab 1969 MdB, ab 1970 Mitgl. Parlam. Vers. Euorparat; gf. Präsid.-Mitgl. Verb. kommunaler Untern. (VKU), Köln. SPD.

AHRENS, Peter Georg

Dr.-Ing., Architekt, Prof. f. Städtebau u. Siedlungswesen TU Berlin - Scheelestr. 33, 1000 Berlin 45 (T. 711 45 56) - Geb. 27. April 1920 Berlin (Vater: Wilhelm A., Richter; Mutter: Johanna, geb. Jürgens), ev., verh. s. 1960 m. Rixa, geb. v. Amsberg, 2 Kd. (Jürg, Jenny) - Stud. TH Braunschweig - 1951-53 Arch. Dt. Bundespost, 1953-56 Min. f. Öfftl. Arb. Ankara/Türkei, 1957-60 Leit. Stadtplan. Teheran/Iran, s. 1960 TU Berlin (Assist., Obering., Priv.-Doz.); 1985 v. Lehrverpflichtung befreit - Spr.: Engl.

AHRENS, Rüdiger

Dr., o. Prof. Univ. Würzburg - Bergmannweg 15, 8706 Höchberg - Geb. 3. Jan. 1939 - Leverhulme Fellow, Cambr.; Hochschulverb.; Görres-Ges. - BV: Engl. Parodien, 1972; D. Essays v. Francis Bacon, 1974; Engl. lit.theoret. Ess., 1975; Shakespeare im Unterr., 1977; Engl. u. amerik. Lit.theorie, (m. E. Wolff) 1978/79; Lex. d. engl. Lit., (m. H. W. Drescher), 1979; Amerik. Bildungswirklichk. heute, 1981; Shakesp.-Didakt. Handb., 1982; Anglistentag, 1989; Würzbg. Proceedings of the 1989 conference of Univ.-Prof. of English, 1990; Text-Culture-Reception: Crosscultural Aspects of English Studies (m. H. Antor), 1992.

AHRENS, Sieglinde

Organistin, Prof. f. Orgelspiel Folkwang-Hochsch., Essen (s. 1962) - Daimlerstr. 20, 4300 Essen 1 - Geb. 19. Febr. Berlin (Vater: Prof. Joseph A., Komponist (s. dort); Mutter: Gisela, geb. Schroeder), kath. - Musikhochsch. Berlin (Kompos.: Boris Blacher, Orgel: Vater) u. Konservat. Paris (Olivier Messiaen) - 1947-57 Salvatorkirche Berlin, Funk- u. Plattenaufn., Konzertreisen. Kompos.: 3 Stücke f. Orgel, Sonate f. Violine u. Orgel, 5 St. f. Streichtrio, Fantasie, Suite f. Orgel, 3 Gesänge f. Baß u. Orgel. Übers.: Olivier Messiaen, Technique de mon langage musical, 1965 - 1964 Förd.spreis d. Gr. Kunstpr. v. Nordrh.-Westf. - Spr.: Franz.

AHRENS, Tilo

Dr. jur. Assessor, Geschäftsführer Niederrhein. Industrie- u. Handelskammer, Duisburg - Mercatorstr. 22-24, 4100 Duisburg; priv.: 29, Uhlenbroicher Weg 121 - Geb. 29. März 1933 Duisburg (Vater: Dipl.-Ing. Richard A., Chemiker; Mutter:Ilse, geb. Thiele), ev., led. - Landfermann-Gymn. Duisburg; Univ. Marburg, Kiel, Bonn (Rechtswiss.). Jurist. Staatsex. 1957 u. 1961 Düsseldorf - 1962-65 Versicherungswesen.

AHRLÉ, Ferry

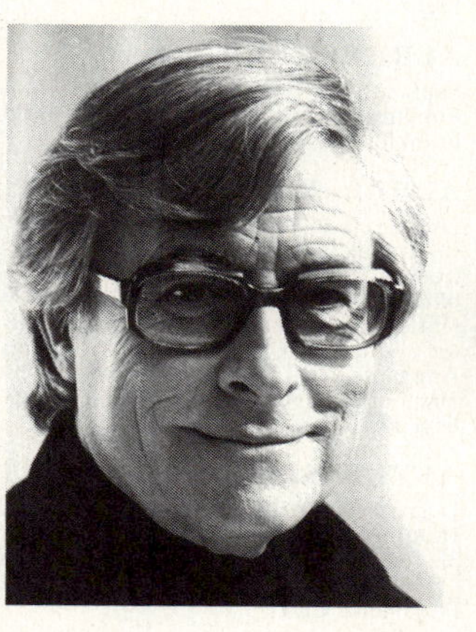

Maler u. Zeichner - Gottfried-Keller-Str. 25, 6000 Frankfurt (T. 51 50 82) - Geb. 17. Juni 1924 Frankfurt/M. Vater: René A., Graphiker; Mutter: Emi, geb. Zeman), ev., verh. s. 1966 in 2. Ehe m. Sigrid, geb. Limpert - Staatl. Hochsch. f. bild. Künste Berlin (Prof. Gerh. Ulrich u. Prof. Max Kaus), Acad. Julian Paris - Portrait, Stadtlandsch., Illustr., Wandmalerei - 1972 1. Vors. Berufsverb. bild. Künstler Frankfurt - BV: Frankfurter Gästeb., 1968; Treffpunkt Hauptwache, 1969; Farbiges Fr., 1970; Mit Mozart auf Reisen, 1970; Fr. 1822 u. heute, 1972; Signale u. Schiene, 1973; Frankfurter Straßen u. Plätze, 1974; Salzburg für Jedermann, 1978; Sehen u. sehen lassen, 1981 (Autobiogr.). Da sind sie wieder - oder D. Wunderkreide, Theaterstück 1985 (m. Helmut Oeser); Flötentöne ohne Noten, 1989; Galerie d. Straße, 1990. Zeichentrickfilme f. d. Ferns.: Hab' Bildung im Herzen, 1975; Wer war der Malermeister?, 1978; Sehr ähnlich, wer soll's denn sein?, 1979; Film über das Leben von Jacques Offenbach, 1979. 1983-85 achtzehn FS-Folgen: Da sind sie wieder, heitere Porträts hist. Persönlichk.; 1985 Fernsehporträt v. Yehudi Menuhin, 1987 D. Kleinen d. Großen; 1989 Fernsehserie: D. Galerie d. Straße (ARD); 1991 Ausstellung Mozartissimo in Frankfurt/M. u. Wien; 1991 Bühnenausst. f. d. Berliner lit. Kabarett D. Stachelschweine (f. d. 50. Prod. n. 1949). 1988 Kunstmappe D. Welt d. Oper - 1962 Prix Toulouse Lautrec, 1965 1. Preis Grand Prix Intern. de Deauville, 1980 Goldmed. 23. Intern. Film- u. Fernsehfestival New York („Talkshow"), 1983 1. Pr. intern. Tourismusplakat-Wettbewerb (f. d. Serie Dt. Städtebilder); 1984 Ehrenplak. Stadt Frankfurt; 1985 BVK I. Kl.; 1989 Ehrenkreuz f. Wiss. u. Kunst d. Rep. Österreich - S. 1981 Mitgl. Lions-Club - Spr.: Engl., Franz. - Vorf.: Moritz v. Schwind (ms.).

AHRNDSEN, Dietmar

Rechtsanwalt, Fachanw. f. Steuerrecht, Geschäftsf. Verb. Bayer. Zeitungsverleger (s. 1978) - Trogerstr. 40, 8000 München 80 - Geb. 20. Jan. 1936 Berlin - Abit. Berlin; Stud. Univ. Hamburg, Berlin, Genf u. München - Mitgl. Medienrat d. Bayer. Landeszentrale f. Neue Medien.

AICHBERGER, Friedrich

Senatspräsident a. D. Bayer. Landessozialgericht - Albrecht-Dürer-Str. 15a, 8033 Krailling/Obb. - Geb. 22. März 1908 - BV: Sozialgesetzbuch/Reichsversicherungsordnung u. Angestelltenversicherungsgesetz, Bearb. v. Standardw. - 1975 BVK.

AICHELBURG, Freiherr von, Wolf

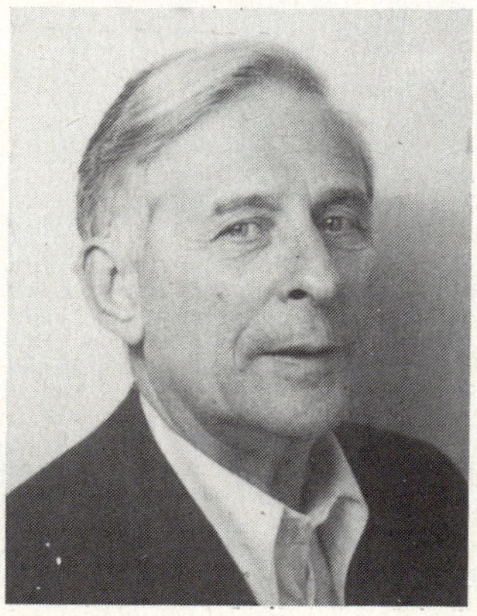

Schriftsteller - Auwaldstr. 3/VI, 7800 Freiburg (T. 0761-13 27 37) - Geb. 3. Jan. 1912 Pula (Jugosl.), ev., ledig - Stud. German. u. Roman. Univ. Cluj-Klausenburg/Rumän. - Studienrat, Journ. u. Dolmetscher - BV: Herbergen im Wind, Ged. 1968; Fingerzeige, Ess. 1974; Vergessener Gast, Ged. 1973; Umbrisches Licht, Erz. 1975; Pontus Euxinus, Ged. 1977; Aller Ufer Widerschein, Ged. 1984; Anhalter Bahnhof, Ged. 1985; Corrida, Ged. 1987. Übers. rumän. Dichter - 1991 Poesie-Preis, Frankfurt - Liebh.: Musik, Kompos. - Spr.: Franz., Engl., Rumän., Ital., Span.

AICHELIN, Helmut

Prälat i. R. - Staufenring 34, 7900 Ulm/D. (T. 2 58 56) - Geb. 18. Febr. 1924 Stuttgart (Vater: Christian A., Ing.; Mutter: Mathilde, geb. Bertsch), ev., verh. s. 1952 m. Marianne, geb. Breuninger, 3 Söhne (Jörg, Peter, Albrecht) - Gymn.; TH Stuttgart; Univ. Tübingen u. Göttingen (Theol.). Ex. 1951 u. 53 - 1951 Vikar u. Pfr. (1953) Stuttgart-Zuffenhausen; 1960-68 Studentenpfr. Tübingen. 1964-67 Vors. Studentenpfr.-Konfz., 1968-79 Leit. Ev. Zentralst. f. Weltanschauungsfragen - 1980 Dr. theol. h. c. (Univ. Kiel) - Spr.: Engl.

AIDELSBURGER, Nikolaus

Dipl.-Landw., I. Bürgermeister - Rathaus, 8024 Oberhaching/Obb. - Geb. 28. Okt. 1936 Deisenhofen - Zul. Bankkfm. CSU.

AIGEN, Günther N.

s. Aigengruber, Gunter

AIGENGRUBER, Gunter

Dipl.-Theol., Gymnasiallehrer, Schriftst. (Ps.: Gunter N. Aigen) - Rennweg 9, 8050 Freising - Geb. 23. Nov. 1937 - Human. Gymn. Bad Windsheim u. Freising (Abit.); Stud. Univ. München (Ex. Phil., Theol. u. Päd.) - Assist. Univ. München (f. Altes Testament); Lit. Tätigk. f. Presse u. Rundf. (BR); Texten u. Sprechen v. Mundartsend. - BV: Mod. Kurzgesch., Erz. u. mittelfr. Mundartdicht. - 1971 Preis Arbeitsgem. junger Publiz.; 1970 u. 79 Preis Interessengem. deutschspr. Autoren (IGdA) - Spr.: Alte Spr.

AIGNER, Eduard

Maler - 8000 München - Geb. 1903 Mittelfranken - Lithographenlehre Nürnberg; 1923 ff. Kunstakad. München (Schüler Adolf Schinnerers) - Zahlr. Landschaften, Gärten, Porträts u. Szenen (bek.: Revolte, Dame auf d. Straße, In. d. Straßenbahn, Münchener Müllkutscher). Div. Ausstell. (auch Glaspalast München). Zeitw. Präs. Münchener Künstler-Genoss.

AIGNER, Georg

Dipl.-Ing., Geschäftsführer Vestische Straßenbahnen GmbH, Herten, MdL Nordrh.-Westf. (s. 1975) - Am Chursbusch 22b, 4630 Bochum (T. 49 55 10) - Geb. 16. Mai 1934 - Stv. Fraktionsvors., verkehrspolit. Sprecher d. SPD-Fraktion.

AITZETMÜLLER, Rudolf

Dr. phil., o. Prof. f. Slav. Philologie - Residenzpl. 2, 8700 Würzburg - Geb. 2. Dez. 1923 Linz/Donau, verh. 1951 m. Prof. Dr. phil. Linda Aitzetmüller-Sadnik (s. dort) - Promot. (1950) u. Habil. (1958) Graz - S. 1958 Lehrtätigk. Univ. Graz, Heidelberg (1962), Tübingen (1963 Ord. u. Dir. Slav. Sem.), Würzburg (1967) - Fachveröff.

AITZETMÜLLER-SADNIK, Linda

Dr. phil., o. Prof. f. Slav. Philologie u. Südostforsch. (emerit.) - Universität, Graz (Österr.) - Geb. 13. Dez. 1910 Pettau (Vater: Dr. Raimund Sadnik, Rechtsanw.; Mutter: Elisabeth, geb. Hutter), verh. 1951 m. Prof. Dr. phil. Rudolf Aitzetmüller (s. dort) - S. 1947 (Habil.) Lehrtätigk. Univ. Graz, Saarbrücken (1959 Ord.), Graz (1968 Ord.).

AKINA, Henry

Regisseur, Künstler. Leit. Berliner Kammeroper - Zu erreichen üb. Kammeroper, Tempelhofer Ufer 5, 1000 Berlin 61 - Geb. 27. Aug. 1955 Honolulu (Hawai), ev., (angl.), ledig - Schauspielsch.; Stud. Regie u. Theaterwiss. Tufts Univ., Mass./USA; Stud. FU Berlin; Studienaufenth. in New York, London, Polen u. Italien - Regieassist. b. Harry Kupfer, Kurt Horres, Goran Järvefeldt, Vaclav Kaslik u.a.; s. 1981 Regiss. u. künstl. Leit. Berliner Kammeroper - Insz.: Dioclesian-Purcell (Berlin 1982), Acis u. Galatea-Händel (Berlin 1982), The Turn of the Screw-Britten (Berlin 1982), King Arthur-Purcell (Berlin 1983), Agrippina-Händel (Berlin 1983), Maddalena, v. Prokofjew (Dt. Erstauff., Berlin 1984), San Giovanni Battista-Stradella (Berlin 1984), Kleopatra u. d. Krokodil, v. Lampersberg (UA Berlin 1984), D. Leuchtturm, v. Maxwell-Davies (Berlin 1984), Il matrimonio

Segreto-Cimarosa (Berlin 1985), Through Roses-Neikrug (Berlin 1985), Il Giasone, v. Cavalli (Berlin 1986), D. Leiden d. Orpheus/D. Arme Matrose, v. Milhaud (Berlin 1986/87), Pollicino, v. Henze (Berlin 1986), D. Steinerne Gast, v. Dargomyschski (Berlin 1987), The Rake's Progress, v. Strawinsky (Berlin 1987), Signor Bruschino, L'occasione fa il Ladro, v. Rossini, Europa u. d. Stier, v. Jörns Orlando u. Händel (Berlin 1988), Butterfly nach Puccini, Elegie f. junge Liebende, v. Henze, L'egisto, v. Caualli (Berlin 1989), Barbier v. Sevilla, v. Paisiello (Berlin 1990) - Liebh.: Sport u. Musik - Spr.: Engl., Ital.

AKKERMANN, Siegfried

Dr. med. habil., o. Prof. Univ. Rostock, Direktor d. Instituts f. Sozialmedizin d. Univ. (1987-92) - Lange Str. 25, O-2500 Rostock 1 (T. 081 - 2 60 71) - Geb. 19. Febr. 1935 Schaulen/Litauen (Vater: Eduard A., Lehrer; Mutter: Erna, geb. Jessulat, verh. s. 1961 m. Helga, geb. Ahrens, 2 Kd. (Nils, Ines) - Stud. 1953-58, Arzt, Promot. 1959, Habil. 1969, alles Univ. Rostock - 1969 stv. Dir. Inst. f. Sozialhygiene d. Univ. Rostock; 1981-87 Präs. Dt. Rotes Kreuz der DDR; 1981-89 Vizepräs. d. Kommiss. f. Gesundh. u. soziale Dienste d. Liga d. Rotkreuz- u. Rothalbmondges., Genf; s. 1990 Vizepräs. d. Landesverb. Mecklenburg-Vorpommern d. DRK - BV: D. Säuglingssterblichkeit, 1970 - 1970 Max-von-Pettenkofer-Preis d. Dt. Ges. f. d. gesamte Hygiene; 1987 Ehrenspange z. Ehrenzeichen in Gold d. DRK d. DDR - Liebh.: histor. polit. Lit. - Spr.: Engl., Russ. - Bek. Vorf.: Wilhelm Jessulat (Großvater), Abgeordneter des Sejm d. Republik Litauen, Vertr. d. dt. nat. Minderheit.

AKTOPRAK, Levent

Journalist, Autor - Weststr. 70, 4708 Kamen - Geb. 18. Sept. 1959 Ankara, led. - Abit., Stud. Päd., Soziol. u. Lit.wiss. - Beitr., Rep. u. Moderationen b. Hörfunk (WDR) u. FS (ZDF) - BV: E. Stein, d. blühen kann, 1985; Unterm Arm d. Odyssee, 1987; E. türkische Familie erzählt, 1987; D. Meer noch immer im Kopf, 1990/91 - Lit.förderpreis Stadt Bergkamen - Spr.: Dt., Engl., Türk.

ALADJOV, Peter

Dipl.-Ing., Vorstandsmitglied Bafag AG, München - Lindwurmstr. 11, 8000 München 2 (T. 089-236051) - Geb. 27. Mai 1952 Sofia, orth., ledig - Math.-naturwiss. Gymn.; Stud. Elektrotechnik TU München (Fachricht. Hochfrequenz-Technik), Dipl.-Ing. - Liebh.: Elektrotechnik - Spr.: Engl., Franz., Bulgar.

ALAND, Barbara,
geb. Ehlers

Dr. phil., Lic. (Päpstl. Bibel-Inst. Rom), D. D. D. Litt., Prof. f. Kirchengeschichte u Neutestamentl. Textforsch. m. bes. Berücks. d. christl. Orients - Einsteinstr. 12, 4400 Münster/W. - Geb. 12. April 1937 Hamburg, ev. - Promot. 1964 - 1972 (Habil. Göttingen) Lehrtätig.

Univ. Münster (1974 Doz.; 1980 Prof.; 1983 Dir. Inst. f. neutestamentl. Textforsch.). Facharb. - BV: Mithrsg. Nestle-Aland, Novum Testamentum graece (1979ff.); The Greek New Testament (1983ff.); D. Text d. Neuen Testaments (1982, 2. A. 1989; engl. u. ital. Ausg. 1987); D. Neue Testament in syrischer Überlieferung (1986/91).

ALAND, Kurt

D. theol. h. c., D. D., D. Litt., o. Prof. f. Kirchengeschichte u. Neutestamentl. Textforschung - Einsteinstr. 12, 4400 Münster/W. - Geb. 28. März 1915 Berlin (Vater: Paul A.; Mutter: geb. Müller) - Stud. Theol. Habil. 1941 - 1945 Privatdoz., 1946 apl. Prof. Univ. Berlin, 1947 o. Prof. Univ. Halle, 1959 Univ. Münster, emerit. 1983. Zahlr. Bücher u. Aufs. z. Kirchengesch. u. neutestamentl. Textforsch. (s. Kürschners Gelehrtenkalender). Hrsg.: Novum Testamentum Graece (Nestle), Synopsis Quattuor Evangeliorum, Itala u. a. Quelleneditionen (u. a. Luther, Wessenberg, Katholizismus, mehrere wiss. Reihen - 3f. Ehrendoktor; 1959 Ausw. Mitgl. Sächsische Akad. d. Wiss. 1961 Ehrenmitgl. Soc. of Biblical Literature and Exegesis (USA); 1963 Gold. Athoskreuz; 1966 Ehrenmitgl. American Bible Soc.; 1969 korr. Mitgl. Brit. Academy; 1973 Burkitt Medal; 1975 Göttinger Akad. d. Wiss.; 1976 Gr. BVK u. Ausw. Mitgl. Niederl. Akad. d. Wiss; 1983 Gr. BVK m. Stern.

ALARCÓN, Alberto

eigentl. Juan José Marin Alarcon, Prof. f. Europ. Folklore Folkwang Hochsch. Essen (s. 1979), Solist, Choreogr., Päd. - Graf-Luckner-Höhe 22, 4300 Essen 16 - Geb. 3. April 1946 Cartagena/Span. (Vater: Paco M., Friseurm.; Mutter: Dolores, geb. Soriano), kath., verh. s. 1973 m. Rosemarie, geb. Elbers, S. Patrick - Tänzerex. 1962 Barcelona, Tanzpädagogikex. 1978 Folkwang Hochsch. - 1969 Gründ. e. Flamencoensembles; 1969-79 Tourneen u. Gastsp. in Span., Ital., Griech., Frankr., Belg., Niederl., CSFR, Südamerika, Deutschl.; Gastchoreogr. u. Solist an fast allen Opernhäusern Frankr. (Carmen, Macht d. Schicksals); Funk, FS, Gastdoz. im In- u. Ausl. 1989 Gastsp. Taiwan; 1990 Schallpl. Kastagnettenkonzert Carillon 1991 Gründ. Flamenco-Tanztheater - BV: Boleras. Einf. in d. Kastagnettensp., 1982; (dt. u. span.) - 1961 Med. f. d. besten Nachwuchstänzer, Barcelona; 1974 Silb. Ausz., Cambrils; 1979 Primer Premio Danza Gallega, Barcelona; 1983 Primer Premio Flamenco-Festival, Wuppertal - Liebh.: Musik, Lit. - Spr.: Franz., Ital., Deutsch.

ALBACH, Horst

Dr. rer. pol., Drs. rer. pol. h. c., Dr. rer. oec. h. c., Dr. rer. pol. h. c., Dipl.-Kfm., Dipl.-Volksw., Stb., o. Prof. f. Betriebsw.lehre - Waldstr. 49, 5300 Bonn 2 (T. 31 31 47) - Geb. 6. Juli 1931 Essen (Vater: Karl A., Wirtschaftsredakt.) ev., verh. s. 1960 m. Dr. Renate, geb. Gutenberg - Univ. Köln u. Bowdoin College/USA (Betriebsw., Volksw., Rechts-

wiss.) - S. 1959 Lehrauftr. TH Darmstadt, Univ. Graz, Kiel, Bonn (1961 Ord.), FU Berlin (1991) WHU Koblenz (1990 Hon.-Prof.) - BV: Wirtschaftlichkeitsrechnung bei unsicheren Erwartungen, 1959; Investition u. Liquidität, 1961; Beitr. z. Unternehmensplanung, 1969; Steuersyst. u. unternehmerische Investitionspolitik, 1970; Finanzkraft u. Marktbeherrschung, 1981; D. Unternehmen als Institution, 1989; Organisation, 1989 - Mitgl. Rhein. Westf. Akad. d. Wiss., Akad. d. Wiss. zu Berlin, Königlich-Schwedische Akad. d. Wiss., Finnische Akad. d. Wiss., Acad. Europaea Spr.: Engl., Franz. - Rotarier.

ALBANO-MÜLLER, Armin

Dr. jur., gf. Gesellschafter Schwelmer Eisenwerk Müller & Co. GmbH, Schwelm - Hauptstr. 16, 5830 Schwelm/ W. - Geb. 22. Nov. 1935 Schwelm (Vater: Albano A.-M., s. XIV. Ausg.), verh. m. Saraswati, geb. Sundaram - ARsmandate.

ALBATH, Jürgen

Dr. jur., Oberkreisdirektor a. D. - Letmather Str. 27, 5860 Iserlohn/W. (T. 02371 - 5 04 04) - Geb. 27. Juni 1921 Senne (Vater: Dr. med. Kurt A.), verh. m. Dr. med. Irmgard, geb. Spieler - Vors. DRK Kreisverb. Iserlohn Land; Beirat Westf. Ferngas AG; Vorst.-Vors. Veranstaltungsgemeinsch. f. Lokalfunk im Märkischen Kreis; Vors. d. Kurat. ev. Krkhs. Bethanien, Iserlohn - Hon. Officier of the Order of the British Empire (OBE); BVK I. Kl. - Spr.: Engl. - Rotarier.

ALBECK,
Hermann Christian

Dr. rer. pol., Prof. - In der Kirchendelle 7, 6652 Niederbexbach (T. 06826-42 00) - Geb. 7. Febr. 1935 Stuttgart (Vater:- Ernst A., Poplizeibeamter; Mutter: Wilhelmine, geb. Ulrich), verh. s. 1962 m. Uta, geb. Tölke, 3 Kd. (Angela, Georg, Christoph) - Fr. Waldorfsch. Stuttgart (Abit. 1954); kaufm. Lehre; Stud. d. Volksw.lehre Stuttgart, München, Tübingen; Dipl.ex. (1960), Promot. (1967), Habil. (1973) Tübingen - S. 1987 Mitgl. Wiss. Beirat b. BMWI - BV: Stabilisierungspolitik m. Entscheidungsmodellen, 1969; Soz. Sicherg. v. Arbeitslosen. Intern. Vergleich, 1984 - Liebh.: Musik, Sport - Spr.: Engl., Franz.

ALBENSÖDER, Albert

Dipl.-Ing., Präsident Oberpostdirektion Frankfurt - Stephanstr. 14-16, 6000 Frankfurt/M. 1.

ALBER, Klaus

Dr. rer. nat., Dipl.-Math., o. Prof. f. Informatik TU Braunschweig (s. 1972) - Ludwig-Richter-Str. 38, 3340 Wolfenbüttel - Geb. 29. Juni 1932 Lüneburg (Vater: Dr. Oskar A., Chemiker; Mutter: Jutta, geb. Dohmeyer), Ehefrau: Annaliese (s. 1961) - Promot. 1959 Hamburg - 1964-72 IBM Labors Böblingen u. Wien.

ALBER, Siegbert

Regierungsrat i. e. R., Vizepräsident Europ. Parlament - Gammertinger Str. 35, 7000 Stuttgart 80 - Geb. 27. Juli 1936 - 1969-80 MdB; s. 1977 Mitgl. Europ. Parlament. CDU.

ALBERS, August

Dr.-Ing., Dipl.-Ing., geschäftsf. Gesellschafter Color Metal GmbH, Heitersheim - Grissheimer Weg 7, 7843 Heitersheim - Geb. 5. Juli 1929, kath., verh. s. 1962 m. Rosemarie, geb. Lippert, 2 S. (Peter, Stefan) - Gymn. Carolinum Osnabrück; Stud. Maschinenbau u. Verfahrenstechnik TH Aachen; Dipl. u. Promot. - Spr.: Engl.

ALBERS, Claus

Dr. med., em. o. Prof. f. Physiologie - Steinrinnen 1, 8411 Bernhardswald - Geb. 24. Nov. 1925 Reinbek - S. 1961 (Habil.) Lehrtätig. Univ. Gießen (1967

apl. Prof) u. Regensburg (1968 Ord.). Emerit. 1991. Etwa 200 Facharb.

ALBERS, Gerd

Dr.-Ing., em. o. Prof. f. Städtebau u. Regionalplanung - St. Jakobstr. 9, 8034 Germering/Obb. - Geb. 20. Sept. 1919 Hamburg (Eltern: Ernst u. Bertha A.), verh. s. 1952 m. Ingrid, geb. Keup - TH Hannover (Arch); Illinois Inst. of Technology (Stadtplanung). Master of Science 1950 Chicago; Dipl.-Ing. 1951 Hannover; Promot. 1957 Aachen; Dr.-Ing. E. h. 1986 Karlsruhe - 1952-54 Stadtplanungsamt u. Inst.dir. TH München (1965-68 Rektor) - Mitgl Dt. Akad. f. Städtebau u. Landesplanung (1985-91 Präs.), Akad. f. Raumforsch. u. Landespl., Bayer. Akad. d. Schönen Künste (1974-83 Präs.), Intern. Ges. d. Stadt- u. Regionalplaner (1975-78 Präs.) - BV: Was wird aus d. Stadt?, 1972; Entwicklungslinien im Städtebau, 1975; Stadtplanung: Entwicklungslinien 1945-80, 1984; Stadtplanung - e. praxisorientierte Einf., 1988 - 1969 Bayer. VO.; 1973 Fr. Schumacher-Pr. Stadt Hamburg; 1985 Camillo-Sitte-Preis Wien.

ALBERS, Hans

Dr. rer. nat., Aufsichtsratsvorsitzender BASF AG, Ludwigshafen - Zu erreichen üb. BASF AG, 6700 Ludwigshafen - Stud. Chemie Univ. Münster.

ALBERS, Hans-Karl

Dr. med., Dr. med. dent., Prof. u. Direktor Abt. f. Zahnerhaltung u. Parodontologie Univ. Kiel - Arnold-Heller-Str. 16, 2300 Kiel 1 (T. 0431 - 597-27 81) - Geb. 22. Aug. 1939 Hamburg - Lehre als Werkzeugmacher, Abit.; Stud. Berufspäd., Zahnmed. u. Med.; Staatsex. d. Zahnheilkd., Approb. u. Promot. 1970, Staatsex. d. Med. 1975, Approb. 1976, Habil. 1979 - 1976-78 Mitarb. im SFB 34 d. Univ. Hamburg; 1979 Assist. Konserv. Abt., 1980 Oberarzt Konserv. Abt. Univ. Hamburg, 1982 Prof. Univ. Hamburg, 1985 Berufung Univ. Köln u. Berufung Univ. Kiel. Fachveröff. - 1981 Eugen-Fröhlich-Preis.

ALBERS, Herbert

Dr. med. habil., D. Sc. Hon. Ph. D. Hon., Prof., Chefarzt i. R. Frauenklinik Städt. Krankenanstalten Wiesbaden (1958-74) - Beethovenstr. 12, 6200 Wiesbaden - Geb. 2. Juni 1908 Wilhelmshaven (Vater: J. A., Kaufm.; Mutter: T., geb. v. d. Werp), verh. m. Ursula, geb. Krüger - Univ. Marburg, Jena, Kiel. Habil. 1940 Leipzig, Prof. 1944 - S. 1969 apl. Prof. Univ. Mainz. 148 Fachveröff., 13 Bücher. S. 1980 Lyriker. 3 Gedichtsbde.: Eingeblendet I-III - Korr. Mitgl. Europ. Akad. d. Wiss.; 1986 Albert Einstein-Med. (f. wiss. Erkenntnisse üb. d. physiol. Stoffwechselabläufe in d. Schwangerschaft); 1987 Marconi Med. (Civile Verd.); 1989 D. Sc. Hon. Ph. D. Hon. d. Albert Einstein Akad.; 1992 Alfred Nobel Med. in Gold (f. Lebenswerk).

ALBERS, Jan
Dr. jur., Präsident a.D. Hamburg. Oberverwaltungsgericht - Am Sachsenberg 4, 2057 Wentorf (T. 040 - 720 22 04) - Geb. 3. Nov. 1922, verh. s. 1971 m. Anna-Christa, geb. Graff - Jura-Stud. Hamburg; Promot. 1947, gr. jurist. Staatsprüf. 1949, alles Hamburg - 1949 richterl. Dst.; 1951 Landgerichtsrat, 1959 Oberlandesgerichtsrat, 1970 Senatspräs., 1985 Präs. OVG Hamburg - BV: Gewichtsklauseln im Überseekauf, 1950; Mitverf. Kurzkomment. z. Zivilprozeßordn. v. Baumbach-Lauterbach (s. 1972, 50. A. 1992) - Liebh.: Gesch. (insb. Kunstgesch.) - Spr.: Engl. - Bek. Vorf.: Ernst-Friedrich Sieveking, Oberlandesgerichtspräs. (Urgroßv.).

ALBERS, Jürgen
Vorsitzender Dt. Beamtenbund/Landesbd. Bremen - Dobbenweg 9, 2800 Bremen 1 (T. 0421 - 70 00 43).

ALBERS, Willi
Dr. sc. pol., o. Prof. f. Volksw.lehre - Krummbogen 69, 2300 Kiel - Geb. 15. Febr. 1918 - S. 1957 (Habil.) Lehrtätigk. Univ. Kiel, WH Mannheim (ao. Prof.), Univ. Kiel (1961 u. ab 1971) u. Heidelberg (1965), emerit. 1983 - BV: u. a. Kapitalausstattung d. Flüchtlingsbetriebe in Westdtschl., 1952; D. Einkommensbesteuerung in Frankreich s. d. I. Weltkr., 1957; Wettbewerbsverschiebung durch d. unterschiedl. Steuerbelastungen v. Produktionsmitteln in d. europ. Integration, 1960; Marktlage, Preise u. Preispolitik f. Düngemittel in d. EWG-Ländern, 1965; Ziele u. Bestimmungsgründe d. Finanzpolitik; Transferzahlungen an Haushalte, Handb. d. Finanzwiss. Bd. 1, 1977; Soz. Sicherung, 1982; Auf d. Familie kommt es an, 1986. Mithrsg.: Agrarpolitik u. Marktwesen (Reihe Parey-Verlag), Finanzwesen. Schriften, Federführ. Herausg., Handwörterb. d. Wirtschaftswiss., 9 Bde., 1977-82.

ALBERS, Wulf
Dr. rer. nat., Wiss. Rat, Prof. f. Math. Wirtschaftsforschung Univ. Bielefeld - Universitätsstr. 25, 4800 Bielefeld 1 (Inst. f. Math. Wirtschaftsforsch.).

ALBERSMEYER-BINGEN, Helga
Dr. phil., Markt- u. Sozialforscherin, Geschäftsf. Neue Marktforschung Friedrich Uebel & Partner KG - Zu erreichen üb. Neue Marktforschung KG, Inst. f. Markt- u. Kommunikationsforschung, Marienburger Str. 53, 5000 Köln 51 - Verh. - Stud. Soziol., Polit. Wiss., German.; M.A. 1981; Promot. 1985 Bonn - Lehrbeauftr. Univ. Bonn.

ALBERT, Dietrich
Dr. rer. nat., Prof. f. Allg. Psychologie Univ. Heidelberg (ern. 1976) - Brückenstr. 49, 6900 Heidelberg (T. 06221-40 99 60) - Geb. 28. Okt. 1941 Göttingen (Vater: Herbert A., Veterinär; Mutter: Ursula, geb. Kayser), verh. in 2. Ehe m. Angelika, geb. Haakshorst, 1 S. (Sylvan, aus 1. Ehe) - 1966 Dipl. Psych. Univ. Göttingen, 1972 Promot., 1975 Habil. Univ. Marburg.

ALBERT, Hans
Dr. rer. pol., Dipl.-Kfm., o. Prof. f. Soziologie u. Wissenschaftslehre Univ. Mannheim (1963-89) - Freiburger Str. 62, 6900 Heidelberg - Geb. 8. Febr. 1921 Köln - 1957-63 Privatdoz. u. apl. Prof. (1963) Univ. Köln. Emerit. 1989 - BV: Marktsoziol. u. Entscheidungslogik 1967; Traktat üb. krit. Vernunft, 1968; Traktat über rationale Praxis, 1978; D. Elend d. Theologie, 1979; D. Wissenschaft u. d. Fehlbarkeit d. Vernunft, 1982; Kritik d. reinen Erkenntnislehre, 1987. Zahlr. Einzelveröff. - 1976 Hellmut-Vits-Preis; 1984 Arthur-Burkhardt-Preis.

ALBERT, von, Hans-Henning
Dr. med., Prof., Direktor Neurolog. Klinik/Bezirkskrankenhaus Günzburg (s. 1970) - Reisenburger Str. 2, 8870 Günzburg/Schw. - Geb. 15. Febr. 1931 - Promot. 1956; Habil. 1967 - S. 1967 Lehrtätigk. (gegenw. apl. Prof. f. Neurol. Univ. Ulm) - BV: 4. A. Taschenb. V. neurol. Symptom z. Diagnose. Rd. 300 Facharb.

ALBERT, von, Joachim
Bundesrichter - Herrenstr. 45a, 7500 Karlsruhe - B. 1978 Bundespatentamt, dann -gerichtshof.

ALBERT, Karl
Dr. phil., o. Prof. f. Philosophie Univ./GH Wuppertal (s. 1980) - Kleiststr. 37, 5000 Köln 40 - Geb. 2. Okt. 1921 Neheim/jetzt Arnsberg 1 (Vater:Josef A., Kaufm.; Mutter: Maria, geb. Isermann), kath., verh. mit Irmine, geb. Wirtz (geb. 1926), 3 Töcht. (Ruth, Eva, Susanne) - Univ. Köln u. Bonn (Phil.). Promot. 1950; Assist. Thomas-Inst. Köln 1952-55; Phil.-Lat. Staatsex. 1958 u. 1960 - B. 1960 Schul-, dann Hochschuldst., 1973 o. Prof. PH Rhld., Abt. Neuss, 1980 Berg. Univ. Wuppertal - BV: Phil. d. mod. Kunst, 1968; D. ontolog. Erfahrung, 1974; Z. Metaphysik Lavelles, 1975; Meister Eckharts These v. Sein, 1976; Üb. Spirituelle Poesie, 1977; Griech. Religion u. Platon. Phil. 1980; Vom Kult zum Logos, 1982; Phil. Pädagogik, 1984; Mystik u. Phil., 1986; Phil. d. Philosophie, 1988; Üb. Platons Begriff d. Phil., 1989; Phil. d. Kunst, 1989; Phil. d. Erziehung, 1990; Phil. d. Religion, 1991. Div. Übers. Hesiod, Apuleius, Thomas v. Aquin, Meister Eckhart, Lavelle - Lit.: E. Jain: Erfahrung d. Seins. Reflexionen z. Phil.· Karl Alberts, 1986; E. Jain/R. Margreiter: Probleme philos. Mystik. Festschr. f. Karl Albert z. 70. Geb. (1991).

ALBERT, von, Wera
Autorin u. Dramaturgin - Christophstr. 14, 7570 Baden-Baden (T. 07221 - 2 30 83) - Geb. 4. Aug. Karlsruhe, verh. s. 1974 m. Fritz Aeckerle (s. dort) - Sportlehrerinnen-Ex. - 1943 Dramat. Berlin-Film u. 1951 UfA Berlin; 1955 fr. Autorin; 1959 Dramat. Südwestf. - Dt. Sportabz. Gold - Spr.: Franz., Engl.

ALBERTI, Götz
Dr. rer. nat., Apotheker, Präs. Dt. Apotheker-Verein, Frankfurt, Vors. Hamburger Apoth.-Verein - Hainholzweg 135, 2100 Hamburg 90 - Geb. 15. Jan. 1920 - Stud. Lebensmittelchemie u. Pharmazie.

ALBERTIN, Lothar

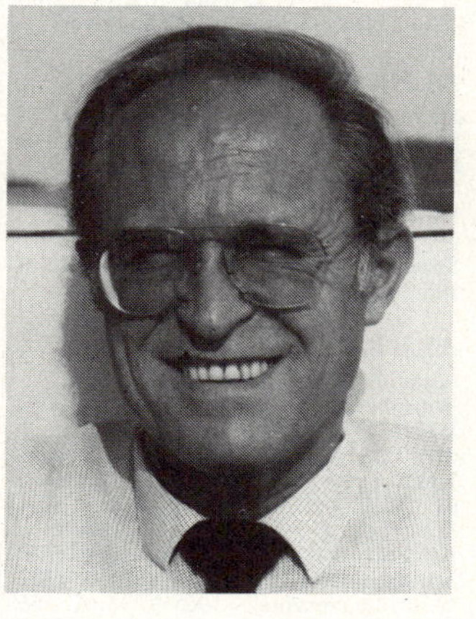

Dr. phil., o. Prof. f. Politikwissenschaft u. Zeitgeschichte Fak. f. Geschichtswiss. u. Philosophie Univ. Bielefeld - Stettiner Str. 7, 4934 Horn-Bad Meinberg 2 - Geb. 26. Dez. 1924 Ortelsburg/Ostpr. - Habil. (Zeitgesch. u. Polit. Wiss.) 1968/69 Mannheim - Dekan Fak. f. Soz. Wiss., 1986-88 Dekan Fak. f. Gesch. u. Philos. Bielefeld, 1971/72 Dir. Inst. f. Soz. Wiss., 1972 Gastprof. New York, 1978-83 Bordeaux, 1987/88 Madagaskar, 1990 Inst. d'Urbanisme de Paris; 1988 Directeur d'Etudes invité Ecole des Hautes Etudes en Sciences Sociales Paris - BV: Liberalismus u. Demokr. a. Anf. d. Weimarer Rep., 1972; Urbanisierungsdruck u. Kommunalref. in d. Bundesrep. u. in Frankr., 1977; Gr. Beitr. in Hist. Ztschr. 1967, Pol. Vierteljahresschr. 1970, Polit. Beteilig. in repräsent. System, 1979. Herausg.: Liberalismus in d. Bundesrep. (1980); Probleme u. Perspektiven europ. Einigung (1986); D. Spätstart d. Bundesländer - E. Demokratisierungsschub f. d. Europ. Gemeinsch. (1990). Mithrsg.: Polit. Parteien auf d. Weg z. parlam. Demokr. in Deutschl. (1980); Linksliberalismus in d. Weimarer Rep. (m. K. Wegner, 1980); Erfahr. m. Bezirks- u. Ortsvertret. (m. H. v. Wersebe, 1981); Umfassende Modellier. region. Syst. (m. H. Müller, 1981); D. Zukunft d. Gemeinden in d. Hand ihrer Reformer (m. E. Keim u. R. Werle, 1982); Sociologia Internationalis (1981 u. 1982 Bearb.); Les Rapports entre les Länder et les Communes en Allemagne Fédérale (1983); D. FDP in Nordrh.-Westf. Portrait e. fleißigen Partei (1985); Jugend u. Kirchen am Anfang d. zweiten dt. Nachkriegsdemokratie (1986); Flüchtlinge u. Kirchen - e. Kirchenhist. Chance f. d. Protestantismus nach d. 2. Weltkrieg (1987); D. liberalen Parteien in d. Weimarer Rep. (1987); Liberalismus u. Liberale in Staat u. Ges.Theoret. Positionen u. prakt. Politik im Deutschl. d. 19. u. 20. Jh. (1988); Frankr. Regionalisierung - Abschied v. Zentralismus? Frankr.-Jahrb. (Bd. 1 1988); Frankreich verläßt d. Nachkriegsgeschichte, Frankr.-Jahrb. (1990); Partizipation in d. Städten: Wandlungen d. lokalen Demokratie (1991); D. Rekonstruktion d. Parteiensystems 1945 (1991); Regionen: europ. Politikarenen d. Zukunft? (Pol. Bildung 1991); Jugendarbeit 1945 (m. F. Anders u.a., 1992) - Spr.: Engl., Franz.

ALBERTS, Helgo
Dipl.-Volksw., Stv. Hauptgeschäftsführer IHK f. München u. Oberbayern - Max-Joseph-Str. 2, 8000 München 2 (T. 089 - 51 16-368) - Geb. 7. Aug. 1941 Berlin.

ALBERTS, Kurt
Vorstandsmitglied Karstadt AG - Theodor-Althoff-Str. 2, 4300 Essen-Bredeney.

ALBERTZ, Heinrich
Landesminister u. Reg. Bürgermeister a.D., Pfarrer - Riekestr. 2, 2800 Bremen 1 - Geb. 22. Jan. 1915 Breslau (Vater: Geh. Konsistorialrat Hugo A.; Mutter: Elisabeth, geb. Meinhof), ev., verh. s. 1939 m. Ilse, geb. Schall, 3 Kd. (Ilse-Sybille Klostermeier; Rainer; Regine) - Univ. Breslau, Halle, Berlin (Theol.) - Ab 1939 Vikar in Breslau u. Pastor im Kr. Kreutzburg/OS., 1941-45 Wehrdst., 1943 2mon. Freiheitsstrafe weg. Vergehens geg. § 130a StGB Anläßl. e. Fürbitte-Gottesdst. f. Pastor M. Niemöller, n. Kriegsende Leit. d. kirchl. Fürsorge in Celle u. 1946-48 d. Flüchtlingsamtes f. d. Reg.bez. Lüneburg, 1947-55 MdL, 1948-55 Min. f. Flüchtlingsangelegenh. bzw. f. Soziales (1951) v. Nieders., 1949-55 Mitgl. d. Bundesrates, 1955-59 Senatsdir. b. Senator f. Volksbild. v. Berlin, zeitw. 1. Bundesvors. d. Arbeiterwohlfahrt u. Bevollm. d. SPD-Vorst. in Berlin, 1959-61 Senatsdir. u. Chef d. Senatskanzlei v. Berlin, 1961-66 Senator f. Inneres u. Bürgerm. (1963) v. Berlin (zugl. Senator f. Sicherheit u. Ordnung), 1966-67 (Rücktr.) Reg. Bürgerm. v. Berlin u. erneut Mitgl. d. Bundesrates, s. 1970 Pfr. Britz u. Neukölln (1971), Schlachtensee (1974), Mitgl. Kirchenleit. Berlin - 1963-70 (Mandatsniederleg.) MdA Berlin; 1968ff. Vors. d. Ev. Akademikerschaft Berlin. SPD - BV: Blumen f. Stukenbrock, 1981; Nachträge, 1983; Die Reise, 1985; Miserere nobis, 1987; Am Ende d. Weges, 1989; D. Wind hat sich gedreht, 1991. Herausg.: Warum ich Pazifist wurde (1983) - 1964 Ehrenbürger v. Iowa (USA); Gr. BVK m. Stern u. Schulterbd. (1967), Nieders. VO., Nds. Landesmed. u. a.; 1969 Marie-Juachacz-Plak. Arbeiterwohlfahrt; C.-v.-Ossietzky-Med.; 1980 Gustav-Heinemann Bürgerpreis; 1990 Ernst Reuter Med.

ALBERTZ, Jörg
Dr.-Ing., Prof. f. Photogrammetrie u. Kartographie TU Berlin (s. 1979) - Marathonallee 26/28, 1000 Berlin 19 (T. 030 - 304 55 28) - Geb. 29. Febr. 1936 Esslingen (Vater:Hermann A., Ing; Mutter: Elise, geb. Göllner), Unitar. - Dipl.ex. (Vermessungswesen) 1959 Stuttgart; Promot. 1965 Berlin - 1968-75 Obering. Univ. Karlsruhe, 1975 Prof. TH Darmstadt (Fernerkund. u. Photointerpret.); 1979 Präs. Fr. Akad.; 1979-87 Vizepräs. Rel.-Gem. Dt. Unitarier; 1986 stv. Vors. Ges. f. Erdkunde zu Berlin - BV; Photogrammetr. Taschenb., 4. A. 1989 (jap. 1976); Grundl. d. Interpretation v. Luft- u. Satellitenbildern, 1991; Remote Sensing for Development (m. R. Tauch), 1989. Schriftleit. Bildmess. u. Luftbildwesen (1978-89). Herausg. Schriftenreihe d. Freien Akad. - 1974 Hansa-Luftbild-Preis; Fachmitgliedsch., dar. Americ. Soc. of Photogrammetry and Remote Sensing; 1980 o. Mitgl. Dt. Geodätische Komm. d. Bayer. Akad. d. Wiss. - Spr.: Engl.

ALBERTZ, Rainer
Dr. theol., Prof. f. Bibl. Theol. - An der Sang 64, 5912 Hilchenbach - Geb. 2. Mai 1943 Röstfelde (Vater: Heinrich A., Pfarrer; Mutter: Ilse, geb. Schall), ev., verh. s. 1964 m. Dr. med. Heike, geb. Hainig, T. Anuschka - Waldorfsch. Hann., Lilienthalsch. Berlin (b. 1962); Kirchl. Hochsch. Berlin, Univ. Heidelberg, Ex. 1969, Promot. 1972, Habil. 1977 - 1972-77 wiss. Assist., 1977-80 Priv.Doz., s. 1980 Prof. Univ. Heidelberg, s. 1983 Prof. Univ./GH Siegen - BV: Weltschöpfung u. Menschenschöpfung, 1974; Persönliche Frömmigk. u. offiz. Religion, 1978; D. Gott des Daniel, 1988; D. Mensch als Hüter seiner Welt, 1989; Religionsgeschichte Israels in alttestamentlicher Zeit, 1992 - Liebh.: Amateurfunk - Bek. Vorf.: Pfarrer Heinrich Albertz (Vater).

ALBEVERIO, Sergio
Dr. rer. nat., o. Prof. f. Mathematik Ruhr-Univ. Bochum (s. 1979) - Auf dem Aspei 55, 4630 Bochum 1 - Geb. 17. Jan. 1939 Lugano (Schweiz) (Vater: Luigi (Gino) A, Sanitär- u. Heizungsanl.; Mutter: Olivetta geb. Brighenti), kath., verh. s. 1970 m. Solvejg, geb. Manzoni, 1 Kd. (Aglaja Mielikki) - 1958 Liceo Cant., Lugano, Diplom Physik, Promot. 1966 Zürich, Befäh.ausweis f. d. Höh. Lehramt 1966, Zürich - 1962-66 Assist. u. 1966-67 Forsch.assist. Inst. f. Theoret. Physik ETH Zürich; 1967-68 Visiting lecturer, Univ. London; 1968-69 Liceo Cant., Lugano u. Forsch.stip. Schweiz. Nat. Fond.; 1970-72 Visiting Res. Fellow, Princeton Univ.; 1973-74 Ass. Prof. Univ., Oslo; 1973-74 Prof. Postgraduate School, Univ. Napoli; 1974-77 Forsch.-stip. NAVF, Oslo, Norwegen; 1975-76 Mitgl. Intern. Forsch.gr. Zentrum f. interdisziplinäre Forsch., Univ. Bielefeld; 1977-79 Wiss. Rat u. Prof. f. Math., Univ. Bielefeld; 1979-83 Lehrauftr., Univ. Bielefeld; 1977-78 Prof. Centre de Physique Théorique, CNRS, Univ. d'Aix-Marseille II, Luminy - BV: Mathematical Theory of Feynman Path Integrals (m. R. Høegh-Krohn), 1976; Non standard methods in stochastic analysis and mathematical physics (m. J. E. Fenstad, R. Høegh-Krohn, T. Lindstrøm), 1986 (russ. transl. 1990); Solvable models in quantum mechanics (m. F. Gesztesy, R. Høegh-Krohn, H. Holden), 1988. Herausg.: Feynman Path Integrals, Proc. Marseille 1978 (m. a., 1979); Stochastic methods in quantum theory and statistical mechanics, Proc. Marseille 1981 (m. Ph. Combe, M. Sirugue-Collin, 1982); Stochastic aspects of class. and quantum systems, Proc. Marseille 1983 (m. Ph. Combe, M. Sirugue-Collin, 1985); Resonances-Models and Phenomena, Proc. Bielefeld 1984 (m. L. S. Ferreira, L. Streit, 1984); Stochastic processes - mathematics and physics, Proc. BiBoS 1 1984 (m. Ph. Blanchard, L. Streit, 1985); Trends and developments in the eighties

(m. Ph. Blanchard, 1985); Infinite dimensional analysis and stochastic processes (1985); Stochastic processes in classical and quantum systems, Proc. Ascona 1985 (m. G. Casati, D. Merlini, 1986); Stochastic processes - mathematics and physics II, Proc. BiBoS 2 1987 (m. Ph. Blanchard, L. Streit); Stochastic processes in physics and engineering (m. Ph. Blanchard, M. Hazewinkel, L. Streit, 1988); Stochastics, Algebra and Analysis in Classical and Quantum Dynamics (m. Ph. Blanchard, D. Testard), 1990; Stochastic Processes and their Applications in Mathematics and Physics (m. Ph. Blanchard, L. Streit), 1990; Stochastic Processes, Physics and Geometry, Proc. Ascona 1988 (m. G. Casati, U. Cattaneo, D. Merlini, R. Moresi), 1990; Üb. 190 Wiss. Veröff. in Fachztschr. (Math., Physik) u. Sammelbänder - Spr.: Ital., Deutsch, Franz., Engl., Norw., Span., Port.

ALBEVERIO-MANZONI, Solvejg

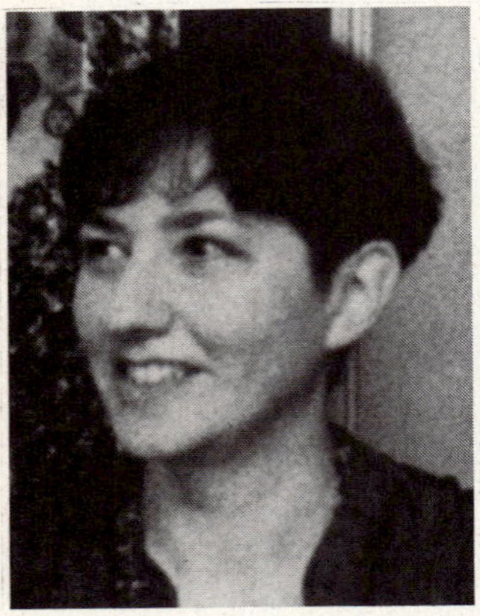

Kunstmalerin, Schriftst. - Auf dem Aspei 55, 4630 Bochum 1 - Geb. 6. Nov. 1939 Arogno/Schweiz (Vater: Cesco Manzoni, Journ.; Mutter: Madi, geb. Angioletti), kath., verh. s. 1970 m. Prof. Dr. Sergio Albeverio, T. Aglaja - 1957-60 Textilsch. Como, Italien; 1969 Kunstgewerbesch. Zürich; 1970-72 Princeton Univ.; 1972-77 Statens Handverk og Kunstindustriskole Oslo, Norwegen - Mitarb. RSI (Radio Svizzera Italiana) - Aquarelle, Zeichn., Radierung.; Ausstell. u.a. in Deutschl., Frankr., Ital., Norw., Schweiz, USA, Österr.; Intern. Grafikk Biennale Fredrikstad. Ged. in versch. lit. Ztschr. - 1987 1. Preis b. 5. Ascona Intern. Lit.-preis (f. Roman: Il pensatore con il mantello come meteora); 1987 Da stanze chiuse (Bilder/Ged.); 1990 Il pensatore con il mantello come meteora; 1991 Controcanto al chiuso (Bilder, m. Bianca Maria Frabotta, Dichtung) - Spr.: Ital., Franz., Deutsch, Engl. - Bek. Vorf.: Romeo Manzoni, Philosoph, (Uronkel); Henri Manzoni, Zeichner u. Grafiker (Großvater).

ALBIRO, Hartwig

Regisseur, Schauspieler, Schauspieldirektor Städt. Theater Chemnitz (s. 1971) - Am Gablenzer Bad 48, O-9062 Chemnitz (T. 071 - 74 15 88) - Geb. 9. Dez. 1931 - Insz.: Shakespeare, Schiller, Goethe, Goldoni, Brecht, u.v.a. - Kunstpreis d. DDR.

ALBRECHT, Alois

Generalvikar d. Erdiözese Bamberg - Domplatz 3, 8600 Bamberg (T. 0951 - 50 22 20) - Geb. 16. März 1936, kath., ledig - Stud. d. Theol.; Abschlu0 1962 - Autor vieler neuer geistl. Lieder - Päpstl. Ehrenprälat.

ALBRECHT, Christoph

Intendant d. Sächsischen Staatsoper Dresden (s. 1991) - Theaterplatz 2, O-8010 Dresden - Geb. 9. Dez. 1944 Bad Elster, verh. s. 1968 m. Dr. med. Anneli, geb. Thomson, 1 T. - Abit.; Stud. Theaterwiss., Musikwiss., German. FU Berlin u. Univ. München - Hamb. Staatsoper: 1972-74 Dramaturg, 1974/75 Künstl. Betriebsbüro, 1975-77 Chefdisponent; 1978-81 Künstler. Betriebsdir. Oper Stadt Köln; 1981-91 Betriebsdir. d. Hamb. Balletts Hamb. Staatsoper - BV 10 Jahre John Neumeier u. d. Hamburger Ballett, 1983. Herausg.: Solisten d. Hamburger Balletts, Bde. 1-6 (1986ff.) - Spr.: Engl.

ALBRECHT, Dieter

Dr. phil. (habil.), o. Prof. f. Geschichte - Adalbert.-Stifter-Str. 16, 8400 Regensburg (T. 9 22 90) - Geb. 9. Mai 1927 - 1958 Privatdoz. Univ. München; 1963 ao. Prof. Phil.-Theol. Hochsch. Bamberg; 1964 o. Prof. Univ. Mainz; 1967 o. Prof. Univ. Regensburg - BV (1952ff.): Histor. Atlas v. Bayern, D. dt. Politik Papst Gregors XV., D. ausw. Politik Maximilians v. Bayern, Briefe u. Akten z. Gesch. d. 30j. Krieges, D. Notenwechsel zw. d. Hl. Stuhl u. d. Reichsreg. 1933-45, Regensburg im Wandel, Briefwechsel J. E. Jörg 1847-1901, Protokolle d. bayer. Zentrumsfraktion 1893-1914.

ALBRECHT, Erhard

Dr. sc. phil., Prof. i. R. f. Logik/Semiotik Univ. Greifswald, Inst. f. Dt. Philologie - Domstr. 9a, O-2200 Greifswald - Geb. 8. Okt. 1925, verh. s. 1945 m. U. Pegel, S. Klaus - 1944-49 Stud. Univ. Rostock; 1949 Promot. (Dr.rer.pol.), 1951 Habil. Univ. Rostock; 1969 Promot. (Dr. sc. phil.) Univ. Greifswald - 1971-76 Mitgl. Comité Direct. de l'Assoc. Intern. de Semiotique; s. 1989 Intern. Scientific Collaborator d. European Journal f. Semiotic Studies - BV: D. Beziehung v. Erkenntnistheorie, Logik u. Sprache, 1956; Sprache u. Erkenntnis. Logisch-linguist. Analysen, 1967; Sprache u. Philosophie, 1975; Logic, Language and Epistemology, 1989; Handb. z. Sprachphilosophie, 1991 - Spr.: Engl., Franz., Russ., Lat., Griech.

ALBRECHT, Ernst

Dr., Ministerpräsident (b. 1990), MdL Niedersachsen (s. 1970; b. 1975 Vors. Aussch. f. Wirtsch. u. Verk.) - Am Brink 2b, 3167 Burgdorf (T. 05136 - 8 21 41) - Geb. 29. Juni 1930 Heidelberg (Vater: Dr. Carl A., Arzt; Mutter: Dr. Adda, geb. Berg), ev., verh. s. 1953 m. Dr. Heidi-Adele, geb. Stromeyer, 7 Kd. (Harald, Lorenz, Ursula, Eva Benita, Hans-Holger, Barthold, Donatus) - Schulen in Bremen, Verden, Brake (Abit.). 1948-51 Stud. Phil. u. Theol. Univ. Tübingen, Cornell (USA) u. Basel, Rechts- u. Wirtschaftswiss. Tübingen u. Bonn (1951-53). 1954 Attaché Montanunion, 1958 Kabinettchef EWG-Kommission, 1967-70 Generaldir. EG, 1971-76 Finanzdirektor d. Bahlsens Keksfabrik, Hannover, 1976-90 Ministerpräs. Ld. Nieders.; 1979-90 stv. CDU-Vors. - BV: D. Staat - Idee u. Wirklichkeit, 1976 - 1979 Preis d. Stadt Solingen Scharfe Klinge, 1983 Gr. BVK m. Stern u. Schulterb. - Interesse: Landw. (eig. Hof) - Spr.: Franz., Engl.

ALBRECHT, George Alexander

Prof., Generalmusikdirektor d. Landeshauptstadt Hannover (s. 1965) - Berkowitzweg 2, 3000 Hannover 51 - Geb. 15. Febr. 1935 Bremen (Vater: Dr. Carl A.), ev., verh. s. 1979 m. Eleonore Liese, geb. Klahn, 4 Kd. (Marc, Julia, Christine, Edda) - Prix d'excellence d. Accademia Chigiana, Siena 1954 - Konzert- u. Operndirig.; s. 1980 Prof. d. Musikhochsch.; 1980-90 Präs. d. H. Pfitzner-Ges. - BV: D. sinfon. Werk Hans Pfitzners, 1982; Gustav Mahlers Symphonien (Einf.), 1991 - 1985 Gust. Mahler-Goldmed. - Spr.: Engl., Franz., Ital.

ALBRECHT, Gerd

Prof. h. c., Generalmusikdirektor - Gr. Theaterstr. 34, 2000 Hamburg 36 (T. 35 68-396) - Geb. 19. Juli 1935 Essen (Vater: Prof. Dr. phil. Hans. A., Musikwiss.ler (s. XIII. Ausg.); Mutter: Hildegard, geb. Kleinholz), ev., verh. m. Ursula, geb. Schöffler, 2 Töcht. (Katharina, Judith) - Gymn. Kiel; Univ. Kiel u. Hamburg (Musikwiss., Kunstgesch., Phil.); Musikhochsch. Hamburg (Dirigieren) - 1958-61 Solorepetitor Staatsoper Stuttgart; 1961-63 I. Kapellm. Staatstheater Mainz; 1963-66 GMD Hansestadt Lübeck; 1966-72 GMD Staatoper Kassel; 1972-88 leitender Dirigent Dt. Oper Berlin u. Tonhalle Zürich; s. 1988 GMD u. Gf. Hamburgische Staatsoper, GMD Philharm. Staatsorch. Hamburg; s. 1990 Mitgl. Freie Akad. d. Künste, Hamburg - Gastdirig. In- u. Ausl.; Urauff. v. Werken v. Fortner, Ligeti, Henze, Reimann, Kirchner; div. Fernsehfilme; Gründung d. Stiftg. Lebendiges Instrumentenmuseum f. Kinder, Museum f. Kunst u. Gewerbe, Hamburg - BV: Kinderb. - Grand Prix du Disque, Dt. Schallpl.preis, Edisonpr., Konssewitzkipr., Prix Caecilia, Int. Record Critics Award, Quartalspr. d. dt. Schallplattenkritik f. Schatzgräber, 1990 Kestenberg-Med. Lübeck, 1990 Viertelj.pr. d. Dt. Schallpl.kritik, 1991 Zürich ECSO-Preis u. Quartalspreis dt. Schallpl.Kr. Ferne Klang - Liebh.: Musik d. dt. Romantik, zeitgenöss. Musik (Zemlisky, Reger, Hindemith, u.a.) - Spr.: Engl., Ital., Franz.

ALBRECHT, Gerd

Dr., Direktor Dt. Institut f. Filmkunde, Frankfurt/M. (s. 1981) - Berndorffstr. 6, 5000 Köln 51 (T. 0221 - 38 51 58) - Geb. 18. Febr. 1933 Chodziez/Pol. - Stud. ev. Theologie, Psychologie, Soziologie (Staatsex. 1956, Promot. 1960) - 1957-65 Leit. Filmseminar a. d. Univ. Bonn, 1963-69 Forschungsltr. d. Abt. Massenkommunikation Forschungsinst. f. Soziologie d. Univ. Köln, 1966-71 Dozent f. Theorie d. Massenmedien u. Filmanalyse a. d. Dt. Film- u. Fernsehakad. Berlin, 1967-69 Dozent f. Theorie d. Massenmedien u. Medienanalyse Schweizer. Filmkurse, Zürich, 1967-72 Lehrauftr. f. Filmpsychologie TH Darmstadt; 1970-80 Ltr. Inst. f. Medienforschung, Köln; 1971-83 Filmbeauftr. d. Evang. Kirche i. Dtschl. (EKD), 1970-80 Lehrauftr. f. Theorie d. Massenkommunikat. u. Medienpäd. Staatl. Kunstakad. Düsseldorf; s. 1971 Lehrauftr. Kunstgewerbeschule Zürich. Versch. Ausschuß-Mitgliedschaften - BV: Film u. Verkündigung, 1962; Nationalsoz. Filmpolitik, 1969; Handb. Medienarbeit (Co-Hg.), 1979; D. großen Filmerfolge, 1985. NS-Feiertage in Wochenschauen 1933-45, 1989.

ALBRECHT, Gert

Dipl.-Ing., Vorstandsmitglied Babcock Sempell Aktienges., Korschenbroich - Nikolaus-Otto-Str. 9, 4040 Neuss (T. 02131 - 54 28 21) - Geb. 4. Juni 1934 Hannover, verh. s. 1964, 3 Kd. - Stud. (Allg. Maschinenbau) TH Hannover.

ALBRECHT, Günter

Dr. phil., Prof. f. Soziologie u. Soziol. d. Sozialarb. Univ. Bielefeld (s. 1978; vorher Wiss. Rat u. Prof.) - Steinbockstr. 10, 4800 Bielefeld 15 - Geb. 7. Jan. 1943 Duisburg - Promot. 1971 - BV: Soziol. d. geogr. Mobilität, 1972; Sozialök., 1976; Soziol. d. Obdachlosigk., 1976. Zahlr. Einzelarb.

ALBRECHT, Hans

Forstdirektor, Landtagsvizepräs. - Wurmberger Str. 21, 7135 Wiernsheim/Württ. - Geb. 27. Sept. 1923 Stadelhofen/Baden, ev., verh., 2 Kd. - Obersch.; Univ. Freiburg/Br. (Forstwiss.). Staatsex. 1949 - 1942-45 Wehrdst.; s. 1947 Forstverw. (1955 ff. Forstm., Oberforstrat, Forstdir.), 1951-56 Landesgeschäftsf. Schutzgemeinsch. Dt. Wald, s. 1971 stellv. Landesvors. - 1965 ff. MdK, 1968 ff. MdL BW (1972-84 Vizepräs.), FDP/DVP, 1973 Mitgl. d. Regionalverbandsvers.

ALBRECHT, Hans Peter

Direktor, Geschäftsf. B. Sprengel & Co. - Westermannweg 22, 3000 Hannover-Marienwerder - Geb. 6. Okt. 1930.

ALBRECHT, Hansgeorg

Verleger (E. Albrecht Verlags-KG., Gräfelfing) - Zu erreichen üb.: Dornwiese 10, 8032 Lochham/Obb. - Vater: Erich A., Verlagsgründer (Fachztschr.).

ALBRECHT, Hartmut

Dr. sc. agr., em. o. Prof. f. Kommunikationsforschung u. Landw. Beratungswesen Univ. Hohenheim - Postf. 70 05 62, Inst. 430, 7000 Stuttgart 70 - Geb. 2. Aug. 1925 - Zul. Privatdoz. Univ. Göttingen (Oberassist. Inst. f. Ausl. Landw.) - BV: Innovationsprozesse i. d. Landwirtsch., Monogr. 1969; Widerstände u. Hemmfaktoren b. Berufswechsel u. Umschulung v. Landwirten, 1977. Co-Autor: gtz-Handb. Landwirtschaftl. Berat. (2 Bde., 1981, 2. neu bearb. A. 1988, franz. A. 1987, engl. A. 1989/90).

ALBRECHT, Julius

Dr. rer. nat., o. Prof. f. Mathematik - Erzstr. 1, 3392 Clausthal-Zellerfeld (Math.Inst.) - Geb. 1. Mai 1926 Hamburg - S. 1961 (Habil.) Lehrtätigk. Univ. Hamburg, TU Berlin (1967 Ord.) u. TU Clausthal. Fachveröff.

ALBRECHT, Karl-Friedrich

Dr. med., Prof., Direktor Urolog. Klinik d. Stadt Wuppertal i. R. - Elbchaussee 131, 2000 Hamburg 50 - Geb. 13. Aug. 1922 Gumbinnen/Ostpr. (Vater: Karl-Ludwig A., Oberregierungsrat; Mutter: Helene, geb. Stobbe), verh. s. 1946 m. Ursula, geb. Müller, verwitw. s. 1977, 3 Kinder (Karlheinz, Karl-Ludwig, Sabine) - Wilhelms-Gymn. Kassel (b. 1939); 1945-51 Univ. Marburg, Promot. 1951 Marburg; Habil. 1963 Köln - 1958-66 Leit. Urol. Abt. Univ.klin. Marburg u. Köln; 1966-87 Dir. Urol. Klinik Wuppertal. S. 1963 Privatdoz. u. apl. Prof. (1969) Univ. Köln. Fachmitgliedsch. - 1965 Curt-Adam-Preis Kongreßges. f. Ärztl. Fortbild. Berlin - Spr.: Engl.

ALBRECHT, von, Michael

Dr. phil. o. Prof. f. Klass. Philologie - Am Forst 9, 6902 Sandhausen/Baden - Geb. 22. August 1933 Stuttgart (Vater: Prof. Georg v. A., Komp.; Mutter: Elise, geb Kratz), ev., verh. s. 1959 m. Dr. Ruth, geb. Krautter, 3 Kd. (Christiane, Martin, Dorothea) - Musikhochsch. Stuttgart (Musikerzieh.; Staatsex. 1955); Univ. Tübingen (Staatsex. 1957) u. Paris (Klass. Philol., Indol.). Promot. (1959) u. Habil. (1963) Tübingen - S. 1964 Ordin. u. Seminardir. Univ. Heidelberg. 1981 Visiting Member Inst. for Advanced Study (Princeton). Spez. Arbeitsgeb.: Röm. Lit. (Epos) u. vergl. Literaturwiss. - BV: D. Parenthese in Ovids Metamorphosen, 1963; Jamblichos, Pythagoras, 1965; Silius Italicus, 1964; Ovid, Metamorphosen (erklärt v. Haupt-Korn), 10. A. 1966; Meister röm. Prosa - v. Cato b. Apuleius, 1971; Goethe und das Volkslied, 1972; D. Teppich als lit. Motiv, 1972; Röm. Poesie, 1976; Rom: Spiegel Europas, 1988; Scripta Latina, 1989; Gesch. d. röm. Literatur, 1992. Herausg.: Studien z. Klass. Philol. (1979ff.); Quellen u. Stud. z. Musikgesch. (1984ff.). Mithrsg.: Wege d. Forsch.: Ovid (1968); Studien z. Fortwirken d. Antike (1979ff.); International Journal of Musicology (1992ff.) - Liebh.: Musik, Malerei - Spr.: Russ., Engl., Lat., Griech., Franz., Ital., Sanskrit, Span.

ALBRECHT, Peter

Dr. rer. nat., Prof. f. Angew. Mathematik Univ. Dortmund, Prof. Assoc. Pont. Univ. Católica Rio de Janeiro - Geb. 22. Aug. 1937 - Promot. München, Habil. Hannover - Mitgl. Soc. Brasil. de Mat. e Comput. (SBMAC), Ges. f. Math. u. Mech. (GAMM) - Spr.: Engl., Franz., Dän., Portug., Span.

ALBRECHT, Siegfried

Dipl.-Ing., Prof. a. d. FH Wiesbaden - Grunerstr. 42, 6270 Idstein/Ts. (T. 85 49) - Geb. 25. März 1915 Chemnitz/Sa. (Vater: Dr. med. Paul A.; Mutter: Margarete, geb. Behringer), ev., verh. s. 1952 m. Gerti, geb. Greulich, 2 Töcht. (Angelika, Bettina) - Gymn.; TH Dresden u. München (1939 Diplomex. f. Arch.) - Freischaff. Künstler (Maler u.

Kinetiker). S. 1958 skiachromat. Malerei u. lampr. Kompos. (Gestalt. m. Licht, Beweg., farb. Schatten u. Reflexen), skiachromatisches Ballett, skiachrome Bilder. Beteilig. an intern. Ausstell. (Kinetik u. Objekte, Kunst - Licht - Kunst, Licht u. Beweg., L = (B + F) Zauber d. Lichts).

ALBRECHT, Theo

I. Bürgermeister i. R. - Rathaus, 8475 Wernberg-Köblitz/Opf. - Geb. 6. Okt. 1938 Weiden/Opf. - Betriebsw. CSU.

ALBRECHT, Ulrich

Dr. phil., Dipl.-Ing., Prof. f. Konflikt- u. Friedensforschung FU Berlin (s. 1972) - Selerweg 23, 1000 Berlin 41 - Geb. 30. Jan. 1941 Leipzig, ev., verh. m. Astrid, geb. Heide, 2 Kd. (Ruth, Jürgen) - Promot. 1970 - 1971 Engl.-Aufenth. 1983/84 Consultant Department for Disarmament Affairs, UN New York; 1990 Leit. Planungsstab Min. f. Ausw. Angelegenh. d. DDR - BV: D. Handel m. Waffen, 1971; Politik u. Waffengeschäfte, 1972; D. Wiederaufrüst. d. BRD, 1974; Rüstungskonversionsforsch., 1978; Kündigt d. Nachrüstungsbeschluß!, 1982; Mitverf.: D. Waffen f. d. Dritte Welt, 1972; Polit.-wirtschaftl. Probleme d. Abrüst., 1972; Bundeswehr u. Wirtsch., 1974; Arbeitspl. d. Rüstung?, 1978; Aufrüstung, um abzurüsten?, 1980; Jahrb. Weltpolitik 1, 1981; Kündigt d. Nachrüstungsbeschluß!, 1983; Intern. Politik, 1986; D. sowjetische Rüstungsindustrie (Ko-Autor), 1989.

ALBRECHT, Uwe

Rechtsanwalt, Hauptgeschäftsf. Zentralverband d. dt. Werbewirtschaft ZAW e.V. - Villichgasse 17, 5300 Bonn 2 - Geb. 7. März 1938 Berlin.

ALBRECHT, Volker

Dr. rer. nat., Prof. f. Geographie u. Fachdidaktik Univ. Frankfurt/M. (s. 1975) - Flurstr. 14, 6057 Dietzenbach - Geb. 7. Okt. 1941 Prag - Promot. 1972 Freiburg/Br. - Fachdidaktik III, Polit. Geographie, Geosimulationen.

ALBRECHT, Wilhelm

Dr. med., Generaloberstabsarzt a.D. - Landsberger Str. 126, 5300 Bonn (T. 66 16 54) - Geb. 30. Nov. 1905 Waldenburg/Schles. (Vater: Hermann A., Kgl. pr. Bergass.; Mutter: Marie, geb. Richter), ev., verh. s. 1934 m. Gertrud, geb. Fähmel, 2 Kd. (Ingeborg, verehel. Drosse; Klaus) - Gymn. Waldenburg; Univ. Marburg, Wien, Breslau (Promot.) - 1930 Reichswehr; 1934 Luftwaffe; 1956 Bundeswehr (zul. Inspekteur d. Sanitäts- u. Gesundheitswesens) - Div. Kriegsausz.; Verdienstkreuz I. Kl. m. Schwertern u. Krone Souveräner Malteser-Ritterorden, Großoffz.skreuz m. Stern portugies. Militärorden v. Avis, Gr. BVK m. Stern - Liebh.: Wandern, Schwimmen, Gartenarb. - Spr.: Engl.

ALBRECHT, Wilhelm Otto

Dr. rer. nat., Prof., Chemiker - Dr.-Tigges-Weg 39, 5600 Wuppertal 1 (T. 0202 - 30 19 02) - Geb. 27. Juni 1920 Kassel, verw., T. Kathrin - 1938 Oberrealsch. Kassel (Abit.), Arbeitsd., Wehrmacht u. Gefangensch. 1938-45, Chemiestud. Univ. Freiburg,Göttingen u. Hannover; Dipl. 1952, Promot. 1958 b. Prof. Werner Fischer -1947-48 Lederwerke Sexauer GmbH, Emmendingen; 1949-81 Enka AG; 1981 Ruhest. - 1981 Honorarprof. Üb. 150 Fachveröff., Herausg. u. Mitverf. v. Fachbüchern - Kriegsausz.; 1981 Silb. Ehrenz. Rep. Österr.; 1987 BVK I. Kl.; 1987 Silbermed. CIRFS; 1987 Ehrenz. VDI; 1988 Goldmed. VTCC; 1988 Ehrenmitgl. d. Textiltechn. u. wissenschaftl. Vereins Ungarn - Liebh.: Archäol., Fotogr. - Spr.: Engl., Franz.

ALBRECHT-HEIDE, Astrid

Dr. phil., Prof. f. Sozialisationsforschung TU Berlin (s. 1977), Chefredakteurin RADIUS (1982-90) - Selerweg 23, 1000 Berlin 41 - Geb. 4. Nov. 1938, verh. s. 1970 m. Ulrich Albrecht, 2 Kd. (Ruth, Jürgen) - Realsch., kfm. Ausb., Braunschweig-Kolleg, Stud. u. a. d. Erz.wiss., Soziol., German. u. Anglist. Hamburg u. Berlin; Promot. 1972 Univ. Hamburg; Wiss. Assist. f. Soziol. der Erz. 1972-77 FB Erz.wiss. FU Berlin - 1990-92 als erste Frau 1. Vors. d. Arbeitsgemeinsch. f. Friedens- u. Konfliktforschung (AFK) - BV: Bildungsaufstieg durch Deformation, 1972; Entfremd. statt Emanzipation, 1974; Ungleichh. d. Bildungschancen als Faktor d. Diskriminier. v. Mädchen u. Frauen, 1978; Zw. Schule u. Beruf, 1981; Frauen im Militär, 1981; Militärdienst f. Frauen?, 1982; Frauen Krieg Militär, 1991.

ALBRODT, Hans-Joachim

Dipl.-Kfm., Geschäftsführer Norddeutsche Faserwerke GmbH u. Vorstandsmitgl. Arbeitgeberverb. f. d. Chem. Industrie u. Kunststoffverarb. Schleswig-Holstein e.V., Neumünster - Am Tannhof 10, 2350 Neumünster/Holst. - Geb. 18. Aug. 1926.

ALBS, Wilhelm

Dr. theol., Domkapitular (1972ff.) - Wundtstr. 48-50, 1000 Berlin 19 (T. 825 58 79) - Geb. 27. Jan. 1907 Berlin, kath. - Hoh. Gymn. Berlin (Sch'berg); Univ. Breslau. Priesterw. 1931 Berlin; Promot. 1940 Freiburg/Br. - 1931-36 Kaplan Berlin, 1936-38 Kuratus Greifenberg/Pom., 1940-65 Dir. Caritasverb. f. d. Bistum Berlin, 1965-69 Leit. Caritas-Ref. Bischöfl. Ordinariat Berlin, 1969-75 Generalvikar Bistum Berlin. 1957 Päpstl. Hausprälat; Gr. Verdienstkreuz Malteserorden - Spr.: Engl.

ALBUS, Heinz J.

Dipl.-Volksw., Geschäftsführer Ronson GmbH., Köln-Kalk - Wagnerstr. 25, 5038 Rodenkirchen - Geb. 10. März 1927.

ALDEJOHANN, Anton

Prof. f. Nachrichtenverarbeitende Systeme Univ. Paderborn (Fachber. Elektrotechnik) - Geb. 29. Mai 1937 Wiedenbrück, verh. m. Gisela, geb. Schmalhorst, 2 Kd. (Lydia, André).

ALDENHOFF, F.

Dipl.-Kfm., Geschäftsführer Hüttenes-Albertus Chem. Werke GmbH, Düsseldorf, Landia GmbH, Düsseldorf, Chemex GmbH, Wetter, Hüttenes-Albertus-France SARL., Pont-Sainte-Maxence, Geschäftsf. Hüttenes-Albertus Nederlande BV, Veenendaal, Vorst. NV Hüttenes-Albertus Belgium S.A., Brüssel - Viehstiege 6, 4056 Schwalmtal-Amern - Geb. 21. Jan. 1930 - VR-Mitgl. Firmen-Auslandsbereich; Beirat Dt. Bank AG, Düsseldorf u. Süd-West-Chemie GmbH, Neu-Ulm.

ALDINGER, Hermann

Dr. rer. nat., o. Prof. u. Direktor Geolog.-Paläontol. Inst. TH bzw. Univ. Stutgart (1951 ff.; emerit.) - Altenbergstr. 42, 7000 Stuttgart - Geb. 1. Febr. 1902 Fellbach/Württ. (Vater: Christian A., Kaufm.; Mutter: Marie, geb. Steigleder), verh. s. 1933 m. Gertrud, geb. Krauss - TH Stuttgart u. Univ. Tübing. Zul. Landesamt - Liebh.: Fischen.

ALEFELD, Georg

Dr. rer. nat., o. Prof. f. Experimentalphysik TU München/Physik-Department Garching (s. 1971) - James-Franck-Str., 8046 Garching (T. dstl.: München 32 09 - 25 32) - Geb. 2. März 1933 Poppenlauer (Vater: Fritz A., Landwirt; Mutter: Ella, geb. Bodendörfer), ev., verh. s. 1958 m. Helga, geb. Dengscherz, 2 Söhne (Matthias, Oliver) - Gymn. Bad Kissingen; 1953-59 TH München. Promot. 1961 München; Habil. 1967 Aachen - 1961-62 TH München (Assist.); 1962-65 John Jay Hopkins Laboratory/General Atomic, San Diego/USA (wiss. Mitarb.); 1965-71 Inst. f. Festkörperphysik/KFA Jülich (b. 1968 wiss. Mitarb., dann Dir.) - Herausg. v. 2 B. üb. Wasserstoff an Metallen; üb. 100 wiss. Veröff. - 1969 Physikpreis Dt. Physikal. Ges.; korr. Mitgl. d. österr. Akad. d. Wiss.; Mitgl. d. Bayer. Akad. d. Wiss. - Spr.: Engl. - Bek. Vorf.: Friedrich Rückert, Georg A. (Prof. f. Physik u. Dichtkunst Univ. Gießen; um 1770 Rektor).

ALEFELD, Götz

Dr. rer. nat., o. Prof. f. Mathematik Univ. Karlsruhe - Am Kaiserstuhl 6, 7517 Waldbronn 3 (T. 07243 - 6 79 35) - (Vater: Fritz A; Mutter: Ella, geb. Bodendörfer), verh. s. 1968 m. Dipl.-Volksw. Uta, geb. Bohnenkamp, 1 Kd. - Techn. Univ. München (Mathem. u. Physik), 1966 Dipl.-Math., Promot. 1968, Habil. 1972 Univ. Karlsruhe (Mathem.), 1972 Außerplanm. Prof. Univ. Karlsruhe, 1976 o. Prof. TU Berlin u. 1981 Univ. Karlsruhe - Rd. 80 wissensch. Publik.

ALEMANN, von, Mechthild

Bibliothekarin, MdEP (s. 1989) - Kaiserswerther Markt 10, 4000 Düsseldorf 31 - Geb. 29. Jan. 1937 - FDP (s. 1966 Mitgl. u. s. 1985 Beis. im Bundesvorst.), 1975-80 MdL Nordrh.-Westf.; 1979-84 Mitgl. Europ. Parlament; 1985-90 Generalsekr. Föderation europ. Liberaler u. Demokraten; s. 1989 stv. Vors. Frakt. d. Liberalen, Demokraten u. Reformparteien - 1986 BVK.

ALEMANN, von, Ulrich

Dr. phil., Prof. f. Politikwiss. Fern-Univ. Hagen - Postfach 9 40, 5800 Hagen - Geb. 17. Aug. 1944 Seebach/Thür. - Stud. Münster, Köln, Bonn u. Edmonton/Kanada (M.A. 1971, Promot. 1973 Bonn) - 1972 wiss. Assist. Univ. Bonn; 1977 Prof. PH Neuss; 1980 Univ. GH Duisburg; 1984 Fern-Univ. Hagen. 1979-84 gf. Redakt. Ztschr. Polit. Vierteljahresschr. - BV: Parteiensysteme im Parlamentarismus, 1973; Methodik d. Politikwiss. (m. E. Forndran), 1974; Partizipation, 1975; Verb. u. Staat (m. R. Heinze), 1979; Neokorporatismus, 1981; Interessenvermittl. (m. E. Forndran), 1983; Parteien u. Wahlen in NRW, 1985; Mensch u. Techn. (m. H. Schatz), 1986; Org. Interessen, 1987; Technologiepol. (m. P. Jansen, H. Kilper, L. Kissler), 1988; Gesellschaft - Technik - Politik (m. H. Schatz, G. Simonis), 1989; D. Kraft d. Region (m. R. G. Heinze, B. Hombach), 1990.

ALETSEE, Ludwig

Dr. rer. nat., Prof., Vorsteher Abt. f. Systematik u. Geobotanik Botan. Inst. TH Aachen (s. 1967) - An der Höhe 2, 5100 Aachen - Geb. 29. April 1929 Kiel - 1965-67 Doz. Univ. Kiel.

ALEWELL, Karl

Dr. rer. pol., Dr. h. c. (Univ. Lodz), Dipl.-Kfm., o. Prof. f. Betriebsw.lehre - In d. Steinbach 66, 6312 Laubach/Hessen (06405 - 15 76, dstl.: 0641 - 7 02-51 55) - Geb. 7. März 1931 Hamburg (Vater: Dr. Karl A.), ev., verh. s. 1961 m. Wiebke, geb. Gardels, 4 Kd. - Obersch. Hamburg (-Blank.); Univ. ebd. (Dipl.-Kfm. 1955) u. München. Promot. (1958) u. Habil. (1963) Hamburg - 3j. Tätigk. Großhandel u. Ind., ab 1955 Assist. Univ. Hamburg (Sem. f. Handel u. Marktwesen), 1964-65 Doz. das. u. Univ. Münster, s. 1965 Ord. Univ. Gießen, 1978-86 Präs. d. Univ. Gießen, 1984-88 Vizepräs. d. Westd. Rektorenkonfz. - BV: D. Markenartikel im Export, 1959; Subventionen als betriebsw. Frage, 1965. Herausg.: Betriebsw. Strukturfragen. (zus. m. B. Rittmeier) Dienstleistungsbetr. a. Gegenst. d. Regionalförd., 1977; Standort u. Distribution: Fallstud. 1980, Lösungen 1981; Mithrsg.: Entscheidungsfälle aus der Unternehmungspraxis (1971). Zahlr. Einzelarb. insbes. zu Fragen d. Hochschulmanagements.

ALEXANDER, Anne

s. Friedrich, Anita.

ALEXANDER, Dietrich

Dr. sc. phil., o. Prof. f. Philosophie Univ. Jena (s. 1982) - Friedensstr. 29, O-6900 Jena (T. 42 60 42) - Geb. 28. Sept. 1934 Breslau, verh. s. 1979 m. Elke, geb. Frank, 3 Kd. (Katja, Steffen, Frauke) - Stud. Phil., Psychol., Pysiol. 1953-59 Jena u. 1970/71 Moskau; Promot. 1965 u. 1981 - 1970 Dozent; 1982 o. Prof. f. Phil. - 1982-90 Dir. d. Sekt. Phil. Univ. Jena - Herausg.: Philosophenlexikon (1982ff; mehrere Auflagen) - Liebh.: Psychoanalyse, Sexualwiss. - Spr.: Engl., Russ.

ALEXANDER, Elisabeth

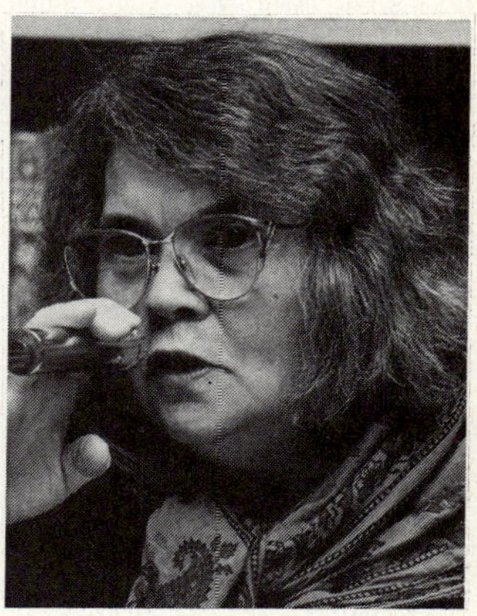

Schriftstellerin - Erwin-Rohde-Str. 22, 6900 Heidelberg - Geb. im Rheinl. - Freie Schriftst. s. 1970 Veröff. in Ztg., Ztschr., Rundf., FS u. Anthol. S. 1972 Mitgl. Verb. Dt. Schriftst., davon 12 J. Bundesdelegierte, Mitgl. Gedok Heidelberg - BV: Bums, Ged. 1971; 12 Spruchband Monate Kalender, Lyriktexte 1972; Nach e. gewissen Lebenszeit, Erz. 1975; D. Frau, d. lachte, Bürgerl. Texte, 1975, 2. A. 1978 (Sonderausg. 1989); Ausgew. Ged., 1975; Ich bin kein Pferd, Ged. 1976; Fritte Pomm, Kinderroman 1976; Brotkrumen, Ged. 1977; D. törichte Jungfrau, R. 1978, 2. A. 1988; Ich will als Kind Kind sein. Für u. üb. Kinder, 1978; Ich hänge mich ans schwarze Brett, Ged. 1979, 2. A. 1981; Und niemand sah mich, Lyr. 1979; So kreuz u. quer, Lyr. 1979; Wo bist du Trost, Ged. 1980, 2. A. 1983; Sie hätte ihre Kinder töten sollen, R. 1982, 2. A. 1988; Damengesch., Erz. 1983; Glückspfennig - Gesch. f. d. ganze Jahr, 1984, 2. A. 1985; Zeitflusen, Ged. 1986; Damengesch., Erz. 2. A. 1991. Mitarb.: Schmusekater sucht Frau z. Pferdestehlen - Erfahr. auf d. Heiratsmarkt, 1986; Im Korridort geht d. Mond, Ged. 1988, 2. A. 1989; Bauchschuß, R. 1992; D. Dunkelh. ist da, 205-Zeilen-Ged. - e. jazz. Composition v. Rainer Pusch. Ins Amerik. übers.; Herrengeschichten, Erz. 2. A. 1991. Texte in Lehrb. f. Deutsch in USA (1978-1982 u. 2 Erz. aus D. Frau, d. lachte, in German Feminism, 1984). Herausg.: Elisabeth Alexander Rhein-Neckar-Lesebuch - Heidelberger u. Mannheimer Autoren stellen s. vor (1983); Heidelberger Lesebuch (1988). Lehrbeauftr. f. Dt. Philologie an d. Univ. Mannheim; Doz. an versch. Akad. f. Schreibwerkstätten; Visiting writer d. Texas Tech Univ. Lubbock (1986); auf Band gel. f. d. Archiv Weltlit. in d. Library of Congr., Washinton D.C. (als erster bundesdt. Autor). Z. 3. Mal Leseu. Vortragsreise USA: New York, Florida, Gettysburg, Chicago, Maryland. Einl. an d. Goethe Inst. Amsterdam, Paris, Brüssel, Houston u. Montreal, an Univ. u. Collegs. Auftritt in Lit.sendung Cafe Größenwahn (1987), Gast in d. FS-Send. Berliner - Salon - Lit. Live (SFB) - Liebh.: Sprache, Briefeschreiben, Lit.

ALEXANDER, Helmut

Dr. rer. nat., Prof. f. Metallphysik - Tacitusstr. 1b, 5000 Köln - Geb. 30. Juli 1928 - B. 1968 Univ. Göttingen (Doz.), dann Köln (Abt.vorst. u. Prof.) - 110 Publ. üb. Themen aus Festkörperphysik.

ALEXANDER, Joachim

s. Straeten, Jo

ALEXANDER, Klaus
Dr. med., Abteilungsvorsteher, Prof. f. Innere Medizin u. Angiologie Med. Hochschule Hannover (s. 1975) - Hauptstr. 19, 3004 Isernhagen 2 F.

ALEXANDER, Meta
Dr. med., Prof., Internistin - Bayerischer Pl. 4, 1000 Berlin 30 (T. 218 32 45) - Geb. 14. Juli 1924 Berlin (Eltern: Ernst (Kaufm.) u. Käte A.) - Univ. Berlin (Humboldt/Freie). Promot. (1951) u. Habil. (1963) FU Berlin - S. 1963 Mitgl. mehrerer Kommiss. d. BGA - BV: Infektionsfibel, 1968 (m. H. J. Raettig), 4. A.; Infektionskapitel (in Müller, Seifert, von Kress).; Beiratstätig. f. Innere Medizin in Praxis u. Klinik (m. Hornbostel, Kaufmann, Seyenthaler) 4. A.; Chemotherapie, 1987.

ALEXANDER, Peter
(eigentl. Peter Alexander Neumayer) Schauspieler u. Sänger - Casa La Sorgente, CH-6922 Morcote-Arbostora (Schweiz) - Geb. 30. Juni 1926 Wien (Vater: Anton Neumayer, Bankrat; Mutter: Berta, geb. Wenzlick), kath. verh. s. 1952 m. Hildegard, geb. Hagen (Schausp.), 2 Kd. (Susanne, Michael) - Gymn. (Matura), Max-Reinhardt-Sem. u. Akad. f. Musik u. darstell. Kunst Wien - Bürgertheater Wien. Üb. 50 Filme, u. a. Liebe, Tanz u. 1000 Schlager, Bonjour - Catrin!, Musikparade, Das haut hin, Liebe, Jazz u. Übermut, Münchhausen in Afrika, Wehe wenn sie losgelassen, So e. Millionär hat's schwer, Schlag auf Schlag, Ich bin kein Casanova, Salem Alaikum, ich zähle tägl. meine Sorgen, Im Weißen Rößl am Wolfgangsee, D. Abenteuer d. Grafen Bobby, Saison in Salzburg, D. Fledermaus, D. lust. Witwe, Hochzeitsnacht im Paradies, D. Musterknabe, Charley's Tante, Hurra, die Schule brennt, Mein Vaterhaus steht in den Bergen, Die Lümmel von der ersten Bank, Zum Teufel m. d. Penne, Haupts. Ferien. Eig. Fernseh-Shows. Div. Schallpl. - BV: Gestatten - P. A., 1970 - 6 × Bambi, 6 × Löwe Radio Luxemburg, 4 × Bildschirm, 2 × Europa, 4 × Goldene Kamera; 1971 Gold. Ehrenz. Land Wien; 1975 Ehrenkreuz 1. Kl. f. Wiss. u. Kultur; 1980 Dt. Schallplattenpr. d. Dt. Phonoakad. Hamburg; 1985 Ehrenring d. Stadt Wien; Gr. Ehrenz. f. Verdienste um d. Rep. Österr.; 1987 Ehren-Bambi - Liebh.: Bücher, Filmen, Jazz, alte franz. Uhren - Spr.: Engl.

ALEXANDER, Volbert
Dr., Prof. Univ. Gießen (s. 1986) - Hermann-Löns-Str. 39, 6300 Gießen - Geb. 30. Sept. 1944 Gießen (Vater: Willi A.), kaufm. Angest.; Mutter: Katharina A.), ev., verh. s. 1970 m. Ursula, geb. Berlth, T. Nina-Carmen - Dipl. 1970 Univ. Gießen, Promot. 1972 Univ. Konstanz, Habil. 1976 ebd. - 1970-74 wiss. Assist.; 1974-80 Doz.; 1980-86 Prof. in Siegen - BV: Geldangebot- u. Geldbasiskontrolle in d. BRD, 1974; Aufs. in versch. Fachztschr. - Spr.: Engl., Latein, Griech.

ALEXANDRIDIS, Evangelos
Dr. med. (habil.), Ärztl. Direktor Abt. Klin.-exper. Ophthalmologie Univ. Heidelberg, apl. Prof. f. Augenheilkd. ebd. - Im Fuchsloch 30, 6901 Dossenheim.

ALEXY, Robert
Dr. jur., Prof. f. Öfftl. Recht u. Rechtsphil. Univ. Kiel (s. 1986) - Klausbrooker Weg 122, 2300 Kiel (T. 0431 - 54 97 42) - Geb. 9. Sept. 1945 Oldenburg, ev., verh. s. 1971 m. Edith, geb. Schuchard, 2 Kd. (Georg Corbin, Julia) - 1968-73 Stud. Univ. Göttingen (Studienstiftg. d. Dt. Volkes); 1. Jurist. Staatsex. 1973, 2. Jurist. Staatsex. 1978; Promot. 1976; Habil. 1984 Göttingen - 2. Vors. d. Dt. Sektion d. Intern. Vereinigung f. Rechts- u. Sozialphil. - BV: Theorie d. jurist. Argumentation, 1978, 2. A. 1991; Theorie d. Grundrechte, 1985 (Neudr. 1986) - 1982 Preis d. Philol.-Hist. Klasse d. Akad. d. Wiss. Göttingen.

ALFEN, Walter
Dipl.-Ing., Direktor i. R. - Dahmsfeldstr. 49, 4600 Dortmund 50 - Vorst.-Vors. Berufsförderungswerk d. Wirtschaftsvereinig. Bauind. NRW; AR-Mitgl. WIBAU-Verlag GmbH - BVK I. Kl.; Ehrenring Wirtschaftsvereinig. Bauind. NRW.

ALFF, Wilhelm
Dr. phil., Prof. f. Neuere Geschichte Univ. Bremen (s. 1974) - Mathildenstr. 29, 2800 Bremen - Geb. 15. Mai 1918 Essen, verh. s. 1951 m. Hedwig, geb. Storms († 1986), 3 Kd. (Klemens, Susanne, Lambert Alff) - Stud. Theol., Roman., Phil., Gesch. Promot. 1961 Köln - B. 1968 Inst. f. Zeitgesch. München, 1968-74 Päd. Hochsch. Nieders./ Abt. Braunschweig (Prof. f. Polit. Wiss.) ; Herausg.: Ztschr. Aufklärung, Köln (1951-53, Reprint 1989); Stud. z. Kontinuitätsproblem d. dt. Gesch. 1862-1945, Bd. 1-4 (1984-86) - BV: Condorcets Geschichtsphilosophie, 1963, 2. A. 1976; Überlegungen, 1964; Michelets Ideen, 1966; Beccarias Abh. üb. Verbrechen u. Strafen, 1966, 2. A. 1989; Karl Kraus u. d. Zeitgesch., 1967; D. Begriff Faschismus, 1971; D. Kontinuitätsproblem d. dt. Gesch., 1976; Rückblick aufs Preussenjahr, 1984; Gelegentliche Gedichte in zeitlicher Folge 1944-89, 1989; Kindheitserinnerungen 1925-31, 1990 - 1972 Mitgl. PEN-Zentrum BRD.

ALFÖLDY, Géza
Dr. phil., Dres. h.c., o. Prof. f. Alte Geschichte Univ. Heidelberg (s. 1975) - Marstallhof 4, 6900 Heidelberg - Geb. 7. Juni 1935 Budapest - 1966-70 Doz. u. apl. Prof. Univ. Bonn, 1970-75 Prof. Univ. Bochum - 1971 korr. Mitgl. d. Real Acad. de la Historia, Madrid, 1978 o. Mitgl. d. Heidelberger Akad. d. Wiss., 1990 korr. Mitgl. d. Pontificia Accad. di Archeologia, Roma/Chittá del Vaticano, 1991 Mitgl. d. Acad. Europaea; 1986 Gottfried Wilhelm Leibniz-Preis d. Dt. Forschungsgem.; 1988 Dr. h. c. Univ. Autònoma de Barcelona, 1992 Dr. h. c. d. Janus Pannonius-Univ. Pécs/Ungarn.

ALFUSS, Kurt
Dr. jur., Dipl.-Kfm., Marketing- und Werbeberater BDW, Inh. Werbeagentur Dr. Alfuss Ges. f. Marketing mbH & Co., Köln (s. 1960) Viktor-Schnitzler-Str. 25, 5000 Köln-Deckstein (T. 43 34 70) - Geb. 23. Mai 1928 Köln (Vater: Eugen A., Werbekfm.; Mutter: Claire, geb. Schneider), kath., verh. s. 1955 m. Helga, geb. Ruland, Tocht. Susanne - 1946-52 Univ. Köln.

ALICH, Georg
Dr. phil., o. Prof. f. Didaktik d. Sonderschulen f. Gehörlose u. Schwerhörige Univ. Köln, Heilpäd. Fak., Direktor Seminar f. Hör- u. Sprachgeschäd.päd. Schwerp.: Sprachl. Kommunikationsstörungen, Audiologie - Mühlenstr. 30, 5162 Niederzier (T. 02428 - 26 58) - Geb. 29. Dez. 1920 Stahlhammer (Vater: Josef A.; Mutter: Gertrud, geb. Smiatek), verh. s. 1975 m. Lore, geb. Gries.

ALKER, Heinrich Felix
Dipl.-Ing., Geschäftsführer OLBO Textilwerke GmbH (s. 1961) - Am Eichelkamp 219, 4010 Hilden (T. 6 04 34) - Geb. 17. Nov. 1925 Schönau (Vater: Felix A., Landwirt; Mutter: Klara, geb. Schramm), kath., verh. s. 1956 m. Erika, geb. Dornack, 2 T. (Ulrike, Brigitte) - Textiling.sch.: Refa-Fachl.ausb. - In- u. Ausl.patente - Spr.: Engl., Russ.

ALLAM, Schafik
Dr. phil., Prof., Ägyptolog. Institut Univ. Tübingen - Corrensstr. 12, 7400 Tübingen (T. 29 43 44) - Geb. 9. Dez. 1928 - B. A. 1949 u. M. A. 1952 Kairo; Promot. 1960 München (Habil. 1968 Tübingen - Beitr. z. Hathorkult; Urkunden z. Rechtsleben Altägyptens; Unters. z. Rechtsleben ebd.; Aufs. in Ztschr.

ALLEMANN, Fritz René
Publizist - Sudetenstr. 11, 8702 Kleinrinderfeld (T. 09366 - 2 44) - Geb. 12. März 1910 Basel/Schweiz (Vater: Joseph A., Fabrikdir.), verh. s. 1934 m. Ruth, geb. Müller, 2 Söhne (Urs, Jürg) - Ob. Realsch. Basel; Univ. ebd. (Gesch., Nationalök., Soziol.); Hochsch. f. Politik Berlin - Ab 1928 fr. Mitarb. u. 1936-40 Hilfsredakt. (Feuill., Film) Basler National-Ztg., s. 1942 London-, Paris-Korresp. (1946), Auslandsredakt. (1947) u. Dtschl.-Korresp. (1949) D. Tat, Zürich, 1960-64 zugl. Mithrsg. D. Monat, Berlin, jetzt fr. Journ. (Spez. Arbeitsgeb.: iberische u. iberoamerik. Probl.) - BV: Nationen im Werden - Eindrücke u. Ergebn. e. Balkan- u. Vorderasienreise, 1954; Bonn ist nicht Weimar, 1956; D. arab. Revolution - Nasser üb. s. Politik, 1958; 26 × d. Schweiz, 1963, Neubearb. 1984; 8 × Portugal, 1971, Neufass. 1984; Macht u. Ohnmacht d. Guerilla, 1974; m. Juan Goytisolo: Spanien, 1978; (m. Xenia v. Bahder): Kunst-Reiseführer "Katalonien u. Andorra", 1980 - 1973 Kulturpr. Solothurn, 1985 Preis d. Oertli-Stiftg. - Liebh.: Schallplattensamml. (bes. vorklass. Musik) - Spr.: Franz., Engl., Span., Portug.

ALLEN, van, Hans Günther
MBA, PW. D., Dr., Bürgermeister Großgemeinde Lohmar (s. 1975); gf. Gesellsch. Fa. Richard Schoeps (Laboreinr.), Duisburg (s. 1982) - 5204 Lohmar 1 - Geb. 30. Juni 1934 Kron/Rhl. (Vater: Hans v. A., Arb.; Mutter: Else, geb. Boquoi), ev., verh. s. 1960 m. Annemarie, geb. Keller, 2 Söhne (Peter, Michael) - Kaufm. Lehre; MBA, Dr. d. Betriebswirtsch. - 10j. Tätigk. als Gf. (Mikropul Ges. f. Mahl- u. Staubtechn., Köln-Porz) u. J. Vicepres. US Filter Corp., New York, Europa-Dir. d. DCE Vokes, Tochterges. d. Thomas Tilling, London, Geschf. Fa. Hemmer Masch.-Bau, Aachen - BVK - Liebh.: Sport, Musik - Spr.: Engl., Franz., Span.

ALLERBECK, Klaus R.
Dr. phil., Prof. f. Soziol. Univ. Frankfurt - Gelber Weg 24, 6242 Kronberg - Geb. 18. Nov. 1944 Seilershof, verh. s. 1974 m. Wendy, geb. Hoag - Promot. 1971 Köln - 1970-72 Zentralarch. f. empir. Sozialforsch.; 1972-74 Harvard-Univ.; 1975 Univ. Bielefeld - BV: Datenverarb. in d. empir. Sozialforsch., 1972; Soziol. radikaler Studentenbeweg., 1973; Jugend ohne Zukunft?, 1985.

ALLERS, Gerd
Dipl.-Ing., Vorstandmitglied Dyckerhoff AG, Wiesbaden - Walkmühltalanlage 5, 6200 Wiesbaden - Geb. 15. Juni 1929.

ALLERS, Tyark
Dipl.-Ing., Vorstandsvorsitzender Krupp-Polysius AG - Graf-Galen-Str. 17, 4720 Beckum-Neubeckum (T. 02525 - 71 23 50).

ALLERT, Hans-Jürgen
Ministerialdirigent - Hardenbergstr. 6, 6600 Saarbrücken 1 - Geb. 8. Juli 1933 Kassel (Vater: Max A., Oberst a.D.; Mutter: Ilse, geb. Allert), kath., verh. s. 1972 in 2. Ehe m. Ellen, geb. Fabian, 2 Kd. (Sixtus, Nele) - 1953-57 Stud. Rechts- u. Staaswiss., 1958-59 Stud. Europ. Rechte (1. jurist. Ex. 1957, 2. Ex. 1960) - 1961 Richter Verw.-Gericht; 1962-65 Wirtsch.-Min. Saarl., 1966-71 im Bundeswirtsch.-Min.; 1971 Amtschef Landesvertr. Saarl. in Bonn; 1984ff. Vertr. Saarl. Min. f. Umwelt, Raumordnung u. Bauwesen. S. 1977 Rundfunkrat Deutschl.funk - Liebh.: Meissener Porzellan, Saarbriefmarken - Spr.: Engl., Franz.

ALLERT-WYBRANIETZ, Kristiane
Schriftstellerin - Höheweg 55, 3063 Obernkirchen - Geb. 6. Nov. 1955, verh. s. 1979 m. Volker Wybranietz - Realsch.; Ausb. z. Rechtsanw.gehilfin - 1991 Photoausst. Floral Stillife in London, Kappeln, Flensburg u. München - BV: Trotz

alledem, Verschenktexte, 1980; Liebe Grüße, Verschenktexte, 1982; Wenn's doch nur so einfach wär, 1984; Du sprichst v. Nähe, 1986; Abseits d. Eitelkeiten, 1987; Dem Leben auf d. Spur, 1987; Wie finde ich d. richtigen Verlag (Ratgeber), 1988; D. ganze Himmel steht uns z. Verfügung, 1990; Blumen blühen jeden Tag, Photobildband 1990. Herausg.: Ich will leben u. meine Katze auch. Kinder malen u. schreiben für den Frieden (1988); Wir selbst sind d. Preis (1989); Schweigen brennt unter d. Haut (1991); Farbe will ich - nicht schwarzweiss (1992).

d'ALLEUX, Hans-Jürgen
Dr.-Ing., Prof., Fachgebietsleiter Stadtbauwesen u. Wasserwirtsch. Univ. Dortmund - Markusstr. 3, 4600 Dortmund 30.

ALLEWELDT, Gerhardt
Dr. agr., Dr. h. c., o. Prof., Direktor Inst. f. Weinbau Univ. Hohenheim (LH), u. Direktor Bundesanst. f. Züchtungsforsch. im Wein- u. Gartenbau, Siebeldingen - Hermann-Jürgens-Str. 27, 6740 Landau/Pf. (T. Inst: Stuttgart 459 23 58) - Geb. 21. Juli 1927 Brightview/Kanada (Vater: Erich A., Seeoffz.; Mutter: Nina, geb. Schubert), ev., verh. s. 1952 (Kassel) m. Agnes, geb. Wetzel, 4 Kd. (Christiane, Monika, Karin, Jürgen) - Univ. Gießen (Dipl.-Landw. 1953). Promot. (1956) u. Habil. (1962) Gießen - 1956-65 Wiss. Assist. Forschungsinst. f. Rebenzücht. Geilweilerhof. S. 1965 Lehrstuhlinh.; s. 1970 Dir. Bundesforsch.anstalt f. Rebenzüchtung Geilweilerhof. Zahlr. Fachveröff. - 1982 BVK - Spr.: Engl.

ALLEZE, Helmut Gustav
Vorstand Baywa AG, Hauptgeschäftsführer Raiffeisenkraftfutterwerke GmbH., bd. München - Athosstr. 15, 8000 München 90 - Geb. 14. Aug. 1925.

ALLMANN, Rudolf
Dr. phil., Prof. f. Mineralogie u. Kristallogr. Univ. Marburg - Im Grund 5, 3550 Marburg - Geb. 19. Febr. 1931 Kötzschau - Promot. (1961) u. Habil. (1968) Marburg - S. 1971 Prof. 1966/67 USA-Aufenth. Ca. 120 Facharb. - 1970 Max-Berek-Preis.

ALLMER, Henning
Dr. phil., Dipl.-Psych., Wiss. Rat, Prof. f. Psychologie d. Sporthochschule Köln - Nikolausstr. 47, 5026 Brauweiler.

ALM-MERK, Heidrun
Justizministerin d. Landes Niedersachsen - Am Waterlooplatz 1, 3000 Hannover 1 (T. 0511 - 1 20-1) - Verh.

ALMASSY, von, Susanne
Schauspielerin, Mitgl. d. Theaters in d. Josefstadt - Neutorgasse 13, Wien 1 - Geb. 15. Juni Wien, kath., verh. m. Prof. Rolf Kutschera (Schausp., Regiss.; gegenw. Dir. Theater an d. Wien) - Schule (Matura) u. Schauspielakad.

Wien - Dt. Schauspielhaus Hamburg, Volkstheater u. Theater in d. Josefstadt Wien, Renaissance-Theater Berlin, Stadttheater Zürich (Gast), 1956 Burgtheater Wien. Üb. 80 Bühnenrollen, u.a. Gigi, d. Lächeln einer Sommernacht; Film: Briefträger Müller, Anastasia, Mein Vater, d. Schausp., Stresemann, Bühne frei f. Marika! - 1970 Josef-Kainz-Med. Stadt Wien, 1981 Silb. Ehrenmed. d. Stadt Wien.

ALNOR, Peter Christian

Dr. med., Prof., Chefarzt Chirurg. Klinik Städt. Krkhs. Braunschweig i. R. - Wilhelmitorwall 37, 3300 Braunschweig - Geb. 20. Sept. 1920 Tingleff/Schlesw. - S. 1956 (Habil.) Lehrtätigk. Univ. Kiel (1961 apl. Prof.) - BV (1959 ff.): Z. Krankheitsbild d. sog. Cardiospasmas, D. Schleimhautprolaps d. Magens, Druckluftkrank. Zahlr. Einzelarb.

ALPERS, Klaus

Dr. phil., Prof. f. Klass. Philologie Univ. Hamburg - Kolberger Str. 12, 2120 Lüneburg (T. 04131-3 23 66) - Geb. 27. Sept. 1935 Lüneburg, ev., verh. s. 1961 m. Erika, geb. Marold, 2 S. (Ulrich Christian, Hartwig Christoph) - Johanneum Lüneburg; Univ. Hamburg (Klass. Philol., Phil.); Promot. 1964, Staatsex. 1966, Habil. 1977 - 1964-71 Wiss. Angest.; 1971-84 Wiss. Oberrat; s. 1984 Prof.; Mitgl. Kgl. Dän. Akad. d. Wiss. Kopenhagen - BV: Theognostos, Peri Orthographias, 1964; Bericht üb. Stand u. Methode d. Ausgabe d. Etymologicum Genuinum, 1969; D. attizist. Lexikon d. Oros, 1981; Unters. z. griech. Physiologus u. d. Kyraniden, 1984. Mitherausg.: Sammlung griech. u. lat. Grammatiker (s. 1974) - Spr.: Engl., Dän.

ALSEN, Kurt

Dr.-Ing., Geschäftsführer Salzgitter Industriebau GmbH., Salzgitter 51 (b. 1973) - Fichtenweg 5, 3320 Salzgitter - Geb. 27. April 1920 - Zul. stv. Vorstandsmitgl. Salzgitter Hüttenwerk AG., Salzgitter.

ALSLEBEN, Kurd

Prof., Leiter d. Computerei Hochschule f. bild. Künste, Hamburg - Lerchenfeld 2, 2000 Hamburg 76; priv.: Paulinenallee 58, Hbg. 50 - Geb. 14. Juni 1928 Königsberg/Neum. (Vater: Kurt A., Zöllner; Mutter: Ria, geb. Brand), verh. s. 1981 m. Antje Eske (Künstlerin), Sohn Jonas - Bäcker- u. Maurerlehre; 1949-52 Stud. Fr. Kunst Staatl. Akad. d. bild. Künste Karlsruhe; autodidakt. Stud. (Arbeitswiss., Informt.wiss., Gesch.) - B. 1952ff. Gelegenh.arb., Reisen; 1956ff. freiberufl. in Barmstedt/Holst., spez. Arb.geb. Großräume, Ästhetik u. Computerkunst; 1965-69 Lehrbeauftr. Hochsch. f. Gestalt. Ulm; 1969 Gastdoz. Hochsch. f. bild. Künste Berlin; ab 1970 Prof. Hochsch. f. bild. Künste Hamburg; 1983 Mitgl. d. Akad. Intern. de la Scienc oy San Marino - End. u. Entw. 1958 Bürolandsch., 1960 Computergrafiken, 1961/87 Informations- u. Computertypografie, 1977/88 interaktive Materialform, 1985 Farbwörter - BV: Neue Technik d. Mobilarordn. in fr. unregelmäßig. Rhythmus, 1961; Ästhet. Redundanz, 1962; Cpraaxj unt crift im tsae-t'altjr d. Kübärneetik (m.a.), 1963; Praxeologie (Hrsg.), 1963; La Scienze e l'Arte (m.a.), 1972; Kulturanthropol. (m.a., in viele Spr. übers.), 1973; material 15 z. Medienstud. (m.a.), 1974; Zeichnen u. Schreiben (m.a.), 1985; Antwortnot u. Spiel, 1986; Farbwörter, 1988 - Hauptw.: Bürolandsch., Buch u. Ton, 1959; Computergrafiken 1 b. 5, 1960; Bürolandsch. Verw.-BG, 1963, Circulo de Lectores, 1967; FöKIk, dialoge Medienarb., 1970; Anschaulichk. nicht ein-sichtig, Medienbündel m. Video, 1972ff.; Menschheitsgesch., Schnellhefterleporello & 2 m Souvenirbank, 1977ff.; Bilderschr. ist e. ideolog. Phantom, Ringb., 1979; Schwangersch. od. Geburtsanz. v. Jonas Eske Alsleben, Zettel & Polaroids (m. A. Eske), 1981; Textl. Illuminationen m. Macintosh, 1984; Diskettentypografie, interaktive Software, 1988 - Ausst.-Beteilig. Frankfurt, Hannover, Zagreb, London, New York, u.a. - 1969 Goldmed. Intern.-Kongreß f. Ästhetik San Marino; 1986 Dt. Sportabz.; 1987 Ehrendoktor Univ. Interamericana Cienc. Hum.

ALSLEV, Jens

Dr. med., Prof., Chefarzt Innere Abt. Ev. Krkhs. Herne - Hohenrodtstr. 9, 4690 Herne/W. (T. 5 48 48) - Geb. 21. Febr. 1919 Kiel - S. 1952 Doz. u. apl. Prof. (1957) Univ. Kiel (zul. Oberarzt Med. Poliklin.). Zahlr. Fachveröff. - Rotarier.

ALT, Franz

Dr. phil., Journalist (Ps. als Zauberer: Francesco Altini) - Zum Keltenring 11, 7570 Baden-Baden 21 - Geb. 17. Juli 1938 Untergrombach/Baden (Vater: Eugen A., Maurermeister; Mutter: Berta, geb. Hannich), kath., verh. s. 1966 m. Brigitte, geb. Mangei, 2 Töcht. (Christiane, Caren Maria) - Gymn.; Stud. Polit. Wiss., Gesch., Theol., Völkerrecht - S. 1968 Südwestfunk (1969 Reporter, 1972 Leiter u. Moderator Fernsehmagazin Report). CDU 1962-88 - BV: Adenauers erste Regierungsbild. 1949, 1970; Es begann m. Adenauer, 1975; Frieden ist möglich, 1983; C. G. Jung, Leseb. 1983; Liebe ist möglich, 1985; Einsichten u. Weisheiten b. C. G. Jung: V. Sinn u. Wahnsinn, 1986; V. Traum u. Selbsterkenntnis, 1987; V. Religion u. Christentum, 1987; V. Sexualität u. Liebe, 1988; Jesus, d. erste neue Mann, 1989 - 1978 Bambi; 1979 Adolf-Grimme-Preis; 1980 Gold. Kamera; 1983 Bambi Bild u. Funk; Karl-Herrmann-Flach-Preis; Ludwig-Thoma-Med.; J.-Drexel-Preis; 1987 Siebenpfeiffer-Preis - Liebh.: Zauberei (Mitgl. Mag. Zirkel v. Dtschl.) - Spr.: Engl.

ALT, Hans Wilhelm

Dr. rer. nat., Prof. f. Mathematik Univ. Bonn - Lortzingweg 10, 5309 Meckenheim - Geb. 1. Aug. 1945 Bielefeld (Vater: Dr. Wilhelm A., Oberstudiendir.; Mutter: Leonie, geb. Ingenerf, Bildhauerin), kath., verh. s. 1971 m. Angelika, geb. Eckelt, 4 Kd. (Ortwin, Mirko, Simon, Leonie) - 1965-69 Math.-Stud. Univ. Göttingen (Dipl. 1969, Promot. 1971); Habil. 1978 Univ. Heidelberg - 1971-74 wiss. Assist. Univ. Münster; 1974-80 wiss. Assist. Univ. Heidelberg; 1980 Heisenberg-Stip.; 1980-81 Prof. Univ. Bochum; 1981-82 Gastprof. Northwestern Univ./Illinois; 1982ff. Prof. Univ. Bonn. Rd. 40 Veröff. in Fachztschr. - 1982 Guido Stampacchia-Preis - Liebh.: Musik - Spr.: Engl.

ALT, Karin

Dr. phil., Prof. f. Klass. Philologie - Thielallee 18, 1000 Berlin 33 - Geb. 7. Mai 1928 Klotzsche/Sa. (Vater: Prof. Dr.-Ing. Hermann A.; Mutter: Leonie, geb. Kyber), ev. - S. 1970 (Habil.) Lehrtätigk. FU Berlin. Fachveröff.

ALTEKAMP, Heinrich

Dr. rer. pol., Hauptgeschäftsführer Industrie- u. Handelskammer Münster - Besselweg 20, 4400 Münster (T. 0251 - 86 27 56) - Geb. 9. Juni 1926 Gütersloh (Vater:Stephan A., Rektor; Mutter: Elisabeth, geb. Sander), kath., verh. s. 1962 m. Dipl. rer. pol. Gritli, geb. Gitzinger, Sohn Niklas - Staatl. Gymn. Paulinum Münster, Univ. ebd. Dipl. rer. pol. 1954; Promot. 1956.

ALTEN, von, Jürgen

Regisseur, Schauspieler, Schriftsteller - Truper-Eichenhof 3, 2804 Lilienthal (T. 04298 - 54 71) - Geb. 12. Jan. 1903 Hannover (Vater: Carl v. A.; General; Mutter: geb. v. Schwind), ev., verh. s. 1937 m. Hilde Seipp (Sängerin), 2 Kd. - Student (Heidelberg); Schauspielausbild. - 1933-34 Dir. Komödienhs. Dresden, 1935-36 Schiller-Theater Berlin, spät. Gastregiss. Pr. Staatstheater ebd. (u. a. D. König, m. Gründgens), 1945-48 Dir. Kammersp. u. Schauspielschule Hannover. Bühnenst.: Einer v. Vielen, D. Veilchenstraße (verfilmt: D. rote Mühle); Filmregie u.a.: Biberpelz m. Heinrich George; Hauptrollen Bühne u.a.: Lear, Sheylock; Regiss. v. 20 Filmen; Leit. e. Schauspielstudios.

ALTEN, von, Jürgen

Botschafter in Nigeria - Zu erreichen üb. Postf. 1500, 5300 Bonn 1, u. P.O.Box 728, Lagos/Nigeria - Geb. 28. Aug. 1923 Bad Tölz, ev., verh. I) 1950 m. Dr. Heidi van Aubel († 1983); II) s. 1984 m. Christiane Behrend, 2 T. - Abit. 1942 Berlin; 1948-51 Jurastud.; 1. jurist. Staatsex., Diplomat.-Konsular. Prüf. 1954 - 1951/52 Dt. Städtetag; s. 1953 Ausw. Dst. (Auslandsposten in Antwerpen, Luxemburg, Zürich, Moskau, Brüssel) u. Zentrale (Planungsstab, Ref.-Leit. Osteuropa) Bundeskanzleramt; 1978 Gesandter Ankara; 1981-84 Gesandter London - 1983 BVK - Liebh.: Gesch., Lit. - Bek. Vorf.: Carl Graf v. Alten, brit. u. hannoverscher General (Waterloo) u. Min.

ALTEN-NORDHEIM, von, Odal

Land- u. Forstwirt, MdB (1969-76), Präs. Gesamtverb. d. Dt. Land- u. Forstwirtsch. Arbeitg.-Verb., Vizepräs. Bundesvereinig. d. Dt. Arbeitg.-Verb. u. Untern.-Verb. Niedersachsen, Vors. Verb. Nieders. Landvolk Schaumburg - Gut Wormsthal, 3262 Auetal 12 (T. 05752 - 301) - Geb. 21. Mai 1922 - CDU.

ALTENBACH, Johannes

Dr.-Ing. habil., Dipl.-Math., o. Prof. f. Technische Mechanik, geschäftsf. Vorstand - Förderstedter Str. 28, O-3014 Magdeburg (T. 091 - 61 65 54) - Geb. 21. März 1933 Magdeburg, verh. s. 1955 m. Martina, geb. Olbricht, 2 Söhne (Holm, Dirk) - Stud. Math. 1951-57 Univ. Leipzig, Dipl. 1957; Promot. 1961; Habil. 1967 TU Magdeburg - 1968 Prof. m. Lehrauftr. f. Angew. Mechanik; 1969 o. Prof. f. Techn. Mechanik TU Magdeburg. S. 1973 Leit. d. Inst. f. Festkörpermechanik; 1970-76 Prorektor f. Wiss.entw. - Herausg., Autor u. Mitautor v. Büchern z. Numerischen Mechanik/FEM 1981 u. 91 u. z. Höheren Festigkeitslehre 1979, 84, 89, 91; ca. 120 wiss. Arb. z. Strukturmechanik u. Num. Mechanik. Chefherausg. d. Ztschr. Techn. Mechanik - Member of General Assembly of the Intern. Union of Theor. and Appl. Mechanics (IUTAM) - Spr.: Engl.

ALTENDORF, Irmeli,

geb. Seiwert

Verlegerin, Galeristin, Autorin - Panoramastr. 14, 7290 Freudenstadt (T. 07441 - 78 64) - Geb. 7. Dez. 1926 Saarbrücken (Vater: Fritz Seiwert, Kaufm.; Mutter: Luise, geb. Schöppel), ev., verh. s. 1944 m. Wolfgang A., 5 Kd. (Marlise, Uschi †, Claus †, Bärbel, Thomas) - Leit. Altendorf-Kulturstiftg. - Erf.: Autoren-Offsetausg. als authent. Lit. Fachaufs. z. Erziehungsfragen, Fam., Soziol. usw., Rundf.autorin - 1984 BVK, 1987 Verdienstmed. d. Erzabtes Dupuis Montreal - Liebh.: Kunst, Lit.

ALTENDORF, Karlheinz

Dr. rer. nat., Prof. f. Mikrobiologie Univ. Osnabrück (Fb. Biol. u. Chemie) - Roonstr. 26, 4500 Osnabrück (T. 0541 - 969 28 64) - 1977-80 Wiss. Rat, Prof. f. Biochem. u. Regulationsvorg. Univ. Bochum.

ALTENDORF, Wolfgang

Schriftsteller, Verleger - 7290 Freudenstadt-Wittlensweiler (T. 07441 - 78 64) - Geb. 23. März 1921 Mainz (Vater: Rudolf A., Rechtsanwalt und Notar; Mutter: Martha, geb. Ose), evang., verh. seit 1944 m. Irmgard, geb. Seiwert, 5 Kd. (Marlise, Uschi, Claus, Bärbel, Thomas) - BV (z. T. im eig. Verlag): Landhausberichte, Ged. 1955; Leichtbau, Ged. 1957; Odyssee zu zweit, R. 1957 (auch finn. u. holl.); D. Transport, R. 1959 (auch ital. u. holl., GA. über 100 Ts.; verfilmt); D. dunkle Wasser, Erz. 1959 (Reclam); Schallgrenze, Ged. 1961; Hiob im Weinberg, Erz. 1962; Katzenholz, Erz. 1963; Ged. z. Vorlesen, 1964; Hauptquartier, R. 1964; Dt. Vision, R. 1965; Haus am Hamg, R 1965; Morgenrot d. Partisanen, R. 1967; Topf o. Boden, R. 1967; Mein Geheimauftrag, Bericht 1969; D. entmündigte Publikum, 1969; Prosa - Lyrik - Hörspiel - Drama - Grafik, 1970ff. Hör- u. Fernsehsp.; „Vom Koch der sich selbst zubereite-te", 12 Erz. Diogenes, Zürich (1973), Autorenoffset-Ausgaben: Dicht. „Weinstraße", Bericht „Kornsand"; „Turmschreiber" v. Deidesheim, 1978/79, „Weinritter" v. Oppenheim a. Rh., 1980, 1982 Pfalz Sonettenkranz, Liebe in Freudenstadt, Rheinhessen-Kindheit, Berlin, Sonettenkranz, Erz. Maler, Grafiker, 20 Gesamtausstellungen seit 1971 - S. 1971 Altendorf-Kulturstiftg. - 1957 Gerhart-Hauptmann-Preis Berlin; 1973 BVK u. 1981 BVK I. Kl.; 1982 Lit. Hambach-Pr.; Rubens-Med.; Oscar de France Palmes d'Or; Knight Award Plaque for World Peace; L'Art Leonardo da Vinci/Goldene Papst-Med. - Wolfgang Altendorf-Bildpreis verliehen: 1971 Thaddäus Troll, 1972 Werner Höfer, 1973 Prof. Dr. Klaus Mehnert, 1974 Ernst Stankovski, 1975 Norbert Windfelder, 1976 Carl Zuckmayer, 1977 Prof. Dr. Bernhard Grzimek, 1978 Frau Dr. Mildred Scheel, 1979 Werner Hanfgarn, 1980 Heinz-Oskar Vetter, 1981 Cornelia Froboess, 1982 Ute u. Siegfried Steiger (Björn-Steiger-Notrett.-Stiftg.), 1983 Dr. Italo Chusano/Rom., 1984 Eckart Witzigmann, 1985 Ulrike Meyfarth, 1986 Fides Krause-Brewer, 1987 Dr. Berthold Roland, 1988 Karl-Heinz Steger, 1989 Dr. Bernhard Vogel, 1990 Greenpeace, 1991 Prof. Dr. Harry Zohn.

ALTENHÖNER, Heinrich

Spediteur, Vors. Fachvereinig. Güternahverkehr im Gesamtverb. Verkehrsgewerbe Nieders., Hannover - Bismarckstr. 37, 3389 Braunlage (T. 05520-10 47) - Geb. 24. Mai 1926 Bentheim, ev. - Vors. Bezirksgr. Braunschweig Gesamtverb. Verkehrsgewerbe Nieders.; AR Straßenverkehrsgenoss. Nieders. Hannover; Vizepräs. IHK Braunschweig.

ALTENMÜLLER, Georg Hartmut

Wissenschaftsjournalist - Uckerather Str. 57, 5330 Königswinter 21 (T. 02244 - 43 03, Fax 02244 - 63 83) - Geb. 21. Dez. 1930 Sulz/Neckar, verh. - 1958-62 Redakt. Deutsche Ztg., 1963-69 Leit. SWF-Büro Stuttgart, 1969-82 Leit. Dt. Forschungsdienst, s. 1982 fr. Journ. insbes. Spektrum d. Wiss., Büro Bonn.

ALTENMÜLLER, Hartwig

Dr. phil., Prof. f. Ägyptologie - Alsterchaussee 3, 2000 Hamburg 13 - Geb. 23. Sept. 1938 Saulgau/Württ. - Promot. 1964 München - S. 1970 (Habil.) Lehrtätigk. Univ. Hamburg (1971 Prof.). Bücher u. Einzelarb.

ALTERMANN, Hans

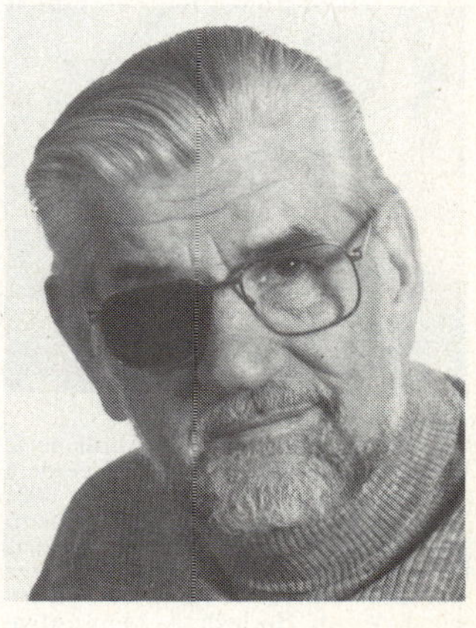

Maschinenbauer (Seefahrer-Maschine), Mitgl. Bremische Bürgerschaft u. Bremerhavener Stadtverordnetensitzung (s.

1987), Mitgl. DVU-Liste D (1987-91), s. 1991 Mitgl. d. Dt. Liga - Grashoffstr. 20, 2850 Bremerhaven (T. 0471 - 2 36 40) - Geb. 30. Dez. 1925 Dresden, verh. s. 1957 m. Gerda, geb. Bamberg, 2 Kd. (Klaus, Birgit) - Nach Kriegsdienst (U-Bootwaffe) b. 1983 Seefahrt-3. 2. Ltd. Ing.

ALTEVOGT, Rudolf

Dr. rer. nat., Prof., Zoologe - Schulteweg 9, 4400 Münster/W. - Geb. 22. Jan. 1924 Ladbergen/W. (Vater: Rudolf A., Landw.; Mutter: Wilhelmine, geb. Kemper), verh. s. 1953 m. Dr. med. Rosamunde, geb. Brunne, 2 Kd. (Dirke, Heike) - Obersch. Tecklenburg (Abitur 1942); Marineschule Kiel (Ing.-Offz. Kriegsmarine 1944); Universität Münster (Promotion 1950) - Seit 1956 (Habil.) Lehrtätigkeit Universität Münster (1962 apl. Prof.; 1963 Wiss. Rat, 1966 Abt.-vorsteher, 1980 C4-Prof. Zool. Inst.). 1967-70 Vizepräs. Intern. Vereinig. f. Biophonetik. 1969 Begr. u. Herausg. v. forma et functio; An Internat. Journal of Functional Biology - 1972 UNESCO Chief Technical Adviser, 1974 o. Mitgl. Indian Statistical Institute, 1980 Explorers Club, 1991 Fellow Mar. Biol. Ass. India. Fachveröff. u. Forschungs- u. Unterr.-Filme - Spr.: Engl., Franz.

ALTHAMMER, Georg

Autor u. Produzent - Brabanter Str. 4, 8000 München 40 (T. 089 - 36 90 72) - Geb. 29. Sept. 1939 Zwiesel (Vater: Friedrich A.; Mutter: Anna, geb. Kapfhammer), kath., verh. s. 1965 m. Astrid, geb. Düsseldorf, 2 S. (Philipp, David) - Univ. München (Theaterwiss., German., Ztgswiss.) - 1964-72 Autor, Dramat. u. Prod. Bavaria Atelier GmbH, München; s. 1976 gf. Gesellsch. Monaco Film GmbH, München.

ALTHAMMER, Walter

Dr. jur., MdB b. 1985 (s. 1961, CDU/CSU), Präs. Südosteuropa-Ges., München (s. 1965), Präs. West-Ost-Kulturwerk (s. 1986) - Kronprinzenstr. 10, 5300 Bonn 2 - Geb. 12. März 1928 Augsburg (Vater: Peter A., Polizeioberm.; Mutter: Theresia, geb. Schieferle), kath., 3 Kd. (Peter, Jörg, Ariane) - Univ. München (Rechtswiss.) - 1953-56 Rechtsanw.; 1957-60 Verw.rat Stadtverw. Augsburg; s. 1961 Oberreg.rat u. Reg.dir. Bayer. Min. f. Unterr. u. Kultus; b. 1984 VR-Mitgl. Deutsche Ausgleichsbank, s. 1991 Sprecher d. Vorst. ebd. - BV: Gegen den Terror, 1978 - Liebh.: Mod. Kunst - Spr.: Engl. - 1970 Bayer. VO.

ALTHANS, Kurt Karl

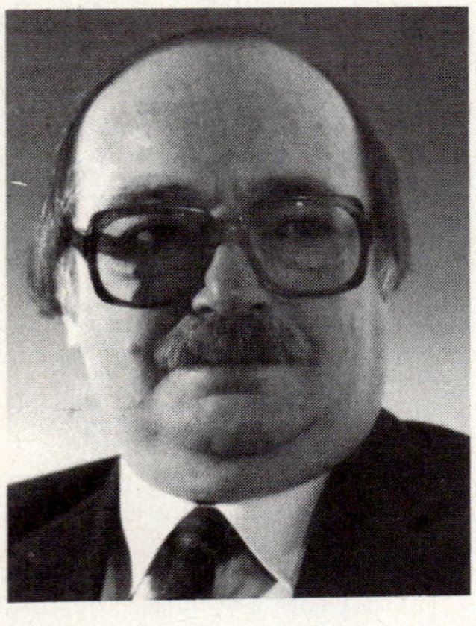

Komponist, Kapellmeist., Musikjourn. (Ps. Kalas) - Ringstr. 4, 4223 Voerde 1 (T. 02855 - 21 12) - Geb. 4. Okt. 1931 Duisburg-Hamborn (Vater: Karl Friedr. A., Kammermusiker), ev., verh. s. 1962 m. Erika Margot, geb. Braun, T. Iris Anneliese - Ausb. Konservat. Dortmund, Westf. Hochsch. f. Musik Münster, Violine b. Erich Rodenbrügger, Dir. GMD Herwig, u.a. - Eig. Orchester in Tournee Vord. Orient u. Türkei; Leit. Nord Norge Kammerorch., Rundfunk in Norwegen, Schweden, Finnland u. Dänemark; Musiktherapie in Norwegen (Inst. Trastad Gaard); s. 1969 wieder in BRD Komp., Kapellmeist., Kammermusik u. journ. Tätigk. Mitinitiator KSVG. S. 1987 1. Vors. Förderkr. Unterhaltungsmusik, Bundesverb. d. Unterhaltungsmusiker u. Unterhaltungsorchester. Gründer d. Konzertreihe PRO MUSICA IN NRW - BV: Forts. in: D. Artist, Musiktherapie in Europa; 1969/70; D. Künstlersozialversich.-Gesetz u. s. Auswirk.; D. Artist. Hörfunkserie: Erinnerungen an d. Musikleben - Spr.: Engl., Franz., Schwed., Norw., Dän.

ALTHAUS, Dieter

Diplomlehrer, Kultusminister in Thüringen (s. 1992) - A.-Schweitzer-Str. 3, O-5630 Heiligenstadt - Geb. 29. Juni 1958 Heiligenstadt, kath., verh. s. 1982 m. Katharina, geb. Arand, 2 Töcht. (Andrea, Alexandra) - Abit. 1977; Stud. Physik u. Math. 1979-83 Erfurt, Dipl. - 1983-89 Lehrer; 1990 Kreisschulrat Landkr. Heiligenstadt u. Dezern. f. Schule, Jugend, Kultur - S. 1990 MdL, 1990-92 Vors. Bildungsaussch., 1990 Mitgl. Landesvorst. CDU Thüringen, 1991 Kreisvors. CDU Eichsfeld - 1990 Vors. d. Kreissportbundes Heiligenstadt - Liebh.: Sport (Fußball), Lesen - Spr.: Engl., Russ.

ALTHAUS, Egon

Dr. phil., o. Prof. u. Leiter Mineralog. Inst. (s. 1969) - Universität, 7500 Karlsruhe - Geb. 15. Febr. 1933 - Zul. Privatdoz. Univ. Göttingen (Oberassist. Mineral.-Petrol. Inst.). Zeitw. Gast Yale Univ. New Haven (USA) - Mitgl. Heidelberger Akad. d. Wiss. u. Academia Europaea.

ALTHAUS, Helmuth

Dr. med., Prof., Arzt f. Hygiene, ehem. Direktor Hygiene-Inst. d. Ruhrgebiets, Gelsenkirchen - Siebenwinkel 21, 4370 Marl-Polsum - Geb. 9. Dez. 1922 Hagen - Promot. 1950 Marburg - S. 1953 ob. Inst. 1973 ff. Honorarprof. TH Aachen (Hyg. Belange im Rahmen d. Trinkwasserversorg. d. Badewesens u. d. Abwasserbeseitig.). Üb. 120 Facharb. - BVK Bde.; Ehrenmed. Dt. Ges. f. d. Badewesen; Bunsen-Pettenkofer-Schild DVGW.

ALTHAUS, Peter

Dr. sc. med., Prof. an d. Humboldt-Univ. Berlin, Med. Fak. (Charité), Direktor d. Klinik u. Poliklinik f. Urologie (s. 1988) - Schumannstr. 20/21, O-1040 Berlin (T. 286 47 14) - Geb. 27. Dez. 1940 Altenburg, verh. s. 1961 m. Karin, geb. Müller, 2 Töcht. (Ina, Susanne) - Stud. Humanmed. 1960-66, Dipl. 1966 Leningrad; Promot. 1969 Univ. Halle; Habil. 1980 Univ. Berlin. 1971 Facharzt f. Urologie. 1982-88 stv. Klinikdir., 1988 Klinikdirektor s. o. - Liebh.: klass. Musik, Oper - Spr.: Engl., Lat., Russ.

ALTHAUS, Richard Wilhelm

Schriftsteller - Eppenhauser Str. 77, 5800 Hagen 1 (T. 02331 - 5 73 01) - Geb. 23. Aug. 1905 Iserlohn, verh. s. 1956 m. Elisabeth, geb. Crummenerl, 3 Kd. (Klaus, Gudrun, Ingrid) - Lehre als Metallarb. u. Verw.angest.; Aktiver Naturschützer; Geschäftsf. Hagener Heimatbd.; Vors. Autorenkreis Ruhr-Mark, s. 1955 Niederd. Arbeitskr. Hagen - BV: Wie Malepartus unterging, 1956; Abenteuer im Schluchtwald, 1957; Ewige Wanderung, 1966; Hagen in alten Bildern, 1977; An d. Heimat, 1980; So sind wir Sauerländer, 1981; Kreuze-Heilige-Kapellen, 1983; Märkische Sagen, 1985; Literarischer Führer durch d. Bundesrep. Deutschl. - 3 Lit.preise, Ehrenvors. in drei Vereinig. - Liebh.: Naturwiss., Fotografie - Lit.: Who's Who in Literature, Kürschners Lit.-Lex., Namen u. Werke, D. Literat, Publikation, Obergrüne (1989).

ALTHEIM-STIEHL, Ruth

Dr. phil., o. Prof. f. Alte Geschichte (s. 1964) u. Dir. Sem. f. Alte Geschichte u. Inst. f. Epigraphik Univ. Münster (b. 1985, sd. i.R.) - Gustav-Freytag-Str. 49, 4400 Münster - Geb. 13. März 1926 Forst/Lausitz - Promot. 1951; Habil. 1955 - BV: D. Araber in d. Alten Welt, Bd. I-V 1964-69; Gesch. Mittelasiens im Altertum, 1970; Christentum a. Roten Meer, 1970-72 (m. F. Altheim) - Spr.: Engl., Franz., Lat., Griech., Arab., Syr.

ALTHOFF, Friedrich Dankward

Dr.-Ing., Vorstandsmitglied BBC Brown, Boveri & Cie AG, Mannheim (b. 1991) - Kallstadter Str. 1, 6800 Mannheim 31 (T. 0621-381 22 99) - Geb. 20. Mai 1938 Breslau (Vater: Dr.-Ing. Friedrich Wilhelm A., Chemiker; Mutter: Irmgard, geb. Cramer), ev., verh. s. 1967 m. Christel, geb. Gölz, 4 Kd. - TH Darmstadt (Dipl.-Ing. Elektrotechn.), TU Braunschweig (Promot.) - Allis-Challmers, Milwaukee Wisc./USA, ITT Jenning, San Jose, Calif., BBC Heidelberg - Div. AR-Mand.; Vors. VDI/VDE-Ges. Meß- u. Automatisierungstechnik (GMA).

ALTHOFF, Gerhard

Prof., Pädagoge - Holstenhof 17 b/c, 2000 Hamburg 70 - B. z. Entpfl. Wiss. Rat u. Prof. Univ. Hamburg (Erziehungswiss. - Didaktik d. Arbeits- u. Techniklehre).

ALTHOFF, Helmut

Dr. med., o. Prof. f. Rechtsmedizin - Orthstr. 12, 5100 Aachen-Laurensberg - Geb. 18. Mai 1935 Hamm - Promot. 1960; Habil. 1970 - 1973 Wiss. Rat u. Prof. Univ. Köln; 1977 Ord. TH Aachen (Med. Fak.) - BV: D. plötzl. u. unerwart. Tod von Säuglingen u. Kleinkindern, 1973; Sudden infant death syndrome, 1980. Etwa 85 Einzelarb.

ALTHOFF, Karlheinz

Dr., o. Prof. f. Experimentalphysik Univ. Bonn - Endenicher Allee 5, 5300 Bonn (T. 63 40 72) - Geb. 10. Dez. 1925 Bielefeld (Vater: Heinrich A., Lehrer; Mutter: Emma, geb. Jürging), ev., verh. s. 1958 m. Jutta, geb. Gaul, 2 Kd. (Kai, Ingrid) - Schulen Bielefeld u. Köslin; Univ. Göttingen u. Heidelberg (Physik). Emerit. 1991 - Liebh.: Skilaufen, Tennis - Spr.: Engl.

ALTHOFF, Theodor

Dipl.-Kfm., Vorstandsmitglied Karstadt AG (s. 1969) - Theodor-Althoff-Str. 2, 4300 Essen 1 - Geb. 28. Mai 1927.

ALTMANN, Gerhard

Steuerberater - Burggrafenweg 6, 7000 Stuttgart 80 - Geb. 24. April 1926 - Gf. Vorst.smitgl. Landesverb. d. genossensch. Groß- u. Außenhandels in Bad.-Württ., b. 1969 stv. Verbandsdir. Württ. Genoss.sverb. (Schulze-Delitzsch), b. 1971 Vorstandsmitgl. Stuttgarter Bank eGmbH.

ALTMANN, Geza

Dr. rer. nat., Prof., Zoologe - Rostocker Str. 57, 6600 Saarbrücken - Geb. 2. Aug. 1923 Kesmark (Vater: Prof. Géza A.; Mutter: Margit, geb. Prepeliczay), ev., verh. s. 1947 m. Thea, geb. Großmann, Sohn Géza Alexander - Gymn. Kesmark; Univ. Prag u. Erlangen. Promot. 1948 Erlangen; Habil. 1956 Saarbrücken - S. 1956 Lehrtätigk. Univ. d. Saarl. (1963 apl. Prof.; Wiss. Rat Zool. Inst.). Spez. Arbeitsgeb.: Physiol. S. 1988 im Ruhest. - BV: D. Orientierung d. Tiere im Raum, 1967. Zahlr. Fachaufs. - Spr.: Engl.

ALTMANN, Hans-Werner

Dr. med., o. Prof. f. Allg. Pathologie u. Pathol. Anat. - Pfalzstr. 22, 8700 Würzburg (T. 2 64 76) - Geb. 7. Juni 1916 Herford/W. (Vater: Kurt A.; Mutter: Hanna, geb. Nobbe) - 1947-57 Doz. u. apl. Prof. (1952) Univ. Freiburg, s. 1957 Ordn. u. Inst.dir. FU Berlin u. Univ. Würzburg (1959-85). Fachveröff.

ALTMANN, Helmut

Geschäftsführer Dt. Badminton-Verb. e.V. - Südstr. 25, 4330 Mülheim/Ruhr. (T. 0208 - 38 14 32 dstl.; 0208 - 43 31 03 priv.) - Geb. 26. April 1948 Münster, verh. s. 1976 m. Brunhild-Ellen, geb. Dietze.

ALTMANN, Johann (Hans)

Dr. phil., Prof. f. Dt. Sprachwissenschaft Univ. München - Sindelsdorfer Str. 73b, 8122 Penzberg - Geb. 19. Mai 1943 Plattling (Vater: Franz Xaver A., BB-Oberwerkm.; Mutter: Rosina, geb. Brumm) - 1956-63 Gymn. Straubing; 1963-70 Stud. Univ. München (Staatsex. Lehramt Gymn. 1969/70), Promot. 1975, Habil. 1979 - 1970-75 Ass.; 1975-80 wiss. Assist.; s. 1980 Prof. - BV: D. Gradpartikeln im Dtsch., 1976; Gradpartikelprobl., 1978; Formen d. Herausstell. im Dtsch., 1981; Intonationsforsch., 1988.

ALTMANN, Robert

Leitender Polizeidirektor a. D., Dipl.-Verwaltungswirt, Fachbereichsleiter Einsatzlehre Polizei-Führungsakad. Münster (1984-89) - Am Friedhof 18, 4404 Telgte/W. - Geb. 29. Nov. 1929 Boppard/Rh. (Vater: Eduard A., Offz.; Mutter: Claire, geb. Rauh), verh. s. 1955 m. Hilde, geb. Steinchen, T. Kristiane - Obersch.; Hess. Polizeisch.; Polizei-Führungsakad. - S. 1951 Polizeidst. (1960 Leit. Landespol. Hanau, 1964 Fachl. Hess. Pol.sch.; 1973 Doz. Pol.-Führungsakad.) - BV: Grundriß d. Führungslehre, 2 Bde., 2. A. 1983; Stabsarb. in d. Pol., 2. A. 1982; Polizeilexikon, 1986 - 1990 BVK - Liebh.: Mod. Fünfkampf 1951-63, Segeln, Tennis - Spr.: Engl.

ALTMANN, Roland

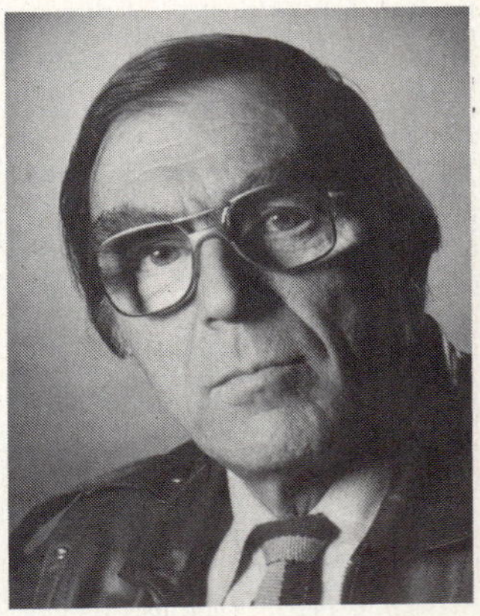

Maler, Grafiker, Graphic-Designer, Publ. - Auf der Horte 8, 4600 Dortmund 30 (T. 0231 - 46 13 20) - Geb. 28. Mai 1925 Sprötau/Thür., ev., verh. s. 1953 m. Ilse, geb. Knauf - 1950-53 Stud. Grafik Werkkunstsch. Hannover; Staatsex.; 1952-54 Abendstud. Werbefachsch. Hannover; Ex. - 1955-85 Leit. Werbung u. PR, zugl. Maler, Grafiker u. Publ.; 1982-87 Gründ., Herausg. u. Chef-Redakt. 1. Verb.-Ztschr. Berufsverb. bild. Künstler Westf. BBK-Info. Kunstrichtung: Konstruktivismus, Konkrete Kunst - BV: E. Dokumentation. Dortmunder Gruppe u. Künstlerbd. (m. H. G. Podehl), 1980; Und Wolodja singt, 1983; Zweierlei Licht, Ged. 1987; Einblicke u. Reflexionen, 1989; Hubert Teschlade. Poesie d. Stille, Monogr. 1991. Kunstkalender: Roland Altmann-Serigraph. (1973); Roland Altmann-Zeichen am Meer (1985) - Ausz. b. Intern. Kalenderwettbew.: 1973 V. ICTA; 1984 34. GKS; 1985 35. GKS (Stuttg.) - Lit.: Konrad Schmidt: Farbklänge gegen d. Chaos, in: Monogr. Roland Altmann - Gegen d. Chaos.

ALTMANN, Rüdiger

Dr. phil., Publizist, 1963-78 stv. Hauptgeschäftsf. Dt. Industrie- u. Handelstag - Rolandstr. 62a, 5300 Bonn 2 - Geb. 1.

Dez. 1922 Frankfurt/M., verh. m. Ingrid-Maria, geb. Freiin v. Lüttwitz - Stud. Rechts-, Staatswiss., Politik, Soziol. - Tätigk. Univ. Marburg u. Akad. Eichholz - BV: D. Erbe Adenauers, Polit. Organisation, D. neue Gesellschaft (m. Johannes Gross), D. dt. Risiko, Mithrsg.: Ludwig Erhard - Beitr. zu s. polit. Biogr./Festschr. (1972); D. Wilde Frieden (1987).

ALTMANN, Siegfried

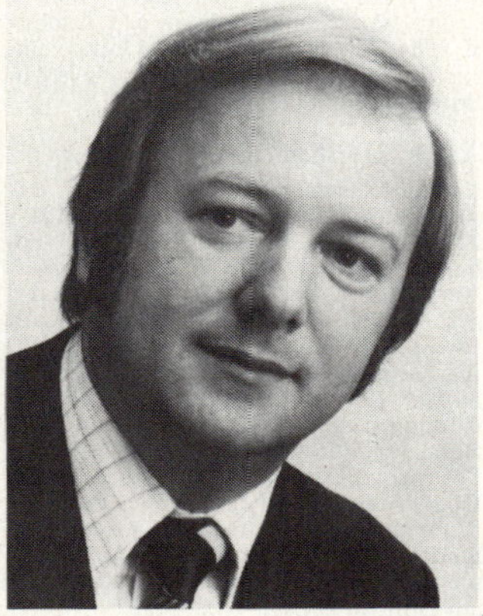

Dr.-Ing. habil., o. Prof. f. Grundlagen d. Elektrotechnik (s. 1979), u. Institutsdirektor f. Allg. Elektrotechnik im FB Energietechnik TH Leipzig (s. 1990) - Schulzeweg 6, O-7024 Leipzig (T. 231 10 48) - Geb. 20. Juli 1936 Riesa/Sachsen, verh. s. 1958 m. Johanna, geb. Fegert, T. Petra - 1950-53 Lehre Betriebselektr.; 1953-56 Ing.stud. Elektromed. Geräte u. Röntgentechnik an d. Ing.schule Mittweida/Sachsen, 1960-67 Fernstud. Hochsch. f. Verkehrswesen Friedrich-List in Dresden; Promot. 1970 u. 1977 Dresden - 1956-60 Montage- u. Projektierungsing. Dt. Reichsbahn Halle; 1960-72 Wiss. Mitarb. u Wiss. Oberassist. Hochsch. f. Verkehrswesen. Dresden; 1972-77 Leit. d. Forsch.gr. Elektrosicherheit im Zentralinst. f. Arbeitsschutz Dresden; 1976-79 Hochsch.-doz. f. Grundl. d. Elektrotechnik TH Leipzig; s. 1979 o. Prof. TH Leipzig; 1980-90 Dir. d. Sekt. Elektroenergieanl. TH Leipzig, - BV: Energieversorgung elektrischer Bahnen (m.a.), 1975. Herausg. d. ELEKTRIE-Schriftenreihe (s. 1992). Mithrsg. d. Fachztschr. Elektrie (s. 1978). 120 wissenschaftl. Veröff. in in- u. ausl. Fachztschr. - Liebh.: Malerei u. klass. Musik, Technik- u. Kulturgesch., Gartenbau, Reisen.

ALTMEPPEN, Heiner

Maler, Grafiker - Bremricher Hof 4, 6761 Mannweiler (T. 06362 - 88 32) - Geb. 6. März 1951 Leer/Ostfriesl. - Stud. 1971-78 Hochsch. f. bild. Künste Hamburg, u. Phil. Univ. Hbg. - Kunstrichtung: Neuer Realismus. Wicht. Werk: Nordd. Landschaft, Kunsthalle Emden - 1984 2. Preis ART-Wettbewerb Dt. Landschaft heute; 1987 Kulturpreis Landkr. Emsland - Lit.: A. R. Schreiber: Ausst.katalog Mathildenhöhe Darmstadt; S. K. Lang & G. Finckh: Ausst.-katalog Kunstverein Lingen.

ALTNER, Günter

Dr. theol., Dr. rer. nat., Univ.-Prof. f. ev. Theologie an d. Univ. Koblenz-Landau (s. 1977) - Weinbrennerstr. 61, 6900 Heidelberg - Geb. 20 Sept. 1936 Breslau, ev., verh. - Promot. 1964 Göttingen, 1968 Gießen - 1971-73 Prof. f. Humanbiol. PH Schwäbisch Gemünd; 1973-76 Wiss. Ref. FESt Heidelberg; s. 1977 s.o. - Gründ.mitgl. d. Inst. f. angew. Ökologie Öko-Inst. Freiburg; 1979-82 Mitgl. d. Enquete-Kommiss. Zukünftige Kernenergiepolitik d. Dt. Bundestages - BV: Tod, Ewigkeit u. Überleben, 1981; D. Überlebenskrise in d. Gegenwart, 1987; Naturvergessenheit - Grundl. e. umfassenden Bioethik, 1991.

ALTNÖDER, Jörg

Dipl.-Berging., Geschäftsführer Mannheimer Versorg.- u. Verkehrsges. mbH.; Vorst. Stadtwerke Mannheim AG - Erwin-von-Witzleben-Str. 8, 6800 Mannheim 1 - Geb. 28. Sept. 1929 Lübeck (Vater: Dr. Karl A., Oberreg.-Rat; Mutter: Johanna, geb. Vogeler), gesch., 4 Kd. (Gerhard, Birgit, Hans-Jörg, Barbara) - Montan-Hochsch. Leoben (Österr.), Dipl.-Berging. 1956 - 1957-64 Betriebsing.; 1965-76 Prok.; 1976-80 Werkleit.; s. 1980 Geschäftsf., Vorst. Stadtwerke Mannheim u. Energie- u. Wasserwerke Rhein-Neckar AG - 4 x Dt. Segelflugmeist., Intern. Segelfliegerleistungsabz. in Gold m. 2 Diamanten - Spr.: Engl.

ALTRICHTER, Dagmar

Schauspielerin - Rüdesheimer Pl. 11, 1000 Berlin 33 (T. 821 39 07) - Geb. 20. Sept. 1924 Berlin - Lyz. Berlin; Schauspielausbild. Lydia Wegener ebd. - S. 1942 Bühnen Berlin, Hamburg, München, Frankfurt/M., Stuttgart. Rundfunk u. Fernsehen.

ALTROGGE, Günter

Dr. rer. pol., o. Prof. f. Betriebswirtschaftslehre Univ. Hamburg (s. 1976) - Isestr. 55, 2000 Hamburg 13 - Geb. 16. Mai 1939 Everswinkel (Vater: Alfred A.; Mutter: Elisabeth, geb. Schulze Tertilt), kath., T. Alexandra - Gymn. Beckum; TH Darmstadt (Maschinenbau), Univ. Münster u. Mannheim. Dipl.-Ing. 1964; Dipl.-Kfm. 1967, Promot. 1970, Habil. 1974. Lehr- u. Forschungsaufg. Mannheim u. Stuttgart - BV: Optimale Maschinenbelastung in Abhängigkeit v. d. Beschäftigung, 1971; Netzplantechnik, 1979; Investition, 1988 - Spr.: Lat., Engl., Franz.

ALTSCHÜLER, Marielú

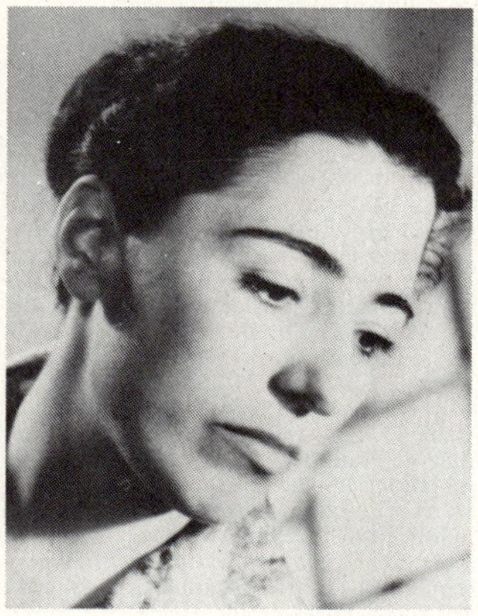

Schriftstellerin, Verlegerin - Krippenhof 1, 7570 Baden-Baden (T. 07221 - 2 46 34) - Geb. 6. Juli Pforzheim, ev., verw. - Höh. Schulbild., Kaufm. Ausb., priv. Stud. in Tanz, Schausp., Gesang - Langj. Feuilleton-Redakt., Doz. f. Yoga u. Meditat. VHS; Schriftst. u. Verleg. (Verlag Dem Wahren-Schönen-Guten), eig. Meditat.sch.; o. Mitarb. esoter. Ztschr.; o. Mitgl. BdY/EYU - BV: Meine Seele ist erwacht, 1974; Rhythmus d. Lebens, 1975; Freude schöner Götterfunken, 4. A. 1981; Zwerg Perechjil, 1979; Partner-Brevier, 1981; Dienen d. Wahren-Schönen-Guten, 1983; Sei stille Seele, 1984: V. Nichtwissen z. Wissen, 1985; Fernlehr-Kursus Hilfe z. Selbsthilfe; Lehr-Meditationen, 1989; Im Bewusstsein deiner selbst, 1991; Lehr- u. Märchen-Cassetten. Eig. gestaltete, gespr. Rundfunksend., Montevideo, Uruguay - Liebh.: Tanz- u. geistl. Musik, Oper, Theater, Ballett, Modellieren, bild. Kunst, Tanzen, Wandern, Yogapraxis, Meditat. - Spr.: Engl., Franz., Span.-Kenntn. - Lit.: Interview v. Dr. Otto Gillen, Karlsruhe.

ALTWEIN, Jens Erik

Dr. med., Prof., Urologe, Chefarzt Urol. Abt., Krankenhaus d. Barmherzigen Brüder, München - Romanstr. 93, 8000 München 19 - Geb. 12. April 1941 Hanau (Vater: Erich F. W. A., ehem. Vorst.-Mitgl. Degussa (s. XVI. Ausg.); Mutter: Erika, geb. d'Ottilie) - Kaiser-Friedrich-Gymn., Bad Homburg; Stud. Med. Univ. Mainz u. San-Diego, Cal./USA; Staatsex. u. Promot. 1967 Mainz; Habil. 1975 ebd. - S. 1975 Ltd. Oberarzt Urol. Univ.sklinik, 1976ff. apl. Prof. Univ. Mainz. Med. Entd.: Hemmung d. Testosteronabbaus im menschl. Prostataadenom durch Depotgestagene - BV: Antibiotika in d. Urol. (m. R. Hohenfellner u. a.), 1974; Analgetika in d. Urol. (m. R. Hohenfellner), 1975; Erkrankungen d. Urogenitalsystems, in: Lehrb. d. Inn. Med. (m. R. Hohenfellner), 1976; Hormonther. urogenit. Tumoren, in Fortschr. d. Urol. u. Nephrol., Bd. 8 1976; Reihe z. Urologie, 1979; Urologie (m. G.H. Jakobi), 1986; Erkrankungen d. Urogenitalsystems, in: Lehrb. d. Inn. Med. (m. R. Hohenfellner), 1987; Impotenz (m. W. Bähren), 1988 - Spr.: Engl.

ALTWICKER, Norbert

Dr. phil., Prof. f. Philosophie Univ. Frankfurt/M. - Meisenstr. 20, 6078 Neu-Isenburg 2.

ALVATER, Peter

Rechtsanwalt, Geschäftsf. 3 M Deutschland GmbH., Neuss - Blanckertzstr. 13, 4000 Düsseldorf 12 - Geb. 10. März 1933.

ALVENSLEBEN, Bodo

Dipl.-Ing., Prof. TU Berlin (s. 1971) - Am Schweizerhof 4, 1000 Berlin 37 (T. 817 90 57) - Geb. 15. Juni 1932 Cammin/Pom. (Vater: Heinz A.; Mutter: Margarethe, geb. Sell), ev., verh. s. 1965 m. Eleonora, geb. Hubert, 3 Kd. (Eva-Maria, Dorothea, Bernhard) - Stud. TU Berlin (Dipl.ex. 1960) - 1960-63 Industrietätigk. (Forschungsing. auf d. Geb. d. Kerntechn.); s. 1963 TU (Obering.), 1965-79 Lehrauftr. f. Math. an d. Hochsch. d. Künste Berlin (Schwerpunkt: Grenzgebiete zw. Kunst u. Wiss.).

ALVENSLEBEN, von, Joachim

Geschäftsführer Ferrostaal Nord GmbH, Hamburg - Heimhuder Str. 53, 2000 Hamburg 13 - Geb. 4. Febr. 1933.

ALVENSLEBEN, von, Reimar

Dr. agr., Prof. f. Agrarmarketing Univ. Kiel - Gettorfer Weg 2, 2303 Neuwittenbek - Geb. 14. Juli 1940 - Promot. 1967; Habil. 1971 - Prof. Univ. Göttingen, Bonn u. Hannover; 1982/83 Dek. FB Gartenbau Univ. Hannover - 1982-90 Vors. Commiss. f. Horticultural Economics and Management Intern. Gartenbauwiss. Ges. (ISHS); s. 1986 Mitgl. wiss. Beirat b. Bundesmin. f. Ernährung, Landwirtsch. u. Forsten; 1987-89 Vors. Fak.tag f. Agrarwiss. u. Ökotrophol.; s. 1988 Fachgutachter DFG.

ALY, Friedrich-Wilhelm

Dr. med., Prof., Chefarzt Innere Abteilung/Stadtkrankenhaus Wolfsburg - Röntgenstr. 79, 3180 Wolfsburg - Geb. 20. Juni 1925 Benrath - Promot. 1952 Marburg - S. 1966 (Habil.) Lehrtätigk. Univ. Tübingen (1971 apl. Prof. f. Inn. Med.). Üb. 100 Facharb. - Hon.-Prof. f. Elektromed. TU Braunschweig.

ALY, Herbert

Dipl.-Ing., Bergass., Geschäftsführer GDMB Gesellschaft Dt. Metallhütten- u. Bergleute - Paul-Ernst-Str. 10, 3392 Clausthal-Zellerfeld - Geb. 1928 Bad Oeynhausen - Bergakad. Clausthal - Fahrsteiger; Wirtschaftsing., Schriftleit. „Erzmetall": Rohstoffgewinnung, Verarbeitung, Recycling, Umwelttechnik - Spr.: Engl.

AMANN, Günther

Rechtsanwalt, Vors. Landesverb. Bad. Haus-, Wohnungs- u. Grundeigentümer - Schwarzwaldstr. 25, 7500 Karlsruhe.

AMANN, Herbert

Dr. rer. nat., o. Prof. f. Mathematik - Universität, 2300 Kiel - Geb. 16. Nov. 1938 Todtmoos/Baden - Promot. (1965) u. Habil. (1969) Freiburg - Prof. amerik. Univ. (1970 Indiana, 1970 Kentucky); s. 1972 Ord. Univ. Bochum u. Kiel (1978). Üb. 30 Aufs.

AMANN, Jürg

Dr. phil., Schriftsteller - Rindermarkt 8, CH-8001 Zürich - Geb. 2. Juli 1947 Winterthur/Schweiz (Vater: Hubert A., Lyriker), led. - Stud. German., d. Europ. Volkslit., Publiz. Zürich u. Berlin; Promot. 1974 Zürich - 1974-76 Dramaturg Schauspielh. Zürich - BV: Hardenberg, 1978; Verirren, 1978; D. Kunst d. wirkungsvollen Abgangs, 1979; D. Baumschule, 1982; Franz Kafka, 1983; Nachgerufen, 1983; Patagonien, 1985; Ach, diese Wege sind sehr dunkel, 1985; Robert Walser, 1985; Fort, 1987; Aus d. Hohen Lied. Nachdichtungen, 1987; Nach d. Fest, 1988; Tod Weidigs, 1989; D. Rücktritt, 1989; D. Vater d. Mutter u. d. Vater d. Vaters, 1990; D. Anfang d. Angst, 1991 - 1982 Ingeborg-Bachmann-Preis; 1983 Conrad-Ferdinand-Meyer-Pr.; 1989 Preis d. Schweizerischen Schiller-Stiftg. u. Carl-Heinrich-Ernst-Kunstpreis d. Stadt Winterthur - Spr.: Engl., Franz.

AMANSHAUSER, Gerhard

Schriftsteller - Brunnhausgasse 10, A-5020 Salzburg - Geb. 2. Jan. 1928 Salzburg, verh. s. 1963 m. Barbara, geb. Oberascher, Sohn Martin - Realsch. (Matura Salzburg); 2 J. TH Graz; Stud. German. u. Angl. Univ. Wien u. Marburg (ohne Abschl.) - BV: Aus d. Leben d. Quaden, Sat. 1968; D. Deserteur, Erz. 1970; Satz u. Gegensatz, Ess. 1972; Ärgernisse e. Zauberers, Sat. 1973; Schloß m. späten Gästen, 1975; Grenzen, Ess. 1977; Aufz. e. Sonde, Parodien 1979; List d. Illusionen, Bemerk. 1985; Gedichte, 1986; Fahrt z. verbotenen Stadt, Satiren u. Capriccios, 1987; D. Ohne Namen See (Chin. Impressionen), 1988; Moloch Horridus, Aufz. 1989, Lektüre, 1991 - 1952 Georg Trakl-Förderungspreis Salzburger Landesreg.; 1968 Förderungsstip. z. Österr. Staatspr.; 1970 Theodor Körner-Förderungspr.; 1973 Rauriser Literaturpr.; 1975 Förderungspr. Stadt Salzburg; 1982 Rauriser Bürgerpr.; 1985 Preis d. Salzburger Wirtschaft; 1987 Alma-Johanna Koenig-Preis.

AMARELL, Gerald

Dr. rer. nat., Dipl.-Chem., Inhaber Fa. Arno Amarell, Geschäftsf. Amarell-Electronic, bde. Kreuzwertheim - Waldstr. 7, 6983 Kreuzwertheim/M. (T. priv.: 09342 - 65 62; dstl.: 09342 - 63 76-78) - Geb. 17. Aug. 1929 Langewiesen (Vater: Arno A., Fabrikant; Mutter: Hilde, geb. Seitz), ev., verh. s. 1953 m. Gilda, geb. Hergenhan, 3 Kd. (Vera, Gunther, Jochen) - Univ. Karlsruhe (Promot. 1958) - S. 1974 Obmann Thermometer-Normung, s. 1976 Vorst. Arbeitgeberverb. d. Dt. Glasind. München; 1978-84 Vors. VG Kreuzwertheim; 1978-84 1. Bürgermeister Kreuzwertheim. S. 1981 ehrenamtl. Richter Sozialgericht Würzburg - Liebh.: Ornithologie - Spr.: Engl.

AMBERGER, Anton

Dr. agr. (habil.), em. o. Prof. u. Direktor Inst. f. Pflanzenernährung u. Bayr. Hauptversuchsanst. f. Landwirtsch. TU München - Prandtlstr. 23, 8050 Freising/Obb. (T. 9 16 95) - Geb. 30. Dez. 1919 Kösching/Bay. (Vater: Franz A., Kaufm.; Mutter: Anna, geb. Hofmann), verh. I.) m. Brigitte, geb. Knorr (†), 4 Kd., II.) m. Ingeborg, geb. Schumacher - Stud. Berlin u. München - S. 1959 Privatdoz., apl. Prof. (1965) u. o. Prof. (1966) TU München. Fachbücher u. zahlr. Veröff. a. d. Gebiete: Ernährungsphysiol. d. Pflanze, Pflanzeninhaltsstoffe;Dynamik d. Mineralstoffe i. Boden, Bodenfruchtbarkeit, anorgan. u.

organ. Düngemittel, Umweltforschung - 1985 BVK.

AMBOS, Eberhard

Dr.-Ing. habil., Prof. TU Magdeburg (s. 1978) - Schrotebogen 24, O-3034 Magdeburg (T. 091 - 22 47 83) - Geb. 2. Juli 1937 Dresden, verh. s. 1960 m. Marlene, geb. Augustin, 2 Söhne (Niels, Falk) - Stud. Bergakad. Freiberg, 1961 Dipl.; Promot. 1964, Habil. 1968 Freiberg - Leit. Tätigk. in: Druckguß Heidenau, VVB Gießereien, Zentralinst. f. Gießereitechnik u. Kombinat GISAG, alle Leipzig - Autor bzw. Mitautor v. üb. 30 Erf.; BV: Urformtechnik metallischer Werkstoffe, Materialökonomie in Fertigungsprozessen (dt. slow., russ.); Nachbehandl. v. Gußstücken.

AMBROS, Dieter

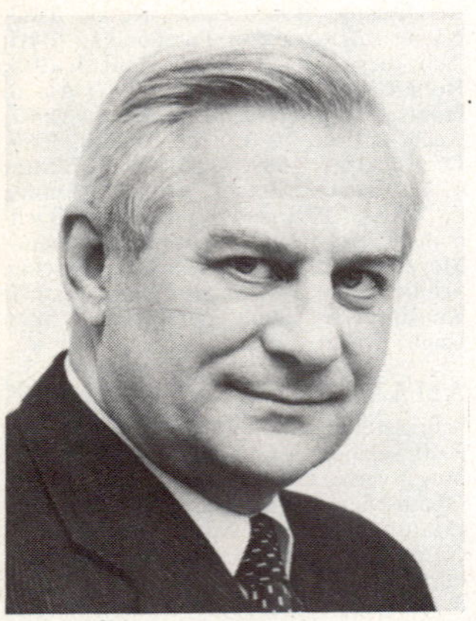

Dr. rer. nat., Dipl.-Chemiker, Vorstandsvorsitzer CHEMIE AG Bitterfeld-Wolfen, Geschäftsf. Industrie Park Ges. Bitterfeld-Wolfen mbH - Geb. 21. Febr. 1930, verh., 4 Kd. - Chemie-Stud. u. Promot. Univ. Freiburg - 22 J. BASF Gruppe (zul. Präs. CEO, BASF Wyandotte Corp.); 12 J. Henkel KGaA (zuletzt PhG); b. 1992 Vors. Handelspolit. Aussch. d. VCI - Spr.: Engl., Franz.

AMBROSIUS, Gerhard

Dip.-Ing., Stadtrat a. D., Bauunternehmer - Hofhausstr. 66, 6000 Frankfurt/M. 60 - Geb. 1. Okt. 1912 - VR Frankf. Sparkasse v. 1822; Vize-Präs. Polytechn. Ges. Frankfurt - 1981 Stadtältester Stadt Frankfurt, BVK I. Kl.

AMBROSIUS, Herwart

Dr. rer. nat. habil., Dr. med. h. c., o. Prof. f. Tierphysiologie u. Immunbiologie Univ. Leipzig (s. 1970) - Heilemannstr. 10, O-7030 Leipzig /T. 32 42 49) - Geb. 11. Okt. 1925 Leipzig (Vater: Hermann A., Komponist; Mutter: Else, geb. Roth), verh. s. 1949 m. Hildegard, geb. Deubel, 3 Kd. (Jörg, Katrin, Lutz) - Stud. Biol. u. Chemie Univ. Leipzig; Promot. 1954; Habil. 1961 - 1962 Doz. u. 1964 Prof. f. Zoologie - Wiss. Veröff. auf d. Gebiet d. Immunologie; Immunhistochemie (m. H. Luppa), 1987; Grundriß d. Immunbiol. (m. W. Rudolph), 2. A. 1990 - 1985 Ehrendoktor Charité Berlin.

AMBROSIUS, Karl-Wilhelm

Dr., Managing Director Japan u. Korea - Lufthansa Tokyo (T. 03-3580-5740; Fax 03-3580-6485) - Geb. 30. März 1932 Mainz - 1958 Stud. Betriebsw. (Dipl. u. Promot. 1960) - 1958/60 Assist. Wirtschaftsber. u. Treuhänder Wien; s. 1961 Dt. Lufthansa (Revisionsabt.), 1961/70 Kaufm. u. Personalleit. f. Nah- u. Mittelost Beirut, 1970/75 Verkaufsleit. West-Europa Frankfurt, 1975/80 Dir. Hong Kong, ab 1980 Verkaufsdir. Hauptverw. Dt. Lufthansa Köln), 1980-85 Verkaufsdir. Hauptverw. Dt. Lufthansa AG; 1985-87 Dir. Europa Organisation, Lufthansa Frankfurt, Lufthansa Basis - Liebh.: Musik, Ski, Golf.

AMBROSIUS, Wolfgang

Direktor, Vorst. Verb. Berliner Wohnungsbaugenossensch. u. -ges., Berlin (b. 1981 n. 20j. Tätigk.), AR-Vors. Raiffeisen-Köpenicker-Bank eG u. Köpenicker-Immobilien-Service GmbH, bde. Berlin, Generalbevollm. Genossenschaft f. Wohnungs- u. Bauwesen e.G., Berlin, u. Wohnungs- u. Industriebau Noetzel KG, Hamburg - Ilsensteinweg 59, 1000 Berlin - Geb. 21. Dezember 1928 Groß-Schönebeck (Vater: Otto A., Feuerwehrm.; Mutter: Else, geb. Gerhardt), ev., verw. s. 1990, 2 Kd. (Stephan, Saskia) - Obersch.-Praktikum Großhandel; 8 Sem. Betriebsw. - Silb. Ehrennadel d. Dt. Genossenschaftsverb. (Schulze-Delitzsch); gold. Ehrennadel Dt. Genossenschafts- u. Raiffeisenverb., Bonn - Liebh.: Musik, Lit., Tennis, See-Segeln.

AMBS, Erhard

Dr. med., Prof., Chefarzt i. R. Kinderklinik/Klinikum Bamberg - Wetzelstr. 18, 8600 Bamberg - Geb. 25. Juli 1925 - Promot. 1952, Habil. 1963 Würzburg - 1963-90 Lehrtätigk. (1970 apl. Prof.).

AMBURGER, Erik

Dr. phil., Akad. Oberrat i. R., Honorarprof. f. Wirtschafts- u. Sozialgesch. Osteuropas Univ. Marburg (s. 1968) - Plattweg 2, 6301 Heuchelheim Kr. Gießen - Geb. 4. Aug. 1907 St. Petersburg - S. 1946 wiss. Tätigk. (zul. Zentrum f. Kontinentale Agrar- u. Wirtschaftsforsch., Gießen). Zahlr. Fachveröff. - 1978 o. Mitgl. J. G. Herder-Forschungsrat; 1987 Ehrenmitgl. Balt. Hist. Kommiss.; 1988 Leonh.-Euler-Med. d. Akad. d. Wiss. d. UdSSR, 1989 K.E.V. Baer-Med. d. Estnischen Akad. d. Wiss.

AMELANG, Manfred

Dr. rer. nat., Prof., Psychologe - Richard-Strauß-Str. 9, 6919 Bammental - Geb. 28. Juni 1939 Bad Sulza/Thür. (Vater: Werner A., Fabrikant; Mutter: Käthe, geb. Piehler), verh. s. 1966 m. Wiltrud, geb. Rabe, 2 Kd. (Margret, Gerhard) - Gymn. Langen; Univ. Marburg (Dipl.-Psych.). Promot. Marburg. S. 1969 Doz., 1973-75 Prof. Univ. Hamburg, s. 1976 Heidelberg. Entd.: Unterbrechungseff. Zusammenh. zw. Schriftmerkmalen u. individueller Anatomie, Dunkelziff. kriminell. Handlungen u. Abhängigkeit v. Persönlichkeit (Fachaufs.) BV: Differentielle Psych. u. Persönlichk.forsch., 1981; Brennpunkte d. Persönlichkeitsforsch., 1984, 1989, 1991 (hg.); Sozialabweichendes Verhalten, 1986 - Liebh.: Reisen, Motorsport - Spr.: Engl., Franz. - Rufe PH Saarbrücken (1971) u. Univ. Trier (1972,73) abgelehnt, Heidelberg (1974), Marburg (1991).

AMELING, Walter

Dr.-Ing. habil., o. Prof. f. Allg. Elektrotechnik u. Datenverarbeitungssysteme - Morillenhang 67, 5100 Aachen - Geb. 10. März 1926 Bornholte/Wiedenbrück - Dipl.-Ing. 1953; Ind.tätigk.; Promot. 1959; Habil. 1962 - Lehr- u. Ind.tätigk. in den USA; 1965 Ord. u. Dir. d. Rogowski-Inst. f. Elektrotechnik TH Aachen. 1969, 1986-88 Dekan d. Fak. f. Elektrotechnik; 1969/70 Prorektor RWTH-Aachen - BV: Aufbau u. Wirkungsweise Elektron. Analogrechner, 1962; Grundl. d. Elektrotechnik, 2 Bde. 1974; Laplace-Transformation, 1975; Mikroprozessoren u. Mikroprozessorsysteme, 1983; Techn. Informatik, 3 Bde. 1989/90. Herausg.: Fortschritte in d. Robotik. Mithrsg.: Fortschritte d. Simulationstechnik. Ca. 200 Einzelarb. - 1959 Borchers-Plak.; 1986 BVK; 1977 Fregattenkapitän d.R.; Mitgl. Entwicklungsbeirat T&N, Frankfurt (s. 1971, s. 1978 AR-Mitgl., s. 1982 Vors.); Kurat.-Mitgl. Aachener u. Münchener Preis f. Technik u. angew. Naturwiss. d. AM-Versich; s. 1988 Vertrauensdoz. d. KAAD an d. TH Aachen; s. 1967 Initiator, Gründer u. Leit. d. Computer-Museums TH Aachen.

AMELUNG, Ernst-Wolfram

Bundesrichter Bundesverwaltungsgericht (i. R. s. 1977) - Hardenbergstr. 31, 1000 Berlin 12 - Geb. 28. Juli 1909.

AMELUNG, Hans Jürgen

Dr. jur., Mitglied d. Beraterkreises und ehem. Vorst.-Mitgl. IKB Dt. Industriebank AG Düsseldorf-Berlin - Brahmspl. 1, 4000 Düsseldorf 1 (T. 0211 - 68 50 26) - Geb. 27. März 1924 Wilhelmshaven (Vater: Dr. med. Robert A., Marinegeneralarzt; Mutter: Ilse, geb. Sieverling), verh. s. 1955 m. Christa, geb. Praetorius, 2 Kd. - N. Kriegsdst. (Marineoffz.) Stud. Univ. Marburg. Gr. Jurist. Staatsex. 1952 - S. 1953 Industriekreditbank AG (1958 Dir., 1970 stv., 1973-88 o. Vorst.-Mitgl.); Mand. - Rotarier.

AMELUNG, Knut

Dr. jur., Prof. f. Strafrecht Univ Trier - Am Kiewelsberg 33, 5500 Trier (T. 0651 - 3 96 59) - Geb. 13. Febr. 1939 Stettin (Vater: Dr. Gerhard A., Zahnarzt; Mutter: Hildegard, geb. Wiewiorowski), verh. s. 1968 m. Barbara, geb. Schröder, 3 Kd. (Gerd, Till, Merle) - BV: Rechtsgüterschutz u. Schutz d. Ges., 1972; Rechtsschutz gegen strafproz. Grundrechtseingriffe, 1976; D. Einwillig. in d. Beeinträchtig. e. Grundrechtsgutes, 1981; D. Untersuchungshaft (Mitautor), 1983; Informationsbeherrschungsrechte im Strafprozeß, 1990.

AMELUNG, Ulf

Dr. rer. nat., o. Prof. f. Didaktik d. Physik Päd. Hochsch. Lüneburg (s. 1967) - Am Hang 5, 2147 Scharnbeck (T. 04136 - 4 84) - Geb. 29. März 1931 Stettin (Vater: Dr. Gerhard A., Zahnarzt; Mutter: Hildegard, geb. Wiewiorowski), ev., verh. s. 1961 m. Dr. Annelies, geb. Hörichs, 3 Kd. - Stud. Physik, Geophysik TU Braunschweig, Univ. Hamburg; 1956 Dipl., 1960 Promot. - 1967 o. Prof. PH Lüneburg, 1975-77 Dekan Abt. Lüneburg PH Nieders. - Entwickl. i. Ber. d. Interferenzmikroskopie - 29 Fachveröff. - Spr.: Engl.

AMELUNXEN, Clemens

Dr. jur., Vors. Richter Oberlandesgericht Düsseldorf (s. 1977) - Rheinuferstr. 52, 4040 Neuss (T. 3 96 17) - Geb. 12. Sept. 1927 Münster/Westf. (Vater: Rudolf A., Min.präs. a. D.; Mutter: Maria, geb. Schmidt), kath., verh. s. 1965 m. Ruth, geb. Seering, (Schriftst.) - Stud. Jura, Theol. Münster/W. u. Duke-Durham/USA (Fulbright Scholar) - 1953 Ass., Jugend- u. Verkehrsrichter. Stv.-Vors. Justizprüf.amt - BV: Mensch im Verkehr, 2. A. 1960; Alterskriminalität, 1960; D. Selbstmord, 1962; D. Kriminalität d. Frau, 2. A. 1963; Kind und Kriminalität, 1963; Polit. Straftäter, 1964; D. Kleinstaaten Europas, 1964; D. Zuhälter, 1967; Inselfahrten e. Richters, 1969; D. Opfer d. Straftat, 1970; Werkschutz u. Betriebskriminalität, 4. A. 1973; D. Ges. u. ihr Recht, 1973; D. Mensch in d. mod. Strafjustiz, 1975; Case Stud. on Human Rights a. Fundam. Freedoms, 5 Bde. 1977 (m. a.); Spionage u. Sabotage im Betrieb, 1977; D. Revision d. Staatsanw.sch., 1980; König u. Senator - Jerome u. Lucien, 2 Brüder Napoleons, 1980; D. Nebenkläger im Strafverf. 1980; D. Berufung in Strafsachen, 1982; Fürst u. Staatsgewalt in Liechtenstein, 1982; Napoleon auf St. Helena, 1983; Carlo Buonaparte, Vater Napoleons, 1984; Napoleon, Fürst v. Elba, 1986; V. Anwalt z. König, Joseph Bonaparte, 1987; Ordenswesen u. formierte Ges., 1988; 40 J. Dienst am sog. Rechtsstaat, Rudolf Amelunxen z. 100. Geb., 1988; Louis Bonaparte, erster König v. Holland, 1989; J. B. Bernadotte, Marschall d. Empire, König v. Schweden, 1991; Rechtsgeschichte d. Hofnarren, 1991. Mithrsg. Quarterly Review Plural Societies, Den Haag - Honorary Member Inst. of Foreign and Comparative Law, Univ. of South Africa; Chevalier du Tastevin; Mitgl. Intern. Polizei-Assoziation; 1965 Komturkreuz d. liechtenst. VO., 1982 Stern dazu; 1974 Commandeur Arts-Sciences-Lettres (Frankreich). 1975 Wiss.med. Pro Mundi Beneficio (Brasilien); 1976 Commandeur Ordre du Mérite Belgo-Hispanique (Belgien); 1980 Officier des Palmes Académiques (Frankr.); 1980 Gold. Steckenpferd (Dülkener Narrenakad.); 1981 BVK; 1987 BVK I. Kl.; 1990 Rheinlandtaler; 1992 Gr. BVK - Liebh.: Rechtskundl. Forsch.reisen (insb. Zwergstaaten), Samml. v. Polizeiabz. - Spr.: Engl., Franz. - Bek. Vorf.: Dr. Rudolf A., erster Min.präs. NRW (Vater).

AMELUNXEN, Ferdinand

Dr. rer. nat., o. Prof. f. Pharmaz. Biologie - Grasweg 9, 2300 Kiel - Geb. 9. Sept. 1924 - Stud. Biologie u. Chemie - S. 1964 (Habil.) Lehrtätigk. Univ. Münster u. Göttingen (1967 Abt.svorsteher u. Prof.) u. Kiel (1972 Ord.).

AMEND, Erwin

Konzertmeister i.R., Komponist - Bastion Martin 1, 6500 Mainz (T. 06131 - 22 87 32); u. Langgasse 11, 6290 Weilburg/L. (T. 06471 - 3 06 55) - Geb. 12. Aug. 1919, kath., verh. s. 1952 m. Kläre, geb. Ulrich, T. Gabriele - 1937-40 Staatl. Hochsch. f. Musik Frankfurt/M. - 1939 Konzertmeister Frankfurt, 1950 Baden-Baden, 1956-80 Mainz; fr. Komponist f. Rundfunk u. Fernsehen, mehrere dt. Bühnen - Veröff. v. 3 Opern: D. Soldat Postnikow, Kalif Storch, Szenen nach Gogol's Mantel; Orchesterwerke, Kammermusik - Ältestes Stadtsiegel d. Stadt Mainz - Liebh.: Literatur, Geschichte - Lit.: Z. Geschichte d. Musik am Hofe zu Nassau-Weilburg.

AMENT, Hermann

Dr. phil., Prof. f. Vor- u. Frühgeschichte Univ. Mainz (s. 1982) - Finther Landstr. 24a, 6500 Mainz-Gonsenheim - Geb. 2. Febr. 1936 Montabaur, kath., verh. s. 1966 m. Ursula, geb. v. Natzmer, 2 S. (Christoph, Felix).

AMERY, Carl

s. Mayer, Christian

AMIEL, Maurice

General Direktor Timken Europa, Afrika & West Asien, Geschäftsf. Timken France u. Timken Europa GmbH (s. 1975) - Landstr. 44/48, 5657 Haan 1 (T. 02129-5 10 91) - Geb. 8. Juni 1931 Vannes (Frankr.) (Vater: Jean-Paul, Tierarzt; Mutter: Anne, geb. Tardivon), verh. s. 1956 m. Jacqueline, geb. Barbier, 3 Kd. (Sylvie, Renaud, Nathalie) - Ecole d. Hautes Etudes Commerciales Harvard Business School, Refer. - S. 1958 versch. Mand. b. Timken France, Vice Pres. IHK, Colmar, Pres. Union Patronale du Haut-Rhin.

AMLING, Max

Gewerkschaftler, MdB (s. 1972; Wahlkr. 238/Augsburg) - Sonthofer Str. 40f, 8900 Augsburg (T. 6 33 22) - Geb. 28. April 1934 Eibelstadt/Ufr., verh., 5 Kd. - Volkssch.; 1948-52 Installateurlehre; 1959-60 Akad. d. Arbeit - 1952-59 Installateur Stadtwerke Würzburg; 1960-68 Jugendsekr. DGB Augsburg; 1968-70 2. Geschäftsf. IG Bau-Steine-Erden Augsburg; s. 1970 gf. Vors. DGB Augsburg. 1966-72 Stadtratsmitgl. Augsburg (stv. Fraktionsf.). SPD s. 1952 (1954-60 Ortsvors. Eibelstadt, 1968ff. Augsburg) - 1984 Bayer. VO.

AMMANN, Erwin

Landrat a.D. - Zu erreichen üb. Landratsamt, 8782 Karlstadt/Ufr. - Geb. 22. Okt. 1916 Würzburg, verh., 3 Kd. - Kaufm. Ausb. - 1945-47 Stadtrat Würzburg; 1947-84 Landrat Landkr. Ochsenfurt u. Karlstadt bzw. Main-Spessart-Kr. (1972). 1946-50 MdL Bayern. S. 1970 1. Vors. Zweigverb. Unterfranken im Landkreisverb. Bayern; s. 1971 Vors. Hauptvers. Anst. f. Kommunale Datenverarb. Bayern (AKDB), s. 1973 Mitgl. Rundfunkrat, Vors. Region. Planungsverb. Würzburg (Region 2), s. 1977 Spark.Bezirksverb. Unterfranken u. s. 1976 Vors. Fränk. Weinl. im Fremdenverkehrsverb. Franken - 1968 Med. in Silber f. bes. Verdienste um d. kommunale Selbstverw.; 1970 BVK I. Kl.; 1975 Bayer. VO; 1982 Med. in Gold f. bes.

Verdienste um d. kommunale Selbstverw.

AMMEN, Alfred Onno
Dr. rer. pol., Prof., Sozial- u. Wirtschaftswissenschaftler - Richard-Strauss-Str. 6, 2902 Rastede (T. 04402 - 41 74) - Geb. 26. Dez. 1929 Rüstringen, ev., verh. m. Helga, geb. Andoleit, 2 S. (Matthias, Michael) - Stud. Phil., Psych., Soziol., Berufspäd., Politik, Publiz. Oldenburg, Wilhelmshaven, Hannover. Promot. (1969) u. Habil. (1971, Soziol.) TU Hannover - 1961 Lehrer; 1964 Assist. PH Oldenburg; 1969 Wiss. Oberrat Univ. Hamburg; 1971 Privatdoz. TU Hannover; 1971 Prof. Univ. Bremen; 1974 o. Prof. TU Hannover (Dir. d. Päd. Seminars); 1985 Univ.-Prof. Univ. Oldenburg - BV: D. außerhäusl. Berufstätigk. d. Vaters, 1970. Div. Einzelarb.

AMMER, Hein
Industriekaufmann, pers. haft. Gesellsch. J. C. Runken, Achim (s. 1965), geschäftsf. Gesellsch. Intexta-Confeccoes, Lda., Salvaterra de Magos/Portug. (s. 1973) - Geb. 3. Okt. 1937 Bremen (Vater: Hein A., Ind.kfm.; Mutter: Elisabeth, geb. Harms), ev., verh. s. 1968 m. Lieselotte, geb. Freitag, 2 Kd. (Katrin, Silke) - Obersch. Bremen (Abit.); Bekleidungstechn.-Lehranst. Hohenstein; Volont. Bekleidungsind. USA - Liebh.: Reiten, Numismatik - Spr. Engl., Franz.

AMMERMANN, Dieter
Dr. rer. nat., Prof. Univ. Tübingen (s. 1973) - Lindenstr. 17, 7403 Ammerbuch-1 - Geb. 30. März 1937 Hannover (Vater: Dr. August A., O.Stud.rat; Mutter: Hildegard, geb. Holtz), verh. in 2. Ehe s. 1974 m. Elisabeth, geb. Elfers, 5 Kd. (Kathrin, Heiko, Heidi, Ingo, Volker) - Stud. Univ. Hamburg, Tübingen. Promot. 1965, Habil. (Biologie) 1971, bde. Tübingen - Fachmitgl.schaften - Spr.: Engl.

AMMON, Günter

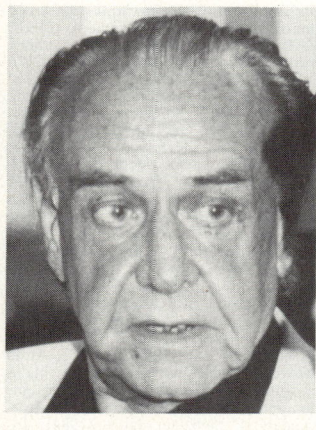

Dr. med., Arzt f. Psychiatrie u. Neurologie, Psychotherapie, Psychoanalyse, Chefkonsilarius d. Dyn. Psychiatr. Klinik Menterschwaige München, Dir. Lehr- u. Forschungsinst. f. Dynam. Psych. u. Gruppendynamik, Präs. Dt. Akad. f. Psychoanalyse, Präs. World Assoc. f. Dynamic Psychiatry Inc. Bern - Wielandstr. 27/28, 1000 Berlin 15 (T. 883 49 81), priv. Meierottostr. 1, 1000 Berlin 15 - Geb. 9. Mai 1918 Berlin, gesch., T. Julia - Univ. Greifswald, Heidelberg, Humboldt- u. Fr. Univ. Berlin - 1952-56 Berl. Psychoanalyt. Institut, 1956-65 Psychiater, Psychoanalytiker u. Doz. u. a. Menninger Foundation u. School of Psychiatr. Topeka/Kansas, USA, ab 1965 Psych., Psychoanalyt. u. Gruppenpsychotherapeut, Berlin, 1974-76 Lehrbeauftr. FU Berlin - Begründer psychoanalyt. Schule u. Konzept d. Humanstrukturologie u. Identitätsentwicklung in d. Gruppe in psychoanal. Theorie u. Praxis in Verbindung m. gruppentherap. u. dynam. psychiatr. Ausbildung - BV: Gruppen-

dynamik d. Aggression, 1970; Bewußtseinsweit. Drogen i. psychoanalyt. Sicht, 1971; Dynam. Psychiatrie, 1973; Psychoanalyse u. Psychosomatik, 1974; Handb. d. dynam. Psychiatrie, Bd. I u. II., 1979 u. 1982; D. mehrdimensionale Mensch, 1986; Vorträge 1969-88, 1988. Herausg.: Gruppendynamik d. Kreativität (1972); Gruppenpsychotherapie (1973); Psychoanal. Traumforschung (1974); Psychotherap. d. Psychosen (1975); Anal. Gruppendyn. (1976); Ztschr. Dynam. Psychiatrie/Dynamic Psychiatry (s. 1968). Amerik., japan., niederl. u. ital. Lizenzausg. - Zahlr. ausl. Ehrenmitgliedschaften u. Fellowships.

AMMON, Hermann P. T.

Dr. med., o. Prof. f. Pharmakologie - Im Kleeacker 30, 7400 Tübingen-Kreßbach - Geb. 24. Jan. 1933 Nürnberg - Promot. 1963; Habil. 1968 - 1970-71 Doz. Harvard Univ. Boston, s. 1976 Lehrst. Pharmakol. Pharmazeut. Inst. Univ. Tübingen. Forschungsschwerp.: Mechanismus d. Insulinsekretion, Antidiabetika, Pharmakologie v. Phytopharmaka - Herausg. u. Autor d. Handb. Arzneimittelneben- u. Wechselwirkungen; Reihe: Medizinisch-Pharmakol. Kompendium. Etwa 130 Fachveröff. Editor u. Coeditor mehr. Fachztschr.

AMMON, Jürgen
Dr. phil. nat., Dr. med., Dipl.-Phys., Univ.-Prof. - An der Rast 3, 5100 Aachen - Geb. 26. Juli 1934 - Promot. 1962 (Frankfurt/M.) u. 68 (Ulm) - 1974 (Habil.) Lehrtätigk. FU Berlin (Oberarzt Klinikum Charl./Strahleninst.) u. TH Aachen/Med. Fak. - 1975 Wiss. Rat. u. Prof.; Oberarzt Abt. Radiologie u. Leit. Lehrgeb. Klin. Radiol. m. Schwerp. Strahlentherapie, 1983 Dir. Klinik f. Strahlentherapie Klinikum RWTH Aachen. Üb. 100 Fachveröff. u. a. Urolog. Onkologie (zus. m. Karstens u. Rathert) Monogr.)

AMMON, Otto
Landrat Kr. Forchheim (s. 1964) - Landratsamt, 8550 Forchheim/Ofr.; priv. Weidenweg 4, 8550 Reuth - Geb. 8. Dez. 1927 Reuth, verh. m. Lotte, geb. Knorr - CSU.

AMMON, Robert
Dr. med., Dr. phil., Dipl.-Chem., Mag. art. libr., Prof. f. Physiol. Chem. (emerit.) - Brauereistr. 10, 6657 Gersheim 6 - Geb. 13. Aug. 1902 Berlin (Vater: Emil A., Lehrer; Mutter: Minna-Maria, geb. Friederich), ev., verh. s. 1932 m. Lili v. Steinmeister, 5 Kd. (Jürgen, Rötger, Nora, Karin, Renate) - Dr. phil. Berlin 1927, Dr med. 1932 Rostock, Habil. f. physiol. u. pathol. Chemie 1935 Univ. Berlin, 1936 Breslau, 1939 Königsberg-Pr. (1940 apl. Prof., 1943 ao. Prof.), 1951 Saarbrücken (o. Prof. u. Inst.-Dir. Med. Fak. Homburg/Saar), 1945-50 Tätigk. in pharmaz.-chem. Ind. - Präs.: 1960-64 Dt. Ges. f. Ernährung, 1967-69 Dt. Ges. f. Verdauungs- u. Stoffw.krankh., 1970-78 Commission Intern. des Industries Agricoles et Alimentaires (Paris); Vor-

st.ratsmitgl. 1956-59 Ges. Dt. Chemiker; Mitgl. 1963-72 Bundesgesundheitsrat; 1964-66 Dekan bzw. Prodekan Medizin. Fakultät in Hamburg/Saar; Secretary general resppast secretary 1966-72 Intern. Union of Nutritional Sciences; 1968-80 Vice-Président Union Internat. de la Presse Scientifique (Paris) - BV: (m. W. Dirscherl) Fermente, Hormone, Vitamine u. d. Beziehungen dieser Wirkstoffe zueinander, 3. A. (m. zahlr. Mitarb.) 5 Bd.: 1. Bd. (Fermente) 1959, 2. Bd. (Hormone) 1960, 3. Bd. (Vitamine außer B12) 1974, 4. Bd. (Vitamin B12) 1975, 5. Bd. (Beziehungskapitel) 1982; (m. J. Holló, Budapest): Natürl. u. synthet. Zusatzstoffe in d. Nahrung d. Menschen, 1974. S. 1950 Mitgl. d. Herausgeb. kolleg. b. Gründg. d. Arzneimittelforsch. u. Beiratsmitgl. b. Wiedergründung v. D. Medizinische Welt - Ehrenmitgl.: 1960 Japan. Biochem. Ges., 1961 Intern. Medizin. Ges. Japans, 1966 Sociedade Portuguesa de Quimica e Fisica, 1967 Dtsch. Ges. f. Ernährung, 1977 Tschech. Ges. f. Gastroenterol. u. Ernähr., 1987 Dt. Ges. f. Endokrinol., 1988 Österr. Ges. f. Ernähr.forsch.; 1991 d. Group of European Nutritionists u. d. Dt.-Syrischen Vereinig.; 1968 korresp. Mitgl. Intern. Acad. of Proctology (USA), 1977 Lauréat de l'Acad. Intern. de Lutèce (Paris). 1968 Médaille d'Argent de l'Académie Nationale de Médecine (Paris) u. Soc. d'Encouragement pour la Recherche et l'Invention (Paris), 1970 A. I. Virtanen-Med. (Helsinki), 1972 Chevalier dans l'Ordre des Palmes Académiques, 1977 Verd. Kreuz 1. Kl. VO. BRD; 1979 Leonor Michaelis-Med. Ges. f. klin. Chem. u. Lab.diagnostik d. DDR; 1982 E. v. Bergmann-Plak. d. Bundesärztekammer u. C. v. Voit-Med. (Gold) Dt. Ges. f. Ernährung.

AMMON, Ulrich
Dr. phil., Prof. f. Germanistik/Linguistik Univ.-GH Duisburg - Schillerstr. 121, 4100 Duisburg 17 - Geb. 3. Juli 1943 Backnang/Württ., verh. m. Katharina, geb. Platzek, 2 Kd. (Franziska, Philipp).

AMONATH, Detlef J.
Geschäftsführer Daiwa Europe (Dtschl.) GmbH, Frankfurt/M. - Bussardweg 4, 6238 Hofheim/Ts.-Langenhain.

AMPARO de TRIANA

Flamencotänzerin u. -pädagogin - Zu erreichen üb. Flamencostudio, Belziger Str. 25, 1000 Berlin 61 (T. 030 - 784 56 66) - Geb. 14. Dez. 1951 Braunschweig, gesch. - Abit. 1970; Hochsch. f. Musik u. Theater Hannover; Abschlußprüf. z. Tänzerin 1974, Ballettmeisterin 1976 - S. 1973 priv. Flamencounterricht in Spanien; 1981 Übersiedlung n. Spanien; 1982-85 Engagem. in Los Gallos, Sevilla u. Assist. v. Mario Maya im Teatro Gitano Andaluz; 1983 Solistin im Ensemble v. Mario Maya auf d. Biennale Flamenca in Sevilla; s. 1985 in Berlin; s. 1990 eig. Flamencostudio in Berlin - S. 1986 Tourneen m. Flamenco puro durch Dtschl.; 1991 Flamencotanztheater Juegos in Berlin - Liebh.: Klass. Musik, bes. Opern - Spr.: Span., Engl., Franz.

AMSEL, Hans Georg
Dr. phil., Entomologe, Hauptkonservator a. D. - Waldring 1a, 7517 Waldbronn (T. 07243 - 6 83-27) - Geb. 29. März 1905, ev., verh., 2 Kd. - Promot. 1933 Berlin - 1934-46 Abt.-Leit. f. Entomologie, Bremen, 1955-73 Landessamml. f. Naturkunde, Karlsruhe - BV: Kehrseite d. Geldes, 1976. Üb. 140 Einzelarb. üb. Microlepidopteren, üb. 50 Einzelarb. üb. Geld- u. Wirtschaftsprobl., Anonymität d. Geldes. Begründer d. Encyclopädie d. Microlepidoptera Palaearctica - 1979 Fabriciusmed. d. Dt. Ges. f. Allg. u. angew. Entomologie; 1986 Ernst-Jünger-Preis f. Entomologie; 1986 Hans Adalbert Schweigart-Med. d. Weltbundes z. Schutze d. Lebens.; 1992 Prof.-Günther-Schwab-Med. Dt. Bund z. Rettung d. Lebens.

AMSINCK, Werner
Vorstandsmitglied New-York Hamburger Gummi-Waaren Compagnie, Hamburg-Harburg - Ohlstedter Park 24, 2000 Hamburg 66 - Geb. 1. Febr. 1912 Hamburg - Kaufm. Werdegang.

AMSTUTZ, G. Christian
Dr. rer. nat., Dipl.-Ing.-Geol. ETH Zürich, o. Prof. u. Direktor Mineral.-Petrogr. Inst. Univ. Heidelberg (s. 1964) - Zu erreichen üb. Inst. f. Mineral. u Petrographie d. Univ., INF 236, 6900 Heidelberg - Geb. 27. Nov. 1922 Bern/Schweiz, protest., verh. s. 1959, 3 Kd. (Martin, Georg, Barbara) - Gymn. Bern; ETH Zürich, Univ. of Washington in Seattle, Harvard, Cambridge, Mass., USA - 1952-56 Grubengeologe Peru; 1956-64 Prof. Univ. of Missouri. Dr. h. c. Univ. Auton. Madrid 1973, Prof. h. c. Changchun College of Geology, VR China. Korresp. Mitgl. Geol. Ges. v. Belgien, Finnland u. VR China. 24 Mitgliedsch. im In- u. Ausl. - BV: Geologie u. Petrographie d. Ergußgesteine im Verrucano d. Glarner Freiberges, 1954; Syngenese u. Epigenese in Petrographie u. Lagerstättenkde., 1959; Sedimentology and Ore Genesis, 1964; Glossary of Mining Geology, 1968; Ores in Sediments, 1973; Spilites and Spilitic Rocks, 1974; Mineralien u. Gesteine im Odenwald (m. S. Meisl u. E. Nickel), 1975; Ore Genesis State of the Art, 1982; Stratabound are deposits in the Andes, 1990. Mithrsg.: Mineralium Deposita; Revista Iberoamericana de Cristalografia, Mineralogia y Metalogenia (Madrid); Heidelberger Jahrbücher; Tschermacks Min. Petr. Mitt. - Liebh.: Gesch., Phil., Psych., Reiten, Bergsteigen - Spr.: Franz., Engl., Span.

AMTHOR, Michael
Dr. med., Prof. f. Pathol. Univ. Göttingen, Chefarzt Diakoniekrankenhs. Rotenburg/Wümme - Hauptstr. 341, 2725 Bothel (T. 04266 - 10 74) - Geb. 10. April 1942 Frankfurt/M. (Vater: Reinhold A., Patentanwalt; Mutter: Irmgard, geb. John), kath., verh. s. 1968 m. Johanna, geb. Löschner, 3 Kd. (Katharina, Christoph, Joachim) - Staatsex. u. Promot. 1968, Habil. 1977 - S. 1983 apl. Prof.; jetzt Chefarzt Pathol. Inst. Diakoniekrkhs. Rotenburg/W. - BV: Rotter's Lehrb. d. Pathol. (Mitverf.). Zahlr. Veröff. üb. Lungenpathologie - 1978 Senckenberg-Preis.

AMTHOR, Uwe
Lehrer, MdL Schlesw.-Holst. (Landesliste) - Brookring 9, 2358 Kaltenkirchen - Geb. 20. Jan. 1945 Berlin - SPD.

AMZAR, Dinu
Dipl.-Math., Schriftsteller - Lenaustr. 2, 7480 Sigmaringen 1 (T. 07571 - 5 24 60) - Geb. 11. März 1943 Berlin (Vater: Lic. phil. Dr. phil. Dumitru C. A.; Mutter: Maria, geb. Bernea), griech.-orth., verh. s. 1982 m. Prof. Dr. Moiken Boßung-Amzar, S. Cornelius Aurel - 1964-70 Stud. Math. u. Phys. Univ. Mainz; Dipl.-Math. 1972 - 1973-83 wiss. Mitarb. Statist. Bundesamt Wiesbaden - BV: Sehübungen an Rebengerippen, Ged. 1975; Gebiete d. Grillen zu schweigen, Ged. 1979; Langholzabfuhren, Ged. 1990;

Beitr. u. a. in: Frankfurter Hefte 1/1975; D. Gedicht, 1987; Wirtschaftswiss. Reader, 1985 - 1977 Ehrengabe f. Lyrik Lit. Union, Saarbrücken; Mitgl. Dt. Math. Vereinig. u. d. Martin-Heidegger-Ges. - Liebh.: Wanderungen - Spr.: Engl., Franz. - Lit.: Zw. Math. u. Lit., Wiesbadener Tagblatt 11.8.75; R. Wernshauser, Rezension d. Sehübungen, Neue Dt. Hefte Nr. 147, Heft 3/1975; Karl Schön: Dasein zeichnet Sorge, Rezension d. Grillen-Ged., Horizonte 4. Jg. Heft 14-15, 1980; Christoph Wartenberg: Baumsägen m. Katalysator, Rezension d. Langholzabf., Schwäb. Ztg., 12.1.1991 - Bek. Vorf.: Ernest Bernea (Onkel), rum. Schriftst. u. Kulturphil. (1905-1990).

ANACKER, Hermann

Dr. med., o. Prof. u. em. Direktor Inst. f. Röntgendiagnostik Klinikum r. d. Isar/Techn. Univ. München (s. 1968) - Schiffmannstr. 12, 8032 Gräfelfing/Obb. (T. München 85 31 45) - Geb. 18. Juli 1917 St. Privat b. Metz (Vater: Dr. A., Arzt; Mutter: geb. Reischig), verh. s. 1951 m. Dr. Luise, geb. Gruber - Zul. Chefarzt Röntgen- u. Strahlenabt. Krkhs. r. d. Isar München u. apl. Prof. Univ. Gießen, 1957/58 Vors. Hess. Ges. f. Strahlenkd.; 1967ff. Vors. Bayer. Röntgen-Ges.; 1971 Präs. I.C.P.R. - BV: 13 wiss. Buchveröff., bzw. -beitr. - Herausg.: Radiologische Differentialdiagnostik (1991) - 1962 F.C.C.A., 1973 Goldmed. Intern. Congr. Radiol.; 1975 Ehrenmitgl. Soc. Ital. di Radiol.; 1981 Editor in chief Europ. Journ. Radiol.; 1981 Präs. Dt. Röntgenkongr. - Liebh.: Tennis, Philatelist - Spr.: Franz.

ANATOL, Andreas

s. Fröba, Klaus

ANBUHL, Jürgen

Dr., Studienrat, MdB (1970-76; 1972 Wahlkr. 2/Schleswig-Eckernförde) - Eichkamp 18, 2330 Eckernförde - Geb. 5. Mai 1940 Berlin (Vater: Dipl.-Ing. Werner A.; Mutter: Gerda, geb. Krüger), ev., verh. s. 1966 m. Ingrid, geb. Meidel, 2 Söhne (Matthias, Thomas) - Gymn.; Stud. Philol. Staatsex. - I. Stadtrat Eckernförde. SPD s. 1963 (zeitw. Mitgl. Landesvorst.) - Spr.: Engl.

ANCKER, Frauke

Rechtsanwältin, Geschäftsf. Bayer. Journalisten-Verb. - Seidlstr. 8, 8000 München 2.

ANDEL, Norbert

Dr. rer. pol., Prof. f. Wirtschaftl. Staatswiss. (Finanzwiss.) - Mertonstr. 17, 6000 Frankfurt/M. - Geb. 22. Nov. 1935 Peine - Promot. (1963) u. Habil. (1968) Frankfurt/M. - S. 1970 Ord. TU Berlin, 1974 Univ. Gießen, 1981 Univ. Saarbrücken, u. 1987 Univ. Frankfurt/M. 1973 Prof. MIT - Mitgl. Wiss. Beirat b. BMF u. Sozialbeirat b. BMA - BV: Probleme d. Staatsschuldentilgung, 1964; Subventionen als Instrument d. finanzwirtsch. Interventionismus, 1970; Finanzwiss., 2. A. 1990. Mithrsg.: Finanzarchiv (1974ff.); Handb. d. Finanzwiss. (1977-83).

ANDEREGG, Johannes

Dr. phil., Prof. f. deutsche Sprache u. Literatur - Fliederstr. 12, CH-9010 St. Gallen (T. 24 63 60) - Geb. 3. Juni 1938 St. Gallen (Vater: Emil A., Stadtpräs.; Mutter: Nora, geb. Ratnowsky), prot., verh. s. 1967 m. Elisabeth, geb. Säubeli - Stud. Univ. Zürich (Dipl. f. d. Höh. Lehramt u. Promot. 1964) - 1967-71 wiss. Assist. Univ. Göttingen; 1971-78 Prof. Kassel (1971-73 Dekan FB Sprache u. Lit.); 1977 Gastprof. Yale Univ. (USA); 1978 Prof. Hochsch. St. Gallen (1982 Prorektor, 1986-90 Rektor). 1992 Gastprof. Dartmouth College. 1983-87 Präs. Akad. Ges. Schweiz. Germanisten - BV: Leseüb., 1970; Fiktion u. Kommunikation, 1973; Unterhalt. (m. J. Hienger, K. Spinner), 1976; Literaturwiss. Stiltheorie, 1977; Sprache u. Verwandlung, 1985.

ANDEREGG, Jürgen

Dr. rer. pol., Dipl.-Kfm., Vorstandsmitglied OTTO AG f. Beteiligungen, Geschäftsf. d. GS Ges. f. Versandbeteiligungen mbH, AR-Mitgl. Verwaltungsges. Otto-Versand mbH - Zum Forellenbach 5, 2000 Oststeinbek (T. 040 - 712 39 72) - Geb. 2. Mai 1931 Berlin - Univ. Frankfurt (Betriebsw.).

ANDERER, Alfred

Dr. rer. nat., Prof., Direktor Friedrich-Miescher-Labor./Max-Planck-Ges. z. Förd. d. Wissenschaften, Tübingen (s. 1972) - Falkenweg 35, 7400 Tübingen 1 - Geb. 4. Juni 1926 Ravensburg, verh. s. 1956 m. Johanna, geb. Aust, 2 Kd. - Promot. (1957) u. Habil. (1963) Tübingen - S. 1967 Wiss. Mitgl. MPG. S. 1970 apl. Prof. Tübingen (Biochemie). Fachveröff. - 1967 Fritz-Merck-, 1969 Felix-Haffner-, 1973 Emil-Karl-Frey-Preis; s. 1989 Korr. Mitgl. d. Acad. Européenne d. Sciences, d. Arts et des Lettres, Paris - Liebh.: Malerei - Spr.: Engl.

ANDERKA, Johanna

Schriftstellerin - Tannenäcker 52, 7900 Ulm-Wiblingen (T. 0731 - 4 21 12) - Geb. 12. Jan. 1933 Mährisch-Ostrau (Vater: Leo Anderka; Mutter: Margarete, geb. Kutschera), kath., ledig - Obersch. u. Handelssch. - BV: Ergebnis e. Tages, 1977; Herr, halte meine Hände, 1979; Heilige Zeit, 1980; Zweierlei Dinge, 1983; Über d. Freude, 1983; Für L., 1986; Blaue Wolke meiner Träume, 1988; Ich werfe meine Fragen aus, 1989; Sprachlos mein Schrei, 1991; zahlr. Veröff. in Anthol. u. Literaturztschr. - 1978 Prosapreis d. Lit. Union Saarbrücken; 1980 Preis d. Interessengem. deutschsprach. Autoren; Zweimal Anerkenn. d. Jury im Lyrikwettbew. Karl Heinz Urban, Witten; 1985 Paul-Celan-Preis d. Künstlergilde Esslingen; 1986 u. 88 Anerkenn. d. Jury im Lyrikwettbew. d. Künstlergilde Esslingen; 1987 2. Preis im Lyrikwettbew. d. Künstlergilde Esslingen; 1988 Prosa-Preis im Hafiz-Literaturwettbew. u. Kulturpreis d. Sudetendt. Landsmannschaft; 1989 Hafiz-Literaturpreis Prosa u. Lyrik; 1989 1. Preis im Lyrikwettbewerb d. Künstlergilde Esslingen; 1990 Kurzgeschichtenpreis d. GEDOK; 1991 Nikolaus-Lenau-Preis d. Künstlergilde Esslingen - Liebh.: Stricken, Wandern, Sport (passiv).

ANDERNACHT, Dietrich

Dr. phil., Archivdirektor a. D. - Karmelitergasse 5, 6000 Frankfurt/M. 1 (Stadtarchiv) - Geb. 26. Dez. 1921 Keilhau b. Rudolstadt - Gymn.; Univ. Freiburg u. Frankfurt (Gesch., Mittellat., Histor. Hilfswiss.; Promot. 1950). Ex. f. d. wiss. Archivdst. 1954 Marburg - S. 1959 Dir. Stadtarchiv Frankfurt. Fachveröff.

ANDERS, Albrecht

Kanzler Univ. d. Bundeswehr München - Werner-Heisenberg-Weg 39, 8014 Neubiberg/Obb. - Geb. 30. Nov. 1931.

ANDERS, Egon

Dipl.-Kfm., Vorstandsmitglied Anneliese Zementwerke AG., Ennigerloh - Auf der Höhe 12, 4740 Oelde 2 - Geb. 24. April 1929.

ANDERS, Fritz

Dr. rer. nat., o. Prof. f. Genetik - Aulweg 58, 6300 Gießen - Geb. 22. Nov. 1919 Berlin, ev., verh. m. Dr. rer. nat. Annerose Anders, 2 Kd. (Elisabeth, Michael) - Promot. 1954 Mainz; Habil. 1958 Saarbrücken - S. 1958 Lehrtätigk. Univ. Saarbrücken u. Gießen (1964 Ord. u. Inst.sdir.) - BV: Koller, Anders, Steitz, Zoologie - E. Einf. i. d. Tierkunde, 4. A. 1977. Ca. 300 Einzelveröff., meist Tumorgenetik.

ANDERS, Helmut

s. Degner, Helmut

ANDERS, Karl N.

Verleger, Publizist - Alpenstr. 2, 6072 Dreieich-Götzenhain (T. Langen/Hessen 8 47 10) - Geb. 24. Januar 1907 Berlin, verh. m. Hanna, geb. Dörrer, 1 Kd. - BV: Im Nürnbg. Irrgarten, D. ersten hundert Jahre, An Vaters Statt, Stein für Stein - 1977 BVK I. Kl.

ANDERS, Richard

Schriftsteller u. Übers. - Koblenzer Str. 1, 1000 Berlin 31 (T. 030 - 853 19 27) - Geb. 25. April 1928 Ortelsburg/Ostpr., verw., S. Alan - 1953-59 Stud. German. u. Geogr.; 1. Staatsex. f. d. höh. Lehramt - 1962-64 Deutschlektor Univ. Zagreb (Jugosl.); 1965-69 Dokumentationsjourn. Magazin Spiegel u. Ztg. D. Welt; s. 1970 fr. Autor - BV: D. Entkleid. d. Meeres, Ged. 1969; Preuß. Zimmer, Ged. 1975; Zeck-Gesch., 1979; Üb. d. Stadtautobahn, Ged. 1980; E. Lieblingssohn, R. 1981; Üb. d. Stadtautobahn u. a. Ged., 1985. Übers.: Ted Joans, D. Erdferkelforscher, Ged. 1980; Begegnung m. Hans Henny Jahnn, Aufz. 1951-55, 1989 - Spr.: Engl., Franz.

ANDERS, Rolf H.

Kaufmann, gf. Gesellsch. Teekanne GmbH., Düsseldorf, (s. 1937) - Am Feldbrand 11, 4005 Büderich - Geb. 5. Juli 1913 Dresden (Vater: Rudolf A.), verh. m. Christa, geb. Fritzsche - Höh. Schule Dresden - Veröff.: Auf d. Wegen d. Tees - Liebh.: Golf.

ANDERSEN, Peter

s. Hanser-Strecker, Peter

ANDERSEN, Uwe

Dr. phil., Prof. f. Politikwissenschaft (insb. Polit. Ökonomie) - Trakehner Weg 40, 4403 Senden - Geb. 14. April 1940 Husum - Banklehre, Abendgymn., FU Berlin, Yale Univ./USA (Politikwiss. u. Volksw.; Dipl. 1967) - S. 1979 Prof. f. Politikwiss. Ruhr-Univ. Bochum - BV: D. intern. Währungssystem zw. nationaler Souveränität u. supranationaler Integration, 1977.

ANDERSON, Hans-Joachim

Dr. rer. nat., Prof., Direktor Institut f. Geologie u. Paläontol. (Dekan 1988/89 u. 1990/91) u. Honorarprof. Univ. Marburg - Goldbergstr. 23, 3550 Marburg.

ANDERSON, Oskar

Dr. oec. publ., Dipl.-Volksw., o. Prof. f. Statistik - Geschw.-Scholl-Pl. 1, 8000 München 22 - Geb. 20. Febr. 1922 Budapest - S. 1960 (Habil.) Lehrtätigk. Univ. München, WH bzw. Univ. Mannheim (1960 ao., 1962 o. Prof.), Univ. München (1970 o. Prof.), emerit. 1988. 1968 o. Mitgl. Intern. Statist. Inst.

ANDERSSON, Jöns

Schauspieler u. Regiss. - Achtern Hoff 6, 2000 Hamburg 67 (T. 040-603 85 77) - Geb. 15. Nov. 1914 Hamburg, ev., ledig, T. Daniela - Ausb. 1935-37 Schauspielhaus Hamburg - 1939-41 Schausp. u. Funk Wuppertal, 1942-45 Schauspielhaus Hamburg, 1945-65 b. Hilpert (Dt. Theater), 1966-70 Zürich, s. 1970 Frankfurt u. Gastsp. in d. Bundesrep., Österr., Schweiz u. Niederl. - Versch. Inszen. S. 1979 freischaffend - Liebh.: Schmalfilm, Schiffsmodelle - Spr.: Engl.

ANDERSSON-LINDSTRÖM, Gunnar

Dr. rer. nat., Prof. f. Experimentalphysik - Jungiusstr. 9, 2000 Hamburg 36 - B. 1977 Doz. (Wiss. Oberrat), dann Prof. Univ. Hamburg.

ANDRÄ, Jürgen

Dr. rer. nat., Prof. f. Physik Univ. Münster (Inst. f. Kernphysik) - Hammerstr. 41b, 4400 Münster - B. 1980 Lehr- u. Forschungstätigk. FU Berlin (Inst. f. Atom- u. Festkörperphysik) - 1978 Röntgen-Preis.

ANDRAE, Oswald

Schriftsteller - Am Kirchpl. 15, 2942 Jever/O. (T. 7 26 98) - Geb. 25. Juni 1926 Jever (Vater: Georg A., Uhrmacher u. Optiker; Mutter: Hilda, geb. Helmerichs), ev., verh. s. 1954 m. Hannelore, geb. Schönbohm, 3 Kd. (Hilke, Iko, Joost) - Marien-Gymn. Jever (Abit.); Lehrauftr. FHS Ostfriesl. (1976-78) - Viele BV. Hörsp.: Inselbesöök, NDR 1965; Feature: Lavay, 1973; Ich schreib d. verrückt. Themen, 1974; Low German/Englisch-Poetry, 1975; Dat Leed van de Diekers - 1765, 1977 u. 1980; Heimat - Gedanken üb. e. schwieriges Thema, 1980; Come to meet us - Kumm uns tomööt, 1981; Exposé f. d. FS-Film „Gah mit mi dör't Land", M. Oswald Andrae dör't Jeverland 1980; Dar weer mal en Schipper up Wangerogh, 1981; De rieke Mann kann blieven, Feature, RB 1981; De Straten stunken na Brand (Kindheit im Faschismus), RB 1985; Wer nicht deichen will, muß weichen, Radio DRS 1986; Sturzflüge d. Kiebitze, Lyrik um zehn v. elf, RB 1986; De Familie Janssen geiht na Amerika - Stationen e. Auswanderung im J. 1883, Feature, RB 1988; Dreeundartig Mullsbülten - E. FF-Film m. O.A. u. dessen Lyrik, NDR 1988; Bi Jan Beluga in Moraira - O.A. ges. Eindrücke v. d. Costa Blanca, Feature, RB 1988; An Bord d. Liberal, Feature, NDR 1988; Kieloben - Lyriksend., RB 1990. Theater: Laway Aufstand d. Deicher 1765 e. sz. Chronik Oldenbg., Staatsth. 1983. LP: Dat Leed van de Diekers - 1765, 1983, Liedtexte u. Kompos. auf mehr als 20 LPs, auf MPs u. CDs, Veröff. in Liederb. - 1971 Klaus-Groth-Preis f. niederdt. Lyrik u. Preis d. Sparte Prosa b. lit. Wettbewerb Junge Dichtung in Nieders.; 1983 Nieders. Künstlerstip. f. Lit.; 1988 Verdienstkr. am Bde. d. Nieders. VO.; 1989/90 Villa Massimo (E.) - Spr.: Engl. - Lit.: Heinz Werner Pohl, Laudatio anläßl. d. Verleih. d. Klaus-Groth-Pr. 1971, in: Festschr. d. Stiftg. FVS Hamburg (1971); Johann P. Tammen, Z. polit. Wirk. v. Mundartdcht., in: die horen Nr. 90; Fritz Eduard Spiess, De Fahn - Explos. Wirk. niederdt. Texte, in: 34/NE/0820/28 März/73 FAZ v. 29.3.1973, Frankf. Rundsch. v. (30.3.1973); Peter Juppenlatz, D. Fahnenkrieg v. Jever, in: Stern Nr. 15 (1973); Thomas Ayck, Porträt O. A., in: bücherjournal NDR III (1975); Peter Schütt, Nachdrückl. Hinw. auf O. A., in: die horen Bd. 99 (1975); Bernhard Gleim, Vorbildl. Heimatfunk Dat Leed van de Diekers, in: epd Kirche u. Rundf. 89/90 (1977); Ludwig Harig, D. Sprache wird z. Körperteil, in: D. Zeit, Nr. 26 1977 u. Akad. d. Künste 70-79; Fernand Hoffmann/Josef Berlinger, D. Neue Deutsche Mundartdicht., Tendenzen u. Autoren (1978); Dt. Literaturgesch. v. d. Anfängen b. z. Gegenw., S. 498 (1979); Viola Roggenkamp, Hebbt Se'n Jagdschien, Herr Poet?, In: D. Zeit, Nr. 34 1979; Bernhard Gleim, Ambivalenz im Suchbild, in: epd/Kirche u. Rundf. Nr. 36 1980; Hans Joachim Gernentz, Niederdt. - gestern u. heute (1980); Ralf Schnell, Riet Dien Muul up - Niederdt. Dicht. heute, in: Basis - Jahrb. f. dt. Gegenwartslit., Bd. 10 (1980); Werner Schulze-Reimpell, Aufstand d. Deicher, in: FAZ v. 4.2.1983; Lit. d. BRD, in: D. Gesch. d. dt. Lit., Bd. 12 (1983); Anne Pauwels, Neue Funktionen d. Dialekts in d. Bundesrep. Deutschl. u. Österr., in: Tendenzwenden - Aspekte d. Kulturwandels d. Siebziger Jahre (1984); Jochen Schütt: Lieber ldütlichl als lnüdlichl - O.A. z. 60. Geb. (RB 1986); Ralf Schnell, D. Lit. d. Bundesrep. Deutschl. - Autoren, Gesch., Lit.betrieb (1986); Heinrich Goertz, Wi troort üm dit Land, in: Tagesspiegel v. 13.3.1988; Jörg Schilling, in: Walter Killy Lit.Lex. Bertelsmann (1988).

ANDRASCHKE, Peter

Dr. phil., Prof. f. Musikgeschichte Univ. Gießen, Fachautor - Goldammerweg 6, 7800 Freiburg (T. 4 66 07) - Geb. 1. Dez. 1939 Bielitz, kath. - Stud. Schulmusik u. Musikwiss. München, Berlin, Freiburg (Staatsex. 1970, Promot. 1973, Habil. 1982) - BV: Gustav Mahlers 9. Symph., 1976; Fr. Schubert: Sinfonie Nr. 7 (Unvollendete), 1981. Herausg.: D. Reger-Schüler Fritz Lubrich (1989). Mitarb. an intern. Lexika; zahlr. wiss. Beitr. u. Vortr. im In- u. Ausl. - Liebh.: Volkskde., Kulinarik.

ANDRE, Johannes
Dr. rer. nat. (habil.), Prof., Mathematiker - Herderstr., 6602 Dudweiler/Saar - Geb. 6. August 1925 Hamburg (Vater: Konrad A., Exportkfm.; Mutter: Eugenie, geb. Wegner), verh. m. Edith, geb. Knuth - Univ. Hamburg u. Tübingen (Promot. 1954) - Assist. TH Braunschweig; 1963 Doz. Univ. Gießen; 1964 Abt.vorsteher u. Prof. Univ. Saarbrücken (Math. Inst.); s. 1990 i. R. Zahlr. Fachveröff.

ANDREAE, Eberhard
Fabrikant, gf. Gesellsch. Jung + Simons Textil- u. Kunststoffwerke, Haan, i.R. Moersenbroicher Weg 163, 4000 Düsseldorf 30 (T. 62 55 68) - Geb. 29. März 1907 Zwickau/Sa., ev., verh. s. 1942 m. Gerta, geb. Stremmel, 2 Kd. (Marlis, Johann) - Textiling.sch. - Spr.: Engl., Franz.

ANDREAE, Meinrat O.
Dr. rer. nat., Prof., Direktor Max-Planck-Inst. f. Chemie (1987ff.) - Postf. 30 60, 6500 Mainz - Geb. 19. Mai 1949 Augsburg, verh. m. Tracey - Dipl. 1974 Göttingen, Promot. 1978 Univ. of California San Diego - 1978-87 Prof. of Oceanography, Florida State Univ. Arbeitsgeb.: Rolle d. Biosphäre im atmosph. Stoffkreislauf. Zahlr. wiss. Art. in Fachztschr.

ANDREAE, Stefan
Dr. theol., Leiter Pastoralpsycholog. Beratungsdienst, Köln, apl. Prof. f. Pastoralpsych. Univ. Bonn/Kath.-Theol. Fak. (s. 1973) - Wiesengrund 2, 5206 Neunkirchen 1 - Geb. 22. Aug. 1931 Graz (Österr.) - Promot. 1960; Habil. 1970 - BV: Pastoraltheol. Aspekte d. Lehre Sigmund Freuds v. d. Sublimierung d. Sexualität, 1974.

ANDREAS, Erich
Prof., Konzertpianist - Wissmannstr. 4, 1000 Berlin 33 (T. 030 - 891 39 65, Fax 030 - 892 83 07) - Geb. 17. Nov. 1928 Heidelberg (Vater: Prof. Dr., Drs. h. c. Willy A., Historiker † 1967; Mutter: Gerta, geb. Marcks † 1985), s. 1981 verh. m. Gisela, geb. Wild, T. Stephanie 1. Ehe - Gymn. Heidelberg; Nordwestd. Musikakad. Detmold (Lehrer: Frieda Kwast-Hodapp, Conrad Hansen), Konzertex. 1953; Privatlehrerex. - S. 1954 Konzerttätigk. In- u. Ausland; 1961-63 Berliner Kirchenmusiksch., 1964-76 Hochsch. f. Musik u. Darst. Kunst Hamburg (Hauptf. Klavier), s. 1976 Prof. Hochsch. d. Künste Berlin (Klavier) Bek. Vorf.: Hist. u. Bismarckbiogr. Erich Marcks (1861-1938; Großv.).

ANDREE, Christian
Dr. phil., Medizinhistoriker - Brunswiker Str. 2a, 2300 Kiel 1 - Geb. 28. Nov. 1938 Landsberg (Vater: Gerhard A., Landw.; Mutter: Johanna, geb. Kollatschny), ev. - Stud. Anthropol., Ur- u. Frühgesch., Gesch. d. Med. u. d. Naturwiss., allg. Gesch., German. - S. 1976 wiss. Oberrat Univ. Kiel (Inst. Gesch. d. Med.) - BV: rd. 50 Titel, u. a. Rudolf Virchow als Prähistoriker, 2 Bde. 1976; Theodor Fontane: Reisebriefe v. Kriegsschauplatz Böhmen 1866, (Hrsg.) 1973; Rudolf Virchow - Theodor Billroth: Leben u. Werk, 1979 - Lit.: Kürschners Gelehrtenkal.

ANDREE, Ingrid
Schauspielerin - Wohnh. in Hamburg - Geb. 19. Jan. 1931 Hamburg (Vater: Kaffeeimporteur), verh. 1959-65 m. Hanns Lothar († 1967), Tocht. Susanne - Gymn. (Abit.) u. Schauspielausb. Hamburg - S. vielen J. Mitgl. Thalia-Theater Hamburg. Zahlr. Bühnenrollen (zul. Kate (Alte Zeiten) u. Gräfin v. Rathenow). Film: Primanerinnen, Liebeserwachen, Und ewig bleibt d. Liebe, Drei v. Variete, Roman e. Siebzehnjährigen, Frühling d. Lebens, Bekenntnisse d. Hochstaplers Felix Krull, D. lb. Familie, E. Stück v. Himmel, Wie schön, daß es dich gibt, ... und nichts als die Wahrheit, Peter Voß, d. Millionendieb, ... u. d. Rest ist Schweigen; Bühne: D. Schloß, D. tätowierte Rose, Caesar u. Cleopatra, Frl. Julie (1967 unt. Fritz Kortner), König Lear, Civil Wars, Gespenster, Peer Gynt - 1972 Mitgl. Dt. Akad. d. Darstell. Künste, Frankfurt/M.

ANDREEFF, Alexander
Dr. rer. nat. habil., Physiker, Prof. f. nukleare Festkörperphysik TU Dresden (s. 1973) - TU Dresden, Mommsenstr. 13, O-8027 Dresden - Geb. 22. März 1932 Berlin, verh., 4 Söhne (Michael, Andreas, Stephan, Thomas) - Stud. Univ. Berlin, 1956 Dipl.; Promot. 1963 Univ. Leipzig; Habil. 1969 TU Dresden - Zentralinst. f. Kernforsch. (Neutronenphysik, Kernspektroskopie); 1968 Bergakad. Freiberg (angew. Kernphysik).

ANDRES, Elmar
Vorstandsmitglied AGROB AG., München 2 - Harthauser Str. 115a, 8000 München 90 - Geb. 7. Febr. 1926.

ANDRES, Helmut
Ass., Geschäftsführer Stadtwerke Köln GmbH., Köln 41 - In d. Weingärten 12, 5204 Lohmar/Rhld. - Geb. 24. Nov. 1924 - ARsmand. u. a.

ANDRES, Karl Hermann
Dr. med., M. D., o. Prof. f. Anatomie Univ. Bochum/Abt. f. Naturwiss. Med. (s. 1970) - Farnstr. 3, 4630 Bochum.

ANDRES, Klaus
Dr. sc. nat., Prof. TU München, Physiker - Turnerstr. 50, 8000 München 82 - Geb. 1. März 1934 Zürich (Vater: Otto A., Bücherexperte; Mutter: Gertrud, geb. Keller), prot., verh. s. 1970 m. Marlene, geb. Stauffacher, 3 Kd. (Philip, Dieter, Karin) - Dipl.-Phys. ETH Zürich 1958, Promot. 1963 - 1963-80 Bell Telephone Res. Laborat. (USA); s. 1980 Prof. f. techn. Physik TU München - BV: Nuclear magnetic cooling (m. and.), 1982 - Spr.: Engl., Franz.

ANDRES, Wolfgang Peter
Dr. phil. nat., Prof. f. Geographie - Barfüßertor 15, 3550 Marburg - Geb. 25. April 1939 Berlin (Vater: Dipl.-Ing. Helmut A.; Mutter: Elisabeth, geb. Spiegelberger), ev., verh. s. 1964 m. Edith, geb. Watz, 2 Kd. (Joachim, Karin) - Univ. Gießen u. Frankfurt/M. (Geogr., Geol., Meteorol., Phys.). Promot. 1966 Frankfurt; Habil. 1974 Mainz - S. 1976 Prof. Univ. Marburg. Div. Facharb. - Spr.: Engl., Franz.

ANDRESEN, Dieter
Dr. theol., Pastor - Gintofter Str. 1 a, 2391 Steinbergkirche (T. 04632 - 3 57) - Geb. 16. März 1935 Sterup/Angeln (Vater: Andreas A., Raiffeisen-Geschäftsf.; Mutter: Anneliese, geb. Petersen), ev., verh. m. Gisela, geb. Hipp, Pastorin, 1 S. Jannis - 1955-60 Stud. Theol. Kiel, Hamburg, Basel, Heidelberg, Göttingen; 1. Theol. Ex. 1960; 2. Theol. Ex. 1962; Promot. 1982 - Theol. Doz. in Breklum; Pastor in Harrislee b. Flensburg u. Rabenkirchen/Angeln; 1968-74 Studentenpfarrer Univ. Kiel; 1978-82 Lehrauftr. Niederd. als Kirchenspr. Univ. Kiel; 1980-86 Ausbildungsmentor f. Vikare - BV: Kirche am Montag, 1973; Plattdüütsch in de Kark, 1983; Dat Osterspeel vun Redentin (Textausg. m. a. Übers.), 1991. Herausg.: Niederdeutsch als Kirchenspr. (1980). Mithrsg.: De Kennung. Aufs. üb. Niederd. Kirchenspr., Niederd. Lit., Schleswig-Holst. Kulturgesch., Theol. u. Politik, Theol. Karl Barths, u. a. Ländl. Kulturarbeit, Laienspiel, Rezitationen.

ANDRESEN, Egon Christian
Dr.-Ing., o. Prof., Dir. Inst. f. Elektr. Energiewandlung TH Darmstadt - Pinkmühlenweg 14, 6109 Mühltal (T. 06151-14 82 84) - Geb. 10. Dez. 1928 Bremerhaven, ev., verh. s. 1961 m. Hannelore, geb. Braun, T. Suse - 1964-69 Geschäftsltg. Entw. AEG-Großmaschinenfabrik, Berlin. 1983-85 Vizepräs. TH Darmstadt.

ANDRESEN, Günter Andreas
Fabrikant, vorm. Vorsitzender d. Geschäftsltg. u. gf. Gesellsch. SABO/Roberine Gruppe, div. Beiratsmand. - Im ehem. Schloßgarten, 8130 Starnberg (T. 08151 - 62 94) - Geb. 3. Mai 1934 Flensburg (Vater: Johannes A., Kaufm.; Mutter: Elisbeth, geb. Esser), verh. m. Dr. med. Mirjana A. - Kaufm. Lehre, 2. Bild.weg, Stud. Betriebswirtsch. u. Soziol. (o. Abschl.) - Post-Graduate AMP Harward Univ. 1974 - BV: Management Enzyklopädien, Marketing-Verkaufsleit. Handbuch - Liebh.: Kunstgesch., Segeln, Musik, Sport (1955 Vize-Junioren-Landesm. 5000 m-Lauf) - Spr.: Engl.

ANDRESEN, Hans C.
s. Bauer, Alexander W.

ANDRESEN, Harro G.
Dr. rer. nat., Prof. f. Physik Univ. Mainz - Carl-Orff-Str. 18, 6500 Mainz - Geb. 19. Dez. 1929 - S. 1967 Lehrtätigk. Mainz. 1959-66 US Army Fort Monmouth (USA).

ANDRESEN, Matthias
Herrenschneidermeister, MdL Schlesw.-Holst. (1955-71), Präs. Handwerkskammer Flensburg (s. 1959), Bürgervorsteher Husum, Vors. CDU Kreisverb. Husum, Mitgl. Landesplanungsrat Schlesw.-Holst., u. a. - Herzog-Adolf-Str. 43, 2250 Husum (T. 22 35) - Geb. 14. April 1904 Tondern/Nordschlesw. (Vater: Andreas A., Herrenschneiderm.; Mutter: Maria Jakobsen), ev., verh. s. 1930 m. Camille Faltings, Tocht. Inke-Marie - Obersekundareife - S. 1935 selbst. - 1958 Frhr.-v.-Stein-Plak. f. kommunale Verdienste in Schlesw.-Holst., 1965 Handwerkszeichen in Gold Zentralverb. d. Dt. Handw.

ANDRESEN, Rolf
Dr. phil., o. Prof. f. Sportwissenschaft Univ. Bayreuth - Universitätsstr. 30, 8580 Bayreuth (T. 0921 - 55 34 70) - Geb. 31. Juli 1925 Brebelholz - Stud. Päd., German. u. Sportwiss. Univ. Mainz (Promot. 1959) - Ltd. Sportdir. im BAL (Dt. Sportbd.) - Herausg.: Theorie u. Praxis d. Sportspiele; Entw. Zusammenarbeit im Sport - Analysen, Dokumentationen, Lehrmaterialien.

ANDRESS (ß), Arno
Dr., Geschäftsführer Hoover GmbH., Düsseldorf - Schimmelweg 7, 5600 Wuppertal-Vohwinkel.

ANDRIANNE, Rene
Dr. phil., Lic. en Phil., o. Prof. f. Romanistik Univ. Mainz (s. 1974) - Jakob-Welder-Weg 18, 6500 Mainz (T. 39 22 49) - Geb. 22. Mai 1928 Limerle/Belg. (Vater: Ernest A., Mutter: Louise, geb. Biot), kath., verh. s. 1971 m. Danielle, geb. Vervloet, 2 Kd. (Dimitri, Nancy) - 1956-63 Ass., dann Doz. Univ. Bujumbura (Burundi) u. Kinshasa (Zaire); 1969-74 Prof. Univ. Antwerpen (Belg.) u. Constantine (Alg.).

ANDRICH, Siegfried
Nachrichtensprecher ZDF/Heute - Zu erreichen üb. ZDF, 6500 Mainz - Geb. 18. Jan., verh. s. 1960 m. Christl, T. Manuela - Abit.; Schauspielsch. - Liebh.: Wandern, Reisen, Schwimmen, Bücher.

ANDRIOF, Udo
Dr. jur., Regierungspräsident, Leit. Regierungsbezirk Stuttgart (s. 1989) - Breitscheidstr. 4, 7000 Stuttgart 10 - Geb. 1942, ev., verh., 2 Kd. - Stud. Rechtswiss. 1961/62 Univ. Bonn, 1962-65 Univ. Freiburg; 1969 Promot. - 1970-78 Staatsmin. Baden-Württ.; 1978-84 Reg.-vizepräs. Tübingen; 1985-89 Staatsmin. Baden-Württ. (Abt. Leit. Verw., Recht, Finanzen).

ANDRITZKY, Michael
Journalist, Publizist, Ausstellungsgestalter, Filmemacher - Hauptstr. 49, 6719 Weisenheim a. Bg. - Geb. 28. Juli 1940 Dresden (Vater: Dr. jur. Christoph A., Stadtdir. a. D. (s. XVI Ausg.) - Stud. Soziol. München, Berlin, Heidelberg, Mannheim - 1971-83 Generalsektr. Dt. Werkbund.; Presseref. Intern. Filmwoche Mannheim - BV: Portrait Charles Eames, 1985; FKK, 1988; Künstliche Welten, 1989. Herausg.: Labyrinth Stadt (1975); Lernber. Wohnen (1979); F. e. andere Architektur (1980); Grün in d. Stadt (1980). Ausst.: z.B. Stühle, 1982; z.B. Schuhe, 1987. Filme.

ANDRZEJCZAK, Milosz
Solotänzer Deutsche Oper Berlin - Bonner Str. 2, 1000 Berlin 33 (T. 030 - 821 41 35) - Geb. 19. März 1952 Pabianice/Polen, gesch., T. Marta - Abit. 1971; Staatl. Ballett-Schule Warszawa Polen, 1971-79 Staatsoper Warszawa, 1980-83 Staatstheater Karlsruhe, 1983-84 Dt. Oper Berlin-West, 1984-85 Staatstheater Berlin-West, s. 1985 Dt. Oper Berlin-West - Solotanz i. Schwanensee, Giselle, Nußknacker, Romeo u. Julia, Fräulein Julia, Bacchus v. Ariane; Auslands-Tournee: Ostblockländer, USA, Frankr., Griech. - Spr.: Russ., Franz., Deutsch.

ANETSEDER, Leonhard
Landwirt, Bürgermeister Thyrnau - Raßbach 1, 8391 Post Kellberg - Geb. 3. Juli 1933 Raßbach (Vater: Leonhard A., Landw.; Mutter: Maria, geb. Windpaßinger), kath., verh. s. 1962 m. Anna, geb. Gruber, 3 Kd. (Leonhard, Martin, Margarethe) - Volkssch. u. landw. Ausbild., Landwirtsch.meisterbrief - 1960-78 Gde.rat, s. 1966 Kreisrat, s. 1972 Obmann Bayer. Bauernverb., s. 1978 1. Bürgerm.

ANFT, Berthold
Dr. phil., Journalist - Angerburger Allee 7, 1000 Berlin 19 (T. 030 - 304 83 04) - Geb. 14. Nov. 1905 Wiedenbrück/W. (Vater: Paul A., Arch.; Mutter: Gertrud, geb. Hassemeyer), ev., verh. m. Dora, geb. Kaließ, T. Gabriele - Univ. Jena u. Berlin (Dipl.-Chem. 1936) - S. Jahrzehnten Rundfunktätigk. (u. a. Leit. Naturwiss. Sendungen SFB/Hörfunk-Fernsehen) - BV: Friedlieb Ferdinand Runge - S. Leben u. s. Werk, 1937.

ANGELE, Anton
Dr. jur., Dipl.-Volksw., Mitglied d. Geschäftsleitg. Optische Werke G. Rodenstock, München - Zu erreichen üb. Opt. Werke G. Rodenstock, Isartalstr. 43, 8000 München 5 - Geb. 8. April 1937 Kucksdorf, kath., verh. s. 1963 m. Hannelore, geb. Mertens, 2 Kd. (Thomas, Michaela) - Abit. 1957; Stud. Rechtswiss., Volkswirtsch. Univ. Bonn, Hamburg, Köln u. München; jurist. Refer.ex. München 1961; Volksw.-Dipl. Köln 1963; Promot. 1966 - 1969-72 Personalref. Battelle-Inst. Frankfurt; 1966-69 Direktionsass. Bankhaus Lenz & Co., München; s. 1972 Opt. Werke G. Rodenstock (Leit. Personal- u. Sozialwesen). Mitgl. Vertretervers. d. Landesversich.anstalt f. München u. Oberbayern; Kurat.-Mitgl. d. Bayer. Akad. f. Arb.- u. Soz.-med.; stv. Vors. Berufsgenoss. d. Feinmech. u. Elektrotechn., Köln; Mitgl. d. Verw.aussch. b. Arbeitsamt München. Ehrenamtl. Richter Landesarb.gericht München.

ANGENENDT, Arnold
Dr. theol., Prof., Dir. Sem. f. Mittlere u. Neuere Kirchengesch., Univ. Münster - Waldeyerstr. 41, 4400 Münster (T. 0251 - 8 93 01) - Geb. 12. Aug. 1934 - Fachveröff. u.a.: Monachi peregrini, 1972; Kaiserherrschaft u. Königstaufe, 1984; D. Frühmittelalter, 1990 - 1986/87 member of the Inst. for Advanced Study Princeton, N.Y.

ANGER, Gerd
Dr. rer. nat., Wiss. Mitarbeiter Bayer AG., Leverkusen, apl. Prof. f. AG-Mineral. Rohstoffe TU Clausthal, Vors. Fachvereinig. Auslandsbergbau, Bonn - Am Geusfelde 17, 5074 Odenthal-Glöbusch.

ANGER, Hans
Dr. med., Dr. phil. (habil.), o. Prof. f. Wirtschafts- u. Sozialpsychologie u. Direktor Inst. f. Sozialpsych. Univ. Köln (s. 1962) - Gartenweg 2, 5000 Köln 40 - Geb. 13. Juni 1920 - 1960-62 Privatdoz. WH Mannheim. Emerit. 1985 - BV: Probleme d. dt. Univ., 1960.

ANGERER, Alfred (Fred)
Dipl.-Ing., Architekt, o. Prof. f. Städtebau - Ulmenstr. 16a, 8032 Lochham/Obb. (T. München 85 11 54) - Geb. 20. Dez. 1925 Eugenbach - S. 1958 Privatdoz. (Ind.bau), ao. (1961) u. o. Prof. (1968) TH München.

ANGERER, August
Dr. jur., Dipl.-Kfm., Prof., Präsident Bundesaufsichtsamt f. d. Versicherungswesen a.D., Berlin - Hüninger Str. 21, 1000 Berlin 33 (T. 831 17 84) - Geb. 20. Sept. 1924 Nürnberg - Bayer. Finanzverw., dann Bundesaufsichtsamt (b. 1966, Leit. Abt. Rechnungsleg. u. Prüfungswes., 1971 Vizepräs.

ANGERER, Hanskarl

Dipl.-Volksw., Hauptgeschäftsführer IHK f. Oberfranken a. D., Mitgl. medienpolitischer Aufsichtsorgane - Bahnhofstr. 2b, 8580 Bayreuth (T. 2 25 21) - Geb. 6. Okt. 1922 Bayreuth (Vater: Hans A., Polizeibeamter; Mutter: Babette, geb. Pfaffenberger), ev, verh. s. 1989 m. Reinlind Bauer-A., Galeristin - Oberrealsch. Coburg (Abitur 1941); n. Kriegsdst. Univ. Erlangen (Staatswiss.; Ex. 1949) - S. 1950 IHK Bayreuth - Zahlr. Veröff. z. Regional- u. Deutschlandpolitik - Bayer. VO.; BVK I. Kl. - Spr.: Franz., Span.

ANGERER, Paul

Prof., Komponist, Dirigent, Instrumentalist - Estepl. 3, A-1030 Wien (T. 714 12 71); A-2070 Retz (T. 02942 - 25 85) - Geb. 16. Mai 1927 Wien (Vater: Otto A., Bankbeamter; Mutter: Elisabeth, geb. Denk), verh. s. 1952 m. Anita, geb. Rosser, 4 Kd. (Pierre, Ursula, Veronica, Christoph) - Gymn., Musikakad. u. Konservat. Wien - U. a. Opernchef Landestheater Salzburg; 1971-82 Leit. Südwestdt. Kammerorch. - Zahlr. Musikw. in allen Sparten - Bratschist, Cembalist, Moderator, Leiter d. Ensembles Concilium Musicum (Originalinstr. d. 18. Jhdts) - Österr. Staatspreis, Kulturpreis d. Stadt Wien u. d. Landes Niederösterr.

ANGERMAIER, Michael
Dr. rer. nat., Dipl.-Psych., Psychotherapeut IP, Prof. f. Psychologie Univ. Köln (s. 1974) - Carl-Goerdeler-Str. 25, 5020 Frechen-Bachem - Geb. 20. Dez. 1941 - Promot. 1970 Köln - Zul. Prof. Univ. Frankfurt/M. - BV: u. a. Legasthenie, 3. A. 1974. Div. Einzelarb.

ANGERMANN, Dieter
Rechtsanwalt, gf. Direktor Deutscher Bühnenverein - Am Römerhof 26, 5000 Köln 40 (T. 48 22 33) - Geb. 22. Nov. 1926 Berlin (Vater: Karl A., Dipl.-Kfm.; Mutter: Margarethe, geb. Peters), ev., verh. s. 1969 m. Renate, geb. von Langen - Gymn.; Banklehre; Stud. Univ. Berlin (Rechtswiss.); jur. Staatsex. 1959 u. 63 - S. 1963 RA, 1966 stv. Vorst. u. 1975 gf. Dir. Dt. Bühnenverein - Liebh.: Theater, Musik, Sport.

ANGERMANN, Erich
Dr. phil., em. Prof. f. Anglo-Amerik. Geschichte, Köln - Agnesstr. 44, 8000 München 40 (T. 271 30 88) - Geb. 2. März 1927 Chemnitz/Sa., ev., verh. s. 1974 m. Ursula, geb. Bodenburg - Gymn. u. Univ. München (Mittlere u. neuere Gesch.). Promot. (1952) u. Habil. (1961) München - 1952 wiss. Mitarb. Redaktion Neue Dt. Biogr., München; 1955 Assist. (Amerika-Inst.); 1961 Privatdoz. Univ. München; 1963 Ord. Univ. Köln. 1967 Schriftf. Verb. d. Historiker Dtschl. - BV: Robert v. Mohl (1799-1875) - Leben u. Werk e. altlib. Staatsgelehrten, 1962; Vereinigte Staaten v. Amerika, 1966 (dtv. Weltgesch. d. 20. Jh.s, Bd. 7, völlig neu bearb. 8. Aufl. 1987); D. Vereinigten Staaten v. Amerika als Weltmacht, 1987 - 1970/71 Visiting Prof. St. Antony's College, Oxford; 1971 Mitgl. Histor. Kommiss. Bayer. Akad. d. Wiss.; 1982/83 Stip. d. Histor. Kollegs München; 1983 Ehrenmitgl. Acad. of Arts and Sciences New York; 1987 Vors. Wiss. Beirat d. Dt. Hist. Inst. Washington.

ANGERMANN, Horst F. G.
Unternehmensberater, Inh. Horst F. G. Angermann GmbH - Mattenwiete 5, 2000 Hamburg 11 (T. 040 - 361 20 70); Fil. München: Türkenstr. 11, 8000 München 2 (T. 089 - 28 10 13) - Geb. 7. Dez. 1922 Hamburg - Gründ. Angermann Consult GmbH, Hamburg, Angermann Auktion KG, Hamburg, Angermann Handel GmbH, Hamburg, Diehl-Angermann Inc., Newport Beach, Calif.; Präs. Aktionsgem. Wirtsch. Mittelstand in d. Bundesrep. Dtschl. (AWM), Bonn; AR Fischmarkt Hamburg-Altona; Kurat. Hamburger Sparkasse; Ehrenpräs. Bundesverb. Ring D. Makler; Mitgl. Aussch. Volksw. Handelskammer Hamburg - Rotarier.

ANGERMANN, Torsten
Dr. jur., Geschäftsführer Angermann-Gruppe - Mattenwiete 5, 2000 Hamburg 11 (T. 040 - 36 12 07 73/80) - Geb. 2. Mai 1957, verh. - Abit.; 1. jurist. Staatsex., Promot.; Ausb. Dt. Bank AG in Mannheim, London u. New York, u. DWT-Dt. Warentreuhand u. Prüf.ges. Hamburg - 1986 Angermann-Gruppe: Geschäftsführer, m. Fachgeb.: Geschäftsführer, m. Fachgeb.: Unternehmensverkauf, Unternehmensberat., intern. Immobilienberat., Industrieanlagen; 1987 pers. haft. Gesellsch. Angermann Auktion KG - intern. Auktionen - Spr.: Engl.

ANGERMEIER, Heinz
Dr. phil., o. Prof. f. Geschichte Univ. Regensburg - Platz d. Einheit 1, 8400 Regensburg (T. 5 56 34) - Geb. 11. April 1924 Vilsbiburg/Ndb. (Vater: Jakob A., Friseur; Mutter: Berta, geb. Grameier), verh. s. 1948 m. Isabel, geb. Collien, 4 Kd. (Magnus, Jutta, Mechthild, Almut) - Handw.slehre, Begabtenabit., Stud. Gesch., Phil., German., Promot. München 1954. 1954-65 wiss. Mitarb. Hist. Kommiss. Bayer. Akad. d. Wiss.; 1965 Habil. Univ. Kiel, b. 1968 Lehrtätig., 1968 Ord. Univ. Regensburg - BV: D. Reichsreform 1410-1555; D. Staatsproblematik in Dtschl. zw. Mittelalter u. Gegenw., 1984; Königtum u. Landfriede im dt. Spätmittelalter, 1966; C. Th. Gemeiners Regensburgische Chronik (Hrsg.) 1971; Geschichte oder Gegenwart - Reflexionen üb. Zeit u. Geist, 1974; Dt. Reichstagsakten 1495, 1981 - 1975 o. Mitgl. Hist. Kommiss. Bayer. Akad. d. Wiss. u. Abt.sleit. f. Dt. Reichstagsakten mittl. Reihe.

ANGERMEIER, Wilhelm Franz
o. Prof. f. Experimentalpsych. (Lehrst.) Univ. Köln - Sonnenstr. 21, 4000 Düsseldorf 1 - Geb. 26. Febr. 1929 Villach (Vater: Thomas A., Steuerberat.; Mutter: Theresia, geb. Fäßlacher), verh. in 2. Ehe s. 1988 m. Friederike, geb. Schmolling, 4 Kd. aus 1. Ehe (Peter William, Mary Lynnette, John Stephen, Thomas Christian) - Lehrerausb. Straubing (1. LA-Prüf. 1951); Univ. of Georgia (MA 1957, Ph.D. 1959) - 1959-70 Prof. an versch. Univ. in USA; 1974ff. Prof. u. Lehrstuhlinh. Univ. Köln. Entd.: Evolution d. Lernens - BV: Kontrolle d. Verhaltens, 1972 u. 76; Bedingte Reaktionen (m. M. Peters), 1973; Lerntips f. Studierende, 1976; Psych. f. d. Alltag, 1983; Evolut. d. operanten Lernens (m. P. Bednorz), 1983 (engl. 1984); Lernpsych. (m. P. Bednorz u. M. Schuster), 1984 - 1951/52 Fulbright-Stip. USA; 1968/69 Alexander-v.-Humboldt-Prof. Med. Fak. Univ. München - Liebh.: Reisen, Tischtennis - Spr.: Engl., Russ.

ANGERMEYER, Helmut
Dr. theol., Prof. f. Prakt. Theologie Augustana-Hochschule, Neuendettelsau (s.1967; 1971 ff. Rektor, emer. 1978) - Georg-Oberer-Weg 45, 8800 Ansbach (T. 0981 / 44 64) - Geb. 7. Febr. 1912 Nürnberg, ev.

ANGERMEYER, Joachim-Hans
Geschäftsführer Siko-Consult GmbH & Co. KG, Osnabrück, MdB (b. 1980) - Sophienstr. 24, 4505 Bad Iburg (T. 05403 - 7 48) - Geb. 18. Dez. 1923 Hamburg (Vater: Wilhelm A., Kaufm.; Mutter: Emilie, geb. Kocher), verh. s. 1947 m. Ilse, geb. Sieber, 2 Kd. (Dipl.-Volksw. Ute, Richterin Heike) - Gymn.; kaufm. Lehre 1949-62 Angest.; s. 1975 stv. Beiratsvors. Spielbanken Bad-Bentheim, Bad Zwischenahn; Vorst.-Vors. Rudolf v. Benningsen Stiftg. FDP (Ehrenvors. Kreisverb. Osnabrück-Land) - Spr.: Engl.

ANGST, Dieter
Staatssekretär im Sächs. Staatsministerium f. Umwelt- u. Landesentwicklung (s. 1990) - Rungestr. 20, O-8020 Dresden - Geb. 27. Febr. 1937 Stuttgart, ev., verh. m. Helma, geb. Huber, 4 Kd. - 1. u. 2. jurist. Staatsex. in Tübingen u. Stuttgart - 1977-85 Personalchef Innenmin. Baden-Württ.; 1985/86 Reg.vizepräs. Tübingen; 1986/87 Stuttgart; 1987-90 Min.dirig. Umweltmin. Baden-Württ. - BV: Landesplanungsrecht Baden-Württemberg, 1985 - Liebh.: Bergsteigen - Spr.: Engl., Franz.

ANGSTMANN, Augustin
Dr. phil., M. A., Psychotherapeut, Schriftst. (Ps. Gustl Angstmann) - Zweibrückenstr. 10, 8000 München 2 (T. 089 - 29 40 02) - Geb. 12. Jan. 1947 München, ledig - M. A. 1975 München; Promot. Univ. München (Päd., Psych.) 1978 - Erziehungsberater; Volkshochschuldoz.; fr. Entwicklungspsychotherapeut; Schriftst. (Fachbuch-Autor) - BV: Elternarbeit im Vorschulber., 1978; E. ganz normaler Mann, 1982; D. Stotterer, 1983; Herz-Schläge, R. 1987; Abschiednehmen will gelernt sein (psych. Fachb.), 1988; Schreiben hilft Leben (psych. Fachb.), 1989; Veröff. in lit. Anthol. u. sozialwiss. Publ. - 1985 Puchheimer Leserpreis.

ANGSTMANN, Gustl
s. Angstmann, Augustin

ANHÄUSER, Uwe
Schriftsteller, Journ. - Pfarrgasse 7, 6581 Herrstein (T. 06785-7594) - Geb. 1. Nov. 1943 Rengsdorf (Westerw.), ev., verh. s. 1969 m. Gabriele, geb. Götz, 2 S. (Christian, Axel) - Ausb. Heilpäd.; Ex. 1969 - 13 J.Heilpäd.; s. 1980 fr. Schriftst. - BV: u.a. Lyrik, Landschaftsbildb., Kunst-Reiseführer, Ess. - 1977 Zenta-Maurina-Preis f. Lit. - Interesse: Engag. in friedenspolit. u. ökol. Bereichen - Spr.: Franz., Engl.

ANHEIER, Rudolf
Dr. jur., Präsident Oberlandesgericht Koblenz a.D. (1974-85) - Stresemannstr. 1, 5400 Koblenz - Geb. 6. Juli 1920 Mülheim - Kriegsdst. (zul. Oblt.) u. amerik. Gefangensch. - S. 1951 (Ass.ex.) Justizdst. (1967 LG-Präs. Koblenz) - BVK I. Kl.

ANHEUSER, Egon
Ökonomierat, Weinkaufmann, Vors. Verb. Dt. Weinexporteure, Bonn - Brückes 41, 6550 Bad Kreuznach/Nahe (T. 0671 - 20 77) - Geb. 29. Juni 1912 (Vater: August A., Weinkaufm.; Mutter: Stella, geb. Nicolaus), ev., verh. s. 1947 m. Jutta, geb. Seitz, 4 Kd. (Claudia, Birgit, Herbert August, Hubertus Nicolaus) - Ehrenpräs. Landesjagdverb. Rhld.-Pfalz, Dt. Jagdschutz-Verb., u. Weinbauverb. Nahe; Ehrenmitgl. CIC (Conseil Intern. de la Chasse et de la Conservation du Gibier); 1959 Gold. Verdienstnadel Dt. JagdschutzVerb. (Ehrenpräs.); BVK I. Kl. u. 1977 Gr. BVK; Gold. Verdienstnadel m. Brillanten Landesjagdverb. Rheinl.-Pfalz.

ANHORN, Carmen
Sängerin (Sopran) - Wohnh. in München - Geb. in Luzern/Schweiz - Gesang. Musikhochsch. Zürich, (Brigitte Fassbaender u. Leonore Kirschstein) - S. 1982 Ensemblemitgl. Bayer. Staatsoper, München. Gastsp. Oper Frankfurt, Düsseldorf, Hamburg, Staatsoper, Bayreuther Festspiele, Mailänder Scala, Teatro Massimo Palermo, Liceo Barcelona.

ANIOL, Peter
Oberstleutnant a. D., MdL Schlesw.-Holst. (Wahlkr. 4/Südtondern), stv. Vors. CDU-Landtagsfraktion - Alter Kirchenweg 15, 2262 Leck (T. 04662 - 25 25) - Geb. 23. Jan. 1938 Christinenberg/Pom. - CDU.

ANKE, Manfred
Dr. habil., o. Prof. f. Ernährung, Umwelt, Biologische Fak. Fr.-Schiller-Univ. Jena (s. 1991) - Dornburger Str. 24, O-6900 Jena (T. 82 - 2 71 28) - Geb. 26. Sept. 1931 Altenhain, ev., verh. s. 1965 m. Gisela, geb. Hoepner, T. Sabine - Landwirtsch.lehre; Landwirtsch.- u. Chemiestud.; Promot. 1959, Habil. 1965 Univ. Jena - 1967-69 Prof. Univ. Jena, 1970-1990 Leipzig; s. 1991 Jena - BV: Biologische Bedeutung d. Spurenelemente; Mitnachweis d. Essentialität v. Nickel, Arsen, Lithium; Haaranalyse u. Spurenelementstatus; 1979 - 1983 Klaus Schwarz-Award Univ. of Calif., San Diego, USA - Spr.: Engl.

ANKELE, Karl Heinz
Geschäftsf. Gesellschafter Greiffenberger + Ankele Fertigungstechnik GmbH, Marktredwitz - Häuselohweg 56, 8672 Selb/Ofr. - Geb. 29. Jan. 1930.

ANNA, Otto
Dr.-Ing., o. Prof. f. Biomed. Technik (spez. Krankenhaustechnik) Med. Hochschule Hannover (s. 1974) - Finkenhof 3A, 3000 Hannover 61 - Geb. 8.

Aug. 1932 - Promot. 1963 - Zul. 1970 ff. Prof. MH Hannover.

ANNECKE, Horst
Dr. jur., Rechtsanwalt, Mitgl. Geschäftsltg. Bankhaus Hermann Lampe KG, Bielefeld u. Düsseldorf, Präsidiumsmitgl. u. Landesvors. CDU-Wirtschaftsrat, stv. Vors. Wirtsch.vereinig. d. CDU NRW, Vorst.-Mitgl. wirtsch. Ges. Westf.-Lippe, u. Jurist. Ges. Westf.-Lippe - Lina-Oetker-Str. 10, 4800 Bielefeld 1 - Geb. 25. Juli 1938 Berlin (Vater: Dr. Kurt A., wiss. Beamter; Mutter: Claire Balistier), ev., verh. s. 1965 m. Christiane v. Wenczowski, 2 Söhne (Jan-Peter, Jens Christian) - Univ. Freiburg/Br., Münster, Paris, Berlin - Liebh.: Lit., Malerei, Politik - Spr.: Engl., Franz.

ANNECKE, Rüdiger
Staatssekretär im Min. f. Justiz, Bundes- u. Europaangelegenh. d. Landes Mecklenburg-Vorpommern (s. 1990) - Demmlerplatz 1-2, O-2754 Schwerin - Geb. 8. Jan. 1940 Magdeburg, ev., verh. s. 1967 m. Elke A., T. Annette - 1959 Abit.; Stud. Rechtswiss. in Köln u. Wien; 1. u. 2. jurist. Staatsex. Köln u. Düsseldorf - 1971 Ernennung z. Richter (NW); 1981 Richter am Oberverw.gericht Münster; zeitw. Wiss. Ref. in d. CDU/CSU-Bundestagsfraktion; 1982 Min.rat im Bundeskanzleramt; 1982-87 Persönl. Ref. d. Staatsmin. b. Bundeskanzler (Fr. Vogel u. Dr. L. Stavenhagen); 1986-90 Leit. d. Bund-Länder-Referats im Bundeskanzleramt (1987-90 Vors. d. dortigen Personalrats).

ANNIÈS, Hans Georg

Grafiker, Zeichner, Bildhauer - Volkersdorfer Str. 23, O-8105 Moritzburg (T. 0297 - 2 53) - Geb. 25. Mai 1930 Liebenfelde/Ostpr., ev., verh. s. 1956, 1 T. - 1953 verweigert d. HfbK-Dresden d. Studium (wegen Nichtzugehörigk. z. FDJ); priv. künstl. Ausb. - 1973-78 Erf. d. Holztiefdrucks in d. Varianten naß u. trocken - Holztiefdruckgrafiken u.a. in: Kupferstichkabinette Dresden, Ost-Berlin, Basel, Düsseldorf, Museum Ludwig-Köln, Musée du Petit Format-Couvin, Kochilno CHo-Japan, Museum Reutlingen - 1981 Schönste Bücher d. Jahres 81 f. Grafiken im Bd. Wachsende Ringe v. M. Streubel - Lit.: u.a. Prof. H. Quinger in: Bild. Kunst 11/85, A. Beloubek-Hammer in: Bild. Kunst 6/90, Dr. H. Protzmann in: Dresdener Kunstblätter 4/90.

ANSCHÜTZ, Dieter
Ing., Geschäftsführer - Schwalbenweg 79, 7900 Ulm - Geb. 22. April 1930 Zella-Mehlis (Vater: Max A., Fabrikant; Mutter: Berta, geb. Brixner), ev., verh. s. 1959 m. Elfi, geb. Sellmer, 2 S. (Jochen, Uwe) - Ing.stud.

ANSCHÜTZ, Felix
Dr. med., Prof., Direktor Med. Klinik Städt. Krankenanstalten Darmstadt (s. 1964) - Seitersweg 35, 6100 Darmstadt (T. 2 11 03) - Geb. 12. Mai 1920 Kiel, ev., verh. 6 Kd. - S. 1956 (Habil.) Lehr-

tätigk. Univ. Kiel, Berlin (1962 apl. Prof.), Heidelberg (1963 apl. Prof.). Spez. Arbeitsgeb.: Herzkreislaufkrankh. - BV: Endokarditis, 1968; Üb. 100 Einzelarb. - Spr.: Engl. - Rotarier.

ANSMANN, Heinz
Bankier, pers. haft. Gesellsch. Bankhaus Heinz Ansmann, Düsseldorf - Jägerhofstr. 17, 4000 Düsseldorf - Geb. 19. Jan. 1906 Grandorf (Vater: Heinrich A.; Mutter: Maria, geb. Bußmann), verh. m. Charlotte, geb. Temesvari, Kd. - Stud. Rechtswiss. - U. a. Dir. Dresdner Bank, D'dorf. ARsmandate - iebh.: Schwimmen, Jagd, Kunst, Kulturreisen.

ANSORGE, Dieter
Zolloberinspektor, Mitgl. d. Bremischen Bürgerschaft - Tannenbergstr. 30, 2850 Bremerhaven - Geb. 25. Jan. 1943 Reibnitz (Vater: Willi A., Bundesbahnbeamter; Mutter: Marie, geb. Richter), ev., verh. s. 1968 m. Barbara, geb. Förster, 2 T. (Gritt, Birgit) - Bankkfm., Finanzanw., Zollinsp. - S. 1979 MdBB, Vors. Europa-Union, Kreisverb. Bremerhaven.

ANSORGE, Rainer

Dr. rer. nat., Univ.-Prof. f. Mathematik, Inst. f. angew. Math., Univ. Hamburg - Hans-Salb-Str. 75, 2000 Norderstedt - Geb. 1. Jan. 1931 (Vater: Ernst A., Kfm.; Mutter: Charlotte, geb. Bruckhoff), ev., verh. m. Inge, geb. Cartheuser, 3 Kd. (Axel, Gisela, Helga) - Promot. (1959), Habil. 1963 Bergakad. Clausthal - 1967-69 Sen. TU Clausthal; 1967-69 Präs.mitgl. Hochschulverb., 1970-72 Fachvorst.; s. 1969 Ord. Univ. Hamburg - Sen. Dt. Forschungsgem. (1973-79), Sen. Univ. Hamburg (1972-74, 1978-81 u. 1989-91), Gründungssen. Techn. Univ. Hamburg-Harburg (1979-87). Vorst. d. intern. Ges. f. Angew. Math. u. Mechanik (GAMM) (s. 1985) - BV: Konvergenz u. Differenzenverf. f. lineare u. nichtlineare Anfangswertaufgaben, 1970. Veröff. in zahlr. Fachztschr.; Differenzapproximationen partieller Anfangswertaufg., 1978; Bücher- u. Zeitschr. Herausg. - TUHH-Aufbau-Med. Land Hamburg; Verdienstmed. f. Lehre, Forsch., Bildung Land Hamburg.

ANSPACH, Karl-Friedrich
Dr. med. dent., Arzt u. Zahnarzt, Honorarprof. f. Zahnärztl. Werkstoffkunde Univ. Bonn (1970 ff.) - Am Buchenhang 3, 5300 Bonn - Geb. 21. Dez. 1907 Kirn/N. (Vater: Karl A., Telegraphenbauf.; Mutter: Elisabeth, geb. Simon), ev., verh. s. 1938 m. Annemarie, geb. Schüller, 3 S. (Karl, Jörg, Hans) - Univ. Bonn (Med., Zahnmed.). Approb. 1932 - 1938 ff. Oberarzt Bonn (Univ.s-MZKKlin.) - Liebh.: Math., Kunst, Musik, Sport (1929 Dt. Hochschulm. Hockey).

ANSPRENGER, Franz
Dr. phil., Prof. f. Polit. Wissenschaft, Leiter Arbeitsstelle Politik Afrikas Freie Univ. Berlin (1966-92) - Lupsteiner Weg 49, 1000 Berlin 37 (T. 815 46 24) - Geb.

18. Jan. 1927 Berlin (Vater: Dr. med. Aloys A., Arzt; Mutter: Irma, geb. Blättner), kath., verh. s. 1954 m. Dr. med. Ingeborg, geb. Keller, 2 Kd (Cornelia, Clemens) - Gymn. u. Geschichtsstud. Berlin - 1953-58 Redakt.; s. 1958 Doz.; emerit. 1992 - BV: Politik im Schwarzen Afrika, 1961; Befreiungspolitik d. OAU, 1975; Juden u. Araber in Einem Land, 1978; Auflös. d. Kolonialreiche, 4. A. 1981; SWAPO, 1984; ANC, 1987; Freie Wahlen in Namibia, 1991; Polit. Gesch. Afrikas im 20. Jh., 1992 - Liebh.: Fotogr. - Spr.: Engl., Franz.

ANT, Herbert
Dr. rer. nat., o. Prof. Ökologie Univ. Münster - Dahlienstr. 38, 4700 Hamm 1 - Geb. 30. Dez. 1933 Hamm (Vater: Hugo A., Stadtamtm.; Mutter: Elfriede geb. Haueisen), ev., verh. s. 1963 m. Wiga, geb. Sievers - Obersch. (Abit. 1955); Promot. 1962; Habil. 1972 - 1963-70 Bundesanst. f. Vegetationskd.; Naturschutz u. Landschaftspflege, 1970-72 Univ. Dortmund, s. 1973 Univ. Münster; 1975 Vors. Arbeitsgem. biol.-ökol. Landeserforsch.; 1980 Mitgl. Oberster Beirat Naturschutz u. Landschaftspfl. - BV: D. Naturschutzgebiete d. BRD, 2. A, 1973; Ökol. Modelluntersuchung, 1978; Biologisch-ökol. Landeserforsch., 1992. Mithrsg. d. Ztschr.: Natur- u. Landschaftskunde - Beitr. z. Geschichte u. Didaktik d. Biologie. Ca. 180 Fachveröff. üb. Ökol., Hydrobiol., Naturschutz - Spr.: Engl.

ANTEL, Franz
Regisseur - Rückaufgasse 20, A-1190 Wien XIX (T. 47 13 68) - Geb. 28. Juni 1913 Wien (Vater: Franz A.; Mutter: Antonie, geb. Heimberger), verh. (Ehefr.: Sybilla) - Zahlr. Filme, dar. D. alte Sünder, Hallo - Dienstmann!, D. Obersteiger, Kaisermanöver, Spionage, D. Kongreß tanzt, Lumpazi vagabundus, Heimweh, Im Schwarzen Rößl, D. große Kür, Ruf d. Wälder, Suzanne, Turm d. Sünde, Wirtinnen-Serie, Einer spinnt immer, Außer Rand u. Band am Wolfgangsee, D. lust. Vier v. d. Tankstelle, Casanova & Co., Austern m. Senf, D. Bockerer, Johan Strauss.

ANTENBRINK, Horst
Dr. phil., Prof. f. Psychologie PH Heidelberg (s. 1974) - Rosenweg 7, 6149 Rimbach/Odenw. - Geb. 25. Febr. 1937 Neuwied/Rh. (Vater: Paul A., Kaufm.; Mutter: Alma, geb. Zinn), ev., verh. s. 1965 m. Hiltrud, geb. Keller, T. Susanne - N. Abit. 1956-58 Lehrerstud.; 1964-68 Stud. Psych., Phil., Physiol., Ethol., Päd. Dipl.-Psych. 1968 Bonn; Promot. 1972 Heidelberg - 1958-64 Schuldst. - BV: Unterricht als Determinante kognitiven Lernens, 1973; Theorie d. Geistes, 1979; Planen u. Durchführen v. Unterr., 1979; Physiologie d. metaphysischen Erkennens, 1981; Motivation u. Erkennen, 1983; Wahrheit u. Sinn o. d. ontologische Validität d. menschlichen Verhaltens, 1985; Seinsorganisation u. menschliches Verhalten, 1990 - Spr.: Engl.

ANTES, Heinz
Dr. rer. nat., Prof. f. Angew. Mechanik TU Braunschweig (s. 1988) - Spielmannstr. 11, 3300 Braunschweig (T. 0531 - 391 71 00) - Geb. 19. Mai 1941 Brünnlitz, kath., verh. s. 1966 m. Hiltrud, geb. Jansen, 3 Kd. (Bernd, Patrick, Birgit) - 1960-66 Stud. TU München (Math.); Dipl. 1966; Promot. 1971 Aachen; Habil. 1979; Obering. 1973. 1981 Prof. Bochum - Ca. 80 Fachveröff., bes. zu d. Themen Dynamische Interaktion, Reissnersche Plattentheorie u. Anwendung d. Randelemente u. Wellenausbreitungsprobl. - Spr.: Engl., Franz.

ANTES, Horst
Prof., Maler, Bildhauer - Hohenbergstr. 11, 7500 Karlsruhe 41 (Wolfartsweier) (T. 0721 - 49 16 21) - Geb. 28. Okt. 1936 Heppenheim - 1966 UNESCO-Preis 33. Biennale Venedig; 1968 Premio Marzotto; 1989 Hans-Molfenter-Preis d. Landeshauptstadt Stuttgart; 1991 Hess. Kulturpreis; 1991 Grand Price Fundaçao Bienal de Sao Paulo for the 21st Interna-

tional Biennal of Sao Paulo; Fr. Akad. d. Künste, Hamburg, Fr. Akad. d. Künste, Mannheim.

ANTHES, Peter
Dipl.-Ing., Geschäftsführer Bayer. Fertigbau GmbH., 8046 Garching b. München - Scherrstr. 1, 8000 München 19 - Geb. 8. Febr. 1940.

ANTHOLZ, Heinz

Dr. phil., em. o. Prof. f. Musikpädagogik - Berliner Str. 21, 5309 Meckenheim (T. 02225 - 75 72) - Geb. 19. Mai 1917 Sandhorst (Vater: August A., Konrektor; Mutter: Grete, geb. Siemers), ev., verh. s. 1952 m. Helma, geb. Köster, T. Lieselotte - Hochsch. f. Lehrerbild. Kiel; Stud. Gesch., Phil., Musikwiss., -erzieh., Kirchenmusik Univ. u. Musikhochsch. Berlin u. Köln - 1950-60 Lehrer u. Schulleit. Rhld.; s. 1960 ao. u. o. Prof. Päd. Hochsch. Rhld./Abt. Bonn; 1976-78 Gastprof. f. Musikpäd. Hochsch. f. Musik Wien; s. 1980 Dir. Sem. f. Musikpäd. Univ. Bonn; Lehrauftr. Univ. Köln. Emerit. 1982 - BV: D. polit. Wirksamkeit d. Johannes Althusius, 1955; Unterricht in Musik - E. histor. u. systemat. Aufriß s. Didaktik, 1970; Musikpäd. heute, Perspektiven - Probleme - Positionen, 1975 (m. W. Gundlach); Z. Aktualitätsproblematik in d. Musikpädagogik, 1979; Musiklehren u. Musiklernen. Vorlesungen u. Abh. z. Musikpädagogik, 1992. Ca. 80 Fachaufs. - 1980 Österr. Ehrenkreuz I. Kl. f. Wiss. u. Kunst - Lit.: Festschr. z. 65. Geburtstag (Herausg.: H. G. Bastian u. D. Klöckner): Musikpäd. Hist., systemat. u. didakt. Perspektiven, 1982.

ANTOINE, Herbert
Dr. phil., Oberregierungsrat a. D., Dir. Dt. Rundfunkmuseum, Berlin (1965-68) - Zinsweiler Weg 23, 1000 Berlin 37 (T. 813 50 44) - Geb. 5. Febr. 1902 Berlin (Vater: Otto A., bek. Maler; Mutter: Anna, geb. Heider), ev., verh. s. 1930 (Lemberg) m. Herma, geb. Hellwig, Tocht. Christiane - Univ. Berlin u. Gießen - 1926-33 Mitarb. RRG Berlin (u. a. Chefstatistiker; gewaltz. entfernt); 1935-45 Betriebsw.ler u. Statistiker Luftfahrtind.; 1950-65 Rundfunkbeauftr. Senat v. Berlin. Unt. Hitler Widerstandsbeweg. N. 1945 Bezirksverordn. u. Franktionsvors. Zehlendorf. Mitbegr. Dt. Hochschulinst. f. Wirtschaftskd. u. FU Berlin. SPD s. 1929 - BV: Statist. Betriebsüberwach., 1927; 5. J. dt. Rundfunk, 1928; Statistik - e. Mittel z. Wirtschaftlichkeit, 1936; Kennzahlen, Richtzahlen, Planungszahlen, 2. A. 1960. Herausg.: Rundfunk-Jb. 1929 bis 1933 - 1929 Silb. Staatsmed. Danzig, Silb. Hans-Bredow-Med., 1975 BVK I. Kl. - Liebh.: Natur, Gemälde, Auslandsreisen - Spr.: Engl., Franz. - Großv.: Georg A., Hofuhrmacher d. Kaiserin Augusta.

ANTON, Gustav (Gus)
Kulturbeauftragter d. Stadt Gummersbach - Beethovenstr. 60, 5270 Gummersbach (T. 02261 - 2 34 47) - Geb. 16. März 1938 Remscheid, ev., verh., 2 Kd. -

Stud. d. Musik - Kulturbeauftr., Leit. Theater Gummersb., Dirig., Chorleit., Komp. - Chorkompos. u. Bearb.

ANTON, Hans Hubert

Dr. phil., Univ.-Prof. f. Mittelalterl. Geschichte u. Histor. Hilfswiss. - Auf d. Birken 23, 5503 Konz-Könen - Geb. 26. Okt. 1936 Könen, kath., verh. s. 1969 m. Sigrun, geb. Noack - Promot. (1966) u. Habil. (1970) Bonn - S. 1970 Prof. Univ. Trier. Bücher u. Einzelarb. - Liebh.: Zeitgeschichte, Wandern - Spr.: Engl., Franz., Latein.

ANTON, Herbert

Dr. phil., Prof. f. Neuere Germanistik Univ. Düsseldorf (s. 1970) - Bahnstr. 45, 4020 Mettmann - Geb. 16. Febr. 1936 Gladbeck/W., ev., verh. s. 1962 m. Marie-Luise, geb. Läcke, 2 S. (Christoph-Martin, Philip) - Promot. (1964) u. Habil. (1969) Heidelberg - Bücher u. Einzelarb.

ANTON, Hermann Josef

Dr. phil., Prof. f. Zoologie Univ. Köln - Lessingstr. 12, 5000 Köln 50 (T. 0221 - 39 32 42) - Geb. 25. Jan. 1922 Düsseldorf (Vater: Willy A., Werkm.; Mutter: Anna Maria, geb. Vossen), kath., verh. s. 1952 m. Ingeliese, geb. Lehmann, 3 Kd. (Sabine Brigitte, Gabriele Marianne, Jürgen Dieter) - Abit. 1940; 1945-53 Stud. Zool., Botanik, Bakteriol. (Promot. Univ. Köln, Habil. 1963 ebd.) - 1970 apl. Prof., 1970 Wiss. Rat u. Prof., 1964-1970 Doz., 1980 Prof. S. 1967 Leit. Isotopenlab. Zool. Inst. Univ. Köln. S. 1987 Univ.-Prof. i. R. Wissenschaftl. Beratung u. Durchführung b. popularwissenschaftl. mikro- u. makroskopischen Fernsehdokumentationen (30 Beitr.; WDR 3, ARD) - BV: The Origin of Blastema Cells and Protein Synthesis During Forelimb Regeneration in Triturus, 1965; Monographs in Developmental Biology; Vol. 21 Control of Celle Proliferation and Differentiation during Regeneration S. Karger AG Basel, 1988. 60 weit. Veröff. in wiss. Ztschr. - Liebh.: Sport (Segeln), Fotogr. - Spr.: Engl., Franz.

ANTON, Notker M.

Dipl.-Kfm., Unternehmensberater Bereich intern. Musikwirtsch. (s. 1988) - Hepfengrabenstr. 31, 8201 Neubeuern - Geb. 7. März 1947 Frankfurt/M. - Abit. 1965 Frankfurt; Dipl. (Betriebsw.) 1973 Hamburg - Geschäftsf. Bundesverb. d. Dt. Musikinstrumente-Hersteller (b. 1988); Generalsekr. Confédération des Associations des Facteurs d'Instruments de Musique de la CEE (CAFIM).

ANTON, Uwe

Schriftsteller, Übersetzer - Zur Scheuren 21, 5600 Wuppertal (T. 0202 - 55 27 83) - Geb. 5. Sept. 1956 Remscheid, verw. - Stud. German., Angl. Wuppertal - BV: Zeit d. Stasis, 1980; Erdstadt, 1985; D. Roboter u. wir, 1988; D. Schiff d. Rätsel, 1988. Herausg.: D. seltsamen Welten d. Philip K. Dick (1984). Üb. 100 Kurzr. u. Kurzgesch.; üb. 70 Buch- u. 700 Comic-Übers.; mehr als 300 Ess. u. Buchbesprech. - Mehrf. Nominierung f. Kurd-Laßwitz-Preis - Spr.: Engl.

ANTON-LAMPRECHT, Ingrun

Dr. rer. nat., Prof., Direktorin Inst. f. Ultrastrukturforschung d. Haut/Univ.-Hautklinik Heidelberg - Vosstr. 2, 6900 Heidelberg - Geb. 18. Juni 1932 Dortmund (Vater: Prof. Dr. Wilhelm L.; Mutter: Edith, geb. Stephan), ev., verh. - Stud. Univ. Münster, Innsbruck (Studienstiftg. d. Dt. Volkes); Promot. (Biol., Chemie) 1959 Münster; Habil. (Med.Fak.) 1974 Heidelberg. Priv.-Doz.; 1976 Prof. u. Inst.-Dir. Heidelberg - 1959-68 Max-Planck-Inst. Köln-Vogelsang; 1968 Univ.-Hautklinik Heidelberg (Leit. Abt. f. Ultrastrukturforsch. d. Haut). Arbeitsgeb.: erbl. Erkrankungen d. Haut (Forsch.-Zentrum f. post- u. pränatale Diagnostik) - 157 wiss. Veröff. (b. 1989); 30 Beitr. in Monogr. u. Handb. - Mitgl. zahlr. dt. u. intern. Ges.; korr. Mitgl. u. Ehrenmitgl. ausländ. wiss. Ges.; 1981 Hans-Nachtsheim-Preis; 1987 Gottron-Just-Preis.

ANTONI, Hermann

Dr. med., Prof., Lehrstuhlinh. f. Physiologie (I) - Hermann-Herder-Str.7, 7800 Freiburg/Br. - Geb. 21. Aug. 1929 Karlsruhe, verh. s. 1956, 3 Kd. - Promot. 1956; Habil. 1964 - S. 1969 Ord. Univ. Frankfurt u. Freiburg (1975). Facharb. (Mitverf.: Physiol. u. Pathophysiol. Lehrb.).

ANTONI, Manfred

Dr. rer. pol., Verlagsleiter C. E. Poeschel Verlag u. Schäffer-Poeschel Verlag, Prokurist J. B. Metzler'sche Verlagsbuchhandlung u. Carl Ernst Poeschel Verlag GmbH - Bernsteinstr. 96a, 7000 Stuttgart 75 - Geb. 8. März 1953 Stuttgart, kath., verh. s. 1978 m. Gudrun M.E., geb. Eiermann, 2 Söhne (Philipp Marcel, David Alexander) - Stud. Betriebswirtsch.-Lehre u. Soziol. Univ. Mannheim u. Göttingen; Dipl.-Kfm. 1977 Mannheim; Promot. 1982 Göttingen - 1981/82 Lehrbeauftr. Inst. f. Unternehmensführung d. Univ. Göttingen; 1980-83 Doz. (Ber. Erwachsenenb. u. berufl. Weiterb.); 1990/91 Lehrbeauftr. Univ. Würzburg.

ANTRETTER, Robert

Bundestagsabgeordneter (s. 1980) - Neuffenweg 11, 7150 Backnang (T. 07191 - 6 14 81) - Geb. 5. Febr. 1939 München, kath., verh. s. 1960 m. Marianne, geb. Hallmannseder, 4 Kd. - 1970-80 Ltd. Landesgeschäftsf. SPD Baden-Württ.; 1976-78 Lehrbeauftr. Univ. Stuttgart. Mitgl. d. Parlam. Versammlung d. Europarats, spez. Arbeitsgebiete: Europapolitik, Verkehrspolitik; Stv. Leit. d. Dt. Delegation d. Parlam. Vers. d. Europarats; Vizepräs. d. Dt. Rats d. Europ. Bewegung; Mitgl. d. Präsid. d. Europa-Union Deutschl., d. Zentralkomitees d. dt. Katholiken u. d. SPD-Landesvorst. Baden-Württ.; Vors. d. SPD-Kreisverb. Rems-Murr; Mitgl. d. Kurat. d. Kunststiftg. Baden-Württ.

ANTWERPES, Franz-Josef

Dr. rer. pol., Regierungspräsident Köln (s. 1978) - Zeughausstr. 2-10, 5000 Köln 1 (T. 147-1) - Geb. 27. Nov. 1934 Viersen (Vater: Franz A., selbst. Bäckermeister †; Mutter: Margarete, geb. Kesselburg †), röm.-kath., verh. in 2. Ehe m. Elfi, geb. Scho, 4 Kd. (Frank, Jan, Sarah, Nicolas) - Gymn.; Stud. Volksw. - 1961-62 Intern. Wirtschaftsorg., 1962-75 Stadtverw. Duisburg, 1961-69 Mitgl. Stadtrat Viersen, 1967-70 Landesvors. Jungsozialisten NW, SPD. 1970ff. Mitgl. Landesvorst. SPD, 1970-78 MdL NW (1975-78 stellv. Fraktionsvors.). AR-Vors. Rheinland, Gemeinnützige Wohnungsbau GmbH, Köln; AR LEG Wohnen; Präs. Regio Aachen in d. EUREGIO Maas-Rhein - Versch. Veröff. z. Raumordnung u. kommunalen Entwicklungsplanung - Hobbywinzer; Ehrenring Stadt Viersen; BVK I. Kl. u. 10 Orden f. versch. Dienste - Spr.: Engl., Franz.

ANWEILER, Oskar

Dr. phil., em. o. Prof. f. Pädagogik - Soldnerstr. 10, 4630 Bochum-Querenburg - Geb. 29. Sept. 1925 Rawitsch, ev., verh. s. 1949 m. Gerda, geb. Timmermann - Stud. Gesch., German., Päd., Phil. - 1955-59 Studienass., dann wiss. Assist. u. Privatdoz. (1963) Univ. Hamburg, 1963/64 Prof. Päd. Hochsch. Lüneburg, s. 1964 Ord. Univ. Bochum - 1974-91 Vizepräs. Dt. Ges. f. Osteuropakde., 1980-85 Präs. Intern. Committee for Soviet and East European Studies - BV: D. Rätebeweg. in Rußland 1905-1921, 1958 (Leiden, auch engl., franz., ital., portug., span.); Gesch. d. Schule u. Päd. in Rußl., 1964, 2. Aufl. 1978; D. Sowjetpäd. in d. Welt v. heute, 1968; Kulturpolitik d. Sowjetunion, 1973; Schulpolitik u. Schulsystem in d. DDR, 1988; Wiss. Interesse u. polit. Verantwortung: Dimensionen vergleichender Bildungsforsch., 1990 - 1990 Erich-Hylla-Preis Frankfurt/M. - Spr.: Engl., Poln., Russ.

ANYSAS, Siegfried

Gf. Gesellschafter Anysas GmbH, Hannover - Herrenhäuser Str. 53, 3000 Hannover 21 (T. 0511-71 09 09) - Geb. 23. Febr. 1940 Heydekrug/UdSSR, verh. s. 1973 m. Petra, geb. Göbel - Abit. 1958 UdSSR, Anerkenn. d. Reifezeugn. in d. BRD 1962; Stud. Volks- u. Betriebsw. Univ. Kiel - 1977 Gründ. Ges. f. Ost-Marktforsch. u. Marketingberatung (Anysas GmbH, Hannover); Ref. in d. Unternehmensplan. e. Konzerns; Leit. e. dt. Handelsniederl. in Moskau. Div. Fachveröff. üb. Ost-Marktforsch., Exportvorb. im Ostgeschäft u.a. - Liebh.: Musik, Technik - Spr.: Russ., Engl., Litauisch.

ANZ, Wilhelm

Dr. phil., Prof. f. Philosophie (em.) Kirchl. Hochschule Bethel, Honorarprof. f. Religionsphil. Univ. Münster (s. 1963) - Toppmannsweg 31, 4800 Bielefeld 12 - Geb. 23. Dez. 1904 Pansfelde/Harz - S. 1955 Lehrtätigk. KH Bethel - BV: Kierkegaard u. d. dt. Idealismus, 1956; Idealismus u. Nachidealismus. 1975.

ANZENBACHER, Arno

Dr. phil., Prof. f. Christliche Anthropologie u. Sozialethik Univ. Mainz (s. 1981) - Krokusweg 3, 6500 Mainz 21 - Geb. 14. Febr. 1940 Bregenz, verh. - Promot. 1965 Fribourg; Habil. 1972 Wien - BV: D. Phil. Martin Bubers, 1965; D. Intentionalität b. Thomas v. Aquin u. Edmund Husserl, 1972; Analogie u. Systemgesch., 1978; Menschenwürde zw. Freiheit u. Gleichheit, 2. A. 1978; Einf. in d. Phil., 1981, 3. A. 1984 (span., poln. u. tschech. Übers.); Was ist Ethik?, 1987.

APEL, Günter

Dipl.-Pol., Senator a.D. - Hamburger Str. 31, 2000 Hamburg 76 - Geb. 16. Febr. 1927 Weimar (Vater: Kurt A., Landw.rat; Mutter: Margrit, geb. Kielmann), ev., verh. s. 1953 m. Ursula, geb. Stavenow, 2 Kd. (Peter, Christiane) - Schiller-Obersch. Weimar (Abitur); Päd. Fachsch. Erfurt; Dt. Hochsch. f. Politik Berlin (jetzt Otto-Suhr-Inst. d. Freien Univ.). Dipl.-Politol. 1953 - 1947-50 Fachlehrer f. Gesch., Dt., Erdkd.; 1954-71 Angest. DAG (1963 Mitgl. Bundesvorst. u. Leit. Hauptabt. Bildungs- u. Berufspolitik, 1967 stv. Vors. u. Leit. Habt. Berufs- u. Betriebspol.; 1965 Vors. Fernsehpreisjury); 1971-78 Präses d. Behörde f. Schule, Jugend u. Berufsbildung. Hamburg; dann Senator u. Bevollm. d. Fr. u. Hansestadt Hbg. b. Bund (b. 1983), 1983 Bevollm. d. Hamburger Senats f. d. Ausbildungsstellenmarkt; 1988 Landesvors. Volksbd. Dt. Kriegsgräberfürsorge, Hamburg; s. 1990 Ausländerbeauftr. d. Hamburger Senats. LPD; FDP; s. 1960 SPD - BV: Mitbestimmung - Grundlagen/Wege/Ziele, 1969; Miteigentum, 1970 - Spr.:Engl.

APEL, Hans

Dr. rer. pol., Bundesminister a. D. (1974-78 Bundesmin. d. Finanzen; 1978-82 Bundesmin. d. Verteidigung), MdB (s. 1965) - Rögenfeld 42c, 2000 Hamburg 67 - Geb. 25. Febr. 1932 Hamburg, ev., verh., 2 Töcht. - Abitur 1951; kaufm. Lehre Hbg. (Im- u. Export); Verkaufskorresp. Hbg. Mineralölkonzern; 1954-60 Stud. Wirtschaftswiss. (Promot. Univ. Hbg.) - 1958-61 Sekr. Sozialist. Fraktion Europ. Parlam.; 1962-65 Abt.leiter Europ. Parlam., zuständ. f. Wirtschafts-, Finanz- u. Verkehrspolitik; MdB s. 1965; 1965-69 Mitgl. d. Europ. Parlam.; 1968-72 Vorst.-Mitgl. SPD-Bundestagsfraktion, s. 1969 stv. Fraktionsvors.; 1969-72 Vors. Verkehrsaussch. Dt. Bundest.; 1970-88 Mitgl. Bundesvorst. SPD; 1970-74 Arbeitnehmervertr. im AR Howaldt-Dt.-Werft AG; 1972-74 Parlam. Staatssekr. b. Bundesminister d. Ausw.; 1974 dt. Gouverneur d. Weltbank; Beiratsmitgl. Hamburg-Mannheimer Versich. AG; 1985 Ehrenmitgl. SPD-Kreisverb. Wedding (Berlin) - BV: Edwin Cannan u. s. Schüler, Diss. 1961; Europas neue Grenzen, 1964; D. dt. Parlamentarismus, 1968; Bonn den ... Tagebuch e. Bundestagsabgeordn., 1972; 100 Antworten auf 100 Anfragen, 1975 - Liebh.: Musik, Gärtnerei, Sport.

APEL, Hans-Jürgen

Dr. phil., Prof. f. Allg. Didaktik Univ. Köln - Vor den Feldern 7, 5000 Köln 90 (T. 02203 - 6 50 79) - Geb. 17. März 1939 Daun (Vater: Michael A., Angest.; Mutter: Magdalena, geb. Greßnich), kath., verh. s. 1966 m. Ursula, geb. Dany, 2 Kd. (Christoph, Verena) - 1958-60 Ausb. Volksschullehrer; 1966-73 Stud. Päd., Psych., Soziol. (Promot. 1973, Habil. 1981) alles Univ. Köln - 1960-70 Lehrer; 1973-75 wiss. Assist.; 1975-83 Akad. Rat/ORat PH Rheinland, Abt. Köln, s. 1983 Prof. Univ. Köln - BV: Theorie d. Schule in d. demokrat. Industrieges., 1974; D. preuß. Gymn. in d. Rheinlanden u. Westf. 1814-1848 - Spr.: Engl., Span.

APEL, Jürgen

M.A., Chefdramaturg Ernst-Deutsch-Theater Hamburg - Rothestr. 20, 2000 Hamburg 50 (T. 040-39 30 32) - Geb. 5. Aug. 1954 Bremen (Vater: Dr. med. Gerhard A.), ev., ledig, T. Antonia - Stud. German., Politik, Linguist., Komparatist. Univ. Mainz, Marburg u. Hamburg (Abschl. M.A. f. German. u. Politik) - BV: Heinrich v. Kleist - D. Unvermögen d. Mannes, 1981 - Spr.: Engl., Lat., Mittelhochdeutsch.

APEL, Karl-Otto

Dr. phil., o. Prof. f. Phil. - Am Schillertempel 6, 6272 Niedernhausen (T. 06127 - 21 70) - Geb. 15. März 1922 Düsseldorf (Vater: Otto A., Kaufm.; Mutter: Elisabeth, geb. Gerritzen), ev., verh. s. 1953 m. Judith, geb. Jahn, 3 Töcht. (Dorothea, Barbara, Katharina) - Gymn. Düsseldorf, Stud. Univ. Bonn (1945-50), Dr. phil. Bonn 1950, Dr. habil. Mainz 1961. Ord. Prof. Kiel (1962-69), Saarbrücken (1969-72), Frankfurt/M. (1972ff.) - BV: D. Idee d. Sprache in der Tradition d. Humanismus von Dante bis Vico, 3. A. 1980 (ital. 1975); Analytic Philosophy of Language a. the „Geisteswissenschaften", 1967; Transformation d. Philosophie, 2 Bde. 1973 (ital., engl., span., jap. u. serbokroat. Übers.); D. Denkweg von C. S. Peirce, 1975 (engl. 1981); D. Erklären: Verstehen - Kontroverse in transzendentalpragmatischer Sicht, 1979 (engl. 1984). Mithrsg. u. Mitverf.: Funkkolleg Prakt. Phil./ Ethik, Dialoge, 2 Bde., Studientexte 3 Bde. (1984); Diskurs u. Verantwortung (1988) - 1972 Membre titulaire Inst. Intern. de Philosophie; 1989 Member of the Acad. Europea, London; 1988 Premio Intern. Galileo Galilei; 1989 Premio Intern. di Filosofia Federico Nietzsche - Liebh.: Kunsthistorie - Spr.: Engl., Franz.

APELT, Andreas H.

Mitglied d. Abgeordnetenhauses von Berlin (s. 1990) - Gneiststr. 3, O-1058 Berlin - Geb. 12. Jan. 1958 Luckau, ledig - Forstfacharb.lehre 1974-76 Söllichau; Stud. 1983-88 Deutsch, Gesch. Univ. Berlin - Mitbegründer Partei Demokr. Aufbruch, Landesvors. Berlin, Leit. Abt. Öffentlichkeitsarb. b. Bundesvorst. (Deutschl.polit. Sprecher DA). S. 1990 Landesvorst. CDU, Sprecher d. CDU-Fraktion im Abgeordn.haus. f. Bundes- u. Europaangelegenh. Kurat.-Mitgl. Dt. Gesellschaft e.V. - Liebh.: Kunst, Kultur - Spr.: Engl.

APELT, Christian

Geschäftsführeer Alfred Apelt GmbH., Oberkirch - Sonnenhalde 9, 7602 Oberkirch/Baden - Geb. 11. Febr. 1939.

APELT, Jürgen

Dipl.-Kfm., Geschäftsführer F. B. Lehmann Maschinenfabrik GmbH. - Daimlerstr. 12, 7080 Aalen/Württ..

APELT, Walter

Dr. phil. habil., em. Univ.-Prof. Potsdam - Meistersingerstr. 7, O-1570 Potsdam - Geb. 31. Juli 1925 Breslau, verh.

m. Dr. Hella, geb. Cebula, S. Rolf - Stud. Neuere Philol., Päd., Gesch.; Lehramtsex. 1951; Promot. 1952, Habil. 1958 Univ. Halle - 1957-65 Doz. Fachdidaktik Engl. u. Franz. Univ. Halle; 1965-90 o. Prof. Fachdidaktik Engl. 1965-69 Dir. Inst. Angl., 1969-80 Fachricht.leit. Anglistik, 1965-85 Abt.leit. f. Engl. PH Potsdam. 1959-90 Zentrale Fachkommiss. Engl./Franz.-Methodik, 1964-91 Redakt. Ztschr. Fremspr.unterr., 1965-92 Wiss. Beirat Fremdspr.-unterr., alles Berlin - BV: Charles Fourier. D. Harmonische Erzieh., 1958; D. kulturkundl. Bewegung im Unterr. d. neueren Sprache in Deutschl. 1886-1945, 1967; Positionen u. Probleme d. Fremdspr.psychol., 1976; Methodische Prinzipien d. Fremdspr.unterr., 1980; Motivation u. Fremdspr.unterr., 1981; Lehren u. Lernen fremder Spr. - Grundorientier. u. Meth. in histor. Sicht, 1991. Herausg.: Z. Lexikarb. im Engl.-unterr. (1973); Grundfragen e. allg. Fremdspr.methodik (1985); Funktionen, Gestalt. u. Einsatz v. Unterr.mitteln im Engl.unterr. (1985). Übers.: Rober Owen. Päd. Schriften (1956) - Spr.: Lat., Engl., Franz., Russ. - Lit.: Z. Grundfragen d. Fremdspr.unterr. u. s. Didaktik, Festschr. f. W. A. z. 65 Geb. (1992); Prof. Apelt u. d. Methodik d. Engl.unterr. (1991).

APFEL, Georg

Dr. jur., Assessor, Hauptgeschäftsführer Landesverb. Druck Hessen - Kaiser-Sigmund-Str. 53, 6000 Frankfurt - Geb. 19. Juni 1932 Wiesbaden (Vater: Josef A., Dipl.-Ing.†; Mutter: Maria, geb. Ferrari†), kath., verw., S. Ass. Martin - S. 1976 ehrenamtl. Richter b. BAG - BV: D. Sicherung u. Erhalt. d. Betriebs b. Arbeitskämpf., Notdienst u. Notstandsarb., 1970 - Spr.: Engl.

APFELBACH, Raimund

Dr. rer. nat., Prof., Lehrstuhl f. Zoologie II (Zoophysiol.)/Univ. Tübingen - Schönbuchstr. 36, 7405 Dettenhausen - Geb. 5. März 1943 Stuttgart - S. Habil. Privatdoz., apl. Prof. (1978), Prof (1983) Tübingen (Zool.).

APITZ, Jürgen

Dr. med., o. Prof. f. Pädiatr. Kardiologie - Panoramastr. 42, 7400 Tübingen 7 - Geb. 25. Juni 1932 Burg - Promot. (1959) u. Habil. (1965) Göttingen - S. 1967 (Umhabil.) Lehrtätigk. Univ. Tübingen (1971 apl., 1972 o. Prof.; Dir. Abt. f. Pädiatr. Kardiol./Kinderklinik) - BV: Farbstoffverdünnungsunters.; rechnergest. Intensivüberwachg. im Kindesalter, 1969. Ca. 200 Einzelarb.

APOSTEL, Rudolf

Bergingenieur, MdL Nordrh.-Westf. (s. 1980) - Pattbergstr. 68, 4130 Moers 3 (T. 7 18 44) - Geb. 17. Juni 1932 Essen (Vater: Albert A., Handformer; Mutter: Käthe, geb. Ricken), ev., verh. s. 1956 m. Christel, geb. Wenz, 4 Kd. (Randolf, Birte, Kirsten, Dörthe) - 1949-52 Berglehre, 1954-56 Bergsch. Moers, 1961-62 Berging. (grad.) in Bochum - 1969-89 Ratsmitgl. Stadt Moers (1975-83 Fraktionsvors. SPD).

APOSTOL, Margot,

geb. Müller

Autorin - Handjerystr. 21, 1000 Berlin 41 (T. 030 - 852 38 99) - Geb. 5. Dez. 1920, ev., verh. s. 1954 m. Dr. Emil A., 2 Kd. (Manon Isabell, Dominic Romulus) - Wirtschaftssch. Plauen im Vogtland - BV: Den Berlinern in's Herz geschaut, 1981; Zeitlose Gedanken u. Gedanken üb. lose Zeiten, 1981; Geschichten u. Märchen f. Groß u. Klein, 1982; Berliner Herz - Berliner Töne, 1984; Gedanken hin - Gedanken her, 1984; Berlin ist e. Gedicht, 1985. 2 Schallpl. Film/Hauptrolle: Angst in d. Dunkelheit, 1983; Dokumentarfilm: Berlin, d. 24-Stunden-Stadt, 1984 - 1977 1. Preis f. Lyrik Berlin-Charlottenburg - Liebh.: Naturkd., Musik, Lit., Theater - Spr.: Engl. - Bek. Vorf.: Jean-Paul (Friedrich Richter).

APOSTOLOV, Blagoy

Dr., Intendant, Opernsänger - Ebertsklinge 43, 8700 Würzburg - Geb. 12. Juni 1940 Sofia, verh. s. 1969, 1 Kd. - Stud. Sprachwiss. Univ. Sofia (Promot. üb. vergl. Phonetik, Staatsex.); Gesang u. Opernsch. Venedig (b. Prof. Toti dal Monte 1974) u. a. - Opernsänger, Freisch. Künstler, Int. Kammeroper Veitshöchheim, Leit. Würzburger Opernkreis - BV: Stadttheater Würzburg 1975-1980, 1980 - Insz.: D. Handwerker als Edelmann, Oper v. J. A. Hasse (Kammeroper 1983). Partien: Dr. Malatesta, Papageno, Henry Ashton, Ottokar, Barbier Seviglia, Guglielmo, u.v.a. (Bariton) - Liebh.: Oper - Zahlr. Fremdspr.

APPEL, Fritz

Dr. rer. pol., Fabrikdirektor i. R. - Luisenstr. 5, 7410 Reutlingen - Geb. 13. Aug. 1902 Kleinlaufenburg/Ufr. - B. 1970 Vorstand BSU Textil A.G., Unterhausen ARsmand.

APPEL, Günter

Kaufmann, pers. haft. Gesellsch. Fa. Diehl, Frankfurt - Niddablick 39, 6000 Frankfurt/M. 50 - Geb. 17. Dez. 1924 - Div. Ehrenämter.

APPEL, Günther

Dipl.-Volksw., Hon.-Prof. f. Statistik u. Informatik, Direktor Statist. Landesamt Berlin - Fehrbelliner Pl. 1, 1000 Berlin 31.

APPEL, Helmut

Dr. rer. nat., Prof., Physiker - 7500 Karlsruhe-Waldstadt (T. 68 23 67) - Geb. München, verh. m. Dr. Kristin, geb. Keilhack, 3 Kd. - Stud. TH München, Univ. Erlangen, Mainz, AERE Harwell, UC Los Angeles - S. 1961 Univ. Karlsruhe. Zahlr. Veröff. z. Kernphys. Grundl.forsch. - Liebh.: Musik, Tennis, Ski - Spr. Engl.

APPEL, Hermann

Dr.-Ing., Prof. Inst. f. Fahrzeugtechn., Kraftfahrzeuge, TU Berlin (s. 1972) - Zul. 1000 Berlin - Geb. 21. Dezember 1932 Lüneburg (Vater: Wilhelm A., Forstmeister; Mutter: Erika, geb. Heise) ev., verh. m. Dörte, geb. Küttner, 2 Kd. (Christof, Steffen) - Johanneum Lüneburg (Abit. 1952); Maschinenschlosserlehre; Stud. Maschinenbau TH Braunschweig - 1960-64 wiss. Assist. ebd., 1964-66 wiss. Mitarb. DFVLR Braunschweig; 1966-69 Abt.sleit. Rheinstahl Hanomag u. 1970-72 VW AG, Wolfsburg. Fachmitgl.sch. - BV: Technologien f. d. Sicherheit im Straßenverkehr, 1976 - 1977 TCS-Preis f. Verkehrssicherh. (Touring-Club Schweiz); 1980 Annual Safety Award for Engineering Excellence (Nat. Highway Safety Administration, USA); Benz-Daimler-Maybach-Med. d. VDI - Liebh.: Gesch., Zukunftsforsch. - Spr.: Engl.

APPEL, Joachim

Dr. rer. nat., o. Prof. f. Theoret. Physik Univ. Hamburg (s. 1972) - Edmund-Siemers-Allee 1, 2000 Hamburg 13 - Zul. Industrietätigk. Gulf Oil USA (Del Mar/ Cal.).

APPEL, Karl-Otto

Vorstandsmitglied Iduna Allg. Versicherungs-AG. u. Iduna Vereinigte Lebensversich. a.G. f. Handwerk, Handel u. Gewerbe, beide Hamburg 36 - Zum Auetal 26, 2116 Asendorf - Geb. 31. Mai 1929 - S. 1954 Iduna.

APPEL, Klaus

Dipl.-Kfm., Fabrikant, gf. Gesellsch. Hans Lingl Anlagenbau u. Verfahrenstechnik GmbH & Co. KG., Neu-Ulm, Reutti - Am Hügel 10, 7910 Neu-Ulm - Geb. 6. Okt. 1940.

APPEL, Reinhard

Chefredakteur ZDF (1976-88), fr. Journalist - Rurweg 14, 5300 Bonn (T. 23 22 71; Büro: ZDF-Studio Bonn) - Geb. 21. Febr. 1927 Königshütte/OS. (Vater: Johann A., Schulhausm.; Mutter: Margarete, geb. Bias), kath., verh. s. 1950 m. Marianne, geb. Bauder, 3 Kd. (Stefan, Clemens, Eva) - Mittelsch.; Lehrerbildungsanst. - 1946-71 Stuttgarter Ztg., 1971-73 Südd. Ztg. (Leit. Bonner Büro), 1973-76 Intendant Deutschlandfunk. 1962/63 Vors. Bundespressekonferenz, 1963-73 Moderator ZDF-Sendung: Journalisten fragen - Politiker antworten. Kommentare Dtschl.funk u. SFB. Mithrsg.: Baden-Württ. - Land u. Volk in Geschichte u. Gegenw.; Gefragt: Herbert Wehner (1969); Gefragt: Erhard Eppler (1970) - 1971 Adolf-Grimme-Preis in Gold, 1972 Theodor-Wolff-Preis (Rainer Barzel). 1973 Gold. Kamera Hörzu; Silb. Ehrenz. DRK (Mitgl. Präsid.); 1976 BVK I. Kl.; 1981 Gr. BVK - Liebh.: Musik, Sport (1968 Gold. Sportabz.).

APPEL, Reinhold

Vorsitzender Bundesinnung f. d. Flexografen-Handwerk, Präs. Europ. Vereinig. d. Graveure u. Flexografen (AEGRAFLEX) Assoc. Europ. d. Graveurs et d. Flexographes, Wiesbaden - Zu erreichen üb. Appel + Daus GmbH & Co, Postfach 10 01 08, 4630 Bochum 1 - Geb. 3. Jan. 1941 Bochum - Handwerkszeichen in Gold.

APPEL, Reinhold

Sportjournalist, Vors. Hilfs-Verein Sportpresse Baden-Württ. - Haidlenstr. 15, 7000 Stuttgart-Degerloch - Geb. 26. Juli 1921 Königshütte/OS., Bruder v. Reinhard Appel (s. dort) - U. a. Ressortleit. Der SPORT/WLSB.

APPEL, Roland

Mitglied d. Landtags Nordrh.-Westf. - Platz des Landtags 1, 4000 Düsseldorf 1 (T. 0211 - 884 26 99) - Geb. 5. Jan. 1954 Köln - Stud. Politikwiss. u. Jura Univ. Tübingen u. Bonn - Mitgl. im Bundesvorst. d. Humanistischen Union; 1979-83 stv. Bundesvors. d. Dt. Jungdemokraten; 1981 Bundesvors. d. Liberalen Hochschuverb. (LHV); s. 1984 wiss. Mitarb. d. Grünen im Bundestag - Herausg.: Vorsicht Volkszählung (1987); D. Neue Sicherheit (1988, m. Dieter Hummel).

APPEL, Rolf

Dr. rer. nat. (habil.), em. o. Prof. f. Anorgan. Chemie Univ. Bonn (s. 1962) - Stationsweg 15, 5300 Bonn - Geb. 25. Febr. 1921 Hamburg - 1955-62 Privatdoz. u. apl. Prof. (1961) Univ. Heidelberg - BV: Praktikum d. Chemie d. Mediziner, 1959. Etwa 300 Einzelarb. - 1979 Imphos-award, Paris, Mitgl. d. Rhein.-Westf. Akad. d. Wiss., Düsseldorf, 1986 Liebig-Denkmünze.

APPELIUS, Erhard W.

Ministerialrat a. D. - Hobsweg 54, 5300 Bonn 1 (T. 25 22 84) - Geb. 2. März 1929 Dt. Krone (Vater: Walter A., Steueramtm. i. R.; Mutter: Gertrud, geb. Dyck), ev., verh. s. 1960 m. Christa, ge. Wunsch, 2 Söhne (Ulrich, York Henning) - Stud. Rechts- u. Staatswiss. Gr. jurist. Staatsprüf. 1959 Hannover - U. a. Bundesmin. f. Vertriebene u. Ref.-Leit. Bundesmin. d. Innern. 1963ff. Ehrenvors. Freundeskr. Ostd. Akademiker, Kreis d. Freunde pommerscher Studierender u. Konvent Ev. Gemeinden aus Pommern, Vors. Stiftungsrat Nordostd. Kulturwerk; 2. Vors. d. Konvents d. zerstreuten ev. Ostkirchen; Vizepräs. Pommersche Abgeordnetenvers. u. Vors. ihres Rechts- u. Verfassungsaussch.; Mitgl. Göttinger Arbeitskreis, Studiengruppe f. Politik u. Völkerrecht u. Histor. Kommiss. f. Pommern. CDU - 1956 Pommern-Ehrennadel in Gold, 1979 BVK am Bde. - Liebh.: Territorialgesch., Musik - Spr.: Engl.

APPELL, Ehrhart

Dr. jur., Bürgermeister Stadt Melsungen - Brüggersberg 7, 3508 Melsungen (T. priv.: 05661 - 22 44; dstl.: 05661 - 7 81 00) - Geb. 16. Febr. 1934 Spangenberg (Vater: Emil A., Bankdir.; Mutter: Dorothea, geb. Siebert), ev., verh. s. 1959 m. Barbara, geb. Sostmann,

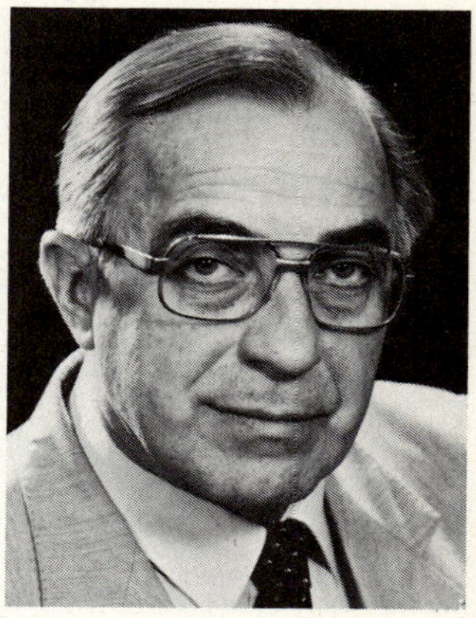

3 Kd. (Ulrike, Christoph, Jens) - Gymn. Melsungen; Abit. 1954, 1954-58 Jura-Stud. Marburg, 1. Staatsex. 1958, 2. Staatsex. 1963, Promot. 1961 - 1963-69 Regierungspräs. Kassel, s. 1969 Bürgerm. Stadt Melsungen; Vors. Hauptaussch. Hess. Städtetag u. Hist. Fachwerkstädte Hess./Nieders.; Mitgl. Rechtsaussch. Dt. Städte- u. Gde.-Bund - BV: Die Europ. Konvention z. Schutze d. Menschenrechte u. Grundfreih. in ihrer Bedeutung f. d. dt. Strafrecht u. Strafverfahrensrecht (Diss.), 1961 - Liebh.: Filmen, Angeln, Sport - BVK; 10 × Gold. Sportabz.; DLRG Leistungsschein; Ehrenbrief Land Hessen; Silb. Brandschutzehrenz.; THW-Ehrenplak.; VdK-Ehrennadel - Spr.: Engl.

APPELT, Gerfried

Dr.-Ing., Präsident d. Landesvermessungsamtes, München, Honorarprof. f. Reproduktionstechnik unt. bes. Berücks. d. Herstellung amtl. Kartenwerke TU ebd. (1978ff.) - Schrämelstr. 105, 8000 München 60 - Geb. 9. März 1932.

APPENZELLER, Hans-Georg

Präsident IHK Karlsruhe - Oswald-Boelcke-Str. 26, 7600 Offenburg (T. 0781 - 60 52 12) - Geb. 18. Juni 1926 Karlsruhe, verh. s. 1954 m. Brigitte, geb. Frey, 2 S. - Geschäftsf. S & G Automobilges. Schoemperlen & Gast mbH & Co., Automobilverkaufsges. mbH, S & G Versich.- u. Finanzierungs-Vermittlungsges. mbH, S & G Leasing GmbH & Co., S & G Fahrzeugleasing GmbH, alle Karlsruhe, S & G Leasing GmbH, Ettlingen; Präs. Verb. Kfz.-Gewerbe Baden.-Württ., Stuttgart; Vorst.-Mitgl. Zentralverb. Kraftfahrzeuggewerbe, Bonn; AR-Mitgl. Garanta Vers. AG, Nürnberg; VR-Mitgl. Dt. Automobil Treuhand GmbH, Stuttgart, Landes-Kreditbank Baden-Württ., Karlsruhe; Handelsrichter Kammer f. Handelssachen LG Karlsruhe.

APPENZELLER, Immo

Dr. rer. nat., o. Prof. f. Astronomie - Landessternwarte, 6900 Heidelberg-Königsstuhl - Geb. 13. Mai 1940 Urach - Promot. (1966) u. Habil. (1970) Göttingen - S. 1975 Ord. Univ. Heidelberg. 1975ff. Leit. Landessternwarte H'berg. Gast USA u. Japan. Üb. 100 Facharb.

APRATH, Gerd

Dr. jur., Sprecher d. Geschäftsführung Kabelwerke Reinshagen GmbH, Wuppertal - Wettiner Str. 49b, 5600 Wuppertal-Barmen - Geb. 28. Nov. 1935 Kiel - 1978-81 Vorst.-Mitgl. Gerresheimer Glas AG, Düsseldorf.

APSEL, Günter

Pfarrer, Vors. Konferenz Kirchlicher Werke u. Verb. in d. Ev. Kirche in Deutschl., d. Dt. Ev. Arbeitsgemeinsch. f. Erwachsenenbildung e.V., u. d. Männerarbeit d. EKD - Iserlohner Str. 25, 5840 Schwerte - 1991 VO NRW.

ARAND, Wolfgang Michael

Dr.-Ing., habil., Univ.-Prof. f. Stra-

Benwesen u. Erdbau TU Braunschweig, Dekan FB Bauingenieur- u. Vermessungswesen (1989-91) - Ostpreußendamm 50, 3300 Braunschweig (T. 61 18 98) - Geb. 18. Febr. 1929 Berlin (Vater: Dr. jur. Leonhard A., RA u. Notar; Mutter: Gertrud, geb. Rooss), kath., verh. s. 1964 m. Ilse, geb. Kisser, 5 Kd. (Aurelia, Manuela, Michael, Daniel, Benjamin) - Hum. Gymn. Osnabrück (Abit. 1947); Zimmermannsgeselle 1949; Stud. TU Berlin; Dipl.-Ex. 1956; Promot. 1961 Berlin; Habil. 1971 Karlsruhe - In- u. ausl. Fachmitgl.sch. - BV: Dichte im Asphaltstraßenbau, 1969; D. bituminöse Mörtel, 1971; Standfeste bituminöse Beläge, 1980; Verdichtungswilligk. v. Asphaltgemischen, 1980; Verh. v. Asphalten b. tiefen Temperaturen, 2. A. 1986; Einfluß d. Walztechnol. auf d. Verhalten verdichteter Asphalte b. hohen u. tiefen Temperaturen, 1987; Fahrer- u. Fahrzeugeigensch. u. Unfallgeschehen; Untersuchung d. Wirksamkeit v. Hochverdichtungsbohlen, 1988; Einfluß d. Bitumenhärte auf d. Ermüdungsverhalten v. Asphaltbefestigungen, 1989; Verhalten v. Gußasphalten b. tief. Temperaturen; Entwickl. e. im Laboratorium anwendbaren Verdichtungsverf., durch welches Walzasphalten dies. mech. Eigensch. wie b. d. Verdichtung in d. Praxis vermittelt werden - 1972 Ehrennadel Lüer-Stiftg. - Liebh.: Kunstgesch., Sport (1970 Gold. Sportabz.) - Spr.: Engl.

ARBAB-ZADEH, Amir
Dr. jur., Dr. med., Univ.-Prof., Arzt f. Rechtsmedizin, f. Neurologie u. Psychiatrie - Dr. med 1956, Dr. jur. 1962, beide Univ. Heidelberg; Habil. 1966 Gerichtl. u. soziale Med. Univ. Düsseldorf. Gastprof. in Niederl., Ital., USA. Apl. 1973 Düsseldorf, Lehrstuhlinh. u. Dir. d. Inst. f. Verkehrsmed. u. Univ. Witten/Herdecke 1989 - Verf. v. üb. 120 wissenschaftl. Publ., Bücher etc. in Deutsch u. Engl. auf d. Grenzgebiet Med./Jura...darunter D. WHO u. D. EG.

ARBOGAST, Alfred

Bauunternehmer, Alfred Arbogast Hoch- u. Tiefbauunternehmung Amberg - Kickstr. 14, 8450 Amberg (T. 09621 - 3 02-0) - Geb. 2. Juli 1911, ev., verh. s. 1936 m. Johanna, geb. Kößler, 6 Söhne (Bernd, Peter, Dietmar, Rainer, Elmar, Jürgen) - Bauing., staatl. Examen 1937 - Mitgl. d. Vertretervers. d. AOK-Landesverb., München; Vorst.-Mitgl. AOK Amberg, LVA Ndb.-Opf., Landshut, u. Rotes Kreuz, Kreisverb. Amberg; stv. Vors. Vereinig. d. Arbeitgeberverb. in Bayern, Bezirksgr. Ndb.-Opf., Regensburg; Ehrenvors. Bayer. Bauind.verb., Bezirksverb. Ostbayern, Regensburg - BVK I. Kl.; Staatsmed. f. soz. Verd.; Gold. Ehrenring IHK Regensburg; Ludwig-Erhard-Med. IHK Regensburg; Gold. Ehrenplak. BRK; Silb. u. gold. Ehrennadel BRK; Silb. Verb.-Ehrenz. Bayer. Fußballverb.; Ehrenplak. Vereinig. Arbeitgeberverb. in Bayern; BVK am Bde., Ehrenzeichen d. Dt. Roten Kreuzes - Liebh.: Kunst, Lit., Sport.

ARBOGAST, Rainer Ernst

Dr. med., Prof. f. Chir., Chirurg u. Unfallchirurg, Chefarzt Chir. Klinik Städt. Krankenhaus Pforzheim - Kanzlerstr. 4-6, 7530 Pforzheim (T. 07231 - 6 01-2 85) - Geb. 18. Juni 1944, kath., verh. s. 1967 m. Ingrid, geb. Halling, 2 Kd. (Susanne, Andreas) - Gymn. Speyer; 2j. Militärzeit München (Abschl. d. Heeresoffizierssch.); Med.-Stud. Univ. Heidelberg u. Freiburg; Promot. 1972 Heidelberg, Habil. 1980 Würzburg. 1984 o. Prof. Würzburg; Umhabil. 1987 (apl. Prof.) Heidelberg - 1972 Assist-Arzt St. Vincentiuskrkhs. Speyer; 1973-85 Assist., später Oberarzt u. ltd. Oberarzt Chir. Univ.-Klinik Würzburg; 1984 Prof. - Spr.: Engl., Franz.

ARBTER, Manfred Josef

Architekt, Designer, Erfinder - Krawehlstr. 25, 4300 Essen 1 (T. 0201 - 79 07 74) - Geb. 12. Sept. 1936 Münster (Vater: Reg.-Beamter), kath., verh. s. 1961 m. Ruth, geb. Rotthäuser - Abit.; Praktikum Phil. Holzmann AG; Arch.-Stud. Univ. Münster u. Aachen; prakt. Ausb. b. nat. u. intern. Firmen (Marketing, Vertrieb, Verkauf) - 1968-78 Verkaufsdir. b. e. intern. Untern.; s. 1978 freiberufl. Designer u. Erf. (m. Vermarktungsrealis.). Erf.: Patentierter Designer Taschenliegestuhl aus Buchenholz (recyclebar) - Liebh.: Musik, Kunst, Lit., Tennis - Spr.: Engl., Franz., Ital. - Lit.: Berichte üb. Erf. d. Taschenliegestuhls in: WDR-Fernsehen, RTL Plus, Dt. Welle; Ztschr., Ztg. u. Agenturen (Capital, Welt am Sonntag, idr, dpa, Scala, WAZ, 70 nat. u. intern. Magazine).

ARCH, Michael
Dipl.-Ing., Prof. an Fachhochschulen a. D. - Heimatring 43a, 8630 Coburg (T. 3 05 52) - Geb. 31. Juli 1913 Bamberg, kath., verh. in 2. Ehe (1956) m. Liselotte, geb. Geiger, Sohn Nils - Oberrealsch. Bamberg; TH München (Diplom-Hauptprüf. d. Bauing. 1936) - 1937-45 Heeresbauverw., dann freischaff., s. 1949 Dozent u. Dir. (1962) Staatsbausch. bzw. Staatl. Polytechnikum Coburg, 1971-78 Präs. Fachhochsch. Coburg - 1980 BVK - Liebh.: Malen, Fotogr.

ARCHNER, Hans-Peter
Redaktionsleiter SDR 3 - Wortredaktion, Südd. Rundf. Stuttgart (s. 1988) - Klippeneckstr. 32, 7000 Stuttgart 1 (0711 - 48 45 17) - Geb. 10. Jan. 1954 Künzelsau-Nagelsberg, kath., led. - Staatsex. German., Gesch., Pol.Wiss.) 1978/79 Univ. Stuttgart; Volontariat 1979-81 SDR Hörfunk u. FS - 1981-84 Redakt. SDR 4 Radio Stuttg., 1985 Redakt. SDR 3; 1986/87 Leit. SDR 3 Point (Jugendf.) - Mitautor Stuttg. Verhältnisse (1987); Stuttg. Kunst + Kultur (1988) - 1985 Magnus-Preis (Hörf.pr. f. Nachwuchsjourn.) - Liebh.: Sport, Lesen, Essen. Reisen, Kino - Spr.: Engl., Lat.

AREND, Fritz
Schriftsteller - Auf dem Esch 3, 2807 Achim/Uphusen/Nieders. (T. 04202 / 34 35) - Geb. 19. Sept. 1925 Bremen, verh. - Niederdt. Hörsp. b. Radio Bremen, NDR, WDR; ins Niederländ. übertr. u. ges.: Onder de grijze Wolken. N' verloren Uur - BV: die Hörsp. Ballast, De Stünnen, Ehr die Sünn opgeiht, Fraag den Wind an'n Abend, Ik gah von Bord, Kaptein! Snee von güstern oder De Weg na baben, Hauptmann Menken un sien veer Gesichter, Wellkamen binnen!, Över de stillen Straten. Hörspiele: Maand, Mytho on de fröhe Morgen, Lieker as Liek - Niederdt. Rundfunkpreis 1968 (1. Preis f. Gah nich de Beek hoog); 1972 Hans-Böttcher-Preis F. V. S. - Stiftg. Hamburg (f. d. Hörsp. Achter de Steenmuur, De Mann in'n Keller).

ARENDT, Dieter
Dr. phil., Prof. f. Literaturwiss. Didaktik Univ. Gießen - Otto-Behaghel-Str. 10, 6300 Lahn-Gießen; priv.: Zur Hainbuche 8, 3550 Marburg 17 - Veröff. z. Thema pikarische Lit. u. Nihilismus.

ARENDT, Hans-Jürgen

Dr. sc. phil., Prof., Historiker - Volksgartenstr. 6, O-7024 Leipzig (T. 6 39 44) - Geb. 19. Nov. 1939 Plauen (Vogtl.), verh. s. 1963 m. Ingrid, geb. Maschinsky, 3 Kd. (Andreas, Michael, Christine) Buchhändler; 1959-64 Stud. Päd., Gesch., German. Päd. Inst. Univ. Leipzig; Staatsex. 1964; Promot. 1970 Leipzig; Habil. 1977 PH Potsdam - 1983 Doz., 1983-91 o. Prof. f. Geschichte an d. Päd. Hochsch. Leipzig 1979-88 Dir. d. Sekt. d. Gesch.; 1988-91 Prorektor f. Wiss.entw. an d. PH Leipzig; 1987-91 stv. Leit. d. Forsch.zentrums Frauen in d. Gesch. ebd. - Mithrsg.: Dokumente d. revolut. dt. Arbeiterbewegung z. Frauenfrage 1848-1974 (1975); Z. Rolle d. Frau in d. Gesch. d. dt. Volkes 1830-1945; Chronik (1984); Z. Rolle d. Frau in d. Gesch. d. DDR, Chronik (1986); D. Frau. Kleine Enzyklopädie (1987, 1989) - Interessen: Gesch. d. Frauenbewegung, Rolle d. Frau in d. Arbeiterbewegung, Bibliophilie - Spr.: Russ.

ARENDTS, Wilhelm
Dr. jur., Aufsichtsratsmitglied Bayer. Hypotheken- u. Wechsel-Bank AG - Theatinerstr. 11, 8000 München 2 (T. 92 44-81 60) - Geb. 26. Jan. 1924 München - AR-Mand. u.a. - Rotarier.

ARENHÖVEL, Hartmuth
Dr. phil. nat., Prof. f. Physik Univ. Mainz - Rieslingstr. 23, 6500 Mainz 42 - Geb. 24. Dez. 1938 Münster/W. - Promot. 1965; Habil. 1969 - 1969-72 Wiss. Mitarb. MPI f. Chemie Mainz. Zahlr. Facharb.

ARENS, Hans

Dr. phil., Studiendirektor i.R. - Hindenburgplatz 1, 6430 Bad Hersfeld (T. 06621 - 32 41) - Geb. 31. Jan. 1911 Köln, verh. s. 1952 in 2. Ehe m. Erika, geb. Worzel, 3 Töcht. (Ulrike, Dorothea, Dietlind); aus 1. Ehe 3 Kd. (Michael, Stefan, Brigitte) - Stud. Univ. Berlin, Promot 1938 Berlin - 1939-45 Forsch.amt d. Reichsluftfahrtmin.; danach Staatsex., 1950 Ass.prüfung f. d. Lehramt an Höh. Schulen - BV: Unters. üb. d. höfischen Sprachstil, 1939 (Reprint 1970); Sprachwiss. D. Gang ihrer Entw. v. d. Antike b. z. Gegenwart, 1955, 2. erw. A. 1969 (span. 1975); Analyse e. Satzes v. Thomas Mann, 1964; Verborgene Ordnung. D. Beziehungen zw. Satzlänge u. Wortlänge in dt. Erzählprosa v. Barock b. heute, 1965; Aristotle's Linguistic Theory and its Tradition, 1984; Kommentar zu Goethes Faust I, 1982; Kommentar z. Goethes Faust II, 1989 - 1987 BVK am Bde., Spr.: Lat., Engl., Franz. Ital., Griech.

ARENS, Heinz-Werner
Sonderschuldirektor i. R., MdL Schlesw.-Holst., Parlam. Geschäftsf. SPD-Landtagsfrakt. - Esmarchstr. 34, 2240 Heide (T. 0481 - 79 40; 0431 - 596 20 60) - Geb. 30. Aug. 1939 Tellingstedt/Holst. - Mitgl. im gf. Landesvorst. d. SPD Schlesw.-Holst. u. im gf. Vorst. d. SPD-Landtagsfrakt.

ARENS, Rolf-Dieter
Prof. f. Klavier, Konzertpianist - Hauptstr. 71, O-7113 Markkleeberg (T. 41 - 31 52 90) - Geb. 16. Febr. 1945 Zinnwald Krs. Teplitz-Schönan, verh. s. 1966 m. Sabine, geb. Peißker, 2 Kd. (Matthias, Cornelia) - 1963-68 Stud. Hochsch. f. Musik Leipzig; 1976 Aspirant, Assist., Oberassist. Leipzig; 1979 Doz., 1986 Prof. Hochsch. f. Musik Weimar - Juror b. intern. Musikwettbewerben - Rundfunk- u. Fernsehprod., Schallplatten; Konzerte in Asien, Südamerika, Europa - 1979 Kritikerpreis d. Biennale Berlin; 1985 Kunstpreis Leipzig.

ARENS, Rudolf
Dr. agr., Prof., Leiter Inst. f. Grünlandw./Hess. Lehr- u. Forschungsanstalt, Eichhof (s. 1968) - Lullustr. 8, 6430 Bad Hersfeld - Geb. 11. Okt. 1926 Saarbrücken - Stud. Landw. - S. 1965 Doz. u. apl. Prof. (1968) Univ. Bonn. 1971 ff. Honorarprof. Univ. Gießen. Fachveröff.

ARENS, Werner

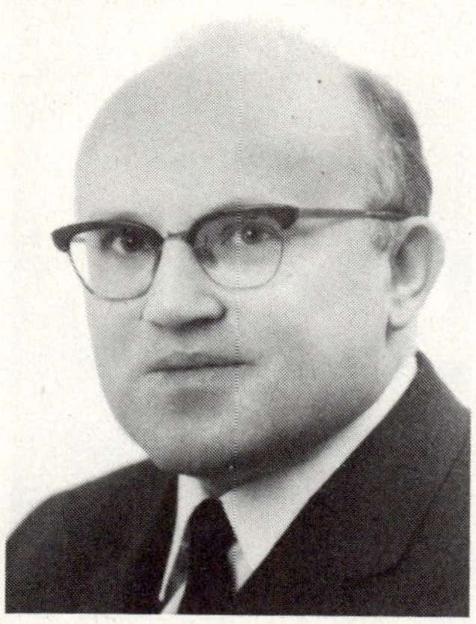

Dr. theol., Univ.-Prof. f. Pastoraltheol. u. Religionspäd. Univ. Osnabrück - Bergstr. 87, 5963 Wenden 1 - Geb. 20. Dez. 1924 Wenden, Kr. Olpe (Vater: Paul A., Landw.; Mutter: Maria, geb. Zeppenfeld) - 1976-78, 1980-84, 1989/90 Dekan FB Kath. Theologie d. Univ. Osnabrück; 1986 Vorst.-Mitgl., 1988 gf. Leiter Inst. Kirche u. Ges. Univ. Osnabrück - 1976 Ritter u. 1984 Komtur im Ritterorden v. Hl. Grabe zu Jerusalem; 1984 Päpstl. Ehrenprälat.

ARETIN, von, Annette

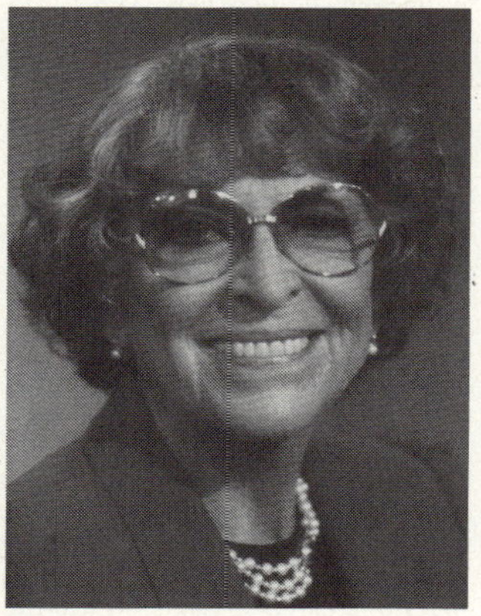

(eigentl. Marie Adelheid Klein) Ehem. Leiterin Besetzungsbüro Fernsehen d. Bayer. Rundfunk - Mandlstr. 11, 8000 München (T. 089 - 34 85 26) - Geb. 23. Mai 1920 Bamberg (Vater: Karl Frhr. v. A., Gutsbesitzer; Mutter: Elisabeth, geb. Freiin v. Gebsattel), kath., verh. 1956-83 m. Dr. Harald Klein †, 2 Kd. (Konstantin, Antonia) - Lyz., Fotoschule München (Gesellenprüf.); Staatl. Hochsch. f. Musik München (Ausb. w. Kriegseins. abgebr.) - 1947-53 Hörfunk-Tätigk., 1954-80 Angest. Bayer. Fernsehen (eig. Send., Ansage, Moderation, Ltg. d. Besetzungsbüros); jetzt freiberufl. Gesprächsltg., Moderation, Referate, Interviews (u.a. FS-Send.: Was bin ich?, ZDF-Film: D. Engl. Garten, 1986) - BV: Emanzipation Charmant, 1972; Mein Englischer Garten, 1989; Gesch. v. Leben auf d. Lande, Anthol. 1989; Alles blüht zu seiner Zeit, 1991; zahlr. Art. - Kl. gold. Kamera f. FS-Serie: Was bin ich?; 1987 Herwig-Weber-Preis d. Presse-Club München - Spr.: Engl., Ital. (Franz.) - Bek. Vorf.: Peter Carl, Frhr. v. A., Reichstagsabg.; Erwein, Frhr. v. A., Schriftst. u. Publizist, Gründ. Münchner Nationalmuseum u. Gründ. Bayer. Staatsbibliothek aus d. Fam. v. A.

ARETIN, Freiherr von, Karl Otmar

Dr. phil., Dr. phil. h.c., em. Prof. f. Zeitgeschichte - Tizianstr. 7, 8000 München 19 (T. 157 72 79) - Geb. 2. Juli 1923 München (Vater: Erwein Frhr. v. A., 1925-33 Führer d. bayer. Monarchisten; Mutter: Marianne, geb. Gräfin Belcredi), kath., verh. s. 1960 m. Dr. med. Uta, geb. v. Tresckow, 3 Kd. (Felicitas, Caroline, Cajetan) - Univ. München (Promot. 1952 b. Franz Schnabel). Habil. 1962 Göttingen - 1952 Mitgl. Redaktion Neue Dt. Biogr., München; 1953 Stipendiat Inst. f. Europ. Gesch., Mainz; 1958 wiss. Mitarb. Max-Planck-Inst. f. Gesch., Göttingen; 1964 Ord. TH Darmstadt; 1968-91 zugl. Dir. Abt. f. Universalgesch./Inst. f. Europ. Gesch., Mainz; 1987 Hauptschriftleit. d. Neuen Dt. Biogr., hrsg. v. d. Hist. Kommiss. b. d. Bayer. Akad. d. Wiss. - BV: Hl. Röm. Reich 1776-1806, 2 Bde. 1967; Papsttum u. mod. Welt, 1970; Bayerns Weg z. souveränen Staat, 1976; V. Dt. Reich z. Dt. Bund, 1980; Friedrich d. Große, 1985; D. Reich Friedensgarantie u. Europ. Gleichgewicht 1648-1806, 1986 - 1980 Korresp. Mitgl. d. Österr. Akad. d. Wissensch., o. Mitgl. d. Hist. Kommiss. b. d. Bayer. Akad. d. Wiss., Ehrenmitgl. Ung. Akad. d. Wiss., Budapest - Bek. Vorf.: Richard Graf Belcredi, 1865-67 österr. Ministerpräs.; Georg Arbogast Frhr. zu Franckenstein, 1879-87 Vizepräs. Dt. Reichstag.

ARFERT, Klaus-Henning

Dipl.-Polit., Fernsehjournalist, Südamerika-Korresp. ZDF - Ladeira do Meireles Nr. 110, 20240 Sta. Teresa, Rio de Janeiro, RJ, Brasilien - Geb. 18. Febr. 1931 Halberstadt (Vater: Prof. Dr. Paul A.; Mutter: Ursula, geb. Dorn), ev., verh. s. 1959 m. Renate, geb. Weichenhan, 2 T. (Sabine, Katrin) - 1951-56 Dt. Hochsch. f. Politik Berlin; Dipl. 1956; 1954/55 London School of Economics and Political Science - 1957-58 Redakt.-volont. SFB, 1958-59 Redakt. RIAS-Berlin, 1959-66 Dt. Welle, s. 1966 ZDF (1974-77 ZDF-Korresp. Brüssel), s. 1981 Südamerika-Korresp.

ARFMANN, Georg

Designer grad., Bildhauer, Restaurator - Braunschweiger Str. 31 A, 3308 Königslutter (T. 05353 - 13 22) - Geb. 20. Juni 1927 Bremen - 1946-50 Steinbildhauerlehre u. Stud. Staatl. Kunstsch. Bremen - 1957 7,50 m hohe Nachbildung d. Bremer Rolands f. d. Stadt Rolandia/Brasil.; 1962-64 zeichn. Rekonstruktion d. Leibnizhauses Hannover u. 1979-81 bildhauerische Ausf. d. Sandsteinfassade; 1984-86 Rekonstruktion d. hist. Marktbrunnens Hildesheim. Zahlr. Objekte Kunst am Bau - 1984 BVK.

ARGELANDER, Hermann

Dr. med., Prof. Psychoanalytiker - Brüder-Grimm-Str. 4, 6236 Eschborn/Ts. (T. Bad Soden 4 11 31) - Geb. 14. Febr. 1920 Bromberg (Vater: Ernst A., Bankbeamter; Mutter: Eva, geb. Brunck), ev., verh. s. 1943 m. Helga, geb. Schmidt, 2 Söhne (Rainer, Wolfgang) - Gymn. u. Univ. Berlin (Promot. März 1945) - Prof. f. Psychoanalyse Univ. Frankfurt - BV: D. Erstinterview in d. Psychotherapie (Wiss. Buchges.); Gruppenprozesse (Rowohlt); Der Flieger (Suhrkamp); D. kognitive Organis. psych. Geschehens - Bek. Vorf.: Astronom A., Bonn.

ARGYRIS, John

Dr., Dr. h. c. mult., Prof., Direktor Inst. f. Statik u. Dynamik d. Luft- u. Raumfahrt, Stuttgart (1959-84), Dir. Inst. f. Computer-Anwendungen (s. 1984) - Talstr. 33, 7016 Gerlingen - Geb. 19. Aug. 1916 Volos (Griechenl.) (Vater: Nicolas A.; Mutter: Lucie, geb. Caratheodory), griech.-orthodox, verh. s. 1953 m. Inga-Lisa, geb. Johannsson, S. Holger - Gymn. Athen; Stud. Techn. Univ. Athen, München, Berlin, Zürich (Math., Phys., Ingenieurwiss., Aeronautik) b. 1942 - 1936-39 Leit. Forsch. Abt. Gollnow & Sohn, 1943-49 wiss. Mitarb. Royal Aeronautical Society, London, s. 1949 Prof. Imperial College, London, s. 1959 Prof. Univ. Stuttgart, Gastprof. Univ. of California, MIT, Boston - BV: 7 Bücher u. üb. 350 weit. Veröff. z. Thema Luft- u. Raumfahrt - Entd.: Methode d. Finiten Elemente - V. 1937-89 div. Ehrungen, u.a. 1971 Silber Med. Roy.Aeron.Soc.; 1975 Kármán Med.; 1979 Copernikus-Med.; 1981 Timoschenko Med.; 1980 Gold. Med. Land Bad.-Württ.; 1985 Gr. BVK, 1990 Stern dazu; 1980 Ehrenprof. Northwestern Polytechnical Univ., Xian; 1981 Life Member, Amer. Soc. of Mech. Engrs.; 1982 Laskowitz Gold Med.; 1988 Daidalus Gold Med. Sir George Cayley Inst. Comp.Mech. London; 1983 Fellow of Amer. Inst. of Aeron. and Astron.; Ehrendoktor Genua, Trondheim u. TU Hannover; Ehrenprof. TU Beijing u. Weltpr. u. Persönlichkeit d. Jahres 1984, Accad. Italia; 1983 Honorary Life Member, New York Acad. of Sciences; 1984 Ehrenprof. Quinghua Univ. Beijing; 1985 Royal Medal d. Royal Soc., Fellow of American Assoc. for the Advancement of Science, FAAAS, u. Fellow of Imperial College, FIC; Hon. Fellow Aeron. Soc. of India; 1986 Fellow of Royal Soc., FRS, Foreign Assoc. of U. S. National Acad. of Engineering u. Ehrendoktor Univ. Linköping, Schweden; 1989 Ehrendoktor D.Sc. (Maths), Univ. Athen; 1990 Fellow of the Fellowship of Engineering; 1991 Ehrendoktor TU Vilnius, Litauen; Hon. Fellow Roy. Aeron. Soc. - Liebh.: Skand. Kunst, Musik, Wandern, Archäologie - Spr.: Engl., Deutsch, Franz., Griech., Schwed. - Bek. Vorf.: Constantin Carathéodory (Mathematiker), Righas Pheraios (Dichter).

ARHEIT, Günter

Dr., Vorstandsvorsitzer Öfftl. Versicherungs-Anstalt d. Bad. Sparkassen u. ÖVA Allg. Versich.s-AG. (1981 ff.) - P 7,20, 6800 Mannheim 1.

ARIS, Valerie

Ballettdirektorin u. Choreographin Stadttheater Pforzheim (s. 1987) - Etivalstr. 54, 7530 Pforzheim - Geb. 16. Juni 1954, ledig - 1970-74 Royal Acad. of Dancing, London; Dipl. A.R.A.D., L.R.A.D. - 1984-87 Solistin (Tänzerin) u. Choreographin Münster; 1983/84 Gastprof. Hochsch. Mannheim/Heidelberg; 1990 Gast Staatstheater Darmstadt (Ballettabend) - Choreographierte Ballettabende (Pforzheim u. Darmstadt): Konzert f. Oboe u. Streicher (Vangham Williams); Zeitlauf (Weber); Les Patineurs (Meyerbeer); Frl. Julie (Rangström); Delius Lieder, Saturday Night f(or)ever (Brubeck), D. Tod in Venedig (Britten) - Liebh.: Lesen, Musik, Theater, Spazierengehen, Natur, Malen - Spr.: Engl. (Mutterspr.), Dt., Franz. Ital.

ARLT, Gottfried

Dr. rer. nat., o. Prof. f. Werkstoffe d. Elektrotechnik (Lehrst. II) - Hangweg 1, 5100 Aachen-Laurensberg - Geb. 7. April 1926 Grünberg/Schl. - Promot. 1956 Kiel - B. 1956 Industrie- (1969 stv. Dir. Philips-Forschungslabor. Aachen), 1973 o. Prof. u. Inst.Dir. TH Aachen; 1982/83 Dekan Fak. f. Elektrotechn. TH Aachen. Ca. 75 Facharb.

ARLT, Joachim

Dr.-Ing., Geschäftsführer Bundesarchitektenkammer/Körpersch. d. öfftl. Rechts - Königswinterer Str. 709, 5300 Bonn 3.

ARLT, Jochen

Journalist, Herausg., Autor (Ps. J. W. Martin, Achim von Langwege) - Im Kirchtal 86a, 5210 Troisdorf (T. 02241 - 40 11 30) - Geb. 6. Mai 1948 Dinklage/Oldenburg, kath., verh. s. 1983 m. Monika, geb. Kleefisch, 2 Kd. (Christine, Martin) - BV: Toni May - Kölner Köpfe, Kölner Skizzen, Biogr. 1984; Kölner Stadtgespr., Interv. 1985; D. Liebe z. röhrenden Hirsch, Lyr. 1988; Och dat is Kölle, Lyr. 1990. Herausg. (Anthol.): E. Hand wäscht d. andere (1986); Links v. Dom, rechts v. Dom (1987); Stadt im Bauch (1988); Kölner Weihnachtsb. (1988, m. R. Griesbach); Vaters Land u. Mutters Erde (1989, m. M. Lang); Knollen, Kohle u. Miljöh (1989, m. A. Kutsch); Kölner met un ohne Verzäll, Bildbd. (1989, m. H. G. Meisenberg); Zwischen Stadt u. Dorf (1990, m. D. Brockschnieder); Wo wir uns finden (1991, m. Doro Dietsch); Endstation Ubierring, Bildbd. (1992, m. E. Hellfeier u. H. G. Meisenberg); Niederrhein-Lesebuch (1992, m. I. Bernrieder).

ARLT, Klaus-Dieter

Dipl.-Geodät, Mitglied d. Landtages Brandenburg (s. 1990) - O-1272 Neuenhagen (T. 77 79) - Geb. 13. Dez. 1942 Breslau, ev., verh. s. 1966 m. Karin, geb. Heilmann, S. Kay-Uwe - Vermessungsfacharb.lehre, Stud. TU Dresden u. TH Prag, Dipl. 1969 Dresden - Spezialmeßtruppführer - 1990/91 stv. Reg.bevollm. f. d. Bezirk Frankfurt/O.; s. 1992 Mitgl. d. Landesrechnungshofes Brandenburg - Liebh.: Kunst, Preuß. Gesch., Pferdesport - Spr.: Engl.

ARLT, Wolfgang

Dr. phil., Prof. f. Bildungsinformatik FU Berlin - Habelschwerdter Allee 45, 1000 Berlin 33 (T. 030 - 838 63 29) - Geb. 1. Nov. 1934 Berlin - 1. u. 2. Staatsex. 1965 u. 1967 d. höh. Lehramt TU Berlin, Promot. 1971 - 1969-71 Geschäftsf. d. wiss. Ges. GPI Berlin u. Wiesbaden, 1971-80 Dir. Inst. f. Datenverarb. in d. Unterrichtswiss. PH Berlin -BV: Ergebn. u. Probl. d. Bildungstechnol. (m. Issing), 1976; Modellversuche z. Lehrerfort- u. -weiterbild. (m. a.), 1981; Informatik als Herausforder. an Schule u. Ausb. (m. Haefner). Herausg.: EDV-Einsatz in Schule u. Ausbild. Bd. 1 (1978); Informatik als Schulfach (1981); Datenverarb. u. Informatik im Bildungsber. (s. 1978).

ARMANSKI, Gerhard

Dr. rer. pol., Prof., Sozialwissenschaftler, Schriftst. u. Reiseleiter - Fichardstr. 18, 6000 Frankfurt/M. 1 (T. 069 - 597 29 96) - Geb. 11. Mai 1942 Windsbach/Bay., ledig, T. Sophia - Wirtschaftsgymn.; Stud. Gesch., Polit. Ökon. u. Politol. Univ. München, Freiburg, Wien u. Berlin; Promot. 1973 Berlin; Habil. Soz. u. Sozialgesch. 1984 Osnabrück - Mehrj. Lehr- u. Forschungstätigk., Lehrstuhlvertr. Univ. Bielefeld, Priv.-Doz. Univ. Osnabrück. Projekt (Gewalt im Abendland) am Hamburger Inst. f. Sozialforsch. - Mitgl. d. Vereinig. z. Kritik d. polit. Ökonomie, d. Bloch-Assoz., d. Karl-Bröger-Ges. - BV: D. Entst. d. wiss. Sozialismus, 1974; Junge, komm bald wieder. V. d. Bundeswehr, 1983; Wir Geisterfahrer e. V. Üb. Lust u. Last am Automobil, 1986; D. kostbarsten Tage d. Jahres, 1986; Politische Ästhetik v. Kriegerdenkmälern, 1988; Alter in Gesellschaft u. Geschichte, 1990 - Liebh.: Sport, Garten, Lesen - Spr.: Engl., Franz., Span.

ARMBRUST, Manfred

Dr. rer. nat., Prof. f. Mathematik Univ. Köln - Siegstr. 50, 5000 Köln 40 - Geb. 27. Nov. 1936 Offenbach - Promot. Univ. Bonn 1964, Habil. Univ. Köln 1972 - S. 1973 Prof. Univ. Köln.

ARMBRUSTER, Hubert

Dr. jur., o. Prof. f. Staats-, Verwaltungs- u. Völkerrecht - An der Allee 69, 6500 Mainz/Rh. (T. 3 19 50) - Geb. 12. Aug. 1911 Baden-Baden, kath., verh. m. Dr. phil. Susanne, geb. Rinderknecht - Univ. Berlin, Heidelberg, Freiburg/Br., Paris - 1935 Gerichtsass., 1939 Ref. IHK Freiburg, 1940 Lehrauftr. Univ. ebd., 1946 Ref. Staatssekretariat Tübingen, 1946 Prof. Univ. Mainz. 1948 Delegierter f. d. Marshall-Plan Organisation Europeenne de Cooperation Economique (OECE), Paris; 1950 Mitgl. Verfassungsgerichtshof u. Landesverw.sgericht Rhld.-Pfalz; 1956 Vors. Überwachungsaussch. Freiw. Selbstkontrolle Dt. Filmwirtsch.; 1968 Mitgl. Kontrollkommiss. Sozialcharta b. Europarat, 1974 Richter Intern. Verw.sger. Genf - BV: D. Wandlungen d. Haushaltsrechts, 1939; D. Verw.sjurist, 1947; Handb. d. Montan-Union, 1953; Wandlungen u. Spannungen im neuen Föderalismus d. Vereinigten Staaten, 1955; Atomrecht, in: Staatslexikon, 1957; D. Mensch im Umkreis d. Macht, 1960 - 1960 Offz. Orden Palmes

Academiques, BVK I. Kl., Verfass.med. Rhl.Pfalz - Spr.: Engl., Franz. - Rotarier.

ARMBRUSTER, Klaus
Prof. f. Film u. audiovisuelle Kommunikation Univ.-GH Essen, Filmautor, Regiss. - Hauptstr. 29, 5620 Velbert-Langenberg - Geb. 29. Nov. 1942 Tübingen - Stud. Malerei u. Kunsterzieh. Kunstakad. Stuttgart (Staatsex. f. d. Künstler Lehramt) - B. 1970 Maler, Kunsterzieher; 1970-80 Filmautor, Regiss., Redakt. NDR-Fernsehen; S. 1983 fr. Autor, Regiss. u. Prof. Univ. Essen - Üb. 40 Fernsehfilme - B. 1970 Ausst. in Ulm, Salzgitter, Hamburg - 1968 1. Jugendpreis f. Malerei - Spr.: Engl., Lat., Franz., Griech.

ARMBRUSTER, Peter
Dr. rer. nat., Dr. h. c., Prof., Ltd. Wissenschaftler Gesellschaft f. Schwerionenforschung Darmstadt (s. 1971) - De-La-Fosseweg 1, 6100 Darmstadt - Geb. 25. Juli 1931 Dachau/Obb. - Stud. Physik - 1964-66 Privatdoz. TU München; 1966-71 Doz. TH Aachen; s. 1968 Honorarprof. Univ. Köln. Arbeitsgeb.: Kernspaltung, Elementsynthese, Atomphysik. Etwa 160 Fachaufs. - 1984 Hon.-Prof. TH Darmstadt; 1988 Max Born-Med.

ARMES, Mary Beth
Dr., Repetitorin, Kapellmeisterin Oper Kiel - Geb. 12. Febr. 1946 Erie/Pennsylvania, gesch. - Stud. Musik Eastman School of Music (BM); Univ. Arizona (MM); Univ. North Texas (Promot.) - 1970-82 Prof. Centenary College, Shreveport/Louisiana; s. 1983 s.o. - Dirig.: D. Heiml. Ehe, Orpheus in d. Unterwelt, Lucio Silla (J.C. Bach), Kieler Opernstudio - Spr.: Engl., Deutsch.

ARMGORT, Karl-Eddi
Polizeioberkommissar, MdBB (s. 1972) - Theodor-Billroth-Str. 48, 2800 Bremen 61 - Geb. 13. März 1925 Daverden/Aller, verh., 2 Kd. - N. Schule kfm. Lehre - Kriegs- u. brem. Staatsdst. (1947 ff.) ARsmandl. SPD s. 1952 (Vors. Ortsverein Kattenturm).

ARMONIER, Ulrich
Direktor SEL AG., Nürnberg (1967 ff. Produktionsleitg. Elektromech. Bauelemente) - Nordring 26, 8560 Lauf/Pegnitz - Geb. 23. Juni 1933 Lubiath/Neum., verh. in 2. Ehe (1961) m. Marlis, geb. Schröer, 3 Kd. (Caroline, Frank, Nicole) - Menzel-Obersch. Berlin (geb. 1950); Elektromechanikerlehre (Siemens); Ingenieursch. Gauß ebd. - 1974 ff. Geschäftsf. Rudolf Schadow GmbH., Berlin - Liebh.: Fernreisen, Fotogr. - Spr.: Engl.

ARMSTRONG-FRIEDRICH, Karan
Sängerin (Sopran) - 11951 Mayfield Avenue 204, Los Angeles 90049/USA - Geb. 14. Dez. Havre, Montana/USA (Vater: Matthew A., Glasplastiker; Mutter: Pearl, geb. Wilke), ev., verh. s. 1979 in 2. Ehe m. Prof. Götz Friedrich, S. Johannes - Bachelor of Arts, Moorhead, Minnesota; Stud. Klarinette, Klavier, Gesang (b. Lotte Lehmann, Tilly de Garmo, Fritz Zweig) - Mitgl. Met., Engagem. Houston, San Francisco, Seattle, Portland, New York City Oper u.a.; 1976 Europ. Debut (Salomé) Münchner Festspiele, dann Straßbourg, Stuttgart, Hamburg, Berlin, Staatsoper Wien, 1979 Bayreuth, 1980 Debut (Melisande) Paris, 1981 Royal Opera London, Zürich (Marie in Wozzeck), Amsterdam (Fanciulla), 1984 Salzburger Festspiele. Film u. FS: La Voix Humaine (USA), 1978; Falstaff (Alice), 1979; Jesu Hochzeit (Tödin), 1980; Lohengrin 1981; Tote Stadt, 1983 - Konzerte in Rom, Wien, Hollywood, New York, Chikago, Berlin, Paris, Madrid usw. - 1. Nachwuchspreis Metropolitan Opera New York; 1985 Titel Kammersängerin.

ARNAUDOW, Michael
Dr. med., Dr. med. dent., Prof. f. Zahn-, Mund- u. Kieferheilkunde (emerit.) - Bgm.-Drews-Str. 2, 2300 Kronshagen - Geb. 2. Dez. 1912 Sofia (Bulg.) - 1968 ff. Prof. Univ. Kiel.

ARNBECK, Herbert
Direktor, Bankkaufmann - Meraner Str. 20a, 1000 Berlin 62 - Geb. 10. Aug. 1904 Berlin, ev., verh. s. 1964 m. Christel, geb. Krüger - Realgymn. (Abit.); Handelshochsch. - Langj. Dt. Ind. AG., Berlin (1953 Prokurist, 1968 ff. Vorstandsmitgl.). Beiratsmand.

ARNDT, Claus

Dr. jur., Prof. h.c., Senatsdirektor i. R. MdB (1968-76), Lehrbeauftr. f. Staatsrecht/FHS Hamburg - Fanny-David-Weg 61, 2050 Hamburg 80 (T. 738 52 51) - Geb. 16. April 1927 Marburg/L. (Vater: Senator a. D. Prof. Dr. jur. Adolf A., 1949-69 MdB, †1974 s. XVII. Ausg.; Mutter Ruth, geb. Helbing), verh. s. 1963 m. Elke, geb. Bruhns (Graphikerin), 3 Kd. (Peri, Jörn-Michael, Nicole) - Gymn. Baden-Baden, Innsbruck, Lauban; Univ. Bonn, München, Hamburg; Hochsch. f. Verw.swiss. Speyer - S. 1959 Hbg. Staatsdst. (b. 1968 Leit. Senatorbüro u. Ref. f. Verfassungsrecht Behörde f. Inneres). 1951-55 stv. Vors. SDS. SPD s. 1951 (1958/59 Sekr. Verfassungsaussch. Programmkommiss./Godesberger Programm; stv. Vors. Bundesschiedskommiss.) - BV: D. Verträge von Moskau u. Warschau, 1973, 3. A. 1982; D. § 218 v. d. Bundesverfassungsgericht, 1978; Menschenrechte, 1981; Biographie, Bd. 5: Aufzeichnungen u. Erinnerungen v. Abgeordneten d. Bundestages, 1987; Amt u. Mandat. Ausgew. Reden u. Schriften aus drei Jahrzehnten, Bd. 1 1989, Bd. 2. 1991; Spuren in d. Zeit, 1991. Üb. 300 Veröff. - Liebh.: Mod. Kunst, Briefm. - Spr.: Engl. - Bek. Vorf.: Prof. Dr. jur. Adolf A., Staats- u. Bergrechtslehrer; Dr. jur. Dr. phil. h. c. Dr. med. h. c., Dr.-Ing. E. h. Otto Helbing, Ministerialdir. (ms) - Lit.: Intern. Festschr. z. 60. Geb.: Hg. Annemarie Renger, Herta Däubler-Gmelin, Carola Stern, Vorwort: Helmut Schmidt.

ARNDT, Dietrich
Obermed.-Rat., Doz., Dr. sc. med., Chefarzt d. Klinisch-diagnostischen Bereiches d. Bundesgesundheitsamtes Berlin - Oeselerstr. 4, O-1141 Berlin (T. 541 13 44) - Geb. 13. Febr. 1935 Wörbzig (Anhalt), ev., verh. m. Margret, geb. Petras, 3 Kd. (Patricia, Christiane, Thomas) - Med.stud. Humboldt-Univ. Berlin; Approb. 1958; Promot. 1960; Habil. 1985 - Hon.doz. 1986, Internist u. Arbeitsmediziner - 1965-70 Funktions- u. Allergiediagnostik im Dt. Zentralinst. f. Arbeitsmed. Berlin; 1970-78 u. 1984-90 Chefarzt im Inst. f. Medizin d. Staatl. Amtes f. Atomsicherheit u. Strahlenschutz Berlin; 1978-84 stv. Dir. d. Zentralst. f. Ärztl. Begutachtungswesen - Gutachter f. Berufskrankh., iatrogene u. ökogene Gesundh.schäden, Strahlenschäden - Mithrsg. d. Ztschr. Wissenschaft u. Umwelt; Mitgl. d. wissensch. Beirates d. Zt. Umweltwiss. u. Schadstoffökologie. Üb. 100 Fachveröff. - 1987

Walter-Friedrich-Preis - Liebh.: Musik, Kunsttischlerarb.

ARNDT, Erich
Dr. rer. pol., o. Prof. f. Volksw.slehre - Im Hopfengarten 7, 7400 Tübingen (T. 6 30 29) - Geb. 13. Febr. 1916 Elbing/Ostpr., ev. verh. s. 1943 m. Herta, geb. Juddat - Univ. Hamburg (Wirtschafts- u. Sozialwiss.). Promot. 1950; Habil. 1955 - 1955 Privatdoz. Univ. Hamburg; 1958 o. Prof. Univ. Tübingen - BV: Wohnungsbau u. städt. Bodenreform, 1950; Lohnpolitik in einzel- u. gesamtwirtschaftl. Sicht, 1953; Theoret. Grundl. d. Lohnpol., 1957 (Span.: Politica de Salarios, 1964); Währungsstabilität u. Lohnpolitik, 1973; Wirtsch. u. Ges. Ordnung ohne Dogma. Festschr. z. 65. Geb. v. Hein-Dietrich Ortlieb, 1975 (Mithrsg.). Wiss. Aufs. u. Art. aus d. Geb. d. Ordnungs-, Konjunktur-, Währungs- u. Sozialpolitik - Spr.: Engl., Franz.

ARNDT, Fritz
Dr.-Ing., Prof., Lehrstuhlinh. f. Hochfrequenztechnik Univ. Bremen (s. 1972) - Lothringer Str. 15, 2800 Bremen - Geb. 30. April 1938 Konstanz/B. - Promot. 1969; Habil. 1972 - Fachveröff. - 1970 Preis Nachrichtentechn. Ges.

ARNDT, Hans-Joachim
Dr. phil., em. o. Prof. f. Polit. Wissenschaft Univ. Heidelberg - Zum Buchenhain 36, 6905 Schriesheim (T. 6 11 46) - Geb. 15. Jan. 1923 Magdeburg (Vater: Oscar A., Kaufm.), verh. m. Margit, geb. Zembsch - M. A. - BV: Politik u. Sachverst. i. Kreditwährungswesen, 1963; D. Besiegten v. 1945, 1978.

ARNDT, Hartmut
Dr. med., Chefarzt Innere Abt. Kreiskrkhs., Honorarprof. Univ. Marburg - Bottendorfer Str. 33, 3558 Frankenberg.

ARNDT, Helmut
Dr. jur., Generalkonsul d. Bundesrep. Deutschl. in Schanghai - Zu erreichen üb. Ausw. Amt, 5300 Bonn - Geb. 18. Jan. 1923 Berlin, ev., verh. s. 1962 m. Evi, geb. Frey, 2 Kd. (Carl-Friedrich, Dorothee) - Stud. Rechtswiss. u. Gesch. Heidelberg, Hamburg, Berlin, Paris. Beide jurist. Staatsex. Promot. 1959 Heidelberg (Prof. Forsthoff) - S. 1962 AA Bonn (Botschaften Teheran, Khartoum, Bagdad u. Vientiane, Generalkons. Toronto, Bordeaux, Genf). BV: Brehms Reisen im Sudan; Vivant Denon - M. Napoleon in Ägypten; Unter d. Halbmond (Helmut v. Moltke); Entdeckungen in Nubien (J. L. Burkhart); Persepolis - Entdeckungsreisen in d. Vergangenheit - Liebh.: Alte Reiselit. - Spr.: Engl., Franz.

ARNDT, Helmut
Dr. jur., Dr. rer. pol., Dr. rer. soc. oec. h. c., o. Prof. f. Volkswirtschaftslehre - Flachsgartenstr. 7, 6273 Waldems 2 (T. 06087 - 10 47) - Geb. 11. Mai 1911 Königsberg/Pr. (Vater: Geh. Bergrat Prof.

Dr. Gustav. A., Rechtsgelehrter; Mutter: Louise, geb. Zabeler), ev., verh. m. Elfriede, geb. Krause, 2 Kd. (Claudia, Robert Rolf) - Promot. 1934 u. 44 Marburg - 1946 Privatdoz. Univ. Marburg, 1950-51 Visiting Prof. Maxwell Inst. Univ. Syracuse (USA), 1952 apl. Prof. Marburg, 1953 o. Prof. Univ. Istanbul (Finanzwiss.), 1954 TH Darmstadt, 1957 FU Berlin. 1966-70 Vors. Ges. f. Wirtschafts- u. Sozialwiss., 1969 Gastprof. Univ. Leningrad, 1970 Gastprof. Univ. Istanbul, 1973 Visiting Prof. Univ. of South Florida, 1976/77 Visiting Prof. Univ. Oxford - BV: Voraussetz. d. Marktautomatismus, 1948; Schöpfer. Wettbewerb u. klassenlose Ges., 1952; D. volksw. Eingliederung e. Bevölkerungszustromes (Schr. d. Vereins f. Sozialpolitik Ges. f. Wirtschaft u. Sozialwiss.), 1954; Mikroökonom. Theorie, 2 Bde. 1966; D. Konzentration d. westd. Wirtschaft, 1966; Bedroht d. Pressekonzentration d. freie Meinungsbild.?, 1967; D. Konzentration in d. Presse u. d. Problematik d. Verleger-Fernsehens, 1967; Recht, Macht u. Wirtschaft, 1968; Markt und Macht (2. A.) 1973; Kapitalismus, Sozialismus, Konzentration u. Konkurrenz, (2. A.) 1976; Wirtschaftliche Macht, 3. A. 1980; Irrwege d. Polit. Ökonomie, 1979; Economic Theory vs. Economic Reality, 1984; Vollbeschäftigung, Einf. in Theorie u. Politik d. Beschäftig., 1984; Leistungswettbewerb u. ruinöse Konkurrenz, 1986; D. Evolutorische Wirtsch.theorie in ihrer Bedeutung f. Wirtschafts- u. Finanzpolitik, 1992. Herausg.: D. Konzentration in d. Wirtschaft - On Economic Concentration (2 Bde.) 2. A. 1971; Schriften zur Konzentrationsforschung, Tübingen (s. 1971) u. a. - 1970 Ehrendoktor Univ. Innsbruck - Spr.: Engl. - Lit.: Fritz Neumark, Karl C. Thalheim et al., Wettbewerb, Konzentration u. wirtsch. Macht (Festschr. f. Helmut Arndt), 1976.

ARNDT, Herbert
Bankkaufmann - Afrikanische Str. 143a, 1000 Berlin 65 (T. 451 16 73) - Geb. 16. Dez. 1906 Berlin - Oberselkundareife - S. Lehre Bankwesen (1951 Berliner Zentralbank; s. 1956 Betriebs- bzw. Personalratsvors., s. 1958 Mitgl. u. Vorstandsmitgl. (1960) Hauptpersonalrat Dr. Bundesbank). Wehrdst. u. Kriegsgefangensch. S. 1959 Bezirksverordn. Wedding. SPD s. 1927. 1963-75 MdA Berlin.

ARNDT, Horst
Dr. phil., Univ.-Prof. f. Engl. Sprache - Gronewaldstr. 2, 5000 Köln - Geb. 17. Aug. 1929 Duisburg, verh. s. 1958 m. Ursula, geb. Schlautmann - Gymn.; Univ. Münster, Sheffield, München (Anglistik, Amerikanistik; Promot. 1957) - S. 1964 Prof. Päd. Hochsch. Ruhr/Abt. Essen (1966 o. Prof.) u. PH Köln (1968 o. Prof.), Univ. Köln (1980 o. Prof.). 1979 Adjunct Prof. of English, Univ. of Delaware, USA. Spez. Arbeitsgeb.: Mod. Linguistik, multimodale Interaktionsanalyse - Spr.: Engl.

ARNDT, Jürgen
Senatspräsident - Borussenstr. 18, 1000

Berlin 38 (T. 803 54 18) - Geb. 20. Febr. 1915 Oldenburg/O. (Vater: Fritz A., Arch. † 1967; Mutter: Else, geb. Bochow † 1966), ev., verh. s. 1944 m. Liselotte, geb. Rüthing, 2 Kd. (Jutta, Jens) - Reform-Realgymn. Oldenburg; Univ. Greifswald, München, Berlin (Rechtswiss.) Gr. jurist. Staatsprüf. 1937 - 1949-52 Dezern. Senatsverw. f. Justiz Berlin; 1952-53 Ref. Bundesjustizmin.; s. 1953 Richter KG Berlin (1968 Senatspräs.). Vors. Herold-Aussch. Dt. Wappenrolle u. Kurat. d. Graf-v.-Moltkeschen Familienstiftg. Mitgl. Vereine HEROLD-Berlin u. ADLER-Wien (korr.) - BV: Kommentar z. Rechtspflegergesetz, 1957; Hofpfalzgrafen-Register, 3 Bde. 1964/88; Wappenfibel - Handb. d. Heraldik, 1970; Buchreihe Dt. Wappenrolle, Bde. 14-52; Wappenbuch d. Reichsherolds Caspar Sturm, 1984; Beitr. in: Begegnungen m. Kurt Georg Kiesinger, 1984; Moltke-Almanach, Bd. I 1984, Bd. II 1990; Wappenbilderordnung, 2 Bde. 1986 u. 90 - 1941 EK II; 1991 Gr. BVK - Liebh.: Rechtsgesch., Heraldik - Spr.: Engl., Franz.

ARNDT, Karl

Dr. phil., Prof. f. Kunstgesch., Direktor Univ.-Kunstsamml. Göttingen - Nikolausberger Weg 15, 3400 Göttingen - Geb. 22. Aug. 1929 - 1970 Priv.-Doz., dann Ord. Göttingen - BV: Alterniederl. Malerei, 1968, 2. A. 1989; D. Maler K. H. Nebel, 1975; D. Bildhauer Ferd. Hartzer, 1986. Fachveröff. u.a. z. altniederl. u. altdt. Malerei u. Graphik, z. Denkmalskunst d. 18.-20. Jh., z. NS-Arch. - O. Mitgl. d. Akad. d. Wiss. zu Göttingen.

ARNDT, Klaus Friedrich

Dr. jur., Prof. f. Öffentl. Recht u. Verwaltungswiss. Univ. Frankfurt (s. 1972) - Heidloge 13, 2855 Kirchwistedt (T. 04747 - 86 33) - Geb. 20. Febr. 1930 Berlin (Vater: Dipl.-Ing. Helmuth A.; Mutter: Margarethe, geb. Eisele), verh. in 2. Ehe s. 1990 m. Inga, geb. Meyer-Bohlen, S. Lucius aus 1. Ehe - Stud. d. Rechts- u. Politikwiss. Univ. Berlin, Tübingen, Bonn, 1959-65 Wiss. Assist. Univ. Kiel u. Mainz; 1965-69 Wiss. Dienst d. Landtages Rhld.-Pfalz, 1969-71 Mitgl. Projektgr. Reg.s- u. Verw.reform b. Bundesmin. d. Innern, 1971-72 Min.rat Bundesmin. d. Justiz. Fachmitgl.sch. - BV: Parlamentar. Geschäftsordnungsautonomie u. autonomes Parlamentsrecht, 1966; Heilpraktikerrecht, 2. A. 1987; Exekutive, Legislative, Rechtsprechung, 16. A. (m. W. Heyde u. G. Ziller), 1992 - Spr.: Engl.

ARNDT, Mark (Michael)

Dr. phil., Erzbischof Russ. Orth. Kirche v. Berlin u. Deutschland (s. 1990) - Schirmerweg 78, 8000 München 60 (T. 089 - 834 89 59) - Geb. 29. Jan. 1941 Chemnitz (Vater: Ewald A., Oberstud.rat, Hochschuldoz.; Mutter: Jeanne-Emilie, geb. Reinhold), russ.-orth., ledig - Stud. Univ. Frankfurt, Heidelberg, Bratislava, Zagreb, Belgrad; Promot. 1969 (Slavistik) Heidelberg, Dipl.-Theol. 1979 Belgrad - 1968-72 Doz. u. Assist. Univ. Maryland; 1972-75 wiss. Assist. Univ. Erlangen; 1975-80 Priester Wiesbaden; 1980-82 Bischof v. München u. Süddeutschl., 1982-90 Berlin - BV: D. biogr. Lit. d. Tverschen Fürstentums im 14.-16. Jh., (Diss.) 1970 - 1969 Hviezdoslav-Preis Slovak. Schriftst.-Verb.

ARNDT, Rudi

Minister a. D., Oberbürgerm. a. D., Rechtsanwalt - Mörfelder Landstr. 278, 6000 Frankfurt 70 (T. 631 14 73) - Geb. 1. März 1927 Wiesbaden, verh. (Ehefr.: Roselinde) - Obersch.; Stud. Rechts- u. Staatswiss. Gr. jurist. Staatsprüf. 1960 - 1953-64 Ref. f. Jugendrecht u. Bundesjugendplan Hess. Innenmin.; 1964-72 hess. Min. (Wirtschaft, Verkehr,Finanzen); 1972-77 Oberbürgerm. Frankfurt. 1952-56 Stadtverordn. Frankfurt/M.; 1956-72 MdL Hessen (1961-64 Fraktionsvors.); 1979-89 Mitgl. Europ. Parlament, 1984-89 Vors. d. Sozialist. Frakt. im EP. SPD s. 1945 (1962 stv., 1975 Bezirksvors. Hessen-S, b. 1980, 1973-79 Mitgl. SPD Parteivorst., 1975-80 Bezirksvors. Hessen-Süd) - Liebh.: Autorallyes (1973 Graf-Trips-Med.).

ARNDT, Stefanie

Erste Solistin im Hamburger Ballett, b. John Neumeier (s. 1989) - Zu erreichen üb. Hamburgische Staatsoper, Große Theaterstr. 34, 2000 Hamburg 36 - Geb. 14. April 1967 Hamburg, ev., ledig - 1978-83 Ballettsch. John Neumeier, s. 1984 Company d. Hamburg. Staatsoper, 1986 Solistin, s. 1989 erste Solistin - Hauptrollen u.a.: Primavera (Othello), Soli in Shall we Dance? u. 5. Sinfonie v. Gustav Mahler, Julia (Romeo + Julia), Solveig (Peer Gynt), Desdemona (Othello), Marie (Nussknacker), Prudence (Kameliendame), Hermia (Ein Sommernachtstraum), Elaine (Artus-Sage), Bianca (D. widerspenstigen Zähmung), Stella (Endstation Sehnsucht), Gute Fee (Dornröschen), Dulcinea (Don Quixote), Soli in Mozart 338, 3. u. 4. Sinfonie v. Mahler, Magni Ficat, Bach Suite 2 u. 3 - 1983 1. Preis Prix de Lausanne; 1990 Dr.-Wilhelm-Oberdörffer-Pr.; 1986 3. Pr. Eurovisionswettbewerb f. Tänzer, Schwetzingen - Liebh.: Malerei, Lit., Städtereisen - Spr.: Engl., Franz., Russ. - Lit.: div. Presseveröfftl.

ARNEGGER, Ernst

Gymnasialrat, MdL Baden-Württemberg (Wahlkr. 67, Bodensee) - Brunnenstr. 20, 7778 Markdorf (T. 07544 - 26 72) - Geb. 11. Aug. 1944 Markdorf - CDU.

ARNETH, Michael

Dr. theol., o. Prof. f. Kath. Theologie u. Religionspäd. - Ottostr. 3, 8600 Bamberg (T. 2 68 78) - Geb. 15. Nov. 1905 Unterstürmig/Ofr. (Vater: Johann A., Landw.), kath. - Neues Gymn. Bamberg; Univ. München u. Innsbruck (Phil., Theol.). Promot. 1931 Innsbruck; Habil. 1966 München - 1931-32 Seelsorge (Kaplan), 1932-36 Seminarpräfekt Bamberg, 1936-53 Studienrat Bayreuth, 1936-42 Doz. Hochsch. f. Lehrerbild. ebd., 1953-57 Oberstudienrat Bamberg, s. 1958 Doz. u. o. Prof. (1966) Päd. Hochsch. Bamberg d. Univ. Würzburg (1966-68 Vorst.); s. 1972 Univ. Bamberg. 1964-87 Mitgl. Bayer. Senat - BV: Bartholomäus Holzhauser u. s. Weltpriesterinst., 1959; Prieserbildung im 17. Jh., 1970; Um d. Glaubwürdigk. d. alten Holzhauserbiographien, 1979; D. Visionen d. Bartholomäus Holzhauser 1613-58, 1991 - Päpstl. Hausprälat; 1971 Bayer. VO.; 1974 BVK I. Kl.; 1981 Bayer. Verfassungsmed.; 1984 Gr. BVK - Spr.: Franz., Engl.

ARNHOLD, Wolfgang

Diplom-Psychologe, Präs. Berufsverb. Dt. Psych., Frankfurt/M. - 2351 Trappenkamp üb. Neumünster.

ARNIM, von, Clemens

Dr. sc. pol., Dipl.-Volksw., Generalbevollm. Metallges. AG., Frankfurt/M. - Grundweg 3, 6242 Kronberg/Ts. - Geb. 4. Febr. 1933 - AR- u. Beiratsmand., Mitgl. Conseil de Surveillance de la Soc. Continentale Parker S. A., Paris, Synthomer Chemie GmbH, Frankfurt, Metasco chem. techn. Prod. GmbH, Wiesbaden, Diadema Ind. Quimicas Ltda., Sao Paulo.

ARNIM, von, Hans Herbert

Dr. jur., o. Prof. f. Öfftl. Recht (insbes. Kommunal- u. Haushaltsrecht) u. Verfassungslehre Hochsch. f. Verwaltungswiss. Speyer (s. 1981) - Freiherr-v.-Stein-Str. 2, 6720 Speyer.

ARNOLD, Antonia,

geb. Vitu

Schriftstellerin - Gondershauserstr. 34, 8000 München 45 (T. 089-325292) - Geb. 5. Mai Steyr/Österr., 2 Kd. (Ulrich, Angelika) - Gymn.; Fachsch. - BV: Träumereien m. vierzehn, 1961; Verzauberter April, 1963; Sommer in d. Steiermark, 1966; Wilde Rosen am Elk River, Bd. 1 u. 2, 1967; Fremder Stern in unserer Stadt, 1970; Karolin Knöpfchen, 1974; u.a. Kurzgesch. Erz. Illustrat., Cartoons, 1947-82 - Liebh.: Malerei, Plastik - Spr.: Franz.

ARNOLD, Carl-Gerold

Dr. phil. nat., Prof., Botaniker u. Pharmaz. Biologe, Stadtrat Erlangen (1978) - Immenweg 7, 8520 Erlangen - Geb. 1. Nov. 1928 (Vater: Eduard A., Kaufm.), verh. s. 1968 m. Gerlinde, geb. Brauer, Sohn - S. 1962 (Habil.) Lehrtätigk. Univ. Erlangen-Nürnberg (1968 Prof.). Vors. FDP Erlangen - Zahlr. Fachaufs.

ARNOLD, Erich

Dipl.-Ing., Geschäftsführer LURGI Ges. f. Mineralöltechnik mbH. Frankfurt - Gottfried-Keller-Str. 84, 6000 Frankfurt/ M. 50 - Geb. 15. Febr. 1908 Lohhäuser.

ARNOLD, Fritz

Verlagslektor - Reventlowstr. 5, 8000 München 40 (T. 36 32 37) - Geb. 9. Sept. 1916 München, led. - Univ. München, Köln, Rom - 1947-50 Redakt. Ztschr. Prisma, 1952-55 Redakt. Ztschr. Perspektiven, zugl. Lektor S. Fischer Verlag, 1956-65 Lektor, Prok. (1960) u. Leit. (1962) Insel-Verlag, s. 1965 Lektor Carl Hanser Verlag - BV: Welt im Wort, Aufs. u. Rezens., 1987 - 1960 Mitgl. PEN-Zentrum BRD, Gründungsmitgl. Autorenbuchhandlung München - Spr.: Engl. - Eltern s. Hans A. (Bruder).

ARNOLD, Gottfried

Dr. jur., Rechtsanwalt, Mithrsg. Rhein. Post, MdB (s. 1961, CDU) - Leostr. 107, 4000 Düsseldorf-Oberkassel (T. 5 33 22) - Geb. 10. Febr. 1933 Düsseldorf (Vater: Dr.-Ing. E. h. Karl A., 1947-56 Ministerpräs. NRW; Mutter: Liesel, geb. Joeres), kath., verh. s. 1961 m. Irene, geb. Seifriz, 3 Kd. (Karl, Stephanie, Phillip) - Obersch. Biberach u. Görres-Gymn. D'dorf; Univ. Köln u. München (Rechts- u. Staatswiss.). Promot. 1959; Ass.ex. 1960 - Spr.: Engl.

ARNOLD, Günther

Dr. med., o. Prof. Direktor des Institutes für Experimentelle Chirurgie d. Chirurgischen Klinik u. Poliklinik d. Univ. Düsseldorf - Universitätsstr. 1, 4000 Düsseldorf; priv.: Peckhauserstr. 31, 4020 Mettmann 2.

ARNOLD, Hans

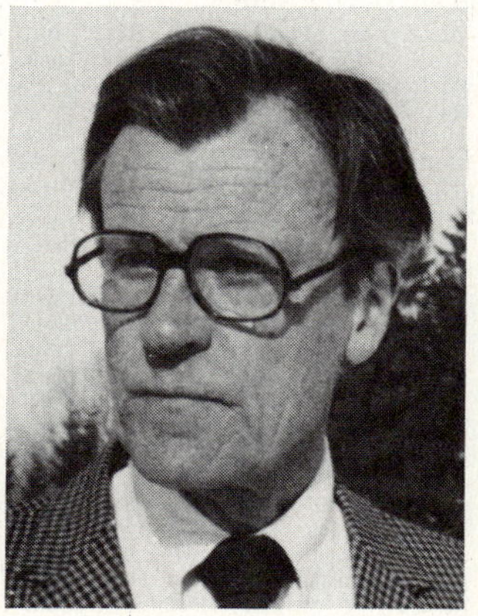

Dr. phil., Botschafter a. D., Publizist - Heft, 8201 Riedering/Obb. - Geb. 14. Aug. 1923 München (Vater: Karl A., Karikaturist; Mutter: Anne-Dora, geb. Volquardsen), verh. s. 1954 m. Karin, geb. Freiin v. Egloffstein, 3 Töcht. (Alix, Katrin, Stephanie) - Stud. d. Phil., Psychol., German. - Zun. Journalist München; s. 1950 Ausw. Amt, Ausl.posten: 1952-55 Paris, 1957-61 Washington, 1968-72 Botschafter Den Haag, 1961-68 u. 1972-77 Zentrale Bonn (Leit. Kulturabt.), 1977-81 Botschafter Rom (Quirinal), 1981-82 Chefinspekteur Ausw. Dienst, 1982-86 Ständ. Vertr. d. Bundesrep. Deutschl. b. d. Vereinten Nationen u.a. intern. Org. in Genf; ab 1987 Ruhestand - BV: Kulturexport als Politik?, 1976; Ausw. Kulturpolitik, 1980; D. Marsch (Ko-Autor), 1989 - Spr.: Engl., Franz., Ital., Niederl.

ARNOLD, Hans

Dr. rer. oec., Dipl.-Kfm., Bankdirektor Dresdner Bank AG - Zu erreichen üb. Dresdner Bank, Königstr. 9, 7000 Stuttgart - Geb. 5. März 1932 Stuttgart, kath., verh. s. 1961 m. Lieselotte, geb. Bechtel, 2 Kd. - Stud. Univ. Saarbrücken (Dipl.-Kfm. 1960, Promot. 1964) - 1965 Akad. Rat; 1980 Bundesvereinig. dt. Arbeitgeberverb. (Vors. Arbeitskr. Hochsch./ Wirtsch.) - BV: Risikentransformation (Diss.), 1964; Risikentransformation, HWF, 1976.

ARNOLD, Hans R.

Dr. med., o. Prof. f. Neurochirurgie Med. Univ. Lübeck - Weberkoppel 54, 2400 Lübeck (T. 0451 - 59 46 39) - Geb. 12. April 1938, verh. s. 1964 m. Dr. med. Heike, geb. Renken, 2 Söhne (Rüdiger, Martin) - 1955-60 Med.stud. Jena u. Erfurt. 1967 Arzt f. Chir., 1973 Arzt f. Neurochir., 1982 Priv.-Doz. Hamburg - 1986 o. Prof. f. Neurochir. Lübeck.

ARNOLD, Hans-Joachim

Dr. rer. nat., o. Prof. f. Mathematik Gesamthochschule Duisburg (s. 1973) - Tilsiter Str. 12, 4330 Mülheim 1 - Geb. 31. März 1932 Berlin (Vater: Willy A., Fabr.; Mutter: Luci, geb. Jahnke), ev. led. - Univ. Hamburg (Math.) Promot. 1965 Hamburg; Habil. 1970 Bochum - Zul Wiss. Rat u. Prof. Univ. Bochum - BV: D. Geometrie d. Ringe im Rahmen allg. affiner Strukturen, 1971. Div. Einzelarb. 1970 Carl-Christiansen-Gedächtnispreis - Spr.: Engl.

ARNOLD, Heidwolf

Dr. med., Prof., Facharzt f. Innere Medizin u. Hämatologie, Chefarzt d. Inn. Abt. d. Diakoniekrkhs. Freiburg (s. 1987) - Dorfgraben 19, 7800 Freiburg-Munzingen - Geb. 31. März 1937 Homberg Ohm, ev., verh. s. 1963 m. Christa, geb. Bernbeck, 2 Kd. (Heidwolf, Friederike) - Promot. 1963 Marburg; Habil. 1973 Freiburg - S. 1973 Lehrtätigk. Univ. Freiburg (1977 Prof.). Üb. 200 Facharb., bes. aus Hämotol. u. Onkol. - 1971 Ludwig-Heilmeyer-Med.; 1972 Preis Wiss. Ges. Freiburg.

ARNOLD, Heinz Ludwig

Schriftsteller, Herausg. u. Gründer Literaturztschr. Text + Kritik - Levelingstr. 6a, 8000 München 80; priv.: Tuckermannweg 10, 3400 Göttingen (T. 0551 - 5 61 53) - Geb. 29. März 1940 (Vater: Heinz A., Bundesanw. a. D.; Mutter: Elisabeth, geb. Weinreich), verh. m. Christiane, geb. Freudenstein, T. Hannah - Abit. u. Univ.-Stud. - 1971-85 Lehrauftr. f. Lit.kritik Univ. Göttingen - BV: Ernst Jünger (monogr.), 1966; Brauchen wir noch d. Literatur?, 1972; Friedrich Dürrenmatt: Gespräche m. H. L. A., 1976; Tagebuch e. Chinareise, 1978; Schriftsteller im Gespräch, 2 Bde. 1990; Krieger, Waldgänger, Anarch, Versuch üb. Ernst Jünger, 1990; Querfahrt m. Dürrenmatt, 1990. Herausg. u. a.: Gruppe 61 (1971); Literaturbetr. in Dtschld. (1971, Neuaufl. 1981); Deutsche üb. d. Deutschen - Auch e. dt. Lesebuch (1972); Grundzüge d. Lit.- u. Sprachwiss. (1973); D. Lesebuch d. 70er Jahre (1973); Wolf Biermann (1975, Neuaufl. 1980); Dt. Bestseller - Dt. Ideologie (1975); Arbeiterlit. in d. Bundesrep. Deutschl. (m. Ilsabe Dagmar Arnold-Dielewicz, 1975); Gespr. m. Schriftst. (1975); Autorenbücher (m. E.-P. Wieckenberg, 1976ff.); Handb. z. deutschen Arbeiterliteratur (1977); Kritisches Lexikon z. deutschsprach. Gegenwartslit. (Loseblattsamml. u. Forts., 1978ff.); Als Schriftst. leben - Gespr. (1979); Krit. Lex. z. fremdsprach. Gegenwartslit. (Loseblattsamml. u. Forts., 1983ff.); Allerlei Lust, 100 erot. Ged. (1986); V. Verlust d. Scham u. d. allmählichen Verschwinden d. Demokratie (1988); D. and. Sprache. DDR-Lit. d. 80er Jahre (zus. m. G. Wolf, 1990); Göttinger Sudelblätter (s. 1990); Komm. Zieh Dich aus. D. Handb. d. dt. Hocherotik (1990) DDR-Lit., e. Bilanz (zus. m. F. Meyer-Gosau, 1991) - Mitgl. PEN-Zentrum BRD u. Verb. dt. Schriftst.

ARNOLD, Karl

Kaufmann, Vors. Verb. Dt. Nähmaschinenhändler, Bielefeld - Wittgasse 10, 8390 Passau.

ARNOLD, Karl Heinz

Auktionator, Leiter Auktionshaus Arnold, Frankfurt (s. 1952), Konsul d. Republik Haiti f. d. Land Hessen (s. 1980) - Bleichstr. 42, 6000 Frankfurt/M. (T. 28 31 39, 28 27 79) - Geb. 26. Juli 1928 Frankfurt (Vater: Karl A., Auktionator; Mutter: Anna, geb. Schanz) - Stud. Kunstgesch. (Dtschl. Ägypten, USA) - 1959ff. Vors. Landesverb. Hessen u. 1968ff. Vorstandsmitgl. Bundesverb. Dt. Auktionatoren, 1975ff. Vorstandsmitgl. China-Inst. Univ. Frankfurt/M.; 1983ff. Vorstandsmitgl. Dt. Rotes Kreuz, Bezirksverb. Frankfurt, 1986ff. Handelsrichter Landgericht Frankfurt am Main. Vereidigter Auktionator. Gründer u. Leit. Museum f. Kunst in Steatit, Frankfurt - Spr.: Engl.

ARNOLD, Klaus

Prof., Graphiker, Rektor Kunstakad. Karlsruhe - Haus Nr. 12, 6901 Grein b. Neckarsteinach - S. Jahren Lehrtätigk. Kunstakad. Karlsruhe (Prof. u. Leit. Kl. f. Fr. Graphik).

ARNOLD, Klaus

Geschäftsführer GWS Stadtwerke Hameln GmbH (s. 1980) - Hafenstr. 14, 3250 Hameln 1 (T. 05151 - 78 82 00) - Geb. 21. März 1942 Hameln, ev., verh. - Banklehre; gehob. Bankdst. Dt. Bundesbank - B. 1980 Bankamtsrat. S. 1973 Abg. Kreistag Hameln-Pyrmont.

ARNOLD, Lothar

Regisseur f. Musiktheater, Oberspielleit. Staatsoperette Dresden - Böttchergasse 6, O-6500 Gera (T. 5 17 42); u. Herzbergerstr. 8, O-8036 Dresden - Geb. 23. Nov., verh. - Gesangstud. - Tätigk. als Sänger u. Schauspieler; 1986-90 Lehrauftr. an d. Musikhochsch. Felix-Mendelsson-Bartoldy Leipzig - Bish. 70 Insz. aller musikal. Genre, u.a.: Schreber: D. ferne Klang, D. Schatzgräber, Porgy u. Bess; Opern- u. Musicalurauff.; Mozartinszenierungen.

ARNOLD, Ludwig

Dr. rer. nat., Prof. f. Mathematik (Stochastik) Univ. Bremen - Richard-Dehmel-Str. 44, 2800 Bremen - Geb. 30. April 1937 Effelder/Thür. - Promot. 1965; Habil. 1969 - BV: Stochast. Differentialgleichungen, 1973 (auch engl. u. ungar.). Üb. 80 Einzelarb., 4 Proceed.-Bde.

ARNOLD, Martin Michael

Dr. med., o. Prof. Univ. Tübingen, Vorstand Wiss. Beirat Bundesärztekammer (s. 1986) - Im Tannengrund 1, 7400 Tübingen 4 (T. 07472 - 71 08) - Geb. 27. Dez. 1928 Mainz, verh. s. 1963 (Ehefr. Gertrud), 4 Kd. (Martina, Christiane, Ursula, Michael) - Stud. Göttingen, Freiburg, Düsseldorf (Staatsex. 1955; Promot. 1956; Habil. 1965) - S. 1969 Vorst. Ges. f. Histochemie, s. 1985 Mitgl. u. s. 1988 Vors. Sachverständigenrat d. Konzertierten Aktion im Gesundheitswesen, Fachmitgl., u. a. Royal Microscopical Soc. S. 1990 Stiftungsprof. Europ. Gesundheitssysteme im Vergleich v. Stifterverb. f. d. Dt. Wiss. - BV: Histochemie, 1968; Medizin zw. Kostendämpfung u. Fortschritt, 1986; D. Arztberuf. E. Einf. in d. Studium u. in d. Probl. d. Med. f. d. Arzt v. morgen, 1988; Gesundheit f. e. Dtschl. (m. B. Schirmer), 1990 - Spr.: Engl.

ARNOLD, Michael

Dipl.-Stomatologe, Zahnarzt, Mitglied d. Landtages Sachsen (s. 1990) - O-8023 Dresden - Geb. 16. April 1964 Meißen, led., T. Johanna - Stud. Stomatologie 1985-90 Leipzig; Ex. 1990 - 1989 Gründungsmitgl. u. Sprecher NEUES FORUM; 1990 Kurat.-Mitgl. Kuratorium f. e. demokrat. verfaßten Bund dt. Länder; 1991 Vorst.-Mitgl. Forsch.zentrum zu den Verbrechen d. Stalinismus, Dresden - Spr.: Engl., Russ.

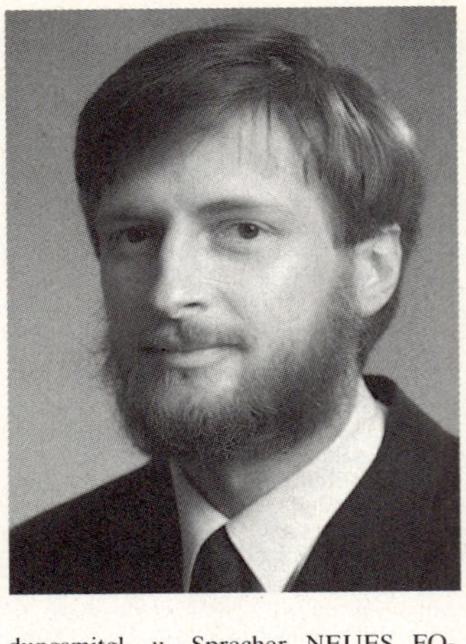

ARNOLD, Od

Prof. f. Baukonstruktion u. Baugesch. Techn. Fachhochschule Berlin, Dipl.-Ing., Architekt, Bausachverst. (ö.b.u.v) - Quermatenweg 7, 1000 Berlin 37 - Geb. 14. Nov. 1927 Eisleben - Bes. Bauten u.a.: Kunsteisbahnen (Eisstadien), Kind.-Tagesstätten, Kinderheime, Kinder-Klinik Berlin-Wedding (AG m. G. Zabre), Industriebauten, Verkehrsbauprojekte, Centre Cité Foch Hermsdf. (AG m. G. Grasme).

ARNOLD, Otto Heinrich

Dr. med., em. o. Prof. u. Direktor Med. Klinik Klinikum Univ. Essen - 7753 Allensbach-Hegne - Geb. 23. April 1910 Heidelberg (Vater: Edgar A., Richter; Mutter: Marianne, geb. Knorr), verh. s. 1977 m. Barbara, geb. Röhrig - 1944-63 Doz. u. apl. Prof. (1953) f. Innere Med. Univ. Heidelberg; zul. Chefarzt Städt. Krkhs. Leverkusen u. Dir. Med. Klinik Klinikum Essen. Üb. 100 Publ. - Bek. Vorf.: Prof. Friedrich (Anatom) u. Julius A. (Pathologe), bde. Heidelberg - Spr.: Engl.

ARNOLD, Rainer

Dr. jur. utr., Prof. f. Öfftl. Recht, insb. Ausl. Öfftl. Recht, Rechtsvergleich., Wirtschaftsverw.srecht u. Recht d. Europ. Gemeinsch. - Wolfsteiner Str. 14, 8400 Regensburg - Geb. 22. Okt. 1943 Marienbad - Promot. 1968 - S. 1973 (Habil.) Univ. Würzburg u. Regensburg (Ord.). Bücher u. Aufs.

ARNOLD, Rainer

Dr. phil. habil., o. Prof. f. Afrikanistik Univ. Leipzig (s. 1982) - Pestalozzistr. 16, O-7221 Ramsdorf - Geb. 1. Aug. 1941 Lößnitz/Erzgeb., verh. s. 1966 m. Dr. phil. habil. Anne-Sophie, geb. Seltmann (Hochschuldoz.), T. Anna-Katharina - Stud. Afrikanistik u. Gesch., Dipl. 1965, Promot. 1970, Habil. 1977, alles Leipzig - 1972-74 Senior Lecturer Univ. Dar es Salaam; 1986-90 Dir. d. Sekt. Afrika- u. Nahostwiss. Univ. Leipzig - Herausg. afrikan. Lit.; Übers. afrikan. Lyrik, afrikan. Märchen; Märchen afrikan. Völker (1984ff., derz. 6 Bde.) - Liebh.: Wandern, Gesch., Genealogie - Spr.: Engl., Franz., Russ. Swahili.

ARNOLD, Rudolf

Fabrikant, Inh. Rudolf Arnold KG u. ARO-Leuchten GmbH, Borken, Ehrenvors. Verb. Lampenschirm, Wohnraumleuchten u. Zubehör, Frankfurt/M. - Nordring 43, 4280 Borken/W.

ARNOLD, Tim

(Ps. Till Pfeifer, Franz Franzen, Gustav Told), Geschäftsführender Redakteur, Chefredaktion Neue Westfälische, Bielefeld - Wertherstr. 8, 4800 Bielefeld 1 (T. 0521 - 12 42 40) - Geb. 5. Sept. 1941 Königsberg/Ostpr., ev., ledig - Reporter, Redakt. u. Pressesprecher in Berlin, Bremen, Düsseldorf (Min. f. Arbeit, Gesundh. u. Soziales), Münster u. Bielefeld - BV: Abgründe - Makabre Gesch., 1983. Erz. u. Ged. in Anthol. u. Ztschr.; Fernsehfilme u. Funkbeitr.

ARNOLD, Udo

Dr. phil., Univ.-Prof., Historiker, Präs. Intern. Hist. Kommiss. z. Erforschung d. Dt. Ordens, Vors. Hist. Kommiss. f. ost- u. westpreuß. Landesforschung - Eichener Str. 32, 5358 Bad Münstereifel-Houverath (T. 02257 - 6 71) - Geb. 6. Sept. 1940 Leitmeritz (Vater: Richard A., Lehrer; Mutter: Ilse A., Lehrerin), verh. s. 1972 m. Gisela, geb. Haffmanns, T. Ulrike - Gymn.; Univ. Bonn (Gesch., Osteur. Gesch., German., Musikwiss., Kunstgesch., Jura), Promot. 1967, Habil. 1975 - 1968-69 Leit. Zentralarchiv d. Dt. O. Wien, s. 1978 apl. Prof. PH Rhld., Abt. Bonn, s. 1980 Univ. Bonn, Lehrst. - Vertr. Univ. Hann. (1978-80) - BV: Studien z. preuß. Historiograph. d. 16. Jhs., 1967, Scriptores rerum Prussicarum VI, 1968, D. Dt. Orden (m. M. Tumler), 4. A. 1986 - 1977 Ehrengabe z. Georg Dehio-Preis, 1989 Westpreußischer Kulturpreis, 1991 Ehrenmed. d. Univ. Toruń/Polen.

ARNOLD, Walter

Oberkirchenrat Ev. Landeskirche in Württ. (s. 1973; Ref.: Ökumene/Mission) - Gänsheidestr. 2, 7000 Stuttgart 1 - Geb. 1929 Stuttgart - Stud. Theol. - 1959-64 Gemeindepfr. Ludwigsburg; 1964-73 Generalsekretär Gesamtverb. Christ. Verein Jg. Männer in Dtschl., Kassel - BV: Biogr. üb. F. W. Raiffeisen: Einer f. alle - alle f. einen - 1977-81 Präs. CVJM-Weltbund, Genf; 1983 Mitgl. Zentralaussch. ÖRK; 1973 Ehrenkr. in Gold Bd. Dt. Kath. Jugend.

ARNOLD, Werner

Dr. phil., Prof., Fachleiter Seminar f. Schulpädagogik Tübingen (Franz., Span.), Lehrbeauftr. Neuphilol. Fak./Univ. Tübingen - Im Brühl 37, 7409 Dußlingen - Geb. 18. Mai 1936 Heilbronn/N., verh. s. 1967 m. Irmgard, geb. Conrad, 3 Söhne (Lorenz, Hubert, Clemens) - Promot. 1960 - S. 1970 Prof. Tübingen - BV: Fachdidaktik Franz., 3. A. 1989 (Neub.); Aspects de la littérature française, 1979.

ARNOLD, Wolf

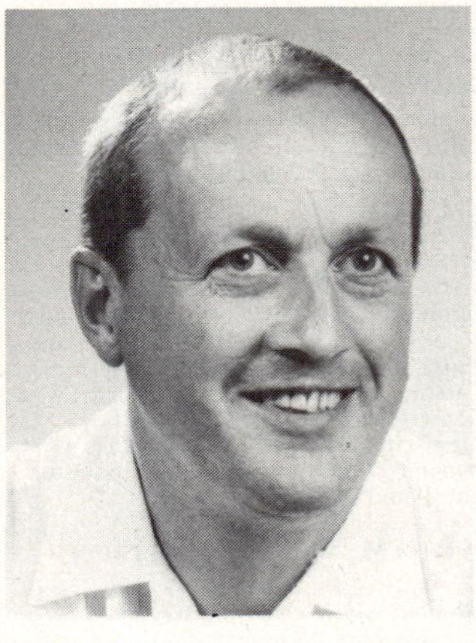

Dr. med. habil., Prof., Facharzt f. Orthopädie, Facharzt f. Physiotherapie, Direktor d. Klinik f. Orthopädie d. Univ. Leipzig (s. 1986) - Lenaustr. 7, O-7022 Leipzig (T. 58 42 91) - Geb. 16. März 1940 Dresden (Vater: Prof. Dr. med. habil. Arno A., Sportmed., Sportwissensch.), verh. s. 1983 m. Zara, geb. Zarembowicz - Stud. Humanmed. Leipzig; Staatsex. 1964; Promot. 1964; 1975 Habil. Leipzig - 1971 Facharzt f. Orthopädie Leipzig; 1975 Facharzt f. Physiotherapie; 1975 Oberarzt an d. Orthop. Univ.klinik Leipzig; s. 1986 o. Prof. u. Dir. s.o. - 1986/87 Lehre u. Tätigk. an d. Addis Ababa Univ. Gondar of Medical Sciences. B. 1990 Vorst.-Mitgl. d. Ges. f. Orthop. d. DDR; Gründg. e. Arb.gemeinsch. Operative Wirbelsäulentherapie; Mitgl. d. Dt. Ges. f. Orthop. u. Traumatologie, d. La Société Intern. de Chirurgie Orthopédique et de Traumatologie, u. d. AOI-Sektion Deutschl.; b. 1990 Leit. d. Expertengruppe z. Behandl. v. Wirbelsäulenverletzten - BV: Physiotherapie in d. Psych., Lehrb. 1983; Physiotherapie in d. Gynäkol. u. Geburtshilfe, Lehrb. 1982, 1990; Physiotherapie in d. Neurologie, Lehrb. 1983, 1989; Physiotherapie in d. Orthopädie, Lehrb. 1985, 1989; Physiotherapie-Massage, Lehrb. 1983; Physiotherapie-Krankengymn., Lehrb. 1983; Physiotherapie b. Querschnittslähmung, 1986; Physiotherapie - Grundl. u. Techniken Hydro-, Elektrotherapie u. Massage, 1989; Physiotherapie - Grundl. u. Techniken d. Bewegungstherapie, 1990; Physiotherapie in d. Chirurgie, Lehrb. 1988; Sport f. Rollstuhlfahrer, 1991 - Nyla-Orden Äthiopien; Preis f. Med. d. Bez. Leipzig - Interessen: Wirbelsäulentraumatol. u. -chir., gesamte orthop. Chir., Hunde (Dt. Boxer), Wandern, klass. Musik - Spr.: Engl., etwas Russ.

ARNOLD, Wolfgang

Dr. med., Prof. f. Innere Medizin u. Gastroenterologie Kliniken d. Fr. Hansestadt Bremen, Direktor Med. Klinik (s. 1982) - Rockwinkler Landstr. 47a, 2800 Bremen 33 - Geb. 8. Sept. 1942 Wiesbaden, kath., verh. s. 1969 m. Dr. med. Sylveli, geb. Hartmann, 2 S. (Rötger, Christoffer) - 1977-79 Sekr. d. Europ. Assoc. Study of the Liver (EASL); 1980 gew. Mitgl. IASL; 1980 Forsch.preis Klin. Gastroenterologie - 105 Fachveröff., 57 publ. Vortr.

ARNOLD, Wolfgang

Dr. med., Dr. rer. nat., Prof. f. Forens. Toxikologie - Eckerkamp 96, 2000 Hamburg 65 - Geb. 3. Okt. 1915 Riesa/Elbe, ev., verh. s. 1950 m. Dr. med. Ruth, geb. Deckert (HNO-Ärztin), 2 Kd. (Thomas, Dagmar) - B. 1977 Privatdoz., dann Prof. f. Forens. Toxikologie Univ. Hamburg. Spezialgeb.: Forensische Toxikologie u. Analytik (Massen- u. IR-Spektrometrie, Immunologie), Verkehrsmed. - Üb. 160 wiss. Veröff., u. a. mehrere Handbuchbeitr., in d. letzen Jahren insb. zu verkehrsmed. Fragen sow. Rauschgift- u. Umweltprobl. - Mitgl. zahlr. wiss. Ges. Berat. Tätigk. im Beirat versch. wiss. Zss.

ARNSWALD, Helmut

Redakteur Ztschr. Inspiration - Pappelweg 57, 7505 Ettlingen - Geb. 30. April 1938.

ARNTZ, Ernst Otto

Dipl.-Volksw., Leiter Akademie d. Diözese Hildesheim/St.-Jacobus-Haus - Reußstr. 4, 3380 Goslar/Harz - Kath.

ARNTZ, Helmut

Dr. phil., Prof., Vorsitzender Federation Intern. de Documentation, Komitee Sozial. u. Geschichte (s. 1958), Präs. Ges. f. Gesch. d. Weins (s. 1959), Dt. FID-Komitee (s. 1962) - Burg Arntz, 5340 Bad Honnef/Rhein (T. 23 53) - Geb. 6. Juli 1912 Bonn (Vater: Emil A., Landwirt; Mutter: Mimi, geb. Hähn), evangelisch, verh. s. 1941 m. Margot, geb. Knauer, 3 Kd. (Wolf-Eberhart, Achim, Astrid) - Univ. Köln, Gießen, Bonn (Vergl. Sprachwiss., Kulturgesch., German., Rechtswiss.). Promot. 1933; Habil 1935 - 1937-40 Lehrtätigk. Univ. Gießen (1940 o. Prof.). 1947-51 Gastprof. Univ. Köln. Emer. 1972. Veröff. üb. Sprachwiss., Schriftgesch., Runenkd., Wein - Liebh.: Kulturgesch. d. Getränke - Spr.: Engl., Franz., Niederl., Span.

ARNTZ, Johann Wilhelm

Dipl.-Ing., gf. u. pers. Gesellsch. Joh. Wilh. Arntz, Remscheid - Brüderstr. 53, 5630 Remscheid - Geb. 14. Aug. 1939 Remscheid, ev., verh., 3 Kd. - 1960-66 Stud. Dipl.-Wirtsch.-Ing. Th Darmstadt -

Inh. Joh. Wilh. Arntz, Remscheid, Vorst. Fachverb. Werkzeugind.; 1. Vors. Forschungsverein Werkzeug - Spr.: Engl.

ARNTZ, Klaus H.

Dr. jur., Direktor Ruhrgas AG (Leit. Hauptber. Finanzierung), Essen - Fuchsgrube 19, 4330 Mülheim - Geb. 2. Nov. 1931 Oberhausen/Rhld. - Stud. Rechts- u. Wirtschaftswiss. - Rechtsanwalt, Fachanw. f. Steuerrecht - Alternate Dir. and Treasurer Megal Finance Comp. Ltd; Alternate Dir. Trans European Natural Gas Pipeline Finance Comp. Ltd.; AR Asset Management Advisors of Dresdner Bank GmbH; Beirat Soc. of Intern. Treasurers, London - Spr.: Engl., Franz., Ital. - Rotarier.

ARNTZEN, Friedrich

Dr. phil., forensischer Psychologe - Gilsingstr. 5, 4630 Bochum (T. 3 40 91) - Geb. 1. März 1914 - Univ. Münster (Promot. 1948) - BV: Psych. d. Zeugenaussage - Lehrb. d. forens. Aussagepsych., 1983; Begabungspsychologie, 1976; Vernehmungspsychologie, 1989; Elterl. Sorge - For. Fam. Ps. 1989.

ARNTZEN, Helmut

Dr. phil., Dipl.-Bibl., o. Prof. f. Neuere Dt. Literaturgeschichte - Am Schloßpark 21, 4403 Senden - Geb. 10. Jan. 1931 Duisburg (Vater: Otto A., Geschäftsf.; Mutter: Elisabeth, geb. Kröck), ev., verh. s. 1965 m. Regina, geb. Pienkny, T. Viola - Realgymn.; Stud. German., Gesch., Phil. Promot. 1957; Habil. 1967 - 1967 Privatdoz. FU Berlin; 1968 Ord. Univ. Münster. 1982 Gastprof. Ain-Shams-Univ. Heliopolis/Kairo; 1987 Max Kade Distinguished Prof. Univ. of Kansas, Lawrence; 1990 Gastprof. Al-Azhan-Univ., Kairo - BV: Satir. Stil - Z. Satire R. Musils im Mann ohne Eigenschaften, 1960, 3. A. 1983; D. mod. dt. Roman, 1962. Herausg.: Gegen-Zeitung - Dt. Satire d. 20. Jh. (1964); Kurzer Prozeß - Aphor. u. Fabeln (1966); D. ernste Komödie - D. dt. Lustsp. v. Lessing b. Kleist (1968); Lit. im Zeitalter d. Information (1971); Karl Kraus u. d. Presse (1975); Der Spiegel 28 (1972) (1977, m. W. Nolting); Musil-Komment. (1980); Musil-Komment. II (1982); Z. Sprache kommen (1983); D. Literaturbegriff (1984); Ernst Meister (m. J. P. Wallmann, 1985, 2. A. 1987); Komödiensprache (1988); Satire in d. dt. Literatur (1989); Metapherngebrauch (1992, m. F. Hundsnurscher); Lit. u. Presse - K.-Kraus-Std. (1975ff.); Literatur als Sprache (1982ff.). Mithrsg.: Komedia - Dt. Lustsp. v. Barock b. z. Gegenw. (1962ff.) - 1971 Mitgl. PEN-Zentrum BRD; 1983 Musil-Med. Stadt Klagenfurt; 1985/86 Akademiestip. d. Stiftg. Volkswagenwerk - Spr.: Engl., Franz. - Bek. Vorf.: Friedrich H. de Leuw, 1792-1861, Augenarzt (Trachombehandl.) - Lit.: R. Dithmar, D. Fabel (1971); Festschr. f. H. A., D. in d. alten Haus d. Sprache wohnen (1991); V. Ladenthin, Moderne Literatur u. Bildung: Kap. 5. (1991).

ARNZ, Alexander

Autor u. Regisseur - Sülzgürtel 58, 5000 Köln 41 (T. 0221 - 44 96 76) - Geb. 25. Aug. 1932 Rheydt/Rhld. (Vater: Karl A., Fabr.; Mutter: Trude, geb. Ulbert), 2 Söhne (Ben, Bob) - Gymn. Mönchengladbach; Univ. Münster (Ztg.wiss., Psych., Mus., Gesch.) - Regie- u. Cutterass. NWDR-Fernsehen; 1957 Zirkuspresse; 1958 Regiss. + Tagesschau Cutter NWRV; 1961 TV-Dir. KABC L. Angeles. Ab 1963 fr. Fernsehregiss. ARD + ZDF. Werbespots, Großveranstaltungen. Drehbücher f. Film u. Fernsehen. TV-Serien: Boyd Bachmann-Shows, Ohne Netz u. doppelten Boden, Nur nicht nervös werden, Vergissmeinnicht, Und Ihr Steckenpferd, Schaufenster Dtschl., Montagsmaler, Gottschalk, Wetten dass, Nasowas, Nasiehste, Musik-Convoy, PiT, Bio's Bahnhof, Bei Bio, Mensch Meier, Boulevard Bio, Roman. Kirchen, E. Abend f. ... - Liebh.: Afrika, Kochen, Musik - Spr.: Engl., Franz., Holl.

ARP, Erich

Minister a. D., Inh. Fa. Rode & Zerrath (Glashaus), Hamburg, MdHB - Pinneberger Chaussee 62, 2000 Hamburg-Eidelstedt (T. 57 97 85) - Geb. 21. Dez. 1909 Horneburg b. Stade, verh., 4 Kd. - Realgymn.; Univ. Hamburg u. Berlin (Phil., Päd., Rechtswiss., Volksw.) - B. 1933 Leit. Akad. Legion Berlin u. Vorst. Sozialist. Studentenschaft, dann vorübergeh. polit. Emigrant Niederl. (Amsterdam), n. Rückkehr kaufm. Angest., spät. Fabrikant chem.-techn. Ind. (Speisefette), Beteilig. Hambg. Widerstandsgruppe, ab 1945 Vorst.smitgl. mitbegr. SPD Schlesw.-Holst., MdK Pinneberg, 1946-50 MdL (b. Austritt 1949 SPD), 1946-48 (Rücktritt) Min. f. Aufbau bzw. Landw. u. Aufbau Schlesw.-Holst., 1961-75 Mitgl. Hbg. Bürgerschaft, Wiedereintritt SPD 1957, 1. Vors. d. Griffelkunst-Vereinig. - Herausg. Werkverz. d. Griffelkunst v. A. Paul Weber (1981; 2. A. 1982); Alfred Kubin in Hamburg (1989).

ARP, Ferdinand

Dr. rer. nat., o. Prof. f. Allg. Elektrotechnik u. Theoret. Nachrichtentechnik Univ. GH Wuppertal/Fachber. Elektrotechnik (s. 1977) - Zillertaler Str. 23, 5600 Wuppertal 12 - Geb. 21. Juli 1928 Kiel (Vater: Ernst A., Beamter †; Mutter: Irma, geb. Schütte †), ev., led. - Humboldt-Sch. u. Univ. Kiel (Naturwiss.). Promot. 1957 (Physik); Habil. 1962 (Phys.) - 1968 apl. Prof.; 1969 Wiss. Rat u. Prof. - Spr.: Engl. - Würdig.: H. Kusaka/M. Yoneyama, F. Arp, E. verallgemeinerte Theorie d. Bildabtastung/ The Journal of Television Engineers of Japan 30, 1976 (S. 147 u. 48).

ARP, Horst

Dr.-Ing., Prof. f. Technologie u. Didaktik d. Technik, Univ. -GH Wuppertal - Gaußstsr. 20/FB 3, 5600 Wuppertal 1.

ARP, Klaus

Dirigent, Komponist, Chefdirigent Rundfunkorch. SWF, Kaiserslautern - Fliegerstr. 36, 6750 Kaiserslautern (T. 0631 - 6 90 77) - Geb. 2. April 1950 Soltau, verh. m. Ingeborg, geb. Bernerth.

ARSENIEW, von, Ludmilla

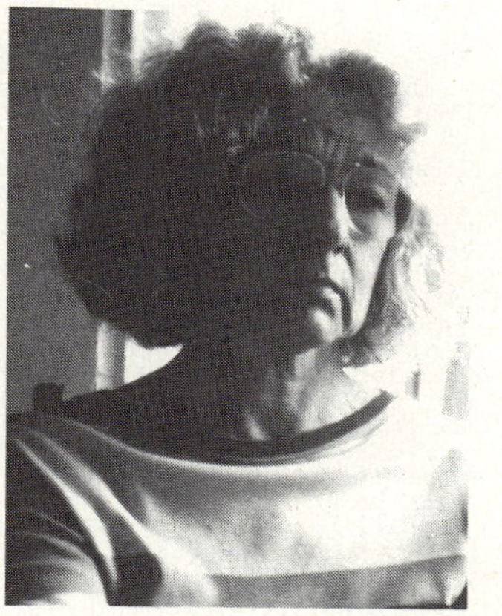

Prof., Klassenleiterin f. Malerei Kunstakademie Münster (1972ff.) - Scheibenstr. 109, 4400 Münster/W.; priv.: Leostr. 33, 4000 Düsseldorf 11 - Geb. 20. Aug. 1939 Wilna/Lit. (Eltern: Dr. Sergius (Rechtsphilosoph) u. Ariadne v. A.), russ.-orth. - Stud. Kunst, Roman., Phil. Düsseldorf, Saarbrücken, Hamburg, Köln. Staatsex. f. Kunsterzieher - S. 1965 fr. Malerin. Figurative Bilder - Katolog: Römische Bilder Museum Abtei Liesborn, 1987; Orte, Städt. Galerie Albstadt, 1990 - Spr.: Russ., Franz., Ital. - Lit.: Ludmilla v. Arseniew Arbeiten 1958-1980 (1980); Ulrika Evers, Dt. Künstlerinnen d. 20. Jh., Hamburg (1983).

ARTELT, Werner

Hauptgeschäftsführer IHK i.R. Wiesbaden - Nerotal 31a, 6200 Wiesbaden (T. 52 52 52) - Geb. 17. Aug. 1914 Berlin, verh. m. Annemarie, geb. Debusmann - Ausbild. Frankfurt/M. - S. 1946 IHK W'baden (1959 Hgf.). 1939-46 Kriegsdst. - Spr.: Engl. - Rotarier.

ARTHECKER, Wilhelm

Fabrikant, Gesellsch. ODS GmbH, Velbert, Mitinh. Heismann K.G., Velbert, Obernheimer Drehteile K.G., Obernheim - Uelenbeek 23, 5620 Velbert/Rhld. (T. 44 67) - Geb. 6. Febr. 1912 Lübbecke/W. - Spr.: Franz., Engl. - Rotarier.

ARTICUS, Peter

Dipl.-Kfm., Verkaufsdirektor, Mitglied d. Geschäftsleitung Stuttgarter Hofbräu AG, Stuttgart - Böblinger Str. 104, 7000 Stuttgart 1 - Geb. 16. Juni 1945, kath., verh. s. 1976 m. Ingrid, geb. v. Bötticher - Stud. Betriebsw. Univ. München, Staatsex. 1973 - 2 J. Bundeswehr (Ltn. d. Res.) - Spr.: Engl., Franz.

ARTL, Fritz

Bundesrichter a. D. - Bismarckstr. 2b, 7500 Karlsruhe - Geb. 19. Febr. 1902, kath., verh. - Zu. BGH, Karlsruhe - 1970 Gr. BVK - Spr.: Engl.

ARTMANN, Hans Carl

Schriftsteller - Zu erreichen üb.: Residenz-Verlag, Salzburg (Österr.) - Geb. 12. Juni 1921 Wien (Österr.) - BV/Ged.: Med ana schwoazzn Dintn, 1958; V. deren Husaren & c., 1959; Schnee auf e. heißen Brotwecken, 1964; Verbarium, 1966; Dracula Dracula, 1966; Grünverschlossene Botschaft - 90 Träume, 1966; Fleiß u. Industrie, 1967; D. Fahrt z. Insel Nantucket - Theater, 1969; Das im Walde verlorene Totem, 1970; R./Erz.: How much, Schatzi, 1971; D. aeronaut. Sindbart - Selts. Luftreise v. Niedercalifornien n. Crain, 1972; V. d. Wiener Seite, Gesch. 1973; D. Jagd nach Dr. U., 1977; Nachr. aus Nord u. Süd, 1978; D. Sonne war e. grünes Ei, 1982; Im Schatten d. Burenwurst, Erz. 1983. Übers. - 1974 Österr. Staatspreis, 1977 ao. Mitgl. Akäd. d. Künste Berlin, 1977 Lit.-Pr. Stadt Wien; 1981 Verleih. d. Ringes Stadt Salzburg; 1981 Pr. f. Lit. Land Salzburg - Lit.: Klaus Reichert: Gramm. d. Rosen, Gesammelte Prosa, 3 Bde.

ARTUR, Georg

s. Oedemann, Georg A.

ARTUS, Hans-Gerd

Dr. phil., Prof. f. Theorie u. Praxis d. Sportunterrichts Univ. Bremen (s. 1973) - Loignystr. 34, 2800 Bremen - Geb. 14. Nov. 1939 Elbing/Westpr. - Promot. 1970 Gießen - Zul. Schulsport Hamburg (Abteilungsdir.) - BV: Jugend u. Freizeitsport - Ergebn. e. Befrag., 1974.

ARX, von, Katharina

Schriftstellerin - Zu erreichen üb. Kulturzentrum, Maison du Prieur, CH-1323 Romainmôtier (T. 024 - 53 13 92) - Geb. 5. April 1928 Olten/Schweiz, prot., verw., S. Frédérique - Hdls.-Dipl.; Stud. Akad. d. bild. Künste Wien - BV: u.a. Mein Luftschloß auf Erden, 1975; Als er noch da war, 1983; Mein L'schloß in Wolken, 1988; u.a. Tageb. - Div. Lit.- u. Förderpreise - Liebh.: Textile Architektur - Spr.: Engl., Franz., Ital.

ARZT, Gunther

Dr. jur., LL. M., o. Prof. f. Straf-, -prozeßrecht u. Kriminologie - Heckenweg 7, CH-3066 Stettlen - 4. Okt. 1936 Tübingen (Vater: Herbert A., Baudir.; Mutter: Martha, geb. Bauer), ev., verh. s. 1966 m. Marian, geb. Wright - Univ. Tübingen (1955-1959; Promot. 1962) u. Berkeley/USA (1964-65; LL. M. 1965). Ass.ex. 1963 - S. 1969 (Habil.) Univ. Tübingen (Privatdoz.) u. Göttingen (1970 o. Prof.), 1975-81 Erlangen; s. 1981 Bern - BV: D. Ansicht aller billig u. gerecht Denkenden, 1962 (Diss.); D. befangene Strafrichter, 1969; D. strafrechtl. Schutz d. Intimsphäre, 1970 (Habil.schr.); Willensmängel b. d. Einwilligung, 1970; D. strafrechtl. Fallbearbeitung, 4. A. 1984; D. Ruf nach Recht u. Ordnung, 1976; Strafrecht, Bes. Teil, in 5 Heften (m. U. Weber) s. 1977 in versch. Aufl.; Einf. in d. Rechtswiss., 1987. Mitarb.: Alternativentwurf e. Strafgesetzb. - Spr.: Engl.

ASAM, Walter

Dr. jur., Rechtsanwalt, Landrat a. D. - Kantstr. 4, 8898 Schrobenhausen 1 (T. 08252 - 44 04) - Geb. 18. Okt. 1926 Augsburg (Vater: Lorenz A.), kath., verh. s. 1956 m. Gertrud, geb. Huber, 3 Kd. (Waltraud, Claudia, Walter-Gerd) - 1947-51 Univ. München (Promot. 1957). Ass.ex. 1955 - 1944-46 Wehrdst. u. Kriegsgefangensch.; 1955-57 Regierungsass.; 1957-61 Regierungsrat; 1961-84 Landrat Kr. Schrobenhausen bzw. Neuburg-Schrobenhausen (1972) - 1972 Verdienstmed. in Gold d. Landkr. Schrobenhausen; 1979 Bayer. Verdienstmed. in Silber f. Kommunalpolitik; 1981 BVK I. Kl.; 1983 Dt. Feuerwehrmed. in Gold - Rotarier.

ASAM, Walter

I. Bürgermeister Stadt Grafenwöhr - Rathaus, 8484 Grafenwöhr/Opf. - Geb. 29. Aug. 1923 Grafenwöhr - Zul. Verwaltungsangest. SPD.

ASANG, Ernst

Dr. med., Prof., Chirurg - Post Anzing, 8011 Purfing - Geb. 27. März 1925 München - Promot. (1951, Univ.) u. Habil. (1971, TU) München - S. 1977 apl. Prof. TU München (Chir.), 1. Vors. Intern. Arbeitskr. Sicherheit b. Skilauf - BV (Mitverf.): Skitelemetrie, 1974. Zahlr. Einzelarb. (z. T. d. Sport betr.); div. Filme.

AŠANIN, Miodrag

Schriftsteller - Schellingstr. 58, 8000 München 40 (T. 089 - 272 33 79; Fax: 272 17 36); priv.: Schellingstr. 60, -40 - Geb. 20. April 1930 Šahovići (Montenegro) (Vater: Radosav A.; Mutter: Andja, geb. Kljaić), orth., gesch., 3 Kd. (Gazela, Goranka, Dušan) - Schule u. Univ. Prag, Zagreb u. München - 1957-78 Reporter u. Redakt., Hauptredakt. u. Dir. bei versch. Ztg. in Zagreb u. Belgrad, s. 1972 in d. BRD, Inh. e. klass. Antiquariats, fr. Schriftst. - Zahlr. Buchveröff. s. 1957 in Muttterspr.; Übers. tschech. u. slowak. Lit. - 1963 I. Preis Fond Otokar Keršovani f. e. Buch; Preis d. kroat. Journ.-Verb. f. d. beste Chronik 1961/62 - Liebh.: Schach, Tennis - Spr.: Deutsch, Tschech., Russ. (Engl., Ital., Poln.) - Lit.: Versch. Nachschlagew. (Who's who in Western Europe; Five Thousand Personalities of the World; Autoren Lex. Jugoslawien; u. a.).

ASBACH, Hans Helmut

Dipl.-Kfm., Fabrikant, pers. haft. Gesellsch. Asbach & Co. KG., Rüdesheim, Geschäftsf. J. B. Sturm GmbH. ebd. - Bahnhofstr. 9, 6220 Rüdesheim/Rh. (T. 23 02) - Geb. 13. April 1924 Rüdesheim (Vater: Hermann A., Fabr.; Mutter: Rita, geb. Klein), kath., verh. s. 1952 m. Lydia, geb. Stöhr, 3 Kd. (Cornelia, Dieter, Alexander) - Univ. Frankfurt/M. - Liebh.: Reit- u. Wassersprot, Skilaufen, Musik - Spr.: Franz., Engl. - 1976 Brillat-Savarin-Plak. - Mitgl. Lions-Club.

ASBACH, Reinhard

Fabrikant, pers. haft. Gesellsch. Asbach & Co. KG - Bahnhofstr. 5, 6220 Rüdesheim/Rh..

ASBECK, Otto W.

Dr. Ing., Vorstandsmitglied Metallges. AG, Frankfurt/M. (s. 1973), Vorst.-Vors. Kolbenschmidt AG, Neckarsulm - Seedammweg 56, 6380 Bad Homburg v. d. H. - Geb. 1. Febr. 1929 Schwelm, verh. (Ehefr.: Ingrid), S. Thomas - TH Aachen. Promot. 1962 TU Clausthal.

ASCHE, Sigfried

Dr. phil., Prof., Kunsthistoriker - Mülhauser Str. 5, 7813 Staufen (T. 73 73) - Geb. 26. Juni 1906 Dresden (Vater:

Ernst A., Ziseleur; Mutter: Johanne, geb. Schwinghoff), ev.-luth., verh. s. 1953 m. Johanna, geb. Herrmann, 2 Kd. (Christiane-Ulrike, Matthias-Wolfram) - Kreuz-Gymn. Dresden; TH ebd., Univ. Wien u. Leipzig (Gesch., Kunstgesch., Archäol., German., Phil.). Promot. 1931 - 1932-36 Leit. Kg.-Albert-Museum Zwickau; 1936-43 u. 1947-51 Dir. Städt. Kunstsamml. Görlitz; 1943-44 Dir. Kunstgewerbe- u. Städt. Museum Prag; 1951-52 Dir. Skulpturen-Abt. Staatl. Museen Berlin; 1952-60 (Flucht) Dir. Wartburg-Stiftg. Eisenach - BV: Peter Breuer, (Kat.) 1936; Schneeberg/Sa., 1932; Malerei u. Graphik d. Oberlausitz, 1938; Wilhelm Wagenfeld, 1939; D. Wartburg u. ihre Kunstwerke, 1954 (5. A.); D. Wartburg, 1956 (3. A.); 3 Bildhauerfamilien an d. Elbe - 8 Meister d. 17. Jh.s u. ihre Werke in Sachsen, Böhmen u. Brandenburg. 1961; D. Wartburg - Gesch. u. Gestalt, 1962; Permoser u. d. Barockskulptur d. Dresdner Zwingers, 1966; Balthasar Permoser, Leben u. Werk, 1978; Neuherausg.: Wilhelm v. Kügelgen, Jugenderinn. e. alten Mannes, 1963 - 1966 Georg-Dehio-Preis - Spr.: Franz., Ital.

ASCHEID, Reiner

Dr. jur., Richter Bundesarbeitsgericht Kassel (s. 1986) - Schaumburger Str. 53, 6252 Diez (T. 06432 - 33 80) - Geb. 9. Sept. 1935, kath., verh. m. Rita, geb. Zenner, 2 Kd. (Barbara, Peter) - Gymn. Limburg (Abit. 1956); Stud. Rechtswiss. Univ. Mainz, Frankfurt u. München; 1. jurist. Staatsprüf. 1959 u. 2. jurist. Staatsprüf. 1963 Mainz - B. 1969 Tätigk. LG Koblenz, b. 1974 Staatskanzlei Rhld.-Pfalz, Mainz, b. 1984 LG Koblenz, b. 1986 LAG Rhld.-Pfalz, s. 1986 s.o. Mitgl. Landesprüfungsamt f. Juristen b. Min. d. Justiz Land Rhld.-Pfalz, Mainz (s. 1971) - Liebh.: Musik, Gesch. - Spr. Engl.

ASCHENBACH, Helmut

Gartenbauingenieur, Floristmeister, Präs. Fachverb. Dt. Floristen - Ferchestr. 22, 1000 Berlin 37 - Geb. 14. Mai 1932 Berlin (Vater: Hans A., Gärtner; Mutter: Christine A.), ev., verh. s. 1959 m. Hedem, geb. Schulz, 4 Kd. (Peter, Bernd, Christiane, Julia) - Lehre; Gartenbaustud. (Gartenbauing.); Floristm. - AR-Vors. Förderungsgemeinsch. d. Floristen - Spr.: Engl., Franz.

ASCHENBRENNER, Viktor

Dr. phil., Oberregierungsrat a.D., Schriftsteller - Rückertstr. 6, 6200 Wiesbaden - Geb. 1. Sept. 1904 Außig/Elbe - S. 1958 Herausg. u. Redakt. Vierteljahresztschr. Sudetenland - BV: Du mein Sudetenl., 1950; Sudetenl., 1958 u. 78; Fruchtbares Erbe, 1974; R. M. Rilke - E. dt. Dichter aus Böhmen, 1976; Sudetend. Kulturleistungen, 1978; Deutschböhmen in alten Ansichtskarten, 1981; Goethe in Böhmen, 1982; Böhmen, Herrland Europas - 1976 Sudetend. Kulturpreis; 1985 Pro-Arte-Med. Künstlergilde Esslingen.

ASCHER, Felix

Dr. med. dent., em. Prof. für Kieferorthopädie - Thomas-Mann-Allee 2, 8000 München 80 (T. 98 11 05 u. 53 26 57) - Geb. 21. Mai 1907 Großkunzendorf/OS. - Habil. 1936 Königsberg - S. 1948 Lehrtätigk. München (1950 Honorarprof., 1954 ao., 1969 o. Prof.). Facharb. - 1969 Ehrenmitgl. Dt. Ges. f. Kieferorthop.; Membre associe-; e-;tranger d. Acad. Dentaire; Mitgl. d. Club Intern. de Morphologie Faciale.

ASCHER, Paul

Dr. phil., Prof. f. Pädagogik Univ. Koblenz-Landau - Marienstr. 19, 5500 Trier-Zewen - Geb. 10. Jan. 1927 Dresden - Zul. Doz. Trier.

ASCHERSLEBEN, Karl

Dr. rer. nat., Dipl.-Psych., Prof. f. Allg. Didaktik u. Schulpäd. Univ. Bielefeld - Hermannstr. 57, 4811 Oerlinghausen (T. 05202-39 42) - Geb. 14. März 1936 Clausthal-Zellerfeld/Harz, ev.-luth., verh. s. 1959 m. Gisela A., geb. Bellach, 2 Kd. (Tejas, Gisa) - Lehrerprüf. 1959, Dipl. u. Promot. (Psych.) Braunschweig - S. 1973 PH/Univ. Bielefeld, 1975 Lehrbeauftr. Musikakad. Detmold - BV: Einf. in d. Unterrichtsmeth., 1979; Motivationsprobl. in d. Schule, 1977; Handlexikon d. Schulpäd., 1979 (zus. m. M. Hohmann); Didaktik, 1983; Mod. Frontalunterr., 1986 - Spr.: Engl., Franz., Latein.

ASCHFALK, Bernd

Dr. rer. pol., Prof. f. Betriebsw. Steuerlehre TU Berlin - Arnheidstr. 11a, 1000 Berlin 28.

ASCHOFF, Jürgen

Dr. med., Prof., Physiologe - Jacobistr. 29, 7800 Freiburg i. Br. (T. 0761 - 3 72 95) - Geb. 25. Jan. 1913 Freiburg (Vater: Prof. Dr. med. Ludwig. A., Anatom u. Pathologe † 1942 (s. X. Ausg.); Mutter: Clara, geb. Dieterichs), ev., verh. m. Hilde, geb. Jung, 6 Kd. (Sabine, Christoff, Ulrike, Annette, Andreas, Florian) - Gymn. Freiburg; Univ. Bonn u. Freiburg - 1947 komm. Leit. Physiol. Inst. Univ. Würzburg, 1949 apl. Prof. Univ. Göttingen, 1953 stv. Dir. Inst. f. Physiol. Max-Planck-Inst. f. med. Forsch., Heidelberg, 1958 Abt.sleit. MPI f. Verhaltensphysiol., Andechs (emiert. 1981), 1961 apl. Prof. Univ. München. Wiss. Mitgl. Max-Planck-Ges. u. Dt. Akad. d. Naturforscher (Leopoldina). Spez. Arbeitsgeb.: Biol. Rhythmen. Fachveröff. - Bruder Volker A.

ASCHOFF, Jürgen C.

Dr. med., Prof., Leiter d. Ambulanz, Abt. Neurologie Univ. Ulm (s. 1969) - Fabristr. 13, 7900 Ulm/Donau - Geb. 12. Juli 1938 Berlin - Promot. 1964 Freiburg/Br. - S. 1973 (Habil.) Prof. f. Neurol. u. Neurophysiol. Univ. Ulm. 1992-94 Prorektor Univ. Ulm. S. 1975 Vorst. Ärztekammer Südwürtt. 150 Fachveröff., 4 Fotobücher: Fernweh, 1982; Bilder gegen Kopfweh, 1984; Immer wieder Himalaja, 1985; Magie d. Pflanzen, 1987; Asienbuch: Tsaparang, 1987; Westtibet, 1989; Tibet-Bibliographie, 1992. Herausg.: Therapie Extrapyramidal. Erkrank. (1982). Übers.: Sacks Migräne - Liebh.: Asiat. Kunst u. Religion.

ASCHOFF, Volker

Dr.-Ing., o. Prof. f. Elektr. Nachrichtentechnik (emerit.) - Tannenweg 5, 7744 Königsfeld 3 (T. 07725 - 74 84) - Geb. 14. Juni 1907 Freiburg/Br., ev., verh., s. 1936 m. Wiebke, geb. Jantzen, 4 Kd. - TH Danzig u. Karlsruhe (Promot. 1936). Habil. 1942 TH Berlin - 1933-36 Hochschulasst., ab 1937 Ind.tätigk., 1950 bis 1975 Ord. u. Inst.sdir. TH Aachen (1964-65 Rektor). 1969-72 Vorstandsvors. Dt. Versuchsanstalt f. Luft- u. Raumfahrt, Porz - 1972 Gr. BVK - Rotarier - Eltern s. Jürgen A. (Bruder).

ASEMISSEN, Hermann Ulrich

Dr. phil., Prof., Hochschullehrer - Bärenreiterweg 3, 3500 Kassel - Geb. 1. November 1920 Berlin, verh. s. 1953 m. Ilse, geb. Kegel, Tocht. Ulrike - Univ. Hamburg u. Göttingen (Phil., Psych., Soziol.; Promot. 1953) - 1952-55 ltd. Redakt. Dt. Univ.s-Ztg.; 1956-58 Stip. Dt. Forschungsgem. u. wiss. Tutor f. Phil. Göttingen; s. 1960 Prof. Hochsch. f. bild. Künste (1963 ff. Dir.) bzw. GH Kassel (Ord. f. Phil. Anthropologie u. Ästhetik/Fachber. Kunst) - BV: Strukturanalyt. Probleme d. Wahrnehmung, 1957; Las Meninas von Diego Velazquez, 1981; Jan Vermeer, D. Malkunst, 1988 - Bundesverdienstkreuz 1. Kl. 1980 - Spr.: Engl., Franz.

ASENBECK, Nikolaus

Landwirt, MdL Bayern (s. 1970) - 8261 Zangberg/Obb. (T. 08636 - 5 30) - Geb. 1930 - CSU - 1980 Bayer. VO.

ASHAUER, Günter

Dr. rer. pol., Dipl.-Hdl., Dipl.-Kfm., Prof., Leiter Dt. Sparkassenakad., Bonn (s. 1973), Honorarprof. Univ. Köln (s. 1974) - Im Blümeling 27, 5340 Bad Honnef 1 - Geb. 22. Juni 1934 Frankfurt/M. (Vater: Heinrich A., Gießereiarb.; Mutter: Lina, geb. Reisser), verh. s. 1961 m. Ursula, geb. Allendorff, 3 Kd. (Ulrike, Annette, Michael) - 1951-53 Lehre Effectenbank; 1954-56 Goethe-Abendgymn.; 1956-60 Stud. Wirtschaftswiss. u. -päd. (alles Frankfurt). Promot. 1965 Frankfurt - 1963-69 Studien- u. Oberstudienrat Sparkassensem. Frankfurt/Hess. Verwaltungsschulverb.; 1969-70 Studienleit. Lehrinst. f. d. komm. Sparkasse- u. Kreditwesen Bonn; 1970-73 o. Prof. PH Köln (Wirtschaftswiss. u. Didaktik d. Wirtschaftslehre) - BV: u. a. Grundwissen Wirtschaft, 10. A. 1991; Audiovisuelle Medien, 1980; Fachbegriffe d. Wirtsch.päd., 4. A. 1990; Volkswirtsch.lehre kurzgefaßt, 1991; Wirtschaftspolitik - kurz erfaßt, 1991; Von d. Ersparungscasse z. Sparkassen-Finanzgruppe, 1991. Herausg.: Berufsausbild. Bankkfm. (28 Bde. 1975-92). Zahlr. Beiträge in Lexika, Sammelwerken, Festschr. u. Fachztschr.

ASHKENASI, Abraham

Ph. D., Prof. f. Intern. Politik u. Vergl. Lehre FU Berlin (Inst. f. Intern. Politik u. Regionalstud.) Biesalskistr. 5, 1000 Berlin 37.

ASHLEY, Helmuth

Prof., Regisseur - Prinzregentenstr. 11a, 8000 München 22 (T. 22 58 91) - Geb. 17. Sept. 1919 Wien, kath., verh. in 3. Ehe (1983) m. Benny, geb. Benghauser - Realgymn. (Abit.) u. Graph. Staatslehr- u. Versuchsanst. (Abt. Photogr.) Wien - Langj. Kameramann (Filme: u. a. Duell m. d. Tod, Dämon, Liebe, Solange du da bist, Sauerbruch, Hanussen, Alibi, Regime, Kitty u. d. große Welt, D. Stern v. Afrika, Enstation Liebe, Hunde, wollt ihr ewig leben?, E. Tag, der nie zu Ende geht, Mein Schulfreund). Filmregie: u.a. D. schwarze Schaf, Mörderspiel; Fernsehregie: Wennerström, Millionending, Kidnapp (D. Entführung d. Lindbergh-Babys), Nachtzug D 106, Ferdinand Lassalle, Sonderdezernat K 1 (bde. 1972), D. Kommisar (1974), Derrick (s. 1975), Serie Notarztwagen (1976), Der Alte (s. 1978). ZDF-Serien Kriminal-museum, Fünfte Kolonne, Forsthaus Falkenau. ARD-Serie Trotzkopf (1981-82). Autor: Letzte Brücke, Nina, Mörderspiel, Richtung Sonnenuntergang u. a. (Drehbuchprämie Bundesinnenmin. 1964) - 1964 Intern. Fernsehpreis Berlin/Silb. Plak. (Nachtzug D 106); Ehrenmed. d. Stadt Wien.

ASHWORTH, Michael

Dr. rer. nat., Dr. phil., ao. Prof. f. Angew. Chemie Univ. Saarbrücken (s. 1953) - Mecklenburgring 31, 6600 Saarbrücken - Geb. 21. Aug. 1916 Gloucester (Engl.), verh. s. 1948 m. Zora Maternova, Tocht. Vanessa - M. A. 1938 Oxford, Ph. D. 1941 Aberdeen, Dr. rer. nat. 1948 Prag - BV: Titrimetrie Organic Analysis, 2 Bde. 1964/65 (Handb.) - Liebh.: Musik, Sport, Reisen - Spr.: Dt., Franz., Tschech.

ASKANI, Rainer

Dr. rer. nat., Prof., Wiss. Abteilungsvorsteher Inst. f. Organ. Chemie/Univ. Gießen (s. 1972) - Ludwigstr. 23, 6300 Gießen - Zul. Privatdoz. TU Karlsruhe (Oberassist. Inst. f. Org. Chemie).

ASKERLUND, Friedhelm

Geschäftsführer Haniel Reederei GmbH. (1981ff.) - Franz-Haniel-Platz, 4100 Duisburg-Ruhrort - Geb. 3. März 1939.

ASMIS, Herbert

Dr. phil., Chemiker, Vorstandsmitgl. Schering AG, Berlin (Ber. Forschung) - Zu erreichen üb. Schering AG, Postfach 650311, 1000 Berlin 65 (T. 468 25 14) - Geb. 31. Juli 1928 Greifswald (Vater: Rudolf A., Beamter; Mutter: Karoline, geb. Sakkit), ev., verh. s. 1961 m. Francine, geb. Aeschlimann, 3 Kd. (Reto, Lars, Knut) - Studium Univ. Zürich - Spr.: Engl.

ASMODI, Herbert

Schriftsteller - Kufsteiner Platz 2, 8000 München 80 - Geb. 30. März 1923 Heilbronn/N., ev., verw., T. Katja - Gymn. Heilbronn; Univ. Heidelberg (German., Kunstgesch., Phil.) - Vornehml. Bühnen- u. Fernsehautor. Bühnenw.: Jenseits v. Paradies, Sch. 1954; Pardon wird nicht gegeben, Kom. 1956; Tigerjagd, Kom. 1957; Nachsaison, Kom 1958; Die Menschenfresser, Kom. 1959; Mohrenwäsche, Kom. 1964; Stirb u. Werde, 2 Szenen aus d. dt. Restauration 1965; Dichtung u. Wahrheit, Kom. 1969; Nasrin o. d. Kunst zu träumen, Kom. 1970; Marie v. Brinvilliers, Kom. 1971; Geld, Kom. 1973; Jokers Gala, Ged. 1975; Jokers Farewell, Ged. 1977; D. Lächeln d. Harpyien, Erz. 1987; E. unwürdige Existenz, Erz. 1988; Landleben, Erz. 1990. FS-Spiele u. Filme - 1954 Gerhart-Hauptmann-Preis Fr. Volksbühne Berlin (f.: Jenseits v. Paradies), 1971 Tukan-Preis; 1979 Bayer. VO; 1984 BVK; Mitgl. PEN-Zentrum BRD - Liebh.: Antiquitäten, mod. Kunst.

ASMUS, Dieter

Maler u. Grafiker - Rupertistr. 73, 2000 Hamburg 52 - Geb. 1. März 1939 Hamburg - 1960-67 Hochsch. f. bildende Künste Hamburg - 1964/65 Gründung ZEBRA. Stip.: Studienstiftg. d. Dt. Volkes, Kulturkreis im BDI, DAAD (London), franz. Staat (Paris) - Mitgl. Dt. Künstlerbund, Freie Akad. d. Künste Hamburg, u. Künstlersonderbd. in Dtschl.; Kunstpreis Stadt Wolfsburg (f. Malerei); Kunstpreis New Hampshire/USA (f. Grafik) - Lit.: A. R. Schreiber, Werkverzeichnis D. A. 1965-72 (1972); Dube, Heißenbüttel, Schreiber, Gruppe ZEBRA (1978); A. Schreiber, Realismus heute (1991).

ASMUS, Klaus-Dieter

Dr.-Ing., Prof., Ltd. Wiss. Mitarbeiter Hahn-Meitner-Inst. Berlin GmbH - Rolandstr. 5, 1000 Berlin 38 - Geb. 13. Dez. 1937 Breslau - Promot. 1965 Berlin (TU) - S. 1970 (Habil.) Lehrtätigk. TU Berlin (1974 apl. Prof. f. Physikal. Chemie). Üb. 150 Facharb.

ASMUS, Walter

Dr. phil., o. Prof. f. Pädagogik (emerit.) - Eichendorffring 154, 6300 Gießen (T. 4 36 41) - Geb. 7. Febr. 1903 Neumünster (Vater: Wilhelm A., Maurerpolier; Mutter: Helene, geb. Hinst), ev., verh. in 1. Ehe m. Hertha, geb. Brorsen († 1959), 5 Kd. (Inge, Klaus, Elke, Eicke, Reimer †) i. 2. Ehe (1963) m. Martha, geb. Müller - 1920-23 Lehrersem. Rendsburg; 1930-33 Univ. Kiel (Phil., Psych., Päd., Gesch.). Promot. 1933 - 1923-39 Schuldst. (1936 Mittelsch.rektor), 1939-41 Dozent Hochschule f. Lehrerbild. Elbing, 1941-45 Wehrdst., 1946-50 Doz. u. Prof. Päd. Hochsch. Flensburg, 1950-54 Dir. u. Prof. Päd. Inst. Weilburg, 1954-63 o. Prof. Päd. Inst. Darmstadt-Jugenheim, seither o. Prof. Univ. Gießen - BV: Pestalozzis Theorie d. Menschenführung, 1934; D. Ganzheit in Wiss. u. Schule, 1956; Erzieh. als Beruf u. Wiss., 1961; Erzieh. u. Menschlichk., 1965; D. menschl. Herbart, 1967; Johann Friedrich Herbart - E. päd. Biogr., 2 Bde. 1968/70 (auch japan. 80); Herbart in s. u. in uns. Zeit, 1972; Prof. Dr. Gustav Schilling, d. Gießener Herbartianer 1815-1872, 1974; Erziehung z. Persönlichk. i. Vergangenheit u. Gegenwart, 1979 (auch ap. 1979). Herausg.: Herbart, Päd. Schr., 3 Bde. 1964/65 - 1968 Preis VOLL-Stiftg. Oldenburg (Oldb.), 1978 Preis d. Univ. Gießen; Silb. Med. Hiroshima University - Liebh.: Wandern, Schwimmen - Spr.: Engl., Franz., Dän., Span., Ital., Fläm., Lat., Griech., Jap. - Lit.: Carlos Martens, Prof. Dr. W. A.: 35 Jaar Herbart-Studie, Terugblik bej een Emeritaat; Herbart u. d. Herbartianismus - W. A. z. 70. Geburtstag (Päd. Rundschau 1974).

ASMUS, Werner

Dr. jur., Versicherungsdirektor - Baldurstr. 18, 5000 Köln 91 (T. 86 28 63) - Geb. 16. Okt. 1928 Flensburg, ev., verh. s. 1962 m. Ursula, geb. Schwelle -

Domgymn. Lübeck; Univ. Köln u. Hamburg (German., Gesch., Rechts- u. Staatswiss.). Promot. u. Ass.ex. 1962 Hamburg - 1964-89 Nordstern Allg. Versicherungs-AG, Köln/Berlin (Vorst.-Mitgl.) u. s. 1978 Roland Verkehrsservice-Vers. AG, Köln (Vorst.-Mitgl.). - Spr.: Engl.

ASMUSSEN, Roger

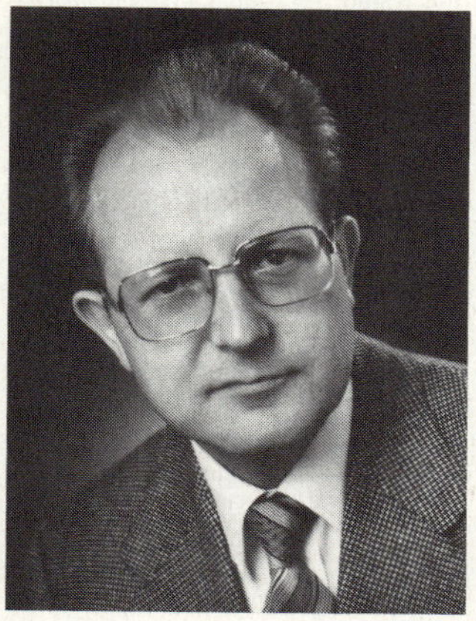

Dipl.-Volksw., Finanzminister (1983-88) u. Wirtschaftsmin. (1987/88) Schlesw.-Holst., MdL (1971-88) - Hochfeld 3, 2240 Heide (T. 7 28 27) - Geb. 6. Sept. 1936 Bremerhaven, ev., verh., 2 Kd. - Stud. Wirtschaftswiss. Freiburg (Dipl. 1960) - 1961-67 Privatwirtsch.; 1968ff. (m. Unterbrech. v. 1983-88) Gf. Untern.verb. Westküste; 1970-78 MdK Dithmarschen; 1973-83 Vors. Finanzaussch. Landtag SH; s. 1987 Präs. d. Stiftg. Dithmarschen e.V.; s. 1981 Vors. d. LV Eulenschutz in SH e.V.

ASMUTH, Bernhard

Dr. phil., Prof. f. Neugermanistik Ruhr-Univ. Bochum - Bergwerksstr. 5, 4630 Bochum 1 (T. 47 09 15) - Geb. 24. Dez. 1934 Hagen-Hohenlimburg (Vater: Bernhard A., Schlosser; Mutter: Herta, geb. Klösel), verh. s. 1962 m. Ursula, geb. Wulff, 3 Kd. (Dominik, Gereon, Karolin) - 1954-57 Stud. kath. Theol. Paderborn u. Univ. München; 1957-63 Stud. Philol. (Dtsch, Latein) Univ. Münster (Staatsex. 1963 u. 65), Promot. 1969 Bochum - 1965 Gymnasiallehrer Hattingen; ab 1965 wiss. Mitarb. Ruhr-Univ. Bochum; 1977 Stud.prof., 1982 Prof. - BV: Lohenstein u. Tacitus, 1971; D. Casper v. Lohenstein, 1971; Aspekte d. Lyrik, 1972, 7. A. 1984; Stilistik (m. L. Berg-Ehlers), 1974, 3. A. 1978; Einf. in d. Dramenanalyse, 1980, 3. A. 1990.

ASMUTH, Heinz-Jürgen

Dipl.-Kfm., Bankdirektor FINAG Mainz (Vorst.mitgl. s. 1980) - Rochusallee 12, 6530 Bingen/Rhein - Geb. 7. März 1934 Oberhausen - Gymn. Göttingen, Stud. Wirtschaftswiss. Göttingen, Bonn u. Köln, Dipl.-Kfm. 1962 - 1972 Prok. Hess. Landesbank, 1972-80 Geschäftsf. Geldinst., 1980 Finanzierungs-AG Mainz (s.o.).

ASSEL, Hans-Günther

Dr. phil., Dr. oec., em. o. Prof. - Haus Nr. 70, 8834 Pappenheim-Göhren - Geb. 24. Juni 1918 Breslau, ev., verh. s. 1956 m. Dr. med. Gertrud, geb. Harnisch - 1. u. 2. Staatsex. 1941 u. 1946; Dr. phil. 1948; Dr. oec. 1951 - 1945-62 Studienrat; 1962-73 Doz. u. Hon.-Prof. f. Zeitgesch.; 1973-85 o. Prof. f. Politikwiss. Univ. Erlangen-Nürnberg - BV: Weltpolitik u. Politikwiss. Z. Problem d. Friedenssicherung, 1968; D. Perversion d. polit. Päd. im Nationalsozialismus, 1969; Ideologie u. Ordnung als Problem polit. Bildung, 1970; Demokratie auf d. Prüfstand. Unsere Ges. u. ihre Kritiker, 2. A. 1974; Demokrat. Sozialpluralismus, 1975; Demokratie, Ideologie. Frieden als Problem polit. Bildung, 1979; Üb. Hauptprobleme polit. Bildung in d. Bundesrep. Deutschl., 1983; Polit. Päd. in Wandel d. Zeit, 1983; Traktat über freiheitliche Veränderung. Z. Aufgabe polit. Bildung in dieser Zeit, 1985; Kreuzfahrten durch d. Welt, von Panama nach Singapur, von Tokio nach Kairo (kulturgeschichtl. Information als touristische Aufgabe), 1988 - 1984 BVK am Bde. - Spr.: Engl., Franz.

ASSERATE, Prinz, Asfa-Wossen

Dr. phil., Internationaler Kommunikations-Berater - Postfach 170137, 6000 Frankfurt/M. 1 (T.069 - 72 18 87) - Geb. 31. Okt. 1948 Addis Abeba (Vater: Herzog Ras Asserate Kassa, Präs. Kaiserl. Kronrat v. Äthiopien; Mutter: Prinzessin Zuriash-Work), orthodox, ledig - 1955-57 Engl. Schule, Addis Abeba; 1957-68 Dt. Schule, Addis Abeba; Abit. 1968 - 1968-70 Stud. Rechtswiss., Volkswirtsch. Univ. Tübingen, 1970-72 Stud. Engl. Recht, Europ. Gesch. Magdalene College, Cambridge, 1972-78 Stud. Gesch., Ethnol. Univ. Frankfurt, Promot. Dr. phil. 1978 - 1978-79 Presseref. Frankfurter Messeges.; 1979-80 Fr. Journ.; 1980-83 Pressespr., Leit. Stabsabt. Presse u. Inform. Düsseld. Messeges. mbH (NOWEA); 1983-86 Geschäftsf. Ges. Intern. Communications Services mbH (ICS), Mainz; s. 1986 Pres. A. W. Asserate & Associates - Intern. Marketing & Public Relations Consultancy, Frankfurt; AR-Mitgl. Geopetroleum GmbH, Frankfurt; Vors. Komit. f. Bürgerrechte in Äthiopien; Vizepräs. Intern. Children's Aid and Research Endowment; Mitgl. Frobenius Ges. f. Kulturmorphol. u. Intern. Public Relations Assoc. (IPRA) - BV: D. Gechichte von Shoa 1700-1865, 1980; Äthiopien von Saba zu Marx, 1982; mehrere polit. Ess. in dt. u. engl. Ztschr. - Liebh.: Musik d. 20er u. 30er Jahre, Kino, Theater - Spr.: Dt., Engl., Amharisch (Mutterspr.), Franz., Ital. - Bek. Vorf.: S. K. M. Kaiser Haile Sellassie I. v. Äthiopien (Großonkel).

ASSFALG (ß), Julius

Dr. phil., Prof. - Kaulbachstr. 95, 8000 München 40 (T. 34 58 99) - Geb. 6. Nov. 1919 Hohenaschau - S. 1961 (Habil.) Lehrtätigk. Univ. München (1963 Doz., 1966 Wiss. Rat, 1967-85 Prof. f. Philol. d. christl. Orients) - BV: u. a. D. Ordnung d. Priestertums, 1955; Armen. Handschr., 1962 (m. J. Molitor); Georg. Handschr., 1963; Syr. Handschr., 1963; Div. Einzelarb. Herausg.: Kl. Wörterbuch d. Christl. Orients (1975); Oriens Christianus (1979ff.).

ASSION, Peter

Dr. phil., Prof. f. Volkskunde Univ. Freiburg/Br. (s. 1991) - Ringstr. 40, 6968 Walldürn (T. 06282 - 86 72) - Geb. 5. Aug. 1941 Walldürn (Vater: Adolf A.; Mutter: Johanna, geb. Bausback), kath., led. - 1961-69 Stud. German., polit. Wiss. u. Volkskd. Heidelberg u. Berlin (FU), Promot. 1969 Heidelberg, Habil. 1975 ebd. - 1969-1980 Leit. Bad. Landesst. f. Volkskd. Freiburg, Priv.-Doz. Heidelberg; 1980-91 Prof. f. Europ. Ethnol. Univ. Marburg; s. 1991 Univ. Freiburg - BV: D. Mirakel d. Hl. Katharina, 1969; Altdt. Fachlit., 1973; 650 J. Wallfahrt Walldürn, 1980; Bauen u. Wohnen im dt. Südwesten, 1984 (m. R. W. Brednich). Herausg.: Ländl. Kulturformen im dt. Südwesten (1971); Fachprosaforsch. (1974); Forsch. u. Berichte z. Volkskd. in Baden-Württ. (1973 u. 1977); Fachprosa-Studien (1982, m. G. Keil); D. gr. Aufbruch - Studien z. Amerikaauswander. (1985); Transformationen d. Arbeiterkultur (1986); Von Hessen in d. Neue Welt - E. Sozial- u. Kulturgesch. d. hess. Amerikaauswanderung (1987); Hess. Auswanderung üb. Hamburg (1991).

ASSMANN (ß), Erwin

Dr. phil. habil., Prof., Landesschuldirektor a. D. - Bülowstr. 9, 2300 Kiel (T. 8 68 05) - Geb. 25. April 1908 Kolberg - Höh. Schul- u. Verw.dst.; s. 1944 (Lehrtätigk. Univ. Greifswald u. Kiel (1950; 1955 apl. Prof. f. Mittellatein. Philol. u. Gesch.). Mitarb. d. Monumenta Germaniae Historica - BV: u. a. Stettins Seehandel u. -schiffahrt im Mittelalter, Pommersches Urkundenbuch Bd. VIII 1961, Editionen: Godeschalcus u. Visio Godeschalci (1979). Guntheri Ligurinus (1984).

ASSMANN (ß), Hans

Dr. med., Dr. phil., Prof. u. Abteilungsleiter f. Radiolog. Diagnostik Med. Akad. Erfurt (s. 1989) - Str. der Einheit 18a, O-5082 Erfurt - Geb. 27. Aug. 1940, verh., S. Peter - Medizinstud. Jena u. Erfurt; Approb. 1967, Promot. 1968, Habil. 1980 Erfurt; 1983 Hochschuldoz.

ASSMANN, Heinz-Dieter

Dr. jur., LL.M. (Univ. of Pennsylvania, USA), o. Prof. f. Bürgerl. Recht, Handels- u. Wirtschaftsrecht u. Rechtsvergl. Univ. Tübingen (s. 1986) - Gmelinstr. 6, 7400 Tübingen (T. 07071 - 29 26 96) - Geb. 17. Jan. 1951 Heusenstamm, kath., verh. m. Stefanie, geb. Guttenberger - Promot. 1980, Habil. 1984, bde. Frankfurt - 1984/85 Rechtsanwalt in Frankfurt; 1985/86 Prof. Univ. Heidelberg - BV: Wirtschaftsrecht in d. Mixed Economy, 1980; Prospekthaftung, 1985.

ASSMANN, Jan

Dr. phil., o. Prof. f. Ägyptologie - Im Neulich 5, 6900 Heidelberg - Geb. 7. Juli 1938 Langelsheim, verh. s. 1968 m. Dr. phil. Aleida, geb. Bornkamm, 5 Kd. (Vincent, David, Marlene, Valerie, Corinna) - Promot. 1965 - S. 1971 (Habil.) Lehrtätigk. Univ. Heidelberg. Fachb. u. Einzelarb. - 1973 korr. Mitgl. DAI; 1984 o. Mitgl. Heidelberger Akad. d. Wiss.; 1984/85 Fellow Wiss.kolleg Berlin.

ASSMANN, Jürgen

Dr., Hauptgeschäftsführer Verb. unabhängig berat. Ingenieurfirmen (VUBI) - Winston-Churchill-Str. 1, 5300 Bonn 1 (T. 0228 - 21 70 63-6).

ASSMANN, Wolfgang Reimer

Oberbürgermeister Bad Homburg, Regierungsdir. a. D. - Rotlaufweg 5 a, 6380 Bad Homburg (T. dstl.: 10 02 07 - 10 02 00) - Geb. 23. März 1944 Nordhausen (Vater: Wolfgang A., Staatsanwalt, Bankjurist; Mutter: Helga, geb. Reimer), ev., verh. s. 1970 m. Angelika, geb. Fuchs, 2 Kd. (Claus Reimer, Sophie Ulrike) - Gymn., Abit. 1963; Jurastud. Univ. Göttingen, Berlin u. Bonn, Refer. OLG Köln, Stud. Verwalt.wiss. Speyer, 2. jur. Staatspr. 1971 - 1972-80 Beamter Bundesminist. d. Finanz., s. 1980 OB Stadt Bad Homburg; Vizepräs. Hess. Städtetag; Mitgl., teilw. Vors. div. AR, VR, Stiftg.-Vorst. - Liebh.: Lit., Gesch., Musik - Spr.: Engl., Franz. - Bek. Vorf.: Prof. Dr. Herbert Assmann, Wegbereiter d. Röntgendiagn. (Großv.).

ASSMUS (ß), Friedrich

Dr., Dipl.-Ing., Geschäftsführer Gebr. Junghans GmbH./Uhrenfabr., Schramberg - Erhard-Junghans-Str. 21, 7230 Schramberg/Württ. - Geb. 16. Juni 1931.

ASTEL, Arnfrid

Lyriker, Leiter Literaturabt./Saarl. Rundfunk (s. 1967), Schriftst. - St.-Ingberter Str. 52, 6600 Saarbrücken (T. 6 34 35 + 60 21 71) - Geb. 9. Juli 1933 München - Stud. Biol. u. Lit. Freiburg u. Heidelberg - B. 1966 Hauslehrer, dann Lektor. S. 1980 Lehrauftr. Selber schreiben u. reden Univ. Saarbrücken - BV/Herausg.: Ho Tschi Minh - Gefängnistageb./Ged., 1970; Mithrsg.: Briefe aus Litzmannstadt - Berich aus d. Getto Lodz, 1967; Notstand - Epigramme, 1968; Kläranlage - Epigr. 1969; Ottweiler Texte - Lit. aus e. Jugendstrafanst., 1971; Zw. d. Stühlen sitzt d. Liberale a. s. Sessel, Epigr. 1974; Neues (& altes) vom Rechtsstaat & von mir. Alle Epigramme, 1978; D. Faust meines Großvaters, Ged. 1979; D. Amsel fliegt auf. D. Zweig winkt ihr nach, Ged. 1982; Wohin d. Hase läuft, Ged. 1992. Hrsg.: Lyr. Hefte - Ztschr. f. Ged. (1959ff.) - 1970 Mitgl. PEN-Zentrum BRD; 1980 Kunstpreis Stadt Saarbrükken. Mitgl. RFFU 1968-85. VS 1969.

ASTHEIMER, Hanns

Bürgermeister i.R., zul. Schul- u. Kulturdezernent - Defreggerstr. 26, 6700 Ludwigshafen/Rh. (T. 0621 - 58 12 73) - Geb. 6. Sept. 1918 (Vater: Johannes A., Lehrer; Mutter: Christine, geb. Guthmann), ev., verh. s. 1944 m. Brigitte, geb. Gabert, 2 Kd. (Dr. rer. nat. Dipl.-Biol. Henning, verh. s. 1982 m. Dipl.-Math. Ulrike v. Bismarck; Dr. iur. Sabine, Rechtsanwältin) - Realgymn. Frankfurt/M.; Univ. ebd. u. Königsberg/Pr. (Rechts- u. Staatswiss.). Gr. jurist. Staatsprüf. 1952 - 1939-48 Wehrdst. (zul. Ltn. d. R.) u. sowjet. Kriegsgefangensch.; 1953-57 Reg.rat Landratsamt Heppenheim u. Reg.-Präs. Darmstadt (1957); s. 1958 Stadt-, Oberstadtdir. (1964) u. Bürgerm. (1965), Wiederwahl 1975, L'hafen. SPD - Inh. Ehrenring Stadt Ludwigshafen - Liebh.: Lit., Sport - Gold. Sportabz. - Spr.: Franz., Engl.

ASTINET, Helmut

Geschäftsführer Bundesverb. Forstsamen-Forstpflanzen, Generalsekr. Komitee d. Forstbaumschulen in d. EWG, Präs. d. Waldsamengruppe d. FIS (Fédération Intern. du Commerce d. Semences), Sekretariat FIS: CH-1260 Nyon - Burgweg 27, 8760 Miltenberg/Main - Geb. 31. Aug. 1918.

ASTOR, C.

s. Löhlein, Herbert A.

ATAY, Ziya

Dr. med., Leiter Labor f. Cytopathologie, apl. Prof. f. Cytopathol. Med. Hochschule Hannover (s. 1976) - Forstgrund 44, 3000 Hannover 61 - Zul. Privatdoz. MH Hannover.

ATHINÄOS, Nikos

Komponist, Dirig., 1. Kapellm. Ulmer Theater - Emil-Behring-Str. 10, 7906 Blaustein - Geb. 19. Aug. 1946 Chartum (Sudan) - Gastdir. Frankfurter Oper; Dirig. Staatstheater Athen u. Saloniki - Kompos. f. Orch., Kammermusik u. Klavier.

ATROTT, Hans Henning

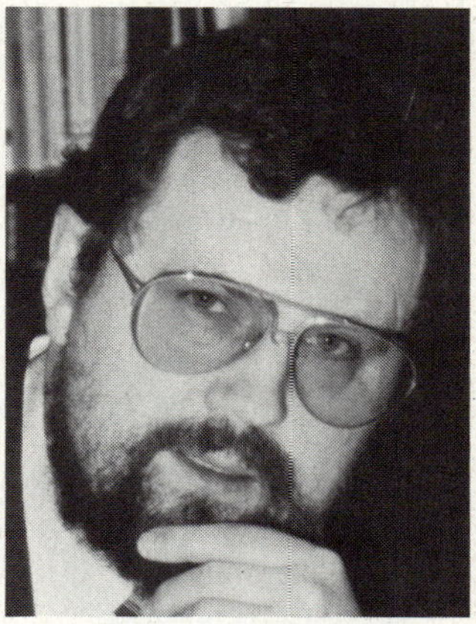

Dipl.-sc. pol., Präsident u. Bundesgeschäftsführer Dt. Ges. f. Humanes Sterben (DGHS) - Lange Gasse 2-4, 8900 Augsburg (T. 0821 - 5 02 35-0) - Geb. 12. Jan. 1944 Memel/Ostpr. (Vater: Wilh. A., ev. Pfarrer; Mutter: Edith A., Juristin), verh. s. 1978 m. Anita, geb. Zwiefler, S. Jörg-Ulrich - Begabten-Abit. 1969; Stud. Phil., Politol. u. Soziol. (m. Schwerp. Medizinsoziol.) Univ. München u. Hochsch. f. Politik München - 1980 Gründ. Dt. Ges. f. Humanes Sterben, s. 1983 auch Bundesgeschäftsf. DGHS. Zahlr. Veröff. - Liebh.: Phil. - Spr.: Engl., Franz.

ATTENHOFER, Elsie

Schauspielerin - Basserdorf/Schweiz (T. Zürich 836 53 09) - Geb. 21. Febr. 1909 Lugano (Vater: Max A.; Mutter: Emmy Landgraf), protest., verh. s. 1940 m. Prof. Dr. phil. Karl Schmid (Ord. f. Dt. Spr. u. Lit. TH Zürich), 2 Kd. (Christoph, Regine) - Cabaret Cornichon; Stadttheater Basel; eig. Chanson-Abende - BV: Wer wirft d. ersten Stein?, 1943; D. Lady m. d. Lampe, 1959; Kennen Sie Overbeck?, 1959; Cornichon, 1975; D. grüne Eimer, Kom. 1969; Kurzgesch., 1981; Réserve du Patron. Im Gespräch m. K., 1989 - 1976 Kulturförd.pr. Kanton Zürich, 1977 Ida-Somazzi-Preis; 1983 Oscar del Cabaret Milano; 1986 Cabaret-Preis Cornichon Olten; 1990 Oberrheinischer Kulturpreis Goethe-Stiftg., Basel; 1991 Kulturförderungspreis d. Kantons Zürich; 1991 Ehrenbürgerin Wohngemeinde Bassersdorf/Zürich - Liebh.: Malerei - Spr.: Franz., Ital., Engl. - 1978 Gründung Cabaret Sanduhr.

ATTESLANDER, Peter

Dr. phil., o. Prof., Institutsdirektor Univ. Augsburg (s. 1972) - Memminger Str. 14, 8900 Augsburg - Geb. 17. März 1926 Ennenda (Schweiz), protest., verh., 4 Kd. - Gymn., Univ. Zürich (Prof. René König), Promot. 1952, bis 1954 USA, New York State School of Industr. a. Labour Relations, Cornell Univ., Ithaca, N. Y.; 1954/55 Forschungsleit. bei Prof. R. König, Univ. Köln, 1960 Habil. Bern, 1963-65 Prof. reg. Univ. Genf, 1964-72 ao. Prof. Univ. Bern, s. 1967 Lehrauftr. ETH Zürich - Mitgl. u. a.: Schweiz. Ges. f. Soz. (s. 1957), Dt. Ges. f. Soziol. (s. 1960), Americ. Soc. Ass. (s. 1966), Schweiz. UNESCO-Kommiss. (b. 1972), Deutsche UNESCO-Komm. (b. 1991); Präs. Dt. Akad. d. Forschung u. Planung im ländl. Raum (1986-91) - BV: u. a. Konflikt u. Kooperation im Industriebetrieb, 1959, Einf. in d. Methoden d. empir. Sozialforsch., 1969, 6. A. 1991; Dichte u. Mischung d. Bevölkerung (m. Hollihn, Zingg u. Zipp), 1974; Verzerrungen im Interview, 1975 (m. U. Kneubühler); (herausg.: Materialien z. Siedlungssoz. m. B. Hamm), 1974; Soziol. u. Raumplan., 1976; D. Grenzen d. Wohlstands, 1981; Empir. Sozialforsch. 1984; D. technische Revolution (m. Th. Lutz), 1987 - Zahlr. Beitr. in Fachztschr., Lexika u. Sammelw. - Spr.: Engl., Franz.

ATTIN, Klaus

Dipl.-Ing., Unternehmensberater, Vorstand Work-factor-Gem. f. Dtschl., u. Mittelstandinst. Nieders. - Hohes Ufer 21, 3057 Neustadt 2 (Helstorf) (T. 05072 - 4 48) - Geb. 28. Nov. 1920 Wuppertal (Vater: Ewald A., Zahnarzt), ev., verh. s. 1945 m. Gisela, geb. Berg, 2 Kd. (Barbara, Klaus-Peter) - Stud. TH Danzig u. Aachen.

ATZESBERGER, Michael

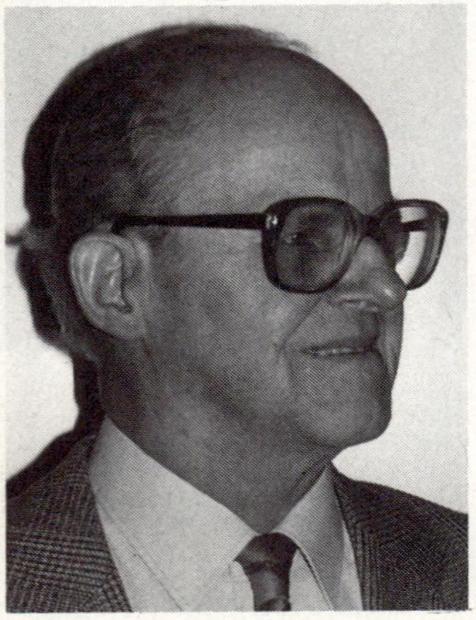

Dr. phil., em. o. Prof. f. Psychologie - König Max Promenade 1, 8391 Kellberg üb. Thyrnau - Geb. 8. Jan. 1920 Untergriesbach/Ndb., kath., verh. s. 1949 m. Lieselotte, geb. Völkel, 3 Kd. (Marlies, Wolfgang, Hedwig) - 1940-45 Wehrdienst (Heer), schwerkriegsbesch.; Ausbild. als Lehrer (1946-47 Regensburg) u. Sonderschull. (1948-49 Fribourg); Stud. Heilpäd., Päd., Psychol. u. Anthropol. (Dipl.-Heilpäd. Fribourg 1950, Dipl.-Psych. München 1956, Promot. München 1959) - 1947-48, 1949-61 Lehrer u. Sonderschull. Regensburg u. München, 1962 Doz., 1966 Prof. PH Koblenz bzw. EWH Rheinland-Pfalz/Abt. Koblenz, 1970 o. Prof. 1970-85 Gf. Leit. d. Sem. f. Psych. - BV: Spracherwerb u. Sprachbildg. b. Hilfsschulkindern, 1962; Sprachbildg. b. Lernbehinderten, 4. A. 1974; Sprachaufbauhilfe b. geist. beh. Kindern, 4. A. 1978; Rupert Egenberger, 1971; Probl. d. Legastheniepäd., 3. A. 1974; Psych.-päd. Grundfragen d. Legasthenikerhilfe (m. Straub), 1974; Sprachaufbau, Sprachbehind., Päd. Hilfen, 1978; Einf. i. d. Tiefenpsych. u. Kinderpsychother., 1980; (m. Frey:) Förd. v. lese- u. rechtschreibschwachen Grundsch., 1979 u. Verh.stör. in d. Schule, 2. A. 1980; Lese-/Rechtschreib- u. Rechenschwäche, 7. A. 1991; Prävention u. Intervention b. Lese-Rechtschreibversagen u. Lese-Rechtschreibschwäche, 1981; Mitverf. Fernsehkolleg Schulschwierigk. u. Gesundheitserz., Bd. 1-6, 1981-83. Herausg.: Sprachbuchreihe heute f. morgen, 7 Bde. m. Lehrerheften (1970-74); Marsch u. Einsatz des IR 42 (m. Stahlmann), 2 Bde., 2. A. 1985; Mitteilen, Lesen u. Schreiben m. Lehrerheft (m. Kochs), 1986; Marsch u. Einsatz d. Art. Rgt. 114/115, 1987; E. Gymnasialjahrgang in schwerer Zeit 1931-39, 1989; Rechenfibel f. rech.schw. Kinder m. Zusatz-bd. Didaktik d. Lernhilfe, 1992. Bearb. u. Herausg.: Max Fuchs, Tagebuch Rußland 1941-45, 1989; Entspannungstraining b. Erwachsenen u. (behinderten) Kindern, 1990 - Ehrenmitgl. d. NC; Ehrenkreuz d. DSKBiB; Traditionsabzeichen d. früh. 46. ID in Gold; Ehrenvors. d. Legasthenie-Landesverb. Rhld.-Pfalz - Liebh.: Musik u. Kunst.

AU, in der, Annemarie

Schriftstellerin - Elisabethstr. 64, 4150 Krefeld - Geb. 22. Okt. 1924 Tilsit/Ostpr. - BV: u. a. D. Machtprobe, Erz. 1962; D. Schatten weilen länger, Ged. 1965; Alles dreht sich um Es, R. 1965; Theaterst.: Weh dem, d. aus d. Rahmen fällt, Kom. 1964; D. Glaskugelopfer, R. 1968; Kein Mondsilber mehr als Währung, Ged. 1971; Bei uns in Krefeld, KSB 1972; Ferien auf Juist, KSB 1972; D. Türen stehen offen, Ged. 1975; Einmal Traum u. zurück, Reisesat. 1979; Unruhig in d. Tag entlassen, Ged. 1980; D. Nacht auf d. Ölberg, Erz. 1982; Hallo, hier Mensch, Erz. 1983; Ich heirate Großpapa, R. 1983; Rauchzeichen u. Kratzfuß, satir. Miniaturen, 1984; D. gab es nur in Wawnice, Erz. 1985; Risse im Beton, Erz. 1985; D. Jesuskind in Ostpreußen, heit. Legende 1987; D. Sommer, d. ein Frühling war, Erz. 1989; Und es begab sich ..., Erz. 1989; D. unzuverlässige Weihnachtsengel, Erz. 1989; D. Kindheit blieb am Haff zurück, R. 1991 (Neuaufl. v. D. Glaskugelopfer) - 1970 Hörspielpreis Ostd. Kulturrat/Stiftg. f. kultur. Zusammenarb.; 1974 Ehrengabe z. Andreas-Gryphius-Preis; 1974 Ehrenzeichen d. Dt. Roten Kreuzes; 1985 Krefelder Stadtsiegel; 1986 Elchstatuette d. Stadtgem. Tilsit; 1988 Ostpr. Kulturpreis; 1990 BVK am Bde.

AU, in der, Dietlind

Dipl.-Bibliothekarin, Schriftst. - Schleifweg 5, 3400 Göttingen (T. 0551 - 9 50 68) - Geb. 31. Okt. 1955 Aldekerk (Vater: Ottomar in der Au, Schausp., Schriftst.; Mutter: Annemarie in der Au, s. dort), ev., ledig - Abit. 1974 Krefeld; Stud. Univ. Köln (Ex. 1977) - S. 1977 Max-Planck-Inst. f. Gesch. Göttingen - BV: Spatzenlachen, 1977; Vorurteile, 1980; D. drei Wünsche, 1987; Sternennoten, 1989. Aufs.: Musik im Hause Grimm (Ztschr. d. Vereins f. hess. Gesch. u. Landeskde. 95, 1990) - 1975 Mitgl. Krefelder Autorinnen-Club, 1976 Künstlergilde, 1979 Marburger Kreis, 1987 Brüder-Grimm-Ges.; 1986 Lyrikpreis d. Künstlergilde; 1989 Förderpreis z. Andreas-Gryphius-Preis - Interesse: Theol. (Mitarb. in Kirchengde.).

AUBIN, Bernhard

Dr. jur., em. o. Prof. f. Dt. u. Vergl. Privatrecht - Kaiserslauterner Str. 83, 6600 Saarbrücken (T. 6 39 80) - Geb. 13. Nov. 1913 Düsseldorf (Vater: Prof. Dr. phil. Dr. h. c. Hermann A., Historiker † 1969 (s. XV. Ausg.); Mutter: Vera, geb. Webner (†1985), verh. 1945 m. Hanneline, geb. Bach, 2 Kd. (Dipl.-Ing. Donald, Dr. jur. Peter) - Univ. München, Breslau, Bonn - 1947-51 wiss. Ref. Max-Planck-Inst. f. ausl. u. intern. Privatrecht, 1951-57 ao. Prof. Univ. Lausanne, s. 1957 Ord. Univ. Saarbrücken, 1982 emerit. - 1959 korr. Mitgl. Inst. f. Rechtsvergl., Barcelona; Korr. Mitgl. d. Griech. Inst. f. intern. u. ausl. Recht, Athen; Ehrenmitgl. d. Dt. UNESCO-Kommiss. u. d. Ges. f. Rechtsvergl.; Gr. BVK - Spr.: Engl., Franz.

AUDITOR, Michael

Stadtinspektoranwärter, MdL Nieders. (s. 1978; SPD) - In der Rehre 29, 3000 Hannover 91 - Geb. 18. Dez. 1942 Breslau (Vater: Johannes Angres, Studienrat), verh. s. 1967 m. Inge, geb. Kinghorst, 2 S. (Markus, Matthias) - Fachhoch- u. Verwaltungssch. - 1969-77 Kommunalpol. - Liebh.: Klass. Musik (bes. Beethoven), Schach - Spr.: Engl.

AUDOUARD, Rolf

Hauptgeschäftsführer i. R. Verein Dt. Maschinenbau-Anstalten (VDMA), Frankfurt/M. (1966-74, vorher stv. Hauptgeschäftsführer), Geschäftsführer Arbeitskreis China Ostausschuß der dt. Wirtsch., Köln - Bergweg 8, 6242 Schönberg/Ts. (T. Kronberg 3304; Büro: Ffm. 6603-1) - Geb. 1. Sept. 1905 Oldenburg - Stud. Rechtswiss. - Langj. Auslandstätigk. (Ferner Osten) - 1971 Gr. BVK - Spr.: Engl., Franz. - Rotarier.

AUER, Alfons

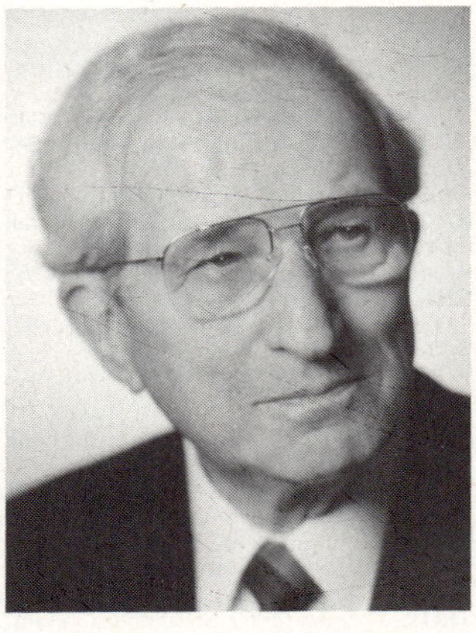

Dr. theol., em. Prof. f. Theol. Ethik - Paul-Lechler-Str. 8, 7400 Tübingen (T. 6 54 78) - Geb. 12. Febr. 1915 Schönebürg/Württ., kath. - Univ. Tübingen - 1939 Vikar Stuttgart-Bad Cannstatt, 1945 Studentenpfr. Tübingen, 1953 Dir. Kath. Akad. Hohenheim, 1955 o. Prof. Univ. Würzburg, 1967 Univ. Tübingen - BV: D. vollk. Frömmigk. des Christen nach d. Euchiridion d. Erasmus v. Rotterdam, Habil.schr. 1954; Weltoffener Christ, 1960; Christsein im Beruf, 1966; Autonome Moral u. christl. Glaube, 1971; Ethos d. Freizeit, 1972; Utopie - Technol. - Lebensqualität, 1976; Verantwortete Vermittl. Bausteine e. Ethik d. Massenkommunikation, 1980; Umweltethik, 1984.

AUER, Erich

Schauspieler - Ameisgasse 3, A-1140 Wien XIV. (T. 82 52 57) - Geb. 14. April 1923 Innsbruck - Lehrer- u. Schauspielausbild. - S. 1951 Burgtheater Wien, Viele Bühnenrollen. Film: u. a. D. 4. Gebot, D. Herrgottschnitzer v. Ammergau, D. Mädchen v. Pfarrhof, Beichtgeheimnis, D. Pfarrer v. St. Michael; Fernsehen - 1963 österr. Kammerschausp.

AUER, von, Frank

Sprecher d. Geschäftsführung Hans-Böckler-Stiftg. d. DGB - Färberstr. 17, 4155 Grefrath-Oedt - Geb. 25. März 1939 Reval/Estland, ev., verh. s. 1964 m. Anne, geb. Wechterstein, T. Anne Kristin - Stud. Ev. Theol. (Abschl. B.D.) - 1970-77 Pressesprecher, 1977-83 Vorst.-Mitgl. GEW; s. 1988 AR-Mitgl. Degussa AG.

AUER, Hermann

Dr. phil. nat., Physik u. Museum - Pössenbacherstr. 4, 8000 München 71 (T. 791 75 88) - Geb. 1. Dez. 1902 München - Promot. 1925 Frankfurt/M.; Habil. 1936 München - 1936-78 Lehrtätigk. (Physik) Univ. München (1943 Prof.); 1948-71 wiss. Dir. Dt. Museum München. Mitgl. Exekutivrat Intern. Council of Museums ICOM Paris (1965); Präsid. Dt. Nationalkomitee ICOM (s. 1968); Mitgl. Dt. UNESCO-Kommiss. (s. 1971). Zahlr. Fachveröff. Physik u. Museologie; Herausg.: Abh. u. Berichte Dt. Museum (s. 1951); Mitverf.: Denkschr. Museen, Dt. Forschungsgemeinsch. (1974) - 1978 Gr. BVK.

AUER, Ignaz O.

Dr. med., Dr. med. habil., Prof. f. Innere Med., Chefarzt d. Med. Klinik Stiftg. Juliusspital, Würzburg (s. 1988) - Rembrandtstr. 31, 8700 Würzburg - Geb. 9. Juni 1942 Weiden, kath., verh. m. Erltraud, geb. Schulze, 2 Kd. (Katja, Patrick) - Stud. Univ. München, Innsbruck, Freiburg; Promot. 1967 München; 1970-73 Postdoc. Fellow State Univ. of New York at Buffalo (SUNYAB); Habil. 1978 Würzburg - 1982 Prof. f. Innere Med. Würzburg. Üb. 100 Veröff. auf d. Geb. d. Gastroenterol., Klin. Immunol. u. Rheumatol.

AUER, Otto

Generaldirektor - Am Blütenring 46, 8000 München 45 (T. 32 55 03) - Geb. 20. März 1909 München - Stud. TH München (Dipl.-Ing.). Reg.sbaum. - B. 1969 Vorstandsmitgl., dann -vors. Heilmann & Littmann Bau-AG., München.

AUERBACH, Leonore, gen. Lore

Dipl.-Kulturpäd., 1. Bürgermeisterin Hildesheim (1976-91), MdL Nieders. - Birnbaumskamp 9c, 3200 Hildesheim (T. 05121 - 2 53 91) - Geb. 5. Aug. 1933 Amsterdam - PH Hannover, Hochschule f. Musik u. Theater (Ex. 1959), Univ. Hildesheim (Ex. 1981) - Bundesvors. Arbeitskreis Musik in d. Jugend; Vizepräs. Europ. Föderation Junger Chöre; Präs. Arbeitsgemeinsch. Dt. Chorverb.; Präsid.-Mitgl. Dt. Musikrat - BV: Hören lernen - Musik erleben, 1971 - 1984 Ehrenring d. Stadt Hildesheim; 1986 Nieders. VO. am Bde.

AUERNHEIMER, Georg

Dr. phil., Prof. f. Erziehungswissenschaft - Roter Graben 6, 3550 Marburg 1 - Geb. 12. Nov. 1939 Trostberg/Obb., verh. m. Anna - Päd. Hochsch.; Univ. - 1967-69 Wiss. Assist. Univ. Wien; 1969-72 wiss. Assist. PH Rheinland; s. 1972 Prof. Univ. Marburg - BV: Erziehungswiss. contra Päd., 1969 (Diss.); Mitbestimmung in d. Schule, 1971 (m. M. Doehlemann); Handwörterb. z. Ausländerarb. (Hg.), 1984; D. sogenannte Kulturkonflikt, 1988; Einf. in d. interkulturelle Pädagogik, 1990 - Spr.: Engl.

AUERSWALD, Rolf

Dr. sc. oec., Ing., Prof., Direktor d. Euro Education, Akad. f. Weiterbildung, wissenschaftl. Berat. u. Vermittlung (s. 1991) - Clausewitzstr. 7, O-9071 Chemnitz (T.071 - 72 28 54) - Geb. 29. Juni 1942, verh. s. 1962 m. Roswitha, geb. Sonntag, 2 Kd. (Pedro, Anke) - Masch.-schlosser; Ing.stud.; Hochschulstud. Dipl.wirtschaftler 1970; Promot. 1973,

Habil. 1978 beide Berlin - 1963-67 Prod.ing. u. Assist. eines Generaldirektors; 1968/69 Entwicklungshelfer; 1970-74 Dir. e. Export- u. Importbüros in Ägypten u. Indien; 1975 Doz.; 1987 Prof.; Stellv. d. Sektionsdir. f. Bildung; Vors. Prüfungsausschuß - Ca. 100 Art. in wiss.- u. Fachztschr. - Univ.ehrungen f. wissenschaftl. Betreuungen von Promovenden - Spr.: Engl., Russ.

AUFDERHEIDE, Helmut

Dr. jur., Beigeordneter i. R. - Graf-v.-Galen-Str. 3e, 4800 Bielefeld (T. 0521 - 10 95 30) - Geb. 20. Aug. 1919 Berwicke/W. (Vater: Wilhelm A., Rektor; Mutter: Lina, geb. Ohrmann), ev., verh. s. 1954 m. Dorothea, geb. van Senden, 2 Söhne (Eberhard, Enno) - Gymn. Bochum; Univ. Göttingen (Rechtswiss.). Promot. 1949 Münster; 1951 Ass.ex. 1951 Düsseldorf - 1964-68 Bürgerm. Stadt Neumünster, b. 1984 Beigeordn. d. Stadt Bielefeld.

AUFENANGER, Georg

Intendant - Städt. Theater, 6500 Mainz - Geb. 27. Okt. 1913 Frankfurt/M., verh. s. 1939, 2 Kd. - Abit.; Abschlußprüf. Staatl. Hochsch. f. Theater Frankfurt/M. 1937 - Schausp. u. Spiell.; s. 1959 Int. Landesbühne Rhein-Main Frankfurt u. Städt. Theater Mainz (1961).

AUFERMANN, Jörg

Dr. phil., o. Prof. u. Direktor Inst. f. Publizistik u. Kommunikationswiss. Univ. Göttingen (s. 1974) - Dransfelder Weg 1, 3402 Dransfeld-Bördel (T. 05502 - 12 86) - Geb. 26. April 1940 Berlin-Charlottenburg (Vater: Dr. jur. Robert A., Syndikus; Mutter: Ilse Tekla, geb. Lilienthal), kath., verh. s. 1964 m. Eva-Maria, geb. Pieper, 2 Söhne (Frank, Florian) - Aufbaugymn. Dortmund (Abit. 1960); Stud. d. Publizistik, Soziol., Japanol. FU Berlin; Promot. 1970; Habil. 1972 - 1975/76 Vors. Dt. Ges. f. Publ. u. Kommunikationswiss. - BV: Kommunikation u. Modernisierung, 1971. Mithrsg.: Pressekonzentration (1971); Gesellschaftl. Kommunikation u. Information (2 Bde. 1973; m. Bohrmann u. Sülzer; Fischer-TB); Ausbildungswege z. Journalismus (1975; m. Elitz); Fernsehen u. Hörfunk f. d. Demokratie (2. A. 1981; m. Scharf u. Schlie). Schriftenreihe Kommunikation u. Politik (1971ff., 24 Bde. m. Bohrmann u. Lerg); Zeitungen in Niedersachsen u. Bremen, Handb. 1991 (1992; m. Lis, Verb. Nordwestdt. Zeitungsverleger/Zeitungsverlegerverb. Bremen) - Spr.: Engl., Franz.

AUFFARTH, Fritz

Dr. jur., Prof., Vizepräsident Bundesarbeitsgericht a. D. - Richard-Kirchner-Str. 59 A, 3590 Bad Wildungen (T. 05621 - 7 37 44) - Geb. 22. Jan. 1918 Eschwege (Vater: Dr. jur. August A., Vizepräs. OLG Frankfurt/M.; Mutter: Ingeborg, geb. Kleim), ev., verh. s. 1944 m. Wilma, geb. Fischer, 4 Kd. (Ernst, Rainer, Ruth, Ilse) - Gymn.; Univ. München u. Bonn. Promot. 1948 Marburg; Ass.ex. 1949 Frankfurt - S. 1950 richterl. Tätigk. b. 1962 OVGsrat Hess. Verw.gerichtshof, dann Bundesrichter Bundesarbeitsgericht (beide Kassel). 1975 Prof. TU Braunschweig - BV: Kündigungsschutzgesetz, 1960 (m. Müller); Betriebsverfassungsgesetz, 17. A. 1992 (m. Fitting, Kaiser u. Heither).

AUFFARTH, Susanne

Lyrikerin - 3111 Gr. Malchau - Geb. 8. Sept. 1920 - BV/Lyrik: Ged.; Haus aus Jade; Ich rede zu dir in meiner Sprache; Unvergessenes Leben, 1990. Bild-Lyrik-Bde.: Parallelen; Spiegelungen; Lofoten; Kalender 1988. Prosa: Acht Märchen; Vier Erzählungen; Dorfchronik; Der Knabe mit d. Geige; Zwölf Märchen. Lesedrama: Olympias - 1983 Herta-Bläschke-Gedächtnispreis f. Lyrik, Klagenfurt; 1987 Lyrikpreis Edition L - Liebh.: Lit., Malerei, Psych.

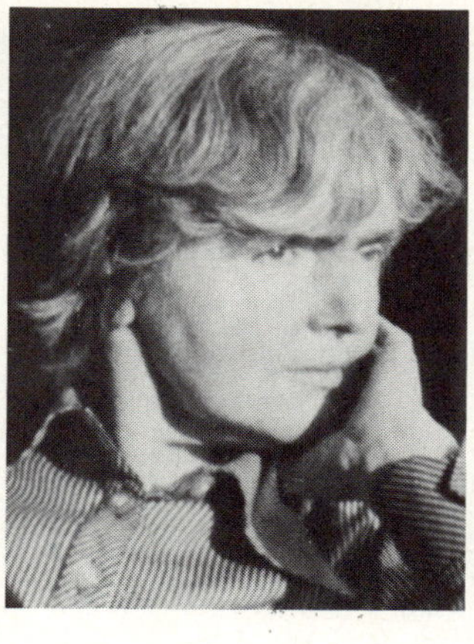

AUFFERMANN, Jan-Dirk

Lic. rer. pol., Wirtschaftsprüfer, Steuerberater, Gf. Gesellsch. Industrie-Treuhand-GmbH, Wirtschaftsprüfungsges., Steuerberatungsges., Mannheim - Augustaanlage 16, 6800 Mannheim 1 - Geb. 25. Sept. 1944 - 1965-69 Stud. Volks- u. Betriebsw. Univ. Freiburg u. Basel - AR Rösler Draht AG, Schwalmtal; AR-Vors. Richtberg Verw.ges. mbH, Bingen; Beirat: Rhein-Umschlag GmbH & Co. KG, Oldenburg, Rhein-Umschlag GmbH & Co. KG, Düsseldorf, IDA Vermögensverw. GmbH, Mannheim - Spr.: Engl.

AUFHAMMER, Walter

Dr. sc. agr., Prof. f. Spez. Pflanzenbau Univ. Hohenheim - Schloß, 7000 Stuttgart 70 - Geb. 30. Sept. 1938 München - Promot. 1966 Hohenheim (LH); Habil. 1973 Bonn - Zul Privatdoz. u. Wiss. Oberassist. Univ. Bonn. Fachaufs.

AUFSCHNAITER, von, Stefan

Dr. rer. nat., Prof. f. Erziehungs- u. Gesellschaftswissenschaften unt. bes. Berücks. d. Naturwiss. Unterrichts Univ. Bremen - Alten Eichen 30, 2800 Bremen.

AUFSESS, Freiherr von, Hans Max

Generaldirektor Herzogl. Hauptverw. Coburg (1959-75) - Schloß, 8551 Oberaufsess/Ofr. (T. 09198 - 5 10) - Geb. 4. Aug. 1906 Berchtesgaden/Obb. (Vater: Ernst v. A., Ministerialrat; Mutter: Lilli, geb. Freiin v. Hofenfels), ev., verh. s. 1934 m. Marilie, geb. v. Klipstein, 3 Kd. (Uta, Cordula, Michael) - Stud. Rechtswiss. Gr. jurist. Staatsex. - 1941-45 Verwaltungschef brit. Kanalinseln; 1947-59 Rechtsanw. OLG Bamberg - BV: u. v. a. Fränk. Impressionen, 1963; Die Vielfalt Frankens, 1971; Franken in Farben, 1972; ... und hier röhrt sich was, 1972; D. Franke ist e. Gewürfelder, 1985; Seitensprünge, Ess. - 3 Kulturpreise, dar. Fränk.-Schweiz-Verein; 1971 Joseph-E.-Drexel-Preis; 1978 Bayer. VO - Liebh.: Schreiben - Spr.: Franz., Engl. - Rotarier - Bek. Vorf.: Hans v. A., Gründer German. Museum Nürnberg (Großonkel).

AUGENTHALER, Klaus

Nationalspieler, Fußballweltmeister 1990 in Italien, Spieler d. FC Bayern München.

AUGST, Gerhard

Dr. phil., o. Prof. f. Germanistik (Lehrst. II) u. Linguistik Gesamthochschule Siegen - Im Backenborn 19, 6301 Biebertal 4 - Geb. 27. Juli 1939 Altenkirchen/Westerw., ev., verh. - Promot. 1969 Mainz; Habil. 1972 Gießen - S. 1973 Ord. Siegen - BV: u. a. Rechtschreib. mangelh.?, 1974; Spracherwerb v. 6 bis 16, 1978. Herausg.: Lex. z. Wortbild. - Morpheminventar (3 Bde. 1975).

AUGSTEIN, Hans-Jürgen

Stadtdirektor a. D., MdB (s. 1972; Wahlkr. 112/Ennepe-Ruhr-Kr.) - Tanneneck 22, 4320 Hattingen/Ruhr (T. 2 22 48) - SPD.

AUGSTEIN, Rudolf

Journalist, Herausg. Nachrichtenmagazin Der Spiegel (s. 1946), Geschäftsf. Spiegel-Verlag Rudolf Augstein GmbH. & Co. KG - Brandstwiete 19/Ost-West-Str., 2000 Hamburg 11 (T. 3 00 71) - Geb. 5. Nov. 1923 Hannover (Vater: Friedrich A., Geschäftsm.; Mutter: Gertrude, geb. Staaden), verh., 4 Kd. - Kaiserin-Auguste-Viktoria-Gymn. Hannover (Abit.); Redaktionsvolontär Hannoverscher Anzeiger - Arbeits- u. Wehrdst. (zul. Leutnant) - BV: Spiegelungen, 1964; Konrad Adenauer, 1964 (London); Preußens Friedrich u. d. Deutschen, 1968; Jesus Menschensohn, 1972; Überlebensgroß Herr Strauß, 1980 - 1965 Mitgl. PEN-Zentrum BRD; 1983 Doctor of Letters h.c. Univ. Bath; 1987 Dr. phil. h.c. Berg. Univ. Wuppertal; 1988 Ehrensenator Univ. Hamburg - FDP MdB Nov. 1972 bis. Jan. 73 (Mandatsniederleg.).

AUGSTEN, Helmut

Dipl.-Biol., Dr. rer. nat., o. Prof. f. Pflanzenphysiologie Univ. Jena (s. 1966) - von Hase-Weg 3, O-6900 Jena (T. 822 21 35) - Geb. 8. Mai 1928 Schönwald/CSFR, verh. s. 1952 m. Brigitte, geb. Müller, 2 Kd. (Gabriele, Regine) - 1947-52 Stud. Univ. Greifswald; Dipl. 1952; Promot. 1954; Habil. 1961 - 1961 Doz. Potsdam, 1962-66 Prof. Greifswald, s. 1966 Jena; Dir. d. Inst. f. Allg. Botanik d. Univ. Jena - Zahlr. Übersichtsartikel u. Originalpubl. in Fachztschr., zahlr. Patentschriften - 1975 Friedrich-Schiller-Med. in Bronze, 1988 in Silber.

AUGUST, Erdmut Christian

Dr. phil., Intendant, Operndirektor, Regisseur Theater d. Altmark Stendal (s. 1991) - Karlstr. 4-6, O-3500 Stendal - Geb. 7. Mai 1931 - 1976-81 Chefdramaturg Städt. Bühnen Münster; 1981-90 Int., Geschäftsf. u. Regiss. Städt. Bühnen Osnabrück.

AUGUSTIN, Anneliese,

geb. Mindermann

Apothekerin, MdB - Hainbuchenstr. 27, 3500 Kassel - Geb. 24. April 1930 Kassel, ev., verh., 2 Kd. - Gymn. (Abit.) Lörrach; Univ. Basel u. Freiburg/Br.; pharmaz. Staatsex. - 1958-84 selbst. Apothekerin Kassel (Mitgl. Apothekerkammer Hessen); 1972 Stadtverordn. Kassel; 1984-87 u. s. 1989 MdB; 1988-89 Wiss. Mitarb. d. Bundesgesundh.amtes; Mitgl. Europa-Union; s. 1967 Vors. Kommunalpolit. Vereinig. Kassel u. Mitgl. Landesvorst. CDU; s. 1978 Mitgl. Bundesfachaussch. Gesundh.politik d. CDU, s. 1987 stv. Vors.; Mitgl. im Aussch. f. Gesundh. d. Dt. Bundestages, Mitgl. im Aussch. f. wirtsch. Zusammenarbeit d. Dt. Bundestages.

AUGUSTIN, Hans-Georg

Dr., Geschäftsführer Handwerkskammer Lüneburg-Stade u. Leiter Bezirksstelle Stade (s. 1964) - Feldstr. 1, 2152 Horneburg (T. Büro: Stade 25 84) - Geb. 9. Dez. 1925 - S. 1957 Handwerksorg.

AUGUSTIN, Manfred

Dipl.-Chem., Dr. habil., Prof. f. Chemie Univ. Halle (s. 1971) - Eythstr. 23, O-4050 Halle (T. 021 - 3 26 87) - Geb. 20. Juli 1933 Runthal, verh. s. 1959 m. Dr. med. Marga, geb. Hilbert, 2 Kd. (Pia, Uwe) - Chemiestud., Dipl. u. Ex. 1958, Promot. Dr. rer. nat. 1962, Habil. 1968, alles Univ. Halle - 1958-68 Wiss. Mitarb., 1968-71 Doz., s. 1971 Prof., alles Univ. Halle - 1975-84 Dir. d. Sekt. Chemie d. Univ. Halle - 50 Pat. auf d. Gebiet d. organ. Chemie sowie im Ber. Pestizide - BV: Chimica. E. Wissensspeicher-Teil Organ. Chemie, Lehrb. 1971, 1981. üb. 200 Publ. in wiss. Ztschr. d. In- u. Ausl. - Spr.: Engl., Russ.

AUGUSTIN, Maria

Geschäftsführende Gesellschafterin Fribad Cosmetics GmbH - Im Rosengarten, 7570 Baden-Baden (T. 07221 - 6 88-01) - Geb. 25. April 1936, verh. m. Prof. Dr. med. Hans-Jörg A., 4 Kd. - Liebh.: Sport.

AUGUSTIN, Marianne

Hauptgeschäftsführerin Dt. Komponisten-Verb. - Beuckestr. 26, 1000 Berlin 37 (T. 030 - 801 80 65).

AUHAGEN, Ernst

Dr. phil., Prof., Biochemiker, Generalsekr. Ges. Dt. Naturforscher u. Ärzte, Wuppertal (1967-78) - Bismarckstr. 81, 5600 Wuppertal 1 (T. 30 26 19) - Geb. 10. Nov. 1904 St. Petersburg - U. a. 1952-69 Leit. Biochem. Labor. Bayer AG. (Werk Elberfeld). S. 1967 Honorarprof. Univ. Köln (Pharmaz. Biochemie). Etwa 50 Fachveröff. - 1931 Entdeckung d. Co-Carboxylase (Thiamin Pyrophosphat) - Ehrenmitgl. Ges. f. Biol. Chemie.

AULENBACHER, Gerhard

Dipl.-Volksw., Pers. haft. Gesellschafter Ernst Kalkhof KG - Backhaushohl 58, 6500 Mainz 1 (T. 3 47 24) - Geb. 1. März 1928 Oberaula (Vater: Karl A., Mutter: Johannette, geb. Gerhardt), ev., verh. s. 1955 m. Edith, geb. Figge, 2 Kd. (Claudia, Claus) - Stud. Univ. Mainz - Gleichz. Geschäftsf. Kalkhof GmbH Petersen & Stroever KG; VR-Vors. Para Presss S.A. Luxemburg - Liebh.: Reiten - Spr.: Engl., Franz.

AULFES-DAESCHLER, Gisela

Akad. Malerin - Ainmillerstr. 40, 8000 München 40 - Geb. 2. Mai 1940 Erlangen (Vater: Robert D., Untern.; Mutter: Therese, geb. Mauss), ev., gesch., S. Daniel - Stud. Hochsch. f. Bild. Künste Berlin (Meisterschülerin v. Prof. Hoffmann) - Lehrauftr. erzieh.wiss. Fak. Univ. München. Arbeitsgeb.: Radierungen, Illustrationen, Aquarelle, Öl - Einzelausst. Frankfurt, Regensburg, Göttingen, Stuttgart, Erlangen, München, Peissenberg, Bamberg, Böblingen, Mainz - 1962 Kunstpreis Akad. Nürnberg; 1969 Kunstförd.preis Erlangen.

AULHORN, Elfriede

Dr. med., em. o. Prof. f. Augenheilkunde - Mörikestr. 41, 7400 Tübingen (T. 6 26 71) - Geb. 8. Jan. 1923 - S. 1961 (Habil.) Lehrtätigk. Univ. Tübingen (Lehrstuhl f. Pathophysiologie d. Sehens u. Neuroophthalmologie). Emerit. 1989 - 1963 Preis Karl-Liebrecht-Stiftg.; 1988 1. DOG Filmpreis.

AUMANN, Dieter Christian

Dr. rer. nat., Prof. f. Nuklearchemie Univ. Bonn (s. 1981) - Berliner Str. 16, 5308 Rheinbach - Geb. 9. Okt. 1936 Neu-Ulm - Promot. 1964 - S. 1971 (Habil.) Lehrtätigk. TU München (1978 apl. Prof.). Üb. 50 Facharb.

AUMANN, Raimond

Nationalspieler, Fußballweltmeister 1990 in Italien, Torwart d. FC Bayern München.

AUMANN, Rudolf

Dr. rer. nat., Prof., Chemiker - Langeworth 13, 4400 Münster/W. - S. Habil. Privatdoz. u. apl. Prof. Univ. Münster (gegenw. Akad. Oberrat Organ.-Chem. Inst.).

AURADA, Klaus D.

Dr. rer. nat., o. Prof. f. Physikalische Geographie Univ. Greifswald (s. 1983) - Helsinki-Ring 19b, O-2200 Greifswald (T. 00822 - 81 39 14) - Geb. 15. Mai 1941 Teplitz-Schönau - Stud. Geogr. u. Geol. Univ. Halle-Wittenberg, Dipl.-Geogr. 1964; Promot. 1969, Habil. 1974 Univ. Halle - 1964-77 Wasserwirtsch.-verw. Halle; 1977-81 Wiss. Sekr. Geogr. Ges. d. DDR Leipzig; 1981-83 Doz. Univ. Halle; 1983 o. Prof. - Anwend. d.

Systemtheorie in Geowiss. (u.a. Prozeßführung der ind. Salzbelastung im Flußgebiet d. Saale) - Zahlr. Beiträge z. Theorie u. Anwendung d. naturwiss. Geogr. u. Umweltforsch. - 1988 Korr. Mitgl. d. Geogr. Ges. Finnlands - Spr.: Engl., Russ.

AURAND, Karl

Dr. med., Prof., I. Direktor i.R. Institut f. Wasser-, Boden- u. Lufthygiene/Bundesgesundheitsamt (b. 1984) - Marinesteig 8, 1000 Berlin 38 - Geb. 30. Dez. 1923 Frankfurt/M., ev., verh. s. 1954 m. Jutta, geb. Schmidt, 3 T. (Claudia, Ute, Cornelia) - Promot. 1949 Frankfurt; Habil. 1966 Berlin (FU) - 1947-57 MPI f. Biophysik Frankfurt; s. 1957 ob. Inst. (1975 I. Dir. u. Prof.). S. 1966 Privatdoz. u. apl. Prof. 1972) FU Berlin. Üb. 200 Facharb. - 1984 Gr. BVK.

AURICH, Hans Günter

Dr. phil., Prof. f. Organ. Chemie Univ. Marburg - Kolpingstr. 10, 3550 Marburg-Schröck - Geb. 14. Dez. 1932 Meuselwitz/Thür. - Promot. (1962) u. Habil. (1967) Marburg - S. 1970 Prof. Marburg. Üb. 85 Facharb.

AURICH, Horst

Dr.-Ing. habil., o. Prof. u. Rektor Technische Hochschule Zwickau (s. 1987) - Huttenstr. 35, O-9076 Chemnitz (T. 071 - 4 16 11) - Geb. 11. Dez. 1934 Gornau, verh. s. 1966 m. Elfriede, geb. Haase, 3 Kd. (Birgit, Ulrike, Torsten) - Stud. Werkzeugmaschkonstrukt.; 1959 Dipl.-Ing. TH Chemnitz; 1977 Promot. TH Łódź/Polen; Habil. 1975 TH Chemnitz - 1967-70 Waschgerätewerk Schwarzenberg; 1970-87 TH Chemnitz, 1976 o. Prof. f. Konstruktionstechnik, s. 1987 TH Zwickau - Pat. zu Waschgeräten u. z. automatischen Nähen - BV: Techn. Mechanik, 1987; Rechnerunterstütztes Konstruieren (CAD), 1988; Zugsysteme 1978 (aus. d. Poln.) - Spr.: Engl., Russ., Poln., Span.

AURICH, Wolfgang

Dr., Vorsitzender d. Geschäftsführung Kontron Elektronik GmbH - Oskar-von-Miller-Str. 1, 8057 Eching b. München.

AURIN, Kurt

Dr. phil., Dipl.-Psych., Prof. f. Erziehungswissenschaft - Universität (Phil. Fak.), 7800 Freiburg/Br. - S. 1970 Ord. TU Hannover u. Univ. Freiburg.

AUST, Siegfried

Univ.-Prof., Ordinarius f. Unterrichtswissenschaft FU Berlin (s. 1972) - Habelschwerdter Allee 45, 1000 Berlin 33 - Geb. 23. Aug. 1925 Unruhstadt, ev., verh. s. 1951 m. Ursula, geb. Hoffesommer, 4 Kd. (Wolfgang, Jutta, Ingolf, Sigrid) - N. Abit. Lehrerausbild. (Staatsprüf.); Stud. Psych. u. Päd. Marburg - Lehrer, Schul-, Ausbildungsleit., Ref. Hess. Inst. f. Lehrerfortbild. - BV: Sachunterr. in Kategorien - E. Planungshilfe f. d. Grundsch. (1970), 1970; Lehrb. z. Gesundheitserz. u. z. Sachunterr., 1979; zahlr. Veröff. z. Kinderbuch- u. Spielmittelforsch. Autor v. Kindersachbüchern - Liebh.: Musik, Tanz, Sport (1967 Gold Sportabz.) - Ehrennadel Dt. Sängerbd., Landessportbd. Hessen, Raiffeisenverb., DLRG; Christopheruspreis.

AUST, Wolfram

Dr. med., Prof., Chefarzt Augenklinik Lehrkrankenh. Kassel - Vor der Prinzenquelle 16, 3500 Kassel - Geb. 12. Aug. 1932 Krummhübel/Rsgb. (Vater: Josef A., Philologe; Mutter:Elfriede, geb. Trautmann), ev., verh. s. 1964 m. Irmgard, geb. Krueger, 2 Kd. (Reinhild, Eberhard) - Jung-Stilling-Obersch. Hilchenbach (Abit. 1952); Univ. Marburg u. Kiel (Med., Zahnheilkd.; Med. Staatsex. 1957). Promot. 1957; Habil. 1965 - S. 1965 Privatdoz. u. Honorarprof. (1971) Univ. Marburg (zul Oberarzt Augenklinik) - BV: Ple- u. Orthoptik, 1966 (2. A. 1974, engl. 1970); Prophylaxe u. Therapie d. Schielschwachsichtigkeit, 1968 (Basel, New York); Weites Land (Aquarelle), 1982. Zahlr. Einzelarb. u. Buchkap. - 1968 Hufeland-Preis 1967 - Liebh.: Malerei, Segeln - Spr.: Engl.

AUSTERMANN, Dietrich

Stadtdirektor a. D., MdB (Wahlkr. 3/ Steinburg-Dithmarschen-Süd) - Albert-Schweitzer-Ring 37, 2210 Itzehoe - CDU.

AUTENRIETH, Hans

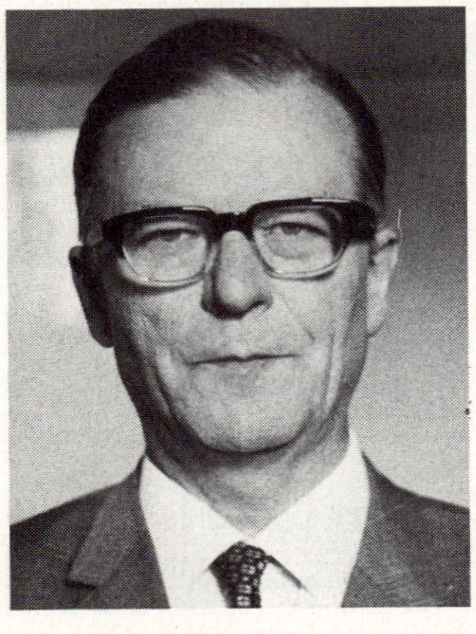

Dr.-Ing., Physikochemiker - Lothringer Str. 21, 3000 Hannover 71 - Geb. 25. Mai 1910 Stuttgart, ev., verh. s. 1948 m. Hanna, geb. Bierwirth - Stud. (Chemie) Univ. Stuttgart (Dipl. 1934, Promot. 1935) - 1934/35 Hochschulassist.; 1936-48 Betriebs- u. Fabrikleit. Wintershall AG u. Burbach Kaliwerke AG, 1949-71 Dir. Kaliforsch.-Inst. Hannover. 1943/44 Entw. e. Verf. u. Erstell. e. Anlage z. Gewinn. v. Rubidiumcarbonat aus Rohcarnalliten - Entd.: 1956 artspez. elektrostat. Ladungsaust. zw. Salzmineralteilchen v. Kalirohsalzen durch chem. Konditionierung im Temperaturber. zw. etwa 35 u. 55 Grad C (Es gelingt damit, auch staubhaltige Mehrkomponentensyst. im elektr. Hochspannungsfeld, also auf trockenem Wege, b. hohen Durchsatzleist. gezielt in d. einzelnen Bestandteile aufzuspalten; d. Verfahren ist auch auf andere Mineral- u. Stoffgemische übertragbar); Erf.: 1960 Drehröhren-Hochleistungs-Freifallscheider (m. H. P. Dust); 1958 Auffind. e. neuen stabilen Bodenkörpers im quinären System d. Salze ozeaner Salzablager. (m. G. Braune). Unters. insbes. d. metastabilen Lösungsgleichgewichte in d. 5- u. 6-Komponentensyst. d. Salze ozeaner Salzablager. u. ihre Darst. in f. d. prakt. Anwend. geeigneter Form z. Optimier. d. Naßverarbeitungsverf. auch komplex zusammengesetzter Kalirohsalze u. kristallisationskinet. Unters. Zahlr. Pat. u. Fachveröff., u. a. D. Kaliind., in: Winnacker-Küchler, Chem. Technol., (4. Aufl.) 1950-82 - 1985 Gauss-Weber-Med. math.-naturwiss. Fak. Univ. Göttingen (f. d. Erf. d. elektrostat. Mineralaufbereit. ESTA-Verf.).

AUTENRIETH, Johanne

Dr. phil., em. o. Prof. f. Lat. Philologie d. Mittelalters Univ. Freiburg/Br. - Titurelstr. 2, 8000 München 81 - Geb. 15. Mai 1923 Stuttgart - Fachveröff.

AUTH, Joachim

Dr. sc. nat., o. Prof. f. Experimentalphysik - Brennerstr. 92, O-1100 Berlin (T. 472 20 28) - Geb. 22. Mai 1930 Berlin, verh. s. 1953 m. Gerta, geb. Stöcker, T. Corinna - Physikstud. Univ. Berlin; Dipl. 1955; Promot. 1960; Habil. 1966 - 1960-64 Entw.leit. Diode, Werk f. Fernsehelektronik Berlin; 1964-67 Wissenschaftl. Dir. Halbleiterwerk Frankfurt/ Oder - BV: Photoelektrische Erscheinungen (m. K. H. Herrmann u. D. Genzow), 1977 (russ. Übers.) - 1969 Mitgl. d. Dt. Akad. d. Wiss. zu Berlin - Spr.: Engl.

AUTRUM, Hansjochem

Dr. phil., Dr. phil. nat. h.c., Drs.h.c., em. Prof. f. Zoologie - Maximilianstr. 46, 8000 München 22 (T. 29 98 12) - Geb. 6. Febr. 1907 Bromberg (Vater: Otto A., Postpräs.; Mutter: geb. Goerges), ev., verh. s. 1935 m. Ilse, geb. Bredow - Univ. Berlin (Biol., Physik, Math., Phil.; Promot. 1931) - S. 1948 Prof. Univ. Göttingen (apl.), Würzburg (1952; Ord. u. Inst.-Dir.), München (1958). S. 1961 Vizepräs. Dt. Forschungsgem.; s. 1963 Mitgl. Wiss.rat; s. 1965 Vors. Strukturbeirat Univ. Regensburg - BV: Menschliches Verhalten als biolog. Problem, 1976; Streifzüge durch d. Verhaltensforschung, 1986. Üb. 200 Fachaufs. - 1963 Carus-Med.; 1966 Engl-Feldberg-Preis f. Theoret. Med.;1957 Honorary Fellow Acad. of Zool. Agra (Ind.); 1957 Mitgl. Dt. Akad. d. Naturforscher (Leopoldina); 1958 o. Mitgl. Bayer. Akad. d. Wiss.; 1966 Bayer. VO., 1975 Gr. BVK m. Stern; 1977 Pour le Merite, 1984 Bayer. Maximilians-Orden f. Wiss. u. Kunst.

AUWÄRTER, Max

Dr. phil., Dr. phil. h. c., Honorarprof. f. Angew. Physik Univ. Tübingen (s. 1962) - FL-9496 Balzers (Liechtenstein) - Geb. 18. Febr. 1908 Knittlingen/Württemberg, verh. s. 1940 m. Hildegard, geb. Reinöhl - BV: Ergebnisse d. Hochvakuumtechnik u. d. Physik dünner Schichten, 1957, Bd. II, 1971 - Ehrensenator Univ. Innsbruck; Ehrenförderer Dt. Akad. d. Naturforscher Leopoldina; Ehrenpräs. d. Intern. Union f. Vakuum-Forschung, -Technik u. -Anwendung; Korr. Mitgl. d. Schweizerischen Akad. d. Techn. Wiss.

AVENARIUS, Horst

Dr. phil., Studienleiter d. Bayer. Akademie d. Werbung - Wessobrunner Str. 16, 8035 Gauting (T. 089 - 850 54 63) - Vors. Verkehrswacht München.

AVERKAMP, Ludwig

Dr. theol., Bischof von Osnabrück (s. 1987) - Große Domsfreiheit 8, 4500 Osnabrück - Geb. 16. Febr. 1927 Velen (Vater: Josef A., Landwirt; Mutter: Josefine, geb. Ostrick) - Univ. Münster u. Rom (Lic. phil. 1951). Promot. 1957 - 1957-59 Kaplan, 1959-65 Präses Coll. Joh., Ostbevern; 1965-71 Dir. Coll. Borr., Münster; 1971-73 Regens Priestersem., Münster; 1973-86 Weihbischof Bistum Münster; 1986-87 Bischofskoadjutor Osnabrück - Spr.: Lat., Engl., Ital.

AVERMEYER, Siegfried

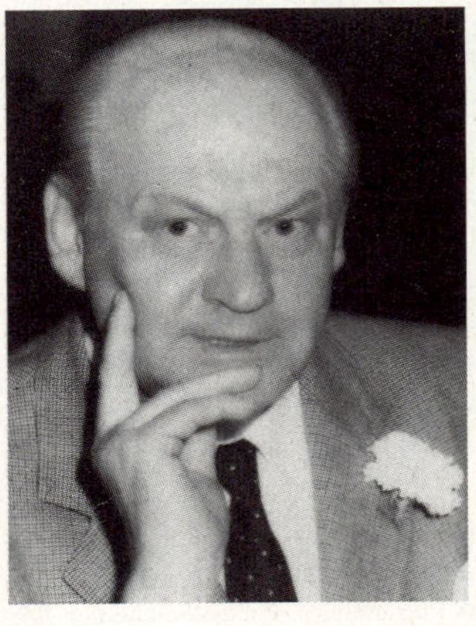

Bankdirektor - Nonnenwerthstr. 74, 5000 Köln 41 - Geb. 12. März 1921 Grünberg (Vater: Otto A., Betriebsleiter; Mutter: Frieda, geb. Petras), ev., verh. s. 1954 m. Ingrid, geb. Langanke, T. Ines - Real-Gymn.; Wehrd., akt. Offz. im Stabs- u. Truppendienst; 1949 Ausb. z. Bankkaufm. Commerzbank - 1958-70 Gen.-Bevollm. Bankhaus John & Co., Bad Kreuznach; 1970 Leit. BfG, Hamburg; 1971-73 Gen.Bevollm. Märklin & Co., u. Koch, Lauteren & Co. Privatbankiers, bde. Frankfurt/M.; 1973-86 Geschäftsf. WTB Westdt. Kreditbank GmbH, WTB Leasing GmbH, Köln; Beirats-Mand. - Rotarier.

AVERY, James

Prof., Pianist - Kaiserstuhlweg 2, 7833 Endingen 2 (T. 07642 - 37 88) - Geb. 23. Sept. 1937 Kansas, USA (Vater: Samuel A., Lehrer f. Physik u. Math.; Mutter: Annafred, geb. Galloway), verh. s. 1986 m. Eun Ju Kim, 3 Kd. (Ann Glair, Susan Jennifer, Thomas Yul) - 1955-59 Univ. Kansas, B.M., 1959-62 Indiana Univ., M.M., 1963-66 Staatl. Hochsch. f. Musik Freiburg, 1967-80 Prof. Univ. Iowa, s. 1980 Prof. Staatl. Hochsch. f. Musik Freiburg. 1986-88 Gastprof. Eastman School of Music, Rochester, NY, USA - Konzerttätigk.: zahlr. Konzerte in Nord-Amerika u. Europa - 1965 Gaudeamus-Preis, 1968 Pr. v. Martha Baird Rockefeller Fund f. Music, New York - Spr.: Engl., Dt., Franz., Ital., Norw., Russ.

AWEH, Carl-August Ludwig

Ing. (grad.), Kaufmann, Vors. Fachabt. Kleintransformatoren im ZVEI, Präs. Techn. Kommiss. Kleintransformatoren Cotrel (EG), Mitgl. zahlr. Kommiss. DKE - Schäferkamp 28, 2000 Hamburg-Schenefeld (T. 040 - 830 00 80) - Geb. 9. Febr. 1917 Hamburg (Vater: Heinrich A., Kaufm.; Mutter: Dora, geb. Wischmann), ev., verh. s. 1977 m. Helga, geb. Rossow - Oberrealsch. St. Georg Hamburg. Techn. Kaufm.; Ing., Thale - Spr.: Engl., Franz.

AWERBUCH, Marianne,

geb. Selbiger

Dr. phil., Prof. f. Judaistik - Hagenstr. 18, 1000 Berlin 33 - Geb. 20. Juni 1917 Berlin - B.A. (1965) u. M.A. (1967) Tel Aviv; Promot. (1970) u. Habil. (1974) Berlin (FU) - S. 1975 FU Berlin. Bücher u. a.

AWEYDEN, v., Horst

Kommandeur im Bundesgrenzschutz, Leiter d. Grenzschutzpräsidiums Nord - Raaberg 6, 2357 Bad Bramstedt - Geb. 25. Nov. 1932.

AX, Peter

Dr. rer. nat., o. Prof. f. Zoologie - Gervinusstr. 3a, 3400 Göttingen (T. 4 33 59) - Geb. 29. März 1927 Hamburg - 1955-61 Doz. Univ. Kiel; s. 1961 Ord. Univ. Göttingen (II. Zool. Inst. u. Mus.). Spez. Arbeitsgeb.: Morphologie, Systematik, Entwicklungsgesch., Biol. d. Mikrofauna d. Meeressandes - BV: Monogr. d. Otoplanidae, 1956; D. Entd. neuer Organisationstypen im Tierreich, 1960; D. phylogenet. Syst., 1984 (engl. 1987); Systematik in d. Biologie, 1988. Fachaufs. - 1969 Mitgl. Akad. d. Wiss. u. d. Lit. Mainz, 1971 Mitgl. Akad. d. Wiss. Göttingen; 1986 Mitgl. J. Jungius-Ges. d. Wiss. Hamburg; 1986/87 Wiss. Mitgl. Wiss. Kolleg Berlin - Spr.: Engl. Rotarier.

AX, Wolfgang

Dr. rer. nat., Wiss. Mitarbeiter, Honorarprof. f. Immunologie Univ. Marburg (Bereich Humanmed.) - Behringwerke AG., 3550 Marburg/L.

AX, Wolfram

Dr. phil., Prof. Sem. f. Klass. Philol. Univ. Göttingen (s. 1984) - Breitenanger 14, 3403 Friedland 1 (T. 05504 - 12 12) - Geb. 9. Dez. 1944 Berlin-Falkensee - Stud. Klass. Philol. u. German. Univ. Münster, Bonn, Göttingen; Staatsex. 1970; Promot. 1974; Habil. 1983 (Klass. Philol.) - 1983-87 Schriftf. d. Mommsen-Ges.; 1988 Lehrstuhlvertr. Univ. Erlangen; 1989 Visiting Scholar am Dep. o. Classics Univ. Berkeley, Kalifornien - BV: Probl. d. Sprachstils als Gegenstand d. lat. Philol., Diss. 1976; Laut, Stimme u. Sprache, Hypomnemata 84, 1986. Herausg.: Memoria Rerum Veterum (1990).

AXENFELD, Theodor

Botschafter a.D. - Kurfürstenallee 10, 5300 Bonn 2 - Geb. 26. Dez. 1905 Betzdorf/Sieg (Vater: Gottfried A., Pfarrer;

Mutter: Bertha, geb. Heuser), ev., verh. s. 1931 m. Edith, geb. Bittersohl, 2 Kd. - Realgymn.; kaufm. Ausbild.; Stud. Volksw. - Ab 1929 Im- u. Export Sierra Leone (Firmenteilh.); 1939-45 Internierung England u. Kanada; 1947-48 Landesreg. Rhld.-Pfalz (Leitg. Wiederaufbauplanung/Marshall-Plan); 1948-60 OECE (Ländervertr. d. franz. Zone; 1949 dt. Delegierter Handelsaussch.); 1960-63 Dt. Botschaft Abidjan (Elfenbeinküste, Obervolta, Niger u. Dahomey; Botschafter); 1963-1966 Dt. Botschaft Moskau (Botschaftsrat); 1966-68 AA Bonn (Leit. Afrika-Referat Wirtschafts- u. Entwicklungspolitik); 1969-70 Dt. Botschaft Lagos (Botschafter) - 1969 Gr. BVK - Spr.: Engl., Franz., Russ., Span.

AXER, Erwin
Prof., Regisseur, Intendant - Odyńca 27/ 11, 02-606 Warschau/Polen (T. 004822 - 44 01 16) - Geb. 1917 Wien, verw. 2 Kd. (Jerzy, Henryk-Andrzej) - Abit. 1935 Lemberg; Theaterinst. Warschau (Regie-Dipl. 1939) ; 1946-49 Theater Kameralny Lódź; 1949-81 Theater Wspólczesny Warschau, 1954-58 auch Nationaltheater ebd. B. 1981 o. Prof. Theaterhochsch. Warschau (Abt. Regie) - Veröff.: Feuilletons u. Ess., 1955, 57 u. 67; Gedächtnisübungen, 1984; Gedächtnisübungen II, 1991 - Insz. vorw. zeitgenöss. Dramatiker in Warschau, Wien, Leningrad, Zürich, Düsseldorf, München, Berlin u. Hamburg; Klassiker d. XIX. Jh. - Kainz-Med. (Österr.), Polonia Restituta u.a. - Spr.: Poln., Russ., Franz., Engl

AXFORD, William Ian
Ph. D., Prof., Physiker, Direktor Max-Planck-Inst. f. Aeronomie, Lindau/Harz - Zu erreichen üb. MPI f. Aeronomie, Postf. 20, 3411 Katlenburg-Lindau (T. 05556 - 4 01-4 15) - Geb. 2. Jan. 1933 Dannevirke (Neuseeland), verh. s. 1955 m. Catherine Joy, geb. Lowry, 4 Kd. (Paul, Suzanne, Linda, Robert) - Univ. Canterbury (Neuseel.): M. E. u. M. Sc. 1957; Univ. Manchester (Großbrit.): Promot. 1960; 1959-60 Univ. Cambridge (GB) - 1960-62 Defence Research Board, Ottawa/Kanada; 1963-67 Cornell Univ. Ithaca, New York/USA: Assoc. Prof./ Prof. f. Astron.; 1967-74 Univ. of California San Diego, La Jolla, Kal./USA: Prof. f. Physik u. Angew. Physik; 1982-85 Victoria Univ., Wellington/Neuseeland: Vice-Chancellor; 1974-82 u. 1985ff. Dir. MPI f. Aeronomie Lindau/Harz - Rd. 200 Veröff. üb. Astrophysik u. Weltraumphysik - 1969 URSI Appleton Lecturer; 1971 AIAA Space Science Award; 1972 Fellow American Geophysical Union (John Adam Fleming Medal); 1978 Honorarprof. Univ. Göttingen; 1981 Assoc. Royal Astronomical Soc.; 1983 Foreign Assoc. US National Acad. of Sciences; 1985 Mitgl. Intern. Akad. f. Astronautik; 1986 Fellow Royal Soc. London; 1986ff. Präs. COSPAR (Committee on Space Research); 1986-90 Vize-Präs. SCOSTEP (Scientific Committee on Solar-Terrestrial Physics); 1987 Tsiolkovsky Medal, Kosmonautical Federation, USSR; 1990-92 Präs. EGS (European Geophysical Society), 1989 Acad. Europ. - Spr.: Engl. (Mutterspr.), Deutsch.

AXMANN, Hans
Regierungsschuldirektor i.R. - Eichendorffstr. 2c, 8800 Ansbach (T. 0981 - 8 61 72) - Geb. 8. Juli 1922 Tachau, kath., verh. s. 1948 m. Wilma, geb. Ego, T. Karin - Abit. 1941, Pädagogikstud., II. LAP 1950, Sport 1953 - B. 1963 Lehrer, danach Schulaufsicht; 1966 Gastvorl. Univ. Mainz, 1979 UNESCO, 1980 Brasilien; Leichtathletiklehrer; DLV-Regelkommiss.; 1970 stv. Vors. Bayer. LV u. DLV, OK München; 1970-85 Breitensport im DLV, DSB, Dt. Sportkonf.; z. Z. Präs. Europ. Sen. Verb.; Komiteemitgl. IAAF - Erf.: Entw. d. elektr. Zeitmessung, Wurfmeßgerät - BV: D. Leichtathletik-Kampfrichter, 1966; ABC d. Leichtathletik, 1977 (4. A. 1989). Herausg: Breitensportfibel (1974); Strukturplan-Breitensport (1981) - Ehrenvors. Mfr.; 1982 Hanns-Braun-Preis;

1984 BLV-Ehrenring; 1986 BVK; Hon.-Life Vicepresident World Assoc. of Vet. Athl. - Liebh.: Malen, Musik - Spr.: Engl., Tschech. - Lit.: DLV-Jahrb. (1982/83); J. Weinmann, Egerländer Biograf. Lexikon (1985).

AXSTER, Oliver
Rechtsanwalt, Aufsichtsratsvors. Gillette Deutschland GmbH & Co., Berlin - Zu erreichen üb. Gillette, Oberlandstr. 75-84, 1000 Berlin 42.

AXT, Renate
Schriftstellerin - Kiesstr. 96, 6100 Darmstadt (T. 06151 - 4 78 97) - Geb. 9. Aug. 1934, ev., gesch., 2 S. (Till, Jan Eitel) - Ausb. z. Redakt. - BV: 365 Tage, 1973 (Nachwort Karl Krolow); Ged.: Ohne Angst, 1980; Jede Sekunde leben, 1984 (Nachwort Karl Krolow); Lichtpunkte, 1986; Roman: Und wenn du weinst, hört man es nicht, 1984; Theaterst.: Schneekönigin, 1970; Manitou, 1973; Kasper, paß auf, 1977; Musik D. Schönbach; Jeder in s. Nacht, 1980; Max u. Moritz, 1983; Till Eulenspiegel, 1985; D. Träume Wirklichkeit, 1987; D. tapfere Schneiderlein, 1989; D. Kleine Muck, 1992. Kinderb.: Töle sagt, ich schaff das schon, 1981; Da kam d. Große Bär, 1983; Gute Besserung, 1983; F. Nicky ist alle Tage Kirmes, 1986; Felix u. d. Kreuzritterband, 1988; D. Reise mit d. Wunderauto, 1990; Hörsp., Übers. v. Gypsy (1979), Fernsehdrehb.; Grenzgänger, Bibliophile Kunstmappe, Radierungen v. Ch. Eckert, 1991; Kommen u. Gehen, Bibliophile Kunstmappe, Radierungen: I. Klug-Berninger, 1991 - 1980 Münchner Literaturpreis; 1988 Stadtschreiberin v. Otternbort - Spr.: Engl, Franz.

AXTHELM, Hans-Henning

Dr. med., Arzt, Minister f. Soziales u. Gesundheit in Thüringen - Thomasberger Weg 17, O-6120 Eisfeld; dstl.: Werner-Seelenbinder-Str. 14, O-5071 Erfurt - Geb. 24. Aug. 1941 Allstedt, ev., verh. s. 1966 m. Dr. Barbara, geb. Schröer, S. Christoph - Med.stud. in Jena, Ex. u. Promot. 1966 - Facharzt f. Innere Med. u. Arbeitsmed. - Von März - Okt. 1990 Mitgl. d. letzten Volkskammer d. DDR; s. Okt. 1990 MdL Thüringen - Liebh.: Kirchenmusik, Kunstgesch.

AYASS, Walter
Dipl.-Sozialarbeiter, Geschäftsf. d. Arbeitsförderungsbetriebe gGmbH, VR SDR (s. 1991), AR SDR-Holding GmbH (s. 1979) - Wildbader Str. 13, 7500 Karlsruhe 41 - Geb. 6. Mai 1929 Stuttgart, ev., verh. s. 1953 m. Lore, geb. Wetzel, 5 Kd. (Wolfgang, Dorothee, Verena, Ursula, Ruth) - 1945-48 Zimmermanns-Lehre Heilbronn; 1948-52 Stud. Theol. Frankfurt; 1953-1955 Ausb. z. Sozialarbeiter (FH) - 1947-48 Zimmermann; 1955-88 gf. Bewährungshelfer in Karlsruhe (u.a. Leit. Jugendwohnheim Christophorus-Haus, dann Neues Christophorus-Haus, Leit. v. Heimen u. ambulanten Diensten d. Straffälligenhilfe, Verein f. Jugendhilfe), s. 1975 Beauftragter Stiftg. Resozialisierungsfonds Dr. Traugott Bender b. Justizmin. Baden-Württ. Zahlr. Ehrenstell., u.a. Vors. Verein f. Jugendhilfe Karlsruhe e.V.; 1979-91 Vors. Rundfunkrat SDR.

AYREN, Armin
Dr. phil., Studiendirektor, Schriftst. - Oberweschnegg 28, 7821 Höchenschwand (T. 07755 - 88 97) - Geb. 7. März 1934 Friedrichshafen - Stud. German., Roman., Phil. u. Kunstgesch. Univ. Tübingen, München, Paris; Promot. 1961 Tübingen - Kritiker (FAZ, Stuttgarter Ztg., Bad. Ztg., Rundf.); Schriftst. - BV: u.a.: D. Brandstifter u. a. Abweich., 1968; D. Mann im Kamin, 1980; Buhl od. d. Konjunktiv, 1982; D. flambierte Säugling, 1985; D. Blaue v. Ei, 1985; Meister Konrad (Pseud.); D. Nibelungenroman, 1987; D. Baden-Badener Fenstersturz, 1989; D. Trommeln v. Mekka, 1990 - 1967 Mackensen-Preis (f. d. beste dt. Kurzgesch.).

AZIZ, Omar
Dr. med., Prof. f. Physiologie Univ. Marburg (s. 1970) - Am Schmidtborn 18, 3575 Kirchhain - Geb. 1. Okt. 1932 Nainital (Ind.) - Promot. 1964; Habil. 1969 - Zul Privatdoz. FU Berlin. Üb. 50 Fachveröff.

AZZOLA, Axel
Dr. phil., Prof. f. Öfftl. Recht TH Darmstadt (s. 1971) - Haubachweg 8, 6100 Darmstadt - Geb. 14. März 1937 Cirese (Rum.) - Promot. 1966; Habil. 1971 - Fachveröff. Mithrsg.: Ztschr. Demokr. u. Recht (1973 ff.).

B

BAAB, Manfred
Vorstandsmitglied d. Friedrich Grohe AG, Hemer (s. 1991), Geschäftsf. Grohe Thermostat GmbH (s. 1978) - V.-Eichendorff-Weg 1, 5870 Hemer - Geb. 24. Aug. 1936 Frankfurt/M. (Vater: Heinrich B., Kriminalsekr. a. D.; Mutter: Lina, geb. Stürtz), verh. s. 1961 m. Hannelore, geb. Zagermann, 2 Söhne (Jens, Dirk) - Mittelsch. (Mittl. Reife); Werkzeugmacherlehre (Abschl. 1956); Staatl. Ingenieursch. (1960 Dipl.-Ing.), alles Frankfurt - Produktions-, Werkleit., Dir. Produktion u. Industrial Engineering, Geschäftsf. Technik - Liebh.: Schwimmen (bes. Tauchen), Fotogr., Filmen - Spr.: Engl., Portug.

BAACKE, Dieter
Dr. phil., Prof. f. Pädagogik Univ. Bielefeld (s. 1972) - Detmolder Str. 26, 4800 Bielefeld 1 - Geb. 2. Dez. 1936 Hannover - Promot. 1962 Göttingen, Habil. 1972 Bielefeld - Vors. d. Ges. f. Medienpäd. d. BRD, Vorst.-Mitgl. Kulturpolit. Ges. (s. Gründ.), Mitgl. Kurat. Dt. Kinder- u. Jugendfilmzentr. u. Stiftg. Lesen; Beiratsmitgl. soz.päd. Inst. d. Min. f. Arb., Gesundh., Soz. NRW; Vorsitz Förderverein Kunst u. Kultur, Bielefeld - BV: Beat u. d. sprachl. Opposition, 3. A. 1972; Jugend u. Subkultur, 1972; Kommunikation u. Kompetenz, 1973, 3. A. 1980; D. 13-18jährigen, 1976, 5. A. 1992; Einführung in d. außerschulische Pädagogik, 1976, 2. A. 1985; Massenkommunikation, 1978; D. 6-12jährigen, 1984, 4. A. 1992. Herausg.: Am Ende postmodern? Next Wave in d. Päd.; Jugend u. Jugendkulturen (1987); Jugend u. Mode (1988); Jugendliche im Sog d. Medien (1990); Lebenswelten sind Medienwelten, 2 Bde. (1991); Italienische Jugend (1992). Mithrsg. d. Reihen Jugendforsch. u. Medien in Forschung u. Lehre. Üb. 200 Einzelarb.

BAACKE, Jürgen
Dr., Prof. f. Theoret. Physik Univ. Dortmund - Sonnenstr. 128, 4600 Dortmund 1 - Geb. 3. Juni 1942 Erfurt - Promot. 1968 Karlsruhe, Habil. 1972 Berlin.

BAADER, Herbert
Dr. rer. nat., Dipl.-Chem., Direktor u. Werksleit. SIGRI GmbH, Meitingen - Dr.-Loeffellad-Str. 99, 8850 Donauwörth (T. 0906-1430) - Geb. 22. Juni 1932 Pirmasens (Vater: Josef B.; Mutter: Luise geb. Heinrich), ev., verh. s. 1962 m.Hilde geb. Sehnert, 2 Kd. (Stefan, Sabine) - Stud. d. Chemie Univ. Mainz; Dipl.ex. 1960; Promot. 1962 - S. 1963 Hoechst AG; s. 1973 SIGRI GmbH. Patentinh. - Liebh.: Segeln, Ski - Spr.: Engl., Franz.

BAADER, Renate,
geb. Hitze

Dr., Priv.-Doz., Romanistin, Akad. Oberrätin Univ. Bonn - Humboldtstr. 2, 5300 Bonn 1 (T. 0228 - 69 34 76) - Geb. 12. Okt. 1937, ev., gesch., S. Marius - Stud. Univ. Köln; Staatsex. 1963; Promot. 1965; Habil. 1984 Saarbrücken - 1965/66 Wiss. Assist. Saarbrücken; 1966-70 FU Berlin (Akad. Rätin, dann Ob.Rätin); 1971-73 Univ. Köln; s. 1973 Univ. Bonn; s. 1984 Priv.-Doz. Saarbrücken - BV: Studien ... Chansons de Geste, Diss. 1965; Marivaux' große Romane ..., 1975; Dames de Lettres. Autorinnen d. preziösen, hocharistokratischen u. modernen Salons 1649-98, 1986. Herausg.: D. franz. Autorin v. Mittelalter b. z. Gegenwart (1979, m. D. Fricke); Molière (1980); D. Frauenbild im literar. Frankr. (1988).

BAADER, Rudolf G.
Dipl.-Kfm., Königlich Norwegischer Konsul, gf. Gesellsch. Nordischer Maschinenbau Rud. Baader GmbH + Co KG - Geniner Str. 249, Postf. 11 02, 2400 Lübeck 1 - Geschäftsf. Baader Verw.-GmbH, Lübeck, Hanseatischer Maschinenbau GmbH, Lübeck; Chairman of the Board Baader North America Corp., New Bedford, Mass., Member of the Board Baader (U.K.) Ltd., Hull, Engl., Baader (Danmark) A/S, Kopen-

hagen, Baader Island hf., Kopavogur; Beirat Dt. Bank AG.

BAAKE, Franz

Schriftsteller, Regisseur - Bamberger Str. 18, 1000 Berlin 30 (T. 030 - 211 59 88) - Geb. 31. Dez. 1931, 2 Kd. (Pia, Pio) - Stud. (Psych., Biol., Theol.) - Entd.: Einflüsse magnetischer Felder auf zellphysiol. Vorgänge - BV: Pia, Pio u. Ich, autobiogr. R.; Lyrik, Ess., Christusged. Regie: Europ. Tragödie, Test for the West - Berlin; Schlacht um Berlin; Kaiser, Bürger u. Genossen (ca. 60 FS u. Kinofilme) - Bundesfilmprämien d. Innenmin.; Silb. Bär d. Berliner Filmfestspiele; Heinrich-v.-Kleist-Pr.; Oscar-Nominierung d. Films Schlacht um Berlin. Mitgl. d. Dt. Ges. f. Verhaltenstherapie (DGVT), in Zusammenarbeit m. Ärzten auf d. Gebiet d. Hypnosetherapie u. Parapsychologie tätig.

BAAKEN, Gerhard

Dr. phil., Prof., Historiker (Mittlere u. Neuere Geschichte) - Albstr. 40, 7400 Tübingen 9 – Geb. 29. Juli 1927 Straelen/Ndrh. - Promot 1958 - S. 1966 (Habil.) Lehrtätigk. Univ. Tübingen (1972 apl. Prof.; 1973 Wiss. Rat u. Prof.; gegenw. stv. Dir. Abt. f. Mittelalterl. Gesch./Histor. Sem.) - BV: Königtum, Burgen u. Königsfreie, 1961. Herausg.: Heinrich Dannenbauer, D. Entsteh. Europas (1962).

BAAKEN, Renier

Autor, Regisseur, Sprecher f. Werbung u. Ind.filme, Spracherzieher, Fernseh-Moderator (RTU-Teleschau) - Hundheimer Torturm, 8701 Röttingen (T. 09338 - 15 85) - Geb. 6. Mai 1949 Krefeld, ledig - Stud. Phil., Psych., Theaterwiss., Engl. u. Amerik. Literaturwiss.; Staatsex. 1975 Univ. Düsseldorf - 1980-83 Oberspielleit. d. Schauspiels Lüneburg; 1984-86 Kaiserslautern. Veröff.: Kinderst. (Was für'n Zirkus, 1987 Lit.-Preis d. Verb. dt. Freilichtbühnen; u. a.). Übers. Engl. u. Amerik. Theaterst. - Insz.: D. Zerbr. Krug (Kleist), Gaslicht (Hamilton), Macbeth (Shakespeare), D. Hose (Sternheim), Sommer (Bond), D. Gast (Durbridge), E. flog üb. d. Kuckucksnest (Wasserman), Don Camillo u. Peppone (Guareschi), Noises off (Frayn) u. a. Künstl. Leit. d. Florian-Geyer-Festspiele, Giebelstadt; Autor u. Fr. Regiss. d. Hurra Deutschland-Show Prod., Köln - Liebh.: Möbelrestauration, Segeln, Skilaufen - Spr.: Engl.

BAAL, Karin

(eigtl. Karin Blauermel) Schaupielerin - Zu erreichen üb. Agentur Pilecki, Oettinger Str., 8000 München - Geb. 19. Sept. 1940 Berlin, verh., 2 Kd. (Thomas aus 1. Ehe, Therese aus 2. Ehe) - Ausb. Modezeichnen, Tanz, Gesang, Sprache - Bühnentätigk., Film, Fernsehen - 1961 Bambi-Preis.

BAARK, Helmut

Dr. med., Leitender Arzt d. dt. Lufthansa, Vorstandsmitgl. Dt. Ges. f. Luft- u. Raumfahrtmedizin - Erdkampsweg 38, 2000 Hamburg 60 (T. 040 - 59 16 19) – Geb. 4. Oktober 1920 Hamburg (Vater: Heinrich B., Quartiersmann; Mutter: Elisabeth, geb. Gebhard), ev., verh. in 3. Ehe m. Arnhild, geb. Riege, 4 Kd. (Christine †, Hinrich, Ulrich, Kerstin) - Wichernsch. Hamburg (Abit. 1939). Med. Staatsex. 1945 Leipzig - 1973-74 Präs. European Airlines Medical Directors Society u. Vice President Airlines Medical Directors Assoc. Ständ. Mitgl. d. IATA Medical Committee - BV: Ärztl. Ratgeber f. Flugreisende, 1973 (auch engl., jap., span.); Gesund auf Flugreisen, 1979 (auch engl.) - Visiting Prof. d. Niagara Univ., New York; Instit of Transportation Travel and Tourism - Liebh.: Schach, alle Randgebiete d. Medizin, Frischzellenbehandl. - Spr.: Engl.

BAAS, Balduin

Schauspieler, Autor - Brahmsallee 37, 2000 Hamburg 13 - Zahlr. FS-Send., eig. Radiosend., Radio-Talk-Shows f. d. III. Progr. Hörf.-NDR - BV: 40 Autobiogr.; D. Fritz, R.; Hautnah; Briefwechsel m. d. Dermatol. Prof. Dr. Bernward Rohde - Zahlr. Rollen, u.a. Hauptrolle in Federico Fellinis Film Orchesterprobe (Dirigent); 1990 franz. Spielfilm La femme fardee (m. Jeanne Moreau u. Anthony Delon); 1991 Fernsehserie Kreuz im Süden (im Senegal gedreht, m. Verena Plangger) - Portug. Med. f. Kunst u. Wiss.; Eisernes Kreuz I. Kl. - Liebh.: Waldbaden, Pfeifenrauchen, Herrenreiten - Spr.: Franz., Span., Isländ. Platt - Bek. Vorf.: Ludwig XIV. (Hugenottenverfolgung), Urgroßv. ms.

BAATZ, Dietwulf

Dr., Prof., Archäologe, Direktor Saalburgmuseum (s. 1967) - Zu erreichen üb.: Saalburg-Kastell, 6380 Bad Homburg 1 – Geb. 20. Jan. 1928 Kolberg (Vater: Dr. Richard B.; Mutter: Dorothea, geb. Loeschke), ev., verh. s. 1959 m. Dorothea, geb. Steiner, 3 Kd. - Promot. 1959 Marburg. Reisestip. Dt. Archäol. Inst. 1960-61 - Ausgrab. im In- u. Ausl. s. 1957 - BV: Mogontiacum, Limesforschungen Bd. 4, 1962; Kastell Hesselbach, Lf. Bd. 12, 1973; D. röm. Limes, 1974. Herausg. Saalburg-Jahrb. 1967 ff. - Spr.: Engl.

BAATZ, Herbert

Dr.-Ing., Prof., Hochspannungstechniker, Vors. Aussch. f. Blitzableiterbau (e. V.), München - Schönbergstr. 30, 7000 Stuttgart-Schönberg (T. 47 44 29) – Geb. 30. Juni 1905 Berlin, ev. - TH Berlin - U. a. Vorst i. R. Studienges. f. Hochspannungsanlagen, Mannheim. S. Habil. Privatdoz. u. apl. Prof. TH bzw. Univ. Stuttgart. Mitarb. VDE, VDEW, CIGRE, IEC u. a. - BV: Überspannungen in Energieversorgungsanlagen, 1956. Zahlr. Einzelveröff.

BABEL, Dietrich

Dr. rer. nat., Prof., Chemiker - Hans-Meerwein-Str., 3550 Marburg/L. - Geb. 28. Juli 1930 - B. 1968 Doz. Univ. Tübingen, s. 1971 Prof. Univ. Marburg (Anorgan. Chemie).

BABEL, Ulrich

Dr. sc. agr., Prof. f. Bodenkunde, insb. Biopedol., Univ. Hohenheim - Schloß, 7000 Stuttgart 70 – Geb. 4. Nov. 1931 Bonn - Promot. 1958 Göttingen; Habil. 1971 Hohenheim - Fachveröff.

BABILAS, Wolfgang

Dr. phil., o. Prof. f. Roman. Philologie - Grevener Str. 10, 4400 Münster/W (T. 29 37 33) – Geb. 19. Sept. 1929 Ratibor/OS. (Vater: Dr. rer. pol. Franz B., Kreisversicherungskommissar; Mutter: Else, geb. Prox), kath., verh. s. 1960 m. Dr. Lydia, geb. Hiller (Tocht. d. Bildh. Prof. Anton H., s. dort) - Gymn. Ratibor u. Münster; Univ. Münster (1950-53, 1954-56) u. Paris/Sorbonne (1953 bis 1954). Promot. (1957) u. Habil. (1965) Münster - S. 1957 Univ. Münster (1965 Privatdoz., 1966 Doz., 1969 apl. Prof., 1969 Wiss. Rat u. Prof., 1971 Ord.). Spez. Arbeitsgeb.: Roman. u. allg. Literaturwiss. - BV: D. Frankreichbild in Paul Claudels Personnalité de la France, 1958; Tradition u. Interpretation - Gedanken z. phil. Methode, 1961; Unters. zu d. Sermoni subalpini, 1968; D. lit. Widerstand in Frankr., 1982; Interpret. lit. Texte d. Widerstands, 1984. Zahlr. Fachaufs., u.a. üb. L. Aragon - Spr.: Lat., Griech., Franz., Engl., Span., Ital.

BABL, Karl

Dr. phil., Ltd. Bibliotheksdirektor Univ.-Bibliothek Bayreuth - Universitätsstr. 30, 8580 Bayreuth (T. 0921 - 55-34 00) - Geb. 10. Juli 1943 Amberg, kath. - Stud. German., Klass. Philol., Volkskd. Univ. Würzburg; Staatsex. 1968, Promot. 1970.

BACH, Dieter

Dr., Pfarrer, Direktor Ev. Akademie Mülheim/Ruhr - Uhlenhorstweg 29, 4330 Mülheim/Ruhr - Geb. 28. Aug. 1932 Duisburg - Veröff.: Arbeitsmappen z. Evang. Erwachsenenbildung; Begleitmaterialien zu Fernsehserien. Buchveröff. zu theol., gesellsch.politischen u. politischen Fragen - Verdienstmed. d. Wojwodschaft Opole; BVK.

BACH, Franz-Josef

Dr.-Ing., Botschafter a. D., Berater (s. 1972) - Preußweg 121, 5100 Aachen (T. 7 20 07) - Geb. 4. Febr. 1917 Neuss/Th. - 1938-42 TH Aachen (Maschinenbau, Volksw.) - B. 1945 Assist. TH Aachen (Aerodynam. Inst.), spät. Betriebsleit. u. Wirtschaftsredakt., n. Besuch Diplomatenschule Speyer (1951) Ausw. Dienst (Gesandschaftsrat Canberra, Legationsrat Washington), 1957-60 Bundeskanzleramt (1958 pers. Ref. Dr. h. c. Konrad Adenauers), 1961-68 Generalkonsul Hongkong u. Botschafter Iran. CDU (1962-72 MdB, Wahlkr. 53/Aachen-Stadt).

BACH, Gerhard

Dr. phil., Prof. f. Anglistik/Amerikanistik u. Didaktik PH Heidelberg - Klostergasse 20, 6932 Hirschhorn - Stud. Amerikanistik, Angl., Erzieh.wiss.; 1. Staatsex. Lehramt an Gymn. 1969 u. Promot 1971 Univ. Marburg - 1985-86 Gastprof. West Virginia Univ., USA, 1990-92 Gastprof. Brigham Young Univ., USA - BV: Susan Glaspell u. d. Provincetown Players: D. Anf. d. mod. amerik. Dramas u. Theaters, 1979. Übers. F. L. Billows, Kooperatives Sprachenlernen, 1973. Herausg.: Gage/Berliner, Päd. Psych. (4. revid. A. 1986); Fremdsprachenunterr. im Wandel (1989); Englischunterr.: Grundl. u. Perspektiven e. handlungsorientierten Unterrichtspraxis (1989); Saul Bellow at Seventy-five: A Collection of Critical Essays (1991). Ztschr.-Veröff. im In- u. Ausl. z. Amerikanistik, Fachdidaktik, Erziehungswiss., Computerlinguistik, intern. Kulturbeziehungen, Entw. v. Computer-Software f. d. Fremdsprachenunterr.

BACH, Günter

Dr. phil. nat., o. Prof. f. Mathematik - Zu erreichen üb. Univ., Schloß Hohenheim, 7000 Stuttgart 70 - Geb. 9. Okt. 1929 Wetzlar - Promot. 1959 Gießen; Habil. 1966 Braunschweig - S. 1966 TU Braunschweig; s. 1978 Inst. f. Angew. Math. u. Statistik, Univ. Hohenheim, Stuttgart.

BACH, Heinz

Dr. phil., Univ.-Prof. f. Sonderpäd., Honorarprof. Univ. Mainz (s. 1968) - Am Eselsweg 33, 6500 Mainz (T. 3 48 95) - Geb. 9. Mai 1923 Berlin, verh. s. 1950 m. Ruth, geb. Berhof, 3 Kd. (Claudia, Ulrich, Beate) - Schule Berlin (Abit.); Päd. Hochsch. Braunschweig u. Hannover; Univ. Hamburg u. Zürich (Päd., Psych., Soziol., Phil.) - Volks- u. Sonderschullehrer; Hochschulassist. u. -doz.; s. 1966 Prof. EWH Rhld.-Pfalz/Mainz (1966-71 Dir. Inst. f. Sonderpäd.). 1960-62 Vors. Vereinig. Dt. Psychagogen; 1970-74 Mitgl. Aussch. Sonderpäd. im Dt. Bildungsrat; 1974-83 Vors. Aussch. Sonderpäd. Dt. Forschungsgem.; s. 1974 Vors. Kommiss. Anwalt d. Kindes, Rhld.-Pf.; s. 1989 Dekan Fachber. Phil./Päd. Univ. Mainz - BV: D. Unterrichtsvorbereitung, 11. A. 1979 (auch span.); Schul- Erziehungsberat., 1960; Geistigbehindertenpäd., 13. A. 1990 (auch span.); Unterr.lehre L, 3. A. 1976; Berufsbild. behinderter Jugendlicher, 2. A. 1973; Früherziehungsprogramme, 5. A. 1990 (auch japan.); Sonderpäd. im Grundriß, 13. A. 1989; Integr. Förderung verhaltensgestörter Schüler, 2. A. 1987; Sex. Erz. b. geist. Behind., 3. A. 1981; Verhaltensauffälligk. in d. Schule, m. Mitarb. 2. A. 1986; Schulintegr. Förderung b. Verhaltensauffälligk., 2. A. 1987; D. heimlichen Bitten, 2. A. 1989. Mithrsg.: Handb. d. Sonderpäd., 12 Bde. (1977ff.) - 1976 BVK I. Kl.

BACH, Helmut

Dr. med., Honorarprof. f. klin. Psychologie, Arzt f. Psychiatrie, Psychoanalytiker, FU Berlin - Clayallee 281, 1000 Berlin 37 - Geb. 17. Febr. 1922 Berlin - Promot. 1947 Hamburg - 1980-82 Vors. Dt. Ges. f. Psychotherapie, Tiefenpsych. u. Psychosomatik; 1974-84 Vors. Inst. f. Psychotherapie Berlin - BV (hrsg.): D. Krankheitsbegriff in d. Psychoanalyse, 1981; Psychoanalyse, Psychotherapie u. Öffentlichkeit, 1984; Studien z. Psychotherapie, 1992.

BACH, Herbert

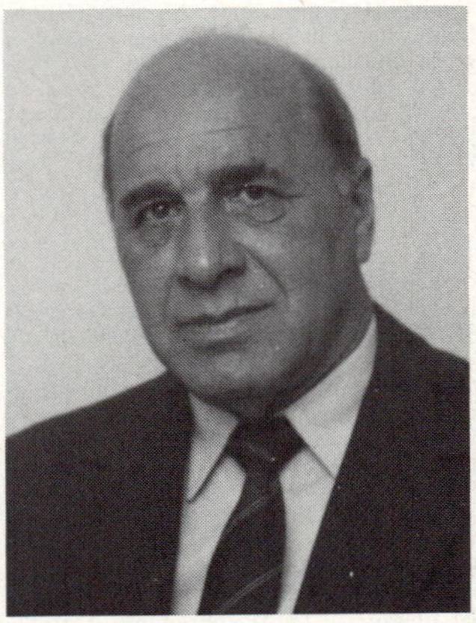

Dr. rer. nat. habil., o. Prof. f. Humangenetik, Direktor d. Inst. f. Anthropologie u. Humangenetik Univ. Jena (s. 1969) - Kernbergstr. 67; O-6900 Jena - Geb. 14. März 1926 Gotha, verh. s. 1949 m. Dr. Adelheid, geb. Schmidt, 3 Kd. (Christiana, Andreas, Bernhard) - Techn. Zeichner; Stud. Biol. Univ. Jena; Dipl. 1952; Promot. 1957; Habil. 1962 Jena - 1960 komm. Dir. Inst. f. Anthropol. u. Völkerkunde Univ. Jena; 1963 Doz.; 1969 Dir. Inst. f. Anthropol. u. Humangenetik Univ. Jena, 1974 a.o. Prof.; 1981 o. Prof. Univ. Jena - BV: Der Mensch. Vererbung u. Formenvielfalt, 1965; Slawen in Thüringen, 1971; Paläanthropol. im Mittelelbe-Saale-Werra-Gebiet, 1989 - Ehrenmitgl. Tschekoslowak. Ges. f. Anthropol., Caspar-Friedrich-Wolff-Med. Biol. Ges. - Liebh.: Wiss.gesch., Garten - Spr.: Engl.

BACH, Karl

Direktor i. R. (b. 1975) Vorstandssprecher Orenstein & Koppel AG., Berlin/Dortmund - Bäumerstr. 31, 4600 Dortmund (T. 41 16 19) - Geb. 21. Juni 1912 Chemnitz/Sa. - S. 1951 O & K (1955 Vorst.) - Spr.: Engl. - Rotarier.

BACH, Kurt

Dr. jur., Direktor - Gemünder Str. 16-18, 4000 Düsseldorf-Oberkassel - Geb. 23. Dez. 1918 Demmin/Pom. (Vater: Gustav B.; Mutter: geb. Scholz) - Univ. Breslau, Berlin, Jena, München - B. 1971 Vorstandsmitgl. Bau-Kredit-Bank AG, Düsseldorf - Mitgl. Ges. Soc. Europ. d. Prom. (SEP) Monte Carlo (Monaco).

BACH, Lüder

Dr.-Ing., Prof. f. Stadt-, Regional- u. Landesplanung Univ. Bayreuth - Schilfstr. 5, 8500 Nürnberg 30 - Geb. 1940 - Dipl.-Ing. 1967 TH Karlsruhe, M.Arch. u. M.C.P. 1969 Univ. Pennsylvania, Philadelphia/USA; Promot. 1976 Univ. Dortmund - S. 1980 Prof. in Bayreuth. Ztschr.- u. Buchveröff. im In- u. Ausl. üb. Stadt- u. Regionalplan.

BACH, Max

Verleger, gf. Gesellsch. Darmstädter Echo, Verlag & Druckerei GmbH - Erbacher Str. 76, 6100 Darmstadt - Geb. 25. April 1915 Offenbach/M. - 1969 BVK I. Kl., 1979 Gr. BVK, 1985 Stern dazu; 1970 Silb. Verdienstplak. Stadt Darmstadt; 1975 Johann-Heinrich-Merck-Ehrung; 1980 Wilh.-Leuschner-Med. Land Hessen.

BACH, Michael Bruno

Dipl.-Volksw., Geschäftsführer Dt. Abwasser-Reinigungs-G.m.b.H., Wiesbaden, Geschäftsf. OMS-Kläranlagen

GmbH, Salzburg, Administrador General OMS-Iberica S.A., Barcelona, Madrid, Valencia - OMS-Kläranlagen, Adolfsallee 27-29, 6200 Wiesbaden (T. 06121-39071) - Geb. 16. Nov. 1951 Limburg/L., kath., verh. s. 1979 m. Maria Luisa, geb. da Cruz Rodrigues, 2 S. (Joao David, Felix Manuel) - Mitgl. Wirtschaftsjunioren IHK Wiesbaden u. Dt.-Portug. Ges. - Spr.: Engl., Franz., Span., Portug.

BACH, Otto

Dr. med., Prof., Direktor d. Klinik u. Poliklinik f. Psychiatrie, u. Rektor d. Med. Akad. Carl Gustav Carus Dresden - Fetscherstr. 74, O-8019 Dresden - Geb. 21. Mai 1937, verh. s. 1959 m. Hannelore, geb. Bergk, 3 Kd. (Christiane, Thomas, Frank) - B. 1960 Med.stud. in Leipzig; Promot. 1960; Facharzt f. Nervenheilkunde 1965; Habil. 1975 Leipzig - Stv. Klinikdir. an d. Klinik f. Psych. d. Univ. Leipzig; s. 1987 Prof. f. Psych. Med. Akad. Dresden, s. 1991 Rektor - BV: Sozialpsych. Forsch. u. Praxis (m. Feldes, Thom, Weise), 1976; Familientherapie, Familienforsch. (m. Scholz), 1982; Taschenb. psych. Therapie (m. Weise), 1987.

BACH, Robert

Dr. theol., Prof. f. Alttestamentl. Theologie Kirchl. Hochsch. Wuppertal (s. 1962) - Paracelsusstr. 74, 5600 Wuppertal-B. - Geb. 4. Aug. 1926 Höhscheid/ Solingen (Vater: Robert B., Pfarrer u. Superint.; Mutter: Elisabeth, geb. Risch), ev., verh. s. 1954 m. Hildegard, geb. Keller, 4 Töcht. (Ursula, Erdmuthe, Dorothee, Margerit) - 1945-50 Theologiestud. Wuppertal, Göttingen, Basel - 1951-62 Assist. u. Dozent (1956) Univ. Bonn (Ev.-Theol.-Sem.) - BV: D. Aufforderungen z. Flucht u. z. Kampf im alttestamentl. Prophetenspruch, 1962.

BACH, Thomas

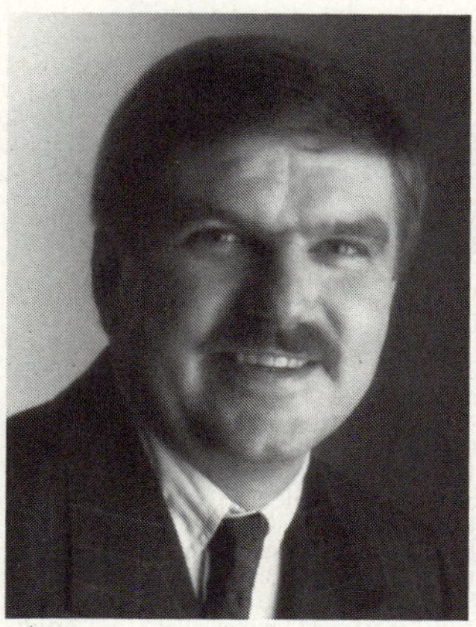

Dr. jur. utr., Rechtsanwalt, Mitglied d. Internationalen Olympischen Komitees (s. 1991), Mitgl. d. Präsid. d. Nationalen Olympischen Komitees (s. 1991) - Marktpl. 7, 6972 Tauberbischofsheim (T. 09341 - 30 13) - Geb. 29. Dez. 1953 Würzburg (Vater: Andreas B., Kaufm.; Mutter: Maria, geb. Firsching), kath., verh. s. 1977 m. Claudia, geb. Kargl - Univ. Würzburg (Jura, Polit. Wiss.). Staatsex. 1979 u. 82; Promot. 1983 (Diss.: D. Einfluß v. Prognosen auf d. Rechtsprech. d. Bundesverfassungsgerichts) - S. 1983 Anwalts- u- Steuerberat.praxis m. Büros in Tauberbischofsheim, Dresden u. München. Veröff. sportl. Inhalts - 1976 Silb. Lorbeerbl.; 1981 BVK; 1984 Verdienstmed. BW - Liebh.: Sport, Reisen, Lesen - Spr.: Engl., Franz., Span. - Bek. Fechtsportler (u. a. 1976 Olympiasieger Mannschaft Florett, Weltmeister M.F., 1977 Weltm. M.F., 1978 Europa-Cup-Gewinner d. Landesm. M.F.).

BACH, Werner W.

Dr. med., Prof., Frauenarzt - Reichsstr. 2, 1000 Berlin 19 - Geb. 1934 - Promot. 1957; Habil. 1968 - 1974 apl. Prof. (Geburtsh. u. Frauenheilkd.). Zahlr. Facharb. - Spr.: Engl., Franz.

BACH, Wilfrid

Dr. phil., o. Prof. f. Angew. Klimatologie u. Umweltstudien Univ. Münster (Dir. Inst. f. Geogr.) - Am Berg Fidel 64, 4400 Münster/W. (T. 0251 - 78 78 72) - Geb. 23. Febr. 1936 Thüringen, verh. m. Anneliese B., S. Alexander - 1. u. 2. Staatsex. 1961 u. 1966, Ph. D. Univ. of Sheffield 1965, Doz. McGill Univ. Montreal u. Windsor/Kanada, Univ. of Cincinnati u. Univ. of Hawaii/USA; ETH Zürich/Schweiz. Tätigk. f. Bundesreg., Umweltbundesamt, NATO, UN, US Senat, US Environmental Protection Agency, US Dept. HEW., US NSF, Eidg. Amt f. Umweltschutz, EG, IFIAS, Aspen Inst., UN-Univ. - Projekte: Klimamodellrechn. z. Reduzier. v. Treibhausgasen; Erfassung v. Emissions-Reduktionspotentialen - BV: Atmospheric Pollution, 1972; Handbook of Air Quality in the US, 1975; Man's Impact on Climate, 1979; Renewable Energy Prospects, 1980; Energy/Climate Interactions, 1980; Food-Climate Interactions, 1981; Least-Cost Energy: Solving the CO2 Problem, 1982 (übers. Deutsch); Gefahr f. unser Klima, 1982 (übers. Engl.), Carbon Dioxide, 1983; Gesunder Landbau - Gesunde Ernähr., 1985; D. Ausstieg ist möglich. Energie ohne Atomkraft, 1986; Energy Policy in the Greenhouse, 1989; Klimaschutz, 1991; Energiepolitik im Treibhauszeitalter, 1992 - Mitgl. d. Enquête-Kommiss. Vorsorge z. Schutz d. Erdatmosphäre d. Dt. Bundestages.; Vorst.-Mitgl. EUROSOLAR u. Moscow International Energy Club.

BACHEM, Achim

Dr. rer. nat., Prof. f. Angewandte Mathematik Univ. Köln - Weyertal 86-90, 5000 Köln 41 (T. 0221 - 470-43 39) - Geb. 17. März 1947 Beuel/Bonn, verh. s. 1972 m. Eva, geb. Groh, 2 Kd. - 1967-69 Univ. Köln; 1969-73 Univ. Bonn (Math.-Stud., Dipl. 1973, Promot. 1976, Habil. 1980) - 1973-80 wiss. Assist.; 1980-82 Prof. Univ. Erlangen; 1982-83 Prof. Univ. Bonn; s. 1983 o. Prof. f. Angew. Math. Univ. Köln - BV: Beiträge z. Theorie d. Corner Polyeder, Monogr. 1976; Einf. in d. Operations Research, Monogr. 1980; Bonn Workshop on Combinatorial Optimization, Sammelw. (Hrsg.) 1981; Math. Programming: The State-of-the Art, Sammelw. (Hrsg.) 1983; u. zahlr. Fachveröff.

BACHEM, Bele

Malerin - Jakob-Klar-Str. 12, 8000 München 40 (T. 271 36 75) - Geb. Düsseldorf (Vater: Gottfried Maria B., Maler; Mutter: Hedwig, geb. Mappmann), verh. m. Dr. Günter Böhmer, Tocht. Bettina (Photogr.) - Stud. Berliner Akad. Zahlr. Bühnenbilder, Plakate, Porzellanfig. u. Dekore, Bücher-Illustr. Hptsächl. als Malerin tätig. Ausst. im In- u. Ausl. - BV: Adele lebt unstet, Erz. 1982.

BACHEM, Carl Jakob

Dipl.-Volksw., Gf. Präsidialmitglied u. Hauptgeschäftsf. Bundesverb. d. Dt. Erfrischungsgetränke-Ind., Bonn - Zu erreichen üb. Königswinterer Str. 300, 5300 Bonn 3 - Geb. 20. Jan. 1938 Bonn, verh., 2 Kd. - Human. Gymn.; Stud. Wirtschafts- u. Staatswiss. Köln, Freiburg, Bonn.

BACHEM, Peter

Dr. jur., Dipl.-Kfm., Verleger, Geschäftsf. i. R. u. Mitinhaber Druckerei J. P. Bachem, Offsetdruckerei W. Gottschalk & Söhne, J. P. Bachem Verlag, Jakob Hegner Verlag, Verwaltungsges. J. P. Bachem, Grundstücksges. J. P. Bachem, Viktoria Werbe- u. Vertriebs GmbH., Interverlag f. Jugendschrifttt. GmbH & Co. KG - Am Klausenberg 42, 5000 Köln 91 (T. 84-36 36) - Geb. 17. Aug. 1929 Köln (Vater: Dr. Josef B., Verleger; Mutter: Rosi, geb. Endres), kath., verh. s. 1960 m. Irmhild, geb. Funke-Kaiser, 3 Kd. (Katrin, Ursula, Klaus) - 1. jurist. Staatsprüf., Promot. u. Dipl.-Kfm. Köln - Spr.: Ital., Engl.

BACHÉR, Ingrid

Schriftstellerin - Kaistr. 10, 4000 Düsseldorf 1 - Geb. 24. Sept. 1930 Rostock - Zahlr. Bücher, zul. D. Paar, R. 1980; Woldsen oder Es wird keine Ruhe geben, R. 1982; D. Tarotspieler, R. 1986 - Div. Ausz., dar. Literaturstip. 1982 Märk. Kulturkonfz.

BACHÉR, Peter

Journalist, Herausgeber HÖR ZU - Kaiser-Wilhelm-Str.6, 2000 Hamburg 36 (T. 347 26 00) - Geb. 4. Mai 1927 Rostock - U. a. Quick, Eltern (Chefredakt.), Bild am Sonntag (1970-74 Chefredakt.), 1974-84 Chefredakt. HÖR ZU, jetzt s. o. - Urenkel v. Theodor Storm.

BACHINGER, Eduard

Landwirt, Präs. Bezirksverb. Oberbayern/Bayer. Bauernverb., Mitgl. Bayer. Senat - Kirchenstr. 3, 8061 Ampormoching - Geb. 14. Sept. 1911.

BACHL, Kunigunde

Dr. med., Ärztin f. Allgemeinmedizin, MdL Schlesw.-Holst. (s. 1971) - Saarbrückenstr. 155, 2300 Kiel (T. 68 14 56) - Geb. 29. Juli 1919 Kiel, ev., verw., 3 Kd. - Obersch. Solingen (Abit.); 1938-39 Hochschulinst. f. Leibesüb. Köln (Sportlehrerex.); 1941-47 Univ. München u. Marburg (1947 Med. Staatsex. u. Promot.) - B. 1957 Assistenzärztin, dann fr. Praxis. CDU. BVK I. Kl.

BACHLER-RIX, Margit

Journalistin u. Schriftstellerin - Josef-Stern-Allee 101, A-5360 St. Wolfgang (T. 06138 - 23 23) - Geb. 1. Aug. 1919 Hamburg, ev., verw - Abit. - Fr. Mitarb. b. österr. Tages- u. Wochenztg., Rundfunk, u.a.; Kuratoriumsmitgl. Bad Ischler Operettengem.; Leit. Sekt. oberösterr. o. österr. Autorenverb. im Verb. d. geistig Schaffend. Österr.; Eigentümerin e. öfftl. zugängl. Puppenmuseums m. üb. 300 Exponaten - BV: Bethali u. d. lust. Kinder v. St. Wolfgang, Kinderb. 1976; D. klingende Stadt, 1977; Am Wolfgangsee, 1983; Lyrische Liebeserklärung an St. Wolfgang, 1986; u.a. - 1978 Gold. Verdienstzeichen d. Rep. Österr.; Ernennung z. Konsulentin d. Oberösterr. Landesreg. f. Kunstpflege; 1987 Gold. Ehrenz. d. Marktgemeinde St. Wolfgang - Liebh.: Lesen, Wandern, Gartenarb., Sammeln alter Puppen - Spr.: Engl.

BACHMAIER, Hermann

Bundestagsabgeordneter (s. 1983; Landesliste Baden-Württ.) - Bundeshaus, 5300 Bonn 1 - SPD.

BACHMAIR, Ben

Dr. phil., Prof. f. Erziehungswissenschaft u. Medienpäd. Univ.-GH Kassel, FB 1 - Zu erreichen üb. Univ.-GH Kassel, FB 1, Heinrich-Plett-Str. 40, 3500 Kassel - BV: Medienverwend. in d. Schule, 1979; Symbol. Verarb. v. Fernseherlebn. in assoziativen Freiräumen, 1984.

BACHMANN, Gottfried

Dr. sc. nat., o. Prof. f. Geometrie Päd. Hochschule Halle/Köthen (s. 1974) - An der Petruskirche 10, O-4050 Halle - Geb. 5. Mai 1927, ev., verh. s. 1951 m. Helga, geb. Ludwig, 2 Kd. (Kerstin, Falk) - Lehrer; Dipl. Math. 1959 Univ. Halle; Promot. Dr. rer. nat. 1968, Promot. Dr. sc. nat. 1972, bde. TH Ilmenau - Unters. z. geom. Optimierung, z. Inversion an bel. Hyperfläche 2.0. m. bel. Zentralraum.

BACHMANN, Heinz

Dipl.-Kfm., Hauptgeschäftsführer Deutscher Steuerberaterverb., Bonn - Hopmannstr. 6, 5300 Bonn 2 (Bad Godesberg) - Geb. 14. Nov. 1930 Landau/ Pfalz (Vater: Emil B., Kaufm. (gef. 1945); Mutter: Elisabeth, geb. Peil († 1960) - Oberrealsch.; kaufm. Lehre; Abit.; Stud. Wirtschaftswiss. Nürnberg u. Mannheim - Liebh.: Lit., klass. Musik, Kulturgesch., Architektur - Spr.: Engl., Franz., Span.

BACHMANN, Horst

Generalsekretär Deutsches Studentenwerk Bonn - Schmittenpfädchen 40, 5300 Bonn 1 (T. 0228 - 61 22 20) - Geb. 24. Aug. 1933 Namslau/Schles., ev., verh., 3 Kd. - 1954-57 Stud. Rechtswiss. u. Volkswirtsch. Univ. Berlin, ab 1957 Univ. Bonn - Rechtsanwalt - BV: Allg. Studienförderung n. d. Honnefer Modell (m. Uhlig), 1971; Bundesausb.-Förderungsgesetz, 14. A. 1986 - Officier dans l'Ordre des Palmes Academiques; BVK I. Kl. - Liebh.: Musik, Theater, Sport, Politik - Spr.: Engl., Franz., Span.

BACHMANN, Klaus-Ditmar

Dr. med., o. Prof. f. Kinderheilkunde - Albert-Schweitzer-Str. 33, 4400 Münster/ W. - Geb. 8. Jan. 1922 St. Goarshausen - S. 1957 (Habil.) Lehrtätigk. Köln (1963 apl. Prof.) u. Münster (1970 Ord. u. Klinikdir.). Vors. d. Wiss. Beirates d. Bundesärztekammer - Fachveröff.

BACHMANN, Klaus-Peter

Geschäftsführer Arbeiterwohlfahrt Bez. Braunschweig - Museumstr. 4, 3300 Braunschweig (T. 0531 - 390 81 01, priv. 0531 - 1 77 20) - Geb. 24. Febr. 1951, verh. s. 1991 m. Ariane B., geb. Waldera - S. 1980 Geschäftsf. d. AW, zun. Kreisverb. Wolfenbüttel; s. 1983 BV Braunschweig, Mitgl. AW-Landesaussch. Nieders. u. -Bundesaussch. 1972-89 Mitgl. Rat d. Stadt Wolfenbüttel, Vors. SPD-Stadtratsfraktion, Beigeordn. d. Stadt Wolfenbüttel, 1986-89 Kreistagsabg. Mitgl. SPD-Bezirksaussch. Braunschweig.

BACHMANN, Konrad

Ph.D., Prof. f. Botanik - Zu erreichen üb. Hugo de Vries-Laborat., Kruislaan 318, NL-1098 SM Amsterdam - Zul. Prof. Univ. Heidelberg.

BACHMANN, Kurt

Dr. med., o. Prof. u. Vorst. Med. Poliklinik Univ. Erlangen-Nürnberg (s. 1972) - Hohe Warte 3, 8521 Spardorf.

BACHMANN, Luis

Dr. phil., o. Prof. f. Physikal. Chemie - Römerstr.16, 8000 München 40 -S. 1977 Wiss. Rat u. Prof. bzw. Prof. (1978) TU München.

BACHMANN, Paul

Dipl.-Ing., Geschäfsführer Sulzer Weise GmbH - Geigersbergstr. 44, 7500 Karlsruhe - Geb. 28. Juni 1926 Bern (Schweiz), verh. m. Marli, geb. Esser, 4 Kd. - Stud. ETH Zürich (Dipl.-Ing.) u. Univ. Bonn (Betriebsw.) - Spr.: Engl., Franz.

BACHMANN, Rudolf

Dr. med., o. Prof. f. Anatomie emer. - Osterwaldstr. 59, 8000 München 40 (T. 361 32 24) - Geb. 26. Febr. 1910 Mylau/ Vogtl. (Vater: Dr. med Rudolf B.; Mutter: geb. Raetzer), ev., verh. s. 1935 m. Hertha Franz, 3 Kd. - Fürstenschule Grimma; Univ. Leipzig - 1935 Assist., 1942 Privatdoz. Univ. Leipzig, 1945 ao., 1952 o. Prof. Univ. Göttingen (Abt.s-vorst. Anat.), 1959 Univ. München. Bearb.: Bd. III Spalteholz, Handatlas d. Anat.; Verf.: Nebenniere, in: Handb. d. mikr. Anat. d. Menschen (Bd. VI 5, 1954).

BACHMANN, Siegfried

Dr. phil., Prof. f. Soziologie - Glatzer Str. 1, 3300 Braunschweig (T. 05307 - 25 21) - Geb. 24. Febr. 1927 Zwickau-Planitz - Prof. an Päd. Hochsch. Nieders., Abt. Braunschweig 1968-78 (1970-74 Dekan, 1975-77 Rektor); 1975-78 Geschäftsf. Dir. Georg-Eckert-Inst. f. internat. Schulbuchforsch., Braunschweig; s. 1978 Prof. TU Braunschweig (1981-83 Vizepräs. d. Techn. Univ. Braunschweig) - Veröff. insb. über Landstände des Hochstifts Bamberg (1962), z. Soziol. ländl. Räume, z. Gesch. d. Soziol., z. intern. Schulbuchforsch., z. Dtschl.bild u. Dt. Frage, z. Weiterbildung, z. Studium integrale - Kurat.-Mitgl. Georg-Eckert-Inst. f. intern. Schulbuchforsch., Braunschweig, u. Intern. Haus Sonnenberg, Braunschweig/St. Andreasberg.

BACHMANN, Ulrike

Musikpädagogin - Peterstr. 2, 4950 Minden - Geb. 14. Juni 1961 - S. 1981 Stud. Musikhochsch. Lübeck (Schulmusik, Musikerziehung, Allg. künstl. Ausb. im Fach Klavierduo b. Prof. E. Trenkner) - S. 1984 Konzerttätigk. im Klavierduo m. Klavierduopartnerin Silvia Zenker. S. 1985 Konzerte im In- u. Ausland; Rundf.- u. Fernsehaufnahmen. 1986 1. Schallplatteneinspielung (C.M. v. Weber, Werke f. Klavier zu vier Händen) - 1984 1. Musikpreis Possehlstiftg. Lübeck; 1987 Hansekulturpreis Stadt Lübeck; 1988 1. Preis b. Intern. Klavierduowettbewerb in Italien; 1989 Beendigung d. Klavierduotätigkeit - Liebh.: Lit., Sport.

BACHMAYER, Horst

Prof., Lehrstuhl f. Werken Staatl. Akademie d. bild. Künste Stuttgart - Schafstr. 9, 7250 Leonberg-Gerbersheim/Württ. (T. 07152 - 5 17 44) - Geb. 16. Mai 1932 Pforzheim - 1953-58 Univ. Stuttgart, Staatsex. (Kunst) 1957, Staatsex. (Päd.) 1960 Braunschweig - 1960-61 Lehrtätigk. Gr. Schule Wolfenbüttel, 1961-66 Doz. f. Kunsterz. u. Werken Kanthochsch. (PH) Braunschweig, s. 1966 Stuttgart.

BACHMEYER, Bodo

Dr. jur., Geschäftsführer Diamant-Edelsteinbörse, Bundesverb. d. Edelstein- u. Diamantindustrie, Industrieverb. Schmuck- u. Metallwaren - Mainzer Str. 34 (Börsenhochhaus), 6580 Idar-Oberstein 2 (T. 06781 - 48 22; Telefax 06781 - 4 12 69) - Geb. 13. Juni 1934.

BACHOF, Otto

Dr. jur., Dres. h. c., em. o. Prof. f. Öfftl. Recht - Auf dem Kreuz 3, 7400 Tübingen (T. 6 11 44) - Geb. 6. März 1914 Bremen, ev., verh. m. Elisabeth, geb. Heidsieck, 2 Kd. - Univ. Freiburg/Br. (Promot. 1938), Genf, Berlin, Königsberg, München, Habil. 1950 Heidelberg - 1938 Reg.ass., 1942 -rat, 1947 Min.rat, 1949 Oberverw.gerichtsrat, 1952 Ord. Univ. Erlangen, 1955 Univ. Tübingen (1959-61 Rektor). 1958-85 Mitgl. Baden-Württ. Staatsgerichtshof - BV u.a.: Verfassungsrecht, Verw.recht, Verfahrensrecht in d. Rechtsprech. d. Bundesverw.gerichts, Bd. I, 3. A. 1966, II 1967; Wolff-Bachof, Verw.recht I, 9. A. 1974; Wolff-Bachof-Stober, II, 5. A. 1987; III, 4. A. 1978; Wege z. Rechtsstaat, 1979 - Gr. BVK - Spr.: Engl., Franz. - Rotarier - Lit.: Festschr. z. 70. Geb. (1984); Festschr. Verlag C. H. Beck, Juristen im Portrait (1988).

BACHOFER, Wolfgang

Dr. phil., Univ.-Prof. f. Linguistik d. Deutschen u. Ältere dt. Lit.wiss. - Markt 5, 2056 Glinde - Geb. 31. Mai 1928 Berlin, ev., verh. s. 1957 m. Käte, geb. Reppmann, 2 T. (Christiane, Beate) - Promot. 1961 - S. 1957 Univ. Hamburg (1977 Prof.; 1978-81 Vizepräs.; s. 1982 Leit. Arbeitsst. Mhd. Wörterb.; 1986-88 gf. Dir. German. Sem.); s. 1991 im Ruhestand. Facharb. u. Rezens.

BACHSTROEM, Rolf Helge

Dr.-Ing., Dipl.-Ing., Geschäftsführer Verlag Glückauf GmbH, Essen - Am Wiesental 22, 4300 Essen 1 - Geb. 11. Juli 1929, verh., 4 Kd. - Stud. Bergbau; Dipl. 1956, Promot. 1960 bde. Aachen.

BACHTHALER, Günther

Dr. agr. (habil.), Vizepräsident, apl. Prof. f. Pflanzenbau TU München (s. 1974) - Pfannenstielstr. 16, 8051 Langenbach - BV: Chem. Unkrautbekämpf. auf Acker u. Grünl. (m. Rolf Diercks), 1968; Fruchtfolge u. Produktionstechnik, 1979.

BACKES, Hanns

Landrat - Postf. 1060, 4150 Krefeld; priv.: Kanalstr. 3, Nettetal 2 - Geb. 1. Febr. 1925 - VR-Mitgl. Gemeinn. Wohnungsges. f. d. Kr. Viersen AG.

BACKHAUS, Egon

Dr. rer. nat., Dipl.-Geol., Univ.-Prof. TH Darmstadt - Frh.-vom-Stein-Str. 9d, 6108 Weiterstadt (T. 06150 - 45 74) - Geb. 25. März 1927 Rieth - Stud. d. Geol. Univ. Hamburg, Frankfurt; Dipl.ex. 1956.

BACKHAUS, Margarete,
geb. Schmudek

Regisseurin u. Schauspielerin - Gerhart-Hauptmann-Ring 51, 6000 Frankfurt/M. 50 - Geb. 30. März 1932 Wien, kath., verh., S. Wolfgang - Staatl. Ausb. in Tanz, Gesang, Schauspiel (Konservat. Wien) - Gastsp. in d. Schweiz, München, Berlin u. Hamburg. S. 1963 Leit. Kinder- u. Jugendtheater Ffm. (Regiss. u. Hauptdarst.) - Theaterst.: Murischuri, d. Schloßgespenst. Insz.: Pippi Langstrumpf, D. kleine Muck, Aladin u. d. Wunderlampe, Hänsel u. Gretel, Peterchens Mondfahrt, D. Räuber Hotzenplotz, Emil u. d. Detektive, D. Sterntaler u. D. kleine Hexe - Liebh.: Sport, Theaterspielen - Spr.: Engl., Franz.

BACKMANN, Leonhard

Dr. med., Prof., Medizinaldirektor, Chefarzt Chirurg. Abteilung - Knappschafts-Krankenhaus, 4350 Recklinghausen - S. Habil. Privatdoz. u. apl. Prof. Univ. Münster (Chir. u. Neurochir.).

BACKOFEN, Ulrich

Dirigent - Wittenberger Str. 2, 6200 Wiesbaden (T. 0611 - 50 01 78) - Geb. 15. April 1947 Dresden, verh. s. 1972 m. Sibylle, geb. Huck, S. Daniel - M. 5 J. erster Musikunterr.; Kinderkl. d. Musikhochsch. Dresden (Violine); Musikobersch. Dresden; 1963-68 Stud. Musikhochsch. Dresden (Hauptfach Violine, Nebenfach u.a. Chordirig.); Staatsex.; 1975-80 Ergänzungsstud. u. Staatsex. Orch.-Dirig. Musikhochsch. Leipzig (Dirig. b. Reuter, Koch, Masur; Kompos. u. Analyse b. Siegfr. Thiele) - 1969-77 I. Geiger Dresdner Philharmonie; 1977 Gründ., künstler. Leit. u. Dirig. Musica Viva Ensemble Dresden; Gastdirig. an versch. Orch.; u.a. DDR-Erstauff. wichtiger Werke d. Musik d. 20. Jh.; 1981 Berufsverbot; 1982-83 13monatige polit. Haft; ab 1983 Bundesrep.; s. 1984 Gastdirig. u.a. Städt. Bühnen Frankfurt/M., Hamburg, Darmstadt, Kiel, Bochum, München, Wiesbaden, Stuttgart, Österreich, Schweiz, Osteuropa. Rundfunkprod. - Spr.: Engl., Franz., Ital., Russ.

BACMEISTER, Georg

Dr. jur., Syndikus Handwerkskammer Lüneburg-Stade - Friedenstr. 6, 2120 Lüneburg; priv.: Gravenhorststr. 15 - Geb. 8. Okt. 1930 Hamburg (Vater: Dr. jur. Georg B., Senatspräs.; Mutter: Hanna, geb. v. d. Decken), ev., verh. s. 1955 m. Karin, geb. Luetkens, 6 Kd. - Oblt. d. R. - Liebh.: Hann. Geschichte.

BADECK, Georg

Schlosser, MdL Hessen (s. 1970) - Friedrich-Jähne-Str. 12, 6093 Flörsheim-Wicker (T. 06145 - 18 68) - Geb. 28. Okt. 1938 Frankfurt/Main -Volksschule - Seit 1953 (Lehre) Hoechst AG. (1967 freigest. Betriebsratmitglied,1968 Arbeitnehmervertreter AR). 1961-64 Bundesvors. Jg. Arbeitnehmerschaft. 1964 ff. Stadtverordn. Flörsheim; MdK Main-Taunus-Kr. CDU (Mitgl. Kreisvorst.).

BADEM, Berthold

Bürgermeister Verbandsgemeinde Linz/Rh. - Lindenweg 8, 5460 Linz (T. priv. 02644 - 64 64, dstl. 56 01 18) - Geb. 19. Dez. 1939 Schweich/Mosel, kath., verh. s. 1964 m. Jutta, geb. Regnery, 2 Kd. (Heike, Rainer) - Gymn. Trier, Verw. u. Wirtsch.-Akad., Gemeind.verw.sch. - 1958-72 Stadtverwaltung Trier, 1972-81 Bürgerm. Dudenhofen, s. 1981 Linz - Spr.: Franz., Engl.

BADEN, Manfred

Staatssekretär Bundesmin. f. Arbeit u. Sozialordn. a.D. (1982-87) - Am Dompl. 34, 5305 Alfter b. Bonn (T. 02222 - 24 45) - Geb. 28. Nov. 1922 Trier (Vater: Josef B., Weinhändler; Mutter: Margarethe, geb. Huthmacher), kath., verh. s. 1953 m. Marianne, geb. Busch, 3 Söhne (Wolfgang, Winfried, Manfred-Dieter) - Gymn. Trier; 1940-48 Wehrdst. u. sowjet. Kriegsgefangensch.; 1948-51 Univ. Bonn (Rechts- u. Staatswiss.). Gr. jurist. Staatsprüf. 1955 - 1956-58 Bundesverteidigungsmin. (Hilfsref.); 1958-61 Bundeskanzleramt (Ref.); 1962-78 Bundesmin. f. Arbeit u. Sozialordnung (1969-78 Leit. Abt. Arbeitsmarktpolitik u. -losenversich.); 1979-82 Rechtsanw.; 1969-78 u. 1982-87 Mitgl. d. Vorst. d. Bundesanstalt f. Arbeit - BV: Wehrdisziplinarordnung (WDO), Kommentar 1957, 6. A. 1965 - Gr. BVK m. Stern; Commandeur de l'Ordre du Phénix.

BADEN, Max(imilian), Markgraf von

Land- u. Forstwirt, Mitgl. Bad. Landessynode, Karlsruhe - Schloß, 7777 Salem/Baden - Geb. 3. Juli 1933 Salem (Vater: Berthold Markgraf v. B. (s. x. Ausg.); Mutter: Theodora, geb. Prinzessin v. Griechenland u. Dänemark), ev.

BADER, Dietmar

Dr. theol. - Centro Teológico do Maranhão, Rua Frei Querubim, 57, 65025 São Luis MA/Brasilien - Geb. 6. Juni 1937 Freiburg i. Br.

BADER, Erik-Michael

Journalist Frankfurter Allgemeine Zeitung - Hellerhofstr. 2-4, 6000 Frankfurt/M. - Geb. 22. Juni 1941 Berlin (Vater: Harald Erik B., Kfm. Angest.; Mutter: Ilse, geb. Frentzel), ev., verh. s. 1976 m. Katarzyna, geb. Wegrzecka - Human. Gymn.; Stud. Politik, Gesch., neuere dt. Lit.wiss. Univ. Freiburg, Tübingen, Hamburg - 1968-74 polit. Nachrichtenredakt. f. Nahost u. Lateinamerika, 1974-81 Warschauer Korresp. d. F.A.Z. - Spr.: Engl., Franz., Poln.

BADER, Hans-Dieter

Kammersänger, Opernsänger - Schulenburger Mühle 14, 3012 Langenhagen 7 (T. 0511 - 78 18 14) - Geb. 16. Febr. 1938 Stuttgart (Vater: Emil B., Kaufm.; Mutter: Ruth B.), ev., verh. s. 1967 m. Ursula, geb. Wolters - Als Sänger rd. 80 Hauptrollen im dt.-ital. Fach.

BADER, Hermann

Dr. med., o. Prof. f. Pharmakologie u. Toxikol. - Neue Welt 6, 7914 Vöhringen-Illerberg - Geb. 23. Nov. 1927 Furtwangen (Vater: Josef B., Kfm.; Mutter: Martha, geb. Müllegger), kath., verh. s. 1958 m. Gertraude, geb. Haack, 9 Kd. (Sylvia, Andreas, Raoul, Maureen, Gregor, Oliver, Niklas, Matthias, Dominik) - Stud. Med. Univ. München - 1954-56 Assist. Physiol. Inst. Univ. München, 1956-63 Prakt. bzw. Assist. a. versch. in- u. ausl. Univ., 1963-66 Assist. Prof. Vanderbilt Univ. Nashville, USA, 1966-70 Associate Prof. Univ. of Mississippi School of Medicine, Jackson, USA, 1970-72 Prof. Univ. of Mississippi School of Medicine, Jackson, USA, 1972ff. o. Prof. (Abt. Pharmakologie) Univ. Ulm, 1973 Prorekt., 1974-75 Dekan Fak. Theor. Med., 1974-79 Vors. Zentrum Biol. u. Theor. Med., 1979-83 Dekan Fak. Theor. Med., Univ. Ulm. Zahlr. Arb. üb. Altersveränd. d. Blutgefäße, Aktiver Ionentransport, intrazelluläre Ca2+-Regulation u. Weiterentw. d. Medizinerausb. Lehrb. Pharmakologie u. Toxikologie, 2. A. 1985.

BADER, Josef

Immobilienkaufmann (eig. Firma), Ehrenpräs. Bundesverb. Ring Dt. Makler, Vizepräs. FIABCI/Intern. Verb. d. Immobilienberufe, Ehrenmitglied Ring Dt. Makler Landesverb. Bayern - Hauptmarkt 10, 8500 Nürnberg - Geb. 20. Sept. 1925 (Vater: Michael B.; Mutter: Julie, geb. Schlienz), kath., verh. m. Erika, geb. Reuter. T. Evi - Ehrenmed. Intern. Verb. d Immobilienberufe FIABCI, Gold. Verdienstnadel d. Bundesverb. Ring Dt. Makler, Gold. Verdienstnadel d. Dt. Delegation, BVK am Bde. - Spr.: Engl., Franz.

BADER, Karl Siegfried

Dr. jur., em. o. Prof. Univ. Zürich - Geb. 27. Aug. 1905 Waldau/Schwarzw. - Univ. Tübingen, Wien, Heidelberg, Freiburg/Br. (Promot. 1928) - 1930 Gerichtsass., 1933 Rechtsanw., 1945 Ober-, 1946 Gen.staatsanw. OLG Freiburg/Br., 1945 apl. Prof. Univ. ebd., 1951 o. Prof. Univ. Mainz, 1953 Univ. Zürich - BV: Soziol. d. dt. Nachkriegskriminalität, 1949; D. dt. Südwesten in territorialstaatl. Entwickl., 1950; D. Dorf als Friedens- u. Rechtsbereich, 1957; Dorfgenoss. u. -gemeinde, 1962; Rechtsformen u. Schichten d. Liegenschaftsnutzg. im mittelalterl. Dorf, 1973; Ausgew. Schriften z. Rechts- u. Landesgesch., I-III 1983/84. Mitherausg.: Juristenztg. (s. 1947) u. Savigny-Ztschr. f. Rechtsgesch. (s. 1952) - Ehrenbürger Elzach; Dr. phil h. c.

BADER, Katarina Elisabeth

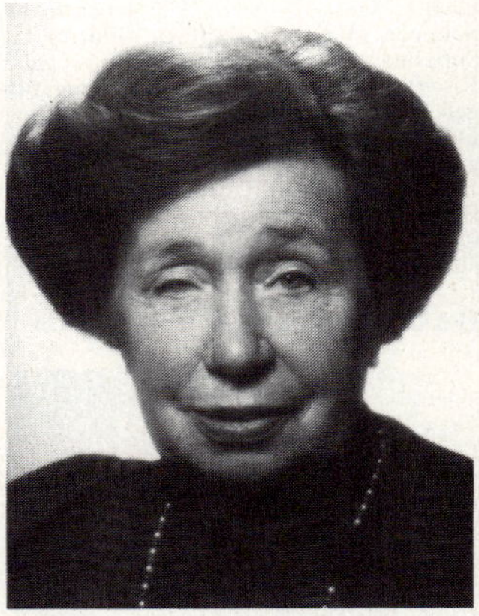

Gymnasiallehrerin a.D., Schriftstellerin (Ps. Katarina E. Bader-Molnar) - Tobelhofstr. 6, CH-8044 Zürich (T. 01 - 261 26 49) - Geb. 22. Jan. Berlin, ev.-ref., gesch. - Sprachstud. 1932-38 Liverpool, Warschau, Klaipéda (Memel); Dipl.-Bibl. Berlin; 1938-45 TU Danzig; 1945-57 Gymn.Lehr. in Polen, gleichz. Stud. d. Roman. (Dipl. phil.) u. Angl. Kopernikus-Univ. Toruń (Thorn) u. Kraków (Krakau); Magist. Univ. Toruń 1950; 1952 Päd. Dipl. PH Krakau; 1938-45 Biblioth. u. Stud. d. Geisteswiss. Abt.; 1945-57 Gymnasiallehr. in Grudiądz (Graudenz) u. Stud. in Toruń u. Kraków. 1957-64 Privatlehr.; 1964-91 fr. Schriftst. in Zürich - BV: Lyriden, Ged. 1976; Romant. Gefüge, 1978; Teufelskreis u. Lethequelle, R. 1979; 9 Puppen u.a. Erz., 1980; Karola contra Isegrim u. Reineke, 1980; Mira im Walfisch, Ged. 1981; L'idée d'humanité dans l'œuvre de Voltaire, 1983; Konrad Adenauer, Ess. 1984, franz. Ausg. 1985; Rosen auf Baustellen, Prosa u. Poesie 1985; Da waren Träume noch süss.... Lebensfrühling in Berlin, R. 1988; V. Leuchten d. Liebe. Kontrastreiche Wegstrecken 1943-65, Autobiogr. R. 1990; Gehn u. Sein. Ausgew. Ged., 1991 (Einf. Th. Czernik). Zahlr. Beitr. in Ztschr. u. dt. u. franz. Anthol. - 1980-87 div. Ehrengaben Cambridge, IBC; Dipl. u. médaille. Argent. (f. Voltaire 1983); Lausanne, 1984; 1984 u. 1986 Paris, Acad. Int. de Lutèce, Dipl. u. méd. de Vermeil. 14 kultur. Mitgliedsch. - Liebh.: Weltlit. in 4 Spr., Rezitation - Spr.: Engl., Franz., Poln., Ital. - Lit.: Dr. Karl Wydler, Einf. z. Roman Teufelskreis u. Lethequelle, 1979; Rolf Wankmüller, Einf. zu Konrad Adenauer, 1984 u. Einf. z. Roman Da waren Träume noch süß ... 1988; Jan

Koprowski, Warschau (in: Literatura, Biographie), 1982.

BADER, Richard-Ernst

Dr. med., em. Prof. f. Hygiene u. Mikrobiologie - Waldhäuserstr. 65, 7400 Tübingen (T. 6 14 33) - Geb. 20. Juni 1912 Pforzheim (Vater: Richard B.; Mutter: Hermine, geb. Wuhrmann), ev., verh. s. 1954 m. Liselotte, geb. Gmilkowsky, 2 Kd. - Lessing-Realgymn. Mannheim; Univ. Heidelberg (Promot. 1938), Hamburg, Barcelona - 1938 wiss. Assist. Med. Unters.amt u. Hyg. Inst. Univ. Heidelberg, 1942 Leit. d. Feldlaboratoriums Saloniki, 1944 Abt.Leit. d. Schulungs- u. Forschungsstation d. Militärärztl. Akad. Skopje, 1944 Privatdoz., 1948 Oberarzt, 1949 apl. Prof. das., 1951 Univ. Tübingen, 1953 Ord. u. Dir. Hyg. Inst. (1957 Dekan, 1974 Aussch.Mitgl. Bundesgesundheitsamt, emerit. 1978) - BV: Hepatitis epidemica in Dtschl. (1937-38), 1943 (m. v. Bormann, Deines, Unholtz); Meningokokken - D. Typhus-Paratyphus-Enteritis-Gruppe (Salmonella-Gr.), in: Hygiene, T. III 1948; Lehrb. d. Hyg., 1951 (m. Rodenwald); Paratyphus C 1915-45, Paratyphus A in Europa 1900-50, in: Welt-Seuchen-Atlas, T. I 1952, II 1956; D. Salmonellosen (Typhus, Paratyphus, Enteritiden), Friedländer- (Aerobacter-, Klebsiella-), Shigella- (Bakt. Ruhr), Coli-Infektionen, in: D. Infektionskrankh. d. Menschen u. ihre Erreger, 1957 (ital. 1962); The Public Health Laboratory Service - First Report of the Expert Committee on Health Laboratory Methods, 1957; Bakterien als Krankheitserreger, in: Handb. d. Allg. Pathol., 1969; Die Bakterienruhr..., Klebsiella-Infektionen, in: D. Infektionskrankh. d. Menschen u. ihre Erreger, 2. A. 1969; Verkehr, in: Lehrb. d. Hygiene, 2. A. 1969; Salmonellosen, Shigellosen, in: D. öffentliche Gesundheitswesen, Bd. III A/2, 1971; Verhüt. v. Laboratoriumsinfektionen: in: Handb. d. experimentellen Pharmakologie, Bd. XVI/11 B, 1973 - Mitgl. Dt. Akad. d. Naturforscher Leopoldina u. d. WHO Expert Advisory Panel on Health Laboratory Methods; KVK II. Kl. m. Schw.; Silb. Verdienstmed. Bulgar. Rotes Kreuz.

BADER, Werner
Journalist, Leit. Dt. Programm/Dt. Welle a.D., Köln - Insterburger Str. 10, 5000 Köln 50 (T. 02233 - 2 10 50) - Geb. 4. März 1922 Haidemühl/Mark Brandenburg (Vater: Paul B., Wiegemeister; Mutter: Bertha, geb. Loka), ev., verh. s. 1959 - Stud. Gesch., Zeitungswiss., Slav. - Pressetätigk. Div. Ehrenämter, u.a. Vors. Bund d. Mitteldeutschen NRW (1972ff.), Bundessprecher LM Berlin-Mark Brandenburg, Vors. Stiftg. Brandenburg, Vorst.-Mitgl. Ostd. Kulturrat (1972ff.), Präs. Intern. Assoc. deutschspr. Medien (1973ff.), Beiratsvors. Zentralst. f. d. dtspr. Chorgesang (1978ff.). SPD - BV: Steige hoch, du roter Adler - Welthits aus Märkischem Land - Geborgter Glanz - Flüchtlinge im eig. Land/Organisationen u. ihr Selbstverständnis; Kampfgruppen - D. Kampf- truppe d. SED. Zahlr. Rundfunk-Features u. Anthol. - 1982 BVK; 1987 BVK I. Kl. - Sammelt Stiche u. bibliogr. Kostbark. - Spr.: Engl.

BADEWITZ, Siegfried
Dipl.-Landw., Dr. sc. agr., Prof., Leiter d. Abt. Agrarinformatik u. Operations Research Univ. Halle (s. 1990) - Bl. 031, H. 3, Nr. 14, O-4090 Halle-Neustadt - Geb. 17. Sept. 1937 Esperstedt/Kyffh. - Verh. s. 1961 m. Dr. Marie-Luise, geb. von Aken - 1955 Abit.; 1955-60 Stud. Agrarwiss. Rostock; 1960 Dipl.-Landw.; 1968 Promot. Dr. agr., 1973 Dr. sc. agr. beide Univ. Halle - 1970 Doz., 1984 a.o. Prof., 1987 o. Prof. Univ. Halle - BV: Mathematische Optimierung in d. sozialistischen Landwirtsch., 1978 (russ. 1982); Z. Anwendung ökonomisch-mathematischer Methoden d. Operationsforsch. in d. Landwirtsch., 1991 - Forsch.preis d. Martin-Luther-Univ. Halle - Liebh.: Gartengestaltung - Spr.: Russ.

BADINSKI, Nikolai
Komponist, Pädagoge, Violinist, Pianist - Landgrafenstr. 8, 1000 Berlin 30 - Geb. 19. Dez. 1937 Sofia - Musikakad. Sofia (Dipl. 1961), Meisterkl. f. Komp. Akad. d. Künste Berlin-Ost (Dipl. 1970), Meisterkl. u. angewandte Lehre-Leit., freisch. Musik- u. Hochsch., Gastprof. im Ausland, Solist, Ensemble-Leit., freisch. Komponist - Musikwerke: Üb. 100 Kompos.: Widerspiegelungen d. Weisheit f. Soli, Chor u. Orch.; mehrere Instrument.-Konz., 3 Sinf. (Amekdils), Ballette, Schwebendes Berliner Märchen (Auftragswerk d. Berliner Festwochen), Orch.musik, Kammermusik f. versch. Besetz., Vokal-, Orgel- u. elektroakustische- u. Computer-Musik; mehrere Schallpl. - Intern. Preis f. Sinfon. Musik, 1979 Rom-Preis (Villa Massimo); 1982 Paris-Preis; 1983 korr. Mitgl. Europ. Akad. d. Künste, Wiss. u. Lit., Paris; dreimal 1. Pl. bei Intern. Komp.wettb. Zahlr. Auff. u. Funkprodukt. bzw. -Send. in Europa, Nord- bzw. Süd-Amerika u. Asien. Mehrmals Einladungen ins Elektr. Studio Utrecht, Niederl.; 1985/86 Stip. d. franz. Regierung in Paris; 1987 Composer-in-Residence - Djerassi-Fondation, Kalifornien; Gastvorl. in Stanford Univ. u. in San Francisco - Spr.: Bulg., Deutsch, Ital., Russ., Serbokroat., Engl, Franz. - Lit.: Nachschlagewerke.

BADKE, Heinz
Dipl.-Ing., Geschäftsführer u. oberster Betriebsleiter d. Eisenbahnen u. Verkehrsbetr. Elbe-Weser GmbH, Zeven - Bahnhofstr. 67, 2730 Zeven - Geb. 4. Okt. 1931, verh. s. 1956 m. Marlene, geb. Meyn, 3 Töcht. (Heike, Marion, Kirsten) - Staatsex. Ing.-Bau 1955 - B. 1969 fr. Bauwirtsch.; 1969-82 techn. Leit. Bremervörde-Osterholzer Eisenb. GmbH, Bremervörde u. Wilstedt-Zeven-Tostedter Eisenb. GmbH, Zeven; s. 1982 Geschäftsf. u. techn. Leit. ebd. Stv. Vors. Landesgr. Bremen-Niedersa. u. VR-Mitgl. im BDE; Mitgl. Verkehrsausch. IHK Stade.

BADTKE, Gernot
Dr. sc. nat., Prof., Direktor d. Inst. f. Sportmedizin u. Gesundheitserziehung d. Univ. Potsdam - Petzinstr. 11, O-1501 Geltow (T. 003352 - 21 62) - Geb. 23. Sept. 1939 Greifenberg/Pom., verh. s. 1975 m. Helga, geb. Müller, S. Fabian - 1958-64 Stud. Humanmed. Univ. Berlin; 1965 u. 1980 Promot. Univ. Berlin - 1969 Facharzt f. Sportmed. - S. 1968 Vors. d. Ges. f. Sportmed. in Potsdam bzw. Brandenburg; 1965-90 Verbandsarzt bzw. Präs. im Tauchsportverb. d. DDR. 1990/91 Prorektor f. Struktur, Bau u. Finanzen d. Brandenb. Landeshochsch. Her-

ausg.: Sportmed. Grundlagen, 1987, 3. A. 1990 - Spr.: Engl.

BADURA, Bernhard
Dr. rer. soc., Prof. f. Gesundheitswissenschaften Univ. Bielefed - Zu erreichen üb. Fak. f. Soziologie, Postf. 86 40, 4800 Bielefeld 1 - Geb. 12. Febr. 1943 Oppeln/OS. - Promot. 1970; Habil. 1973 - S. 1973 Lehrtätig. Konstanz; s. 1981 Lehrstuhl Oldenburg; s. 1986 Lehrstuhl Berlin - BV: Sprachbarrieren, 2. A. 1973; Bedürfnisstruktur u. polit. System, 1973; Sozialpolit. Perspektiven, (m. P. Gross) 1976; Jungparlamentarier in Bonn - ihre Sozialisation im Dt. Bundestag, (m. J. Reese) 1976; Soz. Unterstützung u. chron. Krankh., 1981; Selbsthilfe u. Selbstorg. im Gesundheitswesen, (m. Chr. v. Ferber) 1981; Laienpotential, Patientenaktivierung u. Gesundheitsselbsthilfe, (m. Chr. v. Ferber) 1983; Leben m. d. Herzinfarkt. E. sozialepidemiol. Studie, 1987.

BADURA, Peter
Dr. jur., o. Prof. f. Öffentl. Recht - Prof.-Huber-Pl. 2, 8000 München 22 (T. 2180 3576) - Geb. 21. Febr. 1934 Oppeln/OS. - Univ. Erlangen u. Berlin. Promot. (1958) u. Habil. (1962) Erlangen - 1962 Privatdoz. Univ. Erlangen; 1964 Ord. Univ. Göttingen u. 1970 München - BV: D. Methoden d. neueren Allg. Staatslehre, 1959; D. Verwaltungsmonopol, 1963; Verw.recht im lib. u. im soz. Rechtsstaat, 1966; D. Verw.recht d. lib. Rechtsstaats, 1967; Wirtschaftsverfass. u. Wirtschaftsverwalt., 1971; Eigentum im Verfassungsrecht d. Gegenwart, 1972; Verfassungsrechtl. Bind. d. Rundf.Gesetzgeb., 1980; Staatsrecht, 1986; D. Schutz v. Religion u. Weltanschauung durch d. Grundgesetz, 1989. Mithrsg. Archiv d. öffntl. Rechts (1968ff.).

BAEBEROW, Georg E.
Dr. jur., Unternehmensberater - Büro: Pfauengasse 23, 7900 Ulm (T. 0731 - 6 87 88); priv.: Herbartstr. 22, 7913 Senden (T. 07307 - 2 12 45) - Geb. 21. Jan. 1921 Riga, T. Lilian - Stud. Posen, Halle, München u. Heidelberg. Staatsex. 1947 München, Promot. 1950 Heidelberg - 1964-68 Dir. AEG-Telefunken (Betriebsw., Org.); 1970/71 Geschäftsf. Datel GmbH; 1972-76 Kaufm. Leit. AEG-Telefunken (Ber. Bauelemente); 1977-82 Dir. Plan. u. Personal AEG-Telefunken Serienprod. AG; s. 1983 Unternehmensberater - Liebh.: Gartenarbeit - Spr.: Engl.

BÄCHER, Max
Dipl.-Ing., o. Prof., Architekt - TH Darmstadt, Petersenstr. 15 (T. 06151 - 16 20 46) u. Peter-Behrens-Str. 16, 6100 Darmstadt (T. 06151 - 7 94 06) - Geb. 7. April 1925 Stuttgart (Vater: Dr. med. Paul B., Arzt; Mutter: Helene, geb. Kohlhaas), ev., verh. m. Marianne von Simson, Architektin, 3 Töcht. - TH Stuttgart (Dipl. 1951); Georgia Inst. of Technology, Atlanta (USA) - Arch.büro in Stuttgart (s. 1956) u. Darmstadt (s. 1980). S. 1964 o. Prof. f. Entwerfen u. Raumgestalt. TH Darmstadt, 1981 Gastprof. Tong-Ji Univ. Shanghai. 1970-73 Hochbauten, Städteb. Planungen, Altstadtsanier., Parkgestaltg., Öfftl. Bauten u. Privathäuser; Neue Bauten: Justizgeb. Freiburg, Friedhofsbauten in Stuttgart u. Frankfurt. Stadtsanierung u. Sportbauten f. Olymp. Spiele 92 in d. Pyrenäen. Ausstellungen in Bundesrep. Deutschl., Mailand, Verona, New York, Los Angeles, Moskau u. Barcelona - Preisrichter im In- u. Ausland - BV: Kunst zuhause zu sein, 1962; Sichtbeton, 1966 (auch engl. u. span.); Stadtbild unter d. Rädern, 1972 (Sammelbd.), Architektur-Skulptur, 1975, Bauten mehrfach ausgezeichnet u. a. - Paul-Bonatz-Pr., Hugo-Häring-Pr., 1984 Bundespr. f. Stadtsanier. - Liebh.: Lit., Baugesch. - Spr.: Engl., Ital.

BÄCHER, Rosa Maria

Lehrerin, Autorin - Sieglgut 35d, 8390 Passau - Geb. 26. Febr. 1950 Tierhaupten, kath., verh. s. 1976 m. Gerhad B. (Notar), 4 Töcht. (Vera, Sigrid, Nadja, Antonia) - Abit. 1969, Werkkunstsch. u. Univ. Augsburg - BV: Flügelschläge, Ged. 1987; Gegen d. Wind, Ged. 1992 - 1992 1. Preis f. Prosa d. Autorentage Weinstadt - Liebh.: Musik, Malerei, Lit.

BÄCHLER, Hagen
Dr. sc. phil., o. Prof. f. Kunstgeschichte TU Dresden - Zu erreichen üb. TU Dresden, Mommsenstr. 13, O-8027 Dresden - Geb. 17. März 1931 Leipzig - 1953-58 Stud. Univ. Leipzig; Promot. 1965, Habil 1975 Dresden - BV: De Stijl (m. H. Letsch), 1984); Sächsisches Barock (m. M. Schlechte), 1988; Barock in Dresden (m. M. Schlechte), 1991. Herausg. d. Dresdner Hefte (s. 1983) - Liebh.: Forsch.schwerpunkt Barockkunst in Sachsen.

BÄCHLER, Wolfgang
Schriftsteller - Steinheilstr. 19, 8000 München 2 (T. 52 17 45) - Geb. 22. März 1925 Augsburg (Vater: Rudolf B., Gerichtspräs.; Mutter: Else, geb. Rüttinger), verh. 1956 m. Danielle, geb. Ogier, gesch. 1969, 2 Kd. (Alice, Odile) - Universität München (Literatur-, Kunstgesch., Theaterwiss., Psych.) - Hauptrolle in: D. plötzliche Reichtum d. armen Leute v. Kombach (Film v. Volker Schlöndorff) - BV/Ged. (1950-82): D. Zisterne, Lichtwechsel, Türklingel, Türen aus Rauch, Traumprotokolle (Prosa, 1972). R.: D. nächtl. Gast (1950/1980), Anthol., Ausbrechen, Ged. 1976, Stadtbesetzung (Prosa, 1979); D. Erde bebt noch/Frühe Lyrik 1981, Nachtleben, 1982 - Mitbegründer Gruppe 47; 1973 Mitgl. PEN-Zentrum BRD, 1975 Tukan-Lit.preis Stadt München; 1979 Schwabinger Kunstpreis; 1982 Preisstiftg. z. Förd. d. Schrifttums München; 1984 Lit. Ehrengabe BDI - Liebh.: Malen - Spr.: Franz.

BÄCK, Walter
Prof., Schriftsteller u. Lektor - Jedleseerstr. 77/5/7, A-1210 Wien (T. 0222 -

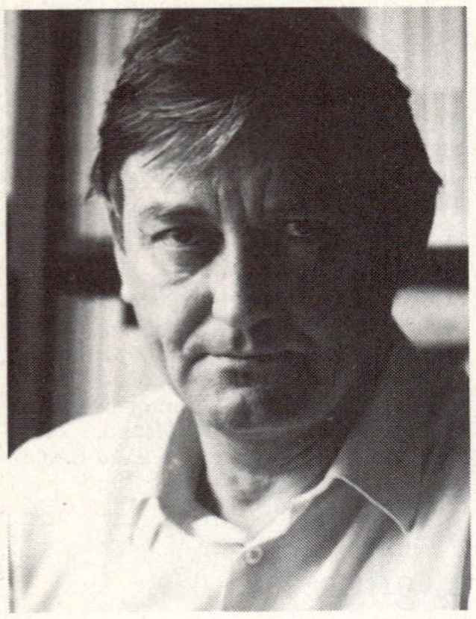

38 74 89) - Geb. 23. Febr. 1931 Wien, kath., verh. s. 1964 m. Annemarie, geb. Winter, T. Ulrike - 1946-53 Kath. Lehrersem. u. Handelssch., Techn. Lehrg. Wien - Fr. Schriftst.; s. 1964 Lektor Städt. Büchereien; Leit. d. Ersten Marchfelder Literatursalons; fr. Mitarb. ORF, d. Presse, d. Tonbanddienstes d. Post; Mitbegr. Beethoven-Verein Wien 21; Gründ. 1. Floridsdorfer Lit.-Café - BV: Plan v. Wien, Lyr. 1969; Ich leb' am Rand d. großen Stadt, 1977; Corvina, d. Zigeunerin, 1978; D. siebente Teller, 1979; D. Lebm is a Hochschaubahn, 1981; D. Fenstergucker, 1985; D. Sahara v. Ottakring; Marchland Lyrisch, Cop. 1992. Text auf LP u. MC; Hymnus auf Wien auf LP; ... es ist Weihnachten, Ged. auf 5 Kassetten. Anthol.: Wien im Gedicht, D. immergrüne Ordensband, Begegnung im Wort, Zug um Zug, D. Jagdhorn schallt, Mutter u. ich, Wort im Weinviertel, Gedanken üb. Blumen, Ged. üb. d. Ewige. Lobau; Texter d. Wiener Volkshymne - 1965 Wiener Kunstfondspreis, 1975 Theodor Körner-Preis f. Lit.; 1986 Ehrenmed. d. Bundeshauptstadt Wien; 1989 in Dt. Lit.-gesch., 3. Teil (Bortenschlager) - Liebh.: Zeichnen, Musik, Samml. v. Prominentenbriefen - Spr.: Engl., Latein - Verwandt m. Gregory Peck, Schausp. - Lit.: Edith Kuba, Walter Bäck - D. siebente Teller; D. 100 Marterlsprüche d. W. B. (1985); R. Waltenberger - Jedlesee, Gesch. d. Pfarre; Joh. Jonas-Lichtenwallner: Wr. Streiflichter; S. Ziegler: Porträt e. Kulturlandsch., Auguste Högler: Weichensteller; Othmar Capellmann: Leben u. Werk; Österr. Who's Who?; Anthol. Literatur in Niederösterr. 1970-90.

BÄCKER, Karl

Verwaltungsangestellter, 1963-75 MdL Rhld.-Pfalz - Im Tälchen 12, 6751 Niederkirchen/Pf. - Geb. 18. Dez. 1920 Niederkirchen - Volkssch.; Ausbild. Anwaltsbüro - 1939-45 Wehrdst.; 1945-47 Angest. Kreisernährungsamt u. Landw.-schule Wolfstein; 1948-49 Leit. Landw.-amt Kreisverw. Kusel; 1950-63 Geschäfsf. Pfälz. Bauern- u. Winzerschaft, Kaiserslautern. S. 1964 Mitgl. Gemeinderat; s. 1974 Ortsbürgerm. Niederkirchen. 1964-72 Mitgl. Kreistag Kaiserslautern; 1972-84 Mitgl. Verbandsgemeinderat Otterberg. Ehrenamtl. Mitgl. VdK-Landesvorst. (s. 1953 Vors. VdK-Ortsgr. Niederkirchen, s. 1972 stv. Vors. sozialpolit. Aussch. VdK-Landesverb., 1972-80 Mitarb. VdK Kreisverb. Kaiserslautern, s. 1980 Kreisgeschäftsf. VdK-Kreisverb. Kusel). SPD (1964-72 Mitgl. Bezirksvorst. Neustadt). S. 1960 beisitzender Sozialrichter Sozialger. Speyer, Kriegsopferversorgung - 1971 BVK; 1975 BVK I. Kl.; 1976 Ehrennadel Sportbund Pfalz; Goldene Ehrennadel VdK-Dtschl.

BAECKER, Werner

Fernsehjournalist - 240 Central Park South, New York, N. Y. 10019/USA (T. (212) 2 65-72 34) - Geb. 17. Okt. 1917 Wuppertal, led. - 1943 Univ. of Oregon (Publizistik); 1946-47 Rundfunksch. NWDR - Ab 1948 polit. Redakt. NWDR; 1953-60 Leit. Echo d. Tages (Hörfunk); 1957-60 Leit. Hbg. Fernsehsend. D. Schaubude (Gründer); s. 1960 Fernsehkorresp. New York (Serien: Treffpunkt New York, New York - New York, Besuch bei..., Begegnung mit...), Neue Serie: Top Ten New York (Disco Hits), 1985 Talkmaster Sheraton, München - Adolf-Grimme-Preis (f.: Besuch b. Fritzi Massary) - BVK I. Kl. (f. Verdienste um Staat u. Volk), 1981 Gold. Kamera - Liebh.: Musik, Theater, Politik - Spr. Engl..

BÄDECKER, Reinhard

Kaufmann, Deutscher Konsul - Apartado Aéréo 10-09, Cartagena, Kolumbien - Geb. 12. März 1904 Bremen (Vater: Reinhard B., Großkaufm.; Mutter: Lulu, geb. Lubinus), ev., verh. s. 1933 m. Emmy geb. Biedermann (gesch. 1943) - Neues Gymn. Bremen - Prokurist u. Überseeleit. (Kolumbien) Fa. Reinhard Bädecker, Im- u. Export, Bremen; b. 1943 Inh. Fa. Ferreteria Central, T. R. Baedecker, Bucaramanga/Kol. u. s. 1953 Fa. B. & Castellar Ltda., Import, Cartagena/Kol. - 1969 BVK I. Kl. - Liebh.: Tiefseetauchen - Spr.: Engl., Span., Portug. - Bek. Vorf.: Reinhard B., Großkfm. u. Reeder Bremen (Urgroßv.).

BAEDEKER, Hans Jürgen

Dr. jur., Staatssekretär im Ministerium f. Umwelt, Raumordnung u. Landwirtschaft Nordrh.-Westf. - Auf dem Stumpelrott 47, 5000 Köln 50 (T. 0221 - 35 33) - Geb. 28. Nov. 1941 Duisburg, verh. m. Ingrid, geb. Rall, 2 Töcht. (Stefanie, Carolin) - Stud. Rechtswiss. Freiburg, Berlin, Köln; 1. Staatsex. 1966 Köln, 2. 1971 Düsseldorf; Promot. 1969 Köln - Tätigk. in d. Staatskanzlei sowie in den Min. f. Landes- u. Stadtentwicklung u. Umwelt, Raumordnung u. Landwirtsch. d. Landes NRW - Liebh.: Lit., Theater, Kunst, Musik, Reisen, Sport - Spr.: Engl. - Bek. Vorf.: Karl Baedeker (Verleger d. Reisehandbücher).

BAEDEKER, Wolfgang

Dr. med., Prof. Internist - Ismaninger Str. 22, 8000 München 80 - Geb. 23. Mai 1930 Dortmund - Promot. 1955 Freiburg/Br. - S. 1968 (Habil.) Lehrtätigk. TU München (1975 apl. Prof. f. Inn. Med.; gegenw. Extraord. I. Med. Klin.) - BV: Rhythmusstörungen d. Herzens, 1974 (m. Wirtzfeld).

BÄDEKERL, Klaus

Schriftsteller - Arcisstr. 39, 8000 München 40 (T. 089-2723719) - Geb. 30. Aug. 1947 Augsburg, ledig - Stud. Soziol. Univ. München; Dipl.-Soz. 1973 - BV: u.a. Alles üb. Geld u. Liebe, 1979; E. Kilo Schnee v. gestern, 1983.

BAEHR, Hans Dieter

Dr. Ing., Univ.-Prof. f. Thermodynamik Univ. Hannover (s. 1981) - Max-Eyth-Str. 54, 3000 Hannover 1 - Geb. 24. Juni 1928 Elbing/Westpr., verh. s. 1952 m. Kathi, geb. Brodersen, 2 Kd. - Dipl.-Ing. 1951 Karlsruhe; Promot. 1953 Karlsruhe - 1956-58 Entwickl.-Ing. AEG; 1958-61 o. Prof. f. Thermodynamik TU Berlin; 1961-67 TH Braunschweig; 1967-74 Univ. Bochum; 1974-81 HSBW Hamburg - BV: Thermodynamik, 1962, 8. A. 1992; Physikalische Größen u. ihre Einheiten, 1974 - 1958 VDI-Ehrenring; 1985 Dr.-Ing. E.h.

BÄHR, Jürgen

Dr. rer. nat., o. Prof. f. Geographie Univ. Kiel (s. 1977) - Altwittenbeker Str. 27, 2303 Altwittenbek - Geb. 31. Okt. 1940 Kassel (Vater: Bruno B., Kfm.; Mutter: Marie, geb. Gödecke), ev., verh. s. 1968 m. Gudrun, geb. Patzke, T. Ulrike - Gymn. Kassel, Stud. Geogr. u. Math. Marburg/L., Staatsex. f. Höh. Lehramt u. Promot. 1967 Marburg/L. 1967-75 Akad. Rat bzw. Oberrat Univ. Bonn, 1975-77 WR u. Prof. Univ. Mannheim, 1977 ff. o. Prof. Univ. Kiel - BV: Kulturgeogr. Wandlungen i. d. Farmzone Südwestafrikas, 1968; Migration i. Großen Norden Chiles, 1975; Santiago de Chile, 1978; Chile, 1979; Bevölkerungsgeographie, 1983; Schleswig-Holstein (m. G. Kortum), 1987; Wohnen in lateinamerik. Städten, 1988.

BÄHR, Rainer

Dr. med., Prof., Direktor Chir. Klinik/Städt. Klinikum Karlsruhe - Moltkestr. 14, 7500 Karlsruhe - Geb. 4. April 1942 Waldshut (Eltern: Josef u. Liska B.), kath., verh. s. 1970 m. Ruth, geb. Oeschger - Promot. 1966 Univ. Freiburg; Habil. 1976 Tübingen - S. 1969 chir. Tätigk. (Chir. Univ.-Klinik Tübingen u. Missionskrkhs. Abeokuta-Nigeria); 1976 Doz., 1980 Prof. Fachveröff. z. Allg. Chir. - 1977 Ludwig-Rehn-Preis.

BAEHR, Rudolf

Dr. phil., o. Prof. f. Roman. Philologie - Akademiestr. 24, A-5020 Salzburg (Österr.) - Geb. 6. Jan. 1922 Bamberg - S. 1954 (Habil.) Lehrtätigk. Univ. München (1961 apl. Prof.) u. Salzburg (1964 Ord., 1969/70 Rektor) - BV: Span. Versl. a. hist. Grundl., 1962 (a. span.); Dante u. d. Musik, 1966; Einf. in d. franz. Versl., 1970 - 1965 Dr.-Ludwig-Gebhard-Preis 1963 (Oberfranken-Stiftg.); 1972 Gr. Silb. Ehrenzeichen f. Verdienste Rep. Österr.; Dr. phil. h. c., Reims; 1973 Offic. d. la Légion d'Honneur; k. Mitgl. d. Österr. Akad. d. Wissensch.; 1982 Offic. d. Palmes académiques; Silb. Ehrenzeichen d. Landes Salzburg; 1982 Österr. Ehrenkreuz f. Wiss. u. Kunst I. Kl. - Lit.: Festschrift Roman. Mittelalter (1982); Festschrift Literatur u. Wissensch. (1987).

BAEHRE, Rolf

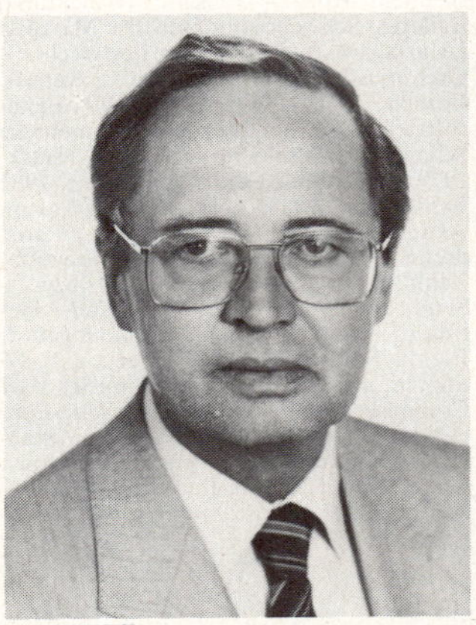

Dr., Prof. f. Stahl- u. Leichtmetallbau Univ. Karlsruhe - Albstr. 47, 7505 Ettlingen (T. 07243 - 7 97 69) - Geb. 28. Febr. 1928 Lehrte (Vater: Karl B., Bausachverst.; Mutter: Irmgard, geb. Wichmann), ev., verh. s. 1979 m. Kerstin, geb. Eriksson - Dipl.-Ing. 1954 TH Hannover, tekn. lic. 1958 TH Stockholm, Promot. 1968 ebd.; 1988 Hon DSc Salford Univ - Berat. Ing.; 1969-78 Prof. f. Stahlbau TH Stockholm; s. 1978 Prof. Univ. Karlsruhe u. Dir. Versuchsanst. f. Stahl, Holz u. Steine - Spr.: Engl., Schwed.

BÄHRENS, Dieter-Wolfgang

Dr. rer. nat. Prof. f. Biologie u. ihre Didaktik PH Kiel - Holländerey 18a, 2300 Kronshagen.

BÄHRENS, Otto-Ulrich

Landrat a. D. Kr. Hersfeld-Rotenburg (s. 1976) - Sternerstr. 30, 6430 Bad Hersfeld (T. 7 27 22) - Geb. 9. Mai 1911 Frankfurt/O. (Vater: Fabrikdir. Ferdinand B., Chemiker; Mutter: Elisabeth, geb. Kuschel), ev., verh. s. 1940 m. Annemarie, geb. Lang, 4 Kd. (Rosemarie, Ulrich, Hans-Joachim, Rainer) - Schola Latina Halle/S. u. Friedensgymn. Frankfurt/O.; Univ. Jena (Volksw., Rechts- u. Staatswiss.). Jurist. Staatsprüf. 1933 u. 37 - Landrat Frankenstein u. Wohlau; 1937-38 Reg. Düsseldorf u. Karlsbad; 1939 Landrat Tepl.; 1940-44 Reg. Allenstein; 1944-45 Landrat Frankenstein; zeitw. Soldat; 1945-48 Kriegsgefangensch.; 1951-57 Hess. Innenmin. (zul. Reg.sdir. u. Leit. Landesamt f. Vertriebene, Flüchtlinge u. Evakuierte); 1957-76 Landrat Kr. Rotenburg u. Hersfeld - Spr.: Engl., Franz., Ital.

BÄNSCH, Dieter

Dr. phil., Prof. f. Neuere Dt. Literatur Univ. Marburg - Feldbergstr. 47, 3550 Marburg 7.

BÄNSCH, Manfred

Dr. jur., Präsident a. D. Oberpostdir. Düsseldorf, Unternehmensberater - Büro: A. Sutter GmbH, Bottroper Str. 20, Postf. 10 32 44, 4300 Essen 1; priv.: Niederkasseler Kirchweg 111, 4000 Düsseldorf 11 - Geb. 25. März 1926 Breslau, ev., verh. - Kriegsabit. 1944 Breslau; 1947-51 Univ. Freiburg u. Göttingen (Rechtswiss., Volksw.); Promot. 1955 Freiburg - S. 1955 Postdst. (Karlsruhe, Köln); 1961-83 Bundespostmin. (s. 1966 Min.rat [Haushaltsref.]); 1983-91 Präs. Oberpostdir. Düsseldorf. 1974-83 Vorst.-Vors. Versorgungsanst. DBP (VAP) - BV: Finanzwesen d. DBP - Teil: Voranschlag (Haushaltsplan), 2. A. 1983 - BVK I Kl.

BAENSCH, Norbert

Chefdramaturg - Popitzweg 1, 3400 Göttingen (T. 2 23 37) - Geb. 1. April 1934 Gottesberg/Schles. (Vater: Gerhard B., Kreissparkassendir.; Mutter: Eva, geb. Modler), ev., verh. s. 1965 m. Liselotte, geb. Beerbom, Sohn Jesko, Tochter Tanja - 1954-60 Univ. Göttingen (German., Gesch., Theaterwiss., Phil., Päd.). Schauspielerprüf. 1960 Hannover - 1958-60 Regie- u. Dramaturgieassist. Heinz Hilperts, Dt. Theater Göttingen, dann Chefdramat. Theater d. Stadt Trier u. Dt. Theater Göttingen (ab 1963). Lehrauftr. Univ. u. VHS Göttingen, s. 1974 Chefredakt. DT-Zeitung Göttingen. Herausg. Programmhefte d. Theaters d. Stadt Trier (1960-63), Blätter d. Dt. Theaters Göttingen (s. 1963), Almanache d. Dt. Theaters Göttingen (1963/64ff.), Festgabe z. 75. Geburtstag v. Heinz Hilpert (1965), Heinz Hilpert u. d. Dt. Theater in Göttingen 1950-66 (1966), 25 J. Dt. Theater in Göttingen (1975), Dt. Theater in Göttingen, Spielplan, Ensemble, Akzente 1966-1981 (1982), Festgabe z. 60. Geb. v. Günther Fleckenstein (1984), Dt. Theater in Göttingen - E. Haus f. d. Zukunft (Mithrsg., 1984); Dt. Theater in Göttingen. D. Intendanz Günther Fleckenstein 1966-86 (1986); 100 Jahre Göttinger Theater am Wall (1992). Mitarb. versch. Lit.-Zeitg. - 1979 Med. Amicus Poloniae; 1986 Orden Mérite en Faveur de la Culture Polonaise - Spr.- Engl., Franz. - Gründungsvors. d. Dt.-Poln. Ges. Göttingen.

BAENTSCH, Wolfram

Dipl.-Hdl., Journalist, Zul. Chefredakt. Wirtschaftswoche, Düsseldorf - Geb. 15. Juli 1939 Schneidemühl, verh. s. 1965 m. Ulrike, geb. Ewald, 2 Söhne (Florian, Uli) - Stud. German. u. Wirtsch.wiss.; Dipl.-Handelslehrer 1966 Hamburg - Jungredakt. Handelsblatt; Korresp. D. Spiegel; gf. Redakt. Capital; Chefredakt. Impulse u. Wirtsch.woche - Liebh.: Phil., Pferde - Spr.: Engl.

BÄR, Friedrich

Dr. med., Dr. phil. nat. (habil.), Prof., Arzt u. Chemiker - Humboldtstr.13, 1000 Berlin 33 (T. 8 92-48 07) - Geb. 11. Juni 1908 Meran (Vater: Dr. med. Karl B., Augenarzt; Mutter: Magda, geb. Landtmann), ev., verh. s. 1939 m. Gerda, geb. Pauling, 5 Kd. (Ulrich, Bettina, Thomas, Matthias, Christiane) - Gymn. Meran; Univ. Innsbruck, München, Freiburg, Heidelberg (Chemie; Promot. 1934), Jena (Med.; Promot. 1950). Habil. 1946 Jena - 1934 Stip. Dt. Forschungsgem., 1935 wiss. Mitarb. Chem. Zentralbl., ab 1936 Assist. u. Wiss. Mitgl. (1940) Robert-Koch-Inst. Berlin, s. 1946 Doz. Univ. Jena u. TU Berlin (1952), ehem. Abt.sleit. Toxikologie

Max-v.-Pettenkofer-Inst./Bundesgesundheitsamt Berlin (Ltd. Dir. u. Prof.) - BVK - Liebh.: Naturkd., Musik - Spr.: Ital., Engl.

BÄR, Günter

Dr. phil., Oberstudienrat i. R. - Kranzhornstr. 22, 8000 München 82 - 26. April 1920 Mannheim (Vater: Eugen B., Bankbevollm.; Mutter: Anna, geb. Schillinger), ev., verh. s. 1959 m. Wiltrud, geb. Pufahl - Stud. Roman., Angl. Staatsex. Höh. Lehramt (Oberstudienrat a. D) - 1952/53 Höh. Lehramt Pforzheim, Mannheim; 1954-61 Studienrat Dt. Schule Rom; 1961-65 Leit. Dt. Bibl., Kulturinst. d. AA in Ankara; 1965-69 Leit. Goethe-Inst. Santiago/Chile, 1970-74 Abt.leit. Zentralverwalt. Goethe-Inst.; 1974-79 Leit. Dt. Bibl., Goethe-Inst., Rom; 1979-85 Leit. Goethe-Inst., Paris - Comendador-Kreuz; BVK - Liebh.: Musik, Lit. - Spr.: Engl., Franz., Ital., Span., Türk.

BÄR, Günter Frank

Dipl.-Kfm., Vorsitzender d. Geschäftsfg. EB Brühl Industrietechnik GmbH - Postfach 12 60, 5040 Brühl - Zul. Vorst. Rheinmetall Berlin AG, Vors. d. Geschäftsfg. Rheinmetall GmbH, Düsseldorf, u. Jungheinrich-Gruppe, Hamburg.

BÄR, Siegfried

Dr.-Ing., Prof., Oberingenieur (emerit.) (Gutehoffnungshütte Sterkrade AG, Werk Sterkrade) - Westhoffstr. 72, 4200 Oberhausen-Sterkrade - Geb. 10. Aug. 1915 Frankfurt/Oder - Stud. TU Hannover; Dipl.-Ing. 1939, Dr.-Ing. 1944, Habil. 1955, apl. Prof. 1962 TU Hannover - 1939-79 Gutehoffnungshütte Oberhausen-Sterkrade AG, 1946-79 Abt. Bergwerksanlagen - 32 Veröff. in dt. u. intern. Fachztschr. z. Fördertechnik im Bergbau (in dt., engl., franz., jap. u. russ. Spr.). Unters. üb. d. Beanspruchung d. Einbauten v. Förderschachten, Entw. e. Verf. z. Überwachung d. Seilkräfte b. Mehrseilschachtförderanl. (fanden ihren Niederschlag in d. Vorschriften d. Bergbehörde).

BÄREND, Hartmut

Pfarrer, Direktor Arbeitsgem. MBK/Missionar.-bibl. Dienste an Jugendl. u. Berufstät. (s. 1977) - 4902 Bad Salzuflen - Zul. Pers. Ref. d. Berliner Bischöfe Scharf u. Dr. Kruse.

BÄRNER, Johannes

Dr. phil., Wiss. Rat a. D. - Mombertstr. 10, 7500 Karlsruhe 1 - Geb. 6. Jan. 1900 Großenhain/Sa. (Vater: Dr. med. vet. Max B., Generalveterinär; Mutter: Ida, geb. Ackermann), ev., verh. s. 1946 m. Ida, geb. Schmidt - Univ. Berlin (Botanik, Pharmaz. Chemie, Pharmakognosie; Pharmaz. Staatsex. 1925, Promot. 1927) - 1927-65 Biol. Reichsanstalt f. Land- u. Forstw., Berlin (zul. Reg.srat), Biol. Zentralanst. f. Land- u. Fw., Kleinmachnow (1950; Abt.sleit.) u. Biol. Bundesanst. f. L.- u. Fw., Berlin (1952, Wiss. Rat), dazw. 1946-49 pharmaz. Ind. (Wiss. Leit.). 1954-68 Lehrbeauftr. FU Berlin (Heil-, Gift- u. Futterpflanzen) - BV: D. Nutzholz d. Welt, 4 Bde. 1942/43, NA 1961/62; Bibliogr. d. Pflanzenschutzlit., 1940/54 u. 58 (9 Bde., 3spr.); Lit.quellen u. ihre Kürzungen aus d. Bibliogr. d. Pflanzenschutzlit., 1958 - Liebh.: Nutzpflanzenlit. - Spr.: Franz., Engl.

BAERNS, Barbara,
geb. Beckmann

Dr. phil., Univ.-Prof. f. Theorie u. Praxis d. Journalismus u. d. Öffentlichkeitsarbeit, Inst. f. Publizistik u. Kommunikationspolitik FU Berlin - Haarkampstr. 13, 4630 Bochum - Geb. 8. Febr. 1939 Rinteln, verh. s. 1965 - Promot. 1967 FU Berlin, Habil. 1982 Ruhr-Univ. Bochum - 1967-69 Presse- u. Kulturref. Amerika-Haus Hannover; 1969-71 Polit. Redakt. Neue Hann. Presse; 1971-73 Redakt. Presse- u. Informationsabt., ab 1972 Abt.-Leit. Coca-Cola GmbH, Essen; 1973-74 Polit. Redakt. Neue Ruhr Ztg., Essen; 1974-89 Prof. f. Publiz. u. Kommunikationswiss. Ruhr-Univ. Bochum - BV: Öfftl.arbeit oder Journalismus? Z. Einfluß im Mediensystem, 2. erw. A. 1991; u. a. Zahlr. journ. Art. sowie wiss. Beitr. u. Vorträge.

BAERNS, Manfred

Dr. rer. nat., Univ.-Prof. f. Techn. Chemie Ruhr-Univ. Bochum (Spez.: Heterogene Katalyse, Kohlenmonoxidhydrierung, Alkan- u. Aromatenoxidation, Chem. Reaktionstechn.) - Haarkampstr. 13, 4630 Bochum (T. 0234 - 700 67 45) - Geb. 23. Juli 1934 Berlin - 1962-64 Tätigk. Argonne National Labor. (USA); 1965-69 Inst. f. Techn. Chemie TH Hann.; 1969-74 Krupp Chemieanlagenbau Essen - BV: Lehrb. d. Techn. Chemie - Chem. Reaktionstechnik (m. H. Hofmann u. A. Renken). Zahlr. wissenschaftl. Veröff. u. Patente.

BÄRSCH, Walter

Dr. phil., Prof. f. Erziehungswissenschaft (psych. u. soziol. Aspekte d. Erzieh. u. Rehabilit. v. Behinderten) Univ. Hamburg (1977-83) - Warnckesweg 20b, 2000 Hamburg 61 - Geb. 26. Okt. 1914 - Ehrenpräs. Dt. Kinderschutzbd.

BÄRSCH, Wilfried

Dr.-Ing., Vorstandsmitglied Hilgers AG, Rheinbrohl - Hans-Böckler-Str. 111, 5450 Neuwied 13 (T. 02631 - 5 89 12) - Geb. 16. Juni 1943 Mainz, verh. s. 1968 m. Gerda, geb. Hackl, 2 Söhne (Niko, Timo) - TH Darmstadt (Stahlbau; Promot. 1972) - 1989ff. Vizepräs. Dt. Stahlbau-Verb. DStV.

BÄRWALD, Günter

Dr.-Ing., Prof. f. Gärungstechnol. u. Getränketechnologie - Karmeliterweg 73-75, 1000 Berlin 28 - Geb. 5. Dez. 1934 Berlin - Promot. 1964; Habil. 1970 - S. 1970 Prof. TU Berlin; 1971-74 Wiss. Leit. Versuchs- u. Untersuchungsstat. f. Gärungsind. Mülheim/R., 1982-83 Sprecher (Dekan) Fachbereich 13, Lebensmitteltechnol. u. Biotechnol. TU Berlin - BV: Neubearb. 4. A. von: Glaubitz-Koch: Atlas d. Gärungsorganismen, Berlin u. Hamburg, 1982. Fachaufs. Pat.: Hopfenprod., enzymat. Entfernung v. Sauerst. aus Getränken - Mithrsg.: Monatsschr. f. Brauerei (1970 ff.).

BÄRWINKEL, Klaus

Dr. rer. nat., Prof. f. Theoret. Physik Univ. Osnabrück - Ulmenweg 1, 4516 Bissendorf 2/Teutobg. Wald.

BÄRWOLF, Adalbert

Journalist - Zu erreichen üb.: Verlag DIE WELT, Godesberger Allee 99, 5300 Bonn 2 - S. 1961 USA-Korresp. f. Technol. WELT - BV: Brennschluß - Rendezvous m. d. Mond, 1969.

BÄSSLER (ß), Karl-Heinz

Dr. med., em. o. Prof. f. Physiol. Chemie - Kirchstr. 81, 6500 Mainz-Gonsenheim - Geb. 15. Jan. 1924 - S. 1957 (Habil.) Privatdoz., apl. (1963) u. o. Prof. (1971) Mainz. Emerit. 1989.

BÄSSLER (ß), Roland

Dr. med., Pathologe, Prof. f. Allg. Pathol. u. Pathol. Anat. Univ. Mainz - Städt. Klinikum, Pacelliallee 4, 6400 Fulda - Vors. Dt. Ges. Pathol. u. Hess. Krebsges. - BV: Pathologie d. Brustdrüse, 1978. Herausg.: Pathology of Neoplasitc and Endocrine Induced Diseases of the Breast (1986). Mithrsg.: D. Pathologe - 1991 M. A. Weikard-Preis.

BÄSSLER, Ulrich

Dr. rer. nat., Prof. f. Biologie Univ. Kaiserslautern - Chamissostr. 16, 7000 Stuttgart 1 - Geb. 29. Okt. 1932 Stuttgart (Vater: Adolf B., Regierungsbaum.; Mutter: Maria, geb. Eisele) ev., verh. s. 1960 m. Erika, geb. Augustin, 3 Kd. (Karin, Dagmar, Martin) - Promot. 1958; Habil. 1967 - S. 1971 Ord. Spez. Arbeitsgeb.: Tierphysiol. - BV: Stabheuschrecken-Praktikum, 1965; Arbeitshilfen f. Bio-Unterr., 1971; Biologie-Prakt., 1973; Sinnesorgane u. Nervensystem, 2. A. 1979; Neural basis of elementary behavior in stick insects, 1983; Irrtum u. Erkenntnis, 1991.

BAETGE, Jörg

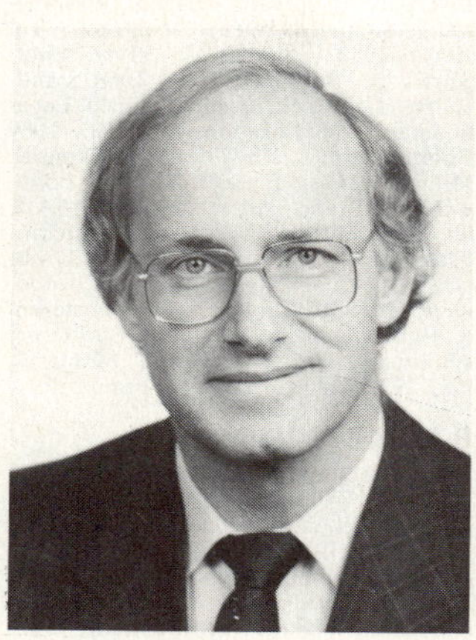

Dr. rer. pol., Prof. Univ. Münster, Direktor Inst. f. Revisionswesen ebd. (s. 1979) - Zu erreichen üb. Westf. Wilhelms-Univ., Universitätsstr. 14-16, 4400 Münster - Geb. 16. Aug. 1937 Erfurt/Thür., ev., verh. s. 1963 m. Elinor, geb. Kühn, 2 Söhne (Kai, Jens) - Stud. Betriebsw. Univ. Frankfurt u. Münster; Promot. 1968, Habil. 1972 Münster - 1972-77 Prof. Frankfurt; 1977-79 Prof. Wien - BV: Objektivier. d. Jahreserfolges, 1970; Betriebsw. Systemtheorie, 1974; D. Lagebericht (m. T. R. Fischer u. D. Paskert), 1989; Bilanzen, 1991. Herausg.: D. Jahresabschluß im Widerstreit d. Interessen (1983); D. neue Bilanzrecht - E. Kompromiß divergierender Interessen (1985); Rechnungslegung u. Prüfung n. neuem Recht (1987); Abschlußprüfung n. neuem Recht (1988); Bilanzanalyse u. Bilanzpolitik (1989); Konzernrechnungslegung u. -prüfung (1990); Rechnungslegung, Finanzen, Steuern u. Prüfung in d. neunziger Jahren (1990); Rückstellungen in d. Handels- u. Steuerbilanz (1990); Probl. d. Umstellung d. Rechnungslegung in d. DDR (1991); Akquisition u. Unternehmensbewertung (1991); Rechnungslegung u. Prüfung 1992 (1992) - S. 1981 Hon.-Prof. Univ. Wien - Liebh.: Golf - Spr.: Engl.

BAETGE, Karl-Heinz

Stv. Präsident d. Abgeordnetenhauses - Eichenroder Ring 14, 1000 Berlin 26 (T. 402 87 71) - Geb. 2. Jan. 1929 Hedwigshof/Netzekr. (Vater: Albert B., Landwirt; Mutter: Eva, geb. Neumann † 1974), verh. s. 1952 m. Helga, geb. Krumm †1974, T. Jutta - Obersch.; Bauschosserlehre - 1956-66 Busschaffner u. -fahrer BVG. B. 1989 AR-Mitgl. Beamten-Heimstätten-Werk (BHW); Vors. d. Gemeinsch. tariffähiger Verb. im DBB, b. 1989 d. Petitionsaussch. Berlin; FDP s. 1958 - 1984 BVK I. Kl., BVK II. Kl. - Liebh.: Reisen, Skatspielen.

BAETHGE, Martin

Dr. rer. pol., Prof. Soziologe - Goerdeler Weg 3, 3400 Göttingen - Geb. 19. Aug. 1939 Zettin, verh. m. Gisela, geb. Peperkorn - S. 1973 Prof. Univ. Göttingen, s. 1975 Dir. Soziol. Forschungsinst. Göttingen - BV: u. a. Ausb. u. Herrschaft, 1970; Prod. u. Qualifikation, (m. a.) 1974; Sozialpolitik u. Arbeiterinteresse, (m. a.) 1976; Jugend u. Krise, (m. a.) 1983; Zukunft d. Angest., (m. Oberbeck) 1986.

BAETHMANN, Alexander-Joachim

Dr. med., Prof. f. Neurochirurgische Forschung - Porgesstr. 14, 8000 München 60 - Geb. 30. April 1940 Gotha/Thür. (Vater: Hans, Offz.; Mutter: Gertrud, geb. Seydel), ev., verh. s. 1964 m. Maren, geb. Wright, 2 Kd. (Martina, Teresa) - Med. Stud. Univ. München.

BÄTSCHMANN, Oskar

Dr. phil., o. Prof. f. Kunstgeschichte Univ. Bern - Zu erreichen üb. Kunstgeschichtl. Inst. Univ., Hodlerstr. 8, CH-3011 Bern - Geb. 15. Sept. 1943 Luzern/Schweiz - Kunstakad. Florenz; Univ. Zürich (Kunstgesch., dt. Lit., Phil.; Promot. 1975), Habil. 1981 - Forschungstätigk. in Rom, Paris, London - 1978 Konservator Kunstgewerbemus. Zürich; 1980 Präs. Vereinig. d. Kunsthist. in d. Schweiz; 1981 Präs. Nationalkomit. CIHA Schweiz; 1981 Privatdoz. Univ. Zürich; s. 1984 Prof. Freiburg; s. 1988 o. Prof. Gießen; 1990/91 Getty Scholar Santa Monica CA; 1991 o. Prof. Bern. Mitgl. Schweiz. Akad. d. Geisteswiss. - BV: Jackson Pollock, 1971; Bild-Diskurs, 1977; Dialektik d. Malerei v. Nicolas Poussin, 1982; Einf. in d. kunstgesch. Hermeneutik, 1984; Nicolas Poussin: Landschaft m. Pyramus u. Thisbe, 1987; Entfernung d. Natur. Landschaftsmalerei 1750-1920, 1989; Malerei d. Neuzeit (Ars Helvetica, VI), 1989; Nicolas Poussin. Dialectics in Painting, 1990; Eduard Manet: Tod d. Maximilian, 1992.

BÄUERLE, Dieter

Dr., Prof. Angewandte Physik Johannes-Kepler-Univ. Linz - Oberklammerstr. 47, A-4203 Altenberg (T. 07230 - 3 90) - Geb. 2. Mai 1940 - Promot. 1969; Habil. 1973 - 1971-75 Philips-Forschungslabor. Aachen; s. 1973 Lehrtätigk. TU Aachen u. Univ. Osnabrück (1975 Prof. f. Experimentalphysik). 1969/71 Cornell Univ. USA. Mitgl. Council Europ. Physik Ges., Mitgl. im Komitee d. MRS Europa - BV: Vibrational Spectra of Electron and Hydrogen Centers in Ionic Crystals, 1973; Laser Processing and Diagnostics, 1984; Chemical Processing with Lasers, 1986; Laser Processing and Chemistry, 1993. Herausg.: Laser Processing and Diagnostics II, Les Editions de Physique (m. K. L. Kompa u. L. D. Laude, 1986); Interfaces under Laser Irradiation, M. Nijhoff Publishers (m. L. D. Laude u. M. Wautelet, 1987). Mithrsg.: Applied Physics A (s. 1986). Üb. 150 Facharb. u. Pat. - 1984 Adolf-Schärf-Preis f. Wiss.; Christian Doppler Senior Fellowship; 1987-91 wiss. Beirat CNRS, Paris.

BÄUERLE, Dietrich

Dr. phil., Fachautor - Hirzsteinstr. 15, 3500 Kassel (T. 0561 - 3 25 16) - Geb. 11. Aug. 1939 Breslau, kath. - 1960-65 Stud. Politikwiss., kath. Theol., Altphilol. u. Päd.; 1. Staatsex. 1966 Frankfurt; 2. Staatsex. 1967 Kassel, Promot. 1975 Gießen; Vorst.-Vors. Drogenverein Nordhessen - BV: Praxis d. Drogenberat., (m. a.) 1979; Ethisch denken u. handeln, (m. Kramer) 1980; Solidarität, 1980; Alternativer Unterr., 1980; Drogenberat. in d. Schule, 1981; Kriegsdienstverweigerer, 1982; Drogen - Eltern können wirksam helfen, 1983; Totalverweigerung als Widerstand, 1988; Im Kampf gegen d. Drogensucht, 1991.

BÄUERLE, Willi

Stadtrat, MdB (1963-76) - Mödlingstr. 26, 6050 Offenbach/M (T. 83 13 85) - Geb. 24. März 1926 Weinheim/Bergstr., verh., 2 Kd. - Volkssch. - Nach Lehre techn. Zeichner; Soldat (1944-45 Kriegseins.); 1950-61 Gewerkschaftssekr. Weinheim u. Offenbach; ab 1962 hauptamtl. Stadtrat Offenbach. 1956-61 Stadtverordn. Offenbach (1958 Fraktionsf.). SPD s. 1945 (1960-65 Ortsvors. Offenbach).

BÄUERLEIN, Heinz

Dr. phil., Journalist, Bonner Korresp. Bayer. Rundf. - Compbachweg 54a, 5307 Wachtberg (T. 0228-21 30 87) - Geb. 24. März 1929 München, kath., verh. s. 1962 m. Eva, geb. Heinrich, 5 Kd. (Monika, Martin, Julia, Laura, Anna) - Abit., Dt. Journalistensch. München, Univ. München u. Straßburg (Promot.) - 1971-77 Auslandskorresp. ARD-Ferns. in Italien; 1979-82 Lehrbeauftr. (Publiz.) Univ.

Bochum - BV: D. Bayern in Bonn, 1970 - 1973 BVK - Spr.: Engl., Franz., Ital., Span., Russ.

BÄUME, Carlheinz

Dr.-Ing., Dipl.-Ing., Vorstandsmitgl. Steel Props and Mining Equipm. Ltd., London - Wildfängerweg 18, 4100 Duisburg-Rahm - Geb. 27. Juni 1906 Mülheim/Ruhr, verh. (Ehefr.: Helga), Kd. - Stv. ARsvors. Rheinstahl Wagner Werkzeugmaschinenfabr. mbH., Dortmund, Vereinigte Werkzeugmaschinenfabr. AG., Frankf., Wotanwerke GmbH., D'dorf.

BÄUMEL, Anton

Dr. rer. nat., Prof., Ltd. Baudirektor, Leit. Staatl. Materialprüfungsanst. TH Darmstadt - Aspenweg 11, 6101 Messel/Hessen - S. 1978 Honorarprof. f. Korrosion RWTH Aachen.

BÄUMEL, Eduard

I. Bürgermeister - Rathaus, 8495 Roding/Opf. - Geb. 5. Mai 1935 Wiefelsdorf - Zul. Oberlehrer.

BÄUMER, Arno Paul

Dr. h. c., Generaldirektor i.R. stv. AR-Vors. Kapitalbeteiligungsges. d. dt. Versich.-Wirtschaft AG, Düsseldorf, AR Allianz AG Holding, München - Maria-Theresia-Str. 18, 8000 München 80 (T. 089 - 47 34 49) - Geb. 2. Febr. 1920 Hamburg - 1982 Ehrendoktor Univ. Karlsruhe (Wirtschaftswiss.), -senator Univ. Hohenheim - Spr.: Engl. - Rotarier.

BÄUMER, Hans Otto

Minister f. Ernährung, Landw. u. Forsten NRW (s. 1979) - Heidekamp 64, 5620 Velbert - Geb. 26. Dez. 1926 Velbert - Gymn.; 1943-45 Arbeits- u. Wehrdst.; n. Abitur (1948) Stud. Rechts-, Staatswiss., Volksw. - 1953 ff. Gewerkschaftsangest DGB/Landesbez. Nordrh.-Westf. (Leit. Abt. Arbeitsrecht u. -verw.). 1956-67 Ratsmitgl. u. Bürgerm. (1961) Velbert; 1962-67 u. s. 1975 MdL NRW; 1956-67 u. 1975-79 Stadtverordn. in Velbert; 1961-67 Bürgermeister v. Velbert; 1967-75 Reg.-Präs. v. Düsseldorf.

BÄUMER, Hartmut

Regierungspräsident Gießen (s. 1991) - Landgraf-Philipp-Platz 3-7, 6300 Gießen (T. 0641 - 3 03-20 00) - Geb. 1948 Siegen, 2 Söhne (Daniel, Jakob) - Jurastud. - Richter in Offenbach u. Frankfurt; MdL Bayern.

BAEUMER, Kord

Dr. agr., o. Prof. f. Pflanzenbau u. -zücht. Univ. Göttingen - Goßlerstr. 66, 3400 Göttingen - Stud. Landw. - BV: Allg. Pflanzenbau, Lehrb. 1970.

BÄUMER, Remigius

Dr. theol., o. Prof. f. mittlere u. neuere Kirchengesch. Theol. Fak. Univ. Freiburg - Mattenweg 2, 7815 Kirchzarten - Geb. 11. Dez. 1918 Gevelsberg/W. - Priesterweihe 1948 - BV: Nachwirkungen d. konziliaren Gedankens in d. Theologie u. Kanonistik d. frühen 16. Jh., 1971; Martin Luther u. d. Papst, 5. A. 1987; Papstgeschichte (Herderbücherei) 1974, 4. A. 1988; D. Entwickl. d. Konziliarismus, 1976; D. Konstanzer Konzil, 1977; Concilium Tridentinum, 1979; Johannes Cochlaeus, 1980; Reformatio Ecclesiae, 1980 - Lit.: Festschr. Ecclesia Militans. Stud. z. Konzilien- u. Reformationsgesch. R. B. z. 70. Geb., 2 Bde. (1988).

BÄUMER, Walter

Botschaftsrat, Ständige Vertretung d. Bundesrep. Deutschl. b. d. Organisation f. Wirtschaftl. Zusammenarb. u. Entwicklung (OECD) - 5, rue Léonard de Vinci, F 75116 Paris, Frankreich (T. 45 01 73 88; Telex 611 010; Telefax 45 01 73 88; priv. Telefax 46 47 62 28) - Geb. 18. Juni 1928 Siegen (Vater: Wilhelm B., Kaufm.; Mutter: Paula, geb. Keßler), ev., verh. s. 1963 m. Marie-José, geb. Lanneluc-Sanson, 2 Söhne (Lorenz, Cedric) - Gymn.; Stud. d. Staats- u. Rechtswiss. Univ. Würzburg, Köln, London, Tours/Poitier; 1. Jurist. Staatsex. 1953 Köln, Aufn.-Prüf. 1953 u. Diplomat. Konsular. Prüf. d. AA 1957 - S. 1954 Ausw. Dienst (Auslandsposten: Liverpool, Bordeaux, Lagos, Washington, Amman, Wien, Montreal, Tel Aviv); 1957 Legationssekr., 1958 ständ. Vertr. d. Botsch. Lagos, 1968 ständ. Vertr. d. Botsch. Amman, 1960 Legationsrat, 1966 Legationsrat I. Kl., 1969 Botschaftsrat; 1975-79 Generalkonsul. Mitgl. Dt. Ges. f. Ausw. Politik, Bonn, u. Cercle Franco-Allemande, Paris - Art. üb. Weltpolitik u. Völkerrecht - Liebh.: Klass. Musik, Skilaufen, Segeln - Großoffz. d. Unabhängigkeitsordens Jordanien; Gr. Silb. Ehrenz. f. Verdienste um d. Rep. Österr.; 10 × Gold. Sportabz.; Ehrenpräs. Dt. Schulverein Montreal, P.Q., Kanada - Spr.: Engl., Franz.

BÄUMER, Willem

Prof., Architekt - Raalandsweg 2, 2000 Hamburg 56 - Geb. April 1903 Köln - TH München, Hannover, Stuttgart, Dipl.-Ing. 1928 - 1932 Leit. e. Planungsabt. Rhenania-Ossag, Düsseldorf/Hamburg, 1932-35 Assist. TH Stuttgart (Lehrstuhl f. Baukonstruktionen), 1935-36 fr. Arch., 1936-39 Prof. f. Baukonstruktionen u. Entwerfen Hochsch. f. Baukunst Weimar, bis 1965 Dir Bausch. d. Hansestadt Hamburg. Ausgef. Bauten: u. a. Verw.sgebäude Bausparkasse Leonberg, Berufs- u. Realsch. Bocholt, Kreishaus Meldorf, Krankenhäuser Vaihingen, Rüsselsheim, Großhansdorf, St.-Josefs-Hospital Wiesbaden, Kreiskrankenhäuser Kaltenkirchen, Itzehoe, Preetz.

BÄUMLER, Christof

Dr. theol., Prof. f. Prakt. Theologie - Römerhofweg 28, 8046 Garching/Obb. (T. München 3 29 11 70) - Geb. 13. März 1927 Bad Kissingen, ev. - 1945-49 Univ. Tübingen (Promot. 1959; Diss.: D. Begriff d. Geschichte in d. Theol. Karl Barths) u. Erlangen - 1949-53 Vikar Weiler/Allg., 1953-58 Religionslehrer u. Studienrat Kempten/Allg., 1958-61 Bezirksjugendpfr. München, 1961-70 Leit. Studienzentrum f. ev. Jugendarb. Josefstal/Schliersee, seither Ord. u. Institutsvorst. Univ. München.

BÄUMLER, Ernst

Dr. med. h. c., Autor - Nördl. Münchner Str. 18 E, 8022 Grünwald (T. 089 - 64 91 56) - Geb. 26. Jan. 1926 München (Vater: Alois Bäumler, Beamt.; Mutter: Olga, geb. Auhuber), verh. m. Annette, geb. Oertel, 3 Kd. (Ruth, Reinhard, Eva) - Präs. d. Ges. d. Freunde Paul Ehrlichs - BV: D. maßlose Molekül (mehr. Spr.); Verschwörung in Schwabing (Lenin in München); Amors vergifteter Pfeil; Paul Ehrlich - Forscher f. d. Leben, 1979; D. Rotfabriker, 1988; Farben, Formeln, Forscher - E. Geschichte d. industriellen Chemie in Deutschland, 1989; D. großen Medikamente, 1992; div. Publik. üb. Medizin - Mitgl. Rotary-Club; BVK.

BÄUMLER, Friedrich

Dr. phil., Prof., Psychologe - Beethovenstr. 26, 7417 Pfullingen (T. Reutlingen 7 26 10) - Geb. 7. Febr. 1916, ev., verh. s. 1954 m. Hannelore, geb. Pawlecki, 2 Kd. - Univ. Tübingen (Psych., Päd., Phil.) - Doz. Päd. Hochsch. Weingarten; Studienrat im Hochschuldst. Univ. Tübingen; s. 1962 Doz. u. Prof. (1966) Ph Reutlingen - BV: Mehrdimensionale Stottererbehandlung, 1957; D. Musikerziehung in d. Grundschule, 2. A. 1966; Beitr. zu e. Psych. d. Neuen Oberstufe, 1966; Zwölfhundert Jahre Dorfgeschichte (Herausg.), 1972; Grundfragen d. modernen Entwicklungspsychologie, 1974.

BÄUMLER, Hans

Konsul, Kaufmann, Vorstandsvorsitzender GFT Bäumler AG - Friedrich-Ebert-Str. 86, 8070 Ingolstadt - Stv. Vors. d. Dt. Haka-Verb.; Vorst.-Mitgl. d. Verb. d. Bayer. Bekleidungsind., d. Verb. d. Bayer. Bekleidungsind. VAB; Beirat Bayer. Hypotheken- u. Wechselbank Gerling-Versich.gruppe; Kgl. Marokk. Honorar-Konsul f. d. Freistaat Bayern.

BÄUMLER, Hans Jürgen

Schauspieler - Kirchenweg 36, 6930 Eberbach - Geb. 28. Jan. 1942 Dachau (Vater: Max B.; Mutter: Anni, geb. Müllner) kath., verh. s. 1974 m. Marina, geb. Engelmann, 2 Söhne (Christoph-Arist, Bastian) - Gymn. (Mittl. Reife) - BV: Eislaufschule, 1980 - Insz. Csardasfürstin auf Eis; Rolle: Salto Mortale (TV); viele Bühnenrollen. FS: RISKANT (täglich, RTL plus) - Silber-Lorbeer; Gold. Band d. Sportpresse; Gold. Leinwand Film - Liebh.: Tennis, Schmalfilm, antike Möbel, Eiskunstlaufen (m. Marika Kilius) - 6 Europa-, 2 Weltmeisterschaften, 2 Silbermed. Olymp. Winterspiele - Spr.: Engl., Franz.

BÄUMLER, Lothar

Dr. oec. publ., Dipl.-Kfm., Vorstand Erste Bayer. Basaltstein AG (s. 1970) u. Bayer. Hartstein Ind. AG (s. 1978) - Steinmühle 14, Postf. 1340, 8596 Mitterteich (T. 09633 - 10 42) - Geb. 1. Aug. 1939 Pressath (Vater: Franz B., Polizist; Mutter: Maria, geb. Kiener), kath., verh. s. 1965 m. Brigitte, geb. Beck, 4 Kd. (Marion, Klaus, Sabine, Susanne) - Abit.; Stud. Betriebswirtsch., Dipl.-Kfm. 1964, Promot. 1966 - 1968 Steuerberat., s. 1970 Vorstand, u.a. Präs. Bayer. Industrieverb. Steine & Erden, München, Vors. d. Ind.- u. Handelsgremium, Weiden, u. d. Dt. Naturstein-Ind., Bonn, AR Nordbayer. Basaltunion, Vorst. Berufsgenoss. Steine u. Erden, Geschäftsf. Basaltwerk Pechbrunn, Kalksteinwerk Vilshofen GmbH, Kalksteinwerk Schonungen GmbH, Steinbruchbetrieb Zeilberg, Kieswerk Enghausen, Porphyrwerk Hirschbach, Rohstoff-Beteiligungsges. Maroldsweisach - Liebh.: Tennis - Spr.: Engl., Franz.

BAEYER, von, Wanda,

geb. v. Katte

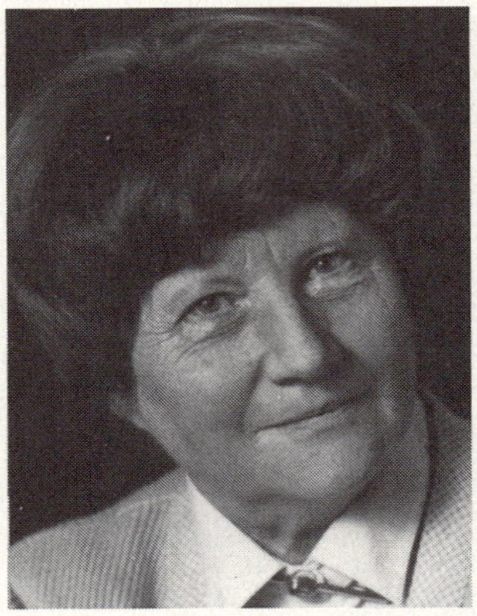

Dr. phil., Sozialpsychologin, Gründungsmitgl. d. Sekt. Pol. Psych. im Berufsverb. dt. Psychologen (BDP) - Bergstr. 58, 6900 Heidelberg (T. 4 51 06) - Geb. 27. Juni 1911 Berlin, ev., verh. s. 1936 m. Prof. Dr. med. Walter Ritter v. B., 3 Kd. - 1968-89 Mitgl. Heidelberger Stadtrat - BV: D. Zerstörende in d. Politik, 1958; Angst, 1971 (m. a.), Gruppenprozesse – Analysen zum Terrorismus Bd. 3, 1982 (m.a.). Fachaufs.

BAGANZ, Horst

Dr.-Ing., Prof., Geschäftsführer - Kirchenstr. 24, 2082 Moorrege/Holst. (T. 8 15 50) - Geb. 24. Mai 1921 Berlin (Vater: Willy B., Kaufm.; Mutter: Gertrud, geb. Langenick), verh. s. 1961 m. Lore, geb. Möller - Promot. (1949) u. Habil. (1955) Berlin - S. 1955 Lehrtätigk. TU Berlin (gegenw. apl. Prof. f. Organ. Chemie). Mitgl. Ges. Dt. Chemiker, Ges. Dt. Naturforscher u. Ärzte, Max-Planck-Ges., American Chemical Soc., Lions-Club. 3 Patente (BP 1 025 415; Verfahren z. Herst. v. 2-Aldehyden d. Benzimidazol-Reihe, BP 1 124 043; Verf. z. Herstell. v. opt. aktiven a-Amino-ß-halogen-propionsäure-estern, BP 1 254 138; Verf. z. Herstell. v. a-Keto-aldehydacetalen u. d. entsprech. Aldehyden). Rund 80 Fachveröff. - Liebh.: Jagd, Tennis, Orchideenzucht.

BAGGE, Erich

Dr. rer. nat., em. Prof. u. Direktor a. D. Inst. f. Reine u. Angew. Kernphysik Univ. Kiel (1957) - Roonstr. 9, 2300 Kiel (T. 33 23 89) - Geb. 30. Mai 1912 Neustadt b. Coburg, ev., verh. m. Herta, geb. Neulinger, 3 Kd. - Realgymn. Sonneberg/Thür.; TH München (Dipl.-Phys. 1935) u. Univ. Leipzig (Promot. 1938). Habil. 1941 Leipzig - 1937 Assist. Inst. f. Theoret. Phys. Leipzig (Notgem. d. dt. Wiss.), 1941 wiss. Assist. Kais.-Wilh.- bzw. Max-Planck-Inst. f. Phys., Berlin u. Göttingen, 1948 ao. Prof. u. Abt.leit. Physikal. Staatsinst. Hamburg. 1956 Mitgl. Dt. Atom-Kommiss., Geschäftsf. Ges. f. Kernenergieverwert. in Schiffbau u. -fahrt, Leit. Reaktorstation Geesthacht. Entwicklung Isotopenschleuse z. Trennung v. Isotopen (1941-43); Erste Entwicklg. d. elektron. gesteuerten Funkenkammer (1954/55) - BV: Ursprung u. Eigensch. d. kosm. Ultrastrahl. (in: Ergebn. d. exakten Naturwiss., Bd. 22); Jahrb. d. Studienges. f. Kernenergieverwert. in Schiffbau u. -fahrt (1957, 59, 64); V. d. Uranspalt. b. Calderhall (Rowohlt Dt. Enzyklopädie); D. Nobelpreisträger d Physik; D. Expansion d. Kosmos u. d. Entsteh. d. Ultrastrahl. (Thiemig-Taschenb., Bd. 29); Welt u. Antiwelt als physikalische Realität. Wiss. u. Bildung, 1990.

BAHKE, Erich

Dr.-Ing. Dr.-Ing. E. h., o. Prof. Inst. f. Fördertechnik Univ. Karlsruhe (s. 1966) - Marstallstr. 32, 7500 Karlsruhe-Durlach.

BAHLE, Heinz

Vorstandsmitglied Martin Brinkmann AG., Bremen - Kattenescher Weg 49c, 2800 Bremen 61.

BAHLMANN, Jens

Dr. med., Prof f. Inn Medizin, Med. Klinik Krankenhaus Oststadt, Med. Hochschule Hannover - Podbielskistr. 380, 3000 Hannover 51.

BAHLMANN, Kai

Ministerialdirektor a.D., ehem. Richter am Gerichtshof d. Europ. Gemeinschaften.

BAHLS, Gerhard

Vorstandsmitglied Union Actien-Ges. f. Versich., Hamburg - Rathausstr. 12, 2000 Hamburg 1 (T. 040 - 33 97 32 47) - Geb. 16. Aug. 1934 Insterburg/Ostpr. (Vater: Dr. jur. Martin B., Landgerichtsdir.; Mutter: Gertrud, geb. Maurer, Zimkendorff), ev., ledig.

BAHLSEN, Hermann

Pers. haft. Gesellschafter H. Bahlsens Keksfabrik KG, Vors. Bundesvereinig. d. Dt. Ernährungsind. (s. 1986) - Podbielskistr. 289, 3000 Hannover 51.

BAHMANN, Werner

Dr.-Ing., o. Prof. Ing.-Hochschule Berlin (s. 1988) - Spreeufer 4, O-1020 Berlin (T. 212 35 41) - Geb. 11. Juni 1930 Oelsnitz, verh. s. 1957 m. Else, geb. Krtschil, 2 Kd. (Cornelia, Jens) - Mechaniker; Stud. Werkzeugmasch., Dipl.-Ing. 1956, Promot. 1963, alles TU Dresden - 1966-87 Dir. f. Erzeugnisentw. Berliner Werkzeugmasch.fabrik (BWF); 1979-87 Hon.-Prof. f. Werkzeugmasch. TU Dresden, s. 1988 o. Prof. Berlin. S. 1983 Vors. d. Kammer d. Technik in Berlin - 1975 Nationalpreis f. Wiss. u. Technik der ehem. DDR - Liebh.: Malerei - Spr.: Engl.

BAHNE, Siegfried
Dr. phil., Prof. f. Neuere Geschichte unt. bes. Berücks. d. Gesch. d. Sozialismus u. d. Arbeiterbeweg. Univ. Bochum - Haardblick 19, 4350 Recklinghausen - Geb. 23. März 1928 Bönen/W. (Vater: Emil B., Bauf.; Mutter: Margarete, geb. Schmidt), ev., verh. s. 1966 m. Ursula, geb. Menzel, 2 Kd. (Wolfgang, Cordula) - Hittorf-Gymn. Recklinghausen; Univ. Bonn u. Münster (Staatsex. 1955). Promot. 1959 Heidelberg; Habil. 1971 Bochum - 1960-65 Intern. Inst. f.Sozialgesch. Amsterdam; 1965-70 DFG - BV: Origines et débuts des partis communistes des pays latins (1919-23), 1970; D. Freiherren Ludwig u. Georg Vincke im Vormärz, 1975; D. KPD u. d. Ende v. Weimar, 1976; Les partis communistes des pays latins et l'Intern. Communiste dans les années 1923-27 (Hg.), 1983; Partis communistes et l'Internationale Communiste dans les années 1928-32 (Hg.), 1988. Zahlr. weit. Publ. - Spr.: Niederl., Engl., Franz.

BAHNER, Ludwig
Fabrikant, gf. Gesellsch. Ludwig Bahner GmbH. (Siebenpunktwerk) - 7831 Mundlingen/Br. - Geb. 11. Sept. 1907.

BAHNS, Jörn
Dr., Direktor Kurpfälz. Museum d. Stadt Heidelberg - Hauptstr. 97, 6900 Heidelberg - Stud. Univ. Würzburg, München, Freiburg, Hamburg; Promot. 1969 - 1969-78 German. Nationalmuseum Nürnberg (Volontär, wiss. Angest., s. 1974 Leit. d. Abt. Kunst ab 1800); 1978 Museumsdir. Heidelberg - BV: Johannes Otzen 1839-1911, 1971; Biedermeiermöbel, 1979, 3. A. 1985; Heidelberg um 1900, 1986; Zw. Biedermeier u. Jugendstil. Möbel d. Historismus, 1987. Fachveröff. in Ztschr. u. Ausst.katalogen.

BAHR, Albert
Dr.-Ing., Abteilungsvorsteher, Prof. f. Abwassertechnik u. Aufbereit. TU Clausthal - Daniel-Flach-Str., 3392 Clausthal-Zellerfeld.

BAHR, Egon
Bundesminister a. D., MdB (1972-90; Wahlkr. 1), Abrüstungsbeauftragter d. SPD - Bundeshaus, 5300 Bonn - Geb. 18. März 1922 Treffurt/Thür. (Vater: Studienrat), ev., verh. s. 1945 m. Dorothea, geb. Grob, 2 Kd. (Wolfgang, Marion) - Gymn. Torgau u. Berlin (Friedenau; Abitur) - 1941-45 Lehre u. Dienstverpfl. (1944) Borsig, dazw. 1942-44 Wehrdst. (Fahnenj.), 1945-59 Mitarb. Allg. Ztg., D. Neue Ztg. (b. 1948). D. Tagesspiegel (b. 1950), RIAS Berlin (zul. Kommentator Bonn), 1960-66 Leit. Presse- u. Informationsamt d. Landes Berlin, 1967-69 Ministerialdir. Ausw. Amt, Bonn (Botschafter z. b. V.; Leit. Planungsstab), seither Staatssekr. (Bundesbevollm. f. Berlin) u. Bundesmin. f. bes. Aufg. (1972) Bundeskanzleramt ebd.; 1974-76 Bundesmin. f. wirtschaftl. Zusammenarb.; 1977-81 Bundesgf.; s. 1981 Vors. UA-Abrüstung u. Rüstungs-Kontrolle Dt. Bundestag, s. 1984 (Sept.) Dir. Hbg. Inst. f. Friedensforsch. u. Sicherheitspolitik - SPD s. 1957 - BV: Was wird aus den Deutschen?, 1982; Z. Europäischen Frieden, 1988. Herausg.: Vorwärts (1981ff.) - 1973 Friedenspreis Freda-Wüsthoff-Stiftg., 1973 Gr. BVK, 1975 Stern u. Schulterbd. dazu; 1974 Mitgl. dt. PEN-Zentr.; 1976 Theodor-Heuss-Preis; 1982 Gustav-Heinemann-Bürgerpr. - Liebh.: Musik (Klavier), Malerei (bes. Chagall), Frachtschiffsreisen - Spr.: Engl., Franz.

BAHR, Rudi
Städt. Oberverwaltungsrat a. D., MdL Nordrh.-Westf. (s. 1966, SPD) - Leonhard-Stinnes-Str. 70, 4330 Mülheim/Ruhr - Geb. 11. Sept. 1920 Stettin, verh., 3 Kd. - Realsch.; kaufm. Lehre (Ind.); Verw.ssch. - 1938-45 Wehr- u. Kriegsdst. Zul. stv. Leit. Schulamt Duisburg.

BAHR, Wolfgang Manfred
Geschäftsführender Gesellschafter AA-Auskunfts-Agentur u. Detektei Max Schimmelpfennig GmbH - Kufsteiner Str. 10, 1000 Berlin 62 (T. 030 - 854 60 89/80) - Geb. 27. Dez. 1940 Berlin, verh. s. 1985 in 2. Ehe m. Annett-Susann, geb. Filon, 3 Kd. (Ralf, Bodo, Yvonne aus 1. Ehe) - Buchdrucker u. Kaufm. - Liebh.: Sport, insb. Reitsport (da selbst Reiter) - Spr.: Engl., Franz.

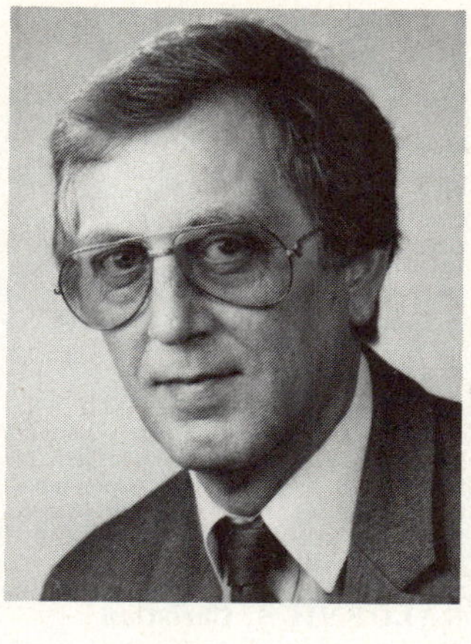

BAHRDT, Hans-Paul
Dr. phil., o. Prof. u. Direktor Soziol. Sem. Univ. Göttingen (s. 1962) -Ludwig-Beck-Str. 17, 3400 Göttingen (T. 2 22 26) - Geb. 3. Dez. 1918 Dresden (Vater: Prof. Dr. med. Hans B.; Mutter: Ida, geb. Maßmann), ev. luth., verh. m. Brigitte, geb. Lüders, 3 Kd. (Michael, Johannes, Bettina) - 1945-52 Univ. Göttingen u. Heidelberg. Promot. 1952 Göttingen; Habil. 1958 Mainz - Zul. ao. Prof. f. Sozialwiss. TH Hannover (1959 ff.) - BV: Industriebürokratie, 1958; D. mod. Großstadt, 1961; Wege z. Soziol., 1966; Humaner Städtebau, 1968; m. a.: Technik u. Ind.arb. (m. and.), 1957; D. Ges.sbild d. Arbeiters, 1957; Wissenschaftssoziologie - ad hoc, 1971; Umwelterfahrg., 1974; Grossratenbriefe, 1982; m. and.: V. d. Drehbank z. Computer, 1970 - Liebh.: Bildende Kunst - 1969 Heinrich-Plette-Preis; 1979 Fritz-Schumacher-Preis - Bek. Vorf.: Carl Friedrich B., 1741-92.

BAHRO, Beatrice
Bildungsreferentin, Buchautorin (Ingermann) - Zu erreichen üb. Lernwerkstatt, Brunnenstr. 1, 5531 Niederstadtfeld (T. 06596 - 5 51) - Geb. 31. Dez. 1954, verh. s. 1988 m. Dr. Rudolf Bahro, Schriftst. u. Regimekritiker, T. Hannah - 1976-78 Entwicklungshelferin in Malaysia; 1979-80 Arb. in vietnames. Flüchtlingslagern in Malaysia; Entwicklungspolit. Öffentlichkeitsarb.; Aufbau d. Lebensgemeinsch.: Ökologische Akad. f. Eine Welt, Lernwerkstatt e.V. in Niederstadtfeld/Eifel (Ökologie, Politik, Spiritualität), dort Leiterin d. Tagungsstätte - BV: E. lange Reise, Jugendb. 1981, TB 1983; Teegrün ist mein Land, Jugendb. 1984, Neuaufl. 1989; 1982 2x Preis im Wettbew. f. entwicklungspolit. Kurzgesch. - Liebh.: 3. Welt in d. Kinder- u. Jugendlit., Entwicklungspolitik, Batik, ganzheitl. Leben, Lernen u. Arbeiten.

BAHRO, Horst
Dr. jur., Ltd. Ministerialrat a. D., o. Prof. f. Politikwissenschaft PH Rheinland/Abt. Köln - Grafenwerthstr. 8, 5000 Köln 41.

BAHRO, Rudolf
Dr. phil. habil., ao. Prof. f. Sozialökologie Humboldt-Univ. Berlin (s. 1990), Schriftsteller - Hauptstr. 15, 5531 Niederstadtfeld - Geb. 18. Nov. 1935 Bad Flinsberg/Isergebirge, verh. s. 1988 m. Beatrice, vorh. Ingermann, 4 Kd. (Sylvia, Andrej, Bettina aus 1. Ehe, Hannah) - 1954-59 Stud. Phil. Univ. Berlin (DDR); Promot. 1980 Hannover; Habil. 1983 ebd. - 1959-77 Partei-, Gewerkschafts- u. Wirtsch.-Funktionär in d. DDR, 1977-79 dort inhaftiert wegen Veröff. e. regimekrit. Buches in d. BRD. 1979 Übersiedl. BRD, 1989 noch einmal Bürger d. DDR - 1980 Gründungsmitgl. d. Grünen (1982-84 Bundesvorst.). 1985 Parteiaustr. S. 1988 Lernwerkstatt Niederstadtfeld/Eifel - BV: D. Alternative. Z. Kritik d. realexist. Sozialismus, 1977 (in viele Spr. übers.); Logik d. Rettung. Wer kann d. Apokalypse aufhalten. Üb. d. Grundlagen ökol. Politik, 1987; Rückkehr In-Weltkrise als Ursprung d. Weltzerstörung, 1991 - 1979 Isaac-Deutscher-Memorial-Price London; 1980 Carl-v.-Ossietzky-Med. Berlin-West - Inter.: Musik, Phil., Weltgesch., Religion, Kommunismus.

BAHRS, Uwe
Dr.-Ing., Dr. sc. techn., Prof., Honorarprof. f. Automatisierungstechnik Humboldt-Univ. Berlin (s. 1988) - Str. 33, Nr. 26, O-1122 Berlin (T. 674 29 85) - Geb. 14. März 1938 Hamburg, verh. s. 1963 m. Ursula, geb. Liebsch, T. Katrin - 1956 Abit., Dipl.-Ing. 1962; Promot. 1971 TH Ilmenau, u. 1986 Univ. Berlin - 1988 Prof.; wissenschaftl. Bereichsleit. - Div. Pat. u. wissenschaftl. Publ. - Liebh.: Geschichte d. 19 Jh., Lit.- u. Technikgesch. - Spr.: Engl.

BAIER, Arnold-Herbert
Hauptgeschäftsführer Verein Rhein.-Westf. Zeitungsverleger - Zu erreichen üb. Verein Rhein.-Westf. Zeitungsverleger, Schadowstr. 39, 4000 Düsseldorf; priv.: Brosweg 5, 4300 Essen.

BAIER, Bernhard
Staatssekretär a.D. Nieders. Minist. d. Innern (1978-82) - Duisburger Str. 14, 3000 Hannover (T. 88 03 93) - Geb. 12. Aug. 1912 Hannover (Vater: Louis B., Prokurist; Mutter: Adele, geb. Menneke), verh. s. 1940 m. Trude, geb. Meyer, 2 Kd. (Ingrid, Jürgen) - Univ. Heidelberg, Berlin, Göttingen (Rechts- u. Staatswiss.) - 1945-55 Dezern. u. Abt.-leit. Reg. Hannover, 1955-61 Ref. (Min.-rat) u. stv. Abt.leit. nieders. Innenmin., 1961-65 Reg.vizepräs. Hannover, 1965-72 Abt.leit. (Min.dirig.) nds. Innenmin.; s. 1973 Reg.Präs. v. Hannover; Mitgl. Präsid. NOK f. Dtschl.; Vorstandsmitgl. Organisationskomitee f. d. Spiele d. XX. Olympiade in München 1972 u. Vors. Sportaussch. - Ehrenpräs. Dt. Schwimm-Verb. - Liebh.: Schwimmsport (Mitgl. SV Wasserfreunde v. 1898 Hannover; Silbermed. Olymp. Spiele 1936 u. Europameistersch. 1938 Wasserball, 1936-38 u. 1948 Dt. Wasserballm., 44 x dt. Nationalmannsch.) - 1972 Gr. BVK, 1984 Stern dazu; 1977 Gr. Nieders. Verdienstkr.; 1986 Olymp. Orden d. Intern. Olymp. Komitees.

BAIER, Franz
Erster Kreisbeigeordneter - Waldststr. 35, 3508 Melsungen/Hessen - Geb. 1. Sept. 1919 - Versch. Mandate, b. 1974 Landrat Kr. Melsungen - 1973 BVK I. Kl.

BAIER, Fritz
Oberbürgermeister - Knopfweg 20, 6950 Mosbach/Baden - Geb. 2. Juni 1923 Chmeleschen/Sudetenl., kath., verh. s. 1947 m. Doris, geb. Schäfer, 6 Kd. - Handelsakad. Teplitz-Schönau - 1942-45 Wehrdst. (Luftw.), 1956-76 MdB - CDU.

BAIER, Hans
Dipl.-Sozialw., Univ.-Prof. f. Arbeits- u. Betriebssoziologie Univ.-GH Siegen - Bruchstr. 25, 5900 Siegen.

BAIER, Herwig
Dr. phil., Prof. f. Sonder-Pädagogik Univ. München - Willy-Böhmer-Str. 2, 8110 Murnau am Staffelsee (T. 08841 - 28 29) - Geb. 6. Juni 1935 Lubenz - 1978-83 Prodekan, 1983-87 Dekan Fak. f. Psych. u. Päd. München - BV: D. Freizeitverh. d. Volksschullehrers, 1972; Empir. Lernbehindertenpäd., 1978; Einf. in d. Lernbehindertenpäd., 1980; Schulen für Behind. im Sudetenland; Unterrichtsorganisation an Schulen f. Behind., 1988; Sonderschullehrer/Sonderschullehrerin, Blätter z. Berufskunde, Bd. 3 1991. Herausg. u. Mitherausg. zahlr. Sammelbde.

BAIER, Horst
Dr. med., o. Prof. f. Soziologie Univ. Konstanz (s. 1975) - Renkenweg 9, 7750 Konstanz (T. 07531 - 3 29 90) - Geb. 26. März 1933 Brünn/Mähren - verh. s. 1959 m. Almuth, geb. Gudden, 4 Kd. (Sigrun, Herwig, Wiltrud, Wolfram) -1952-59 Stud. Med., Philos. u. Sozialwiss. Erlangen, Berlin, München; 1959 med. Staatsex. u. Promot., Approb. 1961; 1961-69 Mitarb. Sozialforsch.stelle Dortmund; 1969 Privatdoz. f. Soziol. Univ. Münster u. o. Prof. f. Soziol. u. Sozialpäd. PH Münster; 1970 o. Prof. f. Soziol. u. Philosophie Univ. Frankfurt - Mitgl. Allg. Ges. f. Philos. in Deutschl., Goethe-Ges., Dt. Ges. f. Allg.med., Ges. dt. Naturforscher u. Ärzte.

BAIER, Manfred
Dr. rer. nat., Biologe, Filmautor, Regisseur - Untere Hart 62, 6703 Limburgerhof (T. 06236 - 8 83 50) - Geb. 9. Febr. 1936 Dresden (Vater: Otto B., StudR; Mutter: Wera, geb. Sperling), ev., verh. m. Erika, geb. Reinhardt, 3 Kd. (Stephanie, Friederike, Katharina) - Hum. Gymn. (Abit.); Stud. d. Biologie u. Chemie Univ. Münster; zul. Dokumentarfilmer, Regiss. u. Autor intern. preisgekrönter Filme u. a.: Um Jahrmillionen voraus (1975 Grand Prix Montreux, Intern. Ind.film Festival; 1976 Oscar-Nomination u. Dt. Ind.filmpreis; Das Grüne Feuer; 1977 Grand Prix Berlin, Intern. Ind.film Festival u. Dt. Ind.-filmpreis 1977); D. Schmetterlinge Liebesgrüße (Grand Prix Intern. Ind.film Festival Berlin 1984, Dt. Wirtschaftsfilmpreis); Ikarus 2000 (Grand Prix Intern. Film- u. Videofestival Zürich 1986); Wenn Moskitos baden gehen (Intern. Ind.filmpreis Wien 1987); Zeitsignale (Intern. Ind.filmpreis Dublin 1988) - Liebh.: Tennis, Pferdesport, Musik - Spr.: Engl., Russ.

BAIER, Walter
Fabrikant, Ges. u. ARvors. Webasto-Werk W. Baier GmbH & Co., Stockdorf - Forst-Kasten-Str. 5, 8035 Gauting 2/ Obb. - Geb. 24. März 1907 Eßlingen (Vater: Fabr.), verh. m. Paula, geb. Settler - Ing. - S. 1932 väterl. Untern. - 1972 Bayer. VO.

BAIER, Walter
Dr. theol., Dr. habil., Univ.-Prof. f. Kath. Dogmatik Univ. Augsburg - Römerweg 5, 8934 Großaitingen (T. 08203 - 13 57) - Geb. 9. April 1936 Glashütten/ Böhmen, kath., ledig - 1957-63 Stud. Phil. u. Theol. Univ. Regensburg; Promot. 1977 Regensburg; Habil. 1983 Augsburg - 1963-77 Seelsorgertätigk.; 1978-84 wiss. Assist. am Lehrst. f. Dogmatik Univ. Augsburg; s. 1988 Prof. f. Dogmatik ebd. - BV: Unters. zu d. Passionsbetrachtungen in d. Vita Christi d. Ludolf v. Sachsen, 1977; D. Kirche als Fortsetzung d. Wirkens Christi. Unters. zu Leben u. Werk u. z. Ekklesiologie d. Münsteraner Dogmatikers Anton Berlage (1805-81), 1984. S. 1984 Fachleitg. f. Hagiographie u. Teile d. Dogmengesch. im Marienlexikon, Bd. 1 1988 - Liebh.: Reisen, Schwimmen, Wandern - Spr.: Engl., Latein, Ital., Span., Griech., Niederl.

BAILER, Balthasar
Dipl.-Volksw., Hauptgeschäftsführer IHK Fulda - Otfr.-von-Weißenburg-Str. 57, 6400 Fulda (T. Büro: 710 24 26) - Geb. 24. Juli 1909.

BAILEY, Charles-James N.
Ph.D., D.Min., em. Prof. f. Anglistische u. Allgemeine Linguistik - Moani Lehua Gardens, P.O. Box 1416, Kea'au, Hawai'i 96749, USA - Geb. 2. Mai 1926 Middlesboro/USA (Vater: Charles W., Bankier; Mutter: Mary Elizabeth, geb. Nice), orth., ledig - Univ. Basel, Vanderbilt, Cambridge, Harvard, Chicago, u. a. - Lehrtätigk. u. a. Hawaii, Michigan, Georgetown; Gastprof. Johannes-

burg, Brunei; 1974-91 TU Berlin - Entd. Variationstheorie in d. Linguistik - BV: Zahlr. Veröff. s. 1950; u. a. Variation u. linguist. Theorie, 1973; Conceptualizing dialects as implicational constellations, Dialekt u. Dialektol., 1980; English Phonetic Transcription, 1985; The yin and yang nature of language, 1982; Essays on time-based linguistic analysis, 1992 - Div. Ehrungen, Gastvorles. u. Mitgl.sch., u. a. Membre corresp. académie européenne des sciences, des arts et des lettres, Life fellow Netherlands Inst. f Advanced Research in the Humanities and Soc. Sciences. 1985-86 Forchheimer (guest) professorship, Jerusalem - Liebh.: Gärtnerei, Tauchen - Spr.: Engl. (Mutterspr.), Altgriech.

BAISCH, Christa (Cris)
geb. Schauffele

Dipl.-Ökonomin, Autorin - Angerweg 4, 5020 Frechen 4 (T. 02234 - 6 33 60) - Geb. 23. Nov. 1946 Stuttgart, ev., verh. s. 1970 m. Dr. Helmut B., 3 Kd. (Milena, Anja, Janko) - Stud. Wirtschaftswiss.; Dipl. 1973 Bochum - Zeitungsvolont. - BV: D. kl. Wolke, d. mal rennen wollte, 1985; D. Strom ist weg, 1986; Als d. Mond spazieren ging, 1986; Onkel, Tante u. alle Verwandte, 1990; Wenn der Hefeteig spazieren geht, 1990. D. Rechte d. Kindes, 1991. Hörsp.: Hat Maria Weihnachtsplätzchen gebacken; u.

BAISCH, Hans Frieder

Verleger u. Chefredakteur Pirmasenser Zeitung - Gärtnerstr. 20, 6780 Pirmasens (T. 06331 - 80 05-0) - Geb. 7. April 1937, verh. - Akad. f. d. Graph. Gewerbe München; Dt. Journalistenschule München - Chefredakt. Pirmasenser Ztg. - 1980 BVK; 1990 BVK I. Kl.; 1985 Theodor-Wolff-Preis; 1986 Wächterpreis d. Tagespresse - Liebh.: Neue Medien u. Reisen.

BAITSCH, Helmut
Dr. med., Dr. rer. nat., o. Prof. f. Humangenetik u. Anthropologie - Am Hochsträß 8, 7900 Ulm/D. - Geb. 21. Nov. 1921 Spessart/Baden (Vater: Otto B., Lehrer), verh. m. Brigitte, geb. Eyerich, 4 Kd. - 1958-61 Privatdoz. Univ. München (Konservator Anthropol. Staatssamml.); seither Prof. Univ. Freiburg/Br. (1967 Ord.; 1966 ff. Rektor) u. Ulm (1970-75 Rektor). 1961-65 Präs. Dt. Ges. f. Anthropol.; 1968/69 u. 1973-75 Vors. Landesrektorenkonfz. Baden-Württ.; 1968-72 Mitgl. Senat Dt. Forschungs-Gemeinsch. Div. Fachveröff.

BAKELS, Frederik
Dr. agr., Dr. med. vet., o. Prof. f. Haustiergenetik - St.-Hubertus-Str. 2, 8042 Oberschleißheim/Obb. - Geb. 14. April 1925 Amsterdam/Niederl. (Vater: Hendrik B.; Mutter: Hanna, geb. Bruns), verh. m. Christine, geb. Stürmer - S. 1963 (Habil.) Privatdoz., ao. (1966) u. o. Prof. (1972) Tierärztl. Fak./Univ. München (Vorst. Inst. f. Haustiergenetik).

BAKEMA, Jacobus B.
Prof., Leiter Sem. f. Städtebau Kunsthochsch. Hamburg - Zu erreichen üb.: Lerchenfeld 2, 2000 Hamburg 22 - Arch. - 1971 ao. Mitgl. Akad. d. Künste Berlin.

BAKKER, Franz Joachim
Dr. phil., Dipl.-Psych., Prof. f. Päd. Psychologie Pädagogische Hochschule Ludwigsburg - Kusatsustr. 39, 7120 Bietigheim-Bissingen (T. 5 13 96) - Stud. Psych. u. Päd. Göttingen u. Bonn - 1956 Lehrer, 1967 Hochschullehrer.

BALATSCH, Norbert
Prof., Leiter Bayreuther Festspielchor (s. 1971), b. 1984 Chordir. Wiener Staatsoper - Stiegengasse 2/7, A-1060 Wien.

BALD, Klaus
Jurist, Botschafter d. Bundesrep. Deutschl. in Niger, Leit. d. Ref. Goethe Inst. - B.P. 629, Niamey/Rep. Niger (T. 72 25 34-72 35 10; 0228 - 17 - 22 34, 24 65) - Geb. 16. Febr. 1936 Hagen - Jurastud., Refer.- u. Ass.-Ex. - Ausl.-Tätigk. in Botsch. Nikosia, Dacca, Buenos Aires; zul. stv. Sprecher Ausw. Amt, Bonn - Spr.: Engl., Franz., Span., Griech., Ital.

BALD, Nanette
Lyrikerin, Moderatorin - Agnesstr. 60, 8000 München 40 (T. 089 - 129 21 67) - Geb. 3. Dez. 1920 Berlin-Hermsdorf (Vater: Karl Knauft, Schriftst.), ev., verh. s. 1952 m. Werner B., T. Verena-Charlotte - Lektorin, Regie-Stud. in München - Lyrikerin, fr. Journ.; Leitg. d. ELK (Ernster Lyrik Kreis), Programmgestaltg. d. Katakombe, beides München; Kollektiv- u. Einzel-Ausst. - BV: Spiralen, 1976; Schwabinger-Blätter, 1985. Herausg.: ELK-Anthol. m. 55 Autoren im: Seiltanz (1990) - Leit. d. monatl. Veranst. v. ELK u. Katakombe, Ausst. u. Vernissagen zu Kollektiv-Ausst.; eigene Lesungen (München u. auswärts auf Einlad.) - 1973 Silber-Med. d. Acad. Intern. de Lutece, paris; 1985 Med. München leuchtet in Silber v. OB - Spr.: Engl. - Lit.: Presse-Porträts, versch. Ztg. u. Journale.

BALD, Werner
Autor, Moderator - Agnesstr. 60, 8000 München 40 (T. 089 - 129 21 67) - Geb. 1. Febr. 1915 Schwerin, ev., verh. s. 1952 m. Nanette, geb. Knauft, T. Verena-Charlotte - Lyriker; fr. Journ.; Leit. d. Katakombe Künstlervereinig. München - BV: Harlekin-Mensch, 1975; Schwabinger-Blätter, 1985; Anthol. - Monatl. Veranstalt. Literarisch-Musikalisch u. Vernissagen; eigene Lesungen (ausw. auf Einlad.) - 1975 Silber-Med. Acad. Intern. de Lutece, Paris; 1975 Schwabinger Kunstspreis; 1985 Med. München leuchtet in Silber v. OB; 1990 Münchener Kindl - Spr.: Engl., Ital. - Lit.: Zahlr. Presse-Porträts.

BALD, Wolf-Dietrich
Dr. phil., M. A., o. Prof. f. Angew. Sprachwiss.-Anglistik - Roermonder Str. 34, 5120 Herzogenrath 3 - Geb. 7. Mai 1942 Braunschweig - M. A. 1969 London; Promot. 1971 Hamburg - 1973-88 o. Prof. Inst. f. Angl. TH Aachen; s. 1988 o. Prof. Engl. Seminar Univ. Köln - BV: Stud. zu d. kopulativen Verben d. Englischen, 1972; A University Grammar of English, Übungsb. (m. a.) 2. A. 1979; Testmeth. u. linguist. Theorie, 1977; Grasping Grammar (m. a.), 1982; Active Grammar (m. a.), 1984 (engl. 1986, jap. 1988, ital. 1990); English in Contact with other Languages (m. a.), 1986; Kernprobleme der engl. Grammatik, 1988.

BALDAUF, Michael
Ing., Unternehmensberater, MdL Nieders. (1971-86) - Kiebitzstr. 2, 3057 Neustadt 1 (T. 05032 - 16 53) - Geb. 14. März 1918 - Geschäftsf. Communal-Consult GmbH, Hannover. Ehrenvorst.- Mitgl. Dt. Inst. f. Unternehmensberat. - CDU - 1983 BVK.

BALDENIUS, Christian
Assessor, Mitglied d. Direktoriums d. Hamburgischen Landesbank - Girozentrale -, Gerhart-Hauptmann-Platz 50, 2000 Hamburg 1 - Geb. 18. März 1936.

BALDERMANN, Ingo
Dr. theol., Univ.-Prof., Hochschullehrer - Laaspher Str. 26, 5900 Siegen 1 (T. 4 25 66) - Geb. 2. Mai 1929 Berlin (Vater: Herbert B., Mittelschullehrer †1974; Mutter: Elsa, geb. Hörnke † 1979), ev., verh. s. 1954 m. Renate, geb. Fricke, Tocht. Renate Ulrike - Päd. Hochsch. Braunschweig; Univ. Göttingen u. Tübingen (Theol.). I. Lehrerex. 1951 (Braunschweig); Theol.Ex. 1955 u. 1957 (Hannover); Promot. 1962 (Hamburg) - 1957-63 Pastor, wiss. Mitarb. Katechet. Amt Loccum; 1963-65 Doz. Päd. Inst. d. Univ. Hamburg; u. 1965 o. Prof. Päd. Hochsch., s. 1972 Univ.-GH Siegen (Ev. Theol. u. ihre Didaktik) - BV: Bibl. Didaktik, Diss. 1963, 3. A. 1966; D. bibl. Unterricht, 1969; D. Sache d. Religionsunterr., 1975; D. Bibel - Buch d. Lernens, 1980; D. Gott d. Friedens u. d. Götter d. Macht, 1983; Wer hört mein Weinen? Kinder entdecken sich selbst in d. Psalmen, 3. A. 1992; Einf. in d. Bibel, 1988; Ich werde nicht sterben sondern leben. Psalmen als Gebrauchstexte, 1990; Gottes Reich - Hoffnung f. Kinder, 1991; D. Himmel ist offen: Jesus aus Nazareth, Hoffnung f. heute, 1991 - Spr.: Engl.

BALDIN, Aldo

Professor f. Musik Hochsch. Karlsruhe (s. 1984) - Wiesenstr. 8d, 7517 Waldbronn 2 (T. 07243 - 6 82 40) - Geb. 1. Jan. 1945, kath., verh. m. Irene Maria Flesch-B., 2 Töcht. (Serena, Sofia) - Stud. Klavier, Cello, Betriebswirtsch. in Brasilien, Gesang in Frankfurt/M., Dipl. u. Konzert-Ex. - Lyr. Tenor in Kaiserslautern, Mannheim, West-Berlin; Opern-, Oratorien- u. Liedersänger in d. gr. Theatern u. Konzertsälen Europas, Japans, Nord- u. Südamerikas (in 8 Spr.). Mehr als 100 Schallpl. (Oper, Oratorien, Lieder); FS- u. Rundfunkaufn. in 4 Kontinenten - Liebh.: Mozart, Rossini, Donizetti (Oper) - Prof. Baden-Württ.; Ehrungen in Brasilien u. Italien; Preisträger b. versch. Intern. Gesangswettb. - Spr.: Portug., Ital., Dt., Engl., Franz.- Bek. Vorf.: Bruno Maderna (Cousin).

BALDINGER, Kurt
Dr. phil., Drs. h. c. mult., o. Prof. f. Roman. Philologie - Höhenstr. 24, 6900 Heidelberg-Ziegelhausen (T. 80 04 12) - Geb. 17. Nov. 1919 Binningen/Schweiz (Vater: Ernst B., Sekundarlehrer, †1931), ev., verh. s 1947 m. Heidi, geb. Isler, 4 Töcht. - Realgymn. Basel; Univ. ebd. u. Genf (Roman., German., Gesch.). Schweizer Diplome (Lehrer), 1945 Dr. phil. Basel, 1952 Habil. ebd. - 1947 Lehrer Gymn. Basel, 1948 Prof. m. Lehrauftr. Humboldt-Univ. Berlin, 1952 Prof. m. Lehrstuhl das., 1957 o. Prof. Univ. Heidelberg (1968/69 Rektor). Leit. d. Arbeiten Inst. f. Roman. Sprachwiss. Dt. Akad. d. Wiss., Berlin (b. 1962) - BV: Kollektivsuffixe u. -begriff, 1950; D. Semasiologie - Versuch e. Überblicks, 1957 (span. 1964); D. Herausbild. d. Sprachräume auf d. Pyrenäenhalbinsel - Synthese u. Querschnitt durch d. Neueste Forsch., 1958 (span. 1963 u. 1971); Teoría semántica, 1970 u. 77 (engl. 1980, franz. 1984); Z. Einfluß d. Sprache auf d. Vorstellungen d. Menschen, 1973; Herausg.: Ztschr. f. Roman. Philol. u. Beihefte; Roman. Paralleltexte; Dictionn. etymol. de l'ancien français (1974ff.); Dictionn. de l'ancien gascon (1975ff.); Dictionn. de l'ancien occitan (1975ff.). Ehrenmitgl. Bureau de la Soc. Linguist. Romane (s. 1974) - Redakt.: Franz. Etym. Wörterb. (Basel) - Mitgl. Heidelbg. (o.) u. österr. Akad. d. Wiss. (korr.); Präs. Soc. de Linguistique Romane (1971-74; vorher Vizepräs.); Mitgl. American Philosophical Society (s. 1976); 1967 Orden Alfonso el Sabio; 1969 Dr. h. c. Univ. Montpellier; 1977 Univ. Strasbourg; 1981 Univ. Católica Lima Peru; 1983 Paris IV-Sorbonne; 1990 Liège; 1981 Hon.-Prof. Univ. San Marcos, Lima Peru; 1982 Officier des Palmes académiques; 1983 Ehrenmitgl. Assoc. intern. d'études occitanes; 1983 Mitgl. Dt.-Katalan. Ges. (DKG); 1986 korr. Mitgl. Acad. Chilena de la lengua; 1987 Ehrenmitgl. Linguistic Soc. of America; 1988 korr. Mitgl. British Academy; 1990 Acad. Royale de Belgique - Lit.: Festschr. f. K. B. (2 Bde. 1979); Faszination d. Sprachwiss. Vorwort v. G. Straka z. 70. Geb. (1990); Etudes rabelaisiennes XXIII.

BALDO, Dieter
Dramaturg Oldenburg. Staatstheater - Auerstr. 13, 7552 Durmersheim (T. 07245 - 29 05) - Geb. 26. März 1950, kath., ledig - Abit.; Schauspielsch.; 1976-84 Stud. Literaturwiss. u.Musikwiss. Univ. Karlsruhe; Promot. - Schausp., Regieassist., Regiss. - Liebh.: Lyrik, Malerei, Musik - Spr.: Engl.

BALES, Robert H.

Journalist, Filmkritiker, Moderator (Hörfunk u. TV), Autor u. Filmemacher - Postf. 18 03 62, 5000 Köln 1 - Geb. 18. April 1959 - Sender u.a.: SWF 3, Radio Bremen, Deutschlandfunk, WDR, Köln.

BALHORN, Hans
Vorstandsmitglied Co op Zentrale AG. (1972-74) - Zul.: 2000 Hamburg - Geb. 6. Dez. 1920 - B. 1972 Mitgl. Geschäftsltg. GEG.

BALK, Wilfrid
Prof. f. Experimentalphysik GH Kassel, FB 18 - Mönchebergstr. 7, 3500 Kassel; priv.: Schachtenstr. 11, 3500 Kassel-Kirchditmold - Geb. 7. Juli 1943 Zwickau/Sa., ev., verh. s. 1975 m. Karin, geb. Küfner, 3 Kd. (Harald, Astrid, Silke) - Erfinder: Integriertes Kollektor-Speicher-Heizelement z. Nutzung v. Solarenergie.

BALKE, Gerd
Dr., Dipl.-Kfm., Geschäftsführer Lego GmbH, Hohenwestedt/Holst. - Itzehoer Str. 29, 2354 Hohenwestedt - Geb. 6. Juli 1937.

BALKENHOL, Heinz S. J.
Dr. phil., M. A., Prof. f. Phonetik u. Phonologie Graduate School of Languages & Linguistics, Sophia-Univ., Tokyo (s. 1972) - 102 Chiyoda-Ku, Kioicho 7, Tokyo/Japan - Geb. 2. Febr. 1932 Düsseldorf.

BALKOW, Egon
Kraftfahrer, MdBB (s. 1977) - Arster Heerstr. 76, 2800 Bremen 61 - Geb. 31. Dez. 1923 Ziethen/Pom., verh., 2 Kd. - Obersch. (Mittl. Reife) - Kriegsmarine (Maschinistenprüf.), amerik. Militärreg. (Automechaniker, Kraftf., Fahrdienstleit.), norw. u schwed. Reederei (1948 ff. 3. bzw. 2. Ing.), Spedition (1953 ff. Expedient, Kraftf., Lagerm.), Brauerei Beck (1967 Kraftf.; 1969 Betriebsratsmitgl., 1973 -vors.). SPD (Vors. Ortsverein Arsten).

BALL, Fritz
Dr. med., Prof. u. ehem. Leit. Abt. f. Pädiatr. Radiol. Univ. Frankfurt/M. (s. 1970) - Geb. 28. Jan. 1928 Rastatt (Vater: Franz B.; Mutter: Ella, geb. Lehmann), kath., verh. s. 1957 m. Agnes, geb. Speck - Stud. Univ. Freiburg; Habil. 1969 Frankfurt - 1954-61 Univ.-Kinderklinik Freiburg/Brsg. (Facharzt f. Kinderkrankh., s. 1961), 1961-66 Inst. f. Klin. Strahlenkd. d. Univ. Mainz (Facharzt f. Röntgenologie, s. 1965). S. 1966 in Frankfurt/M. - Mitgl. Dt. Röntgenges., Europ. Ges. f. Pädiatr. Radiologie, Ges. f. Päd. Radiologie e. V., Ges. f. Leukämieforsch. u. Ges. f. Päd. Onkologie.

BALLA, Bálint
Dr. jur., Prof. f. Soziologie - Winklerstr. 18a, 1000 Berlin 33 - Geb. 7. Juli 1928 Budapest - Promot. 1951 Budapest, ev., verh. s. 1967 (Ehefr.: Dr. Waltraud, geb. 1929) - S. 1971 (Habil.) Lehrtätigk. TU Berlin (stv. Dir. Inst. f. Soziol.) - BV: Kaderverw., 1972; Soziol. d. Knappheit, 1978.

BALLAUFF, Theodor
Dr. phil., em. o. Prof. f. Pädagogik - Am Eselsweg 3, 6500 Mainz - Geb. 14. Jan. 1911 Magdeburg (Vater: Oberlehrer; Mutter: Marie, geb. Carl), ev., verh. m. Hildegard, geb. Weitzel, 2 Kd. - Univ. Göttingen, Wien, Berlin - 1940-45 Bibliothekar Staatsbibl. Berlin, 1944 Privatdoz. Univ. Halle, 1946 Assist., Privatdoz., 1952 apl. Prof. Univ. Köln, 1955 ao., 1956 o. Prof. Univ. Mainz - BV: Üb. d. Vorstellungsbegriff b. Kant, 1938; Phil. Arbeitsbuch, Z. Erkenntnisproblem, 1949; D. Problem d. Lebendigen, 1949; D. Idee d. Paideia, 1952; D.Grundstruktur d. Bildung, 1953; D. Wiss. v. Leben, Bd. I 1954; Vernünftiger Wille u. gläub. Liebe, 1957; Erwachsenenbildung, 1958; Philos. Begründungen d. Päd., 1966; Päd. - E. Gesch. d. Bild. u. Erzieh., 3 Bde. 1969ff. (m. Klaus Schaller); Skept. Didaktik, 1970. Herausg.: Phil. im math. u. naturwiss. Unterr. (1958); Systemat. Päd. (1962, 3. A. 1970); Schule d. Zukunft (1964, 3. A. 1968); Funktionen d. Schule (1982, 2. A. 1984); Lehrer sein einst u. jetzt (1985); Päd. als Bildungslehre (1986, 2. A. 1989).

BALLE, Hellmut
Dipl.-Volksw., Direktor Dt. Bank AG Filiale Stuttgart - Johannes-Krämer-Str. 41, 7000 Stuttgart 70 - Geb. 15. Febr. 1928 - AR- u. Beiratsmand., dar. mehrere -vors. u. stv. -vors.

BALLE, Theo
Dr. phil., Prof. f. Philosophie Univ. Stuttgart-Hohenheim (s. 1988) - Krummenacker Str. 68, 7300 Eßlingen/N. (T. Stuttgart 37 58 37) - Geb. 9. Dez. 1925 Eßlingen, kath., verh. - 1948-53 Univ. Tübingen u. München (Phil., Theol., Päd., German.; Promot.) - B. 1959 Redakt. württ. Tageszg., 1959-74 Lehrer an berufl. Schulen, 1974-78 Prof. f. Phil. Berufspäd. Hochsch. Stuttgart; 1972-88 MdL; 1978-88 Staatssekr. Min. f. Kultus u. Sport.

BALLEER, Martin
Dr., Versicherungsdirektor, Vorst. Gothaer Versich. - Calsowstr. 20, 3400 Göttingen - Geb. 21. Juni 1940.

BALLESTREM, Graf von, Ferdinand
Dr. rer. pol., Vorstandsmitglied d. FERROSTAAL AG, Essen - Renteilichtung 67, 4300 Essen 1 - Geb. 26. Aug. 1943 Breslau, kath., verh. - Lehre als Ind.kaufm.; Stud. Betriebswirtsch.; Dipl. Köln; Promot. 1973 Köln (b. Prof. Drs. h.c. Schmölders) - Spr.: Engl., Franz.

BALLHAUS, Werner
Prof., Vorsitzender Richter am Bundesgerichtshof i.R. - Geb. 14. Aug. 1920 - Zuvor Senatspräs. Bundespatentgericht, München, Richter a. Bundesgerichtshof, s. 1980 Hon.Prof. Univ. Karlsruhe.

BALLHAUSEN, Günter
Dr. phil., Schauspieldirektor, Chefdramaturg, Regisseur - Wendtstr. 7, 7500 Karlsruhe (T. 0721 - 84 29 87); Allgäuer Str. 2, 7107 Neckarsulm (T. 07131 - 8 34 10) - Geb. 13. Okt. 1929 Essen (Vater: Franz B., Obervollz.sbeamter; Mutter: Therese, geb. Jakob), kath., verh. s. 1963 m. Maria, geb. Häußler, 2 T. (Johanna, Katharina) - Univ. Göttingen (Dt. Theaterwiss., Gesch., Kunstgesch.; Promot. 1956) - Regiss. Städt. Bühnen Frankfurt/M., Chefdramat. u. Oberspiell. Bühnen d. Hansestadt Lübeck, Oberspiell. Wuppertaler Bühnen, Regiss. Staatl. Bühnen Berlin. 1972 ff. Lehrbeauftr. f. Theaterwiss. Univ. Bochum. Insz.: u. a. D. Dreirad, Viadukte, Moritz Tassow, D. letzte Analyse, Sommergäste, D. Kipper, Kinder d. Sonne, Fegefeuer, D. Exzesse, D. verkehrte Welt, Masaniello, Ich will e. Kind haben, D. Kette Kolin, Dmitri, Simplex Deutsch, Rotter, Trümmer d. Gewissens, Siegfried-Frauenprotokolle - Deutscher Furor, Lieb Frauen Milch - BV: D. Wandel d. Gebärde auf d. dt. Theater d. 18. Jh.s, 1956 (Diss.) - Spr.: Franz., Engl.

BALLHOFF, Heinrich
Dipl.-Ing., Kapitän - Zu erreichen üb. Seesportschule Nordsee, Schoonorther Lstr. 42, 2986 Osteel (T. 04931 - 56 00) - Geb. 7. Mai 1917 Bausenhagen (Vater: Heinrich B., Steueroberinsp.; Mutter: Anna, geb. Grieb), ev., verh. in 2. Ehe (1950) m. Edith, geb. Spahn, 2 Kd. (Rüdiger, Sigrid) - HTL Berlin (Bauing.), Seesportsch. - Vornehml. Erf. im Bauwesen (Vorgefertigte Bauelemente, Kombination Kunststoff-Beton) - 1964 Rudolf-Diesel-Med.

BALLIN, Wolfgang
Unternehmensberater - Lichtes Tal 2, 3257 Springe 1 (T. 05041-5343) - Geb. 10. Mai 1926 Osterode (Harz), ev.-luth., verh. s. 1965 m. Mady-Rosita, geb. Kühnel, 2 Kd. (Judith, Lutz-Marcus) - Lehre Groß- u. Einzelhandelskaufm.; Sonderausb. in Unternehmensfg. u. Marketing in USA, Schweden, Engl., Schweiz - 25 J. Geschäftsf. Schaper-Gruppe Hannover. Handelsrichter LG Hannover, Finanzrichter am Nieders. Finanz-Gericht IHK Hannover (Aussch.) - Liebh.: Sport (Jagen, Reiten) - Spr.: Engl., Franz. - Bek. Vorf.: Albert Ballin, Hamburg, Generaldir. Hapag (Großonkel).

BALLING, Ludwig
Chefredakteur, Schriftst. (Ps. Luigi Bertini) - Brandenburger Str. 8, 5000 Köln 1 - Geb. 2. März 1933, kath., ledig - Human. Gymn.; Univ. Würzburg (Phil., Psych., Theol.), Journ.ausb. Köln (1965/66), 1959-65 Afrika-Einsatz - Chefredakt., Buchautor, fr. Mitarb. KNA, Bonn, Misereor/Missio, Aachen - BV: D. Trommler Gottes; E. Spur d. Liebe hinterlassen; Gute Med. gegen schlechte Laune; Wenn d. Freude Flügel hat; u.v.a. Übers. ins Engl., Span., Chin. u. Zulu (Gesamtaufl. inkl. Übers. fast 2 Mill.) - Liebh.: Reisen Dritte Welt, Fotogr. (Pressebild Frankfurt), sammelt Sprichwörter - Spr.: Engl.

BALLMANN, Herbert
Regisseur - Fontanestr. 10, 1000 Berlin 33 (T. 8 26 36 38) - 1971 Adolf-Grimme-Preis in Gold (f. d. Fernsehsp.: Interview m. Herbert K.).

BALLOWITZ, Leonore,
geb. Gerlach
Dr. med. (habil.), Prof., Kinderärztin - Havelmatensteig 12, 1000 Berlin 22 (T. 365 44 88) - Geb. 18. Febr. 1923 Lichtenberg Kr. Lebus (Vater: Paul Gerlach, Pfarrer; Mutter: Walburga, geb. Scheuermayer), ev., verh. s. 1949 m. Dr. med. Kurt B., Internist u. Privatdoz. FU Berlin - Med. Staatsex. 1945 - S. 1964 apl. Prof. FU Berlin (Abt.leit. Neonatol. u. Intensivpflege); s. 1984 im Ruhestand - Buch- u. Ztschr.beitr. - 1978 BVK.

BALLSCHMITER, Karlheinz
Dr. rer. nat. (habil.), o. Prof. f.Analyt. Chemie Univ. Ulm - Gartenhalde 68, 7900 Mähringen/D. - Zul. apl. Prof. u. Wiss. Rat u. Prof.

BALLWEG, Ottmar
Dr. iur., Prof. f. Rechtsphilosophie (Grundlagenforsch.) u. Rhetorik - Saarstr. 21, 6500 Mainz - Geb. 11. März 1928 Hockenheim - Promot. 1959; Habil. 1968 - S. 1968 Lehrtätigk. Univ. Mainz (1973 Prof.); 1986/87 Visiting Scholar am Department of Rhetoric an der UC Berkeley - BV: Zu e. Lehre v. d. Natur d. Sache, 2. A. 1963; Rechtswiss. u. Jurisprud., 1970. Herausg.: Rhetor. Rechtstheorie (1981 m. Th. Seibert, eig. Beitrag: Phronetik, Semiotik u. Rhetorik); Rhetorik u. Res humanae (in: Gedächtnisschrift f. Peter Noll, 1984); Analytical Rhetoric, Semiotic and Law (in: Semiotic and Law, N.Y., 1988); Entwurf e. analytischen Rhetorik (in: H. Schanze (Hrsg.), Phil. u. Rhetorik, 1989).

BALLWIESER, Wolfgang
Dr. rer. pol., Univ.-Prof. Univ. München (s. 1992) - Franz-Josef-Strauß-Str. 25, 8024 Oberhaching - Geb. 17. Dez. 1948 Frankfurt/M., ev., verh. s. 1977 m. Sigrid, geb. Kupka, 2 Kd. (Dennis, Alice) - Stud. Betriebswirtsch.lehre 1969-74, Promot. 1977, Habil. 1981, alles Frankfurt/M. - 1982 Univ.-Prof. Hannover, s. 1992 Univ.-Prof. s.o. - BV: Kassendisposition u. Wertpapieranlage, 1978; Unternehmensbewertung u. Komplexitätsreduktion, 3 A. 1990.

BALS, Günter
Dr. phil., Univ.-Prof. f. Politikwissenschaft einschl. Didaktik d. Sozialkd. Univ. Koblenz-Landau, Abt. Landau - Godramsteiner Str. 16, 6740 Landau - Geb. 12. April 1929 Duisburg, verh. s. 1957 m. Hildegard B., 3 Kd. (Thomas, Christoph, Claudia) - 1956-59 Ref. f. polit. Erw.bild.; 1959 wiss. Ass. an d. Akad. f. polit. Bildung in Tutzing/Obb., s. 1962 Doz.; 1971-91 Prof. f. Politikwiss. einschl. Didaktik d. Sozialkd. an d. EWH Rheinl.-Pfalz; Mitgl. wiss. Vereinig. - BV: Polit. Bild. durch d. Buch, 1961; D. Methodenprobl. in d. außerschul. polit. Jugendbildung, 1965; Polit. Parteien in d. BRD, 1974 - Liebh.: Segeln, Surfen - Spr.: Engl., Latein.

BALSER, Gerhard
Dipl.-Ing., Architekt (BDA) - Sebastian-Rinz-Str. 13, 6000 Frankfurt/M. 1 (T. 59 47 67) - Geb. 20. Febr. 1929 Neu-Isenburg (Vater: Ernst B., Arch.; Mutter: Margarete, geb. Bratengeier), ev., verh. s. 1964 m. Charlotte, geb. Klefenz - Jura- u. Arch.stud. Univ. Frankfurt, bzw. TH Karlsruhe, ab 1961 Architektengem. Gerhard Balser m. Hubertus von Allwörden u Rolf Schloen - Bek. Bauwerke: Verw.sgebäude Kravag, Hamburg (1965/66), u. Basler Versicherungsges., Bad Homburg (1967/68), Bürohochhäuser Dt. Lloyd AG., Frankfurt/M. (1967) u. München (1972/73), Astra, Frankfurt/M. (1976) - 1974 Ausz. f. vorbildl. Bauen Hess. Finanzmin. - Liebh.: Segeln, Golf (b. 1973 Vizepräs. Golfclub Frankfurt) - Spr.: Engl., Franz. - Rotarier.

BALTENAU, von, Björn
s. Bolay, Karl Heinz

BALTENSPERGER, Ernst
Dr., Prof. f. Nationalökonomie - Thunstr. 138, 3074 Muri - Geb. 20. Juli 1942 Zürich, ev., verh. s. 1969 - Univ. Zürich u. Baltimore/USA - Prof. f. Wirtschaftswiss., 1968-78 Ohio State Univ./USA, 1979-82 Univ. Heidelberg, 1981-84 Hochschule St. Gallen, s. 1984 Univ. Bern.

BALTES, Adalbert
Filmregisseur u. -autor - Eppendorfer Baum 44, 2000 Hamburg 20 (T. 48 17 44) - Geb. 27. Juli 1916 Wiesbaden (Vater: Emil B., Landw.), kath., verh. s. 1941 m. Charlotte, geb. Koch, 2 Kd. - Realgymn.; Reimann-Sch. Berlin; prakt. Ausbild. UFA-Wirtsch.sfilm ebd. Erf. bzw. Entd.: Cinetarium (Rundum Filmprojektion), Autovision, Absoluter Raum, SASO-3D Fernsehen, Kaleidoskop (Lichtgarten) - Kulturfilme (Regie u. Drehb.): Zw. Strom u. Meer, Weiße Segel - Blaues Meer, Hamburg, Pferdeland zw. d. Meeren, Tor z. Welt, V. Meer zu Meer, D. Lied d. Schiffe, Große Kunst auf kl. Münzen, Plastik im Freien, Das ist meine Welt, Aachen - heute, Heimweh n. Essen, Mein Bielefeld, Hbg. u. Frankf. Filmspiegel u. a.; Rundblickf.: Start z. Mond, Zauber d. Musik, D. Nacht ohne Ende, Fata Morgana; Fernsehf.: Advent in Jalisco, Unt. d. Sonne Mexicos, Autobahnen. Werbekurzf.; Ausstellung: Magische Projektionen - BV: Funktion u. Wert d. Werbung in d. USA, Fernsehen in d. USA, Weltmacht Film - Liebh.: Malen.

BALTES, Joachim
Dr. iur. utr., Prof. f. öffentliches Recht, Rektor d. Kath. FH NW, Köln (s. 1980), Präs. d. Konferenz d. Rekt. u. Präs. d. kirchl. FH d. Bundesrep. Deutschl. - Bayenthalgürtel 32, 5000 Köln 51 (T. 0221-37 22 28) - Geb. 18. April 1945 Bernburg/Saale, kath., verh. s. 1970 m. Gisela, geb. Schmale, 2 S. (Matthias, Felix) - 1. jur. Staatsex. 1970, Promot. Dr. iur. utr. Würzburg 1972, 2. jur. Staatsex. 1974, 1976 Habil. - BV: Neutralität d. Berufsbeamtentums, 1972; Verwaltungsrecht f. d. soz. Praxis, 5. A. 1984 (zus. m. Papenheim); Sozialrecht, 1986 (zus. m. Rogowski) - Liebh.: Kunst - Spr.: Engl., Franz.

BALTES, Matthias
Dr. phil. (habil.), Univ.-Prof. f. Klass. Philologie Inst. f. Altertumskunde/Univ. Münster - Hornstr. 2, 4400 Münster/W. - Geb. 13. April 1940 Bardenberg, kath., verh. s. 1966 m. Renate, geb. Emonts, 2 Kd. (Jörg, Sabine) - BV: Timaios Lokros. Üb. d. Natur d. Kosmos u. d. Seele, 1972; D. Weltentstehung d. Platon. Timaios nach d. ant. Interpreten, I 1976, II 1978; Der Platonismus in d. Antike, I 1987, II 1990 (zus. m. A. u. H. Dörrie u. F. Mann). Aufs. u. Artik. z. Homer, Augustinus u. z. antiken Platonismus.

BALTES, Paul B.
Dr. phil., Dr. h.c., Dipl.-Psych., Prof., Direktor am Max-Planck-Inst. f. Bildungsforsch., Berlin - Lentzeallee 94, 1000 Berlin 33 (T. 030 - 8 29 95-1) - Geb. 18. Juni 1939 Saarlouis, verh. s. 1963 m. Margret, geb. Labouvie, 2 Kd. (Boris, Anushka) - 1968-72 Prof. (Assist., 1970 Assoc.) f. Psych., West Virginia Univ./USA; 1972-80 Prof. f. Humanentw. Pennsylvania State Univ. (1972-78 Dir.); 1978-79 fellow Center Adv. Study, Stanford/Calif.; 1981 Wiss. Mitgl. u. Dir. MPI f. Bildungsforsch., Berlin - BV: außer engl. Veröff.: Entw.psych. d. Lebensspanne, (m. a., Hrsg.) 1979 - Hon.-Prof. FU Berlin; 1983-87 Präs. Intern. Society for Study of Behavioral Development; 1987 Gründungsmitgl. Akad. d. Wiss. zu Berlin, u. 1988 Europ. Acad. of Science; 1987 Gerontol. Forschungspreis d. Buch-Stiftg.; 1990 Ehrendoktor Univ. of Jyväskylä (Finnl.); 1990 Dist. Contribution Award in Adult Development and Aging (Div. 20, American Psych. Assoc.); 1990 Distinguished Mentorship Award of Gerontological Soc. of America; 1991 Kleemeier Award for Outstanding Research in Gerontology, Gerontol. Soc. 7 America.

BALTES, Werner
Dr. rer. nat., o. Prof. f. Lebensmittelchemie - Schützallee 8a, 1000 Berlin 37 - Geb. 10. Sept. 1929 Hamburg - Promot. (1959) u. Habil. (1969) Hamburg - S. 1971 Prof. Univ. Hamburg u. TU Berlin (1973 Ord. u Dir. Inst. f. Lebensmittelchemie). - 1970 Preis Ges. Dt. Chemiker; 1989 BVK am Bde.; 1990 Joseph König Gedenkmünze.

BALTZ-OTTO, Ursula
Dr. theol., Oberstudienrätin Rabanus-Maurus-Gymn. Mainz, Lehrauftrag Univ. Mainz (s. 1983) - Weißliliengasse 5, 6500 Mainz (T. 06131 - 23 12 15) - Geb. 26. Juli 1940 Kassel, ev., verh. s. 1984 m. Prof. Dr. Gert Otto - 1963-65 Stud. Erziehungswiss. EWH Worms, 1971-76 German., Ev. Theol. Univ. Mainz u. Heidelberg; 1. u. 2. Lehrerprüf. 1965 u. 1968; Staatsex. 1977 Mainz; Promot. 1982 Mainz - 1965-72 Grund-, Haupt-, Realschule; 1972-78 Päd. Assist. EWH Worms; 1979-83 wiss. Mitarb. Sem. f. Prakt. Theol. Univ. Mainz; 1978/79 u. s. 1983 Gymn.; 1972-87 Vors. Lehrplankommiss. Ev. Religion Rhld.-Pfalz f. Sek.-Stufe I; 1977-80 Lehrauftr. Fachdidaktik EWH Worms u. Landau - BV: Kinder fragen nach d. Leben (m. B. Buschbeck u. a.), Grundschulwerk (1. Schj. / 2. Schj. / 3./4. Schj.), 1974ff.; Wegmarken Religion. Arbeitsb. (m. B. Buschbeck u. a.), RU 7.-9./10. Schj., 1981; Religionsunterr. 5-10 (m. Dörger/Lott/Otto), 1981; Theologie u. Poesie, 1983; Religion contra Ethik? (m. G. Otto), 1986; Poesie wie Brot. Religion u. Literatur: Gegenseitige Herausforderung, 1989; D. Volk will Ochs u. Esel. E. anderes Weihnachtsbuch, 1989. An d. Rändern d. Lebens. E. Lesebuch z. Überleben, 1992. Zahlr. Beitr. zu Festschr. u. Sammelw. - Spr.: Engl., Griech., Hebr., Latein.

BALTZER, Dieter
Dr. theol., Prof. f. Ev. Theologie u. ihre Didaktik Univ. Essen - Konrad-Adenauer-Ring 22, 4720 Beckum 1 (T. 02521 - 32 84) - Geb. 3. Okt. 1940 Berlin (Vater: Martin B., Vizeadmiral; Mutter: Ingeborg, geb. Sarnow, Lehrerin), ev., verh. s. 1974 m. Dorothea, geb. Radü, 3 Kd. (Markus, Marion, Sabine) - Stud. ev. Theol. Bethel, Göttingen, Zürich, Basel u. Münster; 1. theol. Ex. 1965, Promot. 1969 Göttingen, 2. theol. Ex. 1970, Habil. 1976 - 1969-70 Vikar Versöhnungskirche Münster; 1970 Pfarrer; 1970-73 Wiss. Assist. PH Ruhr; 1974-76 Akad. Rat/O.rat u. Priv.-Doz.; s. 1979 Prof. Univ. Essen - BV: Ezechiel u. Deuterojesaja. Berühr. in d. Heilserwart. d. beiden gr. Exilspropheten, 1971; Didaktik d. Alten Testaments im Anfangsunterr. d. Primarstufe. Krit. Analysen z. Gesch. d. ev. Religionspäd., Hochschulsamml. Theol.-Religionspäd. Bd. 1, 1979; D. Alte Testament m. Erklär., II 1977; rd. 30 weit. Arb. in wiss. Ztschr. - Liebh.: Leichtathletik, Reiten, Tennis, Fußball, Ski - Bek. Vorf.: Eduard B., Geistl., 1848 Mitgr. Frankfurter Paulskirchen-Parlam.; Karsten Sarnow, 1391 erster demokr. gewählt. Hansebürgerm. Stralsund; Otto Sarnow, Ministerialdir. Reichswirtschaftsmin. (Großv.).

BALTZER, Gerhard
Dr. med., Prof. f. Innere Medizin Univ. Marburg (s. 1972) - Birkenweg 11, 3350 Marburg/L. - Geb. 26. Jan. 1933 Dingelstädt, ev., verh. s. 1970 m. Sigrid, geb. Reschke, T. Nikoline - Promot. 1961 Kiel; Habil. 1971 Marburg - Üb. 80 Facharb.

BALTZER, Johannes
Dr. jur., ehem. Prof. f. Verfahrensrecht, Bürgerl. Recht, Handels- u. Wirtschaftsrecht sow. Rechtsinformatik u. Sozialrecht an d. Univ. Marburg/Lahn (1973-85) u. Osnabrück (1986-88), Richter am Bundessozialgericht (s. 1988) - Heinrich-Heine-Str. 41, 3550 Marburg/L. - Geb. 16. Aug. 1933 Weimar (Vater: Martin B., zul. Generalmajor; Mutter: Adelheid, geb. Hartenstein), ev., verh. s. 1965 m. Sunhild, geb. Müller, 2 Kd. - Gymn.; Univ. Marburg u. München - Fachveröff.

BALTZER, Klaus
Dr. theol., o. Prof. f. Altes Testament - Bannzaunweg 21, 8024 Deisenhofen/Obb. (T. München 613 25 00) - Geb. 3. März 1928 Hamburg, ev. - S. 1959 (Habil.) Lehrtätigk. Univ. Heidelberg (Privatdoz.), Kirchl. Hochsch. Bethel (1963 Doz.), Univ. München (1968 o. Prof.). Fachveröff.

BALTZER, Klaus
Ministerialdirigent, Leit. Kommunalabteilung Schlesw.-Holst. Innenmin. - Düsternbrooker Weg 92, 2300 Kiel - Geb. 28. Juni 1935 Kiel.

BALZ, Horst
Dr. theol., Prof. Univ. Bochum (s. 1974) - Am Herrenbusch 46, 5810 Witten-Herbede (T. 7 37 84) - Geb. 21. März 1937 Leipzig (Vater: Adolf B., Kaufm.; Mutter: Gerda, geb. Ney), ev., verh. s. 1962 m. Anneliese, geb. König, 2 Kd. (Christoph, Martin) - Nach Habil. (1969) Doz. Univ. Kiel; 1972-74 Oberlandeskirchenrat Kiel - BV: Method. Probleme d. neutestamentl. Christol., 1967; Christus in Korinth, 1970; Heilsvertrauen u. Welterfahrung, 1971; D. Wort und d. Wörter, 1973; Exegetisches Wörterbuch z. Neuen Testament, 3 Bde., 1980-83 - Liebh.: Musik, Alpinismus - Spr.: Engl., Franz.

BALZER, Bernd
Dr. phil., Prof. f. Dt. Philologie (Neuere dt. Literatur m. bes. Berücks. d. kommunikationstheoret. Fundierung d. Lit.-wiss. sowie d. Wirkungs- u. Rezeptionsästhetik) - Krusauer Str. 121a, 1000 Berlin 49 - Geb. 2. Jan. 1942 Berlin, ev., verh. s. 1967 m. Helga, geb. Damrath - Promot. 1971 - S. 1977 Prof. FU Berlin - BV: Bürgerl. Reformationspropaganda, 1973; Heinrich Bölls Werke - Anarchie u. Zärtlichkeit, 1978; Wolfgang Borchert: Draußen v. d. Tür, 1982; Rolf Hochhuth: D. Stellvertreter, 1986; Heinrich Böll: Ansichten e. Clowns, 1988; Heinrich Böll: D. verlorene Ehre d. Katharina Blum, 1990.

BALZER, Detlef
Dr. sc. pol., Dipl.-Volksw., Lehrauftrag an d. Univ. Hannover (s. 1992) - Geb. 11. April 1928 Pellworm - B. 1992 Leit. Abt. Verbandswesen Preussag AG, Hannover; b. 1992 Vorst.-Vors. (altern.) AOK Bundesverb., Bonn; b. 1992 Vors. (altern.) MDS-Arbeitsgemeinsch. med. Dienst d. Spitzenverbände d. Krankenversich. Essen.

BALZER, Dietrich
Dr.-Ing. habil., Dr. sc. techn., Prof. f. Prozeßrechentechnik TH Leipzig - J.-R.-Becher-Str. 18, O-7030 Leipzig (T.

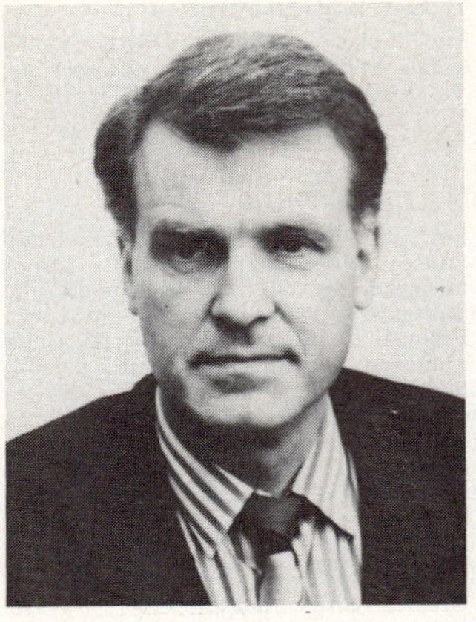

87 23 91) - Geb. 9. Nov. 1941 Brandenburg, verh., S. Vladimir - Stud. Elektrotechnik Leningrad; Promot. 1968 u. 1975 - 1989-90 Rektor d. TH Leipzig - BV: Analyse u. Steuerung v. Prozessen d. Stoffwirtsch., 1971; Prozeßrechentechnik, 1988; Wissensbasierte Systeme in d. Automatisierungstechnik, 1991 - Spr.: Russ., Engl.

BALZER, Erich
Dr. med., Prof., Ärztl. Direktor u. Chefarzt Innere Abt. - Theresien-Krankenhaus, 6800 Mannheim - Geb. 9. Okt. 1906 Preiswitz/OS. - S. 1947 (Habil.) Privatdoz. u. apl. Prof. Univ. Münster.

BALZER, Hartmut
Dr. med., Prof. Universität Frankfurt - Graf-Stolberg-Str. 9, 6240 Königstein - Geb. 9. Juli 1924 Döllensradung (Vater: Oskar B., Stabsoffz.; Mutter: Maria, geb. Oestreich), ev., verh. s. 1951 m. Dr. Almut Balzer-Steib, 2 Kd. (Sibylle, Sabine) - Stud. d. Med. (Habil. 1965) - S. 1970 Prof. u. Facharzt f. innere Krankh. Zentr. f. Pharmakol. Univ.Frankfurt/M. Mitgl. Dt. Pharmakol. Ges. Zahlr. wiss. Veröff.

BALZER, Horst
Regisseur - Am Sandwerder 20, 1000 Berlin 39 (T. 803 55 55) - Geb. 31. Mai 1928 Allenstein/Ostpr., verh. s. 1958 m. Ina Halley, Schauspielerin, S. Sascha - Leibniz Realgymn. Berlin - 1946 Regieassist., 1947/48 Dramat. Bühne d. Jugend Berlin, 1948-52 Regieassist. v. Fritz Kortner, Helmut Käutner u. Karl Heinz Stroux Hebbel- u. Schiller-Theater Berlin; s. 1953 Regiss.; 1971-73 Chefdramat. Freie Volksbühne Berlin, 1973-76 Schauspieldir. Schauspielhaus Zürich. Zahlr. Insz., u. a. Wir sind noch einmal davongekommen (1954), D. Erbin (1954), D. Hose (1957), Blick zurück im Zorn (1958), D. Dämonen (1958), E. Mädchen v. Lande (1959/1960), Äpfelchen, Äpfelchen (1962), D. Tiger - D. Tippser (1964), D. Troerinnen (1966), Elisabeth v. England (1967), D. Kleinbürger (1970), Wölfe u. Schafe (1972), Baal (1973), Kiss me, Kate (1974), D. arme Bitos (1974), D. Hauptmann v. Köpenick (1977), D. Snob (1980), Ital. Hochzeit (1981).

BALZER, Theo
Dr. oec., Dipl.-Ing., Dipl.-Kfm., geschäftsf. Gesellschafter Lederwerke Kromwell GmbH. u. Nürnberger Lederfabriken Kromwell KG., Nürnberg - Schultheißallee 37, 8500 Nürnberg - Geb. 21. April 1907 Monheim/Rhld. (Vater: Matthias B., Kaufm.; Mutter: geb. Peters), verh. s. 1935 m. Anni, geb. Schugt - TH Stuttgart, Univ. Köln, Univ. Erlangen/Nürnberg - BV: D. industrielle Budget - BVK.

BALZEREIT, Bernd
Dr., Dipl.-Kfm., Vorstandsmitglied OTEV Ostthüringer Energieversorgung AG, u. Energiewerke Ostthüringen AG - Rudolstädter Str. 41, O-6908 Jena (T. 71 22 74) - Geb. 2. Dez. 1946, kath., verh. s. 1976 m. Erika, geb. Bruhn, 2 Töcht. (Christine, Sonja) - Stud. Betriebswirtsch. 1971-76 Mannheim; Dipl.-Kfm. 1976; Promot. 1979 Paderborn - 1966-76 Berufsoffizier, Hauptmann a.D.; s. 1990 Beiratsmitgl. Fa. Ziehl Abegg GmbH & Co. KG, Künzelsau; Geschäftsf. Thüringer Mobilfunk GmbH - BV: Personalentwicklung u. Personalsteuerung, 1980; Personalwirtschaft, 1979; Betriebspsychologie, 1980; Mitarbeiterbeteiligung, 1979; Betriebliches Rechnungswesen (Coautor), 1981; Controlling in Kommunalen Unternehmen (Coautor), 1990 - Liebh.: Musik, Tennis, Schwimmsport - Spr.: Engl., Span.

BALZERT, Helmut
Dr.-Ing. habil., Prof., Lehrstuhl f. Software-Technik Ruhr-Univ. Bochum - Zu erreichen üb. Univ. Bochum - Dipl. 1973 Darmstadt, Promot. 1979 Kaiserslautern, Habil. 1987 Stuttgart - 1979-87 Bereichsleit. Forsch. TA Triumph-Adler AG Nürnberg - BV: D. Entw. v. Software-Systemen, 1982; Informatik 1, 1984, Informatik 2, 1978; CASE-Systeme u. Werkezeuge, 1989.

BAMBAUER, Hans Ulrich
Dr. rer. nat., o. Prof. u. Direktor Inst. f. Mineralogie Univ. Münster (s. 1965) - Corrensstr. 24, 4400 Münster/W. - Geb. 18. Mai 1929 Idar-Oberstein - Stud. Münster, Zürich u. Mainz (Mineral.; Diplomprüf. 1955). Promot. 1957 Mainz; Habil. 1961 Zürich (ETH) - Spez. Arbeitsgeb.: Allgem. u. Angew. Mineralogie. Mithrsg.: W. E. Tröger, Opt. Bestimmung d. gestseinsbild. Minerale, 1966 u. 81 - Spr.: Engl., Franz.

BAMBERG, Georg
Stadtrat a.D., MdB (1981ff.) - Nelkenstr. 5 1/2, 8201 Thansau - Geb. 1936 - Kreis-u. Gemeinderat Landkr. Rosenheim. SPD.

BAMBERG, Günter
Dr. rer. nat., Dipl.-Math., o. Prof. f. Statistik Univ. Augsburg (s. 1970) - Völkstr. 34, 8900 Augsburg (T. 51 45 13) - Geb. 18. Okt. 1940 Neustadt/Weinstr. (Vater: Alexander B., Arzt; Mutter: Else, geb. Theisinger), verh. s. 1966 m. Helga, geb. Zurhausen, T. Christiane - Stud. Univ. Saarbrücken, Bonn; Promot. 1968; Habil. 1970 - BV: Einf. in d. Ökonometrie (m.a.), 1979; Statistik (m.a.), 7. A. 1991; Betriebswirtschaftl. Entscheidungslehre (m.a.), 6. A. 1991.

BAMBULA, Anton
Dr. jur., Ehrenpräsident IHK Lindau - Enzisweiler Str. 25, 8990 Lindau (T. 08382 - 31 45) - Geb. 18. April 1906 Voitsdorf, kath., verw., S. Peter - 1975 Bayer. VO. - Spr.: Tschech.

BAMMER, Hans
Dr. med., Prof., Neurologe (Chefarzt) - Krankenhaus, 2000 Hamburg-Heidberg - Geb. 13. Nov. 1921 Rumberg (Vater: Dr. jur. Johannes B.), verh. 1944 m. Marianne, geb.Fischer - Promot. 1947 Frankfurt/M.; Habil. 1959 Würzburg - S. 1959 Lehrtätigk. Univ. Würzburg (1965 apl. Prof. f. Neurol.). Üb. 50 Facharb. - Liebh.: Literatur, Musik.

BAMMESBERGER, Alfred
Dr. phil., Prof. f. Englische Sprachwissenschaft Kath. Univ., Eichstätt - Richard-Strauß-Str. 48, 8078 Eichstätt.

BANDEL, Werner
Dr. phil., Werksleiter d. Werk. Wuppertal-Barmen d. Enka AG - Wettiner Str. 6d, 5600 Wuppertal - Geb. 1. Juni 1914 Magdeburg (Vater: Otto B., Journ.; Mutter: Gertrud, geb.Schreyer), verh. 1940 m. Elsbeth, geb. Kalisch, 2 Söhne - Univ. Rostock, Hamburg, München, Hull (Engl.) - B. 1958 ltd. Chemiker Spinnfaser AG., dann wie oben - Liebh.: Briefm., Stiche, Sport (Tennis).

BANDI, Peter
s. Bürki, Peter

BANDMANN, Volker
Mitglied d. Landtages Sachsen (s. 1990) - Ostring 26, O-8909 Görlitz (T. dstl.: 2 40 63, priv.: 6 44 97) - Geb. 6. Aug. 1951 Görlitz, ev., verh. s. 1974 m. Margot, geb. Günther, 2 Töcht. (Dörte, Anne-Marie) - Polytechn. Obersch. Görlitz; Facharb.abschl. 1970 als Werkzeugmacher - S. 1978 Service-Techn. f. Büromasch. u. Registrierkassen b. Robotron, später Handelstechnik Vertriebs u. Service mbH - S. 1990 Vizepräses d. Synode d. Ev. Kirche d. Görlitzer Kirchengeb.; s. 1988 EKU-Synode u. Mitgl. d. Rates d. EKU; 1990 Runder Tisch Görlitz; 1990/91 Stadtverordn.versamml. Görlitz; s. 1991 Präsid.-Mitgl. u. Mitgl. d. Landesvorst. d. CDU - Vorst.-Mitgl. d. Europ. Bild.- u. Informat.zentrums Görlitz - Liebh.: Bücher, klass. Musik, Schwimmen, Ski-Alpin.

BANDULET, Bruno

Dr., Herausgeber G & M EDELMETALLE (s. 1979) u. G & M GEOPOLITIK (s. 1992) - Kurhausstr. 12, 8730 Bad Kissingen - Geb. 22. Nov. 1942 Bad Kissingen (Vater: Willi B., Zahntechnikerm.; Mutter: Elisabeth, geb. Müller), kath., verh. s. 1973 m. Rosmarie, geb. Kornprobst, 3 Kd. (Martin, Caroline, Elizabeth) - 1963-69 Stud. Polit. Wiss., Gesch., Hispanist. u. Volksw. Berlin u. Würzburg - B. 1970 Außenpolit. Ref. CSU, b. 1973 Chef v. Dienst D. WELT, b. 1975 stv. Chefredakt. QUICK - BV: Adenauer zw. West u. Ost, 1970; Schnee f. Afrika, 1978 (engl.: Fool's Gold for Africa, 1980); Gold, 1979; Gold Guide, 1983; D. Rückseite d. Wunders, 1990 - Liebh.: Jagd - Spr.: Engl., Span.

BANFIELD, Volker
Prof., Pianist - Zu erreichen üb. Hochschule f. Musik & Theater Hamburg, Harvestehuder Weg 12 - Geb. 9. Mai 1944 Oberaudorf/Inn, verh. s. 1986 m. Caroline Kirchhoff-B., 2 Kd. - Abit. 1963 Detmold; Künstl. Reifeprüf. 1965 Musikakad. Detmold; Bachelor of Musik Juilliard School New York 1967, M.M. Univ. of Texas 1971 - Konzerttätigk. als Pianist weltweit, ca. 100 Prod. f. Rundfunk, ARD, Frankreich, BBC London, außereurop. Rundfunkanstalten. Fernsehaufnahmen ZDF, ARD, Schweizer Fernsehen, sowie USA u. Südamerika - Schallplattenveröff. - Preise: DIAPASON d'OR Paris; Platte d. Monats FONOFORUM (BRD) - Liebh.: Photographie, Elektronik - Spr.: Engl.

BANGE, Hermann J.
Kaufmann, Mitinh. Büro-Einrichtungshaus W. Quitmann oHG., Hagen, Altpräs. Südwestf. IHK Hagen - Bredelle 3, 5800 Hagen - Geb. 10. Jan. 1909 - BVK I. Kl., Gr. Harkortmedaille - Zahlr. Ehrenämter.

BANGEMANN, Martin
Dr. jur., Dr. h. c., Bundeswirtschaftsminister (1984-88), MdEP (s. 1989) - Geb. 15. Nov. 1934 Wanzleben (Vater: Martin B., Angest.; Mutter: Lotte, geb. Telge), ev., verh. s. 1962 m. Renate, geb. Bauer, 5 Kd. (Boris, Ulrich, Katje, Philip, Lulu) - Obersch. Emden; 1955-62 Univ. Tübingen u. München (Rechtswiss.), Promot. 1964 - 1964-84 Rechtsanw. FDP s. 1963 (1969 Bundesvorst., 1974-78 Vors. Landesverb. BW, s. 1978 Mitgl. Parteipräsid.); 1972-80 MdB (1975-79 stv. Fraktionsvors.), 1973-84 MdEP (1979-84 Vors. d. Lib. u. Demokrat. Fraktion); 1984-88 Bundesmin. f. Wirtsch. S. 1980 Vizepräs. Europ. Beweg. u. Vors. Instit. Aussch.; s. 1989 Vizepräs. d. Kommiss. d. EG - Ehrendoktor Univ. Lille II; Ehrenbürger Valenciennes; Commendatore de l'ordre de Isabella la Catholique; u. viele and. Ausz. - Liebh.: Phil., Gartenbau - Spr.: Engl., Franz.

BANK, Hermann
Dr. rer. nat., Prof., Mitinhaber Gebr. Bank Edelsteinschleiferei, Idar-Oberstein - Auf der Lüh 23, 6581 Kirschweiler - Geb. 19. Jan. 1928 - Honorarprof. f. Spez. Mineralogie Univ. Heidelberg. 1. Vors. Dt. Gemmologische Ges. u. Dt. Stiftg. Edelsteinforsch.; Vorst.-Mitgl. Bundesverb. d. Edelstein u. Diamantind. Börsenverein; Präs. Dt.-Brasil. Ges. Distrikt Rheinl.-Pfalz; wissenschaftl. Leit. d. Dt. Edelstein-Testinst.; Beiratsvors. d. Forsch.inst. f. mineralische u. metallische Rohstoffe/Edelsteine-Edelmetalle GmbH - Präs. European Federation of Gem Education Schools; Fellow of the Gemmological Assoc. of Great Britain; Ehrenmitgl. d. Jap. Gemmologischen Ges. u. d. Brasil. Gemmolog. Ges.

BANKHOFER, Hademar

Prof., Schriftsteller, Präsentator v. Hörfunk- u. TV-Sendungen z. Thema Gesundheit, Mister Gesundheit RTL, RTL PLUS u. ORF - A-3400 Klosterneuburg (Österreich) - Geb. 13. Mai 1941 Klosterneuburg (Vater: Hermann B., Postoberoffizial; Mutter: Kriemhild, geb. Mathis), verh. s. 1969 m. Liselotte, geb. Fürst, S. Hademar-Harald - Schule (Abit.); Stud. Univ. Wien (Jura, Ztg.wiss., German.) - Journ. (u. a. Chefredakt. e. österr. Wochenzgt.), Vorst.-Mitgl. mehrerer Lit.- u. Kultur-Org., u. a. PEN. Verlagsleit. (Aktuell-Vg.) - BV: Essen ohne Gift, D. gr. Buch d. Lebenselixiere; Hexenschuß u. Heiserkeit, D. Natur ist d. beste Apotheke; Bio-Selen, Beauty Teas, D. Heilkraft v. Licht u. Sonne; Gesund durch richtiges Atmen; Gesundh. aus d. Badewanne; Gesunde Hausmannskost; D. Müsli-Buch; Schiffs- u. Seemanns-Heilkd.; H.B.'s Gesundheitstips; Schlaftraining - 1959 Preis v. Niederösterr. im Rednerwettbewerb d. UN; 1973 Fritz-Eckhardt-Kulturpreis; 1975 Goldene Möwe d. Ges. z. Förd. d. Lit. üb. Tiere Stockholm; 1976 Ehrentitel "Doctor of Psychology" Kansans City (USA); 1977 Kulturpreis d. St. Klosterneuburg; 1979 Gold. Feder. Zürich; 1990 Gold. Ehrenzeichen d. Stadt Wien; 1991 Ernennung z. Prof. - Liebh.: Lesen, Photogr., Malen - Bek. Vorf. ms.: Wilhelm Hauff - Lit.: Rolf Lang, Auskunft üb. H. B.

BANNASCH, Peter
Dr. med., Prof. f. Pathologie am Dt. Krebsforschungszentrum Heidelberg, Präsident Europ. Assoc. Cancer Res. - Am Hirschwald 23, 6901 Wilhelmsfeld - Geb. 14. April 1934 Biebergemünd/Hessen (Vater: Hans B.) - Promot. 1960 - Spez. Arbeitsgeb.: Cytopathologie, Cancerogenese - Mithrsg.: Virch. Arch. B (Cell Pathol.); J. Cancer Res. Clin. Oncol.; Europ. J. Cancer; Toxicologic Pahology; Carcinogenesis; EULEP Atlas of Pathology. Zahlr. Publ. in Virch. Arch., Carcinogenesis, Cancer Res., J. Cancer Res. Clin. Oncol. u.a.

BANNMÜLLER, Eva
Dr. phil., Prof. f. Sportpädagogik u. Leibeserzieh. PH Esslingen - Stirnbrandstr. 13, 7000 Stuttgart.

BANNWARTH, Horst
Dr. rer. nat., Prof. f. Biologie u. ihre Didaktik (Schwerp.: Pflanzenphysiol., Zellbiol. Ökol. (C 3) Inst. f. Naturwiss. u. Didaktik/Abt. Biol. Univ. Köln (s. 1976) - Gronewaldstr. 2, 5000 Köln 41 (T. 0221 - 4 70/46 60) - Geb. 22. April 1944 Säckingen, ev., verh. s. 1974 m. Walburga, geb. Pabst, 4 Kd. (Matthias, Carolin, Sebastian, Christoph) - Gymn. Säckingen; Stud. Biologie, Chemie, Physik Stg.-Hohenheim., Dipl. u. Staatsex. 1969, Promot. 1973 - 1970-75 Wiss. Mitarb. MPI f. Zellbiol. Wilhelmshaven. Facharb. z. Zellbiol. (Acetabularia), Ökophysiol., Waldschaden, Umwelterziehung - Spr.: Engl., Franz.

BANSBACH, Armin Horst
Fabrikant, Geschäftsf. Gesellsch. Semperlux GmbH, Berlin, Systemtechnik KG., Tettnang, Vice-Präs. Selux Corp. Highland, New York, USA - Geb. 20. Febr. 1934 Karlsruhe.

BANTER, Harald

Komponist, Dirigent, Redakteur, Dozent (eigentl. Gerd W. Wysocki) - Wieselweg 10, 5000 Köln 91 (T. 84 37 50) - Geb. 16. März 1930 Berlin (Vater: Georg v. W., Produktions-Chef), ev., verh. s. 1958 m. Ingeborg, geb. Hölken, 2 Töcht. (Cordula, Ariane) - Musik-Hochsch. Berlin u. Köln (Lehrer: Bernd-Aloys Zimmermann, Hans-Werner Henze) - 1952-73 Dirig. WDR-Köln; 1974-79 Abt.leit. Unterhalt. Musik u. stv. Hauptabt.leit. Unterhalt. Musik WDR-Köln. S. 1975 Doz. f. Unterhalt. Musik Staatl. Hochsch. f. Musik Köln; s. 1965 AR-Mitgl. GEMA; s. 1990 Vizepräs. Dt. Komponisten-Verb. - BV: Akkord-Lexikon, Musikwiss. Lehrb. 1981 - Musikwerke: Ballett Diana sorpresa (1960), Orch.stück Prolog 2000 (1972), Konzert f. Sopran-Saxophon (1979), Amores, Liebeselegien f. Tenor, Sprecher, Chor u. Orch. (1981); ca. 1000 Kompos. f. Rundf., Schallpl., Film u. Fernsehen - 1986 GEMA Ehrenring - Liebh.: Musik, Natur, Reisen, Schach - Spr.: Engl.

BANTLE, Kurt
Notariatsdirektor, MdL Baden-Württ. (s. 1972) - Fischergasse 18, 7880 Säckingen (T. 61 72) - Geb. 26. Juli 1933 Rottweil/N., kath., verh., 2 Kd. -Gymn. Rottweil; Univ. Tübingen u. München (Rechtswiss.). Jurist. Staatsprüf. 1957 u. 1961 - Mehrj. Justizdst. (Richter Mannheim, Weinheim, Mosbach, Oberkirch, Singen m. Abordnung LG Berlin, Generalstaatsanw. KG Berlin u. Zentralst. z. Aufklärung nationalsozialist. Gewaltverbrechen Ludwigsburg); s. 1967 Notar Säckingen. 1971 ff. Mitgl. Gemeinderat; 1973 ff. Mitgl. Kreistag Waldshut u. Regionalverbandsvers. Hochrhein. SPD.

BANTZ, Elmer
SWF-Chefsprecher i.R., Schauspieler, Dir. Hoftheater Scherzheim - 7585 Lichtenau-Scherzheim (T. 07227 - 21 41) - Geb. 25. Sept. 1908 Marienburg/Ostpr. (Vater: Gustav B., Hotelbes.; Mutter: Helene, geb. Pfeifer), ev., verh. s. 1953 m. Rita, geb. Laeppché - 1927-29 Max Reinhardt-Schule - 1929-31 Theater in d. Josefstadt Wien; 1931/32 Züricher Schauspielhs.; 1933/34 Tournee Ida Wüst, Berlin: Theater im Admiralspalast, Schiffbauerdammtheater, Lustspielhaus; 1934/35 Ansager Ultrakurzwellensend. Witzleben (Fernsehsend. Paul Nipkow); 1936 Ansager Deutschlandsender; 1939 Chefsprecher Reichssender Berlin; 1953-78 Chefsprecher Südwestf. Baden-Baden; s. 1982 Dir. Hoftheater Scherzheim - Schallpl.: Unser altes Dampfradio. Bühne: Konto X (Fritz), Brotverdiener (Tim), Rivalen (Gemeiner Neumann). Rundf.: Sonntagmorgen ohne Sorgen (Texte u. Spr.). Film: Mitwirk. Auf Wiedersehen Franziska, Sechs Tage Heimaturlaub, Immer nur Du.

BANTZ, Helmut
Diplom-Sportlehrer, Dozent f. Turnen Dt. Sporthochsch. Köln - Jahnstr. 27, 5026 Brauweiler - Zahlr. Erfolge im Kunstturnen.

BANULS, André
Dr. és lettres, agrégé, Prof. f. Neue dt. Literaturwissenschaft - Sittershöhe 27 a, 6604 Güdingen - Geb. 4. April 1921 St. Etienne (Frankr.). (Eltern: Laurent u. Lucie B.) - S. 1957 ao. u. o. Prof. (1964) Univ. d. Saarl. - BV: Goethe an Cornelia. D. dreizehn Briefe an s. Schwester, 1986; Phantastisch zwecklos?, Ess. üb. Lit. 1986. Bücher üb. Thomas u. Heinrich Mann - Spr.: Franz., Span., Ital., Russ., Engl.

BANZER, Jürgen
Landrat Hochtaunuskreis (s. 1991) - Louisenstr. 86-90, 6380 Bad Homburg v.d.H. (T. 06172 - 17 82 00) - Geb. 17. April 1955 Würzburg, kath., verh. s. 1981 m. Monika, geb. Rodrian - Jurastud. m. Ex. - VR-Vors. Taunus-Sparkasse.

BAR, von, Christian Rudolf
Dr. jur., Prof. f. Bürgerliches Recht, Wirtschaftsrecht, Intern. Privatrecht, Rechtsvergleich, Dir. d. Inst. f. IPR d. Univ. Osnabrück - Katharinenstr. 24, 4500 Osnabrück (T. 0541 - 969-44 62- 44 63) - Geb. 5. Mai 1952 Hannover (Vater: Otto-Ludwig B., Land- u. Forstwirt; Mutter: Marie-Elisabeth, geb. Reichardt), ev. luth., verh. s. 1981 m. Ingard, geb. v. Prittwitz u. Gaffron - Univ. Freiburg, Kiel u. Göttingen, Promot. 1976, Habil. 1979 (b. Prof. Deutsch) - S. 1981 Ord. Osnabrück; 1988/89 Dekan - BV: Territorialität d. Warenz. u. Erschöpfung d. Verbreitungsrechts im gemeins. Markt, 1977; Verkehrspflichten - Richterl. Gefahrsteuerungsgebote in dt. Deliktsrecht, 1980 (Übers. Japan. 1981); Richterl. Rechtspolitik im Haftungsrecht, 1981 (m. Markesinis); Empfiehlt es sich, d. Vorauss. d. Haftung f. unerlaubte Handlungen zu ergänzen oder zu erweitern?, 1981; Intern. Eherecht, 1983; Personal Effects of Marriage, Intern. Encyclop. of Comparative Law, 1986; Intern. Privatrecht I, 1987, II, 1991 - 1980 Res. Fellowship of Churchill College Cambridge/Engl.; 1985 Vis. Fellowship of Waseda Univ., Tokyo, 1986 Prof. invité, Aix-en-

Provence, Mitgl. d. Dt. Rates f. IPR - Spr.: Engl., Franz.

BAR, Erich

Schauspieler - Eilenau 20, 2000 Hamburg 76 (T. 040 - 229 62 97) - Geb. 12. Nov. 1950 Berge (Vater: Johann B., Friseur; Mutter: Katharina, geb. Haidt) - Ausbild. Hamburg - Mitgl. Städt. Bühnen Köln u. Thalia-Theater Hamburg (vornehml. Charakterrollen). Fernsehen (u. a. Tatort) - Liebh.: Fotogr., Schach, Fliegenfischen.

BARABAS, Sari

Kammersängerin, Mitgl. Bayer. Staatsoper - Hugo-Junker-Str. 5, 8022 Grünwald/Obb. (T. München 64 95 37) - Geb. 14. März Budapest, verh. m. Kammers. Franz Klarwein (s. dort).

BARBARINO, Otto

Dr. oec. publ., Ministerialdirektor a. D., Honorarprof. f. Haushaltswesen u. Finanzausgleich Univ. München (s. 1966) - Höchlstr. 1, 8000 München 80 (T. 98 07 30) - Geb. 31. Dez. 1904 Burghausen - Univ. Wien u. München - 1946-70 Bayer. Finanzmin. (1958 Min.dir.). 1940-46 Wehrdst. u. amerik. Kriegsgefangensch. ARsmandate. BV: „Geldwert, Konjunktur u. öffentlicher Haushalt", 1981 - 1971 Gr. BVK m. Stern - Spr.: Ital. - Rotarier.

BARBE, Helmut

Prof., Kirchenmusikdirektor - Wilhelmstr. 100, 1000 Berlin 20 (T. 030-361 42 97) - Geb. 28. Dez. 1927 Halle/S., verh. m. Heide-Susanne, geb. Lorenz - 1946-52 Stud. Berliner Kirchenmusikschule (Ernst Pepping u. Gottfried Grote) - 1952-75 Kantor St. Nikolai Spandau; 1955-75 Doz. Berliner Kirchenmusiksch.; 1972-84 Landeskirchenmusikdir. Berlin-West; s. 1975 Prof. Hochsch. d. Künste Berlin f. Musiktheorie u. Gehörbildung - Werke: Motetten (u.a. D. 90. Psalm), Kantaten (u.a. Canticum Simeonis, Requiem, Golgatha, Tedeum), Weltl. Chorwerke (u.a. Chines. Impress., Drei Nachtst.), Orgelw. (Orgelsonate), Orchesterw., Kammermusik, Lieder - Lit.: G. Seely, German protestant Choral Music since 1925 (1969).

BARBEY, Jean

Dr. sc. techn., Dipl.-Ing., Generaldelegierter f. Deutschl. Compagnie de Saint-Gobain, Aachen - Postf. 14 90, 5100 Aachen - Geb. 5. Juni 1931 - AR-Vors. Grünzweig + Hartmann AG, Ludwigshafen; Vegla Vereinigte Glaswerke GmbH, Aachen; Halbergerhütte GmbH, Saarbrücken-Brebach; weit. AR-, VR- u. Beirats-Mand.

BARCHE, Jürgen

Dr.-Ing., Prof., Direktor Deutsch-Niederländischer Windkanal (b. 1984) - Feldhausen 46, 2804 Lilienthal - Geb. 8. März 1933 Gräfenstuhl - Promot. 1966 - S. 1974 Honorarprof. TU Berlin (Praxis d. Flugzeugaerodynamik). Üb. 30 Fachveröff. (auch engl.).

BARCHEWITZ, Robert

Vizepräsident Rechnungshof v. Berlin (s. 1969) - Kammgasse 11, 1000 Berlin 28 (T. 401 29 12; Büro: 883 80 11) - Geb. 1919 - Stud. Rechtswiss. - Zul. Senatsrat - Rotarier.

BARCKOW, Klaus

Ltd. Bibliotheksdirektor, Leit. Universitätsbibl. Paderborn - Warburger Str. 100, 4790 Paderborn; priv.: Christine-Koch-Str. 18, -Elsen - Geb. 19. Aug. 1936 Weimar/Thür. - 1956-65 TU Hannover - Herausg.: Bibl.sverbund in NRW (1976) - Spr.: Engl., Russ.

BARD, Martin

Dipl.-Ing., Vorstand Buchtal, Schwarzenfeld - Seminargasse 26, 8450 Amberg - Geb. 6. Mai 1938, ev., verh. s. 1962 m. Hannelore, geb. Wichmann, 2 Kd. (Martina, Thomas) - Abit. 1958 Goslar; Dipl.-Ing. 1963 Braunschweig, Wirtsch.-Dipl. (VWA) 1972 - B. 1968 Betriebsleit. Alusuisse, Rheinfelden; b. 1975 Werkleit. Siemens, Braunschweig; b. 1982 Vorst.-Technik Calor-Emag, Ratingen; s. 1982 Vorst. Buchtal. Zahlr. Pat. - Liebh.: Fahrten, Segeln - Spr.: Engl., Franz., Span.

BARDELE, Christian-Friedrich

Dr. rer. nat., Prof. f. Zoologie, Inst. f. Biol. III Univ. Tübingen - Auf der Morgenstelle 28, 7400 Tübingen 1.

BARDENHEWER, Hans

Vizepräsident Bundesamt f. Verfassungsschutz, Köln (s. 1972) - Petersbergstr. 10, 5205 St. Augustin 2-Niederberg - Geb. 12. Dez. 1926 Arnsberg/W. (Vater: Ernst B., Präs. Hess. Verwaltungsgerichtshof †1964; Mutter: Theodore, geb. Duffhauß †1937), kath., verh. s. 1960 m. Charlotte, geb. Ost, 3 Kd. (Christoph, Angela, Martin) - Gymn. Wiesbaden; n. Wehrdst. u. Kriegsgefangensch. Univ. Mainz u. Marburg (Rechtswiss.). Jurist. Staatsprüf. 1953 (Marburg) u. 58 (Düsseldorf) - 1959-64 Justizdst. (Richter; VGsrat); 1965-72 Bundesinnenmin. (1965 Oberreg.srat, 1966 Reg.sdir., 1968 Min.rat/Personalref., 1971 -dirig./stv. Abt.sleit. f. öfftl. Sicherh.). CDU s. 1961 - Liebh.: Literatur (Gesch., Belletr.) - Spr.: Engl. - Bek. Vorf.: Otto B., Patrologe, München, Verf. Standardw. üb. d. Gesch. d. Kirchenväter (Großonkel).

BARDENS, Hans

Dr. med., prakt. Arzt, MbB (s. 1965; Wahlkr. 159/Ludwigshafen), stv. Vors. Arbeitsgem. sozialdemokr. Ärzte - Erpolzheimerstr. 11, 6700 Ludwigshafen/Rh. - Geb. 26. Jan. 1927 Ludwigshafen/Rh., verh., 2 Kd. - 1943-45 Kriegsdst.; n. Stud. Assistenzarzt; s. 1961 eig. Praxis. SPD s. 1948 (Mitgl. Gesundheitspolit. Aussch. b. Parteivorst.).

BARDONG, Otto

Dr. phil., Prof. f. Gesch. u. Didaktik d. Gesch. PH Karlsruhe - Höhenstr. 9, 6520 Worms 24 - Geb. 2. Okt. 1935, verh. m. Christa, geb. Balß, 3 Kd. (Matthias, Andreas, Johannes) - MdL Rhld.-Pfalz (1975-84); MdEP (1984-89). CDU; Mitgl. Präsid. Europa-Union Dtschl.; Landesvors. Europa-Union Rheinl.-Pfalz; Mitgl. Bureau executif d. Union Europ. Föderalisten (UEF), Mitgl. Direkt. d. Inst. f. europ. Politik - BVK; Leibniz-Med. d. Akad. d. Wiss. u. d. Lit. Mainz - Spr.: Franz.

BARDTHOLDT, Claus

Direktor a. D. GHH-Gutehoffnungshütte Aktienverein (Leit. Hauptabt. Presse u. Information b. 1985) - Rosenhagenstr. 40, 2000 Hamburg 52 (T. 040 - 890 11 52) - Geb. 27. Aug. 1924 Berlin (Vater: Arnold B., Drogist; Mutter: Elise, geb. Holzmüller), evangelisch, verh. s. 1955 m. Irmtraud, geb. Jäger, T. Andrea - N. Mittl. Reife Vorausbild. als naut. Schiffsoffz. - 1946-69 u. a. D. Abend, Telegraf, Radio Bremen (1954), ZDF (1963); 1969-74 Abt.leit. Presse u. Information Howaldswerke Dt. Werft AG, 1974 Hapag-Lloyd AG, s. 1977 GHH Aktienverein, s. 1986 Beauftr. d. Geschäftsfg. Arbeitskr. Information - 1967 Theodor-Wolff-Preis - Spr.: Engl.

BARESEL, Alfred

Musikschriftsteller - Kronberger Str. 30, 6000 Frankfurt/M. (T. 72 47 24) - Geb. 10. Jan. 1893 Leipzig (Vater: Geheimrat Otto B.; Mutter: Charlotte, geb. Weber), ev., verh. in 2. Ehe (1930) m. Herta, geb. Doehn, 3 Kd. (Dr. med. Therese (aus 1. E.), Peter (†), Bernt) - Konservat. u. Univ. Leipzig (Musikwiss.) - Lehrer Konservat. Leipzig (1920-39) u. München (Trapp'sches; 1950-53); Musikkrit. Neue Leipziger Ztg. (1921-33), Leipz. Neueste Nachr. (1939), Südost-Kurier (1946-54), Franfurter Neue Presse (1960) - BV: u. a. D. Jazzbuch, 1925 (8 A.); Jazz-Harmonielehre, 5. A. 1969; Jazz in d. Krise, 1960. Musikerbiogr. (Verdi, Haydn, Richard Strauss, Puccini u. a.).

BARGATZKY, Walter

Staatssekretär a. D., Ehrenpräs. Dt. Rotes Kreuz - Friedrich-Ebert-Allee 71, 5300 Bonn - Geb. 13. April 1910 Baden-Baden (Vater: Eugen B., Lyzeumsdir.; Mutter: Luise, geb. Roser), ev., verh. s. 1944 m. Camilla, geb. v. Spruner - Univ. Berlin u. Heidelberg (Rechtswiss.). Jurist. Staatsprüf. 1932 u. 35 - 1938-45 Landgerichtsrat, I. Staatsanw. (1941) u. Landgerichtsdir. (1944) Reichsjustizmin., Berlin, 1945-48 Polizeidir. Baden-Baden, 1948-50 Dir. Verw.gericht das. u. Freiburg, dann Reg.dir., Min.rat, -dirig. u. -dir. (Leit. Abt. Ziviler Bevölkerungsschutz) Bundesinnen-, 1963-68 Staatssekr. Bundesgesundheitsmin. 1950ff. Vizepräs., Präs. (1967) u. Ehrenpräs. (1982) DRK - BV: D. Sinn d. engl. Festlandpolitik, 1939; Schöpfer. Friede, 1946; Smuts - Sieg e. Besiegten, 1948; Mein Pudel Katja, 1952; D. Universum lebt. Gedanken ü. d. organ. Aufbau d. Weltalls, 1978, 1980; Hotel Majestic. E. Deutscher im besetzten Frankreich, 1987 - Kriegs- u. Rotkreuzausz.; 1973 Gr. BVK m. Stern; 1975 Ehrenritterkreuz Johanniter-Orden; 1983 Henri-Dunant-Med. IRK.

BARGEN, von, Peter

Dipl.-Kfm., Hüttendirektor, Sprecher d. Vorstands Thyssen Henrichshütte AG, Hattingen - Galgenfeldstr. 27, 4630 Bochum-Stiepel (T. 0234-791424) - Geb. 16. Dez. 1938 Hamburg, ev., verh. m. Helga, geb. Künne - Stud. Betriebsw. Univ. Hamburg; Abschl. 1963, Dipl.-Kfm. - Mitgl. Vollvers. IHK Bochum; Vorst. Pensionsvereinig. Eisen- u. Stahlind., Wirtschaftsvereinig. Eisen u. Stahl, Vereinig. Dt. Freiformschmieden u. Radsatzverb.

BARGEN, von, Rolf

Verlagskaufmann, Mitgl. d. Geschäftsleitg. Axel Springer Verlag AG, Berlin - Blaukissenstieg 19, 2000 Hamburg 60 - Geb. 23. Aug. 1921.

BARGMANN, Carol

Dr. jur., FAZ-Korrespondentin in Peking/China (1977 ff.) - Zu erreichen üb.: Postf. 2901, 6000 Frankfurt/M. 1 - Geb. 1935 Landsberg/Lech - Univ. München u. Freiburg/Br. Promot. 1959 - N. Ass.ex. bayer. Staatsdst. u. Tätigk. Großbank, spät. USA.

BARGMANN, Hans-Joachim

Auslandskorrespondent (ARD) - Zu erreichen üb.: SFB Sender Freies Berlin, Masurenallee 8-14, 1000 Berlin 19 - S. Jahren Peking (China).

BARGON, Ernst

Dr. agr., Prof., Direktor Hess. Landesamt f. Bodenforsch. i. R. - Adalbert-Stifter-Str. 5, 6200 Wiesbaden (T. 0611 - 54 13 26) - Geb. 9. Okt. 1926 Bad Godesberg (Vater: Josef B., Bauing.; Mutter: Maria, geb. Müller), kath., verh. s. 1954 m. Margaretha, geb. Gatzweiler, 4 Kd. (Birgit, Joachim, Claudius, Markus) - Univ. Bonn (Landw.). Promot. 1955 - S. 1954 Hess. Landesamt f. Bodenforsch. Rd. 50 Facharb.

BARGON, Gerlach Wilhelm

Dr. med., Facharzt f. Radiol., o. Prof. u. Leiter Röntgendiagnost. Abt. Department f. Radiol. Univ. Ulm (s. 1973) - Schwarzenbergstr. 105, 7900 Ulm - Geb. 23. Dez. 1927 Hamborn (Vater: Dr. rer. pol. Wilhelm B.; Mutter: Elisabeth, geb. Escher), kath., verh. s. 1961 m. Irmgard, geb. Clausen, 5 Kd. - 1969-73 Oberarzt Med. Hochsch. Hannover. Fachmitgl.-schaften - 1971 Hans-Meyer-Stip. Nieders. Röntgenges.

BARIN, Ihsan

Dr.-Ing., Prof., Leiter d. F + E Zentrums ZEUS d. Thyssen Engineering GmbH, Duisburg - An der Weide 19, 5100 Aachen - Geb. 27. Dez. 1939 Karamanli/Türkei, verh. s. 1961 m. Dorle, geb. Volkmer, 2 Töcht. (Anja-Ayca, Iris-Elif) - TH Aachen; Dipl. 1964; Promot. 1968; Habil. 1976 - Theoret. Metallurgie; Chem. Thermodynamik u. Kinetik, Verfahrenstechnik - Div. Veröffentl.

BARING, Arnulf

Dr. jur., o. Prof. f. Zeitgeschichte FU Berlin (s. 1969) - Ahrenshooper Zeile 64, 1000 Berlin 38 - Geb. 8. Mai 1932 Dresden (Vater: Dr. jur. Martin B., b. 1972 Senatspräs., s. XVIII. Ausg.; Mutter: Gertrud, geb. Stolze), ev., verh. in 2. Ehe m. Gabriele, geb. Oettgen, 4 Kd. (Susanne, Juliane; Anna, Moritz) - Gymn. Berlin; Univ. Hamburg, Berlin (FU; Promot.), Freiburg/Br., New York (Columbia; M. A.), Hochsch. f. Verw.-wiss. Speyer, Univ. Paris. Beide jurist. Staatsprüf. 1962-64 Redakt. (Politik) WDR, Köln; 1964-65 Forschungsauftr. Dt. Ges. f. Ausw. Politik, Bonn; 1966-68 Assist. u. Lehrbeauftr. FU Berlin (Otto-Suhr-Inst.); 1968-69 Research Associate Harvard Univ., Cambridge (Center for Intern. Affairs); 1976-79 Bundespräsidialamt, Bonn. 1986-88 Stiftung Wiss. u. Politik, Ebenhausen; Fellow, Wilson Center, Washington D.C.; Senior Associate, East-West-Inst., New York - SPD 1952-83 (Ausschluß) - BV: Charles de Gaulle - Größe und Grenzen, 1963 (m. Christian Tautil); D. 17. Juni 1953, 1966, 1983; Außenpolitik in Adenauers Kanzlerdemokr., 1969 u. 1971, neu als: Im Anfang war Adenauer, 1982; Sehr verehrter Herr Bundeskanzler! Briefwechsel Heinrich v. Brentano m. Konrad Adenauer 1949-64, 1974; Zwei zaghafte Riesen? Deutschland u. Japan s. 1945 (m. Masamori Sase), 1977; Machtwechsel - D. Ära Brandt/Scheel, 1982 u. 1984; Unser neuer Größenwahn - Dtschl. zw. Ost u. West, 1988; Dtschl., was nun?, 1991. Zahlr. Einzelveröff. (Politik u. a.) - 1973-77 (Austr.) Mitgl. PEN-Zentrum BRD - Liebh.: Reisen, Wandern - Spr.: Engl., Franz. - Vorf. väterls. vergl. Dt. Geschlechterb. (B. 102).

BARION, Jakob

Dr. phil., o. Prof. f. Philosophie (emerit.) - Schwalbenweg 5, 5300 Bonn 1 - Geb. 23. Juli 1898 Wüschheim (Vater: Hubert B., Landw.; Mutter: geb. Regh), led. - Univ. Bonn u. München - Assist. 1933 Privatdoz. Univ. Bonn, 1938 Ord. Staatl. Akad. Braunsberg (b. 1945), 1946 Gastprof., 1955 Ord. Univ. Bonn - BV: u. a.: Hegel u. d. marxist. Staatslehre, 2. A. 1970; Was ist Ideologie? - Studie zu Begriff u. Problematik, 3. erw. A. 1974; Ideologie - Wiss. - Phil., 1966; Staat u. Zentralismus, 1969; Terminologie u. Hauptprobleme d. Phil., 2. erw. A. 1982; Grundlinien phil. Staatstheorie, 1986.

BARKHOFF, Wilhelm Ernst

Rechtsanwalt u. Notar, Fachanw. f. Steuerrecht, Vors. Dt. Paritä t. Wohlfahrtsverb./Landesverb. Nordrh.-Westf., Wuppertal, u. a. - Husemannpl. 3/4, 4630 Bochum 1 - Geb. 26. Juni 1916 Kamp Lintfort/Rhld., verh. s. 1942 m. Otti, geb. Grave, 4 Kd. (dav. 3 S.).

BARKING, Heribert

Dr.-Ing., Dr.-Ing. E. h., Berkwerksdirektor - Rotbachstr. 41, 4220 Dinslaken/Ndrh. (T. 2087) - Geb. 25. Juli 1912 Gelsenkirchen, kath., verh. m. Johanna, geb. Roelen, 6 Kd. - Univ. Bonn u. Bergakad. Clausthal. Dipl.-Ing. (Bergbau) 1938, Bergass. 1942, Promot. 1949 - 1942 Hilfsarb. Reichswirtschaftsmin., Berlin, 1945 Wirtschaftsing., 1947 Betriebs-, 1949 Bergwerksdir., 1952 Vorstandsmitgl. Gewerksch. Walsum, jetzt Bergwerksges. Walsum mbH., 1968 Bergbau AG. Niederrhein, 19762 zugl. Bergbau AG. Oberhausen. Zahlr. Ehrenämter. 1967 MdL NRW (6. Wahlp.). 1950 CDU - 1962 Ehrendoktor BA, jetzt TU Clausthal; 1961 Ritterkreuz VO. Rep. Ital. - Liebh.: Musik, Wassersport.

BARLAG, Werner

Direktor - Virchowstr. 64, 4300 Essen (T. 79 21 19) - Geb. 8. April 1914 Flensburg (Vater: Wilhelm A., Kaufm.; Mutter: Martha, geb. Suck), ev., verh. s. 1953 m. Elisabeth, geb. Schulz, 3 Kd. (Elisabeth, Bent-Andreas, Lydia) - Abitur 1932 Flensburg - Geschäftsf. Kohlenhandel Holm & Molzen GmbH.,

Flensburg, Kohle u. Erz GmbH., Duisburg-Ruhrort. AR u. Beiratsmand. - Spr.: Engl., Franz., Dän. - Rotarier.

BARLAY, Ladislaus

Dr. phil., Chefredakteur Libertas - Europ. Zeitschrift - Hintere Gasse 35/1, 7032 Sindelfingen (T. 07031 - 8 18 55) - Geb. 9. Sept. 1944 Budapest/Ungarn, calvinist., ledig - 1964-69 Stud. Phil. u. German. Univ. Budapest; Staatsex. 1969, Promot. 1971 - S. 1972 Lehrbeauftr. f. Phil. Univ. Stuttgart-Hohenheim; 1978/79 Forschungsarb. üb. Terrorismus; s. 1984 Chefredakt.; s. 1984 Berater im Europ. Parlam.; s. 1986 Leit. d. Abt. f. Systemanalyse im Libertas - Europ. Inst. f. Forschung, Prognose, Strategie, Kommunikation u. Publ. in Wirtsch. u. Politik EWIV; s. 1988 Berater b. d. Europ. Akad. f. Umweltfragen, Tübingen - BV: Geist u. Umweltbewußtsein, 1983; Kultur u. Medien, 1983; Grundl. d. Naturphilosophie, 1990 - Liebh.: Sport, bild. Kunst, Musik, Theater - Spr.: Engl., Ungar.

BARLOG, Boleslaw

Prof., Generalintendant a. D., Ehrenvors. Carl-Zuckmayer-Ges. (1972-75 Vors.) - Spindelmühler Weg 7, 1000 Berlin 45 - Geb. 28. März 1906 Breslau (Vater: Rechtsanw.), verh. s. 1939 m. Herta, geb. Schuster - Oberrealsch. Berlin (Obersek.); Buchhändler- u. kaufm. Lehre - Regieassist. Volksbühne Berlin, 1936-37 Mitarb. Olympia-Komit., spät. Filmassist. u. -regiss., 1945-72 Int. bzw. Generalintendant (1963) Schiller- und Schloßpark-Theater Berlin. Über 100 Inszenierungen des klassischen und mod. Theaters, außerd. div. Opernauff. Filme: Unser kl. Junge, Kl. Mädchen - gr. Sorgen, Wenn d. Sonne wied. scheint, Jg. Herzen, Seinerzeit zu m. Zeit, Tierarzt Dr. Vlimmen, Wohin d. Züge fahren (1948) - BV: Theater lebenslänglich, Memoiren, 1981 - 1950 Kunstpreis Stadt Berlin, 1958 Max-Reinhardt-Ring Landesverb. Berlin GDBA, 1959 Gr. BVK, 1972 Stern dazu, 1962 Silb. Büchse d. Pandorra (Erinnerungsgabe f. Regiss., gestiftet v. Albert Heine; Gegenstück z. Iffland-Ring d. Schausp.), 1965 Ordre National des Arts et Lettres (Frankr.), 1966 Ernst-Reuter-Plak. in Silber u. Gold. Ehrenz. GDBA, 1970 Otto-Brahm-Med. GDBA (1. Träger), 1971 Silb. Blatt Dt. Dramatiker-Union; 1963 o. Mitgl. Akad. d. Künste Berlin; 1975 Prof. e. h. Stadt Berlin; 1983 Pro-Arte-Med. - Liebh.: Bücher, Musik (besitzt Plattensamml. v. Opern u. Konzerten namh. Dirigenten).

BARNDT, Dieter

Dr. rer. nat., Prof. f. Biologie (Zool.) TU Berlin - Bahnhofstr. 40d, 1000 Berlin 45 - Geb. 10. März 1936 Berlin (Vater: Fritz B., Techn. Angest.; Mutter: Herta, geb. Koch), ev., verh. in 2. Ehe (1975) m. Gerda, geb. Döderlein, 2 T. (Kerstin, Heike) - PH u. FU Berlin (Biol., Geogr., Erziehungswiss.). Promot. 1976 - Studienrat - BV: D. Naturschutzgeb. Pfaueninsel in Berlin - Faunistik u. Ökologie d. Carabiden, 1976 - Liebh.: Musik - Spr.: Engl., Franz. - Erf.: Elektr. Bodenfalle z. Ermittl. d. Laufaktivität terrestr. Arthropoden.

BARNEBECK-PEETZ, Olaf

Regisseur u. Musiklehrer - Unter den Eichen 129, 1000 Berlin 45 (T. 030-834 14 08) - Geb. 20. Aug. 1952 Berlin, ev., verh. s. 1982 m. Sabine B., 2 Kd. (Susanne, Ralph) - Stud. Theaterwiss., German. u. Politol. FU Berlin - 1975-82 Dramat. u. Schausp. (kleinere Rollen) in versch. Berliner Theatergruppen; s. 1982 Regiss. Freies Schauspiel, Berlin; Lehrer f. Gitarre - Insz.: Epiphanie, v. L. J. Carlino (1984); Pech unterm Dach, Krieg im dritten Stock, v. Pavel Kohout (1984); Mensch Meier, v. F. X. Kroetz (Bühnenbild, 1985); u.a. - Liebh.: Theater, Musik - Spr.: Engl., Franz.

BARNER, Gerhard

Versicherungskaufmann, Direktor - Schreyerstr. 28, 6242 Kronberg /Ts. (T. 0 61 73-56 55) - Geb. 1. März 1932 Castrop-Rauxel (Eltern: Albert u. Hildegard B.), ev., verh. s. 1960 m. Ursula, geb. Winkler, 3 Kd. - Stud. Dt. Versicherungsakad., Köln; Versicherungsbetriebswirt (grad.) 1954 ebd.

BARNER, Jörg

Dr. rer. nat., Prof. f. Waldbau - Valentinstr. 8, 7800 Freiburg/Br. -Geb. 23. Mai 1918 Karlsruhe, ev., verh. s. 1952 (Ehefr.: Thea), S. Wolfgang - Promot. 1953; Habil. 1957 - S. 1970 Prof. Univ. Freiburg (Leit. Forschungsst. f. Exper. Landschaftsökol.) - BV: u. a. Grundriß d. waldbaul. Ökol., 1953; Gesch. d. Durchforst. in Dtschl., 1954; Wechselwirk. v. Wald u. Wasserhaush., 1961; Exp. Ökol. d. Kulturpflanzenanbaus, 1965; D. Wald, 1967; Einf. in d. Raumforsch. u. Landesplan., 1975; Rekultiv. zerstörter Landsch., 1978; Landschaftstechnik, 1981; Exp. Landschaftsökologie, 1983; Hydrologie, 1987.

BARNER, Klaus

Dr. rer. nat., Prof. f. Mathematik Univ./GH Kassel - Christian-Beyer-Str. 10, 3500 Kassel (T. 88 73 22) - Geb. 21. Juni 1934 Frankfurt/M., ev., verh. s. 1960 m. Ilsetraut, geb. Rabbow, 2 Kd. (Jörg, Leonie) - 1954-60 Stud. Univ. Göttingen; 1961 DFH Echterdingen - 1962-68 wiss. Ass./akad. Rat Univ. Stuttgart (Promot. 1963, Habil. 1968 ebd.); 1969-70 wiss. Rat u. s. 1971 apl. Prof. Univ. Karlsruhe; s. 1971 Prof. (C4) Univ./GH Kassel. Arb.geb.: Zahlentheorie.

BARNER, Martin

Dr. rer. nat., o. Prof. f. Mathematik - Hohlenmatten 5, 7830 Müllheim 13 (T. 07631 - 1 41 82) - Geb. 19. April 1921 Villingen/Schw., ev. - Univ. Freiburg/Br. (Promot. 1950) u. Paris - 1952 Privatdoz. Univ. Freiburg, 1957 ao. Prof. TH Karlsruhe, 1962 o. Prof. Univ. Freiburg/Br., 1963 Dir. Math. Forschungsinst. Oberwolfach; 1968-75 Vors. Dt. Math.-Vereinig. - BV: Differential- u. Integralrechnung, 1961ff.; Analysis I (m. F. Flohr), 4. A. 1991; Analysis II (m. F. Flohr), 2. A. 1989. Zahlr. Einzelarb.

BARNER, Wilfried

Dr. phil., o. Prof. f. Dt. Philologie, Univ. Göttingen, Sem. f. Dt. Philologie - Humboldtallee 13, 3400 Göttingen (T. 39 75 26) - Geb. 3. Juni 1937 Kleve (Vater: Hans B., Studienrat; Mutter: Elisabeth, geb. Schott), ev., verw. 1972, wiederverh. s. 1979 m. Gabriele, geb. Füllkrug, T. Elisabeth - Gymn. Wuppertal-E. (Abit. 1957); 1957-63 Univ. Göttingen u. Tübingen (German., Lat., Griech.). Promot. (1963) u. Habil. (1969) Tübingen - S. 1964 Wiss. Assist., Doz. (1969), Ord. (1971) Univ. Tübingen, Ord. (1992) Univ. Göttingen. Gastprof. Univ. Cincinnati (1978/79), Hebr. Univ. Jerus. (1981/82), Senior Fellow Princeton Univ. (1983), Cornell Univ. (1985). 1974 Mitgl. Wiss. Senat Lessing-Akad. Wolfenbüttel, 1983 Präs. intern. Lessing Soc., 1986 Vors. Trägerverein GERMANISTIK, u. 1989 Intern. Arbeitskreis f. Barocklit. - BV: Neuere Alkaios-Papyri aus Oxyrhynchos, 1966; Barockrhetorik - Unters. zu ihren geschichtl. Grundl., 1970; Produktive Rezeption - Lessing u. d. Tragödien Senecas, 1973; Lessing - E. Arbeitsb., 5. A. 1987 (m. Grimm, Kiesel, Kramer). V. Rahel Varnhagen b. Friedrich Gundolf. Juden als dt. Goethe-Verehrer, 1992. Herausg.: D. literar. Barockbegriff (1975); Chr. Kaldenbach, Ausw. aus d. Werk m. Einführ. u. Werkbibliogr. (1977); Heinrich Bebel, Comoedia de optimo studio iuvenum, 1501, lat./dt., m. Kommen. u. Einf. (1982); Unser Commercium. Goethes u. Schillers Lit.politik (m. Lämmert u. Oellers) (1984); Nation u. Gelehrtenrepublik (m. Reh) (1984); Lessing, Werke u. Briefe, Komm. (1985ff.); Literaturkritik (1990). Mithrsg.: Studien z. dt. Lit., Arbeitsbücher z. Lit.gesch., Medien in Forsch. u. Unterr., Jahrb. Dt. Schillerges.; Germanistik - 1964 Preis Phil. Fak./Univ. Tübingen, 1972 Preis Göttinger Akad. d. Wiss., 1985 Stip. Stiftg. Hist. Kolleg im Stifterverb.; 1991 Dr. h. c. Univ. Strasbourg.

BARNIKEL, Hans-Heinrich

Dr., Dipl.-Volksw., Direktor b. Bundeskartellamt, Berlin, i.R. - Am Schlachtensee 122, 1000 Berlin 38 (T. 803 35 83) - Geb. 18. Aug. 1923 Bamberg, verh. s. 1959 m. Helga, geb. Westhues, 3 Kd. (Franziska, Ruth, Georg) - Stud. Volksw. Univ. Erlangen-Nürnberg (1948-52) u. Harvard-Univ. Cambridge/USA (1953-54; post. grad. research) - 1952-56 Bundesanstalt f. Arbeitsvermittl. u. -losenversich., Nürnberg; 1956-57 Univ. Erlangen/Staatswiss. Sem. (Wiss. Assist.); 1958-88 Bundeskartellamt - Herausg.: Wettbewerb u. Monopol, 1968; Theorie u. Praxis d. Kartelle, 1972; Probleme d. wirtschafl. Konzentration, 1975. Verf.: Marktwirtschaft, Kartelle, Konzentration, Kontrolle, 1989. Zahlr. Fachaufs. - Spr.: Engl., Franz.

BARON, Paul

Dr.-Ing., Prof. f. Verkehrswesen u. -planung Univ. Dortmund (s. 1969) - Dresdener Str. 49, 4600 Dortmund (T. Univ. 755 22 70) - Geb. 30. März 1933 Düsseldorf (Vater: Werner B., Verkaufsltr. †; Mutter: Mia, geb. Eder †), verh. s. 1973 in 2. Ehe m. Hannelore, geb. Schwartz, 2 Kd. (Christopher, Susannah) - Gymn. Euskirchen u. Düsseldorf; Stud. 1953-60 Univ. Karlsruhe u. 1960-68 wiss. Assist., spät. Obering. u. Lehrbeauftr.; 1968-69 Associate Prof. Cornell University, Ithaca, N. Y., USA - BV: Weglängen als Kriterium z. Beurteilung v. Fluggast-Empfangsanl., 1967. Zahlr. Veröff. in Fach- u. populärwissensch. Ztschr. - Liebh.: Lit., Musik, Modellbau - Spr.: Engl., Franz., Span.

BAROW, Hans-Joachim

Rechtsanwalt, Bürgermeister u. Stadtkämmerer d. Landeshauptstadt Kiel a.D., Vorsitzender d. Geschäftsführung d. Versorgung u. Verkehr Kiel GmbH i.R. - Düsternbrooker Weg 146, 2300 Kiel - Geb. 1923.

BARRELET, Horst

Dr. jur., Rechtsanwalt, Vorstandsmitglied DFB - Krietkamp 44, 2000 Hamburg 65 - Geb. 29. Jan. 1921 Hamburg, verh. m. Inga, geb. Pantaenius, 2 Kd. - Präs. d. Ehrengerichtshofs f. Rechtsanw. in Hamburg; 1. Vors. Hambg. Fußball-Verb.; b. 1973 Präs. HSV.

BARRELL, Brigitte

Dr., Generaldirektorin Manpower Temp. Services, Dt. Konsul in Buffalo - 135 Delaware Av., Buffalo, New York, 14202 (USA) (T. 716-854-40 40) - Geb. 7. Dez. 1919, ev., verh. s. 1957 m. Nathaniel A. Barrell, 3 Kd. (Michael, Thomas, Brigitte) - 1938/39 Reifensteiner Maidenschule (Pensionat); 1943-44 Univ. München - Vorstandspräs. Kinderkrkhs. Buffalo, New York; Vize-Präs. Handelsk. Buffalo - 1984 BVK I. Kl. - Spr.: Engl., Franz.

BARRING, Geo

s. Burmester, Albert

BARSCH, Dietrich

Dr. rer. nat., o. Prof. f. Geographie u. Direktor d. Geogr. Inst. d. Univ. Heidelberg (s. 1974) - Bergstr. 95, 6900 Heidelberg - Geb. 25. Mai 1936 Erfurt, ev., verh. s. 1961 m. Doris, geb. Lawerenz, 4 Kd. (Jörg, Nils, Synje, Peer) - Promot. 1962 Bonn; Habil. 1968 Basel - Lehrtätigk. Univ. Basel u. Kiel (1972 Prof.) - BV: u. a. Wind, Baum u. Landsch., 1963; Stud. z. Geomorphogenese d. Zentr. Berner Juras, 1969; Herausg.: Geomorphol. Karten d. Bundesrep. Deutschl. (s. 1978); Ergebnisse d. Heidelberg Ellersmere Island Expedition (1981); Springer Series in Physical Environment; Heidelberger Geographische Arbeiten, Heidelberger Geographische Bausteine.

BARSCH, Gerhard R.

Verleger, Inh. Gerhard R. Barsch-Fachverlag, Hannover - Angerstr. 48, 3011 Hannover-Bemerode - Geb. 23. Aug. 1913 Berlin (Vater: Rudolf B., Kaufm.; Mutter, geb. Trinte), verh. I) 1948 m. Gerda Siepert († 1960), II) 1962 Ingeborg Schmidt.

BARSUHN, Reinhard

Dipl.-Nautiker, Kapitän, MdBB (s. 1979) - Delmestr. 30, 2800 Bremen 1 (T. 0421 - 50 52 60-32 80 25) - Geb. 23. März 1943 Königsberg/Pr., verh. s. 1967 m. Ursel, geb. Franz, S. André - B. 1970 Seeschiffahrt, zul. als 1. Offz.; b. 1979 Hafenamt Bremen, zul. als Oberhafenmeister; b. 1983 Deputat. Gesundheit u. Häfen, Schiffahrt u. Verkehr; s. 1983 Mitgl. Finanzdeputation, Bremen; s. 1988 stv. Fraktionsvors. - Spr.: Engl.

BART, Madeleine

Ballettmeisterin, Choreographin - 61, Boulevard Lambermont, B-1030 Brüssel (T. 0032 - 2 - 241 99 76) - Geb. 23. Nov. 1943 Brüssel, ev., verh. s. 1982 in 2. Ehe m. James Brookes, 4 Kd. (Charly, Jean, Stuart, Malcolm) - Ausbild. Tänzerin in Brüssel u. Paris; m. Ballett d. XX. Jh. m. Maurice Bejart (b. 1968). Ballettmeisterin u. Choreogr. in Trier; 1977-85 Staatstheater Karlsruhe; 1985-87 Gärtnerplatztheater München; s. 1987 freisch. Trainingsleit. u. Choreographin - Gast in Berlin, Theater d. Westens; Staatsoper Wien; Theater de la Monnaie, Brüssel; Lübeck; Gelsenkirchen - Choreogr.: u.a. Carmina Burana, Dance me a Song, Dona nobis pacem, Reflexions, Gloria, Intime Briefe - Liebh.: Lesen (bes. Antike Gesch.), sammelt Kunstobj. u. Antiquitäten - Spr.: Engl., Deutsch, Ital., Franz. (Mutterspr.).

BARTEL, Hans

Prof., Hochschullehrer - Reichenberger Str. 15, 7410 Reutlingen 1 (T. 3 77 75) - Geb. 27. Juli 1912 Rüdenau (Vater: Valentin B., Bäckerm.; Mutter: Pauline, geb. Meixner), kath., verh. s. 1944 m. Ruth, geb. Weber, 3 Kd. (Beate, Bernward, Ina) - 1935-40 Lehrer; 1939-46 Kriegsdst. u. Gefangensch.; 1946-50 Stud.; 1950-59 Studienrefer., -ass. u. -rat; s. 1959 Hochschultätigk. (Ausbildungslehrer PH Würzburg, Hochsch. f. Int. Päd. Forschung, Lehrbeauftr. Univ. Tübingen, Doz. u. Prof. d. Didaktik d. Mathematik u. päd. Statistik PH Reutlingen) - BV: Math. Denkaufgaben - Begabtentest, 1962; Math. Unterrichtswerk f. d. Hauptsch., 1968; Schule ohne Angst, 1970; Uni-Taschenbücher: Statistik I, 1971; Statistik II, 1972; Mengenlehre, 1975; Vogel, Würzburg: Zahlentheorie und (Zahl)zeichensysteme, 1976; Kombinatorik u. Wahrscheinlichkeit, 1978; Deutsches Patent 1 927 206, bsv-System-Rechenkasten. Zahlr. Fachztschr.beitr. - Mitgl. Dt. Ges. f. Psychologie.

BARTEL, Joachim

Dr. med. habil., o. Prof. f. Pädiatrie Univ. Berlin (s. 1976) - Hubertusdamm 12, O-1597 Potsdam (T. 62 16 21) - Geb. 26. April 1933 Wuitz/Zeitz, ev., verh. s. 1957 m. Dr. Renate, geb. Arnhold, 2 Kd. (Thomas, Claudia) - Med.-Stud. Univ. Leipzig, 1956 Staatsex. u. Promot. Leipzig; 1968 Habil. Berlin - Leit. d. Kinderkardiolog. Abt. d. Charité - Spr.: Engl.

BARTEL, Jürgen

Dr. rer. nat., o. Prof. f. Geographie u. Landeskunde (Hochschullehrer) TU Berlin - Cecilienstr. 14, 1000 Berlin 49 - Geb. 28. März 1933 Brüel, Mecklbg. (Vater: Karl B., Oberreg.rat, Mutter: Hertha, geb. Beusch), verh. m Astrid, geb. Gross, 4 Kd. (Harald, Holger, Ulf, Karl) - Stud. Geogr., Math., Physik; Staatsex. f. höh. Lehramt 1961 Köln, Promot. 1963 Köln; 1962 Wiss.Ass. Geogr., Köln, 1968 Akad. Rat, Köln, 1972 o. Prof. f. Geogr. Päd. Hochsch. Berlin, s. 1980 Prof. f. Geogr. TU Berlin - BV: Baum u. Strauch i. d. rhein. Agrarlandsch., Köln, 1966.

BARTELS, August Wilhelm
Dr. rer. pol., Dipl.-Kfm., Vorstandsmitglied Rheiner Maschinenfabrik Windhoff AG., Rheine - Riegelstr. 20, 4440 Rheine/W. - Geb. 9. Sept. 1913 Bielefeld.

BARTELS, Bernd
Generalbevollmächtigter Mannesmann AG - Zu erreichen üb. Mannesmann AG, Mannesmannufer 2, 4000 Düsseldorf 1 - Geb. 13. Febr. 1931, verh., 2 Kd.

BARTELS, Gerhard
Dr. rer. pol., Dipl.-Kfm., Partner d. Roland Berger & Partner GmbH, München - Karwendelstr. 5, 8023 Großhesselohe (T. dstl.: 089 - 922 32 04) - Geb. 28. Nov. 1933 Hannover - Univ. Berlin u. München - S. 1969 Vorst. Ver. Werkst. - Liebh.: Kunstgesch. - Spr.: Engl. (2 J. USA), Franz., Ital.

BARTELS, Gerhard
Dr. rer. nat., o. Prof. f. Geographie u. ihre Didaktik EW-Fak. Univ. Köln - Gropperstr. 14, 5357 Swisttal-Buschhoven.

BARTELS, Günter
Buchhändler, Verlagskaufm. - Gutenbergstr. 8, 3300 Braunschweig (T. 0531 - 8 11 22 u. 35 27 27) - Geb. 4. Dez. 1924 Erfurt, ev., verh. s. 1947 m. Johanna, geb. Rick, 2 T. (Regine, Sabine) - Realgymn. Erfurt; Pionier-Offz. Wehrmacht; Buchhändler - S. 1967 Verlagsleit. Druckerei u. Verlag Hans Oeding, Braunschweig; Stadtsportwart Braunschweig; Vors. Hauptaussch. Dt. Verb. f. Freikörperkultur; 1. Vors. Nieders. Verb. f. Familiensport u. FKK; 1. Vors. Bund f. fr. Lebensgestaltung, Braunschweig - Ehrennadel in Gold: DFK, SSB, BffL u. VSV Braunschweig.

BARTELS, Hans-Jochen
Dr. rer. nat., Mathematiker, Prof. Univ. Mannheim - Albecker Steige 56, 7900 Ulm (T. 0731 - 2 51 94) - Geb. 9. April 1948 Göttingen, ev., verh. s. 1978 m. Dr. Sabine, geb. Kleinschmidt, 3 Kd. (Johannes, Cora, Benjamin) - Dipl. 1970, Promot. 1974, Habil. (Math.) 1979, alles Göttingen (Studienstiftg. d. Dt. Volkes) - 1974/75 Gastaufenth. SFB Theoretische Math. in Bonn; 1985 apl. Prof. Univ. Göttingen; 1986-90 Chefmath. d. Gothaer Lebensversich. a.G.; 1990/91 Prof. FH Ulm. S. 1990 nebenberufl. Mathemat. Sachverst. d. Gothaer Lebensversich. - Spr.: Engl., Franz.

BARTELS, Heinz
Dr. med., em. o. Prof. Inst. f. Physiologie Med. Hochsch. Hannover (1966-86) - Am Rebberg 7, 7763 Öhningen-Wangen - Geb. 21. Okt. 1920 Friedrichshafen/B. (Vater: Fritz B., Ing.; Mutter: Liesel, geb. Freudenberger), verh. 1942 m. Rut, geb. Banhart - Univ. München, Straßburg, Tübingen. Promot. 1947 Tübingen; Habil. 1951 Kiel - 1951-66 Lehrtätigk. Univ. Kiel u. Tübingen (1956 apl. Prof.; 1962 Vorsteher Abt. f. Angew. Physiol./Physiol. Inst.) - BV: Lungenfunktionsprüf., 1959 (engl. 1963); Prenatal Respiration, 1970; Perinatale Atmung, 1972; Physiologie, 1980; Vergl. Physiol. d. Blutes. Div. Einzelveröff. - Liebh.: Kammermusik, Segeln.

BARTELS, Herbert
Konsul a. D., Fabrikant (G. C. Bartels & Söhne, Hamburg), Ehrenpräs. Hauptverb. d. Dt. Holzind., Wiesbaden (Vorst. Mittelstands- u. Steueraussch.; delegiert in d. gleichen Aussch. d. BDI), Vorstandsmitgl. Vereinig. Dt. Furnierwerke, Vors. Landesverb. Hamburg-Schleswig-Holst. d. holz- u. kunststoffverarb. Ind., Vors. Steueraussch. Vereinig. Dt. Sägewerksverb., 2. Vors. Flugnotgemeinsch., Mitgl. Steueraussch. Arbeitsgem. Selbst. Unternehmer (ASU); Mitgl. Kurator. d. Dt. Ges. f. Holzforschg., Hamburg - Zul. 2000 Hamburg 28 - Geb. 4. Aug. 1906 Hamburg (Vater: Wilhelm B., Fabr.; Mutter: Anna, geb. Blecher), verh. 1943 m. Fritzi, geb. Edle v. Lichtenfeld - Als 4. Generation in Familienuntern. (gegr. 1858) - 1960 Kgl. Marokkan. Konsul a.D. f. Hamburg-Schlesw.-Holst.; 1957 Ritter Johanniter-Orden; BVK I. Kl.; Commandeur-Orden Homayoun S. M. d. Kaisers v. Persien; Offiziersorden du Quissam Alaouite v. Marokko; Gold. Ehrennadel d. Hbg. Hafenvereins u. d. Hauptverb. d. deutschen Holzind.; Gold. dt. Sportabz.; Gold. Langlaufnadel m. Brillanten; Silb. Ehrennadel d. Mittelstandsvereinig. d. CDU.

BARTELS, Herwig
Dr. jur., Beauftragter f. Nah- u. Mittelostpolitik d. Auswärtigen Amts - Postfach 11 48, 5300 Bonn 1 - Geb. 10 Juni 1934 Bremen.

BARTELS, Horst
Dr. forest., Prof., Forstbotaniker - Calsowstr. 4, 3400 Göttingen - Geb. 14. Mai 1924 - S. 1970 Prof. Univ. Göttingen (Vorst.mitgl. Inst. f. Forstbotanik, Leiter Forstbotan. Garten); s. 1976 Präs. Dt. Dendrolog. Ges.

BARTELS, Joachim
Dr. rer. nat., Prof. f. Theoret. Physik Univ. Hamburg (s. 1978) - Luruper Chaussee 149, 2000 Hamburg 50.

BARTELS, Klaus
Dr. phil., Prof. f. Allg. Pädagogik PH Esslingen (s. 1972) - Lenzhalde 53, 7300 Esslingen/N. - Geb. 16. März 1932 Neuhaus/E. - Promot. 1966 Göttingen - Fachveröff.

BARTELS, Norbert
Dipl.-Hdl., Prof. f. Betriebswirtschaftslehre u. industrielles Rechnungswesen Universität GHS Paderborn (s. 1972) - W. Nr. 497, 4791 Borchen - Geb. 13. Aug. 1932 Langenberg/W. (Vater: Hubert B., Werkm.; Mutter: Ludi, geb. Nienkemper), kath., verh. s. 1960 m. Hedwig, geb. Baumhus (geb. 1933), 3 Kd. - 1943-56 Ratsgymn. Wiedenbrück; 1953-55 kaufm. Lehre Bartels-Werke Langenberg; 1955-59 Univ. Münster u. Köln. Dipl.-Hdl. 1959 Köln - 1961-70 Lehrer kaufm. Schulen Paderborn - 1973 u. 77 Gold. Sportabz.

BARTELS, Uwe
Lehrer, Staatssekretär Min. f. Ernährung, Landwirtschaft u. Forsten (s. 1990) - Calenberger Str. 2, 3000 Hannover, verh., 2 Kd. - Umweltpolit. Sprecher d. SPD-Landtagsfraktion.

BARTELT, Christian
Dr. jur., Regierungsdirektor a. D., Rechtsanwalt, MdL Hessen (1970-84) - Beethovenstr. 7, 6200 Wiesbaden (T. 30 23 49) - Geb. 5. Juni 1931 Wulfflatzke/Pom. - Univ. Frankfurt/M., Marburg u. Mainz (Rechtswiss., Volksw.). Jurist. Staatsex. 1955 u. 62; Promot. 1959 - S. 1963 Hess. Wirtschaftsmin.; 1970ff. Stadtverordn. Wiesbaden; 1984-86 Geschäftsf. Messe GmbH, Frankfurt. CDU.

BARTEN, Axel
Dipl.-Ing. (ETH), Gf. Gesellschafter Achenbach Buschhütten GmbH Kreuztal - Siegener Str. 152, 5910 Kreuztal - Geb. 2. Dez. 1949 Siegen, verh. - Beiratsmand.

BARTEN, Ernst-Heinrich
Dr. Ing., Gesellschafter Achenbach Buschhütten GmbH, Kreuztal - Postf. 567, 5910 Kreuztal 5 - Geb. 27. Mai 1913 - Aufsichts- u. Beiratsmand.

BARTENWERFER, Hansgeorg
Dr. phil., o. Prof. f. Statistik u. Methodenforsch. Dt. Inst. f. Intern. Pädagog. Forschung Frankfurt/M. (s. 1967) - Kurhessenstr. 42, 6000 Frankfurt/M. 50 (T. 51 46 82) - Geb. 2. Okt. 1925 Tilsit (Vater: Dr. Gerhard B., Zahnarzt; Mutter: Hilde, geb. Kukorus), led. - Univ. Marburg (Promot. 1958; Habil. 1965) - 1957-67 Assist., Wiss. Rat (1963), Wiss. Rat u. Prof. (1966) Univ. Marburg. Spez. Arbeitsgeb.: Meßbarmach. psych. Beanspruch. - BV: Beitr. z. Problem d. psych. Beanspruch., Bd. I 1960, II 1963 (m. L. Kötter u. W. Sickel); Pilotstudie üb. d. Beobachtung u. Analyse v. Bildungslebensläufen, Bd. I 1973, Bd. II 1974 (m. a.), Bd. III 1975; Methoden d. Psychol., 1979 (m. U. Raatz). Herausg.: Erzieh. f. Ausländerkinder; Besondere Begabungen in d. normalen Schule. Zahlr. Aufs. u. Handbuchbeitr.

BARTENWERFER, Wolfgang
Dr. rer. nat., Wiss. Rat, Prof. f. Mathematik Univ. Bochum (s. 1975) - Holthauser Str. 3, 4630 Bochum 4 - Geb. 3. Sept. 1941 Tilsit/Ostpr. (Vater: Helmut B., Schiffer; Mutter: Hildegard, geb. Ellmer), ev., verh. s. 1969 m. Doris, geb. Scherhans, 2 T. (Wiebke, Imke) - Realsch. u. Gymn.; Univ. Göttingen (Math.). Promot. 1968; Habil. 1972 - 1972-75 Doz. Spez. Arbeitsgeb.: Nichtarchimed. Funktionentheorie - Spr.: Engl.

BARTH, Alfred

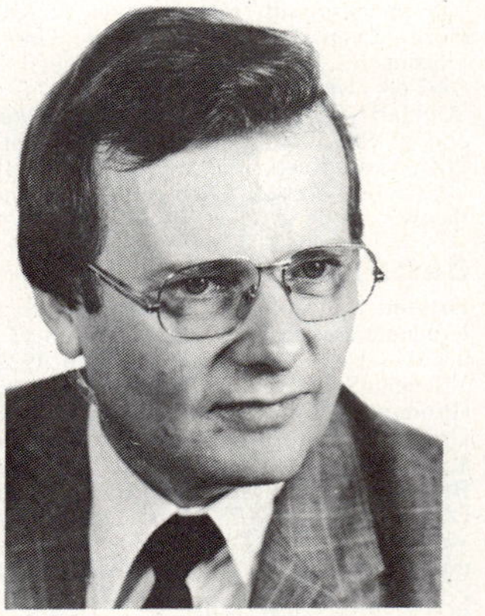

Dr. rer. nat. habil., Prof., Abteilungsleiter Inst. f. Biochemie Univ. Halle - Hansering 4, O-4020 Halle/Saale - Geb. 3. Dez. 1933 Böhmisch-Aicha (CSFR), kath., verh. s. 1986 m. Heidelinde, geb. Förster, aus 1. Ehe 5 Kd. (Ronald, Christiane, Steffen, Steffi, Ingo) - Dipl.-Chem. 1958 Univ. Halle; Promot. Dr. rer. nat. 1962 u. Dr. sc. nat. 1971; Habil. 1966, alles Halle - Leit. d. Abt. Bioorganische Chemie d. Inst. f. Biochemie d. Univ. Halle - Beiträge z. Funktionsmechanismus Prolin-spezifischer Proteasen, Entw. spezifischer Inhibitoren f. diese Enzyme. BV: Peptides and Proteases, Recent Advances (m. R.F. Schowen); Advances in Biosciences 65, 1987. Mithrsg. d. Ztschr.: Chemie in Labor u. Biotechnologie (CLB). Coautor d. Hamog. Software-Progr. - 1978 Komenius Med. d. Univ. Bratislava (CSFR) - Liebh.: klass. Musik (passiv) - Spr.: Engl.

BARTH, Detlev
Rechtsanwalt, MdL Nieders. - Papenwiese 5, 3402 Scheden (T. 05546-578) - Geb. 24. Aug. 1951 Nienhagen/Celle (Vater: Wilhelm B., Superint.; Mutter: Elfriede, geb. Tewes), ev., verh. s. 1975 m. Marietta, geb. Romppel, 2 T. (Susanne, Sandrina) - Gymn. Celle u. Münden (Abit.); Jura-Stud. Univ. Göttingen; 1. Ex. 1980, 2. Staatsex. 1983 - 1973-76 Ratsherr Hann. Münden, s. 1982 MdL (Wahlkr. 20 Münden). CDU s. 1970 (1970-73 Kreisvors. Junge Union Münden) - Liebh.: Jagd, Sport - Spr.: Engl.

BARTH, Dieter
Hauptgeschäftsführer IHK Reutlingen - Hindenburgstr. 54, 7140 Reutlingen 1 - Geb. 21. Dez. 1936 - Stud. Rechtswiss. Ass.ex.

BARTH, Dirk
Dr. phil., Direktor Universitätsbibliothek Marburg - Wilhelm-Röpke-Str. 4, 3550 Marburg (T. 06421-28 51 00) - Geb. 25. Mai 1944 Leer/Ostfr. - 1963-69 Stud. Univ. Hamburg u. Marburg (Angl., German.); Promot. 1973.

BARTH, Friedrich G.
Dr. rer. nat., Prof. f. Zoologie Univ. Wien - Althanstr. 14, A-1090 Wien (T. 0222 - 3 13 36-12 05) - Geb. 18. April 1940 München, ev. - Promot. 1967 - S. 1971 (Habil.) Lehrtätigk. Univ. München u. Frankfurt (1975 Ord.); s. 1987 Univ. Wien - BV: Biologie einer Begegnung: Die Partnersch. der Insekten u. Blumen, 1982; Insects and Flowers, 1985; Neurobiology of Arachnids, 1985. Üb. 90 Facharb.

BARTH, Gerhard
Dr. theol., em. o. Prof. f. Neues Testament - In der Krim 55, 5600 Wuppertal 21 (T. 466 04 90) - Geb. 31. Dez. 1927 Bad Homburg v.d.H., ev., verh. s. 1958 m. Gisela, geb. Steinke, S. Joachim - Kirchl. Hochsch. Wuppertal, Univ. Heidelberg (Promot. 1955) - 1955-63 Pfarrer Frankfurt/M. u. Mainz, 1964-67 Doz. Faculdade de Teologia São Leopoldo (Brasil.), 1968-70 Pfr. Mainz, s. 1970 Ord. KH Wuppertal - BV: Bornkamm/Barth/Held, Überlieferung u. Ausleg. im Matthäus-Evangelium, 1960, 7. A. 1975; Comentario à Primeira Espístola de Pedro São Leopoldo, 1967, 2. A. 1979; D. Brief a. d. Philipper, 1979; D. Taufe in frühchristl. Zeit, 1981.

BARTH, Gerhard Eduard
Rechtsassessor, Vorstandsmitgl. - Am unteren Schloßberg 57, 7148 Remseck 1 - Geb. 9. März 1932 Nürnberg (Vater: Dr. Maximilian B., Arzt; Mutter: Agnes, geb. Heinkel), ev., verh. s. 1959 m. Ursula, geb. Kirch, 3 Kd. (Ingeborg, Angelika, Cornelia) - Hum. Gymn., Stud. Rechts- u. Volkswirtsch.sl.; 1. u. 2. Jur. Staatsex. Erlangen bzw. München.

BARTH, Gerhard H.
Dipl.-Kfm., Bankdirektor, Vorstandsmitgl. Südwestdt. Genossenschafts-Zentralbank AG - Kantstr. 3, 7500 Karlsruhe 1 - Geb. 24. Juli 1936 Karlsruhe (Vater: Hermann B.; Mutter: Lina, geb. Schöpf), verh. m. Gisela, geb. Dammert, 2 Kd. - Dipl.-Kfm. 1962 Mannheim.

BARTH, Gotthold
Vorstandsvorsitzer Kraftwerk Reutlingen-Kirchentellinsfurt AG., Reutlingen - Rilkestr. 10, 7410 Reutlingen - Geb. 2. April 1921.

BARTH, Gunther
Dr. med., Dr. rer. nat., o. Prof. f. Med. Strahlenkunde u. Direktor Wilhelm-Conrad-Röntgen-Klinik Univ. Gießen (s. 1960) - Waldbrunnenweg 20, 6300 Gießen (T. 3 39 68) - Geb. 19. Aug. 1915 Zwickau/Sa. (Vater: Dr. jur. Georg B., Landgerichtsdir.; Mutter: Toni, geb. Thiele), ev., verh. s. 1945 m. Dr. med. Erika, geb. Woitaschek - Univ. Frankfurt/M., München, Leipzig (Med., Naturwiss., Sinol.). Facharzt f. Innere Med. u. Röntgenol. - 1952-60 Privatdoz. u. apl. Prof. (1958) Univ. Erlangen - BV: D. Strahlentherapie, 1949 (m. Meyer-Matthes); D. Ultraschalltherapie, 1951 (m. Pohlmann); D. Bewegungsbestrahlung, 2. A. 1959 (m. Wachsmann; auch ital. u. engl.). Div. Handbuchbeitr. - Affiliated Member Royal Soc. of Med., London - Liebh.: Vor- u. Frühgesch. - Spr.: Engl., Franz., Ital., Span.

BARTH, Hans
Dr.-Ing., Dipl.-Ing. Univ., Wissenschaftsjournalist, Fachschriftsteller, Redakt. Fachztschr. Mikroelektronik - Behringstr. 23/212, 8752 Mainaschaff - Geb. 13. Nov. 1934 Seiden/Siebenbürgen/Rumän., verh. m. Maria, geb. Sander, 2 Kd. (Erhardt, Heidemarie) - 1950-54 Fachsch. f. Maschinenbau; 1965-70 Stud. Elektrotechnik; Promot. 1976 Univ. Kronstadt - 1963-85 Autor u. Fachjourn. b. deutschspr. Publ. in Ru-

mänien; s. 1971 zugl. Hochschullehrer Univ. Kronstadt f. Theoret. Elektrotechnik u. Elektr. Maschinen. 1985 Aussiedlung BRD - Arbeitsgeb.: MHD-Technik, Raumfahrttechnik, Technikgesch. u. Wiss.phil. - BV: Hermann Oberth. Leben, Werk, Wirkung, 1974, 1985, (1975 u. 79 rumän. Übers.); D. Raumzeitalter, 1981; Hermann Oberth. Briefwechsel, Bd. 1 1979, Bd. 2 1984; V. Honterus zu Oberth. Bedeut. siebenbürg.-dt. Naturwiss.ler, Techniker u. Mediziner, 1980 (1985 rumän. Übers.); Conrad Haas, 1983; Hermann Oberth. Begründer d. Weltraumfahrt, 1991. Üb. 200 Publ. - 1975 Gold. Hermann-Oberth-Med.; 1982 Ziolkowski-Med.; Kurat. Hermann-Obert-Ges.; Intern. Akad. f. Astronautik - Liebh.: Futurologie, Klass. Musik - Spr.: Rumän. - Spr.: Engl.

BARTH, Hans Joachim

Oberstudienrat, i. R., Kantor, Komponist - Am Pfarrhaus 4, 3579 Willingshausen 1 (T. 06691 - 12 69) - Geb. 6. Febr. 1927 Leipzig, ev., verh., s. 1957 m. Gunhilde, geb. Dohrmann, 3 Kd. (Ute-Christiane, Jörg-Michael, Rolf-Martin) - Obersch. Berlin-Grunewald; n. Kriegsgefangenschaft Stud. Berlin; 1950 Kirchenmusiker Berlin-Wannsee, 1956 Berlin-Charlottenburg; Kirchenmusik A-Examen 1951 (Schulmusik, Math., Kompos. b. E. Pepping) S. 1958 Schulmusiker an d. Melanchthon-Schule in Nordhessen, Kantor u. Organist, Komponist - Veröff.: Werke f. Orgel, Chorwerke, Psalmen, Kammermusik, Volksmusik, Sonaten f. Trompeten u. Orgel, Choralvorspiele, Chorsätze u. Kantaten; Kammeroper: D. Geschichte v. d. Prinzessin u. d. Trommelbuben - 1975 Preisträger anläßl. 125 J. Merseburger-Verlag m. Herr, du schlägst dein Wort auf, f. Chor u. Orgel; Kompos.-preis d. Mitteld. Sängerbundes (MSB) - Liebh.: Reisen in ferne Länder u. Kulturen, Zeichn. u. Skizzen - Spr.: Engl.

BARTH, Hans-Georg

Dr. jur., Dipl.-Kfm., Geschäftsführer Gebr. Sedlmayr GmbH & Co, Autoflug-Gruppe - Industriestr. 10, 2084 Rellingen (T. 04101 - 30 02 05) - Geb. 18. Mai 1941 München - AR Haltermann AG, Hamburg.

BARTH, Heinrich

Dr. jur., Dr. h. c., Rechtsanwalt, Staatssekretär a. D. - Wolkenburgweg 7, 5300 Bonn 3, Büro: Colmantstr. 20, 5300 Bonn 1 (T. 65 40 08) - Geb. 11. Aug. 1914 Heidelberg (Vater: Johann B., Landw.; Mutter: Marie, geb. Zobeley), ev., verh. s. 1942 m. Helene, geb. Segnitz, 3 Söhne (Heinrich, Johannes, Michael) - Univ. Heidelberg, Göttingen (Promot. 1947), Genf, Dallas (USA) - N. Arbeits- 1935-37 Wehrdst., 1939-45 Kriegsteiln. (zul. Hptm. d. R.), 1949-54 RA u. Notar (1952) Bremen; 1954-60 Bevollm. Bremens b. Bund; 1960-63 Ministerialdirig. u. pers. Ref. v. Bundeskanzler Dr. h. c. Adenauer Bundeskanzleramt; 1963-69 Staatssekr. Bundesmin. f. Familie u. Jugend. CDU (1952-54 Vors. Landesverb. Bremen).

Mitgl. Dt.-Engl. Ges. u. Dt. Ges. f. Ausw. Politik - Komturkreuz Franz. Ehrenlegion; 1969 Gr. BVK, 1986 Stern dazu; 1991 Ehrendoktor d. Soka-Univ. Tokio (Japan) - Liebh.: Gesch., mod. Lit. - Spr. Engl., Franz.

BARTH, Herbert

Dr. rer. nat., Univ.-Prof. a. D. (Hygiene-Beauftr. f. d. Klinikum), Leit. Sektion Hyg. u. Med. Mykologie, Univ. Heidelberg (s. 1975) - Mühlstr. 28, 6907 Nußloch - Geb. 5. Jan. 1926 Aalen - Promot. 1955 Bonn; Habil. 1970 Heidelberg - Üb. 40 Fachveröff.

BARTH, Herbert

Schriftsteller, Ehrenvors. d. Intern. Jugend-Festspieltreffens u. d. Intern. Jugend-Kulturzentrums Bayreuth - Eichendorffring 112, 8580 Bayreuth - Geb. 18. Jan. 1910 (Vater: Selmar B., Organist; Mutter: Frieda, geb. Pölitz), verh. s. 1962 in 2. Ehe m. Grete, geb. Roth, S. Henrik - 1928-33 Leit. Mitteldt. Konzertbüro; 1935-42 Verlagswesen; 1943-46 Militär u. Kriegsgef.; 1947-51 Veranst.- u. Verlagswesen; 1952-76 Leit. Pressereferat d. Bayreuther Festsp. - Herausg.: Jahrbuch d. Musikwelt (1949); Intern. Wagner-Bibliogr. (1956); Bayreuth in d. Karikatur (1957); Atmosphäre Bayreuth (1956); D. Festspielhügel. Richard Wagners Werk in Bayreuth (1956) (1973-84); Bayreuther Dramaturgie (1980) u.a.m. - Grand Prix du Rayonnement francais de l'Académie Francaise; BVK; Gold. Ehrenring Stadt Bayreuth; Chopin-Med. d. Musikakad. Warschau; Liszt-Med. d. Reg. d. Ungar. Volksrep. - Bek. Vorf.: Karl B. (1787-1853), Kupferstecher u. Dichter.

BARTH, Joachim

Dr. rer. nat., Prof. f. Didaktik d. Geographie u. Landeskunde - Bergedorfer Weg 7, 2057 Wentorf - Geb. 23. Jan. 1925 Halle, ev., verh. s. 1960 m. Iris, geb. Vesanen, 2 Söhne (Thomas, Lorenz) - Promot. 1951 - BV: Türk. u. finn.-ugr. Völker im europ. Ost- u. Nordostrußl. in anthropogeogr. Betracht., 1952; Länder u. Völker. Erdkundl. Unterrichtswerk, Bd. 3 u. 4 (Co-Autor), 1973; Teacher Education Models in Geography: An Intern. Comparison (m. a.), 1984; Beitr. z. Geographie d. Kulturerdteile (m. a.), 1986; Systemwandel im Bildungs- u. Erziehungswesen in Mittel- u. Osteuropa (m. a.), 1992. Ca. 60 Beitr. z. Bevölkerungsgeogr. d. UdSSR, Geogr.didaktik, intern. Päd. - Spr.: Engl., Russ.

BARTH, Joachim

Dr. med., Prof., Direktor d. Klinik f. Hautkrankh. Medizinische Akad. Carl Gustav Carus, Dresden (s. 1983) - Geb. 30. Juli 1942 Wurzen, verh. s. 1968 m. Dr. med. Christa, geb. Semmann, 2 Kd. (Wilma, Dietrich) - Medizinstud. 1962-68 Univ. Jena; Promot. 1968 - 1968-73 Facharztausb. Univ.-Hautklinik Leipzig, 1973-76 Assist.-Arzt, 1976-83 Oberarzt, 1978 Doz. Univ.-Hautklinik Leipzig, 1983 o. Prof. f. Dermatol./Venerol. -

BV: Studienbücher Zahnheilkunde - Dermatologie (m. Richter u. Altmeyer), 1991; Dermatol. Lokaltherapie (m. Haustein u. Fickweiler), 1986 u. 1991 - 1981 Maxim-Zetkin-Preis d. Ges. f. Klin. Med. d. DDR; 1990 Karl-Linser-Preis d. Ges. f. Dermatol. d. DDR - Interessen: Photodermatol., Tropendermatol., Therapie in d. Dermatol. - Spr.: Engl., Russ.

BARTH, Karlheinz

Kaufmann, Inh. Barth Rechenzentrum GmbH & Co. KG (s. 1966) - Goethestr. 8, 4512 Wallenhorst 1/W. (T. 54 07 - 46 43) - Geb. 17. Aug. 1936 Aschersleben/Sa. (Vater: Friedrich Karl B., Wirtschaftsprüfer), verh. s. 1959 m. Barbara, geb. Richter, 2 Kd. (Maren, Torsten) - Buchprüferprüf. 1953 Halle/S. - Vorst. Verb. Nordd. (1973ff.) u. Dt. Rechenzentren (1977ff.).

BARTH, Klaus

Dr., Botschaftsrat I. Klasse, Ständiger Vertreter d. Botschafters, Leit. d. Wirtschaftsdienstes Botschaft d. Bundesrep. Deutschl. in Jakarta/Indonesien (s. 1986) - Jalan M.H. Thamrin 1, Jakarta/Indonesien (T. 006221 - 32 39 08) - Geb. 13. Okt. 1935 Heidelberg, kath., verh. s. 1971 m. Ingrid, geb. Pax, 2 Kd. (Niels Christian, Eva Maria) - Dipl.-Volksw. 1960 Heidelberg; Promot. ebd. - S. 1965 Tätigk. Ausw. Dienst d. BRD (vorwiegend auf d. Wirtsch.sektor): 1966/67 Botschaft Rabat, 1968-71 Kabul, 1971-74 Lusaka, 1979-82 Teheran. 1977-79 u. 1982-85 Wirtsch.-Abtlg. Ausw. Amt, Bonn - BV: Steuern in Indien, 1968 - 1984 BVK am Bde. - Liebh.: Kulturgesch., Ethnografie, Reisefotografie, Oper, Volkskunst - Spr.: Engl., Franz.

BARTH, Klaus

Dr. rer. pol., Dipl.-Kfm., o. Prof. f. Betriebswirtschaftslehre Univ. Duisburg, Inh. Lehrstuhl f. Betriebswirtsch.lehre, insbes. Absatz/Handel - (T. dstl.: 0203 - 379-26 37 od. 26 35); priv.: Hüscheider Str. 20, 5090 Leverkusen-Opladen (T. 02171 - 3 12 97) - Geb. 16. Jan. 1937 Solingen (Vater: Hermann B., Obering.; Mutter: Doris, geb. Weck), ev., verh. s. 1960 m. Hedy, geb. Kuschel, 3 Kd. - Abit. 1957, TH Aachen - Köln (b. 1965), Dipl.-Kfm. 1962, Promot. 1965 Köln, Habil. (Betriebsw.) 1975 Köln - Wiss. Ref., Generalbevollm., 1975-81 Prof. f. Betriebsw. Univ. Köln, 1982-88 Univ. Marburg - BV: System. Unternehmungsführung in d. Groß- u. Mittelbetrieben d. Einzelhandels, 1976; Rentable Sortimente im Handel, 1980; Betriebswirtschaftslehre d. Handels, 1988; Werbung d. Facheinzelhandels, 1991. Mithrsg.: Schriften z. Handelsforsch. (s. 1981). Zahlr. Fachveröff - Lit.: E. Sundhoff: D. Distributionswirtsch.lehre an d. Kölner Hochschulen (1990) - Spr.: Engl., Franz.

BARTH, Martin

Dr. jur., Geschäftsführer Lohmann-Gruppe, Neuwied, Vorst.-Mitgl. Bundesvereinig. Verbandmittel Medicalprodukte (BVM), Wiesbaden - Gerhart-

Hauptmann-Str. 11, 5450 Neuwied/Rh. 12 - Geb. 23. Jan. 1938 - Gr. jurist. Staatsprüf.

BARTH, Nikolaus

Dr. rer. nat., Prof. f. Didaktik d. Physik - Am Ackerbusch 9, 6233 Kelkheim-Eppenhain - Geb. 18. Juni 1926 Kiel - Promot. 1955 - S. 1971 (Habil.) Lehrtätigk. Univ. Frankfurt/M. (1972 Prof.).

BARTH, Volker

Dr. med., Prof. f. Radiologie u. Nuklearmed., Chefarzt Städt. Krankenanst. Esslingen, Leiter d. 8. Wiss. Tagung d. Dt. Ges. f. Senologie, Esslingen (s. 1988) - Hirschlandstr. 97, Strahleninst. Städt. Krankenanst., 7300 Esslingen (T. 0711 - 31 03-5 62) - Geb. 7. Aug. 1939 Berlin (Vater: Prof. Dr. Hermann B., HNO-Arzt, Chariete Berlin; Mutter: Heidi, geb. Sander), ev., verh. s. 1967 m. Christa, geb. Kullmann, 4 Kd. (Stephan, Christina, Andrea, Corinna) - Studium Univ. München; Facharztausb. Katharinenhosp. Stuttgart - 1968-69 Pathol. Inst. Kreiskrkhs. Ludwigsburg; 1969-80 Radiol. Katharinenhosp.; s. 1980 Chefarzt Radiol. Zentralinst. Städt. Krankenanst. Esslingen; s. 1982 ao. Prof. S. 1991 Tagungspräs. d. Dt. Röntgenges., Wiesbaden - BV: Atlas d. Brustdrüsenerkrank., 1977 (auch engl., span., ital.); D. Feinstruktur d. Brustdrüse im Röntgenbild, 1979; Brustdrüse, Röntgen wie? wann?, Bd. V. 1980; Pathol. u. Radiol. d. Brustdrüse. Handb. d. Med. Radiol., Bd. XIX 1982; Ärztl. Rat b. Brustdrüsenerkrank., 1980 - Lit.: Who's who in Med.; Kürschners Dt. Gelehrtenkalender, 1980.

BARTH, Walter

Prof., Hochschullehrer - Schloßstr. 25, 7072 Heubach - Geb. 1938 - U. a. Prof. f. Kunsterzieh. PH Schwäb. Gmünd - BV: Kunstbetracht. als Wahrnehmungsübung u. Kontextunterr., 1985.

BARTH, Wilhelm

Dr. phil., Musikdirektor, Chefdirigent - Römerstr. 33, 8230 Bad Reichenhall - Geb. 6. Okt. 1914 Bayerisch Eisenstein, kath., verh. s. 1952 m. Lieselotte, geb. Horn - Abit. 1934 human. Gymn., Reifeprüf. kath. Kirchenmusik 1936, Prüf. Dirig. Staatl. Akad. d. Tonkunst München 1937; Promot. 1941 Univ. München - S. 1937 Chordir. versch. Kirchen Münchens, Liedbegleiter; 1946 Chefdirig. Volksoper München; 1947-86 Chefdirig. Philharmon. Orch. Bad Reichenhall - BV: D. Messenkompos. Fr. X. Richters (1709-1789), Diss. 1941 - 1980 BVK; 1984 Kulturpr. Stadt Bad Reichenhall; 1986 Bürgermed. Stadt Bad Reichenhall; 1987 BVK I. Kl. - Liebh.: Bergwandern.

BARTHEIDEL, Heinz

Dipl.-Volksw., Bauing., Bürgermeister d. Stadt Schleswig - Markgrafenweg 29, 2380 Schleswig (T. priv. 3 49 89 / dienstl. 814-100) - Geb. 1. Okt. 1938 Schleswig, ev., verh., 1 Kd. - Ing.ausbild., n. Externabitur Stud. Staats- u. Wirtschaftswiss. - CDU.

BARTHEL, Eckhardt

Wiss. Redakteur - Holsteinische Str. 37, 1000 Berlin 31 (T. 030 - 861 36 37) - Geb. 17. Dez. 1939 Leipzig (Vater: Willy B.; Mutter: Johanna, geb. Franke), ev., T. Lea Clara - Facharbeiterlehre (1953-56), Staatl. Ingenieurst. (1959-63), Zweiter Bildungsweg (1963-67), Stud. Pol. Wiss. (1967-72 FU Berlin); 1956-59 Elektromonteur, 1963-67 Elektroing., 1972-73 Öffentlichkeitsref. f. Umweltschutz, s. 1973 Redakt. Schriftenreihe „Zur Politik u. Zeitgesch.", s. 1983 Mitgl. Abgeordnetenhaus (MdA) von Berlin, SPD-Fraktion - BV: Umwelt-Politik, 1976; Mitbestimmung in d. Wirtsch. (mit J. Dikau), 1980; Volksrepublik China, eine pol. Landeskunde (m. W. Pfennig u. H. Franz), 1983.

BARTHEL, Günter

Dr. oec. habil., o. Prof. Univ. Leipzig, FB Orientalistik u. Afrikanistik -

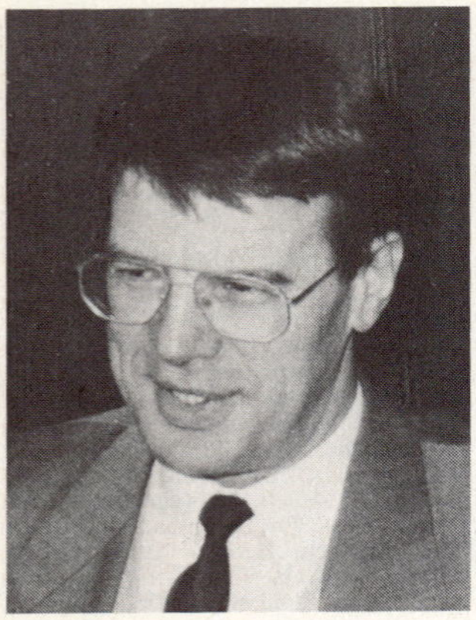

Zwickauer Str. 138/711, O-7030 Leipzig (T. 0941 - 87 17 07) - Geb. 17. März 1941 Erfurt (Vater: Gerhard Arnold B.; Mutter: Hildegard, geb. Funke), verh. s. 1962 m. Dr. habil. Helga, geb. Seidel, 2 Kd. (Birgit, Dirk) - 1959-63 Stud. Wirtsch.wiss., Orientalistik Univ. Leipzig; Dipl. 1963, Promot. 1966 u. 1970, Habil. 1991, alles Leipzig - 1967/68 Postgraduale Ausb. an d. Ain Shams Univ. Kairo. 1970-75 stv. Dir. d. Sekt. Afrika- u. Nahostwiss. Univ. Leipzig; 1975 o. Prof. Lehrgeb. Ökonomie d. Länder Nordafrikas u. d. Nahen Ostens; 1975-81 Vors. d. Wissenschaftl. Beirates f. Asien-, Afrika- u. Lateinamerikawiss.; 1982 Lehr- u. Forsch.tätigk. in d. USA, u.a. an d. Univ. of Texas (Austin) u. Harvard Univ. (Cambridge); 1987-89 Vors. d. Zentr. Rates f. Asien-, Afrika- u. Lateinamerikawiss. - BV u.a.: D. arab. Länder (m. G. Nötzold), 2. A. 1983; The Arab World and Asia between development and change, in: Studies of Asia, Africa and Latin America, Vol. 37 1983; Asian and North African Studies in the German Democratic Republik, in: Asia, Africa, Latin America, Special Issue, No. 18 (m. L. Rathmann u. M. Robbe), 1986; D. Islam. Rep. Iran, 1987; D. arab. Länder (m. G. Nötzold), 3. A. 1987; Alma mater Lipsiensis - Doctores honoris causa (m. H. Bernhard u. H. Stein), 1987; Lothar Rathmann - Ausgew. Reden (m. K. Dietze), 1987; D. Araber an d. Wende z. 21. Jh. (m. H. Nimschowski), 1987; Arab heritage and traditions - burden or challenge, in: Asia, Africa, Latin America, Special Issue, (m. G. Hoffmann), 1989; Fremde Mächte in Afrika u. Nahost, in: Wissenschaftl. Ztschr. d. Karl-Marx-Univ. Leipzig, Heft 6/1989; Alma mater Lipsiensis - Rectores Magnifici (m. G. Raue u. H. Stein), 1989; Jahrb. Asien, Afrika, Lateinamerika 1986-88; Stud. üb. Asien, Afrika u. Lateinamerika 1987-90; Ztschr. asien, afrika, lateinamerika 1987-90; Asia, Africa, Latin America 1987-90; u.a. mehr - 1983 Nationalpreis - Liebh.: Schwimmen, Musik - Spr.: Engl., Russ., etwas Arab., Lat., Türk. - Bek. Vorfahren: Adam Luther aus Möhra (Cousin Martin Luthers), direkte Familien-Linie.

BARTHEL, Harry

Dr. phil., Direktor Georg-v.-Vollmar-Akad., München (s. 1972) - Karolingerstr. 51, 8000 München 50 (T. 141 39 97) - U. a. Doz. u. Studienleit.

BARTHEL, Josef

Dr. rer. nat., Prof. f. Physikal. Chemie - Eichendorffstr. 1, 8417 Lappersdorf - Geb. 9. März 1929 Zerf Kr. Saarburg (Vater: Johannes B., Dir. Rhein. Blindenanstalten, Düren, †; Mutter: Antonia, geb. Heinen, †), verh. s. 1953 m. Margarethe, geb. Schneider - Gymn. Düren u. Opladen; Univ. Saarbrücken (Math., Physik, Chemie, Phil.). Promot. (1956) u. Habil. (1959) Saarbrücken - Lehrtätigk.: 1959-71 Univ. Saarbrücken (1965 apl. Prof., 1969 Abt.Leit. f. Elektrochem.), 1971 Gastprof. Univ. Paris VII, s. 1971 Univ. Regensburg (Lehrst. f. Physikal. Chem), s. 1966 Lehrauftr. Univ. Paris VII - BV: Thermometric Titrations (1975), Ionen in nichtwäßrigen Lösungen (1976), Transport, Relaxation and Kinetic Processes in Electrolyte Solutions (1992). Veröff. z. Themen d. physikal. Chemie i. Sammelwerk. u. Fachztschr. d. In- u. Ausl. - 1967-71 Präs. Landesfischereiverb. d. Saarl. - Liebh.: Angelsport - Spr.: Franz., Engl.

BARTHEL, Manfred

Dr. phil., Schriftsteller - Jaiserstr. 29a, 8023 Pullach/Obb. (T. 089 - 793 21 95, Fax 793 80 38) - Geb. 25. Febr. 1924 Chemnitz/Sa. (Vater: Kurt B., Gastw.; Mutter: Martha, geb. Weigel), ev., verh. s. 1948 m. Dagmar, geb. Krüger - Friedrich-Wilhelm-Univ. (1944) u. Fr. Univ. Berlin (1949ff.). Promot. 1952 - S. 1949 Feuill.chef D. Abend, Berlin, Film- u. Theaterkrit. NWDR, Dramaturg (1953) u. Produktionschef Gloria- u. Constantin-Film, bde. München. Zeitw. Lehrbeauftr. FU Berlin (Filmkd.) - BV: D. Paradies hat 18 Löcher/Golfbrevier, 1978; Was wirkl. in d. Bibel steht, 1980, NA 1987; D. Jesuiten, 1982, NA 1991 unter d. Titel: D. Heiligen Vaters ungehorsame Söhne - D. Jesuiten; Amors süße Pfeile. Gesch. d. Liebeswerbens, 1984, NA 1989 D. Adam- u. Evaspiel; So war es wirklich/D. dt. Nachkriegsfilm, 1986; An d. Gestaden d. Götter, 1989. Herausg.: Theater in Briefen - Schauspielerbr. (1983); Geschichten rund ums Mittelmeer. Anthol. (1985); Lexikon d. Pseudonyme (1986, NA 1989); Heinz Rühmann - E. Leben in Bildern (1987) - 1991 BVK - Spr.: Engl., Franz.

BARTHEL, Thomas S.

Dr. phil. (habil.), o. Prof. f. Völkerkunde - Eichenweg 1, 7400 Tübingen (T. 6 25 48) - Geb. 4. Jan. 1923 Berlin (Vater: Max B., Schriftst.) - S. 1957 Lehrtätigk. Univ. Hamburg (Privatdoz.) u. Tübingen (1959 ao., 1964 o. Prof.) - BV: Grundl. z. Entzifferung d. Osterinsel-Schrift, 1958; D. achte Land, 1974. Zahlr. Einzelarb.

BARTHEL, Woldemar

Dr. rer. nat., o. Prof. f. Mathematik - Simon-Breu-Str. 39, 8700 Würzburg (T. 8 10 25) - Geb. 8. Febr. 1928 Hohnstein (Vater: Alfred B., Hauptwachtm.; Mutter: Johanna, geb. Scholz), ev., verh. s. 1954 m. Gisela, geb. Busch, 3 Kd. (Dieter, Annette, Jutta), verw. 1972, verh. s. 1973 m. Ingeborg, geb. Honegger - 1938-46 Gymn. Chemnitz; 1946-52 Univ. Leipzig (b. 1948) u. Freiburg/Br. (Promot.) - S. 1957 Lehrtätigk. Univ. Freiburg, Saarbrücken (1958; 1963 apl. Prof.), Würzburg (1964 Ord.). Üb. 30 Fachaufs.

BARTHELMEH, Hans Adolf

Dipl.-Kfm., Vorsitzender a.D. d. Geschäftsführung Rank Xerox GmbH (1980-83) - Herrenstrunder Str. 2a, 5000 Köln 80 - Geb. 19. Sept. 1923 Köln, kath., verh. s. 1950 m. Helene, geb. Fries, S. Hans-Jürgen - Stud. Betriebswirtschaft Univ. Köln 1947-50, Dipl.Ex. 1950 - 1950 Bundesfinanzverw., Köln; 1952-73 Ford Werke AG, Köln (1966-73 Vorst.mitgl. Finanz u. Vertrieb, 1971 Vors. d. Vorst.); 1974-78 Gildemeister AG, Bielefeld, Vors. d. Vorst; 1979 Dir. Deutsches Institut z. Förderung d. industriellen Führungsnachwuchses (DIF), Köln; Beiratsmitgl. Dt. Bank AG, Düsseldorf; ARsmitgl. Rank Xerox Austria, Wien - Liebh.: Geschichte, Futurologie, Musik, Philosophie, Schwimmen, Wandern - Spr.: Engl. (Staatl. gepr. Dolmetscher).

BARTHELMESS, Ursula,
geb. Weller

Autorin, Regiss., Psychotherap. (Ps. Usch Barthelmeß-Weller) - Homburger Str. 8, 1000 Berlin 33 (T. 030-8215054) - Geb. 14. Febr. 1940 Konstanz (Vater: Curt W., Verleger), gesch., 2 Kd. (Till, Anne) - Ausb. Kindergärtnerin, Kinder- u. Jugendl.-Psychotherap. - BV: Boris u. Lila, 1976; Bevor d. Eltern kamen, 1976 - Film: D. Kinder aus No 67 (1980) - 1980 Bundesfilmpreis (f. Regie) - Liebh.: Malerei.

BARTHMES, Anneliese

Prof., Hochschullehrerin i. R. - Weimarer Str. 22, 7300 Esslingen/N. - Zul. Prof. f. Musikerzieh. PH Esslingen.

BARTHOLD, Erich

Kaufmann, MdL Baden-Württ. (s. 1960, CDU) - In Laisen 58, 7410 Reutlingen (T. 4 22 09) - Geb. 17. Nov. 1920 Pfullingen, ev., verh., 2 Kd. -Schule u. höh. Handelssch. Reutlingen - 1939-46 Wehrdst. (Reserveoffz.) u. Gefangensch.; s. vielen J. Fachgeschäft f. Büromaschinen u. -möbel sowie Fabrikationsbetrieb f. Papier- u. Plastikverarb. Div. Ehrenämter - Gr. BVK.

BARTHOLOMÉ, Ernst

Dr. phil., Dr. rer. nat. h. c., Prof., Chemiker - Heiligenbergstr. 13, 6900 Heidelberg - Geb. 26. Nov. 1908 Mönchengladbach (Vater: Dr. med. Franz B.; Mutter: geb. Henrichs), verh. s. 1934 m. Magda, geb. Wittmann - 1927-33 Studium - 1933-37 Assist Univ. Göttingen; s. 1937 Bad. Anilin- u. Soda-Fabrik AG. (BASF), Ludwigshafen/Rh. (Leitg. Verfahrenstechn. Gruppenforsch.). S. 1949 Lehrbeauftr. u. Honorarprof. (1952) f. Physikal. Chemie Univ. Heidelberg - 1968 Ehrendoktor TH München; 1954 DECHAMA-Preis.

BARTL, Hans

Dr. phil. nat. (habil.), Prof. f. Kristallographie u. Mineralogie Univ. Frankfurt/M. - Landwehrweg 3c, 6380 Bad Homburg v.d.H. - Fachaufs. - Fachmitgl.-schaften - Spr.: Engl., Franz.

BARTLEWSKI, Kurt

Oberbürgermeister d. Stadt Gelsenkirchen - Am Wildgatter 17, 4650 Gelsenkirchen (T. 0209 -1 69-22 01) - Geb. 13. Jan. 1930 - Dipl.-Ing.

BARTLING, Hartwig

Dr. sc. pol., Univ.-Prof. f. Volkswirtschaftslehre Univ. Mainz - Moritzstr. 14e, 6500 Mainz 1 (T. 8 59 41) - Geb. 6. März 1941 - Univ. Göttingen, Bonn, Kiel (Volksw.); Dipl.ex. 1967, Promot. 1970 u. Habil. 1974 Kiel - S. 1974 Univ.-Prof. Fachber. Rechts- u. Wirtsch.wiss. Univ. Mainz, Vorst. Forsch.inst. f. Wirtsch.politik ebd. - BV: Wirtsch.l. Macht unter wettb.pol. Aspekt, 1971; Grundzüge d. Volksw.lehre (m. F. Luzius), 1977, 8. A. 1991; Leitbilder d. Wettbew.pol., 1980.

BARTLMÄ, Fritz

Dr. techn., Prof. fl Thermogasdynamik TH Aachen (apl.; s. 1976) - Bergheimer Weg 11/1, 7016 Gerlingen - Geb. 26. Mai 1927 Klagenfurt/Österr. (Vater: Fritz B., Rechtsanw.; Mutter: Hilde, geb. Finsterwalder) - Promot. 1961 - S. 1958 Dt. Forschungs- u. Versuchsanst. f. Luft- u. Raumfahrt (b. 1974 Inst. f. Theoret. Gasdynamik dann f. Physik. Chemie d. Verbrennung) - BV: Gasdynamik d. Verbrennung, 1975.

BARTLSPERGER, Richard

Dr. jur., o. Prof. f. Öfftl. Recht - Schleifweg 55, 8525 Uttenreuth/Mfr. - Geb. 10. April 1936 München (Vater: Xaver B.; Mutter: Margarete, geb. Birnbaum), verh. s. 1969 (Ehefr.: Claudia, geb. 1940). T. Vanessa - Gymn. u. Univ. München (Rechtswiss.). Promot. 1964; Habil. 1969 - S. 1970 Ord. Univ. Mannheim u. Erlangen-Nürnberg (1974). 1972-74 Richter VGH Baden-Württ. - BV: Verkehrssicherungspflicht u. öfftl. Sache, 1970; D. Werbenutzungsverträge d. Gemeinden, 1975; D. Wirtschaft heute, 3. A. 1984 (m. Streit u. Umbach); D. mod. Staat, 2. A. 1979 (m. Boldt u. Umbach). ZDF-Serie: 1 x 1 d. Demokr.; E. Vierteljahrh. Straßenrechtsgesetzgeb., 1980 (Hrsg. m. Blümel u. Schroeter); D. Straße im Recht d. Umweltschutzes, 1980 - Spr.: Engl.

BARTMANN, Ernst

Dipl.-Kfm., Vorstandsmitglied Siegener AG, Finanz- u. Rechnungswesen, Datenverarb., Einkauf - Am Blumenhaus 50, 4322 Sprockhövel 2 - Geb. 17. Nov. 1929 Bochum; ev. - Univ. Münster u. Köln, Dipl.-Kfm. 1954 Köln; Vorstandsmitgl. Hoesch Siegerlandwerke AG, 5900 Siegen, Geschäftsf. Verzinkerei Würzburg GmbH, Rottendorf.

BARTMANN, Hermann

Dr. rer. pol., Prof. f. Volkswirtschaftslehre Univ. Mainz - Jakob-Welder-Weg 4, 6500 Mainz; priv.: Bleichweg 21, 6505 Nierstein/Rh. - BV: Z. Theorie d. Lohnbildung in makro ökonom. Modellen, 1971; Konjunkturelle Wachstums- u. Verteilungsprozesse, 1976; Preistheorie, 1981; Verteilungstheorie, 1981; Grundkonzeptionen d. Konjunktur- u. Wachstumsanalyse (m. K. D. John), 4 Bde. 1987; Umweltökonomie (m. A. Föller), 1991; Allokationstheorie, 1990.

BARTMANN, Karl

Dr. med., Prof., vorm. Chefarzt Laborabt. Klinik Aprath, Wülfrath - Julius-Lucas-Weg 67, 5600 Wuppertal 1 (T. 71 52 13) - Geb. 18. Juni 1920 Hamm/W., verh. s. 1947 m. Gisela, geb. Zunkel, 2 Söhne (Stefan, Dominik) - Promot. 1946 Marburg; Habil. 1962 Berlin (FU) - Apl. Prof. (1967) FU Berlin (Med. Mikrobiol.). Gastprof. Univ. Lima (1966) - BV: Isoniazid - Möglichk. u. Grenzen s. Wirkung, 1963; Z. Heteromorphie d. Bakterien, in: Bild-Atlas pathogener Mikroorganismen, Bd. II 1963 (m. W. Höpken); Antimikrobielle Chemotherapie, 1974. Herausg. u. Mitautor: Antituberculosis Drugs (1988). Zahlr. Aufs., haupts. üb. biol. u. chemotherapeut. Probleme sowie Tuberkulosebekämpf. u. nichttuberk. Lungenerkrank. - 1961 Franz-Redeker-, 1966 Robert-Koch-Preis; Ehrenmitglied in- u. ausl. wiss. Ges.

BARTMANN, Otto

Dr.-Ing., ehem. Sprecher d. Geschäftsfg. d. Thomas Josef Heimbach GmbH & Co., Düren, ehem. Vors. Arbeitsgem. Dt. Filztuchfabriken, Frankfurt/M. - Zum Bruch 6, 5160 Düren/Rhld. - Geb. 8. Juli 1923 - Vice Chairman Atlanta Felt Company, Inc., Jonesboro, GA, U.S.A.; VR-Vors. R. Bruch & Cie. S.A., Neu-Moresnet/Belg.; Mitgl. d. Consejo d. Heimbach Ibérica S.A., Burgos/Spanien; VR Formabel S. A. Neu-Moresnet/Belg.; VR-Mitgl. Conrad Munzinger & Cie. A.G., Olten/Schweiz u. Siebtuchfabrik AG, Olten/Schweiz; Dir. d. Swiss Wire Ireland Ltd., Tralee/Irland; Beiratsvors. CWS-Lackfabrik, Düren-Merken; Beirat Lynenwerk GmbH u. Co. KG, Eschweiler - BVK I. Kl.

BARTMANN, Theodor

Dr. phil., o. Prof. f. Psychologie Univ. Münster, Fachbereich 8 - Breslauer Str. 26, 4400 Münster/W. - Geb. 24. Febr. 1928 Bielefeld - BV: Denkerzieh. im Programmierten Unterr., 1966; Psychologie der Lern- u. Erziehungsschwierigk., 1971; Schulsituation u. Lernerfolg, 1982.

BARTMUSS (ß), Wolfgang

Dipl.-Ing., Prof. f. Hochspannungstechnik u. Elektr. Anlagen Gesamthochschule Paderborn (Fachbereich Elektrotechnik/Elektronik) - Scherfelder Str. 23, 4790 Paderborn.

BARTNITZKE, Klaus

Stadtrat, Dezern. f. Jugend-, Sport-, Gesundheits- u. Sozialwesen Stadt Flensburg - Fruerlundhof 18, 2390 Flensburg (T. dstl.: 0461 - 85 22 51; priv.: 3 78 79) - Geb. 14. Dez. 1930 Elbing, ev., verh. s. 1953 m. Gisela, geb. Harms, 2 Töcht. (Dr. Sabine, Susanne) - Redakt.volont.; Chefredakt. - S. 1976 hauptamtl. Stadtrat; Präs. Fédération Intern. de Sauvetage aquatique; Vors. Soz.- u. Jugendaussch. d. Städtetages u. Städteverb. Schlesw.-Holst.; Mitgl. zahlr. Aussch. f. Jugend u. Soz.; b. 1976 Chefredakt. u. fr. Journ. v. Ztg. u. Ztschr., Mitarb. NDR (Hörfunk u. FS) - BV: Im Zeichen d. spähenden Adlers, 1963; D.

Fédération Intern. de Sauvetage et de Sports Utilitaires. Hauptautor: Humanität u. Sport im Dienst am Mitmenschen, 1977, 2. A. 1983, 3. A. 1988; Mitautor: Fachlexikon d. Soz. Arbeit, 1980, 2. A. 1986; Sozialdatenschutz, 1985 - 1963 Goldenes Verd.- u. Ehrenz. DLRG; 1971 Frhr.-v.-Stein-Med. Land Schlesw.-Holst.; 1975 BVK am Bde.; 1982 BVK I. Kl.; 1983 Ehrenmitgl. Präs. DLRG; div. intern. Ausz. - Liebh.: Lesen, Reisen, Briefmarken - Spr.: Engl.

BARTON, Dirk Michael
Dr. jur., Hauptgeschäftsführer Bundesverband Deutscher Zeitungsverleger e.V. (s. 1989) - Riemenschneiderstr. 10, 5300 Bonn 2 (T. 0228 - 8 10 04-0) - Geb. 21. Dez. 1949 Aachen, verh., 2 Kd. - Stud. Rechtswiss. Univ. Köln; 1976 1. u. 1979 2. jurist. Staatsex.; 1978 Promot. - 1980-82 Zusatzausb. als Notarass.; 1983-88 Bundesvereinig. d. Dt. Arbeitgeberverb.; 1988 Ford-Werke AG.

BARTOS-HÖPPNER, Barbara

Schriftstellerin - Haus im Bärenwinkel, 2152 Nottensdorf/Niederelbe (T. 04163 - 29 14) - Geb. 4. Nov. 1923 Eckersdorf Kr. Bunzlau/Schles. - B. Kriegsende Geschäftsf. elterl. Hotelbetrieb, ab 1956 freie Schriftst. Bilder-, Kinder-, Jugendb., Roman - BV: Kosaken geg. Kutschum-Kahn, 1959; Sturm üb. d. Kaukasus, 1963; D. Bucht d. schwarzen Boote, 1965; Aljoscha u. d. Bärenmütze, 1968; Schnüpperle, 8 Bde. 1969/1991; E. Ticket n. Moskau, 1970; Tausend Schiffe trieb d. Wind, 1974; D. Buch d. Rücken d. Pferde, 1975; Tiermärchen, Wintermärchen, 1977; Silvermoon, 3 Bde. 1977/79/81; D. Bonnins, 3 Bde. 1980/82/85; D. gr. Bartos-Höppner-Buch, 1981; Elbsaga, 1985; D. Osterbuch, 1987; Nordd. Feste u. Bräuche, 1987; ... lebt der große Name noch, 1987; Kommst du mit, Kolja?, 1989; D. Friedensfest, 1989; Von Aachener Printen b. Zürcher Leckerli, 1989; Kinderreime, 1990; Muz, kleiner Muz, 1990; Zaubertopf u. Zauberkugel, 1991; Maria, 1991; Rebekka, 1991; zahlr. Herausgaben v. Anthologien. Mitgl. PEN-Club u. Akad. f. Kinder- u. Jugendlit., Volkach - BVK, 1963 1. Preis New-York Herald Tribune, 1968 Hans-Christian-Andersen-, 1976 Europ. Jugendbuch-, 1977 Christophorus-, 1978 Friedrich-Gerstäcker-Preis, 1982 Gr. Preis Dt. Akad. f. Kinder- u. Jugendlit.

BARTRAM, Friedrich
Dipl.-Ing., Komplementär Fa. Dipl.-Ing. Fr. Bartram KG - Kreuzstücken 15, 2354 Hohenwestedt - Geb. 6. Juni 1923, verh. s. 1950 m. Luise, geb. Kröger, 4 Kd. (Gabriele, Klaus, Karin, Doris) - Stud. Bau-Ing.-Wesen; Dipl. 1950 - Vorstandsmitgl. Beton-Ind. Schlesw.-Holst. - EK I; Gold. Verw.-Abzeichen.

BARTSCH, Gerhard
Dr.-Ing., Prof. f. Kerntechnik - Handjerystr. 24, 1000 Berlin 41 - Geb. 19. Juni 1932 Kunzendorf - Promot. 1969 - S. 1970 (Habil.) Lehrtätig. TU Berlin (Wiss. Rat u. Prof.; 1971 Prof.). Facharb.

BARTSCH, Gerhart
Dr. phil., o. Prof. f. Didaktik d. Geographie (emerit.) - Auf d. Lützelbach 28, 6290 Weilburg/L. (T. 3 04 94) - Geb. 1. Sept. 1902 Rawitsch (Vater: Paul B., Konrektor, †; Mutter: Else, geb. Mertin, †), ev., verh. s. 1930 m. Karola, geb. Weißenborn †, 2 Kd. (Ilse, Eckehard) - Promot. 1925 Univ. Breslau; Habil. 1932 TH Hannover - S. 1946 Prof. Päd. Inst. Weilburg u. Univ. Gießen, 1964 Ord. Spez. Arbeitsgeb.: Türkei. Fachveröff.

BARTSCH, Hans-Joachim
Prof., Organist - Am Keltenlager 97, 6500 Mainz 21 (T. 06131-47 35 33) - Geb. 31. Juli 1932 Schreibersdorf, ev. - 1952-55 Stud. d. Kirchenmusik Musikakad. Detmold, Musikwiss. Univ. Frankfurt - 1955-74 Organist Weißfrauenkirche Frankfurt; s. 1977 Prof. f. Orgel Hochsch. f. Musik Frankfurt u. Organist d. Christuskirche Mainz - 1965 1. Preis Intern. Orgelwettbew. St. Albans/England - Liebh.: Fremdsprachen - Spr.: Engl., Schwed., Niederl.

BARTSCH, Harry
Generaldirektor i. R., Vors. d. Vorst. Gothaer Lebensversich. a. G., u. Gothaer Allg. Versich. AG, Vorst. Gothaer Rückversich. AG, Köln, AR-Vors. Gothaer Krankenversich. AG, Köln, AR Roland Rechtsschutz-Versich.-AG, Köln, u. Schwabengarage AG, Stuttgart, AR-Mitgl. Gothaer Lebensversich. aG, u. Gothaer Krankenversich. AG, bde. Göttingen, Vors. Verein Dt. Lebensversich. - Fridtjof-Nansen-Weg 3, 3400 Göttingen - Geb. 3. Mai 1923 Eschwalde (Vater: Landw.) - Arbeits- u. Wehrdst.; s. 1953 Gothaer.

BARTSCH, Irene,
geb. Appelt
Dipl.-Theaterwiss., Journalistin, Regiss. (Ps. Irene Böhme) - Detmolder Str. 16, 1000 Berlin 31 (T. 030 - 853 19 49) - Geb. 3. Juni 1933 Bernburg/S. (Vater: Dr. Herbert A.; Mutter: Lieselotte, geb. John), verh. s. 1955 m. Kurt B., 2 Kd. (Daisy, André) - Theaterhochsch. Leipzig (Dipl.) - 1961 Redakt., Journ., Theaterkritikerin; 1969 Dramat., Regiss. - BV: D. da drüben. Sieben Kapitel DDR, 1982 - Hörsp.: D. Wesen, 1986; D. erste Nacht, 1987 - Insz.: Heiner Müller, Weiberkom., 1971; Bartsch, D. Bauch, 1974; Molnar, Liliom, 1979; Lessing, Minna v. Barnhelm, 1978; u.a. - Spr.: Engl.

BARTSCH, Norbert
Prof. f. Erziehungswissenschaften u. Didaktik - Akad. f. Gesundheitsförderung in d. Rehabilitation, Lange Str. 13, 4972 Löhne 3 - Geb. 7. Juni 1940 Johannisburg (Vater: Anton B., Polizeirat i. R.; Mutter: Agathe, geb. Schafrinski), kath., verh. s. 1960 m. Barbara, geb. von Bültzingslöwen, T. Annette - PH Vechta (Leibeserziehung, Kybernetik) - 1990 Tholuck- u. Hildegard-v.-Bingen-Med. - BV: Sucht u. Erziehung, 2 Bde. 1989 - Liebh.: Freizeitsport.

BARTSCH, Rudolf Jürgen
Schriftsteller, Schausp. - Moritz-v. Schwind-Str. 6, 5000 Köln 50 (T. 0221 - 35 39 29) - Geb. 17. Okt. 1921 Köslin (Pom.), ev., verh. s. 1950 m. Erika, geb. Graucob, 2 Kd. (Andreas, Ulrike) - 1946-50 Univ. Mainz (Lit., Musik-Theaterwiss.) - Fr. Mitarb. als Autor, Schausp. u. Regiss. b. allen Rundfunkanst. (dazw. 6 J. Leit. Theaterabt. e. Verlages) - BV: Krähenfang, R. 1964 (Übers. ins Poln. 1966); Erz. in Anthol., u.a. Mutter erzählen Kindern, Straßen und Plätze, Erlebte Zeit, Erz. aus Pommern, Botschaften an Jockel; Vor-

zeichen u. Nachrufe, Ged.; Hörsp. u. Ged.; Ess. u. Features.

BARTUSCHAT, Wolfgang
Dr. phil., Prof. f. Philosophie - Gaedechensweg 16, 2000 Hamburg 20 - Geb. 13. Mai 1938 Königsberg/Pr., verh. s. 1964 m. Dr. med. Ursula, geb. Vogelsang, 2 Kd. - Promot. 1964 Univ. Heidelberg, Habil. 1971 Hamburg, Prof. 1977 ebd. - BV: Z. systemat. Ort v. Kants Kritik d. Urteilskraft, 1972; Spinozas Theorie d. Menschen, 1992. Herausg: Spinoza, Descartes' Prinzipien d. Phil. (1978, 2. A. 1987); Spinoza, Kurze Abhandlung v. Gott, d. Menschen u. dessen Glück (1991).

BARTUSSEK, Dieter
Dr. phil., Prof. f. Psychologie Univ. Trier - Mühlenstr. 3, 5501 Korlingen (T. 06588 - 29 97) - Geb. 24. Juni 1940 Leoben/Österr. (Vater: Dr. med. Alfred B., Facharzt f. inn. Krankh.; Mutter: Berta, geb. Schönwiese), 2 Töcht. (Sonja, Birgit) - 1960-65 Stud. Psych., Biol., Math. Univ. Graz (Promot. 1965) - 1965-66 Wiss. Assist. Univ. Graz; 1966-72 Wiss. Rat/Oberrat Univ. Hamburg; s. 1972 o. Prof. f. Psych. Univ. Trier - BV: Differentielle Psych. u. Persönlichkeitsforsch. (m. M. Amelang), Lehrb., 3. A. 1990 (Übers. Ital., Span.) - Spr.: Engl.

BARTZ, Joachim
Dr. phil. nat., Prof., Regierungsdirektor a.D. Geol. Landesamt Baden-Württ. (s. 1959) - Mettackerweg 24, 7800 Freiburg/Br. - Geb. 2. Sept. 1910 Mannheim (Vater: Dr. med. Oskar B., Arzt; Mutter: Antonie, geb. Gregory), verh. s. 1941 m. Ria, geb. Troullier - Promot. 1934 Heidelberg; Habil. 1939 Berlin - S. 1940 (Habil.) Privatdoz. u. apl. Prof. (1961) Univ. Freiburg. Fachveröff.

BARÜSKE, Heinz

Prof., Skandinavist, Schriftsteller - Wittstocker Str. 8, 1000 Berlin 21 - Geb. 6. März 1915 Kolberg - BV: Grönland, größte Insel der Erde, 1968; Eskimo-

Märchen, 1969; Skandinavische Märchen, 1972; Das Nordmeer und die Freiheit der See, 1974; Die Nordischen Literaturen I, 1974; Island, Prosa-Anthologie 1974; Märchen der Eskimo, 1975; Dänemark, Prosa-Anthologie 1977; Grönl., Reise ins Wunderland der Arktis, 1977; Land aus dem Meer. Zur Kultur Islands und der Färöer Inseln, 1980; Aus Andersens Tagebüchern, 1980; Die Wikinger und ihre Erben, 1981; Im Land d. Meerjungfrau. Reisen in Dänemark, 1982; Norwegen, Kunst u. Reiseführer, 1986; Hans Egede: D. Heiden im Eis. Als Forscher u. Missionar in Grönland, 1986; Dänemark. E. Märchenreise m. fot. Impressionen aus d. Land Hans Christian Andersens, 1986; Schweden. Auf d. Spuren v. Nils Holgersson, 1989; Grönland, Kultur u. Landschaft, 1990; Island, Kunst- u. Reiseführer, 1991; Eskimo-Märchen. Erweiterte Neuaufl. v. 1969 (Märchen d. Weltliteratur), 1991; Norwegen. Kultur u. Landschaft (m. Fotografien v. U. Haafke), 1991. Div. Übersetzungen nordischer Autoren - 1975 Prof. E. h.; 1975 Ritterkreuz Isl. Falkenorden; 1977 Ritterkreuz I. Grades d. Dannebrog-Ordens; 1985 BVK.

BARUZZI, Arno
Dr. phil., Prof. f. Phil. Univ. Augsburg (s. 1975) - Pfarrer-Grimm-Str. 18c, 8000 München 50 (T. 812 46 39) - Geb. 17. Febr. 1935 Singen/Hohentw., kath., verh. s. 1961 m. Dr. phil. Renate, geb. Leicher - Promot. (1965) u. Habil. (1972) München - Zul. gf. Dir. Geschwister-Scholl-Inst. u. Univ. Prvatdoz. Univ. München. 1969ff. Redakt. Phil. Jahrb. - BV: Mensch u. Maschine, 1973; Was ist praktische Philosophie?, 1976; Europ. Menschenbild u. d. Grundgesetz f. d. Bundesrep. Dtschl. 1979; Einf. in d. polit. Philosopie d. Neuzeit, 1982; Arbeit u. Beruf, 1982; Alternative Lebensform?, 1985; Freiheit, Recht u. Gemeinwohl. E. Rechtsphil., 1989.

BARWASSER, Karlheinz
Schriftsteller, Hörspielautor, Regiss. - Corneliusstr. 42, 8000 München 5 - Geb. 26. Juni 1950 - BV: Kaputte Sommertage in S., 1981; 2 Männer, 1987; Im eigenen Schatten, 1987; D. Ypsilon d. verdrehten Achsel, 1992. Hörsp.: Polyglotte, 1986; Jeanne de Jeannette du monde, 1988; Babylon. E. Deformation, 1991; Fallen..., 1992 - Spr.: Engl. - Lit.: Jost Schüpbach: in Versuch, Abstand zu verringern - üb. d. Schriftst. K.h. Barwasser in: Kontiki (65/83).

BARWIG, Helmut
Wasserbauwerkmeister, MdL Nieders. (s. 1974) - Blumenstr. 10, 2161 Drochtersen 5 (T. Assel 277; Büro: Stade 25 40 u. 1 22 20) - SPD.

BARWINSKI, Klaus-Jürgen

Dipl.-Ing., Direktor Landesvermessungsamt Nordrh.-Westf. (s. 1979) - Muffendorfer Str. 19-21, 5300 Bonn 2 (T. 0228 - 84 65 00) - Geb. 23. Febr. 1939 Königsberg/Pr., verh. s. 1962 m. Almut,

BARWINSKI - 56 - BASTIAN

geb. Briesemeister, 2 Kd. (Bärbel, Ulrich) - Abit. 1960 Neuspr. Gymn. Stadt Porz am Rhein; Dipl.-Ing. (Vermessungswesen) 1964 Bonn - 1971-79 Ref. Innenmin. Ld. Nordrh.-Westf. - Veröff. z. Landesvermessung, Liegenschaftskataster, Kartographie u. Landinformationssystemen - 1974 Mitgl. Oberprüfungsamt f. d. höh. techn. Verw.beamten, Frankfurt (s. 1983 stv. Abt.-Leit. Vermessungs- u. Liegenschaftswesen); 1980 Mitgl. im Direktorium Inst. for Land Information (ILI), Washington; 1984 Beauftr. Arbeitsgem. d. Vermessungsverw. d. Ld. d. BRD (AdV) im Comite Europeen des Responsables de la Cartographie Officielle (CERCO); 1986 Vors. Wiss./Techn. Beir. GEOsat GmbH; 1987/88 President AM/FM Intern. - European Division (AM/FM = Automated Mapping / Facilities Management); Board of Directors AM/FM Intern.; 1988 GIS - GEO-Informations-Systems editorial board; 1990 President of CERCO; 1990 Vors. d. Sachverst.-aussch. Regionale Anwendungen b. d. Dt. Agentur f. Raumfahrtangelegenh. (DARA) GmbH; 1991 Fellow of the Royal Institution of Chartered Surveyors - Spr.: Engl.

BARZ, Wolfgang

Dr. rer. nat., Prof. f.Biochemie d. Pflanzen - Waldweg 20, 4400 Münster (T. 71 72 48) - B. 1973 Wiss. Rat u. Prof. Univ. Freiburg/Br., dann Ord. Univ. (Lehrstuhl III) Münster.

BARZEL, Rainer

Dr. jur., Bundestagspräsident a.D., MdB - Görresstr. 15, Bundeshaus, 5300 Bonn 1 - Geb. 20. Juni 1924 Braunsberg/Ostpr. (Vater: Dr. Candidus B., Oberstudienrat; Mutter: Maria, geb. Skibowski), kath., verh. I) 1948 m. Kriemhild, geb. Schumacher (†1980), II) 1982 m. Helga, geb. Henselder (Geschäftsf. Bundesverb. Dt. Groß- u. Außenhandel), T. Claudia (†1977) - Gymnasium Berlin; 1945-48 Univ. Köln (Rechtswiss. u Volksw.). Promot. 1949 - 1941-45 Wehrdst. (zul. Fliegerlt., S. 1959 Oberlt. z.S.d.R.); 1949-56 Landesreg. Nordrh.-Westf. (1955 Min.-Rat); 1956-57 gf. Mitgl. CDU-Landespräsid. NRW; s. 1957 MdB; 1964-73 (Rücktr.) Vors. CDU/CSU-Fraktion); ab 1960 Mitgl. CDU-Bundesvorst., spät. -Präsid., I. stv. (1966) u. Bundesvors. (1971; 1973 zurückgetr.); 1962-63 (Rücktr.) Bundesmin. f. gesamtd. Fragen; 1977-79 (Rücktr.) Vors. Wirtschaftsaussch.; 1980 Koordinator f. d. dt.-franz. Zus.arbeit; 1980-82 Vors. Ausw. Aussch. Dt. Bundestag; 1980-83 Präs. Dt.-Franz. Inst.; 1973-82 wiss. Mitarb. Rechtsanwaltspraxis Dr. Dr. Albert Paul, Frankfurt/M.; Okt. 1982 - März 83 Bundesmin. f. innerdt. Bezieh., 1983-84 Präs. d. Dt. Bundestages - BV: D. geist. Grundl. d. polit. Parteien, 1947; Souveränität u. Freiheit, 1950; D. dt. Parteien, 1951; Karl Arnold - Grundleg. christl.-demokr. Politik, 1961; Gesichtspunkte e. Deutschen, 1968; Es ist noch nicht zu spät, 1976; Auf d. Drahtseil, 1978; D. Formular, R. 1979; Unterwegs - Woher u. Wohin?, 1982; Im Streit u. umstritten, 1986 - Eisernes Kreuz u. Goldene Frontflugspange; 1968 Gr. BVK m. Stern u. Schulterbd., 1970 Bayer VO., 1973 Großkreuz VO. BRD: 1974 Komturkreuz m. Stern d. Gregoriusordens, 1980 Großoffz.kreuz Nation. VO Frankr. - Liebh.: Bücher, Bergsteigen, Schlittschuhlaufen, Eisschießen (Curling) - Lit.: Ulrich Sonnemann, Wie frei sind unsere Politiker? (1969), Ludwig v. Danwitz, Apropos B., 1972; Fernsehen/ARD: Mathias Walden, Einige Tage im Leben d. R. B. (1969), Dagobert Lindlau, R. B. - Porträt e. Oppositionsführers (1972).

BASCHANG, Hans

Maler u. Graphiker - Ohmstr. 20, 8000 München 40 (T. 39 98 80) - Geb. 15. April 1937 Karlsruhe (Vater: Hermann B., Kaufm.; Mutter: Liesel, geb. Schwarz), ev., gesch., 2 Kd. (Sarah, Ivan) - Abitur; Staatsex. f. Kunsterzieh. - 1971 ff. Lehrauftr. Fachhochsch. f. Gestaltung, Pforzheim. 1972/73 Gast Kunstakad. Karlsruhe; 1975 Prof. Akad. d. bild. Künste München. Früher Bilder, jetzt Zeichnungn, haupts. Großformat (D. Mensch - d. menschl. Figur) - 1965 Förderungspreis Stadt Karlsruhe, 1966 Villa-Romana-Preis (Aufenth. Florenz), 1968 Kunstpreis Böttcherstr. Bremen, 1970/71 Stip. Villa Massimo, Rom - Div. Erwähnungen.

BASCHANT, Edgar

Dr. rer. nat., Dipl.-Chem., Vortandsmitglied Gummiwerke Becker AG, Heidenheim - Arnold-Böcklin-Str. 115, 7920 Heidenheim/Brenz - Geb. 3. Okt. 1922.

BASCHE, Arnim

Journalist - Michaelplatz 6, 5300 Bonn 2 (T. 0228 - 35 74 89) - Geb. 9. Sept. 1934 Dresden (Vater: August B., Zollbeamter; Mutter: Frieda, geb. Fehrmann), ev., verh. s. 1959 m. Renate, geb. Kleines, 2 S. (Michael, Boris) - Abit. 1953; Stud. Wirtschaftswiss. - S. 1961 Redakt., Sport-Reporter u. -Moderator ARD, ab 1971 ZDF - BV: Turf - Vollblutzucht u. Galopprennsport, 1978; D. schöne Welt d. Pferde, 1981; Geschichte d. Pferdes, 1984 - Ausz. d. Dt. Reiterl. Vereinig. (f. bes. Verdienste um Reiterei u. Pferd); Auszeichn. d. NOK f. d. Berichterst. 1984 Los Angeles; 2 x Silb. Pferd d. Reiter- u. Fahrerverb. - Liebh.: Hippologie, Jagd, Bibliophilie - Spr.: Engl. - Lit.: D. 100 v. Fernsehen.

BASCHE, Erwin

Dipl.-Ing., Prof. f. Hochspannungstechnik u. Lichttechnik Univ./GH Paderborn (Fachbereich Elektr. Energietechnik/ Soest) - Sybelweg 11, 4770 Soest.

BASCHEK, Bodo

Dr. rer. nat., o. Prof. f. Astrophysik - Adalbert-Seifriz-Str. 25, 6903 Neckargemünd - Geb. 24. Juli 1935 - Promot. (1959) u. Habil. (1965) Kiel - S. 1970 Ord. Univ. Heidelberg. Fachaufs.

BASEL, von, Carl

Dr. phil. habil., em. o. Prof. f. Meßtechnik RWTH Aachen (s. 1974) - Dr.-de-Weverlaan 23, NL-6416 GN-Heerlen - Geb. 15. Okt. 1914 Komorn, kath., verh. s. 1941 m. Elinor, geb. Griegoleit, 3 Kd. (Karl Heinz, Gabriele, Hans) - Univ. Göttingen u. Wien (Math., Physik; Promot. 1937). Habil. 1943 Breslau - S. 1937 Siemens & Halske AG, Berlin, Hochfrequenzforsch., Gatow (1943), Labor f. Meßtechnik, Bredeneck (1945; Leit.), Vibro-Meter GmbH., Fribourg (1949; Gründer, Gesellsch. u. techn. Leit.). N. V. Philips, Eindhoven (1952); 1958 Priv.-Doz. RWTH Aachen, 1964 apl. Prof. ebd.

BASELT, Bernd

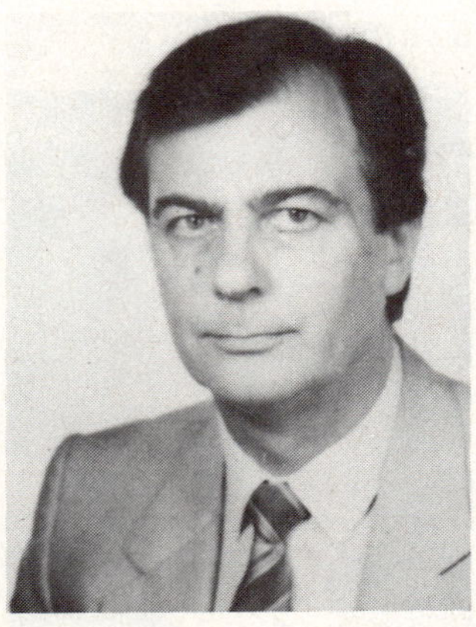

Dr. phil. habil., o. Prof. f. Musikwiss. Univ. Halle (s. 1983) - Reilstr. 83, O-4020 Halle (T. 046 - 2 29 04) - Geb. 13. Sept. 1934 Halle/S., kath., verh. s. 1962 m. Elfriede, geb. Kalisch, 2 Kd. (Susanne, Christoph) - Stud. Hochsch. u. Univ. Halle; Dipl. phil. 1958, Promot. 1963, Habil. 1975 (alles Halle) - 1959-76 Assist. u. Oberassist., 1977 o. Doz., 1983 o. Prof. - 1991 Präs. Georg-Friedrich-Händel-Ges.; Editionsleitg. d. Hall. Händel-Ausg., Händel, Jahrb. - BV: Händel-Handb., Bd. 1-3 1978, 84, 86; Verz. d. Werke G. F. Händels (HWV), 1986; G. F. Händel, 1988. Herausg. v. Opern Telemanns, Glucks, Händels (1967-91) - 1979 Händel-Preis Halle - Liebh.: Lit., Drama, Sport (Fußball) - Spr.: Engl., Russ., Ital.

BASIC, Mladen

Dirigent, Generalmusikdir. Stadt Mainz (1978-90) - Göttelmannstr. 42 B, 6500 Mainz - Geb. 1. Aug. 1917 Zagreb, verh. m. Zlata, geb. Stepan, Choreogr. u. Opernregiss. - Musikhochsch. Zagreb; Poststud. Conservatoire Paris - 1939 Korrepetitor u. Dirig. Nat. Theater Zagreb; 1953-59 Operndir., 1959-67 Opernchef Landestheater u. Chefdirig. Mozarteum-Orch. Salzburg; dan. Operndir. in Split; 1970-78 1. Dirig. u. Leit. Filharmonie Zagreb.

BASLER, Heinz-Dieter

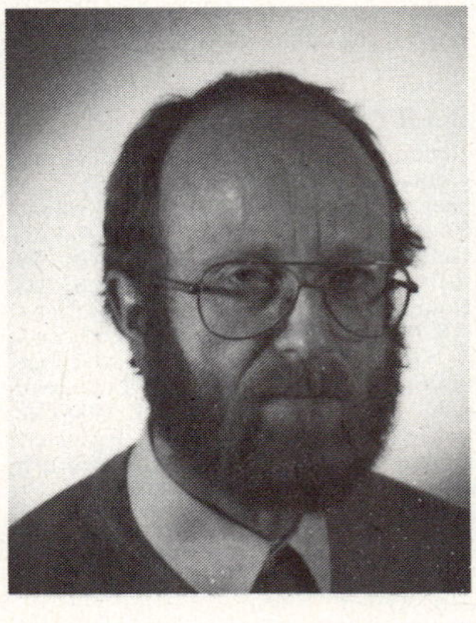

Dr. phil., Dr. med. (habil.), Prof. f. Med. Psychol. u. Gf. Direktor Inst. f. Med. Psychol. Univ. Marburg - Bunsenstr. 3, 3550 Marburg (T. 06421 - 28 37 67) - Geb. 27. März 1943 Hildesheim, verh. s. 1968 m. Frauke, geb. Gerhard, 3 Kd. (Annetrin, Hinrich, Mareile) - Stud. Psychol. u. Päd.; Promot. 1975, Habil. 1979 Hannover - Vizepräs. d. Dt. Ges. z. Stud. d. Schmerzes - BV: Klin. Psychol. u. körperl. Krankheit, 1985; Gruppenarbeit in d. Allgemeinpraxis, 1989; Psychol. Schmerztherapie b. Rheuma, 1989; Psychol. Schmerztherapie, 1990; Streßmanagement, 1991; Psychologie in d. Rheumatologie, 1992.

BASSENGE, Eberhard

Dr. med., Prof., Institutsdirektor Univ. Freiburg (Angew. Physiologie) - Hermann Herderstr. 7, 7800 Freiburg - Geb. 9. Juli 1936 Kleinmachnow (Vater: Heinrich B., Prokurist; Mutter: Hedwig, Lehrerin), ev., verh. s. 1962 m. Birgit, geb. Eitel, 3 Kd. - Ratsgymn. Goslar, Abit. 1955; Med.stud. Univ. München, Ex. 1961, Promot. 1961, Habil. 1969, o. Prof. f. Angew. Physiol. Univ. Freiburg 1978 - Seit 1961 Assist., b. 1963 Fellow of Medicine Detroit, 1974-78 apl. Prof. - BV: Vegetative Physiol., 1980; Neue Aspekte z. Therapie d. ischämischen Herzerkrankung, 1982; Nitrates: New aspects of mechanism of action, 1986; Endothelial and Neuro-humorol Control of Blood Flow, 1990 - 1975 Paul Morawitz-Preis Dt. Ges. f. Kreislaufforsch. - Spr.: Engl.

BASSEWITZ, Graf von, Christian

Dipl.-Kfm., Mitglied Geschäftsleitung Bankhaus Hermann Lampe KG, Bielefeld - Meliesallee 9a, 4000 Düsseldorf-Benrath - Geb. 8. Okt. 1940 - Mitglied des Verwaltungsrats Lampebank Intern. Soc. Anonyme, Luxembourg; AR FA-MILA Handels-Zentralges. mbH & Co KG, Heidelberg, Union-Investment-Ges. mbH, Universal-Investment-Ges. mbH, IF Warenhandel Beteiligungs GmbH, alle Frankfurt; AR-Mitgl. Dt. Pfandbrief- u. Hypothekenbank AG, Wiesbaden, Dt. Pfandbrief- u. Hypothekenbank Holding GmbH, Frankfurt, Dt. Bau- u. Bodenbank AG, Berlin/Frankfurt.

BASSLER, Friedrich

Dr.-Ing., o. Prof. u. Direktor Inst. f. Wasserbau u. -w. TH Darmstadt (s. 1961) - In d. Röte 22, 7800 Freiburg/Br. - Geb. 21. Juni 1909 Karlsruhe, verh. s. 1951 m. Janine, geb. Hoffmann, 2 Kd. (Michael, Sibylle) - TH Karlsruhe (Dipl.-Ing. 1932). Regierungsbaumeister 1936; Promot. 1956 Berlin -1936 Bad. Finanz- u. Wirtschaftsmin., Karlsruhe (Reg.s-baurat), 1939 Wehrdst. (zul. Oblt. Luftwaffe), 1945 amerik. Kriegsgefangensch., 1948 Schluchseewerk AG., Freiburg/Br. (1954 Prok., 1956 Baudir.); Gastprof. Univ. Madras (1967), Berlin (1968/69), Alexandria (1974/79) u. Kairo (1975); s. 1973 wasserw. Experte d. OECD, Paris u. EG, Brüssel; 1964-73 Verf. d. hydro-solaren Energieprojekts Kattara-Senke (s. 1975 Board of Advisors d. ägypt. Reg.). Spez. Arbeitsgebiet: Wasservorräte in Europa, Wasserw. in Entwickungsländern, Kosten-Nutzen-analyse in d. Wasserwirtsch. - BV: Gesichtspunkte f. d. Wahl e. Talsperren-Bauart, 1956. S. 1952 rd. 50 wiss. Veröffentl. Herausg.: Darmstädter Wasserbau-Mitt. (1966 ff.).

BASSON, Claus-Peter

Dr. jur., Rechtsanwalt, Geschäftsführer i. R. Verband d. Importeure von Kraftfahrzeugen e. V. (VDIK) (1976-90) - Leopoldsweg 9 B, 6380 Bad Homburg v.d.H. (T. 06172 - 3 33 57 od. 30 50 57) - Verh. m. Susanne, geb. Beyer - Stud. Rechtswiss. Univ. Hamburg; Staatsprüf. Hamburg (1952) u. Düsseldorf (1956); Master of comparative jurisprudence 1958 New York - S. 1958 Anwaltsass. Wiss. Referent Markenverb. e. V., Wiesbaden (1959), Gf. Verb. d. Körperpflegemittelind., Köln (1963), Gf. Industrieverb. Körperpflege- u. Waschmittel, Ffm. (1969) - Spr.: Engl., Franz.

BASTEN, Franz-Peter

Richter, Staatssekretär Min. f. Wirtschaft u. Verkehr Rhld.-Pfalz (1988-91), MdL (s. 1979) - Zu erreichen üb. Bauhofstr. 4, 6500 Mainz - Geb. 22. Aug. 1944 - Stud. Rechtswiss. Gr. jurist. Staatsprüf. - 1985-88 Staatssekr. Min. d. Innern u. f. Sport Rhld.-Pfalz - CDU.

BASTERT, Gunther

Dr. med., o. Prof. u. Geschäftsf. Direktor Univ.-Frauenklinik Heidelberg - Zu erreichen üb. Univ.-Frauenklinik, Voßstr. 9, 6900 Heidelberg - Geb. 23. Juni 1939, kath., verh. s. 1968 m. Georgia, geb. Mertz, 4 Kd. (Janine, Roman, Christoph, Robin) - Human. Gymn. Frankfurt (Abit.); Med.-Stud. Frankfurt u. Mainz; Staatsex. 1966, Promot. 1969, Habil. 1977 Frankfurt - 1983 Honorarprof. Univ.-Frauenklinik Frankfurt; 1985 Ord. f. Gynäk. u. Geburtshilfe Med. Fak. d. Univ. d. Saarl. Homburg/Saar; 1988 Ord. f. Gynäk. u. Geburtshilfe Univ. Heidelberg - BV: Gynäk. Onkol. (m. H. Schmidt-Matthiesen), 3. A. 1984; Thymusaplastic Nude Mice and Rats in Clinical Oncology (m. H. Schmidt-Matthiesen u. H. B. Fortmeyer), 1981; Monoclonal Antibodies in Clinical Oncology (m. S. Kaul), 1986. Handbuchbeitr.: Mammakarzinom in Klinik d. Frauenheilkde. u. Geburtshilfe (m. Wulf u. Schmidt-Matthiesen), 1989 - 1977 Georg Zimmermann-Förderpreis Med. Hochsch. Hannover; 1977 Preis FB Humanmed. Univ. Frankfurt; 1980 Adolph-Berthold-Med. Dt. Ges. f. Endokrinol. - Interessen: Krebsforschung, zeitgenöss. Kunst - Spr.: Engl.

BASTIAN, Gert

Generalmajor a. D., MdB (1983-87) - Winzererstr. 96, 8000 München 40 - Geb. 26. März 1923 München - B. 1941 Realgymn., dann Kriegsfreiwilliger - 1956-80 Bundeswehr (Generalstabsausb., Brig.-Kommand. Göttingen, stv. Amtschef d. Heeresamtes Köln, Kommand. 12. Panzer-Div. Würzburg). Mitgl. Gruppe Generale f. Frieden u. Abrüstung.

BASTIAN, Hans Dieter
Dr. theol., o. Prof. f. Ev. Religionspädagogik Univ. Bonn - Billrothstr. 1, 5300 Bonn-Duisdorf (T. 62 48 12) - Geb. 30. Jan. 1930 Bad Kreuznach/N., verh. s. 1954 m. Ruth, geb. Adolphs, 2 Kd. - S. 1961 ao. u. o. Prof. (1967) Bonn. 1973-87 Mitgl. im Beirat f. Fragen d. Inn. Führung b. Bundesmin. d. Verteidigung - BV: u. a. Kind u. Glaube, 1964; V. Geheimnis d. Bösen, 1965; Verfremd. u. Verkündig. 2. A. 1967; Theol. d. Frage, 2. A. 1970; Abseits d. Kanzel, 1970; Kommunikation, 1972; D. Bundeswehr in Staat u. Ges., 1974-76. Ausbildungspäd. Untersuch. in d. Bundeswehr, 1978; Bildungsbürger in Uniform, 1979; Kontakte. Mil. Menschenführung in kl. Gruppen, 1979. Herausg.: Lexikon f. junge Erwachsene (1970); Wehrpflichtig in d. Bundeswehr (1984). Versch. Schulbücher. Arb. in Funk u. Fernsehen.

BASTIAN, Hans Günther
Dr. phil., o. Univ.-Prof. f. Musikpädagogik Univ.-GH Paderborn - Kneippstr. 20, 6250 Limburg (T. 06431 - 4 26 77) - Geb. 22. Juni 1944 Niederzeuzheim (Vater: Hans B.; Mutter: Monika, geb. Gläßer), kath., verh. s. 1968 m. Elisabeth, geb. Hodes, 3 Kd. (Nicole, Johannes, Matthias) - 1. Staatsex. f. Lehramt an Grund-Haupt-Realsch. 1966, 2. Staatsex. 1969, Promot. (Syst. Musikwiss.) 1979 - B. 1975 Lehrer; 1975-81 Päd. Mitarb. Inst. f. Musikwiss./Musikpäd. Univ. Gießen; 1981-87 Prof. Univ. Bonn. 1983 Vors. Arbeitskr. Musikpäd. Forsch. (AMPF); 1985-87 Vors. Bundesfachgruppe Musikpäd.; 1988 Vors. d. Kommiss. Musikpäd. Forsch. im Dt. Musikrat - BV: Neue Musik im Schülerurteil. Z. Einfluß v. Musikunterr. Herausg.: Musikpäd. Hist., syst. u. didakt. Perspektiven (m. D. Klöckner, 1982); Umgang m. Musik (1985); Musik im Fernsehen (1986); Jugend musiziert (1987); Schulmusiklehrer u. Laienmusik (1988); Leben f. Musik (1989); Jugend am Instrument (1991); (Hoch-) Begabungsforsch. u. Begabtenförd. (1991); zahlr. Aufs. z. Probl. d. Musikpäd. u. deren empir. Überprüf.; Publ. didakt. Mod. f. d. Praxis d. Musikunterr.; Forsch.arb. üb. d. Einstell. v. Lehrern z. Musikunterr., Lehrerfortbildung, z. Wirkungszus.hang v. Film u. Musik; d. Musikunterr. in d. Sicht Jugendl., Musikkulturkonzepte Jugendl.; Musik in Fernsehensend. f. Kinder u. Jugendl., Unterrichtsforsch., Meth. musikpäd. Forsch., Biographie- u. Hochbegabungsforsch.

BASTINE, Reiner
Dr. phil., o. Prof. f. Klin. Psychologie Univ. Heidelberg - Zu erreichen üb. Psychologisches Inst., Hauptstr. 47-51, 6900 Heidelberg.

BASTING, Alexander
Kaufmann, Präs. Dt. Motoryachtverb. Hamburg, Vizepräs. Welt-Motorbootverb. U.I.M., Brüssel - Spiesergasse 18, 5000 Köln 1 - Geb. 8. Aug. 1921 Köln, kath., ledig - Ausb. z. Bankkaufm. - BVK am Bde.; BVK I. Kl.; Verb.-Ehrenz. in Gold m. Brillanten.

BATHELT, Hans
Dr., Dipl.-Psych., Prof. f. Päd. Psychologie PH Schwäb. Gmünd - Albstr. 14, 7075 Mutlangen.

BATHORY-HÜTTNER, Stephan
Dr. jur., Dipl.-Kfm., Geschäftsführer Kontinent Möbel GmbH & Co. KG (s. 1966), Kontinent Möbel Beteiligungsges. mbH & Co. KG (s. 1975), Gelsenkirchen-Buer, Regent Möbel Großeinkauf GmbH & Co. KG, Regent Möbel GmbH & Co. KG, u. Möbel-Paradies (Beteil.-ges.) - Thiemannstr. 14, 4300 Essen-Kettwig (T. 02144 - 30 92) - Geb. 20. Okt. 1925 Budapest/Ungarn (Eltern: Dr. Johann B., Vorst.-Vors. Stadium-Pallas AG, u. Ehefr. Magdalena), kath., verh. s. 1956 m. Eva, geb. Püspöky - Gymn. (Abit. 1943 Budapest); Stud. Budapest u. Frankfurt/M.; Promot. 1947 Budapest; Dipl.ex. 1961 Frankfurt/M.; 1. u. 2. jur. Staatsex. 1958; bzw. 1962 ebd. - 1947-56 Anwalt Budapest, 1962-66 Abt.leit Phönix-Rheinrohr. Fachveröff. - Liebh.: Sport (10f. ungar. Alpiner Skimeister), Musik - Spr.: Deutsch, Ungar.

BÁTORI, István
Dr. phil., Prof. Erziehungswiss. Hochsch. Rhld.-Pfalz, Abt. Koblenz (Ps. Stefan Bátori) - Sebastian-Kneipp-Str. 35, 5414 Vallendar - Geb. 23. Aug. 1935 Seldin/ČSR (Vater: Emil B., Studienrat; Mutter: Mária, geb. Dékány), kath., verh. s. 1964 m. Ingrid, geb. Trux, 2 Kd. (Sophie, Vincent) - Dipl. Slavist. 1959 Univ. Oxford, B.A. 1961 Univ. London, Promot. 1967 Univ. Göttingen, Post doctoral fellow 1968 M.I.T., Habil. 1979 Univ. Bonn - 1968-80 wiss. Mitarb. IBM Dtschl.; 1980 Privatdoz. Bonn; s. 1980 Prof. in Koblenz - BV: Wortzusammensetz. im Syrjänisch, 1969; Russen u. Finnougrier, 1980; D. Grammatik aus d. Sicht kognitiver Proz., 1981 - Liebh.: Kochen - Spr.: Ungar., Russ., Engl., Finn.

BATSCH, Klaus-Jürgen
Dipl.-Ing., Geschäftsführer Witt GmbH, Rohrleitungsbau/Sanit. Installationen, Langenhagen, Gas- u. Industrie-Rohrbau-GmbH, Langenhagen - Mühlenfeld 18, 3012 Langenhagen; priv.: Im Eichholz 30B, 3000 Hannover 51 - Geb. 28. Okt. 1938 Kassel (Vater: Martin B., Reg.- u. Baurat; Mutter: Hertha B.), verh. s. 1965 m. Monika, geb. Witt, 2 Söhne (York-Alexander, Constantin) - Albert-Schweitzer-Sch. Kassel (Abit. 1958); Stud. Bauing. TH Hannover; Dipl. 1964 - Vors. d. Sozialpolit. Aussch. d. Verb. d. Bauind. f. Nieders., Hannover, u. d. Rohrleitungsbauverb. Landesgr. Nieders., Hannover; stv. Vors. Rohrleitungsbauverb. Köln; Vorst.-Mitgl. d. Urlaubs- u. Lohnausgleichskasse d. Bauwirtsch., Wiesbaden, d. FIGAWA, Bundesvereinig. d. Firmen im Gas- u. Wasserfach, Köln, u. d. Dt. Vereins d. Gas- u. Wasserfaches (DVGW/BGW) Nieders., Hannover; AR-Vors. d. Volksbank Hannover; Mitgl. d. Vertretervers. Tiefbau-Berufsgenoss., München; Beiratsmitgl. Verb. d. Bauind. f. Nieders., Hannover. Ehrenämter b. d. IHK Hannover-Hildesheim (u.a. Vizepräs., Vors. Wirtsch.aussch.). Ehrenamtl. Arbeitsrichter Landesarbeitsgericht Nieders. - 1982 BVK - Liebh.: Philat., Golfspielen, Numismatik.

BATT, Jürgen
Dr. rer. nat., o. Prof. f. Angewandte Mathematik u. Vorst. d. Math. Inst. Univ. München - Bauschneiderstr. 11, 8000 München 60 (T. 089 - 88 89 61) - Geb. 18. Aug. 1933 Gumbinnen/Ostpr. (Vater: Ulrich B., Reg.baudir.; Mutter: Gertrud, geb. Brummund), ev., verh. s. 1966 m. Hannelore, geb. Ulbricht, 2 Töcht. (Christiane, Astrid) - 1953-59 TH Aachen, Promot. 1962, Habil. 1969 (Univ. München) - 1977-79 Dekan Fak. f. Math. Univ. München, 1986-88 Mitgl. Akad. Senat Univ. München - Mithrsg.: Transport Theory and Statistical Physics. Viele Fachveröff.

BATTENBERG, Johannes Friedrich
Dr. jur., apl. Prof. f. Mittelalterl. u. Neuere Gesch. TH Darmstadt, Archivdirektor Staatsarchiv Darmstadt - Berliner Str. 1a, 6120 Erbach im Odenw. - Geb. 3. Juli 1946 Erbach/Odenwald, ev., verh. s. 1971 m. Hannelore, geb. Küthe, 3 Kd. (Charlotte, Susanne, Eike) - 1965-69 Stud. Rechtswiss. Univ. Frankfurt, 1970-73 Refer. m. Ass.-Ex.; Promot. 1973 Frankfurt, Habil. 1984 Darmstadt - 1974-76 Archivausb., Refer. Archivschule Marburg, 1970-74 Wiss. Mitarb. Forschungsprojekt d. DFG; 1977-84 Lehrbeauftr. TH Darmstadt; ab 1982 Archivdir.; ab 1984 Privatdoz. TH Darmstadt u. Mitarb. an Forschungsprojekten Akad. d. Wiss., Mainz, sow. Germania Judaica/Jerusalem (ab 1977), ab 1990 apl. Prof. - BV: Gerichtsschreiberamt u. Kanzlei am Reichshofgericht, 1974; D. Hofgerichtssiegel d. dt. Kaiser u. Könige, 1979; Beiträge z. Höchsten Gerichtsbarkeit im 15. Jh., 1981; D. Gerichtsstandprivilegien, 1983; Pfungstadt - Vom fränk. Mühlendorf z. mod. Stadt, 1985; Reichsacht u. Anleite im Spätmittelalter, 1986; D. Achtbuch d. Könige Sigmund u. Friedrich III., 1986; Judenverordnungen in Hessen-Darmstadt, 1987; D. Europ. Zeitalter d. Juden, 1990; D. Reichskammergericht u. d. Juden d. Heiligen Römischen Reiches, 1992. Herausg.: Jahrbuch Aschkanas Zeitschrift f. Geschichte u. Kultur d. Juden - Liebh.: Klass. Musik (ausüb. Violine u. Bratsche).

BATTENHAUSEN, Ronald
Dipl.-Volksw., Mitglied d. Landtages Hessen (s. 1991), wohnungspolit. Sprecher SPD-Fraktion - Wilhelm-Paul-Str. 28, 6450 Hanau 7 - Geb. 29. Jan. 1945 Birstein/Kr. Gelnhausen, kath., verh. s. 1974 m. Karola, geb. Rieband.

BATTES, Robert
Dr. jur., Prof. f. Bürgerliches Recht, Handels- u. Gesellschaftsrecht sowie Privatrechtsvergleichung - Adenauerallee 24-42, 5300 Bonn (T. 0228 - 73 92 51) - Geb. 13. März 1932 Düsseldorf - Promot. (1966) u. Habil. (1973) Köln - S. 1974 Wiss. Rat u. Prof. Univ. Münster (Bürgerl. Recht, Handelsrecht, Rechtsvergleich.), s. 1981 Lehrstuhl Univ. Bonn. Bücher u. Einzelarb.

BATTIS, Ulrich
Dr. jur., Prof. f. Staats-, Verwaltungsrecht u. Verw.slehre - Rummenohler Str. 91, 5800 Hagen 8 - Geb. 16. Mai 1944 Bergzabern, kath., verh. s. 1970 m. Karin, geb. Lappe, 3 Kd. - Promot. 1969 Münster; Habil. 1974 Berlin (FU) - S. 1976 Univ. Hamburg, 1979 Fernuniv. Hagen - BV: u. a. Partizipation im Städtebaurecht, 1976.

BATZ, Michael
Autor, Regisseur, Theaterleit. - Suttnerstr. 36, 2000 Hamburg 50 - Geb. 25. Aug. 1951 Hannover - Stud. German., Gesch., Phil.; 1. u. 2. Staatsex. (1976 Marburg/Lahn, 1979 Hamburg) - BV: Theater zwischen Tür u. Angel, 1983; Gesch. zwischen Tür u. Angel, 1984; Theater Grenzenlos, 1985; V. Herzen m. Schmerzen, 1987; Klartexte, 1988; zahlr. Hörsp. u. Stücke, Insz., Großprojekte, Kunstaktionen, Intern. Festivals, Festivalorg.

BATZEL, Siegfried
Dr.-Ing., Vorstandsmitglied Ruhrkohle AG, Essen (s. 1974) - Paschenbergstr. 43, 4353 Herten/W. (T. 3 61 80) - Geb. 22. Juli 1922 Kaster/Rhld. - U. a. Vorst. Hamborner Bergbau AG, Friedrich Thyssen Bergbau AG, Bergbau AG Oberhausen u. Bergbau AG Niederrhein - Spr.: Engl. - Rotarier.

BATZER, Hans
Dr. rer. nat., Dr. h. c., Prof., Chemiker - Rainweg 7, CH-4144 Arlesheim/Baselland (Schweiz) (T. 061 - 72 18 20) - Geb. 16. Dez. 1919 Offenburg/Baden (Vater: Ernst B., Gymnasialprof.; Mutter: Albertine, geb. Weiner), kath., verh. s. 1947 m. Hedwig, geb. Spek, 3 Kd. (Dorothee, Hans Rudolf, Martin Christoph) - Promot. (1946) u. Habil. (1950) Freiburg/Br. - Mitarb. Prof. Dr. Dr. h. c. Hermann Staudingers; 1950-57 Lehrtätigk. Univ. Freiburg (Doz.) u. TH Stuttgart (1953; 1956 apl. Prof.), s. 1969 Honorarprof. Univ.- Konstanz; s. 1957 CIBA-Geigy AG, Basel (gegenw. Dir., Mitgl. d. Geschäftsltg. u. stv. Divisionsleit. d. Division Kunststoffe u. Additive). (Arbeitsgebiet: Makromolekulare u. organ. Chemie - BV: Einf. in d. makromolekulare Chemie, 1957 (russ. 1960), 2. A. 1975 (engl. 1979). Hrsg.: Methodicum Chimicum, 1973; Polymere Werkstoffe Bd. I-III, Bd. II 1983, Bd. I 1984 u. Bd. III 1985. Mithrsg.: Gr. Moleküle, 1970 (Suhrkamp-Wissen); D. Angew. Makromolekulare Chemie - 1981 Hermann-Staudinger-Preis; 1982 Ehrenmitgl. Schweiz. Chemiker-Verb.; 1983 Dr. ès sciences honoris causa ETH - Liebh.: Malerei, Musik - Spr.: Engl., Franz.

BAUCH, Hansjoachim
Dr. rer. pol., Dipl.-Kfm. - Dubrowstr. 14, 1000 Berlin 37 (T. 030 - 801 83 61), u. Sonnenmoosstr. 24a, 8183 Rottach-Egern (T. 08022 - 2 41 13) - Geb. 4. Dez. 1931 Berlin (Vater: Erich B., Unternehmer; Mutter: Susanne, geb. Haußmann), ev., verh. s. 1967 m. Helga, geb. Tobias, Tocht. Alexandra - Askan. Gymn. Berlin-Tempelhof (Abit. 1950); Stud. d. Betriebswirtsch. FU Berlin; Dipl.ex. 1956; Promot. 1963 (Prof. E. Kosiol) - 1960-67 Wirtschaftsprüfungsassist. Dt. Revisions- u. Treuhand-AG, Hamburg, 1968 Fa. Karl Tobias GmbH & Co. KG (1971-83 Gf.); 1971-76 AR-Mitgl. d. Urlaubskasse d. Berliner Baugewerbes GmbH. 1971-78 Ehrenamtl. Richter Arbeitsgericht Berlin u. 1978-86 Landesarbeitsgericht Berlin. 1971-83 Mitgl. Kassenprüfungskommiss., 1972-83 betriebswirtschaftl. Aussch., 1972-83 Delegierter zur Generalversamml. u. 1975-83 Vors. Gemeinsch. Junger Unternehmer, alle Fachgemeinschaft Bau Berlin; 1976-84 Vorst.-Mitgl. Sozialkasse d. Berliner Baugewerbes; 1977-84 Mitgl. Rechnungsprüfungskommiss. Hauptverb. d. Deutschen Bauindustrie Wiesbaden; 1980-84 Mitgl. Steueraussch. d. IHK Berlin; s. 1981 VR-Vors. Wohnungseigentümergemeinsch. Rottach-Egern; s. 1984 Geschäftsf. Dr. Hansjoachim Bauch Vermögensverw. Berlin; s. 1980 Mitgl. Verein Berl. Kaufleute u. Industrieller; s. 1990 Mitgl. Verein d. Freunde d. Aspen Inst. Berlin - BV: Öfftl. Beziehungspflege in Industrieunternehmungen, Versuch e. Grundlegung u. krit. Würdigung in primär betriebswirtschaftl. Sicht, Diss. 1963 - Liebh.: Fliegen (1964 priv. Luftfahrerschein; 1965 eingeschr. Sprechfunkzeugn.), Naive Malerei, Segeln, Skilanglauf - Spr.: Engl., Franz., Span. - Bek. Vorf.: Friedrich Paul Haußmann, 1868-1944 Kunstmaler Staatl. Porzellanmanufaktur Meissen (Großv. ms.).

BAUCH, Jost
Dr. soz. wiss., Referent Bundeszahnärztekammer, Abt. f. Gesundheitspolitik, Lehrbeauftr. f. Medizinsoziol. u. Gesundheitserziehung Univ. Köln - Herderstr. 3, 5350 Euskirchen (T. 02251 - 7 13 00) - Geb. 1. Mai 1949 Osnabrück, ev., verh. s. 1978 m. Pamela Chausse-Bauch, T. Katja - Dipl.-Soziol. 1976 Bielefeld; Promot. 1980 ebd. - Ref. f. Gesundheitspolitik d. Bundeszahnärztekammer - BV: Motiv u. Zweck, Stud. z. Verhältnis v. Individuum u. Ges., 1980; Handb. f. zahnärztl. Öffentlichkeitsarb., 1981; Probl. d. Finalisierung d. Med., 1985 - Liebh.: Sozialphil., Gesch., Modelleisenbahn - Spr.: Engl., Latein.

BAUDACH, Heinz
Töpfermeister, Vors. Zentralverb. d. dt. Kachelofen-, Luftheizungsbauer- u. Fliesenlegerhandwerks, Hannover, Oberm. Kachelofen-Luftheizungsbauer-Innung, Berlin - Pflügerstr. 14, 1000 Berlin 44 (T. 623 30 23) - Geb. 13. Juni 1907 - BVK.

BAUDER, Uwe Helmut
Dr.-Ing., Prof. f. Elektrotechnik TU München (s. 1978) - Springerstr. 4, 8000 München 71 (T. 791 36 88) - Geb. 19. Dez. 1931 Stuttgart (Vater: Reinhold B., Prof.; Mutter: Else, geb. Kiderlen), ev., verh. s. 1959 m. Maria, geb. Ahlbach, S. Ralph - Bacalaureal Toulon/Frankr. 1951, Dipl.-Ing. Physik TH München 1957, Promot. 1963, Habil. 1974 - 1962 Assist. TH München, 1966 Aerospace Research Labs., GS 14, Dayton/Ohio, 1974 Associate Prof. Atlanta/USA, 1978 ao. Prof. TU München - Entd.: Hoch-

druckplasmen, Vakuumlichtbogen - BV: Ca. 50 wiss. Veröff. - Liebh.: Musik, Ski, Segeln, Fliegen - Spr.: Engl., Franz. - Bek. Vorf.: Kiderlen-Wächter (Großonkel).

BAUDISSIN, Graf, Wolf

Generalleutnant a. D., Prof. Univ. Hamburg, Wiss. Direktor a.D. Inst. f. Friedensforschung u. Sicherheitspolitik Univ. Hamburg (1971-84), Lehrbeauftr. f. Europ. Sicherheitspolitik ebd. (s. 1968) u. an d. BW-Univ. Hamburg (b. 1987) - Hemmingstedter Weg 51, 2000 Hamburg 52 (T. 82 52 82) - Geb. 8. Mai 1907 Trier (Vater: Theodor Graf B., Reg.s-präs.; Mutter: Lily, geb. v. Borcke), ev., verh. s. 1947 m. Dagmar, geb. Burggräfin zu Dohna-Schlodien (Bildhauerin) - Gymn. Neustadt/Wpr., Kolberg, Marienwerder; Univ. Berlin (1925-26 Rechtswiss.), TH München (1927-30 Landw.) - Ab 1930 Berufssoldat, zul. Major u. Ic Stab Generalfeldmarschall Rommel, 1941-47 engl. Kriegsgefangensch., danach Kunsttöpferei, ab 1951 Ref. Dienstst. Blank, 1955-58 Leit. Unterabteilung Innere Führung Bundesverteidigungsministerium (1955 Oberst), anschließend Truppendienst Bundeswehr (zuletzt Brigadegeneral Panzer-Grenadierbrigade 4 Göttingen), 1961-63 stellvertr. Chef Generalstab Europa-Mitte NATO-Hauptquartier Fontainebleau, 1963-65 Kdr. NATO Defense College Paris, 1965-67 stv. Chef Stab f. Planung u. Grundsatzfragen SHAPE Paris u. Mons (Generallt.). BV: Soldat f. d. Frieden - Entwürfe f. e. zeitgemäße Bundeswehr, 1969; Nie wieder Sieg! - Programmat. Schriften 1951-81, 1982 - 1967 r. BVK m. Stern u. Schulterbd.; 1965 Frhr.-v.-Stein-, 1966 Theodor-Heuss-Preis; 1973 Mitgl. PEN-Zentrum BRD; 1985 Heinz-Herbert-Karry-Preis - Liebh.: Bild. Kunst - Spr.: Engl., Franz. - Rotarier - Bek. Vorf.: Wolf Graf B. (1) Schwed. Feldmarschall 30j. Krieg, 2) Shakespeare-Übersetzer) - Prägte d. Begriff v. Staatsbürger in Uniform.

BAUDLER, Georg

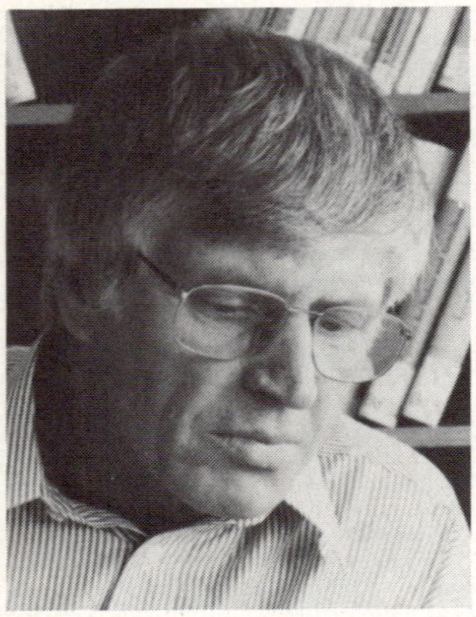

Dr. phil., o. Prof. f. Religionspädagogik u. praktische Theologie RWTH Aachen (s. 1980, vorher PH Rhld. s. 1971) - Josef-Büchel-Str. 31, 5100 Aachen - Geb. 18. Juli 1936 Eggenfelden - Promot. 1969 bei Karl Rahner. Bücher u. Einzelarb. bes. auf d. Gebiet d. Religionspäd., d. Narrativen Theologie u. d. Theologie d. Religionen (zul. Korrelationsdidaktik: Leben durch Glauben erschließen, 1984; Jesus im Spiegel s. Gleichnisse, 1986, 2. erw. A. 1988; Kindern heute GOTT erschließen; Gott im Gekreuzigten sehen. Dia-Serie m. Bildern R. P. Litzenburgers, 1988; Erlösung v. Stiergott. Christl. Gotteserfahrung im Dialog mit Mythen u. Religionen, 1989; Gott u. Frau. D. Geschichte v. Religion, Sexualität u. Gewalt, 1991.

BAUDLER, Marianne

Dr. rer. nat., em. o. Prof. f. Anorgan. Chemie - Friedrich-Schmidt-Str. 14, 5000 Köln 41 (T. 40 14 45) - Geb. 27. April 1921 Stettin (Vater: Fritz B., Fabrikbes.; Mutter: Clara, geb. Siermann) - Stud. Chemie TH Dresden u. Univ. Göttingen. Dipl.-Chem. 1943 Dresden; Promot. 1946 Göttingen; Habil. 1959 Köln - S. 1959 Lehrtätigk. Univ. Köln (1963 ao., 1968 o. Prof.; Dir. Inst. f. Anorgan. Chemie). Üb. 260 Veröff. üb. Nichtmetallchemie u. spektroskop. Methoden d. Strukturunters. - 1982 Mitgl. Dt. Akad. d. Naturforscher (Leopoldina), Halle/S.; 1986 Alfred-Stock-Gedächtnispreis d. Ges. Dt. Chemiker; 1991 Korr. Mitgl. d. Mathem.-physikal. Klasse d. Akad. d. Wiss. Göttingen.

BAUDLER, Paul G.

Hauptgeschäftsführer i.R. Amerik. Handelskammer in Deutschl. (1953-81) - Haydnstr. 20, 4005 Meerbusch 1 (T. 02159 - 8 04 09) - Geb. 2. Juni 1917 Caldwell, Texas/USA (Vater: Marcus B., Pfarrer; Mutter: Auguste, geb. Marek), luth., verh. s. 1976 m. Barbara, geb. Stolle, 3 Kd. (a. 1. Ehe) - Wartburg College, Clinton u. Concordia College, Moorhead; 1936-38 kfm. Ausbild. - 1938-39 Außenhandel; 1945-46 Geschäftsf. Fränk.-Thür. Handelskontor; 1947-48 Abt.sleit. Ev. Hilfswerk; 1948-49 Gf. CRALOG; 1949-53 Gf. Berliner Zentralaussch. f. d. Verteil. v. Liebesgaben; s. 1953 Gf. u. Hgf. (1965) American Chamber of Commerce in Germany; ehrenamtl. Vorst.-Mitgl. INEA (s. 1963); Advisor & Coordinator, USO Germany - BV: Directory of American Buseness in Germany, 1963 - 1978 Verdienstkr. 1. Kl. d. VO. d. Bundesrep. Dtschl. - Liebh.: Dt. Geschichte u. Antiquitäten - Spr.: Engl., Deutsch.

BAUER, Adolf

Redakteur ehrenamtl. Generalsekretär Verband Deutscher Sportjournalisten (VDS) - Wilhelmspl. 4, 8600 Bamberg (T. 0951 - 2 67 28) - Geb. 24. Okt. 1924 Bamberg.

BAUER, Alexander W.

Kulturpublizist, Schriftsteller, Kritiker, Fotograf - Wörpedahler Str. 22, 2862 Worpswede - Geb. 24. Mai 1921 Bremen - Oberrealsch., Privatstud. (Lit.-Gesch., Psychol. u. a.); Zeitungsvolont. - S. 1948 Journalist (1963 f. ltd. Kulturred., 1979 f. Featurered., 1981-84 Überseedst., verantwortl., dpa-Zentrale Hamburg); 1964-70 Präs./Vizepräs. Europ. Autorenvereinig. Die Kogge; s. 1979 Träger Gold. Kogge-Ring d. Stadt Minden - BV: Ged., Kurzprosa, Ess., Lit.kritik, Autorenporträts u. -interviews. U. a.: Eros u. Maske, 1960; Nachts im Hotel, 1963; Straßen d. Unrast, 1971; Metropolis, 1977; Mithrsg.: D. unbrauchbar gewordene Krieg, 1967; Ehebruch u. Nächstenliebe, 1969; Lit.-Kal. Spektrum d. Geistes, 1971; PEN-Almanach, 1971; Schaden spenden, 1972; Geständnisse, 1972; D. schwarze Kammer, 1972; Dimension, 1974; Prosa heute, 1975; Wer ist mein Nächster?, 1977; Böll- u. Jens-Interview in Studi Tedeschi Napoli, 1977 u. 1979; Lit.-Kal. Spektrum d. Geistes, 1983 - Mitgl. Dt. Journalistenverb. (DJV), Int. PEN-Club (s. 1969) u. Verb. Dt. Schriftsteller (s. 1962) - Liebh.: Jazz, Graphologie, Film - Spr.: Engl.

BAUER, Arnold

Journalist u. Schriftst. - Westendallee 95b, 1000 Berlin 19 - Geb. 16. Nov. 1910 - Div. Ess., u. a. üb. Thomas Mann, Stefan Zweig, Käthe Kollwitz, Rainer Maria Rilke, Carl Zuckmayer - 1979 BVK.

BAUER, Carl-Otto

Dr.-Ing. E. h., Dipl.-Ing., Geschäftsführer Walter Prein Gerätebau GmbH, Essen - Solinger Str. 22, 5600 Wuppertal 12 (T. 47 28 95) - Geb. 11. Aug. 1929 Wuppertal (Vater: Carl-Wilhelm B.; Mutter: Elsbeth, geb. Ebbinghaus), verh. s. 1956 m. Waltraud, geb. Pfannmüller, 4 Kd. (Kristin, Ute, Carl-Ulrich, Hella) - Math.-Naturwiss. Gymn. (Abit.); Stud. TH Karlsruhe, Hannover, Manhattan-Coll.; Dipl-Ing. Hannover - 1970-76 u. 1980-82 Mitgl. Präsid. Dt. Inst. f. Normung (DIN); 1972-78 Vizepräs. u. 1978-82 Präs. Arbeitsgem. Industr. Forsch.-vereinig. (AIF). 1968-82 Vizepräs. IHK Wuppertal. 1968-85 Vorst.-Mitgl. Techn. Akad. Wuppertal - BV: Korrosionsgeschützte Verbindungselemente, 1963; Sichere Schraubenverbindungen aus nichtrostenden Stählen, 1986; Qualitätssicherung in Entw. u. Konstruktion, 1987; Handb. d. Verbindungstechnik, 1991 - 1982 Ehrendoktor TU Clausthal - Spr.: Engl., Franz.

BAUER, Dietrich

Dr. agr., Ltd. Regierungsdirektor, Leit. Bayer. Landesanstalt f. Betriebsw. u. Agrarstruktur, München, Honorarprof. f. Landw. Beratungs- u. Informationswesen TU ebd. (1975ff.) - Vorherstr. 27, 8000 München 50 - Geb. 11. Juni 1927 Grünberg/Schles. - BV: Landw. Betriebslehre, 5. A. 1968-91 (chines. 1972) - 1987 BVK am Bde.

BAUER, Eckhart

Dr., Prof., Hochschullehrer - Presseweg 2, 3307 Eilum (T. 05332 - 49 12 u. 030 - 883 68 35) - Geb. 27. Aug. 1942 Heide/H. (Vater: Richard B. (Stud.-Rat); Mutter: Helene, geb. Foellner), verh. s. 1979 m. Verna, geb. Lorenz - Stud. Soziol., Volksw., Betriebsw., Psychol. FU Berlin, Dipl. 1969. Promot. Dr. rer. pol. 1975 - 1969-72 Lehrauftr. HDK Berlin, HBK Braunschweig (Prof. f. Soziol.); s. 1976 Geschäftsf. Fa. Apfel (Arbeitsgem. Planungsforsch. in Entwicklungsländern, Berlin) - Versch. Veröffentl. z. Stadtsoziol., Regionalsoziol., Populär-Kultur, Ausstellung z. Disney-Kultur, Forsch. z. Kunst in Entw.ländern, mod. Kulturgesch. - Liebh.: Karikatur, Elektron. Musik - Spr.: Engl., Franz., Schwed.

BAUER, Erika

Dipl.-Kfm., Gf. Inhaberin St. Etienne Parfümerie Vertrieb, Cosmetic Prod. u. Paracelsus Parfümerie-Cosmetic - Hauptstr. 5, 8351 Schaufling (T. 09904-235) - Geb. 16. April 1944, ledig - Mittlere Reife, Wirtschaftsabit.; Sprachstud. Genf, Kosmetikfachsch. Paris (Dipl.) - 1973 Gründ. St. Etienne Parfümerie Vertrieb Cosmetic Prod., 1978 Gründ. Medicos u. Paracelsus Parfümerie Cosmetic; Inh. Warenz. Dalton, original Spanisch Leder, Cap Alpin, Paracelsus, cosmetique fleur - Liebh.: Kräuter-, Obst- u. Gemüseanbau - Spr.: Engl., Franz.

BAUER, Ernst

Dr. rer. nat., Dipl.-Chem., Biochemiker, Geschäftsf. Fa. Studt (s. 1969), u. Fa. Tepa (s. 1982) - Elbinger Str. 18, 6550 Bad Kreuznach (T. 6 16 58) - Geb. 4. Mai 1926 Bad Kreuznach (Vater: Klaus B., Lehrer; Mutter: Martha, geb. Worbs), kath., verh. s. 1963 m. Dr. phil. Hilde, geb. Spiesmacher, 3 Kd. (Heidi, Stefanie, Michael) - Stud. Chemie, Volksw. Univ. Mainz - 1956-66 Chem. BASF, 1966-69 Ressortleit. Anwendg.-techn. Fa. Dr. Kurt Herberts, W'tal Entwicklung spez. Verpackungsverfahren - Liebh.: Verhaltensforschg., Basketball (dt. Hochschulmeister) - Spr.: Engl., Franz.

BAUER, Ernst G.

Dr. rer. nat., o. Prof. f. Physik u. Inst.-dir. TU Clausthal (s. 1970) - Am Ehrenhain 12, 3392 Clausthal-Zellerfeld - Geb. 27. Febr. 1928 Schönberg - Promot. 1955 München - BV: Elektronenbeugung, 1958. Üb. 200 Einzelarb. - 1988 Gaede Preis (f. Erfindung d. Leem); s. 1989 Mitgl. d. Akad. d. Wiss. Göttingen; 1992 Fellow American Physical Society.

BAUER, Ernst Waldemar

Dr. rer. nat., Prof., Naturwissenschaftler, Fernsehjournalist, MdL Baden-Württ. (1984-88) - Friedrich-List-Str. 16, 7302 Ostfildern-Nellingen (T. 0711 - 34 33 72) - Geb. 28. Febr. 1926 Tübingen (Vater: Reinhold B., Oberlehrer; Mutter: Luise, geb. Kächele), ev., verh. s. 1950 m. Isolde, geb. Mühlich, 2 Töcht. (Udda, Elke) - 1946-51 Univ. Tübingen (Promot.) - 1964-88 Dir. Sem. f. Studienrefer. Eßlingen. S. 1988 Fernsehpublizist. Arbeitsgeb.: Biol., Geol. - BV: u. a.: Höhlen, Welt ohne Sonne, 1971. Herausg.: Mensch u. Natur, Bild d. Natur (1976). Herausg. u. Autor: Humanbiologie (1986); Tafelzeichnen, Die Zelle (1976); Biologiekolleg (1981); Unser Land Baden-Württ. (1986); D. gr. Buch d. Schwäb. Alb (1988); Wunder d. Erde (1989). Chefredakt. Naturwissensch. Monatsschr. (1960-68). Fernsehdokumentationen: Telekolleg, Klass. Genetik, Album d. Natur, Teletechnikum, Experiment, Höhlen. Moderator u. Produzent d. FS-Serie Wunder d. Erde (ARD) - 1968 Adolf-Grimme-Preis (Telekolleg); 1972 Dt. Jugendbuchpreis (Höhlen); 1977 Franz. Preis f. Spelaeolog. Film; Vizepräs. dt. Akad. f. Umweltfragen - Spr.: Engl., Franz. - Rotarier.

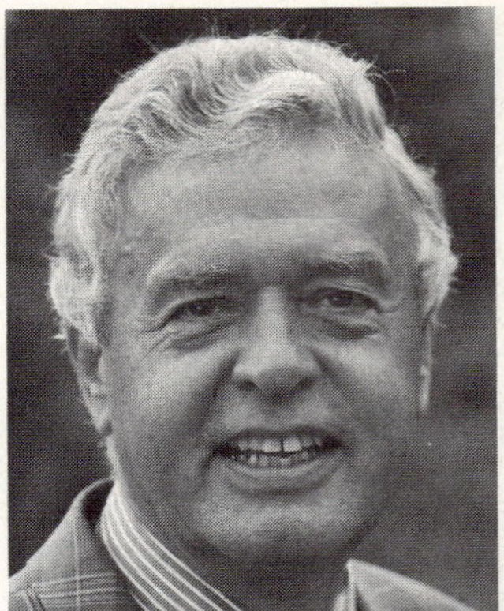

BAUER, Franz Xaver

Landrat Landkreis Erding/Obb. (s. 1987) - Zu erreichen üb. Landratsamt Erding, Alois-Schießl-Pl. 2, 8058 Erding (T. 08122 - 5 81 02) - Geb. 2. Aug. 1939 Erding, kath., verh., 6 S. - Abit.; Stud. Päd. - Zul. Rektor Hauptschule Erding.

BAUER, Friedrich L.

Dr. rer. nat., Dr. ès sc. h. c., Dr. rer. nat. h. c., em. o. Prof. f. Mathematik u. Informatik - Villenstr. 19, 8081 Kottgeisering/Obb. (T. 08144 -2 52) - Geb. 10. Juni 1924 Regensburg (Vater: Ludwig B., Bücherrevisor; Mutter: Elisabeth, geb. Scheuermayer), kath., verh. I) 1949 m. Irene, geb. Laimer (†1973), II) 1974 m. Dr. Hildegard Vogg (Math.), 5 Kd. (Gertrud, Martin, Margret, Ulrich, Bernhard) - Ludwigs-Oberrealsch. u. Univ. München (Promot. 1952) - 1954 Privatdoz. TH München; 1958 ao. Prof. u. Dir. Inst. f. Angew. Mathematik Univ. Mainz; 1963 ordentl. Prof. u. Mitdir. Inst. f. Informatik TH München. Erf.: Bauer-Code (störgesicherter Fernschreibcode), Keller-Prinzip d. Programmierung - BV: Moderne Rechenanlagen (m. Heinhold, Samelson, Sauer), 1965; Informatik (m. Goos), 1971/72; Algorithm. Sprache u. Programmentw. (m. Wössner), 1981; Elementare Aussagenlogik (m. Wirsing), 1991 - 1968 o. Mitgl. Bayer. Akad. d. Wiss.; 1984 o. Mitgl. Akad. Leopoldina; Ehrenmitgl. Ges. f. Informatik; 1971 Bayer. VO.; 1978 Wilhelm-Exner-Med.; 1982 BVK I. Kl.; 1986 Bayer. Maximiliansorden; 1988 Gold. Ehrenring d. Dt. Museums; 1989 Computer Pioneer Award d. IEEE - Spr.: Engl., Franz.

BAUER, Friedrich-Wilhelm

Dr. phil. nat., Prof., Mathematiker - Kurhessenstr. 65, 6000 Frankfurt/M. (T. 52 46 53) - Geb. 20. Juni 1932 - S. 1959 (Habil.) Privatdoz., apl. Prof. (1965), Berufg. an d. Univ. Bremen (1971), Prof. an d. Univ. Frankfurt (1973); s. 1965 Stadtverordn. in Frankf. (CDU) - BV: Homotopietheorie (Lehrb.). Üb. 50 Fachveröff.; Publ. üb. Mathem. in d. UdSSR.

BAUER, Fritz

Vorsitzender Hamburger Sport-Bund -

Schäferkampsallee 1, 2000 Hamburg 6 (T. 412 12 13).

BAUER, Georg

I. Bürgermeister - Rathaus, 8314 Gangkofen/Ndb. - Geb. 4. Nov. 1921 Gangkofen - Zul. Oberamtsrat.

BAUER, Gerhard

Dr. phil., M. A., o. Prof. f. Dt. Philologie (Neuere dt. Literatur m. bes. Berücks. d. Lit.soziol.) - Goethestr. 30, 1000 Berlin 45 - Geb. 18. Sept. 1935 Diez/L., ev., verh. s. 1964 m. Sibylle, geb. Lohmann, 2 Kd. (Cordula, Lukas) - Promot. 1962 - S. 1969 (Habil.) Lehrtätigk. TH Darmstadt u. FU Berlin (1971 Prof.) - BV: u. a. Dialog 1969, O. M. Graf, 1987; Lessings Emilia, 1987; Sprachlosigkeit im 3. Reich, 1988. Üb. 50 Einzelarb. - 1962 Akademiepreis Göttingen.

BAUER, Gerhard

s. Ruhenstroth-Bauer, Gerhard

BAUER, Gerhard

Dr. phil., o. Prof. f. German. Sprachwissenschaft u. Ältere dt. Lit. Univ. Mannheim (s. 1970) - Pommernstr. 43, 6800 Mannheim-Vogelstang - Geb. 19. Febr. 1929 Saarbrücken - Promot. 1955; Habil. 1970 - Bücher u. Aufs.

BAUER, Gottfried

Kaufmann, Geschäftsf. Malzfabrik Schweinfurt GmbH, Schweinfurt u. Malzfabrik Königshofen GmbH, Bad Königshofen, Präs. Dt. Mälzerbund Bonn, (s. 1984) - Hafenstr. 46, 8720 Schweinfurt/Ufr. - Geb. 14. Juni 1928 Schweinfurt.

BAUER, Hans

I. Bürgermeister - Rathaus, 8300 Ergolding/Ndb. - Geb. 6. März 1946 Ergolding - Zul. Verwaltungsamtmann. CSU.

BAUER, Hans H.

Dr. med., o. Prof. f. Phoniatrie u. Pädaudiologie, HNO-Arzt - Neisemeyer-Weg 2a, 4400 Münster/W. (T. 02501 - 1 68 27) - Geb. 6. April 1926 Ludwigshafen/Rh., ev., verh. s. 1960 m. Gisela, geb. Konerding, 2 Kd. - Promot. (1951) u. Habil. (1963) Heidelberg - S. 1958 Lehrtätigk. Univ. Heidelberg, Leit. d. Abt. f. Stimm- u. Sprachstörungen, 1967 Abt.-Vorts. u. Prof., 1975 o. Prof. (1. Lehrst. f. Phoniatrie u. Pädaudiologie), b. 1991 Dir. d. Poliklinik f. Phoniatrie u. Pädaudiologie in Münster - Fachveröff. (Endokrinol. u. Stimme, klanganalyt. Unters. d. Näselns, Frühdiagnostik hörgeschäd. Kinder, auditive Wahrnehmungsstörungen) - 1981 Präs., 1987 Ehrenpräs. Dt. Ges. f. Sprach- u. Stimmheilkd.; Ehrenmitgl. Österr. Ge. f. Logopädie, Phoniatrie u. Pädaudiologie.

BAUER, Hans-Peter

Vorstandsvorsitzender SUSPA COMPART AG, Altdorf - Ziegelhütte 9, 8503 Altdorf (T. 09187 - 27 23) - Geb. 20. Dez. 1937 Stuttgart, verh. s. 1972 m. Mechthildis, geb. Gschwind, 2 Kd. (Florian, Fiona) - Stud. Betriebswirtsch. Nürnberg - Spr.: Engl., Franz.

BAUER, Heinrich

Dr. phil., em. o. Prof. f. Soziologie u. Sozialpäd. Univ. Köln, Erziehungswiss. Fak. - Landfriedstr. 7, 6900 Heidelberg - Geb. 30. Nov. 1913 Emmerich - Stud. Staatswiss., Soziol., Sinol. u. Indol. Univ. Heidelberg; Sem. f. Oriental. Spr. Berlin (Dipl.-Dolmetscher f. Chines.) u. Volkswirtsch. Univ. Berlin. Promot. 1937 - U. a. Ostasien-Ref. IG Farbenind., Berlin, u. Redakt. Frankfurter Hefte, dann Leit. Inst. Zweiter Bildungsweg (bde. Staatsex. f. höh. Schuldst.); 1958 Doz., dann o. Prof. PH Rhld. (1969/70 Rektor) - BV: Geschlechtserzieh. u. Ges., 1973; Untersuchungen d. Altenbevölkerung e. Landkr., 1976; Modell e. kommun. Altenhilfe, in: J. Hohmeier/H.-J. Pohl: Alter als Stigma, 1978. Fachveröff.

BAUER, Heinz

Dr. phil. nat. (habil.), o. Prof. u. Vorstand Mathemat. Inst. Univ. Erlangen-Nürnberg (s. 1965) - Eschenweg 17, 8520 Erlangen T. 6 48 52) - Geb. 31. Jan. 1928 Nürnberg, verh. s. 1957 m. Irene, geb. Pöllet - Univ. Erlangen u. Nancy - 1956-1965 Privatdoz. u. Ord. (1961) Univ. Hamburg. Gastprof. Univ. of Washington Seattle/USA (1961/62), Sorbonne Paris (1964), California Inst. of Technology Pasadena (1967), New Mexico State Univ. Las Cruces/USA (1968), Univ. Aarhus (1972), Univ. Paris VI (1979) - BV: Wahrscheinlichkeitstheorie, 4. A. 1968/91 (Übersetz. i. Engl., 2. Aufl. 1981); Harmon. Räume u. ihre Potentialtheorie, 1966; Mehrdimensionale Integration, 1976 (m. G. Anger); Maß- u. Integrationstheorie, 1990, 2, A. 1992. Mithrsg.: Math. Annalen, Expositiones Math., De Gruyter Studies in Math., Aequationes Math. Viele Einzelarb. - 1975 o. Mitgl. Bay. Akad. d. Wiss.; 1980 ausl. Mitgl. Finn. Akad. d. Wiss.; 1980 Chauvenet-Preis Math. Assoc. of America; 1980-86 Mitgl. Senat Dt. Forsch.gemeinschaft, 1981 ausl. Mitgl. Österr. Akad. d. Wiss., 1982 ausl. Mitgl. Königl. Dänische Akad. d. Wiss., 1986 Mitgl. Dt. Akad. d. Naturforscher Leopoldina; 1987 Friedensmed. Karls-Univ. Prag; 1991 Mitgl. Senat Dt. Akad. d. Naturforscher Leopoldina.

BAUER, Heinz

Dr. med., Prof. u. Direktor Inst. f. Virologie Univ. Gießen (s. 1974), Präs. Justus-Liebig-Univ. Gießen (s. 1987) - Kirchberg 2, 6304 Lollar (T. 06406 - 22 10) - Geb. 26. Dez. 1933 Saarwellingen, verh. s. 1960, 2 Kd. - Stud. d. Med. Homburg/Saar u. Freiburg/Br. - 1963-71 Max-Planck-Inst. f. Virusforsch.; 1971-74 Ltd. Dir. u. Prof. Robert-Koch-Inst. Berlin. Aufklärung d. Struktur von RNA-Tumorviren, Nachweis u. Charakterisierung v. Tumorzell-spezifischen Membranantigenen. Beiträge z. molekularen Mechanismus d. Krebsentstehung. Üb. 150 Veröffentl. i. vorwieg. internat. wiss. Zeitschr. - 1972 W.-Warner-Preis; 1976 Dr. Salzer-Preis (bde. f. Krebsforschung) - Liebh.: Klavierspiel - Spr.: Engl., Franz.

BAUER, Heinz

Verleger - Komplementär Heinrich Bauer Verlag, Heinrich Bauer Spezialzeitschriften Verlag, Bauer Druck KG. - Geb. 28. Okt. 1939, verh. - Liebh.: Fliegen.

BAUER, Helmut F.

Dr. rer. nat., Prof., Leiter Inst. f. Raumfahrttechnik/Univ. d. Bundeswehr, München (1976ff.) - Bergstr. 5, 8201 Hohenthann/Obb. - Geb. 21. Sept. 1926 Worms/Rh. - Univ. Mainz u. TH Darmstadt (Math.; Dipl. 1954, Promot. 1962) - U. a. 1956-63 Army Ballistic Missile Agency u. NASA Huntsville (USA). Assist. u. Assoc. Prof. Univ. Alabama, 1963-74 Full Prof. u. Regentsprof. Georgia Inst. of Technol. - Mitarb.: Dynamic Behavior of Liquids in Moving Containers (Abramson, 1966). Üb. 230 Einzelveröff. - Arbeitsgeb.: Flüssigkeitsschwingungen, lineare u. nichtlineare Schwingungen, Biomechanik, Wärme- u. Stofftransport, Strömungslehre, Marangonikonvektion unt. Mikrogravitation, Hydroelastizität - U. a. Sigma Xi Award (1966 u. 69) u. Alexander-v.-Humboldt-Preis (1973) - Liebh.: Musik, Phil., Lit. - Spr.: Engl.

BAUER, Helmut Johannes

Dr. med. (habil.), o. Prof. u. Direktor Neurolog. Univ.sklinik Göttingen (s. 1963) - Georg-Dehio-Weg 12, 3400 Göttingen - Geb. 31. März 1914 Klingenberg - 1955-63 Privatdoz. u. apl. Prof. (1961) Univ. Hamburg (zul. Oberarzt Neurol. Klinik). Zahlr. Facharb. - 1956 Martini-Preis.

BAUER, Hermann

Dr.-Ing., o. Prof. f. Baubetrieb u. -maschinen Univ. Dortmund (s. 1973) - Ostenallee 72, 4700 Hamm 1 (T. 2 92 43) - Geb. 28. Okt. 1928 Ansbach - 1966-73 o. Prof. u. Dir. Inst. f. Baubetrieb u. -maschinen TU Berlin.

BAUER, Hermann

Dr. phil., o. Prof. f. Kunstgeschichte Univ. München - Universität, 8000 München - Geb. 12. Dez. 1929 - B. 1969 Doz. Univ. München, dann Ord. Univ. Salzburg, jetzt Ord. Univ. München - BV: Rocaille; D. Himmel im Rokoko; Kunst u. Utopie; Kunsthistorik; Rokokomalerei; Corpus d. Barocken Deckenmalerei; D. gr. Enzyklopädie d. Malerei; Holländ. Malerei d. 17. Jh.; Niederl. Malerei d. 17. Jh.; Rokokomalerei, D. Brüder Zimmermann; Klöster in Bayern; Kunst in Bayern.

BAUER, Horst

Dr. iur. utr., Zeitungsverleger, Präs. IHK Hanau-Gelnhausen-Schlüchtern (1982ff.) - Hammerstr. 9, 6450 Hanau 1 (T. 29 03-0) - Geb. 27. März 1923 Berlin/Pankow (Vater: Wilhelm B., Vorst. Focke-Wulf AG; Mutter: Urte, geb. Scholinus), ev., verh. s. 1951 m. Ilse, geb. Nack, 2 Kd. (Thomas, Karin) - 1942-50 Stud. Rechtswiss. (Staatsex.) - 1942-47 Wehrdst. (Nachr.-Aufkl.) u. Gefangensch.; 1951-68 Volont. u. Druckereileit.; s. 1968 Herausg. Hanauer Anzeiger. Div. Ehrenämter, dar. 1958-86 Vors. Vertreterversammlung AOK Main-Kinzig; 1976 Vorst. Gesamtverb. Arbeitgeb. Osthessen; 1976 Vors. Stiftungsrat Stiftg. Freiheit d. Presse; 1975-89 stv. Vors. Verb. Hess. Ztg.verl.; 1969-84 Mitgl. u. Vors. d. AR Standortpresse, Bonn; 1977-90 Bildungswerk Hess. Wirtsch.; 1977 Handelsrichter; 1982-89 AR-Vors. Wirtsch. Genoss. d. Presse; 1988-90 Vorst. Dt. Ind.- u. Handelstag (DIHT); 1985 Kurator Sportstiftg. Main-Kinzig - 1965 Gold. Sportabz.; 1975 BVK I. Kl., 1983 Gr. BVK, 1989 Stern dazu; Ehrenplak. in Gold Stadt Hanau; 1983 Ehrenbürger amerik. Militärgemeinde Hanau - Mitgl. Lions-Club, Frankf. Ges. f. Handel, Ind. u. Wiss. - Liebh.: Militaria, Zeitgesch., Golf - Spr.: Engl., Franz. - Bek. Vorf.: San.Rat Dr. G. Scholinus, Psychiater Berlin (Großv. ms.).

BAUER, Jakob

Dr. med., Prof., Internist - Buchenstr. 6, 8035 Gauting b. München (T. 089 - 8 50 55 18) - Geb. 27. Sept. 1906 Ludwigsthal/Bay. (Vater: Glasbläserm.) - Volkssch.; Glasbläserhandw.; Gymn. (n. 4 J. Abitur); Stud. Med. (Promot. 1938; Summa cum Laude) - U. a. 1958-71 Chefarzt II. Med. Abt. u. Ärztl. Dir. (1961) Städt. Krkhs. Schwabing. S. 1947 Privatdoz. u. apl. Prof. (1949) Univ. München - BV: Kropffibel, 1957; D. Schwabinger Krkhs. im Wandel - Vom Dorfspital z. Großstadtklinikum 1861-1961, 1962; D. Kunst alt zu werden, 1962 (Mitverf.). Zahlr. Fachaufs. - Liebh.: Griech. Mythol., Phil., Archäol.

BAUER, Johann

Dr. rer. pol., I. Bürgermeister a.D. - Stainhartstr. 12, 8120 Weilheim in OB - Geb. 30. Juni 1926 - Präs. d. Arbeitsgemeinsch. d. Volksmusikverb. CSU.

BAUER, Johann

Dr. phil., Prof., Hochschullehrer - Bächelhurst 26a, 7802 Merzhausen/Br. - Geb. 2. Febr. 1925 Obereschach (Vater: August B., Landw.; Mutter: Maria, geb. Storz), kath., verh. s. 1955 m. Elisabeth, geb. Gladel, 3 Kd. (Barbara, Ursula, Gerd) - 1947-53 Univ. Freiburg (Dt., Gesch., Engl.; Promot.) - 1953-1962 höh. Schuldst. (1958 Studienrat); s. 1962 Doz. u. Prof. (1966) Päd. Hochsch. Freiburg (Didaktik d. dt. Sprache u. Lit.), 1970-74 Rektor - Herausg.: Lyrik interpretiert (1972); schwarz auf weiß Gymn. 5.-10. Schulj. (1978-82); schwarz auf weiß Grundsch., Neubearb. 2.-4. Schulj. (1981-82). Mithrsg.: schwarz auf weiß - Leseb. (Schülerbde. u. Lehrerbde. f. d. Primar- u. Sekundarstufe, 1967ff.); Sprache u. Sprechen - Arbeitsmittel z. Sprachförd. in d. Primar- u. Sekundarstufe (Schülerbd., Lehrerbd., Arbeitsheft 2.-10. Schulj., 1971-77); Sprache u. Sprechen, Neubearb. 2.-10. Schulj. (1980-85); schwarz auf weiß - Lese-Ideen f. d. 5./6., 7./8., 9./10. Schulj. Realsch. (1987-89), 3 Lehrerbde. (1989-91); schwarz auf weiß. Leseb. f. d. Hauptschule. Neubearbeitung, 5.-9. Schulj. (1987/89), 5 Bde. Kommentare (1989-91); schwarz auf weiß. Leseb. f. d. Grundsch., 3 Bde. (1990-91), 2 Bde. Kommentare (1991).

BAUER, Josef Werner

Landrat Kr. Neumarkt (s. 1958) - Landratsamt, 8430 Neumarkt/Opf. - Geb. 15. Jan. 1926 Riedelberg - Zul. Reg.srat. CSU.

BAUER, Karl

Dipl.-Kfm., ehe. gf. Vorstandsmitglied co op Nordbayern Genoss. d. Verbraucher eG. (s. 1965), Nürnberg, Mitgl. Bayer. Senat (1974-79), München Hallerstr. 28, 8520 Buckenhof - Geb. 3. Okt. 1919 Wilkischen (Vater: Karl B., Glasmacher; Mutter: Anna, geb. Jungwirt), kath., verh. s. 1953 m. Sieglinde, geb. Herte, 2 Kd. (Thomas, Barbara).

BAUER, Karl Heinz

Dr. jur., Richter am BGH a. D. (1969-90) - Elbingerstr. 18c, 7500 Karlsruhe - Geb. 30. Juni 1925 - 1964-69 OLGrat Karlsruhe - Mitgl. Zentral-Aussch. Dt. Verein f. Intern. Seerecht; Beiratsmitgl. Verein f. Binnenschiffahrt u. Wasserstraßen, Vors. Fachaussch. f. Binnenschiffahrtsrecht, s. 1989 stv. Richter d. Berufungskammer d. Zentralkommiss. f. d. Rheinschiffahrt u. d. Berufungsausschusses f. d. Moselkommiss., s. 1992 Vors. d. Berufskammer d. Rheinzentralkommiss. in Straßburg u. Richter d. Berufungsaussch. d. Moselkommiss. in Trier.

BAUER, Konrad Friedrich

Dr. phil., Schriftkünstler - Schulstr. 12, 6242 Schönberg/Ts. - Geb. 9. Dez. 1903 Hamburg, ev., verh. m. Dr. Sofie-Charlotte, geb. Emmerling, Sohn Michael - Oberrealsch. Hamburg (Uhlenhorst); Univ. ebd. u. Frankfurt (Promot. 1926); Buchdruckerlehre Hamburg - U. a. Proku. künstler. Leit. Bauer'sche Gießerei, Frankfurt/M. - BV: Mainzer Epigrapik, 1926; Werden u. Wachsen e. dt. Schriftgießerei, 1937; Aventur u. Kunst, 1940; Brücken z. Aufbau, 1948; Gutenberg u. d. Weg d. Abendlandes, 1949; Jahreszahlen, 1954; V. d. Zukunft d. Schrift, 1966. Herausg.: Ztschr. f. Bücherfreunde (1932-36) - 1949 Fellow of the Wing Foundation on the History of Printing, Chicago (USA); Ehrenmitgl. Double Crown Club, London; Mitgl. Gutenberg-Ges., Maximilian-Ges., Ges. d. Bibliophilen - Liebh.: Marionettentheater - Vater: Friedrich B., Schriftkünstler u. Fachschriftst. (1863-1943) - Lit.: Bertold Hack, K.F.B.

BAUER, Kurt Heinz

Dr. rer. nat., Prof., Lehrstuhlinh. f. Pharmazeut. Technologie Univ. Freiburg (s. 1977) - Im Finkeler 4, 7800 Freiburg-Tiengen/Br. - Geb. 31. Jan. 1930 Nürnberg, ev., verh. s. 1961 m. Lilo, geb. Rieble, 2 T. (Petra, Ulrike) - Staatsex. 1955, Apothekerapprob. 1956, Promot. 1958 (alles München) - Zul. Bayer. AG., Leverkusen.

BAUER, Leopold

Dr. rer. nat., o. Prof. f. Botanik - Niklas-Vogt- Str. 1, 6500 Mainz - Geb. 3. Mai 1915 Jena - S. 1953 (Habil.) Lehrtätigk. Univ. Tübingen (1960 apl.) u. Mainz (1967 o. Prof.). Zahlr. Fachaufs.

BAUER, Oswald Georg

Dr., Theaterwissenschaftler, Generalsekr. Bayer. Akad. d. Schönen Künste - Enhuberstr. 3, 8000 München 2 (T. 089 - 52 46 02) - Geb. 5. Febr. 1941 Würzburg, kath., led. - Stud. Theaterwiss. in Würzburg, München, Wien; Promot. 1970 Wien - 1974-85 Wiss.künstl. Mitarb. Festspielleitg. u. Leit. Pressebüro Bayreuther Festsp. - BV: Richard Wagner. D. Bühnenwerke v. d. Urauff. b. Heute, 1982 (engl. u. franz. Ausg. 1983) -

Liebh.: Sammeln v. Bühnenbild-Grafik, Reisen - Spr.: Engl., Franz., Ital.

BAUER, Reinhard

Dr. rer. pol., Vorstandsvorsitzender Paul Hartmann AG, Heidenheim - Haydnstr. 28, 7920 Heidenheim a. d. Brz. - Geb. 27. März 1935 - Vorst.-Mitgl. Verb. Baden-Württ. Textilind., Stuttgart, Landesverb. d. Baden-Württ. Ind., Stuttgart, Bundesvereinig. Verbandmittel u. Medicalprod., Wiesbaden; AR-Vors. Paul Hartmann S.A., Châtenois/Frankr., Laboratorios Unitex-Hartmann S.A., Mataró/Spanien; u. Hartmann-Rico A.S., Veverska Bityska/CSFR; AR-Mitgl. Erlau AG, Aalen; VR-Vors. N.V. Paul Hartmann S.A., Brüssel/Belg., Paul Hartmann S.p.A., Milano/Ital.; VR-Mitgl. Christophsbad Göppingen Dr. Landerer Söhne, Göppingen; Landesbeirat Baden-Württ. d. Allianz Versich. AG, Stuttgart, u. Baden-Württ. d. Commerzbank AG, Frankfurt; Vizepräs. IHK Ostwürttemberg, Heidenheim.

BAUER, Roger

Dr. ès-lettres, em. Prof. f. Neuere Dt. Literaturgesch. u. Vergleich. Lit.wiss. - Aiblingerstr. 8, 8000 München 19 (T. 16 87 59) - Geb. 4. Dez. 1918 Oberseebach/Els. - Stud. German. Straßburg u. Paris - S. 1962 Ord. Univ. Saarbrücken, Straßburg (1965), München (1969) - BV: u. a. La Réalité - Royaume de Dieu; D. Idealismus u. s. Gegner i. Österreich; D. Welt als Reich Gottes; Laßt sie koaxen, Die Kritischen Frösch' in Preußen und Sachsen!; Zwei Jahrh. Literatur i. Österreich - Korresp. Mitgl. d. Akad. d. Wiss. u. d. Lit., Mainz; Ord. Mitgl. Dt. Akad. f. Sprache u. Dichtung, Darmstadt.

BAUER, Rudolph

Dr. phil., Prof. f. Sozialpolitik u. Sozialarbeit Univ. Bremen, freier Maler u. Schriftst. - Julius-Leber-Str. 171, 2800 Bremen 41 - Geb. 28. April 1939 Amberg - Stud. Univ. München, Erlangen, Frankfurt/M. u. Konstanz; Promot. 1969 - 1989 Intern. Fellowship in Philanthropy an d. Johns Hopkins Univ., Baltimore (MD/USA) - BV: Wohlfahrtsverb. in d. Bundesrep., 1978; Heimerzieh. in d. DDR, 1979 (m. C. Bösenberg); Obdachlos in Marioth, 1980; China lacht, 1983; The Private Social Welfare System in the United States and the Federal Republic of Germany, 1989; Meeting People's Needs in Germany (m. R. Popp), 1992; Widerton, Ged. 1986; Ittinger Vignetten, Ged. 1988; Ätze terra, Lit. Texte 1989. Herausg.: D. liebe Not (1984); Organis. Nächstenlieben (1984, m. H. Dießenbacher); Verbandl. Wohlfahrtspflege im intern. Vergleich (1987, m. A.-M. Thränhardt); Lexikon d. Sozial- u. Gesundheitswesens (1992); Sozialpolitik in dt. u. europ. Sicht (1992).

BAUER, Walter

Dr. jur., Oberstadtdirektor a. D. - Saarlauterner Str. 3, 5090 Leverkusen (T. 5 15 81) - Geb. 22. Okt. 1919 Crimmitschau/Sa. (Vater: Emil B., Glaserm.; Mutter: Martha, geb. Heft), ev., verh. s. 1942 m. Herta, geb. Streicher, 2 Kd. (Jochen, Christine) - Univ. Leipzig (Promot. 1949) u. Marburg (Rechtswiss.). Ass.ex. 1952 Düsseldorf - 1950-58 Ref. u. Hauptref. Dt. Städtetag, Köln; 1958-63 Beigeordn. f. d. Personal- u. Krankenhauswesen Wuppertal; 1963-75 Oberstadtdir. Leverkusen, s. 1975 Rechtsanw.; 1974-75 Präs. Dt. Krankenhausges. - CDU - BV: Dezentralisation d. Großstadtverw., 1951 - Liebh.: Schmalfilmen - Spr.: Engl. - Rotarier.

BAUER, Werner

Dr. rer. pol., Hauptgeschäftsführer i. R. IHK Aschaffenburg (1968-85) - Lindenallee 16, 8750 Aschaffenburg (T. 1 26 41) - Geb. 26. Aug. 1919 Berlin, ev., verh. s. 1946 m. Elisabeth, geb. Triebenstein, Sohn Günther - Promot. 1948 Rostock - 1946-50 Univ. Rostock/Rechts- u. Wirtschaftswiss. Fak. (Assist., Lehrbeauftr.); 1950-52 IHK Meckl. (Hauptabt.leit.); 1953-56 Oberste Bundesbeh. (Ref.); 1956-59 IHK Mönchengladbach (stv. Hgf.).

BAUER, Wilhelm

Gf. Gesellschafter Schaum-Chemie Wilh. Bauer GmbH & Co. KG, Essen - Ferdinand-Weerth-Str. 42, 4300 Essen-Kettwig - Geb. 12. Jan. 1916 Duisburg (Vater: Otto B., Prokurist; Mutter: Katharina, geb. Haferkamp), ev., verh. s. 1942 m. Gerta, geb. Streckert, Tocht. Roswitha - Oberrealsch.; kaufm. Lehre - Mitbegr. u. Ehrenmitgl. Fachverb. Schaumkunststoffe e.V., 1981 BVK a. Bde. - Liebh.: Rudern.

BAUER, Wolfgang

Schriftsteller - Hauseggerstr. 87, A-8010 Graz/Steierm. - Geb. 18. März 1941 Graz - BV: u. a. Mikrodramen, 1964. Bühnenst.: Silvestre oder D. Massaker im Hotel Sacher (UA. 1971 Wien); In Zeiten wie diesen - E. Drehb., 1984 - Franz-Theodor-Czokor-, Peter-Rosegger-Preis.

BAUER, Wolfgang

Dipl.-Kfm., Vorstandsmitglied Dt. Heraklith AG, Simbach, Vors. Bundesverb. d. Leichtbauplatten-Ind., München - Heraklithstr. 8, 8265 Simbach/Inn - Geb. 18. Mai 1932.

BAUER, Wolfgang

Dr. phil., o. Prof. f. Sinologie - Kaiserstr. 47, 8000 München 40 (T. 33 12 54) - Geb. 23. Febr. 1930 Halle/S. (Vater: Prof. Dr. phil. Hans B., Ord. f. Semit. Sprachen Univ. Halle (s. X. Ausg.); Mutter: Eugenie, geb. Kerschbaumer), verh. 1955 m. Ingeborg, geb. Kosel - Promot. 1953; Habil. 1958 - S. 1958 Lehrtätigk. Univ. München, Heidelberg (1963 Ord.), München (1966 Ord.). s. 1968 mehrf. Gastprof. Univ. of Michigan, Ann Arbor (USA) - BV: u. a. D. chines. Personenname, 1959; China u. d. Hoffnung auf Glück, 1971/76; D. Bild in d. Weissage-Lit. Chinas, 1973; D. Antlitz Chinas, 1990. Herausg.: D. Gold. Truhe - Chines. Novellen aus 2 Jahrtausenden (1959/61/88) - 1985 Mitgl. Bayer. u. 1990 Rheinisch-Westf. Akad. d. Wiss. - Liebh.: Malen, Schach.

BAUER, Wolfram

Dr. phil. nat., Prof. f.Duromerverarbeitung - Unterlangenstadter Str. 13, 8621 Redwitz/Ofr. - Geb. 17. April 1921 Coburg - Stud. Chemie. Promot. 1950 - S. 1972 (Habil.) Lehrtätigk. TH Aachen (1976 apl. Prof.) - BV: Technik d. Preßmasseverarb., 1964; Verarb. duroplast. Formmassen, 1973 (m. Wilbrand Woebcken).

BAUEREISEN, Friedrich

Landwirt, MdL Bayern (s. 1975) - Nr. 80, 8821 Ehingen (T. 09835 - 515 dst., 562 priv.) - Geb. 1927 - CSU.

BAUERMEISTER, Horst

Geschäftsführer Gemeinn. Reichsbund Wohnungsbau- u. Siedlungsges. mbH - Lehmannstr. 1, 3000 Hannover 91; priv.: Junkerngarten 6, 3005 Hemmingen - Geb. 1. April 1938.

BAUERNFEIND, Winfried

1. Spielleiter Deutsche Oper Berlin (s. 1972) - Marienburger Allee 61, 1000 Berlin 19 (T. 030 - 301 61 16) - Geb. 26. Jan. 1935, ledig - 1953-57 Privatmusiklehrer, Hauptf. Klavier Musikakad. Kassel; 1957-61 Regie u. Dirigieren Hochschulkünste Berlin; 1961-72 Regieassist. Dt. Oper Berlin. 1964-75 Leit. d. Studios d. Deutschen Oper Berlin; Lehraufträge Hochsch. d. Künste Berlin, Mozarteum - Üb. 70 Insz. in Berlin, München, Frankfurt, Rom, Brüssel, Spoleto, Tokyo, u.a.; Insz.: La Calisto, Figaro, Cosifantute, Zauberflöte, Titus, Barbier v. Sevilla, Maskenball, Rigoletto, Othello, Verkaufte Braut, Fliegender Holländer, Lustige Weiber, Zar u. Zimmermann, Zigeunerbaron, Orpheus in d. Unterwelt, Titanic, Schlemihl, Kinkakuji u.a.m.; open-air Insz. in Berlin, Taipei, Schloß Rheinsberg - Liebh.: Reisen - Spr.: Engl.

BAUERSACHS, Gerhard

Dipl.-Wirtschaftsing., Inh. Ingenieurbüro Bauersachs - Unternehmensberatung u. GBK GmbH - Gesellschaft f. Baukonstruktionen - Schubartstr. 53/1 u. Bahnhofstr. 51/53, 7250 Leonberg/Württ. (T. 07152 - 2 17 47) - Geb. 26. Juli 1932 Horb/M., verh. s. 1956 m. Helga, geb. Künzel, 3 Kd. (Susanne, Barbara, Matthias) - 1962 HTL München - 1969-72 Gf. AMAX ALUMINIUM, 1973-81 Geschäftsf. GEZE-Leonberg, 1980 Gründung GBK - Spr.: Engl.

BAUERSCHMIDT, Herbert

Dr. rer. pol., Geschäftsführer Ireks-Arkady GmbH, Komplementär J. Ruckdeschel & Söhne KG, Albert Ruckdeschel & Co. KG, alle Kulmbach; Vorstandsmitgl. Verb. d. Backmittelhersteller, Bonn, stv. AR-Vors. STAMAG, Stadlauer Malzfabrik, Wien - Kaulfußstr. 3, 8650 Kulmbach/Ofr. - Geb. 1. April 1928 Förstenreuth (Vater: Georg B., Lehrer (gef.); Mutter: Lina, geb. Eichhorn), ev., verh. s. 1975 m. Christa, geb. Kilchert, 3 Kd. (Anette, Inge, Ulrich) - Dipl.-Volksw. 1953; Promot. 1957 - Spr.: Engl.

BAUERSCHMIDT, Reinhard

Dipl.-Volksw., Vorsitzender d. Geschäftsfg. d. GERLACH-WERKE GmbH, Homburg/Saar - Helmholtzstr. 6, 6650 Homburg/Saar (T. 06841 - 10 70) - Geb. 21. Juli 1934 Veitlahm, heute Mainleus, ev., verh. m. Ulla, geb. Schwarz.

BAUERSFELD, Heinrich

Dr. rer. nat., o. Prof. Inst. f. Didaktik d. Mathematik Univ. Bielefeld - Fahrenheitweg 23, 4800 Bielefeld.

BAUERT, Rudolf

Dr. rer. pol., Bürgermeister u. Kurdirektor Badenweiler - Hohlenweg 1, 7847 Badenweiler (T. 07632 - 4 32) - Geb. 28. Sept. 1932 - Promot. 1961 - AR-Mitgl. Bäderbetriebs GmbH, Rheingold AG Mulhouse; VR Sparkasse Markgräflerland. SPD - BVK - Spr.: Engl., Franz.

BAUHOFF, Eugen Peter

Dr. rer. nat., Prof. f. Mathematik u. ihre Didaktik PH Kiel - Am Knick 8, 2300 Kronshagen - Geb. 27. Febr. 1946 Mannheim - Univ. Heidelberg (Math. (Dipl.), Phys.).

BAUKNECHT, Gert

Dipl.-Kfm. - Schmidener Weg 7, 7012 Fellbach - Geb. 9. Mai 1938 Stuttgart (Vater: Gottlob B., s. XVIII. Ausg.; Mutter: Anne, geb. Fauser), kath., verh. s. 1966 m. Helga, geb. Weßbecher - Gymn. St. Gallen (Abit. 1957); Stud. d.Betriebswirtsch.lehre (Dipl.ex. 1962) - S. 1962 väterl. Unternehmen (Gründung ausl. Tochterges., s. 1966 Gf.) - Liebh.: Wiss. Lit., Tennis, Ski - Spr.: Engl., Franz.

BAUM, Eckhard

Dr. sc. agr., Prof. f. Intern. Agrarwirtschaft Univ.-GH Kassel - Eisenacher Weg 4, 3430 Witzenhausen - Geb. 25. Febr. 1938 Neuenkirchen (Vater: Dr. Hans B., OStudienrat; Mutter: Ursula, geb. Gebensleben), ev., verh. s. 1967 m. Annerose, geb. Schimpf, 2 Kd. (Andreas, Sabine) - Dipl. 1964 Univ. Göttingen, Promot. 1967 ebd. - 1967-70 Entw.hilfe Tanzania; 1971-74 Hochsch.-Lehrer Univ. Nairobi/Kenya; s. 1975 Prof. GH Kassel/Witzenhausen (1980/81 Dekan); s. 1987 Geschäftsf. Dt. Inst. f. Tropische u. Subtropische Landwirtsch. GmbH, Witzenhausen. Gutachtertätigk.

BAUM, Georg

Vorstandsmitglied a.D. DEURAG Dt. Unfallversicherung AG, Wiesbaden/Berlin - Salvatorstr. 7, 6500 Mainz - Geb. 10. Mai 1923.

BAUM, Georg

Techniker, Schriftsteller - Hammer Str. 26, 4400 Münster (T. 0251-52 34 38) - Geb. 28. Dez. 1952 Warendorf, verh. s. 1982 m. Ulrike, geb. Tewes, 2 T. (Muriel Georgette, Ramona Yvette Geneviève) - 1968-71 Lehre als Fernsehtechniker, 1971-72 2 J. Paris, Fachabit. 1982; allg. Hochschulreife 1985; z.Z. Stud. Psych. - BV: u. a. Münster in Lyrik, 1979; D. Nacht vor d. Tag, 1981 - Spr.: Lat., Engl., Franz. - Lit.: Liselotte Folkerts, Münster u. d. Münsterland im Ged.

BAUM, Gerhart-Rudolf

Rechtsanwalt, Bundesminister a. D. (Sept. 1982 zurückgetr.), MdB (s. 1972) - Bundeshaus, 5300 Bonn 1 - Geb. 28. Okt. 1932 Dresden (Vater: Dr. jur. Werner B., Rechtsanw.), ev., verh. m. Inge, geb. Neubauer, 3 Kd. - Gymn. Dresden, Tegernsee, Köln (Abit.); Univ. Köln (Rechtswiss.). Jurist. Staatsprüf. 1957 u. 61 - 1962-72 Mitgl. d. Geschäftsfg. Bundesvereinig. d. Dt. Arbeitgeberver., Köln. 1969-73 Ratsmitgl. Köln (Fraktionsf.). 1966-68 Bundesvors. Dt. Jungdemokr. FDP s. 1954 (1966 Mitgl. Bundesvorst., 1968 Kreisvors. Köln u. Mitgl. Landesvors. NRW, 1982 stv. Bundesvors.); 1972-77 Parlam. Staatssekr. Bundesinnenmin.; 1977-82 Bundesinnenmin. - BV: Dt. Innenpolitik - D. Staat auf d. Wege z. Bürger, 1980; Auf u. Ab d. Liberalen, 1983 - 1981 Gr. BVK.

BAUM, Günter G.

Dr. rer. nat., Physiker, Prof. Univ. Bielefeld - Fasanenweg 125, 4830 Gütersloh 11 - Spezialgeb.: Atom- u. Hochenergiephysik.

BAUM, Hans

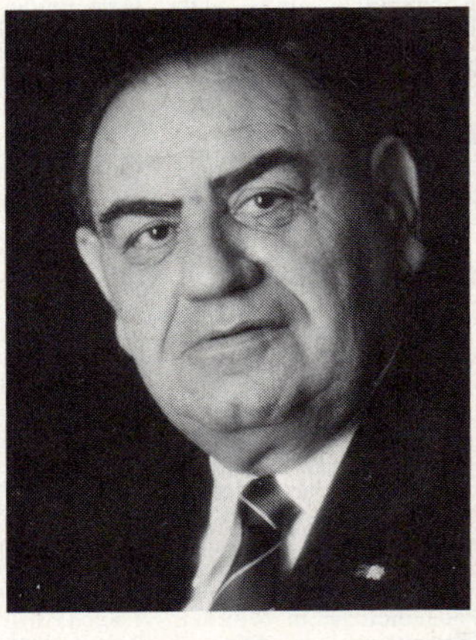

Bäckermeister, Vizepräsident U.I.B. Union de la Boulangerie et de la Patisserie, Bad Honnef - Ebenreuther Str. 7 8500 Nürnberg - Geb. 15. Mai 1920 - Vors. d. Verb.aussch. d. BÄKO Prüfungsverb., Bad Honnef; stv. Vors. d. PKB Lebensversich. AG, Berlin; Ehrenpräs. d. Dt. Bäckerhandwerks; Ehren-Landesinnungsmeister Bayer. Bäckerhandwerks; Ehren-Obermeister d. Bäcker-Innung, Nürnberg.

BAUM, J. Peter

Dipl.-Ing., Fabrikant, gf. Gesellsch. BAUMCO Ges. f. Anlagentechnik mbH., pers. haft. Gesellsch. Verfahrenstechnik Dr.-Ing. Kurt Baum, beide Essen - Müller-Breslau-Str. 30c, 4300 Essen 1 - Geb. 2. Jan. 1940.

BAUM, Lotti,

geb. Lübbe

Dr. habil., Prof., Leiterin d. Inst. f. Sportmanagement/-soziol. u. -ökonomie (s. 1990) - Kantstr. 23, O-7030 Leipzig (T. 041 - 31 35 38) - Geb. 3. Dez. 1939 Schwerin, verh. s. 1961 m. Dr. Günter B., 3 Kd. (Uwe, Knut, Anke) - 1958-63 Stud. Psychol. W.-Wundt-Inst. d. Univ. Leipzig, Dipl.-Psychol.; Promot. 1967 u. Habil. 1980 Dt. Hochsch. f. Körperkultur - Lehre (Aus- u. Weiterbild.) zu Sportspsychol., Leitg. Sportmanagement, Forsch. z. Nachwuchsleistungssport; 1980-84 Leit. d. Wiss.ber. u. s. 1990 s.o. - BV: Leitungstätigk. auf d. Gebiet v.

Körperkultur u. Sport in d. DDR, Lehrb. 1986; Ausarbeitg. z. Sportmanagement, Lehrheft 1988 - 1980 Guts Muths-Preis (Preis f. wissenschaftl. Leistungen) - Liebh.: Lit., klass. Musik, Blumen - Spr.: Russ., Engl. - Lit.: Prof. Dr. Dieter Voigt: zu wissenschaftl. Auffassungen.

BAUM, Peter
Dr. med. (habil.), Chefarzt, Prof. f. Innere Medizin Univ. Mainz (apl.) - Hildegardis-Krankenhaus (Inn. Abt.), 6500 Mainz; Bebelstr. 32c, 6500 Mainz-Bretzenheim.

BAUM, R.
s. Jungk, Robert

BAUM, Rex
s. Seefeld, Detlef G.

BAUM, Richard
Dr. phil., Lektor i. R. - Steinhöferstr. 14, 3500 Kassel-W'höhe (T. 3 66 12) - Geb. 8. April 1902 Eßlingen/N. (Vater: Wilhelm B., Kaufm.; Mutter: Klara, geb. Schweitzer), verh. s. 1986 m. Ruth, geb. Blume - Promot. 1926 - S. 1926 Lektor Bärenreiter-Verlag, Kassel - BV: Joseph Wölfl, Leben u. Werke, 1928 (Diss.); Geselliges Chorbuch, 1938; Carmina nova, 1961. Neuausg. alter Musik - Zahlr. Ehrenmitgliedsch. - Träger Goethe-Plak. Land Hessen. Initiator Kasseler Musiktage.

BAUM, Winfried

Dipl.-Landw. u. Tierzuchtleiter, Mitglied d. Landtages Sachsen - Schmiedegasse 3, O-8354 Lohmen - Geb. 5. April 1935 Dresden, verh. 1958-86 m. Elvira, geb. Kanis, s. 1990 m. Veronika, geb. Jari, 3 Kd. (Silvia, Jörg) - 1953 Facharb. f. Acker- u. Pflanzenbau im Landgut Roßtal b. Freital; 1956 Staatl. gepr. Landwirt Fachsch. f. Landwirtsch. u. Gartenbau Dresden-Pillnitz; Stud. Dipl. Landwirt 1961-66 Univ. zu Berlin; 1968 staatl. anerk. Tierzuchtleit. Univ. zu Berlin; Faching. f. landwirtschaftl. Betriebswirtsch.; 1970-73 Postgradual an d. Hochsch. Meißen - 1956-61 Zentralbesamungsstation Schönow, Kr. Bernau; 1962-68 Inst. f. techn. Besamung in Schönow, Kr. Bernau BV: Chronik z. Landwirtschaft in Lohmen - Liebh.: Reitsport, Fußball (aktiv), Naturschutz, Tierschutz

BAUMANN, Alexander
Dipl.-Ing., Vorstand Schulte-Schlagbaum AG, Velbert - Drosselweg 5, 5620 Velbert/Rhld. - Geb. 13. Mai 1910 Stuttgart.

BAUMANN, Alfred
Vorstandsmitglied Südwestdeutsche Landesbank Stuttgart - Postf. 10 60 49, 7000 Stuttgart 1 - Geb. 6. April 1935.

BAUMANN, Carl Michael
Rechtsanwalt, Geschäftsf. Dt. Weininstitut, Mainz (s. 1972); Vorstandsmitgl. Stabilisierungsfonds f. Wein ebd. (s. 1967) - Auf der Schlicht 10, 6203 Hochheim/M. (T. 21 43) - Geb. 28. Okt. 1934 Ludwigshafen/Rh. (Vater: Karl B., Geschäftsf.; Mutter: Regine, geb. Stutzmann), ev., verh. s. 1961 Ingrid, geb. Allwang, 2 Töcht. (Barbara, Monika).

BAUMANN, Eberhard François

Dr., Generalkonsul in Osaka-Kobe/Japan (s. 1983) - 651-01 Kobe-Ko, Yubin-Shishobako 204, Japan (T. 0081-78-451 66 56) - Geb. 27. Sept. 1928 Ludwigshafen/Rh., verh. s. 1982 m. H. Dominique Renée, geb. Rolland, 3 Kd. (Max, Joel, Lara) - Rechtsstud. Innsbruck u. Paris; Promot. 1951 Innsbruck - S. 1952 Ausw. Amt (São Paulo, Recife, Havanna, Genf, Bogotá, Madras, New York); 1955-59 Nato-Truppenvertrags-Konfz.; 1978 Sondergeneralvers. üb. Abrüstung - Liebh.: Musik, Gesch., Kochkunst, Mode - Spr.: Engl., Franz., Span., Portug., Ital., Ung., Jap.

BAUMANN, Erich
Bankier - Am Südpark 7, 5000 Köln-Marienburg - Geb. 8. März 1912 Berlin - Üb. 40 J. Danatbank bzw. Dresdner Bank (Auslandsposten: Kairo u. Alexandrien; 1955 Dir. u. Mitleit. Fil. Duisburg, 1963 Fil. Köln). ARsmandate (u. a. stv. Vors. Bonner Zementwerk AG., Bonn-Oberkassel).

BAUMANN, Gerhart
Dr. phil., o. Prof. f. Neue dt. Literaturgeschichte - Andlawstr. 7, 7800 Freiburg/Br. (T. 7 35 44) - Geb. 20. Dez. 1920 Karlsruhe (Vater: Wilhelm B.; Mutter: Sophie, geb. Ebner), verh. 1952 m. Marianne, geb. Engels - Promot. 1947; Habil. 1951 - S. 1951 Lehrtätig. Univ. Freiburg (1956 ao., 1964 o. Prof.) - BV: Maxime u. Reflexion als Stilform bei Goethe, 1947; Franz Grillparzer, 2. A. 1967; Georg Büchner, 1963 (2. A. 1976); Robert Musil - Z. Erkenntnis d. Dichtung, 1965 (2. A. 1981); Arthur Schnitzler - D. Welt v. gestern e. Dichters v. morgen, 1965; Jean Paul, 1967; Zu Franz Grillparzer - Versuche z. Erkenntnis, 1969; Vereinigungen, 1972; Entwürfe, 1976; Goethe, Dauer im Wechsel, 1976; Sprache u. Selbstbegegnung, 1981; Umwege u. Erinnerungen, 1984; Erinnerungen an Paul Celan, 1986; Erschriebene Welt, 1988.

BAUMANN, Gert
Generalsekretär a. D. - Eichkopfstr. 15, 6374 Steinbach/Ts. (T. 06171 - 7 45 09) - Geb. 18. Jan. 1926 Schönheide/Erzgeb. (Vater: Karl B., Kaufm.; Mutter: Clementine, geb. Gerber), ev., S. Ivo-Schule Auerbach/Vogtl. (Abitur 1946); 1954-58 Hochsch. f. Wirtschafts- u Sozialwiss. Nürnberg (Dipl.-Volksw.) - 1959-65 Dt. Handwerksinst., Bonn (Hauptabt. Prakt. Gewerbeförd.); 1966-84 Hauptgeschäftsf. Zentralverb. Raumausstatterhdw.; 1975-84 Gen.sekr. EUTOS Frankfurt; s 1980 Vorst.mitgl. Leder-Industrie-Berufsgenoss. Mainz.

BAUMANN, Hanno Lutz
Dr. rer. nat., Dipl.-Chem., Prof. f. Textilchemie u. Makromolekulare Chem. TH Aachen - Augustinerweg 23, 5100 Aachen - Geb. 15. Aug. 1940 Opladen (Vater: Ludwig B., Designer; Mutter: Johanna, geb. Wassmer) ev., verh. s. 1979 m. Dr. Dipl.-Chem. Ulrike, geb. Wiebusch, S. Andreas - Textiling. 1963 Krefeld; Dipl.ex. 1967; Promot. 1971; Habil. 1973 (alle Aachen) - Spez. Arbeitsgeb.: Keratin-, Baumwoll- u. Synthesefaserforschung, Transferdruck. Veredlung von Textilien, Reaktivfarbstoffe, synth. Polymere mit reaktiven Gruppen, Polymere in d. Med., blutverträgl. Polymere, Proteinchemie von Augenlinsen; Fachmitgl.sch. - BV: Isolierung u. Untersuchung von lösl. Wollproteinbestandteilen aus hydrolytisch geschädigter Wolle; Applied Aspects on Keratin Chemistry, Applied Aspects of Treatment of Wool with Reactive Amino-Containing Polymers. Ca. 50 Fachveröff. 3 Patente - 1971 Borchers-Plak. - Liebh.: Schach, Waldlauf, eigenhändiger Umbau e. Bauernhauses - Spr. Engl.

BAUMANN, Hans G.
Dr.-Ing., Prof. Direktor - Mülheimer Str. 134, 4100 Duisburg - B. 1978 Privatdoz., dann apl. Prof. TH Aachen (Stahlstranggießen u. Strangverformen).

BAUMANN, Heinrich
Dipl.-Volksw., Vorstand HEGEMAG (Hess. Gemeinn. AG f. Kleinwohnungen, Darmstadt s. 1981), Landrat a. D. - Auf der Schmelz 11, 6101 Roßdorf 1 (T. 06154 - 94 66) - Geb. 16. Febr. 1930 Roßdorf, ev., verh. s. 1961 m. Rosemarie, geb. Brückner, 2 Töcht. (Liselotte, Sibylle) - Abitur 1949; Ausbild. z. Redakteur, 1952-56 Stud. (Wirtschafts- u. Sozialwiss.) Univ. Frankfurt - 1956-61 Redakt. Darmstädter Echo; 1961ff. Presseref., Landesplaner b. Hess. Minister d. Innern, Regierungsdirektor, 1968-73 MdL Hessen, 1973 Landrat d. Kreises Darmstadt (b. 1977), 1977-81 Journalist. SPD s. 1951.

BAUMANN, Heinz H.

Prof. Polymer Techn. Inc. Univ. Detroit-Mercy, Präs. Inst. f. Basis-Forsch., Chemiker, wiss.-techn. Leiter Schaum-Chemie, Essen (1955-90) - Zeißbogen 63, 4300 Essen-Bredeney - Geb. 10. April 1920 Aachen, verh. m. Anne, geb. Uhlir - Vors. Fachverb. Schaumkunststoffe Frankfurt (1969-90, Mitbegr.); 1963-90 Vorst.-Mitgl. Ges.-Verb.-Kunststoffverarb. Ind., BDI-Ausschüsse: Umweltpolitik, Forschungs- u. Technologiepolitik - Begr. d. Plastoponik. 180 Patente, 2 Bücher u. 7 Buchbeitr. Üb. 150 Fachveröff. - 1982 Verdienstzeichen d. DLRG; 1990 BVK - Lit.: M. Lipp, H. B., (Chem.-Zeitung 90, 1966); E. Baum, G. Matulat, H. B., Festschr. 1980.

BAUMANN, Heinz
Dr. rer. soc., Prof. f. Sozialpäd. Hochschulzentrum Esslingen - Lange Str. 59, 7440 Nürtingen-Neckarhausen (T. 07022 - 5 38 69) - Geb. 2. Jan. 1941 Belm b. Osnabrück (Vater: Heinrich B., Bundesbahnbeamter; Mutter: Anna, geb. Landwehr), verh. m. Gisela, geb. Dill - 1967-70 Stud. Sozialarb./Sozialpäd. Essen; 1971-76 Stud. Soziol., Sozialpsych., Päd. u. Politik Bochum; Dipl.-Sozialwiss. 1976; Promot. 1980 - 1978-82 wiss. Assist. Bochum; 1982 Prof. f. Sozialpäd. Hochschulzentrum Esslingen, FH f. Sozialwesen m. d. Schwerp.: Gesundh. u. Rehabilitation sow. Arb. u. Resozialisierung; s. 1983 Lehrauftr. Inst. f. Sozialforsch., Abt. Soziologie u. Sozialplanung Univ. Stuttgart - BV: D. Wohnsituation u. d. Wohnbedingungen älterer Menschen in d. Bundesrep. Deutschl., 1976; Ansätze, Maßstäbe, Fakten f. e. Zukunft u. berufsorientierte Bildungsplanung, 1978; Effizienz außerschulischer berufsvorber. Maßnahmen, 1979; D. Entlassenenhilfe in der Bundesrep. Deutschl., 1980. Alleinherausg.: Schriftenreihe Bochumer Studien zu soz. Problemfeldern (s. Gründung 1980). Ca. 70 wiss. Veröff. u. Buchbesprechungen in Fachztschr. u. Schriftenreihen.

BAUMANN, Helmut
Vorstandsmitglied Brennet AG, Wehr - Sportplatzweg 24, 7886 Murg-Niederhof/Baden - Geb. 21. März 1924.

BAUMANN, Helmut

Künstler. Direktor Theater d. Westens - Zu erreichen üb. Theater d. Westens, Kantstr. 12, 1000 Berlin 12 (T. 030 - 31 90 31 02) - Geb. 31. Jan. 1939 Berlin, ledig - Ausb. z. Tänzer u. Regiss. - Solotänzer; Regie-Assist.; Choreograph, Regiss. f. Oper/Operette/Musical; s. 1984 Künstler. Dir. Theater d. Westens - Opern-, Operetten- u. Musical-Insz. Hamburg, Wien, München u. Berlin. Hauptrolle: Zaza (La Cage Aux Folles, Theater d. Westens Berlin) - Spr.: Engl.

BAUMANN, Herbert
Komponist u. Dirigent - Franziskanerstr. 16, App. 1419, 8000 München 80 (T. 089 - 480 77 45) - Geb. 31. Juli 1925 Berlin (Vater: Wilh. B., Kfm.; Mutter: Elfrie-

de, geb. Bade), ev., verh. s. 1951 m. Marianne, geb. Brose (Schausp.), 2 Söhne (Michael, Hans-Peter) - Gymn.; Intern. Musikinst. (Kompos., Dirig.) Diplom: Man of Achievement, 1973 Cambridge, Accademico d'Italia m. Goldmed. - 1947-53 Komp. u. Kapellm. Dt. Theater Berlin (Ost); 1953-70 musikal. Leit. Staatl. Bühnen Berlin (West); 1971 Bayer. Staatsschausp., Residenz-Theater München, s. Sommer 1979 freischaffend. Hauptw. Ballette: Alice im Wunderland, Rumpelstilzchen. Chor: Berliner Kantate f. Soli, Chor u. Orch., Psalmentriptychon - Orch.: Musik f. Orch. 1951; Musik f. Bläser; Allegro capriccioso f. Klavier u. Orch.; Rotor; Italien. Suite; Mexikan. Suite; Capriccio f. Klar. u. Orch.; Toccata concertante f. Orch.; Rondo ritmico f. Blasorch.; Traunsteiner Bläsermusik; Kammermusik: 2 Kammerkonzerte (Nr. 1 u. 2), Konzert f. Gitarre u. Streichorch.; Concertino f. Klar. u. Streichorch.; Würzburger Konzert f. 2 Gitarren u. Streichorch.; Variationen üb. e. Thema v. Händel f. Streicher; musica per sei, Variationen f. Violoncello u. Streichorch.; Streichquartett in C; Divertimento f. Oboe, Klarinette u. Fagott; Suite f. Cembalo; Toccata f. Cembalo; Klaviersonaten; Sonate f. Oboe u. Klav.; Lieder Vom Frieden; Three cheerful Movements f. 5 Blechbläser; Quintett f. Flöte, Oboe, Klar., Horn, Fagott; Streichtrio; Schubert-Var. f. 12 Celli; Divertissement f. Harfe, Flöte, Klarinette u. Streicher; Aspekte f. Cembalo u. Streichorch.; Strophen f. zwei Vcl.; Con una marcetta f. zwei Oboen u. Engl. Horn; Lamento u. Gioco (Posaune-Quartett); E. Weihnachtskonzert f. Streichorchester; Concerto capriccioso f. Mandoline u. ZO; Passacaglia u. Variationen f. Orgel; div. Kompos. f. Gitarre Solo u. m. and. Instr. - Zahlr. Kompos. f. Bühne, Fernsehen u. Hörfunk - 1973 Man of Achievement Cambridge; 1986 D. Krone d. Neuen Presse f. Kompos. Rumpelstilzchen; Silb. Ehrenz. GDBA; Ehrenmitgl. BDZ - Liebh.: Bücher (vor allem üb. bild. Kunst), Wandern - Spr.: Engl., Ital. - Lit.: s. Musikstadt Berlin u. Krieg u. Frieden; ... dann spielten sie wieder. Bayer. Staatsschausp. 1946-1986.

BAUMANN, Heribert
Bezirksbürgermeister a. D. - Zu erreichen üb. Fa. H. Baumann - Kirchenbedarf, Trautenau 14, 1000 Berlin 31; w. Hertha 23a, Berlin 33 - Geb. 26. Nov. 1926 Bottrop/W. - 1955-61 FU Berlin (Kunstgesch., Religionswiss., Publiz.) - Eig. Fa. f. Kirchenbedarf; s. 1965 Bezirksstadtrat (Volksbild.) u. -bürgerm. Wilmersdorf (1971) - Liebh.: Kunst, Fotogr., Sport.

BAUMANN, Horst
Dr. jur., Prof. f. Rechtswissenschaft (Bürgerl. Recht, Handels-, Versicherungs-, Zivilprozeßr.) - Hohensteiner Str. 9, 1000 Berlin 33 (T. 030 - 821 78 14) - Geb. 30. Dez. 1934 Berlin (Vater: Dr. Johann B., techn. Angest.; Mutter: Gertrud, geb. Daugsch), ev., verh. s. 1962 m. Brigitte, geb. Wenzel, Sohn Frank - N. Abit. kaufm. Lehre, Stud. Rechts- u. Wirtschaftswiss. Dr. jur. 1968, Habil. 1972 - Stv. gf. Dir. Inst. f. dt. u. europ. Arbeits-, Sozial- u. Wirtschaftsrecht FU Berlin - BV: Leistungspflicht u. Regreß d. Entschäd.fonds f. Schäden aus Kfz-Unfällen - Spr.: Engl., Franz.

BAUMANN, Horst
Dr. rer. oec. habil., o. Prof., Leiter d. Lehrstuhles Anwendung ökonomisch-mathematischer Methoden an der Handelshochsch. Leipzig (s. 1969) - Rathenaustr. 23, O-7033 Leipzig (T. 451 26 94) - Geb. 4. Okt. 1929 Leipzig, ev., verh. 1 S. - 1948-51 Stud. Wirtsch.wiss., 1950-52 Math.; Dipl. rer. oec. 1951; Promot. 1956; Habil. 1966 Leipzig - Tätig in Lehre u. Forsch. - Spr.: Engl.

BAUMANN, Jakob Albert
Ehrenpräsident Bund d. Theatergemeinden, Bonn, Vorst. Theatergem. München, Freunde d. Nationaltheaters München, Stadtrat a. D. - Goethestr. 24. 8000 München 90 - Geb. 12. Juli 1908 München - 1983 Gold. Bürgermed. München; 1984 Gr. BVK.

BAUMANN, Jürgen
Dr. jur., Prof., Senator f. Justiz Berlin a. D. (1976-78) - Eduard-Haber-Str. 11. 7400 Tübingen - Geb. 22. Juni 1922 Essen (Vater: Dr. Wilhelm B., Kaufmann; Mutter: geb. Sieg), ev., verh. I) s. 1951 m. Edith, geb. Müller, 3 Töcht. (Katharina, Christiane, Renate); II) s. 1979 m. Doris, geb. Haug - Pädagogium Züllichau (Abit. 1940); 1946-49 Univ. Münster/W. (Rechtswiss., Volksw.). Promot. 1950; Habil. 1955 - 1951-59 Assist. u. Privatdoz. (1955) Univ. Münster; ab 1953 Rechtsanw.; s. 1959 Ord. Univ. Tübingen - BV ca. 50 Bücher: D. Narkoanalyse, 1950 (Diss.); D. strafrechtl. Schutz b. d. Sicherungsrechten d. mod. Wirtschaftsverkehrs, 1956; Lehrb. Strafrecht (Allg. T.), 1960, 9. A. 1985; Bestechungstatbestände, 1961; Grundbegriffe u. System d. Strafrechts, 1962, 5. A. 1979; Strafrechtsfälle, 1963, 6. A. 1986; Entwurf e. Strafgesetzb. (A. T.), 1963; Aufstand d. schlechten Gewissens, 1965; Kl. Streitschr. z. Strafrechtsreform, 1965; Unterbringungsrecht, 1966; Einf. in d. Rechtswiss., 1967, 8. A. 1989; Programm f. e. neues Strafgesetzb., 1968; Beschränk. d. Lebensstandards anstatt kurzfr. Freiheitsstrafe, 1968; Homosexualität, 1968; Grundbegriffe d. Strafprozeßrechts, 3. A. 1979; Reform d. student. Disziplinarrechts, 1968; Weitere Streitschr. z. Strafrechtsreform, 1969; Aufs. u. Vorträge z. Verkehrsstrafrecht, 1969; Strafrechtsreformgesetz, 1970; Grundbegriffe d. Zivilprozeßrechts, 2. A. 1979; Beschleunigung d. Zivilprozesses, 1970 (m. Gerhard Fezer); Zu den Worten des Vorsitzenden Mao (m. Dürig), 1971; Casos penales, 1971; Sicherheit u. Ordnung in Vollzugsanstalten?, 1972; Derecho Penal, 1973; Zwangsvollstreckung, 1975, 2. A. 1982; Konkurs u. Vergleich, 2. A. 1981; Alternative Draft of a Penal Code for the Federal Republic of Germany (Kommentierung), 1977; Strafrecht im Umbruch, 1977; Einige Modelle z. Strafvollzug, 1979; Entwurf e. Untersuchungshaftvollzugses., 1981; Gesetzestext in Reihe Recht u. Staat, Heft 506/7, 1981; Entwurf e. Jugendstrafvollzugsgesetzes, 1985; Derecho Procesal Penal, 1986. Mitautor a. d. Alternativentwürfen z. Strafgesetzb., Strafvollzuges. u. z. Strafprozeßord. 1966, 1968, 1969, 1970, 1971, 1973, 1980 u. 1985; sowie a. Alternativentwurf Sterbehilfe, 1986. Herausg.: Mißlingt die Strafrechtsreform? (1969); D. Abtreibungsverbot d. § 218 (2. A. 1972); Bust. z. Wirtschaftsstrafrecht (1972); Gesetzesentwurf Pressefreiheit (1972); Taschenb. z. Strafvollzug (1974). Üb. 400 Fachaufs. - Liebh.: Malerei (Dt. Expressionismus) - Spr.: Engl., Franz.

BAUMANN, Karl
Dr. med., Prof. f. Physiologie (Spez. Nieren) - Lenhartzstr. 15, 2000 Hamburg 20 (T. 48 99 12) - Geb. 12. Okt. 1934 Jena (Vater: Karl B., Bankkaufm.; Mutter: Martha, geb. Fröde), ev., verh. s. 1962 m. Ilsabe, geb. Schulz, 2 Kd. (Jörg, Jan) - Stud. Medizin - Promot. 1964 FU Berlin, Habil. 1970 Univ. Frankfurt - 1969 Assist. Prof. of Pharmacology Univ. of Louisville, Louisville (USA), 1975 Prof. f. Physiologie Univ. Hamburg - Spr.: Engl.

BAUMANN, Karl-Hermann
Dr. rer. oec., Dipl.-Kfm., Vorstandsmitglied Siemens AG - Wittelsbacherpl. 2, 8000 München 2 - Geb. 22. Juli 1935 - Stud. Betriebsw. Univ. München u. Saarbrücken (Dipl.-Kfm.).

BAUMANN, Kurt
Dr.-Ing., Geschäftsführer Heliowatt-Werke Elektrizitäts-Ges. mbH., Berlin 12 - Wilmersdorfer Str. 39, 1000 Berlin 12 - Geb. 17. Juni 1931.

BAUMANN, Ludwig

Dipl.-Berging., Dr. rer. nat. habil., o. Prof. an d. Bergakademie Freiberg/Sa. (s. 1966) - Straße der Einheit 8, O-9200 Freiberg (T. 0762 - 4 79 25) - Geb. 22. März 1929 Aue/Sa., verh. s. 1954 m. Ingrid, geb. Baumann, 2 Söhne (Klaus-Dieter, Frank) - Stud. Bergakad. Freiberg; Promot. 1957, Habil. 1964 Freiberg - 1957 Bergbau- u. Hüttenkombinat Freiberg/Sa.; 1965 Prof. u. Lehrstuhlleit. an d. Bergakad. Freiberg - Gesetze d. Zusammenhangs v. Lagerstättentektonik u. Mineralisation im Erzgebirge - BV: Introduction to Ore Deposits, 1967 (engl.); Einf. in d. Metallogenie-Minerogenie, 1976 (russ. 1979); Einf. in d. Geologie u. Erkundung d. Lagerstätten, 1979 (russ. 1979), 2. A. 1982; Entwickl.-gesch. d. Erde, Teil: Lagerstättenlehre u. Metallogenie, 1981/87/89; Einf. in d. Auflichtmikroskopie, 1991 - 1969 Ehrennadel d. Bergakad.; 1980 A. G. Werner-Ehrennadel d. GGW - Interessen: Erzlagerstätten, Metallogenie, Europ. Gesch. - Spr.: Engl.

BAUMANN, Manfred
Dr. paed. habil., Prof., Päd. Psychologie PH Halle-Köthen, FB Grundschullehrerausb. - Alte Str. 33, O-4370 Köthen (T. 33 15) - Geb. 21. April 1934 Nordhausen/Harz, ev., verh. s. 1959 m. Annerose, geb. Grieshammer, 2 Töcht. (Antje, Sigrun) - 1952-56 Stud. Musikerzieh. Univ. Halle; Promot. (Psychol.) Univ. Greifswald; Habil. (Päd. Psychol.) Univ. Halle - 1956-60 Lehrer Greifswald; wiss. Assist. Univ. Greifswald. S. 1966 Päd. Hochsch. Köthen, 1982-88 Sektionsdir., s. 1989 stv. Dir.; 1986-90 Vors. d. Sektion Pädag. Psychol. d. Ges. f. Psychol. d. DDR - BV: Lernen aus Lehrtexten u. Lehrtextgestaltung, 1982 - Interessen: Schulbuchforsch., Grundsch.forsch. - Spr.: Engl.

BAUMANN, Max
Dr. rer. nat., Prof. f. Experimentalphysik Univ. Tübingen - Eduard-Spranger-Str. 27/1, 7400 Tübingen 1 - Geb. 20. Nov. 1931 Neckarsulm/Württ.

BAUMANN, Max
Prof., Komponist - Waltharistr. 2d, 1000 Berlin 39 - Geb. 20. Nov. 1917 Kronach/Ofr., kath., verh. s. 1951 m. Hilde, geb. Schwarz - Musikhochsch. Berlin (Kapellm.ex.) - 1947 Chorleit. u. Kapellm. Stadttheater Stralsund; 1949 Doz. Musikhochsch. Berlin; 1963 Leit. Chor St.-Hedwigs-Kathedrale, Kammermusik, 3 Streichquart., 3 Klaviertrios, 2 Sinf., Klavierkonzert, 2 A-capella-Messen; Passion; Libertas cruciata; Cranach-Oratorium 1972 z. 500. Geburtst. d. Malers; Ballett Pelleas u. Melisande; Oratorium Auferstehung (1980); Concertino f. Horn u. Streichorch. (1989); div. Orgelwerke (1960-80); Konzert f. Orgel, Streichorch. u. Pauken - 1953 Kunstpreis Stadt Berlin - Liebh.: Schach.

BAUMANN, Michael
Dipl.-Kfm., Vorstandsmitglied Großkraftwerke Mannheim AG - Carl-Reiss-Str. 19 A, 6708 Neuhofen - Geb. 2. März 1934 Ludwigshafen.

BAUMANN, Ortwin
Unternehmer, Vors. Zentralverb. Parkett- u. Fußbodentechnik - Zu erreichen üb.: Meckenheimer Allee 71, 5300 Bonn 1 (T. 0228 - 63 12 01); Priv.- u. Geschäftsanschrift: Am Königsplatz 10, 6720 Speyer.

BAUMANN, Reinhold

Dr. jur., Bundesbeauftragter f. Datenschutz i. R. (1983-88) - Am Schörnchen 7, 5300 Bonn 2 - Geb. 3. Okt. 1924 Lindorf b. Kirchheim/Teck, verh. s. 1953 m. Hannah, geb. Unterberger - Gymn. Stuttgart-Bad Cannstatt; 1946-49 Stud. Rechtswiss. Univ. Frankfurt u. Tübingen; 1. Staatsex. 1949, 2. Staatsex. 1952; Promot. 1953 (b. Prof. Makarov) - 1953-57 Innenverw. Baden-Württ.; 1957-83 Bundesmin. d. Innern, s. 1973 Ministerialdirig. Unterabt. Verw., Ausl. u. Asylangelegenh.; 1983-88 Bundesbeauftr. f. d. Datenschutz.

BAUMANN, Richard
Dr. rer. nat., o. Prof. f. Mathematik TU München (Spez.: Ing.-Math. u. -Inform., Prozeßdatenverarb.) - Adolf-Kolping-Str. 8, 8018 Grafing b. München - Geb. 4. Okt. 1921 München (Vater: Karl B., Ing.; Mutter: Maria, geb. Zehetmaier), kath., verw. s. 1982, 2 Kd. (Maria, Martin) - Realgymn. (Abit. 1940), 1940/41 u. 1946-49 Univ. München (Math. u. Physik), Staatsex. 1948/49, Promot. 1956, Habil. 1966 - S. 1966 Forsch.- u. Lehrtätigk. TH bzw. TU München (1970 Ord.) - BV: Introduction to Algol (Lehrb. engl.) 1962; Algol-Manual (Lehrb.) 1963; Dritte Fachtagung Prozeßrechner, 1981.

BAUMANN, Walter
Vorstandsmitglied Oberhess. Versorgungsbetriebe AG - Hanauer Str. 9-13, 6360 Friedberg.

BAUMANN, Werner
Kaufmann (Fa. Ernst Baumann, Ot-

terndorf), Vizepräs. IHK Stade - Otterndorf/NE.

BAUMANN, Wilhelm
Steueramtmann, MdL Bayern (s. 1978, CSU) - Dittelbrunner Str. 62, 8720 Schweinfurt/Ufr. - Geb. 22. Dez. 1925 Schweinfurt (7 Kd.; Eltern: Simon (Eisenb.) u. Maria B.), kath., verh., 2 Kd. - Obersch. (Wehrdst. u. engl. Gefangensch.) - N. Vorbereitungsdst. u. Prüf. Finanzverw. Div. Parteiämter (u. a. Kreisvors. Schweinfurt u. Bezirksvorst. Unterfr.) - Sportinteressiert.

BAUMANN, Wolfgang
Dr. rer. nat., Dipl.-Phys., Univ.-Prof. u. Leiter Inst. f. Biomechanik Dt. Sporthochschule Köln - An der Ronne 55, 5000 Köln 40 - Geb. 24. Juni 1935 - Mitgl. Med. Kommiss. IOC.

BAUMANNS, Hans Leo

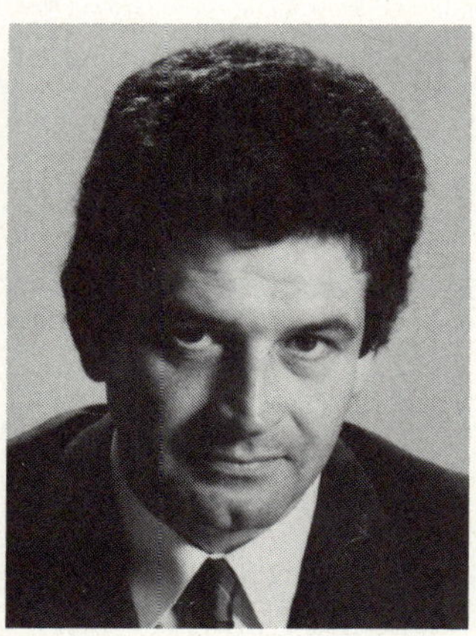

Dr. phil., Prof. f. Sozialpsychologie, Vorst. Inst. f. Angew. Sozialpsychol. Düsseldorf/Meerbusch (s. 1982), Publizist u. Gutachter (Public Relations, Kommunikations-Strategien) - v.-d.-Leyen-Str. 13, 4005 Meerbusch 1 (T. 02105 - 1 08 25) - Geb. 21. Dez. 1943 Schiefbahn b. Krefeld (Vater: Leo B.; Mutter: Margarethe, geb. Goertz), kath. - Human. Gymn. (Abit.); Stud. (Volksw., Soziol., Jura) - S. 1967 Aachen Consulting GmbH u. fr. Mitarb. Fernsehen, 1971-74 Hauptgeschäftsf. Konrad-Adenauer-Stiftg., Bonn, s. 1980 Dozent Singapore Inst. of Management, s. 1982 Gast-Prof. Taiwan National Univ., s. 1987 Vors. Ges. z. Förd. d. Freizeitwiss. mbH Erkrath - Begr. d. Lehrmeth. Programmierte Sozialwissenschaften - BV: Deformierte Ges.; Soziologie d. Bundesrep. Deutschl. (Übers. in Engl., Jap., Dän.); Demokratie a. d. Prüfstand; Methods of Applied Socio-Psychology; Pathologie d. Student. Revolution - Liebh.: Sammeln v. Asiatika - Spr.: Engl., Latein, Griech. - Dt. Ges. f. Soziol. s. 1969.

BAUMANNS, Peter
Dr. phil., Prof. f. Philosophie Univ. Bonn - Fliederweg 21, 5205 St. Augustin 1 (T. 02241 - 33 59 00) - Geb. 7. Jan. 1935 Heerlen (Vater: Matthias B., Angest., Mutter: Christine, geb. Faßbender), kath., verh. s. 1967 m. Ellen, geb. Thissen, 2 T. (Pia, Guida) - Gymn. Alsdorf; Univ. Bonn (Phil., Franz., Latein, Päd.) - 1963-65 Lektor Univ. Toulouse, s. 1965 Assist., Doz. u. Prof. Univ. Bonn - BV: D. Problem d. organis. Zweckmäßigk., 1965; Fichtes urspr. System, 1972; Fichtes Wiss.lehre, 1974; Einführ. in d. prakt. Phil., 1977; D. Ethik Kants, 1981; J. G. Fichte, 1990; Edition: Fichte, Versuch e. neuen Darst. d. Wiss.lehre - Liebh.: Musizieren - Spr.: Engl., Franz.

BAUMANNS, Rudolf
Dr. jur., Kanzler Univ. GH Duisburg - Lotharstr. 65, 4100 Duisburg.

BAUMBACH, Ernst Georg
Dipl.-Volkswirt, Aufsichtsratsvorsitzender der Dresdner Brot- u. Konditoreiwaren GmbH, Ehrenvors. Landesgruppe Nordrhein u. Ehrenmitgl. d. Präsid. Bundesverb. d. Dt. Süßwarenind., Bonn - Marderweg 8, 5000 Köln-Brück - Geb. 2. Nov. 1919 Niedertreba/Thür., ev., verh., 3 Kd. - Dipl.-Volksw. 1949 Göttingen.

BAUMBACH, Siegfried
Dr. rer. nat. (habil.), Prof., Astronom - Detlev-v.-Liliencron-Str. 17, 2000 Norderstedt (T. Hamburg 524 90 13) - Geb. 6. Juli 1907 - U. a. Ltd. Regierungsdir. Dt. Wetterdst. Hamburg. S. 1957 Honorarprof. Univ. Kiel (Astronomie).

BAUMBAUER, Frank
Theaterdirektor - Maria-Eck-Str. 63, 8227 Siegsdorf/Obb. - Geb. 2. Sept. 1945 München (Vater: Erich B., Kaufm.; Mutter: Erna, geb. Meier), kath., gesch. - Univ. München (German., Soziol., Theaterwiss.) - S. 1975 Bayer. Staatsschauspiel München (b. 1983 Leit. Künstler. Betriebsbüro, dann Schauspieldir.), 1986 stv. Schauspielint. Staatstheater Stuttgart, ab 1988 Dir. Theater Basel, Schweiz - Spr.: Engl., Franz., Ital.

BAUMBUSCH, Friedrich
Dr. med., Prof., Direktor Urolog. Klinik i.R. Städt. Krankenanstalten, Krefeld - Brucknerstr. 26, 4005 Meerbusch 1 - Geb. 13. Okt. 1922 Köln (Vater: Otto B., Industriekfm.; Mutter: Elisabeth, geb. Eith), kath., verh. in 2. Ehe m. Barbara, geb. Jaquet, 4 Kd. - Univ. Freiburg/Br., Wien, Marburg (Med. Staatsex. u. Promot 1948) - S. 1967 Chefarzt Krefeld. S. 1962 (Habil.) Lehrtätigk. Univ. Mainz (1969 apl. Prof. f. Chir. u. Urol.). Mitarb.: Handb. d. Urol. (Bd. VII/2 1965). Zahlr. Fachveröff.

BAUMEIER, Stefan-Michael
Dr. phil., Landesmuseumsdirektor Westf. Freilichtmus. Detmold - Papenbergweg 8 A, 4930 Detmold (T. 05231 - 2 38 53) - Geb. 31. Okt. 1940 Münster (Vater: Josef B.; Mutter: Agnes, geb. Borchard), kath., verh. s. 1970 m. Barbara, geb. Rokus, 2 Kd. - Promot. 1970 Univ. Münster - 1970-76 Wiss. Ref. u. Kustos; ab 1976 Leit. Westf. Freilichtmus. Detmold (Landesmus. f. Volkskd.); s. 1984 Lehrauftr. Univ. Münster. 1973-79 Geschäftsf. Arbeitskr. f. Hausforsch., ab 1978 2. Vors. Naturwiss. u. hist. Verein f. d. Land Lippe, ab 1971 Mitgl. Volkskundl. Kommiss. f. Westf., ab 1990 Vorst.-Mitgl. Vereinig. Europ. Freilichtmuseen - BV: D. Bürgerhaus in Warendorf, 1974; D. Westf. Freilichtmus. Detmold, 1981; Westf. Bauernhäuser - V. Bagger u. Raupe gerettet, 1983. Aufs. u. a. D. Valepagenhof im Westf. Freilichtmus. Detmold, 1982; Hist. Handwerksbetriebe, 1986; Hallenhäuser d. Beamtenaristokratie, 1988. Begr. u. Herausg.: Schriften d. Westf. Freilichtmus. Detmold (ab 1979); Einzelführer d. Westf. Freilichtmus. Detmold (ab 1980); Beiträge z. Volkskunde u. Hausforsch. (ab 1986); Westf. Volkskunde in Bildern (ab 1988) - 1982 Wilh.-Zuhorn-Plak., Warendorf.

BAUMER, Franz
Dr. phil., Schriftsteller - Tengstr. 37, 8000 München 40 - Geb. 7. Mai 1925 München - BV: Hermann Hesse, Biogr. 1959; Franz Kafka, Biogr. 1960; D. Maulwurfshügel, R. 1961; Paradiese d. Zukunft - D. Menschheitsträume v. besseren Leben, 1966; Ernst Jünger, Biogr. 1967; V. Zauberkult z. Psychoanalyse - D. Entdeckungsgesch. d. menschl. Seele, 1970; Teilhard de Chardin, Biogr. 1971; Otto Hahn, Biogr. 1974; Siegf. v. Vegesack, Biogr. 1974; Gewußt wo - gewußt wie, Methoden d. geist. Arbeit, 1974; E. M. Remarque, Biogr. 1976; D. sanfte Gesetz, R. 1978; Goldene Toskana, Sachb. 1979; Adalbert Stifter, d. Zeichner u. Maler, 1979; Traumwege durch Rätien - E. kulturgesch. Wanderung im rätoroman. Graubünden u. im ladinischen Südtirol, 1981; Willst leben-muaßt weben. D. Weber im Bayer. Wald, Sachb. 1984; Sizilien, 1985; Carl v. Ossietzky, Biogr. 1985; Reinhold Schneider, Biogr. 1987; Christa Wolf, Biogr. 1988; Adalbert Stifter, Biogr. 1989; L. Anzengruber, Biogr. 1989; König Artus u. sein Zauberreich. E. Reise zu d. Ursprüngen, Sachb. 1991; Arthur Schnitzler, Biogr. 1992. Div. Herausg. Hör- u. Fernsehsendungen - Intern. Filmpreise f. TV-Filme.

BAUMERT, Georg
Dr. jur., Prof. f. Bürgerl. Recht u. Arbeitsrecht - Van't-Hoff-Str. 8, 1000 Berlin 33 - Geb. 27. Mai 1930 Berlin - Promot. 1956 - S. 1971 Prof. FU Berlin.

BAUMGÄRTEL, Gottfried
Dr. jur. em., o. Prof. f. Bürgerl. Recht u. Zivilprozeßrecht - Zu erreichen üb. Inst. f. Verfahrensrecht, Albertus-Magnus-Pl., 5000 Köln 41 - Geb. 24. Sept. 1920 Leipzig (Vater: Prof. Dr. theol. Friedrich B. (s. dort) †1981; Mutter: Margarete, geb. Steinert †1969), ev., verh. s. 1984 m. Martha, geb. Ippisch, 5 Kd. - Gymn. Greifswald; Univ. Göttingen, Erlangen, Berlin - 1956 Privatdoz. Univ. Erlangen; 1960 Ord. Univ. Marburg, 1966 Univ. Köln - BV: Wesen u. Begriff d. Prozeßhandlung e. Partei im Zivilprozeß, 1957 (auch japan.); D. Gutachter-u. Urteilstätigk. d. Erlanger Juristenfak. im ersten Jahrhundert ihres Bestehens, 1962; D. Zivilprozeßrechtsfall, 7. A. 1987; D. griech. Zivilprozeß-Gesetzb. (m. Rammos), 1969; Einführ. in d. Zivilprozeßrecht, 7. A. 1986; Zivilprozeßrecht - grundl. Entscheid., 2. A. 1977; Rechtstatsachen z. Dauer d. Zivilprozesses - 1. Inst. (m. Mes), 1972 - 2. Inst. (m. Hohmann), 1972; Gleicher Zugang z. Recht f. alle, 1976; Handbuch d. Beweislast, 1982 (m. Laumen, Strieder u. Wittmann), 2. A. 1991, Bd. 2 (m. Laumen u. Strieder), 1985, Bd. 3 (m. Hohmann u. Ulrich), 1987 (Hrsg.), Bd. 4 (m. Giemulla, Korioth, Reinicke u. Wittmann), 1988. Herausg. d. Reihe Prozeßrechtl. Abhandl., Bd. 28-62, u. Mitherausg. d. Reihe Japan. Recht - 1973 Ehrenmitgl. Jap. Zivilprozeßlehrervereinig., Tokio; 1977 Dr. h. c. Keio-Univ. Tokio, 1982 Dr. h. c. Vrije Univers. Brüssel, 1991 Dr. h. c. Aristoteles-Univ. Thessaloniki; 1984 jap. Orden d. Aufgeh. Sonne 3. Kl.

BAUMGÄRTEL, Helmut
Dr. rer. nat., o. Prof. f. Physikal. Chemie FU Berlin (gf. Dir. Inst. f. Physikal. Chemie u. Quantenchemie) - Siemensstr. 44, 1000 Berlin 46.

BAUMGÄRTEL, Hermann
Dr. med., Prof., Chirurg u. Urologe, Chefarzt Urol. Klinik Städt. Krankenhaus Siloah, Hannover (s. 1972) - Franzburger Str. 8, 3007 Gehrden - Geb. 6. Sept. 1932 Berlin - Stud. Berlin, Göttingen, Kiel; Promot. 1959 Kiel, Habil. 1971 FU Berlin - 1969 Studienreise USA; 1971 Prof. FU Berlin; 1976 apl. Prof. Med. Hochsch. Hannover - Ständ. Sekr., 1990/91 Präs. d. Vereinig. Nordd. Urologen - Üb. 100 Fach- u. Fortb.-Veröff. Mithrsg.: Carcinoma of the Prostate (1969) - 1959 Fak.preis Kiel.

BAUMGÄRTNER, Alfred Clemens
Dr. phil., o. Prof. f. Didaktik d. Dt. Sprache u. Lit. - Spitzengarten 29, 8780 Gemünden (T. 89 82) - Geb. 16. Juli 1928 Wiesbaden (Vater: Gustav B., Bankkfm.; Mutter: Luise, geb. Höffchen), kath., verh. s. 1956 m. Ingrid, geb. Meffert, Sohn Alexander - 1946-52 Univ. Mainz (Anglistik, German., Päd.; Promot. 1952) - 1953-60 Schuldst.; 1960-62 Wiss. Assist. Päd. Inst. Jugenheim; 1962-65 Doz. Päd. Hochsch. Eßlingen; 1965-70 ao. Prof. Univ. Gießen; 1970-72 o. Prof. Univ. Frankfurt; s. 1972 Univ. Würzburg - BV: u. a. D. Ballade als Unterrichtsgegenstand, 1964; D. Welt d. Comics, 1965; Aspekte d. gemalten Welt, 1968; Perspektiven d. Jugendlektüre, 1969; Wozu Lit. in d. Schule?, 1970; Jugendlit. im Unterricht, 1972; Lesen - Ein Handbuch, 1973; Literaturunterricht m. d. Lesebuch, 1974; Dt. Jugendbuch heute, 1974; Zurück z. Literatur-Unterricht?, 1977; Ansätze hist. Kinder- u. Jugendbuchforsch., 1980; Textarbeit, 1980; Literaturrezeption bei Kindern u. Jugendl., 1982; Volksüberlieferung u. Jugendlit., 1983; Wege z. Kinder- u. Jugendb., 1985; Abc u. Abenteuer, 1985; Mythen, Märchen u. mod. Zeit, 1987. Erzählende Werke u. a.: D. Fluß hinab u. weiter, 1983; Jenseits d. Berge, 1983; D. Tag d. Löwen, 1985; Milans Entscheidung, 1987; Im Dickicht, 1990; D. Freiheit d. Condors, 1991. Übers. ins Engl., Franz., Jap. u. Span. - 1982 Kurt-Lütgen-Sachbuchpreis; 1986 IBBY Honour List; 1987 BVK am Bde. - Liebh.: Fischen, Hunde, Schießsport - Spr. Engl.

BAUMGÄRTNER, Franz
Dr. rer. nat., Prof. f. Radiochemie TU München - Zu erreichen üb. TU München, 8000 München - Geb. 3. Mai 1929 München, verh. m. Edith, geb. Götz, 4 Kd. (Ingrid, Hildegard, Ulrich, Christoph) - TH München (Chemie); Promot. 1956, Habil. 1961 - 1964-76 o. Prof. Univ. Heidelberg (Wiss. Arbeitsgeb.: Metallorgan. Transuranverbindung, Wiederaufarbeitung v. Kernbrennstoffen, chem. Analyse v. Aerosolen u. hochradioaktiven Stoffen, Tritium-Analyse), 1964-79 Leit. Inst. f. Heiße Chemie Kernforschungszentr. Karlsruhe, 1976-79 o. Prof. Univ. Mainz, s. 1979 o. Prof. TU München, Berater wiss. Ges. u. Bundesmin., 1985-89 Mitgl. d. Dt. Reaktor-Sicherheitskommiss. - Korr. Mitgl. Akad. d. Wiss. u. Lit. Mainz; 1988 Otto-Hahn-Preis.

BAUMGÄRTNER, Franz Josef
Dr. phil., Ministrialrat a. D. - Ebersberger Str. 3, 8000 München 27 (T. 98 40 48) - Geb. 9. Mai 1911 München (Vater: Georg B., Journ.; Mutter: Anna, geb. Körner), kath., verh. - Univ. München - B. 1934 Redakt. Bayer. Staatszeitg.; n. Kriegsende Leit. Pressest. Reg. Niederbay./Oberpfalz u. Ref. f. Publ. Bayer. Statist. Landesamt, München; 1948-63 Dir. Presse- u. Inforamtionsamt Bayer. Staatskanzlei; s. 1963 Leit. Luftfahrtref. Bayer. Wirtschaftsmin.; b. 1973 Ministerialrat Bayer. Ministerium f. Wirtsch. u Verkehr.

BAUMGÄRTNER, Klaus
Dipl.-Ing., Direktor, Geschäftsführer - Bockumer Str. 223, 4000 Düsseldorf 31 - Geb. 3. Jan. 1924 - Dir. Messer Griesheim GmbH, Düsseldorf; Geschäftsf. SIG-Sauerstoffwerk Frankfurt GmbH u. Cryotec GmbH München.

BAUMGÄRTNER, Wolfgang
Dipl.-Ing. (FH), Kaufm. Direktor, Vorstandsmitgl. Friedr. Schoedel AG, Münchberg - Parkstr. 19, 8660 Münchberg/Ofr. - Geb. 12. Mai 1941 Hof/S. (Vater: Christian B., Dir.; Mutter: Hildegard, geb. Schoedel), ev., verh. s. 1966 m. Rosmarie, geb. Trippel, 3 Kd. (Annatina, Kathrin, Alex) - Abit. - 1965-69 Organisator Fa. Gugelmann; Schatzmeister IV-Gewebe Ffm.

BAUMGARDT, Brigitte,
geb. Mlodzek
Ikebana-Prof. (jap.), (Ps. Koetsu) - Rosenweg 1, 8031 Seefeld-Meiling (T. 08153-12 05) - Geb. 1. Jan. 1933 Plötzig/Westpr. (Vater: Josef M.; Mutter: Klara, geb. Dams), kath., verh. s. 1954 m. Prof. Dr. Joh. B., 2 T. (Verena, Thekla) - 1959-65 Ikebana-Stud. in Verbind. m. Kunstgesch., Lehrdipl./Grad. Akad. Tokio - Ikebana-Lehrerin, Ausbild. v. I.-Lehrern - BV: Ikebana Kunst d. lebendigen Blüte; Ikebana Studien- u. Übungsb.; Wege z. floralen Kunst - Eig. Ausst. - Kunstwerke: Transp. Skulpturen; Aquarellmalerei.

BAUMGARDT, Johannes
Dr. rer. pol., o. Prof. f. Wirtschafts- u. Sozialpädagogik sow. Betriebswirtschaftl. Personallehre, Univ. München (s. 1966) - Rosenweg 1, 8031 Seefeld-Meiling/Obb.

(T. Weßling 12 05) - Geb. 15. Febr. 1930 Hamburg (Vater: Otto B.; Mutter: Elisabeth, geb. Czech), verh. m. Brigitte, geb. Mlodzek - Stud. Rechts- u. Wirtschaftsw. sow. Erziehungsw.

BAUMGART, Dieter Jürgen
Freier Bildjournalist DJV - Im Falkenhorst 10, Postf. 90 08 63, 5000 Köln 90 (T. 02203 - 3 33 46) - Geb. 22. Nov. 1934 Berlin, verh. s. 1963 m. Gerlinde, geb. Hübner, 2 Kd. (Sven, Swantje) - Fotograf, Schriftst. u. Geschichtenerz., Inh. Verlag Edition Salagou, Verf. v. Tonbildschauen, Mitgl. Autorengemeinsch. Literaten-Treff Köln - BV: Gesch. im Bergwerk, 1979; Lyrik-Poster, 1984; Aphorismen-Serie 'à la carte', 1991; Anthologie Literaten-Treff 1991/92, 1991 - Liebh.: Grafik, Satire, Antiquitäten.

BAUMGART, Hans-Dieter
Dr. rer. nat., Dipl.-Phys., Geschäftsführer Rhein.-Berg. Druckerei- u. Verlagsges. (Rheinische Post), u. RB Presse Data GmbH, Düsseldorf - Zülpicher Str. 10, 4000 Düsseldorf 11 (T. 0211 - 50 50) - Geb. 7. Febr. 1940 Berlin (Vater: Dr. Karl B., Dipl.-Ing.; Mutter: Else, geb. Schulte).

BAUMGART, Peter
Dr. phil., o. Prof. f. Neuere Geschichte Univ. Würzburg (s. 1967) - Am Schenkensfeld 11a, 8707 Veitshöchheim - Geb. 7. Sept. 1931 - 1964-67 Privatdoz. FU Berlin - BV: Zinzendorf als Wegbereiter histor. Denkens u. a.

BAUMGART, Reinhard
Dr. phil., Schriftsteller - Eichleite 46, 8022 Grünwald/Obb. (T. München 641 21 02) - Geb. 7. Juli 1929 Breslau (Vater: Dr. med. Reinhard B., Arzt; Mutter: Gertrud, geb. Jonas), ev., verh. s. 1954 m. Hildegard, geb. Bruns, 3 Kd. (Ulrike, Matthias, Julia) - Obersch.: Stud. Gesch. u. Lit.wiss. Promot. 1953 Freiburg/Br. - 1953-54 Lektor Univ. Manchester; 1955-62 Lektor Piper-Verlag, München; s. 1962 fr. Schriftst. 1969-74 Kritiker Süddt. Ztg.; 1970-74 Vorst.smitgl. Verb. Dt. Schriftst. - BV: u. a.: Hausmusik, R. 1962; D. Ironische u. d. Ironie in d. Werken Thomas Manns, Ess. 1964; Lit. f. Zeitgenossen, Ess. 1966; Panzerkreuzer Potjomkin, Erz. 1967; Aussichten d. Romans oder Hat d. Lit. Zukunft? - Frankf. Vorles., 1968; Über Uwe Johnson, 1970; D. verdrängte Phantasie, Ess. 1974; Jettchen Geberts Geschichte, Theaterst. UA. 1978 - Mitgl. PEN-Zentrum BRD - Liebh.: Segeln, Skilanglauf - Spr.: Engl. - Bek. Vorf.: Lukas Cranach d. Ä. u. d. J. (ms.).

BAUMGART, Winfried

Dr. phil., Dipl.-Dolm., o. Prof. f. Mittlere u. Neuere Gesch. Univ. Mainz (s. 1973) - Südring 39, 6500 Mainz-Bretzenheim (T. 06131 - 33 15 54) - Geb. 29. Sept. 1938 Streckenbach/Schles. (Vater: Emil B., Beamter; Mutter: Anna, geb. Hepke), kath., verh. s. 1963 m. Apothekerin Gisela, geb. Thamm, 2 Kd. (Anja, Matthias) - Schulen Döhlen u. Oldenburg; 1958-66 Univ. Saarbrücken, Genf, Edinburgh - 1966-71 Assist. Univ. Saarbr. u. Bonn; 1971 Prof. f. Gesch. Univ. Bonn; 1978-79 Konrad-Adenauer-Prof. an d. Georgetown-Univ., Washington, D. C.; 1988/89 Gastprof. an d. Sorbonne III, 1990/91 an d. Univ. Glasgow - BV: u. a. Dt. Ostpolitik 1918, 1966; Brest-Litovsk, 1969; Unternehmen „Schlußstein", 1970; D. Friede v. Paris 1856, 1972 (Neuaufl. in engl. Übers. 1981); Deutschland im Zeitalter d. Imperialismus, 5. A. 1986; V. Europ. Konzert z. Völkerbund, 2. A. 1987; D. Imperialismus, 1975 (Neuaufl. in engl. Übers. 1982); Bücherverz. d. dt. Gesch., 9. A. 1991; D. Julikrise u. d. Ausbruch d. Ersten Weltkrieges 1914, 1983. Herausg.: V. Brest-Litovsk z. dt. Novemberrevolution (1971); Frhr.-v.-Stein-Gedächtnisausg., Neuzeitl. Reihe (1977ff.); Akten z. Gesch. d. Krimkriegs (1979ff.); Quellenkd. z. dt. Gesch. d. Neuzeit (1977ff.) - Liebh.: Wandern - Spr.: Engl, Franz., Russ.

BAUMGART, Wolfgang
Dr. phil. (habil.), em. o. Prof. f. Theaterwissenschaft - Ebrardstr. 11, 8520 Erlangen - Geb. 26. Juli 1910 Berlin - Univ. Berlin, Freiburg/Br., Heidelberg - Dr. 1944 Privatdoz. Univ. Breslau; 1946-58 Privatdoz. u. apl. Prof. (1950) Univ. Erlangen; s. 1958 Ord. u. Inst.dir. FU Berlin - BV: D. Zeit d. alten Goethe, Annalen d. dt. Lit., 1951, 2. A. 1962; Philine (Fschr. Sühnel), 1967; Prospero (Fschr. Alewyn), 1967; Der Gelehrte als Herrscher (Fschr. Gruenter), 1978; Helena (Antike u. Abendland), 1982; Mephistopheles u. d. Emanzipation d. Bösen (Fschr. Gruenter), 1988. Mitarb. Züricher Goethe-Gedenkausg. 1949; dtv-Goethe-Gesamtausg. 1961.

BAUMGARTE, Hans
Dipl.-Ing., Fabrikbesitzer, Kompl. Dipl.-Ing. H. Baumgarte KG., Geschäftsf. B.G.V. G.m.b.H. (Tochter Fa. Eisengießerei, Baumgarte G.m.b.H.) - Duisburger Str. 35, 4800 Bielefeld 14 - Geb. 24. Okt. 1917 - TH.

BAUMGARTE, Joachim
Dr.-Ing., Dipl.-Phys., Prof. Univ. Braunschweig (s. 1968) - Blankenburger Str. 8a, 3389 Braunlage (T. 05520 - 39 10) - Geb. 2. Juli 1922 Guben (Vater: Curt B., Oberinsp.; Mutter: Gertrud, geb. Dolling), verh. s. 1963 m. Gisela, geb. Stübner, T. Cornelia - Promot. 1954 - 1951-58 Geophysiker; 1958-68 Doz. Staatl. Ing.sch. Wolfenbüttel. Fachmitgl.sch. - Spr.: Engl.

BAUMGARTEN, Edwin
Dr. rer. nat., Wiss. Rat, Abteilungsleiter Inst. f. Physikal. Chemie u. Prof. f. Physikal. Chemie u. Chem. Technol. Univ. Düsseldorf (s. 1970) - Zwengenberger Str. 11a, 5657 Haan/Rhld. - Geb. 14. April 1933 Berlin - Promot. 1962; Habil. 1970 - Zul. TU Clausthal. Üb. 50 Facharb.

BAUMGARTEN, Egon
Regisseur, Dir. Fritz Rémond-Theater im Zoo (s. 1985) - Alfred-Brehm-Pl. 16, 6000 Frankfurt/M. (T. 069-44 40 04) - Geb. 7. Nov. 1949 Frankfurt/M., verh. s. 1975 m. Renate, geb. Volhard, 2 T. (Susanne, Lena) - Stud. Theaterwiss. Univ. München - Zahlr. Insz. in Frankfurt, Düsseldorf, Aachen, Krefeld u. f. Tournee-Prod.

BAUMGARTEN, Hans-Georg
Dr. med., M. D., Prof. f. Anatomie unt. bes. Berücks. d. Neuroanat. - Königin-Luise-Str. 15, 1000 Berlin 33 - B. 1975 Privatdoz., dann Prof. Univ. Hamburg; 1979 Lehrstuhl f. Anatomie, FU-Berlin.

BAUMGARTEN, Helmut
Dr.-Ing., Prof. f. Angew. Maschinenwesen, insb. Förderw., TU Berlin (gf. Dir. Inst. f. Maschinenw. b. Bergbau u. Hüttenbetrieb) - Badenallee 25, 1000 Berlin 19.

BAUMGARTEN, Michael
Dr. phil., gf. Dramaturg Schauspiel u. Regisseur Volkstheater Rostock (s. 1991) - Lange Str. 11, O-2500 Rostock 1 - Geb. 28. Dez. 1952, ev., ledig - Stud. FU Berlin; Promot. 1991 FU Berlin - 1979-82 Dramat. Landestheater Württ.-Hohenzollern, Tübingen; 1982/83 Gastdoz. f. Dramat. Hochsch. d. Künste Berlin; 1984-90 Ruhrfestspiele Recklinghausen - BV: D. Freiheit wächst auf keinem Baum..., 1979 (m. Wilfried Schulz); D. Rose-Theater. E. Volkstheater im Berliner Osten 1906-1944. Herausg.: Märkisches Museum Berlin (m. Ruth Freydank).

BAUMGARTEN, Werner
Direktor - Schwabenheimer Str. 6, 6803 Edingen/N. - Geb. 25. April 1932 - Geschäftsf. Felina-Gruppe u. a.

BAUMGARTL, Franz
Dr. med., Prof., Chefarzt a. D. II. Chirurg. Klinik - Krankenhauszweckverband, 8900 Augsburg - Geb. 22. Nov. 1920 Untersekerschan -S. 1956 (Habil.) Lehrtätig. Med. Akad. bzw. Univ. D'dorf (1962 apl. Prof. Chir. u. Unfallheidkd.) - BV: D. Kniegelenk, 1964. Zahlr. Einzelarb. - 1966 Langenbeck-Preis. Mitherausg. 8-bänd. Operationslehre „Spezielle Chirurgie f. d. Praxis".

BAUMGARTL, Wolf-Dieter
Vorstandsvorsitzender AMB Aachener u. Münchener Beteiligungs-AG - Aachener u. Münchener Allee 9, 5100 Aachen - Geb. 17. Aug. 1943, verh. - In- u. ausl. AR- u. Beiratsmand., u.a. AR-Vors. AdvoCard Rechtsschutz Versich. AG, BfG Bank AG, Cosmos Versich. AG, Cosmos Lebensversich.-AG, d. individuale Lebensversich.-AG.

BAUMGARTNER, Albert
Dr. rer. nat., Dr. h. c., Dipl.-Meteorol., em. o. Prof. f. Bioklimatol. u. angew. Meteorol. Univ. München (s. 1973) - Falkenhorstweg 4a, 8000 München 71 - Geb. 13. Nov. 1919 Feldkirchen (Eltern: Ehel. Simon u. Christine B.), kath., verh. s. 1948 m. Irene, geb. Kubel, 2 Töcht. (Angelika, Irene) - Dipl.ex. 1943 Berlin; Promot. 1956, Habil. 1965 München - 1970-85 Vorst. Inst. f. Meteorol. Forstl. Forschungsanst. München - BV: D. Weltwasserbilanz, 1975 (a. engl.); Wasserhaushalt d. Alpen, 1983; Allg. Hydrologie, 1990 - 1960 Honorary Member Wiscons. Phenological Soc.; 1980 Goldmed. Int. Soc. Biometeorology; 1984 Paulaner Forschungspreis; 1989 Bayer. Staatsmed.; 1983 Mitgl. Wiss. Komm. f. großräumige Klimaforsch., Rheinisch-Westf. Akad. d. Wiss. Düsseldorf - Spr: Engl., Franz. - Mitgl. Lions Club, München-Nymphenburg.

BAUMGARTNER, Fritz

Maler u. Graphiker - Loristr. 3a, 8000 München 2 (T. 089 - 129 52 32) - Geb. 14. April 1929 Aurolzmünster (Österr.) - N. Abit. (1949) Akad. d. bild. Künste München (1949-56); Intern. Sommerakad. Salzburg/Oskar Kokoschka (1955); Studienaufenth. Paris (1956-58; 1. J. Franz. Staatsstip.) - Hauptw.: Aeneas (1962), D. neue Jerusalem (1966), I nuovi disastri della guerra (1976), Historia sacra (1982), D. Trojan. Krieg (1983), Paradies (1984), Vita d. Hl. Bruder Konrad (1986), Evangelistar (1991), Jel. Therese Gerhardinger (1991). Einzelausst. in Galerien u. Museen: Mailand (1953 u. 70), München (1954, 55, 60, 62, 63, 73, 77, 79, 89, 91, 92), Paris (1957 u. 58), Köln (1961, 77, 80, 83, 87), Augsburg (1965 u. 87), Frankfurt (1965), Turin (1967, 69, 72, 74, 76, 78, 80, 82, 84, 86 u. 90), Rom (1970, 74 u. 78), Amsterdam (1971, 74 u. 77), Palermo (1971), Stuttgart (1977, 79 u. 89), Luxemburg (1977 u. 78), Basel (1978), Bonn (1980), Düsseldorf (1983 u. 87), Alessandria (1991) - 1959 Preis f. Malerei Dt. Ev. Kirchentag München, 1970 Kunstpr. Prov. Turin, 1976 Grolla/Offiz. Ehrenpr. Region Aosta; 1972 Gold. Verdienstmed. Rep. Italien, 1972 Ehrenmed. Stadt Turin - Spr.: Engl., Franz., Lat., Ital.

BAUMGARTNER, Hans
Geschäftsführer FORBO-SALUBRA GmbH, Grenzach-Wyhlen 1 - Muttenzerstr. 23, 7889 Grenzach-Wyhlen 1 - Geb. 8. Juli 1932 - Ing. (grad.).

BAUMGARTNER, Hans Michael
Dr. phil., o. Prof. f. Philosophie Univ. Bonn (s. 1985) - Adenauerallee 11, 5300 Bonn - Geb. 5. April 1933 München (Vater: Josef B., Amtsrat; Mutter: Sophie, geb. Geßner), kath., verh. s. 1960 m. Ilse, geb. Ballauf, 2 Kd. (Aurelia, Daniela) - Stud. d. Phil., Psychol., Moraltheol., Math.; Promot. 1961 München, Habil. 1971 ebd. - 1971-76 Privat- u. Univ.doz. (1975) München; 1976-85 Prof. Univ. Gießen. Mitgl. Allg. Ges. f. Phil. in Dtschl. u. Schelling-Kommiss. Bayer. Akad. d. Wiss. - BV: D. Unbedingtheit d. Sittlichen. E. Auseinandersetzung m. Nicolai Hartmann, 1962; J. G. Fichte-Bibliogr., 1968 (m. Wilhelm G. Jacobs); Kontinuität u. Gesch. Z. Kritik u. Metakritik d. histor. Vernunft, 1972; Phil. in Dtschl. 1945-1975 (m. H.M. Sass), 1978; Kants Kritik d. reinen Vernunft, 1985 - Liebh.: Ski, Tennis - Spr.: Engl., Ital.

BAUMGARTNER, Johann (Hans)
Lehrer, Schriftst. - Klosterweg 4, 8090 Wasserburg - Geb. 16. Mai 1939 Wasserburg am Inn, kath., verh. m. Dietlinde, geb. Kaßler, 3 Kd. (Regine, Martin, Andreas) - Oberrealsch. Wasserburg; PH u. Univ. München - Fr. Mitarb. Bayer. Rundf. - BV: Zu meiner Zeit, Bilderz. 1978; Ochs am Berg, Erz. u. Wechselreden, 1980; Bairische Sagen (aufgez. u. herausg.), 1983; Wasserburger Leseb., 1987; Veröff. in Lyrikanthol., 1981 u. 82.

BAUMGARTNER, Konrad
Dr. theol., Prof., Theologe, Ordinarius Univ. Regensburg (Pastoraltheol.) - Blumenstr. 16, 8417 Lappersdorf 2 (T. 0941 - 8 03 31) - Geb. 30. Okt. 1940 Altötting, kath. - Promot. Dr. theol.

1975 München - 1976-80 Prof. Eichstätt, s. 1980 Regensburg.

BAUMGARTNER, Walter
Dr. phil., Prof. f. Germanistik u. Skandinavistik Ruhr-Univ. Bochum - Bochumer Str. 134, 4322 Sprockhövel 1 (T. 02324 - 7 95 64) - priv. 27. Juli 1941 Zofingen/Schw. (Vater: Rudolf B., Innenarch.; Mutter: Rosa, geb. Hartinger), verh. s. 1974 m. Unn, geb. Andersson, 2 Kd. (Ask, Balz) - Stud. German. u. Skandin. in Zürich, Uppsala, Oslo (Lic.-phil. 1968 Zürich, Dr. phil. 1976 ebd.) - 1971-76 Forsch.-Assist. Univ. Kiel; 1976-80 Assist. Univ. Zürich; 1979 Gastprof. Univ. Chicago; 1980 ff. Prof. Ruhr-Univ. Bochum - BV: Tarjei Vesaas. E. ästh. Biographie, 1976; Triumph d. Irrealismus. Rezeption skandin. Lit., 1979 - Spr.: Schwed., Dän., Norw., Engl., Franz.

BAUMHAUER, Werner
Dipl.-Ing., Regierungsvermessungsdirektor a.D., Staatssekretär Finanzmin. Baden-Württ. (s. 1992), MdL Baden-Württ. (s. 1972) - Emil-Nolde-Str. 55, 7920 Heidenheim/Brenz (T. 6 23 94) - Geb. 12. Nov. 1930 Massenbachhausen Kr. Heilbronn, verh., 2 Kd. - Volkssch. Heilbronn; 1944-47 Vermessungstechnikerausbild. Stadtverw. Heilbronn; 1948-50 Obersch. Heilbronn (Abitur); 1951-55 TH Stuttgart. 1955 Dipl.-Ing.; 1958 Stadtex. - S. 1966 Leit. Staatl. Vermessungsamt Heidenheim (1972 Reg.vermessungsdir.). 1987-92 Staatssekr. Min. f. Umwelt Baden-Württ. CDU.

BAUMS, Georg
Geschäftsführer Publicis/FCB Communication GmbH, Düsseldorf, Vorst. Gesamtverb. Werbeagenturen, Frankfurt/M. - Hofermühle 27, 5628 Heiligenhaus - Geb. 17. Nov. 1935.

BAUMS, Theodor
Dr. jur., Univ.-Prof. Univ. Osnabrück - Katharinenstr. 15, 4500 Osnabrück - Geb. 29. April 1947, kath., verh. m. Dr. Brigitte, geb. Stammberger, 2 Söhne (Philipp, Wolfgang) - Gymn. Trier; Stud. Rechtswiss. u. kath. Theol. Univ. Bonn; 1. jurist. Staatsex. 1974; Promot. 1981; Habil. 1985 Bonn - 1977 Ass.; Fachanwalt f. Steuerrecht; Vorst. d. Inst. f. Kommunalrecht; 1990/91 Forsch.aufenth. Berkeley/USA - BV: Preußisches Aktiengesetz, 1980; Eintragung v. Gesellschafterbeschl., 1981; Entwurf e. HGB 1848/49, 1982; D. Geschäftsleitervertrag, 1987; Kartellrecht in Preußen, 1990; Verbindungen z. Banken u. Unternehmen im amerik. Wirtschaftsrecht, 1992. Mitautor Frankf. Komm. z. GWB u. Großkomm. AktG - 1981 Univ.-Preis Univ. Bonn - Liebh.: Lit., Musik, Reisen - Spr.: Engl., Franz., Russ.

BAUMÜLLER, Günter
Dipl.-Ing., Geschäftsführer Baumüller Nürnberg GmbH - Ostendstr. 80, 8500 Nürnberg 30 (T. 0911 - 54 32-102) - Geb. 11. Aug. 1940 Nürnberg (Vater: Heinrich B.; Mutter: Else, geb. Fenne), kath., verh. s. 1969 m. Ursula, geb. Alpert, 2 Kd. (Karin, Andreas) - Abit. 1959 Nürnberg; Stud. TH Aachen (Dipl. 1966) - Geschäftsf. s. o.; Werke in Nürnberg, Kitzingen, Bad Gandersheim, Baumüller Anlagen-Systemtechnik GmbH & Co., Nürnberg, Baumüller Reparaturwerk-GmbH & Co. KG, Nürnberg; selbst. Niederlass.: Baumüller Nederland BV/Niederl., Baumüller (UK) Ltd./Großbrit., Baumüller S.A.R.L./Frankr., Bautronic/USA - Spr.: Engl.

BAUN, Marianne
Dr., Sonderschulkonrektorin, MdL Rhld.-Pfalz - Donnersbergstr. 30, 6719 Kirchheimbolanden - Geb. 22. Okt. 1948 - CDU.

BAUNACK, Fritz
Dr.-Ing., Vorstandsmitglied a. D. Babcock-BSH AG, vorm. Büttner-Schilde-Haas AG, Krefeld-Uerdingen - Überm Hof 17, 6430 Bad Hersfeld - Geb. 6. Jan. 1921 - Ehrenvors. Forschungsvereinig. f. Luft- u. Trockentechnik, Vorstandsmitgl. Forschungskurat. Maschinenbau (b. 1984), Mitgl. Fachausssch. Trocknungstechnik d. VDI-Ges. Verfahrenstechnik u. Chemieingenieurwesen, Vors. Förderkr. Mus. Bad Hersfeld.

BAUNER, Eberhard
Bürgermeister Stadt Büdingen - Eichelbergring 16, 6470 Büdingen 1 (T. 06042 - 12 91) - Geb. 15. Okt. 1942 Berlin (Vater: Bertold B., Beamter; Mutter: Olly, geb. Patkowski), ev., verh. s. 1969 m. Uschi, geb. Braun - Abit. 1963 Büdingen - 1965-80 Offz. d. Bundeswehr; 1972-78 Stadtrat in Neunburg v. Wald. CSU (1980-82 Landesgeschäftsf. kommunalpolit. Vereinig. Bayern); s. 1982 Bürgerm. in Büdingen - Liebh.: Gesch., Politik, Sport, Kunst - Spr.: Engl., Franz.

BAUR, Doris
Unternehmensberaterin - Hans-Thoma-Str. 72, 6900 Heidelberg (T. 4 15 08) - Geb. 28. Febr. 1941 Stuttgart (Vater: Thomas B., Geschäftsf.; Mutter: Anneliese, geb. Brenner) -Stud. d. Soziol. Univ. Heidelberg - 1965-73 ASB, Heidelberg (Abt.sleit. f. Personal-, Sozial- u. Ausbildungswesen, Top-Management), 1973-76 R.S.V.P. Unternehmensberatung mbH., Frankfurt, dann Baur & Partner, Unternehmensberatung, Heidelberg - Liebh.: Ethnol., Ostasiatica - Spr.: Engl., Franz., Ital.

BAUR, Elmar F.
Prof., Dipl.-Ing., Dipl.-Wirtsch.-Ing., Geschäftsführer Feodor Burgmann Dichtungswerke GmbH & Co. - 8190 Wolfratzhausen - Geb. 5. Juni 1941 Augsburg (Vater: Friedrich B.; Mutter: Dora, geb. Kerle), kath., verh. s. 1968 m. Maria, geb. Heckel, 3 S. (Christian, Markus, Ulrich) - 1959-62 TH Augsburg (Masch.bau), 1962-69 TU München (Masch.wesen), 1966-68 TU (Arb.- u. Wirtsch.wiss.) - Liebh.: Malerei, Wandern, Skifahren, Garten - Spr.: Engl., Franz., Portug.

BAUR, Friedrich G.
Dr. jur., Rechtsanwalt, Ehrenvorsitzender d. AR d. GOTHAER Lebensversich. a.G. - Stocksehof, 2323 Stocksee üb. Plön - Geb. 7. Nov. 1919 - Ehrenpräs. d. Dt. Landwirtschaftl. Arbeitgeberverb. Bonn; Ehrenvors. d. Rationalisierungs-Kurat. f. Landwirtsch. (RKL); Beirat Dt. Bank AG Hamburg.

BAUR, Gerhard W.
Dr. phil., Akad. Direktor Dt. Seminar Univ. Freiburg - Zu erreichen üb. Univ. Freiburg, Dt. Seminar, 7800 Freiburg - Geb. 21. Sept. 1932 Freudenstadt - FU Berlin, Univ. Tübingen, Wien, Freiburg; Promot. 1966 - 1968 Leit. Arbeitsber. Bad. Wörterb. - BV: D. Mundarten im nördl. Schwarzwald, 1967; Warum im Dialekt? Interviews m. zeitgenöss. Autoren, 1976; Bibliogr. z. Mundartforsch. in Baden-Württ., Vorarlb. u. Liechtenstein, 1978; Alem.-schwäb. Mundartlit. n. 1945, 1989; Mundart u. Schule in Baden-Württ., 1990.

BAUR, Hans
Dr.-Ing., Mitglied d. Vorst. d. Siemens AG, München - Hofmannstr. 51, 8000 München 70 (T. 72 20) - Geb. 14. Febr. 1929 Plochingen, ev., verh. s. 1958, 3 Söhne - TH Stuttgart (Elektrotechnik) - Arbeitsgeb.: Nachrichten- u. Sicherungstechnik.

BAUR, Jörg

Dr. theol., o. Prof. f. Systemat. Theologie - Reinkeweg 4, 3400 Göttingen - Geb. 17. Juli 1930 Tübingen (Vater: Dipl.-Ing. Hermann B., Architekt; Mutter: Magdalene, geb. Thomsen), ev., verh. s. 1964 m. Waltraud, geb. Müller, 4 Söhne (Lukas, Johannes, Detlev, Tobias) - Gymn. Ebingen; Univ. Tübingen, Erlangen, Göttingen (Theol.). Promot. (1961) u. Habil. (1967) Erlangen - 1956-57 Vikar Ev.-Luth. Landeskirche Württ., 1958-62 Repetent Tübinger Stift, 1962-64 Stip. Dt. Forschungsgem., 1964-69 Pfarrer Landgde. Leuzendorf, 1969-78 Ord. Univ. München, s. 1978 Theol. Fak. Göttingen - BV: D. Vernunft zw. Ontologie u. Evangelium, 1962 (Diss.); Salus Christiana, 1968 (Habil.schr.), Freiheit u. Emanzipation, 1974; Einsicht u. Glaube - Ges. Aufs., 1978; Einig in Sachen Rechtfertigung?, 1989 - Mithrsg.: NZSTh (Neue Zeitschr. f. system. Theol. u. Religionsphil., s. 1982). Herausg.: ThR (Theol. Rundschau, s. 1984) - Spr.: Engl., Franz.

BAUR, Jürg

Prof., Komponist - Nagelsweg 74, 4000 Düsseldorf 30 (T. 0211 - 436 01 26) - Geb. 11. Nov. 1918 Düsseldorf (Vater: Ernst B., Ob.Stud.Dir.; Mutter: Maria, geb. Schulte), ev., verh. m. Dr. med. Hilde, geb. Wolfstieg, T. Ulrike - 1937-39 u. 1946-48 Staatl. Musikhochsch. Köln, 1948-51 Univ. Köln; Hochsch.reifeprüf. Kompos. 1947, Staatl. Musiklehrerex. in 3 Fäch. 1946/54, Staatl. A-Ex. f. Kirchenmusik 1954 - 1946-64 Doz. Robert-Schumann-Konservat. Düsseldorf, 1965-71 Dir. d. Inst.; 1952-60 Kantor ev. Pauluskirche D'dorf; 1960-71 Gastdoz. Landeskirchenmusiksch. Rhld. S. 1971 1. Vors. Landesverb. VDMK in NRW; 1971-90 Prof. f. Kompos. Staatl. Musikhochsch. Köln. Mehrere Reisen in d. UdSSR im Auftr. d. Dt. Musikrats - Üb. 100 Kompos., zul. Giorno per piorno (UA 1971 Aachen), Musik m. R. Schumann (UA 1972 Hannover), Sinfonia breve (UA 1974 Augsburg), 2. Violinkonzert (UA 1978 D'dorf), Sentimento del tempo (UA 1980 Gelsenkirchen), Sinf. Metamorphosen üb. Gesualdo (UA 1982 Bremen), Sinfonia patetica (UA 1983 Duisburg), Aus d. Tagebuch d. Alten (Sinfonie) (UA 1988 Dortmund), Sentieri musicali - Auf Mozarts Spuren, Sinfonietta 1990 (UA 1991 Hannover). Mehrere Schallpl. - 1957 Robert-Schumann-Preis; 1960 u. 68 Rom-Stip. Villa Massimo; 1969 BVK I. Kl.; 1990 VO. d. Landes Nordrh.-Westf. - Liebh.: Kanarienvögel, Landschaftsreisen (Italien) - Spr.: Ital. - Lit.: Ich war nie Avantgardist. Hp. Krellmann: Gespräche m. J. B., 1968 - Rotarier.

BAUR, Jürgen
Dr. jur., o. Prof. f. Bürgerliches Recht, Wirtschaftsrecht u. Europarecht Univ. Köln, Dir. Inst. Recht d. Europ. Gemeinschaften, u. Inst. f. Energierecht - Albertus-Magnus-Platz, 5000 Köln 41 (T. 470 38 23); priv.: Im Drosselhain 8, 5060 Bergisch Gladbach - Geb. 12. Sept. 1937 Tübingen (Vater: Prof. Dr.Dr.h.c. Fritz B. (s. dort); Mutter: Hildegard, geb. Mallebrein), ev., verh. s. 1965 m. Ursel, geb. Meerguth, 2 Kd. (Dorothee, Friedrich) - Human. Gymn. Tübingen; Stud. Univ. Tübingen, Göttingen, München (Rechtswiss.), 1. u. 2. Jurist. Staatsprüf. 1960 u. 1965, Promot. 1962 Tübingen, Habil. 1971 München, 1972-88 o. Prof. Univ. Hamburg; b. 1988 Richter Hanseat. OLG, Hamburg - BV: D. Mißbrauch im dt. Kartellrecht, 1972; D. Diskriminierungsverbot im Energieversorgungsbereich, 1979; Abbau d. Gebietsschutzverträge u. Durchleistungspflicht, 1979 (m. Lukes); D. Gebietsschutzverträge d. Energieversorgungswirtsch., 1981; Vertragl. Anpassungsregelungen, 1983; Vergütungen f. Strom aus Eigenerzeugungsanlagen, 1990; ESJ-Sachenrecht, 3. A. 1985, Mitarb. SOERGEL, Komment. BGB, 12. A. 1987. Veröff. in Fachztschr. u. Sammelwerken. Herausg. Veröff. d. Inst. f. Energierecht an d. Univ. Köln. Mithrsg. d. Ztschr. Recht d. Energiewirtschaft (RdE); Kölner Schriften z. Europarecht - S. 1976 o. Mitgl., 1985-88 Präs. d. Joachim Jungius-Ges. d. Wiss., Hamburg - Rotarier.

BAUR, Karl
Dipl.-Physiker, Dr.-Ing., wissenschaftl. Chefreferent AEG Ulm, Prof. TU Berlin - Heinrichstr. 5, 7900 Ulm/Donau - Geb. 16. Aug. 1923.

BAUR, Max
I. Bürgermeister i. R. - 7912 Weißenhorn/Schw. - Geb. 5. Febr. 1925 Weißenhorn - Zul. Regierungsoberinsp. CSU.

BAUR, Max P.
Dr. rer. nat., Prof., Direktor Inst. f. Med. Statistik Univ. Bonn - Am Düsterbäumchen 1, 5309 Meckenheim - Geb. 22. Febr. 1948 Düsseldorf, verh. s. 1971 m. Dr. Ulrike, geb. Göttert, 3. Kd. (Angelika, Thomas, Michael) - Dipl. Math. 1974; Promot. 1977; Habil. 1981 - S. 1985 Prof. - 1979-80 Gastforscher Ucla, Los Angeles; 1981-85 Leit. Biometr. Abt. Diabetes Forschungsinst. Düsseldorf, Univ. Bonn - BV: Histocompatibility Testing, 1984; Associate Editor: Genetic Epidemiology - Spr.: Engl., Franz., Lat.

BAUR, Victor vom
Geschäftsführer J. H. vom Baur Sohn, Wuppertal - Marktstr. 32, 5600 Wuppertal-Ronsdorf.

BAUR, Walter
Dr. rer. pol., Dipl.-Ing., geschäftsf. Gesellsch. ROVEMA Verpackungsma-

schinen GmbH - Herzbergstr. 37-39, 6466 Gründau 1 - Geb. 29. Juli 1931 Kempten/Allgäu (Vater: Dr. Max B., Studienprof. a. D., gest.; Mutter: Katharina, geb. Mohrhard), kath., verh. s. 1975 m. Heidemarie, geb. Bansemer, 3 Kd. (Niklas, Stephanie, Esther) - Lehre Elektrotechn., Stud. Elektrotechn., Abschl. Dipl.-Ing.; Stud. Betriebswirtsch., Abschl. Dr. rer. pol. 1966-71 Lehrbeauftr. TU Stuttgart, 1972/73 Lehrbeauftr. TU Berlin. 1966-71 Hauptgf. Dt. Fernsprecher GmbH, Marburg, 1971-74 Vors. d. Geschäftsf. Flohr-Otis, Berlin, 1974-80 Sonnenschein GmbH, 1980 gf. Gesellsch. ROVEMA Verpackungsmasch. GmbH, Fernwald. Zeitw. div. Verb.-Vors.; Präs. Rovema Iberica S.A., Rovema Italia S.r.L., Rovema L.P. u. Corporation, Rovema Packaging Machines Ltd., Rovema Wien, Rovema Verpackungsservice GmbH, Inst. f. Ind. u. Geotechn. Umweltschutz, REV Rovema Endverpackung GmbH - BV: Neue Wege d. betriebl. Planung, 1967; Sanierungen, Wege aus Unternehmenskrisen, 1978 - 1967 Diesel-Med. in Silber - Liebh.: Sport, Musik - Spr.: Engl., Franz.

BAUR, Wolfgang

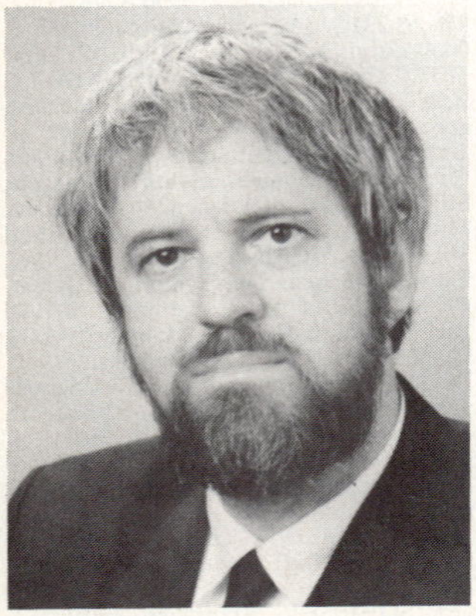

Dr. phil., Dozent, Verleger, Schriftst. - Gartenstr. 1, 8000 München 40 (T. 089 - 308 23 48) - Geb. 20. Juli 1942 Boos/Schwaben, kath., verh. s. 1970 m. Ursula, geb. Schmidt, 3 Kd. (Linda, Ulrich, Andreas Georg) - 1961-69 Stud. Phil., Literaturwiss., Gesch., Soziol., Kunstgesch. u. Theaterwiss. Univ. München; 1. u. 2. Staatsex. f. d. höh. Lehramt 1970/72, Promot. 1974 München - S. 1973 Doz. Fachakad. f. Sozialpäd. München; 1977 Gründ. Verlag Kunst u. Alltag Wolfgang Baur - BV: Sprache u. Existenz, Stud. z. Spätwerk Robert Walsers, 1974; Vom Abraham, Notizenroman, 1982; Merkleucht od. Erinner. an d. Erde, R. in 2 Bde., 1985; Philipp, hör zu! Komödie in 3 Akten, 1987 (UA 1987 München); Notizen 1961-87, 1988; Tirpitz, R. 1988; D. Tafel d. 100 Verknüpfungen, R. 1989; Peter u. Anna, Notizr. 2, 1990; Madeleine u. d. Streit d. Elektriker od. Handb. d. Krisenexperimente: Sprache u. Chaos, 1991; D. Rest d. Temperatur od. D. Schatzsucher (Europaroman), 1992 - Liebh.: Musik, Math., Schach - Spr.: Engl., Franz.

BAUR-CALLWEY, Helmuth

Verleger (Georg D. W. Callwey GmbH & Co.) - Streitfeldstr. 35, 8000 München 80.

BAUR-HEINHOLD, Margarete,

s. Baur, Margarete

BAURMANN, Jürgen

Dr. phil., Prof. f. Germanistik: Didaktik d. deutschen Sprache u. Literatur - Welper Str. 29c, 2848 Vechta - Geb. 28. März 1941 Bonn (Vater: Karl B., Angest.; Mutter: Elisabeth, geb. Beckmann, Sozialarbeiterin), kath., verh. s. 1965 m. Hildegard, geb. Nies, 2 Kd. - Lehrerprüf. 1963 PH Landau; Päd.-Dipl. 1973 EWH Landau; Promot. 1978 PHN-Abt. Braunschweig - 1963-73 Lehrer; 1973-78 Wiss. Assist., dann Gastdoz. PH Ludwigsburg u. Akad. Rat Univ. Eichstätt, 1982-92 Prof. Univ. Osnabrück, Abt. Vechta, s. 1992 Prof. an d. Berg. Univ.-GH Wuppertal. 1989-90 Vors. d. Symposions Deutschdidaktik e.V. - BV: Praxis Sprache, (mehrere Bde.) 1977ff.; Textrezeption u. Schule, 1980; Neben-Kommunikat., 1981; Handb. f. Deutschlehrer (m. O. Hoppe, hg.), 1984; Schreiben - Schreiben in d. Schule (m. O. Ludwig), 1990 - 1960 Sportplak. Stadt Pirmasens - Liebh.: Leichtathletik (1959-61 Endlaufteiln. b. dt. Meistersch.).

BAURS-KREY, Reinhold W.

Dr. rer. pol. h. c., Bank- u. Versicherungskaufmann - Virchowstr. 13, 6200 Wiesbaden (T. 06121 - 56 08 30) - Geb. 10. Sept. 1911 Geilenkirchen/Rhld., röm.-kath. - Versch. Kurat.-Mitgliedsch. u. Stiftungen; Mitgl. Ehrenpräsid. u. Vors. d. Gr. Senats Christl. Jugenddorfwerk Dtschl. Gemeinn. Verb., Stuttgart, u. a. - Ehrenritter Dt. Orden St. Marien Jerusalem, Sitz Wien - Intern. Counsellor Lions International, Chicago/USA - BVK I. Kl., Gr. BVK, Ambassador of Good Will Lions International, Gr. VK Militär. Lazarusorden, VK Dt. Orden.

BAUS, Karl

Dr. theol., o. Prof. f. Alte Kirchengeschichte, Patrol. u. Gesch. d. Byzantin. Kirche (emerit.) - Ambetstr. 57, 6612 Schmelz/Saar - Geb. 18. Sept. 1904 Schmelz/Saar (Vater: Peter B., Bankbeamt.), kath. - Stud. Theol. u. Klass. Philol. 1940-46 Vizerektor Campo Santo Teutonico Rom; 1949-50 Doz. Theol. Sem. Trier; 1950-62 Privatdoz. u. o. Prof. (1952) Theol. Fak. Trier; seither o. Prof. Univ. Bonn - BV: D. Kranz in Antike u. Christentum, 1940; D. Kirche in d. antiken u. frühchristl. Welt, 1961; V. d. Urgemeinde z. frühchristl. Großkirche, Bd. I Handb. f. Kirchengesch. (hg. v. Hubert Jedin), 3.A. 1963; Mitarb.: Lexikon f. Theol. u. Kirche, Reallex. f. Antike u. Christentum - Spr.: Ital., Engl., Franz.

BAUS, Karl-Heinz

Dipl.-Ing., Geschäftsführer Alois Lauer Stahl- u. Rohrleitungsbau GmbH, Ludwigshafen - Marbacher Str. 27, 6700 Ludwigshafen/Rh. - Geb. 27. Jan. 1934.

BAUSCH, Johan Viktor

Dipl.-Ing., Vorstand d. Bausch AG, Pfaffenhofen - Zusamstr. 15, 8851 Buttenwiesen (T. 08274 - 5 10) - Geb. 12. März 1928 Berlin-Charl. (Vater: Dr. Rudolf B.; Mutter: Gerd, geb. Lilliehöök), ev., gesch., 2 Kd. (Oliver, Ricarda) - Spr.: Engl., Schwed.

BAUSCH, K. Richard

Dr. phil., o. Prof. f. Sprachlehrforsch. Univ. Bochum (s. 1972) - Ruhr-Universität, 4630 Bochum - Geb. 23. Febr. 1939 - Stud. Univ. Tübingen, Nancy, London, Santander, Straßburg, Florenz (Roman., Angl., Allg. Sprachwiss.) - 1963-66 Wiss. Assist. Tübingen, 1966/67 Lektor Univ. Florenz, 1967-72 stv. Dir. Inst. f. Übers. u. Dolm. Saarbrücken, 1968/69 Gastprof. Montreal u. (1969) Antwerpen - Veröff. z. Linguistik, Übersetzungstheorie, Fremdsprachendidaktik.

BAUSCHULTE, Friedrich W.

Staatsschauspieler, Synchronsprecher u. -regisseur - Bettinastr. 16, 1000 Berlin 33 - Geb. 17. März 1923 Münster, verh. m. Ruth, geb. Mehrwald, 4 Kd. - Privatunterr. b. H. Ladiges u. L. Rudolph; 1943/44 Schauspielsch. dt. Theater, Berlin - Städt. Bühnen Bremerhaven, Münster, Bremen, Wuppertal; s. 1963 Staatl. Schauspielbühnen Berlins - Regie: Uns. kleine Stadt, Don Ranudo soll nicht sterben, Wind in d. Zweigen d. Sassafrass. Rollen: Jago, Marinelli, Mephisto, Scapin, A. Kramer, Snob, Mackie Messer, Obermüller (H. v. Köpenick), Krull (Kassette), Scaron u. Mandestam (Ho-

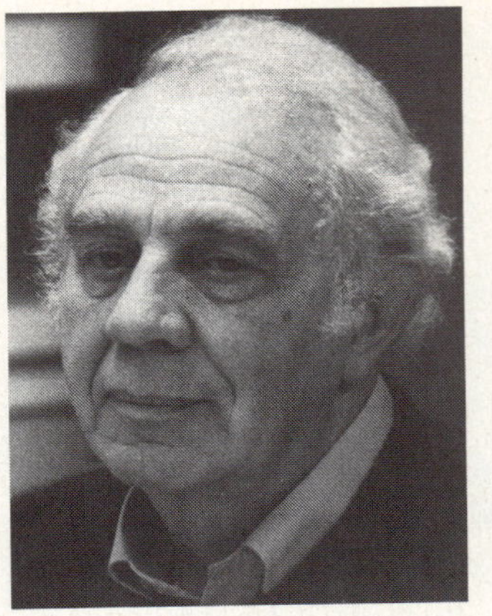

se), Jimmi (Blick zurück im Zorn), Cornelius Hackl (D. Heiratsvermittl.), Sakini (D. kleine Teehaus), D. Regenmacher; div. Fernsehsp. - 1970 Berliner Staatsschausp.

BAUSENHART, Walter Max

Dr. jur., Ministerialdirigent a. D. - Hohenbergstr. 14, 2300 Kiel (T. 0431 - 56 21 10) - Geb. 20. Dez. 1907 Neuhütten/Württ. (Vater: Max B., Synd.; Mutter: Käthe, geb. Frommer), ev., verh. s. 1941 m. Maria, geb. Vater, T. Birgit - Gymn. (Abit. 1926), Konservatorium Stuttgart; Univ. Tübingen, München (Rechts- u. Staatswiss.) Promot. 1933, jur. Staatsprüf. 1931 u. 1934. Ab. 1934 höh. Staatsdienst Württ., Preußen, Schlesw.-Holst.; 1942-45 Fronteinsatz Inf. (Oberlt. d. R.); Zul. Min.dirig., stv. Amtschef Soz.min. S.H., Bevollm. f. d. Generalkons.corps (82 Kons.) Staatskanzlei S.H.; 1953-63 Lds.wahlleit. u. Vertr. d. öff. Interesses S.H. beim OVG. Lüneburg; 1952-66 Mitgl. d. gemeins. Prüf.komm. Hbg.-S.H.; Gr. jur. Staatsex.; 1963-72 Vors. Wirtsch.bank f. vertr. Wirtschaft S.H.; 1963-72 Mitgl. Landesgarantiekasse D.H. (Kred.aussch.) - Herausg.: Landesrecht S.H. (101. Erg.lief.); Die Wahlen in S.H. z. Bundestag, Landtag, Kommunale Vertr. (8. Erg.lief.); Handb. S.H. 25. A.; Schallpl.kass. Musik aus S.H. (Lsp. Klassik, Folklore); Lsp. Segelolympiade 1972 Kiel - Hohe dt. u. ausl. Orden u. Ehrenz.; Frhr.-v.-Stein-Plak., gold. Ehrenz. THW, silb. Reitabz., silb. Fahrabz.; Ehrenmitgl. Landesverb. Reit- u. Fahrvereine S.H. - Liebh.: Musik, Mineral. - Spr.: Engl., Franz., Lat.

BAUSENWEIN, Ingeborg

Dr. med., Leiterin Leistungszentrum f. d. Frauenleistungssport Nürnberg, Lehrbeauftr. f. Frauensportmed. Univ. Erlangen-Nürnberg - Hersbrucker Str. 8, 8500 Nürnberg.

BAUSEWEIN, Michael

I. Bürgermeister Stadt Iphofen (s. 1978) - Rathaus, 8715 Iphofen/Ufr. - Geb. 25. Sept. 1924 Iphofen - Winzer.

BAUSINGER, Hermann

Dr. phil., o. Prof. f. Dt. Volkskunde - Moltkestr. 77, 7410 Reutlingen - Geb. 17. Sept. 1926 Aalen/Württ. - Promot. 1952 Tübingen - S. 1952 Assist., Doz. (1959) u. Ord. (1960) Univ. Tübingen (Dir. Ludwig-Uhland-Inst. f. empir. Kulturwiss.) - Zahlr. Veröff. zu Volkskunde, Kulturgesch., Kultur- u. Sprachsoziologie.

BAUWENS, Paul-Ernst

Dr., Dipl.-Kfm., Konsul, pers. haft. Gesellsch. Bauunternehmung Peter Bauwens, Köln, gf. Gesellsch. Köln-Wesselinger Eisenbau GmbH., Wesseling - Richard-Strauß-Str. 2, 5000 Köln 41 - Geb. 13. Mai 1909 Köln (Vater: Camillus B.; Mutter: Lucia, geb. Resch), verh. 1942 m. Thea, geb. Sommer - Stud. Heidelberg, Bonn, Berlin, Köln, Grenoble - Spr.: Engl., Franz. - Rotarier.

BAVENDAMM, Dirk

Dr. phil., Chefredakteur Chronik-Edition d. Harenberg-Kommunikation (s. 1989) - Westfalendamm 67, 4600 Dortmund 1 (T. 0231 - 43 44-0) - Geb. 20. Mai 1938 Dresden (Vater: Prof. Dr. Werner B.; Mutter: Ingeborg, geb. Boden), ev., verh. s. 1964 m. Mechthild, geb. von Blomberg, 3 Töcht. (Gundula, Christine, Melanie) - Stud. Rechts- u. Geschichtswiss.; Promot. 1967 Hamburg - 1967-69 Redakt. ZEIT; 1969-72 Redakt. u. Korresp. WELT; 1972-77 Korresp. Süddt. Ztg.; 1979-89 fr. Publiz. - BV: V. d. Revolution z. Reform. D. Verfassungspolitik d. hamburg. Senats 1849/50, 1969; Bonn unter Brandt. Machtwechsel od. Zeitenwende, 1972; Roosevelts Weg z. Krieg. Amerik. Politik 1914-39, 1983; Reinbek - e. holst. Stadt zw. Hamburg u. Sachsenwald, 1988 - 1989 Bismarck-Med. - Spr.: Engl., Franz., Latein.

BAWIDAMANN, Stefan

I. Bürgermeister - Rathaus, 8412 Burglengenfeld/Bayern - Geb. 26. Dez. 1925 - Zul. Amtm. im Notardst.

BAX, Hans

Dipl.-Ing., Senator a. D., Vorstand Stadtwerke Osnabrück AG a. D. - Silcherstr. 7, 4500 Osnabrück (T. 6 16 00) - Geb. 13. Sept. 1908 Rhünda Bez. Kassel (Vater: Heinrich B., Beamter; Mutter: Martha, geb. Hermann), ev., verh. s. 1939 m. Ursel, geb. Goertz, 2 Söhne (Hanns-Jörg, Wulf) - TH Berlin (Diplomprüf. 1934) - Industrietätigk. (Siemens, AEG, Preussag); ab 1948 Leitg. Elektr. Energieverteil. Stadtwerke Bremen AG.; 1961-73 Vorst. d. Stadtwerke Osnabrück AG (Strom-, Gas-, Wasserversorg., Verkehrsbetr., Hafen). Initiator d. ob. Neugründ. - Liebh.: Schwimmen, Bergsteigen, Skilaufen - Spr.: Engl., Franz.

BAY, Friedrich

Dr. rer. nat., Prof. f. Biologie - Hardtstr. 17, 7076 Waldstetten/Württ. - Geb. 15. April 1940 Hürben (Vater: Fritz B., Oberschulrat; Mutter: Maria, geb. Eßlinger), ev., verh. s. 1965 m. Irmela, geb. Rochow, 3 Töcht. (Christine, Ulrike, Elisabeth) - Stud. Biol., Päd., Phil. Promot. 1975 Tübingen - 1961-63 Volksschullehrer; 1968-69 Assist. PH Ludwigsburg; s. 1969 Doz. u. Prof. PH Schwäb. Gmünd - BV: Grundzüge e. Biol.-Didaktik - Did. d. Sekundarstufe I (m. Rodi), 1978; Lehrerbände z. Schulbuch Umweltbiologie, 1985-88 u. Natura 1989-92; Handbuch d. Biologieunterrichts, Sekundarbereich 1 - Liebh.: Ornithol. - Spr.: Engl.

BAY, Jürgen

Dr. jur. utr., Sanierungsmanager - Kanalweg 21, 8501 Burgthann (T. 09183 - 38 33) - Geb. 14. Aug. 1934 Berlin (Vater: Dr.-Ing. Dr.-Ing. E.h. Hermann B., Unternehmer/Wayss & Freytag (s. XIX. Ausg.); Mutter: Erika, geb. Mück), verh. s. 1968 m. Inge, geb. Geißler - Maschinenbauprakt.; kaufm. Lehre; Stud. Rechtswiss. Ass.ex. - 1971-74 Mitgl. Unternehmensltg. Dürr-Gruppe; 1986/87 Vorst.-Mitgl. auf Zeit Sütex, Sindelfingen, u. 1988/89 Gemeinnützige Siedlungs-AG SAGA, Hamburg - BV: D. Preußenkonflikt 1932/33, 1966.

BAYER, Adolf

Dipl.-Ing., em. o. Prof. f. Städtebau u. Entwerfen - Eisenlohrstr. 4, 7500 Karlsruhe - Geb. 22. Nov. 1909 Würzburg, kath., verh. s. 1940 m. Anne-Liese, geb. Schlager, 2 Kd. (Christiane, Matthias †) - TH Stuttgart u. Karlsruhe (Dipl.-Ing. 1935) - 1935-37 Assist. TH Karlsruhe (Prof. O. E. Schweizer), 1938-50 Leit. Stadtplanung Mainz, 1950-61 Beigeordn. u. Stadtbaurat Offenbach/M., s. 1961 o. Prof. u. Dir. Inst. f. Orts-, Regional- u. Ld.plang. TH bzw. Univ. Karlsruhe. Öfftl. Bauten Offenbach. Versch. Wettbewerbspreise - 1935 Med f. Arch. TH Karlsruhe; o. Mitgl. Dt. Akad. f. Städtebau u. Landesplanung; Mitgl. Regional Science Assoc. Philadelphia (USA) - Spr.: Franz.

BAYER, Alfred

Staatssekretär a. D., Vorstandsvors. d. Isar-Amperwerke AG - Brienner Str. 40, 8000 München 2 - Geb. 8. März 1933 München (Vater: Georg B.; Mutter: Anna, geb. Sigl), kath., verh. s. 1960 m. Elfriede, geb. Buchenberger - Höh. Schule; Stud. Wirtschaftswiss. - Städt. Beamter, bayer. Staatsmin. d. Finanzen, bayer. Staatsmin. f. Wirtsch. u. Verkehr (Min.dir. u. Amtschef), Bundesverkehrsmin. Bonn (Staatssekr.) - Bayer. VO., BVK - Liebh.: Geologie, Jagd - Spr.: Engl.

BAYER, Eberhard

Dipl.-Kfm., Vorstandsmitglied Knoll AG, Ludwigshafen (1984ff.) - Geb. 3. Juli 1929 - Zul. Geschäftsf. Elastogran-Gruppe, Lemförde.

BAYER, Ernst

Dr. rer. nat., o. Prof. f. Organ. Chemie - Bei d. Ochsenweide 17, 7400 Tübingen (T. 6 19 03) - Geb. 24. März 1927 Ludwigshafen/Rh. - Stud. Chemie. Promot. 1954 Freiburg/Br.; Habil. 1958 Karlsruhe - S. 1958 Lehrtätigk. TH Karlsruhe u. Univ. Tübingen (1962 ao., 1965 o. Prof., 1975 Univ.-Vizepräs.), Vors. Beratergremium f. umweltrelevante Altstoffe - BV: Gas-Chromatographie, 2. A. 1962 (auch engl. u. russ.) - 1978 Mitgl. American Chemical Soc. - Tswett Medal, Academy of Science UdSSR; 1978 A.J.P. Martin Award, United Kingdom; 1982 Intern. Energy Research Prize BP, United Kingdom; 1981 Max Bergmann Medaille; 1985 Philip Morris-Forschungspreis; Tswett Award (USA); 1989 BVK I. Kl; 1990 Intern. Rheinlandpreis f. Umweltschutz.

BAYER, Georg

Dr., Dipl.-Kfm., Aufsichtsratsvorsitzender Nürnberger Lebensversicherung AG u. Nürnberger Allgemeine Versich.-AG (s. 1972) - Rathenaupl. 16/18, 8500 Nürnberg 20 (T. 531 22 19) - Geb. 28. Nov. 1931 Nürnberg (Vater: Fritz B., Bezirksdir.), kath., 2 Kd. (Karin, Klaus) - Gr. jurist. Staatsprüf. - AR-Vors.: Nürnberger Beteilig.-AG, Nürnberger Lebensversich. AG, Nürnberger Beamten Lebensversich. AG f. d. öff. Dienst, Nürnberger Allg. Versich.-AG, Nürnberger Beamten Allg. Versich. AG, Garanta Versich.-AG, Nürnberger Versich. Immob.-AG (alle Nürnberg), Nürnberger Versich. AG, Salzburg; stv. AR-Vors.: Nürnberger Krankenvers. AG, Nürnberg; MAHAG Münchener Automobil Handel Haberl GmbH & Co. KG, München; Haberl Beteiligungs-GmbH, München; AR-Mitgl.: Leonische Drahtwerke AG, Fränkische Wohnungsbauges. mbH, Nürnberger Aufbauges. mbH, Nürnberger Hypothekenbank AG, GMN Georg Müller Nürnberg AG, Sebaldus Druck u. Verlag GmbH (alle Nürnberg); Beiratsmitgl.: Deutsche Bank AG, München; DWS Deutsche Ges. f. Wertpapiersparen, Frankfurt; Vorst.-Vors. Versich.wissenschaftl. u. Versich.wirtschaftl. Förderverein e.V., Nürnberg - BV: Fehler in Versich.verträgen.

BAYER, Hans

Dr., Bankdirektor i. R. - Kreuzweg 24, 8035 Stockdorf (T. 857 27 18) - Geb. 6. Mai 1921 - B. 1968 stv., dann o. Vorstandsmitgl., 1983ff. Beiratsmitgl. Bayer. Hypotheken- u Wechsel-Bank.

BAYER, Hans

Dr. med. habil., Prof., Frauenarzt, Klinikdirektor Charité Berlin (s. 1973) - Schumannstr. 20/21, O-1040 Berlin (02 - 286 40 14) - Geb. 19. Dez. 1926 Jauer, verh. s. 1972 m. Dr. med. Ingeborg, geb. Stößner, 2 Töcht. (Katharina, Ulrike) - Stud. Humanmed.; Staatsex. 1955; Promot. 1956 (beides Halle/S.); Habil. 1965 Univ. Berlin - Facharztausb. Krkhs. Dessau u. Charité-Frauenklinik Berlin, 1967 Oberarzt, 1968 Doz., 1973 o. Prof. u. Klinikdir. - BV: Ultraschall-Atlas, 1976; Beiträge in: Kyank, Geburtshilfe, 1987; Bilek Hebammen-Lehrb. 1986 - Liebh.: Gesch., Jagd.

BAYER, Heinz

Gewerkschaftssekretär, MdL Hessen (s. 1972) - Dunantring 107, 6000 Frankfurt 80 (T. 34 17 68) - Geb. 19. Aug. 1926 - U. a. Ortsbevollm. Gewerksch. d. Eisenbahner Dtschl.s. SPD.

BAYER, Hermann-Wilfried

Dr. jur., Wiss. Rat, Prof. f. Öfftl. Recht Univ. Bochum (s. 1972), Lehrbeauftr. Univ. Tübingen - Nußbaumweg 25, 4630 Bochum 1 - Geb. 7. März 1933 Hamburg - Promot. 1961; Habil. 1968 - Zul. Doz. Univ. Tübingen - BV: D. Bundestreue, 1961; D. Aufheb. völkerrechtl. Verträge im dt. parlam. Regierungssystem, 1969.

BAYER, Ingeborg

Schriftstellerin - Wohnh. in 7804 Glottertal - Geb. Frankfurt/Main - Abit., Ex. wiss. Dipl.-Bibliothek., Stud. d. Med. - Div. Romane, Theaterstücke u. Jugendb.; zuletzt Träume f. Tadzio, (Erz.) 1979; Ehe alles Legende wird, (Hrsg.) 3. A. 1982; D. Drachenbaum, 1982; D. Reise n. Vichy, 1986; D. Welt beunruhigen, Berichte v. Schreiben 1987; Flug d. Milan, R. 1987; Zeit f. d. Hora, R. 1988, 4. A. 1989; Stadt d. tausend Augen, R. 1991 - Preis d. Friedrich-Ebert-Stiftg.: D. polit. Buch d. Jahres 1982; Österr. Staatspr. 1975; 8x Bestliste Jugendbuchpr.; 1986 Kathrin-Türks-Pr. d. Stadt Dinslaken; 1988 Friedrich-Bödecker-Pr.; 1989 Dt. Jugendlit.preis; 1989 Ehrenliste österr. Staatspreis; 1990 IBBY-Ehrenliste.

BAYER, Karl

Dipl.-Forstw., I. Bürgermeister a. D. Stadt Grafenau - Rathaus, 8352 Grafenau/Ndb. - Geb. 17. Febr. 1925 Karbach - 1974-84 I. Bürgerm. Grafenau. CSU.

BAYER, Karl

Rechtsanwalt, Hauptgeschäftsführer Vereinigung d. Arbeitgeberverbände in Bayern u. Verein d. Bayer. Metallindustrie - Brienner Str. 7, 8000 München 2 - Jurist.

BAYER, Karl Helmut

Dipl.-Ing., Vorstandssprecher Planzentrum fr. Architekten u. Ing. München eG, Landesvors. d. Vereinig. Freischaff. Architekten, Bayern, AR Dt. Planungsges. Bonn eG, Vorst.-Mitgl. im Verb. freier Berufe in Bayern - Widenmayerstr. 39, 8000 München 22 - Geb. 3. März 1931 - Bek. Bauw.: Pharao u. Süddeutscher Verlag (bde. München), Rathaus Grünwald, Würfelhaus München, St. Konrad Kirche Gernlinden, Sanitätsakad. d. Bundeswehr München, Neurol. Klinik München, Eisengießerei Bad Windsheim, Quelle Kaufh. München - BV: Planen nach Plan; Planen nach HOAI; CAD f. Architekten - Preise b. Arch.wettb. u. a. XX. Olymp. Spiele München - BVK.

BAYER, Lydia

Dr., Direktorin Spielzeugmuseum - Karlstr. 13, 8500 Nürnberg 1 - Aus d. Sammelleidenschaft d. Mutter (Lydia Bayer) wurde d. Berufsaufgabe d. Tochter.

BAYER, Oswald

Dr. theol., o. Prof. f. Systemat. Theologie u. Leiter Inst. f. Christl. Gesellschaftslehre, Univ. Tübingen - Herrlesberg 36, 7400 Tübingen - Geb. 1939 - BV: Promissio, 1971, 2. A. 1989; Was ist das - Theol.?, 1973; Zugesagte Freiheit, 1980; Umstrittene Freiheit, 1981; Kreuz u. Kritik (zus. m. C. Knudsen), 1983; Aus Glauben leben, 1984, 2. A. 1990; Schöpfung als Anrede, 1986, 2. A. 1990; Zeitgenosse im Widerspruch. Johann Georg Haman als radikaler Aufklärer, 1988; (Hg) Ehe. Zeit zur Antwort, 1988; (Hg) Mythos u. Religion, Interdisziplinäre Aspekte, 1990; Rechtfertigung, 1991; Autorität u. Kritik. Z. Hermeneutik u. Wissenschaftstheorie, 1991; Hamanns Londoner Schriften. Histor.-krit. Neuedition (zus. m. B. Weißenborn), 1992; Leibliches Wort. Reformation u. Neuzeit im Konflikt, 1992. Herausg.: Neue Ztschr. f. System. Theol. u. Religionsphil.

BAYER, Otto

Dr. med., Prof., Chefarzt i. R. - Nebinger Str. 10, 1000 Berlin 33 (T. 832 64 34) - Geb. 16. Mai 1913 Ludwigshafen/Rh. (Vater: Otto B., Studienrat), kath., verh. s. 1939 m. Lilo, geb. Krafft, 2 Kd. (Veronika, Rainer) - S. 1947 Lehrtätigk. Med. Akad. Düsseldorf (1953 apl. Prof.) u. FU Berlin (1957 apl. Prof.); vorm. Chefarzt I. Innere Abt. Städt. Krkhs. Moabit -BV: D. Herzkatheterisierung bei angeborenen u. erworbenen Herzfehlern, 2. A. 1967; Atlas intracardialer Druckkurven, 1959; Konservative u. chirurg. Behandl. angeb. u. erworb. Herzfehler, 1959 - 1959 Grand Prix 4. Intern. Med. Festsp. Cannes (Lehrfilm: D. Katheterisierung d. rechten Herzens) - Spr.: Engl., Franz.

BAYER, Raimund Ludwig

Lehrer, Gesamtschulrektor, MdA Berlin - Egestorffstr. 55B, 1000 Berlin 49 (T. 030 - 745 24 30) - Geb. 15. April 1950 Queidersbach, kath., verh. s. 1971 m. Brigitte, geb. Matis, 2 Kd. (Ulrich, Ruth) - Bundesbahnjungwerker; Abit. Abendgymn. Bistum Mainz; Stud. Erziehungswiss. Hochsch. Landau - Spr.: Engl.

BAYER, Rainer

Dr. med., Prof. f. Physiologie, Arzt - Grunerstr. 80, 4000 Düsseldorf - Geb. 23. Sept. 1942 Freiburg (Vater: Prof. Dr. Otto B., Arzt; Mutter: Luiselotte, geb. Krafft), verh. s. 1971 m. Jorinde, geb. Haller, S. Benjamin - 1963-69 Univ. Berlin u. Freiburg (Staatsex. u. Promot. 1969); Habil. 1977 - 1970-79 Wiss. Assist.; 1979-82 akad. Rat; s. 1982 Prof. - BV: Handb. d. Inn. Med. IX (m. and.), 1982; Calcium Antagonists. Progress in Pharmakology, 1982 - 1978 Edens-Preis - Spr.: Engl., Franz.

BAYER, Thomas

Intendant Stadttheater Lüneburg - An den Reeperbahnen 3, 2120 Lüneburg - Geb. 13. Mai 1948 Mainz-Kostheim - 1971-72 Sachbearbeiter b. NDR; 1972-74 Chefdisponent u. Leit. künstler. Betriebsbüro Städt. Bühnen Mainz; 1974-76 Kulturref. Stadt Emden; 1976-77 Werbeleit. Stadttheater Bremerhaven; b. 1985 Regiss., Schausp. u. Sänger in St. Gallen, Bern, Coburg, Pforzheim, Regensburg; s. 1985 Lüneburg. Ab Juni 1990 als Sänger in Das Phantom d. Oper in Hamburg - Insz.: Johanna auf d. Scheiterhaufen (Arthur Honegger), Metropolis (Musical, dt. Uraufführung, 1990/91).

BAYER, Wolfgang Dieter

Dr. jur., Hauptgeschäftsführer Verb. Industrieller Bauunternehmungen d. Unterweser-Ems-Gebietes e. V. - Schwachhauser Ring 149 A, 2800 Bremen 1 (T. 0421 - 21 10 01-2-3; Telefax: 0421 - 21 98 49) - Geb. 13. März 1952 Bruchsal - Spr.: Engl., Franz., Ital.

BAYERL, Alfons

Dr. jur., Richter a. D. - Liebigstr. 43, 8000 München 22 (T. 29 72 19) - Geb. 27. Dez. 1923 Haid/Sudetenl., verh., 4 Kd. - N. Abitur 3 J. Wehrdst. (4 x verwundet); Stud. Rechts- u. Staatswiss. Gr. jurist. Staatsprüf. 1955 - B. 1958 Bayer. Staatsmin. f. Arbeit u. Soz. Fürsorge (Haushaltsabt.), dann LSG München (1961 LSG.rat). 1965-70 Mitgl. Bayer. Verfassungsgerichtshof. 1965-67 MdL Bayern; 1967-81 MdB, 1974-80 MdEP; 1969-74 Parlamentar. Staatssekr. Bundesjustizmin. SPD (u. a. Vors. Bez. Südbayern).

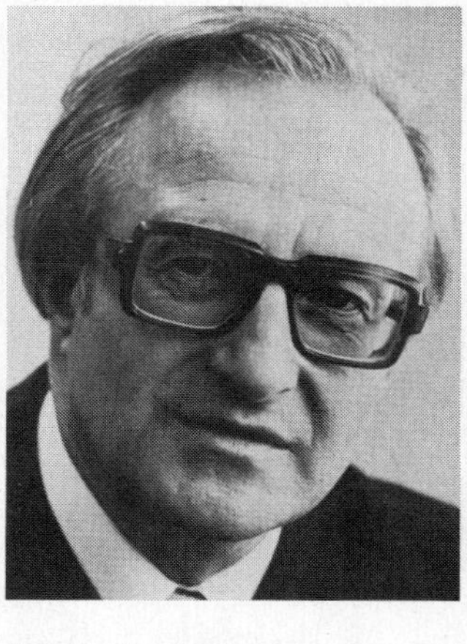

BAYERN, Herzog von, Albrecht

Chef d. Hauses Wittelsbach - Schloß Nymphenburg, 8000 München - Geb. 3. Mai 1905 München, kath., verh. I) 1930 m. Maria Gräfin Draskovich v. Trakostjan (†1969), 4 Kd., II) 1971 Marie-Jenke Gräfin Keglevich v. Buzin (†1983), verw.- Stud. Forstw., Zool., Botanik, Dr. med. vet. h. c. - Vorf. s. unt. Bayern (Wittelsbach, Kgl. Linie) X. Ausg.

BAYERN, Prinz von, Franz

Dipl.-Kfm., Aufsichtsratsmitglied d. Bayer. Hypotheken- u. Wechselbank sowie d. Maffei-Bank - Schloß Nymphenburg, E. 11, 8000 München 19 (T. 17 91 60) - Geb. 14. Juli 1933 München (Vater: Herzog Albrecht v. B.; Mutter: Marie, Gräfin Draskovich v. Trakostjan), kath., ledig - Human. Gymn. Kloster Ettal, Univ. Zürich u. München (Betriebsw.) - Mitgl. Intern. Council Mus. of Modern Art New York; Vors. Verein z. Förder. d. Alten Pinakothek München; stv. Vors. Galerie-Verein München; Vorst.-Mitgl. Kirche in Not/ Ostpriesterhilfe Dtschl.; VR-Mitgl. d. German. Museums Nürnberg; Kurat.-Mitgl. Verein d. Freunde u. Förderer d. Glyptothek u. Antikensamml. München, u. Stifterverb. f. d. Dt. Wiss., Landeskurat. Bayern; Ehrenpräsid. Freundeskr. Ägypt. Samml. München u. Landesbeir. Malteser-Hilfsdst. - Liebh.: Kunst, Naturwissenschaften, Reisen - Spr.: Engl., Franz.

BAYH, Werner

Dr. rer. nat., Prof. f. Kristallographie u. Mineral. - Im Winkelrain 54, 7400 Tübingen 1 (T. 07071 - 6 36 48) - Geb. 30. Dez. 1928 Welzheim - Schule Schorndorf; Univ. Tübingen (Physik; Dipl. 1957, Promot. 1962 b. G. Möllenstedt, Habil. 1971) - 1974/75 u. 1984-86 Dekan Geowiss. Fak., 1977-83 u. s. 1989 Dir. Inst. f. Mineralogie, Petrologie u. Geochemie Univ. Tübingen.

BAYHA, Richard

Landwirt, MdB (s. 1976) - Hauptstr. 2, 6464 Linsengericht 1 (T. 06051 - 7 19 03) - Geb. 15. März 1929 Altenhaßlau, ev., verh., 3 Kd. - Nach Volks-, Handels-, Ackerbausch. Landw.meister, selbst. Landwirt Altenhaßlau; 1958ff. Vors. Kreisbauernverb. Gelnhausen, 1962ff. Kreislandw., Mitbegr. Bund hess. Landjugend. Präs. Dt. Ges. f. Agrar- u. Umweltpolitik, AR-Vors. Moha u. Zentra Vereinigte Milchwerke GmbH; Vorstandsmitgl. Landwirtsch. Versich.verein Münster. S. 1954 CDU, s. 1972 Mitgl. Landesvorst. CDU Hessen, s. 1972 Vors. Agrarpolit. Aussch. Hessen, 1956ff. Gemeindevorst. Altenhaßlau, 1964ff. MdK Gelnhausen, 1970ff. MdL Hessen, 1974ff. Vors. Aussch. f. Landwirtsch. u. Forsten. S. 1976 MdB - 1982 Gisevius-Plak. Univ. Gießen (agrarwiss. Fachber.).

BAYREUTHER, Klaus

Dr. rer. nat., Prof. f. Genetik u. Virol. Univ. Hohenheim (Fachbereich Biol.) - Schloß, 7000 Stuttgart 70 - Geb. 18. Mai 1929 Marienwerder/Westpr. - Promot. 1955; Habil. 1968 - S. 1972 Prof. Üb. 30 Facharb. Herausg.: Ztschr. Cytogenetics.

BAYRHAMMER, Gustl

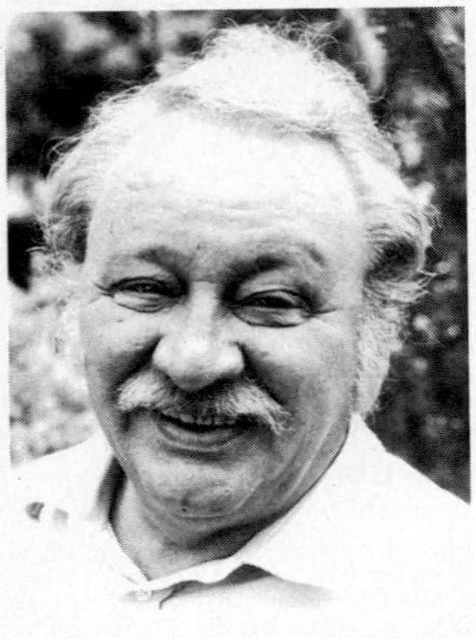

Bayer. Staatsschauspieler - 8033 Krailling - Geb. 12. Febr. 1922 München (Vater: Max B., Hofschausp.; Mutter: Elisabeth, geb. Haase), kath., verh. s. 1947 m. Irmgard, geb. Henning, S. Max (Produktionsleit. BR) - Realgymn. u. Handelssch. München; Schauspielstudio Schillertheater Berlin (b. Werner Kepich) - Engagements s. 1945 (Sigmaringen, Tübingen, Augsburg, Karlsruhe, Salzburg), 1966-71 Münchener Kammerspiele, s. 1972 Gast Bayer. Staatsschauspiel u. Münchner Volkstheater. S. 1965 Fernsehtätigk., u. a. Serien Kgl. Bayer. Amtsgericht (ZDF), Tatort (ARD), insg. ca. 280 Produktionen. Rollen u. a.: Schormayr (Wittiber), Ertlbauer (Sachrang), Meister Eder (Meister Eder u. sein Pumuckl), Lorenz (Die Grenze), Weiß-blaue Geschichten (ZDF). Hörfunk- u. Schallpl.aufn. - 1975 Kritikerpreis Fernsehen; 1976 Bayer. VO.; 1977 Ludwig-Thoma-Med.; 1982 bayer. Staatsschausp.; 1983 Bayer. Filmpreis (als: Bester Darst. f. Rolle d. Meister Eder in d. Pumuckl-Verfilm.); 1987 Med. München leuchtet; 1990 Oberbayer. Kulturpreis u. Bambi Leipzig; 1991 Sigi-Sommer Literaturpreis; 1992 Gold. Med. d. Bayer. Rundfunks.

BAYRLE, Thomas

Maler, Grafiker - Zu erreichen üb.: Dürerstr. 10, 6000 Frankfurt/M. 70 - Geb. 7. Nov. 1937 Berlin (Vater: Alf B., Maler; Mutter: Dr. Elisabeth, geb. Weiss), verh. s. 1961 m. Helke, geb. Rochelmeyer, Tocht. Marielle - 2 J. Textilarb.; b. 1961 Werkkunstsch. Offenbach/M. - 1961-65 Gulliver-Presse (m. B. Jäger), Bad Homburg; zeitw. Doz. Hochsch. f. Gestalt., Offenbach/M. u. Städelsch Frankfurt/M. - W.: Darstell. v. Massenbeweg. u. -prozessen; 1965-67 Suppenkatapulte (bewegl. Obj.), s. 1968 Grafik u. Bilder (Massenphänom. als Montagen u. gemalt) -BV: Biographie Egoist, 1969; Feuer im Weizen, 1971 - Preise: 1966 Junge Kunst in Hessen; 1970 u. 74 Breadford-Biennale (England); 1973 Triennale Grenchen (Schweiz); 1971-72 Stip. Villa Massimo u. a. - Spr.: Engl., Ital.

BEA, Franz Xaver

Dr. rer. pol., Prof., Lehrstuhlinh. f. Betriebswirtschaftslehre, insb. Industriebetriebsl., Univ. Hohenheim (s. 1972) - Enno-Littmann-Str., 7400 Tübingen 1 - Geb. 29. Dez. 1937 Riedlingen (Vater: Lambert B., Landw.; Mutter: Anna, geb. Buck), kath., verh. s. 1965 m. Brigitte, geb. Hummler, 3 Kd. - Univ. Tübingen u. Wien. Promot. 1965 - BV (1968 ff.); Krit. Unters. üb. d. Geltungsbereich d. Prinzips d. Gewinnmaximierung, D. Behandl. gebrauchter Kraftfahrzeuge im dt. Umsatzsteuerrecht (m. Dieter Pohner), Produktion u. Absatz (m. dems.) - Spr.: Engl., Franz.

BEATO, Miguel

Dr. med., Prof. f. Molekularbiologie Univ. Marburg - Cappeler Gleiche 29, 3550 Marburg - Geb. 4. Juli 1939 Salamanca, Spanien - End.: Nachweis u. Isol. v. Glucocorticoidzezeptor; Strukturaufklärung d. Uteroglobins u. d. Uteroglobingens; Entd. d. regulatorischen DNA-Sequenzen f. Steroidhormone; Bedeutung d. Nukleosomstruktur f. d. Genexpression.

BEATUS, Hans Jürgen

Dr. jur., Rechtsanwalt, Vorstandsmitglied Nassauische Sparkasse Wiesbaden i. R., Geschäftsf. BKG Buchhändl. Kredit-Garantiegemeinsch. GmbH & Co. KG Frankfurt - Richard-Wagner-Str. 54, 6200 Wiesbaden - Geb. 4. April 1935 Tübingen, verh. s. 1973 m. Helga, geb. Rath.

BEATUS, Richard

Dr. rer. nat., o. Prof. f. Biologie - Richard-Strauss-Weg 12, 3300 Braunschweig (T. 3 25 52) - Geb. 9. Juli 1907 Ulm/D. (Vater: Otto B., Zugführer), ev., verh. I) 1933 m. Luise, geb. Micheel, II) 1951 Justine, geb. Höse, 3 Kd. (Hans-Jürgen, Ilse, Gertrud) - Oberrealsch. Ulm; Univ. Tübingen (Promot. 1931) u. Berlin (Naturwiss.). Habil. 1935 Tübingen. 1931-1938 Assist. u. Privatdoz. f. Botanik Univ. Tübingen; s. 1938 Doz. u. Prof. an d. PHN Abt. Braunschweig. 1939-47 Wehrdst. u. Gefangensch.; 1974 em.; 1978 TU Braunschweig - Spr.: Engl., Franz.

BEAUCAMP, Eduard

Dr. phil., Feuilleton-Redakteur u. Kunstkrit. - Zu erreichen üb.: Postf. 2901, 6000 Frankfurt/M. 1 - Geb. 15. Juni 1937 Aachen - Gymn. Aachen (Abit.); Volont. Buchverlag Köln; Univ. Freiburg/Br., München, Bonn (Dt. Literaturgesch., Phil., Kunstgesch.). Promot. Bonn (Prof. Benno v. Wiese; Diss. üb. Raabe) - S. 1966 FAZ - BV: D. Dilemma d. Avantgarde, 1976; Werner Tübke, 1985; D. befragte Kunst, 1988.

BEAUGRAND, Lutz-Dieter

Geschäftsführer Beaugrand Bürokommunikation GmbH - Otto-Hahn-Str. 24, 6056 Heusenstamm (T. 06104 - 6 30 92) - Geb. 26. Mai 1938, kath., verh. s. 1964 m. Ruth, geb. Wittpoth, 2 S. (Michael, Hans-Wolfgang) - 2. Vors. BBO (Gesamtverb. Büro Elektronik Frankfurt/M.); Vorst.-Mitgl. BVB (Bundesverb. d. Bürotechn.); dt. Deleg. FEIM (Europ. Vereinig. Importeure, Brüssel) - Liebh.: Tennis, Golf, Wassersport - Spr.: Engl.

BEAUMONT, Antony

M.A., B. Mus., Dirigent u. Musikwissenschaftler - Alexanderstr. 12, 2800 Bremen 1 (T. 0421 - 70 44 96) - Geb. 27. Jan. 1949 London, ledig - 1966-70 Bryanston School u. King's College Cambridge (Musikwiss.) - 1972-74 Kapellm. Saarl. Staatstheater, Saarbrücken; 1975-78 Kapellm. Theater Stadt Trier; 1978-87 Kapellm. Opernhaus Köln; 1987-90 1. Kapellm. Bremer Theater - BV: Busoni the Composer, 1985; Busoni: Selected Letters, 1987. Neufass. d. Oper Doktor Faust v. Busoni m. neuer Schlußszene, 1985; Gründ. Konzertreihe Oper am Klavier; Gründ. studio-orch. köln - Liebh.: Kochen, Fotografie, Auto - Spr.: Dt., Franz., Ital., Engl. (Mutterspr.).

BEAUVAIS, von, Ernst

Dr. jur., Ministerialdirektor - Merler Allee 106, 5300 Bonn-Röttgen (T. 25 15 91) - Geb. 27. Nov. 1923 Bonn, ev., verh. s. 1959 m. Ehrengard, geb. von Maltzan Freiin zu Wartenberg und Penzlin, 4 Kd. - Univ. Bonn und Tübingen. 1. u. 2. jur. Staatsex. 1951 u. 1956, volkswirtsch. Dipl.ex. 1952, Promot. Dr. jur. 1955 - S. 1957 Bundeswirtschaftsministerium, s. 1973 Leiter Abt. Mittelstandspolitik, Vors. Kurat. Physik.-techn. Bundesanst. u. Bundesanst. f. Materialprüf., Vorst.-Mitgl. Rationalisierungs-Kurat. Dt. Wirtsch. VR-Mitgl. Filmförderungsanst., Dt. Zentrale f. Tourismus u. Dt. Genossenschaftsbank - 1983 Gr. BVK.

BEBBER, Wolfgang

Rechtsanwalt, MdL Baden-Württ. (Wahlkr. 19, Eppingen) - Nordstr. 20, 7101 Abstatt (T. 07131 - 8 01 60) - Geb. 4. April 1943 Friedberg (Hessen) - SPD.

BECHER, Carl. J.

s. Seelmann-Eggebert, Ulrich

BECHER, Georg

Bankier, pers. haft. Gesellsch. Bankhaus Karl Schmidt, Hof - Schillerstr. 47, 8670 Hof/S. - Geb. 25. Nov. 1905 Bayreuth - ARsvors. Porzellanfabr. Schirnding AG. Schirnding.

BECHER, Günther

Dr. jur., Rechtsanwalt Vorstandsmitgl. Dt. Lufthansa (Ressort Finanzen, s. 1982) - Von-Gablenz-Str. 2-6, 5000 Köln 21 - Geb. 4. März 1925 Süchteln, verh., 2 Kd. - 1946-49 Univ. Freiburg (Rechtswiss., Betriebs- u. Volksw.); Promot. 1950; Ass.ex. 1953 - 1943-45 Wehrdst. (zul. Ltn.; 3 x verwundet); 1953-55 Anwalts- u. Wirtschaftspraxis; s. 1955 Dt. Lufthansa AG. (1957 Leit. Rechtsabt., 1960 Prokurist, 1962 Ltd. Abt.-Dir. Recht u. Konsortialverw., 1964 Ltd. Dir. Zentralbüro, 1982 Vorstandsmitgl. u. Finanzchef). AR-Mandate, u.a. Lufthansa Service GmbH, DELVAG Dt. Luftfahrtversich. AG, Lufthansa Commercial Holding GmbH, AR-Vors. ABS Pumpen AG, Mitgl. Zulassungsst. d. Börse zu Düsseldorf, DEG Dt. Finanzierungsges f. Beteilig. in Entw.ländern GmbH; Beirat Colonia Versich. AG; Vorst. Dt. Ges. f. Luft- u. Raumfahrt e.V. u. weit. Ämter - 1985 BVK - Liebh.: Geschichte, antike Uhren.

BECHER, Hans Rudolf

Dr., o. Prof. f. Primarstufe - Havelstr. 9, 8580 Bayreuth (T. 0921 - 4 18 71) - Geb. 10. März 1935 Hassenberg (Vater: Andreas B., Obermeister a.D.; Mutter: Christiane, geb. Wolfrum), ev., verh. s. 1960 m. Renate, geb. Schwarz, S. Jörg - Gymn. Bayreuth 1947-54, 1954-60 Univ. Erlangen (Theologie), 1967-71 Univ. Erlangen (German., Gesch., Päd.) - 1962-66 Lehrer, 1966-77 Hochschuldienst, 1977 ff. Univ.prof. - BV: Grundschuldidaktik, T. 1 u. 2, 1980/81; Sachunterr. in d. Grundschule, T. 1 u. 2, 1979/80 - Liebh.: Literatur, Musik - Sport: Bayer. Schul-Landesmeister im Hochsprung 1951 u. 52 - Spr.: Engl., Franz. - Lit.: Holsten, M.: Bechers Synthese-Konzept 1980.

BECHER, Jürgen

Dr. jur. habil., Prof., Leiter v. Forschungsgruppen z. Ökonomie u. z. Wirtschaftsrecht - Louis-Fürnberg-Str. 9, O-7050 Leipzig (T. 69 82 49) - Geb. 1. Juli 1937, verh. s. 1961 m. Karin, geb. Bretschneider, 3 Kd. (Marlis, Thomas, Ralf) - 1955-59 Stud. Rechtswiss., Dipl. Jurist; Promot. 1963, Habil. 1967, alles Leipzig - 1969 o. Prof., 1969-91 Lehrstuhlleit. Univ. Leipzig; s. 1991 wissensch. Mitarb. am Zentr. f. Intern. Wirtsch.beziehungen d. Univ. Leipzig - BV: D. Materialbilanzierung, 1964; Rechtsfragen f. Betriebsing., 1965; Ist d. Eigentum ewig?, 1977; Eigentum im Zerrspiegel, 1978; Bodeneigentum u. Bodennutzung in d. neuen Bundesländern, 1991 - Liebh.: Wanderungen - Spr.: Russ., Engl., Lat.

BECHER, Martin Roda

Schriftsteller - Zu erreichen üb. Verband Dt. Schriftsteller, Friedrichstr. 15, 7000 Stuttgart - Geb. 21. Okt. 1944 New York (Vater: Ulrich B., Schriftst.; Mutter: Dana, geb. Roda) - Dipl. Bühnenstudio, Zürich - BV: Chronik e. feuchten Abends, Erz. 1965; Flippern, R. 1968; Saison f. Helden, R. 1970; D. rosa Ziege, R. 1975; D. im Rücken lebendig gewordene Lehne (üb. phantastische Literatur), Essay 1978; Im Windkanal d. Geschichte, Erz. 1981 - 1964 Junioren-Vizeweltm. Degenfechten - Bek. Vorf.: Schriftst Roda Roda (Großv.).

BECHER, Reinhard

Dr. med., Univ.-Prof., Oberarzt Universitätsklinikum Essen - Zu erreichen üb. Westd. Tumorzentrum, Inn. Univ.- u. Poliklinik (Tumorforschung), Hufelandstr. 55, 4300 Essen 1 (T. 0201 - 7 23/20 12) - Geb. 11. Febr. 1949 Regensburg, ev., verh. s. 1974 m. Marianne, geb. Kutscher, 3 Kd. (Beate, Christine, Sebastian) - Stud. Univ. Erlangen u. Graz; Staatsex. u. Promot. 1974 Erlangen; Forschungsaufenth. Buffalo/USA (1982/83); Habil. (Inn. Med.) 1985 Essen, b. 1987 Priv.-Doz. - Klin. Tätigk. (Oberarzt) Inn. Univ.- u. Poliklinik (Tumorforsch.); Wiss. Tätigk. (Projektleit. im Sonderforschungsbereich 854, Genetische u. biochem. Grundl. d. Kanzerogenese u. Metastasierung d. Dt. Forschungsgemeinschaft). Mitglied in- u. ausl. wiss. Ges. (Cell Kinetics Soc., American Assoc. for Cancer Research, u.a.) - Entd./Erf.: Beschreibung spezif. chromosomaler Anomalien b. Malignomen - Wiss. Veröff. u. a. in Intern. J. Cancer 24 (1979), Cancer Research 43 (1983) u. JNCI 72 (1984) - 1984 Arthur-Pappenheim-Preis Dt. Ges. f. Hämatol. u. Onkol.; 1989 FICE-Preis d. Arbeitsgemeinsch. Internistische Onkologie d. Dt. Krebsges.; 1991 Vinzenz Czerny Preis Dt. Ges. f. Hämatol. u. Onkol. - Liebh.: Bild. Kunst, Musik - Spr.: Engl.

BECHER, Walter

Dr. rer. pol., Volkswirt, MdB (1965-80, CSU/CDU), Sprecher Sudetend. Landsmannschaft (1968-82) - Gistlstr. 95a, 8023 Pullach/Isartal (T. München 793 05 46) - Geb. 1. Okt. 1912 Karlsbad (Vater: Anton B.; Mutter: geb. Hauptmann), verh. m. Ditha, geb. Strallhofer - Realgymn.; Univ. Wien (Promot. 1936) - Redakt. Prag u. Reichenberg; 1939-45 Wehrdst. (1944 schwer verwundet); ab 1947 Generalsekr. Sudetend. Rat. 1950-62 MdL Bayern (GB/BHE), 1965-80 MdB (CSU) - 1962 Bayer. VO., 1972 BVK, 1983 Europ. Karls-Preis Sudetend. Landsmannsch.

BECHERER, Antonia

Fremdsprachl. Wirtschaftskorrespondentin, Dt. Meisterin im Eistanzen (1986) - Allmannsdorfer Str. 68, 7750 Konstanz (T. 07531 - 6 53 14) - Geb. 7. Juni 1963 Konstanz (Vater: Franz B., Oberstudienrat; Mutter: Helga, geb. Pflüger), kath., ledig - Gymn. Konstanz (Abit. 1982); Ex. als fremdsprachl. Wirtschaftskorresp. 1984 - S. 1984 Tätigk. als fremdsprachl. Wirtschaftskorresp. - Eistanzen: 1979 Dt. Juniorensiegerin, 1981 Dt. Seniorensiegerin u. Dt. Jugendm., 1983-85 Dt. Vizem., 1986, 87 u. 88 Dt. Meisterin; Europameistersch.: 1983 (11. Pl.), 1984 (12. Pl.), 1985 (10. Pl.), 1986 (5. Pl.); Weltmeistersch.: 1984 (15. Pl.), 1985 (16. Pl.), 1986 (8 Pl.), 1987 (7. Pl.); Olymp. Spiele: 1988 (9. Pl.) - 1983 Sportler d. J. Stadt Konstanz; 1985, 86 u. 87 Silbermed. Stadt Konstanz; 1986 u. 87 Sportler d. J. - Liebh.: Skifahren, Tanzen, Handarb. - Spr.: Engl., Franz., Alt-Griech., Latein.

BECHERER, Ferdinand

Dipl.-Psych., Dt. Meister im Eistanzen - Allmannsdorfer Str. 68, 7750 Konstanz (T. 07531 - 6 53 14) - Geb. 7. Juni 1963 Konstanz (Vater: Franz B., Oberstudienrat; Mutter: Helga, geb. Pflüger), kath., ledig - Abit. 1982 Konstanz; 1983-89 Psych.-Stud. Univ. Konstanz, Abschl. Dipl.-Psych. - Eistanz: 1979 Dt. Juniorensieger, 1981 Dt. Seniorensieger u. Dt. Jugendmeister, 1983/84/85 Dt. Vizemeist., 1986/87/88 Dt. Meist.; b. Europameistersch. 1983 11. Platz, 1984 12. Pl., 1985 10. Pl., 1986 5. Pl.; b. Weltmeistersch. 1984 15. Pl., 1985 16. Pl., 1986 8. Pl., 1987 7. Pl., 1988 9. Platz Olymp. Spiele Calgary - 1983, 86 u. 87 Sportler d. Jahres; 1985, 86 u. 87 Silbermed. Stadt Konstanz; 1988/89 Goldmed. Stadt Konstanz; 1986/87/88 Sportler d. Jahres Stadt Konstanz -

Liebh.: Surfen, Tennis, Skifahren - Spr.: Engl., Latein, Altgriech.

BECHERT, Heinrich

Dr.-Ing., Prof., Berat. Ingenieur VBI - Teckstr. 44, 7000 Stuttgart 1 (T. 0711 - 28 32 39 u. 28 20 80) - Geb. 10. Juni 1926 Köditz/Bayern, ev., verh. s. 1953 m. Ilse, geb. Abendschön, 6 Kd. (Georg, Ute, Achim, Beatrice, Kai, Markus) - 1947 Phil.-Theol. Hochsch. Regensburg; 1948-52 TH Karlsruhe (Dipl.-Ing.); Promot. 1954 - 1952-57 wiss. Assist. TH Karlsruhe; Ehrenvors. d. Bundesvereinig. Prüfing. f. Baustatik (BVPI); s. 1975 Mitgl. Lenkungsaussch. FNBau im DIN; s. 1986 Vors. Freier Bau-Beratungs- u. Überwachungsverein Bundesrep. Dtschl. (BBÜV) - Mehrere Pat. f. bautechn. Konstruktionen - Veröff.: Abschnitt Massivbrücken, in: Betonkalender (s. 1969) - 1984 Honorarprof. Univ. Karlsruhe; 1986 BVK - Liebh.: Lit., Musik, Gesch., Phil. - Spr.: Engl.

BECHERT, Heinz

Dr. phil., Prof. f. Indologie - Hermann-Föge-Weg 1a, 3400 Göttingen (T. 48 57 65) - Geb. 26. Juni 1932 München (Vater: Dr. jur. Rudolf B., Rechtsanwalt u. -historiker (†1961); Mutter: Herta, geb. Bade), verh. s. 1963 m. Marianne, geb. Würzburger - Univ. München u. Hamburg - Wiss. Assist. Univ. Saarbrücken u. Mainz; 1964-65 Privatdoz. Mainz; s. 1965 Ord. u. Seminardir. Univ. Göttingen - BV: Bruchstücke buddhist. Verssamml., 1961; Sanskrittexte aus Ceylon, 1962; Buddhismus, Staat u. Ges., 3 Bde. 1966/73; Singhalesische Handschriften, 1969; Buddhism in Ceylon, 1978; Burmese Manuscripts, 1979; Einf. in d. Indologie, 1979; D. Sprache d. ältesten buddhistischen Überlieferung, 1980; Pali Niti Texts of Burma, (m. H. Braun) 1981; Die Welt d. Buddhismus, (m. R. Gombrich) 1984; D. Buddismus (m. R. Gombrich), 1989; The Dating of the Historical Buddha, 1991. Herausg.: Sanskrit-Wörterbuch d. buddhistischen Texte aus den Turfanfunden (1992) - 1968 o. Mitgl. Akad. d. Wiss. Göttingen; 1973 assoz. Mitgl. Academie royale de Belgique; 1988 ausw. Mitgl., Kgl. Schwed. Akad. d. Lit., Geschichts- u. Altertumsforsch. in Stockholm.

BECHERT, Johannes

Dr. phil., Prof. f. Linguistik - Engadiner Str. 48, 2800 Bremen 41 (T. 42 36 52) - Geb. 17. Sept. 1931 München (Vater: Prof. Dr. phil. Dr. h. c. Karl B., Physiker; Mutter: Sibylle, geb. Lepsius), ev., verh. s. 1957 m. Eva, geb. Büttner, 4 Kd. (Ernst, Maja, Susanne, Anna Maria) - Univ. Mainz u. München (Allg. u. Indogerman. Sprachwiss., Klass. Philol., Phil.). Promot. (1964) u. Habil. (1968) München - Mehrf. Studienaufenth. Dublin u. Machačkala (Daghestan, Rußland); 1964 Wiss. Assist., 1968 Privatdoz. Univ. München; 1971 Prof. (C 4) Univ. Bremen. In- u. ausl. Fachmitgliedsch. Mitverf.: Einf. in d. generative Transformationsgrammatik (1970, 5. A. 1980, japan. Bearb. 1972); Toward a Typology of European Languages (1990); Einf. in d. Sprachkontaktforsch. (1991) - Spr.: Engl., Franz., Russ.

BECHINGER, Doris

Dr. med., Prof., Abt. Neurologie, EEG-Sektion u. Kinderneurologie, Univ. Ulm - Forstweg 13, 7902 Blaubeuren-Sonderbuch - Gegenw. Prof. f. Neurol., Kinderneurol. u. Klin. Neurophysiol. Ulm. Mitgl. Dt. Physiol. Ges., Dt. EEG-Ges., Dt. Ges. f. Kinder- u. Jugendpsychiatrie, Int. Child Neurol. Assoc.

BECHMANN, Arnim

Dr. rer. pol., Prof., gf. Direktor Inst. f. Landschaftsökonomie (Landschaftsökon., Umweltplanung, Systemanalyse) TU Berlin (s. 1979) - Zu erreichen üb. Inst. f. Landschaftsökonomie, Sekr. FR 2-7, Franklinstr. 28/29, 1000 Berlin 10; priv.: Schützenstr. 19, 3013 Barsinghausen - Zul. Privatdoz. TU Hannover (Akad. Oberrat Inst. f. Landschaftspflege u. Naturschutz); s. 1986 Dir. Inst. f. ökol. Zukunftsperspektiven, Barsinghausen - BV: Kybernetik u. Makroökonomie, 1976; Nutzwertanalyse, Bewertungstheorie u. Planung, 1978; Grundl. d. Planungstheorie u. Plan.methodik, 1981; Umwelt braucht Frieden, 1983; Leben wollen - Anleit. f. e. neue Umweltpolitik, 1984. Mithrsg.: Global Future - Es ist Zeit zu handeln (1981); Landbau-Wende, Vorschläge f. e. neue Agrarpolitik (1987) - Spr.: Engl.

BECHTELER, Theo

Bildhauer - Salzmannstr. 22, 8900 Augsburg-Hochzoll (T. 6 23 76) - Geb. 8. Febr. 1903 Immenstadt/Allgäu - 1926-34 Kunsthochsch. Berlin - 1959 Villa-Romana-Preis (Florenz); 1974 Ehrengast Villa Massimo, Rom.

BECHTELER, Wilhelm

Dr.-Ing., Prof. f. Hydromechanik u. Hydrol. Univ. d. Bundeswehr München - Drosselweg 4, 8088 Eching/A. (T. 08143 - 12 65) - Geb. 1. Juli 1939 Immenstadt (Vater: Wilhelm B., Zimmermstr.; Mutter: Anny, geb. Nerlinger), kath., verh. s. 1986, 3 Söhne (Georg Wilhelm, Thomas Alexander, Maximilian Rasso) - Abit. 1959 Oberstdorf; Stud. Bauing.-wesen TU München (Dipl. 1964, Promot. 1969, Habil. 1971, Beruf. 1973) - S. 1973 Prof. Univ. d. Bundeswehr; 1986 Ruf an d. TU München, 1987 abgelehnt. Mitgl. ASCE, DVWK, IAHR, VDI; Vorst.-Mitgl. u. Fachgr.leit. DVWK - Editorial board d. Ztschr.: Mitteilungen Inst. f. Wasserwesen d. Univ. d. Bundesw. München; Groupe d'etude de publication scientifiques, Toulouse, France; Intern. Research and Training Center on Erosion and Sedimentation Beijing, China. 70 Veröff. - Ehrenmitgl. Chinese Hydraulic Engineering Assoc. (CHES) - Liebh.: Beruf - Spr.: Engl., Span.

BECHTLE, Erwin

Fabrikant (Tübinger Teigwarenfabrik) - Haußerstr. 53, 7400 Tübingen - Geb. 3. Jan. 1910 Tübingen - Ausbild. London - Vors. Verb. d. Teigwarenfabr. v. Südwürtt.-Hoh.

BECHTLE, Friedrich

Dr. phil., Verleger, Mithrsg. Esslinger Ztg., gf. Gesellsch. Richard Bechtle, Graph. Betriebe u. Verlagsges. (Esslinger Ztg., Bechtle Vg.), Geschäftsf. Stuttgarter Zeitungsverlag GmbH, Präs. Bezirkskammer Esslingen d. IHK Mittlerer Neckar, stv. Präs. IHK Mittl. Neckar, Stuttgart, Vorst.-Mitgl. Atlantik-Brücke, VR Landessparkasse Girokasse, Stuttgart, Vors. Aussch. f. Öffentlichkeitsarb. DIHT, Bonn. Handelsrichter - Zeppelinstr. 116, 7300 Esslingen - Geb. 28. Okt. 1926 Esslingen (Vater: Richard B., Verleger †1944; Mutter: Lilly, geb. Schleicher †1981), verh. s. 1957 m. Irene, geb. Kollmar, 2 Kd. - Gymn.; Schriftsetzerlehre; TH Stuttgart, Univ. München, Paris (Sorbonne), Cornell (B.A.) - Brüder: Otto Wolfgang u. Richard B.

BECHTLE, Otto Wolfgang

Verleger, gf. Gesellsch. Richard Bechtle, Graph. Betriebe u. Verlagsges. (Esslinger Ztg. u. Bechtle-Verlag), Ehrenvors. Verb. Südwestd. Ztg.verleger, Ehrenvors. dpa - Hölderlinweg 118, 7300 Esslingen (T. 93 10-1) - Geb. 10 März 1918 Stuttgart, verh. s. 1953 m. Jacqueline, geb. Kuttenne, 2 Töcht. (Marie-Jo, Christine) - Gymn. Esslingen . Offz.-laufbahn; s. 1947 Verlagsbuchh. 1963ff. Mitgl. Präsid. Bundesverb. Dt. Ztg.verleger (b. 1970 Vizepräs.); 1972-80 Mitgl. Dt. Presserat (1978-80 Sprecher) - 1973 BVK I. Kl., 1978 Gr. BVK, 1983 Stern dazu; Ritter Ehrenlegion d. franz. Rep. - Liebh.: Bücher, Wassersport, Skilaufen - Spr.: Engl., Franz. - Rotarier - Eltern s. Friedrich B. (Bruder).

BECHTOLF, Hans Joachim

Dr. rer. pol., Vorstandsmitglied i.R. Vereins- u. Westbank, Hamburg 11 (1968-85) - Blankeneser Hauptstr. 113, 2000 Hamburg 55 (T. 86 85 41) - Geb. 2. April 1923 Wuppertal - Div. Mandate - Spr.: Engl. - Rotarier.

BECHTOLSHEIMER, Willi (Wilhelm)

Bürgermeister - Rathaus, 6508 Alzey/Rh.; priv.: Nibelungenstr. 24 - Geb. 3. Febr. 1911 - AR-Mandate - Spr.: Engl. - Rotarier.

BECK, Adolf

Bezirksgeschäftsführer, MdL Bayern (s. 1970) - Heinrichstr. 27, 8405 Donaustauf (T. 094303 - 5 98; dstl.: 0941 - 5 27 47) - Geb. 1938 - 1986 Medienrat DJK-Diözesanvors. - CSU (s. 1972 Frakt.-Vors. im Kreistag) - 1980 Bayer. VO; 1984 Bayer. Verfassungsmed. in Silber, 1988 BVK am Bde.

BECK, Chlodwig

Dr. med., o. Prof. u. Direktor Hals-Nasen-Ohrenklinik Univ. Freiburg - Kohlerweg 23, 7800 Freiburg/Br. (T. 5 31 91) - Geb. 29. Nov. 1924 - S. 1959 (Habil.) Lehrtätigk. Univ. Freiburg (1965 Prof.). Fachveröff. - 1969 Mitgl. Collegium Oto-Rhino-Laryngologicum Amicitiae sacrum; Korresp. Mitgl. Österr. Oto-Rhino-Laryng.-Ges., 1974; Schweiz. Oto-Rhino-Laryng. Ges., 1976.

BECK, Dieter

Dr. rer. nat., Prof. f. Physik - Zul. 4800 Bielefeld - Geb. 14. Aug. 1930 Berlin - Promot. 1959 Bonn; Habil. 1966 Freiburg - S. 1971 Ord. Univ. Bielefeld. Fachaufs. - 1966 Fritz-Haber-Preis.

BECK, Emil

Dipl.-Fechtmeister ADFD, Chef-Trainer Deutscher Fechter-Bund - Tannenweg 9, 6972 Tauberbischofsheim - Geb. 20. Juli 1935 Tauberbischofsheim, kath., verh. s. 1960 m. Karin, geb. Löhning, 2 Söhne (Frank, Reñe) - Dipl.-Fechtmeister ADFD (1968) - S. 1976 Leit. Bundes- u. Landesleistungszentrum Fechten m. Teilinternat Modell Tauberbischofsheim; s. 1978 Vors. Trainerkommiss. Bundesaussch. Leistungssport im Dt. Sportbund; s. 1986 Leit. Olympiastützpunkt, Tauberbischofsheim; Lehrauftrag Trainerakad. Köln (Fachricht. Fechten) - BV: Tauberbischofsheimer Fechtlektionen, 1978; Fechten - Florett, Degen, Säbel, 1978 - 1954 Gründer d. Fecht-Clubs Tauberbischofsheim; s. 1954 verantw. Vorst.-Mitgl. Fecht-Club Tauberbischofsheim f. d. gesamten Sportbereich; s. 1964 Vizepräs. Ges. z. Förd. d. Fecht-Clubs Tauberbischofsheim; s. 1977 Vors. Trainerkommiss. Dt. Fechter-Bund; s. 1978 Vors. Trainerkommiss. Dt. Sportbund; s. 1978 Vorst.-Mitgl. im Bundesaussch. Leistungssport (BA-L) im Dt. Sportbund; s. 1978 Mitgl. Bundesfachaussch. Sport d. CDU u. weitere Aussch.; s. 1979 Beiratsmitgl. Trainerakad. Köln f. d. Fernstudium; s. 1985 Mitgl. d. Jury d. Förderpreises Dt. Jugendsport; Mitgl. im Sportaussch. Dt. Fechter-Bund; Mitgl. im Leitungstab d. Bundesaussch. Leistungssport im Dt. Sportbund, u. im Sportaussch. d. Dt. Fechter-Bundes; Mitgl. d. Jury d. Förderpreises Dt. Jugendsport - S. 1973 70 Med. b. Weltmeistersch. u. Olymp. Spielen m. Fechterinnen u. Fechtern d. Fecht-Clubs Tauberbischofsheim; BVK am Bde., BVK I. Kl.; Verdienstmed. Land Bad.-Württ.; Gold. Ehrenplak. Dt. Fechter-Bund; Gold. Ehrennadel d. Akad. Fechtkunst Dtschl.; Gold. Ball d. Sportpresse Bad.-Württ.; Ehrennadel d. 12. Panzerdivision d. Bundeswehr sow. weitere Ausz. auf regionaler u. örtl. Ebene; 3 mal Trainer des Jahres; Gold. Band d. Sportpresse Verb. Dt. Sportjourn.; Ehrenbürger d. Stadt Tauberbischofsheim; Gold. Ehrennadel d. Dt. Fechter-Bundes - Liebh.: Taubenzucht, Musik.

BECK, Erwin

Dr. rer. nat., o. Prof. f. Planzenphysiologie Univ. Bayreuth - Neunkirchen 66, 8588 Weidenberg - Geb. 2. Nov. 1937 - Zul. München.

BECK, Friedrich

Dr. rer. nat., o. Prof. f. Theoret. Kernphysik - Waldstr. 24, 6109 Mühltal (T. 06151 - 14 89 87) - Geb. 16. Febr. 1927 Wiesbaden (Vater: Fritz B., Kaufm.; Mutter: Margarete, geb. Cron), ev., verh. s. 1956 m. Rosemarie, geb. Wesnigk, 2 Söhne (Michael Renatus, Johann Christoph) - Realgymn. Darmstadt: Univ. Göttingen (Physik; Promot. 1952) - 1952-54 Assist. Max-Planck-Ges.; 1954-56 Research Associate Mass. Inst. of Technol./USA; 1958-60 Privatdoz. Univ. München u. Heidelberg; 1960-63 ao. Prof. Univ. Frankfurt; s. 1963 o. Prof. TH Darmstadt; 1974-75 Gastprof. Lawrence Berkeley Lab.; 1976 Univ. Fed. Rio de Janeiro; 1979 Univ. of Maryland - Spr.: Engl.

BECK, Fritz Paul

Dr. rer. nat., o. Prof. f. Elektrochemie Univ.-GH Duisburg - Moltkestr. 66, 4100 Duisburg 1 - Geb. 5. März 1931 Stuttgart - Stud. Chemie Univ. Stuttgart. 1960-78 BASF AG, Ludwigshafen, 1978ff. Univ.-GH Duisburg. Erf. Organische Elektrosynthesen, Kapillarspaltzelle, Elektrochem. Energiespeicher - BV: Elektroorganische Chemie, 1974; Elektrochem. Energiespeicher (m. K.-J. Euler), 1984 - Spr.: Engl., Franz.

BECK, Götz

Dr. phil., Prof., Hochschullehrer - Kirchrather Str. 43, 5100 Aachen (T. 0241 - 8 55 63) - Geb. 13. Jan. 1934, verh. s. 1967 m. Carin, geb. Jerratsch, 2 S. (Christian, Paul-Thomas) - Gymn. u. Abitur Halle/S. u. Dessau (DDR); 1953-60 Stud. Klass. Philol. u. German. Tübingen u. Leeds (UK); 1. u. 2. Staatsprüf. f. höh. Lehramt 1962; Promot. 1962 Tübingen; Habil. (Dt. Philol.) 1980 Zürich - 1964 Gymn. Eßlingen/N.; 1964-70 Lektor Univ. Venezia; 1971-82 Assist.; Akad. Rat u. Oberrat PH Aachen; 1982 Prof. RWTH Aachen; 1980-83 Priv.-Doz. Univ. Zürch - BV: D. Stellung d. 24. Buches d. Ilias in d. alten Epentradition, 1963; Sprechakte u. Sprachfunktionen, 1980 - Interessen: Schriftstell. Arb. - Spr.: Engl., Latein, Griech.

BECK, Hanno

Dr. phil., Prof., Historiker - Dürenstr. 36, 5300 Bonn 2 (T. 35 14 26) - Geb. 13. Sept. 1923 Eschwege (Vater: Carl B., Fabrikant, mehrf. Erfinder (u. a. m. Eugen Müller Aluminiumlot); Mutter: Carla, geb. Noeding), ev., verh. in 1. Ehe m. Doris, geb. Schmidt †1986, in 2. Ehe s. 1987 m. Brigitte, geb. Göricke, 3 Kd. aus 1. Ehe (Friederike, Almut, Carl) - Reform-Realgymn. u. Obersch. Eschwege; Univ. Marburg (Geogr., Erdwiss., Gesch., German.). Promot 1951 Marburg; Habil. 1962 Bonn - 1956-61 Stip. Dt. Forschungsgem.; s. 1961 Lehrbeauftr., Doz. (1962) u. Prof. (1968) Univ. Bonn (Gesch. d. Naturwiss., spez. d. Geogr., d. Reisen u. d. Erdwiss.). 1970-72 Präs. Weltbund z. Schutze d. Lebens/Sektion BRD - BV: Moritz Wagner in d. Gesch. d. Geogr., 1951; Eschwege, 1956; Gespräche Alexander v. Humboldts, 1959; Alexander v. Humboldt, Monogr., 2 Bde. 1959/61 (span. 1971); A. v. Humboldt u. Mexico, 1966 (auch span.); Germania in Pacifico, 1970; Große Reisende - Entdecker u. Erforscher unserer Welt, 1971; Albert Götting, 1971; Geographie - Europ. Entwickl. i. Texten u. Erläuter., 1973; Eschweger Profile, 1974; Hermann Lautensach - Gr. Geograph i. 2 Epochen, 1974; Carl Ritter - Genius d. Geographie, 1979 (auch engl., franz. u. span.); Große Geographen / Pioniere - Außenseiter - Gelehrte, 1982; A. v. Humboldts Reise durchs Baltikum n. Rußland u. Sibirien, 3. A. 1985; A. v. Humboldts amerikanische Reise, 2. A. 1988; Naturgemälde d. Tropenländer u. Goethes ideale Landschaft (m. W.-H. Hein, A. v. Humboldts), 1989. Herausg.: Quellen u. Forsch. z. Geschichte d. Geographie u. d. Reisen; Kleine Geogr. Schriften; A. v. Humboldt Studienausg. in 7 Bde. (1987ff.) - S. 1973 Leiter d. Amtes f. Forsch. d. Humboldt-Ges., Mannheim, 1982-86 Protektor d. Acad. Cosmol. Nova - 1957 Euler-Med.; 1959 Alexander-v.-Humboldt-Med.; 1979 C. Ritter-Med.; 1983 Med. d. A. v. Humboldt-Stiftg. u. Ehrenplak. d. Werra-

Meißner-Kreises; 1984 Silb. Med. d. Humboldt-Ges.; 1987 Humboldt-Plak.; Ehrenmitgl. Schweiz. Ges. f. Gesch. d. Med. u. Naturwiss.; Ehrenmitgl. Acad. Cosmologica Nova u. Kurat. d. Mensch u. d. Weltraum - Lit.: Festschr. H. B. m. Lit.-Verz. (1983) - Liebh.: Lit. üb. Geogr., Reisen, Alexander v. Humboldt - Großv. ms.: Generaldir., Erf. e. Walzenstuhles (e. d. bekanntesten Mühlenbauer s. Zeit).

BECK, Hanns

Dr. jur., Präsident Bundesbahndirektion Köln - Konrad-Adenauer-Ufer 3, 5000 Köln 1 - Geb. 24. Juni 1929 Bünde (Westf.), verh., 1 Sohn.

BECK, Hans Dieter

Dr. jur., Verleger, pers. haft. Gesellsch. C. H. Beck'sche Verlagsbuchhandlung (s. 1970), Leit. Vahlen Verlag - Wilhelmstr. 9, 8000 München 40 - Geb. 1932 - Bruder: Wolfgang B. (s. dort).

BECK, Hans Jürgen

Bundesvorstandssekretär d. DGB - Am Bonneshof 10, 4000 Düsseldorf 30 (T. 0211 - 43 27 07) - Geb. 9. Febr. 1943 Düsseldorf, gesch., T. Constanze - Postjungbote; Fachhochsch., Akad.

BECK, Hans-Georg

Dr. theol., o. Prof. f. Byzantinistik u. Neugriech. Philol. - Willibaldstr. 8d, 8000 München 21 (T. 56 49 08) - Geb. 18. Febr. 1910 Schneizlreuth - S. 1950 Privatdoz. u. Prof. Univ. München (1960 Ord. u. Inst.svorst.). Fachveröff.

BECK, Hartmut

Dr. rer. pol. , Prof. f. Didaktik der Arbeitslehre an der Univ. Erlangen-Nürnberg - Regensburger Str. 160, 8500 Nürnberg 30; priv.: Reichenecker Str. 14a, 8500 Nürnberg 30 - Geb. 22. Febr. 1940 Neustadt/Aisch - Ehrenamtl. Stadtrat in Nürnberg.

BECK, Heinrich

Dr. med., Chirurg (Erkrank. u. Verletz. d. Extremitäten), apl. Prof. Univ. Erlangen-Nürnberg (s. 1971) - Rudelsweiherstr., 8520 Erlangen.

BECK, Heinrich

Dr. phil., o. Prof. f. German. Philologie unt. bes. Berücks. d. Nordistik (s. 1968) - Universität, 5300 Bonn - Zul. o. Prof. Univ. d. Saarlandes, Saarbrücken.

BECK, Heinrich-Rudolf

Dr. phil., Univ.-Prof. f. Philosophie - Eisgrube 1, 8600 Bamberg (T. Bamberg 5 27 62) - Geb. 27. April 1929 München (Vater: Dr. jur. Heinrich B.; Mutter: Elisabeth, geb. Majer), kath., verh. s. 1958 m. Anna-Brigitta, geb. Rave, 3 Kd. (Thomas, Christiane, Pia) - Stud. Phil., Psych., Theol., Soziol., Päd. Promot. 1954 München; Habil. 1962 Salzburg - B. 1956 stv. Dir. Studiensem. Albertinum München, dann Primaner- u. Erwachsenenbild. Nordrh.-Westf. Assistenten- u. Lehrtätigk. Päd. Hochsch. Nieders. u. Bayern, s. 1962 Doz. Univ. Salzburg, s. 1964 ao. u. o. Prof. (1968) PH Bamberg/ Univ. Würzburg (1964-66 Rector bzw. Vorst. u. Dekan), dzt. o. Univ.-Prof. f. Phil. an Fak. Pädagogik, Philosophie, Psychologie Univ. Bamberg; tit. ao. Prof. Univ. Salzburg; a. o. Prof. Pont. Inst. Phil. Salzburg-Rom; Visiting Prof. John F. Kennedy-Univ. Buenos Aires; Hon.-Prof. Univ. del Salvador Buenos Aires (Argentinien); 1988 Prof. Visitante Univ. Complutense (Madrid); Prof. Extraord. Visitante Univ. Catól. Salta (Argentinien); Ständ. Wiss. Beirat (Asesor Permanente) Univ. Pont. de México; Mitgl. d. Intern. Akad. d. Wiss. m. Sitz in San Marino; Mitgl. u. teilw. Ehrenmitgl. bei philos. wiss. Ges. in Dtschl., Frankr., Griechenl., Span., Argent., Brasil., México; Gastvorles. span. u. portugies., amerik., lat. amerik. u. ostasiat. Univ. - BV: Möglichkeit u. Notwendigkeit - E. Entfalt. d. ontolog. Modalitätenlehre im Ausgang v. Nicolai Hartmann, 1961; D. Gott d. Weisen u. Denker - D. phil. Gottesfrage, 1961, 4. A. 1970 (auch span.); D. Akt-Charater d. Seins - E. spekulative Weiterführung d. Seinslehre Thomas v. Aquins aus e. Anreg. durch d. dialekt. Prinzip Hegels, 1965 (auch span.); Kulturphilosophie d. Technik. Perspektiven zu Technik - Menschheit - Zukunft, 1979; Machtkampf d. Generationen? - Z. Aufstand d. Jugend gegen d. Autoritätsanspruch d. Ges., 1970 (auch franz./Kanada); Anthropologischer Zugang z. Glauben. E. rationale Meditation, 1979, 2. A. 1982; Natürl. Theol. Grundriß phil. Gotteserkenntnis, 1986, 2. A. 1988; Entw. z. Menschlichk. durch Begegnung westl. u. östl. Kultur (m. J. Quiles), 1988; Ek-insistenz. Positionen u. Transformationen d. Existenzphil., 1989 (auch span./Buenos Aires). Herausg.: Philosophie d. Erziehung (1979); Anthropol. u. Ethik d. Sexualität - Z. ideolog. Auseinanders. um körperl. Liebe (m. A. Rieber, 1982); ca. 130 Art. in wiss. Fachztschr.; Herausg. (zus. m. E. Schadel) d. Schriften z. Triadik u. Ontodynamik (P. Lang: Frankfurt/M. - Bern - New York - Paris), u. a. - Lit.: Festschr. Actualitas omnium actnum (1989) - Bek. Vorf.: General Graf v. Calehs (Hugenottenführer), Oberst v. Majer.

BECK, Hermann

Dr. phil., Prof. f. Polit. Soziologie Gesamthochschule Siegen - Saarbrücker Str. 12, 5900 Siegen 1.

BECK, Horst W.

Dr.-Ing., Dr. theol., Prof. f. Interdiszipl. Theol. Ev. Theol. Fak. Leuven/Belgien (s. 1985) - Sommerhalde 6, 7292 Baiersbronn 6 (T. 07442 - 76 53) - Geb. 1. Sept. 1933, ev., verh. s. 1963 m. Christa, geb. Rudert, 6 Kd. - Stud. Theol. u. Phil. Univ. Heidelberg, Tübingen u. Basel, Ing. TU Berlin u. TU Stuttgart, Dipl.-Ing. 1958 TU Stuttgart; Dr.-Ing. 1964; Dr. theol. 1971; Dr. theol. habil. 1972 Univ. Basel - 1972-81 Priv.-Doz. Univ. Basel; s. 1980 Lehrauftr. Univ. Karlsruhe - BV: D. Mensch u. d. Denkmaschine, 1971; Weltformel contra Schöpfungsglaube, 1972; Welt als Modell, 1973; D. offene Zirkel, 1976; Schritte üb. Grenzen zw. Technik u. Theol., 1979; Bibl. Univ. u. Wiss., 1987; Urknall u. Schöpfung, 1992.

BECK, Johannes

Dr. phil., Prof. f. Allg. Pädagogik (m. sozialwiss. Schwerp.) Univ. Bremen (s. 1971) - Ostertorsteinweg 68/69, 2800 Bremen 1 - Geb. 2. Okt. 1938 Breslau.

BECK, Karl

Landrat Kr. Schweinfurt (s. 1977) - Landratsamt, 8720 Schweinfurt/Ufr. - Geb. 13. Juni 1931 Würzburg - Zul. Regierungsdir. CSU.

BECK, Kurt Georg

Elektromechaniker, MdL Rheinland-Pfalz (s. 1979) - Feldpfad 1a, 6749 Steinfeld - Geb. 5. Febr. 1949 Bad Bergzabern (Vater: Oskar B., Maurer; Mutter: Johanna, geb. Schwöbel), kath., verh. s. 1968 (Ehefr.: Roswitha), S. Stephan - Realschulabschl.; Elektromechanikerhandw. (Fachricht. Elektronik). Vors. d. SPD-Landtagsfraktion (Landtag Rheinl.-Pfalz)

BECK, Kurt-Günther

Dr. rer. nat., Prof., Mitglied d. Geschäftsfg. Bergbau-Forschung GmbH u. Bergwerksverb. GmbH, Essen a.D. - Am Kohlenkämpchen 14, 4300 Essen 1 - Geb. 31. Aug. 1926 Bad Homburg v.d.H., ev., verh. s. 1953 m. Lore, geb. Schütterle, 3 Kd. - 1947-52 Stud. Chemie Univ. Heidelberg (Dipl.-Chemiker); Promot. 1954 Univ. Münster - 1957-71 Dezern. f. therm. u. chem. Kohlenveredl. Steinkohlenbergbauverein Essen; 1971ff. s.o. Mitgl. versch. Experten-Aussch. d. Kommiss. d. Europ. Gemeinsch. Erf. u. Miterf. mehrerer in- u. ausl. Pat. auf d. Geb. d. Kokereitechnik - BV: D. Veredl. d. Steinkohle, in: Chem. Technologie, Bd. 3, (1971, 3. A.); Gewinn. u. Verarb. v. Steinkohle, in: Chem. Technologie, Bd. 5, (1981, 4. A.); Kohlenveredl. (Chem. Behandl. d. Kohle), in: Ullmanns Encyklopädie d. techn. Chemie, Bd. 10, (1958, 3. A.); Prozeßkontrolle d. Kokserzeugung, 1984 - 1977 Joseph Becker Award US-AIME, Iron & Steel Society (f. bes. Entw. d. Kokereitechnik); 1980 Carbonization Science Medal Coke Oven Manager Assoc. (Engl.) u. British Carbonization Research, Association; 1980 Honorarprof. TU Clausthal; 1987 Ehrenmitgl. Dt. Kokereiaussch. - Studienreisen (m. Fachvortr.) in Europa, Nord-, Mittel-, Südamerika u. Japan - Liebh.: Philatelie, Gesch., Bergwandern, Tennis - Spr.: Engl.

BECK, Lutwin

Dr. med., o. Prof. f. Geburtshilfe u. Frauenheilk., u. Dir. Frauenklinik Univ. Düsseldorf (s. 1971) - Himmelgeister Landstr. 67, 4000 Düsseldorf 13 - Geb. 13. Jan. 1927 Saarbrücken - Promot. 1952; Habil. 1967 - Zul. Doz. Univ. Mainz. Bücher u. zahlr. Einzelarb.

BECK, Manfred

Geschäftsführer Giesecke & Devrient GmbH, u. Papierfabrik Louisenthal GmbH - Zu erreichen üb. Vogelweideplatz 3, 8000 München 80.

BECK, Marga

Ing. für Wasserwirtschaft, Mitglied d. Landtages Brandenburg, Geschäftsführer Bauuntern. AUBET Bau Lübben - Akazienstr. 8, O-7550 Lübben (T. 03546 - 40 16) - Geb. 11. Mai 1938 Prinkenau, kath., verh. s. 1969 m. Wolfram Beck, 4 Söhne (Wolfram, Tilman, Knut, Ben) - Lehre als Wasserbaufacharb.; Stud. Magdeburg Ing.sch. f. Wasserwirtsch. - 20jährige Tätigk. als Bauleit. im Wasserbau b. d. Wasserregulierung im Spreewald.

BECK, Max

Dr. jur., Hauptgeschäftsführer i. R. - Schälker Landstr. 25, 5800 Hagen 5 - Geb. 23. Nov. 1906 Serrig/Saar - Herausg.: Handb. f. d. Brennerei- u. Alkoholwirtsch. (1955ff.) - BVK I. Kl. - Rotarier.

BECK, Monika,

geb. Eichenlaub

Verlegerin, Galeristin, MdL Saarland (CDU-Fraktion) - Schwedenhof, 6650 Homburg (T. 06848 - 5 54)- Geb. 14. Juni 1941, kath., verh. s. 1960 m. Bernhard B., 6 Kd. (Julia, Mathias, Benedikt, Veronika, Lukas, Tobias) - BV: Frau u. Kunst, 1989; Frauen im Aufbruch, 1992 - Spr.: Engl., Franz.

BECK, Oswald

Dr. phil., Univ.-Prof. f. Dt. Sprache u. Lit. u. ihre Didaktik Univ. Koblenz-Landau, Abt. Landau - An der Ziegelhütte 37, 6740 Landau/Pfalz (T. 3 14 16) - Geb. 4. Aug. 1928 Steinfeld/Pf. (Vater: Michael B., Landw.; Mutter: Elisabetha, geb. Holler), kath., verh. s. 1953 m. Gertrud, geb. König, T. Anita Maria - 1956-62 Univ. Heidelberg u. Mainz (German., Geogr., Päd., Phil.). Promot. 1962 Mainz - 1951-62 Lehrer an Grund- u. Hauptsch.; s. 1962 Doz., 1968 ao. Prof., 1971 o. Prof. an Päd. Hochsch., Erzieh.wiss. Hochsch. Rheinl.-Pfalz bzw. Univ. Koblenz-Landau; 1978/79 Abteilungs- bzw. Fachbereichsdekan - BV: Aufsatzerziehg. u. -unterricht, Bd. I, 10. A. 1986, Bd. II, 7. A. 1986; Unser Lesebuch - Lesewerk f. Grund- u. Hauptsch. (Bearb.); Kriterien f. d. Aufsatzbeurteil. (Schr.reihe Kult.Min. Rhld.-Pf. 1974); Aufs.beurteilung heute, 1975; Aufsatzunterricht heute, 1977; Theorie u. Praxis d. Aufsatzbeurteilung, 1979; Leserunde Lese- u. Arbeitsb. f. d. Grundschule, 1980ff. Herausg./Mitautor: Praxis d. Aufs.Unterr. in d. Grundsch., 1981 (Mitautor); Leserunde, 5. Schulj. ff., 1985ff. (Autor u. Berater); Sprach-Leistungs-Test für 4. Klassen (SLT 4) (Mitautor); Aufsatzunterricht Grundschule. Handb. f. Lehrende u. Studierende, 1990 (Mitautor) - 1963 Preis f. wiss. Arb. (Univ. Mainz/IHK d. Pfalz) - Lit.: Festschr. f. Alex. Beinlich: Sprachstandsanalyse (1981); Festschr. f. Albr. Weber: Textvergleich. Wege z. Texterschließung (1987); Festschr. f. H. Klein: Text-Bild-Beziehungen im Lesebuch d. Grundschule (1990); Festschr. f. Gerh. Mayer: Franziskanisches Geistesgut in d. Lit. d. 20. Jh.

BECK, Peter

Dipl.-Ing., Vorsitzender d. Geschäftsfg. MAN Energie GmbH - Frankenstr. 150, Postf. 31 59, 8500 Nürnberg 1 - Geb. 15. Sept. 1934 München - AR-Mitgl. EVT Energie- u. Verfahrenstechnik GmbH, Stuttgart, u. Thyssen-Aufzüge GmbH, Neuhausen a.d.F.

BECK, Toni

Landwirt, Landrat a. D., Vizepräs. Bayer. Bauernverb., Präs. Bezirksverb. Niederbay. BBV, Mitgl. Bayer. Senat - Nr. 8, 8300 Mittergolding/Ndb. - B. 1972 Landrat Kr. Landshut - 1984 Bayer. Verfassungsmed. in Silber.

BECK, Walter

Dr. med., Prof., Orthopäde - Carl-Frey-Str., 7801 Gottenheim/Br. - B. 1977 Doz., dann apl. Prof. Univ. Freiburg.

BECK, Wolfgang

Dr. rer. nat., o. Prof. f. Anorgan. u. Analyt. Chemie - Melanchthonstr. 26, 8000 München 83 (T. 60 23 50) - Geb. 5. Mai 1932 München - Promot u. Habil. München - S. 1963 Lehrtätigk. TH u. Univ. München (1968 Ord. u. Vorst. Inst. f. Anorgan. Chemie). Univ. München. Facharb. - Chemie-Preis d. Akad. d. Wiss. Göttingen 1967.

BECK, Wolfgang

Verleger, pers. haft. Gesellsch. C. H. Beck'sche Verlagsbuchhandlung (s. 1972), Leit. Biederstein-Verlag - Wilhelmstr. 9, 8000 München 40 - Geb. 29. Sept. 1941 München (Bruder s. Hans Dieter B.).

BECK-SCHLEGEL, Gertrud

Dr. phil., Prof. f. Grundschuldidaktik u. Didaktik d. Elementar- u Primarstufe Univ. Frankfurt (Fachbereich Erziehungswiss.) - Schwanheimer Str. 89, 6000 Frankfurt/M.

BECKE, Margot,

geb. Goehring

Dr. sc. nat., Prof., em. wiss. Mitglied Gmelin-Inst. f. Anorgan. Chemie u. Grenzgeb. MPG - Varrentrappstr. 40-42, 6000 Frankfurt/M. 90 (T. 79 17-1); priv.: Scheffelstr. 4, 6900 Heidelberg (T. 4 68 87) - Geb. 10. Juni 1914 Allenstein/ Ostpr. (Vater: Albert G.; Mutter: Martha, geb. Schramm), ev., verh. m. Dr. phil. Friedrich B. (Chemiker †) - Dipl.ex. 1936; Promot. 1939; Habil. 1944 - Ab 1944 Lehrtätigk. Univ. Halle u. Heidelberg (1947 ao., 1959 o. Prof.; 1966-68 Rektorin Univ. Heidelberg; 1974-87 Mitgl. AR Bayer AG. - BV: Theoret. Grundl. d. quantitativen Analyse, 1960, 6. A. 1969 (m. E. Fluck); Sechs- und achtgliedr. Ringsysteme i. d. Phosphor-Stickstoff-Chemie, 1969 (m. S. Pantel); Komplexchemie, 1970. Üb. 300 Einzelarb. - Mitgl. Akad. Leopoldina, Heidelberger Akad. d. Wiss., Akad. d. Wiss. Göttingen - Alfred-Stock-Gedächtnis-Preis; Gmelin-Beilstein-Medaille; Dr. rer. nat. E. h. - Spr.: Engl., Franz., Span.

BECKEDAHL, Hartmut Johannes

Dr.-Ing., Univ.-Prof. f. Straßenentwurf u. Straßenbau - Katernberger Str. 64, 5600 Wuppertal 1 - Geb. 2. Nov. 1952 Wuppertal - Promot. 1987 Hannover - 1987 Gründ. d. Ing.gemeinsch. f. Straßen- u. Verkehrswesen Hannover. S. 1991 Univ.-Prof. Berg. Univ.-GH Wuppertal - Intern. Fachveröff.; Autor im VDI-Lexikon Bauing.wesen - 1987 Christian-Kuhlemann-Stip. (in Anerkennung d. an d. Univ. Hannover erbrachten hervorragenden wissenschaftl. Leistungen).

BECKEL, Albrecht

Dr. jur., Akademiedirektor i. K., MdL Nordrh.-Westf. (1970-90) - Körnerstr. 10, 4400 Münster/W. - Geb. 3. Febr. 1925 Emmerich/Rh. (Vater: Carl B., Kaufm; Mutter: Dora, geb. Albrecht), kath., verh. s. 1954 m. Carla, geb. Simons, 6 Kd. (Matthias, Michael, Maria, Markus, Eisabeth, Margarethe) - Univ. Münster (Promot.) u. Fribourg. Gr. jurist. Staatsprüf. - 1954-88 Leit. Franz-Hitze-Haus, Kath.-Soz. Akad. d. Bistums Münster; 1955-65 Bundestutor f. d. Jugendbildungsref. innerh. d. Arbeitsgem. Kath.-soz. Bildungswerke; 1954-64 Vors. Landesarbeitsgem f. kath. Erwachsenenbild. in NRW; s. 1961 Ratsherr (1963/64 Fraktionsf.) u. Oberbürgerm. Münster (1964-72). 1968-72 Präs. Zentralkomitee d. Dt. Katholiken; 1973-84 Präs. Maximilian-Kolbe-Werk e.V. CDU s. 1953 (1960-63 Kreisvors.) - BV: Unser Staat u. d. Macht d. Interessenverb., 1959, 4. A. 1963; Sonntagsarb. in d. mod. Ges., 1960; D. Freizeitfamilie, 1960; Christl. Staatslehre - Grundlagen u. Zeitfragen, 1960; Christl. Staatslehre - Dokumente, 1961; Grundfragen d. christl. Ges.lehre, 1961; D. Staat, 1961; Arbeitsrecht, 1961; Wohin steuert d. SPD? (m. Triesch), 1961; Christl. Politik, 1961, 2. A. 1963; Gegenwartsaufg. d. Erwachsenenbild. (m. Ballauf u. Pöggeler), 1965; Staatsbürgerl. Bildung in Familie, Gruppe u. Heim, 1965; Mensch, Ges., Kirche bei Heinrich Böll, 1966; Struktur u. Recht d. dt. Erwachsenenbild., 1966; Demokratie - Idee u. Praxis, 1966; Management u. Recht d. Erwachsenenbildung (m. Senzky), 1974; Marketing u. Weiterbildung, 1990 - 1970 BVK II; 1971 Kommandeurkr. Orden v. Oranien-Nassau; 1972 Komturkr. m. Stern Gregoriusorden; 1980 BVK I. Kl.; 1990 Gr. BVK - Liebh.: Mod. Kunst - Spr.: Engl., Franz.

BECKELMANN, Jürgen

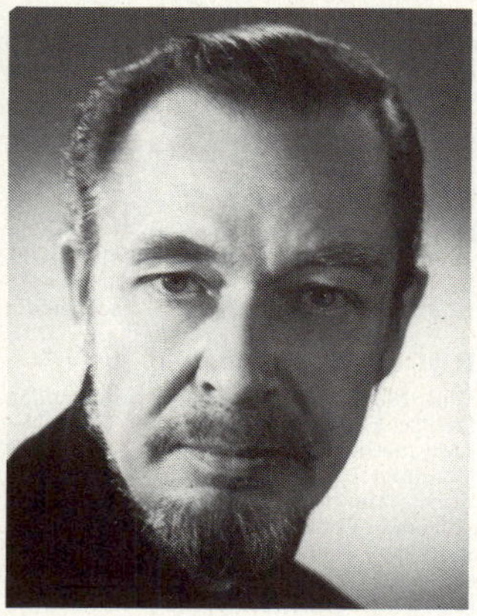

Journalist, Schriftst. - Pfalzburger Str. 80, 1000 Berlin 15 - Geb. 30. Jan. 1933 Magdeburg - BV: D. Wanderwolf, Ged. 1959; D. Ende d. Moderne - Entwicklung u. Tendenzen in d. dt. Malerei, Ess. 1959; D. gold. Sturm, R. 1961; Aufz. e. jg. Mannes aus besserer Familie, R. 1965; D. gläserne Reh, Erz. 1966; Herrn Meiers Entzücken an d. Demokr., R. 1970; Drohbriefe e. Sanftmütigen, Ged. 1976/1980; Lachender Abschied, R. 1978; An solchen Tagen, Erz. 1983; Ich habe behauptet, Ged. 1988 (auch holl. u. franz.); D. Wasserhahn od. D. Auferstehung d. Schrotts, Ged. 1989.

BECKENBAUER, Franz

Team-Chef Dt. Fußball-Nationalmannschaft (1984-90), Fußballweltmeister 1990 in Italien - Kitzbühel (Österr.) - Geb. 11. Sept. 1945 (Eltern: Franz, Posthauptsekr. i. R. (†1977) u. Antonia B.), kath., verh. in 2. Ehe m. Sibylle, 3 Söhne (Thomas, Michael, Stefan) - N. Schule Versicherungslehre - B. 1977 FC Bayern, dann Cosmos. New York, 1980-82 HSV, 1983-84 wied. Cosmos. 4-fach. Dt. Pokalsieger (1966, 67, 69, 71), 1972 u. 74 Dt. Meister m. Bay. München, 1967 Europapokalsieger d. Pokalsieger, 1972 Europameister, 1974 Weltmeister, 1974-76 Europapokalsieger d. Landesmeister, 1976 Weltpokalgewinn (erste dt. Mannsch.); 1977, 78-80 nordamerik. Vereinsmeister; 1972 u. 76 Europ. Fußballer d. Jahres, 1980 Fußb. d. J. in Deutschl.; B. 1977 üb. 103 Länder- u. 424 Bundesligaspiele; b. 1982 Fußballprofi - BV: Einer wie ich - 1982 Ehrenspielführer DFB - 1982 Gründer Namensstiftg. - 1982 Bayer. VO; 1984 FIFA-Orden.

BECKENDORFF, Helmut

Dr. rer. pol., Dipl.-Kfm., Dipl.-Volksw., vereidigter Buchprüfer, Steuerberater, Vors. Nieders. Verein d. Steuerberater, vereid. Buchprüfer u. Wirtschaftsprüfer (s. 1981), Vizepräs. Wirtschaftsprüferkammer, Vorst. Arbeitsgemeinsch. f. d. wirtsch. Prüfungswesen - Im Dorfe 25, 3008 Garbsen 5 - Geb. 9. Juni 1921 Dortmund (Vater: Richard B., Bankkaufm.; Mutter: Christine, geb. Frede), verh. s. 1977 i. 2. Ehe m. Inge Walder-Beckendorff, geb. Walder, 3 Söhne aus 1. Ehe (Gerhard, Ulrich, Jochen) - Stud. Volks- u. Betriebswirtsch. Univ. Würzburg, Köln; Dipl.ex. 1951 u. 1952; Promot. 1953 Köln; 1951-55 Geschäftsf. Finanzwiss. Forschg.-Inst. Univ. Köln - 1955-61 Ref. Rhein.-westf. Inst. f. Wirtsch.forsch., Essen; 1961-65 Banken- u. 1965-67 Ausl.tätigk. Brüssel; 1968-86 Treuhand-Hannover, Hannover - BV: D. Apotheker als Unternehmer (Mitverf.: Hans Twiehaus), 8. A. 1982; D. Besteuerung d. Apotheker, 1. A. 1986 - Liebh.: Flugsport (1983 Intern. Segelflieger-Leistungsabz. in Gold m. 3 Brillanten) - Spr.: Engl., Franz.

BECKER, Alfons

Dr. phil. (habil.), em. o. Prof. f. Mittlere Geschichte Univ. Mainz (1965-87) -Bebelstr. 24, 6500 Mainz-Bretzenheim - Geb. 22. Juni 1922 Radolfzell/B., verh. m. Geneviève, geb. Lafosse, 3 Töcht. (Geneviève, Claude, Monique) - 1961-65 Privatdoz. Univ. Saarbrücken. Fachveröff.

BECKER, Alois

Minister a. D. - Lieserweg 1/b, 6600 Saarbrücken 2 (T. 7 28 83) - Geb. 30. Sept. 1910 Mettnich/Primstal, heute Kr. St. Wendel (Vater: Johann B., Landw.; Mutter: Elisabeth, geb. Becker), kath., verh. s. 1944 m. Dorothea, geb. Jochum - Friedrich-Wilhelm-Gymn. Trier; Univ. Bonn, Königsberg/Pr., Köln (Rechts- u. Staatswiss.). Gr. jurist. Staatsprüf. 1939 - Ass. Kaiserslautern, n. 1945 AGsrat Lebach u. Wadern, 1959 LGsdir. Saarbrücken, 1959-60 Reg.sdir. Innenmin., 1960-67 Min.rat bzw. -dir. (1961) u. Chef Staatskanzlei, 1967-68 Staatssekr., 1968-74 Min. d. Justiz u. Bevollm d. Saarl. b. Bund. CDU - 1972 Gr. BVK - Liebh.: Basteln.

BECKER, Alwy

s. Becker-Hölzermann, Alwy

BECKER, Bernd

Dr. jur., Univ.-Prof. f. Verwaltungswiss. u. Verwaltungsrecht Univ. d. Bundeswehr, München - Usambarastr. 1a, 8000 München 82 (T. 089 - 430 53 19) - Geb. 20. Mai 1941 Königsberg/Pr., verh. s. 1969 m. Margot, geb. Kottke, 2 Kd. (Cathy, Patrick) - 1. jurist. Staatsex. 1965, Promot. 1967, 2. jurist. Staatsex. 1969 - 1973 Prof.; 1976 Ord.; 1982 Ruf an das Europ. Inst. Maastricht; 1980 u. 82 Sachverst.; 1988 Ruf an die Univ. Konstanz. Zahlr. Fachveröff. im In- u. Ausland - BV: Öffentliche Verwaltung, Lehrb. 1989 - Spr.: Engl., Franz.

BECKER, Bernhard

Direktor, Geschäftsf. Rhein.-Westf. Immobilien-Anlageges. mbH u. Immobilien-Management-Ges., bde. Düsseldorf - Kaiserbergstr. 20, 4030 Ratingen - Geb. 15. Jan. 1923 Frankfurt/O. - Zul. Vorstandsmitgl. Ges. f. sozialen Wohnungsbau AG, Berlin.

BECKER, Boris

Tennisprofi, dreifacher Wimbledon-Sieger (1985, 1986 u. 1989) - Nußlocher Str. 51, 6906 Leimen/Baden - Geb. 22. Nov. 1967 Leimen (Vater: Karl-Heinz B., Arch.; Mutter: Elvira B.), ledig - Mittl. Reife - 1982 Dt. Jugendm. im Einzel u. Doppel (jüngster Titelträger), 1983 Jugendweltm. im Doppel, 1984 Sieger Jugend-Turnier Monte Carlo. S. 1984 Tennisprofi; 1985 jüngster Weltmeister d. Junioren (Birmingham); 1985 jüngster u. erster dt. Wimbledon-Sieger (gegen Kevin Curren), 1986 erneut Wimbledon-Sieger (gegen Ivan Lendl, 1. d. Weltrangliste), 1988 2. Wimbledon, 1989 z. 3x Wimbledon-Sieger (gegen Stefan Edberg), 1990 u. 1991 2. Wimbledon; 1988 Sieger Masters Turnier New York; 1988 Sieger 6 Grand-Prix-Turniere (Stockholm, Tokio, Indianapolis, Queens, Dallas, Indian Wells) - 1985 Sportler d. Jahres; 1986 Ehrenbürger Stadt Leimen - Liebh.: Fußball, Basketball, Schach, Backgammon.

BECKER, Dietrich

Kreisamtsrat a.D., Leiter Freilichtspiele Tecklenburg (s. 1970) - Jahnstr. 13, 4542 Tecklenburg (T. 05482 - 4 99) - Geb. 7. Juli 1923 Königsberg/Pr. (Vater: Walter E. B., Amtsdir.; Mutter: Helene, geb. Sieber), ref., verh. s. 1947 m. Sieglinde, geb. Klein, 3 Kd. (Sigrid, Gerhard Dietrich, Ursula) - Mittl. Reife; 2. Verw.-Prüf. - 1940-79 Verwaltungsdst.; 1942-46 Kriegsdst./Gefangensch.; s. 1949 Freilichtbühne - 1990 BVK am Bde.

BECKER, Eberhard

Kaufmann, Mitinh. Saum & Viebahn, Kulmbach - 8650 Kulmbach/Ofr. - Geb. 22. Juli 1928.

BECKER, Elisabeth

Dr. phil., Prof. f. Grundschulpädagogik - Schenkendorfstr. 9, 5400 Koblenz - Geb. 30. Dez. 1925 Düsseldorf (Vater: Dipl.-Ing. Hans B., Betriebsdir.; Mutter: Anna, geb. Borchard), kath. - Obersch. Hildesheim (Abit. 1943); PH Alfeld (I. Lehramtsprüf. 1951); 1965-69 Univ. Göttingen (Philog.; Promot. 1969) - Volksschullehrerin; Studien- u. Oberstudienrätin; s. 1973 Prof. Univ. Frankfurt/M. u. Erziehungswiss. Hochsch. Rheinland-Pfalz (Abt. Koblenz) - BV: Problemerörterung in d. Volksschuloberstufe, 1972; (Zus. m. Anne Maria Hagenbusch u. Maximilian Weber:) D. Hort zw. Familie, Schule u. Freizeitraum, 1979. Mitarb.: Westermanns Sprachb. - Spr. Engl., Franz., Ital., Span., Latein.

BECKER, Ernst Eugen

Ministerialdirigent, Landesbeauftr. f. d. Datenschutz b. d. Präsidentin d. Schleswig-Holsteinischen Landtages - Düsternbrooker Weg 82, 2300 Kiel (T. 0431 - 5 96-32 80).

BECKER, Ernst Wilhelm

Dipl.-Kfm., Hauptgeschäftsfürer Verb. Dt. Drogisten - Friedrich-Schmidt-Str. 53, 5000 Köln 41; priv.: In den Betzen 10, 5352 Zülpich - Geb. 1. März 1933 Datteln (Vater: Dr. jur. Franz-Josef B., Rechtsanw. u. Notar; Mutter: Aenne, geb. Sedler), kath., verh. s. 1962 m. Brigitte, geb. Bonhagen, 2 T. (Birgid, Margid) - Kaufm. Lehre; n. Abit. Univ. Münster, Köln, Göttingen (Betriebsw.s-lehre). Dipl.-Kfm. 1960; Promot. 1962 - 1964-71 Vertriebsdir.; s. 1972 Hauptgeschäftsf. - BV: Standortprobleme im Einzelhandel, 1965; Unternehmensgründ. in Entwicklungsländern, 1961 - Ehrenmitgl. versch. Verb. - Liebh.: Musik, Natur, Sachbücher - Spr.: Engl., Franz.

BECKER, Erwin Willy

Dr. rer. nat. (habil.), em. o. Prof. f. Kernverfahrenstechnik u. Mikrostrukturtechnik Univ. Karlsruhe (s. 1958) - Strählerweg 18, 7500 Karlsruhe-Durlach (T. 4 31 57) - Geb. 24. Aug. 1920 Magdeburg - Stud. Chemie u. Physik - Zul. Oberassist. Univ. Marburg (Physikal. Inst.) - S. 1988 Neues Arbeitsgebiet: Bioenergetik. Zahlr. Veröff. - DECHEMA-Preis 1957 f. Trenndüsenverfahren; Vors. Vorst. Kernforschungszentrum, Karlsruhe (1974-75); 1982 Heinrich-Hertz-Preis f. Trenndüsenverfahren.

BECKER, Frank

Rechtsanwalt, gf. Gesellsch. Becker-Prünte GmbH, Datteln - Karl-Friedrich-Gauß-Str. 16, 4350 Recklinghausen - Geb. 14. April 1940 - Vizepräs. IHK, Münster; stellv. Vors. Arbeitgeberverb., Bochum.

BECKER, Franz Th.

Dr. med., Prof., Orthopäde - Osterwaldstr. 73, 8000 München 40 (T. 361 48 85) - Geb. 2. März 1902 Gießen - S. 1933 Chefarzt Orthop. Klinik Wichernhaus, Altdorf. S. 1966 Honorarprof. Univ. Erlangen-Nürnberg (Orthop.). Etwa 70 Fachveröff. Arbeitsgeb.: congenitale Hüftluxation, Knochentumoren - 1958 Ehrenbürger d. Stadt Altdorf; 1959 Bayer. VO; 1988 BVK I. Kl. - Rotarier, Johanniter.

BECKER, Franziska

Schriftstellerin - Bismarckstr. 19, 7570 Baden-Baden - Geb. 21. Juli Baden-Baden, ev. - Univ. Heidelberg, Berlin, Leipzig (Soziol., Gesch.) - 1931-33 Mitarb. Berliner Tagebl.; 1941-43 Beamtin Brit. Arbeitsmin., London; mehrj. Mitarb. Neue Zürcher Ztg.; b. 1947 lt. Verlagsvertr. London; gegenw. Übersetz.gen u. lit. Kritik - BV: Barbara u. d. Engländer, 1938; Bevor d. Nacht kam, 1951. Übers.: Robert Neumann (Kinder v. Wien, 1948), Arthur Koestler (Geheimschrift, 1955), Nevil Shute (Schmerzl. Melodie, 1956; D. Mädchen aus d. Steppe, 1957; D. letzte Ufer, 1958), John van Druten (Im Strom d. frühen Jahre, 1956), Frank Moraes (Nehru, 1957), Stephan Coulter (D. unstillb. Wünsche, 1960) - Mitgl. PEN; 1952 René-Schickele-Ehrung.

BECKER, Friedrich

Dr. rer. nat., o. Prof. f. Physikal. Chemie - Akazienweg 3, 6368 Bad Vilbel - Geb. 12. Jan. 1922 Frankfurt/M. (Vater: Dr. Friedrich B., Geschäftsf. chem. Ind.; Mutter: Therese, geb. Schrenk), ev., verh. s. 1964 m. Gisela, geb. Wilhelm - Univ. Frankfurt/M. Dipl.ex. 1948; Promot. 1950 Frankfurt; Habil. 1958 Saarbrücken - S. 1958 Lehrtätigk. Univ. Saarbrücken (1964 apl. Prof. f. Physikal. Chemie, 1965 Wiss. Rat) u. Frankfurt/M. (1970 Ord.) - BV: Kalorimetr. Methoden z. Bestimmung chem. Reaktionswärmen, 1956 (m. W. A. Roth). Üb. 100 Einzelarb. - Spr.: Engl., Franz.

BECKER, Friedrich

Bankdirektor - Bischofsweg 35, 6000 Frankfurt/M. - Geb. 7. Mai 1923 - Vorst.-Mitgl. a.D. Landesbank Rheinland-Pfalz/Girozentrale Mainz.

BECKER, Fritz

Vorstandsmitglied Hugo Stinnes AG, Mülheim/Ruhr (s. 1969), Geschäftsf. M. Stromeyer Lagerhausges. mbH, Mannheim (s. 1953) - Bergstr. 48, 6900 Heidelberg - Geb. 27. Jan. 1910 Mannheim - Stud. Rechtswiss. Ass.ex. - S. 1947 Stromeyer.

BECKER, Georg Eberhard

Dr. phil., Prof., Erziehungswissenschaftler - Lärchenweg 6, 6916 Wilhelmsfeld (T. 06220 - 10 67) - Geb. 12. Dez. 1937 Berlin (Vater: Karl B., Verwaltungsdir.; Mutter: Elisabeth, geb. Hantke), ev., verh. m. Antje Hüter-Becker, 2 Töcht. (Anne, Katja) - Univ. Freiburg/Br., Tübingen (Erziehungswiss.) - 1962-72 Lehrer Südbaden; s. 1972 Doz. u. Prof. (1975) PH Heidelberg, ab 1990 Prof. PH Schwäbisch Gmünd - BV: Optimierung schul. Gruppenprozesse, 1973; Unterrichtssituationen, 3 Bde. 1976, 2. A. 1980; Konfliktbewältig. im Unterr., 3. A. 1982; Lehrer lösen Konflikte, 4. A. 1989; Alltagsprobleme in d. Heimerzieh., 1982; Plan. v. Unterr., 4. A. 1991; Durchführ. v. Unterr., 5. A. 1991; Auswert. u. Beurteilung v. Unterr., 3. A. 1991; Hausaufg. kritisch sehen u. die Praxis sinnvoll gestalten, 2. A. 1991; Handlungsorientierte Didaktik. E. auf d. Praxis bezogene Theorie, 1991.

BECKER, Gerhard

Dr. phil., Prof. f. Mathematik (m. Schwerp. Elementarmath. u. Didaktik d. Math.) - Modersohnweg 25, 2800 Bremen 33 - Geb. 26. März 1938 Simmern/Hunsrück, ev., verh. s. 1965 m. Margot, geb. Führer, 2 Kd. - Promot. 1972 - S. 1973 Prof. Univ. Bremen. 1981 Mitbegründung d. Ökumenischen Gymn. Bremen (Privatgymn.); 1987-91 1. Vors. d. Ges. f. Didaktik d. Math. - BV: Anwendungsorientiert. Mathematikunterr. in d. Sekundarst. I (zus. m. J. Henning, V. Lindenau, K.-D. Mai, M. Schindler), 1979; Geometrieunterr., 1980; Neue Beispiele z. Anwendungsorient. Mathematikunterr. (zus. m. J. Henning, V. Lindenau, K.-D. Mai, M. Schindler), 1983. Hrsg. Reihe: Klassiker d. Mathematikdidaktik (1984). Fachaufs.

BECKER, Gerhard W.

Dr. rer. nat., Prof., Präsident - Gebweilerstr. 9, 1000 Berlin 33 (T. 831 41 43; Büro: 81 04-1) - Geb. 13. Aug. 1927 Hannover (Vater: Wilhelm B.), verh. m. Marie-Luise, geb. Angelroth, 3 Kd. - TH Braunschweig (Dipl.-Phys. 1951; Promot. 1954) - Ab 1952 Physikal.-Techn. Bundesanstalt Braunschweig, 1963-64 Jet Propulsion Laboratory Pasadena (USA), s. 1967 Bundesanst. f. Materialforsch. u. -prüfung (BAM) Berlin (Ltd. Dir. u. Prof., 1969 Vizepräs., 1972 Präs.). 1970ff. Honorarprof. TU Berlin - Etwa 80 Facharb. - 1980 Ehrenmitgl. d. American Society of Mechanical Engineers (ASME), 1985 d. VDI u. 1986 d. Chinese Mechanical Engineering Soc. (CMES); 1987 DIN-Ehrenring - Liebh.: Musik - Spr.: Engl.

BECKER, Gert O.

Kaufmann - Friedrichstr. 100, 6242 Kronberg/Ts. (T. 44 56) - Geb. 21. Aug. 1933 Kronberg (Vater: Otto B., Kaufm.; Mutter: Henriette, geb. Syring), ev., verh. s. 1960 m. Margrit, geb. Bruns, 2 Kd. (Anja, Jens) - Gymn. (Abit.); Akad. f. Welthandel, Frankfurt/M. - S. 1954 (kaufm. Lehre) Degussa, Frankfurt (1956 Sachbearb., 1958 Techn. Sonderausbild., 1960 Tätigk. Iran, 1963 Brasilien, 1966 Abt.s-, 1969 Bereichsleit., 1973 Vorstandsmitgl., 1977 -vors.) - Liebh.: Bibliophilie - Spr.: Engl., Franz., Portugies.

BECKER, Gertraud

Dr. phil., Wiss. Rat, Prof. f. Allg. Didaktik u. Schulpäd. Gesamthochschule Duisburg - Saarner Str. 463, 4330 Mülheim/Ruhr - Zul. Doz.

BECKER, Günter

Dr.-Ing., Geschäftsführer Hermes Schleifmittel GmbH & Co., Hamburg, Vors. Verb. Dt. Schleifmittelwerke, Bonn - Luruper Hauptstr. 106-22, 2000 Hamburg 53 - Geb. 29. Dez. 1930 Walsrode/Nds. (Vater: Carl B., Kaufm.; Mutter: Marie, geb. Wünning), ev., verh. s. 1961 m. Gisela, geb. Grabner, S. Jan-Cord - TH Braunschweig (Dipl. u. Promot.).

BECKER, Hans

Dipl.-Ing. - Radweg 8, 6500 Mainz-Weisenau (T. 8 51 99) - Geb. 12. Juni 1909 Raesfeld/Westf. (Vater: Bernhard B., Webereibesitzer; Mutter: Bertha, geb. Wülfing), kath., verh. s. 1958 m. Gretel, geb. Scheiff, Tocht. Susanne - Gymn. Kollegium Augustinianum Gaesdonck; TH München u. Hannover (Bauing.wesen, spez. Wasserbau; Dipl.-Ing. 1933) - Div. Wasser- u. Schiffahrtsämter; 1952-64 Vorst. WSA Dorsten, Tönning (1954), Emden (1963); 1964-74 Präs. Wasser- u. Schiff.sdir. Mainz - BV: D. Ausbau Helgolands, 1958; D. Wasserbautechn. Probleme b. Ausbau d. Ober- u. d. Mittelrheins, 1967 - Liebh.: Musik - Spr.: Franz.

BECKER, Hans

Schmelzer, MdL Saarland (s. 1975) - Rathausstr. 8, 6683 Spiesen-Elversberg - Geb. 20. Aug. 1926 Saarbrücken - SPD.

BECKER, Hans

Dr. rer. nat., o. Prof. f. Geographie Univ. Bamberg (s. 1976); stv. Vors. u. Geschäftsf. d. Inst. f. Entwickl.forsch. im Ländlichen Raum Ober- u. Mittelfrankens, Heiligenstadt (s. 1988) - Ringstr. 40a, 8525 Uttenreuth/Mfr. - Geb. 31. März 1936 Halberstadt/Harz - BV: Vergl. Betrachtung d. Entstehung v. Erdpyramiden, 1966; Agrarlandschaften d. Krs. Euskirchen in d. ersten Hälfte d. 19. Jh., 1970; D. Land zw. Etsch u. Piave als Begegnungsraum v. Deutschen, Ladinern u. Italienern, 1974; Kaffee aus Arabien (m. Höhfeld u. Kopp), 1979; Amerikaner in Bamberg (m. Burdack), 1987.

BECKER, Hans

Dr., Prof., Direktor Biol. Bundesanstalt, Leit. Inst. f. Chemikalienprüf. - Beerenstr. 52, 1000 Berlin 37 (T. 030 - 802 89 29) - Geb. 26. April 1936 Berlin, ev., verh. s. 1967 m. Algard, geb. Gluud, S. Thorsten - Stud. Biol. Freiburg u. Kiel; Promot. 1967 Kiel (Zool.) - S. 1967 Biol. Bundesanst. f. Land- u. Forstwirtsch., b. 1982 in d. Abt. f. Pflanzenschutzm. u. Anwendungstechn. - Liebh.: Naturschutz, Volkskd. - Spr.: Engl.

BECKER, Hans Herbert

Dr. phil., Prof. f. Erziehungswiss. - Matthias-Grünewald-Str. 46, 4600 Dortmund 1 (T. 59 66 60) - Geb. 1. April 1914 Limbach (Vater: Otto B. †; Mutter: Ella, geb. Schindler), ev., verh. s. 1939 m. Irmtraud, geb. Gerlach, 3 Kd. (Dierk, Gesine, Adelheid) - Univ. Leipzig u. Jena (Päd., Psych., Phil., Dt., Engl.) - Schuldst. (durch Wehrdst. unterbr.); 1947-58 Prof. m. vollem Lehrauftr. u. Lehrstuhl (1954) Univ. Halle (Päd.); s. 1964 o. Prof. Päd. Hochsch. Ruhr, s. 1980 Univ. Dortmund (1959-64 m. d. W. d. Lehrst. f. Päd. b.) - BV: Wesen u. Gliederung wiss. Päd., 1964; Üb d. Wiss.scharakter d Päd., in: D. PH, 1964; Anthropologie u. Päd., 1967, 3. A. 1977; Anthropol. Voraussetz. e. Erzieh. z. Freiheit u. Verantw., in: Freiheit u. Verantw. in Schule u. Hochsch., 1969; Anthropologische Aspekte d. Erzieh. u. d. Unterrichts, in: Erzieh.konzepte f. d. Schule, 1982 - Liebh.: Lit. - Spr.: Engl., Franz.

BECKER, Hans Joachim

Dr. rer. nat., o. Prof. f. Zoologie u. Genetik - Freiburger Str. 8, 6900 Heidelberg (T. 30 05 29) - Geb. 9. Febr. 1925 Braunschweig (Vater: Ernst B., Buchdrucker; Mutter: Johanne, geb. Trenkner), verh. s. 1958 m. Gweneth, geb. Carson, 2 Kd. (Hans †1972, Susanna) - Univ. Göttingen (Biol.). Promot. 1956 Göttingen; Habil. 1962 Marburg - S. 1964 Prof. Univ. München (1964 ao., 1966 o.) u. Wien (1978 o., 1991 o. em.). Facharb. Mitherausg. v. Goethe, Sämtl. Werke, Münchener Ausg. - 1972 Mitgl. Bayer. Akad. d. Wiss., München.

BECKER, Hans W.

Mitinhaber u. Beirat URACA Pumpenfabr. GmbH & Co. KG, Bad Urach/Württ. - Priv.: Schiefenberg 6, 4300 Essen 16 (Werden).

BECKER, Hansjakob

Dr. theol., Dr. phil., Prof. f. Liturgiewissenschaft u. Homiletik Univ. Mainz - Südring 279, 6500 Mainz 22 - Geb. 29. Okt. 1938 Essen (Vater: Jakob B.; Mutter: Käthe), kath., verh. s. 1966 m. Rosa, geb. Danner - Promot. 1969 u. 75, Habil. 1977 - Zul. Univ. München u. Musikhochsch. München - BV: D. Responsorien d. Kartäuserbreviers, 1971; D. Tonale Guigos I, 1975; Liturgie u. Dicht. E. interdisziplinäres Kompendium, 1982; Im Angesicht d. Todes. E. interdisziplinäres Kompendium, 1987; H. Theologie in Hymnen, 1988; Gottesdienst - Kirche - Gesellschaft. Interdisziplinäre u. ökumen. Standortbestimmungen nach 25 J. Liturgiereform, 1990; D. Kartause. Liturgisches Erbe u. Konziliare Reform. Untersuchen u. Dokumente, 1990. Schallplattenserie Gregorian. Gesänge.

BECKER, Hansjörg

Dr. med., Prof., Internist, Chefarzt Abt. II Klinik f. Innere Med. (Hämatologie als spez. Arbeitsgeb.) Städt. Krankenh. Frankfurt-Höchst - Schöne Aussicht 7, 6242 Kronberg 2 - Geb. 17. Febr. 1926 Alzey (Vater: Dr. med. Georg B., Chefarzt u. Chir.; Mutter: Emmy, geb. Roemheld), ev., verh. s. 1953 m. Dr. Gisela, geb. Zitzlaff, 2 Kd. (Walther, Almut) - Med.stud. Frankfurt u. Heidelberg (Habil. 1967) - 1953-70 Assist.- u. Oberarzt Med. Univ.-Klinik Frankfurt, s. 1970 Chefarzt, 1972 ff. Honorarprof. - Liebh.: Musik (Cembalo).

BECKER, Hans-Jürgen

Dr. jur., ord. Prof. f. Bürgerl. Recht, Europ. Rechtsgesch. u. Kirchenrecht Jurist. Fak. d. Univ. - Universitätsstr. 31, Postf. 3 97, 8400 Regensburg; priv.: Karl-Fischer-Weg 2, 8400 Regensburg - Geb. 3. Nov. 1939 Coesfeld/Westf. (Vater: Alois B., Verwaltungsgerichtsdir.; Mutter: Hildegard, geb. Pöppelmann), kath., verh. s. 1967 m. Rotraud, geb. Schnitzer, 2 Töcht. (Monika, Ursula) - Human. Gymn.; Jura-Stud., Refer. 1964, Promot. 1967, Ass. 1969, Habil. 1972 - S. 1974 Prof. Frankfurt, s. 1975 Köln (Dir. Seminar f. Deutsches Recht), s. 1988 Regensburg (Lehrst. f. Bürgerl. Recht, Europ. Rechtsgeschichte u. Kirchenrecht) - BV: D. Appellation v. Papst als e. allg. Konzil; Aufs. z. dt. Rechtsgesch., z. Kanonistik u. z. BGB.

BECKER, Hans-Peter

Dipl.-Kfm., Mitglied d. Direktoriums d. Hamburgischen Landesbank - Girozentrale -, Gerhart-Hauptmann-Platz 50, 2000 Hamburg 1 - Geb. 8. Mai 1928 Hamburg - Div. AR- u. Beiratsmand.

BECKER, Heinz

Dr. phil., o. Prof. f. Musikwissenschaft - Ellerholde 27, 2057 Reinbek-Krabbenkamp - Geb. 26. Juni 1922 Berlin - S. 1956 (Habil. 1961) Lehrtätigk. Univ. Hamburg u. Bochum - BV: D. Fall Heine-Meyerbeer, 1958; Klarinettenkonz. d. 18. Jh., 1957; Gesch. d. Instrumentation, 1964; Z. Entwicklungsgesch. d. antiken u. mittelalterl. Rohrblattinstrumente, 1966; G. Meyerbeer, Briefwechsel u. Tageb., Bd. I 1960, Bd. II 1970, Bd. III 1975, Bd. IV 1985; G. Meyerbeer, 1980; G. Meyerbeer: E. Leben in Briefen, 1983 (m. Gudrun Becker), erw. engl. Ausgabe USA 1989, Amadeus Press, Portland, Oregon. Über 400 Einzelveröff. S. 1958 Rundfunktätigk. - Lit.: Festschr. H. B. z. 60. Geburtstag, 1982 (hrsg. v. Jürgen Schläder u. Reinhold Quandt).

BECKER, Hellmut

Prof., Dr. h. c., em., Direktor Max-Planck-Inst. f. Bildungsforschung, Berlin (s. 1963) - Thielall. 58, 1000 Berlin 33 (T. 831 39 44) - Geb. 17. Mai 1913 Hamburg (Vater: Prof. Dr. Dr. Carl Heinrich B., Orientalist, 1925-30 pr. Kultusmin.; Mutter: Hedwig, geb. Schmid), ev., verh. s. 1944 m. Antoinette, geb. Mathis, 6 Kd. (Michael, Nicolas, Stephan, Sophinette, David, Daniel) - Schulen Schloß Salem u. Berlin (Arndt-Gymn.); Univ. Freiburg, Berlin, Kiel. Gr. jurist. Staatsprüf. 1943 - 1945-63 Anwaltspraxis (u. a. Berat. kultureller Org.). S. 1963 Honorarprof. f. Soziol. d. Bildungswesens FU Berlin. 1963-74 Präs. Dt. Volkshochsch. Verb. - BV: u. a. Kulturpolitik u. Schule - Probleme d. verwalteten Welt, 1956; Bildung zwischen Plan u. Freiheit, 1957; Elternhaus, Höh. Schule u. Univ., 1957 (m. W. Clemen); Kulturpolitik u. Ausgabenkontrolle, 1961 (m. A. Kluge); Quantität u. Qualität - Grundfragen d. Bildungspolitik, 1962; Bildungsforschung u. -planung, 1971; Weiterbildung, Aufklärung - Praxis - Theorie, 1956-74, 1975; Auf d. Weg z. Lernenden Ges., 1980; Israel-Erzieh. u. Gesellsch., 1980; Zensuren - Lüge-Notwendigk.-Alternativen, 1983; Psychoanalyse u. Politik, 1983 - Spr.: Engl., Franz.

BECKER, Helmut

Dr. rer. nat., Prof., Leiter Inst. f. Rebenzücht. u. -veredlung Forschungsanstalt, Geisenheim (s. 1964) - Eibinger Weg, 6222 Geisenheim/Rh. (T. 68 07) - Geb. 8. März 1927 Geisenheim, kath. - 1949-53 Staatl. Weinbau-Inst., Freiburg/Br. (Assist.); 1953-1964 Landeslehr- u. Forschungsanst., Neustadt/Weinstr. (Wiss. Mitarb.); 1971-76 Leit. Geisenheimer Fachbereich Weinbau u. Getränketechnol., Fachhochsch. Wiesbaden. Mitherausg.: Der Deutsche Wein, 1978 - 1971 Mitgl. Accademia Italiana della vite e del vino, Siena.

BECKER, Helmuth

Dipl.-Ing., Staatssekretär a. D., MdB (s. 1969; gegenw. Geschäftsf. SPD-Fraktion) - Am Wall 14, 4400 Münster-Nienberge (T. 02533 - 12 80) - Geb. 3. Sept. 1929 Münster/W. - B. Okt. 1982 Staatssekr. Bundesmin. f. Post- u. Fernmeldewesen. SPD (1984 Vorst.-Mitgl.).

BECKER, Hermann

Senator E.h., Dipl.-Ing., Prof., Aufsichtsratsmitglied Philipp Holzmann AG - Taunusanlage 1, 6000 Frankfurt/M. 1 - Geb. 9. Juli 1926 - Präs. d. Hauptverb. d. Dt. Bauindustrie e.V. - Hon.-Prof. u. Ehrensenator d. Univ. Karlsruhe; Berat. Prof. d. Tongji-Univ. Shanghai.

BECKER, Horst

Dr. rer. nat., Prof. f. Mathematik Univ. Kaiserslautern - Lärchenstr. 1, 6751 Schopp.

BECKER, Horst

Dr. jur., Auswärtiges Amt - 5300 Bonn - Geb. 16. Mai 1924 Köln, 2 T. (Alexandrine, Bettina) - Stud. Rechtswiss. 1. u. 2. jurist. Staatsprüf.; Promot. - S. 1954 Auswärt. Dienst. Auslandsvertr. London, NATO-Vertr. Paris, Johannesburg, Den Haag; Botschafter d. BRD Somalia (b. 1977); NATO Intern. Secretariat (b. 1980); 1980-85 AA; 1985 Botschafter d. Bundesrep. Deutschl. in Neuseeland.

BECKER, Horst

Dipl.-Ing., Prof. f. Baubetrieb u. -maschinen - Klingenhofer Steig 10, 1000 Berlin 20 - Geb. 11. Juni 1926 Berlin - S. 1971 Prof. TU Berlin. Üb. 50 Fachveröff.

BECKER, Horst

Dipl.-Math., Vorstandsvorsitzender Deutsche Gesellschaft f. Versicherungsmathematik, AR-Vors. IDUNA Vereinigte Lebensversich. aG f. Handwerk, Handel u. Gewerbe, IDUNA Allgem. Versich. AG, IDUNA Bausparkasse AG, HANSAINVEST Hanseatische-Investment-GmbH, NOVA Krankenversich. a.G., NOVA Lebensversich. AG, NOVA Unfallversich. AG, ADLER Feuerversich. AG, ADLER Lebensversich. AG - Auf den Schwarzen Bergen 34, 2107 Rosengarten - Geb. 26. März 1927 Schenefeld.

BECKER, Joachim

Dr., Bürgerschaftsabgeordneter (s. 1974) - Steinwegelweg 23a, 2000 Hamburg 65 - CDU.

BECKER, Joachim

Dr. in re bibl., Lic. theol., Prof. Seminar Rolduc, Kerkrade/Holl. (Einleitungswiss., Exegese d. Alten Testaments) - Kardinal-von-Galen-Str. 3, 4712 Werne - Geb. 14. Aug. 1931.

BECKER, Joachim

Dr. jur., Oberbürgermeister Stadt Pforzheim - Theodor-Heuss-Str. 48, 7530 Pforzheim (T. 07231 - 39 23 00) - Geb. 21. Febr. 1942 Pforzheim, ev., verh. s. 1979 m. Cornelia, geb. Frech, 2 Töcht. - 1963-69 Stud. Rechtswiss. Heidelberg, Lausanne, Bonn u. New York.

BECKER, Jochen
Dr. rer. nat., Prof. f. Mathematik TU Berlin (s. 1975) - Scheelestr. 75, 1000 Berlin 45 - Geb. 17. Mai 1940 Hildesheim (Vater: Walter B., Zahnarzt; Mutter: Irmgard, geb. Rechenberg) - Helmholtz-Gymn. Hilden; Univ. Bonn, FU Berlin. Staatsex. Math./Phys. 1965.

BECKER, Jochen

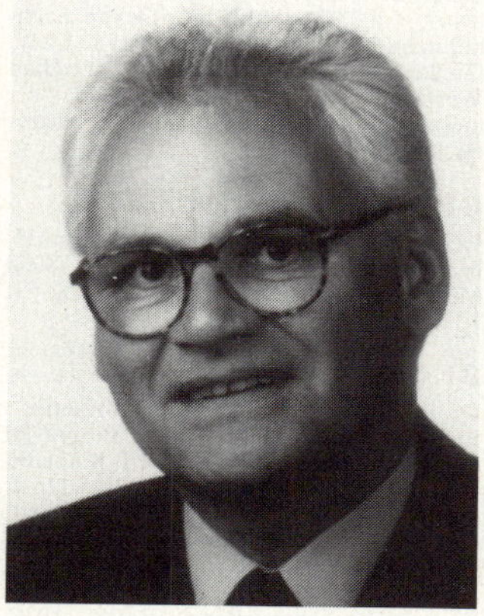

Dr., Prof. f. Allg. Betriebswirtschaftslehre, insbes. Marketing, FH Aachen, FB 10 (s. 1975) - Gruenenthal 28, 5100 Aachen (T. 0241 - 17 15 68) - Geb. 18. Jan. 1937 Leipzig, verh. s. 1975 m. Ingrid, geb. Mueller (Realschullehrerin), 2 Töcht. (Katrin, Anne) - Stud. Univ. Frankfurt u. Erlangen-Nürnberg, Dipl.-Kfm. 1962 Nürnberg - 1963-67 wiss. Assist. Betriebswirtsch. Inst. Univ. Nürnberg; Promot. 1966 Nürnberg - 1967-69 Hans Schwarzkopf, Hamburg; 1969-75 Roland Berger & Partner, München - BV: Marketing-Konzeption. Grundlagen d. strategischen Marketing - Managements, 3. A. 1990; zahlr. Beitr. in Fachztschr. - Spr.: Engl., Franz.

BECKER, Johannes
Dr., Prof. f. Psychologie GH Kassel - Gonsenheimer Str. 107, 6501 Budenheim (T. 06139 - 63 79) - Geb. 18. März 1943 Köln (Vater: Theodor B., Angest.; Mutter: Christine, geb. Zimmer), röm.-kath., verh. s. 1972 m. Karin, geb. Burnicki - Abit. 1962 Quirinus-Gymn. Neuss, Diplom (Psychol.) 1968 Univ. Bonn, Promot. 1972. 1968-74 wiss. Assist. Univ. Bonn, Mainz u. Düsseldorf, 1974 ff. Univ.-Prof. GH Kassel - BV: Forschungsstatistik, 1972; Information integration by children, 1980 - Spr.: Engl.

BECKER, Josef
Dr. med., Prof., Neurologe - Volmerswerther Str. Nr. 257, 4000 Düsseldorf, - Geb. 7. Febr. 1922 Burscheidt/Rhld. - S. 1959 (Habil.) Privatdoz. u. apl. Prof. (1965) Med. Akad. bzw. Univ. D'dorf (1966; gegenw. Oberarzt Neurol. Klinik) - BV: Akute Porphyrie u. Periarteriitis nodosa in d. Neurol., 1961. Einzelarb.

BECKER, Josef
Dr. phil., o. Prof. f. Neuere u. Neueste Geschichte, Präsident Univ. Augsburg (1983-91) - Am Mühlfeld 20, 8902 Neusäß-Westheim (T. 0821 - 48 74 19) - Geb. 6. Febr. 1931 Buchen/Bd. (Vater: Joseph B., Lehrer; Mutter: Cordula, geb. Trunzer), kath., verh. s. 1959 m. Ruth, geb. Capell, 3 Söhne (Georg, Tilman, Ulrich) - Stud. (Gesch., Germ., Franz.) Univ. Freiburg, Heidelberg, München, Paris; Promot. 1958 Heidelberg - 1958-62 Wiss. Assist. TH Karlsruhe, 1962-73 Wiss. Assist. u. Doz. Erlangen-Nürnberg; s. 1973 Prof. Univ. Augsburg - BV: Liberaler Staat u. Kirche in d. Ära von Reichsgründung u. Kulturkampf, 1973; Deutsche Wege z. nationalen Einheit, 1990. Herausg.: Heinrich Köhler, Lebenserinnerungen 1878-1949 (1964); Wiss. zw. Forschg. u. Ausbildg. (1975); Vorgesch. d. Bundesrep. Dtschl. (1979); Dreißig Jahre Bundesrep. - Tradition u. Wandel (1979); Intern. Beziehungen in d. Weltwirtschaftskrise 1929-33 (1980); Hitlers Machtergreifung 1933 (1983); D. Dt. Frage im 19. u. 20. Jh. (1983); 1933 - Fünfzig J. danach (1983); Power in Europe? (1986); Mäzenatentum in Vergangenh. u. Gegenwart (1988); Im Spannungsfeld d. Atlantischen Dreiecks (1989); Kriegsausbruch 1939 (1989) - 1974 Korresp. Mitgl. d. Komm. f. geschichtl. Landeskunde in Baden-Württ.; 1979 Mitgl. Kommiss. f. Zeitgeschichte; 1981 Dr. h. c. Univ. Metz; 1990 Vizepräs. Commission of History of Intern. Relations - Spr.: Engl., Franz.

BECKER, Joseph
Msgr., Geistl. Rat, Vors. Caritasverb. f. d. Erzbistum Paderborn - Domplatz 26, 4790 Paderborn (T. 2 50 31).

BECKER, Joseph
Schuhmachermeister - Margaretenstr. 13, 6780 Primasens (T. 6 27 13) - Geb. 8. Febr. 1905 Bochum (Vater: August B., Bergmann; Mutter: Agnes, geb. Bracke), kath., verh. m. Maria, geb. Urschel, 4 Kd. - Volkssch.; Schuhmacherlehre; Meisterprüf. 1929 - Schuhm., 1930-33 Sekr. Zentralverb. christl. Lederarb., dann Arbeiter Schuhfabr., s. 1937 selbst., 1945-52 Oberm. Schuhm.-Innung Pirmasens, s. 1946 Vors. Kreisverb. Pirmasens CDU, 1946-48 Bürgerm. Primasens, 1946-47 Mitgl. Landesvers. Rhld.-Pfalz, 1949-72 MdB. B. 1933 Mitgl. Zentrum - 1969 Gr. BVK.

BECKER, Jürgen
Schriftsteller, Redakteur - Am Klausenberg 84, 5000 Köln-Brück (T. 84 11 39) - Geb. 10. Juli 1932 Köln - B. 1974 Leit. Suhrkamp-Theaterverlag, dann Hörspielredaktion Deutschlandfunk - BV: u. a. Felder, Erz. 1964; Ränder, Erz. 1968; Umgebungen, Erz. 1970; Schnee, Ged. 1971; D. Ende d. Landschaftsmalerei, Ged. 1974; Erzähl mir nichts vom Krieg, Ged. 1977; In d. verbleibenden Zeit, Ged. 1979; Erzählen bis Ostende, Prosa 1981; Gedichte 1965-1980, 1981. Hörsp. - 1947 Preis Gruppe 47, 1968 Literaturpreis Stadt Köln; 1980 Literaturpreis Bayer. Akad. d. Schönen Künste, München; 1981 Kritikerpreis; 1986 Bremer Literaturpreis; 1966 Stip. Villa Massimo Rom; 1969 o. Mitgl. Akad. d. Künste Berlin; 1969 Mitgl. PEN-Zentrum BRD; 1974 Mitgl. Dt. Akad. f. Sprache u. Dichtung Darmstadt.

BECKER, Jürgen Walter
Dr. theol., o. Prof. f. Neues Testament - Rönner Weg 15, 2313 Raisdorf - Geb. 11. Dez. 1934 Hamburg (Vater: Walter B., Ing.; Mutter: Paula, geb. Westphal), ev., verh. s. 1961 m. Maria-Luise, geb. Schultz, 2 Kd. (Jan-Dirk, Uta) - Abitur, Studium Theolog. Hamburg u. Heidelberg; 1. Theol. Ex. 1959. Promot. 1961 Heidelberg; 2. Theol. Ex. 1962; Habil. 1968 Bochum. 1959-61 Wiss. Mitarb. Qumranforschungsst. Heidelberg, 1961-63 Vikar u. Hilfspred. i. Hamburg, 1963-68 Wiss. Ass. Heidelberg u. Bochum, 1968-69 Dozent Bochum, 1969 ff. ord. Prof. Kiel - BV: D. Heil Gottes, 1964; Unters. zur Entstehungsgesch. d. Testamente d. zwölf Patriarchen, 1970; Johannes d. Täufer u. Jesus v. Nazareth, 1972; D. Testamente der zwölf Patriarchen übers. u. erkl., 2. A. 1980; D. Brief an d. Galater, 4. A. 1990; Auferstehung d. Toten im Urchristentum, 1976; D. Evangelium nach Johannes II, 3. A. 1991; (u.a.) D. Anfänge d. Christentums, 1987; Paulus. Der Apostel d. Völker, 1989 - Spr.: Engl., Franz.

BECKER, Jurek
Schriftsteller - Zu erreichen üb. Suhrkamp-Verlag, Postf. 101945, 6000 Frankfurt - Geb. 30. Sept. 1937 Lodz/Polen - 1957-60 Phil.-Stud. Berlin - Freiberufl. Schriftst. 1978 Gastprof. Oberlin-College (USA); 1978/79 Gastprof. Univ. Essen; 1981 Gastprof. Univ. Augsburg; 1987 Gastprof. Univ. of Texas (USA); 1982/83 Stadtschreiber Bergen-Enkheim - BV: Jakob d. Lügner, R. 1969; Irreführ. d. Behörden, R. 1973; D. Boxer, R. 1975; Schlaflose Tage, R. 1978; Nach d. ersten Zukunft, Erz. 1980; Aller Welt Freund, R. 1982; Bronsteins Kinder, R. 1986. Drehbuch: Liebling Kreuzberg, FS-Serie 1986 - Zahlr. Lit.-Preise: 1971 Charles-Veillon-Pr. Zürich, 1971 Heinrich-Mann-Pr. Ost-Berlin, 1974 Bremer Lit.-Pr., 1975 Nationalpr. d. DDR; 1983 o. Mitgl. Dt. Akad. f. Sprache u. Dicht., Darmstadt; 1988 Adolf-Grimme-Preis.

BECKER, Karin
Geschäftsführerin Landesverb. d. Verleger u. Buchhändler Rheinl.-Pfalz - Schönbornstr. 3, 6500 Mainz.

BECKER, Karl
Dr. med., Internist, MdB (s. 1976; Wahlkreis 139/Frankfurt/M.) - Jean-Paul-Str. 23, 6000 Frankfurt/M. 1 (T. 56 69 28) - Geb. 20. Sept. 1923 Flörsheim/M. (Vater: Adam Josef B., Einkäufer; Mutter: Josefine, geb. Stiefenhofer), kath., verh. s. 1952 m. Dr. Friedel, geb. Burggraf, 2 Kd. (Michael, Eva-Maria) - Realgymn. Frankfurt-Höchst; Stud. d. Med. Univ. Frankfurt, Heidelberg, Kiel, München, Erlangen.

BECKER, Karl
Bürgermeister i.R., Bezirksbeauftragter Malteser Hilfsdienst (s. 1991) - Hasenmühlenweg 16, 5560 Wittlich (T. 06571 - 10 70) - Geb. 31. Jan. 1926 Wittlich (Vater: Philipp B.; Mutter: Anna, geb. Trossen), kath., verh. s. 1951 m. Elfriede, geb. Wilbert, 2 Töcht. (Birgit, Ulla) - Verw.-Lehre, 1948-49 Rhein. Verw.-Schule Cochem, 2. Verw.prüf. 1950 - Verw. Akad. Rhld.-Pfalz Trier, Kommunaldipl. 1957 - 1971-91 Bürgerm. Verbandsgemeinde Wittlich-Land, s. 1974 ehrenamtl. Richter Sozialger. Trier u. div. and. Ämter - S. 1951 CDU (s. 1952 Mitgl. Kreisvorst., Kreisschatzm.) - Kriegsausz.; 1979 Dr. Johann-Christian-Eberle-Med.; 1980 Ehrenz. Dt. Feuerwehrverb.; 1976 Silb. u. 1986 gold. Feuerwehrehrenz.; 1990 BVK am Bde.

BECKER, Karl Eugen
Dr.-Ing., Prof., Senator E.h., Vorsitzender d. Geschäftsfg. Technischer Überwachungs-Verein Bayern e.V. - Westendstr. 199, 8000 München 21 - Geb. 20. Aug. 1932, verh., 2 Kd. - Dipl. 1957, Promot. 1962 - In versch. AR - Spr.: Engl., Franz.

BECKER, Karl-Heinz
Dr. rer. nat., o. Prof. f. Physikal. Chemie Berg. Univ.-GH Wuppertal (s. 1974) - Am Engelspfad Nr. 16, 5300 Bonn - Geb. 21. Sept. 1935 Opladen - Promot. (1964) u. Habil. (1970) Bonn - S. 1971 Univ.-Prof. Üb. 150 Facharb.

BECKER, Karl-Heinz
Kaufmann, Präs. Landesverb. Einzelhandel Rheinland-Pfalz - Zu erreichen üb.: Ludwigstr. 7, 6500 Mainz.

BECKER, Karl-Heinz
Dipl.-Kfm., Fachbereichsleiter Schering AG, Berlin - Münchener Str. 25, 1000 Berlin 28 (T. 030-401 79 56) - Geb. 11. Nov. 1941, verh. s. 1968 m. Hannelore, geb. Wied, 2 Kd. (Markus, Myriam) - Lehre Ind.Kfm., Stud. Betriebsw. Univ. Köln (Dipl. 1966) - S. 1983 Vorst.-Mitgl. u. s. 1986 Vors. Diamalt AG München - Liebh.: Klass. Musik - Spr.: Engl., Franz.

BECKER, Klaus
Dipl.-Ing., Gesellschafter u. Berater Stahlbau Schäfer, Ludwigshafen - Erzbergerstr. 50, 6700 Ludwigshafen 3 (T. 690 03 51) - Geb. 4. Mai 1915 Ludwigshafen (Vater: Fritz B., Prokurist; Mutter: Anne, geb. Schmoll), ev., verh. s. 1945 m Lore, geb. Stepp, 3 Kd. (Michel, Martin, Verena) - Abitur; Kriegsakad. (Generalstab); TH Karlsruhe (Dipl.ex. 1949) - S. 1949 Stahlbau Schäfer (zun. Werkleit.). Handelsrichter - Spr.: Engl., Franz., Ital. - Lions-Club.

BECKER, Klaus
Dr., Prof., Geschäftsführer Normenaussch. Kerntechnik DIN Dt. Inst. f. Normung - Burggrafenstr. 6, 1000 Berlin 30.

BECKER, Klaus
Dr. jur., Regierungspräsident a. D. v. Lüneburg (1981-90) - Auf der Hude 2, 2120 Lüneburg - Geb. 1934 Celle - Univ. Freiburg/Br. u. Göttingen (Rechtswiss.) - Zul. Nieders. Staatskanzlei, Hannover (Leit. Präsidialabt.).

BECKER, Kurt A.
Dr. rer. nat., Prof., ehem. Arbeitsgruppenleiter Fritz-Haber-Inst./Max-Planck-Ges. - Heddesheimer Str. 3, 6940 Weinheim (T. 06201 - 5 36 39) - Geb. 24. April 1921 Berlin - Stud. Chemie - S. 1962 (Habil.) Privatdoz. u. apl. Prof. TU Berlin (Physikal. Chemie). Fachveröff.

BECKER, Kurt E.
Dipl.-Volksw., Hüttendirektor i. R. - Schlesierweg Nr. 5, 6680 Neunkirchen/Saar (T. 06891 - 8 74 57) - Geb. 19. Sept. 1916 (Vater: Karl B.; Mutter: Elisabeth, geb. Seibert), verh. 1941 m. Marta, geb. Brezing - Univ. Köln u. Frankfurt/M. (Dipl.-Volksw. 1939) - S. 1950 Neunkirchner Eisenw. ARsmandate - Liebh.: Filmen - Spr.: Franz., Engl. - Rotarier.

BECKER, Kurt E.

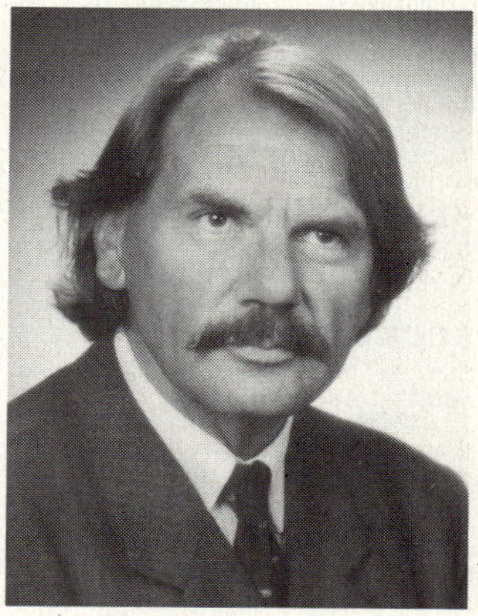

Dr. phil., M.A., Publizist, Autor, PR-Berat. - Martin-Luther-Str. 7, 7830 Emmendingen/Brsg. (T. 07641 - 4 17 67) - Geb. 26. Okt. 1950 Ludwigshafen (Vater: Michael B.; Mutter: Hildegard, geb. Böhm) - Stud. Polit. Wiss., Psych., Phil., Päd., Soziol. - Untern.sprecher Giulini Chemie GmbH, Ludwigshafen; Leit. Frankenthaler Gespräche; 1989-91 Initiator Forum Bauen u. Leben; Vorst.-Mitgl. Club Kurpfälzischer Wirtschaftsjournalisten; Hauptm. d. Res. - BV (Ausw.): Du darfst Acker zu mir sagen, R. 1982 (TB-Ausg.: Unerlaubte Entfernung, 1985); Paiz Paizon, Erz. 1982; Anthroposophie - Rev. von innen, 1984; D. röm. Cäsar m. Christi Seele, 1988. Herausg.: Anti Politik (1979); Armee f. d. Frieden (1980); Anthroposophie heute (1981; jap. Ausg. 1982); Praktizierte Anthroposophie (1983); Alphons Silbermanns Soziologie d. Wohnens (1991); Umwelt (1991); Konsum (1992); Realisierte Alternative (1992); Buchreihe Frankenthaler Gespräche; Rudolf-Steiner-Werkausg. (1985); Notwendigk. u. Möglichk. menschengemäßen Bauens (1986) - Spr.: Engl.

BECKER, Maria
Schauspielerin - Zürich - Geb. 28. Jan. 1920 Berlin (Vater: Theodor B., Schausp.; Mutter: Maria, geb. Fein, Schausp.), gesch. v. Robert Freitag (Schausp. u. Regiss.), 3 Söhne (Christoph, Oliver, Benedict) - Reinhardt-Sem. Wien, Bühnen Dtschl., Österr., Schweiz, BBC London. Hauptrollen in Werken d. klass. u. mod. Theaterlit., Sonderfall Helga Krolewski, 1971; D.

Hebamme, 1972; Claudel: Seidener Schuh; Brecht: Guter Mensch v. Sezuan; Williams: Endstation Sehnsucht; Hochhut: Hebamme). Fernsehen: u. a. Prozeß Mariotti (1970). Gr. Rollen: Elisabeth, Penthesilea - 1961 Preis Verb. d. dt. Kritiker; 1965 Hans-Reinhart-Ring Schweizer. Ges. f. Theaterkultur. Mitgl. Berliner Akad. d. Künste - Liebh.: Engl. Lyrik.

BECKER, Martin

Dipl.-Ing., Dipl.-Betr.wirt, Geschäftsführender Gesellschafter Stahlbau Schäfer GmbH, Ludwigshafen - Industriestr. 15, 6700 Ludwigshafen/Rhein (T. 0621 - 69 00 30) - Geb. 2. April 1956 Mannheim, ev., verh. s. 1985 m. Beate, geb. Moll, 2 Kd. (Susanna, Matthias) - Stud. Betriebswirtsch. Mannheim (Dipl.-Betr.wirt 1980), Bauing.stud. Mainz (Dipl.-Ing. 1984) - Mitgl. d. Vollvers. d. IHK f. d. Pfalz - Spr.: Engl.

BECKER, Max

Dr. phil. nat., Dipl.-Chemiker, Prof. - Baderlehenweg 7, 8240 Stanggass Post Berchtesgaden (T. 08652 - 6 12 05) - Geb. 8. Mai 1906 Aschersleben (Vater: Max B., Kaufm.; Mutter: Anna, geb. Ebert), verh. s. 1954 in 2. Ehe m. Gisela, geb. Ebert, 6 Kd. (Max, Konrad, Manfred, Karsten, Charlotte, Harald) - Stud. Chemie, Physik u. Mineral.; Dipl. 1928, Promot. 1930 Jena - BV: Praktikum Ernährungsphysiol., 1949 (auch portug.); Grundzüge d. Fütterungslehre, 1959, 62, 66, 71 (auch poln., 1976); Analisis de piensos, 1961 (nur span.); Handb. d. Futtermittel, 3 Bde. 1965-69 - 1953 Oskar Kellner-Pr. VDLUFA; 1972 BVK 1. Kl. - Liebh.: Sport, Hist. Lit., Kunstgesch., Philat. - Spr.: Engl., Span., Franz.

BECKER, Norbert

Stadtdirektor - An der Niers 7b, 4170 Geldern 1 - Geb. 20. März 1931.

BECKER, Peter

Prof. f. Musikpädagogik Hochsch. f. Musik u. Theater Hannover - Ellernstr. 3, 3000 Hannover - Geb. 15. Mai 1934 Glatz/Schles., verh. s. 1962 m. Bärbel, geb. Sasse, 3 Söhne (Markus, Stefan, Michael) - Stud. Schulmusik u. German. 1954-60 Köln; Stud.sem. 1960-62 Göttingen - 1962-70 Schuldienst Gymn. Bad Iburg; s. 1970 Hochsch.dienst; s. 1978 Sprecher Studiengang Schulmusik Hochsch. f. Musik u. Theater Hannover, s. 1990 Vizepräs. - Veröff. z. Analyse, Interpret. u. Vermittl. v. Musik.

BECKER, Peter

Dr., Dipl.-Psych., Prof. f. Psychologie Univ. Trier - Lerchenweg 3, 5503 Konz (T. 06501 - 74 00) - Geb. 23. April 1942 Dresden - Psych.-Stud. (Dipl. 1969, Promot. 1972 Univ. Saarbrücken) - S. 1979 Univ.-Prof. f. Psych. FB I Univ. Trier - BV: Stud. z. Psych. d. Angst, 1980; Psych. d. seel. Gesundheit, Bd. 1. Theor., Mod., Diagn., 1982; Bd. 2 Persönl.psychol. Grundl., Bedingungsanalysen, Förder.mögl., 1986; Manual z. Interaktions-Angst-Fragebogen (IAF), 1982; Abele & Becker, Wohlbefinden, 1991.

BECKER, Peter Emil

Dr. med. (habil.), Dr. h.c., o. Prof. f. Humangenetik - Ewaldstr. 63, 3400 Göttingen (T. 5 86 39) - Geb. 23. Nov. 1908 Hamburg (Vater: Ludwig B., Kaufm.; Mutter: Martha, geb. de Bruycker), ev., verh. s. 1938 m. Rosette, geb. Wendel, 5 Kd. - S. 1943 Lehrtätigk. Univ. Freiburg u. Göttingen (1957 Ord.) - BV: Dystrophia musculorum progressiva, 1953; Paramyotonia congenita, 1970; Myotonia congenita, 1977; Wege ins Dritte Reich, 2 Bde. Herausg.: Handb. d. Humangenetik (1964ff.).

BECKER, Reinard

Dr. phil. nat., Prof. f. Angew. Physik Univ. Frankfurt/M. - Kapellenweg 2a, 6460 Gelnhausen.

BECKER, Richard

Sportjournalist - Zu erreichen üb.: Frankfurter Allg. Zeitung, Postf. 2901, 6000 Frankfurt/M. 1 - Geb. 15. Dez. 1946 Saarbrücken, verh., Tocht. - Gymn. Saarbrücken u. Frankfurt (Abit. 1967); Wehrdst. (Fallschirmj.); Univ. Frankfurt (Volksw., Sport, Franz.) - S. 1973 FAZ (Sportredakt.) - Liebh.: Tennis, Basketu. Fußball.

BECKER, Roald

Dipl.-Kfm., Unternehmensberater - Am Korsorsberg 50, 2906 Wardenburg - Geb. 3. Aug. 1928 Halle/S. - Schule Halle (Abit. 1949); 1949-51 kaufm. Lehre Ind. (Waggonfabr. Uerdingen); 1952-56 Univ. Köln (Dipl.-Kfm.) - 1956-61 Wirtschaftsprüf.; 1961-65 Finanzprok. Ind.; b. 1979 Geschäftsf. Kienbaum Unternehmensberat. GmbH, Gummersbach, s. 1980 selbst. Unternehmensberater - BV: Controlling, 1978.

BECKER, Rolf

Verleger, Vors. Bundesverb. Dt. Kundenzeitschriftenverleger, Frankfurt/Mannheim - Konradshöhe, 8021 Baierbrunn/Obb.

BECKER, Rüdiger

Dr. med. dent., Dr. med., o. Prof. f. Zahn-, Mund- u. Kieferheilkunde (Mund-, Kiefer- u. Gesichtschirurgie) - Waldeyer Str. 30, 4400 Münster (T. 83 70 03) - Geb. 12. April 1927 Heidelberg (Vater: Dr. Philipp B., Zahnarzt), verh. m. Edith, geb. Gerienne - Univ. Heidelberg, MA Düsseldorf, Univ. Tübingen. Promot. 1952 u. 59. S. 1963 (Habil.) Lehrtätigk. Univ. Münster (1967 apl. Prof., 1968 Abts.vorsteher u. Prof., 1971 Ord.). Fachveröff. - 1960 I. Preis Dt. Ges. f. Kieferorthop.; 1963 Jahrespreis Dt. Ges. f. ZHK; 1970 Ehrenmitgl. Swedish Ass. of Oral Surgeons, British Oral Surgery Club; 1986 Mitgl. Akad. Dt. Naturforscher Leopoldina; 1975 u. 1984-86 Präs. Dt. Ges. f. Mund-, Kiefer- u. Gesichtschir.; 1986 Ehrenmitgl. Swedish Ass. of Oral Surgeons; 1988 Fellow Royal College of Surgeons, London (Hon.) - Spr.: Engl. - Rotarier.

BECKER, Ulrich

Dr. theol., Univ.-Prof., Pfarrer - Havelweg 8, 3000 Hannover 71 (T. 0511 - 52 04 83) - Geb. 21. Sept. 1930 Halle/S. (Vater: Erich B., Pfr.; Mutter: Marie, geb. Ulrich), ev., verh. s. 1955 m. Inge, geb. Raethjen, 3 Töcht. (Barbara, Friederike, Kristin) - Univ. Halle (1948-50, Ev. Theol.) u. Erlangen (1950-53, Ev. Theol., Klass. Archäol.; Promot. 1959). Ordination 1961 - 1955-61 Assist. (Sem. f. Gesch. d. Urchristentums) u. Studentenpfr.vertr. Univ. Erlangen; s. 1961 Lehrtätigk. Päd. Hochsch. Hannover (1964 Lehrstuhl f. Ev. Theol. u. Methodik d. ev. Religionsunterr.), jetzt Univ. Hannover. 1977-85 Direktor des Erziehungsbüros beim Ökumenischen Rat der Kirchen, Genf - BV: Jesus u. d. Ehebrecherin - Unters. z. Text- u. Überlieferungsgesch. v. Joh. 7,53-8,11, 1963; Wundergesch., 1965 (m. S. Wibbing). Herausg.: Dietrich Bonhoeffer als Provokation f. heute (1986) - Spr.: Engl. - Lit.: Lernen f. e. bewohnbare Erde, Bildung u. Erneuerung im ökumen. Horizont, U. B. z. 60. Geb. (hg. v. F. Johannsen u. H. Noormann; 1990).

BECKER, Ulrich

Konsul, Fabrikant, AR-Vors. Vereinigte Bekleidungswerke R. & A. Becker GmbH, Saarbrücken u. Stuttgart - Scheidterstr. 162, 6600 Saarbrücken - Geb. 29. Juli 1912 - Zeitw. bolivian. Honorarkonsul.

BECKER, Volker

Dr. med., o. Prof. f. Allg. Pathologie u. Pathol. Anatomie - Rathsberger Str. 32, 8520 Erlangen (T. 2 12 08) - Geb. 20. Nov. 1922 Alzey/Rh. (Vater: Georg B.), verh. m. Dr. Gisela, geb. Wedekind - 1963-69 Vorst. Pathol. Inst. Städt. Krankenanstalten Karlsruhe; s. 1956 Lehrtätigk. FU Berlin, Univ. Kiel (1957), Heidelberg (1964; apl. Prof.), FU Berlin (1968 Ord. u. Inst.sdir.), Univ. Erlangen-Nürnberg (1971 Ord. u. Inst.svorst.). 1972/73 Vors. Dt. Ges. f. Verdauungs- u. Stoffwechselkrankh; 1986/87 Vors. Dt. Ges. f. Pathol. - BV: Sekretionsstud. am Pankreas, 1957; Bauchspeicheldrüse (Inselapp. ausgen.), 1973; Form, Gestalt u. Plastizität, 1973; D. Entdeckungsgesch. d. Trichinen u. d. Trichinosis, (m. a.) 1975; Konzepte d. Theoret. Pathol., (m. a.) 1980; D. Plazenta d. Menschen, (m. a.) 1981; Chron. Pankreatitis, 1984. Herausg.: Gastroenterologie u. Stoffwechsel, Aktionen u. Interaktionen (1974). Üb. 300 Einzelarb.

BECKER, Walter

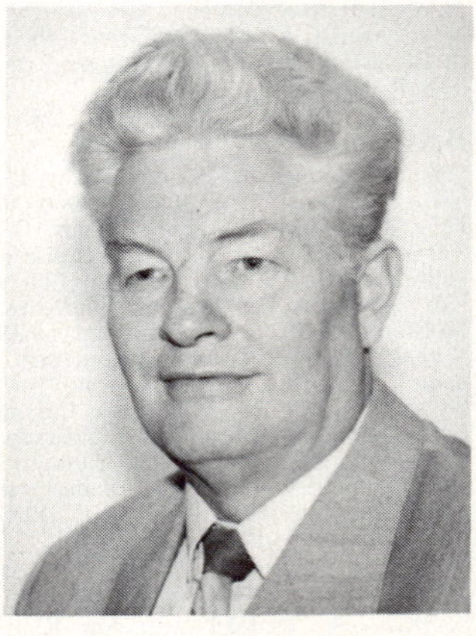

Dr. sc., o. Prof. f. Wirtschaftsgeschichte (s. 1970), Fernsehjournalist - Moldaustr. 21, O-1136 Berlin (T. 512 94 45) - Geb. 13. Mai 1931 Sülzhayn/Harz (Vater: Georg B.; Mutter: Elsbeth, geb. Trenkner), verh. s. 1953 m. Christa, geb. Köhler, 2 Kd. (Cornelia, Hans-Georg) - Abit. 1950; Stud. Volkswirtsch., Wirtsch.gesch. Hochsch. f. Ökonomie Univ. Berlin; Dipl. 1955; Promot. 1960; Habil. 1967 - Begründer, wiss. Berat. u. Moderator d. TV Reihe D. Verkehrsmagazin (DFF) 407 Sendungen (b. 1984); Dekan d. FB Allgem. Sozialwiss., Hochsch. f. Ökonomie Berlin - BV: D. Maschinenbauind. 1850-1870, 1962. Mitautor: Wirtsch.gesch. Deutschlands 1870-1945; Bd. 3 1974 (1990 jap). Zahlr. Art. z. Wirtsch.gesch., Wirtsch.wiss. u. publiz. Arb. üb. Verkehrsprobleme - 1960 Meister Motorradgeländesport (Enduro), DDR; 8 intern. Goldmed.; 1962 Meister d. Sports - Interessen: Motorrad-Autogesch., Verkehrssicherh. - Spr.: Engl., Russ.

BECKER, Walter F.

Dr.-Ing., Architekt - Zeunerstr. 25, 4300 Essen-Bredeney - Geb. 3. März 1924 Paderborn, verh. s. 1948 m. Edith, geb. Tombrägel - TH Darmstadt.

BECKER, Walter P.

Direktor b. Landtag Rheinland-Pfalz (s. 1979) - Deutschhauspl. 12, 6500 Mainz - Stud. Rechtswiss.

BECKER, Waltraut

Geschäftsführerin Plural Servicepool GmbH - Jasminweg 12, 3000 Hannover 21 - Geb. 6. Juli 1931 Hannover, verh. s. 1951 m. Wolfgang B. (s. dort), 2 Kd. (Angelika, Wolfram) - Kaufm. Ausb. - Spr.: Engl.

BECKER, Werner

Dr. rer. pol., Dipl.-Kfm., Sachverständiger b. Intern. Amt f. Rebe u. Wein (O.I.V.), Paris, Vors. Schutzverb. Dt. Wein, Mannheim, u. a. - Lohhohl 36, 5460 Linz/Rh. (T. 57 49) - Geb. 12. Juni 1918 Eitorf/Sieg, verh. m. Eleonore, geb. Bente, 2 Töcht. (Ulrike, Dagmar) - 1945-49 Univ. Köln (Nationalök., Betriebsw., Rechtswiss.; Dipl.-Kfm. 1948, Promot. 1951) - 1937-45 Wehrm. (zul. Hptm. d. Luftwaffe) - 1984 Gr. BVK; Chevalier du Mérite Agricole de France; Commandeur de l'Ordre de Mérite du Grand-Duché de Luxembourg - Spr.: Franz.

BECKER, Werner

Dr. phil., Prof. Univ. Gießen - Im Lech 16, 6380 Bad Homburg (T. 06172 - 3 26 53) - Geb. 21. Febr. 1937 Lauterbach (Vater: Hans B., Kaufm.; Mutter: Luise, geb. Becker), ev., verh. m. Gabriele, geb. Brandt, 2 Söhne (Ulrich, Georg) - Stud. d. Phil., Soz., Geschichte, German. Univ. Frankfurt, Wien, Innsbruck - 1973/74 u. 1981/82 Dekan Fachbereich Phil. Univ. Frankfurt, 1987 Univ. Gießen - BV u.a.: Kritik d. Marxschen Wertlehre, 1972; D. Freiheit d. wir meinen, 1982; 85 Elemente d. Demokratie.

BECKER, Wilfried

Geschäftsführer Philip Morris GmbH, München - Heimstättenstr. 26, 8000 München 40 - Geb. 30. Nov. 1920 - S. 1971 Gfg. Morris.

BECKER, Wilhelm

Dr. phil., em. o. Prof. f. Astronomie - Im Spiegelfeld 12, 4102 Binningen (Schweiz) - Geb. 3. Juli 1907 Münster/W., verh. - Univ. Berlin - 1933-45 Univ. München, Astrophysikal. Observat. Potsdam, Univ. Wien u. Göttingen, seither Univ. Hamburg (ao. Prof.) u. Basel (1953 o. Prof.), emerit. 1977 - BV: Materie im interstellaren Raum, 1938; Sterne u. Sternsysteme, 1942, 2. A. 1950; Üb. d. Notwendigk. e. Reform d. astronom. Integralphotometrie, 1946. Herausg.: Newcomb-Engelmann Populäre Astronomie, 1948 - 1966 Carl-Friedrich-Gauß-Med. Braunschweig. Wiss. Ges.; 1968 korr. Mitgl. Akad. d. Wiss. u. d. Lit., Mainz; Österr. Akad. d. Wissensch. Wien; 1973 Dr. h. c. Univ. Istanbul u. 1975 Univ. Münster/W.; 1976 Gr. BVK.

BECKER, Wilhelm

Dr.-Ing., Prof. f. Regelungstechnik Gesamthochschule Paderborn (Fachbereich Elektr. Energietechnik/Soest) - Nötten-Brüder-Wallstr. 7, 4770 Soest.

BECKER, Wilhelm

Kaufmann, Geschäftsf. Auto-Becker GmbH & Co. KG, Auto-Supermarket GmbH u. Auto Becker Verwaltungsgesellschaft mbH, alle Düsseldorf - Suitbertusstr. 150, 4000 Düsseldorf - Geb. 31. Dez. 1913 Osburg/Kr. Trier, verh. (Ehefr.: Hildegard), 3 Söhne (Helmut, Achim, Harald) - S. 1947 Autohandel - Mitgl. Vollversaml. d. IHK Düsseldorf - BV: D. Mann mit d. Vornamen Auto, 1973 - 1975 BVK; Gold. Nadel IHK Düsseldorf; Gold. Plak. d. Handwerksk.; 1991 Gr. BVK.

BECKER, Wolf-Dieter

Dr. rer. pol., Hon. Prof. - Buchenweg 10, 5307 Wachtberg-Niederbachem (T. Bonn 34 22 31) - Geb. 29. Juni 1922 Berlin (Vater: Wilhelm B.; Mutter: Hedwig, geb. Krause), kath. verh. s. 1950 m. Hanna, geb. Szpitter, S. Wolf (geb. 1955) - WH Berlin (1946), Univ. Hamburg (1947-48) u. Berlin/Freie (1948-50; Dipl.-Volksw. 1950). Promot. 1952 Berlin - U. a. 1955-73 Dt. Sparkassen- u. Giroverb., Bonn (Volksw. Abt), 1973ff. Lehrauftrag RWTH Aachen; 1973-82 Geschäftsf. Verb. öffentl. Banken - Spr.: Engl., Franz.

BECKER, Wolfgang

Dr. phil., Prof. f. Angew. Ästhetik u. Medienforsch. - Quellwiese 20, 4500 Osnabrück - Geb. 9. Okt. 1943 Marburg/L., ev., verh. s. 1983 in 2. Ehe m. Heike, geb. Scheithauer, 3 Kd. - Promot. 1970 - S. 1974 Prof. Univ. Osnabrück - BV: Film u. Herrschaft, 1973; Theorie u. Praxis d. Filmanalyse (m. N. Schöll), 1983; In jenen Tagen. Wie d. dt. Film d. Vergangenh. bewältigte, 1992; D. Fernsehen als Vermittler v. Geschichtsbewußtsein (m. S. Quandt), 1991.

BECKER, Wolfgang

Gebäudereinigermeister, Geschäftsf.

Plural-Servicepool GmbH & Co. KG, Hannover - Jasminweg 12, 3000 Hannover 21 - Geb. 16. März 1925 Hannover, verh. s. 1951 m. Waltraut Becker, geb. Becker (s. dort), 2 Kd. (Angelika, Wolfram) - Obersch.; Gebäudereiniger-Handw. - Sachverst. - Spr.: Span., Portug., Ital., Rumän., Lat., Franz.

BECKER, Wolfgang-Helmut

Dr. med., Prof., em. Chefarzt Chirurg. Klinik Krankenhaus Wetzlar (s. 1961) - Auf dem Hauserberg 15, 6330 Wetzlar/Lahn (T. 4 55 50) - Geb. 7. Febr. 1922 Friedberg/Hess. (Vater: Dr. med. O. H. B., prakt. Arzt; Mutter: Milly, geb. Lang), ev., verh., 2 Töcht. (Claudia, Viola) - S. 1956 (Habil.) Lehrtätig. Univ. Gießen (1963 apl. Prof., 1974 Honorarprof.) - Fachveröff. - Spr.: Engl.

BECKER-CARUS, Christian

Dr. rer. nat., o. Prof., Priv.Doz., Universitätslehrer, Dir. u. Leiter Psycholog. Inst. II Univ. Münster (Allg. u. Angew. Psychol., Physiol. Psychol.) - Fliednerstr. 21, 4400 Münster (T. 0251 - 83 41 41) - Geb. 5. Febr. 1936 Hamburg (Vater: Ewald, Akad. Maler u. Graph.; Mutter: Annemarie, geb. Manschewski), verh. s. 1965 m. Brigitte, geb. Seils, 2 Kd. (Arne. Gösta) - Rudolf-Steiner-Sch. Hamburg. Stud. Univ. Hamburg (Zoolog., Chemie, Bot.), Philosophikum (Prof. C. F. v. Weizsäcker) 1959, Staatsex. 1962, Dr. rer. nat. 1964 Hamburg, Psychologie 1964-67, Dipl.-Psych. 1967. Lehrbeauftr. Univ. Hamburg 1966-68, Lt. Arb.-Gruppe f. Exp. Elektrophysiol. d. Psychol. Abt. MPI f. Psychiatrie, München 1968-74, Habil. 1972 Univ. Düsseldorf (Prof. G. A. Lienert), Lehrbeauftr. Univ. Regensburg 1972-73, 1972-74 Univ. Düsseld. (Med. Psych.). Prof. u. Leiter d. Abt. f. Physiol. Psychol. am Psych. Inst. Univ. Tübingen 1974-78. Dir. Psych. Inst. 1975. 1978-85 Dir. Psych. Inst. Westf. Wilhelms Univ. Münster, s. 1985 Dir./Leit. d. neugegr. Psychol. Inst. II. d. Univ. Münster, Lei. Psychophysiolog. Labor u. Schlaflaboratorium, Mitgl. Dt. Ges. f. Psychol., Dt. Zoolog. Ges., European Brain & Bahavior Society, Dt. Ges. f. Psychophysiologie u. ihre Anwendung, Ges. Dt. Naturforscher u. Ärzte; 1987 Europ. Sleep Res. Society; s. 1981 Vorst.-Mitgl. Förderv. Freie Waldorfschule Münster; 1985 Ernennung z. V. Research Prof. of Psychol. State Univ. New York at Binghamton (USA); 1. Vors. d. GFS. Leiter versch. Forschungsproj.; Wissenschaftl. Beirat d. KOSMOS - BV: Psychophysiologische Methoden, 1979; Grundriß d. Physiolog. Psychologie, 1981. Zahlr. Einzelarb. u. Buchbeitr. - Liebh.: Malerei, Kunstgesch., Segeln, Ski - Bek. Vorf.: C. G. Carus.

BECKER-DÖRING, Ilse, geb. Döring

Dr. jur., Rechtsanwältin u. Notarin, Past-Präsidentin d. Dt. Verb. berufstät. Frauen - Münzstr. 14, 3300 Braunschweig (T. 0531 - 4 01 91/92) - Geb. 15. Sept. 1912 Frankfurt/M. (Vater: Arthur Döring, Studienrat; Mutter: Martha, geb. Olivier), verh. 1936-48 (gesch.), 3 Kd. (Ursula, Klaus Jürgen, Hans Joachim) - Promot. 1948; Gr. jurist. Staatsprüf. 1949 - S. 1951 RA Braunschweig. S. 1961 Ratsherrin; 1966-72 I. Bürgerm. Stadt Braunschweig, Mitgl. d. Nieders. Landtages v. 1970-78, Ehrenvors. Nieders. Frauenvereinig. u. Landesverb. Braunschweig d. Frauen. CDU - 1973 BVK I. Kl.; 1986 Gr. BVK.

BECKER-FOSS, Hans-Christoph

Dozent f. Improvisation u. künstler. Orgelspiel Musikhochschule Hannover, Kantor - Wachtelweg 10, 3250 Hameln 5 (T. 05151 - 6 71 52) - Geb. 1. Juli 1949 Höxter (Vater: Walt-Jürgen B.-F., Kirchenmusiker; Mutter: Maria, geb. Rulfs), ev., verh. s. 1974 - Konservat. (Musikhochsch.) Bremen; A-Ex. Kirchenmusik - 1972 Kantor Bremen; 1973-79 Leit. Hastedter Kantorei Bremen; 1979 ff. Kirchenkreiskantor Marktkirche St. Nicolai Hameln; s. 1980 Doz. MHS Hannover - Spez. Arbeitsgeb.: Aufführungspraxis Alter Musik, Tätigk. als Konzertorganist u. Continuospieler (intern.).

BECKER-HÖLZERMANN, Alwy

Schauspielerin - Mühlthalstr. 16, 8184 Gmund am Tegernsee - Geb. 1937 Köln (Vater: Wienand B., Kaufm.; Mutter: Elisabeth, geb. Oellers), verh. in 2. Ehe (1980) m. Ulrich Hölzermann, T. Cosyma - Abgeschl. Ballett- (Anita Bell. Köln, u. Tatjana Gsovsky, Berlin) u. Schauspielausbild./Max-Reinhardt-Sch. Berlin (Hilde Körber) - Bühnen- (u. a. Leni, in: D. Prozeß, Elena [Gräfin Koefeld] in: |Keanl am Renaissancetheater Berlin [1986]), Film- u. Fernsehrollen (auch D. Alte, Derrick. Traumschiff u. Schwarzwaldklinik) - Liebh.: Kunst (Asiatica, Jugendstil, Altes Porzellan, Antiquitäten) - Spr.: Engl.

BECKER-INGLAU, Ingrid, geb. Neumann

Rektorin a. D., Bundestagsabgeordnete, stv. Vors. d. SPD-Bundestagsfraktion u. Vors. d. Arbeitskreises Gleichstellung v. Frau u. Mann (s. Febr. 1991) - Wittgenbusch 34, 4300 Essen 14 (T. 0201 - 58 33 85) - Geb. 20. Nov. 1946 Essen, ev., verh. s. 1971 m. Dietmar B.-I. - Abitur 1967; 1. Staatsex. 1971; 2. Staatsex. 1972; Lehramt Grund- u. Hauptsch. - 1979-87 Mitgl. d. Rates d. Stadt Essen - Liebh.: Lit., Schauspiel, Malerei - Spr.: Engl., Franz., Latein.

BECKERATH, von, Jürgen

Dr. phil., o. Prof. f. Ägyptologie - Schloßpl. 2, 4400 Münster/W. - S. 1963 (Habil.) Lehrtätig. Univ. München (1969 apl. Prof.) u. Münster (1970 Ord.).

BECKERLE, Monika

Schriftstellerin - Am Schafgarten 4, 6724 Dudenhofen/Pfalz - Geb. 14. Sept. 1943 Friedberg/Hessen - BV: E. Sommer in Antibes, Erz. 1978; Menschen u. Masken, Ged. 1978; D. Kartenhaus, R. 1983; Krolow, Ess. zu Fotogr., 1984; Schattenliebe, Ged. 1985; D. Toten Tanz, R. 1986; Depression - Berichte u. Interviews, 1989; Mich wundert, daß ich fröhlich bin, Erz. 1990; Dachstube u. literarischer Salon, Leseb. 1991.

BECKERT, Johannes

Dr. med., Prof. u. Dir. Inst. f. Hygiene Med. Univ. Lübeck - Kaninchenbergweg 71, 2400 Lübeck (T. 0451 - 60 54 55) - Geb. 4. Sept. 1926 Stollberg (Vater: Arthur B., Verw.beamter; Mutter: Johanne, geb. Hecker), ev., verh. m. Ursula, geb. Peuker - Bauing. (grad.) 1948 Augsburg; 1952-54 Stud. Bauing-Wesen Univ. Stuttgart; 1954-60 Stud.-Med. Univ. München (ärztl. Prüf. u. Promot. 1960); 1961-64 Stud. Phil. u. Wissenschaftstheorie - 1948 Bauing.; 1960 Assist.arzt; 1964 wiss. Assist.; 1975 Privatdoz. München; 1977 wiss. Rat; 1979 o. Prof., Dir. Inst. f. Hygiene Med. Univ. Lübeck.

BECKERT, Ursula

Chefsekretärin, Fr. Schriftst. (s. 1981) - Eibenweg 14, 4902 Bad Salzuflen - Geb. 4. Jan. 1939 Udwitz/Sudentenland - Mittl. Reife, Banklehre, Dipl. Sekr. 1956-60 - 1960-80 Vorst.-, Gen.dir.- u. Botschaftssekr. führender Persönlichk. d. dt. Wirtschaft in Frankf./M. u. Köln. Erfolgr. Kinderb.autorin - BV: u.a. Muck d. Wichtel... (Serie), 1982-93; Ich bin d. kleine Sandmann (m. MC), 1985; Susibert v. Rittersporn, 1989. Lyrikbd.: Zwischen Gestern u. Morgen, sowie Veröff. in zahlr. Anthol. Üb. 25 Kinderb., z. T. übers. in 6 Spr. (weltw. Aufl. aller Titel üb. 1,5 Mio.) - Liebh.: Musik - Spr.: Engl., Span.

BECKEY, Hans Dieter

Dr. rer. nat., o. Prof. f. Physikal. Chemie - Am alten Forsthaus 46, 5300 Bonn-Röttgen (T. Bonn 25 25 79) - Geb. 8. Juni 1921 Hamburg (Vater: Kurt B., Studienrat; Mutter: Margarete, geb. Gastrow), ev., verh. s. 1951 m. Gudrun, geb. Kischke, 3 Kd. - Gymn. u. Univ. Hamburg (Physik) (Diplom 1949). Promot. 1951 Bonn - S. 1952 Assist., Dozent (1959) u. Ord. (1965) Univ. Bonn. Zeitw. Vors. Fachgruppe Massenspektroskopie d. DPG. Erf.: Felddesorpitons-Massenspektrometrie - BV: Advances in Mass Spectrometry, 1963 u. 66; Principles of FI and FD Mass Spectrometry, 1977 - 1964 Nernst-Preis f. Physikal. Chemie - Spr.: Engl.

BECKHOFF, Ernst

Dr. rer. pol., Geschäftsführer Beckhoff Baugesellschaft mbH - Im Brinkmannsfeld 52, 4250 Bottrop (T. 5 21 69) - Geb. 13. Sept. 1926 Bottrop (Vater: Ernst B.; Mutter: Franziska, geb. Böhmer), kath., verh. s. 1957 m. Hildegard, geb. Jaeger, 2 S. (Ernst-Peter, Hans-Stefan) - Stud. Univ. Bonn; Dipl.ex. 1952; Promot. 1956.

BECKMANN, Bettina

1. Solotänzerin Hamburgische Staatsoper (b. John Neumeier) - Geb. 25. Sept. 1961 Cuxhaven, verh. s. 1988 m. Jean Laban (ebenf. 1. Solist b. Neumeier) - Ausb. John-Cranko-Schule Stuttgart - Tourneen u.a.: USA, Südamerika, Frankreich, Sowjetunion, Japan, Italien, Norwegen, Ungarn; Gastsp. in Stuttgart m. Haiku - Rollen in: Julia (Romeo u. Julia); Chloe (Daphnis u. Chloe); Feuervogel, Marie (Nußknacker); Aurora (Dornröschen); Rosalind (Wie es Euch gefällt); Desdemona (Othello); Titania/Hippolyta (Sommernachtstraum) - 1985 Wilhelm-Oberdörffer-Preis - Spr.: Engl., Franz.

BECKMANN, Dieter

Dr. phil., Prof., Lehrstuhlinh. f. Med. Psychologie Univ. Gießen - Klosterweg 26, 6302 Lich 6 - Geb. 1. Nov. 1937 Dortmund (Vater: Erich B., Doz.; Mutter: Margarete, geb. Anker), verh. s. 1963 m. Gudrun, geb. Klemp (geb. 1940), 2 Töcht. (Barbara, Susanne) - Schulen Koserow/Usedom, Parchim/Meckl., Dortmund (Abit. 1959); Univ. Freiburg, Hamburg (Dipl.-Psych. 1964), Gießen. Promot. (1968) u. Habil. (1970) Gießen - S. 1971 Prof. (1972 Ord.) - BV: Herzneurose, 1969 (m. H.-E. Richter); Gießen-Test, 1972, 1975 (m. dems.); D. Analytiker u. s. Patient, 1974; Erfahrungen m. d. Gießen-Test, 1979 (m. H.-E. Richter); Psychotechnik in d. Med., 1981 (Hrsg.); Med. Psychologie - Forschung f. Klinik u. Praxis, 1982 (m. S. Davies-Osterkamp u. J. W. Scheer); D. Gießen-Test (GT), Handb. 4. überarb. Aufl. m. Neustandardisierung (m. E. Brähler u. H.-E. Richter), 1991; Grundlagen d. Med. Psych., 1984; Weibl. Fruchtbarkeit, 1984 (Hrsg.); Künstl. Befruchtung, 1986 (Hrsg.); Alraun, Beifuß u. andere Hexenkräuter. Auf d. Spuren vergangenen Alltagswissens (m. B. Beckmann), 1990 - Forschungspreis Schweizer. Ges. f. Psychosomat. Medizin.

BECKMANN, Dieter

Dr. rer. nat., Ass. d. L., Univ.-Prof. f. Geographie, insbes. Wirtsch.- u. Sozialgeogr. - Königsfelder Str. 95, 5828 Ennepetal-Windgarten (T. 02333 - 7 11 89) - Geb. 18. März 1935 Schwelm (Vater: Ernst R., Kaufm.; Mutter: Erna, geb. Deitermann), ev., verh. s. 1964 m. Renate Karin, geb. Heydemann - 1955-62 Stud. Geogr., Math., Geol. u. Päd. Univ. Köln u. Bonn; 1. Staatsex. 1962 Köln; Promot. 1967 Univ. Gießen; 2. Staatsex. 1969 Düsseldorf - 1962 Wiss. Assist. Geogr. Inst. Univ. Gießen; 1970 Akad. Rat, 1971 Akad. Oberrat, 1982 Prof. Univ.-GH Wuppertal, 1987-91 Dekan FB Ges.wiss. d. Berg. Univ.-GH Wuppertal - BV: Entw. u. jüngere Strukturwandl. d. Ind.- u. Stadtlandsch. v. Gelsenkirchen, 1967; Wuppertal als Hochschulstandort ..., E. Beitr. z. Bild.- u. Raumplan., 1972; Räuml. Entw., Struktur- u. Funktionswandl. sowie Gliederungsprobl. auf d. Hochflächen zw. Wupper u. Ennepe ... = Wuppertaler Geogr. Studien, H. 1 1980; Beitr. z. Landeskd. d. Berg.-Märk. Raumes, Wuppertaler Geogr. Studien, H. 2 (Hrsg.) 1981; Zahlr. wiss. Beitr. in Fachztschr., Schriftenreihen u. Kartenw. - 1969 höchste kommunalwiss. Prämie Stiftg. d. Dt. Gemeinden u. Gemeindeverb. z. Förd. d. Kommunalwiss., Berlin.

BECKMANN, Elke

Geschäftsführerin Metallwerk Frese GmbH/Spezialfabrik f. Autozubehörteile, Leichlingen - Opladener Str. 66, 5653 Leichlingen 1 - Geb. 30. Dez. 1941.

BECKMANN, Friedrich-Wilhelm

Dr., Rechtsanwalt, Geschäftsf. Fachverb. Lichtwerbung - Häusserstr. 6a, 6900 Heidelberg (T. 06221-2 24 83, Telex 461774, Telefax 06221-16 69 80).

BECKMANN, Günther

Wirtschafts- u. Werbepublizist - Stübbenhauser Str. 13, Postf. 200143, 4020 Mettmann 2 (T. 02104 - 7 13 25) - Geb.

19. März 1921 Leipzig (Vater: Dr. jur. Hermann B., Generalbevollm.; Mutter: Käthe, geb. Endepols), kath., verh. s. 1952 m. Waltraud, geb. Lange - Schule, Banklehre (Dresdner Bank), Univ. (1943-45 Volksw.), Fremdsprachensch. (1945-46), alles Leipzig, Höh. Bekleidungsfachsch. Mönchengldbach (1947-48) - 1946-52 Mitarb. Horizont, Bekleidung u. Wäsche, textil-report; ab 1953 Chefredakteur; b. 1956 Neues Herner Handelsblatt, 1956-66 Kommentar z. Herrenmode, 1968-86 Teilzahlungswirtsch. umben., jetzt: FLF Finanzierung, Leasing, Factoring; 1968-70 per saldo Handelsinformat., 1971 adw-umschau, 1974-79 Accessoires - Schirm & Mode, 1971-84, dann b. 1988 Sonderaufg. f. BTE Marketing-Berater, s. 1976 Der Verkaufshelfer umben., jetzt: Besser Werben - Mehr Verkaufen, 1989 Mitarb. Markt- u. Meinungsforschung. 1953-56 Lehrbeauftr. Hochsch.-Inst. f. Wirtschaftskd., Berlin; 1964-78 Doz. Betriebsw. Beratungsst. f. d. Einzelhdl., Köln; 1955-58 Begr. u. Vizepräs. Verkaufsleiterclub Berlin; 1964-65 Mitgr. u. Vizepräs. Bund dt. Verkaufsförderer u. Verkaufstrainer, Düsseldorf - BV: So verkauft man Herren-Oberbekleid., 1955; Verkaufen will gelernt sein (Fernkurs), 1958. Div. Handbuchbeitr. (D. Schaufenster im Dienst d. Werbung, Verkaufsschul., Werbungs- u. Verkaufspsych., Public Relations, Handbuch Marketing) - Liebh.: Polit. u. histor. Lit. - Spr.: Engl.

BECKMANN, Hans-Karl

Dr. phil., o. Prof. f. Pädagogik Univ. Erlangen-Nürnberg, Inst. f. Päd. (s. 1975) - Schlehenweg 8, 3507 Baunatal 2 (T. 0561 - 49 43 67) - Geb. 5. Jan. 1926 Kassel, ev., verh. s. 1954 m. Waltraud, geb. Iro, 2 Kd. (Ute, Matthias) - Lehrerstud., 1. u. 2. Lehrerprüf., Realschullehrerprüf. - Zweitstud. (Promot. 1966 Göttingen); 1949-62 Schuldst. u. Lehrerfortb.; 1963-68 wiss. Ass., ab 1968 Prof.; 1985-89 Dekan Phil. Fak. I.; 1989-92 Mitgl. d. Kammer d. EKD f. Erziehung u. Bildung; 1990-92 1. Vors. d. Konferenz d. Univ.päd. in Bayern; s. 1991 Mitgl. d. Gründungskommiss. d. Erzieh.wiss Fak. d. Univ. Leipzig; s. 1991 Mitgl. d. Strukturkommiss. PH 2000 in B.-W. - BV u. a.: Lehrersem. - Akademie - Hochsch., 1968; Schule unter päd. Anspruch, 1983. Mitautor: Funkkolleg Erziehungswiss. (1968-71); Modelle grundleg. didakt. Theorien (1976); Problemgesch. d. neueren Pädagogik I (1976). Hrsg.: Lehrerausb. a. d. Wege zur Integration (1971), Leistung i d. Schule (1978), Unterrichtsvorber. (1978); Schulpäd. u. Fachdidaktik (1981). Mithrsg.: Klinkhardt-Reihe Beitr. z. Fachdidaktik u. Schulpädagogik. Veröffentl. in Lex., Sammelbd. u. Zs. bes. üb. ev. Erziehg., Schulpäd. u. Allg. Did. u. Lehrerbildung - Liebh.: Kunst, Klass. Musik, Bergwandern.

BECKMANN, Helmut

Dr. med., Prof., Nervenarzt, Direktor Psychiatrische Univ.-Klinik Würzburg (s. 1985) - Füchsleinstr. 15, 8700 Würzburg (T. 0931 - 20 33 00)- Geb. 22. Mai 1940, ev., verh. - Med. Ex. 1967 Univ. München, Habil. 1978 ebd. - 1973-75 Nat. Inst. Mental Health, Bethesda, USA; 1978-84 Oberarzt Zentralinst. f. Seelische Gesundheit, Mannheim. Arbeitsgeb.: Empirische Psychosenforsch., Neuroanatomie, Neurochemie, Psychopathologie.

BECKMANN, Jobst B.

Dipl.-Ökonom, Vorstand Aktien-Brauerei Beckmann AG, Solingen - Kottendorfer Str. 29, 5650 Solingen 11 (T. 02122 - 7 55 60) - Geb. 24. Febr. 1943 Solingen, ev., verh. m. Ulrike, geb. Broede, 2 Kd. (Klaus, Anne) - 1965-68 Stud. Univ. Freiburg u. Bochum - Spr.: Engl., Franz.

BECKMANN, Klaus

Dr.-Ing., Geschäftsführer Wirtschaftstreuhand GmbH, Honorarprof. TU Clausthal - Schaeferstr. 102, 4690 Herne 1 - Geb. 20. Sept. 1924 Essen (Vater: Hugo B., Bundesbahn-Oberrat; Mutter: Elisabeth, geb. Wüseke), kath., verh. s. 1949 m. Hanne, geb. Kautsch, 4 Kd. (Thomas, Christian, Matthias, Beate) - Dipl.-Ing. (Bergbau) u. Dipl.-Ing. (Maschinenbau).

BECKMANN, Klaus

Rechtsanwalt, MdB (s. 1980), Parlam. Staatssekretär b. Bundesminister f. Wirtschaft - Sundernholz 74, 4300 Essen - Geb. 11. Aug. 1944 Ennigloh, ev., verh., 3 Kd. - 1964-69 Univ. Köln (Refer.-Ex. 1970 OLG Köln, gr. jurist. Staatsprüf. 1974 Düsseldorf) - 1975/76 Ref. Binnenschiffahrtsberufsgenoss. Duisburg; s. 1977 RA Essen u. STEAG AG. 1978/79 Vorst.-Mitgl. Städtetag NRW. FDP s. 1966 (1975-79 Frakt.-Vors. Rat Stadt Essen; s. 1980 Vors. Bez.verb. Ruhr u. Landesvorst. NRW).

BECKMANN, Klaus F.

Dr. jur., Rechtsanwalt, Geschäftsf. div. Verb. d. Textilindustrie - Lessingstr. 8, 6000 Frankfurt/M. 1 - Geb. 25. Juni 1949 Düsseldorf - Stud. Rechtswiss. Univ. Bonn, Genf, Harvard; Training dt. IHK, Paris; EG-Kommiss., Brüssel - Rechtsanw. in intern. Kanzleien New York u. Amsterdam (s. 1984 Partner). S. 1989 Verbandsgeschäftsf. u. Geschäftsf. v. Anlageges. - BV: Handb. d. Intern. Vertragsgestaltung (m. Prof. Sandrock) - Mitgl. Union Klub, Köln, u. Industrie Club, Düsseldorf - Spr.: Engl., Franz., Niederl.

BECKMANN, Kurt

Kaufmann, Vors. Verein d. Dt. Einfuhrgroßhandels v. Harz, Terpentinöl u. Lackrohstoffen - Zu erreichen üb.: Gotenstr. 21, 2000 Hamburg 1.

BECKMANN, Martin J.

Dr. rer. pol., em. o. Prof. f. Statistik und angew. Mathematik - Lochhamer Str. 38, 8032 Lochham/Obb. (T. München 85 59 59) - Geb. 5. Juli 1924 Ratingen/Rhld. - 1956-59 Assist.Prof. Yale Univ., 1959-61 Associate Prof. Brown Univ., 1962-69 o. Prof. Univ. Bonn, 1961-89 Prof. of Economics, Brown Univ., 1969-89 o. Prof. TU München - BV: Studies in the Economics of Transportation, 1956 (m. C. B. McGuire u. C. B. Winsten); Lineare Planungsrechnung, 1959; Location Theory, 1968; Dynamic Programming of Economic Decisions, 1968; Mathematik f. Ökonomen (m. H. P. Künzi), Bd. I, 2. A. 1973, Bd. II, 1975, Bd. III, 1984; Rank in Organizations, 1978; Tinbergen Lectures on Organization Theory, 2. A. 1988; Spatial Structures (m. T. Puu), 1990. Herausg. (m. Wilhelm Krelle): Lecture Notes in Economics and Mathematical Systems. Zahlr. Einzelarb.

BECKMANN, Peter

Dr. jur., Dipl.-Kfm., Geschäftsführer B. Rawe & Co. - Mühlendamm 8, 4460 Nordhorn - Geb. 23. April 1937 Münster (Vater: Dr. Rudolf B.; Mutter: Liselotte, geb. Vaal), kath., verh. s. 1970 m. Brigitte, geb. Keck, 4 Kd. (Moritz, Philip, Gerrit, Justus) - Dipl.ex. Münster, 1. Jur. Staatsprüf. Hamm - 1968 Sachbearb. u. 1969ff. Leit. Zentralabt. Betriebswirtsch. Dt. Unilevergr. - Fachveröff. - Spr.: Engl., Franz.

BECKMANN, Siegfried

Dr. phil., o. Prof. f. Organ. Chemie (emerit.) - Perlgrasweg 32, 7000 Stuttgart 70 (T. 45 32 76) - Geb. 6. Aug. 1905 Petersburg/Leningrad (Vater: Nikolai B., Buchhalter; Mutter: Xenia, geb. Miklajew), verh. in 2. Ehe (1950) m. Hannelore, geb. Breisch, 3 Kd. (Christel, Sigurd, Karin) - Gymn. Reval; Univ. Göttingen u. Kiel (Chemie; Promot. 1931). Habil. 1948 Landw. Hochsch. Hohenheim - 1932 Assist. Univ. Halle (Physiol. Inst.), 1932 TH Helsinki (Chem. Inst.), 1938 Vorstandsmitgl. AG. Plastima, Grankulla (Finnl.), 1942 Assist. Univ. Halle (Inst. f. Tierernährung), 1945 Lehrbeauftr., 1949 Doz., 1955 apl. Prof., 1961 Wiss. Rat, 1964 ao., 1966 o. Prof. Landwirtsch. Hochsch. (jetzt Univ.) Hohenheim (1968-69 Dekan Naturwiss. Fak.). Mitgl. Ges. Dt. Chemiker, Ges. Finn. Chem., Ges. Dt. Naturforscher u. Ärzte. Etwa 60 Experimentalarb. z. Chemie d. alicycl. Verbind., Planzenchemie - Spr.: Russ., Engl., Franz., Schwed.

BECKMANN, Uwe

Dipl.-Volksw., Kaufmann, gf. Gesellsch. F. Wilhelm Beckmann GmbH & Co. KG Osnabrück - Lürmannstr. 28, 4500 Osnabrück (T. 0541 - 6 02 -0) - Geb. 18. Jan. 1951, ev., verh. s. 1977 m. Dr. med. Johanna, geb. Kock, T. Constanze - Stud. Volksw. Univ. Kiel - Vorst.-Mitgl. AFM, Außenhandelsverb. f. Mineralöle; Beirat Erdölbevorratungsverb. K.d.ö.R., u. UNITI Bundesverb. mittelständischer Mineralöluntern. e.V. - 1973 dt. Meister olymp. 470er Kl. - Spr.: Engl. - Handelsrichter. Rotarier.

BECKMANN, Walther

Dipl.-Kfm., Direktor, AR-Vors. 4P Nicolaus Kempten GmbH, 4P Nicolaus Ronsberg GmbH, 4P Rube Göttingen GmbH, 4P Folie Forchheim GmbH. Mitgl. d. Aufsichtsrates Deutsche Unilever GmbH, Union Deutsche Lebensmittelwerke GmbH - Krokusweg 6, 8960 Kempten/Allgäu (T. 8 36 25) - Geb. 26. Juni 1917 Stinstedt, ev., verh. s. 1946 m. Gisela, geb. Struck, 2 Kd. (Sabine, Klaus) - Stud. Betriebsw. - 1943-45 Rüstungs-, 1946-47 Ernährungsind., 1948-55 Prok. Margarine-Union GmbH, 1956-60 Vorstandsmitgl. F. Thörl's Vereinigte Ölfabriken AG, 1961-68 Mitgl. d. Geschäftsfg. bzw. d. Hauptgfg. d. Union Dt. Lebensmittelwerke GmbH, 1969-71 Mitgl. Gfg. Dt. Unilever GmbH, 1972-79 Vors. d. Geschäftsfg. 4P Verpackungen GmbH.

BECKMEYER, Uwe

Senator f. Häfen, Schiffahrt u. Außenhandel u. Senator f. Bundesangelegenh. d. freien Hansestadt Bremen (s. 1991) - Deichstr. 16, 2850 Bremerhaven - Geb. 26. März 1949 Bremerhaven, ev.-luth., verh., 1 Kind - Wirtschaftsgymn. u. PH. Beide Lehrerprüf. 1970 u. 75 - S. 1970 Schuldst. SPD s. 1969 (div. Funktionen), 1978-88 SPD-Vorsitzender in Bremerhaven, 1979-87 stv. Vors. d. SPD Bürgerschaftsfraktion Bremen (Landtag); 1987-91 Senator f. Wirtschaft, Technologie u. Außenhandel.

BECKS, Rolf

Dr. rer. pol., Prof. f. Volkswirtschaftslehre TH Darmstadt (s. 1972) - Woogsstr. 4, 6109 Mühltal(-Trautheim) (T. Darmstadt 14 74 52) - Geb. 24. April 1933 Bocholt (Vater: Johann B., Ing.; Mutter: Adele, geb. Caninenberg), verh. s. 1961 m. Anne, geb. Margraf, 2 Kd. (Birgit, Mark) - Gymn. Bocholt (Abit. 1953); TH Darmstadt (Wirtschaftsing.wesen; Dipl. 1961). Promot. 1967 Darmstadt - BV: Karl Marx' Theorie v. d. Entwicklung d. Produktionskörpers u. d. Niederschlag ds. Entwickl. in d. Wertbestands-, -strom- u. Zeitgrößenrechnung, 1967 (Diss.); Volksw.slehre, 1973. Herausg.: Festschr. f. Eberhard Schlotter (1970); Bedarf, Produkt. u. techn. Systeme (m. G. Ropohl), 1978.

BECKSMANN, Rüdiger

Dr. phil., Prof., Kunsthistoriker, Leiter d. Arbeitsstelle Corpus Vitrearum Medii Aevi Deutschl. (s. 1970) - Schwimmbadstr. 12, 7800 Freiburg im Br. (T. 0761 - 7 18 28) - Geb. 3. Juli 1939 Heidelberg (Vater: Prof. Dr. Ernst B., Geologe † 1986), ev., verh. s. 1975 m. Ota, geb. Krauß, 2 Söhne (Thomas, Daniel) - Stud. Kunstgesch., klass. u. christl. Archäologie Univ. Freiburg u. FU Berlin; Promot. 1965 Freiburg - 1975-89 Vizepräs. Intern. Corpus Vitrearum; 1990 Präs. dt. Nat. Kom. Corpus Vitrearum Medii Aevi; 1981 Hon.-Prof. Univ. Stuttgart - BV: D. architektonische Rahmung d. hochgotischen Bildfensters, 1967; D. mittelalterl. Glasmalereien in Baden u. d. Pfalz, 1979; D. mittelalterl. Glasmalereien in Schwaben v. 1350-1530, 1986; Dt. Glasmalerei d. Mittelalters, 1988; D. mittelalt. Glasmalereien in Lüneburg u. d. Heideklöstern (zus. m. U.-D. Korn), 1992 - Liebh.: Lit., Musik - Spr.: Engl., Franz.

BECKSTEIN, Günther

Dr. jur., Rechtsanwalt, Staatssekretär im Bayer. Staatsmin. d. Innern (s. 1988) - Bunzlauer Str. 45, 8500 Nürnberg 50 (T. 80 41 11) - Geb. 23. Nov. 1943 - MdL Bayern (s. 1974, 1978-88 Vors. d. Sicherheitsaussch., 1988 stv. Vors. CSU-Landtagsfrakt.).

BEDNARIK, Karl

Schriftsteller, Maler, Prof. - Löwenzahngasse 3b, Wien XXII (T. 224 67 73) - Geb. 18. Juli 1915 Wien, kath., verh. s. 1940 m. Margarethe, geb. Maisel, 5 Kd. (Rosa-Maria, Anton, Herbert, Susanne, Friederike) - 1929-34 Buchdruckerlehre; 1945-46 Kunstakad. Wien - BV: Zwischenfall in Wien, R. 1951; D. jg. Arbeiter - e. neuer Typ, Ess. 1953 (auch holl., schwed., engl.); D. Tugendfall, R. 1954; Omega Fleischwolf, R. 1956; An d. Konsumfront, Ess. 1957 (auch holl.); D. Programmierer - Eliten d. Automation, Ess. 1965; D. Lerngesellschaft / D. Kind v. heute - d. Mensch v. morgen, 1966; D. Krise d. Mannes, 1968; D. unheiml. Jugend - Österr. 1918, 1968; Entdecker d. Weltraums, 1969. Herausg.: Antworten (s. 1970). Zahlr. Dokumentar- u. Kulturfernsehfilme. Bilder u. Graph. in öfftl. u. priv. Besitz; Mosaike u. Sgraffito an versch. Wr. Bauwerken - 1974 Lit.preis Wiener Kunstfonds.

BEDNARZ, Klaus

Dr. phil., Journalist - Zu erreichen üb. WDR, Appellhofpl. 1, 5000 Köln 1 - Geb. 6. Juni 1942 Falkensee/Berlin (Eltern: Max u. Brunhilde B.) - Gymn. Hamburg; Univ. Hamburg, Wien, Moskau. Promot. (Phil.) 1966 Wien - 1967-82 Redakt. u. Korresp (1971) Dt. Fernsehen/ARD (b. 1977 Warschau, dann Moskau); 1982ff. Leit. Auslandsstudio III. Fernsehprogramm; 1983ff. Leit. Fernsehmagazin Monitor u. ARD-Kommentator - BV: Theatral. Probleme d. Dramenübers., 1966; D. alte Moskau, 1979; Mein Moskau, 1984; Masuren, 1985; Michail Gorbatschow, s. Leben, s. Ideen, s. Visionen, 1990; Reiseführer Moskau, 1990. Herausg.: Polen aus erster Hand (Sammelbd.), Polen (Bildsachb.). Buchbeitr.: Journalismus unt. Kontrolle, in: Neudeck, Auslandsberichterstatt. im TV (1977) - 1984 Grimme-Preis; 1985 Joseph-Drexel-Preis; 1986 BUND-Umwelt-Preis; 1987 DGB-Medien-Preis; 1988 Carl-v.-Ossietzky-Med.; 1990 Gold. Kamera - Liebh.: Sport (ehem. akt. Schwimmen u. Volleyball), Naive Kunst, Osteurop. Gesch., Western - Spr.: Russ., Engl., Poln.

BEDUHN, Dietrich

Dr. med., Chefarzt Radiolog. Klinik Krankenhaus Wetzlar (s. 1973), Honorarprof. f. Radiol. Univ. Gießen (s. 1974) - Forsthausstr. 1, 6330 Wetzlar - Geb. 7. Okt. 1933 Bahn/Pom. - Promot. 1961 Gießen; Habil. 1970 Heidelberg. Facharb.

BEEH, Wolfgang

Dr. phil., Kunsthistoriker, Museumsdirektor Hess. Landesmuseum Darmstadt (s. 1976) - Mozartweg 7, 6100 Darmstadt - Geb. 28. Nov. 1925 Stuttgart, ev., verh. s. 1960 m. Dr. phil. Suzanne, geb. Lustenberger, T. Sophia - Promot. (Kunstgesch. b. Prof. v. Einem) Bonn - 1959-61 Schnüttgen-Museum Köln; s. 1961 Hess. Landesmuseum Darmstadt (s. 1976 Dir.).

von der BEEK, Heinrich Hermann

Rechtsanwalt - An Dreilinden 8a, 4000 Düsseldorf 12 (T. Büro: 0211-32 08 94) - Geb. 23. März 1924 Ratheim (Vater: Wilhelm v. d. B.; Mutter: Johanna, geb. Kluthe), kath., verh. s. 1948 m. Edith, geb. Lambert, 3 Kd. (Angelika, Frank, Petra) - In- u. ausl. AR-Mand. - Spr.: Engl.

BEELEN, Johannes
Dipl.-Kfm., Vorstandsmitglied J. A. Henckels Zwillingswerk AG, Solingen (Finanzen/Verwaltung) - Schürmannweg 15, 5650 Solingen.

BEELITZ, Günther
Intendant Bayer. Staatsschauspiel München (s. Sept. 1986) - Zu erreichen üb. Bayer. Staatsschauspiel, Max-Josef-Pl. 1, 8000 München - Geb. 29. Sept. 1938 Berlin (Eltern: Dietrich (Generalmajor a. D., Fabrikant) u. Elsbeth B.), verh. s. 1967 m. Christine, geb. Holz - Schule Stuttgart (Abit.); Buchhändler u. Verlagskfm.; Stud. (Theaterwiss., German. u. Kunstgesch.) Marburg u. Wien. 1967 Chefdramat. Städt. Bühnen Dortmund. Ab 1968 Leit. Theaterabt. Univ. Edition, Wien; 1971-76 Int. Staatstheater Darmstadt; 1976-Aug. 86 Generalint. Düsseldorfer Schauspielhs.; s. Sept. 1986 Int. d. Bayer. Staatsschauspiels München. Mitgl. Dt. UNESCO-Kommiss.; Vorst.-Mitgl. Zentrum BRD d. Intern. Theaterinst. Im Dt. Bühnenverein; Präsid.-Mitgl. Intendantengr.; Vors. Aussch. f. Verleger- u. Rundfunkfragen; Mitgl. Aussch. f. künstler. Fragen - Johann Heinrich Merck-Ehrung d. Stadt Darmstadt - Liebh.: Tennis, Ski, Leichtathletik, bild. Kunst - Spr.: Engl., Franz.

BEEMELMANS, Hubert
Dr. jur., Vortr. Legationsrat I. Kl. Auswärtiges Amt Bonn - Adenauerallee 99-103, 5300 Bonn 1 - Geb. 5. Juni 1932 Köln, kath., verh. m. Anny, geb. Zryd, 4 Kd. (Stephan, Dorothee, Christian, Sebastian) - Kaufm. Lehre; 1. u. 2. jurist. Staatsex.; Promot. 1963 Hamburg - S. 1964 Ausw. Dienst; div. Auslandsämter: 1964/65 Accra, 1966-69 Barcelona, 1969-73 Lima, 1976-81 Montevideo u. in Guinea - BV: D. gespaltene Ges., 1963 - Spr.: Engl., Franz., Ital., Span., Niederl.

BEER, Christian
Dipl.-Braumeister, Beer-Consulting, Brauerei- u. Getränkeanlagen-Beratung, Schwäb. Gmünd - Postfach 1164, 7070 Schwäb. Gmünd - Geb. 15. Febr. 1935 - Stud.

BEER, Friedrich

Dr. phil., o. Prof. f. Angew. Sprachwissenschaft Univ. Jena - Friedrich-Schelling-Str. 8, O-6900 Jena - Geb. 28. Okt. 1926 Ladowitz/CSFR (Vater: Rudolf B.; Mutter: Franziska, geb. Schubert), verh. s. 1951 m. Martha-Brigitta, geb. Zimmermann, 3 Kd. (Monika, Rudolf, Michael) - Abit. 1944, Wehrmacht, sowj. Kriegsgefangenschaft (b. 1949); Slawistik-Stud. Univ. Jena, Staatsex. 1958; Promot. 1964; Habil. 1980 - 1954-69 Lektor; 1970 Doz.; 1982 Prof. Emerit. 1991 - Üb. 40 Fachpubl.; Theorie u. Praxis d. Übersetzung (m. P. Kopanev), russ. 1986.

BEER, Hans
Dr.-Ing., o. Prof. f. Techn. Thermodynamik TH Darmstadt (s. 1972) - Ulmenweg 14, 6107 Reinheim 1 - Geb. 16. Mai 1932 Troppau, kath., verh. s. 1958 m. Brigitte, geb. Gail, 1 Kd. - Promot. 1963; Habil. 1968 - Zahlr. Fachveröff.

BEER, Klaus

Dr. rer. nat. habil., Mathematiker, Prof. f. Mathematische Optimierung TU Chemnitz - Geb. 20. Jan. 1939 Grünhainichen/Erzgeb., verh. s. 1961 m. Eugenia, geb. Levintova-Levitan, 2 Töcht. (Regina, Katrin) - 1957-62 Math.stud. Univ. Leningrad; Promot. 1967 Dr. rer. nat., Promot. 1974 Dr. sc. nat, beides TU Chemnitz - 1962-67 Assist., 1967-69 Oberassist. Inst. f. Math. d. Hochsch. f. Masch.bau Karl-Marx-Stadt; 1969-75 Doz. an d. Sekt. Math. u. s. 1975 Prof. f. Mathematische Optimierung TH Karl-Marx-Stadt- BV: Lösung gr. linearer Optimierungsaufgaben, 1977 - Liebh.: Bücher sammeln, Camping - Spr.: Russ., Engl.

BEER, Otto F.
Dr., Prof., Schriftsteller u. Journalist - Lederergasse 27, A-1080 Wien (T. 42 04 84) - Geb. 8. Sept. 1910 Wien (Vater: Leopold J. B., Musikpädagoge; Mutter: Emma, geb. Pabst), verh. s. 1949 m. Gertrud, geb. Mothwurf - Univ. Wien, Konservatorium (Komposition b. Wellesz u. Pisk) - B. 1945 Chefredakt. Salzburger Nachr., b. 1948 Kritiker Welt am Abend, 1948-52 Der Standpunkt, 1952-67 Neues Österreich, s. 1967 Südd. Zeitung, ORF, WDR, SFB, Tagesspiegel, Rheinischer Merkur, Hannoversche Allgemeine u.a. - BV: R. Ich-Rodolfo-Magier, 1965; Christin-Theres, 1967; Der Fenstergucker; Einladung nach Wien u. a. - 1964 Prof., 1980 Ehrenzeichen f. Kunst u. Wissensch., 1983 BVK I. Kl. - Spr.: Engl., Franz., Ital.

BEER, Peter
Dr.Ing., Vertriebsdirektor, Geschäftsf. Motoren- u. Turbinen-Union München GmbH u. Motoren- u. Turbinen-Union Friedrichshafen GmbH (s. 1978) - Grenzweg 25, 7990 Friedrichshafen 23 - Geb. 1936.

BEER, Rainer
Dr. phil. habil., o. Prof. f. Philosophie Univ. Passau - Talblick 50, 8417 Lappersdorf (T. 0941 - 8 11 74) - Geb. 2. Dez. 1931 Lutzmannstein (Vater: Hans B., Rektor, gef.; Mutter: Franziska, geb. Reisenegger †), kath, verh. s. 1967 m. Margot, geb. Hiemerer, S. Meinrad - Abit. 1951 Human. Gymn. Amberg/Opf.; 1951-60 Stud. Phil., Klass. Philol., Gesch. u. Jura Univ. Regensburg, München, Erlangen u. Heidelberg; 1. u. 2. Staatsex. f. Lehramt an Gymn. 1958 u. 61 München, Promot. 1957 Univ. ebd., Habil. 1979 Würzburg - 1959-71 Gymnasiallehrer in München, Würzburg u. Regensburg; 1964-66 Wiss. Assist. Univ. Würzburg; 1971-78 Akad. Oberrat bzw. Dir. ebd.; 1978-80 Lehrstuhlvertr., 1980 o. Prof. in Passau (1986/88 Senator, 1987/88 Dekan) - BV: Selbstkritik d. Gesch.-phil. b. E. Troeltsch, (Diss.) 1958; Cicero. D. Staat, 1964, 4. A. 1971; Aristoteles, Texte z. Logik, 1967 u. 69; M. Bakunin, Phil. d. Tat, 1968 u. 69; M. Bakunin: Frühschr., 1973; Anarchismus u. Antimetaphysik.

BEER, Ulrich

Dr. phil., Dipl.-Psych., Prof. h.c., Schriftsteller - Steinbruchstr. 26, 7821 Eisenbach 3 (T. 07657 - 17 03) - Geb. 11. Febr. 1932 Langlingen (Vater: Jakobus B., Superintend.; Mutter: Marie, geb. Tappen), ev., verh. s 1991 m. Roswitha Stemmer-B. (Autorin), 5 Kd. (Andreas, Markus, Dorothee, Christine, Ursula) - Gymn. Minden u. Hannover, 1950-55 Stud. Psych. u. Phil. Erlangen u. Bonn. 1955-56 Assist. eines MdB, 1956-58 Erzieh. bzw. Internatsleit., 1958-65 Doz. sozialpäd. Fachsch. Reutlingen; heute freiberufl. Autor u. Psychologe, Dipl.-Schriftpsychol., ständ. Mitarb. mehr. Zeitschr., Rundfunk- u. Fernsehanst. (u. a. Kommentat. ZDF-Serie Ehen vor Gericht). Begr. u. Herausg. Schriftenr. Jugend Bildung Erziehung, Jugend Staat Gesellschaft u. Ehepraxis - BV: Geheime Mitzerieher d. Jugend, 8. A. 1974; Familien- u. Jugendsoziologie, 2. A. 1963; Lit. u. Schund, 2. A. 1965; Umgang m. Massenmedien, 3. A. 1974; Methoden d. geist. Arbeit, 7. A. 1978; Zurede z. Zivilcourage, 1966; Fruchtbarkeitsregelung, 1966; Ich u. Du, 1967; Konsumerzieh. geg. Konsumzwang, 3. A. 1974; Liebe contra Sex, 3. A. 1968; Recht auf Liebe, 1968; Jugend zw. Sexualität u. Sozialität, 2. A. 1968; Liebe o. Sozialismus?, 1969; Staat machen - aber womit?, 1970; Ehekriegsspiele, 3. A. 1988; Mit Lust u. Liebe, 2. A. 1974; Kult m. jungen Götzen, 1975; Erziehen m. Autorität, 1975; So wird d. Ehe gut, 2. A. 1977; Menschen u. Mühlen, 1977; D. Alter erlernen, 1977; Beers Elternbuch, 1977; Beers Ehebuch, 1978; V. Prinzen u. Nesthäkchen, 1978; Typisch Vater!, 1978; Antworten, 1978; Bildungsurlaub, (Bundeszentr. f. pol. Bild.), 1978; Mut z. Glück, 4. A. 1982; Versehrt - Verfolgt - Versöhnt, 1979; Demokratie v. Autorität b. Zivilcourage, 1979; Kleiner Mann - Kleine Frau, 1980; Liebe Großeltern ..., 1981; Gottlos u. Beneidenswert, 1982; Besser leben - mit weniger, 1982; Tag in Bernstein, 1982; Praktisches Selbstmanagement, 1983; Selbsttherapie, 1983; Medizin f. d. Seele, 1984; Lebensdummheiten - aus Fehlern lernen, 1985; D. Plusspirale - D. Erlebnis d. neuen Selbstbewußtseins, 1985; Optimisten leben länger, 1985; Achtung Eifersucht!, 1986; Versuch's nochmal, 1986; D. Partnerbuch, 1986; Führen in Dtschl., 1986; E. lieber Mensch hat uns verlassen, 1986; Sanne u. Tine, 1987; Rezepte gegen d. Lebensangst, 1987; Mehr Glück in d. Zweierbeziehung, 1987 (m. Susanne Flitner); Altern kann man lernen, 1987; Mehr Glück durch Selbstentfaltung, 1988; Alter schützt vor Liebe nicht, 1988; D. Elternhandb., 1989; Glasnost beginnt im Herzen, 1989; Glück zu zweit, 1989; Liebe u. Zärtlichkeit, 1989; Harmonisch Leben m. Kindern, 1989; Lernen m. Erfolg, 1989; Glück in reifen Jahren, 1989; Glücklich durch positives Denken, 1989; Nach d. Scheidung, 1989; Krisen positiv meistern, 1989; Kraft aus d. Einsamkeit, 1990; Ich bin mein eigener Arzt, 1990; Schüchtern, scheu u. selbstunsicher, 1991; D. Kunst, Menschen für sich zu gewinnen, 1991; Bibliothek d. Lebensberatung (7 Bd.), 1992; Was Farben uns verraten, 1992 - Mitgl. Europ. Ges. f. Schriftpsychol. (EGS) - Liebh.: Segeln, Angeln, Reisen - Rotarier.

BEERMANN, Albert
Dr. jur., Vorsitzender Richter Bundesfinanzhof - Bernt-Notke-Weg 13, 8000 München 81 (T. 089 - 93 89 90) - Geb. 6. Jan. 1933 Emsdetten, kath., verh. s. 1958 m. Mathilde, geb. Steinkühler, 5 Kd. (Johannes, Beate, Markus, Guido, Ulrich Alexander) - 1953-57 Stud. Rechtswiss. Univ. Münster; 1. jurist. Staatsprüf. 1957 Hamm; 2. jurist. Staatsprüf. 1961 Düsseldorf; Promot. 1967 Münster - OFD Münster; Bundesfinanzmin.; s. 1972 Bundesfinanzhof.

BEERMANN, Hans Joachim
Dr.-Ing., Prof. f. Fahrzeugstrukturen TU Braunschweig (s. 1970) - Im Gettelhagen 16, 3300 Braunschweig - Geb. 4. Juni 1930 Münster/W. - Promot. 1956 - BV: Rechnerische Analyse v. Nutzfahrzeugtragwerken, 1986. Zahlr. Fachveröff.

BEERMANN, Wolfgang
Dr. rer. nat., Prof., Mitdirektor Max-Planck-Inst. f. Biologie, Tübingen (s. 1958) - Spemannstr. 30, 7400 Tübingen (T. 60 11) - Geb. 6. April 1921 Hannover, verh., 4 Kd. - Abit. 1939 Hannover (Ratsgymn.); Promot. 1951 Göttingen; Habil. 1955 Marburg -S. 1955 Lehrtätig. Univ. Marburg u. Tübingen (1961 apl. Prof. f. Zool.). Fachveröff. 1969 Schleiden-Med. Akad. d. Naturf./Leopoldina, 1975 ff. Foreign Assoc. Nation. Acad. of Sciences/USA.

BEERSTECHER, Hans
Dipl.-Volksw., Oberregierungsrat a. D., MdL Baden-Württ. (Wahlkr. 12 Ludwigsburg) - Lichtenbergstr. 78, 7140 Ludwigsburg-Hoheneck - SPD.

BEGEHR, Heinrich
Dr. rer. nat., Prof. f. Mathematik - Pinnauweg 30a, 1000 Berlin 37 - Geb. 17. April 1939 Halle/S. (Vater: Adolf Christian B., Dipl.Z.Ing.; Mutter: Margot H. A., geb. Kebbel), ev., verh. s. 1966 m. Ingrid, geb. Krause, 3 Kd. (Birgit, Astrid, Fabian) - Promot. 1968; Habil. 1970 - S. 1970 Prof. FU Berlin (1974-80, 1982, 1986, 1990 gf. Dir. Inst. f. Math. I, 1984-88 Vors. d. Berliner Math.Ges); 1982 Gastprof. Univ. Hawaii, 1985 u. 87 Gastprof. an mehr. Univ. VR China, 1986 Gastprof. Univ. Delaware, 1989 Gastprof. an Akad. Wiss. UdSSR, 1991 Gastprof. Univ. Assiut - BV: Z. Wertverteil. approximativ-analyt. Funktionen, 1970; Boundary value problems for elliptic equations and systems (m. G.-C. Wen), 1990. S. 1982 Mithrsg. v. Complex Variables, Theory Appl.

BEGEMANN, Ernst
Dr. phil., Univ.-Prof. f. Sonderpädagogik m. bes. Berücks. d. Lernbehindertenpäd. Univ. Mainz, Inst. f. Sonderpäd. - An d. Tierhäuptern 14, 6501 Lörzweiler - Geb. 4. Dez. 1927 - Promot. 1969 - S. 1969 Prof. (1971 Ord.) - BV: D. Bildungsfähigkeit d. Hilfsschüler, 3. A. 1975; D. Erziehung d. soziokult. benachteiligten Schüler, 1970; D. körperbehinderte Kind im Erziehungsfeld d. Schule (m. H. Wolfgart), 1971; Behinderte - E. humane Chance unserer Ges., 2. A. 1980; Förderung v. Schwerstkörperbehinderten Kindern, 1979; Schulversuch Hauptsch.abschl. an d. Schule f. Lernbehinderte, 1982; Innere Differenzierung in d. Schule f. Lernbehinderte, 1983; Grundfragen, Aufg. u. Anregungen f. e. personalen Unterr., 1983; Individuelles u. gemeinsames Lernen in d. Schule f. Lernbehinderte, 1985; Innere Differenzierung in d. Schule f. Lernbehinderte als individuelles u. gemeinsames Lernen, 1987; Grundlagen u. Beispiele, 1987. Lehrpläne, Unterr.werke f. d. Math.- u. Religionsunterr., weit. Einzelarb. in Sammelwerken u. Ztschr.

BEGEMANN, Friedrich
Dr. phil., Prof., Physiker, Wiss. Mitgl. Max-Planck-Inst. f. Chemie - Saarstr. 23, 6500 Mainz - Geb. 28. Okt. 1927 Almena/Lippe - S. 1961 Privatdoz. u. apl. Prof. (1967) Univ. ebd. (Experimentalphysik). Fachwiss. Arb.

BEGEMANN, Herbert
Dr. med., Prof., Chefarzt a. D. - Schmittenbachstr. 7, 7811 St. Peter (T. 07660 - 3 37) - Geb. 4. Mai 1917 Münster/W., ev., verh. s. 1943 m. Eva, geb. Senner, 3 Kd. (Michael, Eva, Christian) - Dreikönigs-Gymn. Köln; Univ. Jena, Freiburg/Br. Med. Staatsex. 1941 Freiburg - B. 1955 Oberarzt Med. Univ.klinik Freiburg (Privatdoz. 1951, apl. Prof. 1957); 1961-82 Chefarzt I. Innere Abt. Städt. Krankenhaus München-Schwabing, zugl. apl. Prof. Univ. München - BV: Klin. u. experimentelle Beobacht. am immunis. Lymphknoten, 1953; Handb. d. Inneren Med., Bd. II 1951, 5. A. 1975 (1981 auch span.); Atlas d. Klin. Hämatologie, 1955 (m. dems.; auch engl., franz., span.), 4. A. 1987 (auch engl., span., ital., japan., m. Rastetter); Praktische Hämatologie, 1959, 9. A. 1989 (m. M. Begemann; auch span., ital., jap. u. poln.); Z. Begutacht. v. Blutkrankh., 1959 (m. Fresen u. Merker); Klinische Hämatologie, 3. A. 1986 (m. Rastetter u.a. auch span.), 4. A. 1992; Physiologie d. Blutes, 1971 (m. Kaboth); Lymphozyt u. klinische Immunologie, 1975 (m. Theml); Patient u. Krankenhaus, 1976; Identifikationen, 1988 (m. Voswinckel). Div. Handbuchbeitr. Üb. 100 Fachaufs. - 1960 Mitgl. New York Acad. of Sciences - Bruder Helmut F. B.

BEGINNEN, Ortrud
Schauspielerin, Diseuse, Autorin - Zu erreichen üb. Deutsches Schauspielhaus Hamburg, Kirchenallee 39, 2000 Hamburg - Geb. 5. Febr. 1938 Hamburg - 1969-74 Mitbegründ. u. Mitgl. Theater im Reichskabarett, Berlin; 1976-79 Württ. Staatstheater Stuttgart; 1979-86 Mitgl. Bochumer Ensemble; s. 1989 Dt. Schauspielhaus Hamburg - BV: Guck mal, schielt ja - Manuskr. aus d. Katastrophenkoffer, Autobiogr. 1976 - Bühnen-Solo-Programme: Letzte Rose (1974), Front Theater (1974), Travestie aus Liebe (1975), Ich will deine Kameradin sein (1980), Friede, Freude, Eierkuchen (1982), Minna od. wie man dazu gemacht wird (1983); Minna auf Mallorca (1986), Man trägt wieder Arsch auf d. Kopf (1988), Mein Freund Rudi (1989) - 1975 Kleinkunstpreis.

BEHAGHEL, von, Reinhart
Stv. Herausgeber VOGUE - Leopoldstr. 44, 8000 München 40 (T. 089 - 38 10 40) - Geb. 3. März 1945 Reutlingen, ledig - Marketing-Dipl. 1970 Cornell Univ. New York - 1973-78 Verkaufsdir. Kempinski AG - Liebh.: Oper, Tennis - Spr.: Engl., Franz. - Bek. Vorf.: Otto Behaghel (Großonkel, bek. dt. Germanist).

BEHAM, Hermann
Landrat Kr. Ebersberg (s. 1978; CSU) - Landratsamt, 8017 Ebersberg/Obb. - Geb. 27. Jan. 1936 München - Staatsdst. (zul. Ministerialrat); VR-Vors. d. AKDB; Vizepräs. d. BRK.

BEHLER, Aloys
Journalist - Marderstraat 50, 2000 Hamburg 65 (T. 602 47 47) - Geb. 28. Nov. 1934 Essen - Stud. German. u. Publiz. - S. 1960 WELT (1977 Ressortchef Sport), s. 1977 DIE ZEIT (1987 Ressortchef Modernes Leben).

BEHLER, Ernst
Dr. phil., Prof., Philosoph - 5525 N. E. Penrith Road, Seattle, Wash. 98105 (USA) - Geb. 4. Sept. 1928 Essen (Vater: Dr. Philipp B., Ministerialrat a. D.), kath., verh. I) 1955 m. Ursula, geb. Volkmuth, Sohn Konstantin, II) 1967 Diana, geb. Ipsen, 2 Töcht. (Sophia, Caroline) - Univ. Mainz, München, Bonn, Paris (Phil., vergl. Lit.wiss.). Promot. 1951 München; Habil. 1961 Bonn - S. 1961 Privatdoz. bzw. Doz. (1963) Univ. Bonn; 1963-65 Visiting Prof. Washington Univ., St. Louis; s. 1965 Full Prof. Univ. of Washington, Seattle - BV: D. Ewigkeit d. Welt - Problemgeschichtl. Unters. z. Phil. d. Mittelalters, 1963; Friedrich Schlegel, 1966; Klass. Ironie, Romant. Ironie, Trag. Ironie, 1972. Herausg.: Krit. Friedrich-Schlegel-Ausg. (35 Bde., 1958 ff.) - Spr.: Franz., Engl.

BEHLES, Ferdi
Landesminister a.D., Geschäftsf. Saarland-Sporttoto GmbH u. d. Saarland-Spielbank GmbH a.D. - Fasanenweg 7, 6602 Dudweiler (T. 06897 - 7 31 98) - Geb. 10. Jan. 1929 Weiskirchen/S. (Vater: Ferdinand B., Grubenfahrhauer; Mutter: Barbara, geb. Theobald), kath., verh. s. 1959 m. Helga, geb. Hollinger, Tochter (Janine geb. 1979) - Volkssch., Gymn. (Abitur) - Beide Verw.-Prüf. - Saar- u. Bundesknappsch.; 1964-73 Stadtratsmitgl. Dudweiler (1968-73 I. Beigeordn.); 1962-76 u. 1980-81 Mitgl. Rundfunkrat SR, 1977-80 VR-Mitgl. SR; AR-Mitgl. Saarbergwerke AG (1973-80); 1974-77 u. 1980-81 Vors. d. CDU-Landtagsfraktion Saarl., 1977-80 Minister d. Finanzen, MdL Saarl. - Gr. BVK.

BEHMENBURG, Wolfgang
Dr. rer. nat. (habil.), Oberassistent Physikal. Inst., apl. Prof. f. Experimentalphysik Univ. Düsseldorf (s. 1976) - Macherscheider Str. 11a, 4040 Neuss 1 - Zul. Privatdoz.

BEHN-GRUND, Friedel
Kameramann - Cicerostr. 61, 1000 Berlin 31 (T. 892 79 07) - Geb. 26. Aug. 1906 Bad Polzin/Pom., ggl., verh. s. 1933 m. Hedy, geb. Meyer-Seebohm - Mittelsch.; Sprachstud.; Volont. b. Erich Waschneck. Üb. 150 Spielfilme - 1956 Bundesfilmpreis (f.: E. Mädchen aus Flandern); 1974 Filmbd. in Gold. 1953 Vors. Club Dt. Kameraleute - Spr.: Engl., Franz.

BEHNCKE, Horst
Ph. D., Prof. f. Funktionalanalysis (Math.) - Bachstr. 24, 4531 Lotte/Teutobg. Wald - Geb. 7. Nov. 1939 - Promot. 1969 Bloomington (USA); Habil. 1970 Heidelberg - S. 1974 Ord. Univ. Osnabrück. Üb. 30 Facharb. In- u. Ausland.

BEHNE, Jürgen
Dipl.-Math., Prof. f. Mathematik f. Wirtschaftswiss.ler, Statist. Methodenlehre u. Programmierungstechnik Gesamthochschule Siegen - Schlehdornweg 55, 5900 Siegen 21.

BEHNE, Jürgen
Dr.-Ing., Unternehmensberater f. Kommissionstechn. u. Direktvertriebssysteme, ehem. Geschäftsführer Avon Cosmetics GmbH, München - Radlmeierstr. 3, 8053 Wolfersdorf/Obb. - Geb. 17. Febr. 1928.

BEHNISCH, Günter
Em. Prof., Architekt - Gorch-Fock-Str. 30, 7000 Stuttgart-Sillenbuch - Geb. 12. Juni 1922 Dresden (Eltern: Johannes u. Martha B.), verh. s. 1952 m. Johanna, geb. Fink, 3 Kd. (Sabine, Charlotte, Stefan) - TH Darmstadt - S. 1968 Ord. f. Entwerfen, Baugestaltung u. Industriebaukd. TH Darmstadt. 1969 Chefarch. Olympia-Sportanlagen München (Zeltdachkonstruktion Olympia-Stadion). Emerit. 1987 - Ca. 50 intern. u. nat. Architekturausz.; Dr. h.c. Univ. Stuttgart; Mitgl. d. Akad. d. Künste Berlin u. Mitgl. d. Intern. Akad. f. Architektur in Sofia.

BEHNKE, Ernst-August
Dr. rer. pol. habil., Prof. d. Volkswirtschaftslehre GH Kassel - Pfannkuchstr. 7, 3500 Kassel - Geb. 8. Juni 1943 Berlin (Vater: Karl B., Kaufm.; Mutter: Gisela, geb. Schaller, verh. m. Inga, geb. Stegner, 2 Söhne (Till, Vincent) - Ab 1966 Stud. Volkswirtsch.lehre Univ. Köln u. Saarbrücken (Dipl. 1969); Promot. 1975, Habil. 1981 Heidelberg - 1980 Wiss. Assist. Heidelberg; 1981ff. Prof. Kassel (1983/84 Dekan wirtsch.wiss. Fak.).Wiss. Veröff. zu außenwirtschaftl. Themen. Spez.Geb.: Intern. Währungstheorie.

BEHNKE, Hans Heinrich
Wildmeister, Repräsentant Chasseurope (Europ. Jagdberatung) - 2215 Beldorf (T. 04872 - 21 06) - Geb. 31. Okt. 1912 Hamburg, ev., verh. I) 40 J. m. Helga †; II) s. 1984 m. Ruth, geb. Dold, 3 Kd. (Horst, Heidi, Uschi) - Berufsjägerlehre; 1 J. Ausb. naturhist. Mus. Berlin; Kriegsdst. (Offz. d. Wehrmacht) - B. 1954 Bundesobmann d. Berufsjäger; 20 J. Geschäftsf. Jagdverb. Akad. d. Wiss. Exped. (Entd. d. Blaumerle [Drossel]). 6 Bücher, 4 Buchbearb. - 1976 Literaturpreis DJV - Interesse: Verhaltensforschung f. d. Wildhege - Spr.: Engl., Franz.

BEHNKE, Heinz-Dietmar
Dr. rer. nat., Prof., Wiss. Rat, Botaniker - Oberer Rainweg 21/1, 6900 Heidelberg-Ziegelhausen - Geb. 12. Mai 1937 Breslau - Promot. 1965; Habil. 1969 - 1973 apl. Prof., 1974 Wiss. Rat. u. Prof. Univ. Heidelberg. Üb. 50 Facharb.

BEHNKE, Horst
Dr. med. (habil.), Prof. f. Humangenetik - Manrade 25, 2300 Kiel - Geb. 7. März 1925 Schivelbein - S. 1967 Privatdoz. u. apl. Prof. (1972) Univ. Kiel (Akad. Dir. u. stv. Leit. Abt. Humangenetik). Facharb.

BEHNKEN, Heino
Auktionator, Präs. Bundesverb. Dt. Auktionatoren - Zu erreichen üb.: Bismarckstr. 3, 2870 Delmenhorst.

BEHR, Alfred
Dr. rer. nat., o. Prof. f. Astronomie Univ. Hamburg u. Direktor Hbg. Sternwarte (s. 1968, 1979 emer.) - Eschenweg 3, 3406 Bovenden (T. 0551 - 88 97) - Geb. 21. Dez. 1913 Dresden (Vater: Robert B.; Mutter: Margarete, geb. Brasche), verh. m. Ruth, geb. Hoppe - Zul. Abt.svorsteher u. Prof. Univ.s-Sternw. Göttingen. Fachveröff.

BEHR, Arnold
Dr. rer. pol., Dipl.-Volksw., geschäftsf. Gesellschafter Bamberger Industrie-Ges. mbH, Strullendorf - Hainstr. 35, 8600 Bamberg (T. 2 40 74) - Geb. 23. Mai 1926 Bamberg (Vater: Ing. Hans Georg B., Fabrikant; Mutter: Andrea, geb. Benziger), kath., verh. s. 1969 m. Christine, geb. Reinhardt, 2 Kd. (Marie-Louise, Gabriele) - Dipl.ex. 1953; Promot. 1954 Erlangen - Spr.: Franz., Engl.

BEHR, Clemens
1. Bürgermeister Stadt Bad Königshofen i. Grabfeld - Rathaus, 8742 Bad Königshofen/Ufr. - Geb. 2. Mai 1946 Herbstadt - Kommunalbeamter.

BEHR, Helmut
Dr. rer. nat., Prof. f. Mathematik Univ. Frankfurt (s. 1975) - Am Kirchberg 13, 6000 Frankfurt/M. 50 - Geb. 31. Jan. 1935 München, verh. s. 1962 m. Johanna, geb. Barber, 2 Kd. - Promot. Univ. München 1961; Habil. Göttingen 1969; o. Prof. Univ. Bielefeld 1970-75.

BEHR, Winrich
Generaldirektor a. D. Thyssen Handelsunion AG, Düsseldorf - Am Scheidt 1, 4000 Düsseldorf 12 - Geb. 22. Jan. 1918 Berlin.

BEHR, Wolfgang
Dr. phil., Prof. f. Politikwissenschaft u. Soziol. PH Karlsruhe - Albstr. 13, 7517 Waldbronn 1 - Geb. 28. Sept. 1940 Erlangen - BV: Sozialdemokratie u. Konservatismus, 1969; Jugendkrise u. Jugendprotest, 1982; Bundesrep. Dtschl. - Dt. Demokr. Rep., Systemvergl. Politik - Wirtsch. - Ges., 2. A. 1985.

BEHR-NEGENDANCK, von, Johann
Persönlicher Referent d. Hess. Ministerpräs. (s. 1987) - Niedenau 72, 6000 Frankfurt/M. (T. 069-72 35 61) - Geb. 22. Juli 1951 Neustadt/Holst., kath., ledig - 1973-78 Stud. Rechtswiss. Univ. Freiburg, Paris, München, Frankfurt; 1. jurist. Staatsex. 1978; 1978-81 Refer. Frankfurt; 2. jurist. Staatsex. 1981 - 1981-82 Rechtsanw. Frankfurt; 1982-85 Justitiar Alte Oper Frankfurt; 1985-87 Verwaltungsleit. Kulturges. Frankfurt - Spr.: Engl., Franz., Ital.

BEHR NEGENDANCK, von, Sophie-Elisabeth

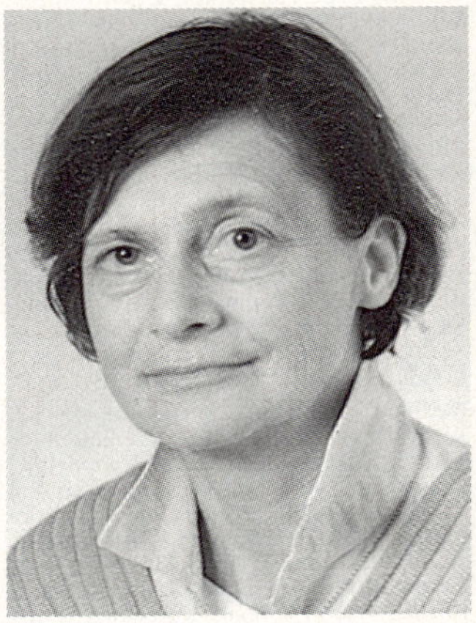

(Ps. Sophie Behr) Publizistin - Barhof 3, 8399 Ruhstorf 2 - Geb. 7. Jan. 1935 Neubrandenburg/Mecklenburg, led., S. Daniel, 1 Pflegekind Caroline - Dipl.-Fremdspr.korresp. Engl./Span. 1957/58 München - 1962-69 Spiegel-Korresp. München, 1969-74 Berlin (West); 1974-78 Spiegel-Autorin; 1984-92 fr. Publizistin. Einzige Rätin d. Berliner Aufsichtsu. Zulassungsbeh. f. Priv. Rundfunk; s. 1990 Kommiss.-Mitgl. Künstlerische Filmförd. b. BMJ - BV: Die Ein Elternfamilie, 1978; So schaffe ich es allein - Interessen: Schreiben, Lesen, Natur - Spr.: Engl., Span., Franz., Ital. - Bek. Vorf.: Friedr. Karl v. Rumohr, Geist d. Kochkunst (direkter Ururgroßonkel).

BEHRE, Karl-Ernst
Dr. rer. nat., Prof., Botaniker, Ltd. Wiss. Dir. Nieders. Inst. f. histor. Küstenforschung, Wilhelmshaven - Viktoriastr. 26-28, 2940 Wilhelmshaven; priv.: Pappelweg, 2945 Sande - Geb. 13. Febr. 1935 Bremen, ev., verh. s. 1963 m. Helga, geb. Witthöft, 3 Kd. - Promot. 1961 - S. 1969 (Habil.) Lehrtätigk. Univ. Göttingen (1974 Univ.-Prof. f. Bot.). S. 1971 1. Vors. Marschenrat z. Förd. d. Forsch. - BV: D. Pflanzenreste d. wikingerzeitl. Wurt Elisenhof, 1976; Ernähr. u. Umwelt d. wikingerzeitl. Siedl. Haithabu, 1983. Üb. 100 Einzelarb. Herausg.: Anthropogenic indicators in pollen diagrams (1986); Ztschr. Probleme d. Küstenforsch. (s. 1973), Vegetation History and Archaeobotany (s. 1992). Mithrsg.: Beitr. z. Paläo-Ethnobotanik v. Europa (1978); Progress of Old World Palaeoethnobotany (1991).

BEHREND, Horst
Dr. med., Abt. Rheumatologie u. Balneol. Med. Hochsch. Staatsbad Nenndorf, Prof. f. Inn. Med. Med. Hochschule Hannover (s. 1972) - Hauptstr. 2, 3052 Bad Nenndorf - Geb. 30. Sept. 1924 Marburg/L. - Promot. (1953) u. Habil. (1968) Marburg - Zul. Privatdoz. Univ. Marburg. Viele Fachveröff. (auch Handbuchbeitr.) - 1953 Univ.preis Marburg.

BEHREND, Rainer
Theaterdirektor TRIBÜNE, Berlin - Odenwaldstr. Nr. 5, 1000 Berlin 41 - Geb. 21. Aug. 1941 Berlin.

BEHREND, Robert-Charles

Dr. med., Prof., Chefarzt Neurolog. Abt. Allg. Krkhs. Hamburg-Harburg u. Abt. f. d. Rehabilitation neurol. Kranker Hbg. Krkhs. Bevensen - Eißendorfer Pferdeweg 52, 2000 Hamburg 90 - Geb. 21. Okt. 1919 Berlin, atheist. Christ, verh., 2 Kd. - Dt. Schule Brüssel; Univ. Brüssel, Berlin, Hamburg (Med. Staatsex. 1944) - S. 1954 (Habil.) Lehrtätigk. Univ. Hamburg (apl. Prof. f. Neurol.). Vors. Dt. Multiple Sklerose-Ges.; Schriftf. Dt. Ges. f. Neurol. - BV: Pathogenese d. Poliomyelitis, 1956. Zahlr. Fachaufs. - Ehrenmitgl. Franz. Ges. f. Neurol. - Liebh.: Musik, Fotogr. - Spr.: Franz., Engl. - Rotarier.

BEHREND, Trude

Dr. med., Leiterin Abt. Rheumatologie u. Balneol. Med. Hochsch. Staatsbad Nenndorf (s. 1969), Prof. f. Inn. Med., insb. Rheumatol., Med. Hochsch. Hannover (s. 1972) - Hauptstr. 2, 3051 Bad Nenndorf - Geb. 25. Mai 1927 - Promot. (1953) u. Habil. (1967) Marburg - Zahlr. Facharb. (auch Handb.beitr.).

BEHRENDS, Okko

Dr. jur., o. Prof. (s. 1975) u. Direktor Inst. f. Röm. u. Gemeines Recht Univ. Göttingen (s. 1973) -Thomas-Dehler-Weg 3, 3400 Göttingen (T. 2 33 66) - Geb. 27. Febr. 1939 Norden (Vater: Bernhard B., Kfm.; Mutter: Gertrude, geb. Streiber), ev., verh. s. 1962 m. Helge, geb. Köhler, 3 Kd. (Jan-Christoph, Okko-Hendrik, Sönke) - Jurastud. Univ. Freiburg, Genf, München, Göttingen; Staatsex. 1962; Promot. 1970; Habil. 1972 - BV: D. röm. Geschworenenverfassung, 1970; D. Zwölftafelprozeß, 1974 - Spr.: Engl., Franz.

BEHRENDS, Wolfgang

Botschafter a. D. - 19 Bedford Cresc., Ottawa, Ont. K1KOE3 - Geb. 12. Jan. 1926 Oberhausen/Rhld. (Vater: Dr. Heinrich B., Stadtkämmerer a. D.; Mutter: Meta, geb. Henkel), ev.-luth., 3 Kd. (Sabine, Martina, Kathrin) - Univ. Göttingen (1. jur. Staatsprüf.), George Washington Law School, Washington D.C., Centre Européen, Nancy. S. 1952 Auswärt. Dienst (Hongkong, Paris, Ausw. Amt, New Delhi, 1973-78 Leiter MBFR-Deleg. in Wien, 1978-79 Botsch. in Kairo, 1979-83 Leit. Auslandsabt. Bundespresseamt, 1983-91 Botsch. in Ottawa/Kanada - Spr.: Engl., Franz., Chines.

BEHRENDT, Fritz

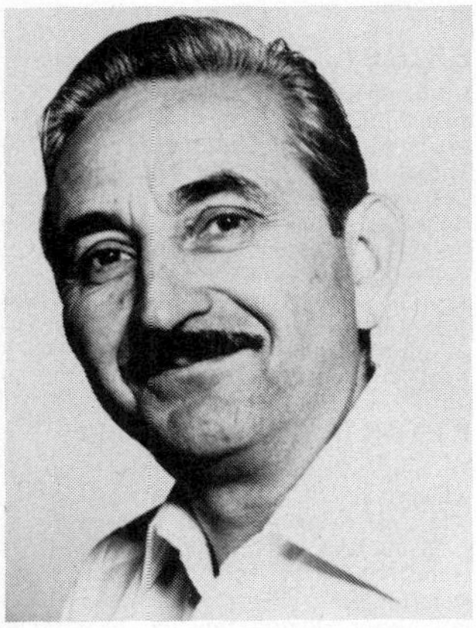

Pressezeichner - Parmentierlaan 57, 1185 CV Amstelveen/Holl. (T. 020 - 41 67 46) - Geb. 17. Febr. 1925 Berlin (Vater: Paul B., Fabrikant; Mutter: Agnes, geb. Schönfelder), verh. s. 1958 m. Renate, geb. Müller, Sohn Stefan - Kunstgewerbesch. Amsterdam (1943-45) u. -akad. Zagreb (1948) - S. 1951 fr. Pressez. (Mitarb. an in- u. ausländischen Zeitungen, darunter De Telegraaf, Kronen Zeitung, FAZ + Weltwoche Zürich); s. 1973 Mitarb. Intern. Studien-Zentrum für d. Karikatur d. Universität von Canterbury G. B. - Insb. graph. Kommentare z. Zeitgeschehen. Div. Ausstell. v. Originalzeichnungen u. Karikaturen, 1992 Zagreb u. Moskau - BV (Polit. Karikaturen): Spaß beiseite, 1956; Streng verboten, 1957; Trotz alledem, 1962; Behrendt's Omnibus, 1964; Schön wär's, 1967; Der nächste bitte, 1971; Bilanz in Bildern, 1974; Menschen, 1975; Helden u. andere Leute, dt.-engl. A. 1976; Haben Sie Marx gesehen?, 1978; Zwischen Jihad u. Schalom, 1978; Vorwärts ins Jahr 2000, 1981; Friede auf Erden, 1984; Bitte nicht drängeln, 1988 - 1947 jugosl. Orden d. Arbeit I. Kl.; 1960 Award World Newspaper Forum; 1967 u. 76 Award Salon of Humor, Montreal; 1973 BVK I. Kl.; 1974 Orden d. jugosl. Fahne m. Stern; 1975 Orden Leopold II; 1976 Ritter i. Orden Oranien-Nassau; 1980 Orden d. Phoenix, I. Kl., Griechenland; 1981 Widerstandskreuz 1940-45, Niederlande; 1985 Intern. Award for editorial Cartoons; 1989 Ehrenmitgl. d. Redaktion d. Krokodil, Satyr. Ztschr. d. UdSSR; 1990 Krokodilmed.; 1990 Thomas Nast-Preis f. polit. Karikaturen; 1991 Tiroler Adlerorden in Gold - Liebh.: Schallpl., Schmalfilm, Musik - Spr.: Niederl., Engl., Serbokroat.

BEHRENDT, Hans-Jürgen

Dr. med., Senator a. D., Arzt - Klopstockstr. 37, 1000 Berlin 38 (T. 801 10 24) - Geb. 11. Juni 1917 Danzig (Vater: Curt B.; Mutter: Hildegard, geb. Höfer), ev., verh. m. Gisela, geb. Lechler, 3 Kd. (Oliver, Stefan, Marion) - Askan. Gymn. u. Univ. Berlin (Promot. 1941) - Kriegseinsatz als Sanitätsoffz.; 1945-46 Gesundheitsverw. sowjet. Besatzungszone; 1946-61 Bezirks- bzw. -stadtrat u. Amtsarzt Berlin-Charl.; 1961-63 Senator f. Gesundheitswesen Berlin. 1951-1952 u. 1963-75 MdA. CDU s. 1945 (Kreisvors. Charl.; 1965-67 I. stv. Landesvors.) - Liebh.: Theater, Musik.

BEHRENDT, Lutz-Dieter

Dr. sc. phil., Dr. phil. habil., Prof. f. Geschichte d. UdSSR Univ. Leipzig (1986-91) - Untere Eichstädtstr. 5, O-7027 Leipzig (T. 69 15 74) - Geb. 26. Febr. 1941 Salzwedel, verh. s. 1979 m. Elke, geb. Schulz, S. Martin - 1959-63 Stud. Jena; 1963 Staatsex.; Promot. 1969 u. 1977 Leipzig - 1963/64 Schuldienst; ab 1964 Univ. Leipzig, 1977 Doz., 1986 a.o. Prof. - BV: Z. Geschichte d. sowj. Geschichtswiss. 1917 b. z. Gegenwart, 1978; zahlr. Beitr. in Fachztschr. u. Sammelbd. - Liebh.: Klass. Musik - Spr.: Russ., Poln., Engl.

BEHRENDT, Walter

Redakteur, MdB (1957-76; Mitgl. SPD-Fraktionsvorst. 1963-72), Mitgl. Europ. Parlament (1967-77; 1971-73 Präs., 1973-77 Vizepräs.) - Elchweg 11, 4600 Dortmund-Brackel (T. 25 51 61) - Geb. 18. Sept. 1914 Dortmund (Vater: Bergmann), verh. s. 1941, 1 Kd. - Volkssch.; kaufm. Lehre - Buchhalter u. Abt.leit.; 1939-46 Wehrdst. u. Gefangensch.; 1949-53 Handlungsbevollm.; ab 1954 Redakt. (Werkztschr.) Hoesch AG. Westfalenhütte, Dortmund. SPD s. 1932 - 1972 Großkreuz Rep. Italien; 1975 Commandeur-Orden Elfenbeinküste; 1976 Gr. BVK m. Stern; 1979 Ehrenring Stadt Dortmund; 1976-84 Präs., s. 1984 Ehrenpräs. d. Arge d. Ges. BRD, UdSSR.

BEHRENDT, Wolfgang

Dipl.-Pol., Mitglied d. Abgeordnetenhauses v. Berlin - Weinmeisterhornweg 39, 1000 Berlin 20 (T. 030 - 361 89 66) - Geb. 26. Okt. 1938 Berlin, verh. m. Dagmar Roth-B., geb. Roth, T. Julia Milena - Stud. Jura u. Politologie, Dipl.-Pol. FU Berlin - 1975-85 Bezirksstadtrat f. Bau- u. Wohnungswesen Berlin-Spandau - Spr.: Engl., Franz. Lat.

BEHRENS, Alfred

Schriftsteller - 52 Brook Green, London W 6 - Geb. 30. Juni 1944 Hamburg (Vater: Gustav B., Schlosser; Mutter: Irma, geb. Wüpper), verh. s. 1968 m. Barbara, geb. Struck, Tocht. Mirka Franziska - Mittelsch.; Verlagslehre; 1963-66 Werbestud. Akad. f. Grafik, Druck u. Werb. Berlin - 1966 Werbetexter; 1967 Nachrichtensprecher BBC London; 1968 Journ.; s. 1969 fr. Schriftst. - B Gesellschaftsausweis, Prosa 1971; Künstliche Sonnen, P. 1973; D. Fernsehliga, P. 1974; Gr. Identifikationsspiel, Hörsp. 1973 - 1973 Hörspielpreis d. Kriegsblinden - Liebh.: Kino, Musik, Fußballspiel, Reisen - Spr.: Engl.

BEHRENS, Arno W.

Dr.-Ing., o. Prof. f. Fertigungstechnik Univ. d. Bundeswehr, Hamburg (s. 1976) - Holstenhofweg 85, 2000 Hamburg 70 u. Buchwaldtr. 105, -73 (T. 040 - 677 09 20) - Geb. 11. Febr. 1936 Oldenburg/O. (Eltern: Wilhelm (Geschäftsf.) u. Martha B.), ev., verh. s. 1963 m. Sieglinde, geb. Bühler, 2 Söhne (Bernd-Arno, Hilmar) - Gymn. Oldenburg (Abit.); TH Hannover (Wärme- u. Verfahrenstechnik/Fertigungstechnik), Promot. (Maschinenwesen) TH Braunschweig - Assist. TH Hannover u. Braunschweig; 1968-70 Leit. Techn. Zentralplanung Hanomag-Henschel-Fahrzeugwerke GmbH, Hannover, 1970-74 Techn. Geschäftsf. August Brötje (Werke f. Heizungstechnik, Rastede), u. 1975-76 Ind.werke Transportsysteme GmbH., Lübeck, gleichz. Techn. Vorstandsmitgl. Hansa Waggon AG, Bremen. Forschungsgeb.: Werkzeugmasch.-Steuerungen, Mikroproz., Umformtechnik - Spr.: Engl., Franz. - Rotarier.

BEHRENS, Erna

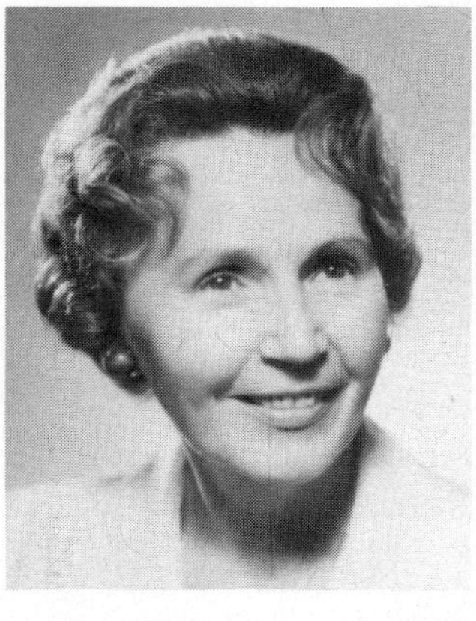

Dr. h. c., Sprachhauptlehrerin i. R., Prof., Fr. Schriftstellerin (Erna Behrens-Giegl) - Kerngasse 19, 1238 Wien (T. 0222 - 88 83 72) - Geb. 26. Okt. 1917 Odrau, kath., verh. s. 1949 m. Prof. Walter Behrens (akad., Maler, Mitbegr. d. Wiener Schule d. phant. Realismus), 2 Kd. (Martin Mag., Claudia Mag.) - Engl. Staatsprüf. u. Schauspielprüf. (Sprechbühne), Wien - 1939-45 Fremdsprachenlehrerin Wiener Hauptsch.; 1945-50 Dolmetscherin Brit. Mil. Goverm. u. American Employment Office, Wien; 1950-76 Lehrerin an Hauptsch., Handelssch., Handelsakad. u. IGS (Integrierte Gesamtsch.) - BV: D. Reisegefährte, 1946; D. Brücke in d. Tag, 1947; Zur Erinnerung, 1948 u. 1956; 99% ist wahr, Wiener Chronik 1929-45, Bd. 1 1969, 99% ist wahr, Nach d. Sturm, 1945-73, Bd. II 1973; Flucht aus d. Vergangenheit, R. 1983/84, 2. A. 1987; Anthol., Ztschr., Übers. aus d. Engl. u. Ital. Lf. Veröff. in Kulturztschr. (1989) - 1973 Ehrenmitgl. d. Europ.-Amerik. Forschungs- u. Kulturwerkes Eurafok; 1982 Lyrikpreis: D. Umwelt; 1989 Prof. h.c. Interameric. Univ. of Human. Stud. u. Goldmed. d. ital. Kulturinst.; The Cultural Doctorate in Lit. erh. v. d. World Univ. Roundtable Benson, USA; Österr. Doppeladler-Ehrenkreuz - Liebh.: Sprachen, Lit., Kunst, Geisteswiss., Schwimmen, Enkel - Spr.: Engl., Franz., Ital., etwas Russ. - Bek. Vorf.: Friedrich Schumann, Notar (Großv.), veröffentl. als em. Notar Bücher in Nikosburg (heute CSR) - Lit.: Prokop: Österr. Literaturhandb., E. Schicht: Wer im Werk d. Lohn gefunden, Autorenbilderlexikon, Kürschner, IBC, Cambridge, u.a.

BEHRENS, Ernst August

Dr. phil. nat., Prof., Mathematiker - Lichtensteinstr. 4, 6000 Frankfurt/M. (T. 597 05 93) - Geb. 11. Mai 1915 Berlin (Vater: Dr. jur. August B.), ev., verh. s. 1942 m. Dorothea, geb. Diederichsen, 4 Kd. (Angelika, Johann-Detlev, Roland, Ragna) - Univ. Jena und Hamburg - 1940-45 Wehrdst., später Assist. Univ. Hamburg, s. 1951 Privatdoz. u. apl. Prof. (1957) Univ. Frankfurt, s. 1968 Prof. McMaster Univ. Hamilton (Kanada) - BV: Algebren, 1965 - Spr.: Engl., Franz.

BEHRENS, Erwin

Auslandskorrespondent, Leiter Bonner WDR-Hörfunk-Stuio (s. 1978) - Zu erreichen üb.: Westdeutscher Rundfunk, 5000 Köln - Geb. 25. April 1928 Duisburg, ev., verh. s. 1963 m. Gisela, geb. Kalt, 2 Söhne (Michael, Mathias) - S. 1948 journalist. Tätigk. Westd. Rundfunk (u. a. Moskau-, New York- u. Kairo-Korresp. ARD) - BV: Tagebuch aus Moskau, 1964.

BEHRENS, Friedrich-Stephan

Dr. jur., Rechtsanwalt - Schumannstr. 46, 6000 Frankfurt/M. - Geb. 6. Sept. 1909 Velbert/Rhld. (Vater: Stephan B., Gymnasiallehrer; Mutter: geb. Pohlmann), verh. m. Dr. Gudrun, geb. Leeb - Univ. Jena, Königsberg, Wien - Verbandstätigk. (Verb. d. Aluminiumverarb. Ind.) - Veröff.: Marktinformation u. Wettbewerb, 1963 - 1981 BVK I. Kl.

BEHRENS, Fritz

Dr. jur., Regierungspräsident Düsseldorf (s. 1987) - Cecilienallee 2, 4000 Düsseldorf 30 (T. 0211 - 49 77-22 01/02) - Geb. 12. Okt. 1948, verh. (Ehefr. Lehrerin), 2 Kd. - Jura-Stud. - Zul. Leiter d. Büros d. Ministerpräs. Johannes Rau, Düsseldorf. SPD.

BEHRENS, Gerhard

Dr. iur., Geschäftsführer, Präs. Dt.-Arab. Handelskammer/German-Arab. Chamber of Commerce - Zu erreichen üb.: 2, Sherif Str., Kairo (Ägypten) - Geb. 5. Jan. 1938 Piräus/Griechenl.

BEHRENS, Gerold

Dr. rer. oec., Dipl.-Ing., Prof., Hochschullehrer (Marketing) - Starenweg 8, 2900 Oldenburg (T. 0441 - 5 15 33) - Geb. 21. Sept. 1942 Wildeshausen - BV: Monographien (Auswahl): Werbewirkungsanalyse, 1976; D. Wahrnehmungsverhalten d. Konsumenten, 1982; Konsumentenverhalten, 2. A. 1991.

BEHRENS, Hans

Fabrikant (Lüneburger Eisen- u. Emaillierwerke Harry Behrens KG, Lüneburg) - Vor d. Bardowicker Tore 42/43, 3140 Lüneburg (T. 67 52); priv.: Parkstr. 7 - Geb. 25. Sept. 1903 Lüneburg - Kaufm. Ausbild. - Zeitw. Vizepräs. IHK Lüneburg.

BEHRENS, Hans

Landwirt, Präs. Landwirtschaftskammer Weser-Ems u. Vorstandsmitgl. Verb. d. LKn (1982ff.) - Zu erreichen üb.: Marsla-Tour-Str. 1, 2900 Oldenburg/O.

BEHRENS, Hans-Christian

Allein. Geschäftsführer u. Gesellsch. Alfred Paas & Cie GmbH, Essen - Ursulastr. 85, 4300 Essen-Rüttenscheid (T. 0201 - 43 50 40) - Geb. 7. Mai 1937 Essen, kath., verh. s. 1962 m. Christiane, geb. v. Goßler, 2 Kd. (Marion, Hanno) - Ausb. im In- u. Ausl. - Mitgl. Vollvers. u. Verkehrsaussch. IHK Essen, Vors. Prüfungskommiss.; Delegierter d. Spedition u. Lagerei NRW - Spr.: Engl., Franz. - Bek. Vorf.: Heinrich Paas (Großv.) - Rotarier.

BEHRENS, Heinrich

Dr. med. vet., Prof., Ltd. Vet.-Direktor,

Dir. Tiergesundheitsamt Hannover a. D. - Dammstr. 20, 3006 Burgwedel 1 (T. 24 30) - Geb. 13. Mai 1920 Ohlum/Nieders. - S. 1950 Privatdoz. u. apl. Prof. f. Inn. Veterinärmed. (1956) Tierärztl. Hochsch.

BEHRENS, Helmut

Dr.-Ing., Dr. h. c., em. o. Prof. f. Anorgan. Chemie Univ. Erlangen-Nürnberg (s. 1962) - Sperlingstr. Nr. 30, 8520 Erlangen (T. 4 13 80) - Geb. 30. Mai 1915 Elsfleth/Weser (Vater: Wilhelm B., Vermessungsrat; Mutter: Antonie, geb. Roggemann), ev., verh. s. 1940 m. Liselotte, geb. Dieß, 3 Töcht. (Renate, Brigitte, Monika) - Univ. Freiburg/Br. u. TH München (Promot. 1940) - 1948-56 Doz., apl. (1956) u. ao. Prof. (1960) TH München. Forschungsgeb.: Komplexchemie, Metallorganische Chemie, Metallcarbonyle, Unters. in flüss. Ammoniak. Etwa 160 Fachveröff. - 1979 Ehrendoktor Univ. Rennes (Frankr.) - Spr.: Engl.

BEHRENS, Jörn

Dr. rer. nat., o. Prof. f. Angew. Geophysik - Sedanstr. 16, 1000 Berlin 41 - Geb. 16. Mai 1930 Danzig - Promot. 1963 - S. 1969 (Habil.) TU Clausthal u. Berlin (1973 Ord. u. gf. Dir. Inst. f. Angew. Geophysik, Petrol. u. Lagerstättenforsch.). Üb. 30 Facharb.

BEHRENS, Johann

Dr. phil., Vorstandsvorsitzender d. Institutes f. Supervision, Institutionsberatung u. Sozialforschung (gem. e.V.) - Lichtensteinstr. 4, 6000 Frankfurt/M. 1 (Fax 069 - 55 85 35) - Geb. 13. März 1949 Hamburg, ev., verh., 2 Kd. - altsprachl. Gymn.; Bank- u. Industriepraktikum; Stud. Phil. Wirtsch.- u. Sozialwiss. Frankurt/M. u. Detroit; Dipl.-Soz. u. Dr. phil. Frankfurt - Lehrbeauftr. an d. Univ. Frankfurt, Ann Arbor (Michigan), Bremen, Napoli u. Düsseldorf; Leiter DFG-Teilprojekte; 1984/85 Senior Chief Director APC Management Services Paris - BV: D. Krise d. kommunistischen Parteien (m. a.), 1972; D. Ausdifferenzierung d. Arbeit, in: K. O. Hondrich (Hg.), Soziale Differenzierung, 1982; Staatliche Sozialpolitik u. betriebliche Sozialverfassung, 1990 - Spr.: Engl., Franz., Ital.

BEHRENS, Katja

Schriftstellerin - Am Viehtrieb 6, 6109 Nieder-Beerbach - Geb. 1942 Berlin - Lektorin b. 1978 - BV: D. weiße Frau, Erz. 1978 (Schwed.: Den vita Krinan, 1980); Jonas 78, Erz. 1981; Frauenbriefe d. Romantik (Hrsg.), 1981; D. Insel-Buch v. Frauenlob (Hrsg.), 1982; D. 13. Fee, R. 1983 (Schwed.: Den Arettonde Feen, 1985, Holl.: De dertiende Fee, 1985, Franz.: La troisième fée, 1987); Weiches Wasser bricht d. Stein - Widerstandsreden (Hrsg.), 1984; Abschiedsbriefe (Hrsg.), 1987; Von einem Ort zum andern, Erz. 1987; Im Wasser tanzen, Erz.zyklus 1990. Übers. a. d. Amerik., u. a. William S. Burroughs, Henry Miller - 1978 Österr. Förderpreis z. Ingeborg Bachmann Pr. u. Förderpr. d. Märk. Kulturkonferenz; 1981 Thaddäus Troll Preis; Gastdoz. Washington Univ. St. Louis; Dartmouth College, Hanover New Hampshire; 1992 Stadtschreiberin v. Mainz - PEN-Mitgl.

BEHRENS, Till

Dr.-Ing., Prof., Stadtplaner, Architekt, Industriedesigner - Am Treutengraben 25, 6000 Frankfurt/M. 90 - Geb. 2. Okt. 1931 Berlin - Werke als Stadtplaner u.a.: Konzeption Dritter (Äußerer) Frankfurter Grüngürtel m. grüner Mainuferspange (1970) u. Verkehrsbündelung einschl. stadtplaner. Formulierung d. Frankfurter Museumsufers (1970/80), 1991 Auszeichnung hierfür durch d. Hess. Min. d. Innern - Werke als Architekt: Sakral-, Industrie-, Verw.- u. Wohnbauten im In- u. Ausland, u.a. Kirche m. Gemeindezentrum in Villa General Belgrano bei Cordoba (Argentinien), Maisonetten-Wohnsystem m. flexibel veränderbaren Wohnungsgrößen (Prototyp: Norderney 1968); div. Holzskelettbauten m. integrierter Verglasung z.T. m. passiver Solarenergiegewinnung (1967ff.). Werke als Designer: D. ersten narrensicher zu bedienenden Sprühkappen für Sprayflaschen (1963), Kreuzschwinger-Sitzmöbelprogramm, ausgez. v. design center stuttgart (1986 + 87), Haus Industrieform Essen (1986 + 87), aufgenommen in folgende Museen: Frankfurt/M., Hamburg, Kassel, Köln, München, Weil - BV: D. Frankfurter Mainufer-Museen, Grün, Verkehr, 1980; Grün in der Stadt, 1981 (Mitverf.). Grüngürtel - wachstumsorientierte Stadtpolitik u. zusammenhängende Grünräume, 1988 - Spr.: Engl., Span. - Bek. Vorf.: Prof. Drs. h. c. Peter Behrens (Großv.).

BEHRENS, Walter

Prof., akad. Maler u. Graphiker, Hochschullehrer i. R. - Kerngasse 19, A-1238 Wien (T. 0222 - 88 83 72) - Geb. 25. Okt. 1911 Las Palmas, Can. Inseln (Vater: Friedrich B., Dt. Konsul auf Las Palmas), verh. s. 1949 m. Erna B., 2 Kd. (Martin Mag., Claudia Mag.) - Hansische Kunsthochsch. Hamburg, Akad. Schillerplatz Wien - Freischaffender Künstler. Mitbegr. Wiener Schule d. phantastischen Realismus, 1964-76 Lehrer Hochsch. f. angew. Kunst, Wien - Buchillustrationen, u. a. Sittengesch. m. Humor, Elexiere d. Teufels usw.; Kunstmappe; zahlr. Ausst., Ankäufe u. a. Österr. Galerie (Belvedere), Museum d. Stadt Wien, Albertina u.a. - Ehrenmed. d. Stadt Wien; Prof.-Titel; Goldmed. Land Italien - Liebh.: Kunst u. Geistesgesch. - Lit.: Österr. Künstlerlex. (Bd. 2); zahlr. Artikel in Ztg. u. Ztschr.

BEHRINGER, Hans

Dr. rer. nat., Prof., Chemiker - Ismaninger Str. 73, 8000 München 80 (T. 98 63 01) - Geb. 22. Mai 1911 München (Vater: Konrad B., Oberreg.srat; Mutter: Salesia, geb. Frosch), kath., verh. s. 1952 m. Hanni, geb. Baudler - Obersch. Schäftlarn u. München; Univ. München. Promot. u. Habil. München - S. 1951 Privatdoz. u. beamt. apl. Prof. (1959) Univ. München (Mitarb. Inst. f. Organ. Chemie), Fachveröff. - Liebh.: Arabistik - Spr.: Engl., Franz. - Bek. Vorf.: Marie Nyl, Blumenmalerin (Großm.).

BEHRINGER, Josef Anton

Dr. rer. nat., o. Prof. f. Physik - Steinstr. 6, 8070 Ingolstadt/Donau (T. 0841 - 7 17 79) - Geb. 2. Juli 1923 Ingolstadt (Vater: Josef B., Lokführer; Mutter: Rosina, geb. Bartlmä), kath., led. - 1958 ao. u. s. 1965 o. Prof. Kath. Univ. Eichstätt, Kath.-Theol. Fak. 1988 emerit. - Spez. Arbeitsgeb.: Molekülspektroskopie, naturwiss.-theol. Grenzfragen - Mehrere Aufs. in Fachzeitschr. u. Sammelwerken üb. d. Resonanz-Raman-Effekt.

BEHRMANN, Karsten

Prof., Dozent f. Blockflöte Musikhochschule Westfalen-Lippe/Nordwestd. Musikakad. - Allee Nr. 22, 4930 Detmold 1.

BEI der WIEDEN, Helge

Dr. phil., Oberstudienrat - Wiesenweg 5, 3062 Bückeburg (T. 35 34) - Geb. 4. Juli 1934 Eitorf/Sieg (Vater: Franz B. d. W., Dramaturg; Mutter: Gertrud, geb. Kreicker), ev., verh. s. 1959 m. Gudrun, geb. Schmidt-Bucherer, 3 Kd. (Brage, Begga, Birger) - Gr. Stadtsch. Rostock (Abitur 1953); Univ. Rostock, Göttingen, Freiburg. Promot. 1959 Göttingen - 1963-66 Landesvors. Dt. Jungdemokraten Nieders.; 1963-64 Mitgl. Bundesvorst. Dt. Jungdemokr. FDP s. 1958 (1963-66 u. 1968-72 Mitgl. Landesvorst.) - BV: Fürst Ernst, Graf v. Holstein-Schaumburg u. s. Wirtschaftspolitik, 1961; Schaumburg. Geneal., 1966; Schaumburg-Lipp. Geneal., 1969; Entw. d. meckl. Eisenbahnnetzes, 1974; Grundriß zur meckl. Verwaltungsgesch., 1976; D. meckl. Regierungen u. Minister 1918-52, 2. A. 1978; D. Niedersächsische Bank, 1982. Herausg.: Mecklenburg. Jahrb., Jg. 105ff. - Mitgl. Hist. Kommiss. f. Nieders. u. Bremen u. f. Pommern, Hansischer Gesch. Verein, Verein f. mecklenburg. Gesch. u. Altertumskd. (1. stv. Vors.), Hist. Kommiss. f. Mecklenburg (Vors.).

BEICHELT, Frank

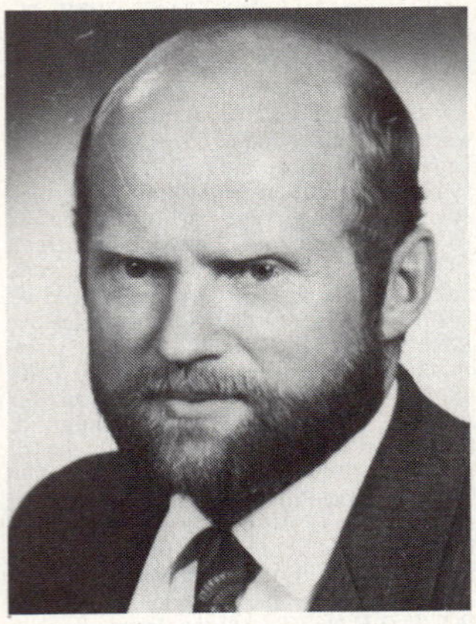

Dr. Dr., o. Prof., Lehrstuhlleiter - Gutenbergstr. 12, O-9262 Frankenberg (T. 07285 - 58 03 30) - Geb. 8. April 1942, led. - Math.stud. 1961-66 Univ. Jena; Promot. Dr. rer. nat. 1982 Bergakad. Freiberg, Dr. sc. techn. 1978 Hochsch. f. Verkehrswesen Dresden - Lehrstuhlleit., Wiss.bereichsleit. an Hochsch. f. Technik Mittweida - BV: Zuverlässigkeit u. Erneuerung, 1970 (poln. 1974); Optimale Instandhaltung, 1974; Prophylaktische Erneuerung v. Systemen, 1976; Effektive Planung prophylakt. Maßnahmen in d. Instandhaltung, 1979; Zuverlässigk. u. Instandhaltung (m. P. Franken), 1983, 84; Zuverlässigk. strukturierter Systeme, 1988 - Interessen: Hochgebirgstouristik - Spr.: Engl., Russ., Span.

BEICKERT, Paul

Dr. med., Prof. - Ortelsburgerstr. 11, 7500 Karlsruhe - Geb. 4. März 1912, verh. m. Dr. med. Gerda, geb. Goette - S. 1953 (Habil.) Lehrtätigk. Univ. Freiburg/Br. (1958 apl. Prof. f. HNOheilkd.) - 1965 Dir. HNO-Klinik im Städt. Klinikum Karlsruhe, s. 1977 a. D.

BEICKLER, Ferdinand

Aufsichtsratsvorsitzender Adam Opel AG, Rüsselsheim - Zu erreichen üb. Adam Opel AG, Bahnhofsplatz 1, 6090 Rüsselsheim - Geb. 2. Nov. 1922 - 1970-79 Vorst.-Mitgl., 1979 Vizepräs. General Motors, 1979-82 Generaldir. Vauxhall Motors Ltd., 1982-86 Vorst.-Vors. Adam Opel AG, 1986-87 Präs. General Motors Europe - 1975 BVK.

BEIER, Friedrich-Karl

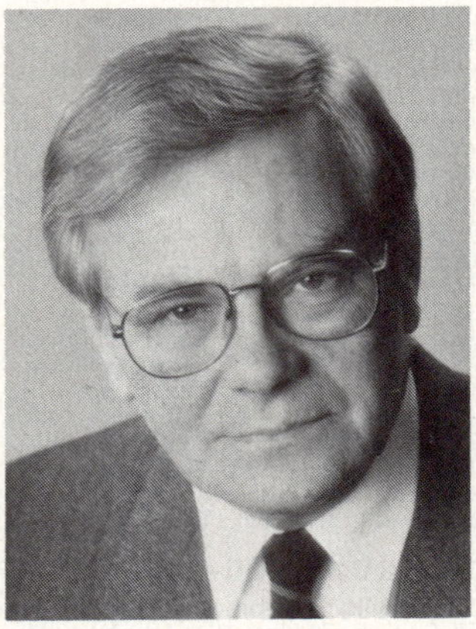

Dr. jur., Dr. jur. h.c. (Uppsala), Dr. jur. h.c. (Posen), Prof. f. Gewerbl. Rechtsschutz, Urheber-, Handels- u. Wirtschaftsrecht; Dir. Max-Planck-Inst. f. ausl. u. int. Patent-, Urheber- u. Wettbewerbsrecht - Lärchenstr. 1, 8033 Krailling/Obb. (T. München 857 14 31) - Geb. 9. April 1926 Berlin (Vater: Gustav B., Geschäftsf.; Mutter: Johanna, geb. Taube), ev., verh. s. 1951 m. Judith, geb. Mertens, 3 S. (Jürgen, Christian, Dietrich) - Humboldt-Obersch. Berlin (-Tegel); 1947-50 Univ. Berlin; Ref. Kammergericht; Promot. (1960) u. Habil. (1965) München - S. 1954 Assist., Wiss. Rat (1960), Privatdoz. (1965) u. ao. Prof. (1966), o. Prof. (1969), Hon.-Prof. (s. 1973) Univ. München (Vorst. Inst. f. Gewerbl. Rechtsschutz u. Urheberrecht). Wiss. Mitgl. MPG; Vizepräs. Dt. Vereinigung f. gewerbl. Rechtsschutz u. Urheberrecht; Vorst.-Mitgl. Ges. f. Rechtsvergl., Intern. Vereinig. f. gewerbl. Rechtsschutz; Mitgl. Sachverst.-Komm. BJM - BV: Grundfragen d. franz. Markenrechts, 1961; Schutz geogr. Herkunftsangaben, 1963; Recht d. unlauteren Wettbewerbs in d. EG, Bd. I u. III, 1966 u. 68; Schutz wiss. Forschungsergebnisse, 1982; Europ. Patentübereinkommen, 1984ff.; Biotechnology and Patent Protection, 1985; Markenrechtl. Abhandlungen, 1986. Üb. 350 Einzelarb. - Ausw. Mitgl. Slow. Akad. d. Wiss.; Mitgl. Acad. Intern. dé Droit Comparé; BVK; Komturkreuz VO. Poln. Rep. - Liebh.: Bücher, Ski - Spr.: Franz., Engl.

BEIER, Gerhard

Direktor i. R. - Schwachhauser Ring 23, 2800 Bremen (T. 21 47 14) - Geb. 23. Jan. 1920 Halberstadt - Wehrmacht (Berufsoffz.); 3 J. Bremer Senatsbehörde f. Häfen u. Schiffahrt; 8 J. Schiffahrtsverb. f. d. Weser-Gebiet (Geschäftsf.); 1957-86 Bremer Lagerhaus-Ges. (Vorstandsmitgl. bzw. -vors.). S. 1973 Wahlkonsul d. Rep. Finnland - Spr.: Engl., Franz. - Rotarier.

BEIER, Henning M.

Dr. med., Dr. rer. nat., o. Prof. f. Anatomie u. Reproduktionsbiol. - Rotbendenstr. 19, 5100 Aachen - Geb. 26. Okt. 1940 Gudensberg, ev., verh. s. 1969 m. Dr. med. Karin, geb. Hellwig, 2 Kd. - S. 1978 Ord. TH Aachen (Med. Fak.). Entd. d. Uteroglobins u. d. Progesteronabhängigkeit dieses Proteins (1966/67).

BEIER, Udo

Dr. rer. pol., Dipl.-Kfm., Prof. f. Wirtschaftslehre d. Haushalts Univ. Hamburg (s. 1975) - v.-Melle-Park 8, 2000 Hamburg 13 - Geb. 23. Mai 1943 - Promot. 1971; Habil. 1976 - BV: Kaufentscheidungen beschränkt rational handelnder Konsumenten, 1974; Inhalte d. Lebensmittelwerbung, 1981. Rd. 50 Fachveröff. z. Verbraucherpolitik.

BEIERLEIN, Hans R.

Medien-Manager, Musikverleger - Königinstr. 121, 8000 München 40 (T. 089 - 34 30 36); priv.: Unterleiten 25, 8126 Schliersee/Obb. (T. 08026 - 67 86) - Geb. 19. April 1929 Nürnberg (Vater: Hans B., Angest.; Mutter: Frieda) - Volks- u. Oberrealsch. - 1949-59 Journ., 1959-60 Filmproduz., s. 1960 Musikverleger u. s. 1979 Medien-Manager - Produzent: D. Nürnberger Prozeß, Dokumentarfilm (Bundesfilmpreis) - Spr.: Engl.

BEIERWALTES, Werner

Dr. phil., Prof. f. Philosophie - Am Fischerwinkel 19, 8022 Grünwald - Geb. 8. Mai 1931 Klingenberg/M. kath., verh. s. 1958 m. Eva, geb. Happ - Prom. 1957; Habil. 1963 - S. 1969 Ord. Univ. Münster, Freiburg (1974), München (1982) - BV: u. a. Platonismus u. Idealismus, 1972; Identität u. Differenz, 1980; Proklos, 2. A. 1981; Denken d. Einen, 1985; Selbsterkenntnis u. Erfahrung d. Einheit, 1992. Zahlr. Einzelarb. - Ord. Mitgl. Bayer. Akad. d. Wiss.; Korr. Mitgl. Heidelberger, Rhein.-Westf. Akad. d. Wiss.; Hon. Member d. Royal Irish Acad.; 1991 Kuno-Fischer-Preis.

BEIG, Dieter Andreas

Dipl.-Kfm., Herausgeber Holsteiner Tageblatt, Geschäftsführer A. Beig Druckerei & Verlag GmbH & Co. KG,

Pinneberg - Damm 9-15, 2080 Pinneberg (T. 04101 - 20 51 - 0) - Geb. 8. März 1931 Hamburg, ev., verh. s. 1960 m. Ina, geb. Kuschel, T. Kristina - Schriftsetzerlehre; Stud. Betriebsw. Univ. München, Paris, Hamburg; Dipl. 1957 Hamburg - Kreisvors. SHHB u. BdSt - Liebh.: Gesch. - Spr.: Engl., Franz.

BEIKERT, Walter

Direktor i. R. - Ernst-Jäckh-Str. 8, 7100 Heilbronn/N. - Geb. 19. Aug. 1913 - B. 1972 stv., b. 1975 o. Vorstandsmitgl. Dt. Fiat AG, Heilbronn.

BEILE, Werner

Dr. phil., Univ.-Prof. f. Anglistik, Angew. Sprachwiss., Univ.-GH Wuppertal (s. 1984) - Leckingser Str. 208, 5860 Iserlohn (T. 02371 - 4 13 01) - Geb. 5. März 1941 Kalthof, ev., verh. s. 1964 m. Alice, geb. Bowes, T. Birgit Helen - Stud. Anglistik, Päd. u. Sport Univ. Freiburg, Bonn, Edinburgh u. Bochum; Staatsex. 1968; Promot. 1979 - 1968 Lecturer Univ. York; 1970-79 u. 1980-84 Lektor u. Akad. Rat Univ. Bochum; 1979 Prof.-Vertr. Univ. Osnabrück - BV: Didaktik d. Sprachprogrammierung, 1971; Typologie v. Übungen im Sprachlabor. Z. Entmythologisierung eines umstrittenen Sachfelds, 1979. Herausg.: Kalthof, Leckingsen, Refflingsen. Drei Dörfer im Spiegel d. Zeit (1987). Verfasser u. Mithrsg. v. mehrbändigen Lehrw. f. d. Fremsprachenunterr.: Nuffield/Schools Council German Course, Bde. 2-4, s. 1968; (m. Inter Nationes) Modelle f. d. audiolingualen Unterr., Bde. 1-6 (s. 1974); Deutsch einfach (s. 1986). Engl. als Fremdspr.: Learning English-Modern Course, Bde. 1-6 (s. 1974); Compact Course, Bde. 1-4 (s. 1979); Green/Red/Orange Line, Bde. 1-6 (s. 1984) - Interessen: Stützung d. Gemeinschaftslebens auf d. Lande, Lokalgesch.

BEILHARZ, Manfred

Dr. jur., Intendant u. Regiss. Schauspiel Bonn - Zu erreichen üb. Schauspiel, Am Michaelshof 9, 5300 Bonn 2 - Geb. 13. Juli 1938 Böblingen - Stud. German., Theaterwiss. u. Jura Tübingen u. München; 2. jurist. Staatsex. u. Promot. 1967 München - 1964-67 Gründ. Studiobühne München, 1967 Regieassist. Kammerspiele München, 1968/69 Oberspielleit. Westf. Landestheater, 1970-75 Int. Tübingen, 1975-83 Int. Städt. Bühnen Freiburg, 1983-91 Int. Staatstheater Kassel - Vizepräs. Neues Theaterkomit. d. Intern. Theaterinst. (ITI) Paris; Vizepräs. Dt. Dramat. Ges. Berlin; Mitgl. Akad. d. Darst. Künste Frankfurt.

BEILHARZ, Richard

Dr. phil., Prof. f. Französisch - Moltkestr. 13, 6900 Heidelberg (T. 4 41 39) - Geb. 30. Okt. 1932 Bryn-Mawr, Pa./ USA (Vater: Ernst B., Obering.; Mutter: Emma, geb. Schweizer), 3 Töcht. (Alexandra, Corinna, Henrike) - Stud. Univ. Lyon, London, Nancy, Tübingen (Roman., Angl., German., Vergl. Literaturwiss.); priv. Gesangsausbild. Tübingen u. Heidelberg. Promot. 1961 Tübingen - S. 1966 Doz. u. Prof.(1970) PH Heidelberg. Lehrbeauftr. Univ. Heidelberg. Konzerts. (Bariton). Bücher (Übers., dar. Baudelaire, Verlaine, Lemoine); wiss. Untersuchungen: Begriffswörterb. Fremdsprachendidaktik u. -methodik, 1973 (m. K. Köhring); Balzac, 1979; Lehrwerk: Voilà - Französisch in d. Grundschule (m. H. Blank, M. Pelz u. E. Rattunde), 1975-76, 2. A. 1977-79). Herausg.: Honoré de Balzac (Sondernr. XI, 3 v. Œuvres & Critiques), 1986; Feste. Erscheinungs- u. Ausdrucksformen, Hintergründe, Rezeption (m. G. Frank), 1991. Schallplatten: D. franz. Lied (1984 m. A. Lechler, Klavier); Humor im Lied (1988 m. C.-E. Nandrup, Klavier); u.a. - Spr.: Franz., Engl., Span., Ital. - Chevalier im Orden d. Palmes Académiques.

BEILNER, Helmut

Dr. phil., Univ.-Prof. Lehrstuhl f. Didaktik d. Geschichte Univ. Regensburg - Fliederstr. 5, 8061 Schwabhausen (T. 08138 - 17 32) - Geb. 24. April 1940 Witkowitz, kath., verh. s. 1967 m. Dorothea, geb. Englisch, S. Thomas - Stud. 1960-63 PH München; Promot. 1971 München; Habil. 1982 Bayreuth - 1963-72 Lehrer; 1972-82 wiss. Assist. u. Studienrat Univ. Bayreuth; Prof. Univ. Passau - BV: D. Weimarer Republik, 1973; V. d. mittelalterl. Reichsidee z. souveränen Staat, 1974; Geschichte in d. Sekundarstufe I 1976; 2. A. 1978; Geschichte f. die Hauptschule, 1986ff. - Spr.: Engl., Franz.

BEIN, Georg

Dr. med., Prof. f. Kinderheilkunde FU Berlin (Leit. Abt. f. Pädiatrie I m. Schwerp. Kardiol./Kinderklinik) - Breisgauer Str. 24, 1000 Berlin 38.

BEIN, Uwe

Nationalspieler, Fußballweltmeister 1990 in Italien, Spieler b. Eintracht Frankfurt.

BEINDORF, Werner

Dr.-Ing. (habil.), Prof., Geschäftsführer i. R. TEKADE Felten & Guilleaume Fernmeldeanlagen GmbH, Nürnberg - Novalisstr. 10, 8500 Nürnberg 20 - Geb. 10. Dez. 1910 Kassel - TH Hannover - S. 1963 Lehrbeauftr. u. Honorarprof. (1971) TH Darmstadt (Kabeltechnik).

BEINER, Friedhelm

Dr. phil., o. Prof. f. Erziehungswissenschaft Univ.-Gesamthochschule Wuppertal - Am Freudenberg 4 d, 5600 Wuppertal 1 (T. 0202 - 42 13 41) - Geb. 25. Jan. 1939 Lemgo-Kirchheide - BV: Veröff. z. Unterrichtswiss., Hochschuldidaktik, Frühpädagogik u. Korczak-Forsch.

BEINERT, Wolfgang

Dr. theol., lic. phil., o. Prof. f. Dogmatik u. Dogmengeschichte Univ. Regensburg (s. 1978) - Großberger Weg 9, 8401 Pentling/Opf. - Geb. 4. März 1933 Breslau (Vater: Josef B., zul. Oberzollinsp.; Mutter: Veronika, geb. Heinisch), kath. - Gymn. Fürth; Stud. Bamberg, Rom, Tübingen, Regensburg; Lic. phil. 1956, Dr. theol. 1963, Habil. 1971 - Ca. 900 Veröff. dar.: Um d. dritte Kirchenattribut, 2 Bde. 1964; D. Kirche - Gottes Heil in d. Welt 1973; Heute v. Maria reden, 1973; Dogmatik studieren, 1985; Unsere Liebe Frau u. d. Frauen, 1989. Herausg.: Lexikon d. kath. Dogmatik (3. A. 1991); Handb. d. Marienkunde (1984, m. H. Petri); Kath. Fundamentalismus (1991). Mithrsg.: Catholica - Mitgl. Wiss. Beirat Johann-Adam-Möhler-Inst. Paderborn, Allg. Rat Kath. Akad. München, Pont. Acad. Internat. Mariana Rom, Korr. Mitgl. Fondazione Ambrosiana Paolo VI Gazzada.

BEINHORN, Elly

Sportfliegerin u. Schriftstellerin - Fröhlichstr. 8, 8000 München 71 - Geb. 30. Mai. 1907 Hannover, 2 Kd. (Prof. Dr. med. Bernd aus 1. Ehe m. d. 1938 b. e. Weltrekordversuch auf d. Reichsautobahn Frankfurt/M.-Darmstadt tödl. verungl. Autorennfahrer Bernd Rosemeyer, Steffi aus 2. E.) - Fliegersch. Berlin-Staaken (Pilotenzeugn. u. Kunstflugschein 1929). 1931-32 Afrika- u. Weltflug m. e. Klemm-Argus-Masch., spät. weitere Flüge n. Afrika, Mittel- u. Südamerika, 1936 Rekordflug Berlin-Damaskus-Kairo-Athen-Budapest-Berlin. 1959 erfolgr. Teiln. am transkontinentalen Frauenluftrennen in USA u. Goldmed. im europ. Sternflug - BV (insges. 10, z. T. in Übers.): E. Mädchen fliegt allein, 1932; Mein Mann, der Rennfahrer, 1938; Ich fliege um d. Welt, 1952; Madlen wird Stewardeß, 1954; 5 Zimmer höchstens, 1955; ...so waren diese Flieger, 1966; Alleinflug - mein Leben, 1977 - 1931 Gold. Sportflugabz., 1932 Hindenburg-Pokal, 1932 Peruian. Fliegerabz., 1953 Gold. Ehrenz. Dt. Aero-Club u. a.; div. Orden; 1967 Ehrenmitgl. Verb. d. austral. Sportfliegerinnen, Vereinig. dt. Pilotinnen. 1975 Pionierkette der Windrose.

BEINKE, Lothar

Dr. sc. pol., o. Prof. f. Polytechnik/Arbeitslehre u. ihre Didaktik/Erwachsenenbildung Univ. Gießen (s. 1980) - Humboldtstr. 48, 4500 Osnabrück (T. 0541 - 2 32 28) - Geb. 31. März 1931 Osnabrück, verh. s. 1957 m. Inge, geb. Trümper, 2 Kd. (Bettina, Boris) - Promot. 1970, Habil. 1976, bde. Münster - BV: D. Handelsschule, 1971; D. Betriebspraktikum, 1977; Von d. Erstausbildung z. Erwachsenenbildung, 1977; Fachhochsch. u. Weiterstud., 1979; Zukunftsaufg. Weiterbildung, 1980; Betriebserkundungen, 1980; D. Höhere Handelsschule, 1980; D. Weiterbildungslehrer, 1981; Betriebserkundung u. Betriebspraktika als Instrumente in d. Arbeitslehre, 1982; Berufsfindung, Berufswahl, Berufsweg, 1982; Zw. Schule u. Berufsbild., 1983; Perspektiven in d. Arbeitslehre, 1985 - Hrsg.: Zeitschr. Didaktik d. Berufs- u. Arbeitswelt; Reihenherausg.: Schriften z. Berufspäd., Schriftenreihe Weiterbildung - Strukturen u. Aspekte; Berufliche Bildung u. Arbeitslehre.

BEINLICH, Alexander

Dr. phil., Prof. f. Deutsche Sprache u. Methodik d. Deutschunterr., emer. Univ. Osnabrück, Abt. Vechta - Klemensstr. 34, 2848 Vechta.

BEIRER, Hans

Kammersänger - Dt. Oper, 1000 Berlin - Geb. 23. Juni 1911 Wiener Neustadt (Vater: Dr. Rudolf B., Univ.sprof.; Mutter: Maria, geb. Heißenberger), verh. m. Therese, geb. Rodic - Univ. (Med.) u. Musikakad. Wien - 1936-37 lyr. Tenor Stadttheater Linz/D., 1937-39 Basel u. St. Gallen, dann Wehrdst. u. Theater am Nollendorfplatz Berlin, s. 1945 Mitgl. Städt. bzw. Dt. Oper ebd. (lyr. u. ital. Tenor, 1949 ff. Heldent.), Staatsoper Hamburg u. Wien, 1958 ff. Bayreuther Festsp. Ständ. Gast Mailänder Scala, Teatro del Opera, Rom, San Carlo, Neapel, Grand Opera, Paris, Teatro Colon, Buenos Aires, Nissel-Theater Tokio, Festiv. Edinburgh u. Maggio Musicale, Florenz, Salzburger Festsp. - 1960 BVK I. Kl., 1973 Gr. BVK; 1963 Berliner, 1971 Österr. Kammers.; 1975 Ehrenmitgl. Dt. Oper, Berlin, 1981 Gr. Österr. VO I. Kl. f. Kunst u. Wiss., Ehrenmitgl. Staatsoper Wien; Ehrenring Staatsoper Wien - Liebh.: Aquarellmalerei, Märchenbücher.

BEISENKÖTTER, Hans-Heinrich

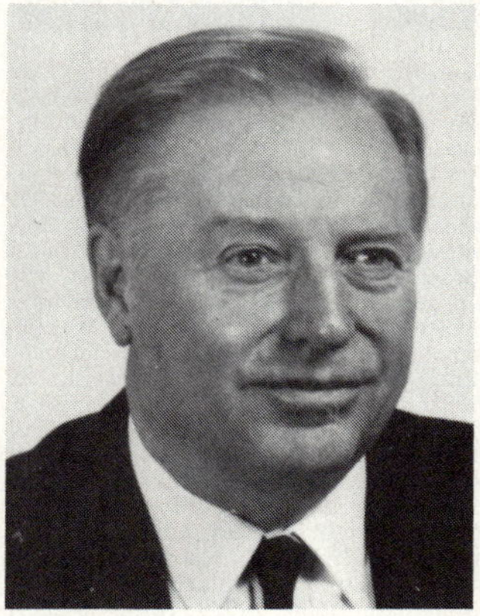

Bürgermeister a. D. - Königskoppel 17, 2370 Rendsburg (T. 04331 - 2 15 20) - Geb. 14. Mai 1921 Lübeck (Vater: Johannes B., Apotheker; Mutter: Margarethe, geb. Quabeck), kath., verh. s. 1951 m. Liselotte, geb. Taplick, 2 Kd. (Bernd, Barbara) - Gymn. (Abit. 1939); 1939-45 Wehrdst. Luftwaffe; 1946-49 Jura-Stud. Univ. Münster, Referendarex. 1949, Ass.ex. 1953 - 1954-57 Stadtsyndikus; 1957-81 Bürgerm. Stadt Rendsburg; 1985-90 Präsid. d. Anstaltsv. d. Unabh. Landesanst. f. d. Rundfunkwesen Schlesw.-Holst.; 1989 Vors. d. Administration d. Sparkasse Rendsburg; 1991 AR-Vors. Sparkasse Mittelholstein AG; Mitgl. d. Kurat. d. Ostsee-Akad. - BV: D. interkommunale Zus.arbeit; Zukunftsaspekte d. Krankenhauses; D. Stadt - gestern, heute u. morgen - BVK I. u. II. Kl., Gr. BVK; Ritter d. Dannebrog-Ordens; Frh. v. Stein-Med.; Gold. Feuerwehrehrenkreuz - Liebh.: Lit., Musik, Gesch. - Spr.: Dänisch, Engl., Franz. - Bek. Vorf.: Anton Quabeck, Oekonomierat, Mitbegr. westf. Genoss.wesen (Großv.).

BEISING, Alfons

Dr. jur., Präsident des Landgerichts - Landgericht, 7750 Konstanz - Geb. 10. Dez. 1918.

BEISSE, Heinrich

Prof. Dr. rer. pol. h. c., Vors. Richter Bundesfinanzhof; spez. Arbeitsgeb.: Finanz- u. Steuerrecht - Thurn-und-Taxis-Str. 29, 8133 Feldafing (T. 08157 - 89 43) - Geb. 28. April 1927 München - S. 1970 Bundesrichter; s. 1983 Vors. Richter. Honorarprof. TU München (1976); Ehrenmitgl. Instituto Brasileiro de Direito Tributário (Univ. Sao Paulo/Brasil.) 1976.

BEISSEL, Hanns-Stephan

Dipl.-Ing., Dipl.-Wirtsch.-Ing., Fabrikant - Im Weingarten 22, 5100 Aachen (T. 1 36 96) - Geb. 20. Juni 1938 Aachen (Vater: Dr. Gerd B., Fabrikant; Mutter: Ilse Anita, geb. Rabbow), kath., verh. s. 1968 m. Eva-Maria, geb. Hamel, 3 Kd. (Yvonne, Klaus-Stephan, Philipp) - Gymn.; Stud. TH Aachen u. München; Dipl.ex. 1964 Aachen u. 1967 München - Liebh.: Bridge, Golf - Spr.: Engl., Franz.

BEISSEL, Heribert

Prof., Dirigent, Chefdirigent d. Hamburger Symphoniker - Mainzer Str. 14, 5481 Rolandseck (T. 02228-73 73) - Geb. 27. März 1933 Wesel/Niederrh., kath., verh. s. 1974 m. Ingrid Maria, geb. Greifeneder, 2 T. (Christina Maria, Katharina Elisabeth) - Abit. Colleg. Augustin. Gaesdonck; Stud. Klavier, Dirigieren u. Komposit. Staatl. Musikhochsch. Köln - Engagem. Bonner Oper (1. Kapellmeister); s. 1972 Chefdirig. Hamburg Symphon.; ständ. Gast Hamburger Staatsoper u. NDR; b. 1983 Leit. d. Dirigentenausbild. Staatl. Musikhochsch. Detmold; Gastdirig. im In- u. Ausland; Leit. Eutiner Opernfestsp. - 1982 Brahms-Med. Senat Hamburg - Liebh.: Polit., Architekt., Sport, Gartenarb., Kinder - Spr.: Engl., Franz., Lat., Griech.

BEISSEL, Ulrich

Geschäftsführer Henschel Export GmbH, Düsseldorf, HEMA Maschinen- u. Industrieanlagen GmbH ebd. - Schumannstr. 13, 4150 Krefeld - Geb. 5. Nov. 1927.

BEISSER (ß), Friedrich

Dr. theol., Prof. f. Systemat. Theologie Univ. Mainz (s. 1976) - Jakob-Steffan-Str. 55, 6500 Mainz - Geb. 8. Jan. 1934 Ansbach/Mfr., ev., verh. s. 1962 m. Elisabeth, geb. v. Loewenich, 3 T. (Susanne, Regine, Annette) - Promot. 1964 Erlangen; Habil. 1968 Heidelberg - Zul. apl. Prof. Univ. Heidelberg.

BEISSER, Rolf E.

Banking executive, Ibero-Amerika Bank AG, Bremen/Hamburg - Domshof 14-15, 2800 Bremen - Geb. 15. Okt. 1929 Karlsruhe.

BEISTEINER, Franz

Dr. techn., Dipl.-Ing., o. Prof. u. Direktor Inst. f. Förder-, Getriebetechnik u. Baumaschinen TH, jetzt Univ. Stuttgart - Holzgartenstr. 15b, 7000 Stuttgart.

BEITZ, Berthold

Dr. med. h. c., Prof., Kaufmann, Vors. Kurat. Alfried Krupp v. Bohlen u. Halbach-Stiftg. (s. 1967), Aufsichtsratsvors. Grundig AG, Ehrenmitgl. IOC - Weg zur Platte 37, 4300 Essen-Bredeney (T.

Büro: 0201 - 1 88-1) - Geb. 26. Sept. 1913 Zemmin/Pom., ev., verh. s. 1939 m. Else, geb. Hochheim, 3 Töcht. (Barbara, Bettina, Susanne) - Abit. 1934; 1934 kaufm. Ausb. im Bankfach 1939 kaufm. Angest. Shell AG, Hamburg; 1941 kaufm. Leit. Karpaten-Öl AG Borislaw/Polen; 1944-45 Wehrdst; 1946-49 Vizepräs. Zonenamt d. Reichsaufsichtsamtes f. d. Versich.wesen in Hamburg; 1949-53 Generaldir. Iduna-Germania Versich.-ges.; 1953-67 Generalbevollm. v. Dr. Alfried Krupp v. Bohlen u. Halbach, 1967 Vors. Kurat. Alfred Krupp von Bohlen u. Halbach-Stiftung, 1970-89 AR-Vors. Fried. Krupp GmbH, seit 1989 AR-Ehrenvors.; Ehrenmitgl. NOK; Vors. Kurat. d. Max Grundig-Stiftg.; Präs. Olympic Museum Foundation, Lausanne; Kurat.-Mitgl. d. Kulturstiftg. d. Länder u. Stiftg. Entw. u. Frieden; AR-Vors. u. -Mitgl. versch. Ges. - 1971 Gr. BVK m. Stern u. Schulterbd.; Med. Yad Vashem; 1974 Kommandorium m. Stern d. VO. Volksrep. Polen; 1983 Ehrenring Stadt Essen; Ehrenbürger Univ./GH Essen; Ehrendoktor Univ. Greifswald; Madara Reiter-Orden I. Kl. (Bulg.); VO. Land Nordrhein-Westf.; Großkreuz d. VO d. BRD; Med. Merentibus d. Jagiellonen-Univ. Krakau/VR Polen; Goldmed. B'nai B'rith; Ehrensenator d. Ernst-Moritz-Univ., Greifswald - Liebh.: Segeln, Jazz, mod. Malerei.

BEITZ, Wolfgang
Rechtsanwalt, Generalsekr. Otto-Benecke-Stiftg. - Rodderbergstr. 57, 5300 Bonn 2 - Geb. 10. Sept. 1935 Hindenburg/OS. (Vater: Georg B., Beamter; Mutter: Hedwig, geb. Juretzko), kath., verh. s. 1975 m. Dagmar, geb. v. Kalkstein, S. Christian-Alexander - Stud. Betriebsw. u. Rechtswiss.

BEITZKE, Günther

Dr. jur., Dr. jur. h. c., o. Prof. f. Intern. Privatrecht u. Rechtsvergl. - Siefenfeldchen 39-2420, 5303 Bornheim (T. 02222 - 7 33 49) - Geb. 26. April 1909 Freiburg/Br. (Vater: Prof. Dr. med. Hermann B., Pathologe (s. X. Ausg.); Mutter: Irma, geb. Krönig), ev., verh. s. 1948 m. Gertrude, geb. Oppermann, 2 Kd. - Promot. 1933 Kiel - 1935 Gerichtsass. Berlin, 1938 Privatdoz. Univ. Gießen u. Leipzig, 1939 ao., 1942 o. Prof. Univ. Jena, 1943 Univ. Göttingen, 1959 Univ. Bonn (Inst.dir.) - BV: Jurist. Personen im Intern. Privat- u. Fremdenrecht, 1938; Familienrecht, 25. A. 1988; Nichtigkeit v. Dauerrechtsverhältn., 1948; D. Personenstand heimatloser Ausländer, 1952; Staatsangehörigkeitsrecht v. Albanien, Bulgarien, Rumänien, 1956; Grundgesetz u. Intern. Privatrecht, 1961; D. Eherecht in d. BRD, 1970. Zahlr. Einzelarb. - Liebh.: Berg- u. Skisport - 1972 Ehrendoktor Univ. Reykjavik u. Bordeaux; 1973 korr. Mitgl. österr. Akad. d. Wiss.; 1982 Akad. Bordeaux; 1983 gr. BVK - Spr.: Engl., Franz., Ital., Span. - Rotarier - Bek. Vorf.: Heinrich B., Historiker u. Politiker, Kolberg, Verf.: Gesch. d. Freiheitskriege u. Gesch. d. russ. Krieges 1812 (Urgroßv.).

BEK, Sigfrid
Fabrikant, pers. haft. Gesellschafter Ernst Gideon Bek & Co., Schmuckwarenfabrik, Pforzheim - Lamestr. 2, 7530 Pforzheim (T. 07231 - 2 07 15) - Geb. 5. Okt. 1909 Pforzheim (Vater: Ernst B., Fabr.; Mutter: Emilie, geb. Binder), verh. s. 1946 m. Irmgard, geb. Hüffner - S. 1932 väterl. Betrieb - Ehrenmitgl. Vollvers. IHK Nordschwarzwald, Pforzheim; Ehrenbeirat Industrieverb. Schmuck u. Silberwaren.

BEKH, Wolfgang Johannes

(eigentl. Schröder) Schriftsteller - 8059 Fraunberg/Obb. - Geb. 14. April 1925 München (Vater: Justin S., Rundfunkmoderator), kath., verh. s. 1965, 4 Kd. - Erzähler u. Essayist - Zahlr. Bücher m. Münchener u. bayer. Themen u. a. D. Münchner Maler, Ess. 1974; D. Herzogspitalgasse, R. 1975; Reserl mit'n Beserl, Ged. 1977; Sehnsucht läßt alle Dinge blühen, R. 1978; Kalendergeschichten, Erz. 1980; D. dritte Weltgeschehen, Ess. 1980; Adventgeschichten, Erz. 1981; Apollonius Guglweid, R. 1982; Alexander v. Maffei, Hist. Biogr. 1982; Tassilonisches Land, Ess. 1983; Dichter d. Heimat, Ess. 1984; Land hinter d. Limes, Ess. 1986; Nur d. Not koan Schwung lassen, Redensarten 1987; Am Vorabend d. Finsternis, Ess. 1988; Laurin, R. 1988; Alois Irlmaier, Biogr. 1990; V. Advent b. Lichtmeß, Erz. 1990; Mühlhiasl, Biogr. 1992 - Turmschreiber; Tukanier; Ehrenmitgl. Innviertl. Künstlergilde; 1975 Bayer. Poetentaler; BVK; 1983 Bayer. VO; Kulturpreis d. Landkr. Erding; Goldmed. Bayer. Rundf. - Liebh.: Malen, Latein.

BEL, van, Günter
Techn. Angestellter (Sportamt Essen), Präs. Dt. Amateur-Box-Verb. - Schwanhildenstr. 25, 4300 Essen 1; priv.: Nedderstr. 5, 5620 Velbert 1 - Geb. 2. Jan. 1916 Wuppertal, verh. s. 1944 (Ehefr.: Ingeborg), 2 Kd. (Ingeborg, Thomas).

BELEKE, Norbert

Verleger, pers. haft. Gesellsch. Verlag Beleke KG, Essen/Dortmund/Lübeck/Wiesbaden, Geschäftsf. D. Rathaus Verlagsges. mbH & Co. KG, Essen, pers. haft. Gesellsch. Max Schmidt-Römhild Druckerei u. Verlag, Lübeck, Essen, Berlin (Deutschlands ältestes Verlags- u. Druckhaus - s. 1579), u. Verlag für polizeiliches Fachschrifttum Georg Schmidt-Römhild, Lübeck, pers. haft. Gesellsch. Hansisches Verlagskontor H. Scheffler, Lübeck, Gf. Inh. NOBEL-Verlag GmbH, Schmidt-Römhild Verlagsges. mbH Brandenburg, Brandenburg, ELVIKOM Film-Verlag GmbH, ntv neue television Film-TV-Produktion GmbH, Essen. 1. Vors. Verb. Dt. Adreßbuchverleger, Düsseldorf - Knappenstiege 7, 4300 Essen-Heidhausen (T. 40 39 25; Büro: 8 10 58-0) - Geb. 4. Juli 1929, kath., verh. s. 1955, T. Steffi - Erf.: Photocard-Verf. - Liebh.: Phil., Bild. Kunst, Reiten, Tennis.

BELITZ, Hans-Dieter
Dr.-Ing., Univ.-Prof. f. Lebensmittelchemie - Abt-Williram-Str. 46, 8017 Ebersberg/Obb. (T. 28 17) - Geb. 9. März 1931 Merseburg/Saale - S. 1962 (Habil.) Lehrtätig. TU Berlin u. TH München (1966 Ord. u. Inst.dir.), gleichz. 1969ff. Dir. Dt. Forschungsanst. f. Lebensmittelchemie, München - BV: Lehrb. d. Lebensmittelchemie (m. W. Grosch), 1982, 1985, 1987; Food Chemistry (m. W. Grosch), 1987; Quimica de los Alimentos (m. W. Grosch), 1988; Fachaufs.- 1985 BVK am Bde.; 1988 Joseph-König-Gedenkmünze d. Ges. Dt. Chemiker.

BELLEN, Heinz

Dr. phil., o. Prof. f. Alte Geschichte Univ. Mainz (s. 1974) - Alfred-Nobel-Str. 23, 6500 Mainz 1 - Geb. 1. Aug. 1927 Neuß (Vater: Heinrich B., Kaufm.; Mutter: Elisabeth, geb. Hußmann), kath., verh. s. 1958 m. Agnes, geb. Meuters, 2 Töcht. (Angela, Anita) - Abit. 1947; Stud. d. Gesch.wiss. u. Altphilol.; Staatsex. u. Promot. 1955 - B. 1962 Studienrat D'dorf, dann Assistent, 1968 Privatdoz., 1969 Wiss. Rat u. Prof. Univ. Köln - BV: Stud. z. Sklavenflucht im röm. Kaiserreich, 1971; D. german. Leibwache d. röm. Kaiser, 1981; Metus Gallicus - Metus Punicus, 1985; Forschungen z. antiken Sklaverei, 1987ff. (Hrsg.) - 1975ff. korr. Mitgl., 1978ff. o. Mitgl. Akad. d. Wiss. u. d. Lit. Mainz.

BELLER, Fritz K.
Dr. med. (habil.), Dr. med. h. c., W. C. Keettell, Prof. of Obstr. Gyn. the Univ. of Iowa Hospitals and Clinics, em. Dir. Frauenklinik Univ. Münster - Iowa City, IA 5 22 45, USA (T. 319-356 32 29) - Geb. 17. Mai 1924 München, kath., verh. s. 1948 m. Marlis, geb. Duhl, 2 Kd. (Verena, Christoph) - Promot. 1948 Marburg; Habil. 1955 Gießen 1956-61 Oberarzt Univ.-Frauenklinik Tübingen, 1961-72 Prof. Department of Ob/Gyn New York Univ. School of Med. - BV: 20 wiss. Werke. Zahlr. Fachveröff. - Fellow Americ. Coll. of Obstetricians and Gyn., Fell. Americ. Coll. of Surgeons, Fellow Royal Soc. of Med. - Spr.: Engl.

BELLER, Kuno E.
Dr., Prof., Freie Univ. Berlin, Fachber. Erzieh.- u. Unterrichtswissensch., Inst. f. Kleinkind-, Erwachsenen- u. Sozialpädagogik - Takustr. 4, 1000 Berlin 33.

BELLINGER, Dieter
Dr., Geschäftsführer Verb. dt. Hypothekenbanken e. V. - Holbeinstr. 17, 5300 Bonn 2 - Schriften: Sondererbfolge in d. Mietverhältnis (1968); 75 Jahre Verbandsgesch. d. Hypothekenbanken (1978); Kommentar z. Hypothekenbankgesetz (1979); Recht d. Hypothekenbanken in Europa (1981).

BELLINGER, Gerhard J.

Dr. theol., o. Prof. f. Neutestamentl. Theologie, Relig.- u. Konfessionsgesch. - Himmelreichallee 25, 4400 Münster - Geb. 11. März 1931 Bochum (Vater: Josef B.; Mutter: Maria, geb. Rittmann), verh. m. Dr. Brigitte Regler-B. (Schriftst.; s. dort) - Gymn. Bonn; Univ. München u. Münster (Gesch., Phil. u. Theol.); Dr. theol. 1966 Univ. Münster; Wiss. Ass. 1966-70 Münster; Ordinarius (s. 1970) Univ. Dortmund, Senator 1972-75, 1977-79 u. Dekan 1977-79 - BV: D. Antwort d. Catechismus Romanus a. d. Reformation, 1965; D. Catechismus Romanus u. d. Reformation, 1970; Bibliogr. d. Catechismus Romanus (1566-1978), 1983; Knaurs gr. Bibelführer, 1985 (span. 1991); Knaurs gr. Religionsführer, 1986 (ital. 1989); Knaurs Lexikon d. Mythologie, 1989 - Liebh.: Musik - Spr.: Engl., Franz., Lat., Griech., Hebräisch.

BELLINGER, Knut
Dr., Kommerzialrat, Inhaber d. Knut Bellinger Vermögensverw., Mitinh. u. AR d. Fa. Kleider-Bauer KG, Wien - Hohenstaufenring 48-54, 5000 Köln 1 - Geb. 20. Febr. 1930.

BELLMANN, Dieter

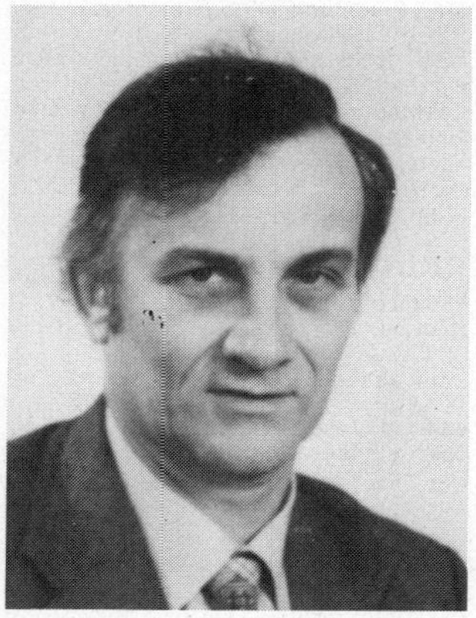

Dr. phil. habil., ao. Prof. f. arabische Kultur u. Literatur Univ. Leipzig (s. 1986) - Schönbachstr. 19, O-7027 Leipzig (T. 8 29 01) - Geb. 4. Nov. 1934 Freital/Dresden (Vater: Johannes B.; Mutter: Herta, geb. Zschaler), ev., verh. s. 1958 m. Ursula, geb. Hoffmann, 2 Kd. (Hassan, Laila) - Abit. Dresden; Stud. 1953/54 Klass. Philol. Univ. Leipzig, 1954-58 Orientalistik Univ. Halle/S.; Promot. 1966 Halle; Habil. 1978 Leipzig - 1966-70 Dir. Kulturzentrum Damaskus; 1978 Doz. Univ. Leipzig, 1986 a.o. Prof. - BV: Zelte d. Weisheit: Umar Khayyam, 1958; D. Rosengarten: M. Sadî, 1982; Arab. Kultur d. Gegenwart, 1984; D. Buch d. buntbestickten Kleides: Ibn al-Waššā, 1984; Üb. d. Frauen: Ibn Qayyim al-Ǧauziyya, 1986 - 1983 o. Mitgl. Tunes. Akad. d. Wiss. - Liebh.: Klaviersp., Wandern - Spr.: Arab., Pers., Engl., Franz.

BELLMANN, Geerd

Landrat Kr. Rendsburg-Eckernförde - Kaiserstr. 8, 2370 Rendsburg - VR-Vors. d. Kreis- u. Stadtsparkasse Eckernförde; VR-Mitgl. d. Landesbank Schlesw.-Holst. Girozentrale; AR-Vors. Kreissiedlungsges. Rendsburg mbH, Beiratsmitgl. d. Schleswag AG; AR-Mitgl. Landestheater u. Sinfonieorchester GmbH.

BELLMANN, Günter

Dr. phil., o. Prof. f. Dt. Sprachwissenschaft Univ. Mainz (s. 1971) - Saarstr. 21, 6500 Mainz; priv.: Hinter d. Kirche 22 - Geb. 4. März 1929 Zodel, ev., verh. s. 1959 m. Susanne, geb. Bürger, 2 Töcht. (Beate, Vera) - Gymn. Görlitz (Reifeprüf. 1949); 1951-55 Univ. Leipzig (Dt., Niederl.; Ex. 1955), 1960-63 Marburg (Slaw.). Promot. 1959; Habil. 1968 - Wiss. Assist. Dt. Akad. d. Wiss. Berlin (Ost) u. Univ. Marburg (Dt. Sprachatlas); 1968-71 Doz. Univ. Marburg - BV: Mundart u. Umgangssprache in d. Oberlausitz, 1961; Schles. Sprachatlas, 2 Bde. 1965/67; Tonbandaufnahme ostdt. Mundarten, 1962-65,Gesamtkatalog (m. J. Göschel), 1970; Slavoteutonica, 1971; Pronomen u. Korrektur, 1990. Herausg.: Beiträge z. Dialektologie am Mittelrhein (1986) - Lit.: Festschr. f. G. B. z. 60. Geb. (1989), Dialektgeographie u. Dialektologie (Herausg.: W. Putschke/W. Veith/P. Wiesinger).

BELLMANN, Johann Diedrich

Studiendirektor, em. Dozent - Apenser Str. 9, 2151 Nindorf (T. 04167 - 2 07); priv.: Berlinstr. 8, 3100 Celle (T. 05141 - 5 53 73) - Geb. 8. Mai 1930 Ruschwedel, verh. s. 1961 m. Edeltraud B., geb. Niemann, 5 Kd. (Katharina, Jan, Elisabeth, Christian, Andrea) - Stud. German. u. Theol. (Staatsex.) - 1960-73 Gymnasiallehrer; s. 1973 Doz. Theol. Akad. Celle/Hermannsburg; s. 1982 Landwirt in Nindorf - BV: Inseln ünner den Wind, 1964; De Himmel is hoch, 1972; Lüttjepütt, 1983. Fachveröff. - 1966 Klaus-Groth-Preis; 1982 Quickborn-Preis, 1985 Ehrenbrief Fritz-Reuter-Ges.

BELLMANN, Karl

Generalkonsul, Leiter Generalkonsulat d. Bundesrep. Deutschl. in Graz i.R. (b. 1992) - Hamerlinggasse 6/I, A-8010 Graz - Geb. 25. März 1927 Nörde/Kr. Warburg, kath., verh. s. 1956 m. Anneliese, geb. Jacobi, 2 Kd. (Elisabeth, Annegret) - Liebh.: Gesch., Tennis.

BELLMANN, Klemens

Dr. rer. pol., Ministerialdirektor i. R. Saarl. Min. f. Kultus, Bildung u. Sport (Vertr. d. Min.) - Saarufer 30-32, 6600 Saarbrücken 1 - Geb. 21. Jan. 1919, verh. m. Annemarie, geb. Müller, 3 Kd. (Helga, Doris, Gabriele) - Abit. 1938 Bad Godesberg; 1951-55 Stud. Wirtsch.wiss. Univ. Saarbrücken; Promot. 1961 Univ. Saarbrücken - 1938-45 Wehrmacht (zul. Hauptmann, 1944-49 russ. Kriegsgef.); 1956-65 Mitgl. Dt. franz. Reg. Kom. (Saarverhandl.); 1965-80 Min. f. Bild. u. Sport, Saarbrücken - BV: D. Kehrseite, Kriegsgef.-R., 1981. Div. Fachbeitr. z. Saarwirtsch. u. z. Bild.politik.

BELLSCHEIDT, Heinz

Techn. Direktor, Geschäftsf. Potthoff & Flume GmbH, Lünen - Lerchenweg 11, 4670 Lünen/W. - Geb. 17. Juli 1928 - Ing.

BELLUT, Karl-Heinz

Direktor - St. Trudpert-Str. 20, 7812 Bad Krozingen/Baden - U. a. Vorst. Schluchseewerk AG, Freiburg.

BELLWINKEL, Klaus

Dipl.-Volksw., Mitglied d. Präsidiums u. Hauptgeschäftsf. d. EBM Wirtschaftsverbandes - Kaiserswerther Str. 135, 4000 Düsseldorf (T. 45 49 30).

BELOHLAVEK, Dieter

Dr. med., Prof., Chefarzt Städt. Krankenhaus Forchheim/Ofr. - Zu erreichen üb. Städt. Krankenhaus, Spitalstr. 4, 8550 Forchheim - Geb. 18. Juni 1942 Bukarest, kath. verh. s. 1969 m. Monika, geb. Grimmer, 3 Kd. (Karsten, Yvonne, Florian) - Approbat. u. Promot. 1969 Univ. Erlangen; Habil. 1977 Univ. Ulm - S. 1984 Prof. Univ. Münster. 1979-84 Chefarzt Unna; 1984ff. Forchheim.

BELOHRADSKY, Bernd H.

Dr. med., Prof., Oberarzt, Leiter d. Abt. f. Infektionsimmunologie München - Univ.-Kinderklinik München, Lindwurmstr. 4, 8000 München 2 - Geb. 13. Nov. 1943 Olmütz/Mähren, kath., verh. s. 1967 m. Dr. med. Dominique, geb. Preney, 7 Kd. (Stéphanie, Emmanuelle, Vanessa, Julie, Marie-Amélie, Anne-Camille, Matthieŭ) - Abit. Fulda 1962; Med.stud. Marburg, Paris u. Heidelberg; Staatsex. u. Promot. 1967 Heidelberg; Dipl. f. Immunol. v. Pasteur Inst. Paris - 1972-75 San Francisco; 1977 Gastdoz. med. Fakult. Paris - BV: Neugeborenenimmunit. u. Infekt., 1981; Immunglobuline im Vergl., 1985; Primäre Immundefekte. Klinik, Immunologie, Genetik, 1986; Lehrb. u. Handb.beitr. pädiatr. Immunol. u. Infekt. - 1972 Forschungsstipend. Dt. Forschungsgem. u. Dt. Akad. Austauschdienst Paris - 1982 Hugo Schottmüller-Pr. d. Dt. Ges. f. Infektiol. - Spr.: Engl., Franz.

BELSCHNER, Wilfried

Dr. phil., Dipl.-Psych., o. Prof. f. Psychologie Univ. Oldenburg - Ermlandstr. 13A, 2900 Oldenburg (T. 6 43 44) - Geb. 24. März 1941 Gerolzhofen, verh. s. 1965 m. Helga, geb. Schuchbauer, S. Thorsten - Stud. Univ. Freiburg/Br.; Promot. 1968 ebd. - BV: Verhaltenstherapie in Erziehung u. Unterricht, Bd. 1 Grundl., 4. A. 1976; Bd. 2 Anwend., 1980; Wohnwerkstatt, 1989 - Liebh.: Tennis - Spr. Engl.

BELSER, Helmut

Dr. phil., M. Ed., o. Prof. f. Erziehungswiss. Univ. Hamburg (s. 1969) - Immenseeweg 1c, 2000 Hamburg 73 - Geb. 4. Aug. 1921 - Zul. Prof. Päd. Inst. Hamburg.

BELTHLE, Friedhelm

Dipl.-Ing., Prof. f. Spanlose Fertigung u. Zerstörungsfreie Werkstoffprüfung Gesamthochschule Paderborn (Fachbereich Maschinentechnik II/Meschede) - August-Engel-Str. 15, 5779 Eversberg - Geb. 10. Aug. 1930 Castrop-Rauxel (Vater: Fritz B., Lehrer; Mutter: Luise, geb. Stenger), ev., verh. s. 1960 m. Irmgard, geb. Schmitt, 6 Kd.

BELTING, Hans

Dr. phil., o. Prof. f. Kunstgeschichte - Am Gutleuthofhang 26, 6900 Heidelberg u. Georgenstr. 7, 8000 München 40 - Geb. 7. Juli 1935 Andernach/Rh. - Promot. 1959 Mainz; Habil. 1965 Hamburg - 1969 Ord. Univ. Heidelberg, 1980 Ord. Univ. München - Fachb. u. Aufs. - BV: Studien z. beneventan. Malerei, 1968; D. Oberkirche v. S. Francesco in Assisi, 1977; D. Bibel d. Niketas, 1979 (m. G. Cavallo); Bild u. Publikum im Mittelalter, 1981; Jan van Eyck als Erzähler, 1983; D. Ende d. Kunstgesch.?, 1984; Max Beckmann, 1984; Giov. Bellini, Pietà, 1985.

BELTLE, Erika

Redakteurin a.D., Schriftst. - Engelhornweg 14, 7000 Stuttgart 1 - Geb. 19. Febr. 1921 Stuttgart, verh. s. 1944 m. Theodor B. - BV: Lyrik: Wanderung, Schaue, lausche ..., Stern überm Dunkel, Welt im Widerklang, Sich selber auf d. Spur, Im Windgeflüster, Zauber d. Begegnung, Sonnenkringel, Im Waffenrock e. Rose rot, Erz. 1989; Im Rosenschatten, 1991; Unter griech. Sonne, Erz. 1991; Schwalben v. Niemandsland, Lyrik, 1992; Rätselb.: Pfiffikus, Pfiffikus' Schelmennuss, ... rückwärts schlüpft er aus d. Ei, ... einfach rätselhaft, 1986; Kinderb.: Pascha u. s. Freunde, Meister sprecht, wär' ich Euch als Helfer recht?, Angus Og, unser Rotkehlchen; Dichtkunst, was ist das? u.a. zahlr. Aufs. üb. geisteswiss. u. künstler. Themen.

BELTZ, Ludwig

Dr. med., Radiologe (Chefarzt), apl. Prof. Univ. Bonn/Med. Fak. (s. 1973) - Malteser-Krankenhaus, 5300 Bonn-Hardtberg; priv: Merler Allee 59, - Röttgen - Geb. 16. Jan. 1933 Aachen - Promot. 1960; Habil. 1970 - B. 1973 Radiol. Univ.sklin. Bonn, dann Malteser-Krkhs. ebd. - BV: Lymphblock u. Kollateralkreislauf, 1970. Zahlr. Einzelarb.

BELTZ-RÜBELMANN, Manfred

Dr., Verleger (Druck- u. Verlagshaus Beltz, Weinheim) - Am Hauptbahnhof 10, 6940 Weinheim/Bergstr. (T. 06201 - 6 00 70) - Geb. 1931, verh., 4 Kd. - Dipl.-Volksw.

BELZ, Günther

Ass., Geschäftsführer Landesverb. d. Hess. Haus-, Wohnungs- u. Grundeigentümer - Niedenau 61-63, 6000 Frankfurt/M. 1 (T. 069-72 94 58) - Geb. 2. Mai 1952 Frankfurt, verh., 2 Kd. - Jura-Stud.

BELZ, Hans-Georg

Dr. jur., Vorstand Dawag Dt. Angest.-Wohnungsbau-Aktienges., Hamburg - Ahornstr. 17, 2000 Hamburg 70 (T. 040-6564788) - Geb. 4. Mai 1936 Stettin, ev., verh. s. 1966 m. Christel, geb. Hartmann, 2 Kd. (Janina, Marian) - Abit.; Stud. Rechtswiss., Phil., Wirtschafts- u. Sozialwiss.; 1. u. 2. jurist. Staatsex., Promot. - Rechtsanw. u. Geschäftsf. div. Ges.; s. 1979 s.o. - Div. Publ. - Spr.: Engl., Span., Russ., Latein.

BELZ, Helmut

Geschäftsführer Ingersoll Maschinen- u. Werkzeuge GmbH, Burbach, u. Waldrich Siegen Werkzeugmaschinen GmbH, Siegen - Am Vogelsang 6, 5909 Burbach/Siegerl. - Geb. 12. Febr. 1930.

BELZNER, Hermann Carl

Regierungsrat a. D., Bürgermeister a. D., Geschäftsf. Städteverb. Rhld.-Pfalz, MdL Rhld.-Pfalz (1965-75) - Hildenbrandstr. 2a, 6710 Frankenthal (T. 06233 - 2 86 95) - Geb. 1. Febr. 1919 Bad Mergentheim, ev., verh., 2 Kd. - Ev. theol. Sem. Schönthal u. Urach; 1940-43 Stud. Rechtswiss. Staatsex. 1943 u. 48 - Arbeits- u. Wehrdst. (b. 1937 u. 1943-45); 1948-60 Ass. u. Reg.rat versch. Landratsämter, Sozialgericht Speyer u. Bezirksreg. Pfalz. 1956-60 Mitgl. Stadtrat Frankenthal. 1960-73 Bürgerm. Gde. Mutterstadt, 1967-74 Vors. Arb.Wohlfahrt Pfalz. SPD s. 1949 - 1975 BVK I. Kl.

BEMMANN, Günter

Dr. jur., Dr. jur. h. c., o. Prof. f. Straf-, Strafprozeß- u. -vollzugsrecht Fernuniversität (s. 1978) - Regerstr. 2, 5800 Hagen (T. 8 66 48) - Geb. 15. Dez. 1927 Verden/Aller (Vater: Walter B., Mittelsch.lehrer; Mutter: Martha, geb. Geese), ev., verh. s. 1961 m. Helga, geb. Bescht, 3 Kd. (Katrin, Silke, Ulrich) - Stud. Göttingen; Promot. 1955 ebd.; Habil. 1965 Heidelberg - 1965-71 Doz. ebd.; 1971-78 o. Prof. Augsburg; Ehrenpromotion 1980 Thessaloniki/Gr.

BEN-CHORIN, Schalom

Prof., Dr. h.c., Schriftsteller - P.O.B. 6644, 91066 Jerusalem/Israel - Geb. 20. Juli 1913 München (Vater: Richard Rosenthal, Kaufm.; Mutter: Marie, geb. Schlüsselblum), jüd., verh. s. 1943 m. Avital, geb. Fackenheim, 2 Kd. (Tovia, Ariela) - 1931-34 Stud. German. u. Vgl. Relig.wiss. Univ. München - 1935-70 Journalist; 1970-87 Doz. u. Gastprof. (Dormitio Mariae), Univ. Tübingen u. München - BV: Zwiesprache m. Martin Buber, 1966; Bruder Jesus, Paulus, Mutter Mirjam, 1982; Jüd. Glaube, Betendes Judentum, 1980; Germania Hebraica, 1982. D. Tafeln d. Bundes, 1979; Theologia Judaica, 1982, 2. A. 1992; Jüdische Ethik, 1983; Mein Glaube-mein Schicksal, 1984; D. Engel m. d. Fahne, 1985; Was ist d. Mensch?, 1986; Als Gott schwieg, 1986; Jugend an d. Isar, Ich lebe in Jerusalem, 1988; Zw. neuen u. verlorenen Orten, 1988; Jüd. Theol. im 20. Jh., Anthol. (zus. m. Vera Lenzen), 1988; Weil wir Brüder sind, 1988; Auf d. Suche nach e. jüdischen Theologie, 1989; Sehnsucht Jerusalem, 1990; Begegnungen, 1991; Jenseits v. Orthodoxie u. Liberalismus, 1991; Sinai, Wort aus d. Stille, 1991. Herausg.: Auf d. Weg, Anthol. dt.-spr. Lit. in Israel (1989, m. M. Faerber) - 1969 BVK I. Kl.; 1975 Leopold Lucas-Preis d. Univ. Tübingen; 1982 Buber-Rosenzweig-Med.; 1983 Gr. BVK; 1985 Prof.-Titel ehrenh.; 1986 Bayr. VO; 1988 Dr. h. c. München; 1989 Preis d. Stiftg. Bibel u. Kultur Stuttgart; Gold. Bürgermed. d. Stadt München; Ehrenmitgl. Isr. Kultusgemeinde München; 1988 Ehrenmitgl. Bewegung f. Progr. Judent. Jerusalem - Spr.: Engl., Hebr. - Lit.: Festschr. z. 65. Geb., 1978; Festschr. z. 70 Geb., 1983, D. Mann, d. Friede heisst; Festschr. z. 75 Geb., 1988, Weil wir Brüder sind (hg. H. M. Bleicher).

BEN-YAACOV, Yissakhar

Botschafter a. D., Direktor ORT-Deutschland u. Repräsentant d. World ORT Union f. Österreich, Luxemburg u. Dänemark (s. 1987) - Hebelstr. 6, 6000 Frankfurt 1 (T. 069 - 44 90 81) - Geb. 7. Dez. 1922 Hamburg, jüd. Relig., verh. s. 1950 m. Priva, geb. Frischling, 2 Kd. (No'omi, Shlomo) - Handelsgymn. Tel-Aviv; Stud. Univ. München - 1948-53 Ausw. Dienst d. Staates Israel: Kanzler d. Israel. Konsulats München, 1953-56 Konsular-Abt. Jerusalem, 1956-59 Leit. Konsular-Abt. Israel Mission Köln, 1959-64 Außenmin. Jerusalem: stv. Abt.-Leit. f. Intern. Kooperation, 1964-69 Generalkonsul Philadelphia, Pennysylv./USA, 1969-73 Botsch. Lagos/Nigeria, 1974-79 Polit. Berater d. Bürgerm. v. Jerusalem, 1979-83 Botsch. Wien/Österr., 1983-87 Botsch. Canberra/Austral. u. nichtresid. Botsch. f. Fidji, Papua-Neu Guinea, Kiribati - Liebh.: Priv. Korresp., Musik - Spr.: Engl., Hebr., Yiddisch - Rotarier.

BENDA, Ernst

Dr. jur. h. c., Bundesminister u. Bundesverfassungsgerichtspräs. a. D., Prof. f. Öfftl. Recht (m. Schwerp. Verfassungsr.) Univ. Freiburg (s. 1984), Vors. Berliner Kabelrat (1984ff.) - Käthe-Kollwitz-Str. 46, 7500 Karlsruhe 41 - Geb. 15. Jan. 1925 Berlin (Vater: Rudolf B., Obering., 1963-67 MdA Berlin (s. XV. Ausg.); Mutter: Lilly, geb. Krasting), ev., verh. s. 1956 m. Waltraut, geb. Vorbau, 2 Kd. (Josefine, Hans) - Kant-Gymn. Berlin-Spandau; n. Kriegsdienst (Marine) u. Gefangensch. Univ. Berlin (1946-48 Humboldt-U., 1948-1951 FU) u. Madison/USA (1949-55). Gr. jurist. Staatsprüf. 1955 - Rechtsanw.; 1967-68 parlam. Staatssekr. Bundesinnenmin.; 1968-69 Bundesinnenmin.; 1971-84 Präs. BVerfG. 1967-70 Präs. Dt.-Israel. Ges.; 1951-54 Bezirksverordn. Spandau; 1955-57 MdA Berlin; 1957-71 MdB (Berliner Vertr.; 1969 Mitgl. CDU/CSU-Fraktionsvorst. u. Leit. Arbeitskr. Innenpolitik u. Recht). 1952-54 Vors. Jg. Union Berlin. CDU s. 1946 (1966 Mitgl. Bundesvorst.); 1978 Honorarprof. Univ. Trier - BV: Industrielle Herrschaft u. sozialer Staat, 1966; Lehrbuch d. Verfassungsprozeßrechts (m. E. Klein), 1991. Herausg.: Handb. d. Verfassungsrechts (1983, m. W. Maihofer u. H. J. Vogel) - 1969 Gr. BVK m. Stern; 1974 Ehrendoktor Univ. Würzburg; 1983 Großkreuz Bundes-VO; 1979 Wahl z. Pfeifenraucher d. J. - Liebh.: Segeln - Spr.: Engl.

BENDER, Bernd Harald

Dr. jur., Prof. f. Öfftl. Recht, Rechtsanwalt - Weiherhofstr. 2, 7800 Freiburg (T. 0761 - 28 28 70) - Geb. 6. April 1919 Freiburg (Vater: Erich B., Rechtsanw.; Mutter: Alice, geb. Hartlaub), in 3. Ehe verh. s. 1989 m. Elisabeth, geb. Gräfin von Keller, 2 Kd. aus 1. u. 2. Ehe (Michael, Ines) - 1945-49 Univ. Freiburg (Jura. u. Volkswirtsch) - S. 1952 Rechtsanw., s. 1970 Honorarprof. Univ. Freiburg, 1970-73 Vize-Präs. Deutsch-Britische Juristenvereinig., 1974-86 Mitgl. Ständige Deputation d. Dt. Juristentags, 1977-86 Präs. USC Freiburg. 1981-86 Beirats-Vors. Dt. Anwaltsakad. - BV: Allg. Verwaltungsrecht, 3. A., 1961; Staatshaftungsrecht, 3. A., 1981; Nachbarschutz Zivil- u. Verwaltungsrecht (zus. m. R. Dohle), 1972; Umweltrecht (zus. m. R. Sparwasser), 2. A. 1990. Zahlr. Beiträge in Fachztschr. - 1981 Hans-Dahs-Plakette d. Dt. Anwaltvereins f. Verdienste um die Verwirkl. des soz. Rechtsstaats im Gesamtbereich d. Rechtspflege; 1987 Ehrenmed. Univ. Freiburg; 1989 BVK I. Kl. - Liebh.: Astronomie, ostasiatische Kulturen - Gold. Sportabz. (15mal s. 1965) - Spr.: Engl.

BENDER, Birgit (Biggi)

Juristin, MdL Baden-Württ. - Knospstr. 1, 7000 Stuttgart 1 - Geb. 28. Dez. 1956 Düsseldorf - 1 jurist. Staatsex. 1980 Freiburg, 2. jurist. Staatsex. 1984 Berlin - Mitgl. d. Grünen - Liebh.: Karate - Spr.: Engl., Franz., Russ.

BENDER, Franz

Dr. med., em. o. Prof. f. Innere Medizin (Kardiolog.) Med. Univ.Klinik Münster (s. 1971) - Parkallee 38, 4400 Münster/W. - Geb. 13. Jan. 1922 Ahlen/W., kath., verh. s. 1953 m. Maria, geb. Lötfering - Univ. Münster u. Königsberg/Pr. Promot. u. Habil. Münster - S. 1959 Privatdoz. u. apl. Prof. (1965) Münster (Innere Med.), 1956 Physiol. Inst. Marburg. Emerit. 1988. 1960/61 Stip. DAAD (Mayo Clinic USA). Spez. Arbeitsgeb.: Kardiologie. Üb. 350 Fachveröff., 2 Monogr., 2 wiss. Filme - 1970 Mitgl. Akad. d. Wiss. New York u. Kgl. Ärzteges. London.

BENDER, Hans

Schriftsteller - Taubengasse 11, 5000 Köln - Geb. 1. Juli 1919 Mühlhausen/Kraichgau (Vater: Friedrich B., Gastw.; Mutter: Therese, geb. Becker), kath. - Univ. Erlangen u. Heidelberg (Literatur- u. Kunstgesch.) - 1960-62 Feuilletonleit. Dt. Ztg.; 1962-64 Chefredakt. Magnum - BV (b. 1960 s. XVIII. A.): M. d. Postschiff, Erz. 1962; Worte - Bilder - Menschen, 1969; Aufz. einiger Tage, 1971; Einer von ihnen. Aufzeichnungen, 1979; Bruderherz, Erz. 1987; Postkarten aus Rom. Autobiogr. Texte 1989. Herausg.: Mein Gedicht ist m. Messer (1955); Jg. Lyrik (1956); Widerspiel - Dt. Lyrik s. 1945 (1961); 19 nuovi scrittori tedeschi (1962); Klassiker d. Feuill. (1965); Konturen - Blätter f. jg. Dichtung (1951-53); Akzente - Ztschr. f. Lit. (1954-80); Sonne, Mond u. Sterne (1976); Heinrich Zimmermann: Reise um d. Welt m. Capitain Cook (1978); D. Inselbuch vom Reisen (1978); In diesem Lande leben wir. Deutsche Gedichte der Gegenwart (1978); D. Inselbuch d. Freundschaft (1980); Dt. Gedichte 1930-1960 (1983); Dt. Erzähler 1920-1960 (1985); Das Inselbuch d. Gärten (1985); Annette Kolb-René Schickele: Briefe aus d. Exil 1933-42 (1987); Capri. E. Lesebuch (1988). Mithrsg.: Jahresring (1962ff.) - 1960 Ehrengabe Kulturkr. BDI; 1962 Mitgl. PEN-Zentrum BRD; 1965 Mitgl. Akad. d. Wiss. u. d. Lit., Mainz, 1970 Akad. d. Künste, Berlin; 1973 Premio Calabria; s. 1984 Adjunct Prof. d. Univ. Austin/Texas; 1984 Arbeitsstipendium d. Landes Baden-Württ.; 1986 Ehrendoktorwürde Univ. Köln; 1988 Kunstpreis d. Landes Rheinl.-Pfalz.

BENDER, Helmut

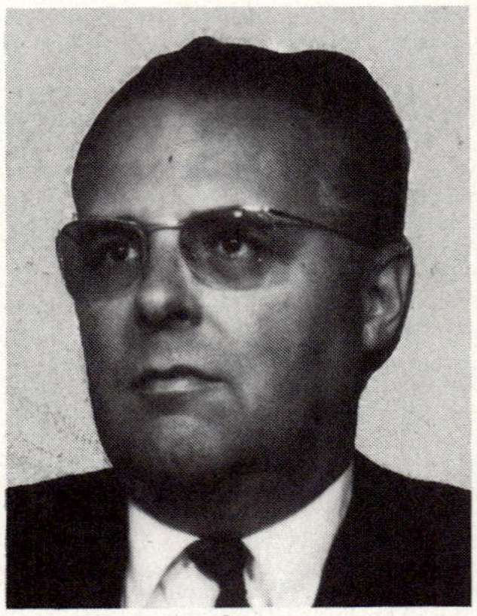

Dr. phil., Cheflektor a.D., Schriftst. - In den Weihermatten 1, 7800 Freiburg - Geb. 23. März 1925 Freiburg, kath., verh. s. 1951 m. Elisabeth Kohler, 2 Töcht. (Charlotte, Christine) - Stud. German., Roman. u. Geschichtswiss., Promot. 1949 Freiburg; 1950-52 Verlagsbuchhändlerlehre - S. 1982 Präs. Hansjakob-Ges.; 1969-77 Hauptred. Dt. Literaturlex. - BV: Baden, 1977; Burgen im südl. Baden, 1979; Hochrhein, Hotzenwald u. Südschwarzwald, 1980; Gesch. u. Erinner., 1980; Badisches, 1983; Aus d. Wiesental, 1983; 25 Texte f. 24 Stunden, 1983; D. Feldberg, 1983; Bodensee-Perspektiven, 1984; Kl. Antiquariatskd., 1984; Hansjakob, 1984; Freiburg, 1984; Südbaden, 1986; Hansjakob u. Freiburg, 1986; Hansjakob - Reiseerinn.-Ausgabe, 1986ff; Kuriositäten, 1988; Bücherlust u. Bücherunlust, 1988; Hansjakob-Erzähl-Bde., 1988ff.; Einfälle, 1989; Z. badischen Literatur, 1989; Hansjakob-Tageb., 1989ff.; Cave canem, 1990; Im Nebel, 1990; Hebel, Allemann. Ged. 1990; D. Volksschriftsteller H. Hansjakob; Dieses Alter, 1991; 5 Lebensläufe, 1991; rd. 40 weit. Veröff. in Buchform, ca. 1100 Zeitschriftenaufs. Herausg.: Bad. Reihe (s. 1980); Bibliogr. 1949-89 (1990) - 1987 BVK - Liebh.: Lit., Antiquariatskd., Landeskd., Rezensionen - Spr.: Engl., Franz., Ital., Span., Lat. - Bek. Vorf.: Dr. Ferdinand Kopf, Landtagspräs. (Großonkel).

BENDER, Ignaz

Kanzler d. Univ. Trier - Novalisstr. 4, 5500 Trier/Mosel - Geb. 10. März 1937 Freiburg i. Br., verh., 3 Kd. (Christoph, Franziska, Johannes) - Stud. Rechte u. AStA-Vors. Univ. Bonn u. Freiburg; stv. Bundesvors. Verb. Dt. Studentensch.; Initiator Bildungskampagne Student aufs Land. 1968 Studie im Auftr. d. Kultusmin. Baden-Württ. üb. Ursachen d. Studentenunruhen. Pers. Ref. d. Rektors Univ. Konstanz; stv. Leit. Dienstst. d. Kultusmin. Rhld.-Pfalz z. Erricht. d. Doppeluniv. Trier-Kaiserlautern; s. 1970 ltd. Verw.-Beamter Univ. Trier. Stadtratsmitgl. in Trier (1984ff.) - 1967 Theodor-Heuss-Med. - Spr.: Engl., Franz.

BENDER, Karl

Dr. jur., Hüttendirektor a. D., Rechtsanwalt, Inh. Fa. Christiansen & Meyer, AR-Vors. Berluto Armaturenges., Tönisvorst - Außenmühlenweg 10, 2100 Hamburg-Harburg - Geb. 3. Febr. 1907 Düsseldorf - Hon.-Prof. Univ. Münster.

BENDER, Karl-Günther

Geschäftsführer Adolf Unverzagt GmbH & Co. KG, Stuttgart-Bad Cannstatt - Ellweg 17, 7050 Waiblingen 5 - Geb. 10. Aug. 1923 Diez (Vater: Dr. jur. Karl B., Rechtsanwalt; Mutter: Erna, geb. Thielmann), verh. s. 1978 m. Elisabeth, geb. Weiler, 2 Kd. (Christina, Wolfgang) - N. Abitur prakt. Lehre.

BENDER, Klaus Wilhelm

Dipl.-Kfm., Auslandskorrespondent (Wirtschaftspolitik) - Piazza Navona 106 (ingresso: Via dè Canestrari, 5), 00186 Roma/Italia (T. 6 54-86 96; Telefax 6 87-30 22) - Geb. 15. Dez. 1938 Darmstadt (Vater: Wilhelm B., Kaufm.; Mutter: Elisabeth, geb. Gärtner), ev., verh. s. 1962 m. Sinikka Ritva, geb. Kansikas, 2 Kd. (Markku, Aino) - Stud. d. Wirtschaftswiss. Köln u. München. Dipl. Köln 1964 - 1965-70 Friedrich Ebert-Stiftg., Bonn u. Tokio/Japan, 1970-72 u. 1972-80 fr. Journ. u. FAZ-Korresp. Tokio, s. 1980 Rom - Liebh.: Sprachen, Musik, Reisen, Sport, Lit. - Spr.: Engl., Franz., Ital., Span., Japan.

BENDER, Otto

Generaldirektor, Vors. d. Geschäftsfg. Bender-Werke GmbH u. Deutsche Crown Cork GmbH, vorm. Vereinigte Kronenkork Werke, Frankenthal - Kantstr. 10, 6800 Mannheim - Geb. 15. Juni 1909.

BENDER, Wolfgang F.

Dr. phil., Prof. f. Neuere dt. Literaturgesch. Univ. Münster (s. 1972) - Burg Kastenholz, 5350 Euskirchen-Niederkastenholz - Geb. 18. Aug. 1935 Neuss/Rh. (Vater: Johannes Hubertus B., Versich.math.; Mutter: Gertrud Margarete, geb. Lückerath), verh. m. Monika, geb. Stump, S. Wolfgang - Stud. Univ. Köln, Bonn, Wien; Promot. 1964 Köln - 1966 Assist. Prof. u. 1969 Assoc. Prof. of German Lit., Univ. of California (Davis); 1971 Visit. Prof. of German, Univ. of the Witwatersrand Johannesburg/Südafrika; 1985 u. 87 Gastprof. Kairo; 1987-89 Dekan FB Germanistik - Zahlr. Buch- u. Ztschr.-Veröff. z. Lit. u. Ästhetik d. 17. u. 18. Jh. - Liebh.: Musik (Klavier), Sammeln mod. Graphik - Spr.: Engl., Franz., Niederl., Ital. - Bek. Vorf.: Johannes VII. Luckenrath, Abt. v. Steinfeld, Kirchenrechtler (17. Jh.).

BENDER, Wolfhard Friedrich

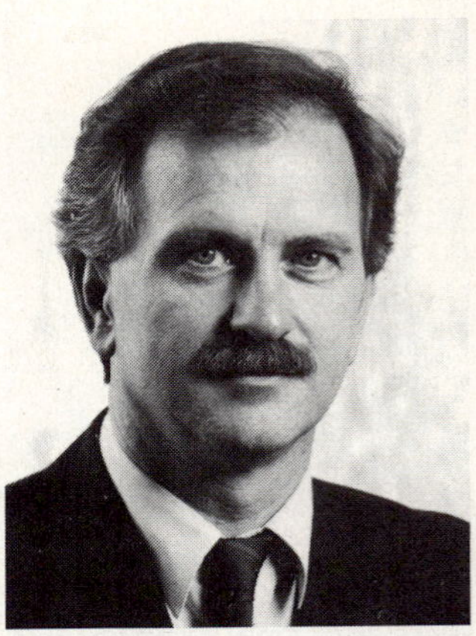

Vorstandsmitglied Deutsche Bundespost POSTDIENST (s. 1990) - Heinrich-von-Stephan-Str. 1, 5300 Bonn 2 (T. 0228 - 14 60 00) - Geb. 9. Mai 1947 Mayen, verh., 1 Kd. - Abit. 1967 Staatl. Neusprachl. Gymn. Mayen; Stud. Rechtswiss.; 1. jurist. Staatsprüf. 1973; Gr. jurist. Staatsprüf. 1976 - 1976-78 Tätigk. als Richter am Landgericht Koblenz, Dezern. b. d. Kreisverw. Ahrweiler, Doz. FH Rheinl.-Pfalz in Mayen; 1978-81 Ref. Bundesmin. d. Innern; 1981/82 Sekr. Enquête-Kommiss. Neue Informations- u. Kommunikationstechn. d. Dt. Bundestages; 1982-85 Leit. Min.-Büro Bundesmin. f. d. Post- u. Fernmeldewesen u. pers. Ref. d. Min.; 1985-90 Abteilungsleit. Bundesmin. f. Post u. Telekommunikation, Ber. Öffentlichkeit, Markt; s. 1990 Vorst.-Mitgl. Deutsche Bundespost POSTDIENST.

BENDIXEN, Klaus

Prof., Maler - Elbchaussee 186, 2000 Hamburg 52 (T. 39 44 46) - Geb. 14. Dez. 1924 Hannover, ev., verh. s. 1956 m. Hal, geb. Busse, 2 Töcht. (Anna, Beate) - 1945-47 Bildhauerhandw.; 1947-49 Kunstakad. Nürnberg; 1950-54 Kunsthochsch. Stuttgart (Schüler v. Willi Baumeister) - S. 1961 Leit. e. Kl. f. Malerei Kunsthochschule Hamburg - 1961 Rom-Preis.

BENDIXEN, Peter

Dr. phil., Kultusminister a. D. (1979-88), MdL Schlesw.-Holst. (s. 1975) - Landeshaus, 2300 Kiel - Geb. 16. April 1943 Haurupfeld/SH., ev., verh., 3 Kd. (Karoline, Christoph, Jan-Peter) - Goethe-Gymn. Flensburg (Abit. 1963); Univ. Heidelberg, Hamburg, Kiel (Gesch., German., Phil.). Promot. (Das Staatsdenken Walther Rathenaus) u. 2. Staatsex. 1972 - 1973-74 Geschäftsf. CDU-Landtagsfrakt.; 1974-75 Studienrat Preetz. Div. Parteiämter, dar. 1972-73 Landesvors. d. JU.

BENDIXEN, Peter

Rechtsanwalt, Wirtschaftsprüf., Steuerberat., Generalbevollm. DWT Dt. Warentreuhand AG Wirtschaftsprüfungsges. - Ferdinandstr. 59, 2000 Hamburg 1 (T. 040 - 30 29 31 41) - Geb. 25. Nov. 1931, verh., 3 Kd.

BENDZIULA, Albrecht

Vorstandsvorsitzender Dt. Vereinig. z. Förd. d. Weiterbild. v. Führungskräften (Wuppertaler Kreis), Köln, Vors. Bildungswerk Nordrh.-Westf. Wirtsch. - Irenenstr. 12, 5600 Wuppertal 1 - Geb. 8. Nov. 1925 - Dipl.-Psych.

BENECKE, Dieter W.

Dr. rer. pol., Prof. f. Wirtschaftswiss. Univ. Catolica de Chile, Vorstand Inter Nations - Kennedyallee 91-103, 5300 Bonn 2 - Geb. 19. Nov. 1938 Habelschwerdt, verh. s. 1965, 2 Töcht. - Kaufm. Lehre, Stud. Volkswirtsch. u. Politikwiss; Dipl. 1965 Tübingen; Promot. 1970 Münster - Leit. Grundsatzabt. Intern. Inst. d. Konrad-Adenauer-Stiftg.; Vorst.- u. Kurat.-Mitgl.: Arbeitsgem. Dt. Lateinamerikaforsch. (ADLAF), Nord-Süd-Forum, Berliner Verein z. Förd. d. Publiz. in d. Entwicklungsländern, Haus d. Kulturen d. Welt, Hermann-Hesse-Stiftg. - BV: Kooperation u. Wachstum in Entwicklungsländern, 1972 (engl., span., portug. Übers.); Genoss. in Lateinamerika, 1976 (span. Übers.) - Herausg.: Integration in Lateinamerika (1980); Wirtschaftsreform in d. VR China (1984); Bevölkerungswachstum in Lateinamerika (1986) - Liebh.: Musik, Theater, Politik, Sport - Spr.: Engl., Span., Schwed., Franz.

BENECKE, Johann Heinrich

Geschäftsführer J. H. Benecke Beteiligungsges. mbH - Georgstr. 8A, 3000 Hannover 1 (T. 0511 - 36 34 71, Fax

0511 - 36 34 72); priv.: Dorfstr. 12, Isernhagen - Geb. 14. Juni 1923 Hannover (Vater: Otto B., Fabr.; Mutter: Alve, geb. Engel), ev. - U. a. Beiräte Dresdner Bank AG, Gerling Konzern; AR Moenus AG - Liebh.: Mod. Kunst.

BENECKE, Theodor

Dr. phil., Ministerialdirektor a. D., Präs. Club d. Luftfahrt v. Deutschl. e. V. - Godesberger Allee 70, 5300 Bonn 2 (T. 37 32 63) - Geb. 10. Sept. 1911 Lüneburg (Vater: Gustav B., Konrektor; Mutter: Lina, geb. Klüssendorf), ev., verh. m. Annemarie, geb. Geppert s. 1953, 5 Kd. - Johanneum Lüneburg; Univ. Freiburg/Br. u. Kiel (Physik, Math., Chemie). Promot. (Physik) 1935 - 1936-1939 Dt. Versuchsanstalt f. Luftfahrt (Assist.), dann Techn. Amt Reichsluftfahrtmin. (Abt.chef, 1942 Fliegerstabs-, 1944 -oberstabsing.), b. 1948 Kriegsgefangensch., spät. Industrietätigk., 1952-62 Dienstst. Blank bzw. Bundesverteidigungsmin.; 1962-69 Präs. Bundesamt f. Wehrtechnik u. Beschaffg.; 1969-73 gf. Vorst.-Mitgl. Dt. Forschungs- u. Versuchsanst. f. Luft- u. Raumfahrt e. V.; s. 1962 Mitgl. AR bzw. Vors. Beirat Industrieanlagen Betriebsges. (IABG); 1962, 66/71 Mitgl./Präs. Dt. Komm. f. Weltraumforschg.; 1970-73 Präs. Advisory Group f. Aerospace Res. a. Development d. NATO (AGARD); 1972 2. Vors. Dt. Ges. f. Luft- u. Raumfahrt e. V.; 1973-79 Präsidialgf. u. Präsid.-Mitgl. d. BDLI; s. 1990 Kurat.-Mitgl. u. Mitgl. Planungsbeirat d. Dt. Museums - BV: History of German Guided Missiles Development, 1957; Wehrtechn. f. d. Verteidig., 1984; Flugkörper - Lenkraketen, 1987. Herausg.: Jahrb. d. Wehrtechnik; Buchreihe: D. dt. Luftfahrt - 1962 Großoffz.kreuz ital. VO.; 1963 Med. de l'Aeronautique u. 1975 Kommand. d. Nat. VO. d. franz. Rep.; 1969 BVK I. Kl., 1973 Gr. BVK, 1987 Stern dazu, 1975 Fellow Americ. Inst. of Aeronautics a. Astronautics/USA - Spr.: Franz., Engl.

BENEDUM, Jost

Dr. phil., Prof. f. Geschichte d. Med. Univ. Gießen (s. 1973) - In den Gärten 22, 6300 Gießen-Lützellinden - Geb. 16. Jan. 1937 Merzig/Saar (Vater: Stefan B., Kaufm.; Mutter: Anna, geb. Hermann), ev., verh. s. 1969 m. Dr. phil. Christa, geb. Schaum, 2 Söhne (Georg, Ulrich) - Stud. d. Klass. Altertumswiss. Univ. Saarbrücken, Athen, Gießen; Promot. 1966 ebd.; Teilstud. Med.; Habil. Gesch. d. Med. 1972 - S. 1973 kommiss. Leit. und s. 1978 Leit. Inst. f. Gesch. d. Med., Gießen; 1982-85 Vorst.Mitgl. Dt. Ges. d. Medizin, Naturw. u. Technik; s. 1984 Vors. Fachverband Medizingeschichte; 1973 u. 76 Forschungsaufenthalte Griechenland. In- u. ausl. Fachmitgl.sch. - BV: Studien z. Dichtkunst d. späten Ovid, 1967; Einf. in d. medizin. Fachspr., 1972; 2. A. 1981 (m. a.); Katalog 375 Jahre Medizin in Giessen, 1982 (m. a.). Hrsg. d. Reihe Arbeiten zur Geschichte d. Medizin in Giessen, Bd. 1, 1979ff. Zahlr. Fachbuchbeitr. u. wiss. Aufs. - Korr. Mitgl. Akad. d. Wiss. u. Lit. Mainz, u. d. Wiss. Ges. an d. Univ. Frankfurt - Spr.: Franz., Engl., Neugriech.

BENEKE, Peter

Obersteuerrat a. D. s. 1981, MdL Nordrh.-Westf. (1975-1980) - Am Elend 9, 5600 Wuppertal 1 (T. 74 35 33) - Geb. 11. März 1917 - CDU.

BENEKING, Heinz

Dr. rer. nat., em. o. Prof. f. Halbleitertechnik - Rolandstr. 1, 5100 Aachen (T. 15 21 67) - Geb. 28. März 1924 Frankfurt/M. (Vater: Otto B., Künstler; Mutter: Friedel, geb. Dürbeck) - Univ. Frankfurt u. Hamburg - Tätigk. NWDR u. Telefunken; s. 1956 Privatdoz., ao. (1961) u. o. Prof. (1964) TH Aachen (Dir. Inst. f. Halbleitertechnik) - BV: D. Transistor, 1963; Praxis d. Elektronischen Rauschens, 1971; Feldeffekttransistoren, 1973; Halbleiter-Technologie, 1991. Üb. 100 Einzelarb. - Fellow IEEE; Carl-Friedrich-Gauss-Med. Braunschweig. wiss. Ges. u. korr. Mitgl. ebd.; 1985 Award of the Intern. Sympos. on GaAs and related Comp.; 1985 Heinrich-Welker-Med.; 1990 Mitgl. Electromagnetics Acad./MIT; 1986-1988 Goebel Visiting Prof. Univ. of Michigan.

BENESCH, Harald

Regisseur u. Autor - Lindenpl. 2, 8920 Schongau/Obb. (T. 8861 - 76 47) - Geb. 8. Dez. 1921 Wien (Vater: Walter B., Schriftst.; Mutter: Rose, geb. Reil), verh. s. 1960 m. Ursula, geb. Jockeit, 3 Kd. (Evelyn, Sonja, Maximilian) - 1939-41 Staatl. Schauspielsch. Hamburg - 1950 Regieassist. b. Bertold Brecht; 1951-56 Theaterregiss. Graz; 1957-61 Oberspiell. Schauspielhs. Bochum. 1983 Gastdoz. Max-Reinhardt-Sem. Wien. Üb. 100 Theater- (dar. UA. N, D. Tod e. Puppe, D. Barbar) u. Fernsehinsz. (Kapt. Karagöz, Nebeneinander, D. Wohnung, D. Klassenaufs. u. a.). Div. Drehb. - Liebh.: Reisen (Mittelmeer), Gesch.

BENESCH, Hellmuth

Dr. phil., Prof. f. Psychologie Univ. Mainz - Rheinblick 16, 6501 Wackernheim - Geb. 24. Dez. 1924 Dux - Promot. 1953; Habil. 1970 - BV: Wiss. d. Menschenbehandl., 1958; Wirtschaftspsych., 1962 (span. 1966); Exper. Psych. d. Fernsehens, 1968; Intelligenz u. Kreativitäts-Versuche, 1969; Berufsaufgaben u. Praxis d. Psych., 1971, 1984; Handb. z. Prakt. Psych., 3. A. 1973; Urspr. d. Psych. aus neuronalen Formprinzipien, 1974; D. Ursprung d. Geistes, 1977, Tb. 1980; Manipulation u. wie man ihr entkommt, 1979 (franz. 1981, span. 1982), Tb. 1980 u. 82; Spiel als therapeutische Alternative, 2. A. 1980; Wörterb. z. Klin. Psych., 2 Bde., 1981; Und wenn ich wüßte, daß morgen d. Welt unterginge... Z. Psych. d. Weltanschauungen, 1984; Grundlagen d. Psych., 1985; dtv-Atlas z. Psych., 2 Bde., 1987; Zw. Leib u. Seele. Grundl. d. Psychokybernetik, 1988; Psych.-Leseb. Einführung in historische Texte, 1990; Warum Weltanschauung, 1990; Verlust d. Tiefe, 1991; Automatenspiele, 1992. Herausg.: Krech, Crutchfield, Grundlagen d. Psych. (1985).

BENESCH, Kurt

Dr. phil., Schriftsteller - Lederergasse 17/21, A-1080 Wien (T. 431 92 35) - Geb. 17. Mai 1926 Wien (Vater: Josef B., Beamter; Mutter: Agnes, geb. Hilbert), kath., verh. s. 1969 m. Gertrud, geb. Neumann - Mittelsch., Abitur; Stud. (Promot. 1950) - BV: D. Flucht v. d. Engel, R. 1955; D. Maßlose, R. 1956; D. vielen Leben d. Mr. Sealsfield, R. 1965; D. Frau m. d. hundert Schicksalen, R. 1966; Nie zurück, R. 1967; Begegnung, Erz. 1979; Magie, 1975; Rätsel d. Vergangenh., 1977; Auf d. Spuren gr. Kulturen, 1979; D. Sonne näher (Autobiogr.), 1972; Einführ. in d. Archäologie, 1982; D. Spur in d. Wüste, R. 1985; Fabrizio Alberti, R. 1987; V. damals bis Jericho, R. 1990; Pilgerwege - Santiago de Compostela, Bildb. 1991 - 1959 Förder.preis Stadt Wien f. Lit.; 1960 Anerk.preis z. Österr. Staatspr.; 1960 Jugendbuchpr. Stadt Wien.

BENESCH, Otto

Staatssekretär a. D., Präsident Landesrechnungshof Nordrh.-Westf. a.D. - Siepenblick 15, 4300 Essen (T. 26 34 04) - Geb. 21. März 1913 Groß-Weichsel (Vater: Josef B., Hauptlehrer; Mutter: Hedwig, geb. Drutschmann), kath., verh. s. 1941 m. Friedel, geb. Joppen, 2 Kd. (Lothar, Christine) - Stud. München, Breslau (Rechts- u. Staatswiss.); 1. u. 2. Jur. Staatsex. 1937 u. 1941 Breslau, bzw. Berlin - B. 1953 Verw.dst., dann Senatspräs. Landessoz.gericht Nordrh.-Westf., 1957-69 Min.dir. u. b. 1971 Staatssekr. Min. f. Arb. u. Soz. Nordrh.-Westf. - 1966 Gold. Sportabz., 1973 Gr. BVK m. Stern - Spr.: Engl., Franz.

BENGEL, Gunter

Dr. phil. nat., Prof., Mathematiker - Pferdekampsheide 50, 4401 Havixbeck - Geb. 7. April 1939 Neckarmühlbach - Promot. 1966 Frankfurt/M.; Habil. 1974 Kaiserslautern - S. 1971 Wiss. Rat u. Prof. Univ. Kaiserslautern, 1975 Prof. Univ. Münster. Fachaufs.

BENIRSCHKE, Hans

Dr. phil., Chefredakteur Deutsche Presse-Agentur (dpa) (b. 1990) - Mittelweg 38, 2000 Hamburg 13 (T. 4 11 31); priv.: Bernadottestr. 197, -52 (T. 880 38 82) - Geb. 26. Okt. 1925 Christdorf (Vater: Emil B., Landw.; Mutter: Anna, geb. Richter), kath., verh. s. 1952 m. Gisela, geb. Mittler, 2 Kd. (Eva-Anette, Matthias) - Gymn.; Univ. Würzburg (Neuere Gesch., Phil., Angl.; Promot. 1951) - 1952-62 dpa (Redakt., Reisekorresp., 1958 Leit. Büro London); 1963-65 Südd. Ztg. (London-Korresp.); s. 1966 dpa (stv., 1968-90 Chefredakt.). S. 1991 fr. Journalist u. in d. Journalistenausb. tätig - Liebh.: Bücher (Gesch., Zeitgesch.), Bergsteigen - Spr.: Engl.

BENKE, Volker

Dipl.-Politologe, Sprecher Nieders. Innenministerium (Leit. Ref. f. Presse- u. Öffentlichkeitsarb.) - Sollingstr. 10, 3005 Hemmingen 4-Arnum (T. 05101 - 39 69) - Geb. 22. Jan. 1940, verh. m. Heidemarie, geb. Fahs, 3 Kd. (Peggy, Ingar, Hagen) - Humanist. Gymn.; Stud. Politikwiss., Neuere Gesch., Publiz., Soziol., Öffentl. Recht FU Berlin (Otto-Suhr-Inst.) - Spr.: Engl., Franz.

BENKER, Albert

Präsident Landesamt f. Datenverarbeitung u. Statistik Nordrh.-Westf. - Mauerstr. 51, 4000 Düsseldorf 30.

BENKER, Fritz

Dr. rer. pol., Dipl.-Volksw., gf. Gesellschafter Benker-Textil Handelsges. mbH u. Unifa Schreib- u. Spielwaren-Vertriebsges. mbH u. Co. KG, Bayreuth, Mitgl. Handelsaussch. DIHT - Zobelsreuther Str 51, 8670 Hof/Saale (T. 09281 - 9 36 52) - Geb. 24. Juli 1921 Zell/Oberfranken (Vater: Karl B., Großhändler; Mutter: Anna, geb. Gebhardt), ev., verh. s. 1952 m. Isolde, geb. Zeitler, 2 Söhne (Klaus Helmut, Bernd) - Volksw. Univ. Erlangen. Dipl.-Volksw. 1948; Promot. 1950 - BVK - Liebh.: Lit. - Spr.: Engl.

BENKER, Gertrud,

geb. Schmittinger

Dr. phil., Redakteurin Volkskunst, Zeitschrift f. volkstüml. Sachkultur, Autorin - Hippelstr. 57b, 8000 München 82 (T. 089 - 430 84 09) - Geb. 20. Nov. 1925, kath., verh. s. 1951 m. Heinz B., Studiendir., Komp., 2 Töcht. (Angelika, Eva) - 1946-52 Stud. German., Gesch., Geogr., Volkskd. Univ. Erlangen u. München; Staatsex. f. d. höh. Lehramt, Promot. 1951 - Lehramt am Gymn. München u. Regensburg; Verlagstätigk. - BV: Heimat Oberpfalz, 1965; Reise durch d. konzertante Bayern, 1968; Wege durch Regensburg, 1971; D. Gasthof, 1974; Christophorus, 1975; Altes bäuerl. Holzgerät, 1977; Alte Bestecke, 1978; Kuchlgschirr u. Essensbräuch, 1978; Ludwig d. Bayer, 1980; Bürgerl. Wohnen, 1984; In alten Küchen, 1987; Klanggeräte aus Ton, 1989; zahlr. Aufs. in wiss. Ztschr. - Gold. Feder Gastron. Akad. Berlin, VO der BRD - Liebh.: Kulturgesch., Musik - Spr.: Lat., Franz., Engl.

BENKER, Hans

Dr. rer. nat. habil., ao. Prof. f. Mathematik TH Merseburg (s. 1988) - Klobikauerstr. 139, O-4200 Merseburg (T. 21 19 29) - Geb. 26. Mai 1942 Mühltroff, verh. s. 1965 m. Doris, geb. Kober, T. Uta - Stud. 1962-67 TU Dresden; Dipl.-Math. 1967; Promot. 1970; Habil. 1974 - 1975-82 Doz. TH Merseburg; 1982-88 Gastprof. TU Algier/Algerien; s. 1988 a.o. Prof. TH Merseburg - 40 wiss. Veröff. in Fachztschr. - Liebh.: Reisen,

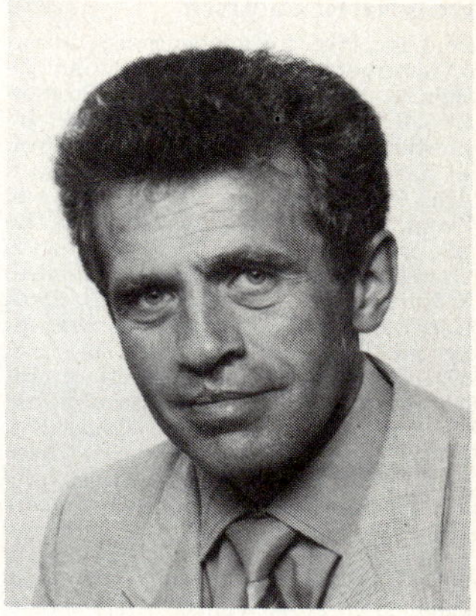

Lit., Sprachen - Spr.: Franz., Engl., Russ.

BENKERT, Otto

Dr. med., Prof. Univ. Mainz, Direktor Psychiatr. Klinik - Langenbeckstr. 1, 6500 Mainz - Geb. 1940 - Arbeitsgeb.: Biol. Psychiatrie, Psychiatrische Pharmakotherapie, Klassifikationsforsch.

BENKLER, Manfred

Dr. jur., I. Direktor, Vors. d. Geschäftsfg. Landesversicherungsanstalt Hannover - Lange Weihe 2, 3014 Laatzen.

BENKMANN, Karl-Heinz

Dr. phil., Dipl.-Psych., o. Prof. f. Pädagogik PH Ruhr, Dortmund - Heunerstr. 40, 4600 Dortmund 50.

BENNDORF, Günter

Dr. med. dent., Zahnarzt, Präs. Intern. Rollsportverb./FIRS (s. 1979; erster Deutscher) - Hirtengasse 6, 8722 Bergrheinfeld/Ufr. - Geb. 5. April 1927 Schweinfurt, ev., verw. s. 1980, 1 Kd. (Ehefr. u. 2 Kinder 1980 m. Privatflugz. tödl. verunglückt).

BENNEKER, Heinrich

Dipl.-Volksw., Geschäftsführer Industrieverb. Härtetechnik - Goldene Pforte 1, 5800 Hagen/W.

BENNEMANN, Karl-Heinz

Ph. D., o. Prof. f. Theoret. Physik - Starstr. 12, 1000 Berlin 33 - Geb. 30. Juli 1936 - Promot. 1962 USA - S. 1967 Prof. Univ. Rochester u. FU Berlin (1971); 1969 Sloan Fellow. Zahlr. Facharb.

BENNEMANN, Otto

Landesminister a. D. Nieders. - Isoldestr. 36, 3300 Braunschweig (T. 32 13 53) - Geb. 27. Sept. 1903 Braunschweig (Vater: Edmund B., Schlosser; Mutter: Ernestine, geb. Warmuth), verw. - Volkssch. u. kaufm. Lehre; Selbststud. Volksw. u. Staatswiss. - Industriekfm., unt. Hitler illeg. Tätig., Verfolg. durch Gestapo, ab 1938 Aufenth. England, n. Kriegsende Ratshr. Braunschweig, 1946-74 MdL Braunschweig u. Nieders. (1947), 1948-52 u. 1954-59 Oberbürgerm. Braunschweig, 1959-67 Innenmin. Nieders. SPD s. 1923 - 1968 Ehrenbürger Braunschweig; 1959 Ehrensenator TH Braunschweig; 1965 Gr. BVK m. Stern u. Schulterbd.; 1968 Nieders. Landesmed.

BENNENT, Heinz

Schauspieler - Zu erreichen üb. Agentur Erna Baumbauer, Keplerstr. 2, 8000 München 80 - Geb. 18. Juli 1921, verh. (Ehefrau: Diane, ehem. Tänzerin), 2 Kd. (Anne, David) - Bühnentätigk. s. 1945, zul. Hamburg, Berlin, München. S. 1954 ca. 150 Fernsehrollen; Filme m. I. Bergmann, F. Truffaut, Costa Gavras André Zulawsky, Yves Boisset, v. Schlöndorff, M. v. Trotta, H. W. Geissendörfer, Nelly Kaplan, John Cassavetes, Philipp Lefebure, Michel Boiron etc.

BENNER, Dietrich

Dr. phil., Prof. f. Erziehungswissenschaft - Fischerhüttenstr. 79a, 1000 Berlin 37 - Geb. 1. März 1941 Neuwied - Promot. 1965; Habil. 1970 - 1973-91 Ord. u. Institutsdir. Univ. Münster; s. 1991 Prof. an d. Humboldt-Univ. zu Berlin (Inst. f. Allg. Pädagogik) - BV: u. a. Theorie u. Praxis. Systemtheoret. Betracht. zu Hegel u. Marx, 1966; Prolegomena z. Grundleg. d. Päd. (gem. m. W. Schmied-Kowarzik), Bd. I 1967, Bd. II 1969; Hauptströmungen d. Erziehungswiss. E. Systematik trad. u. mod. Theorien, 3. A. 1991; Wenn d. Schule sich öffnet. Erfahrungen aus d. Grundschulprojekt Gievenbeck (gem. m. J. Ramseger), 1981; Johann Friedrich Herbart. Syst. Päd., 1986; D. Päd. Herbarts. E. problemgeschichtl. Einf. in d. Systematik neuzeitl. Päd., 1986; Allg. Päd. E. system.-problemgeschichtl. Einf. in d. Grundstruktur päd. Denkens u. Handelns, 2. A. 1991; Wilhelm v. Humboldts Bildungstheorie. E. problemgeschichtl. Studie z. Begründungszusammenhang neuzeitlicher Bildungsreform, 1990. Mithrsg. d. Ztschr. f. Pädagogik u. d. Theoriegeschichtl. Quellen d. Päd.

BENNER, Karl Ludwig

I. Direktor, Vors. d. Geschäftsfg. Landesversicherungsanstalt Hessen a. D., Frankfurt/M. (s. 1979) - Meisenweg 5, Mörfelden-Walldorf (T. 06105 - 56 46) - Geb. 5. Mai 1926 Frankfurt/M. (Vater: Christian B., Einrichter; Mutter: Maria, geb. Och), ev., verh. s. 1954 m. Grete, geb. Marks - Beide Verw.prüf. - S. 1944 LVA. 1978 Hauptschriftl. Ztschr. D. Soz.versicherung., Doz. Akad. f. Arbeits- u. Sozialmed., Bad Nauheim - Ehrenplak. Verb. Dt. Rentenversicherungsträger u. d. Landesärzte-Kammer Hessen; VdK Ehrenplak. in Gold; Ehrenmed. d. Stadt Bad Soden am Taunus; BVK am Bde. - Liebh.: Musik, Theater, Lit., Golf, Tennis, Schwimmen, Heimwerken - Spr.: Engl.

BENNER, Otto

Kaufm. Angestellter, MdL Bayern (s. 1978, SPD) - Fasanenweg 6, 8481 Luhe/Opf. - Geb. 28. April 1929 Furth im Wald, kath., verh., S. - Industrietätigk. (Versandleit.). Mitgl. Gemeinderat u. Kreistag.

BENNERSCHEIDT, Willi

Rechtsanwalt, Landesverbandsdirektor Rhein. Landwirtschafts-Verb. e.V. - Rochusstr. 18, 5300 Bonn 1 (T. 0228 - 5 20 06-20-21; Fax 0228 - 5 20 06-60) - Geb. 30. Juni 1945 Siegburg, kath., verh. m. Gabriele, geb. Löbach, 3 Kd. (Eva, Tobias, Vinod) - Stud. Bonn, Freiburg, Köln.

BENNEWITZ, Hans-Gerhard

Dr., Wiss. Rat, Prof. f. Physik Univ. Bonn (s. 1970) - Langhecke 4, 5300 Bonn 1 - Geb. 24. Juni 1924 Berlin (Vater: Dr. Kurt B., Prof.; Mutter: Ilse, geb. Stellmacher), ev., verh. s. 1959 m. Helga, geb. Aschoff (geb. 1936), 4 Kd. - Promot. 1956 - S. 1966 (Habil.) Lehrtätigk. Bonn. Üb. 30 Veröff. - 1964 Physik-Preis Akad. d. Wiss. Göttingen - Spr.: Engl.

BENNEWITZ, Jürgen

Dipl.-Ing., Ing.-Chem., Unternehmensberater - Birkenweg 24, 5628 Heiligenhaus - Geb. 13. März 1927, verh. m. Dr.-Ing. Ruth Bennewitz, 5 Kd. (Ricarda, Friderike, Ehrhard, Henrik, Gerhild) - U. a. Gf. Mecano-Bundy GmbH u. Mecano-Simmonds GmbH, Heidelberg, Günther Wagner Pelikan-Werke GmbH, Hannover, Bêché & Grohs GmbH, Hückeswagen; AR DAKO Werkzeugfabriken GmbH, Remscheid - BV: Energie f. d. Weltwirtschaft von morgen, 1984; Energie f. d. Zukunft, 1991.

BENNHOLD, Martin

Dr. iur., Prof. f. Rechtssoziologie Univ. Osnabrück (s. 1974) - Wersener Str. 36, 4500 Osnabrück - Geb. 24. Dez. 1934 Hamburg.

BENNHOLDT-THOMSEN, Veronika

Dr., Prof., Hochschullehrerin Fak. f. Soziol. Univ. Bielefeld - Brandenburger Str. 21, 4800 Bielefeld 1 (T. 0521 - 6 22 19) - Geb. 12. Sept. 1944 Seefeld/Tirol, S. Daniel - Promot. 1973 (Völkerkunde); Habil. 1982 (Soziol.). Arbeitsgeb.: Lateinamerikaforsch. (langj. Arb. in Mexiko); Feminist. Forsch. (Themen: Frauenarb., Frauen u. Dritte Welt) - Zahlr. Publ.; Ztschr. Beitr. z. feminist. theorie u. praxis - Spr.: Engl., Franz., Span.

BENNIGSEN, von, Walther

Landwirt, landw. Sachverst. u. Rechtsbeistand f. landw. Pacht- u. Erbrecht, Ehrenmitgl. Hauptverb. d. landw. Buchstellen u. Sachverst. - Meierhofweg 2, 3257 Bennigsen (T. 05045 - 14 40) - Geb. 25. Okt. 1916 München.

BENNING, Achim

Schauspieler, Direktor Schauspielhaus Zürich (ab 1989) - Hintzerstr. 4, A-1030 Wien (T. 72 68 75) - Geb. 20. Jan. 1935 Magdeburg (Vater: Werner B., Ing.; Mutter: Lieselotte, geb. Reinhardt), ev., verh. s. 1962 m. Osgith, geb. Steiner, 3 Kd. (Martin, Anja, Hannah) - Realgymn. (Abit. 1955) Braunschweig; 1955-60 Univ. München, Wien (Phil.), daneben s. 1956 Reinhardt-Sem., Wien (Abschl.prüf. 1959) - S. 1959 Schauspieler Burgtheater; 1976-86 Direktor Burgtheater. Insgesamt 55 R. Insz.: Mary Stuart (1971, Akad.theater Wien), D. Vater (1973, A.), Verbannte (1974, A.), D. rote Hahn (1974, Burgth.), Totentanz (1977, A.), D. Pelikan (1978, A.), Tango (1966, Staatsth. Braunschweig), Minna v. Barnhelm, D. Regenmacher (beides 1967/68 Landesth. Salzburg), Sommergäste (1979, Burgth.), Einer muß d. Dumme sein (1980, A), Danton (1982, Burgth.), D. Kirschgarten (1983, Burgth.), D. alte Land (1984, Burgth.), Heiml. Liebe (1985, A.), E. Klotz am Bein (1985, A.), John Gabriel Borkman (1985, Burgth.), E. Monat auf d. Lande (1986, Burgth.), Empfindliches Gleichgewicht (1987, Thalia-Theater Hamburg), Umsonst (1987, Burgth.), Physiker (1987, Schauspielhaus Zürich); Nathan (1988, Prinzregententh. München); Floh im Ohr (1988, Theater in d. Josefstadt Wien); Kinder d. Sonne (1988, Burgth.); Onkel Wanja (1988, Schauspielhaus Zürich); D. Schützling (1989, Burgth.); Prof. Bernhardi (1989, Schauspielhaus Zürich); Klotz am Bein (1989, Schauspielhaus Zürich); D. letzte Gast (1990, Schauspielhaus Zürich); E. Volksfeind (1990, Schauspielhaus Zürich); Hotel Ultimus (1991, Burgth.); D. Gesandte (1991, Schauspielhaus Zürich) - 1981 Kainz-Med. Stadt Wien (f. Insz. Sommergäste); Ehrenmitgl. Burgtheater - Spr.: Engl.

BENNING, Alfons

Dr. phil., Prof. f. Kath. Theologie u. Religionspäd. - Schwedenweg 15, 4573 Löningen/Oldbg. - Geb. 26. April 1930 Löningen, kath. - Städt. Obersch. Quakenbrück (Abit.); Univ. Münster u. München. Beide Lehramtsex. f. Höh. Schulen - 1955-57 Kaplan; 1957-68 Studienrefer., -ass. u. -rat; s. 1968 Hochschullehrer (b. 1971 Doz., dann Prof.) - BV: D. Bildungsbegriff d. dt. kath. Erwachsenenbild., 1970; Quellentexte kath. Erwachsenenbild., 1971; Gabe d. Geistes, 1972; Ökumen. Glaubensunterweis., 1973; Ethik d. Erziehung, 1980; J. M. Sailer, Was ist u. soll Erziehung?, 1982 (Neuherausgabe); J. M. Sailer, Gott in Christus. Gedanken f. jeden Tag, 1983; J. M. Sailer, Heilendes Wort. Kl. Krankenbibel, 1983 (Neubearbeit.); J. M. Sailer, Gottes Wort f. jeden Tag, 1986 (Neubearb.); Leben unter Gottes Wort. Dreißig Kurzanspr. u. Meditationen, 1986; V. christl. Trösten. Gedanken üb. d. Gabe d. Trostes, 1986; Erwachsenenbildung. Bilanz u. Zukunftsperspektiven, 1986 (Hrsg.); Zeugen d. Nähe Gottes. E. Buch üb. d. Engel, 1987; Üb. d. Trost, 1988; J. M. Sailer, Kleine Christenfibel (Neubearb.), 1988; Christsein im Alter, 1989; Neue Aufgaben in d. Altenpastoral, 1990; Maria u. d. Trost, 1990; Versöhnung u. Frieden. Hilfen f. d. Empfang d. Bußsakramentes, 1990; D. Firmsakrament als Gabe d. Heiligen Geistes, 1992.

BENNING, Helmut A.

Dr. phil., em. o. Prof. f. Anglistik - Schumannstr. 56, 4020 Mettmann - Geb. 6. Juli 1930 Waltrop/W. - Univ. Münster, Univ. Düsseldorf (1968 Ord.; 1968 Prodekan, 1970/71 Dekan d. Philos. Fak.) - BV: Welt u. Mensch in d. altengl. Dicht. (Monogr.), 1961; D. Vorgesch. v. neuengl. duty (Monogr.), 1971.

BENNINGHAUS, Hans

Dr. rer. pol., Prof. f. Soziologie TU Berlin - Zu erreichen üb. Inst. f. Soziol., Dovestr. 1, 1000 Berlin 10 - Geb. 16. Febr. 1935 Lüdenscheid - 1956-60 Städt. Abendgymn. Köln; 1960-67 Univ. Köln u. Wien; Dipl.-Volksw. 1967 Köln; Promot. 1975 Köln - 1967-80 Wiss. Assist., dann Akad. Oberrat Univ. Köln; s. 1980 Prof. f. Soziologie TU Berlin - BV: Statistik f. Soziologen 1: Deskriptive Statistik, 1974, 6. A. 1989; Ergebnisse u. Perspektiven d. Einstellungs-Verhaltens-Forsch., 1976; Uni- u. bivariate Analyse sozialwiss. Daten, 1983, 2. A. 1985; Einf. in d. sozialwiss. Datenanalyse, 1990, 2. A. 1991.

BENNINGHOVEN, Alfred

Dr. rer. nat., o. Prof. f. Physik - Kösters Kämpken Nr. 30, 4400 Münster/W. - Geb. 8. Febr. 1932 Frankfurt/M. - Promot. 1961 - S. 1965 (Habil.) Lehrtätigk. Univ. Köln (1970 Wiss. Rat u. Prof.) u. Münster (1973 Ord. u. Dir. Physikal. Inst.). Üb. 60 Facharb.

BENNINGSEN, Lilian

Kammer- u. Opernsängerin - Würmstr. 19, 8035 Stockdorf b. München - Geb. 17. Juli Wien (Vater: Jaroslav B., Apotheker; Mutter: Olga, geb. Weisz), kath., verh. s. 1952 m. Hans Reischl - Stud. Konserv. Wien - S. 1952 Engag. Salzburg, Köln, München; Gastsp. in London, Zürich, Wien, Lissabon, Berlin, Hamburg, Brüssel, Amsterdam, Lyon, Bordeaux - 1970 Bayer. VO - Liebh.: Skifahren, Garten - Spr.: Engl., Franz., Ital.

BENÖHR, Hans Christian

Dr. med., Prof., Ärztl. Direktor Bürgerhospital Stuttgart - Geb. 8. Okt. 1936 - Habil. 1971 - Priv.-Doz. u. apl. Prof. Tübingen Innere Med., Hämatologie-Onkologie.

BENÖHR, Hans-Peter

Dr. jur., Prof. f. Röm. Recht, Rechtsgesch. u. Zivilrecht Univ. Frankfurt (s. 1985) - Schumannstr. 10, 6000 Frankfurt/M. 1 - Geb. 14. März 1937, verh. m. Elizabeth-Sylvie, geb. Tarquis, 2 S. - Stud. Univ. Hamburg, Berlin, Paris - Prof. Neuchâtel/Schweiz, Wien; 1985 Visit. Prof. Univ. of Kansas - Spr.: Engl., Franz., Lat.

BENRATH, Gustav Adolf

Dr. theol., D. Litt., o. Prof. f. Kirchen- u. Dogmengeschichte - Saarstr. 21, 6500 Mainz - Geb. 7. Dez. 1931 Karlsruhe - S. 1964 Lehrtätig. Univ. Heidelberg (Doz.) u. Mainz (1970 Ord.) - BV: Reformierte Kirchengeschichtsschreibung an d. Univ. Heidelberg im 16. u. 17. Jh., 1963; Wyclifs Bibelkommentar, 1966; Wegbereiter d. Reformation, 1967; Reformtheologen d. 15. Jh.s, 1968; Jung-Stilling, Lebensgesch. 1976.

BENRATH, Martin

Staatsschauspieler u. Regisseur b. Bühne u. Film - Gachenaustr. 14, 8036 Herrsching/Ammersee (T. 08152 - 28 88) - Geb. 9. Nov. 1926 Berlin (Vater: Ltd. Angestellter), verh. s. 1953 m. Marianne, geb. Klein (Schausp.) - Gymn. - S. 1946 Bühnen Berlin, Düsseldorf, München. Viele Hauptrollen klass. u. mod. Theaterlit. Filme: Meines Vaters Pferde, Engel m. d. Flammenschwert, D. ideale Frau, Kennwort Morituri u. a.; Fernsehen: u. a. D. Zimmerschlacht, Krebsstation (Oleg Kostoglotow), Karps Karriere, Dreh Dich nicht um - d. Golem geht um oder D. Zeitalter d. Muse (2 T.), Glücksucher, Berlinger - E. dt. Abenteuer, Als Hitler d. rosa Kaninchen stahl, Scheinwerfer durch d. Nacht - 1972 Mitgl. Akad. d. Künste Berlin; Mitgl. Bayer. Akad. D. Schönen Künste; 1973 Goldene Kamera (HÖR ZU); 1982 BVK; 1988 Bayer. VO.

BENSELER, Frank

Dr. jur., o. Univ.-Prof. Soziologie Univ./GH Paderborn - Warburger Str. 100, 4790 Paderborn - Geb. 22. Sept. 1929 Remscheid, verh. - Stud. Rechtswiss., Phil., Soziol. - Kultursoz. als Soz. d. Geschichte; Dir. Lukács-Inst. f. Sozialwiss., Paderborn. Herausg.: Georg Lukács Werke. Mithrsg.: Ethik u. Sozialwiss., Demokratie u. Rechtsstaat - Mitgl.: VS, DGB, PEN, Dt. Ges. f. Soziol., Dt.-Sowj. Ges.

BENSMANN, Peter

Major a.D., MdL Nordrh.-Westf. - Schulstr. 55, 4750 Unna-Lünern (T. 02303 - 1 58 28) - Geb. 6. Juni 1942, kath., verh. m. Eva, geb. Wurzel, 5 Kd. (Petra, Barbara, Ralf, Manuela, Claudia) - Vors. Landesfachaussch. f. Sicherheitspolitik NRW. CDU-Stadtverbandsvors.

BENTE, Wolfgang

Botschafter d. Bundesrep. Deutschland in Saudi-Arabien (s. 1990) - POB 89 74, 11492 Riad - Geb. 14. Dez. 1927 - 1985-90 Botsch. in Tunesien.

BENTELE, Günter

Dr. phil., Prof. f. Kommunikationswissenschaft u. Journalistik Univ. Bamberg - Zu erreichen üb. Univ. Bamberg, An der Universität 9, 8600 Bamberg - Geb. 24. März 1948 Heimenkirch/Allg., verh. s. 1979 m. Christina, geb. Forsberg, 2 Kd. (Leon, Jessica) - Staatsex. 1974, Promot. 1982, Habil. 1989, alle FU Berlin - Wiss. Assist. u. Hochschulassist. FU Berlin; Lehrauftr. in München, Münster etc.; 1989 Vertr. e. Professur in Bamberg; s. 1990 Prof. Univ. Bamberg - BV: Semiotik - Grundlagen u. Probl. (m. Ivan Bystrina), 1978; Zeichen u. Entw. - Vorüberlegungen zu e. genetischen Semiotik, 1984; Berlin in Presse u. Fernsehen. E. Inhaltsanalyse z. Berlin-Berichterstattung (m. Dieter Storll), 1986; Medienlandschaft im Umbruch. Medien- u. Kommunikationsatlas Berlin (m. Otfried Jarren u. Ulrich Kratzsch), 1990. Herausg.: Semiotik u. Massenmedien (1981); Wie objektiv sind unsere Medien (1982, m. Robert Ruoff); Zeichengebrauch in Massenmedien. Z. Verhältnis v. sprachlicher u. nicht-sprachlicher Information in Hörfunk, Film u. Fernsehen (1985, m. Ernest W. B. Hess-Lüttich); Medienstadt Berlin (1988, m. Otfried Jarren); Public Relations in Forsch. u. Lehre (1991).

BENTELE, Hermann A.

Prof., Dozent f. Visuelle Kommunikation (Grafik-Design) - Steenkamp, 2305 Heikendorf/Kitzeberg - Geb. 8. Juli 1923 Ravensburg/Württ., verh. m. Brigitte, geb. Exner, 2 Kd. (Dirk, Dörte) - Staatl. Akad. d. b. K., Stuttgart, 1961-72 Leit. d. Muthesius-Werkkunstschule.

BENTELE, Karlheinz

Dr. rer. oec., Staatssekretär im Finanzmin. Nordrhein-Westf. (s. 1991) - Jägerhofstr. 6, 4000 Düsseldorf 30 - Geb. 16. Mai 1947 Konstanz, ev., verh. s. 1979 m. Barbara, geb. Elstrodt, S. Florian - Stud. Verw.wiss., 1973 Dipl.; Promot. 1979 Konstanz - 1973-75 Bundesmin. f. Forsch. u. Technol., 1975/76 Wiss.zentrum Berlin, 1976-80 SPD-Parteivorst., 1981/82 Bundesmin. f. Verkehr, 1983 SPD-Bundestagsfraktion, 1983-91 Staatskanzlei Nordrh.-Westf. - BV: Kartellbildung in d. Allg. Forsch.förd.,

1979 - Liebh.: Clowns, Elefanten, Kochen, guter Wein, Liedermacher - Spr.: Engl., Franz.

BENTELE, Wolfdieter
Dipl.-Kfm., Versicherungsdirektor - Am Zaarshäuschen 32, 5060 Berg. Gladbach 1 - Geb. 28. Febr. 1931 - Vorst. Commercial Union Lebensversich. AG, Frankfurt.

BENTELER, Erich
Dipl.-Ing., Fabrikant, pers. haft. Gesellsch. Paderwerk Gebr. Benteler, AR-Vors. Benteler-Werke AG, Bielefeld, (b. 1983), AR-Mitgl. Osnabrücker Saatzentrale L. Stann & Finke mbH, Osnabrück, Mitgl. Landesbeirat NRW Commerzbank-Bankverein AG, Düsselorf - Kusenweg 2, 4811 Heppen/W. - Geb. 9. Febr. 1913 Bielefeld (Vater: Eduard B., Generaldir.; Mutter: Charlotte, geb. Labowsky), verh. s. 1952 m. Blanda, geb. Ludwig - TH - S. 1942 Benteler-Werke (zul. Vorst.-Mitgl.) - Bruder Helmut B.

BENTHAUS, Friedrich
Dr.-Ing., Bergass. a. D., Landesvorsitzender NRW d. VDA/Verein f. d. Deutschtum im Ausland, Leit. d. Bezirksgr. Rhein/Ruhr d. Ges. f. Dt. Metallhütten- u. Bergleute - Hunsrückstr. 7, 4300 Essen 1 - Geb. 1. Febr. 1920 Bochum (Vater: Dr.-Ing. Friedrich B., Bergwerksdir.; Mutter: Charlotte, geb. Raacke), ev., verh. s. 1956 m. Renate, geb. Thiemann, 3 Kd. - Abit. 1939; Dipl.-Ing. 1950; Bergass. 1953; Promot. 1954 - Spr.: Engl., Franz.

BENTHE, Hans Friedrich
Dr. rer. nat., Prof u. Abteilungsdirektor am Pharmakolog. Inst. Univ. Hamburg - Kieler Str. 7, 2357 Bad Bramstedt - Geb. 10. Juni 1926 - B. 1968 apl. Prof., dann Prof. Hamburg. Vorles. üb. Exper. Pharmak. u. Toxikol.

BENTHIEN, Klaus
Dipl.-Volksw., Mitglied d. Direktoriums d. Hamburgischen Landesbank - Girozentrale -, Gerhart-Hauptmann-Platz 50, 2000 Hamburg 1 - Geb. 6. Jan. 1938.

BENTRUP, Hans-Hermann
Dr., Dipl.-Ing. agr., Staatssekretär Min. f. Umwelt, Raumordnung u. Landwirtschaft Land Nordrh.-Westf. (s. 1985) - Herchenbachstr. 5, 4000 Düsseldorf 30 (T. 0211 - 63 35 79) - Geb. 25. Juni 1937 Gadderbaum/Bielef. (Vater: Hermann Meyer zu B., Präs. d. Landw.-Kammer Westf.-Lippe i.R.), ev., verh. s. 1965 m. Heinke, geb. Zimmer, 2 Kd. (Antje, Thomas) - 1957-59 Landw.-Lehre; 1959-62 Stud. Landw. (Dipl.-Landw.) Univ. Kiel; Promot. 1964 - 1965 Landw. Ass.; 1964-84 versch. Pos. im Min. f. Ernährung, Landw. u. Forsten NW; s. 1985 s.o. - Liebh.: Klass. Musik (Klavier), Segeln, Ski - Spr.: Engl., Franz.

BENZ, Eberhard
Dr., Spediteur, Präsident IHK Reutlingen (s. 1975), gf. Gesellsch. Fa. C. Hasenauers Nachf., Reutlingen - Lortzingstr. 11, 7412 Eningen (T. 07121 - 33 33-0) - Geb. 16. Sept. 1930 Reutlingen (Vater: Gustav B.; Mutter: Hilde, geb. Feller), ev., verh. s. 1957 m. Doris, geb. Deuschle, 3 Kd. (Alexander, Stefanie, Michael) - Stud. Univ. Tübingen, Heidelberg - 1984 Ehrensenator FHS Reutlingen - Rotarier.

BENZ, Eberhard
Dr. jur., Vorstandssprecher d. Badenwerk AG - Postf. 16 80, 7500 Karlsruhe - Geb. 10. Juli 1928 - Div. Mandate in AR u. Beiräten.

BENZ, Heinrich
Dr. rer. pol., Ministerialdirigent a. D. - Thorwaldsenanlage 40, 6200 Wiesbaden 1 - Geb. 12. Nov. 1920 - B. 1980 Präs. Hess. Statist. Landesamt.

BENZ, Karl Josef
Dr. phil., Prof. f. Mittlere u. Neue Kirchengeschichte - Machthildstr. 46, 8400 Oberisling/Opf. - Geb. 2. Sept. 1927 Brühl, kath. - Promot. 1967; Habil. (Theol.) 1973 - S. 1973 Doz. u. Prof. Univ. Regensburg. S. 1990 Leit. Inst. Liturgicum Ratisbonense. Bücher u. Aufs.

BENZ, Leo
Dipl.-Ing., Fabrikant, gf. Gesellsch. Zettler GmbH Kommunikations- u. Sicherungstechnik München, u. a. - Muxelstr. 4, 8000 München 71 (T. 23 88 - 200) - Geb. 22. Mai 1938 - S. 1966 Zettler (gegenw. etwa 1800 Beschäftigte); AR-Vors. d. BRENNET AG, Bad Säckingen - Spr.: Engl. u. Franz. - Rotarier.

BENZ, Peter
Studienrat a. D., Bürgermeister Stadt Darmstadt (s. 1983), MdL Hessen (1974-76) - Dürerstr. 35, 6100 Darmstadt-Arheilgen (T. 06151 - 37 15 36) - Geb. 10. Sept. 1942 - SPD.

BENZ, Walter
Dr. rer. nat., C 4-Prof. f. Mathematik Univ. Hamburg - Bundesstr. 55, 2000 Hamburg 13; priv.: Hirschbergerstr. 37, 2410 Mölln/Lauenb. - Geb. 2. Mai 1931 Lahnstein (Vater: Valentin B., Mutter: Marie-Sophie, geb. Bernd), verh. s. 1956 m. Dr. med. Christa, geb. Kornblum, 2 Kd. (Dr. med. dent. habil. Christoph, Dr. phil. Lore) - Staatsex. (1955), Promot. (1956) u. Habil. (1959) Mainz - S. 1959 Lehrtätigk. Univ. Mainz, Frankfurt, Würzburg, Bochum, Waterloo/Kanada, Freiburg, Hamburg, Bologna, Saloniki, Rom, Kuwait, 1965 apl., 1966 o. Prof., 1969 Full Prof. & Chairman; 1966-78 Vorst.-Mitgl. d. Dt. Mathematiker-Vereinig. - 110 Fachveröff. In- u. Ausl., Mithrsg.: Jahresber. d. Dt. Mathematiker-Vereinig. (1964-79), Journal of Geometry (1971), Aequationes Mathem. (1971), Abhandl. Math. Sem. Hamburg (1974).

BENZ, Winfried
Dr. iur., Generalsekretär d. Wissenschaftsrates - Marienburger Str. 8, 5000 Köln 51.

BENZING, Horst
Dr., Geschäftsführer der Verlagsgruppe Bertelsmann GmbH - Neumarkter Str. 18, 8000 München 80.

BERAN, Thomas
Dr. phil., Prof. f. Archäologie, Kunst- u. Baugesch. Vorderasiens Univ. Frankfurt/M. - Egerstr. 3b, 6367 Karben 6 - Geb. 17. Aug. 1926 Reichstadt - Promot. 1954 Berlin - 1954-62 DAI Istanbul (1959 Ref.); s. 1962 Univ. Frankfurt (1972 Prof.). 1955 ff. Ausgrab. Bogazköy (Türk.) - BV: D. hethit. Glyptik v. Bogazköy, 1967. Zahlr. Einzelarb.

BERCHEM, Rütger
Dr. rer. pol., Dipl.-Ing., Geschäftsf. Berchem + Schaberg GmbH (s. 1970) - Osterfeldstr. 14, 4650 Gelsenkirchen - Geb. 12. April 1937 Berlin (Vater: Hans B.; Mutter: Irmgard, geb. Deesen), ev., verh. s. 1968 m. Gertrud, geb. Girardet - Stud. TH Berlin, Bergakad. Clausthal, TH Aachen (Dipl.ex. 1962; Promot. 1968), Univ. of Oregon (M. A. 1964) - Spr.: Engl.

BERCHEM, Theodor
Dr. phil., o. Prof. f. Roman. Philologie (s. 1967) u. Präsident (s. 1976) Univ. Würzburg, Präs. Dt. Akad. Austauschdienst (DAAD, s. 1988) - Frühlingstr. 35, 8700 Würzburg (T. 0931 - 27 12 50) - Geb. 22. Mai 1935 Pützchen b. Bonn (Vater: Hermann B., Kaufm.; Mutter: Maria, geb. Schiffer), kath., verh. m. Marie-José, geb. Moulin, 4 Töcht. (Valérie, Marie-Astrid, Stéphanie, Béatrice) - Stud. Romanistik, Anglistik, Slawistik (1956-63) - Licence è lettres, Sorbonne Paris 1961, Dr. phil. Sorbonne Paris 1963 - 1962-67 Wiss. Assist. Univ. Erlangen, 1966 Privatdoz., 1967 o. Prof. f. Roman. Philologie Univ. Würzburg; 1975/76 Rektor, 1976 Präs. Univ. Würzburg; 1969/71 Dekan, 1971/72 Prodekan, 1974/75 Dekan d. Phil. Fak. Univ. Würzburg; 1979-83 Vizepräs. u. 1983-87 Präs. Westd. Rektorenkonferenz; 1978-82 Vors. Bayer. Rektorenkonf. - BV: Contribution a l'etude des noms d'oiseaux en roumain, 1963; Linguistik f. Romanisten: Transformationsgrammatik, 1972; Stud. z. Funktionswandel b. Auxiliarien u. Semi-Auxiliarien in d. roman. Sprachen, 1973. Herausg. (m. S. Sudhof): D. Akademiker u. d. anderen (1977); Pedro Calderón de la Barca. Vorträge anläßl. d. Jahrestag. d. Görresges. 1978, (1983); Actas de Coloquio Cervantino Würzburg 1983, (1987); Elitebildung in d. Massenuniv.? Bildung u. Perspektiven d. Hochschulreform (1985). Mithrsg.: Teatro del siglo de oro (1985). Zahlr. Aufs. z. Romanistik sow. Bildungs- u. Hochschulpolitik in dt. u. intern. Ztschr. - 1979 Unterfrankenmed.; 1981 Bayer. VO; Prof. h. c., Sao Luis, Brasilien; 1982 Dr. h. c., Caen; 1985 Dr. h. c., Davidson College, USA; Oficial da Ordem Infante D. Henrique, Portugal; 1987 Gr. BVK; 1989 Comendador de número de la Orden de Isabel la Católica, Spanien; 1990 Grande oficial da Ordem do mérito nacional, Portugal; Med. de vermeil du rayonnement de la langue francaise, Acad. Française; Dr. h. c., Urbino, Italien; Officier de la Légion d'Honneur, Frankr.; Dr. h. c., Umea, Schweden; Komandor z Gwiazda d. Poln. Rep.; Georg-Simon-Ohm-Med.; 1991 Dr. h. c., Paris-Sorbonne, Frankr.; Dr. h. c., Liège, Belgien - Liebh.: Musik u. Photographie - Spr: Rd. 15.

BERCHT, Bernd
Generalbevollmächtigter Nestle Deutschland AG (Bereich Vertrieb, Marketing) - Josef-Fischhaber-Str. 62, 8130 Starnberg (T. 08151 - 47 10) - Geb. 21. Jan. 1940 Hamburg (Vater: Paul B.), verh. s. 1974 m. Ilona, geb. Stolzenburg, 1 Kd. - B. Ende 1983 Vorst.-Mitgl. Bavaria St. Pauli Brauerei AG, Hbg.

BERCHTOLD, Horst
Dr.-Ing., Prof., Leiter d. Institutes f. Konstruktionstechnik TH Wismar (s. 1990) - Dr.-Unruh-Str. 21, O-2400 Wismar (T. 0824 - 5 33 75; priv. 31 25) - Geb. 16. Mai 1936 Wismar, ev., verh. s. 1983 m. Ingrid, geb. Bosau, 2 Söhne (Jan, Nils) - Stud. 1955-61 TH Magdeburg, Dipl. 1961; Promot. 1969 TU Magdeburg - 1961-68 wiss. Assist. TH Magdeburg; 1968-70 Auftragsleit. Produktentw. Magdeburger Armaturenwerke; 1970 Doz., 1986 a.o. Prof. f. Konstruktionstechnik TH Wismar. S. 1991 Vizepräs. Lions-Club Wismar - 3 Pat. - Spr.: Russ., Engl. -

BERCK, Karl-Heinz
Dr. phil. nat., Prof. f. Biologiedidaktik Univ. Gießen (s. 1974), geschäftsf. Direktor - Ludwig-Rinn-Str. 29, 6301 Wettenberg-Launsbach - Geb. 21. Juni 1932 Frankfurt/M. - Promot 1961 - 1971-74 Prof. PH Westf.-Lippe (GH Siegen) - BV: Tier- u. Humanpsych. - E. method. Anleit. f. d. Unterr., 1968; Quellen u. Arbeitstexte Biol., 1973; Unterrichtseinheit Naturschutz, 1980 (m.a.); Lebendige Welt, Bd. 1 u. Bd. 2 (1982, m.a.); Naturschutz, Thema d. Biol.-Unterr., 1984; Quellen u. Arbeitstexte Biol. 2, 1986.

BERCKENHAGEN, Ekhart
Dr. phil., Prof., Kunsthistoriker, Direktor Kunstbibliothek Berlin Staatl. Museen Preuß. Kulturbesitz (1973-85) - Meinsweg 33, 2408 Timmendorfer Strand 2 - Geb. 9. Juni 1923 Demmin/Pom., ev., verh. 1952, 2 Kd. - Promot. 1952 Berlin (FU) - BV: Berliner u. märk. Gläser, 1956; Antoine Pesne, 1958 (m. Beitr. v. Pierre du Colombier, Margarete Kühn, Georg Poensgen); Berlin u. Potsdam, 1959; Dt. Gärten vor 1800, 1962; D. Malerei in Berlin v. 13. b. z. ausgeh. 18. Jh., 1964; Barock in Dtschl. - Residenzen, 1966 (Ausstellungskatalog): Anton Graff - Leben u. Werk, 1967. Katalog d. franz. Zeichnungen d. Kunstbibl. Berlin (1970); Art Nouveau u. Jugendstil (Ausstell.Kat.) 1970; V. Schinkel b. Mies van der Rohe (Ausstell.Kat.) 1974; Architektenzeichnungen 1479-1979 (Ausstell.-Kat.), 1979; Schiffe Häfen Kontinente, 1983. Div. Einzelveröff. üb. dt. u. franz. Kunst d. 16. b. 20. Jh. u. üb. Arch. d. 19. u. 20. Jh. sowie Seefahrt u. Weltlit.

BERCKHEMER, Hans
Dr. rer. nat., o. Prof. f. Geophysik - Hardtbergweg Nr. 13, 6240 Königstein/Ts. (T. 2 23 31) - Geb. 16. Jan. 1926 Stuttgart (Vater: Prof. Dr. rer. nat. Fritz H., zul. Hauptkonservator Staatl. Museum f. Naturkd., Stuttgart; Mutter: Gerda, geb. Fraas), ev., verh. s. 1954 m. Irmgard, geb. Rettenmaier, 3 Töcht. (Ulrike, Martina, Maja) - Stud. Physik (auch Columbia Univ. New York). Promot. 1954; Habil. 1962 - 1950-63 wiss. Mitarb. Geophysikal. Landesinst. Stuttgart; s. 1958 Lehrbeauftr., Privatdoz. (1962), Ord. u. Dir. Inst. f. Meteorol. u. Geophysik (1963) Univ. Frankfurt - Präs. Intern. Assoz. f. Seismol. u. Physik d. Erdinnern (1975-79), Präs. Dt. Geophysik. Ges. (1979-81); Mitgl. Dt. Akad. d. Naturforscher (Leopoldina), Mitgl. d. Acad. Europaea; in- u. ausl. Fachmitgl.sch - Spr.: Engl., Franz. - Rotarier.

BERDE, Botond
Dr. med., Arzt, Basel, Honorarprof. f. Inn. Med. Univ. Bonn (s. 1978) - Kapellenstr. 20, CH-4052 Basel (Schweiz).

BERDING, Franz
Dipl.-Volksw., Minister a. D. - Vorländerweg 102, 4400 Münster/W. (T. 7 29 56) - Geb. 11. Mai 1915 Fürstenau/NS., verh., 4 Kd. - Univ. Münster/W. u. Freiburg/Br. Diplomprüf. 1939 Münster - Wehrdst. u. Gefangensch.; 1946-63 Geschäftsf. Kreishandwerkersch. Ahaus; 1964-69 Hauptgf. Handwerkskammer Münster; 1966 (Juli-Dez.) Bauminister v. Nordrh.-Westf. (Sturz Kabinett Meyers). 1952-64 Ratsmitgl. Ahaus (1956-61 Fraktionsvors., 1963-64 Bürgerm.); 1952-67 MdK Ahaus (1961-64 stellv. Landrat), 1954-69 MdL NRW; 1969-72 MdB (Wahlkr. 95/Münster). 1964-67 Mitgl. Landschaftsvers. Westf.-Lippe. CDU - 1972 Verdienstkr. 1. Kl., 1976 Gr. Verdienstkr. d. Verdienstordens d. Bundesrepubl. Deutschl.

BERDING, Helmut
Dr. phil., Prof. f. Neuere Geschichte m. bes. Berücks. d. 19. u. 20. Jh. Univ. Gießen (s. 1972), Directeur d'Etudes associé Ecole des Hautes Etudes en Sciences Sociales Paris (s. 1985) - Auf der Heide 5, 6301 Wettenberg 2 - Geb. 21. Sept. 1930 Quakenbrück/N. (Vater: Wilhelm B., Verkaufsfahrer; Mutter: Anna, geb. Ostendorf), ev., verh. s. 1963 m. Elli, geb. Piotrowski, 2 Kd. (Dietrich, Susanne) - 1957-59 Braunschweig-Kolleg; 1959-61 Univ. Göttingen; 1961-67 Univ. Köln. Promot. 1967; Habil. 1972 - BV: Rationalismus u. Mythos - Geschichtsauffass. u. polit. Theorie b. Georges Sorel, 1969; Napoleon. Herrschafts- u. Gesellschaftspolitik im Königreich Westf. 1807-13, 1973; Mod. Antisemitismus in Deutschland, 1988 - 1969 Straßburg-Preis FVS-Stiftg. - Spr.: Engl., Franz.

BEREITER-HAHN, Jürgen
Dr. phil. nat., Professor Univ. Frankfurt - Liederbacherweg 21, 6238 Hofheim/Ts. - Geb. 21. April 1941, verh. s. 1973 m. Heidi, geb. Eisenmenger, T. Isabel - Stud. Zoologie, Botanik, Biochemie, Phil., Promot. 1966, Habil. 1972, alles Frankfurt/M. - Herausg.: Biology of the Integument (2 Bde. 1984, 1986); Cytomechanics (1987) - 1992 Bidder Lecturer - Liebh.: Keramik, Reiten - Spr.: Engl.

BEREKOVEN, Ludwig
Dr. oec., Dipl.-Kfm., o. Prof. f. Marketing, Internationales Marketing u. Handel, Leiter d. Inst. f. Exportforschung - Schloß Unterbürg, 8500 Nürnberg 30 (T. 54 78 08) - Geb. 28. Mai 1927 - S. 1966 (Habil.) Lehrtätigk., 1971-89 o. Prof. Univ. Erlangen-Nürnberg - BV: u. a. Grundl. d. Vermietung mobiler Güter,

1967; D. Dienstleistungsbetrieb, 1974; Zur Genauigk. mündl. Befragungen in d. Soz.forsch., 1975 (m. a.); D. Absatzorg., 1976; Marktforschung, meth. Grundl. u. prakt. Anwendung, 5. A. 1991 (m. a.); D. Internat. Marketing, 2. A. 1985; D. Grundl. d. Absatzwirtschaft, 5. A. 1992; D. Handelsmarke in d. BRD (m.a.), 1981; D. Dienstleistungsmarkt in d. BRD, 1983; Gesch. d. dt. Einzelhandels, 4. A. 1988; Erfolgreiches Einzelhandelsmarketing, 1990.

BERENBERG-CONSBRUCH, von, Joachim

Bankier, pers. haft. Gesellsch. Bankhaus Joh. Berenberg, Gossler & Co. (s. 1978) - Neuer Jungfernstieg 20, 2000 Hamburg 36 - Geb. 1940 - Stud. Rechtswiss. - S. 1971 ob. Bank.

BERENBERG-GOSSLER, von, Günther

Dr. jur., Rechtsanwalt - Am Leuchtturm 4, 2000 Hamburg 56 (T. 81 29 20; Büro: 36 33 61 - 64) - Geb. 21. Febr. 1911 Freiburg/Br. (Vater: Prof. Herbert v. B.-G.; Mutter: Elisabeth, geb. v. Mallinckrodt), verh. 1937 m. Helga, geb. Eden - Univ. München, Freiburg, Hamburg - AR-Mandate - Spezialgeb.: Erb- u. Gesellsch.-Recht - Spr.: Engl. - Rotarier.

BERENBERG-GOSSLER, Heinrich, Freiherr von

Konsul, Vorsitzender d. Verwaltungsrates d. Bankhauses Joh. Berenberg, Gossler & Co., Hamburg - Niendorfer Gehege 12, 2000 Hamburg 61 (T. 58 39 01) - Geb. 9. Nov. 1909 Hamburg (Vater: Cornelius v. B.-G., Bankier; Mutter: Clara, geb. Nadine v. Österreich), ev., verh. s. 1949 m. Irmgard, verw. v. Consbruch, geb. Meyer, T. Beate - Schule (Abitur) u. Banklehre Hamburg - 1932-35 Auslandstätigk. (Engl., Frankr., Niederl., Guatemala, USA); s. 1935 Bankier. AR-Mandate u. a. Präs. Anglo-German Club u. Amerika-Ges., Vorst.-Mitgl. Ibero-Amerika-Verein - Ehrenkonsul Monaco; Rechtsritter Johanniter-Orden - Spr.: Engl., Franz., Span. - Rotarier.

BERENDES, Julius

Dr. med., o. Prof. f. Ohren-, Nasen- u. Kehlkopfheilkunde - Mozartstr. 15, 6940 Weinheim (T. 6 23 35) - Geb. 2. März 1907 Elberfeld (Vater: Dr. Rudolf B., Chemiker; Mutter: Helene, geb. vom Hagen), verw. - Univ. Heidelberg, Kiel, München - Habil. 1938 Heidelberg - 1944 Chefarzt HNOabt. Städt. Krkhs. Mannheim; 1957 o. Prof. u. Dir. HNO-klin Univ. Marburg. Begr. Stimm- u. Sprachabt. Heidelberg. B. 1961 Vors. Dt. Ges. f. HNOärzte; 1964/65 Präs. Collegium Intern. de Phonologie Expérimentale - BV: Funktionsprüf. d. Ohres (3 A.): Einf. in d. Stimm- u. Sprachheilkd. (9 A.); Lehrb. d. HNO-Heilk., 1970. Herausg.: Handb. HNO-Heilk., 2. A. 1977; Aktuelle Probleme d. HNO-Heilk., 1980. Etwa 170 Einzelarb. - 1961 W. u. H. Gould Award; 1968 Andreas-Vesalius-Med.; 1971 Ehrenvors. Dt. Ges. f. Sprach- u. Stimmheilkd.; Ehrenmitgl. Bulg. Ges. d. HNOärzte, Sofia (1968), Österr. Otolaryngol. Ges., Wien (1972), Dt. Ges. f. HNO-Heilkd., Kopf- u. Halschir. (1978), Japan. Otorhinolar. Ges (1983), u. Schweizer. Ges. f. Phoniatrie (1988). 1966 Mitgl. Dt. Akad. d. Naturforscher (Leopoldina), Halle/S. (1968 Senator); korr. Mitgl. Österr. Ges. f. Phoniatrie u. Logopädie, Wien (1968), u. Schweizer. Ges. f. Oto-Rhino-Laryngol., Hals- u. Gesichtschir., Zürich (1971), E. v. Bergmann-Plak. (1971), BVK I. Kl. (1977), Paracelsusmed. (1979), H. Gutzmann-Med. (1982); L. Haymann-Pr. (1983); 1960 Gold. Sportabz. - Spr.: Engl., Franz. - Rotarier.

BERENDONCK, Gerd

Botschafter a.D. - Steinweg 1, 5307 Wachtberg-Villip - Geb. 5. März 1924 Solingen (Vater: Gerhard Hubert B.; Mutter: Regina, geb. Rauh), kath., verh. s. 1953 m. Friedel, geb. Darius, 2 Töcht. (Dagmar, Iris) - Abit. Baden b. Wien; Stud. Passau, Regensburg, Bonn (Phil., Gesch., Jura). 1952 Refer.ex. - 1942-46 Kriegsmarine (Ltn. z. See); s. 1952 Ausw. Dienst (1954-56 Bogota, 1956-61 Bangkok, 1962-63 AA (Abrüst.), 1964-69 Botschafter Phnom Penh, 1969-75 Asienrefer. AA, 1975-77 Peking, 1977-80 Moskau, 1980-84 Algier, 1984-89 Botschafter Islamabad) - Spr.: Engl., Franz., Span., Holl.

BERENDT, Günter

Dr. rer. pol., Vorstandsmitglied Kempinski Hotels S.A. (s. 1988) - Buchenallee 8, 5060 Bergisch-Gladbach 1 - Geb. 25. Sept. 1932, verh., 2 Kd. - Dipl.-Kfm. 1956; Promot. 1960 - AR-Mitgl. Kempinski AG; Member Board of Directors Beijing Lufthansa Center Ltd., Lufthansa German Center GmbH & Co. KG u. Hotel Leela Venture Ltd., Bombay.

BERENDT, Joachim-Ernst

Prof., Schriftsteller - Auf d. Alm, 7570 Baden-Baden 22 (T. Bühl 07223 - 5 70 94) - Geb. 20. Juli 1922 Berlin (Vater: Ernst B., Pfarrer; Mutter: Maria, geb. Hammerschmidt), ev., verh. m. Sadranka, geb. Marijan - Gymn. Berlin; TH Karlsruhe; ab. 1941 Wehrdst. - S. 1945 SWF (Mitgründer, Leit. Jazzredakt., Fernsehreihe: Jazz - gehört u. gesehen, üb. 100 Folgen; Hörfunk b. 1975 5 Ts. Sendungen). 1964-71 (Rücktr.) künstler. Leit. Berliner Jazztage. 1972 Leit. Olympia Jazzfestival München - BV: u. a. D. Jazzbuch (übers. in 18 Spr. m. e. GA v. üb. 5 Mill. meistverkauft. Musikb. d. Welt); Ein Fenster aus Jazz; Blues; Spirituals; Jazzlife; Photo Story d. Jazz. Nada Brahma - D. Welt ist Klang; D. Dritte Ohr - V. Hören d. Welt; Ich höre, also bin ich. Autor mehrerer Filme, Produzent f. üb. 200 Schallpl. im In- u. Ausl. - 1952 Bundesfilmpr./Filmbd. in Gold (f. Mitarb. an: D. Brot d. fr. Jahre, n. Heinrich Böll), 1979 Poln. Kulturpreis, 1983 Prof.-Titel ehrenh. - Spr.: Engl., Franz.

BERENS, Hubert

Dr. rer. nat., o. Prof. f. Angew. Mathematik u. Vorstand Math. Inst. Univ. Erlangen-Nürnberg (s. 1973) - Barthelmeßstr. 22, 8520 Erlangen - Geb. 6. Mai 1936 Suttrop/W. - Promot. 1964; Habil. 1968 - 1968-73 Prof. USA (Santa Barbara u. Austin). Üb. 50 Facharb.

BERENTZEN, Hans

Dr. rer. pol., Gesellschafter u. Geschäftsf. I.B. Berentzen GmbH & Co. - Im Fehn 11, Heidehaus, 4473 Haselünne - Geb. 18. Juni 1927 Haselünne, kath., verh. s. 1952 m. Irene, geb. Bergmann - Abit. 1946; 1946-51 Stud. Volksw.; Staatsex. (Dipl.-Volksw.) 1949 Münster, Promot. 1951 ebd. - 1949 Eintr. in d. Fa. I.B. Berentzen. Präs. IHK Osnabrück/Emsland, Bundesverb. Dt. Spirituosen-Ind., Bonn; AR-Mitgl. Dt. Kornbranntweinverwertungsstelle GmbH, Münster, J. Bünting Handels- u. Beteiligungs AG, Leer, Ostfriesland; Kurat.-Mitgl. St. Vinzenz Hospital Haselünne - 1984 BVK I. Kl. - Liebh.: Musik, Lit., Sport - Spr.: Engl.

BERG, Bernd

Ballettmeister Bühnen d. Stadt Bonn - Pfälzer Str. 6, 5300 Bonn 1 - Geb. 20. Nov. 1943 Mielau/Ostpr. - 1958-64 Staatl. Ballettsch. Berlin-Ost (Staatsex.) - 1964-74 Solotänzer Stuttgarter Ballett; 1975-79 Solotänzer u. Lehrer Royal Ballett London, Ballett-Lehrer f. klass. Tanz Schule f. Contemporary Tanz, London - 1973 3. Preis Choreogr. Wettb. Köln.

BERG, Birgit

Schriftstellerin, Liedautorin - Zu erreichen üb. Wortwerkstatt Poesie & Politik, Schwarenbergstr. 83, 7000 Stuttgart 1 (T. 0711 - 28 18 09) - S. 1981 eig. Verlag; Musik-Lesungen mit seltenen Instrumenten: Ich kann ein Lied davon singen... Arbeitsgeb.: Satire, Lyrik, Prosa, Aphorismen, Lieder m. eigener Vertonung, Essay, Sachb. - Ausb. als Journalistin - Veröff. b. Funk, lit. Kabarett u. Zeitschr. Anthol u.a. - BV: Ohne Zensur(en), Satire 1965; Lose Worte, Aphorismen, 1975; Schwarzbuch f. Schürzenjäger, Rollenbilder, 1975; Schwarzb. f. Grünschnäbel, Erziehungskritik, 1976; Schwarzb. f. Scheinheilige, Männerklischees, 1977; Schwarzb. f. Schönfärber, Schlagwort-Antiwerbung, 1979; Wiegenlieder z. Wachhalten, Gedichtb., 1982; Konstruktiver Katalog u. Konzepte z. Entwaffnung (hg.), 1982, 1983; D. Demokrator, Satire, 1983; Strahlung (zu Tschernobyl), 1986; Herzbesetzung (zu Asyl), 1986; Freundbilder Schritte z. Entfeindung, Ausst. (hg.), 1986; Graswurzelgebete, 1987; Thesen z. polit. Liebe, 1987; Gericht u. Gewissen, 1987; Geistes-Gegenwart im Atomzeitalter, 1988; Schriftrollen, 1988; Deutsche Fragen, 1990; D. Grundrechte d. Erde, 1990; Graswurzelgebete u. Lieder zur Stachelstrahtharfe-Tonkassette, 1991; Denk-zettel Vom Sinn d. Konflikts, 1991 - 1973 Dt. Journalistenpreis; 1978 Journalistenpreis d. Fr. Wohlfahrtspflege; Förderpreis Land Rheinl.-Pfalz (Friedensarbeit, Ideenwerkstätten u. konstruktive Zukunftskonzepte).

BERG, Carlo

Dr. jur., Rechtsanwalt u. Notar - Hohenstr. 14, 6242 Kronberg/Ts. - Geb. 21. Aug. 1910 Frankfurt/M. (Vater: Dr. Alex B., Justizrat, RA u. Notar; Mutter: Hilda, geb. Zeltmann), ev., verh. s. 1938 m. Marianne, geb. Hönscheidt, 3 Kd. - Jura-Stud. (Refer. 1933, Ass. 1937, Promot. 1936) - 1976 Ehrenbrief Land Hessen; 1987 Ehrenvors. Hist.-Archäol. Ges. Frankfurt u. Patronatsverein d. Dr. Hoch's Konservat. u. Hochsch. f. Musik u. Darst. Kunst Frankfurt/M.; 1988 Gold. Römerplak. Stadt Frankfurt - Liebh.: Kunst, Gesch.

BERG, Christa

Dr. phil., o. Prof. f. Allg. Pädagogik Univ. Köln (s. 1977), Sozialgesch. d. Erziehung - Unterstr. 37a, 5632 Wermelskirchen - Geb. 15. Aug. 1940 Köln, ev., verh. m. Prof. Dr. Karlwilhelm Stratmann - Neusprachl. Gymn. (Abit. 1960) Köln; Lehrerstud. Wuppertal u. Berlin (Ex. 1963); Stud. Päd., Phil., Gesch. (Studienstiftg. d. dt. Volkes); Promot. 1970 Köln - 1986-90 Vorst. dt. Ges. f. Erziehungswiss. - BV: D. Okkupation d. Schule, 1973; Einf. in d. Erziehungswiss., 1976, 2. A. 1979; Staat u. Schule oder Staatsschule?, 1980; Handb. d. dt. Bildungsgesch., Bd. IV 1991; Kinderwelten, 1991; „Du bist nichts, Dein Volk ist alles." Forsch. z. Verhältnis v. Päd. u. Nationalsozialismus (m. S. Ellger-Rüttgardt) - Spr.: Engl., Franz., Span., Latein.

BERG, Detlef

Dr. phil., Dipl.-Psych., Prof. f. Psychologie Univ. Bamberg - Sternwartstr. 5, 8600 Bamberg - Geb. 25. Sept. 1943 Lauban (Vater: Heinz B., Hotelier; Mutter: Hildegard, geb. Schmitt), ev.-luth., verh. s. 1970 m. Maria-Renate, 3 Kd. (Thomas, Anita, Thilo) - Dipl.-Psych. 1968 Hamburg; Promot. 1976, Habil. 1979 Oldenburg.

BERG, Dieter

Dr. phil., Prof. f. Mittelalterl. Gesch. Univ. Hannover - Schneiderberg 50, 3000 Hannover (T. 0511 - 762 42 58) - Geb. 22. Juli 1944 Pr. Holland, ev., verh. s. 1970 m. Luise, geb. Ehlers - Abit. 1964 Düsseldorf; 1964-69 Stud. Univ. Köln, Bochum, Göttingen; 1. Staatsex. 1969, Promot. 1973, Habil. 1981, alles Bochum - 1971-83 Wiss. Assist. Bochum; 1981-83 Privatdoz. ebd.; 1983-88 Prof. Univ. Bochum, 1988/89 Gastdoz. Univ. Heidelberg, s. 1989 C 4-Prof. f. Mittelalt. Gesch. Univ. Hannover - BV: Juden im Mittelalter (m. H. Steur), 1976; Armut u. Wiss., 1977; Engl. u. d. Kontinent, 1987; Festschr. F.-J. Schmale, 2 Bde. (m. H.-W. Goetz) 1988/89. Herausg.: Bettelorden u. städt. Leben im Mittelalter u. in d. Neuzeit (1992); Mediävistik als polit. Wiss. (1992). Zahlr. Veröff. u. Vortr. z. mittelalterl. Geistes- u. Kirchengesch. Europas.

BERG, Dietrich

Dr. med., Prof., Chefarzt Frauenklinik Städt. Marienkrankenhaus Amberg (s. 1973) - Schwaigerstr. 33, 8450 Amberg (T. 2 26 48) - Geb. 12. Jan. 1935 Offenbach (Vater: Dr. med. Klaus B.; Mutter: Maria, geb. Steidle), ev., verh. s. 1989 m. Sigrid, geb. Bergmann - Habil. 1969; 1973ff. Prof. Fachmitgl.sch. - BV: Schwangerschaftsberatung u. Perinatologie, 3. A. 1988 (ital. 1975, poln. 1978) - Liebh.: Musik, Wein, Golf - Spr.: Engl. - Rotarier.

BERG, Dietrich E.

Dr. rer. nat., Prof. f. Paläontologie u. Geol. Univ. Mainz - Pfr.-Autsch-Str. 20, 6500 Mainz - Geb. 1932 - Promot. 1964; Habil. 1970 - S. 1972 Prof. Mainz. Fachaufs.

BERG, Fritz

Dr. rer. pol., Geschäftsführer Bergrohr GmbH, Siegen, Sicherungsgerätebau GmbH, Hüttental - Rosa-Achenbach-Str. 8, 5900 Siegen-Weidenau - Geb. 20. Nov. 1929.

BERG, Hans

Dr. jur., Oberlandesgerichtsrat a. D., Honorarprof. Univ. Bochum/Abt. f. Rechtswiss. - Dahlienstr. 11, 5308 Rheinbach - Geb. 13. Okt. 1905 Köln (Vater: Johann B., Lehrer; Mutter: Elisabeth, geb. Stender), ev., 1990 verw., 3 Kd. (Dietmar, Wilfried, Gisela) - Gymn.; Univ. Heidelberg u. Köln - B. 1970 (Ruhest.) Richter - BV: u. a. Übungen im Bürgerl. Recht (12 A.), Gutachten u. Urteil (55. Ts.), Staudinger Komm., 11. A. §§ 929-1011.

BERG, Hans Christoph

Dr. phil., Dipl. Psych., Prof. f. Erziehungswissenschaft Univ. Marburg - Maueracker 10, 3551 Caldern.

BERG, Hans O.

Journalist, Verlags- u. Werbekaufm. - Kurfürstenstr. 76, 5357 Swisttal-Buschhoven (T. 02226 - 1 21 01) - Geb. 12. Dez. 1941 Regensburg (Vater: Hans B., Verlagskfm.; Mutter: Maria, geb. Lechner), kath., verh. s. 1989 m. Ingrid, geb. Kluge, S. Jürgen - 1959-61 Volont. Nürnbg. Nachr. - 1961-70 Redakt. NN; 1970-71 Verlagsleit. Franken-Report, 1971-76 Verlagsleit. Dr. Muth-Verlag, 1976-80 Verlagsleit. u. Gesellsch. Hartmann Intern. GmbH, 1980-90 Ref. f. Presse- u. Öffentlichkeitsarb. Dt. Bäderverb. (zugl. Schriftl. Heilbad u. Kurort); s. 1991 Pressebüro u. Mediendienst (Public Relations) als selbst. Journalist - Liebh.: Klavier, Orgel, Komp. - Spr.: Engl. - 1963 Dauerspielweltrekord m. eig. Band Regensburg (90 Std., 9 Min.).

BERG, Hans-Walter

Dr., Prof., Akademiedirektor, Leit. Bundesakad. f. musikal. Jugendbildung - Postf. 1158, 7218 Trossingen - Geb. 13. Nov. 1931 Dortmund - Bundesmusikdir. d. Bundesvereinig. Dt. Blas- u. Volksmusikverbände.

BERG, Hans-Walter

Dr. phil., M. A., Journalist - Waldweg 24, 7772 Uhldingen-Mühlhofen 2 (T. 07556 - 65 07) - Geb. 20. Okt. 1916 Varel/O. (Vater: Hans B., Ing.; Mutter: Margarete, geb. Adam), ev., verh. s. 1944 (München) m. Charlotte, geb. Freiin von dem Bussche-Hünefeld, 4 Kd. (Ekkehard, Annette, Sabine, Valeska) - Univ. München (Phil., Gesch., Literatur- u. Kunstgesch.; Promot.) u. Ann Arbor/ USA (Political Science, Far Eastern History; M. A.) - 1948-52 Polit. Redakt. Weser-Kurier, Bremen; s. 1952 Indien- u. Südostasienkorresp. f. 9 Rundfunkstationen, 25 dt., österr. u. Schweizer Zeitungen sowie d. Dt. Fernsehen (Leit. ARD-Fernsehstudio New Delhi u. 1968ff. Hongkong). S. 1970 Sonderkorresp. NDR/ARD, vorwiegend m. Berichterstattungsaufgaben im asiat. Raum beschäftigt - BV: Indochina im Wandel d. Machtkonstellation, 1981; Unser Mann in ..., 1981; Gesichter Asiens - 30 Jahre Augenzeuge d. Geschichte, 1983; Indien - Traum u. Wirklichkeit, 1985; Das Erbe d. Großmoguln - Völkerschicksale zw. Hindukusch u. Golf v. Bengalen, 1988. Autor u. Produzent Fernseh-Dokumentarserien: Gesichter Asiens u. Asiat. Miniaturen - Mitgl. Phi Kappa Psi Fraternity (USA), 1979 BVK 1. Kl. f. Pionierarb. d. Auslandsberichterstatt. - Liebh.: Golf - Spr.: Engl.

BERG, Hartmut

Dr. rer. pol., Prof. f. Wirtschaftspolitik - Eduardstr. 11, 4300 Essen 1 (T. 0201 - 78 21 02) - Geb. 6. Dez. 1936 Reinbek (Vater: Gustav B., Verw.-Beamter; Mutter: Käthe, geb. Richter), verh. s. 1963 m. Hannelore, geb. Klose, 2 Kd. (Tobias, Katinka) - 1957-61 Stud. d. Volkswirtsch., Dipl.-Volksw. 1961, Promot. 1964, Habil. 1971 - 1971-73 Priv.-Doz. Univ. Hamburg, s. 1974 o. Prof. f. Wirtschaftspolitik Univ. Essen GH; s. 1982 o. Prof. f. Wirtschaftspolitik Univ. Dortmund - BV: u. a.: Ökonom. Grundlagen d. Bildungsplanung, 1965; Z. Funktionsfähigkeit d. EWG, 1972; Intern. Wirtschaftspol., 1976; Intern. Wettbewerbsfähigkeit u. nat. Zusammenschlußkontr., 1985. Zahlr. Aufs. in Fachztschr.

BERG, Heinrich

Dipl.-Ing., Geschäftsführer Bergrohr GmbH Siegen, Siegen - Sichelweg 3, 5900 Siegen - Geb. 25. März 1937.

BERG, Holger

Regisseur - Husbargen 12c, 2000 Schenefeld - Geb. 21. März 1950 Aumühle, T. Therese - Insz. in Zürich, Hamburg, Frankfurt, Berlin.

BERG, Horst-Klaus

Dr. theol., Prof. f. Ev. Theologie PH Weingarten (s. 1973) - Pappelweg 4, 7994 Langenargen - Geb. 18. Juli 1933 Hamburg (Vater: Matthäus B., Lehrer; Mutter: Lissy, geb. Meyer), ev., 3 Kd. (Anette, Claudia, Daniel) - Univ. Hamburg u. Heidelberg - 1962-1968 Pfarrer; s. 1969 Hochschullehrer - BV: D. Methodik in d. ev. Unterweis., 1966; Unterrichtsmodelle im Religionsunterr., 1974; Unterr.planung als didakt. Analyse, 1976; Lernziel: Schülerinteresse, 1977; Lieder - Bilder - Szenen im Relig.unterr. (m. Sigrid Berg), Bd. 1-10, 1978ff.; Bibl. Texte verfremdet (m. Sigrid Berg), Bd. 1-12, 1986ff.; E. Wort wie Feuer, 1991 - Liebh.: Wandern, Musik, Fotogr. - Spr.: Engl.

BERG, Jan

Dr. phil., Prof. f. Phil. TU München (s. 1969) - Paul-Hey-Str. 25, 8035 Gauting (T. 850 24 83) - Geb. 5. Jan. 1928 Stockholm (Vater: Curt B., Musikkritiker; Mutter: Eva, geb. Ekström), verh. s. 1959 m. Catarina, geb. Eklund, T. Jenny - Habil. 1962 Stockholm - 1962-64 Assist. Prof. Univ. of. Minnesota/USA; 1964-69 Doz. Univ. Stockholm - BV: Bolzano's Logic, 1962; Bolzano-Gesamtausg., 1969ff.; Ontology Without Ultrafilters and Possible Worlds, 1992.

BERG, Karl-Heinz

Dr. phil., o. Prof. f. Sonderpädagogik m. bes. Berücks. d. Lern- u. Sprachbehindertenpäd. Inst. f. Sonderpäd. Univ. Mainz - Uhlandstr. 1, 6730 Neustadt 16 - Geb. 27. Juni 1922 Kaiserslautern (Eltern: Friedrich u. Katharina B.), ev., verh. s. 1955 m. Herta, geb. Manger, 2 Kd. - Gymn.; Päd. Akad. Kusel; Univ. Mainz (Päd., Psych., Psychopathol.). Promot. 1962 - 15 J. Schuldst.; s. 1964 Hochschullehrer (1968 Prof.), 1968-88 Leiter Sonderpäd. Weiterbildungskurse f. Pädagogische Fachkräfte in Rhld.-Pfalz, 1974-81 Leiter Schulversuch zur Verminderung d. Sonderschulbedürftigkeit in d. Primarstufe (Mainz) - BV: Lernbeh. Kinder u. ihre Verhaltensgrundformen, 3. A. 1972; Lernbehinderung u. Intelligenz, 1969. Herausg.: Schr. z. Sonderpäd. (Reihe), Förderung

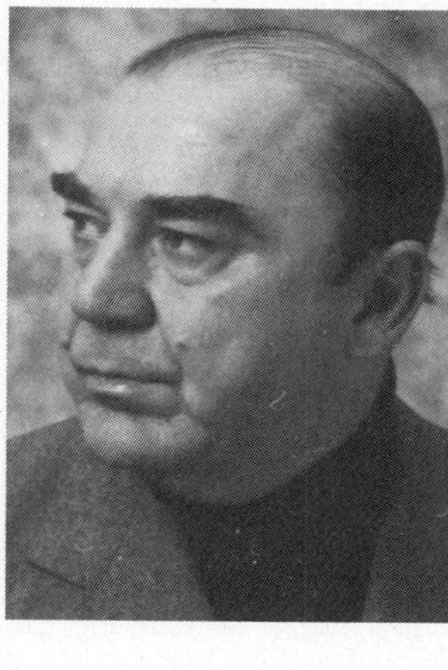

Lerngestörter in d. Grundschule, 1981; Vorsorgen u. Helfen, 1983; Duftwirkungen auf d. Spur. E. anthropologische Studie zu Geruchseinflüssen im körperlichen, seelischen u. geistigen Bereich, 1988. Ztschr.- u. Handbucheinträge.

BERG, Klaus

Dr. jur., Justitiar Nordd. Rundfunk - Rothenbaumchaussee 132-34, 2000 Hamburg 13 - Geb. 7. Nov. 1937 Mainz - Redakt. Schriftenreihe Beitr. z. Rundfunkrecht. Herausg. Fachztschr. Media Perspektiven - Mitgl. Jurist. Kommiss. d. Europ. Rundfunkunion (UER), u. Medienkommiss. ARD/ZDF; Vorst.-Mitgl. Studienkr. f. Presserecht u. Pressefreiheit; Dir. Inst. f. in- u. ausl. Medienrecht d. Univ. Frankfurt; Hon.-Prof. Univ. Frankfurt.

BERG, Lothar

Dr. rer. nat. habil., o. Prof. f. Mathematik Univ. Rostock (s. 1965) - Dahlienweg 7, O-2500 Rostock - Geb. 28. Juli 1930 Stettin, verh. s. 1952 m. Christa, geb. Jahncke, 2 Söhne (Joachim, Christian) - Stud. Univ. Rostock, Dipl. 1953; Promot. 1955 Rostock; Habil. 1957 Ilmenau - 1959-65 Prof. Univ. Halle-Wittenberg; s. 1965 Prof. Univ. Rostock - BV: Einf. in d. Operatorenrechnung, 1962 (engl. 1967); Asymptotische Darstellungen u. Entwicklungen, 1968; Differenzengleichungen zweiter Ordnung m. Anwendungen, 1979 (ung. 1982); Lineare Gleichungssysteme m. Bandstruktur, 1986 - Mitgl. d. Dt. Akad. d. Naturforscher Leopoldina - Liebh.: Natur, Musik - Spr.: Engl., Span.

BERG, Robert F.

Fabrikant, Gesellsch. Firmen Gebr. Weyersberg u. Berg & Co., Solingen - Bonner Str. 208a, 5650 Solingen-Ohligs - Geb. 8. Jan. 1913.

BERG, Rolf

Dr. odont., Prof. f. Kieferorthopädie Univ. d. Saarlandes - Am Collingerberg 41, 6650 Homburg 8 - Geb. 19. April 1935 Hadsel/Norw., ev., verh. s. 1958 m. Juliette, geb. Polvèche, 2 Kd. (Kristin, Erik) - Stud. Zahnmed.; Staatsex. 1958 Bonn u. 1959 Oslo; 1962-65 Fachausb. Kieferorthopäd. Bern u. Oslo; Habil. 1984 Oslo - 1974-78 Präs. Norw. Ges. f. Kieferorthopäd.; 1983-85 Präs. Angle Soc. of Europe - BV: Dentofacial Developement, 1984 - Liebh.: Lit., Wandern, Golf - Spr.: Norw. (Mutterspr.), Deutsch, Engl., Franz.

BERG, Steffen

Dr. med., em. o. Prof. f. Rechtsmedizin Univ. Göttingen - Windausweg 2, 3400 Göttingen - Geb. 27. Sept. 1921 Düsseldorf - 1964-1966 Privatdoz. Univ. München - BV: Grundriß d. Gerichtl. Med. (zahlr. A.), Agonie (Mitverf.), D. Sexualverbrechen, D. Archäologe u. d. Tod u. a. Über 100 Einzelarb.

BERG, Wilfried

Dr. jur., Prof. Ordinarius f. Staats- u. Verwaltungsrecht Univ. Bayreuth (s. 1980, zul. Univ. Münster, s. 1975), Lehrst. f. öfftl. u. Wirtschaftsrecht - Waldsteinring 25, 8580 Bayreuth-St. Johannis (T. 0921 - 9 31 25) - Geb. 10. Nov. 1941 Günzburg/Donau (Vater: Prof. Dr. jur. Hans B., Oberlandesgerichtsrat a. D.; Mutter: Annemarie, geb. Rief), ev., verh. s. 1968 m. Gisela, geb. Nolte, 3 Kd. (Sabine, Stefan, Michael) - Habil. Bonn (1975); s. 1972 Mitgl. Kuratorium Freiherr-v.-Stein-Ges. - BV: Grundrechtskonkurrenzen, 1968; Verwaltungsentscheidung b. ungewiss. Sachverhalt, 1980; Staats- u. Verw.-Recht in Bayern (m. Maunz u.a.), 1988; Zonenrandförderung, 1989; Staatsrecht, 1991. Herausg. d. Fundhefts für Öff. Recht; Mithrsg. d. Ztschr. Die Verwaltung - Rotarier.

BERG, von, Wolf

Dr. med., Prof., Chefarzt Kinderklinik/ Diakonie-Krkhs. - 2720 Rotenburg/ Wümme (T. 04261 - 77 27 40) - Geb. 21. Jan. 1928 Dresden (Vater: Dr. med. Oskar v. B., Stiefvater: Prof. Dr. med. Hans Girgensohn; Mutter: Mary, geb. Freiin v. Ungern-Sternberg), ev.-luth., verh. s. 1957 m. Isabell, geb. Sellheim, 3 Kd. (Friederike, Jobst, Stefanie) - Univ. Göttingen, Promot. u. Staatsex. 1956, Habil. 1969 (Lehrer: Prof. Joppich) - Mitgl. Lehrkörper Univ. Göttingen s. 1969; s. 1974 Chefarzt (spez. Arbeitsgeb.: Stoffwechselkrkh., Pädiatrie) - Liebh.: Musik, Photographie - Spr.: Engl.

BERG-SCHLOSSER, Dirk

Dr. oec. publ., Dr. phil. habil., Ph.D./ UC Berkeley, Prof. f. Politikwiss. Univ. Marburg (s. 1985) - Scheppe-Gewissegasse 26, 3550 Marburg (T. 06421 - 129 31) - Geb. 10. Dez. 1943 Ruhlsdorf/ Mark Brandenburg, verh. s. 1967 m. Irmtrud, geb. Wassener, 2 Kd. (Alka, Sita) - Stud. Univ. München, Berlin, Paris, Berkeley/Kalif. (Volksw., Politikwiss., Soziol., Sozialanthropol.); Dipl.-Volksw. 1968 München; Promot. 1971 München; Habil. 1979 Augsburg; Ph. D. 1979 Berkeley - 1968-79 Lehr- u. Forsch.-tätigk. in Berkeley, München, Aachen, Nairobi, Augsburg; 1979 Priv.-Doz. Augsburg; 1984 apl. Prof. ebd.; 1990/91 Dekan d. Fachber. Gesellschaftswiss. u. Philosophie Univ. Marburg - 1981-85 Beiratsmitgl. Dt. Vereinig. f. Polit. Wiss.; 1986-94 Member of the Board of the Res. Committ. on Comp. Sociol. d. Intern. Sociol. Assoc.; 1988-94 Cochairman Study Group on Democratization in Comparative Perspective Intern. Political Science Assoc. - BV: Politische Kultur, 1972; D. polit. Probl. d. Dritten Welt, 1972; Einf. in d. Politikwiss. (m. H. Maier, T. Stammen), 4. A. 1985; Tradition and Change in Kenya, 1985; Vergl. Politikwiss. (m. F. Müller-Rommel), 1987; Politische Kultur in Deutschl. (m. J. Schissler), 1987; Politische Stabilität u. Entwicklung (m. R. Siegler), 1988 - Spr.: Engl., Franz., Span., Kisuaheli.

BERGANDER, Helge

Dr.-Ing. habil., Prof. f. Techn. Mechanik TU Dresden (s. 1990) - Ulrichstr. 3b, O-8054 Dresden (T. 0051 - 3 73 55) - Geb. 15. Aug. 1941 Dresden (Vater: Prof. Rudolf B., Maler; Mutter: Med.-Rat Dr. Ursula B.), verh. s. 1967 m. Wilfriede, geb. Lehmann, 2 Kd. (Arvid, Lars) - Stud. Angew. Mechanik TU Dresden, Dipl. 1965; Promot. 1970; Habil. 1977 - 1975-80 Abt.leit. Inst. f. Leichtbau; 1980/81 Doz. TU Dresden; 1981-90 Prof. f. Techn. Mechanik TU Chemnitz; s. 1990 TU Dresden, Inst. f. Festkörpermech., Lehrst. Kontinuumsmech. - BV: Höhere Festigkeitslehre, Arbeitsb. (m.a.), 1978; Höhere Festigkeitslehre, Lehrb. (m.a.), 1985 - Liebh.: Gesch. d. Flugzeugbaus

BERGANN, Hans-Joachim

Geschäftsführender Gesellschafter d. Bora-Bora Wassersport GmbH, Buchholz - 2112 Jesteburg-Osterberg (T. 04181 - 85 46) - Geb. 21. Juni 1919 Magdeburg, ev., verh. s. 1962 m. Bärbel, geb. Müller, 3 Söhne (Joachim, Matthias, Christian) - Abit., Stud. Jura u. Volksw. (o. Abschl.) - 1950 Gründ. Fa. Barakuda; 1953 Gründ. 1. Tauchsport-Fachztschr. Delphin; 1954 Gründ. Verb. Dt. Sporttaucher. 1959-68 Präs. Verb. Dt. Sporttaucher (s. 1974 Ehrenpräs.); Freg.-Kapitän d. Res. Bundesmarine - 1990 BVK - Liebh.: Tauchen, Segeln - Spr.: Engl., Franz.

BERGDOLT, Bernhard

Dr. jur., Rechtsanwalt - Residenzstr. 27/ VI., 8000 München 2 - Geb. 23. Mai 1909 München - S. 1936 Löwenbräu, b. 1976 Vorst.-Vors. - Div. Ehrenämter, u.a. gf. Mitgl. BFB Vermögensberatung u. Anlagenvermittl. GmbH - Rotarier.

BERGE, Günter

Verwaltungsgerichtspräsident - Hardenbergstr. Nr. 21, 1000 Berlin 12 (T. 31 03 11) - Geb. 1925 (?) - S. 1948 Berliner Justizdst. (LG, 1954 VG (zul. Vors. I. Kammer), 1968 Vizepräs. OVG, 1969 Präs. VG).

BERGE, Hans Siegmund vom

Dr. jur., Vorstandsmitglied Klein, Schanzlin & Becker AG, Frankenthal - Rusdorfstr. 4, 6710 Frankenthal/Pf. - Geb. 25. Juni 1937.

BERGE, Heinz

Dr. rer. nat., Vorstandsmitglied i. R. - Mittl. Bauernwaldweg 99, 7000 Stuttgart - Geb. 23. Sept. 1919 - Stud. Chemie.

BERGE, Klaus

Geschäftsführer Dt. Städte-Reklame GmbH - Eschenheimer Anlage 33/34, 6000 Frankfurt/M. - StVdAR: Ges. f. Flughafenwerbung mbH, 6000 Frankfurt; Geschäftsf. Nordwestdt. Ges. f. Außenwerbung mbH, Bünde (Westf.).

BERGEDER, Hans-Dietrich

Dr. med., Prof., Direktor Inst. f. Strahlenbiologie Univ. Bonn - Brombeerweg 5, 5300 Bonn 1 (T. 28 11 23) - Geb. 6. Juni 1923 Wuppertal - Gymn. u. Univ. Köln (1942-44, 1946-48). Promot. 1950 Köln; Habil. 1960 Bonn - S. 1960 Lehrtätigk. Bonn (1966 apl. Prof. f. Strahlenbiol.). Ca. 100 Fachveröff. S. 1988 Ruhestand.

BERGEL, Hans

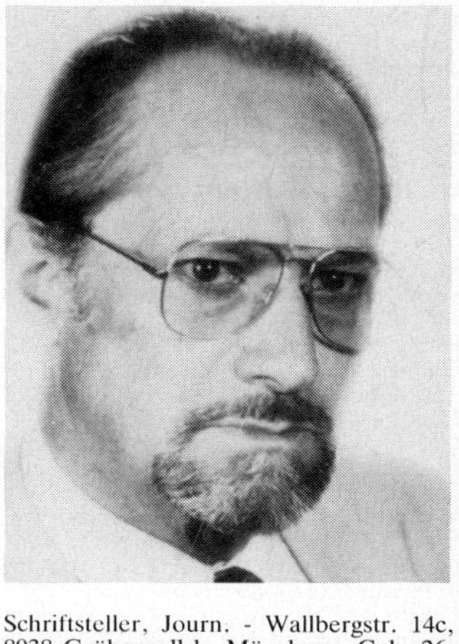

Schriftsteller, Journ. - Wallbergstr. 14c, 8038 Gröbenzell b. München - Geb. 26. Juli 1925 Kronstadt/Siebenbürgen, ev. - Stud. Kunstgesch., Phil. Univ. Bukarest - BV: D. Rennfüchse, 1969; Rumänien, 1969; Würfelsp. d. Lebens, 1972; Im Feuerkreis, 1972; D. Tanz in Ketten, 1977; Gestalten u. Gewalten, 1982; Hermann Oberth, 1984; D. Tod des Hirten, 1985; Lit.-Gesch. d. Siebenbürger Sachsen, 1987; D. Vernusherz, 1987; ... und Weihnacht ist überall, 1988; D. Motiv d. Freiheit, 1989; Zikadensommer; u.a. - 1949 Champion Rumäniens in Leichtathl. - 1957 Erzählerpreis Bukarest; 1971 Georg-Dehio-Preis; 1972 OKR-Erzählerpreis; 1982 u. 89 Medienpreis; 1986 BVK; 1987 Kulturpreis d.

BERGEN, Volker
Dr. rer. pol., Prof. f. Volkswirtsch. - Büsgenweg 5, 3400 Göttingen (T. 39 87 04) - Geb. 21. Juni 1939 Berlin (Vater: Otto B., Händelsvertr.; Mutter: Hildegard, geb. Göbel), ev., verh. s. 1977 m. Susanne, geb. Freitag, 4 Kd. (Nicole, Tobias, Caroline, Andreas) - Univ. Frankf., Münster u. Göttingen; Habil. 1976 - 1976-77 Doz. Univ. Göttingen u. Trier; 1978 Prof. Univ. Göttingen, Mitgl. Ges. f. Wirtsch.- u. Sozialwiss., American Economic Association, Association for Environmental and Resource Economists - S. 1970 div. Fachveröff.

BERGEN, von, Willwerner
Dr. jur., Kaufmann, Gesellschafter d. B & L Dr. von Bergen, Rauch u. Partner GmbH, Frankfurt - Grüneburgweg 12, 6000 Frankfurt/M. (T. 069 - 15 30 01-0); priv.: Kinzigstr. 7, 6380 Bad Homburg - Geb. 8. Nov. 1921 Rom, ev., verh. s. 1954 m. Elisabeth, geb. v. Oertzen, 2 Kd. (Werner, Isabel, [verehel. Prinzessin z. Löwenstein-Wertheim-Freudenberg]) - Stud. Jura Univ. Rom u. Frankfurt; Promot. 1952 - 1952-56 Farbenfabriken Bayer, Handelspolit. Abt.; 1956-59 Dt. Bank AG, Zentrale Frankfurt, Auslandsabt.; 1959-69 Europ. Investitionsbank, Brüssel; 1969 Gründ. e. Finanzwerbeagentur Frankfurt, 1976 ProConsilia Werbeges., u. 1988 Gründ. d. B & L Communications Dr. von Bergen u. Rauch GmbH; Vorstandsmitgl. Frankfurter Ges. f. Handel, Ind. u. Wiss. - BV: D. Einfluß d. Lateranverträge auf d. ital. Gesetzgeb. unter bes. Berücksicht. d. Eherechts - Interessen: Wirtschaftspolitik, Finanzwesen, Privatsch., Golf, Ski, Oper u. Theater - Spr.: Engl., Franz., Ital. - Bek. Vorf.: Dr. Diego v. Bergen, dt. Botschafter am Vatikan, 1919-43 (Vater).

BERGENER, Manfred
Dr. med., Leitender Arzt Psychiatr. Behandlungszentrum/Rhein. Landesklinik, Köln (s. 1974), apl. Prof. f. Psych. Univ. Düsseldorf (s. 1971) - Wilhelm-Griesinger-Str. 23, 5000 Köln 91 - Geb. 11. Juni 1935 Berlin - Promot. 1962; Habil. 1971, 1982-87 Präs. Intern. Psychogeriatric Assoc.; 1. Präs. Dt. Ges. f. Geriatrie; Ass. Editor Ztschr. Intern. Psychogeriatrics. Üb. 250 Facharb. (auch Filme). Zahlr. Bücher (auch Herausg.).

BERGER, Alfred
Dr. med., Prof., Direktor Klinik f. Plastische, Hand- u. Wiederherstellungschir. Med. Hochsch. Hannover - Podbielskistr. 380, 3000 Hannover 51 (T. 0511 - 6461-423) - Geb. 31. Juli 1934 Graz, kath., verh. s. 1964 m. Sigrid, geb. Hübner, 3 Kd. (Nicole, Daniela, Philipp) - Med.-Stud. Univ. Graz; Promot. 1959, Habil. 1973 Univ. Wien; 1978 ao. Prof. Univ. Wien; 1981 o. Prof. Med. Hochsch. Hannover. 201 wiss. Arb. auf d. Geb.: Plast., Wiederherstellungschir. Mikrochir. d. Nerven, mikrovaskuläre Chir., Gewebstransplantationen, Verbrennungen; Mitverf.: Lehrb. u. Atlas d. Mikrochir. (Kapitel: Handchir.), 1985; Lehrb. d. Chir. (Kapitel: Plast. Wiederherstellungschir., Nervus facialis, Muskeltransplantation) - 1979 Esselsbergpreis - Spr.: Engl.

BERGER, Arne-Curt
Dr. rer. pol., Dipl.-Kfm., Gf. Gesellschafter Hotel Harz Stern in Goslar-Halmenklee, Gesellschafter Mey & Edlich, Stuttgart-Leinfelden - Herderstr. 33, 6238 Hofheim/Taunus (T. 73 86) - Geb. 17. Jan. 1935 Berlin (Vater: Dr. Curt B.; Mutter: Marianne, geb. Blume); ev., verh. s. 1961 m. Marieluise, geb. Will, 3 Kd. (Christian, Janine, Marie-Christine) - Dipl.-Kfm. 1959; Promot. 1960 - Verwaltungsbeirat Mey & Edlich; AR-Mandate - Spr.: Engl., Franz.

BERGER, Axel
s. Burmester, Albert

BERGER, Christoph
Dr. rer. nat., Prof., Physiker - Mozartstr. 7, 5120 Herzogenrath/Rhld. - B. 1974 Doz., dann Wiss. Rat u. Prof. TH Aachen (Hochenergiephysik).

BERGER, Dieter A.
Dr. phil., Prof. f. Engl. Philologie Univ. Düsseldorf - Noldeweg 8, 4010 Hilden - Geb. 14. Nov. 1940 Oberplan - Staatsex. 1966, Promot. 1969, Habil. (Engl. Philol.) 1976 - Ab 1972 Assist.-Prof. Univ. d. Saarl.; ab 1981 o. Prof. D'dorf; 1985-87 Prodekan - BV: Literaturkritik Richard Hurds, 1972; Konversationskunst in England 1660-1740, 1978; D. Parodie in d. Dichtung d. engl. Romantik, 1990; Aufs. üb. brit. Lit. d. 18.-20. Jh.

BERGER, Fritz
Dr. med., Hals-Nasen-Ohrenarzt, apl. Prof. f. HNOheilkd. Univ. Düsseldorf (s. 1970) - Kirchfeldstr. 40 (Ev. Krkhs.), 4000 Düsseldorf 1.

BERGER, Fritz
Verleger, Geschäftsf. Hermann Luchterhand Verlag GmbH & Co. KG u. Buchhandl. f. Wirtschaft u. Verw., beide Neuwied - Wiedhöhe Nr. 14, 5451 Melsbach - Geb. 25. Okt. 1925.

BERGER, Gunther
Dr., Vorstandsvorsitzender Gerresheimer Glas AG - Mörsenbroicher Weg 191, 4000 Düsseldorf 30.

BERGER, Harry
Dr., Dipl.-Kfm., Geschäftsf. SWF Südtl. Winden- u. Förderanlagenfabrik Bechtolsheim & Stein KG, München - Klausener Platz 19, 8000 München 90 - Geb. 9. Jan. 1924.

BERGER, Heide
M. A., Geschäftsführerin Bundesverb. d. Lohnsteuerhilfevereine - Adenauerallee 11, 5300 Bonn - Geb. 12. März 1940 Berlin (Vater: Hanns B., Arch.; Mutter: Lina, geb. Abendroth), ev. - Univ. Bonn (Politikwiss.). M. A. 1973 - Wiss. Mitarb. Bundestag - Spr.: Engl., Span.

BERGER, Heiner
Dr. jur., Oberstadtdirektor Aachen (s. 1975) - Im Weingarten 39, 5100 Aachen - Geb. 1. Juni 1933 Köln (Vater: Prof. Dr. Heinrich B.; Mutter: Elisabeth, geb. Strohe), kath., verh. s. 1961 m. Mechthild, geb. Schmidt, 2 Kd. (Felicitas, Heinrich) - Jurastud. Univ. Saarbrücken, München, Berlin, Heidelberg; 1. u. 2. Staatsex. - 1960-63 Justitiar Kreishandwerkerschaft Bonn, 1963-68 Stadtwerke Bonn, 1968-75 Stadtdir. u. -kämmerer Göttingen; Mitgl. Präsid. Dt. Städtetag: Vorst.-Mitgl. d. Abfallentsorgungs- u. Altlastensanierungsverbandes Nordrh.-Westf.; Vors. Städtetag Nordrh.-Westf.; VR-Vors. d. Kommunalen Gemeinschaftsstelle f. Verwaltungsvereinfachung - 1976 Chevalier Kronenorden Belgien; Commandeurkreuz des Ordens von Oranien-Nassau; 1982 Großkreuz Ziv. VO v. Spanien durch König Juan Carlos; 1987 Offz. d. Ordens pour le mérite Frankreich; 1988 Komtur d. Gregoriusordens; 1990 BVK I. Kl. - Spr.: Engl., Franz. - Rotarier.

BERGER, Heinz
Unternehmer (Aichelin GmbH, Korntal), Vors. Fachgemeinsch. TPT im VDMA, Frankfurt/M., u. a. Aufsichts- u. Verw.sratsmandate - 7015 Korntal-Münchingen/Württ. - Geb. 14. April 1927 Stuttgart, verh. s. 1953.

BERGER, Herbert
Schriftsteller - Paradiesfeld 20, 4410 Warendorf 2-Hoetmar (T. 02585 - 75 70) - Geb. 12. März 1919 Freiburg - Fr. Mitarb. bei Rundf., Ztschr. u. Ztg.; fr. Schriftst. - BV: D. fremde Linksaußen, 1982; D. Pütt hat mich ausgespuckt, 1981; Ich u. meine Stadt, 1975; Drei Minuten tägliches, 1982; Heiteres u. Besinnliches, 1982; Beiträge in Lesebüchern u. Anthol. Hörfolgen im Rundf. - Versch. Lit.preise f. Lyrik u. Prosa.

BERGER, Hermann
Dr. phil., o. Prof. f. Indologie - Landfriedstr. 10 II, 6900 Heidelberg - Geb. 17. Okt. 1926 Kötzting/Bayer. Wald (Vater: Peter B., Oberforstm. i. R.; Mutter: Angelika, geb. Rößler), freirelig., verh. s. 1954 m. Elsbeth, geb. Neumann, 4 Kd. (Tilman, Albrecht, Christine, Elisabeth) - Univ. München (Indol., Indogerm., Semitistik). Promot. 1953; Habil. 1957-62 Dozent Univ. Münster; 1962-64 Visiting Prof. Sanskrit College Kalkutta; s. 1964 Ord. u. Seminardir. Univ. Heidelberg - BV: Zwei Probleme d. mittelind. Lautlehre, 1955; D. Yasin-Burushaski (Neuind. Stud., Bd. 3), 1974; Mythologie d. Zigeuner, in: H. W. Haussig (hg.): Wörterbuch d. Mythologie - 1982 o. Mitgl. Heidelberger Akad. d. Wiss. - Spr.: Engl.

BERGER, Hermann
Dr. med., Abteilungsvorsteher Hautklinik, Prof. f. Dermatologie Univ. Göttingen (s. 1975) - Albert-Einstein-Str. 24, 3400 Göttingen.

BERGER, Jakob
Jurist, Oberregierungsrat a. D., Hauptgeschäftsführer Vereinig. d. kommunalen Arbeitgeberverb. - Lindenallee 24, 5000 Köln 51 - Geb. 5. Dez. 1929 - Vorst.-Mitgl. Bundesversich.anst. f. Angest.; VR-Mitgl. VBL - BVK am Bde., BVK I. Kl.

BERGER, Judith
Verwaltungsangestellte, Vorstand Landesruderverb. Baden-Württ. (s. 1975) - Fauserweg 1, 7302 Ostfildern 4 - Geb. 23. Mai 1934 Stettin, ev., verh. s. 1953 m. Alfred B., 2 T (Edita, Susanne) - Klostersch. Lichtenthal Baden-Baden - 1979-86 Präsid.-Mitgl. Dt. Ruderverb.; s. 1983 Mitgl. Bundesvorst. Württ. Landessportbund; s. 1983 Kassenprüferin Dt. Frauenrat; s. 1984 Kassenprüferin Dt. Sportbund - 1986 Silb. Ehrennadel Württ. Landessportbund; 1986 Plak. u. Bes. Verd. Dt. Ruderverb. - Liebh.: Ballett, Reisen, Gesch.

BERGER, Jürgen
Dr., Prof. f. Mathematik in d. Medizin u. Abteilungsdir. Inst. f. Math. d. Datenverarb. in d. Med./Univ. Hamburg (s. 1978) - Stonsdorfer Weg 15a, 2000 Norderstedt - Zul. Univ. Mainz.

BERGER, Juliane Helene

Künstlerin, Malerin, Lyrikerin - Bohldamm 21, 3110 Uelzen - Geb. 18. Sept. 1952 Uelzen (Vater: Julius B., Hotelbesitzer; Mutter: Helene B., Kunstgewerblerin), ev., S. Jules Caesar Hélen - 1963 erster Zeichenunterr.; Stud. (2 Semester) Werbe- u. Gebrauchsgrafikkunstsch. Alsterdamm Hamburg; 1970 priv. Mal- u. Zeichenunterr. b. R. Laute, Hamburg; 1971-76 Stud. Visuelle Kommunikation Hochsch. f. bild. Künste Hamburg; 1977 Gasthörerin f. Lit. ebd.; 1978 Akad. d. fr. Künste Berlin - S. 1980 Tätigk. als freiberufl. Künstlerin. Künstl. Techniken, insbes. Aquarelle, Collagen, Öl Reliefs, Radierungen u. Zeichnungen z. d. Thema Umwelt m. d. Ziel e. künstler. Vereinigung v. Musik, Lit. u. Malerei. S. 1984 Doz. VHS Uelzen u. 1988 VHS Lüneburg. Priv. Mal- u. Zeichenunterr. - Publ. in: Meister Bild. Künstler, 1988; Bremer Leseb., 1989. Lyr. Partituren. Zahlr. Veröff. in Katalogen, u.a.: Ich, Künstlerin in Nieders. (1988); 1. Exposition Intern. de Arte Postal en Granada. Homenaje a F.G. Lorca (1988). 1970-86 zahlr. Ausst.: Uelzen, Hamburg, Hannover u. Frankfurt; s. 1987 in d. USA, Japan, Ital. u. Span. - Liebh.: Klavierspielen, Kochen, Garten - Spr.: Engl., Franz. - Lit.: Pressekritiken v. Prof. A. A. Ziese u. J. Weichardt.

BERGER, Julius
Prof., Violoncellist - Hofwiesenweg 15, 8959 Hohenschwangau - Geb. 20. Okt. 1954 Augsburg (Vater: Dr. Julius B., Notar; Mutter: Elisabeth B.), kath. - Staatsex. München 1977; Stud. b. Mstislav Rostropovitch, Zara Nelsova (USA), Antonio Janigro - Solist bedeut. Orchester in Europa, USA, Japan, Ersteinspielungen; L. Boccherini, M. Bruch u. R. Strauss, spielt e. Antonio Stradivari-Cello aus d. ehem. Besitz L. Boccherinis; s. 1983 Prof. in Würzburg, s. 1988 in Saarbrücken; Stip. Studienstiftg. d. Dt. Volkes - 1980 Sieger intern. Wettbewerb New York - Veröff.: Produkt. b. d. gr. Radiostat. d. In- u. Auslandes; zahlr. CD-Produktionen, u.a. m. Bamberger Synphoniker, Nat. Radiosinfonieorch. Polen.

BERGER, Jutta (Cindy),
geb. Gusenburger

Sängerin - Röntgenstr. 78, 6660 Zweibrücken (T. 06332 - 4 03 53) - Geb. 26. Jan. (Vater: Alfred G., Bauamtm.; Mutter: Lotti, geb. Klemm), kath., gesch., S. Sascha - Mittl. Reife, Höh. Handelssch. - B. 1971 Versich.-Kfm., dann hauptberufl. Schlagersängerin - Als Duo Cindy & Bert (m. Norbert B.) zahlr. Hits, u.a.: Immer wieder sonntags, Spaniens Gitarren, Wenn die Rosen erblühen in Malaga. 18 LP's, 39 Singles. Rundfunksend., FS-Auftritte, Tourneen - 5 x Gold. Europa d. Europawelle Saar, Bronze-Löwe RTL, gold. LP u. Single; 1988 2. Platz als Solistin Grand-Prix-Vorentscheid. m. d. Titel U. Leben will ich auch; Gold. Stimmgabel - Liebh.: Tennis, Schwimmen, Reisen, Esoterik - Spr.: Engl., Franz.

BERGER, Karl-Christoph
Dipl.-Ing., Vorstandsvorsitzender Hagen Batterie A.G. Soest - Rennweg 21, 4772 Bad Sassendorf - B. 02921 - 5 23 23) - Geb. 2. Jan. 1934 Königsfelde/Ostpr., ev., verh. s. 1958 m. Maren Berger-Jaxa, geb. Jaxa, T. Alexandra - Abit. 1950 Univ. Sevilla, Spanien, 1952 Escuela de Peritos Ind. Sevilla, Spanien, TU München, Dipl.-Ing. Elektrotechnik 1957 -

AR-Vors. Servauto, Cilly Mazarin, Paris; VR-Vors. ICS, Canonica d'Adda, Mailand - BV: Manufacture of Telecommunications Equipment in Developing Countries, 1969 - Liebh.: Skifahren, Segeln, Theater, Reisen - Spr.: Engl., Span., Franz., Ital.

BERGER, Karl-Heinz

Dr. rer. pol., Prof. f. Betriebswirtschaftslehre Univ. Hannover - Wendlandstr. 6, 3000 Hannover 21 - Geb. 1. Mai 1926 Berlin (Vater: Hermann B., Kaufm.; Mutter: Johanna, geb. Borchert), ev., gesch., T. Barbara - Schinkel-Oberrealsch. u. TU Berlin. Dipl.-Kfm. 1954; Promot. 1958; Habil. 1965. S. 1972 Ord. - BV: Unternehmensgröße u. Leitungsaufbau, 1968 - Spr.: Engl.

BERGER, Karl-Reinhard

Dipl.-Ing., Prof. f. Bautechnik, insb. Städtebau u. Landesplanung, Gesamthochschule Wuppertal (Fachbereich Bautechnik) - Domagkweg 96, 5600 Wuppertal 1.

BERGER, Klaus

Dr. theol., Prof. f. Neutestamentl. Theologie Univ. Heidelberg - Brunnengasse 8/1, 6900 Heidelberg (T. 06221 - 16 33 90) - Geb. 25. Nov. 1940 Hildesheim, ev.-luth., 2 Kd. (Moritz, Kathrin) - BV: D. Amen-Worte Jesu, 1970; D. Gesetzesauslegung Jesu (I), 1972; D. Auferstehung d. Propheten, 1976; D. Griech. Daniel-Diegese, 1976; Exegese d. Neuen Testaments (UTB), 1977, 2. A. 1984; Bibelkunde Neues Testament, 1980, 3. A. 1985; Das Jubiläenbuch, 1981; Formgesch. d. Neuen Testaments, 1984; Exegese u. Phil., 1986; Einf. in d. Formgesch., 1987; Relig.geschichtl. Textb. z. Neuen Testament (zus. m. C. Colpe), 1987; Wie e. Vogel ist d. Wort, 1987; Hermeneutik d. Neuen Testaments, 1988; D. Weisheitsschrift aus d. Kairoer Geniza, 1989; Gottes einziger Ölbaum, 1990; Hist. Psychol. d. Neuen Testaments, 1991, 2. A. 1991, 40 Aufs. in Zeitschr.

BERGER, Klaus

Gymnasiallehrer, Schriftst. - Bentzlerstr. 8, 4920 Lemgo 1 (T. 05261 - 1 06 01) - Geb. 19. Sept. 1954 Solingen, ev., verh. s. 1976 m. Ulrike, geb. Büngener, 5 Kd. (Birthe, Kornelius, Gabriel, Karen Elisabeth, Lucas-Martin) - Stud. German., Phil. u. Biol.; z. Zt. Doktorand Univ. Bielefeld - BV: Evolution u. Aggression, 1981; Wie entstand d. Leben?, 1982; Aggression - D. Böse, 1983; Ohne Liebe kein Leben, 1984; Vergewaltigung d. Seele - Sigmund Freud, 1984; Michael Ende - Heilung durch magische Phantasien, 1985; Angst verstehen u. überwinden, 1986; New Age - Ausweg od. Irrweg, 1987; Unendlich begeistert, Magie in d. Bestsellern unserer Zeit, 1990; Abbau d. Göttlichen - Konrad Lorenz, 1990; D. verkehrte Jesus, 1990; Wer bin ich - Wie soll ich sein ?, 1991; Begegnen statt ignorieren, 1992.

BERGER, Markus

Oberstleutnant a. D., MdB (1977-87) - Am Allerheiligenberg 30, 5420 Lahnstein - Geb. 28. Jan. 1938 Frei-Weinheim/Ingelheim (Vater: Anton B.; Mutter: Margarete, geb. Christian), kath., verh. s. 1960 m. Renate, geb. Stoczek, 4 Kd. (Angelika, Michael, Martin, Monica) - Gymn. Ingelheim (Abit. 1957); Offiziersausbild. Dillingen, Hannover, München (1959 Ltn.) - Ab 1959 Truppendst. Koblenz, Wetzlar, Lahnstein (zul. Oberstlt.). 1964ff. Ratsmitgl. Stadt Niederlahnstein u. neugeb. Stadt Lahnstein (1969). 1969ff. MdK Rhein-Lahn. CDU s. 1964 - Liebh.: Gesch., Musik, Sport - Spr.: Engl., Franz. - Im Bundestag: Berger-Lahnstein.

BERGER, Mathias

Direktor d. Psychiatrischen Univ.-Klinik Freiburg (s. 1990) - Hauptstr. 5, 7800 Freiburg - Geb. 20. Aug. 1947 Hagen, verh. s. 1980 m. Marieluise Heim-B. - 1966-72 Stud. Med. Univ. Köln u. Bonn; Staatsex. 1972; Ärztl. Approb. 1974; Promot. 1974; Habil. 1985 TU München - 1974-78 Wiss. Assist. Univ.-Nervenklinik Köln, 1978-81 Max-Planck-Inst. f. Psych. München, 1981/82 Facharztweiterbildung am Bezirkskrkhs. Kaufbeuren, s. 1982 erneut MPI f. Psych., 1982 Arzt f. Neurol. u. Psych. - 1983 stv. Leit. d. Psych. Abt. Max-Planck-Inst. f. Psych.; s. 1986 Leit. d. Abt. Psych. II Max-Planck-Inst. f. Psych.; s. 1986 C 3-Prof. f. Psych. d. Med. Fak. Mannheim d. Univ. Heidelberg u. ltd. Oberarzt d. Psychiatrischen Klinik d. Zentralinst. f. Seelische Gesundheit, Mannheim - Anna-Monika-Preis f. Arbeiten auf d. Gebiet d. Depressionsforsch. - Spr.: Engl.

BERGER, Michael

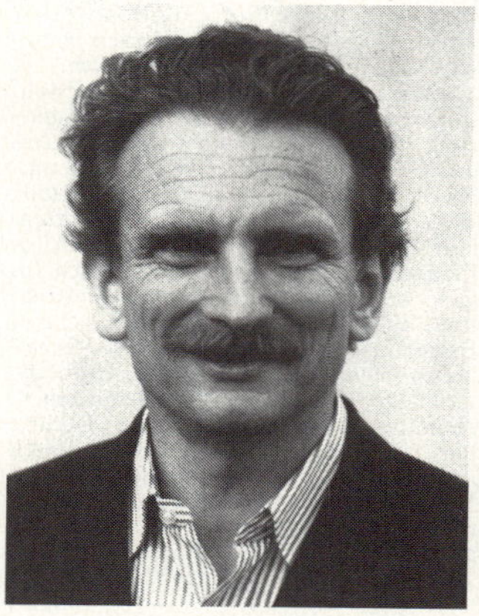

Dr. med., Prof. f. inn. Med. Univ. Düsseldorf - Wildenbruchstr. 22, 4000 Düsseldorf; u. Bachplatz 1, 5804 Herdecke - Geb. 2. Juni 1944 Schmalkalden (Vater: Dr. Jochen B., RA u. Notar; Mutter: Ines, geb. Andler), ev., verh. s. 1983 m. Dr. med. Ingrid Mühlhauser - Univ. Würzburg, München, Galway/Irland, Düsseldorf, Harvard, Boston (USA), Genf - S. 1978 Prof.; 1989 Präs. Dt. Diabetes Ges. - Herausg. Diabetologia (1983-88). Intern. Veröff. z. Diabetol. - Mehrere Wiss.-Preise Diabetol. Ges. in Dtschl., Europa, USA, Südamerika u. Austral. - Spr.: Engl., Franz., Span.

BERGER, Norbert

Botschafter - Miraflores, 4202 Av. Arequipa, Lima (Peru) (T. 45 99 97) - Geb. 22. März 1913 Berlin, verh. 1954 m. Dr. Ingeborg, geb. Hanack - Stud. Rechts- u. Staatswiss. - S. 1952 Ausw. Dienst (Auslandsposten: 1954 Konsul Bilbao, 1956 Botschaftsrat Madrid, 1959 Generalkonsul Salisbury, 1963 Botschaftsrat Paris, 1970 Botschafter Pakistan) - Liebh.: Jagd, Reiten.

BERGER, Norbert (Bert)

Sänger - Zu erreichen üb. Stiewieg, Lilientalstr. 40, 4000 Düsseldorf - Geb. 12. Sept. 1945 Völklingen (Vater: Alex B., Organist; Mutter: Cilla, geb. Kurtz), kath., gesch., S. Sascha - Mittl. Reife, Höh. Handelssch. - B. 1971 Ind.-Kfm., dann hauptberufl. Schlagersänger - Als Duo Cindy & Bert (m. Jutta B.) zahlr. Hits: u.a. Cäsar u. Cleopatra (1970); Immer wieder Sonntag; Aber am Abend; Nenn es Liebe - Div. Schallpl., Rundfunksend., FS-Auftritte, Tourneen - 1970/72/74/75/76 Gold Europa; 1973 Gold. Schallpl. (f. 1,5 Mio. verk. Schallpl.: Aber am Abend) u. Bronze-Löwe Radio Luxemburg - Liebh.: Komponieren u. Texten - Spr.: Engl., Franz.

BERGER, Peter

Schriftsteller - Rommerscheider Str. 43, 5060 Bergisch Gladbach 2 (T. 02202 - 3 08 78) - Geb. 25. Jan. 1915 Rheinbrohl (Vater: Anton B., Schlosser; Mutter: Maria, geb. Weyand), kath., verh. s. 1939 m. Maria, geb. Posch, S. Peter - Volkssch.; kaufm. Lehre - B. 1962 Industriekfm., dann fr. Schriftst. - BV/Jugendb. (1954-70); Abenteuer am Strom, Ali reist doch n. Australien, D. Tochter d. Sonnengöttin, Doris reißt aus, Hallo, Fußball, Renate - e. Mädchen aus d. Zirkus, Dan - d. jg. Gaucho, Flugschüler Stahl, Torwart Thomas Bähr, Drei aus e. Elf, Im roten Hinterhaus (auch jap.), Benjamin Habenichts, Friedrich Ehrlich macht Karriere, M. d. Kranich am Leitwerk (Sachb.), Spieler - Profis - Tore, Wir gründen e. Fußballklub, Hilfe, ich habe zwei Schwestern, Bei uns im Ruhrgebiet, Die Jagd auf Maverik; Mitarb. an zahlr. Anthol. u. Leseb. Herausg.: König Fußball... - 1967 Dt. Jugendbuchpreis.

BERGER, Reinhard

Dr. rer. oec., Dipl.-Kfm., Vorstandsmitglied Energieversorgung Weser-Ems AG - Tirpitzstr. 39, 2900 Oldenburg/O. - Geb. 11. Juni 1928.

BERGER, Robert

Dr., Dipl.-Kfm., Vorsitzender d. Geschäftsfg. Alfred Teves GmbH, Geschäftsf. ITT Ges. f. Beteiligungen mbH - Guerickestr. 7, 6000 Frankfurt/M. 90 (T. 76 03-1) - Geb. 23. Aug. 1924 Wiggensbach/Allgäu - Vorst. u. Beirat Arbeitgeberverb. Bezirksgr. Frankfurt; Beirat Commerzbank AG.

BERGER, Robert

Dr. rer. nat., Dipl.-Math., o. Prof. f. Mathematik - Ober der Trift 12, 6670 St. Ingbert (T. 41 28) - Geb. 21. Juli 1933 Breslau (Vater: Dr. jur. Robert B., Landgerichtsdir.; Mutter: Ilse, geb. Heintze), ev., verh. s. 1958 m. Herma, geb. Heere, 4 Kd. (Ruth, Robert, Renate, Barbara) - Frhr.-v.-Stein-Sch. Frankfurt/M.; Univ. ebd. u. Heidelberg (Math.: Diplomprüf. 1956). Promot. (1958) u. Habil. (1963) Heidelberg - 1963-64 Privatdoz. Univ. Heidelberg, 1964-68 ao. u. o. Prof. (1966) FU Berlin; s. 1968 o. Prof. Univ. Saarbrücken. Gastprof. Queens Univ., Kingston (Kanada), Purdue Univ., Lafayette (USA), Louisiana State Univ. Baton Rouge (USA). Fachveröff. - Liebh.: Elektronik - Spr.: Engl., Franz., etwas Russ.

BERGER, Roland

Dipl.-Kfm., Unternehmensberater, Geschäftsf. Roland Berger & Partner GmbH, München, Member of the board ACME Board of Directors - Arabellastr. 33, 8000 München 81 - Geb. 22. Nov. 1937 Berlin (Vater: Georg L. B., Generaldir.; Mutter: Thilde, geb. Altmann), ev., verh m. Karin geb. Gottschalk, 2 Söhne (Markus, Oliver) - Gymn. Landshut, München, Nürnberg; Univ. Hamburg u. München (Wirtschaftswiss.) - S. 1967 selbst. - Liebh.: Mod. Kunst, Ski, Golf - Spr.: Engl., Ital.

BERGER, Senta

Schauspielerin - 8022 Grünwald - Geb. 13. Mai. 1941 Wien (Vater: Josef B., Komponist; Mutter: Therese, geb. Jany), verh. s. 1966 m. Dr. med. Michael Verhoeven, 2 Söhne - Gymn. u. Reinhardt-Sem. Wien (2 Sem.) - Üb. 100 Kinofilme in Deutschl., Österr., USA, Engl., Frankr., Italien, dar. Arbeiten m. Sam ›Peckinpah, Harold Pinter, Bernhard Wicki, Julien Duvivier, Wim Wenders, Volker Schlöndorf, Michael Verhoeven, Dino Risi, Mario Monicelli, Carlo Lizzani, Luigi Comencini u.a. S. 1974 regelm. Theaterarb. (Burgtheater Wien, Thaliatheater Hamburg, Schillertheater Berlin; b. 1982 Salzburger Festsp. [Jedermann m. Curd Jürgens, dann Maximilian Schell]); Fernsehrollen: u.a. Kir Royal (1986); D. schnelle Gerdi (1989). S. 1966 Prod. Sentana-Film (1983 Bundesfilmpreis f. Film: Weiße Rose) - 1967 Bambi-Preis; 1969/70/71 Maschera d'Argento (ital. Filmpreis); 1987 beste Darst. d. Jahres (gewählt v. d. dt. Film- u. Fernsehregiss.).

BERGER, Ulrich

Dipl. Kommunalbeamter, MdB (1957-80) - Lindenstr. 4, 4006 Erkrath 2 (T. 02104 - 4 69 17) - Geb. 24. Okt. 1921 Dortmund, kath., verh. s. 1945 m. Anneliese, geb. Zaborowski, 1 Kd. - Gymn. u. Verw.s- u. Wirtsch.sakad. Bochum - 1939-45 Kriegsdst. (Offz.); s. 1945 Beamter Stadtverw. Herne; stv. Bundesvors. Dt. Beamtenbund, Bundesvors. d. Komm.Beamten u. Arbeitnehmer, Vors Dt. Beamtenwirtschaftsring. AR-Mitgl. Adler-Vers. Vödag.

BERGER, Ulrich

Dr. med., Prof., Bakteriologe - G. F. Händel-Str. 18, 6904 Eppelheim/Baden (T. Heidelberg 76 40 46) - Geb. 5. Dez. 1919 Breslau, ev., verh. s. 1952, 2 Kd. - Univ. Rostock, Graz, Würzburg - 1945-51 Assist. Hafenkrkhs. Hamburg, Tropen-Inst. (1946), Hyg.-Inst. ebd. (1947) Kantonales Hyg.Inst. Fribourg/Schweiz (1948), 1951-63 Leit. Bakt. Labor/Klinik f. Zahn-, Mund- u. Kieferkrankh. Univ. Hamburg (1956 Privatdoz., 1962 apl. Prof.), b. 1985 Dir. Abt. Bakteriologie, Hyg.Inst. Univ. Heidelberg (zugl. Professor für Med. Mikrobiologie u. Hyg.) - BV: Sterilisation, Desinfektion u. Hyg. d. zahnärztl. Praxis, 1954; Mikrobiol. d. Mundhöhle, Lehrb. 1955 2. A. 1964; D. Treponemen d. Mundhöhle, 1958. Etwa 175 Einzelarb., 12 Handbuchbeitr.

BERGER, Ursel

Dr., Leiterin Georg-Kolbe-Museum (s. 1978) - 1000 Berlin - Promot. Kunstgesch. 1975, München; Diss.: Palladios Frühwerk - Ausst. z. dt. Bildhauerei d. 20. Jahrhunderts - BV: Georg Kolbe - Leben u. Werk, 1990.

BERGER, Wolfgang

Dr.-Ing., Ehrenvorsitzender Hahn-Schickard-Gesellschaft f. angew. Forschung e.V., Stuttgart - Zeppelinstr. 5, 7290 Freudenstadt - Geb. 21. Sept. 1924 Freudenstadt.

BERGERFURTH, Bruno

Dr. jur., Vors. Richter Oberlandesgericht a. D. - Wandastr. 14, 4300 Essen 1 (T. 0201 - 25 24 83) - Geb. 30. Okt. 1927 Essen (Vater: Heinrich B., Rechtspfleger; Mutter: Margarethe, geb. Röser), kath., verh. m. Ruth, geb. Erle, 3 Kd. (Georg, Angela, Ute) - Abit. 1947 human. Burggymn. Essen; 1947-51 Univ. Köln (Rechtswiss.), Promot. 1951, Gr. jurist. Staatsex. 1954 - 1954 Richter; 1970 Landgerichtsdir.; 1980 Vors. Richter OLG Hamm (Senat f. Familiensachen) - BV: D. Ehescheidungsprozeß, 1964, 8. A. 1992; D. Eherecht, 1966, 9. A. 1990; D. Zivilprozeß, 1968, 6. A. 1991; D. Armenrecht, 1971; D. Kaufrecht (m. Dr. Menard), 1973, 3. A. 1984; D. Anwaltszwang, 1981, 2. A. 1988. Zahlr. Einzelarb. - Mitgl. d. Wiss. Vereinig. f. Familienrecht (Bonn) - Liebh.: Bücher, Schach.

BERGERHOFF, Günter

Dr. rer. nat., Prof., Chemiker - Auf d. Schellenberg Nr. 6, 5300 Bonn 1 - Geb. 28. Febr. 1926 Bonn - S. 1963 (Habil.) Lehrtätig. Univ. Bonn (1968 apl. Prof. f. Anorgan. Chemie).

BERGEROWSKI, Wolfram

Richter a. D., MdL Baden-Württ. (s. 1976, FDP/DVP) - Talallee 39, 7140 Ludwigsburg - Geb. 14. März 1936 Ludwigsburg, ev., verh. - Gymn. Ludwigsburg u. Schwäb. Gmünd; Univ. Tübingen (Rechtswiss.). Beide jurist. Staatsprüf. - Gerichtstätig. Heilbronn, Marbach, Ludwigsburg (zul. AG). 1971ff. MdK; 1975ff. Mitgl. Gemeinderat.

BERGES, August Maria

Dr. jur., Prof., Senatspräsident OLG Köln - Lehmbacher Weg 82, 5000 Köln-Brück - Geb. 13. Febr. 1908 Siegburg - Zul. AGsdir. S. 1953 (Habil.) Lehrtätigk. Univ. Köln (1960 apl. Prof. f. Straf- u. Prozeßrecht). Facharb.

BERGES, Hermann Josef

Schriftst., Chefredakteur i. R. - Ostenallee 102a, 4700 Hamm 1 (T. 02381 - 8 81 66) - Geb. 8. Mai 1903 Hergenrath Kr. Eupen, kath., verh. m. Anne, geb. Beckmann, 2 Kd. - Ab 1925 Feuill.redakt. Westf. Kurier, Chefredakteur Liboriusblatt u. Westf. Kurier - Von 1929-33 Verleger (Inh. Westf. Verlagsanstalt) - BV: Der silb. Leuchter, Rhapsodien 1921; Im Morgenlicht, Ged. 1922; Atem d. Erde, Ged. 1923; D. Hasenbrot, Gesch. 1925; Wittekind, Gesch. 1926; Adventsfreude, Werkb. 1927/53; Die grüne Hose, Gesch. 1971 (4. A. 1977); In jeder Kiepe steckt ein Kauz, Gesch. 1972 (3. Aufl. 1973); Unterm silbernen Baum, Gesch. 1973; Hamm - so wie es war, Hist. 2. A. 1976; D. Mann m. d. eisernen Halsband, 1974; D. Kartoffelkönig, 1975; Türme u. Tore im alten Soest, 1975. Herausg.: Leuchtende Tropfen (Peter Hille-Ged.), D. Spieluhr (Ged. d. 18. Jahrh.); Himmelpforten, Heimatb.; Auf Goldgrund geschrieben, Versgebete der Dichter 1974; Unser Westfalen, Jahrb. 1980/81/82/83/84/85 - Übers. aus d. Holl.

BERGFELD, Walter
Dr. med., Prof., Chefarzt Med. Abt. Diakonissenhaus Freiburg (s. 1946) - Lugotr. 26, 7800 Freiburg/Br. (T. 7 41 10) - Geb. 27. Nov. 1901 Altena/W. (Vater: Heinrich W. B., Fabr.; Mutter: Lina, geb. Hossee), verh. 1937 m. Margarethe, geb. v. Schelling - Univ. Heidelberg, Bonn, München, Freiburg - S. 1939 (Habil.) Lehrtätig. Univ. Freiburg (1949 apl. Prof. f. Innere Med.) - BV: Schilddrüse u. Ernährung in Kropfgebieten Südbadens, 1941; Über d. Verbreit. d. endem. Struma in Südbaden, in: Verhandl. d. Dt. Ges. f. Innere Med., 1950.

BERGHAUS, Günter
Päpstlicher Ehrenprälat, Diözesan-Caritasdirektor, Geschäftsf. Caritasverb. f. d. Bistum Essen - Am Porschcpl. 1, 4300 Essen 1 - Ehrendomherr d. Domkapitels Koszalin (Köslin), Ehrenkonventualkaplan d. Souveränen Malteser-Ritterordens.

BERGHAUS, Peter
Dr. phil., Museumsdirektor i.R., Honorarprof. f. Numismatik Univ. Münster (s. 1961) - Dinklagestr. 31, 4400 Münster/W. (T. 23 16 25) - Geb. 20. Nov. 1919 Hamburg (Vater: Max B., Versich.dir.; Mutter: Charlotte, geb. Matthias), ev., verh. s. 1956 m. Ingeborg, geb. Bleil, 4 Kd. (Elisabeth, Lieselotte, Michael, Ursula) - Univ. Hamburg (Gesch., Kunstgesch., Volkskd.) - S. 1950 Landesmuseum Münster (Assist.); Leit. Landesgeschichtl. Abt. u. Münzkabinett; 1977-85 Museumsdir. 1954ff. Mitgl. Histor. Komiss. Westf. - Facharb. - 1965 Mbr. hon. Soc. franc. de N.; 1965 Ehrenmitgl. Schweizer. Numismat. Ges.; 1968 Ehrenmitgl. Koninklijk Genootschap voor Munt- en Penningkunde, Den Haag; 1986 Hon. Member British Numismatic Soc.; Mitgl. American u. Royal Numismatic Soc. (korr.), Kungl. Vitterhets Historie och Antikvitets Akad., Stockholm (ausl. korr.), Akad. d. Wiss. Göttingen (Kommiss. f. d. Altertumskd. Mittel- u. Nordeuropas) - Spr.: Schwed., Engl., Franz. - Rotarier.

BERGHÖFER, Dieter H.
Geschäftsführer roha arzneimittel GmbH, Bremen - Rockwinkeler Heerstr. 100, 2800 Bremen 33 (T. 0421 - 257 91 00) - Geb. 15. Aug. 1937, ev., verh. s. 1972 m. Ariane, geb. Neugebauer, 6 Kd. - AR-Vors. Bremer Lagerhaus-Ges.; AR Bankhaus Neelmeyer AG, Securitas Bremer Allg. Versich.-AG, bde. Bremen; Vorst. Kunstverein Bremen, Gerhard-Marcks-Stiftg., ebd. - Spr.: Engl.

BERGHOFER-WEICHNER, Mathilde
Dr. jur., Bayer. Staatsministerin d. Justiz (s. 1986), Stellv. d. Bayer. Ministerpräs., MdL - Prielmayerstr. 7, Justizpalast, 8000 München 2 (T. 5 59 71) - Geb. 1931, verh. 1969 m. Robert B., Präs. Bayer. Landessozialgericht (†1973) - U. a. Bayer. Kultusmin.; zul. Staatssekr. f. Unterricht u. Kultus (b. 1986). Mitgl. Gemeinderat Gauting; MdK Starnberg; CSU.

BERGHOFF, Dagmar

Tagesschausprecherin, Moderatorin - Zu erreichen üb. NDR, Gazellenkamp, 2000 Hamburg 54 - Geb. 25. Jan. Berlin (Vater: Gerhard, Kaufm.; Mutter: Irene, geb. Sell), verh. - Abit., Hochsch. f. Musik u. Darst. Kunst Hamburg - 1967-76 FS-Ansagerin Südwestfunk; s. 1976 Tagesschau u. Moderatorin ARD; Tätigk. auch als Synchronsprecherin - Rollen: u. a. FS-Spiele Dtschl.reise, D. Kurheim - 1980 u. 90 Fernsehpreis Bambi; 1987 Goldene Kamera - Liebh.: Gemäldesammeln, Reisen - Spr.: Engl., Franz.

BERGIUS, C. C.

(eigtl. Egon-Maria Zimmer) Schriftsteller - Haus Solaris, FL-9490 Vaduz - Geb. 2. Juli 1910 Buer/W., verh. (Ehefr.: Irmgard) - U. a. Flugkapitän - BV (1951-84): GA. d. R. üb. 16 Mill. einschl. Übers.): u. a. Dschingis-Chan, Und unt. mir d. Erde, Absturz üb. d. Steppe, Tschandala, Treffpunkt Casablanca, Mike Schlapphut, D. feuerrote Baronessa (Film), Vier unt. Millionen, D. Fälscher, blue jeans u. petticoats, Heißer Sand (Film), Sand i. Gottes Mühlen, D. weiße Krokodil, D. Tag d. Zorns, Roter Lampion, D. Medaillon, Nebel i. Fjord d. Lachse (Film), Oleander-Oleander, Schakale Gottes, La Baronessa, Söhne des Ikarus, Der Feuergott. Spanisches Roulette, Xenia u. Barbatus, Endstation Tibet, L'amore eterno, El Comandante, Heng Pi weint, Jenseits d. Gobi. Biogr.: D. Straße d. Piloten (auch FS, 13 Folgen), D. Str. d. Piloten im Bild, D. Str. d. Piloten in Wort u. Bild, D. großen Entdecker. Div. Herausg. - Lit.: Bertelsmann Verlag: Ein bewegtes Leben.

BERGIUS, Rudolf
Dr. phil., em. o. Prof. f. Psychologie - St.-Vitus-Str. 35, 8031 Gilching - Geb. 22. April 1914 Carlshof b. Rastenburg (Vater: Gustav B., Pfarrer), verh. m. Christiane, geb. Volhard, 4 Söhne, 1 Tochter - Promot. 1939 Berlin - S. 1955 Lehrtätig. FU Berlin (Privatdoz., 1959 apl. Prof.), Univ. München (1960 ao., 1963 o. Prof.) u. Tübingen (1965) - BV: Nationale Vorurteile, 1953 (m. Prof. Kripal Sodhi, †); Formen d. Zukunftserlebens, 1957. Herausg.: Handb. d. Psych. I/2 Lernen u. Denken, 1964; Psychologie d. Lernens, 1971; Sozialpsychologie, 1976. Mithrsg.: Dorsch-Psychol. Wörterbuch (10. A. 1982) - 1986 Ehrenmitgl. Dt. Ges. f. Psychol.

BERGLER, Reinhold
Dr. phil., o. Prof. f. Psychologie - Peter-Schwingen-Str. 2, 5300 Bonn - Geb. 24. Jan. 1929 Nürnberg (Vater: Heinrich B., Ing.; Mutter: Gertraud, geb. Kupfer), verh. 1953 (Ehefr.: Erika) - Stud. Psych., Soziol., Päd. Promot. 1954 - S. 1960 (Habil.) Lehrtätig. Univ. Erlangen u. Heidelberg (apl. Prof.) u. Bonn (1969 Ord.) - BV: Kinder aus gestörten u. unvollständ. Familien, 1955; Psych. d. Marken- u. Firmenbildes, 1962; Psych. stereotyper Systeme, 1966; Marktpsychol., 1972; Sauberkeit, 1974; D. Eindrucksdifferential, 1975. Herausg.: Psych. Marktanalyse (1965); Vorurteile 1976. Zigarettenwerbung u. Zigarettenkonsum, 1979, u. Ulrike SIX, Psych. d. Fernsehens, 1979; Psych. in Wirtsch. u. Ges., 1982; Psychohygiene d. Menstruation, 1984; Mensch u. Hund. Psych. e. Beziehung, 1986; Hygiene als Verhaltensproblem (m. Marianne Borneff), 1986; D. Psychologie d. Beziehungen v. Heimtieren, Heimtierhaltern u. Tierärzten, 1987; Man and Dog, 1988; Mensch u. Katze, 1989; Körperhygiene im intern. Vergleich, 1989; Psychogene Stimulierung d. Immunsystems, 1991; Standort als Imagefaktor, 1991; Man and Cat, 1991; Frau u. Werbung, 1992.

BERGMANN, Artur
Dr. rer. nat., o. Prof. f. Mathemtik u. -didaktik Univ. Düsseldorf (s. 1969) - Scheideweg 25, 4000 Düsseldorf 13 - Geb. 13. Juni 1926 Wurzbach - 1962 ff. Privatdoz. u. Wiss. Rat (1966) Univ. Würzburg. Fachaufs.

BERGMANN, Bernd
I. Bürgermeister - Rathaus, 8552 Höchstadt/Aisch - Geb. 6. Mai 1938 Lichtenfels - Zul. Oberstudienrat. CSU.

BERGMANN, Burckhard
Dr.-Ing., Mitglied d. Vorstandes Ruhrgas AG, Essen - Huttropstr. 60, 4300 Essen 1 (T. 0201 - 184-1) - Geb. 11. Febr. 1943 Sendenhorst/Beckum - Stud. Physik Univ. Freiburg u. TH Aachen.

BERGMANN, Christine

Dr. rer. nat., Bürgermeisterin von Berlin u. Senatorin f. Arbeit u. Frauen (s. 1991) - Geb. 7. Sept. 1939 Dresden, ev., verh. s. 1963 m. Prof. Dr. Volker B., 2 Kd. (Corinna, Christoph) - Stud. Pharmazie, Staatsex. 1963 Leipzig; Promot. 1989 Univ. Berlin - 1977-90 Abt.-Leit. Inst. f. Arzneimittelwesen d. DDR; 1990 Präs. d. Stadtverordnetenvers. Berlin-Ost.

BERGMANN, Fritz
Dr. rer. pol., Vorsitzender d. Geschäftsfg. Ruhrverb. u. Ruhrtalsperrenverein, Vors. Ruhrfischereigenoss., in Essen, MdL Nordrh.-Westf. (1970-76) - Reiner-Daelen-Str. 6, 4600 Dortmund (T. 43 62 93) - Geb. 17. Jan. 1929 Essen - Stud. Rechts- u. Wirtschaftswiss. - Geschäftsf. Lister- u. Lennekraftwerke GmbH, Essen; Beiratsvors. Zentrum f. d. Aus- u. Fortbildung in d. Wasser- u. Abfallwirtsch. NW GmbH, Essen; Mitgl. Präsid. Vereinig. Dt. Gewässerschutz; Präs. Landessportfischerverb. NRW, Düsseldorf; Mitgl. Verbandsvers. Kommunalverb. Ruhrgeb., Essen; Mitgl. Kurator. Univ. Dortmund; Beirats- u. AR-Mand. - BVK.

BERGMANN, Gerhard
Dr. rer. nat., o. Prof. f. Analyt. Chemie - Ruhr-Universität, 4630 Bochum - Geb. 13. Aug. 1923 Wolfenbüttel - S. 1962 (Habil.) Lehrtätig. Bergakad. Clausthal u. Univ. Bochum (1967 Ord.).

BERGMANN, Gerhart
Maler, Prof. Staatl. Hochschule f. bild. Künste Berlin - Holsteiner Ufer 20, 1000 Berlin 21 (T. 391 16 96).

BERGMANN, Günter
Dr. rer. nat., em. Prof. f. Mathematik, Komponist - Hermannstr. 35, 4400 Münster/W. - Geb. 29. Juli 1910 Cottbus (Vater: Dr. med. Albert B., prakt Arzt; Mutter: Elise, geb. Herrmann), kath., verh. s. 1955 m. Hildegard, geb. Lothholz - Stud. Math., Biol. u. Musikwiss. - Habil. 1938 - 1939 Verweig. d. Doz. Dr. Univ. durch NS-Reg. (Zw.zeitl. Studienrat Münster), nach Gerichtsverf. 1963 Privatdoz. Hamburg u. Münster; 1967 apl. Prof. Univ. Münster, gleichz. (ab 1964) o. Prof. f. Math. PH Ruhr, emerit. 1975. Math. Veröff., vorwieg. in d. Math. Annalen. BV: D. Harmonie d. Welt d. Jupiter, 1981; Mimosen, Pflege u. Vermehr., 2. A. 1987 - Musikwerke (f. Klavier): Stationen, Musik. Tageb. 1936-39 (CD AUL 66028), 1990; u.a.; (f. Orgel): Harmonice Mundi Iovis, (Auftragsw. Astron. Ges. z. Kepler-Feier 1980). Zahlr. Auff. in Rundf. u. Konz.

BERGMANN, Günter
Bundesgeschäftsführer Dt. Jugendschriftenwerk u. Bundesverb. Friedrich-Bödecker-Kreise - Zu erreichen üb. Fischtorplatz 23, 6500 Mainz (T. 06131 - 23 08 88), priv.: Drususstr. 2, 6500 Mainz (T. 06131 - 22 97 79) - Geb. 13. Mai 1954 Mainz, kath., ledig - Liebh.: Sport, Musik, Lit. - Spr.: Engl., Franz.

BERGMANN, Hans
Schauspieler, Fotogr. - Marschallstr. 3, 8000 München 40 (T. 089 - 39 13 40) - Geb. 26. Nov. 1929 Breslau, gesch. - Schauspielsch. u. Graph. Akad. München (Prof. Ege) - 1956-67 Illustr. QUICK (Titelbildredakt.). Schauspielerporträts u. Theaterfotos.

BERGMANN, Heinrich Karl
Dr. jur., Bankdirektor i. R. - Eichkamp 22, 2900 Oldenburg/O. (T. 0441 - 50 30 30) - Geb. 30. Juli 1920 Steinfeld (Vater: Bernhard B., Fabrikant; Mutter: Anna, geb. Krapp), ev., verh. s. 1951 m. Christa, geb. Modes, 2 Kd. (Meike, Tammo) - 1939-44 Univ. München u. Leipzig (Rechts- u. Wirtschaftswiss.; Stud. durch Kriegsdst. (schwer verwundet) unterbr.), Gr. jurist. Staatsprüf., Rechtsanw. - S. 1952 Bremer Landesbank u. Staatl. Kreditanstalt Oldenburg-Bremen (1964 stv., 1968 o. Vorst.-Mitgl. beider Banken, 1983 stv. Vorst.-Vors. Bremer Landesbank). AR-Mandate - Liebh.: Kunstgesch. - Spr.: Engl. - Rotarier.

BERGMANN, Heinz
Vorstandsmitglied Ravené Stahl AG., Berlin 15 - Gärtnerstr. 8, 1000 Berlin 45 - Geb. 4. Okt. 1928.

BERGMANN, Hellmut
Dr. jur., Wirtschaftsjurist - Weinheimer Str. 56, 6703 Limburgerhof - Geb. 14. Juli 1921 Mittelbrunn/Pfalz, ev., verh. -

Univ. Heidelberg (Rechtswiss.). Gr. jurist. Staatsprüf. 1953 - Rechtsanw. AR-Vors. J. Engelmann AG, Ludwigshafen, u. Pörringer & Schindler GmbH, Zweibrücken; stv. AR-Vors. Raschig AG, Ludwigshafen/Rh.

BERGMANN, Jürgen

Dr., Prof. f. Geschichtl. Grundlagen d. Politik FU Berlin (s. 1974) - Kadettenweg 68, 1000 Berlin 45 - Geb. 22. Jan. 1936 Hohenberg-Krusemark/Altm., ev., verh. s. 1964 m. Renate, geb. Postler, T. Christine.

BERGMANN, Karl Hans

Schriftsteller - Scharfestr. 12, 1000 Berlin 37 (T. 801 51 30) - Geb. 17. März 1910 Berlin, gesch., 1 Kd. - Univ. München u. Berlin (Gesch., Theaterwiss.) - Herausg. Ztschr. D. Ausweg u. d. Rampe (1933), 1935 wegen Vorb. z. Hochverrat v. Volksgerichtshof zu 2 J. Gefängnis verurt., n. Strafverbüß. 2 weitere J. KZ Dachau u. Sachsenhausen, 1942 Flucht in d. Schweiz (dort Vors. Beweg. Fr. Dtschl.), 1946-49 Vorstandsmitgl. DEFA Dt. Film AG., Berlin, Leit. Dt. Filmverlag, Herausg. Ztschr. Neue Filmwelt, Bild u. Ton u. 1949 Cinema, 1952-68 Geschäftsf. Fr. Volksbühne Berlin - BV: Im Kampf um d. Reich, 1944; Neudr. m. Einf. Vom 'Bismarck' in d. Schweiz, 1974; Babeuf - Gleich u. Ungleich, 1965; D. Bewegung Freies Dtschl. in d. Schweiz 1943-45, 1974; Blanqui. E. Rebell im 19. Jh., 1986; Beitrag Blanqui in: Klassiker d. Sozialismus, Bd. I 1991.

BERGMANN, Kurt

s. Habernoll, Kurt

BERGMANN, Kurt

Dr. rer. pol., Alleingf. Mehrheitsgesellsch. Cl. Bergmann GmbH. (Installationsgroßhandl.), Dortmund/Kassel/Alsfeld, Ehrenpräs. Dt. Wasserskiverb., Kassel - Baunsbergstr. 61, 3500 Kassel-W'höhe - Geb. 23. April 1910 Duisburg (Vater: Claus B.), kath., verh. s. 1951 m. Inge, geb. Rehn, 4 Kd. (Axel, Cornelia, Petra, Christoph) - Gymn. Duisburg; Univ. Köln (Dipl.-Kfm., Promot.).

BERGMANN, Kurt

Hauptgeschäftsführer Verb. d. Fahrrad- u. Motorrad-Industrie - Gartenstr. 2, 6232 Bad Soden/Ts.

BERGMANN, Ludwig

Dr. phil., o. Prof. f. Botanik - Universität, 5000 Köln - Geb. 5. Juni 1927 Breslau - S. 1963 (Habil.) Lehrtätigk. Univ. Göttingen u. Köln (1967 Ord. u. Inst.s-dir.). Spez. Arbeitsgeb.: Pflanzenphysiol.

BERGMANN, Olaf

Präsident Oberverwaltungsgericht Berlin (s. 1970) - Schmarjestr. 1b, 1000 Berlin 37 (T. 801 54 25) - Geb. 25. April 1922 - Zul. LGsdir. Berlin.

BERGMANN, Richard-Peter

Dr. rer. pol., Geschäftsführer Fachverb. Unterhaltungselektronik im ZVEI, Ges. f. Unterhaltungs- u. Kommunikationselektronik (gfu) mbH - Stresemannallee 19, 6000 Frankfurt/M. 70 (T. 069 - 63 02-280) - Geb. 17. Dez. 1930.

BERGMANN, Rolf

Dr. phil., Prof. f. Dt. Sprachwissenschaft u. Ältere dt. Literatur - Zu erreichen üb. Univ. Bamberg, Lehrst. f. dt. Sprachwiss., Hornthalstr. 2, 8600 Bamberg (T. 0951 - 86 36 33); priv.: Babenbergerring 87, 8600 Bamberg (T. 5 31 55) - Geb. 2. Aug. 1937 Wuppertal - Promot. 1966; Habil. 1970 - S. 1970 Lehrtätigk. Univ. Münster (1972 Wiss. Rat. u. Prof.), Univ. Augsburg (1973 Ord.), Univ. Bamberg (1977 Ord.). Bücher u. Einzelarb.

BERGMANN, Rudi

Rektor (Schulleiter i. R.), Mitgl. Bezirksversamml. Hamburg-Mitte (s. 1978) - Dunckersweg 7, 2000 Hamburg 74 - Geb. 15. März 1916 Braunsberg/Ostpr. - Gymn. Braunsberg (Abit.); 1937-45 Arbeits- u. Wehrdst. (Offz.); 1946-49 Univ. Hamburg - 1957-66 Fraktionsvors. CDU; 1957-78 Mitgl. Hbg. Bürgerschaft, davon 1966-71 stv. Fraktionsvors. CDU; b. 1983 Deputierter Innenbehörde Hbg.; Mitgl. Kommiss. f. Bodenordn. d. Fr. u. Hansestadt Hamburg (HH-Mitte).

BERGMANN, Theodor

Dr. agr., Wiss. Angestellter, apl. Prof. f. International vergl. Agrarpolitik Univ. Hohenheim - Im Asemwald 26,6,215, 7000 Stuttgart 70 - Geb. 7. März 1916 Berlin - Promot. 1955; Habil. 1968 - S. 1968 Lehrtätigk. Hohenheim (1973 Prof.). Bücher u. zahlr. Einzelarb.

BERGMANN, Ulrich H.

Dr. rer. pol., Geschäftsführer Stadtwerke Iserlohn GmbH - Stefanstr. 4-8, 5860 Iserlohn - Geb. 25. Jan. 1945.

BERGMEISTER, Manfred

Schmied u. Kunstschlosser, Fachschriftst. - August-Birkmaier-Weg 2, 8019 Ebersberg/Obb. (T. 82 04) - Geb. 1927 - BV: Bronze + Stahl - Schmiedearbeiten, 1970 - 1981 Bayer. VO.

BERGNER, Christoph

Dr. agr., Mitglied d. Landtages Sachsen-Anhalt - Tannenweg 37, O-4050 Halle - Geb. 24. Nov. 1948 Zwickau, ev., verh. s. 1974, 3 Kd. (Georg, Michael, Caroline) - Abit.; Rinderzüchter; Stud. Landwirtsch., Promot. - Spr.: Engl., Russ.

BERGNER, Dietrich

Dr. rer. nat., Dr. Ing. habil., o. Prof. f. physikalische Metallkunde Bergakad. Freiberg (s. 1978) - Zeunerstr. 5, O-9200 Freiberg (T. 51-26 13) - Geb. 18. Aug. 1931 Merseburg (Vater: Albert B., Schneidermeister; Mutter: Martha, geb. Finkenwirth), verh. s. 1959 m. Marianne, geb. Kühne - Stud. 1952-57 Physik u. Kernphysik Univ. Halle u. TH Dresden; Promot. 1964 Dr. rer. nat., 1977 Dr. sc. techn. Bergakad. Freiberg - 1964-72 Abt.leit. Metallphysik Forsch.inst. NE-Metalle Freiberg; 1972-78 Doz, s. 1978 o. Prof. Bergakad. Freiberg. Spezialgeb.: Diffusion in Metallen - Liebh.: Wandern, Fotogr. - Spr.: Engl.

BERGNER, Hans

Juwelier u. Goldschmiedemeister, Präs. Zentralverb. f. d. Juwelier-, Gold- u. Silberschmiedehandw. d. BRD - Schönhausenstr. 48, 2800 Bremen 1 (T. 0421 - 7 32 24 u. 30 25 20) - Geb. 11. Okt. 1932 Bremen (Vater: Adalbert B., Goldschmiedem.; Mutter: Helene, geb. Köhne), ev., verh. s. 1958 m. Margot, geb. Friedrichs, 6 Kd. (Axel, Klaas, Corinna, Oliver, Florian, Simone) - 1949-52 Goldschmiedelehre (Meisterprüf. 1959); 1970-80 Landesinnungsm. Aurich-Bremen-Oldenburg; 1969 Öfftl. bestellt. u. vereid. Sachverst. S. 1977 Vorst. Versorg.werk Bremen. Herausg. u. Redakt. Ztschr. DER RING (Off. Organ d. Zentralverb.) - Preise u. Urk. v. intern. Ausst.; Gold. Ehrennadel Zentralverb. - Liebh.: Stiche d. 19. Jh., Bibliophiles - Spr.: Engl.

BERGNER, Heinz

Dr. rer. pol., Dipl.-Kfm., o. Prof. f. Betriebswirtschaftslehre Univ. Mannheim (s. 1969) - Schloß, 6800 Mannheim 1; priv.: Tannenweg 3, 4005 Meerbusch 1 - Geb. 22. Aug. 1924 Düsseldorf (Vater: Gottlieb B., Kaufm.; Mutter: Frieda, geb. Korb), ev., verh. s. 1953 m. Lieselotte, geb. Hasters, 3 T. (Claudia, Martina, Verena) - Hindenburg-Gymn. Düsseldorf; Univ. Münster u. Köln (Betriebsw.slehre). Dipl.-Kfm. 1952, Promot. 1961 u. Habil. 1964 (alles Köln) - Dt. Revisions- u. Treuhand AG.; Liquid. reichseig. Filmvermögens; UFA-Theater AG.; 1955-64 u. 1966-69 Univ. Köln (Doz.); 1964-66 Univ. Kabul/Afgh. (Doz.) - BV: Versuch e. Filmwirtschaftslehre, 4 Bde. 1962-66.

BERGNER, Heinz

Dr. phil., o. Prof. f. Angl. Univ. Gießen (s. 1974) - Fohnbachstr. 52, 6301 Wettenberg 1 (T. 0641 - 8 18 44) - Geb. 30. April 1936 Berlin (Vater: Dr. Kurt B., Gymn.Prof.; Mutter: Charlotte, geb. Heinz), ev., verh. s. 1964 m. Ilse, geb. Schneider, S. Christoph - Stud. d. Angl. u. Roman. Univ. Erlangen - S. 1964 Univ. Erlangen u. Mannheim wiss. Assist.; 1968 Akad. Rat u. Oberrat - BV: D. Kurzerzählungen W. M. Thackerays, 1967; Engl. Short Stories XIX. Century, 1969; Engl. Character-Writing, 1970; Canterbury Tales, 2. A. 1985; Lyrik d. Mittelalters, 1982; D. engl. Lit. in Text u. Darst.: Mittelalter, 1986 - Spr.: Engl., Franz.

BERGNER, Karl-Gustav

Dr. rer. nat. (habil.), em. Prof. f. Lebensmittelchemie - Pelikanstr. 35, 7000 Stuttgart 50 (T. 53 90 68) - Geb. 4. Sept. 1913 Straßburg/Els. - S. 1944 Lehrtätigk. Univ. Königsberg/Pr., Tübingen (1948; 1951 apl. Prof.), TH bzw. Univ. Stuttgart (1965 ao., 1968 o. Prof.; Dir. Inst. f. Lebensmittelchemie, Emerit. 1. 10. 1981), Honorarprof. Univ. Hohenheim. Herausg.: Dt. Lebensmittel-Rundschau. Rd. 200 Einzelarb. Ehrenmitgl. Soc. Española de Bromatologia, Österreich. Ges. f. Ernährungsforsch.

BERGNER, Karl-Heinz

M. A., Geschäftsführer Normenaussch. Graphische Symbole - Burggrafenstr. 4-10, 1000 Berlin 30; priv.: Schulenburgstr. 20, 100 Berlin 20 - Geb. 30. Aug. 1940 Dresden, kath., verh. s. 1969 m. Rosemarie, geb. Kossok, S. Holger.

BERGSDORF, Wolfgang

Dr. phil., Prof., Ministerialdirektor - Welckerstr. 11, 5300 Bonn 1 (T. 0228 - 208-31 00) - Geb. 7. Nov. 1941 Bensberg, kath., verh. m. Dorothee, geb. Geller, 3 Kd. (Konstanze, Anne, Harald) - Gymn. Brühl u. Steinfeld; Stud. (Polit. Wiss., Soziol., Psych.) Univ. Bonn, Köln, Regensburg; Promot. 1970; Habil. 1982 Univ. Bonn - Abt.-Leit. Inland Presse- u. Inform.amt d. Bundesreg.; apl. Prof. Univ. Bonn; Fernsehrat ZDF - BV: D. Vierte Gewalt, 1980; Herrschaft u. Sprache, 1983; Üb. d. Macht d. Kultur, 1988 - 1984 Theodor Eschenburg-Preis; 1985 Ehrenlegion - Spr.: Engl.

BERGSON, Leif

Dr. phil., Prof. Univ. Trier - Porta-Nigra-Platz 2, 5500 Trier - Geb. 15. Dez. 1927 Köping/Schweden (Vater: Carl Rudolf B., Ing.; Mutter: Helny, geb. Norgren), ev., verh. s. 1965 m. Lilly, geb. Olsson - M. A. 1949, Lic.phil. 1952, Habil. 1956, alles Univ. Uppsala - 1956-73 Doz. Univ. Stockholm; 1967-68 Prof. Univ. of Kentucky (USA); s. 1973 Prof. Univ. Trier - BV: L'épithète ornementale dans Eschyle, Sophocle et Euripide, 1956; Z. Stell. d. Adjektivs, 1960; D. griech. Alexanderroman, 1965; D. Relativität d. Werte im Frühwerk d. Euripides, 1971; Carmina choliambica apud Ps.-Call, 1989. Fachaufs.

BERGSTERMANN, Heinrich

Dr. med., Prof., Ärztl. Direktor i. R. (1976) I. Med. Abt. Städt. Krankenhaus München-Harlaching - Friedenspromenade 10, 8000 München 82 (T. 089 - 430 92 28) - Geb. 8. Mai 1911 Essen-Werden (Vater: Heinrich B., Beamter; Mutter: Mathilde, geb. Woytaschek), verh. s. 1940 m. Rosmarie, geb. Friedrich, S. Karlheinz - Univ. Bonn, Wien, Münster/W., Med. Akad. Düsseldorf. Promot. 1935 Düsseldorf; Habil. 1940 Jena - S. 1953 Privatdoz. u. apl. Prof. (1956) Univ. München.

BERGSTRÄSSER, Roland

Rechtsanwalt, Vorstandsmitgl. a. D. DG BANK Deutsche Genossenschaftsbank, Frankfurt/M. - Rheinstr. 29, II. OG, 6000 Frankfurt/M. (T. 74 04 71) - Geb. 6. Juli 1926 Landau/Pfalz - Gymn.; 1946-51 Rechtswiss. Univ. Mainz. Gr. Jurist. Staatsprüf. 1955 OLG Neustadt/Weinstr. - 1956-58 OFD Koblenz; 1958-77 Ministerialdirig., Bundesfinanzmin., AR: AKA Ausfuhrkredit-Ges. mbH, Frankfurt/M., BAG Bank AG, Hamm, DG Diskontbank AG, Frankfurt/M., Ges. z. Finanzierung v. Industrieanlagen mbH, Frankfurt/M.

BERGWEILER, Paul

Weinkaufmann - Hauptstr. 144, 5550 Bernkastel-Wehlen - Geb. 26. Jan. 1921 Wehlen (Vater: Josef B., Winzer; Mutter: Johanna, geb. Kerpen), kath., verh. s. 1947 m. Hedwig, geb. Kerpen, 5 Kd. (Paul-Hermann, Elmar, Marita, Heidi, Silvia) - Kaufm. Lehre (Groß- u. Außenhdl.) - Div. Ehrenämter, dar. Ehrenvors. T&S Wehlen (1975; 1947 Vors.), Vors. Vereinig. d. Weinkommissionäre Mosel-Saar-Ruwer (1970), Präs. Bundesverb. Dt. Weinkommiss. (1975), Vizepräs. Europ. Vereinig. d. Weinkommiss. (1975) - 1976 Ehrenmitgl. Weinbrudersch. Avignon; 1980 BVK; Ausz. DSB u. Fußballverb. Rhld. - Liebh.: Fischen, Ski.

BERINGER, Kaj Edzard

Kaufmann, Designer, Gf. Gesellsch. Fa. Einrichtung-Beringer u. Koettgen GmbH, München, u. a. - Brienner Str. 12, 8000 München 2 (T. 23 09-0) - Geb. 8. Juli 1942 Grünberg, gesch., 2 Kd. (Daniel, Jasmin) - Abit. 1960 München - Innenarch. Paris u. USA; gf. Gesellsch. Fa. Einrichtung-Beringer u. Koettgen GmbH, München, u. Geschäftsf. K. Beringer GmbH, pers. haft. Gesellsch. Warenhaus-Bau Beringer KG, München - Spr.: Engl., Franz.

BERK, van, Karl

Gewerkschaftsangestellter, MdL Nordrh.-Westf. (1967-75) - Bellisweg 10, 5110 Alsdorf-Ofdem (T. 02404 - 39 30) - Geb. 9. Dez. 1910 Altstaden, verh., 1 Kd. - Volkssch. - 1926-46 Bergmann; s. 1948 Gewerkschaftsangest. (b. 1956 Sekr. Industrieverb. Bergbau, Duisburg, dann Leit. Hauptabt. Tarifpolitik, Vorstandsmitgl. u. stv. Vors. IG Bergbau u. Energie, Bochum). SPD - 1971 Gr. BVK.

BERK, Max

Fabrikant, Senator e. h. - Panoramastr. 23, 6900 Heidelberg - Geb. 14. Nov. 1907, verh. m. Dr. med. Erika, geb. Hörmann († 1982), Kd. - S. 1938 selbst., Inh. d. Firmen Kleiderfabrik Berk, Betty Barclay, Montana Kleiderfabr. u. Gil Bret Mantelfabrik, m. d. Kollekt. Betty Barclay, Gil Bret u. Vera Mont; zahlr. Betriebe i. In- u. Ausl. - 1978 BVK I. Kl.

BERKE, Claus

Dr. jur., Direktor Siemens AG - Friedrich-Ebert-Str., 5060 Bergisch-Gladbach 1 - Geb. 3. Juni 1928 Düsseldorf - Univ. Köln, Mainz, Heidelberg (Rechtswiss., Volkswirtsch.). Gr. jurist. Staatsprüf. 1956 - Wiss. Assist.; Anwaltsass.; Industrietätigk., 1962-82 Geschäftsfg. Interatom GmbH, Bensberg, 1982-91 Vors. d. Geschäftsfg. Interatom GmbH, s. Okt. 1991 nach Verschmelzung Interatom GmbH m. Siemens AG Standortleit. Berg. Gladbach - Spr.: Engl., Franz.

BERKE, Edmund

Dipl.-Brauing., Vorstandsmitglied Brauerei Iserlohn AG, Iserlohn - Grüne Talstr. 53a, 5860 Iserlohn - Geb. 10. März 1925.

BERKENHOFF, Georg

s. Trurnit, Hansgeorg

BERKHAN, Karl-Wilhelm

Dr. phil. h. c., Studienrat a. D., Wehrbeauftragter a. D. d. Dt. Bundestages (1975-85) - Friedhofsweg 6, 2000 Hamburg 63 - Geb. 8. April 1915 Hamburg (Vater: Daniel B., Angest.; Mutter: Henriette, geb. Stolten), verh. s. 1941 m. Willfriede, geb. Mill - Gymn.; Maschinenschlosserlehre (Geselle 1932); Ing.-schul., Berufspäd. Inst., Stud. Erzieh.-wiss. (Staatsex. 1948) Univ. (alles Hamburg) - 1938-39 Ing.; 1939-45 Arbeits- u. Wehrdst. (ab 1941 Ing.-Korps Luftwaffe); 1945-47 Stud.; Gewerbeschullehrer u.Studienrat. 1969-74 Parlam.

Staatssekr. Bundesverteidigungsmin.; 1975-85 Wehrbeauftr. d. Dt. Bundestages. 1953-54 Mitgl. Hbg. Bürgerschaft; 1957-75 MdB (Wahlkr. 13/Altona). Hptm. d. R.; 1985 Ehrendoktor Univ. d. Bundeswehr Hamburg - Liebh.: Segeln.

BERKHOLZ, Günter

Dr. rer. nat., Prof. f. Biologie, Didaktik u. Methodik d. Biologieunterrichts PH Kiel - Hornheimer Weg 12, 2300 Kiel 1 - Geb. 10. Nov. 1920 Stettin.

BERKING, Klaus

Dr., Vorstandsmitglied u. Gesellsch. Pott-Racke-Dujardin GmbH + Co. KG - Stefan-George-Str. 20, 6530 Bingen am Rhein (T. 06721 - 1 88-0) - Geb. 15. Okt. 1938.

BERKTOLD, Franz

I. Bürgermeister - Rathaus, 8962 Pfronten/Schw. - Geb. 10. Juli 1944 Füssen/Allg. - Zul. Kreiskämmerer. CSU.

BERLE, Peter

Dr. med., Prof., Geburtshilfe u. Frauenheilk. Univ. Hamburg, Lehrauftr. Univ. Mainz, Chefarzt d. Städt. Frauenklinik Wiesbaden - Ludwig-Erhard-Str. 100, 6200 Wiesbaden.

BERLEMANN, Heinz-Dieter

Hauptgeschäftsführer d. Kreishandwerkerschaft Dortmund u. Lünen, Geschäftsf. Westdt. u. Nieders. Müllerbund, u. Getreide- u. Produktenbörse e.V., bde. Dortmund - Lange Reihe 62, 4600 Dortmund 1.

BERLET, Hans Horst

Dr. med., apl. Prof. f. Pathobiochemie, Arzt f. Laboratoriumsmedizin - In der Schanz 27, 6905 Schriesheim (T. 06203-6 19 43) - Geb. 17. Febr. 1934 Ludwigshafen (Vater: Karl B., Arzt; Mutter: Elisabeth, geb. Frantz), ev., verh. s. 1961, 3 Kd. - Human. Gymn.; 1953-58 Med.-Stud., Promot. 1962, Habil. 1971, apl. Prof. 1975 Heidelberg - Spr.: Engl.

BERLIN, Helmut

Dr., geschäftsführender Gesellschafter Guttacoll Klebstoffe GmbH & Co., Buxtehude - Dörpfeldstr. 35, 2000 Hamburg 52 - Stv. AR-Vors. Chem. Werke Brockhues AG, Walluf (Rheingau).

BERLIN, Henning

Direktor Zentralstelle f. d. Vergabe v. Studienplätzen Dortmund - Zu erreichen üb. ZVS, Sonnenstr. 171, 4600 Dortmund 1 (T. 0231 - 1 08 10) - Geb. 23. März 1935 Grevesmühlen, ev., verh. s. 1958, 3 Kd. - 1954-58 Univ. Freiburg u. Münster (Rechtswiss.); 1. jurist. Staatsex. 1958, gr. Staatsprüf. 1962 - 1962 wiss. Assist. Univ. Münster; 1965-71 Leit. Akad. Verw. Univ. Münster; 1971-73 Ref. Min. f. Wiss. u. Forschung NRW; s. 1973 Leit. ZVS.

BERLINGER, Rudolph

Dr. phil., em. o. Prof. f. Philosophie u. Päd. Univ. Würzburg (s. 1955) - Frankenstr. 35, 8702 Eisingen (T. 09306 - 12 09) - Geb. 26. Okt. 1907 Mannheim - 1947-55 Doz. TH München - BV: D. Nichts u. d. Tod, 1953; Augustins dialog. Metaphysik, 1962; Phil. als Weltwiss., 2 Bde., 1975 u. 1980; Sartres Existenzerfahrung, 1982; D. Weltnatur d. Menschen, 1988, D. Gestaltungskraft d. Denkens, 1992. Traktate in jedem d. 20 Jahrbuchbde. Perspektiven d. Phil. Herausg.: Perspektiven d. Phil. (1975ff., zus. m. Eugen Fink, Tomonobu Imamichi + Wiebke Schrader); Reihe ELEMENTA, Schriften z. Phil. u. ihrer Problemgesch. (zus. m. Wiebke Schrader); bisher 54 Bde.

BERMBACH, Udo

Dr. phil., Prof. f. Polit. Wissenschaften Univ. Hamburg - Schwarzpappelweg 7, 2000 Hamburg 65 - Geb. 28. März 1938 Berlin, verh. s. 1964 m. Doris, geb. Köhler, 2 Töcht. (Bettina, Simone) - Univ. Marburg u. Heidelberg (Polit. Wiss., Gesch., Völkerrecht, German.). Promot. 1966 - BV: Vorformen parlamentar. Kabinettsbild. in Dtschl., 1967; Theorie u. Praxis d. direkten Demokr., 1973; zus. m. F. Nuscheler: Sozialist. Pluralismus, 1973; Furcht u. Freiheit (zus. m. Kodalle), 1982; Georg Lukács (zus. m. Trautmann), 1987. Herausg.: D. Hume, Polit. u. ökonom. Ess. (1988); In den Trümmern der eignen Welt. Richard Wagners Der Ring des Nibelungen (1989); Demokratietheorie u. politische Institutionen (1991); D. schöne Abglanz (1992) - Liebh.: Musik, Lit.

BERMIG, Helmut

Dipl.-Ing., Prof. f. Techn. Mechanik u. Konstruktionslehre Gesamthochschule Siegen (Fachbereich Maschinentechnik II/Gummersbach) - Am Hepel 10, 5270 Gummersbach.

BERMIG, Horst

Dr. jur., Rechtsanwalt - Am Ruhrstein 14, 4300 Essen-Bredeney - Geb. 23. Juli 1923 Bad Köstritz/Thüringen (Vater: Hugo B., Kaufm.; Mutter: Charlotte, geb. Jaeger), ev., verh. s. 1975 m. Evamarie, geb. Wenderoth, 2 Kd. (Stephanie, Andreas) - Abit. Gera/Thür.; 1946-1948 Stud. d. Rechtswiss. u. Phil. - 1957-69 Justitiar Rheinstahl-Hüttenwerke AG, 1969-75 Generalbevollm. Rheinstahl AG; 1976-88 Hauptgeschäftsf. u. Mitgl. Präsidium Dt. Gießereiverband - BV: Tätigkeitsber. 1976-86 d. Dt. Gießereiverb., D. deutsche Gießerei-Industrie im Jahre 1979, 1979 - Eisernes Kreuz I. Kl. - Liebh.: Kunst, Lit., Sport - Spr.: Engl., Franz. - Lit.: Knaurs Prominentenlex., Who's Who in Europe.

BERNADOTTE, Lennart, Graf

Dr. sc. agr. h. c., Ehrenpräsident Dt. Gartenbau-Ges. (1955-82), u. Kuratorium f. d. Nobelpreisträger-Tagungen in Lindau, Ehrenvors. Dt. Rat f. Landespflege u. a. - 7750 Insel Mainau/Bodensee (T. Konstanz 3 03-0) - Geb. 8. Mai 1909 Stockholm (Vater: Wilhelm Prinz v. Schweden; Mutter: Maria, geb. Großfürstin v. Rußland), verh. I) 1932 m. Karin, geb. Nissvandt (gesch.), 4 Kd. (Birgitta, Marie-Louise, Jan, Cecilia), II) 1972 Sonja, geb. Haunz, 5 Kd. (Bettina, Björn Wilhelm, Catherina, Christian Wolfgang, Diana) - S. 1932 Eigentümer Insel Mainau (s. 1974 in d. Lennart-Bernadotte-Stiftg. gebracht) - BV: Gute Nacht, kleiner Prinz, 1978 - 1958 Gr. BVK m. Stern; 1959 Ehrenbürger v. Texas; 1960 Gold. Bürgerring Stadt Lindau; 1964 Gold. Ehrenz. Österr. Gartenbau-Ges. (m. Ehrenmitgliedsch.), Ehrensenator TH Hannover, Gold. Med. Garden Club New Jersey, Ehrenmitgl. National Council of State Garden Clubs of America; 1965 Gold. Med. Zentralverb. Dt. Gartenbau; 1967 Gold. Blume v. Rheydt; 1968 Bayer. VO, Freiherr-v.-Stein-Med. Gold; 1969 Schulterbd. z. Stern d. Gr. BVK; 1970 Großkreuz d. Weißen Rose v. Finnl., Albert-Schweizer-Med. Gold; 1971 Ehrenmitgl. Royal Horticultural Soc., London; 1979 Verdienstmed. Land Baden-Württ., Ehrenring Stadt Konstanz, Ehrendoktor (Agrarwiss.) Univ. Hohenheim, Ehrenbürger Stadt Lindau - Spr.: Schwed., Engl., Franz. - Bes. Anliegen: Landespflege.

BERNADOTTE, Sonja, Gräfin

Geschäftsführerin d. Blumeninsel Mainau GmbH - 7750 Insel Mainau (T. 07531 - 30 30) - Geb. 7. Mai 1944 Konstanz, verh. m. Dr. h.c. Graf Lennart B. (s. dort), 5 Kd. (Bettina, Björn Wilhelm, Catherina, Christian Wolfgang, Diana) - Präs. d. Dt. Gartenbau-Ges., Bonn; Präs. Kurat. f. d. Nobelpreisträger-Tagungen in Lindau - BV: Insel Mainau - Liebh.: Sport, Musik, Lit. (Gesellschaftskrit., Kinderpsych.) - Spr.: Engl., Schwed., Franz.

BERNARDING, Klaus

Reg.-Schulrat (s. 1990), Schriftsteller - Wirthstr. 11, 6600 Saarbrücken (T. 0681 - 7 29 61) - Geb. 8. Mai 1935 Schmelz/Kr. Saarlouis, verh. s. 1956 m. Cilly, geb. Piro, 4 S. - Abit. 1955; PH, zusätzl. Stud. Phil. u. Soziol. Univ. d. Saarl. - 1959 Lehrer Neunkirchen; 1975-78 Leit. VHS Sulzbach/S.; 1978 Lehrer Dudweiler. S. 1985 Ref. im saarl. Kultusmin. Mehrere J. Vorst. VS-Saar; 1981-82 erster Saarbrücker Stadtteilautor - BV: Härtefälle. Mappe m. Grafiken u. Ged. 1971; D. Regierungs-v-erklärung, Sprechst. 1972; Familientreff, Prosa 1975; Laut- u. Stillstände, Ged. 1977; Glückauf u. nieder. Prosa 1978; Grenzgänge, Ged. 1981; Molschder Momente, Prosa 1983 (Stadtteilautor); Unser Kandidat, Hörsp. 1987; Peñiscola, Prosa 1988; D. Leitz wird's richten, Prosa 1991. Veröff. in Ztg., Ztschr., Rundf.; Übers. aus d. Franz. - 1987 Autorenpreis d. Académie d'Alsace.

BERNATH, Mathias

Dr. phil., Prof., Historiker, Leit. Südost-Inst., München (s. 1960) - 8031 Hochstadt/Obb. (T. Wessling 10 82) - Geb. 11. Okt. 1920 Segenthau (Eltern: Peter u. Margarethe B.), verh. s. 1949 m. Edith, geb. Kern - Assist. (Sem. f. Osteurop. Gesch.) u. Lehrbeauftr. FU Berlin; 1971 Prof. FU Berlin - BV: Habsburg u. d. Anfänge d. rumän. Nationsbildung, Leiden 1972.

BERNAUER, Walter

Dr. med., Prof. f. Pharmakologie u. Toxikol. Univ. Freiburg (s. 1973; früh. Wiss. Rat u. Prof.) - Am Bischofskreuz 4, 7800 Freiburg/Br.

BERNDL, Ernst Heinrich

Dipl-Ing., Dipl.-Wirtschaftsing., Gf. Gesellschafter Kiener GmbH & Co, Ottobeuren (s. 1986) - Strigelstr. 14, 8940 Memmingen (T. 08331- 6 99 80) - Geb. 6. Febr. 1937 Memmingen (Vater: Dr. Heinrich B., Oberbürgerm. †; Mutter: Helene, geb. Kurz), r.kath., verh. s. 1971 in 1. Ehe m. Mette, geb. Kai-Nielsen, 2 Kd. (Isabelle, Jürgen) - Obersch., Techn. Univ. München (allgem. Maschinenbau), arbeits- u. wirtschaftswiss. Aufbaustud. 1960 Dipl.Ing., 1962 Dipl.Wirtschaftsing., 1962-64 Betriebsing./Dir.assist. Liebherr-Werke, Biberach; 1964-71 Geschäftsf. Liebherr Austria Ges. mbH; 1971-76 Pres. Liebherr America Inc.; 1976-78 Vorst.-Mitgl. Industriewerke Karlsruhe AG; Vors. d. Gfg. Mauser-Werke Oberndorf GmbH, Oberndf./N.; 1979-86 Geschäftsf. Stetter GmbH, Memmingen; s. 1986 gf. Gesellsch. d. Kiener GmbH & Co. Verpackungssysteme, Ottobeuren - Spr.: Engl., Franz.

BERNDT, Günter

Dipl.-Verw.-Wirt., Leit. Polizeidirektor, Fachbereichsleit. Führungslehre Polizei-Führungsakad. Münster - Erlengrund 11, 4416 Everswinkel 1/W. - Geb. 19. Aug. 1931 Pombsen/Jauer (Vater: Herbert B., Rektor, Kantor, Reserveoffz.; Mutter: Luise, geb. Engel), ev., verh. s. 1959 m. Maria, geb. Domhöver, 3 Kd. (Gabriele, Michaela, Henning) - Gymn.; Bäckerlehre. Polizeiinternes Abitur; 1959 Verw.-Dipl. - S. 1952 Polizei (1960 gehob., 1972 höh. Dienst; 1974 Doz. PFA; 1979 Fachbereichsleit.) - BV: Grundriß d. Führungslehre, 5 Bde. 1976/82/92; Stabsarb. in d. Polizei, 1977 u. 1981; Führung u. Zusammenarbeit in d. Polizei, 1989. Herausg.: Personalentw. (1986) - Liebh.: Klass. Musik, Oper, Schausp., Jagd.

BERNDT, Hans

Rechtsanwalt, Vorstandsmitgl. Südwestdeutsche Landesbank/Girozentrale Mannheim/Stuttgart - Amselweg 38, 6246 Glashütten 2/Ts. - Geb. 22. Jan. 1931 - Hon.-Konsul d. Rep. Ungarn.

BERNDT, Helmut

Dr. phil., Journalist, Schriftst. - Platanenweg 7, 5342 Rheinbreitbach (T. 02224 - 7 16 48) - Geb. 29. Juli 1914 Naumburg/S. (Vater: Friedrich B.), ev., verh. s. 1950 m. Dr. Maria, geb. Riechert - Höh. Schulen Dortmund, Krefeld, Marburg; Univ. Marburg (Geogr., Engl.,

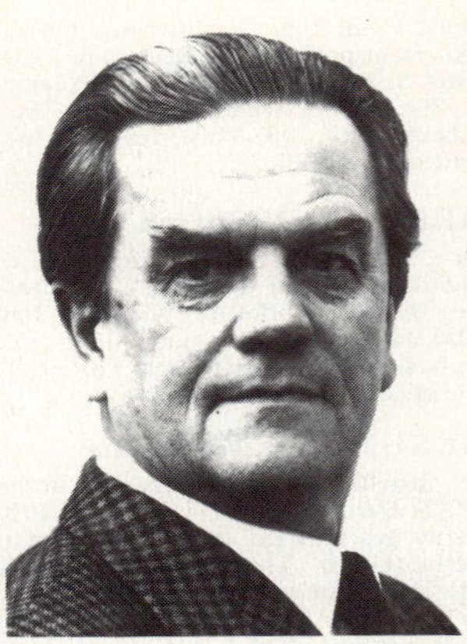

Volksw.; Promot. 1949). Reisen: Europa, Afrika, Asien, Amerika - Wehrdst. (Kriegsberichter U-Bootwaffe); 1949-50 Ztg.korresp. Bonn; ab 1950 Hess. Nachrichten bzw. Hess. Allgemeine (Ressortleit. Politik; 1963ff. Bonner Korresp.) - BV: D. 40. Abenteuer - Auf d. Spuren d. Nibelungen, 1968 (franz. A. 1970), 1974 als Taschenb. 3. A. 1978 Die Nibelungen - Auf d. Spuren e. sagenhaften Volkes (verfilmt 1980 v. Hess. Ferns. (1. u. 3. Pr.) als sechst. Serie unt. d. Titel: Nibelungenlied - Wahrheit oder Legende); Unterwegs zu dt. Sagen, 1985; Sagenhaftes Europa, 1987; Sagenhafte Antike, 1990; D. schönsten deutschen Volkssagen, 1991 - Liebh.: Archäol. - Spr.: Engl., Franz.

BERNDT, Holger

Dr. rer. pol., Verbandsdirektor u. Geschäftsf. Bundesgeschäftsst. d. Landesbausparkassen - Buschstr. 32, 5300 Bonn 1 - Gf. Dir. Europ. Bausparkassenvereinig.

BERNDT, Ingeburg

Dr. phil., Akad. Rätin Univ. Bielefeld - Parkstr. 11, 6301 Pohlheim 6 (T. 0641 - 4 53 43) - Geb. 11. Okt. 1933 Haldensleben, ev., verh. s. 1958 m. Ernst B., S. Christian - Stud. Univ. Halle u. Gießen; Promot. 1978 Gießen - S. 1986 Vors. Bundesaussch. f. Frauensport Dt. Sportbund u. Präsid.-Mitgl. Dt. Sportbund - BV: Entwicklungsbedingungen motorischer Fähigkeiten: E. experimentelle Studie z. Basketballspiel im Sportunterr., 1984 - 1953 u. 54 Bronze-Med. m. d. Leichtathl.-Mannsch. d. Univ. Halle - Liebh.: Lit., Musik, Sport - Spr.: Engl., Russ., Latein.

BERNDT, Jörg

Dr. med., Prof. f. Physiologie d. Menschen (m. Schwerp. Entwicklungs-, Arbeits- u. Sportphysiol.) Univ. Bremen - Ahrensburgstr. 8, 2800 Bremen.

BERNDT, Jürgen

Dr. rer. nat., Prof., Abteilungsleiter Inst. f. Toxikologie u. Biochemie/Ges. f. Strahlen- u. Umweltforsch. mbH., München - Ingolstädter Landstr. 1, 8042 Neuherberg/Obb. - Geb. 29. Dez. 1931 Lübeck - Promot. 1961; Habil. 1969 - S. 1969 Lehrtätigk. Univ. Freiburg u. TU München (1973; 1977 apl. Prof. f. Biochemie). Üb. 50 Facharb.

BERNDT, Karl-Heinz

Journalist, Schriftst. (Ps. Berndt Guben, J. J. van Jost, Carolus Heibe, Lentz de Barrinkh, Michel Pinscher), Mitgl. d. Bundespressekonferenz - Kastanienweg 2, 5300 Bonn-Bad Godesberg (T. 32 11 67); u. E-Las Palmas, c/Néstor de la Torre 20 (Tel. 003428 - 24 58 24) - Geb. 2. März 1923 Guben/NL., ev., verh. - Obersch. Drossen/NM.; humanist. Stud. - U. a. Redakt. Zweites Dt. Fernsehen; Mitgl. IG-Medien (RFFU) d. Gabinete Literario, Las Palmas - BV (R.): u. a. D. Pfeifer, 23 Bde. 1952 u. 1965 Zusammenfassung 6 Bde.; Mexikan. Ballade, 1954; Louisiana-Trilogie,

1959 u. 1966; Michael Hasenkohl od. d. Carmina Michaelis, 1966 u. 1979; Hitlerjunge Hasenkohl o. d. v. Jahrg. '23, 1981; Völlig unpolit. Gedichte, 1988; Schwarz, Rot u. Gold, Biogr. e. Fahne, 1991. Bis gegenw. Essays u. Lyrik in versch. Anthologien - Filme: Wiedergeburt einer Nation (1959), CERN - Europ. Kernforschungszentrum (1961), Südamerik., Afrika (1970-77) - Liebh.: Gesch., Musik - Spr.: Engl., Ital., Span., Griech., Lat.

BERNDT, Rainer
Dr. theol., Prof. f. Geschichte d. Philosophie u. Theol. im Mittelalter - Zu erreichen üb. Hochsch. Sankt Georgen, Offenbacher Landstr. 224, 6000 Frankfurt/M. - Geb. 28. Juli 1951 Düsseldorf, kath. - Stud. Phil. Theol. Mediävistik Bonn, Freiburg, Frankfurt, Louvain-la-Neuve, Paris - S. 1973 Jesuit; s. 1990 Vorst. d. Hugo-v.-Sankt-Viktor-Inst. an d. Hochsch. St. Georgen, Frankfurt - BV: Kritische Editionen mittelalterlicher Texte (1986 m. Ch. Lohr), 1991; Kommentare d. Andreas v. St. Viktor (†), André de Saint-Victor († 1175); Exégète et théologien, 1991; Leit. d. kritischen Edition d. Werke Hugos v. St. Viktor - Spr.: Lat., Engl., Franz., Span. Ital.

BERNDT, Rolf
Dr. rer. nat., Prof. f. Mathematik - Vor d. Berg 6, 2000 Hamburg 63 - B. 1977 Privatdoz., dann Prof. Univ. Hamburg.

BERNDT, Rolf

Dipl.-Volksw., Oberregierungsrat a.D., Bundesgeschäftsf. d. FDP (s. 1983) - Zu erreichen üb. Thomas-Dehler-Haus, Baunscheidtstr. 15, 5300 Bonn 1 - Geb. 28. April 1946 Niederschelden/Sieg, ev., verh., 4 Kd. - 1972/73 Bundesvereinig. d. Dt. Arbeitg.-Verb. Köln; 1973-81 Bundesmin. f. Wirtsch.; 1981-83 ständ. Vertret. Bundesrep. Dtschl. b. d. OECD, Paris.

BERNDT, Siegfried
Chefredakteur Fernsehen (Direktor) Deutsche Welle Köln - Raderberggürtel 50, 5000 Köln 51 (T. 0221 - 3 89-27 01) - Geb. 20. Febr. 1939 Liegnitz, verh. s. 1963, 1 Sohn - Univ. Münster (Publiz., Gesch., Soziol.).

BERNECKER, Hans Achim
Volkswirt, Bernecker & Cie., Herausg. D. Actien-Börse - Am Breil 44b, 4005 Meerbusch 1 - Geb. 19. Nov. 1937.

BERNECKER, Helmuth
Herausgeber Taunus-Kurier, Bad Homburg, Zeitungsgruppe Hochtaunus (Taunus-Kurier, Usinger Anzeiger, Kronberger Zeitung, Oberurseler Kurier), Ehrenvors. Verb. d. Motorjourn. (Sitz Berlin) ebd. - Höhestr. 9, 6380 Bad Homburg v.d.H. (T. 06172 - 18 07-19 u. 2 38 76, Fax 2 17 32 u. 18 07-28) - Geb. 6. Mai 1925 Karnap - U. a. D. Taunusbote.

BERNEKER, Erich
Dr. jur., o. Prof. f. Röm. Recht, Antike Rechtsgesch., Bürgerl. Recht u. Intern. Privatrecht (emerit.) - Mittlerer Dallenbergweg 60, 8700 Würzburg - Geb. 14. April 1905 Prag - 1937 Privatdoz. Univ. München, 1938 ao. Prof. Univ. Erlangen, 1941 o. Prof. Univ. Marburg, 1944 Dt. Univ. Prag, 1946 Univ. Mainz, 1950 Univ. Würzburg - BV: Z. Gesch. d. Prozeßleitung im ptolemäischen Recht, 1931; D. Sondergerichtsbarkeit im griech. Recht Ägyptens, 1934; Dt. Recht, 1944 2. A. 1949; D. jurist. Berufe in Vergangenh. u. Gegenw., 1948; D. Versuch im griech. Recht, 1954; Z. griech. Rechtsgesch., 1968. Zahlr. Einzelarb.

BERNEM, van, Theodor
Dr. phil., Dipl.-Hdl., Prof. f. Wirtschaftsenglisch u. s. Didaktik Univ./GH Wuppertal - Herderstr. 3, 4006 Erkrath 1 - Geb. 1. Aug. 1929 Düsseldorf, kath., verh. s. 1962 m. Dorothea, geb. Konjetzky, 2 Kd. (Maryvonne, Michael) - Stud. Wirtschaftspäd., Politikwiss. u. Engl. Dipl.-Handelslehr. Univ. Köln, Promot. Politikwiss. Univ. Bonn. Fachleit. Bezirkssem. f. d. Lehramt an berufsbild. Schulen, Düsseldorf - S. 1971 Hochschullehrer; 1988-90 Gastprof. f. Wirtschaftssprache im FB Sciences Economiques Univ. de Paris I/Panthéon-Sorbonne - BV: Wirtschaftsenglisch-Wörterb., 1990. Div. Veröff. im Ber. Engl. als Fachspr., Berufserziehung u. Gewerksch. beziehungen in GB - Mitgl. versch. Verb. u. Org., u.a. Interskola Konfz., Intern. Vereinigung Sprache/Wirtschaft, AILA-Intern. Assoc. of Applied Linguistics; 1989 Honorary Res. Fellow Univ. of Birmingham/GB.

BERNER, Felix
Verlagsleiter, Schriftst. - Neuer Berg 27, 7000 Stuttgart 60 - Geb. 8. Aug. 1918 Stuttgart - BV: Flügel d. Morgenröte, Erz. 1957; D. beflügelte Schritt, Ess. 1976; Gustav Adolf - D. Löwe aus Mitternacht, Biogr. 1982; Louis u. Eduard Hallberger, Biogr. 1983; Baden-Württ. Portraits-Gestalten aus 1000 Jahren, Biogr. 1985 - 1957 Literaturpreis Dt. Hochseefischerei.

BERNER, Rolf
Dr. rer. nat., Dipl.-Phys. - Schlehenweg 24, 7258 Heimsheim/Württ. - Geb. 28. April 1930 - Vors. d. Hahn-Schickard-Ges. f. angewandte Forsch., Stuttgart.

BERNERT, Günther Karl
Dr. jur., Univ.-Prof. f. Arbeitsrecht, Bürgerl. Recht, Ostrecht u. Neuere Privatrechtsgesch. Univ. Münster - Bakenstr. 6, 4403 Senden.

BERNETT, Hajo
Dr. phil., o. Prof. u. ehem. Direktor Sportwiss. Inst. Univ. Bonn (s. 1969), Honorarprof. f. Sportgesch. Dt. Sporthochsch. Köln - Böckingstr. 5, 5340 Bad Honnef.

BERNETT, Paul
Dr. med. (habil.), o. Prof. f. Sporttraumatologie - Connollystr. 32, 8000 München 40 - B. 1975 Privatdoz., dann Ord. TU München. Chir.

BERNHARD, Franz
Bildhauer - Bahnhofstr. 13, 6729 Jockgrim - Geb. 17. Jan. 1934 Neuhäuser/CSSR (Vater: Franz B., Bäcker; Mutter: Mairia, geb. Jungwirth), kath., verh. s. 1969 m. Lucia, geb. Baum - 1959-66 Kunstakad. Karlsruhe - 1968 Villa-Romana-Preis, Florenz; 1969-70 Romstip. Villa Massimo; 1970 Wilh.-Lehmbruck-Förderpr. Stadt Duisburg; 1971 Stip. aus d. Mitteln d. Kunstpr. Berlin; 1975 Pfalzpreis f. Plastik; 1976 Arbeitsstip. Kulturkr. Bundesverb. d. dt. Ind.; 1977 Hans Thoma-Pr. Land Baden-Württ.; 1981 Lütze-Preis; 1984 Pr. Heitland Foundation, Celle; 1986 Kunstpr. Rhld.-Pfalz; 1989 Lovis-Corinth-Preis; 1990 Mitgl. Akad. d. Künste Berlin (1992 Austritt).

BERNHARD, Hans Joachim
Dr. phil. habil., o. Prof. f. Deutsche Literatur Univ. Rostock, Germanist - Conrad-Blenkle-Str. 5, O-2510 Rostock - Geb. 14. Juli 1929 Kanth b. Breslau, verh. s. 1953, 2 Kd. - Stud. German. u. Anglistik in Rostock u. Berlin - BV: D. Romane Heinrich Bölls, 1970; Gesch. d. Literatur d. Bundesrepubl. Deutschl., 1983.

BERNHARD, Hans-Dietrich
Vortragender Legationsrat Konsulat Cordoba/Argent. - Casilla de Correo 283, Calle Ambrosio Olmos Nr. 501, 5000 Cordoba/Argent. - Geb. 19. Juni 1945, verh. m. Susanne, geb. Glowka, 4 Kd.

BERNHARD, Herbert
Journalist, Presseref. Stadt Essen - Ostberger Str. 81b, 4300 Schwerte (T. 02304 - 4 57 06) - Geb. 23. Dez. 1924 Hamm (Vater: August B., Bergmann; Mutter: Gertrud, geb. Wagner), ev., verh. in 2. Ehe m. Gisela, geb. Drepper, T. Gisela - Gymn., Journ.schule Aachen; b. 1947 Volont. Köln - B. 1948 Redakt. Essen, 1960 Redaktionsleit. Wesel, b. 1966 Düsseldorf, 1966-86 Leit. Presse- u. Informationsamt Stadt Essen - BV: Dann brach d. Hölle los, Kriegstageb. 1954; E. Stadt wandelt ihr Gesicht, Bildbd. Essen 1974; 1945: Entscheidungsschlacht am Niederrhein, Sachb. 1975; d. stadt, Bildbd. u. Sachb. üb. Essen 1980 - Liebh.: Gesch., Geogr., Musik - Spr.: Engl.

BERNHARD, Karl-Heinz
Dipl.-Volksw., Geschäftsführer Verb. d. Brauereien d. Saarlandes u.a. Wirtschaftsverb. - Blücherstr. 2a, 6600 Saarbrücken (T. 5 67 85) - Geb. 20. April 1930 Meisenheim/Glan (Vater: Friedrich B., Studienrat; Mutter: Elisabeth, geb. Grimm), verh. m. Gudrun, geb. Rheinen - Odenwaldsch.; Univ. Erlangen - 1957-62 Eisen- u. Metallind. Saarl. dann Brauereiverb. u. Geschäftsf. Landesvertretungen bundesweit. Wirtsch.verb., u. a. VDMA u. ZVEI - Lions-Club.

BERNHARD, Otmar
Dr., Rechtsanwalt, Ministerialrat a.D., MdL Bayern - Bahnhofstr. 3a, 8032 Gräfelfing b. München - Geb. 6. Okt. 1946 München, kath., verh. - Stud. Rechtswiss., 2. jurist. Staatsex. 1975 - Liebh.: Gesch., Soziol., Tennis - Spr.: Engl.

BERNHARD, Otto
Fabrikant, Geschäftsf. ERK Druck- u. Papiermaschinen GmbH, Offenbach - Tulpenhofstr. 3, 6050 Offenbach/M. - Geb. 4. Nov. 1923 - Bundesverdienstkreuz am Band, Ehrenbrief des Landes Hessen.

BERNHARD, Rudolph
Chefredakteur u. Mitgeschäftsf. Saarbrücker Zeitung - Zu erreichen üb. Saarbrücker Zeitung, Gutenbergstr. 11, 6600 Saarbrücken - Geb. 8. Nov. 1934 Berlin, verh. s. 1982 m. Sabine, 4 Kd. (Patricia, Henry, Marilena, Anna) - Stud. Univ. München u. Tübingen (Neuere Gesch. m. Schwerp. russ. Gesch. d. 19. u. 20. Jh., Politik, Kunstgesch.) - BV: D. Alte Schauspielhaus - Kleinod im Herzen Stuttgarts, 1984 - Liebh.: Graphik d. 18. u. 19. Jh., Motorradfahren - Spr.: Engl.

BERNHARD, Wolfram
Dr. phil., Dr. rer. nat., Dr. med., Dipl.-Psych., Prof. f. Anthropologie Univ. Mainz - Linsenberg 20, 6500 Mainz - Geb. 19. Juni 1931 Mainz - Promot. 1961 u. 65; Habil. 1971 - S. 1972 Prof. Mainz. Üb. 50 Facharb.

BERNHARD-von LUTTITZ, Marieluise

Autorin - Draxlbergstr. 19, 8214 Bernau/Chiemsee (T. 08051 - 72 23) - Geb. 11. Febr. 1913 Oschatz/Sa., ev., verh. m. Senator O. H. Bernhard, Konsul v. Thailand, 2 Kd. (Cornelia, Alexander) - Hum. Abit. Dresden 1932; Buchhandlungslehre m. Abschl.; Stud. d. Tiefenpsychol. Berlin - Leit. d. Bordladens E. S. Patria Südamerikalinie; 1932-35 Buchhändlerin Dresden; fr. Journ. f. Tagesztg.; 1942-44 eig. Prax. f. Psychotherap. Berlin; 1944-45 DRK-Schwester in Norw.; s. 1945 fr. Autorin f. Presse, Funk, usw. - BV: D. Billibde. 1952-57; Ottochen im Turm 1965, 75 u. 86; Bumfidelgesch. 1975-78; D. gr. Adventskalenderb. 1985; E. Held war er nicht, 1986; Uli u. Rike kommen in d. Schule, 1986; Bumfidel ist o. Tiere, 1986; Was mich weckte, war kein Vogelruf, R. 1987 (Verfilm. vorgesehen); Möchtest Du mein Bruder sein?, Jugendr. 1989; Freund oder Freundin gesucht, Kinderb. 1990; Du u. d. anderen. Erz., Betrachtungen, Ged., Kinderb. 1991; Schicksalsgesch., 1992; Ich danke f. mein Leben, Taschenb. 1992; D. Kinderregierung (Kinderb.); u.v.m. - Auftr. f. e. Fernsehtreatment m. 25-26 Folgen - 1985 Holländ. Kinderbuchpr.; Mitgl. Anthrop. Ges. - Liebh.: Lit., Weltanschaul., Polit., d. Mitmensch - Spr.: Engl., Franz., Holländ., Altgriech., Lat. - Lit.: Spectr. d. Geistes (1977); Frauen im Blickpunkt; Kürschners Lit.-Kalender; Interview in Bulletin Jugend u. Lit. (1990); u. a.

BERNHARDT, Günter
Dipl.-Wirtsch.wissenschaftler, o. Prof. Hochsch. f. Ökonomie (s. 1990) - Rudower Str. 36, O-1170 Berlin (T. 657 41 78) - Geb. 6. Febr. 1932 Wurzen, verh. s. 1973 m. Erika, geb. Ahrens, S. Ingolf - Abit.; Stud. Univ. Berlin, 1954 Dipl.; Promot. 1983 Leipzig - 1967-89 Staatssekr. im Min. f. Hoch- u. Fachschulwesen; Hon.-Doz. u. Hon.-Prof. Hochsch. f. Ökonomie; s. 1990 o. Prof. S. 1991 Geschäftsf. Ost West Verlag.

BERNHARDT, Heinz
Dr. phil., Honorarprof. f. Ausgew. Kapitel d. Wassergütewirtschaft TH Aachen (s. 1973), Techn. Leit. Wahnbachtalsperrenverband - Siegelsknippen, 5200 Siegburg (T. 02241 - 38 10 71) -

Geb. 20. April 1929 - Leit. mehr. wiss. u. techn. Gremien in Fachorg.

BERNHARDT, Heinz

Dr. med. dent., Prof. f. Zahnheilkunde Univ. Marburg, Zahnarzt f. Oralchirurgie - Königsberger Str. 9, 3550 Marburg 7 - Cappel - Geb. 24. Okt. 1923 Kassel (Vater: Peter B., Postbeamter; Mutter: Martha, geb. Noll), ev., verh. s. 1946 m. Maria, geb. Müller, 2 T. (Karin, Beate) - Goethe-Gymn. Kassel; Univ. Marburg. Promot. 1950 - S. 1973 Prof. Spez. Zahnärztl. Röntgenol. - 1978 Silb. Ehrennadel Landeszahnärztekammer Hessen - Liebh.: Lit., Musik, Malerei - Spr.: Engl.

BERNHARDT, Herbert

Dr. sc. phil., Prof., Direktor d. Sektion Sozialwiss. Bergakad. Freiberg (b. 1990) - Neugasse 1, O-9200 Freiberg - Geb. 8. Juli 1935 Freiberg, gesch., 2 Töcht. (Gabriele, Petra) - Lehre Bau- u. Möbeltischler; 1956 Ex. Fachlehrer f. Tischler; 1962 Dipl. DHfK Leipzig; Promot. 1971, Habil. 1981 Bergakad. Freiberg - 1982 o. Doz., 1987 o. Prof. Bergakad. Freiberg. 1976-90 Leit. Wiss.-bereich Phil./Soziol.; 1983-88 Dir. Forsch. Bergakad. Freiberg - S. 1990 ehrenamtl. Präs. d. Leichtathletik-Verb. Sachsen - BV: Ingenieure in d. DDR (m.a.), 1988 - 1985 Humboldt-Med.

BERNHARDT, Jürgen

Dr. rer. nat., Prof. f. Med. Strahlenkunde, Dir. u. Prof. im Bundesamt f. Strahlenschutz - Ringstr. 32, 8042 Oberschleißheim (T. 089 - 315 29 87) - Geb. 4. Juli 1938 Berlin, ev., verh. s. 1974 m. Bettina, geb. Schödel, 2 Töcht. (Alexandra, Birgitta) - Stud. Physik, Biophysik; Dipl. Phys. 1966 Univ. Frankfurt; Promot. 1972 u. Habil. 1976 Univ. Erlangen - S. 1972 wiss. Assist.; s. 1981 Fachgebietsleit. im Bundesgesundheitsamt; 1984 apl. Prof. S. 1989 Leit. d. Abt. Med. Strahlenhygiene im Bundesamt f. Strahlenschutz. Spez. Arbeitsgebiete: Strahlenwirkungen u. Strahlenschutz b. nichtionisierenden Strahlen, insb. elektrische u. magnetische Felder, Hochfrequenzstrahlung einschl. Mikrowellen, Ultraviolette Strahlung.

BERNHARDT, Karl-Heinz

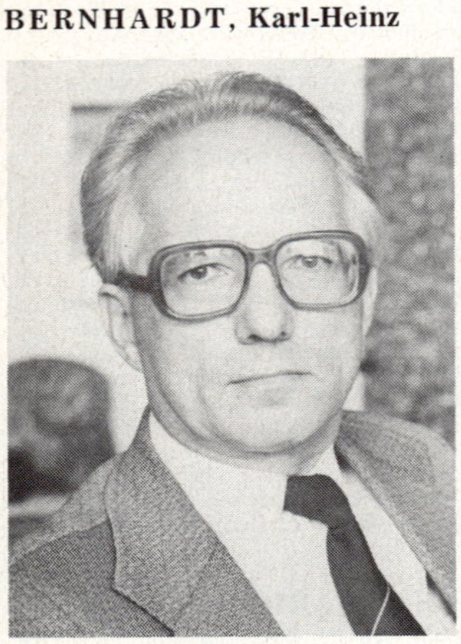

Dr. rer. nat. habil., o. Prof. f. Meteorologie, Fachbereich Physik Univ. Berlin (s. 1970) - Platz der Vereinten Nationen 3, O-1017 Berlin (T. 426 07 50) - Geb. 24. Dez. 1935, verh. s. 1960 m. Dr. rer. nat., Dr. sc. phil. Hannelore, geb. Kärgel, 2 Töcht. (Mira, Sandra) - Meteorol.-stud. Univ. Leipzig, Dipl. 1957; Promot. 1961; Habil. 1967 - 1969 Doz. f. Meteorol. u. Geophysik, 1970 o. Prof. Univ. Berlin; 1982-90 Präs. d. Meteorol. Ges. d. DDR - Ca. 150 Veröff. in Fachztschr. u. Schr.reihen - 1978 Reinhard-Süring-Plak. d. Meteorol. Ges. in Silber u. 1989 in Gold; 1990 korr. Mitgl. d. Akad. d. Wiss. - Liebh.: Klass. Lit., Fotogr., Touristik - Spr.: Engl., Russ.

BERNHARDT, Otto

Vorstandsmitglied d. Landkreditbank Schleswig-Holstein AG, Kiel (s. 1991) - Ernst-Barlach-Str. 79, 2370 Rendsburg (T. 04331 - 2 86 88) - Geb. 13. Febr. 1942 Rendsburg, ev., verh., 2 Kd. - Banklehre; Stud. Wirtschaftswiss., Berufspäd. u. polit. Wiss. - 1980 Vors. CDU-Kreisverb. Rendsburg-Eckernförde.

BERNHARDT, Richard

Geschäftsführer GEFA Ges. f. Absatzfinanzierung mbH, GEFA-Leasing GmbH, Wuppertal, EFGEE Ges. f. Einkaufs-Finanzierung mbH, Düsseldorf - Am Freudenberg 17, 5600 Wuppertal - Geb. 12. März 1925 - Stv. AR-Vors. ALD AutoLeasing D GmbH, Hamburg, u. Niederlausitzer Kraftverkehrs GmbH, Cottbus; Vorst.-Mitgl. Bankenfachverb., Bonn; Vorst.-Vors. d. KSV Kreditschutzvereinigung, Wiesbaden.

BERNHARDT, Rudolf

Dr. jur. (habil.), Prof., Direktor Max-Planck-Inst. f. ausl. öfftl. Recht u. Völkerrecht (s. 1970) - Gustav-Kirchhoff-Str. 2a, 6900 Heidelberg (T. 41 36 99) - Geb. 29. April 1925 Kassel, ev., verh. s. 1956 m. Dagmar geb. Brüne, 4 Kd. (Christoph, Jörg, Lorenz, Stephanie) - 1956-65 Ref. Max-Planck-Inst., Heidelberg; 1962-65 Privatdoz. Univ. Heidelberg; 1965-70 Ord. Univ. Frankfurt/M. S. 1971 Ord. Univ. Heidelberg - BV: D. Abschluß völkerrechtl. Verträge im Bundesstaat, 1957; Völkerrechtl. Quellenwerke, 1961/90; D. Ausleg. völkerrechtl. Verträge, 1963. Herausg.: Encyclopedia of Public Intern. Law (1981ff.).

BERNHARDT, Rüdiger

Dr. sc. phil., Prof., Dipl.-Germanist, Inst. f. Germanistik Univ. Halle - Oleanderweg 45, O-4090 Halle (T. 046 - 64 29 85) - Geb. 8. Sept. 1940 Dresden, verh. s. 1963 m. Christine, geb. Lochmann, 2 Söhne (Gernot, Gerrit) - Stud. German., Nordistik, Theaterwiss. Univ. Leipzig, Dipl.-Germ.; Promot. 1968 Halle - 1964-68 Assist., 1968-75 Leit. d. Intern. Hochsch.ferienkurse f. German., Oberassist., 1978 Doz. u. stv. Dir. f. Bildung - BV: Periodisierungen d. Naturalismus, Wiederentdeckungen v. H. Conradi, P. Hille u.a.; V. Handwerk d. Schreibens, 1976; Odysseus Tod-Prometheus Leben, 1983; Henrik Ibsen u. d. Deutschen, 1989. Herausg. d. Werke Ibsens, Conradis, Peter Hilles u.a., Gartenlaube (1991); Gibt es weibliches Schreiben? (1991); Antikerezeption im Werk Heiner Müllers (Habil. 1978); Gesch. d. dt. Lit., B.7, 8/2 u. 11 (1975, 76, 78); Studien zu Claus Hammel (1977); Erich Arendt (1976, 77, 78), Heiner Müller (1979), Gerhart Hauptmann (1983, 84) C. Wolf (1991), A. Seghers (1991) u.a. - 1985 korr. Mitgl. d. Peter-Hille-Ges.; 1983 Humboldt-Med.; 1985 Händel-Preis, u.a. - Liebh.: Kochen, Reisen, Fotograph. - Spr.: Engl., Russ., Schwed. - Lit.: Das Porträt R. Bernhardt in: Neue Westf. Höxtersche Kreisztg. (21.9.1990), u.a.m.

BERNHARDT, Wolfgang

Dr. jur., o. Prof. f. Patentrecht, Bürgerl. Recht, Handelsrecht, Zivilprozeß (emerit.) - Aggensteinstr. 25, 8000 München 90 - Geb. 1. April 1904 Kottmarsdorf (Vater: Victor B., Pfarrer; Mutter: Margot, geb. Martini), ev., verh. m. Waltraut, geb. Schönrock, 2 Töcht. (Heide, Imme) - König-Albert-Gymn. Leipzig; Univ. München, Berlin, Leipzig. Promot. (1929) u. Habil. (1935) Leipzig - 1931-39 Richter, u. a. Sächs. Justizmin. (zeitw. auch amtl. bestellter Anwaltsvertr. Reichsgericht Leipzig), s. 1935 Lehrtätigk. Univ. Leipzig (Privatdoz.), WH Nürnberg (1940 Ord.), TH München (1943), Univ. Posen (1944), Hochsch. f. Verw.swiss. Speyer (1947), TU München (1948; Dir. Inst. f. Wirtschafts- u. Patentrecht). Mitarb. RKW - BV: D. Vollstreckungssperre n. d. Vergleichsordnung, 1929; Vollstreckungsgewalt u. Amtsbetrieb, 1935; Rechtsstreit, 1939; D. Aufklärung d. Sachverhalts im Zivilprozeß, 1949; Zivilprozeßrecht, 3. A. 1968; Lehrb. d. Patentrechts, 4. A. 1986; D Bedeutung d. Patentschutzes in d. Industrieges., FIW-Schriftenr. Heft 70, 1974 - o. Mitgl. Inst. Européen pour la Formation Professionnelle, Paris.

BERNHARDT, Wolfgang

Dipl.-Metalloge, Dr. rer. nat. habil., Prof. FB Elektrotechnik Univ. Berlin (s. 1969) - Pl. der Vereinten Nationen, O-1017 Berlin (T. 429 08 44) - Geb. 2. April 1934 Freiberg (Sachsen), verh. s. 1958 m. Waltraut, geb. Lux, 2 Töcht. (Petra, Anja) - Stud. Bergakad. Freiberg; Dipl. 1957; Promot. 1965, Habil. 1970, beides Bergakad. Freiberg - 1958-68 Leit. Abt. Metallographie Inst. f. Metallkunde u. Materialprüf. d. Bergakad. Freiberg; s. 1969 Leit. d. Lehrgeb. Werkstoffe, FB Elektrotechnik Univ. Berlin - 3 Pat. - 54 Veröff., vorw. auf metallkundl. Gebiet. BV: Schweisstechn. Gefügeatlas (m.a.), Monogr. 1974 (russ. 1977); Funktionswerkstoffe d. Elektrotechnik u. Elektronik (m. Nitzsche, Ullrich), Lehrb. 1985 - Spr.: Russ., Engl.

BERNING, Friedel (Friedrich)

Direktor i. R. - Seestr. 1, 7763 Öhningen/Untersee (T. 07735 - 5 78) - Geb. 30. Juni 1907 Herford/W. (Vater: Süßwarenfabr.), ev., verh. s. 1955 m. Brigitte, geb. Ludwig, 2 Kd. (Sabine, Tim) - Realgymn. Osnabrück - Kranzler GmbH.; Aschinger Betriebe; 1937-52 Sarotti AG. (zul. Vorstandsmitgl.); s. 1952 Maggi GmbH. (b. 1969 Geschäftsf., dann Beauftr., jetzt AR-Mitgl.); Langj. Vors. Verb. d. Suppenind., Bonn - BVK - Liebh.: Fotogr., Golf - Rotarier.

BERNING, Heinrich

Dr. med., apl. Prof. f. Innere Med. Univ. Hamburg (s. 1949) - Pfeilshoferweg 9, 2000 Hamburg 65 (T. 536 53 38) - Geb. 21. Mai 1908 Münster/W., verh. in 2. Ehe m. Nelly Beyn, geb. Haltermann - Univ. Münster, Köln, München, Berlin - 1951-54 Lehrauftr. Venezuela; 1959-74 Chefarzt I. Med. Klinik u. Ärztl. Dir. (s. 1963) Allg. Krankenhaus, Hamburg-Barmbek - BV: D. Dystrophie, 1949; D. Ileitis regionalis, 1964 (m. Selberg u. Thiele) - 1939 u. 43 Martini-Preis Univ. Hamburg; 1970 Ehrenmitgl. Venezolan. Ges. f. Inn. Med. - Liebh.: Musik, Graphik, Sport.

BERNING, Vincent

Dr. phil., Univ.-Prof. f. Philosophie Rhein.-Westf. TH Aachen - Waldstr. 2, 5106 Roetgen/Eifel - Geb. 25. Juli 1933 Berlin (Vater: August Heinr. B., christl. Kultur- u. Sozialpolitiker, Lyriker (Chefredakt.), † 1979; Mutter: Thea, geb. Erhart, † 1982), rk., verh. s. 1966 m. Ursula Berning-Baldeaux, 2 Kd. - Hum. Gymn. Paderborn, Kassel, Werl, Aachen, 1955 Abit. Stud. Univ. Bonn u. München, Promot. (Philos., Theol., Päd.) 1963, Habil. Philos. 1971 - S. 1971 Prof. in Aachen - BV: D. Denken Hermann Schells. D. philos. Sytematik s. Theologie genetisch entfaltet, Essen 1964; D. Wagnis d. Treue; Gabriel Marcels Weg zu e. konkreten Philos. d. Schöpferischen, Freiburg i. Br. 1973; Gott, Geist u. Welt. Hermann Schell als Philosoph u. Theol., Paderborn 1978; System. Philosophieren zw. Idealismus u. Neuscholastik um d. Jahrhundertwende. Studien z. christlichen Philosophie Herman Schells, Paderborn 1984. (Hg.:) Hermann Platz (1880-1945), e. Gedenkschr., Bonn 1980; Gabriel Marcel. Reflexion u. Intuition. Texte z. ontol. Teilhabe d. Denkens (Ausw. u. Komment.), 1987. Veröff. in Fachzeitschr., Handbüchern u. Festschr. u. a. m. H. R. Schlette Hg. d. Studien z. franz. Philos. d. 20. Jh. (Buchreihe) Bonn 1974ff.

BERNING, Walter

Dr. jur., Verleger - Alte Mühle 1, 2000 Hamburg 65 - Geb. 12. Febr. 1939 Hamburg (Vater: Prof. Dr. med. Heinrich B. (s. dort); Mutter: Dr. med. Ingeborg, geb. v. Zerboni), ev., verh. m. Maria Pia, geb. Andretta, 2 Kd. - Stud. Rechtswiss. u. Volksw. Genf, München, Freiburg, Hamburg, Salamanca. Gr. jurist. Staatsprüf.; Master of Business (Administr. Insead/Fontainebleau) - 1969-74 Jahreszeiten-Verlag, Hamburg (1970 Mitgl. Geschäftsltg.; 1971 zusätzl. Alleingeschäftsf. Rhein. Merkur); 1974 EHAPA-Vg. GmbH, Stuttgart (Vors. d. Gfg.), 1979 Dt. Egmont Verw.ges. ebd./ Tochterges. Egmont H. Petersens Fond, Kopenhagen (Alleingf.), s. 1986 Geschäftsf. Jahreszeiten-Verlag GmbH, Hamburg - Liebh.: Lit. (Geschichte, Politik), Malerei, Ski, Jogging, Schwimmen - Spr.: Engl., Franz., Span.

BERNINGER, Ernst H.

Dr., Direktor Bibliothek d. Dt. Museums - Postf. 260102, 8000 München 26; priv.: Postf. 1106, 8110 Murnau - Geb. 6. Mai 1933 Erlangen - S. 1987 Lehrauftrag f. Technikgeschichte ETH Zürich.

BERNINGER, Karl Heinrich

Dr. jur., Dr. rer. pol., Rechtsanwalt, Geschäftsf. d. Ges. f. Handel u. Investitionsvermittlung Europa Pazifik mbH - Ungartenstr. 3, 5300 Bonn 3 (T. 0228 - 43 08 34; Fax: (0228) - 43 07 56) - Geb. 18. Okt. 1924 Bochum (Vater: Dipl.-Ing. K. E. B.; Mutter: Maria, geb. Schugt), kath., verh. s. 1968 in 2. Ehe m. Karin, geb. Hausdorf, 5 Kd. (Irmela, Frank, Ralf, Stephan, Anja) - Promot. 1952 Köln u. 1968 Innsbruck - 1952 Wirtschaftsprüf.ges. Altenburg u. Tewes AG, Düsseldorf, dann Dt. Revisions- u. Treuhand AG, Düsseldorf; 1955-57 Finanzverw. NRW; 1957-89 Ausw. Amt (Ref. EWG u. sodann Osthandel. Ausl.-tätigk. u. a. in Helsinki, Jakarta, Gesandter Wirtsch. in Moskau u. Paris, Kabul (Botschafter), Generalkonsul in Leningrad u. dann in Sydney) - Orden d. Weißen Rose Finnlands; Kommandeurkreuz d. Nat. VO Frankreichs; BVK - Liebh.: Bild. Kunst, Konzertflöte - Spr.: Engl., Franz., Russ., Indones. - Bek. Vorf.: Nikolaus Simrock, 1751-1832, Begründer gleichnamigen europ. Musikverlags.

BERNINGHAUS, Armin

Dipl.-Kfm., Vorstandsmitglied Westfalen AG Münster - Höftestr. 13, 4400 Münster (T. 0251 - 61 96 04) - Geb. 1. Mai 1938 Lüdenscheid, ev., verh., 3 Töcht. (Anke, Ulrike, Heike) - Wirtschaftsobersch. Hagen; Stud. Betriebsw. Univ. Freiburg u. Münster (Dipl.-Kfm.) - Vors. Aussch. f. Betriebsvergleich Dt. Flüssiggasverb.; Mitgl. Wirtschaftsaussch. UNITI, Fachveröff. - Liebh.: Schreiben v. Glossen, Märchenb.

BERNKLAU, Werner

I. Bürgermeister Stadt Pfreimd (s. 1978) - Rathaus, 8473 Pfreimd/Opf. - Geb. 1. Sept. 1933 Pfreimd - Vors. Verwaltungsgem. Pfreimd, best. aus d. Mitgliedsgem. Stadt Pfreimd u. Gem. Trausnitz, Mitgl. Kreistag Schwandorf. CSU.

BERNOTAT, Rainer Klaus

Dr.-Ing., Prof. f. Anthropotechn. u. Flugführung TH Aachen (b. 1985) - Schubertstr. 68, 5308 Rheinbach - Geb. 30. April 1932 Berlin (Vater: Rudolf B., Verlagskfm.; Mutter: Franziska, geb. Neuburg), ev., verh. s. 1959 m. Marianne, geb. Hilpert, 3 Töcht. (Claudia, Susanne, Tania) - Stud. d. Nachrichtentechn.; Promot. 1963; Habil. 1965; Umhabil. 1971 - S. 1967 Dir. Forschungsinst. f. Anthropotechn. Wachtberg-Werthhoven. Fachmitgl.sch. - BV: Displays and Controls, 1972; Curricula on Ergonomics, 1977 - Distinguished foreign colleg. award der Human Factors Society, USA, 1977; Mitgl. Ges. f. Arbeitswiss., Ges. f. Luft- u. Raumfahrt, Human Factors Society - Spr.: Engl.

BERNRATH, Hans Gottfried

Ministerialdirektor a. D., MdB, Personalchef Dt. Bundespost (1973-80), Bürgermeister Stadt Grevenbroich - Poststr. 3, 4048 Grevenbroich 2 - Geb. 5. Juli 1927 Meerbusch-Osterath - Vors. Innenaussch. Dt. Bundestag.

BERNREUTHER, Fritz
I. Bürgermeister (s. 1978) - Rathaus, 8581 Eckersdorf/Ofr. - Geb. 17. Aug. 1930 Donndorf - Regierungsamtm., Kreisrat u. Fraktionsvors. SPD.

BERNS, Harald
Dipl.-Ing., Prof. f. Konstruktionstechnik, insb. Method. Konstruieren, Entwickeln u. Gestalten, Gesamthochschule Wuppertal (Fachbereich Maschinentechnik) - Kronprinzenallee 127, 5600 Wuppertal 1.

BERNS, Jörg Jochen
Dr. phil., Prof. f. Neuere Dt. Literatur Univ. Marburg (bes. Kultur d. frühen Neuzeit) - Barfüßer Tor 17, 3550 Marburg/L. (T. 06421 - 2 13 44) - Geb. 1. Juni 1938 Frankfurt/M. - Dr. phil. 1964, Habil. 1972 - S. 1986 Geschäftsf. d. Grimmelshausen-Gesellschaft - BV: Stud. zu d. Willenhag-Romanen Joh. Beers, 1964; Germanistik u. dt. Nation 1806-1848, 1974; J. G. Schottelius 1612-1676. E. teutscher Gelehrter am Wolfenbütteler Hof, 1976; Höfische Festkultur in Braunschweig-Wolfenbüttel 1590-1666, 1982; D. Mechanik in d. Künsten (m. Hanno Möbius), 1990.

BERNS, Ulrich
Dr. phil., Redakteur Westd. Rundf. Köln (Ps. Bodo Baumann) - Merrillweg 7, 5000 Köln 50 (T. 02236-61398) - Geb. 7. Okt. 1928, verh. s. 1962 m. Hannelore, geb. Georgy, 2 T. (Verena, Nicola) - 1949-51 Dreherlehre; Stud.; Promot. 1959 - BV: Sat. Bitte recht amtlich, 1980; Wem d. Schuh paßt, 1983.

BERNSMEIER, Arnold
Dr. med., em. o. Prof. f. Innere Medizin - Hindenburgufer 88, 2300 Kiel (T. 59 71) - Geb. 1. März 1917 Mennighüffen/W. (Vater: Friedrich B.; Mutter: Luise, geb. Sander), ev., verh. s. 1947 m. Margarete, geb. Bachhausen, 2 Söhne (Hartwig, Reinhard) - Gymn. Herford; Med.stud. Münster/W., Berlin, Düsseldorf (Promot. 1942) - 1953-62 Privatdoz. u. apl. Prof. (1959) Univ. München (Oberarzt II. Med. Klin.), seither Ord. u. Dir. I. Med. Klin. Univ. Kiel - BV: D. chem. Blockierung d. adrenerg. Systems am Menschen, 1954; Differentialdiagnose d. Zirkulationsstörungen d. Gehirns, d. Meningen u. d. Rückenmarks, 1958, 4. A. 1984. Etwa 170 Eizelarb. üb. Kardiol., Angiol., Neurologie u. a. in Fachztschr. - Arthur-Weber-Preis f. Kardiol.

BERNSTEIN, Fritz
Dipl.-Kfm., Verbandsgeschäftsführer - Bismarckstr 2, 2000 Hamburg 55 - Geb. 19. Nov. 1910 - U. a. Gf. Verein Dt. Kohlenimporteure, Hamburg.

BERNSTEIN, Klaus
Dr. sc. techn., Dr. sc. oec., Dr. phil., o. Prof. TH Leipzig (s. 1986) - Am Harthwald 6, O-9051 Chemnitz (T. 3 71 09) - Geb. 30. Dez. 1941 Gera, verw., 3 Kd. (Britta, Dirk, Katja) - Stud. Univ. Jena; Promot. 1969 Chemnitz; Habil. 1974 Ilmenau; Habil. 1978 Freiberg - 1980-82 o. Prof. Ing.-Hochsch. Mottweida, 1982-86 Dir. Softwareentw. Robotron Chemnitz; s. 1986 o. Prof. f. Sendeseitige Datenspeicherung (DFG) Leipzig - BV: Elektronik - heute; Kalkulationen auf PC; Software-Tools - Liebh.: Reisen, Sport - Spr.: Engl., Russ.

BERNUTH, von, Fritz
Geschäftsführer Cornelsen Verlag, Berlin, Verlag Cornelsen & Oxford Univ. Press, Berlin - Johann-Sigismund-Str. 2, 1000 Berlin 31 (T. 030 - 891 17 33) - Geb. 14. Okt. 1942, verh., 2 Kd. (Wolf, Nana).

BERNUTH, von, Hans-Dietrich
Dipl.-Ing., Direktor - An der Dornwiese 1, 8032 Lochham (T. 089 - 85 12 28) - Geb. 29. Aug. 1932 Keßburg/Pom. (Vater: Julius v. B., Generalmajor 1942 gef.; Mutter: Ruth-Margaret, geb. v. Bernuth), ev., verh. s. 1959 m. Editha, geb. v. Oppen, 3 Kd. (Christa-Maria, Caroline, Matthias) - Bundesgymn. Salzburg (Abit. 1951); Betriebsschlosserlehre Remscheid; TH München (Maschinenbau; Dipl-Ing. 1957) - S. 1958 Krauss-Maffei AG, München, 1970 Vorst.-Mitgl., s. 1981 Vorst.-Mitgl. Fa. O & K Orenstein & Koppel AG, Berlin/Dortmund, s. 1990 Vors. d. Geschäftsfg. FAUN GmbH, Lauf a. d. Pegn. - Liebh.: Kammermusik, Golf, Ski - Spr.: Engl.

BERNUTH, von, Horst
Dr. med., Prof., Ltd. Arzt Kinderkrkhs. Bethel - Kantensiek 13, 4800 Bielefeld 13 - Geb. 3. Sept. 1931 - Promot. 1959 - S. 1972 (Habil.) Privatdoz. u. apl. Prof. Univ. Münster (Kinderheilkd.). Üb. 30 Fachaufs.

BERR, Ulrich
Dr.-Ing., o. Prof. f. Fabrikbetriebslehre u. Unternehmensforsch. TU Braunschweig (s. 1965) - Otto-Hahn-Str. 29, 3300 Braunschweig (T. 51 28 77) - Geb. 21. Mai 1927 Berlin - Lehre (Feinmechaniker) - 1968 ff. gleichz. Verbs.arb., u. a. VDI - Zahlr. Fachveröff. - Ehrenplakette des VDI (1977).

BERRY, Walter
Kammersänger - Wien, Staatsoper - Strassergasse 43-47/1/5, A-1150 Wien - Geb. 8. April 1929 Wien (Vater: Franz B.; Mutter: Hilde, geb. Jelinek), verh. I) 1957 m. Kammers. Christa, geb. Ludwig (gesch. 1970), Sohn Wolfgang; II) s. 1973 m. Brigitta - TH u. Musikakad. Wien - S. 1950 Mitgl. Staatsoper Wien. Gastspr. Europa u. Übersee. Salzbg. Festsp. u. a. - Österr. Kammers.; Mozart-Preis, Österr. Ehrenz. f. Kunst u. Wiss. I. Kl.

BERSCHIN, Walter
Dr. phil., o. Prof. f. Lat. Philologie d. Mittelalters u. d. Neuzeit Univ. Heidelberg - Geb. 17. Juni 1937 Augsburg - Seminarstr. 3, 6900 Heidelberg - Stud. München, Köln, Tübingen, Rom; Staatsex. München 1963; Promot. 1966 Tübingen, Habil. 1971 Freiburg. 1973 o. Prof. Heidelberg. 1988 Präs. d. Intern. Mittellateinerkomitees - BV: Bonizo von Sutri. Leben u. Werk, Berlin-New York 1972; Gloriosissime ad dei servicium paratus. Üb. d. Ruhm d. hl. Ulrich, 1973; Griech.-latein. Mittelalter. Von Hieronymus zu Nikolaus von Kues, 1980 (engl. Ausg.: Greek Letters and the Latin Middle Ages, 1988; ital. Ausg.: Medioevo greco-latino, 1989); Vitae Sanctae Wiboradae. Einleit., krit. Edition u. Übers., 1983; Os meum aperui. D. Autobiogr. Ruperts von Deutz, 1985; Biogr. u. Epochenstil im lat. Mittelalter Bd. 1: V. d. Passio Perpetuae zu d. Dialogi Gregors d. Gr., 1986; Bd. 2: Merowing. Biogr. Italien, Spanien u. d. Inseln im frühen Mittelalter, 1988; Bd. 3: Karoling. Biogr. (750-920), 1991; Eremus u. Insula: St. Gallen u. d. Reichenau im Mittelalter-Modell e. lat. Lit.landschaft, 1987; D. Reichenauer Heiligblut-Reliquie (m. Th. Klüppel), 1988. Herausg.: W. Bulst, Ges. Beiträge, 1984; Frühe Kultur in Säckingen, 1991; Akten d. I. Intern. Mittellateinerkongresses, 1991; Editiones Heidelbergenses. Quellen u. Unters. z. Lat. Philol. d. Mittelalters. Sammlung Weltlit.: Reihe Mittellatein. Lit. Mithrsg.: Lat. Dichtungen d. X. u. XI. Jh., 1981; Bibliotheca Palatina, 1986; E. R. Curtius, Werk, Wirkung, Zukunftsperspekt., 1989; Traube-Gedenkschr., 1989; Mittellateinisches Jahrb. - 1964 Preis d. Bayer. Akad. d. Wiss.

BERSCHKEIT, Erich
Prokurist, MdB (Landesliste NRW) - Elberfelder Str. 160, 5657 Haan (Rhld.) - SPD.

BERSWORDT-WALLRABE, von, H.-L. Alexander
Galerist, Vors. Bundesverb. Dt. Galerien (1976-78), Vizepräs. Assoc. Intern. des Diffusseurs d' Oeuvres d'art Originales (1976-78) - Haus Weitmar, 4630 Bochum 1 - Geb. 22. Mai 1943 Berlin (Vater: Heinz-Ludwig B., Rechtsanw., Not., Landw.; Mutter: Karin, geb. Schütte), 6 Kd. (Thorsten, Nina, Fritze, Anne-Sybille, Laura T. Inez, Tim-Maximilian) - Gymn. Bochum (Abit.); FU Berlin, Magdalen College Oxford, Univ. Würzburg u. Bochum (Rechtswiss., Kunstgesch.) - Arb.: Konkrete Kunst (Bilder, Zeichnungen, Skulpturen, Fotos), Realisation Projekt Situation Kunst, 1988/89 - BV: Neue Konkrete Kunst, 1971; Frank Stella - d. Reliefs aus d. Jahren 1975 u. 1976, 1980; Richard Serra, Goslar 1981; Emmanuel Sougez, 1982; Auguste Chaband, 1991. Regiss.: E. Abstecher nach Enkenbach (Hauptpreis d. intern. Jury Kurzfilmtage Oberhausen, Juso, Filmpr. NRW Oberhausen, lobende Erwähn. d. dt. Filmkrit. Info-Tage Oberh., Präd. wertvoll d. Filmbewert.st. Wiesbaden, alle 1980). Herausg.: Meine Tafel war daneben/Dokument. (1975, auch holl.); Arnulf Rainer - Hiroshima (m.a.) - Spr.: Engl., Franz., Holl., Ital.

BERTAGNOLLI, Helmut
Dr. rer. nat., Prof. f. Chemie Univ. Würzburg - Auf der Röthe 35, 8700 Würzburg (T. 0931 - 27 36 81) - Geb. 26. Juni 1943 Baden-Baden (Vater: Dr. jur. Paul B., Regierungsdir.; Mutter: Brigitte, geb. Innerhofer), kath., verh. s. 1973 m. Stephanie, geb. Schulte, 3 Kd. (Peter, Stephan, Friederike) - 1963-70 Stud. Chemie Univ. Freiburg (Dipl. 1969, Promot. 1974); Habil. 1979 Univ. Karlsruhe - 1972-76 Wiss. Mitarb.; 1976-80 Assist., s. 1980 Prof.

BERTAU, Karl
Dr. phil., o. Prof. f. German. u. Dt. Philologie - Nachtigallenweg 4, 8520 Erlangen (T. 09131 - 4 44 05) - Geb. 1. Nov. 1927 Neustettin - S. 1964 Ord. Univ. Göttingen, Genf, Erlangen (1971; Mitvorst. Dt. Sem.) - BV: Sangsverslyrik, 1964; Dt. Lit. im europ. Mittelalter, 1972, 1973; Frauenlob-Ausg. (m. K. Stackmann), 1981; Wolfram v. Eschenbach, 1983; Üb. Literaturgesch., 1983 - S. 1989 Ord. Mitgl. d. Bayer. Akad. d. Wiss.

BERTELE, Franz
Dr., Botschafter, Beauftragter f. d. deutsch-sowjetischen Aufenthalts- u. Abzugsvertrag - Geb. 30. Juni 1931 Weikersheim, kath., verh., 3 Kd. (Beatrix, Eva-Maria, Joachim) - Volljurist; Promot. 1959 Heidelberg - BV: Rechtsnatur u. Rechtsfolgen aus d. Aussperrung, 1959 - B. 1990 Staatssekretär a.D., Leiter d. Ständigen Vertretung d. Bundesrep. Deutschl. bei d. DDR - Spr.: Engl., Franz.

BERTELE, Raimund
I. Bürgermeister - Rathaus, 8901 Stadtbergen/Schw. - Geb. 3. Okt. 1927 Augsburg - Zul. Kaufm. CSU.

BERTELMANN, Fred
Sänger u. Schauspieler - Am Hohenberg 9, 8137 Berg/Starnberger See (T. 08151 - 5 05 26) - Geb. 7. Okt. 1925 Duisburg (Eltern: Jules (Chemiker) u. Elise B.), ev., verh. m. Ruth, geb. Kappelsberger (Fernsehmoderatorin BR; zeitw. MdK Starnberg/parteilos), T. Kathrin - Konservat. Nürnberg; UFA-Schauspielsch.; Prof. Glettenberg (Gesang). 1973/1974 Münchener Faschingsprinz (Fred I.) - Liebh.: Kochen, bes. Fischsuppen - Spr.: Engl. - Bekannt als lachender Vagabund.

BERTHEL, Gabriele,
geb. Noah
Collagistin, Schriftstellerin - Geb. 10. Jan. 1948 Schmölln/Thür., gesch., T. Andrea - 1966 Werkz.macher; 1971 Dipl.-Ing. - Entw.konstrukteur, jetzt freiberufl. - BV: Auszug d. Wahrheit, 1991. Herausg.: Kurz u. mündig (1989) - Spr.: Engl., Russ.

BERTHEL, Jürgen
Dr. rer. pol. (habil.), Dipl.-Kfm., o. Prof. f. Betriebswirtschaftslehre (Lehrst. I) Univ. (GH) Siegen - In der Steinkaute 14, 5901 Wilnsdorf 1 - Geb. 22. April 1939 Berlin (Vater: Werner B., Bankkfm.; Mutter: Ursula, geb. Kernke) - FU Berlin. Dipl.-Kfm. 1963; Promot. 1966 - Zul. Privatdoz. Univ. Freiburg/Br. - BV: Zielorientierte Unternehmungssteuerung, 1973; Betriebl. Informationssysteme, 1975; Personal-Management, 3. A. 1991 - Liebh.: Klass. Musik - Spr.: Engl., Franz.

BERTHOLD, Adalbert
Vorstandsmitglied Drahtwerk C. S. Schmidt AG. (s. 1973) - Chr.-Seb.-Schmidt-Str. 34, 5420 Lahnstein/Rh. - Geb. 15. Okt. 1919 - Zul. stv. Vorstandsmitgl. Schmidt.

BERTHOLD, Brigitte
Lehrerin - Steckentalstr. 85, 6670 St. Ingbert-Oberwürzbach (T. 06894-8 80 44) - Geb. 20. Juli 1950 Duisburg (Vater: Herbert M., Verwaltungsangest.; Mutter: Meta, geb. Grigat), ev., verh. s. 1970 m. Jürgen Berthold, 2 S. (Marc Oliver, Jan Frederik) - Musikstud. u. Gesang, Spr. (Engl., Franz.) - 1980-82 Landesvors. Grüne Saar, 1983 Bundesvorst. Die Grünen - Liebh.: Reisen, Kochen - Spr.: Engl., Franz.

BERTHOLD, Franz
Vorstandsmitglied Annweiler Email- u. Metallwerke Ullrich AG. - Herrenteich 11, 6747 Annweiler/Pf. - Geb. 21. Febr. 1922 Karlsruhe.

BERTHOLD, Hans Joachim
Dr. phil., o. Prof. f. Anorgan. Chemie Techn. Univ. Hannover - Kleiner Hillen 19, 3000 Hannover 71 (T. 52 18 64) - Geb. 9. Mai 1923 Neunkirchen/W. - Habil. 1960 - Zun. Lehrtätigk. Univ. Mainz (1966 apl. Prof.). Etwa 60 Facharb.

BERTHOLD, Margot
Dr. phil., Redakteurin, Schriftst., Übers., Lehrbeauftr. f. Theater-Wiss. Univ. München (s. 1968) - Reitmorstr. 26, 8000 München 22 (T. 29 53 94) - Geb. 8. Nov. 1922 Markersdorf (Vater: Curt B.; Mutter: Lina, geb. Klaus), ev., led. - Univ. Berlin u. München (Promot. 1951) - BV: Oberbayern - Land u. Leute, 1954; Weltgesch. d. Theaters, 1968; History of World Theater, 1971; Historia social del teatro, 1974; Komödiantenfibel: Gaukler, Kasperl, Harlekin, 1979; Historia Teatru, Warszawa, 1980. Zahlr. Übers. - TV-Film üb. E. T. A. Hoffmann Nach den Träumen jagen, 1976; üb. d. Commedia dell'arte: Von einem, der auszog, sein Fell zu riskieren, 1978 - Spr.: Engl., Franz., Ital.

BERTHOLD, Thomas
Nationalspieler, Fußballweltmeister 1990 in Italien, Spieler b. AS Rom/Ital.

BERTHOLD, Will
Schriftsteller - Angererstr. 36, 8000 München 40 - Geb. 12. Okt. 1924 Bamberg (Vater: Andreas B., Oberreg.rat; Mutter: Barbara, geb. Deusel), kath., verh. s. 1948 m. Irma, geb. Beer - Gymn.; Stud. Ztg.wiss. u. Lit.gesch. - 1945-51 Volontär u. Redakt. Südd. Ztg. - BV (alle in Übers.): Spion f. Dtschl., 1955; Getreu b. in d. Tod, 1956; Malmedy I u. II, 1957; Lebensvorn e.V., 1958; Division Brandenburg, 1959; Brigade Dirlewanger, 1960; D. Haut am Markt, 1961; V. Himmel z. Hölle, 1962; Prinz-Albrecht-Str., 1963; D. wilden Jahre, 1964; Nachts wenn d. Teufel kam, 1965; Kriegsgericht, 1966; Auf d. Rücken d. Tigers, 1969; Hölle am Himmel, 1972; D. gr. Treck, 1975; Feldpostnummer unbek., 1977; Parole Heimat, 1978; Operation Führerhauptquartier, 1979; Heisses Geld, 1980; D. Sieg d. v. d. Hunde ging, 1980; D. 42 Attentate auf Adolf Hitler, 1981; D. Nacht d. Schakale, 1981; Krisenkommando, 1982; Inferno I, II u. III, 1982/84; Geld wie Heu, 1983; Doppelt oder aus, 1983; Vollstreckt, 1984; E. Kerl wie Samt u. Seide, 1984; Überleben ist alles, 1985; Heldensabbat, 1985; D. Stadt d. Engel, 1986; D. Frauen nannten ihn Charly, 1987; Pinien sind stumme Zeugen, 1987; Adams

Letzte, 1987; D. Nackten u. d. Schönen, 1988; D. gelbe Mafia, 1989; Nach mir komm' ich, 1990. Drehb.: Kriegsgericht, D. zornigen jg. Männer, Spion f. Dtschl., Karriere; Madeleine Tel. 13 62 11. FS-Serien: Kultische Spiele, Riesenstadt Ruhrgebiet, D. anderen schlafen nicht (auch Regie) - Spr.: Franz., Ital., Engl.

BERTINI, Luigi

s. Balling, Ludwig

BERTRAM, Christoph

Journalist, Diplomatischer Korrespondent Die Zeit - Speersort 1, 2000 Hamburg 1 - Geb. 1937 - 1974-82 Dir. Intern. Inst. f. Strateg. Studien, London.

BERTRAM, Ernst

Dipl.-Volksw., Vorstandsmitglied Albingia Versicherungs-AG., Hamburg - Fahrenkrön 16, 2000 Hamburg 71 - Geb. 1. Dez. 1922 Schneidemühl.

BERTRAM, Friedel

Oberregierungsrat a. D., MdL Nieders. (s. 1974) - Nordstr. 52, 3005 Hemmingen (T. Pattensen 29 52) - SPD.

BERTRAM, Gerhard

Diplom-Ingenieur, Präs. Handwerkskammer Niederbayern-Oberpfalz, Passau - Auerspergstr. 1b, 8390 Passau - Geb. 24. Dez. 1923.

BERTRAM, Günter

Dr. rer. nat., o. Prof. f. Prakt. Mathematik u. Darstell. Geometrie - Sertürnerstr. 1, 3250 Hameln/Weser (T. 1 51 03) - Geb. 28. April 1920 Hameln (Vater: Heinrich B., Mittelschullehrer; Mutter: Lucie, geb. Weinert), ev., verh. s. 1958 m. Hedwig, geb. Wubbolts, 2 Kd. (Hans-Günter, Inga) - TH Danzig (Schiffbau- u. Schiffselektrotechnik) u. Hannover (Reine u. angew. Math., Physik, Geogr., Phil.). Promot. (1950) u. Habil. (1953) Hannover - 1953 Privatdoz. TH Hannover; 1955 Doz. Univ. Hamburg; 1960 Ord. TU Hannover (1960 Dir. Inst. f. Prakt. Math. u. Darst. Geom., 1963 außerd. Rechenzentrum). Mithrsg.: Grundzüge d. Math. (IV u. V, 1966/68); Mitverf.: Math. Wörterb. I, II, 1961) - Spr.: Engl., Franz.

BERTRAM, Hans

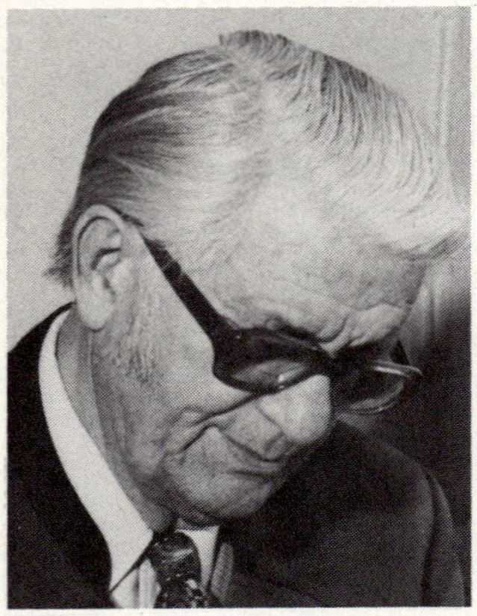

Schriftsteller u. Regisseur, Inh. Luftbildverlag Hans Bertram GmbH (Bildarchiv s. 1956 üb. 300.000 Aufn.) - Flughafen Riem, 8000 München 87 (T. Büro: 90 73 00) - Geb. 26. Febr. 1906 Remscheid, ev. - Gymn.; prakt. Ausbild. Schiffswerft Blohm & Voss u. Flugzeugbau P. Bäumer, Hamburg; TH München, 1927-33 Berat. u. Organisator Chinese Naval Airforce, Amoy/Prov. Fukien, dann Filmautor (17 verfilmte Drehb.) u. -regiss. (1938). Flugexped.: 1931 Indienflug, 1932/33 Australienfl., 1938 u. 52 Weltflüge - BV: Flug in d. Hölle (Weltaufl. etwa 2 Mio., 1984/85 FS-Verfilm. in 6 Episoden, Coprod. Austr., Deutschl., Frankr.); Ruf d. weiten Welt; Flug zu d. Sternen; Götterwind - Pioniere d. Luftfahrt, 1980. Filmregie: D. III 88, Feuertaufe, Kampfgeschw. Lützow, Symphonie e. Lebens, E. gr. Liebe, Türme d. Schweigens - Ehrenmitgl. zahlr. intern. Verb. u. Vereinig.; 1990 BVK am Bde.

BERTRAM, Hans

Dr. phil., o. Prof., Direktor Dt. Jugendinst. (s. 1984) - Freibadstr. 30, 8000 München 90 - Geb. 8. Juli 1946 Soest/Westf., kath., verh. s. 1972 m. Dr. Birgit, geb. Bieling, 3 S. (Florian, Benjamin, Dominik) - Stud. Soziol., Psych., Rechtswiss.; Dipl. Soziol.; Habil. 1980 Univ. Heidelberg - 1981 o. Prof. f. Soziol. Hochsch. d. Bundeswehr München; Mitgl. Bundesjugendkurat. Kommiss. 8. Jugendbericht, im Wiss. Beirat d. ZPID (Zentralst. f. Psych. Information u. Dok.), d. DGS (Dt. Ges. f. Soziol.), d. GESIS-Kurat. (Ges. Sozialwissenschaftl. Infrastruktureinricht. e.V.); Vizepräs. Committee Family Research (CFR) d. Intern. Sociological Assoc. (ISA); Vorst.-Vors. d. Kommiss. f. d. Erforschung d. sozialen u. polit. Wandels in d. neuen Bundesländern (KSPW) - BV: Sozialstruktur u. Sozialisation, 1981; Jugend heute, 1987; D. Familie in Westdeutschland. Stabilität u. Wandel familialer Lebensformen, 1990. Herausg.: Gesellschaftl. Zwang u. moralische Autonomie (1986).

BERTRAM, Hans-Dieter

Musiker, Arbeitsvermittler f. Studiomusiker u. Chöre im Auftr. d. Bundesanst. f. Arbeit (s. 1975) - Rudolstädter Str. 123, 1000 Berlin 31 - Geb. 20. Mai 1936 Leipzig (Vater: Hans B., Oberst a.D.; Mutter: Else, geb. Graslaub), ev., verh. s. 1969 m. Dagmar, geb. Kühling, 2 S. (Sebastian, Tobias) - 1960-65 Städt. Konservat. Berlin (Hauptf. Schlagzeug). 1988 Schlagzeugdozent Leo-Borchard-Musiksch. - S. 1957 RIAS, Club 18 (1972ff.: 2. Frühstück). S. 1977 Compass Bigband, 1985 Sherry's Standard Time. S. 1983 Mitgl. Landesaussch. Jazz. Landesmusikrat Berlin, s. 1980 Kulturrat Berlin - Spr.: Engl.

BERTRAM, Jürgen

Korrespondent d. ARD-Fernsehens in Peking - San Li Tun, Ban Gong Lou 2-32, Beijing/VR China (T. 00861 - 532 37 14) - Geb. 20. März 1940 Fürstenwalde/Spree, verh. s. 1967 m. Helga, geb. Gerdes - 1960-62 Volontariat b. Tageszg. Helmstedt; 1962-66 Redakt. Braunschweiger Ztg., 1966-69 b. dpa in Hamburg, u. 1969-72 b. Spiegel, s. 1972 NDR. S. 1980 FS-Korresp., 2 Jahre Skandinavien, 2 J. Singapur, 7 J. China - BV: Kamerad Hasso - Anmerkungen zu e. dt. Wesen, 1978 - Liebh.: Reisen, Lesen - Spr.: Engl., Span.

BERTRAM, Rainer

Fernseh-Regisseur - Schwabener Weg 3, 8011 Neukeferloh - Geb. 19. Dez. 1932 Dachau (Vater: Walther B., Landeskonservator; Mutter: Hilde, geb. Pretzsch), ev., S. Oliver - Gymn. u. Schauspielsch. Spez. Arbeitsgeb.: FS-Unterhaltung u.a., div. Valente-Shows, Musik aus Studio B, Café Intakt, Alles oder Nichts, Euro-Show; Grand Prix Eurovision Songcontest (6x nat., 1x intern.); div. Portraits (F. Hollaender, Z. Leander, O. W. Fischer, Rudolf Schündler, Margot Hielscher, Ilse Werner). Als Schauspieler: Residenztheater München, Kammersp. München, Dt. Schauspielhaus Hamburg, Städt. Bühnen Augsburg u.a. - Spr.: Engl.

BERTRAM, Rolf

Dr. rer. nat. (habil.), Prof., Wiss. Rat Inst. f. Physikal. Chemie u. Elektrochemie TU Braunschweig - 3362 Lerbach/Harz - Geb. 6. Jan. 1931 Katzenstein - S. 1965 Lehrtätigk. Braunschweig (1966 Wiss. Rat u. Prof.). Üb. 30 Facharb.

BERTRAM, Sherry

s. Bertram, Hans-Dieter

BERTRAND, Colin

Dipl.-Ing., BLtd. Bundesbahndir. a. D., Honorarprof. f. Eisenbahnbetrieb u. Bahnhofsanlagen TH bzw. TU Braunschweig - Matthiaswiese 3, 3200 Hildesheim (T. 4 51 20) - Geb. 7. Juli 1909 Hamburg (Vater: Reinhold B., Kapitän; Mutter: Anna, geb. Holst), ev. luth., verh. s. 1939 m. Margaret-Elisabeth, geb. Hardeland, 5 Kd. - Techn. Hochsch. Hannover - Dezernent Bundesbahndir. Hannover, Berater b. Internat. Eisenbahnverb. (UIC) Paris b. 1974 - Liebh.: Segelsport - Spr.: Dän., Engl., Franz.

BERTSCH, Ludwig, SJ

Dr. theol., o. Prof. f. Pastoraltheol. u. Liturgik Phil.-Theol. Hochsch. Sankt Georgen, Frankfurt am Main (s. 1966) - Offenbacher Landstr. 224, 6000 Frankfurt 70 (T. 0611 - 606 12 20) - Geb. 16. Juni 1929 Frankfurt/M. (Vater: Ludwig B., Prokurist; Mutter: Anna, geb. Kunz), kath., ledig - Human. Gymn.; Stud. Phil. Frankfurt, Pullach, Theol. Frankfurt, Innsbruck, Paris - Promot. 1961 Innsbruck - 1955 Lic. Phil. Hochsch. Berchmanskolleg, Pullach, 1958 Lic. Theol. Fak. SJ, Frankfurt, 1967-70 u. 1982-88 Rektor Hochsch. Sankt Georgen ebd., s. 1989 Dir. d. Missionswiss. Inst. MISSIO, Aachen - BV: D. Botschaft v. Christus u. unserer Erlösung b. Hippolyt v. Rom, 1966; Buße u. Beichte, 1967 (1969 niederl., 1970 franz., span.); Eucharistie u. Buße d. Kinder in d. Gemeinde, 1969 (m. König, Kalteyer); Buße u. Bußsakrament in d. heut. Kirche, 1970; Theol. zw. Theorie u. Praxis, 1975; Zielgruppen. Brennpunkte kirchl. Lebens, 1977 (m. Rentmeister); Gebt Rechenschaft von eurer Hoffnung, 1982; Laien als Gemeindeleiter, 1990; Was d. Geist d. Gemeinden sagt, 1991 - Liebh.: Franz. Kultur u. Lit., Bergwandern - Spr.: Latein., Engl., Franz. - Rotarier.

BERTSCHER, Brian

Prof. Staatl. Hochschule f. Musik Ruhr (Folkwang-Hochsch.) Essen, Tanzpädagoge - Heckstr. 18, 4300 Essen 16 (T. 49 40 82) - Geb. 2. Juli 1945 Johannesburg/Südafr. - Royal Ballet School Cecchetti Advanced; Royal Accad. of Dancing P.D.T.C. - 1964-79 Sadlers Wells Royal Ballet; (1970-79 Solist); s. 1980 Prof. f. Klass. Tanz Folkwang-Hochsch.

BERTZBACH, Martin

Präsident Landesarbeitsgericht Bremen - Parkallee 79, 2800 Bremen 1 (T. 0421 - 361 63 73) - Geb. 19. Dez. 1943 Rotenburg/Hann., ev., verh. s. 1981 m. Gertrud, geb. Mellinghaus - Stud. Univ. Heidelberg, Wien, Göttingen (Rechtswiss.); 1. jurist. Staatsex. 1969 Celle, 2. jurist. Staatsex. 1973 Hamburg.

BERZ, Ulrich

Dr. iur., Univ.-Prof. f. Strafrecht u. Strafprozeßrecht - 4630 Bochum - Geb. 3. Febr. 1944 Dortmund (Vater: Helmut B., Prokurist; Mutter: Ilse, geb. Figge), ev., verh. s. 1968 m. Heide, geb. Jäger, S. Axel - 1963-67 Univ. Münster u. Bonn, Promot. Bochum 1971, Habil. Gießen 1979 - 1974 Doz., 1980 Prof. Univ. Gießen, 1981 Univ. Bochum - BV: Rechtskraft u. Sperrwirkung im Ordnungswidrigkeitenrecht, 1971; Formelle Tatbestandsverwirklichung u. materialer Rechtsgüterschutz, 1986, Straßenverkehrsrecht, 1988 (m. Rüth u. Berr); zahlr. Beitr. in jurist. Fachztschr. Mithrsg. Straßenverkehrs-Entscheid.; Schriftleit. u. Mithrsg. Neue Ztschr. f. Verkehrsrecht - Spr.: Engl.

BESCH, Friedrich

Dr., Staatssekretär Kultusministerium Nordrh.-Westf. - Völklinger Str. 49, 4000 Düsseldorf 1 (T. 0211 - 896 35 23) - Geb. 21. Dez. 1934 Danzig, ev., verh., 3 Kd. - Stud. Rechtswiss.; Promot. 1965 Freiburg/Br. - Mitgl. Synode d. EKU.

BESCH, Hans-Werner

Dr. rer. nat., em. Prof. f. Geographie u. ihre Didaktik - Elsa-Brandström-Str. 25, 7500 Karlsruhe-Bergwald - Geb. 29. Sept. 1924 Kiel (Vater: Ing. Karl B., Kapt. z. See) - 1942-45 Marine; 1948-66 Lehrer in Kiel; 1966/67 Assist. in Bielefeld; 1967-68 Doz. in Hannover; 1968-89 Prof. f. Geographie u. ihre Didaktik PH Karlsruhe - Schwerpunkte: Geogr. d. Küsten u. Meere.

BESCH, Johann Christoph

Ministerialdirigent d. Wehrbeauftr. (1982 ff.), MdB (s. 1979, CDU) - Zu erreichen: Dt. Bundestag, 5300 Bonn - Geb. 1937 - Stud. Rechtswiss. - Zul. Bundestagsverw.

BESCH, Lutz (Ludwig)

Dr. phil., Schriftsteller - A-5602 Wagrain (Österr.) - Geb. 9. März 1918 Kattowitz/OS., verh., 3 Kd. - Univ. Jena (Promot. 1944) - Univ.assist. Jena, 1946-49 Dramat. u. Spiell. Stadttheat. Erfurt (b. 1948) u. Kammersp. Bremen, 1951-67 Radio Bremen (1955 Leit. Abt. Wort; 1965 stv. Programmdir.) - W: u. a. Immer nach Hause, Erz. 1955; Wartesaal, Erz. 1956; Ausgesät sind sie alle, Erz. 1959; Die barmherzigen Pferde, Erz. 1962; Berichte aus Sammels, R. 1965; Zoltán Kodály, 1966; Musik, Musik..., Erz. 1968; Gespr. m. Edzard Schaper, 1968; Spielstunden, Erz. 1970; Beethoven, eine Rede, 1971; Fabiennes Gebetsbüchlein, Ged. 1979. Herausg.: Reihe Rundfunk und Buch (1-6, 1956/57), Dt. Dichtung - E. klingende Anthol. (Schallpl. 1961ff.), Menschenbild u. Lebensführung (1963), D. Leben Mozarts - Dokumentation (1968, m. Hans Conrad Fischer), K. H. Waggerl genauer betrachtet (1967), Salzburg - Stadt im Licht (Bildbd. m. H. Sager; 1968), Lob. d. Freundschaft (1969); Glück mit Kindern, Anthol. 1979; Waggerl, Briefe, 1976; Nach-Lesebuch, 1977; Alles Wahre ist einfach, 1979. Mitarb.: Bremer Beitr., Bd. IV (Auszug d. Geistes - D. wiss. Emigration n. 1933) - Neue BV: Posermann i. Wagrain, R. f. Kd. 1972; Abschied v. Paradies, R. 1974; Augenblicke, Kalendergesch. 1986; Hauptpersonen, erfund. Lebensläufe 1988; Nachrichten aus d. Weihnachtstagen, 1988 - 1963 Förderer.preis Ostd. Kulturpr./Künstlergilde Eßlingen (f.: D. barmh. Pferde), 1975 Eichendorffpr., Med. Pro musica (Ungar. Rundf.) u. Wilhelmine-Lübke-Pr.; 1990 Kulturpr. Schlesien (Sonderpr.).

BESCH, Michael

Dr. agr., Prof. f. landw. Marktlehre TU München-Weihenstephan - Zu erreichen üb. TU, 8050 Freising 12 - Geb. 15. Jan. 1937 Halle/S. - Promot. 1967 München (TH, Weihenstephan); Habil. 1972 Gießen - S. 1972 Prof., zul. Univ. Gießen. Div. Bücher u. Ztschr.-Aufs.

BESCH, Werner

Dr. phil. (habil.), o. Prof. f. Deutsche Sprache u. Ältere dt. Lit. - Hobsweg 64, 5300 Bonn-Röttgen - Geb. 4. Mai 1928 Erdmannsweiler/Schwarzw., ev., verh. s. 1957 m. Katharina, geb. Müller, 3 Kd. (Christoph, Dorothea, Veronika) - Gymn. Königsfeld; Univ. Freiburg u. Tübingen (German., Angl., Phil., Geogr.) - S. 1965 Lehrtätigk. Univ. Freiburg, Bochum (1965 Ord.), 1970 Bonn; Ruf Univ. Freiburg/Br. (1975), Marburg (1976); Dekan Philosop. Fak. Univ. Bonn (1973/74); Rektor Univ. Bonn (1981-83), Prorektor (1983-85) - BV: Studien z. Lautgeogr. u. -gesch. im obersten Neckar- u. Donaugebiet, 1961; Sprachlandsch. u. -ausgl. im 15. Jh., 1967 (Bibliotheca Germanica, Bd. XI) - 1977 Korr. Mitgl. Heidelberger Akad. d. Wiss., 1976-83 Mitgl. Kuratorium Inst. f. dt. Sprache, Sitz Mannheim; 1985 Mitgl. Rhein.-Westf. Akad. d. Wiss. Düsseldorf - Spr.: Engl.

BESDO, Dieter

Dr.-Ing., Prof. f. Mechanik Univ. Hannover (s. 1978) - Paracelsusweg 11, 3057 Neustadt 1 (T. 05032 - 6 26 26) - Geb. 28. Mai 1939 Paderborn, ev., verh. s. 1966 m. Marianne, geb. Wohlbrück, 3 Kd. (Gunnar, Antje, Silke) - 1958-64 Stud. TH Hannover (Maschinenbau, Fachr. Wärme- u. Verf.-Technik); Dipl.-Ing.; Promot. 1969, Habil. (Mechanik)

1973, bde. TU Braunschweig - 1964/65 wiss. Mitarb. Inst. f. Mechanik TH Hannover; 1965-69 Assist. TU Braunschweig; 1969-73 Obering.; 1973/74 Doz.; 1974-78 wiss. Rat u. Prof. Univ.-GH Essen - BV: Examples to Extremum and Variational Principles in Mechanics, 1973 - Liebh.: Musizieren (Cello, Blockflöte u. a.), Singen - Spr.: Engl.

BESECKE, Kurt

Dr. jur., Rechtsanwalt, Leiter Schlüterbrot u. Bärenbrot KG., Buckower Steinofenbrotfabrik, Reinickendorfer Walzenmühle W. & K. Eisenbluth, Geschäftsf. Wepu Brotfabrik GmbH., Generalbevollm. Elektromotoren Werke Karl Kaiser, alle Berlin - Am Erlenbusch 22, 1000 Berlin 33 - Geb. 1. Febr. 1911 Berlin.

BESKE, Fritz

Dr. med., Prof., Staatssekretär a.D., Amtschef Sozialmin. Schlesw.-Holst. (1971-81) - Rehbenitzwinkel 29, 2300 Kiel - Geb. 12. Dez. 1922 Wollin/Pom. - Dir. Inst. f. Gesundheits-System-Forsch. Kiel.

BESOLD, Georg

I. Bürgermeister Stadt Hollfeld - Rathaus, 8601 Hollfeld/Ofr. - Geb. 4. März 1920 Hollfeld - Sägewerksbes. CDU.

BESSELL, Fritz

Dr., Direktor Deutsche Bank AG, Zentrale Frankfurt - Am Nußberg 21, 6451 Hammersbach (T. 06185 - 22 29) - Geb. 26. Okt. 1941 Dresden.

BESSEN, Edgar

Schauspieler - Zu erreichen üb. ZBF Hamburg, Tonndorfer Hauptstr. 90, 2000 Hamburg 70 (T. 040 - 66 88 54 00) - Geb. 11. Nov. 1933 Hamburg (Mutter: Lissy B., geb. Vahl), ev., verh. s. 1969 m. Heidi, geb. Koehn (Schausp. u. Tänzerin), T. Susanne - Schauspielstudio Hildburg Frese, Hamburg - 1960-79 Ohnsorg-Theater; Hbg. Kammerspiele; Theater im Zimmer; Dt. Schauspielhaus Hamburg; Thalia-Theater, Hamburg. Hauptrollen: Sosias in Amphitrion, Max in Bent, Vater in Vatermord (alle Theater im Zimmer, Hamburg) - Bek. Vorf.: Henry Vahl u. Bruno Vahl-Berg, bde. Schausp. (Onkel).

BESSER, Ursula,

geb. Roggenbuck

Dr. phil., Publizistin, MdA Berlin (1967-85) - Apostel-Paulus-Str. 21/22, 1000 Berlin 62 (T. 784 62 56) - Geb. 5. Jan. 1917 Berlin, verw., 2 Kd. - Stud. Philol., German., Roman. Übersetzerin; Privatlehrerin. CDU s. 1945 (div. Funktionen) - 1981 Gr. BVK; s. 1990 Stadtälteste v. Berlin.

BESSLICH, Philipp W.

Dr.-Ing., Prof. f. Elektrotechnik Univ. Bremen (s. 1974) - Upper Borg 149, 2800 Bremen 33 (T. 27 04 25) - Geb. 22. Okt. 1929 Berlin (Vater: Philipp B., Arch.; Mutter: Elfriede, geb. Fischer), verh. s. 1960 m. Renate, geb. Meyer, 2 Kd. (Beatrix, Philipp) - Abit.; Rundfunkmechanikerlehre; Stud. TU Berlin; Dipl. 1958; Promot. 1963 - 1958-67 Ind.tätigk.; 1968-74 Prof. Indian Inst. of Technol., Madras. Mehrf. Patentinh. Senior Member IEEE, Fellow IETE u. Inst. of Engineers (India). Zahlr. Fachveröff. - Spr.: Engl.

BEST, Otto F.

Dr. phil., Prof. f. Dt. u. Vgl. Literaturwiss. Univ. of Maryland, USA - Nelkenstr. 41, 7410 Reutlingen 1 (Anschr. f. Deutschl.) - Geb. 28. Juli 1929 Steinheim/M., verh. m. Brigitte, geb. Dapp, 4 Kd. (Bettina, Christoph, Philipp, Daniel) - Stud. German. u. Roman. Univ. Frankfurt/M., Toulouse, Dijon u. München; Promot. 1963 Univ. München - Langj. Tätigk. als Verlagslektor; s. 1968 Prof. in Maryland/USA - BV: u.a. Peter Weiss, 1971; Mameloschen. Jiddisch - E. Sprache u. ihre Lit., 1973; Handb. lit. Fachbegriffe, 1973; Bertolt Brecht: Weisheit u. Überleben, 1981 - Spr.: Engl., Franz., Span.

BEST, Werner

Dr. rer. pol., Staatsminister a. D., MdL Hessen (s. 1958; stv. Fraktionsvors.) - Friedenstr. 29, 6331 Waldgirmes, Kreis Wetzlar (T. 06441 - 6 12 22) - Geb. 7. Juni 1927 Waldgirmes (Vater: Landw.), verh. - Obersch. (n. Wehrdst. u. Kriegsgefangensch. Abit.); Stud. Rechts- u. Staatswiss. Gr. jurist. Staatsprüf. 1954; Promot. 1956 - S. 1957 Rechtsanw. u. Notar Wetzlar; 1965-70 Landrat Kr. Wetzlar; 1970-73 (Rücktr.) hess. Min. f. Landw. u. Umwelt, 1956 ff. MdK. SPD.

BESTE, Hans Karl

Vortr. Leg.-Rat, Konsul d. Bundesrep. Deutschl. in Porto/Portugal - Avenida da Boavista 5004, 4100 Porto.

BESTEHORN, Richard

Pers. haft. Gesellsch. Rob. Leunis & Chapman KG, gf. Gesellsch. Leunisman Großdruckerei f. Werbung u. Verpackung GmbH, bde. Hannover, Geschäftsf. Stadler & Co., Berlin - Andertensche Wiese 22, 3000 Hannover - Geb. 19. Okt. 1928 Leipzig.

BESTERS, Hans

Dr. rer. pol., o. Prof. f. Wirtschaftslehre insb. -politik, Ruhr-Univ. Bochum (s. 1964) - Baumhofstr. 41, 4630 Bochum 1 - Geb. 3. Mai 1923 Essen, kath., verh. m. Angelika, geb. Helfferich, 5 Kd. (Christoph, Juliane, Olivia, Bettina, Markus) - Univ. Köln, Marburg, Bonn, Chicago, Berkely, Harvard. Dipl.-Volksw. 1947; Promot. 1948; Habil. 1954 - 1954-57 Privatdoz. Univ. Köln; 1957-64 ao. u. o. Prof. (1959) Univ. Freiburg - BV: Economic Policy in Our Time, 1964 (dt. 1967; Intern. vergl. Wirtschaftspolitik); Neue Wirtschaftspolitik d. Angebotslenkung, 1979, 2. A. 1982. Mithrsg.: Handb. d. Entwicklungspolitik (1966).

BESTMANN, Hans-Jürgen

Dr. rer. nat., o. Prof. Organ. Chemie - Spitzwegstr. 31, 8520 Erlangen (T. 4 14 21) - Geb. 27. Sept. 1925 - S. 1961 (Habil.) Lehrtätigk. TH München u. Univ. Erlangen-Nürnberg (1964 Ord. u. Vorst. Inst. f. Organ. Chemie). Üb. 380 Fachveröff. - 1986 O. Wallach Plak. Ges. dt. Chemiker; Quilico Med. Ital. Chemiker-Ges.; 1989 Dr. h. c. Kath. Univ. Leuven.

BESUDEN, Heinrich

Dr. phil., Prof. - Elchweg 6, 2900 Oldenburg/O. (T. 7 36 13) - Geb. 20. April 1924 Nordenham, ev. - 1945-46 PH Oldbg., 1947-51 Univ. Köln (Math., Physik, Chemie, Päd.). Promot. 1954 - 1952-54 Höh. Schuldst.; s. 1955 Lehrerbild. (1965-67 Rektor Päd. Hochsch. Oldenburg), s. 1972 Univ. Old. 1959, 74 u. 82 Gastprof. USA - BV: Päd. Pläne d. 20. Jahrhunderts, 1965; Math.-Elemente e. Didaktik, 1970; Math. in d. Grundsch., 1976-79; Math. Unterrichtswerk GAMMA, 1978/80; Handb. f. Grundschullehrer, 1986; Handb. Geometrie, 1988 - Ehrenbürger v. New Britain, Con.

BESZON, Rudi

Journalist, Redaktionsleiter Oberhessische Presse - Beethovenstr. 18, 3550 Marburg - Geb. 6. Aug. 1920 Tilsit (Vater: Ewald B., Redakt.; Mutter: Käthe, geb. Buchholtz), verh. - 1950-54 Redakt. Kasseler Post; 1954 Lokalchef Oberhess. Presse, ab 1971 Redaktionsleit. - 1980 Ehrenplak. Kreis Marburg.

BETH, Gunther

Autor u. Schauspieler - Potsdamer Str. 11b, 8000 München 40 (T. 089-333909) - Geb. 18. Okt. 1945 Lübeck, verh. s. 1977 m. Barbara, geb. Capell - Abit.; Schauspielsch. Hamburg - BV: Drehb. (f. Dokumentarfilme, Krimis, FS-Serien); Theaterst.: Meine Mutter tut das nicht!, UA 1977 (m. Folker Bohnet), D. Weltmeister, UA 1984 (m. Günter Rudorf), D. Neurosen-Kavalier, UA 1987 (m. Alan Cooper); Bücher: Meine Mutter tut das nicht, R. 1979; D. Eis d. ewigen Freundschaft, R. 1981; Mickymaus u. Einstein, R. 1985 - Zahlr. Rollen, Theater-Engag. in Berlin, München, Hamburg, Köln, Düsseldorf, Tourneen, Spielfilme, FS-Spiele, Serien - Liebh.: Jogging - Spr.: Engl., Ital., Franz.

BETHE, Klaus W.

Dr.-Ing., Prof. Inst. f. elektr. Meßtechnik u. Grundlagen d. Elektrotechnik TU Braunschweig - Bonhoefferweg 4, 3300 Braunschweig (T. 0531 - 51 40 09) - Geb. 2. Okt. 1934 Frankfurt/M. (Vater: Albrecht B., Univ.-Prof.; Mutter: Vera, geb. Congehl), ev., verh. s. 1962 m. Dietgard, geb. Leonhards, 3 Kd. (Heike, Barbara, Joli) - TH Darmstadt; Dipl.-Ing. 1962 (Nachrichtentechn.); Promot. 1969 RWTH Aachen - 1962-81 Wiss. Mitarb. Philips GmbH, Forschungslab. Hamburg; 1973-81 Lehrbeauftr., Hochsch. d. Bundeswehr Hbg; Fachgutachter DFG u. FWF; Vorst.-Mitgl. GMA. Zahlr. Pat. auf d. Gebiet d. Meßaufnehmer u. Dünnfilmtechnol. - 1969 Borchers Med. TH Aachen - Liebh.: Tennis, Ski - Halbbruder: Hans B., Nobelpreisträger Physik 1968 (lebt in USA).

BETHGE, Eberhard

Dr. h. c., Prof., Pfarrer i.R. - Flachsgraben 9, 5307 Wachtberg-Villiprott - Geb. 28. Aug. 1909 Warchau Bez. Magdeburg (Vater: Wilhelm B., Pfr.; Mutter: Elisabeth, geb. Nietzschmann), ev., verh. s. 1943 m. Renate, geb. Schleicher, 3 Kd. (Dietrich, Gabriele, Sabine) - Gymn. Kloster Unser Lb. Frauen Magdeburg; Univ. Königsberg, Berlin, Tübingen, Halle. Beide Theol.ex. - 1937-40 Studieninsp. Predigersem. d. Bekenn. Kirche Pommern, 1940-45 Missionsinsp. Gossner-Mission Berlin, 1945-53 Studentenpfr. ebd., 1953-61 Auslandspfr. London. 1961-75 Rektor Pastoralkolleg d. Ev. Kirche im Rhld, 1976 Ruhest. - 1966-67 Gastprof. Chicago Theol. Sem. u. Union Theol. Sem. New York; s. 1969 Honorarprof. Univ. Bonn (Prakt.-theol. Gegenwartsfragen). S. 1967 Mitgl. Rhein. Kirchenltg. - BV: Dietrich Bonhoeffer - Theologe/Christ/ Zeitgenosse, Biogr. 1967, 6. A. 1986 (auch engl., franz., span., japan., holl., ital.). Herausg.: u. a. Dietrich Bonhoeffer - Ethik (1949; 11. A.; auch engl. u. franz.); Dietrich Bonhoeffer - Widerstand u. Ergebung / Briefe aus d. Haft (1951; 13 A.; auch engl., franz., jap., holl., dän., schwed., norw., arab.) - 1979 Leopold-Lucas-Preis; Theol. Ehrendoktor Univ. Glasgow (1962, D. D.), Humboldt-Univ. Berlin (1967, D.) u. phil. Ehrendoktor Univ. Bern (1975); Union-Medal Univ. New York - Liebh.: Musik - Spr.: Engl. - 1974 Mitgl. PEN-Zentrum BRD.

BETHGE, Hartmut

Dr. med., Internist, apl. Prof. f. Inn. Med. Univ. Düsseldorf (s. 1971) - Am Elfengrund 42, 6100 Darmstadt-Eberstadt - Geb. 15. Nov. 1931 Bochum - Promot. 1960; Habil. 1967 - B. 1971 Oberarzt II. Med. Univ.sklin. Düsseldorf, dann Leit. Klin. Forsch. Fa. E. Merck, Darmstadt - BV: D. Funktionsdiagnostik d. Hypothalamus-Hypophysen-Nebennierenrinden-Systems, 1967.

BETHGE, Helmut

Dr. jur., Vorstandsmitglied Hermes Kreditversicherungs-AG., Hamburg/ Berlin - Dannenkoppel Nr. 2, 2000 Hamburg 65 - Geb. 18. Jan. 1922 Hamburg - Gr. jurist. Staatsprüf., dann Rechtsanwalt.

BETHGE, Herbert

Dr. jur., o. Prof. f. Staats- u. Verwaltungs- sow. Wirtschaftsverw.recht Univ. Passau (s. 1978) - Am Seidenhof 8, 8390 Passau (T. 4 16 97) - Geb. 8. Juni 1939 Hettstedt/Harz - Stud. Rechtswiss. - BV: Z. Problematik v. Grundrechtskollisionen, 1977; Staatshaft. f. d. staatsfr. Rundfunk?, 1978; Verfassungsprobleme d. Reorganis. d. öffentl.-rechtl. Rundfunks, 1979; D. verfassungsrechtl. Problematik d. Zulassung v. Rundfunkveranstaltern d. Privatrechts, 1981; D. Grundrechtsberechtigung jur. Personen n. Art. 19 Abs. 3 GG, 1985; Rundfunkfreiheit u. priv. Rundf., 1985; D. Passivlegitimation f. Gegendarstellungsbegehren im öffentl.-rechtl. Rundf., 1987 - Spr.: Engl., Franz., Russ.

BETHGE, Klaus Heinrich

Dr. rer. nat., o. Prof. f. Atom- u. Kernphysik Univ. Frankfurt (s. 1973) - Olbrichweg 21, 6100 Darmstadt (T. 4 72 22) - Geb. 20. Febr. 1931 Berlin (Vater: Paul B., Kaufm.; Mutter: Hertha, geb. Bartsch), ev., verh. s. 1956 m. Marianne, geb. Buder, 3 Kd. (Ulrich, Sabine, Martin) - Obersch. Königswusterhausen (Abit. 1949); Stud. Physik Techn. Univ. Berlin u. Univ. Heidelberg (Dipl. 1956, Promot. 1960, Habil. 1967, smtl. Univ. Heidelberg) - 1960-67 Assist. Univ. Heidelberg, 1967-69 Res. Assoc. Univ. of Pennsylvania/USA, 1969-73 Doz. Univ. Heidelberg, s. 1973 s. o. - BV: Quantenphysik, Bibl. Graph. Inst. Mhm, 1978; Experimental Methods in Heavy Ion Physics, 1978; Nuclear Physics Methods in Materials Research Vieweg, 1980; Elementarteilchen u. ihre Wechselwirkungen (m. U. E. Schroeder), 2. A. 1991; Physik d. Atome u. Moleküle (m. G. Gruber), 1990 - Liebh.: Gesch., Photogr., Philatelie - Spr.: Engl.

BETHKE, Hans

Vorstandsvorsitzender Rütgers Pagid AG - Postfach 10 29 51, 4300 Essen 11 - Geb. 14. Juni 1929.

BETHKE, Hildburg

Dr. rer. nat., Prof. f. Erziehungs- u. Bildungswesen Univ. Frankfurt - Oberweg 4, 6000 Frankfurt/M. - Geb. 27. Juli 1931 Dortmund - Promot. 1960 - S. 1972 Prof.

BETHKE, Siegfried

Dr. agr. (habil.), Prof., Agrarwissenschaftler - Windhalmweg 26, 7000 Stuttgart 70 (Hohenheim) - Geb. 24. Juni 1916 Stralsund (Vater: Paul B., Lehrer; Mutter: Luise, geb. Voss), verh. s. 1941, 4 Kd. - 1945 ff. Stud. Landw. Hohenheim. Promot. (1951) u. Habil. (1956) Hohenheim - B. 1945 Berufsoffz.; s. 1959 Agrarwiss.ler FAO/UN, Rom. Ab 1956 Lehrtätigk. LH bzw. Univ. Hohenheim (1964 apl. Prof. f. Agrarpolitik u. Marktwesen). 1961-66 Mitgl. UN-Wirtschaftskommiss. f. Afrika, Addis Abeba. Spez. Arbeitsgeb.: Marktwesen; 1968-78 WFP (World Food Progr.) UN Rom, Afrika-Abt. - Spr.: Engl., Franz., Ital. - Gold. Sportabz. (5 x).

BETHMANN, Freiherr von, Johann Philipp

Publizist, VR Bankhaus Gebr. Bethmann, Frankfurt, Kurat. Inst. f. Kapitalmarktforsch. Ffm. - Mariannenstr. 2a, 6000 Frankfurt/M. 70 (T. 61 20 73; Büro: 2177 211) - Geb. 27. Juni 1924 Frankfurt/M. (Vater: Moritz v. B., Bankier; Mutter: Maximiliane, geb. Gräfin Schimmelpenninck), verh. I) 1952, gesch. 1984, II) wiederverh. 1984 - N. Abitur Banklehre u. prakt. Ausbild. In- u. Ausl. - S. 1953 Bankier. CDU 1958-80 (Austr.) - BV: Bankiers sind auch Menschen - 225 J. Bankhaus Gebr. Bethmann, 1973; Zins u. Konjunktur, 1976; D. Zinskatastrophe, 1982; D. verratene Kapitalismus - D. Ursachen d. Krise, 1984; Auf Inflation folgt Deflation, 1986; D. Deflationsspirale, 1987; D. Kartenhaus unseres Wohlstandes, 1991 - 1973 BVK, 1991 BVK I. Kl.; 1975 Gold. Sportabz. - Spr.: Engl., Franz. - Rotarier.

BETHMANN, Sabine

Schauspielerin - Delbrückstr. 14, 1000 Berlin 33 (T. 891 13 91) - Geb. 25. Okt. 1931 Tilsit, verw., Sohn Stefan - Abit.; Staatsex. f. Krankengymnastik - Div. Filme, u. a. Indisches Grabmal, Haie u. kleine Fische.

BETHUSY-HUC, Gräfin von, Viola

Dr. rer. pol., Prof. f. Soziologie u. Politikwiss. - Rudolfstr. 27, 4400 Münster/W. (T. 39 32 27) - Geb. 23. Sept. 1927 Bankau/OS. (Vater: Otto Friedrich Graf v. B.-H., Landw. †1929; Mutter: Sibylle v. Woyrsch, verw. Gräfin v. B.-H., geb. v. Gersdorff †1989), ev., led. - Univ. Hamburg u. Bonn (Volksw., Soziol., Polit. Wiss.; Promot. 1957 - 1960-62 Geschäftsf. Kommiss. f. dringl. sozialpolit. Fragen d. Dt. Forschungsgem., Frankfurt; 1967-70 Privatdoz. Univ. Gießen; s. 1970 Prof. Päd. Hochsch. Westfalen-Lippe, Abt. Münster; s. 1980 Westfälische Wilhelms-Univ. Münster (Lehrstuhl) - BV: D. soziol. Struktur dt. Parlamente, 1957; Demokratie u. Interessenpolitik, 1962; D. Sozialleistungssystem d. Bundesrep. Dtschl., 2. A. 1976; D. polit. Kräftespiel in d. BRD, 1965; Sozialpolit. Alternativen, 1967; Familienpolitik, 1987; Interessengruppen u. Interessenverbände, 1987; div. Aufs. - Liebh.: Tiere - Spr.: Engl.

BETKE, Klaus

Dr. med., Dr. med. h.c., em. o. Prof. f. Kinderheilkunde - An d. Dornwiese 18, 8032 Lochham/Obb. (T. München 85 34 54) - Geb. 30. Okt. 1914 München (Vater: Dipl.-Ing. Hermann B.; Mutter: Elisabeth, geb. Rollius), ev., verh. s. 1943 m. Katharina, geb. Hein, 6 Kd. (Dirk, Peter, Claudia, Johann, Matthias, Ursula) - Realgymn. Bremen-Vegesack; Univ. Freiburg, Königsberg, Berlin. Promot. 1940 Berlin; Habil. 1953 Freiburg/Br. - Assist. Univ. Würzburg, Erlangen, Freiburg (1953 Privatdoz., 1959 apl. Prof.); s. 1961 Ord. u. Klinikdir. Univ. Tübingen u. München (1967). 1969-72 Mitgl. Wiss.rat, 1976-85 Generalsekretär d. Union of National European Paediatric Societies and Associations - BV: D. menschl. rote Blutfarbstoff, 1954; Hämatologie d. ersten Lebenszeit, 1959; Elementare Pädiatrie, 1974, 1978, 1984, 1991 (m. K. Riegel u. F. Lampert); Keller-Wiskott, Lehrbuch der Kinderheilkunde, 4. A. 1977, 5. A. 1984, 6. A. 1991 (zus. m. Künzer u. Schaub). Mitgl. Bayer. Akad. d. Wiss., Dt. Akad. d. Naturforscher Leopoldina; Finn. Akad. d. Wiss.; Ehren- u. korresp. Mitgl. in- u. ausländ. Ges. f. Pädiatrie, Hämatologie u. Tropenmed.

BETSCHART, Hansjörg

Regisseur - Gerbergässli 8, CH-4051 Basel; u. Storgartan 35, S-41138 Göteborg - Geb. 9. Febr. 1955 Basel - Dipl. Theaterpäd. 1980 - 1977-82 Leiter Basler Jugendtheater; sd. fr. Regiss. in Zürich (Schauspielhaus), Göteborg (Folkteatern), München (Kammerspiele) - 1982 Autorenpreis Land Baden-Württ.; 1986 Thurn- u. Taxis-Preis - Spr.: Engl., Franz., Ital., Schwed.

BETTEN, Dieter

Dr. phil. nat., Prof., Mathematiker - Am Tannenberg 33, 2300 Kiel - Geb. 27. Juni 1940 Horrweiler/Rh. - Promot. 1967 Frankfurt/M.; Habil. 1972 Tübingen - S. 1975 Prof. Univ. Kiel (Math.). Fachveröff.

BETTEN, Josef

Dr.-Ing., Prof. f. Math. Modelle in d. Werkstoffkunde - Blumenstr. 16, 5100 Aachen-Verlautenh. - Geb. 21. Okt. 1937 Büren/W. - Promot. 1968 - S. 1971 (Habil.) Lehrtätigk. RWTH Aachen (1973ff. apl. Prof.; 1980 Berufung als o. Univ.-Prof. an d. TU Graz (Ordinariat f. Techn. Mechanik); gegenw. Univ.-Prof. RWTH Aachen. Üb. 100 Fachveröff., 70 Fachvortr. auf intern. Kongressen, Bücher üb. Tensorrechnung, Elasto- u. Plastomechanik u. Applications of Tensor Functions in Solid Mechanics, Vorlesungen als Gastprof. an ausl. Univ. - 1969 Borchers-Plak.

BETTENDORF, Gerhard

Dr. med., em. Prof., Direktor Abt. f. Klin. u. exper. Endokrinologie Univ.-Frauenklinik Hamburg - Martinistr. 20, 2000 Hamburg 20 - Geb. 4. Mai 1926 Freudenberg/W., ev., verh. s. 1954 m. Dipl. chem. Almut, geb. Lohmann, 4 Kd. (Indina, Sabine, Markus, Tilman) - Realgymn. Betzdorf; Univ. Bonn u. Heidelberg. Promot. 1953 Heidelberg; 1961 Habil. Hamburg - S. 1961 Lehrtätigk. Hamburg (1964 Leit. Abt. Endokrinol.; 1966 apl., 1969 o. Prof. f. Geburtshilfe u. Frauenheilkd., Endokrinol.); s. 1983 Dir. Zentrum f. Reproduktionsmedizin d. Univ. Hamburg. Emerit. 1991. 1972-78 Sprecher Sonderforsch.ber. Endokrinol.; 1974-75 Präs. N. W. Dt. Ges. Gyn.; 1975-78 Präs. Dt. Ges. Endokrinol.; 1972-78 WHO Scientific Group; 1984 Gruppenvors. Dt. Ges. Naturforscher u. Ärzte. Spez. Arbeitsgeb.: Hypophysäre Humangonadotropine Endokrinologie Reproduktionsmedizin - BV: Clinical Application of Human Gonadotropins, 1970; Advances in Diagnosis and Treatment of Infertility, 1981; Reproduktionsmedizin, 1988. Zahlr. Einzelarb. (Endokrinol. Reproduktion) - 1964 Martini-Preis Hamburg; 1984 Laqueur-Med.

BETTERMANN, Karl August

Dr. jur., Dr. h. c, Bundesrichter a. D., o. Prof. f. Prozeßrecht - Alte Landstr. 173, 2000 Hamburg 63 - Geb. 4. Aug. 1913 Barmen (Vater: Carl B., Kaufm.; Mutter: Helene, geb. Pollmann), ev., verh. s. 1946 m. Eleonore, geb. Weber, 5 Kd. - Gymn. Hagen; Univ. Gießen u. Münster. Promot. 1937 - 1945 Richter LG Hagen, 1948 Doz. f. Bürgerl. Recht u. Zivilprozeßrecht Univ. Münster, 1950 Richter OVG ebd., 1954 Richter BVG. 1955 ao. Prof. Münster, Honorarprof., 1956 o. Prof. FU Berlin, 1970 Univ. Hamburg. 1961 Vors. VGH EKU (b. 1967), 1972-86 Richter VerfG Hamburg - BV: V. stv. Handeln, 1937/64; D. Vollstreckung d. Zivilurteils in d. Grenzen s. Rechtskraft, 1948; Rechtshängigkeit u. Rechtsschutzform, 1949; Kommentar z. Mieterschutzgesetz, 1950ff.; Grundfragen d. Preisrechts f. Mieten u. Pachten, 1952; Schulgliederung, Lehrerbild. u. -besold. in d. bundesstaatl. Ordnung, 1963 (m. Dr. Goeßl); Legislative ohne Posttarifhoheit, 1966; D. Richter als Staatsdiener, 1967; D. Beschwer als Klagevoraussetzung, 1970; Grenzen d. Grundrechte, 1968; Rechtsfragen d. Tierschutzes I-II, 1980/1; D. totale Rechtsstaat, 1986. Mithrsg. Handb. d. Grundrechte.

BETTGES, Walter

Richter a. D., MdL Nieders. (s. 1974) - Resedastr. 36, 3012 Langenhagen (T. Hannover 73 53 88) - Zul. FG - SPD.

BETTHÄUSER, Günter

Dr. med., Geschäftsführer - Leinpfad 58, 2000 Hamburg 60 (T. 46 50 45) - Geb. 11. Okt. 1922 Hamburg (Vater: Albert B., Beamter; Mutter: Margot, geb. Möller), ev., verh. s. 1949 m. Ilse-Renate, geb. Daase, 2 Kd. (Eva, Andreas) - Med.-Stud. Univ. Hamburg. Promot. 1954 - Spr.: Engl.

BETTS, Peter John

Schriftsteller, Journalist, Lehrer, Kulturbeauftr. Stadt Bern - Greyerzstr. 45, CH-3013 Bern (T. 031 - 42 94 27) - Geb. 8. April 1941 Livingstone, verh. s. 1984 m. Christine, geb. Tschannen, T. Patricia - Univ. Bern - BV: D. Pendler, 1975; Anpassungsversuche, 1978; Lorbeer u. Salat, 1980; D. Spiegel d. Kadschiwe, 1983; Natter, 1989. Div. Arb. f. Theater, Film, Radio u. Ferns. - Buchpreise d. Stadt Bern u. d. Kantons Bern - Liebh.: Tauchen - Spr.: Engl., Deutsch.

BETTSCHEIDER, Heribert

Dr. theol., o. Prof., Hochschullehrer Phil.-Theol. Hochsch. St. Augustin (s. 1973) - Arnold Janssen Str. 30, 5205 Sankt Augustin 1 (T. 02241 - 23 72 22) - Geb. 15. Mai 1938 Wiesbach/Saar, kath., ledig - Stud. Phil. u. Theol.; Lizentiat (Theol.), Promot. (Theol.) 1966 Päpstl. Univ. Gregoriana Rom - Lehrauftr. Univ. Siegen u. Wuppertal; 1973-80 Rektor Phil.-Theol. Hochsch. St. Augustin - BV: Theologie u. Befreiung, 1974 (Hrsg.); D. asiatische Gesicht Christi, 1976 (Hrsg.); Glaube u. Sakrament in d. Loci v. Ph. Melanchthon, 1977; D. Problem e. afrikanischen Theologie, 1978 - Spr.: Engl., Franz., Ital., Latein, Griech.

BETZ, Augustin E. A.

Dr. phil. nat., em. o. Prof. f. Botanik Univ. Bonn (s. 1970) - Marxstr. 4, 5330 Königswinter 21 - Geb. 2. Jan. 1920 Aalen/Württ. (Vater: Augustin B., Bankdir.; Mutter: Elisabeth, geb. Scheerer), verh. s. 1956 m. Annemarie, geb. Pape, 5 Kd. - 1946-51 Stud. Univ. Erlangen; 1. u. 2. Lehrerprüf. - 1952-60 Wiss. Assist. Univ. Bonn; 1961-69 Doz. TH Braunschweig (dazw. 1963-65 Stip. Univ. of Penns.). In- u. ausl. Fachmitgliedsch. - BV: Enzyme, Fachb. 1974.

BETZ, Dieter

Dr. rer. nat., Prof. Geologe, Sprecher d. KTB-Projektleitung im NLfB - Buchenweg 6, 3004 Isernhagen 4 (T. 05139 - 65 42) - Geb. 20. April 1927 Backnang (Württ.), ev., verh. s. 1955 m. Elfriede, geb. Weber, T. Manuela - Stud., Dipl.-Geologe 1949 TH Stuttgart, Promot. 1951 TH Stuttgart - 1987-89 Dir. d. BEB, Hannover. 1982-84 Vors. d. Dt. Geolog. Ges. Hannover - 1988 Hon.-Prof. Univ. Frankfurt; 1988 Carl-Engler, Med. DGMK; 1990 BVK I. Kl. - Liebh.: Musik - Spr.: Engl.

BETZ, Eberhard

Dr. med., em. o. Prof. Physiolog. Inst. Univ. Tübingen - Sudetenstr. 41, 7400 Tübingen (T. 3 28 33) - Geb. 10 Juni 1926, verh. m. Margarete, geb. Gebhardt - S. 1964 (Habil.) Lehrtätigk. Univ. Marburg u. Tübingen (1968 Extraord. f. Angew. Physiol., 1970 Lehrstuhl I f. Physiol.) - BV: Pharmakol. d. Gehirndurchblutung, 1969; Vascular Smoth Muscle, 1972; Ionic actions on vascular smooth muscle, 1976; Pathophys. and Pharmacotherapy of Cerebrovascular Disorders, 1980; Biol. d. Menschen, 13. A. 1991; s. 1979 zahlr. Arbeiten u. Bücher üb. Arterioskleroseforsch. u. Zellkulturen - Hon. Member of the Union Intern. d'Angeiologie.

BETZ, Esther

Dr. phil., Publizistin - Cecilienallee 33, 4000 Düsseldorf 30 - Geb. 17. Febr. 1924 Neufechingen/Saar (Vater: Dr. Anton B., Verleger d. Rhein. Post †1984; Mutter: Anna, geb. Kremp), kath., ledig - 1946-53 Stud. Univ. München (Zeitungswiss., Kunstgesch., Lit.gesch.); Promot. 1953 München - Mithrsg. Rheinische Post; Vors. Anton-Betz-Stiftg. d. Rhein. Post.

BETZ, Franz Georg Gerhard

Dipl.Verwaltungswirt u. Bürgermeister Kötz - Kirchstr. 10, 8871 Kötz 2 (T. 08221-40 90) - Geb. 31. Okt. 1944 Landau/Isar (Vater: Dr. Anton B., Amtsgerichtsrat; Mutter: Magda, geb. Sichart), kath., verh. s. 1968 in 2. Ehe m. Ingrid, geb. Güttinger - Gehob. Verw.dst. - Liebh.: Gesch., Politik - Spr.: Engl., Franz.

BETZ, Gerhard

Dipl.-Verwaltungswirt, Bürgermeister Gemeinde Kötz a.D. - Baumschulenstr. 7, 8871 Kötz - Geb. 31. Okt. 1944 Landau/Isar (Vater: Dr. Anton B., Amtsgerichtsrat; Mutter: Magda, geb. Sichart), gesch. s. 1982 - Verw.-Dipl. 1967/68 - Liebh.: Sprachen, Politik, Gesch. (Mittelalter) - Spr.: Engl., Franz.

BETZ, Heribert

Dr. med., Prof., Akademischer Direktor a. D. - Rudolf-Stratz-Weg 13, 6900 Heidelberg - Geb. 25. Nov. 1924 Neunaigen/Bayern, kath. - Privatdoz. 1978 Univ. Heidelberg - 1985 apl. Prof. Univ. Heidelberg - BV/Mitverf.: D. Hirnkreislauf, (Hrsg.: H. Gänshirt) 1972; Kursus: Radiol. u. Strahlenschutz, 4. A. 1988; Basistext Medizin (Hrsg. Radiol. Zentrum Univ. Heidelberg), Beitrag Zentralnervensystem, Schädel u. Wirbelsäule; Arteria vertebralis: Traumatol. u. funktionelle Pathol., (Hrsg.: G. Guttmann) 1985. Herausg.: Hirntumoren: Grundlagen u. neue Aspekte b. Diagnose, Klinik u. Therapie (1992) - Liebh.: Hortikultur, Fotogr., Hunting, Lit., Computerprogramm. - Spr.: Engl., Franz.

BETZ, Jürgen

Dipl. Foto Designer, Geschäftsführer d. Stitz & Betz GmbH f. Marketing + Werbung - Althoffstr. 18, 4600 Dortmund 1 (T. 0231 - 16 01 01) - Geb. 9. Okt. 1954 Wiesbaden, gesch. - 1969-72 Lehre techn. Zeichner; 1979-83 Stud. FH Dortmund - Firmenberat. gr. Investitionsgüterprod. in Europa - Anwend. aus d. Konsumgüterind. in Marketing u. Werbung f. d. Investitionsgüterind. - Fotobildbde.: Florida, 1983; Kuba, 1984; Ungarn, 1984. Journal. Tätigk. f. Zeit, Stern (Fotos) - 1987 Leica Ehrenmed. - Liebh.: Reiten - Lit.: im Buch Ahlen v. Hans van Ooyen.

BETZ, Manfred

Geschäftsführer Robert Bosch GmbH., Stuttgart (Bereich: Verpackungsmaschinen) - Aichweg 5, 7141 Benningen/Württ. - Geb. 17. Jan. 1933.

BETZ, Otto

Dr. theol., Prof., Theologe - Rappenberghalde 11, 7400 Tübingen (T. 4 33 88) - Geb. 8. Juni 1917 Herrentierbach/Württ., ev. - S. 1961 (Habil.) Lehrtätigk. Univ. Tübingen (1968 apl. Prof. f. Neues Testament). Zeitw. Prof. USA - BV: Offenbarung u. Schriftforsch. in d. Oumransekte, 1960; D. Paraklet, 1963; Was wissen wir v. Jesus?, 2. A. 1967 (auch engl.); Jesus, d. Messias Israels, 1987; Jesus, d. Herr d. Kirche, 1990. Handbuchbeitr. u. a.

BETZER, Ferdinand

I. Bürgermeister - Rathaus, 8732 Münnerstadt/Ufr. - Geb. 3. Aug. 1933 Bad Kissingen - Diplom-Rechtspfleger (grad.). CSU.

BETZLER, Hans-Jörg

Dr. med., Prof., Chefarzt i. R. Chirurg. Abt. Kreiskrkhs. Hechingen - 7450 Hechingen/Württ. - Geb. 7. April 1922 Stuttgart (Vater: Dr. med. vet. Maximilian B., Tierarzt) - Promot. Leipzig, Habil. Tübingen - S. 1962 Privatdoz. u. apl. Prof. Univ. Tübingen. Mitgl. Dt. Ges. f. Chir. Üb. 40 Fachveröff.

BEUCKER, Frank Gustav

Dipl.-Sozialw., MdL Hessen (s. 1974) - Heiligenbornstr. 1, 6200 Wiesbaden (T. 8 44 09) - Geb. 10. Febr. 1942 - SPD.

BEUCKERT, Rolf

Schauspieler, Regiss. - Bergstr. 70, 6102 Pfungstadt/Hessen - Geb. 7. Febr. 1934 Leipzig (Eltern: Alfred (Fleischerm.) u. Irmgard B.), ev., verh. s. 1957 m. Karin, geb. Kupfer - Schule (Abitur) u. Theaterhochsch. Leipzig (Diplom 1955) - S. 1955 Staatstheater Schwerin, Theater in d. Univ.stadt Greifswald (1957), Landestheater Halle/S. (1960) u. Darmstadt (1962), 1974 Schauspielhaus Frankfurt, s. 1984 Wiesbadener Staatstheater. S. 1983 auch als Regiss. tätig. Bek. Rollen: Carlos, Essex, Tellheim, Faust u. a. - 1964 u. 77 Hersfeld-Preis f. jg. Schausp. (Lionel) - Liebh.: Fotogr. - Spr.: Engl., Russ.

BEUERLE, Hans Michael

Dr., Prof., Hochschullehrer in Freiburg, Dirigent - Steinackerstr. 23, 7800 Freiburg - Geb. 15. Juni 1941 (Vater: Herbert B., Kirchenmusiker; Mutter: Lotte, geb. Engelmann), verh. s. 1971 m. Renate, geb. Windmüller, 4 Kd. (Angela, Benjamin, Amrei-Rebekka, Bert-Gabriel) - Ausb. Schulmusik, Violine, Dirig., German., Musikwiss., Phil. (Staatsex. Schulmusik, künstl. Reifepr. Dirig., Promot.) Frankfurt - S. 1966 Leit. Kammerchor Frankfurt; 1971-72 Leit. Laubacher Kantorei, Gastdirig. u. fr. Mitarb. an verschied. Rundfunkanst., Leitg. v. Dirigierkursen, Prof. f. Chordirig., 1977-80 Karlsruhe, s. 1980 Freiburg, s. 1983 Leitg. d. Freiburger Bachchores

u. d. Freiburger Bachorch. - BV: D. A-Cappella-Komposit. v. Johannes Brahms, 1984 - 1984 1. Preis intern. Chorwettbew. d. Rundfunkanst. Let the peoples sing (Kammerchor Frankfurt).

BEUERMANN, Dieter Ekkehard
Verleger, Inh. Nicolaische Verlagsbuchh. u. Otto Meissner's Verlag - Binger Str. 29, 1000 Berlin 33 (T. 030 - 823 70 07) - Geb. 24. Aug. 1938 Marienwerder (Vater: Heinz B., Kaufm.; Mutter: Elise, geb. Groll), ev., verh. s. 1974 m. Inga, geb. Schwartau - Gymn. Herford, Schriftsetzerlehre u. kfm. Lehre. Vorst.-Mitgl. d. Verleger- u. Buchhändlerverb. Berlin-Brandenburg - Liebh.: Kunst, Lit. - Spr.: Engl.

BEUG, Hans-Jürgen
Dr. rer. nat., Prof., Botaniker - Rohnsweg 29, 3400 Göttingen - Geb. 18. Jan. 1932 Hamburg - Promot. 1957; Habil. 1963 - S. 1963 Lehrtätigk. Univ. Göttingen (gegenw. Leit. Inst. f. Palynologie u. Quartärwiss.) u. Hohenheim (1969 apl. Prof.), 1977/78 Rektor Univ. Göttingen - BV: Liebh. d. Pollenbestimmung, 1961. Üb. 30 Aufs.

BEULER, Ernst F.
Dr., Dr.-Ing., Quality Consultant, ehem. Vorstand Audi AG (Geschäftsber. Qualitätssicherung) - Schlichtstr. 37, 8070 Ingolstadt-Etting - Geb. 22. Mai 1932, verh., 6 Kd. - Stud. (Maschinenbau, Werkstoffkunde) TH München - Labor- u. Qualitätssicherungsleit. VW Wolfsburg; Vice Pres. Quality Assurance VW of America - Veröff.: In Auto 2000 - Qualitätssicherung e. Managementaufgabe - Spr.: Engl.

BEULKE, Eckart
Dr. jur., Generalbevollm. Münchener Rückversich. - Saalestr. 8, 8000 München 80 (T. 089-91 26 51) - Geb. 5. Dez. 1929, ev., verh. s. 1957, 1 Kd. - 2. jurist. Staatsex. u. Promot. 1957 Erlangen.

BEUMANN, Helmut
Dr. phil., Dr. phil. h. c., em. Prof. f. Mittelalterl. Geschichte - Am Glaskopf 7, 3550 Marburg/L. (T. 06421 - 4 21 38) - Geb. 23. Okt. 1912 Braunschweig (Vater: Karl B.; Mutter: geb. Leithold), ev., verh. s. 1939 m. Dr. phil. Charlotte, geb. Kimstedt, 4 Kd. - Gymn. Bernburg/S.; Univ. Leipzig u. Berlin (Promot. 1938) - 1937-45 Staatsarchivrefer., -ass. u. -rat Berlin u. Magdeburg, 1946-56 Doz. u. apl. Prof. (1952) Univ. Bonn u. Marburg, 1967 Vors. Dt. Kommiss. f. d. Bearb. d. Regesta Imperii; 1972-88 Vors. Konstanzer Arbeitskreis f. mittelalterl. Gesch. - BV: Widukind v. Korvei, Unters. z. Geschichtsschreib. u. Ideengesch. d. 10. Jh., 1950; Ideengeschichtl. Studien zu Einhard u. a. Geschichtsschreibern d. frühen Mittelalters, 1962; Wissensch. v. Mittelalter. Ausgew. Aufs. 1972; Ausgw. Aufs. aus d. Jahren 1966-86, 1987; D. Ottonen, 1987, 2. A. 1991. Zahlr. Einzelarb. - 1969 korr. Mitgl. Österr. Akad. d. Wiss.; 1971 Mitgl. Histor. Kommiss. Bayer. Akad. d. Wiss.; 1973 korr. Mitgl. Wiss. Ges. a. d. Johann Wolfgang Goethe-Univ. Frankfurt, 1976 o. Mitgl.; 1974 korr. Mitgl. Akad. d. Wiss. u. d. Lit. Mainz; 1985 korr. Mitgl. Braunschweigische Wiss. Ges.; 1984 BVK I. Kl.; 1987 Verdienstmed. Land Baden-Württ.

BEURER, Jörg
Dipl.-Volksw., Vorstandsvorsitzender Gustav Lichdi AG., Heilbronn/N., - mitgl. co op Schwaben AG., Stuttgart u. a. - Berggasse 145, 7410 Reutlingen - Geb. 18. März 1929.

BEUSCH, Karl
Rechtsanwalt, Justitiar, Generalbev. Siemens AG., München - Wittelsbacherpl. 2, 8000 München 2 (T. 23 40) - Geb. 31. Okt. 1925 Königsberg/Ostpr. (Vater: Dr. med. Hans B.; Mutter:

Freda, geb. Gennrich), ev., verh. s. 1952 m. Inga, geb. Herrmann, 5 Kd. (Birte, Beate, Barbara, Bettina, Peter) - Univ. Bonn (Rechtswiss.).

BEUSCHER, Kurt
Kaufmann, Vors. Bundesverb. Glas, Porzellan, Keramik Groß- u. Außenhandel, Köln - Durmersheimer Str. 159, 7500 Karlsruhe.

BEUST, von, Ole
Bürgerschaftsabgeordneter (s. 1978) - Harvestehuder Weg 1-4, 2000 Hamburg 13 - Geb. 13. April 1955 Hamburg - Abit. Walddörfer-Gymn.; 1975-80 Stud. Rechtswiss. Univ. Hamburg, 1. jurist. Staatsex. 1980, 2. jurist. Staatsex. 1983 - S. 1983 selbst. Rechtsanwalt Hamburg.

BEUSTER, Willi
Direktor - Thranestr. 120, 4600 Dortmund-Brackel (T. 55 43 03) - Geb. 13. Aug. 1908 Dortmund (Vater: Wilhelm B., Bildhauer u. Stukkateur; Mutter: Anna, geb. Ziesing), kath., verh. s. 1931 m. Elisabeth, geb. Broschart, 3 Kd. (Ursel, Detlef, Willi) - Volkssch.; kaufm. Lehre - Handlungsgehilfe u. Vertreter; 1940-46 Wehrdst. u. jugosl. Gefangensch. (1945); 1946-50 Prok. Fabrik d. Baunebenbranche; 1950-66 Abt.sleit. Westf. Rundschau; s. 1966 Vorstandsmitgl. Dortmunder Stadtwerke AG. Langj. Ratsmitgl. Dortmund (stv. Vors. SPD-Fraktion); 1961-69 MdB SPD s. 1924 (unter Hitler wiederh. verfolgt u. Schutzhaft; 1955 ff. Vors. Stadtverb. Dortmund) - Liebh.: Fotogr., Garten.

BEUTEL, Ernst
Rechtsanwalt, Aufsichtsratsmitglied WKV-Bank, München - Eichenstr. 3, 8033 Krailling/Obb. - Geb. 28. April 1925 Breslau (Vater: Ernst B., Kaufm.; Mutter: Margarete, geb. Nitsch), ev., verh. s. 1951 m. Elfriede, geb. Dannöhl - Stud. Rechtswiss. Beide jurist. Staatsex. - Liebh.: Segeln, Golf.

BEUTELMANN, Josef
Dipl.-Kfm., Vorstandsmitglied Barmenia Allgemeine Versich.-AG, Barmenia Krankenversich. a.G., u. Barmenia Lebensversich. a.G., alle Wuppertal - Kronprinzenallee 12-18, 5600 Wuppertal 1 - Geb. 12. Mai 1949.

BEUTELSCHMIDT, Dieter
Kaufmann, Vorstandsmitglied d. Bundesverb. d. Elektro-Großhandels, Landesvors. d. Bundesverb., Handelsrichter, Geschäftsf. elektro-sb-rhein-main, Weilbach, Gf. Alfred Elsholtz GmbH + Co., Eschborn - Max-Reger-Str. 7, 6000 Frankfurt/M. - Geb. 11. Jan. 1934 Frankfurt - Beirat Uni Elektro GmbH + Co., Eschborn - Spr.: Engl.

BEUTELSPACHER, Albrecht
Dr. rer. nat., Prof. Univ. Gießen (s. 1988) - Landwehrweg 7, 6305 Buseck 1 (T. 06408 - 48 13) - Geb. 5. Juni 1950, ev., verh. s. 1975 m. Monika, geb. Stäbler, 2 Kd. (Christoph, Maria) - Stud. Math. Physik, Phil. 1969-73 Tübingen, Dipl.-Math. 1973 Tübingen; Promot. 1976, Habil. 1980, beides Mainz - 1973-85 Assist. u. Prof. auf Zeit Univ. Mainz; 1986-88 Mitarb. Siemens AG München - BV: Endliche Geometrie, 1982/83; Luftschlösser, 1986; Kryptologie, 2 A. 1991; Goldener Schnitt, 1989; Chipkarten, 1991; O.B.D.A. 1991 - Spr.: Engl., Ital.

BEUTELSTAHL, Harald
Solo-Tänzer u. Schauspieler Theater d. Stadt Heidelberg - Zähringerstr. 34, 6900 Heidelberg 1 (T. 06221 - 1 35 93) - Geb. 15. April 1936 München, kath., verh. s. 1984 in 2. Ehe m. Evelyn, geb. Gamboa-Rivera, 3 Kd. (Niels-Olof, Benedict-Constantin, Monica) - Staatl. anerk. Ballettsch. Roleff-King, München; Ballettakad. Bayer. Staatsoper (G. Blank); O. Preobrajenska, Paris; R. Hightower, Cannes; Vaganowa Sch., Leningrad (Ltg. Puschkin); Staatex. f. künstl. Tanz 1959, München (Rosen) Bayer. Staatsoper Engagements: Bühnen d. Stadt Köln,

Theater d. Freien Hansestadt Bremen, Staatstheater Oldenburg, Wuppertaler Bühnen, Finnische Nationaloper, Hamburgische Staatsoper, Bayer. Staatsoper; div. Film- u. Fernsehrollen - Sämtl. Solorollen d. klass. Balletts u. d. mod. Tanztheaters, Charakterfach; gearb. m. Balanchine, Cranko, Zadeck, de Mille, Bejart, v. Miloss, u.a. - 1963-67 GDBA Ballett-Obmann, Köln - Liebh.: Antiquitäten, Sport, Beruf, Musik - Spr.: Engl., Schwed., Span. - Bek. Vorf.: Kgl. Hoh. Großherzog Friedr. Wilhelm v. Mecklenburg-Strelitz (Ururgroßvater); Annette von Droste-Hülshoff (Urgroßtante); Madame de Staël (Urgroßtante).

BEUTER, Hubert
Dr. jur., Vorstandsvorsitzender Allg. Kreditversicherung AG., Mainz - Feldbergstr. 22, 6236 Eschborn - Geb. 6. Okt. 1930 - AR-Vors. PROCEDO Ges. f. Exportfactoring D. Klindworth mbH, Wiesbaden.

BEUTH, Gunther
Dipl.-Kfm., Vorstandsmitglied Raab Karcher AG - Grugaplatz 2, 4300 Essen 1.

BEUTHIEN, Volker
Dr. jur., o. Prof. f. Bürgerl. Recht, Handels-, Wirtschafts- u. Arbeitsrecht - Drosselweg 25, 3556 Weimar/Lahn 1 (T. 06421 - 7 84 42; dstl.: Marburg 28 31 36) - Geb. 22. Aug. 1934 Lübeck - 1954-58 Univ. Marburg, Göttingen, Kiel (Rechtswiss.). Jurist. Staatsprüf. 1958 Kiel) u. 63 (Hamburg); Promot. 1959 Kiel, Habil. 1967 Tübingen - S. 1967 Lehrtätigk. Univ. Tübingen u. Marburg (1970 Ord., Dir. Inst. f. Handels- u. Wirtschaftsrecht sowie d. Inst. f. Genossenschaftswesen) - BV: Zweckerreichung u. -störung im Schuldverhältnis, 1969 (Habil.schr.); D. Geschäftsbetrieb von Genossensch. im Verbund, 1979; Sozialplan u. Unternehmensverschuldung, 1980; Kommentar z. Genossensch.-Gesetz (vorm. Meyer/Meulenbergh), 12. A. 1983 (Nachtrag 1986); D. Vertreterversammlung eingetr. Genossensch., 1984. Hrsg.: Arbeitnehmer od. Arbeitsteilhaber (1987); Genossensch.recht: woher - wohin? (1989); D. Arbeitskampf als Wirtschaftsstörung (1990) - Spr.: Engl., Franz.

BEUTIN, Wolfgang
Dr. phil., Schriftsteller, Dozent - Hohenfelder Str. 7, 2071 Köthel/Stormarn (T. 04159 - 5 75) - Geb. 2. April 1934 Bremen (Vater: Paul B., Angest.; Mutter: Charlotte, geb. Teitge), verh. s. 1978 in 2. Ehe m. Heidi, geb. Seifert, 2 Kd. (Olaf, Lorenz Gösta) - Staatsex. 1961 Hamburg, Promot. 1963 ebd. - 1971 Dozent Hbg.; 1973 Gastprof. Göttingen - Mitgl.schaft VS; s. 1991 Bezirksfachgr.-vors. d. Bezirks Nord (Hamburg, Mecklenburg-Vorpommern, Schleswig-H.) - BV: Königtum u. Adel in d. hist. Romanen v. Willibald Alexis, (Diss.) 1966; D. Weiterleben alter Wortbedeut. in d. neueren dt. Lit. b. gegen 1800, wiss. Untersuch., 1972; Lit. u. Psychoanal.,

1972; Sprachkritik - Stilkritik, Einführ., 1976; D. radikale Doktor Martin Luther, Streit- u. Leseb., 1982; Invektiven-Inventionen, Aphorismensamml., 1971; Komm wieder, Don Juan! Anti-R., 1974; Unwahns Papiere, R. 1978; Berufsverbot - e. bundesdt. Leseb., 1976; Friedens-Erklär., Leseb., 1982; D. Jahr in Güstrow, R. 1985; Sexualität u. Obszönität. E. literaturpsychol. Studie üb. epische Dichtungen d. Mittelalters u. d. Renaissance, 1990; D. Wanderer im Wind, R. 1991 - 1957 Kurt-Tucholsky-Preis (Anteil) - Bek. Vorf.: Ludwig Beutin, Historiker (Onkel) - Lit.: Spektrum d. Gegenw., 1973; Literaten. 250 dt.-sprachige Schriftst. d. Gegenw. (Munzinger-Archiv), 1983.

BEUTLER, Christian
Dr. phil. (habil.), Prof., Kunsthistoriker - Westendstr. 97, 6000 Frankfurt 1 - Geb. 11. Jan. 1931 - S. 1966 Lehrtätigk. Univ. Frankfurt/M., 1971-89 Hochsch. f. b. Künste Hamburg - BV: Bildwerke zw. Antike u. Mittelalter - Unbek. Skulpturen aus d. Zeit Karls d. Gr., 1964; Paris u. Versailles, 1970; D. Entstehung d. Altaraufsatzes, 1978; Statua. D. Entstehung d. nachantiken Statue u. d. europ. Individualismus, 1982; Meister Bertram. D. Hochaltar v. Sankt Petri, 1984; D. Gott am Kreuz, Zur Entstehung d. Kreuzigungsdarstellung, 1986; D. älteste Kruzifixus, 1990; D. entschlafene Christus, 1991.

BEUTLER, Gisela
Dr. phil., pens. Prof. f. Hispanistik u. Lateinamerikanistik - Furtwänglerstr. 1, 1000 Berlin 33 - Geb. 20. Dez. 1919 Hamburg - Promot. 1953 - S. 1973 Prof. FU Berlin. Bücher u. Aufs. z. span.- u. lateinamerik. Philol.

BEUTLER, Heinz
Dr. rer. pol., Kaufmann, Vorsitzender d. Beirats Joh. Achelis & Söhne GmbH & Co., Bremen, Ehrenvors. Verein Bremer Exporteure, Ehrenmitgl. Afrika-Verein, Hamburg - Gustav-Brandes-Weg 10, 2800 Bremen 33 - Geb. 29. Nov. 1902 Potsdam.

BEUTLER, Johannes S. J.
Dr. theol., Prof. Phil.-Theol. Hochsch. St. Georgen - Offenbacher Landstr. 224, 6000 Frankfurt/M. 70 - Geb. 8. Okt. 1933 Hamburg, kath. - Promot. 1972 - S. 1973 (Habil.) o. Prof. St. Georgen (Theol. d. Neuen Testaments u. Fundamentaltheol.); 1978-82 Hochschulrektor. Div. Facharb.

BEUTLER, Johannes Eduard
Jurist, Vorstandsmitglied Rheinboden Hypothekenbank Aktienges., Köln - Oppenheimstr. 11, 5000 Köln 1 (T. 0221 - 77 47-0) - Geb. 20. Sept. 1930 Danzig, kath., verh.

BEUTLER, Maja
Schriftstellerin - Schosshaldenstr. 22a, CH-3006 Bern - Geb. 8. Dez. 1936 Bern, verh. s. 1961 m. Urs B., 3 Kd. - Dolmetschersch. Zürich; Dipl. 1957; Stu-

dienaufenth. in Frankr., Engl. u. Italien - Hausdolmetscherin e. ital. Lebensmittelkonzerns; Mitarb. Unesco Rom; fr. Mitarb. Schweizer Rundf. - BV: Flissingen fehlt auf der Karte, Gesch. 1976; Fuß fassen, R. 1980; D. Blaue Gesetz, Theaterst. 1979; D. Wortfalle, R. 1983; D. Marmelspiel, Theaterst. 1985; Wärchtig, ges. Rundfunktexte 1986; D. Bildnis d. DoñaQuijote, Erz. 1989; Beiderlei, ges. Rundfunktexte 1991 - 1976, 80 u. 84 Buchpr. Stadt Bern; 1983 Preis d. Schweiz. Schillerstiftg. f. d. Gesamtwerk; 1985 Welti-Preis f. d. Drama; 1988 Lit.preis d. Stadt Bern - Spr.: Engl., Franz., Ital.

BEUTZ, Hans (Johannes)

Regierungspräsident a. D. - Elchstr. 53, 2960 Aurich (T. 7 13 03) - Geb. 2. Okt. 1909 Wilhelmshaven (Vater: Wilhelm B.), ev., verh. m. Edith, geb. Thedinga, 1 Kd. - Volks- u. priv. Abendsch. Wilhelmshaven; Dt. Hochsch. f. Politik, Berlin (1930-33), Fircroft College, Birmingham/Engl. (1934), International People's College, Helsingör/Dänem. (1935-36) - 1924-28 Magistrat Rüstingen/O., 1928-33 Zentralverb. d. Angest., Berlin, 1934-36 Lehrer VHS Närum/Dänem., 1937-39 Verkaufsleit. Gewerksch. Gloria, Berlin, 1939-45 Ref. Reichsluftfahrtmin. ebd., 1946-60 Stadtdir. Wilhelmshaven, 1960-74 Reg.spräs. Aurich. 1947-50 Vors. Landesverb. d. VHS Nieders.; Mitbegr. Arbeitsgem. dt. VHS-Verb.; 1947-60 Vors. Nordwestd. Univ.sges.; 1949-55 Lehrbeauftr. Hochsch. f. Arbeit, Politik u. Wirtsch., W.-Rüstersiel - BV: Wilhelmshaven, Einiges aus Vergangenh. u. Gegenw. - Gr. BVK - Spr.: Engl., Franz., Dän., Schwed.

BEWERUNGE, Karl

Bauer - Lauenscheider Weg 7, 5885 Schalksmühle-Heedfeld - Geb. 20. Jan. 1913 Heedfeld, ev., verh., 3 Kd. - Realgymn. (Mittl. Reife); Landw.ssch. Lüdenscheid, Bauernsch. Soest, Bauernhochsch. Goslar - 1940-45 Wehrdst. Zeitw. MdK Altena. CDU (1961-76 MdB, zeitw. stv. Vors. Aussch. f. Ernährung, Landwirt. u. Forsten); 1964-78 Präs. LK Westf.-Lippe, Münster - 1972 BVK I. Kl.

BEYE, Peter

Dr. phil., Prof., Museumsdirektor - Birkenwaldstr. Nr. 155, 7000 Stuttgart (T. Büro: 212 - 51 01) - Geb. 26. Febr. 1932 Berlin (Vater: Dr. Ludwig B., Diplomat (s. XIV. Ausg.); Mutter: Carlotta, geb. Helfferich), verh. m. Erika, geb. Morgen, T. Ulrike - Univ. Freiburg/Br. u. München (Kunstgesch.). Promot. 1957 b. Prof. Bauch (Diss.: Cimabue u. d. Duecento-Malerei) - S. 1960 Stuttgarter Staatsgalerie (b. 1969 Hauptkonserv., dann Dir.).

BEYER, Erich

Dr. phil., Prof., Direktor a. D. Inst. f. Sport u. Sportwiss. Univ. Karlsruhe (s. 1962; Vorles. z. Sportgesch. u. -päd.) - Friedrich-Naumann-Str. 47, 7500 Karlsruhe 21 (T. 75 44 27) - Geb. 18. Juli 1911 Leipzig (Vater: Arthur B.), verh. m. Luise, geb. Preckwinkel - BV: D. amerik. Sportsprache, S. A. 1964; Red. Wörterb. d. Sportwiss./Dictionary of Sport Science/Dictionnaire d. Sciences du Sport, 1987. Herausg.: Reclams Sportführer (1971). Mithrsg. grote Sport encyclopedie (1976), Mithrsg. Phil. d. Sports (1973), Mithrsg. Beiträge z. Gegenstandsbetimmung d. Sportpädagogik (1976).

BEYER, Frank M.

Prof., Komponist - Söhtstr. 6, 1000 Berlin 45 (T. 833 80 51) - Geb. 8. März 1928 Berlin (Vater: Dr. Oskar B., Schrift.; Mutter: Margarete, geb. Loewenfeld), ev., verh. s. 1950 m. Sigrid, geb. Uhle, 2 Kd. (Margret, Andreas) - 1946-49 Berliner Kirchenmusiksch.; 1952-55 Musikhochsch. Berlin - 1950-62 Organist u. Chorleit. Berlin; 1953-62 Doz. Berliner Kirchenmusiksch.; s. 1960 Doz., Honorarprof. (1968) u. o. Prof. (1971) f. Kompos. Musikhochsch. ebd. AR-Mitgl. GEMA (1973-83); Beirat Intergu; Mitgl. Dt. Musikrat (1977-80 im Präs.); 1990 Initiator Inst. f. Neue Musik, Berlin - Viels. Konzerttätigk., u. a. Leit. Musica nova sacra (Berlin). Kompos. f. Orch., Kammer- u. Klaviermusik, Chor- u. Orgelw., Musik f. Ballett u. Film - 1957 Berliner Kunstpreis (Jg. Generation), 1961 Bernhard-Sprengel-Preis f. Kammermusik, 1967 Preis Jeunesse Musicale, 1979 Mitgl. Akad. d. Künste Berlin (1986 Dir. d. Abt. Musik); 1981 Mitgl. Bayer. Akad. d. Schönen Künste; Stip. Kulturkr. Bundesverb. d. Dt. Ind., Köln (1960) u. Cité Intern. des Arts, Paris (1968) - Liebh.: Phil. - Spr.: Engl.

BEYER, Franz

Prof., Bratschist - Kaiserpl. 9, 8000 München 40 (T. 34 38 75) - S. Jahren Lehrtätigk. Musikhochsch. München - Neufassung des Requiems von W. A. Mozart (Edit. Eulenburg, Zürich) - Mitgl. Capella Coloniensis; vorm. Bratschist bek. Kammermusikvereinig. (Strub-Quartett, Stroß, Schäffer u. a.) - Herausg. zahlr. Werke d. Kammermus. u. Viola-Lit.

BEYER, Hannelore

Dr. rer. nat., Professorin Medizinische Akademie Magdeburg - Lucas-Cranach-Str. 16 - O-3014 Magdeburg (T. 091 - 4 21 13) - Geb. 6. Juni 1930, verh., T. Uta - Stud. 1951-56 Univ. Leipzig; Promot. 1962 Leipzig - Leit. d. Abt. f. Biomath. u. Med. Informatik d. Med. Akad. Magdeburg.

BEYER, Hans Konrad

Dr. med., Chefarzt Radiolog. Abt. Marienhospital, Herne, Lehrbeauftr. f. Radiol. Univ. Bochum - In d. Holzwiesen 2, 4690 Herne 1.

BEYER, Harm

Richter, Präs. Dt. Schwimm-Verb. München (1977-87) - Kunhardtstr. 5, 2000 Hamburg 20 - Geb. 28. Juni 1936 Hamburg (Vater: Willi B., Studienrat; Mutter: Ilse, geb. Wehnert), lt., verh. s. 1992 in 2. Ehe, 2 Kd. (Britta, Kirsten) - Univ. Hamburg u. Tübingen (Rechtswiss.). Staatsex. 1960 u. 64 - Z. Z. Amtsgericht Hamburg (Abt. f. Strafsachen). 1970-78 Vors. Hbg. Schwimm-Verb. - Spr.: Engl.

BEYER, Heidemarie,

geb. Reitzig

Mitglied d. Landtages Mecklenburg-Vorpommern (s. 1990) - Hageböcker Mauer 5, O-2600 Güstrow - Geb. 2. Jan. 1949 Steinbach-Hallenberg, ev., verh. s. 1987 m. Eberhard B., 4 Kd. (Friedemann, Katharina, Magdalena, Benjamin) - Gemeindehelferin, Musiktherapeutin.

BEYER, Helmut

Dr. jur., Bundesrichter - Bundesgerichtshof, 7500 Karlsruhe - Geb. 2. Sept. 1907 (Vater: Pfarrer), ev., verh. s. 1935 - Gymn.; Jurastud. - 1934 Rechtsanw. KG Berlin (1940-45 Truppendst. Kriegsmarine), 1945 Oberreg.srat Oberpräsid. Hannover, 1947 Min.rat u. Abt.sleit. Nieders. Staatskanzlei, 1953 Bundesrichter.

BEYER, Herbert

Rechtsanwalt - Brandrosterweg 11, 5000 Köln 80 - Geb. 5. Dez. 1923 - Vorst. Deutsche Kreditbank f. Baufinanzierung AG, Köln; AR mod. Köln, Ges. f. Stadtentw. mbH, u. DGT Treuhandges. mbH, Wirtschaftsprüf.ges., Frankfurt/M.

BEYER, Jürgen

Dr. med., Prof. f. Innere Medizin u. Direktor III. Medizinische Klinik u. Poliklinik, Abt. f. Innere Medizin-Endokrinologie u. Stoffwechsel, Klinikum d. Joh. Gutenberg Univ. Mainz (s. 1974) - Langenbeckstr. 1, 6500 Mainz - Geb. 14. Juni 1936 Halle/S., ev., verh.

BEYER, Karl-Heinz

Dr. rer. nat., Prof., Apotheker u. Lebensmittelchemiker, Ltd. Chemiedir., Leit. Abt. f. Arzneimittel u. Klin./Forens. Toxikologie Landesuntersuchungsinst.f. Lebens-, Arzneimittel- u. Tierseuchen Berlin - Waldsängerpfad 10d, 1000 Berlin 38 - Geb. 3. Juli 1928 Beuthen/OS. - Promot. 1958 - S. 1971 (Habil.) Lehrtätigk. FU Berlin (gegenw. apl. Prof. f. Pharmazie) - BV: Biotransformation d. Arzneimittel, 1975 u. 1990. Üb. 100 Einzelarb.

BEYER, Klaus

Dr. theol., Prof., Dozent f. Semitistik Univ. Heidelberg - Burgstr. 50, 6900 Heidelberg - Geb. 21. Jan. 1929 Fallersleben, ev. - Promot. (1960) u. Habil. (1967) Heidelberg - S. 1979 Prof. Heidelberg. Facharb.

BEYER, Lioba

Dr. phil., Univ.-Prof.'in f. Geographie (Schwerp. Siedlungsgeogr.) u. ihre Didaktik Westf. Wilhelms-Univ. Münster - Grüner Grund 37, 4402 Greven-Reckenfeld - Geb. 14. Jan. 1937 Brandenburg/Havel.

BEYER, Lothar

Dr. rer. nat. habil., o. Prof., Lehrstuhlleiter Chemie, Fachbereichsdir. TH Leipzig FB Naturwiss. (s. 1990) - Postf. 66, O-7030 Leipzig (T. 041 - 562 93 42) - Geb. 30. Dez. 1936 Oberwiesenthal/Erzgeb., verh. s. 1961 m. Marga, geb. Fröhlich, T. Daniela - Stud. 1956-62 Univ. Leipzig; Dipl.-Chem. 1962; Promot. 1965 Dr. rer. nat., u. 1978 Dr. sc. nat. Univ. Leipzig - 1970-72 Gastdoz. Univ. Montevideo/Uruguay; 1982 Hochschuldoz. Chemie, s. 1986 o. Prof. Chemie, s. 1990 Fachbereichsleit. TH Leipzig - BV: Anorgan. Chemie-Grundkurs, 1978, 6. A. 1989; Säuren u. Basen, 3. A. 1987; zahlr. Fachpubl. Synthese-, Koordinationschemie - 1977 Korr. Mitgl. Soc. Quim. Peru; 1979 Med. Nationaluniv. San Marcos Lima, Peru; 1982 Ehrenprof. Nationaluniv. Cuzco, Peru - Spr.: Span.

BEYER, Manfred

Dr.-Ing., Prof. f. Hochspannungstechnik u. -anlagen Univ. Hannover - Holbeinstr. 29, 3300 Braunschweig - Geb. 4. Jan. 1924 Aue - Promot. 1954; Habil. 1966 - S. 1969 Ord. Hannover. Üb. 30 Facharb.

BEYER, Peter

Dipl.-Volksw., Vorsitzender d. Geschäftsltg. Ikoss GmbH Software Service Stuttgart - Zu erreichen üb. Ikoss GmbH, 7000 Stuttgart - Geb. 18. Aug. 1941 Stettin, verh. m. Claudia, geb. Dautz, 2 Kd. - High School (grad. in USA); Abit.; Stud. Gesch., Politik, Soz. Univ. München u. Hamburg; spez. Ausb. in d. DV b. Siemens; Dipl. 1968 Univ. Hamburg - S. 1971 Ikoss (1974 Prok., 1976 Stv., 1978 Geschäftsf., 1979 Mitgesellsch. u. Geschäftsf., 1985 Vors. d. Geschäftsltg.). Vorst. BDU - Liebh.: Segeln, Politik - Spr.: Engl.

BEYER, Rolf

Geschäftsf. Kienzle Datensysteme Köln GmbH - Robert-Perthel-Str. 4, 5000 Köln 60 - Geb. 12. Mai 1928.

BEYER, Rüdiger W.

Dr. phil., Dipl.-Geogr., Geschäftsführer u. Leiter d. Abt. Handel, Dienstleist. u. Volkswirtsch. b. d. IHK f. d. Pfalz in Ludwigshafen/Rh. - Albert-Schweitzer-Str. 29, 6703 Limburgerhof - Geb. 18. Nov. 1954 Bad Homburg v.d.H., verh. s. 1982 m. Ulrike, geb. Heupel, 3 Kd. (Hendrik, Maren, Inga) - Stud. Geogr., Städtebau, Kartogr. u. Bevölkerungswiss. Bonn u. Bamberg; Dipl. 1982 Bonn, Promot. 1985 Bamberg - 1982-87 Wiss. Mitarb. u. Akad. Rat Univ. Bamberg; 1987-89 stv. Geschäftsf. IHK Dortmund - 1986 Bamberger Universitätspreis - Bek. Vorf.: Schriftsteller Carl Beyer (Urgroßv.).

BEYERHAUS, Peter

Dr. theol., o. Prof. f. Missionswissenschaft u. Ökumen. Theologie Univ. Tübingen (s. 1966) - Stiffurtstr. 5, 7400 Tübingen (T. 2 61 04) - Geb. 1. Febr. 1929 Hohenkränig/Neumark (Vater: Siegfr. B., Pfarrer i. R.; Mutter: Fridel, geb. Korweck), ev.-luth., verh. s. 1955 m. Ingegärd, geb. Kalén, 5 Kd. (Karolina, Johannes, Maria, Christoph, Gunilla) - Abit., Theologiestud., 1956 Dr. theol. Univ. Uppsala. 1960-65 Lehrtätigk. Natal (Afr.). S. 1972 Präs. Theol. Konvent Bekenn. Gemeinsch., s. 1978 Vors. Intern. Konf. Bekenn. Gem., s. 1983 ER Johanniterorden, s. 1989 ehrenamtl. Rektor d. Freien Hochsch. f. Mission in Korntal - BV: u. a. D. Selbständigkeit d. jungen Kirchen als missionar. Problem, 1956, engl. 1964; Allen Völkern zum Zeugnis, 1972, norw. 1974; Shaken Foundations. Theological Foundations for Mission, 1972, schwed. 1974; Bangkok '73 - Anfang od. Ende d. Weltmission? E. gruppendynam. Experiment, 1973, engl. 1974 u. norw. 1974; Reich Gottes oder Weltgemeinsch., 1975; Ökumene im Spiegel v. Nairobi, 1976; Ideologien - Herausford. an d. Glauben, 1979; Zw. Anarchie u. Tyrannei, 1979; Aufbruch d. Armen, 1981; 8 Hefte in d. Reihe: Christusbekenntnis heute; Frauen im theol. Aufstand, 1983; Theol. als Instrument d. Befreiung, 1986, engl. 1988; Krise u. Neuaufbruch d. Weltmission, 1987; Eine Welt - eine Religion?, 1988; D. Konziliare Prozeß - Realität u. Utopie, 1990; God's Kingdom and the Utopian Error, 1992. Herausg.: Ztschr. Diakrisis (s. 1979) - Spr.: Engl., Schwed., Holl.

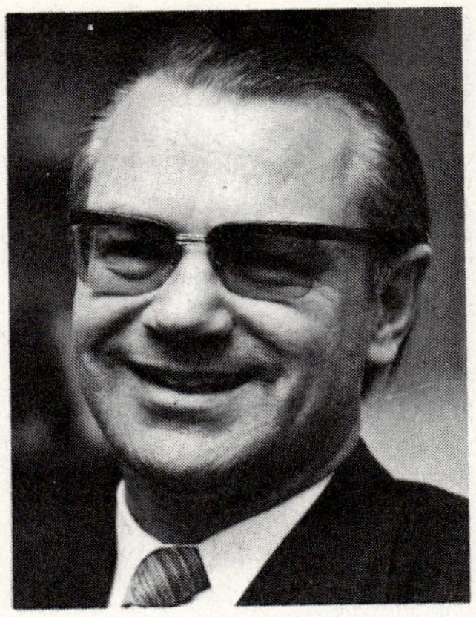

BEYERLE, Dieter

Dr. phil. (habil.), Prof. f. Roman. Philologie - Alsterkamp 10, 2000 Hamburg 13 - Geb. 10. Juni 1930 Berlin - Promot. 1956 -S. 1970 Prof. Univ. Hamburg. Facharb.

BEYERLIN, Walter

Dr. theol., o. Prof. f. Altes Testament - Klosterbusch 10, 4400 Münster (T. 0251 - 6 13 42) - Geb. 23. Juni 1929 Reutlingen, ev., verh. s. 1966 m. Astrid, geb. Gottfriedsen - Univ. Tübingen, Göttingen, Basel, Edinburgh. Promot. 1956 u. Habil. 1960 Tübingen - S. 1954 kirchl. Dst.; 1957-58 Stiftsrepet.; 1958-1960 Assist., 1960-63 Doz. Univ. Tübingen; 1963-73 o. Prof. Univ. Kiel; s. 1973 Univ. Münster - BV: D. Kulttraditionen Israels in d. Verkündig. d. Propheten Micha, 1959; Herkunft u. Gesch. d. ältesten Sinaitraditionen, 1961 (engl. 1965); D. Rettung d. Bedrängten in d. Feindpsalmen..., 1970; Wir sind wie Träumende. Stud. z. 126. Psalm, 1978 (engl. 1982); Werden u. Wesen d. 107. Psalms, 1979; D. 52. Psalm. Stud. z. s. Einordnung, 1980; Wider die Hybris des Geistes. Stud. z. 131. Psalm, 1982; Weisheitl.-kult. Heilsordn. Stud. z. 15. Psalm, 1985; Weisheitl. Vergewisserung m. Bezug auf d. Zionskult. Stud. z. 125. Psalm, 1985; Bleilot, Brecheisen od. was sonst? Revision e. Amos-Vision, 1988; Reflexe d. Amosvisionen im Jeremiabuch, 1989; Im Licht d. Traditionen: Psalm LXVII u. CXV. E. Entwicklungszusammenhang, 1992. Herausg.: Religionsgeschichtl. Textb. z. AT, 1975 (niederl. 1976, engl. 1978), 2. A. 1985; Grundrisse z. AT (1975ff.)

BEYERMANN, Klaus

Dr. rer. nat., Dr. h. c., Dr. h. c., Prof. f. Analyt. Chemie Univ. Mainz - Weidmannstr. 37, 6500 Mainz - Geb. 22. Sept. 1929 Nordhausen - Promot. 1957; Habil. 1963 - S. 1968 Prof. Mainz (1984-90 Präs. ebd.) - BV: Chemie f. Mediziner, 6. A. 1987 (engl., ital., poln. Übers.); Organische Spurenanalyse, 1982 (engl., tchech., russ. Übers.); Molekülmodelle, 1979. Üb. 60 Einzelarb.

BEYERSMANN, Detmar

Dr. rer. nat., Prof. f. Biochemie Univ. Bremen (s. 1973) - Parkstr. 28, 2800 Bremen 1 (T. 34 11 74) - Geb. 10. April 1939 Hagen - Stud. d. Chemie Univ. Tübingen, Münster; Promot. 1968 - 1968-73 Wiss. Mitarb. Max-Planck-Inst. f. Virusforschung Tübingen u. f. molekulare Genetik, Berlin - BV: Nucleinsäuren, 1971. Fachveröff. z. biochemischen Toxikologie, insb. z. erbgutverändernden u. krebserzeugenden Metallverbindungen.

BEYLICH, Alfred Erich

Dr.-Ing., Prof., Wiss. Rat - Heidchen 20, 5100 Aachen-Walheim - Geb. 21. Nov. 1938 Köln - Promot. (1968) u. Habil. (1974) Aachen - Mehrj. USA-Aufenth.; s. 1974 Wiss. Rat u. Prof. TH Aachen (Leit. Lehrgeb. Elektr. Antriebe d. Raumfahrt). Fachaufs.

BEYLICH, Frieder

Dr. agr., Dipl.-Braumeister, Dipl.-Kfm., Vorstandsvorsitzender Eichbaum-Brauereien AG - Käfertaler Str. 170, 6800 Mannheim (T. 0621 - 3 37 00) - Geb. 31. März 1929 - AR-Vors. Freiberger Brauhaus AG, Freiberg; AR-Mitgl. Frankenthaler Brauhaus AG, Frankenthal; Präs. d. Bad.-Württ. Brauerbundes, Stuttgart - BVK - Hobby: Golfspiel - Spr.: Engl.

BEYME, von, Klaus

Dr. phil., Prof. f. Politikwissenschaft - Sitzbuchweg 40, 6900 Heidelberg - Geb. 3. Juli 1934 Saarau/Schles. (Vater: Wilhelm v. B., Landw.; Mutter: Dorothee, geb. v. Rümker), verh. s. 1959 m. Maja, geb. v. Oertzen, 2 Kd. (Maximilian, Katharina) - Schule Celle (Abit.), 2 J. Verlagsbuchhändlerlehre Braunschweig, 1956-61 Univ. Heidelberg, Bonn, München, Paris, Moskau - S. 1967 (Habil.) Lehrtätigk. 1967-73 Prof. Tübingen, s. 1974 Heidelberg, 1971/72 Rektor, n. 8täg. Amtszeit zurückgetr.; 1982-85 Vors. d. Intern. Political Science Assoc. - BV: D. parlamentar. Regierungssysteme in Europa, 1970; D. politische Elite in d. BRD, 1971; Polit. Theorien d. Gegenwart, 1972; Ökonomie u. Politik im Sozialismus, 1975; Gewerkschaften u. Arbeitsbeziehungen in kapitalist. Ländern, 1977; D. politsche System d. BRD, 1979; Interessengruppen in d. Demokr., 1980; Parteien in westl. Demokratien, 1982; D. Sowjetunion in d. Weltpolitik, 1983; Vorbild Amerika?, 1986; D. Wiederaufbau Architektur u. Städtebaupolitik in beiden dt. Staaten, 1987; D. Vergleich in d. Politikwiss., 1988; Reformpolitik u. sozialer Wandel in d. Sowjetunion 1970-1988, 1988; Hauptstadtsuche, 1991; Theorie d. Politik im 20. Jh. Von d. Moderne z. Postmoderne, 1991.

BEYREUTHER, Erich

Dr. theol. (habil.), Prof., Kirchenhistoriker - Westendstr. 7, 8016 Feldkirchen/Obb. (T. München 903 27 40) - Geb. 23. Mai 1904 Oberröslau/Bay., 2 Söhne (Prof. Dr. Konrad, Dipl.-Phys. Dr. med. Christian) - S. 1954 Lehrtätigk. Univ. Leipzig u. Erlangen-Nürnberg (1963 apl. Prof.) - B Bartholomäus Ziegenbalg - Bahnbrecher d. Weltmission, 1955 (auch engl.); August Hermann Francke, 1956 (auch norw.), 6. A. 1987; A. H. Francke u. d. Anfänge d. ökumen. Beweg., 1957; D. jg. Zinzendorf, 1957; Zinzendorf u. d. sich allhier zusammenfinen, 1959; Zinzendorf u. d. Christenheit, 1961; Studien z. Theol. Zinzendorfs, 1962; Gesch. d. Diakonie u. Inneren Wiss. in d. Neuzeit, 1962, 3. A. 1983 (auch finn.); D. Erweckungsbewegung, 1963, 2. A. 1977; Selbstzeugnisse A. H. Franckes, 1963, 6. A. 1987; D. geschichtl. Aufgabe d. Pietismus in d. Gegenw., 1964; Philipp Jacob Spencer Pia desideria - Programm d. Pietismus, 1964, 4. A. 1986; Zinzendorf in Selbstzeugn. u. Bilddokumenten, 1965 (auch franz.); D. Gesch. d. Kirchenkampfes in Dokum. - 1933-45, 1966; Kirche in Beweg. - Gesch. d. Evangelisation u. Volksmission, 1968; D. Weg d. Ev. Allianz in Dtschl., 1969; Geschichte d. Pietismus, 1978; Frömmigkeit u. Theologie, Ges. Aufs., 1979; D. Herrnhuter Losungen u. ihre Entstehungsgesch., 1980; Ludwig Hofacker, Bildmonogr. 1988; D. große Zinzendorf Trilogie, 1988. Herausg.: Pierre Bayle, Histor. u. kritisches Wörterb. (1974ff.), Fr. Chr. Oetingers Schriften (1977ff., bish. 3 Bde.), Ph. J. Spener, Schriften (1979, bish. 18 Bde.); S. J. Baumgartens Antworten auf Siegfrieds Bescheidene Beleuchtung (Antizinzendorfiana I), 1981; Aus d. Freien Reichstädten Hamburg, Lübeck, Frankfurt u. d. ehemal. Reichstadt Straßburg, (Antizinzendorfiana II), 1982. Mithrsg.: N. L. v. Zinsendorf, Schriften (1962ff.; bish. 55 Bde.). Theol. Begriffslex. z. NT (4. A. 1986, auch engl., ital., span., portug., chin., in Vorber. korean. u. jap.) - 1987 BVK am Bde.

BEYSCHLAG, Karlmann

Dr. theol., o. Prof. f. Histor. Theologie - Rudelsweiherstr. 43, 8520 Erlangen (T. 2 15 91) - Geb. 9. März 1923 Berlin (Vater: Prof. Dr.-Ing. Rudolf B., Ord. f. Aufbereitung u. Brikettierung TU Berlin †1961 (s. XIV. Ausg.); Mutter: Johanna, geb. Mayweg), ev., verh. s. 1951 m. Anna-Katharina, geb. Bode, 2 Kd. (Wolfram, Ursula) - Theol. Schule (Kirchl. Hochsch.) Bethel, Univ. Erlangen u. Marburg (Theol.). Habil. (Kirchengesch.) 1955 Erlangen - 1951-53 Pfarramtl. Hilfsdst. Ev. Landeskirche v. Kurhessen-Waldeck, dann Repetent f. Neues Testament, Assist. Sem. f. Allg. Kirchengesch., s. 1957 Doz. u. Prof. (1963) Univ. Erlangen-Nürnberg (1971 Ord.). Emerit. 1988 - BV: D. Bergpredigt u. Franz v. Assisi, 1955; In d. Welt - nicht v. d. Welt, 1964 (holl. 1965); Clemens Romanus u. d. Frühkatholizismus, 1966; V. Urchristentum z. Weltkirche, 1967 ff.; G. E. Lessing, Theol. u. phil. Schriften, 1967; D. verborgene Überlieferung von Christus, 1969; Simon Magus u. d. christl. Gnosis, 1974; Evangelium als Schicksal, 1979; Grundriß d. Dogmengesch., Bd. I (Gott u. Welt), 1982, 2. neubearb. A. 1988; Bd. II/1 (Gott u. Mensch), 1991; Non confundar in aeternum, Universitätspredigten, 1986 - Bek. Verf.: Willibald B., Theologe, Halle/S. †1900 (Urgroßv.); Franz B., Geologe, Berlin †1935 (Großv.).

BEYSCHLAG, Siegfried

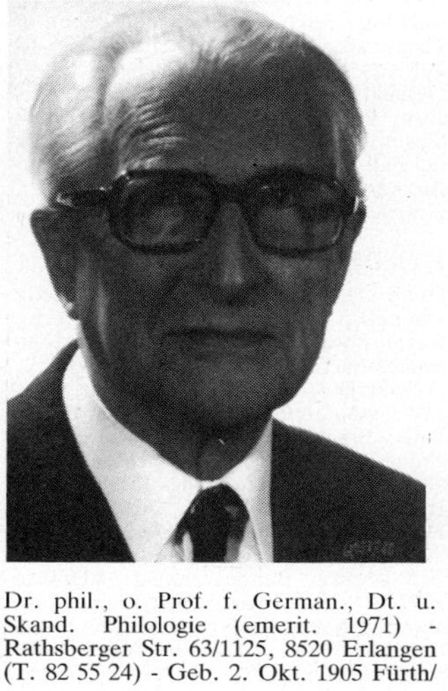

Dr. phil., o. Prof. f. German., Dt. u. Skand. Philologie (emerit. 1971) - Rathsberger Str. 63/1125, 8520 Erlangen (T. 82 55 24) - Geb. 2. Okt. 1905 Fürth/B. (Vater: Alfred B.; Mutter: Roswith, geb. Weiskopf), ev., verh. s. 1959 m. Erna, geb. Schmitz - Gymn. u. Univ. München (Promot. 1931). Habil. 1940 Berlin - 1933 Studienass. München, 1934 Mitarb. Dt. Wörterb. (Pr. Akad. d. Wiss.), 1940 Lehrbeauftr. Univ. Innsbruck (Dt. Volksdicht.), 1942 Studienrat Obersch. Forchheim u. Univ.doz. Erlangen, Lektor Univ. Kopenhagen (Dt. Spr. u. Lit., b. 1949), 1950 apl. Prof., 1957 Ord. Univ. Erlangen, Leit. Ostfränkisches Wörterbuch u. Mitgl. Kommiss. f. Mundartforsch. Bayer. Akad. der Wissensch., 1961/62 Dekan d. Phil. Fak. - BV: D. Wiener Genesis - Idee, Stoff u. Form, 1942 (Sitzungsberichte Österr. Akad. d. Wiss., Wien, Bd. 220); Konungasögur, Unters. z. Königssaga b. Snorri, D. älteren Übersichtsw. samt Ynglingasaga, 1950 (Bibliotheca Arnamagnaeana, VIII); Altd. Verskunst in Grundzügen, 1969. Herausg.: Erlanger Beitr. z. Sprach- u. Kunstwiss. (1958-78); Walther v. d. Vogelweide - Wege der Forsch. Bd. CXII, 1971; D. Lieder Neidharts - D. Text ...u. d. Melodien (1975); Herr Neidhart diesen Reigen sang: Texte. Melodien m. Übers. u. Kommentaren (1989, m. Horst Brunner) - Pflege mittelalterl. Musik, Forsch. z. altd., -nord. u. skand. Lit. sowie z. dt. Volksdicht. - J.-A.-Schmeller-Med. f. Verd. um d. bayer. Mundartforsch. (Bay. Akad. d. Wiss.).

BEYSE, Jochen

Dr. phil., Schriftsteller - Helene-Lange-Str. 9, 2000 Hamburg 13 (T. 040 - 410 44 25) - Geb. 15. Okt. 1949 Bad Wildungen, ledig - Stud. Theaterwiss., Phil. u. German.; Promot. 1977 Univ. Köln - Versch. Stip. - BV: D. Ozeanriese, R. 1981; D. Aufklärungsmacher, Nov. 1985; D. Affenhaus, Erz. 1986; Ultima Thule, Erz. 1987; D. Tiere, Erz. 1988; Ultraviolett, Erz. 1990 - 1985 ASPEKTE-Literaturpreis; 1986 Preis d. Kärntner Industrie (Ingeborg-Bachmann-Wettbew.); Stip. d. Villa Massimo.

BEZ, Max

Dr., Dipl.-Volksw., Buchgroßhändler u. Verleger (G. Umbreit GmbH & Co., Fleischhauer & Spohn GmbH & Co., Media-Vertrieb Verlagserzeugnisse GmbH & Co., Media-Vertrieb Verlagserzeugnisse Verwaltungsges. mbH, Bez GmbH, alle Bietigheim-Bissingen) - Im Buchrain 7, 7000 Stuttgart 1 - Geb. 16. Juni 1920.

BEZZENBERGER, Günter E. Th.

Oberlandeskirchenrat i. R., Publizist - Bodelschwinghstr. 9, 3504 Kaufungen 1 (T. 05605 - 48 30) - Geb. 18. Aug. 1923 Darmstadt, verh. m. Ilse-Lore, geb. Harting (Kunstmalerin), 2 Töcht. - 1945-50 Theol.-Stud., 1955-60 Landesjugendpfarrer Kurhessen-Waldeck, 1960-85 Mitgl. Landeskirchenamt in Kassel; s. 1986 Ältester d. ökumen. Kaufunger Konvents. S. 1977 Mitgl. Hist. Kommiss. f. Hessen; 1979-85 Vors. Hess. kirchengeschichtl. Vereinig.; 1980-86 Rundfunkrat-Vors. Hess. Rundf.; s. 1987 AR-Vors. hr-Werbung u. Juniorfilm Ffm. Zahlr. Publ. zu d. Themenbereichen: Kirchengeschichte, Liturgie, Ökumene, christliche Kunst; Bibliographie 1952-83, 1983 - 1970 Rechtsritter d. Johanniterordens; 1973 BVK I. Kl., 1988 Gr. BVK - Spr.: Latein, Griech., Hebr., Engl.

BIAGOSCH, Axel

Dr. rer. pol., Versicherungsdirektor, Rechtsanwalt, Vorstandsmitgl. Colonia Versicherung AG u. Colonia Lebensversicherung AG, bde. Köln - Colonia-Allee 10-20, 5000 Köln 80.

BIALAS, Günter

Prof. i.R., Komponist - Eichenweg 4, 8019 Glonn-Haslach (T. 08093 - 7 67) - Geb. 19. Juli 1907 Bielschowitz (Vater: Friedrich B., Lehrer; Mutter: Maria, geb. Kijora), kath., verh. s. 1937 m. Gerda, geb. Specht - 1927-29 Univ. Breslau; 1929-33 Akad. Berlin (Staatsex. 1933) - 1933-41 Musiklehrer Breslau u. Univ.-Doz.; 1945-47 Leit. Münchner Bachverein; 1947-59 Musikhochsch. Detmold; 1947-74 Prof. Musikhochsch. München - Kompos.: 3 Opern, 1 Ballett, Konzert-, Kammer- u. Chormusik - 1954 Gr. Kunstpreis Land NRW - Lit.: Werkstattgespräche.

BIBERGER, Erich L.

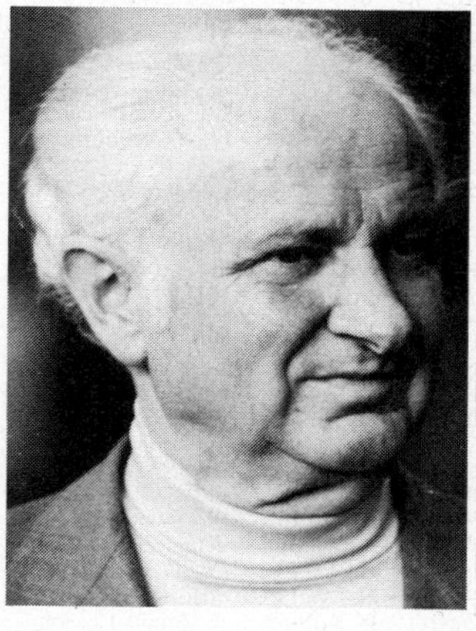

Journalist, Schriftst. - Altmühlstr. 12/II, 8400 Regensburg - Geb. 20. Juli 1927 Grubweg b. Passau, kath., verh. - U. a. 1956-91 Redakt. Tages-Anzeiger/Mittelbayer. Ztg. Regensburg. S. 1960 Vors. Regensbg. Schriftst.gruppe Intern. (Arbeitsgem. deutschsprachiger Autoren in 25 Ländern), Initiator u. Leit. Intern. Regensb. Literaturtage (1967ff.), u. Intern. Jungautoren-Wettbewerbe (1972ff.); 1969-75 Beirat, 1975ff. Präs.-Mitgl. Oberpf. Kulturbd.; Kulturbeirat Stadt Regensburg (1985ff.); s. 1972 Mitgl., s. 1973 Ortsvorst.-Mitgl. d. Bayer. Journalisten-Verb. (BJV) - BV: Dreiklang d. Stille, Lyrik 1955; Rundgang üb. d. Nordlicht, Atomzeitmärchen, 1958; D. Traumwelle, Erz. 1962; Denn im Allsein d. Welt, Lyrik 1966; Duada oder D. Mann im Mond - Phantasien in Hörspielform, 1967; Gar mancher..., heit. Verse 1969; Andere Wege b. Zitterluft (Lyrisches Alphabet, 1982); Was ist hier Schilf, was Reiher...?, Ged. 1983; Nichts als d. Meer, Ged.; Zwei Pfund Morgenduft (Feuilletons). Zahlr. Gedichte sind vertont. Herausg. v. Anthologien, u. a. Quer (Lyrik von 204 Autoren, 1975), Anthologie 3 (Lyrik in 47 Sprachen, 1979), sowie Reihen RSG-Studio International u. RSG-Forum 15/25 (f. Jungautoren) (1973ff.) - 1973 BVK am Bde., 1974 Nordgaupreis f. Dichtung, 1979 Hans-Huldreich-Büttner-Gedächtnispreis, 1981 Medaille Studiosis Humanitatis der Literarischen Union, 1981 Ehrendiplom World Congress of Writers and Poets, 1986 Adolf-Georg-Bartels-Gedächtnis-Ehrung, 1987 Mark-Aurel-Siegel, 1990 Art of Peace Award, u. a. - Liebh.: Musik, Zeichnen, Reisen - Lit.: Dr. Wilhelm Bortenschlager, Brennpunkte.

BICHEL, Ulf

Dr. phil., Prof., Oberstudienrat a.D. - Kopenhagener Allee 12, 2300 Kiel - Geb. 9. April 1925 Kiel - Promot. 1954 - S. 1970 (Habil.) Lehrtätigk. Univ. Kiel (1974 apl. Prof. f. Dt. u. Niederd. Philologie) - BV: Problem u. Begriff d. Umgangssprache in d. germanist. Forschung, 1973.

BICHSEL, Peter

Schriftsteller - Nelkenweg 24, CH-4512 Bellach (Schweiz) (T. 065 - 38 10 26) - Geb. 24. März 1935 Luzern (Vater: Willi B., Malerm.; Mutter: Lina, geb. Bieri), protest., verh. s. 1956 m. Therese, geb. Spörri, 2 Kd. (Christa, Matthias) - Lehrersem. Solothurn - 1955-68 u. 1973-74 Primarlehrer in Zuchwil u. Halten; s. 1968 fr. Schriftst.; 1963/64 Lit. Kolloquium, Berlin; 1964-68 Mitgl. d. Kulturredakt. d. Weltwoche, Zürich; 1971/72 Writer in Residence am Oberlin College, Oberlin, Ohio/USA; 1974-81

Berater d. Schweiz. Bundesrates W. Ritschard; 1980 Gastdoz. Univ. Essen; 1981-82 Stadtschreiber v. Bergen-Enkheim (b. Frankfurt/M.); 1982 Gastdoz. f. Poetik Univ. Frankfurt; 1987 Gastdoz. am Dartmouth College, Hanover, New Hampshire/USA; 1989 Gastdoz. am Middlebury College, Middlebury, Vermont USA - BV: Eigentl. möchte Frau Blum d. Milchmann kennenlernen, Erz. 1964; D. Jahreszeiten, R. 1967; Kindergeschichten, 1969; Des Schweizers Schweiz, 1969 (FS: 1972 ZDF); Geschichten zur falschen Zeit, 1979; D. Leser. D. Erzählen, 1982; Peter Bichsel: Auskunft f. Leser, 1984; Schulmeistereien, 1985; D. Busant. V. Trinkern, Polizisten u. d. schönen Magelone, 1985; Irgendwo anderswo, 1986; Im Gegenteil. 1990; Möchten Sie Mozart gewesen sein?, 1990. Film: Unser Lehrer (Co-Autor v. Alexander J. Seiler), 1971. Hörspiel: Inhaltsangabe d. Langeweile, 1972 - S. 1985 Mitgl. Akad. d. Künste, s. 1985 korr. Mitgl. Dt. Akad. f. Sprache u. Dichtung, Darmstadt; 1991 Ehrenmitgl. d. American Assoc. of Teachers of German (AATG); 1965 Preis Gruppe 47 u. Stip. Lessing-Preis Stadt Hamburg; 1966 Förd.pr. d. Stadt Olten; 1968 Förd.pr. d. Kantons Solothurn; 1970 Dt. Jugendbuchpr.; 1979 Kunstpr. d. Kantons Solothurn, Lit.pr. d. Kantons Bern; 1986 Johann Peter Hebel-Pr.; 1989 Gastpr. d. Kulturpr. d. Stadt Luzern - Lit.: P. B.: Auskunft f. Leser, hg. v. Herbert Hoven (1984); P. B.: Weg u. Werk v. Hans Bänziger (1984); P. B.: Texte, Daten, Bilder, hg. v. Herbert Hoven (1991).

BICK, Hartmut

Dr. rer. nat., Prof., Zoologe - Elbestr. 30, 5300 Bonn-Ippendorf - Geb. 20. Aug. 1929 Siegen - S. 1964 (Habil.) Lehrtätigk. Univ. Bonn, Lehrst. f. Landwirtsch. Zool. u. Bienenkunde (s. 1972).

BICK, Otto

Dr. rer. pol., Dipl.-Kfm., Geschäftsführer August Pape GmbH. u. BBG Baubedarf GmbH., beide Bielefeld - Am Rehwinkel 6, 4800 Bielefeld - Geb. 9. Febr. 1925.

BICKEL, Dietrich

Dr. jur., Prof. f. Allg. Rechtslehre, Bürgerl. Recht u. Arbeitsrecht Univ. Marburg (s. 1972) - Am Ronneberg 3, 3588 Homberg - Geb. 25. Jan. 1932 Apolda/Thür. - Promot. 1967, Habil 1970 - BV: Üb. d. Unmöglichkeit e. Grundsatzes d. Gleichbehandlung im Arbeitsrecht, 1968; D. Meth. d. Auslegung rechtsgeschäftl. Erklärungen, 1976; Recht u. Rechtserkenntnis, Festschr. f. Ernst Wolf (Hrsg.) 1985.

BICKEL, Michael

Redaktionsleiter Neuburger Rundschau, Heimatausgabe d. Augsburger Allgemeinen, Geschäftsf. d. Stiftg. Neuburger Barockkonzerte - Karlsplatz A-14, 8858 Neuburg a. d. Donau - 1972 Theodor-Wolff-Preis (f. Lokales).

BICKEL, Peter

Vorstandsmitglied Volksbank Ostallgäu e.G., Marktoberdorf - Mozartstr. 9, 8952 Marktoberdorf - Geb. 4. Dez. 1943 Bielefeld, verh. s. 1970 m. Renate, geb. Bürger, 2 Kd. (Jan, Nina).

BICKELE, Rita

Kauffrau, Schriftst. - Idarwaldstr. 5, 7000 Stuttgart 30 (T. 0711-85 41 12) - Geb. 6. Febr. 1949 Walsum/Wehofen/Rhld., verh. s. 1968 m. Gerhard B., 2 S. (Andreas, Oliver) - Kaufm. Lehre - BV: Lyrik: M. Gedanken - m. Gefühle - m. Ged., 1982; Wie Schatten in meinem Licht, 1985; u.a. - Liebh.: Malen, Modellieren, Sammeln v. Antiquitäten, Fernreisen.

BICKHARDT, Klaus

Dr. med. vet., Prof. f. Allg. u. Inn. Medizin u. Schweinekrankh. - Pahlberg 4, 3167 Burgdorf (Ehlershausen) - S. 1970 Privatdoz. u. apl. Prof. (1976) Tierärztl. Hochsch. Hannover.

BIDERMANN, Willi

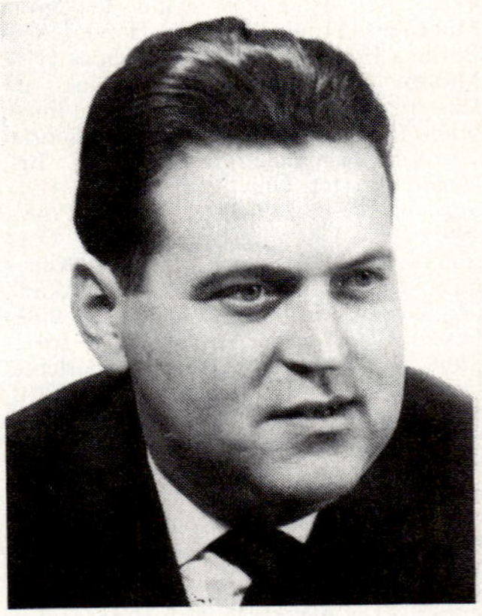

Schriftsteller, Pfarrer u. Religionslehrer am Berufsschulzentrum Nagold - Eugen-King-Str. 7, 7290 Freudenstadt (T. 07441 - 8 59 20) - Geb. 2. Juli 1932 Dornstetten-Aach/Schwarzw., ev., verh. s. 1956 m. Elli, geb. Bäcker (Krankenschw.), 3 Kd. (Ellen, Annette, Johannes) - S. 1956 Geistl., zuerst ev. meth. Kirche, dann ev.-luth. Initiator d. 1. Sulzdorf-Treffens aller Zeiten; Hauptbeteiligter am Dagesheimer Kirchenstreit (kirchl.-theol. Auseinanders. üb. Kirchenreform s. 1986) - BV: Es ging e. Sämann aus, zu säen, Autobiogr.; Hohenloher Gänsefüßchen, volkskdl. Veröff.; Konrad, d. Aussteiger, Theaterst.; Josef, laß d. Träumen sein, bibl. Malb.; Alles, was Sulzdorf heißt; Wie e. Wegwarte sein, Lyrik; V. Schwarzwald ins Heilige Land, 1990 (50 Publ.); D. Kirchenmaus, 1992 (55 Publ.); u. a. Herausg. Kolb-Biogr. (Christian, Gottlieb, Christoph v., Rudolf) u. Heinrich Schäff-Zerweck - Dichter u. Maler - Liebh.: Märchen, Puppenspiel, Zirkus.

BIDINGER, Helmuth

Dr. jur., Rechtsanwalt u. Notar, Präsidiumsmitgl. Bundes-Zentralverb. d. Dt. Personenverkehrsuntern. m. PKW (BZP, 1966-91) - Zeisselstr. 11, 6000 Frankfurt/M. 1 (T. 59 05 98; Fax 069/5976428; priv.: 06171 - 2 35 15) - Geb. 5. Dez. 1923 Bausendorf/Mosel, kath., 3 Kd. (Peter †, Monika, Rita) - Cusanus-Obersch. Wittlich; Univ. Mainz (Rechtswiss.) - 1956/57 Leit. Rechtsabt. Arbeitsgemeinsch. Güterfernverkehr f. d. Bundesgeb. u. Bundeszentralgenoss. Straßenverkehr eGmbH, 1958-66 Hauptgeschäftsf. Arbeitsgemeinsch. Personenverkehr bzw. Bundesverb. d. Dt. Personenverkehrsgew., 1985-90 Präsid.-Mitgl. Arbeitskr. Rationeller Personenverkehr (ARP), Bonn - BV: Personenbeförderungsrecht, Komm. 1961, 2. A. 1971, 49. EL 1991; Gemeindeverkehrsfinanzierungsgesetz, 1974 (m. Braun); Voraussetzung u. Möglichkeiten f. e. stärkere Integration d. Taxis in d. öfftl. Personennahverkehr, 1974 (m. Pampel; Forschungsauftr. d. Bundesmin. f. Verkehr); Grenzüberschreit. Omnibusverkehr, 1975 (m. Haselau, Haseleu, Hole, Seither); Ausgleichgemeinwirtschaftl. Leistungen im Ausbildungsverk., 1977 (m. Haselau, Krämer); BOKraft, 3. A. 1989; D. Omnibusunternehmer, Leitf. f. d. Sachkundeprüf., 8. A. 1991; D. Taxi- u. Mietwagenuntern., 13. A. 1991; Kurzkomment. z. Reisevertragsges., 1985; Handb. d. Reiserechts, 2. A. 1991; Taxi-ABC, 4. A. 1988; D. Taxi- u. Mietwagenunternehmen, 1992; Verb.-Handb., 1988, 8. EL 1991; Schriften im BZP-Report - Spr.: Engl., Franz., Latein.

BIEBL, Elisabeth

Dr., Oberpostdirektorin, MdL Bayern (s. 1975) - Liebigstr. 34, 8000 München 22 (T. 217 73 54) - Geb. 1928 - CSU.

BIEBL, Karl-Heinz

Dipl.-Betriebswirt, Verleger - 8000 München 60 - Geb. 23. März 1946 Weiden/Opf., verh., 2 Kd. - Inh. Rudolf Schneider Verlag, München, gegr. 1926; Inh. Hohenstaufen Verlag München 60, gegr. 1962 in Esslingen. Mitgl. Humboldt-Ges., Mannheim, Dt. Kulturwerk europ. Geistes, München, Förderstiftg. d. Dt. Wirtsch., München - 1987 Joseph-Hiess Gedenkpreis.

BIEBL, Peter

Dr., Oberbürgermeister - Rathaus, 7910 Neu-Ulm/Schw. - Geb. 28. Juni 1937 Augsburg - Zul. Regierungsdir. CSU.

BIEBUSCH, Werner

Dr. phil., Direktor d. Landtages Brandenburg (s. 1991) - Flämische Str. 149, 2800 Bremen (T. 0421 - 58 19 88) - Geb. 20. April 1931 Hamburg (Vater: Friedr. B.; Mutter: Marie, geb. Rosemeyer), verh. m. Erika, geb. Haupt, 3 Kd. (Uwe, Inge, Astrid) - Abit.; 2. Verwalt.prüf.; Stud. Univ. Hamburg (Öffentl. Recht, Soziol., Gesch., German.) - 1960 Leit. Stenograph. Dienst d. Brem. Bürgersch.; 1965 Leit parlam. Abt. (Plenum u. Aussch.); 1971-90 Dir. d. Bremischen Bürgerschaft - BV: Revolut. u. Staatsstreich, Verfassungskämpfe in Bremen 1848-54, 2. A. 1974.

BIECHELE, Hermann

Studienrat a. D., MdB (s. 1961; Wahlkr. 186/Konstanz) - Hauptstr. 8, 7761 Gaienhofen üb. Radolfzell/B. (T. 07735 - 21 26) - Geb. 1. März 1918 Konstanz/B. (Vater: Hermann B.), kath., verh. m. Agnes, geb. Marquart, 4 Kd. - Univ. Freiburg/Br. (Geschichte, German.) - 1937-45 Wehrdst. (zul. Oblt.); 1945-46 franz. Gefangensch.; 1946-50 Stud.; ab 1954 Studienrat Gymn. Radolfzell. S. 1955 Vors. CDU-Kreisverb. Konstanz-Land u. Mitgl. Landesvorst. Südbaden. B. 1938 Kath. Jugendbeweg.

BIECK, Peter

Dr. med., Internist, Pharmakologe, apl. Prof. f. Klin. Pharmak. Univ. Tübingen, Leit. Humanpharmak. Inst. CIBA-GEIGY GmbH, Tübingen - Spitzbergweg 3, 7407 Rottenburg-Wurmlingen - Ehem. Med. Hochsch. Hannover.

BIEDENKAPP, Volker

Chefdramaturg u. Regisseur - Bottenberger Str. 6, 5905 Freudenberg (T. 02734 - 16 44) - Geb. 29. Okt. 1943 Schotten (Vater: Friedrich B., Pfarrer; Mutter: Charlotte, geb. Kühn), ev., verh. s. 1981 m. Esther, geb. Zellweger - Stud. Theaterwiss., Kunstgesch., Phil. u. Psych. Univ. Wien - 1969-72 Regieassist. Darmstadt, Gießen u. Heidelberg. 1972-75 Dramat. u. Regiss. Kom. Kassel, 1975-79 Chefdramat. u. Regiss. Baden-Baden, Doz. VHS ebd.; fr. Mitarb. Südwestf.; 1979-81 Chefdramat. u. Regiss. Wilhelmshaven, Doz. VHS ebd., Papenburg u. Aurich/Ostfriesl.; 1981-83 Chefdramat. u. Regiss. Stadttheater Bremerhaven, 1983-86 fr. Regiss. (s. 1984 eig. Theaterstudio Baden-Baden u. Theatersch.), s. 1986 Chefdramat., PR Leit. u. Regiss. Stadtth. Gießen; s. 1987 Geschäftsf. Kulturkreis Siegerland, verantw. f. Theater u. Konzerte d. Stadt Siegen. U.v.a. Insz. UA Paul Hübners: D. Fall Weidig (Gr. Haus Stadttheater Bremerhaven) - Spr.: Engl., Franz., Griech., Latein.

BIEDENKOPF, Kurt H.

Dr. jur. LL.M., Prof. f. Bürgerl. Recht, Handels-, Wirtsch.- u. Arbeitsrecht, Rechtsanwalt, Ministerpräsident d. Freistaates Sachsen (s. 1990) - Archivstr. 1, O-8060 Dresden - Geb. 28. Jan. 1930 Ludwigshafen/Rh. - 1963-70 Lehrtätigk. Univ. Frankfurt/M. (Privatdoz.) u. Bochum (1964 Ord.; 1967-69 Rektor). 1968-70 Vors. Mitbestimmungs-Kommiss. d. Bundesreg.; 1971-73 o. Geschäftsf. d. Henkel GmbH, D'dorf; 1976-80 u. 1987-90 MdB, 1973-77 Generalsekr. d. CDU, 1977-83 stv. Bundesvors. d. CDU u. 1977-86 Vors. d. CDU-Landesverb. Westf.-Lippe, 1986/87 Vors. CDU-Landesverb. NW; 1979/80 Vors. Wirtschaftsaussch. CDU - BV: Vertragl. Wettbewerbsbeschränk. u. Wirtsch.verfassung, 1958; Unternehmer u. Gewerksch. im Recht d. USA, 1961; Grenzen d. Tarifautonomie, 1964; Thesen d. Energiepolitik, 1967; Mitbestimmung - Beitr. z. ordnungspolit. Diskussion, 1972; Fortschritt in Freiheit, 1974; D. Neue Sicht d. Dinge, 1985; Zeitsignale - Parteienlandsch. im Umbruch, 1989 - 1974 Ehrendoktor Davidson College, Davidson, USA, 1978 d. Georgetown Univ., Washington, USA.

BIEDERBECK, Erich H.

Direktor i. R., Ehrenpräs. IHK Kassel (1983ff.; 1973-83 Präs.) - Im Rosental 24, 3500 Kassel-Wilhelmsh. - Geb. 17. Mai 1914 - U. a. 9 J. Oberstadtdir. Göttingen; 1969-80 Vorst.-Vors. EAM; s. 1978 AR-Vors. B. Braun Melsungen AG - 1978 Gr. BVK.

BIEDERBICK, Jürgen

Dipl.-Ing., Parlamentarischer Geschäftsführer d. FDP-Fraktion im Abgeordnetenhaus v. Berlin - Zu erreichen üb. Rathaus Schöneberg, 1000 Berlin 62 (T. 030 - 783 38 13) - Geb. 4. März 1947, ev., verh. s. 1984 m. Gabriele, geb. Butting, 2 Töcht. (Sarah-Elisabeth, Rebecca-Marie) - Dipl.-Ing. 1974 Berlin - Spr.: Engl.

BIEDERMANN, Edwin Adolf

Dipl.-Volksw., Inh. Biedermann-Führungsberatung, Geschäftführer u. Alleingesellsch. MSB GmbH - Gobelbastei 17, 3257 Springe 1 (T. 05041 - 6 10 27) - Geb. 20. April 1939 Idar-Oberstein, ev., verh. s. 1968 m. Ingrid, geb. Krause, 3 Kd. (Inka Kristina, Erik Arnt, Ernst Alexander) - Abit. 1959 Wetzlar; Stud. Naturwiss., Rechtswiss., Volksw.; Dipl. 1967 Univ. Marburg - 5 J. Marketingleit. Edelstahlind.; 6 J. Geschäftsf. Möbelind.; s. 1978 selbst. als Consultant. Unternehmensbeteilig. in Entsorgungswirtsch., Recycling u. Kommunikat./ Neue Medien - BV: Marketing als Unternehmensstrategie, 1972; Betriebswirtsch. Fachwissen d. Verkaufsleit., 1982; Beitr. in Management-Enzyklop. (üb. Rohstoffe, Recycling).

BIEDERMANN, Günter

Dr. agr., Prof. f. Tierzucht GH Kassel (s. 1972) - Margueritenweg 3, 3430 Witzenhausen - Geb. 29. Jan. 1940 Bayreuth, ev., verh. s. 1968 m. Ruth, geb. Kühl, 2 Kd. (Marianne, Johannes).

BIEDERMANN, Harald

Bundesvorsitzender Verb. staatl. gepr. Techniker - Schöttlstr. 12, 8000 München 70.

BIEDERMANN, Hermenegild (Alfons)

M. O. S. A.

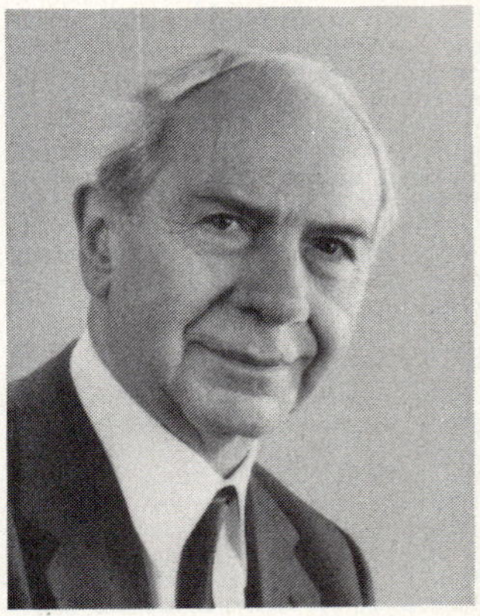

Dr. theol., o. Prof. f. Kunde d. christl. Ostens - Steinbachtal 2a, 8700 Würzburg - Geb. 15. Dez. 1911 Hausen/Ufr. (Vater: Vinzenz B., Landw.; Mutter: Regina, geb. Rumpel), kath. - Univ. Würzburg, Priesterw. 1936 (OSA) - S. 1953

ao. u. o. Prof. (1965) Univ. Würzburg, em. 1977 - BV: Erlösung d. Schöpfung, 1940; D. Menschenbild bei Symeon d. Jüngeren, d. Theologen, 1949; Unteilbar ist die Liebe: Pred. d. hl. Augustinus üb. 1 Joh., 1986. Herausg.: Reihe D. östl. Christentum (s. 1950), Ostkirchl. Studien (s. 1952). Mithrsg. d. Lexikons f. d. Mittelalter; Festschr. „Wegzeichen" (1971) - BVK am Bde.

BIEDERMANN, Julia

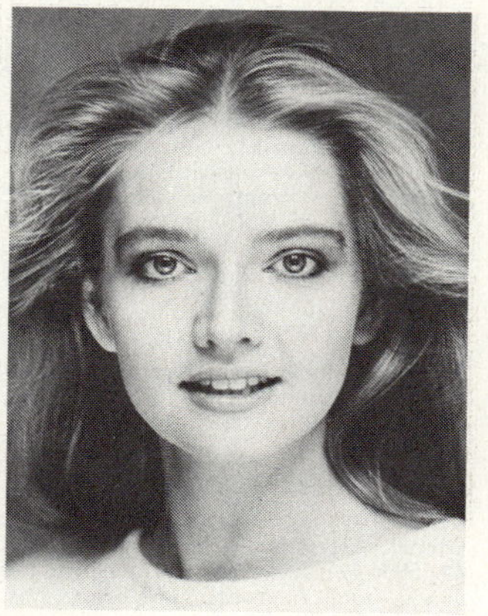

Schauspielerin, Synchronsprecherin - Zu erreichen üb. Agentur Alexander, Lamontstr. 9, 8000 München 81 - Geb. 15. März, ledig - Gymn.; Mittl. Reife; Schauspielsch.; Tanzakad. Berlin; Gesangsstud. - S. d. 4. Lebensj. FS, Theater u. Kinof. D. Weber (Schiller-Theater Berlin), D. Wildente (Freie Volksbühne Berlin), D. Haus in Montevideo (Komödie Winterhude Hamburg u. Theater am Kurfürstend. Berlin), Bunbury (Renaissance-Theater Berlin). TV-Serien: u. a. Traumschiff, Ich heirate e. Familie, E. Fall f. zwei, Praxis Bülowbogen, Tatort HR Dirty Dozen (MGM/UA), Hotel Paradies, Projekt Aphrodite (WDR), E. Schloß am Wörthersee (RTL), Nacht d. Prominenten (DFF), Tigerdressur, D. Landarzt (ZDF). Kino: u. a. D. bleierne Zeit, E. Schweizer namens Nötzli - 1987 Goldener Palmenzweig Salone Intern. Umorismo San Remo - Liebh.: Musical, franz. Küche - Spr.: Engl., Franz., Ital.

BIEDERSTAEDT, Claus

Schauspieler - Richard-Strauß-Str. 3, 8031 Eichenau/Obb. - Geb. 28. Juni 1928 Stargard/Pom. (Vater: Franz B., Lehrer; Mutter: geb. Krumbügel), ev., verh. 1956-1970 m. Ingrid, geb. Peters (Graph.), S. Tom-Erik - Gymn. (Abit.); Schule Schauspielhaus Hamburg - S. 1948 Verpflicht. Schauspielhaus Hamburg, Staatstheater Wiesbaden, Komödie Berlin u. v. a. Bühne: u. a. Puck (Sommernachtstraum), Leon (Weh' dem, d. lügt), Edgar (König Lear), Valentin (Faust I). Üb. 50 Filme, dar.: Sauerbruch, D. gr. Versuchung, 3 Männer im Schnee, Feuerwerk, Kinder, Mütter u. e. General, Vor Sonnenuntergang; Fernsehen. Synchronisierung: u. a. Marlon Brando (D. letzte Tango v. Paris) - 1953 Bundesfilmpreis - Liebh.: Musik, Kunstgesch., Bücher (Hermann Hesse) - Spr.: Engl.

BIEGEL, Gerd

Ltd. Museumsdirektor Braunschweigisches Landesmuseum (s. 1986) - Burgplatz 1, 3300 Braunschweig - Geb. 26. Mai 1947 Mannheim, ev. - Abit.; Stud. Gesch., German., Ur- u. Frühgesch., Klass. Philol.; M.A. 1972 Köln - 1979-86 Dir. Museum f. Ur- u. Frühgesch. Freiburg. Versch. Ämter in Vereinen u. Verb. - BV: Kölner Geld, 1979; Neue Ausgrabungen, 1981; Funde erzählen Gesch., 1980; Erlebte Gesch., 1985; Braunschweig-Edition, 1989ff. - Lieb.: Museumskunde, Lit., Musik, Theater - Spr.: Engl., Franz., Bulg., Russ.

BIEGER, Klaus-Wolfgang

Dr.-Ing., o. Prof. f. Massivbau - Wilhelm-Patsche-Winkel 14, 3000 Hannover 51 (T. 0511 - 60 10 00) - Geb. 28. Juni 1927 Berlin (Vater: Dr. phil. Felix B., Studienrat; Mutter: Wally, geb. Lehmann), ev., 3 Kd. (Andreas, Christiane, Steffen) - Obersch. (Friedrichshagen) u. TU Berlin (Bauing.wesen; Diplomprüf. 1951, Promot. 1959) - 1952-55 Statiker Wayss & Freytag AG., Berlin; 1955-60 u. 1961-64 Obering. TU Berlin; 1960-61 UNESCO-Prof. Indien; s. 1965 Ord. TH bzw. TU Hannover. Gastprof. USA (1964/65), Indien (1969), Tanzania (1970) u. Taiwan (1976/77 u. 90) - BV: Design of Prestressed Concrete Structures, 2. A. 1964 (New Delhi); Kreiszylinderschalen unt. radial. Einzellasten, 1976 - Spr.: Engl.

BIEGLER, Richard

I. Bürgermeister Stadt Abenberg - Rathaus, 8541 Abenberg/Mfr. - Geb. 4. Juli 1928 Abenberg - Zul. Stadtamtm. CSU.

BIEHL, Böle

Dr. rer. nat., Biologe, Prof. f. Allg. Botanik u. Phytochemie TU Braunschweig (beamtet; s. 1974) - Mierendorffweg 3, 3300 Braunschweig - Geb. 26. Mai 1928 Lütjenburg (Vater: Friedrich Wilhelm B., Maler u. Lehrer; Mutter: Felicitas, geb. Robert), ev., verh. s. 1955 m. Ingeburg, geb. Küntzel (geb. 1932), 3 T. (Gabriele, Brigitte, Mareike) - 1949-55 Univ. Hamburg (Biol.). Dipl.-Biol. 1955; Promot. 1958; Habil. 1971 - S. 1959 Univ. Hamburg, Tierärztl. Hochsch. Hannover (Akad. Rat), TU Braunschweig (1972; Botan. Inst.).

BIEHL, Hans-Dieter

Dr. rer. pol., Dipl.-Volksw., Prof. f. Wirtschaftliche Staatswiss. Univ. Frankfurt/M. (s. 1982) - Goethestr. 13, 6240 Königstein/Ts. - Geb. 10. Jan. 1931 Neufechingen/S. (Vater: Hugo Walter B., Lehrer; Mutter: Anna Katharina, geb. Becker), ev., verw., 6 Kd. - Dipl.-Volksw. 1958, Promot. 1967 bde. Univ. d. Saarl. - 1960-68 Wiss. Assist. Univ. Saarbrücken; 1968-69 Leit. Planungsgr. b. MP d. Saarl.; 1970-76 Abt.leit. Inst. f. Weltwirtsch., Kiel; 1976-82 o. Prof. TU Berlin; seitd. Prof. Univ. Frankfurt/M. Managing Editor Public Finance/Finances Publiques - BV: Ausfuhrl.-Prinzip, Einfuhrl.-Prinzip u. Gemeins.-Markt-Prinzip - E. Beitr. z. Theorie d. Steuerharmonisier., 1969; Bestimmungsgründe d. regionalen Entwicklungspotentials: Infrastruktur, Agglomeration u. sektorale Wirtschaftsstruktur, (m. a.) 1975; Konjunkt. Wirkungen öffentl. Haushalte, Kieler Studie 146 (m. a.), 1978; Public Finance and Growth, (m. a.), 1982; The Contribution of Infrastructure to Regional Development, 1986. Zahlr. Art. in in- u. ausl. Fachztschr.

BIEHL, Hans-Reiner

Dipl.-Ing., Dipl.-Kfm., Bergwerksdirektor, Vorstandsvorsitzender d. Saarbergwerke AG, Saarbrücken - Trierer Str. 1, 6600 Saarbrücken (T. 0681 - 405 32 00) - Geb. 13. Nov. 1936, verh. - Vorst.-Vors. Unternehmensverb. Saarbrücken (UVS), Saarbrücken; stv. Vorst.-Vors. Gesamtverb. d. dt. Steinkohlenbergbaus, Essen, DMT Dt. Montan Technologie f. Rohstoff, Energie u. Umwelt e.V., Essen; Vorst.-Mitgl. Bochumer Verband d. Bergwerke in Westf., im Rheinl. u. im Saargebiet, Bochum, Unfallschadenverb. Bochum e.V., Bochum, Bundesverb. Dt. Arbeitg.-Verb., Köln, Wirtschaftsvereinig. Bergbau e.V., Bonn; AR-Vors. Saar Ferngas AG, Saarberg-Hölter Umwelttechn. GmbH, bde. Saarbrücken, Fernwärme-Verbund Saar GmbH, Völklingen; stv. AR-Vors. Saar-Lothringische Kohlenunion (Rat), Saarbrücken/Straßburg; AR-Mitgl. Deutsche Bank Saar AG, Saarbrücken, Verlag Glückauf GmbH, Studienges. Kohle mbH, bde. Essen; VR Bergwerksverb., Carbo-Tech Ges. f. Bergbau u. Industrieprodukte mbH, bde. Essen, Max-Planck-Inst. f. Kohleforsch., Mülheim/R.; Beiratsmitgl. Saarberg-Interplan Ges. f. Rohstoff-, Energie- u. Ing.-technik mbH (Vors.), Saarberg-Oekotechnik (SOTEC) GmbH (Vors.), Saarberg-Fernwärme GmbH (Vors.), Saarberg Handel GmbH, Landeszentralbank im Saarland, alle Saarbrücken; Präs. Vereinig. d. Saarländ. Untern.verb. e.V., Saarbrücken; Mitgl. Vollversamml. Studienaussch. Westeurop. Kohlenbergbau, Brüssel, Zentralaussch. im Studienaussch. Westeurop. Kohlenbergbaus, Brüssel, Max-Planck-Ges. z. Förd. d. Wiss. e.V., München, Berat. Aussch. d. EGKS, Luxemburg; Kurat.-Mitgl. Stiftg. Bergmannshilfswerk Luisenthal, Landeskurat. Rheinl.-Pfalz/Saarland d. Stifterverb. f. d. Dt. Wiss. - Spr.: Engl., Franz.

BIEHL, Peter

Dr. phil. h. c., o. Prof. f. Religionspädagogik u. Didaktik d. Theol. Univ. Göttingen - Postfach 1, 3402 Dransfeld - Geb. 9. März 1931 Hamburg, ev., verh. s. 1960 m. Eva-Maria, geb. v. Ungern-Sternberg - Stud. Theol., Phil., German. Tübingen, Göttingen, Basel, Marburg - 1956 Leit. e. Jugendwohnheimes, 1962 Doz. Religionspäd. Inst. Loccum, 1970 Prof. - BV: Kirchengesch. im Relig.unterr., 1973; Erfahrung-Symbol-Glaube, 2. A. 1990 (zus. m. G. Baudler); Natürliche Theol. als religionspäd. Probl., 1983; Symbole geben zu lernen, 2. A. 1991; Erfahrung, Glaube u. Bildung, 1991. Mithrsg.: Jahrb. f. Religionspäd. (1985ff.).

BIEHLE, Alfred

Journalist, MdB (1969-90), CDU/CSU-Fraktion, Wehrbeauftr. d. Deutschen Bundestages (s. 1990) - Konrad-v.-Querfurt-Str. 22, 8782 Karlstadt/M. (T. 12 98) - Geb. 15. Nov. 1926 Augsburg, kath., verh., 1 T. - Kaufm. Lehre; 1944-45 Kriegsdst. (verw.), Ind.-Kaufm.; s. 1950 Journalist - 1965-69 ehrenamtl. Verw.-Richter; s. 1973 Kreisvors. d. Bayer. Roten Kreuzes im Großlandkr. Main-Spessart; Mitgl. Landesvorst. d. Bayer. Roten Kreuzes; Mitgl. d. Verb. d. Kriegsbeschädigten, Kriegshinterblieb. u. Sozialrentner Dtschl. e.V., Luftsport-Club Bayern, Lions; Mitbegr. staatspol. Arbeitskreis auf Burg Rothenfels; b. 1958 erster Vors. Kreisjugendring - B. 1990 Mitgl. Nordatlant. Versamml. u. Militär-Aussch. NAV; Mitgl. Dt. Atlant. Ges.; Vorst.-Mitgl. Kath. Arb.gemeinsch. f. Soldatenbetreuung - S. 1950 CSU (1948 Junge Union); 1956-72 Kreisrat; 1956-78 u. 1984-90 Stadtrat; b. 1970 Vors. in bd. Frakt. 1960-66 zweiter Bürgerm.; 1966-72 stv. Landrat; 1969-90 MdB; 1980-90 o. Mitgl. d. Unteraussch. f. Abrüstung u. Rüstungskontrolle; s. 1982-90 Vors. d. Verteid.aussch. - Bayer. VO.; BVK am Bde.; BVK I. Kl.; Gr. BVK; Bayer. staatl. Steckkreuz f. d. BRK; DRK-Ehrenz. u. Ehrenz. d. Dt. Feuerwehrverb.

BIEHLER, Axel

Maschinenbau-Ing., Verkaufsleiter BBC-YORK GmbH Kälte- und Klimatechnik, Mannheim, Verkaufsgeb. Nord, Hamburg - Sthamer Str. 39 , 2000 Hamburg 65 (T. 040 - 605 40 03) - Geb. 31. März 1935 Berlin (Vater: Harry B., Kaufm.; Mutter: Käte, geb. Bauer), ev. verh. s. 1963 m. Helga, geb. Gabler, 2 Kd. (Ralf, Ute) - Ind.kfm. 1952 Leipzig. Masch.-bau-Ing. 1960 Bingen - 1968-73 Verkaufsleit. - Liebh.: Lit., Schauspiel, Oper, Sport - 1953 Dt. Jugend-Berlin-Meister im Hockey - Spr.: Engl.

BIEKERT, Ernst Rudolf

Dr. rer. nat. habil., Dipl.-Chem., Univ.-Prof., Aufsichtsrat Ges. f. Strahlen u. Umweltforschung mbH, München - Weinheimer Str. 21, 6703 Limburgerhof - Geb. 25. Sept. 1924 Ebingen (Vater: Alois B.; Mutter: Frida, geb. Landwehr), verh. s. 1953 m. Inge, geb. Langensteiner, T. Eva-Maria - Chemiestud. Univ. Tübingen; Dipl.-Chem. (1950) - 1953 Wiss. Ass. Max-Planck-Inst. f. Biochemie Tübingen; 1956 Wiss. Hauptabt.-Leit. Max-Planck-Inst. f. Biochemie München (Dir. Prof. Dr. Butenandt); 1961 Knoll AG, Ludwigshafen (Übernahme d. Leitg. Forschung, Vorst.-Mitgl.; 1967 stv. Vorst.-Vors., 1968 Vorst.-Vors.); 1975 Spartenleit. Pharma BASF AG; b. 1985 BASF AG, Ludwigshafen. AR-Vors. Dt. Wagnisfinanzierungs-Ges. mbH, Frankfurt; AR-Mitgl. Dt. Ges. f. Wagniskapital mbH, Frankfurt, Andreae-Noris Zahn AG, Frankfurt, Dt. Primatenzentrum GmbH, Göttingen; Schatzm. Ges. Dt. Chemiker, Frankfurt; Vorst.-Mitgl. Stifterverb. d. Dt. Wiss. Essen; Mitgl. Wissenschaftsrat d. Bundesrep. Dtschl.; Beirat Dt. Bank f. d. badisch-pfälz. Bezirk, Gerling Konzern Südwestdtschl., Dt. Hypothekenbank, Frankf., Klein Pumpen GmbH, Frankenthal; Vors. Ges.Vers. u. d. VR-Beirates d. VCH-Verlagsges. Weinheim - Zahlr. Beitr. in biochem. u. chem. Fachztschr. Mithrsg.: Ullmanns Enzyklopädie d. Techn. Chemie - Mitgl. d. New York Acad. of Sciences u. a. wiss. Ges.; 1984 BVK I. Kl. - Spr.: Engl., Franz. - Rotarier.

BIEL, Jörn

Dr. sc. pol., stv. Hauptgeschäftsführer der Industrie- u. Handelskammer zu Kiel - Lorentzendamm 24, 2300 Kiel 1 (T. 0431 - 51 94-2 29) - Geb. 21. März 1949 Kiel.

BIEL, Ulrich E.

Dr. jur., Rechtsanwalt u. Notar - Falkenried 21, 1000 Berlin 33 (T. 832 84 26; Büro: 882 70 65) - Geb. 17. Mai 1907 Berlin (Vater: Dr. Richard Bielschowky, RA; Mutter: Tilly, geb. Simon) - Univ. Genf, Bonn, Berlin - 1934 Emigration USA (Dienst Armee (Offz.) u. State Department); MdA Berlin (1971-78, CDU) - 1977 Ernst-Reuter-Plak.; 1987 Gr. BVK m. Stern.

BIELENBERG, Ludwig

Reedereidirektor, Geschäftsf. Dt. Afrika-Linien GmbH (s. 1968) - Bredkamp 56, 2000 Hamburg 55 - Geb. 1. Juni 1930.

BIELER, Manfred

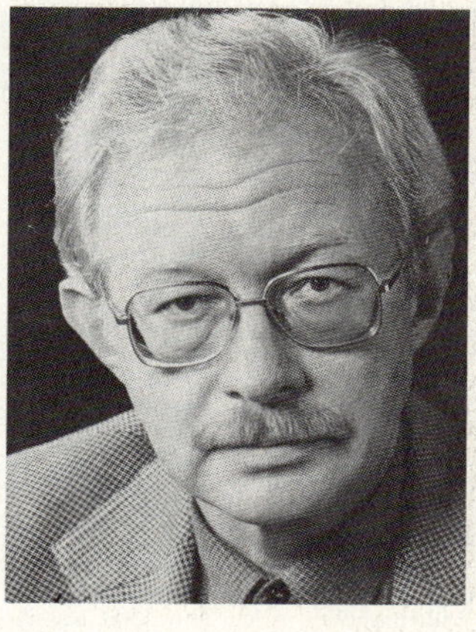

Schriftsteller - Gustav-Meyrink-Str. 17, 8000 München 60 - Geb. 3. Juli 1934 Zerbst/Anh. (Vater: Richard B., Baumeister; Mutter: Elsbeth, geb. Tietz), verh. s. 1966 m. Marcella, geb. Matejovská, 3 Kd. (Marcella, Gregor, Laura) - Philantropinum Dessau (Abit. 1952); Humboldt-Univ. Berlin (German.; Dipl.-Phil. 1956) - Zeitw. Tschechosl. - BV (b. zu 8 Übers.): D. Schuß auf d. Kanzel, Parod. 1958; Bonifaz, R. 1962; Alle meine Tanten, Erz. 1964; Märchen u. Zeitungen, Erz. 1966; D. jg. Roth, Erz. 1968; Maria Morzek, R. 1969; 3 Rosen aus Papier, Hörsp. 1970; Vater u. Lehrer, Hörsp. 1969, insges. 25 Hörsp.; D. Passagier, Erz. 1971; Mein Kl. Evangelium, 1974; D. Mädchenkrieg, R. 1975; D. Kanal, R. 1978; Ewig u. drei Tage, R. 1980; D. Bär, R. 1983; Walhalla, Lit. Parodien, 1988; Still wie d. Nacht. Memoiren e. Kindes, R. 1989. Bühnenst.: Zaza (1969). Fernsehsp./DDR: D. Hochzeitsreise (1960), 3 Rosen aus Papier (1966), /BRD: Tot im Kanapu (1968), Jana (1969), D. Person (1970), Willy u. Lilly (1970), D. provisor. Leben (1971), Auf Befehl erschossen (1972), Wenn alle anderen fehlen (1973), Einladung z. Enthauptung (m. Nabokow, 1973), D. jg. Roth (1973), D. Hausaufsatz (1974), Oblomows Liebe, Väter u. Söhne, Sonntagsgesch. (smtl. 1976); Am Südhang (n. Keyserling, 1979); Preußische Nacht (1981). Drehb.: D. Kaninchen bin ich (DEFA-Film, 1966 verboten) - 1965 Intern. Hörspielpreis, 1969 Andreas-Gryphus-Preis, 1971; 1965-67 Mitgl. PEN-Zentrum Ost u. West (DDR); 1973 Mitgl. Bayer. Akad. d. Schönen Künste; 1980 PEN-Club BRD - Liebh.: Musik (Cembalo), Malerei - Spr.: Tschech., Engl.

BIELFELDT, Klaus

Dr., Direktor - Terrassenweg 18, 5330 Königswinter 41 - Vorst. Vereinigte Aluminium-Werke AG., Bonn; Vors. Ges. Dt. Metallhütten- u. Bergleute, Clausthal.

BIELICKE, Gerhard

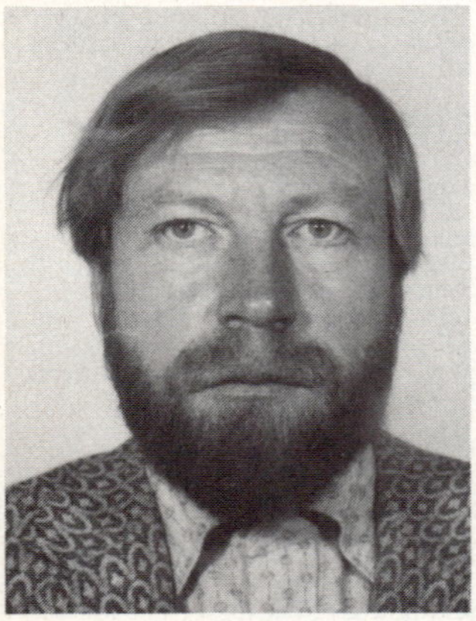

Schriftsteller (Ps. Gerhard Kerfin) - Willibald-Alexis-Str. 18, 1000 Berlin 61 (T. 030 - 692 73 87) - Geb. 1. April 1935 Nauen/Kr. Osthavelland, ev., verw. s. 1991, S. Andreas - Lehre Betriebsschlosser; Arbeiter- u. Bauern-Fak. Rostock; Sonderlehrg. f. Ost-Abit. FU Berlin - Geh. Beamtenlaufb. (Zollinsp.); 1983 RIAS (Lit. in Berlin); Gründ.-Mitgl. Kreuzberger Künstler-Kr. (stv. Vors.) - BV: 14 Bücher (s. 1965), zuletzt: Typen Deutschspr. Pressen s. 1945 (m.a.), 1988; dem Stein reib die Augen (m.a.), 1990 - 1981 Schwalenberg-Stip. (erstmals f. Schriftst.) - Spr.: Russ., Engl. - Lit.: Kürschners Lit.-Kal. (s. 1977); Dt. Lit.-Lex. (1981); Robert Wolfgang Schnell, D. Geisterbahn (1963); Mensch Mühlenhaupt (f. d. Maler u. Poeten z. 70. Geb., m.a. 1991).

BIELITZ, Klaus

Vizepräsident, jurist. Stellv. d. Bischofs d. Ev. Kirche v. Kurhessen-Waldeck - Wilhelmshöher Allee 330, 3500 Kassel-Wilhelmshöhe.

BIELSCHOWSKY, Ulrich E.

s. Biel, Ulrich E.

BIEMEL, Walter

Dr. phil., o. Prof. f. Philosophie - Am Hangeweiher 3, 5100 Aachen - Geb. 19. Febr. 1918 Kronstadt - S. 1958 (Habil.) Lehrtätigk. Univ. Köln u. TH Aachen (1962 Ord. u. Inst.dir.). 1976-83 Ordinarius an d. Staatl. Kunstakad. Düsseldorf - BV: u. a. Kants Begründ. d. Ästhetik u. ihre Bedeut. f. d. Phil. d. Kunst, 1959; Sartre, 1963; Phil. Analysen in Kunst u. Gegenw., 1968; Heidegger-Monogr., 1973; Zeitig. u. Romanstruktur, 1985. Zahlr. Einzelarb.

BIEMER, Günter

Dr. theol., o. Prof. f. Pädagogik u. Katechetik, Prälat - Kirchsteige 12, 7812 Bad Krozingen 2 - Geb. 30. Sept. 1929 Mannheim (Vater: Otto B., Müller; Mutter: Maria, geb. Blum), kath. - Albertus-Magnus-Sch. Viernheim (Abitur 1949); Univ. Freiburg, Birmingham, Tübingen (Theol., Phil.). Priesterw. 1955; Promot. 1959; Habil. 1967 - 1959-66 Doz. Sem. St. Peter/Schwarzw. (Katechetik u. Liturgik). S. 1967 Prof. Univ. Tübingen (Pastoraltheol.) u. Freiburg (1970). 1964 Gastprof. Univ. Pittsburgh (USA) u. 1982 Univ. Bristol (Engl.) - BV: Überlieferung u. Offenbarung, 1961 (Diss.; engl. 1967); D. Berufung d. Katecheten, 1964; Edilbert Menne (1750-1828) u. s. Beitrag z. Pastoraltheol., 1969; D. Fremdsprache d. Predigt, 1970; Unterwegs zu Dir, 3. erw. A. 1988; Grundfragen d. prakt. Theol., 1971; Firmung, 1973; Theologie im Relig.-Unterricht, 1976; Weltrelig. im Relig.unterr., 1975; Wenn d. Antlitz sich verbirgt, 1975; Was d. Leben Tiefe gibt, 3. A. 1984; Menschenbild u. Gottesbild in d. Bibel, 1981; Freiburger Leitlinien z. Lernprozeß Christen Juden, 1981; Katechetik d. Sakramente, 2. A. 1988; Christ werden braucht Vorbilder, 1983; Leben als Ringen um d. Wahrheit, 1984; Was Juden u. Judentum f. Christen bedeuten, 1984; Wagnisse, 3. A. 1989; Handb. kirchl. Jugendarbeit, 1985; Glaube z. Leben, 2. A. 1988; Gott - d. Licht d. Lebens, 1987; Wandlungen, 1987; Christl. Heiligkeit als Lehre u. Praxis n. J.H. Newman, 1988; J. H. Newman. Leben u. Werk, 1989; Wegmarken, 1989; D. Geheimnis erspüren (FS), 1989. Viele Einzelarb. - 1990 Dt. Schulbuchpreis - Liebh.: Kunst (bild. d. Gegenw.), Musik (klass.), Skilaufen, Schwimmen - Spr.: Engl, Franz.

BIENERT, Wolfgang A.

Dr. theol., Prof. f. Kirchengeschichte (Patristik) Univ. Marburg (s. 1983) - Hahnbergstr. 5, 3550 Marburg-Cappel (T. 06421 - 4 63 68) - Geb. 24. Sept. 1939 Berlin, ev., verh. s. 1968 m. Ursula, geb. Winter, 2 S. (Matthias, David) - Stud. Univ. Göttingen, Kirchl. Hochsch. Berlin; 1. theol. Prüf. 1963, 2. theol. Prüf. 1967, bde. Hannover; Promot. 1970 Bonn; Habil. 1977 Bonn; Ord. 1977 Munster/Örtze - 1964-67 Vikar Caracas/Venezuela u. Hildesheim; 1967-77 wiss. Assist. Univ. Bonn; 1977/78 Pfarrer Munster; 1977-83 Doz. f. Kirchen- u. Missionsgesch. Hermannsburg; 1979-83 Priv.-Doz. Univ. Göttingen. S. 1989 Mitgl. Kammer f. Theologie d. EKD - BV: Allegoria u. Anagoge b. Didymos d. Blinden v. Alexandrien, 1972; Dionysius v. Alexandrien. Z. Frage d. Origenismus, 1978. Übers.: Dionysius v. Alexandrien. D. erhaltene Werk (1972).

BIENIAS, Gert B.

Dr. med., Oberstarzt, Chefredakt. - Priv., Praxis u. Büro: Stüdlstr. 24, 8000 München 50 - Geb. 21. Nov. 1925 Königsberg (Vater: Max B., Amtsrat; Mutter: Erna, geb. Radtke), ev.-luth., verh. s. 1959 m. Martha, geb. Möller, 5 Kd. (Georg, Ruth, Richard, Annette, Karola) - Abit. 1943 Berlin u. 1945 Plön; 1947-53 Med.-Stud. Univ. Kiel u. München; Staatsex. u. Promot. 1953 ebd. - 1957/58 Doz. State Univ. New York; 1960 Niederl. HNO-Facharzt, 1965 Sportarzt, 1973 Fliegerarzt d. Bundesw., 1983 Oberstarzt; s. 1975 Arbeitsmed.; s. 1970 Chefredakt. Mitgl. (Vorst.) versch. Standesorg. - BV: Korrigier. u. rekonstruktive Nasenplastik (übers. ins Engl.) - 1983 Ehrenmed. d. Bundeswehr - Liebh.: Motor-/Jet-Flug, Filmen, Fotogr. - 25 x Dt. Sportabz. in Gold; 20 x Bayer. Leistungsabz. in Gold - Spr.: Engl. (Amerik.).

BIER, Gerhard

Dr. phil., Chemiker - Rabenkopfstr. 2, Apt. 419, 7800 Freiburg - Geb. 20. Dez. 1917 Karlsruhe (Vater: Gustav B.), verh. m. Gertrud, geb. Möller, 3 Kd. Univ. Freiburg (Dipl.-Chem. 1943). Promot. 1946 Bern - 1946-49 Univ. Freiburg (Assist. Makromolekulares Forschungsinst. u. Chem. Inst.); 1949-62 Farbwerke Hoechst AG (zul. Leit. Kunststofflabor. II); s. 1963 Dynamit Nobel (Leitg. Zentralforsch.), 1967-82 Vorstandsmitglied; 1971-82 Mitgl. d. Wirtschaftsbeir. d. Aachener und Münchener Versich. AG.

BIERBRAUER, Günter

Ph. D., Dipl.-Psych., Prof. f. Psychologie Univ. Osnabrück (s. 1976) - Adolfstr. 50, 4500 Osnabrück - Geb. 20. Juni 1941 Königstein/Ts.

BIERBRAUER, Günther

Kaufmann, pers. haft. Gesellsch. Bierbrauer & Nagel KG., Stuttgart, Vors. u. Ehrenvors. Bundesverb. Bürowirtsch., Köln, Präs. d. CECOMA (Confédération Européenne de Commerces des Mobilier, Machines de Bureau et Accessoires) - Agnesstr. 13, 7000 Stuttgart 70.

BIERETT, Doris

Schauspielerin, Diseuse - Südwestkorso 43 A, 1000 Berlin 33 - Geb. 17. Jan. (Vater: Prof. Dr. Georg B., Techn. Dir. Salzgitter Maschinen AG; Mutter: Hilde B., Geigerin), ledig - Max-Reinhardt-Schule Berlin - Lehrbeauftr. f. Chanson MHS Köln, Jurymitgl. VDMK-Wettbewerk Musical-Chanson-Song; Schauspielerin, Sängerin, Moderatorin im Fernsehen; Chansons, Revuen u. Schallpl. m. Christoph Rueger - Kabarett: D. Wühlmäuse, Reichskabarett, Renitenztheater, D. Amnestierten. Protagonistin in div. Musicals: Can-Can, Kiss me Kate, Irma la Douce, Hello Dolly, Cabaret, Sweet Charity, Chicago, Lächeln e. Sommernacht. Europ. Erstauff.: Funny Girl, Finians Rainbow, Lady be good, Oh Kay. Salzb. Festsp., Wiener Festwochen, Holland Festival m. Brecht/Weill D. 7 Todsünden - Liebh.: Wohnen - Spr.: Franz., Engl.

BIERGANS, Enno

Dr. rer. pol., Steuerberater, o. Prof. f. Betriebswirtschaftslehre - Am Perlacher Forst 170, 8000 München 90 (T. 64 08 34) - Geb. 17. Jan. 1939 Dortmund - Univ. München u. Köln (Betriebsw.). Promot. 1965 - Tätigk. Bank- u. Treuhandwesen sow. Industrie; Hochschullehrer TU (1970 Wiss. Rat) u. Univ. München (1972 Ord.; gegenw. Vorst. Inst. f. Finanzwirtsch., Dir. Sem. f. Betriebswirtsch. u. Steuern) - BV: Grenzkostenrechnung, 1968; Investitionsrechnung, 1973; Einkommensteuer u. Steuerbilanz, 5. A. 1990; Raten u. Renten in Einkommensteuer u. Steuerbilanz, 3. A. 1989; Versorgungsausgleich b. Ehescheidung, 1989; Steuervort. durch selbstgenutztes Wohneigentum ab 1990, 2. A. 1990. Div. Fachaufs.

BIERICH, Jürgen

Dr. med., em. o. Prof. f. Kinderheilkunde - Ob dem Viehweide 12, 7400 Tübingen (T. 6 26 94) - Geb. 11. Jan. 1921 Hamburg - S. 1956 (Habil.) Lehrtätigk. Univ. Hamburg (1962 apl. Prof.; zul. Ltd. Oberarzt Kinderklinik) u. Tübingen (1968 Ord. u. Klinikdir.). Emerit. 1989. Fachveröff.

BIERICH, Marcus

Dr. phil., Dr. rer. oec. h. c., Vorsitzender d. Geschäftsfg. Robert Bosch GmbH, Stuttgart (s. 1984) - Postfach 10 60 50, 7000 Stuttgart 10 - Geb. 29. April 1926 (Vater: Medizinprof.) Stud. Naturwiss., Math., Phil. - B. 1984 Vorst.-Mitgl. Allianz Versich. AG, München u. Allianz Lebensversich. AG, Stuttgart; AR-Vors. Mercedes AG Holding, J. M. Voith GmbH; AR-Mitgl. VEBA AG, Allianz AG, BASF AG, Dt. Bank AG; 1985ff. Präs. Ges. z. Förd. d. Inst. f. Weltw.

BIERLE, Klaus

Dr., Akad. Direktor Univ. d. Saarlandes - Waldstr. 15, 6601 Schafbrücke (T. 0681 - 89 31 16) - Geb. 30. Sept. 1938 Mannheim, ev., verh., 2 Kd. - Stud. Volksw. u. Betriebsw., Soziol. u.a.; Dipl.-Kfm. 1961; Promot. 1969 Univ. d. Saarlandes - Akad. Dir. f. Betriebswirtschaftslehre Univ. Saarbrücken. Beratende Tätigk. in d. Wirtschaft; s. 1982 Präs. Bundesverb. Dt. Volks- u. Betriebswirte, Bonn - BV: Inflation u. Steuer, 1974; Anteilsbewertung, 1974; Grundzüge d. BWL, 2 Bde., 12. A. 1985 (Bd. I), 8. A. 1985 (Bd. II); Grundlagen d. BWL, 2 Bde., 4 A. 1989; Grundlagen d. BWL, 2 Bde., 5. A. 1991/92; Buchführung, 1990/91.

BIERLEIN, Dietrich

Dr. rer. nat., o. Prof. f. Math. - Carl Maria von Weber Str. 71, 8400 Regensburg - Geb. 14. Aug. 1928 Burglengenfeld (Vater: Ernst B., Reg.dir.; Mutter: Margarethe, geb. Hollender), ev., verh. s. 1963 m. Helga, geb. Niemann, 3 Söhne (Jochen, Bernd Roderich, Wolfhard) - Univ. München u. Köln (Math.) - S. 1961 (Habil.) Lehrtätigk. Univ. München, Münster, Göttingen u. TH bzw. Univ. Karlsruhe (1963; Ord. u. Inst.dir. für Math. Statistik), Univ. Regensburg (1970). Spez. Arbeitsgeb.: Statist. Entscheidungs-, Wahrscheinlichkeits- u. Spieltheorie - BV: Entscheidung u. Verantwortung in kybernet. Sicht, 1979. Fachveröff. - Liebh.: Sport, klass. Musik.

BIERMANN, Hans

Vorstandsmitglied Bergbau AG. Westfalen, Dortmund - Hohenrodtstr. 11, 4690 Herne/W. - Geb. 14. Aug. 1925.

BIERMANN, Karl-Heinz

Vorstandsvorsitzender Thyssen Schulte GmbH, Dortmund - Wittbräucker Str. 42, 5804 Herdecke (T. Büro: Dortmund 546-1) - Geb. 6. April 1914 Hagen.

BIERMANN, Klaus

Dipl.-rer. oec., Dipl.-Betriebsw., Direktor SIGNAL Versicherungen - Joseph-Scherer-Str. 3, 4600 Dortmund 1 (T. 0231 - 1 35-0) - Geb. 19. April 1939 - Vorst.-Mitgl. SIGNAL Krankenversich./Unfallversich. aG, Lebensversich. AG u. PVAG Polizeiversich.-AG.

BIERMANN, Manfred

Dr. rer. pol., Wirtschaftsprüfer u. Steuerberater - Pfingstbusch 2, 2400 Lübeck-Travemünde 1 - Geb. 22. Mai 1935 Hannover - 1942-55 Schule Hannover; Abit. Wirtschaftsobersch.; 1955-56 Lehre b. e. Wirtschaftsprüfungsges. Hannover; 1955-59 Stud. Betriebswirtsch. TH Hannover u. Univ. Hamburg; Dipl.-Kfm., Promot. 1963 - 1959-63 wiss. Assist. Betriebswirtsch. Sem. u. Sem. f. Wirtschaftsprüf. u. Steuerwesen Univ. Hamburg; 1963-67 Direktionsassist. u. später kaufm. Leit. e. Industriebetr. in Lübeck-Travemünde; s. 1967 selbst. als Steuerberater u. Wirtschaftsprüfer (1972) in Lübeck. Ehrenamtl. Mitarb. in zahlr. Vereinen u. Inst.; 1983-85 Senator f. Wirtsch. u. Verkehr Hansestadt Lübeck; 1985-87 Min. f. Wirtsch. u. Verkehr Schlesw.-Holst. CDU s. 1974 - Liebh.: Golf, Tennis, Skilaufen - Spr.: Engl., Franz.

BIERMANN, Peter F.

Chefdramaturg u. Spielleiter Städt. Bühnen Osnabrück - Domhof 10-11, 4500 Osnabrück - Geb. 31. Jan. 1944 Bautzen (Vater: Edmund B., Facharzt; Mutter: Charlotte, geb. Römer), verh. m. Burgi Richter, Bühnenbildnerin - Stud. Phil. Univ. Freiburg, Theaterwiss. Univ. München - 1974 Dramaturg u. Spielleit. Landestheater Salzburg; ab 1977 Chefdramat.; 1981 Chefdramat. u. Spielleit. Städt. Bühnen Regensburg; 1990 Chefdramat. u. pers. Ref. d. Int. Städt. Bühnen Osnabrück - BV: Dt. Übers. d. Oper Jolanthe (Tschaikowsky), 1978; Welt d. Oper, Filmreihe, 1989 - Insz.: D. Strick (O'Neill); Carl u. d. Skelett (H. Fleck, UA.); Kesselflickers Hochzeit (Synge); Susn (Achternbusch); D. Mädl aus d. Vorstadt (Nestroy); D. gestiefelte Kater (Toen); Medea (Rame); Plattling (Achternbusch); D. junge Gelehrte (Lessing).

BIERMANN, Rudolf

Dr. phil., Prof. f. Allg. Didaktik u. Schulpädagogik WWU Münster - G.-Hauptmann-Str. 26, 4350 Recklinghausen.

BIERMANN, Siegfried
Dr. rer. pol., Dipl.-Kfm., Geschäftsf. u. Sprecher d. Geschäftsfg. Buse Beteiligung u. Verw. GmbH, Geschäftsf. Buse Gase GmbH u. Buse Anlagenbau GmbH., alle Bad Hönningen - Am kleinen Bäumchen 12, 5462 Bad Hönningen - Geb. 28. Jan. 1930 Köln, ev.

BIERSTEDT, Klaus-Dieter
Dr. rer. nat., o. Prof. f. Mathematik Univ.-Gesamthochschule Paderborn, Funktionalanalysis, insbes. Funktionenräume (s. 1974) - Fröbelstr. 6, 4790 Paderborn/W.; Eleonorenstr. 46, 6503 Mainz-Kastel (T. 06134 - 2 22 61) - Geb. 4. Mai 1945 Bad Eilsen (Vater: Otto B. †, Prokurist; Mutter: Anneliese, geb. Knußmann), kath., led. - Gymn. Mainz u. Univ. Mainz (Math., Phys.). Dipl.-Math. 1969; Promot. 1971 (beides Mainz); Habil. 1974 (Kaiserslautern) - Assistenzprof. Univ. Kaiserslautern u. Wiss. Rat. u. Prof. Univ. Mainz; 1983-90 Mitgl. Präsid. Dt. Mathematiker-Vereinig. Div. Facharb. (Mit-) Herausg.: Functional Analysis: Surveys and Recent Results, Bd. I (1977), Bd. II (1980), Bd. III (1984), Progress in Functional Analysis (1992), alle in d. Reihe North-Holland Math. Studies. Mithrsg. d. Reihe Math. Leitfäden - S. 1988 korr. Mitgl. d. Société Royale d. Sciences de Liège (Belgien) - Liebh.: Filmen (super 8), Fotografieren, Art. üb. Sport, Reisen.... - Spr.: Engl., Franz.

BIERTHER, Wilhelm
Dr. phil., Prof., Kustos Geol.-Paläontol. Inst. Univ. Bonn - Fasanenweg 5, 5300 Bonn-Ippendorf - Geb. 30. März 1913 Siegburg/Rhld. - S. 1953 (Habil.) Lehrtätigk. Bonn (1956 apl. Prof. f. Geol. u. Paläontol.).

BIERVERT, Bernd
Dr. rer. pol., o. Prof. f. Volkswirtschaftslehre Univ.-Gesamthochschule Wuppertal, gf. Vorst.-Mitgl. d. Inst. f. Wirtschaft u. Technik, Wirtschaftstheorie und -politik - Altenberger Str. 10, 5600 Wuppertal 1 - Geb. 19. Aug. 1941 Breslau, verh. s. 1968 m. Edita, geb. Varinská, S. Bernik.

BIESALSKI, Peter
Dr. med., o. em. Prof. f. Hör-, Stimm- u. Sprachstörungen (erster Lehrstuhl ds. Art in d. BRD) - Weidmannstr. 63, 6500 Mainz (T. 8 25 78) - Geb. 16. Dez. 1915 Berlin (Vater: Prof. Dr. med. Konrad B., Orthopäde, Begr. u. Leit. Oskar-Helene-Heim Berlin †1930; Mutter: Elfriede, geb. Schultze), ev., verh. s. 1945 m. Lydia, geb. Elmshäuser, 4 Kd. (Angelika, Hans, Konrad, Annette, Ernst Peter) - Gymn. Berlin; Univ. ebd., München, Marburg. Ausbild. Hals-Nasen-Ohren- u. Kinderheilkd. - S. 1956 (Habil.) Lehrtätigk. Univ. Mainz (1961 apl. Prof., 1962 Wiss. Rat HNOklinik, 1969 o. Prof.). 1971ff. Präs. Union europ. Phoniater (Neugründ.) - BV: D. akute u. chron. Mittelohrentzünd. im Säuglings- u. Kindesalter, 1957; D. HNOkrankh. im Kindesalter, 1960, 2. A. 1991; Phoniatrie- Pädaudiologie, 1973/1982. Herausg. Z. Sprache, Stimme, Gehör - 1961 Curt-Adam-Preis (f. d. letzte BV); 1972 E.-v.-Bergmann-Plak.; 1975 Peter-v.-Aspelt-Med.; 1976 Seeman-Plak.; 1980 H.-Gutzmann-Plak.; 1983 Rheingold-Plak.; 1984 Georg-Hohmann-Plak.; BVK am Bde. - Spr.: Engl.

BIESENBERGER, Günter
Mitglied d. CGB-Bundesvorstandes, stv. Bundesvors. d. GEDAG - Marsstr. 12/I, 8000 München 2 (T. 089 - 59 11 50) - Geb. 21. Mai 1943 München, led. - Großhandelskaufm. - Hauptvorst.-Mitgl. DHV, Landesgeschäftsf. DHV Bayern, ehrenamtl. Landesarbeitsrichter LAG München, Vorst.-Mitgl. BfA, Berlin, Vorst.-Mitgl. VDR, Frankfurt, Berufsbildungsaussch. IHK München u. Oberbayern - Gold. Ehrenring IHK München u. Oberbayern - Liebh.: Schwimmen, Theater.

BIESINGER, Albert
Dr. theol., Prof. f. Religionspäd., Kerygmatik u. kirchl. Erwachsenenbildung - Zu erreichen üb. Univ. Tübingen, Hölderlinstr. 29, 7400 Tübingen (T. 07071 - 29 41 52) - Geb. 1. Aug. 1948 Tübingen, kath., verh., 4 Kd. - Dipl.-Theol., Dipl. Päd., Habil. 1982 Freiburg - 1981-83 Mitgl. Lehrplankommission f. d. Sekundarstufe I Dt. Bischofskonfz.; s. 1983 Mitgl. d. Direktoriums d. Salzburger Hochschulwochen. 1982 Berufung an Univ. Bochum abgelehnt. 1989-91 Dekan Theol. Fak. Salzburg; 1991 Ord. f. Religionspäd., Kerygmatik u. kirchl. Erwachsenenbildung Kath.-Theol. Fak. d. Univ. Tübingen - BV: D. Begründung sittlicher Werte u. Normen im Religionsunterr., 1979; Theol. im Religionsunterr. (zus. m. G. Biemer), 1976; Meditation im Religionsunterr., 1981; Religionsunterr. u. Schülerpastoral (zus. m. W. Nonhoff), 1982; Christ werden braucht Vorbilder (zus. m. G. Biemer), 1983; Was Juden u. Judentum f. Christen bedeuten (zus. m. G. Biemer, P. Fiedler), 1984; Religionsgewinn durch relig. Erzieh., Antwort an Erwin Ringel u. Alfred Kirchmayr (zus. m. G. Virt), 1986; V. lateinamerik. Gemeinden lernen (zus. m. J. Sayer), 1988; Religionsunterr. heute (zus. m. Th. Schreijäck), 1989. Zahlr. Beitr. in wichtigen Fachztschr.

BIESTER, Wolfgang
Prof., Ordinarius f. Technik u. ihre Didaktik Westf. Wilhelms-Univ. Münster (s. 1969) - Rockbusch 20, 4400 Münster/W. - Geb. 16. Jan. 1924 Hannover, ev., verh. s. 1953 m. Lieselotte, geb. Böhme, 2 Kd. (Marie-Luise, Michael) - Zahlr. Buch- u. Zeitschr.veröff. z. Didaktik der Technik - VDI-Obmann; Kurat.-Mitgl. Praktisches Lernen.

BIESTERFELD, Wolfgang
Dr. phil., M. A., Prof. f. Dt. Literatur u. ihre Didaktik PH Kiel (s. 1978), Privatdoz. f. Deutsch PH Ruhr/Abt. Dortmund (s. 1976) - Neumühlener Str. 46, 2300 Kiel 14 - Geb. 13. März 1940 Kleve, kath., verh. s. 1992 m. Petra Dohrn, T. Dietlind aus 1. Ehe.

BIETHAHN, Jörg
Dr. rer. pol., Dipl.-Ing., o. Prof. f. Wirtschaftsinformatik Univ. Göttingen - Stumpfe Eiche 67, 3400 Göttingen (T. 0551 - 37 17 33) - Geb. 24. Mai 1942 Hermstal, ev., verh. m. Antje, geb. Schneider, Gymnasiallehrerin, 3 Kd. (Heike, Silke, Niels) - Stud. Math., Ing.-Wiss., Wirtschaftswiss.; Dipl.-Ing. 1969 Berlin, Promot. 1973 Frankfurt, Habil. 1975 ebd. - 1975-76 Prof. Trier; 1977-79 Prof. Bochum; 1979-84 Prof. Duisburg; 1984 Ruf an Univ. Dortmund; s. 1984 Göttingen; 1987 Ruf an Univ. Bochum - BV: Fleischprod., 1973; Simulation u. Optimier., 1978; Simulation als betriebl. Entscheidungshilfe (m. B. Schmidt), 1986; DV f. Wirtschaftswiss., 6. A. 1988; Ganzheitliches Informationsmanagement (m. a.), Bd. I 1990, Bd. II 1991; Entwicklung v. Expertensystemen (gem. m. K. Hoppe), 1991; Wissensbasierte Systeme in d. Wirtschaft (gem. m. K. Hoppe), 1991 - Spr.: Engl.

BIEWALD, Dieter
Dr. rer. nat., Lehrer, Mitgl. Abgeordnetenhaus Berlin - Zietenstr. 32b, 1000 Berlin 46 (T. 772 60 60) - Geb. 8. Dez. 1932 Berlin (Vater: Fritz B., Gastwirt; Mutter: Hertha, geb. Liebenow), ev., verh. s. 1961 m. Martina, geb. Böhning, 2 Kd. (Sebastian, Bettina) - Albert-Schweitzer-Gymn. (Abit.) Berlin; Stud. FU Berlin (Staatsex.), Sorbonne Paris, Polytechnion Athen - Rundfunkrat SFB; Kurat. Richthofen, Ritter-Penk-Stiftg., Berlin; stv. Präs. Ges. f. Erdkd. ebd.; Vors. d. Kulturgemeinsch. Uronia, Berlin, u. d. Dt. Bibliotheksverb. Landesverb. Berlin (dbv) - BV: D. Ansatztiefe d. rezenten Korallenriffe, 1971; Berliner Künstler im Gespräch, I 1973, II 1975 - Liebh.: Reiten, Tennis, Tauchen - Spr.: Engl., Franz.

BIEWEND, Edith,
geb. Baumgart
Schriftstellerin - Hofreitstr. 41, 8240 Schönau/Königssee (T. 08652 - 43 58) - Geb. 30. März 1923 Moers, ev., verh. s. 1953 m. Hans B. - Abit. 1941, 1. u. 2. Lehrerex. 1943 Brünn, Ex. in Ungarisch-Hradisch 1945 - 1943-66 Lehrerin Brumov (Mähren) u. Moers (Niederrh.); fr. Schriftst. - BV: 10 Kinderb., 9 Erzählbde., 3 Biogr., 11 Romane, u.a. Letta, 1980 u. Kornblum, 1984; D. Teichrosenhaus, 1987; D. Leute v. Soostenbruch, R. 1990 - 1989 Ehrenring d. Stadt Moers; 1990 VO. d. Landes NRW - Liebh.: Lesen, - Spr.: Engl., Franz. - Lit.: Carl Heinz Kurz, Autorenprofile (1976); Spektrum d. Geistes (1978); Cloer: D. Dritte Reich im Jugendbuch.

BIEWER, Ludwig
Dr. phil., Legationsrat I. Kl. Politisches Archiv d. Auswärtigen Amts, Bonn (s. 1988), Historiker - Réaumurstr. 46, 5300 Bonn 1 (T. priv. 0228 - 25 16 16; dstl. 17-20 49) - Geb. 8. Juli 1949 Bornheim/Rheinh., verh. s. 1980 m. Barbara, geb. Schäfer, 2 Kd. (Philipp, Anna) - 1968 Abit.; Stud. 1968-77 Gesch. u. German. Mainz u. Graz; 1974 Staatsex.; Promot. 1977 Mainz - 1979 Archivass. Marburg/L., 1979-87 Archivrat am Geh. Staatsarchiv, Berlin; seith. Auswärtiges Amt - BV: Reichsreformbestrebungen in d. Weimarer Repubik, 1980; Preußen in d. Weimarer Republik, 2. A. 1983; Kleiner Atlas z. dt. Territorialgesch., 2. A. 1991 (m. B. Jähnig) - S. 1981 Ehrenritter d. Johanniterordens; s. 1989 Mitgl. d. Kurat. d. Moltke-Stiftg, s. 1979 d. HEROLD, s. 1990 d. Histor. Kommiss. f. Pommern - Interessen: Heraldik, Theol., Studentica - Spr.: Engl., Franz., Lat.

BIFFAR, Oskar D.
Unternehmer, Vors. Verb. d. Dt. Bauzubehör-Industrie - Zu erreichen üb.: An d. Quellen 10, 6200 Wiesbaden.

BIGALKE, Hans-Günther
Dr. rer. nat., Prof. f. Mathematik u. ihre Didaktik Univ. Hannover - Leuschnerstr. 24, 3100 Celle - Geb. 23. Febr. 1933 Celle - 1952-57 Stud. Math., Physik u. Phil., Promot. 1967 - 1957-68 u. 1971-72 Studienrat, -direktor; 1968-71 Wiss. Berater Stiftg. Volkswagenwerk, 1972-78 Lehrst. Didaktik d. Math. PH Hannover, ab 1978 Univ. Hann. - 1975-80 2. Vors. Ges. f. Did. d. Math. - BV: Z. Didaktik d. Math., Bd. I u. II, 1977 u. 1978 (m. K. Hasemann); Kugelgeometrie, 1984; Beitr. z. wiss.theoret. Diskussion d. Math.didaktik, 1985; H. Heesch, Ges. Abh., 1986; H. Heesch, Biogr., 1988.

BIGGE, Rudolf
Dr. rer. pol., Dipl.-Volksw., Vorstandsmitglied d. Salzgitter AG i. R. (s. 1981) - Fichtenweg 6, 3320 Salzgitter 51 (T. 05341 - 3 77 16) - Geb. 19. Febr. 1926 Duisburg (Vater: Rudolf B., Justizangestellter; Mutter: Mathilde, geb. Metzer), röm.-kath., verh. s. 1947 m. Grete, geb. Mägdefrau, 4 Söhne (Hans Rolf, Klaus, Jörg, Jens) - Humanist. Gymn., Stud. Wirtschaftswiss. Univ. Würzburg; 1952 Dipl.-Volksw., 1954 Dr. rer. pol. - Versch. AR- u. Beir.Mand.

BIHLER, Heinrich
Dr. phil., o. Prof. f. Romanistik (emerit. 1972) - Weierweg 10, 7800 Freiburg - Geb. 14. Okt. 1918 Freiburg/Br. (Vater: Heinrich B.; Mutter: Elisabeth, geb. Maier), verh. 1948 m. Anneliese, geb. Linckh - 1956 Privatdoz. München, 1961 Ord. Göttingen. Div. Publ., dar. Franz. Stillehre (1955), Span. Versdicht. d. Mittelalters im Lichte d. span. Kritik d. Aufklärung u. Vorromantik (1957), D. Franz. Sprache (Handb. d. Frankreichkd., 3. u. 4. A. 1962/63); Interpretation v. Molières Dom Juan u. Le Misanthrope, in: D. franz. Theater, 1968. Herausg.: D. Rosenroman v. Guillaume de Lorris u. Jean de Meun, 1966 (Auswahl). Neuere Aufs. z. span. u. kat. Lit., dar. Setmana Santa (1971) de Salvador Espriu, ejemplo de poesía religiosa crítica en la actualidad, in IBEROROMANIA, 9, (1979), S. 98-121; Los Salmos de Ernesto Cardenal en su relación con los salmos bíblicos. in Lateinamerika Stud. 13 (1983), S. 77-104; Z. Darst. u. Bedeut. d. Themenkreise Katalonien u. Spanien in d. kat. Lyrik d. 20. Jh. in Roman. Literaturbezieh. im 19. u. 20. Jh. (1985), S. 41-55; Miguel de Cervantes, Don Quijote, in: D. span. Roman, 1986; Hat Molière seinen Dom Juan als dramatisierten Anti-Quijote konzipiert?, in: Formen innerlit. Rezeption, (1987), S. 113-134; Reflexiones sobre la necesidad de establecer una síntesis que abarque todos los aspectos y problemas de la recepción de El médico de su honra de Calderón a partir del siglo XIX, in: Hacia Calderón (1987), S. 151-160. Mithrsg. Ztschr. IBEROROMANIA (s. 1972) - S. 1983 Ehrenpräs. d. Dt.-Katalan. Ges. - Liebh.: Musik.

BIHN, Willi R.
Dr. rer. pol. (habil.), o. Prof. f. Statistik u. Ökonometrie - Höninger Weg 19, 5030 Hürth-Efferen (T. Hürth 6 35 11) - Geb. 13. Okt. 1929 Schweinfurt/Ufr. - S. 1966 Ord. Univ. Kiel u. Köln (Dir. Sem. f. Wirtschafts- u. Sozialstat.) - BV: Kurzfrist. Indexziffern d. Bauproduktion, 1961; D. informationstheoret. Messung v. Struktursystemen d. intern. Handels, 1968; Stat. Begriffe u. Formeln m. e. Tab.-Anh., 4. A. 1990.

BIJOU, Sow
Prof. Dr. Ph.D., Dr. Ps.D., Dr. h.c., Avantgardist Bildender Künste & Nobler Philosophien - Zu erreichen üb. Intern. Generalsekr. NAE, Hausdorffstr. 71, 5300 Bonn 1 (Hauptwohnsitz: Alicante, Spanien) - Geb. 2. Nov. 1948 München, verh. m. Prinzessin Marlene v. Fürstenberg, 3 Kd. (Francoise, Simon, Maurice) - Stud. Kunst, Phil., Psych.; Promot. - Lehrtätigk. in Spanien u. England; Dir. Aesculap-Medical-Future-Academy, London; Pres. of Assoc. intern. Bildender Künste & Nobler Philosophien, Madrid/London - BV (Übers. in 6 Spr.): Künstler u. Philosoph; Geistige Phil.; Leben in d. Phil.; Analyse d. Kunst; Ghost Line; Zweigespräch zweier Amseln (1976 National Theater Mannheim u. 1978 Cool Opera London). Intern. Dauerausst.: New York, Los Angeles, Madrid, Paris, Florenz, London, Rom, Nizza u.a. - 1979 Dr. h. c. Ph. D. (Phil.); 1981 Royal-Knight of Justice London; 1988 pers. Apostolischer Segen durch Papst - Spr.: Engl., Franz., Lat., Span., Griech., Esperanto.

BIKFALVI, Andreas
Dr. med., Prof. f. Chirurgie Univ. Gießen u. Leit. Chir. Abt. Akad. Lehrkrkhs. Lich - Goethestr. 4, 5302 Lich - Geb. 18. Jan. 1916 Borband/Siebenb. - Promot. 1940 Klausenburg; Habil. 1969 Gießen - S. 1962 Prof. Gießen - BV: Chir. Gesichtspunkte b. Bronchialtbd., 1970; Trachea u. Bronchien-Palliativchir. Eingriffe b. maligenen Tumoren, 1973. Zahlr. Einzelarb.

BILABEL, Peter
Dipl.-Kfm., Geschäftsführer Walzbau-Gruppe - Im Grund 4, 6126 Brombachtal - Geb. 19. Okt. 1942.

BILAL, B. A.
Dr. rer. nat., Chemiker (Hahn-Meitner-Inst. f. Kernforsch. Berlin GmbH.), apl. Prof. f. Kernchemie TU Berlin (vorh. Privatdoz.) - Kaiserdamm 88, 1000 Berlin 19.

BILEK, Karl
Dr. med. habil., Prof., Direktor d. Universitäts-Frauenklinik Leipzig - Philipp-Rosenthal-Str. 57, O-7010 Leipzig (T. 882 82 45) - Geb. 28. Jan. 1932 Gastorf, verh. s. 1971 m. Angelika, geb. Kühnau, S. Bernd - 1951 Abit; 1951-56 Medizinstud. Leipzig; Ex. 1956; Promot. 1956; Habil. 1966 - 1956 Assist.arzttätigk. Pathol. Inst. Univ. Leipzig; Pflichtassist. Chir. u. Med. Klinik d. Univ. Leipzig; 1958-62 Gebietsarztausb. Gynäk. u. Geburtshilfe - BV: Lehrb. d. Geburts-

hilfe f. Hebammen, 1984, 2. A. 1986 - Ehrenmitgl. d. Purkinje-Ges. CSFR.

BILGER, Harald R.

Dr., Dipl.-Ing., Betriebsw., Schriftsteller, Vors. d. Beir.: Ges. f. Partnerschaft m. d. Dritten Welt; Beir. versch. priv. Industriefirmen; Verw.sr.: Bund der Steuerzahler, Stuttgart; Mitgl. d. Vorst.: Arbeitskr. Evang. Unternehmer i. d. Bundesrep. Deutschland (AEU) - Postf. 28, 7702 Gottmadingen (T. 07731 - 7 14 83) - Geb. 13. März 1913 Gottmadingen - Stud. Techn. Wissensch., Betriebswirtsch. Div. Ehrenmitgl.sch. - Spr.: Engl.

BILGER, Robert

Dr. med., Prof. - Sickingenstr. 46, 7800 Freiburg/Br. - Geb. 11. März. 1920 - S. Habil. Privatdoz. u. apl. Prof. (1965) Univ. Freiburg, Facharzt f. Innere Med. u. Radiologie, Chefarzt innere Abt. St. Josef-Krkhs. Freiburg. 1986 pens. - BV: Hämatologie, Radiologie, Kardiologie. Klin. abdomin. Ultraschalldiagnostik, 1989.

BILGRAM, Hans

Brauereidirektor - Molkestr. 9 1/2, 8940 Memmingen/Schw. - Geb. 25. April 1925 - Vorst. Bürger- u. Engelbräu AG., Memmingen.

BILKENROTH, Klaus-Dieter

Dr.-Ing. habil., Dipl.-Berging., Prof., Vorstandsvorsitzender Vereinigte Mitteldeutsche Braunkohlenwerke AG - In der Aue 8, O-4860 Hohenmölsen (T. 004530 - 4 11) - Geb. 11. Aug. 1933 Deutzen, Krs. Borna (Vater: Prof. Dr.-Ing. Dr. rer. oec. E.h. Georg B.), ev., verh. s. 1968 m. Dr. med. Inge, geb. Busch, 2 Kd. (Udo, Barbara) - Dipl.-Ing. 1957, Promot. 1963, Habil. 1966, alles Bergakad. Freiberg - Techn. Dir. mitteld. Braunkohlenbergbau; Hon.-Prof. Bergakad. Freiberg.

BILL, Max

Dr. Ing. E. h., Prof., Architekt, Plastiker u. Maler - Rebhusstr. 50, CH-8126 Zumikon (Schweiz) (T. Zürich 918 08 28) - Geb. 22. Dez. 1908 Winterthur/Schweiz (Vater: Erwin B., Eisenbahnbeamter; Mutter: Marie, geb. Geiger), verh. s. 1931 m. Binia, geb. Spoerri †1987, S. Jakob - Kunstgewerbesch. Zürich; Bauhaus Dessau - Freischaff. Arch. Zürich; Gastvorles. europ., nord- u. südamerik. Hochsch. u. kulturelle Institutionen; 1951-56 Rektor Hochsch. f. Gestalt., Ulm; 1967-71 Schweizer Nationalrat; 1967-74 Prof. Kunsthochsch. Hamburg (Umweltgestalt.). 1985ff. Vors. Verein Bauhaus Archiv Berlin - Arch.: Schweizer Pavillon Triennale Mailand 1936 u. 1951, HfG Ulm, Sektion Bilden u. Gestalten Schweiz. Landesausstell. 1964 Lausanne, Radio Zürich u. a.; Plastik: Kontinuität, Dreiteil. Einheit, Rhythmus im Raum, Familie v. 5 halben Kugeln, Einstein Monument Ulm, Kontinuität/DB Frankfurt 1983, Pavillonskulptur, Zürich 1983, Gruppe v. 3 Farbsäulen/Daimler-Benz, Möhringen/Stuttgart 1983-89, Endlose Treppe/Ernst Black-Monument, Hak-Museum Ludwigshafen 1989-91 - 1951 Gr. Plastikpreis Biennale São Paulo u. Gr. Preis Triennale Mailand, 1968 Kunstpreis Stadt Zürich; 1982 Kaiserring Stadt Goslar (Kunstpreis); 1988 Marconi-Preis f. Wiss. u. Kunst, Bologna; 1989 Piepenbrock-Preis f. Plastik, Osnabrück; Helmut-Kraft-Preis, Stuttgart; Ehrenmitgl. American Inst. of Architects u. Oeuvre; 1972 Mitgl. Akad. d. Künste Berlin; Ausw. Mitgl. Belg. Akad. d. Wiss., Lit. u. Künste, Korr. Mitgl. Acad. d'Architecture Paris - 1979 Gr. BVK; 1981 Belg. Kronenorden; Vizepräs. Akad. d. Künste Berlin; Mitgl. Acad. nazionale argentina di Bellas Artes; Commendeur dans l'ordre des Arts et des Lettres (Frankr.) - Sammler mod. u. außereurop. Kunst - Lit.: Thomas Maldonado, M. B. (1955 Buenos Aires; span., dt., engl., franz); Eugen Gomringer, u. A., M. B. (Festschr. 1958); Margit Staber, M. B. (1964 London, 1971 St. Gallen; engl., dt.); James Wood, M. B. (1974 Buffalo; engl.); Eduard Hüttinger, M. B. (1976 Zürich, 1978 engl., 2. erw. A. 1987); Valentina Anker, M. B. (1979 Lausanne; franz.); Werner Spies, Kontinuität, Granit-Monolith v. M. B. (1986 Dortmund); Angela Thomas/Bernhard Holeczeck: M. B. (Ludwigshafen).

BILL von BREDOW, Leopold

s. Bredow, von, Leopold Bill

BILLEN, Josef

Dr. phil., Prof. f. Didaktik d. Dt. Sprache u. Literatur an d. Westf. Wilhelms-Univ. Münster - Vahlbusch 45, 4400 Münster - Geb. 1. Juli 1933 Winnekendonk/Ndrh., verh. s. 1962 m. Gertrud, geb. Hense, 3 Kd. (Bernd-Christoph, Diemut, Elmar) - 1954-59 Stud. Deutsch, Lat. u. Phil. Univ. Münster u. Freiburg; Promot. 1964 - 1960-71 Schuldienst, 1975 Prof. (Schwerp.: Lit.wiss., Lit.didaktik) - BV: Lit. - Struktur u. Funktion, 1971 (m. F. Hassel); Lit. - Struktur u. Gesch., 1980 (m. F. Hassel). Mitautor d. Sprachbuchwerkes Wort u. Sinn. Herausg.: Was will Lit.? (1975, m. H.-H. Koch); Identität u. Entfremdung - Beitr. z. Lit.unterr. (1979); Dt. Parabeln (1982); D. dt. Parabel - Z. Theorie e. modernen Erzählform (1986). Übers.: R. Robertson, Kafka-Judaism, Politics and Literature (1988).

BILLER, Manfred

Rechtsanwalt, Geschäftsf. Bankenverb. Berlin (s. 1963) u. Werkarztzentrum d. Berliner Wirtsch. (s. 1983) - Tauentzienstr. 7b, 1000 Berlin 30 (T. 261 12 27); priv.: Bredtschneiderstr. 12a -19 (T. 302 37 59) - Geb. 30. Sept. 1930 Passenheim, ev. - Hochsch. f. Politik u. FU Berlin - 1960-62 Synd. Bank f. Handel u. Ind. AG., Berlin.

BILLERBECK, Gerd

Präsident d. Verwaltungsrates Billerbeck International AG, CH-Allschwil, Consulting f. Intern. Marketing, Cooperation u. Öffentlichkeitsarb. - Spitzenstr. 28, 5600 Wuppertal 22 - Geb. 23. Okt. 1921 Wuppertal.

BILLERBECK, Rudolf

Dr. rer. pol., Prof. f. Polit. Soziologie, Organisationssoziol. u. Verwaltungsforsch. Univ. Bremen - Lürmanstr. 1, 2800 Bremen 1.

BILLET, Reinhard

Dr.-Ing., Dipl.-Ing., o. Prof. Univ. Bochum (s. 1975; Lehrstuhl f. therm. Stofftrennverfahren) - Laerholzstr. 53, 4630 Bochum-Querenburg - Geb. 23. Febr. 1929 Karlsruhe-Durlach (Vater: August FriedrichB., Ing.; Mutter: Wilhelmine, geb. Küffner), ev., gesch., S. Klaus - Gymn.; Stud. Univ. Karlsruhe (Maschinenbau, Verfahrenstechn.); Dipl.ex. 1953; Promot. 1957 Karlsruhe - 1954-60 wiss. Assist. Inst. f. Apparatebau u. Verfahrenstechn. Univ. Karlsruhe; 1960-75 Ind.tätigk. BASF AG. (b. 1967 Techn. Prüf- u. Versuchsbetriebe; b. 1969 Kunststoffproduktion; b. 1973 Anlagenbau u. Projektier. chem. Produktionsverf., dann Umweltschutz, insb. umweltfreundl. Betriebsweise v. Neuanlagen); 1983/84 Dekan Fak. Masch.bau Univ. Bochum. Mitgl. u. a. Aussch. Therm. Zerlegung v. Gas- u. Flüssigkeitsgemischen im VDI u. Arb.gruppe Destillation, Absorption u. Extraktion d. Europ. Föderation f. Chemie-Ing.-Wesen. Mitinh. verfahrenstechn. Patente - BV: Grundl. d. therm. Flüssigkeitszerlegung, BI-Hochsch.-TB Bd. 29 1962; Verdampfertechnik, BI-TB Bd. 85 1965; Optimierung in d. Rekifiziertechnik, BI-TB Bd. 261 1967; Trennkolonen für d. Verfahrenstechnik, BI-TB Bd. 548 1971; Ind. Destillation, Monogr. 1973 (auch engl., tschech.); Verdampfung u. ihre techn. Anwendungen, Monogr. 1981 (auch engl.); Energieeinspar. b. therm. Stofftrennverfahren, 1983 (auch poln.). Rd. 170 Fachveröff., bes. zu Themen d. Therm. Verfahrenstechnik - 1964 VDI-Ehrenring; 1984 Med. TU Breslau - Liebh.: Sport, Medizin, Psychol. - Spr.: Latein, Engl., Franz.

BILLICH, Rudolf

Dr. med., Prof., Chefarzt i. R. - Geschwister-Scholl-Str. 8, 2940 Wilhelmshaven (T. 8 22 02) - Geb. 19. Juni 1918 Grefrath b. Krefeld (Vater: Dr. med. Constanz B., Arzt), ev., verh. s. 1942 m. Marie-Agnes, geb. v. Sanden, T. Gundula - Realgymn. Krefeld; Univ. Berlin, Hamburg, Rostock. Promot. 1942; Habil. 1957 - S. 1957 Privatdoz. u. apl. Prof. (1964) Univ. Münster/W. (Geburtshilfe u. Gynäk.) - Spr.: Engl., Franz. - Rotarier.

BILLIGMANN, Joseph

Dr.-Ing., Hüttendirektor, Vorstandsmitgl. Rasselstein AG., Neuwied (b. 1981, Ruhest.) - Martinsbergstr. 27, 5470 Andernach/Rh. - Geb. 22. April 1918 Mönchengladbach - TH Aachen - Div. Mandate.

BILLING, Heinz

Dr. rer. nat., Physiker, Honorarprof. f. Informationsverarb. Univ. Erlangen-Nürnberg (s. 1967) - Erdinger Weg 1, 8046 Garching (T. 089 - 329 16 07) - Geb. 7. April 1914 Salzwedel - Emeritus MPI f. Physik u. Astrophysik, München. Fachveröff. Speicher f. Computer, Antennen f. Gravitationswellen - 1987 Konrad Zuse Preis d. Ges. f. Informationsverarb.

BILLING, Werner

Dr. phil., Prof. f. Politikwissenschaft Univ. Kaiserslautern (s. 1978) - Alex-Müller-Str. 130, 6750 Kaiserslautern - Geb. 14. Juni 1936 Freiburg/Br. (Vater: Emil B., Oberstudiendir.; Mutter: Elli Dern), ev., verh. s. 1966 m. Hannelore, geb. Langer, 2 S. (Frank, Fabian) - Stud. Polit. Wiss., Staatsrecht, Phil., Gesch., Angl. Univ. Freiburg/Br., London, Edinburgh. Promot. 1968 Freiburg - 1969 Wiss. Assist., 1971 Wiss. Oberrat Univ. Hamburg; 1972 ao. Prof. EWH Rhld.-Pf./Abt. Worms - BV: Das Problem der Richterwahl zum Bundesverfassungsgericht, 1969. Div. Handbuch- u. Ztschr.-beitr. - Liebh.: Musik, Baukunst - Spr.: Engl., Franz.

BILLINGER, Josef

I. Bürgermeister (b. 1990) - Eichenstr. 3, 8313 Vilsbiburg/Bay. - Geb. 25. Mai 1929 Vilsbiburg - SPD.

BILLWITZ, Konrad

Dr. rer. nat. habil., o. Prof. f. Geoökologie Univ. Greifswald (s. 1981) - Lomonossowallee 38, O-2200 Greifswald (T. 00822 - 81 14 45) - Geb. 21. Jan. 1938 Wurzen, verh., 1 Kd. - Stud. 1956-61 Geogr. u. Gesch. Univ. Leipzig, 1961/62 Zusatzstud. Bodengeogr. Univ. Moskau; 1961 Dipl. u. Staatsex. Leipzig; Promot. 1968 Leipzig, Habil. 1978 Halle - 1962-69 Hochschulassist. Univ. Leipzig, 1969-79 Halle; 1979-81 Hochsch.doz. Halle; 1981 o. Prof. Univ. Greifswald - Herausg.: Einf. in d. Landsch.ökol. (1988; m. Barsch, Reuter); Allg. Geologie, Geomorphologie u. Bodengeographie (1988; m. Kugler, Schwab); Phys.-geogr. Arbeitsmethoden (1990; m. Barsch) - Spr.: Russ.

BILSTEIN, Helmut

Staatsrat Behörde f. Wiss. u. Forsch. Fr. u. Hansestadt Hamburg - Zu erreichen üb. Hamburger Str. 37, 2000 Hamburg 76 - 1978-82 Staatsrat Behörde f. Wiss. u. Forsch. sow. Kulturbeh.; s. 1983 Beh. f. Wiss. u. Forsch., dazw. Bevollm. d. Freien u. Hansestadt Hamburg b. Bund.

BIMBERG, Dieter

Dr. phil. nat., Univ.-Prof. f. Physik TU Berlin - Hackländerweg 28, 1000 Berlin 22 (T. 030 - 365 54 19) - Geb. 10. Juli 1942 Schrozberg, verh. s. 1970 m. Dr. Bente, geb. Bentsen, 2 Söhne (Magnus, Mathias) - 1961-65 Stud. Math., Physik, Phil. Univ. Tübingen; Physikstud. 1965-68 Univ. Frankfurt; Promot. 1971, Habil. 1977 TU Berlin - 1972-79 Max Planck Inst. f. Festkörperforsch., Hochfeld-Magnetlabor Grenoble; 1974/75 RSRE Gt. Malvern/Engl.; 1979 Prof. f. Halbleitertechnol. RWTH Aachen; 1982 Prof. f. Exper.physik TU Berlin; 1985/86 Gastprof. Hewlett-Packard, Palo Alto, 1992/93 Gastprof. Univ. California Santa Barbara, CA - Pat. in d. Photonik u. Messtechnik - BV: Laser in Industrie u. Technik, 2. A. 1985; Materialbearbeitung m. Lasern, 1991; Laser-Messtechniken, 1992 - Liebh.: Sport, Lit., Politik - Spr.: Engl., Franz.

BIMBERG, Guido

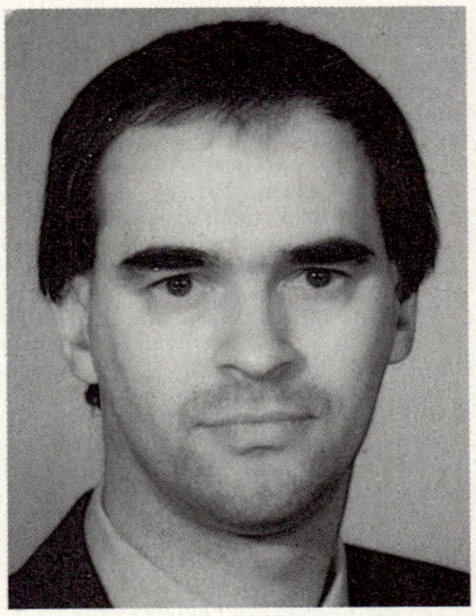

Dr. phil. habil., o. Doz. f. Musikgeschichte Univ. Halle - Gottfried-Keller-Str. 1, O-4050 Halle/S. (T. 0345 - 3 59 80) - Geb. 14. März 1954 Halle, ev., verh. s. 1981 m. Dr. sc. phil. Christiane, geb. Binder, S. Cornelius - Stud. Univ. Halle; Promot. 1979; Habil. 1981 - 1979/80 Forsch.reise in russ., baltische u. asiatische Archive - 1983-86 Visit. Prof. Univ. Havanna; s. 1991 Vizepräs. d. Intern. Fasch-Ges.; s. 1992 Präs. d. Intern. Ges. Mons Serenus - BV: D. Oper im russ. Musiktheater d. 18. Jh., 1981; Dramaturgie d. Händel-Opern, 1985; D. Wunderbare Klang, 1985ff.; Buch-Reihe Musiktheater in Wort u. Bild, 1986ff.; Schütz-Bach-Händel, 1989; Musik u. Heimatgesch., 1989; Mozarts Entführung a. d. Serail, 1990; A. Lunacarskij - Übers. Schriften, 1985. Herausg.: Fasch-Studien (1991ff.); Musik v. Komponisten aus Halle u. Ufa (russ. 1991 - 1990 Mussorgskij-Med. d. russ. Theaterverb. - Liebh.: Tennis, Golf - Spr.: Engl., Russ., Span., Ital.

BIMBERG, Siegfried Wolfgang

Dr. paed. habil., Dr. phil. habil., o. Prof. f. Musikpädagogik Univ. Halle (s. 1968) - Ernestusstr. 24, O-4020 Halle - Geb. 5. Mai 1927 Halle, verh. s. 1953 m. Dr. Ortrud, geb. Rummler, S. Guido - Stud. Musikpäd., Musikwiss., Psychol. Univ. Halle; Exam. 1951/52; Promot. 1953; Habil. paed. 1956; Habil. phil. 1982 - 1946-48 Lehrer; 1953-58 Verlagslektor; 1957-62 Univ.-Doz. Berlin; s. 1962 Univ. Halle; 1964 Univ.-Prof. - BV: Einf. in d. Musikpsychol., 1957; V. Singen z. Musikverstehen, 1957ff.; Meth.-didakt. Grundl. d. Musikerzieh., 1968/73; Lieder lernen - Lieder singen, 1981ff.; Kontrast als musikästh. Kategorie, 1981. Herausg.: Handb. d. Musikästhetik (1979); Handb. d. Chorleitg. (1981) - Kompos. (vokal), Opern: D. singende Pferdchen; Eulenspiegels Brautfahrt - 1962-80 Dirig. d. Hallenser Madrigalisten - 1969 Händelpreis; 1964 Pr. f. künstl. Volksschaffen; 1970 Bela-Bartok-Pr.; 1985 Kunstpr. Stadt Halle - Liebh.: Malerei - Spr.: Engl.

BIMBOESE, Bodo

MA, PR-Berater, Geschäftsführer d. Trimedia PR AG, Deutschland - Schweizer Str. 100, 6000 Frankfurt 70 - Geb. 15. Febr. 1953 Bad Hersfeld, verh. - Gymn., Stud. Publiz. u. Gesch. Fr. Univ. Berlin, 1980 Abschl. MA - Spr.: Engl., Franz.

BINDELS, Gert

Dr.-Ing., Direktor - Hornisgrindeweg 2, 7730 Villingen-Schwarzw. - Geb. 18. Juni

1935 - B. 1978 Generalbevollm Honeywell Bull AG., Köln, dann Geschäftsführer Kienzle Apparate GmbH., Villingen/Schwarzw.

BINDEMANN, Wolfdietrich

Dr.-Ing., Fabrikant, Mitinh. u. Geschäftsf. Herborner Pumpenfabrik KG. (s. 1951) - Händelstr. 15, 6348 Herborn/Dillkr. (T. 7 01-43) - Geb. 29. März 1919 Stettin (Vater: Dr. rer. pol. Gotthilf B.; Mutter: Else, geb. Remy), verh. m. Gertraude, geb. Klohs, 6 Kd. (Rolf, Ulrike, Dagmar, Susanne, Sabine, Regine) - Stud. Maschinenbau TH Darmstadt (insb. Strömungsl.); Dipl.-Ing. 1943, Promot. 1950 - 1943 Forschungsing. Dt. Versuchsanstalt f. Luftfahrt, Berlin; 1945 Hauptassist TH Berlin (Prof. Timpe); 1951 berat Ing. f. Pumpenbau Kirloskar Brothers Ltd., Kirloskarvadi (Ind.) - BV: Mod. Verfahren d. Hochwasserstatistik, 1946 (i. A. Volkskommissariat f. Kraftwerke UdSSR), Kostensynthese, 1951 - Spr.: Engl., Franz., Span., Arab. - Lit. z. W. B.: Dr. G. Großmann: Väter, lehrt eure Kinder Geld verdienen, 1956; Prof. R. Richter; Senckenbergiana, 1950, S. 278 ff.; Dr. H. J. Nicolaus; Beihelfte Geol. Jb. 53 (1963).

BINDER, Frank

Lokalchef/Chefredakteur SUPER!-Zeitung Berlin-Brandenburg - Poolstr. 41, 2000 Hamburg 36 (T. 040 - 35 33 63) - Geb. 23. Febr. 1958 Hannover, verh. s. 1990 m. Almut, geb. Schäferbarthold - Stud. Volkswirtsch.lehre; Volontariat Uetersener Nachrichten u. Bergedorfer Ztg. - Redakt.leit. BILD Düsseldorf, stv. Redakt.leit. BILD Hamburg; Reserve-Offz. (Lt./Heer) - BV: Schwerer Kreuzer Blücher, 2. A. 1990; Krysseren Blücher, 2. A. 1991 - Interessen: Marine-Gesch., Wirtsch. - Spr.: Engl., Franz.

BINDER, Hartmut

Dr. phil., Prof. f. Deutsche Literatur u. deren Didaktik PH Ludwigsburg (s. 1973) - Silcherstr. 32, 7257 Ditzingen-Schöckingen - Geb. 22. Juli 1937 Schwäb. Hall - Promot. 1965 - Bücher u. Aufs. zu Kafka u. z. Prager dt. Lit.

BINDER, Heinz-Georg

Bischof, Bevollmächtigter d. Rates d. EKD am Sitz d. BRD, Ev. Militärbischof (1984ff.) - Fritz-Erler-Str. 4, 5300 Bonn 1 - Geb. 22. Nov. 1929 Hamburg, ev.-luth., verh. s. 1963, 2 Kd. - 1949-54 Univ. Hamburg, Erlangen, Kiel (Theol.).

BINDER, Kurt

Dr. rer. nat., Prof. Univ. Mainz - Zu erreichen üb. Inst. f. Physik, Staudinger Weg 7, 6500 Mainz - Geb. 10. Febr. 1944 Korneuburg/Österr. (Vater: Eduard B., Dipl.-Ing.; Mutter: Anna, geb. Eppel), kath., verh. s. 1977 m. Marlies, geb. Ecker, 2 S. (Martin, Stefan) - Dipl. 1967 TH Wien; Promot. 1969 ebd.; Habil. 1973 TU München - 1974-77 Prof. Univ. Saarbrücken; 1977-83 Prof. Univ. Köln u. Inst.-Dir. Kernforschungsanlage Jülich; s. 1983 Prof. Univ. Mainz - Herausg.: Monte Carlo Methods in Statistical Physics (1979), russ. Übers. 1982); Applications of the Monte Carlo Method in Statistical Physics (1984); Monte Carlo Simulation in Statistical Physics - An Introduction (1988).

BINDER, Max

I. Bürgermeister - Rathaus, 8396 Wegscheid/Ndb. - Geb. 8. März 1941 Kumreut - CSU.

BINDER, Max

Landwirt, Landrat a. D., MdL Bayern (1954-75) - 8371 Kirchberg/Ndb. - Geb. 22. Aug. 1911 Kirchberg (Eltern: Johann (Landw.) u. Maria B.), verh., 3 Kd. - 1939-45 Wehrdst. (Inf.); 1945-60 Bürgerm. Gde. Kirchberg; 1960-72 Landrat Kr. Regen. CSU.

BINDER, Walter

Bankdirektor a.D. - Schubertstr. 7, 7036 Schönaich/Württ. - Geb. 7. Sept. 1920 - B. 1982 stv. Vorst.-Vors. Genossenschaftl. Zentralbank, Stuttgart. AR-Mand.

BINDER-GASPER, Christiane

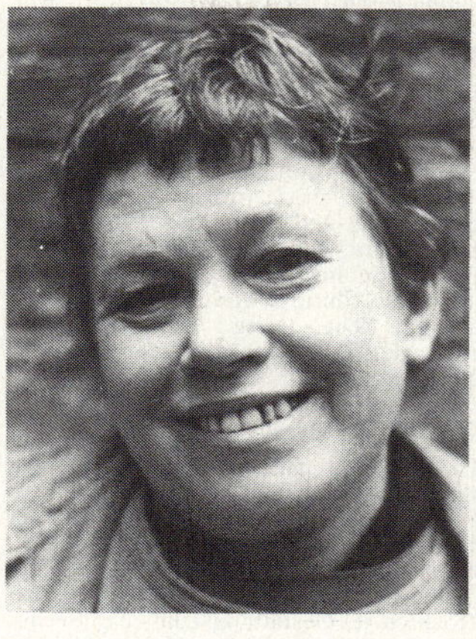

Schriftstellerin (Ps. Christiane Gasparri, Hildegard Maria Binder) - Blücherstr. 37a, 1000 Berlin 61 - Geb. 12. April 1935 Duisburg, kath., gesch., 5 Kd. (Klaus, Katja, Frithjof, Petra, Frank) - Mitgl. Schriftstellerverb. (VS), 1982 Literaturstip., 1983 Vorst. Neue Ges. f. Lit., 1985 Vorst. Frauenstadtteilzentrum Kreuzberg, s. 1983 Magnus-Hirschfeld-Ges., s. 1985 Mitgl. GEDOK, alle Berlin; 1986 Beteiligung am Wettbewerb um d. Ingeborg Bachmann-Preis in Klagenfurt; 1989 Vors. d. Schriftstellerverb. Berlin IG Medien - BV: Rot u. Tauben, Ged. 1980; E. Hoffnung ganz ohne Fahnen, Ged. 1982; Alexanders Freund, Erz. 1984; Gazellenherz, 1985; Balladen d. Flamingofrau, Ged. 1990. Zahlr. Beitr. in Anthol. Videofilme: Sommergespräch unt. freiem Himmel, 1983; Tochter groß, Vater lieb u. klein?, 1984; Nur d. Kolibri fliegt, Musik: Tina Wrase, 1985; Mein Sohn hängt so an mir (ZDF), 1984; Rose rot (HR), 1986; D. Mann in d. Stadt (RB), 1987. Insz. u. Regie Poet. Theaterminiatur: ... eines tages stunde ..., von M. Sudrawitz (1985) - 1991/92 Stip. d. Senats v. Berlin (Frauenforsch.).

BINDIG, Rudolf

Dipl.-Kfm., MdB (s. 1976) - Ried 15, 7981 Waldburg (T. 07529 - 73 74) - Geb. 6. Sept. 1940 Goslar (Vater: Rudolf B., Revierförster; Mutter: Barbara, geb. Kunz), verh. s. 1979 m. Ulrike, geb. Sandner, 1 Kd. (Gunnar Rudolf) - Stud. d. Volks- u. Betriebswirtsch.lehre, Rechtswiss. u. Politik Univ. Göttingen, Nürnberg, Konstanz, Dipl. 1966 - B. 1976 wiss. Angest.; s. 1967 SPD (s. 1973 Mitgl. Landesvorst. Baden-Württ.; s. 1975 im Wechsel Präs. od. Vizepräs. Soz. Bodenseeinternationale); 10. Wahlperiode Vors. UA-Humanitäre Hilfe d. Bundestages; Obmann d. AG Menschenrechte u. humanitäre Hilfe d. SPD-BT-Fraktion; Mitgl. d. Parlam. Versammlung d. Europarates u. d. Westeuropäischen Union (WEU).

BINDING, Günther

Dr.-Ing., Dr. phil., o. Prof. f. Kunst- u. Baugeschichte - Wingertsheide 65, 5060 Berg.-Gladbach 1 - Geb. 6. März 1936 Koblenz - Promot. 1962 u. 63 - S. 1969 (Habil.) Univ. Köln (1970 Wiss. Rat u. Prof., 1974 Ord.; 1981/83 Rektor). Zahlr. Fachveröff., auch Bücher - 1966 Ruhr-Preis f. Kunst u. Wiss.; 1986 Josef-Humar-Preis; 1987 Rheinland-Taler.

BINDING, Wolfgang

Prof., Bildhauer - Eichstätter Hof/Johannesberg Nr. 99, B-4731 Eynatten (Belg.) - Geb. 30. Nov. 1937 München (Vater: Dr. Kurt B., Regierungspräs. a. D.; Mutter: Margot, geb. Masur), ev., verh. s. 1973 m. Dr. med. Gerlind, geb. Schmidt, 4 Kd. (Barbara, Dorothee, Jörg, Stephanie) - S. 1974 Doz. u. apl. Prof. TH Aachen (Leit. Lehrgeb. Plastik). 1975/76 Gastprof. USA. Zahlr. Ausstell. u. Veröff. - 1980 Ernenn. z. planmäß. Prof. an d. RWTH Aachen.

BINDSEIL, Heinz

Gf. Gesellschafter Alstercolor Bindseil & Sohn, Hamburg, Vereinigte Cewe Color Betriebe GmbH. & Co. KG., Oldenburg, Polyprint KG. Bindseil & Kaspras, Hamburg, Präs. Centralverb. dt. Photographen, München, u. a. - Heinrich-Hertz-Str. 1, 2000 Hamburg 76 - Geb. 13. Juli 1911 - 1984 BVK I. Kl.

BINDSEIL, Ilse

Dr. phil., Lehrerin, Schriftst. - Habsburger Str. 6, 1000 Berlin 30 - Geb. 23. Sept. 1945 Frankenstein - BV: Morde u. a. tödl. Gesch., 1982; In einem Jahr, 1986; D. Wahnsinn d. Wirklichkeit. Ideologiekrit. Essays (zus. m. Ulrich Enderwitz), 1987; N. Venedig d. Liebe wegen. Phantast. Erz., 1988; Romeo u. Julia auf dem Wasser, Erz. 1989; Marielle u. d. Revolution. E. utopischer Schelmenroman, 1990. Herausg.: Frauen 1 - V. Theorie b. Anarchie (1990); Frauen 2 - Polemik u. Politik (1991, gem. m. Monika Noll); Gesammelte Essays z. Weiblichkeit: Elend d. Weiblichkeit, Zukunft d. Frauen (1991).

BINDSEIL, Reinhart

Dr. jur., LL.M., Vortr. Legationsrat I. Klasse, Ref.Leit. 512 - Zivilrecht (s. 1988) - Ausw. Amt, Postf. 11 48, 5300 Bonn 1 - B. 1988 Botsch. in Ruanda/Afrika - BV: Deutschl. u. Ruanda s. d. Tagen Richard Kandts, 1988; Gustav Adolf Graf v. Götzen, 1992 - Interessen: Kolonialhistorische Forsch.

BING, Sir Rudolf

Direktor Columbia Artist Managem., N. Y. - Geb. 9. Jan. 1902 Wien, verh. s. 1929 m. Nina, geb. Schelemskaya - 1928-30 Hess. Landestheater, Darmstadt, 1930-33 Städt. Oper, Berlin-Charl., 1935-49 Generalmanager Glyndebourne Opera (Engl.). 1947-49 Artistic Director International Festival of Music and Drama Edinburgh/Schottl. 1950-72 Generalmanager Metropolitan Opera - BV: 5000 Abende in d. Oper, Erinn. 1973; Gala-Abend - Rückblick auf weitere Jahre an d. Met., Erinn. 1982 - 1971 v. Königin Elisabeth II. v. England geadelt, 1958 Gr. BVK.

BING, Wilhelm

Dr. rer. pol., Dipl.-Volksw., Verleger, Chefredakteur - Am Fischerweg 31, 3540 Korbach - Geb. 12. Nov. 1943 Korbach (Vater: Dr. Hermann B., Verleger, Chefredakt., Schriftst.; Mutter: Ingeborg, geb. Schuck), ev., verh. s. 1969 m. Carla, geb. Fischer (T. v. Fritz F., Graphiker), 2 T. (Friederike, Franziska) - Stud. Univ. Berlin, Marburg; Dipl.ex. 1967; Promot. 1969 - Vorst.-Mitgl. Verb. Hess. Zeitungsverleger; Vors. Gesellschafterverѕ. Radio/Tele FFH, Frankfurt, Vors. Regionalaussch. IHK Kassel f. d. Kr. Waldeck-Frankenberg; AR-Mitgl. Dt. Presseagentur (dpa), Standortpresse u. pro Lokalztg.; Mitgl. Vollvers. IHK Kassel, ZDF-Fernsehrat, Delegiertenvers. d. Bundesverb. Dt. Zeitungsverleger - BV: Investitionsfinanzierung in d. Zentralverw.wirtsch., 1969. Fortsetzungsserien in dt. u. amerik. Presse - Liebh.: Fernreisen u. ihre journ. Auswertung, Segeln - Spr.: Engl., Franz., Ital.

BINGAS, Basile

Dr. med., Prof., Leiter Neurochirurg. Abteilung/St.-Gertrauden-Krkhs., Berlin 31 - Bernadottestr. Nr. 76, 1000 Berlin 33 - Prof. FU Berlin (Neurochir.).

BINGEL, Horst

Schriftsteller - Wiesenau 10, 6000 Frankfurt/M. 1 (T. 72 80 22) - Geb. 6. Okt. 1933 Korbach (Vater: Walther B., Hauptschullehrer; Mutter: Else, geb. Herzog), ev., verh. s. 1960 m. Irma, geb. Heilmann (gesch. 1976), verh. s. 1985 in 2. Ehe m. Barbara, geb. Böddicker, S. Thomas - Realgymnasium (Mittl. Reife); Buchhändlerlehre; Staatl. Zeichenakad. Hanau (Malerei, Bildhauerei) - 1956-57 Redakt. Dt. Büchermarkt; 1957-69 Redakt. u. Herausg. Streit-Zeit-Schrift. 1965ff. Vors. Frankfurter Forum f. Literatur; 1971-78 Vorst.-Mitgl. VS Hessen; 1974-76 Bundesvors. VS. FDP 1971-88 - BV: Kl. Napoleon, Ged. 1956; Auf d. Ankerwinde zu Gast, Ged. 1960; D. Koffer d. Felix Lumpach, Gesch. 1962; Elefantisches, Gesch. 1963; Wir suchen Hitler, Ged. 1965; Herr Sylvester wohnt unter d. Dach, Erz. 1967; Lied für Zement, Ged. 1975. Herausg.: Junge Schweizer Lyrik (1958), Deutsche Lyrik - Gedichte seit 1945 (1961), Zeitgedichte - Dt. polit. Lyrik s. 1945 (1963), Dt. Prosa - Erz. s. 1945 (1963), Lit. Messe 1968 - Handpressen, Flugbl., Ztschr. d. Avantgarde (1968); Phantasie u. Verantwort. - Dokumentation d. dritt. Schriftst.kongr. d. Verb. dt. Schriftst. (VS) in d. IG Druck u. Papier (1975) - 1966 Reisestip. Ausw. Amt, 1975 Ehrenbrief Ld. Hessen, 1983 BVK am Bde., 1983-85 Schriftst. im Bücherturm Offenbach/M., 1984 Wilhelm-Leuschner-Med. Ld. Hessen - Mitgl. PEN-Zentrum BRD - Spr.: Engl. - Lit.: Aloisia Rendi: Scrittori nūovi di Lingūa Tedesca 1962; Walter Helmut Fritz in: Schriftst. d. Gegenw. - Dt. Lit. 1963; Karl Krolow in: Kindlers Lit.gesch. d. Gegenw. 1973; José M. Mingües-Sender in: Antologia lirica Alemana actúal 1986; Leopold Schuwerak in: Walther Killy (hg.) Lit.-lex. Autoren u. Werke dt. Sprache 1988.

BINGEL, Werner A.

Dr. phil., em. o. Prof. f. Theoret. Chemie - Thorner Str. 11, 3406 Bovenden - Geb. 19. Okt. 1922 Marburg/L., ev., led. - Dipl.-Phys. (1950) u. Promot. (1952) Marburg - 1953-57 Forschungsst. f. Spektroskopie in d. MPG Hechingen-Hohenzollern; 1957-58 Physics Departm./Duke Univ. Durham; 1959 Dep. of Chemistry/Carnegie Inst. of Technology Pittsburgh; 1960-63 MPI f. Physik u. Astrophysik München; 1962 Visiting Prof., Univ. of Florida, Gainesville, Florida, USA; s. 1964 Univ. Göttingen (1964 ao., 1968 o. Prof.). Emerit. 1991. Spez. Arbeitsgeb.: Quantenchemie - BV: Theorie d. Molekülspektren, 1967 (engl. 1969, jap. 1972). Viele Einzelarb. - Spr.: Engl.

BINIAS, Udo

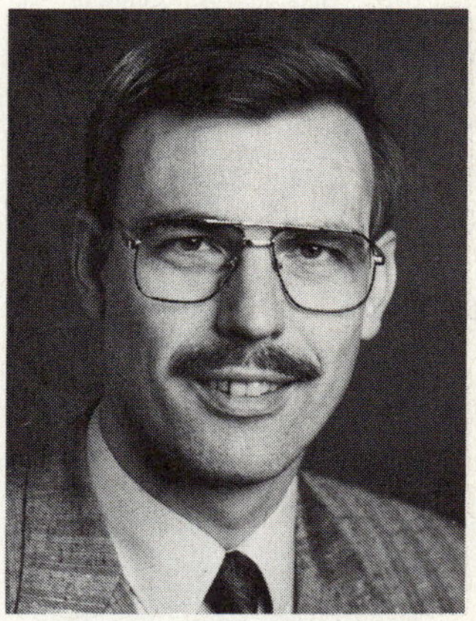

Bilanzbuchhalter, Prokurist, Präs. Bundesverb. d. Bilanzbuchhalter, Bonn - Mönkesweg 8, 4005 Meerbusch - Geb. 25. Juni 1945, verh., 1 Kd.

BINIEK, Eberhard Manfred

Dr. med., Prof., Arzt f. Neurol. u. Psychiatrie/Psychotherapie - 6382 Friedrichsdorf-Köppern - Geb. 26. Nov. 1935 Lüneburg - Med. Staatsex. 1964, Promot.; Habil. 1975 in Psychiatrie; Prof. 1980 - 1971-82 Oberarzt Univ.-Nervenklinik Tübingen; 1982 Dir. Waldkrankenhaus Köppern Friedrichsdorf/Ts.; 1985 Hon.-Prof. Univ. Frankf./M. - BV: Gruppenarbeit m. psych. drogenabh. Jugendl., 1978; Psychotherapie m. gestalt. Mitteln, 1982. Herausg.: Drogenabhängigkeit - Therapie u. Rehabil. (1978).

BINKOWSKI, Bernhard

Prof., Leiter Abt. Schulmusik Staatl. Hochsch. f. Musik u. Darstell. Kunst, Stuttgart - Hungerbühlstr. 25, 7060 Schorndorf/Württemberg - Geb. 2. März 1912 Neiße (Vater: Emil B.), kath., verh. m. Eva, geb. Vosfeldt, 4 Kd. - Gymn.; 1931-36 Musikhochsch. Köln; 1931-36 Univ. ebd. (Engl., Lat.), 1932 Kansas City (USA). Staatsex. 1936 u. 38 - B. 1962 höh. Schul- (1953 Oberstudienrat), dann Hochschuldst. Vors. Verb. Dt. Schulmusikerzieher; Vors. Kommiss. Musiklehrerausbild. d. ISME - BV: Unser Liederb.; Musik um uns - Schulw. f. d. 5.-6., 7.-10. u. 11.-13. Schulj., 4 Bde., 11 Schallpl. m. Komment., 1973-78 Schubert - Bilder aus s. Leben, 1961 - Spr.: Engl., Ital.

BINKOWSKI, Johannes

Dr. phil., Prof., Verleger (Herausg. u. Chefredakt. Schwäb. Post, Aalen, u. Gmünder Tagespost), gf. Vorstandsmitgl. Südwestd. Zeitungsverb. eGmbH, Präs. a. D. Bundesverb. Dt. Zeitungsverleger (1970-80), Fernsehrat ZDF u. a. - Oberwiesenstr. 47, 7000 Stuttgart-Sillenbuch - Geb. 27. Nov. 1908 Neisse/OS. (Vater: Emil B., Arbeiter- u. Volksvereinssekr., Chefredakt. mitbegr. Ostd. Arbeiter-Ztg.; Mutter: Anna, geb. Wilde), kath., verh. s. 1937 m. Helene, geb. Scholz - Univ. Breslau u. Köln. Promot. 1935 - Volksbild.; 1940-45 Kriegsdst. (zul. Uffz.); s. 1948 Verlagswesen - BV: Wertlehre d. Duns Scotus, Erwachsenenbildung, Christl. Alltag, D. Mensch am Scheideweg, M. d. Massenmedien leben, Erbe u. Aufg. - D. Ritterorden v. Hl. Grab zu Jerusalem, 1981, Flugblatt u. Ztg., Bd. 1 u. 2, 1985 - 1971 Gr. BVK, 1978 Stern dazu; 1980 Ehrenpräs. Bundesverb. Dt. Zeitungsverleger; 1983 Ritter päpstl. Gregorius-O. - Spr.: Engl.

BINNEBERG, Karl

Dr. phil., Prof. f. Pädagogik TU Braunschweig - Lauestr. 15, 3300 Braunschweig (T. 0531 - 51 27 71) - Geb. 6. Febr. 1938 Bad Münder (Vater: Erich B., Leitungsmeister; Mutter: Elise, geb. Annecke), ev., verh. s. 1958 m. Renate, geb. Lange, 3 Kd. (Ralf, Christiane, Carl Christian) - Abit. 1958; 1959-62 Stud. PH Hannover; Staatsex. f. Lehramt an Grund- u. Hauptsch. 1962. 1962-72 Stud. Päd., Phil. u. German. Univ. Göttingen u. Marburg; Promot. 1972 - 1973-75 Wiss. Assist. PH Braunschweig; 1975-80 Hochschuldoz. f. Päd. ebd.; s. 1980 Prof. f. Päd. in Braunschweig - BV: Mod. f. d. Lit.unterr., 1970 u. 72; Grundl. e. Curriculums Spr. u. Lit., 1973 - Liebh.: Lit., Musik, Schach, Sport, Kochkunst - Spr.: Engl., Franz., Latein.

BINNEMANN, Peter

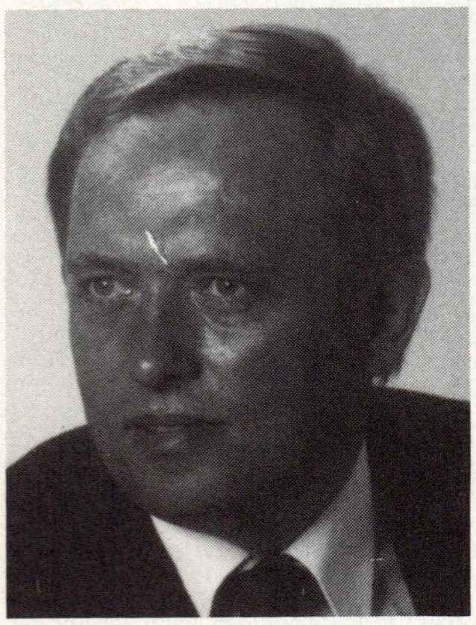

Dr. rer. nat., Ltd. Chemiedirektor, Lebensmittelchem., Leit. chem. Landesuntersuchungsanst. Freiburg - Columbastr. 30, 7801 Pfaffenweiler (T. 07664 - 72 81) - Geb. 21. Mai 1942 Dinkelsbühl, ev., verh. s. 1969 m. Elke, geb. Weiß, 2 Söhne (Jens, Ulf) - Gymn. Dinkelsbühl u. Bad Neustadt (Abit. 1962); Stud. Lebensmittelchemie Univ. Würzburg; Promot. 1973 - 1973 Chem. Unters.-Amt Regensburg; 1976 Landesunters.-Amt f. d. Gesundheitsw. Erlangen; 1979 Leit. Chem. Landesunters.-Anst. Offenburg-Freiburg - Veröff.: Jahresber. d. Chem. Landesunters.-Anst. Offenburg-Freiburg; versch. Veröff. üb. Schadstoffe in Lebensmitteln - Liebh.: Sport (Ski, Tischtennis, Wandern), Heimwerken - Spr.: Engl., Franz.

BINNENBRÜCKER, Rolf Dieter

Dipl.-Volksw., Hauptgeschäftsführer Zentralverb. d. Kraftfahrzeuggewerbes, Bonn - Franzhäuschenstr. 17, 5204 Lohmar 1 - Geb. 25. Juni 1939 Oberhausen.

BINNER, Anton

Landrat Krs. Neustadt a. d. Waldnaab (s. 1984) - 8482 Neustadt a. d. Waldnaab - Geb. 7. Dez. 1930 Neustadt a. d. Waldnaab - U. a. Justizbeamter; 1972-84 I. Bürgerm. Neustadt a. d. Waldnaab. CSU.

BINNIG, Gerd

Dr. rer. nat., Prof., Physiker - Zu erreichen üb. IBM Sektion Physik, Schellingstr. 4, 8000 München 40 - Geb. 20. Juli 1947 Frankfurt/M., verh. - Stud. Univ. Frankfurt; Promot. 1978 b. Prof. Werner Martienssen (üb. Tunnel-Spektroskopie) - S. 1978 Forschungslabor d. IBM in Rüschlikon/Schweiz; 1985/86 IBM Almaden Res. Center, San Jose. 1986 Gastprof. Stanford Univ., Calif. - 1986 Nobelpreis f. Physik (f. Konstruktion d. Raster-Tunnelmikroskops, zus. m. d. Schweizer Heinrich Rohrer); ab WS 1986/87 Honorarprof. Univ. München.

BINZENHÖFER, Alfred

Dipl.-Ing., Geschäftsführer Cannon Electric GmbH, Weinstadt-Beutelsbach u. ITT Industriebeteiligungsges. mbH, Weinstadt - Im Brenntenhau 18, 7250 Leonberg/Württ. - Geb. 4. Jan. 1929 - Ehrenamtl. Arbeitsrichter.

BIOLEK, Alfred

Dr. jur., Produzent, Moderator - Richard-Wagner-Str. 33, 5000 Köln 1 - Geb. 10. Juli 1934 Freistadt (Vater: Josef B., RA; Mutter: Hedwig, geb. Lerch), kath., ledig - 1954-63 Jura-Stud. m. 1. u. 2. Staatsex., Promot. - Versch. Tätigk. b. Fernsehen (ZDF); Hauptabt.-Leiter Bavaria Atelier GmbH; Projektgruppenleiter WDR. Moderator: Bio's Bahnhof, Bei Bio (s. 1983, WDR), Mensch Meier (s. 1985, WDR), Moderation d. wöchentl. ARD-Talkshow Boulevard Bio (s. Mitte 1991) - Spr.: Engl.

BIRBAUMER, Niels

Dr. phil., o. Prof. f. Physiologische Psychologie Univ. Tübingen (stv. Dir. Psych. Inst.) - Gartenstr. 29, 7400 Tübingen.

BIRCHER, Martin

Dr. phil., Prof. f. Germanistik - Frauenplan 1, O-5300 Weimar - Geb. 3. Juni 1938 Zürich (Vater: Willy B., Arzt; Mutter: Lucie, geb. Schwarzenbach), ev. - Abit. 1958 Zürich, Promot. 1965 Univ. Zürich - 1965 Forsch.assist., 1965-80 Prof. McGill Univ. Montreal, s. 1972 Privatdoz.; s. 1982 Prof. Univ. Zürich; 1979-91 Leit. Forsch.abt. 17. Jh., Herzog August-Bibl. Wolfenbüttel; Dir. d. Museen u. Gedenkstätten d. Stiftg. Weimarer Klassik - Spez. Arbeitsgeb.: Barockforsch., schweiz. Literatur, deutsche Klassik - BV: J. W. v. Stubenberg u. sein Freundeskrs., 1968; Shakespeare u. d. dt. Schweiz, 1971; Dt. Drucke d. Barock 1600-1720, 15 Bde. s. 1977; Simplicissimus heute (m. C. Juranek), 1990; Helvetien in Deutschl. (m. G. Lammel), 1990. Herausg.: D. Fruchtbringende Ges., 3 Bde. (1970/71); S. Gessner. Sämtl. Schriften (1972/74); Dt. Dichter in Bildern (1979); C. R. v. Greiffenberg. Sämtl. Werke (1982); Respublica Guelferbytana (Fs. Paul Raabe, 1987); Wolfenbütteler Barock-Nachrichten (s. 1979); Dt. Barock-Lit. (m. F. Kemp, s. 1967); Reihe Strauhof Zürich (s. 1989) - Spr.: Engl., Franz. - Bek. Vorf.: Maximilian Bircher-Benner (Großv.).

BIRCKS, Wolfgang

Dr. med., o. Prof., Chirurg, Thorax- u. Kardiovaskularchirurgie - Mörikestr. 11, 4040 Neuss (T. 02101 - 4 23 31) - Geb. 7. Sept. 1927 (Vater: Dr. med. Eduard B.; Mutter: Dr. med. Irmgard, geb. Wohlhage), röm.-kath., verh. s. 1955 m. Marie-Barbara, geb. Blumberger, 5 Kinder (Beate, Sabine, Cordula, Rainer, Angela) - Dir. Chirurg. Univ.-Klinik B, Düsseldorf, 1970 - Hrsg.: Handb. Thoraxchirurgie. Zahlr. Einzelveröffentl. (mehr als 200).

BIRG, Herwig

Dr. rer. pol., o. Prof. f. Bevölkerungswiss. Univ. Bielefeld, Direktor am Inst. f. Bevölkerungsforsch. u. Sozialpolitik Univ. Bielefeld - Postf. 86 40, 4800 Bielefeld 1 - Geb. 4. Jan. 1939 Heufeld (Banat), verh. - Stud. TH Stuttgart, Hochsch. f. Gestaltung Ulm, FU Berlin; Promot. 1970 FU Berlin; Habil. 1980 TU Berlin - Wiss. Mitarb. Dt. Inst. f. Wirtschaftsforsch.; Priv.-Doz. TU Berlin - BV: Z. Interdependenz d. Bevölkerungs- u. Arbeitsplatzentw., 1979; Ursprünge d. Demographie in Deutschl., 1986; Biographische Theorie d. demographischen Reproduktion, 1991.

BIRK, Rolf

Dr. jur., o. Prof. f. Bürgerl. Recht, Arbeitsrecht u. Intern. Privatrecht Univ Trier (s. 1983) - Am Weidengraben 162 - Geb. 14. April 1938 Stuttgart - Promot. 1966; Habil. 1971 - 1976-83 Prof. Univ. Augsburg, Dir. Inst. f. Arb.recht u. Arb.bez. in d. EG - BV: Schadenersatz u. sonst. Restitutionsformen im intern. Privatrecht, 1969; D. arbeitsrechtl. Leitungsmacht, 1973.

BIRKE, Adolf M.

Dr. phil., o. Prof. f. Neuere u. Neueste Geschichte Univ. Bayreuth, Direktor Dt. Histor. Inst. London - Ligusterstr. 9, 8581 Eckersdorf, u. German Historical Inst., 17 Bloomsbury Sq., London WC 1A 2 LP/Großbrit. - Geb. 12. Okt. 1939 Wellingholzhausen/Krs. Melle (Vater: Matthias B., Schuhmacherm.; Mutter: Maria, geb. Enewoldsen), kath., verh. s. 1988 m. PD Dr. Sabine Volk-Birke, 3 Kd. (Dorothee, Franziska, Johannes) - Promot. 1968, Habil. 1976 - 1979 Prof. FU Berlin, 1980 Visit. Prof. of German and European Studies Univ. of Toronto; 1982 o. Prof. Univ. Bayreuth. 1982 1. Vors. Prinz-Albert-Ges., 1983 Mitgl. Verein z. Förder. d. Brit.-Dt. Historikerkr., Kommiss. f. Geschichte d. Parlamentarismus u. d. polit. Parteien; F.R.Hist.S.; V.F. St. Antony's College, Oxford, The Athenaeum, London - BV: Bischof Ketteler u. d. dt. Liberalismus, 1971; Pluralismus u. Gewerkschaftsautonomie in Engl., 1978; Nation ohne Haus. Dtschl. 1945-61, 1989. Herausg.: Prinz-Albert-Stud. 50 wiss. Beitr. - Liebh.: Musik, Wandern - Spr.: Latein, Engl., Russ.

BIRKENBEIL, Edward J.

Dr. phil., Univ.-Prof., Erziehungsphilosoph, Erziehungswiss., Pädagoge u. Theologe - Talstr. 15, 5130 Geilenkirchen-Teveren/Rhld. - Geb. 22. Juli 1930 - Stud. Univ. Bonn u. Aachen - Kath. Priester, Relig.lehrer, Relig.pädagoge (PH Rheinland, Abt. Aachen). Wiss. Rat u. s. 1986 Univ.-Prof. RWTH Aachen. Zusätzl. Dienst in d. kath. Kirche d. Bistums Aachen.

BIRKENFELD, Wolfgang

Dr. rer. pol., Prof. f. Statistik/EDV Univ. Marburg - Zu erreichen üb. Univ., Universitätsstr. 25, 3550 Marburg (T. 06421 - 28 37 46) - Geb. 9. Dez. 1935 Berlin - Dipl.-Kfm. 1973, Promot. 1976 FU Berlin; Habil. 1979 Univ. Bielefeld - 1982 Prof. Univ. Marburg - BV: Zeitreihenanalyse b. Feedbackbeziehungen, 1973; Meth. z. Analyse kurzer Zeitreihen, 1977; div. Aufs.

BIRKENHAUER, Josef

Dr. rer nat., Prof. f. Did. d. Geographie Univ. München (s. 1977) - Steinebacher Weg 5, 8031 Seefeld 2 - Geb. 10. Mai 1929 Leverkusen (Vater: Josef B., Dr. phil.; Mutter: Lucie, Dr. phil., geb. Cochem), kath., verh. s. 1960 m. Ursula, geb. Eickel, 3 Kd. (Monika, Dorothea, Andreas) - Stud. Köln u. London, 1. u. 2. Ex. f. Lehramt Gymn., Promot. 1958, Habil. 1970 Freiburg - 1961 Fachleit. Stud.sem. II, Köln; 1966 PH Freiburg; 1971-73 Vors. Hochschulverb. f. Geogr. u. Did.; 1972-75 Leit. Hochschulmodellversuch Did. Zentrum d. Hochschulregion Freiburg; 1971-78 Mitgl. Kurat. d. Dt. Inst. f. Fernstud.; 1976 Gastdoz. Univ. Glasgow; 1982 Mitgl. Komm. f. Did. - BV: Eifel, 1960; Rhein. Schiefergebirge, 1973; Erdkunde, 2 Bde., 5. A. 1980; Indien, 1971; Curriculum, 1971; Bibliogr. Did. Geogr., 1976; Blickpunkt Welt, 3 Bde., 1979; Regionale Geogr., 1980; D. Alpen, 1980; Spr. u. Denken im Geogr.unterr., 1983; Rhein.-Westf. Ind.geb., 1983; München, 1987; German Didactics of Geography, 1988; Great Escarpm. S-Afr., 1991. Zahlr. weitere Aufs.

BIRKENHAUER, Klaus

Dr. phil., Schriftsteller - Soatspad 18, 4172 Straelen 1 (T. 02834 - 25 10) - Geb. 1. Nov. 1934 Essen - Projektleiter Europ. Übers.-Kollegium - BV: u.a. Samuel Beckett, Monogr., 1971; Kleist, Monogr., 1977.

BIRKHAN, Walter

Vorstandsvorsitzender AEG KABEL AG, Mönchengladbach, Vorst.-Mitgl. AEG AG, Frankfurt/M., AR-Vors. AEG Elektrowerkzeuge GmbH, Winnenden, TELEFUNKEN electronic GmbH, Heilbronn, AR-Mitgl. OSRAM GmbH, München - Zu erreichen üb. AEG KABEL AG, Bonnenbroicher Str. 2-14, 4050 Mönchengladbach 2 - Geb. 13. Febr. 1928 Duisburg, verh. m. Edith, geb. Blüm.

BIRKHOFER, Adolf

Dr. phil., Dr.-Ing. E.h., o. Prof. f. Reaktordynamik u. -sicherheit - Ludwig-Thoma-Str. 13a, 8022 Grünwald - Geb. 23. Febr. 1934 München, verh. m. Bernadette, geb. Tlil, 1 Kd. - TH München (Elektrotechnik/Nachrichtentechnik), Dipl.-Ing. 1958; Unvi. Innsbruck (theor. Physik), Promot. 1964; Habil. (Regelungstechnik) 1967 TU München - 1958-63 Ind.tätigk.; s. 1963 TU München; s. 1977 Geschäftsf. Ges. f. Reaktorsicherh. (GRS) mbH - 1976 Otto Hahn-Preis Stadt Frankfurt; 1978 BVK; 1983 ANS Fellow u. Ehrendoktor Univ. Karlsruhe; 1984 Wilhelm-Exner-Med. - Spr.: Engl., Franz.

BIRKHOLZ, Ekkehard

Dr., Studiendirektor, Mitgl. Abgeordnetenhaus von Berlin (s. 1979) - Zu erreichen üb.: SPD-Fraktion, Rathaus Schöneberg, 1000 Berlin 62.

BIRKHOLZ, Hans

Dr. jur., Vors. Richter am Bundesfinanzhof a. D. - Bockmerholzstr. 22, 3000 Hannover 72 - Geb. 19. Nov. 1911 Kolberg (Vater: Berthold B., Reichsbahndirektor; Mutter: Luise, geb. Weiss), ev., verh. s. 1938 m. Ilse, geb. Drießelmann, 2 Söhne (Achim, Eckart) - Marienstiftsgymn. Stettin; Univ. Freiburg u. Greifswald (Rechts- u. Staatswiss.; Promot. 1933). Ass.ex. 1936 - 1934-45 Syndikus; s. 1947 Finanzverw. Nieders., Nds. Finanzgericht (1953) u. Bundesfinanzhof (1964). Mithrsg.: Finanzgerichtsordnung, Komm., 3. A. 1978; Einkommen- u. Körperschaftsteuerkomm. Viele Fachveröff.

BIRKIGT, Hermann

Prof., Landschaftsarchitekt - Flachskampstr. 59, 4000 Düsseldorf-Unterbach

- Geb. 15. Dez. 1922 Kothensdorf/Sa. (Vater: Carl B.), verh. m. Gudrun, geb. Woelke - B. 1965 Lehrbeauftr., dann Honorarprof. TH Aachen (Freiraum u. Grünplan).

BIRKLE, Heinz

Dipl.-Ing., Bauing., Vizepräsident d. Dt. Amateurboxverb. - Bärenweg 24, 7500 Karlsruhe 31 (T. 0721-70 03 45) - Geb. 12. Okt. 1931, verh. s. 1982 m. Stefanie, geb. Unglaub, Sohn Frank - Abit.; Stud. Bauing.wesen 1953-60 TH Karlsruhe; Dipl. 1960 - Mitgl. Exekutiv-Komit. d. Weltamateurboxverb. AIBA u. Europ. Amateurboxverb. EABA; Mitarb. an d. Wettkampfbestimmungen f. Amateurboxen im nationalen u. intern. Ber. - 1953, 58, 59, 60 Dt. Studentenmeister im Boxen - Gold. Verdienstnadel d. Dt. Amateurboxverb. - Interessen: Leistungssport-Org. - Spr.: Engl., Franz.

BIRKMANN, Inge

Schauspielerin - Zuccalistr. 19a, 8000 München 19 (T. 17 05 36) - Geb. 24. Aug. 1915 Bremen, kath., verh. s. 1949 m. Prof. Dr. Hermann Krings, Ord. f. Phil. Univ. München (s. dort), 1 Kd. - 1941 Kammersp. München, 1951 Dt. Theater Göttingen, 1959 Bayer. Staatsschausp., 1968-79 Otto-Falckenberg-Schule München.

BIRKOFER, Leonhard

Dr. rer. nat., em. Prof. f. Organ. Chemie - Bruchhausenstr. 65, 4000 Düsseldorf 13 (T. 21 38 58) - Geb. 5. Juli 1911 Fürth/B., ev., verh. s. 1941 m. Anneliese, geb. Leising, T. Birgit - Promot. (1935) u. Habil. (1944) Erlangen - 1935-37 Assist. Univ. Erlangen; 1937-54 wiss. Mitarb. Max-Planck-Inst. f. Med. Forsch., Heidelberg; 1949-54 Doz. TH Stuttgart; 1954-64 ao. Prof., 1964-65 o. Prof. u. Dekan Math.-Naturwiss. Fakultät Univ. Köln; 1965 o. Prof. u. Dir. Inst. f. Organ. Chemie Univ. Düsseldorf, 1980 emerit. Mitgl. Ges. Dt. Chem. u. Ges. Dt. Naturf. u. Ärzte. Zahlr. Einzelarb. Mithrsg.: Samml. chem. u. chem.-techn. Beitr. - Spr.: Engl., Franz.

BIRMELIN, Manfred

Dr. jur., Dt. Generalkonsul in Genua/Italien - Arberstr. 19, 8000 München 80 - Geb. 13. März 1937 München (Vater: Dr. Wilhelm B., Untern.; Mutter: Luise, geb. Junginger), kath., verh. s. 1978 in 2. Ehe m. Dagmar, geb. Kapitza, T. Florence - 1. jurist. Staatsex. 1960, 2. Ex. 1964, Promot. 1962 - Ab 1966 Ausw. Amt. Ausl.posten in Washington, Teheran (Dt. Botsch.); Generalkonsul in Curitiba, Marseille, Lille u. Kapstadt - Liebh.: Musik, Sport, Lit., Sprachen - Spr.: Engl., Franz., Span., Ital., Portug.

BIRN, Willi K.

Regierungspräsident a. D. - Im Hopfengarten 22, 7400 Tübingen - Geb. 2. Juni 1907 Stuttgart (Vater: Franz B., Versich.sangest.), kath., verh. s. 1938 m. Rut, geb. Kolb, 4 Kd. (Uta, Helmut, Linde-Dorothee, Bettina) - Dillmann-Realgymn. Stuttgart; Staatl. Verw. sch. ebd.; Univ. Tübingen, München, Berlin (Rechtswiss.) - 1934-38 Gerichtsrefer., 1938-39 jurist. Hilfsarb. Württ. Landeskreditanst., Stuttgart, 1939-45 Kriegsdst. (Kriegsmarine), 1947-51 Reg.rat Würt.-Bad. Landesbeamtenstelle, Stuttgart, 1951-1958 Oberreg.- u. Min.rat Staatskanzlei ebd., 1958-72 Reg.präs. Südwürtt.-Hoh., Sitz Tübingen, s. 1973 Honorarprof. d. Univ. Tübingen. Ehrenvors. Schwäb. Heimatbund. Mitverf.: Kommentar z. Verfass. d. Ld. Baden-Württ. (1954) - 1973 Gr. BVK.

BIRNBACHER, Robert

Dipl.-Kfm., Geschäftsführer Dt. Volksheimstättenwerk/Landesverb. Bay. - Lauterbachstr. 35, 8000 München 50.

BIRNBAUM, Dietrich E.

Dr. med., Prof., Chirurg, Chefarzt REHA-Zentrum f. Herz- u. Kreislaufkranke, Bad Krozingen - Zu erreichen üb. REHA-Zentrum, 7812 Bad Krozingen - Geb. 16. Febr. 1942 Chemnitz, verh. m. Angelika, geb. Voß - Med.-Stud. FU Berlin u. Univ. Cleveland Ohio; 1970/71 Res. Fellow Univ. Colorado, Medical Center; Promot. 1969 Berlin; Habil. 1979 ebd. - 1984 Chefarzt Abt. f. Herz- u. Gefäßchir. Bad Krozingen (spez. Arbeitsgeb.: Korrektur sämtl. erworbener u. angeborener Herzfehler, Chir. d. gr. Körperschlagader u. d. peripheren Gefäße, Herztransplantation). 1975-79 Gutachter INSERM Paris, Gutachter wiss. Vorhaben in d. BRD (BMFT) - Entd. im Rahmen d. künstl. Kreislaufs - Spr.: Engl., Franz.

BIRNSTIEL, Ekkehard

Dr. rer. pol., Prof. f. Volkswirtschaftslehre, insb. Außen- u. Verkehrsw., Gesamthochschule Siegen - An d. Höhe 3, 5900 Siegen 21 - BV: Theorie u. Politik d. Außenhandels.

BIRTHLER, Marianne

Ministerin f. Bildung, Jugend u. Sport d. Landes Brandenburg (s. 1990) - Geb. 22. Jan. 1948 Berlin - B. 1990 Jugendreferentin in d. ev. Kirche; ab März 1990 Mitgl. DDR-Volkskammer f. d. Initiative Frieden u. Menschenrechte; Frakt.sprecherin Bündnis '90/Grüne; ab Okt. 1990 MdB, Frakt.sprecherin; ab Okt. 1990 MdL (Bündnis 90); s. Nov. 1990 Min. - 1976 Mitbegründung d. Arbeitskr. Solidarische Kirche; 1990 Gründungsmitgl. d. Kuratorium f. e. Demokratisch verfaßten Bund Dt. Länder; 1991 Mitgl. d. Verfassungsaussch. d. Bundesrats.

BIRTSCH, Günter

Dr. phil., Prof. f. Neuere Geschichte Univ. Trier - Bachwies 16, 5500 Trier-Filsch - Geb. 7. Nov. 1929 Rheinhausen - Zul. Wiss. Ref. MPI f. Gesch. Göttingen.

BIRUS, Hendrik

Dr. phil., Univ.-Prof., Vorstand Inst. f. Allg. u. Vergl. Literaturwiss. (Komparatistik) Univ. München - Schellingstr. 3, 8000 München 40 (T. 089 - 21 80-33 79) - Geb. 16. April 1943 Kamenz/Sachsen, ev., verh. s. 1968 m. Dr. med. Barbara, geb. Schauer, 2 Tocht. (Anna Katharina, Marie Christiane) - Stud. German., Vergl. Lit.wiss. u. Phil. Univ. Hamburg u. Heidelberg; M.A. 1972 Heidelberg; Promot. 1977 ebd.; Habil. 1984 Göttingen - Wiss. Assist., dann Hochschulassist. Univ. Göttingen; 1985 Prof. a. Z. Göttingen; 1987 o. Prof. Univ. München - BV: Poetische Namengebung. Z. Bedeutung d. Namen in Lessings Nathan d. Weise, 1978; Vergleichung. Goethes Einf. in d. Schreibweise Jean Pauls, 1986. Herausg.: Hermeneut. Positionen: Schleiermacher - Dilthey - Heidegger - Gadamer (1982).

BIRWÉ, Robert

Dr. phil., Prof., Indologe - Schnepfenflucht 10, 5090 Leverkusen 1 - Geb. 11. Dez. 1923 Düsseldorf (Vater: Edmund B., Beamter; Mutter: Maria, geb. Schallenberg), kath., verh. s. 1956 m. Toni, geb. Knievel, 3 Kd. (Hubert, Maria, Ulrich) - S. 1958 (Habil.) Lehrtätigk. Univ. Köln (1960 Doz.; 1964 apl. Prof., 1980 Prof.) - BV: Griech.-arische Sprachbez. im Verbalsystem, 1956; D. Ganapātha zu d. Adhyāyas IV u. V. d. Grammatik Pāninis, 1961; Stud. zu Adhyāya III d. Astādhyāyī Pāninis, 1966; Introduction, to: Sākatāyana-Vyākarana. 1971.

BIRZELE, Frieder

Rechtsanwalt, Oberregierungsrat a. D., Innenminister Baden-Württ. (s. 1992), MdL Baden-Württ. (s. 1976) - Dorotheenstr. 6, 7000 Stuttgart 1 - Geb. 17. Jan. 1940 Göppingen (Vater: Georg B., Steuerberater; Mutter: Hildegard, geb. Benzing), ev., verh. s. 1966 m. Ilse, geb. Ladenberger, 2 Kd. (Eva, Jan) - Stud. d. Rechtswiss. Univ. Tübingen, Berlin (Freie); 1. u. 2. Staatsex. 1965 bzw. 1969 - Zun. Wiss. Assist. Univ. Tübingen; 1974-76 Reg.s- dann Oberreg.srat Reg.spräsidium Tübingen. SPD (stv. Vors. SPD-Landtagsfraktion, stv. Landesvorsitzender SGK Baden-Württemberg).

BIRZLE, Hermann

Dr. med. (habil.), Prof. St.-Marien-Krkhs., Ludwigshafen, Chefarzt d. Röntgen-Inst. i. R. - Silgestr. 8, 6700 Ludwigshafen/Rh. - Geb. 13. Aug. 1921 Immenstadt - S. 1971 apl. Prof. f. Klin. Radiol. Univ. Freiburg/Br. - BV (Mitverf.): Traumatol. Röntgendiagnostik, 1975. Üb. 50 Fachaufs.

BISANI, Fritz

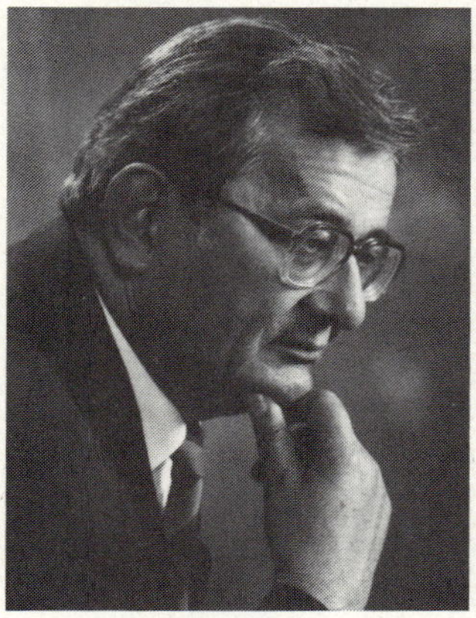

Dr. rer. pol., Dipl.-Kfm., Dipl.-Volksw., Prof. f. Allg. Betriebsw. insb. Personalw. u. Untern.führung Univ. Essen - Tübbingweg 40, 4300 Essen 13 (T. 0201 - 59 14 29) - Geb. 10. Sept. 1929 Enchenreuth, kath., verh. s. 1954, 3 Kd. (Karl-Friedrich, Michael Maximilian, Eva Anna) - N. Begabtenreifeprüf. Stud. Betriebs- u. Volksw. Promot. 1964 Erlangen - Berat. Betriebsw. In- u. Ausl. - BV: Datenverarb. f. Führungskräfte, 1970; Personalwesen - Grundlagen, Organisation, Planung, 4. A. 1990; Personalführung, 4. A. 1990; Personalwesen in d. BRD, 1976; Personalwesen in Europa, 1979; Ausgew. Probleme betr. Personalarb. Zahlr. Fachveröff. im Bereich Datenverarbeitung, Personalwesen u. Unternehmensführung.

BISCHEL, Franz Josef

Oberamtsrat a. D., Vorsitzender Dt. Beamtenbund Rhld.-Pfalz, MdL Rhld.-Pfalz - Pfarrer-Rudolf-Str. 31, 6535 Gau-Algesheim - Geb. 5. Febr. 1949 - CDU.

BISCHOF, Heinz

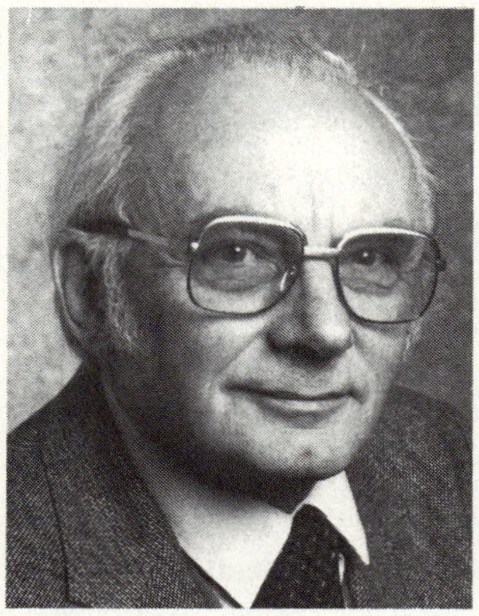

Schriftsteller (Ps.: Günther Imm) - Rechts der Alb 22a, 7500 Karlsruhe 51 - Geb. 10. Febr. 1923 Külsheim/Mfr. (Vater: Fridolin B., Lehrer; Mutter: Paula, geb. Imm), kath., verh. m. Hedi Maucher, 2 Tocht. (Angelika, Christiane) - Gymn. Wertheim/M. (Abitur); n. Kriegsdst. (1941-45) Lehrerausbild. - BV: Unsere Ortsnamen im ABC erklärt, 1961; Heimatbücher: Hundheim, 1964; Au, 1975; Elchesheim, 1979; Baden, wie es lacht, 1969 (rororo 77); Horch emol her, 2 Bde. 1975/76; Bildbände: Schwarzwald, 1973; Nordschwarzwald, 1972; Frankenland, 1973; Kraichgau, 1974, 91; Bergstraße, 1975; Hohenlohe, 1976/81; Rastatt, 1970; Altes Baden, 1970; Alt-Karlsruhe und Alt-Baden-Baden, 1978; Städte in Baden, 1971; Schleswig-Holstein, 1972; Reiseführer Kärnten, 1975, 86, 91; Odenwald, 1977; Eutin, 1974; Köln, 1972; Badische Geschichte Weech/Bischof, 1981; Im Schnookeloch, 1980; Im Schwarzwald u. am Hohen Rhein, 1982; Dezember-Gesch., 1981; Typisch badisch, 1981; Steinmauern, 1982; Kleinstadtgesch., 1982; Stadtführer Rastatt, 1982; Weihnachtsgaben d. Stadt Rastatt, 1979, 80, 82 u. 85; Fränk. Dorfbilder, 1985; Fränk. Land zw. Neckar u. Main, 1986; Baden, Land am Oberrh., 1986/87; Heimatb. Niederbühl, 1988; D. Chronik d. Buscherbrüder, 1988 - 1964 2. Ortenaupreis.

BISCHOF, Kurt

Vorsitzender d. Geschäftsfg. Dyckerhoff Transportbeton GmbH, Vors. d. Beirats Beton Union GmbH Co. KG, beide Wiesbaden - Lortzingstr. 2, 6204 Taunusstein - Geb. 6. Juni 1936.

BISCHOFF, Bernhard

Prof., Hochschullehrer - Untere Staltenstr. 6, 7860 Schopfheim 3 - Geb. 10. Juni 1932 Ulm/D. (Vater: Eugen B., Studienrat; Mutter: Angelika, geb. Luithlen), ev., verh. s. 1969 m. Brigitte, geb. Petersmann, 3 Kd. (Albrecht, Wolf-Ludwig, Friederike) - Lehrerausbild.; Univ. Tübingen; Kunstakad. Stuttgart. Beide Lehramtsprüf. an Gymn. (Kunst, Geogr.) - 1955-57 Hauptlehrer; 1965 Ass., 1967 Doz. u. 1971 Prof. PH Lörrach; 1983 Prof. PH Freiburg (Kunst, Kunsterziehung).

BISCHOFF, Detlef

Dr. phil., Prof. f. polit. Verwaltungslehre, Rektor FH f. Verw. u. Rechtspflege Berlin - Schuchardtweg 8, 1000 Berlin 39 (T. 030 - 805 11 01) - Geb. 27. Dez. 1942 Brieg, verh. m. Helga, geb. Topp, 3 Kd. (Tanja, Jonas, Denise) - Stud. 1964-68 FU Berlin, London School of Economics; Promot. 1972 - 1970-74 Wiss. Assist.; s. 1974 Prof. FH Berlin; s. 1981 Mitgründer u. Vors. d. Integrationshilfe Berlin - BV: Franz Josef Strauß, d. CSU u. die Außenpolitik, 1973. Mitverf.: Privatisierung öffentl. Aufgaben, 1977; Verw. u. Politik, 1982; Zw. Getto u. Knast, 1981; Zw. Einbürgerung u. Rückkehr, 1990 - Spr.: Engl.

BISCHOFF, Diether

Dr. jur., Präsident a. D. Verfassungsgerichtshof u. Oberverwaltungsgericht f. d. Land Nordrh.-Westf., Münster - Hoyastr. 32, 4400 Münster/W. (T. 2 20 03) - Geb. 1922 - Vors. d. Landesarbeitsgemeinsch. Hilfe f. Behinderte in Nordrh.-Westf. (Dachverb. v. Behindertenverb.) - Spr.: Engl., Franz. - Rotarier.

BISCHOFF, Friedrich

Dr. jur., Dr. phil., Rechtsanwalt, Lehrbeauftragter, Ministerialdir. i.e.R. - Starenweg 17, 5020 Frechen-Königsdorf (T. 02234 - 6 37 06) - Geb. 23. Febr. 1930 Braunschweig (Vater: Ing. Friedrich B. †, Mutter: Gertrud, geb. Raeck), verh. m. Ortrud Herter-B., 2 Kd. (Michael, Sabine) - Stud. Erziehungswiss. Univ. Bonn, Rechtswiss. Univ. Göttingen (Promot. 1955 u. 86). Jurist. Staatsprüf. 1953 u. 57 - B. 1966 Verw. u. Min. Nieders., 1967-71 Landratsamt Hannover (Oberkreisdir.), 1971-82 Bundesmin. f. Forschung u. Technologie (Leit. Zentralabt.), s. 1983 RA. Lehrauftr. Technik- u. Org.soziol. - Korresp. Mitgl. Akad. f. Raumordnung u. Landesplanung, Hannover - BV: u. a. D. Lager Bergen-Belsen; Rechtl. Aspekte e. Bodenordnung; D. Parteien in d. Selbstverw.; D. Förderung v. kl. u. mittl. Untern. im Rahmen d. staatl. Forschungs-, Technologie- u. Innovationspolitik in RKW-Handb., Bildung u. techn. Fortschritt, Parlament u. Ministerialverw.,

Kunstrecht v. A-Z - Liebh.: Mod. Kunst, Lit. - Spr.: Engl.

BISCHOFF, Friedrich Alexander, Baron
Prof. f. Sprache u. Literatur Chinas Univ. Hamburg (s. 1982) - Feldbrunnenstr. 14, 2000 Hamburg 13 - Geb. 18. Mai 1928 Wien (Vater: Norbert B., Botsch.; Mutter: Holda, geb. Köcher), kath. - Univ. Paris, Promot. 1958 Lehrtätigk. Univ. Bonn (1959-60), Waseda Univ./Tokio (1961-62), Indiana Univ./USA (1964-82) - BV: u.a. D. Kanjur u. s. Kolophone, Bd. I u. II 1968; weit. Bücher in engl. u. franz. - 1991 Korr. Mitgl. (im Ausland) d. Österr. Akad. d. Wiss. - Spr.: Mehrere Fremdspr.

BISCHOFF, Gerd
I. Bürgermeister - Rathaus, 8970 Immenstadt/Allg. - Geb. 18. März 1943 Kaufbeuren - Zul. Stadtamtsrat. CSU.

BISCHOFF, Gerhard Otto
Dr. phil., o. Prof., Direktor Geologisches Inst. Univ. Köln (s. 1976) - Ringstr. 66, 5202 Hennef- 1 - Geb. 17. Sept. 1925 Wildau (Vater: Dr. med. Otto B., Arzt; Mutter: Martha, ge. Kienast), ev., verh. s. 1947 m. Waldraut, geb. Kampffmeyer, T. Marén - Luisenstädt. Obersch. Berlin; Stud. Geol., Mineral., Geogr., Wirtschaftswiss. Univ. Hamburg, Greifswald, Berlin (Humboldt, Freie). Promot. (1949) u. Habil. (1955) Berlin (FU) - Geologe Brasilien, Bolivien, Nord-, Südafrika, Indien, Australien, USA; s. 1955 Privatdoz. u. apl. Prof. (1960) FU Berlin (Geol. u. Paläontol.), seit 1973 Chefgeologe Petroperu u. Ölfunde am Oberen Amazonas, 1975-78 Coordinator Ölexploration Bangladesh. 1980 2. Vicechairman Weltenergiekonferenz, 1990 AR Schwermaschinenbau AG Wildau b. Berlin - BV: D. Griff ins Erdinnere - Prakt. Geol., 1961; D. Welt unter uns - Welt- u. Länderkd. aus d. Vogelperspektive, 1968; Ausblick in d. Zukunft, 1968 (Sammelbd.). Etwa 70 Einzelarb. Mithrsg.: D. Energiehandb. 1.-4. A. (1970-82), D. Energietaschenbuch - 1963 Prof. ad honorem Univ. La Paz u. bolivian. Orden - Liebh.: Fliegen - Spr.: Engl., Franz., Span., Portugies. - Bek. Vorf.: Prof. Dr. Karl B., Gerichtschemiker, Berlin (Großv.); Prof. Dr. Hans B., Zoologe, Berlin (Onkel).

BISCHOFF, Gustaf
Schriftsteller - Sackwinkel 2, 3101 Ahnsbeck (T. 05145 - 25 90) - Geb. 24. Mai 1931 Kattowitz, ev., verh. s. 1968 m. Effi, geb. Jendretzky, S. Christian - Abit./ Stud. Kunstgesch. u. Publiz. FU Berlin - Redakt. Düsseldorf, Bremen, Berlin; 1970-74 Chefredakt. Rosa Blatt. Seitdem fr. Autor - BV/Romane: Keine Rosen f. Susan, 1970; Rendezvous in New York, 1972; Niemand ist ohne Schuld, 1973; D. Kaiser v. Kiez, 1974; Whisky z. Frühstück, 1975; Sündiger Sommer, 1976; Frau ohne Vergangenheit, 1977; Opfergang e. Geliebten, 1979;

Hemmungslos, 1981; Sterben in Hollywood, 1982; Weinen an d. Ufern Babylons, 1983; Blackout, 1984; E. Jungfrau in Paris, 1987; E. Hauch v. Lesbos, 1989; D. Wind, d. Meer u. d. Tod, 1990; zahlr. Kriminalgesch. u. psych. Sachb. - Liebh.: Antike Kunst.

BISCHOFF, Hans
Dr. rer. nat., Prof. f. Technologie, insb. Technik u. ihre Didaktik, Univ.- Gesamthochschule Wuppertal - Im Hoppenbruch 5, 4322 Sprockhövel 2 - U. a. Prof. Univ. Dortmund (Forschungsgeb.: Techn. u. soziotechn. Systeme).

BISCHOFF, Karl-Otto
Dr. med., Prof. f. Kardiologie Univ.-GH Essen, Chefarzt Krankenhs. Waldbröl-Eichenfeld 27, 5220 Waldbröl (T. 02291 - 29 09) - Geb. 20. Mai 1944 Gr. Rakow (Vater: Fritz-Günter B., Landw.; Mutter: Emmy, geb. Leukefeld), ev., verh. s. 1971 m. Margarete, geb. Kendel, 3 Kd. (Kai, Thilo, Tamina) - Gymn. Hannover; 1965-70 Stud. Univ. Freiburg (Promot. 1971); Habil. 1981 Univ.-GH Essen - S. 1983 Prof. in Essen; 1978-83 Oberarzt, ab 1983 Chefarzt (Schwerp. Kardiol. u. Hypertonie) in Waldbröl. Zahlr. Publ. üb. Herz/Kreisl.

BISCHOFF, Malte
Dr., Geschäftsführer CONDOR Flugdienst GmbH - Hans-Böckler-Str. 7, 6078 Neu-Isenburg 1.

BISCHOFF, Paul Hellmut
Kaufmann, Industrieberater, Inh. Bischoff International (Pty.) Ltd. u. Processed Papers (Pty.) Ltd., Johannesburg/Südafrika (s. 1956) - Claudiusstr. 17a, 4000 Düsseldorf 30 (T. 43 70 37 6); u. Bischoff Intern. LTD., P.O. Box 5222, 2000 Johannesburg (Südafrika) - Geb. 16. April 1912 Weilerhof/Köln (Vater: Wilhelm B., Landw.; Mutter: Bertha, geb. Winkelmann), kath., verh. s 1938 m. Hildegard, geb. Kühne, 4 Kd. (Winfried, Christian, Raymund, Angelica) - Dt. Kolleg Bad Godesberg (Abit.) - 1935-39 Intern. Nickel Co. USA u. Engl.; 1941-45 Wehrdst. (West- u. Ostfront); 1953-56 Dir. Henkel S.A. (Pty.) Ltd. Südafrika; s. 1956 Inh. u. Vors. Bischoff Intern. (Pty.) Ltd. u. Processed Papers (Pty.) Ltd. Dt. Ehrenposten, u. a. Präs. Dt-Südafrik. Kammer f. Handel u. Ind. (1966-69; dzt. Ehrenmitgl.), Mitgl. d. Kammer d. Senior Council, Treuhänder South Africa Foundation (Südafrik. Stiftg.), Mitgl. Dt. Komit. SAF - 1978 Gr. BVK; 1983 Order of Good Hope in the Grand Officers Class Rep. Südafrika u. Paul Harris Fellowship Award - Liebh.: Bücher, Golf, Schwimmen - Rotarier.

BISCHOFF, Theo
Dr. agr., o. Prof. f. Verfahrenstechnik i. d. Tierprodukt. - Garbenstr. 9, 7000 Stuttgart-Hohenheim - Geb. 7. Nov. 1926 Radolfzell/B. - S. 1962 (Habil.) Lehrtätigk. LH bzw. Univ. Hohenheim (1968 ff. apl. Prof., Abt.vorsteher Versuchsbetriebe, Ord. f. Verfahrenstechnik in d. Tierproduktion). Fachaufs.

BISER, Eugen
Dr. theol. (habil.), Dr. phil., o. Prof. f. Christl. Weltanschauung u. Religionsphil. Univ. München - Hiltenspergerstr. 80, 8000 München 40 (T. 300 87 37) - Geb. 6. Jan. 1918 Oberbergen, kath. - S. 1967 Ord. Phil.-Theol. Hochsch. Passau, 1969-74 Univ. Würzburg. Zahlr. Bücher u. Beitr. religionsphil. Thematik.

BISINGER, Gerald
Schriftsteller, Redakt. - Erdbrustgasse 68, A-1160 Wien - Geb. 8. Juni 1936 Wien, verh. s. 1980 m. Eva-Maria Geisler-Bisinger, S. Johann August - Redakt.: ORF/Radiolit. - BV: Poema ex Ponto, 1977; Am frühen Lebensabend, Ged. 1987; Mein Ort bleibt nur d. Ged., Ged. 1989; Fußfassen wieder in Wien u. in d. neuen Gegenwart, Ged. 1991; u.a. - Lit.: Kurt Klinger in: Kindlers Literaturgesch. d. Gegenw./D. zeitgen. Lit. Österr. (1976); Wolfgang Rath in: Kritisches Lex. z. deutschsprachigen Gegenw.lit. (27. Nlg. 1988).

BISLICH, Michael
Direktionsassistent, Mitgl. Abgeordnetenhaus von Berlin (s. 1979) - Zu erreichen üb.: SPD-Fraktion, Rathaus Schöneberg, 1000 Berlin 62.

BISMARCK, Fürst von, Ferdinand
Rechtsanwalt, Verwalter Forstgut Friedrichsruh (s. 1976) - Schloß, 2055 Friedrichsruh (T. 04104 - 50 51) - Geb. 22. Nov. 1930 London (Vater: Fürst Otto v. Bismarck; Mutter: Ann Mari Tengbom), ev., verh. s 1960 m. Elisabeth Gräfin Lippens, 4 Kd. (Vanessa, Carl-Eduard, Gottfried, Gregor) - Auslandssch. Rom u. Stockholm, Internat Schloß Salem; Univ. Köln (Volksw.) u. Freiburg/Br. (Rechtswiss.). Ass.ex. 1960 - 1961-67 Verwaltungs- u. Hauptverw.rat EWG Brüssel, dann Anwalt Hamburg - Spr.: Engl., Franz., Schwed., Span. - Urgroßv.: Altreichskanzler Fürst Otto v. Bismarck (1815-98).

BISMARCK, von, Günther
Beirat d. Henkell-Söhnlein Sektkellereien KG, Wiesbaden-Biebrich - Haideweg 20, 6200 Wiesbaden-Sonnenberg - Geb. 9. Juni 1917.

BISMARCK, von, Klaus
D., Präsident Goethe-Inst. München (s. 1977) - Römerstr. 4, 8000 München 40 - Geb. 6. März 1912 Jarchlin/Pommern (Vater: Gottfried von Bismarck, Landw.), verh. m. Ruth-Alice, geb. Wedemeyer, 8 Kd. - N. Abitur Maschinenschlosser-Praktikum; landw. Ausbild. - Militärdst.; prakt. Landw.; im II. Weltkr. zul. Oberstlt. d. R. u. Regt.skdr.; n. 1945 Leit. Jugendamt Herford u. Jugendhof Vlotho; 1949-61 Leit. Sozialamt d. Ev. Kirche Westf. Haus Villigst b. Schwerte/R.; 1961-76 Int. WDR (1963/64 Vors. ARD). 1957-64 Präs. Ges. f. Sozialen Fortschritt; 1958 ff. Präs. bzw. Vizepräs. (1961) Intern. Ges. f. Soz. Fortschr. S. 1955 Präsid.mitgl. u. s. 1977 Vorst.mitgl., 1977-79 Präs. Dt. Ev. Kirchentag. Herausg.: Vlotho-Rundbriefe; Mithrsg.: Schriftenreihe Kirche im Volk, Ztschr. f. Ev. Ethik, Christl. Glaube u. Ideologie (1964; m. Walter Dirks), Neue Grenzen - Ökumen. Christentum morgen (2 Bde. 1966/69; m. W. Dirks) - U. a. Eichenlaub z. Ritterkreuz d. EK; 1959 Theol. Ehrendoktor Univ. Münster; 1954 Frhr.-v.-Stein-Preis; 1982 Gr. Verdienstkreuz m. Stern d. Verdienstordens d. BRD; 1967 Komturkreuz ital. VO. - Spr.: Engl., Franz. - Liebh.: Jagd, Reiten, Tennis, Lit., Musik - Bek. Vorf.: Otto v. B., Altreichskanzler (Urgroßonkel); Bruder: Philipp v. B.

BISMARCK, von, Philipp
Dr. rer. pol., Land- u. Forstw., MdB (1969-78), MdEP (1978-89) - 3122 Schweimke/Nieders. (T. 05832 - 12 02) - Geb. 19. Aug. 1913 Jarchlin/Pommern, ev., verh. s. 1939 m. Ebba, geb. Wen-

delstadt, 6 Kd. - N. Kriegsdst. (Generalstabsoffz.) u. brit. Gefangensch. Univ. Freiburg/Br. (Rechtswiss., Volksw.). Promot. 1950 - U. a. 1960ff. Vorst.-Mitgl. Kali-Chemie AG, Hannover (Verkauf/Einkauf). 1967-71 Präs. IHK Hannover. S. 1970 Sprecher Pommersche Landsmannsch. CDU (1970 Vors. Wirtschaftsrat) - 1973 Gr. BVK, später Stern dazu; 1975 Gr. Verdienstkreuz Nieders. VO; 1984 Frhr.-v.-Stein-Med. in Goild (Stiftg. F. v. S., Hamburg) - Liebh.: Jagd, Reiten - Spr.: Engl. - Vorf. s. Klaus v. B. (Bruder).

BISPING, Wolfgang
Dr. med. vet., o. Prof. f. Mikrobiologie, Tierseuchenlehre u. -bekämpf. - Tierärztl. Hochschule, Postfl., 3000 Hannover - Geb. 17. Febr. 1929 - S. 1960 (Habil.) Lehrtätigk. Tierärztl. Hochsch. Hannover (1966 Abt.svorsteher u. Prof.; 1968 o. Prof. u. Dir. Inst. f. Mikrobiol. u. Tierseuchen). Etwa 70 Fachveröff.

BISSINGER, Manfred

Chefredakteur Zeitschr. Merian (s. 1989) - Zu erreichen üb. Hoffmann u. Campe Verlag, Harvestehuder Weg 42, 2000 Hamburg 13 (T. 040 - 4 41 88-0) - Geb. 1940 Berlin - Tätigk. NDR, Stern (stv. Chefredakt.), 1978-81 Dir. Presse- u. Informationsamt Hbg. Senat; 1981-83 Chefredakt. Ztschr. Konkret u. 1984-89 Ztschr. natur; s. 1991 Generalsekr. d. P.E.N. Zentrum Bundesrep. Deutschl. - BV: Hitlers Sternstunde, 1984.

BITSCH, Roland
Dr. rer. nat., Prof. f. Ernährungswiss. - Univ.-GH Paderborn, FB 6 Haushaltswiss., Warburger Str. 100, 4790 Paderborn (T. 60 21 95/96) - Geb. 28. Nov. 1937 Ober-Ostern/Odw. (Vater: Wilhelm B., Lehrer; Mutter: Irma, geb. Betsch), ev., verh. s. 1966 m. Irmgard, geb. Hölscher, 2 Kd. (Nikola, Juliane) - Gymn. Darmstadt (Abit. 1957); 1959-69 Univ. Marburg u. Frankfurt, Promot. 1969 Univ. Marburg, Habil. 1978 Univ. Bonn - 1966-70 Wiss. Assist. Univ. Marburg u. Gießen; 1970-75 Univ. Bonn; s. 1976 Akad. Rat, u. 1980 Akad. Oberrat Univ. Bonn - BV: Beitr. im Handbuch f. Ernährungslehre u. Diätetik, Bd. III, 1974; Ernährung u. Diät (zus. m. H. Kasper), 1986; Empfehlungen f. d. Nährstoffzufuhr (DGE); Beitr. z. Essen u. Trinken in Mittelalter u. Neuzeit, 1987. Ca. 120 Wiss. Veröff. - 1991 Wörwag Vitaminpreis - Liebh.: Sport, Musik, Lit., Theater - Spr.: Engl.

BITTER, Erich
Kaufmann, Geschäftsf. u. Gesellschafter Bitter Automobile Manufacture GmbH - Berliner Str. 57, 5830 Schwelm - Geb. 11. Aug. 1933, ev., gesch., 2 Töcht. - Gymn., Lehre - Tätigkeiten: Eisenwerk Hunninghaus, Coca Cola, Schwelmer Eisenwerk; Pres. Auto Bittner, Inc.; s. 1961 selbständ. Spez. Arbeitsgeb.: Entwickl. u. Herstell. neuer Kraftfahrzeugmodelle (Entw. u. Bau d. Bitter-Diplomat CD, SC u. Bitter Type 3).

BITTER, Gottfried
Dr. theol., o. Prof. f. Religionspädagogik u. Homiletik Univ. Bonn, Kath. Theol. Fak. (s. 1980) - Tannenweg 2, 5480 Remagen-Oberwinter 2 (T. 02228 - 2 82) - Geb. 24. Okt. 1936 Wevelinghoven (Vater: August B., Chemiker; Mutter: Marie-Louise, geb. v. Wersch), kath. - Ordenshochsch. Knechtsteden; Univ. Freiburg/Br. u. Münster/W. - S. 1957 Mitgl. Missionsges. v. Hl. Geist. 1975 ff. Lehrbeauftr. Univ. Würzburg, 1977 o. Prof. Univ. Bochum - BV: Erlösung, 1976. Mithrsg.: Konturen heut. Theol. (m. G. Miller). Mitautor: Grundriß d. Glaubens, 1980, ZP-Kommentar 7/8. Bd. 1/2, 1980/81; D. Leben wagen, 1982; Leben m. Psalmen (m. N. Mette), 1984; Handb. religionspäd. Grundbegriffe, (m. G. Miller), 2 Bde. 1986; D. Frieden dienen (m. M. Bußmann), 1991 - Spr.: Engl., Franz., Ital.

BITTER, Heinrich (Heinz)
Verleger, gf. Gesellsch. Druck- u. Verlagshaus Bitter GmbH & Co. - Wilhelm-Bitter-Platz 1, Recklinghausen; priv.: Im Silvertbruch 7, 4353 Oer-Erkenschwick - Geb. 24. Mai 1915 Recklinghausen (Vater: Wilhelm B., Verleger; Mutter: Luise, geb. Kuchler), kath., verh. s. 1949 m. Ingeborg, geb. Weddige, 2 T. (Christiane, Regina) - Abit. Schriftsetzerlehre; Stud. Köln u. München - Div. Ehrenstell. - 1977 BVK; 1986 BVK I. Kl.

BITTER, Jürgen
Sportjournalist - Heinrich-Mann-Str. 40, 4500 Osnabrück (T. 0541 - 1 56 05) - Geb. 12. April 1943 Osnabrück (Vater: Hermann B., Bundesbahnamtsrat; Mutter: Wilma, geb. Niederhaus), ev.-luth., verh. s. 1971 m. Doris, geb. Tiemann - S. 1979 Leit. d. Sportredaktion Neue Osnabrücker Zeitung.

BITTERICH, Eberhard
Dr. Ing. E. h., Dipl.-Ing., Vorstandsmitglied Mannesmann Anlagenbau AG, Düsseldorf - Zu erreichen üb. Mannesmann Anlagenbau AG, Theodorstr. 90, 4000 Düsseldorf 30 - Geb. 20. Nov. 1931.

BITTERLING, Klaus
Dr. phil., Prof. f. Anglistik - Trautenaustr. 11, 1000 Berlin 31 - Geb. 12. Juni 1937 Berlin - Promot. 1969 - S. 1971 Prof. FU Berlin - BV: D. Wortschatz v. Barbours Bruce, 1970.

BITTLINGER, Herbert
Dipl.-Volksw., Vorstandsvorsitzender d. Quelle-Gruppe - Nürnberger Str. 91-95, 8510 Fürth - Geb. 23. Juni 1925 - AR-Vors. Sinn AG, Köln, Leffers AG, Bielefeld; Präsidiumsmitgl. d. Außenhandelsvereinigung d. Dt. Einzelhandels sowie d. Foreign Trade Association in Brüssel.

BITTNER, Günther
Dr. phil., Dipl.-Psych., Psychoanalytiker (DGPT), Prof. f. Pädagogik (s. 1973) - Lodenstr. 22, 8707 Veitshöchheim/Ufr. - Geb. 17. Febr. 1937 - Ord. Univ. Bielefeld u. gegenw. Würzburg (Mitvorst. Inst. f. Päd.) - BV: Psychoanalyse u. soz. Erziehung, 3. A. 1972; Tarnungen d. Ich, 1977; Tiefenpsychol. u. Kleinkindererziehung, 1979; D. Sterben denken um d. Lebens willen, 1984; D. Unterbewußte - e. Mensch im Menschen), 1988. Herausg.: Erziehung in früher Kindheit (Neuaufl. 1985, m. E. Harms); Päd. u. Psychoanalyse (1985, m. Ch. Ertle); D. Ich ist vor allem e. körperliches... (1989, m. M. Thalhammer); Vater Freuds unordentliche Kinder (1989).

BITTNER, Siegfried
Dr. rer. pol., Dipl.-Volksw., Vorstandsmitglied Hess. Elektrizitäts-AG. (Kaufm. Verw.) - Jägertorstr. 207, 6100 Darmstadt 11 (T. 06151 - 70 9-23 00) - Geb. 29. Juli 1930 Görlitz/Schles. - Staatsex. u. Promot. Johannes-Gutenberg-Univ. Mainz.

BITTNER, Wolfgang
Dr. jur., Schriftsteller - Gotenring 31,

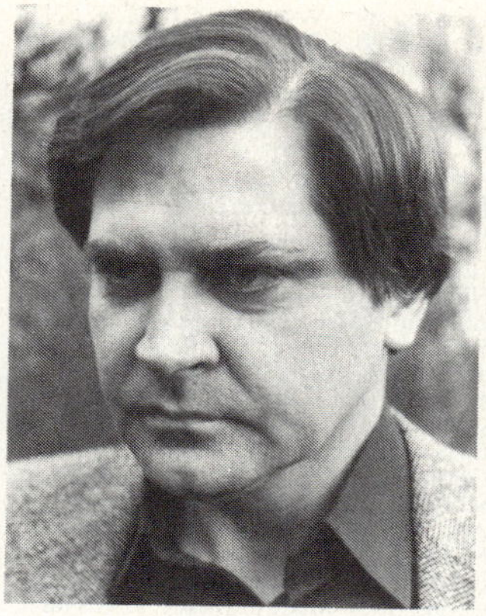

5000 Köln 21 (T. 0221 - 81 20 34) - Geb. 29. Juli 1941 Gleiwitz (Vater: Erhard B., Angest.; Mutter: Magdalena), 3 Kd. (Jenny, Benjamin, Tobias) - 1959 Höh. Handelssch. Aurich, Abit. 1966 (2. Bildungsweg); Stud. Jur., Phil. u. Soziol. Göttingen, 1. jur. Staatsex. 1970, Promot. 1972, 2. jur. Staatsex. 1973 - B. 1973 versch. Tätigk., u.a. Verw; s. 1974 fr. Schriftst. - BV: Erste Anzeichen, Lyr. u. Prosa, 1976; D. Aufsteiger, R. 1978; Rechts-Sprüche, Texte z. Thema Justiz, 1975 u. 1979; Alles in Ordnung, Satiren, 1979; Bis an d. Grenze, R. 1980; Abhauen, R. 1980; Nachkriegsged., 1980; Weg v. Fenster, R. 1982; D. Riese braucht Zahnersatz, Texte f. Kinder, 1983; Kopfsprünge, Ged. 1984; V. Beruf Schriftsteller, Sachb. 1985; D. Fährte d. Grauen Bären, R. 1986; Wo d. Berge namenlos sind, R. 1989; D. Lachsfischer v. Yukon, R. 1991; Narrengold, R. 1992; Niemandsland, R. 1992 - Bildhauerische Arb. s. 1977 (Eisenplastiken), Ausst. - Mehrere Lit.preise - Spr.: Engl. - Lit.: Nieders. literarisch, 1981; Munzinger-Archiv.

BITTRICH, Hans-Joachim
Dr. habil. nat., Dr. Wiss. e.h., Dipl.-Chem., em. Prof. d. physikalischen Chemie - Unter den Eichen 21c, O-4202 Merseburg (T. 64 17 39) - Geb. 1. Juni 1923 Dresden, verh. s. 1951 m. Waltraud, geb. Wilczek, 4 Söhne (Hans-Joachim, Hans-Heiner, Hans-Jürgen, Hans-Jörg) - Stud. Chemie 1946-52 Leipzig, Dipl. 1952; Promot. Dr. rer. nat. 1954 Leipzig; Habil. 1956 TH Leuna-Merseburg - 1962-88 Prof. TH Leuna-Merseburg, 1964-68 Rektor. 1969-75 Vors. d. Chem. Ges. d. DDR - BV: Leitfaden d. chem. Thermodynamik, 2. A. 1976; Leitfaden d. chem. Kinetik, 2. A. 1986; Methoden chem.-kinetischer Berechnungen, 2 A. 1986 (ung. 1984); Trennung von Kohlenwasserstoffen m. Selektivlösungsmitteln (dt. u. russ. 1987); u.a. - 1980 Kekulé-Med.; 1979 Ehrenmitgl. d. Poln. Chem. Ges., 1983 d. Tschech. Chem. Ges., u. d. Chem. Ges. d. DDR - Spr.: Engl.

BITZ, Michael
Dr. rer. oec., Univ.-Prof. f. Betriebswirtschaftslehre Fern-Univ. Hagen (s. 1976), Direktor Inst. f. Angew. Betriebsw.lehre (s. 1985), Vorst.-Mitgl. ALG Allfinanz Akad. AG (s. 1990) - Bolohstr. 43a, 5800 Hagen/W. (T. 02331 - 5 64 80) - Geb. 11. Febr. 1943 Berlin (Vater: Alois B., Verbandsgeschäftsf.; Mutter: Erika, geb. Gundlach), ev., verh. s. 1972 m. Ulrike, geb. Dörken, 2 Kd. (Christoph, Anne Catherine) - 1962-68 Stud. Betriebsw. u. Math. Marburg, Berlin (FU), Saarbrücken. Dipl.-Kfm. 1968; Promot. 1970; Habil. 1975 (alles Saarbr.) - 1968-76 Univ. Saarbrücken (1972 Assistenzprof.). Berufungen an d. Univ. Hohenheim (1976), Giessen (1984), Hamburg (1985) u. Erlangen-Nürnberg (1990) - BV: Pläne u. Maßnahmen z. Vermögensbild., 1971; Übungen in Volksw.lehre, 2. A. 1976 (m. W. Stützel u. W. Cezanne); D. Strukturierung ökonom. Entscheidungsmodelle, 1977; Entscheidungstheorie, 1981; Üb. in Betriebsw.lehre, 3. A. 1990; Gesetzl. Regelungen u. Reformvorschläge z. Gläubigerschutz, 1986; D. Jahresabschluß, 1991. Zahlr. Einzelarb. - 1973 Fachpreis z. Vermögensbild. - Liebh: Lit., Tennis - Spr.: Engl., Franz. - Rotarier (s. 1977).

BITZ, Werner
Dipl.-Ing., Unternehmensberater, Gf. Gesellsch. Strata Unternehmensberatung GmbH, Frankfurt - Nürnberger Str. 36, 6095 Ginsheim-Gustavsburg 1 - Geb. 23. Mai 1939 Mainz, kath., verh., 2 Kd. - Stud. Elektrotechnik/Regelungstechnik TH Darmstadt; Management-Ausb. LFK Hamburg. Fachveröff. - Liebh.: Musik - Spr.: Engl.

BITZER, Helmut
Bankdirektor, Aufsichtsratsvors. BVH Bank f. Vermögensanlagen u. Handel AG, Düsseldorf - Postenweg 32, 4000 Düsseldorf-Wittlaer (T. D'dorf 40 77 53) - Geb. 24. Mai 1922 - Zul. Vorstandsmitgl. Nordd. Kreditbank AG, Bankverein Bremen AG, Baukreditbank AG, Düsseldorf.

BITZER, Wolfgang
Dipl.-Ing., Prof. f. Stahlbau u. Baustatik Gesamthochschule Siegen (Fachbereich Bautechnik) - Am Egelsbruch 28, 5912 Hilchenbach.

BIZER, Christoph
Dr. theol., Prof. f. prakt. Theologie Univ. Göttingen - Am Hirtenberg 4, 3401 Bösinghausen - Geb. 18. Juli 1935 Tailfingen/Württ. (Vater: Prof. Ernst B.; Mutter: Elisabeth B., Lehrerin), ev., verh. s. 1960 m. Frauke, geb. Heinrich, 3 Kd. (Johann, Kilian, Amalie) - 1955-62 Stud. Klass. Philol. u. Theol. Univ. Bonn (2. theol. Ex. 1968, Promot. 1967), Habil. 1970 Univ. Marburg - 1973-79 Rektor Religionspäd. Inst. d. ev.-luth. Kirche Hannovers in Loccum; 1979 ff. Prof. - BV: Stud. z. pseudothanasienischen Dialogen (Diss.), 1970; Unterr. u. Predigt, 1972.

BIZER, Jürgen
Geschäftsführer Gustav Spangenberg Maschinenfabrik GmbH, Mannheim - Hauptstr. 73, 6800 Mannheim-Feudenheim - Geb. 26. Juni 1930.

BLACHNIK, Roger
Dr. rer. nat., Prof. f. Anorgan. Chemie Univ. Osnabrück (s. 1984) - Spinnereiweg 22, 4500 Osnabrück - Geb. 26. Sept. 1936 Schwerin, verh. s. 1967 m. Marli, geb. Höhenberger, 2 Töcht. (Barbara, Bettina) - Promot. 1967; Habil. 1973 - 1973-74 Doz. TU Clausthal.; 1974-84 wiss. Rat u. Prof. Univ. Siegen. Üb. 110 Facharb.

BLÄKER, Felix
Dr. med., Prof., Ärztl. Direktor Kinderkrkhs. d. Stadt Köln - Zu erreichen üb. Amsterdamer Str. 59, 5000 Köln 60 - Zul. Prof. Hamburg (Kinderheilkd.).

BLÄNSDORF, Jürgen
Dr. phil., o. Prof. f. Klass. Philologie Univ. Mainz (s. 1971) - Am Römerberg 1c, 6501 Essenheim (T. 06136 - 8 98 12) - Geb. 1. Juni 1936 Braunschweig (Vater: Georg B., Lehrer; Mutter: Ilse, geb. Steph), ev., verh. s. 1962 m. Gisela, geb. Fiebing, 3 Töcht. (Gudrun, Elke, Irene) - Stud. Freiburg, Kiel; Promot. 1965; Habil. 1971 Freiburg - 1962-71 Wiss. Assist., ebd., 1975-77 Dekan FB 15 Univ. Mainz. Vertrauensdoz. Studienstiftg. d. dt. Volkes (1973-84); Mitgl. Mommsen-Ges. - BV: Archai. Gedankengänge in d. Kom. d. Plautus, 1967. Röm. Philosophie (Arbeitsb., 2 Bd.), 1978; Plautus Amphitruo (überarb. u. ergänzt), 1979; D. Paradoxon d. Zeit, 1983; Sallust, Catilina (Schulkomm., 2 Bd.), 1984/86. Herausg.: Theater u. Ges. im Imperium Romanum (1990) - Spr.: Engl., Franz., Ital., Lat.

BLÄSE, Dirk
Lic. rer. pol., Werbe- u. PR-Berater (eig. Unternehmen) - Richard-Wagner-Str 10/11, 7000 Stuttgart 1 - Geb. 26. Aug. 1940 Chemnitz/Sa. (Vater: Günter B., Werbeberat.; s. lfd. Ausg.), ev., verw. - Univ. Bern (Wirtschafts- u. Sozialwiss.) - Spr.: Franz., Engl.

BLÄSE, Günter
Verleger u. Werbeberater - Richard-Wagner-Str. 11, 7000 Stuttgart 1 (T. 210 57 77) - Geb. 30. Aug. 1906 Frankfurt/O., ev., verw. (Ehefr. Jutta, geb. Wagner †1983), 2 Kd. - Tätigkeit Verlags- u. Werbewesen Tagesztg. u. Scherl-Verlag, Berlin. 1931-44 Verlagsleit. J. C. F. Pickenhahn & Sohn, Chemnitz. S. 1949 Inh. e. Gruppe v. Werbeagent. i. Deutschl. u. Brasil., Inh. Daco-Verlag u. Verl. Hanfstaengl Nachf. - BV: Mehr verkaufen durch bessere Anzeigen, 1932; D. mod. Dtschl., 1952; Germany Today.

BLÄSS, Petra
Mitglied d. Bundestages - Zu erreichen üb. Bundeshaus, 5300 Bonn 1, priv.: O-1054 Berlin - Geb. 12. Juni 1964 Leipzig, ledig - Dipl.-Lehrerin f. Deutsch u. Gesch. 1987 Univ. zu Berlin - 1990 Vors. d. Wahlkommiss. d. DDR; Redakt. im Dt. Fernsehfunk - Liebh.: Lit., Theater, feministische Politik - Spr.: Engl., Russ.

BLAHA, Herbert M.
Dr. med., Prof., f. Lungenkrankheiten u. Tuberkulose - Schrimpfstr. 37b, 8035 Gauting/Obb. - Geb. 9. Okt. 1918 Bamberg - Stud. München u. Graz - U. a. Chir. Tätigk. Twaitha-Hosp. Baghdad u. Univ. Frankfurt/M.; 1966-83 Ärztl. Dir. LVA Zentralkrkhs. Gauting. 1976 Präs. Dt. Ges. f. Lungenkrankh. u. Tuberkul.; 1980 Vors. Bayer. Chirurgen-Vereinig. - BV: Schichtbilder v. Bronchialveränd. b. d. Lungentbc., 1954; D. Lungentuberkul. im Röntgenbild, 1978. Zahlr. Einzelarb. - 1978 Ernst-v.-Bergmann-Plak.; Ehrenmitgl. Südd. Ges. f. Lungenkrankh. u. Tuberkul., Österr. Ges. f. Lungenkrankh. u. Tuberkul. u. Vors. Kurat. Tuberkul. in d. Welt.

BLAICHER, Günther
Dr. phil., Univ.-Prof. f. engl. Literaturwiss. Kath. Univ. Eichstätt - Kilian-Leib-Str. 60, 8078 Eichstätt (T. 08421 - 29 53) - Geb. 22. Jan. 1938 Montabaur, kath., verh. s. 1968 m. Ingrid, geb. Neus, 3 Töcht. (Christine, Jutta, Kerstin) - 1957-60 Stud. Anglistik, Romanistik Univ Bonn, 1961-63 Univ. Saarbrücken; 1. Staatsex. 1963 Saarbrücken, 2. Staatsex. Trier; Promot. 1966, 1974 Habil. Saarbrücken - 1963-65 Lektor Univ. Glasgow; 1969-77 Akad. Rat u. Privatdozent Univ. Saarbrücken. Gastprof. Univ. of Minnesota, Duluth, USA - BV: Freie Zeit - Langeweile - Lit., 1977; D. Erhaltung d. Lebens, 1983. Herausg.: Erstarrtes Denken (1987); Germany in British Poetry since 1945, An Anthology - Liebh.: Klavier, Ski - Spr.: Engl., Franz., Ital.

BLANCKART, Freiherr von, Clemens
Rechtsanwalt, Geschäftsf. Unternehmensverb. d. Aachener Steinkohlenbergbaus, Mitgl. d. Geschäftsfg. d. Gesamtverb. d. Dt. Steinkohlenbergbaus, Essen, Vorst.-Mitgl. Rationalisierungsverb. d. Steinkohlenbergbaus, Essen - Postf. 1340, Sophiastr., 5142 Kückelhoven; priv.: 5143 Wassenberg-Effeld - Geb. 27. Juni 1933 Breslau (Vater: Josef v. B.; Mutter: Isa, geb. v. Münchhausen), kath. - Univ. Bonn, Köln, München (Rechtswiss.). Ass.ex. - Anwaltstätigk. u. Auslandsaufg. f. Wirtschaftsverb. - Spr.: Franz., Engl.

BLANCKENBURG, von, Peter
Dr. agr., em. o. Prof. f. Sozialökonomie d. Agrarentwicklung - Podbielskiallee 64, 1000 Berlin 33; priv.: Lepsiusstr. 112a, 1000 Berlin 41 (T. 030 - 792 33 09) - Geb. 2. Juli 1921 Kardemin, ev., verh. s. 1955 m. Esther, geb. Wilms, 5 Kd.

(Henning, Friedhelm, Ines, Dietrich, Jürgen) - Univ. Göttingen (Dipl.-Landw. 1950). Promot. (1952) u. Habil. (1959) Göttingen - 1953-64 Assist. und Privatdoz. (1959) Univ. Göttingen; 1961/62 u. 1963/64 Expertentätigk. Afrika (UN); 1964-86 o. Prof., Inst.dir. TU Berlin; 1989-91 Gastprof. Univ. of Zimbabwe, Harare. Mitgl. wiss. Ges. - BV: Bäuerl. Wirtschaftsführung im Kraftfeld d. sozialen Umwelt, 1960; La Situation du Travailleur Agricole Salarié, 1962 (auch engl. u. ital.); Einf. in d. Agrarsoziol., 1962; Afrikan. Bauernwirtschaften auf d. Weg in d. mod. Landw., 1965; Agricultural Extension Systems in some African a. Asian Countries, 1984; Welternährung, Gegenwartsprobl. u. Strategie f. d. Zukunft, 1986. Mithrsg. Quart. J. of Intern. Agriculture; Handb. d. Landw. u. Ernährung in d. Entwicklungsländern (2 Bde. 1967/71, neubearb. Aufl. 5 Bde. ab 1982) - Spr.: Engl., Franz.

BLANCO, Roberto

Sänger, Fernsehunterhalter - Waldschulstr. 71, 8000 München 82 (T. 089 - 430 14 20) - Geb. 7. Juni 1937 Tunis (Vater: Alfonso Zerquera; Mutter: Mercedes Blanco †), kath., verh. s. 1964 m. Mireille, geb. Beuret, 2 T. (Mercedes, Patricia) - Med.-Stud. (abgebr.) - S. 1956 im Showgesch., Tournee-Ens. v. Josephine Baker, 1969 Sieger Dt. Schlagerfestsp. (Heute so, morgen so); zahlr. FS-Send. (Studio B, E. Mädchen s. Träume, An d. Wasserkante), 1973 1. eig. Show, 1980 Nachfolger v. Rudi Carell (Noten f. zwei), 1982 u. 1983 FS-Show: Roberto - E. Abend m. R. B. Mehrere Kino-Filme (u.a. Alle Menschen werden Brüder, Drei Männer im Schnee) - Spr.: Engl., Franz., Span., Ital., Arab.

BLANK, Annelore

(eigtl. Hannelore Brinkmeier) Kaufm. Angestellte, Schriftst. - Lübecker Str. 7, 6236 Eschborn/Ts. (T. 06196-4 34 09) - Geb. 26. Febr. 1927 Kolberg - Ex. in Engl. u. Franz. London u. Paris - 1962-84 Tätigk. in Verkaufsbüros v. Flugges. Frankfurt - BV: In jenen heißen Sommertagen; D. rote Sonne v. Brest-Litowsk; In jenen kühlen Herbsttagen (Trilogie); D. Zeugen schwiegen, Kriminalgesch.; Kurzprosa in Anthol. u. Ztschr. - 1984 Schweizer Buchpreis AWMM (f. 2. Bd. d. Trilogie) - Liebh.: Intern. Lit., Theater, Film, Wassersport, Schach - Spr.: Engl., Franz., Span.

BLANK, Herbert B.

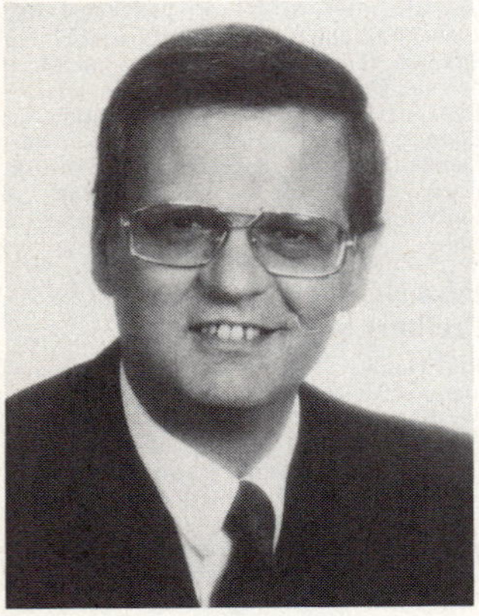

Ass., Landrat Landkr. Altenkirchen - Schwalbenweg 19, 5230 Altenkirchen (T. 02681 - 8 12 15) - Geb. 3. April 1947 Hannover (Vater: Herbert C. B., s. dort), kath., verh. s. 1976 m. Renate, geb. Schaeben, 2 Kd. (Angela Christiane, Herbert Rüdiger) - Stud. Rechts- u. Staatswiss., Volkswirtsch. Univ. Tübingen, Genf, Bonn u. Köln; Ausbild. b. e. engl. Anwalt in London; 1977 Gr. jurist. Staatsprüf. Düsseldorf - Wehrdienst in einem Art. Regiment; zul. Oberstlt. d. R. - S. 1972 Mitgl. Lions-Club; Mitgl. mehrerer Numismatischer Ges. - Liebh.: Numismatik, Jagd - Spr.: Engl., Franz.

BLANK, Herbert C.

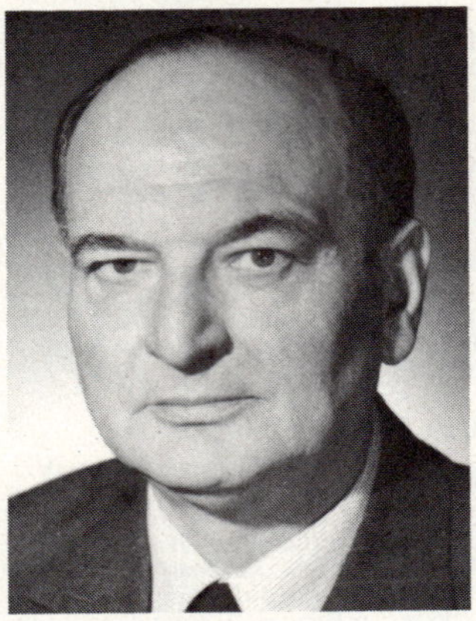

Ltd. Regierungsdirektor a. D., Generalbevollmächtigter Präsid. IHK (s. 1972) - Schinkelstr. 11, 5000 Köln-Braunsfeld (T. 40 94 64) - Geb. 31. Jan. 1909 Hannover (Vater: Christian B., Preuss. Ministerialdirig. a. D., zul. Präs. Dt. Post (s. XIV. Ausg.); Mutter: Betty, geb. Lemmerz), kath., verh. s. 1939 m. Magdalene, geb. Hauck (Tocht. d. Hptm. a. D. u. Rittergutsbes. Bernhard H., Mühlrain b. Ottmachau/Schles.), 3 Kd. (Ingrid, Christian, Herbert) - Gymn. Hannover; Univ. Tübingen, Grenoble, Paris, Berlin, Göttingen (Rechts- u. Staatswiss., Volksw.). Gr. jurist. Staatsprüf. - Rechts- u. Fachanw. f. Steuerrecht Berlin, 1939-45 Wehrdst. (Reserveoff., ab 1942 im Stab d. 19. Armee), 1945-59 staatl. Landrat, Oberreg.rat Nieders. Innenmin., Landeswahlleit., Reg.dir., Dir. OVA Hildesheim, Ltd. Reg.dir. Bundesdienst (1953; Abt.leit. u. Verw.chef oberer Bundesbeh.), 1959-72 Hauptgeschäftsf. IHK Mönchengladbach. Gründungsmitgl. CDU Hannover (13. VII. 1945) u. CDU Köln (2. IX. 1945) - Kriegsausz. - Spr.: Franz., Engl. - Mitgl. Lions Club (1970/71 Governor 111/Rhld.), Beir. Lions Club International Foundation (LCIF), Beirat Hilfswerk dt. Lions.

BLANK, Joseph

Minister a. D. - Zul. Am Kiefernforst 5, 4006 Erkrath-Unterbach - Geb. 12. Febr. 1913 Elz/Lahn, kath., verh. s. 1942 m. Elisabeth, geb. Hahn, 4 Kd. - Gymn.; 1933-36 Stud. Phil.; Verw.sch. - Verw.angest.; 1939-46 Wehrdst. (zul. Ltn. d. R.) u. amerik. Gefangensch. (ab 1943; dort Stud. Rechts- u. Geisteswiss.); 1947-58 Kreis- (b. 1949) u. Landesgeschäftsf. CDU (Westf.-Lippe); 1954-58 MdL NRW; 1958-62 Staatssekr. Wiederaufbaumin. NRW; 1962-63 (Rücktr.) Min. f. Landesplanung, Wohnungsbau u. Öfftl. Arbeiten NRW; 1964-76 Dir. Wohnungsbauförderungsanst. NRW - 1973 Gr. BVK - Liebh.: Gartenarb. - Spr.: Franz. - Bruder: Theodor B. †1972 (s. XVI. Ausg.).

BLANK, Joseph-Theodor

Dr. jur., Rechtsanwalt, Bundestagsabgeordneter (s. 1983; Wahlkr. 72/Mettmann I) - Bundeshaus, 5300 Bonn 1 - Geb. 19. März 1947 Lüdenscheid, kath., verh., 1 S. - Abit. 1966; 1966-71 Stud. Rechts- u. Staatswiss. Univ. Köln, 1. jur. Staatsprüf. 1972, 2. jur. Staatsprüf. 1976, Promot. 1974 Köln - 1972-75 wiss. Mitarb. Inst. f. Staatsrecht Univ. Köln, 1976-83 Ref./Beigeordn. d. Dt. sowie d. Nordrh.-Westf. Städte- u. Gemeindebd., Düsseldorf, S. 1977 Lehrbeauftr. f. öfftl. Recht FHS f. öfftl. Verw. d. Landes NRW. S. 1983 Rechtsanwalt am Amtsgericht Langenfeld u. am Landgericht Düsseldorf. Präs. d. Dt. Ges. f. Freizeit, Erkrath; 1983-86 Mitgl. d. Präsid. d. Dt. Städte- u. Gemeindebd., Düsseldorf. 1967 CDU (1971-1975 Kreisvors. d. Jungen Union d. Kreises Mettmann, 1977-85 stv. Vors. d. CDU, s. 1990 Kreisvors. d. CDU d. Kreises Mettmann, 1985-86 Mitgl. d. Landesvorst. d. CDU Rheinland, s. 1986 d. CDU Nordrh.-Westf. 1975- 79 Kreistagsabgeordneter d. Kreises Mettmann).

BLANK, Manfred

Dr. med., Univ.-Prof., Prof. h.c., Hochschullehrer, Arzt - Im Tal 7, 4320 Hattingen 16 (T. 02324 - 4 15 22) - Geb. 22. Mai 1934 Berlin (Vater: Ludwig B., Bäckerm.; Mutter: Herta, geb. Zickelbein), kath., verh. s. 1960 m. Rita, geb. Meyer, 4 Kd. (Bernhard, Georg, Christoph, Monika) - Abit. 1954; 1954-57 FU Berlin, Med., Chemie; 1957-59 Univ. Göttingen, Med., Chemie; 1959 Med. Staatsex. 1960 Dr. med., 1959-61 Wiss. Ass. MPI f. Hirnforsch. Göttingen, Neurophysiol., 1962-64 Wiss. Ass. Inst. f. Histol. exp. Neuroanat., Univ. Göttingen; 1964-70 Oberassist.; 1968 Habil. f. Anat. Univ. Göttingen, 1970-72 Univ.-Doz., 1972-75 Wiss. Rat u. Prof. f. Anat., Abt. Klin. Morphologie Univ. Ulm, 1975-82 Wiss. Rat, Prof. f. Anat. Univ.-GH Essen; 1983 Prof. f. Anatomie u. Histochemie; 1983-89 gf. Dir. Inst. f. Anatomie; 1987 Univ.-Prof. f. Anatomie u. Histochemie - 1960 Fakultätspreis Göttingen; 1984 Honorarprof. Tongji Med. Univ. Wuhan, VR China; 1990 Hon. consultant Beijing Med. Univ. Peking, VR China - Spr.: Engl.

BLANK, Otto

Aufsichtsratsmitglied Grundig AG - Monningstr. 49, 4330 Mülheim/Ruhr-Speldorf - Geb. 12. Okt. 1917 Duisburg.

BLANK, Walter

Dr. phil., Prof. f. German. Philologie - Neumattenstr. 7, 7800 Freiburg/Br. - Geb. 9. März 1935 Engen/Hegau - Promot. (1962) u. Habil. (1968) Freiburg - S. 1970 Doz. u. Prof. (1972) Univ. Freiburg. Facharb.

BLANKART, Charles Beat

Dr. rer. pol., Prof. TU Berlin - Tristanstr. 17d, 1000 Berlin 39 - Geb. 20. Mai 1942 Luzern/Schweiz (Vater: André B., Dr.-Ing.-Chem.; Mutter: Gabrielle, geb. Zelger), kath., verh. s. 1977 m. Catherine, geb. Zahn, 2 S. (Ludwig, Rudolf) - 1962-69 Stud. Univ. Basel, Lic. rer. pol., Promot. Univ. Konstanz, Habil. 1976 - 1976-78 Privatdoz. Univ. Konstanz; 1978 Prof. FU Berlin; 1978-85 Prof. Hochsch. d. Bundeswehr München; s. 1985 Prof. TU Berlin - 1984/85 Präs. European Public Choice Soc.; Mitgl. d. Finanzwissenschaftl. Aussch. d. Vereins f. Sozialpolitik - BV: Ökonom. d. öfftl. Untern., Lehrb. 1980; Öfftl. Finanzen in d. Demokratie, Lehrb. 1991 - Spr.: Engl., Franz.

BLANKE, Edzard

Dr. jur., Rechtsanwalt, Landtagpräs. Nieders. (1985-90) - Trift 31, 3100 Celle (T. Büro 05141-23 024) - Geb. 26. Mai 1935 Celle, verh., 4 Kd. - Abit. 1954 Celle; Lehre Bankkaufm. Hamburg (Prüf. 1956); 1956-59 Stud. Rechtswiss. Univ. Freiburg, Paris (zugl. Hochsch. f. Politik) u. München; 1960-64 Refer. (währendd. 1962/63 amerik. Hochsch. f. Politik Bologna); Promot. 1963 München, Ass.-Ex. 1964 - S. 1965 Rechtsanw. Hildesheim, dann Lüneburg, s. 1967 am OLG Celle, s. 1974 auch Notar. MdL (s. 1974 Vorst. CDU-Frakt., 1976ff. stv. Frakt.-Vors.). CDU.

BLANKE, Gustav H.

Dr. phil., em. o. Prof. d. Amerikanistik - Mozartstr. 10, 6728 Germersheim/Rh. (T. 13 58) - Geb. 22. Mai 1914 Bad Salzuflen (Vater: Gustav B., Fabrikant; Mutter: Anna, geb. Deppe), ev., verh. s. 1947 m. Hildegard, geb. Müller, S. Wolfgang - Gymn. Detmold; Stud. Anglistik, German., Gesch. Univ. München, Bonn, Münster; Promot.; 1938-41 Stud. Amerikanistik USA (DAAD Austauschstudent); 1941-45 Wiss. Angest. im AA; Wehrdst. u. Gefangensch., 1946 Lektor u. Lehrbeauftr. f. Amerikanistik Univ. Münster; Habil 1960; 1965 apl. Prof.; 1958 Gastprof. Univ. of Kansas, 1979 Univ. of Southern Cal.; Lehrstuhlvertr. in Münster u. Erlangen - 1967 Dir. Engl. Sem. FB Angew. Sprachwiss., Mainz-Germersheim; s. 1979 emerit. - Mitgl. Dt. Ges. f. Amerikastudien. Forschungsauftr. in USA: Rockefeller Foundation (1948/49), Folger Shakespeare Libr. (1958), DFG (1971, 72, 76), Huntington Libr. (1977), American Council of Learned Soc. (1973), Fulbright Grant (1979), Volkswagen-Stiftung (1980). S. 1980 Amerik. Zweitwohnsitz. - BV: Hermann Stehrs Menschengestaltung, 1939 (Diss.); Amerik. Geist - Wort- u. Begriffsgesch., 1955; Der Amerikaner - Soziolinguist. Studie, 1957; Amerika im engl. Schrifttum d. 16. u. 17. Jh., 1962 (Habil.schr.); Einf. in d. semant. Analyse, 1973; Festschr. Bardeleben ed. Wege amerik. Kultur (1989) - Liebh.: Aquarellieren -Spr.: Engl.

BLANKENBURG, Erhard Rudolf

Dr. phil., Prof. f. Rechtssoziologie u. Kriminologie Vrije Univ. Amsterdam - De Boelelaan 1105, NL-1007 MC-Amsterdam - Geb. 20. Okt. 1938 Duisburg (Vater: Kurt B., Dir.; Mutter: Anna, geb. Schlang), gesch., S. Dido - 1958-60 Stud. Phil., Soziol. u. dt. Lit. Univ. Freiburg u. FU Berlin; 1960-62 Univ. Oregon; 1963-64 Univ. Basel (Stud. Soziol., Wirtsch.wiss.); M. A. 1965 Univ. Oregon; Promot. 1966 Univ. Basel, Habil. 1974 - 1966-68 Assist. Univ. Freiburg; 1969-71 Organ.berat. Quickborner Team Hamburg, Bundeskanzleramt Bonn u. Bundestag Bonn; 1971-72 Projektleit. Prognos AG Basel; 1973-74 Max-Planck-Inst. f. intern. u. ausl. Strafrecht; s. 1976 apl. Prof.; 1975-80 Wissenschaftszentrum Berlin; s. 1980 Vrije Univ. Amsterdam - BV: Ca. 15 Bücher; zul. Rechtsberat. - D. soz. Def. v. Rechtsproblemen durch Rechtshilfeangebote (zus. m. Udo Reifner u. a.), 1982; Alternativen in d. Ziviljustiz (m. Walther Gottwald u. Dieter Strempel), 1982; Arbeitsplatz Gericht - Modellversuch z. Humanisier. d. Gerichtsorg., HdA Schriften Bd. 41 (m. Volker Bauer u. Hubert Treiber), 1983; Kündigungsschutz in BRD, Niederl., Großbrit., 1985; Implementation v. Gerichtsurteilen (m. R. Voigt), 1987; Prozessflut? Soziol. Rechtsvergl. in fünf europ. Ländern, 1988.

BLANKENBURG, Günter

Dr.-Ing., Prof., stellv. Direktor Deutsche Wollforschungsinst., Aachen - Gierlichstr. 50, 5120 Herzogenrath - Geb. 22. April 1931 Bremen, ev., gesch., 2 Kd. (Gerd, Ute) - Dipl. 1958 TH Stuttgart; Promot. 1961 RWTH Aachen; Habil. 1971 - 1977 apl. Prof. f. Textiltechnik RWTH Aachen. Präs. Unteraussch. Standardisierung Intern. Wollvereinig.; Sekr. Techn. Aussch. Intern. Wollvereinig. - Spr.: Engl.

BLANKENBURG, Wolfgang

Dr. med., Prof., Psychiater u. Psychopathologe - Rudolf-Bultmann-Str. 8, 3350 Marburg/L. - Geb. 1. Mai 1928 Bremen (Vater: Joachim B., Flugkapt.; Mutter: Hedwig, geb. Bracksieck), verh. s. 1964 m. Ute, geb. Hägele, 3 Kd. (Markus, Felix, Sonja) - Promot. 1956 - S. 1967 (Habil.) Lehrtätigk. Univ. Freiburg, Heidelberg (apl. Prof.), Bremen (1975 Prof. u. Klinikdir.), Marburg (1979 Lehrstuhlinh. u. Klinikdir.) - BV: D. Verlust d. natürl. Selbstverständlichkeit, 1971 (jap. 1978, franz. 1991); Psychiatrie u. Phil., 1979; Biographie u. Krankheit, 1989; Wahn u. Perspektivität, 1991.

BLANKENHEIM, Toni

Kammersänger, Mitgl. Staatsoper Hamburg (s. 1950) - Dammtorstr. 28, 2000 Hamburg 36 - Erstes Engagement 1947 Frankfurt/M. 1954-61 Bayreuther Festsp. (Beckmesser, Klingsor). Gastsp. Europa u. USA. Funk, Fernsehen, Schallpl. Bes. bek. als Wozzeck - 1961 Kammers. Hamburg.

BLANKENHEIM, Walter
Prof., Konzertpianist - Höhenweg 197, 6601 Scheidt/Saar (T. 0681 - 89 31 86) - Geb. 30. Aug. 1926 Ebertsheim - Abit.; Stud. Musikhochsch. Stuttgart u. Ecole M. Long Paris, Kurse b. G. Anda u. W. Kempff - Prof. Musikhochsch. Saarland, Klavierunterr. (s. 1963); s. 1952 Konzerttätigk. als Pianist u. Solist m. zahlr. Symph.orch. BRD, Westeuropa, Mittel- u. Fernost, div. Konzertreisen n. Lateinamerika - 1952-54 Preistr. intern. Musikwettb. - Liebh.: Lit., Photographie, Zeichnen - Spr.: Franz., Span., Engl., Ital.

BLANQUET, von, G. G.
Geschäftsführer Gaggenau-Werke Haus- u. Lufttechnik GmbH, Gaggenau - Anabergstr. 7, 7570 Baden-Baden - Geb. 7. Sept. 1926 - Stud. 1952 T.H.K'he Dipl. rer. pol. techn.

BLASCHETTE, Armand
Dr. rer. nat., Prof. f. Anorgan. Chemie TU Braunschweig - Stolpstr. 5, 3300 Braunschweig - Geb. 12. April 1933 Esch-sur-Alzette (Luxemburg) - 1960 Promot. (TH Aachen). 1961-65 Redaktion Chem. Zentralblatt, 1966-73 Oberass., 1973 Habil. (TU Braunschweig), 1974 Univ.-Doz., 1976 apl. Prof., 1978 Prof. - BV: Allgemeine Chemie Bd. I (1974), Bd. II (1979). Ca. 40 wiss. Einzelveröff. - Spr.: Engl., Franz.

BLASCHKE, Gottfried
Dr., Prof. Direktor Institut f. Pharmaz. Chemie Univ. Münster - Vredenweg 18, 4400 Münster - Geb. 3. Febr. 1937 - Promot. 1964; Habil. 1973 - Üb. 80 Facharb.

BLASCHKE, Karlheinz
Dr. phil. habil., Prof. f. Geschichte an d. Kirchlichen Hochsch. Leipzig, Referatsleiter Archivwesen im Staatsmin. d. Innern Dresden - Am Park, O-8101 Friedewald (T. 51-7 35 91) - Geb. 4. Okt. 1927 Schönlinde (Nordböhmen), ev., verh. s. 1954 m. Dr. rer. nat. habil. Renate, geb. Hellmessen, 2 Töcht. (Mechthild, Gundula) - Stud. 1946-50 Gesch., German., Latein, Promot. 1950, Habil. 1962 alles Leipzig - 1951-68 Archivar Staatsarchiv Dresden; s. 1969 Doz. Theol. Seminar Leipzig; 1990 Hon.-Prof. Marburg; 1991 Akad. d. Wiss. Leipzig; 1990 Histor. Kommiss. b. d. Bayer. Akad. d. Wiss. S. 1972 Domdechant zu Meißen - BV: Bevölkerungsgesch. v. Sachsen b. z. industriellen Revolution, 1967; Sachsen im Zeitalter d. Reformation, 1967; Gesch. Sachsens im Mittelalter, 1990; D. Fürstenzug zu Dresden, 1991; Polit. Geschichte Sachsens u. Thüringens, 1991 - Liebh.: Häuslichkeit, Fotografie - Spr.: Lat., Engl., Franz., Ital.

BLASCHKE, Kurt
Dipl.-Ing., Inhaber Julius Blaschke GmbH & Co., Hamburg, Präs. Verband d. Fenster- u. Fassadenhersteller, Frankfurt/M. - Hammer Deich 158, 2000 Hamburg 26 - Geb. 7. April 1925.

BLASCHKE, Manfred
Landrat Kr. Weilheim-Schongau (s. 1978) - Pütrichstr. 8, 8120 Weilheim/Obb. - Geb. 24. Aug. 1936 Neisse - Staatsdst. (zul. Regierungsdir.). CSU.

BLASCHKE, Rochus
Dr. rer. nat. habil., Prof. Münster, Leiter d. Abt. 3 Analyt. Baustoffmikroskopie d. Amtl. Materialprüfungsanstalt, Bremen - Sentruper Str. 198b, 4400 Münster/W. - S. Habil. Privatdoz. u. apl. Prof. Münster (Med. Physik, Elektronenmikroskopie u. angew. Mineralogie).

BLASCHKE-PÁL, Helga
Schriftstellerin, Direktions-Chefsekretärin - A-5020 Salzburg, Österreich - Geb. Käsmark, Zips, kath., led. - Stud. Musik, Gesang, Gymnasialmatura (Human. Gymn.); Phil.-Stud. Univ. Salzburg - Lit. Tätigk., Präs. Salzburger Schriftstellerver.; Mitarb. div. Ztg. u. Zeitschr.; Rundfunkbeitr.; zahlr. Dichterles. (In- u. Ausland) - BV: Lyrik: Triangel, 1965; Zerbrochene Spiegel, 1969; D. Salzburger Jedermann, 1970; Es singen d. steinern. Quellen, 1981; Aussaat d. Hoffnung, 1981; Prosa: Auf d. Herzens heimlichen Altar ..., 1980; Eure Freude, 1986; Unsichtbare Brücken, 1989 - U.a. 1982 Intern. Lyrikpreis Brüssel - Liebh.: Musik - Spr.: Engl., Slowak., Ungar.

BLASCHZYK, Joachim
Lektor, Dichter - Ludwigstr. 6, 6300 Gießen - Geb. 13. Mai 1937 Oschatz (Vater: Theodor B., Ing.; Mutter Charlotte, geb. Höppner), ledig - Ausb. u. 9 jähr. Tätigk. im Öfftl. Dienst; Abit. im zweit. Bildungsweg (H.-Kolleg); Stud. German., Psychoanalyse, Phil., Biol. - Erneuerer d. Dt. Balladen-Dichtung; bedeut. Genius d. Genres Naturballade u. Jagdballade im dt.-sprach. Raum - Liebh.: Musik (Romantik, Klassik) - Spr.: Engl.

BLASER, Karl
I. Bürgermeister - Rathaus, 8972 Sonthofen/Allg. - Geb. 27. Aug. 1931 Sonthofen - Zul. Verw.sbeamter. SPD.

BLASIG, Winfried
Dr. theol., Prof. f. Predigtlehre, Geistl. Rat - Hallgrafenstr. 28, 8090 Wasserburg am Inn - Geb. 6. Nov. 1932 Breslau, kath., ledig - Abit. München; Promot. (Religionspäd.) b. Th. Kampmann - Prof. f. Predigtlehre München, Linz, St. Pölten, entlassen aufgr. e. kirchl. Lehrverf. - BV: Kirche Gottes - Kirche d. Menschen, 1969; V. Jesus b. heute (m. W. Bohusch), 1973; Lehrerkomment., 1978; Sonntag f. Kinder, 9 Bde. (hg.) 1973-81; F. e. menschengerechten Gottesdienst, 1981; Christ im J. 2000, 1984; Predigten u. Fürbitten, 6 Bde. (hg.) 1983-88; Schöpfung - Heimat - Umwelt, 1990. Herausg.: Materialdienst f. Prediger. D. Botschaft heute. Mithrsg.: Ztschr. f. Gottesdienst u. Predigt - Liebh.: Segeln, Ski, Musik - Spr.: Engl., Franz., Ital.

BLASIUS, Wilhelm
Dr. med., Prof., Physiologe - Höhenstr. 32, 6301 Rabenau-Odenhausen (T. 06407 - 80 30) - Geb. 6. Jan. 1913 Hagen/W. (Vater: Dr. med. Otto B., Leiter d. Bakteriol. Inst. Hagen; Mutter: Paula, geb. Bruns), ev., verh. m. Maria, geb. Dicke, 3 Kd. - Univ. Göttingen, Marburg, Halle (Promot. 1937) - 1938 Assist. Physiol. Inst. Univ. München (Stip. Dt. Forschungsgem.), 1940 Univ. Gießen, 1945 Privatdoz., 1952 apl. Prof., 1962 Wiss. Rat, 1963 Abt.svorsteher Physiol. Inst., 1955 Leit. Pressest. u. Schriftl. Gießener Hochschulbl. Konstruktionen auf d. Gebiete d. Ergometrie, Vektorkardiogr u. Sinnesphysiol. Üb. 190 Veröff. z. Neuro-, Kreislauf-, Atem-, Höhenphysiol. u. Sinnesphysiol. und d. erkenntnistheoreth. Grundlagen u. Geschichte d. Physiol. Mitarb.: Landois-Rosemann, Lehrb. d. Physiol. d. Menschen (NA. 1962); Probleme d. Lebensforsch., 1973 (engl. 1976). Filmveröffentlichungen - Liebh.: Aquarellieren u. Zeichnen, Mythenforschung - Bek. Vorf.: Prof. J. H. B., Zoologe, Braunschweig (Urgroßv.); Prof. Dr. A. Krukenberg, Chirurg, Braunschweig (Urgroßv. vs.); Geheimrat Prof. Dr. med. et phil. h. c. W. B., Zoologe u. Botaniker. Brschwg. (Großv.).

BLASS (ß), Eckhart
Dr.-Ing., o. Prof. f. Verfahrenstechnik TU München - Bahnhofstr. 62, 8011 Baldham/Obb. - Geb. 20. Aug. 1925 Berlin (Vater: Dr. Leonhard B., Rezitator; Mutter: Elsa, geb. Rauschenbusch. Pianistin †), verh. s. 1952 m. Brigitte, geb. Meiners, 3 Kd. - TU Berlin (Maschinenbau, Verfahrenstechnik; Dipl.-Ing. 1952, Promot. 1963) - 1952-55 u. 1964-66 Borsig AG., Berlin (Konstruktionsing., zul. Entwicklungsleit.); 1956-64 TU Berlin (Obering. Inst. f. Verfahrenstechnik), 1966 o. Prof. TU Clausthal; 1976 o. Prof. f. Verfahrenstechnik TU München. Div. Buch- u. Ztschr.-Veröff. Div. Mitgliedsch. - Spr.: Engl.

BLATT, Lothar
Dr. jur., Landrat Kreis Nordfriesland - Marktstr. 6, 2250 Husum (T. 04841 - 67-3 63) - 1979/80 ENA-Stud. Paris.

BLATTER, Silvio
Schriftsteller, Präs. Dt.-Schweizer. PEN-Zentrum Berlin - CH-8000 Zürich (Schweiz) - Geb. 25. Jan. 1946 Bremgarten - BV/R.: Mary Long, 1973; Zunehmendes Heimweh, 1978. Div. Erz. u. a. - 1974 Conrad-Ferdinand-Meyer-Preis.

BLATZ, Rolf
Dr. jur., Assessor, Geschäftsführer Fachverb. Ketten - Gesamtverb. d. Drahtflechter u. Zaunbauer/Gütegemeinschaft Drahtzaun - Saarstr. 12, 5000 Köln 40 (T. 02234 - 7 10 40).

BLAU, Günter
Dr. jur., Richter (OLG) a. D., Honorarprof. Univ. Bochum/Abt. f. Rechtswiss. (s. 1969) - Ostpreußenstr. 15, 6000 Frankfurt/M. 60 - Geb. 18. Dez. 1915 Berlin (Vater: Adolf B., Kaufm.; Mutter: Katharina, geb. Sauer), ev., verh. s. 1947 m. Ursula, geb. Kömmnick, S. Werner - Univ. Berlin u. Freiburg/Br. (Rechtswiss.). Promot. 1943 - U. a. OLG Frankfurt/M. 1975 Gastprof. Univ. of Pennsylvania, Philadelphia (USA). Spez. Arbeitsgeb. Rechtsvergleichung, Kriminologie u. Strafvollzug - BV: u. a. Paul Johann Anselm Feuerbach, 1948; Gefährlichkeitsbegriff u. sichernde Maßregeln im iberoamerik. Strafrecht, 1953; Gerichtl. Psychologie (m. E. Müller-Luckmann), 1963; Strafvollzug in d. Praxis (m. H. D. Schwind), 1978, 2. A. 1988; Straftäter in d. Psychiatrie (m. H. Kammeier), 1984. Zahlr. Einzelarb. - Spr.: Engl., Franz., Span. - Lit.: Festschr. z. 70. Geb. (1985).

BLAU, Günther
Maler u. Grafiker - Im Winkel 24, 3550 Marburg-Cyriaxweimar (T. 06421 - 3 13 34) - Geb. 10. Jan. 1922 Wuppertal (Vater: Walter B., Bahnbeamter; Mutter: Ida, geb. Werkmeister), kath., verh. s. 1967 m. Ruthild, geb. Klaus, 2 Kd. (Katharina †, Hannah †) - 1940-52 Kunstakad. in Düsseldorf, München u. Karlsruhe - Bild. Kunst: Realist. Ölbilder, Tempera, Gouachen, Grafik (Stilleben, Arch.) - 1977 Von-der-Heydt-Preis Stadt Wuppertal; 1991 Marburger Kunstpreis - Lit.: Richard Hamann – Mac Lean, G. B., Kunstgesch. Inst. d. Univ. Mainz (1980); Rainer Zimmermann, G. B. - D. Kunst u. d. schöne Heim (1983); Günther Blau. D. druckgraphische Werk (hg. v. Armin Geus, Marburg, 1992).

BLAU, Hans-Joachim

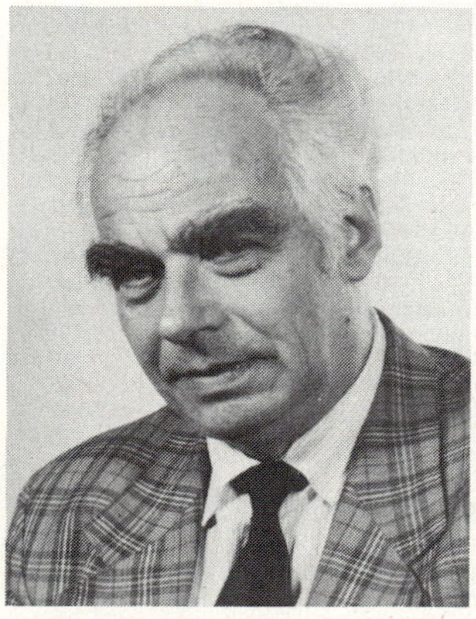

Dr. sc. med., Prof., Pädiater-Hämatologe, Obermedizinalrat, Abt.leit. an d. Univ.-Kinderklinik u. Poliklinik Rostock - Lange Str. 8, O-2500 Rostock (T. 0081 - 3 41 77) - Geb. 29. Nov. 1934 Frankfurt/Oder, verh. m. Sanitätsrätin Dr. med. Tatjana, geb. Obuchowa (Kinderärztin), 3 Kd. (Igor-Wolfgang, Katrin, Alexander) - Abit. 1953; Stud. Med. Leningrad; Staatsex. 1959; Promot. A u. B 1964 bzw. 1971 Univ. Rostock - S. 1964 Kinderärztl. Tätigk. als Facharzt; s. 1972 Abt.leit. Immunpathol./Hämatol.; 1977-89 1. Oberarzt d. Univ.-Kinderklinik Rostock; s. 1977 Prof. - Forsch. z. Verhalten bestimmter Blutzellen (d. eosinophilen u. basophilen Granulozyten) b. Krebskrankheiten d. Kinder, psychische Führung krebskranker Kinder - Herausg. u. Autor: Pädiatr. Immunologie, 2. A. 1989; Klin. u. psychosoz. Aspekte b. Kindern m. onkolog. Krankh. (m. G. Eggers, K.-D. Wagner), 1988; Krebs im Kindesalter - Informationen f. Eltern u. andere Betroffene (m. G. Eggers, K.-D. Wagner), 1990 - 1977 Univ.preis Rostock - Liebh.: Natur-Wandern, autobiogr. Lit. - Spr.: Russ., Engl.

BLAUERMEL, Karin,
s. Baal, Karin

BLAUERT, Jens
Dr.-Ing., o. Prof. f. allg. Elektrotechn. u. Akustik Univ. Bochum (s. 1974) - Girondelle 30, 4630 Bochum (T. 38 28 77) - Geb. 20. Juni 1938 Hamburg (Vater: Werner B., OStudR; Mutter: Hedwig, geb. Müller), verh. s. 1965 m. Brigitte, geb. Raape, T. Heike, S. Michael - Dipl.ex. u. Promot. TH Aachen; Habil. TU Berlin - Gleichz. beratender Ing. - BV: Spatial Hearing, Monogr. 1983.

BLAUHORN, Kurt
Journalist, Schriftst. - Hermann-Balk-Str. 100, 2000 Hamburg 73 - Langj. Spiegel-Redakt.; ständ. Mitarb. d. Wirtschaftsmag. „Capital" - BV: Ausverkauf in Germany, 1968; Erdteil II. Klasse? - Europas technol. Lücke, 1970.

BLAUL, Iris
Hess. Ministerin f. Jugend, Familie u. Gesundheit (s. 1992) - Geb. 24. Dez. 1955 Worms - Abit. 1974; 1974-79 Stud. d. Heil- u. Sonderpäd. sowie Sozialkunde Univ. Marburg, Staatsprüf. u. Diplom; Refer. an e. Lernbehindertensch., 2. Staatsex. Sprachtherapie in Kindertagesstätten. S. d. Schulzeit freiwillige Arbeit in Sozialen Brennpunkten, Jugenarb. u. Förd. ausl. Schüler; workcamps in Asien, Afrika u. d. Türkei - S. 1980 Mitgl. d. GRÜNEN; 1989 Mitgl. d. 9. Bundesversammlung. 1982-85 MdL Hessen u. Vors. d. GRÜNEN-Landtagsfraktion, 1987-91 stv. Vors.; 1989-91 stv. Vors. Aussch. f. Gleichberechtigung u. Frauenfragen.

BLAUROCK, Uwe
Dr. jur., Univ.-Prof. f. Bürgerliches Recht, Handels- u. Wirtschaftsrecht, Steuerrecht u. Rechtsvergleichung Univ. Göttingen - Platz der Göttinger Sieben 6, 3400 Göttingen - Geb. 4. Febr. 1943 München, ev., verh., 2 Kd. - Jurist. Staatsex. 1967 u. 71; Promot. 1970 Freiburg; Habil. 1977 ebd. - 1978-83 o. Prof. Univ. Gießen; s. 1983 Univ. Göttingen; s. 1978 Generalsekr. Ges. f. Rechtsvergleich.; s. 1986 Vizepräs. Dt.-chin. Juristenvereinig.; s. 1988 Dir. Inst. f. Wirtschaftsrecht Univ. Nanking (VR China) - BV: Unterbeteilig. u. Treuhand an Gesellschaftsanteilen, 1981; D. Bankwesen im Gemeinsamen Markt, 1981; Bedeutung v. Präjudizien im dt. u. franz. Recht, 1985; Ausbildung u. Weiterbildung d. Juristen in Dtschl. u. Schweden, 1986; Kreditsicherungsrecht, 3. A. 1990; Handbuch d. stillen Ges., 1988; Institutionen u. Grundfragen d. Wettbewerbsrechts, 1988. Veröff. in- u. ausl. Fachztschr. - Liebh.: Musik - Spr.: Engl., Franz.

BLECH, Hans-Christian
Schauspieler - Franz-Joseph-Str. 23, 8000 München 40 (T. 34 87 75) - Geb. 20. Febr. 1925 Darmstadt, verh. m. Erni, geb. Wilhelmi (Schausp.) - S. 1947 Kammersp. München. Div. Gastsp. Filme: 08/15 (Plazek), Phantom d. gr.

Zeltes (Clown Naso), D. längste Tag (Major Pluskat), D. letzte Schlacht, Kamin 4, Winterspelt, D. Zauberberg (Hofrat Dr. Behrens), Oberst Redl (1985) u. a.; Fernsehen: u. a. Tatort - Frankfurter Gold, D. Herz aller Dinge, Geheimagenten, D. Leuchtturm, D. scharlachrote Buchstabe, Theodor Chindler (8 Folg.), Collin, D. Orgel, S. letzte Rolle, Möwe - 1979 Bambi-Preis; 1981 Gold. Kamera; Dt. Filmband in Gold - Liebh.: Auslandsreisen.

BLECH, Klaus
Dr. jur., Staatssekretär Bundespräsidialamt (1984-90) - Zul. 5300 Bonn 1 - Geb. 14 Aug. 1928 Stuttgart (Vater: Wolfgang B., Kunsthändler; Mutter: geb. Sieben), verh. s 1958 m. Renate, geb. Endriss, 3 Kd. (Ulrich, Antonia, Justus) - Stud. Rechtswiss. Univ. Tübingen, Hamburg, Paris, Chicago; 1. jurist. Staatsprüf. 1952, 2. Staatsprüf. 1958; Promot. 1958 Tübingen - S. 1958 AA (1965-68 Persönl. Referent Staatssekr., 1971-73 Leit. Referat Außenpolit. Fragen, 1973-74 Leit. Unterabt. 21, 1974-77 Leit. Planungsstab, 1977-81 Leit. Polit. Abt. 2), Auslandsposten: Wien (1959-61), Jakarta (1962-64), Tokio (1968-71 u. 1981-84) - BV: Üb. d. ausw. Gewalt in d. USA (Diss.) - Spr.: Franz., Engl., Russ., Chines., Jap.

BLECHER, Wilfried
Grafiker - Enzenspergerstr. 7, 8000 München 80 - Geb. 8. Mai 1930 - Kunstakad. Kassel, Stuttgart - 1970-72 Lehrauftr. Kunstakad. Stuttgart; 1974-75 Lehrauftr. Fachhochsch. f. Gestalt. Pforzheim - BV: Wo ist Wendelin, 1965; Kunterbunter Schabernack, 1969; Alfabethanien Posterkalender, 1984; Buchgrafik; Buchillustr. - 1965 u. 69 Dt. Jugendbuchpr. f. d. beste Bilderb. d. Jahres.

BLECHINGER, Beate
Lehrerin, Parlamentarische Geschäftsführerin d. CDU-Landtagsfraktion Brandenburg (s. 1990) - Brahmsstr. 9, O-1273 Fredersdorf (T. 61 21) - Geb. 22. Mai 1947 Dresden, kath., verh. s. 1968 m. Dr. Karl-Heinz B., 3 Kd. (Agnes, Uwe, Carsten) - Stud. 1965-69 Univ. Greifswald; Staatsex. 1969, Abschl. als Dipl.-Lehrer f. Math. u. Russ. - 1969-86 Lehrer; 1986-90 Ing. f. Betriebsorg. f. Datenverarbeitung - Spr.: Engl., Russ.

BLECHMANN, Wilhelm
Dr. phil., Prof. f. Engl. Sprache u. Didaktik d. engl. Sprachunterr. Erziehungswiss. Hochschule Rheinland-Pfalz/ Abt. Koblenz - Duisburger Str. 165, 4330 Mülheim/Ruhr.

BLECHSCHMIDT, Erich

Dr. med., o. Prof. f. Anatomie (emerit.) - Ob. Schneeburgstr. 13a, 7800 Freiburg - Geb. 13. Nov. 1904 Karlsruhe (Vater: Dr. med. Eugen B., Arzt; Mutter: geb. Vetter), kath., verh. s 1944 m. Gertrud, geb. Saenger, 4 Kd. - Univ. Freiburg/Br., München, Wien - 1934 Prosektor, 1937 Privatdoz. Univ. Freiburg, 1940 Univ. Gießen, 1941 Univ. Würzburg, 1942 Dir. Anat. Inst. Univ. Göttingen, 1949 o. Prof. - BV: D. vorgeburtl. Entwicklungsstadien d. Menschen - Einf. in d. Humanembryol., 1961; D. menschl. Embryo, 1963, 2. A. 1964; V. Ei z. Embryo, 1968; Die Praenatalen Organsysteme d. Menschen, 1973; Humanembryologie (Prinzipien u. Grundbegriffe) 1974; Wie beginnt das menschl. Leben: Vom Ei zum Embryo, 6. A. 1989; Anatomie u. Ontogenese d. Menschen, 1978; D. Erhaltung der Individualität, 1982; D. Wunder des Kleinen, 3. A. 1989. Ca. 200 Ztschr.beitr. - Ehrensenator FU Norddtsch.; Komtur d. Päpstl. Gregoriusordens.

BLECHSCHMIDT, Horst H.
Dipl.-Ing., Direktor, Vorstandsmitgl. Hess. Elektrizitäts-AG, Darmstadt (s. 1975) - Geb. 21. Nov. 1939 Wels/Österr. (Vater: Dipl.-Ing. Heinrich B.; Mutter: Margarete, geb. Dillmann), ev. - Justus. Elektrotechnik; Dipl.-Ing. 1966) - Spr.: Engl., Franz., Span.

BLECK, Siegfried
Ltd. Polizeidirektor, Leiter Bereitschaftspolizei Bremen - Trupen 12, 2800 Bremen 66 - Geb. 24. Dez. 1928, verh. - 1973-76 Doz. u. Fachbereichsleit. Polizei-Führungsakad. Münster. Schriftleit. Ztschr. D. Polizei - BV: Polizei u. Public Relations, 1976 - Spr.: Engl., Franz.

BLECKING, Diethelm
Dr. phil., Historiker, wiss. Mitarb. am Inst. f. Sportgesch. d. Dt. Sporthochsch. Köln, fr. Journalist (TAZ, Wiener Tagebuch, Spuren) - Nieheler Str. 367, 5000 Köln 60 (T. 0221 - 712 41 74) - Geb. 10. Dez. 1948 Aspel - 1969-75 Stud. Gesch., Sport, Phil. u. Päd. Münster; 1977/78 Stip. d. DAAD u. d. Poln. Akad. d. Wiss. in Poznań/Polen; Promot. 1986 FU Berlin - Lehrtätigk. Hochsch. in Berlin (FU), Göttingen, Münster; wiss. Mitarb. Ruhrfestspiele - BV: Arbeitersport in Dtschl. 1893-1933, 1983; Gesch. d. nationalpoln. Turnorg. Sokól, 1987; D. slawische Sokolbewegung, Beiträge z. Geschichte v. Sport u. Nationalismus in Osteuropa, 1991 - Spr.: Engl., Franz., Poln.

BLECKMANN, Albert Heinrich
Dr. jur. utr., Docteur en droit (d'Etat), Prof. f. dt. u. ausl. Öffl. Recht u. Völkerrecht Univ. Münster - Straßburger Weg 44, 4400 Münster (T. 0251 - 79 60 00) - Geb. 20. Febr. 1933 Gelsenkirchen (Vater: Albert B., Kaufm.; Mutter: Änne, geb. Schneider), kath., verh. s. 1958 m. Anna-Christine, geb. Dollstadt, 3 Kd. (Mathilde, Bruno, Roland) - Abit. 1953; Stud. Rechtswiss., Volksw. u. Politik Univ. Bonn, München, Grenoble, Harvard (1. jurist. Staatsex. 1956, 2. Staatsex. 1962, Promot. 1960 Grenoble u. 1969 Heidelberg, Habil. 1971) - 1960-76 Ref. u. Prof. Max-Planck-Inst. f. ausl. Öffl. Recht u. Völkerrecht Heidelberg; s. 1976 Prof. Univ. Münster (Dir. Inst. f. Öffl. Recht u. Politik) - BV: D. franz. Kolonialreich, 1969; Begriff. u. Kriterien d. innerstaatl. Anwendbarkeit völkerrecht. Verträge, 1971; Grundges. u. Völkerrecht, 1975; Subventionsrecht, 1978; Europarecht, 4. A. 1985; Allg. Grundrechtslehren (Staatsrecht II), 2. A. 1985; D. Funktionen d. Lehre im Völkerrecht, 1981; Grundprobl. u. Methoden d. Völkerrechts, 1989, u.a.m., zahlr. Einzelarb. - Liebh.: Gesch., Soziol., Volksw., Rechtsphil. - Spr.: Franz., Engl., Ital., Span.

BLECKMANN, Paul
Dr. rer. nat., Prof., Hochschullehrer, Leiter Forschungsgr. Organ. Strukturchemie Univ. Dortmund (s. 1983) - Von-Corfey-Str. 36, 4400 Münster (T. 0251 - 78 79 70) - Geb. 16. Jan. 1937, kath., verh. s. 1965, 4 Kd. (Ulrike, Gregor, Gernot, Elke) - 1958-65 Stud. Univ. Münster (Chemie); Dipl. 1965 Münster; Promot. 1968 Münster; Habil. 1975 Dortmund - 1969-72 stv. Abt.-Leit. Inst. Spektrochemie Dortmund; 1979 apl. Prof. Univ. Dortmund. Entw. v. Verf. in d. Schwingungsspektroskopie z. Strukturaufkl. organ. Moleküle u. Kristalle. Computersimulationsverf. entw. z. Darst. v. Absorptions- u. Streuspektren d. Molekül- u. Gitterschwingungen. Zahlr. Veröff. in dt. u. intern. Ztschr. z. Messung u. theoret. Beschreibung v. Schwingungen in Molekülen u. Molekülkristallen. Vortr. anläßl. d. intern. Tagungen Europ. Congress on Molecular Spectroscopy u. Conf. on Raman Spectroscopy - Liebh.: Klavierspiel, Amateurfunk - Spr.: Engl., Ital.

BLECKS, Günter H.
Prof. f. Kunstdidaktik Kunstakad. Düsseldorf - Venloer Str. 16, 4000 Düsseldorf 30 (T. 0211 - 492 19 30) - Geb. 22. Febr. 1930 Rheinhausen/Rhld. (Vater: Franz B., Schreiner, Mutter: Marta, geb. Trill), ev., verh. s. 1965 m. Sigrid, geb. Jansen (Restauratorin) - 1947 Abit.; 1948-54 Stud. Kunsterziehung u. Gesch. Kunstakad. Düsseldorf, Univ. Köln u. Münster, 1. Staatsex. 1954, 2. Staatsex. 1956 - 1956-64 Stud.ass. u. Stud.rat in Köln u. Düsseldorf; 1964-68 Werkkunstschule Krefeld; 1968-75 Leit. Studios f. Kunsterziehung Univ. Bonn; 1964-75 Lehrauftr. Kunstakad. D'dorf; s. 1975 Prof.; 1978-86 Mitgl. d. Stud.reformkomm. II d. Landes Nordrh.-Westf. - Veröff. z. Kunstpäd. - Spr.: Engl.

BLEES, Wolfgang
Gf. Direktor Bundesmonopolverw. f. Branntwein - Friedrichsring 35, 6050 Offenbach/M.

BLEESER, Peter
Pfarrer, Bundespräses d. Bundes d. Deutschen Kath. Jugend, Leiter d. Arbeitsstelle f. Jugendseelsorge - Derendorfer Str. 3, 4000 Düsseldorf 30 (T. 0211 - 469 31 02) - Geb. 5. Jan. 1942, kath., led. - Stud. Theol., Phil., Päd. 1969-76 Jugendpfarrer Trier; 1976-82 Bundeskurat. d. Dt. Pfadfinderschaft St. Georg, Düsseldorf - BV: Gesch. f. Sinndeuter; Gesch. zw. Himmel u. Erde - Spr.: Lat., Franz., Engl.

BLEI, Hermann
Dr. jur. (habil.), o. Prof. f. Straf- u. prozeßrecht - Hohenzollernstr. 1, 1000 Berlin 37 (T. 801 82 22) - Geb. 14. Mai 1929 Mähr.-Schönberg (Vater: Dr. Rudolf B., Reg.veterinärrat; Mutter: Marianne, geb. Tischler), verh. s. 1952 m. Edith, geb. Hülbig, 2 Kd. (Astrid, Reinhard) - 1948-51 Stud. Rechtswiss. Bamberg u. Erlangen - 1958-62 Dozent u. Prof. associé Univ. Lausanne; 1961-62 Privatdoz. Univ. München; s. 1962 Ord. FU Berlin. CDU - BV: Strafrecht, Allg. Teil, 18. A. 1983, Bes. T., 12. A. 1983 - Spr.: Engl.

BLEIBTREU, Eike Günther
Kriminalbeamter, Kriminalhauptkommissar, Dipl.-Verwaltungswirt - Am Birkenbruch 35, 5300 Bonn 1 (T. 0228 - 28 56 28) - Geb. 11. Juni 1943 Wernigerode, verh. s 1977 m. Christine Ann, geb. Simmonds, 2 Kd. (Jennifer, Sascha) - 1959-62 Lehre Schaufenstergestalter; Graphiker; s 1964 Kriminalbeamter; s. 1982 Landesvors. d. Bund Dt. Kriminalbeamter in Nordrh.-Westf.; 1987 stv. Bundesvors., 1990 Bundesvors. d. BDK - Spr.: Engl.

BLEIBTREU-EHRENBERG, Gisela
Dr. phil., M.A., Ethnosoziologin - Grevelsberger Weg 17, 5307 Wachtberg-Villip - Geb. 2. Aug. 1929 Bonn, ev., verh. s. 1957 m. Dipl.-Volksw. Rolf Bleibtreu - Fernschreiberin/Telefonistin; Zw. Bildungsweg, Stud. d. Völkerkd. Bonn (Ex. 1968) u. Soziol.stud. Bonn u. Köln (Abschl. 1970) - Tätigk. in Organisat. d. polit. Bildung, Presse u. Begabtenförderungswerken, s. 1975 wiss. u. lit. Publikat. ü. völkerkundl. u. sexualwiss. Themen; Mitgl. Dt. Ges. f. Völkerkd., Dt. Ges. f. Sexualforsch., Kurat.-Mitgl. d. Arbeitsgem. Humane Sexualität - BV: Tabu Homosexualität, 1978; Deutschl. Hoffnung, R. 1979; Mannbarkeitsriten, 1980; D. Weibmann, 1984; Angst u. Vorurteil, 1989; V. Schmetterling z. Doppelaxt, 1990 - Liebh.: Photographie.

BLEICHER, Heinz M.

Verleger (Ps. Heinz Max Aid) - Kirchstr. 16, 7016 Gerlingen (T. 07156 - 43 08 43) - Geb. 9. Febr. 1923 Mettingen, ev., verh. s 1945 m. Maria-Heidi, geb. Oehler, 4 Kd. (Evmarie, Friedemann, Thomas, Wolfgang) - Abit.; kaufm. Lehre; Stud. Psych. - S. 1948 selbst. Verleger (Bleicher Verlag GmbH u. Verlag Lambert Schneider). Stadtrat a. D.; Vors. Ges. f. christl.-jüd. Zusammenarb. Stuttgart; Vorst. DKR u. Buber-Rosenzweigstiftg., Bad Nauheim, Heinz-M.-Bleicher-Stiftg.; Ortsvors. Volksbd. Dt. Kriegsgräberfürsorge - BV: Landschaft d. Herzens, 1983; D. Mann, d. Friede heißt, 1984 - 1983 BVK I. Kl.; Theodor-Heuss-Med. f. bes. Verdienste; Silb. Ehrennadel Volksbd. Dt. Kriegsgräberfürsorge; 1988 Gold. Ehrenmed. d. Stadt Gerlingen; 1989 Verdienstmed. d. Landes Baden-Württ. - Spr.: Latein, Griech., Franz., Engl., Esperanto - Lit.: Wagenburg, Standpunkte f. Heinz M. Bleicher (hg. v. Karl Geibel, 1983).

BLEICHER, Siegfried
Gewerkschafter, Mitgl. DGB-Bundesvorst. (1982 ff.) - Hans-Böckler-Str. 39, 4000 Düsseldorf 30 - priv.: 5203 Much - Geb. 8. Dez. 1940 - Maschinenschlosserlehre; Stud. Volksw. - S. 1964 hauptamtl. Gewerkschaftstätig. (u. a. DGB-Landesvors. Nordrh.-Westf.). ARsmandate. SPD.

BLEICHERT, Adolf
Dr. med., Prof., Abteilungsdirektor Physiolog. Inst. Univ. Hamburg - Martinistr. 52, 2000 Hamburg 20 (T. 468 21 83) - Geb. 27. Juli 1926 Wels (Österr.) - S. 1959 (Habil.) Lehrtätig. Univ. München u. Hamburg (1962; 1965 apl. Prof. f. Physiol.) - BV: Leitf. d. Physiol. d. Menschen, 1962 (m. H. Reichel; div.

Aufl.); Med. Physiol., 3 Bde. 1980 (m. H. Reichel). Einzelarb.

BLEICHROTH, Wolfgang

Dr. rer. nat., Dr. sc. paed. h. c., em. Prof. f. Didaktik d. Physik Univ. Göttingen - Wartburgweg 12, 3400 Göttingen (T. 79 22 02) - Geb. 14. Okt. 1923 Naumburg/S. (Vater: Kurt B., Justizoberinsp.; Mutter: Gertrud, geb. Steinbach), ev., verh. s. 1950 m. Rosemarie, geb. Rachner, 2 Kd. (Jochen, Bettina) - 1946-48 Päd. Hochsch. u. Univ. Göttingen. 2. Lehrerprüf. 1952; Ass.ex. 1958; Promot. 1961 - 1961 PH Kaiserslautern; 1962 Alfeld; 1966 PH Göttingen; 1978 Univ. Göttingen - BV: Unterrichtsw. Naturlehre, Physik, Chemie f. d. Volkssch. (Hauptsch.), 5 T. 1964/68 (m. Sanders). Herausg.: Didakt. Probleme d. Physik (1978); Schulb. Physik/Chemie ab 7.

BLEICKEN, Jochen

Dr. phil., o. Prof. f. Alte Geschichte - Obernjesaer Str. 8, 3403 Friedland 4 (T. 05504 - 3 81) - Geb. 3. Sept. 1926 Westerland/Sylt (Vater: Max B., Kaufm.; Mutter: Marie, geb. Jensen), ev. - 1948-54 Univ. Kiel u. Frankfurt/M. (Klass. Philol., Gesch.). Promot. 1954 Kiel; Habil. 1961 Göttingen - S. 1962 Ord. Univ. Hamburg, Frankfurt (1967), Göttingen (1977) - BV: u. a. Volkstribunat d. Klass. Rep., 1955; Lex publica, 1975; Verf. d. röm. Rep., 5. A. 1989; Verf. u. Sozialgesch. d. röm. Kaiserzeit, 2. A. 1981; Gesch. d. röm. Rep., 3. A. 1988; D. athen. Demokr., 1984. Zahlr. Fachaufs. - 1971 o. Mitgl. Wiss. Ges. Frankfurt; 1976 Dt. Archäol. Inst.; 1978 Akad. d. Wiss. Göttingen.

BLEIDICK, Ulrich

Dr. phil., Dr. phil. h. c., o. Prof. f. Erziehungswissenschaft u. Sonderpäd. - Kornblumenweg 49, 2105 Seevetal 2 (T. Hamburg 768 14 25) - Geb. 3. April 1930 Bonn, ev., verh. s. 1956 m. Luise, geb. Kölsch, 2 Kd. (Gislinde, Haimo) - Univ. Münster u. Bonn (Päd., Phil., Psych., Gesch.). Promot. 1957; Dipl.-Psych. 1962 - 1952-61 Schuldst., 1961-62 Assist. Päd. Hochsch. Köln, s. 1962 Doz. u. Prof. Päd. Inst. bzw. Univ. Hamburg (1970 Ord.) - BV: Päd. d. Behinderten, 5. A. 1984; Curriculum-Entwürfe f. d. Lernbehindertenschule (m. B. v. Pawel); Einf. in d. Behindertenpäd. (m. H. Claußen u. a.), 2. A. 1981; Handb. d. Sonderpäd. in 11 Bde. (m. H. Bach u. a.), 1976ff.; Lehrer f. Behinderte (m. S. Ellger-Rüttgardt), 1978; Behinderte Jugendl. v. d. Berufswahl (m. W. Hirsch u. a.), 3. A. 1990; Heinrich Kielhorn u. d. Weg d. Sonderschulen, 1981; Berufl. Bildung behinderter Jugendl. (m. S. Ellger-Rüttgardt), 1982; Handb. d. Lernbehindertendidaktik (m. H. Baier), 1983; Theorie d. Behindertenpäd., 1985; Individualpsych., Lernbehinderungen u. Verhaltensstörungen, 1985; Behinderte Schüler in allgemeinen Schulen, 1987. Schriftl. Ztschr. f. Heilpäd. (m. G. Kanter).

BLEINROTH, Heinz C.

Dr. jur., Regierungsdirektor, Deutsche NATO-Vertr. Brüssel (s. 1988) - Geb. 5. Okt. 1929 Hannover, verh. s. 1958 m. Erika, geb. Günther, 3 Kd. (Eberhard, Roland, Claudia) - Stud. Rechtswiss. u. Volksw. Univ. Heidelberg u. Frankf./M. - 1970-72 Wirtschaftsreferent Dt. Vertretung Genf; 1973-79 Leiter Wirtschaftsdienst Botschaft d. Bundesrep. Dtschl. in Islamabad (Pakistan); 1980/81 KSZE-Konfz. Madrid; Ref. Bundesmin. f. Wirtsch.

BLEISCH, Ernst Günther

Schriftsteller - Zentnerstr. 38, 8000 München 40 (T. 37 40 29) - Geb. 14. Jan. 1914 Breslau (Vater: Ernst B., Kaufm.; Mutter: Elisabeth, geb. Knoll) - Stud. Zeitungswiss. - Journ. Breslau, Wien, München (1945 ff.; Presse, Rundfunk). 1939-45 Wehrdst. - BV: Traumjäger,-Ged. 1954; Frostfeuer, Ged. 1960; Georg Trakl, Monogr. 1964; Spiegelschrift, Ged. 1965; Oboenghetto, Ged. 1968; Carmina Ammeri, Ged. 1973; Salzsuche, Ged. 1975; Zeit ohne Uhr - Ausgew. Ged. 1952-82, 1983. Herausg.: Heitere Leute an Oder und Neiße (1958), Zauber Schlesiens (1959). Gedichtbeitr. in vielen gr. Anthol. Zahlr. Hörfolgen - 1966 Andreas-Gryphius-Preis, 1969 Schwabinger Kunstpreis; 1976 o. Mitgl. Kulturwerk Schles.; 1978 Vors. Wangener Kreis - Liebh.: Reisen.

BLEISCH-DE LEON, Carl Xavier

Dr. phil., Dr. oec. MBA, Dr. jur. et med. h. c., Prof. f. Psych. u. Wirtsch.- u. Sozialwiss. Univ. USA, Engl. u. Schweiz; Senator u. Dekan Loyola u. City Univ. (USA u. intern.), Dir. Great Pacific Islands Dev. Corp. USA/Overseas, Leit. Zentralst. f. intern. Bildungswesen, Zürich - Zu erreichen üb. Dr. J. Bleisch-Inst., Nordstr. 249, CH-8037 Zürich (T. 00411 - 271 38 22), u. 416 Haweo Place, Honolulu HI 96813 USA (T. 808 - 531 17 07) - Geb. 8. Juni 1929 St. Gallen (Eltern: C. & R. Bleisch-Züllig, Fabr. v. Stickereien u. Wäsche), verh. s. 1986 m. Rosalina de Leon, 2 Kd. aus 1. Ehe (Evelyne, Adrian) - Ausb. in Schweiz, Engl. u. USA; Schweiz: Inst. a. d. Rosenberg, St. Gallen, Jur. Inst. Zürch, St. Galler u. Zürcher Hochsch.; Engl.: Nachdipl.-Stud. Mansfield u. Christ Church Coll. d. Univ. Oxford; USA: HGS-chartered by Univ. of the State of N.Y. u. Neotarian Fellowship (Coll.) MO.; Dipl. iur. 1958 I.Z., s. 1971 mehrf. promov. u. habil. (USA, Engl., Schweiz); Tutor-Cert. (Teaching Adults) 1989 Univ. of Oxford, Engl. - Management v. Untern. in Ostasien u. südwestpazif. Region, Beteilig. an 12 namh. Untern. (Mineral-, Oil-, Ind. & Agricult. Ges., SM Fund); Gründ. u. Leit. Great Pacific Islands Dev. Corp., USA & Philippines, MIGROS Co-operative (Overseas) Ltd. inc.DE/USA, Harvard Managers (Intern.), inc. Mass. u. John Harvard Memorial Found., Boston, Mass./USA; Präs. u. Gen.Sekr. Oxford Union-Swiss Desk; Dir. Zentralst. f. d. Einf. neuer Ind., Urdaneta, Pang/Philipp. u. Reiken Medical School (Japan u. Übersee); Gründ. Albert Einstein Archiv, Zürich; Dir. Reiken Rheuma Rehabilitation AG, Schweiz; Rotary Projekte v. Rotary Intern.: Info. u. intern. Youth Project, Polio Plus; Entw.-Projekte in d. Philipp. - Inh. v. Schutzrechten f. kryogen. Apparate u. Verf. f. d. Massenprod. v. Interferon n. Prof. Lindenmann, Zürich, u. antiviralen u. immunisierenden Wirkst.; Kontr. v. Versuchslab. f. Anti-Aids-Forsch., Virologie, Gen-Tech. in Kooperation m. Stiftg. Loyola f. Wiss. u. Bildung, Luzern/Schweiz. Mitbegründ. Reiken Rehabilitation Meth. d. Yamauchi-Spital, Reiken Rheumadorf Oita/Japan - BV: Hochsch. u. univ. Forsch.-Inst. in d. Schweiz, How and where to obtain a Coll. degree by mail, The Independent Study Program according to the Florida State Univ. System, The New Philippine Constit., Harvard Univ. Olympia - Bulletin f. Wiss., Forsch. u. Weiterbildg., 1988 - S. 1984 Guinness-Kälte-Weltrekord (b. Anwend. am eig. Körper in hermet. Kryotorium d. Reiken-Inst. Oita/Japan unt. Temp. v. minus 180 Grad C) - 1987 Paul Harris Fellew (Rotary Intern.); 1988 Philantrop m. Ehrenbürgerrecht u. Titel Adopted Son of Urdaneta (Municip. of Urdaneta/Philipp.) u. Cert. of World Leadership (Cambridge) - Liebh.: Exped., Sportfliegerei, Exper. in Kryobiol., PSI, Metaphysik, Weiterführung v. Erf. u. Entw. Albert Einsteins.

BLEISS (ß), Paul

Dr. rer. pol., Arbeitsdirektor i. R., Präs. Ges. f. öfftl. Wirtschaft u. Gemeinw., Berlin - Nach den Bülten 26, 4950 Minden/W. (T. 33 26) - Geb. 6. Nov. 1904 Berlin (Vater: Kaufm.), ev., verh. s. 1940 m. Gerda, geb. Schönewaldt, 2 Kd. - Mittelsch.; Banklehre; WH Berlin. Staatsex. 1931; Promot. 1937 - Bankangest. (ab 1926 Werkst.), ab 1938 Betriebsprüfer, 1944-46 Betriebsdir. u. Wirtschaftstreuhänder (1945) Reichenbach/Vogtl., 1947-48 Abt.leit. Verw. f. Wirtschaft Minden, 1948-49 Mitgl. Frankfurter Wirtschaftsrat, 1949-65 MdB (SPD), 1963-70 Vorstandsmitgl. Salzgitter AG. Zahlr. AR-Mandate (z. T. Vors.) - 1965 Gr. BVK m. Stern.

BLEKER, Johanna

Dr. med., Prof. f. Geschichte d. Medizin FU Berlin (s. 1978) - Klingsorstr. 119, 1000 Berlin 45 - Geb. 16. Nov. 1940 Neuss/Rh. - Zul. Univ. Münster/W. - BV: Gesch. d. Nierenkrankh., 1972; D. Naturhistor. Schule 1825-1845, 1981; Medizin u. Krieg, Vom Dilemma d. Heilberufe 1865-1985 (m. H.-P. Schmiedebach), 1987; Medizin im Dritten Reich (m. N. Jachertz), 1989.

BLENCKE, Hans

Dr. jur., Vizepräsident a. D., Honorarprof. f. Allg. u. bes. Steuerrecht Univ. Münster - Wiener Str. 20, 4400 Münster/W. - Zul. FG Münster.

BLENDINGER, Friedrich

Dr. phil., Stadtarchivdirektor i. R. (1977) - Thanellerstr. 3, 8900 Augsburg (T. 66 15 32) - Geb. 16. Juli 1912 Nennslingen (Vater: Dr. med. Rudolf B., Bezirksarzt; Mutter: Julie, geb. Bischoff), ev., verh. s. 1941 m. Dr. Elfriede, geb. Kristek - Gymn. Weiden u. Hof; Univ. München u. Königsberg (Dt., Gesch., Erdkd.); Archivsch. München. Promot. 1938 - 1939 Univ. München (Assist. Histor. Sem.); 1949 Stadtarchiv Weißenburg; 1950 Fugger-Archiv Augsburg (fr. Mitarb.); 1953 Presse- u. Informationsamt d. Bundesreg., Bonn (stv. Archivleit.); 1955 Stadtarchiv Augsburg (Archivrat, 1965 Dir.). Mitgl. Schwäb. Forschungsgem. (1957); Wahlmitgl. Ges. f. Fränk. Gesch. (1957) - Liebh.: Genealogie, Bevölkerungsstatistik - Spr.: Engl. - Bek. Vorf.: Dr. phil. Albert Bischoff (Gymnasialprof. u. Schriftst.).

BLENK, Hermann

Dr. phil., em. Prof. TU Braunschweig - Margaretenhöhe 32, 3300 Braunschweig (T. 0531 - 35 12 78) - Geb. 9. Dez. 1901 Bad Hersfeld (Vater: Gustav B., Sparkassendir.; Mutter: Emilie, geb. Nold), ev., verh. s. 1946 in 2. Ehe m. Martha, geb. Schläwicke, 3 Kd. aus 1. Ehe (Luise, Marianne, Gertrud) - 1911-20 Human. Gymn. Hersfeld; 1920-24 Univ. Göttingen (Promot. 1923) - 1924-72 Ltd. Posit. in d. dt. Luftfahrtforsch.; 1937 o. Prof. (Reichsdienst); 1955 o. Prof. TU Braunschweig; 1970 emerit. - BV: Wie groß ist d. Welt? E. Einf. in d. Astronomie f. Kinder, 1980 - 1961 Gr. BVK; 1962 Ludwig-Prandtl-Ring Wiss. Ges. f. Luftfahrt; 1972 Stern z. BVK; 1989 Bürger-Med. d. Stadt Braunschweig - Liebh.: Musik - Spr.: Engl. (Latein, Griech., Franz., Ital.).

BLENKE, Heinz

Dr.-Ing., o. Prof. f. Chem. Verfahrenstechnik Univ. Stuttgart (s. 1963) - Bergwaldstr. 40, 7261 Gechingen/Württ. (T. 5 75) - Geb. 30. März 1920 Sandersleben/Anh. (Vater: Hermann B., Reichsbahnbeamter †; Mutter: Clara, geb. Hendrich †), verh. m. Hella, geb. Wendt, 2 Kd. (Angelika, Thomas) - Stephaneum Aschersleben (Abitur 1938); TH München (Flugzeug- u. Maschinenbau; Dipl.-Ing. 1947, Promot. 1949) - 1946-51 TH München (I. Assist, Prof. Loschge); 1951-63 BASF Ludwigshafen (Forsch., Entwickl., Planung, Bau u. Betrieb chem. Fabriken); 1968-72 Rektor u. Prorektor Univ. Stuttgart. Vorstandsmitgl. (zeitw. Vors. u. stv. Vors.) VDI, Ges. f. Verfahrenstechnik u. Chemieing.wesen (GVC), Dt. Ges. f. Chem. Apparatewesen (DECHEMA), Dt. Ges. f. Biomed. Technik, Ges. dt. Naturforscher u. Ärzte u. a. wiss. Verb. u. Kurat. - BV: Konstruktionen aus d. Dampfturbinenbau, 1955, 2. A. 1967 (m. Loschge u. Rüger). Zahlr. Fachveröff. in Ztschr. - VDI-Ehrenring (1956) u. -plak. (1963), Arnold-Eucken-Med. (1975) - 1985 VDI-Ehrenzeichen - Rotarier.

BLENKERS, Hanns

Dipl.-Sozialwirt, Hauptgeschäftsführer Kreishandwerkerschaft Recklinghausen, Geschäftsf. data elektronic Recklinghausen - Bodostr. 1, 4354 Datteln-Horneburg (T. 02363 - 6 17 31) - Geb. 3. Nov. 1927 Essen (Vater: Bernhard B., Bergmann; Mutter: Gertrud, geb. Pawelski), kath., verh. s. 1956 m. Ursula, geb. Kortmann, 3 Kd. (Markus, Gabriel, Christiane) - Abit. (extern) 1954; 1954-57 Stud. Sozialwiss.; Dipl. 1958 Univ. Göttingen - S. 1961 Hauptgeschäftsf. Kreishandwerkersch. Recklinghausen; altern. Vors. Verw.-Aussch. Arbeitsamt Recklinghausen; ehrenamtl. Richter BSG u. VG Gelsenkirchen (1970-78); AR Volksbank Recklinghausen (1962-87) - Spr.: Engl., Griech., Latein.

BLENS, Heribert

Dr., Bundestagsabgeordneter (s. 1983; Wahlkr. 60/Köln II) - Bundeshaus, 5300 Bonn 1 - CDU.

BLESSING, Eugen

Dr. theol., Dr. phil., Bischöfl. Geistl. Rat, emerit. Prof. (s. 1977) f. Systemat. Philosophie Univ. Augsburg - Rosensteinweg 16, 7900 Ulm/D. (T. 2 81 02) - Geb. 11. Febr. 1911 Ulm, kath. - BV: D. Ewige im Menschen, 1954; Theodor Haecker - Gestalt u. Werk, 1959.

BLESSING, Helmut

I. Bürgermeister - Rathaus, 8061 Rohrmoos/Obb. - Geb. 3. Sept. 1929 München - U. a. Betriebsleit. CSU.

BLESSING, Karlheinz

Dr. rer. soc., Bundesgeschäftsführer d. SPD (s. 1991) - Ollenhauerstr. 1, 5300 Bonn 1 - Geb. 12. Mai 1957, ledig - Dr. rer. soc. Univ. Konstanz - 1986-91 Leit. d. Abt., 1. Vorst.-Vors. d. IG Metall - BV: D. Zukunft d. Sozialstaats, 1987 - Spr.: Engl., Franz.

BLESSING, Manfred

Dr. med., Pathologe, apl. Prof. f. Allg. Pathol. u. pathol. Anat. Univ. Düsseldorf (s. 1971) - Patholog. Institut, Ostmerheimerstr. 200, 5000 Köln-Merheim.

BLETSCHACHER, Richard

Dr. phil., Prof., Schriftsteller, Regiss., Chefdramat. Staatsoper Wien - Tuchlauben 11, A-1010 Wien (T. 0222 - 53 54 221) - Geb. 23. Okt. 1936 Füssen (Vater: Friedrich B., Hotelbes.; Mutter: Clara, geb. Kecht), verh. s. 1962 m. Mirjana, geb. Dobrony, 2 Töcht. (Verena, Irina) - Abit. Hohenschwangau; Stud. Univ. München, Heidelberg, Paris u. Wien; Promot. 1959 Wien - 1959 Assist. Theater in d. Josefstadt Wien; s. 1959 Wiener Staatsoper - BV: Operntexte, Schausp., Lyrik, Erzähl., 2 Romane, musikwiss. Publ., Essays, Rundfunksend., Übers. v. Lyrik, Schauspielen u. Opern u.a. - Regie: Opern v. Mozart, Verdi, Rossini, Wagner, Strauss, Puccini, Donizetti, Draghi, Kaiser Leopold u.a. - Liebh.: Lit., Theater, Musik, Tennis, Wandern, Schach - Spr.: Engl., Ital., Franz., Span., Kroat.

BLEULER, Konrad

Dr. phil., o. Prof. f. Theoret. Kernphysik - Hardtweg Nr. 12, 5321 Margaretenhöhe üb. Königswinter - Geb. 23. Sept. 1912 (Vater: Dipl.-Landw. Walter B.; Mutter: Anna, geb. Moser) - S. 1945 Lehrtätigk. Univ. Zürich u. Univ. Bonn (1959 Ord. u. Inst.sdir.). Fachveröff.

BLEY, Helmar

Dr. jur., o. Univ.-Prof. f. Sozial- u. Arbeitsrecht Univ. Bamberg (s. 1978) - Feldkirchenstr. 21, 8600 Bamberg - Geb. 11. Juli 1929 Chemnitz/Sa., (Vater: Max B., Werkbeamter; Mutter: Gertrud, geb. Walther), ev., verh. s. 1960 m. Ingeborg, geb. Schacherer - 1955-59 Stud. Rechtswiss. FU Berlin u. Univ. Freiburg - 1. Jurist. Staatsprüf. 1959 Freiburg, 2. Jurist. Staatsprüf. 1964 Stuttgart, Promot. 1963 Freiburg - 1964-72 Richter SG Freiburg u. LSG Stuttgart; 1972-78 Wiss. Rat u. Prof. bzw. Prof. Univ. Freiburg - BV: D. Univ.körpersch. als Vermögensträger, 1963; Sozialrecht, 6. A. 1988; Grundzüge d. Sozialgerichtsbarkeit,

1976; Sozialgesetzb. - Sozialversich. Gesamtkommentar (Mithrsg. u. Mitautor s. 1975); Komm. z. Sozialgerichtsbarkeit v. Peters, Sautter u. Wolff (Mithrsg. u. Mitautor s. 1984); Handb. d. öfftl. Sozialleistungen, 1986; Lexikon d. Grundbegriffe d. Sozialrechts, 1988; Verfahrensmängel im Sozialprozeß, 1988 - S. 1961 zahlr. Beitr. in Ztschr. u. Sammelw.

BLEY, Helmut
Dr. phil., Prof. f. Neuere u. neueste Geschichte u. gf. Dir. Histor. Seminar Univ. Hannover - Schneiderberg 50, 3000 Hannover; priv.: Harnackring 74, 2050 Hamburg 80.

BLEY, Wolfgang
Dipl.-Ing., em. o. Prof., ehem. Direktor Inst. f. industrielle Bauproduktion Univ. Karlsruhe (s. 1963) - Schloßgartenstr. 22, 7505 Ettlingen/Baden (T. 40 76) - Geb. 3. Febr. 1925 Altenburg/Thür. (Vater: Erich B., zul. Oberst a.D. †1957; Mutter: Charlotte, geb. Guettke †1978), ev., verh. s. 1952 m. Margarete, geb. Faust, 3 Kd. (Mathias, Susanne, Minne) - 1946-52 TH Karlsruhe (Arch.) - S. 1958 fr. Arch. (b. 1963 Köln). -

BLEYER, Klaus Peter
Dr. rer. pol., Dipl.-Kfm., Vorstandsvorsitzender Zahnradfabrik Friedrichshafen AG, AR-Mitgl. Stuttgarter Bank AG, Stuttgart, ZF Getriebe GmbH, Saarbrücken, Zahnradfabrik Passau GmbH, Passau, Lemförder Metallwaren AG, Lemförde - Zu erreichen üb. Löwentaler Str. 100, 7990 Friedrichshafen.

BLEYHL, Werner
Dr. phil., Prof. f. Engl. Sprache u. Lit. PH Ludwigsburg (s. 1985) - Hohenacker Str. 34/1, 7300 Esslingen/N. - Geb. 15. Juni 1938 Esslingen - Promot. 1966 - S. 1971 Hochschullehrer PH Esslingen, 1982 PH Reutlingen, 1985 PH Ludwigsburg.

BLEYL, Uwe
Dr. med., o. Prof. f. Allg. Pathologie u. Pathol. Anatomie Univ. Heidelberg (s. 1975) - Kurpfalzring 34, 6830 Schwetzingen - Geb. 28. Okt. 1936 Kiel, ev., verh. s. 1961 m. Veronika, geb. Winter, S. Jörg-Uwe - Stud. Univ. München, Hamburg, Kiel; Promot. 1961 Kiel, Habil 1968; apl. Prof. Univ. Heidelberg 1973 - 1975 o. Prof. Univ. Heidelberg u. Dir. Pathol. Inst. Klinikum Mannheim; 1980-83 Dekan Fak. f. Klin. Med. Mannheim; 1983-87 Prorektor Univ. Heidelberg; s. 1987 Ärztl. Dir. Klinikum Mannheim - Bücher u. Einzelarb. - 1988 BVK.

BLEYLE, Kurt
Dr. rer. pol., Fabrikant, gf. Gesellsch. Wilh. Bleyle KG, Stuttgart - Trüffelweg 7, 7000 Stuttgart 70 (T. 27 17 23) - Geb. 25. Sept. 1918 Tübingen - 1972ff. Vizepräs. Gesamtverb. d. Textilind. in BRD (Gesamttextil), Frankfurt/M., 1973-82 Präs. Verb. d. baden-württ. Textilind., Stuttgart, jetzt Ehrenpräs. - 1976 BVK I. Kl. - Spr.: Engl. - Rotarier.

BLEYMÜLLER, Josef
Dr. oec. publ., o. Prof. u. Direktor Inst. f. Ökonometrie u. Wirtschaftsstatistik u. Inst. f. Wirtschafts- u. Sozialwiss. Univ. Münster (s. 1966) - Carossastr. 3, 4400 Münster (T. 02534 - 389) - Geb. 19. Aug. 1933 Tsingtau (China) (Vater: Hans B., Studienrat; Mutter: Anni, geb. Stimpfl) röm.-kath., verh. s. 1962 m. Christl, geb. Mayer, 2 Kd. (Wolfgang, Irene) - Dipl.-Volksw. Univ. München 1957; Priv.-Doz. Univ. München 1965 - BV: Ausgew. Probleme d. Straßenverkehrsstat., 1960; Theorie und Technik d. Aktienkursindizes, 1966 (span. Übers. 1975); Statistik für Wirtschaftswissensch.(zus. m. G. Gehlert/H. Gülicher), 2. A. 1981; Statist. Formeln und Tab. (zus. m. G. Gehlert), 2. A. 1982 - Spr.: Engl.

BLICKENSDÖRFER, Hans
Schriftsteller, Sportjournalist - Zu erreichen üb. Franz Schneekluth Verlag, Widenmayer Str. 4, 8000 München 80 - BV/R.: D. Baskenmütze, 1975; Bonjour Marianne, 1975; D. Schlacht, 1976; D. Söhne d. Krieges, 1978; Salz im Kaffee, 1980; Alles wegen meiner Mutter, 1981; Wegen Mutter gehn wir in die Luft, R. 1982; Pallmann, 1982; Keiner weiß wie's ausgeht, 1983; Weht d. Wind v. Westen, R. 1984.

BLIEDTNER, Jürgen
Dr. rer. nat., Prof. f. Reine Mathematik Univ. Frankfurt - Liebigstr. 32, 6000 Frankfurt/M. - Zul. Wiss. Rat u. Prof. Univ. Bielefeld.

BLIEKENDAAL, John
Prof., Choreograph, Ballettmeister - Parkstraat 28, NL-6828 JC Arnhem (T. 0031 - 85 - 42 82 80) - Geb. 5. Sept. 1950 Apeldoorn/Niederl. (Vater: Albertus B.; Mutter: Anna, geb. Rothengatter), ledig - Ausb. Akad. f. mod. Künste (Arnheim); Staatl. Konservat. u. Tanzakad. ebd.; Dipl.; Auftritte als Tänzer: 1974 Choreogr. Manifestation, Amsterdam; 1974-76 König. Ballett v. Flandern, Antwerpen; 1976-77 Ballett du XXe Siècle, Brüssel; 1977 Gastengagements in Detmold, Bielefeld u. Hannover; 1978-81 Musiktheater im Revier, Gelsenkirchen; 1981-88 Theater Oberhausen (Trainingsmeister, Ballettmeister u. Choreograph). S. 1988 Gastchoreograph (Vorausbildung Folkwanghochsch. Essen-Werden). S. 1987 Prof. Hochsch. d. Künste, Arnheim/Nederland. Zahlr. päd. Engagements u. Tätigk. als Choreograph - Liebh.: Musik, Reisen, Psychologie, Windhunde - Spr.: Niederl., Franz., Engl.

BLIESENER, Max
Dr. rer. pol., Unternehmensberater - Möncherdeweg 11, 4018 Langenfeld/Rhld. - Geb. 14. Sept. 1922.

BLIESENER, Max-Michael
Dr. rer. pol., Prof. f. allg. Betriebswirtschaftslehre/Materialwirtschaft FH Nordostniedersachsen (s. 1988) - Bernhard-Riemann-Str. 9, 2120 Lüneburg (T. 04131 - 4 36 61) - Geb. 25. Sept. 1946 Wiesbaden (Vater: Dr. Max B.), ev., verh. s. 1978 m. Roswitha, geb. Kaiser, 2 Töcht. (Isabel, Ines) - Stud. 1967-72 Betriebswirtsch. Univ. Frankfurt/M. (Dipl.-Kfm.); Promot. 1977 Univ. Dortmund - 1975-80 Direktions-Assist. im Einkauf b. Ruhrkohle AG; 1980-82 Leit. Materialwirtsch. ABS-Pumpen; 1982-85 Leit. Einkauf b. Leybold-Heraeus Köln, u. 1986-88 b. Logistik Orenstein u. Koppel Berlin - Liebh.: Chin. Medizin, Briefmarken, Malerei - Spr.: Engl., Franz., Span.

BLIETZ, Rudolf
Dr. med., Prof., Orthopäde - An d. Weide 41/42, 2800 Bremen - S. Habil. Privatdoz. u. apl. Prof. Univ. Münster (Orthop.).

BLIND, Adolf
Dr. rer. pol., Prof., Minister a. D. - Passavantstr. 10, 6000 Frankfurt/M. (T. 61 89 67) - Geb. 16. Okt. 1906 Frankfurt/M. (Vater: Wilhelm B., Mechaniker; Mutter: geb. Schweizer), verh. s. 1935 m. Berta, geb. Renfer - Langj. Dir. Statist. Amt Saarbrücken; s. 1952 o. Prof. Univ. Saarbrücken u. Prof. Univ. Frankfurt (1957) 1955-57 saarl. Min. f. Finanzen u. Forsten - BV: u. a. Probleme u. Eigentümlichk. sozialstatist. Erkenntnis, 1953. Buch- u. Ztschr.beitr. - 1957 Gr. BVK.

BLIND, Wolfram
Dr. rer. nat., Prof. f. Paläontologie u. Geol. Univ. Gießen (s. 1971) - Finkenweg 17, 6301 Linden-Leihgestern - Geb. 11. Okt. 1929 Stuttgart - Promot. 1958; Habil. 1967 Gießen - Üb. 40 Facharb.

BLINDE, Alfred
Dr.-Ing., Prof. f. Erd- u. Grundbau Univ. Karlsruhe - Breslauer Str. 66a, 7500 Karlsruhe (T. 68 18 48) - Geb. 27. Febr. 1921 Nordstemmen (Vater: Fritz B., Bundesb.beamter; Mutter: Charlotte, geb. Bernhardt), ev., verh. s. 1946 m. Irmgard, geb. Reggentin, S. Joachim - Promot. 1958 Hannover - Spr.: Engl.

BLINN, Hans Günther
Dr. phil., Studiendirektor - Liebigstr. 11, 6740 Landau/Pf. - Geb. 7. Sept. 1925 Gräfenhausen/Pf., ev., verh. m. Hilde, geb. Kießling, S. Hans-Jürgen - B. 1943 Obersch. (Luftw.; schwerverwundet), 1946-47 Oberrealsch. (Abit.), 1948-53 Univ. Heidelberg (German., Gesch., Geogr., Phil. Staatsex.; Promot.) - S. 1955 Otto-Hahn-Gym. Landau, 1963-79 Stadtrat, 1964-73 ehrenamtl. Bürgerm. Landau. SPD-MdL Rhl.-Pfalz 1971-79. Mitgl. Rundfunkrat SWF - BV: Herausg. u. Kunstbd. (Verl. Pfälzer Kunst). Autor zahlr. Bücher u. Aufs. Schallpl. (Hannes Landauer) - Liebh.: Bücher, Musik, Bild. Kunst.

BLISS, Heinz
Dr. phil., M. A., Prof. f. Ethnosoziologie GH Kassel (s. 1973) - Eichsfelder Str. 11, 3430 Witzenhausen 1 - Geb. 17. Juli 1921 Arensdorf/Pom. - Promot. 1963 - 1965-67 Prof. Tunis, s. 1977 Gastprof. in Cairo. Forsch. im islam. Bereich d. Sowjetunion, Mittelmeerländer u. in d. VR China.

BLOBEL, Brigitte
Schriftstellerin - Agnesstr. 1, 2000 Hamburg 60 - Geb. 21. Nov. 1942 Hamburg, ev., verh. s. 1976 m. Günter van Waasen, Journ., 2 Kd. (Tatjana, Fabian) - Abit.; Stud. Theaterwiss., Politik, German. - 1971/72 Redakt. b. Associated press, dann freiberufl. Journ. - BV: Jette u. Nette, Kinderb. 1975; Alsterblick, 1978; Zweistein & Co, Kinderb. 1980; D. Haus d. Portugiesen, 1985; D. Kolumbianerin, 1987; Kannst du schweigen?, Kinderb. 1987; Meine schöne Schwester, Kinderb. 1988; D. Botschafterin, 1989; Neues v. Süderhof, Kinderb. 1989.

BLOBEL, Hans-Georg
Dr. med. vet., Ph. D., o. Prof. f. Bakteriologie u. Immunologie - Finkenweg 32, 6307 Leihgestern (T. Gießen 702 48 30) - Geb. 10. April 1929 Waltersdorf/Schles. (Vater: Dr. med. vet. Bruno B., Tierarzt; Mutter: Margarete, geb. Zieger), verh. s. 1958 m. Margaret, geb. Paxton, S. Carl Peter - Univ. Gießen (Veterinärmed.) u. Madison/USA (Mikrobiol., Veterinärmed.) - 1955-58 Forschungsassist. Univ. Madison, 1959-61 Assist. Prof. Univ. of Wisconsin, Madison, 1961-63 Assoc. Prof. Univ. of Wis., Madison, 1964 Full Prof. Univ. Madison; s. 1965 ord. Prof. u. Inst.dir. Univ. Gießen - Spr.: Engl., Portugies.

BLOBEL, Reiner
Dr. med., Prof., Chefarzt Geburtshilfs-Gynäk. Abteilung/Diakonie-Krankenhaus - 7170 Schwäb. Hall - Geb. 25. Dez. 1931 Waltersdorf/Schl. - 1965 (Habil.) Privatdoz. u. apl. Prof. (1971) Univ. Tübingen (Frauenheilkd. u. Geburtsh.) - BV: Üb. d. Choriongonadotropin, 1966. Üb. 40 Einzelarb.

BLOCH, Heinz
Dipl.-Kfm., Versicherungsdirektor - Am Aubuckel 10, 6800 Mannheim-Feudenheim - Geb. 24. Febr. 1925 - Vorst. Mannheimer Versich./Leben.

BLOCH, Rolf
Dr. med., Chefarzt Kurklinik Vitalis, Bad Hersfeld, Honorarprof. f. Inn. Med. Univ. Marburg - Am Weinberg 3-5, 6430 Bad Hersfeld.

BLOCH von BLOTTNITZ, Undine-Uta
Mitglied d. Europa-Parlaments (s. 1984) - Wohnh. in Grabow; zu erreichen üb. Europ. Parlam., Europazentrum, Postf. 16 01, Luxemburg (T. 00352 - 4 30 01) - DIE GRÜNEN.

BLOCK, Detlev

Prof. h. c., Pfarrer, Schriftsteller - Friedrichstr. 9, 3280 Bad Pyrmont (T. 05281 - 46 93) - Geb. 15. Mai 1934 Hannover (Vater: Wilhelm B., Oberstudiendir.; Mutter: Hilde, geb. Knolle), ev.-luth., verh. s. 1961 m. Karin, geb. Babeleit, 4 Kd. (Barbara, Martin, Johannes, Christoph) - Ratsgymn. Hannover u. Ernestinum Celle (Abit.); Stud. ev. Theol. Göttingen, 1. Ex. 1958; Predigersem. Hildesheim, 2. Ex. 1961 - Pastor in St. Andreasberg u. Hameln, s. 1967 Pastor an d. Stadtkirche Bad Pyrmont. Mitgl. Europ. Autorenvereinig. D. KOGGE, Intern. Autorenkr. PLESSE - BV: S. 1964 zahlr. Buchveröff. (Lyrik, Lyrik-Anthol., Geistl. Lied, Kurzprosa, Meditation, Kinderb., Sachb., Ev. Schrifttum), u.a.: Stichprobe, Ged. m. Aquarellen 1977; In deinen Schutz genommen, Geistl. Lieder 1980; Astron. als Hobby, Sternbilder u. Planeten erk. u. benennen, 1982; Die Welt ist voller Wunder, Texte z. Dankbark., 1984; Hinterland, ges. Ged. 1985; Wann ist unser Mund voll Lachen? Bibl. Gesänge f. d. Gemeinde, 1986; Christkindgesch. 1986; Bibelgesch. Altes Testament 1986; Bibelgesch. 1988; Daß ich ihn leidend lobe. Jochen Klepper - Leben u. Werk, 1992; D. große bunte Kinder-Bibel, 1993 - Mehrere Lyrikpreise: 1967 Frieden, 1972 Junge Dichtung in Nieders.; 1980 A.G. Bartels-Gedächtnis-Ehr.; 1984 Dr.-Heinrich-Mock Med.; 1986 1. Preis Geistl. Lieder Konvent Luth. Erneuerung Bayern - Liebh.: Terrarienkd., Astron. - Lit.: Manfred Hausmann, Karl Krolow, Paul Konrad Kurz, Rudolf Otto Wiemer u.a.: Schneisen u. Schnappschüsse, Stimmen u. Erläut. z. Werk v. D. B., 1979; Carl Heinz Kurz: Zwischenbilanz - aus Leben u. Werk d. D. B., 1981; Carl Heinz Kurz (Hrsg.): Christl. Dicht. heute. Z. Beisp. D. B. (m. Beitr. v. Almuth Hochmüller, Paul Konrad Kurz u. Karlheinz Schauder), 1981; Nieders. literarisch, 100 Autorenporträts, Bibliogr. u. Texte, 1981; Rudolf Otto Wiemer: D. B. z. 50. Geburtstag, 1984; Carl Heinz Kurz (Hrsg.): E. Handvoll Wörter, D. Lyriker Detlev Block, 1987.

BLOCK, Jochen

Dr. rer. nat., Dr. h. c., Prof., Direktor am Fritz-Haber-Inst. d. Max-Planck-Ges. (s. 1974) - Faradayweg 4-6, 1000 Berlin 33; priv.: Jänickestr. 89c, -37 - Geb. 21. April 1929 Stettin - Promot. (1954) u. Habil. (1959) München - Wiss. Tätigk. Brüssel u. USA; s. 1965 FHI. 1969ff. apl. Prof. FU Berlin (Physikal. Chemie). Üb. 200 Fachveröff.

BLOECH, Jürgen

Dr. rer. pol., Dipl.-Ing., o. Prof. f. Betriebswirtschaftslehre - Emil-Nolde-Weg 21, 3400 Göttingen (T. 7 69 52) - Geb. 3. Juni 1938 Tranßau/Ostpr. (Vater: Dr. Hans B., Landwirtschaftsdir.; Mutter: Helene, geb. Rehahn), ev., verh. s. 1963 m. Gisela, geb. Behrens, 3 Kd. (Henning, Dietmar, Sybille) - Gymn.; TH München - S. 1969 (Habil.) Lehrtätigk. Univ. Göttingen (1970 Ord.). Mitgl. Dt. Ges. f. Operations Research - BV: Optimale Industriestandorte, 1970; Betriebl. Distributionsplanung (m. G.-B. Ihde), 1972; Lineare Optimierung f. Wirtsch.wissenschaftler, 1974; Produktionswirtschaft (m. W. Lücke), 1982; Materialwirtsch. (m. S. Rottenbacher), 1986; Industrielles Mangement, 1986; Einführung in d. Produktion (m. Bogaschewsky, Götze, Roland), 1992 - Liebh.: Sport, Jagd, Briefm., Lit. - Spr.: Engl.

BLÖCKER, Günter

Journalist, Schriftsteller - Ludwig-Barnay-Platz 11, 1000 Berlin 33 (T. 821 35 11) - Geb. 13. Mai 1913 Hamburg, ev., verh. s. 1937 m. Maria Krasna (Schausp.), 2 Kd. - Ständ. Mitarb. bek. Zeitschriften u. zahlr. Rundfunksender; Literaturkrit. Frankfurter Allg. Ztg., Südd. Ztg. u. Monatsztschr. Merkur - BV: D. neuen Wirklichkeiten - Linien u. Profile d. mod. Lit., 1957; Heinrich v. Kleist oder D. absolute Ich, 1960; Krit. Lesebuch - Lit. unserer Zeit in Probe u. Bericht, 1962; Lit. als Teilhabe - Krit. Orientierungen z. lit. Gegenw., 1966; Handb. d. dt. Dramas (Mitverf.), 1980. Dt. Fass. engl., amerik. u. franz. Bühnenw. - 1958 Fontane-Preis Stadt Berlin (f.: D. neuen Wirklichkeiten), 1964 Johann-Heinrich-Merck-Preis f. lit. Kritik Dt. Akad. f. Sprache u. Dicht.; 1963 Mitgl. PEN-Zentrum BRD; 1965 o. Mitgl. Dt. Akad. f. Spr. u. Dicht.

BLOEDNER, Claus-Dieter

Prof., Dr. med. (habil.), Dr. rer. nat., (Arbeitsmedizin), Ltd. Medizinaldirektor, Facharzt f. Lungenkrankh., Innere Med. u. Arbeitsmed. - Abtsberg 75, 8600 Bamberg - Geb. 8. Dez. 1919 Bockwitz/NL. (Vater: Dr. med. August B., Landarzt; Mutter: Anna, geb. Becker), ev., verh. m. Eva-Maria, geb. Gastpar, 2 Kd. (Nikola, Dominik) - Stud. Naturwiss. u. Med. Berlin, Königsberg, Tübingen, Würzburg, Habil. 1974 Erlangen - B. 1958 I. Oberarzt Städt. Klinik f. Lungenkranke Havelhöhe, Berlin, dann Chefarzt u. Ärztl. Dir. Kurklinik Lautergrund, Schwabthal (LVA Berlin); 1982 Ltd. Arzt Berufsgenoss. Arbeitsmed. Zentrum Coburg-Lichtenfels-Bamberg - BV: D. mehrdimensionale Verwischung im Schichtbild d. Lunge, 1964, 2. A. 1968; D. chirurg. Behandl. d. Lungentuberkulose - Indikation u. Ergebnisse, 1966; Z. Frage d. Altersdiagnostik tuberkulöser Lungenveränderungen im Röntgenbild Erwachsener, 1974; Examensfragen Atmungsorgane, 1981 - 1964 u. 1968 Franz-Redeker-PreisDt. Zentralkomitee z. Bekämpf. d. Tuberkulose - Spr.: Franz., Engl. - Großu. Urgroßv. ebenf. Ärzte.

BLÖHM, Lydia,

geb. Wedel

Malerin u. Graphikerin - Tropfsteinweg 23c, 1000 Berlin 47 (T. 030 - 741 14 85) - Geb. 30. Juli 1920 Berlin (Vater: Paul W., Destillateur, Kaufm.; Mutter: Minna Schröder, Op-Krankenschw.), ev., verh. s. 1941 m. Paul B. †, 4 Kd. (Karola, Veronika, Reinhard, Adelheid) - 1937-41 Unterr. b. Kunstmaler Belling u. Prof. Max Hertwig, Berlin; 1946-51 Hochsch. f. angew. u. bild. Kunst ebd., b. Prof. Mohr, Prof. Tank, Prof. Huth, Prof. Fischer u. Harald Kauffmann - Graphik, Holz- u. Linolschnitte. Ausst.: u.a. Portland Art Mus. (USA), Art Gallery British Columbia (Kanada), Irland, Nürnberg, Berlin, 1990 Intern. Kunstausst. Heidelberg. Stud.reisen nach Holland, Irland, Italien - 1969 Goldmed. Grand Salon intern. de Charleroi; Dipl. d'Honneur, Monte Carlo, Dipl. The World Who's Who of Women, Cambridge; Gold. Euro-Ehrennadel f. hervorragende künstl. Leistungen - Liebh.: Musik, sammelt Kakteen u. Edelsteine - Spr.: Engl., Franz. - Lit.: Buch-Illustr. Graphik z. Bibel, 1966; Männer im Gebet, 1966. Kal. Max Kessler Jena, 1970, 81 u. 85, Who's Who in the Arts; The World Who's Who of Women; Intern. Directory of Arts; Thieme-Becker-Künstlerlexikon, Leipzig; u.a.

BLOEMECKE, Gerhard

Bäcker- u. Konditormeister, MdL Baden-Württ. (Wahlkr. 37, Mannheim III) - Untermühlaustr. 111, 6800 Mannheim 31 (T. 0621 - 31 10 63) - Geb. 22. Mai 1936 Karlsruhe - CDU.

BLOEMEKE, Karl-Heinz

Prof., Dirigent, Prof. a. d. Musikhochschule Detmold - Hindenburgstr. 27, 4930 Detmold-Hiddesen (T. 05231-81 01) - Geb. 4. Juli 1949 Düsseldorf, kath., verh. s. 1975 m. Petra, geb. Rust, S. Tobias Carsten - Stud. b. M. Stephani (Detmold), F. Ferrara (Rom), H. Swarowsky (Wien/Österr.) - 1974-77 Kapellm. Bühnen Bielefeld; 1977-78 1. Kapellm. Landestheater Coburg; 1977-80 Chefdirig. RIAS JO Berlin; 1978-81 1. Kapellm. u. stv. GMD Staatstheater Darmstadt; s. 1981 1. Kapellm. Nationaltheater Mannheim; s. 1985 Prof. a. d. Musikhochsch. Detmold; s. 1991 Chefdirig. Folkwang Kammerorchester Essen; Gastdirig. an versch. dt. Bühnen; Konzertreisen in Europa u. USA - 1977 Förderpreis Nordrhein-Westf. - Spr.: Engl.

BLÖMER, Alois

Dr. med., Chirurg (Chefarzt), apl. Prof. f. Allg. u. Spez. Chirurgie Univ. Bonn (s. 1976) - St.-Barbara-Hospital, 4390 Gladbeck - Geb. 4. Febr. 1933 Beverbruch/O. - Promot. 1961; Habil. 1970 - Üb. 70 Facharb.

BLÖMER, Hans

Dr. med., o. Prof. f. Innere Medizin u. Direktor I. Med. Klinik TU München (Klinikum r. d. Isar) - Hochwaldstr. 18, 8011 Baldham/Obb. (T. Zorneding 83 86; dstl.: München 41 40-1) - Geb. 29. Mai 1923 Bad Tölz/Obb. (Vater: Dr. med. Carl B., prakt. Arzt; Mutter: Marianne, geb. Seidl), kath., verh. s. 1957 m. Eva, geb. Rupp, 3 Töcht. (Katharina, Maximiliane, Caroline) - Gymn.; Univ. München (Med. Staatsex. 1950). Promot. (1950) u. Habil. (1957) München - 1950-68 wiss. Assist. u. Chefarzt München (1960); 1957-68 Privatdoz. u. apl. Prof. (1964) ebd. (Univ.); s. 1968 wie oben. Spez. Arbeitsgeb.: Kardiologie - BV: D. Herzfehler, Ihre Sympthomatologie u. Hämodynamik, 1963; Klinik d. Herzkrankh., 1965 (jap.); Auskultation d. Herzens u. ihre hämodynam. Grundl., 1967. Zahlr. Einzelarb. - 1980 Bayer. VO - Spr.: Ital., Engl.

BLOEMERTZ, Carl Bruno

Dr. med., Chirurg u. Unfallchir., Maler (Paraphe: CBB) - Am Anger 34, 5600 Wuppertal 2 (T. 70 03 06, Fax 0202 - 70 86 27) - Geb. 21. Mai 1919 Linnich b. Aachen (Vater: Dr. phil. Walther B., StudR u. Konzertpianist; Mutter: Maria, geb. Clasen), kath., 5 Kd. (Dr. med. Bernd, Ruth, Marc, Stephan, Sabine) - Gymn. Jülich, Odenkirchen, Rheydt; Rhein. Musiksch., Musikhochsch. Köln (Geige), Univ. Berlin (Musik), Halle (Med.), Leipzig (Med. Notexamen u. Promot. 1945) u. Bonn (Staatsex. 1948); 1933-35 u. 1961-69 Meisterschüler (Malerei) v. Prof. Herm Dienz, Bonn - 1945-47 Assist. Prof. Hopmann u. Bücken Krhs. Köln-Overath, b. 1965 Assist.- u. Oberarzt Bonn-Beuel, dann freipraktizierend Wuppertal. Mitgl. Hartmannbund, Berufsverb. d. Dt. Chir., NAV, Dt. Ges. f. Unfallheilkde., AR-Mitgl. DORINT-Aparthotel Schloß Schönhagen/Ostsee, Redakt. Kulturmagazin Quo Vadis - Malerei; s. 1985 Galerie CBB, Wuppertal. Werk: Ölbilder, Aquarelle, Seri- u. Semigrafie, Tapisserie, Radierung, Cover, Buchillustr., Grafik-Mappenwerke (Schüler v. Anton Gerharz/Offenbach, Mourlot/Paris); o. Künstlermitgl. Künstlerverein-Malkasten Düsseldorf; Mitgl. Kunstkr. Hofgeismar u. Berufsverb. Bildender Künstler; s. 1970 ca. insg. 350 Ausst. im In- u. Ausl. (u. a. Schweiz, USA, Wien, Paris, Kunstmessen BRD, Ital., New York, Washington) - Film: Abstrakte Malerei - e. optisch-akustische Interpretation, 1968. BV: D. Schmerzensgeldbegutachtung, 4. A. 1984; Wieviel kostet Dein Schmerz?, 1971 - Liebh.: Astronomie, Lit. (Sonette in Argentinien veröff.) - 1984 BVK; 1985 Goldmed. Europ. Kulturkr. - Lit.: Heinr. Hahne, Kunst u. Künstler, ders.: Erfahrungen (1976); H. Schmidt, Herm Dienz (1979); J. K. Ecker, Handb. f. d. Graphikkäufer (1985); E. Bücken, D. Violette Harfe (1985); D. Neue Generation MIES (1989); ders.: Faszination Nordrh.-Westf. (1991). versch. Anthol.; zahlr. Zeitschriftenart.; gewidmete Kompos.: Adolf Gebauer, Erinnerung f. CBB (Cello/Klavier) op. 32 (1988); ders.: Streichquartett Nr. II n. 5 Bildern v. CBB Konzert am See, op. 33 (1989). Rundf.- u. Fernsehinterviews HR, WDR, SR, ARD, Dt. Welle; Mitwirk. im TV-Descartes-Film WDR III (1985).

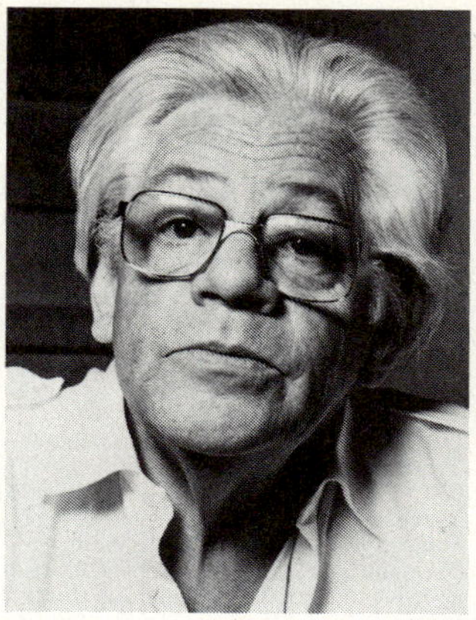

BLOETT, Claus

Dr. rer. pol., Bankdirektor, Vorst. Volksbank Herrsching-Landsberg-Starnberg eG - Strittholz 9, 8036 Herrsching (T. 08152 - 30 11) - Geb. 22. Mai 1936, ev., verh. s. 1963 m. Karin, geb. Krolikowski, 2 Kd. (Petra, Thomas) - Dipl.-Kfm., Promot. - AR: Dt. Genossenschaftsverlag eG, Wiesbaden; Beirat: R + V Versich., Wiesbaden, Bauspark. Schwäbisch Hall.

BLÖTZ, Dieter

Vizepräsident Bundesnachrichtendienst i. R. (1970-79) - Heilmannstr. 33, 8023 Pullach/Isartal (T. München 793 15 67) - Geb. 5. Nov. 1931 Braunschweig (Vater: Willi B. †1958; Mutter: Hedwig, geb. Aßmann), verh. s. 1958 m. Inge, geb. Schilling, S. Wilfried - Volkssch.; kaufm. Lehre; n. Abendabitur (1953) Akad. f. Gemeinw. Hamburg, TH Braunschweig, Univ. Hamburg - Zul. Hauptgeschäftsf. Hamburg, 1966-70 Mitgl. Hbg. Bürgerschaft, 1979 i. e. R. SPD s. 1955.

BLOH, von, Fritz

Komponist u. Dirigent, Prof. Staatl. Hochsch. f. Musik u. Theater, Hannover - Emmichplatz, 3000 Hannover.

BLOHM, Hans

Dr.-Ing., em. Univ.-Prof. f. Produktionswirtschaft TU Berlin - Fikentscherstr. 23, 7500 Karlsruhe 41 - Geb. 24. Aug. 1920 Magdeburg (Vater: Robert B., Kaufm.; Mutter: geb. Stolle), verh. s. 1948 m. Elfe, geb. Repnak, T. Corinna - Stud. TH bzw. TU Berlin (Wirtschafts-ing.wesen; Dipl.-Ing. 1948), Univ. Oxford. Promot. 1950 Berlin; Habil. 1958 München - 1940-46 Wehrdst. u. Kriegsgefangensch.; 1952-60 Tätigk. Osram, Berlin/München; s. 1958 Hochschullehrer Univ. München (Privatdoz.) u. TH bzw. Univ. Karlsruhe (1960 Ord.). 1987 Ehrenmitgl. Inst. f. Interne Revision, Frankfurt/M. - BV: u. a. Innenrevision, 1957 (Habil.schr.); Investition (m. K. Lüder), 1967, 7. A. 1991; D. Gestalt. d. Berichtswesens, 1970, 2. A. 1974; Org. Inform. u. Überwachung, 1960, 3. A. 1977; Produktionswirtschaft, 1987, 2. A. 1988 - Spr.: Engl., Franz.

BLOHM, Walter

Dr. phil., Regisseur, Dramaturg - Spandauer Allee 50, 4800 Bielefeld 1 (T. 0521 - 16 00 82) - Geb. 7. März 1941 Berlin (Vater: Ernst B., Überseekaufm.; Mutter: Irma, geb. v. Auwers), verh. s. 1968 m. Beecke, geb. Meyer-Lüerssen, 2 S. (Alf-Gerriet, Jan-Henrik) - 1961-70 Stud. Lit.wiss., Phil., Päd. u. Theaterwiss. Univ. Freiburg u. Hamburg (Promot. 1971) - 1971-74 Filmemacher NDR Hamburg; 1974-79 Gymnasiallehrer Uelzen; s. 1980 Regiss. u. Dramat. Audiovis. Zentr. Univ. Bielefeld, 1982-88 Geschäftsf. ebd. - BV: D. außerrealen Figuren in d. Dramen Hans Henny Jahnns, 1971 - Insz.: D. Pfarrer v. St. Pauli (Film, 1972); Sie nannten ihn Leo od. D. erste Soldat d. Dritten Reiches (Stück nach H. Johst, 1977); Reibungshunger (Stück, 1978); Als Missionar in Dtschl. (Film, 1980); Kein Zuhause (Film, 1982); Ich war Nazi (Film, 1983); Pfarrer als Soldaten (Film, 1985); Lesen, das ist wie fliegen (Film, 1987); Unternehmer u. trotzdem Christ? (Film, 1990); Pfarrer unter Hammer u. Zirkel (Film, 1991) - 1981 2. Preis Tage d. intern. relig. Films, Friedberg - Liebh.: Schriftstellerei - Bek. Vorf.: Arthur v. Auwers (Urgroßv.), Martin Luther.

BLOKESCH, Dieter

Geschäftsführender Gesellschafter GEFA Nürnberger Likörfabrik Richard Blokesch KG Bacchus Kellerei, Nürnberg, Vors. Landesverb. d. Bayer. Spirituosenind., Mitgl. Vollvers. IHK Nürnberg-Mittelfranken, Vorstandsmitgl. Landesver. d. Bayer. Weinhandels - Feldgasse 37, 8500 Nürnberg - Geb. 5. Aug. 1934 (Vater: Richard B. †) - Handelsrichter LG Nürnberg.

BLOME, Helmut

Chefredakteur Hanauer Anzeiger - Brucknerstr. 73, 6450 Hanau/Main (T. 06181 - 8 15 84) - Geb. 15. Febr. 1929 Hanau, ev., verh. s. 1957 m. Hannelore, geb. von der Lahr, T. Birgit - Gymn. Hanau u. Fulda, Journ.schule, prakt. Ausb., Kորresp., Redakt.

BLOMEYER, Arwed

Dr. jur., em. Prof. f. Bürgerl. Recht, Handels- u. Zivilprozeßrecht sow. Rechtsphil. - Ihnestr. 46, 1000 Berlin 33 (T. 831 32 10) - Geb. 16. Dez. 1906 Wilhelmshaven (Vater: Fritz B., Marineoffz.; Mutter: geb. Koch), ev., verh. s. 1933 m. Dr. phil. Hildegard, geb. Fischer, 4 Kd. - Promot. 1929 Jena; Habil. 1936 Berlin - 1932 Gerichtsass., 1937 Privatdoz. Univ. Berlin, 1938 ao. Prof. Univ. Tübingen, 1941 Univ. Jena, 1942 o. Prof., 1948 Univ. Würzburg, 1951 FU Berlin. - BV: Studien z. Bedingungslehre, 2 Bde. 1938/39; Allg. Schuldrecht, 4. A. 1969; Zivilprozeßrecht - Erkenntnisverfahren, 2. A. 1985; Vollstreckungsverfahren, 1975.

BLOMEYER, Arwed

Dr., Referatsleiter Ref. 5 Land- u. Forstwirtschaft, Umwelt u. Naturschutz, Arbeit u. Soziales, Min. f. Bundes- u. Europaangelegenh., Landesvertr. d. Landes Sachsen-Anhalt - Dahlmannstr. 18, 5300 Bonn.

BLOMEYER, Wolfgang
Dr. jur., Univ.-Prof. f. Bürgerliches Recht, Handels- u. Arbeitsrecht sowie Intern. Privatrecht u. Rechtsvergleichung Univ. Erlangen-Nürnberg (s. 1972) - Burgbergstr. 99, 8520 Erlangen - Geb. 25. Mai 1934 Berlin - Stud. Rechtswiss. Berlin u. München; MCL 1961 Col. Univ. New York; Promot. 1963 München; Habil. 1971 München - Vorst. Inst. f. Wirtschafts- u. Arbeitsrecht Univ. Erlangen-Nürnberg; stv. Vorst.-Vors. Forsch.-Inst. f. Genossenschaftswesen Univ. Erlangen-Nürnberg; s. 1984 Vorst.-Mitgl. Dt.-Amerik. Juristen-Vereinig.; s. 1991 Vors. Wiss. Beirat d. Bayer. Min. f. Wiss. u. Kunst; Mitgl. Verbandsaussch. d. Dt. Arbeitsgerichtsverb.; s. 1988 stv. Vorst.-Vors. Jurist. Ges. Mittelfranken zu Nürnberg eV. - BV: Komm. z. Ges. z. Verbesserung d. betriebl. Altersversorgung; Fundheft f. Arb.- u. Sozialrecht (jährl. s. 1972). Rd. 200 Fachveröff. bes. z. Themen Betriebsverfassung, betriebl. Altersversorgung, Individualarbeitsrecht u. Genossenschaftsrecht.

BLOOMFIELD, Theodore
Dr. h.c., Dirigent, Symph. Orchester u. Dt. Oper Berlin - 2364 Manion Drive, Surf Pines, Warrenton, Oregon 97146/ USA - Geb. 14. Juni 1923 Cleveland/ Ohio (Vater: Louis B., Rechtsanw.; Mutter: Kitty, geb. Rosen), verh. s. 1953 m. Margery, geb. Wald, 5 Kd. (Louise, Katherine, Charles, Margaret, Joan) - 1941-44 Oberlin Conservat., Ohio; 1944-46 Juilliard School of Music, New York; 1945-46 Meisterkl. Pierre Monteux u. Claudio Arrau; 1946-47 Assist. George Szell, Cleveland Orch. - 1955-59 Portland Symph. Orch.; 1959-63 Chefdirig. Roch. Philharm. Orch.; 1964-66 1. Kapellmeister, Hamburg. Staatsoper; 1966-68 Generalmusikdir. Frankfurter Oper u. Künstl. Leit. Frankf. Mus.konz.; 1975-82 Chefdirig. Symph.orch. Berlin; 1977-85 Dirig. Dt. Oper Berlin - 1959 Ehrendoktor Univ. of Portland; 1976 Berliner Kritikerpreis - Liebh.: Bridge - Spr.: Franz., Deutsch, Ital.

BLOSS, Georg
Oberamtsrat, Vors. Bund Dt. Verwaltungsbeamten u. Verb. Bayer. Staatsverw.beamter, stv. Vors. Bayer. Beamtenbd., Mitgl. Bayer. Senat - Rossinistr. 3, 8000 München 40 - Geb. 4. Nov. 1918 Nürnberg - Tätigk. Bayer. Innenmin. - 1981 Bayer. VO.

BLOSSER-REISEN, Lore
Dr. agr., Prof. f. Wirtschaftslehre d. Haushalts Univ. Hohenheim - Schloß, 7000 Stuttgart 70.

BLOSSFELD, Otfried

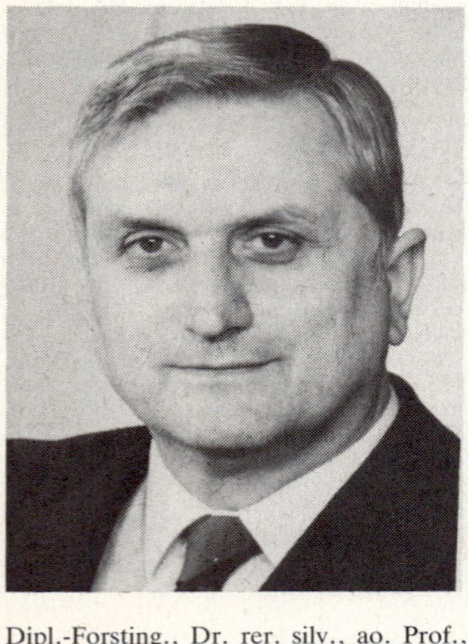

Dipl.-Forsting., Dr. rer. silv., ao. Prof., Leiter Abt. Forstwirtschaft (Forstliche Hochschule Tharandt) TU Dresden - Schillerstr. 3, O-8223 Tharandt (T. 05193 - 62 30) - Geb. 3. Juni 1929 Annarode/ Südharz, ev., verh. s. 1952 m. Nora, geb. Haupt, 2 Söhne (Hanns-Michael, Steffen) - Stud. Forstwirtsch. 1948-52; Dipl. 1952; Promot. 1957 - Hochschullehrer; Mitgl. Senat TU Dresden - Pat. u.a. z. Herstell. v. Aktivkohle aus Holzresten u. z. Herstell. v. Strukturtapete - BV: Baum-Wald-Holz, 1964; Lex. d. Holztechn., 1964, 1967, 1989; Grundwissen f. Forstfacharb., 1973, 1975, 1983; D. Wald, 1975, 1981; Kl. Enzyklop. Land-Forst-Nahrung-Garten, 1978, 1980; Holzkundl. Grundl. d. Forstnutzung, 1984, 1989 - 1975 u. 1984 Preis d. TU Dresden; s. 1992 Prof. neuen Rechts nach d. Bestimmungen d. Sächs. Hochschulerneuerungsgesetzes.

BLOTH, Peter C.
Dr. theol., o. Prof. f. Prakt. Theologie - Troppauer Str. 6A, 1000 Berlin 45 (T. 030 - 812 10 54) - Geb. 11. Juni 1931 Verchen/Pom. (Vater: Prof. Dr. phil. Hugo G. B.; Mutter: Elisabeth, geb. Niemann), ev., verh. s. 1960 m. Christa, geb. Kuntz; 2 Kd. (Christian, Annette) - Promot. 1960 Münster; Habil. 1967 Bochum - Pfarrer Bochum; s. 1967 Lehrtätigk. Univ. Bochum (Priv.doz., 1970 apl. Prof.) u. Kirchl. Hochsch. Berlin (1971 Ord.); s. 1974 Mitgl. Synode EKBB (Berlin West), 1976-86 EKU (West) u. s. 1979-91 EKD - BV: D. Bremer Reformpäd. im Streit um d. Religionsunterr., 1961; Religion in d. Schulen Preußens, 1968; Prakt. Theol., in: UTB 1238, 1983; in: Grundkurs Bd. 8 = Urban - TB 428, 1992. Herausg.: Christenl. u. Katechumenat in d. DDR (1975); Theol. Viat. XIV, 1979; Mithrsg.: Mutuum Colloquium, Festg. f. H. Kittel (1972), Theol. Rundschau (NF) s. 1978, Handbuch d. Prakt. Theologie (1981ff.) - 1975 Ehren-, 1985 Rechtsritter, s. 1988 Leit. d. Subkommende Berlin d. Johanniter-Ord. - Spr.: Engl., Schwed.

BLUCK, Richard
Dipl.-Kfm, Geschäftsführer Bad. Maschinenfabrik GmbH., Karlsruhe-Durlach - Geigersbergstr. Nr. 27, 7500 Karlsruhe-Durlach - Geb. 14. Dez. 1911 Karlsruhe, verh. m. Sigrid, geb. Baumüller - Handels- u. Landesarbeitsrichter.

BLUDAU-KREBS, Barbara
Dr. jur., Staatsrätin d. Innenbehörde in Hamburg (1987-91) - Feldbrunnenstr. 30, 2000 Hamburg 13 - Geb. 28. Juni 1946 Herne/Westf., kath., gesch., S. Bernhard - Stud. Rechtswiss. 1965-70 Göttingen, München, Köln u. Bonn; Promot. 1974 Univ. Bonn - S. 1986 Stand. Vertr. d. Polizeipräs. in Köln. Bundesvorst.-Mitgl. FDP.

BLÜHER, Karl Alfred
Dr. phil., o. Prof. f. Romanistik Univ. Kiel (s. 1970), Vors. Dt.-Franz. Ges. Schlesw.-Holst. ebd. - 2301 Schierensee - Geb. 24. Juni 1927 Halle/S. - Promot. 1959; Habil. 1967 - BV: u. a. D. franz. Novelle, 1975.

BLÜHM, Elger
Dr. phil., Prof. Univ. Bremen, Leiter Dt. Presseforschung Univ. Bremen (1967-85) - Fitgerstr. 3, 2800 Bremen 1 (T. 0421 - 349 97 33) - Geb. 15. Aug. 1923 Ilfeld/Südharz, ev., verh. - 1983 Honorarprof. Bremen.

BLÜM, Norbert
Dr. phil., Bundesminister f. Arbeit u. Sozialordnung (s. Okt. 1982), MdB - Rochusstr. 1, 5300 Bonn-Duisdorf (T. 5 27-1) - Geb. 21. Juli 1935 Rüsselsheim/ M. (Vater: Christian B., Kraftfahrzeugschlosser; Mutter: Margarete, geb. Beck), kath., verh. s. 1964 m. Marita, geb. Binger, 3 Kd. (Christian, Katrin, Annette) - Volkssch.; Werkzeugmacherlehre; Abendgymn.; Stud. Phil., German., Theol. Promot. 1967 - Werkzeugm. Opel AG (1952-1956 Vors. Betriebsjugendvertr.); 1965-68 Redakt. Soz. Ordnung. 1968-75 Hauptgeschäftsf. Sozialausschüsse d. Christl.-Demokr. Arbeitnehmersch.; s. 1976 Lehrbeauftr. FH Mainz; 1981/82 Senator f. Bundesangel. Berlin. CDU s. 1950 (s. 1969 Mitgl. Bundesvorst., s. 1981 Mitgl. d. Präsid.; 1977-87 Bundesvors. Sozialaussch. Christl. Demokr. Arbeitnehmersch.); s.

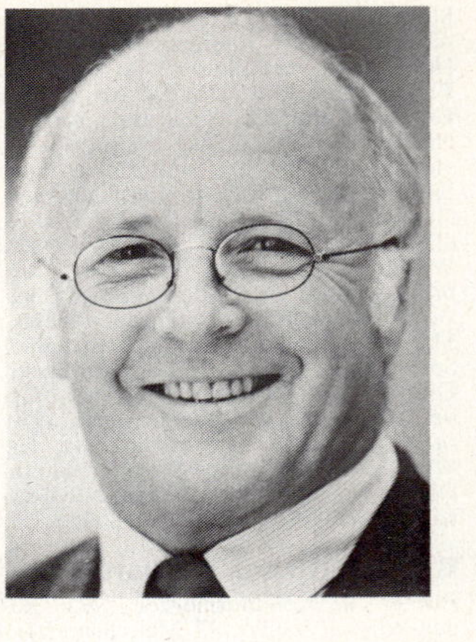

Mai 1987 Landesvors. CDU NRW; Mitgl. KAB, ai u. IG Metall - BV: Johannes Albers, in: Christl. Demokraten d. ersten Stunde, 1965; Willens- u. Soziallehre bei Ferdinand Tönnies, 1967; Reform oder Reaktion - Wohin geht d. CDU, 1972; Gewerkschaften zw. Allmacht u. Ohnmacht, 1979; Werkstücke, 1980; D. Arbeit geht weiter - Z. Krise d. Erwerbsges., 1983; Ausbruch aus d. therapeutischen Gesellschaft. Für e. neue Balance v. Selbstverantwortung u. Solidarität - 1983 Bundeskreuz Kath. Männer; 1984 Gold. Ehrennadel Bundesverb. Metall u. Pfeifenraucher d. J.; 1985 Ritter Orden wider d. tier. Ernst Aachener Karnevalsverein; 1990 Gold. Ehrennadel d. IG Metall; 1990 Heinrich-Brauns Preis - Liebh.: Literatur, Wandern.

BLÜM, Volker
Dr. phil. nat., Zoologe, Prof. f. Zool. Univ. Bochum, Fak. f. Biol., Arbeitsgruppe vergl. Endokrinologie - In den Hegen 30, 4630 Bochum-Stiepel - Geb. 20. Mai 1937 Eschwege (Vater: Hans B., Regierungsoberbaurat; Mutter: Änne, geb. Meyer), ev., verh. s. 1965 m. Heide-Maria, geb. Lang, 2 S. (Mathias, Tobias) - Gymn. Michelstadt; 1957-61 TH Darmstadt (Chemie), 1961-63 (Biol.) u. 1963-65 Frankfurt/M. Promot. 1965 Frankfurt; Habil. 1970 Bochum - S. 1968 Univ. Bochum (1973 apl. Prof., 1980 Prof.) - BV: Vergl. Reproduktionsbiol. d. Wirbeltiere, 1985; Vertebrate Reproduction, 1986; Farbatlas d. Histologie d. Regenbogenforelle, 1989; Biologie, 1990. Zahlr. Facharb. (Vergl. Endokrinol., Reproduktionsbiol. nied. Wirbeltiere u. biol. Weltraumforsch.) - Vors. Sachverständigenkr. Biologie d. Dt. Agt. f. Weltraumangelegenh. (DARA); Mitgl. DARA-Beraterkr. Forsch. unt. Weltraumbeding.; Mitgl. Europ. Soc. Comp. Endokrinol., Dt. Ges. f. Endokrinol.; Ges. dt. Naturforsch. u. Ärzte; Verb. dt. Biologen; Amer. Soc. f. Gravitational and Space Biol., gew. Mitgl. Int. Acad. of Astronautics - Spr.: Engl., Franz.

BLÜMCKE, Sigurd
Dr. med., o. Prof. f. Allg. u. Spez. Pathologie u. gf. Dir. Inst. f. Pathol./FU Berlin - Ahrenshooper Zeile 8, 1000 Berlin 38 - Zul. Wiss. Rat u. Prof. Essen.

BLÜMEL, Willi
Dr. jur., Univ.-Prof. f. öfftl. Recht, insb. allg. u. bes. Verwaltungsrecht Hochschule f. Verwaltungswiss. Speyer (s. 1974) - Angelhofweg 65, 6916 Wilhelmsfeld (T. 06220 - 18 80) - Geb. 6. Jan. 1929 Dossenheim (Vater: Willi B., Schriftsetzer; Mutter: Anna, geb. Krieger), ev., verh. s. 1957 m. Lily, geb. Schröder - 1948-53 Univ. Heidelberg u. Cornell Univ. Ithaca/N. Y. (USA). Jurist. Staatsprüf. 1953 u. 1957; Promot. 1960; Habil. 1967 Univ. Heidelberg - 1957-67 Wiss. Assist., 1967-69 Privatdoz. Univ. Heidelberg (1960-61 Assist. Verfassungsgericht Rep. Zypern/Prof. Ernst Forsthoff); 1969-70 o. Prof. FU Berlin; 1970-74 Univ. Bielefeld. Leit. d. Ar-b.aussch. „Straßenrecht" d. Forschungsges. f. Straßen-u. Verkehrswesen (s. 1976); Rektor d. Hochschule f. Verwaltungswiss. Speyer (1985-87); gf. Dir. d. Forsch.inst. f. öfftl. Verw. Hochschule f. Verwaltungswiss. Speyer (s. 1988) - BV: D. Bauplanfeststell. I, 1961; Raumordnungs- u. Fachplanungsrecht, 1970 (m. Ernst Forsthoff); D. Planfeststellung in d. Flurbereinigung, 1975 (m. M. Ronellenfitsch); D. verfassungsrechtl. Verhältn. v. Gemeinden u. Landkr., 1979; D. Selbstgestaltungsrecht d. Städte u. Gemeinden, 1987; Struktur u. Aufg. d. Hochschule f. Verwaltungswiss. Speyer, 2. A. 1988. Herausg.: Aktuelle Probleme d. Straßenrechts (1977); Straße u. Umwelt (1979); E. Vierteljahrhundert Straßenrechtsgesetzgebung (1980, m. R. Bartlsperger, H.-W. Schroeter); Frühzeit. Bürgerbeteiligung b. Planungen (1982); Aktuelle Probl. d. Enteignungsrechts (1982); D. Vereinheitlichung d. Verwaltungsverfahrensrechts (1984); Verwaltungs-Archiv (s. 1983); Teilbarkeit v. Planungsentscheidungen (1984); Aktuelle Probl. d. Planfeststellungsrechts (1986); Planfeststellung u. Flurbereinigung, Umweltverträglichkeitsprüfung (1987); Verwaltung im Rechtsstaat, Festschr. f. Carl Hermann Ule z. 80. Geb. (1987, m. D. Merten, H. Quaritsch); Bedarfsplanung-Planfeststellung-Immissionsschutz, (1988); Planung u. Sondernutzung v. Straßen, (1989); Abweichungen v. d. Planfeststellung, (1990); Verwaltungsverfahrensrecht u. Verwaltungsprozeßrecht (1990, m. W. Bernet); D. Zukunft d. kommunalen Selbstverwaltung (1991; m. Hermann Hill); Verkehrslärmschutz - Verfahrensbeschleunigung (1991); Landes- u. Kommunalverwaltung (s. 1991); Verkehrswegeplanung in Deutschland (2. A. 1992); Spezielle Aspekte d. Autonomen Gemeinsch. in Spanien (1992) - Spr.: Engl.

BLÜMEL, Wolf Dieter
Dr. rer. nat., Dipl.-Geogr., o. Prof. f. Phys. Geographie u. Dir. d. Geogr. Inst. Univ. Stuttgart - Silcherstr. 9, 7000 Stuttgart 1 (T. 0711 - 121 37 60; priv.: Harzbergstr. 3, 7144 Asperg (T. 07141 - 3 17 52) - Geb. 12. Mai 1943 Langenbielau (Vater: Waldemar B., Berufssoldat; Mutter: Else, geb. Janecek), kath., verh. s. 1969 m. Ursula, geb. Wagner, T. Silke - Abit. 1963 Ibbenbüren; 1963-69 Stud. Geogr., Geol., Volksw., Vor- u. Frühgesch. Univ. Münster u. Würzburg; Dipl. 1969, Promot. 1972, Habil. 1980 Karlsruhe - 1969-73 Wiss. Assist. Geogr. Inst. Karlsruhe; 1973-81 Akad. Rat; s. 1981 Prof. f. Phys. Geogr. in Karlsruhe, 1987 Lehrstuhl f. Phys. Geogr. Univ. Stuttgart - BV: Madeira - Demographie, Sozialstruktur u. wirtsch. Situation e. überbevölk. Insel, 1973; Pedol. u. geomorphol. Aspekte d. Kalkkrustenbild. in Südwestafrika u. Südostspanien, 1981 - Liebh.: Vor- u. Frühgesch., Archäol. - Spr.: Engl., Franz.

BLÜMLE, Gerold
Dr. rer. pol., Prof., Lehrstuhlinh. f. Theoret. Volkswirtschaftslehre - Schwarzwaldstr. 56, 7860 Schopfheim - Geb. 30. Jan. 1937 Lörrach/Baden (Vater: Erich B., Oberstudiendir., Mutter: Hildegard, geb. Zink), röm.kath., verh. s. 1963 m. Roswitha, geb. Eble, 2 Töcht. (Heidegun, Almuth) - 1. Staatsex. Chemie, Math., Physik 1961 Freiburg; 2. Staatsex. f. d. Lehramt an höh. Schulen 1963 Freiburg, Promot. Dr. rer. pol. 1967 Basel; Habil. 1971 ebd. - S. 1973 Ord. Univ. Freiburg. Fachveröff. u. a. Theorie d. Einkommensverteil., 1975; Grundl. d. Makroökonomik, 1977; Wirtschaftskreisl., Beschäftig. u. Inflation, 1979; Außenwirtschaftstheorie, 1982; Grundzüge d. Makroökonomie, 1988, 2. A. 1990. Herausg.: Fortschritt u. Schöpfungsglaube od. Die Machbarkeit d. Glücks (1984) - 1988 Regio-Preis f. Wirtschaft.

BLÜMLEIN, Hermann
Dr. med., Prof., Chefarzt Hals-Nasen-Ohrenklinik Städt. Krankenanstalten - Bergmannstr. 1, 6700 Ludwigshafen/Rh. - Geb. 18. Juni 1920 Coburg (Vater: August B.), verh. m. Emmi, geb. Flor-

schütz - S. 1955 (Habil.) Privatdoz. u. apl. Prof. (1961) Univ. Erlangen bzw. - Nürnberg (HNOheilkd.). Fachveröff. - 1961 Dr.-Gebhard-Preis.

BLÜMMERS, G.
Geschäftsführer Meyer, Roth & Pastor Maschinenfabrik GmbH. - Raderberger Str. 202, 5000 Köln 51 - Geb. 9. Aug. 1938.

BLÜMMERS, Heinz
Dr. rer. pol., Vorstandsvorsitzender Heinrich Industrie- u. Handels AG, Essen-Steele, AR-Vors. Wickmann-Werke GmbH, Witten - Priembergweg 39, 4300 Essen-Kupferdreh - Geb. 2. Febr. 1929 - Zul. Vorstandsmitgl. Heinrich Bergbau AG, Essen-Kupferdreh - Rotarier.

BLUHM, Hans-Dieter
Pfarrer, Direktor, Leit. Berliner Stelle Diakon. Werk d. Ev. Kirche in Dtschl. (s. 1976) - Altensteinstr. 51, 1000 Berlin 33; priv.: Liebfrauenweg Nr. 26, -27 - Geb. 17. Sept. 1928 Dörna, ev., verh. s. 1954 m. Helga, geb. Rinke, 5 Kd. (Hella, Hans-Peter, Ursula, Carola, Andreas).

BLUM, Albert
Ing., Vorstandsmitglied ABS Pumpen AG - Scheiderhöhe, Postf. 12 20, 5204 Lohmar 1 (T. 02246 - 13-0) - Geb. 19. Aug. 1930 Siegburg, kath., verh. s. 1956 m. Marianne, geb. Bonn, 2 Kd. (Petra, Klaus) - Staatl. Ing.-Schule Köln - Firmengründ. Div. Mitgliedsch. (VDI, VDMA, ATV, AGV). Techn. Entw. (Patente im Bereich Pumpen- u. Motorenbau) - BVK am Bde.; 1988 Diesel-Med. in Gold - Liebh.: Fliegerei, Musik - Spr.: Engl.

BLUM, Bruno
Physiotherapeut, Berufsfachschullehrer, Präs. Verb. f. Physikal. Therapie-Vereinig. f. d. physiotherapeut. Berufe (VPT) e. V. u. a. - Leopoldstr. 41, 8000 München 40 - Geb. 9. Okt. 1939 Eigenheim, ev., verh. s. 1964, 3 Kd. - Ausb.: Elektrotechnik, Physikal. Therapie, Sportphysiother. - BV (Mitverf.): Prakt. Physiother. - Hand u. Fuß, 1982; D. Betreuungssyst., 1982; Stretching: Bessere Leistungen in allen Sportarten, 1985; I. Intern. Kongreß d. Sportphysiotherapie, 1986; Prakt. Rechtskunde f. Krankengymnasten, Masseure u. med. Bademeister, 1987; Perfektes Stretching, 1990; Lehrb. d. Naturheilverfahren, Bd. I 1990 - Liebh.: Lit., Musik, Sport.

BLUM, Eberhard
Präsident Bundesnachrichtendienst (1982-85, i.R.) - Truschenhof, 8601 Untermerzbach - Geb. 28. Juli 1919 Kiel (Vater: Korvettenkapt.) - N. Kriegsende Stud. Rechtswiss. (nicht beendet) - 1937-45 Berufssoldat (zul. Rittm.); s. 1947 Tätigk. Org. Gehlen bzw. BND (b. 1970 Leit. d. Zentralabt., dann Chef Residentur Washington).

BLUM, Georg
Kaufmann (J. M. Blum, Holzgroßhandlung, Nürnberg) - Brombeerweg 2, 8500 Nürnberg - Geb. 16. Aug. 1903 Fürth/B. - Ehrenvors. Vereinig. d. Holzhandelsverb. u. a.

BLUM, Günter
I. Bürgermeister (s. 1976) - Rathaus, Altenstadt/Schw. - Geb. 21. Dez. 1941 Altenstadt - Zul. Verwaltungsangest. CSU.

BLUM, Jürgen
Kanzler d. Univ. Stuttgart - Keplerstr. 7, 7000 Stuttgart 1.

BLUM, Klaus-Uwe
Dr. med., Prof., Chefarzt (innere Abteilung) - Allg. Krankenhaus, 4060 Viersen/Rhld. - Geb. 15. Mai 1927 Hamburg - Promot. 1954 - S. 1964 (Habil.) Lehrtätigk. FU Berlin, Univ. Marburg (1967 Doz.) u. Freiburg/Br. (1970 apl. Prof.).

BLUM, Peter Walter
Dr., Prof. f. Astronomie u. Extraterrestrische Physik Univ. Bonn (apl.; s. 1975, Prof. s. 1980) - Europaring 145, 5300 Bonn 1 - Geb. 23. Juni 1924 München - Üb. 50 Veröff. auf d. Gebiet d. Atmosphärenphysik u. d. Physik d. interplanetaren Raums.

BLUM, Reinhard
Dr. sc. pol., o. Prof. f. Volkswirtschaftl. Univ. Augsburg (s. 1971) - Spitzmahdstr. 41, 8900 Augsburg 28 (T. 9 29 29) - Geb. 22. Sept. 1933 Gnewin/Pom. (Vater: Walter B., Landw.; Mutter: Luise, geb. Sengstock), ev. - Stud. Univ. Köln, Kiel; Promot. 1960 Kiel; 1961-63 Bundeswirtschaftsmin., Bonn. Nach Habil. (1968) Doz. u. Prof. Münster, s. 1971 Prof. Univ. Augsburg, Dir. Inst. f. Volkswirtsch.lehre; 1987-89 Vizepräs. Univ. Augsburg; s. 1991 Rektor Univ. Augsburg. Arbeitsgeb.: Ordnungs-, Wettbewerbs- u. Entwicklungspolitik, Industrielle Org. - BV: Soziale Marktwirtschaft, 1969; Entwicklungsprobleme mittelständ. Unternehmen, Berlin 1981; Organisationsprinzipien d. Volksw. - Neue mikroökonom. Grundl. f. d. Marktw., 1984; Aktuelle Probl. d. Marktwirtsch. in gesamt- u. einzelwirtsch. Sicht (Hrsg. m. M Steiner) 1984 - Spr.: Engl.

BLUM, Werner
Dr. rer. nat., Prof. f. Mathematik - Wegmannstr. 1, 3500 Kassel - Geb. 30. Mai 1945 Pforzheim - Promot. 1970 - S. 1972 Lehrtätigk. GH Kassel Univ.

BLUM, Winfried E. H.
Dr. rer. nat., Dr. h. c., Dipl.-Forstw., Prof. f. Bodenkunde, Univ. f. Bodenkultur Wien (s. 1979) - Gregor-Mendel-Str. 33, A-1180 Wien - Geb. 15. Juni 1941 Freiburg - Promot. (1968) u. Habil. (1972) Freiburg - S. 1976 Prof. f. Bodenkunde (Forstw.-Fak.) Univ. Freiburg, 1975-79 Prof. Univ. Curitiba (Brasil.). S. 1990 Generalsekr. Intern. Bodenkundl. Ges. (IBG); s. 1991 Vors. d. Expertenkommiss. f. Bodenschutz b. Europarat/Straßburg - Zahlr. Fachveröff. - 1992 Ehrendoktor Bundesuniv. Paraná in Curitiba/Brasilien.

BLUMBACH, Wolfgang
Dr. phil., M.A., Prof. f. Englisch u. Französisch - Johannes-Kirschweng-Str. 11, 6653 Blieskastel 6 (T. 06842 - 62 93) - Geb. 27. Mai 1943 Troisdorf/Sieg (Vater: Fritz B., Oberstudienrat; Mutter: Käte, geb. Heinrich), ev., verh. s. 1968 m. Heide, geb. Brepohl, 2 Kd. (Silke, Antje) - Gymn. Waldbröl (Abit. 1962), 1962-64 Univ. Münster, 1964-68 Gießen, 1968-76 Göttingen (Engl., Franz., Span.); M.A. Gießen 1968, Promot. Göttingen 1974 - 1968-76 Wiss. Assist. Sem. f. Engl. Philol. Univ. Göttingen, 1976 Studienrefer. Göttingen, 1976ff. Doz. (ab 1978 Prof.) f. Engl., Franz., (Fachber. Betriebswirt.) Hochsch. f. Technik u. Wirtschaft (HTW) Saarbrücken; Studienleit. Sprachen Deutsch-Franz. Hochschulinst. (s. 1978), Vorst.-Mitgl. b. versch. Vereinig. (s. 1981), Auslandsbeauftr. d. HTW 1985-91 - BV: Studien z. Spirantisierung u. Entspirantisierung altengl. Konsonanten (Diss.) 1974; Rezensionen - 1992 Palmes Acad. - Liebh.: Politik, Europ. Lit., Klass. Musik, Klavierspiel, Wandern - Spr.: Engl., Franz., Span.

BLUME, Fritz
Dr. jur., Gesellschafter u. Beiratsmitgl. Ostfriesen-Zeitung GmbH, Leer, Mitherausg. d. Jeverschen Wochenblattes, Jever, Vors. d. Vertretervers. d. AOK Friesland, Präses Verein d. Getreuen zu Jever u. a. - Mooshütter Weg 7, 2942 Jever/O. (T. 04461 - 28 78) - Geb. 17. Febr. 1928 Rathenow/H. (Vater: Dr. jur. utr. Fritz B., Zeitungsverleger (s. XVIII. Ausg.); M.: Elisabeth, Wenckebach), ev., verh. m. Elfriede, geb. Meyer - N. Lehrmeisterprüf. als Schrifts. (1950). Jura-Stud. Göttingen; Staatsex. 1954; Promot. 1955 - BV: D. Status Jerusalems, 1955; D. Gesch. d. Verb. Nordwestd. Zeitungsverleger, 1980 - Liebh.: Fotogr. - Spr.: Engl. - Rotarier (1981/82 Clubpräs. Wittmund-Esens).

BLUME, Hans-Peter
Dr. agr., Dipl.-Landw., o. Prof. Univ. Kiel (s. 1982) - Schlieffenallee 28, 2300 Kiel (T. 33 28 14) - Geb. 18. April 1933 Magdeburg (Vater: Werner B., Beamter; Mutter: Herta, geb. Schwarz), ev., verh. s. 1960 m. Gisela, geb. Beeskow, 4 Kd. (Jürgen, Ingrid, Barbara, Dorlis) - Stud. d. Agrarwiss. u. Chemie; Promot. 1960 Kiel - Nach Habil. (1968) Doz. Univ. Hohenheim, 1971-82 o. Prof. f. Bodenkunde an d. Techn. Univ. Berlin - BV: Bodenkundl. Praktikum, 1966 (m. E. Schlichting); Stauwasserböden, 1968; Typische Böden Berlins, 1981. Üb. 120 Fachveröff. Herausg.: Handb. d. Bodenschutzes (1990). Mithrsg.: Scheffer/Schachtschabel, Lehrb. d. Bodenkd. (seit 9. A.) - 1961 Liebig-Ausl.stip. d. Kurat. Justus-v.-Liebig-Preis; 1962 Rektoratspreis Univ. Kiel - Spr.: Engl.

BLUME, Helmut
Dr. rer. nat., Hon. D. Sc. (Durham), Prof. f. Physische Geographie - Wolfgang-Stock-Str. 19, 7400 Tübingen (T. 6 32 89) - Geb. 18. März 1920 Köln, verh. s. 1948 m. Ilse, geb. Unger - Promot. 1941 Leipzig, Habil. 1948 Marburg, apl. Prof. 1954 Kiel, o. Prof. 1963 Tübingen, emerit. 1985. Spez.geb. Geomorphologie, Agrargeogr., Reg.Geogr. bes. Nordamerika, Antillen, Vord. Orient - BV: Div. Veröff., dar.: Probleme d. Schichtstufenlandschaft, 1971; D. Westind. Inseln (2. A. 1973; engl. Übers. 1973, 2. A. 1976); USA, Landeskd., Bd. I 1975 (3. A. 1987); Bd. II 1979; Geography of Sugar Cane, 1985. D. Relief d. Erde, ein Bildatlas 1991 (engl. Übers. 1992). Herausg.: Ländermonogr. Saudi-Arabien (1976) - Lit.: H. B. z. 60. Geb. Festschrift (H. K. Barth u. H. Wilhelmy, Hg.): Trockengebiete, 1980.

BLUME, Horst-Dieter
Dr. phil., Prof., Klass. Philologe - Metzer Str. 14, 4400 Münster/W. - Geb. 22. April 1935 Göttingen, ev., verh. s. 1972 m. Barbara, geb. Beckmann, 2 Kd. - Promot. 1961 Göttingen; Habil. 1972 Münster; apl. Prof. (1976), Prof. (1980) Univ. Münster - BV: Menanders 'Samia' - E. Interpretation, 1974; Einf. in d. antike Theaterwesen, 1978, 2. A. 1984 (griech. 1986).

BLUME, Jürgen
Dr. phil., Prof. f. Tonsatz Musikhochsch. Frankfurt, Komponist u. Dirig. - Fechenheimer Str. 20, 6050 Offenbach (T. 069 - 86 21 99) - Geb. 10. Dez. 1946 Jena, ev., verh. s. 1972 m. Leonore, geb. Kratz, Konzertsängerin, 3 Kd. (Claudius, Corinna, Clarissa) - 1966-72 Musikhochsch. u. Univ. Frankfurt (Schulmusik, Musikwiss., Chordirig., Lat., Phil.); 1. u. 2. Staatsex. 1972/73; künstl. Reifeprüf. (Dirig.) u. B-Kirchenmusiker-Prüf. 1972 - S. 1962 Kirchenmusiker; 1973-76 Studienrat Offenbach; s. 1976 Doz., 1979 Prof. Musikhochsch. Frankfurt; s. 1974 Mitgl. hess. Lehrplankommiss. Musik; s. 1975 Leit. Jugendchor Hess. Rundf. - BV: Unterrichtsmaterialien Musik, 1980; Musik im Leben (Neubearb.), Bd. 1 1987, Bd. 2 1991; Gesch. d. mehrstimmigen Stabat-mater-Vertonungen, 1991; zahlr. Fachbeitr. u. Schulfunksend. - Musikwerke: Media in vita, geistl. Konzert, 1982; Sommertage f. Chor u. Klav., 1983; Credo f. Soli, Chor u. Orch., 1983; Lieder, Motetten, Kantaten - Spr.: Lat., Griech., Engl.

BLUME, Rüdiger
Dr. rer. nat., Prof. f. Chemie u. Didaktik d. Chemie Univ. Bielefeld, Fak. f. Chemie, (ehem. Mitgl. Päd. Hochschule Westf.-Lippe, Abt. Bielefeld) - Tümmlerweg 5, 4800 Bielefeld 16.

BLUME, Siegfried
Dr. phil., o. Prof. f. Theoret. Elektrotechnik Univ. Bochum (s. 1976) - Weidengrund 19, 4630 Bochum 1.

BLUME, Walter
Landwirt, Präs. a.D. Landwirtschaftskammer Hannover (b. 1982) - 3201 Heisede b. Hildesheim - Geb. 30. Sept. 1913 - AR-Mitgl. Zuckerfabrik Rethen AG., Rethen.

BLUME, Willi
Ratsherr u. Ehrenbürger der Stadt Salzgitter, vorm. Oberbürgermeister von 1968-81 - Am Saldergraben 61, 3320 Salzgitter (T. 4 48 79; Rathaus: 4 02-1) - Geb. 9. Juli 1913 - Zul. Rektor. SPD - BVK am Bde u. I. Kl.

BLUMENBERG, Franz-Jürgen
Ministerialdirigent Nieders. Finanzmin. a. D., Staatsbankdirektor i. R. - Wiener Str. 26, 3000 Hannover - Geb. 29. Juni 1909 Hannover - Stud. Rechtswiss. Gr. jurist. Staatsprüf.

BLUMENBERG, Hans
Dr. phil. (habil.), Dr. phil. h. c., o. Prof. f. Philosophie (s. 1970) - Grüner Weg 30, 4401 Altenberge - Geb. 13. Juli 1920 Lübeck (Vater: Carl B., Kaufm.; Mutter: geb. Schreier), verh. s. 1944 m. Ursula, geb. Heinck - S. 1950 Lehrtätigk. Univ. Kiel, Hamburg (1958 ao. Prof.), Gießen (1960 o. Prof.), Bochum (1965), Münster (1970) - BV: Paradigmen zu e. Metaphorologie, 1960; Kopernikus im Selbstverständnis d. Neuzeit, 1964; D. kopernikan. Wende, 1965; D. Legitimität d. Neuzeit, 1967; D. Genesis d. kopernikanischen Welt, 1975; Arbeit am Mythos, 1979; Schiffbruch m. Zuschauer, 1979; D. Lesbarkeit d. Welt, 1981 - 1982 Ehrendoktor Univ. Gießen; 1963 o. Mitgl. Akad. d. Wiss. u. d. Lit. Mainz, 1974 Kuno Fischer-Preis Univ. Heidelberg, 1980 Sigmund Freud-Preis Dt. Akad. f. Sprache u. Dichtung.

BLUMENSTIEL, Georg
Bautechniker, MdL Hessen (s. 1978) - Felsenweg 5, 6420 Lauterbach - Geb. 19. Febr. 1928 Lauterbach - Volkssch.; Lehre Hess. Wasserwirtschaftsverw.; Weiterbild. Tiefbau Darmstädter Studiengemeinsch. - N. Kriegsdst. Bautechn. 1960 ff. MdK (1964 Vors.). SPD s. 1956 (Ortsvors. Lauterbach).

BLUMENTHAL, Ekkehard
Dr. phil., Dipl.-Sportl., Prof. f. Sportpäd. PH Freiburg - Hornrain 6, 7889 Grenzach-Wyhlen.

BLUMENTHAL, Elke
Dr. phil., o. Professorin f. Ägyptologie Univ. Leipzig - Kommandant-Prendel-Allee 107, O-7027 Leipzig (T. 8 06 20) - Geb. 25. Jan. 1938 Greifswald, ev., led. - Stud. 1956-61 Leipzig; Promot. 1964, Habil. 1977 bde. Leipzig - S. 1961 wiss. Assist.; s. 1970 Leit. d. Ägyptolog. Inst. d. Univ. Leipzig - 1990 Korr. Mitgl. Dt. Archäolog. Inst.; 1991 Mitgl. Sächs. Akad. d. Wiss., Leipzig.

BLUMENWITZ, Dieter
Dr. iur., Prof. f. Völkerrecht, allg. Staatslehre, dt. u. Bayer. Staatsrecht u. polit. Wiss. Univ. Würzburg - Domerschulstr. 16, 8700 Würzburg (T. 3 13 08) - Geb. 11. Juli 1939 Regensburg, ev., verh. s. 1967 m. Anne-Birgit, geb. Friese, 1 T. - BV: D. Grundlagen e. Friedensvertrages m. Dtschl., 1966; Feindstaatenklauseln, 1972; D. Schutz innerstaatl. Rechtsgemeinschaften b. Abschluß völkerrechtl. Verträge, 1972; D. Staatsangehörigk.srecht d. Vereinigten St. v. Nordamerika, 1975; D. Erricht. Ständiger Vertretungen im Lichte d. Staats- u. Völkerrechts, 1975; Flucht u. Vertreibung, 1987; Was ist Deutschland, 3. A. 1989; Einf. in d. angloamerik. Recht, 4. A. 1990; D. Überwindung d. dt. Teilung u. d. Vier Mächte, 1990. Herausg.: Schriftenreihe z. Staats- u. Völkerrecht. Wiss. Mitarb.: Bonner Kommentar z. GG (1976ff.), Staudingers K. z. BGB (1976ff.), Handb. d. Vereinten Nationen (1977). Mithrsg.: Konrad Adenauer u. s. Zeit (2 Bde. 1976).

BLUMHAGEN, Lothar
Schauspieler - Seebergsteig 16, 1000 Berlin 33 (T. 030 - 825 88 95) - Geb. 16. Juli 1927 Leipzig (Vater: Hans B.; Mutter: Hedwig, geb. Bielski), ev.-luth., verh. s. 1955 m. Ingeborg, geb. Loy, Sohn Conrad - Schauspielsch. Smolny-Heerdt u. Musikhochsch. Leipzig - S. 1956 Mitgl. Schiller- u. Schloßpark-Theater Berlin - 1970 Berliner Staatsschauspieler.

BLUNCK, Hildegard
Schriftstellerin - Bülowstr. 19, 2300 Kiel 1 - Geb. 25. Nov. 1917 Mirow - Stud. Deutsch, Gesch. - Vortragstätigk. an Volkshochsch. u.a. - BV: Im Wohnwagen durch Italien, 1957; Marco Polo, 3. A. 1978 (übers. Engl. 1966, Ital. 1970/82); Suche d. Raben, Ged. 1979 - 1973 Ehrengabe Stadt Braunschweig - Spr.: Tschech., Engl., Lat., Franz.

BLUNCK, Jürgen
Dr. phil., Bibliotheksoberrat, Schriftst. - Provinzstr. 29, 1000 Berlin 51 (T. 030 - 492 71 32) - Geb. 28. Febr. 1935, kath., verh. s. 1985 m. Zofia, geb. Przewozna, 1 T. - Promot. Kiel 1961 - 1961-63 Wiss. Assist. Hist. Sem. Kiel; s. 1963 Wiss. Bibliothekar. Vorstandsmitgl. Ges. z. Förd. d. Werkes v. H. F. Blunck - BV: D. Kölner Ztg. u. Ztschr. vor 1814, 1966; Bibliogr. Hans Friedrich Blunck, 1981; Mars and Its Satellites, 1977, 2. A. 1982; Gesch. d. Alsterschiffahrt, 1985; Götter in Planeten u. Monden, 1987. Herausg.: Beseelte brüderl. Welt (1988) - Liebh.: Binnenschiffahrt, Gesch. d. Naturwiss. - Bek. Vorf.: Barthold B., Schriftst. (Vater).

BLUNCK, Otto
Dr. rer. nat., Dipl.-Phys., Ehrenvorsitzender ZVEI Landesst. Hamburg - Trelleborgallee 2/1802, 2400 Lübeck-Travemünde (T. 04502 - 7 16 73) - Geb. 20. April 1918 - Stud. Physik (Dr. rer. nat.) - Silb. Dieselmed.

BLUNK, Günter
Dr.-Ing., Prof. - Immenhofweg 35, 4150 Krefeld - N. Stud. Grün & Bilfinger AG, Mannheim (u. a. Leit. Abt. Baustoffe u. -stoffprüf.). S. 1968 Honorarprof. f. Baustoffkd. Univ. Karlsruhe. Zahlr. Fachveröff.

BLUTH, Manfred
Maler u. Graphiker, Prof. f. Freie Malerei GH Kassel - Halberstädter Str. 2, 1000 Berlin 31 - Geb. 30. Juli 1926 Berlin (Vater: Richard B., Kaufm.; Mutter: Eva, geb. Schulze), ev., verh. I) s. 1953 m. Ruth, geb. Krause † 1972, II) s. 1975 m. Hannelore, geb. Nickel, 2 Kd. - Gymn. Berlin; Kunstakad. Berlin u. München - 1953-68 Ausstellungsleit. Amerikahaus Berlin; 1990 Gründungsmitgl. u. 1. Vors. d. Künstlersonderbd. in Deutschl. Bilder d. romant.-realist. Richtung. Graphik - Illustr. zu Moby Dick, Tote Seelen, u. a. - BV: Weltbild u. Bilderwelt, 1986 - 1955 Berliner Kunstpreis, 1970 v. Faber-Castell-Kunstpreis.

BOAS, Horst
Schriftsteller, Chemiearb. - Heinr.-Heine-Str. 14, 6700 Ludwigshafen (T. 56 66 21) - Geb. 16. Dez. 1928 Dessau (Anhalt), verh. s. 1963 m. Barbara, geb. Beimel, S. Michael-Alex. - BV: Krim.-R. u. Erz. 1961-85: D. Botschaft, Spuren im Gras, Stadtpark 22.15, D. verhängnisv. Faser, D. Tote am Mühlenwehr, D. Mörder kam a. d. Toten Mann, Verbrechen zu Zweit, Visa f. d. Tod, Damentausch, D. Fluchtexperte, Steig aus, wenn du kannst, D. Verräterspiel, Westbesuch, Unser Mann in Heidelberg - 1980 Jerry-Cotton-Preis d. Bastei-Verlages.

BOBBERT, Gisbert
Dr.-Ing., Dipl.-Ing., Prof., Physiker, Berater d. Geschäftsfg. Triangeler Dämmstoffwerk - Evangelienberg 8, 3320 Salzgitter-Lichtenberg - Geb. 17. Jan. 1918 Magdeburg (Vater: Dipl.-Landw. Wilhelm B.; Mutter: Therese, geb. Khern), verh. s. 1952 m. Hannel, geb. Streicher, 2 Kd. (Wilhelm-Alexander. Kirke) - Hum. Gymn. Hildesheim (Abit. 1937); Stud. d. Phys. TH Breslau; Promot. 1955 Braunschweig; Hon.-Prof. TU Braunschweig - S. 1945 Ind.tätigk. (u. a. 1956-64 Abt.leit. NSU u. b. 1969 Stabsstelle Salzgitter AG.); zul. Techn. Geschäftsf. Triangeler Dämmstoffwerk. In- u. ausl. Fachmitgl.sch. Zahlr. wiss. Veröff. - 1980 Gold. Ehrennadel d. DIN. 1982 F. Kesselring Ehrenmed. des VDI. 1984 BVK - Spr.: Engl.

BOBBERT, Josef Alfons
Dr. rer. pol., Ministerialdirektor Bundesmin. f. Umwelt, Naturschutz u. Reaktorsicherheit - Rheinstr. 244, 5303 Bornheim-Hersel (T. 02222 - 84 80) - Geb. 22. Sept. 1930 Siddessen, kath.. verh. m. Margarete, geb. Weber, 3 Kd. - Gymn. Warburg; Rechts- u. Staatswiss.-stud. - 1966-86 Bundeskanzleramt.

BOBERG, Friedrich
Dr. rer. nat., o. Prof. f. Organ. Chemie - Kiefkampstr. 14, 3000 Hannover 61 (T. Hannover 58 03 96) - Geb. 23. Mai 1922 Bad Salzuflen (Vater: Gustav B., Berufsschull.; Mutter: Anna, geb. Rasche), verh. m. Gisela, geb. Sievers, 2 Kd. (Michael, Doris) - 1963 Habil. TU Hannover, 1967 wiss. Rat u. Prof. TU Hannover, 1972 o. Prof. u. Inst.dir. TU Clausthal. Arb.geb.: Org. Chemie, spez. Heterocyclen, aliphat. Nitroverbindungen, Reaktionsmechanismen, Erdölchemie - 1952-72 Abt.-Ltr. Org. Chem., Inst. f. Erdölforsch. Hannover; 1963-72 Abt.-Ltr. Radio- u. Strahlenchem. Lehrst. f. Erdölchem. TU Hannover, ab 1972 Lehrst.inh. Org. Chem. TU Clausthal - 137 Publ. in Fachzeitschr.

BOBRAN, Fritz
Assessor, Vors. Bundesverb. Werkverkehr u. Verlader, Bonn - Zu erreichen üb. E. Heitkamp GmbH, 4690 Herne 2.

BOCH-GALHAU, von, Wendelin
Dipl.-Kfm., Geschäftsführer Heinrich Porzellan GmbH, Vorst.-Mitgl. Villeroy & Boch AG Mettlach - Faiencerie, 6646 Mettlach.

BOCHMANN, Dieter
Dr.-Ing. habil., Prof. f. Informationstechnik/Automatentheorie TU Chemnitz (s. 1978) - Lutherstr. 19, O-9023 Chemnitz (T. 071 - 5 05 83) - Geb. 4. Juni 1938 Chemnitz, verh. s. 1967 m. Ingrid, geb. Ihle, 2 Söhne (Jan, Ingo) - Elektromech.lehre; Stud. Fernmeldetechn. u. Ing.päd. TU Dresden, Dipl. 1965; Promot. 1968 MEIS Moskau; Habil. 1975 TH Ilmenau - S. 1970 Doz., Wiss.bereichsleit. Mikroelektronikentwurf; Dekan d. Fak. Elektrotechn. u. TU Chemnitz - Beiträge z. Booleschen Differentialkalkül u. z. binären Systemtheorie - BV: Binäre dynam. Systeme, 1981 (russ. 1986); Automatengraphen, 1982; Boolesche Gleichungen, 1984; Fehler in Automaten, 1989 - Liebh.: Gesch. - Spr.: Russ., Engl.

BOCHMANN, Werner
Komponist - Dekan-Maier-Weg 7b, 8162 Schliersee/Obb. (T. 65 49) - Geb. 17. Mai 1900 Meerane/Sa. (Vater: Johannes B., Kaufm.; Mutter: Clara, geb. Seybt), ev., verh. s. 1957 m. Ditte, geb. Kerlen - Oberrealsch.; TH Dresden (6 Sem. Chemie); Musikstud. b. Weinreich, Leipzig, Mraczek, Dresden - Musik zu üb. 120 dt., franz. u. amerik. Tonfilmen sowie versch. Bühnenst., etwa 300 Kompos. f. Unterhaltungs- u. Tanzmusiken, darunt. d. Evergreens: Die kleine Stadt will schlafen gehn, Abends in der Taverne, Mit Musik geht alles besser, Heimat, deine Sterne, Du und ich im Mondenschein, Gute Nacht, Mutter; 2 musikal. Lustspiele, sowie d. Ballett Max und Moritz - 1967 Bundesfilmpreis/Filmband in Gold (f. langj. u. erfolgr. Wirken im dt. Film); 1984 BVK I. Kl.; 1985 Paul-Lincke-Ring - Liebh.: Astronomie u. Math. - Spr.: Ital., Engl., Franz.

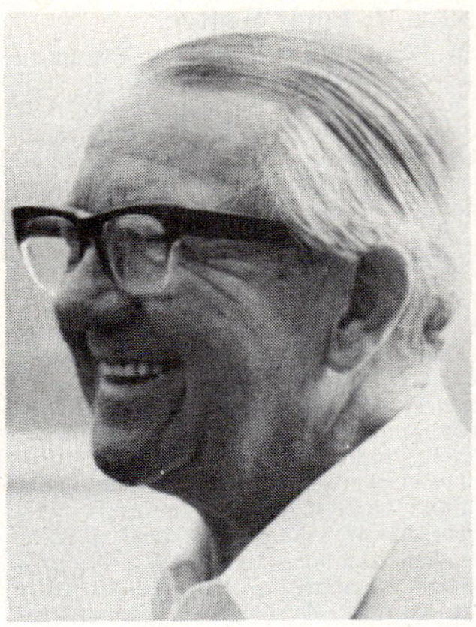

BOCHNIK, Hans J.
Dr. med., o. Prof. f. Psychiatrie u. Neurol. - Heinrich-Hofmann-Str. 2a, 6000 Frankfurt/M. (T. 67 46 56) - Geb. 29. Juni 1920 Lemberg - S. 1955 (Habil.) Lehrtätigk. Univ. Hamburg (1961 apl. Prof.) u. Frankfurt (1966 Ord. u. Klinikdir.) - BV: u. a. Bedürfnis, Rausch u. Sucht, 1963. Zahlr. Einzelarb.

BOCK, Eberhard
Dr. rer. nat., Prof. f. Allg. Mikrobiologie - Herwigredder 110a, 2000 Hamburg 56 - Geb. 10. Okt. 1936 Wandsbek/Hamburg, ev., verh. s. 1969 m. Karin, geb. Franz, 2 Kd. (Michael, Annette) - S. 1971 Prof. Univ. Hamburg.

BOCK, Gerhard
Dr. rer. pol., Kaufmann - 3177 Sassenburg - Geb. 14. Juni 1920 Hildesheim (Vater: Karl B., Kaufm.), ev. luth., verh. s. 1955 m. Eva, geb. Koehler, 2 Kd. (Gabriele, Carola) - Dr. rer. pol., Dipl. rer. pol. Göttingen 1949/51 - Geschäftsf., AR- u. Beiratsvors. versch. Großuntern. - Liebh.: Gesch., Math., Musik - Spr.: Franz., Span.

BOCK, Günter
Betriebswirt, Staatssekretär Senatsverw. f. Schule, Berufsbildung u. Sport v. Berlin (1981-89, u. s. 1991), MdA Berlin (1975-81) - Irmgardstr. 39, 1000 Berlin 37 - Geb. 28. Febr. 1938 Berlin - CDU.

BOCK, Hans
Dr. rer. nat., Dr. h. c., o. Prof. f. Anorgan. Chemie Univ. Frankfurt - Rombergweg 1a, 6240 Königstein (T. 06174 - 12 05) - Geb. 5. Okt. 1928 Hamburg (Vater: Paul B., Major; Mutter: Hedwig, geb. Lis), ev., verh. s. 1954 m. Dr. Luise, geb. Eisenreich, 5 Kd. (Hans, Kristin, Andreas, Karen, Barbara) - Univ. München (Promot. 1958, Habil. 1964) - 1968 Gastdoz. ETH Zürich - BV: D. HMO-Modell u. s. Anwend., 3 Bde 1968-70 (zus. m. E. Heilbronner, jap. 1973, engl. 1974, chin. 1982); üb. 350 Fachveröff. - 1969 Chemiepreis Göttinger Akad. d. Wiss.; 1974 Visiting Professorship Japan Society for Promot. of Science; 1975 Kipping Award American Chemical Society; 1977 Beruf. z. Ausw. Wiss. Mitgl. d. Max-Planck-Ges.; 1977 Visiting Professorship Univ. Ann Arbor/Michigan u. Austin/Texas; 1979 Korr. Mitgl. Akad. d. Wiss. u. Lit. Mainz; 1980 Welsh Visiting Prof.ship Texas A & M; 1981 Ern. z. Adjunct Prof., The Univ. of Michigan at Ann Arbor; 1981 Mitgl. Wiss. Beirat Hahn/Meitner Inst. Berlin; 1983/84 Visiting Prof. Univ. Salt Lake City/Utah; 1984 Mitgl. Mainzer Akad. d. Wiss. u. d. Lit.; 1986 Korr. Mitgl. Akad. d. Wiss. Göttingen; 1987 W. Klemm-Preis f. Anorgan. Chemie d. Ges. Dt. Chemiker; 1988 Ehrendoktor Univ. Hamburg; 1991 Mitgl. Dt. Akad. d. Naturforscher Leopoldina, Halle - Spr.: Engl.

BOCK, Hans Manfred
Dr. phil., Prof. f. Politikwissenschaft GH Kassel (s. 1972) - Oderweg 7, 3501 Zierenberg - Geb. 13. Mai 1940 Kassel - Promot. 1967 Marburg - 1968-70 Lektor, 1970-72 Prof. Univ. Paris, 1976 u. 77 Gastprof. USA, 1984/85 Gastprof. Univ. Paris III - BV: Syndikalismus u. Linkskommunismus von 1918-23, 1969; Gesch. d. linken Radikalismus in Dtschl., 1976. Buch- u. Ztschr.-Aufs. z. Sozialgesch. u. z. polit. Soziol. Deutschlands u. Frankreichs sowie zu d. dt.-franz. Beziehungen - Spr.: Engl., Franz.

BOCK, Hans-Erhard
Dr. med., Dr. med. h. c., o. Prof. f. Innere Medizin (emerit.) - Spemannstr. 18, 7400 Tübingen (T. 29 28 06) - Geb. 31. Dez. 1903 Waltershausen/Thür. (Vater: Wilhelm B., Lehrer; Mutter: geb. Kohlstock), ev., verh. s. 1936 m. Elisabeth, geb. Nehlsen, 2 Kd. - Gymn. Ernestinum Gotha; Univ. Marburg, München, Jena, Bonn, Hamburg (Promot. 1927) - Assist. Med. Klinik Hamburg (Hegler), Oberarzt Med. Univ.klinik Frankfurt/M. (Volhard), 1936 Privatdoz. das., 1942 Oberarzt u. apl. Prof. Med. Univ.klinik Tübingen (Koch, ab 1945 Bennhold), 1949 Ord. u. Dir. Med. Univ.klinik Marburg (1960/61 Univ.rektor), zugl. berat. Internist Lungensanat. Sonnenblick u. Herzsanat. Küppelsmühle, Bad Orb. Leit. Balneolog. Forschungsstelle ebd., 1962 Ord. u. Dir. Med. Univ.klinik Tübingen - 1966-85 Präs. Dt. Therapiewoche, 1967 Ges. f. Inn. Med. - BV: Agranulozytose, 1946, Neubearb.: C. Hegler, Praktikum d. Infektionskrankh. (1950); Herausg.: Klinik d. Gegenw. (I-X, auch ital. u. span.) - 1969 Ehrendoktor Univ. Marburg; 1972 Ehrenmitgl. Dt. Ges. f. Inn. Med.; Ehrenmitgl. Dt. Akad. d. Naturforscher (Leopoldina); Mitgl. Heidelberger u. Argent. Akad. d. Wiss. - Liebh.: Musik - Gold. Sportabz. - Erf.: Erythrocytometer.

BOCK, Hans-Hermann
Dr. rer. nat., Univ.-Prof. f. Angew. Statistik TH Aachen (s. 1978) - Melatener Str. 145, 5100 Aachen - Geb. 8. Sept. 1940 Karlsruhe, verh. s. 1963 m. Dorit, geb. Lepold, S. Thomas - Dipl.-Math. 1965; Promot. 1968 Univ. Freiburg - BV: Automat. Klassifikation (Clusteranalyse), 1974. Herausg.: Datenanalyse u. Numerische Klassifik. (1984); Classification and related methods of data analysis (1988); Classification, data analysis and knowledge organization (1991). Zahlr. Einzelveröff. - 1985-87 Präs. Intern. Federation of Classification Societies; 1986-92 Vors. Ges. f. Klassifikation; Member Intern. Statistical Inst.

BOCK, Harald M.
Generalsekretär Deutsch-Arab. Ges., Bonn (s. 1971) - Körnerstr. 21, 5300 Bonn 2 (T. 0228 - 36 40 67; Telefax 0228 - 35 55 38; Telex 8 869 300 dag d) - Geb. 21. April 1940 - Stud. d. Rechts- u. Politikwiss., Volks- u. Betriebsw. Univ. Würzburg u. München; 1. u. 2. jurist. Staatsex. - Referatsleit. Recht im Bundesmin. f. Bildung u. Wiss. - Spr.: Engl., Franz.

BOCK, Henning
Dr. phil., Prof., Direktor Gemäldegalerie/Stiftg. Preuß. Kulturbesitz - Holbeinstr. 58, 1000 Berlin 45 (T. 833 58 65; Gemäldegal.: 83 01-1) - Geb. 1931 Kiel - Stud. Kunstgesch. - 1960 Assist. Kunsthist. Inst., Univ. Bonn; 1962 Assist. Kunsthalle Bremen; s. 1968 Berlin (b. 1973 Hauptkustos National-, dann Dir. Gemäldegal.).

BOCK, Irmgard
Dr. phil., Prof. f. Pädagogik - Elektrastr. 17/16, 8000 München 81 (T. 089 - 91 17 85) - Geb. 7. Mai 1937 Hamm/Westf. (Vater: Karl B., Kaufm.; Mutter: Irmgard, geb. Schlickmann), kath. - Staatsprüf. f. d. Lehramt an Höh. Schulen (Deutsch, Phil.) 1961, Promot. 1965, Habil. 1977 - 1965 Wiss. Assist., 1968 Konservatorin, 1971 Akad. Oberrätin, 1976 Akad. Dir. Inst. f. Pädagogik Univ.

München, 1977 PD, 1977 Wiss. Rat u. Prof., 1978 Prof. (C 3) - BV: Heideggers Sprachdenken, 1966; D. Phänomen d. schichtensepzifischen Sprache als päd. Problem, 1973, 1975; Kommunikation u. Erziehung, 1978; Päd. Anthropol. d. Lebensalter, 1984; Geschichtsschreibung im Rahmen d. Systematischen Pädagogik, 1990 - Spr.: Engl., Franz.

BOCK, Karl Walter

Dr. med., Prof. u. Direktor Inst. f. Toxikologie Univ. Tübingen - Wilhelmstr. 56, 7400 Tübingen.

BOCK, Klaus-Dietrich

Dr. med., em. o. Univ.-Prof. f. Innere Med. - Schönetweg 17, 8185 Kreuth - Geb. 11. Dez. 1922 Leipzig - Univ. Heidelberg (Med. Staatsex.). Promot. 1950; Habil. 1963 - S. 1963 Lehrtätigk. (1968 apl. Prof., 1972 o. Prof.); 1968-87 Dir. Abt. f. Nieren- u. Hochdruckkranke Univ.-Klinikum Essen, s. 1988 emerit. - BV: Angiotensin, 1966; Hochdruck, 4. A. 1982; Ärztl. Rat f. Hochdruckkranke, 4. A. 1983. 17 hg. Bücher, 356 Einzelarb. - Honorarprof. Univ. Lima/Peru; Wiss.-Preis d. Hochdruck-Liga - Spr.: Engl.

BOCK, Manfred Günter

Dr. jur., Rechtsanwalt, Vorst. Gerling Konzern, Köln - Theodor-Heuss-Ring 7, 5000 Köln 1 (T. 0221 - 77 13-1) - Geb. 15. Jan. 1940 Berlin (Vater: Dr. Ing. Günter B., Prof.; Mutter: Helga, geb. Hildebrandt), ev., verh. s. 1965 m. Hannelore, geb. Spilling, 3 Kd. (Ulrich, Julia, Katharina) - Stud. Univ. Frankf. u. München, 2 jur. Staatsex., University of Virginia, LL.M. - 1959-65 Finanzabt. DuPont de GmbH (Deutschl.), Vorst. Gerling Konzern, Rhein. Versich.-Gruppe AG, Gerling-Konzern Consortiale Holding AG; AR Automobil AG - Spr.: Engl., Franz.

BOCK, Peter

Aufsichtsratsmitglied Deutsche Babcock Energie- u. Umwelttechnik AG, Oberhausen - Zu erreichen üb. Postf. 10 03 47, 4200 Oberhausen 1 - Zul. Vorst.-Mitgl. Dt. Babcock Energie- u. Umwelttechnik AG, Oberhausen, Balcke-Dürr AG, Ratingen.

BOCK, Peter

Dr. rer. nat., Prof. f. Physik Univ. Heidelberg - Stahlbühlring 101, 6802 Ladenburg (T. 06203 - 1 51 91) - Geb. 22. März 1937 Magdeburg (Vater: Georg B., Prok.; Mutter: Ilse, geb. Richardt), ev., verh. s. 1965 m. Ingrid, geb. Tronicke †, 3 Kd. - Promot. 1969 Univ. Karlsruhe, Habil. 1972 ebd. - 1974 Oberassist. Univ. Heidelberg; s. 1980 Prof. Heidelberg.

BOCK, Rudolf

Dr. rer. nat., Prof., Bereichsleiter Ges. f. Schwerionenforschung - Postf. 110552, 6100 Darmstadt (GSI) - Geb. 21. Mai 1927 Mannheim - Univ. Heidelberg (Dipl.-Phys. 1954). Promot. (1958) u. Habil. (1965) Heidelberg - 1959-67 Mitarb. Max-Planck-Inst. f. Kernphys. Heidelberg; 1965-67 Privatdoz. Univ. ebd.; s. 1967 Prof. f. Exper. Physik Univ. Marburg (beurl.), s. 1974 Honorarprof. Univ. Heidelberg; s. 1979 Wiss. Mitgl. Max-Planck-Ges.; s. 1986 Hon. Prof. Acad. Sinica, Lanzhou/China - Zahlr. Fachveröff.

BOCK, Wolfgang

Dipl.-Ing., Geschäftsf. Dt. Ges. f. Zerstörungsfreie Prüfung - Unter den Eichen 87, 1000 Berlin 45 - Geb. 1. Jan. 1938 Berlin.

BOCK, Wolfgang J.

Dr. med. (habil.), o. Prof. f. Neurochirurgie u. Klinikdir. Univ. Düsseldorf - Nordkanalallee 102, 4040 Neuss/Rh. - Geb. 1. Okt. 1935 Leipzig, kath., verh. s. 1961 m. Dr. Christa, geb. Kuhn, 2 Kd. (Kerstin, Björn-Kristof) - Üb. 200 Facharb.

BOCK und POLACH, von, Michael

Rechtsanwalt, Hauptgeschäftsf. - Rheinallee 22, 5300 Bonn-Bad Godesberg (T. 0228 - 35 52 45) - Geb. 19. Juli 1944 Troppau (Vater: Erich v. B., Oberst a.D., Polizeipräs. a.D.; Mutter: Anne-Marie, geb. Jurck), verh. s. 1973 m. Beatrice, geb. Bruckmann, 2 T. (Friederike, Charlotte) - Abit.; 1965-68 Wehrd. (Ltn. d. Reserve), 1969-72 Jura-Stud. München, Münster, Hamburg, 1. Staatsex. 1972/73, 2. Staatsex. 1976, bde. Hamburg - RA Hamburg u. Bonn, 1976 Geschäftsf. u. Leit. d. Rechtsabt. Zentralverb. Sanitär-Heizung-Klima (ZVSHK), s. 1978 Hauptgeschäftsf. ZVSHK - Spr.: Engl., Franz. - Bek. Vorf.: Erich von Bock und Polach (Vater s.o.), Max v. Bock u. Polach, Generalfeldmarschall.

BOCKELMANN, Paul

Dr. jur., Dr. med. h. c., em. o. Prof. f. Straf-, -prozeßrecht u. Kriminol. - Klingsorstr. 3, 8000 München 81 (T. 91 43 45) - Geb. 7. Dez. 1908 Hannover (Vater: Albert B., Direktor; Mutter: geb. Noelle), verh. s. 1938 m. Gisela, geb. Wedemeyer - S. 1939 Univ. Berlin, Königsberg (1940; Ord. 1942), Göttingen (1945; 1949 Ord.), Heidelberg (1959), München (1963), Mitgl. Gr. Strafrechtskommiss. 1969-71 (Rücktr.) Präs. Verkehrswacht - BV: u. a. Hegels Notstandslehre, 1935; Stud. z. Täterstrafrecht, 2 Bde. 1939/40; Üb. d. Verhältnis v. Täterschaft u. Teilnahme, 1949; D. Unverfolgbarkeit d. Abgeordneten n. dt. Immunitätsrecht, 1951; Strafrechtl. Untersuchungen, 1957; Aufgaben u. Aussichten d. Hochschulreform, 1962; Einf. in d. Recht, 2. A. 1975; Verkehrsstrafrechtl. Aufsätze u. Vorträge, 1967; Strafrecht d. Arztes, 1968; Strafrecht, Allg. Teil 3, 1979, Bes. Teil/1 2. A. 1982, Bes. Teil/2 1977, Bes. Teil/3 1980. Mithrsg.: Ztschr. f. d. ges. Strafrechtswiss. (1950 ff.) - 1969 Ehrendoktor Univ. München; 1968 Carl-Edmund-Loth-Gedächtnispreis; Mitgl. Bayer. Akad. d. Wiss.

BOCKELMANN, Thomas

Intendant Tübinger Zimmertheater (s. 1988) - Bursagasse 16, 7600 Tübingen (T. 07071 - 2 39 71) - Geb. 9. März 1955 Lüneburg.

BOCKEMÜHL, Jochen

Dr. med., Prof., Ltd. Wiss. Direktor Medizinaluntersuchungsanst. u. Leit. Abt. Enterobacteriaceae u. Nat. Salmonella-Zentrale am Hygien. Inst. Hamburg - Zu erreichen üb. Hygien. Inst., Marckmannstr. 129a, 2000 Hamburg 26 - Geb. 15. April 1939 - 1986-88 u. 1990-92 Gf. Dir. Hygien. Inst. Hamburg; Prof. f. Medizin. Mikrobiol. u. Hygiene Univ. Hamburg; 1987/88 1. Vors. Vereinig. d. Ärzte d. Medizinaluntders.ämter.

BOCKHOFF, Baldur

Journalist, Schriftst. - Helmtrudenstr. 2, 8000 München 23 (T. 34 69 49) - Geb. 19. März 1935 Duisburg-Hamborn (Vater: Felix B., Kaufm.; Mutter: Ida, geb. Sanio), ev., verh. s. 1960 m. Sigrid, geb. Hussack, 2 Töcht. (Meike, Maja) - Stud. Phil., Literatur- u. Musikwiss. - 1961-65 Redakt. rowohlts dt. enzyklopädie; 1966-67 Lektor Piper-Verlag; s. 1967 Athener Korresp. Südd. Ztg. Mitarb. Rundfunk - BV: Reisefieber, Erz. 1967.

BOCKLET, Paul

Prälat, Leiter Kommissariat d. dt. Bischöfe/Kath. Büro Bonn, Vors. Zentralst. f. Entwicklungshilfe, Aachen - Kaiser-Friedrich-Str. 9, 5300 Bonn - Geb. 21. Aug. 1928 Salz (Vater: Heinrich B., Landw.; Mutter: Theresia, geb. Wiener), kath. - Gymn. u. Univ. Würzburg (1948-52; Phil., Theol.) - Diözesanjugendseels. Würzburg (8 J.), Landvolkseels. Bayern, Landvolkseels. Bayern (1 J.), Domkapitular Würzburg (Ref. Seels., 8 J.). Fachaufs. - BVK; Bayer. VO. - Liebh.: Skifahren, Bergsteigen - Spr.: Engl., Griech., Latein.

BOCKLET, Reinhold

Mitglied d. Europa-Parlaments (s. 1984) - Wohn. in Gröbenzell; zu erreichen üb. Europ. Parlam., Europazentrum, Kirchberg, Postf. 16 01, Luxemburg (T. 00352 - 4 30 01) - CSU.

BOCKMAYER, Walter

Regisseur u. Filmemacher - Pfälzerstr. 40, 5000 Köln 1 (T. 23 78 00) - Geb. 4. Juli 1951 Pirmasens (Vater: Walter B.), ledig - Lehre Großhandelskaufm. (abgebr.) - Kantinenjobs in USA (1 J.); Krankenpfleger in Dtschl.; 1970 zus. m. Rolf Bührmann (s. dort) Garderobier Bühnen Köln; ab 1975 selbst. Gastwirt. Filmemacher ab 1970: Zun. Super 8-Filme, ab 1977 Spielfilme (Jane bleibt Jane, intern. Kritikerpreis, außergewöhnlichster ausl. Film [London]; Flammende Herzen, 1977/78, Bundesfilmpreis in Gold u. Silber; Looping, 1980/81, 4 Bundesfilmpreise Gold u. Silber u. bester Film d. J., Intern. Filmfestsp. Cannes u. Manila; Kiez, 1982; D. Chance, 1982) u.v.a. Fernsehen: Viktor, Rockoper 1979 (ZDF) - Bühne: Rocky Horror Show (v. Richard O'Brian), Musical, Erstauff. 1980 Opernhaus Essen; Kiez (v. P. Greiner), UA 1980 Schausp.hs. Köln (Mülheimer Dramatikerpreis 1981); Frohe Feste, Schwester George muß sterben, 1981 Schausp.hs. Köln; D. Frosch (v. H. Achternbusch), UA 1982 Schausp.hs. Bochum; Richards Korkbein (v. Brendan Behan), 1983 Bochum; Hören Sie mal (v. Jane Martin), Dt. Erstauff. 1984 Bayer. Staatsbühne - Spr.: Engl.

BOCKS, Gerd P.

Dipl.-Kommunalbeamter, Dipl.-Verw.-Wirt, Bürgermeister Stadt Lollar - Holzmühler Weg 76, 6304 Lollar (T. 06406 - 8 70) - Geb. 28. Juni 1943 Mönchengladbach (Vater: Peter B., Elektrotechniker; Mutter: Katharina, geb. Schroers), kath., 2 Kd. (Ingeborg, Karsten) - 1961-66 Ausb. f. d. gehob. nichttechn. Beamtendienst Mönchengladbach; 1966-70 Stud. Verw.- u. Wirtsch.-Akad. Düsseldorf; Ex. Kommunal-Dipl. Düsseldorf - 1967-74 stv. Gemeindedir. Gustorf/Erft; 1974-80 1. Stadtrat Stadt Pohlheim; ab 1981 Bürgerm. Stadt Lollar - BV: D. Rechtsschutz d. Gemeinden in NRW gegenüb. Maßn. d. Kommunalaufsicht u. gegenüb. Gesetzen unt. bes. Berücks. d. kommun. Neuordnung, Fachb. 1970; Herausg. Fachb.-Schriftenreihe: Kommunal- u. Landesrecht, Bd. 2, D. Ersatzvorn. in d. Kommunalaufsicht (1972); Fachb.-Schriftenreihe: Kommunal- u. Landesrecht: Bd. 3, Beamtenstatus u. Streikrecht (1972).

BOCKSCH, Karl

Verleger - Drosselweg 5, 2910 Westerstede/O. (T. 04488 - 20 52; Büro: 0441 - 7 69 87) - Geb. 15. Dez. 1913 Berlin, ev., T. Utta - Journalist. Praxis Berlin (u.a. Scherl) - 1936 Dolmetscher z. Olympiade; s. 1949 Chefred. d. Nachrichten f. d. Hotel- u. Gaststättengewerbe, Oldenburg; Gf. Gesellsch. Wirtschaftsdienst f. d. Oldbg. Gaststätten- u. Hotelgewerbe mbH, Oldenburg, Geschäftsf. Gaststätten- u. Hotelverb. Oldbg. ebd., Vors. Gewerbeförderungsaussch. Nieders. Landesgewerbeförd.stelle (LGF), Hannover - 1968 Silb. Ehrennadel Landesverb. Oldbg.; 1984 in Gold - Liebh.: Vogelschutz u. Hege - Spr.: Engl.

BOCKWOLDT, Gerd

Dr. phil., Dr. theol. Prof. f. Religionspädagogik Univ. Kiel (apl.; 1978ff.), o. Prof. Univ. Bayreuth (1981) - Haselbusch 1, 2420 Eutin - Ständige Mitarbeit an kirchl. Rundfunksend. (NDR) - BV: Richard Kabisch - Religionspäd. zw. Revolution u. Restauration, 1976, 2. A. 1982; Religionspäd. - E. Problemgesch., 1977; Div. Artikel im Wörterbuch d. Christentums (hg. v. H. Häring u. a.), 1988; Wie lehren wir Religion? (hg. v. R. Kabisch), 1988.

BODAMMER, Theodor

Dr. phil., Prof. f. Philosophie PH Ludwigsburg - Römerstr. 25, 8961 Haldenwang - BV: Hegels Deutung d. Sprache, 1969; Phil. d. Geisteswiss. Handb. Phil., 1987.

BODDEN, Heinrich

Dr.-Ing., Prof. f. Theor. Elektrotechnik Univ. Bremen (s. 1972) - Reinhold-Schneider-Str. 39, 7500 Karlsruhe 51 (T. 88 43 76) - Geb. 8. Jan. 1929 Bremen.

BODDENBERG, Bruno

Dr. rer. nat., o. Prof. f. Physikal. Chemie - Böckmannstr. 18, 4600 Dortmund 41 - Geb. 9. März 1938 Leverkusen, verh. s. 1966 m. Dipl.-Bibl. Marlis A. Dahlke, S. Ulrich Bernward - Dipl. (Physik) 1964 Bonn; Promot. 1968 TH Hannover, Habil. 1973 TU Hannover - 1964 Wiss. Assist. Univ. Bonn; 1965-77 Wiss. Assist., Akad. Rat u. Akad. Oberrat TH/TU Hannover; s. 1977 o. Univ. Prof. Univ. Dortmund - Ca. 50 Fachveröff. a. d. Geb. Physikalische Chemie d. Grenzflächen u. Magnet. Kernresonanz.

BODDENBERG, Erich

Dr. paed., Prof. f. Didaktik d. Mathematik Univ.-Gesamthochschule Siegen - Brahmsweg 1, 5900 Siegen 21.

BODE, Arndt

Dr. rer nat., Dr.-Ing. habil., Prof., Lehrstuhl f. Rechnertechnik u. Rechnerorg. - TU München, Arcisstr. 21, 8000 München 2 (T. 089 - 21 05-82 40) - Geb. 20. Sept. 1948 Augsburg, verh. m. Dipl. paed. Anja, geb. Dannenmaier - 1966-72 Stud. Informatik TU Karlsruhe; Promot. 1975 Karlsruhe, Habil. 1984 Erlangen - 1986/87 Univ.-Prof. Univ. Erlangen, s. 1987 Ord. TU München - BV: Rechnerarchitektur (m. Händler), 1980; Rechnerarchitektur II (m. Händler), 1983; Mikroarchitekturen u. Mikroprogramierung, 1984; RISC-Architekturen, 1988 - 1985 v. Finkelnburg Habil.preis - Spr.: Franz., Engl.

BODE, Bernhard

Fabrikant, Mitges. Bode Strickmode G.m.b.H., Wanfrieder Strick- und Wirkwarenfabrik, bde. Wanfried - Celler Str. 15, 3442 Wanfried b. Eschwege - Geb. 6. Nov. 1909 Weißenborn.

BODE, Christian

Dr. jur., Generalsekretär Deutscher Akademischer Austauschdienst (DAAD) (s. 1990) - Zu erreichen üb. Deutscher Akademischer Austauschdienst, Kennedyallee 50, 5300 Bonn 2 - Geb. 1942 Cottbus - Jurist. Staatsex. 1967 u. 1971, Promot. 1971 Univ. Bonn - 1972-82 Tätigk. im Bundesmin. f. Bild. u. Wiss.; s. 1979 Leit. Planungsgruppe; 1982-90 Generalsekr. Westdt. Rektorenkonfz. - BV: Kommentar z. Hochschulrahmengesetz.

BODE, Elert

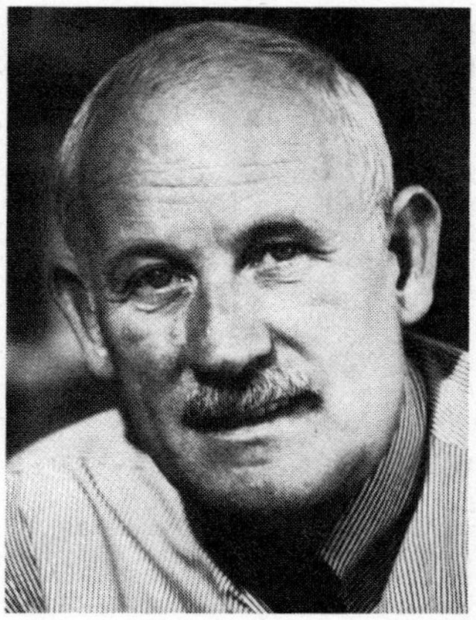

Schauspieler, Regisseur, Intendant - Richard-Wagner-Str. 35, 7310 Plochingen a.N. (T. 07153 - 2 80 03) - Geb. 6. April

1934 Breslau (Vater: Werner B., Berufsoffz./Landw.; Mutter: Gerda, geb. Bevilaqua), verh. s. 1984 m. Rita, geb. Fellmann, 2 Söhne (Benjamin, Jakob) - Gymn.; journ. Volont., Schauspielausb. - 1957-70 Int. Westf. Kammerspiele, Paderborn, 1970-76 Int. Württ. Landesbühne Esslingen/Neckar, s. 1976 Int. Komödie im Marquardt, Stuttgart, s. 1984 zugl. Int. Altes Schauspielhs., Stuttgart - 60 Bühnen-Insz.; s. 1955 130 Bühnenrollen u. s. 1964 160 Fernsehrollen als Schausp. - 1970 Kulturpreis Stadt Paderborn - Bek. Vorf.: Johann Elert Bode, 1747-1826, Astronom, Dir. Berliner Sternwarte - Rotarier.

BODE, Fritz

Dr.-Ing. E. h., Dipl.-Ing., Fabrikant, geschäftsf. Gesellschafter Wegmann & Co. Unternehmensholding KG - Max-Planck-Str. 17, 3500 Kassel-W'höhe - Geb. 9. April 1907 - 1974 Ehrendoktor TH Hannover; 1972 BVK I. Kl.; 1987 Gr. BVK.

BODE, Helmut

Dr. rer. nat., em. o. Prof. f. Analyt. Chemie, ehem. Direktor Inst. f. Anorgan. Chemie Univ. Hannover - St.-Ingbert-Weg 5, 3000 Hannover-Kirchrode - Geb. 27. Jan. 1917 Hannover - Stud. d. Chemie Hannover. Promot. 1949 - 1950-54 Assist. Univ. Mainz; s. 1954 Obering., Privatdoz., ao. (1957) u. o. Prof. (1966) TH, TU bzw. Univ. Hannover. Etwa 50 Fachveröff. - Spr.: Engl.

BODE, Helmut

Dr.-Ing., Prof. Univ. Kaiserslautern - Finkenhain 11, 6750 Kaiserslautern 31 (T. 0631 - 5 65 65) - Geb. 2. Sept. 1940 Dresden (Vater: Hans B., O.stud.dir.; Mutter: Annegold, geb. Scholl), ev., verh. s. 1968 m. Ilse, geb. Büchsenschuß, S. Thorsten - Abit. 1960 Celle; Dipl.-Ing. 1968 TH Hannover; Promot. 1974 Ruhr-Univ. Bochum - 1960-62 Bundeswehr; 1968-70 Statiker im Ing.büro; 1970-80 Wiss. Mitarb. Bochum; s. 1980 Prof. in Kaiserslautern. Prüfing. f. Baustatik, ECCS-chairman TC11, ASCCS-vice president, ESDEP-advisory comittee. Üb. 30 Fachaufs. u. 1 Lehrb. Verbundbau - Bek. Vorf.: Prof. Dr. Roland Scholl (Großv.).

BODE, Karl-Josef

Dr. oec., Dipl.-Math., Sachverständiger f. Altersversorgung - Nördl. Münchner Str. 7, 8022 Grünwald/Obb. (T. 089 - 641 60 40) - Geb. 11. April 1930 Holzwickede/W. (Vater: Karl B., Lehrer; Mutter: Mathilde, geb. Liese), kath., verh. s. 1960 m. Annkathrin, geb. Weitzmann, 3 Kd. (Christoph, Jochen, Stephanie) - Stud. Math. u. Wirtschaftswiss. Mainz, Nürnberg, München - S. 1954 fr. versicherungsmath. Sachverst. Ehrenämter nationale u. intern. Berufsorg.; Beirat Bundesaufsichtsamt f. d. Versicherungswesen. Zahlr. Veröff. z. betriebl. Altersversorg. - Spr.: Engl., Ital.

BODE, Manfred

Kaufm. Angestellter, MdA Berlin (s. 1975) - Malchiner Str. 119B, 1000 Berlin 47 - Geb. 31. Okt. 1938 Berlin - CDU.

BODE, Otto

Dr.-Ing., Prof. - Parkweg 3, 2000 Wedel/Holst. - Geb. 5. Dez. 1900 Winsen/Luhe (Vater: Otto B., Gärtnerm.; Mutter: Luise, geb. Arnemann), ev., verh. s. 1927 m. Minni, geb. Borchers (geb. 1900), S. Dr.-Ing. Gerhard (TÜV Rhld.-Pfalz) - 1943-68 Lehrtätigk. TH bzw. TU Hannover (1951 Honorarprof. f. Kraftfahrwesen). Zahlr. Facharb. u. Vortr.

BODEM, Günter

Dr. med., Prof., Chefarzt u. Ärztl. Direktor Med. Klinik Bad Homburg (s. 1980) - Vor der Kuppe 10, 6380 Bad Homburg - Geb. 20. Juni 1939, verh. m. Heike, geb. Adolf, T. Friederike - Med. Staatsex. 1965; Promot. 1966, Habil. 1975; 1970-72 Stip. Colorado Medical Center, 1973 Facharzt Innere Med.,1978 Kardiol., s. 1978 Prof., 1973-80 Oberarzt Med. Klinik Bonn - BV: Handbook Pharmacol, 1983; Myokardinsuffizienz; Klinische Untersuchungsmeth.; Zahlr. Art. z. Behandlung m. Inotropika, adrenergen Betablockern, Antiarrhythmika - Liebh.: Klass. Musik, Lit., Sport - Spr.: Engl., Franz.

BODEMANN, H. Harm

Dr. med., Prof., Internist, Haematologe u. Kardiologe, Chefarzt d. Inn. Med. Städt. Krkhs. Sindelfingen (s. 1986) - Zu erreichen üb. Städt. Krankenhaus, Postf. 4 45, 7032 Sindelfingen - Geb. 5. Febr. 1943 Hamburg, ev., verh. s. 1971 m. Eva, geb. Birkenmaier, 4 Kd. - Promot. 1969 Hamburg; Habil. 1977; Prof. 1983 Freiburg; Umhabil. 1988 Tübingen - 1969-73 Physiol. Inst. Univ. d. Saarl. Homburg; MPI f. Biophysik Frankfurt, Dept. of Physiology and of Hematology Yale Univ. New Haven; 1973-86 Med. Univ.-Klinik Freiburg - Zahlr. Veröff.: Erythrozytenmembran, Herzglykosidrezeptor, Ferritinstoffwechsel, Klin. Onkologie - 1975 Byk-Gulden-Forsch.preis - Liebh.: Cello.

BODEN, Dorothee

Generalkonsulin d. Bundesrepublik Deutschland in Curitiba/Brasilien (s. 1990) - Zu erreichen üb. Generalkonsulat d. Bundesrep. Deutschl., Kurier Curitiba, Postfach 15 00, 5300 Bonn 1 - Geb. 30. Juni 1936 Berlin, ledig - Stud. Philol. (Engl., Gesch., Politik) München u. Frankfurt/M.; Staatsex. f. d. Höh. Lehramt - S. 1965 Auswärtiges Amt, u.a. in Wien, Lima, Sydney, Santiago u. Dublin.

BODENBENDER, Wolfgang

Dr., Staatssekretär im Min. f. Arbeit, Gesundheit u. Soziales d. Landes Nordrh.-Westf. - Auf dem Stappenberg 5a, 5330 Königswinter (T. 02223 - 35 26) - Geb. 1935, verh., 2 Kd. - Absolvent 2. Bildungsweg, Sozialarb., Abitur Berlin-Kolleg, Stud. polit. Wiss. u. Sozialwiss. Berlin u. Frankfurt, Diplom-Sozialwiss., Promotion in Sozialpolitik (Prof. Achinger) Betriebswirtschaft (Prof. Hax) Frankfurt, 1970 - 1969-72 sozialpolit. Referent d. SPD-Bundestagsfrakt., 1972-82 Beamtenlaufbahn im Bundesministerium f. Arbeit u. Sozialordnung, zuletzt Ministerialdir., 1982 i.R., 1983-88 Geschäftsf. d. Arbeiterwohlfahrt, Bezirksverb. Westl. Westfalen.

BODENSEE, Jean,

s. Lehmann, Hans M.

BODENSEH, Hans-Karl

Dr. rer. nat., Prof. f. Physikal. Chemie Univ. Ulm - Kolpingstr. 17, 7910 Neu-Ulm - Zul. Doz.

BODENSIECK, Heinrich

Dr. phil., o. Univ.-Prof. f. neueste u. Zeitgeschichte, Didaktik d. Geschichte u. Polit. Bildung Univ. Dortmund - Am Teich 19, 5800 Hagen-Haßley - Geb. 2. April 1930 Neumünster - Zul. Doz. PH Kiel - BV: Probleme d. Weltpolitik, 1964; Polit. Willensbildung in d. BRD, 1967; D. dt. Frage s. d. II. Weltkr., 1968; Provozierte Teilung Europas?, 1970; Urteilsbildung z. Zeitgeschehen - D. Fall CSSR 1968/69, 1970; Dtschl.politik d. BRD, 1972; D. Kalte Krieg, 1973 (NA. v. 1964); D. staatl. Neuorganisation Deutschlands 1948/49, 1989. Zahlr. Fachaufs.

BODENSOHN, Peter J.

Dipl.-Ing., Dipl.-Wirtschaftsing., Geschäftsinhaber Fa. Ihr Messerepräsentant u. Peter J. Bodensohn, Fachuntern. f. Messepräsentationen - Am Weinberg 13, 6128 Höchst/Odw. (T. 06163-17 53) - Geb. 7. März 1940 Wiesbaden, kath., verh. s. 1970 m. Ingeborg Anger, 3 Kd. (Bettina, Beatrice, Peter) - 1958-61 Maurerlehre, 1962-69 Stud. Wirtschaftsingenieurwesen TU Berlin; 1972 REFA-Ausb.; Qualifikationsnachweis f. Leit. e. Betonprüfst. 1974, Schweißfachingenieur (1974), Prüfung f. Schweißung v. Betonstahl 1975, Prüf. f. Verarb. u. Verleg. v. Kunststoffrohren als Gas- u. Trinkwasserleit. 1975, Sicherheitsing. 1980 - 1970-85 Geschäftsf. Bauind.; s. 1972 Freizeitind.; s. 1972 Sand- u. Kiesind.; Mitbegr. Kieskontor Untermain GmbH & Co Vertriebs-KG (1975); s. 1977 Immobilienmakler; s. 1977 Unternehmensberater - Liebh.: Skifahren - Spr.: Engl., Franz. - Lit.: D. Erfolgsberater - Handb. f. d. erfolgreichen Aufbau e. eig. Untern.

BODENSTEDT, Erwin

Dr. rer. nat., o. Prof. f. Kern- u. Neutronenphysik - Jägerstr. 6, 5300 Bonn-Röttgen - Geb. 25. Jan. 1926 Köln (Vater: Dipl.-Kfm. Hermann B.; Mutter: Lia, geb. Bensberg), ev., verh. s. 1956 m. Ruth, geb. Susemihl, 3 Kd. (Martin, Monika, Michael) - Schiller-Gymn. Köln, Obersch. Siegburg; Univ. Bonn (Physik). Promot. 1952 Bonn; Habil. 1960 Hamburg - 1951-54 Assist. Univ. Bonn; 1955 Stip. Cornell Univ. (USA); 1956-62 Wiss. Rat u. Doz. (1960) Univ. Hamburg; s. 1962 o. Prof. Univ. Bonn. Emerit. 1991. Spez. Arbeitsgeb.: Kernspektroskopie, Hyperfeinwechselwirkungen - BV: u. a. Experimente d. Kernphysik u. ihre Deutung, I-III 1972/73. Zahlr. Einzelarb. - Spr.: Engl. - Bek. Vorf.: Friedrich v. B. u. Emil Rittershaus, beides Dichter.

BODENSTEIN, Gerhard

Dr. rer. pol., Dipl.-Kfm., Dipl.-Landw., Prof. f. Betriebswirtschaftslehre, insb. Marketing, Univ.-GH Duisburg - Lotharstr. 65, 4100 Duisburg 1.

BODENSTEIN, Walter

Dr. theol., Prof. a. D. f. Ev. Religionslehre u. Methodik d. Religionsunterr. PH Kiel - Holtenauerstr. 194, 2300 Kiel (T. 0431 - 8 43 75) - Geb. 15. Nov. 1914 Harburg/Elbe (Vater: Wilhelm B., Faßhändler; Mutter: Alma, geb. Heyden), ev. luth., verh. s. 1952 m. Dr. Ilse, geb. Bartholdi, 4 Kd. (Michael, Christine, Wolfgang, Cornelia) - Stresemann-Gymn. Harburg, Univ. Göttingen u. Erlangen - BV: Neige d. Historismus, Gütersloh 1959; D. Theologie Karl Holls, Berlin 1968; D. Bankrott d. gegenw. Rel.päd., Berlin 1973; Glaube u. Anfechtung. Z. gegenw. Lage d. dt. Protestantismus, Berlin 1975; Tierschutz u. Christentum, Kiel 1974; Was Christen im röm. Reich erlebten. Kirchengesch. ab 5. Schuljahr Frankfurt/M.-Berlin-München 1981; dazu: Lehrerhandbuch Frankfurt/M.-Berlin-München 1982; Ist nur d. Besiegte schuldig? D. EKD u. d. Stuttgarter Schuldbekenntnis v. 1945; Herbig-Materialien z. Zeitgesch., 1986 (übernommen in engl. Übers. von: Christian News New Haven (USA), 1986) - Spr.: Franz.

BODEY, Alexander

Dr.-Ing., Geschäftsführer Martellus Ges. f. industrielle Zusammenarbeit mbH & Co KG - Thomas-Wimmer-Ring 9, 8000 München 22; priv.: Pienzenauerstr. 109, 8000 München 81 - Geb. 28. Dez. 1920.

BODIN, Klaus

Dr. med., Senator a. D., MdA - Holunderweg 9, 1000 Berlin 20 - Geb. 12. Okt. 1919 Berlin (Vater: Fritz B., Rektor i. R.; Mutter: Gertrud, geb. Krüger), verh. s. 1954 m. Dr. med. Vera, geb. Plume, 2 Söhne (Stefan, Christof) - Kant-Gymn. Berlin; 2 J. Landw.slehre Freibauernhof d. väterl. Familie Osthavell.; 1939-45 Arbeits- u. Wehrdst. (m. Abkommand. z. Stud.); Univ. Leipzig (Physikum 1942) u. Berlin (Staatsex. 1945) - B. 1951 Assist.arzt Städt. Krkhs. Spandau, dann ärztl. Mitarb. AOK Berlin, 1965-67 Bürgerm. Spandau, 1967-71 Senator f. Gesundheit u. Soziales Berlin. 1954-58 Bezirksverordn. Spandau; 1958-65 u. 1971-79 MdA Berlin. SPD s. 1945 - 1970 Gold. Ehrenz. Block dt. Hirnbeschädigter - Liebh.: Bücher, Musik, Gartenarb., Tennis - Gold. Sportabz. - Spr.: Engl.

BODMAN, Freiherr von u. zu, Heinrich

Dipl.-Forstw., Geschäftsf. Dt. Ges. f. Holzforschung (1962-87) - Peter-Vischer-Str. 7, 8000 München 60 (T. 83 18 82) - Geb. 25. Sept. 1924 Kreuth (Vater: Wilhelm Frhr. v. u. zu B.; Major a. D.; Mutter: Marie-Therese, geb. Gräfin Saldanha da Gama), kath., verh. s. 1947 m. Dr. med. M. Elis, geb. Fr. v. Pfetten, 4 Kd. (Leopold, Johannes, Marie-Christine, Nikolaus) - Spr.: Franz., Portug. - Bek. Vorf.: Vasco da Gama, Marquez de Pombal.

BODMANN, Hans Walter

Dr. rer. nat., o. Prof. f. Angew. Lichttechnik u. Lichttechn. Meßkunde Univ. Kalrsruhe (s. 1967; Dir. Lichttechn. Inst.) - Kaiserstr. 12, 7500 Karlsruhe 1 (T. 608 25 40) - Präs. Commission Intern. de l'Eclairage.

BÖCHER, Heinz-Wolfgang

Dr. med., Dr. phil., Dipl.-Psych., em. o. Prof. f. Verkehrserziehung u. Angew. Psych. Univ. Essen (s. 1975) - Mittelstr. 105, 5483 Bad Neuenahr (T. 02641 - 7 95 29) - Geb. 5. Jan. 1923 Nieder-Bessingen - Stud. d. Med. u. Psychol. Univ. Heidelberg; Promot. 1952 (med.) u. 1957 (phil.); Habil. 1973 - 1960 Nervenarzt, 1963-75 Dir. TÜV Rheinland - BV: D. Praxis d. Lernens, 1971; D. Verhalten im Straßenverkehr, 1971; Bedingungsanalyse d. Alterns, 1973; Vorsicht/Umsicht/Rücksicht, 1975; D. Mensch im Fortschritt d. Medizin, 1987; Natur, Wissenschaft u. Ganzheit, 1991. Übers.: Med. Psychol. (1966) - 1975 Christophorus-Preis - Liebh.: Tennis, Filmen - Spr.: Engl., Franz., Span., Ital.

BÖCHER, Otto

Dr. theol., Dr. phil., Prof. f. Neues Testament - Carl-Zuckmayer-Str. 30, 6500 Mainz-Drais - Geb. 12. März 1935 Worms/Rh. (Vater: Otto B., Pfarrdiakon; Mutter: Anna, geb. Lumm), ev., verh. s. 1962 m. Ortrud, geb. Bauscher, 4 Kd. (Hans-Georg, Wulf, Peter, Dorothea) - Altsprachl. Gymn. Worms; Univ. Mainz u. Heidelberg (Theol., Kunstgesch., Oriental., Phil.). Theol. Ex. 1960 u. 61 Darmstadt; Promot. 1958 (ph.) u. 63 (th.) Mainz; Habil. 1968 ebd. - Zeitw. Vikar Wiesbaden u. Pfarrer Selzen; s. 1975 Ord. Prof. PH Saarbrücken (Ev. Theol. u. Religionspäd.), s. 1978 Ord. Prof. Univ. Mainz - BV: D. Alte Synagoge zu Worms, 1960; D. johannei. Dualismus, 1965; Dämonenfurcht u. -abwehr, 1970; Christus Exorcista, 1972; D. NT u. d. dämon. Mächte, 1972; D. Johannesapokalypse, 1975, 3. A. 1988; Kunst u. Gesch. in Rheinland-Pfalz, 1981; Kirche in Zeit u. Endzeit, 1983; Kl. Lexikon d. stud. Brauchtums, 1985; D. Wein u. d. Bibel, 1989 - 1976 Ehrenritter, 1987 Rechtsritter Johanniter-Orden; 1976 Ehrenz. Dt. Ärzteschaft - Liebh.: Genealogie u. Heraldik - Spr.: Lat., Griech., Hebr., Franz., Engl.

BOECK, Dieter

Dr. jur., Hauptgeschäftsführer Marburger Bund/Verb. d. angest. u. beamt. Ärzte Dtschl. (Bundesverb.) - Riehler Str. 6, 5000 Köln 1 - Geb. 25. Febr. 1939 Münster/Westf. - 1958 Abit. Human. Uhland-Gymn. Tübingen; Stud. Rechtswiss. u. Betriebswirtsch. Tübingen, München, Berlin u. Hamburg; Promot. (preuß. Rechtsgesch.) - Rechtsanwalt in Bonn; s. 1967 f. d. Ärzteschaft tätig; u. s. 1971 f. d. Marburger Bund (s. 1977 Hauptgeschäftsf.) - Ehrenz. d. dt. Ärzteschaft - Liebh.: Weltreligionen, Lyrik, Preußen, Tischtennis.

BÖCK, Emmi

Schriftstellerin, Sagensammlerin - Münchner Str. 74, 8070 Ingolstadt (T. 0841 - 7 24 33) - Geb. 17. Juni 1932 Zweibrücken (Vater: Robert, Masch.-Schlosser; Mutter: Klara, geb. Heist), ev. - Oberrealsch. Ingolstadt (Abit. 1952), 1953-59 Stud. German. Univ. München; aktiv in d. APO d. 60er Jahre, u. in d. WAA-Kampagne (Wackersdorf) Mitte der 80er J., heute engagiert in d. Friedensbewegung - S. 1961 volkskdl. Sammeltätigk., größtes priv. Sagenarchiv Bayerns. Arbeit mehrf. durch lange Krankh. unterbr.; 1980 Forsch.auftr.

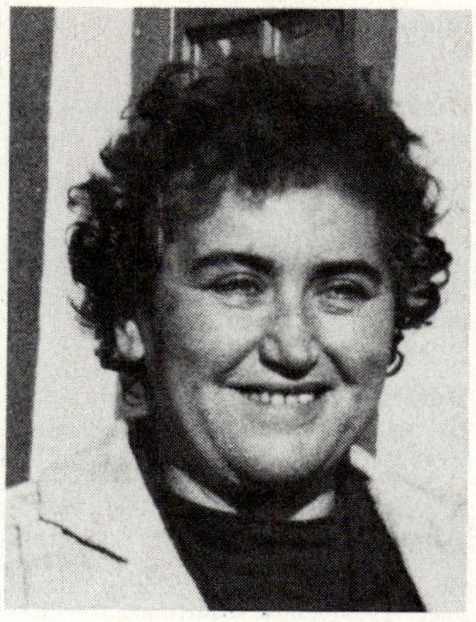

Bayer. Landesstiftg. (Sagen Opf.), 1988 Forsch.auftr. d. Fördervereins Kultur LK Neuburg-Schrobenh., 1989 Forsch.auftr. Bayer. Landesstiftg. u. Hermann Gutmann-Stiftg., Weißenburg (Sagen Mfr.) - BV: Ingolstadt. Bildbd., 1966; Sagen u. Legenden aus Ingolstadt u. Umgeb., 1973; D. Hallertau. Bildbd., 1973; Sagen aus d. Hallertau, 1975; Aus d. Sagenwelt d. Tuxer Tales. In: Alpenvereins-Jahrbuch 1975; Sagen aus Niederbayern, 1977; Sagen aus Eichstätt u. Umgeb., 1977; Regensburger Stadtsagen, 1982; Erste Biogr. üb. Alexander Schöppner, in: Cor unum, 1984; Bayer. Legenden (ebf. m. Schöppner-Biogr.), 1984; Sagen a. d. Oberpfalz, 1986; Sitzweil. Oberpfälzer Sagen aus d. Volksmund, 1987; Regensburger Wahrzeichen, 1987; Sagen a. d. Neuburg-Schrobenhauser Land, 1989; Bayer. Schwänke (zus. m. Max Direktor) 1992; Geisterbanner u. Bannorte in d. Oberpfalz (Beitrag f. Festschr. 29. Bayer. Nordgautag), 1992; ab 1991 Mitarbeit b. d. Flurberein. Dir. Regensburg im Rahmen d. Dorferneuerung (Rundbrief Sitzweil f. d. Markt Stamsried) - Darstell. im Kurzfilm: D. Ente, 1965 - Mehr. Collagen, u.a. Jesus in schlechter Ges., 1970 (langjähr. brisanter Prozeß; Gutachter: Prof. Werner Hofmann v. d. Hamburger Kunsthalle) - 1981 BVK; 1987 Bayer. VO - Liebh.: Schwimmen, Wandern, Spielen - Spr.: Engl., weniger gut Franz. u. Lat. - Lit.: Vorworte d. Sagenb. v.: Prof. Benno Hubensteiner, Dr. Eberhard Dünninger, Prof. Lutz Röhrich, Dr. Günther Kapfhammer - FS-Porträt üb. E. B. 1979 u. 1986 (bde. in d. Send. Zw. Spessart u. Karwendel); Porträt in Lesespaß 4, Leseb. f. bayer. Grundsch., 1982.

BÖCK, Karl

Dr., Ministerialdirektor Bayer. Staatsmin. f. Unterr. u. Kultus München (1969-81), Vors. Kurat. Akad. f. Pol. Bildung, Tutzing - Rabenkopfstr. 38, 8000 München 90 (T. 64 75 43) - Geb. 1916 - 34 J. Staatsdst. Vors. Stiftungsrat Inst. f. Zeitgeschichte, München; 2. Vors. Kath. Jugendfürs. Augsburg; VRvors. Bayer. Schulbuchverlag; 1985ff. Päd. Berat. Provinzreg. Zhejiang (China) - Bayer. VO, Gr. BVK I. Klasse; Komturkr. m. Stern Päpstl. Silvesterorden, Komturkr. m. Stern päpstl. Gregoriusord., Gold. Bürgermed. d. Stadt Dillingen, Gold. Oskar-v.-Miller-Med. Dt. Museum München.

BÖCK, Peter

Dr. med., Prof. f. Histologie u. Embryologie - Zu erreichen üb. Inst. f. Histologie u. Embryologie d. Veterinärmed. Univ. Wien - Linke Bahngasse 11, A-1030 Wien - Geb. 11. März 1943 - 1974 Wiss. Rat u. Prof. Univ. Köln; 1976 Wiss. Rat u. Prof. TU München; 1980 a.o. Prof. Univ. Wien; 1992 o. Prof. Veterinärmed. Univ. Wien.

BOECK, Wilhelm

Dr. phil., Prof., Kunsthistoriker - Beim Herbstenhof 15, 7400 Tübingen (T. 6 25 50) - Geb. 21. Mai 1908 Gießen (Vater: Wilhelm B.; Mutter: Katharina, geb. Trautmann), ev., verh. m. Ilse, geb. Matthes, 3 Kd. (Urs, Andreas, Emanuel) - 1930 Promot. Berlin - 1941 Univ.Doz., 1948 apl. Prof., 1966 Wiss. Rat Univ. Tübingen - BV: Alte Berliner Kirchen, 1937; Schloß Oranienburg, 1938; Permoser, 1938; Alte Gartenkunst, 1939; Uccello, 1939; Andrea Mantegna, 1942; Feuchtmayer, 1948; Picasso, 1955; Grieshaber, 1958; Der Bamberger Meister, 1960; Rembrandt, 1962; Picasso Linolschnitte, 1962; Picasso-Zeichnungen, 1973 - 1929 Grimm-Preis Friedrich-Wilhelm-Univ. Berlin; 1959 Bodensee-Lit.preis; 1989 Verdienstmed. Land Baden-Württ. - Spr.: Engl., Franz., Ital. - Lit.: Inkunabeln d. Bildniskarikatur (Festgabe), 1968.

BÖCK, Willibald

Lehrer, Innenminister des Landes Thüringen (s. 1990), MdL (s. 1990) - O-5602 Bernterode/Eichsfeld - Geb. 30. Dez. 1946, kath., verh., 5 Kd. - Lehrerstud. Deutsch u. Kunstgesch. an d. PH Erfurt; Dipl. 1969 - 1990 Abg. d. ersten freigewählten Volkskammer; Mitgl. d. Aussch. Dt. Einheit d. VK; s. 1990 Landesvors. d. CDU Thüringen; Mitgl. d. Bundesvorst. d. CDU u. d. Bundesrates - Liebh.: gute Bücher, Malen.

BOECK, Wolfgang

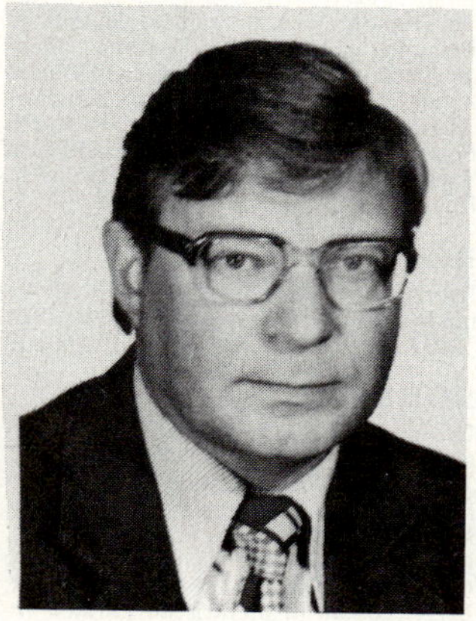

Dr. phil. habil., Prof., Philologe, Direktor (komm.) d. Instituts f. Slavistik Univ. Halle - Ahornweg 25, O-4073 Halle/S. (T. 0046 - 70 35 91) - Geb. 26. April 1930 Hamburg, verh. s. 1954 m. Brigitte, geb. Heimbrecht, 2 Kd. (Joachim, Iris) - Slavistik-Dipl. 1954 Univ. Halle; Promot. 1958; Habil. 1969 Univ. Halle - 1955-62 Lektor f. Russ. Univ. Halle; 1962-65 Doz. f. russ. Sprache Univ. Rostock; 1965-69 Univ. Halle; 1969-80 Hochsch.-doz.; s. 1980 o. Prof. f. russ. Sprache Univ. Halle; 1984-90 stv. Dir. f. Forsch. d. Sekt. Sprach- u. Lit.wiss. Univ. Halle - BV: Gesch. d. russ. Lit.sprache (m. Chr. Fleckenstein u. D. Freydank), 1974.; Herausg.: Kommunikativ-funktionale Sprachbetrachtung als theor. Grundlage f. d. Fremdsprachenunterr., Sammelbd. (m.a., 1981) - 1974 Forschungspreis Univ. Halle.

BOECK, Wolfram

Dr.-Ing., o. Prof. f. Hochspannungs- u. Anlagentechnik TU München (s. 1976) - Otzbergstr. 10, 6101 Roßdorf 2 - Zul. Ord. TH Darmstadt.

BÖCKELER, Wolfgang

Dr. rer. nat. habil., Privatdozent, Zoologe u. Parasitol. Univ. Kiel - Adenauerstr. 54, 2300 Kronshagen (T. 0431 - 58 24 71) - Geb. 17. Sept. 1941 Bonn, kath., verh. m. Johanna, geb. Clasen, T. Birgit Lätitia - Stud. Biol. (spez. Zool.) u. vorklin. Med. Bonn; Dipl.-Biol. 1971 u. Dr. rer. nat. 1975 Bonn; Habil. 1984 Univ. Kiel. 1971-73 Forschungsreisen n. Afghanistan; 1984-89 2x jährl. Forsch.reisen u. Gastdoz. Paraguay; Gastdoz. Heidelberg - BV: Parasitol. Praktikum; Veröff. auf parasitol. u. entwicklungsgeschichtl. Geb. (v.a. Pentastomida) Böckeler & Wülker (Hrsg. 1983); Kl. Führer üb. Schlangen d. parag. Chaco, 1989 - 1959/60 National Honour Society, USA; 1989 Prof. Visitante Univ. Nacional de Asuncion - Liebh.: Klass. Musik - Spr.: Engl., Franz., Lat., Farsi.

BÖCKELMANN, Gottfried

Prof., Dipl.-Designer, Drechslermeister, Vorst. Dt. Drechslerhandwerk, gf. Vors. Sozialfonds d. dt. Kunsthandwerks - Johanna-Kirchner-Str. 34, 3200 Hildesheim (T. 05121 - 4 17 36) - Geb. 20. Jan. 1930 (Vater: Georg B., Landwirt; Mutter: Sibylle, geb. von Tschirschky u. Bögendorff), ev. luth., verh. s. 1958 m. Ruth, geb. Kurzweg, 3 Söhne (Andreas, Sebastian, Justus) - Lehre b. Bernh. Kirchner, Schüler b. Prof. A. Rickert, Meister- u. Werkkunstsch. Bielefeld - 1961 Bayer. Staatspr.; 1964 Nieders. Staatspr.; 1969 Ausz. d. LGA Bad.-Württ.; 1980 Gold. Handwerksz.; 1980 VK am Bde. Nieders. VO.; 1988 Gold. Ehrenz. d. Dt. Drechslerhandwerks; 1990 BVK I. Kl.

BÖCKEN, Carl-August

Rechtsanwalt, Vorstandsmitgl. Concordia Versicherungsges. a. G., Hannover - Grabenweg 11, 3002 Wedemark 1/Mellendorf - Geb. 10. Dez. 1926.

BÖCKENFÖRDE, Ernst-Wolfgang

Dr. jur., Dr. phil., Dr. jur. h. c. (Basel), Bundesverfassungsrichter, Prof. f. Öfftl. Recht, Rechts- u. Verfassungsgesch., Rechtsphil. Univ. Freiburg - Türkheimstr. 1, 7801 Au b. Freiburg (T. 0761 - 40 56 23) - Geb. 19. Sept. 1930 Kassel, verh., 3 Kd. - Promot. Münster (1956, jur.) u. München (1961, phil.) - S. 1964 (Habil.) Lehrtätigk.; Richter Bundesverfass.gericht (s. 1983) - BV: Gesetz u. gesetzgeb. Gewalt, 1958, 2. A. 1981; D. dt. verfassungsgeschichtl. Forsch. im 19. Jh., 1961 (auch ital.); D. Org.gewalt im Bereich d. Regierung, 1964; D. Rechtsauffass. im kommunist. Staat, 1967; Staat, Ges., Freiheit, 1976 (auch engl.); D. Staat als sittl. Staat, 1978; D. verfassungsgebende Gewalt d. Volkes, 1986; Schriften zu Staat, Ges., Kirche, Bd. 1-3, 1988-90; Recht, Staat, Freiheit, 1991, 2. A. 1992; Staat, Verfassung, Demokratie, 1991 - Spr.: Engl.

BÖCKENFÖRDE, Werner

Dr. jur., Dr. theol., Domkapitular, Honorarprof. f. Kath. Kirchenrecht u. Staatskirchenrecht Univ. Frankfurt/M. - Roßmarkt 8, 6250 Limburg/L. 1 - Geb. 21. März 1928 Hilders/Rhön (Vater: Josef B., Landforstm.; Mutter: Gertrud, geb. Merrem), kath. - Univ. Münster (Kath. Theol., Rechtswiss., Christl. Sozialwiss.). Promot. 1956 u. 69 - S. 1957 Geistl. (1976 Domkap.) - BV: D. allg. Gleichheitssatz u. d. Aufgabe d. Richters, 1957; D. Rechtsbegriff in d. neueren Kanonistik, 1969; H. Barion: Kirche u. Kirchenrecht (Hrsg.), 1984 - Spr.: Engl.

BÖCKER, Felix

Dr. med., Ltd. Medizinaldirektor, Leit. Nervenkrkhs. Bayreuth (s. 1975), apl. Prof. f. Neuropsychiatrie Univ. Erlangen-Nürnberg (s. 1977) - Neißeweg 6, 8580 Bayreuth - Geb. 18. Dez. 1931 Havixbeck (Vater: Dr. med. Hans B.; Mutter: Hildegard, geb. Baumeister), kath., verh. s. 1956 m. Gisela, geb. Sauerland, 5 Kd. (Felix, Tobias, Fabian, Imina, Reinula) - Schule Iserlohn (Abit. 1952); Univ. Köln (Staatsex. 1958). Promot. Köln; Habil. Erlangen - Zul. Oberarzt Nervenklin. Erlangen - BV: Suizide u. Suizidversuche in d. Großstadt, 1973.

BOECKH, Jürgen

Dr. rer. nat., o. Prof. f. Biologie - Universität, 8400 Regensburg - S. 1967 Prof. Univ. Frankfurt (Wiss. Rat u. Prof. Zool. Inst.) u. Regensburg (Ord.).

BÖCKING, Alfred

Dr. med., Univ.-Prof. f. Pathologie RWTH Aachen - Montzenerstr. 1, 5100 Aachen (T. 0241 - 7 33 95) - Geb. 10. Aug. 1944 Sagan/Schles. (Vater: Wolfgang B., Dipl.-Ing.; Mutter: Gerda, geb. Aubin), ev., verh. s. 1974 m. Gabriele, geb. Doll, 3 Kd. (David, Charlotte, Johanna) - Med. Staatsex. u. Promot. 1971 Univ. Freiburg/Br.; Habil. 1980 ebd. (f. Allg. u. Spez. Pathol.) - 1977 Columbia Univ. New York (Forschungsaufenth.); s. 1982 Univ.-Prof. f. Pathol. u. Zytol. RWTH Aachen. Entd. Diagnost. DNS-Bild-Zytometrie, DNS-Malignitäts-Grading. Entw.: MIAMED-DNA (Leitz, Wetzlar), Cytometer 1 (Hund, Wetzlar): Systeme z. Computerunterstützten Diagnose u. Gradierung bösartiger Tumoren - 1974 Gödecke-Forschungspreis; 1991 W. Warner Preis f. Krebsforsch., 1991 2. Innovationspreis d. hess. Wirtschaftsmin. - Liebh.: Alpinismus, Fotogr. - Spr.: Engl., Franz. - Bek. Vorf.: Prof. Dr. Hermann Aubin (Großv.); Heinrich Böcking, Industrieller u. Politiker (geb. 1785).

BÖCKING, Werner

Schriftsteller - Erprather Weg 32, 4232 Xanten 1/Rh. - Geb. 25. Jan. 1929 Homberg/Ndrh. - Archäol. Zeichner. Div. Sachb. D. Römer am Niederrhein - D. Ausgrab. in Xanten, Westf. u. Nieders., 1974 u. 1978; Schiffe auf d. Rhein in drei Jahrtausenden, Bildband mit Text, 1979; D. Gesch. d. Rheinschiffahrt, Textband, 1980; Nachen u. Netze am Niederrhein, volkskundl. Studie, 1982; D. geheimnisv. Waldhaus, Jugendb., 1983; Schiffe auf d. Saar, 1984; Fähre im Nebel, Erz. 1984; Menschen am Strom, Erz. u. Hörsp., 1986; D. Römer, Archäol. Ausgrabungen in Xanten, 1987; Xantener Chronik - v. d. Römerzeit b. heute, 1987; So fischte man am Niederrhein - D. einstigen Fangmethoden v. Emmerich b. Neuss. Bilder e. alten Handwerks, 1988; Römer, Fischerei u. Schiffahrt an u. auf d. Niederen Rhein, Bibliogr. 1989; Xanten - Bilder e. alten Stadt, 1990; Vom Dampf z. Diesel, d. Rheinschleppschiffahrt im Wandel, Bildbd. 1992 - 1981 Rheinland-Taler.

BÖCKL, Manfred Ludwig

Schriftsteller - Stadtplatz 21, 8372 Zwiesel - Geb. 2. Sept. 1948 Landau, gesch., T. Kathrin Amadea - Abit.; einige Sem. Univ. Regensburg, dann Ausb. z. Redakt. Passauer Neue Presse - B. 1976 Redakt., anschl. fr. Schriftst. - BV: D. Meister v. Amberg, 1984; D. Leibeigenen, 1985; D. Lied v. Haduloha, 1986; Land u. Meer, 1986; D. Stromkiesel, 1988; D. Hexe soll brennen, 1989; Erdbeermund, 1989; D. Regenbogenschüsselchen, 1990; Räuber Heigl, 1990; D. neun Leben d. Grainne O'Malley, 1991; Go, Trabi, Go, 1991 (Bearb.); Mühlhiasl, 1991 - 1986 Stadtschreiber v. Otterndorf; 1987/88 Neumüller-Stip. d. Stadt Regensburg.

BÖCKL, R.

Dr. jur., Geschäftsführer Landesgruppe NRW d. VDMA; Leit. Verbindungsbüro Bonn; Geschäftsf. Fachgem. Näh- u. Bekleidungsmasch., sowie Fachgemeinsch. Masch. f. d. Schuh- u. Lederind. d. VDMA - Grabbeplatz 2, Postf. 8231, 4000 Düsseldorf 1.

BOECKLIN, Freiherr von, Dietrich

Justitiar Saarl. Rundfunk - Funkhaus Halberg, 6600 Saarbrücken.

BOECKMANN, Klaus

Dr. phil., Prof. f. Mediendidaktik Univ. Klagenfurt - A-9074 Keutschach 59 - Geb. 3. Juli 1937 Königsberg/Pr. - Promot. 1970 - BV: D. Herstell. programm. Lehrmaterialien, 1973 (m. Norbert Heymen).

BÖCKMANN, Kurt

Ingenieur, Staatsminister a. D., MdL (s. 1967; 1973-76 Vorsitzender CDU-Fraktion) - Schreberstr. 84, 6700 Ludwigshafen/Rh. (T. 55 27 29) - Geb. 16. Dez. 1929 Ludwigshafen, kath., verh., 2 Kd. - Gymn. (Abit.); 1950-53 Maschinenschlosserlehre; 1953-57 Maschinentechn.

Fachsch. - S. 1953 Gebr. Giulini GmbH, L'hafen (1955ff. Mitgl. Betriebsrat; 1958ff. Leit. Berufsausbild.). 1956ff. Mitgl. Stadtrat L'hafen (1967ff. Fraktionsf.). B. 1987 Staatsmin. d. Innern Rhld.-Pfalz. CDU s. 1953 (1963-67 Vors. Kreisverb. L'hafen; 1966-69 Vors. Landessozialaussch.).

BÖCKMANN, Walter

Dr., Dipl.-Soz., Psych. Berater f. Personalwesen u. Psychotherapeut, Schriftsteller - Ilmenauweg 15, 4800 Bielefeld 11 (T. 05205 - 32 29) - Stud. Psych., Soziol., Päd. (Dipl.-Soz., Dr. paed.) - Logotherapeut, Leit. Inst. f. Logotherapie u. Psych. d. Arbeitswelt Bielefeld - BV: Millionenverluste durch Führungsfehler, 1967; D. Geist, d. Zinsen trägt, 1972; Botsch. d. Urzeit, 1979; Sinn-orient. Leistungsmotivation u. Mitarbeiterführ., 1980; D. Sinn-System, Psychotherapie d. Erfolgsstrebens u. d. Mißerfolgsangst, 1981; Psych. d. Heilens, 1982; Wer Leistung fordert, muß Sinn bieten, 1984; Sinnorientierte Führung als Kunst d. Motivation, 1987; Sinn u. Selbst, 1989; V. Sinn z. Gewinn, 1990. Filme (u.a.): D. untern. Herausford. (BRD 1972), D. sowj. Arbeiter in d. sozialist. Planwirtsch. (BRD/UdSSR 1973), Arbeiterselbstverw. in Jugosl. (Jugosl./BRD 1973).

BÖCKSTIEGEL, Karl-Heinz

Dr. jur., o. Prof. Univ. Köln - Albertus-Magnus-Platz, 5000 Köln 41 - Geb. 2. Aug. 1936, verh. - Univ. Heidelberg, Hamburg, Bonn, Köln; Boston, Genf, Den Haag, Paris - Lehrst. f. Intern. Wirtschaftsrecht; Dir. d. Inst. f. Luft- u. Weltraumrecht; 1984-88 Präs. d. Iran-United States Claims Tribunal, Den Haag; Schiedsrichter in vielen nationalen u. intern. Streitigk. - BV: 33 Bücher u. viele Aufs. in dt., engl. u. franz. Spr., Übers. in span. u. portug.

BÖDECKER, Ehrhardt

Rechtsanwalt, Geschäftsinh. Weberbank KGaA, Berlin - Nürnberger Str. 61-62, 1000 Berlin 30 (T. 2 19 05-0) - Vorst. Berliner Wertpapierbörse; AR-Mitgl. Anton Schmittlein Bauunternehmung AG; Mitgl. Kuratorium Ev. Johannesstift Berlin-Spandau.

BÖDEKER, Helga

Dozentin f. Violine Hochsch. f. Musik u. Theater Hannover - Kirchröder Str. 6, 3000 Hannover 61 (T. 0511 - 55 77 25) - Geb. 4. Mai 1928 Bremen - Abit.; Stud. Detmold (Musikakad.) - 1964-67 Assist. v. Henryk Szeryng - Bek. Vorf.: König Theoderich d. Große (Ravenna), Kaiser Karl d. Große, Joh. Heinr. Wilh. Tischbein: „Goethe-Tischbein".

BÖDEKER, Johann Dietrich

Dr. phil., Schriftsteller - Margaretenhöhe 21, 3300 Braunschweig - Geb. 25. Febr. 1918 Rönneburg (Hamburg), verh. s. 1948 m. Lydia, geb. Barth, 3 Kd. (Gundula, Berthold, Reinhold) - 1945-50 Stud. Phil., German., Angl., Roman. Univ. Göttingen; Staatsex. u. Promot. 1950 ebd. - Studiendir., Fachberat. f. Dtsch. im Nieders. Reg.bez. Braunschweig (1974-80) - BV: Reichsapfel u. Pflaumenbaum, R. 1976; Eros reitet d. Reh, Erz. 1979; Blicke ins Tausendauge, Ged. 1982; Redakt. d. Satyrikons Schmähwinkel, 1979-84; D. Land Brome u. d. obere Vorsfelder Werder, Historiographie, 1985; Ged. z. Deutschen Revolution, 1990 - 1985 Ehrenbürger Samtgde. Brome/Landkr. Gifhorn - Spr.: Engl., Franz.

BÖDEKER, Jürgen

Dr. med., Privatdoz., Ltd. Arzt Urologische Abt. Krankenhaus Waldshut - Kaiserstr. 93, 7890 Waldshut-Tiengen 1 (T. 07751 - 8 50) - Geb. 8. Febr. 1939 Köln, ev., verh. s. 1971 m. Ulla, geb. Hahn, 2 T. (Katja, Alina) - Abit. Köln; Stud. Med. Univ. Köln, Wien, Düsseldorf u. in USA; Promot. 1966 D'dorf, Habil. 1978 FU Berlin - Facharzt f. Urol. Chefredakt. Ztschr. Extracta urologica - BV: Tumoren d. Urogenitaltraktes, 1981 - 1984 ao. Mitgl. Schweizer. Ges. f. Urol. - Liebh.: Malerei, Sport - Spr.: Engl., Ital.

BOEDEN, Gerhard

Polizeibeamter, Vizepräs. Bundeskriminalamt a. D., Präs. Bundesamt f. Verfassungsschutz (s. 1987) - Merler Ring 117, 5309 Mekkenheim-Merl - Geb. 10. Febr. 1925 Gütersloh, ev., verh. s. 1954 m. Paulina, geb. Kutzer, S. Dr. med. Gerhard - Schriftsetzerlehre; zahlr. Fachlehrg. - Sachbearb., Ref., Gruppenleit., Abteilungsleit., Hauptabteilungsleit., Vizepräs. Polizei NRW, BKA, Zahlr. Veröff. z. kriminol. u. kriminalist. Themen - 1981 BVK I. Kl.; 1987 Gr. BVK; zahlr. hohe ausl. Orden.

BOEDER, Heribert

Dr. phil., o. Prof. f. Philosophie - Heinrichstr. 37, 4500 Osnabrück - Geb. 17. Nov. 1928 Adenau/Eifel, verh. s. 1958 m. Anita, geb. Philippi, 2 Kd. (Titus, Maria) - Univ. Mainz, Freiburg, Cambridge, Paris, Oxford - S. 1960 (Habil.) Lehrtätigk. Univ. Freiburg (1967 apl. Prof.), TU Braunschweig (1971 Ord.), Univ. Osnabrück - BV: u. a. Topologie d. Metaphysik, 1980; D. Vernunft-Gefüge d. Moderne, 1988. Fachveröff. - Liebh.: Bücher.

BOEDER, Lutz

Dipl.-Kfm., Vorstandsvorsitzender d. boeder ag, Vors. Fachverb. Sondererzeugnisse, Präsid. HPV - Wickerer Str. 50, 6093 Flörsheim am Main (T. 06145 - 5 02-1 04) - Geb. 10. Sept. 1941 Berlin, ev., verh. m. Bettina, geb. Burkhardt, 3 Kd. (Martina, York, Marc) - FU Berlin (Dipl.-Kfm.).

BOEDER, Winfried

Dr. phil., Prof. f. Linguistik u. Kommunikationstheorie (m. Schwerp. Anglistik) Univ. Oldenburg - Friedrich-Rüder-Str. 3, 2900 Oldenburg/O. - Geb. 2. April 1937 Ahrweiler/Rh. - Promot. 1961 Freiburg/Br.; Habil. 1967 Hamburg.

BÖGE, Kurt

Landwirt, MdL Schlesw.-Holst. (s. 1975, Wahlkr. 23) - 2359 Hasenmoor Kr. Segeberg - Geb. 19. März 1926 Hasenmoor, ev., verh., 3 Kd. - Obersch. Bad Bramstedt (Mittl. Reife); Landarbeits- u. -wirtschaftslehre - S. 1948 selbst. Gemeindevertr. (stv. Bürgerm.) u. MdK. CDU s. 1955.

BÖGE, Sigrid

Dr. rer. nat. (habil.), Wiss. Rätin u. Prof., apl. Prof. f. Mathematik Univ. Heidelberg - Lilienweg 3, 6903 Waldhilsbach.

BÖGEL, Georg

I. Bürgermeister (s. 1978) - Rathaus, 8535 Emskirchen/Mfr. - Geb. 5. April 1923 Emskirchen - Zul. Kaufm. CSU.

BÖGER, Helmut

Journalist, Schriftst. - Polziner Str. 27, 2000 Hamburg 37 - Geb. 18. Sept. 1949 Wuppertal, verh. s. 1973 m. Hella, geb. Steinberg, T. Julia - Human. Gymn.; Volont. - Chefrep. Politik Bild am Sonntag - BV: Berühmte u. Berüchtigte, 1976; Kaufen Sie sich e. Minister u. a. Sat., 1982; Kanzlerfest - Roman einer Karriere, 1988; Berühmte u. berüchtigte Bonner (zus. m. Gerhard Krüger), 1991; Tafel-Spitzen - Tischgespräche m. Prominenten, 1992. Herausg. Ged. aus. d. Bundeswehr (1972).

BÖGER, Horst

Dr. rer. nat., Prof. f. Geologie u. Paläontol. Steenbeker Weg 4, 2300 Kiel - Geb. 8. Dez. 1934 Bad Salzuflen, ev. ref., verh. s. 1960 m. Johanna, geb. Teuber, 2 Kd. (Hanns Hinrich, Christina) - Gymn. Detmold, Stud. Univ. Göttingen u. Zürich. S. 1970 Prof. f. Geologie u. Paläontologie, Dir. Geol.-Pal. Inst. Univ. Kiel - Spr.: Engl., Franz., Portug., Span., Ital.

BÖGER, Peter

Dr. rer. nat., o. Prof. f. Physiol. u. Biochemie d. Pflanzen Univ. Konstanz - Zum Wald 7, 7750 Konstanz 18 - Promot. 1963 Göttingen - Forschungsaufenthalte in USA, Univ. Köln u. Bochum. Arb. z. molekularen Wirkungsweise v. Herbiziden, ferner Stud. z. Stickstoffixierung u. Bioenergetik v. Cyanobakterien.

BÖGGEMEYER, Gerhard

Dr., Bibliotheksdirektor, Leiter d. Abt. Information u. Präsenzbenutzung Univ.-Bibliothek Münster - Postfach 8029, Univ.-Bibl., 4400 Münster.

BÖGGERING, Laurenz

Weihbischof - Domplatz 30, 4400 Münster/W. (T. 0251 - 49 52 90) - 1954 Generalvikar, 1967 Weihbischof - Apostol. Protonotar.

BÖGLI, Alfred

Dr. phil., Prof. - Kommendeweg, CH-6285 Hitzkirch - Geb. 1. April 1912 Willisau - S. 1941 Lehrtätigk. Honorarprof. (1967) Univ. Frankfurt/M. (Karstmorphologie u. -hydrogr.), Pd (1970), Titular- u. Gastprof. Geograph. Inst. Univ. Zürich (1971). Emerit. 1982. 1951-85 wiss. Leit. Arbeitsgem. Höllochforsch. Zahlr. Veröff. z. Karstkunde - 1985 Andre Dumont-Med. d. Soc. Geologique de Belgique; Ehrenmitgl. Schweiz Geomorphol. Ges., Schweiz, Ges. Höhlenkunde, Verb. Dt. Höhlen- u. Karstforscher, u.a.; Mitgl. Cave Research Foundation USA, National Speleological Society USA, u.a. - Spr.: Deutsch, Engl., Franz.

BÖHL, Adolf

Fabrikant, Präs. Verb. Mieder u. Badebekleidung, Stuttgart - Hailingstr. 37, 7320 Göppingen - Geb. 11. Okt. 1914.

BÖHL, Felix

Dr. phil., Prof., Dipl.-Theologe - Bürgerwehrstr. 1, 7800 Freiburg (T. 70 03 99) - Geb. 17. Febr. 1941 Mannheim - Univ. Heidelberg, Freiburg, München u. Jerusalem; Prof. f. nachbibl. jüd. Lit. d. Antike Univ. Freiburg - BV: Gebotserschwerung u. Rechtsverzicht, 1971; Aufbau u. literarische Formen Jelamdenu-Midrasch, 1977; Judentum im Religionsunterr. Sekundarstufe II, 1978 (zus. m. B. Uhde u. P. Schmitz).

BÖHLAND, Heinz

Dr. rer. nat. habil., o. Prof. f. Physikalische Chemie an d. Päd. Hochsch. Erfurt-Mühlhausen, Prodekan d. Fachbereiches Chemie - Windeberger Str. 105, O-5700 Mühlhausen (T. 00625 - 25 38) - Geb. 12. Mai 1933 Reichardtswerben (Vater: Paul B.; Mutter: Hedwig, geb. Müller), ev., verh. s. 1958 m. Anneliese, geb. Bauer, S. Uwe - Stud. Chemie 1951-57 Martin-Luther-Univ. Halle-Wittenberg; Dipl. 1958, Promot. 1961, Habil. 1969 alle Halle - 1969-72 Hochsch.doz.; s. 1972 o. Prof.; 1971-76 Prorektor f. Wiss.entw.; 1976-80 Prorektor f. Naturwiss.; 1981-90 Dekan d. Math.-Naturwiss. Fak. d. Päd. Hochsch. Erfurt-Mühlhausen - 26 Pat.: Synthese biol.-akt. Verbind. - BV: Chem. Schulexperim. (Bd. V: Physikal. Chem.), 3. A. 1986; Chemistry of Pseudohalides, 1986 - 1977 Humboldt-Med.; 1988 Medal of Honour d. TU Bratislava - Liebh.: Philatelie - Spr.: Engl., Russ.

BÖHLAU, Volkmar

Dr. med. habil., Prof., Ltd. Arzt Taunus-Sanatorium d. LVA Württ. - Dachbergstr. 66, 6232 Bad Soden - Geb. 27. Jan. 1917, verh. s. 1945 (Ehefr.: Dr. Eva), S. Reinhard - S. 1958 apl. Prof. f. Inn. Med. Univ. Frankfurt u. Dir. Max Bürger-Inst. f. Alternsmed. Bad Soden. Gründungspräs. Dt. Ges. f. Aerosolforschg. u. Mitgl. Arbeitsgruppe Gerontologie UNESCO, Präs. Kuratorium SENIOREN. Entwickl.: Leistungsprüfgerät Energotest (Herstell.: Hartmann & Braun, Frankfurt). 23 Fachb. u. etwa 600 -aufs. u. Vortr. - 1968 Dr.-Willmar-Schwabe-Preis (m. d. Ehefr. u. a.), 1975 Ernst-v.-Bergmann-Plak., 1976 BVK a. Bd., 1980 BVK 1. Kl.

BÖHLE, Eberhard

Dr. med., Prof., Internist - Im Kempken 30, 4630 Bochum - Geb. 7. Juni 1925 Dortmund - 1963-70 Lehrtätigk. Univ. Frankfurt/M. (1968 apl. Prof.; Oberarzt I. Med. Klinik); s. 1970 Chefarzt Innere Abt. Augusta-Krankenanst. Bochum. Zahlr. Veröff. üb. Stoffw., Ernährungsphysiol., Gastroenterol. u. Endokrinol.

BÖHLER, Dietrich

Dr. phil., Univ.-Prof. - Rotdornstr. 3, 1000 Berlin 41 (T. 030 - 851 55 21) - Geb. 5. Jan. 1942 Berlin/Karlshorst (Vater: Hermann B., Dipl.-Ing.; Mutter: Anna Elisabeth, geb. Ursinus), ev., verh. s. 1967 m. Dr. Christiane, geb. Auras, 2 Kd. (Benjamin, Larissa) - 1970 Promot. Kiel, 1981 Habil. Saarbrücken - 1969 wiss. Ass., 1972 Ass.Prof. Univ. Saarland; 1975 o. Prof. f. Phil., PH Berlin; 1980 Prof. f. Phil. Freie Univ. Berlin; 1989-92 Dekan FB Phil. u. Sozialwiss. FU; 1990-92 Gastprof. Humboldt Univ. Berlin - BV: Metakritik d. Marxschen Ideologiekritik, 2. A. 1972; Prakt. Philosophie/Ethik, Reader 1, 1980 (m. Apel u. a.); Kommunikation u. Reflexion, 1982 (m. Kuhlmann), Funk-Kolleg Prakt. Philosophie/Ethik: Dialoge 1 u. 2, 1984 (m. Apel u. a.); Funkkolleg Prakt. Philosophie/Ethik: Studientexte 1-3, 1984 (m. Apel u. a.); Rekonstruktive Pragmatik. Von d. Bewußtseinsphil. zur Kommunikationsreflexion, 1985; D. pragmatische Wende, 1987 (m. Nordenstam u. Skirbekk). Aufs. zu Hermeneutik, Ethik, Politik, techn. Zivilisation, Nationalsozialismus u. Fachveröff.

BÖHLER, Eduard

Verbandsdirektor i. R. - Fullbergstr. 3, 7820 Titisee-Neustadt - Geb. 27. April 1913 - 1953-69 Sparkassendir. u. Vorst.-Vors. Bezirkssparkasse Neustadt/Schwarzw.; 1969-70 Bankdir. Bad. Kommunale Landesbank, Zweiganst. Freiburg i. Br.; 1970-79 gf. Verbandsdir. Bad. Sparkassen- u. Giroverb. Mannheim.

BÖHLER, Robert W.

Ingenieur, Bildhauer - Georgenstr. 10, 8000 München 40 - Geb. 10. Juli 1920 Frankfurt/M. (Vater: Valentin B., Ing.; Mutter: Margit v. Posselt), verh. s. 1965 m. Anna Luise - Technikum Konstanz (1947ff.), Kunstakad. Düsseldorf (1967ff.) u. München (1977ff.) - 1953-68 Alleinaktionär Schneid- u. Presswerke, Essen, u. Universal- u. Eisenstahl AG, Düsseldorf. U. a. Häuser Schweiz u. Ital. (durch TV als bewohnbare Skulpturen bekannt). Ausstell. Europa u. Übersee - Kunstpreis Centro Studio Nazioni (Ital.) - Spr.: Ital., Franz., Engl. - Bek. Vorf.: Prof. Honnolt, Bildhauer, Karlsruhe; Lauer, Hofmaler b. Friedrich d. Gr., Potsdam - Mehrere Erf. f. d. Maschinenbau.

BÖHLER-MUELLER, Charlotte El.

Geschäftsfrau, Dichterin, Komponistin (Ps.: ChBM) - Buckmatten 18, 7889 Grenzach-Wyhlen 1 (T. 07624 - 62 35) - Geb. 5. April 1924 Buxheim/Allgäu, kath., verh. s. 1948 m. Egon Helmuth Böhler, 4 Kd. (Evelyne, Jeannette, Daniel, Tino) - Grundschulausbildung, Singsch. Buxheim; Klavier- u. Akkordeonunterr. Memmingen; Gitarrenunterr. Lörrach; Sprachsch. Memmingen u. Basel/Schweiz - Komponieren, Dichten u. Malen s. frühester Kindh.; Mitgl. GEMA, Arbeitskr. f. dt. Dicht. - Freie journ. Mitarb. im Sektor Kultur m. Fotoreportagen im SÜDKURIER, oberbadischen Volksblatt u. Hochrheinanzeiger sowie m. Kurzgeschichten in mehr. Sonntagsbeilagen. Autorenlesungen m. Singen u. Spielen eig. Komposit. u. Texte - BV: Buxhoimer G'schichtle u. Gedichtle, 1980; Sendepause d. Erwartungen, Aphorismen, 1981; Nimm D'r Zit (alem.), 1981; Für jeden Augenblick (alem. u. dt.), Ged. 1982; Perlen f. Dich,

Aphorismen, 1982; Genau das, was i wott (alem.), Ein- u. Zweiakter, 1983; D'Schatull (schwäb.), 1983; In Seiner Hand, dt. 1984; Mit d. Augen e. Frau, 1987; Mitschuldig? Zeit- u. Autobiogr., 1988; Theres Schwäb. Ged., 1989; Zwischen Auhof u. Hörnli, 1990; Ich wünsche dir, 1990; Ohne lasser passer, 1991; Ich gratuliere, 1992. Mitarb. an versch. Anthol. - Liebh.: Musik, Phil., psychol. u. theol. Lit., Malerei, Modezeichnen - Spr.: Engl., Ital., Franz.

BÖHLES, Hansjosef
Dr. med., Prof., Direktor d. Abt. Allgemeine Pädiatrie I Johann Wolfgang Goethe Univ. Frankfurt - Bogenweg 25, 6072 Dreeich-Buchschlag - Geb. 16. Juni 1946 Nürnberg, ev., verh. m. Irmgart, geb. Völker, 2 Söhne (Carlos, Felix) - Stud. d. Humanmed.; Ex. u. Promot. 1972 Erlangen, Habil. 1979 ebd. - 1973-75 Resident u. Research Fellow am Babies Hospital d. Columbia Univ. New York - BV: Ernährungsstörungen im Kindesalter, 1990 - 1983 Erlanger Förderpreis f. Ergebnisse d. Stoffwechselforsch. - Interessen: Fremdspr., Gesch., Lit., Malerei - Spr.: Engl., Franz., Ital., Span., Portug., Türk., Arab.

BÖHLHOFF, Heinz
Dr., Vorstandsmitglied Gehe & Co. AG, München - Hohler Weg 9, 3501 Heckershausen Kr. Kassel - Geb. 20. Febr. 1914.

BÖHLIG, Alexander
Dr. phil., Dr. theol., Prof. f. Sprachen u. Kulturen d. christl. Orients - Wolfgang-Stock-Str. 24, 7400 Tübingen (T. 6 32 03) - Geb. 2. Sept. 1912 Dresden (Vater: Lic. theol. Johannes B., Pfarrer; Mutter: Elisabeth, geb. Oertel), ev., verh. s. 1946 m. Dr. Gertrud, geb. Ries - Dr. phil. 1936 Berlin, Dr. theol. 1947 Münster; Habil. 1951 München - S. 1952 Lehrtätigk. Univ. München, Würzburg, Halle (1954 Prof. m. Lehrauftr., 1956 m. vollem L., 1960 Dir. Inst. f. Byzantinistik), Tübingen (1964 apl. Prof. u. Wiss. Rat, 1969 Abt. Sprachen u. Kulturen d. Christl. Orients/Oriental. Sem., 1978 Prof.). Bücher u. Fachaufs. (Auswahl): Unters. üb. d. kopt. Proverbientexte, 1936; Manichäische Handschr. d. Staatl. Museen Berlin: Kephalaia, Lfg. 3-12 1936, 38, 40, 66; Griech. Lehnwörter im sahid. u. bohair. Neuen Testament, 1954; D. achmim Proverbientext, 1958; D. kopt.-gnost. Schrift ohne Titel aus d. Codex II v. Nag Hammadi, 1962; Kopt.-gnost. Apokalypsen aus d. Codex V v. Nag Hammadi, 1963; Mysterion u. Wahrheit, 1968; D. Ägypterevangelium v. Nag Hammadi, 1974; The Gospel of the Egyptians, 1975; Z. Hellenismus in d. Schriften von Nag Hammadi, 1975; D. Gnosis III; D. Manichäismus, 1980; Gnosis u. Synkretismus (2 Bde.), 1989 - 1959 Membre corr. Soc. d'Archeol. Copte, 1962 Membre ass. Inst. d'Egypte, 1967 Fellow Inst. of Coptic Studies, 1967 korr. Mitgl. Dt. Archäol. Inst. - Vs. verwandt m. Philipp Melanchthon - Lit.: Essays on the Nag Hammadi texts in honour of A. B., 1972; Religion im Erbe Ägyptens, zu Ehren v. A. B., 1988.

BÖHLING, Karl Heinz
Dr., Prof., Ordinarius f. Informatik Univ. Bonn/Math.-Naturwiss. Fak. (s. 1971) - Kaninsberg 10, 5300 Bonn-Hoholz.

BOEHLKE, Hans-Kurt
Dr. phil., Kunsthistoriker, Dir. i. R. Zentralinst. u. Museum f. Sepulkralkultur, Kassel, Gf. Vorst. Arge Friedhof u. Denkmal (1960-92) - Eichholzweg 32, 3500 Kassel (T. 0561 - 40 54 41) - Geb. 25. Jan. 1925 Kassel, ev. - 1942-45 Seeoffizier m. Ausz.; Stud. Arch. TU Stuttgart; Kunstgesch., klass. u. frühchristl. Archäol., Vor- u. Frühgesch. Univ. Göttingen; Promot. 1954 Univ. Göttingen - Arbeitskr. Selbst. Kulturinst. (1979-85 Vors.); Fachausssch. Dt. Nationalkomitee f. Denkmalschutz; Vors. Stiftg. Künstlernekropole; Kurat. Kasseler Hochschulbund; Denkmalbeirat u. Museumsbeirat d. Stadt Kassel - BV: Simon-Louis du Ry als Stadtbaumeister, 1956; D. Gemeindefriedhof, 1966 u. 73; Friedhofsbauten, 1974; D. Bestattungs- u. Friedhofswesen in Europa, 1977; S.L. du Ry als Wegbereiter d. Klassizismus, 1980. Herausg.: Buchreihe Kasseler Stud. z. Sepulkralkultur - 1970 BVK, 1979 BVK I. Kl.; Goethe-Plak. Land Hessen - Liebh.: Kultur- u. Zeitgesch., Kleinplastik, Kochen - Spr.: Franz., Engl. - Lit.: J. Schuchard/H. Claussen (Hrsg.), Vergänglichkeit u. Denkmal (1985).

BÖHLKE, Peter
Schauspieler - Zaubzerstr. 14, 8000 München 80 (T. 089 - 47 88 35) - Geb. 3. Aug. 1926 Danzig (Vater: Walther B., Hochschulprof.; Mutter: Johanna, geb. Kaule) - Akad. f. Musik u. Theater Dresden (Dipl. 1949) - Zahlr. Bühnen- (u. a. Pickering (Pygmalion), Titelr.: E. idealer Gatte) u. Fernsehrollen (üb. 200); Film: Toto d. Hela u. 20 weitere - Spr.: Engl., Franz.

BÖHM, Albrecht
Dr. rer. nat., Prof., Physiker - Dellstr. 68, 5100 Aachen-Richterich - S. 1974 Wiss. Rat u. Prof. TH Aachen (Experimental- u. Hochenergiephysik).

BÖHM, Alexander
Dr. jur., Prof. f. Kriminologie, Strafrecht u. -vollzug Univ. Mainz - Raiffeisenstr. 15a, 6309 Rockenberg 2.

BÖHM, Erich
Dr.-Ing., Präsident Oberpostdirektion, Koblenz (s. 1985) - Friedrich-Ebert-Ring 14-20, 5400 Koblenz - Geb. 4. Febr. 1933 Barbing b. Regensburg - 1951-56 Stud. Elektrotechn./Nachrichtentechn. TH München, Promot. 1970 Stuttgart m. e. Diss. üb. Prognosemodelle f. Entwicklungsing. Telefunken, Backnang; 1959 Eintritt höh. fernmeldetechn. Dienst d. DBP; 1971-85 Leit. d. Referats f. Nachfrageprognosen u. Optimierungsmeth. im Bundespostmin.

BÖHM, Erika
Dipl. art., Malerin u. Grafikerin - Christian Stock-Str. 38, 6102 Pfungstadt (T. 06157 - 21 04), ev., ledig, T. Ingrid - 1951-56 Stud. Hochsch. f. Grafik u. Buchkunst Leipzig, Dipl. - 1956-60 Atelierleit. in Potsdam; fr. Malerin u. Grafikerin; Gruppen- u. Einzelausst. u. a. 1985 Rath. Zwingenberg, 1986 Brandk. Kassel, 1987 Nebbiensch. G.H. Frankfurt, 1987 Dresdner Bank Darmstadt-Eberst., 1988 Rath Höchst/Odw., 1989 Bürgercentr. Nd.-Ramstadt - Kinderbuchillustr., u.a. Ich reite f. mein Leben gern; Weihnachts- u. Wintergesch. Herausg.: Kunst unter Zwängen u. Freiheit m. 46 farb. u. 23 s/w-Bildern (zus m. Dr. M. P. Maass, 1990) - 1952 Preisträgerin d. Dt. Festsp. d. Volkskunst, Berlin; 1981 Preisträgerin b. d. Wettbewerbsausstellg. 400 J. Schloß

Lichtenberg - Liebh.: Musik, Violine - Spr.: Engl., Franz.

BÖHM, Gerhard
Prof. f. Tonsatz an d. Musikhochschule Dresden - Tännichtstr. 31, O-8054 Dresden (T. 02 - 37 65 14) - Geb. 11. Aug. 1931 Röhrigshof/Werra, verh. s. 1955 m. Margarete, geb. Wagner, 3 Kd. (Hans-Joachim, Ulrike, Wolfgang) - 1950-54 Stud. Musikhochsch. Leipzig, 1954 Staatsex. f. Schulmusik u. Kompos./Tonsatz - S. 1954 Doz. f. Tonsatz, Gehörbild. u. Musikhochsch. Dresden; 1965-90 Bereichsleit. f. Musikpäd., Lehrbeauftr. TU Dresden u. Päd. Hochsch. Zwickau; s. 1972 Musikkritiker Dresdner Tageszeitg. - Versch. Instrumental- u. Vokalkompos., bes. f. Klavier.

BÖHM, Gerhard
Bezirksstadtrat - Marienfelder Chaussee 59, 1000 Berlin 47 (T. 742 77 38) - Geb. 24. Nov. 1920 Rödlitz/Erzgeb., verh., 2 Kd. - Obersch.; TH Dresden u. Univ. Wien (Dipl.-Meteorol. 1943). Beide Lehrerprüf. - 1953-71 Rektor Berliner Schuldst.; s 1971 Bezirksstadtrat u. Leit. Abt. f. Volksbild. BA Neukölln. 1963-67 Bezirksverordn. Neukölln; 1967-71 MdA Berlin. SPD s. 1951 - Liebh.: Musik.

BÖHM, Gert
Geschäftsführer Frankenpost Verlag GmbH, Hof (s. 1990) - Poststr. 9-11, 8670 Hof (T. 09281 - 81 62 00) - Geb. 4. Okt. 1940, kath., verh., 2 Kd. (Udo, Ines) - Journalist, 1962-64 Redaktionsvolont. Frankenpost, Hof - 1964-66 Redakt. Frankenpost; 1967-69 PR-Manager Rosenthal AG, Selb; 1969-80 PR-Dir. Hutschenreuther AG; 1980-90 fr. PR-Berater - 3 Mundartbücher (fränk. Mundart), 1969, 82, 87 - Interessen: Religionen, alte Heilmethoden, Sport - Spr.: Engl., Franz.

BÖHM, Gottfried
Dipl.-Ing., o. Prof. f. Werklehre TH Aachen (s. 1963) - Auf d. Römerberg 25, 5000 Köln-Marienburg (T. 38 28 00) - Geb. 23. Jan. 1920 Offenbach/M. (Vater: Prof. Dominikus B., Architekt d. XII. Ausg.); Mutter: Maria geb. Scheiber), verh. s. 1948 m. Elisabeth, geb. Hagenmüller - Stud. München - Architekt. U. a. Rathaus Bensberg, Altenzentrum Düsseldorf-Garath, Gde.zentrum m. Pilgerkirche Neviges, Kinderdorf Bensberg-Refrath - 1968 d. Heydt-Preis Stadt Wuppertal, 1974 Kunstpreis Berlin; 1975 Gr. BDA-Preis; 1968 o. Mitgl. Akad. d. Künste Berlin.

BOEHM, Gottfried K.
Dr. phil., o. Prof. f. Kunstgeschichte Univ. Basel (s. 1986) - Sevogelplatz 1, CH-4051 Basel - Geb. 19. Sept 1942 Braunau/Böhmen (Vater: Karl B., Agraring.; Mutter: Olga, geb. Scholz), kath. - 1975-79 Doz. u. apl. Prof. (1977) Univ. Bochum, 1979-86 o. Prof. Univ. Gießen, s. 1986 o. Prof. Univ. Basel, 1981 Vizepräs. Inst. f. d. Wissenschaften vom Menschen, Wien - BV: Studien z. Perspektivität, Phil. u. Kunst in d. frühen Neuzeit, 1969; Zur Dialektik d. ästhetischen Grenze, 1973; Phil. Hermeneutik, 1976; D. Hermeneutik u. d. Wissenschaften, 1978. Bildnis u. Individuum. Üb. d. Ursprung d. Porträts in d. ital. Renaissance 1985; Cézanne, Montagne Sainte-Victoire, 1987. Herausg.: Konrad Fiedler, Schriften zur Kunst (1991).

BÖHM, Gunther
Dr., Geschäftsführer Noris-Zahntechnik GmbH. - Avenariusstr. 20, 8500 Nürnberg 10 - Geb. 15. Jan. 1925 Breslau.

BOEHM, Hanns-Peter
Dr. rer. nat., Prof. f. Anorgan. Chemie - Ranhazweg 81, 8012 Ottobrunn/Obb. (T. München 590 23 55) - Geb. 9. Jan. 1928 - S. 1959 (Habil.) Lehrtätig. TH Darmstadt, Univ. Heidelberg (1960; apl. Prof.; Wiss. Rat Anorgan.-Chem. Inst.) u. München (1970 Ord. u. Vorst. Inst. f. Anorg. Chemie). Fachaufs. Mithrsg.: Carbon (1963 ff.).

BÖHM, Hans
Dipl.-Ing., Bereichsvorstandsmitglied Siemens AG, Bereich Energieerzeugung - Hammerbacher Str. 12 + 14, 8520 Erlangen (T. 09131 - 18-41 90).

BOEHM, Hans-Joachim
Dipl. rer. pol., Staatssekretär a. D., Geschäftsf. Haus am Schäferberg KG, AR-Vors. Boehm GmbH & Co. KG - Seestr. 64, 1000 Berlin 65 (T. 456 60 12); priv.: Stimmingstr. 5, 1000 Berlin 39 (T. 805 30 30) - Geb. 23. Okt. 1920 Berlin - CDU (1957-87 Landesvorst., 1967-85 MdA) - 1981 Gr. BVK; Stadtältester v. Berlin.

BOEHM, Hermann
Dipl.-Brauing., Brauereidirektor - Hindenburgstr. Nr. 5a, 4005 Meerbusch - Geb. 9. April 1907 München (Vater: Theobald B.; Mutter: geb. Ettenhofer), verh. s. 1937 m. Edith, geb. Flores - TH München - 1935-45 Brauerei Allendorf, Schönbeck/Elbe; 1945-47 Brauerei Wieninger, Teisendorf/Ndb. (Dir.); s. 1947 Schwabenbräu AG., Düsseldorf (Vors. d. Geschäftsführg.). Vors. Braugerstengemeinschaft/Arbeitsgem. z. Förd. d. Qualitätsgerstenbaus im Bundesgeb., München - 1961 Ehrensenator TH München.

BÖHM, Johann
Regierungsdirektor a. D., Staatssekretär, Leit. d. Bayer. Staatskanzlei, MdL Bayern (s. 1974) - Bayer. Staatskanzlei, Prinzregentenstr. 7, 8000 München 22 - Geb. 1937 - CSU.

BÖHM, Johannes

Dr. rer. nat. habil., o. Prof. f. Mathematik Univ. Jena (s. 1964) - Höhenweg 3, O-6900 Jena (T. 2 63 48) - Geb. 11. Sept. 1925 Chemnitz, ev., verh. s. 1953 m. Rosemarie, geb. Hesse, 3 Kd. (Angelika, Peter, Klaus) - Stud. Math. Univ. Leipzig, Dipl. 1953; Promot. 1957 Jena;

Habil. 1962 ebd. - BV: Polyedergeometrie, 1980.

BÖHM, Karl Heinz
Dr. med. vet., Abteilungsvorsteher (Inst. f. Mikrobiologie u. Tierseuchen) u. Prof. f. Mikrobiol. u. Tiers. Tierärztl. Hochschule Hannover (s. 1973) - Rühmkorffstr. 11, 3000 Hannover 1 - Geb. 3. Sept. 1935 - Promot. 1961; Habil. 1971 - Zahlr. Fachaufs.

BÖHM, Karlheinz
Schauspieler, Gründer d. humanitären Stiftg. Menschen f. Menschen (f. notleidende Menschen in d. Sahel-Zone/Afrika) - Zu erreichen üb. Büro Menschen f. Menschen, Nußbaumstr. 8, 8000 München 2 (T. 089 - 59 66 22) - Geb. 16. März 1928 Darmstadt (Vater: Prof. Dr. jur. Karl B., Dirigent, † 1981 (s. XXI Ausg.); Mutter: Thea, geb. Linhard, Sängerin, † 1981), verh. in 4. Ehe m. Almaz, geb. Teshome, 6 Kd. (Sissy aus 1., Kristina, Michael, Daniela aus 2., Katherina aus 3., Nicolas aus 4. Ehe) - Abitur - BV: Nagaya - E. neues Dorf in Äthiopien, 1983 - Bühnen- (u. a. Theater in d. Josefstadt Wien) u. Filmtätigk. Operninsz.: Elektra (1964 Stuttgart) u. Tosca (1968 Graz). Film: Alraune, Weibertausch, Salto mortale, D. unsterbl. Lump, Arlette erobert Paris, Hochzeit auf Reisen, D. Sonne v. St. Moritz, Und ewig bleibt d. Liebe, D. Hexe, D. gold. Pest, D. hl. Lüge, Ich war e. häßl. Mädchen, Schwedenmädel, Unternehmen Schlafsack, Dunja, Sissi (3 T.), D. Ehe d. Dr. med. Danwitz, Nina, Kitty u. d. gr. Welt, Blaue Jungs, D. Schloß in Tirol, D. blinde Passagier, Man müßte noch mal 20 sein, Das haut e. Seemann doch nicht um. D. Dreimäderlhaus, Kriegsgericht, La Paloma, To hot to handle, D. Gauner u. d. lb. Gott, D. Kreuz d. Liebenden, Schicksals-Sinfonie (Beethoven), Rififi in Tokio, D. Wunderwelt d. Brüder Grimm. L'Heure de la verité, Come fly with me, A Venetian Affair, The Four horsemen of the Apocalypse, Schloß Hubertus, Peeping Tom (Michael Powell, Engl.), Faustrecht d. Freiheit, Martha; Fernsehen: u. a. Traumnovelle, D. Denunziation, Immobilien. S. 1964 fast nur Bühnentätigk., 2. J. Arbeit m. d. Gruppe R. W. Faßbinder; Theater Josefstadt Wien, Schauspielhaus Zürich, Kammersp. München, Theater Basel, Fr. Volksbühne Berlin, TAT Frankfurt, Düsseld. Schauspielhaus. Zahlr. Schallpl. m. Lit. - Lesungen, Tournéen - 1984 Gr. BVK u. Bambi (zurückgegeben z. Versteigerung f. s. Äthiopien-Hilfe); 1985 Theodor-Heuss-Med. (f. Stiftg. Menschen f. Menschen) - Liebh.: Musik.

BÖHM, Norbert
Dr. med., Prof. f. Allg. u. Spez. Pathologie (s. 1976) - Universität/Pathol. Inst., Albertstr. 19, 7800 Freiburg/Br. - Geb. 14. Dez. 1937 Darmstadt - Spez.: Kinderpathol. - BV: Kinderpathol., Farbatlas u. Lehrb., 1984; Pediatric Autopsy Pathology, 1988.

BÖHM, Oskar
Bürgermeister, Vors. Landesverb. d. Wasser- u. Bodenverb. Rheinland-Pfalz, Kaiserslautern - Robert-Koch-Str. 2, 6744 Kandel/Pf. - Geb. 6. Jan. 1916 - Vizepräs. Dt. Städte- u. Gemeindebund (DStGB); stv. VR-Vors. Sparkasse Germersheim-Kandel, Kandel. SPD-Kreistagsfraktion, Germersheim - BVK u. BVK 1. Kl.; Gold. Plakette Landessportb. Rhld.-Pfalz; Gold. Johann-Christian-Eberle-Med.; Ausz. e. Ritters d. Ordre National du Mérite; Silb. Med. d. Partnerstadt Reichshoffen/Frankr.; Freundschaftsabz. Kandel-Reichshoffen.

BÖHM, Otto
Prof., Hochschullehrer - Trajanstr. 33-37, 6802 Ladenburg - U. a. Prof. f. Lernbehindertenpäd. PH Heidelberg.

BÖHM, Otto Hans
Prof., Intendant - Landestheater, 4930 Detmold - Geb. 18. Mai 1919 Wien - S. 1959 Int. Stadttheater Klagenfurt u. Landestheater Detmold (1969).

BÖHM, Paul
Dr. med., Prof., Chefarzt Innere Abt. Krankenanstalten d. III. Ordens, München - Thalanderlstr. 10, 8000 München 60 (T. 811 18 11) - Geb. 25. Aug. 1918 Offenbach/M. (Vater: Prof. Dominikus B., Architekt (s. XII. Ausg.); Mutter: Maria, geb. Scheiber), verh. s. 1953 m. Roswitha, geb. Hillebrand - Univ. Münster u. Köln - S. 1958 (Habil.) Lehrtätigk. Univ. Bonn (1964 apl. Prof. f. Inn. Med.). Fachveröff.

BÖHM, Peter
Dr. techn., Dipl.-Ing., Gesellsch. u. alleiniger Geschäftsf. Tank- u. Apparatebau Schwietert GmbH Beckum-Vellern - Keitlinghauser Str. 14, 4740 Oelde - Geb. 7. Sept. 1939.

BÖHM, Peter P.
Dr. jur., Prof., Direktor - Stefan-Andres-Str. 33, 5500 Trier/Mosel - Geb. 25. Juni 1934 Oppeln/OS., kath., verh. in 2. Ehe (1977) m. Gundi, geb. Wollscheid, T. Sybille - 1972 ff. Honorarprof. Univ. Trier (Bibl.Wiss.).

BOEHM, René
Inhaber Firma René Boehm Privatinseln - Neuer Wall 2, 2000 Hamburg 36 - Geb. 20. Mai 1942 Hamburg, verh. s. 1980 m. Annegret, geb. Aue, 3 Kd. (Jasmin, Philip, Katharina-Isabella) - Abit. 1962 Hamburg; Jura-Stud. Univ. Hamburg (1. Staatsex. 1969, 2. Staatsex. 1972) - Entd.: Inseln als Verkaufsobjekt - BV: Fotos z. Buch: Island Splendour, 1980; div. Kurzgesch. - Liebh.: Sport (Leichtathletik), Fotogr., Zeitgesch. - Spr.: Engl., Latein, Altgriech.

BÖHM, Rudolf
Dr. phil., o. Prof. f. Engl. Philologie - Olshausenstr. 40-60 (Engl. Sem.), 2300 Kiel - Geb. 7. Febr. 1935 Treysa (Vater: Max B., Lehrer; Mutter: Dora, geb. Trieschmann), ev., verh. s. 1964 m. Karla, geb. Lemke, 2 Kd. (Karsten, Meike) - Stud. Marburg, Frankfurt u. Bristol (Anglist., Leibeserz., Erziehungswiss.). Staatsex. 1961, Promot. 1963 (bd. Marburg), Habil. 1972 - BV: Wesen u. Funktion d. Sterberede i. elisabethan. Drama, 1964; D. Motto in d. engl. Literatur d. 19. Jh., 1975 - Spr.: Engl., Franz.

BÖHM, Rudolf
Geschäftsführer Ireks-GmbH u. J. Ruckdeschel & Söhne GmbH, Komplementär J. Ruckdeschel u. Söhne KG u. Albert Ruckdeschel u. Co., Kulmbach, AR-Mitgl. Stadlauer Malzfabrik AG, Wien - Lichtenfelser Str. 20, 8650 Kulmbach/Ofr. - Vors. Industrie- u. Handelsgrem. Kulmbach.

BOEHM, Ulrich
Fernseh-Redakteur - Heinestr. 5, 5060 Bergisch-Gladbach 1 - Geb. 10. Okt. 1941 Guatemala-City, verh. s. 1976 m. Gerda, geb. Kistener, S. Manuel - Stud. Phil., German., Theol. Univ. Tübingen, Heidelberg u. Köln; Staatsex. 1967 - Autor- u. Reporter/Regiss. v. Hörf.- u. Fernseh-Send. (überw. aus Wiss. u. Kultur); 1975-84 Hochsch.-Doz. f. Massenkommunik. u. Medienpäd. Heidelberg; Leiter WDR Köln; 1985/86 Berater d. Fernsehens in Sri Lanka - 1977 Journ.-Preis Dt. Nationalkomit. f. Denkmalschutz; 1981 Diploma de Honor d. peruan. Journ.-Verb.

BÖHM, Volker
Dipl.-Volksw., Ph. D., o. Prof. f. Volkswirtschaftslehre Univ. Mannheim (s. 1978) - Schloß, 6800 Mannheim 1 - 1978 Ruf Univ. Essex (Engl.).

BÖHM, Wilfried
Volkswirt, MdB (s. 1972) - Franz-Gleim-Str. 71, 3508 Melsungen (T. 33 74) - Geb. 9. Febr. 1934 Kassel (Vater: Erich B., Angest.; Mutter: Margarete, geb. Rühlemann), ev., verh. s 1965 m. Hilta, geb. Pätzold, 5 Kd. (Hans-Martin, Roland, Matthias, Andrea, Annette) - Realgymnasium; 1954-58 Universitäten München u. Marburg (Volksw.; Diplom-Volkswirt 1958) - 1959-64 Außenstellenleit. Dt. Bundesstudentenring Lager Friedland, Gießen, Uelzen; 1964-67 Leit. Amt f. Wirtschaftsförd. Presse u. Statistik Magistrat Fulda. 1960-64 Stadtverordn. Kassel; 1966-72 MdL Hessen. 1968-81 Kreistag Schwalm-Eder; s. 1977 Mitgl. d. Parlam. Vers. d. Europarates u. d. Westeurop. Union. CDU s. 1959 (stv. Bezirksvors. Nordhessen) - Spr.: Engl.

BOEHM, Wolfgang

Dr.-Ing. (habil.), Prof. f. Mathematik u. Informatik TU Braunschweig - Reitlingweg 14, 3340 Wolfenbüttel (T. 05331 - 7 57 25, Fax 05331 - 7 24 78) - Geb. 12. Mai 1928 Danzig, verh. m. Asdghig, geb. Kavoukdjian - 1986/87 u. 1990 Gastprof. am Rensselaer Polytechnique Inst. in Troy, N.Y., USA, 1988 Gastprof. NW Polytechnic Univ. Xi-an, VR China, 1992 Gastprof. Universidad Central de Venezuela, Caracas - Spez. Arbeitsgeb. angew. Geometrie u. Computergraphik, Computer aided geometric design - BV: Einf. in d. Meth. d. Numer. Math., 1977; Meth. d. Numer. Math., 1985 (chin. 1986, engl. 1990); Geometrical concepts, 1991. Üb. 60 Aufs. idx Angew. Geometrie u. geometrische Datenverarb. - Editor-in-Chief d. Journals Computer Aided Geometric Design.

BÖHM, Wolfgang
Dr. phil., ao. Prof. f. Psychologie Päd. Hochsch. Rheinland/Abt. Bonn - Petersbergstr. 12, 5300 Duisdorf - Geb. 6. Sept. 1920 - S. 1960 Prof. Bonn.

BÖHM, Wolfgang
Dr. agr. habil., apl. Prof. am Inst. f. Pflanzenbau u. Pflanzenzüchtung Univ. Göttingen - von-Siebold-Str. 8, 3400 Göttingen (T. 0551 - 39 43 59) - Geb. 19. Juli 1936 - Stud. Natur- u. Agrarwiss.; Promot. 1973 u. Habil. 1980 Göttingen (Pflanzenbau)- S. 1980 Doz. am Inst. f. Pflanzenbau u. Pflanzenzüchtung Univ. Göttingen. Forsch.schwerp.: Wissenschaftsgesch. - BV: Methods of Studying Root Systems, 1979 (poln. Übers. 1985); Göttinger Pflanzenbauwissenschaftler. E. Bibliogr., 1988; Einf. in d. Wissenschaftsgesch. d. Pflanzenbaus, 1990.

BOEHM (-BEZING), von, Gero
Journalist, Filmproduzent - Postfach 25 11 30, 6900 Heidelberg (T. 06221 - 80 90 18); F-84440 Robin/Vaucluse, Frankr. (Fax 0033 - 90 - 76 62 19) - Geb. 20. April 1954 Hannover, ev., verh. s. 1975 m. Christiane, geb. Freiin v. Salmuth, 3 Kd. (Katharina, Julia, Felix) - Stud. Rechts- u. Sozialwiss. Univ. Heidelberg - S. 1976 Fernsehautor, Regiss. u. Prod. f. ARD u. ZDF (üb. 50 Dokumentarfilme); s. 1979 auch Geschäftsf. d. interscience film gmbH; Gastgeber div. Fernsehsendungen; Autor f. Ztg. u. Ztschr. - 1977 u. 1991 Film- u. Fernsehpreis d. Hartmannbundes; 1982 Wilhelmine-Lübke-Preis; 1987 Upjohn-Fellowship; 1989 Medizin u. Medien - Spr.: Engl., Franz.

BÖHM-WILDNER, Herta

Schauspielerin - Kaiser-Franz-Ring 21, A-2500 Baden b. Wien (T. 00432252 - 8 52 71) - Geb. 23. Okt. 1913 Grünwald b. Gablonz/Böhmen, verw. - Konservat. Stadt Wien, Prof. J. Dannegger Burgtheater; Abschlußpr.; Kosmetiksch. Fr. Prof. Neubauer Wien - 4 J. eig. Theater in Düsseldorf (Kl. Theater, Bolkerstr.); Schausp. Film, Fernsehen, Funk - Rollen: Waldheimat (Rosegger); Rote Erde; Hurra wir leben noch (Simmel); Ich heirate e. Fam. (Reg. P. Weck); Via mala (Reg. T. Toelle); Ringstraßenpalais (Reg. Nussgruber); Hotel Sacher (Reg. Kugelstadt); Episoden in D. Alte, Derrick, Tatort; Rote Erde (Reg. Claus Emmerich); Schielefilm (Reg. Goldschmidt); Heiteres Bezirksgericht (Reg. Peter Weck); Nacht d. Marders: Mutter (Reg. Wagner); Shalom H. General: Fr. Zöttl (Reg. A. Gruber); Caracas: Kassiererin (Reg. Schottenberg); Roda Roda: Wirtin (Reg. H. Leitner); Krank aus Liebe: Zita (Reg. Madeja); Filmhochsch. Wien: Porträt Fr. Böhm aus Böhmen (Reg. D. Proskar); FS-Serie Florian (Reg. Bleiweiss Fr. Odenbrink); Folle me: Mutter (Reg. Knilli); FS-Serie Dallas: Blumenfrau (Reg. Katzmann) b. d. Aufn. in Wien; u.a. - Spr.: Tschech.

BÖHME, Arnd

Dipl.-Ing., Hauptgeschäftsführer Rohrleitungsbauverb., Geschäftsf. (s. 1970) Bundes-Vereinigung d. Firmen im Gas- u. Wasserfach (FIGAWA), Geschäftsf. Berufsförderungswerk des RBV GmbH - Tulpenweg 21a, 5064 Rösrath (T. 02205 - 13 38) - Geb. 16. Jan. 1937 Dresden (Vater: Felix B., Fabrikdir.; Mutter: Hanna, geb. Nestler), ev., verh. s. 1964 m. Uta, geb. Matthaei, 2 Kd. (Bettina, Ralph) - Stud. Bauing.wesen TH Darmstadt. Fachmitgl.sch.; Redaktionsbeirat gwt, bbr, 3R, Beirat VHV, Hannover, Vizepräs. Intern. Ozon Association (IOA) - 1991 BVK am Bde. - Spr.: Engl., Franz.

BÖHME, Brunhard

Prof., Violoncellist u. Pädagoge - Erfurter Str. 56, O-5300 Weimar (T. 6 16 58) - Geb. 13. Dez. 1943 Weimar, ev., verh. s. 1976 m. Reinhild, geb. Janke, 6 Kd. (Birgit, Verena, Catriona, Bertram, Albrecht, Kristin) - Stud. Franz-Liszt-Hochsch. Weimar; Dipl. u. Staatsex. 1966 Weimar - Konzerttätig. als Solist u. im Schumann-Klaviertrio (Dtschl. u. versch. Länder Europas); Juror intern. Violoncellowettbewerb; Violoncellopäd. u. Leit. nat. Kurse; s. 1983 Leit. d. Studienrichtung Saiteninstrumente d. Hochsch. f. Musik Franz Liszt, Weimar - Liebh.: Betriebsfunker, Eisenbahn - Bek. Vorf.: Musikpäd. u. Kompon. Fritz Böhme (Vater, Schöpfer d. Entwicklungssonate).

BÖHME, Erich
Journalist, Mitgl. Chefredaktion Nachrichtenmagazin Der Spiegel (s. 1973) - Brandstwiete 19/Ost-West-Str., 2000 Hamburg 11 (T. 30 07-0) - Zul. Leit. Bonner Spiegel-Büro.

BÖHME, Gernot
Dr. phil., Prof. f. Philosophie TH Darmstadt (s. 1978) - Rosenhöhweg 25, 6100 Darmstadt - Geb. 3. Jan. 1937 Dessau (Vater: Friedrich-Wilhelm B., Offz.; Mutter: Gudrun, geb. v. Bothmer), verh. m. Farideh Akashe-Böhme in 2. Ehe, 5 Töcht. (Anja, Kora, Rhea, Sarah, Rebecca) - Stud. Math., Physik, Phil. Promot. 1964 Hamburg; Habil. 1973 München - 1969-77 Wiss. Mitarb. MPG. Fachveröff.: Über die Zeitmodi, 1966; Zeit u. Zahl, 1974; Alternativen d. Wissenschaft, 1980; D. Andere d. Vernunft, 1983 (m. H. Böhme); Anthropol. in pragmat. Hinsicht, 1985; Philosophieren m. Kant, 1986; D. Typ Sokrates, 1988; Für e. ökologische Naturästhetik, 1989; Natürlich Natur, 1992. Herausg.: Soz. Naturwiss. (1985; m. N. Stehr); J. Newton, Über d. Gravitation... (1988); Klassiker d. Naturphilosophie (1989).

BÖHME, Günther
Dr. phil., Prof. f. Bildungs- u. Schulgeschichte Univ. Frankfurt/M. (s. 1972) - Idsteiner Str. 26, 6200 Wiesbaden - Geb. 4. Mai 1923 Dresden - Hochschuldst. (zul. Oberstudienrat), zahlr. Funkt. in d. Erwachsenenbildung. u. 1968-92 Vors. VHS Wiesbaden, s. 1974 Redakt. Hess. Blätter f. Volksblg., s. 1984 Vors. Univ. d. 3. Lebensalters Univ. Frankfurt - BV: u. a. Psych. d. Erwachsenenbildung, 1960; D. päd. Beruf d. Philosophie, 1968; D. phil. Grundl. d. Bildungsbegriffe, 1975; Bildungsgesch. d. Humanismus, 2 Bde. 1984 u. 1986; Wirkungsgesch. d. Humanismus, 1988; Einf. in d. hist. Pädagogik (m. Tenorth), 1990; Goethe, 1991. Zahlr. Einzelart. zur Bildungsgesch. u. Erwachsenenbild. - 1989 Bürgermed. in Silber d. Stadt Wiesbaden.

BÖHME, Hans-Hartmut
Dr. phil., Prof. f. Neuere Dt. Literaturwissenschaft - v.-Melle-Park 6, 2000 Hamburg 13; priv.: Langeloher Str. 35, 3042 Schneverdingen - S. 1977 Prof. Univ. Hamburg.

BÖHME, Helmut
Dr. phil., Prof., Präsident TH Darmstadt (s. 1971) - Karolinenplatz 5, 6100 Darmstadt (T. 1 61) - Geb. 30. April 1936 Tübingen - S. 1968 (Habil.) Lehrtätig. Univ. Hamburg u. TH Darmstadt (Ord. f. Neuere Geschichte) - BV: u. a. D. Zeit d. Reichsgründung, Prolegomena zu e. Sozial- u. Wirtschaftsgesch. Dtschl.s, Dtschl.s Weg z. Großmacht, Europ. Wirtschafts- u. Sozialgesch.

BÖHME, Horst
Dr. phil., Dr. rer. nat. h. c. mult., o. Prof. f. Pharmaz. Chemie - v. Harnack-Str. 21, 3550 Marburg/L. (T. 6 35 92) - Geb. 30. Mai 1908 Bernau b. Berlin (Vater: Dr. Arthur B.; Mutter: Adele, geb. Meyer), verh. s. 1935 m. Ines, geb. Meyer-Belitz, 2 Kd. - Pharmaz. Staatsprüf., Approb. (1931) u. Dipl.-Chem. (1933) München, Staatsprüf. als Lebensmittelchem. Berlin (1935) - 1934 Wiss. Assist., 1940 Doz., 1944 apl. Prof. Univ. Berlin, 1943 Abt.sleit. Kais.-Wilh.-Inst. f. Physikal. Chem. ebd., 1946 Ord. Univ. Marburg (1961/62 Rektor). 1974-77 Präs. Dt. Pharmazeut. Ges. - BV: Kommentar Dt. Arzneib., 6. A. 3. Nachtr., 7. A. u. 8. A. 1960, 69 u. 81 (m. H. Wojahn bzw. K. Hartke); Komm. Europ. Arzneib., Bd. I u. II, 1976, Bd. III, 1979 (m. K. Hartke); Iminium Salts in Organ. Chem., Bd. I u. II, 1976 u. 79 (m. H. G. Viehe); Fachveröff. - 1968 Ehrendoktor FU Berlin; 1960 Mitgl. Dt. Akad. d. Naturforscher (Leopoldina), Halle/S.; 1973 Gr. BVK; 1978 Gr. BVK m. Stern; 1981 Ehrendoktor TU Braunschweig; 1986 Sertürner-Med. in Gold.

BÖHME, Irene
s. Bartsch, Irene

BÖHME, Karl Hans
Dr. med., Prof., Chefarzt Abt. f. Allgemeinchirurgie/Stadtkrankenhaus - 3180 Wolfsburg - B. 1972 Privatdoz., dann apl. Prof. Univ. Göttingen (Chir.).

BÖHME, Kurt E.
Direktor - Taunusstr. 1, 6200 Wiesbaden (T. 533-0) - Geb. 7. Mai 1924 - Ab 1962 Vorst.-Mitgl. Nürnberger Allg. Versicherung AG, b. 1989 R+V Allg. Versicherung AG, stv. AR-Vors. R+V Rechtsschutzversich. AG, Wiesbaden.

BÖHME, Rolf
Dr. jur., Rechtsanwalt, Staatssekr. a.D., Oberbürgerm. Stadt Freiburg (1982ff.), MdB (1972-82) - Prinz-Eugen-Str. 26, 7800 Freiburg/Br. - Geb. 6. Aug. 1934 Konstanz (Abit.); Univ. München u. Freiburg (Rechtswiss.; Promot.). Jurist. Staatsprüf. Freiburg - 1965-68 Steuerverw. Baden-Württ.; s. 1968 Anwaltspraxis. 1970-73 Mitgl. Stadtrat Freiburg; s. 1972 MdB (1978-82 Parlam. Staatssekr. Bundesfinanzmin.). SPD s. 1959 (1969 Kreisvors. Freiburg).

BÖHME, Ulrich
Dr. phil., MdB (s. 1987) - Kiefernweg 14, 4750 Unna 1 (T. 02303 - 8 06 24) - Geb. 12. Febr. 1939 Chemnitz, ev., verh. s. 1965 m. Rosemarie, geb. Stübner, 2 Kd. (Ursula, Ulrich-Frank) - Stud. Phil. u. Philol. Univ. München, Münster u. Bochum; Staatsex. 1968 Bochum; Promot. 1969 Bochum - S. 1981 Vors. SPD-Unterbez. Unna; Mitgl. Bundestagsausssch. Bildung u. Wiss., sow. Jugend, Familie, Frauen u. Gesundh.; stv. Mitgl. Petitionsausssch. u. Sportausssch.; o. Mitgl. Ausssch. f. Familie u. Senioren; stv. Mitgl. Ausssch. f. Frauen u. Jugend; stv. Mitgl. Petitionsausssch., stv. Vors. d. Kommiss. d. Ältestenrates f. intern. Austauschprogramme.

BÖHME, Wolfgang

Dr. jur., Direktor Ev. Akademie Baden i.R., gf. Vorst.-Mitgl. Arb.kr. ev. Unternehmer in d. BRD, Ev. Stud.ges.f. Sozial- u. Wirtsch.ethik, gf. Gesellsch. Zeitwende Verlagsges. mbH - Klauprechtstr. 2, 7500 Karlsruhe 1 - Geb. 2. März 1919 Gablonz/Neiße (Vater: Dr. Artur B., RA) - 1947-59 Studentenpfarrer Univ. Frankfurt, gleichz. Mitarb. Ev. Akad. Hessen u. Nassau, 1953-56 Vors. Ev. Studentenpfarrerkonfz., Dtschl., 1959-67 Mitarb. Ev. Akad. Bad Boll (s. 1964 stv. Dir.), 1967ff. Dir. Ev. Akad. Karlsruhe - BV: Zeichen d. Versöhnung; D. sieben Tage Gottes; D. Kamel u. d. Nadelöhr; Selbstverwirklichung und Liebe; Weisheit und Erkenntnis, Gotteserfahrung; V. inwendigen Menschen; D. Weg z. Weltverantwortung u. Gottesliebe; Dem Himmel treu - Plädoyer f. d. Ewige in d. Zeit. Herausg. v. Sammelbd. u. Ztschr. Zeitwende - Gr. BVK, Verdienstmed. d. Landes Baden-Württ.

BÖHME, Wolfgang
Dr. rer. nat., Privatdozent, Zoologe-Herpetologe - Adenauerallee 150-164, 5300 Bonn 1 (T. 0228 - 21 10 26) - Geb. 21. Nov. 1944, 2306 Schönberg/Holst., ev., verh. s. 1974 m. Roswitha, geb. Breidenich, 2 Söhne (Moritz, Peter) - Kieler Gelehrtensch.; 1965-71 Stud. Zoologie, Botanik, Paläontol. Univ. Kiel; Promot. 1971 Kiel; Habil. 1988 Bonn - S. 1971 Abt.-Leit. Zool. Forschungsinst. u. Mus. A. König, Bonn - 1979 Gründungsmitgl. Societas Europ. Herpetologica; s. 1983 Vors. Dt. Ges. f. Herpetologie u. Terrarienkde. - BV: Handb. d. Reptilien u. Amphibien Europas (Bd. 1-3), 1984-86; Genitalmorphologie d. Sauria, 1988 - Liebh.: Klass. Musik - Spr.: Engl., Franz., Russ.

BÖHME, Wolfgang
Dr. rer. nat. habil., Prof. f. Meteorologie (s. 1971) - Kunersdorfer Str. 16, O-1560 Potsdam (T. 87 27 53) - Geb. 11. März 1926 Dresden, verw., 2 Töcht. (Dagmar, Birgit) - Meteorologie- u. Geophysikstud. Univ. Berlin, Dipl.-Met. 1953 Berlin; Promot. 1958 Berlin; Habil. 1970 Rostock - 1946/47 Beobachter Sächs. Landeswetterdienst; 1947-49 Jahrbuchbearb. Meteorolog. Zentralobservatorium Potsdam; 1958-90 Meteorol. Dienst d. DDR (MD) 1967-90 Dir. MD. S. 1977 Akad.-Mitgl.; s. 1981 Sekr. Klasse Geo- u. Kosmowiss.; 1970-90 Vizepräs. Meteorol. Ges. d. DDR; 1974-78 Mitgl. Büreau d. COSPAR (Committee on Space Research); 1979-90 Leit. d. Arbeitsgruppe d. CAS (Commiss. for Atmospheric Sciences) d. Meteorol. Weltorg. (WMO); s. 1990 Leit. e. Arbeitsgr. Klimakonfz. in Genf - Üb. 85 Veröff. (z.T. in Fachb.) üb. atm. Zirkulation, Komb. statistischer u. numerischer Vorhersagen, Klimaänderungen, Dynamik d. Klimasystems, Weltklimaprogramms - Spr.: Engl.

BÖHMER, Erwin
Dr.-Ing., Prof. f. Angew. Elektronik Gesamthochschule Siegen (Fachbereich Elektrotechnik) - Am Ginsterhang 40, 5900 Siegen 1 - Geb. 19. Dez. 1932 Alpenrod (Vater: Alfred B., Maurer; Mutter: Emma, geb. Benner), ev., verh. s. 1961 m. Gertrud, geb. Müller, 2 Kd. (Frank, Jutta). Promot. 1972 Darmstadt - B. 1963 Entwicklungsing., dann Hochschullehrer - BV: Elemente d. angew. Elektronik, 1979.

BOEHMER, von, Götz
Dr. jur., Botschafter d. Bundesrep. Dtschl. in Panama (s. 1988) - Embajada de Alemania, Apartado 4228, Panamá 5, Rep. de Panamá (T. 00507 - 63 77 33) - Geb. 2. Sept. 1929 Berlin, ev., verh. s. 1960 m. Freda, geb. Baronesse v. Haaren, 3 Söhne (Alexander, Hubertus, Bratto) - 1949-52 Stud. Rechtswiss., 1. jurist. Staatsex. 1952, 2. jurist. Staatsex. 1959, Promot. 1957 Bonn - S. 1959 Ausw. Dienst (1960-62 Johannesburg, 1962-66 Pretoria, 1974-78 Dublin, 1984-88 Detroit). 1972-84 Beiratsmitgl. Union Sils, van de Loo & Co GmbH Fröndenberg - Liebh.: Reiten, Segeln - Spr.: Engl., Franz., Span.

BOEHMER, Hartmut Henning
Bürgermeister - Rathaus, 6430 Bad Hersfeld - Geb. 10. Mai 1941 Stettin.

BOEHMER, von, Henning J.
Dr. jur., Rechtsanwalt u. Fachanwalt f. Steuerrecht, Generalsekr. Dt. Gruppe d. Intern. Handelskammer, Köln (1983ff.) - Thomas-Mann-Str. 10, 5000 Köln 51 - Geb. 16. Aug. 1943 - M.C.J. Univ. New York - U. a. Geschäftsf. CDU-Wirtschaftsrat, Bonn.

BÖHMER, Klaus W. A.
Dr., Prof. f. Mathematik Univ. Marburg - Am Wäldchen 18, 3550 Marburg - Geb. 1936 Karlsruhe (Vater: Wilfred B., Kaufm.; Mutter: Ruth, geb. Arnold), ev., verh. s. 1962 m. Ingeburg, geb. Kranz, 2 Töcht. - Stud. Univ. Karlsruhe u. Hamburg - Mehrere Forschungsaufenth. USA, Israel u. China - 7 Bücher u. üb. 70 Fachveröff. z. Funktionentheorie, Approximationstheorie, insb. Splinefunktionen, u. z. Numerischen Mathematik, hier besonders Defektkorrekturverfahren u. Nichtlineare Operatorprobleme mit u. ohne Symmetrien u. ihre Diskretisierung.

BÖHMER, Otto A.
Dr. phil., Schriftsteller - Niddastr. 26, 6362 Wöllstadt - Geb. 10. Febr. 1949 Rothenburg/Tauber - BV/Ged.: Was wißt denn ihr, 1978; E. blasser Sommer, e. kühler Herbst, e. kalter Winter, 1981; Ess.: Faktizität u. Erkenntnisbegründ., 1979; D. Wunsch zu bleiben, R. 1983; D. Jesuitenschlößchen, R. 1985; V. jungen u. v. ganz jungen Schopenhauer, Erz. 1987. Herausg.: V. Nutzen d. Nachdenklichkeit. E. Schopenhauer-Brevier (1987); V. versunkenen schönen Tagen. E. Eichendorff-Leseb. (1988); Leben ist immer lebensgefährlich. Heitere Sinnged. aus 5 Jh. (1990); D. Sichtbarkeit d. Dinge, Ged. (1990); Holzwege. Philosophen-Gesch. (1991); D. Licht d. Gewißheit. Wie Philosophen auf ihre(n) Gedanken kamen (1991); D. Zauberer Luntenmann (1991).

BOEHMER, Rainer Michael
Dr. phil., Prof., Wiss. Direktor Dt. Archäol. Inst. - Podbielskiallee 69, 1000 Berlin 33 (T. 030 - 83 00 80) - Geb. 1930 Königsberg i. Pr., ev., ledig - Stud. Freie Univ. Berlin; Promot. 1961, Habil. 1970 - 1969 2. Dir. Dt. Archäol. Inst.; 1979 Leit. Abt. Baghdad ebd.; 1985 Honorarprof. Univ. Heidelberg. 1980 Leit. Dt. Uruk-Warka-Expedition - 1967 Korr., dann o. Mitgl. Dt. Archäol. Inst.; 1988 Mitgl. Kurat. Max Freiherr v. Oppenheim Stiftg. - BV: D. Entw. d. Glyptik während d. Akkad-Zeit, 1965; D. Kleinfunde v. Boğazköy 1931-1969, 1972; D. Kleinfunde aus d. Unterstadt v. Bo-

ğazköy 1970-1978, 1979; D. Reliefkeramik v. Boğazköy 1906-1978, 1983; Tell Imlihiye, Tell Zubeidi, Tell Abbas, 1985 (m. H. W. Dämmer); Propyläen-Kunstgesch. XIV: D. Glyptik, 1975; D. Glyptik v. Boğazköy, 1987 (m. H. G. Güterbock); Uruk 38, Endbericht, 1987; Bilder e. Ausgräbers (m. E. W. Andrae) - Liebh.: Musik - Spr.: Engl.

BÖHMER, Werner

Dr. jur. Prof., Bundesverfassungsrichter i.R. - Schloßbezirk 3, 7500 Karlsruhe 1 - Geb. 11. März 1915 - B. 1965 Richter Bundesverw.sgericht Berlin, dann Bundesverfassungsgericht Karlsruhe (I. Senat).

BÖHN, Dieter

Dr. rer. nat., Prof. f. Didaktik d. Geographie - Tännig 51, 8710 Kitzingen/Ufr. - Geb. 17. Nov. 1938 München - S. 1977 Ord. u. Mitvorst. Inst. f. Geogr. Univ. Würzburg, Spr. d. Fachdidaktiker d. Geogr. an bayer. Univ., Beis. Hochschulverb. f. Geographie u. ihre Didaktik; 1987-91 Dekan d. Fak. f. Geowiss. - BV: China, 1987; China-Folienband, 1990. Herausg.: Regionalgeogr. Unters. Mainfranken (1982); Sowjetunion im Umbruch (1989); Südl. Sowjetunion (1989).

BOEHN, von, Ludolf

Dipl.-Volksw., Vorstandsmitglied Handels- u. Privatbank AG. - Postf. 100 290, 5000 Köln - Geb. 8. Jan. 1920.

BOEHNCKE, Engelhard

Dr. med. vet., Univ.-Prof. Univ.-GH Kassel, Tierarzt - Wolfshecke 19, 3430 Witzenhausen - Geb. 10. Mai 1935 Ebergötzen (Vater: Herbert B., Forstm.; Mutter: Elisabeth, geb. Schaper), verh. I) 1972-83 m. Dr. Renate, geb. Schubert †, II) s. 1985 m. Dipl. Ing. Inka, geb. Fricke - Univ. Göttingen (Dipl.-Landwirt 1962) Promot. 1971 Univ. München - 1968 Tierarzt; 1973 Fachtierarzt f. Tierernährung, 1985 Fachtierarzt f. Physiol.; s. 1980 Prof. Univ.-GH Kassel; 1984/85 Dekan Fachber. Landwirtsch. GH Kassel. Rd. 80 wiss. Veröff. - 1984-89 Chairman of the Board of Directors of the Intern. Federation of Organic Agruculture Movements (IFOAM); 1981 Mitgl. Ges. f. Ernährungsphysiol. d. Haustiere; 1985 Mitgl. Intern. Soc. of Animal Clinical Biochemistry; s. 1989 Präs. Intern. Ges. f. Nutztierhalt. - Lit.: Kürschners Dt. Gelehrtenkalender; Who is Who in Medicine.

BOEHNCKE, Heiner

Privatdozent, Dr. phil., M.A., Leiter Abt. Publizistik b. HR, Literaturwissenschaftler, Schriftsteller - Vogelsberger Str. 36, 6474 Ortenberg-Lißberg (T. 06046 - 10 94) - Geb. 26. März 1944 Schwarzenfels/Kr. Schlüchtern, verh. s. 1981 m. Waldtraud, geb. Rennschmid, 3 Kd. (Anna, Jakob, Sophie) - Stud. German., Roman., Phil. Univ. Göttingen, Tübingen, Hamburg u. Aix-en-Provence; M.A. 1969 Göttingen, Staatsex. 1972 Frankfurt/M., Promot. 1975 u. Habil. 1990 Bremen - 1969-75 wiss. Assist. Univ. Frankfurt; 1974-85 Univ. Bremen. S. 1987 Redakt. b. Hess. Rundf. - Redakt. Zeitschr. Ästhetik u. Kommunikation (s. 1972) - BV: Sergej Tretjakov, 1972; D. B. Traven-Buch, 1976; Jahrb. f. Lehrer, Bd. 1-7, 1976-83; Weltuntergänge, 1984; D. Buch d. Vaganten, 1987; Galerie d. kl. Dinge, 1988; Reiseziel Revolution, 1988; Jugendlexikon Lit., 1989; FunkBilder, 1990; D. dt. Räuberbanden, 1991 - Liebh.: Seefahrt, Abenteuerlit. - Spr.: Engl., Franz., Ital.

BÖHNER, Kurt

Dr. phil., Dr. phil. h. c., Prof., Generaldirektor Römisch-Germanisches Zentralmuseum Mainz (s. 1958, s. 1982 a.D.) - Georg-Büchner-Str. 29, 6500 Mainz 42 (T. RGZ. Mainz 23 22 31) - Geb. 29. Nov. 1914 Halberstadt/Harz (Vater: Dipl.-Ing. Konrad B., Dir.; Mutter: Barbara, geb. Kressel) - Univ. Erlangen u. München - 1943-58 Assist. u. Dir. Rhein. Landesmus., Bonn. S. 1959 Ho-

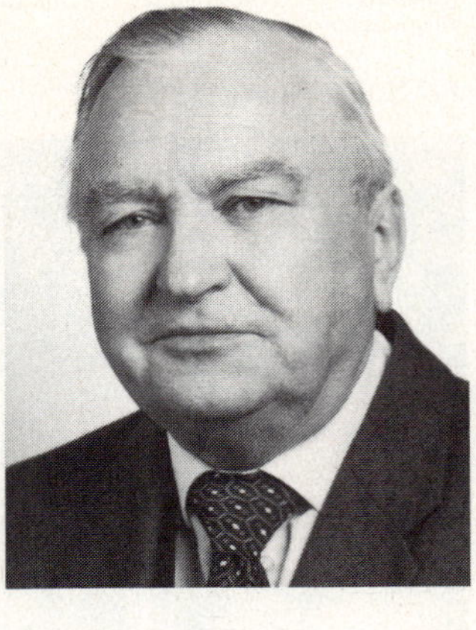

norarprof. Univ. Mainz (Frühmittelalterl. Archäol.) - BV: D. Fränk. Altertümer d. Trierer Landes, 1958. Herausg.: D. Fränk. Altertümer d. Rheinlandes - 1968 Silbermed. f. Verdienste um d. Entwickl. v. Freundsch. u. Zusammenarb. m. d. Tschechosl.; 1978 Ehrendoktor Univ. Uppsala (Schwed.); BVK I. Kl.; Korr. Mitgl. d. Akad. Heidelberg u. Mainz; VO. Land Rhld.-Pfalz.

BÖHNISCH, Lothar

Dr. soz. habil., Privatdozent Dt. Jugendinst. München d. Univ. Tübingen - Rumfordstr. 38, 8000 München 5 - Geb. 17. Juni 1944, gesch., Tochter Sonja - Stud. Ökonomie, Soziol. u. Gesch. Univ. Würzburg u. München; Promot. u. Habil. 1978 u. 82 Univ. Tübingen - 1981-84 komm. Dir. Dt. Jugendinst. München; dzt. sozialwiss. Forschungsprojekt üb. Lebensverhältnisse Jugendl. in ländl. Regionen - BV: Abhauen od. Bleiben, 1980; D. Sozialstaat u. s. Päd., 1981; Lebensbewältig., 1985 - Liebh.: Antiquar. Bücher, Reisen - Spr.: Engl., Franz.

BÖHNKE, Botho

Dr.-Ing., o. Prof. u. Direktor Inst. f. Siedlungswasserwirtschaft TH Aachen (s. 1967) - Maria-Theresia-Allee 231, 5100 Aachen.

BÖHR, Christoph

Wissenschaftlicher Referent, MdL Rhld.-Pfalz - Kaiserstr. 24, 5500 Trier - Geb. 1. Febr. 1954 Mayen, kath., ledig - Stud. Politikwiss., Phil., German. u. Neuere Gesch.; Staatsex. 1980 u. 1984 - 1983-89 Bundesvors. Junge Union Dtschl.; Vors. CDU Trier - BV: Politischer Protest u. parlamentarische Bewältigung (Koautor), 1984, 2. A. 1986; Liberalismus u. Minimalismus, 1985. Herausg.: Leben mit d. Technik (1985); Jugend bewegt Politik (1988).

BOEHR, Erdmuthe

Prof. Hochschule f. Musik u. Theater Hannover, Flötistin - Zu erreichen üb.: Hochschule f. Musik u. Theater Hannover, Emmichplatz 1, 3000 Hannover 1 - Geb. 4. Juni 1943 Hannover - 1962-69 Stud. Hannover, Hamburg, Paris.

BÖHRET, Carl

Dr. rer. pol., Univ.-Prof., Lehrst. f. Politikwiss. Hochsch. f. Verwaltungswiss. Speyer (s. 1974, 1988/89 Prorektor, 1989-91 Rektor) - Freiherr-vom-Stein-Str. 2, 6720 Speyer (T. 06232 - 91 03 53/366) - Geb. 30. Juli 1933 Bad Friedrichshall (Vater: Hermann B., Werkmeister; Mutter: Amalie, geb. Häcker), ev., verh. s. 1960 m. Christl, geb. Maier, Tocht. Sabine - Mechanikerlehre; Sozialakad. Dortmund; Politik- u. Wirtschaftswiss. FU Berlin; 1967-68 The Brookings Inst., Washington, D.C./USA. Dipl.-Polit. 1962; Promot. 1965; Habil. 1970 Berlin - 1954-71 Tätigk. in Wirtsch., Verb. u. Verwalt.; 1971 o. Prof. f. Politikwiss. FU Berlin - BV: Aktionen gegen d. kalte Sozialisierung, 1966; Entscheidungshilfen f. d. Regierung, 1970; Planspiele als Methode d. Fortbild., 1975 (Mitautor); Grundriß d. Planungspraxis, 1975; Führungskonzepte f. d. öff. Verw., 1976 (Mitaut.); Innenpolitik u. Politische Theorie, 3. A. 1988 (m. a.); D. Praxistest v. Gesetzentw., 1980 (Mitaut.); Test u. Prüfung v. Gesetzentw., 1980 (Mitaut.); Handlungsspielräume u. Steuerungspotential d. regionalen Wirtsch.förderung, 1982 (m. a.); Technologiefolgenabschätzung, 1982 (Mitaut.), Entw.mögl. zu Kreisen neuen Typs, 1982 (Mitaut.); Politik u. Verw., 1983; Hochsch. u. ihr Umfeld, 1985; Zwischenbilanzierung d. Fachhochsch. d. Bundes, 1989 (Mitaut.); Folgen. Entw. f. e. aktive Politik gegen schleichende Katastrophen, 1990; Nachweltschutz, 1991; Umweltverträglichkeit, 1991 (Mitaut.). Mithrsg.: Interdependenzen v. Politik u. Wirtsch. (1967), Simulation innenpolit. Konflikte (1972), Wörterb. z. polit. Ökonomie (2. A. 1977); Politik u. Wirtschaft (1977); Verwaltungsreformen u. Polit. Wissenschaft (1978); Verwaltungslexikon (1985; 2. A. 1991); Ztschr. f. Gesetzgebung (ab 1986); Herausforderungen an d. Innovationskraft d. Verw. (1987) - Spr.: Engl.

BÖHRINGER, Alfred

Dr.-Ing. E. h., Dipl.-Ing., Ministerialdirigent i. R. (Innenmin. v. Baden-Württ.), Honorarprof. f. Straßen- u. Erdbau TH Stuttgart (s. 1955), Ehrenvors. Forschungsges. f. d. Straßenwesen, Köln (s. 1955) - Klopstockweg 8, 7400 Tübingen - Geb. 2. Sept. 1908 Heilbronn/N. (Vater: Hermann B., Angest.; Mutter: Elise, geb. Muckenfuss), ev., verh. s. 1953 m. Pia, geb. Volz, 4 Kd. (Helmer, Doris, Mechthild, Christl) - Realgymn. Heilbronn; TH Stuttgart (Bauing.wesen; Dipl.-Ing. 1931) - S. 1952 Leit. Straßenbauverw. Baden-Württ. - 1966 Ehrendoktor TH München - Liebh.: Leichtathletik (Dt. Jugendmeister 80 m Hürden u. Dt. Rekord m. 9,6 Sek.), Golf - Spr.: Engl.

BÖHRINGER, Karl-Heinz

Dr. jur., Bankdirektor i. R. (Dt. Bank/Fil. Köln) - Goethestr. 29a, 5000 Köln-Marienburg - Geb. 26. Aug. 1920 - Aufsichts-, Beirats- u. Verw.ratsmand.

BÖHRINGER, Paul Karl

Dr., Verleger - Holterweg 33, 4000 Düsseldorf 12 (T. 0211 - 28 51 56) - Geb. 6. April 1917 Neckarsulm, kath., verh. s. 1947 m. Adelheid, geb. Francken-Schwann.

BÖHRK, Gisela

Lehrerin, Frauenministerin d. Landes Schlesw.-Holst. (s. 1988), MdL Schlesw.-Holst. - Morier Str. 45, 2400 Lübeck - Geb. 8. Juni 1945 Leipzig - U. a. Ann Arbor High School; 1965-66 Ausbild. math.-techn. Assist.; 1966-69 PH Kiel - Zeitw. Programmiererin; 1969ff. Lehrerin. SPD s. 1973 (1974ff. stv. Landesvors. Jungsozialisten); 1983-88 2. stv. Vors. SPD-Landtagsfrakt., s. 1991 stv. Vors. SPD Schlesw.-Holstein.

BÖHRNSEN, Gustav

Techn. Angestellter, Mitgl. Bremer Bürgerschaft (s. 1955; 1966 stv., 1968 Vors. SPD-Fraktion) - Lesumbroker Landstr. 38, 2800 Bremen 77 - Geb. 24. Jan. 1914 Bremen, ev., verh. s. 1947 m. Gertrud, geb. Schlichting - Volkssch.; Schlosserlehre - 1928-36 u. 1951-78 AG. Weser (1954 Betriebsratsvors.); 1936-40 Schutzhaft; 1942-46 Strafdivision u. Kriegsgefangensch.; 1946-49 öfftl. Dienst u. amerik. Militärreg. (1948). ARsmandate.

BOEKE, Uwe

Dr.-Ing., Vorstandsmitglied Norddeutsche Seekabelwerke AG, Nordenham - Rüstringer Str. 22, 2890 Nordenham (T. 04731 - 82-2 61) - Geb. 2. Febr. 1937 Gera/Thür., ev., verh. s. 1965 m. Margret, geb. Groß-Hardt, 2 Söhne (Elmar, Oliver) - Stud. d. allg. Elektrotechnik; Promot. 1968 Aachen - Vorst.-Vors. d. Verb. d. Metallindustriellen d. Nordwestlichen Niedersachens e.V.; Vorst.-Mitgl. d. Verb. d. Metallindustriellen d. Nordwestlichen Niedersachsens e.V. - Verbandsgr. Oldenburg, u. d. Arbeitgeberverb. Oldenburg e.V. - Spr.: Engl.

BÖKE, Wilhelm

Dr. med., o. Prof. f. Augenheilkunde - Niemannsweg 55, 2300 Kiel (T. 56 67 02) - Geb. 12. Jan. 1924 - S. 1958 (Habil.) Lehrtätigk. Univ. Münster (1964 apl. Prof.) u. Kiel (1967 Ord. u. Klinikdir.). Üb. 200 Facharb.

BÖKEL, Gerhard

Landrat Lahn-Dill-Kreis (s. 1985), MdL Hessen (1978-85), Präs. Hess. Landkreistag (s. Juli 1991) - Kammerbergstr. 14, 6333 Braunfels-Tiefenbach - Geb. 30. Juni 1946 Sontra-Hornel - Lichtenbergsch. Darmstadt; Stud. Gießen. Beide jurist. Staatsex. - 1972-74 Beigeordn. Gde. Atzbach; 1977-79 Stadtverordn. Lahn.

BÖKELMANN, Erhard

Dr. jur., o. Prof. f. Zivilprozeßrecht u. Bürgerl. Recht - Ruhr-Universität, 4630 Bochum - Geb. 8. April 1920 Bernburg/S. - B. 1967 Reg.sdir. Stuttgart, dann Bundesrichter BGH Karlsruhe, s. 1968 Ord. Univ. Bochum. 1965 ff. Honorarprof. Univ. Heidelberg.

BÖKEMEIER, Horst

Dr. rer. pol., Dr. jur., Rechtsanwalt u. Notar, Landrat d. Landkr. Waldeck-Frankenberg (s. 1989) - Schwelmer Str. 4, 3540 Korbach (T. 05631 - 6 16 05) - Geb. 6. Mai 1935 Schwelentrup, ev., verh., 3 Kd. - Promot. 1962 (rer. pol.) u. 1964 (jur.) 1964-67 Kr.rechtsrat Lemgo; 1967-76 Bürgerm. Korbach; 1976-89 MdL Hessen. SPD. Kreisvors. DRK.

BOELCKE, Willi

Dr. phil., Prof. f. Sozial- u. Wirtschaftsgeschichte - Eduard-Pfeiffer-Str. 39, 7000 Stuttgart 1 - Geb. 20. Sept. 1929 Berlin, verh. - Abit. 1949 Spremberg; Promot. 1955 Berlin; Habil. 1967 Hohenheim - S. 1962 Univ. Hohenheim (1969 Prof.) - BV: Kriegspropaganda 1939-41, 1966; Wollt Ihr den totalen Krieg?, 1967 (div. Übers.); Verfassungswandel u. Wirtschaftsstruktur, 1969; Deutschlands Rüstung im II. Weltkr., 1969; Krupp u. d. Hohenzollern, 2. A. 1970; D. Macht d. Radios, 1977; (m. Hermann Graf v. Arnim); Muskau - Standesherrschaft zw. Spree u. Neiße, 3. A. 1979; Handbuch Baden-Württemberg, 1982; D. dt. Wirtsch. 1930-45, 1983; D. Kosten v. Hitlers Krieg, 1985; D. Schwarzmarkt 1945-48, 1986; Wirtschafsgesch. Baden-Württembergs, 1987; Sozialgesch. Baden-Württembergs 1800-1989, 1989 - 1979 o. Mitgl. Kommiss. f. geschichtl. Landeskd. in BW - Liebh.: Sport, Gartenkunst - Spr.: Engl., Russ.

BOELKE, Diethard

Generalsekretär Dt. Rollsport-Bund - Thomas-Mann-Str. 6c, 6000 Frankfurt/M. 50.

BÖLKE, Joachim

Journalist, Mitglied d. Chefredakt. u. Ressortleit. Politik Tagesspiegel, Berlin - Rheinbabenallee 15a, 1000 Berlin 33 (T. 823 74 71) - Geb. 26. April 1927 Brandenburg/H. - S. 1948 Tagesspiegel - 1968 BVK.

BÖLKE, Wilfried

Dr. agr., Direktor d. Heinrich-Schliemann-Museums Ankershagen/Meckl. (s. 1986) - Klockower Str. 2a, O-2061 Bocksee (T. Ankershagen 2 06) - Geb. 10. März 1938, verh., 2 Kd. - Stud. Univ. Halle; Promot. Univ. Rostock - S. 1990 ehrenamtl. Bürgerm. Gemeinde Ankershagen - BV: Heinrich Schliemann - Odyssee seines Lebens (m. Crepon), 1990 - 1990 Schliemann-Med. d. Akad. d. Wiss. Berlin-Ost.

BÖLLHOFF, Wolfgang

Dr. rer. comm., Dipl.-Kfm., geschäftsf. Gesellschafter Böllhoff-Gruppe - Archimedesstr. 1-4, 4800 Bielefeld 14 (T. 0521 - 44 82 01) - Geb. 30. Sept. 1934

Bielefeld, kath., verh. s. 1962 m. Regina, geb. Roeckl, 4 Kd. (Christian, Wilhelm, Maria Elisabeth, Michael) - Humanist. Gymn.; Stud. Betriebswirtsch.lehre; Dipl.-Kfm. 1959 München; Promot. 1961 Wien - Stv. Vorst.-Vors. Fachverb. dt. Schrauben-Großhdl., Bonn; Vorst. Unternehmerverb. Metall, Bielefeld; AR Westfalia Separator AG, Oelde; Mitgl. Landesbeirat Commerzbank AG, Nordrh.-Westf. - Liebh.: Sport, Kunst, Gesch. - Spr.: Engl., Franz., Portug.

BÖLLING, Klaus

Staatssekretär i.e.R. - Mommsenstr. 15, 1000 Berlin 45 - Geb. 29. Aug. 1928 Potsdam, gesch., 2 Kd. - Redakt. Tagesspiegel, RIAS, SFB, ARD-Korresp. Belgrad, WDR, Chefredakt. NDR (Fernsehmoderator Weltspiegel), 1969-73 Amerika-Korresp. Dt. Fernsehen u. Studioleit. Washington, 1973-74 Int. Radio Bremen; 1974-80 u. 1982 Regierungssprecher u. Chef. d. Presse- u. Informationsamtes d. Bundesreg.; 1981-82 Leit. d. Ständ. Vertr. d. Bundesrep. Deutschl. b. d. DDR. SPD (s. 1958) - BV: D. letzten 30 Tage d. Kanzlers Helmut Schmidt, 1982; D. fernen Nachbarn - Erfahrungen in d. DDR, 1986; Bonn von außen betrachtet - 1981 Gr. BVK.

BÖLLING-MORITZ, Cordula

Journalistin, Schriftst. - Holbeinstr. 16, 1000 Berlin 45 (T. 833 42 05) - Geb. 6. Nov. 1919 Stolp/Pom., ev., gesch. - 1940ff. Volontariat Scherl-Verlag, Berlin - 1946-79 Redakt. Tagesspiegel, Berlin - BV: Glück aus grünem Glas - Erinn. an Pommern, Neuausg. 1989; Stadtmond in Streifen - 14 Tag- u. Nachtgesch., 1971; D. Kleider d. Berlinerin, 1971; Linienspiele, 70 Jahre Mode in Berlin, 1991.

BOELTE, Hans Heiner

Dr. phil., Journalist u. Fernsehdir. Süddt. Rundf. - FS-Studio Villa Berg, 7000 Stuttgart 1 - Geb. 15. Juli 1939 Paderborn - Altspr. Gymn. Höxter; Stud. Univ. Freiburg, Paris, Tübingen u. München - Spr.: Lat., Griech., Engl., Franz.

BÖMERS, Michael

Kaufmann, gf. Gesellsch. Bömers Holdingges. Stiftg. & Co., Bremen, AR-Vors. Park-Hotel GmbH ebd. - Colmarer Str. 11, 2800 Bremen - Geb. 30. Aug. 1938 - Stud. Virginia-Univ. (USA).

BOENHEIM, Helmut

s. Bonheim, Helmut

BOENICK, Ulrich

Dr.-Ing., o. Prof. f. Biomedizin. Technik TU Berlin - Geb. 27. Mai 1936 Berlin (Vater: Reinhold B., Architekt; Mutter: Marie, geb. Ruhnke), verh. s. 1962, 2 Kd. (Beate, Ann-Marie) - Stud. Maschinenwesen TU Berlin, Diplom 1962, Promot. 1966, Habil. 1969, Verleih. d. Venia legendi f. d. Geb. Techn. Orthopädie u. Biomechanik - 1970 Wiss. Rat u. Professor, 1974 o. Prof. f. Biomed. Technik; Leit. d. Prüfstellen f. med. Geräte u. f. orthop. Hilfsmittel. S. 1982 geschäftsf. Dir. d. Inst. f. Feinwerktechnik u. Biomed. Technik; vereidigter Sachverst. IHK Berlin f. med.-techn. Geräte; Beiratsmitgl. f. Orthopädietechn. b. BM f. Arbeit u. Sozialordnung.

BOENICKE, Otto Klaus

Dipl.-Forstw., Kaufmann, pers. haft. Gesellsch. Otto Boenicke oHG, Geschäftsf. Otto Boenicke Vertriebs-GmbH u. Otto Boenicke KG, Frankfurt (b. 1990) - Boxbergstr. 49, 5600 Wuppertal-Ronsdorf - Geb. 22. Aug. 1928 Leipzig (Vater: Willy B., Kaufm.; Mutter: Adolfina, geb. Caro), ev., verh. s. 1952 m. Brigitte, geb. Stengel, 4 Kd. (Annemarie, Klaus, Renate, Martin) - Paulsen-Obersch. Berlin-Steglitz (Abit. 1947); Stud. Humboldt-Univ. u. Göttingen (Dipl.ex. 1953) - Liebh.: Jagd - Spr.: Span.

BÖNING, Dieter

Dr. med., Abteilungsvorsteher, Prof. f. Sport- u. Arbeitsphysiologie Med. Hochschule Hannover (s. 1976) - Dürerstr. 12, 3004 Isernhagen 2 - Geb. 19. März 1939 Mönchengladbach - Promot. 1964; Habil. 1973 - Zul. Wiss. Rat u. Prof. Sporthochsch. Köln. Zahlr. Fachveröff.

BOENING, Dieter

Dr. rer. oec., Dipl.-Volksw., Dipl.-Kfm., Vorstandsvorsitzender Stadtsparkasse Münster (s. 1989) - Idenbrockweg 237, 4400 Münster (T. 0251 - 59 82 00) - Geb. 24. Dez. 1942 Prag - Banklehre Recklinghausen; Univ. Köln, Dipl.-Volksw. 1968, Dipl.-Kfm. 1969; Promot. 1973 Ruhr-Univ. Bochum - 1980 Mitgl. Geschäftsleitg. LBS Nieders.; Bankdir. NordLB; 1981 Sprecher Geschäftsleitg. LBS Nieders.; s. 1989 Vorst.-Vors. Stadtspark. Münster - BV: Anlageprogrammplan v. Kreditinst., 1974; div. Veröff. in Ztschr. u. Fachlit. (s. 1972).

BÖNING, Karl

Dr. phil., Regierungsdirektor a. D., Honorarprof. f. Prakt. Pflanzenschutz TU München (1957 ff.) - Ossingerstr. 45, 8000 München 70 - Geb. 11. März 1901 Hennef - Zul. stv. Dir. Landesanst. f. Bodenkultur, Pflanzenbau u. -schutz, München - BV: Grundriß d. prakt Pflanzenschutzes, 2. A. 1957; Pflanzenschutz, 2. A. 1962. Üb. 250 Einzelarb. Herausg.: Ztschr. Pflanzenschutz (1948-60); Mithrsg.: Ztschr. f. Pflanzenbau u. -schutz (1950-1955) - Div. Ausz., dar. Bayer. Staatsmed. (1963) u. Otto-Appel-Denkmünze (1973).

BÖNING, Walter

Dr.-Ing., Prof., Abteilungsdirektor Siemens AG (Berliner Büro d. Leitung) - Rieppelstr. 6, 1000 Berlin 13 (T. 381 46 39) - Geb. 24. Febr. 1930 Oberhausen (Vater: Hans B., Lehrer; Mutter: Anna, geb. Barthel), kath., verh. s. 1956 m. Wilma, geb. Hausmann, 2 Kd. (Klaus, Erika) - Stud. TH Aachen; Dipl.ex. 1955; Promot. 1959 - S. 1963 (Habil.) TH Aachen u. TU Berlin (1966; 1972 apl. Prof. f. Allg. Elektrotechnik). Stv. Vors. VDE-Kommitee K 311 (elektr. Maschinen); Vorst.-Vors. d. ETV Berlin; Vors. d. IEC-Arb.-Gr. TC 2/WG 15 (Überspannungen). Fachaufs., Handbücher - 1959 Borchers-Plak. - Liebh.: Musik, Fotogr.

BOENISCH, Detlef

Dr.-Ing., Dipl.-Wirtsch.-Ing., Geschäftsf. Wibau Matthias & Co. KG., Gründau-Rothenbergen - Falkstr. 90, 5900 Siegen/W. - Geb. 15. Febr. 1931 Oppeln/OS.

BOENISCH, Dietmar

Dr.-Ing., Prof. f. Formstoffkunde u. Gießereimaschinen - Morillenhang 45, 5100 Aachen - Geb. 29. Sept. 1927 Beuthen/OS. - Promot. 1960 - S. 1966 (Habil.) Lehrtätigk. TH Aachen (1970 Wiss. Rat u. Prof.; 1971 apl. Prof.). Üb. 60 Facharb. - 1957 Eugen-Piwowarsky-Preis.

BÖNISCH, Georg

Journalist, Redakt. Spiegel, Büro Düsseldorf - Geb. 23. Okt. 1948 Braunschweig, verh. s. 1972 m. Liane, geb. Püschel, 2 T. (Jessica, Dana) - BV: D. Sonnenfürst - Karriere u. Krise d. Clemens August, 1979; Köln u. Preußen, 1982 - 1978 Wächterpreis.

BOENISCH, Peter H.

Journalist, Staatssekretär a.D. - Zul. zu erreichen üb. Burda-Verlag, Postf., 7600 Offenburg/Baden - Geb. 4. Mai 1927 Berlin (Vater: Konstantin B., Ing.; Mutter: Eva, geb. Premysler), kath., verh. - Realgymn. u. Humboldt-Univ. Berlin (Phil., Slaw.) - 1945-49 D. Neue Ztg. (Polit. Redakt.), 1949-52 Tagespost (Chefredakt.), 1952-55 NWDR (Ref. d. Generaldir.), 1955-59 Kindler & Schiermeyer Verlag (Chefredakt.), s. 1959 Axel Springer Verlag (b. 1970 Chefredakt., dann Redaktionsdir. BILD Ztg. u. Bild am Sonntag, 1978-81 Vors. d. Chefredaktion DIE WELT, Bonn); 1983-85 Bundespressechef u. Regierungssprecher (Rücktr.); 1986 Burda-Verlag (Geschäftsf. Ber. Journalismus u. Redaktionsdir. Zeitschr. BUNTE u. Burda TV). Parteilos - 1953 BVK (f. Verdienste um d. dt. Jugend); 1976 Bayer. VO; 1985 Großoffz.kreuz belg. König-Leopold-Orden - Liebh.: Golf (Clubmitgl. Berlin u. Hamburg) - Spr.: Engl., Russ.

BÖNNER, Karl-Heinz

Dr. rer. pol., Dipl.-Psych., Prof. f. Psychologie f. Pädagogen im klin. Anwendungsbereich, Leiter Forschungsstelle f. Psychosomat. u. Psychosoz. Prävention u. Rehabilitation Univ. Marburg - An der Haustatt 39, 3550 Marburg/L. - Geb. 6. Febr. 1932 Essen (Vater: Bernhard B.; Mutter: Ida, geb. Freiburg), verh. s. 1978 m. Hildegard, geb. Scheitzbach, 3 Kd. (Natascha, Bertine, Benjamin) - Päd. Akad. Essen (1954-56); Univ. Köln (1956-59, 1962-67) u. München (1959-62). Studienf.: Päd., Psych., Med., Soziol., Phil., Volksw. Lehramtsprüf. Essen (1956) u. Köln (1959); Dipl.-Psych. (1964) u. Promot. (1970) Köln - Lehrer, Psychotherap., Hochschull. (1973 ff. Prof.) - BV: Dtschl.s Jugend u. d. Erbe ihrer Väter, 1967; Nichtautorit. Erzieh., 3. A. 1973; D. Geschlechterrolle, 1973 - Liebh.: Kochen, Reisen - Spr.: Engl., Franz.

BÖNNER, Max

Dr. jur., Rechtsanwalt, Hauptgeschäftsf. Bundesverb. Dt. Kies- u. Sandind., Bundesverb. Dt. Transportbetonind., Bundesverb. Dt. Mörtelind., Fachverb. Kies u. Sand, Mörtel u. Transportbeton Nordrh.-Westf., alle Duisburg, u. a. Fachvereinig. - Hölkesöhde 10c, 5600 Wuppertal 22 (Langerfeld) (T. 0202 - 60 57 59) - Geb. 16. Juli 1930.

BOENNINGHAUS, Hans-Georg

Dr. med., em. o. Prof. f. Hals-, Nasen- u. Ohrenheilkunde - Im Hofert 1, 6900 Heidelberg (T. 80 25 39) - Geb. 20. April 1921 Breslau (Vater: Dr. med. Georg B., HNO-Arzt), ev., verh. s. 1944 m. Gudrun, geb. Hoffmann, 2 Töcht. (Ute, Ingrid) - Maria-Magdalenen-Gymn. Breslau; Univ. ebd. u. Innsbruck, Med. Staatsex. 1945 - S. 1953 (Habil.) Lehrtätigk. Univ. Marburg, Frankfurt (1959 apl. Prof.), Heidelberg (1965-87 Ord. u. Klinikdir.) - BV: D. Behandl. d. Schädelbasisbrüche, 1960. Zahlr. Veröff. z. Physiol. u. Pathol. d. Hör- u. Gleichgewichtsorgans; HNO-Lehrbücher - Bek. Vorf.: Prof. Dr. med. Georg B., Breslau (Großv.).

BÖNNINGHAUS, Heinrich

Polizeipräsident Aachen - Hubert-Wienen-Str. 25, 5100 Aachen - Geb. 28. April 1938 Düsseldorf, verh. s. 1966 m. Barbara, geb. Jacobi, 2 Kd. - Jurastud.

de BOER, Hans A.

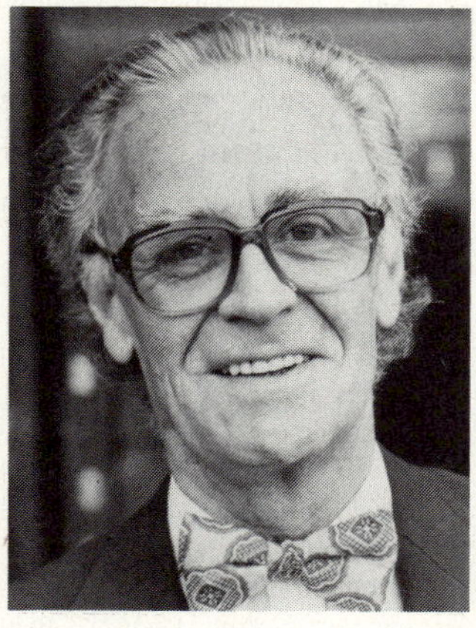

Berufsschulpastor, Schriftsteller - Fürst-Bismarck-Str. 23, 4100 Duisburg 13 (T. 0203 - 8 19 46) - Geb. 13. April 1925 Hamburg (Vater: Walther d. B., Kaufm.; Mutter: Helene, geb. Rösch), ev., ledig - Stud. Ev. u. Kath. Theol. Toronto - 1946 Kaufm. in Hamburg, 1950 Südwestafrika; 1954 Pers. Refer. Nat.Sekr. CVJM, Kassel; 1956 CVJM-Sekr. Heilbronn; 1959 Studentenpfarrer Halifax/Canada; 1968 Doz. Gandhi College, Wardha/Indien; 1971 Krankenpfleger Kambodscha; 1973 Berufsschulpastor Duisburg. 1973-92 Arbeitsaufenth. in USA, Kanada, Kampuchea, China, Hong-Kong, Vietnam, Neuseeland, Austr., Korea, Malaysia, Singapur, Thailand, Burma, Sri Lanka, Indien, Kuwait, Iran, Afghanistan, Somalia, Kenia, Tansania, Sambia, Zymbabwe, Süd-Afrika, Namibia, Angola, Kamerun, Togo, Sierra Leone, Israel, Kuba, Mexiko, Guatemala, El Salvador, Nikaragua, Venezuela, Kolumbien, Peru, Bolivien, Chile, Argent., Paraguay, Brasil., UdSSR, DDR, CSSR, Polen, Bangla-Desh, Asien - BV: Unterwegs notiert, 1956 (in 12 Spr. übers.); Unterwegs in Ost u. West, 1960 (in 2 Spr. übers.); Unterwegs erfahren, 1975; Entscheid. f. d. Hoffnung, 1984 - Interessen: Arbeit, Unterricht, Predigen, Friedensarbeit, Lesen, Sport (Laufen), Reisen, Gewerkschaft - Spr.: Engl., Franz.

de BOER, Jorrit

Dr. rer. nat., o. Prof. f. Experimental-Physik (Kernphysik) Univ. München (s. 1969) - Am Coulombwall 1, 8046 Garching (T. 32 09 40 82) - Geb. 14. Nov. 1930 Luzern (Schweiz) - ETH Zürich (Physik; Dipl.-Phys. u. Promot. 1955). Zul. Associate Prof. Rutgers Univ. New Brunswick (USA).

de BOER, Wolfgang E.

Dr. phil., o. Prof. f. Philosophie - Forststr. 10, 5300 Bonn-Röttgen (T. 25 51 25) - Geb. 10. Febr. 1914 Beelitz/Mark (Vater: Dr. med. Konrad de B.; Mutter: Martha, geb. Benthien), ev., led. - Abitur 1934 Babelsberg (Realgymn.); Promot. 1951 Bonn - S. 1965 Doz. u. o. Prof. (1966) Päd. Hochsch. Ruhr/Abt. Hagen - BV: D. Problem d. Menschen u. d. Kultur, 1958; Hölderlins Deutung d. Daseins, 1961 - Spr.: Lat., Engl., Franz.

BÖRDING, Claus

Dr. rer. pol., Dipl.-Kfm., gf. Gesellschafter Th. Börding Grubenholzges. mbH, Herne, stellv. Vors. Fachverb. Grubenholz - Simmerner Str. 17, 5449 Wiebelsheim/Hsr. - Geb. 3. Okt. 1931.

BÖRGER, Egon

Dr., o. Prof. f. theoretische Informatik, Abt. Informatik Univ. Pisa/Italien (s. 1985) - Zu erreichen üb. Universita di Pisa, Corso Italia, 40, I-56100 Pisa - 1978-85 Wiss. Rat u. Prof. f. Informatik Univ. Dortmund.

BOERGER, Georg

Dr.-Ing., Prof., Leiter Abt. Allg. Grundlagen/Heinrich-Hertz-Inst. Berlin - Mörchinger Str. 134, 1000 Berlin 37 - S. Habil. Privatdoz. u. apl. Prof. TU Berlin (Elektrobiol. d. Sinneswahrnehmung).

BÖRGER, Gisbert

Dr. med., Prof., Chefarzt i. R. Chirurg. Abt. Elisabeth-Krkhs. Essen - Havelring 37, 4300 Essen - Geb. 21. Juli 1920 Duisburg - S. 1955 (Habil.) Lehrtätigk. Univ. Gießen (1964 apl. Prof.), s. 1980 Univ. Essen-Gesamthochschule - BV: Schilddrüse - Palliativchirurg. Eingriffe b. malignen Tumoren, 1973. Handbuchbeitr.: Portaler Hochdruck (Lehrb. f. Chir., 1957, 6. A. 1970); Hoden, Hodensack u. Samenwege (m. C. F. Rothauge) in: Inn. Med. u. Chir., 1979. Hrsg.: Chirurgie d. frischen Verletzung (1979). Üb. 40 Fachaufs.

BÖRGER, Hans E. A.

Dr., Dipl.-Ing., Dipl.-Kfm., Unternehmensberater (Krisenmanagement), Neuß, Berlin, Tübingen (s. 1988) - Niederdonker Weg 27, 4040 Neuß 1 - Geb.

22. Febr. 1924 Dortmund (Vater: Dr. Paul B., Oberstudiendirektor; Mutter: Gertrud, geb. Hasse), ev., verh. s. 1949 m. Edeltraut, geb. Bonow, 2 Töcht. (Gertrud, Gabriele) - Stud. TH Darmstadt, Univ. Köln - 1968 Dir. Westfalia Dinnendahl Gröppel AG (Wedag), Bochum; 1971 Geschäftsf. Aluminium-Walzwerke Singen GmbH, Singen; 1975 Sprecher Geschäftsf. Kienzle Uhrenfabriken, Schwenningen; 1981 Geschäftsf. Diehl GmbH & Co., Nürnberg u. Junghans Uhrenfabriken, Schramberg; 1983 AR-Vors. Peter Uhren GmbH, Rottweil; 1986 Geschäftsf. Bleyle KG, Stuttgart - BV: Statistische Methoden, 1975 - Liebh.: Kammermusik, Segeln, Golf - Spr.: Engl., Franz., Ital., Russ.

BÖRGER, Leberecht

Dipl.-Kfm., Versicherungsmakler, Mitinh. Friedrich Homann-Gruppe, Hamburg (s. 1972) - Godeke-Michel-Stieg 4, 2000 Wedel - Geb. 14. Juli 1924 Rostock, verh. m. Hanne, geb. Schmidt, S. Michael - 1947-50 Stud. Wirtschaftswiss.

BÖRINGER, Dirk

Dr. agr., Präsident Bundessortenamt - Osterfelddamm 80, 3000 Hannover 61 - Geb. 29. Febr. 1928.

BÖRKER, Christoph

Dr. phil., Prof. f. Klass. Archäologie Univ. Erlangen - Kochstr. 4, 8520 Erlangen - Geb. 5. Sept. 1936 Magdeburg - Promot. 1965, Habil. 1975 - S. 1980 Prof. Univ. Erlangen - BV: Blattkelchkapitelle (Diss.) 1967; Repertorium d. Inschriften v. Ephesos, Bd. II u. V (m. R. Merkelbach) 1979-80; Festbankett u. griech. Arch., 1983.

BÖRKIRCHER, Helmut

Dr., Dipl.-Volksw., Prof., Fachleiter Handel an d. Berufsakad. Karlsruhe - Ötisheimer Str. 23, 7136 Ötisheim-Schönenberg (T. 07041 - 4 26 38) - Geb. 12. März 1949 Mühlacker, ev., verh. s. 1973 m. Raili Helena, geb. Riihinen, 3 Kd. (Mikko, Sonja, Lasse) - Abit. 1968; Stud. Betriebs- u. Volksw. Univ. Saarbrücken, Stuttgart u. Mannheim; Dipl. 1972, Promot. 1977 - Lehrtätigk. Hochsch. Karlsruhe in versch. wirtschaftspolit. Gremien; Hon.-Prof. TH Merseburg - Zahlr. Fachbeitr. z. Wirtsch., Regionalplan., Energie, Technologiepolitik.

BÖRNER, Alfred

Bundesbahnhauptsekretär, MdL Bayern (s. 1962, SPD) - Obere Warte 2, 8670 Hof/S. (T. 09281 - 31 76) - Geb. 20. März 1926 (Vater: Fritz B., Arbeiter; Mutter: Christiane, geb. Dressel), verh., 1 Kd. - Volkssch. - S. Lehre Reichs- bzw. Bundesbahn (1948 Personalratsvors.), dazw. 1943-45 Wehrdst. S. 1956 ehrenamtl. Stadtrat Hof.

BÖRNER, Bodo

Dr. jur., Rechtsanwalt am OLG Düsseldorf, em. o. Prof. f. Bürgerl. Recht u. Wirtschaftsrecht - Zülpicher Str. 83, 5000 Köln 41 (T. 41 93 04), Börner & Börner, Königsallee 48, 4000 Düsseldorf 1 (T. 0211 - 13 44 71) - Geb. 8. Mai 1922 Lüneburg (Vater: Georg B., Amtsgerichtsrat; Mutter: Inka, geb. Vissering), ev., verh. s. 1953 m. Silvia, geb. Quandt, 2 Kd. (Achim-Rüdiger, Iris-Beatrix) - Univ. Hamburg (Promot. 1951). Gr. jurist. Staatsprüf. 1954 Hamburg; Habil. 1960 Münster/W. - 1953-55 Assist Univ. Hamburg; 1956 Ref. Max-Planck-Inst. f. ausl. u. intern. Privatrecht ebd.; 1956-61 Justitiar Unternehmensverb. Ruhrbergbau Essen; 1961-87 Ord. Univ. Köln (Dir. Inst. f. d. Recht d. Europ. Gemeinschaften u. Inst. f. Energierecht); s. 1987 Rechtsanwalt am OLG Düsseldorf - BV: D. Entscheidungen d. Hohen Behörde, 1965; Studien z. dt. u. europ. Wirtschaftsr. Bd. I-V, 1973-88 - Spr.: Engl., Franz., Russ.

BOERNER, Claus H.

Dr., gf. Vorstandsmitglied Ausstellungs- u. Messe-Ausschuß d. Dt. Wirtschaft (AUMA) - Lindenstr. 8, 5000 Köln 1 - Geb. 1929 - 1983 BVK a. Bde, 1986 BVK I. Kl.

BÖRNER, Dietrich

Dr. oec. publ., Dipl.-Kfm., o. Prof. f. Betriebsw.slehre - Am Schild 7, 4400 Münster-Sprakel (T. 02571 - 68 18) - Geb. 26. Aug. 1933 Saarbrücken - S. 1966 (Habil.) Lehrtätigk. Univ. München, Regensburg (1967 Ord.), Münster (1971 Ord.; Dir. Inst. f. Unternehmungsrechnung u. -besteuerung u. Inst. f. Wirtschafts- u. Sozialwiss.) - BV: D. betriebl. Rechnungswesen u. s. Bedeut. f. d. Unternehmensführung, 1967; Allg. Grundl. d. Kostenrechnung, 1968; Steuerbilanzpolitik, 1977.

BÖRNER, Holger

Ministerpräsident Hessen a. D. (1976-87) - Geb. 7. Febr. 1931 Kassel (Vater: Maurerpolier), verh., 3 S. - Volks-, Mittelschule; Betonfacharbeiter - S. 1948 Mitarb. in d. SPD; 1972-76 Bundesgeschf. SPD; s. 1977 Landesvors. d. hess. SPD; 1956-72 Stadtverordn. Kassel, davon 9 Jahre Vors. d. SPD-Frakt. d. Verkehrsaussch.; 1967-69 parlament. Staatssekr. b. Bundesmin. f. Verkehr; 1969-72 parlament. Staatssekr. b. Bundesmin. f. Verkehr u. f. d. Postwesen; 1976-87 Hess. Min.-Präs. u. ordentl. Mitgl. im Bundesrat; s. 1978 MdL Hessen.

BÖRNER, Horst

Dr. agr. (habil.), o. Prof. u. Direktor Inst. f. Phytopathologie Univ. Kiel (s. 1965) - Barstenkamp 56, 2300 Kiel-Rammsee (T. 6 57 40) - Geb. 12. Dez. 1926 Elberfeld - Zul. Doz. LH Hohenheim - BV: Pflanzenkrankheiten u. -schutz, Lehrb. 1970. Div. Einzelarb.

BÖRNER, Klaus

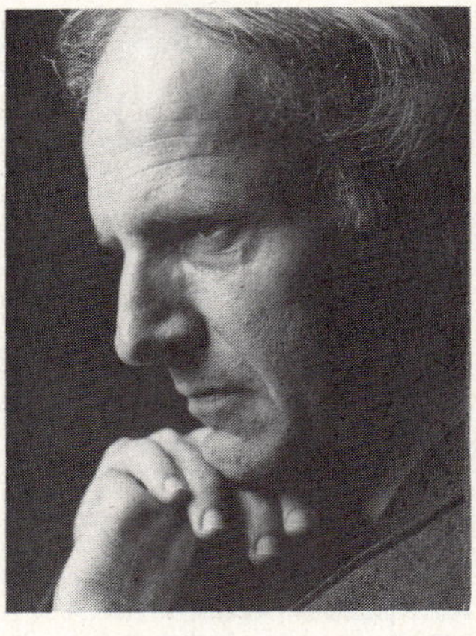

Prof., Konzertpianist - Nibelungenstr. 38, 4040 Neuss (T. 02131 - 54 25 36) - Geb. 22. Juni 1929 Senftenberg (Vater: Martin B., Bankkfm.; Mutter: Käte, geb. Heilbrunn), ev., verh. s. 1958 m. Helga, geb. Kibat, 2 Kd. (Martin, Eva Christine) - Musikhochsch. Weimar, Conserv. Lausanne (Klavier, Cembalo, Dirig., Komposition, Musikwiss.; Lehrer: A. Cortot, Edw. Fischer, W. Kempff). PMP u. Ex. de virtuos. - 1956-69 Doz. u. Abt.-leit. Konservat. D'dorf, 1969ff. Prof. f. Klavier u. Kl.-Didaktik FB Musik Joh. Gutenberg-Univ. Mainz. Konzerte in 70 Ländern; Radio u. Fernsehen; intern. Kursus- u. Jurorentätigk. Begr. d. Sommerkurse d. Jeunesses Musicales auf Sylt (1959ff.). 1985 Mitarbeit. b. d. Herausg. d. C. PH. E. Bach-Klaviersonaten (Henle) - Zahlr. Fachveröff. - 1950 Weimarpr.; 1951 Prix du Comité Lausanne; 1953 Stip. Kulturkr. BDI; 1959 Ausw. Konzerte junger Künstler (DMR); 1. Preise d. intern. Pianistenwettbew. 1956 Barcelona u. 1967 Mailand-Monza. - Liebh.: Photogr. - Spr.: Engl., Franz.

BÖRNER, Manfred

Dr. rer. nat., o. Prof., Physiker - Rehweg 24, 7900 Ulm (T. 0731 - 38 29 22) - Geb. 16. März 1929 Rochlitz/Sachs. (Vater: Erich B., Bäckermeister; Mutter: Hilde, geb. Schmidt), ev., verh. m. Antje, geb. Schwarz, 2 Kd. (Helge, Ditte) - Obersch. Rochlitz (b. 1947), Lehre Rundfunkmech., Stud. Physik u. Math. Berlin, Promot. TU München 1959 - 1954-79 Forsch.sinst. AEG-Telefunken Ulm (s. 1977 Dir.), s. 1980 o. Prof. f. Elektrophysik TU München - Grundlegende Arb. u. Erf. auf d. Gebiet elektromech. Filter u. d. optischen Nachrichtentechnik, Arbeit. z. einheitl. Feldtheorie - 60 wiss. Veröff., 60 Patente - 1962 Preis d. Nachrichtentechn. Ges.; 1990 Eduard-Rhein-Preis; o. Mitgl. Acad. Scientiarium et Artium Europaea - Spr.: Engl.

BÖRNER, Wilhelm

Dr. med., Prof. f. Innere Medizin, insb. Nuklearmed. - Königsberger Str. 44, 8700 Würzburg - Geb. 5. Juni 1927 Obermichelbach/Bay., ev., verh. s. 1957 m. Isolde, geb. Lauterbach, 2 Kd. (Thomas, Ulrike) - S. 1962 (Habil.) Privatdoz., apl. Prof. (1968) u. Prof. (1976) Univ. Würzburg (Leit. Abt. f. Nuklearmed./Klinikum); 1987 Lehrst. f. Nuklearmed. (neuerrichtet) d. Univ. Würzburg u. Dir. Klinik u. Poliklinik f. Nuklearmed. d. Univ.klinikums. 1981-89 Vors. Vereinig. Dt. Strahlenschutzärzte - 1969 Paul-Martini-Preis; 1986 Bayer. VO.; s. 1985 Ehrenmitgl. Verb. f. med. Strahlenschutz v. Österr.

BÖRNER, Wilko H.

Versicherungskaufmann, Vorstandsvorsitzender Aachener u. Münchener Lebensversich. AG (s. 1988) - Zu erreichen üb. Aachener u. Münchener Lebensversich. AG, Robert-Schuman-Str. 51, 5100 Aachen - Geb. 20. Okt. 1937 Hamburg - 1971-83 Vorst. Württ. Feuerversich. AG, Stuttgart; 1983-87 Vorst. Aachener u. Münchener Versich. AG, Aachen.

BÖRNGEN, Dankward

Vors. Bundesverb. d. Betriebskrankenkassen, VR-Mitgl. Sparkasse d. Stadt Hagen, AR-Mitgl. Hoesch Werke AG Dortmund, Ratsmitgl. Stadt Hagen - Zu erreichen üb.: Kronprinzenstr. 6, 4300 Essen 1.

BÖRNKE, Fritz

Dr.-Ing., Architekt, Prof. Ruhr-Univ., Bochum - Ruhr-Univ., 4630 Bochum - Geb. 13. Sept. 1913 Haßlinghausen, verh. m. Hilde, geb. Jodorf, 2 Kd. (Antje, Katrin) - Dipl.ex. 1939 TH München; Promot. 1963 TH Aachen (m. Ausz.) - S. 1963 Vorlesungen TH Hannover u. Honorarprof. Ruhr-Univ. - BV: D. Bautechnik im Kraftwerksbau, 1975 - 1963 Wilhelm-Borchers-Plak. TH Aachen.

BÖRNSEN, Arne

Schiffbau-Dipl.-Ing., Mitglied d. Deutschen Bundestages (s. 1987) - Auf dem Glind 5, 2863 Ritterhude-Platjenwerbe - Geb. 5. Okt. 1944 Wilster (Holst.), verh. s. 1984 m. Christine, geb. Keil, 3 Kd. (Ole, Arne, Solveig) - Stud. Schiffstechnik (Dipl.) TU Hannover, Inst. f. Schiffbau 1972 Univ. Hamburg - Techn. Betriebsw.; Angest.akad. Bremen; Obmann SPD-Frakt. Aussch. f. Post- u. Fernmeldewesen; SPD-Bez.vors. Nord-Nieders.; Mitgl. Landesvorst. Nieders. - Liebh.: Fotographie, Schiffsmodellbau - Spr.: Engl., Franz. - Bek. Vorf.: Heinrich-Adolf Börnsen, Ing., Schriftst. (Großvater).

BÖRNSEN, Gert

Dipl.-Polit., Landtagsabgeordneter Schlesw.-Holst. (s. 1975), Vors. SPD-Fraktion (s. 1988) - Esmarchstr. 61, 2300 Kiel (T. 0431 - 8 53 77) - Geb. 10. Febr. 1943 Wilster Kr. Steinburg, verh., 1 Kd. - N. Abit. Bremen (1964) 5 J. FU Berlin (Polit. Wiss., Gesch., Publiz.) - 1970-73 Pressesprecher SPD-Landtagsfrakt. u. Landesvorst. SH. SPD s. 1964 (zeitw. Mitgl. Parteirat). 1973-74 stv. Bundesvors. Jungsozialisten; s. 1975 Mitgl. Landesvorst. SPD SH, AWo, Rundf.rat NDR, Human. Union, amnesty intern. u. a. - Veröff.: Innerparteil. Opposition - Jungsoz. u. SPD (1969).

BÖRNSEN, Wolfgang

MdB - Bundeshaus, HT 624, 5300 Bonn 2 - Geb. 26. April 1942 Flensburg, ev., verh. m. Jenny, 4 Kd. (Tjorven, Ocke, Leve, Boyke) - Realschul-, Grund- u. Hauptschullehrer; Bauhandwerker (Maurer) - 1979-87 1. Kreisrat Kr. Schleswig-Flensburg; stv. Landrat; Vors. CDU-Kreistagsfrakt.; Kreisvors. Europa-Union - Museumslandschaft Schleswig-Flensburg; 10 Jahre Amateurtheatertreff - Kulturpreis Kulturverb. Langballig - Liebh.: Museumsarbeit (Leit. e. eig. Heimatmuseum), Theaterarb. (Leit. e. eig. Theatergr.) - Spr.: Engl.

BOERSCH, Hans

Dr. phil., o. Prof. f. Experimentalphysik (emerit.) - Hempelsberg 64, 8331 Zeilarn/Ndb. - Geb. 1. Juni 1909 Berlin, verh. - Promot. (1935) u. Habil (1942) Wien - 1935 Wiss. Mitarb. AEG-Forschungsinst. Berlin, 1941 Assist., 1942 Privatdoz. Univ. Wien, 1946 Univ. Innsbruck. Laborleit. Inst. de Recherches Scientifiques, Tettnang/Württ., 1948 Honorarprof. TH Braunschweig, 1949 ORR Physikal.-Techn. Bundesanst. ebd., 1954-74 Ord. u. Dir. I. Physikal. Inst. TU Berlin. Arbeiten üb. Wechselwirk. v. Licht, Elektronen u. Ionen.

BÖRSCH-SUPAN, Helmut

Dr. phil., Prof., Kunsthistoriker - Lindenallee 7, 1000 Berlin 19 - Geb. 3. April 1933 Köln (Vater: Kurt B., Finanzbeamter; Mutter: Helene, geb. Supan), ev., verh. s. 1963 m. Eva, geb. Höllinger, 3 Söhne (Friedrich, Georg, Heinrich) - Univ. Köln, Hamburg, Freiburg/Br., Berlin/Freie. Promot. 1958 - 1959-61 Bayer. Staatsgemäldesammlung München; s. 1961 Verw. d. Staatl. Schlösser u. Gärten Berlin (1972 Museumsdir.). Gründungsmitgl. Neuer Berliner Kunstverein. Spez. Aufgabengeb.: Malerei d. 18. u. 19. Jh. in Dtschl. - BV: Dt. Romantiker, 1972; C. D. Friedrich, 1973; D. Kunst in Brandenburg-Preußen, 1980; D. Malerei v. Anton Graff b. Hans v. Marées, 1988 - Spr.: Engl.

BÖRSCH-SUPAN, Wolfgang

Dr. phil., o. Prof. f. Angew. Mathematik - Weidmannstr. 79, 6500 Mainz 1 (T. 8 26 26) - Geb. 21. Jan. 1930 Berg. Gladbach (Vater: Kurt, Obersteuerinspektor i. R.; Mutter: Leni, geb. Supan), ev., verh. s. 1954 m. Ursula, geb. Biecker, 3 Kd. (Axel, Iris, Hanno) - Gymn.; Stud. Math., Physik, Meteorol. Köln u. Darmstadt. Promot. 1954 Univ. Köln; Habil. 1958 TH Darmstadt - 1958-63 Dozent TH Darmstadt; 1960-61 Wiss. Mitarb. Nat. Bureau of Stand., Washington/USA; 1963 Wiss. Rat Univ. Heidelberg; s. 1964 ao. u. o. Prof. (1965) Univ. Mainz (Dir. Inst. f. Angew. Math. b. 1973, Leit. Rechenzentrum b. 1970). Spez. Arbeitsgeb.: Numer. Math., Fachaufs., Mitgl. Dt. Mathematiker-Vereinig., Ges. f. Angew. Math. u. Mech. - Spr.: Engl.

BÖRSING, Hilmar

Chefredakteur Wiesbadener Kurier - Langgasse 21, 6200 Wiesbaden - Geb. 3. Okt. 1936 Ebenhausen/Westpr. - Abit. 1957; Stud. Polit. Wiss., Soziol. u. Osteurop. Gesch. - Polit. Redakt., 1974-78 Chefredakt. Bremen, s. 1979 Wiesbadener Kurier - Div. Veröff., auch in polit. Fachztschr.

BÖS, Dieter

Dr. jur., Dr. rer. pol., o. Prof. f. Nationalökon., Finanzwissenschaft - Baumschulallee 3, 5300 Bonn (T. 0228 - 63 09 42) - Geb. 4. Aug. 1940 Prag (Vater: Josef B., Prof., Chefredakt.; Mutter: Dr. phil. Margret, geb. Ressel), kath., verh. s. 1966 m. Dr. Emöke, 4 Kd. (Ursula, Monika, Leonhard, Dominik) - Mittelsch. Salzburg, Stud. Wien, Promot. 1963 u. 1968 - 1965-71 Univ.-Assist., 1971-75 o. Prof. Graz, 1975-79 o. Prof. Wien, 1979 o. Prof. Bonn, s. 1976 regelm. Lehrtätigk. London School of

Economics (Univ. of London), s. 1988 Vorst. Inst. f. Mittelstandsforsch. Bonn - Schriftleit. Ztschr. Nationalökonomie/Journal of Economics (s. 1973) - BV: Öfftl. Auftr. in Österr., 1968; Wirtschaftsgesch. u. Staatsgewalt, 1970; Ökon. Theorie d. Finanzausgleichs, 1971; Simul.analysen z. Pensionsdynamik (gem. m. Holzmann), 1976; Steuerfunktionen (gem. m. Genser), 1977; Economic Theory of Public Enterprise, 1981; Public Enterprise Economics, 1986, 2. A. 1989; Privatization. A Theoretical Treatment, 1991 - Spr. Engl.

BOES, Manfred F.

Speditionskaufmann, Gf. Gesellsch. Fa. Heinrich Boes GmbH + Co. Intern. Spedition, Bielefeld-Osnabrück - Händelstr. 37, 4800 Bielefeld 1 (T. 0521 - 5 53-0) - Geb. 28. Nov. 1940 Bottrop, kath., verh. s. 1970 m. Annette, geb. Stewens, 2 Kd. (Alexander, Nina Caroline) - Vorst. Bundesverb. Spedition u. Lagerei, Bonn; 1. Vors. Fachvereinig. Spedition u. Lagerei Westfalen, Bochum; Finanzrichter Münster - Liebh.: Tennis, Golf, Musik - Spr.: Engl.

BOESCH, Ernst

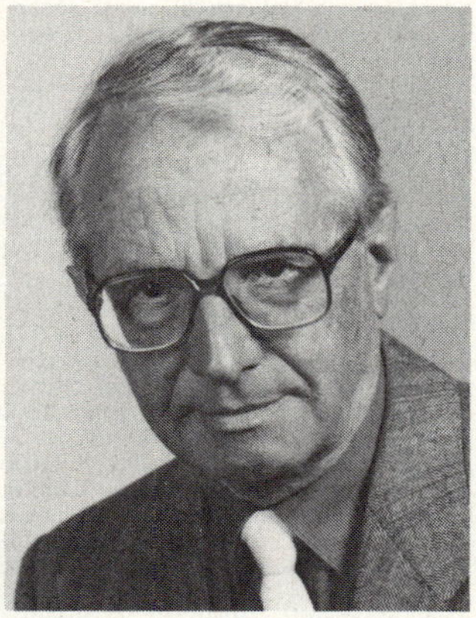

Dr. phil., Direktor sozial-psych. Forschungsst. f. Entwicklungsplanung, Univ. d. Saarl., Saarbrücken (1962-87) - Drosselweg 8, 6601 Saarbrücken-Scheidt - Geb. 26. Dez. 1916 St. Gallen (Schweiz) - Stud. Univ. Genf - 1943-51 Schulpsychol. Kanton St. Gallen (Schweiz); 1951-83 o. Prof. f. Psychol. Univ. d. Saarlandes; 1955-58 Dir. Intern. Inst. for Child Study, Bangkok (UNESCO) - BV: Psychol. Theorie d. soz. Wandels, 1966; Zw. zwei Wirklichkeiten, 1971; Zw. Angst u. Triumph, 1975; Psychopathologie d. Alltags, 1976; Kultur u. Handlung, 1980; D. Magische u. d. Schöne, 1983; Symbolic action theory in cultural psychology, 1991. Üb. 80 Publ. - Mitgl. versch. wiss. Vereinig. Bundesrep. Dtschl., Schweiz, Frankr. u. Thailand; Komturkreuz Orden d. thail. Krone; Preis d. Margrit-Egnér-Stiftg. Zürich; Dr. h. c. Srinakharinwirot Univ. Bangkok - Spr.: Engl., Franz., Thail.

BÖSCH, Thomas K.

Dipl.-Ing.,Vorstand Alpine AG. - Peter-Dörfler-Str. 13, 8900 Augsburg - TH Zürich.

BOESCH, Wolfgang

Dr. jur., Schriftsteller - Delugstr. 26, A-1190 Wien - Geb. 26. Sept. 1939 (Mutter: Ruthilde Boesch, Kammersängerin Wiener Staatsoper), verh. s. 1963 m. Claudia, geb. Clara, 3 Söhne (Matthias, Alexander, Sebastian) - Human. Gymn.; Promot. 1962 Univ. Wien - B. 1973 Prok. ÖSPAG, Wien I; dann fr. Journ.; s. 1978 fr. Schriftst. u. FS-Autor. Mitgl. Österr. Schriftstellerverb. - BV: Nicht einmal Klavier, R. 1981; Umsteigen in Liliput, R. 1983; Flegeljahre e. Muse, R. 1985; Hilfe, wir gründen e. Familie, Jugendr. 1985; Hilfe, e. Vater zuviel!, Jugendr. 1986; Hilfe, meine Schwester dreht durch, Jugendr. 1987; Meine Mutter schwindelt besser, Jugendr. 1987; D. Störung, R. 1988; Gegen Steffi ist kein Kraut gewachsen, Jugendr. 1988; Wunder sind Vatersache, Jugendr. 1989; Z. Kuckuck m. d. Esel, Jugendr. 1989; Walzer d. Irrungen, R. 1990. Dramen: Brave Kinder; D. Teuren; K. Mann im engeren Sinne; Rollentausch; D. Buckel; Rücksichtslos dankbar; mehrere FS-Spiele (u.a. Froschperspektiven, Serie m. Josef Meinrad) - 1983 Dramatikerstip. Min. f. Unterr. u. Kunst; 1989 Buchpreis d. Min. f. Unterr. u. Kunst - Liebh.: Amateurcellist; Lit., Skisport - Spr.: Engl., Franz. (Ital.).

BOESCHE-ZACHAROW, Tilly

Dr. h.c., Schriftstellerin, Herausg., Verlegerin (Ps. Eva Trojan, Ilka Korff, Eve Jean/John) - Laurinsteig 14a, 1000 Berlin 28 (T. 030 - 401 90 09) - Geb. 31. Jan. 1928 Elbing, gesch., 4 Kd. (Hans-Günter, Norbert, Marie-Luise, Tina) - Lyzeum (mittl. Reife); Gutsvolontärin, kaufm. Angest. - BV: insges. 280 Titel, 4 Kinderb., u.a.: S. eh u. je, 1972; Heimkehr in d. Steinzeit, 1978 (Sachb.); Metamorphische Variation, 1969; Blue is the colour of the sky, Lyrik 1982; My Foot Gropes For A Bridge, Lyrik 1985. Herausg.: Bücher u. Ztschr. Silhouette - 1981 Ehrendoktor; 1985 Studiosis Humanitas; 1984 Europ. Banner d. Künste; 1985 Cavaliere dell'Arte; 1987 Ausl.reisestip. d. A.A. - Liebh.: Lesen, Schreiben, Musik, Reisen - Spr.: Engl., Hebräisch (etwas) - Lit.: Hugo Rasmus, Lebensbilder westpreuß. Frauen (1984); Anne-Marie Bieling, Interview m. Berliner Schriftst. (1985).

BÖSCHENSTEIN, Bernhard

Dr. phil., o. Prof. f. Dt. Sprache u. Lit. - 34, rue de Saint-Jean, 1203 Genf (Schweiz) (T. 345 30 62) - Geb. 2. Aug. 1931 Bern (Vater: Dr. h. c. Hermann B., Journ.; Mutter: Esther, geb. Schenk), protest., verh. s. 1963 m. Dr. Renate, geb. Schäfer - Gymn. Bern; Univ. Paris, Zürich, Köln (Dt., Franz., Griech.). Promot. 1959 Zürich - 1958-64 Assist. Freie Univ. Berlin (German. Sem.) u. Univ. Göttingen (1960; Sem. f. Dt. Philol.), dann Visiting Lecturer Harvard Univ., Cambridge, gegenw. Ord. Univ. Genf. Ehrenpräs. Genfer Ges. f. Dt. Kunst u. Lit.; Vorstandsmitgl. Friedrich-Hölderlin-Ges. - BV: Hölderlins Rheinhymne, 1959, 2. A. 1968 (Diss.); Konkordanz zu Hölderlins Ged. n. 1800, 1964; Studien z. Dichtung d. Absoluten, 1968; Leuchttürme, 1977, 2. A. 1982; Frucht d. Gewitters, 1989. Herausg.: Hölderlin vu de France (1987); Goethe. D. natürliche Tochter (1990) . Übers.: Paul Valéry, Windstriche (Aphor. 1959, m. Hans Staub u. Peter Szondi); Franz. Ged. v. Baudelaire b. St.-J. Perse (1962, m. Jean u. Mayotte Bollack); Franz. Dichtung 4. V. Apollinaire b. z. Gegenw. (1990, m. Hartmut Köhler) - 1975 Goethe-Medaille Goethe-Inst. München; 1989 Academia Europaea London - Liebh.: Musik (Klaviersp.), bild. Kunst - Spr.: Franz., Engl. - Bek. Vorf.: Johann B., Hebraist um 1500; Carl Schenk, schweiz. Bundespräs. im letzten Drittel d. 19. Jh.s (Ururgroßv. ms.).

BOESE, Jürgen

Dr. rer. pol., Prof. f. Gesundheits-Ökonomie Univ. Heidelberg - Donauschwabenstr., 7102 Weinsberg - Geb. 1. Juni 1942 Bromberg (Vater: Georg B., Revierförster; Mutter: Charlotte), ev., verh. s. 1972 m. Brigitte, geb. Rieckert, 2 Kd. (Ulrike, Nina-Inez) - 1958-61 Lehre, Stud. Kiel, Berlin, Tübingen (Dipl. 1969), Nürnberg, Basel (Promot. 1972) - BV: Wirtschaftlichkeit d. ambulanten Versorgung, 1979 - Spr.: Engl., Franz.

BOESE, Ursula

Kammersängerin, Opern- u. Konzertsängerin - Schoensberg 4, 2000 Hamburg 65 (T. 601 64 52) - Geb. 27. Juli 1928 Hamburg (Vater: Bernhard B., höh. Beamter; Mutter: Adele, geb. Kreutzfeld), ev., gesch. - Mittl. Reife - 1950-55 Stud. Hochsch. f. Musik, Hamburg (Abschl.-Dipl.) - 1958 Operndebut Bayreuth; 1965 Neuinsz. Bayr. Ring unt. Wieland Wagner (Partie Fricka in: Rheingold, Walküre); s. 1961 Mitgl. Hamburg. Staatsoper. Wicht. Partien im In- u. Ausl.: Orpheus (Gluck), Klytämnestra (Elektra), Erda (Rheingold u. Siegfried), Fricka (Walküre), Waltraute (Götterdämmerung), Ulrica (Maskenball), Jocaste (Oedipus Rex). 8 Opernfernsehfilme, u.a. Magdalena in Meistersinger. Oratorien u. Liederabende. Gastopernhäuser: Scala, Grand Opera Paris, Metropolitan, Buenos Aires, Chicago, u.a. Festsp.: Bayreuth, Edinburgh, Holland-Festival - 1969 Kammersängerin - Liebh.: Malerei, Golf - Spr.: Engl, Franz., Ital.

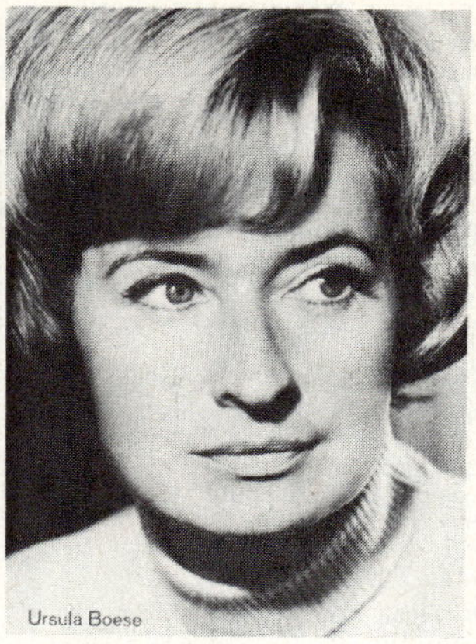

Ursula Boese

BÖSEKE, Harry

Schriftsteller, Dramatiker - Gervershagener Str. 4, 5277 Marienheide-Müllenbach (T. 02264 - 15 67) - Geb. 7. Jan. 1950 Jützenbach, verh. s. 1971 m. Heidrun, geb. Neumann, 3 Töcht. (Kristina, Anna-Maria, Lisa Friederike) - 1964-67 Lehre Chemielaborant; Stud. Dipl.-Sozialpäd. FHS Köln; Ex. 1973 - S. 1980 fr. Schriftst. u. Dramat. 1979-82 Vors. Förderzentrum Jugend schreibt, Köln; 1983-85 Vors. (1. Sprecher) Werkkreis Lit. d. Arbeitswelt; 1986-88 Bezirkssprecher Köln d. VS; s. 1988 Mitgl. im Landesvorst. NRW d. VS, s. 1989 stv. Landesvors. - BV: D. letzte Dreck, 1977; Ich glaub ich steh im Wald, 1979; Schlüsselgewalt, 1981; Morgen beginnt Heute, 1981; Wer ist denn hier im Abseits?, 1981; Jugend ohne Arbeit, 1983; Gemeinsamer Weg, 1985; Randale, 1986; Sind es noch d. alten Farben?, 1987; Lit. n. Tschernobyl, 1987; Streifzüge durch Oberberg, 1989; Worte im Aufwind. Schreibspiele u. Schr.aktionen, 1990. Theaterst.: Ab in d. Orient-Express (m. M. Burkert), UA Westf. Landestheater 1983; Night-Driver, UA Stadttheater Kiel 1985 - 1984 u. 1988 Arbeitsstip. Land NRW; 1981 Lit.preis D. arme Poet - Liebh.: Samml. v. Arbeiterlit. (deutsch u. ausl.); Samml. v. Tondokumenten insbes. d. Arbeiterkultur.

BÖSEL, Rainer

Dr. phil., Univ.-Prof. f. Physiol. Psychologie FU Berlin - Westfalenring 2a, 1000 Berlin 45 (T. 712 71 76) - Geb. 31. Jan. 1944 Wien (Vater: Dr. Ernst B.; Mutter: Theodora, geb. Gstrein), verh. s. 1974 m. Brigitte, geb. Megnin, 2 S. (Ekkehardt, Bastian Johannes) - S. 1962 Stud. Univ. Wien (Promot. 1969 Salzburg), Max-Planck-Inst. f. Zellbiol. Tübingen - 1972-78 Ass.-Prof.; s. 1980 Prof. in Berlin - BV: Humanethol., 1974; Signalverarbeit. in Nervennetzen, 1977; Streß, 1978; Biopsych. d. Emotionen, 1986; Physiol. Psych., 1981, 2. A. 1987 - Regie: Forsch.film: Paula - Szenen aus d. Leben e. jungen Frau (Berlin 1976), Kognitive Emotionspsych. (Göttingen 1979).

BÖSENBERG, Heike

Dr. med., Univ.-Prof., Direktor Inst. f. Hygiene Westf. Wilhelms-Univ. Münster (s. 1986), Arzt f. Hygiene u. f. Mikrobiol. u. Infektionsepidemiologie - Maximilianstr. 66, 4400 Münster - Geb. 7. Nov. 1934 Münster - Promot. 1963 Freiburg i.Br., Habil. 1969 Münster, venia legendi f. d. Fach Hygiene - 1972 apl. Prof., 1973 Wiss. Rat u. Prof., 1987 Univ.-Prof. - BV: Hygiene in Wäscherei u. Chemischreinigung, 1973; etwa 150 Einzelarb.

BÖSENBERG, Walther A.

Prof., Generaldirektor i.R., ARsmitgl. IBM Deutschland GmbH. - Haydnstr. 14, 7032 Sindelfingen - 1947-83 IBM, (1964 ff. Generaldir.) - Ehrensenator TH Karlsruhe (1965) u. Darmstadt (1966) - Spr.: Engl. - 1981 Prof.-Titel Ld. Württ.-Baden - Lit.: Ferdinand Simoneit, D. neuen Bosse, 1966.

BÖSER, Werner

Dr.-Ing., Prof. Univ. Karlsruhe (Bodenordnung u. -bewert.), Geodät - Hagenbacher Str. 1, 7500 Karlsruhe (T. 7 37 22) - Geb. 28. Mai 1924 Bruchsal (Vater: Josef B., Kaufm.; Mutter: Luise, geb. Ochs), kath., verh. s. 1950 m. Rosemarie, geb. Lubenau, T. Ingrid - TH Stuttgart u. Karlsruhe (Dipl.-Vermessungsing. 1951, Promot. 1958) - 1942-45 Kriegsdst. Offz.; 1955-58 Assist. u. Obering. TH Karlsruhe (Geodät. Inst.); s. 1958 Doz. Staatl. Ingenieursch. u. Fachbereichsleit. Fachhochsch. ebd. (1972). Vereid. Sachverst. d. Vermessungswesens u. Gutachter im Grundstücksbewertungsaussch. Karlsruhe; s. 1969 Teiln. Dt. Thessaliengrab. u. a. Dt. Grabungskampagnen in Griechenl. u. Jordanien. Mitherausg. v. Ztschr. 1970-75 Vorst.-Mitgl. Gesamthochschulrat Baden-Württ.; Korr. Mitgl. Dt. Archäol. Inst. - 1985 BVK.

BÖSINGER, Wolfgang Karl

Bürgermeister Biberach/Baden - Waldstr. 14, 7616 Biberach/Baden (T. priv.: 07835-84 63; dstl.: 33 14) - Geb. 7. Jan. 1944 St. Georgen/Schwarzw. (Vater: Karl B., Feinmechan.; Mutter: Elsa Lydia, geb. Lauble, Damenschneidermeisterin), ev., verh. s. 1969 m. Ingeborg, geb. Dasecke, Kinderpflegerin, 2 T. (Susanne, Martina) - Höh. Handelssch. (mittl. Reife); Bad. Verw.sch. Karlsruhe (fachgeb. Hochschulreife), Bundeswehr - 1965-69 Stadtinsp., 1969-74 Bürgerm. Buchenberg/Schwarzw., s. 1974 Bürgerm. Biberach - Liebh.: Bergwandern, Natur, Tennis, Skifahren - Spr.: Engl., Franz.

BOESKEN, Dietrich H.

Dipl.-Ing., Generaldirektor, Vors. d. Geschäftsfg. Alusuisse Lonza GmbH, Singen, u. ALUSINGEN GmbH, Singen, Holdingchef Dtschl. d. ALUSUISSE-LONZA HOLDING AG, Zürich - Alusingen-Platz 1, 7700 Singen/Hohentwiel - Geb. 25. Mai 1927 Liegnitz - 1962-77 Thyssen Henschel, Kassel, s. 1970 Vorst.-Mitgl., 1973-77 Vorst.-Vors.; 1975-77 Präs. Verb. Dt. Lokomotivind., Frankfurt, u. Viceprés. Constructeurs Européen des Locomotives Thermiques et Electriques in Paris; Präs. Gesamtverb. Dt. Aluminiumind., Düsseldorf, Verb. d. Aluminium verarb. Ind. e.V., Frankfurt, u. IHK Hochrhein-Bodensee, Konstanz; Vorst.-Mitgl. DIHT, Bonn; Vizepräs. Wirtschaftsvereinig. Metalle e.V., Düsseldorf; Vors. Gesellsch.-Vers. u. gf. Ges. Werkzeugfabr. Singen GmbH; AR-Vors. Leichtmetall-Ges. mbH, Essen, Aluminium Rheinfelden GmbH, Rheinfelden, Aluminium Verlag GmbH, Düsseldorf; VR-Mitgl. Elektrizitätswerk Rheinau AG (Schweiz); Mitgl. d. Präsidialaussch. u. Vorst.-Mitgl. Handelskammer Dtschl.-Schweiz, Zürich; Beiratsvors. d. Aluminium-Zentrale e.V., Düsseldorf u. Bayr. Druckguß-Werk Thurner GmbH & Co KG, Markt Schwaben; stv. Vors. d. Förderkreises f. d. Landkreis Konstanz; Beiratsmitgl. Dt. Bank AG, Freiburg, Baden-Württembergische Bank AG, Karlsruhe, Allg. Kreditversich. Aktienges., Mainz; Kurat.-Mitgl. Fachhochschule Konstanz.

BOESLER, Klaus-Achim
Dr., Prof., Ordinarius f. Geographie u. Inst.dir. Univ. Bonn/Phil. u. Math.-Naturwiss. Fak. (s. 1973) - Wupperstr. 9, 5300 Bonn-Bad Godesberg - Geb. 22. Sept. 1931 Leipzig - Promot. 1959 Habil. 1966 - Zul. Prof. FU Berlin - BV: D. städt. Funktionen, 1960 Kulturlandschaftswandel durch raumwirks. Staatstätigk., 1969; Raumordnung, 1982; Polit. Geogr., 1983; Rohstoffwirtschaft, 1989. Herausg.: Geographie Deutschlands (1990) - 1973 korr. Mitgl. Akad. d. Raumforschung u. Landesplanung.

BÖSS, Otto
Dr. phil., Historiker, Leiter Bibliothek d. Osteuropa-Inst. München - Scheinerstr. 11, 8000 München 80 (T. 089 - 98 38 21) - Geb. 16. Juni 1929 Deutsch-Liebau (ČSR), verh. m. Ingeborg, geb. Flaschar, 2 Kd. - Stud. Russ., Dipl.-Dolm. 1954, Stud. Gesch. Osteuropas, Kunstgesch., Promot. 1960 München - 1960-62 Archiv-Assist., 1964 Lehrbeauftr. Univ. München - BV: Lehre d. Eurasier, 1961; Russland-Chronik, 1967, 2. erw. A. 1986; Die dt. Kriegsgefangenen in Polen u. d. Tschechoslowakei, 1974; D. Geschichte d. Unternehmen in Polen. E. räsonierende Bibliogr., 1991 - Spr.: Russ. (passiv alle slav. Spr.), Engl., Franz.

BÖSWALD, Alfred

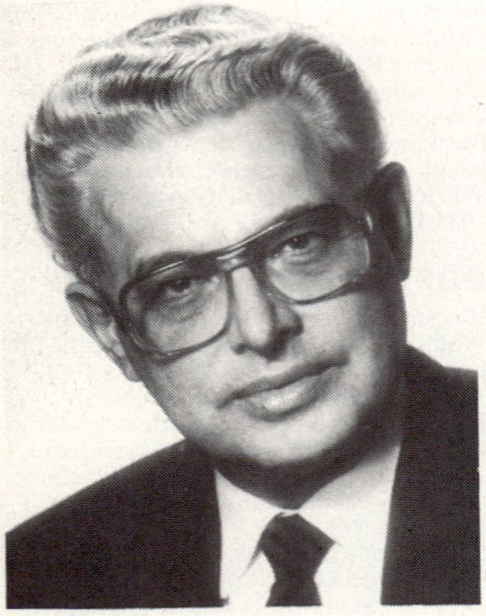

Dr. phil., I. Bürgermeister (s. 1970) - Rathaus, 8850 Donauwörth/Schw.; priv.: Ziegelhaustr. 3 - Geb. 30. Nov. 1931 Rögling, kath., verh. s. 1958 m. Ria, geb. Pfaffel, 3 Kd. (Michael, Alfred, Isabel) - Gymn. Eichstätt; 1951-52 Phil.-Theol. Hochsch. ebd.; 1952-57 Univ. München. Staatsex. 1957 u. 59; Promot. 1958 - 1959-70 höh. Schuldst. (zul. Oberstudienrat). 1966ff. Kreis-, 70ff. Bezirksrat. 1967-71 Landesvors. Jg. Union Bayern. 1978ff. Präsidiumsmitgl. Bayer. Städteverb.; 1990 Vorst. BJGV, Kur. Bay. Volksstiftg. CSU - BV: Stud. zu. Kreuzzugsgeschichtsschreib. Odo v. Deuil, 1959 (Diss.); Briefe aus d. Rathaus, 1982; D. Rad bewegen, 1985; Blick auf Donauwörth, 1988; E. Stadt auf ihrem Weg, 1990 - 1976 Ehrenring Stadt Donauwörth, 1974 Ehrenring Gde. Perchtoldsdorf (Österr.), 1979 Gold. Deutschmeister-Ehrenorden m. Brillanten, 1983 BVK u. Gold. Ehrenzeichen f. Verd. um d. Rep. Österr., 1984 Halsorden d. Ehrenkreuzes I. Kl. d. Dt. Ordens, 1986 Kommunale Verdienstmed. in Silber, 1987 Bayer. VO, 1991 BVK I. Kl. - Liebh.: Lyrik, Kunst, Musik - Spr.: Engl.

BÖSZE, Ilse Viktoria
Schriftstellerin - Taborstr. 50/23, A-1020 Wien - Geb. 23. Febr. 1942 Wien, kath., verh. s. 1967 m. Gábor B., geb. Wagner, S. Zoltán - Haushalt.- u. Handelssch. - BV: Kinder- u. Jugendb.: Tatort Schule, 1979; Enrico u. d. Dorf im Wald, 1980; Geburtstag auf d. Dachboden, 1983; D. verschluckte Trompete, 1985; Ich bau' mir e. Nest, Anthol. 1989; Mit 13 ist alles ganz anders, Anthol. 1990; D. grüne Insel, Anthol. 1990; D. geheime Werkstatt, Jugendb. 1990. Ged.: Traum d. Erwartung, 1973 - Intern. Jugendbuchpreis Vecchia Spezia in Silber - Liebh.: Musik - Interessen: Religionen, Grenzwiss. - Bek. Vorf.: v. Zyblikiewicz, Bürgerm. v. Krakau u. Statthalter v. Galizien.

BÖTEL, Erich
Dr., Präsident Bundesverb. landw. Verpächter u. Grundeigentümer - Museumstr. 2, 3300 Braunschweig.

BOETERS, Max
Dr. phil., Prof. f. Linguistik d. Deutschen - Ostermeyerstr. 7, 2000 Hamburg 52 - Geb. 2. Febr. 1928 Körlin/Persante - Promot. 1962 Hamburg - S. 1977 Prof. Univ. Hamburg.

BOETERS, Ulrich
Dr. med., Prof. f. Psychiatrie u. Neurol. - Hirthstr. Nr. 52, 2300 Kiel - Geb. 23. Mai 1936 Breslau - Promot. 1961; Habil. 1970 - S. 1974 apl. Prof. Univ. Kiel (genw. Oberarzt Abt. Psych./Zentrum Nervenheilkd.) - BV: D. oneiroiden Emotionspsychosen, 1971. Üb. 40 Einzelarb.

BÖTSCH, Wolfgang
Dr., Oberregierungsrat, MdB (s. 1976; Wahlkr. 237), Parlam. Geschäftsf. CSU-Landesgruppe (s. 1982) - Waltherstr. 5a, 8700 Würzburg (T. 8 30 80) - Geb. 1938 - CSU.

BOETTCHER, Alfred
Dr. rer. techn., Prof., Koordinator f. bilaterale Zusammenarbeit Bundesmin. f. Forsch. u. Technol. - Hangstr. 11, 5100 Aachen (T. 6 10 61) - Geb. 12. Okt. 1913 Pforzheim, pd., verh. s. 1939 m. Siegtraut, geb. Cherubim, 3 Kd. (Kirsten, Ingrid, Wolfgang) - Univ. Freiburg/Br. u. TH Danzig (Physik, Math.). Promot. (1939) u. Habil. (1944) Danzig - Assist. TH Danzig; 1948-60 DEGUSSA, Frankfurt/M. (zul. Dir.); s. 1958 Lehrtätigk. Univ. Heidelberg u. TH Aachen (1961; 1964 apl. Prof. f. Physikal. Materialkd.); 1960-70 Wiss. Geschäftsf. Kernforschungsanlage Jülich GmbH. Mitgl. Dt.-Franz. Ges. - Spr.: Engl., Franz.

BÖTTCHER, Bodo
Dr. rer. pol., Dipl.-Volksw., Geschäftsf. Zentralverband Elektrotechnik- u. Elektronikindustrie (ZVEI), Frankfurt (s. 1971) - Leopoldsweg 15c, 6380 Bad Homburg v.d.H. (T. 3 71 64) - Geb. 8. Febr. 1929 Berlin, verh. s. 1954 - Stud. FU Berlin; Promot. 1954 ebd. - 1956-58 Intern. Währungsfonds, s. 1958 ZVEI (Leit. Bereich Wirtschaft). Vors. Arbeitskreis Außenwirtschaft BDI, Vors. ORGALIME Verbindungsaussch. Elektrotechnik- u. Elektronikind., Brüssel. Mitgl. List-Ges. - Spr.: Engl., Franz. - Lions-Club.

BOETTCHER, Carl-Heinz
Dipl.-Volksw., Journalist - Kollenbacher Str. 25, 5067 Kürten (T. 02207 - 66 37) - Geb. 27. März 1928 Hamburg (Vater: Hans B., Postbeamter; Mutter: Hertha, geb. Hoyer), verh. s. 1949 m. Gisela, geb. Latta, 6 Kd. (Dietmar, Wolfhard, Rüdiger, Ingrid, Arnulf, Helgard) - 1946-48 Lehre Verlagsbuchh.; 1948-50 Stud. Hochsch. f. Wirtsch. u. Politik Hamburg (Volksw. u. Soziol., Lehrer u.a. H. Schelsky) - 1952-69 Polit. Redakt. b. Tageszty., Ztschr. u. Pressedst. Hamburg u. Köln, 1970-89 Dt. Welle, 1970-80 Leit. Politik Dt. Progr., 1980-87 Leit. Intendanz, 1987-89 Leit. Transkriptionsdienst Hörfunk - BV: E. Gespenst tritt ab in Europa, 1967 (m. and.); E. neue KPD? Anm. z. Thema Kommunismus u. parlament. Demokratie, 1968; D. Aufstand wird vorbereitet, 1969 - 1983 BVK - Liebh.: Vorgesch.

BÖTTCHER, Dieter
Geschäftsführer Vorwerk & Co., Teppichwerke KG - Kuhlmannstr. 11, 3250 Hameln (T. 05151 - 10 30) - Geb. 23. Jan. 1940.

BÖTTCHER, Friedrich-Karl
Oberkreisdirektor Landkreis Osterode am Harz - 3360 Osterode am Harz - Vors. Komm. Arbeitgeberverb. Nieders., u. d. Harzer Verkehrsverb.; stv. Vors. Landesfremdenverkehrsverb. Nieders.; Vorst.-Mitgl. Niedersächs. Landkreistag; Vizepräs. d. Dt. Roten Kreuzes e.V., Landesverb. Niedersachsen.

BOETTCHER, Grit
Schauspielerin - An der Fähre 6, 8000 München - Geb. 10. Aug. Berlin, verh. m. I) Dr. H. Lange, II) Dr. Wolfgang Belstler, † 1969, (T. Nicole), III) s. 1979 m. Dr. Michael Koch (S. Tristan) - Schauspiel-Ausb. - Zahlr. Rollen b. Film u. Fernsehen. Filme: u. a. Solange d. Herz schlägt, D. schwarze Abt. FS: u. a. E. verrücktes Paar (m. Harald Juhnke) - 1981 Gold. Kamera Hörzu.

BÖTTCHER, Hans Helmut
Dr. phil., Prof. f. Sozialpädagogik u. Psychologie - Tellhöhe 5, 8035 Stockdorf/Kr. Starnberg (T. 089 - 857 25 73) - Geb. 8. Juli 1924 Müllheim/Bad. (Vater: Arthur B., Finanzbeamter; Mutter: Martha, geb. Raab, Sängerin u. Klavierlehrerin), ev., verh. s. 1950 m. Gudrun, geb. Götze, 2 T. (Irmela, Dorothea) - Abit. 1943, 1947/48 Päd. Schule f. Dt. Kriegsgefangene in Engl., 1958-65 Univ. Münster (Päd. u. Sozialpäd., Psych., Publiz., Sozialethik), Promot. 1967 Münster - 1949-56 Jugendarbeit, 1956-68 Ref. f. Jugendschutz, Jugenderholung, Lebensberat. b. Diakon. Werk d. Ev. Kirche Westf., 1968-74 Doz. Ev. FHS f. Sozialpäd. Düsseldorf-Kaiserswerth (Abt.leit. ab 1971), s. 1974 Prof. f. Päd. u. Psych. Augustana-GH Neuendettelsau, Abt. f. Relig.päd. u. Kirchl. Bildungsarb. München-Pasing (s. 1987 i. R.). 1960-74 Sachverst. f. Jugendschutz Land NRW b. Freiw. Selbstkontr. d. Filmwirtsch., 1960-74 Redakt. Fachztschr. Jugendschutz, 1956-68 Redakt. Schriftenreihe: Wir helfen unserer Jugend, 1965-70 Mitgl. Kommiss. f. Sexualethik Ev. Kirche Dtschl.; 1982 Leit. d. Briefseelsorge München - BV: D. Jugendliche im Betrieb, 1962; D. Jugendliche u. s. Freizeit, 1964; Erholung in d. ind. Ges. als sozialerz. Problem, 1969; Filmpsych. Kompendium (Hg), 1969; Streit um Sex. Fragen u. Antworten d. Erziehung, 1970; Sozialpäd. im Überblick, 1975; Bemerk. z. gruppendyn. Bewegung u. deren relig. Implikationen, in: Aspekt Religion, 1978; Psychologische Faktoren d. Gelingens von Ehe, 1982; D. morphologische Dreieck als Denkhilfe f. kirchl. Jugendarb., in: Glauben vermitteln, 1982; Integrierte Sexualität - Didaktische Hilfen zu e. Pädagogik d. Intimität, 1990 - Liebh.: Bibliophiles, Barockmusik, Bergwandern - Spr.: Engl.

BÖTTCHER, Hans Richard

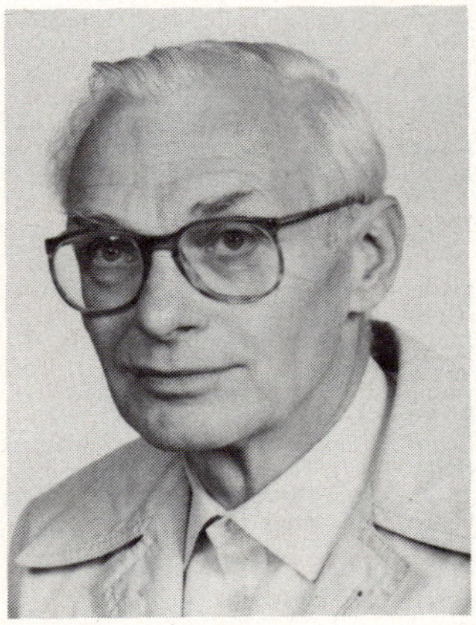

Dipl.-Psychol., Dr. phil. habil., o. Prof. f. Persönlichkeits- u. klin. Psychol. Univ. Jena (s. 1976) - Dorfstr. 35, O-6901 Jena-Großlöbichau - Geb. 21. Dez. 1926, verh., 6 Kd. (Karena, Andrea, Annette, Louise, Claudius, Tamaris) - Stud. d. Psychol. Univ. Leipzig b. 1949; Promot. 1956; Habil. 1967 - 1958-68 Klin. Praxis; 1968 Doz. Univ. Jena; 1976-92 o. Prof. - Beiträge z. päd. u. klin. Psychol., Psychodiagnostik, Psychotherapie (s. 1958) u. z. polit. Psychol. (s. 1983) - Spr.: Engl.

BÖTTCHER, Manfred
Fabrikant, Gesellsch. Kühnezug Fördertechnik GmbH - Treudelberg 4, 2000 Hamburg 65 (T. 040 - 608 00 51) - Geb. 7. April 1935 Hamburg (Vater: Herbert B., Ing.; Mutter: Anneliese, geb. Schmalfeld), verh. m. Brigitte, geb. Tiedemann - Ing.ausbild. - S. 1959 Fritz Kühne oHG, Kühnezug Hebezeuge GmbH (1961) u. Kühnezug-Fördertechnik GmbH (1966), alle Hamburg.

BÖTTCHER, Martin
Komponist, Dirigent - Via Longhena 3, CH-6900 Lugano (T. 004191 - 51 09 57) - Geb. 17. Juni 1927 Berlin (Vater: Gustav B., Beamter; Mutter: Martha, geb. Machts), ev., verh. s. 1955 m. Anneliese, geb. Kaplan (Schausp.), 2 Töcht. (Betsy, Rebecca) - Musikausbild. (GMD Richard Richter) - Musik zu üb. 60 Spiel- (dar. Karl May), 100 Fernseh- u. 45 Dokumentarfilmen; 25 Langpielspl. - Ehrenmitgl. d. Max Steiner Soc. - Liebh.: Fliegen, Windsurfing, Ski u. Wasserski - Spr.: Engl., Ital.

BÖTTCHER, Oskar
Dr. jur., Rechtsanwalt, Hauptgeschäftsf. Industrieverb. Agrar - Karlstr. 21, 6000 Frankfurt/M. 1 (T. 069 - 255 62 75; Fax 069 - 23 67 02).

BOETTCHER, Otto
Landeskriminaldirektor a. D., Rechtsanwalt - Kanzlei: Marktkirchhof 2, 3380 Goslar (T. 05321 - 2 10 51); priv.: Tappenstr. 22, 3380 Goslar (T. 05321 - 17 06) u. Argentinische Allee 8, 1000 Berlin 37 (T. 030 - 801 75 55) - Geb. 26. Okt. 1920 Oels/Schl. (Vater: Heinrich B., Staatsanw.; Mutter: Ella, geb. Braunsdorf), verh. s. 1948 m. Jacoba, geb. van Nes - Stud. Rechtswiss.; Gr. jurist. Staatsprüf. - 1969-74 Leit. Berliner Kriminalpolizei; 1974-79 Dezern. f. Verbrechensbekämpf. - 1980 Gf. Gesellsch. Safe Ges. f. Sicherheitsberatung mbH; 1981 Rechtsanw., Sicherheitsberater - Rotarier.

BÖTTCHER, Paul
Oberingenieur, Geschäftsf. Normenaussch. Druckgasanlagen, Heizung u. Lüftung i. R. sow. Autor: Technisches Zeichnen Böttcher/Forberg, Teubner Verlag, Stuttgart (18. Aufl.) - Mittelbruchzeile 36, 1000 Berlin 51 - 1979 Herman-Rietschel-Diplom.

BÖTTCHER, Siegfried
Dr.-Ing., o. Prof. f. Fördertechnik - Fichtenstr. 6, 8011 Baldham (T. 08106 - 64 20) - Geb. 2. Aug. 1928 Emmerich/Rh. (Vater: Bruno B., Industriekfm.; Mutter: Frieda, geb. Fuhrmann), ev., verh. s. 1956 m. Marianne, geb. Schupp, 2 Töcht. (Ute, Britta) - TH Hannover (Maschinenbau; Dipl.-Ing 1954). Promot. (1957) u. Habil. (1962) Hannover - 1954-62 Assist. u. Obering. TH Hannover (Inst. f. Fördertechnik); 1963-66 Obering. MAN, Nürnberg (Kranbau u. Förderanlagen); 1966-74 Ord. u. Inst.sdir. TU Berlin; s. 1974 Ord. u. Inst.sdir. TU München - Fachveröff.

BÖTTCHER, Winfried
Dr. phil., Prof. (Polit. Wissenschaft, RWTH Aachen) - Senserbachweg 219, 5100 Aachen (T. 17 48 88) - Geb. 11. März 1936 Morbach (Vater: Erich B.; Mutter: Veronika, geb. Kaiser), kath., verh. s. 1963 m. Ingrid, geb. Koelman, 1 Kd. (Ferun) - Abit. Cusanus-Gymn. Bernkastel, Erststud.: Gewerbelehramt-Maschinenbau, RWTH Aachen, 1. u. 2. Staatsex., Zweitstud.: Polit. Wissensch., Gesch. u. Erziehungswiss. RWTH Aachen u. LSE London; Promot. 1970 RWTH Aachen - S. 1985 (Gründung)

Leit. Aachener Centrum f. Europ. Studien; 1987-89 Chefredakt. EG magazin; s. 1991 Gründg. u. Leitg. d. Europa-Centrum-Maas-Rhein in Übach-Palenberg - BV: u. a. Deutschland aus britischer Sicht, 1972; Britische Europaideen, 3 Bde., 1971-75; Friedenspolitik, 1975; Zum politischen System d. Bundesrep. Deutschl., 1977; Lehrerbild. u. Europ. Gemeinschaft, 1984; Soziales Europa 1992 - Noch eine Illusion, 1990; üb. 70 Beitr. z. Europa- u. Friedenspolitik, z. Politikunterr. an berufl. Schulen u. z. Verhältnis v. Politik u. Päd. - Spr.: Engl.

BOETTCHER, Wolfgang

Prof. f. Violoncello Hochsch. d. Künste Berlin - Tristanstr. 11, 1000 Berlin 39 (T. 803 11 08) - Geb. 30. Jan. 1935 Berlin (Vater: Dr. Hans B.; Mutter: Hilde, geb. von Larcher), Chr.gemeinsch., verh. s. 1966 m. Regine, geb. Vollmar, 5 Kd. (Marie, Anna, Sophie, Dorothea, Jeremias) - Gymn. Zehlendorf (Abit. 1954); Berliner Musikhochsch. - 1963-76 Solocellist Berliner Philharmoniker; Mitgl. Philharmon. Solisten Berlin; eig. Duo (m. Ursula Trede-Borttcher). Neuausg. Cellosonate op. 19 Franz Xaver Mozart; Bearb. Kadenzen d. Cellokonzerte von Haydn (C-Dur), Boccherini (C-Dur), Phil. E. Bach u. a. - 1958 Preis f. Duospiel Intern. Musikwettbewerb München - Spr.: Engl.

BOETTE, Gerhard

Dr. med., Prof., Hals-Nasen-Ohrenarzt - Schraudolphstr. 18, 8000 München 40 (T. 272 08 19) - Geb. 30. April 1918 Kirchhain - S. 1962 (Habil.) Privatdoz. u. apl. Prof. (1967) Univ. München (zul. Oberarzt HNOklinik) - BV: Otosklerose u. Steigbügelchir., 1964. Üb. 50 Einzelarb.

BÖTTGER, Gerhard

Dr. med., Prof., Chefarzt Chirurg. Klinik, Leopoldina-Krankenhaus der Stadt Schweinfurt - Am Entensee 2, 8720 Schweinfurt/Ufr. (T. 5 21) - Geb. 12. April 1927 - S. 1964 (Habil.) Univ. Würzburg (zul. Oberarzt (stv. Chefarzt) Chir. Klinik; gegenw. apl. Prof.) - BV: Traumatologie in d. chir. Praxis, 1965 (Mitverf.); Chirurgie f. Krankenpflegeberufe (14. A. 1982); Innere Medizin u. Chirurgie, 1981 (Mitverf.). Div. Einzelarb. - Spr.: Engl. - Rotarier.

BÖTTGER, Harald

Dr., Physiker, Prof. f. Theoretische Physik an d. TU Magdeburg (s. 1980) - Grabbeallee 18a, O-1110 Berlin (T. 483 98 32) - Geb. 27. Jan. 1940, verh., 2 Kd. - Promot. 1966, Habil. 1971 - BV: Principles of the Theory of Lattice Dynamics, 1983; Hopping Conduction in Solids (m. V. V. Bryksin), 1985.

BÖTTGER, Hermann

Dr. med. dent., o. Prof. f. Zahn-, Mund- u. Kieferheilkunde - Himmelgeisterstr. 152, 4000 Düsseldorf - Geb. 6. April 1923 - S. 1956 (Habil.) Privatdoz., apl. (1962) u. o. Prof. (1968) Med. Akad. bzw. Univ. Düsseldorf (1966) - BV: Zahnärztl. Prothetik, 2 Bde. 1959, 2. A. 1961/64 (m. a.); D. Teleskopsystem in d. zahnärztl. Prothetik, 1961, 4. A. 1973 (auch jap. u. ital.); Praxis d. Teleskopsystems, 3. A. 1982 (auch jap. und ital); Funktionelle Okklusion. Üb. 150 Einzelarb. - 1973 Prof. ehrenhalber Osaka Dental Univ. Commendatore Rep. Italiana.

BÖTTGER, Horst

Geschäftsführer Vorwerk & Co. Elektrowerke KG - Mühlenweg 17-37, 5600 Wuppertal 2 (T. 0202 - 5 64-0) - Geb. 2. April 1938.

BÖTTGER, Klaus

Dr. rer. nat., Prof. f. Zoologie u. Limnologie, Direktor Biologie-Zentrum Univ. Kiel - Posener Str. 20, 2300 Altenholz - Geb. 14. Jan. 1934 Berlin - Promot. 1961 Braunschweig, Habil. 1971 Kiel - Forschungsreisen Süd- u. Mittelamerika sow. Zentralafrika - Üb. 50 Fachaufs., Arb.schwerp.: Ökologie d. Binnengewässer in trop. u. gemäßigten Breiten.

BÖTTGER, Martin

Dr.-Ing., Physiker, Mitglied d. Sächsischen Landtages (Bündnis 90/Grüne) - Ernst-Thälmann-Str. 1b, O-9505 Cainsdorf (T. Zwickau 27 15 14) - Geb. 14. Mai 1947 Frankenhain (b. Geithain/Sachsen), ev., verh. s. 1977 m. Antje, geb. Killat, 5 Kd. (Daniel, Magdalena, Michael, Johannes, Thomas) - Physikstud. 1965-70 TU Dresden (Dipl.-Phys.); Promot. 1982 TU Dresden (Thema: techn. Mechanik) - 1970-72 Bausoldat, seitd. Mitarb. in kirchl. Friedensbewegung u. in Oppositionsgruppen; 1985 Gründungsmitgl. Initiative Frieden u. Menschenrechte, 1989 Gründung Neues Forum - Liebh.: Musik (aktiver Orgelspieler).

BÖTTGER, Otto

Dr. rer. nat., Prof., Physiker (amorphe u. teilkristalline Halbleiter) - Im Mainfeld 40-1701, 6000 Frankfurt/M. (dstl.: T. 0561 - 804 45 31) - Geb. 18. Juni 1923 Halle/S. (Vater: Otto B.; Mutter: Frieda, geb. Zaulig), verh. s. 1948 m. Eva, geb. Zempel, 3 Kd. (Birgit, Erik, Thomas) - Univ. Halle (Dipl.-Phys. 1951; Promot. 1955). Habil. 1958 Halle - S. 1958 Lehrtätigk. Univ. Halle, Mainz (1962; 1966 apl. Prof.) u. Kassel (1971 o. Prof.). 11 Patente - BV: Dünne Schichten, 1953 (m. S. Methfessel u. Th. Mohr); Längenmessung u. Brechzahlbestimmung, 1954 (m. U. Zorll); Archäol., älteste Kunst u. Gesch. Etwa 45 Einzelarb.

BÖTTGER, Wolfgang J. E.

Generalkonsul, selbst. Kaufmann - Paulsborner Str. 2, 1000 Berlin 31 (T. 030 - 8 90 03-0) - Geb. 27. Jan. 1920 Helgoland - Gf. Gesellsch. (kaufm.) Böttger GmbH Pharmaz. u. Kosmet. Präparate, Nord- Tank- u. Industriehof GmbH, PLASTICO Thermoplast. Kunstst. GmbH, PLASTON Kunstst.-verarb. GmbH, Antik-Shop-Antiquitäten Galerie GmbH, Bären-Werbung Werbeges. mbH, Kuranlagen-Beteiligungs-GmbH, Imperial Finanz GmbH, Schlosspark-Hotel GmbH, Böttger + Seidel Beteiligungs GmbH, Autohaus Finkbeiner Beteiligungs GmbH; Mitinh. Böttger & Co. Versich. u. Finanzierungen, NORDIBO Böttger & Co., Ind.-, Labor- u. Krankenhauseinricht., Sortimentsgroßh., Nord- Tank- u. Industriehof GmbH & Co. KG, Antik-Shop-Antiquitäten Galerie GmbH & Co. Handels KG (100%), Kuranlagen-Beteiligungs-GmbH & Co. Residenz Bad Windsheim KG, Grunewald-Klinik W. u. G. Böttger, Imperial Finanz GmbH & Co. Schlosspark-Klinik KG, Böttger GmbH & Co. KG, Düsseldorf, Autohaus Finkbeiner GmbH & Co. KG, Wolfgang Böttger Restaurant im Museum f. Verkehr u. Technik (100%), Biochrom Beteiligungs GmbH, Biochrom Beteiligungs GmbH & Co. Produktionsges. - Generalkonsul d. Rep. Haiti; BVK I. Kl., Gr. BVK; Ritterkreuz; Dt. Kreuz in Gold; Eisernes Kreuz I. Kl.; Honneur et Mérite.

BÖTTICHER, Ernst

Dr. jur., Aufsichtsratsvorsitzender AVIA Mineralöl AG, München, Hamburger Wachs-Ind. GmbH, Hamburg u. Vermögensverw. Hans-Otto Schümann GmbH, Hamburg, stv. AR-Vors. Helm AG, Hamburg - Isekai 8, 2000 Hamburg 20 - Geb. 2. Okt. 1928 Gießen - Ass.ex. - B. 1971 Sprecher d. Geschäftsfg. Oelwerke Julius Schindler GmbH, Hamburg; 1972-82 Vorst. BP Benzin u. Petroleum AG, Hamburg.

BÖTTICHER, Herbert

Schauspieler - Rümannstr. 53 IV, 8000 München 40 - Geb. 19. Dez. 1928 Hannover - Theater, Film u. Fernsehen (tragende Rollen).

BÖTTICHER, Rainer

Dr. med. (habil.), Chefarzt Chirurg. Klinik Städt. Krankenanstalten Fürth, Privatdoz. Univ. Erlangen-Nürnberg (s. 1976) - Schleifweg 56, 8520 Erlangen-Tennenlohe.

BÖTTICHER, Woldemar

Dr. rer. nat., Prof. f. Plasmaphysik - Callinstr. 38, 3000 Hannover - Geb. 22. Dez. 1929 - Promot. 1957; Habil. 1963 - 1963 Privatdoz. Univ. Kiel; 1968 Forschungsdir. BBC Schweiz; 1970 Ord. TU Hannover (jetzt Univ.).

BOETTICHER, Wolfgang

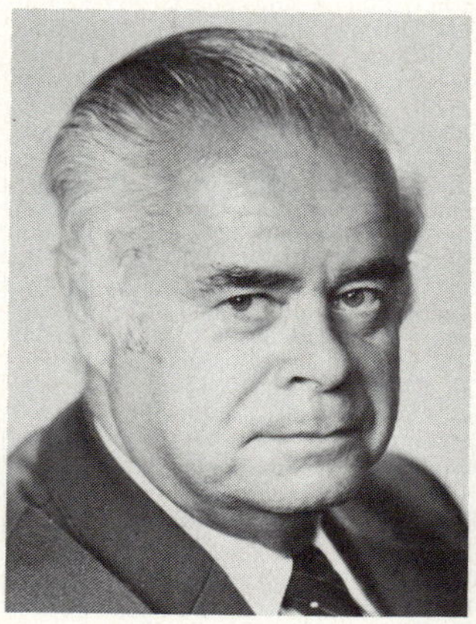

Dr. phil., Prof., Musikwissenschaftler - Dahlmannstr. 10, 3400 Göttingen 1 (T. 5 70 87) - Geb. 19. Aug. 1914 Bad Ems (Vater: Dr. Hans Karl B., Chemiker †1943; Mutter: Clara, geb. Seiß), ev., led. - Realgymn.; Musikhochsch. (Klavier) u. Univ. Berlin (Musikgesch. Psych., Kunstgesch., Phil.) - S. 1943 Lehrtätigk. Univ. Berlin (b. 1945 Privatdoz.) u. Göttingen (1948 Doz., 1956 apl., 1974 Wiss. Rat u. o. Prof.; s. 1977 Gf. Dir. Musikwissenschaftl. Inst. Univ.), 1957 Lehrbeauftr. TU Clausthal - Auffindung unbekannter Kompos. O. di Lassos u. R. Schumanns - BV (b. 1960 s. XVIII. Ausg.): R. Schumann, Einführung in Persönlichkeit u. Werk, 1939; Studien zur solistischen Lautenpraxis des 16.-18. Jh., 1943; Mozart, 1944; O. di Lasso und s. Zeit, 1959; Neue Dokumente aus O. di Lassos Wirkungskreis, 1963; Neue Forschungsergebnisse im Gebiet d. mus. Spätrenaissance, 1965; D. Dresdener Familien-Kassette Robert Schumanns, 2. A. 1981; R. Schumanns Klavierwerke, neue biogr. u. textkrit. Unters., Bd. I, op. 1-6, 1977, Bd. II, op. 7-13, 1984. Beschr. Katalog d. Lautentabulaturen in Mss. (= RISM VII), 1979; Ergänz.bd. 1988; Erstveröff. Klavierquartett c-moll R. Schumanns, 1981, dessen Klavierw. im Urtext, 1972-92 (Bd. I-V), dessen Kammermusikw. 1990ff.; V. Palestrina zu Bach, 2. A. 1983; Einf. in d. musikal. Romantik, m. Bibliogr., 1984; Z. Parodie-Problem in Händels Spätw., 1985; D. Göttinger Händelrenaissance, 1987; Gesch. d. Motette, 1989; Beethovens Ansichten v. Leben u. Kunst, 1989; O. di Lasso, Lectiones ex Propheta Iob, 1989; R. Schumanns Klavierkonzert, 1989 (Urtext); O. di Lasso, Ergänz.bd. zu Motetten ... (1956), 1990; R. Schumanns letztes Klavier werk in berichtigter Fassung, in: Festschr. H. Hopf 1992; Aulos, in: Musik in Geschichte u. Gegenwart, 1992; E. Krüger, in: Ostfriesische Landschaft 1992. Zahlr. Aufs. u. Rezensionen - 1943 Schumann-Preis Zwickau - Mitgl. Dt. Ges. f. Musikforsch., Soc. de musicologie française, Intern. Musikges. u. a. - Spr.: Franz., Engl., Ital., Japan. - Bek. Vorf.: Joachim Ringelnatz (eigtl. Hans Boetticher), Dichter und Maler - Lit.: Convivium Musicorum - Festschr. f. W. B. z. 60. Geb., 1974 (m. Bibliogr.).

BÖTTIGER, Anneliese

Dr.-Ing., Univ.-Prof. f. Regelungstechnik Univ. d. Bundeswehr München - Ferdinand-Kobell-Str. 2, 8013 Haar (T. 089 - 46 58 31) - Geb. 1. Juni 1936 Berlin (Vater: Ludwig B., Dipl.-Ing.; Mutter: Elisabeth, geb. Meyer), ev., led. - Abit. 1954; 1955-57 Ausb. Siemens (Elektro); 1958-63 TH Darmstadt (Elektrotechnik, Dipl.-Ing.); 1964-68 Purdue Univ. Laf. Ind./USA; Master of Science (MSEE) 1965, Promot. 1968 - 1957-58 Elektroass.; 1963/64 wiss. Mitarb. DFVLR, Oberpf.; 1964-68 Grad. Instructor, Purdue; 1968-71 Entw.-Ing. Dornier, Friedrichshafen; 1971-75 Doz. FH Hamburg; s. 1975 Univ. d. Bundeswehr München - BV: Regelungstechn. Einf. f. Ing. u. Naturwiss., 1988/1992; Beispiele u. Aufgaben z. Regelungstechn. (m. T. Ebel, A. Böttiger, M. Otto), 4. A. 1991; Bearbeit. d. Fachgeb. Regelungstechn. in: VDI-Lexikon Meßu. Automatisierungstechn., 1992; div. Aufs. in Fachztschr. - Liebh.: Motorflugsport, Musik (Klavier) - 1976 Dt. Motorflugmeist., 1978 Bronzemed. Air Rally World Championship, 1981 Gold. Leistungsabz. Motorflug - Spr.: Engl. - Bek. Vorf.: J. F. Bött(i)ger, 1682-1719, Erfinder d. Meißner Porzellans - Lit.: Cornelia Edding, Einbruch in d. Herrenclub (1983).

BÖTTNER, Bernhard

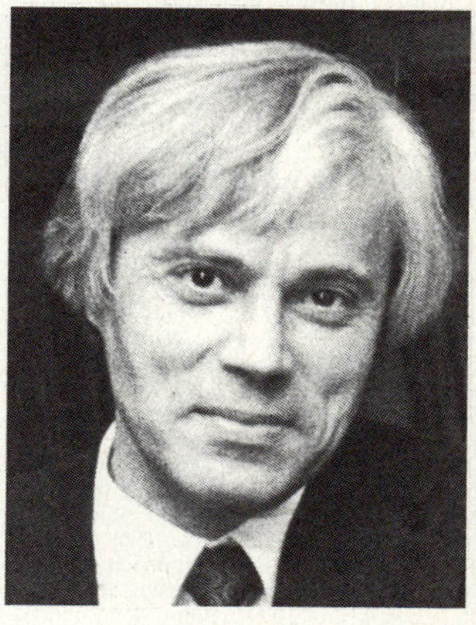

Konzertpianist, Methodologe u. Stilist, Pädagoge - Ochsenfurter Torturm, 8701 Sommerhausen/M. - Geb. 13. Febr. 1924 Schmalkalden/Thür., verh. s. 1949 m. Lili, geb. Kafassáki - Privatschüler v. G. Raphael, Hochsch. f. Musik Leipzig (Dirig. b. H. Abendroth) - Dirig. Staatsoper Katovice, Tanztheater Weimar, Landestheater Meiningen; 1947 Pianistendebut Dresden; s. 1947 Solist intern. Orchester, Mitgl. d. Berliner Philharmon. Oktetts u. ständ. Gast d. Prager Dvořak-Streichquart.; 1964-80 Initiator u. Leit. d. Dt. Solistenfest (Recital Sommerhausen-Marktbreit); Fachberater versch. Musikverb. u. polit. Parteien; u.a. 1973-75 Staatsgast d. UdSSR als Berater beim Kulturabkommen Bundesrep. Deutschl.-UdSSR. 1969-89 Doz. u. Leit. Musiklehrersem. Musikakad. Nürnberg; Juror, Leit. intern. Meisterkurse; s. 1980 1. Vors. d. Tonkünstler-Bezirksverbandes Mittelfranken-Nürnberg im VDMK - div. Schallpl. - Begründ. d. Lehre d. pianist. Universaltechn. - BV: D. pianist. Universaltechn., 1982, Selbstverlag; zahlr. Artik. in Fach- u. Kulturzeitschr. - Liebh.: Architekt., Geschichte - Spr.: Engl.

BÖTTNER, Heinrich

Dr. med., Prof., Facharzt f. Innere Med. (Hepatologie) - Danziger Str. 7, 4330 Mülheim/Ruhr - Geb. 28. Juni 1910 Marburg/L. (Vater: Heinrich B., Schlächterm.; Mutter: geb. Henze), ev., verh. s. 1939 m. Leni, geb. Fröhlich, 4 Kd. (Rolf, Ursula, Renate, Gerd) - Martin Luther-Schule Marburg; Univ. ebd. (Promot. 1935) u. München. Habil. 1943 Marburg - Anat. Inst. Marburg, Tuberkulose-Krkhs. Sonnenblick b. Marburg, 1939-53 Med. Univ.sklinik Marburg (1949 Oberarzt; 1950 apl. Prof. f. Innere Med.), 1953-69 Ev. Krkhs. Mülheim (Chefarzt Inn. Abt.) - BV: Handb. d. ges. Hämatol., 1960. Zahlreiche fachwiss. Veröff. - Liebh.: Fischerei, Sport

(Silbermed. Fußball Akad. Olympia Budapest 1935).

BÖTTNER, Karl-Heinz

Prof., Dirigent, Leiter Cologne Monteverdi Consort, Lautenist u. Gitarrist - Oberstaat 10, 5250 Engelskirchen (T. 02263 - 22 06) - Geb. 10. Sept. 1933 Frankfurt/M. (Vater: Heinrich B., Amtmann; Mutter: Amanda, geb. Sauselen), ev., 5 Kd. (Benjamin, Anja, Jessica, Johannes, Philipp) - Abit. 1953 Wiesbaden; Reifeprüf. f. Laute 1958 Musikhochsch. Köln (Stud. b. Walter Gerwig: Musikwiss. u. Phonetik) - B. 1980 Prof. f. Gitarre Musikhochsch. Köln - Schausp. in: DUO v. M. Kagel. B. 1992 Kantor in Honrath.

BÖTTNER, Theo

Direktor, Vorstandsvorsitzender Erlanger Stadtwerke AG, Erlangen, Vorstandsmitgl. Regnitz-Stromverwertung AG - Äußere Brucker Str. 33, 8520 Erlangen.

BOETZKES, Claus-Erich

Journalist, Hauptabteilungsleiter Unterhaltung Bayer. Rundfunk - Zu erreichen üb. Bayer. Rundfunk, Rundfunkplatz 1, 8000 München 2 - Geb. 29. März 1956, kath., 2 Kd. (Marie-Theres, Alexander) - Stud. Politik, Kommunikationswiss. an d. Dt. Journalistensch. München; 1982 Magister Artium Univ. München - 1979 Kurt-Magnus-Preis d. ARD.

BÖVENTER, von, Edwin

Dr. phil. (habil.), o. Prof. f. Wirtschaftsu. Sozialwiss. u. Dir. Volkswirtschaftl. Inst. u. Sem. f. empir. Wirtsch.forsch. Univ. München - Niederried 14A, 8021 Hohenschäftlarn (T. 08178 - 46 76) - Geb. 9. März 1931 Göttingen - 1954 Master of Arts, 1956 Doctor of Philosophy (Economics), University of Michigan. S. 1955 Univ. of Michigan (Instructor), Münster (1961 Privatdoz.), Heidelberg (1963 Ord.), München s. 1969 - BV: Theorie d. räuml. Gleichgewichts, 1962 (franz. 1966), Standortentscheidung u. Raumstruktur, 1979 (poln. 1987); Mikroökonomische Theorie, 4. A. 1986; Studien- u. Arbeitsb. z. Mikroökonomie, 1986. Zahlr. Aufs. u. Veröff. in Zeitschr. u. Sammelbänden.

BÖVERSEN, Fritz

Dr. phil., Prof. f. Allg. Pädagogik Berg. Univ.-GH Wuppertal - Timmersholt 20, 4322 Sprockhövel 2 - Geb. 18. April 1935 Kutenhausen/W. - Promot. 1962 - S. 1970 wie oben - BV: D. Idee d. Freiheit in d. Phil. Kants, 1962; Auf d. Wege zu e. neuen Lernkultur (m. Volker Buddrus), 1987; Lehrerausbildung in Wuppertal, 2 Bde. 1989. Herausg.: Phil. d. Politik. Z. 100. Geb. v. Karl Jaspers (1984); Auf d. Suche nach d. Wirklichkeit. Gedenkschrift z. 90. Geb. v. Gerhart Hennemann (1990).

BÖX, Heinrich

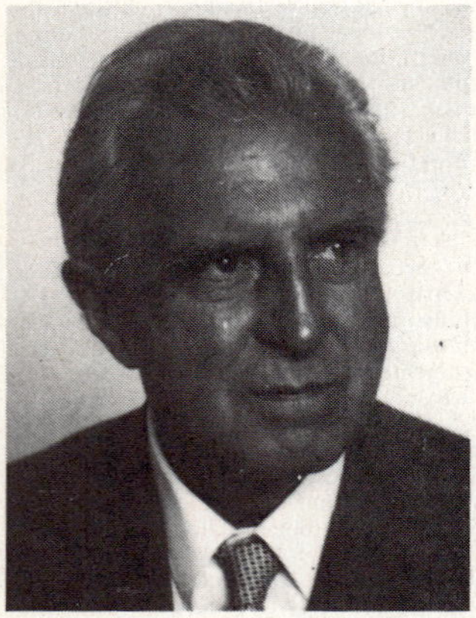

Dr. phil., Botschafter a. D. - Birkenweg 8, 5331 Heisterbacherrott üb. Königswinter/Rh. - Geb. 21. Juni 1905 Aurich/Ostfriesl. (Vater: Heinrich B., Kaufm.; Mutter: geb. Blote), ev., verh. s. 1939 m. Erica, geb. Wieck, 2 Kd. (S. Heinz †1961) - Univ. Hamburg, Göttingen, Marburg, Promot. 1929 - B. 1933 VHS-doz. f. Phil., b. 1939 Lehrtätigk. u. wiss. Arbeiten üb. d. 19. Jh., n. Kriegsende German News Service, Dt. Pressedst. u. b. 1948 NWDR, ab 1946 zugl. Leit. Informationsdst. Zonenbeirat u. 1948-49 Parlam. Rat, Außenpolitiker Allg. Köln. Rundschau, 1949-50 amt. Bundespressechef, 1951-56 Konsul u. Generalkonsul New Orleans, 1956-57 Vortr. Legationsrat u. Saarref. AA Bonn, dann Gesandter u. stv. Generalsekr. Westeuropa Union, 1961-64 Leit. Handesvertr. BRD Helsinki, 1964-66 Botschafter Norwegen, 1966-70 Leit. Handelsvertr. BRD Warschau, 1972-77 Leit. Büro f. Ausw. Beziehungen d. CDU u. stv. Generalsekr. Europ. Union Christl. Demokraten (EUCD), 1972ff. Mitgl. Kuratorium H. Ehlers-Stiftung u. Akademien, Mitgl. Freier Dt. Autorenverband - Ehrenbürger v. New Orleans u. Dallas (USA); 1952 Ehrenritter Johanniter-Orden; 1961 Gr. BVK m. Stern, 1964 Komturkreuz I. Kl. Orden Weiße Rose v. Finnl., 1966 Großkreuz Kgl. norw. St.-Olavs-Orden - Zeitw. Rotarier.

BOGATZKI, Marianne

Dr. med., Prof. f. Physiolog. Chemie u. Exper. Medizin - Angelmodder Weg 20, 4400 Münster/W. - Geb. 21. Juni 1918 Münster - S. 1963 (Habil.) Privatdoz. u. apl. Prof. Univ. Münster.

BOGDAN, Lew

Generalintendant Städt. Bühnen - Richard-Wagner-Platz 2-10, 8500 Nürnberg 70 - Dir. Inst. européen de l'acteur, Frankreich.

BOGDAN, Volker

Schauspieler - Alardusstr. 10, 2000 Hamburg 20 (T. 49 70 28) - Geb. 14. März 1939 Marienwerder/Westpr. (Vater: Gerhard B., Pfarrer †; Mutter: Christel, geb. Kolodzieyczyk), ev., verh. s. 1963 m. Edith, geb. Korth, 4 Kd. (Cordula, Carola, Celia, Volker Karl Gerhard) - Schausp.ausbild. Hamburg - Bek. Bühnenrollen u. a.: Tom (in Glasmenagerie), Giles Ralston (in Mausefalle), Just (Minna v. Barnhelm), Pfarrer Bohrer (Hebamme), George (V. Mäusen u. Menschen); Filme: Haie an Bord (Heinz), Feuerzangenbowle (Ackermann), Tod oder Freiheit (Pfeiffer), Schimmelreiter (Iven Johns). Fernsehen: Tatort, D. Alte, Derrick, Erbin sein dageg. sehr, Detektivbüro Roth, Schwarz-Rot-Gold, Vorsicht Falle, Nepper, Schlepper, Bauernfänger, u.a. Zahlr. Märchenschallpl., z.B. Serienheld in Ampelmännchen. S. 1980 zusätzl. vielf. Rundfunktätigk. als Sprecher u. Moderator u. als Liter. Kabarettist - Liebh.: Beruf, Klass. Musik, Malerei - Spr.: Engl., Franz.

BOGDANDY, von, Ludwig

Dr.-Ing., Dr.-Ing. E.h., Prof., Generaldirektor, Vorstandsvorsitzender Voest-Alpine Stahl AG, Linz - Geb. 10. Febr. 1930 Berlin, verh., 3 Kd. - S. 1977 Hon.-Prof. TU Berlin (Lehrgeb.: Techn. Betriebsw. f. Berg- u. Hüttenleute).

BOGDANIC, Dinko

Solotänzer Nationaltheater München - Gurlittstr. 44, 2000 Hamburg 1 - Geb. 4. Nov. 1950, ledig - Ballettkonservat. Zagreb; Stud. Psych. - Rollen: Onegin, Romeo, Albrecht, Prinz Siegfried, James in La Sylfide, Armand in Kameliendame, Othello, Prinz Desire, Balanchine Balletts (La Valse, Serenade, Apollon musagete, u.a.). 1980 1. Preis als bester Partner Varna, Bulgarien, 1981 1. Preis Moskau, 1982 Jackson (Mississippi) - Spr.: Engl., Russ.

BOGDANOV (BOGDIN), Michael

Regisseur, Intendant d. Dt. Schauspielhauses Hamburg (1989-91) - English Shakespeare Company, 38 Bedford Square, London WCIB 3 EG - Geb. 15. Dez. 1938 London, verh. s. 1966 m. Patricia Ann, geb. Warwick, 3 Kd. (Malachi, Jethro, Ffion) - Lower School of John Lyon Harrow; Trinity College Dublin (MA); Univ. München u. Sorbonne (Paris) - 1973-77 Artistic Dir. Phoenix Theatre Leicester; 1978-80 Young Vic; s. 1980 Associate Dir. Nat. Theatre London; s. 1986 Artistic Dir. English Shakespeare Company - BV: The English Shakespeare Company 1986-1989, 1990 - Insz. u.a. D. Widerspenstigen Zähmung (Shakespeare), 1979; Rosenkriege (Shakespeare), 1989 (dafür Ausz.) - 1979 Regiss. d. Jahres; 1988 Melbourne Spoleto Golden Pegasus Award; 1989 Laurence Olivier Award; SWET Award - Liebh.: Cricket, Musik, Kelt. Sprachen, Wein, Schafe - Spr.: Dt., Franz., Kelt., Engl. (Mutterspr.).

BOGE, Heinrich

Präsident Bundeskriminalamt (1981-90) - Thaerstr. 11, 6200 Wiesbaden - Geb. 1929 - Stud. Jura - Langj. Polizeidst., u.a. Polizeipräs. Hannover; 1978-81 Ministerialdir. Bundesinnenmin. (Leit. Abt. P); 1990 Fachberater IM DDR. SPD - 1990 Member of the Executiv Board Europe 2000.

BOGE-ERLI, Nortrud

Lehrerin, Autorin - Buchenweg 8, 4020 Mettmann (T. 02104 - 7 49 68) - Geb. 26. Nov. 1943 Pecs/Ungarn, ev., verh., 3 Kd. - Stud. f. Lehramt; dann weit. Stud. German. u. Kunstgesch. - BV: Lauf gegen d. Wind, 1984; Faja, König von Wildland, 1987; D. Glück d. Elli G., 1988; Bianca Vampirutschi, 1989; Kassiopeia, 1991; Bonnie Siebenzack, 1991 - Spr.: Engl., Franz.

BOGEN, Hans Joachim

Dr. rer. nat., em. Prof. f. Botanik - Am Hohen Tore 4A, 3300 Braunschweig (T. 80 82 10) - Geb. 19. Nov. 1912 Zeitz b. Merseburg, ev., verh. m. Ingeborg, geb. Sänger, 2 Kd. - Promot. 1938 Leipzig; Habil. 1943 Freiburg/Br. - 1938 Assist. Inst. f. Landw. Botanik Univ. Berlin, 1939 Univ. Freiburg, 1943 Privatdoz., 1949 Diätendoz. Univ. Göttingen, ao. Prof. Univ. Marburg, 1955 o. Prof. TH, jetzt TU Braunschweig, 1978 emer. Spez. Arbeitsgeb.: Zell- u. Molekularbiol. - BV: Knaurs Buch d. modernen Biol., 1967 (23 Übers.); Gezähmt f. d. Zukunft, 1974; Mensch aus Materie, 1976; Magie ohne Illusionen, 1982 - Mitgl. Braunschw. Wiss. Ges. (1962 Generalsekr.).

BOGEN, Wolfgang

Gründer der Wolfgang Bogen GmbH. (Fabrikation hochwert. Magnetköpfe), 1000 Berlin 38 - Fischerhüttenstr. 86a, 1000 Berlin 37 (T. 802 83 65) - Geb. 18. Jan. 1928 Berlin (Vater: Walter B., Kammermusiker), verh. m. Felicitas, geb. Brandin - Analyse von Börsen- u. Wirtschaftszyklen im „Wertpapier" 5/1982. Div. Ehrenämter. Inh. div. Patente im In- u. Ausl. - BVK am Bande, Diesel-Med. i. Silber d. Inst. f. Erfindungsw. (1977).

BOGER, Fred

Lehrer, Schriftst. - Deinenbachstr. 2/2, 7100 Heilbronn (T. 07131 - 57 22 04) - Geb. 9. März 1937, ev., verh. s. 1967 m. Helga, geb. Eisenbraun, 2 Kd. (Raimund, Regina) - M.A. 1969 Univ. of Illinois, Chicago - Mitgl. IGdA - BV: Aus em Ländle, 1982; Don't smile before Christmas, 1980; Hörsp., Anthol. (auch Schwäb.) - 1955 Dt. Jugend- u. Juniorenmeister im Ringen; 1959 US-Meister im Ringen - Liebh.: Lit., Reisen - Spr.: Engl.

BOGNER, Erwin

Kaufmann, Geschäftsf. Lüdecke K.G., Deutschl., Präs. Lüdecke Inc. USA - 8451 Hahnbach (T. 09664-269) - Geb. 31. März 1933, ledig, T. Heike - Kaufm. Ausb. - Liebh.: Pferde - Spr.: Engl.

BOGNER, Franz Josef

Schriftsteller, Schausp., Regiss. - Mainländer Str. 14, 6000 Frankfurt 70 (T. 069 - 68 66 50) - Geb. 19. Juni 1934 - BV: D. Maus m. d. Sparbuch, Fabeln 1970; DAS arabische SYSTEM, 1971; ich bin. so?! 1972; goethes V'st, 1973; Hörsp., Bühnenst., Solo-Performances (vor allem m. F. J. Bogners Clown-Theater in 25 Ländern Europas, Asiens u. USA) - 1977 Dt. Kleinkunstpreis.

BOGNER, Hermann

I. Bürgermeister - Rathaus, 8184 Gmund/Tegernsee - Geb. 2. Juni 1916 München - Kaufm. CSU.

BOGNER, Walter

Verbandsdirektor a. D., Vizepräs. Deutsche Straßenliga, Bonn, u. Deutscher Forstwirtschaftsrat, Rheinbach - Harthauser Str. 23, 8000 München 90.

BOGNER, Willy

Fabrikant, Mitgeschäftsf. Willy Bogner/Damen-, Herren- u. Sportbekleidung - St.-Veit-Str. 4, 8000 München 80 - Geb. 23. Jan. 1942 München (Vater: Willy B., bek. Skiläufer (mehrf. Dt. Meister Nord. Kombination) u. Fabr. †), verh. s. 1973 m. Sônia, geb. Ribeiro (Rio de Janeiro/Brasil.) - Stud. Betriebsw. - S. vielen Jahren Familienuntern. (Willy Bogner GmbH & Co. KG, München) - Filmerfolge: 1965 Ski-Faszination, 1971 Benjamin, 1986 Feuer u. Eis, 1990 Feuer, Eis u. Dynamit; Spezialkameramann u. Regiss. b. 4 James-Bond-Filmen, u. a. 1985 Im Angesicht d. Todes - Skierfolge: 1960 u. 66 Dt. Meister Alp. Dreierkombinat. u. 1961 u. 66 Slalom, 1962 Studentenweltm. Slal. u. Komb., Olymp. Winterspiele 1960 u. 64 Neunter Abfahrt; heut. Sport: Tennis, Golf, Segeln, Fliegen (Pilotenschein) - Liebh.: Fotogr. u. Filmen.

BOGS, Dieter

Cand. phil. et theol., Privatgelehrter, Autor, Verleger (Ps. Warnfried Böndner, Bernhard Gabriel Schloffsky, Josquin Hendrijk Friedebert Belgiqueur, Warnfried Baux-Cheffair, Ferdinand Maria Möldener, Asleif Myritzas, Stephan Karl August Bächlein, Thomas Christopher Mc Rulian, Willy Wardener, Kaspar Colignear, Joseph Hieronymos Schallschweig-Giftfrosch-Glasberg) - Stapenhorststr. 69a, 4800 Bielefeld 1 - Geb. 26. Jan. 1938 Potsdam (Vater: Dr. jur. Werner B., Landgerichtsdir.; Mutter: Irmgard, geb. Zum Winkel), led. - Stud. Klass. Philol. u. Religionslehre (Lehrsamtsprüf. f. Gymn.) Univ. Freiburg, Göttingen, Münster, Bochum, Bonn (Kiel u. Bielefeld ohne Einschr.) - S. 1980 Selbstverlag - BV: Darf d. Deutsche, 9. A. 1985; Kurzgesch., 1980, 3. A. 1985, Bd. 2 1985, Bd. 3 1986; D. Drama Demetrius v. Schiller, 1981, 2. A. 1982, 3. A. 1985; Judas (Iskarioth), Drama 1982, 2. A. 1985; Fragmente d. Gesch. d. Stadt Meckernichstadt, 1982; Gedichte, 1982; Gedichte, 1983 (auch engl.); Phil. Fragmente, 1982/83, 3. A. 1987, Bd. 2 1984, 3. A. 1987, Bd. 3 1985, Bd. 4 1985; Warbeck, e. unhist. Begebenheit n. Schiller, Dr. T. I 1984, T. II 1985; D. Prosaische Demetrius, e. unhist. Kurzdrama, 1985; Alf, Fragmentroman 1984; Hölderlinged., ergänzt u. aus Fassungen zusammengesetzt, 1983, 84 u. 86; Empedokles, Schausp. unter Verwend. d. Frankfurter Planes u. d. Fragmente F. Hölderlins; D. Versöhnung d. Malteser, Drama n. Schiller 1985, 2. A. 1988 (in 5 Bde.); Ged. - Gebete, 1985, 2. A. 1987. Reihen Unveröff., aber nicht unterdrückte Forschungsarb. (Unterreihe Theol.), 24 Bde.; Philol., Abt. Klass. Philol., 12 Bde. Div. weitere Veröff., u.a.: Dieter Bogs Jahrb. 1986, Bd. 2 1987; s. 1986 Ges. Werke v. D.B. (I. Abt. Dichtungen u. Kompos. - Ps.: Warnfried Baux-Cheffair, Wanfried Böndner, Josquin Hendrijk Friedebert Belgiqueur, Ferdinand Maria Möldener, Bernhard Gabriel Schloffsky, Asleif Myritza); Ged., Dramen, Kurzgesch., Fragmentromane, Kompos., Wiss. Werke, Phil., Petitionen, Beitr. in Ztg. u. Ztschr., Dt. Gelehrtenkalender - S. 1962 Mitgl. Verein Naturschutzpark, s. 1983 Dt. Schillerges., s. 1985 Hölderlin-ges. - Spr.: Engl. - Bek. Vorf.: Sanitätsrat Carl Heinrich Zum Winkel, Ehrenbürger Gütersloh; Verleger Carl Heinrich Bertelsmann, ebd.; Werner Bogs, Dichter.

BOGS, Harald

Dr. jur., o. Prof. f. Öfftl. Recht - Dresdener Str. 7, 3406 Bovenden - Geb. 12. April 1938 Potsdam - Promot. 1965; Habil. 1971 - S. 1974 Ord. Univ. Göttingen - BV: D. verfassungskonforme Ausleg. v. Gesetzen, 1967; D. Sozialversich. im Staat d. Gegenw., 1973.

BOGUSCH, Gottfried

Dr. rer. nat., Dr. med. habil., Prof. f. Anatomie FU Berlin - Waldmüllerstr. 6, 1000 Berlin 37 - Geb. 26. Sept. 1942 Kunzendorf (Vater: Friedrich B., Ang.; Mutter: Anna, geb. Tötzel), ev., verh. s. 1970 m. Gudrun, geb. Pfahlert, 2 Kd. (Thomas, Stephan) - Stud. Biologie Univ. Göttingen, Freiburg 1962-70, Promot. Dr. rer. nat. 1970, Habil. Dr. med. habil. 1977 - Spr.: Engl.

BOHL, Erika

Dr. med., Ärztin, Medizinjournalistin - Demollstr. 31, 8121 Wielenbach (T. 0881 - 57 84) - Geb. in Hinterpom., ev., verh. s. 1959 m. Dr. med. vet. Martin B., 4 Söhne - Stud. Humanmed.; Staatsex. 1964, Promot. 1966 - BV: Zw. Lehrb. u. Windel; Weihnachtszeit kommt nun heran; Studentenehen in d. BRD. Div. Art. u. Aufs. - 1979 Literaturpreis Arzt u. Schriftsteller.

BOHL, Friedrich

Rechtsanwalt u. Notar, Bundesminister f. besondere Aufgaben u. Chef d. Bundeskanzleramtes (s. 1991), MdB (s. 1980: 1983 Direktmandat Wahlkr. 129 Marburg-Biedenkopf), 1. Parlament. Geschäftsf. CDU/CSU-Bundestagsfrakt. (s. 1989) - Finkenstr. 11, 3550 Marburg-Cappel 7 (T. 4 13 33) - Geb. 5. März 1945 Rosdorf Kr. Göttingen - Univ. Marburg - 1974-85 Stadtverordn. Marburg; Mitgl. Kreistag Marburg-Biedenkopf (Fraktionsvors.); 1970-80 MdL Heesen, 1974-78 Vors. Rechtsaussch. d. Hess. Landtags u. 1978-80 stv. CDU-Fraktionsvors. 1964-70 Kreisvors. Jg. Union Marburg-Land u. Bezirksvors. Mittelhessen (1969). 1972-90 Vors. CDU-Kreistagsfrakt. Marburg-Biedenkopf, s. 1978 Kreisvors. CDU Marburg-Biedenkopf. CDU s. 1963.

BOHL, Hans-Peter

Dipl.-Ing., Vorstandsmitglied Kraftversorgung Rhein-Wied AG - Engerser Landstr. 36/38, 5450 Neuwied 1 - Geb. 11. März 1931.

BOHL, Martin

Dr. med. vet., Fischereiwissenschaftler, Fachtierarzt f. Fische, Abt.- u. Betriebsleit. Fischereibiol. Bayer. Landesanstalt f. Wasserforschung, Versuchsanlage Wielenbach - Demollstr. 31, 8121 Wielenbach (T. 0881 - 57 84) - Geb. 1. Febr. 1935 Neudamm/Nm., ev., verh. s. 1959 m. Dr. Erika, geb. Grimm, 4 Kd. - BV: Zucht u. Prod. v. Süßwasserfischen, 1982; üb. 100 Fachveröff. - Liebh.: Musik, Kunst, Fossilien - Spr.: Engl.

BOHLE, Adalbert

Dr. med., Dr. h. c., em. o. Prof. f. Pathologie - Im Kleeacker 10, 7400 Tübingen-Kreßbach (T. 7 31 14) - Geb. 14. Jan. 1922 Derschlag (Vater: Erwin B., Prediger), ev. (freikirchl.), verh. s. 1948 m. Hildegard, geb. Schröder, 2 Töcht. (Angelika, Barbara) - 1940-41, 1943-44 Univ Bonn, 1945-48 Med. Akad. Düsseldorf (Pathol. Inst.), 1953 Privatdoz., 1954 Oberarzt, 1958 apl. Prof. ebd., 1960 Dir. Pathol. Inst. Katharinen-Hospital Stuttgart, em. Ord. u. Inst.dir. Univ. Tübingen.

BOHLE, Andreas

Dipl.-Kfm., Hauptgeschäftsführer d. CDH-Handelsvertreterverb. Nieders. u. Bremen in Hannover (s. 1991) - Hinüberstr. 4a, 3000 Hannover 1 (T. 0511 - 34 26 11) - Geb. 25. Sept. 1958, verh. T. Laureen - Abit. 1978; Stud. d. Wirtsch.wiss. 1980-85 Univ. Köln - 1985-90 Geschäftsf. d. CDH in Köln.

BOHLE, Hermann

Publizist f. Politik, Wirtschaft, Verteidigung u. Abrüstung bei EG, Nato u. UN (Ps. Frędęric Mann) - 1211 Genf 10, Palais d. Nations (s.d.Presse 2), u. Ave. des Arts 20, 1040 Brüssel/Belg. (T.: 00-322-2305810; Telefax: 00-322-2309502) - Geb. 15. Juli 1928 Gummersbach - Div. Mitgl.sch.: u. a. Dt. Ges. f. Ausw. Politik, Bonn; Intern. Inst. f. Strateg. Stud., London - Zahlr. Buch- u. Ztschr.-Veröff. - Médaille Arts-Sciences et Lettres (Paris).

BOHLEN, Heinz

Dipl.-Kfm., Vice Chairman Huntsman Chemical Corp. Salt Lake City/USA, AR Brenntag AG, u. SISAS Mailand - Reichtspräsidentenstr. 21-25, 4330 Mülheim/Ruhr - Geb. 11. April 1920.

BOHLIEN, Guenter

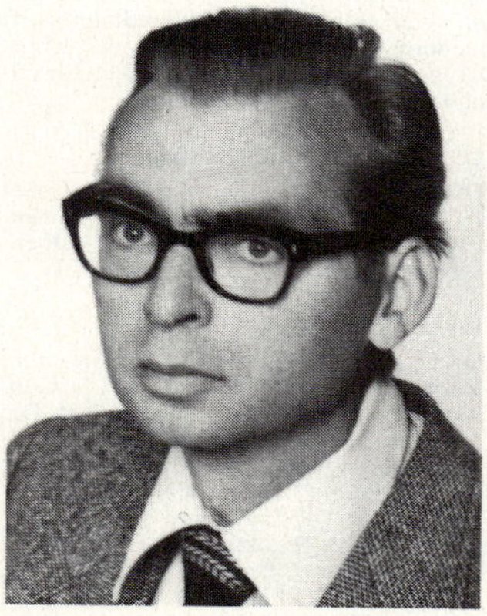

Journalist - Schloß Ringelheim, 3320 Salzgitter 61 - Geb. 23. Mai 1936 Cuxhaven (Vater: Otto B., ltd. Ing.; Mutter: Elisabeth, geb. Hecker-Steins), ev. - Gymn. (Abit.); fr. Stud. Bonn; Volont. Neuer Landesdst. - Mitarb. BPA Bonn - BV: Lieber Geigen als Gewehre - Spr.: Engl., Franz.

BOHLKEN, Herwart

Dr. rer. nat., Prof., Zoologe - Boninstr. 44, 2300 Kiel (T. 67 58 57) - Geb. 10. Juli 1929 Schönebeck b. Bremen - S. 1962 (Habil.) Lehrtätigk. Univ. Kiel (1968 Wiss. Rat u. Prof., 1979 Prof. u. Dir. Inst. f. Haustierkd.). Fachaufs.

BOHLSEN, Wilfried

Bundestagsabgeordneter (s. 1983; Landesliste Nieders.) - Bundeshaus, 5300 Bonn 1 - CDU.

BOHMEIER, Bernd

Maler u. Schriftsteller - Händelstr. 53, 5000 Köln 1 - Geb. 26. Sept. 1943 Bad Oeynhausen, verh. - Stud. Theaterwiss., German. u. Phil.; M.A. 1969 - BV: Im Schwitzkasten, Erz. 1978; D. Faust in d. Tasche, R. 1979; Spiegelungen, Ged. u. Zeichn. 1980; Ins Gegenbild, Aquarelle u. e. lit. Text 1983; Nichts geschieht zufällig - alles ist Zufall, Erz. 1990; D. Rückzug. Eine Verwilderung, R. 1992 - S. 1969 zahlr. Ausst. in Mus. u. Galerien, Beteilig. an intern. Kunstmärkten, öfftl. Ankäufe - 1975 August-Macke-Preis - Lit.: Dieter Wellershoff, Ausst.-katalog Städt. Gal. Viersen; Gerhard Kolberg, Ausst.katalog Strippel, Köln.

BOHN, Jürgen

Dr.-Ing., Mitglied d. Landtags Thüringen - Fritz-Wagner-Str. 42, O-6219 Bad Salzungen - Geb. 30. Okt. 1959 Vacha/Rhön, verh. s. 1980, S. Alexander - Dipl. 1985, Promot.1989 TU Dresden - Stv. Fraktionsvors. FDP-Landtagsfraktion - 10 Patente - Spr.: Engl., Russ.

BOHN, Thomas

Dr. techn., Dipl.-Ing., Univ.-Prof. f. Energie- u. Kraftwerkstechnik - Im Winkel 40, 4300 Essen 18 (T. 02054 - 8 22 88) - Geb. 1. Juni 1932 Stefansfeld (Vater: Jakob B.; Mutter: Elisabeth, geb. Dekorsy), kath., verh. s. 1956 m. Mag. pharm Herta, geb. Selmann, Apothekerin, 3 Kd. (Ute, Herwig, Horst) - Dipl.-Ing. Univ. Wien 1956; Promot. Graz 1961 - 1963 Projektleit. KFA-Jülich; 1973 Leit. Programmgruppe STE; 1975 Univ. Essen-GH - BV: Herausg. u. Mitautor d. Handbuchreihe ENERGIE. Ca. 120 wiss. Publ. - Spr.: Engl.

BOHNDORF, Werner

Dr. med., Prof. f. Strahlentherapie - Oberer Neubergweg 2, 8700 Würzburg - S. 1978 Ord. u. Vorst. Klinik u. Poliklin. f. Strahlentherapie Univ. Würzburg.

BOHNEN, Alfred

Dr. rer. pol., Dipl.-Kfm., Prof. f. Soziologie u. Wiss.lehre Univ. Mannheim/Fak. f. Sozialwiss. - Schulstr. 13, 6802 Ladenburg - Geb. 5. Mai 1932 Krefeld - Promot. 1962; Habil. 1973 - BV: u. a. Individualismus u. Ges.theorie, 1975.

BOHNET, Armin

Dr. rer. pol., Prof. f. Volkswirtschaftslehre (Lehrst. IV) Univ. Gießen - Rodelberg 1, 6305 Buseck-Alten-Buseck - Geb. 20. Juni 1936 Alt Postal - Stud. Tübingen, München, Mannheim. Promot. 1965 Mannheim - BV: Z. Theorie d. personellen Einkommensverteil., 1968; System-Modelle, 1979 (m. Bea u. Klimesch); Investitionssysteme im Ländervergleich, 1981 - Spr.: Engl., Franz., Russ.

BOHNET, Folker

Schauspieler, Regisseur, Autor - Berner Weg 42, 2000 Hamburg 65 (T. 040 - 601 37 29) - Geb. 7. Aug. 1937 Berlin (Vater: Dr. Kurt B., Jurist; Mutter: Anita, geb. Engelmann), ev., S. Ilja - Ab 1958 Ufa-Nachwuchsstudio Berlin (b. Else Bongers) - BV: Meine Mutter tut das nicht, Lustsp. (m. Gunter Beth, UA 1977), D. Hausdame, Lustsp. (m. Hans-Jürgen Schatz, UA 1982); Morgenstund hat Gold im Mund, Lustsp. (m. Schatz, UA 1985); In and. Umständen, neues Lustsp. (m. Alexander Alexy) - Insz.: Rosenkranz u. Güldenstern (Stoppard), D. tolle Tag (Beaumarchais), Tartuffe (Molière), D. schlaue Susanne (Lope de Vega), Süßer Vogel Jugend (T. Williams), Don Juan (Grabbe), Parasit (Schiller), Tartuffe (Molière), Tellheim (Lessing), Cyges (Hebbel), u.v.a. - Hauptrollen Bühne: Hamlet, Romeo u.v.a.; Filme: Josef Kainz in: Ludwig (Visconti), D. Brücke (Wicki), Solange das Herz schlägt (Weidenmann) u.a.; FS: Kaufmann v. Venedig, Gr. Mann - was nun?, Schlaraffenland u.a. - Liebh.: Windhunde - Spr.: Engl., Franz., Ital.

BOHNET, Matthias

Dr.-Ing., o. Prof. f. Verfahrens- u. Kerntechnik TU Braunschweig/Abt. f. Maschinenbau (s. 1973) - Otto-Hahn-Str. 45, 3300 Braunschweig - Geb. 20. Juli 1933 Berlin - Promot. 1964 Karlsruhe - Facharb.

BOHNKE, Robert Alexander

Prof. f. Klavier Staatl. Hochsch. f. Musik Freiburg - Denzenberghalde 13, 7400 Tübingen.

BOHNSACK, Fritz

Dr., Prof. Univ.-GH Essen - Virchowstr. 98, 4300 Essen 1 (T. 0201 - 74 19 79) - Geb. 5. April 1923 Hamburg - Univ. Hamburg (Staatsex. f. d. höh. Lehramt 1950/51, Promot. 1951, 2. Staatsex. 1954), Habil. 1974 Univ. Marburg - 1954 Wiss. Assist.; 1962 Akad. Rat, 1967 Oberrat; 1972 Prof. in Marburg, 1975 in Essen - BV: Erzieh. z. Demokr., 1976; Schüleraktiver Unterricht. Möglichk. u. Grenzen d. Überwindung v. Schulmüdigkeit im Alltagsunterr. (m. a.), 1984. Herausg.: Kooperative Schule (1978); Sinnlosigkeit u. Sinnperspektive (1984); Schulinterne Lehrerfortbildung (1990; m. a.); Erziehungswiss. u. Waldorfpäd. (1990; m. E.-M. Kranich).

BOHNSACK, Gustav

Dipl.-Ing., Prof., Leitender Vermessungsdirektor i. R. - Bürgermeister-Fink-Str. 37, 3000 Hannover 1 (T. 0511 - 88 03 48) - Geb. 13. Febr. 1921 Warzen, ev., verh. s. 1963 m. Heide, geb. Kühndahl, 2 Söhne (Joachim, Michael) - Stud. Geodäsie (Dipl.-Ing.), Städtebau - Arb.-geb. Stadt Hannover, 1974-86 Leitg. Städt. Vermessungsamt Hannover, Vors. Fachaussch. Kommunales Vermessungs- u. Liegenschaftswesen Dt. Städtetag; 1976-86 Stännd. Gast im Bauaussch. Dt. Städtetag; s. 1978 Lehrbeauftr. Univ. Hannover (f. Städtebau u. Bodenordnung). Entwurf e. Vorschlages z. Reform d. Bodenrechts - BV: Ges., Raumordnung, Städtebau, Grund u. Boden, 1967; Umweltschutz u. Stadtplanung, 1974; D. Problematik d. Bodenrechtsreform, 1977; Bürgerbeteiligung in d. Stadtentwicklung, 1982; Landinformationssyst. als Hilfsmittel d. Stadtplanung, 1985; Plädoyer f. eine Reform d. Grundsteuer- u. Bodenrechts, 1991 - Hon.-Prof. Univ. Hannover; 1988 BVK am Bde. - Interessen: Gesellschaftsordnung, Bodenprobleme, Umweltschutz - Spr.: Engl., Franz. - Lit.: Bohnsack on City Planning (The American Journal of Economics and Sociology) (1969); Land policies examined, London (1974); A Surreyor looks at Land and Planning, London (1968).

BOHR, Kurt

Dr. rer. pol., o. Prof. f. Betriebswirtschaftslehre Univ. Regensburg (s. 1972) - Universitätsstr. 31, 8400 Regensburg - Geb. 22. Febr. 1937 - Zul. Prof. Univ. Frankfurt.

BOHR, Kurt

Dr. jur, Staatssekretär, Chef d. Staatskanzlei d. Saarlandes (s. 1991) - Am Ludwigsplatz 14, 6600 Saarbrücken 1 - Geb. 1. Jan. 1947, ev., verh. s. 1973 m. Waltraud, 2 Kd. (Kathrin, Philipp) - Abit.; Jurastud. 1966-70; Promot. 1975 Univ. d. Saarl. - 1970-74 Wiss. Mitarb.; 1974 Ass. b. d. Bundesfinanzverw.; 1974-85 Verw. Dezernent; 1985-91 Staatssekr. b. Min. f. Bildung u. Sport Saarland - BV: D. Urheberrechte d. an d. Filmherstell. Beteiligten - Liebh.: Musik, Theater, Bild. Kunst, Sport - Spr.: Franz., Engl., Ital.

BOHREN, Rudolf

Dr. theol., em. o. Prof. f. Prakt. Theologie Univ. Heidelberg - Im Hosend 6, 6901 Dossenheim (T. 06221 - 8 59 88) - Geb. 22. März 1920 Grindelwald/Schweiz (Vater: Rudolf B.; Mutter: Elisabeth, geb. Baumann), ev., verh. s. 1978 m. Ehrentraut Eichholz, geb. Berner - Stud. Bern u. Basel - 1958-72 Doz. u. Prof. KH Wuppertal, 1972-74 Prof. KH Berlin - BV (1952ff.): D. Problem der Kirchenzucht im Neuen Testament, D. Ruf in d. Herrlichkeit, D. Vater-Unser heute, Außer - in - nach d. Ehe, Unsere Kasualpraxis - e. missionar. Gelegenheit?, Predigt u. Gemeinde (auch engl.), Geheimnis d. Gegenw., Wiedergeburt d. Wunders, Bohrungen - Ged., Laienfrage u. Predigt, Johannes Bobrowski, Predigtlehre, 5. A. 1986 (auch japan. u. korean.), Daß Gott schön werde - Prakt. Theol. als theol. Ästhetik, 1975, Texte z. Weiterbeten, 2. A. 1988, Liebeserklär. an Fernost, kirchlich-kulin. Reisetageb., 1980 (auch japan), Trost, 1981, Vom Heiligen Geist, 1981, Prophetie u. Seelsorge, 1982, Prophet in dürftiger Zeit, 2. A. 1986, Heimatkunst, 1987; Wider den Ungeist, 1989; Texte zum Aufatmen. Seligpreisungen, 1990 (auch japan.); In d. Tiefe d. Zisterne. Erfahrungen m. d. Schwermut, 1990. Herausg.: Eduard Thurneysen, In seinen Händen (1978). Mithrsg.: Predigt im Gespräch (1967-1971), Verkündigung u. Forschung (s. 1966), Praxis d. Kirche (s. 1970); Georg Eichholz, D. Gesicht d. Theol. in Porträts photogr. (1984) - Lit.: Festschr. Lobet Gott. Beitr. zur theol. Ästhetik (hg. v. I. Seim/L. Steiger, 1990) - 1989

Lit.preis d. Kantons Bern. Mitgl. d. PEN.

BOHRER, Karl Heinz

Dr. phil., Prof. Dr., Literaturwissenschaftler an d. Univ. Bielefeld, Literaturkritiker u. Essayist - Geb. 26. Sept. 1935 Köln (Vater: Dr. Hermann B.; Mutter: Elisabeth, geb. Ottersbach), 2 Kd. (Andreas, Beatrice) - Stud. Phil., German., Gesch., Soziol.; Promot. 1961 Heidelberg; Habil. 1977 - BV: D. gefährdete Phantasie oder Surrealismus u. Terror, 1970; D. Lauf d. Freitag - D. lädierte Utopie u. d. Dichter, 1973; D. Ästhetik d. Schreckens, 1978; E. bißchen Lust am Untergang - Engl. Ansichten, 1979; Plötzlichkeit. Z. Augenblick d. ästhet. Scheins, 1981; Mythos und Moderne, 1983; D. romant. Brief. D. Entstehung aesthet. Subjektivität, 1987; D. Kritik d. Romantik, 1989. S. 1983 Herausg. Ztschr. Merkur - 1968 Joseph-E.-Drexel-Preis; 1978 Johann-Heinrich-Merck-Pr. - Spr.: Engl., Franz.

BOHRER, Kurt-Friedrich

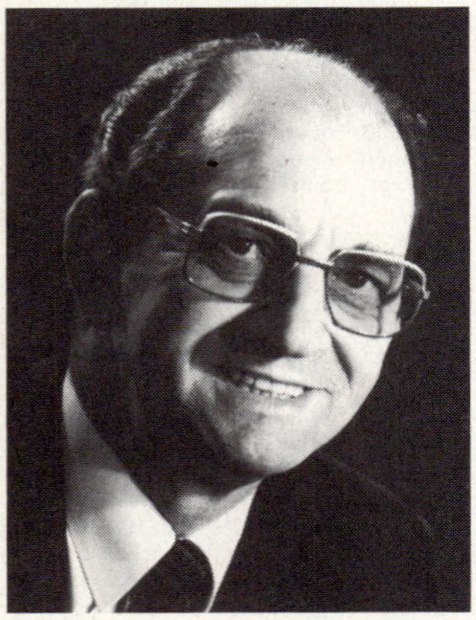

Dipl.-Hdl., Akad. Direktor a. D., Präs. Dt.-Norweg. Ges. Mannheim (s. 1986) - Kronberger Str. 22, 6800 Mannheim 31 (T. 0621 - 75 35 22) - Geb. 29. Okt. 1928 Bad Dürkheim, kath., verh. s. 1961 m. Ursula Kleiser, Oberstud.-Rätin, Dipl.-Hdl., 4 Kd. (Isabel, Eva, Michael, Marcus) - Stud. Univ. Heidelberg, Dijon/Frankr., Mannheim - 1960-64 Wiss. Assist. f. Roman. Univ. Mannheim; 1965-84 Leit. Akad. Auslandsamt u. Lehrgeb. Deutsch als Fremdspr. Univ. Mannheim (1964-71 zugl. Lehrbeauftr. f. Spanisch); s. 1975 Leit. Dokumentationsst. Jahrb. Deutsch als Fremdspr.; s. 1981 Lehrbeauftr. f. Deutsch als Fremdspr. Hochsch. f. Verwaltungswiss. Speyer, s. 1984 auch Univ. Mannheim. S. 1981 Leit. Landesgr. Kurpfalz Dt.-Kanad. Ges.; s. 1984 Schatzm. Ges. f. interkulturelle German.; s. 1986 Vorstandsmitgl. Dt.-Japan. Ges. Rhein-Neckar u. Vors. Dt.-Norweg. Ges. Mannheim - Mitherausg.: Jahrb. Deutsch als Fremdspr. (s. 1975) - 1981 Universitätsmed. Univ. Sarajevo/Jugosl.; 1982 Univ. Waterloo/Kanada; 1984 Ehrenurk. Univ. Swansea/Großbrit.; 1984 Ehrenbürger Univ. Mannheim - Spr.: Engl., Franz., Span.

BOHRMANN, Hans

Dr. phil., Ltd. Städt. Bibliotheksdirektor, Kommunikationswissenschaftler, Dir. Inst. f. Zeitungsforsch. Stadt Dortmund - Geb. 26. Sept. 1940 Berlin, verh., T. Susanne - Stud. Publiz., Gesch. u. Soziol. FU Berlin (Promot. 1967) - 1967-70 wiss. Assist. FU Berlin, Inst. f. Publiz.; 1971-73 Assist.-Prof. ebd.; 1974-77 Akad. Rat/Oberrat Inst. f. Publiz. Univ. Münster; ab 1977 Leit. Inst. f. Zeitungsforsch. Stadt Dortmund - BV: Massenkommunikationsmittel (m. Jörg Aufermann), 1967; Ges. Kommunikation u. Information (m. and.), 1973; Zeitschriftenforsch. (m. Peter Schneider), 1975; Strukturwandel d. dt. Studentenzeitschr., 1975; Kommunikationsforsch., 1984 (m. Wilbert Ubbens); Handb. d. Pressearchive, 1984 (m. Marianne Englert); zahlr. Aufs. in wiss. Fachzeitschr.

BOIE, Jürgen

Gesellschafter-Geschäftsführer der Boie-Gruppe, Mineralöl u. Flüssiggas - Kanalstr. 24, 2400 Lübeck (T. 0451 - 1 50 30); priv. Jürgen-Wullenwever-Str. 18, 2400 Lübeck - Geb. 8. Okt. 1927 - Zahlr. Ehrenämter.

BOISSERÉE, Klaus

Dr. jur., Rechtsanwalt, Ministerialdirigent a. D., Hauptgf. IHK Düsseldorf (1974-84); Vors. Dt. Umweltaktion - Heinrich-Heine-Allee 23, 4000 Düsseldorf 1 (T. 13 13 22) - Geb. 8. Juni 1925, kath., verh. s. 1955 m. Christel, geb. Hellendahl, 2 Kd. - Stud. Rechtswiss. u. Volksw. - Ratsh. D'dorf, AR Rhein. Bahnges. AG, Wirtsch.- u. Sozialaussch. d. Europ. Gemeinschaften, Brüssel, VR-Mitgl. Kulturkr. im BDI e. V. u. Kath. Fachhochsch. Gem. GmbH. NW, Mitgl. Dt. Sektion Intern. Inst. f. Verw.wiss. - BV: Immissionsschutz in Nordrh.-Westf., 1965 - Bek. Vorf.: Bernhard B., Ratsherr u. Kaufm. in Köln, Mitbegr. Köln-Düsseldorfer Dampfschiffahrt; Sulpiz u. Melchior B., Kunstsammler u. Mitträger d. Dt. Romantik - Spr.: Engl.

BOJAK, Detlef

Bauingenieur, MdL Rhld.-Pfalz (s. 1971) - Hauptstr. 25a, 6791 Jettenbach/Pf. (T. Reichenbach 3 98) - Geb. 6. Aug. 1935 Greulich/Schles., verh., 3 Kd. - Gymn. (Mittl. Reife); Zimmererhandw.; Bauzeichnerlehre; 1956-59 Pfälz. Ing.sch. Kaiserslautern (Prüf. Hochbau) - S. 1956 Bauwirtsch., -verw., Gewerbl. Berufssch. Kusel (1966; b. 1968 Lehrer, dann Fachoberl.). 1964 ff. Mitgl. Gemeinderat Jettenbach; MdK (Fraktionsvors.). SPD s. 1964 (Unterbez.svors. u. Mitgl. Bez.svorst.). Vors. Arbeitskreis Städtebau u. Wohnungswesen u. Arb.skr. Landwirtsch., Weinbau u. Umweltschutz. SPD-Landtagsfraktion.

BOJANOVSKY, Jiri

Dr. med., Prof., Psychiater - Stolze Str. 4, 6800 Mannheim - Geb. 28. Juni 1928 Brünn - Promot. 1952 Brünn - S. 1965 (Habil.) Lehrtätig. (gegenw. apl. Prof. f. Psychiatrie Univ. Heidelberg) - BV: Differenzierung d. psychogenen u. endogenen Depressionen, 1969; D. depressive Mensch, 1982; Psychische Probleme b. Geschiedenen, 1985; Verwitwete, 1986. Üb. 140 Einzelarb.

BOJANOWSKI, Fritz

Geschäftsführer Fremdenverkehrsverb. Lüneburger Heide i. R. - Heinrich-Heine-Str. 4, 2120 Lüneburg (T. 4 17 11) - Geb. 30. Juni 1910 Danzig, ev., verh. s. 1936 m. Vega, geb. Schwarz, 2 Töcht. (Vega, Barbara) - Abitur - Hotelfach; Fremdenverkehr - Spr.: Engl., Franz.

BOJKO-BLOCHYN, Jurij

Dr. phil., Prof. f. slaw. Literaturwiss. Univ. München - Postf. 1 00 24, 8000 München 1 (T. 157 18 12) - Geb. 25. März 1909 Mykolaiw (Ukraine), orth., verh. m. Alexandra, geb. Sulyma - Stud. Univ. Odessa; Leit. d. Bibliogr. Abtlg. d. Lit.wiss. Inst. in Akad. d. Wiss. d. Ukraine; Habil. 1941 Charkow, Umhabil. 1969; 1949-74 Prof. Ukrainische FU, Ludwig-Maximilian-Univ.. S. 1962 Gastprof. ebd. S. 1988 im Ruhestand, aber aktiv in d. Wiss. tätig; Leit. d. 3 intern. slavist. Symposien. Rd. 300 wiss. Publ. in vielen Spr. - S. 1968 Mitgl. Wiss. Acad., New-York - Lit.: Bibliogr. Quelle: J. Bojko-Blochyn, d. Schriftverzeichnis, Heidelb. 1989, 100 S.

BOKELMANN, Hans

Dr. phil., o. Prof. f. Erziehungswissenschaft - Königsberger Str. 136, 4400 Münster/W. (T. 2 42 28) - Geb. 10. März 1931 Hannover - S. 1963 (Habil.) Lehrtätigk. Univ. Erlangen-Nürnberg, Münster (1965), Frankfurt (1966 Ord. u. Dir. Wirtschaftspäd. Sem.), Münster (gegenw. Dir. Inst. f. Erziehungswiss.) - BV: u. a. D. ökonom.-sozialeth. Bildung, Maßstäbe päd. Handelns, 1965; Pädagogik, Handb. 1970. Fachaufs.

BOKELMANN, Johannes

Dr. med., Frauenarzt, apl. Prof. f. Geburtshilfe u. Frauenheilkd. Univ. Düsseldorf (s. 1972) -Behringstr. 17, 4040 Neuss - Zul. Privatdoz.

BOKELMANN, Siegfried

Schriftsteller, Realschullehrer i.R. - Deterner Str. 27, 2912 Uplengen-Hollen (T. 4957 - 4 42) - Geb. 16. Okt. 1919, ev., verh. s. 1959 m. Minna, geb. Theermann, 2 Töcht. (Insa, Maren) - Abit. 1939, Stud. Hochsch. f. Lehrerbildung Dortmund u. Univ. Jena, 1953 Realschullehrerpr. Hannover - Schriftst., Lehrer, b. 1975 Leit. Volksbücherei - BV: Interpretationen zu e. Kleist-Nov., 1957; Robert Guiskard - Vollendung d. Kleistschen Dramenfragments, 1959; Nordsee-Balladen, 2 Bde. Lyrik 1964; Sie kamen v. d. Enden d. Erde, 2 Bde., 1970/71; Hallo! - Wo steckt Hopp?, Kinderb. 1981; D. Lahme v. Sacré Coeur, e. Tageb.-Nov. 1985; De brede Bahn, e. niederd. Nov., 1988; 5 niederd. Bühnensp.; u.v.m. - 1963 Ehrenring (D. dt. Gedicht); 1975 Freudenthalpreis f. niederd. Lyrik; 1983 Jugendbuchpr. Brügge; 1989 Silberne Spieker-Ehrennadel f. niederd. Dichtung.

BOKERMANN, Ralf

Dr., Prof. f. Agrarökonomie GH Kassel - Geb. 14. Nov. 1937 Stud. TU Berlin, Promot. u. Habil. Univ. Gießen - Obere Ellerbergstr. 3, 3430 Witzenhausen 1.

BOL, Georg

Dr. rer. pol., Prof. Univ. Karlsruhe, Kaiserstr. 12, 7500 Karlsruhe 1 - Geb. 16. Dez. 1943 Freiburg (Vater: Prof. Dr. Gerrit B., Hochschull.; Mutter: Gertrud, geb. Gunkel), verh. s. 1971 m. Ursula, geb. Eckardt, 2 Kd. (Johannes, Jutta) - Dipl.-Math. 1971, Promot. 1973, Habil. 1975 - BV: Stetikeit u. Effizienz b. mengenwert. Produktionsfunktionen, Monogr. 1973; Lineare Optimier., Taschenb. 1980; Deskriptive Statistik, 1989; rd. 25 Ztschr.art.

BOLAY, Hans Volker

Dr. päd., Prof., Prof. h. c., Lehrmusiktherapeut DGMT/DBVMT - Unterdorfstr. 7, 6719 Carlsberg-Hertlingshausen (T. 06356 - 16 88) - Geb. 13. März 1951 Mosbach - Stud. Univ. Heidelberg, Berlin, Salzburg (Musik, Deutsch, Psych., Musiktherapie); Dipl. Päd. u. Musik 1979, Promot. 1984 Duisburg (Prof. Linke) - S. 1980 Leit. Grundstud. Musiktherapie Heidelberg; s. 1985 Vorst.-Vors. Dt. Ges. f. Musiktherapie - Herausg. d. Buchreihe: Praxis d. Musiktherapieu. Heidelb. Schr. z. Musiktherapie, 2 B. u. Fachb.-Art. z. Musiktherapie. 5 Filme üb. Musiktherapie.

BOLAY, Karl-Heinz

Dr., Schriftsteller - Pilvägen 15, S-260 40 Viken (Schweden) (T. 042 - 23 67 06) - Geb. 23. Nov. 1914 Saarbrücken (Vater: Paul B., Obering.; Mutter: Margarete, geb. Kieber), luth., verh. I) 1938 m. Brigitte, geb. Albrecht, 3 Kd., II) Ingeborg, geb. Hofmann v. Baltenau, 3 Kd. - Schule Saarbrücken (Abitur 1934); Univ. u. Hochsch. f. Sozialwiss. Helsinki. Bibl.sex. 1955 Helsinki, Dr. lit. World University, Tucson. Ariz. (USA), 1977, Bankkaufm., Journ., Schriftst., Verlagslektor, 1942-43 Kulturref. Magdeburg, 1952 Sekr. Empfangsabt. XV. Olymp. Spiele Helsinki, Literaturkrit. Hufvudstadsbladet, Helsingfors, Mitarb. dt., schwed. u. finn. Ztschr. u. Ztg., 1953-59 Bibliothekar Stadtbibl. Helsinki u. Norrköping/Schweden (1957), s. 1959 Bibl.dir. Malung, Tyresö (1965) u. Höganäs (s. 1970). 1958ff. Vors. Schwed.-Dt. Ges. Norrköpping (1960 Ehrenmitgl.), 1963ff. Sekr. Audiovisuelle Arb.sgr. Schwed. Allg. Bibl.sverein., 1970ff. Vors. Intern. Autoren-Progressiv, 1974ff. Vors. Schwed. Einwanderer-Schriftstellerverband - BV: Artotelsverksamhet vid svenska bibliothek, 1967; Den fyr-kan-tiga manen, Ged. 1968; Mirabel-Lyrik fran Provence, Ged. 1970; Nordlicht, Ged. 1971; Fanifestationer, 1971; Resa till d. fjärde dimensionen - Reise in d. vierte Dimension, Ged. 1974 (schwed./dt.); Svenskarna och deras immigranter, Anthol. 1975; ...a. d. Flucht v. uns selber, Ged. 1976; Hörst Du mein Warten?, Liebesged. 1983. Herausg.: Dalaröster, 1962 (Anthol. 1962); Mithrsg.: Saarl. Anthol., 1958; Heinz Prodöhl, Aus d. alten Zeit, 1960; Kontinente - Lyrik unseres Jahrhunderts, 1962; Signal, 1970. Übers. aus d. Ital. (u. a. Quasimodo, Tag um Tag, 1950), Dt. (Reiner Kunze, Dikter över alle gränser, 1973), Finn. u. Schwed. Übers. aus d. Schwed. ins Dt. (Erik Olsson, Teddy Puh u. seine Freunde, 1955; Kring Kullen, Ged. 1977. Nödbroms, R. 1977; Auf d. Suche nach mir selber..., Ged. 1979; Gorleben ist überall, Ged. 1979; Harrisburg är överallt, Ged. 1979; Feuervogel, Parabeln 1980; The Square Moon, Ged. 1973; I Seek an Island, Ged. 1981; Blumen u. andere Menschen, Ged. 1983; Mein toter Freund, Kurzgesch. 1983; Reise n. Wienhausen, Lyrik-Anthol. 1985; Sfärenmusik u. Mathematik, Ged. 1986 - 1952 Finn. Olymp. Verdienstmed., 1975 Mölle-Lit.pr u. Med. Pro mundi beneficio, Sao Paulo. Mitgl.: 1976 World Academy, Hamilton, New Zealand; 1977 The International Academy of Poets, Cambridge, England; 1986 Fellow Membership Intern. Poets Acad., Madras, Indien; 1986 Dr.-Heinrich-Mock-Med., Graphikum Göttingen - Liebh.: Bücher - Spr.: Engl., Franz., Ital., Schwed., Finn. - Lit.: U. Kupiainen, K.-H. B.s Ged. aus Finn. (1956); K.-C. Müller, K.-H. B., e. saarl. Dichter im Land d. 1000 Seen (1955), K.-H. B., e. Saarländer in Finnl. (1959), C. H. Kurz: Poetenbilder, 1977; C. H. Kurz: Wanderungen, 1977; Spektrum des Geistes, Literaturkalender, 1978; Wilhelm Bortenschlager: Deutsche Literaturgeschichte, Band II. 1978; Uta Lehr-Koppel: Tangenzen. Begegnung m. Karl H. Bolay, 1984; Gunnar Möllerstedt: Förvandlingarnas Väkttare, en bok v. Karl H. Bolay, 1985.

BOLDT, Harald

Verleger - Postf. 1110, 5407 Boppard/Rh. - Geb. 26. Mai 1912 Kiel (Vater: Karl W., Marineing.; Mutter: Franziska, geb. Winkler), ev., verh. s. 1938 m. Edith, geb. Münster, 2 Kd. (Peter, Hanne) - Oberrealsch. u. WWI Kiel (Wirtschaftspolit. Nachrichtenwesen) - 1934-39 Redakt. Hamburger Nachr. u. Fremdenbl. (1935), dann Tätigk. AA Berlin, 1942 u. 1944ff. Wehrdst. u. Kriegsgefangensch., 1948-53 stv. Chefredakt. Neue Württ. Ztg., s. 1950 Inh. gleichnam. Verlag Göppingen u. Boppard (1957); Gebiete: Quellen u. Dokumente z. dt. Geschichte d. 19. u. 20. Jh.; Kommverl. d. Bundesarchivs u. a.

BOLDT, Heinz

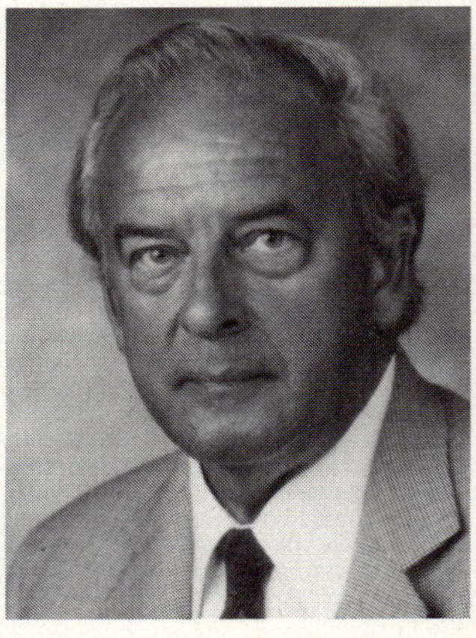

Dipl.-Ing., Geschäftsführer Dornier GmbH, Friedrichshafen 1972-78) - Paarthalweg 4, 8901 Merching - Geb. 12. Juli 1923 Schönfeld/Kr. Friedeberg (Vater: August B.), verh. s. 1965 m. Christa, geb. Friebel, 2 Kd. (Pierre, Manon) - Facharbeiterprüf., Ingenieursch., TU Berlin - Wirtschaftsakademie Berlin; Techn. Dir. Borsig AG, Berlin, Geschäftsf. Messerschmitt-Werke-Flugzeug-Union-Süd; Generalbevollm. KHD; Vorst.-Mitgl. Fahr AG; 1978-82 Vors. d. Gfg. Dt. Industrieanl. GmbH, Berlin; Beirat Allianz-Versich. AG, Berlin - VDI u. WEMA Berlin; 1962 Ehrenring VDI.

BOLDT, Karl-Heinz

Vorstandsmitglied Dt. Verkehrs-Kredit-Bank AG. (s. 1972) -Untermainkai 23-25, 6000 Frankfurt/M. (T. 26 48-1); priv.: Thorwaldsenplatz 6 - Geb. 3. Febr. 1920.

BOLDT, Peter

Dr. rer. nat., Dipl.-Chem., o. Prof. f. Organ. Chemie Univ. Braunschweig - Zeppelinstr. 3, 3300 Braunschweig - Geb. 9. Dez. 1927 Berlin (Vater: Lothar B., Fabrik.), 2 Söhne (Michael, Thomas) - Stud. d. Chemie Univ. Kiel, Göttingen - Mitgl. GDCh., Americ. Chemical Soc. - Liebh.: Gruppendynamik (grad. Gruppenleit. Inst. f. Living Learning, Schweiz) - Spr.: Engl.

BOLDT, Werner

Dr. phil., Prof., Historiker Univ. Oldenburg - Martin-Luther-Str. 57, 2900 Oldenburg (T. 0441 - 5 33 51) - Geb. 31. Mai 1935 Breslau (Vater: Dr. Karl B., Treuhandprüfer; Mutter: Margarethe, geb. Hampe), kath., verh. s. 1967 m. Bärbel, geb. Wiedemann, 2 Kd. (Joachim, Karin) - Stud. Gesch., German., Polit. Wiss. Univ. München u. Heidelberg (Staatsex. 1962, Promot. 1967) - 1964 wiss. Assist. Erlangen; 1971 Hochschuldoz. PH Nieders., Abt. Oldenburg. Mitbegründer Ztschr. Geschichtsdidaktik - BV: D. württ. Volksvereine v. 1848 b. 1852, 1967; D. Anfänge d. dt. Parteiwesens, 1971. Mithrsg.: Gesamtausg. Carl v. Ossietzky.

BOLDT, Werner

Dr., Univ.-Prof. Univ. Dortmund (Lehrstuhl f. Blinden- u. Sehbehindertenpäd.) - Stuchteystr. 33, 4600 Dortmund 30 (T. 0231 - 48 04 44) - Geb. 22. Juli 1928 Oberhausen - 1954 Ergänzungsstud. d. Blindenpädagogik. Promotionsstud. Univ. Köln u. Münster, Dr. phil. 1964 (Erz.w., Psych., Phil.) - Blindenlehrer, Wiss. Assist., Doz., o. Prof. u. Dir. Seminar f. Blinden- u. Sehbehindertenpäd. (s. 1966) - Leit. Arbeitsstelle f. Sonderpäd. Technol., 1969-71 Dekan; 1971 Gastprof. u. Regierungsberat. in Japan. Entwicklungsprojekte in asiat. u. arab. Ländern - Entd.: Braillex-Informationssystem f. Blinde u. Zusatzentwickl. - BV: Blinde u. hochgradig sehbehinderte Kinder in d. physischtechn. Welt, 1966; Lehrprogrammbibliothek z. Erlernen d. Blindenschrift, 1984; u. a. - 1979 Träger Louis-Braille-Preis d. Dt. Blindenverb. u. a.; Mitgl. europ. Expertenkommiss.; Vizepräs. ICEVH-Europe.

BOLEWSKI, Hans

Dr. theol., Pastor u. Hon.-Prof. Univ. Hannover - Zweibrückener Str. 48, 3000 Hannover-Kirchrode - Geb. 10. Okt. 1912 Kiel (Vater: Christoph B. †1915; Mutter: Klara, geb. Jürgens), ev., verh. s. 1939 m. Dr. med. Marlene, geb. Weiland (ärztl. Psychotherapie) - Stud. Theol. u. Phil. Kiel, Marburg, Halle/S., London - 1949 Angest. d. British Council of Churches in Edinburgh, 1950-53 Studentenpfarrer Hamburg, 1954-57 Dir. Informationsabt. Luth. Weltbund Genf, 1955-72 Dir. Ev. Akad. Loccum. S. 1973 Lehrbeauftr. u. Hon.-Prof. Univ. Hannover. Forsch.schwerpunkt Bildungsgesch. insb. Zeitgesch. d. allg. u. polit. Erwachsenenbildung im dt. Protestantismus. Dazu bisher Aufs. in versch. Ztschr. E. größere Publ. in Vorb. - Spr.: Engl., Franz., Russ.

BOLIUS, Uwe

Dr. phil., Schriftsteller - Margaretenstr. 67/2/18, A-1050 Wien, Österreich - Geb. 6. Aug. 1940, verh. s. 1970 m. Gertraud,

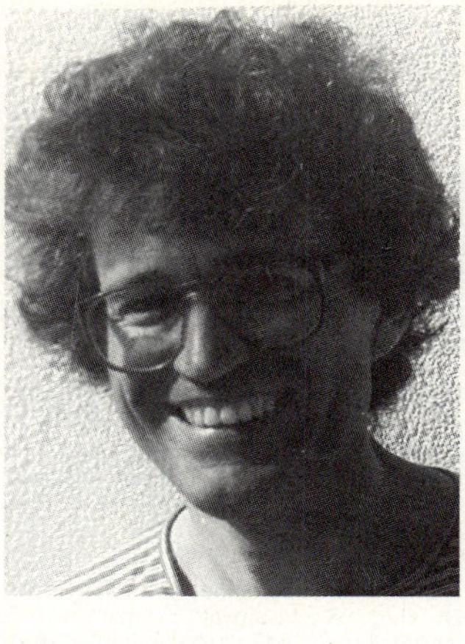

3 Kd. (Raphael, Elisabeth, David) - Fachsch. Elektrotechnik, Stud., Promot. 1966 Univ. Wien - BV: D. gewollte Mißerfolg, 1970; Standhalten, R. 1979; D. lange Gang, R. 1983; Individuum, e. Versuch, 1984; Gesch. v. anderen Leben, Erz. 1985; Im Aschenlicht/A la lumière de cendre, Foto-Lyrik-Bd., zweispr. dt./franz., 1988. Herausg.: E. neues Volk wird dich preisen, Briefsamml. (1986); D. Leben umarmen, Befreiungstheologie in d. Praxis (1990) - Österr. Staatsstip. Lit.; Rauriser Förderungspr. - Spr.: Engl., Franz., Portug.

BOLL, Edith

Zeitungsverlegerin, Geschäftsf. B. Boll Verlag d. Solinger Tageblatts, Solingen - Mummstr. 9, 5650 Solingen - Geb. 22. April 1920 Zerbst/Anh. (Vater: Carl Friesenhansen, Studiendir.; Mutter: Else, geb. Heinze), ev., verh. 1945-68 (†) m. Dr. Boll (geb. 1913), 2 Kd. (Bernhard, Gisela) - N. Abit. Hochsch. f. Lehrerbild. Leipzig - 1941-45 Lehrerin - 1975 BVK I. Kl. - Spr.: Engl., Franz.

BOLL, Erwin

Generalkonsul a.D., Public Relations-Berater - P.O. Box 1 10 57, Edmonton/Alberta, Canada T5J 3K4 - Geb. 14. Juni 1922 Berlin-Charlottenburg - Abit. 1939/40 Berlin; 1940-51 Univ. Berlin, Greifswald, München u. Wisconsin/Madison, USA - 1940-45 Kriegsdienst (Luftw.); 1946-52 Redakt. in München u. Augsburg; s. 1953 Ausw. Amt (b. 1959 Presseref. Gen.-Konsulat Chicago, 1963-73 Presse- u. Protokollref. New York [vorher AA Bonn], 1973-78 Botsch.rat Pretoria/Kapstadt, nach Öfftl.-keitsarbeit im AA Bonn 1981-87 Leit. Gen.-Konsulat Edmonton, 1988 AR b. Edmonton Space Sciences Found. - S. 1951 Sigma Delta Chi-Berufsjourn.-Vereinig. (USA); 1972 Präs. Rotary Club Queensborough, New York; BVK I. Kl.

BOLL, Irene

Dr. med., apl. Prof., Teilgebiet Hämatologie, pens. Chefärztin - Altensteinstr. 29, 1000 Berlin 33 - Geb. 7. Okt. 1922 - 1965ff. Privatdoz. u. apl. Prof. (1970) FU Berlin (Inn. Med.); 1975 Chefärztin II. Inn. Abt. Krkhs. Neukölln; Mitgl. dt. hämatol. onkol. Ges. - BV: Granulocytopoese unt. physiol. u. pathol. Bedingungen, 1966; Leitf. d. cytolog. Knochenmark-Diagnostik, 1972, 2. A. 1980; Granulozytopoese (Handb.art.), 1976; Qualitätssicher. im Med. Labor., 1987. Herausg.: Praktische Blutzelldiagnostik, Bd. 7 (1991). Üb. 200 Einzelarb. u. wiss. Filme - 1964 Frerichs-Preis; 1988 BVK I. Kl.

BOLL, Kuno Fridolin

Dipl.-Ing., Berat. Ingenieur - Etzelstr. 11, 7000 Stuttgart 1 (T. 6 49 54-0) - Geb. 29. Jan. 1922 Heiligenberg/Bodensee (Vater: Gustav B., Sparkassendir.; Mutter: Emma, geb. Deiser), kath., verh. s. 1952 m. Maria, geb. Wagner, 2 Kd. (Markus, Krista) - Abit. 1940 Bodensee-Sch. Meersburg; Diplomprüf. 1950 TH Stuttgart - 1950-53 Statiker u. Bauleit. C. Baresel AG, Stg.; 1953-69 Ing.büro Leonhardt & Andrä (1962 Partner); s. 1970 eig. Büro ebd. (1973 Seniorpartn. Boll & Partn.). 1966-82 Vors. VBI/Landesverb. Baden-Württ.; 1975-82 Vors. Inconsult - Arch.- u. Ing.-gemeinsch. BW; 1975-82 Vors. Arbeitskr. BW Ing.kammer; 1982-91 Präs. VBI Bundesverb.; 1982-87 AR-Mitgl. Ges. f. Techn. Zusammenarb., Eschborn (GTZ); 1982ff. Mitgl. Dt. Ausschuß f. Stahlbeton DAfSt; 1987-90 Beiratsmitgl. f. gewerbl. Mittelstand u. Freie Berufe b. Bundesmin. f. Wirtsch.; 1967-89 Mitgl. Ehrenrat u. Ehrengericht VPI BW - BV (Mitautor): Bayer-Hochhaus u. BASF-Laboratoriumsbauten, 1963; Finnland-Haus Hamburg, 1968; Stützenbemessungsdiagramme f. genormte Bewehrungsbilder, 1973; Hochhäuser, Bd. 2 1978 - 1979 Europ. Stahlbaupreis; 1980 BVK; 1990 Albert Einstein Medal for Peace; 1991 Alfred Nobël-Med. in Bronce - Liebh.: Reiten, Schwimmen, Politik, Lyrik - Spr.: Engl.

BOLLACHER, Martin

Dr. phil., o. Univ.-Prof. f. Neuere dt. Literaturgesch. Univ. Bochum (s. 1986) - Soldnerstr. 18b, 4630 Bochum 1 (T. 0234 - 70 66 82) - Geb. 2. Dez. 1940 Stuttgart, ev., verh. s. 1968 m. Yvonne, geb. Ollivier-Henry, 2 Kd. (Olivier, Marie-Sophie) - Stud. Univ. Tübingen, Berlin, Rennes (Studienstiftg. d. Dt. Volkes); Promot. 1969, Habil. 1977 Tübingen, 1982 apl. Prof. Tübingen - BV: D. junge Goethe u. Spinoza, 1969; Lessing: Vernunft u. Gesch., 1978; Wackenroder u. d. Kunstauffassung d. frühen Romantik, 1983; J. G. Herder: Ideen z. Phil. d. Gesch. d. Menschheit, 1989; Studia Spinozana 5, 1989; Aufs. z. dt. Lit. des 18., 19. u. 20. Jh.

BOLLE, Günter

Dipl.-Ing., Geschäftsführer Blaupunkt-Werke GmbH., Hildesheim - Ringstr. 42, 3201 Diekholzen - Geb. 6. Nov. 1927.

BOLLE, Michael

Dr. rer. pol., Prof. f. Polit. Ökonomie - Marbacher Str. 13, 1000 Berlin 33 - Geb. 27. Okt. 1941 - Promot. 1969 Berlin - S. 1967 m. Unterbr. FU Berlin (gegenw. Prof. u. Dir. Forschungsst. Sozialökonomik d. Arbeit). Zahlr. Bücher u. Aufs. - Honorary Res. Assoc. in Harvard u. Univ. of Texas, Wisconsin u. Californien.

BOLLÉE, Annegret

Dr. phil., Prof. f. Roman. Sprachwissenschaft u. Mediävistik Univ. Bamberg - Schiffbauplatz 10, 8600 Bamberg.

BOLLEN, Helmut

Direktor - Froschpfad 5, 5060 Bensberg-Frankenforst - Geb. 26. Nov. 1928 - Mitgl. Geschäftsltg. 4711, Köln.

BOLLENBECK, Georg

Dr. phil., Prof. f. Neuere Dt. Literaturwiss. Univ./GH Siegen (s. 1984) - Rücksgasse 41, 5303 Bornheim-Brenig (T. 02222 - 55 52) - Geb. 10. Dez. 1947 Brühl, verh., 1 Kd. - Stud. Univ. Bonn (German., Gesch. u. Phil.); Staatsex. 1973, Promot. 1976, Habil. 1982 Siegen - Wiss. Assist. GH Siegen, Allg. Literaturwiss./German.; 1984 Zeitprof. Univ./GH Siegen, 1988 Univ.-Prof. auf Lebenszeit f. Germanistik u. Kulturwiss.; 1984 Teilprojektleit. Sonderforsch.bereich Ästhetik, Pragmatik u. Gesch. d. Bildschirmmedien; Einlad. zu e. Gastprof. üb. dt. Kulturgesch. Emory Univ., Atlanta, USA - BV: Z. Theorie u. Gesch. d. Arbeiterlebenserinnerungen, 1976; Armer Lump u. Kunde Kraftmeier. D. Vagabund in d. Lit. d. zwanziger J., 1978; Oskar Maria Graf. E. Bildmonogr., 1985; Till Eulenspiegel. D. dauerhafte Schwankheld. Z. Verhältnis v. Produktions- u. Rezeptionsgesch., 1985.

BOLLIN, P. Eugen

Lehrer, Maler, Lyriker - Kloster, CH-6390 Engelberg - Geb. 15. Febr. 1939, kath. - Theologiestud.; Weiterbild. Kunstgewerbesch. Luzern (1966/67) u. Kunstakad. Wien (1967-69) - Zeichenlehrer, Kunsterzieher - BV/Lyrik: Hangerde, Engelberg in Ged. u. Zeichn.; Wasserzeichen; Tageszeiten 1983-85; D. Maler im Garten, 1985; Tag u. Nacht, 1992. Ausst.: Luzern (Galerie Rothenburgerhaus), Zürich (Galerie Walcheturm), Grenchen (Galerie Bernard), Chur (Kunstmus.), alle 1979-85, Engelberg (Talmuseum) 1991; 1981 Preisträger Stans, 1991 Heinrich Federer-Preis - Lit.: Beat Stutzer, Katalog z. Kunstausst. im Kunstmus. Chur (1985), Markus Britschgi: Eugen Bollin (1991).

BOLLING, Hans

Dr., Prof., Ltd. Direktor Bundesforschungsanstalt f. Getreide- u. Kartoffelverarb. - Schützenberg 12, 4930 Detmold 1.

BOLLMANN, Georg

Vorsitzender Bund d. Sozialversicherten - Rathausplatz 2, 3005 Hemmingen-Hannover (T. 0511 - 41 79 09).

BOLLMANN, Hans

Dr. phil., Prof. f. Erziehungswissenschaft (Didaktik d. darstell. Spiels) Univ. Hamburg (s. 1975) - Von-Melle-Park 8, 2000 Hamburg 13 - Geb. 24. April 1937.

BOLLMANN, Horst

Schauspieler - Boothstr. 20, 1000 Berlin 45 (T. 772 10 95) - Geb. 11. Febr. 1925 Dessau (Vater: Willy B., Verw.dir.), ev., verh. s. 1955 m. Hetty, geb. Jockenhöfer - Grundsch., Studienanst. Dessau u. Obersch. Siegen/W. (Abit. 1943); Schauspielausbild. Folkwang-Sch. Essen (Diplom 1948) - S. 1948 Lit. Kabarett Düsseldorf, Städt. Bühnen Essen, Nationaltheater Mannheim (1955), Schiller- u. Schloßpark-Theater Berlin (1959). Hauptrollen/Bühne: u. a. 3 Mann auf e. Pferd, Warten auf Godot, D. widerspenst. Heilige, Fußgänger d. Luft, Woyzeck, D. König stirbt, Figaro, D. Kandidat, Fisch zu viert, Julius Cäsar, Moral, Zettel, Schweyk-D. Tod d. Handlungsreisenden. Film: D. Wunder d. Malachias, Fernsehen: Wie e. Blitz (3 T.; Inspektor) - 1968 Goldene Nymphe VII. Intern. Fernseh-Festival Monte Carlo als bester Darsteller (D. ausgefüllte Leben d. Alexander Dubronski) u. Theaterpreis d. dt. Kritiker; Berliner Staatsschausp., 1982 Dt. Schallplattenpreis (Literatur); 1989 Mitgl. d. Akad. d. Künste - Liebh.: Sport - Spr.: Franz., Engl.

BOLLMEYER, Ulrich K.

Geschäftsführer Dr.-Jürgen-Ulderup-Stiftg.-GmbH, Lemförde - Fesenfelder Str. 79, 2830 Bassum-Nordwohlde (T. 04249 - 12 10) - Geb. 3. Nov. 1920 - Rotarier.

BOLSCHO, Dietmar

Dr. phil., Prof. f. Theorie u. Praxis d. Primarstufe Univ. Frankfurt/M. - Spessartring 39, 6382 Friedrichsdorf.

BOLT, Hermann M.

Dr. med., Dr. rer. nat., Prof. f. Toxikologie u. Arbeitsmedizin Univ. Dortmund (s. 1982) - Ardeystr. 67, 4600 Dortmund 1 - Geb. 13. Jan. 1943 Kirchen/Sieg (Vater: Prof. Dr. med. Wilhelm B., Arbeitsmediziner; Mutter: Anna, geb. Pohlmann), kath., verh. s. 1968 m. Dr. med. Mechthild, geb. Ruppel - 1974-79 Doz. u. apl. Prof. (1978) Univ. Tübingen; 1979-82 Prof. f. Toxikologie Univ. Mainz - 1974 Felix-Haffner-Preis; 1977 Marius-Tausk-Preis; 1990 Ehrenprof. Med. Tongji-Univ. Wuhan, VR China; 1991-93 Gastprof. Sun Yat-Sen Univ. of Medical Sciences, Guangzhou, VR China.

BOLTE, Achim

Dr. med., Univ.-Prof., Direktor Univ.-Frauenklinik Köln (s. 1973); Dekan med. Fak. Univ. Köln (1980/81), 1. Vors. Niederrh. Westf. Ges. f. Gynäk. u. Geburtsh. (1983/84) - Kirchnerstr. 13, 5000 Köln 41 (Müngersdorf) (T. 0221 - 48 69 72) - Geb. 15. Nov. 1928 Köln, ev., verh. s. 1957 m. Hannelore, geb. Nuppeney, 2 Kd. (Jürgen, Angelika) - Med. Univ. Köln, Göttingen. Staatsex. u. Promot. 1954 Köln; Habil. 1966 ebd.; apl. Prof. 1971 - BV: D. Ultrazentrifuge u. ihre Bedeut. f. d. Diagnostik in d. Med., 1961; Prophylaxe frühkindl. Hirnschäden, 1966; Nachweis d. kindl. Lebens in d. Gravidität, 1967; Plazentadysfunktion, 1971; perinatale Mortalität, 1973; Analyse d. Uteruskontraktion f. d. Prognose d. Geburt, 1974; Terminierte Geburt, 1975; Pränatale Diagnostik genet. Defekte, 1976; Frühgeburt, 1977; Fetale u. plazentare Reifung, 1978; Geburtsprognose durch Rechnerunterst. CTG-Überwachung, 1979/80; D. individ. Terminierung als Funktion v. Wachstum u. Reifung, 1981; Therapie b. Frühgeburt, 1981/82; Körperl. Leistungsvermögen währ. Schwangerschaft, 1982; Hochleistungssport u. gynäk. Probleme d. Frau, 1983/84; Komplikationen in d. Geburtshilfe, 1984; Fetale Erkrankungen - Diagnostik u. Therapie, 1989; Hochrisikoschwangerschaft - Diagnose, Therapie, Prognose f. Mutter u. Kind, 1989; Genitale Infektionen - Infektiologische Probleme in Gynäkologie u. Geburtshilfe, 1990. 1985-91 zahlr. Publ. z. geburtsh.-perinatol. u. gynäk.-onkol. Themen.

BOLTE, Karl Martin

Dr. sc. pol., Dr. phil. h. c., em. o. Prof. f. Soziologie Univ. München (1964-92) - Blumenstr. 2 1/2, 8035 Gauting/Obb. (T. München 850 28 03) - Geb. 29. Nov. 1925 Wernigerode/Harz (Vater: Karl B., Kaufm. Dir.; Mutter: Frieda, geb. Athenstedt), ev., verh. s. 1951 m. Wiebke, geb. Brockmöller, 2 Kd. (Karin, Clemens) - Promot. (1952) u. Habil. (1957) Kiel - 1957-60 Privatdoz. Univ. Kiel; 1961-64 o. Prof. Akad. f. Wirtsch. u. Politik Hamburg (1962-64 Leit.), 1971-76 Vors. Kommiss. f. wirtsch. u. soz. Wandel u. 1975-78 dt. Ges. f. Soziologie; 1980-86 Senator Dt. Forschungsgem. - BV: Sozialer Auf- u. Abstieg, 1959; Dt. Ges. im Wandel, I 1966, II 1970 (m. a.); D. 8. Sinn, 1971; Bundesrepublik wohin?, 1974; Leistung u. Leistungsprinzip, 1979; Bevölkerung, 1980 (m.a.); Soz. Ungleichh., 1984 (m.a.) - 1985 BVK; 1991 Ehrendoktor Kath. Univ. Eichstätt - Spr.: Engl.

BOLWIN, Rolf

Rechtsanwalt, Geschäftsführender Direktor d. Deutschen Bühnenvereins - Deutscher Bühnenverein, Quatermarkt 6, 5000 Köln 1 (T. 0221 - 20 81 20) - Stud. 1970-76 Rechtswiss., Polit. Wiss. u. Wirtsch.- u. Sozialgesch. Univ. Bonn; 1976-78 Refer. am OLG Köln; 2. jurist. Staatsex. - 1982-91 Mitarb. im Justitiariat d. Deutschlandfunks in Köln, s. 1990 Leit. d. Rechtsabt.- Liebh.: Film, Theater, Musik, Kunst, Presse, Rundfunk.

BOLZA-SCHÜNEMANN, Hans-Bernhard

Dr.-Ing., Dipl.-Phys., Vorstandsvorsitzender (s. 1971) Koenig & Bauer AG, Würzburg - Otto-Nagler-Str. 17, 8700 Würzburg - Geb. 20. Mai 1926 - Zul. Vorstandsmitgl. K & B.

BOLZENIUS, Theodor

Oberbürgermeister Mönchengladbach - Postf. 85, 4050 Mönchengladbach - Geb. 23. Nov. 1922 - Zul. Oberstudiendir. - CDU.

BOMBACH, Gottfried

Dr. sc. pol., Dr. h. c. (mult.), em. o. Prof. f. Nationalök. - Seltisbergerstr. 74, CH-4059 Basel (Schweiz) (T. 35 42 82) - Geb. 6. März 1919 Kamenz/Sa., ev.-,verh. - S. 1956 Lehrtätigk. Univ. Kiel (Privatdoz.), Saarbrücken (1956 ao. Prof.), Basel (1957 o. Prof.) - BV: A Comparison of National Output and Productivity, 1959; Post-War Economic Growth Revisited, 1985; Zw. Wirtschaftstheorie u. Wirtschaftspolitik - Ausgewählte Beitr., 1991. Herausg.: Schriftenreihe Wirtsch.wiss. Sem. Ottobeuren (1974ff.).

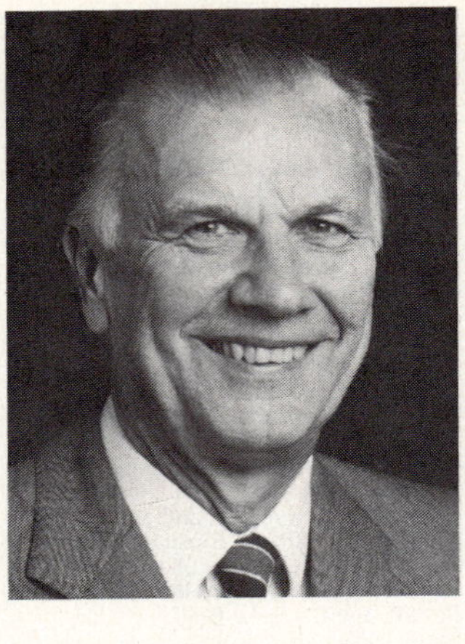

BOMBOSCH, Siegfried

Dr. rer. nat., Prof. f. Forstzoologie - Nußanger 41, 3400 Göttingen -Geb. 4. März 1925 - S. 1961 (Habil.) Lehrtätigk. Univ. Göttingen - 1968 korr. Mitgl. Finn. Entomolog. Ges.

BOMBOSCH, Wolfgang

Journalist, Hörfunkleit. NDR Landesfunkhaus Hamburg - Glashütter Weg 84, 2000 Norderstedt (T. 040 - 522 11 47) - Geb. 22. Nov. 1938 Biebern/Ostpr. (Vater: Friedrich B., Fischermeist.; Mutter: Erna, geb. Wolff, ev., verh. s. 1969 m. Sabine, geb. Irrgang, 3 S. (Hendrik, Volker, Frederik) - Stud. German. u. Gesch. Univ. Göttingen u. Kiel - 1966-69 fr. Mitarb. NDR; 1969-77 Redakt. Jugendf. NDR; 1977-80 Redaktionsleit. Regionales; s. 1981 Hörfunkleit. Landesfunkhaus Hamburg - 1970 Magnus-Preis ARD (Nachwuchspr.) - Spr.: Engl., Franz.

BOMMER, Dieter

Dr. agr., pens. Ltd. Dir. u. Prof. - Südring 1, 3405 Rosdorf - Geb. 11. Juli 1923 Heidelberg (Vater: Prof. Dr. med. Sigwald B., Ordinarius f. Dermatol.; Mutter: Rose, geb. Kern), ev., verh. s. 1955 m. Erdmuth, geb. Scheibe, 3 Kd. (Felix, Bettina, Sebastian) - Realgymn. Gießen; 2 J. Landw.slehre; Univ. Gießen (Dipl.-Landw. 1950). Promot. (1954) u. Habil. (1961) Gießen - 1953 b. 1964 Assist. u. Oberassist. (1963) Univ. Gießen (Inst. f. Grünlandw.), dazw. 1962 Research Fellow Univ. of California, Davis (Dept. of Agronomy), s. 1961 Privatdoz., apl. Prof. (1967) u. Honorarprof. (1972) Univ. Gießen; 1964-67 Inst.-Leit. u. Prof. Staatl. Lehr- u. Versuchsanstalt f. Grünlandw. u. Futterbau, Eichhof, 1967-74 Ltd. Dir. u. Prof. Inst. f. Pflanzenbau u. Saatgutforsch. Forschungsanst. f. Landw., Braunschweig-Völkenrode, 1974-85 beigeordn. Generaldir. (Assist. Dir. General), Hauptabt. Landw., Ernährungs- u. Landw.org. d. UN (FAO), 1986-88 Leit. Projektgr. Pflanzengenet. Ressourcen, BFA Landw. Braunschweig-Völkenrode. 1974 Präs. Senat Bundesforsch.anst. BML; 1986-89 Vors. Arbeitsgr. Trop. Subtrop. Agrarforsch. Bonn. S. 1986 Mitg. Intern. Reisforsch.-zentrum (IRRI) Los Banos, Philippinen; s. 1991 AR-Vors. Intern. Tierprod.-Zentrum f. Afrika (ILCA) Addis Abeba, Äthiopien; s. 1992 Vors. Programmaussch. FAO, Rom, Italien. Fachmitgl.sch. - 1981 Dr. sc. agr. h.c. TU Berlin; 1986 Justus-Liebig-Med. Univ. Giessen; 1988 BVK I. Kl.; 1989 Prof.-Niklas-Med. in Gold - Liebh.: Malerei - Spr.: Engl.

BOMMER, Hanns Wolfgang

Dr. med. (habil.), em. Prof., Arzt f. Hygiene- u. Tropenmed., Arzt f. Labor.med., Arzt f. Kinderheilkunde. Inst. f. Allg. Hygiene u. Tropenhygiene Univ. Göttingen - Windausweg 2, 3400 Göttingen - S. 1963 (Habil.) Lehrtätigk. Marburg (Allg. Hyg., Krankenhaushyg., med. Parasitol., Tropenhyg.), Wiss. Forschungsarb. üb. Toxoplasmose, Epidemiologie trop-Infektionen, Bilharziose, Onckocerciasis, Malaria.

BOMMERS, Fritz

Korvettenkapitän a. D., Vorstandsmitglied Gewerkschaft Eisenhütte Westfalia Lünen, Altlünen - Am Flohbusch 69, 4150 Krefeld - Geb. 4. Febr. 1901 Krefeld, verh. s. 1933 m. Hilde, geb. Schwengers, 4 Kd.

BOMMERT, Hanko

Dr. phil., Dipl.-Psych., o. Prof. f. Psychologie m. Schwerp. Psych. Diagnostik u. Institutsdir. Univ. Münster - Magdalenenstr. 11, 4400 Münster/W. - Zul. Wiss. Rat u. Prof.

BOMS, Hans Jörg

Dr. jur., Rechtsanwalt, Vorstandsvors. Rösler Draht AG, Schwalmtal - Sandkaule 32, 4050 Mönchengladbach 1 - Geb. 23. Okt. 1939 Krefeld (Vater: Hans B., Dir.; Mutter: Paula, geb. Müller), kath., verh. s. 1968 m. Evelyn, geb. Werner, 2 T. (Christiane, Annette) - Abit. Viersen; Stud. Rechtswiss. Univ. Köln (Promot.) - Ehrenstell. u. Mandate, u. a. Beirat Dt. Bank AG Düsseldorf, Graf v. Schaesberg Vermögensverw.; Vorst. Eisendrahtvereinig. im Bundesverb. Draht; AR Thyssen Draht AG, Hamm - Liebh.: Jagd, Golf - Spr.: Engl.

BOMSDORF, Eckart

Dipl.-Math., Dr. sc. pol., apl. Prof. Univ. Köln - Seminar f. Wirtschafts- und Sozialstatistik d. Univ. Köln, Albertus-Magnus-Platz, 5000 Köln 41 (T. 0221 - 4 70 29 82); priv.: Im Salzgrund 47a, 5000 Köln 50 (T. 02236 - 6 26 67) - Geb. 7. März 1944 Dresden, verh., 3 Söhne - Stud. Univ. Marburg, Kiel (Math., Physik u. Wirtschaftswiss.), Dipl. (Math.) 1968 Kiel, Promot. (Wirtsch.- u.Sozialwiss.) 1971 Kiel, Habil. (Statistik) 1976 Köln, 1983 apl. Prof. Univ. Köln - 1968-70 Univ. Kiel, s. 1970 Univ. Köln, zw.zeitl. 1977/78 Berg. Univ./GH Wuppertal - Beschäftigung m. Proj. z. theoret. u. angew. Statistik sowie m. d. Einsatz quantitativer Meth. u. d. EDV in d. Wirtsch.- u. Sozialwiss., z.B. im Ber. d. Einkommensteuertarifreform, d. Nutzwertanalyse, d. Machtmessung u. EDV-gestützter statistischer Informationssysteme - BV: Bestimmungsfaktoren d. Lohndrift, 1972; D. verallgem. Input-Output-Modell als Grundl. f. Input-Output-Analysen, 1977; Modelle z. Reform d. Einkommensteuertarifs (m. U. P. Hermani), 1978; Deskriptive Statistik, 7. A. 1992, Induktive Statistik, 5. A. 1992; Statistik-Training f. Wirtsch.wissenschaftler (m. W. R. Bihn, E. Gröhn, K.-A. Schäffer), 1992.

BONART, Richard

Dr.-Ing., Prof., Lehrstuhlinh. f. Physik - Weinbergstr. 5, 8401 Großberg/Opf. - Geb. 12. Jan. 1925 - Promot. 1958 - S. 1970 Prof. TU Berlin u. Univ. Regensburg.

BONATH, Klaus Heinz

Dr. vet. med., Prof., Tierarzt - Frankfurter Str. 108, 6300 Gießen (T. 0641 - 702 47 57) - Geb. 24. Juni 1936 Nienburg/Weser (Vater: Werner B., Dipl. Ing.; Mutter: Annelise, geb. Strotkötter), ev., verh. s. 1961 m. Ingeborg, geb. Freise, 3 Kd. (Thomas, Ira, Jan) - Albertus Magnus-Gymn. Viernheim; 1958-64 Stud. Berlin u. Gießen (Veterinärmed. Diss.: Zool. Garten Frankf., Prof. Dr. B. Grzimek u. Vet. Physiol. Inst., Univ. Gießen, Prof. Dr. V. Horn, 1965), Habil. Med. Hochsch. Hannover, 1976 - B. 1969 Wiss. Assist. Vet.-Chirurgie, Univ. Gießen, b. 1973 Oberassist. Med. Hochsch. Hann., b. 1980 Akad.-Dir. Med. Fak. Univ. Essen, s. 1980 Leit. d. Allg. u. Exp. Chirurgie Univ. Gießen (FB Veterinärmed.), 1982-87 Präs. d. Ges. f. Versuchstierkunde u. Vorst.-Mitgl. d. Federation of European Laboratory Animal Science Association - BV: Narkose d. Reptilien, Amphibien u. Fische, 1977; Schwerpunkte d. Infektionsüberwachung in Versuchstierbeständen, Kleintierkrankheiten II, Chirurgie d. Weichteile, 1991 - Felix Wankel-, Ernst Hutzenlaub - Tierschutzforschungspreis f. Arb. auf d. Gebiete d. Vergl. Anaesthesiologie d. Wirbeltiere - Liebh.: Vergl. Ethologie, Völkerkunde, Zool., wiss. Expeditionen in d. Arktis, Afrika, Australien, West-Iran/Neu Guinea - Spr: Engl., Franz.

BONATZ, Manfred

Dr.-Ing., Prof. Inst. f. Theoret. Geodäsie/Univ. Bonn (Arbeitsgeb.: Geodynamik) - Nußallee 17, 5300 Bonn - 1969 Carl-Pulfrich-Pr., 1970 Verdienstmed. Soc. Belge d'Astronomie de Météorologie et de Physique du Globe.

BONATZ, Peter

Dr.-Ing., Architekt, Honorarprof. f. Verdingung u. Preisbildung TH Darmstadt - Pommernstr. 83, 6231 Schwalbach/Ts.

BONDY, Barbara

s. Mantler-Bondy, Barbara

BONDY, Francois

Journalist, Schriftsteller - Fichtenstr. 2, CH-8032 Zürich (T. 47 27 35) - Geb. 1. Jan. 1915 Berlin (Vater: Fritz B., Schriftst. unt. Ps. N. O. Scarpi), verh. 1945 m. Lillian, geb. Blumenstein, 3 Kd. (Dominique, Luc (Regisseur), Béatrice) - Stud. Sorbonne (1935 Lic. ès Lettres) - BV: Aus nächster Ferne, Ess. 1970; D. Rest ist Schreiben, 1972; Gespräche, 1972; Deutschland-Frankreich (m. Manfred Abelein) 1973; Ionesco, 1975; Gombrowicz (m. C. Jelenski), 1978; D. Nachkrieg muß kein Vorkrieg sein. Europ. Orientierungen, 1985; Pfade d. Neugier, Portraits 1988; Mein 3/4 Jahrhundert, 1990; Italo Svevo, Bildmonogr. 1990. Herausg.: D. Sandkorn (nordafr. Anth., 1962); So sehen sie Deutschland (1971); Mithrsg.: E. Ionesco, Werke 6 Bde. (1985); Monatsztschr. Politik u. Wirtsch. u. Schweiz. Monatshefte, bde. Zürich; Übers.: Werke v. B. Croce, G. Ferrero, E. M. Cioran u. a. - Mitgl. Dt. PEN-Zentrum u. Dt. Akad. f. Sprache u. Dicht.; 1977 Merck-Preis Dt. Akad. f. Spr. u. Dicht.; 1988 Ernst Robert Curtius-Preis f. Essayistik, Bonn - Lit. üb. F.B.: Homme de lettres, Zürich (1985).

BONFERT, Wolfgang

Dr. med. vet., Tierarzt, Ministerialrat, Leit. Veterinärwesen Saarland, Bundesvors. Landsmannsch. d. Siebenbürger Sachsen a. D., Vors. d. Föderation d. Siebenbürger Sachsen - Wichernstr. 2, 6670 St. Ingbert (T. 06894 - 43 26) - Geb. 6. Aug. 1930 Bukarest/Rumän. (Vater: Dr. Alfred B.), verh., 3 Kd. (Hans-Christoph, Annette, Barbara) - 1953-58 Stud. Veterinärmed. Univ. München; Promot. u. Approbat. 1959 - S. 1972 Fachtierarzt f. Lebensmittelhygiene; 1975-89 Lehrauftr. Univ. Saarbrücken (Lebensmittelhygiene u. LM-Technol.). S. 1962 Landsmannsch. d. Siebenb. Sachsen (Landesvors. Saar, s. 1964 Mitgl. Bundesvorst., 1970-80 stv. Bundesvors., 1983-89 Bundesvors., s. 1987 Vors. d. Föderation). Wiss. Veröff. - 1966 Gold. Ehrenwappen d. Landsmannsch.; 1989 BVK am Bde. - Spr.: Engl.

BONFIG, Karl Walter

Dr.-Ing., o. Prof. f. Elektro- u. Meßtechnik - Asternweg 17, 5910 Kreuztal - Geb. 9. Mai 1941 München (Vater: Karl B., Obering.; Mutter: Maria, geb. Schmitt), kath., verh. s. 1971 m. Maria, geb. Müller, 3 Kd. (Maria, Elisabeth, Walter) - 1951-60 Oberrealsch. m. Gymn. Garmisch; 1960-65 TU München (Elektrotechnik; Dipl.-Ing.). Promot. 1970 München (m. Ausz.) - 1965-71 Wiss. Mitarb. u. Assist. TU München (Prof. Merz); 1971-74 Wiss. Rat u. Prof. Univ. Bochum; s. 1974 Ord. Professor Univ.-GH Siegen (Lehrst. III) Inst. f. Meßtechnik; 1976-83 Prorektor f. Forschung der Univ.-GH Siegen; 1987-89 Dekan Fak. f. Elektrotechn. - BV: u. a.

Füllstandmeßtechnik, 1972 (m. A. Liske); Techn. Durchflußmess., 1975; Praxis d. Längenmeßtechnik, 1977 (m. H. Kramer); Techn. Druck- u. Kraftmessung, 1988; Sensoren/Meßaufnehmer, 1988; Durchflußmessung v. Flüssigkeiten u. Gasen, 1990; Technische Füllstandsmessung u. Grenzstandskontrolle, 1990; Sensoren u. Sensorsysteme, 1991; Feldbussysteme, 1992. Mithrsg.: Entwickl. d. 70er Jahre (1978, m. H. Kreuzer). Üb. 100 Fachaufs. - Liebh.: Sport (Tennis, Schwimmen, Skifahren) - Spr.: Engl., Franz. - 10 Patente üb. Verf. d. Durchflußmess., Meßwertverarb. u. Umweltmeßtechn.

BONG, Uwe

Dr. rer. nat., Prof. f. Mathematik PH Freiburg - Brucknerstr. 5, 7800 Freiburg/Br. - Geb. 7. Nov. 1937 Riga (Vater: Arthur B., Buchhändler; Mutter: Elisabeth, geb. Conradt), verh. s. 1963 m. Ingrid, geb. Stanzel, 3 Kd. (Niels, Jörg, Wiebke) - 1956-63 TH Stuttgart, Promot. 1971 Univ. Stuttgart - BV: Boolesche Algebra, 1977.

BONGARD, Adolf-Eugen

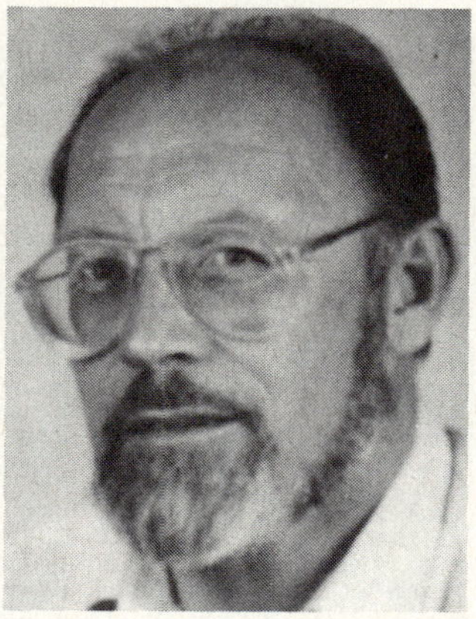

Prof. - Tollensestr. 46 i, 1000 Berlin 37 - Geb. 12. März 1929 Alendorf, verh. s. 1960 m. Dr. Ilse Ch., geb. Kaufmann, 4 Kd. (Katrin, Hannes, Philipp, Ulrike) - Gegenw. Prof. f. Erziehungswiss. TU Berlin (Ltr. d. Arbeitsstelle f. Verkehrspäd.) - 1977 Wissensch.-Preis Komitee Sicherh. f. d. Kind (m. Dr. Ulrich Winterfeld).

BONGARTZ, Heinz

s. Thorwald, Jürgen

BONGERS, Aurel

Verleger - Dortmunder Str. 67, 4350 Recklinghausen (T. 02361 - 4 10 01) - Geb. 10. Aug. 1949 Recklinghausen, kath. - Inh. Verlag Aurel Bongers, Recklinghausen. Vors. Verb. d. Verlage u. Buchhandlungen in Nordrh.-Westf. - Spr.: Engl., Franz.

BONGERS, Jürgen Wilhelm

Dr. rer. nat. et. habil., Prof. - Am Heiligenhäuschen 2, 5205 St. Augustin 1 (T. 02241 - 5 08 35) - Geb. 10. April 1941 Emmerich (Vater: Paul B.; Mutter: Gertrude, geb. Baumann), kath., verh. s. 1969 m. Gabriela, geb. Horn - Abit. staatl. hum. Gymn. Emmerich 1961, 1961-66 Stud. Naturwiss. Univ. Würzburg, 1966-68 Univ. Bonn, Promot. 1968, Habil. 1976 (wiss. Fachgeb.: Stoffwechselphysiol.). 1960-70 Privatausbild. Bildende Kunst - Vorst.-Mitgl. BBK, Bezirk Bonn; Mitgl. Dt. Zool. Ges.; Member of the New York Acad. of Sciences - BV: Biotechnik, Sachb. 1974; Gentechnik - Grundlagen u. Perspektiven, 1989 - 1990 Worlddidac Silver Award - Aquarelle; Zeichnungen - Liebh.: Jazz, Judo.

BONGERT, Dieter

Oberstadtdirektor Stadt Bochum - Rathaus, 4630 Bochum - Geb. 17. März 1939.

BONHAGE, Wolfgang F.

Bürgermeister Stadt Korbach - Gelsenkirchener Str. 23, 3540 Korbach (T. dienstl.: 05631 - 5 32 11) - Geb. 9. Okt. 1937, ev., verh. s. 1968 m. Amoena, geb. Greiff, 2 Kd. - Obersch. Delitzsch b. Leipzig (Abit. 1955); 1955-59 Stud. ev. Theol. Halle/S. u. Heidelberg; 1959-64 Stud. Rechtswiss. Heidelberg u. Bonn; 1. jurist. Staatsex. 1964 Bonn, 2. jurist. Staatsex. 1969 Düsseldorf - 1969 Ass. Kr. Dinslaken; 1970 Kreisdir. ebd.; s. 1977 Bürgerm. Korbach (wiedergew. 1982 u. 1988) - Liebh.: Gesch., Politik, Lit., klass. Musik, Tennis.

BONHEIM, Helmut

(eigtl. Boenheim) Ph. D., o. Prof. f. Anglo-Amerik. Philologie - Klosterstr. 75, 5000 Köln 41 (T. 40 56 28) - Geb. 6. Jan. 1930 Danzig (Vater: Dr. med. Walter Boenheim, Arzt; Mutter: Käte (Kate), geb. Selbiger), verh. s. 1951 m. Jean, geb. Ornstein, 1 Kd. (Jill) - Ohio State Univ., Cornell Univ. (1951 B. A.), Columbia Univ. (M. A.), Univ. of Washington (1959 Ph. D.) - 1952-56 Associate in Engl. Univ. Washington, 1956-58 Fulbright Student Univ. Wien, 1958-63 Assist. Prof. Univ. of California, 1963-65 Gastprof. Univ. München, seither Ord. Univ. Köln - BV: The King Lear Perplex, 1960; Joyce's Benefictions, 1964 (Lit.kritik); Two Dozen Beasts, 1965 (Ged.); A Lexicon to the German in Finnegans Wake, 1968; The Engl. Novel bef. Richardson, 1971; The Narrative Modes: Techniques of the Short Story, 1982; Literary Systematics, 1989 - Liebh.: Kammermuisk.

BONHOEFFER, Karl

Dr. med., o. Prof. f. Anästhesiologie - Dürener Str. Nr. 62, 5000 Köln 41 -S. 1965 (Habil.) Privatdoz., apl. (1968) u. o. Prof. (1971) Univ. Köln.

BONHOEFFER, Thomas

Dr. theol., Prof. f. Pastoralpsychiatrie Univ. Bochum/Abt. f. Ev. Theol. - Farnstr. 9, 4630 Bochum 1 - Geb. 26. Aug. 1931 Berlin - Promot. 1961; Habil. 1966 - S. 1973 Prof. Bochum - BV: D. Gotteslehre als Sprachproblem b. Thomas v. Aquin, 1961; Ursprung u. Wesen d. christl. Seelsorge, 1985.

BONITZ, Wolf

Rechtsanwalt, Hauptgeschäftsführer Wirtschaftsverb. d. Handelsvertreter u. Handelsmakler Baden-Württ. (CDH) e.V. - Jahnstr. 31, 7000 Stuttgart 70 - Geb. 20. Febr. 1942 - Geschäftsf. Handelsvertreter-Fernakad. CDH, München, Wirtsch.gemeinsch. d. südwestdt. Handelsvertreter GmbH, Stuttgart.

BONKOSCH, Konrad

M.A., Journalist, Redakteur FS-Sendeleit. SDR Stuttgart - Auf der Steige 10, 7251 Weissach-Flacht - Geb. 29. Dez. 1949 Glattbach/Ufr., kath. - Abit. Kronberg-Gymn. Aschaffenburg; Stud. Univ. Mainz (Publiz., Politikwiss., Buchwesen, Volksw.); Magister Artium - 1966-70 Aschaffenb. Volksbl., 1975-79 Dir.Assist. Eckes, Nieder-Olm, 1979-85 Pers. Ref. d. Int. SDR, s. 1985 Sendeleit. FS SDR, Leit. Programmwirtsch.; 1972-86 Redakt. Hirschberg, Beirats- u. Konventsmitgl. Ev. Akad. Bad Boll; Mitgl. intern. Arbeitskr. f. Rundfunkökonomie FAR, Fribourg. Lehrbeauftr. Univ. Hohenheim - Herausg. u. Autor, u.a. Kreativität d. Handelns (1978); zahlr. Ztschr.- u. Rundf.-Beitr. - Liebh.: Lit., Musik, Angeln - Spr.: Engl., Franz., Griech., Lat.

BONN, Gisela

Dr. phil., Prof., Journalistin, Schriftst. - Robert-Leicht-Str. 173a, 7000 Stuttgart-Vaihingen - Univ. Wien (Promot.) - Chefredakt. u. Herausg. INDO ASIA, Ztschr. f. Politik, Kultur u. Wirtsch. in Süd-, Südost- u. Ostasien (erscheint vierteljährl., s. 1959) - BV: u. a. Marokko - Blick hinter d. Schleier, Reiseb. 1950; D. Welt am Nil, Reiseb. 3. A. (Neufass.) 1962; Neue Welt am Atlas, Reiseb. 1955; Neues Licht aus Indien, Reiseb. erw. Neuausg. 1963; D. doppelte Gesicht d. Sudan, Reiseb. 1961; Afrika verläßt d. Busch - Erdteil d. Kontraste, 1965, 2. A. 1968; Leopold Sedar Senghor - Wegbereiter d. Culture Universelle, 1968; Unter Hippies, 1968; Afrika - Dunkle Trommel, 1971; Indien u. d. Subkontinent, 1974 (m. Giselher Wirsing † 1976); Afrika (m. Dieter Blum) 1978-81; Ägypten; Indien; Le Sénégal Ecrit, 1977; Indische Feste, 1982; Nepal, 1983; Angkor - d. verlorene Lächeln im Dschungel, 1984; D. indische Herausforderung, 1985; BHUTAN - Kunst u. Kultur im Land d. Drachen, 1988; Ganges (m. Peter Frey, dt. u. ital.), 1990; Nehru - Annäherungen an e. Staatsmann u. Philosophen, 1992. 1962-77: 24 Fernsehfilme m. asiat. u. afrikan. Themen (Allah u. Magie, D. fromme Hindu, D. religiöse Japaner, Tänzer d. Liebe - Tänzer d. Götter (d. klass. ind. Tanz), Schwarze Passion, Leopold Sedar Senghor, Himalaya I u. II, Indira Gandhi, Bhutan, Der Staatsmann am Nil - Anwar el Sadat, Diesseits u. Jenseits im alten Ägypten, D. Gr. Schwarze Welttheater (m. Leopold Sedar) u. a. - 1969 L'Ordre National du Senegal (d. Staatspräs. Léopold Sédar Sénghor); 1972 BVK; 1975 The Nile Order of Merit (v. Präs. Anwar el Sadat); 1976 The Award of the Nat. Comittee of the Intern. Women's Year (v. Indira Gandhi); 1978 Goldene Verdienstmed. Land Baden-Württ.; 1986 Ernennung z. Prof.; 1989 Gr. BVK; 1990 Padma Shri-Award v. ind. Staatspräs. R. Venkataraman - Liebh.: Klass. Musik, Antiquitäten, Völkerkd. - Spr.: Engl., Franz.

BONNEKAMP, Udo

Dr. phil., Dipl.-Dolm., o. Prof. f. Sprachlehrforschung Univ. Bochum (s. 1974) -Schwanenring 13, 4130 Moers - Geb. 15. Febr. 1931 Moers - Promot. 1958 - Zul. Wiss. Rat u. Prof. Facharb.

BONNER, Trevor C.

Vorstandsvorsitzender GKN Automotive AG - Postf. 19 51, Alte Lohmarer Str. 59, 5200 Siegburg - Geb. 8. Aug. 1943.

BONNESS (ß), Elke

Bibliotheksdirektorin, Leit. d. ADV-Referats Univ.-Bibl. Bielefeld - Waltersstr. 18, 4806 Werther - Geb. 5. Sept. 1942 Stuttgart (Vater: Dr. Wilh. B., Präs. Bd. Freirelig. Gemeinden Dtschl., s. dort), freirelig., ledig - Staatl. Alt- u. Neusprachl. Gymn. Ludwigshafen (Abit. 1961); Bibliotheksch. Frankfurt/M., Prüfung f. d. gehob. Dst. an wiss. Bibl. 1963; 1963-68 Wiss. Stadtbibl. Mannheim (Leitg. d. Benutzung); 1963 Univ.-Bibl. Aix-Marseille; s. 1968 Univ.-Bibl. Bielefeld - BV: Datenerfass. u. Datenverarb. in d. Univ.-Bibl. Bielefeld. E. Materialsamml. 1972 (m. H. Heim); On-line-Übern. v. Fremddaten in d. Univ.-Bibl. Bielefeld. E. neues Verf. f. d. Katalogisier. m. Hilfe v. Datensichtgeräten 1974 (m.a.); Beitr. in Fachb. u. -ztschr., Vorträge. Herausg.: D. Datenbanksystem IBAS in d. Univ.-Bibl. Bielefeld (1979 m.a.) - Liebh.: Archäol., Ethnol., Reisen, Wandern - Spr.: Franz., Engl.

BONNESS, Wilhelm

Dr., Präsident Bund Freireligiöser Gemeinden Dtschl. - Niederdonker Str. 30, 4000 Düsseldorf 11.

BONNET, Peter-Helmut

Dr. rer. nat., Prof. f. Organ. Chemie - Lotharstr. Nr. 130, 4100 Duisburg 1 - Geb. 13. April 1940 Berlin (Vater: Helmut B., Berufsoffz./Wehrm.; Mutter: Lieselotte, geb. Stanitz), ev., verh. s. 1968 m. Claudia, geb. Verbeek (geb. 1943) - Abit. 1959, Dipl.-Chem. 1965, Promot. 1969 (alles Berlin) - 1968-74 Wiss. Assist u. Assistenzprof. TU Berlin; 1974-76 Produktions- u. Projektleit. Henning GmbH. ebd.; s. 1976 Ord. Univ. Duisburg-GH. Fachveröff.

BONRATH, Herbert

Dr. rer. nat., Dipl.-Phys., Vorsitzender d. Geschäftsfg. d. Preh-Werke Geschäftsführungs-GmbH, d. Preh-Werke GmbH & Co. KG, u. d. Preh Industrieausrüstungen GmbH, alle Bad Neustadt (s. 1987) - An der Stadthalle, 8740 Bad Neustadt a. d. Saale; priv.: Weserblick 6, 3454 Bevern, Reileifzen (T. 05535 - 87 06) - Geb. 4. April 1936 Frankfurt/M. (Vater: Heinrich B., Schlosser; Mutter: Anna, geb. Schwob), verh. s. 1961 m. Waltraud, geb. Gürath, 2 Kd. (Andreas, Martin) - Stud. Techn. Phys. TH Darmstadt; Promot. 1966 ebd. (Prof. Hellwege) - 1966-68 Hartmann & Braun, 1969-74 Prok. u. Ressortleit. Forsch. u. Entw. Albert Frankenthal AG, Frankenthal; 1974-84 Techn. Geschäftsf. Stiebel Eltron GmbH & Co. KG, Holzminden; 1985-87 Vors. d. Geschäftsfg. Centra-Bürkle GmbH, Schönaich, u. Honeywell Braukmann GmbH, Mosbach. Inh. von 3 Schutzrechten - Spr.: Engl.

BONSE, Gustav

Dr. med., Prof., Radiologe - Schlesierstr. 3a, 6350 Bad Nauheim - Geb. 11. Jan. 1918 Hannover (Vater: Gustav B., Schmied), ev., verh. s. 1943 m. Lieselotte, geb. Klenke, 3 Kd. (Gerhard, Ingrid, Karin) - Univ. Marburg u. Leipzig. Promot. 1944 - B. 1945 Assist. Univ. Marburg (Strahleninst.), dann allgemeinärztl. Tätigk. u. ab 1947 Assist. Städt. Krankenanstalten Bremen (Strahlenhaus), s. 1952 Leit. Strahlenabt./Klinik f. Haut- u. Geschlechtskrankh. Univ. Würzburg (1952 Privatdoz., 1958 apl. Prof.), 1967 Chefarzt Städt. Konitzky-Stift Bad Nauheim, 1983 Konsil. Leit. d. Röntgenabt. d. LVA, Klinik Nordrhein, Bad Nauheim. Etwa 100 fachwiss. Veröff., dar. mehrere Handbuchbeitr.

BONSE, Ulrich

Dr. rer. nat., Prof., Lehrstuhlinh. f. Exper. Physik I Univ. Dortmund (s. 1970) - Driverweg 20, 4600 Dortmund 50 - Geb. 25. Sept. 1928 Münster -Promot. (1958) u. Habil. (1963) Münster - Üb. 150 Fachveröff. - 2 Physikpreise (BRD/USA); Dr. rer. nat. h. c. (Univ. München 1987).

BONSE-GEUKING, Wilhelm

Dipl.-Ing., Vorstandsmitglied VEBA OEL AG, Gelsenkirchen (s. 1978) - Zu erreichen üb. VEBA-OEL AG, Postfach 20 10 45, 4650 Gelsenkirchen - Geb. 26. Aug. 1941.

BONUS, Holger

Dr. rer. pol., o. Prof., Gf. Direktor Inst. f. Genossenschaftswesen Univ. Münster - Am Stadtgraben 9, 4400 Münster (0251 - 83 28 91) - Geb. 15. Febr. 1935, verh. s. 1976 m. Beate, geb. Kleindienst, 3 Kd. (Bettina, Eva, Tizian) - Stud. Volksw. Univ. Bonn (Dipl. 1962), Promot. 1967, Postdoc. Fellow Univ. of Chicago, 1967-70, Habil. 1971, alles Bonn - 1973-78 o. Prof. Univ. Dortmund; 1978-84 o. Prof. Univ. Konstanz; s. 1984 o. Prof. Univ. Münster - BV: D. Ausbreitung d. Fernsehens, 1968; Z. Dynamik d. Konsumgüterbesitzes, 1976; Marktwirtschaftl. Konzepte im Umweltschutz, 1984; Wertpapiere, Geld u. Gold, 1990; D. Wa(h)re Kunst (m. D. Ronte), 1991.

BONZEL, Justus

Dr.-Ing., Direktor, Prof. f. Baustoffkunde TH Aachen (apl.; 1974 ff.) - Graf-Recke-Str. 72, 4000 Düsseldorf 1 - Geb. 13. Nov. 1922 Netphen - Promot. 1957; Habil. 1972 - S. 1958 Industrietätigk. (Geschäftsf.).

BONZEL, Tassilo Reinhard

Dr. med., Privatdozent, Direktor Medizinische Klinik I (Schwerp.: Kardiol.) d. Städt. Klinikums Fulda (s. 1988) - Monnetstr. 14, 6400 Fulda (T. 0661 - 5 79 96) - Geb. 26. März 1944 Olpe, verh. s. 1969 m. Helen, geb. Schmillenkamp, 3 Kd. (Kandida, Roman, Katharina) - Stud. Univ. Berlin, München u. Münster; Staatsex. 1970; Habil. 1983 Freiburg - 1971-84 Assist.-Arzt Inn. Med. u. Kardiol. Neustadt/Rbge, Staatl. Gollwitzer Meyer-Inst. Bad Oeynhausen, Univ.-Klinik Freiburg, sow. 1976-78 Cardiac Res. Fellow at SUNY, Syracuse, N.Y.,

u. Univ. Mass., Worcester, Mass., USA Cardiology Deps; 1984-88 Oberarzt Med. Klinik I, Kardiol. Univ. Freiburg - Erfind.: Monorail-Bonzel-Prinzip; Ballonkatheter z. Behandlung v. Herzkranzgefäßeinengungen u. a. Gefäßen (Patent) - Berühmte Vorf.: Mutter Maria-Theresia B., Ordensgründerin, 19. Jh.

BOOCKMANN, Hartmut

Dr. phil., o. Prof. - Calsowstr. 33, 3400 Göttingen - Geb. 22. Aug. 1934, verh. s. 1962 m. Andrea, geb. Johansen, 2 Kd. - Stud. Univ. Tübingen u. Göttingen (Promot. 1961) - 1975-82 o. Prof. in Kiel - BV: Laurentius Blumenau, 1965; Johannes Falkenberg, 1975; Einf. in d. Gesch. d. Mittelalters, 1978; D. Dt. Orden, 1981; D. Marienburg im 19. Jh., 1982; Mitten in Europa, 1984 (m. H. Schilling, H. Schulze u. M. Stürmer); D. Stadt im späten Mittelalter, 1986; Stauferzeit u. spätes Mittelalter, 1987; Gesch. im Museum, 1987; D. Mittelalter. E. Lesebuch, 1988; D. Gegenwart d. Mittelalters, 1988; D. Historiker Hermann Heimpel, 1989.

BOOMS, Hans

Dr. phil., Prof., Präsident Bundesarchiv a. D. - Potsdamer Str. 1, 5400 Koblenz; priv.: Emser Landstr. 9, 5420 Lahnstein - Geb. 22. Juni 1924 Haldern/Rhld., heute Rees - S. 1967 Abt.leit., s. 1972 Präs. BA., 1984-88 Präs. d. intern. Archivrates. S. 1966 Lehrbeauftr. u. Honorarprof. Univ. Köln. Bücher u. Einzelarb. - 1980 BVK I. Kl.; 1982 Commandeur de l'Ordre Grand Ducal de la Couronne de Chêne; 1983 Mitgl. d. Wiss. Akad. d. Großherzogtums Luxemburg; 1988 Ehrenmitgl. Intern. Archivrat; 1989 Gr. BVK.

BOONEN, Philipp

Domkapitular, Prälat, Hautabteilungsleit. u. Dir. Bischöfl. Akad. im Bistum Aachen - Leonhardstr. 18-20, 5100 Aachen - Geb. 22. Okt. 1921 Aachen - Stud. Bonn, Paderborn, Aachen; Priesterweihe 1949 - 1950-54 Kaplan Aachen; 1954-56 Relig.lehrer Kempen; s. 1956 Mitgl. Zentralkomit. d. Dt. Katholiken; Vors. Konfz. d. Dt. Seelsorgeamtsleit.; 1970-75 Kommiss.-Vors. d. Gemeinsamen Synode d. Bistümer in d. BRD - Herausg. Aachener Beiträge zu Pastoral- u. Bild.fragen, Mithrsg. d. Off. Synodengesamtausg. u. a.

BOOS, Gerhard

Dr. jur., Aufsichtsratsvorsitzender d. Rhône-Poulenc Rhodia AG, Freiburg (s. 1987, vorh. Vorst.-Vors.) - Pochgasse 75, 7800 Freiburg/Br. (T. 5 32 49) - Geb. 4. Aug. 1923 - 1966 stv., dann o. Vorst.-Mitgl. Dt. Rhodiaceta AG, Freiburg; s. 1985 Generalbevollm. Rhône-Poulenc in d. BRD; s. 1989 AR-Vors. Rhône-Poulenc Rorer GmbH, Köln - Spr.: Franz. - Rotarier.

BOOS-NÜNNING, Ursula

Dr., Prof., Hochschullehrerin - Wateler Str. 54, 4050 Mönchengladbach 2 (T. 02166 - 3 71 75) - Geb. 24. Aug. 1944 Zell/Ofr. (Vater: Franz N., Kaufm.; Mutter: Marie, geb. Hahn), verh. s. 1969 m. Dr. Franz Josef B., 2 T. (Sabine, Susanne) - Diplom 1969 (Soziol.) Linz/Donau; Dr. rer. soc. oec. 1971 Linz/Donau; Habil. (Soziol.) 1980 Düsseldorf - 1969-71 Forschungsinst.; 1971-81 Akad. Rätin; s. 1981 Prof. Univ. Essen; Ltg. Inst. f. Migrationsforsch., Ausländerpäd. u. Zweitsprachen-Didaktik - BV: Dimens. d. Religiosit., 1972; Professionelle Orientierung, Berufszufriedenh,. Fortbildungsbereitsch., 1979; Schulmod. f. ethn. Minderh., 1981; Aufnahmeunterr., Muttersprachl. Unterr., Interkultureller Unterr., (m. Hohmann, Reich, Wittek), 1983; Sozialpäd. Arbeit m. türk. Jugendl. in d. Berufsvorbereitung, 1984; Zw. Elternhaus u. Arbeitsamt: Türk. Jugendl. suchen e. Beruf (m. Yakut, Reich, Neumann), 1986; Berufswahl türk. Jugendl., 1989; Berufswahlsituation u. - prozesse griech., ital. u. portug. Jugendl. (m. Jäger, Henscheid, Sieber, Becker), 1990; u.v.m.; zahlr. Veröff. in Zeitschr.

BOOZ, Karl-Heinz

Dr. med., o. Prof. f. Anatomie - Gutenbergstr. 25, 6660 Zweibrücken - Geb. 4. Aug. 1929 Zweibrücken (Vater: Otto B., Rektor i. R.; Mutter: Barbara, geb. Walter), kath., verh. s. 1952 m. Dr. Elisabeth, geb. Schmidt, 4 Kd. (Birgitt, Annemaria, Ruth, Georg) - Promot. 1959 - S. 1968 (Habil.) Lehrtätigk. Univ. Saarbrücken (1968 apl. Prof. u. Abt.-vorst., 1977 Ord.). Üb. 100 wiss. Veröff.

BOPP, Friedrich (Fritz)

Dr. phil. nat., Dr. h. c., em. Prof. f. Theoret. Physik Univ. München - Sulzbacher Str. 3, 8000 München 40 (T. 39 97 11) - Geb. 27. Dez. 1909 Frankfurt/M. (Vater: Friedrich B.; Mutter: geb. Müller), ev., verh. - Promot. 1937 Göttingen; Habil. 1940 Breslau u. Berlin - 1947 Max-Planck-Inst. Hechingen, dann Univ. München. Fachveröff. - Mitgl. Bayer. Akad. d. Wiss. u. Dt. Akad. d. Naturforscher (Leopoldina).

BOPP, Karl

Dr.-Ing. (habil.), Direktor i.R., apl. Prof. TU Berlin (Steuerung v. Elektr. Triebfahrz.), Honorarprof. TH Darmstadt (Elektr. Bahnen) - Fiedlerweg 34, 6100 Darmstadt - Geb. 13. Febr. 1923 Duisburg-Hamborn - Stud. Elektrotechn. TH Darmstadt (Dipl. 1950, Promot. 1955 THD, Habil. 1970 TUB).

BOPP, Karl-Philipp

Dr. med., Prof., ehem. Direktor d. staatl. Kurkl. f. innere Krankh., Leit. Med.Dir. a. D. - Am Brand 40, 6500 Mainz - Geb. 29. März 1921 (Vater: Philipp B.; Mutter: Maria, geb. Schmidt), verh. 1947 m. Luce-Jeanne, geb. Delay - Univ. München, Marburg, Frankfurt/M. Promot. 1944; Habil. 1956 - S. 1956 Privatdoz. u. apl. Prof. (1962) Univ. Mainz (Inn. Med.) - BV: Z. Pathomorphose d. klin. Bildes d. Lungentuberkulose, 1955. Mithrsg.: Chron. Bronchitis - Symposium Bad Ems (1968). Etwa 150 Fachaufs. - 1968 Ernst-v.-Bermann-Plak.; 1971 ausw. korr. Mitgl. Soc. française de la tuberculose et des maladies respiratoires, 1975 ausw. korr. Mitgl. d. Brasil. Ges. f. Allergie u. Immunologie.

BOPP, Martin

Dr. rer. nat., em. o. Prof. f. Botanik - Im Neulich 10, 6900 Heidelberg (T. 48 00 25) - Geb. 12. April 1923 Ettlingen/Baden (Vater: Ludwig B., Rektor; Mutter: Maria, geb. Häfele), verh. s. 1957 m. Dr. Gisela, geb. Hassenkamp, 2 T. (Monika, Annette) - 1956-61 Privatdoz. Univ. Freiburg/Br.; s. 1961 o. Prof. TH bzw. TU Hannover u. Univ. Heidelberg (1968; Dir. Botan. Inst., 1976-79 Dekan Fak. f. Biol.). Emerit. 1991. 1979-91 Wahlsenator. 1978-80 Vors. Ges. f. Entwickl.biol.; 1985-88 Präs. Int. Ass. Plant Growth Substances - 1964/65 Gastprof. Univ. Lissabon. Üb. 190 Fachveröff. Herausg.: Journ. Plant Physiol. (s. 1987) - 1963 Louis-Pasteur-Med. in Silber, 1980 Med. Univ. Helsinki - Spr.: Engl., Franz. - Rotarier.

BOPPEL, Hans-Christoph

Dipl.-Psych., Hauptamtl. Kreisbeigeordneter, Dezernent f. Umwelt, Bauordnung u. Verkehr im Landkreis Gießen (s. 1989), Vorst.-Vors. d. Nahverkehrsverb. Gießen (s. 1991) - Herderstr. 2, 6302 Lich 1 - Geb. 11. Juli 1951 Bad Bergzabern/Pfalz, ev. - Stud. Psychol.; Dipl. 1980 Univ. Trier - 1985-89 Abg. d. GRÜNEN im Hess. Landtag; umweltpolitischer Sprecher d. Fraktion.

BOPST, Wolf-Dieter

Dr., Vorsitzender d. Geschäftsführung Osram GmbH, Vors. Fachverb. Elektr. Lampen/ZVEI - Zu erreichen üb. Hellabrunner Str. 1, 8000 München 90 (T. 089 - 6 21 31).

BOQUOI, Elmar

Dr. med., Dipl.-Psych., Prof., Chefarzt Geburtshilfl.-Gynäkolog. Abt./Elisabeth-Krankenhaus Essen - - Geb. 1934 - Stud. Med. u. Psych. München (Staatsex. u. Promot); Dipl. Univ. Bonn - Facharzt f. Gyn. u. Geburtsh. FU Berlin (Habil.); 1971 Prof., 1976 Chefarzt Essen.

BORBEIN, Adolf H.

Dr. phil., Univ.-Prof. f. Klass. Archäologie FU Berlin - Wundtstr. 58/60, 1000 Berlin 19 - Geb. 11. Okt. 1936.

BORCH, von, Herbert

Dr. phil., Journalist - Zu erreichen üb.: R. Piper & Co. Verlag, Georgenstr. 4, 8000 München 40 - Geb. 17. Nov. 1909 Swatau/China (Vater: Herbert Cuno v. B., Diplomat), ev., verw. - Univ. Berlin, Frankfurt/M., Heidelberg (Soziol., Phil.; Promot. 1933) - 1934-43 Dt. Allg. Ztg. (DAZ), s. 1950 Herausg. Monatsschr. Außenpolitik, 1953-56 Außenpolit. Leitartikler Frankfurter Allg. Ztg., dann Washingtoner Korresp D. Welt, 1965-79 USA - Korresp. Südd. Ztg. - BV: u. a. Das Gottesgnadentum, Histor.-soziol. Versuch üb. d. religiöse Herrschaftslegitimation, 1934; Obrigkeit u. Widerstand, Z. polit. Soziol. d. Beamtentums, 1954; Amerika - D. unfert. Gesellschaft, 1960; Kennedy - D. neue Stil u. d. Weltpolitik, 1961; Friede trotz Krieg - Spannungsfelder d. Weltpolitik s. 1950, 1966; Amerika-Dekadenz u. Größe, 1981; D. gr. Krisen d. Weltpolitik, 1984 (Hrsg.); John F. Kennedy, Amerikas unerfüllte Hoffnung, 1986 - 1959 Joseph-E.-Drexel-Preis, 1963 Preis Univ. of California, 1966 Theodor-Wolff-Preis.

BORCHARD, Franz

Dr. med., Prof. f. Pathologie Univ. Düsseldorf - Zu erreichen üb.: Zentrum f. Path. u. Biophys. d. Univ., Moorenstr. 5, 4000 Düsseldorf - Geb. 21. Jan. 1943 Rheydt - Ab 1962 Stud. Univ. Köln, Wien, Düsseldorf u. Cambridge (Staatsex. 1968, Promot. 1969, Habil. 1975) - 1976 Oberarzt; 1979 apl. Prof. - BV: Adrenergic nerves of the heart, 1978; Gefäßprothesen (m. Loose), 1980; rd. 200 Arbeiten auf kardiovaskulärem u. gastroenterol. Gebiet - 1977 Hörlein-Preis; 1978 Rudolf-Virchow-Preis.

BORCHARD, Klaus

Dr.-Ing., Regierungsbaumeister, Architekt u. Städteplaner, o. Prof. f. Städtebau u. Siedlungswesen - Kiefernweg 17, 5330 Königswinter-Thomasberg - Geb. 1. März 1938 Münster (Vater: Hermann B., Bauuntern.; Mutter: Maria, geb. Rintelen), kath., verh. s. 1963 m. Ulrike, geb. Ganns, 2 Kd. (Michael, Claudia) - 1958 Abit. Hermann-Lietz-Sch. Spiekeroog; 1958-64 Stud. Arch. Univ. München; 1964 Dipl.-Ing., 1974 Promot. TU München; 1967 Reg.baum. Bayer. Staatsbauverw. - S. 1976 o. Ord. Univ. Bonn (Landw. Fak.); 1990-92 Dekan Landwirtsch. Fak. Univ. Bonn. 1977-89 Präs. Bundesverb. Kath. Ingenieure u. Wirtschaftler Deutschl., Bonn - BV: Orientierungswerte f. d. städtebaul. Planung, 1974 -Spr.: Engl.

BORCHARD, Werner

Dr. rer. nat., Prof., Hochschullehrer (Physikal. Chemie d. Hochpolymeren) - Uhlandstr. 8, 4220 Dinslaken (T. 26 47) - Geb. 1. Dez. 1935 Rheydt (Vater: Dr. Franz B., Chirurg; Mutter: Aenne, geb. Pieke), verh. s. 1970 (Ehefr.: geb. Rudlowski) - Abit. 1956, Stud. Chemie TH Aachen; Promot. 1966; Habil. 1975 TU Clausthal - 1978 Fachgeb.vertr. f. Angew. Physikal. Chemie Univ./Gesamthochsch. Duisburg - Mitverf.: Physics of the Glassy Polymers (1973; Hrsg. Haward), Advances Polym. Sci. 26: Model Networks (Hrsg. H.-J. Cantow). R. Zsigmondy-Stip. - Liebh.: Musik - Spr.: Engl., Franz.

BORCHARDT, Knut

Dr. oec. publ., Dr. rer. soc. et. oec. h. c., Dipl.-Kfm., ehem. Prof. f. Wirtschaftsgeschichte u. Volkswirtschaftslehre - Zeller Weg 22a, 8021 Icking (T. 42 98) - Geb. 1929 Berlin - Stud. German., Gesch., Wirtschaftswiss. Univ. Berlin (Humboldt, Freie) u. München. Promot. (1956) u. Habil. (1961) München - S. 1962 Ord. WH bzw. Univ. Mannheim (1966/67 Rektor) u. Univ. München (1969; Vorst. Volksw. Inst. - Sem. f. Wirtsch.gesch.). 1991 Ruhestand - BV: Wettbewerb, -beschränk., Marktbeherrsch., 1957 (m. Prof. Wolfgang Fikentscher); Denkschr. z. Lage d. Wirtschaftswiss., 1960 (i. A. DFG); Europas Wirtschaftsgesch. - e. Modell f. Entw.länder?, 1967; Dt. Wirtsch. s. 1870, 1964 (m. G. Stolper); D. industrielle Revolution in Dtschl., 1972; Strukturwirkungen d. Inflationsprozesse, 1972; Vademecum f. d. Volkswirt, 1973; Grundriß d. dt. Wirtschaftsgesch., 2. A. 1986; Wachstum, Krisen, Handlungsspielräume d. Wirtsch.politik, 1982; Perspectives on German Economic History, 1991. Zahlr. Einzelarb. - 1986 Leibniz-Preis Dt. Forschungsgemeinsch. (DFG); 1970 Mitgl. Wiss. Beirat Bundeswirtsch.min.; 1974 Bayer. Akad. d. Wiss. - Spr.: Engl.

BORCHARDT, Peter

Dr. phil., Regisseur - Tannli, CH-3416 Affoltern i.E. - Geb. 28. April 1935 Berlin - Univ. Berlin u. Wien (Promot. 1961) - S. 1961 Städt. Bühnen Köln, Schauspielhaus Hamburg (1963), Städt. Bühnen Dortmund (1967 Oberspiell. u. stv. Int.), Ulmer Theater (Regiss. u. 1972 Int.), Stadttheater Bern (1981-87 Schauspieldir.). Insz. in Basel, Berlin, Bonn, Düsseldorf, Frankfurt, Hamburg, Köln. 1988 Gründung Berner Ensemble. Autor: Stücke f. Kinder. Übers.: Terson, Mc Grath, Shakespeare, Moliere. S. 1983 Veranst.: Aua, wir leben, zeitgenös. dt.-spr. Theater in Bern - 1989 Werkpreis d. Stadt Bern.

BORCHARDT, Peter O.

Unternehmensberater (s. 1990), Handelsrichter - Mauerweg 20, 6370 Oberursel (T. 06171 - 7 32 52) - Geb. 27. Juli 1929, verw. - B. 1970 Braunschweig. Staatsbank (Dir.), dann Nordd. Kreditbank AG bzw. Allg. Dt. Credit-Anstalt, Berlin-Frankfurt/M. (1970 bzw. 1973 Vorst.-Mitgl.), Vorst.-Mitgl. Investitions- u. Handels-Bank AG, Frankfurt/M. (s. 1975), Nordfinanz Kreditbank AG, Bremen (s. 1980), Vorst.-Mitgl. Banco Bilbao Vizcaya Deutschl. AG, Frankfurt/M. (s. 1984).

BORCHERDT, Christoph

Dr. phil., o. Prof. f. Kulturgeographie - Erwin-Bälz-Str. 4, 7120 Bietigheim-Bissingen - Geb. 25. Dez. 1924 München - S. 1959 (Habil.) Lehrtätigk. Univ. Saarbrücken (Privatdoz.) u. s. 1965 TH bzw. Univ. Stuttgart (Ord.). Div. Fachveröff. bes. zu Süddeutschland u. Venezuela - Vors. d. Ges. f. Erd- u. Völkerkunde zu Stuttgart.

BORCHERS, Elisabeth

Arndtstr. 17, 6000 Frankfurt/M. (T. 74 63 91) - Geb. 27. Febr. 1926 Homberg/Ndrh. (Vater: Rudolf Sarbin; Mutter: Claire, geb. Beck) - 1961-71 Lektorin im Luchterhand Verlag. S. 1971 im Suhrkamp u. Insel Verlag. Studienaufenthalte Frankr. u. USA - BV: Gedichte, 1961; D. Tisch, an dem wir sitzen, Ged. 1967; E. glückl. Familie, Erz. 1970; Gedichte, 1976; Wer lebt, Ged. 1986; Von d. Grammatik d. heutigen Tages, Ged. 1992; Anthologien; Kinderb.; Hörsp. Übers. - 1971 Mitgl. Akad. d. Wiss. u. Lit. Mainz u. PEN-Zentrum BRD, 1989 Mitgl. Dt. Akad. f. Sprache u. Dichtung Darmstadt; 1976 Roswitha-von-Gandersheim-Med.; 1986 Hölderlin-Preis.

BORCHERS, Hans

Dr. med., Prof., Internist -Birkhahnweg 20, 8000 München 59 (T. 46 91 06) - Geb. 22. Nov. 1920 Wetzlar/L. S. 1961 (Habil.) Lehrtätigk. München (1969 apl. Prof.; zeitw. Oberassist. II. Med. Klinik) - BV: Hämatologie f. d. Praxis, 1966.

BORCHERS, Heinz

Dr.-Ing., habil. em. o. Prof. f. Metallurgie u. Metallkd. (emerit.) - Tittmoninger Str. 3, 8000 München 80 (T. 98 14 68) - Geb. 18. Juli 1903 Aachen (Vater: Geh.Reg.rat Prof. Dr. phil. Dr.-Ing. E. h. Wilhelm B., Ord. f. Metallhüttenwesen u. Elektrometall TH Aachen; Mutter: Lucie, geb. Probst, ev., verh. s. 1929 m. Margarete, geb. Heierhoff, 3 Kd. - Dipl.-Ing. (1926), Promot. (1930) u. Habil. (1933) TH Aachen - 1926 Betriebsassist. Mansfeld AG f. Bergbau u. Hüttenbetr., 1926-36 Assist. u. Oberassist. Inst. f. Metallhüttenwes. u. Elektrometall. TH Aachen, dann Leit. Metallref. Reichsamt f. Wirtsch.ausbau, Berlin, 1937-45 ao. u. o. Prof. (1940) TH München, 1945-50 Ind.tätig. u. -berat. In- u. Ausl., sd. wied. o. Prof. u. Inst.dir. TH München. Therm. Aluminiumgewinn. (m. W. Schmidt); Raffination mittels Quecksilberextraktion - BV: Metallkd., 3 Bde. 1943/75, 8. A. 1975. Mithrsg.: Landolt/Börnstein, Zahlenwerte u. Funktionen, 3 Bde. 6. A. 1963/65. Abhandl. aus Metallurgie u. Metallkunde, 9 Bde. 1942/78. Üb. 200 Einzelarb. - W. Borchers-Plak., 1930; Ehrenmitgl. d. Dt. Ges. f. Metallkunde, 1977. - Liebh.: Schwimmen, Wandern - Bek. Vorf.: W. Borchers (Vater, s. oben).

BORCHERS, Tölke
Landwirt, MdBB, Präs. Landwirtschaftskammer Bremen - Zu erreichen üb. Ellhornstr. 30, 2800 Bremen.

BORCHERT, Günter
Dr. rer. nat., o. Prof., Geograph - Schloßgarten 57, 2000 Hamburg-Wandsbek (T. 68 16 00) - Geb. 9. Jan. 1926 Uetersen/Holst. (Vater: Wilhelm B., Mittelschulkonrektor; Mutter: Hertha, geb. Wulf), ev., verh. s. 1959 m. Helga, geb. Wolff, 3 Söhne (Jörg, Gunnar, Sven) - Stud. Geogr., Chemie, Physik, Botanik, Zool. (1944-47 unterbr.). Promot. (1953) u. Habil. (1962) Hamburg - S. 1953 Univ. Hamburg (1963 Wiss. Rat, 1966 Wiss. Ass., 1968 apl. Prof., 1979 o. Prof. Inst. f. Georgr. u. Wirtschaftsgeogr.) - BV: u. a. Afrika, 4. überarb. u. erw. A. 1976; Erdkunde in Stichworten, 1961; D. Wirtschaftsräume Angolas, 1967; D. Wirtschaftsräume d. Elfenbeinküste, 1972; Economics, Bibliogr. 1973; Klimageographie, 1978; Agricultural Efficiency in South Africa. 1983; Forschungsarbeit - Zambezi Aquädukt, 1988 - Spr.: Engl., Portugies.

BORCHERT, Ingo
Dr. rer. nat., Prof. f. Experimentalphysik (1978 ff.) - Beuthener Weg 7, 3406 Bovenden - Geb. 26. Juni 1941 München, verh. s. 1969 m. Susanne, geb. Mettig, 2 Kd. (Astrid, Kurt) - Abit. 1960, Dipl. (Physik) 1967, Promot. 1969, Habil. 1973. Wiss. Assist., Dozent s. 1977 Prof. Mitarb. an: Physikal. Taschenb., 1975. Alpinist - Spr.: Engl.

BORCHERT, Jochen
Landwirt, MdB (Landesliste NRW) - Hansastr. 121, 4630 Bochum 6 (Wattenscheid; T. 02327 - 8 21 10) - Vorstandsmitgl. d. Absatzförderungsfonds d. Dt. Land-, Forst- u. Ernährungswirtsch.; AR-Mitgl. Ges. f. Techn. Zus.arb. (GTZ) - CDU.

BORCHERT, Manfred
Dr. rer. pol., Dipl.-Volksw., o. Prof. Univ. Münster - Derkskamp 76, 4400 Münster (T. 02501 - 57 03) - Geb. 10. Febr. 1939 Berlin (Vater: Otto B.; Mutter: Erika, geb. Weiner), ev., verh. s. 1960 m. Gabriele, geb. Breit, 3 Kd. (Thomas, Kerstin, Marion) - Stud. Volkswirtsch. Univ. Erlangen/Nürnberg, Princeton/USA. Dipl.ex. 1964 u. Promot. 1967 Erlangen; Visiting-Fell. 1967/68 Princeton - 1971 (habil.) Priv.doz. Univ. Marburg, 1972 ao. u. 1974 o. Prof. Univ. Münster, 1985 u. 1987 Visitor of the Intern. Monetary Fund, Washington D.C., 1987 Visiting Prof. d. Nankai-Univ. in Tianjin/China, 1990 official Visitor of the Board of Governors of the

Federal Reserve System, Washington, D.C. - Spr.: Engl.

BORCHMEYER, Dieter

Dr. phil., Prof. f. Neuere dt. Literaturgesch. u. Theaterwiss. Univ. Heidelberg - Osterwaldstr. 53, 8000 München 40 (T. 36 44 61) - Geb. 3. Mai 1941 Essen (Vater: Dr. jur. Joseph B., Rechtsanw. u. Nt.; Mutter: Bärbel, geb. Schulten), kath., verh. s. 1973 m. Ursula, geb. Beitelrock, 2 S. (Florian, Sebastian) - Stud. München. Beide Staatsex. (1967 u. 71), Promot. (1970) u. Habil. (1979) München; 1972-79 Gymnasiallehrer München; s. 1979 Lehrtätig. Univ. Erlangen, Würzburg, München; s. 1984 Geschäftsf. Vorst. Inst. f. Theaterwiss. Univ. München. 1983 Gastprof. f. dt. Lit. Washington-Univ. St. Louis (USA), 1990 Gastprof. Univ. of Calif., Davis - BV: Tragödie u. Öffentlichkeit - Schillers Dramaturgie, 1973; Höf. Gesellschaft u. Franz. Revolution b. Goethe, 1977; D. Weimarer Klassik, 1980; Dienst u. Herrschaft - E. Versuch über Robert Walser, 1980; D. Theater Richard Wagners, 1982; Macht u. Melancholie. Schillers Wallenstein, 1988; Richard Wagner. Theory and Theatre, 1991; D. Götter tanzen Cancan. Richard Wagners Liebesrevolten, 1992. Herausg.: Goethe: Frühes Theater/Klass. Theater, 2 Bde., (1982); Nietzsche: D. Fall Wagner, (1983); Wagner-Parodien, (1983); Richard Wagner: Dicht. u. Schr., 10 Bde., (1983); Goethe: Dramen 1765-1775 (Sämtl. Werke IV), (1985); Weimar am Pazifik. Festschr. f. W. Vordtriede, (1985); Mod. Lit. in Grundbegriffen, (1987); Wege d. Mythos in d. Moderne, (1987); Goethe: Dramen 1776-90 (Sämtl. Werke V, 1988); Poetik u. Gesch. Festschr. f. V. Žmegač (1989); Mozarts Opernfiguren (1992). Abhandl. z. dt. Lit. v. 18.-20. Jh., Programmheftbeitr. Bayreuther Festsp. u. Bayer. Staatsoper. Rezensionen Südd. Ztg. u. Frankfurter Allg. Ztg.

BORCK, Karl-Heinz
Dr. phil., em. Prof. f. Dt. Philologie - Johnsallee 69, 2000 Hamburg 13 (T. 44 98 66) - Geb. 3. März 1923 Riga - S. 1960 (Habil.) Lehrtätig. Univ. Münster u. Hamburg (1962 Ord.; Mitdir. German. Sem.). 1966 b. 1968 Vors. d. dt. Hochschulgermanisten u. Dt. Germanisten-Verb.; 1983 emerit. Div. Fachveröff.

BORCK, von, Ulrich
Geschäftsführer - Marktstr. Nr. 9a, 5462 Bad Hönningen - Geb. 10. Aug. 1937 Schmelzdorf (Vater: Dietrich v. B., Landw.; Mutter: Jutta, geb. v. Knobelsdorff), ev., verh. s. 1966 m. Heilwig, geb. v. Hoff (geb. 1939), 2 T. (Bettina, Stefanie) - Gf. Rhein. Kohlensäure-Ind. GmbH., Hönningen, Kohlensäurew. Dtschl. GmbH. ebd., Trockeneis-Handelsges. mbH., Düsseldorf, Trockeneisberater Ludwigshafen. ARsmandate - Liebh.: Sport, Reiten, Musik - 1978 Gold. Sportabz. - Spr.: Engl., Franz.

BORCKE, von, Mathias
Rechtsanwalt, Versicherungsdirektor - Baron-Voght-Str. 19c, 2000 Hamburg 52 - Geb. 21. Sept. 1939 - Vorst. Transatlantische Leben, Hamburg.

BORDASCH, Fritz
Dr. med., Prof., Chefarzt Chirurg Abt. Henrietten-Stift Hannover (s. 1953) - Namedorfstr. 38, 3011 Bemerode (T. dstl.: Hannover 8 11 21) - Geb. 16. Sept. 1909 - 1939 Privatdoz. Univ. Königsberg, 1950 apl. Prof. Univ. Hamburg. Facharb.

BORDEN, Friedrich

Dr. phil., Pädagoge, Honorarprof. f. Erziehungswiss. Univ. Bonn (1974ff.) - Nachtigallenweg 48, 5300 Bonn 1 - Geb. 23. April 1901 Leipzig - Stud. Phil., Gesch., Geogr., Theol. u. Zeitungswiss. Univ. Leipzig u. Berlin; Promot. 1923 - 1924-28 Journ. u. Schriftleit. in Deutschl. u. Brasilien; 1929-63 Höh. Schuldst.; 1963-74 Oberstudienrat im Hochschuldst.; 1974ff. Honorarprof. 1967-75 Bundesvors. Verb. z. Förderung d. Phil. am Dt. Gymn. - BV: Lehrprakt. Analysen f. d. Phil.-Unterr.; Lehrprakt. Analysen (Kant); Quellenhefte f. Phil. Herausg. u. Mitarb. Ztschr. Päd. Beitr. in versch. Ztschr. u. Festschr. - 1971 Bundesverdienstkreuz.

BORDFELD, Elmar
Hauptgeschäftsführer b. Bund Katholischer Unternehmer (BKU) - Dürener Str. 387, 5000 Köln 41 (T. 0221 - 430 10 96) - Geb. 3. Juni 1941 Bonn-Bad Godesberg, kath., verh. m. Vera, geb. Kahlen (Reg.amtmännin), 2 Kd. (Severin, Eliane) - Abit. 1960; Stud. Phil. u. kath. Theol. Bonn u. Münster, Staatsex. 1968 f. d. Lehramt u. Lizentiat Theol. - Vorst.-Mitgl. Kath. Pressebund e.V.; Mitgl. d. Engeren Statthaltereirates d. Päpstl. Ordens d. Ritter v. Hl. Grab zu Jerusalem - B. 1986 Chefredakt. Osservatore Romano dt. Vatikan, b. 1991 Chefredakt. Ruhrwort-Wochenztg. im Bistum Essen - S. 1968 Mitgl. im Dt.

Journalistenverb. DJV - BVK am Bde.; Komtur d. Päpstl. Gregoriusordens; Ehrenprofessur d. Rep. Österreich, u.a. - Spr.: Ital., Engl.

BORELLI, Siegfried
Dr. med., Dr. phil., o. Prof. f. Dermatologie u. Venerologie - Biedersteiner Str. 29, 8000 München 40 (T. 3 81 06-1) - Geb. 2. Juni 1924 Berlin, ev., verh. (Ehefr.: Erika) - Univ. Berlin (Med.), Prag (Med.), Hamburg (Med.; Phil., Gesch.) - WS. 1955/56 (Habil.) Lehrtätig. Univ. (1962 apl. Prof.) u. TU München (1967 Ord. u. Klinikdir.) - Bücher, Buchbeitr. u. üb. 300 Fachveröff. - 1980 Bayer. VO.

BORETZKY, Norbert
Dr. phil., Dozent, apl. Prof. f. Vergl. Sprachwissenschaft Univ. Bochum (s. 1972) - Auf dem Backenberg 7, 4630 Bochum 1 - Geb. 10. Jan. 1935 Breslau (Vater: Max B., Schrifts.; Mutter: Elfriede, geb. Pfeiffer), verh. s. 1977 m. Tiyoko, geb. Utida, T. Alexandra - 1949-53 Obersch. Halle; 1953-62 Univ. ebd. u. Bonn (Biol., Slav., Vergl. Sprachwiss.). Promot. 1962 Bonn; Habil. 1970 Bochum - BV: Einf. in d. histor. Linguistik, 1977; Kreolsprachen, Substrate u. Sprachwandel, 1983 - Spr.: Russ., Schwed., Alban.

BORGELT, Hans
Dr. phil., Journ. u. Schriftsteller (Roman, Biographie, Sachbuch, Bühnenstück, Film- und Fernseh-Drehbuch) - Kornaue 6, 1000 Berlin 39 (T. 805 20 32) - Geb. 6. Juli 1914 Osnabrück (Vater: Fritz B., Beamter; Mutter: Elly, geb. Tweer), ev., verh. s. 1940 m. Käthe, geb. Zunner, 3 Kd. (Christiane, Hans-Henning, Gabriele) - Gymn. Eberswalde; 1935-40 Univ. Berlin (Zeitungswiss., Musik- u. Filmgesch.) - 1940-45 Soldat u. Kriegsber., ab 1945 fr. journ. Tätig. (Reporter, Kritiker); 1953-68 Pressechef Intern. Filmfestsp. Berlin; 1960-62 Pressechef Filmind.verb. u. Export-Union Wiesbaden; Vors. Filmbewertungsst. Wiesbaden; Mitgl. Beirat Int. Filmfestsp. Berlin - BV: D. Stoeckel-Memoiren, 1966, 70, 76 u. 80; Grethe Weiser- Herz m. Schnauze, 1971, 74, 76 u. 83; Lilian Harvey - D. süßeste Mädel d. Welt, 1974 u. 76; Zuhaus in fremden Betten, R. 1977 u. 79; Stars u. Stories - Filmgeschichte(n) aus Berlin, 1975 u. 83; Filmstadt Berlin, 1979; D. war d. Frühling v. Berlin, R. 1980; D. Doppelgänger, R. 1984; D. kaninische Krieg, R. 1991; D. lange Weg n. Berlin, Autobiogr. 1991. Bühnenst.: Alle reden v. Liebe (1971), Alwine - süße Biene (1973), Zuhaus in fremden Betten (1976), Ein toller Einfall (1977), D. Wahrheit üb. Morrison (1978), Rosenemil (m. Georg Hermann) (1979), Alles üb. Männer (1980), Birken im Wind (1985). Buch u. Regie: Cinema Berolina (Filmserie 1971, Präd.: wertvoll, HDF-Preis 1972, Mexik. Filmpreis 1973); Berlin - dein Filmgesicht (Filmcollage 1979, Präd.: bes. wertvoll); Kintopp-Erinner. I (m. Alfred Biolek); Kintopp-Erinner. II (m. Günter Pfitzmann; FS-Serie 1981); Komödianten I u. II (m. Gustav Fröhlich, FS-Serie 1982 u. 83); D. gold. Hungerjahre (dreit. FS-Serie 1983); Spreepiraten (FS-Serie 1989/90; Co-Autor u. Regie: Hans-Henning Borgelt); Alle meine Töchter (FS-Serie 1990/91; Co-Autor: Hans-Henning Borgelt). Zahlr. Fernseh-Dokument., -Porträts, -Spiele, Spielfilme: Fabian (1978); D. Leiden eines Chinesen in China (dt.-chines. Coproduktion, 1986); D. Bettler v. Kurfürstendamm (FS 1987); D. Tänzerin (dt.-japan. Coproduktion, 1988); D. Winterreise (dt.-japan. Coproduktion, FS 1990).

BORGELT, Hans-Henning
Regisseur u. Autor - Weimarische Str. 6, 1000 Berlin 31 (T. 030 - 853 77 65) - Geb. 19. Jan. 1946 Berlin, 2 Kd. (Tilla, Bela) - Fernseh. f. Kinder: Blaulicht (1977), Servus Opa, sagte ich leise (1978), Tilla u. Padde (1982), D. Baby meines Bruders (1983), Rattenfänger (1984), Straßenkampf (1985), Löwen-

zahn (1981-88), Mittendrin (1987, Regie f. 9 Folgen), Spreepiraten (26 Folgen Regie u. Co-Autor v. Hans Borgelt) - 1979 Adolf-Grimme-Preis; 1983 ABU-Pr. Auckland; 1984 u. 1989 ABU-Preis Tokyo - Spr.: Engl. - Bek. Vorf.: Dr. Hans Borgelt, Theater- u. Fernsehautor (Vater).

BORGER, Hugo

Dr. phil., Prof., Generaldirektor d. Museen d. Stadt Köln u. Dir. d. Röm.-German. Museums, Prof. Univ. Bonn, Vors. Verb. d. Landesarchäologen in d. Bundesrep. Deutschl. - Roncalliplatz 4, 5000 Köln 1 (T. 22 12 301).

BORGER, Riekele (Rykle)

Dr. phil., o. Prof. f. Assyriologie - Obere Karspüle 31, 3400 Göttingen - Geb. 24. Mai 1929 Wieuwerd/Niederl. (Vater: Evert B., Eisenbahner; Mutter: Sytske, geb. de Boer), verh. s. 1965 m. Angelika, geb. Otto-Hillebrand - Univ. Leiden, Göttingen, Wien (Orientalistik, Theol.) - S. 1958 Dozent u. Ord. (1962) Univ. Göttingen - BV: D. InschriftenAsarhaddons, 1956; Einleit. in d. assyr. Königsinschriften, Bd. I 1961; Babylon.-assyr. Lesestücke, 1963, 2. A. 1979; Handb. d. Keilschriftlit. I-III, 1967 u. 1975; Assyr.-babyl. Zeichenliste, 1978, 2. A. 1981; Drei Klassizisten: Alma Tadema, Ebers, Vosmaer, 1978. Zahlr. Aufs. u. Rezens. - 1978 o. Mitgl. Akad. d. Wiss., Göttingen.

BORGES, Friedrich

Dr. jur., Assessor, Hauptgeschäftsf. Bundesverb. d. Dt. Versandhandels (b. 1972, Ruhest.) - Wohnpark Rosengärtchen, Im Rothkopf 1, 6370 Oberursel.

BORGES, Rudolf

Dr. rer. nat., Prof. f. Didaktik d. Mathematik (spez. Arbeitsgeb.: Stochastik) - Batzenbaumweg 21, 6382 Friedrichsdorf (T. 06172 - 7 13 26) - Geb. 22. Jan. 1934 Frankfurt/M. (Vater: Dipl.-Ing. Hermann B.; Mutter: Lili, geb. Schmidt-Knatz), verh. s. 1966 m. Irmtraud, geb. Stark - 1964 (Habil.) Lehrtätigk. Univ. Köln, 1966-74 Prof., Math. Inst. Univ. Gießen. S. 1974 Prof. Inst. f. Didaktik d. Mathematik i. Frankfurt/M. Etwa 20 Facharb.

BORGES, Wolfgang

Regisseur u. Autor, Produzent d. UTV-Film-Fernsehen u. Dir. Nieders. Bergbaumuseum - Leisewitzstr. 4, 3000 Hannover-Hindenburgviertel, priv.: Tiedgestr. 5A, 3000 Hannover 1 (T. 0511 - 81 60 41) - Geb. 28. Dez. 1938 Hannover (Vater: Heinrich B., Maschinenbau-Ing.; Mutter: Edith, geb. Beensen), ev., verh. s. 1972 m. Barbara, geb. Lankau - Gymn.; Stud. Theaterwiss., Filmregie, Fotografie, Montangesch. - 1960 Gründ. UTV-Film-Fernsehen (bereits in d. Ausb.) Assist. namhafter Regiss., danach eig. Regie f. Theater, Film, Ferns., Rundf., dan. montanarchäol. Forschungsprojekte, 1975 Gründ. Nieders. Bergbaumuseum, Firmenbeteilig. an UTV-Film-Fernsehen, HFN - Hörfunk u. Fernsehen Nieders., Nieders. Bergbaumuseum - Veröff.: ca. 260 Filme f. d. dt. u. intern. FS.; ca. 340 Hörfunksend. div. Buchveröff. u. Publ. darunter Gesichter im Grubenlicht etc. - Intern. Film- u. FS-Auszeichnungen: New York, Edinburgh, Accademia Italia Rom etc., ehrenamtl. Kulturarbeit in Südnieders., Mitgl. Gilde professioneller Filmschaffender, Museumsverb. Nieders./Bremen - Liebh.: Kirchenorganist - Spr.: Engl. - Bek. Vorf.:Borges von Borries (vs.), General Gerhard v. Scharnhorst (ms.).

BORGH, Ted

Kapellmeister, Komp., Musikbearb., Musikverleger u. -Produz. - Merricherstr. 27, 5040 Brühl (T. 02232-2 71 13) - Geb. 28. März 1927 Köln, kath., verh. m. Liesel, geb. Schneider - Musikhochsch. Köln (Klavier u. Kompos.) - Veröff.: Rd. 250 eig. Kompos. od. Bearb. auf Schallpl. (meist. auch im Rundf. gespielt) - Liebh.: Computer.

BORGHS, Horst P.

Vorstandsmitglied Adam Opel AG - Bahnhofsplatz 1, Postfach 17 10, 6090 Rüsselsheim - Geb. 7. Febr. 1947 Bad Godesberg - Dipl.-Volksw. 1971 Univ. Bonn - 1979-82 Leit. Presseabt. Ford-Werke AG, Köln; s. 1982 Adam Opel AG; s. 1986 Dir. Öffentlichkeitsarb. u. Beziehungen zu Regierung u. Ind. Adam Opel AG.

BORGMANN, Fritz-Otto

Dr.-Ing., Prof. f. Metallurgie - Bundesratufer 10, 1000 Berlin 21 - Geb. 9. Jan. 1935 Dortmund - Promot. 1970 - S. 1972 Prof. TU Berlin.

BORGMANN, Hans

Dr. med. (habil.), Chefarzt (Augenabt.), apl. Prof. f. Augenheilkunde Univ. Freiburg/Br. (s. 1975) - Johanniter-Krankenhaus, 5300 Bonn.

BORGMANN, Reinhold

Generalsekretär Deutscher Hockey-Bund - Theresienhöhe, 5030 Hürth - Member Protocol-Komitee FIH, Nations Cup-Komitee EHF.

BORGMANN, Wilhelm

Dr.-Ing., stv. Vorstandsvorsitzender Continental AG - Erftweg 14, 5106 Rott - Geb. 15. Nov. 1929 - 1970-85 Vorst. Uniroyal Englebert Deutschl. AG.

BORGMEIER, Raimund

Dr. phil., Prof. f. Neuere engl. u. amerik. Literatur Univ. Gießen (s. 1975) - Friedlandstr. 8, 6301 Biebertal 1 (T. 06409 - 3 69) - Geb. 7. April 1940 Detmold (Vater: Josef B., kaufm. Angest; Mutter: Gerta, geb. Struwe), kath., verh. s. 1964 m. Ingrid, geb. Ohms, 3 Kd. (Sylvia, Viola, Daniel) - Stud. d. Angl. Latinist., Phil. Univ. Münster, Exeter; Promot. 1967 Bochum; Habil. 1974 ebd. - 1965-75 Wiss. Assist. u. Privatdoz. Univ. Bochum; 1982 Gastprof. Univ. of Wisconsin Milwaukee; 1988 Gastprof. Univ. of Wisconsin Madison - BV: D. Studium d. Anglistik, 1970; The Dying Shepherd, 1976; Science Fiction, 1981 (m. Suerbaum/Broich). Herausg.: Shakespeare, The Sonnets/D. Sonette (1974); Gattungsprobleme in d. angloamerik. Lit. (1986). Mithrsg.: Shakespeare, King Lear/König Lear (1973; zugl. Übers. m. a.); Der historische Roman I & II (1984). Reihenhrsg.: D. engl. Lit. in Text u. Darst., 10 Bde. (1982-86). Fachveröff. u. Rezensionen.

BORGSTADT, Alfred

Mitinhaber Wilhelm Borgstadt & Sohn, Osnabrück, Präs. Handwerkskammer ebd., Vors. Nieders. Handwerkskammertag, Hannover, VRsmitgl. Dt. Automobil-Treuhand GmbH., Stuttgart - Postf. 1520, 4500 Osnabrück - Geb. 1. April 1921.

BORGWARDT, Jürgen

Rechtsanwalt, Hauptgeschäftsf. Union d. Ltd. Angestellten/ULA (s. 1969) - Alfredstr. 77-79, 4300 Essen 1, Postfach 340248 (T. 0201 - 78 20 36) - Geb. 30. April 1937 Berlin (Vater: Lothar B., Elektroing.; Mutter: Ortrud, geb. Rohloff), verh. s. 1968 m. Margret, geb. Klack, 2 Töcht. (Frauke, Wibke) - Univ. Hamburg u. Göttingen (Rechtswiss.) - Spr.: Engl.

BORHO, Walter

Dr. rer. nat., o. Prof. f. Mathematik Univ.-GH Wuppertal - Gaußstr. 20, 5600 Wuppertal 1 - Geb. 27. Dez. 1945 Hamburg (Vater: Walter B., Maschinenschl.; Mutter: Josefine, geb. Wortmann), kath., verh. s. 1969 m. Regina, geb. Stelzer, T. Nicole - Albrecht-Thaer-Gymn. u. Univ. Hamburg (Masch.; Dipl. 1971). Promot. 1973 Hamburg; Habil. 1977 Bonn - S. 1977 Ord. GH Wuppertal - BV: Lebendige Zahlen, 1981.

BORINSKI, Ludwig

Dr. phil., emerit. o. Prof. - Papenhuder Str. 28, 2000 Hamburg 76 (T. 229 88 85) - Geb. 11. Jan. 1910 München (Vater: Prof. Karl B., bek. Literaturhistoriker; Mutter: geb. Schweitzer), kath., verh. s. 1953 m. Helga, geb. Pansing, 3 Kd. - Maximilians-Gymn. München; Univ. ebd., Leipzig (Promot. 1931), Cambridge - BV: D. Stil König Alfreds, 1934; Engl. Geist in d. Geschichte s. Prosa, 1951; Meister d. mod. engl. Romans, 1963; D. engl. Roman d. 18. Jh.s, 1968; Engl. Humanismus u. dt. Reformation, 1969; Lit. d. Renaissance, 1975 (m. C. Uhlig).

BORK, Hans-Rudolf

Dr. rer. nat., Prof. f. Regionale Bodenkunde - Jägerweg 32 A, 1000 Berlin 27 - Geb. 5. Aug. 1955 Gießen, ev., verh. s. 1978 m. Helga, geb. Rohde, 2 Kd. (Sebastian, Tabea) - Stud. Geogr., Bodenkunde, Geol. Univ. Gießen u. TU Braunschweig; Dipl. 1978; Promot. 1982; Habil. 1988 (Physische Geographie u. Geoökologie) TU Braunschweig - 1980 wiss. Angest.; 1987 Hochschulassist.; 1988 Prof. TU Braunschweig; 1989 Prof. TU Berlin; s. 1989 Chief Editor Catena; s. 1991 Mitgl. im Nationalkomit. Man and Boisphere. Forsch.geb.: Bodenkunde, Geoökol., Landschaftsgenese - BV: Relief- u. Bodenentwicklung in S.-Nieders., 1983; Bodenerosion u. Umwelt, 1988. Ca. 100 Publ. - Spr. Engl., Franz.

BORK, Kunibert Klemens

Dipl.-Kfm., Geschäftsführer u. Finanzdir. a.D. 3M Deutschland GmbH. (1965-83) - Nixhütter Weg 20, 4040 Neuss (T. 02101 - 4 26 00) - Geb. 27. Dez. 1924 Duisburg (Vater: Clemens August B., Pädagoge; Mutter: Elisabeth, geb. de Temple), kath., verh. s. 1955 m. Annemarie, geb. Schlüter, 3 Kd. (Kunibert Clemens, Christian Franz Xaver, Veronika Franziska) - Gymn. - BV: Profit Controllership, 1963; D. sozialen Wandlungen in d. Stadt Duisburg in d. ersten Jahrzehnten d. Industrialisierung (1850-1880), Sonderdr. aus Duisb. Forsch., Bd. 8 - Liebh.: Fotografieren - Spr.: Engl.

BORK, Reinhard

Dr. iur., Univ.-Prof. Bürgerl. Recht, Handels- u. Wirtschaftsrecht sowie Zivilprozeßrecht Univ. Hamburg (s. 1991) - Schlüterstr. 28, 2000 Hamburg 13 (T. 040 - 41 23 41 10) - Geb. 24. Febr. 1956 Köln, ev., verh., 2 Kd. - Stud. 1975-80 Münster; Promot. 1984; Habil. 1988 - 1989/90 Prof. Univ. Bonn - BV: D. Verfahren v. d. Ethik-Kommiss. d. Med. Fachbereiche, 1984; D. Vergleich, 1988; Werbung im Programm, 1988.

BORKHARDT, Hertha-Lore

Dr. med. habil., Ärztin, o. Prof. f. Medizinische Mikrobiologie d. Med. Akad. Magdeburg (s. 1982) - Leiterstr. 1, O-3010 Magdeburg (T. 091 - 3 15 17) - Geb. 16. Sept. 1939, ev., gesch., 2 Kd. (Arndt, Grit) - 1957-63 Stud. Humanmed. Leipzig u. Dresden; 1963 Approbat.; Promot. 1963 Dr. med.; Habil. 1978.

BORM, Dietrich

Dr. med., Prof., Chefarzt Chirurg. Abteilung/St.-Bernwards-Krkhs., Hildesheim -Treibestr. 9, 3200 Hildesheim - Geb. 9. Okt. 1928 Elditten/Ostpr. - Promot. (1954) u. Habil. (1965) Kiel - S. 1970 apl. Prof. Univ. Kiel (Chir.). Üb. 50 Fachveröff.

BORMANN, Karl

Dr. phil., Prof. f. Philosophie Univ. Köln - Weststr. 6a, 4018 Langenfeld (T. 02173 - 1 34 35) - Geb. 23. Nov. 1928 Monheim (Vater: Gerhard B.; Mutter: Gertrud, geb. Göbbels), kath., verh. s. 1956 m. Gertrud, geb. Gladbach, 2 Kd. (Diana, Markus) - 1949-55 Stud. Univ. Köln; Promot. 1955, Staatsex. 1958, Habil. 1967 - 1967 Privatdoz.; 1970 Prof. - BV: Philon v. Alexandrien, 1955; Platon. D. Staat, 1961 u. 89; Parmenides, 1971; Platon, 1973, 87; Schriften d. Nicolaus Cusanus, 1964, 70, 72, 77, 80, 83, 86, 87, 88, 89, 90; Cusanus-Texte: Marginalien, 1986 - 1969 Mitgl. Heidelberger Akad. d. Wiss., Cusanus-Commission; 1985 Intern. Center for Platonic and Aristotelian Studies, Athen - Spr.: Latein, Griech., Hebrä., Engl., Franz., Ital., Span.

BORMANN, Manfred

Dr. rer. nat., o. Prof. f. Fachdidaktik d. Physik Univ. Bochum (s. 1975), Prorektor f. Lehre (1980/81), Prorektor f. Forschung (s. 1990) - Wienkopp 9, 4630 Bochum - Geb. 15. Jan. 1934 Neidenburg/Ostpr. - Abteilungsdirektor u. Prof. Univ. Hamburg (Experimentalphysik).

BORN, C. Bob

Fr. Künstler, Cartoonist - Okenstr. 44, 7800 Freiburg (T. 0761 - 5 48 13) - Geb. 2. Juni 1957 Freiburg im Br. - Stud. Bild. Kunst (b. 1983 b. Roland Bischoff u. René Acht); Stud. Biol., Pharmakol. u. Pathol. Univ. Freiburg - S. 1975 mehrere Ausstellungen; 1985 u. 86 Org. v. Kunst-Ausstellungen zug. d. Afrikahilfe Notärzte Cap Anamur. Cartoon-Serien: Bob's Strapaziergänge, Bob's Frustschutzmittel, Zeichnung, Graphik, Buchillustration - 1976 Kunstpreise Gedok Freiburg u. 1985 SWF Baden-Baden - Liebh.: Astronomie, Musik, Satire - Spr.: Engl., Franz., Latein - Lit.: Peter Joseph Rottmann im Spiegelportrait v. Christian Bob Born, Hunsrück (1981) - Bek. Vorf.: Sires de Born 1378-1440 (dir.lin.); Brauner de Brunier, General 1857-1916 (Urgroßv.).

BORN, Georg

Dr. phil., Pastor, Schriftst. (Ps. George Bertrand de Born) - Sundparken 50, DK-6100 Haderslev (T. 04-58 45 01) - Geb. 14. März 1928 Hamburg, luth. (Vater: Julius B., Bauing.; Mutter: Ida, geb. Hay), 7 Kd. (Andreas, Florian, Gregor, Julia, Christine, Katharina, Jytte †) - Stud. Theol., Psych. u. Päd. Univ. Hamburg u. Erlangen; Promot. 1952 Erlangen - 1953-55 Lehrer LSH-Holzminden; 1955-66 Pastor Rosenheim, Hofstetten/Ufr.; 1967-76 Pastor u. Domprediger Haderslev, Dänem. - BV: Born's Tierleben, 1955; Weiße Maus u. kl. Käfer, 1961; Fabeln, erz. Texte, Artikel - Spr.: Dän., Schwed., Norweg., Engl.

BORN, Gernot

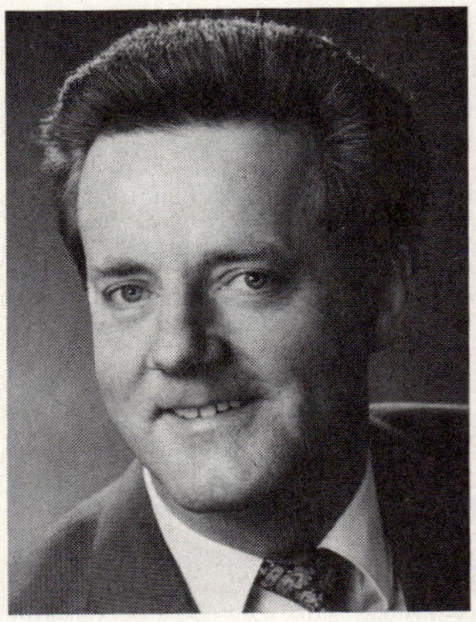

Dr. rer. nat., o. Prof. f. Didaktik d. Physik - Winnertzweg 19, 4150 Krefeld - Geb. 17. Mai 1944 Dillenburg (Vater: August B.; Mutter: Karoline, geb. Schärer), ev., verh. s. 1970 m. Gerda, geb. Lehmann, 2 Töcht. (Mareike, Veronica) - 1963-68 Univ. Gießen (Dipl.-Phys.). Promot. 1971 - S. 1972 Doz. u. Prof. (1973) Univ. Duisburg; s. 1986 Rektor Univ. Duisburg. Zahlr. Facharb. Herausg.: Physik (Westermann-Verlag).

BORN, Gustav Victor

Prof., Pharmakologe - Zu erreichen üb. King's College, London (Engl.) - Geb. Göttingen (Vater: Prof. Dr. phil. Drs. h. c. Max B., Physiker †1970, s. XVI. Ausg.), verh., 5 Kd. - Stud. Med. Edinburgh - Hochschullehrer u. Forscher Oxford, s. 1973 Prof. Univ. Cambridge u. King's College London (1979) - 1979

Albrecht-v.-Haller-Med. Göttingen, Doctor of Medicine h. c. of Univ. Bordeaux, Münster, Leuven, Edinburgh, Brown Univ., Providence, R.I., Paris u. München, Chevalier de l'Ordre National du Mérite, France, Member of Akad. Leopoldina, Corresp. Member of the German Pharmacological Society, 1979 Pres. VII Intern. Congress on Thrombosis and Haemostasis, 1980 Foundaton Pres. British Society f. Thrombosis and Haemostasis, Fellow of the Royal Society and Royal Medal, Fellow of King's College, London u. a. m.

BORN, Hans-Joachim

Dr. phil., o. Prof. f. Radiochemie - Königsberger Str. 26, 8046 Garching (T. 320 21 41) - Geb. 8. Mai 1909 Berlin (Vater: Albrecht B., Lehrer; Mutter: Hedwig, geb. Ladewig), ev., verh. s. 1937 m. Dorothea, geb. Schaefer, 2 Kd. (Eberhard, Reinhild) - Realgymn. u. Univ. Berlin (Chemie; Promot. 1934) - 1934-45 Wiss. Assist. u. Mitarb. v. Otto Hahn, Kaiser-Wilhelm-Inst. Berlin, N. W. Timofeeff Ressowj

BORN, Heinz

Dr. rer. pol., Verleger, Geschäftsführer J. H. Born GmbH (Born-Verlag), Wuppertal-E., Ehrenvors. Verb. Dt. Adreßbuchverleger, Düsseldorf (s. 1968) - Am Walde 23, 5600 Wuppertal-Elberfeld (T. 42 29 23) - Geb. 24. April 1906 Wuppertal (Vater: Heinrich B., Verleger; Mutter: geb. Körner), ev., verh. m. Gisela, geb. Vondenbusch, 2 Kd. - Univ. Köln, Kiel, Freiburg/Br. Promot. 1928 - S. 1929 Verlagsfa. J. H. Born; 1942-44 Wiss. Mitarb. IHK Wuppertal. 1950-68 Vors. Adreßbuchverl-Verb. - BV: D. Anzeigengeschäft d. Tagespresse, 1928 - Bek. Vorf.: Geheimrat Dr. Wilhelm Körner, Prof. Kriegsakad. Berlin, Verf. Lehrb. d. russ. Spr. (ms.).

BORN, Jürgen

Dr. phil., M. A., Prof. f. Allg. Literaturwissenschaft u. Neuere dt. Literaturgesch. Univ., GH Wuppertal (Spez.: Dt. Lit. d. 20. Jh.) - Markgrafenstr. 14, 4000 Düsseldorf 11 - Geb. 20. März 1927 Danzig - BV: Hrsg. zus. m. E. Heller: Franz Kafka. Briefe an Felice (1967); Franz Kafka. Kritik u. Rezeption Bd. I (1912-1924), Bd. II (1924-1938), Hrsg. (1979 bzw. 1983); Hrsg. zus. m. M. Müller: Franz Kafka, Briefe an Milena. Erw. u. neu geordn. Ausg. (1983); Kafkas Bibliothek. E. beschreibendes Verzeichnis (1990); Franz Kafka. Kritische Ausgabe, Hrsg. zus. m. G. Neumann, M. Pasley u. J. Schillemeit (1982ff.); Hrsg. Deutschspr. Lit. aus Prag u. d. böhmischen Ländern 1900-1925. Chronolog. Übersicht u. Bibliogr. (1991).

BORN, Willy

Dr. med., Prof. f. Dermatologie u. Strahlenpathophysiologie - Okenstr. 44, 7800 Freiburg/Br. - Geb. 1. Mai 1923 Frankfurt/M. - Promot. 1950 Frankfurt; Habil. 1969 Freiburg - S. 1955 Univ. Freiburg (1974ff. Prof.) - BV: Hunsrücker Volkskunde, 1984. Facharb. 1968 Entd. d. psoriat. DNA-Synthesestörung; 1982 Nachweis e. Steigerungsfähigk. d. natürl. DNA-Repair-Leistung in d. Haut d. Menschen.

BORN, Wolfgang,

s. Bächler, Wolfgang

BORNE, von dem, Albrecht

Dr. jur., Geschäftsführer Arbeitsgem. d. Grundbesitzerverbände - Godesberger Allee 142-148, 5300 Bonn 2 (T. 0228 - 37 30 09) - Geb. 10. Aug. 1938 Gumbinnen/Ostpr., ev., verh., 3 Kd. (Andreas, Franziska, Rixa) - Jura-Stud., Promot.

BORNEFF, Joachim

Dr. med., em. Univ.-Prof. f. Hygiene u. Bakt. - Am Eselsweg 43, 6500 Mainz-Bretzenheim - Geb. 2. Okt. 1920 Coburg/Ofr. - S. 1956 (Habil.) Lehrtätigk. Univ. Erlangen (Privatdoz.) u. Mainz (1961 Ord. u. Dir. Hygiene-Inst.) - BV: Hygiene - E. Leitf. f. Studenten u. Ärzte, 5. A. 1991. Zahlr. Einzelarb. - 1961 Dr.-Ludwig-Gebhard-Preis; 1976 R. Schülke-Preis; 1979 Franz Rödler-Preis; 1988 H. Klenk-Preis; Bunsen-Pettenkofer-Tafel d. DVGW; 1991 BVK I. Kl.

BORNEMAN, Ernest

Dr. phil., Prof., Sexualforscher - Vitta 7, A-4612 Scharten (T. 0043 - 727 52 35) - Geb. 12. April 1915 Berlin (Vater: Curt B., Kaufm.; Mutter: Hertha, geb. Blochert), S. Stephen (Rechtsanw. in Wien) - Gymn. Berlin; Stud. in Engl., Schottl. u. USA; Promot. (m. summa cum laude) Bremen 1976 - 1944-46 Produktionschef National Film Board of Canada; 1947-49 kommiss. Leit. UNESCO-Filmabt. Paris; 1955-56 Chefdramat. Granada FS-Netz Engl.; 1957-58 Chefdramat. u. Assist. d. Programmchefs Television Wales & West, Cardiff; 1959-60 Programmchef d. British Film Inst., London; 1960-61 Programm- u. Produktionschef Fr. FS GmbH, Frankfurt; 1974-84 Hochschullehrer in Österr. (Psych. Inst. Univ. Salzburg) - BV: 8 Romane in engl. Spr. (Übers. in Dtsch., Franz., Ital.), 9 wiss. Werke; Beitr. zu Handb., Lexika, Enzyklop. (Psych. u. Sexualwiss.). 5 Bühnenstücke, 5 Spielfilme - 1977 Prof.-Titel Österr. - Liebh.: Musik, Malerei - Spr.: Engl., Franz. (Latein, Griech.) - Bek. Vorf.: Johann Wilhelm Jakob B. (1766-1851), Dr. Wilhelm B. (Großvater) - Lit.: Rd. 100 Art. in engl. u. dt. Sprache.

BORNEMANN, Fritz

Dipl.-Ing., Prof., Architekt, Ehrenmitglied Bund Deutscher Architekten, Berlin - Nibelungenstr. 16, 1000 Berlin 39; dstl. Bozener Str. 13/14, 1000 Berlin 62 (T. 803 54 74; Büro: 854 20 15/16) - Geb. 1916 - U. a. Dt. Oper u. Fr. Volksbühne Berlin, Dt. Pavillon Weltausstell. Osaka, Kulturzentrum u. Oper Kairo, Neue Museen Berlin-Dahlem, Gedenkbibl. Berlin u. Univ.bibl. Bonn, Rathaus Wedding, B.G.A. IFA Wedding, Zentrale Berliner Commerzbank - BVK I. Kl.; Ehrenmitgl. FVB - Vater u. Großv. Theaterarchitekt u. Bühnenmaler.

BORNEMANN, Gudrun,

geb. Wattendorf

Dr. jur., Rechtsanwältin, Bankdir., Vorstandsmitgl. Vereinsbank Heidelberg AG - Akademiestr. 4-8, 6900 Heidelberg - Geb. 12. Febr. 1929 Heidelberg, kath. (Vater: Prof. Dr. Georg W.; Mutter: Maria, geb. Christ) - Gesch., 2 S. (Reinhard, Werner) - Jura-Stud., Gr. Staatsprüf. 1959, Promot. 1955 Heidelberg - Liebh.: Musik - Spr.: Engl.

BORNEMANN, Henner

Hauptgeschäftsführer Verb. Kunststofferzeugende Industrie - Karlstr. 21, 6000 Frankfurt/M. (T. 255 63 00).

BORNEMANN, Karin,

geb. Schmidt

Freie Journalistin (Text u. Foto), Schriftst. - Kurt-Schumacher-Str. 114, 5600 Wuppertal 1 (T. 0202 - 70 09 77) - Geb. 13. März 1950 Wuppertal, ev., verh. s. 1970 m. Klaus B., 3 S. (Guido, Mirco, Dominic) - Ausb. z. Kaufm. Angest. Wuppertal - BV: Bienchen, d. Nilpferddame, Bd. 1 1981, Bd. 2 1982; Alle Farben d. Regenbogens, 1983 (1988 Neuaufl. unt. and. Titel); Kinder d. Tränen, Jugendb. 1988 - 1980 1. Preis Autorenwettb. - Liebh.: Malen, Schreiben.

BORNGÄSSER, Ludwig

Dr.-Ing., Prof., Generaldirektor d. Staatsbibliothek Berlin a. D. - Memlingstr. 7a, 1000 Berlin 45 (T. 834 32 10), Im Emser 17, 6100 Darmstadt (T. 7 43 64) - Geb. 5. April 1907 Darmstadt (Vater: Prof. Wilhelm B.; Mutter: Else, geb. Stöppler), verh. I) 1933 m. Dr. Simonetta, geb. Del Re (†1944), 3 Kd. (Christa, Konrad †1944, Jost †1944), II) 1950 m. Ulrike, geb. Strenger, 2 Kd. (Stephan, Graziella) - Ludwig-Georgs-Gymn. Darmstadt; TH ebd. (Promot. 1933), Univ. Göttingen (Math., Physik, Chemie) - Honorarprof. TH Darmstadt (Math.) - 1982 BVK I. Kl.

BORNHÄUSER, Hans

Dr. theol., Prälat i. R. - Stechertweg 25, 7800 Freiburg/Br. (T. 5 36 14) - Geb. 21. Febr. 1908 Uiffingen/Baden (Vater: Wilhelm B., Pfarrer), ev., verh. s. 1935 m. Liselotte, geb. Reinert †, 2 Kd. (Christoph, Eva), s. 1984 m. Ilse, geb. Freund, verw. Haag - Stud. Marburg, Bethel, Tübingen, Erlangen. Promot. 1932 Tübingen - 1932-34 Vikar Ettlingen, 1934-35 Religionslehrer Mannheim, 1935-54 Pfarrer Maulburg u. Schopfheim (1950), dazw. 1939-49 Wehrdst. (1941 Kriegspfr.) u. sowjet. Gefangensch., s. 1954 Prälat Ev. Kirchenkr. Südbaden - BV: D. Mischnatraktat Sukka (Laubhüttenfest), 1935 - Gold. Sportabz. - Liebh.: Sport, Hausmusik (Klavier) - Spr.: Franz., Engl., Russ. - Rotarier.

BORNHAUPT, von, Kurt Joachim

Dr. jur., Richter am Bundesfinanzhof - Westpreußenstr. 69, 8000 München 81 - Geb. 29. Jan. 1928 Dortmund (Vater: Reinhold v. B., Eisenbahndir. a. D.; Mutter: Christa, geb. v. Le Coq), ev., verh. 1) s. 1956 m. Rixa, geb. v. Loesch, 2 Kd. (Hans-Albrecht, Bettina), 2) 1976-84 m. Tussy, geb. Strobel, gesch. - Gymnasium Lippstadt; Jura-Studium (Promot.) Erlangen - BV: Ordnungsgemäßigk. d. Buchführ., 8. A. 1987 (zus. m. Peter u. Körner); zahlr. steuerrechtl. Aufs. in Fachztschr. - Liebh.: Musik, Oper, Theater - Bek. Vorf.: Christian v. B., 1. Generalsekr. Kolonialverein (Großv.) - Lions-Club München-Olympiaturm.

BORNHAUSEN-O'CONNOR, Angelica

Solotänzerin, Ballettmeisterin Staatstheater Kassel - Ahnatalstr. 42, 3500 Kassel (T. 0561 - 6 84 04) - Verh. s. 1982 m. Martin O'Connor, Bildhauer, S. Marco - Ausb. Hamburg. Staatsoper; Stud. Paris u. Moskau (Bolschoi-Theater) - Solistin in Köln; Prinzipal danser im Canada National Ballett; Solistin in Zürich u. Hamburg; Lehrerin Sommerakad. Köln; Sem. in Frankreich u. Schweiz; Ballettm. in Freiburg u. Kassel - Hauptrollen in klass. Balletten: 1966-71 Köln: Daphnis u. Chloe (Balanchine) Allegro billante; Concerto barocco Pas de dix; D. Unterr.stunde; Feuervogel; Petrouschka; Les Sylphides; Dornröschen; Giselle; Transition (J. Butler); Don Quichotte; La Corsaire. 1971-73 Canada National Ballett: Giselle; La Bayadire; Nußknacker; La Sylphide; Schwanensee; Sarenach (Balanchine). 1973-75 Zürich Opernhaus: La fille mal gardée (Ashton); La Sylphide; D. 7 Todsünden; Feuervogel; Schwanensee; Giselle. 1975-78 Hamburger Staatsoper: Don Juan (J. Neumeier); Mahler 3. Symphonie; Schwanensee - 1968 Förderpreis f. junge Künstler - Spr.: Engl., Franz.

BORNHEIM gen. Schilling, Werner

Dr. phil., Prof., Univ. Mainz, Landeskonservator a.D. v. Rheinland-Pfalz - Uhlandstr. 14, 6200 Wiesbaden - Geb. 6. Febr. 1915 Köln (Vater: Richard B. gen. Sch., Landrat; Mutter: Friederike, geb. Speckhan), kath., verh. s. 1955 m. Dr. med. Godula, geb. Frosch, 2 Kd. (Markus, Stefanie) - Univ. Köln, Bonn, München, Berlin (Promot. 1940) - Präs. Dt. Nat. Komitée v. Icomos; Vors. Rhein. Verein f. Denkmal- u. Landschaftsschutz, Köln - BV: Z. Entw. d. Innenraumdarstell. in d. niederl. Malerei bis Jan van Eyck, 1940; Gesch. d. Familie (v.) Bornheim (1107-1940), 1940; Ruinen, Denkmäler u. Gegenw., 1948; Denkmalpflege in Rhld.-Pfalz, 1949ff.; D. Kunstdenkm. v. Rhld.-Pfalz, 1954ff.; Rhein. Höhenburgen, 1964 - Ehrenbürger New Orleans, Ehrenmitgl. d. Dt. Burgenvereinig., Ehrenmitgl. d. Inst. Grand Ducal de Luxembourg - Spr.: Franz., Engl., Ital.

BORNHOFEN, Ludwig

Stv. Vorstandsvors. Chem. Werke Hüls AG., Marl (b. 1980) -Eduard-Pape-Str. 12, 4350 Recklinghausen (T. 2 71 97) - Geb. 27. Juli 1915 Düren - Kaufm. Werdegang. ARsmandate - Spr.: Engl. - Rotarier.

BORNKAMM, Karin

Dr. theol., Univ.-Prof. - Poetenweg 65, 4800 Bielefeld 1 (T. 10 46 46) - Geb. 21. Juni 1928 Gießen (Vater: Prof. D. Dr. Heinrich B., Theologe (s. dort); Mutter: Liselotte, geb. Maß), ev. - Univ. Leipzig, Marburg, Tübingen, Heidelberg (Ev. Theol.). Promot. 1959 Tübingen - S. 1955 Päd. Hochsch. Osnabrück (b. 1957 u. 1959-61), Bibelsch. Stein b. Nürnberg (1957-59), PH Bielefeld (1961; Prof. f. Ev. Theol. u. ihre Didaktik (Kirchengesch.)), s. 1980 Univ. Bielefeld - BV: Luthers Auslegungen d. Galaterbriefes v. 1519 u. 31, 1963; Aufs. in Fachzeitschr. - Spr.: Engl. - Bruder: Reinhard B.

BORNKAMM, Reinhard

Dr. rer. nat., Prof. f. Botanik - Hanauer Str. 15, 1000 Berlin 33 (T. 821 60 53) - Geb. 9. Febr. 1931 Gießen (Vater: Prof. Dr. theol. Dr. h. c. Heinrich B., Theologe; Mutter: Liselotte, geb. Maß), ev., verh. s. 1966 m. Heidrun, geb. Busche, 2 Söhne (Oliver, Malte) - Versch. Gymn.; Univ. Heidelberg, Tübingen, Göttingen (Botanik, Zool., Chemie, Physik; Biol. Staatsex. 1956). Promot. 1957 Göttingen; Habil. 1965 Göttingen - S. 1965 Lehrtätigk. Köln (1966 Wiss. Rat u. Prof.) u. TU Berlin (1968 Ord. u. Inst.dir.). S. 1991 Präs. d. Ges. f. Ökologie. Spez. Arbeitsgeb.; Pflanzenökologie u. -soziol. Facharb. - BV: Einführung in d. Botanik, 1973, 3. A. 1990 - Schwester: Karin B.

BORNMANN, Gerhard

Dr. med., Prof., Pharmakologe u. Toxikologe - Mecklenburger Str. 19, 4400 Münster/W. - Geb. 5. April 1919 Herford/W. - S. 1954 (Habil.) Privatdoz. u. apl. Prof. (1960) Univ. Münster (1965) Wiss. Rat u. Prof. Inst. f. Pharmak. u. Toxikol. Üb. 60 Facharb.

BORNSCHEIN, Karl

Geschäftsführer Medtronic GmbH - Am Seestern 24, 4000 Düsseldorf 11.

BORNSCHEUER, Eberhard

Dipl.-Ing., Direktor u. Geschäftsführer i.R. Thyssen Industrie GmbH, Düsseldorf, Vors. d. Beirates Castolin GmbH, Kriftel, Beratender Ing. - Rotdornweg 9, 4600 Dortmund-Höchsten - Geb. 22. Nov. 1918.

BORNSCHEUER, Friedrich Wilhelm

Dr.-Ing. E.h., em. o. Prof. f. Baustatik - Umgelterweg 10a, 7000 Stuttgart 1 - Geb. 2. Mai 1917 Gettersbach/Hessen (Vater: Wilhelm B., Pfarrer; Mutter: Emmy, geb. Berner), verh. 1944 m. Liesel, geb. Thauer, 2 Kd. (Bettina, Bernd-Friedrich) - TH Darmstadt (Bauing.wesen; Dipl.-Ing. 1939; Dr.-Ing. 1944). o. Prof. TH Stuttgart 1958, Dr.-Ing. E.h. 1984 TU Berlin.

BORNSCHEUER, Lothar

Dr. phil., o. Prof. f. Germanistik (Schwerpr.: 16.-18. Jh.) Univ. Duisburg GH - Neckarstr. 16-18, 4300 Essen 18.

BORNSTAEDT, von, Hans-Wilhelm

Generalmajor a. D., Schriftsteller - Lärchenhof, 5231 Kircheib (T. 02683 - 61 92) - Geb. 25. Febr. 1928 Relzow, Krs. Greifswald (Vater: Wilhelm v. B.; Mutter: Hildegard, geb. v. Schultz), ev., verh. s. 1952 m. Ottonie, geb. v. Trauwitz-Hellwig, 3 Kd. (Falk-Wilhelm, Carmen, Hans-Wolf) - Gymn. (Kriegsabit. 1945); Landwirtsch.lehre; Ausb. z. Techniker (Hochfrequenztechnik, Elek-

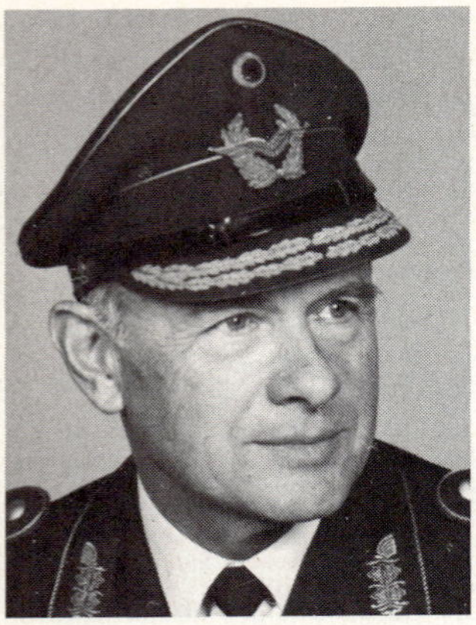

tronik) - Tätigk. in d. fr. Wirtsch., zul. Dt. Lufthansa. 1944-45 Luftwaffenhelfer, b. Kriegsende Reichsarbeitsdst.; 1956 Luftwaffe d. Bundeswehr; Ausb. z. Offz., Techn. Offz. u. Generalstabsoffz. (an Führungsakad. d. Bundeswehr u. Armed Forces Staff College, USA); Ausbilder an Techn. Schule, Kompaniechef u. Kommandeur, Stabsverwendungen in d. Luftwaffe u. im Bundesmin. d. Verteidig., in d. Führungsstäben d. Luftwaffe u. d. Streitkräfte, zul. als Stabsabteilungsleit. Fü S VI Planung; Kommandeur Luftwaffenführungsdienstkommando (1979), Kommandeur 2. Luftwaffendivision (1982), Befehlshaber im Wehrbereich II Nieders. u. Bremen (1984-87) - BVK I. Kl.; Gold. Bundeswehrehrenz.; Ehrenritter Johanniterorden - Spr.: Engl. - Rotarier.

BOROFFKA, Peter

Redakteur, MdB Berlin (1981-87) - Carionweg 1, 1000 Berlin 31 (T. 87 06 08) - Geb. 14. Mai 1932 Potsdam, verh., 2 Kd. - N. Reifeprüf. (Berliner Abendgymn.) TU Berlin (Chemie; 1965 Dipl.-Chem.) - S. 1965 Chemie Information u. Dokumentation Berlin, jetzt Fachinformationszentrum Chemie. CDU s. 1960, MdA Berlin (1971-81).

BOROWSKY, Kay

Dr. phil., Buchhändler, Schriftst. - Christian-Laupp-Str. 5, 7400 Tübingen (T. 07071 - 7 83 14) - Geb. 28. Jan. 1943 Posen, verh., 2 Kd. - Promot. 1973 (Slavistik, German., Roman.) Univ. Tübingen - BV: E. bißchen lachen kann nicht schaden. Tödl. Gesch., 1985; Schnee fällt auf d. Hüte, Guter Mond, du gehst so stille, Schatten am Fluß, Kriminalr. alle 1983-84; Dauerlauf am Abend, Kriminalr. 1988; Goethe liebte d. Seilhüpfen. Satire 1989. Lyrik: Landschaften fürs Ohr, 1982; D. Hinfälligkeit d. Todes. 1985; Heimwege, 1987; Lange hält uns d. Zeit, 1988; Wege in Burgund, 1989; Treppen, 1989; Am Septembermeer. 1991; D. Treffpunkt aller Vögel, 1990; Wortberge, 1992; Bächlers Meth. (Kriminalroman), 1990 - Rd. 30 Übers. aus d. Russ. u. Franz., u.a.: Pariser Traum (1984); M. Alexandre: Memoiren eines Surrealisten; L. Tschukowskaja: Aufzeichnungen üb. Anna Achmatowa; Charles Juliet: Tagebuch (alle 1987); Ch. Juliet: Jahr des Erwachens; C. Fleischman: Tanzvogel spielt z. Hochzeit auf (bde. 1989); Russ. Lyrik im 20. Jh. (1991); A. Platonow: D. Volk Dshan (1992); ders.: D. Baugrube (1992); O. Mandelstam: Gedichte (1992); E. A. Poe: D. Rabe (1992); Russ. Lyrikerinnen im 20. Jh. (1993) - Spr.: Engl., Franz., Span., Russ.

BORRIES, von, Achim (Hans-Joachim)

Dr. phil., Publizist (Zeitgeschichte/Politik) - Schwachhauser Heerstr. 67b, 2800 Bremen 1 (T. 0421 - 346 92 35) - Geb. 3. Jan. 1928 Hamburg (Vater: Dr. Hans Karl v B., Kaufm. †1988; Mutter: Annemarie, geb. v. Below), ev., verh. m. Maria, geb. Kohne - Stud. Phil., Gesch., Dt. Lit. Hamburg, Basel, Zürich (Promot. 1957) - 1959-65 Redakt. Blätter f. dt. u. intern. Politik; 1965-68 Wiss. Assist. Univ. Saarbrücken (Politikwiss.); 1970/71 Presseref. Ev. Akad. Loccum; 1973-79 Redakt. Vorgänge - BV (Herausg.): John Stuart Mill - Üb. Freiheit, 1969 (auch Übers.); Anarchismus - Theorie, Kritik, Utopie, 1970 (m. Ingeborg Brandies); Bertrand Russell - Was wir tun können, Polit. Schriften I 1972; B. R. - Erzieh. ohne Dogma, Polit. Schr. II 1974; B. R. - D. dt. Sozialdemokr., 1978 (auch Übers.); Preußen u. d. Folgen, 1981; Selbstzeugn. d. dt. Judentums 1861-1945, 1962, 2. erw. A. 1988.

BORRIES, von, Bodo

Dr. phil., Prof. f. Erziehungswissenschaft m. bes. Berücks. d. Didaktik d. Geschichte Univ. Hamburg (s. 1976) - Von-Melle-Park 8, 2000 Hamburg 13.

BORSCHE, Arnulf

Ressortleiter Generalsekretariat, MdL Hessen (1962-82) - Lyoner Str. 23, Frankfurt/M. 71 (T. Büro: 66 71 26 22) - Geb. 15. März 1928 Frankfurt/M. (Vater: Prof. Dr. phil. Walther B., Chemiker (s. X. Ausg.); Mutter: Marianne, geb. Fürbringer), ev., verh. s. 1954 m. Krista, geb. Rasor, 3 Kd. (Martin, Carola, Johannes) - Gymn. u. Univ. Frankfurt (Philol.), I. Staatsex. f. d. höh. Lehramt 1952 - S. 1954 NESTLE Deutschl. AG (Prok.), 1960-62 Stadtverordn. Franfurt. CDU (Landesvors. Ev. Arbeitskr.; stv. Bundesvors. Ev. Arbeitskreis); Mitgl. Kurat. Blindenanst. Frankfurt; Mitgl. d. Kammer d. EKD f. kirchl. Entwicklungsdienst - 1982 Gr. BVK - Spr.: Engl.

BORSE, Udo

Dr. theol., Pfarrer, Prof. f. Bibl. Theologie Univ. Köln, Phil. Fak. (s. 1988) - Antoniusstr. 18, 5357 Swisttal 8 - Geb. 15. Sept. 1930 Danzig (Vater: Waldemar B., Hilfsschullehrer †; Mutter: Hildegard, geb. Alborn, Lehrerin), kath. - N. Abit. 1950 (Eutin) Stud. Kath. Theol. Frankfurt/M., St. Georgen, Bonn. Promot. (1965) u. Habil. (1970) Bonn - S. Priesterw. (1956) Vikar Hilden, Repetent Bonn (1957), Vik. Overath (1961), Pfr. Straßfeld (1966), 1979 Lehrauftr. f. Neues Testament an d. RWTH Aachen, 1988 Prof. an d. Univ. Köln - BV: D. Kolosserbrieftext d. Pelagius, 1966 (Diss.); D. Standort d. Galaterbriefes, 1972 (Habil.schr.); D. Brief an d. Galater, 1984; 1. u. 2. Timotheusbrief. Titusbrief, 1985.

BORSODY, von, Hans

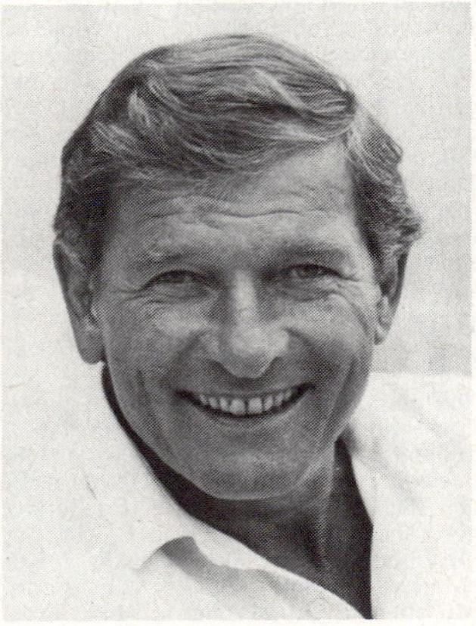

Schauspieler - Birkenweg 1, 8195 Egling 3 (T. 08170 - 5 78) - Geb. 20. Sept. 1929 Wien/Österr. (Vater: Eduard v. B., Filmregiss. u. Autor), led., 2 Töcht. (Suzanne, Cosima) - Abit. 1948; Stud. d. Fotografie; Schausp.-Ausb. Max Reinhardt Seminar Wien - Schausp. b. Theater, Film u. FS, sow. Synchron- u. Rundfunkspr. Regiss. (Kl. Komödie Hamburg, Kl. Theater Bonn) - Hauptrollen Theater: Josef K. (Prozeß); Cyrano de Bergerac (Titelrolle); D. Strom (Halbe); Jean (Titelrolle) Herr Lambertier; Faust (Urfaust). Hauptrollen in: Johnny Belinda; Des Meeres u. d. Liebe Wellen; Cäsar u. Cleopatra; Iphigenie; Sturm im Wasserglas; Abrechnung; Maria Magdalena; Sabrina; Tohuwabohu; Einmal im Jahr; Elisabeth v. England; D. Geizige; Minna v. Barnhelm; D. Postmeister; D. Perle Anna; Kabale u. Liebe; 4 Fenster z. Garten; Monsieur, d. ist mein Zimmer; Verliebt - verrückt - verheiratet; Barfuß im Park; Geteilt durch zwei; Sextett; Mary Mary; Geh zum Teufel mein Engel; Schlüssel f. Zwei; Duett zu dritt; Karriere wider Willen; D. einzig Wahre; Schüsse, Küsse u. Omeletts; Wer betrügt hier wen; E. schöne Familie; E. Fremder klopft an; Spiel m. d. Feuer; Es war nicht d. Fünfte - es war d. Neunte; Ferien f. Jessica; D. Biberpelz; Jedem d. Seine; D. lustigen Weiber v. Windsor; E. Mittsommernachtssex-Komödie (W. Allen). Film: D. Meineidbauer; Don Juan; D. Schäfer v. Trutzberg; Juanito; Unter d. Flagge d. Freibeuter; Im schwarzen Rößl; Wilde Wasser; Hermann d. Cherusker (Titelrolle); D. Schandfleck; K. u. K. Feldmarschall; Rivalen d. Manege; Nick Knattertons Abenteuer; Schlagerraketen; D. Rätsel d. grünen Spinne; Marschier od. krepier; Barbara, D. Unsichtbare; Neunzig Nächte u. ein Tag; D. gold. Göttin v. Rio Beni; D. war Buffalo Bill; E. spielt falsch; D. Nibelungen (Zweiteiler), Candidate for Murder; Zwei Herzen u. e. Thron; D. Major u. d. Stiere; Formel 1. FS: Robin Hood (Käutner); Detektiv Cliff Dexter (26-teilige Serie); D. Vetter Basilio; Merlin (Serie); Constance et Vicky (Paris 1988); Glückliche Reise; Weltuntergang; D. glückliche Familie; Forsthaus Falkenau, Urfaust (Titelrolle) - Liebh.: Malerei, Fotografie, Videografie, Reisen, Gärtnern, Segeln, Reiten - Spr.: Engl. (etwas Franz., Ital. u. Span.) - Lit.: Lex. d. Schausp.

BORSODY, von, Rosemarie

s. Fendel, Rosemarie

BORST, Arno

Dr. phil., em. Prof. f. Mittlere u. Neuere Geschichte - Längerbohlstr. 42, 7750 Konstanz/B. (T. 7 72 05) - Geb. 8. Mai 1925 Alzenau/Ufr. (Vater: Alfons B., Schulrat; Mutter: Elisabeth, geb. Fink), kath., verh. s. 1951 m. Gudrun, geb. Witzig, 4 Kd. (Reinhard, Ulrike, Christiane, Martin) - Gymn. Münnerstadt (Abit. 1943); 1945-51 Univ. Göttingen (Promot. 1951) u. München (Staatsex. 1950) - S. 1957 (Habil.) Lehrtätigk. Univ. Münster (1961 apl. Prof.), Erlangen-Nürnberg (1962 Ord.), Konstanz (1968 Ord., 1969/70 Prorektor). Emerit. 1990 - BV: D. Katharer, 1953, 7. A. 1992 (franz. 1974, japan. 2. A. 1982); D. Turmbau v. Babel, Gesch. d. Meinungen üb. Ursprung u. Vielfalt d. Sprachen u. Völker, 6 Bde. 1957/63; D. Sebaldslegenden in d. mittelalterl. Gesch. Nürnbergs, 1967; Gesch. an mittelalterl. Univ., 1969; Lebensformen im Mittelalter, 1973, 13. A. 1988 (japan. 1986, ital. 1988); Mönchtum, Episkopat u. Adel z. Gründungszeit d. Reichenau, 1974; D. Rittertum im Mittelalter, 1976, 2. A. 1989; Reden üb. d. Staufer, 1978, 3. A. 1981; Mönche a. Bodensee, 1978, 3. A. 1991; D. mittelalterl. Zahlenkampfspiel, 1986; Barbaren, Ketzer u. Artisten, 1988, 2. A. 1990 (ital. 1990, engl. 1991); Astrolab u. Klosterreform a. d. Jahrtausendwende, 1989; Computus, Zeit u. Zahl in d. Gesch. Europas, 1990, 2. A. 1991 (ital. 1992, engl. 1992) - 1949 Mitgl. Maximilianeums-Stiftg. München; 1956 Preis Dt. Forschungsgem., 1966 Preis Akad. d. Wiss. Göttingen, 1979 Bodensee-Lit.preis, 1982 Sigm.-Freud-Preis f. wiss. Prosa, 1982 o. Mitgl. Heidelbg. Akad. d. Wiss., 1983 o. Mitgl. Zentraldir. d. Monumenta Germaniae Historica, 1986 korr. Mitgl. Braunschweig. Wiss. Ges., 1986 Gauß-Med., 1986 Preis d. Hist. Kollegs München, 1987-90 Stiftungsprof. d. Stifterverb. f. d. Dt. Wiss.

BORST, Hans Georg

Dr. med., o. Prof. f. Chirurgie - Dorfstr. 82, 3004 Isernhagen 2 - S. 1962 (Habil.) Lehrtätigk. Univ. München (1968 apl. Prof.) u. Med. Hochsch. Hannover (1968 Leit. Thoraxchir. Abt./Chir. Zentrum; 1968 Ord. u. Klinikdir.). Spez. Arbeitsgeb.: Thorax-, Herz- u. Gefäßchir.; Herz-, Herz-Lungen- u. Lungentransplantation. Fachveröff. - Langenbeck-Preis, Lexer Preis.

BORST, Hans-Joachim

Dr. jur., ordentl. Vorstandsmitglied Flughafen Frankfurt/Main AG, AR-Vors. Airport Assekuranz Vermittlungs GmbH, Frankfurt, Mitgl. Rechtsaussch. IHK Frankf., Mitgl. Kommiss. z. Abwehr d. Fluglärms am Flugh. Frankf., Mitgl. im Board d. Intern. Civil Airports Assoc. (ICAA), Region Europe, Mitgl. Aussch. f. Tourismus d. Dt. Ind.- u. Handelstages - Zu erreichen üb. Flughafen, 6000 Frankfurt 75 - Geb. 31. Jan. 1932.

BORST, Otto

Dr. phil., em. o. Prof. f. Landesgesch. Univ. Stuttgart (s. 1984) - Mozartweg 32, 7300 Esslingen/N. - Geb. 30. Juli 1924 Waldenburg/Württ. - Promot. 1956 Tübingen - B. 1971 Schul-, dann Hochschuldst. Zeitw. Leit. Stadtarchiv Esslingen; Sekr. Intern. Arbeitsgem. D. alte Stadt; Vors. d. Schwäb. Ges., Projektberater b. Haus d. Gesch. Baden-Württ., Mitgl. mehrerer wiss. Einrichtungen u. Ges., u. a. wiss. Beirat d. Dt. Inst. f. Urbanistik Berlin. Mitarb. b. Rundf. u. Fernsehen. Zahlr. Bücher z. württ. Gesch., z. Stadtgesch. u. z. dt. Kulturgesch., u. a. Alltagsleben d. Mittelalters, 8. A. 1989 (Übers. ins Jap.); Bodensee. Geist u. Kunst e. Landschaft, 1990. Herausg.: Vierteljahreszschr. D. alte Stadt (s. 1974) - 1976 Publizistik-Pr. Nationalkomit. f. Denkmalschutz; 1982 Schubart-Lit.-Pr.; 1984 Fritz-Landenberger-Pr.; BVK I. Kl.; Gold. Bürgermed. d. Stadt Waldenburg; Ehrenplak. d. Stadt Esslingen a.N.

BORTOLUZZI, Paolo

Ballettdirektor u. Choreograph Ballet Théâtre de Bordeaux - Zu erreichen üb. Grand Théâtre de Bordeaux (T. 33-56 92 38 90) - Geb. 17. Mai 1938 Genua/Ital., verh. m. Jaleh Kerendi, 2 Kd. (Vanessa, Alexis) - Tanz-Ausb. b. Ugo dell'Ara, Assaf Messerer, Victor Gsovsky, Nora Kiss - Star-Tänzer b. M. Béjart, Ballett d. 20. Jh., Dt. Oper am Rhein (Erich Walter), Mailänder Scala, American Ballet Theatre; Gastsp. in Wien, Berlin, München, London, Tokio, San Francisco, Rom, Prag, Warschau, Paris, Budapest, Kopenhagen, Stuttgart. Alle Rollen d. klass. u. mod. Repertoires - Choreogr. u. Insz.: Cinderella, Hommage á Picasso, Nuits d'été, Aimer l'amour, Clair de lune, Dialog, Face à Face, Vier Jahreszeiten (Verdi), ohne Titel (Musik Thomas Becker), ...undsoweiter (Charpentier), Butterfly (Glass u. Puccini) u.a. Werke. Choreogr.: Ballette 1992: Les Quatre Saisons/Strauss (Vivaldi, Strauss), La Belle et La Bête (Buechner/Glass), Carmina Burana (Orff) - Nijinsky-Preis Paris; Kritikerpreis München - Liebh.: Malerei, Musik - Spr.: Deutsch, Franz., Engl., Span., Ital. (Mutterspr.) - Lit.: Albin Michel, Paolo Bortoluzzi.

BORTZ, Jürgen

Dr. phil., Dipl.-Psych., Prof. f. Psychologie (Quantitative Methoden) - Dernburgstr. 57, 1000 Berlin 19 - Geb. 8. März 1943 - Promot. 1968 Berlin (TU) - S. 1972 Prof. TU Berlin.

BORZIKOWSKY, Reinhold

Präsident Landesrechnungshof Schlesw.-Holst. (s. 1975) - Bulkerweg 20, 2301 Strande (T. Amt: Kiel 59 61) - U. a. Landrat Kr. Husum, Staatssekr. Kultusmin. v. SH - 1971 BVK I. Kl.

BOSBACH, Bruno

Dr. rer. nat., Univ.-Prof. f. Mathematik GH Kassel, Univ. (s. 1971) - An d. Vogelwiesen 20, 3500 Kassel - Geb. 25. Jan. 1932 Marienheide, verh. s. 1961 m. Gisela, geb. Henseler, 4 Kd. (Markus, Corinna, Nicola, Johannes) - Abit. 1952, Stud. Sporthochsch. Köln (Dipl. 1956) u. Univ. Köln; Promot. 1959, Staatsex. MA, LB. 1960, Habil. TH Darmstadt 1970. 1956-58 Sportlehrer, 1960-71 Schuldienst, s. 1971 Prof. S. 1959 Entw. e. abstr. Theorie d. Teilb. in Beitr. zu intern. Fachjourn. - Spr.: Engl., Lat.

BOSCH, Berthold Georg

Dr., Dr., Dipl.-Ing., o. Prof. f. Elektronik Univ. Bochum - Universitätsstr. 150, 4630 Bochum-Querenburg (T. 700 58 24); priv.: Galgenfeldstr. 54, -Stiepel - Geb. 30. Mai 1930 Bonn (Vater: Prof. Dr. Bernhard B. (s. d.); Mutter: Maria, geb. Pagés), verh. s. 1964 m. Siegrun, geb. Weber, 2 Kd. - Stud. TH Aachen; Promot. zum Ph.D. u. D.Sc. 1960 bzw. 1976 Univ. of Southampton; Habil. 1969 Karlsruhe - 1956-57 AEG-Ausl.stip. u. 1957-60 Res. Assist. Univ. Southampton; 1960-72 AEG-Telefunken, zul. Abt.leit. Elektronik Forschungsinst. Ulm; 1969-72 Privatdoz. Univ. Karlsruhe, s. 1972 Bochum; 1985 Mitgründer d. Mikroelektronik-Zentrums u. 1989 Technologie-Zentrums (INNO-TEC) Univ. Bochum. Üb. 40 Patente. Fellow Inst. of Electrical Engineers, London; Fellow Inst. of Electric. a. Electron. Eng., New York; Mitglied U.R.S.I. u. U.S. Electromagnetics Acad. - BV: Gunn-effect Electronics, 1975 (auch poln. 1980). In- u. ausl. Fachveröff. - 1962 A.F.-Bulgin Aw. Brit. Inst. of Radio Eng., 1969 Pr. Nachrichtentechn. Ges., VR-Mitgl. Europ. Ges. f. Ing.ausbild.

BOSCH, Eberhard

Dr. jur., Kaufmann, Präsidialmitgl. IHK Nordschwarzwald - Lessingstr. 12, 7530 Pforzheim - Geb. 31. Juli 1927 Mühlacker (Vater: Wilhelm B.; Mutter: Irene, geb. Rau), verh. s. 1951 m. Brigitte, geb. Dürrwächter - S. 1951 Dürrwächter (1957 p. h. Gesellsch.) - Liebh.: Musik - Mitgl. Lions Club.

BOSCH, Friedrich Wilhelm

Dr. iur., Dr. h. c., em. o. Prof. d. Rechte - Plittersdorfer Str. 130, 5300 Bonn-Bad Godesberg (T. 36 23 63) - Geb. 2. Dez. 1911 Köln (Vater: Dr. iur. Karl B., Rechtsanw.; Mutter: Elisabeth, geb. Josten), kath., verh. s. 1939 m. Ingeborg, geb. Höhn, 5 Söhne (Michael, Ulrich, Christoph, Rainer, Georg) - Univ. Genf, Freiburg/Br., Bonn (Promot. 1934/35) Köln; Habil. 1943 Straßburg, Lehrer: Hans Dölle - Ab 1937 Gerichtsass. u. Landgerichtsrat (1941) Bonn, 1940-41 u. 1943-45 Wehrdst. (zul. Wachtm. d. R.), s. 1942 Lehrtätigk. Univ. Straßburg, Bonn (1945), Frankfurt/M. (1948 Lehrstuhlvertr.), Köln, Bonn (1950 Ord., 1964 Honorarprof.), Bochum (1964 Ord.), Bonn (1967 Ord.). 1968-72 Mitgl. Eherechtskommiss. b. Bundesjustizmin.; Mitgl. zahlr. d. Gesetzgeb. beratender Gremien - BV: D. Regelung d. Nachlaßverbindlichk. im Erbhofrecht, 1934; Z. gegenw. Lage d. dt. Zivilgerichtsbark., 1948; Konkurs - Vergleich - Vertragshilfe, 1949; Familienrechtsreform, 1952; Neue Rechtsordnung in Ehe u. Familie, 1954; Gleichberechtig. v. Mann u. Frau - Z. Situation im Ehe- u. Familienrecht, 1954; Welche Anforderungen sind an e. Reform d. Rechts d. unehel. Kindes zu stellen?, 1962; Grundsatzfragen d. Beweisrechts, 1963; Ehe u. Familie in d. Rechtsordnung - Gesetzgeb./Rechtsprech./Wiss., 1966; Familienrecht 1976/77 (Eherechtsgesetz - Unterhaltsrentenanpassung - Adoption), 1977 (m. Dieter Schwab); Ehe u. Familie in d. Bundesrep. Deutschl. - Grundfragen d. rechtl. Ordnung, 1983; Staatliches u. kirchliches Eherecht - in Harmonie od. im Konflikt? Insb. z. Entwicklung u. z. gegenw. Situation im Eheschließungsrecht, 1988. Herausg.: Neuere Entwicklungen im Familienrecht (1989) - m. eigenem Beitr.: Fragen d. Eheschließungsrechts -. Zahlr. Einzelarb., a. Festschr.-Beiträge (zul. Beitr. zu Festschr. G. Schiedermair, Luijten, Beitzke, F. Baur, Habscheid, Geiger, Rebmann, Mikat). Begr., Mithrsg., Schriftl. (b. 1986) Ztschr. f. d. ges. Familienrecht (1954ff.). Mithrsg.: Schr. z. dt. u. europ. Zivil-, Handels- u. Prozeßrecht; Ztschr. Konkurs-, Treuhand- u. Schiedsgerichtswesen (b. 1985) - Officier dans l'Ordre des Palmes Académiques (1961); Komturkreuz St. Gregoriusorden m. Stern (1972); Dr.iur.utr.h.c. (Würzburg, 1982); 1. Vors. d. Wiss. Vereinig. f. Familienrecht e. V. (Bonn, b. 1986); Ehrenmitgl. dieser Vereinig. u. d. Intern. Society on Family Law; Erneuerung d. Doctor-Diploms (aus Anlaß d. Gold. Doctor-Jubiläums), 1985; 1986 Gr. BVK - Liebh.: Sprachstud., Musik - Festschr. z. 65. Geb. (1976); Gesammelte Abh. z. Familien- u. Erbrecht z. 80. Geb. (1991).

BOSCH, Gerhard

Dr. med., Prof., Ltd. Landesmedizinaldirektor i. R. - Tannayerstr. 12, 6551 Norheim (T. 3 67 51) - Geb. 13. Aug. 1918 Ludwigshafen/Rh. (Vater: Hans B., zul. Prokurist IG Farbenind. AG. †1927; Mutter: Mally, geb. Hülse), ev., verh. s. 1946 m. Dr. Gertrud, geb. Schmidt, 3 Kd. (Gerhard, Brigitte, Ulrike) - Promot. 1944 Köln; Habil. 1961 Frankfurt/M. - 1946-51 Assistenzarzt Nervenklinik Bamberg; 1951-62 Assistenz- u. Oberarzt Univ.-Nervenklinik Frankfurt; 1962-80 Dir. Rhein. Landesklinik f. Kinder- u. Jugendpsychiatrie Viersen 12-Süchteln. S. 1961 Lehrtätigk. Univ. Frankfurt u. Med. Akad. bzw. Univ. Düsseldorf (1964; 1967 apl. Prof. f. Kinder- u. Jugendpsych.). Mitgl. Dt. Vereing. f. Kinder- u. Jugendpsych., Vors. Wiss. Beirat Bundesvereinig. Lebenshilfe e. V., 1975-81 Mitarb. Psychiatrie-Enquête 1971-75 - BV: D. frühkindl. Autismus, 1962 (engl. 1970). Zahlr. Einzelarb. - Spr.: Engl., Franz. - Rotarier - Bek. Vorf.: Geheimrat Prof. Dr. phil. Dr. h. c. Carl B., u. a. Vorstandsvors. IG Farben, 1931 Nobel-Preis f. Chemie, 1874-1940 (Onkel) - Lit.: Festschr. Landschaftsverb. Rheinland 1980, G. B. Das wissenschaftl. Werk Acta Paedopsychiatr. 51, H. 4 1988.

BOSCH, Gregor

Dr. med., Prof., Leiter Abt. f. Sozialpsychiatrie/Psychiatr. Klinik FU Berlin - Rüsternallee 14, 1000 Berlin 19.

BOSCH, Hans-Joachim

Dipl.-Kfm., Bankdirektor - Schloßstr. 20, 7000 Stuttgart 1 (T. 0711 - 2 00 10) - Vorst. Stuttgarter Bank AG.

BOSCH, Karl

Dr. rer. nat., o. Prof. f. Mathematik (II) Univ. Hohenheim - Postfach 70 05 62/110, 7000 Stuttgart-Hohenheim - Geb. 17. Aug. 1937 Ennetach - Promot. 1967; Habil. 1973 - Zul. Doz. TU Braunschweig. Versch. Fachveröff. u. a. auf d. Gebiet d. Zuverlässigkeits- u. Erneuerungstheorie (Wartungs- u. Reparaturprozesse); zahlr. Fachbücher, u. a. Mathematik-Taschenbuch, 1989, 3. A. 1991; Statistik-Taschenbuch, 1992.

BOSCH, Manfred

Schriftsteller - Lenbachstr. 30, 7888 Rheinfelden - Geb. 16. Okt. 1947 Bad Dürrheim - Abit. Radolfzell/Bodensee, 1968/70 Zivildst. Münchner Altersheim; Stud. Soziol. u. German. - B. 1980 Ortschronist Grunertshofen/b. München, jetzt Rheinfelden/Bad.; Mithrsg. u. Red. der alemann. Kulturztschr. „Allmende"; 1974/75 Hrsg. Reihe Raith Literatur; Mitarb. Rundf. u.- Presse; Beitr. in Anth. - BV: das ei, Ged. 1969; konkrete poesie, 1969; E. Fuß in d. Tür, Epigr. 1970; mordio & cetera, 1971; Lauter Helden, Westernged., 1971; Lautere Helden, Neue Westernged. 1975; D. Leute behandeln als ob sie Menschen seien - Managerlit., e. Dokumentaranalyse, 1974; Handb. z. dt. Arbeiterlit., Bd. II: Bibliogr. 1977; D. Zugang, R. 1978; D. Kandidat. 14 Briefe z. Verteidigung v. Frieden, Freiheit u. Demokr., 1980; Nie wieder, 1981; Als d. Freiheit unterging. E. Dok. üb. Verweigerung, Widerstand u. Verfolg. im Dritten Reich in Südbaden, 1985; D. Neubeginn. Aus dt. Nachkriegszeit. Südbad. 1945-50, 1986. Mundartgedichte: Uf den Dag wart i, 1976; Mir hond no gnueg am Aalte, 1978; Ihr sind mir e schäne Gsellschaft, 1980; Wa sollet au d Leit denke, 1983. Herausg.: Beispielsätze (1972); Für wen schreibt d. eigentlich?, Gespr. m. lesenden Arbeitern - Autoren nehmen Stellung (1973, m. Klaus Konjetzky); Gegendarst. Lyr. Parodien (1974, m. M. Ach); Polit. Leseb. u. Handb. Gruppenarbeit (1973 u. 75, m. H.-D. Bamberg); Volksausgabe. Epigr. (1975); Ortsgesch. Grunertshofen (1977, Mitaut.); Kulturarbeit. Versuche u. Modelle demokratischer Kulturvermittl. (1977); Mundartlit. Texte aus sechs Jh. (1979); Wir trugen d. Last, b. sie zerbrach. E. dt. Briefwechsel 1933-1938 (1983); Du Land d. Bayern. E. hist.-polit. Leseb. (1983); D. Ende d. Geduld (1986); Max Picard, Wie d. letzte Teller d. Akrobaten, Ausw. a. d. Werk (1988); D. Johann Peter Hebel-Preis 1936-88. E. Dok. (1988) - 1974 u. 1976 Preise f. Mundartged.; 1978 Bodensee-Lit.-Preis; 1985 Alemann. Literaturpr.; 1990 Johann-Peter-Hebel-Pr.

BOSCH, Otto

Industriekaufmann, Geschäftsf. u. Kompl. Gebr. Bosch KG., Jungingen - Geb. 19. Febr. 1934 Jungingen/Hohenz., kath., verh. m. Afra, geb. Knaus - Abschl. Höh. Handelssch., kaufm. Lehre - Spr.: Engl., Franz.

BOSCH, Siegfried

Dr. rer. nat., Prof., Mathematiker - Zumbroockstr. Nr. 2, 4400 Münster/W. - Geb. 29. Sept. 1944 Wuppertal - Promot. 1967 Göttingen - S. 1972 (Habil.) Lehrtätigk. Univ. Münster (1974 Wiss. Rat u. Prof. Math. Inst.). Fachaufs.

BOSCH, Werner

Orgelbaumeister, Vors. Bundesinnungsverb. f. d. Musikinstrumenten-Handwerk, Kassel, Vizepräs. Handwerkskammer ebd. - Geschäftsst. BIV Scheidemannplatz 2, 3500 Kassel (T. 0561- 1 32 80); priv.: Steinbergstr. 35, 3511 Staufenberg (T. 05543 - 31 89) - Geb. 5. Mai 1916.

BOSCHEINEN, Helga

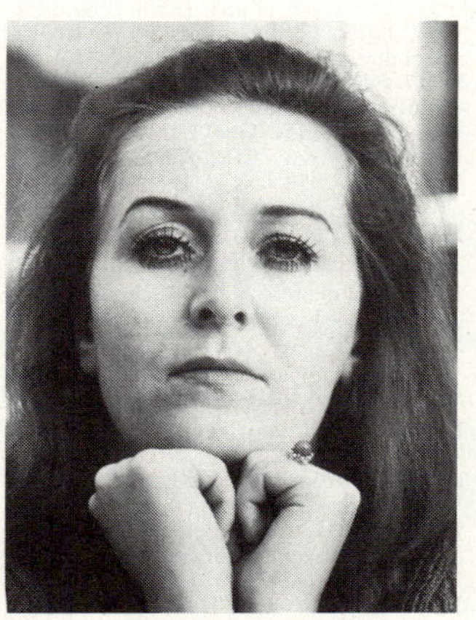

Schriftstellerin (Ps. Helga Colbert) - Streitbergstr. 79, 8000 München 60 - Geb. 19. März 1939 Berlin (Vater: Willi B., Dipl.-Kfm.; Mutter: Gertrud, geb. Obernberger, Lehrerin), kath., ledig, S. Markus †1991 - Mittl. Reife - S. 1982 Mitarb. Ztschr.: Licht vor d. Dunkel, Wien - BV: D. Mandelbaum, 1969; D. Leuchtturm, 1975; D. Mensch u. d. Folgen seiner Existenz, Religionsphilos. Ess. 1986; 1972-92 Beitr. in versch. Anthol. - 1984 AWMM-Lyrikpreis (nicht angenommen) - Liebh.: Lit., Phil., Psych., Theol., Auslandsreisen, Musik - Spr.: Engl.

BOSCHKE, Friedrich Libertus

Dr. rer. nat. h.c., Dipl.-Chem., Schriftsteller (Ps. G. N. Tomby) - Beethovenstr. 23, 6919 Bammental (T. 06223 - 4 02 86) - Geb. 28. Febr. 1920 Barkhausen/Krs. Minden, verh. s. 1947 m. E. Tosberg, S. Wolfram Libertus - Stud. Chemie Univ. Göttingen u. Marburg; Dipl.-Chem. 1944 Marburg - B. 1985 Leit. Chemie-Abt. Springer-Verlag, Heidelberg; Lehrbeauftr. Univ. Mainz - BV: D. Schöpfung ist noch nicht zu Ende, 1962 u. 82, 1. Intern. Sachbuchpreis; Erde v. a. Sternen, 1965; D. Forschung fängt am Schreibtisch an, 1967; D. Herkunft d. Lebens, 1970; D. Unerforschte, d. unbekannte Welt, in d. wir leben, 1975; ... und 1000 J. sind wie e. Tag; D. Welt aus Feuer u. Wasser - E. Vulkanreiseb., 1982; Ritter, Burgen, Waffen; D. Umwelt ist kein Paradies, 1984; Kernenergie, 1988. Übers. in 16 Spr. (Gesamtaufl. 2 Mill.), zahlr. TB-Ausg. - 1974 Ehrendoktor Univ. Marburg; 1988 Preis Ges. dt. Chemiker f. Journalisten u. Schriftsteller; 1989 1. Preis Technik u. Öffentlichkeit des Dt. Verb. techn.-wiss. Vereine - Bek. Vorf.: Libertus Busemann, Schulbuchverf. auf naturwiss. Geb. (Großv.).

BOSECK, Helmut

Dr. rer. nat. habil., o. Prof. f. Mathematik Univ. Greifswald (s. 1965) - Binz Str. 10, O-1100 Berlin - Geb. 14. Okt. 1931 Haida, verh. s. 1960 m. Evelyn, geb. Scheider - Stud. Math. Univ. Berlin, Dipl. 1953; Promot. 1959; Habil. 1963 - 1963 Doz. Ernst-Moritz-Arndt-Univ. Greifswald; s. 1990 Dir. d. Fachricht. Math./Inform. - BV: Lineare Vektorräume, 1965; Tensorräume, 1972; Darstell.theorie, 1973; Analysis on Topological Groups-General Lie Theory (m. Czichowski u. Rudolph), 1981 - Liebh.: Musik, Wandern - Spr.: Engl., Russ.

BOSECK, Siegfried

Dr. rer. nat., Prof. f. Exper. Physik m. Schwerp. Licht- u. Elektronenmikroskopie - Heideweg 40, 2804 Lilienthal-Klostermoor - Geb. 14. Sept. 1935 Gumbinnen/Ostpr. - Promot. 1966 München; Habil. 1972 Gießen - S. 1972 Prof. Univ. Bremen. Fachaufs.

BOSETZKY, Horst (-ky)

Dr., Prof. f. Soz. Berlin, Schriftst. (Ps. -ky) - Zu erreichen üb. Rowohlt Taschenbuch-Verlag, Hamburger Str. 17, 2057 Reinbek - Geb. 1. Febr. 1938 Berlin, ev., verh. s. 1969 m. Stefanie, geb. Ratzlaff - Lehre Industriekaufm. Siemens; 1960-66 Stud. Soz. FU Berlin; Dipl. 1966, Promot. 1969 - 1966-70 Assist. FU Berlin; 1970-72 wiss. Mitarb. Senatskanzlei Bremen - BV: E. v. uns beiden, 1972; Stör d. feinen Leute nicht, 1973; Kein Reihenhaus f. Robin Hood, 1979; Feuer f. d. Gr. Drachen, 1982; Ich wollte, es wäre Nacht, 1991; Von oben herab, 1992; Grundz. e. Soz. d. Industrieverw., 1970; Mensch u. Org., 1980 (m. P. Heinrich) - Liebh.: Leichtathl., Eisenbahn - Spr.: Engl. - Lit.: Rudi Kost, D. mod. dt. Kriminalroman 1 (1981).

BOSHOF, Egon

Dr. phil., Prof. f. Mittlere u. Neuere Geschichte sow. Histor. Hilfswiss. - Kreuzbergstr. 13, 8390 Passau (Neustift) - Geb. 13. Jan. 1937 Stolberg/Rhld. (Vater: Franz B., Rektor; Mutter: Johanna, geb. Bong), kath., verh. s. 1963 m. Erika, geb. Schindler, 3 Kd. (Dietmar, Anja-Maria, Heidrun Elisabeth) - Stud. Univ. Köln u. Freiburg (Gesch., Philos., German.), 2. Staatsex. 1962, Schuldienst b. 1966, dann Univ. Köln; Promot. 1967, Habil. 1971. 1972 apl. Prof., 1976 Wiss. Rat u. Prof. Köln, 1979 o. Prof. Univ. Passau - BV: Erzbischof Agobard v. Lyon (Diss.), 1969; Erzstift Trier u. s. Stellung zu Königtum u. Papsttum i. ausgeh. 10. Jahrh. (Habil.), 1972; Einf. in d. Stud. d. mittelalterl. Gesch., 3. A. 1983; Heinrich IV. Herrscher an e. Zeitenwende, 2. A. 1990; D. Salier, 2. A. 1992; Aufs. in Fachztschr., Hrsg. d. Archivs f. Kulturgesch. - Liebh.: Musik, Sport - Spr.: Engl., Franz.

BOSHOLM, Jürgen

Dr. rer. nat. habil., Chemiker, o. Prof. u. Fachbereichsleiter TH Zittau (s. 1971)

- Zwinglistr. 45, O-8020 Dresden (T. 05 - 3 21 31) - Geb. 14. März 1935, verh. s. 1960 m. Irmgard, geb. Groß, 3 Kd. (Jane, Ole, Claes) - Schiffbauer; Stud. Chemie/Kernchemie, Dipl.-Ing. 1960; Promot. Dr. rer. nat. 1964; Dr. rer. nat. habil., 1978 (alles TU Dresden) - 1960-65 Assist. TU Dresden; 1965-67 Sektorenleit. b. Staatl. Amt f. Atomsicherh. Berlin; 1967-70 Lehrkraft an d. TU Santiago, Chile - Co-Autor: Chemie in Kraftwerken, 1984; Betrieb v. Kernkraftw., 1987; Dampferzeuger u. Außenanl., 1988. Ca. 90 wiss. Veröff. - Liebh.: schöngeist. Lit., Soziol., Psychol., bild. Kunst - Spr.: Span., Engl.

BOSKAMP, Arthur

Kunstmaler, Schriftst. - Schillerstr. 12, 2210 Itzehoe - Geb. 6. Aug. 1919 Nickelswalde b. Danzig, ev. - BV/Lyrik: Aeskulap dichtet; Auf d. Esel reiten; Wo endet dieser Weg; Lang schien die Reise; Blühen wie d. Baum. Theaterst.: Don Juans zweite Frau. Bildbd. m. Ölbildern, Aquarellen u. Ged. - 1986 BVK; Rubensmed. Assoc. Belgo-Hispani Brüssel/Belgien; Ehrenmitgl. Bundesverb. dt. Schriftstellerärzte.

BOSL, Karl

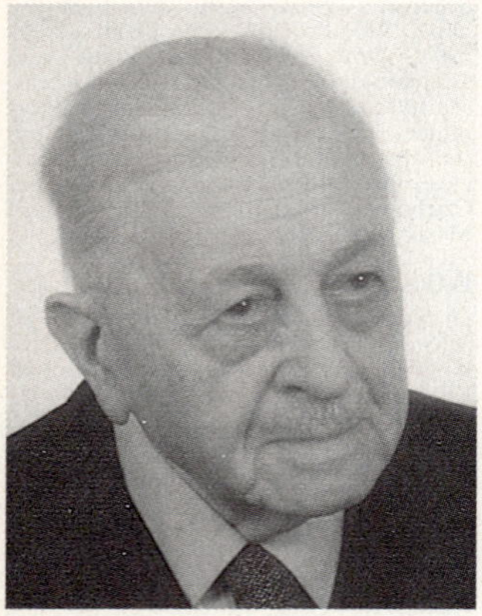

Dr. phil., em. o. Prof. Geschichte - Donnersbergerstr. 9, 8000 München 19 (T. 16 73 35) - Geb. 11. Nov. 1908 Cham/Opf. (Vater: Franz H., Hausverw.; Mutter: Maria, geb. Mühlbauer), kath., verh. s. 1938 m. Erika, geb. Schmidt (ev.), T. Erika - Gymn.; Univ. München (Gesch., Klass. Spr., German.). Promot. u. Habil. Studienrat Ansbach u. München; s. 1953 Ord. Univ. Würzburg (Mittlere u. neuere Gesch.) u. München (1960). Vors. Kommiss. f. bayer. Landesgesch. Bayer. Akad. d. Wiss. u. Collegium Carolinum b. 1978 bzw. 1980. Carl-Schurz Prof. Univ. Madison, Wisc., USA; Rose Morgan Prof. Univ. Lawrence, Kansas, USA; Ehrenmitgl. Americ. Hist. Assoc. - BV: D. Reichsministerialität d. Salier u. Staufer, 2 Bde. 1950/51; Gesch. d. Mittelalters, 1950; Bayer. Gesch., 7. A. 1990; Staat, Ges., Wirtsch. im dt. Mittelalter (in: Gebhardts Handb. d. dt. Gesch. I); Franken um 800, 1959; Frühformen d. Ges. im mittelalterl. Europa, 1964; D. Sozialstruktur Regensburgs im Mittelalter, 1965; München/Bürgerstadt - Residenz - Heiml. Hauptstadt Deutschlands, 1972; D. Grundl. d. Mod. dt. Ges. im Mittelalter, 1972; Europa im Aufbruch, 1980; Gesellschaftsgesch. Italiens im MA, 1982; Storia sociale d'Europa medioevale (UTET, Turin); Geschichte d. Repräsentation in Bayern, 1974; Oberpfalz u. Oberpfälzer, 1978; Böhmen u. s. Nachbarn, 1976; Il risveglio del Europa L'Italia dei Comumi, 1985; D. Osten Bayerns, 1986; D. bay. Stadt im MA u. Neuzeit, 1988; Historia magistra. D. gesch. Dimension d. Bildung, 1988; Gesellschaft im Aufbruch. D. Welt d. Mittelalters u. ihre Menschen, 1991; Viechtach, Regen, Zwiesel. Drei Städte im Rodungsland am Schwarzen Regen, 1992. Viele Buch- u. Ztschr.beitr. Herausg.: Handbuch d. Gesch. d. böhm. Länder (4 Bde. 1967ff.), Aktuelle Forschungsprobleme u. d. I. Tschechosl. Rep. (1970), Umbruch in Europa v. 10.-14. Jh. (1971), D. J. 1945 in d. Tschechosl. (1972), Bosl's Bayerische Biographie (1983); Bohemia Ztschr. f. Gesch. u. Kultur d. böhm. Länder; Monographien z. Gesch. d. MAs (Stuttgart) 35 Bde. Miscellanea Bavarica Monacensia - 1964 Ostbayer., 1970 Sudetend. Kulturpreis; 1970 Bayer VO.; 1976 Gr. BVK, Stern dazu; Bayer. Max-Orden - Spr.: Engl., Franz., Ital.

BOSNIAKOWSKI, Siegfried

Dr.-Ing., Prof. - Ardennenstr. 88, 5100 Aachen - Geb. 5. Jan. 1929 Essen - Promot. 1959 Aachen - S. 1964 (Habil.) Lehrtätigk. TH Aachen (1970 apl. Prof.; 1971 Wiss. u. Prof./Leit. Lehr- und Forschungsgeb.: Festigkeitsfragen d. konstruktiven Ingenieurbaues), s. 1976 Prüf-Ing. f. Baustatik - BV: u. a. Schwingungsberechnung ebener Stabwerke, 1969 - 1954 Girardet-, 1959 Borchers-Preis.

BOSS, Siegfried

Dipl.-Volksw., alleiniger Geschäftsf. Deutsche Acheson GmbH, u. Deutsche Acheson Colloids, beide Ulm (s. 1967) - Hauptstr. 82, 7332 Eislingen - Geb. 9. Aug. 1930 Göppingen (Vater: Karl B., Beamter; Mutter: Emma, geb. Hauser), ev., verh.s. 1960 m. Eleonore, geb. Scheer, T. Claudia - Stud. d. Rechts- u. Wirtschaftswiss. - ARsmitgl. Marly, Brüssel, Dag Engineering, Scheemda.

BOSS, Walter

Botschafter Bundesrep. Dtschl. in Japan (1984ff.) - CPO Box 955, Tokyo/Japan - Geb. 1921, verh. (Ehefr.: Malerin) - B. 1979 Gesandter NATO, 1979ff. Botsch. Thailand, dann Leit. d. dt. Delegation bei d. Wiener Truppenabbau-Verhandlungen - Liebh.: Klass. Musik (spielt Violine).

BOSSE, Heinz

Prof., Oberregierungsvermessungsrat a. D., Kartograph - Tulpenstr. 26, 7500 Karlsruhe 51 - Geb. 2. Okt. 1909 Sieblеben/Thür. (Vater: Wilhelm B., Schlosserm.; Mutter: Auguste, geb. Ecarius), verh. in 2. Ehe (1958) m. Edeltrud, geb. Kraft, 4 Kd. (Knut, Ingo, Sabine, Ulrike) - Oberrealsch.; Kartographenlehre - B. 1933 Staatsdst.; Doz. u. Prof. Fachhochsch. Karlsruhe. 1957-79 Gründ. Arbeitskurse Niederdollendorf. 1967-79 Präs. Dt. Ges. f. Kartogr.; 1981 Ehrenpräs. ebd. - BV: Kartentechnik, 2 Bde. 1953 (1958 russ.) - Liebh.: Malerei.

BOSSE, Helmuth

Automobilkaufmann, MdL Nieders. (s. 1967) - Elmstr. 8, 3307 Schöppenstedt (T. 25 26) - Landtagsvizepräs. (s. 1978). SPD.

BOSSE, Klaus

Dr. med., Dr. med. vet., Abteilungsvorsteher Hautklinik, Prof. f. Dermatologie u. Venerol. einschl. Vergl. Dermatol. u. Versuchstierkd. Univ. Göttingen (s. 1969) - Über den Höfen 34, 3400 Göttingen - Geb. 11. März 1928 - Promot. 1955 (m. v.) u. 57 (m.); Habil. 1967 - Rd. 100 Facharb. - 1970 Hans-Schwarzkopf-Preis; 1977 Hans-Theo-Schreus-Gedächtnispreis.

BOSSECKERT, Hans

Prof., Arzt, Abteilungsleiter Gastroenterologie Klinik f. Innere Med. - Erlanger Allee 101, O-6902 Jena-Neulobeda-Ost - Geb. 22. April 1936 Bleicherode, ev., verh. s. 1962 m. Adelheid, geb. Foers, T. Christiane - Stud. 1954-59 Jena, Ex. 1959; Promot. 1960; Habil. 1970 - 1982 ao. Prof., 1985 o. Prof. - Abt.-Leit., Beauftr. f. Laseranwendung in d. ehem. DDR; Berat. Gastroenterologe d. Bez. Arztes; Vors. d. Sekt. Gastroent. d. ehem. DDR; Councillor d. ESGE; Redakt.-Mitgl. d. Dt. Ztg. f. Verdauungs- u. Stoffw.krankh. u. d. Ztg. Leber, Magen, Darm - BV: Mod. Diätetik , 1971; Gastroenterologie-Ratgeber, 1974, 1991; 11 Buchbeitr. - 1972 Ehrenz. d. DRK; 1976 Hufelandmed.; 1990 Ismar Boas Med.; Ehrenmitgl. d. Gastroent. Ges. d. ČSFR - Liebh.: Musik, Sport - Spr.: Engl., Russ.

BOSSELMANN, Gustav

Landesminister a. D., Rechtsanwalt u. Notar, MdL Nieders. (s. 1963) - Schröderstr. 2, 3043 Schneverdingen (T. 4 03; Büro: Soltau 24 69) - Geb. 18. Mai 1915 Schülernbrockhof Kr. Soltau, verh. s. 1940, 4 Söhne - Reform-Realgymn. Uelzen; Univ. Tübingen u. Göttingen (Rechts- u. Staatswiss.). Jurist. Staatsprüf. 1938 u. 1951 - 1938-45 Wehrm. (Panzergren.; zul. Hptm.); landw. Tätigk. (eig. Hof); s. 1951 RA u. Not. (1957) Soltau; 1965-70 nds. Justizmin. 17 J. Bürgerm. Gde. Schneverdingen. CDU - 1975 Gr. VK Nieders. VO.

BOSSI, Rolf

Rechtsanwalt (Strafverteidiger) - Sophienstr. 3, 8000 München 2; priv.: Gaußstr. 2, 80 - Geb. 10. Sept. 1923 Karlsruhe, verh. s. 1957 m. Claire, geb. Reimann, 2 T. (Marion, Judith) - Univ. München (Rechtswiss.). Ass.ex. 1952 - S. 1952 Strafvert. 1980 CDU. - BV: Ich fordere Recht, 1977.

BOSSLE, Lothar

Dr. phil., Prof. f. Soziologie - Thüringer Str. 50, 8700 Würzburg - Geb. 10. Nov. 1929 Ramstein/Pf., kath., verh. m. Eva-Maria, geb. Bernzott, 3 Kd. (Stephan, Yvonne, Erik) - Promot. 1965 - S. 1970 Prof. PH Lörrach u. Univ. Würzburg (Ord. u. Mitvorst. Inst. f. Soziol.). Wiss. Dir. Inst. f. Demokratieforsch. - BV: u. a. D. jg. Mensch u. d. Politik, 1961; Utopie u. Wirklichk. im polit. Denken v. Reinhold Schneider, 1965; Polit. Bildung - Durchbruch od. Krise?, 1966; Demokratie ohne Alternative, 1972; Soziol. d. Sozialismus, 1976; Allende u. d. europ. Sozialismus, 1976; Vorwärts in d. Rückgangsges., 1979; Hans Filbinger - E. Mann in unserer Zeit, 1983 - Liebh.: Lesen - Spr.: Engl., Franz.

BOST, Hans-Josef

Journalist, MdL Nordrh.-Westf. (1966-75) - Flemingstr. 27, 5300 Bonn 1 - Geb. 24. Mai 1916 Quierschied/Saar, verh., 4 Kd. - Stud. Phil. - 1941-45 Wehrdst. (Sanitäter); s. 1946 Journ. (1948 Redakt. Verw. f. Arbeit, Frankfurt/M., 1950 Bundesmin. f. Arbeit u. Sozialordnung, Bonn). 1964ff. Landrat Kr. Bonn. 1952-66 Mitgl. Gemeindevertr. Duisdorf (1953-61 Fraktionsvors.; 1961-64 Bürgerm.); s. 1961 MdK Bonn (b. 1964 Fraktionsvors.). CDU s. 1946.

BOTH, Anton

Dr. med. (habil.), Internist, Kardiologe, apl. Prof. f. Inn. Med. Univ. Düsseldorf (s. 1973), Tübingen (s. 1984) - Katharinen-Hospital (Abt. f. Herz. u- Gefäßkrankh.), 7000 Stuttgart 1.

BOTHE, Bernd

Dipl.-Betriebswirt, Bankkaufmann, Vorst.-Mitgl. Kaufhof Holding AG - Leonhard-Tietz-Str. 1, 5000 Köln 1; priv.: Im Schlangenhöfchen 7, 5060 Bergisch-Gladbach 1 - Geb. 20. Mai 1944 Lauta (Vater: Georg B.; Mutter: Ilse, geb. Zupp), verh. 2 Kd. (Andrea, Dirk) - Realsch. Hürth, Höh. Handelssch. Köln; Banklehre; Stud. d. Betriebswirtsch. FH Köln - 1963 Bank f. Gemeinwirtsch. AG, Köln; 1968 Pintsch Bamag AG, Butzbach; 1970 Mohawk Data Sciences GmbH, Köln; 1973 Kienbaum & Partner GmbH (gf. Gesellsch. u. Vors. d. Geschäftsfg.), 1988 Vorst.-Mitgl. Kaufhof Warenhaus AG, u. 1990 Kaufhof Holding AG - Liebh.: Tennis, Ski, Surfen, Gruppendynamik - Spr.: Engl, Franz., Ital.

BOTHE, Johannes

Dr. med., Internist, Vors. Kreisärzteverein Paderborn (1961ff.) u. Suchtkrankenhilfe (1972-90), jetzt Ehrenvors., Geschäftsf. Ärzte-Laborgemeinsch. (1976ff.), AR-Vors. Volksbank i. R. (1977-91), jetzt Ehrenvors. d. AR - Alte Torgasse 10, 4790 Paderborn/W. - Geb. 29. Sept. 1921 Domsdorf/heute DDR (Vater: Georg B., kaufm. Angest.; Mutter: Magdalene, geb. Theiss), kath., verh. s. 1952 m. Johanna, geb. Kuchtner, 2 T. (Dorothea, Ursula) - Univ. Breslau, Leipzig, München (Med.). Promot. 1950 - Liebh.: Geschichte, Musik, Gartenarb. - 1976 BVK; 1983 Ehrenbecher Ärztekammer Westf.-Lippe; Gold. Ehrennadel d. Caritasverb. - Bek. Vorf.: Germanus u. Konrad Theiss (ms.) - Förderer span. Schüler Bad Driburg (Gymn. St. Xaver).

BOTHE, Klaus

Dipl.-Ing., Bergassessor a. D., Geschäftsf. Saarberg-Fernwärme GmbH., Saarbrücken - Amselweg 1b, 6605 Friedrichstal (T. 06897 - 8 87 55) - Geb. 27. Mai 1929, kath., verh. s. 1958, 4 Kd.

BOTHE, Rolf

Dipl.-Ing., Unternehmensbereichsleiter u. Dir. d. Leybold AG, Hanau (b. 1991), jetzt selbständig - Rückinger Str. 12, 6455 Erlensee (dstl.); Scharderhohlweg 11, 6240 Königstein 2 (priv.) - Geb. 7. Aug. 1932 Berlin (Vater: Max B., Staatsfinanzrat; Mutter: Emma, geb. Beling), ev., verh. s. 1961 m. Ingrid, geb. Störiko, 2 T. (Katrin, Petra) - Abit. 1952 Bad Homburg, 1952-57 Stud. allg. Masch.bau u. Verfahrenstechn. TH Darmstadt - 1957-77 Prok. u. Abt.dir. f. Verfahrenstechn. Anlagenbau Lurgi-Ges., Frankfurt, s. 1978 Prok. u. Dir. Leybold-Heraeus GmbH, Werk Hanau, 1979-87 Techn. Geschäftsf., 1987-91 Untern.bereichsleit. u. Dir. - Spr.: Engl., Franz.

BOTHE, Wolfgang

Dirigent - Silcherstr. 23, 8000 München 40 (T. 089 - 359 49 46) - Geb. 18. Juli 1934 Berlin, verh. - 1950-56 Hochsch. d. Künste Berlin - 1965-71 Staatsoper Dresden (Kapellmeister); 1966-71 auch Lehrtätigk. Hochsch. f. Musik, Dresden (Fach: Opern-Ensemble), 1971-82 Frankfurt/Oder (Chefdirigent), 1983-1988 Chefdirigent Staatstheater am Gärtnerpl. München. S. 1972 Konzertdirig. in: Ungarn, CSSR, Polen, Rumän., Bulgar., SU, Span., Schweiz u. Japan. Ab 1991 ständ. Dirig. b. Tokyo Philharmonic Orchestra. Gastdirig. b. Rundfunk-Orch. (Produkt.) in Leipzig, SFB (Berlin), NDR (Hamburg), WDR (Köln), BR (München) - Spr.: Engl.

BOTHMANN, Eckhard

Geschäftsführer Groz-Beckert Portuguesa Lda Porto - R. Eugenio Castro, 34/153, 4100 Porto/Portugal (T. 00352 - 69 42 53) - Geb. 17. April 1930 Hamburg, ev., verh. s. 1955 m. Consuelo Sánchez Galán, 2 Kd. (Susanne, Christian) - Präs. Deutsch-Port. Industrie- u. Handelskammer Lissabon (b. 1988); Vorst.-Mitgl. Berufsbildungszentrum d. DPIHK Lissabon, Dt. Schulverein Porto (b. 1986), Dt. Verein Porto (b. 1977); Vors. Prüfungsaussch. DPIHK Porto - 1986 BVK - Spr.: Portug., Span., Franz., Engl.

BOTHMER, von, Hans-Cord, Graf

Landwirt, Landrat Kreis Rotenburg-Wümme, MdL Nieders. (s. 1990) - 2727 Lauenbrück-Gut (T. 04267 - 3 55) - Geb. 13. Dez. 1936 Lauenbrück, ev., verh. s. 1965 m. Barbara, geb. v. Schiller, 5 Kd. - S. 1977 Landrat LK Rotenburg-Wümme; s. 1974 Bürgerm. SG-Fintel. 1969 Vors. Kreislandvolkverb; 1972 Präs. LV d. Campingplatzhalter in Nieders. e.V.

BOTHMER, von, Lenelotte,

geb. Wepfer

Schriftstellerin, Vorstandsmitgl. Verb. Dt. Schriftsteller (VS), MdB (1969-80) - Prüßenstift 59, 3000 Hannover (T. 65 13 40) - Geb. 27. Okt. 1915 Bremen, verh., 6 Kd. - Stud. Gesch., German., Angl. - Zeitw. Dolmetscherin u. Fachschullehrerin. 1965-67 MdL Nieders. SPD (Mitgl. Bezirksvorst. (1964) u. 1970ff. Parteirat) - BV: Frauen ins Parlament, 1976; Menschenrechte in Südafrika, 1978; Assoziationen, 1978-83, 6

Bde.; Projekt Afrika, 1981; Ich will nicht Krieg, 1982; Motivationen, 1983; D. verbotene Frieden, 1983. Übers.: D. tausend Kraniche - Spr.: Engl., Franz.

BOTSCHEN, Harald

Geschäftsführer Energieversorgung Oberbaden GmbH., Breisach - Bahnhofstr. 29, 7814 Breisach/Rh. - Geb. 3. Aug. 1935.

BOTT, Dietrich

Dr. rer. pol., Prof. f. Betriebswirtschaft, bes. Absatzwirtsch., Gesamthochschule Siegen - Anemonenweg 3, 5910 Kreuztal - Geb. 8. Nov. 1934 Berlin (Vater: Wolfgang B.; Mutter: Ilse, geb. Witholz), verh. s. 1962 m. Edith, geb. Böhm, 2 Kd. (Roderich, Erika) - 1945-54 Gymn./US High School; 1954-57 kaufm.Lehre Industrie; 1956-66 Stud. Wirtschaftswiss. Nürnberg, München, Saarbrücken, Santiago de Chile. Dipl.-Volksw. 1960; Promot. 1966 - 1960-66 Wiss. Assist.. 1966-71 Ind.tätigk.; ab 1971 Hochschullehrer (1972 Dekan) - BV: Üb. rationale Entscheidungsregeln, (Diss.) 1966; Lernbuch Marketing (m. R. Peterson u. A. Whatley), 1981 - Spr.: Engl., Franz., Span.

BOTT, Gerhard

Prof., Dr. phil., Generaldirektor German. Nationalmuseum Nürnberg - Kartäusergasse 1, 8500 Nürnberg 1 - Geb. 14. Okt. 1927 Hanau/M. (Vater: Dr. Heinrich B.), verh. m. Dr. Katharina, geb. Schumacher, 3 Kd. - Stud. Kunstgesch., Hon.-Prof. Univ. Erlangen-Nürnberg - BV: Ullsteins Juwelenbuch, 1971 - Ritter d. Danebrogordens (österr. Ehrenz.) - Spr.: Engl., Ital. - Rotarier.

BOTTENBRUCH, Hans Walter

Opern-Regisseur (freischaffend) - Wunsiedler Str. 32, 8584 Kemnath (T. 09642 - 10 92) - Geb. 25. Juli 1956, ev., verh. s. 1980 m. Dorothe Kimmich (Altistin) - Stud. Musiktheater u. Regie Hochsch. f. Musik Hamburg; Dipl. 1981 - 1981/82 u. 1985/86 Abendspielleit. u. Regieassist. Hess. Staatstheater Wiesb.; Regiss. Bayer. Kammeroper Veitshöchheim; Assist. in Hamburg u. Mailand (Scala) - Insz.: Salon Blumenkohl; D. Insel Tulipatan; D. Hochzeit d. Figaro (Staatsoper Ankara); Viva la Mamma (Bremerhaven); Martha (Gießen). Versch. Sprechrollen (u.a. Bräutigam in: D. Bluthochzeit) - Interessen: Psych. Wirkungsweisen in d. Kindererziehung, Situationsbezogene Analyse v. Film-Musiken - Spr.: Engl., Franz., Ital., Tschech.

BOTTERBUSCH, Vera

Journalistin, Filmemacherin, Autorin - Pilarstr. 8, 8000 München 19 (T. 17 51 31) - Geb. 10. Febr. 1942 Dortmund, verh. s. 1976 m. Klaus Konjetzky, 2 Töcht. (Laura, Anna) - Abit. 1961; Stud. German. u. Roman. (1. u. 2. Staatsex. 1968 u. 73) - Lehrerin, Lektorin; s. 1975 freiberufl. Mitarbeiterin d. Süddt. Ztg. u. Bayer. FS - Herausg.: Gotthelf Gollner, A oide Lindn is a Geschicht, Ged. (1981); Gotthelf Gollner, Wennsd nix brauchst, höifan da olle, Sprüche u. Ged. (1988). Mithrsg.: An zwei Orten z. leben, Heimatgesch. (1979) - Filme: u. a. Strukturen, Gewebte Bilder - Textile Objekte, 1978; D. Hebriden, Annäher. an e. Musik v. Felix Mendelssohn-Bartholdy, 1980; Stud. u. Verantw., Ev. Studienwerk Villigst, 1982, D. Jagd nach d. Glück, Hommage à Stendhal, 1982; D. lange Rede d. ich bin. D. Dichter Louis Aragon, 1983; D. Kalifornien d. Poesie, Hans Christian Andersen in Schweden, 1984; D. Gefühl d. vagen Empfindungen. D. Schriftst. Nathalie Sarraute, 1985; Wo d. wilden Stiere wohnen. E. Unterwegsgesch. aus d. Camargue, 1985; Musik einer Landschaft, D. Komponist Jean Sibelius, 1986; Man muß d. Wahrheit sagen, D. Schriftst. Julien Green, 1987; Mit d. Esel durch d. Cevennen, E. Reise v. Robert Louis Stevenson, 1988; E. provencalischer Pan, D. Schriftst. Jean Giono, 1989; Jede Straße führt in d. Kindheit. D. Schriftst. Horst Bienek, 1990; D. Zeit, die wir noch haben, Carl Amerg - ein bayer. Querdenker, 1991; Bäume im Weg. Was wird aus den ostdeutschen Alleen, 1992 - Liebh.: Malerei, Fotogr. - Spr.: Engl., Franz., Ital.

BOTTERMANN, Peter

Dr. med. (habil.), Prof., Internist - Ismaninger Str. Nr. 22, 8000 München 80 - B. 1970 Privatdoz., dann apl. Prof. TU München (gegenw. ltd. Oberarzt II. Med. Klinik).

BOTTLÄNDER, Reinhard

Kriminaloberkommissar, Schriftst. - Hangeneystr. 167, 4600 Dortmund 72 (T. 0231 - 67 56 17) - Geb. 25. März 1948 Bochum (Vater: Kurt B.; Mutter: Elfriede, geb. Herstell), verh. s. 1968 m. Karin Maria, geb. Drescher, 2 Töcht. (Jennifer, Virginia) - Handwerkslehre; Fachabit.; Stud. (Dipl.-Verw.wirt) - S. 1965 Polizei Land NRW; s. 1972 Kriminaldst., Kriminaloberkommiss. Fahndungsabt. Bochum - BV: D. abenteuerliche Reise z. Schokoladeninsel, Kinderb. 1986; D. Geheimnis d. Höhle, Jugendb. 1988 - 1979 u. 1986 Lit.-Stip. Land NRW - Liebh.: Reiten, Malen.

BOTTLÄNDER-HARBERT, Rosemarie

Journalistin, Schriftst. (Ps. Rosemarie Harbert) - Kursiefenerstr. 8, 5068 Odenthal-Glöbusch (T. 02174-47 78) - Geb. 17. Juni 1926 Braunschweig, kath., verh. s. 1955 m. Dr. Wilfried B., 4 Kd. - Stud. PH; Ex. 1948 - BV: Bitte so, 1951; Wir sind nämlich kinderreich, 1953; Solange wir miteinander reden, 1979; Mensch Papa, das mußt du locker sehn, 1983; (u.a.).

BOTTLER, Jörg

Dr. rer. pol., Prof. d. Wirtschaftslehre d. Haushalts Univ. Gießen - Höhenstr. 30, 6301 Wettenberg 1 - Geb. 21. Mai 1936 Darmstadt - Promot. 1967; Habil. 1971 - S. 1973 Ord. - BV: Kurzfrist. Erfolgsrechnung, 1975; Wirtschaftslehre d. Großhaushalts, Bd. 1: Großhaushaltsführung, 1982.

BOUCSEIN, Hildegard

Dr. phil., Staatssekretärin f. Bundes- u. Europaangelegenheiten im Berliner Senat (s. 1991) - Zu erreichen üb. Rathaus Schöneberg, John-F.-Kennedy-Platz, 1000 Berlin 62 (T. 030 - 783 39 93) - Geb. 31. Dez. 1952 - Stud. 1971-76 Phil., Amerikanistik, Gesch. u. Päd. Univ. Düsseldorf u. Texas Christian Univ., Forth Worth; 1. Philol. Staatsex. 1976; Promot. 1983; Fellow d. German Marshall Fund of the United States 1985 - 1977-80 Wissenschaftl. Assist. d. MdB Reinhard Metz, 1982-84 b. Eberhard Diepgen im Berliner Abgeordnetenhaus; 1984-89 Leit. d. Persönl. Büros d. Reg. Bürgermeisters v. Berlin; 1989-91 Vizedir. d. Aspen-Inst. Berlin - BV: John St. Mill u. d. Idee d. Solidarität, 1983.

BOUILLON, Erhard

Aufsichtsratsmitglied Hoechst AG, Commerzbank AG, Nestlé Deutschland AG, AR-Vors. Hannoversche Lebensversich. a.G. - Zu erreichen üb. Hoechst AG, Postf., 6230 Frankfurt/M. 80 (T. 3 05-1) - Geb. 2. Febr. 1925 Koblenz - S. 1969 stv., 1971 o. Vorst. u. Arbeitsdir. d. Hoechst AG; Präs. d. Dt. Stiftg. Musikleben - 1988 Gr. BVK.

BOULBOULLÉ, Carla

Mitglied d. Landtags in Nordrhein-Westfalen - Sternstr. 50, 4000 Düsseldorf 30 (T. 0211 - 498 19 10) - Geb. 4. Okt. 1943 Berlin, verh.

BOUMAN, Johan

Dr., em. o. Prof. (Islam, Arabisch, Judaica) - Zur Hunnenburg 4, 6313 Homberg/Ohm 5 (T. 06633 - 71 19) - Geb. 1. März 1918 Amsterdam/NL (Vater: Jan Willem B., Polizei-Offz.; Mutter: Maatje, geb. Meinecke), ev., verh. s. 1980 in 2. Ehe m. Irmgard Ruth, geb. Schroth, 1 T. aus 1. Ehe (Anna Elisabeth Henriette) - Human. Gymn. Amsterdam; Stud. Ev. Theol. u. Orientalistik, Univ. Leiden/NL u. Utrecht/NL - 1948-54 Pfarrer d. niederl.reform. Kirche, 1954-60 Prof. Theol.-prot. Fak. Brüssel, 1960-70 Prof. American University of Beirut and Near East School of Theology, Beirut/Libanon, 1970-73 Prof. Ruhr-Univ. Bochum. s. 1973 Ord. Univ. Marburg - BV: Le Conflit autour du Coran et la Solution d'al-Baqillani, 1959; Rondom Thora en Koran, 1976, 1978; Gott u. Mensch im Koran, 1977; D. Wort v. Kreuz u. d. Bekenntnis z. Allah, 1980; D. Islam u. d. europ.-abendländ. Kulturtradition - unvereinbare Gegensätze?, Beitrag in d. Buch Islam u. Abendland (Ary A. Roest Crollius, Düsseldorf 1982); Christentum u. Islam im Vergleich, D. Leben gestalten - d. Tod überwinden (Untertitel), 1982; Glaubenskrise - Glaubensgewißheit im Christentum u. Islam, Bd. I - Augustinus: Lebensweg u. Theol., 1987; al-Ghazali im Vergleich m. Augustinus, Bd. II 1990; D. Koran u. d. Juden, 1990; Il Corano e gli Ebrei, 1992 - Direktoriums-Mitgl. American Foundation for the Study of Men - Spr.: Deutsch, Niederl., Franz., Engl., Arab. (altsprachl.: Griech., Hebräisch).

BOUR, Ernest

Dirigent, Chef Symphonie-Orchester - Südwestfunk, 7570 Baden-Baden - 1977 Ehrenpräs. Intern. Festival zeitgenöss. Musik Royan.

BOURGEOIS, Maurice Jan

Dr. med., Wiss. Rat, Oberarzt Kinderklinik A (Allg. Pädiatrie), Prof. f. Kinderheilkd. Univ. Düsseldorf (s. 1975) - Rheinweg, 4000 Düsseldorf 31 - Zul. Privatdoz.

BOURMER, Horst

Prof. Dr. med., Chirurg, Urologe, Anästhesist, Plast. Chir., Ehrenvors. Hartmannbund (s. 1972), Mitgl. Präsidium d. Dt. Ärztetages u. Bundesärztekammer, Präs. Ärztekammer Nordrhein, Mitgl. Vertretervers. d. Kassenärztl. Bundesvereinig. - Lärchenweg 1, 5000 Pesch b. Köln (T. K. 590 34 39) - Geb. 17. Aug. 1920 Koblenz (Vater: Dr. med. vet. Franz B., Stadtveterinärdir. u. Leit. Kölner Schlachthöfe; Mutter: Irmgard, geb. Luck), kath., verh. s. 1943 (Hamburg) m. Dr. Almuth, geb. Meyer-Abich, 3 Töcht. (Angelika, Sibylle, Sylvia) - Schulen Frankfurt/M. (Gymn.) u. Köln (Ref.-Realg.); Univ. Berlin, Kiel, Köln, Heidelberg, Tübingen. Med. Staatsex. u. Approb. 1944 - Assist. b. Prof. Lob u. Prof. Hoffmann; Oberarzt b. Prof. Schwaiger u. Prof. Heberer. CDU s. 1953 - Sammelt jap. Schwerter u. chin. Keramiken, Netsukes - BVK I. Kl., Paul-Harris-Fellow-Med. (Rotary), 1982 Gr. BVK, 1986 Stern dazu.

BOURQUIN, Dieter

Dipl.-Landw., Geschäftsführer Schafft Fleischwerke GmbH., Ansbach - Wasserzell, 8800 Ansbach/Mfr. - Geb. 20. Aug. 1936.

BOURSEAUX, Carl-August

Geschäftsführer Kabelwerk Rhenania GmbH. - Karl-Kuck-Str. 3, 5100 Aachen-Brand.

BOURWIEG, Gerhard

Dr. rer. nat., Prof. f. Organ. Chemie FU Berlin (s. 1971) - Schopenhauerstr. 7, 1000 Berlin 38 - Geb. 3. Juni 1926 Berlin - Promot. 1964.

BOVENSCHEN, Claus

Vorstandsmitglied Überlandwerk Unterfranken AG, u. Vereinig. d. Arbeitgeberverb. energie- u. versorgungswirtschaftl. Unternehmungen - Hubertistr. 3, 8700 Würzburg (T. 0931 - 300 22 01) - Geb. 30. Aug. 1931 Halle (Saale), verh. m. Eleanor, geb. Schwab, 2 Kd. (Thomas, Kirsten) - Jurist, Ass. - Vors. Arbeitgeberverein. Bayer. Energieversorgungsuntern.

BOVENTER, Hermann

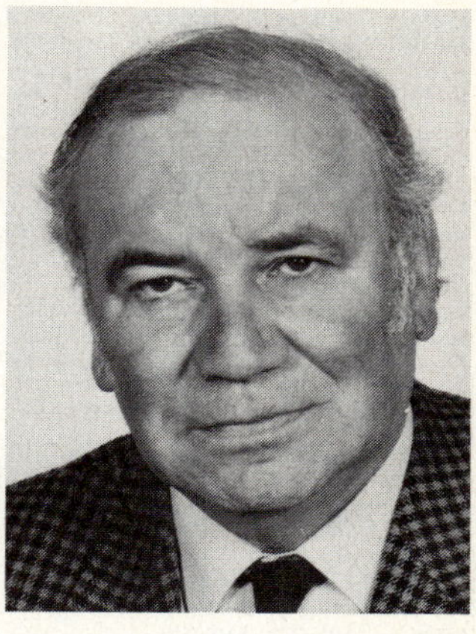

Dr. phil., freier Publizist - Hubertushöhe 9, Bensberg, 5060 Bergisch Gladbach 1 (T. 02204 - 5 46 07) - Geb. 8. Dez. 1928 Düsseldorf, verh. m. Dorothy, geb. Failor, 4 Kd. (Gregor, Suzanne, Helen, David) - Promot. 1954 Univ. Bonn - 1955-57 Doz. Fairl. Dickinson Univ., New Jersey, USA, 1957-68 Journ., Chefredakt. Kontraste, 1968-81 Dir. Thomas-Morus-Akademie Bensberg, 1972-81 Vors. Ges. Kath. Publizisten Dtschl., s. 1980 Vors. Thomas-Morus-Ges. (Intern. Sekt. Amici Thomae Mori), Vorst. Verein Union-Presse - Lehrbeauftr. Univ. Bonn (Medien u. Kommunikationstheorie) - BV: Gebt uns d. totale Schule, 1975; Politische Bildung, 1980; Evang. u. Kath. Akad., 1983; Ethik d. Journalismus, 1984; Medien u. Moral, 1988; Pressefreiheit ist nicht grenzenlos, 1989. Herausg. d. Thomas-Morus-Jahrbücher (s. 1981).

BOVENTER, Karl

Dr. med., Prof., Hygieniker u. Bakteriologe - Martinstr. 1, 5110 Alsdorf/Rhld. - Geb. 9. Juni 1913 Alsdorf - Promot. 1938 Düsseldorf - S. 1948 (Habil.) Privatdoz. Med. Akad. bzw. Univ. Düsseldorf (Hyg. u. Bakt.); s. 1953 Lehrbeauftr. u. Honorarprof. (1974) TH Aachen (Bakt. u. Steril. f. Lebensmittelchem.) - BV: Bakterium bifidum u. s. Bedeut., 1949. Zahlr. Einzelarb., in d. letzten Jahren auch auf d. Gebiet d. Medizingeschichte, u.a. über Bergbaumed.

BOVERMANN, Günter

Dr. jur. - Höhenstr. 28a, 6200 Wiesbaden (T. 54 24 15) - Geb. 5. Nov. 1929 Aschaffenburg, verh. s. 1962 m. Gisela, geb. Dotter, 2 Kd. (Nicole, Yvonne) - Gymn. Mülheim/Ruhr; Univ. Mainz u. Köln (Rechts- u. Staatswiss.); Promot. 1962 - 1959-65 Finanzmin. Nordrh.-Westf.; 1965-67 Sekr. Finanz-Aussch. Bundesrat; 1967-69 Leit. Haushaltsabt. Hess. Finanzmin.; 1969-76 Staatssekretär u. Chef Hess. Staatskanzlei; b. 1979 Dir. Landespersonalamt Hessen; s. 1979 gf. Gesellsch. Eurosurvey GmbH, Wiesbaden; Vors. Naturschutzzentrum Hessen e. V., Wetzlar.

BOVERMANN, Hans W.

Dr. rer. pol., Dipl.-Kfm., Gf. Gesellschafter L. Rettenmayer Gruppe, Wiesbaden - Am Heiligenstock 6, 6200 Wiesbaden (T. 0611 - 56 06 00) - Geb. 27. Juni 1936 Mülheim/R. (Vater: Willi B., Dir. i.R.; Mutter: Julianne, geb. Jäger), ev., verh. s. 1964 m. Liesel, geb. Oettinger, 2 Kd. (Anke, Jan Dirk) - Dipl.-Kfm. 1960 Univ. München, Promot. 1965 Mainz - AR-Vors. Dt. Möbeltransport GmbH, Hattersheim; AR Gaswerksverb. Rheingau AG, Kraftwerke Mainz-Wiesbaden AG; Stadtverordn. - 1975 Senator CI - Spr.: Engl., Franz.

BOWITZ, Dieter

Verleger, Geschäftsf. Gesellsch. Fackelverlag Fackelversand G. Bowitz

GmbH, Fackel-Buchklub Verlags- u. Vertriebs-GmbH, u. Füllhorn Sachbuch Verlags-GmbH, alle Stuttgart - Herdweg 31, 7000 Stuttgart 1 - Geb. 29. Jan. 1936.

BOWITZ, Horst

Bezirksbürgermeister a.D. - Themsestr. 82, 1000 Berlin 65 (T. 452 70 01) - Geb. 30. Jan. 1928 Berlin (Wedding), verh., Tocht. - Lessing-Gymn. (Abitur 1946) u. Verwaltungsakad. Berlin - 1947-81 (Rücktr.) Berliner Verw. (b. 1969 Oberregierungsrat Senatsverw. f. Finanzen, dann Bezirksstadtrat f. Volksbild. u. ab 1970 Bürgerm. Wedding). 1963-69 Bezirksverordn. Wedding (1967 stv. Fraktionsvors.). SPD s. 1957 - 1983 BVK; Chevalier de l'Ordre du Mérite.

BOXBERGER, Ekkehardt

Rechtsanwalt, Honorarkonsul d. Bundesrep. Deutschl. f. Ibiza u. Formentera - Carrer d'Antoni Jaume, 2-2-9 Ibiza (Spanien) (T. 30 74 61) - Geb. 6. Nov. 1941 Bamberg (Vater: Georg B., Polizeidir.; Mutter: Augusta-Maria, geb. Mandel), kath., verh. s. 1975 m. Maria Victoria, geb. Colom, 2 Kd. (Jordi, Carlos) - 1. u. 2. jurist. Staatsex. 1969 u. 72 München; Jura-Stud. Palma de Mallorca (Licenciado en Derecho español) - S. 1981 Honorarkonsul d. BRD f. Ibiza u. Formentera - Spr.: Span., Engl. - Bek. Vorf.: Anton Boxberger, Entd. d. Heilquellen in Bad Kissingen (Urururgroßv.).

BOYENS, Uwe

Dipl.-Kfm., Verleger, pers. haft. u. gf. Gesellsch. Westholst. Verlagsanstalt u. -druckerei Boyens & Co., Geschäftsf. Brunsbütteler Zeitung GmbH. - Neue Anlage 26, 2240 Heide (T. 0481 - 69 11 16) - Geb. 26. Sept. 1931, ev., verh. s. 1962 m. Elke, geb. Thole, 3 Kd. - Abit., Schriftsetzerlehre, Stud. d. Betriebswirtsch. i. Göttingen, Wien, Hamburg, Staatsex. als Dipl.-Kfm. 1959 Univ. Hamburg, Vorstandsmitgl. u. Ausschußmitgl. versch. Berufsverb. u. Vereine - Spr.: Engl., Franz. - Rotarier.

BOYSEN, Gert

Pressereferent, Mitgl. Hbg. Bürgerschaft (s. 1966), Pressesprecher CDU-Bürgersch.fraktion - Baben de Möhl 2a, 2000 Hamburg 65 (T. 040 - 604 84 41) - Geb. 28. April 1938 Kiel (Vater: Carl B., Kommandeur Bereitschaftspolizei d. Länder; Mutter: Friedel, geb. Arndt), ev., verh. s. 1964 m. Renate geb. Rehwinkel, Tocht. Jacqueline - Techn. Obersch. Lehre Verlagskaufm. - Tätigk. im Verlagshs. Hamburg; 1960 Presseref.; 1968 Pressesprecher Hbg. CDU; s. 1973 Leit. Pressestelle CDU-Bürgersch.-Frakt.; 1975-80 Chefredakt. Mitgl.-Ztg. CDU. 1966-77 Deput. Innenbehörde; 1970-80 Rundf.rat NDR (1978/79 Vors.); 1977-81 AR Studio Hamburg Atelierbetriebsges. CDU s. 1957 - Liebh.: Theater, Oper, Tennis, Reisen - Spr.: Engl., Franz.

BOYSEN, Rolf

Schauspieler - Zu erreichen üb. Kammerspiele, 8000 München 2 - Zahlr. Charakterrollen (zul. König Lear). Film; Fernsehen.

BOYSEN, Wilfried

Dipl.-Kfm., Vorstandsmitglied AMB Aachener u. Münchener Beteiligungs-AG, Aachen - Aachener und Münchener Allee 9, 5100 Aachen - Geb. 16. Juni 1941 - Dipl.-Kfm., MBA (Harvard Univ.) - Fregattenkapitän d. Res.

BOZEK, Karl

Dr. phil., Wiss. Rat, Prof. f. Allg. Didaktik u. Schulpäd. PH Rheinland/Abt. Bonn - Rhöndorfer Str. 11, 5300 Bonn-Bad Godesberg - Geb. 2. Sept. 1922 Markdorf/OS. - Promot. 1961 Berlin (FU) - B. 1970 Doz., dann Prof. - BV: Anton Heinen u. d. dt. Volksbeweg., 1963.

BRAATZ, Ilse

Dr. phil., Schriftstellerin - Humboldtstr. 72, 6000 Frankfurt - Geb. 24. Mai 1936 Berlin - Promot. 1979 Frankfurt - BV: Zu zweit allein - oder mehr? Liebe u. Ges. in d. mod. Lit., 1980; Vielleicht nach Holland, 1982; Geschieht e. Hochzeitsfest, 1984.

BRABÄNDER, Horst Dieter

Dr. rer. nat., Prof., Oberlandforstmeister a. D. - Esebecker Str. 2b, 3400 Göttingen-Elliehausen - B. 1974 Privatdoz. Univ. Freiburg, dann o. Prof. Univ. Göttingen (Dir. Inst. f. Forstl. Betriebsw.slehre).

BRABEC, Franz

Dr. rer. nat. (habil.), Prof., Botaniker - Emkendorfstr. 4, 2000 Hamburg 52 (T. 880 34 93) - Geb. 9. Juli 1913 London (Vater: Josef B., Hotelier; Mutter: Therese, geb. Büchner), ev., verh. s. 1942 m. Hildegard, geb. Lemburg - Univ. Hamburg (Promot. 1944) - S. 1954 (Habil.) Privatdoz., apl. Prof. (1961), Prof. (1970) d. Univ. Hamburg (Inst. f. Allg. Botanik). Arbeitsgeb.: Polyploidie, Chimären, Sexualität (Bryonia) - BV: Handb. Pflanzen physiol. XV; Planta; u. a. Etwa 30 Facharb.

BRACH, Gisela

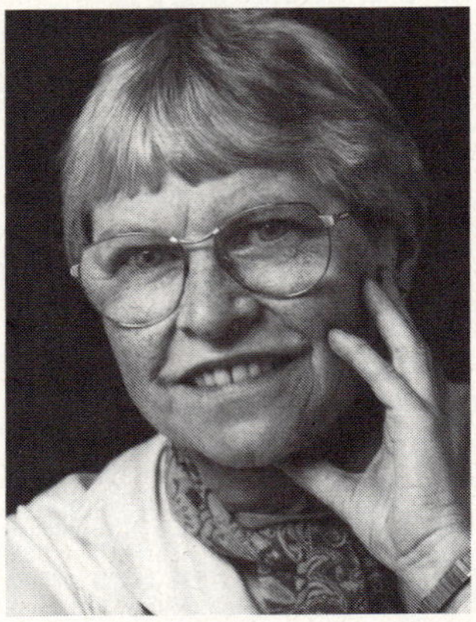

Dipl.-Bibl., Schriftstellerin - Granastr. 1, 5500 Trier - Geb. 2. Okt. 1926 (Mutter: Martha B., Politikerin, u.a. MdL Rhld.-Pfalz 1959-63) - 1948-53 Stud. Erdkd., Franz. u. Deutsch Univ. Mainz; Bibl. 1958 Lehrinst. Köln - BV/Bibliogr.: Trevirensia 1950-74, 1975; Trevirensia 1974-76, 1975-77; Mittelrhein-Moselland-Bibliogr. 1975/76-88, 1978-89 Kalenderbelletristik, 1980, Bibliogr. z. Verkehrsgesch. d. Mittelrheins m. Post- u. Nachrichtenwesen 1964-1983, 1987; u.a. bibliogr. Arb. Statist. Arb.: Stadtbibl. Trier, T. I D. Lesesaal 1965, T. II D. Ausleihe 1967; Ged.: Mitteilungen, 1976; Erfahren, 1980; Nach Santiago de Compostela, 1980; Poesie-Kal., 1981; Irisch-Fries. Impress., 1985; Poesie-Kalender, 2. 1985; Drei Dutzend u. eine. Fabeln u. Fabelerz., 1986; Poesie-Kalender, 3. 1987; Oberitalien-Blicke, Gedichtimpress. 1988; D. Lit.-Musische Ges. Trier. Profil e. Gruppe, 1988; D. gesprungene Zeit, Märchen 1990; Ach Mama Du, Trauerged. 1992; u. a. fachwiss. u. hist. Arb. üb. Mundartdichter - Spr.: Engl., Franz.

BRACHER, Karl Dietrich

Dr. phil., Dr. hum. lett. h. c., Dr. jur. h.c., Dr. rer. pol. h. c., em. Prof. f. Polit. Wissenschaft u. Zeitgesch. - Stationsweg 17, 5300 Bonn - Geb. 13. März 1922 Stuttgart (Vater: Theodor B.; Mutter: Gertrud, geb. Zimmermann), ev., verh. s. 1951 m. Dorothee, geb. Schleicher, 2 Kd. (Christian, Susanne) - Eberhard-Ludwig-Gymn. Stuttgart; Univ. Tübingen (Gesch., Philosophie, Lit.; Promot. 1948); 1949-50 Harvard Univ./USA - 1950-58 Assist. u. Abt.leit. (1953) Inst f. polit. Wiss. Berlin; ab 1954 Lehrbeauftr. Dt. Hochsch. f. Politik Berlin; 1955-58 Privatdoz., Wiss. Rat u. apl. Prof. (1958) FU Berlin (Polit. Wiss. u. Neuere Gesch.); s. 1959 Ord. u. Dir. Sem. f. Polit. Wiss. Univ. Bonn; Ruf nach Hamburg, Berlin, Harvard, Florenz u. a. Gastprof. USA, Engl., Schwed., Italien, Israel, Japan. 1962ff. Vors. Kommiss. f. Gesch. d. Parlaments u. d. polit. Parteien; 1965-67 Dt. Vereinig. f. Polit. Wiss.; 1980-88 Beiratsvors. Inst. f. Zeitgesch. München - BV: u. a. D. Auflös. d. Weimarer Republik, 1955, 7. A. 1989; D. nationalsozialist. Machtergreif., 1960, 3. A. 1974 (m. W. Sauer u. G. Schulz); Dtschl. zw. Demokratie u. Diktatur, 1964; Adolf Hitler, 1964; Theodor Heuss u. d. Wiederbegr. d. Demokr. in Dtschl., 1965; D. dt. Diktatur, 1969 (auch engl., franz., ital., span., jap., hebr.); D. dt. Dilemma, 1971 (auch engl.); Zeitgesch. Kontroversen, 1976 u. 1984; D. Krise Europas 1917-1975, 1976 u. 1979 (auch ital.); Schlüsselwörter in der Geschichte, 1978; Gesch. u. Gewalt, 1981; Zeit d. Ideologien, 1982, 2. A. 1984 (auch engl., ital., span.); Republik im Wandel, 1986 (m. W. Jäger u. W. Link); D. totalitäre Erfahrung, 1987; Verfall u. Fortschritt im Denken d. frühen römischen Kaiserzeit, 1987 (Diss. v. 1948); Betrachtungen z. Problem d. Macht, 1991. Herausg.: Staat u. Politik (1957), Intern. Beziehungen (1969; m. Ernst Fraenkel); D. mod. Demokratie u. ihr Recht (2 Bde. 1966), Vierteljahrshefte f. Zeitgesch. (m. H. P. Schwarz); Die nat. soz. Diktatur (1983; m. M. Funke, H. A. Jacobsen); D. Weimarer Republik (1988; m. M. Funke, H. A. Jacobsen); Dtschl. zw. Krieg u. Frieden (1991; m. M. Funke, H. P. Schwarz); Faschismus u. Nationalsozialismus (1991; m. Leo Valiani) - 1971 Auswärt. Ehrenmitgl. American Acad. of Arts and Sciences; Corresp. Fellow, The British Academy; American Phil. Soc.; Österr. Akad. d. Wiss.; 1982 Gr. BVK, 1987 Stern dazu; 1984 o. Mitgl. Dt. Akad. f. Spr. u. Dicht.; 1988 o. Mitgl. Rhein.-Westf. Akad. d. Wiss. - Liebh.: Musik (Klavier), Wandern.

BRACHERT, Thomas

Dr. phil., Museumsdirektor, Leit. d. Inst. f. Kunsttechnik u. Konservierung im German. National-Museum Nürnberg, Lehrbeauftr. f. Kunstgesch. Univ. Erlangen-Nürnberg u. Würzburg - Tiefe Brücke Nr. 10, 8500 Nürnberg-Fischbach (T. 0911 - 83 16 63).

BRACHETTI, Hans Elmar

Dr.-Ing. habil., Honorarprof. f. Versorgungstechnik, Wärmeschutz, Heizung u. Lüftung Univ. Hannover - Raarangerweg 3, 3257 Springe 2.

BRACHT, Thomas

Komponist, Dirigent, Pianist - Martin-Luther-Str. 35, 4930 Detmold - Geb. 12. Juli 1957 - Werke: Elegie f. Str. (1979); 2. Streichquart. (1981); Saxophonkonz. (1982); Kontrabasskonz. (1983), Tre Sonetti a Madonna Laura (1985); Phantasmagorie f. gr. Orch. (1985); Quatre Attitudes f. Vcl. u. Klav. (1987); Canto MEMENTO f. Soli, Chor u. Orch (1987/88); Lyrische Szenen f. Kammerensemble (1989); Gethsemane (1990) u.a. - 1982 Felix-Meldelssohn-Bartholdy-Preis, Studienstiftg. d. Dt. Volkes; 1986 Förderpreis Berliner Kunstpr., u. NRW Kunstpr; 1992 Cité Intern. d. Arts Paris.

BRACKEL, von, Peter

Dipl.-Volksw., All. Geschäftsführer INMONT GmbH (früher BONAVAL-Werke), Bonn (s. 1973) - Am Büchel 65, 5300 Bonn 2 - Geb. 18. Okt. 1928 Königsberg/Preußen (Vater: Harald v. B., Bankbeamt.; Mutter: Johanna, geb. v. Perbandt), ev., verh. s. 1956 m. Mareile, geb. Gerstein, 3 Kd. (Benita, Almuth, Sybille) - Stud. Univ. Bonn - 1956-65 Telefunken (zul. kfm. Leit. Frankfurt), 1966-70 Geschäftsf. Color-Chemie GmbH. u. Einzelprokura Verein. Ultramarinfabriken AG., gleichz. s. 1969 Gf. Blaufarbenwerk Marienberg, 1971-73 Geschäftsf. Ciba-Geigy Marienberg GmbH, 1973-86 General Manager u. Geschäftsf. d. INMONT GmbH, Bonn (früher BONAVAL-Werke). Ab 1987 freiberufl. Berater - Liebh.: Gesch., Graphik, klass. Musik - Spr.: Engl. - Rotarier, Johanniter - Bek. Vorf.: Albrecht v. Thaer (Ururgroßv.).

BRACKER, Ernst

Dr. jur., Geschäftsführer Dt. Gesellschaft f. Wertpapiersparen mbH (DWS), Vorst. Bundesverb. Dt. Invest-Ges. - Grüneburgweg 113-115, 6000 Frankfurt/M. - AR-Mand.

BRACKER, Jochen

Dr. phil., Prof. f. Geschichte, Didaktik u. Methodik d. Geschichtsunterr. PH Kiel (s. 1971) - Stampe, 2300 Quarnbek - Geb. 8. Okt. 1927 Kiel - Facharb.

BRACKERT, Helmut

Dr. phil., o. Prof. f. Dt. Philologie Univ. Frankfurt (s. 1966) - Weingartenstr. 25, 6109 Mühltal-Traisa (T. 06151 - 14 50 55) - Geb. 30. Jan. 1932 Wedel/Holst.

BRACKLO, Eike

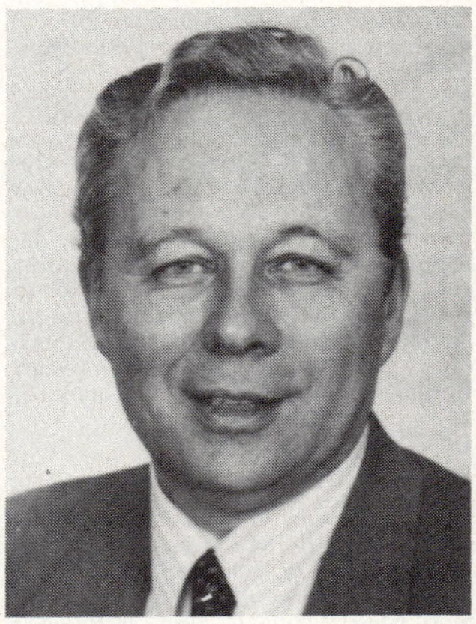

Dr., Generalkonsul d. Bundesrep. Deutschl. in Hongkong (s. 1988) - 21/F, United Centre, 95 Queensway, Hongkong (T. 5 - 29 88 55) - Geb. 24. Juni 1934 Tsingtao, China, ev., verh. s. 1963 m. Dominique, geb. Hirner, 4 Kd. (Marcus, Béatrice, Aeneas, Coralie) - 1. u. 2. jurist. Staatsprüfung (1957 u. 61); Promot. 1960 - 1961/62 wiss. Assist. Inst. f. Völkerrecht, Rechts- u. Staatsphil. München. 1962-64 Ausw. Amt, Botschaft Beirut, 1964-68 Botschaft Lima, 1968-71 AA, Bonn, 1971-76 Botsch.rat Ständ. Vertretung b. d. Vereinten Nat. New York, 1976-82 AA, Bonn, 1982-88 Gesandter Botsch. London - 1986 CVO - Liebh.: Tennis, Chin. Malerei - Spr.: Engl., Franz., Span., Chin.

BRADER, Curt

Dr.-Ing., Prof. Inst. f. Elektromechan. Konstruktionen TH Darmstadt (s. 1963) - Breslauer Pl. 3, 6100 Darmstadt (T. 06151 - 4 76 43) - Geb. 1. Nov. 1915 Hildesheim (Vater: Wilhelm B., Kaufm.; Mutter Helene, geb. Cotti), ev., verh. s. 1941 m. Lieselotte, geb. Camehn, 2 Kd. (Rolf-Henning, Detlef) - 1941 Dipl.-Ing. Flugzeugbau, TH Braunschweig, 1945-51 dort wiss. Assist., Inst. f. Techn. Mechanik, 1951 Promot. (Thema üb. Kinematik) - 1941 Funker, Luftnachrichtentr., 1942 Flieger-Haupting., 1944/45 Luftflottenkdo. Reich, Internierung; 1951 Siemens u. Halske, Bln., Zentrallaborat., 1954 Siemens AG, München, Leit. e. Fernschreiberlabors, 1963 Prof. TH Darmstadt, Aufbau Inst. f. Elektromech. Konstrukt.; 1950 VDI, 1956 VDE, 1963 Beirat VDI/VDE - Gesellsch. Feinwerktechnik, 1966-68 Dekan Fak. f. Elektrotechnik, 1968/69 Rektor TH Darmstadt - Liebh.: Tennis, Schifahren, Bergsteigen, Fotografieren - Lit.: H. Buschmann: 65. Geburtstag v. Prof. Curt Brader, Feinwerktechnik u. Meßtechnik, 1980, H. 8, S. 434 - 1981 emerit.

BRADER, Karl-Heinz

Dipl.-Ing., Vorstandsmitglied Altenberg

Metallwerke AG, Essen - Weizenstr. 17, 4300 Essen 11 - Geb. 26. Mai 1931.

BRADL, Hans
I. Bürgermeister (s. 1975) - Rathaus, 8431 Postbauer-Heng - Geb. 4. Nov. 1941 Heng - Zul. Geschäftsf. CSU..

BRADSHAW, Alexander M.
Ph.D., Prof., Wiss. Mitglied u. Direktor am Fritz-Haber-Inst. d. Max-Planck-Ges. - Hirzbacher Weg 18a, 1000 Berlin 46 (T. 030 - 772 19 10) - Geb. 12. Juli 1944 Bushey (Großbrit.), verh. m. Cornelia, 2 Kd. - Promot. 1968 London, Habil. 1974 TU München - S. 1980 apl. Prof. FU Berlin f. physikal. Chemie; 1981-85 u. 1988/89 wiss. Geschäftsf. Berliner Elektronenspeicherringges. f. Synchrotronstrahlung m.b.H. (BESSY). Ca. 200 Fachveröff. Herausg. mehrerer Fachb.

BRADUN, Johanna
s. Brandenberger, Anna

BRADY, Eileen
Solotänzerin Ballett Zürich - Asylstr. 92, CH-8032 Zürich - Geb. 6. Okt. 1953 New York, verh. v. 1976-84 m. William Forsythe, gesch., 2 Kd. (Thomas, Sara) - Ausb. Joffrey Ballettsch. B. 1973 Joffrey Ballett; 1973-78 Stuttgarter Ballett (1976 Halb-Solistin, 1977 Solistin); s. 1982 Hamburger Ballett (1984 Solistin); s. 1985 Zürich, s. o. - Zahlr. Rollen, u.a. Julia, Cranko, Romeo u. Julia; Olga, Cranko, Onegin, Bianca, Cranko, Widerspenstigen Zähmung; Aurora, Dornröschen; Prudence Nemier, Kameliendame - Liebh.: Nähen u. Entwerfen v. Kostümen - Spr.: Deutsch, Engl. (Mutterspr.).

BRÄCKLEIN, Jürgen
Dr., Oberstadtdirektor - Langer Hof 1, 3300 Braunschweig - Geb. 27. Jan. 1938 Eisleben, verh., 2 Kd.

BRÄHLER, Elmar
Dr. rer. biol. hum. habil., Prof., Honorarprof. f. Medizinische Psychologie - Wilhelmstr. 44, 6301 Heuchelheim (T. 0641 - 6 33 38) - Geb. 3. März 1946 Fulda - verh. s. 1984 m. Christa, geb. Schwab, 2 Söhne (Boris, Jan) - 1965-70 Stud. Math. u. Physik Univ. Gießen (Dipl. 1970); Promot. 1976 Ulm, Habil. 1980 - Leit. versch. Forschungsprojekte (Psychotherapieforsch., Psychodiagnostik) - BV: D. Gießener Beschwerdebogen (GBB), 1983 (m.a.); D. Gießen-Test (GT), 1983, überarb. Neuaufl. 1990 (m.a.); Psychosomatik d. Ulcuskrankheit, 1990 (m.a.); Psychotherapie in d. Med., 1991 (m.a.); Psychol. Probleme in d. Reproduktionsmed., 1991 (m.a.) - Herausg.: Ärztl. Maßn. aus psych. Sicht. Beitr. z. med. Psych. (1984); Körpererleben - e. subjektiver Ausdruck v. Leib u. Seele (1986; engl. 1988); Partnerschaft, Sexualität u. Fruchtbarkeit (1988); Psychol. Probleme in d. Humangenetik (1991) - 1988 Ehrenmitgl. Psychosomatische Ges. Polen - Spr.: Engl.

BRÄHMIG, Klaus
Mitglied d. Deutschen Bundestages - Zu erreichen üb. Bundeshaus, 5300 Bonn 1 (T. 16 52 03) - Geb. 1. Aug. 1957, ev., verh. 1 Kd. - Elektrohandwerksmeister.

BRÄNDLE, Kurt Albrecht
Dr. rer. nat., Prof. f. Zoologie Univ. Frankfurt (s. 1973) - Günthersburgallee 44, 6000 Frankfurt/M. 1 (T. 43 59 85) - Geb. 14. März 1936 Karlsruhe (Vater: Karl B., Malerm.; Mutter: Paula, geb. Leitz) - Promot. 1964; Habil. 1974 - Liebh.: Jazz, Gesch. - Spr.: Engl.

BRAESEN, Hatto
Rechtsanwalt, Hauptgeschäftsf. u. gf. Vorstandsmitgl. Bauindustrieverb. Schlesw.-Holst. e. V. - Ringstr. 54, 2300 Kiel (T. 0431-67 50 25); priv.: Buschkoppel 7, 2300 Molfsee b. Kiel - Geb. 21. Aug. 1925.

BRAESS, Dietrich
Dr. rer. nat., o. Prof. f. Mathematik Univ. Bochum (s. 1974) - Unterfeldstr. 14, 4630 Bochum 1 - Geb. 16. Juni 1938 Hamburg - Promot. 1964 Hamburg; Habil. 1968 Münster - S. 1971 Bochum. Üb. 40 Facharb.

BRÄUER, Karlheinz
Bezirksleiter, MdL Nordrh.-Westf. (s. 1975) - Auf dem Scheuel 13, 5204 Lohmar 1 (Inger) (T. 33 88) - Geb. 20. Okt. 1924 - SPD.

BRÄUER, Rolf

Dr. phil. habil., o. Prof. Univ. Greifswald (s. 1974) - Trienter Str. 9, O-1100 Berlin (T. 002 - 472 29 84) - Geb. 30. Dez. 1933 Magdeburg, ev., verh. s. 1963 m. Margit, geb. Koblischke - Stud. German., Roman. HU Berlin; Promot. 1965; Habil. 1968 - 1956-65 Verlagslekt. u. Dolm.; 1965-74 Wiss. Mitarb. HU Berlin; s. 1989 Dir. Inst. f. Dt. Philol. - BV: Literatursoziologie u. epische Struktur d. dt. Spielmanns- u. Heldendicht., 1970; Heinr. Wittenwiler: D. Ring, 1983; Erzähl. Dicht. d. Europ. Mittelalters, 1991. Herausg.: D. Helden Minne, Triuwe u. Erê - Lit.Gesch. d. mhd. Blütezeit (1990) - Spr.: Engl., Franz., Russ.

BRÄUKER, Rudolf A.

Prof. h. c., Dr. h. c., Journalist, verantw. Redakt. Allg. Künstlerkurier, 1. Vors. Künstlerhilfe-Sozialwerk, Wiesbaden - Konrad-Adenauer-Ring 28, 6200 Wiesbaden (T. 0611 - 80 19 99) - Geb. 21. Jan. 1927 Trier, ev. - Ausb. als Musiker - In 50er u. 60er Jahren Leit. e. bekannten Showband (Tourneen in Westeuropa, Nordafrika, Nah- u. Fernost); s. 1974 (Begr.) gf. Vors. gemein. Künstlerhilfe-Sozialwerk; Redakt. (s. o.) u. fr. Mitarb. Fachztschr. f. Musiker artist; 1967-75 1. Vors. Dt. Musikerorg. d. Versorgungsgeschädigten; 1988-91 Vorst.-Mitgl. Ortsfachgr. Journalismus in d. IG Medien; Presseref. d. Bez.- u. Kreisvorst. Dt. Beamtenbd.; 1984-88 Verwaltungsrichter; 1978-86 Finanzrichter; s. 1981 Gutachter b. d. OFD Frankfurt z. Feststellung d. Künstlereigensch. - Verf. sozialkrit. Beitr. u. Aufs. z. Arbeitsrecht u. Sozialwesen in d. Unterhaltungsmusik - 1978 BVK, 1983 BVK I. Kl.; 1980 Bürgerverdienstmed. Landeshauptstadt Wiesbaden; 1981 Ehrenbrief Land Hessen; 1988 Ehrendok. u. 1989 Ehrenprof. d. Interamerican Univ. San Juan (USA).

BRÄUNING, Martin
Dipl.-Journalist, Leit. SDR-Studio Ulm - Grabenäckerstr. 6, 7302 Ostfildern 1 - Geb. 8. Febr. 1948, ev., verh. s. 1975 m. Hildegard, geb. Besemer, 3 Kd. (Falk Ulf, Frauke Franziska, Laura Donna) - Fernmeldehandwerker, Hauptschullehrer (Politik, Deutsch) Zweitstud. Kommunik.wiss.; Dipl.-Journ. 1982 - Lehrauftrag an Univ. Hohenheim Kommunik.wiss. - 1984 Kurt-Magnus-Preis, ARD-Preis f. Hörfunkjournalistik.

BRÄUNINGER, Dietrich
Dipl.-Landw., Vorsitzender Verb. Dt. Diplomlandw., Landesverb. Hamburg (s. 1975) - Am Ochsenzoll 206, 2000 Hamburg 62 (T. 524 31 89) - Geb. 19. Okt. 1926 Breslau, ev., verh. s. 1950 m. Wilma, geb. Achilles, 3 Kd. (Christiane, Uwe, Sabine) - Realgymn. Landsberg u. Timmendorfer Strand (Abit. 1946); Dipl.ex. 1952 Kiel - Ltd. Landwirtsch. Dir. a. D.; b. 1990 Abt.leit. Behörde f. Wirtsch., Verkehr u. Landwirtsch. Hamburg.

BRÄUTIGAM, Hans Otto
Dr. jur., Minister d. Justiz d. Landes Brandenburg u. Bevollmächtigter d. Landes Brandenburg b. Bundesangelegenh. u. Europa (s. 1990) - Zu erreichen üb. Ministerium d. Justiz d. Landes Brandenburg, Heinrich-Mann-Allee 107, O-1561 Potsdam; u. Schedestr. 1-3, 5300 Bonn 1 (T. 0288 - 91 50 00) - Geb. 6. Febr. 1931 Völklingen, kath., verh. s. 1961 m. Dr. med. Hildegard, geb. Becker, 3 Kd. (Claudia, Robert, Henry) - 1951-57 Stud. Rechtswiss. Univ. München, Bonn, Paris u. Harvard (USA); 1958-62 Assist. am Max-Planck-Inst. f. ausl. öfftl. Recht u. Völkerrecht, Heidelberg - 1962-74 Ausw. Dienst; 1974-77 stv. Leit. d. Ständ. Vertr. d. Bundesrep. Deutschl. b. d. DDR; 1977-80 Bundeskanzleramt; 1980-82 Ausw. Amt; 1982-88 Staatssekr., Leit. Ständ. Vertr. d. Bundesrep. Deutschl. b. d. DDR in Ost-Berlin; 1989/90 Botsch., Leit. d. Ständ. Vertretung d. Bundesrep. Deutschl. in New York - Spr.: Engl., Franz.

BRÄUTIGAM, Karl-Hans
Dr. med., Prof., Anaesthesist, Ärztl. Direktor a. D. Anaesthesie-Abt. Katharinenhospital, Stuttgart (1959-89) - Brunnenwiesen 16, 7000 Stuttgart 75 - Geb. 9. Juli 1924 Halle/S. (Vater: Gotthilf B., städt. Dir. †1966; Mutter: Katharina, geb. Bié), ev., verh. s. 1948 m. Ria, geb. Brünner, 2 Kd. (Elisabeth, Richard Friedrich) - Stadtgymn. Halle; Univ. Berlin, Würzburg, Göttingen, Marburg. Med. Staatsex. 1949; Promot. 1953; Facharzt f. Anaesthesie 1957 - U. a. Leit. Anaesthesieabt. Chir. Univ.klinik Erlangen, Vors. d. Verb. d. Leit. Krankenhausärzte, Landesverband Baden/Württ. Fachveröff. (Mod. Anaesthesie, Bluttransfusionswesen, Standespolitik) - 1984 BVK; 1989 BVK I. Kl.

BRÄUTIGAM, Walter
Dr. med., em. Prof. f. Psychosomat. Medizin - Keplerstr. 34, 6900 Heidelberg (T. 47 59 06) - Geb. 9. Sept. 1920 Frankfurt/M. - S. 1960 Lehrtätigk.; s. 1968 Leit. Psychosomat. Klinik Univ. Heidelberg - BV: Psychotherapie in anthropol. Sicht, 1961 (span. 1964); Formen d. Homosexualität, 1967; Kooperationsformen somat. u. psychosomat. Med., 1988. 130 weit. wiss. Einzelarb. u. a. z. Heidelberger Psychotherapie Katamneseprojekt 1979-83.

BRAGA, Sevold
Dr. jur., o. Prof. f. Intern. Privatrecht u. Bürgerl. Recht - Schumannstr. 2, 6602 Dudweiler/Saar - Geb. 23. Febr. 1914 Edineti/Rumän. (Vater: Constantin B., Rechtsanw.; Mutter: geb. Klopotowsky), verh. m. Angela, geb. Klären - S. 1956 ao. u. o. Prof. (1958) Univ. Saarbrücken. Mitgl. Dt. Rat f. Intern. Privatrecht. Zahlr. Fachveröff.

BRAHMS, Hero
Dipl.-Kfm., Vizepräsident d. Treuhandanstalt - Leipziger Str. 5-7, O-1080 Berlin (T. 030 - 31 54 01) - Geb. 6. Juli 1941 Münster/W. (Vater: Johannes B., Vorst. Baumwollspinnerei Gronau s. XVI. Ausg.); Mutter: Ursula, geb. Stuhlmann), ev., verh. - 1961-63 Banklehre; 1963-68 Stud. Betriebsw. München u. Münster - S. 1969 Hoesch-Bereich; 1982-91 Vorst.-Mitgl. Hoesch AG - Spr.: Engl., Franz., Niederl.

BRAITENBERG, Valentin
Dr. med., Honorarprof. Fak. f. Physik/Univ. Tübingen - Spemannstr. 38, 7400 Tübingen 1.

BRAKE, Klaus
Dipl.-Ing., Dr. rer. pol., Prof. f. Raumplanung (Siedl.- u. Nutzungsstrukturen) Univ. Oldenburg (s. 1974) - Lindenallee 22, 2900 Oldenburg - Geb. 30. April 1940 - TU Berlin (Arch.) - 1970ff. Wiss. Mitarb. TU Berlin. Planungsberat. u. Gutacht. Bücher u. Einzelarb., insbes. z. Verhältnis Stadt u. Land, z. Regionalentw. u. -politik, z. Metropolenentw. u. z. Planungsgesch.

BRAKELMANN, Günter
Dr. theol., o. Prof. f. Christl. Gesellschaftslehre Ruhr-Universität, 4630 Bochum - Geb. 3. Sept. 1931 Bochum (Vater: Gustav B., Bankangest.; Mutter: Emma, geb. Lindenberg), ev., verh. s. 1958 m. Ingrid, geb. Brust, 4 Kd. (Sibylle, Bettina, Ute, Stefan) - Gymn. Bochum; Stud. Theol. u. mod. Gesch. - 1960 Studentenpfarrer Siegen, 1962 Doz. Ev. Sozialakad. Friedewald, 1968 Mitarb. Univ. Münster (Inst. f. Christl. Ges.slehre), 1970 Dir. Ev. Akad. Berlin, 1972 Ord. Univ. Bochum. 1961 SPD - BV: D. soziale Frage d. 19. Jh.s, 4. A. 1971; Kirche u. Sozialismus im 19. Jhr., 1966; Christsein in d. Welt d. Organisationen, 1967; Protestantismus im Epochenj. 1917, 1974; Protest. Kriegstheol. im I. Weltkrieg, 1974; Abschied vom Unverbindlichen - Gedanken e. Christen zu. Demokrat. Sozialism., 1976; Kirchenleitung u. Synoden z. soz. Frage u. z. Sozialismus 1870-1914, 1976.

BRAKEMEIER-LISOP, Ingrid
Dr. rer. pol., Dipl.-Hdl., Prof. f. Wirtschaftspädagogik Univ.Frankfurt/M. - Am Eschbachtal 50, 6000 Frankfurt-Harheim - Geb. 10. Dez. 1933 Essen - Promot. 1960 Frankfurt - S. 1972 Prof. - BV: u. a. D. Stellung d. Frau in d. Industrieges., 1968. Üb. 40 Einzelarb.

BRAMMER, Joachim
Dr. jur., Präs. d. LG Flensburg - Landgericht, 2390 Flensburg - Geb. 31. März 1911 - S. 1945 Richter LG Lübeck u. OLG Schleswig (1948), 1953-65 wied. Lübeck (-dir.), 1965-76 (Pensionier.) Präs. LG Flensburg - Vors. Kunstverein ebd. - Rotarier (Gov.).

BRANCA, Freiherr von, Alexander
Dipl.-Ing., Architekt - Stadelbergstr. 19, 8160 Miesbach (T. priv.: 08025 - 13 53, Büro: 089 - 95 60 81) - Geb. 11. Jan. 1919 München (Vater: Wilhelm v. B., Offz.; Mutter: Hedwig, geb. Frankenburg), verh. I) m. Terese, geb. Freiin zu Guttenberg †, S. Franziskus, II) s. 1955 m. Caroline (Carla), geb. Bernasconi, 4 Kd. (Matthias, Alexandra, Emanuela, Benedikta) - Univ. München u. ETH Zürich (Arch.) - S. 1951 Arch. U. a. Herzogspitalkloster, U-Bahn Marienpl., Olympiapressestadt, Neue Pinakothek (München), Univ.mensa u. Bibl. Würzburg, Klosteranlage Schönstatt, Schloß-

gartenhalle Ettlingen, Priesterseminar Augsburg, Dt. Botschaft Madrid, Dt. Botschaft b. Hl. Stuhl (Rom); 1972-88 Heimatpfleger d. Stadt München - 1983 Münchener Architekturpreis - 1970 Mitgl. Bayer. Akad. d. Schönen Künste, u. Gen. d. Rheinisch-Westf. Malteser Devotions-Ritter e.V.; 1984 Med. München leuchtet u. Karl-Friedr.-Schinkel-Ring; 1989 Bayer. Verfassungsmed.; 1989 Poetentaler (Turmschreiber); 1991 Bayer. Maximiliansorden - Spr.: Engl., Franz., Ital. - Rotarier.

BRAND, Hans
Dr.-Ing. (habil.), o. Prof. u. Direktor Inst. f. Hochfrequenztechnik Univ. Erlangen/Nürnberg (s. 1969) - Straßberg 20, 8520 Erlangen-Buchenbach/Mfr. (T. 99 27 76) - Geb. 4. Juni 1930 Dortmund (Vater: Heinrich B., Postbeamter), verh. 1956 m. Margarete, geb. Gerlach, 3 Kd. - Zul. Doz. TH Aachen.

BRAND, Hans Joachim
Rechtsanwalt u. Notar, Präs. Rechtsanwaltskammer OLG-Bezirk Celle (s. 1977) - Königstr. 34, 3000 Hannover 1 (T. 0511 - 34 16 17) - Geb. 7. Jan. 1927, ev.-ref., verh. m. Susanne, geb. Zinkann, 3 S. (Thomas Michael, Dr. Andreas, Christoph) - Univ. Göttingen - 1975-80 Präs. Synode d. Konföderation ev. Kirchen in Nieders.; s. 1971 Vorst.-Mitgl. Rechtsanwaltskammer f. d. OLG-Bezirk Celle; 1975-77 Vorst.-Mitgl. Notarkammer ebd.; 1958-82 Abgeordn. Landessynode ev.-ref. Kirche in Nordw.-Deutschl.; versch. weit. kirchl. Ehrenämter. Veröff. - 1981 BVK, 1986 BVK I. Kl.

BRAND, Heiner
Dipl.-Kfm., Selbst. Vers.-Vertreter - Lebrechtstr. 3a, 5270 Gummersbach (T. 02261 - 2 52 02) - Geb. 26. Juli 1952 Gummersbach (Vater: Erwin B., Versich.vertr.; Mutter: Margarete, geb. Hoberg), ev., verh. s. 1975 m. Christel, geb. Baumeister, 2 Kd. (Markus, Julia) - Stud. Betriebswirtsch. (Dipl.-Kfm.) - Silb. Lorbeerbl. - 1978 Weltmeister Hallenhandball, mehrf. Europapokalsieger, Dt. Meister u. Pokalsieger - Spr.: Franz., Engl.

BRAND, Karl
Dr. med., o. Prof. f. Biochemie u. Vorst. Inst. f. Biochemie, Med. Fak. Univ. Erlangen-Nürnberg (s. 1972) - Fahrstr. 17, 8520 Erlangen/Mfr. - Geb. 22. April 1931 Beilngries/Bay. (Vater: Anton B.), verh. m. Ilse, geb. Ruda, 1 S. (Stefan) - Zul. apl. Prof. Univ. Bochum u. Max Planck-Inst. f. Ernährungsphysiol. - Üb. 100 Fachveröff.; Lehrbuchbeitr. - 1969 Dr. Fritz Merck-Preis f. Biochemie, 1987 Ehrenmitgl. d. Jap. Biochem. Ges.

BRAND, Matthias
Dr. phil., Schriftsteller - Sanderstr. 26, 1000 Berlin 44 - Geb. 2. Okt. 1952 Braunschweig, Lebensgefährtin: Silke Technau, Puppenspielerin, T. Franziska - Stud. Theaterwiss., German. u. Phil. FU Berlin; Promot. 1979 - Ab 1982 fr. Mitarb. b. Rundfunkanst. (NDR, RIAS Berlin, Radio Bremen, Südt. Rundfunk); fr. Mitarb. Kobalt Figurentheater Berlin - BV: Fritz Kortner in d. Weimarer Rep., 1981; D. Grundstück, Erz. 1982; D. flatternde Straße, Erz. 1991. Herausg.: Fritz Kortner, Theaterst. (1981).

BRAND, Peter
Pädagoge u. Publizist, Gf. Gesellsch. IZOP-Inst. z. Objektivier. v. Lern- u. Prüfungsverfahren GmbH, Aachen (s. 1970), Mitgesellsch. Hahner Verlagsges. mbH Aachen-Hahn, Geschäftsf. d. DSI-Dt. Spielzeug-Inst., Aachen (s. 1991) - Heidchenberg 11, 5100 Aachen-Hahn (T. 02408 - 5 88 90) - Geb. 22. März 1940 Korneuburg b. Wien, ev., verh. s. 1969 m. Eva-Maria, geb. Jürgens, S. Johannes - 1955-58 Lehre als Koch, Gehilfenbrief IHK Stuttgart; 1961-65 Abendgymn. Duisburg, 1965-69 Stud. RWTH Aachen (Päd., Psych., Phil., Arbeitswiss.) - 1959-61 Koch u. Kellner; 1965-68 Mitarb. Inst. f. Erziehungswiss. (Entw. v. zahlr. Lernprogr. u. v. Modellen e. Verbind. d. Programmiert. Unterr. m. Leistungskontr. durch datenverarb. Syst.); 1969 Ausbild.-Berat. u. Axel Springer AG, Ahrensburg/Hamburg. 1976-79 Gründungspräs. ISPA - Intern. Skat Playes Assoc. (Weltverb. d. Skatspieler), s. 1981 Gründ. u. Geschäftsf. d. Freien Kartoffelkurat. (FKK) wider d. teufl. Sachzwang, Aachen - Zahlr. didakt. Spiele, u.a. D. Köln-Spiel, 1976; D. Frankfurt-Spiel, 1978; D. Augsburg-Spiel 2000, 1985; Entwickl. e. 7-bänd. Lernprogramm. Management-Informationssysteme, DbO-Programmierta Instruktion, 1969; Rechnen in d. Geldwirtsch., 3. A. 1971; Lehrerhandb. z. Lernprogrammeins., 2. verb. A. 1972. Mithrsg.: Medienkundl. Handb., 3 Bde.; D. Zeitung im Unterr. (Neuausg. 2. A. 1990), D. Zeitungsanzeige (3. A. 1990, zus. m. Eva Brand u. Volker Schulze); D. Zeitung ((Neuausg. 2. A. 1991, zus. m. Volker Schulze) - Liebh.: Lesen, Skatspielen, Wandern, Fahrradfahren, Kochen u. Gut-Essen - Spr.: Engl.

BRAND, Stefan
s. Harpprecht, Klaus

BRAND, Wilhelm
Assessor d. Bergfachs, Geschäftsführer Bergwerksverband GmbH, AR Carbo-Tech Ges. f. Bergbau- u. Industrieprod. mbH, Vorst. Studienges. f. unterird. Verkehrsanlagen - Cäcilienhöhe 114, 4350 Recklinghausen (T. 02361 - 2 17 58) - Geb. 20. April 1928 Dortmund, verh. m. Gisela, geb. von Rekowsky.

BRAND, Willi
Dr. phil., Prof. f. Erziehungswissenschaft m. bes. Berücks. d. Wirtschaftspäd. Univ. Hamburg (s. 1978) - Elsternweg 17, 2090 Winsen/Luhe - Geb. 29. Sept. 1943 Wien, ev., verh. s. 1967 m. Heinke, geb. Bischoff, 2 Kd. (Silke, Arwed) - BV: Berufl. Leistungseinst. u. Wirtsch.lehre-Unterr., 1975 (Hrsg. m. D. Brinkmann); Tradition u. Neuorient. in d. Berufs- u. Wirtsch.päd., 1978.

BRANDAU, Hans
Dipl.-Betriebswirt, Vorstandsvorsitzender Bad. Gemeinde-Versich.-Verb. - Elfenweg 23, 7500 Karlsruhe 51 (T. 0721 - 88 57 53) - Geb. 7. Aug. 1937 Münster, kath., verh., 2 Kd. - Lehre Versicherungskaufm.; Stud. Dt. Versich.-Akad., Köln (Dipl.) - Beiratsmitgl. Gerling-Konzern, ÖRAG u. UKV.

BRANDAUER, Klaus Maria
Schauspieler, Mitgl. Burgtheater Wien - Bartensteingasse 8/9, A-1010 Wien - Geb. 1944 Österr. (Vater: Zollbeamter), verh. s. 1965 (Ehefr.: Karin, Regiss.), S. Christian - Viels. Bühnenrepertoire. Film: Mephisto (1981 Cannes-Preis, 1982 Oscar Hollywood [f. d. Titelrolle] u. David-di-Donatello-Pr. Rom); Oberst Redl, Nero (1985); 1983 Salzb. Festsp. (Jedermann) - 1983 Bambi Bild + Funk.

BRANDENBERGER, Anna

Schriftstellerin, Malerin (Ps. Johanna Bradun) - Via Carona 16, CH-6815 Melide-Lugano - Geb. 1926 (Vater: Emil B., Baumeister) - Bäuerinnensch., Fachsch. f. d. Gastgewerbe Belvoir-Park, Zürich. Viele J. Gastgewerbe - BV: Begegnung international; Abu Simbel; Drogen Gold Mädchen; Liebes Kind im Kinderheim; Gold. Hochzeitsreise; Bilder machen Gesch.; Wir, u. uns. Gotte Verena; Meine Mutter war e. Asiatin; Im Internat in d. Schweiz; Unsterbl. Vergangenheit; Sie tanzen wie d. Marionetten; Ges. Kurzgesch., Collezione delle storielle, storie fanno quadri. Bilder: Oel/acryl Malerei; Bilder m. Text. Dialekthörspiel: D'Strehlgässler händ e Stubete. Ausst. s. 1980 in: Lugano, Morcôte, Berg a/J., Klosters, St. Moritz, TwannbergBiel, Revin (Frankr.), Kulturfoyer Herblinger-Markt Schaffhausen - Preis Ardennes Salon Intern. Bad Ragaz, Zürich.

BRANDENBURG, Alois Günter
Dr. phil., o. Prof. f. Soziologie Univ. Essen (s. 1988) - Monschauer Str. 12, 5108 Monschau/Eifel - Promot. 1970 TU Berlin - 1972-75 Prof. PH Kiel, 1975-80 Prof. PH Rhld./Abt. Neuss, 1980-88 RWTH Aachen, ab 1988 Univ. Essen - BV: Systemzwang u. Autonomie, 1970; D. Lernerfolg im Erwachsenenalter, 1974; D. Innovationsentscheidung (m. and.); Berufl. Weiterbild. u. Arbeitsmarktpolitik, 1975; Sozialisation durch Massenkommunikation u. ihre Bedeutung f. d. Schule, 1980.

BRANDENBURGER, Egon
Dr. theol., o. Prof. f. Neues Test. Univ. Mainz, Fachber. Ev. Theol. - Bornwieseweg 29, 6229 Schlangenbad 5 (T. 06129 - 23 14) - Geb. 15. Sept. 1928 Driedorf/Dillkr. - Promot. (1960) u. Habil. (1966) Heidelberg - S. 1967 Lehrtätigk. KH Bethel (1970-71 Rektor), 1973 ff. Mainz - BV: Adam u. Christus, 1962; Fleisch u. Geist, 1968; Frieden im Neuen Test., 1973; D. Recht d. Weltenrichters, 1980; D. Verborgenheit Gottes im Weltgeschehen. D. lit. u. theol. Problem des 4. Esrabuches, 1981; Markus 13 u. d. Apokalyptik, 1984; Das Böse. E. bibl.-theol. Studie, 1986.

BRANDENSTEIN-ZEPPELIN, Graf von, Albrecht
Rechtsanwalt u. Forstwirt - Schloß, 7951 Mittelbiberach/Württ. (T. 07351 - 66 16) - Geb. 5. Aug. 1950, verh. s. 1981 m. Nadine, geb. Gräfin z. Ortenburg - Bek. Vorf.: Ferdinand Graf v. Z., Luftschifferfinder, 1838-1917 (Urgroßv. vs.); Philipp Fr. v. Siebold, Japanforscher, 1796-1866 (Ururgroßv. vs.).

BRANDES, Dietmar
Dr. rer. nat. habil., Prof., Leitender Bibliotheksdirektor - Geb. 12. März 1948 - 1986 Priv.-Doz. f. Botanik TU Braunschweig; 1987 Dir. Univ.-Bibl. TU Braunschweig; 1990 apl. Prof. - 130 wiss. Veröff.

BRANDES, Heinrich
Unternehmer, Vors. Bundesverb. d. Dt. Tankstellen- u. Garagengewerbes, Minden/W. - Landsberger Str. 1, 3200 Hildesheim (T. 05121 - 8 36 78) - Öffentl. u. vereid. Sachverst. f. d. Tankstellengewerbe.

BRANDES, Horst
Dipl.-Betriebswirt, Geschäftsführer Südstrand Burgtiefe Betreuungs GmbH (s. 1978) - Südstrandpromenade 1, 2448 Burg auf Fehmarn - Geb. 12. Juni 1939 Hamburg, 3 Kd. - 1956-59 Lehre Industriekaufm. coop Hamburg; 1961-63 Stud. Hochsch. f. Wirtsch. u. Politik Hbg.; 1972 Stud. Intern.-Management-Development Inst. Imede, Lausanne/Schweiz - Geschäftsführer Kinder-Rehazentrum Fehmarn, IFA Ferien-Centrum Südstrand, IFA Ferien-Park Rügen; 1973-78 Vorst.-Mitgl. Dt.-Zündwaren-Monopolges. - Spr.: Engl.

BRANDES, Mark Adolf
Dr., Prof. f. Archäologie - Brombergstr. 21, 7800 Freiburg - Geb. 20. Okt. 1929 Frankenau (Vater: Dr. Wilhelm B., Arzt; Mutter: Marie, geb. Rossmann), luth. - Gymn. Philippinum Marburg, 1950-53 Univ. Tübingen, 1954, 1956-59 Heidelberg, 1954-55 Athen, Promot. Heidelberg 1959, Habil. Univ. Freiburg 1968 - 1959-60 DAI Rom, 1960-61 Reisestip., 1961-65 Refer. DAI Baghdad, 1968-77 Lehrauftr. Univ. Basel, s. 1968 Priv.doz. u. Prof. (1980) Univ. Freiburg; 1961-65 Teiln. Dt. Warka-Exped. - BV: Unters. z. Kompos. d. Stiftmosaiken an d. Pfeilerhalle in Uruk-Warka, 1968; Übers.: Pierre Amiet, D. Kunst d. Alten Orient, 1977; Siegelabrollungen d. archaischen Bauschichten in Uruk-Warka, 1979 - Liebh.: Musik, Architektur - Spr.: Franz., Engl., Ital., Neugriech.

BRANDES, Wilhelm
Dr. sc. agr., o. Prof. f. Landw. Betriebslehre - Wendelsgraben 6, 3400 Göttingen-Weende (T. 3 26 44) - B. 1969 Privatdoz., dann Ord. Univ. Göttingen.

BRANDI, Ernst
Dr. jur., Rechtsanwalt - Holbeinstr. 14, 4000 Düsseldorf (T. 68 31 09) - Geb. 15. Sept. 1910 Berlin (Vater: Dr. Fritz B., RA; Mutter: Annemarie, geb. Fritzen), verh. s. 1940 m. Anneliese, geb. Fritzen - Univ. Freiburg/Br. u. Berlin - 1949-71 Hauptgeschäftsf. Bundesverb. d. fr. Berufe, Düsseldorf (mitbegr.), Geschäftsf. Vorst. Verb. fr. Berufe NRW e.V. - BV: V. d. Freiheit d. Advokatura, 1954 - Wilh. v. Humboldt-Plak. d. Bundesverb. d. Fr. Berufe; BVK I. Kl.

BRANDIS, Henning
Dr. med., em. o. Prof. f. Hygiene u. Bakt. - Sigm.-Freud-Str. 25, 5300 Bonn 1 - Geb. 17. Juli 1916 Elberfeld (Vater: Bernhard B., Reichsgerichtsrat; Mutter: geb. Böhncke), verh. (Ehefr.: Dr. Ursula) - S. 1952 (Habil.) Lehrtätigk. Univ. Frankfurt, Göttingen (1957 o. Prof. u. Dir. Hyg.-Inst.), Bonn (1967 o. Prof. u. Dir. Inst. f. med. Mikrobiol. u. Immunol.) - Mitgl. Dt. Akad. d. Naturforscher (Leopoldina); 1976 BVK I. Kl.; 1985 Ferdinand Cohn-Med. - Bek. Vorf.: Sir Dietrich B., Generalforstinsp. in Brit.-Indien; Christian A. B., Philosoph, Bonn; Dietrich B., kgl. Leibarzt Kopenhagen.

BRANDIS, Matthias
Dr. med., Prof., Direktor Univ.-Kinderklinik Freiburg (s. 1988) - Mathildenstr. 1, 7800 Freiburg (T. 0761 - 270 43 05) - Geb. 18. Mai 1939, ev., verh. s. 1964 m. Gabriele, geb. Sieverts, 4 Kd. (Sebastian, Jasper, Johanna, Marie) - Stud. Humanmed. Univ. Hamburg u. Wien; Promot. 1967 Hamburg - 3 J. Assist. Physiol. Berlin; 2 J. Cornell Univ. New York, Albert Einstein College of Med.; 1971-81 MH Hannover - Liebh.: Musik (Viola), Streichquartett - Spr.: Engl.

BRANDL, Hans Alfons

Dipl.-Verwaltungswirt (FH), I. Bürgermeister (s. 1972) - Mittelweg 1, 8675 Bad Steben/Ofr. (T. 09288 - 83 63) - Geb. 9. Juli 1935 Selbitz (Vater: Salomon B., Verw.Insp.; Mutter: Sofie, geb. Zuber), kath., verh. s. 1962 m. Inge, geb. Strangfeld, T. Benita - Dipl. 1966 - Kommun. Verw.beamter, zul. Verw.oberinsp.; s. 1972 Erster Bürgerm. .

BRANDMÜLLER, Josef

Dr. rer. nat., em. o. Prof. f. Experimentalphysik, Molekül- u. Festkörperspektroskopie; Symmetrieprobleme - Hubertusstr. 61, 8035 Gauting/Obb. (T. München 850 41 97) - Geb. 28. März 1921 Freising/Obb. (Vater: August B., Landgerichtsdir.), kath., verh. s. 1947 m. Roswitha, geb. Mayer, 4 Kd. (Gisela, Godehard, Renate, Uta) - Univ. München (Physik; Promot. 1945) - 1948 Mitarb. Opt. Werke C. A. Steinheil, München, 1949 Assist., 1954 Privatdoz. Univ. München, 1955 ao. Prof. Phil.-Theol. Hochsch. Bamberg, 1964 ao., 1967 o. Prof. Univ. München (Sektion Physik). 1986 emerit. - BV: Einf. in d. Raman-Spektroskopie, 1961 (m. H. Moser, russ. Übers. 1964); Light Scattering by Phonon-Polaritons, 1975 (m. R. Claus u. L. Merten); Proceedings of the Vth International Conference on Raman Spectroscopy, Freiburg 1976 (m. Schmid. Kiefer, Schrader u. Schrötter), 1983 socio straniero dell'Istituto Veneto di Scienze, Lettere ed Arti, Venezia - Liebh.: Musik (Chorleitg., Violine. Bratsche).

BRANDMÜLLER, Theo

Prof., Komponist, Konzertorganist - Knappenstr. 20, 6601 Riegelsberg (T. 06806 - 4 63 87) - Geb. 2. Febr. 1948 Mainz (Vater: Leo B., Graphiker; Mutter: Maria), kath., verh. s. 1979 m. Odile, geb. Barbier, S. Boris - Stud. Mainz. Detmold, Köln, Paris, Madrid - Prof. f. Komposition Musikhochsch. d. Saarlandes - Musikwerke: Alle Musikgatt. wie Oper, Sinfonik, Kammermusik, Chormusik - Div. Förderpreise, 1979 Rompreis d. Villa Massimo, 1977 Stip. cité Internationale des Arts - Liebh.: Orgelbau - Spr.: Engl., Franz., Latein. - Lit.: Div. Fachaufs. üb. Kirchenmusik-Schaffen.

BRANDMÜLLER, Walter

Dr. theol., o. Prof. f. Kirchengeschichte d. Mittelalters u. d. Neuzeit Univ. Augsburg (s. 1971) - Kirchpl. 8, 8085 Walleshausen - Geb. 5. Jan. 1929, kath. - Promot 1962; Habil. 1967 - Zul. Prof. Phil.-Theol. Hochsch. Dillingen - Päpstl. Ehrenprälat; Mitgl.: Comitato di scienze storiche, Vatikan; O. Mitgl. d. Pontificia Acad. theologica Romana; Accad. degli Intronati, Siena; Ritterorden v. Hl. Grab zu Jerusalem; Rotary Club Augsburg-Fuggerstadt - BV: D. Wiedererstehen kath. Gemeinden in d. Fürstentümern Ansbach und Bayreuth, 1963; D. Konzil v. Pavia-Siena 1423-1424, 2 Bde. 1968 u. 1974; D. Fall Galilei, 1970, übers. ins Ital. u. Span.; Ignaz v. Döllinger am Vorabend d. 1. Vatikanums, 1977; Damals geschehen, heute diskutiert, 1977; D. Beitr. d. Kirche z. Werden Europas, 1979; Galilei u. d. Kirche od. d. Recht auf Irrtum, 1982 (span. Übers., ital. 1992); Papst u. Konzil im Großen Schisma. Quellen u. Studien, 1990; D. Konzil v. Konstanz 1414-18, I 1991 - BVK am Bde.

BRANDNER, Gerhard

Dr. rer. nat., Prof. f. Mediz. Mikrobiologie der Univ. Freiburg - Weberstr. 22 A, 7802 Merzhausen (T. 0761 - 40 41 30) - Geb. 4. Okt. 1934 Falkenau, verh. m. Dr. Erika, geb. Trache, 3 Kd. (Sebastian, Matthias, Christina) - Univ. Marburg u. Freiburg, Promot. 1962 Freiburg.

BRANDS, Horst W.

Dr. phil., Prof. f. Islamwissenschaften u. Turkol. Univ. Frankfurt / s. 1971) - Dantestr. 4, 6000 Frankfurt/M. - Geb. 22. Mai 1922 Bad Oeynhausen - U. a. Leit. Oriental. Abt./Stadt- u. Univ.sbibl. Frankfurt u. Privatdoz. Univ. Mainz. Facharb., auch Bücher.

BRANDS, Johannes

Dr. jur., Vorstandsmitglied Jünger & Gebhardt AG. - Fröbelplatz 7, 5000 Köln 30 - Vors. Vereinig. d. Lieferanten im Drogenfach u. Vereinig. d. kosmet. Einfuhrfirmen, Düsseldorf.

BRANDS, Theodor (Theo)

Dr. med., Prof., Chefarzt Radiolog. Institut/Städt. Krankenhaus Singen (s. 1973) - Konradin-Kreutzer-Str. 8, 7700 Singen/Hohentw. - Geb. 31. Mai 1925 - Promot. 1955 - S. 1971 (Habil.) Privatdoz. u. apl. Prof. Univ. Münster (Röntgenol. u. Strahlenheilkd.) - BV: Diagnose u. Klinik d. Erkrankungen d. gr. Kopfspeicheldrüsen, 1971.

BRANDSCH, Hans-Heinz

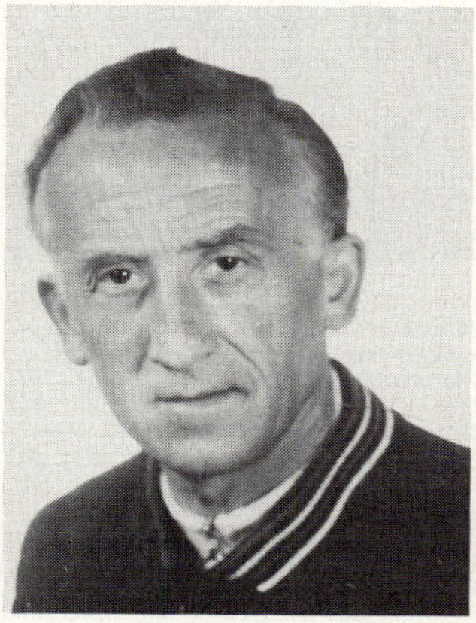

Dr. agr. habil., o. Prof. f. Allg. Tierzucht Univ. Leipzig - Gerberstr. 16/623, O-7010 Leipzig - Geb. 10. Jan. 1926 Schäßburg/Siebenbürgen, verh. s. 1954 m. Ricarda, geb. Willnow, 2 Kd. (Juliane, Matthias) - Bakkalaureat 1947 Hermannstadt; Grundsch.lehrer 1949-52 Leipzig; Landwirtsch.stud. 1952-55, Dipl. 1955, Promot. 1957, Habil. 1962 (alles Halle/S.) - 1958-62 Inst.-Dir. Kleintierzucht Halle, 1962-66 Geflügelwirtschaft Merbitz, 1968-91 Leipzig; 1969-75 Sektionsdir., 1978-87 Dekan Univ. Leipzig - BV: Genetische Grundl. d. Tierzucht, 1983; u.a. genet.-zücht. Arbeiten - 1975 Vaterl. VO; 1983 Verdienter Hochschullehrer - Liebh.: Genetik, Phil., Theol., Gesch. - Spr.: Rumän., Franz., Ungar. - Bek. Vorf.: Dr. Heinz Brandsch, Dir. Lehrerinnenbild.anst. Schäßburg (Vater); Dr. Rudolph B., Nationalitätenpolitiker (Budapest, Bukarest), Erster europ. Min. f. Minderheiten im Kabinett N. Jorga (Bukarest, Großonkel).

BRANDT, Andreas

Prof. Hochsch. f. Bild. Künste Hamburg (Textildesign) - Zu erreichen üb. Hochschule f. bild. Künste, Lerchenfeld 2, 2000 Hamburg 76 (T. 040 - 29 84-32 14) - Geb. 29. Dez. 1935 Halle (Vater: Heinrich B., Math.; Mutter: Eva-Maria, geb. Gerhardt), gesch., S. David - Ausb. HBK Berlin (Meisterschüler) - Kunstmaler, Richt. Konstruktivismus - 1977 Kunstpreis Berlin; 1990 Camille Graeser Preis.

BRANDT, Gerhard Hans

D., Theologe, Präses Ev. Kirche Rheinland i. R. - Am Wasserturm 2, 4000 Düsseldorf 13 (T. 71 27 27) - Geb. 4. Aug. 1921 Breslau (Vater: Hans B., Kaufm.; Mutter: Auguste, geb. Jendras), ev., verh. s. 1952 m. Inge, geb. Scholz, 2 Söhne (Michael, Thomas) - Staatl. Gymn. Breslau; Univ. Heidelberg, Erlangen u. Mainz - 1956-59 Pfarrer f. Schulwochen- u. Primanerarbeit, 1959-71 Pfarrer Kreuzkirchengemeinde Bonn, 1971-81 Oberkirchenrat (s. 1976 theol. Dirig.), 1981-89 Präses Ev. Kirche Rheinland - 1982 Ehrendoktor Univ. Bonn (Theol.); 1987 Ehrendoktor Theol. Akad. Budapest (Theol.); 1984 Gr. Silb. Ehrenzeichen m. Stern Rep. Österr.; 1989 BVK m. Stern; 1990 VO. Land Rhld.-Pfalz - Liebh.: Klass. Musik.

BRANDT, Gerold

Vorstandsmitglied Colonia Versicherungen (s. 1987) - Wipperfürther Str. 80, 5060 Berg.-Gladbach 1 (T. 02204 - 5 22 96) - Geb. 15. Juli 1940 Heilbronn/N., verh. s. 1975 m. Inge, geb. Krummel, 2 Kd. (Beatrix, Alexander) - Abit. 1959 Staatl. Gymn. Oberhausen; Wehrdst. 1960-61; 1966 Refer. Univ. München; 1968 Ass. OLG München - S. 1969 Commerzbank, Frankfurt (zul. Dir. u. Leit. Zentrale Konsortial-Abt.) - Liebh.: Segeln, Jogging, Golf - Spr.: Engl., Franz.

BRANDT, Hans Jürgen

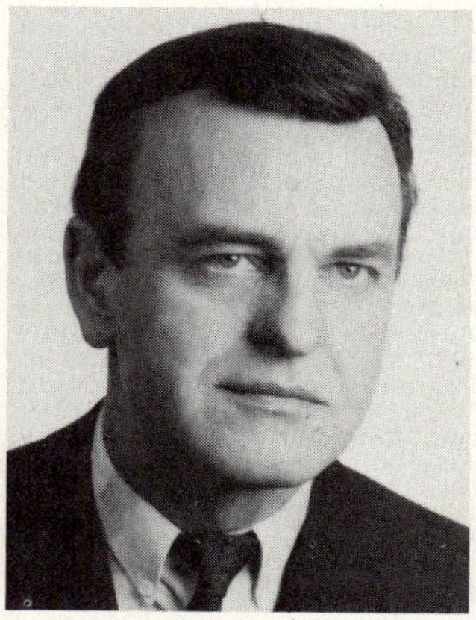

Dr. theol. habil., Univ.-Prof., Monsignore - Wittelsbacher Str. 2, 8000 München 5 (T. 089 - 201 26 66) - Geb. 28. April 1938 Gelsenkirchen-Schalke, kath., ledig - Gymn. Mainz, Gelsenkirchen; Univ. Paderborn, München, Bochum (Phil., Theol., Kirchen- u. Sozialgesch.), 1965 Priesterweihe, Habil. f. Kirchengesch. - 1980 Ord. f. Kath. Theol./ Christl. Gesellschaftsl. 1989 Dekan d. Fak. f. Staats- u. Sozialw. an d. Univ. d. Bundeswehr München; Vorstand Inst. f. Theol. u. Ges. München; Hon.-Prof. Priesterseminar Essen - BV: E. kath. Univ. f. Deutschland?, 1981; D. Bischöfe u. Erzbischöfe v. Paderborn (m. K. Hengst), 1984; D. Polen u. d. Kirche im Ruhrgeb. 1871-1919, 1987; u. a. - Päpstl. Ehrenkaplan, Ritter v. Hl. Grab zu Jerusalem, Domkapitular am Essener Dom - Liebh.: Kunst, Musik, Reisen - Spr.: Engl., Franz., Ital., Lat., Griech., Hebr., Poln. - Lit.: Persönlichkeiten in München (1988).

BRANDT, Hans Peter

Dr. med. habil., Prof. f. Augenheilkunde Augenklinik Med. Akademie Erfurt (s. 1989) - Paulinzeller Weg 42, O-5083 Erfurt - Geb. 8. März 1933 Erfurt, verh. s. 1958 m. Ingrid, geb. Gottmannshausen, 2 Töcht. (Gerburg, Concordia) - Med.stud. 1951-57 Univ. Jena; Promot. 1957; Habil. 1967; s. 1968 Hochsch.doz. Med. Akad. Erfurt - 1963 Oberarzt Augenklinik Univ. Jena; 1987/88 Prof. d. Addis Abeba-Univ. Äthiopien; 1989 Prof. Med. Akad. Erfurt - BV: Gonioskopie u. Goniofotogr., 1979; Netzhautablösung, 1985. Ca. 80 wiss. Veröff.

BRANDT, Hans-Dieter

Geschäftsführer Nieders. Sparkassen- u. Giroverb. - Schiffgraben 6, 3000 Hannover 1.

BRANDT, Hans-Jürgen

Dr. phil., Prof. Univ. Frankfurt/M., Autor u. Regisseur - Schwalbenstr. 6, 6078 Neu-Isenburg II (T. 06102 - 5 32 10) - Geb. 18. Jan. 1931 Zerbst/Anh. (Vater: Otto B., Schlosser; Mutter: Margarete, geb. Schöne) - 1949-54 Stud. German. u. Körpererzieh. Univ. Leipzig (Staatsex. 1954 bd. Fächer) - 1954-57 Regie-Assist. u. Regiss. DEFA-Studio f. populärwiss. Filme; 1957-62 Regie-Assist. u. Regiss. f. Spielfilme; 1962-69 Fernsehregiss. Stuttgart, München, Hamburg; 1969-71 Studienrefer. Hamburg; 1971-74 Studienrat in Hamburg; s. 1974 Prof. Univ. Frankfurt/M.; 1978/79 Gastprof. Trenton State College, USA - BV: NS-Filmtheorie u. dokumentarische Praxis - Hippler, Noldan, Junghans; Witz m. Gewehr (Dokumentation u. Analyse v. polit. Witzen), 1965; Städte drüben, 1968; Drehbuch: Tycho Brahes Weg zu den Sternen, (NDR) 1979 - Co-Regie: Spielfilm f. Kinder: Christine u. d. Störche; Fernsehspielfilme: Geboren unter schwarzen Himmeln (Co-Regiss.), Flucht aus d. Hölle (Co-Autor), Großstadt am Nesenbach (Regie), 2 Armin Dahl-Serien (Buch u. Regie), Überall Musik (HR 1983); Autor: Die - Ju 52 - Ein Flugzeug erlebt Geschichte (WDR III 1988); 75 J. J. W. Goethe-Univ. (HR 2 1989) - Spr.: Engl.

BRANDT, Harm-Hinrich

Dr. phil., Prof. f. Neuere u. Neueste Geschichte - Sonnenrain 8, 8701 Reichenberg/Würzburg - Geb. 22. Jan. 1935 Stuttgart (Vater: Hinrich B., Dozent HTL; Mutter: Grete, geb. Budelmann), ev., verh. s. 1960 m. Hannelore, geb. Wolf, 3 Kd. (Katharina, Karsten, Lars) - Gymn. Bremen; Univ. Marburg u. Freiburg (Gesch., Politol., German.), Promot. Marburg 1960, Staatsex. Marburg 1961, Habil. München 1975 - 1961-70 Wiss. Assist., 1970-76 Akad. Rat, 1975-78 Wiss. Rat, 1978 Prof., 1980 Ord. - BV: Wirtsch.spolitik in Nordhessen 1710-1960, 1960; Wirtsch. u. Wirtsch.spolitik in Hanau 1597-1962, 1963; D. österr. Neoabsolutismus: Staatsfinanzen u. Politik 1848-60, 1978 - Spr.: Engl., Franz.

BRANDT, Helmut

Direktor, Leit. Landeskriminalamt Nordrh.-Westf. - Zu erreichen üb. Landeskriminalamt NRW, Völklinger Str. 49, 4000 Düsseldorf.

BRANDT, Herbert

Schriftsteller - Hohelandstr. 54, 2400 Lübeck - Geb. 24. Jan. 1908 Fürstenwalde/Spree (Vater: Georg B., Jurist; Mutter: Else, geb. Bulick), ev., verh., 2 Kd. - Gymn. - Bankangest., Redakt., Vermögensverw. - BV/R.: Achtung: D. neue Jahrtausend, 1931; Zweimal Susanne, 1940; Nadja, 1941, NA. 1951; Blutgr. AB, 1942; D. Schattentanz, 1943; D. Schritt üb. d. Schwelle, 1947; D. Frühvollendete, 1949; D. Horoskop, 1953; Abenteuer Neuguinea. Papuan. Tageb., 1984 - Bek. Vorf.: August Trinius (ms.).

BRANDT, Herbert

Prokurist - Grödersenweg 11, 2000 Hamburg 65 - Geb. 17. Jan. 1931 - Spezialgeb. Marketing.

BRANDT, Hillmer

Bankkaufmann, MdA Berlin (1971-79) - Meraner Str. 6, 1000 Berlin 62 (T. 854 12 09) - Geb. 30. Juli 1935 Edinghausen/W., verh., 3 Kd. - Volkssch.; 1950-53 Sparkassenlehre - B. 1959 Angest. Sparkasse Bad Oeynhausen, dann Bank f. Gemeinwirtsch. Berlin. 1963-67 Bezirksverordn. Schöneberg. SPD s. 1954.

BRANDT, Horst

Dr. rer. pol., Geschäftsführer Brauerei Beck GmbH & Co. - Am Deich 18/19, 2800 Bremen 1 (T. 5 09 40) - Geb. 1930 - AR Aktienges. f. Ind. u. Verkehrsw. Frankfurt, Teldec Schallplatten GmbH, Hamburg, u. Park Hotel GmbH, Bremen; Beirat Dt. Bank AG, Bremen, Industriekreditbank AG-Dt. Industriebank, Düsseldorf, Nordstern-Versich. AG, Köln, u. Scipio & Co, Bremen.

BRANDT, Ingeborg,

geb. Kietzmann

Apl. Prof., Fachärztin f. Kinderheil-

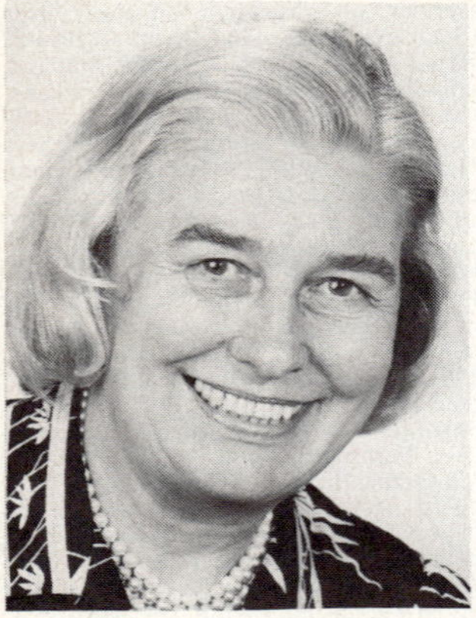

kunde (Hauptgebiet Entw.diagnostik) Univ.-Kinderklinik Bonn (s. 1965) - Pützbroicher Str. 24, 5330 Königswinter 41 (T. 02244 - 25 80) - Geb. 19. Jan. 1931 Berlin, ev., verh. s. 1964 m. Dr. Dr. Helmut Brandt, RA u. Notar - Stud. Berlin u. Tübingen; Med. Ex. 1954 u. Promot. 1955 FU Berlin; Habil. 1978 Univ. Bonn; apl. Prof. 1984 Univ. Bonn; Facharztausbild. Berlin - Bes. Schwerpunkte: Neurol. u. seelisch-geistige Entwicklung, insbes. im Säuglingsalter sow. Wachstum v. Kindern; s. 1967 Durchführung e. Longitudinalstudie üb. kindl. Entw.; Aufstellung v. Normalwerten u. deren Variationsbreite üb. kindl. Wachstum u. neurol. Entw.; u. a. dt. Bearbeitung d. Griffiths-Skalen z. seelisch geistigen Entw. - BV: Beiträge im amerik. Sammelbd. Human Growth (hg. F. Falkner, J.M. Tanner), 2. A. 1986; Zahlr. Publ. in Fachztschr. - Liebh.: Lit., Musik, Hobby: Garten - Spr.: Griech., Latein, Russ., Engl., Franz.

BRANDT, Jürgen

Dipl.-Ökonom, Dipl.-Ing., Oberstleutnant d. Reserve, Rechtsbeistand - Nelkenstr. 32, 4005 Meerbusch 3 - Geb. 8. Mai 1940 Düsseldorf (Vater: Dr. jur. Richard B., RA u. Generalbevollm. i. R.; Mutter: Marianne, geb. George), ev., verh. s. 1973 m. Alexa, geb. Kunze, Bacheler of Arts, Übers., 2 Töcht. (Inga, Nadja) - Städt. Gymn. Düsseldorf, Staatl. Höh. Wirtsch.fachsch. Mönchengladbach Dipl.-Betriebswirt, (FH) Univ. Berlin, Gießen, Kassel, Dortmund (Dipl.-Ökonom), Techn. FH Berlin (Dipl.-Ing.) - 1983 Prüfungsaussch. Handwerkskammer Düsseldorf; Mitgl. Rechtsanw.kammer Düsseldorf. Gastprof. d. Staatsuniv. Miscole, Ungarn - Gold. Plak. Dt. reiterl. Vereinig.; 1991 BVK am Bde.; Paulskirchen-Med. d. Vereinigten Großlogen v. Deutschland e.V. - Spr.: Engl., Franz. - Rotarier; Paul Harris Fellow; Freimaurer.

BRANDT, Karl

Dr. rer. pol., Dr. h. c., em. o. Prof. f. Volkswirtschaftslehre - St. Galler Str. 10, 7815 Kirchzarten/Br. (T. 40 69) - Geb. 16. April 1923 Kamen/W. (Vater: Ludwig B.; Mutter: Auguste, geb. Friedrichs), ev., verh. s. 1947 m. Ilse, geb. Wesch, T. Birgid - Univ. Tübingen, Bonn, Heidelberg. Promot. 1948 - 1952 Privatdoz. WH Mannheim, 1955 ao., 1957 o. Prof. Univ. Marburg, 1960 Univ. Tübingen. 1965 Univ. Freiburg/Br. - BV: Struktur d. Wirtschaftsdynamik, 1952; Preistheorie, 1960; Einf. in d. Volksw.-lehre, 1970; Volksw. Vorlesungen, 3 Bde., 1975-76.

BRANDT, Karl Heinz

Dr.-Ing., Dipl.-Ing., Abteilungspräsident Geschäftsf. Personennahverkehr - Mörfelder Landstr. 45, 6000 Frankfurt a. M. 70 (T. 62 94 18) - Geb. 23. Febr. 1929 Vaals/Niederl. (Vater: Fritz B., Prokurist; Mutter: Martha, geb. Richardt), kath., gesch., 2 Kd. (Peter, Marc) - Stud TH Aachen; Dipl.ex. 1954 ebd.; Bauass. 1958 Frankfurt/M.; Promot. 1963 Aachen - 1961 Bundesbahnrat (Assist. Verkehrsinst. TH Aachen), 1963 Wiss. Mitarb. Hauptverw. DB, 1966 Amtsvorstand, 1968 Dezernent; 1977 Abt.leit.; 1974-79 nebenamtl. Geschäftsf. u. Vorst.mitgl.; 1980 hauptamtl. Geschäftsf. - BV: Wirtschaftl. Zugförderung unter Tage, Diss. 1963 - Liebh.: Gesch., Gärtnerei - Spr.: Engl.

BRANDT, Karl Heinz

Dr. phil., Landesarchäologe Freie Hansestadt Bremen i. R. - Bergstr. 46, 2804 Lilienthal b. Bremen - Geb. 25. März 1922 Herne/Westf. (Vater: Karl B., Museumsdir.; Mutter: Anna Maria, geb. Weiß), ev., verh. s. 1965 m. Irmtrud, geb. Peters, 2 Kd. (Christian, Dagmar) - Verwalt.lehre; Obersch.; Stud. Univ. Münster u. Kiel (Vor- u. Frühgesch., Geol., Anthropol.) - S. 1954 Leit. Abt. Vor- u. Frühgesch. Bremer Landesmus. (Focke-Mus.); 1971-73 stv. Dir. Focke-Mus.; 1955-71 1. Vors. Bremer Ges. f. Vorgesch.; s. 1977 stv. Vors. Histor. Gesellschaft Bremen; s. 1966 Mitgl. Hist. Kommiss. f. Nieders. u. Bremen; s. 1978 Lehrbeauftragter Univ. Bremen, s. 1981 Mitgl. d. Wittheit zu Bremen, s. 1982 Korr. Mitgl. d. Dt. Archäol. Inst., s. 1982 Mitgl. Archäol. Kommiss. f. Nieders. - BV: Studien üb. stein. Äxte u. Beile d. Jüng. Steinzeit u. d. Steinkupferzeit Nordwestdtschl.s, 1967; Vorgesch. d. Weserraumes, 1971; Ausgrabungen im Bremer St.-Petri-Dom 1974-76. E. Vorbericht, 1977; D. Ausgrabungen im Bremer St.-Petri-Dom 1973-76 u. 1979, 1982; D. Ausgrabungen im St.-Petri-Dom zu Bremen, Bd. 2: D. Gräber d. MA u. d. Frühen Neuzeit, 1988. Herausg.: Bremer Archäol. Blätter (s. 1960); Ausgrab. im St. Petri-Dom zu Bremen (Bd. 1ff., 1985ff.); Bibliogr. Bremisches Jahrb. 56, (1987, 141-149) u. a. wiss. Beiträge.

BRANDT, Reinhard

Dr. phil., Prof. f. Philosophie Univ. Marburg - Augustinergasse 2, 3550 Marburg/L. - Geb. 10. April 1937 Gladebrügge - Promot. 1965 - S. 1972 Prof., s. 1982 Leit. Marburger Kant-Archiv - BV: Rousseaus Phil. d. Ges., 1973; Eigentumstheorien v. Grotius b. Kant, 1974; Locke-Symposium, 1981; Rechtsphilosophie d. Aufklärung, 1982; D. Interpretation phil. Werke, 1984; D. Urteilstafel, 1991; D'Artagnan u. d. Urteilstafel, 1991. Herausg.: Kant-Forsch. (Bd. I 1987; m. W. Stark) - Korr. Mitgl. d. Wiss. Ges. d. Goethe-Univ. Frankfurt.

BRANDT, Reinhard

Ph. D., Prof. f. Kernchemie Univ. Marburg - Am Strauch 9, 3551 Wehrshausen - Geb. 14. Nov. 1932 Königsberg/Ostpr. - Promot. Berkeley (USA); Habil. 1968 Marburg - S. 1971 Prof. Wissensch. Mitarbeit in CERN, Genf; GSI, Darmstadt; Univ. Calif. (USA); Vereinigtes Kernforsch.-Inst., Dubna (USSR); 1988-90 Präs. d. Intern. Nuclear Truck Soc. Üb. 500 Facharb.

BRANDT, Siegmund

Dr. rer. nat., o. Prof. f Physik - St.-Michael-Str. 30, 5900 Siegen 1 - Geb. 17. Juli 1936 Berlin (Vater: Dr. med. h. c., Dr.-Ing. E. h. Prof. Leo B., zul. Staatssekr. †1971 (s. XVI. Ausg.); Mutter: Maria, geb. Emschermann), ev., verh. s. 1959 m. Dipl.-Biol. Renate, geb. Schneider, S. Martin - Leibniz-Gymn. Düsseldorf; Univ. Bonn (Dipl-Phys. 1959). Promot. 1963 Bonn; Habil. 1966 Heidelberg - 1961-65 Wiss. Mitarb. CERN Genf; s. 1966 Lehrtätigk. Univ. Heidelberg u. Univ. Siegen (1972 Ord.); 1982-84 u. 1989-93 Mitgl. Wiss. Rat Dt. Elektronensynchrotron DESY, Hamburg (1990-93 Vors.). S. 1982 Mitgl. Wissenschaftl.-Techn. Rat Kernforschungsanl. KFA, Jülich. 1986-89 Vors. Fachaussch. Teilchenphysik Dt. Physikalische Ges. Hauptarbeitsgeb.: Experimente z. Elementarteilchenphysik, Computeranwend. in d. Physik - BV: Statistical and Computational Methods in Data Analysis, 2. A. 1976 (Übers. Poln., Dt., Russ., Jap.); m. H. D. Dahmen: Physik - E. Einf. in Experiment u. Theorie, 2 Bde., 2. A. 1984/86 (I: Mechanik, II: Elektrodynamik); The Picture Book of Quantum Mechanics, 1985 (Übers. Japan., Chin., Poln.); Quantum Mechanics on the Personal Computer, 1989 (ausgez. m. d. Dt. Hochschul-Software-Preis 1990) - Spr.: Engl., Franz.

BRANDT, Thomas

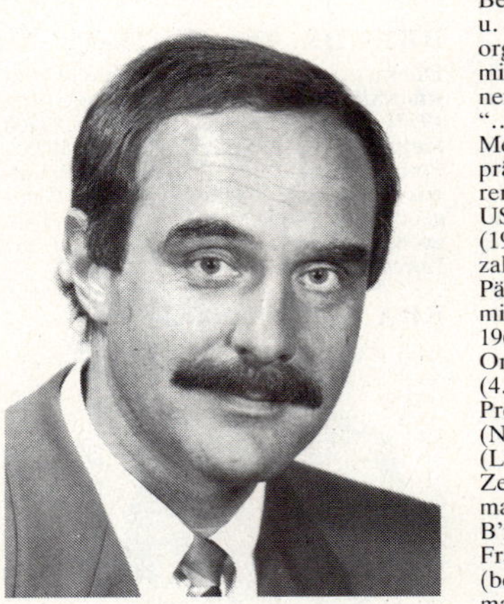

Dr. med., o. Prof. f. Neurologie Univ. München - Zu erreichen üb. Neurol. Univ.-Klinik Klinikum Großhadern, Marchioninistr. 15, 8000 München (T. 089 - 70 95 25 70) - Geb. 19. Juni 1943 Dessau (Vater: Walter B., Dipl.-Volksw.; Mutter: Ilse, geb. Perl), ev., verh. s. 1965 m. Dipl.-Psych. Birgit, geb. Anke, 3 S. (Stephan, Felix, Moritz) - 1964-69 Stud. Univ. Köln u. Essen (Examen u. Promot. 1969); Facharztausb. u. Habil. 1975 Univ. Freiburg - 1976-84 Ltd. Arzt Neurol. Klinik m. klin. Neurophysiol. Alfried Krupp-Krkhs. Essen; s. 1984 Ord. f. Neurol. Univ. München - BV: Visual-Vestibular Interaction (m. Dichgans), 1978; Augenbewegungsstör. (m. Büchele), 1983; Disorders of Posture and Gait (m. Bles), 1986; Verlauf u. Therapie neurol. Erkrankungen (m. Dichgans u. Diener), 1988; Neurologische Syndrome in d. Intensivmed. (m. Stöhr u. Einhäupl), 1990; Vertigo: its multisensory syndromes, 1991; Ocular motor disorders of the brain stem (m. Büttner), 1992; zahlr. klin.-wiss. Veröff. - Corr. Member American Neurol. Assoc. - Liebh.: Kunst, Sport - Spr.: Engl.

BRANDT, Willy

(eigtl. Herbert Frahm), Drs. h. c., Präs. d. Sozialist. Intern. (s. 1976), Altbundeskanzler, Ehrenvors. SPD, MdB - Bundeshaus, 5300 Bonn, Wohnsitz: 5463 Unkel/Rh. - Geb. 18. Dez. 1913 Lübeck, ev., verh. I) 1941-47 m. Carlota, geb. Thorkildsen (Norwegerin), T. Ninja (Lehrerin in Oslo); II) 1948-79 m. Rut, geb. Hansen (geb. Hamar/Norw.), 3 Söhne (Peter, Lars, Matthias); III) s. 1983 m. Dr. phil. Brigitte, geb. Seebacher (Journ.; Verf.: Ollenhauer-Biedermann u. Patriot, Diss. 1984 - Gymn. Lübeck (Abit.); histor. Stud. Oslo - Tätigk. sozialist. Jugendbeweg., Mitarb. Lübecker Volksbote, 1933 emigriert, b. 1945 journ. u. polit. Betätig. Norwegen u. Schweden, 1945-47 Berichterst. skand. Ztg., Pressemitarb. norw. diplomat. Vertr. Berlin, 1948-49 Vertr. d. SPD-Vorst. in Berlin, 1949-57 u. s. 1969 MdB, 1950-63 Mitgl., stv. Vors. (1954) u. Vors. (1958) Landesvorst. SPD Berlin, 1951-66 MdA (1955 b. 1957 Präs.), 1957-66 Reg. Bürgerm. Berlin u. Mitgl. Bundesrat (1957/58 Präs.), 1958-63 Präs. Dt. Städtetag, s. 1962 stv. u. Vors. (1964-87) SPD, 1961 u. 65 SPD-Kanzlerkandidat., 1966-69 Bundesmin. d. Auswärtigen u. Stellv. d. Bundeskanzlers, 1969-74 Bundeskanzler., 1979-83 Abg. Europ. Parlam. Publ. in Skand. (polit. u. außenpolit. Probleme) u. BRD: Ernst Reuter, E. Leben f. d. Freiheit, m. Rudolf Löwenthal; V. Bonn n. Berlin; Mein Weg n. Berlin, m. Leo Lania; Koexistenz - Zwang z. Wagnis; Begegnungen m. Kennedy; Brandt-Reden 1961-65 (hg. v. Hermann Bortfeldt); Draußen - Schr. während d. Emigration (hg. v. Günter Struve); Friedenspolitik in Europa; Außenpolitik - Deutschlandpol. - Europapol.; D. Wille z. Frieden - Perspektiven d. Politik (1972); Bundestagsreden (hg. v. Helmut Schmidt, 1973); Über den Tag hinaus - Eine Zwischenbilanz, 1974; Begegnungen u. Einsichten, 1976; Links u. frei - Mein Weg 1930-50, 1983; D. organ. Wahnsinn, 1985; Menschenrechte, mißhandelt u. mißbraucht, 1987; Erinnerungen, 1989; Reden zu Deutschland "... was zusammengehört", 1990 - Mehrfacher Ehrendoktor; 1958 Ehrenpräs. DRK Landesverband Berlin; Ehrenbürger Omaha/USA (1961), Astoria/USA (1961), Berlin (1970), Lübeck (1971); 1959 Großkreuz VO. BRD, zahlr. ausl. Orden, dar. Großkreuz Päpstl. Pius-Orden (1970); div. Ehrenmitgliedsch. u.a. Aspen-Inst. Berlin; 1961 Freiheitspreis (Freedom House Org., USA), 1971 Nobel-Friedenspreis (4. Deutscher), 1972 Rheinhold-Niebuhr-Preis (1. Träger); Mann d. Jahres 1970 (Nachrichtenmagazin TIME) u. 71 (L'Aurore u. Mundo); 1974 Mitgl. PEN-Zentrum BRD; 1981 Goldmed. f. human. Verd. Intern. Jüd. Org. B'n ai B'rith; 1984 III. Welt-Preis - Spr.: Engl., Franz., Norw., Schwed. - Liebh.: Bücher (bes. Gesch.), Angeln - Lit.: u.a. Hermann Otto Bolesch/Hans Dieter Licht, D. lg. Marsch d. W. B., 1970; Hermann Schreiber/Sven Simon, W. B. - Anatomie e. Veränderung, 1970; Dirk Bavendamm, Bonn unter B. - Machtwechsel oder Zeitenwende?, 1972; Terence Prittie, W. B., 1974; Carola Stern, W. B., 1975; Erika Zöger, W. B., 1976. Schallpl.: H. Bortfeldt: W. B. - Porträt eines Politikers, 1968; Fernsehen: Einige Tage im Leben d. W. B. (Mathias Walden, 1969), W. B. - Porträt e. Bundeskanzlers (Dagobert Lindlau, 1971), E. Woche m. W. B. (Ruprecht Eser u. Horst Schättle, 1981), Kampfname W. B. (Brelöhr, 1986), W. B. gibt Antwort (1988), 125 J. SPD/Rede v. W. B. (1988).

BRANKAMP, Klaus Bernd

Dipl.-Ing., Dr.-Ing., Prof., Inhaber u. Geschäftsführer d. Brankamp Unternehmensberatung, Geschäftsf. u. Gesellsch. Brankamp System Prozeßautomation GmbH - Zu erreichen üb. Max-Planck-Str. 9, 4006 Erkrath (T. 0211 - 25 07 20) - Geb. 29. Aug. 1939 Düsseldorf, 3 Kd. (Thomas, Andrea, Jochen) - Dipl.ex. 1965; Promot. 1967; Habil. 1970 (sämtl. RWTH Aachen - Mitgl. in versch. AR u. Beir.; Mitgl. in versch. Vorst.gremien u. Fachbeiräten d. VDI; Leit. v. VDI-Aussch.; Mitgl. im Vorstand AWF; Mitgl. d. Präsid. d. Forsch.inst. f. Rationalisierung (FIR), Aachen - BV: Terminplanung, 2. A.; Produkt.planung; Teilefamilienfertig.; Arb.-planung; Fertig.steuerung; Rechnergestütztes Konstruieren; Angebotsplanung; Bearb.zentren; Netzplantechn.; Leistungskennzahlen; Kapazitätsterminierung; Leistungssteig. Konstruktion; Untern.struktur. Herausg.: Handb. d. mod. Fertigung u. Montage (1975); Produkt. in Geisterschicht (1980); Org. d. Betriebsmittelbaus (1981); D. mod. Stanzbetrieb (1986); Optim. CAD-Lösung f. d. Werkzeugbau (1990). Zahlr. Veröff. im In- u. Ausland - 1967 Wilhelm-Bochert-Plak.; 1970 Ehrenplak. d. VDI; 1977 Ehrenring d. VDI; 1984 Herward-Opitz-Med. d. VDI - Spr.: Franz., Engl.

BRANNER, Karl

Dr. rer. pol., Oberbürgermeister a. D. - Wilhelmshöher Weg 67, 3500 Kassel (T. 0561 - 6 10 78) - Geb. 11. Sept. 1910 Kassel (Vater: Hartmann B., Bäckerm.; Mutter: Ottilie, geb. Heller), verh. s. 1938 m. Ruth, geb. Thiemann († 1980), Tocht. Barbara, verh. in 2. Ehe s. 1988 m. Waltraud, geb. Hellwig - Oberrealsch. Kassel; Univ. Göttingen (Wirtschaftswiss.; Promot. 1937) - 1934-39 wiss. Assist.; 1949-54 Ref. DGB Kassel; s. 1954 Stadtrat (Dezern. f. Wirtschaft u. Verkehr), Bürger- (1957) u. Oberbgm. (1963-75) Kassel. Langj. SPD (1970-75

Bezirksvors. Hessen-N; vorher stv. Vors.), 1977-84 Mitgl. Kontr.Komm. PV, s. 1989 Seniorenrat PV Bonn - 1970 Offz.kreuz ital. VO.; 1971 Gr. BVK, 1974 Gr. BVK m. Stern, 1990 Gr. BVK m. Stern u. Schulterbd.; 1970 Ehrenplak. IHK u. 1975 Handwerkskammer Kassel, 1974 Frhr.-v.-Stein-, u. Goethe-Plak. Land Hessen, 1975 Ehrenbürger Stadt Kassel, 1984 Ehrensenator GH Kassel-Univ. - Liebh.: Lit., Kunst - Mitgl. Lions Club.

BRANONER, Wolfgang

Dipl.-Kameralist, Staatssekretär b. d. Senatsverwaltung f. Stadtentwicklung u. Umweltschutz Berlin (s. 1991) - Rambowstr. 14, 1000 Berlin 47 (T. 030 - 606 37 38) - Geb. 15. April 1956 Berlin, ev., verh. s. 1976 m. Sabine, geb. Spröde, 2 Kd. (Sebastian, Frauke) - 1975-78 Stud. z. Dipl.-Verw.wirt Berlin, 1979-82 Stud. Verw.dipl. Berlin, 1983-84 Stud. z. Dipl.-Kameralist Verw.akad. Berlin - 1981-84 persönl. Ref. b. Senator f. Bau- u. Wohnungswesen Berlin; 1985-91 Bezirksstadtrat f. Bau- u. Wohnungswesen Berlin-Neukölln; Jan.-Febr. 1991 MdA - AR-Vors. Britzer Garten GmbH; AR-Mitgl. d. Gemeinnützigen Wohnungsbauges. (GEWOBAG), d. Ges. d. behutsamen Stadterneuerung Berlin (S.T.E.R.N.), d. Olympia Sportstättenbauten GmbH (OSB); Mitgl. d. Bauaussch. d. Dt. Städtetages - Spr.: Engl.

BRANSS, Truck

Regisseur - Im Königsfeld 36, 6604 Güdinger Berg - Geb. 21. Jan. 1926 Berlin (Vater: Oskar B., Bankkfm.; Mutter: Clara, geb. Kornet), verh. s. 1959 m. Roma, geb. Renz, 2 Kd. (Bébé, Kai-Oliver) - Dorotheenstädt. Realgymn. u. TH Berlin. S. 1953 NWDR, Sender Freies Berlin u. s. 1960 Saarl. Rundf. FS (I. Regiss.) - Ca. 1000 Unterhalt.send., dar. Serien wie: Porträts in Musik, Meine Melodie, Chöre d. Welt, Tänze d. Welt, Hitparade, Dalli Dalli. Ballettfilme: u.a. Schwanensee m. Nureyev u. Fonteyn, Steinerne Blume, Pagodenprinz, Coppelia - Gold. Pfeil; The Record World Achievement Award USA; Schwalbe v. Knokke; Gr. Preis Stadt Prag; Publikumspreis d. CSSR, Gold. Europa, Gold. Kamera, div. Anerk. in Europa, Nord- u. Südamerika - Liebh.: Antiquitäten (Silber u. Jugendstil) - Spr.: Engl.

BRANTNER, Richard

Dr., Vorstandsmitglied Kreditanstalt f. Wiederaufbau, AR Dt. Pfandbrief u. Hypothekenbank AG Wiesbaden-Berlin, Wiesbaden, Europ. Investitionsbank, Luxemburg, DEG Dt. Finanzierungsges. f. Beteiligungen in Entwicklungsländern GmbH, Köln, Integrata AG Tübingen; Kurat. Dt. Inst. f. Entwicklungspolitik gemeinn. GmbH, Berlin - Palmengartenstr. 5-9, 6000 Frankfurt/M. 1 - Geb. 11. Nov. 1929.

BRANTSCH, Ingmar

(Ps. Hermann Eris), Gymnasialprofessor, Assessor d. Lehramtes, Studienrat (s. 1987) - Eckertstr. 18, 5000 Köln 41 (T. 0221 - 44 36 34) - Geb. 30. Okt. 1940 Kronstadt/Siebenbürgen (Vater: Hermann B., Studienrat; Mutter: Hiltraut, geb. Ziegler, Studienrätin), ev., verh. s. 1979 m. Vera Franziska, geb. Hess, T. Isabel - 1957-62 Stud. German. u. Roman. Univ. Bukarest; Staatsex. 1962 - 1962-64 Redakt. u. Bibliothekar; 1964-70 Gymnasialprof. Kronstadt; 1970-76 Zweitstud. Deutsch/Phil., ev. Religion, Geschichte u. Pädagogik (Ergänzungsex. 1987) Univ. Köln u. Bonn; Lehramtsex. 1975/76; 1976-78 Refer. Gummersbach; 1978-87 Ass. Köln; 1987 Studienrat - BV: Deutung d. Sommers, Lyrik u. Ess. 1967; E. 20. Jh., Lyrik 1970; Neue Heimat BRD o. Spätheimkehr nach 1000 Jahren, Lyrik 1983; Karnevalsdemokratie o. Eulenspiegel d. einsame Rebell, Prosa 1985; Einf. in d. Antisophismus, Prosa 1978; Ausbildung o. Gehirnwäsche, Ess. u. Dok. 1980; Individualismus als Politik, Ess. u. Dok. 1982; Mozart u. d. Maschinengewehr. Alternativroman in 11 Antisalven u. and. Ausgewogenes, 1987 - 1968 Anerkennungsdipl. d. Jungen Akad. München u. Lyrikpr. d. Jungen Akad. Stuttgart, 1987 Lit.-Preis d. Kreisstadt Siegburg - Liebh.: Reisen, Mozart, Naive Malerei - Spr.: Rumän. (Letzelburgisch), Russ., Engl., Franz. - Lit.: Dieter Schlesak: Linien im Sinnlosen, Ingmar Brantsch Deutung d. Sommers, 1968 (Neue Literatur Bukarest). Vorwort z. Neue Heimat BRD o. Spätheimkehr n. 1000 J.; Z. Überleben auch Verse, 1983; Laurentin Ulici: Stimmen d. Dichters Ingmar Brantsch, 1970 (Rumänische Rundschau Bukarest); Hans Lindemann: Rumäniens dt. Nachkriegslit. (u. a. Ingmar Brantsch), 1976; J. Putz: Kölner Schriftsteller (2), 1984; Detlev Arens: Vorwort z. Karnevalsdemokratie, 1985; Detlev Arens: Vorwort zu Mozart u. d. Maschinengewehr, 1987; János Szabó: Ingmar B., e. d. größten dt. Schriftst. d. Gegenwart, 1989 (Neue Zeitung Budapest).

BRASE, Horst

Dipl.-Kfm., Vorsitzender des Bereichsvorstandes d. Bereiches Energieübertragung u. -verteilung d. Siemens AG - Paul-Gossen-Str. 100, 8520 Erlangen - Geb. 20. Juli 1934 Wiedenbrück, verh. s. 1960 m. Astrid, geb. Schwennicke, 2 Kd. (Dagmar, Bernd) - Stud. Univ. Münster u. Berlin.

BRASS (ß), Helmut

Dr. rer. nat., Prof. (C 4) f. Mathematik TU Braunschweig (s. 1977) - Hilsstr. 26, 3300 Braunschweig - Geb. 22. Febr. 1936 Hannover (Vater: Friedrich B., Werkm.; Mutter: Martha, geb. Bormann), ev., verh. s. 1963 m. Gisela, geb. Lüder, 2 S. (Stefan, Peter) - TU Hannover (Math.; Dipl. 1962). Promot. (1965) u. Habil. (1968) Hannover - 1970-73 Prof. TU Clausthal; 1974-77 o. Prof. Univ. Osnabrück - BV: Quadraturverf., 1977 - O. Mitgl. Braunschweig. Wiss. Ges. - Spr.: Engl., Franz.

BRASS, Horst

Dr. med., Prof., Internist, Klinikdirektor - Zu erreichen üb. Städt. Klinikum, Bremserstr. 79, 6700 Ludwigshafen/Rh. - Geb. 13. Okt. 1932 Seck/Ww. - Promot. 1959 Frankfurt/M. - 1971-84 Privatdoz. u. apl. Prof. (1974) TH Aachen/Med. Fak. (Inn. Med.); s. 1984 Univ. Heidelberg/ Med. Fak. Mannheim. Etwa 100 Fachveröff.

BRASS, Karl

Dr. med., Prof., Pathologe - Hospital Central, Valencia (Venezuela) - Geb. 8. Febr. 1912 Oberursel/Ts., kath., verh. m. Johanna, geb. Frank, 2 Kd. - Oberrealsch. Oberursel; Univ. Frankfurt/M. (Promot. 1935) - 1935 Assist., 1944 Privatdoz., 1949 apl. Prof. f. Allg. Pathol. u. Pathol. Anat. Univ. Frankfurt/M. (beurl.), 1950 Leit. Pathol.-Anat. Abt. Central-Hospital Valencia. Arbeiten üb. Hepatitis epidemica, Eiweißstoffwechselkrankh. d. Plasmocytoms, Tropenkrankh. u. tiefe Mykosen. Neubearb.: Friedemann, Anat. f. Schwestern, Lehrb. 1950.

BRASS, Wilhelm

Dr. med. vet., o. Prof. f. Kleintierkrankheiten u. Allg. Therapie u. Direktor Klinik f. kl. Haustiere Tierärztl. Hochsch. Hannover - Bischofsholer Damm 15, 3000 Hannover 1 - Geb. 14. April 1926 Köln, verh. s. 1960 m. Lilian geb. Fritscher, 2 Kd. (Karin Erica, Andrea Maria) - S. 1958 (Habil.) Privatdoz., apl. (1964) u. o. Prof. (1965) TiäH Hannover; 1959-64 Prof. Veterinärmed. Fak. Porto Alegre (Brasil.) - Ehrenmitgl. Sociedade de Veterinària do Rio Grande do Sul, Porto Alegre (Brasil.). Prof. h. c. Univ. Rio Grande do Sul. Dr. h. c. Univ. Santa Maria u. Univ. Rural Pernambuco.

à BRASSARD, Werner

Dr. phil., Prof. f. Schulpädagogik u. Allg. Did. PH Freiburg - Dürriweg 10, 7859 Efringen-Kirchen 8 - Verh. m. Johanna, geb. Hertweck, 5 Kd. - Stud. Univ. u. PH Freiburg, Promot. 1963 Freiburg. Lehrer, Doz. - BV: Schönheit d. Spr., 1971. Zahlr. Aufs. Z. Zt. Prof. f. Schulpädagogik u. Allg. Didaktik an der PH Freiburg.

BRASSE, Wilhelm

Kaufmann, Abgeordneter Brem. Bürgerschaft (1971-87) - Hermann-Helms-Str. 23, 2800 Bremen 61 - Geb. 9. Okt. 1934 Osnabrück, kath., verh., 2 Kd. - Gymn. (Obersek.); Lehre Mineralölgroßhandel - S. 1961 Mineralölw. (gegenw. Bezirksleit. Außendst.); 1973 Verkaufsleit., 1974ff. selbst. Handelsvertreter. CDU 1963-87 (1968ff. Landesvors. u. Mitgl. Bundesvorst. Sozialaussch.).

BRATKE, Wolfgang

Dipl.-Ing., Prof. f. Stahl- u. Spannbetonbau sow. Statik Gesamthochschule Paderborn (Fachbereich Bautechnik/ Höxter) - Gebhardshagen 1, 3474 Boffzen.

BRATTIG, Werner

Maler u. Graphiker - Brühler Berg 20, 5650 Solingen (T. 0212 - 81 01 10) - Geb. 13. Aug. 1932 Solingen (Vater: August B.; Mutter: Emmi, geb. Langenberg), verh. s. 1959 m. Helche, geb. Dahmen, 2 Kd. (Mogens, Torben) - 1953-55 u. 1956-58 Kunstakad. Düsseldorf; dazw. École National Superieure des Beaux Arts Paris - Vornehml. romant. Realismus - Spr.: Engl., Franz., Dän.

BRAUBURGER, Heinz

Ltd. Rechtsdirektor, Justitiar des Bistums Mainz - Kehlweg 19, 6500 Mainz-Gonsenheim - Geb. 26. Aug. 1935, verh. m. Ursula, geb. Scholz, 5 Kd. - Veröff. z. Bildungs- u. Staatskirchenrecht - Ritter v. Hl. Grab zu Jerusalem; Komtur d. Päpstl. Gregoriusordens.

BRAUCHLE, Eugen

Prof. f. Physik Päd. Hochschule Ludwigsburg - Werastr. 27, 7410 Reutlingen 1 - Geb. 9. Febr. 1930 Aulendorf, verh. m. Cosima, geb. Frick.

BRAUER, Elfriede

Dr. rer. nat., Prof. Inst. f. Physik. Chemie Univ. Frankfurt (Fachgeb. Elektrochemie) - Rheinlandstr. 19, 6231 Schwalbach/Ts. - Geb. 16. Febr. 1920 - Stud. Chemie. Promot. 1953 Leipzig; Habil. 1965 Frankfurt - S. 1970 Prof. f. Physik. Chemie Univ. Frankfurt.

BRAUER, Georg

Dr. phil. nat., Prof. f. Anorgan. Chemie - Kehler Str. 11, 7800 Freiburg (T. 50 96 23) - Geb. 11. April 1908 Bochum (Vater: Dr. Eberhard B., Chemiker; Mutter: Elisabeth, geb. Ostwald), verh. m. Doris, geb. Hagner - Univ. Leipzig u. Freiburg (Promot. 1932) - 1932 Assist. Univ. Freiburg, 1933 TH Darmstadt, 1942 Doz., 1944 Univ. Freiburg, 1946 ao., 1959 o. Prof. (1976 em.) - Herausg.: Handb. d. präparativen anorgan. Chemie, 3. A. 1975-81 (auch engl., span., russ.).

BRAUER, Hans-D.

Dr. phil. nat., Prof. f. Physikal. Chemie Univ. Frankfurt/M. (Spez.: Organ. Photochemie) - Waldstr. 12A, 6246 Glashütten 1 - Geb. 11. Aug. 1934 Gröst/Kr. Naumburg (Saale), ev., verh. s. 1963 m. Gisela, geb. Röser, 2 S. (Uwe, Robert).

BRAUER, Heinz

Dr. h. c., Dr.-Ing., Prof. f. Verfahrenstechnik TU Berlin (s. 1963, Arbeitsgeb.: Mehrphasenströmungen, Stoffübergang m. u. ohne chem. Reaktionen, Biolog. Verfahrenstechn.) - Jänickestr. 65, 1000 Berlin 37 (T. 817 30 99) - Geb. 28. Dez. 1923 Oldenburg/O. - Zahlr. Ehrenämter in techn.-wissenschaftl. Verb., Patente üb. Apparateerf.; 3 Bücher üb. Grundl. d. Verfahrenstechnik, üb. 170 Zeitschriftenaufs. - Zahlr. Ausz.

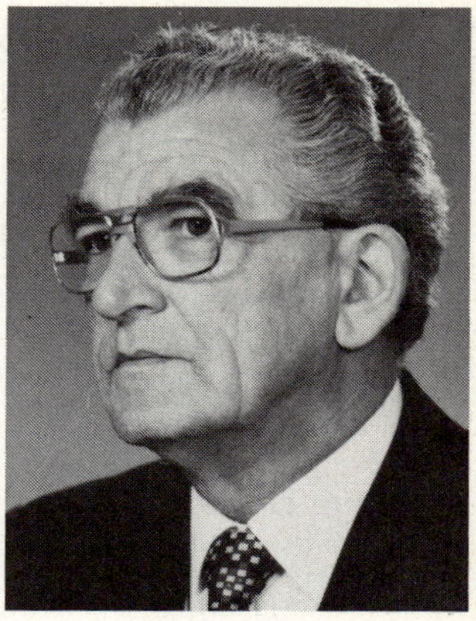

BRAUER, Heinz Hermann

Ltd. Oberstaatsanwalt, Leit. d. Staatsanwaltschaft Bremen - In den krummen Stücken 16, 2820 Bremen 77 (T. 63 25 17) - Geb. 30. Mai 1929 Langen/ Krs. Wesermünde (Vater: Ernst B., Rentner; Mutter: Marie, geb. Luhrmann), ev., verh. s. 1959 m. Brigitte, geb. Kuhn, 3 Kd. (Christoph, Matthias, Renate) - 1949-53 Jurastud. Univ. Göttingen u. München (1. jurist. Staatsex. 1953 OLG Oldenburg, Gr. Staatsprüf. 1958 Hamburg) - 1958-72 Richter in Bremen (zul. OLGrat); s. 1972 Leit. Staatsanwaltsch. Bremen - 1969-77 u. s. 1989 Präs. Brem. Ev. Kirche, 1977-85 Präs. d. Norddt. Mission, s. 1979 Mitgl. Synode d. Ev. Kirche in Dtschl. - Liebh.: Musik, Lit.

BRAUER, Heinz-Peter

Dr. med., HNO-Arzt, Flottenarzt d.R., Hauptgeschäftsf. Bundesärztekammer i. R. - Von-Galen-Str. 22, 5042 Erftstadt (T. 02235 - 57 88) - Geb. 25. Juni 1924 Hohen Neuendorf/Berlin, ev., verh. s. 1948 m. Hildegard, geb. Enge, 4 Kd. (Wolf-Axel, Dagmar, Rüdiger, Birgitta) - Abit. 1942 Berlin, 1942-45 Wehrdst.; Stud. Univ. Tübingen, Greifswald, FU Berlin (Med.); Promot. 1951 Berlin - 1956-60 1. Vors. Marburger Bd., Berlin; 1956-60 Mitgl. Vertretervers. kassenärztl. Bundesvereinig.; 1981 Vors. Normenaussch. Med.; 1981 Mitgl. Berat. Aussch. f. d. ärztl. Ausb. d. EG; 1986 Vors. Vertretervers. Berufsgenoss. Gesundheitsdst. u. Wohlfahrtspflege - BV: App.-Ordn. f. Ärzte, 1975; D. Beruf d. Arztes in d. BRD, 1981 (engl. u. franz.) - 1978 BVK am Bde.; 1984 DIN-Ehrennadel; 1989 Ehrenreflexkammer Marburger Bund; 1989 Mitgl. Waldemar Hellmich Kreis; 1991 BVK I. Kl. - Liebh.: Tennis, Surfen, Ski, Jazz, - Spr.: Engl., Franz.

BRAUER, Herbert

Dr. phil., Prof., Kammersänger - Binger Str. 63a, 1000 Berlin 33 (T. 822 01 05) - Geb. 3. Nov. 1915 Berlin, ev., verh. s. 1944 m. Anneliese, geb. Bliedner, 2 Kd. - Univ. Berlin u. Gießen, Hochsch. f. Musik Berlin. Promot. 1942 - Mitgl. Dt. Staatsoper (b. 1948) u. Dt. Oper Berlin (lyr. Bariton); Prof. Hochsch. d. Künste ebd. (Gesang, Opernsch., Regiesem.). Partien: Barbier, Malatesta, Zar, Graf v. Eberbach, Guglielmo, Almaviva, Papageno, Germont, Posa, Marcel, Sharpless, Olivier, Sid, Cardillac, Monsieur Emile, Liederabende u. Konzertverpfl. Europa, Nordafrika, Orient, Japan; Gesangskurse Finnl., Brasil., Ind., Jap., Korea, Philippinen, Indones. Operninsz.: u. a. Figaros Hochzeit, Cosi fan tutte (Tokio), Spiel oder Ernst (ZDF). Libretto: Pardon, Exzellenz (n. E. A. Poe, Musik v. B. Blacher) - 1964 Berliner Kammersänger.

BRAUER, Karl Matthias

Dr. rer. oec., Dipl.-Kfm., Prof. f. Betriebswirtsch.lehre TU Berlin (s. 1971), BWL d. Verkehrs - Damsdorfer Weg 11, 1000 Berlin 39 (T. 805 13 94) - Geb. 12. Febr. 1930 Allenstein (Vater: Casimir B., Berufssch.dir.; Mutter: Anna, geb. Zimmermann), verh. s. 1971 m. Ingeborg, geb. Müller - Lehre als Großhandelskfm.; Externenabit.; Stud. Univ. Saarbrücken; Promot. 1968 ebd.; Habil. 1970 Berlin (TU). S. 1991 AR-Mitgl. Harpener Transport AG, Duisburg - BV: Binäre Optimierung, 1969; Unternehmensforschung i. Handel, 1969 (Co-Autor); Allg. Betriebswirtsch.lehre, 1971 (Hrsg. u. Co-Autor); Betriebsw.lehre d. Verkehrs, 1980; Betriebsw. Logistik, 1982 (Co-Autor); Betriebsw. Touristik, 1985 - Spr.: Engl.

BRAUER, Lothar

Dr. rer. nat., Geschäftsführer Auergesellschaft GmbH - Thiemannstr. 1, 1000 Berlin 44 - Stud. Chemie.

BRAUER, Peter Sven

Dr.-Ing. (habil.), Prof., Physiker - Schauinslandstr. 16a, 7803 Gundelfingen (T. 58 19 30) - Geb. 16. Febr. 1911 - 1950-76 Lehrtätigk. TH München, TH Karlsruhe, Univ. Freiburg. Üb. 80 Fachveröff.

BRAUER, Walter

Schiffseigner, Vorstandsmitgl. Lauenburger Schiffs-Versicherungs Verein AG. - Maxgrund Nr. 10a, 2058 Lauenburg/Elbe - Geb. 27. Sept. 1915 - Ges. Flußschiffahrts-Kontor GmbH., Hamburg.

BRAUER, Wilfried

Dr. rer. nat., Prof. Ordinarius, Direktor Institut f. Informatik, Technische Universität München (s. 1985) - Arcisstr. 21, 8000 München 2 - Geb. 8. Aug. 1937 - 1971-85 o. Prof. Univ. Hamburg.

BRAUER, Wolfgang

Dr. sc. phil., o. em. Prof. - Schliemannstr. 28, O-2500 Rostock 1 (T. 02 - 2 59 05) - Geb. 17. April 1925, verh. s. 1948 m. Hannelore, geb. Voigt, 2 Töcht. (Karin, Ute) - Univ. Leipzig, zwei Ex. (päd., phil.); Promot. Dr. phil. 1967; Dr. sc. phil. 1974 Rostock - Hochsch.doz.; o. Prof.; 1976-89 Rektor Univ. Rostock - BV: Methodik-Deutschunterr.-Lit. (Mitaut.), 1977; Lit. u. Persönlichk. (Mitaut.), 1986; Lit. im Überblick (wiss. Berat.) - 1989 Dr. h. c. Univ. Riga - Spr. Engl.

BRAUERHOCH, Jürgen

Texter u. Schriftst., Inh. Job Concept, Geschäftsf. Job Media Werbe-Service GmbH - Zentnerstr. 19, Gartenhaus, 8000 München 40 (T. 089 - 129 33 31; Telefax 18 85 43); priv.: Gerner Str. 5, 8000 München 19 (T. 089 - 157 50 55) - Geb. 23. Jan. 1932 Gera/Thür., verh., 3 Kd. - Doz. f. Tourismus FH München - BV: u. a. Wie eine Jungfrau entsteht; Dein zweites Gesicht; Das Föhn-Syndrom; Berufe mit Zukunft; Nie mehr verlegen (Trainingsb. f. bessere Ausreden).

BRAUERS, Jan Josef

Senator E. h., Gründer Museum f. mechan. Musikinstrumente, Baden-Baden, jetzt Zweigmuseum d. Bad. Landesmuseums Schloß Bruchsal - Lichtentaler Allee 28, 7570 Baden-Baden - Geb. 13. März 1923 Melle (Vater: Hubert B., Beamter; Mutter: Maria, geb. Hune), verh. s. 1966 m. Karin, geb. Clemens - Senator E. h. Univ. Freiburg. S. 1947 Selbst. Kaufm.; Mitgl. (Gründ.präs.) Ges. d. Freunde mechan. Musikinstr. - BV: D. mechan. Musikinstr.; V. d. Äolsharfe z. Digitalspieler - 2000 J. mechan. Musik, 100 J. Schallpl., 1984.

BRAUKSIEPE, Aenne

Bundesministerin a. D. - Hindenburgstr. 13, 4740 Oelde/W. (T. 46 09) - Geb. 23. Febr. 1912 Duisburg, kath., verh. s. 1937 m. Dr. Werner H. B. (Journ.) - Gymn. - Langj. Schulunterr. Krüppelkinder; mehrj. Aufenthalt Engl. u. d. Niederl.; 1968-69 Bundesmin. f. Familie u. Jugend. 1949-72 MdB (1964-68 stv. Vors. CDU-Fraktion). Div. Ehrenstell., dar. stv. Bundesvors. CDU (1967-69), Vors. Bundesvereinig. d. Frauen d. CDU u. Landesvors. Europ. Frauenunion - 1969 Gr. BVK m. Stern.

BRAUM, Erich

Dr. rer. nat., Prof. f. Hydrobiologie u. Fischereiwiss. Univ. Hamburg - Flemingstr. 8, 2000 Hamburg 60.

BRAUMANN, Franz

Prof., Schriftsteller - A-5203 Köstendorf b. Salzburg/Österr. (T. 5) - Geb. 2. Dez. 1910 Seekirchen/Ö., kath., verh. m. Rosa, geb. Goldberger, 5 Kd. - Landw. Ausbild.; Lehrerbildungsanst. Salzburg - Schuldst. - BV: u. a. Sonnenreich d. Inka, 1969; Zaubervogel flieg, Jgdb. 1970; D. Schicksalsberg, R. 1957; Blumen d. Feuers, Ged. 1961; Tausendjährige Spur, R. 1965; Sonnenreich d. Inka, Sachb. 1969; Alpenländ. Sagenreise, 1975; Sagenreise durch Deutschl., 1977; D. fremde Frau, R. 1978; D. Zwillingserben, R. 1979; Europäische Sagenreise, 1981; Österr., Völkerkreuz Europas, 1980. Herausg.: Österr.s Volksmärchen (1952). D. Bergvolk erzählt - Sagen (1954) - Kulturförd.spreis f. Laiensp. Tirol; 1958 Österr. Staatspreis f. Jgd.lit. - Lit.: G. Nemetz, D. Salzbg. Dichter F. B. (Diss., Innsbruck 1960); A. Zieser, F. B. - Leben u. dichter. Werk (Prüfungsarb., Wien, 1963).

BRAUMANN, Philipp

Sparkassendirektor - Ronneburgstr. 12, 6000 Frankfurt/M. (T. 54 55 05) - Geb. 6. Febr. 1922 Franfurt-S. - 1938 (Lehre) Frankfurter Sparkasse v. 1822 (Polytechn. Ges.), Frankfurt (1969 stv., 1973 o. Vorstandsmitgl.).

BRAUMUELLER, Gerd

Dr. phil., Generalkonsul d. Bundesrep. Dtschl. - Consulate General Federal Rep. of Germany, 2500 CN Tower 10004-104 Ave., Edmonton/Alta T5J OKI Kanada (T. 403 - 422-61 75) - Geb. 14. Juni 1925 München, verh. s. 1974 m. Margareta, geb. Sprinke, T. Katia - Promot. 1952 München - 1953-57 Tätigk. Bundespresseamt; 1957 Ausw. Amt Bonn; NATO-Generalsekr. Paris; Botsch. Ottawa, Djakarta, Pretoria, La Paz; Generalkonsulate Kapstadt, Nancy, Melbourne, Edmonton - Liebh.: Skilaufen, Tennis, Segeln - Spr.: Engl., Franz., Span., Afrikaans.

BRAUN, Alfons

Dipl.-Verwaltungswirt (FH), MdL (1974-84), Landrat Kr. Donau-Ries (s. 1984) - Landratsamt, 8850 Donauwörth/Schw. - Geb. 10. Dez. 1940 Marxheim - SPD.

BRAUN, Alois

Dipl.-Verw.wirt, Mitglied des Bayerischen Landtags - Hauptstr. 46, 8071 Denkendorf (T. 08466 - 15 01, Fax 81 01) - Geb. 1. Okt. 1960 Ingolstadt, kath., verh. s. 1987 m. Astrid, geb. Fichtl, 2 Töcht. (Barbara, Johanna) - Stud. Fachhochsch. Dipl.-Verw.wirt, Dipl. sc. pol. Univ. - B. 1987 Beamter Bayerische Staatskanzlei; 1987-91 Geschäftsf., s. 1991 stv. Bundesvors. d. Kommunalpolit. Vereinigung - Spr.: Engl.

BRAUN, Bernd

Dr. med., Dipl.-Chem., Mitinhaber B. Braun Melsungen AG - Tränkelücke 1, 3508 Melsungen - Geb. 1. Juni 1906 Melsungen - 1968 Philipps-Plak. Univ. Marburg, 1971 BVK I. Kl. - Bruder: Otto B.

BRAUN, Bruno O.

Dr.-Ing., apl. Prof. Univ. Stuttgart (TH), Vorstandsvorsitzender Lentjes AG, Düsseldorf (s. 1990) - Hansa-Allee 305, 4000 Düsseldorf 11 (T. 0211 - 5 99 10); priv.: Hindenburgstr. 42, 4005 Meerbusch 1 (T. 02105 - 58 38) - Geb. 26. Aug. 1942 Bietigheim/Württ., verh. s. 1968 m. Monika, geb. Weuthen, 2 Söhne (Fabian, Felix) - Stud. Maschinenbau Univ. Stuttgart (TH); Dipl.-Ing. 1968, Promot. 1972, Habil. 1976. S. 1980 apl. Prof. TH Stuttgart. S. 1976 Vereinigte Kesselwerke AG, Düsseldorf (Hauptabteilungsleit., 1979 Generalbevollm., 1980 Vorst.-Mitgl.), s. 1982 stv. Vorst.-Mitgl. Dt. Babcock-Werke AG, Oberhausen; 1985-90 Vorst.-Vors. Sempell AG, Korschenbroich - Spr.: Engl., Franz.

BRAUN, Freifrau von, Carola

Landes- u. Fraktionsvorsitzende d. FDP Berlin, MdA - Boelckestr. 12, 1000 Berlin 42 (T. 030 - 786 61 44) - Geb. 12. Sept. 1942 Nakuru/Kenia (Vater: Sigismund Frhr. v. B., Staatssekr. a.D.), verh. s. 1988 m. Jürgen Colsman-Freiherr v. Braun, 2 Söhne (Sebastian, Fabian Rüger) - Abit., Stud. Angl. u. Gesch. - Volontariat Journalistin; 1974-80 Assist. d. FDP-Bundestagsfraktion; 1980-83 MdB; 1984-90 Frauenbeauftragte d. Berliner Senats; s. 1986 Mitgl. d. Bundesvorst. d. FDP; s. 1991 Mitgl. d. Präsid. d. FDP - Spr.: Engl., Franz. - Bek. Vorf.: Onkel Wernher Frhr. v. Braun.

BRAUN, Curt

Fabrikant, ARsvors. Triumph International AG., München, u. a. - Haus Bergfried, 7072 Heubach/Württ.

BRAUN, Dieter

Assessor, Geschäftsführer Arbeitsgem. regionaler Energieversorgungs-Unternehmen - Humboldtstr. 33, 3000 Hannover.

BRAUN, Dietmar G.

Dr. med., Immunologe, apl. Prof. Univ. Freiburg/Br. - K-125.15.16, CH-4002 Basel - Geb. 14. Aug. 1937 Lemnitz/Netzekr. (Vater: Willi B., Lehrer; Mutter: Anni, geb. Bünz), verh. s. 1966 m. Dr. phil. Sigrid, geb. Budde, 3 Kd. (Birgit, Ulrike, Ingmar) - Schule Diepholz (Abit.); Univ. Bonn, Tübingen, Bonn. Staatsex. 1963; Promot. 1964; 1965-66 Austauschstip. DAAD am Inst. f. Med. Mikrobiol. Univ. Göteborg (Schweden); 1966-68 Austauschstip. Nation. Gesundheitsbeh. U.S.A. Rockefeller-Univ. New York; Habil. 1971 Univ. Göttingen - 1969-71 Wiss. Assist. Max-Planck-Inst. f. exper. Med. Göttingen, 1970-78 Wiss. Mitarb. Inst. f. Immunol., Basel; s. 1979 CIBA-GEIGY AG, Basel; Ltg. Immunol. Forschungsgr.; 1980-81 Ltg. Ber. Immunologie; s. 1982 Ltg. Ber. Infektion-Tumor-Immunologie.

BRAUN, Dietrich

Dr. theol., o. Prof. f. Ev. Theologie FU Berlin - Albertinenstr. 5, 1000 Berlin 37 (T. 801 59 18) - Geb. 1928 - Stud. Theol. u. Phil. Promot. Basel (Prof. Karl Barth) - U. a. Pfarrer Berlin - BV: D. sterbl. Gott oder Leviathan gegen Behemoth, 1963. Hrsg. v.: Karl Barth, Ethik I, 1928, 1973; Karl Barth, Ethik II, 1928/29, 1978 (= Karl Barth, Gesamtausg., II. Akad. Werke). Aufs. u. Abh. z. Philosophiegesch. u. historischen u. systematischen Theologie in versch. Ztschr., Sammelwerken u. Festschr.

BRAUN, Dietrich

Dr. rer. nat., Dr. h. c., Prof. f. Organ. u. Makromolekulare Chemie TH Darmstadt, Dir. Dt. Kunststoff-Inst. ebd. - Jakob-Jung-Str. 56, 6100 Darmstadt 12 - Geb. 28. Nov. 1930 Leipzig (Vater: Wilhelm B., Kaufm.; Mutter: Charlotte, geb. Quehl), ev., verh. s. 1960 m. Margarete, geb. Jacobi, 2 Töcht. (Bettina, Barbara) - Stud. Chemie Leipzig u. Mainz (Dipl. 1955). Promot. (1957) u. Habil. (1960) Mainz - S. 1969 Institutsdir.; s. 1971 Univ.-Prof. - BV: Praktikum d. makromolekul. organ. Chemie, 1966 (auch engl., span., jap., russ., korean.); Erkennen v. Kunststoffen, 1978 (auch engl., franz., span.). Herausg.: Kunststoff-Handb. u. Ztschr. Angew. Makromol. Chemie - 1988 H. F. Mark-Med. - Spr.: Engl. - Mitgl. Lions Club.

BRAUN, Edmund

Dr. phil., Univ.-Prof. f. Philosophie Univ. Köln - Schlüsselberg 37, 5253 Lindlar - Geb. 12. Okt. 1928 Köln (Vater: Hubert B., Rektor; Mutter: Margarete, geb. Wißmann), kath., verh. s. 1961 m. Rosemarie, geb. Fander, T. Uta - Stud. d. Phil., Gesch. u. d. lat. u. griech. Philol.; Promot. 1959; 1960 1. Staatsex. f. höheres Lehramt, 1961 2. Staatsex.; Habil. 1970 - S. 1980 Univ. Köln (1971 Prof.). Bücher u. Einzelarb.

BRAUN, Ernst

Dr. oec. publ., Dipl.-Kfm., Vorstandsmitglied Zahnradfabrik Friedrichshafen AG (s. 1971) - 7990 Friedrichshafen/B. - Geb. 16. Febr. 1930 Augsburg - 1975 Vorst.-Mitgl. Verb. d. Automobilind.; AR-Mitgl. SKF GmbH, Schweinfurt, ZF-Getriebe GmbH, Saarbrücken, Zahnradfabrik Passau GmbH, Passau; Hoesch Rothe Erde-Schmiedag AG, Dortmund, u. Henschel Flugzeugwerke AG, Kassel.

BRAUN, Felix

Landwirt, Bürgermeister Thundorf/Unterfr. - Aussiedlerhof 1, 8734 Thundorf (T. 09724 - 17 68) - Geb. 23. Mai 1935 Thundorf (Vater: Anton B., Postangest.; Mutter: Hedwig, geb. Pfennig), kath., verh. s. 1958 m. Charlotte, geb. Rink, 4 T. (Andrea, Marina, Petra, Alexandra) - Volkssch. - S. 1972 1. Bürgerm.

BRAUN, Franz

Dipl.-Ing., Beigeordneter a. D. - Sinziger Str. 45, 5000 Köln 51 (T. 38 59 69) - Geb. 5. Aug. 1919 Köln (Vater: Jakob B., Ing.; Mutter: Maria, geb. Quirbach), kath., verh. s. 1945 m. Helmi, geb. Schumacher, 3 Kd. (Brigitte, Hans-Georg, Cordula) - Realgymn. Köln (Kreuzg.); TH Aachen (Diplomhauptprüf. 1946) u. Dresden (Bauing.wesen). Staatsprüf. f. d. höh. bautechn. Dienst 1949 - S. 1947 Stadtverw. Köln (1965 Beig. f. d. Tiefbauwesen), stv. Vors. Prüfungsaussch. Stadtbauwesen im Prüfungsamt f. d. höh. techn. Verw.sbeamten. Div. Fachveröff. - Kriegsausz. (zul. Dt. Kreuz in Gold) - Liebh.: Sport - Spr.: Engl., Franz. - Rotarier.

BRAUN, Franz

Landwirt, Bürgermeister Ehekirchen - Hauptstr. 50, 8859 Ehekirchen (T. 08435-233) - Geb. 19. Febr. 1931 Ehekirchen (Vater: Thomas B., Landw.; Mutter: Notburga, geb. Strixner), kath., verh. s. 1959 m. Philomena, geb. Strobl, 4 Kd. (Franz, Irmgard, Maria, Thomas) - Landw. Fachsch. - S. 1966 ehrenamtl. Bürgerm.

BRAUN, Friedrich

Dr. phil., Prof. f. Engl. Sprache u. Lit. TU Berlin - Eichenallee 34, 1000 Berlin 19.

BRAUN, Gerhard

Bundestagsabgeordneter a. D. - Danziger Str. 2, 5632 Wermelskirchen 1 - Geb. 28. Dez. 1923 Wermelskirchen (Vater: Bruno B.; Mutter: Alma, geb. Wilke), ev., verh. s. 1948 m. Carmen, geb. Rabe, 2 Kd. (Frederike, Michael) - Realsch. (Mittl. Reife); 1939-41 kaufm. Lehre; 1941-45 Wehrdst. - 1945-47 kaufm. Angest.; 1947-55 Landessekr. Jg. Union Rhld.; 1956-57 kaufm. Angest.; 1957-66 stv. u. Landesgf. (1961) CDU Rhld.; 1966-78 Verlagsgeschäftsf.; 1961-89 Stadtverordn. Wermelskirchen. CDU s. 1946 - 1983 BVK I. Kl., 1989 Gr. BVK - Mitgl. Lions-Club.

BRAUN, Gerhard

Prof., Maler u. Graphiker - Andréezeile 30, 1000 Berlin 37 (T. 815 38 09) - Lehrtätigk. Kunsthochsch. Berlin.

BRAUN, Gerhard Otto

Dr. rer. nat., Prof. f. Geographie FU Berlin - Benfeyweg 10, 1000 Berlin 22 - Geb. 7. Nov. 1944 Kitzingen, ev., verh. s. 1969 m. Brigitte, geb. Trunk, 2 Kd. (Anke, Niklas) - 1969 u. 70 Förderpreise Reg. v. Unterfranken.

BRAUN, Günter
Dr., Hauptgeschäftsführer Industrie- u. Handelskammer zu Berlin (s. 1969) - Hardenbergstr. 16-18, 1000 Berlin 12 (T. 31 80 - 230) - Geb. 15. Okt. 1928 Berlin - Promot. 1954 - 1954-60 u. 1965-69 Dt. Industrie- u. Handelstag, Bonn (zul. Leit. Abt. Berufsausbild. u. Arbeitskräftefragen); 1960-65 Mobil Oil AG, Hamburg. AR: AMK Berlin, Ind.kreditbank AG-Dt. Ind.bank, Victoria-Lebens-, Feuer- u. Rückversich.-AG (stv. Vors.); Beirat Berliner Commerzbank-AG - 1985 Gr. BVK.

BRAUN, Hans
Dr. jur., Vorstandsmitglied d. National-Bank AG - Theaterplatz 8, 4300 Essen 1 (T. 8 11 51); priv.: Vollbergwinkel 23, 4300 Essen 15 - Geb. 7. Dez. 1925 Stuttgart (Vater: Franz B.), verh. (Ehefrau: Dr. Edith) - Spr.: Engl. - Rotarier.

BRAUN, Hans-Arthur
Vorstandsmitglied Triumph International AG. - Marsstr. 40, 8000 München 2 - Geb. 6. Aug. 1929.

BRAUN, Hans-Gert
Dipl.-Volksw., Dr. phil. habil., Prof. d. Volkswirtschaftslehre Univ. Stuttgart (s. 1983), Direktor DEG-Dt. Investitions- u. Entwicklungsges. mbH, Köln, Präs. Golfclub Reichshof - Leinsamenweg 138, 5000 Köln 41 (T. 0221 - 49 67 35) - Geb. 4. Jan. 1942 Waldbröl, ev., verh. s. 1972 mit Beate, geb. Erdmann, Sohn Christian - Stud. Wirtschaftswiss. 1962-66 Univ. Bonn, Freiburg/B., Köln; 1967/68 Stud. Entwicklungspolitik am Dt. Inst. f. Entwicklungspolitik; Promot. 1970; Habil. 1976 Univ. Stuttgart - 1978-82 Leit. d. Abt. Entwicklungsländer d. Ifo-Inst. f. Wirtschaftsforsch. München. S. 1991 Vorst.-Mitgl. d. Dt. Afrika-Stiftg. - BV: Programmierte Instruktion, 1971; Nutzentheorie u. Nutzenanalyse, 1976; Grundlagen d. Wirtschaftswiss. - Mikroökonomie, 1979 (m. Tänzer); Direktinvestitionen in Entwicklungsländern, 1983 (m. Halbach u. a.); The European Economy in the 1980's, 1983 (m. Laumer u. a.). Mithrsg. d. Ztschr. Intern. Afrikaforum (s. 1982) - Liebh.: Golf - Spr.: Engl., Franz.

BRAUN, Hans-Joachim
Dr. phil., Prof. f. Neuere Sozial-, Wirtschafts- u. Technikgesch. Univ. d. Bundeswehr (s. 1982) - Otto-Schumann-Str. 13b, 2070 Ahrensburg (T. 04102 - 4 34 54) - Geb. 6. Okt. 1943 Königsberg/Pr. (Vater: Walter B.; Mutter: Gertrud, geb. Hanisch), ev., verh. s. 1971 m. Kathleen, geb. Iddon, 3 Kd. (Bianca, Salina, Christian) - Stud. Univ. Münster, Bochum, Bristol, London School of Econ., Promot. 1971, Habil. 1979 Bochum - 1971 Wiss. Assist. Univ. Bochum; Fellow of the Royal Society of Arts; 1979 Priv.-Doz.; Forschungs- u. Vortragsaufenth. Harvard, MIT, Stanford. 1981 Mitgl. Exekutivkomit. Intern. Soc. f. the History of Technology; Vors. Bereichsvertretung Technikgesch. d. VDI - BV: Technol. Beziehungen Dtschl. - Engl., 1974; Wirtschafts- u. finanzpolitische Entscheidungsproz. in Engl., 1984; Entw. u. Selbstverständnis v. Wiss. (m. R. Kluwe), 1985; The German Economy in the 20th Century, 1990; Energiewirtschaft - Automatisierung - Information. Propyläen Technikgeschichte Bd. 5 1914-90 (m. W. Kaiser), 1992. Herausg. d. Schriftenreihe Stud. z. Technik-, Wirtschafts- u. Sozialgesch. Mithrsg. d. Ztschr. History of Technology - Liebh.: Musik (Klassik, Jazz), Sport - Spr.: Engl., Franz., Ital.

BRAUN, Hans-Jürgen
Dipl.-Ing., Gf. Gesellschafter W. Bauermann & Söhne GbR, Grundbesitzverw. - Hofstr. 64, 4010 Hilden; priv.: Breddert 68, 4010 Hilden - Geb. 11. Okt. 1938 Düsseldorf, ev. - Stud. TH Aachen (Maschinenbau/Fertigungstechnik); Dipl. 1967.

BRAUN, Hans-Peter
Geschäftsführer Celsa Meß- u. Regeltechnik GmbH, Karlsruhe - Saarlandstr. 97, 7500 Karlsruhe 21 (T. 0721 - 55 60 84) - Geb. 19. Aug. 1944 Bruchsal, kath., verh. s. 1967 m. Heidelore, geb. Obert, 4 Kd. (Katy, Florian, Antje, Isabelle) - Abit.; Stud. Chemie u. Wirtschaftswiss. - 1977 kaufm. Leit.; 1978 Datenschutzbeauftr.; 1980 Prok., 1982 gf. Gesellsch. - Spr.: Engl., Franz., Span.

BRAUN, Harald
Dr., Botschafter in Bujumbura/Burundi (s. 1991) - Wernher-v.-Braun-Str. 2, 5300 Bonn 1 - Geb. 11. Sept. 1952 Sindelfingen, ev., verh. s. 1980 m. Dr. Ute, geb. Schraudolph, 2 Kd. (Frederic, Alexandra) - Abit. 1971; Wehrdienst (Reserveoffz.); Kaufm. Ausb. IBM Deutschland; Stud. Volkswirtsch., Gesch. u. Lit.wiss. Tübingen u. New York; Promot. 1980 State Univ. of New York - S. 1981 Auswärtiger Dienst: Polit. Abt. 2 (b. 1983), Botschaft Beirut (1983-85), Presseref. Botschaft London (1985-88), Zentralabt. d. Ausw. Amtes (1988-91). S. 1991 bevollm. Botschafter s.o. - 1989 L.V.O. (England) - Liebh.: Segeln, Reisen, Mod. Lit. - Spr.: Engl., Franz., Arab.

BRAUN, Hellmut
Dr. phil., Prof., Bibliotheksdirektor i. R. - Langenhege 69, 2057 Reinbek (T. Hamburg 722 58 30) - Geb. 26. Juli 1913 Saronno/Ital. (Vater: Wilhelm B., Werkmeister; Mutter: Wilhelmine, geb.-Thres), ev., verh. s. 1943 m. Rosemarie, geb. Wernecke, 2 Kd. (Konstanze, Ulrich) - Oberrealsch. u. Realgymn. Eßlingen/N.; Univ. Tübingen, Berlin, Göttingen (Orientalistik, Islamkd., Semitistik, Iranistik); Auslandhochsch. Berlin (Diplom f. Pers. 1939). Ass.ex. f. d. wiss. Bibl.dst. 1952 München. Promot. 1946 Göttingen; Habil. 1967 Hamburg - 1949-78 Staats- u. Univ.bibl. Hamburg (1967-78 Dir.). 1968-77 Vorles. üb. Islamkd.

BRAUN, Helmut
Dr. rer. nat., o. Prof. f. Forstbiologie - Weilerstr. 4, 7801 Stegen/Br. (T. 07661 - 62 42) - Geb. 30. Dez. 1924 Ludwigshafen/Rh. - Habil. 1961 Freiburg - S. 1963 Ord. Univ. Wageningen (Niederl.) u. Freiburg - BV: D. Org. d. Stammes v. Bäumen u. Sträuchern, 1963; Funktionelle Histol. d. sekundären Sproßachse, I. D. Holz, 1970; Bau u. Leben d. Bäume, 1979, 3. A. 1992; Lehrbuch der Forstbotanik, 1982. Zahlr. Einzelarb.

BRAUN, Herbert
Dr., Dipl.-Kfm., Fabrikant i. R. - Frank-Keller-Str. 47, 7072 Heubach/Württ. - Geb. 25. Aug. 1910 - ARvors. u. AR in zahlr. in- u. ausländ. Gesellschaften d. Triumph International-Gruppe.

BRAUN, Heribert
Dr. med., Prof., Röntgenologe, Vorstandsmitgl. Vereinig. Dt. Strahlenschutzärzte (s. 1965) - Rhönstr. 8, 8700 Würzburg - Geb. 1. Mai 1921 Murpingen/Saar (Vater: Benedikt B., Rektor; Mutter: Susanne, geb. Dewes), kath., verh. s. 1958, S. Thomas - Gymnasialabitur 1939; Med. Staatsex. 1947; Promot. 1949; Habil. 1958 - S. 1958 Univ. Würzburg (1964 apl. Prof.; 1966 Vorsteher Röntgenabt. Med. Klinik). Spez. Arbeitsgeb.: Strahlenbiol., Röntgendiagn. Zahlr. Facharb. Mithrsg.: Strahlenschutz in Forsch. u. Praxis - 1966 Berliner Röntgen-Preis; 1967 Holthusen-Ring.

BRAUN, Käthe
Schauspielerin u. Autorin - Haderslebener Str. 26, 1000 Berlin 41 (T. 824 18 28) - Geb. 11. Nov. Wasserburg/Inn (Vater: Max B., Reichsbahninsp.; Mutter: Katharina, geb. Wagner), verh. m. Dr. phil. Falk Harnack (s. dort) - Ausbild. Magda Lena, München - S. 1936 Bühnen München (Bayer. Staatsschauspiel), Düsseldorf (Schauspielhaus), Wien (Burgtheater), Hamburg (Schauspielhaus, Kammersp.), Berlin (Dt. Theater, Schiller- u. Schloßpark-Theater) u. a. Theaterrollen: u. a. Käthchen, Gretchen, Iphigenie, Elektra, Pippa, Haitang (Kreidekr.), Emilia Galotti, Julia, Marie (Haben),

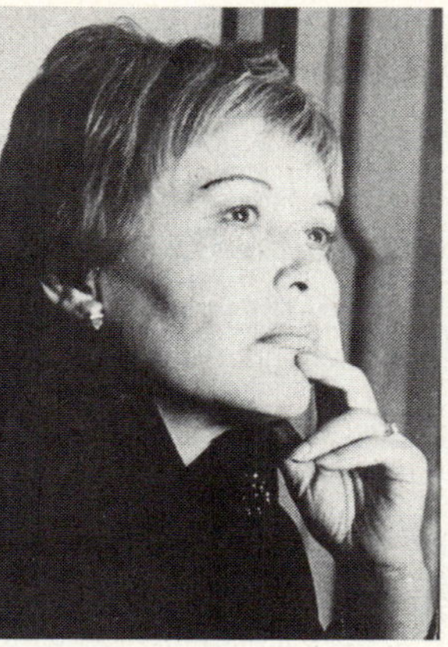

Jeanne (J. d'Arc auf d. Scheiterhaufen), Königin (E. Glas Wasser), Nora, Lucille (Um Lucretia), Donna Rosita, Lissy Curry (D. Regenmacher), Kluge Närrin, Blanche (Endstation Sehnsucht), Lilian Holiday (Happy End), Ruth Gray (Epitaph f. George Dillon). Film: Stunde d. Entscheidung, Dr. Semmelweis, D. Beil v. Wandsbek, Vor Gott u. d. Menschen, Anastasia, Fuhrmann Henschel, Lausbubengesch. (I, II), Hokuspokus; Fernsehen: Born yesterday, E. wahrer Held, Laokoon-Gruppe, Unwiederbringlich, Peter Brauer u. a. - TV-Drehb.: D. Wohltäter (1975), D. Undankbare (1980); Buch: R. D. Wiederbegegnung (R. 1978) - 1954 Berliner Kunstpreis f. darst. Kunst.

BRAUN, Karen,
geb. Renz

Tänzerin - Yorckstr. 1, 2120 Lüneburg (T. 04131 - 4 44 86) - Geb. 2. Aug. 1963 Hamburg, verh. s. 1990 m. Norbert B. - 1974-80 Ballettsch. Hamburg, 1980-83 Stedelijk Inst. voor Ballet Antwerpen/Belg.; 1983-88 Staatstheater Kassel, Grazer Balletttheater, Stadttheater Flensburg, CH-Tanztheater Zürich, Stadttheater Lüneburg; s. 1984 Choreograph b. d. fr. Ballettgr. Regenbogen Hbg. - Zahlr. Solorollen, 1974-80 Ballettsch. Hbg., u.a. Puppenfee (1976), Schwanensee (1978); Stedelijk Inst. voor Ballett Antwerpen: Nußknacker (1981/82). FS-Auftritt b. A. Rothenberger (1977) - Spr.: Engl., Niederl. - Bek. Vorf.: Bürgerm. Mönckeberg (Ur-Ur-Großv.).

BRAUN, Karl
Dr. jur. can., Bischof v. Eichstätt (s. 1984) - P.-Phil.-Jeningen-Platz 5, 8078 Eichstätt - Geb. 1930 Kempten/Allg., kath. - Stud. Phil., Theol., Kirchenrecht (größtent. Rom). Promot. 1966 - 1966 Domvikar, dann pers. Ref. Augsbg. Bischof. 1972ff. Domkapitular.

BRAUN, Karl
Konsul d. Republik Transkei, Geschäftsführender Gesellschafter Maschinenfabrik Bernhard Braun Klosterreichenbach GmbH & Co. KG, Baiersbronn, Gebr. Braun GmbH, Stuttgart - Murgtalstr. 101, 7292 Baiersbronn 6 (T. 07442 - 49 70) - Geb. 17. Juni 1927, verh. s. 1956 m. Hanna, geb. Morlok, 2 Töcht. (Andrea, Vera) - Chairman d. Firma Karl Braun Engineering Butterworth, Transkei - Spr.: Engl.

BRAUN, Karlernst
Dipl.-Kfm., Prokurist Thiel & Hoche GmbH Stahlrohrhandel - Max-Planck-Str. 6, 4006 Erkrath 1 (T. 0211 - 25 17 71) - Geb. 16. März 1932 Düsseldorf (Vater: Wilhelm B., Fabrikant; Mutter: Ilse, geb. Hoppe), ev., verh. s. 1961 m. Gisela, geb. Seiffert, 3 Söhne (Rainer, Christian, Mathias) - Gymn. Hilden, Abit. 1952; Lehre Außenhandelskfm.; Stud. Betriebswirtsch. Univ. Köln. Mitinhaber W. Bauermann u. S. GBR, Grundbesitzverwaltung, Gewerbepark Hilden; AR-Mitgl. Hildener Aktienbau-Ges., Hilden - Spr.: Engl., Franz., Ital. - Rotarier.

BRAUN, Kurt
Dr. med., Internist (Rehabilitation, Geriatrie) - Kuglmüllerstr. 22, 8000 München 19 (T. 17 34 32) - Geb. 12. Sept. 1915 Frankfurt/M. (Vater: Prof. Dr. Hugo B.), verh. m. Dagmar Nick, Schriftstellerin (s. dort) - Dt. Oberrealsch. Instanbul (Abit.); Univ. Prag u. Istanbul (Med.) - S. 1941 Assist. Univ.-kliniken Istanbul, Univ.krkhs. Jerusalem (1943), Bikur Cholim Krkhs. ebd. (1944), Militärarzt Israel (1948), Arzt Reg.skrkhs. Zrifin/Tel Aviv (1950), Leit. II. Inn. Abt. Krkhs. Pardess-Katz/Tel Aviv (1955), Dir. u. med. Leit. Reg.skrkhs. Nahariya (1975), Chefarzt Rehabilitationsabt. Krkhs. Langensteinbacherhöhe (1968) bzw. Oberarzt u. Leit. geriatrisch-rehabilitative Stationen Südwestdt. Rehabilitationskrkhs. Karlsbad (1970); s. Okt. 1978 Ruhest., Fortführung d. Lehr- u. Vortragstätig. Div. Mitgliedsch., dar. Ges. f. Inn. Med., Geriatrie u. chron. Krankheiten Israel. Ärzteorg., Dt. Vereinig. f. d. Rehab., Dt. Ges. f. Gerontol., Dt. Ges. f. Gesundheitsvorsorge, Berufsverb. dt. Internisten - Fotografische Beiträge z. Büchern v. Dagmar Nick.

BRAUN, Ludwig Georg
Vorstandssprecher B. Braun Melsungen AG., Melsungen, Geschäftsf. Dr. Rumberg & Co. GmbH., Rellingen - Lindenbergstr. 41, 3508 Melsungen - Geb. 21. Sept. 1943.

BRAUN, von, Luitpold
Betriebswirt, Generaldirektor Wittelsbacher Ausgleichsfonds, München - Imhofstr. 13, 8000 München 40 - Geb. 26. Dez. 1932 - AR-Vors. Himolla Polstermöbelwerk GmbH, Taufkirchen/Vils; AR Nürnberger Versich., Nürnberg; Beirat Bayerische Landesbank, München.

BRAUN, Lutz
Dr. med., Prof., Chefarzt Chirurg. Abteilung I/Krankenhaus Detmold (s. 1974) - Röntgenstr. 18, 4930 Detmold/Lippe - Geb. 7. Okt. 1933 Lüdenscheid/W. - Promot. (1960) u. Habil. (1967) Münster - 1970 ff. Oberarzt Abt. f. Herzchir./Mayo-Klinik Rochester (USA). S. 1971 apl. Prof. Univ. Münster/W. (Chir.) - BV: D. akute Nierenversagen, 1968. Üb. 80 Einzelarb.

BRAUN, Manfred
Techn. Angestellter, Vermessungstechniker, MdL Nordrh.-Westf. (s. 1975) - Allinghofstr. 8, 4390 Gladbeck (T. 2 41 37) - Geb. 27. Sept. 1928 - SPD.

BRAUN, Michael Herbert
Dr. rer. oec., Dipl.-Kfm., Ing., Geschäftsführer Inter Triumph Marketing GmbH, pers. haft. Gesellsch. Triumph Intern. Spiesshofer & Braun, Zurzach, Geschäftsf. f. Absatzwirtsch. Triumph Intern. Holding GmbH - Marsstr. 40, 8000 München 2 - Geb. 13. Juli 1937 Stuttgart (Vater: Dr. Herbert B., s. d.) - BV: Finanzierung durch Ausgabe v. Genußzertifikaten, 1967; Wege z. Bildung v. Großunternehmen, 1968.

BRAUN, Ottheinz
Dr. med., Prof., Kinderarzt, Chefarzt Kinderklinik Städt. Krankenhaus Pforzheim i.R. - Morsestr. 20, 7530 Pforzheim (T. 2 78 80) - Geb. 18. Mai 1919 Speyer/Rh. (Vater: Dr. jur. Fritz B., Oberamtsrichter; Mutter: Wilhelmine, geb. Seiberth), ev., verh. s. 1950 m. Dr. Johanna, geb. Hessig, 3 Kd. (Barbara, Martin, Brigitte)- Univ. Frankfurt/M. u. Heidelberg - S. 1953 (Habil.) Lehrtätigk. Univ. Heidelberg, Erlangen (apl. Prof.), Tübingen (apl. Prof.) - Mitarb.: Pädiatrie in Praxis u. Klinik; Pädiatr. Gastroenterol. (Hg. m. Grüttner u. Lassrich); Seelsorge am kranken Kind (Hg.) - BVK; Erich-v.-Bergmann-Plak. d. Bundesärztekammer - Spr.: Engl., Franz., Ital.

BRAUN, Ottmar

Honorarkonsul v. Luxemburg (s. 1988), Chefredakt. d. Aachener Volkszeitung - Dresdener Str. 3, 5100 Aachen (T. 0241 - 5 10 10) - Geb. 26. Dez. 1944 Wermelskirchen (Vater: Braun, Hans, Dipl.-Ing.) - Stud. Verw.- u. Wirtschaftsakad. Köln u. Aachen - 1964 Journalistenausb. Neue-Ruhr-Ztg. u. im Inst. f. publ. Bildungsarb. b. Prof. Dovifat; 1966-68 Neue-Ruhr-Ztg.; 1969-74 Aachener Volksztg.; 1974 Presseref. d. Stadt Aachen, 1975 Pers. Ref. d. Oberbürgerm. Kurt Malangré MdEP, 1977 Presseamtsleit., s. 1984 Doz. FH Wirtschaft - BV: Rathaus zu Aachen (Intern. AMM-Preis, Schweiz); Porträt e. europ. Stadt; Edition luxemb. Autoren - 1988 Senator E.h. FH Aachen; mehrere intern. Ausz.

BRAUN, Otto Rudolf
Ph. D., M.A., Schriftsteller - Lenneisg. 11-13/5/5, A-1140 Wien (T. 982 94 98) - Geb. 6. Sept. 1931 Wien, gesch., 3 Töcht. (Siglinde, Gudrun, Sigrid) - Matura 1950 Realgymn. Wien; M.A., Promot. (Gesch. u. Lit.) 1965 Intern. Tangier Univ. College - Präs. d. Vereins d. Freunde d. Volkslit.; Mitgl. Crime Writers Ass., Corps Ostarrichi - BV: u.a. Kl. Gesch. unserer Feiertage u. Jahresfeste, 1979; German. Götter - Christl. Heilige, 1979; D. Widukind-Legende, 1980; D. kath. Kirche u. d. Anschluß Österr. an d. dt. Reich, 1980; Weihnachtsamnestie, Erz. 1982; D. Wahrheit darfst du nicht sagen, R. 1984; Hinter d. Kulissen d. Dritten Reiches, 1986. Herausg. Literaturztschr. Bragi (s. 1982) - 1965 Georg-Stammler-Lyrikpreis; 1982 Diploma di Merito Univ. delle arti in Salsomaggiore Terme; 1984 Ehrenurk. Dt.-Österr. Inst. f. Zeitgesch. - Spr.: Engl., Franz. - Lit.: Peter Martinek, Mann ohne Gleichschritt (1984).

BRAUN, Otto-Heinrich,
s. Braun, Ottheinz

BRAUN, Peter
Dr. phil., Prof. f. Deutsche Gegenwartssprache, Sprachwissensch. u. Sprachpädagogik - Diemelweg 7, 4270 Dorsten-Rhade - Geb. 8. Juli 1927 Aachen-Verlautenheide (Vater: Gerhard B.; Mutter: Sophia, geb. Riesen), kath., verh. s. 1965 m. Margarete, geb. Schüllner - Höh. Sch. Aachen u. Alsdorf, Lehrerstud. Köln, Lehrerex., Stud. Univ. Bonn u. Wien (Sprachwiss., German., Phil., Angl.), Promot. Bonn 1963 - Lehrer, Ass. u. Doz. PH (Köln, Bonn, Münster), Lehrauftr. Univ. Bochum, Prof. Univ. Essen-GH - BV: Tendenzen in d. dt. Gegenwartssprache, 1979, 2. A. 1987 (übers. ins Jap., 1984); Dt. Gegenwartssprache, 1979 (Hrsg.); Dt. Internationalismen - Stud. z. interlingualen Lexikographie (zus. m. B. Schaeder u. J. Volmert), 1990; Personenbezeichnungen: d. Mensch in d. dt. Sprache. In: Muttersprache, 1990-92 (drei Beiträge); Schulbücher; div. Aufs. - Liebh.: Klass. Musik, Reisen - Spr.: Engl., Franz., Ital.

BRAUN, Peter Michael
Prof. f. Kompos. u. Theorie Staatl. Hochsch. f. Musik Heidelberg-Mannheim, Komponist - Postfach 10 05 17, 6800 Mannheim 1 (T. 06324 - 8 21 47) - Geb. 2. Dez. 1936 Wuppertal (Vater: Hermann G. B., Dipl.-Ing.; Mutter: Käthe, geb. Thurmann), gesch., S. Mikio - 1956-59 u. 1965-69 Staatl. Hochsch. f. Musik Köln (Reifeprüf. Kompos.) - 1974-76 Lehrbeauftr. Rhein. Musiksch. Köln; s. 1978 Prof. - Musikwerke: Quanta f. Kammerens./Kammerorch. (1958/68), Monophonie f. Gitarre/elektr. Gitarre (1960/67), Essay f. Oboe u. Tonband ad lib. (1960/69), Sommerstück/ Summer Piece f. Violine u. Klavier (1962), Terms f. Kammerens. (1962-65), Transfer f. gr. Orch. (1965/68), Ambiente f. Orch. (1974-76), Miró f. Flöte u. Klavier (1976), The Sleeping Beauty f. Cello solo (1976/77), Serenata Palatina f. Orch. (1975/82), Jericho f. Posaune u. Orgel (1982), Zwei Fantasien f. 4 (Block-) Flöten (1952/83), Reise in d. Zeit f. Klavier (1981-83), Neue Welt f. Chor a capp. (1983), D. Schöne Lau (Oper, 1984-87), E-Musik (E. Eichendorff-Symphonie, 1974-87) u.a. - 1971/72 Jahresstip. Stadt Köln; 1976 Stip. Villa Massimo, Rom - Liebh.: Bild. Kunst, Lit. - Spr.: Engl., Franz., Latein.

BRAUN, Pinkas

Schauspieler, Regisseur - CH-8261 Hemishofen (T. 0041 - 54 41 33 70) - Geb. 7. Jan. 1923 Zürich (Vater: Nathan B., Kaufm.; Mutter: Chaja, geb. Krämer), gesch., 2 Kd. (Tobias, Deborah) - 1943-45 Stud. Schauspielsch. Zürich - BV: Übers. d. Stücke v. Edward Albee ins Deutsche - Regie, Film u. Theater: u.a. Draußen vor d. Tür (W. Borchert), Alles vorbei (Edward Albee), D. Eingeschlossenen (Sartre, auch ZDF). Wichtige Theaterrollen u.a. 1984: Salieri (Amadeus), Shylock (D. Kaufm. v. Venedig), Jago (Othello), Captain Queeg (D. Caine war ihr Schicksal), D. Architekt (D. zwölf Geschworenen), Otto Frank (D. Tageb. d. Anne Frank). Hauptrollen in üb. 100 Fernsehspielen u. -filmen; zahlr. Spielf., u.a.: Wir Wunderkinder, D. Wunder d. Malachias, D. Feuerschiff, The Man Outside, The Last escape, Tout Feu, Tout Flamme, Les Cavaliers de l'Orage - Spr.: Engl., Franz.

BRAUN, Reinhold
Dr. rer. pol., Dipl.-Kfm., Dipl.-Volksw., Mitglied d. Bereichsvorst. Siemens AG, Bereich Halbleiter - Balanstr. 73, 8000 München 80 - Geb. 23. Aug. 1928 Wiesbaden (Vater: Dr. Karl B.; Mutter: Julie, geb. Buddeberg), ev., verh. s. 1957 m. Dipl.-Volksw. Sabine, geb. Nipperdey, 3 Kd. - Univ. Köln - Vorst.-Mitgl. Ostasiatischer Verein; AR-Vors. Heimann GmbH, Wiesbaden.

BRAUN, Richard
Landesvorsitzender u. -geschäftsf. Arbeiter-Samariter-Bund Dtschl./Landes- verb. Bayern - Südring 3, 8560 Lauf/ Pegnitz.

BRAUN, Rudolf
Dr. rer. nat., Prof., Zoologe - St.-Sebastian-Str. 25, 6500 Mainz-Bretzenheim - Geb. 6. März 1924 Köln (Vater: Jakob B., Dir.; Mutter: Gertrud, geb. Neisen), verh. 1951 m. Beatrix, geb. Leinen - Univ. Bonn u. Mainz. Promot. (1950) u. Habil. (1956) Mainz - S. 1956 Privatdoz. u. apl. Prof. Univ. Mainz (gegenw. Abt.-Vorst. Inst. f. Zool.) - BV: Tierbiol. Experimentierb., 1959. Div. Einzelarb. - Liebh.: Musik.

BRAUN, Sabine
Siebenkämpferin, Weltmeisterin 1991 - Wohnhaft 4300 Essen - Geb. 19. Juni 1965 Essen - Stud. Sport, Biologie - 1989 Dt. Meisterin, 1990 Europameisterin.

BRAUN, Siegfried
Dr. med. vet., Ministerialdirigent a. D., Vors. Verb. Fleischmehlindutrie, Bonn - Thomasstr. 65, 7000 Stuttgart - Geb. 1. März 1917 - Zul. Leit. Abt. Veterinärwesen Baden-Württ. Min. f. Ernährung, Landw. u. Umwelt.

BRAUN, von, Sigismund

Botschafter a. D., Außenhandelsberater - Graf-Stauffenberg-Str. 21, 5300 Bonn 1 (T. 0228 - 23 56 21) - Geb. 15. April 1911 Berlin (Vater: Magnus v. B., 1931-33 Reichsernährungsmin. Kabinette v. Papen u. v. Schleicher, Verf.: Weg durch 4 Zeitepochen, V. ostpr. Gutsleben d. Väter b. z. Weltraumforsch. d. Sohnes in Amerika (1964) †1972 (s. X. Ausg.); Mutter: Emmy, geb. v. Quistorp †), ev., verh. s. 1940 m. Hildegard, geb. Beck-Margis, 5 Kd. (Carola, Christina, Christoph-Friedrich, Cornelia, Claudia) - Franz. Gymn. Berlin; Univ. Hamburg, Berlin (Rechtswissensch., Volkswirtschaft), Ohio/USA (U of Cincinnati). Referendarexamen 1933 - 1934-35 Weltreise (üb.: USA, Japan, Korea, Mandschurei, China, Indien), ab 1936 AA Berlin (1937-38 Botschaft Paris, 1938-41 Generalkonsulat Addis Abeba, 1941-43 Internierung Kenya, 1943-46 Botschaft Hl. Stuhl Rom), 1947-48 Verteidiger Militärgericht Nürnberg, 1949-51 Leit. Außenhandelsabt. Wirtschaftsmin. Rhld.-Pfalz, 1951-53 Dir. Klöckner-Humboldt-Deutz AG, Köln, seither sub Bonn (1953-58 Gesandtschaftsrat I. Kl. bzw. Botschaftsrat (1955), London, dann Chef d. Protokolls, 1962-68 Chef Dt. Beobachtermission UNO, anschl. Botschafter Frankr., 1970-72 Staatssekr., danach wied. Botschafter Paris). FDP - Liebh.: Jagd, Sport - Ehrenmitgl. Berliner Liedertafel - Spr.: Franz., Engl., Ital., etwas Span. u. Russ. - Bruder: Prof. Dr. phil., Drs. h. c. Wernher v. B., Raketenforscher, 1912-77 (s. XX. Ausg.)

BRAUN, Stephan
Dr. rer. nat., Prof. f. Informatik TU München (s. 1978) - Karwinskistr. 53A, 8000 München 60 - Geb. 3. Nov. 1935 - Promot. 1963; Habil. 1971 - Bücher u. Einzelarb.

BRAUN, Ulrich
Dr. med., Abteilungsvorsteher Zentrum Anaesthesiologie, Abt. II, Prof. f. Anaesthes. Univ. Göttingen (s. 1978) - Robert-Koch-Str. 40, 3400 Göttingen.

BRAUN, Volkmar
Dr. rer. nat., o. Prof. f. Mikrobiologie - Haydnweg Nr. 3, 7400 Tübingen 1 - Geb. 18. Juli 1938 Ravensburg - Promot. 1965 München; Habil. 1972 Tübingen - S. 1974 o. Prof. Univ. Tübingen (Lehrst. II). Üb. 100 Facharb.

BRAUN, Walter
Dr. phil., o. Prof. f. Pädagogik Univ. Koblenz-Landau, Abt. Koblenz (s. 1976) - Westring 251, 6500 Mainz - Geb. 2. Jan. 1926 Steinheim/M. (Vater: Nikolaus B., Kaufm. Angest.; Mutter: Johanna, geb. Ullrich), kath., verh. s. 1951 m. Evamaria, geb. Kohl, S. Thomas - Kaiser-Friedrich-Gymn. Frankfurt/M.; PI Darmstadt/Univ. Mainz. Promot. 1968 Mainz - 1950-62 Lehrer; 1962-73 päd. Ref.; 1973-76 Prof. PH Karlsruhe - BV: Geschlechtl. Erzieh. im kath. Religionsunterr., 1970; Einf. in d. Päd., 3. A. 1983; Erzieh. Unterr., 1973; Emanzipation als päd. Problem, 1977; Für e. menschenfreundl. Schule, 1978 (m. B. Naudascher); D. Vater im fam. Erziehungsprozeß, 1980; D. ältere Generation (Hrsg.), 1981; D. In-der-Welt-Sein als Problem d. Päd., 1983; Entscheidungen, 1986; Pädagogische Anthropologie im Widerstreit, 1989; Pädagogik - E. Wissenschaft!?, 1992 - Liebh.: Klass. Musik, Wandern - Spr.: Engl.

BRAUN, Walter
Dr. rer. pol., Prof., Landesminister a. D., MdL Schlesw.-Holst. (1971-87) - Schlotfeldtsberg 6 c, 2302 Flintbek (T. 04347 - 27 49) - Geb. 6. Aug. 1930 Singen/Hohentw., kath., verh. - Gymn. Singen (Abit. 1951). WH Mannheim (Betriebsw.); Dipl.-Kfm. 1955, Promot. 1958). Habil. 1964 Mannheim - 1955-64 Wiss. Assist., 1964-65 Privatdoz. WH Mannheim, 1966 o. Prof. Univ. Kiel (Betriebsw.lehre), 1969-79 Kultusminister, 1979-83 Sozialmin. SH; Wiss. Berat. Jagenberg Kolleg, D'dorf. CDU.

BRAUN, Walter
Dr. med., Prof. f. Pharmakologie u. Toxikol. - Lyserstr. 3, 2000 Hamburg 50 - Geb. 1. Aug. 1922 Sebes (Rumänien) - Promot. 1951 - S. 1962 (Habil.) Lehrtätigk. Univ. Hamburg (1969 Prof. u. gf. Dir. Pharmak. Inst.) - 1965 Martini-Preis.

BRAUN, Werner
Dr. phil., Prof. f. Deutsch, Methodik d. Deutschunterr. u. Volkskd. Päd. Hochsch. Kiel - Klausdorfer Str. 36, 2300 Altenholz/Kiel - Schulbuchautor.

BRAUN, Werner
Dr. med., Prof. f. Neurochirurgie - Am Jagdhaus 86, 5600 Wuppertal 1 - Geb. 10. Juni 1930 Stade (Vater: Albert B., Kaufm.; Mutter: Margret, geb. Hinck), ev., verh. s. 1964 m. Dr. Inge, geb. Kohl, 3 Kd. (Nanette, Bettina, Dorothee) - Med. Stud. Göttingen, München, Tübingen - S. 1970 Chefarzt - BV: Ursachen d. lumbalen Bandscheibenvorfalls, 1969; Einführung in die Schmerzchirurgie, 1982 - Spr.: Engl.

BRAUN, Werner H. G.
Dr. phil., Prof., Musikwissenschaftler - Am Wildbretsstock 60, 6683 Spiesen üb. Neunkirchen/Saar - Geb. 19. Mai 1926 Sangerhausen/Sa. (Vater: Hermann B., Fabrikant; Mutter: Klara, geb. Anhäußer) - Promot. (1952) u. Habil. (1958) Halle/S. - S. 1958 Lehrtätigk. Univ. Halle, Kiel (1965); 1967 apl. Prof., Saarbrücken (1968 Wiss. Rat u. Prof., 1972 o. Prof. Musikwiss. Inst.) - BV: u. a. D. mitteld. Choralpassion im 18. Jh., 1960; Vivaldi - Concerti grossi op. 8 (D. Jahreszeiten), 1970; Musikkritik, 1972; Britannia abundans, 1977; D. Problem d. Epochengliederung i. d. Musik, 1977. Div. Einzelarb. u. Editionen.

BRAUN, Werner P. H.
Dr. med., Dr. rer. nat., Prof., Dermatologe, Apotheker - Am Schloßgarten 5, 6945 Hirschberg-Leutershausen (T. 5 15 50) - Geb. 29. Jan. 1913 Greiz/Thür. (Vater: Paul B., Drogist), verh. m. Elfriede, geb. Elfner - S. 1953 (Habil.) Privatdoz. u. apl. Prof. Heidelberg, Dir. i. R. (1975) Dermatologie II (Abt. f. Allergie u. Berufskrankh. d. Univ.-Haut-Klinik ebd.) - BV: Chlorakne, 1955. Handb.beiträge - Rotarier.

BRAUN, Wolfgang
Vorstandsmitglied Inter-Factor Bank AG., Mainz, Geschäftsf. Interfactor Daten-Dienst GmbH. ebd. - Haus Scharfenstein, 6229 Kiedrich/Rhg. - Geb. 19. Dez. 1930.

BRAUN-FALCO, Otto
Dr. med., Dr. h. c. mult., o. Prof. f. Dermatologie u. Venerol., Direktor Dermatol. Klinik u. Poliklinik d. Ludwig-Maximilians-Univ. München - Frauenlobstr. 9-11, 8000 München 2 (T. dstl.: 51 60-46 00) - Geb. 25. April 1922 Saarbrücken, kath., verh. s. 1951 m. Sissy, geb. Golling, S. Markus - Stud. Univ. Münster u. Mainz. Promot. 1949 u. Habil. 1954 Mainz - S. 1950 Univ. Mainz (1960 apl. Prof.), Marburg (1961) Ord. u. Klinikdir., Rufe Köln u. Heidelberg (1964), München (1967), Wien (1972), Zürich (1977); 1972/73 Präs. Europ. Soc. for Dermatol. Research; 1977-82 Intern. Präs. d. Dermatol. Ges., 1982-85 Präs. d. Dt. Dermatol. Ges., Altpräs. d. Dt. Dermatolog. Ges. Üb. 700 Fachartl.; Lehrb. 3. A. 1983 - 1956 Preis Union Intern. de la presse med.; 1970 Intern. Preis f. Forsch. d. Schuppenflechte; 1970 Hebra-Med.; 1978 Bayer. VO.; 1979 Visiting Prof. at Yonsei Univ., Seoul/Korea; 1981 Ehrendoktor Univ. Gent/Belgien (med. Fak.); 1982 Alfred-Marchionini-Preis in Gold; s. 1982 Obmann d. Sekt. Dermatologie d. Leopoldina; 1985 Alvin J. Cox Award in Psoriasis, USA; 1986 Stephen-Rothman-Med. in Gold; 1987 Ehrendoktor Univ. Marburg/Lahn; 1988 Orden d. aufgeh. Sonne, Japan; 1988 Bayer. Maximiliansorden f. Wiss. u. Kunst; 1988 Bayer. Akad. d. Wiss.; zahlr. Ehren- u. Mitgliedsch. bedeut. dermatol. Facheinricht. u. a. Leopoldina, Royal Soc. of Medicine London, The Americ. Dermatolog. Assoc. - Liebh: Geselligkeit im Freundeskreis - Spr.: Engl., Franz. - Rotarier.

BRAUN-FELDWEG, Wilhelm
Dr., em. Prof. f. Industrielle Formgebung, Maler - Betpfad 6b, 8700 Würzburg - Geb. 29. Jan. 1908 Ulm/D. - Kunstakad. Stuttgart (Malerei), Univ. Tübingen u. TH Stuttgart (Kunstgesch.) - 1950 Prof. Fachhochschule Schwäb. Gmünd (Abt. Gestaltung); 1958 Ord. Hochsch. d. Künste Berlin. Zahlr. Industrieentwürfe (Glas, Metall, Kunststoffe, manufakturelle u. techn. Produkte). Arb. in in- u. ausl. Museen - BV: D. Maler Heinrich Altherr, 1938; Christoph Thomas Scheffler, e. Asamschüler, 1939; Metall in Lehrlingshänden, 1940; Metall - Arbeitsweisen u. Werkformen, 1950, 3. A. 1988 (auch engl.); Schmiedeeisen u. Leichtmetall am Bau, 4. A. 1960; Mit Kindern malen, zeichnen, formen, 2. A. 1957; Normen u. Formen industrieller Produktion, 1954; Gestaltete Umwelt, 2. A. 1959; Metallarbeiten, 1958; Industrial Design heute, 1965 (auch holl., jap., ung.); Beitr. z. Formgeb. - 1954 Goldmed. IX. Triennale Mailand u. a. Ausz.

BRAUN-FRIDERICI, Dieter
Landrat, Präs. Sparkassen- u. Giroverb. Rheinland-Pfalz, Mainz - 5500 Trier/Mosel.

BRAUN-MOSER, Ursula
Dipl.-Volksw., Dr., Mitglied Europa-Parlament (s. 1984) - Avenue de l'Europe, Strasbourg (T.0033 - 88-37 40 01) u. rue Belliard 97-113, Bruxelles 1040 (T.0032 - 2-234 24 33); Erzweg 55, 6368 Bad Vilbel (T. 06101 - 8 44 73) - Verh.,

2 Söhne - Stud. Nationalökon., Soziol. u. Politik Univ. Marburg, München, Brüssel, Frankfurt - Wiss. Assist. Inst. f. d. Kreditwesen, Frankfurt (Prof. Veit, währungstheoret. Stud.); Promot. 1990 - Versch. polit. Mand., u. a. Kreisbeigeordn. Wetteraukr. Im Europa-Parlam.: Mitgl. Aussch. f. Entwicklungspolitik, stv. Mitgl. Aussch. f. Wirtsch., Währung, Ind.politik, Aussch. f. Verkehr u. Tourismus, Aussch. f. d. Rechte d. Frau; Präs. d. EMSU (Europ. Mittelstands-Union).

BRAUNBURG, Rudolf

Schriftsteller - Felsenweg 15, 5220 Waldbröl - Geb. 19. Juli 1924 Landsberg/Warthe - Zul. Flugkapt. Lufthansa - BV: Dem Himmel näher als d. Erde, R. 1957; Kraniche am Kebnekaise, R. 1959; Geh nicht n. Dalaba, R. 1961; Schattenflug, R. 1962; Leichter als d. Luft - Aus d. Gesch. d. Ballonluftfahrt, 1963; Shanghai ist viel zu weit, R. 1963; Atlantikflug, 1964; Alle meine Flüge, 1965; Vielleicht in Monschau, R. 1970; Zwischenlandung, R. 1970; Piratenkurs, R. 1972; Monsungewitter, R. 1974; Dtschl.flug, R. 1975; D. verratene Himmel, R. 1978; Kranich in d. Sonne - Gesch. d. Lufthansa, 1978; E. Leben auf Flügeln, Autobiogr. 1980; Kennwort Königsberg, R. 1981; Drachensturz, R. 1982; D. schwarze Jagd, R. 1983; Jetliner, R. 1983; Sucht mich am Himmel, Begegn. m. St. Exupéry, 1984; Taurus, R. 1984; Menschen am Himmel, R. 1985; Rauchende Brunnen, R. 1986; Im Dunstkr. d. Planeten - e. Flug, 1986; M. d. Wäldern stirbt d. Mensch, R. 1986; Nordlicht, Logb., 1987; S. größter Flug, R. 1987; D. Abschuß, R. 1987; Keine Rückkehr nach Manila, R. 1988; Rückenflug, R. 1988; Wolkenflüge, Logb.; Als Fliegen noch e. Abenteuer war, Sachb. 1988; Hinter Mauern, R. 1989; Dschungelflucht, R. 1989; Fliegen ohne Flugangst, Sachb. 1989; Im Schatten d. Flügel, R. 1990; En Route, Bildbd. 1990; Danzig, Bildbd. 1990; Himmel üb. d. Erde, Ess. 1991; D. Kranichopfer, Erz. 1991; Hongkong Intern., R. 1991; D. Geschichte d. Lufthansa, Sachb. 1991; D. Pilot, Sachb. 1991; Noch e. Stunde b. Loch Ness, R. 1992; D. große Eisenbahnreise Portugal-China, Sachb. 1992; D. Geschichte d. Interflug, Sachb. 1992.

BRAUNE, Gerd
Dr., Dipl.-Kfm., Geschäftsführer u. Gen.Sekr. i. R., Vorstandsmitgl. Arbeitsgem. Hess. Seniorenvertr. (1987-90) - Thüringer Str. 10, 6073 Egelsbach/Hessen - Geb. 10. Sept. 1909 Berlin - U. a. Reichsluftfahrtmin. u. BVB. Mitbegr. Außenhandelsvereinig. d. Dt. Einzelhandels u. FEIM - 1977-81 ehrenamtl. Beigeordn. im Gemeindevorst. Gemeinde Egelsbach - S. 1982 Mitgl. Seniorenbeirat d. Gemeinde Egelsbach; Mitgl. Familienverband Dinglinger, d. Juweliere u. Goldschmiede am Hofe Augusts d. Starken.

BRAUNE, Tilo
Dipl.-Mediziner, Arzt f. Neurologie u. Psychiatrie an d. Univ. Nervenklinik Greifswald, MdL - Wolgaster Str. 124, O-2200 Greifswald (T. 822 35 78) - Geb. 11. Aug. 1954 Rochlitz/Sachs., ev., verh. s. 1977 m. Dr. Markis, geb. Behrendt, 2 Kd. (Johanna, Benjamin) - Abit. 1973; Humanmedizinstud., Dipl. 1985 Univ. Greifswald - MdL Mecklenburg-Vorpommern, hochschulpolit. Sprecher d. SPD-Fraktion; Mitgl. d. Untersuchungsaussch. (Wahlbetrug u.a.); Präsid.-Mitgl. Runder Tisch Greifswald; s. 1990 Landesvorst. SPD, bildungspolit. Sprecher - S. 1991 Veranstalter d. Eldenar Jazz Erenings, Vors. d. Kunstvereins art 7 Greifswald-Vorpommern.

BRAUNECK, Anne-Eva
Dr. jur. (habil.), em. o. Prof. f. Kriminologie u. Kriminalpolitik Univ. Gießen - Schillerstr. 39, 6302 Lich.

BRAUNECK, Manfred
Dr. phil., Prof. f. dt. Literaturwissenschaft - Ferdinands Höh 10, 2000 Hamburg 55 - Geb. 22. April 1934 Königszelt/Schl. - Promot. 1965 München; Habil. 1972 Regensburg - S. 1974 Prof. Univ. Hamburg - BV: u. a. Lit. u. Öffentlichk. im ausgeh. 19. Jh., 1974; Relig. Volkskunst, 1978; Theat. im 20. Jh., 1982.

BRAUNEIS, Helmut
Dipl.-Ing. (FH), Leiter d. Geschäftsgebietes Elektromechanische Komponenten, Siemens AG, München - Jägerstr. 9, 8139 Bernried (T. 08158 - 67 24) - Geb. 15. Juni 1936 München, verh., 5 Söhne (Christian, Bernhard, Jan, Tim, Marius) - Hochfrequenz- u. Fernmeldetechnik - Spr.: Engl.

BRAUNER, Artur

Filmproduzent (CCC-Film) - Koenigsallee 18, 1000 Berlin 33 - Geb. 1. Aug. 1918 Lodz/Polen (Vater: Moritz B., Holzgroßhändler; Mutter: Bronja, geb. Brandes), mos., verh. s. 1947 m. Therese (gen. Maria), geb. Albert, 4 Kd. (Heinrich, Fela, Samuel, Alice) - Technikum - BV: Mich gibt's nur einmal, 1976 - S. 1946 üb. 250 Spielfilme - 1955 Bundesfilmpr. (20. Juli); 1955 u. 56 Gold. Bär Berliner Filmfestsp. (f.: D. Ratten u. Vor Sonnenuntergang); 1965, 66 u. 68 Gold. Leinwand (Old Shatterhand, D. Schut u. Nibelungen I); Bambi (Via Mala u. Nibelungen); Golden Globe (D. brave Soldat Schwejk); 1983 Bundesfilmpr. (D. weiße Rose, D. Rosengarten, Prod.pr 1989); Nomin. f. d. Oscar (Bittere Ernte); Nomin. f. d. Golden Globe u. f. d. Oscar (Hanussen); 1990 Filmband in Gold f. hervorragende u. langjährige Leistungen am dt. Film; s. 1972 Präs. Janusz-Korczak-Loge; 1989 Prof. h. c. Interamerican Univ. of Humanistic studies; 1989 Homage d. Stadt Berlin f. kulturelle Leistungen; 1992 Ausz. mit d. Golden Globe (f. Hitlerjunge Salomon).

BRAUNER, Heinrich
Dr. phil., Dr. techn., o. Prof. TU Wien (s. 1969), Honorarprof. Univ. Wien (s. 1971) - Leon-Kellner-Weg 16, A-1130 Wien - Geb. 21. Nov. 1928 Wien (Vater: Franz B., Schuldir.; Mutter: Margarete, geb. Murla), kath., verh. s. 1958 m. Veronika, geb. Rimböck, 4 Kd. (Elisabeth, Angela, Thomas, Ruth) - Univ. u. TH Wien. Promot. 1950 u. 52 - Privatdoz. TH (1956) u. Univ. Wien (1957), 1960-69 o. Prof. Univ. Stuttgart - BV: Geometrie Projektiver Räume, 1976; Baugeometrie I, 1977 (Serbokroat. Übers. 1980); Differentialgeometrie, 1981; Baugeometrie II, 1982; Lehrb. d. konstruktiven Geometrie, 1986 - 1972 Mitgl. Österr. Akad. d. Wiss.; 1986 Ehrenkreuz f. Wiss. u. Kunst I. Kl.

BRAUNER, Robert
Oberbürgermeister - Eiselenstr. 6, 4690 Herne/W. (T. Rathaus: 59 51) - Geb. 12. April 1907 Herne (Vater: Robert B., Bergarb.; Mutter: Anna, geb. Böttger), verh. s. 1933 m. Hedwig, geb. Nickel - Malermeister; s. 1951 Oberbürgerm. Herne. Kriegsdst. (EK I).

BRAUNER, Siegmund
Dr. phil. habil., o. Prof. f. afrikanische Sprachwissenschaft Univ. Leipzig (s. 1973) - Lößniger Str. 60a, O-7030 Leipzig - Geb. 23. März 1934 Burkartshain Krs. Wurzen, verh. s. 1959 m. Renate, geb. Sproete, 3 Kd. (Ralf, Katrin, Susanne) - 1952-56 Stud. Slaw., Balt., Päd. Univ. Leipzig; 1960-61 Afrikan. Univ. Leningrad; Promot. 1960, Habil. 1968, beides Leipzig - 1969-72 Conakry (Guinea), 1979-82 Univ. Dar es Salaam (Tansania) - BV: Lehrb. d. Bambara, 1974; Lehrb. d. mod. Swahili (m. I. Herms), 1979-90; Studien z. nationalsprachl. Entwicklung in Afrika (m. N. V. Ochotina), 1982; Verkehrs- u. Nationalsprachen in Afrika, 1985; D. schöne Sengo. Märchen aus Mali, 1992 - Liebh.: Sächs. Volksdicht., Kabarett, Tennis - Spr.: Engl., Russ., Franz., Litauisch, div. afrik. Sprachen.

BRAUNFELS, Michael
Prof., Pianist u. Komponist, Dozent f. Klavier Musikhochschule Köln (s. 1954) - Dransdorfer Str. 40, 5000 Köln 51 - Geb. 3. April 1917 München (Vater: Walter B., Komp. (s. XI. Ausg.); Mutter: Bertel, geb. v. Hildebrand), kath., verh. s. 1954 m. Mechthild, geb. Russell, 5 Kd. (Birgit, Susanne, Markus, Irene, Florian) - 1937-38 u. 1947-49 Musikakad. Wien u. Basel (dazw. Kriegsdst.; Lehrer: Paul Baumgartner, Frank Martin) - Werke: 2 Klavierkonz., Cembalo-Konz., Oboen-Konz., Doppelkonz. f. Solo-Cello u. Soloklav., Tripel-Konz. f. Streichtrio u. Kammerorch., Kinder-Oper, Symposion f. 12 Celli; Orchester- u. Kammermus. - Spr.: Engl., Franz., Ital. - Bek. Vorf.: A. v. Hildebran, Bildh. (Großm. ms.).

BRAUNFELS, Stephan
Dipl.-Ing., Architekt - Odeonsplatz 11, 8000 München 22 (T. 089 - 22 42 38) - Geb. 1. Aug. 1950 Überlingen (Vater: Wolfgang B., Kunsthistoriker), kath., led. - 1970-75 Stud. TU München - Entw. f. München, 1987 (Katalog Ausst. Dt. Architekturmuseum Frankf.); Staatskanzlei od. Stadtbaukunst? 1985 (Katalog Ausst. Münchner Stadtmuseum). S. 1991 Berater d. Stadt Dresden f. den Wiederaufbau d. Innenstadt - 1987 1.

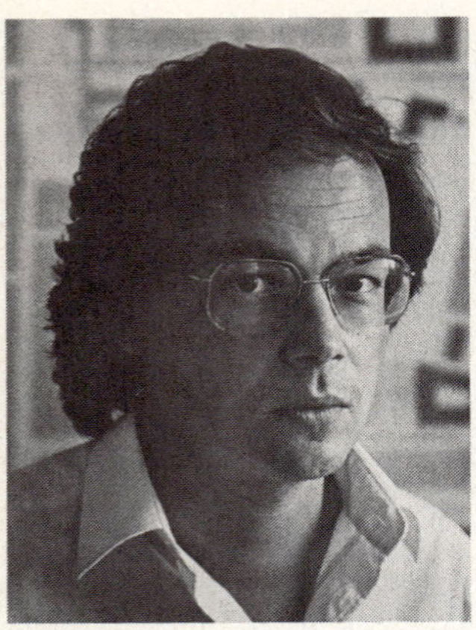

Preis Wettbewerb Neugestaltung d. Marienhofs München; 1992 1. Preis Wettbewerb Museen f. d. Kunst d. 20. Jh. - Liebh.: Musik, Klavierspielen - Spr.: Engl. - Bek. Vorf.: A. v. Hildebrand, Bildh. (Urgroßv. vs.); Walter Braunfels, Komp. (Großv. vs.).

BRAUNGER, Horst

Geschäftsführer Liebherr-Mischtechnik GmbH., Bad Schussenried (Vertrieb) - Volmarweg 43, 7950 Biberach/Riss - Geb. 7. Mai 1941, kath.

BRAUNS, Adolf

Dr. rer. nat., Prof., Oberkustos i. R. - Karl-Sittig-Weg 8, 3510 Hann. Münden 1 (T. 3 37 14) - Geb. 20. Sept. 1911 Beber Kreis Springe (Vater: Armin B., Pastor; Mutter: Luise, geb. Schwane), ev., verh. s. 1939 m. Ruth, geb. Timmermann, 4 Kd. (Hans-Jürgen, Heidi †, Margrit, Ortrud) - Reform-Realgymn. Hameln/Weser; Univ. Freiburg/Br., Göttingen, Berlin, Kiel, Rostock, Halle/S. Promot. 1938 Kiel; Habil. 1958 Braunschweig - S. 1939 Wiss. Assist. Zool. Inst. Forst. Fak. Univ. Göttingen (Hann. Münden); 1950 DFG-Assist, s. 1957 Sachbearb., Kustos (1960) u. Oberkustos (1966) Naturhistor. Museum Braunschweig. S. 1958 Privatdoz. u. apl. Prof. (1964) TH bzw. TU Braunschweig (Zool.). Fachmitgliedsch. - BV: Unters. z. Angew. Bodenbiol., 2 Bde. 1954; Myiasis d. Auges - Med. u. entomol. Grundl., 1956 (m. H. Krümmel); Waldinsekten u. Streubewohner, 2. A. 1966 (Taschenbuch- u. Museumsführer); Prakt. Bodenbiol., 1968; Agrarökol. im Spannungsfeld d. Umweltschutzes, 1985; Taschenb. d. Waldinsekten, 4. A. 1991 (poln. 1975) - Liebh.: Farbfotogr. - Spr.: Engl., Franz. - Bek. Vorf.: Sigismund B., Gymnasialprof. (Ichneumonidenspezialist); Dr. med., Dr. sc. nat. h. c. Hans B. (Formicidenspez.).

BRAUNS, Peter

Dr., Vorstandmitglied The Royal Bank of Canada AG - Gutleutstr. 85, 6000 Frankfurt/M. 1 - Geb. 30. Okt. 1929 - AR Universal Investment, Frankfurt; Beiratsvors. Intercontact GmbH, Dortmund.

BRAUNSPERGER, Manfred

Dr., Vorstandsmitglied Zanders Feinpapiere AG - An der Gohrsmühle, 5060 Bergisch Gladbach 2.

BRAUNSS, Günter

Dr. rer. nat. (habil.), Prof. f. Mathematik Univ. Gießen - Bergstr. 6, 6301 Alten-Buseck - Geb. 19. Juni 1931 - Zul. Doz. TH Darmstadt.

BRAUSCH, Gerd

Dr. phil., Oberstleutnant i.G. a.D. - Alban-Stolz-Str. 5, 7800 Freiburg i. Br. (T. 0761 - 5 43 03) - Geb. 10. März 1917 Insterburg/Ostpr. (Vater: Emil B., Landwirtsch.Gen.Dir.; Mutter: Gertrud B., geb. Samland), verh. s. 1958 m. Elfriede, verw. Schafmeister, geb. Heus (Internistin i.R.), 1 Stiefs. - Gymn. Insterburg, Abit. 1937; Arbeitsdienst III/37-IX/37, Wehrpflicht 1937-39; Kriegsdienst 1939-45; Gefangensch. 1945 (3 Mon.); Landarb.; Stud. 1941/42 Jura Univ. Königsberg i. Pr., 10 Sem. Gesch. u. Phil. Göttingen; Promot.1957 - Stip. DAAD 1956/57 Oxford; 1957/58 Red. Sekr. Altpr. Biographie; 1958-73 Bundeswehr; 1959-73 MGFA; Beitr. in MGM d. MGFA u. in Altpr. Biographie; Mitgl. (u.a.) d. Hist. Kommiss. f. Ost- u. Westpr. Landesforsch. u. d. Vereins f. Ost- u. Westpr. Familienforsch. sowie d. Kurat. d. Gem. Ges. Albertinum e.V. - Mithrsg. d. Altpr. Biographie (s. 1979).

BRAUSS, Friedrich-Wilhelm

Dr. med., ehem. o. Prof. f. Hygiene u. Bakteriologie - Gustav-Kirchhoff-Str. 9, 6900 Heidelberg (T. 40 17 97) - Geb. 5. Nov. 1913 Dortmund (Vater: Willi B., Arzt), verh. m. Gisela, geb. Kirchberg, 3 Kd. - Gymn. Dortmund; Univ. Münster (Promot. 1939), München, Königsberg - 1939 Assist., Doz. (1946) u. apl. Prof. (1952) f. Hyg. u. Bakt. Univ. Münster; 1955-60 Dir. Hyg.-Inst. Dortmund; s. 1960 Ord. u. Inst.dir. Univ. Heidelberg. 1939-44 Wehrdst. (Hygieniker Ost- u. Westfront sowie Heimatkriegsgebiet) - BV: Antibiotika-Taschenb., 2. A. 1978. Ztschr.aufs.

BRAUWEILER, Hans Peter

Dr. med., Augenarzt, Mitbegründer d. Klinik Dardenne, Bonn - Friedrich-Ebert-Str. 23-25, 5300 Bonn 2 (T. 0228 - 830 32 02) - Geb. 10. Juli 1954, gesch., 2 Kd. - Stud. Univ. Bonn; Promot. 1982 Bonn - B. 1989 Oberarzt Univ.-Augenklinik Bonn; Mitbegründer u. Mitgl. d. Klinik Dardenne (med. Augenklinik) - Versch. Arb., u. a. z. Entwicklung moderner Verfahren in d. Augenchirurgie.

BRAVENY, Ilja

Dr. med. vet. (habil.), Prof. f. Medizin. Mikrobiologie - Trogerstr. 32, 8000 München 80 - B. 1977 Privatdoz., dann Univ.-Prof. u. Abt.leit. Klinikum r. d. Isar.

BRAWAND, Leo

Journalist - Parchimer Str. 58 A, 2000 Hamburg-Rahlstedt (T. 677 36 12) - Geb. 18. Nov. 1924 Hannover (Vater: Walter B.; Mutter: Ida, geb. Ludolph), ev., verh. s. 1949 m. Ruth, geb. Gebert, 4 Kd. (Wolfgang, Peter, Gabriele, Claus) - Kaufm. Lehre Frankfurter Versich.; n. Verwund. (Rußl.) 1943-45 Stud. Reichs-Außenhandelssch. Bremen - 1945-46 Handelsschullehrer Hannover; s. 1946 Spiegel (u. a. gf. Redakt. u. Leit. Wirtschaftsredaktion, 1962/63 Chefred.), 1971-81 Chefredakt. manager magazin, Hamburg. Mitgl. Ludwig Erhard-Jury, Bonn, Care Dtschl. - BV: Wohin steuert d. dt. Wirtschaft?, 1971; Mensch, d. Krieg ist aus, 1985; D. Spiegel-Story, 1987. Fernsehkommentare, FS-Feature, Moderationen - 1984 BVK I. Kl., 1988 Gr. BVK - Spr.: Engl.

BREBURDA, Josef

Dr. agr., Prof. f. Bodenkunde u. -erhaltung - Gullringen 26, 6312 Laubach 3 (T. 71 17) - Geb. 7. Okt. 1931 Karwin/Schles., verh. m. Hildegard, geb. Scheid (Apothekerin) - Stud. Landw. - S. 1965 (Habil.) Lehrtätigk. Univ. Gießen; 1967 Wiss. Rat u. Prof.; gegenw. Gf. Direktor Zentrum f. kontinentale Agrar- u. Wirtschaftsforsch. - BV: D. genet. Gliederung d. Böden d. Tschechosl., 1958; Bodenphysikal. Methoden in d. osteurop. Ländern, 1963; Bodenerosion in d. Sowjetunion, 1967; Landwirtschaftl. Probleme d. Ukraine, 1971; Kl. Lehrb. d. Bodenkd., 1969; Bodenerosion-Bodenerhalt., 1983; Bodengeogr. d. borealen u. kontinentalen Gebiete Eurasiens; Quartärgeologie u. Böden in Mittel- u. Osteuropa, 1989. Üb. 100 Einzelarb. Herausg.: Osteuropastudien d. Hochschulen d. Landes Hessen, Beitr. d. Fachgeb. Bodenkunde u. Pflanzenbau. Zahlr. Forschungsreisen n. Osteuropa, in d. Sowjetunion, nach Nordafrika, Nordamerika, Indien, in d. Mongolei u. d. VR China - 1987 Prof. h. c. Academia Sinica.

BRECHER, Fritz

Dr. jur., em. o. Prof. f. Bürgerl. Recht, Handels-, Wirtschafts- u. Arbeitsrecht - Kobenhüttenweg 29, 6600 Saarbrücken 3 (T. 3 29 56) - Geb. 24. Nov. 1915 Mannheim - S. 1956 Ord. Univ. Kiel u. Saarbrücken (1964) - BV: u. a. D. Unternehmen als Rechtsgegenstand, 1953. Div. Buchbeitr.

BRECHT, Christoph

Dipl.-Ing., Dr.-Ing. E. h., Vorstandsmitglied (b. 1986) - 4300 Essen - Geb. 27. Nov. 1921 Berlin (Vater: Geh. Regierungsrat Gustav B., Industrieller; Mutter: Norah, geb. Deppe), ev., verh. s. 1953 m. Ursula, geb. Lindemann, 3 Kd. (Susanne, Stefan, Lenhard) - Realgymn. Kreuzgasse, Köln, u. Landeserziehungsheim Schondorf/Ammersee; TH München (Maschinenbau; Dipl.-Ing. 1949) - 1949-50 MAN, Werk Augsburg; 1950-51 USA-Aufenth.; 1951-59 Union Rhein. Braunkohlen-Kraftstoff AG, Wesseling (Betriebsleit., Obering.); s. 1959 Ruhrgas AG, Essen (stv., 1966-86 o. Vorst.-Mitgl.). Ehrenpräs. Intern. Gas Union (IGU). Beirats- u. AR-Mandate. Mitgl. Lions Club, Essen-Assindia - 1972 Ehrendoktor Univ. Karlsruhe - Liebh.: Musik, Reiten - Spr.: Engl., Franz.

BRECHT, Martin

Dr. theol., Prof. f. Kirchengeschichte Univ. Münster (s. 1975) - Schreiberstr. 22, 4400 Münster (T. 8 09 65) - Geb. 6. März 1932 Nagold (Vater: Alfred, Ephorus; Mutter: Margot, geb. Haußmann), ev., verh. s. 1958 m. Luise, geb. Dilger, 4 Kd. (Christoph, Ursula, Andreas, Michael) - Ev. theol. Sem. Blaubeuren (Abit. 1951); Stud. Univ. Tübingen, Heidelberg. Promot. 1961 Tübingen; Habil. 1965 - 1970-75 Ephorus Ev. Stift Tübingen - BV: D. frühe Theol. d. Johannes Brenz, 1966; Kirchenordnung u. -zucht in Württ., 1967; Martin Luther, 3 Bde., 1981-87; Südwestdt. Reformationsgesch., (m. Hermann Ehmer) 1984; Luther als Schriftst., 1990. Herausg.: Joh. Brenz, Werke (1970ff., bish. 5 Bde.); Philipp Matthäus Hahn, Tageb. (1979-83, 2 Bde.); Jahrb. Pietismus u. Neuzeit.

BRECHT, Ulrich

Intendant Städt. Bühnen Freiburg - Zu erreichen üb. I. Städt. Bühnen, Bertoldstr. 46, 7800 Freiburg/Br. - Geb. 8. Okt. 1927 Wertheim/M. - Schüler v. Gustav Rudolf Sellner - Spiell. Landestheater Darmstadt, Dramat. Staatstheater Wiesbaden, stv. Dir. u. Oberspiell. Stadttheater Luzern, Oberspiell. Staatstheater Oldenburg, 1962-66 Oberspiell. u. Int. Städt. Bühnen Ulm, 1966-72 Int. Staatstheater Kassel, 1972-76 Generalint. Schauspielhaus Düsseldorf, 1978-83 Städt. Bühnen Essen, s. 1983 Städt. Bühnen Freiburg i. Br. Zahlr. Insz. - 1973 Mitgl. PEN-Zentrum BRD.

BRECHTKEN, Josef

Dr. phil., Dr. theol., Prof. f. kath. Religionspäd. Univ. Nürnberg - Meisenweg 1, 8702 Zell/b. Würzburg - Geb. 10. April 1936 Hohenwepel, kath., verh. s. 1966, 2 Kd. - Stud. Phil., Theol., German. Univ. Paderborn, München, Freiburg u. Bochum; theol. Abschl.ex. 1962, Promot. 1965 u. 68 - B. 1971 wiss. Assist. in Bochum; s. 1971 o. Prof. in Nürnberg - BV: Kierkegaard-Newman. Wahrheit u. Existenzmitteil., 1970; Gesch. Transzendenz b. Heidegger. D. Hoffnungsstruktur d. Daseins u. d. gottlose Gottesfrage, 1972; Real-Erfahr. b. Newman. D. personalist. Alternative z. Kants transzend. Subjektivismus, 1973; Augustinus Doctor Caritatis. S. Liebesbegriff im Widerspruch v. Eigennutz u. selbstloser Güte im Rahmen d. antiken Glückseligkeits-Ethik, 1975; D. praxisdialekt. Kritik d. Marxschen Atheismus, 3 Bde. 1979; Evolution u. Transzendenz, 1983.

BRECHTKEN, Rainer

Staatssekretär im Wirtschaftsministerium Baden-Württ. - Theodor-Heuss-Str. 4, 7000 Stuttgart 1 - Geb. 15. Aug. 1945 Ludwigsburg (Vater: Arthur B., Schreinerm.; Mutter: Lisa, geb. Funk), kath., verh. s. 1969 m. Heidgard, S. Gunnar-Lars - Realsch., Verw.-Ausb. - Kommunalverw., Dipl. Verw.wirt (FH), Parl. Berater Landtag, Kreistagsfraktionsvors., Mitgl. Regionalverb., MdL (Vors. d. Finanzaussch.) - SPD (Kreisvors. 1971-87).

BRECKLE, Siegmar-W.

Dr., Prof. f. Ökologie Univ. Bielefeld, Abt. Ökologie d. Fak. Biologie, Universitätsstr. 25, 4800 Bielefeld 1 - Geb. 27. Febr. 1938 Stuttgart, verh. s. 1965, 3 Kd. - Stud. Stuttgart, Innsbruck, Hohenheim - Prof. in Bonn u. Bielefeld. Schimper-Stip. Ökol. Forschungen - BV: Pharmaz. Biol., 4. A. 1992. Herausg. (m. H. Walter): Ökologie d. Erde (4 Bde.); Vegetationsmonographien (10 Bde.). Zahlr. Arb. z. Ökol. u. Geobotanik. Forsch.-projekte z. Angew. Ökologie (Schwermetallwirkungen, Dendroökologie, Halophytenforsch., Tropenökol., Sport u. Umwelt) - Liebh.: Wüsten, Hochgebirge, Astronomie, Klass. Musik, Eiskunstlaufen - Spr.: Engl., Franz., Span.

BRECKOFF, Werner

Dr. phil., Prof. f. Funktion u. Theorie musikal. Bildung Univ. Bremen - Feldhausen 48, 2804 Lilienthal - Zul. Prof. PH Berlin.

BRECKWOLDT, Meinert

Dr. med., Prof. f.Gynäkologie u. Geburtshilfe, Gf. Direktor Univ.-Frauenklinik Freiburg, Vizepräs. Dt. Ges. f. Endrokrinol. - Wonnhaldestr. 9, 7800 Freiburg/Br. - S. 1973 Prof. Univ. Freiburg.

BREDE, Horst

Schriftsteller, Verleger - Postfach 30, 3501 Zierenberg 1 (T. 05606 - 18 69) - Geb. 27. April 1935 - Direktverkäufer; Immobilien-Kfm.; Versich.- u. Anlageberater, Werbeberater DWU-Iversen-Schüler - oHo-Bücher (Arbeits- u. Lesebücher) u. Sprechstunden.

BREDEHÖFT, Wilfried

Dipl.-Kfm., Geschäftsführer Howard Rotavator Maschinenfabrik GmbH Michelstadt - Eschenweg 5, 3008 Garbsen 9 - Geb. 27. Nov. 1938 Hymendorf (Vater: Heinrich B., Lehrer i. R.; Mutter: Meta, geb. Hincke), ev., verh. s. 1968 m. Gitta-Renate, geb. Gregorius - 1959-63 Univ. Freiburg/Br. u. Hamburg (1960) - 1963-68 Wirtschaftsprüf.; 1960-70 Leit. Finanz- u. Rechnungswesen; s. 1971 Geschäftsfhg. - Liebh.: Sport (Tischtennis, Tennis) - Spr.: Engl.

BREDEHORN, Günther

Landwirt, MdB (Landesliste Nieders.) - Petersgroden, 2935 Bockhorn (T. 04453 - 77) - FDP.

BREDELLA, Lothar

Dr., Prof. f. Didaktik d. engl. u. amerikan. Lit. Univ. Gießen (s. 1975) - Tannenweg 16, 6300 Gießen (T. 06141 - 4 72 45) - Geb. 21. Mai 1936 Breslau (Vater: Josef B., Kaufm.; Mutter: Elfriede, geb. Hornig), kath., verh. s. 1964 m. Erika, geb. Tippel, 2 Töcht. (Nathalie, Miriam) - Stud. d. Angl., German., Phil. u. Soziol. Univ. Erlangen, Bristol, Frankfurt - 1972-75 Prof. f. Angl. u. Lit.didaktik Univ. Frankfurt/M. - 1984-87 Vors. Dt. Ges. f. Amerikastudien; s. 1991 Vors. d. Dt. Ges. f. Fremdsprachenforsch. - BV: u. a. Ästhet. Erfahrung u. soz. Handeln, 1975; Einf. in d. Lit.didaktik, 1976; D. Verstehen lit. Texte, 1980. Herausg.: D. USA in Unterr. u. Forsch. (1984); Confidence (1984); Verstehenlernen e. paradoxen Epoche in Schule u. Hochsch.: The American 1920's (1985); Schüleraktivierende Meth. im Fremdsprachenunterr. Englisch (m. Leguthe, 1985); Perceptions and Misperceptions: The United States and Germany. Studies in Intercultural

Understanding (m. Haack, 1988); Mediating a Foreign Culture: The United States and Germany - Spr.: Engl.

BREDEMANN, Werner

Dr. med., Prof., Direktor Landesnervenklinik Berlin-Spandau (s. 1961) - Stormstr. 3, 1000 Berlin 19 (T. 302 23 24) - Geb. 26. Mai 1915 Dresden, ev., verh. s. 1938 m. Gertrud, geb. Höhlbaum, 2 Kd. - Univ. Jena u. Leipzig. Med. Staatsex. 1941; Promot. 1942; Habil. 1956 - 1945-49 Univ.s-Nervenklinik Jena; 1949-51 Univ.sklinik Leipzig; 1951-60 Univ.s-Nervenklinik Berlin/FU (zul. Oberarzt u. stv. Dir. Psychiatr. u. Neurol. Klinik); 1956 Privatdoz., 1967 apl. Prof.). Spez. Arbeitsgeb.: Neuropathol.

BREDEMEIER, Harm

Dr. med., Facharzt f. Orthopädie, Mitgl. Hbg. Bürgerschaft (s. 1970) - Rügelsbarg 55a, 2000 Hamburg 65 (T. 604 73 00, Praxis: 47 40 37/38) - Geb. 5. Febr. 1941 Kiel, verh., 2 Kd. - CDU.

BREDENDIECK, Uwe J.

Dipl.-Kfm., Geschäftsführer Soilax GmbH., Hanau - Goethestr. 20, 6116 Eppertshausen - Geb. 25. März 1934 Delmenhorst (Vater: Diedrich B., Kommunalbeamter; Mutter: Frieda, geb. Oekermann), ev., verh. s. 1957 m. Helga, geb. Kreuzer, S. Jens - Oberrealsch. Delmenhorst, Höh. Handelssch. ebd., Wirtschaftsobersch. Bremen; Univ. Frankfurt/M. - Verkauf u. Marketing Unilever (1960-65), Pfizer (1966-69), Soilax (s. 1969) - Interessen: Wirtsch., Managem., Psych. - Spr.: Engl.

BREDENKAMP, Jürgen

Dr. phil., Dipl.-Psych., o. Prof. f. Psychologie Univ. Bonn (s. 1984) - Römerstr. 164, 5300 Bonn; priv.: Bonner Logsweg 65 - Geb. 29. März 1939 Hamburg, vd., verh. s. 1968 m. Karin, geb. Spies, 2 Kd. (Silke, Birte) - Promot. 1964; Habil. 1971 - 1971 Wiss. Rat u. Prof. Univ. Bonn; 1972 Ord. u. Institutsdir. Univ. Göttingen, 1980-84 Prof. Univ. Trier. 1990-92 Präs. d. Dt. Ges. f. Psychol.; 1990 Präs. d. Föderation Dt. Psychol.vereinig. - BV: D. Signifikanztest in d. psych. Forschung, 1972; Lern- u. Gedächtnispsych., 1977 (m. Wippich); Bildhaftigkeit u. Lernen, 1979 (m. Wippich); Theorie u. Planung psycholog. Experimente, 1980.

BREDOW, Jürgen

Dipl.-Ing., Architekt, Prof. f. Entwerfen u. Wohnungsbau TH Darmstadt - Dieburger Str. 212, 6100 Darmstadt - Div. Ausz. f. vorbildl. Bauten.

BREDOW, von, Leopold Bill

Botschafter d. Bundesrepublik Deutschland in Athen/Griechenl. (s. 1991) - Vassilissis Sofias 10, GR-151 24 Amarousio - Geb. 2. Jan. 1933 Potsdam (Vater: Leopold Waldemar v. B., Major a.D.; Mutter: Hannah, geb. Gräfin v. Bismarck Schönhausen), ev., verh. s. 1969 m. Marie Eleonore, geb. Schwarzenberg, 3 Kd. (Vendeline, Leopold, Felix) - Human. Gymn. Basel; 1951-55 Stud. Rechtswiss. Univ. Basel, Freiburg; 1. jurist. Staatsprüf. 1955, Ass.-Prüf. 1960 - 1961 Ausw. Amt (Attaché); 1961/62 Attaché Bamako/Mali; 1964 Konsul Generalkonsulat Dacca/Ost-Pakistan; 1965-67 II. Sekr. Beobachter-Mission b. d. Vereint. Nat., New York; 1967-70 Legationsrat Presseref. Ausw. Amt; 1970-73 Leit. Presseref. Botsch. Tel Aviv; 1971 Botschaftsrat; 1972 Org.komit. Olymp. Spiele München (stv. Protokollchef NOK); 1973-77 Leit. Presseref. Botsch. Rom; 1977 Ausw. Amt; 1980-83 stv. Protokollchef d. Bundesreg. (Ernenn. z. Gesandten); s. 1983 Chef d. Protok. Berlin (Senatsdir.); s. 1986 Staatssekr. b. Senat v. Berlin; s. 1988 Generalkonsul New York; 1991 Botschafter Athen - 1978 Ehrenritterkreuz Johanniter-Orden; 1983 BVK; 1986 Rechtsritterkreuz Johanniter-Orden - Zahlr. ausl. Ausz., dar. 1977 Komtur VO Ital. Rep.; 1980 Offz. Ehrenleg. Frankr.; 1980 Komtur Orden vom Aztek. Adler, Mexiko; 1982 Großoffz. Orden v. Oranien-Nassau, Niederl.; 1982 Knight Commander Orden vom Niger, Nigeria; 1982 Gr. Silb. Ehrenz. m. Stern f. Verd. um d. Rep. Österr.; 1986 Großoffz. VO, Italien; 1986 VO (Merito Civil) Großkreuz, Spanien - Spr.: Engl., Franz., Ital.

BREDOW, von, Wilfried

Dr. phil., Prof. f. Politikwiss. Univ. Marburg (s. 1972) - Altes Schulhaus, 3551 Lahntal 3 Göttingen - Geb. 2. Jan. 1944 Heinrichsdorf (Vater: Hans-Christoph Frhr. v. B.; Mutter: Anja, geb. v. Oettingen), verh. m. Monika, geb. Schlesier - 1975-77 Vizepräs. Univ. Marburg; 1977/78 Res. Fellow St. Antony's Coll., Oxford (Engl.); 1986/87 Gastprof. Univ. of Toronto (Canada). 1991 Univ. of Saskatchewan (Canada) - BV: D. Primat milit. Denkens, 1969; Vom Antagonismus z. Konvergenz? Studium z. Ost-West-Problem, 1972; D. unbewältigte Bundeswehr, 1973; Film u. Ges. in Dtschl., 1974; D. Zukunft d. Entspannung, 1979; Einf. in d. intern. Wirtschaftsbez., 1981; Zwiespältige Zufluchten. Z. Renaissance d. Heimatgefühls, 1982; Moderner Militarismus. Analyse u. Kritik, 1983; Deutschl. - e. Provisorium?, 1985; Krise u. Protest. Ursprünge u. Elemente westeurop. Friedensbewegungen, 1987, Befreite Sexualität?, 1989; Lehren d. Abgrunds. 1991; D. KSZE-Prozess, 1992.

BREDT, Wolfgang

Dr. med., Prof., Ordinarius f. Mikrobiologie u. Hygiene u. Institutsdir. Univ. Freiburg (s. 1976) - Hermann-Herder-Str. 11, 7800 Freiburg/Br. - Geb. 4. Aug. 1937 Leipzig, verh. s. 1966, 3 Kd.

BREEST, Jürgen

Fernsehdramaturg (Radio Bremen) - Bürgermeister-Spitta-Allee 36e, 2800 Bremen 41 - Geb. 1. Juli 1936 Karlsruhe (Vater: Martin B., Angest.; Mutter: Karla, geb. Kröger), verh. s. 1961 m. Monika, geb. Klein, S. Rainer - Univ. Hamburg u. Marburg (German., Gesch.) - B. 1962 schriftst. Tätigk., dann wie oben. Hörsp., Features, Funkerz., Fernsehsp., Erz. Ztg. u. Ztschr.; Dünnhäuter, R. (1979); Wechselbalg, R. 1980. Filmbearb. - BV: Tollwut, Kinderb. Hamburg 1981 - Spr.: Engl.

BREGER, Manfred

Dr. rer. nat., Prof. f. Mathematik TU Berlin - Glockenblumenweg 45a, 1000 Berlin 47.

BREGY, Edelbert Werner

Kunstmaler - Rhodaniastr. 4, CH-3904 Naters - Geb. 8. Sept. 1946 Turtmann, kath., verh. s. 1974 m. Ursula, geb. Kreuzer, 2 Söhne (Philipp, Thomas) - Handels- u. Verkehrssch. Bern (Dipl.), Werbefachsch. Zürich (Dipl.); Kunstsch. ABC Paris (Dipl.); Autodidakt. Studienreisen durch ganz Europa - Mitgl. Walliser Künstlervereinig.; s. 1986 auch als Eisenplastiker tätig - Illustrat.: Symbol d. Taube - d. Ewig Weibl., (Text Emil Schmid) 1975; Musikges. Viktoria Turtmann, (Text Alex Oggier) 1977; V. Hellsehern u. Poltergeistern, (Text M. L. Rybarczyk) 1978; Akkorde d. Lachmöwe, (Ged. v. Paul Gisi) 1979; Verwandlungen, (Text Paul Gisi) 1980; D. grünäugige Laternenfisch, (Ged. v. Paul Gisi) 1983; Wir stürzen ins Aufflammende nieder (Ged. v. Paul Gisi) - Div. Ausst., u.a. in Brig, Naters, Visp, Sierre, Sion, Bern, Lausanne, Fribourg, Zürich, Mons (Belg.), Bologna (Ital.), Velden (A). Zahlr. Werke in priv. u. öfftl. Besitz.

BREH, Karl

Dipl.-Phys., Vorsitzender Dt. High-Fidelity-Inst., Chefredakteur stereoplay u. autohifi Vereinigte Motorverlage Stuttgart - Eisenlohrstr. 16, 7500 Karlsruhe - Geb. 16. Jan. 1932 - BV: High Fidelity-Jahrb. - Verdienstmedaille des Verd.Ord. d. BRD - Spr.: Franz., Engl.

BREHLER, Bruno

Dr. rer. nat., em. o. Prof. f. Mineral- u. Kristallogr. TU Clausthal (1964-88) - Am Turmhof 6, 3392 Clausthal-Zellerfeld (T. 34 60) - Geb. 25. Dez. 1922, verh. s. 1951, 3 Kd. - 1945-50 Univ. Göttingen (Mineral.). Promot. 1950 - Wiss. Assist. Univ. Göttingen (1950-52) u. Marburg (1952-59); 1959-64 Doz. Univ. Marburg; emerit. 1988. Spez. Arbeitsgeb.: Kristallstrukturforsch. u. -chemie; Mitgl. Braunschw. Wiss.Ges.; 1978-80 Vors. Dt. Mineral.Ges. Herausg.: Zentralbl. f. Mineral., Teil I. Etwa 60 Fachveröff.

BREHLER, Reiner Karl-Heinz

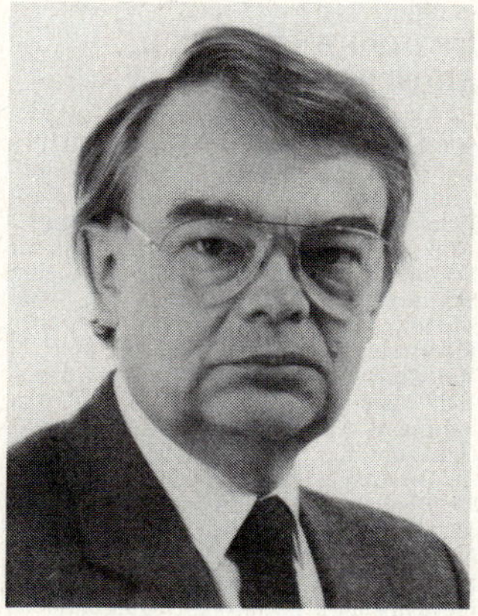

Prof., Dr., Geschäftsführender Direktor d. Inst. f. Kontaktstudien FH Hamburg - Im Gellhornpark 12, 2056 Glinde - Geb. 14. April 1936 Bad Salzschlirf, kath., verh. s. 1967 m. Helga, geb. Auth, 3 Kd. (Karin, Bettina, Michael) - Stud. d. Physik, Dr. phil. nat. Univ. Frankfurt - Präs. d. Hochschullehrerb. (HLB), Bonn - BV: Managementmethoden, 1979; Management im Konstruktionsbüro, 1990 - Spr.: Engl.

BREHM, Artur

Dipl.-Kfm., Geschäftsführer Nürnberger Akademie f. Absatzwirtschaft - Schillerstr. 8, 8505 Röthenbach/Mfr. - Geb. 22. Mai 1926.

BREHM, Burkhard

Dr. rer. nat., Prof. f. Experimentalphysik Univ. Hannover (s. 1973) - Appelstr. 2, 3000 Hannover - Geb. 6. März 1935 Tilsit/Ostpr. (Vater: Ernst B., Studienrat; Mutter: Magdalene, geb. Albrecht), ev., verh. s. 1963 m. Ilse, geb. Rockstroh, 3 T. (Eva, Elke, Karin) - Abit. 1954 Wüllenweber-Sch. Bergneustadt; Staatsex. Math./Physik 1959 Bonn; Promot. (1965) u. Habil. (1971; beide Physik) Freiburg/Br. - 1966 JILA, Univ. Colorado/USA; 1967-73 Univ. Freiburg (Assist., Doz.).

BREHM, Georg

Dr. med., Prof., Dermatologe - Weimarer Str. 49, 6700 Ludwigshafen - Geb. 25. Okt. 1924 Reval - S. 1964 (Habil.) Lehrtätigk. Univ. Mainz (1969 apl. Prof. f. Haut- u. Geschlechtskrankh.; 1972-89 Dir. Hautklinik im Klinikum d. Stadt Ludwigshafen - BV: Dermatol. Notfälle in Klinik u. Praxis, 1967 (m. Günter Korting); Haut- u. Geschlechtskrankheiten, 1987. Mithrsg.: Ztschr. Aktuelle Dermatologie (s. 1975) - Spr.: Engl., Russ., Franz.

BREHM, Helmut

Dr. phil. nat., Prof. f. Nachrichtentechnik Univ. Erlangen-Nürnberg (s. 1979) - Univ. Erlangen, Lehrst. f. Nachrichtentechnik, Cauerstr. 7, 8520 Erlangen (T. 09131 - 85 71 12); priv.: Kaibachweg 32, 8551 Röttenbach (T. 09195 - 71 77) - Geb. 11. Apr. 1937 Frankfurt/M. (Vater: Hans B., Handelsvertr.; Mutter: Emma, geb. Fuchs), ev., 4 Kd. (Monika, Karin, Ulrich, Joachim) - Gymn. Neu Isenburg, Univ. Frankfurt/M., Dipl.-Physiker 1964, Promot. 1970, Habil. (Physik) 1978 - 1972-79 Doz. (Physik) Univ. Frankfurt, s. 1979 s. o.

BREHM, Herbert

Dr. med., Prof., Gynäkologe, ehem. Chefarzt Frauenklinik Köln-Holweide - Folwiese 4, 5000 Köln 80 - Geb. 14. März 1924, ev., verh. s. 1955 m. Dr. med. dent Cordi, geb. Semar, S. Herbert - B. 1965 Privatdoz., dann apl. Prof. Univ. Frankfurt.

BREHM, Wolfgang

Intendant Landestheater Burghofbühne im Kreis Wesel (s. 1987) - Luisenstr. 173, 4220 Dinslaken (T. 02064 - 5 40 88) - Geb. 13. April 1951 Bamberg, verh. s. 1987 m. Dr. Ulrike Hoppe, S. Boj Friedrich - Stud. German., Anglist., Theaterwiss. Erlangen; Ex. 1975 - 1977-87 Dramaturg u. Regiss. in Bern, Basel, Wuppertal - Wicht. Insz.: Goethes Faust, 1987; Don Quixote - Ritter, 1989; Krach in Chiozza, 1991; Iphigenie 1991 - Spr.: Engl., Franz., Ital., Span.

BREHM, Wolfgang

Dr. jur., Prof. Univ. Heidelberg - Panoramastr. 7, 6901 Wiesenbach - Geb. 26. April 1944 Gärtringen - Stud. Univ. Tübingen u. Marburg (Rechtswiss.), Promot. b. Prof. Dr. H. Schröder, Habil. b. Prof. Dr. W. Münzberg - BV: Z. Dogmatik d. abstrakten Gefährdungsdelikts, 1973; D. Bind. d. Richters an d. Parteivortrag usw., 1982.

BREHME, Gerhard

Dr. sc., o. Prof. f. Rechtswissenschaften Univ. Leipzig (s. 1969) - Ferdinand-Lassalle-Str. 10, O-7010 Leipzig (T. 478 50 20) - Geb. 27. März 1928 Dresden, verw., 2 Söhne (Stephan, Jürgen) - 1947-50 Stud. Rechtswiss. Leipzig; Promot. 1957; Habil. 1965 - 1968-73 Dir. d. Sekt. Afrika- u. Nahostwiss. Univ. Leipzig; 1973-75 Vors. Wiss. Beirat - BV: Ständige Souveränität üb. Naturreichtümer, 1965; Nat.demokr. Staat, 1976 - 1987 Humboldt-Med. in Gold - Liebh.; Musik, Wandern - Spr.: Engl., Franz., Russ.

BREHMER, Christian

Dipl.-Volksw., Dr. rer. pol., stv. Hauptgeschäftsführer der IHK Münster - Suttfeld 19, 4403 Senden (T. 02536 - 19 20) - Geb. 12. Dez. 1940 Breslau, ev., verh. s. 1967 m. Dr. Ute-Irene, geb. Lutz - Ind.-Kfm., Stud. Volksw. Univ. Freiburg u. New York; Dipl.-Volksw. 1969 Freiburg, Promot. 1972 Freiburg - 1970/71 Leit. d. Volksw.-Abt. d. Arbeitgeberverb. Freiburg; 1972/73 pers. Ref. d. HGF d. IHK Dortmund; s. 1973 in d. Geschäftsfg. d. IHK Münster; Federführer Technologiepolitik d. IHK'n NRW; gf. Vorst.-Mitgl. Inst. f. Angew. Informatik Univ. Münster; Kurat.-Mitgl. Inst. f. Chemo- u. Biosensorik Univ. Münster u. Inst. f. Produktoptimierung FH Bielefeld; Vorst.-Mitgl. Inst. f. Abwasser- u. Abfallwirtsch. FH Münster - Veröff.: Diagnose: Konkursgefahr-Therapie?; Leitfaden z. Standortsicherung; Wirtschaft u. Umwelt-E. empirische Untersuchung; Modellvorhaben Umstellung v. landwirtschaftl. Betrieben in gewerbl. Betriebe; Umweltschutz-Neue Produkte, neue Märkte - Spr.: Engl., Franz.

BREIDENBEND, Heinz

Geschäftsführer Arbeiterwohlfahrt/Bezirksverb. Mittelrhein - Venloer Wall 15, 5000 Köln (T. 51 72 51).

BREIDENSTEIN, Hans-Jürgen

Verlags-Kfm., Geschäftsführender Gesellschafter - Schweinfurter Weg 97, 6000 Frankfurt/Main (T. 069 - 68 32 23) - Geb. 5. März 1940 Frankfurt/M., 2 Söhne (Niels, Jens) - Abit., Stud. Volksw. u. German., Ausl.aufenth. im Verlagswes. - S. 1969 Mitgl. Fachgruppe Fachzeitschr. im VDZ, 1977-89 Mitgl. d. Aussch. Neue Medien im Börsenverein d. Dt. Buchhandels, s. 1979 Mitgl. im Verleger-Ausschuß im Börsenverein d. Dt. Buchhandels - Spr.: Engl., Franz.

BREIDENSTEIN, Klaus
Geschäftsf. Gesellschafter Brönners Druckerei Breidenstein GmbH, Umschau Verlag Breidenstein GmbH, Brönner Verlag Breidenstein GmbH, Sigma Studio Breidenstein GmbH, datteam EDV-Systeme Breidenstein GmbH, Report Verlag GmbH, Andres Verlag GmbH, Hamburg - Stuttgarter Str. 18-24, 6000 Frankfurt/M. 1 - Geb. 6. Juli 1928 - Landesarbeitsrichter, stv. Vors. Landesverb. Druck Hessen, AR Frankfurter Volksbank - 1982 Ehrenbrief d. Landes Hessen; 1988 BVK - Rotarier.

BREIDER, Hans

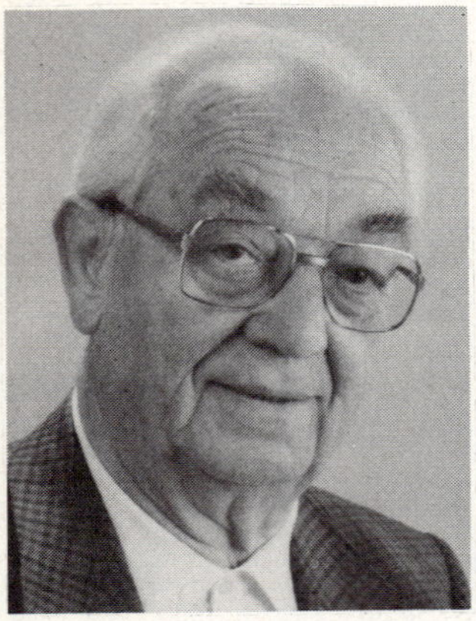

Dr. phil. habil., Prof., Oberlandwirtschaftsdirektor a. D. - Unterer Neubergweg 26, 8700 Würzburg - Geb. 20. Mai 1908 Effeln/Lippstadt (Vater: Franz B., Landwirt; Mutter: Elisabeth, geb. Geise), rk., verh. s. 1935 m. Auguste, geb. Heithoff †, 4 Kd. (Elmar, Hildegard, Adelhild, Hans-Mich.) - Hum. Gymn. Paderborn, Stud.: Biologie, Genetik, Math., Philos., Innsbruck, Münster. Promot. Dr. phil 1933 Münster, Habil. 1936 TH Braunschweig, wegen Antinazi. Entf. aus Laufbahn, Umhabil. 1947 Univ. Münster - U. a. Abt.leit. Kaiser-Wilhelm-Inst. f. Züchtungsforsch., Müncheberg, Leit. Rebenzücht., Alzey-Würzburg, 1950-73; Dir. Bayer. Landesanst. f. Wein-, Obst- u. Gartenbau, Würzburg. 1947 Privatdoz. Univ. Münster; 1952 Gastprof. Univ. Mendoza (Argent.). Arbeitsgeb.: Theor. u. Angew. Genetik, Zoologie, Züchtungsforsch. Spez. Arbeitsgeb. Geschl. bestg., Rassen- u. Artdiff. Tumorbildg. bei Fischen, Mut.genetik som. Mutationen, Standortforschg. Weinbau, Qualität-Resistenz, Nachkommenschaftsprüfg. bei Rebsorten, Züchtg. von 7 neuen Rebsorten - BV: D. Gesetze d. Vererb. u. Zücht., 1938; D. Buch v. Frankenwein, 3.-6. A. 1982; D. Weinstock am Haus, 1967; E. Mundvoll Frankenwein, 1970; Trink Dir Freude, 1979; Einf. in d. Welt d. Weines, 1984; Frankenwein-Pioniere, Schicksale, Originale, 1985; Frohe Stunden b. Frankenwein, 1986. Üb. 200 Veröffentl. in wiss. u. fachl. Literatur - Ehrenmitgl. Univ. Cuyo (Argent.), Ital. Weinakad. Siena, Honorarprof. Univ. Würzburg, Stadtpl. Hammelburg/Saale - Spr.: Franz., Span., Ital. - Lit.: 1953 Herder-Lex.

BREIDER, Theodor
Museumsdirektor - Eupener Weg 13A, 4400 Münster/W. - Geb. 16. Nov. 1903 Effeln (Vater: Landw.), kath., verh. s. 1933 m. Elisabeth, geb. Wilkmann, 4 Kd. (Ursula, Eckhart, Udo, Marita) - Verkehrsdir., Gründ. d. Freilichtmus. Münster - BV: Alte Wege - neu entdecken, T. I u. T. II (auch dän.) v. Dänemark b. Frankreich, 1975 u. 84; Plattd. Gedichte, 1978; Geliebtes Leben, Ged. m. Illustr., 1983; Radwandern im Münsterland, 36. A. 1985; Div. Führer, u. a. Führer durch d. Mühlenhof-Freilichtmus. Münster, 5. A. 1983 - Paulus-Plakette Münster; Gold. Rathaus-Gedenkmünze; BVK I. Kl. u. Gr. BVK; Landes-Verdienst-Ord. NRW; Päpstl. Sylvester Ord. - Lit.: A. Eckhoff, T. B. - Leben u. Wirken (1978); Gerd Schröder, E. Museum aus d. Nichts.

BREIER, Alfred
Ministerialdirektor, Leit. Abt. Öfftl. Dienst Bundesinnnenmin. - Zu erreichen üb. Innenmin., Graurheindorferstr. 198, 5300 Bonn 1 - Geb. 25. Nov. 1928 Bingen - 1948-52 Stud. Rechtswiss. Univ. Mainz; gr. Staatsprüf. 1956 - 1962-68 Geschäftsf. Tarifgemeinsch. dt. Länder. Fachkomment. z. öfftl. Dienstrecht (ab 1968).

BREINERSDORFER, Alfred W. (Fred)
Dr. jur., Rechtsanwalt u Schriftst. - Spittlerstr. 21, 7000 Stuttgart 1 (T. 0711 - 28 31 55) - Geb. 6. Dez. 1946 Mannheim, verh. s. 1973 m. Regine Bub, Rechtsanw., 2 Kd. (Leonie, Julian) - Abit. 1966 Mainz; Stud. Rechtswiss. u. Soziol. Univ. Mainz u. Tübingen; Staatsex. 1972, Promot. 1977 - Wiss. Mitarb. Univ. Tübingen; s. 1976 Rechtsanw. Stuttgart (Fachanwalt f. Verw.recht). Vors. d. VS Baden-Württ. - 1980 erste belletr. Veröff. - BV: Kriminalroman u.a.: Frohes Fest Lucie, 1981; Noch Zweifel, Herr Verteidiger?, 1983; D. Dienstagmann, 1985; Quarantäne, R. 1989; zahlr. Erz., lit.krit. Arb., Fernseh- u. Filmdrehb., Sachb., u.a. Papiertiger Numerus clausus, 1979. Herausg.: Stuttgarter Verhältnisse - 1989 Nominierung zum Prix Italia (m. Quarantäne), Adolf-Grimme-Preis f. D. Hammermörder.

BREINL, Hermann
Prof. Dr. med., Chefarzt gyn.-geburtsh. Abt. Stadtkrankenhaus Rüsselsheim (s. 1971) - Keplerring 8, 6090 Rüsselsheim (T. 06142 - 5 43 47) - Geb. 8. Febr. 1930 Regensburg (Vater: Ulrich B., Lehrer; Mutter: Centa, geb. Feuerle), kath., verh. s. 1956 m. Roma, geb. Kammerer, 2 Töcht. (Claudia, Roma) - Gymn. (Abit. 1949), Med. München 1950. Promot. 1956 Düsseldorf; Habil. 1968 Ulm; Umhabil. 1972 Mainz - 1959-67 Univ. Frauenklinik Düsseldorf, 1966 Oberarzt, 1967-70 Univ. Frauenklinik Ulm (Oberarzt, Leit. Sektion Zytologie u. Histol.), Lehrauftr. Fachbereich Med. Univ. Mainz - 1973 Fellow Intern. Academy of Cytology (FIAC), 1977 Forschungspr. d. Dt. Ges. f. Zytol. - Spr.: Engl., Span.

BREINLINGER, Friedrich
Verleger, Gesellschafter u. Geschäftsf. d. Univ.-Verlag Konstanz GmbH, Geschäftsf. Südverlag GmbH - Tägermoosstr. 1, 7750 Konstanz.

BREIT, Ernst
Oberpostrat, Präsident Europ. Gewerkschaftsbund a.D. (1985-91) - Geb. 20. August 1924 Rickelshof/Holst. (Vater: Heinrich B.; Mutter: Helene, geb. Hartnack), ev., verh. in 2. Ehe s. 1990, 2 Kd. (Ursula, Uwe) - Realschulabschluß - S. 1941 Reichs- u. Bundespost. 1959-71 Vors. Hauptpersonalrat Bundespostmin.; s. 1971 Mitgl. DGB-Bundesvorst. u. Vors. Dt. Postgewerksch. (s. 1946 Mitgl. DPG); 1982-90 Vors. Dt. Gewerkschaftsbund. SPD s. 1957. S. 1975 Vizepräs. u. 1978-82 Präs. Weltorg. Postgewerksch.; AR-Vors. Beteiligungsges. f. Gemeinwirtsch. AG, Frankfurt; AR-Mitgl. Bank f. Gemeinwirtsch. AG, Frankfurt; stv. AR-Vors. Fried. Krupp GmbH, Essen.

BREIT, Gerhard
Ministerialdirektor a. D., Landrat d. Kreises St. Wendel (1972-74), Ständiger Vertr. d. Ministers d. Innern d. Saarlandes (1974-85) - Anemonenweg 19, 6680 Neunkirchen - Geb. 25. Sept. 1930.

BREIT, Rolf Dieter
Dr., Dipl.-Ing. agr., Geschäftsführer Absatzfonds Bonn - Deutschherrenstr. 94, 5300 Bonn 2 (T. 0228 - 33 40 43) - Geb. 23. Jan. 1941 Klein-Zimmern/Hessen, ev., verh., 2 Kd. - Landwirtschaftslehre; Stud. Agrarwiss.; Dipl. 1966, Promot. 1968 Gießen.

BREITBART, Gerrard
Dr. rer. pol., Dipl.-Kfm., Prof., Präsident Landesverb. Jüdische Gemeinden Rhld.-Pfalz - Ludwigstr. 20, 6730 Neustadt/Weinstraße (T. 06321-26 52) - Geb. 1. Dez. 1937 Amsterdam (Vater: Edgar B.; Mutter: Erna), mos., verh. s. 1968 m. Ursula, geb. Schlesinger, T. Daniela - Human. Gymn. Berlin (Abit. 1957); 1957-60 Lehre Ind.kfm. Siemens AG, Berlin, Neustadt b. Coburg, Erlangen; 1960-65 Stud. Betriebsw. Berlin u. Mannheim, Dipl.-Kfm., 1965-69 wiss. Ass., Promot. 1969 - Vors. Jüd. Gemeinde Mainz, Präs. Landesverb. Jüd. Gemeinden Rhld.-Pfalz - Mitgl. Direkt. Zentralrat d. Juden in Dtschl., Hauptabt.leit., AR-Mitgl. - BV: Subventionen als negative Steuern (Diss.), 1969. Herausg.: Organisationshandb. f. d. EDV-Leiter (1991). Art. in Ztschr. - 1969 Karin-Islinger-Preis Univ. Mannheim; 1988 BVK - Spr.: Engl., Franz.

BREITENBACH, Diether
Dr. phil., Dipl.-Psych., Prof. Univ. d. Saarlandes, Minister f. Wissenschaft u. Kultur d. Saarlandes - Zu erreichen üb. Hohenzollernstr. 60, 6600 Saarbrücken 1. (T. 0601 - 81 32 35); priv.: Memeler Str. 50, 6600 Saarbrücken - Geb. 13. Mai 1935 Dortmund (Vater: Wilhelm B., Lehrer; Mutter: Luise, geb. Nord), ev., verh. s. 1960 m. Friedeborg, geb. Betzing, 3 Kd. (Markus, Claudia, Katja) - Dipl.-Psych. 1959, Promot. 1974 - 1959-74 Forsch. üb. Entw.hilfe; 1974-78 Prof. PH Saarbrücken; s. 1978 Prof. Univ. Saarbrücken - BV: Auslandsausbild. als Gegenst. sozialwiss. Forsch., 1974; Kommunikationsbarrieren in d. Intern. Jugendarbeit, 1979.

BREITENBACH, Hans
Regierungsbeamter, Bürgermeister Verbandsgemeinde Linz - Am Kaiserberg 14, 5460 Linz/Rh. (T. 02644-42 17) - Geb. 25. Sept. 1928 Niederlahnstein (Vater: Matthias B., Postbeamter; Mutter: Elisabeth, geb. Dasting), kath., verh. s. 1956 m. Gisela, geb. Kuch, S. Jörg - Verw.schule, Verw.akad. - 1943-45 Verw.lehre, 1945-56 Verw.-Angest., 1956-63 Reg.insp., 1963-66 Reg.oberinsp., 1966-68 Reg.amtm., 1968-71 Reg.amtsrat, 1971-81 Bürgerm. Linz - Liebh.: Kommunalpolitik.

BREITENBACH-SCHROTH, Kurt
Dipl.-Ing., Fabrikant, gf. Gesellsch. Breitenbach-Verwaltungsges. mbH, Eisen- u. Blechwarenwerke-Siegerland GmbH, alle Siegen - Graf-Luckner-Str. 10, 5900 Siegen 21 - Geb. 30. Juli 1917 Ersingen.

BREITENGROSS (ß), Jens-Peter
Dr., Geschäftsführer Jos. Hansen & Söhne Außenhandelsges. mbH, Hamburg - Reinbeker Weg 10, 2057 Wentorf - Geb. 5. Nov. 1943 - Vorst. Afrika-Verein, Hamburg, Carl-Duisberg-Arbeitskreis, Hamburg; stv. Vors. Afrika Kollegium, Hamburg.

BREITENSTEIN, Peter
Dr. rer. pol., Dipl.-Volksw., Ministerialrat Bundesmin. d. Finanzen - 5300 Bonn 1 - Geb. 24. April 1941 Karlsruhe, verh. - Stud. Volksw. u. Rechtswiss. Univ. Heidelberg u. Würzburg (Dipl.), Promot. Würzburg - Wiss. Ass. Inst. f. Wirtschaftspol. Univ. Würzburg; Senator f. Inneres Berlin; Hochschullehrer FHSVR Berlin; s. 1976 Bundesmin. d. Finanzen. AR-Mand. b. Ind.beteilig. d. Bundes - BV: Staatl. administrierte Preise, 1977; Öfftl. Untern., 1988. Fachveröff. - Spr.: Engl., Franz.

BREITENSTEIN, Rolf
Dr. rer. pol., Auswärtiger Dienst Bonn (u. a. London, Warschau, New Delhi) - Siebengebirgsstr. 12, 5202 Hennef-Westerhausen - Geb. 30. Jan. 1932 Kassel (Vater: Theodor B.; Mutter: Hildegard, geb. Grentzel), ev., verh. s. 1982 m. Rita, geb. Nichoff - Univ. Marburg, Frankfurt, Bonn; Dipl.-Volksw.; Promot. Bonn - 1952-72 Journ. (UPI, Frankfurter Rundschau). F.D.P. (1977-79 stv. Dir. Heuss-Akad.) - BV: D. Kartoffel-Theorem, 1974; Märchen f. Manager, 1982; Wenn Männer zu viel arbeiten, 1990; Eulenspiegel f. Manager, 1991 - Liebh.: Lesen, Schreiben, Shakespeare, Schach, Tennis.

BREITHER, Karin

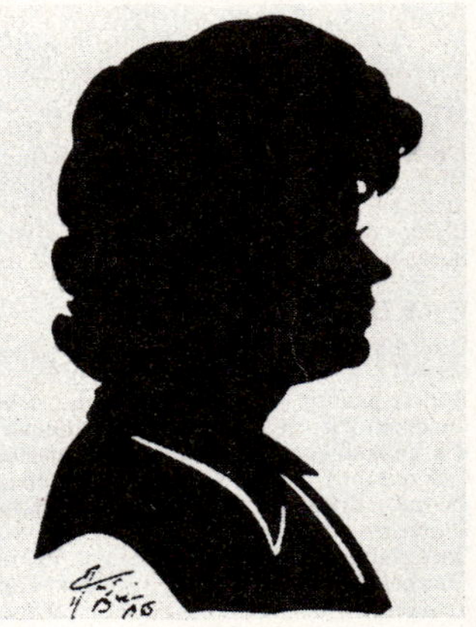

Schriftstellerin - Köppener Str. 110, 6393 Wehrheim Ts. 1 (T. 06081 - 96 30) - Geb. 26. Dez. 1939, verh. s. 1966 m. Eberhard B., Dipl.-Chemiker, 3 Kd. (Michael, Markus, Janina) - Sozialarb., zeitw. Altenpflegerin - BV: u.a. Sommerkorn; Geborgtes Licht, Lyrikbd. 1986; In d. Falten d. Mondes, Dichterhandschriftb. 1988; Der du d. Zeit auf Taubenfüßen trägst, 1989. Herausg. v. Dichterhandschr.: M. deinem Wort hast du mich wunderbar verwundet, Lyr. (aufgen. in 28 Anthol.); Saalburger Bogendrucke - 1985 Ehrengabe Gde. Wehrheim; 2 Lyrikanerkennungspreise; 1987 Ehrenurkunde Bragi-Literaturkreis - Liebh.: Samml. handschr. Ged. Briefwechsel aus 20 J. Zenta Maurina (Kulturphilosophin) - Spr.: Engl., Franz. - Lit.: Autoren-Bild Lex. 1979 u. 80; Autoren stellen sich vor (1984); Kürschners Literaturkal. (1980/1984/1988); Goldenes Buch (1989).

BREITINGER, Dietrich K.
Dr. rer. nat., ao. Prof. (s. 1975) Ber. Strukturchemie, Inst. f. Anorg. Chemie, Univ. Erlangen-Nürnberg - Geb. 3. März 1935 - Stud. Chemie Tübingen; Prom. 1964 Aachen, Habil. 1969 Erlangen - Weiherstr. 18, 8551 Hemhofen.

BREITKREUZ, Hartmut
M. A., Prof. f. Methodik u. Didaktik d. Englischunterrichts PH Heidelberg (s. 1974) - Seegarten 7, 6909 Walldorf - Geb. 20. Febr. 1937 Mainz (Vater: Erich B., Regierungsamtm.; Mutter: Irmgard, geb. Hett), ev.-freik., verh. s. 1963 m. Helga, geb. Dücker, 2 T. (Beate, Elke) - Frhr.-v.-Stein-Gymn. Recklinghausen (Abit. 1958); Univ. Münster, Göttingen, King's College Univ. of. Durham, Cambridgeshire Coll. of Arts and Technol. Staatsex. 1964 Münster u. 1966 Kassel (Lehramt Engl. u. Sport) - B. 1972 Studienrat Göttingen (Max-Planck-Gymn.), dann Hochschull. Heidelberg; 1973 Dozent; s. 1974 Prof. 1976-80 Fernstudiendir. Linguaphone Sprachlehrinst. Hamburg - Div. Fachveröff.: False Friends; More False Friends; Getting On Top of Idiomatic Verbs (m. R. Bosewitz) - Liebh.: Märchen-, Namen- u. Sprichwortforsch., Sport (Schwimmen, Tennis), Reisen.

BREITKREUZ, Richard
Dipl.-Bibl., Leiter Stadtbibliothek Kaiserslautern - St.-Martins-Pl. 3, 6750 Kaiserslautern.

BREITLING, Gerhard
Dr. rer. nat. (habil.), Prof., Vorsteher Abt. f. Strahlenphysik/Med. Strahleninst. Univ. Tübingen (s. 1964) - Achalmstr. 1, 7406 Mösingen (T. dstl.: Tübingen 71 21 64) - Geb. 28. Dez. 1920 Stuttgart (Vater: Christian B.; Mutter: Anna, geb. Sauer) - TH Stuttgart (Physik) - S. 1962 apl. u. o. Prof. Tübingen (Strahlenphysik). Facharb.

BREITMAIER, Eberhard
Dr., Wiss. Rat, Prof. f. Organ. Chemie u. instrumentelle Analytik Univ. Bonn (s. 1975) - Auf den Köppen 2, 5309 Meckenheim-Merl - Geb. 20. Jan. 1939 - BV (m. and.): A Concise Introduction to Organic Chemistry, 1973; 13C NMR Spectroscopy - Methods and Applications, 1974, 2. A. 1978, 3. A. 1987, 1990; Atlas of Carbon-13 NMR DATA, Bd. 1 1975, Bd. 2 u. 3 1978; 13C-NMR-Spektroskopie, E. Arbeitsanl. m. Übungen, 1977; Organ. Chemie I, 1978, 2. A. 1986; Organ. Chemie II, 1983; Vom NMR-Spektrum z. Strukturformel, 1990, 2. A. 1992;

BREITSCHWERDT, Kurt
Dr. rer. nat., Prof. f. Physik Univ. Heidelberg - Burgstr. 38, 6900 Heidelberg (T. 06221 - 4 32 95) - Geb. 11. Mai 1930 Stuttgart (Vater: Wilhelm B., Beamter; Mutter: Berta, geb. Burrer), verh. s. 1959 m. Doris, geb. Graulich, 3 Kd. - Phys.-Stud. TH Stuttgart (Dipl. 1956, Promot. 1958), Habil. 1967 Univ. Heidelberg; 1960-64 Bell Telephone Laboratories, Reading (USA); s. 1967 Lehrtätigkeit Univ. Heidelberg. Spez. Arbeitsgeb.: Physik d. kondensierten Materie.

BREITSCHWERDT, Werner
Dr.-Ing. E.h., Dipl.-Ing., Prof. - Mercedesstr. 136, 7000 Stuttgart 60 - Geb. 23. Sept. 1927 Stuttgart, verh. (Ehefr. Nelly), 2 Kd. - S. 1953 Daimler-Benz AG (1973 Ltg. PKW-Aufbauten u. Stilistik, 1977-83 Vorst. Forsch. u. Entw., 1983-87 Vorst.-Vors.). Hon.-Prof. Univ. Karlsruhe. Mitgl. versch. AR-Gremien, Kurat. u. Beiräte - Ehrendoktor Univ. Bochum; Ehrensenator Univ. Heidelberg; 1987 Gr. BVK.

BREITUNG, Wolfgang
Dr.-Ing., Prof., Ltd. Mitarbeiter IBM Deutschland GmbH i. R. - Laubacher Str. 44, 1000 Berlin 33 - Geb. 21. Juni 1932 Berlin - Promot. (1962) u. Habil. (1969) Berlin (TU) - S. 1963 IBM. 1969ff. Privatdoz. u. apl. Prof. (1972) TU Berlin (Techn.-Wiss. Datenverarb.). Zahlr. Facharb.

BREKENFELD, Henning
Dr., Geschäftsführer Landesgr. Nordost VDMA, Frankfurt/M. - Fürstenstr. 20, 1000 Berlin 37 (T. 801 62 08; Büro: 30 20 71) - Geb. 10. Okt. 1936.

BREKLE, Herbert Ernst
Dr. phil., o. Prof. f. Allg. Sprachwissensch. Univ. Regensburg (s. 1969) - Spessartstr. 17a, 8400 Regensburg (T. 6 19 74) - Geb. 11. Juni 1935 Stuttgart (Vater: Ernst B., Maurerm.; Mutter: Maria, geb. Kühfuß), verh. s. 1961 m. Jutta, geb. Wagner (†1981), 2 Kd. (Barbara, Mathias) - Schriftsetzerlehre, Abit. 1958; Stud. Angl., Roman.; Promot. 1963 Tübingen; Habil. 1969 ebd.; 1972-78 u. 1990-96 Mitgl. d. Regensburger Stadtrats, 1978-82 Mitgl. d. Bezirkstags d. Oberpf.; b. 1991 Vors. Bund Naturschutz Regensburg; 1984-86 Vors. Dt. Ges. f. Sprachwiss. - BV: Generative Satzsemantik im System d. engl. Nominalkomposition, 2. A., 1976; Semantik, 2. A. 1974 (auch franz. 1974 u. ital. 1975). Einf. in d. Gesch. d. Sprachwiss., 1985. Herausg.; Grammatica universalis (1966-91) 20 Bde. Mithrsg.: Linguistische Arbeiten; Festgabe zum 50. Geb.: Neuere Forschungen z. Wortbild. u. Historiographie d. Linguistik (1987) - Liebh.: Violine, Querflöte - Spr.: Engl., Franz.

BRELOER, Gerhard
Dr. phil., Univ.-Prof. f. Allg. Pädagogik (Erwachsenenbild.) Univ. Münster - Nottulner Landweg 52d, 4400 Münster - Geb. 18. Juli 1934 - BV: Lernen im Alter, 1976; Teilnehmerorientierung u. Selbststeuerung in d. Erwachsenenbildung, 1980.

BREM, Ilse

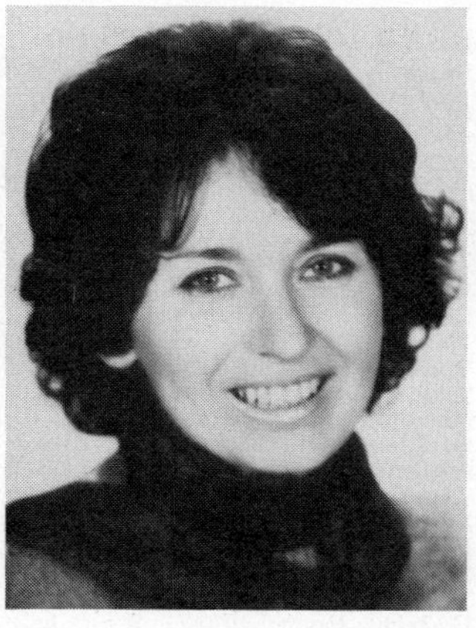

Schriftstellerin, Malerin, Graphikerin - Talkengasse 4/1/6, A-1238 Wien (T. 0222 - 889 32 74) - Geb. 22. März 1945 Aggsbach/Niederösterr., kath., verh. s. 1969 m. Herbert B., Ingenieur), S. Christian - BV: Spiegelungen, 1979; Beschwörungsformeln, 1981; Lichtpunkte, 1983; Stationen, 1984; D. Lied überm Staub, 1984; Gesicht im Gesicht, 1985; Aufbruch z. Hoffnung, 1986; D. Antwort ist Schweigen, 1987; Funksprüche, 1988; Grenzschritte, 1990; Auf d. Spuren d. Stille, 1991. Ged. wurden ins Engl., Slowen., Slowak. u. Chin. übers. u. publ. - 1981 Theodor-Körner-Preis f. Lit.; Mitgl. Österr. PEN-Club, d. Österr. Schriftstellerverb., d. Interessengemeinsch. Österr. Autoren - Liebh.: Phil., bild. Kunst, klass. Musik, Segeln - Spr.: Engl.

BREMEIER, Wolfram
Dipl.-Volksw., Oberbürgermeister d. Stadt Kassel - Rathaus, 3500 Kassel.

BREMER, Claus
Dramaturg, Schriftst., Redakt. - Im Brünneli 27, CH-8127 Forch/Zürich (T. 01 - 980 15 59) - Geb. 11. Juli 1924 Hamburg, kath., verh. m. Renate Steiger, 2 Kd. (Chris, Yves) - 1945-49 Stud. Lit.-, Kunst- u. Phil.-Gesch. Univ. Freiburg; 1947-49 Ausb. als Schausp. ebd. - 1949-55 Regie-Assist. v. Franz Everth u. Gustav Rudolf Sellner, Freiburg u. Darmstadt; 1956-78 Dramat. Darmstadt, Bern, Ulm, Düsseldorf, Zürich. Spez. Arbeitsgeb.: Ged. in Tabellenform, dynam. Theater (m. Daniel Spoerri), d. Mitspiel (m. Paul Pörtner) - BV: Poesie, 1954; Theater ohne Vorhang, 1962; Texte u. Komment., 1968; Antigonae/Antigone, 1969; Thema Theater, 1969; Anlässe, 1970; Farbe bekennen, 1983; Man trägt keine Mützen nach Athen, 1984. Übers. v. Aischylos, Aristophanes, Audiberti, Gatti, Ionesco, Prévert, Shakespeare, Sophokles, Tzara, Vitez; Gedichtbilder, Zeitzünder 3, 1987 - 1984 Ehrengabe Kanton Zürich, u. Stadt Zürich - Lit.: Hanspeter Gansner, Claus Bremer: Künstler, Katholik, Kommunist (Radio Basel 1985).

BREMER, Dieter
Dr. phil. (habil.), Prof. f. Klass. Philologie - Adelheidstr. 23, 8000 München 40 (T. 271 30 87) - Geb. 20. Febr. 1938 Kiel (Vater: Heinrich B., stv. Revisionsdir.; Mutter: Martha, geb. Moede), verh. s. 1969 m. Erika, geb. Haye, S. Alf - 1958-65 Univ. Kiel, Zürich, Rom, Tübingen, Promot. 1968 Tübingen, Habil. 1979 München - 1969-72 Stip. Dt. Forsch.gemeinsch., 1972-78 wiss. Assist. München, 1979 Doz., s. 1981 Prof. Univ.

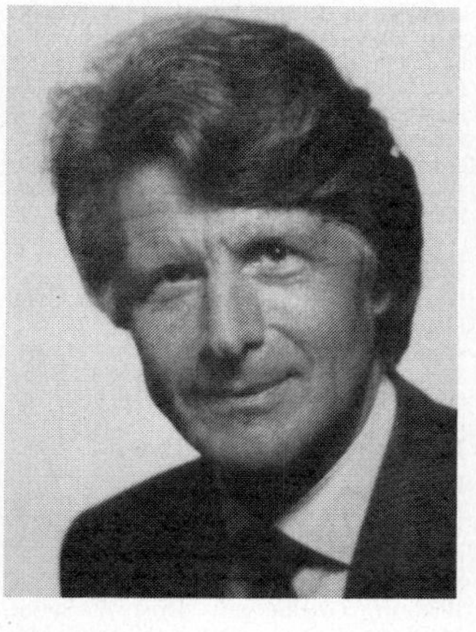

München - BV: Licht u. Dunkel in d. frühgriech. Dichtung. Interpret. z. Vorgesch. d. Lichtmetaphysik, 1976; Aischylos. Prometheus in Fesseln, 1988; Pindar. Siegeslieder, 1992 - Liebh.: Musik - Spr.: Ital., Engl., Franz.

BREMER, Erwin
Dipl.-Kfm., Vorstandsmitglied GAGFAH Gemeinn. AG. f. Angestellten-Heimstätten, Essen - Dückerstr. 10, 4300 Essen - Geb. 6. April 1928.

BREMER, Hanna
Dr. rer. nat., Prof. f. Geographie Univ. Köln - Forstweg 12, 6916 Wilhelmsfeld - Geb. 15. Juli 1928 Bremerhaven, ev., ledig - Promotion 1958 Univ. Göttingen, Habil. 1966 Univ. Heidelberg - 1958 wiss. Assist.; 1972 o. Prof. Univ. Köln. 1972 Herausg. Ztschr. f. Geomorphologie - BV: Flußerosion an d. oberen Weser, 1959; Morphol. Zentralaustralien, 1967; Flüsse, Flächen, Stufenbild. in d. feuchten Tropen, 1971; Morphogenese in d. feuchten Tropen, 1981; Allg. Geomorphologie, 1989.

BREMER, Hans-Joachim
Dr. med., o. Prof. f. Kinderheilkunde u. Dir. Klinik C (Stoffwechselstörungen u. Nephrol.) Univ. Düsseldorf (s. 1974) - Kattowitzer Str. 6, 4000 Düsseldorf 1.

BREMER, Jörg
Dr. phil., Journalist, Korrespondent f. Israel in Jerusalem - Zu erreichen üb. Frankfurter Allg. Zeitung, Postf. 100808, 6000 Frankfurt/M. 1 - Geb. 28. Juni 1952 Düsseldorf - Gymn. Lörrach; Univ. Freiburg u. Heidelberg (Gesch., Dt. Lit., Öfftl. Recht). Stip. Israel u. USA. Promot. 1977 Heidelberg (Diss.: Sozialist. Arbeiterpartei Dtschl. (SAP) von 1933 b. 45 im Untergrund u. im Exil) - S. 1978 FAZ (1981-86 Auslandskorresp. Warschau, 1986-91 Hannover/Nieders.).

BREMICKER, Richard
Fabrikant - Winterstr. 24, 5630 Remscheid (T. 3 63-2 01) - Geb. 31. Okt. 1912 Remscheid (Vater: Richard B., Fabrikant; Mutter: Johanna, geb. Pohlhaus), ev., verh. s. 1941 m. Erika, geb. Rademacher, S. Richard - Mittl. Reife; prakt. Ausb. in Remscheid - 1934 Prok., 1940 Teilh., 1967 Hauptgeschäftsf., alles Fa. Ed. Scharwächter GmbH. & Co. KG, Remscheid - 1978 Ehrenbürger Marktgde. Hengersberg, u. 1987 Hauzenberg; 1978 BVK; 1982 Gold. Ehrenring Landkr. Deggendorf; 1984 Bayer. VO.; 1989 Gold. Bürgermed. Stadt Remscheid - Liebh.: Pferdesport, Wandern, Schwimmen - Spr.: Engl.

BREMM, Klaus
Winzermeister, MdB (s. 1969), stv. Vors. Weinbauverb. Mosel-Saar-Ruwer (s. 1965), Arbeits- u. Verw.srichter - Schloß, 5583 Zell/Mosel (T. 44 59) - Geb. 3. Jan. 1923 Zell (Vater: Alois B., Weingutsbes.; Mutter: Klara, geb. Mayer), kath., verh. s. 1952 m. Elisabeth, geb. Theobald, 4 Kd. (Walburga, Lothar, Franz-Josef, Thomas) - Volkssch. Zell; Verw.slehre ebd.; Weinbausch. Bullay. Winzermeisterprüf. 1966 - B. 1942 Verw.sangest. Zell, dann Wehrdst. (zul. Uffz.; EK I, Nahkampfspange, Verwundetenabz. in Silber), s. 1945 elterl. Weinbaubetr. Mitgl. Dt. Weinbauverb. (1974 Vizepräs.; 1975 Schatzm.). S. 1952 Stadtratsmitgl. Zell (1960 Fraktionsf.); s. 1957 MdK; 1967-69 MdL Rhld.-Pfalz. CDU s. 1950 (u. a. 1966-69 Kreisvors. u. stellv. Kreisvors.).

BREMMER, Gerhard
Architekt, Präs. Architektenkammer Hessen - Mainzer Toranlage 29, 6360 Friedberg/Hess. - Geb. 13. Juni 1936 Bad Schwalbach (Vater: Walter B., Pfarrer; Mutter: Elisabeth, geb. Koch), ev., verh. s. 1960 m. Helga, geb. Hohmann, 2 Kd. (Mark, Birte) - Stud. 1956 Frankfurt/M., 1957/58 Wien, 1959/60 Berlin - Wiss. Mitarb. TU Berlin; 1961 Arch.-Büro, 1974 Inh. dass., 1977 Landesvorst. BDA Hessen, 1984 Präs. Architektenkammer Hessen - BV: Stadtgestalt., Stadterneuer., City Design - City Renewal, Arch.-Wettb., 1974; Wettbew. aktuell, Wettbewerbsentscheid. d. Archit. in Dtschl., 1975; Integrat. v. Schulbauten u. Sportzentr. in Sportstättenbau u. Bäderanlagen, Intern. Fachztschr., 1973; Progressive Schule, Architekturwettb., 1971; Fertigteile im Bauwesen, Ztschr. f. Arch. u. Innenausbau, 1973; Public Relations f. Architekten u. Architektur, 1987. Vortragsreihen vor nat. u. intern. Fachgremien - Zahlr. öfftl. Bauten im In- u. Ausl. - Liebh.: Bild. Kunst, Theater, Sport - Teiln. Marathonlauf in New York u. Moskau - Spr.: Engl., Franz.

BREMSHEY, Helmut
Dipl.-Kfm., Vorstandsmitglied Bremshey AG., Geschäftsf. Bremshey GmbH. f. Stahlrohrmöbel u. Ladeneinricht., Komfort GmbH., alle Solingen-Ohligs - Steinendorfer Str. 26, 5650 Solingen - Geb. 7. Jan. 1932.

BRENAUER, Josef
I. Bürgermeister a. D. Zugspitzdorf Grainau (1946-84), MdK Garmisch-Partenkirchen - 8104 Grainau/Obb., Längenfeldstr. 3 - Geb. 4. Sept. 1916 Hohenfurch/Schongau, kath., verh. s. 1946 (Ehefr.: Rosl), 2 Kd. (S. u. T.) - Volkssch.; Schreinerhandw. - Eig. Betrieb. CSU.

BRENDEL, Werner
Dipl.-Volksw., Vorstandsvorsitzender H. Berthold AG (b. Jan. 1992) - Teltowkanalstr. 1-4, 1000 Berlin 46 (T. 030 - 779 53 11) - Geb. 24. Juni 1937 Meissen, verh. - Beiratsmitgl. Dresdner Bank, Berlin, Dt. Museum, München, Kurat.-Mitgl. Fraunhofer-Inst. f. Arbeitswiss. u. Org., Stuttgart.

BRENDER, Irmela
Schriftstellerin, Übersetzerin, Funkautorin - Görlitzer Weg 2, 7032 Sindelfingen - Geb. 20. April 1935 Mannheim - Gymn., journal. Volont. - Mitgl. Verb. Dt. Schriftst.; 1977-83 Vorst.-Mitgl. P.E.N. - BV: u.a. In Wirklichkeit ist alles ziemlich gut, R. 1984; Vor allem d. Freiheit, Biogr. 1987; D. schwäbische Sphinx, 1989; Christoph Martin Wieland m. Selbstzeugnissen u. Bilddok., 1990 - 1980 Stuttgarter Lit.preis; 1989 Helmut-Sontag-Pr. d. Dt. Bibliotheksverb. - Spr.: Engl.

BRENDER, Nikolaus
Journalist, Auslandschef, stv. Chefredakteur WDR-Fernsehen - Geb. 24. Jan. 1949, verh. m. Dr. med. Carola Boldt, T. Clara Alicia - Stud. Rechtswiss.; Ex. Univ. Hamburg; Volontariat SWF u. Die ZEIT - Grimmepreis in Gold, Bayer. Fernsehpr., Intern. Studentenpr., Leipziger Dokumentartage - Spr.: Engl., Span.

BRENIG, Wilhelm
Dr. rer. nat., o. Prof. f. Theoret. Physik TU München (s. 1961), Dir. Physik-Department ebd., Dir. Max-Planck-Inst. f. Festkörperforschg. - Reaktorgelände, 8046 Garching b. München.

BRENK, Werner
Dr.,Geschäftsführer Vereinigte Bekleidungswerke R. & A. Becker GmbH., Stuttgart, u. Bekleidungsfabrik Bernhausen GmbH., Sielmingen - Heinestr. 123, 7000 Stuttgart-Sonnenberg - Geb. 17. Jan. 1925.

BRENKE, Herbert
Vorstandsmitglied Thyssen Handelsunion AG, Sprecher d. Geschäftsfg. Thyssen Rheinstahl Technik GmbH - Postf. 10 50 51, 4000 Düsseldorf 1 - Spez. Arbeitsgeb.: Export.

BRENKE, Theodor
Dipl.-Kfm., Vorstandsmitglied Heidelberger Zement AG, Heidelberg - Waldweg 27, 6900 Heidelberg - Geb. 6. Febr. 1929 - Div. Ehrenämter; Vors. d. Verb. d. Transportbeton- u. Mörtel-Ind. Hessen - BVK I. Kl.

BRENNAUER, Thomas
Dr. oec. publ., Hauptgeschäftsführer IHK Regensburg - Heimberger Str. 1, 8411 Hillohe (T. 09404-86 35) - Geb. 30. März 1928 Peiting/Obb., kath., verh. s. 1966 m. Luise, geb. Bauer - Städt. Wirtsch.aufbausch. m. Abschl. Regensburg., 1946-48 Wirtsch.obersch. München, 1948-52 Univ. München (Dipl.-Volksw.), Promot. 1954 Univ. München - 1952-54 wiss. Mitarb. Dt. Wirtschaftswiss. Inst. f. Fremdenverkehr Univ. München, 1955-57 wiss. Mitarb. IHK Regensburg, ab 1957 Abt.sleit. ebd. (Verkehr u. Außenwirtsch.), 1967 Syndikus, ab 1967 Hptgeschäftsf. IHK Regensburg - 1975 BVK a. Bde.

BRENNBERGER, Ulrich
Dr. jur. - Erbecksfeld 18, 4330 Mülheim/Ruhr - Geb. 4. Febr. 1927 Eningen/Baden-Württ. - Vorst.-Mitgl. Stinnes AG, Mülheim/Ruhr; AR-Vors. Rhenus, Dortmund, Bayerischer Lloyd AG, Regensburg, Stinnes Reederei AG, Duisburg, Midgard Dt. Seeverkehrs AG, Nordham; AR-Mitgl. Industrieverwaltungs AG, Bonn-Bad Godesberg, Aluminiumhütte Rheinfelden GmbH, Rheinfelden, Frachtkontor Junge & Co, Hamburg; Verwaltungsratmitgl. Ahlers N. V., Antwerpen; Landesbeirat Dresdner Bank AG, Rheinland; Vize-Präs. Dt.-Belgisch-Luxemburg. Handelskammer, Brüssel.

BRENNECKE, Jochen
Schiffahrts- u. Marinehistoriker, Chefredakteur - Hauptstr. 41, 2432 Harmsdorf/Holst. (T. 04363 - 8 41) - Geb. 12. April 1913 Dessau, ev., verh. - Nautische Ausb.; n. Unfall Stud. Volkswirtsch. in Leipzig - Volontärzeit PZ, Stettin; Redakt., dan. Schiffahrtsredakt. N. 1945: Kulturref. BdV, Bonn; Chefredakt. VDI techn. wiss. Bildungswerk, Düsseldorf, u. Schiff u. Zeit Düsseldorf u. Herford, Gründer u. Vorst.-Mitgl. Dt. Ges. f. Schiffahrts- u. Marinegesch. (DGSM) - BV: Schwarze Schiffe - Weite See, Dt. Blockadebrecher, 1958; Schlachtschiff Bismarck - Höhepunkt u. Ende e. Epoche, 1960; Ostd. Nobelpreisträger, 1964; Windjammer, 1968; Tanker (u. Tankermultis) Entwicklungsgesch., 1975; Viermastbark Pamir im Hurrikan Carrie, 1977; Gesch. d. Schiffahrt, 1981; Enzyklopädie d. Schiffahrt u. Marine, Ozeanographie, Meerestechnik, D. Wende im U-Bootkrieg 1943. Laufende Veröff. in Schiff u. Zeit. Üb. 25 Buchveröff. u. zahlr. Sach- u. Fachpubl. - 1978 Médaille d'Argent L'Académie Nationale des Sciences Belles Lettres et Arts de Bordeaux; 1984 Med. Hommage des Capitaines Cap-Horniers St. Malo - Inter.: Seefahrtsgesch., Schiffbautechn., klass. Musik u. Malerei - Spr.: Engl., Franz., Lat.

BRENNECKE, Ralph
Dr. rer. pol., Prof. - Wartburgstr. 17, 1000 Berlin 62 - Geb. 22. Juni 1944 Jena/Thür. (Vater: Alfred B., Kaufm.; Mutter: Sidy, geb. Gerecke), ev., verh. s. 1967 m. Christiane, geb. Schneider - Dipl.-Volksw. 1971 Frankfurt/M.; Promot. 1975 - 1972-78 Mitarb. u. Geschäftsf. in d. Forschergr. SPES, Frankfurt; 1979-90 Projektleit. Sonderforsch.-ber. 3 Frankfurt/Mannheim; 1981ff. Prof. FU Berlin, Inst. f. Soz. Med.; gf. Direktor; gf. Vorst.-Mitgl. d. Dt. Ges. f. Sozialmed. u. Prävention - Spez. Interessen: Sozialpolitik, Soz. Sicher., Gesundheitsökon., Sozialmed., Modellentw./Informatik, Rehabilitation.

BRENNECKE, Ruprecht
Reedereidirektor - Strandweg 48, 2000 Hamburg 55 - Geb. 2. Aug. 1925 - Geschäftsf. Dt. Afrika-Linien GmbH, Dt. Süd-Afrika-Linie GmbH, beide Hamburg.

BRENNECKE, Wilfried
Dr. phil., Rundfunkredakteur i. R. - Alteburger Str. 331a, 5000 Köln 51 (T. 38 56 51) - Geb. 1. Febr. 1926 Flensburg (Vater: Wilhelm B., Berufsschullehrer; Mutter: Käte, geb. Ewald), ev., verh. s. 1956 m. Gisela, geb. Dost, 2 Söhne (Andreas, Klaus) - 1946 b. 52 Stud. Musikwiss., Lit., Psych. Promot. 1952 Kiel - S. 1948 Musikkritiker in Flensburg, Kiel, Kassel u. Köln. Schriftleiter MGG (D. Musik in Geschichte u. Gegenwart, 1956-64), Redakt. f. Kammermusik u. Neue Musik im WDR (1964-89), Mitgl. d. Landesaussch. NRW d. Bundeswettbewerbs Jugend musiziert (1964-89); Vors. Jurymitgl. d. intern. Chorwettbew. Let the peoples sing, London (ab 1977, 1980-84 Vors.); Vorst.-Mitgl. (Vize-Präs. 1974-77) Ges. f. Neue Musik (Sekt. BRD d. IGNM), Mitgl. d. Presidential Council d. IGNM (1977-79), Programmgest. Wittener Tage f. n. Kammermusik (1969-89); s. 1987 Programmgest. d. Incontri musicali d. Spoleto Festival; s. 1989 Musikdoz. an d. Ausbild.stätte d. Ausw. Amtes Bonn - Herausg.: Neue Musik in d. BRD 1971-75, Bd. 15-18, 1974 u. 1976 - 1972 Gold. Sportabz.; 1977 Marathon-Abz.; 1986 BVK - Liebh.: Graphiksammeln, Bildende Kunst, Lit., Wandern, Langstreckenlauf - Spr.: Engl., Franz.

BRENNEKE, Walter
Direktor - Am Wünnesberg 36, 4300 Essen - Geb. 18. Nov. 1912 - 1955-73 Vorstandsmitgl. Verkaufsvereinig. f. Teererzeugnisse AG., Essen, s. 1973 Geschäftsf. Verkaufsges. f. Teererzeugnisse mbH., Essen.

BRENNER, Günter
Dr. jur., Generalsekretär Akad. d. Wiss. u. d. Lit., Geschäftsf. d. Konferenz d. dt. Akademien d. Wissenschaften, bde. Mainz - Am Marienpfad 3, 6500 Mainz-Bretzenheim (T. 3 53 43; Büro: 577-28) - Geb. 27. Febr. 1928 Mainz, verh. s. 1964 m. Dr. rer. pol. Ruth, geb. Höhle, 2 Söhne (Björn, Lutz) - Promot. 1956; Ass.ex. 1958 - Fachveröff. insbes. üb. med. Recht, Medizintechnik-Recht, Medizin u. Ethik.

BRENNER, Hildegard
Dr., Prof., Publizistin, Verlegerin - Lebt s. 1950 in Berlin, s. 1985 in Berlin u. Frankr. - Geb. 1927 Bonn - Stud. Lit.-wiss., Phil., Kunstgesch. u. Politikwiss. Bonn, Hamburg, FU Berlin, Madrid, Paris, Freiburg/Br.; Promot. 1952 Berlin - 1954ff. Theater- u. Kunstkritik (spez. DDR); Mitarb. d. Münchner Inst. f. Zeitgesch.; 1964-82 Verlegerin, Herausg. u. Redaktionsmitgl. d. Ztschr. Alternative; 1971-78 Lehrst. f. Lit.theorie u. -soziol. Univ. Bremen; 1983 Gastprof. Univ. Pisa; 1986/87 Mitarb. b. Aufbau sozialökol. Forsch.inst. b. Hess. Min.-präs. - BV: Üb. d. Verfahrungsweise d. poet. Geistes. Z. Dichtungstheorie Hölderlins, 1952; D. Kunstpolitik d. NS, 1963 (ital. 1965, franz. 1989); Nachr. a. Dtschl., Anthol. d. neueren DDR-Lit.: Lyrik, Prosa, Dramatik, 1967; Asja Lacis - Revolutionär im Beruf, Ber. üb. prol. Theater, üb. Meyerhold, Brecht, Benjamin, Piscator, 1971 (ital. 1976, franz. 1988); Ende e. bürgerl. Kunstinstitution, D. Polit. Formierung d. Preuß. Akad. d. Künste 1933, 1972. Übers. a. d. Ital. u. Franz. Herausg. d. lit.theoret. Buchreihe Collection Altern. (1970-75); Ztschr.-Aufs., Hörspiele - Bek. Vorf.: Nikolaus Simrock, Musikverleger Bonn (Vater von Karl Simrock) - Lit.: D. Fall Brenner, Univ. Hamburg (1972).

BRENNER, Lothar
Chefredakteur u. Theaterdirektor - Preussenallee 33, 1000 Berlin 19 - Geb. 22. Febr. 1926 Würbenthal, kath. - Stud. Wirtschaftswiss. u. Jura - Theaterleitung - Mitgl. Akad. MIDI u. Maison Intern. d. Intellekt. MIDI-Paris.

BRENNER (FELSENSTEIN), Peter
Dr., Intendant Staatstheater Mainz (s. 1991) - Auf dem Keller 6, 6501 Wörrstadt-Rommersheim - Geb. 8. Mai 1930 (Vater: Walter Felsenstein), verh. s. 1959 m. Cató, geb. Brink - Stud. Rechtswiss. Wien; Promot. 1952 Wien; Musikstud. Staatsakad. f. Musik u. darst. Kunst Wien (b. Prof. Witt, Duhan u. Moeller); Reifeprüf. Opernschule 1957 - S. 1952 Tätigk. b. Wiener Gerichtshöfen u. Rechtsanw.; 1961-65 Schausp. u. Sänger Städt. Bühnen Krefeld-Mönchengladbach; 1964 Assist. Salzburger Festsp. (b. G. Rennert); 1965-69 Assist. u. Abendspielleiter Dt. Oper am Rhein; 1969-73 Oberspielleiter Oper Städt. Bühnen Freiburg; 1973-84 Oberspielleiter Oper Fr. Hansestadt Bremen; 1984-91 Int. Staatstheater Darmstadt. Lehrtätigk.: 1968/69 Doz. Opernsch. Folkwang Hochsch. Essen, 1970-73 Szen. Leit. Opernsch. Staatl. MHS Freiburg, 1977-83 Doz. f. Musiktheater-Regie Univ. u. MHS Hamburg. Übers.: D. Türke in Italien (Rossini), D. Italienerin in London (Cimarosa), D. eingeb. Sokrates (Paisiello), André Chénier (Giordano), D. verliebte Bruder (Pergolesi), Cosi fan tutte, Don Giovanni, La finta semplice (Mozart). Gastinz. Bayer. Staatsoper (1974, 75 u. 79), Hamburg. Staatsoper (1974 u. 75), San Francisco Opera (1981 u. 86), Welsh National Opera (1979), Schwetzinger Festsp. (1986), Opernhaus Zürich (1988), u.a.; Salzburger Festsp., 1988 (Eröffnung), 89, 90, 91; Osterfestsp. Salzburg 1990 - Ehrenmitgl. Theater Bremen - Spr.: Engl., Franz., Ital., Afrikaans.

BRENNER, Rolf
Dipl.-Ing., Regierungsdirektor a. D., Vors. Verb. d. Beamten u. Richter d. Patentbehörden im Dt. Beamtenbd., München (1972-84, Ehrenvors. s. 1984), u. Hauptpersonalrat Bundesjustizmin., Bonn (1979-83) - Scharfreiterpl. 6, 8000 München 90 - Geb. 8. Nov. 1918 Gera/Thür. (Vater: Ernst B., Oberpostinsp. †1943 als Feldpostm.; Mutter: Elfriede, geb. Schulz), ev., verh. s. 1948 m. Irene, geb. Jahr, T. Franziska - Rutheneum Gera; TH Berlin, Stuttgart, Hannover (Dipl. 1951) - 1950-62 Continental Gummiwerke AG, Hannover, 1962-83 Dt. Patentamt, München (Gummi- u. Kunststoffverarb.); Vors. Ortsverb. München Bund d. Ruhestandsbeamten, Rentner u. Hinterbliebenen, 1984-90 stv. Vors.; Seniorenbeirat d. LHS München, 1984-88 Leit. AK OST I, s. 1984 Deleg. - 1944 Verwundetenabz.; 1983 BVK I. Kl.

BRENNER, Walter
Dr. med., Prof., Obermedizinalrat, Chefarzt i. R. - Erlenstr. 29, 4352 Herten 6 (We) (T. 0209 - 3 56 50) - Geb. 14. Mai 1908 Augsburg, verh. m. Annemarie, geb. Morawa, 6 Kd. - Promot. 1933 München - S. 1933 Assist., Doz. (1943) u. apl. Prof. (1950) Univ. Bonn; s. 1955 Chefarzt Städt. Kinderklinik Gelsenk.; 1968-83 fr. Praxis als Kinderarzt, Gelsenk.-Buer - BV: Medica-Taschenb. d. Kinderheilkd., 1965. Üb. 50 Einzelarb. Umfassende Abh. üb. Enzephalographie im Kindesalter bzw. Eisen- u. Kupferstoffwechsel. Erg. inn. Med. u. Kinderh., Bd. 6I bzw. N.F. Bd. 4.

BRENNER, Wolfgang
Dr. med., Ltd. Medizinaldirektor, Leiter d. Bayer. Landesinst. f. Arbeitsmed. - Pfarrstr. 3, 8000 München 22.

BRENNICKE, Thomas
Leiter d. Abt. Leichte Musik - Zu erreichen üb. Bayer. Rundfunk, Rundfunkpl. 1, 8000 München 2 - Geb. 1. Nov. 1946 München (Vater: Helmut B., Regiss.; Mutter: Rosemarie, geb. Lang), verh. s. 1971 m. Sylvia, geb. Kloss - Stud. German., Musik- u. Theaterwiss.; Ausbild. Schausp., Flöte, Gesang. S. 1974 BR (auch Moderator) - BV: Hitmacher + Mitmacher, 1982. Übers.: D. schöne Helena (1970) - Spr.: Ital., Engl., Franz.

BRENSCHEDE, Wilhelm
Dr. rer. nat., Chemiker - Bahnhofstr. 30, 4047 Dormagen/Ndrh. (T. 4 97 27) - Geb. 24. Febr. 1910 Hamm/W (Vater: Hugo B.), ev., verh. m. Ingeborg, geb. Herrmann, 3 Kd. - Oberrealsch.; Univ. Bonn, Leipzig, Berlin, Frankfurt/M. Promot. 1935 Berlin; Habil. 1938 Frankfurt - Zul. Vorst.-Mitgl. Bayer AG (Werksleit. Dormagen).

BRENTANO, Baronin von Angela, geb. Reimann

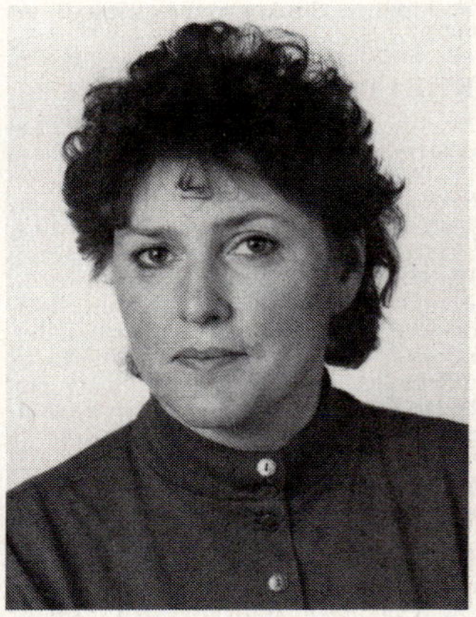

Präsidentin Freier Deutscher Autorenverb. (FDA) - Hauptstr. 89, Brentanohaus, 6227 Oestrich-Winkel (T. 06723 - 20 68) - Geb. 20. Juli 1952 Wiesbaden, ev., verh. s. 1976 m. Udo Baron v. Brentano, 3 Kd. (Svea, Iesco, Yvo) - Stud. 1971-77 German. u. Roman. Mainz u. Marburg (Lehramt Gymn.) - Leitung Brentanohaus: Führungen, lit. Salons, Vorträge, Rezitation, Schwerp. Romantik - Liebh.: Lesen, Reisen, Konzerte, gutes Essen u. Trinken - Spr.: Engl., Franz., Ital. - Bek. Vorf.: Clemens u. Bettina Brentano (direkte Linie).

BRENTANO, von, Margherita
Dr. phil., Prof. f. Philosophie FU Berlin - Winklerstr. 14, 1000 Berlin 33.

BRENTANO, von, Peter
Prof., Gf. Direktor Institut f. Kernphysik Univ. Köln - Zülpicher Str. 77, 5000 Köln 41 (T. 0221 - 470 34 56) - Geb. 22. Mai 1935 Zürich, (Vater: Bernhard von B., Schriftst., z.B. Theodor Chindler), ev., verh. s. 1965 m. Tremezza, geb. Kunzel, Malerin - Stud. Univ. Frankfurt (Dipl. 1959 b. Prof. E. Schopper); Promot. 1963 b. Prof. W. Gentner, MPI f. Kernphysik, Heidelberg; Habil. 1969 Univ. Heidelberg - S. 1971 Prof. f. Experimentalphysik (Kernphysik) Univ. Köln, s. 1975 gf. Dir. Inst. f. Kernphysik; 1981-85 Chairman Nuclear Physics Division, European Physical Soc. - Arbeitsgeb.: Niederenergiekernphysik, Gammaspektroskopie, Kernstrukturphysik, Atomphysik - Rd. 210 wiss. Veröff. in wiss. Ztschr. (Physical Review, Nuclear Physics, u. a.).

BRENTANO, von, Tremezza
Malerin - Bachemerstr. 264, 5000 Köln 41 (T. 0221 - 43 65 25) - Geb. 28. Nov. 1942 Innsbruck (Österr.), kath., verh. s. 1966 m. Prof. Peter v. B. - 1962-63 Fr. Akad. Mannheim; 1963-66 Staatl. Kunsthochsch. Stuttgart - 1990 Künstlersonderbund in Dtschl. e.V.; stv. Vors. Realismus d. Gegenw. - BV: Classics -

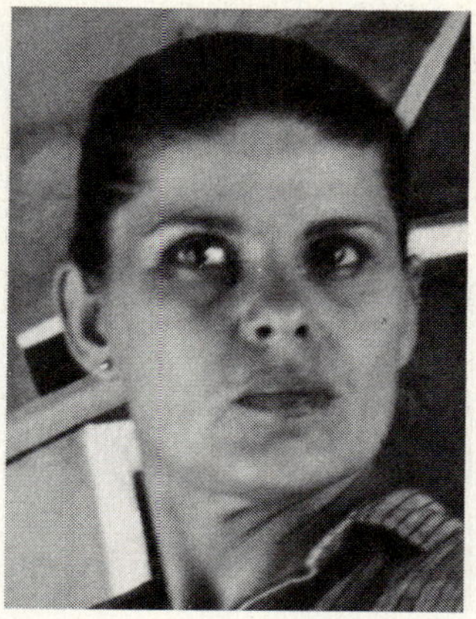

D. Geschichtlichk. d. Bilder, 1990; Alltag in Köln. Köln. Stadtmuseum, 1986; 110 Artikel in Ztschr. u. Ztg. - 51 Einzelausst., 162 Gruppenausst. - Liebh.: Kunst, Lit

BRENZEL, Heinz

Dr. jur., Vorstandsvorsitzender i.R. Haftpflichtverb. d. Dt. Industrie V. a. G., Hannover (1967-82) - Pirmasenser Str. 18, 3000 Hannover 71 - Geb. 2. Jan. 1917 Hannover, verh. m. Gisela, geb. Brandt - Univ. Göttingen u. Freiburg/Br. Gr. jurist. Staatsprüf. - S. 1948 Versich.-wesen; Beirat Haftpflichtverb. d. Dt. Ind. VaG, Hannover.

BREPOHL, Klaus

Dr. phil., Prof., Mitglied d. Geschäftsfg., Leit. Zentrale f. neue Medien, Köln - Inst. d. dt. Wirtschaft, Gustav-Heinemann-Ufer 84-88, 5000 Köln 51 (T. 0221 - 370 83 26) - Geb. 6. Juni 1930 (Vater: Prof. Dr. Dr. h. c. Wilhelm B.), verh. s. 1960 m. Hedy, geb. Schlepphorst, Sohn Michael - Promot. 1956 Innsbruck - Leit. Aussch. Wirtschaft u. Technik in d. Wiss. Begleitkommiss. f. d. Pilotprojekt Ludwigshafen/Vorderpfalz - BV: D. neuen Medien, 1974; Lexikon d. neuen Medien, 5. A. 1989; Telematik, 2. A. 1984 - Liebh.: Kultursoziol., Afrikan. Kunst - Spr.: Engl.

BRESCH, Carsten

Dr. rer. nat., em. o. Prof. f. Genetik - Kreuzkopfsteige Nr. 1A, 7800 Freiburg (T. 40 58 18) - Geb. 5. Sept. 1921 Berlin - S. 1957 (Habil.) Lehrtätigk. Univ. Göttingen, Köln (1957; ao. Prof.), Freiburg (1964 o. Prof.) Aufg. USA (Graduate Research Center, Dallas) - BV: Klass- u. Molekulare Genetik, 1964; Zwischenstufe Leben, 1977; D. Teufels neue Kleider, 1978.

BRESINSKY, Andreas

Dr. rer. nat., Prof. f. Botanik - Ludwig-Thoma-Str. 39, 8400 Regensburg - Geb. 19. Jan. 1935 Reval (Estl.) - Promot. 1960 - S. 1965 (Habil.) Lehrtätigk. Univ. München (1971 apl. Prof.) u. Regensburg (1973 Ord.). Üb. 50 Fachveröff. Mithrsg.: Ztschr. f. Pilzkd. (1965ff.).

BRESS, Ludwig

Dr. rer. pol., Prof. f. Wirtschaftspolitik GH Kassel (s. 1975) - Espenauer Str. 28, 3502 Vellmar/Oberhessen - Geb. 25. Febr. 1933 Gelsenkirchen - Promot. 1970 Marburg - Zul. Prof. Bremen - BV: Kommunismus bei Karl Marx, 1972; Wirtschaftssysteme d. Sozialismus im Experiment - Plan od. Markt?, 1972 (m. K. P. Hensel).

BRESSER, Klaus

Chefredakteur ZDF (s. 1988) - Zu erreichen üb. ZDF, 6500 Mainz-Lerchenberg - Geb. 22. Juli 1936 Berlin, verh. in 2. Ehe (Ehefr.: Evelyn) - S. 1962 Kölner Stadt-Anzeiger, Neue Illustrierte, WDR u. ZDF (s. 1978; HEUTE-Journal, Hauptredaktionsleit. Innenpolitik) - 1963 Theodor-Wolff-Preis; 1986 Gold. Kamera.

BRESSER, Paul Heinrich

Dr. med., Dr. phil., Prof., ehem. Leiter Abt. f. gerichtl. Psych. u. Psychiatrie Univ. Köln - Ehringhausen 34, 5630 Remscheid (T. 02191 - 34 14 37) - Geb. 23. März 1921 Düsseldorf (Vater: Emil B., Ing.-Kaufm.; Mutter: Paula, geb. Becker), ev., verh. s. 1949 m. Erika, geb. Schröder, 2 Kd. (Regina, Wolf Peter) - Dr. med. 1946, Dr. phil. 1950 - 1952-72 Univ.-Nervenklinik Köln - BV: Grundl. u. Grenzen d. Begutacht. jugendl. Rechtsbrecher, 1965; Gerichtl. Psychiatrie, 4. A. (m. A. Langelüddeke), 1976; Med. Psych., 1979 - Spr.: Engl., Franz.

BRESTEL, Heinz

Finanzjournalist, Finanzredakt. Frankfurter Allg. Zeitung, Zürich - Löwenstr. 40, CH-8001 Zürich (T. 01 - 211 99 15) - Geb. 12. Juni 1922 Landsberg/W. - Mitgl. Wirtschaftsredaktion d. FAZ s. Gründung 1949. Kürzel: b. Arbeitsschwerpunkte: Geld, Devisen, Edelmetalle, Euromärkte, priv. Vermögensanlage - BV: Weh dem, d. spart?, 1967; E. Konto in d. Schweiz, 1975; Vermögen in Amerika, 1978; Zukunftsbilder aus d. Vergangenheit, 1979; Heimcomputer f. priv. Börsengesch., 1981. Herausg.: Jahrbuch f. Kapitalanleger.

BRETH, Andrea

Regisseurin - Parkstr. 4, 8035 Gauting (T. 089 - 850 70 12) - Geb. 31. Okt. 1952 (Vater: Dr. Ing. Prof. H. Breth), led. - 1970 Abitur Darmstadt, b. 1972 Stud. d. Germanistik, Anglistik Univ. Heidelberg - Liebelei, Bremen; Vater, Wiesbaden; Zur schönen Aussicht, Hamburg; Emilia Galetti, Berlin; Proper Operation, Zürich; Eisenherz, Bochum; Bernarda Alba, Freiburg (Theatertreffen 1985); Kabale u. Liebe, Freiburg - 1986 Kritikerpreis; 1987 Korner Preisträgerin; 1987 Förderpreis Ld. Nordrh.-Westf. - Liebh.: Theater, Malerei, Lit., Musik - Spr.: Engl.

BRETH, Herbert

Dr.-Ing., o. Prof. f. Bodenmechanik u. Grundbau TH Darmstadt (s. 1961) - Hobrechtstr. 57, 6100 Darmstadt - Geb. 29. Juni 1913 Wien.

BRETSCHNEIDER, Giorgio

Dr. phil., Verleger - Via Crescenzio 43, I-00193 Roma (T. 687 93 61) - Geb. 20. Jan. 1920 Rom (Vater: Max B., Verlagsbuchhändler; Mutter: Maria, geb. Hefner) - Liebh.: Musik - Bek. Vorf.: Joseph Anton Koch, Maler (1768-1839); Gaetano Koch, Architekt (1849-1910).

BRETSCHNEIDER, Hans

Dr.-Ing., Univ.-Prof., Wasserwirtschaftler - Alt-Tegel 45f, 1000 Berlin 27 (T. 433 54 59) - Geb. 13. März 1926 Berlin, ev., verh. s. 1949 m. Marianne, geb. Fröhlich, S. Hans-Joachim - Promot. 1961; Habil. 1968 Berlin - Vizepräs. Dt. Talsperrenkomitee (DTK) - BV: Taschenb. d. Wasserwirtsch., 7. A. 1992; Hilfstafeln z. Lösung wasserwirtschl. u. wasserbaul. Aufgaben, 11. A. 1981 - 1968 Gold. Sportabz.; 1976 Prof. h. c - Spr.: Engl.

BRETSCHNEIDER, Hans Jürgen

Dr. med., Dr. med. h. c., o. Prof. f. Physiologie - Kolberger Str. 10, 3406 Bovenden - Geb. 30. Juli 1922 Neubrandenburg/Meckl. (Vater: Dr. med. Martin B., prakt Arzt; Mutter: Gertrud, geb. Scharck), ev., verh. s. 1953 m. Helga, geb. Leube, 3 Kd. (Martin, Cornelia, Stephan) - TH Berlin (Schiffbau), Univ. Göttingen (Math., Med.). Med. Staatsex. 1952; Promot. 1952; Habil. 1958 (alles Göttingen) - 1964 ao. Prof. Univ. Köln; 1968 o. Prof. Univ. Göttingen (Dir. Physiol. Inst.), 1974-76 Dekan Med. Fak. 1971-86 Sprecher d. SFB 89 - Kardiologie Göttingen; 1986/87 Vors. Dt. Ges. f. Herz- u. Kreislaufforsch. 1981 Ablehnung e. Rufes an d. Univ. Düsseldorf. S. 1987 Sprecher SFB 330 - Organprotektion. Spez. Arbeitsgeb.: Koronardurchblut. u. Herzstoffw., Kardioplegie u. Myokardprotektion, sow. Protektion d. Niere u. and. Organe. Fachveröff. - 1960 Artur-Weber-Preis Dt. Ges. f. Kreislaufforsch.; 1972 Mitgl. Akad. d. Wiss. Göttingen; 1982 Hellmut-Weese-Med. Dt. Ges. f. Anaesthesiol. u. Intensivmed.; 1983 Ernst-Jung-Preis f. Med.; 1986 Ehrenmitgl. Dt. Ges. f. Anaesthesiol. u. Intensivmed.; 1987 Ehrenmitgl. Dt. Ges. f. Thorax-, Herz- u. Gefäßchir.; 1988 Ehrendoktor d. Med. Fak. d. Univ.-GH Essen; 1989 Erich-Lexer-Preis Dt. Ges. f. Chirurgie, u. Fritz-Acker-Preis Dt. Ges. f. Herz- u. Kreislaufforsch.; 1990 Mitgl. Dt. Akad. d. Naturforscher Leopoldina, Halle.

BRETT, Reinhard

Dr. med., Dermatologe, Prof. f. Haut- u. Geschlechtskrankh. Univ. Mainz - Neuer Wall 46, 2000 Hamburg 36 - Geb. 17. Febr. 1916 - S. 1948 (Habil.) Lehrtätigk. Mainz; zeitw. Dir. Univ.s-Hautklin. Kabul (Afgh.).

BRETTEL, Hans-F.

Dr. med., Arzt, Prof. f. Rechtsmedizin Univ. Frankfurt/M. (Fachbereich Humanmed.) - Taunusstr. 31a, 6070 Langen - Geb. 10. Nov. 1936 Heidelberg (Vater: Heinrich B., Kapt.; Mutter: Erika, geb. Ebinger), ev., verh. s. 1963 m. Dr. Hede, geb. Bruns, 4 Kd. (Wiebke, Malte, Hauke, Frauke) - Promot. 1963 Kiel; Habil. 1970 Frankfurt/M. - BV: Blutalkohol u. -wassergehalt, 1972 - Liebh.: Klass. Lit., Musik (Symphonik, mod. Jazz) - Spr.: Engl., Franz.

BRETTHAUER, Karlheinz

Dr.-Ing., em. Univ.-Prof., Inst. f. Elektr. Energietechnik d. TU Clausthal - Berliner Str. 45, 3392 Clausthal-Zellerfeld (T. 13 38) - Geb. 5. März 1922 Hannover (Vater: Carl B., Kaufm.; Mutter: Paula, geb. Dost), ev. verh. s. 1951 m. Irmgard, geb. Burkhardt, 3 Kd. (Cornelia, Achim †, Jutta) - Realgymn. (Tellkampf-Sch.) Hannover; 1946-49 TH Hannover (Elektrotechnik, bes. Starkstrom). Promot. 1952 - 1949-62 Siemens-Schuckertwerke, Essen u. Erlangen (zul. Obering.); s. 1962 Bergakad. bzw. TU Clausthal (Ord. u. Inst.sdir.); s. 1985 Mitgl. Braunschweig. Wiss. Ges.- BV: Walzenstraßen, in: Handb. d. Regelungstechnik, 1961; Elektrotechnik, in: Dubbel, 16. A. 1987 - Spr.: Engl. - Rotarier.

BRETTSCHNEIDER, Wolf-Dietrich

Dr. paed., Prof. f. Erziehungswissenschaft unt. bes. Berücks. d. Sportdidaktik Univ. Hamburg (s. 1977) - v.-Melle-Park 8, 2000 Hamburg 13; priv.: Rochusweg 53, 4790 Paderborn.

BRETZ, Heinz

Werbeberater - Veilchenweg 23, 4005 Meerbusch-Strümp - Geb. 7. Juni 1937 Köln (Vater: Wilhelm B.; Mutter: Maria, geb. Thelen), kath., verh. s. 1964 m. Gisela, geb. Rausch, 2 Kd. (Claudia, Carsten) - Realsch., Ind.kfm., Werbefachsch. - Zun. Marktforscher, anschl. Marketingleit., s. 1975 Agenturgf. (CPV-GFA/acon), 1977 Werbeleiter bei Dujardin GmbH & Co., 1984-87 Management Supervisor u. Prok. Acon, Repräsentant f. DAS BESTE. Mitgl. Prüf.-aussch. IHK Köln, Ber. Werbefachwirt RTE - BV: D. Beruf d. Werbefachmanns in d. Welt von morgen, 1971. Div. Veröff. in d. Fachpresse.

BRETZ, Karl-Fritz

Kaufmann, Geschäftsf. Bretz Wohnträume GmbH, Polstermöbelfabrik, Gensingen - Am Eichborn 7, 6531 Gensingen (T. 06727 - 88 70) - Geb. 21. Nov. 1932 Bad Kreuznach, ev., verh. m. Erika, geb. Hartmann, 3 Kd. (Hartmut, Volker, Norbert) - Tätigk. Bretz Wohnträume GmbH.

BREU, Josef

I. Bürgermeister (s. 1966) - Rathaus, 8221 Tacherting/Obb. - Geb. 23. März 1929 Tacherting - Zul. Verwaltungsangest. CSU.

BREUCKER, Katrin,

geb. Hauswirth

Schriftstellerin - Isenbergstr. 13, 4300 Essen 1 - Geb. 12. April 1932 Essen (Vater: Heinrich Hauswirth, Techniker; Mutter: Elisabeth, geb. Hüsken), (Ehemann: Walter B. †1975, Western-Autor, Ps.: Uwe Breck Larret), 2 Töcht. (Marion, Doris) - Realschulabschl. (MTA-Ausbild.) - S. 1976 50 Heftromane (med. Bereich), Erika Romanreihe Kelter-Verlag unter Verlags-Ps. - Liebh.: Bücher, Antiquitäten, Katzen.

BREUCKER, Oscar Herbert

Schriftsteller (Ps. Ralph Garby, Cliff Clure, Frank Wolter, Unus Nobody) - Isenbergstr. 13, 4300 Essen - Geb. 16. März 1908 Essen, altkath., led. - Volkssch.; kaufm. Lehre - S. 1929 etwa 250 Kriminal-, Abenteuer- u. Wildwestromane - Liebh.: Antiquitäten, Klaviersp., Hunde - Spr.: Franz.

BREUEL, Birgit,

geb. Münchmeyer

Nieders. Finanzministerin a. D., Präsidentin Treuhandanstalt (s. 16.04.1991) - Leipziger Str. 5-7, O-1080 Berlin - Geb. 1937 (Eltern: Alwin Münchmeyer †, u. Gertrud, geb. Nolte), verh., 3 Söhne - Ehem. Nieders. Ministerin f. Wirtsch. u. Verkehr; 1986-90 Finanzmin. - BV: Es gibt kein Butterbrot umsonst, 1976; D. Amtsschimmel absatteln, 1979; Perspektiven d. Aufbruchs, 1983 - Bruder: Hans-Hermann Münchmeyer, Geschäftsf.

BREUER, Bert

Dr.-Ing., Prof. f. Fahrzeugtechnik TH Darmstadt (s. 1978) - Im Metzger 7, 6104 Seeheim-Malchen - Geb. 7. April 1936 Köln (Vater: Hans B., Kaufm.; Mutter: Irmgard, geb. Dickoff), kath., verh. s. 1964 m. Elke, geb. Haffke, 2 Söhne (Jörg, Ulf) - Apostel-Gymn. Köln (Abit. 1955); TH Aachen (Dipl.-Ing. 1963; Promot. 1970) - 1963-70 Wiss. Assist. TH Aachen; 1970-76 Entwicklungsleit. Klöckner-Humboldt-Deutz AG, Köln; 1976-77 Fachbereichsleit. TÜV Rhld. ebd.; s. 1982 AR-Mitgl. Carl Schenck AG, Darmstadt, s. 1990 Landtechnik AG, Schönebeck; s. 1988 Mitgl. Wiss. Beirat Vegla GmbH, Aachen; s. 1989 Mitgl. techn. Beirat Fichtel & Sachs AG, Schweinfurt; 1989 Ehrenprof. Tongji-Univ. Schanghai - Rotarier.

BREUER, Franz

Vorsitzender d. Christl. Gewerkschaft Bergbau-Chemie u. Energie (s. 1976) - Daniel-Schweber-Str. 28, 5100 Alsdorf (T. 02404-2 47 25) - Geb. 25. Dez. 1930, kath., verh. s. 1952 m. Gertrud, geb. Lentzen, 2 T. (Maria, Karin) - Im Bergbau v. Schlepper-Lehrhauer-Hauer z. Fahrhauer u. Techn. Angest. Mehr als 35 Jahre b. Eschweiler Bergwerks-Verein - S. 1978 Vorstandsmitgl. Christl. Bergarbeiter Internationale; s. 1972 Stadtrat Alsdorf u. ab 1981 MdK Kr. Aachen - BVK.

BREUER, Fritz

Dr. jur., Rechtsanwalt, Hauptgeschäftsf. Verband Dt. Adreßbuchverleger (s. 1968) - Kaiserstr. 50, 4000 Düsseldorf - Geb. 5. Febr. 1929 Glehn üb. Neuss (Vater: Fritz B., Landw.; Mutter: Martha, geb. Goebels), kath., verh. s. 1956 m. Ursula, geb. Weber, 2 S. (Frank, Peter) - Spr.: Engl.

BREUER, Grit

Sprinterin, 2. der Weltmeisterschaft 1991 (üb. 400 m) - Wohnhaft O-2000 Neubrandenburg - Geb. 12. Febr. 1972 Röbel - 1990 Europameisterin (400 m u. 4 x 400 m), 1991 2. d. Dt. Meisterschaft (üb. 100 u. 200 m).

BREUER, Hans

Geschäftsführer Jost-Werke GmbH., Neu-Isenburg - Fasanenstr. 13, 6078 Neu-Isenburg - Geb. 28. Febr. 1924.

BREUER, Hans Dieter
Dr. rer. nat., Prof. f. Physikal. Chemie Univ. Saarbrücken - Waldwiese 7a, 6600 Saarbrücken - Geb. 29. Aug. 1939 Troisdorf/Rhld., verh. s. 1967 m. Lieselotte, geb. Engels, T. Barbara - Stud. Aachen u. Bonn. Promot. 1969; Habil. 1972.

BREUER, Helmut
Dr. sc. paed., Dr. h.c. phil., Prof. f. Päd. Psychologie Univ. Greifswald - Maxim-Gorki-Str. 3b, O-2200 Greifswald (T. 81 27 26) - Geb. 26. Nov. 1927, 2 Kd. - Lehrerstud. Jena, Ex. 1951 Greifswald, Promot. 1956 ebd., Habil. 1974 ebd. - BV: Gut vorbereitet auf d. Lesen u. Schreibenlernen (m. Dr. M. Weuffen), 7. A. 1990; Besondere Entwicklungsauffälligkeiten b. Fünf- b. Achtjährigen (m. Dr. M. Weuffen), 2. A. 1991; Pädagogisch-psychologische Prophylaxe (m. K. Ruoho), 1989 - 1988 Ehrenpromot. Univ. Jolusuu/Finnland.

BREUER, Helmut W.
Dr. rer. nat., o. Prof. f. Angew. Geographie RWTH Aachen (s. 1974) - Am Rosenhügel 23, 5100 Aachen-Laurensberg - Geb. 3. Nov. 1940 Aachen (Vater: Dr. Joseph B.; s. dort; Mutter: Dr. Else, geb. Heyer), kath., verh. s. 1965 m. Ursula, geb. Hahn, 2 Kd. (Klaus, Achim) - Stud. d. Geogr. u. Math. TH Aachen u. Univ. Paris; Promot. 1968; Habil. 1974 - BV: D. Maas als Schiffahrtsweg, 1969; D. Aachener Raum in d. Luftbild, (I) 1976, (II) 1982; Fr. u. geplante Entw. v. Ersatzind., 1984 - Spr.: Engl., Franz.

BREUER, Horst
Dr. phil., Prof. f. Engl. Philologie (Literaturwiss.) - Reichsgrafenstr. 12, 7800 Freiburg/Br. (T. 0761 - 7 26 96) - Geb. 15. Juni 1943 Wien, verh., 2 Kd. - 1969 Assist. Univ. Freiburg (Promot. 1971, Habil. 1977) - 1979 Prof. TU Berlin, 1980 Prof. Univ. Marburg - BV: Samuel Beckett. Lernpsych. u. leibliche Determination, 1972; Vorgesch. d. Fortschritts: Studien z. Historizität u. Aktualität d. Dramas d. Shakespearezeit, 1979; D. Klassiker d. engl. Lit. (Hermes Handlexikon), 1985 (m. U. Böker u. R. Breuer); Hist. Lit.psych.: V. Shakespeare b. Beckett, 1989.

BREUER, Josef
Dr. rer. nat., Chemiker, apl. Prof. f. Klin. Chemie i. Biochemie Univ. Bonn/Med. Fak. (s. 1976) - Oberer Eickeshagen 2c, 5620 Velbert 11 - Geb. 20. Aug. 1932 Eitorf/Sieg (Vater: Anton B., Lehrer; Mutter: Elisabeth, geb. Stein), kath., verh. s. 1965 m. Friederike, geb. Menzen, 2 S. (Marcus, Andreas) - Gymn.; Univ. Bonn. Promot. (1964) u. Habil. (1971) Bonn - 1971-76 Abteilungsleit. Merck, Darmstadt; s. 1976 Laborleit. Marienhospital, Gelsenkirchen; s. 1984 gf. Schriftführer Dt. Ges. f. Klinische Chemie. Üb. 40 Fachveröff.

BREUER, Jürgen-Heinrich
Unternehmer, Vors. d. Verwaltungsrats Verb. Dt. Küstenschiffseigner, Hamburg (s. 1986) - Tönsfeldtstr. 38, 2000 Hamburg 50 - Geb. 23. Okt. 1915 - 1959-86 Vors. Verb. Dt. Küstenschiffseigner.

BREUER, Karl Hugo
Dr. phil., Direktor Kath. Heimstatt-Bewegung Zentrale e.V. - Pannenberg 110, 5060 Bergisch-Gladbach (T. 02202 - 5 82 91) - Geb. 21. Juli 1924 Porz am Rhein, kath., verh. s. 1954 m. Mechthild, geb. Menzen, 6 Kd. (Otfrid, Eva Marie, Wimar, Nele, Roswith, Anno) - Abit. 1942; Stud. Gesch., Politikwiss., German., Phil. u. Päd. Univ. Köln u. Bonn; Promot. 1951 - 1. Vors. Kath. Heimstatt-Bewegung, u. Landesarbeitsgem. BAG Jugendsozialarbeit NRW; Vorst.-Mitgl. Kath. BAG Jugendaufbauwerk, Joh.-Mich.-Sailer-Inst. Köln, u. Kath. Fachhochsch. NRW - BV: D. junge Marx - Sein Weg z. Kommunismus, 1954; Jugendsozialarbeit, 4. A. 1965; Heimleiter, 1966; Partnerschaft im Heim, 1967; Anfänge d. Heimstatt im rhein. Raum, 1968; Heimplanung, 1969; Heimstatt - wohin, 3. A. 1970; Handbuch Jugendsozialarbeit NRW, 1985. Herausg.: Ztschr. D. Heimstatt (s. 1953); Jahrbuch f. Jugendsozialarbeit (s. 1980); Forum Jugendsozialarbeit (s. 1986) - Komtur Ritterorden v. hl. Gregorius; Gold. Ehrenzeichen Dt. Caritasverb. - Liebh.: Dt., chines. u. japan. Lyrik, Zeichnung u. Graphik, Wandern - Spr.: Engl., Franz.

BREUER, Manfred
Dr. rer. nat., o. Prof. f. Mathematik (Lehrstuhl II) Univ. Marburg (s. 1971) - Gründeberg 7, 3550 Marburg/L. (T. 3 54 41) - Zul. Univ. of Kansas, Lawrence (USA).

BREUER, Matthias
Vorstandsmitglied Rhein.-Westf. Elektrizitätswerk AG. (RWE), Essen - In der Goldkuhl 30, 5169 Heimbach 2/Eifel - Geb. 26. Jan. 1920 - Zahlr. Mandate (AR u. VR).

BREUER, Paul
Prof., Dozent f. Kontrabaß u. Theorie Musikhochschule Köln - Zu erreichen üb. Musikhochsch., Dagobertstr. 38, 5000 Köln 1.

BREUER, Paul
Hauptschullehrer a.D., MdB (s. 1980) - Spechtweg 8, 5900 Siegen 21 - Geisweid (T. 0271-8 48 22) - Geb. 25. Juni 1950 Berghausen (Vater: Adolf B., Kaufm.; Mutter: Ursula, geb. Kubon), kath., verh. s. 1972 m. Karin, geb. Scheffel - Gymn. (Abit. 1968), PH, Univ., GH (1. Staatsex. 1973, 2. 1975) - Liebh.: Hist. Lit., Sport - Spr.: Engl., Ital.

BREUER, Richard
Dr. jur., Generalkonsul a. D. - Wielinger Str. 30, 8133 Feldafing - 1977 Gr. BVK - 1969-73 Botschafter in Afghanistan; s. 1977 i. R.

BREUER, Rolf
Dr. phil., Prof. f. Anglistik Univ. Paderborn - Universität, Fachbereich 3, 4790 Paderborn - Geb. 13. Okt. 1940 Wien. Stud. Bonn u. Göttingen; Promot. Göttingen 1967, Habil. Regensburg 1975 - S. 1979 Prof. f. engl. Lit. Paderborn - BV: D. Stud. d. Angl. (m. R. Schöwerling), 1980; Altengl. Lyrik (m. R. Schöwerling), 1981; D. Kunst d. Paradoxie. Sinnsuche u. Scheitern b. Samuel Beckett, 1976; Lit. - Entw. e. kommunikationsorient. Theorie d. sprachl. Kunstwerks, 1984; English Romanticism: The Paderborn Symposium (m. W. Huber u. R. Schöwerling), 1985; D. Klassiker d. engl. Lit. (m. U. Böker u. R. H. Breuer), 1985; Beckett Criticism in German: A Bibliography (m. H. Gundel u. W. Huber), 1986; Tragische Handlungsstrukturen. E. Theorie d. Tragödie, 1988.

BREUER, Rolf E.
Dr. jur., Vorstandsmitglied Deutsche Bank AG - Taunusanlage 12, 6000 Frankfurt/M. - AR-Vors., stv. AR-Vors. u. AR-Mitgl. e. Reihe namh. Ges.

BREUER, Rüdiger
Dr. jur., Prof. f. Staats- u. Verwaltungsrecht Univ. Trier (s. 1979) - Heinr.-Brauns-Str. 4, 5500 Trier - Geb. 9. Okt. 1940 Erkelenz (Vater: Kurt B., Studiendir.; Mutter: Dr. phil. Hiltrud, geb. Haag) - 1970-71 Rechtsanw.; 1971-75 Wiss. Assist.; 1975-79 Wiss. Rat u. Prof. Univ. Bielefeld - BV: D. hoheitl. raumgestalt. Planung, 1968; Kreisentwicklungsplanung, 1974 (m. a.); D. Bodennutzung im Konflikt zw. Städtebau u. Eigentumsgarantie, 1976; Öfftl. u. priv. Wasserrecht, 1976, 2. A. 1987; Komment. z. Bundesbaugesetz, 1980 (m. a.); D. Planfeststellung v. Anlagen z. Endlagerung radioaktiver Abfälle, 1984; D. Abgrenzung zw. Abwasserbeseitigung, Abfallbeseitigung u. Reststoffverwertung, 1985; Bauplanungsrechtl. Instrumente d. Schutz d. Sozialstruktur, 1985; Verw.rechtl. Prinzipien u. Instrumente d. Umweltschutzes, 1989.

BREUER, Walter
Dr.-Ing., Prof. f. Techn. Mechanik u. Strömungslehre FH Köln, Abt. Gummersbach - Hermannsburgstr. 10, 5270 Gummersbach 1 - Geb. 9. April 1931 Kohlscheid (Vater: Reiner B.; Mutter: Maria, geb. Paffen), kath., verh. s. 1959, 2 Kd. (Claudia, Ralf) - Kaiser-Karls-Gymn. u. TH Aachen (Maschinenbau; Dipl.-Ing. 1957, Promot. 1963) - B. 1971 Oberbaurat, dann Hochschullehrer - BV: Laminare Grenzschicht b. stärk. Wandkrümmung, 1963 (Diss.) - Liebh.: Musik, Naturschutz - Spr.: Engl.

BREUNIG, Walter
Dr. phil., Prof. f. Psychologie Päd. Hochsch. Heidelberg - Haydnstr. 10, 6940 Weinheim/Bergstr. - Geb. 3. Mai 1923 Lampertheim, verh. m. Helmi, geb. Schick, 3 Söhne (Hans-Werner, Martin, Christian) - Univ. Heidelberg (Päd., Psych., Soziol.). Beide Lehrerprüf.; Promot. 1958 - 1947-55 Lehrer; 1956-60 Schulpsychologe; s. 1960 Hochschullehrer - BV: Schuleintrittsalter u. Reifedifferenzierung, 1964; Gestaltauffassung u. -wiedergabe im Kindesalter, 1967. Herausg.: D. Zeitproblem im Lernprozeß (1973); Techn. Grundbildung f. Schüler m. Lernschwierigkeiten (1977) - Dt. Ges. f. Psych.

BREUNING, Wilhelm
Dr. theol., em. o. Prof. f. Dogmatik Univ. Bonn (s. 1968) - Bleichgraben 16, 5300 Bonn - Geb. 15. Mai 1920 Sobernheim, kath. - 1960-68 ao. o. Prof. Theol. Fak. Trier, 1985 emerit. - BV: Erhebung u. Fall d. Menschen nach Ulrich v. Straßburg, 1959; D. hypost. Union in d. Theol. Wilhelms v. Aurerre, Hugos v. St. Cher u. Rolands v. Cremona, 1962; Jesus Christus, d. Erlöser, 1968; Gemeinschaft m. Gott in Jesu Tod u. Auferweckung, 1971; Communio Christi, 1980 - Lit.: Festschr. Im Gespräch m. d. Dreieinen Gott (hg. Michael Böhnke u. Hanspeter Heinz) (1985).

BREVERN, von, Bernhard
Dr. rer. pol., Bankdirektor a.D. - Hockenheimer Str. 40, 6703 Limburgerhof (T. Büro: 06236 - 6 73 96) - Geb. 24. Okt. 1932 - B. 1971 stv. 1971-86 o. Vorst.-Mitgl. Pfälz. Hypothekenbank - Spr.: Engl. - Rotarier.

BREVIS, Carl August
s. Kurz, Carl Heinz

BREY, Bernhard
Zeitungsverleger, Gesellsch. Fränkische Tag GmbH, Bamberg - Viktor-v.-Scheffel-Str. 30, 8600 Bamberg - Geb. 16. Dez. 1928.

BREYCHA, Ottokar W.
Geschäftsführer ATB Allgemeine Treuhand u. Beratungsges. mbH Wirtschaftsprüfungsges. - Pfahlerstr. 54, 6200 Wiesbaden - Geb. 17. Sept. 1927, verh. s. 1950 m. Helga, geb. Ebner †1987. verh. in 2. Ehe m. Heidrunn, geb. Tamitz, 4 Kd. (Arnim, Ingeborg, Astrid, Anja) - Dipl.-Kfm. 1953, Wirtschaftsprüf. 1959 - B. 1967 Vorst. Allg. Revisions- u. Verw. AG Wirtschaftsprüfungsges.; 1978-87 Pers. haft. Gesellschafter u. Partner Peat, Marwick, Mitchell & Co., Frankfurt, b. 1990 Vorst. Dt. Treuhand GmbH Wirtschaftsprüf.-ges., Geschäftsf. KPMG Peat Marwick Treuhand GmbH Wirtschaftsprüfungsges.

BREYER-PFAFF, Ursula
Dr. rer. nat., Dr. med., Prof. Inst. f. Toxikologie, Univ. Tübingen - Bohnenbergerstr. 17, 7400 Tübingen 1.

BŘEZAN, Jurij
(Ps. Dušan Šwik) Dr. h. c., Schriftsteller (sorbisch u. deutsch). - O-8291 Horni Hajnk 1 (T. 0052596 - 2 92) - Geb. 9. Juni 1916 Räckelwitz, kath., verh. s. 1948, S. Simon - Mitgl. PEN, Dt. Akad. d. Künste Berlin - BV: R. Felix-Hanusch-Trilogie (D. Gymnasiast, Semester

d. verlorenen Zeit, Mannesjahre), 1964; Krabat od. D. Verwandlung d. Welt, 1976; Bild d. Vaters, 1983; Mein Stück Zeit, 1989; Erzählungen; Kinderb.; Übers. in 19 Sprachen; alle Werke auch in sorbischer Sprache - 3 × Nationalpreis DDR.

BREZINKA, Wolfgang
Dr. phil., o. Prof. f. Erziehungswissenschaft - Jakobstr. 45, 7750 Konstanz/B. (T. 3 14 71) - Geb. 9. Juni 1928 Berlin (Vater: Dipl.-Ing. Josef B.), verh. m. Dr. Erika, geb. Schleifer, 3 Kd. (Christof, Veronika, Thomas) - S. 1954 (Habil.) Lehrtätig. Univ. Innsbruck, Würzburg (1958 ao. Prof.), Innsbruck (1960 o. Prof.), Konstanz (1967 o. Prof.). Forschungstätig. Columbia u. Harvard Univ. (USA), Gastprof. Univ. Fribourg/Schweiz (1984), Univ. of South Africa, Pretoria (1985) - BV: u. a. Erziehung als Lebenshilfe, 1957, 8. A. 1971 (ital. 1972, pers. 1992); Erziehung. Kunst d. Möglichen, 1960, 3. A. 1988; Metatheorie d. Erziehung, 1971, 4. A. 1978 (ital. 1980, jap. 1990, engl. 1992); Grundbegriffe d. Erziehungswiss., 1974, 5. A. 1990 (ital. 1976, jap. 1980, span. 1990); D. Pädagogik d. Neuen Linken. Analyse u. Kritik, 1972, 6. A. 1981 (ital. 1974, jap. 1975, norweg. 1977, span. 1988); Erziehungsziele, -mittel, -erfolg, 1976, 2. A. 1981; Erziehung in e. wertunsicheren Ges., 1986 (ital. 1989, span. 1990, jap. 1991); Tüchtigkeit. Analyse u. Bewertung e. Erziehungszieles, 1987; Aufklärung üb. Erziehungstheorien, 1989; Glaube, Moral u. Erziehung, 1992 (ital. 1992). Zahlr. eigb. Einzelarb. - 1984 Tiroler Adler-Orden in Gold; 1989 Österr. Ehrenkreuz f. Wiss. u. Kunst I. Kl.

BREZNAY, Aranka

Lehrerin, Autorin - Ehenfeld 11, 8452 Hirschau (T. 09622 - 14 09) - Geb. 31. Juli 1938 Mähr. Ostrau/CSFR, kath., ledig, T. Ruth - PH Regensburg - Mitgl. Schriftstellergr. intern., Regensburg - BV: Prosa: Fluchtskizzen, 1977; Milch u. Honig, 1983; Lyrik: Ich lehn mich in d.

Garten bei d. Nacht, 1981 - Spr.: Ungar. - Bek. Vorf.: Breznay, Imre, Päd. u. Autor (Bruder d. Urgroßv.).

BRICK, Martin

Landwirtschaftsminister im Min. f. Landw., Ernährung, Forsten u. Fischerei Mecklenburg-Vorpommern (s. 1990) - Paulshöher Weg 1, O-2786 Schwerin - Geb. 18. März 1939 Demmin/Vorp., ev., verh. s. 1969 m. Bärbel, geb. Paul, 2 Kd. (Miriam, Malte) - 1964 Stud. Veterinärmed. Leipzig, 1980-82 Fachtierarztstud. Berlin - 1965-90 prakt. u. leit. Tierarzt; Juni-Okt. 1990 Regierungsbevollm. Neubrandenburg; Aug.-Okt. 1990 Landessprecher f. Mecklenburg-Vorp.; Okt. 1990 Landesbevollm. Mecklenburg-Vorp.; s. Okt. 1990 MdL - Liebh.: Segeln - Spr.: Engl.

BRICKENSTEIN, Rudolf

Geschäftsführer W. Brügmann & Sohn GmbH & Co., Dortmund; W. Brügmann & Sohn GmbH, Papenburg, u. Brügmann Frisoplast GmbH, Dortmund - Hermann-Löns-Str. 7, 4600 Dortmund 1 - Geb. 1. Juni 1929 Bremen - B. 1984 Präs. IHK Dortmund. Vorst. Arbeitgeberverb. Holzbearb. u. -hdl. NRW, Düsseldorf. Div. Mandate.

BRIEBACH, Ferdinand

Bankdirektor, Vorstandsmitglied Volksbank Hannover eG u. d. Niedersächsische Börse zu Hannover - Güntherstr. 16, 3000 Hannover 1 (T. 0511-3108-201) - Geb. 15. März 1938 Kassel, ev., verh. s. 1962 m. Anneliese, geb. Vockeroth - 1956-59 Lehre Commerzbank AG - 1959-72 Commerzbank AG (zul. Abt.-Dir.); 1972-75 Dir. u. Mitleit. BHF-Bank, Filiale Kassel; Beirat DEFIV Dt. Verwaltungsges. f. Investment-Fonds GmbH, Frankfurt/M., u. DG Capital Management GmbH, Frankfurt/M.; Member of the Board of Directors DG ESC European Securities Corp., New York. Ehrenamtl. Richter am Landesarbeitsamt Niedersachsen - Liebh.: Golf, Tennis.

BRIEFS, Ulrich

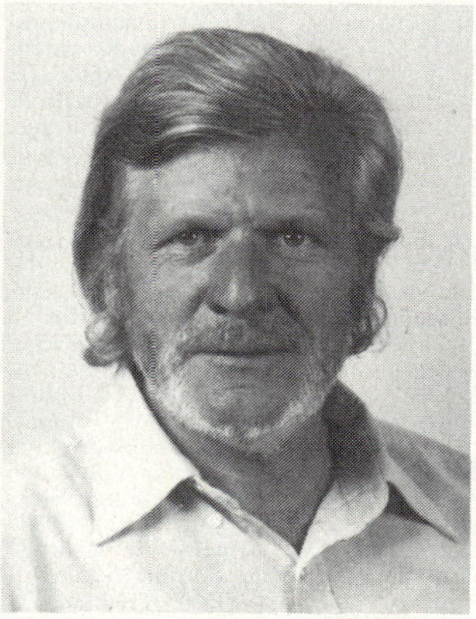

Dr. rer. pol., Dipl.-Volksw., MdB (s. 1987), Honorarprof. f. Angew. Informatik Univ. Bremen (s. 1991) - Hoofdstraat 34A, NL-6061 CD Posterholt (T. 0031 - 47 42-35 88) - Geb. 21. Febr. 1939 - Stud. Volks- u. Betriebswirtsch., Sozialwiss., Sprachen, Orientalistik Univ. München, Berlin, Köln, Osnabrück, Tunis; Dipl.-Volksw. 1966 Köln; Promot. 1981 Osnabrück - Ausb. u. Tätigk. z. Systemanalytiker IBM; EDV-Planer Thyssen; wiss. Ref. WSI d. DGB; Gastprof. u. Lehrauftr. in Informatik u. Sozialwiss. Paris, Kopenhagen, Bremen, Konstanz u. and. Hochsch.; EDV-Berater u. Instruktor. S. 1987 MdB Die Grünen, Mitgl. Bundestagsaussch. f. Forsch. u. Technol., f. d. Post- u. Telekommunikation. 1990-91 parteilos in d. Gruppe PDS/LC, s. 1991 unabh. Abg., Haushaltsaussch., Aussch. f. Post u. Telekommunikation, Unteraussch. Treuhandanstalt - Üb. 300 Bücher u. Zeitschriftenveröff. - Mitgl. zahlr. Fachges., Aussch., gewerkschaftl. Gremien; u. a. GEW-Vorst. Hochsch. u. Forsch. NRW - 1986 Silver Core Award d. Intern. Federation f. Information Processing.

BRIEGER, Norbert

Journalist - Zu erreichen üb.: ZDF, Postf. 4040, 6500 Mainz 1 - Geb. 3. Febr. 1932 Breslau - U. a. ZDF-Korresp. Tel Aviv, Singapur, Wien (1985).

BRIEGLEB, Klaus

Dr. phil., o. Prof. f. Neuere dt. Literaturgeschichte Univ. Hamburg (s. 1972) - von Melle-Park 6, 2000 Hamburg - Geb. 21. Jan. 1932 - Zul. Univ. München. Herausg.: Heinrich Heine: Sämtl. Schriften (7 Bde. 1968-76). Mithrsg.: Gegenwartsliteratur s. 1968 (1992); Publik. üb. Lessing, F. Schlegel, Heine, Sprachpolitik; zul. Literatur u. Fahndung, (1979), Opfer Heine? (1986); Unmittelbar z. Epoche d. NS-Faschismus (1989); Literatur in d. antiautoritären Bewegung (1992).

BRIELMAIER, Hermann Josef

Dr., Vorstandsvorsitzender Val. Mehler AG, Fulda - Schwalbenstr. 6, 6411 Künzell 6 - Geb. 3. Sept. 1930.

BRIESEMEISTER, Joachim Dietrich

Dr. phil., Prof. f. Iberoroman. Philologie, Freie Univ. Berlin (s. 1987), Direktor Ibero-Amerikanisches Inst. Preußischer Kulturbesitz, Berlin (s. 1987) - Hildegardstr. 1, 1000 Berlin 31 (T. 030 - 854 45 59) - Geb. 12. Mai 1934 Altena, verh., 3 Kd. - Stud. Univ. München, Rennes (Roman. u. Mittelalt. Philol., Phil.). Promot. 1959, Ex. f. d. höh. Bibl.dst. 1961, Habil. 1966, smtl. München - 1959-71 Bay. Staatsbibl. München, 1971-87 Univ. Mainz - Spr.: Span., Port., Franz., Engl.

BRIESKORN, Carl-Heinz

Dr. rer. nat., em. o. Prof. f. Pharmazie u. Lebensmittelchemie - Trautenauerstr. 45, 8700 Würzburg (T. 7 15 35) - Geb. 10. Nov. 1913 Königsberg/Pr. (Vater: Herbert B., Kaufm.; Mutter: geb. Schuchardt), verh. s. 1942 m. Elfriede, geb. Endrich - Promot. 1941; Habil. 1944 - S. 1951 Prof. Univ. Istanbul, Tübingen (ao.), Würzburg (1960 o. u. Inst.dir.). Fachveröff.

BRIESKORN, Egbert

Dr. rer. nat., Prof. - Greescheider Siefen, 5208 Bitze - Zul. o. Prof. Univ. Göttingen, s. 1975 o. Prof. Univ. Bonn.

BRIEST, Eckart

Botschafter a. D. - Zu erreichen üb. Schloss Thürnhofen, 8805 Feuchtwangen/Mittelfranken - Geb. 21. April 1909 Berlin (Vater: Dr. med. Eckhardt B., Arzt; Mutter: Lucie, geb. Buchholz), ev., verh. s. 1957 m. Barbara, geb. Hilgenstock, T. Patricia - Univ. Greifswald u. Berlin (Rechts- u. Staatswiss., Volksw.). Refer.ex. 1932 KG Berlin; gr. Diplomat.-konsular. Prüf. 1937 - Ab 1935 AA Berlin (Attaché), 1936-37 Gesandtschaft Helsinki, 1937-41 Botschaft Nanking (Legationssekr.) u. Gesandtsch. Hsinking (1940), 1941 Vizekonsul New York u. Cleveland, dann Wehrdst., ab 1956 AA Bonn (Legationsrat I. Kl.), 1957-59 Gesandtsch. Dublin, s, 1959 Botschafter Paraguay, Uruguay, Neuseeland - 1969 BVK I. Kl., 1974 Gr. BVK - Liebh.: Kunst, Sport - Spr.: Franz., Engl., Span., Chines.

BRIGGS, Curtis

Musik- u. Filmproduzent - Kunigundenstr. 48, 8000 München 40 - Geb. 23. Aug. 1950, ev., verh. s. 1983 - Abit. Sch. Salem; Stud. Publiz. u. Theaterwiss.; Volontärz. ZDF - Regieassist. b. Dr. F. Furtwängler, W. Klein, u.a.; Mangement E. Schoener; div. Konzerte, Tourneen u. Filme, u.a. auch in Hollywood; 1980 Orchesterprodukt. f. d. Alan Parsons Projekt; 1985 Autor d. Sp. Senkrechtstarter; 1986-90 Red. u. Managem. d. Bambi-Verleihung u. Bambi-Gala; 1987-90 Red. Baden-Badener Roulette; Musikprod. olymp. Bewerbungsfilm Berchtesgaden; Musikprod. Spielfilm Feuer u. Eis v. Willy Bogner; 1987 TV-Musikredaktion Eurovisionssendung Willkommen in München; 1989 Prod. d. Musik f. d. ZDF-Serie Blaues Blut; 1990 Zusammenarb. m. d. Dirigenten Enoch zu Guttenberg b. d. Aufführung E. Requiem f. d. Regenwald, d. Verdi-Requiem, TV-Aufz.; 1991 f. d. ARD Gala Paris (Regie Peter Ustinov); Musikproduktion f. TV-Film Dienstvergehen m. Willy Millowitsch; Gründung Artists United for Nature e.V. Produktion m. H. Faltermeyer u. C. Thompson Benefizsingle f. d. Regenwald Yes We Can, Liveauftritt in Frank Elstners Nase vorn - Wichtige Veranstaltungen: 81 u. 82 Eurovisionssendung Klassik-Rock-Nacht m. E. Schoener; künstl. Neugestaltung d. BMW-Museums m. E. Schoener u. Prof. W. Minks; Künstl. Neugestaltung d. Villeroy u. Boch Museums unt. d. Leitung F. Burger; Tatort Musik Produkt. m. H. Weindorf, 1984 Denkmal f. d. unbekannten Baum - Höchste Ausz. f. d. Musikprodukt. d. Ausstellung Villeroy u. Boch-Keravision d. ITVA (Intern. Television a. Video Assoc.) - Liebh.: Hunde - Spr.: Engl., Franz. - Bek. Vorf.: Hans Bollmann, Opernsänger (Großv.), Hannelore Bollmann, Schauspielerin (Tante); d. Gebr. Wright (Urgroßonkel).

BRILL, Dieter

Dr.-Ing., Prof. f. Techn. Mechanik u. Strömungslehre Fachhochsch. Köln/Abt. Gummersbach (s. 1983) - An d. Baumschule 5, 5277 Marienheide - Geb. 28. Nov. 1932 Köln (Vater: Dr. Franz B., Museumsdir.; Mutter: Louise, geb. Kalenbach), kath., verh. s. 1961 m. Dorothee, geb. Hessler, 2 Kd. (Roland, Henrike) - TH Aachen (Dipl.-Ing. 1959, Promot. 1966) - Baudir.; 1973-83 Univ.-GH Siegen - Spr.: Engl.

BRINCKMANN, Hans

Dr. jur., Dipl.-Ing., Prof. f. Öfftl. Recht GH Kassel (s. 1973), Präs. Kasseler Univ. (s. 1989) - Weimersgasse 23, 3500 Kassel - Geb. 19. Juni 1934 Hamburg - Promot. 1969 - Vors. Ges. f. Rechts- u. Verw.-Informatik - BV: D. entscheidungserhebl. Gesetz, 1970. Mitverf.: Verwaltungsautomation (1974); Weiterbildungsinformationssystem (1974); Automatisierte Verw. (1981); Formulare im Verw.verfahren (1986); Computerbürokratie (1990); Kommunalverw. im Umbruch (1990). Aufs. z. Verhältnis v. Technik u. polit.-administrativen System; Arbeitsberichte z. Planungsrecht u. insb. aus d. Forsch.gruppe Verw.automation an d. GHK.

BRINCKMANN, Herbert

Präsident d. Amtsgerichts a.D. - Ernemannzeile 4, 1000 Berlin 20 (T. 363 63 48) - Geb. 21. Juli 1923 Hannover, verh. s. 1955 m. Helene, geb. Pramer, T. Marion - Stud. Freie Univ. Berlin - S. 1955 Justizdst. (1955 Ass., 1959 LG.rat, 1963 LG.dir., 1971 Senatspräs., 1977 Vizepräs. d. KG, 1983-88 Präs. d. AG) - Spr.: Engl., Franz., Span.

BRINCKMANN, Paul

Dr. rer. nat., Prof., Wiss. Rat u. Prof. Orthopäd. Universitätsklinik Münster - Rinscheweg 3, 4400 Münster/W. - S. Habil. Privatdoz. u. apl. Prof. Münster (Biomechanik).

BRINGEWALD, Wolf-Roderich

Dr., Mitglied d. Geschäftsleitung Deutsche Bank AG, Köln - Hahnwaldweg 10, 5000 Köln 50 - Geb. 27. Sept. 1932 Leipzig, verh. s. 1961 m. Erika, geb. Stolte, S. Kai-Roderich - Stud. Rechtswiss. u. Betriebswirtsch.; Promot. in Rechts- u. Staatswiss. - Versch. AR- u. Beiratsmand. - Spr.: Engl., Holl.

BRINGMANN, Gerhard

Dr., Univ.-Prof. Inst. f. Organ. Chemie d. Univ. Würzburg (s. 1987) - Gertrud-von-le-Fort-Str. 41, 8700 Würzburg (T. 0931 - 8 55 31) - Geb. 26. Aug. 1951 Münster, kath., verh. s. 1975 m. Juliane, geb. Schawe, 2 Kd. (Kathrin, Henrik Philipp) - Stud. Chemie 1970-72 Univ. Gießen (Vordipl.), 1972-75 Univ. Münster (Hauptdipl.); Promot. 1978 Münster; zusätzl. Grundstud. Biologie (1977 Vordipl. Münster); Habil. 1984 - 1978/79 Forschungsaufenthalt in Frankr.; 1986 Ruf an d. Univ. Wien; s. 1987 Prof. f. Organ. Chemie (Naturstoffchemie) Würzburg - Entd.: Verfahren z. Herstellung v. optisch-aktiven 1-Arylethylaminen; D.O.S. DE 3819438A1; Neue Wirkstoffe aus Heilpflanzen, Säugeralkaloide - Erf.: Verfahren z. Herstellung v. optisch aktiven alpha-Aminoacetalen; D.O.S. DE 3843390A1 - 1985 Dozentenstip. Verb. d. Chem. Ind.; 1985 Nachwuchsförderpreis Univ. Münster; 1988 Otto-Klung-Preis f. Chemie - Liebh.: Ornithologie - Spr.: Engl., Franz., Latein.

BRINGMANN, Jürgen

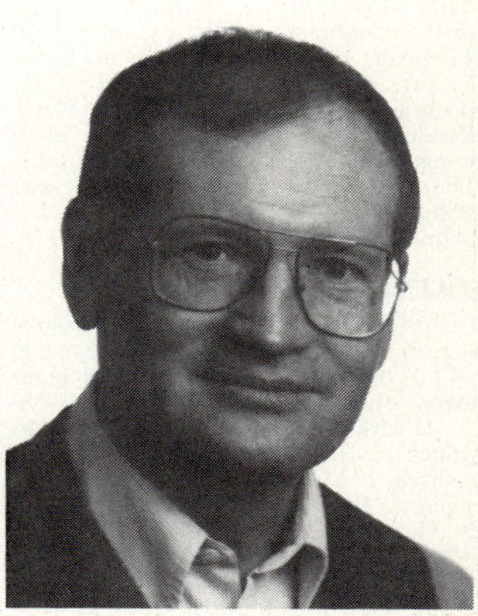

Oberst i. G., G 1 u. Gruppenleit. Heeresamt Köln - Hauptstr. 148, 5305 Alfter 3 (T. 0228 - 64 56 43) - Geb. 4. Okt. 1937 Hannover, kath., verh. s. 1959 m. Marie Luise B., 2 Kd. (Michael, Beatrix) - Abit. 1957 Jesuitenkolleg St. Blasien; Ausb. z. Berufssoldaten d. Bundeswehr (Panzerjägertruppe) - Tätigk. in d. Truppe u. im Bundesmin. d. Verteidigung, Presseoffz. b. Oberbefehlshaber d. Allierten Streitkräfte in Europa in Shape/Belgien. Pressesprecher Gemeinsch. Kath. Soldaten (GKS), Präs. Apostolat Militaire Intern. (AMI) - BV: Dem Frieden dienen? Wozu Bundeswehr?, 4. A. 1984; Frieden in Freiheit. Herausg.: Beitr. v. Manfred Wörner (1987); Christen f. d. Frieden (1990); Diener d. Sicherheit u. Freiheit d. Völker (1990) - Ritter päpstl. Silvesterorden; Silb. Verdienstkreuz d. österr. St. Georgsordens - Spr.: Engl., Franz., Ital., Span.

BRINGMANN, Karl

Dr. phil., Verlagsdirektor i.R., Honorarprof. f. Journalistik Univ. Dortmund - Mendelweg 2A, 4000 Düsseldorf 13 - Geb. 26. Dez. 1912 Düsseldorf (Vater: Ignaz B.; Mutter: Selma, geb. Wittgens), kath., verh. s. 1939 m. Martha, geb. Schüßler, 3 Kd. - Univ. Köln u. Berlin (Promot. 1937); Dt. Hochsch. f. Politik, Berlin - 1937-38 Redakt. Germania, Berlin; 1947-52 Kulturredakt. Rhein. Post, Düsseldorf; 1953-58 Chefredakt. u. Geschäftsf. Kath. Nachrichten - Agentur (KNA), Bonn (mitbegr.); 1959-78 Verlagsdir. Rhein. Post. 1951-53 Vors. Rhein.-Westf. Journalistenverb.; 1950-57 Vizepräs. Fédération Internationale des Journalistes Catholiques; 1949-64 2. Vors. Ges. Kath. Publizisten Dtschl.; Ehrenmitgl. Union Catholique Intern. de la Presse (UCIP); 1951-71 Vors. zeitungsfachl. Fortbildungskurse D'dorf; 1970/78 Vorst.-Mitgl. Ver. rhein.-westf. Ztg.verleger; 1971-82 stv. Vors. Ges. f. publizist. Bildungsarbeit; 1972-74 Mitgl. Dt. Presserat; 1972-91 Vors. Stifterverein. d. Presse; 1973-80 Vizepräs. Bundesverb. dt. Ztg.verleger; 1973-82 Ausbildungsbeauftr. BDZV; 1977-91 Beiratsmitgl. Nordwest-Ztg., Oldenburg - BV: D. konfessionellpolit. Tagespresse d. Niederrheins im 19. Jh., 1937. Herausg.: Journalismus (Schriftenreihe, b. 1991); 1. u. 2. Festschr. f. Anton Betz - 1959 Komturkreuz päpst. Gregorius-Orden, 1972 Stern dazu; 1973 Gr. BVK; Komtur d. Ritterord. v. Hl.-Grabe; Ehrenmitgl. Journ. en Europe, Paris.

BRINGMANN, Klaus

Dr. phil., Prof. f. Alte Geschichte - Am Sandacker 5, 6104 Seeheim 2 - Geb. 28. Mai 1936 Bad Wildungen - Promot. 1962; Habil. 1969 - 1971 Prof. Univ. Marburg, 1972 TH Darmstadt, 1981 Univ. Frankfurt - BV: Unters. z. spät. Cicero, 1971; Hellenist. Reform u. Religionsverfolgung in Judäa, 1983.

BRINGMANN, Michael

Dr. phil. habil., Univ.-Prof. f. Mittlere u. Neuere Kunstgeschichte Univ. Mainz (s. 1978), Dekan FB 15/Philologie III Univ. Mainz (s. 1990) - Binger Str. 26, 6500 Mainz (Inst.); priv.: Thüringer Str. 25, 6501 Bodenheim - Geb. 21. Mai 1940 Hannover, kath., verh. s. 1968 m. Ursula, geb. Nieting, T. Carola - BV: D. Mosbrugger. D. Konstanzer Maler Wendelin, Friedrich u. Joseph Mosbrugger, 1974; Friedrich Pecht (1814-1903), Maßstäbe d. dt. Kunstkritik zw. 1850 u. 1900, 1982 (= Habil.-Schrift, bei Gebr. Mann Berlin, Studio-Reihe).

BRINGMANN, Peter F.

Prof., Filmregisseur - Trogerstr. 15, 8000 München 80 (T. 089 - 470 71 17; Fax 089 - 47 37 84) - Geb. 1. Aug. 1946 Hannover, verh. m. Gabi Kubach-B. - 1968-72 Hochsch. f. Fernsehen u. Film, München. S. 1990 Prof. an d. Kunsthochsch. f. Medien, Köln - Regie: Theo gegen d. Rest d. Welt (Kinofilm, 1980); D. Heartbreakers (Kinofilm, 1982); D. Schneemann (Kinofilm 1984); Gambit (FS-Film 1985/86); African Timber (Kinofilm 1988/89); Morlock I + II (FS-Film, 1991/92) - 1980 Bayer. Filmpreis u. 1981 Gold. Leinwand (f.: Theo gegen d. Rest d. Welt); 1983 Bundesfilmpreis in Silber (f.: D. Heartbreakers); 1984 Gilde-Preis.

BRINK, Hans-Josef

Dr. rer. oec., Dipl.-Ing., Dipl.-Kfm., o. Prof. f. Betriebswirtschaftslehre (s. 1977) - Universität, 7800 Freiburg/Br.; Herrgasse, 7801 Sölden b. Freiburg - Zul. Prof. Univ. Saarbrücken. Arbeitsgeb.: Unternehmensführung, Controlling, Organis., Prod., Ind. Rohstoff- u. Energiew.

BRINK, Jürgen

Dr. rer. pol., Vorstandsvorsitzer EG-WA-WIVEDA eG/Pharmaz. Großhandel, Planegg - Regerstr. 25, 8032 Gräfelfing/Obb. - Geb. 1. Mai 1937 Neuwied/Rh., kath., verh. s. 1962 m. Erika, geb. v. Götz, 2 Töcht. (Susanne, Marion) - Gymn. Neuwied; Univ. Bonn u. Wien (Volksw.). Dipl.-Volksw. (1962) u. Promot. (1965) Bonn - AR-Vors. Andreae-Noris Zahn AG, Frankfurt, u. Pharma-Holding AG (PAG), Frankfurt; Beiratsmitgl. Dt. Apotheker- u. Ärztebank eG, Düsseldorf, u. Dt. Bank Berlin AG, Berlin; Vors. Bundesverb. d. pharmaz. Großhandels (PHAGRO), Frankfurt.

BRINKE, Rudolf

Schmiedemeister, Ehrenpräsident Handwerkskammer Hannover (s. 1984) - Mergenthalerstr. 12, 3014 Laatzen 1 (T. 82 10 36/37) - Geb. 26. Mai 1918 Hannover (Vater: Rudolf B., Schmiedem.; Mutter: Sofie, geb. Rudolph), ev., verh. s. 1949 m. Helene, geb. Spellauge, 2 Kd. (Rudolf, Helga) - Oberrealsch.; Lehre; Meistersch. - 1968-71 Oberm., 1971 b. 74 Landesinnungsm.; s. 1972 Vors. Heinz-Piest-Inst. - Spr.: Engl., Franz.

BRINKER, Klaus

Vorstandsmitglied A. Friedr. Flender AG, Bocholt (1978ff.), Geschäftsf. Flender-Himmelwerk GmbH, Tübingen (1982ff.) - Alfred-Flender-Str. 77, 4290 Bocholt; u. Bahnhofstr., 7400 Tübingen.

BRINKER, Klaus

Dr. phil., Prof. f. Linguistik d. Deutschen - Carsten-Meyn-Weg 48, 2000 Hamburg 65 - Geb. 1. Aug. 1938 Brackwede - Promot. 1966 - S. 1972 (Habil.) Lehrtätigk. TH Aachen (Wiss. Rat u. Prof.) u. Univ. Hamburg (1974 o. Prof.). Bücher u. Einzelarb.

BRINKER, Udo H.

Dr. rer. nat., Prof. of Chemistry, Department of Chemistry, State Univ. of New York at Binghamton, Binghamton, N.Y. 13902-6000, USA (s. 1988) - 416 Denal Way, Vestal, N.Y. 13850 (T. 607 - 798 78 20) - Verh. s. 1973 m. Dr. Gisela, geb. Gabler, S. Kai - Chemie-Stud. 1965-73 Univ. Köln; Dipl. 1971; Promot. 1973, Habil. 1982; 1973-75 Postdoktorand Univ. of Florida, Gainesville/USA; 1976 Wiss. Assist. Univ. Bochum; 1986 Prof. Univ. Bochum - Zahlr. Fachveröff., bes. z. d. Themen: Carben-Umlagerungen, gespannte Verbindungen, Synthese. Herausg.: Advances in Carbene Chemistry.

BRINKER-GABLER, Gisela

Dr. phil., Prof. State Univ. of New York at Binghamton (s. 1988) - Zu erreichen üb. Comparative Literature, State Univ. of New York at Binghamton, Binghamton, N.Y. 13902-6000/USA - Verh. m. Dr. Udo H. Brinker, S. Kai - Univ. Köln, Promot. 1973 - 1974/75 Assist. Prof. Univ. of Florida/USA; s. 1976 Lehrbeauftr. Univ. Essen, s. 1981 Univ. Köln; Research Board of Advisors of the American Biographical Society - BV: Dt. Dichterinnen v. 16. Jh. bis z. Gegenwart, 1978; Poetisch-wiss. Mittelalter - Rezeption, 1980; Lexikon deutschsprachiger Schriftstellerinnen 1800-1945 (m. K. Ludwig u. A. Wöffen), 1986; Dt. Lit. v. Frauen. V. Mittelalter b. z. Gegenwart, 2 Bde. 1988. Herausg.: Z. Psychol. d. Frau (1978); Frauenarbeit u. Beruf (1979); Frauen gegen d. Krieg (1980); Fanny Lewald: Meine Lebensgeschichte (1980); Toni Sender: Autobiographie e. dt. Rebellin (1981); Bertha v. Suttner: Kämpferin f. d. Frieden (1983); Herausg. d. Buchreihe D. Frau in d. Ges.: Frühe Texte u. Lebensgesch. (1978-86).

BRINKHUES, Josef

Em. Bischof - Oberdorf 18, 5305 Impekoven/Alfter (T. 0228 - 64 33 01) - Geb. 21. Juni 1913 Aachen (Vater: Heinrich B., Kaufm.; Mutter: Cläre, geb. Führen), altkath., verh. s. 1946 m. Dr. Ilse, geb. Volckmar, 2 Kd. (Cornelia, Olaf) - Realgymn. Aachen; Stud. Theol. Frankfurt/M. u. Bonn - 1937 Vikar; 1946 Pfarrer; 1964 Generalvikar; 1966-86 Bischof Kath. Bistum d. Altkatholiken Dtschl. - Spr.: Franz., Engl.

BRINKMANN, Albert

Versicherungsdirektor - Himpendahlweg 11, 4600 Dortmund 1 (T. 41 30 68) - Geb. 10. Sept. 1916) Lütgendortmund, verh., 2 Kd. - S. Lehre Versich.wesen (u. a. Prokurist u. Filialdir.); dazw. 10 J. Wehrdst. u. sowjet. Gefangensch. 1952-70 Ratsmitgl. Stadt Dortmund (1964 Fraktionsvors.); 1964-66 Mitgl. Landschaftsvers. Westf.-Lippe; 1966-80 MdL Nordrh.-Westf. CDU s. 1949 - 1962 Ehrenring Stadt Dortmund; 1977 Stadtplakette Stadt Dortmund; 1977 BVK I. Kl.; 1986 Ehrenmitgl. d. Rates d. Stadt Dortmund.

BRINKMANN, Curt

Dr.-Ing., Prof. f. Werkstoffe d. Elektrotechnik TH Darmstadt - Schönbornring 24, 6078 Neu-Isenburg - Geb. 11. März 1910 Berlin - Stud. u. Promot. TH Aachen - Ind.tätigk. als Wissensch. bzw. Techn. Dir. - BV: D. Isolierstoffe d. Elektrotechnik, 1975; Elektrotechn. Z. Bd. 106 (1985) S. 306 - Spr: Engl., Franz., Span.

BRINKMANN, Ernst Reinhart

Dipl.-Volksw., Hauptgeschäftsführer Bundesinnungsverb. d. Glaserhandwerks, Hadamar - Eichenweg 1, 6253 Hadamar 1 (T. 06433 - 27 15) - Geb. 13. April 1929 Mühlhausen/Thür. (Vater: Dr. phil. Ernst B., Stadtarchivar; Mutter: Anita, geb. Kabus), ev., verh. s. 1965 m. Doris, geb. Schulte, 2 Kd. (Malte, Gunther) - Stud. d. Staats- u. Wirtsch.swiss. Berlin u. Frankfurt/M. - 1955-63 Ind.tätigk. (Mineralölind.); 1963-67 Gf. Zentralverb. d. Bäckerhandw. - Liebh.: Geschichte, insbes. neuere Geschichte - Spr.: Engl. (Dolmetsch.ex.), Franz.

BRINKMANN, Friedrich W.

Bekleidungsfabrikant, Präs. Verb. d. Herrenbekleidungs-Ind., Köln, u. a. - Eibenweg 16, 4900 Herford/W. - Geb. 8. Juni 1920 Exter/W. - 1977 BVK, 1983 BVK I. Kl., 1990 Gr. BVK.

BRINKMANN, Gerhard

Dr. rer. pol., Dipl.-Kfm., Univ.-Prof. f. Volkswirtschaftslehre (Lehrst. III) Univ.-GH Siegen (s. 1973) - Am Siegerberg 27, 5910 Kreuztal - Geb. 1. Dez. 1935 Paderborn - Dipl.-Kfm. 1964, Promot. 1967 u. Habil. 1970 (alles Köln) - BV: D. Ausbild. v. Führungskräften in d. Wirtsch., 1967; Berufsausbild. u. Arbeitseinkommen, 1967; Berufsanford. u. -ausbild., 1970; D. Tätigkeitsfelder d. höh. Verw.sdst., 1973 (m. W. Pippke u. W. Rippe); Aufg. u. Qualifik. d. öfftl. Verw., 1976; Bildungsökonomik u. Hochschulplanung (m. and.) 1976; Ökonomik d. Arbeit, Bd. I: Grundl., 1981, Bd. II: D. Allokation d. Arbeit, 1981; Führungskräfte kleinerer Unternehmen, Arbeitsanforder. u. Ausbildungsbedarf, 1982 (m. B. Knoth u. W. Krämer); Ökonomik d. Arbeit, Bd. III: D. Entlohn. d. Arbeit, 1984; Analytische Wiss.theorie. Einführung sowie Anwendung auf einige Stücke d. Volkswirtsch.lehre, 1989.

BRINKMANN, Günther

Dipl.-Kfm., Inh. Fa. Günther Brinkmann, Außenhandel - Retbergweg 8, 2800 Bremen 33 - Geb. 13. Juli 1923 Bremen - Konsul e. h. der Republik Haiti.

BRINKMANN, Hans W.

Dipl.-Ing., Geschäftsführer Stolberger Metallwerke GmbH. & Co. KG., Stolberg - Oststr. 39, 5190 Stolberg/Rhld. - Geb. 5. Mai 1935.

BRINKMANN, Hans-Egbert

Hauptgeschäftsführer Bundesverb. obst- u. gemüseverarb. Industrie, Geschäftsf. Bundesverb. kartoffelverarb. Ind., Fachverb. Back- u. Puddingpulverindustrie, Verb. dt. Sauerkonserven-Ind. - Von-der-Heydt-Str. 9, 5300 Bonn 2 - Geb. 18. Okt. 1935.

BRINKMANN, Heinrich

Dr. phil., em. o. Prof. f. ev. Theologie u. ihre Didaktik Univ. Münster - - Im Freudental 49, 4516 Bissendorf-Schledehausen (T. 83 82) - Geb. 15. Dez. 1911 Bochum, verh. m. Gisela, geb. Karrasch, 4 Kd. (Johannes, Klaus, Tobias, Katharina).

BRINKMANN, Heinz

Fabrikant, gf. Gesellsch. Gebr. Brinkmann GmbH., Detmold, Kommand. Gebr. Brinkmann GmbH. & Co. KG. ebd. - Remminghauser Str. 85, 4930 Detmold - Geb. 9. Nov. 1919 - Stud. Maschinenbau (Ing.).

BRINKMANN, Horst

Dr. rer. nat., Chemiker, Vorstandsmitgl. Hüls AG, Marl - Zu erreichen üb. Hüls AG, Paul-Baumann-Str. 1, 4370 Marl - Geb. 2. Juli 1934 Sagan/Schles. (Vater: Martin B., Rektor; Mutter: Elfriede, geb. Dreyer), ev., verh. s. 1962 m. Wilma, geb. Rogalski, 2 Söhne (Dirk, Jörg) - 1955-62 Chemiestud. TU Braunschweig; Promot. 1962 (b. Prof. H. H. Inhoffen) - 1962-64 wiss. Assist. b. Prof. Inhoffen. AR-Vors. Phenolchemie GmbH, Gladbeck; AR Röhm GmbH, Darmstadt, Daicel/Hüls Ltd., Tokio, u. MicroParts Ges. f. Mikrostrukturtechnik mbH, Dortmund; Beirat GAF/Hüls-Chemie GmbH, Marl - Liebh.: Klass. Musik, Bücher, Wandern, Skilauf - Spr.: Engl.

BRINKMANN, Karl

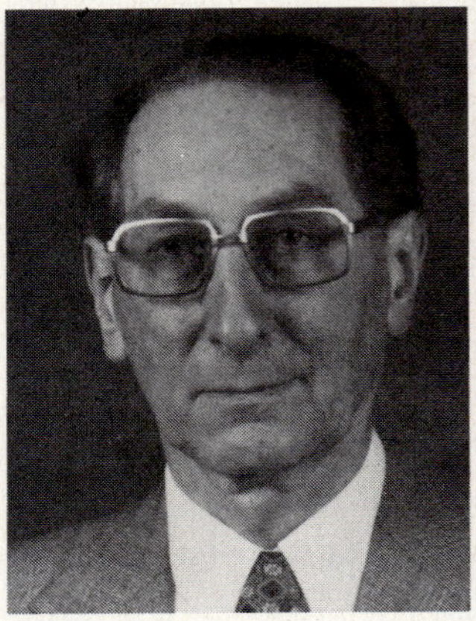

Dr. jur. utr., Univ.-Prof. i. R. (Ps. Carl Brink) - Leutkirch 11, 7777 Salem 3 (T. 07553 - 12 80) - Geb. 7. Dez. 1918 Gelsenkirchen, ev., verh. s. 1955 m. Dr. Eva, geb. Hartwig - Realgymn. Essen; Univ. Berlin, Bonn, Köln (Altphilol., Phil., Rechtswiss.); 1937-45 Arbeits- u. Wehrdst. (zul. Oblt., verw.); Promot. Köln 1955, Habil. Köln 1964 - S. 1964 Lehrer Univ. Köln - BV: D. Rechts- u. Staatslehre Schopenhauers, 1958; Grundleg. d. Rechtsphil. Allg. Wertphil. (Lehrb. d. Rechtsphil. I), 1960; Freiheit u. Verfassung, 1963; Grundrecht u. Gewissen im Grundgesetz, 1965; System d. Rechtsphil. (Lehrb. d. Rechtsphil. II), 1975; Heinrich, Drama (Carl Brink), 1977; Zu Zeit u. Raum - Gegen d. Relativitätstheorie, 1984; Grundfehler d. Relativitätstheorie, 1988; Verfassungslehre, 1991. MV u. H: Grundrechts-Kommentar z. Grundgesetz, 1967ff. Abh.: D. Staatsauffassung Rousseaus (Festschr. f. E.v. Hippel), 1965; Physikalsicher u. jur. Positivismus. E. Versuch üb. Einstein u. Kelsen (Philosophia Naturalis, Bd. 23, 1986/87).

BRINKMANN, Karl

Dr.-Ing., Dr.-Ing. E. h., Prof. - Nonnendammallee Nr. 101, 1000 Berlin 13 (T. 3 86-1) - Geb. 30. April 1911 Meine/Hann. (Vater: Carl B.), verh. s. 1937 m. Emmy, geb. Leggemann - TH Braunschweig (Elektrotechnik). Promot. (1941) u. Habil. (1951) Braunschweig - 1954-71 Vorst. Kabelwerk Vohwinkel AG., Wuppertal, u. Continental Elektroind. AG., Frankfurt/M.; 1971-77 Generalbev. Dir. Siemens AG, Zentrale Berliner Ltg. (ZBL), Berlin. 1951 Privatdoz. u. apl. Prof. (1957) TH bzw. TU Braunschweig (Elektr. Energiew.). Fachveröff. - 1971 Ehrendoktor TU Hannover; 1976 Ehrenbürger Tierärztl. Hochsch. Hannover; 1990 Siemens-Stephan-Gedenkplatte Berlin.

BRINKMANN, Karl-Heinz

Dr. phil., Journalist i. R. - Bartschweg 5, 1000 Berlin 22 (T. 365 31 81) - Geb. 1. Sept. 1927 Berlin (Vater: Wilhelm B., Kaufm.; Mutter: Edith, geb. Stahlschmidt), ev., verh. s. 1959 m. Margot, geb. Wolter, 2 Töcht. (Judith, Bianca) - 1949ff. FU Berlin (Gesch., Phil., Publ.). Promot. 1956 - 1956-57 Volontär u. Redakt. BZ, 1958-59 Redakt. Berliner Morgenpost, s. 1960 verantw. Redakt. f. Politik u. Leitartikler D. Tagesspiegel. Spez. Arbeitsgeb.: Außenpolitik. 1970ff. Mitgl. Berliner Presse-Club - BV: D. Entstehung u. Entwickl. d. franz. Nachkriegspresse, 1956 (Diss.); D. Zeitung: Außenpolitik, in: Handb. f. Publizistik, Bd. III 1969; D. Schicksalsmacher - e.

Berliner Tragödie, 1990 - 1970 Ehrenbürger El Paso/Texas (USA); 1971 BVK - Liebh.: Bergsteigen (Mitgl. Dt. Alpenverein), Skilaufen - Spr.: Engl., Franz.

BRINKMANN, Norbert

Dr. jur. - Birkenstr. 43, 6600 Saarbrücken - Geb. 6. April 1912 Trier - Stud. Univ. München, Bonn, Köln - Refer. 1934, Promot. 1936, Ass. 1937 - Kurze Richtertätigk. LG Bonn, Koblenz; Oberfinanzpräsid. Nürnberg (Devisenabt.); Berufung ins Reichswirtschaftsmin. (1941 Reg.-Rat, 1944 Oberreg.-Rat); als Wehrwirtschafts-Offizier im OKW, b. Kriegsende in Italien eingesetzt - 1946 gf. Gesellsch. d. mittelständ. Familienbetrieb m. Tochterfirmen; 1955-57 Saarl. Min. f. Wirtschaft u. Verkehr u. stv. Min.-Präs.; 1960-70 MdL; 1956-66 Verw.Ratsvors. d. Feuer- u. Lebensversich.anst. Saarland (1968-74 Vorst.-Vors.). S. Beginn d. Ruhestandes als RA tätig.

BRINKMANN, Richard

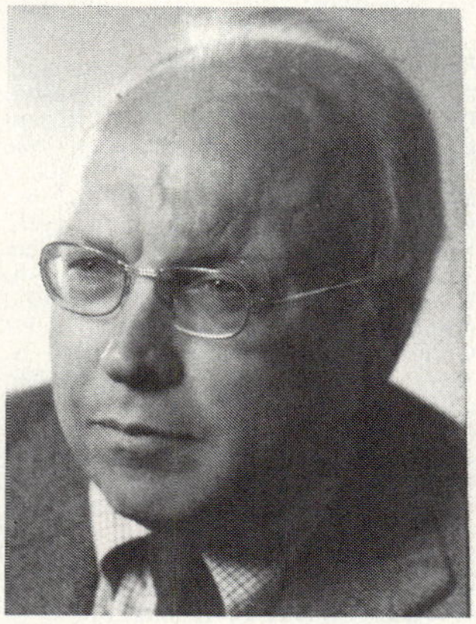

Dr. phil., em. o. Prof. f. Dt. Philologie - Im Rotbad 30, 7400 Tübingen (T. 6 26 35) - Geb. 16. Juni 1921 Elberfeld (Vater: Richard B., Kaufm.; Mutter: geb. Kloos), kath., verh. s. 1947 m. Ursula, geb. Roser, 3 Kd. - Univ. Göttingen, Münster, Tübingen (Stud. durch Kriegsdst. unterbr.; Promot. 1948, Habil. 1955) - S. 1955 Privatdoz. u. Ord. (1959) Univ. Tübingen u. Univ. Berkeley/California (USA) - Gastprof. New Zealand 1963, Austin/Texas 1963, Columbia U., New. York 1964 - 1975-80 Vizepräs. d. Intern. Ver. f. German. Sprach- u. Lit.-wissensch., 1976-80 Vors. Senatskommission f. germanist. Forschung d. Dt. Forschungsgemeinschaft - BV: Wirklichkeit u. Illusion - Studien üb. Gehalt u. Grenzen d. Begriffs Realismus f. d. erzählende Dichtung d. 19. Jh.s, 1957, 2. A. 1966, 3. A. 1977; Expressionismus - Forschungsprobleme 1952-60, 1961; Nachtwachen v. Bonaventura - Kehrseite d. Frühromantik, 1966; Theodor Fontane - Üb. d. Verbindlichkeit d. Unverbindl., 1967, 2. A. 1977; Expressionismus. Intern. Forsch. z. e. intern. Phänomen, 1980; Wirklichkeiten - Ess. z. Lit., 1982. Herausg.: Dichter üb. ihre Dichtungen - Theodor Fontane, 2 Bde. 1973, 2. A. 1977. Dt. Vierteljahrsschr. f. Lit.wiss. u. Geistesgesch. Mithrsg. Germanistik, Stud. z. dt. Lit. - 1983ff. korr. Mitgl. österr. Akad. d. Wiss.; 1986ff. o. Mitgl. Phil.-hist. Klasse d. Heidelberger Akad. d. Wiss.; BVK I. Kl.

BRINKMANN, Ulrich

Lehrer, MdL Baden-Württ. (Wahlkr. 48, Breisgau) - Schubertstr. 35, 7805 Bötzingen (T. 07663 - 15 55) - Geb. 16. Okt. 1942 Essen - SPD.

BRINKMANN, Wilhelm L. F.

Dr. rer. nat., Prof. f. Hydrologie Univ. Frankfurt/M. - Drosselstr. 8, 5300 Bonn 3.

BRINKMANN, Wolf

Dr. med., o. Prof. f. Chirurgie Univ. Bochum, Dir. Chir. Klinik Marienhospital, Herne - Hohenrodtstr. 1, 4690 Herne 1 - Geb. 14. Aug. 1924 Bonn - Facharztprüf. Chir. (1957) u. Urol. (1959); Habil. 1961.

BRINKMANN, Wolfgang

Dr.-Ing., Prof. f. Landtechnik - Beethovenstr. 56, 5300 Bonn (T. 65 88 18) - Geb. 4. Febr. 1920, kath., verh. s. 1952 m. Marianne, geb. Boecken, 6 Kd. (Marilies, Barbara, Christoph, Michael, Ursula, Georg) - Stud. TH Aachen, el.-masch. 1952, Promot. 1964, Bonn, Habil. agr. 1967, Bonn - 1969 apl., 1970 o. Prof.; Dir. Inst. f. Landtechnik; emerit. 1985) - 210 Fachveröff. - 1974 silb. Max-Eyth-Denkmünze dt. Landwirtsch.ges.; 1984 gold. Plak. Landwirtschaftskammer Rhld.; 1987 Max-Eyth-Gedenkmünze Max-Eyth-Ges. im VDI - Spr.: Franz.

BRINSA, Ulrich

Reg.-Amtmann, MdA Berlin (s. 1975) - Zobeltitzstr. 101, 1000 Berlin 52 - Geb. 20. Sept. 1938 Berlin - CDU.

BRINTZINGER, Ottobert L.

Dr. iur., Ministerialdirigent, Leit. Abt. Städtebauförderung u. Wohnungswesen im Innenmin. Schlesw.-Holst. - Klinkerwisch 51, 2300 Kiel 1 (0431 - 31 36 03) - Geb. 6. Dez. 1929 Tübingen (Vater: Prof. Dr. Walter B., Chemiker), ev., verh. s. 1958 m. Gisela, geb. Edle v. Peter, 3 Töcht. (Ursula, Irmela, Susanne) - Stud. Rechtswiss., Volksw. u. Gesch.; Promot. 1957 Basel, Ass. 1958 Stuttgart - 1958 Wiss. Ref. Präsid. d. Bd. d. Steuerzahler Stuttgart; 1959-65 Wiss. Ref. Inst. f. Intern. Recht Univ. Kiel; s. 1965 Ref. u. Abteilungsleit. Innenmin. u. Min. f. Arbeit, Soziales u. Vertriebene Schlesw.-Holst.; Vorst.-Vors. Arbeitsgem. f. zeitgem. Bauen, Kiel; AR Wohnungsbauges. Schlesw.-Holst. mbH Kiel u. Sanierungs- u. Entwicklungsges. Schlesw.-Holst. mbH, Kiel; stv. Vors. Kurat. Otto-Benecke-Stiftg., Bonn, Kurat.-Mitgl. Lorenz-v.-Stein-Inst. f. Verwaltungswiss. Univ. Kiel, Mitgl. Justizprüfungsamt b. Schlesw.-Holst. Oberlandesgericht, Schleswig; Vorst.- Mitgl. d. Dt. Volksheimstättenwerks e.V., Bonn, u. Mitgl. d. Landesaussch. Schlesw.-Holst./Hamburg d. Dt. Volksheimstättenwerks, Kiel/Hamburg; Mitgl. d. Baufachl. Beirats d. Otto Benecke Foundation Namibia (PTY) Ltd., Windhoek/Bonn; Vors. Schiedsgericht d. Dt. Roten Kreuzes, Landesverb. Schlesw.-Holst., Kiel; Mitgl. Rechtsaussch. Dt. Rotes Kreuz, Bonn; Vors. Beirat Verbraucherzentrale Schlesw.-Holst., Kiel, d. Dt. Siedlerbundes, Gesamtverb. f. Kleinsiedlung u. Eigenheim, Bonn; Vors. Arbeitsgemeinsch. Wohnungsfürsorge d. Länder u. d. Bundes, Kiel; 1. Vors. Verb. Alter Herren d. Coburger Convents (AHCC), Coburg; Mitgl. d. Fachaussch. Wohnungsbau- u. Städtebauförd. d. Investitionsbank Schlesw.-Holst., Zentralber. d. Landesbank Girozentrale; Mitgl. Dt. Sekt. d. Intern. Inst. f. Verw.wiss.; Vorst.-Mitgl. d. Lorenz-v.-Stein-Ges. zu Kiel e.V.; Mitgl. d. Arbeitskreises Brannenburg e.V. z. Förderung d. öfftl. Gesundh.-pflege, Brannenburg/Inn; Beauftr. z. Verbreitung d. Kenntnisse d. Genfer Rot-Kreuz-Konventionen d. DRK-Landesverb. Schlesw.-Holst. - Gold. Ehrennadel d. Dt. Siedlerbundes, Bonn; Ehrenmed. d. Gemeinn. Wohnungswirtsch. in Gold; Gr. Gold. Ehrennadel d. Dt. Siedlerbundes, Bonn - Spr.: Engl.

BRISCH, Klaus

Dr. phil., Hon.prof. f. Islamische Archäologie u. Kunstgeschichte FU Berlin, Museumsdirektor a. D. - Salzbrunner Str. 29, 1000 Berlin 33 (T. 825 46 84) - Geb. 7. Febr. 1923 Oppeln/OS. (Vater: Josef B., Oberbürgerm. a. D.; Mutter: Gertrud, geb. Kutsche), kath., verh. 1964 (Jerusalem/Jordanien) m. Jeannette, geb. Kur - Promot. 1955 Bonn - 1958-60 Spanien-Stip. Dt. Forschungsgem.; 1960-66 Ref. f. Islam. Archäol. Dt. Archäol. Inst. Kairo; 1966-88 Dir. Staatl. Museen Berlin/Stiftg. Preuß. Kulturbesitz. Ausgrabungsleit. Omayyad. Schloß Djebel Seis/Syrien (1962-64) - BV: D. Fenstergitter u. verw. Ornamente d. Hauptmoschee v. Córdoba, 1966. Grabungsberichte u. Fachaufs. - Mitgl. DAI, korr. Mitgl. Inst. d'Egypte, Kairo, korr. Mitgl. Real Academia de Bellas Artes de San Fernando, Madrid - Spr.: Engl., Franz., Span., Arab.

BRISKORN, Friedrich

Geschäftsführer Klöckner-Silesiastahl GmbH., Duisburg - Oemberg 61, 4330 Mülheim/Ruhr-Saarn - Geb. 28. Nov. 1912.

BRITZE, Martin

Dipl.-Kfm., Geschäftsführer, Vorst. Neukölln-Mittenwalder-Eisenbahn-Ges. AG, Berlin - Sensburger Allee 28, 1000 Berlin 19 (T. 030 - 304 10 94) - Geb. 25. April 1947 Berlin, ev., verh. s. 1981 m. Beate, geb. Diemar, Sohn Oliver Max - Abit.; 1967-69 Banklehre; Stud. Betriebsw. Univ. Göttingen u. Berlin; Dipl.-Kfm. 1972 - Geschäftsf. Britze Beteiligungs GmbH u. div. Tochterges. Ehrenamtl. Richter Finanzgericht u. Landesarbeitsgericht Berlin - Liebh.: Tennis, Reisen - Spr.: Engl., Franz.

BRIX, Peter

Dr. rer. nat., em. Prof. f. Physik - Kastellweg 7, 6900 Heidelberg 1 - Geb. 20. Okt. 1918 Kappeln/Schlei (Vater: Heinrich B.; Mutter: Magda, geb. Paulsen), ev., verh. s. 1945 m. Ilse, geb. Brink - 1936-40 Stud. Physik Kiel, Berlin, Rochester. Promot. (1946) u. Habil. (1952) Göttingen - 1952-53 National Research Council Ottawa; 1953-57 Doz. Univ. Heidelberg; 1957-72 Ord. u. Dir. Inst. f. Techn. Kernphysik TH Darmstadt; s. 1972 Mitgl. Direktorenkoll. Max-Planck-Inst. f. Kernphys., Heidelberg (1973-75 Geschäftsf. Dir.); Hon.Prof. TH Darmstadt; o. Prof. Univ. Heidelberg (s. 1987 emerit.); 1980-83 Vizepräs. Dt. Forsch.-gemeinsch.; 1973 ord. Mitgl. Heidelb. Akad. d. Wiss.; 1975 Mitgl. Dt. Akad. d. Naturforscher Leopoldina; 1988 Dr. rer. nat. h. c. FU Berlin. Fachveröff., auch üb. G. C. Lichtenberg.

BRIX, Wolfgang

Dr. jur., Oberbürgermeister a.D., Staatssekretär a. D., Präs. Landesrechnungshof v. Rhld.-Pfalz (1984ff.)- Klausenbergweg 1, 6730 Neustadt/Weinstr. (T. 74 01) - Geb. 25. Juni 1930 Insterburg/Ostpr., ev., verh., 3 Kd. - Univ. Münster u. Heidelberg (Rechtswissensch., Volksw.). Promot. 1955; Ass.ex. 1958 - 1959-60 Arb. u. Bankangest. USA; 1960-61 Wiss. Hilfsarb. Bundesverw.gericht Berlin (Wirtschaftssenat); 1961-62 Stud. Harvard Univ. Cambridge (Verw. u. Recht d. USA); 1962-65 Reg.rat Landratsämter Ahrweiler u. Bernkastel; s. 1965 Oberbürgerm. Neustadt. MdL Rhld.-Pfalz (1967-71). AR-Vors. Nürburgring GmbH Nürburg, Hafenbetr. Ludwigshafen/Rh. GmbH u. Hafenbetr. Rhld.-Pfalz GmbH, Ludwigshafen; AR-Mitgl. Saar Ferngas AG, Saarbrücken u. Nassauische Sparkasse, Wiesbaden; Beauftr. d. Landes Rhld.-Pfalz bei d. Société Electrique de l'Our, Luxemburg - Zeitw. Vors. Landesverb. Rhld.-Pf./Dt. Parität. Wohlfahrtsverb. CDU (1965 stv. Bezirksvors. Pfalz bzw. Rheinhessen-Pfalz) - Spr.: Engl., Franz.

BROAD, Charles Robin

Chordirektor u. Kapellmeister Theater Hagen (s. 1989), Dozent f. Vokalmusik u. Oper Musikhochschule d. Saarlandes - Richard-Wagner-Str. 9, 6600 Saarbrücken (T. 0681 - 390 83 50) - Geb. 22. Mai 1943 Ayr/Schottl. (Vater: Charles William, Kaufm.; Mutter: Margaret Thomas, geb. Robertson), verh. s. 1980 m. Sopranistin Deborah Broad-Klugt, S. Oliver - Stud. Gesang, Kompos., Dirig., Dipl. Guildhall School of Music and Drama, London. Auslandsstip. Salzburg Mozarteum, Hochsch. München, Vacanze Musicale Venedig; Konservat. Zürich - 1969-74 Sänger u. Repetitor Stadttheater St. Gallen; Musikdir. Bürgli Knabenschule St. Gallen; 1974-76 Gesangsdoz. Konservat. Queensland Australien; 1977-78 Solorepetitor Nationaltheater Mannheim, 1978-89 Bühnen d. Hansestadt Lübeck; 1983-89 Dirig. Feierabendchor, Ratzeburg. Spielt Klarinette, Saxophon, Klavier, Orgel; arrangiert u. komp. Musik, ausgeb. Tenor (Konz., Waterkant Duo). Darst. Lord Barrat in Henze's Junger Lord (Lübeck 1987 u. Aachen 1988). Begleiter u. Darst. in Lola Blau (Janne Schulte als Lola) v. Georg Kreisler (Lübeck 1987/88) - Insz.: Bühnenmus. Kammersp. Mannheim u. Lübeck Gr. Haus, D. Widerspenst. Zähmung, Mannheim, 1978-79; Die Räuber, 1980; Jim Knopf, 1981-82, Lübeck - 1988 L.R.A.M. in Kompos. (Dipl.) Royal Acad. of Musik, London; Ehrenmitgl. F.T.C.L. Trinity College of Music, ebd. - Liebh.: Schriftst. u. Kompos., Reisen, Schlaraffia, Ein-Mann-Theater - Spr.: Ital., Franz., Span., Niederl.

BROCHIER, Paul Eugen

Senator E.h., Bau-Ing., Ehrenpräsident Bayer. Bauindustrieverb., VR-Vors. Brochier-Bau-GmbH, Nürnberg - Ebenseestr. 2, 8500 Nürnberg - Geb. 1. Okt. 1918 Nürnberg (Vater: Hans B., Bauuntern.; Mutter: Margarete, geb. Issmayer), ev., verh. s. 1941 m. Hanne, geb. Kinzelbach, 3 Kd. (Doris, Michael, Hannes) - Ing.stud. - 1973 Bayer. VO.; 1976 BVK I. Kl.; 1978 Staatsmed. f. bes. Verd. um d. bayer. Wirtsch.; 1980 Gr. BVK, 1987 Stern dazu; 1987 Staatsmed. f. soz. Verdienste, Freistaat Bayern; Ehrenpräs. Bayer. Bauindustrieverb. - Liebh.: Segeln, Ski, Golf - Spr.: Engl.

BROCK, Franz

Stadtdirektor a. D. - Theaterstr. 24, 5300 Bonn - Stadtdir. Beuel; b. 1982 Beigeordn. u. kaufm. Leit. Stadtwerke Bonn.

BROCK, Gert

Schneidermeister, MdL Nordrh.-Westf. (s. 1970) - Grüner Heideberg 12, 4190 Kleve (T. 46 73) - Geb. 10. April 1922 Kleve, verh., 4 Kd. - 1956 ff. MdK; 1961-69 Stadtvertr. (1963-69 Fraktionsf.). 1961 ff. Landrat. CDU s. 1952.

BROCK, Norbert

Dr. med., Dr. med. h.c., Prof., Arzt f. Pharmakologie u. Toxikologie - A.-Ladebeck-Str. 128-152, 4800 Bielefeld 14 (T. 1 45 20) - Geb. 26. Mai 1912 Dorsten/W. (Vater: Johannes B., Schulrat; Mutter: Franziska, geb. Hunecke), kath., verh. s. 1944 m. Edith, geb. Priske, 5 Kd. (Barbara-Annette, Gabriela, Jürgen, Ulrich, Stephan) - Gymn.; Med.stud. Freiburg/Br., Münster/W., Graz, Düsseldorf (Promot. 1936). Habil. 1940 Berlin - 1942-45 Doz. Univ. Berlin; s. 1949 Leit. Pharmak. Abt. Asta-Werke AG., Chem. Fabrik, Bielefeld, s. 1979 Abt. Exp. Tumorforschung. S. 1954 Honorarprof. Univ. Münster. Mitgl. Dt. Pharmakol. Ges., Dt. Ges. f. innere Med., Dt. Biometr. Ges., American Ass. for Cancer Research, Dt. Krebsges. Arbeiten üb. Pharmakotherapie, Chemotherapie d. Krebses u. d. Zellstoffwechsels - 1977 Gerhard-Domagk-Pr., 1977 Johann-Georg-Zimmermann-Pr., 1982 Pr. d. Dt. Therapiewoche, 1987 Dt. Krebspreis; 1988 Cain Memorial Award; 1978 Ehrendoktor Techn. Univ. München; 1979 Ehrenmitgl. Dt. Pharmakol. Ges., 1985 Ehrenmitgl. Dt. Krebsges. - Spr.: Engl., Franz., Ital.

BROCK, Peter

Prof. Hochsch. f. Musik u. Darst. Kunst Frankfurt, Flötist - Riefstahlstr. 12, 7500 Karlsruhe 1 (T. 0721 - 84 56 02) - Geb. 2 Okt. 1932 Brünn (Vater: Prof. Robert B., Chefdirig.; Mutter: Mia, geb. Weller, Opernsängerin), kath., verh. s. 1963 m. Zdenka, geb. Zoul, 2 T. (Simone, Susanne) - Stud. Akad. d. Mus. Künste Prag (Dipl.) - 1956-66 Soloflötist Prager Kammerorch.; 1960 Prof. Konservat. Prag; 1970-77 Vizedir. ebd.; 1977 Übersiedl. in d. BRD, 1977-80 Musikhochsch. Freiburg; ab 1980 Musikhochsch. Frankfurt/M., Konservat. Karlsruhe - Konz. in fast allen Staaten Europas, USA u. Kanada; üb. 150 Rundfunkaufn.

u. 10 Schallpl. - Schallplattenpr. Wiener Flötenuhr f. Mozart Einspielungen.

BROCK, Rustan

Dr. med., Dr. phil., Arzt f. Psychiatrie, Neurologie, Psychotherapie, Psychoanalyse, Arbeitsmedizin, Psychologe, Prof. f. psychosoz. (Arbeits-) Medizin, Univ. Klinik Frankfurt/M - Theodor-Stern-Kai 7, 6000 Frankfurt/M. - Geb. 8. Sept. 1927 - Promotionen in Heidelberg; Habil. Mainz 1971; apl. Prof. 1972 u. B. Ord. Univ. Frankf., Zahlreiche Facharbeiten, 2 wiss. Preise.

BROCKARD, Erich

I. Bürgermeister Stadt Wolfratshausen - Rathaus, 8190 Wolfratshausen/Obb.

BROCKE, Erwin

Dr. jur., Prof., Vizepräsident des BSG a.D. - Auf'm Gebrande 3, 3550 Marburg 1 - Geb. 20. Jan. 1921 - 1954 Sozialgerichtsrat Marburg; 1956 Sozialgerichtsdir. ebd.; 1961 Bundesrichter b. BSG, 1973 Vors. Richter am BSG, 1980 Vizepräs. d. BSG. Hon.-Prof. Univ. Marburg - Gr. BVK m. Stern.

BROCKE, Werner

Dipl.-Ing., Prof., Vorstandsmitglied i.R. - Geb. 12. Juli 1928 - Zul. Umweltbundesamt Berlin - Vorst.-Mitgl. Untern.-verb. Saarbergbau, Saarbrücken, Vereinigung Ind. Kraftwirtsch., Essen, Vereinig. d. Großkraftw.betreiber, Essen, Erw. Vorst. Verein Wasser-, Boden- u. Lufthygiene, Berlin; AR-Vors. Fernwärme-Verbund-Saar GmbH, Saarbrücken; AR-Mitgl. Dt. Ges. z. Bau u. Betrieb v. Endlagern f. Abfallstoffe mbH, Peine, Saar-Ferngas AG, Saarbrücken; Beiratsvors. Ges. z. Energiegewinnung aus Müll u. Kohle mbH, Berlin, Ges. z. Kohleverflüss. mbH, Saarbrücken, Saarberg-Fernwärme GmbH, Saarbrücken, Saarberg-Hölter-Umwelttechnik GmbH, Saarbrücken, Saarberg-Interplan-Engineering GmbH, Saarbrücken; Präsid.-Mitgl. Bergbau-Elektrizitäts-Verbundgemeinsch., Essen; zahlr. Aussch.- u. Beiratsmitgl.sch. - 1976 Duisburg-Preis f. Umweltschutz - Spr.: Engl. - Rotarier -

BROCKE, Wolfgang

Dipl.-Ing., Geschäftsführer i. R. Vereinigung Industrielle Kraftwirtschaft - Henri-Dunant-Str. 93, 4300 Essen (T. 26 53 43) - Geb. 11. Jan. 1913.

BROCKER, Hildegard

Schriftstellerin (Ps.: Sybille Ferré, Bernarda Ried) - Hagenstr. 39, 1000 Berlin 33 (T. 030 - 825 76 65) - Geb. 10. Dez. 1920 Köln, kath., led. - Oberlyzeum, Priv. Handelssch., Berufssch. - 1938-39 Sekr., Buchhalterin, Berlin; 1939-45: Stenotypistin, Berlin; 1946-48: Fototechn., Berlin; 1951-80 Sekr., Sachbearb. (öfftl. Dienst) - BV: u.a. Ged. in Feierabend-Anthol. (Bde. I-VII), 1966-69; Ged. vertont Schlager-Party u. Quer, Lyrik u. Anthol., 1967; Ged. Unser Boot heißt Europa, 1967; Ged. u. Aphorismen Bde. I-III, 1970-72; Zeitgenöss. Poesie, 1975; Märchen Es war einmal, 1978; Bunte Kristalle I-II, 1979; Licht u. Schatten, 1980; Sternschnuppen, 1982-84; Massenstift, Ged. u. Aphorismen 1985; div. Veröff. - Liebh.: Kunst, Sprachen, Handarb., Reisen, Musizieren (Klaviersp., Komposit.) - Spr.: Engl., Franz.

BROCKHAUS, Christoph

Dr. phil., Direktor Wilh.-Lehmbruck-Museum Duisburg - Zu erreichen üb. Wilh.-Lehmbruck-Museum, Düsseldorfer Str. 51, 4100 Duisburg 1 - Geb. 24. Aug. 1944 Lübeck, verh. s. 1971 m. Robbi, geb. Juday, 2 Töcht. (Laura, Sara) - Stud. Kunstgesch. Hamburg, Wien, Heidelberg u. USA - 1975-79 Wilh.-Hack-Mus., Ludwigshafen; 1979-84 Mus. Ludwig, Köln - BV: Zahlr. Publ. z. Kunst d. 20. Jh., u.a. Alfred Kubin, 1977; Jirí Tichý, 1980; Dt. Zeichn. d. Gegenw., 1982; D. Zeichner Franz Bernhard, 1985; Dani Karavan, 1986; Emil Schumacher, 1987; Skulpturen. Wilhelm-Lehmbruck-Museum Duisburg (m. G. Leinz), 1991; 5. Triennale Kleinplastik Fellbach, 1992 (Künstl. Leiter); Ausst. Zeitzeichen - Stationen Bild. Kunst in Nordrh.-Westf., 1989/90 (m. U. Krempel).

BROCKHAUS, Lutz

Prof. Hochschule f. Gestalt. Aachen, Bildhauer - Jahnstr. 111, 6100 Darmstadt (T. 06151 - 4 39 15) - Geb. 14. Sept. 1945 Berlin (Vater: Willibald B., Revisor; Mutter: Charlotte, geb. Hesse), verh. s. 1975 m. Sabine, geb. Petersen, 4 Kd. (Johannes, Anna-Maya, Anika, Lisa) - 1966-71 Stud. (Staatsex. 1971, Meisterschüler) - 1972-74 Assist. TH Darmstadt (b. W. Grzimek); 1974-76 Lehrauftr. TH; 1977-81 Lehrer ebd.; 1981 Prof. Hochsch. f. Gestalt., Aachen - Bild. Kunst: Plastiken. Zahlr. Ausst. im In- u. Ausland. Öfftl. Aufträge: Brunnen, u.a. - 1979 Villa Massimo-Preis, Rom; 1. Preis im intern. Wettb.: Kunst u. Brunnen im Fußgängerbereich Zeil, Frankf./M.; Engen u.a. - Spr.: Engl., Franz.

BROCKHAUS, Rudolf

Dr.-Ing., Prof., Inst. f. Flugführung TU Braunschweig (s. 1968) - Am Schiefen Berg 63A, 3340 Wolfenbüttel (T. 7 28 82) - Geb. 16. April 1933 Plettenberg - Stud. Regelungstechnik TU Berlin, TH Darmstadt (Diplom 1959), Promot. TU Braunschweig (1967) - BV: Flugreglung I + II, 1977/79 - Spr.: Franz., Engl.

BROCKHAUS, Wilhelm

Em. o. Prof. f. Didaktik d. engl. Sprache u. Lit. Univ./GH Paderborn - Am Laugrund 16a, 4790 Paderborn - Geb. 4. Juli 1923, verh. m. Mariatheres, geb. Meyer, 3 Kd. (Dirk, Katharina, Johannes) - Veröff. in Fachztschr.

BROCKHOFF, Ernst

Dr. oec. publ., berat. Volks- u. Betriebswirt - Schemelsbruch 26, 4330 Mülheim/Ruhr 1 (T. 5 13 46) - Geb. 7. Aug. 1916 Duisburg (Vater: Eugen B., Rechtsanw.; Mutter: Hildegard, geb. Höfling, beide †), ev., verh. in 2. Ehe (1950) m. Hanneliesel, geb. Ostermann, 5 Kd. (Barbara, Wolfgang, Ursula, Dorothea, Georg) - Dipl.-Kfm. (1948) u. Promot. (1953) München - B. 1945 Berufsoffz. (Kdr. Gebirgsartl.; Major); 1956-73 Vorstandsmitgl. Duisbg. Verkehrsges. AG; b. 1981 Geschäftsf. Verkehrsverbund Rhein-Ruhr GmbH - BV: Kooperation im öfftl. Personennahverkehr - Tarifgemeinsch./Verkehrsgem./ Verkehrsverb., 1973 - 1946 Gold. u. Silb. Sportabz. f. Schwerversehrte; 1981 BVK I. Kl.; Vorst.-Mitgl. d. Soc. e.V., Duisburg; Ehrenvors. Rhein. Briefmarkensammler-Verein, Duisburg; Dt. Kreuz in Gold (Kriegsauszeichnung) - Liebh.: Gesch., Politik, Philat. - Spr.: Engl., Franz.

BROCKHOFF, Klaus

Dr. rer. pol., Dipl.-Kfm., Dipl.-Volksw., o. Prof. f. Betriebswirtschaftslehre - Barstenkamp 20, 2300 Molfsee-Rammsee - Geb. 16. Okt. 1939 - B. 1970 Univ. Bonn (Privatdoz.), dann Univ. Kiel (Ord.) - BV: Unternehmenswachstum u. Sortimentsänder., 1966; Forschungsprojekte u. Forschungsprogramme - ihre Bewert. u. Ausw., 2. A. 1973; Prognoseverfahren..., 1977; Delphi Prognosen im Computerdialog, 1979; Produktpolitik, 1981, 3. A. 1992; Forschung u. Entw., 1988, 3. A. 1992; Marketing d. Kundeninformationssysteme, 1987; Schnittstellen-Management, 1989; Stärken u. Schwächen industrieller Forschung u. Entwicklung, 1990; ca. 170 Aufs.

BROCKHOFF, Maria Elisabeth

Dr.-Ing., Prof., Wiss. Rätin - Königsberger Str. 136, 4400 Münster/W. (T. 24 77 05) - Geb. 2. April 1922 Ludwigsburg/Württ. - S. 1956 (Habil.) Lehrtätigk. Univ. Münster (Musikwiss.). Fachveröff.

BROCKHOFF, Victoria

Dr. phil., Dr. med., Chirurgin, Ltd. Ärztin Krankenhaus Herdecke - Hohensyburgstr. 83b, 4600 Dortmund (T. 0231-774737) - Geb. 25. Mai 1925 Norderney, kath., ledig - Abit. 1944; Dr. phil. 1948 Münster/W. (Musikwiss., Altorientalistik, Archäol.); 1951 Studienaufenth. Paris, 1952 Irak; med. Staatsex. u. Promot. 1958 Münster; Facharzt f. Chir. 1965, f. Neurochir. 1967 Erlangen. S. 1970 Ltd. Ärztin Herdecke; s. 1983 Lehrbeauftr. Univ. Münster, Phil. Fak.; s. 1981/82 nebenberufl. Stud. kath. Theol.; Lehrbeauftr. Hochsch. Witten-Herdecke - BV: Als d. Götter noch mit d. Menschen sprachen, 1981; Botschaft aus Träumen, 1983; Kreativität u. Therapien, 1985 (m.a.) - Liebh.: Sumerisch, Kirchenmusik v. d. Gregorianik b. z. Barock, Reisen - Spr.: Franz., Engl., Lat., Griech., Hebräisch, Akkad., Sumerisch, Arabisch.

BROCKMANN, Hans Hinrich

Dr. rer. nat., Prof. f. Organ. Chemie Univ. Bielefeld - Saturnstr. 2, 4800 Bielefeld 15 - Geb. 23. Aug. 1936 Göttingen (Vater: Hans B., Hochschullehrer; Mutter: Gertrud, geb. Stein), verh. s. 1967 m. Dr. Gisela, geb. Jeckel, 4 Kd. (Johannes, Dietrich, Doris, Susanne) - Gymn. Göttingen; Chemiestud. Univ. Freiburg/Br. (1955-58) u. Göttingen (1958-63). Dipl.-Chem. 1960; Promot. 1963 - S. 1970 Hochschull. (b. 1975 Braunschweig, dann Bielefeld). Üb. 60 Fachveröff.

BROCKMANN, Theodor

Dr. jur., Ministerialdirektor a. D. - Liegnitzer Str. 29, 5300 Bonn (T. 66 98 84) - Geb. 5. Okt. 1914 Iburg Kr. Osnabrück, kath., verh. s. 1943 m. Christine, geb. Berlage, 2 Kd. - Gymn. u. Realgymn. Münster/W.; Univ. ebd., Freiburg/Br., Königsberg/Pr. (Rechts- u. Staatswiss.). Gr. jurist. Staatsprüf. 1943 - 1943-53 Dt. Reichs- bzw. Bundesbahn, dann Bundesinnenmin. (1961 Leit. Personal- u. Haushaltsabt., 1963 Abt. Beamten- u. sonst. Personalrecht d. öfftl. Dienstes) - 1974 Gr. BVK - Spr.: Engl., Franz. - Rotarier.

BROCKMANN, Willibert

Schlosser, Mitgl. Brem. Bürgerschaft (s. 1971) - Dithmarscher Freiheit 9, 2800 Bremen 1 - Geb. 13. Juni 1925 Verden/Aller, ev., verh., 2 Kd. - Volkssch.; 1939-42 Schlosserlehre - 1943-48 Kriegsdst. u. -gefangensch.; s. 1949 Schlosser (1965 Betriebsrat, 1970 Kollegenbetreuer AG. Weser). SPD s. 1959.

BROCKMEIER, Hubert

Geschäftsführer Bundesverb. d. Dt. Tankstellen- u. Garagengewerbes - Stiftstr. 35, 4950 Minden/W. - Geb. 8. Sept. 1935.

BROCKMEIER, Peter

Dr. phil., o. Prof. f. Allgem. u. vgl. Literaturwiss. FU Berlin (s. 1980) - Regensburgerstr. 4, 1000 Berlin 30 - Geb. 12. April 1934 Kassel - Promot. 1960; Habil. 1970 - 1960-64 Lektor Univ. Venedig; 1964-70 Wiss. Assist. TH Darmstadt; 1971-80 o. Prof. Univ. Mannheim. Fachveröff.

BROCKMEYER, Heinz

Dr.-Ing., Geschäftsführer Cronauer-Beratung-Planung, Berat. Ing. GmbH, München - Auenstr. 16, 8012 Ottobrunn-Riemerling - Geb. 11. Sept. 1938 - Stud. Maschinenbau; Promot. TH Braunschweig - Vorstandsmitgl. VDI-Ges. Techn. Gebäudeausrüst. - VDI-Ehrenring.

BROCKSTEDT, Hans

Kunsthändler, Inh. Galerie (s. 1957) - Magdalenenstr. 11, 2000 Hamburg 13 (T. 040 - 410 40 91/92; Telefax 410 14 26) - Geb. 30. Nov. 1930 Hamburg (Eltern: Hans u. Hedwig B.), ev., verh. s. 1963 m. Jutta, geb. Kügel, 2 Kd. (Julia, Boris) - Abit.; Verlagslehre; Stud. Betriebsw. Hamburg u. München - Spez. Arbeitsgeb.: Kunst Jh.wende, 20er J., Gegenw. - Spr.: Engl., Franz., Span.

BRODACH, Hans-Georg

Dr. iur., Rechtsanwalt, Präsidialgeschäftsf. Bundesverb. Luftfahrt-, Raumfahrt- u. Ausrüstungsindustrie - Konstantinstr. 90, 5300 Bonn 2 (T. 0228 - 8 49 07-20/21) - Geb. 4. April 1947, verh. s. 1974 m. Suzanne, geb. Daspet, S. Frédéric - Stud. Rechts- u. Staatswiss. Göttingen, Madrid, Münster u. Toulouse; Ass.ex. 1977 Hannover; Promot. 1974 Univ. Münster - Spr.: Engl., Franz., Span.

BRODEHL, Johannes

Dr. med., Abteilungsvorsteher, Prof. f. Kinderheilkunde Med. Hochschule Hannover (s. 1970) - Muthesiusweg 21, 3000 Hannover 61 - Geb. 20. Okt. 1931 Berlin - Promot. 1956; Habil. 1967 - 1991 Präs. Dt. Ges. f. Kinderheilkunde - BV: D. renale Transport v. Aminosäuren im Säuglings- u. Kindesalter, 1969; Paediatric Nephrology, 1983.

BRODERSEN, Klaus

Dr. phil., o. Prof. f. Anorgan. u. Analyt. Chemie - Schwalbenweg 2, 8520 Erlangen (T. 4 14 43) - Geb. 12. Aug. 1926 Dessau (Vater: Dr. Karl B., Chemiker; Mutter: Elisabeth, geb. Arndt), ev., verh. s. 1951 m. Dr. Gertraude, geb. Kirchübel, 2 Söhne (Kai Nikolaus, Kilian Arne) - Goethe-Sch. Dessau; n. Kriegsdst. Univ. Kiel u. Greifswald (Dipl.-Chem. 1949). Promot. 1951 Greifswald; Habil. 1957 Tübingen - S. 1957 Lehrtätigk. Tübingen, TH Aachen (1961 ao. Prof.), Erlangen-Nürnberg (1964 o. Prof. u. Leit. Inst. f. Anorgan. Chemie; 1966/67 Dekan Naturwiss. Fak.). Spez. Arbeitsgeb.: Röntgenogr. Strukturbestimmungen, Spektroskop. Unters., Hg-N-Verbind., Hg-Hg-Verbind. - Üb. 120 Fachaufs. - Spr.: Engl.

BRODOWSKY, Horst

Dr. rer. nat., Prof. f. Techn. Chemie - Lantziusstr. Nr. 44 - Geb. 24. Febr. 1933 Treuburg/Ostpr. - Stud. Chemie. Promot. 1960 - S. 1968 (Habil.) Lehrtätigk. Univ. Münster (1971 Wiss. Rat u. Prof.) u. Kiel (1972 Prof.). Aufenth. Japan (1960-62, 1968-69, 1981-82) u. USA (1968-69). Üb. 50 Facharb.

BRÖCKER, Ludwig G.

Dr. rer. nat., Wiss. Rat., Prof. f. Mathematik Univ. Münster - Roxeler Str. 64 (Math. Inst.), 4400 Münster/W. - Zul. Doz. Univ. Kiel.

BROECKX, Jan

Solo-Tänzer Bayer. Staatsoper (s. 1985) - Kinkstr. 4, 8000 München 80 - Geb. 18. April 1961 Antwerpen/Belg., ledig - Ausb. Stedelijk Inst. voor Ballett, Antwerpen - 1982-85 Dt. Oper Berlin. Gastsp. London Festival-Ballet u. Ballet de Marseille - Prix de Lausanne - Liebh.: Fotografieren - Spr.: Franz., Deutsch, Niederl., Engl.

BRÖDER, Ernst-Günther

Dr. rer. pol, Präsident Europ. Investitionsbank (EIB), Luxemburg, u. VR-Präs. EIB (s. 1984) - Zu erreichen üb. Europ. Investitionsbank, 100, boulevard Konrad Adenauer, L-2950 Luxemburg (T. 43 79-1; Fax 43 77 04) - Geb. 6. Jan. 1927 Köln - Stud. Natur- u. Staatswiss. Köln, Mainz, Freiburg (Promot. 1956), Paris - 1956-61 Vorstandsstab Bayer AG, Leverkusen; 1961-64 Projects Department Weltbank; 1964-84 Kreditanst. f. Wiederaufbau (1969-75 Dir., 1975-84 Vorst.-Mitgl., 1980-84 Vorst.-Sprecher). Zahlr. Mand.

BRÖGER, Achim

Schriftsteller - Wilhelm-Raabe-Weg 3, 3300 Braunschweig/Bienrode (T. 05307 - 64 83) - Geb. 16. Mai 1944 Erlangen, verh. m. Elisabeth, geb. Zeeck, 3 Kd. (Jonas, Gunda, Olaf) - Ausb.: Schriftsetzerlehre - 1970-80 Hersteller, Texter, Gestalter in e. Schulbuchverlag; stv.

Vors. Nieders. Schriftstellerverb. in d. IG Druck u. Papier; s. 1981 Mitgl. PEN-Zentr. BRD u. Intern. PEN - BV: D. Ausredenerfinder, 1972, übers. engl., jap., span.; Kurzschluß, 1976, übers. engl.; Mensch, wär' d. schön, 1977, übers. norw., span.; Moritzgesch., 1979, übers. engl. u. franz.; Meyers Gr. Kinderlexikon, 1981; Pizza u. Oskar, 1981, übers. engl., span., niederl.; Mein 24. Dez., 1985; Ich mag dich, 1986, übers. schwed., jap., dän.; Oma u. ich, 1986, übers. niederl., engl., jap., span., schwed., dän., franz.; Mama, ich hol' Papa ab, 1988 (Übers. jap., span.); Zwei Raben m. Rucksack, 1990; Hand in Hand, 1990. S. 1973 div. Bilderb. m. d. Grafikerin G. Kalow; Ausg. in 14 Ländern; versch. Fernsehfilme, Hörsp., e. Theaterstück, u.a. - 1975 Dt. Schallplattenpr.; 1977 u. 79 D. schönsten Bücher; mehrf. Bestliste Dt. Jugendbuchpreis; 1987 Dt. Jugendliteraturpreis; 1989 Ehrenliste z. Österr. Kinderbuchpreis - Bek. Vorf.: Karl Bröger, Schriftsteller (Großvater) - Lit.: Lexikon d. Jugendlit., 1981; Meyers Enzyklopäd. Lex., Bd. 26, 1985; u.a.

BRÖKER, Werner

Dr. theol., Dr. rer. nat., Prof. f. Kathol. u. Systemat. Theologie - Überwasserstr. 29, 4402 Greven-Gimbte - Geb. 23. März 1929 - Promot. 1962 (r. n.) u. 67 (t.); Habil. 1970 (t.) - S. 1971 Ord. GH Paderborn u. Univ. Osnabrück - BV: u. a. D. Sinn v. Evolution, 1967; Politische Motive naturwissensch. Argumentation gegen Religion u. Kirche, 1973.

BROELL, Werner

Dipl.-Volksw., Ltd. Angestellter, Schriftst. - Kirschenstr., 8028 Taufkirchen - Geb. 20. Febr. 1942 Kempten/Allg., verh., 1 Tochter - Stud. Wirtsch.- u. Gesellschaftswiss. Univ. München - BV: Fachb. u. -aufs. z. Thema DDR, - Ost-West-Handel, Plan- Markt- Wirtsch.; 2 Gedichtbde. in bair. u. dtsch. (Isarkiesel 1981, So ko ma si daischn, 1982); Kurzgesch. - Liebh.: Lit., Kunst, Gesellschaftspolitik, Kleinkunstszene, Musik - Spr.: Franz., Engl., Russ.

BRÖMER, Herbert

Dr. rer. nat., Prof. f. Physik TU Braunschweig (s. 1970) - Sauerbruchstr. 39, 3300 Braunschweig - Geb. 26. April 1928 Braunschweig.

BRÖMMELHAUS, Helmut

Gewerkschaftssekretär a. D., MdL Nordrh.-Westf. (s. 1966) - Kupfergraben 32, 4407 Emsdetten (T. 5 32) - Geb. 23. Mai 1927 Emsdetten, verh., 3 Kd. - Volkssch.; Akad. d. Arbeit (1 J.) - Weber; Sekr. Gewerksch. Textil-Bekleid.; gegenw. Bezirkssekr. Münster-Arnsberg ebd. 1960-65 Ratsmitgl. Rheine; s. 1965 MdK Steinfurt. CDU s. 1947 (div. Funktionen).

BRÖMSE, Peter

Dr. phil., o. Prof. Inst. f. Musikwiss./Musikpäd. Univ. Gießen (s. 1966), em. - Steinbreite 17b, 3400 Göttingen (T. 0551 - 79 21 93) - Geb. 16. März 1912 Prag (Vater: Prof. August B., Maler), verh. m. Katharina, geb. Lanz - BV: u. a. Z.Musikrezeption Jugendlicher, 1971 (m. Eberhard Kötter). Musikgesch. d. Deutschen in d. Böhmischen Ländern. Div. Einzelarb. Kompositionen (ca. 140 Titel) - Mitgl. d. Sudetendt. Akad. d. Wiss. u. Künste.

BROER, Franz

Dr.-Ing., Dipl.-Ing., Ehrenvorsitzender Vereinig. d. Verb. d. dt. Zentralheizungswirtsch., Ehrenvors. Landesfachgruppe NRW d. Fachverb. Sanitär-Heizung-Klima u. Ehrenmitgl. Fachverb. Sanitär-Heizung-Klima - Kanzler-Wippermann-Str. 13, 4790 Paderborn - Geb. 26. März 1912 Büren/W. (Vater: Franz B., Schlosserm.; Mutter: Maria, geb. Brintrup), kath., verh. s. 1939 m. Gerda, geb. Verfarth, 5 Kd. (Bernd, Vera, Peter, Eva, Inge) - Stud. TH Hannover, Dipl.ex. 1936; Promot. 1939 - Rotarier.

BROER, Ingo

Dr. theol., Prof. f. Exegese d. Neuen Testaments Univ.-GH Siegen - Klosterstr. 2, 5901 Wilnsdorf-Niederdielfen - Geb. 3. Febr. 1943 - Promot. 1970, Habil. 1972 - BV: D. Urgemeinde u. d. Grab Jesu. E. Analyse d. Grablegungsgesch. im Neuen Testament, 1972; Freiheit v. Gesetz u. Radikalisierung d. Gesetzes. E. Beitrag z. Theol. d. Evangelisten Matthäus, 1980; Friede durch Gewaltverzicht? Vier Abhandl. z. Friedensproblematik u. Bergpredigt, 1984; D. Seligpreis. d. Bergpredigt. Stud. zu ihrer Überlief. u. Ausleg., 1986. Zahlr. Beitr. in Sammelwerken u. Ztschr. z. bibelwiss. Themen. Herausg.: Jesus u. d. jüdische Gesetz (1992). Mithrsg.: D. Wirtsch. d. Siegerlandes - Krise u. Chance; Auf Hoffnung hin sind wir gerettet (Röm. 8,24). Bibl. u. system. Beitr. z. Erlösungsverständnis heute (1987); D. Herr ist wahrhaft auferstanden (LK 24,34). Bibl. u. system. Beiträge z. Entstehung d. Osterglaubens (1988); Siegerland - Region im Wandel. E. Bestandsaufnahme (1989); Marktwirtschaft - Ordnung d. Freiheit? (1990).

BROER, Jochen

Dr. rer. pol., Dipl.-Kfm., Kaufmänn. Geschäftsf. Käuffer & Co. GmbH, Mainz, u. deren Tochterges. (s. 1990) - Zeisigweg 11, 5407 Boppard (T. 06742 - 21 01) - Geb. 22. Okt. 1931 Boesperde (Vater: Wilhelm B., Ing.; Mutter: Bertha, geb. Köhle), ev., verh. s. 1960 m. Helga, geb. Queck, 2 Kd. (Eva, Jan) - Stud. d. Betriebswirtsch. Univ. Köln; Promot. 1965 - 1956-59 Abt.leit. EDV Kaufhof AG, Köln; 1959-62 kfm. Leit. Großbaustelle Kuweit; 1963-64 Ausl.abt.leit. Dr.-Ing. Trapp & Co., Wesel; 1965-87 Geschäftsf. BOMAG-MENCK GmbH, Boppard; AR-Vors. RICOMAG, Ribnica na Dolenjskem, Jugosl.; Vorst. AOK Rhein-Hunsrück-Kr., Simmern, Krankenkassenverb., Koblenz; 1988/89 Unternehmensberater - Spr.: Engl., Franz.

BRÖSSE, Ulrich

Dr. rer. pol., Dipl.-Wirtsch.-Ing., Univ.-Prof. TH Aachen - Templergraben 64, 5100 Aachen (T. 80 61 55) - Geb. 25. Nov. 1934 Essen (Vater: Dr. Wilhelm B., Chemiker; Mutter: Lotte, geb. Apel), ev., verh. s. 1964 m. Mathilde, geb. Lau, 2 Kd. (Frank, Andreas) - Stud. TH Darmstadt; Promot. 1965; Habil. 1970 Aachen - BV: Wirtschaftsordnung u. Arbeitsrecht in Spanien, 1965; Ziele in d. Regionalpolitik, 1973; Raumordnungspolitik, 1982; Bevölkerungsrückgang u. Umwelt, 1983; Volkswirtschaftslehre, 5. A. 1990 - 1986 o. Mitgl. Akad. f. Raumforschung u. Landesplanung - Liebh.: Musik, Botanik, Zoologie - Spr.: Engl., Span., Franz.

BROGLIE, Max(imilian)

Dr. med., Prof., Chefarzt i. R. - Rheinstr. 19, 6200 Wiesbaden (T. 37 33 84) - Geb. 28. Juni 1909 Nordhalden/Baden (Vater: Karl B.; Mutter: Frieda, geb. Weltin), verh. s. 1935 m. Irmgard, geb. Gropp, 2 Kd. - TH Darmstadt (Chemie), Univ. Tübingen, Marburg, Kiel, Leipzig (Med.; Staatsprüf. 1933). Promot. München; Habil. Gießen - 1935-45 Wiss. Assist. u. Oberarzt Med. Univ.sklinik Gießen u. Kiel; s. 1947 Chefarzt Landeskrkhs. Schleswig, Friedrich-Ebert-Krkhs. Neumünster (1950), Kliniken Landeshauptstadt Wiesbaden (Med. Klinik II; 1959); Ltd. Arzt Klinik am Kurpark Wiesbaden (1974). S. 1943 Lehrtätigk. Univ. Kiel (1955 apl. Prof.) u. Mainz (1968 apl. Prof.; Inn. Med.). Ehrenpräs. Berufsverb. dt. Internisten u. Gemeinschaft fachärztl. Berufsverb. Zahlr. Fachveröff. (bes. Rheumatol. u. Diabetol.) - 1974 BVK I. Kl. - Rotarier.

BROGLIE, Maximilian Guido

Rechtsanwalt (FA f. Sozialrecht), Hauptgeschäftsf. Berufsverb. Dt. Internisten - Riederbergstr. 98, 6200 Wiesbaden (T. 0611 - 52 37 66) - Geb. 22. Nov. 1943 Gießen (Vater: Prof. Dr. med. Maximilian B., Arzt; Mutter: Irmgard, geb. Gropp), alt-kath., verh. s. 1982 m. Barbara, geb. Lepiorz, 2 Söhne (Daniel Maximilian, Christian) - 1962-65 Maschinenschlosserlehre (Opel AG); Abit. 1967 (Stiftg. Louisenlund); 1967-72 Stud. Jura u. BWL Univ. Marburg, Mannheim, Freiburg, Heidelberg u. Adelaide/Austr. (1. jurist. Ex. 1972; 2. Ex. 1976) - S. 1976 Rechtsanw.; 1977-80 ESÜDRO eG (Leit. Personal- u. Rechtsabt., Geschäftsf.), 1980ff. Berufsverb. Dt. Internisten (Hptgeschäftsf.); Vorst.-Mitgl. d. Vereinigung d. Med.-Fach- u. Standespresse - Herausg. Gebührenkommentar f. Ärzte u. d. Ztschr. D. Arzt u. sein Recht. Div. jurist. Fachveröff. - Liebh.: Ski, Surfen, Golf, Essen u. Trinken - Spr.: Engl., Franz. - Rotarier.

BROHM, Winfried

Dr. jur., o. Prof. f. öff. Recht (Staats-, Verwaltungs-, Wirtschafts- u. Planungsrecht) u. Verwaltungswissensch. Universität Konstanz - Wydenmööslistr. 11, CH-8280 Kreuzlingen - 1969 Dozent Univ. Freiburg/Br., dann Ord. Univ. Bielefeld, Rufe 1979 Univ. Marburg, 1985 Hochsch. f. Verwaltungswiss. - BV: Rechtsschutz im Bauplanungsrecht, 1959; Landeshoheit u. Bundesverw., 1968; Strukturen d. Wirtschaftsverw., 1969; Sachverständige u. Politik, 1971; D. Dogmatik d. Verw.srechts vor d. Gegenwartsaufg. d. Verw., 1972; Mitverf.: Neue u. modifizierte Rechtsformen d. Bodennutzung (Münchener Gutachten), hrsg. v. BStBM), 1977; Entwicklung im Raum- u. Stadtplanungsrecht, 1979 (auch poln.); Staatl. Straßenplanung u. gemeindl. Bauleitplanung, 1979; Drittes dt.-poln. Verwaltungssymposion. D. Innenrecht d. Verwaltung, (Hrsg.) 1983; Verkehrsberuhig. in Städten, Rechtsprobl. d. Einricht. v. Wohnstraßen, 1985; Sachverständige Beratung d. Staates, Handb. StR II, 1987; zahlr. Beitr. in Fachztschr., Sammelbd. u. Handb.

BROICH, Josef

Schriftsteller - Kurfürstenstr. 18, 5000 Köln 1 (T. 0221 - 32 34 82) - Geb. 23. Okt. 1948 Batenhorst/Westf., ev., ledig - Ausb.: Dipl.-Betriebsw., Dipl.-Päd. - Vors. d. Rhein. Ag. Spiel u. Theater im Reg.-Bez. Köln - BV: Rollensp. m. Erwachsenen; Erwachsenwerden ...; Anwärmsp.; Körper- u. Bewegungssp. Lyrikbde.: ... ich Dich auch! (Liebesged.), u. kommen u. loslassen (Liebesged.).

BROICH, Ulrich

Dr. phil., o. Prof. f. Anglistik - Kufsteiner Str. 24 a, 8012 Riemerling - Geb. 30. Mai 1932 Köln (Vater: Dr. Karl B.), verh. m. Christine, geb. Hett - Univ. Köln, Freiburg/Br., Bonn. Promot. 1957 Bonn; Habil. 1966 Erlangen - S. 1966 Lehrtätigk. Univ. Erlangen-Nürnberg (Wiss. Rat), Bochum (1967 Ord.) u. München (1976). 1984-86 1. Vors. Verb. dt. Anglisten - BV: Ironie im Prosawerk W. M. Thackerays, 1957; Heinrich II. als Patron d. Lit., 1962; Stud. z. kom. Epos, 1968; Gattungen d. mod. engl. Romans, 1975; Intertextualität, (m. M. Pfister) 1985.

BROICHER, Heinz

Dr. med., Prof., Internist u. Gastroenterologe, Chefarzt u. Ärztl. Dir. i. R. Kreiskrkhs. Grevenbroich - Am Ziegelkamp 1, 4048 Grevenbroich/Rhld. (T. 10 17) - Geb. 3. Juni 1919 - S. 1955 (Habil.) Privatdoz. u. apl. Prof. (1961) Univ. Bonn. Fachveröff. - Spr.: Franz., Engl. - Rotarier.

BROICHER, Paul

Rechtsanwalt, Europabeauftr. Industrie- u. Handelstag, Bonn (s. 1968) - Peter-Fix-Str. 25, 5483 Bad Neuenahr-Ahrweiler 1 - Geb. 24. März 1914 Duisburg (Vater: Adolf B., Landgerichtspräs.; Mutter: Maria, geb. Boller), kath., verh. s. 1941 m. Fridel, geb. Büttner, 2 Töcht. (Eva-Maria, Brigitta) - Gr. jurist. Staatsprüf. - RA; 1963-68 Hgf. IHK Koblenz, später Hptgeschäftsf. Ind.- u. Hdlstag Bonn. Mitgl. Wirtsch.- u. Sozialaussch. EG, Brüssel; . V. Ges. f. reg. Strukturentwickl.; Präsident d. dt.-ivorischen Wirtschaftsvereinigung - 1969 BVK I. Kl.; 1974 Gr. BVK - Spr.: Franz. - Rotarier.

BROICHHAUSEN, Josef

Dr.-Ing., Prof. - Lütticher Str. 186, 5100 Aachen - Geb. 9. Okt. 1917 - Promot. 1946 - S. 1969 (Habil.) Lehrtätigk. TH Aachen (1970 Prof. Werkstofftechnik/Inst. f. Werkstoffkd.). Rd. 80 Facharb. 1 Buchveröff.

BROICHMANN, Peter

Dr. rer. pol., Dipl.-Kfm., Geschäftsführer Zeno-Zeitungsverlagsges. mbH u. ZGW-Medien GmbH, bde. Münster - Markgrafenstr. 35, 4290 Bocholt (T. 02871 - 3 31 13 priv.; 0251 - 7 72 22 gesch.) - Geb. 5. Aug. 1931 Bocholt (Vater: Dr. med. H. J. B., Facharzt f. Inn. Med.; Mutter: Hilde, geb. Lefert), kath., verh. s. 1960 m. Renate, geb. Gass, 6 Kd. (Helena, Hildegard, Peter-Wilhelm, Bärbel, Margit, Susanne) - Stud. d. Volks- u. Betriebswirtsch. Univ. Münster, München, Graz - Spr.: Engl., Franz.

BROK, Elmar

Journalist, Mitgl. Europ. Parlament (II. Wahlp.) - Thomas-Mann-Str. 15, 4800 Bielefeld 17/W. - CDU.

BROKMEIER, Peter

Dr. phil., Dipl.-Pol., Prof. f. Polit. Wissenschaft Univ. Hannover - Meraner Str. 8, 3000 Hannover 81 (T. 0511 - 83 02 72) - Geb. 2. März 1935 Brebach-Fechingen/Krs. Saarbr. (Vater: Friedrich B., Bürgerm.; Mutter: Marga, geb. Lohfing), verh. s. 1962 m. Ulrike, geb. Straßer, T. Katharina - 1955-57 Buchhändlerlehre; 1960-66 Stud. Politikwiss., Phil., Gesch. u. German. Univ. Frankfurt/M. u. Berlin; 1966 Dipl.-Polit. Otto-Suhr-Inst. FU Berlin; Promot. 1971 Hannover - 1971-80 Akad. Rat Univ. Hannover; 1974 Priv.-Doz. (nach Habil.); s. 1980 Prof. Inst. f. Polit. Wiss. Univ. Hannover (1985-87 Vors. Fak. f. Geistes- u. Sozialwiss.). Ca. 50 wiss. Veröff. z. Ideengesch. u. pol. Phil. - Liebh.: Kunstgesch. - Spr.: Franz. u. Altgriech. - Bek. Vorf.: Max Lohfing, Opernsänger Hamburg (Großv. ms.).

BROLL, Werner

Direktor Bundesinst. f. ostd. Kultur u. Gesch. - Achtermöhlen 21a, 2900 Oldenburg - Geb. 22. Mai 1932 Hannover, kath., verh., 4 Kd. - Gymn. Hannover, Salzgitter, Cloppenburg; Univ. München u. Münster (Gesch., German.). Staatsex. 1956 u. 58 - S. 1958 Schuldst. MdB (8.- 20. Wahlp., innenpolit. Sprecher CDU/CSU-Fraktion); 1968-77 Ratsherr Oldenburg. CDU (1970-87 Kreisvors. Oldenburg).

BROMANN, Peter

Dr., Geschäftsführer Vorwerk & Co. Elektrowerke KG -Mühlenweg 17-37, 5600 Wuppertal 2 (T. 0202 - 5 64-0) - Geb. 1. Febr. 1947.

BROMKAMP, Alois

Gesellschafter u. Aufsichtsratsvors. d. Fa. Löhr & Bromkamp GmbH, Offenbach/M. - Heinr.-v.-Kleist-Str. 32-34, 6380 Bad Homburg - Geb. 24. Juni 1912, verh. m. Keiko, geb. Kanagawa.

BROMM, Burkhart

Dr. med., Dr. rer. nat., o. Prof. f. Physiologie - Jungmannstr. 16, 2000 Hamburg 52 - Geb. 30. Juni 1935 Wilhelmshaven, ev., verh. s. 1966 m. Dr. Thussi, geb. Klemm, 2 Kd. (Karen, Boris) - S. 1969 (Habil.) Univ. Kiel, Bochum (1973 Wiss. Rat u. Prof.), Hamburg (1974 Ord., s. 1977 gf. Dir. Physiol. Inst.). Veröff. üb. Neuro- u. Sinnesphysiol. Ca. 220 Publ., überwieg. engl. Hauptarb.-geb.: Physiol. d. Schmerzes.

BROMMER, Frank

Dr. phil., o. Prof. f. Klass. Archäologie - Karl-Härle-Str. 1-5, 5400 Koblenz (T. 0261 - 5 61 11) - Geb. 8. Sept. 1911 Berlin (Vater: Dipl.-Ing., Friedrich B., Ministerialdirig.; Mutter: Editha, geb.

Hagemann), ev., verw., 2 Kd. - Promot. 1937 München; Habil. 1944 Berlin - 1946 Privatdoz., 1951 apl. Prof. Univ. Marburg, 1958 Ord. Univ. Mainz. 1957 b. 1958 u. 1965/66 Member Inst. for advanced Study Princeton, N. J. (USA); Gastprof. Univ. Aberdeen 1978; Visiting Scholar J. P. Getty Museum Malibu 1981 - BV: Satyroi, 1937; Satyrspiele, Bilder, griech. Vasen, 2. A. 1959; Herakles, 1953, 4. A. 1976; Antike Kleinkunst, 1955; Vasenlisten z. griech. Heldensage, 1956, 3. A. 1973; Corpus vasorum antiquorum - Schloß, Fasanerie, 2 Bde. 1956/59; Athena Parthenos, 1957; D. Giebel d. Parthenon, 1959; D. Skulpturen d. Parthenongiebel, 1963; D. Metopen d. Parthenon, 1967; Denkmälerlisten z. griech. Heldensage, I 1971, II 1974, III, IV 1976; D. Gott Vulkan a. provinzialröm. Reliefs, 1973; D. Parthenonfries, 1977; Hephaistos. Der griech. Schmiedegott, 1978; D. Skulpturen d. Parthenon, 1979; D. Akropolis, 1985.

BROMMER, Hans-Dieter
Dr. oec., Geschäftsführer Verband d. Mineralfarbenindustrie, Verb. d. Druckfarbenind., Verb. d. Siebdruckfarbenind. u. The European Manufacturers of Lead Chromate and Lead Molybdate Pigments - Karlstr. 21, 6000 Frankfurt/M. 1 - Geb. 6. April 1933.

BROMMUNDT, Eberhard
Dr. rer. nat., Dipl. Math., Prof. f. Techn. Mechanik u. Schwingungen Univ. Braunschweig - Kauzwinkel 3, 3300 Braunschweig - Geb. 22. Jan. 1932 Halbstadt/Westpr.

BRONDER, Dietrich

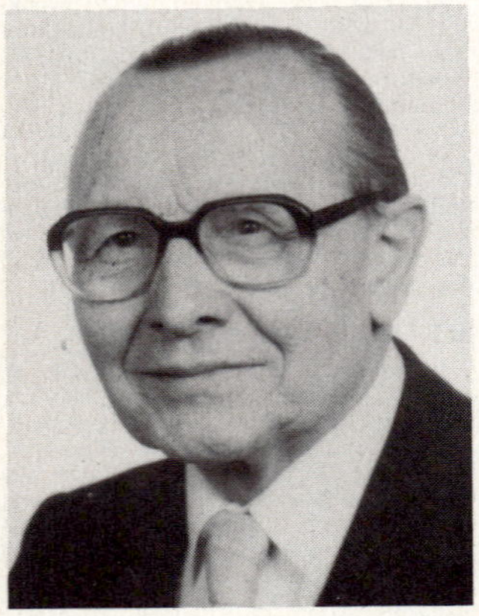

Dr. phil, Freireligiöser Landessprecher i.R. (s. 1983) - Moritzstr. 41a, 3353 Bad-Gandersheim (T. 05382 - 48 18) - Geb. 22. Febr. 1921 Berlin (Vater: Max B., Hauptverw.dir. Ehrensenator TH Berlin; Mutter: geb. Dölz), verh. s. 1974 m. Winnie, geb. Kutzner, Stiefs. Günter Wisch - Stud. Recht, Wirtsch., Med., Theol., Phil. Berlin, Nottingham, Sheffield, Göttingen (Promot. 1952) - 1940-46 Wehrdst. (verw.) u. Kriegsgefangensch. - 1961-76 Ratsherr u. Beigeordn. d. Stadt Laatzen; 1961-80 Generalsekr. Bd. Freirelig. Gden. Dtschl. - BV: u. a. D. Klerikalismus im Angriff, 5. A. 1954; Christentum in Selbstauflösung, 3. A. 1956; Freiheit u. Bindung, 1957; Freies Bekennen, 5. A. 1959; Zeugen fr. Religion, 2. A. 1963; Bevor Hitler kam, 3. A. 1989; Humanistische Antworten, 2. A. 1978; Bronders Weltpanorama 1921-88, 1990 - 50 Ausz. (Landes VO., Kavalier d. Straße u. ä.); 1980 Mitgl. Intern. Akad. f. Schrifttum, Kunst u. Wiss., Neapel - Liebh.: Musik (Klavier, Orgel), Garten, Malen, baute in Bad Gandersheim d. Intern. Ordensmus. Dr. B. auf, d. größte Fachsamml. in d. BRD - Spr.: Engl., Franz., Span.

BRONGER, Arnt
Dr. rer. nat., Prof. Geograph. Inst. Univ. Kiel - Drosselhörn 1, 2305 Heikendorf (T. 0431 - 23 13 10) - Geb. 24. Febr. 1938 Nordhausen/Thür. - Univ. Kiel: Stud. Geogr., Math. (Staatsex. 1966); Geol. (Promot. 1965); Habil. 1974 - BV: Lösse, ihre Verbraunungszonen u. fossilen Böden, 1966; Quartäre Klima- u. Landschaftsentw. d. Karpatenbeckens, 1976; Intern. Bibl. on Paleopedology (Ed.) - Mitt. Dt. Bodenkdl. Ges., Bd. 35, 1982; Paleopedology, Nature and Application of Paleosols (Ed. m. J. A. Catt) - Catena Suppl. Bd. 16, 1989 - Spr.: Engl.

BRONGER, Dirk
Dr. phil., Geograph, Prof. f. Geogr. - Ruhr-Universität (Abt. f. Geowiss.) Auf dem Backenberg 7, 4630 Bochum - Promot. 1966, Habil. 1973 - 1975-79 Gastprof. f. Regional Planning in Developing Countries Univ. of the Philippines, Quezon City/Philippinen - BV: D. Kampf um d. sowjet. Agrarpolitik 1925-1929, Köln 1967; Formen räuml. Verflechtung v. Regionen in Andhra Pradesh/Indien als Grundlage e. Entwicklungsplanung, Paderborn 1976. Mithrsg. u. Hauptautor d. Bandes 2 d. Fischer Länderkunde: Südasien, 1976; Die Industrie d. Philippinen, 1979; Indien (m. N. v. d. Ruhren), 1986; Philippinen. Raumstrukturen-Entwicklungsprobl. - Entwicklungsplan., 1987.

BRONGER, Welf
Dr. rer. nat., o. Prof. f. Anorgan. u. Analyt. Chemie - Eburonenwinkel 2, 5100 Aachen - Geb. 2. Juli 1932 Hamburg - 1966 Privatdoz. Münster, 1969 o. Prof. TH Aachen (Dir. Inst. f. Anorg. Chem.)

BRONISCH, Friedrich Wilhelm
Dr. med., Prof., Medizinaldirektor i. R., ehem. Vorst. Psychiatr. u. Nervenklinik Städt. Krankenanstalten Nürnberg - Gluckstr. 8, 8500 Nürnberg 20 (T. 59 25 40) - Geb. 4. Febr. 1912 Barmen, verh. s. 1939 m. Elsa Freiin von Ketelhodt, 3 T. (Astrid, Regine, Ulrike) - S. 1950 (Habil.) Lehrtätigk. Univ. Heidelberg (1955 apl. Prof.) u. Erlangen-Nürnberg (apl. Prof.). Zahlr. Veröff., darunt. D. Reflexe u. ihre Unters., 5. A. (auch engl., jap., poln., ung.), Hirnatroph. Prozesse im mittleren Lebensalter u. ihre psych. Erscheinungsbilder, D. psych. Störungen d. älteren Menschen (auch span.). Herausg.: Multiple Sklerose (3. A. 1975). Fachaufs. - 1961 korr. Mitgl. Arbeitsgem. f. Neuroradiologie u. Weltvereinig. Neurol.

BRONISCH, Matthias
Lehrer, Schriftst. - Reichenberger Str. 22d, 4800 Bielefeld 1 - Geb. 17. März 1937 Stettin, verh. m. Nina, geb. Bela, 2 S. (Goran, Boris) - Stud.; Staatsex. 1963 Hamburg - BV: Mit anderen Augen, Erz. 1976; Aus e. südl. Landsch., Ged. 1978; Makedonien, Erz. (übers. aus Makedon.) 1976; Mod. makedon. Lyrik (Hrsg., Übers.), 1978; Blaže Koneski, Unter d. weißen Kalkstein d. Tage, Ged. (Hrsg., übers. aus Makedon.), 1986; Flaschenpost, Texte jg. Autoren, 1987; D. Lärm d. Straße dringt herein, Kurzprosa 1989 - Grigor Prličev-Preis f. Übers. - Spr.: Makedon.

BRONNEN, Barbara
Dr. phil., Schriftstellerin - Zentnerstr. 19, 8000 München 40 - Geb. 19. Aug. 1938 Berlin (Vater: Arnolt B., Schriftst., s. XIII. Ausg.) - BV: Ich bin Bürger d. DDR u. lebe in d. Bundesrep., Ess. 1970; Wie mein Kind mich bekommen hat, Jugendb. 1977; Mütter ohne Männer, Ess. 1978; D. Tochter, R. 1980; D. Diebin, R. 1982; D. Überzählige, R. 1984; D. Marmorengel, Hörsp. 1984; D. Briefstellerin, R. 1986; Liebe um Liebe, R. 1989 - Versch. Ausz.

BRONSCH, Kurt
Dr. med. vet., Dr. med. vet. h.c., em. o. Prof. f. Tierernährung FU Berlin/Veterinärmed. Fachb. (s. 1961) - Hörnlestr. 7, 8120 Weilheim/Obb. (T. 0881 - 6 92 60) - Geb. 7. Okt. 1924 Stettin, ev., verh. s. 1953 m. Irmintrud, geb. Hildmann, 2 Kd. (Christine, Tobias) - Univ. München, Promot. u. Habil. München - 1950-61 Assist., Privatdoz. u. apl. Prof. Univ. München/Tierärztl. Fak. (Veterinärphysiol. u. physiol. Chemie) - 1959 Henneberg-Lehmann-Preis Univ. Göttingen (Landw. Fak.) - Spr.: Engl. - Rotarier.

BROSCH, Otmar
Dr. rer. oec. habil., o. Prof. f. Statistik an d. TH Merseburg (s. 1976) - Ernst-Barlach-Ring 29, O-4090 Halle-Neustadt (T. 0046 - 64 66 04) - Geb. 16. Dez. 1933, verh. s. 1959 m. Ursel, geb. Zimnick, 2 Kd. (Ute, Hagen) - Stud. Univ. Rostock u. Leipzig, Dipl.-Wirtschaftler 1952 Leipzig; Promot. 1963, Habil. 1966 TH Merseburg - 1973-77 Dir. d. Sekt. Wirtsch.wiss., danach Leit. d. Wiss.bereiches Rechn.führung, Statistik, Modellierung - BV: Betriebsstatistik (m. G. Forbrig u. U. Wolff), 1983; Komplexe Analyse v. Produktionsprozessen, Lehrb. (m. D. Dimitrow, M. Franke, D. Sawow), bulg. 1987 - 1988 Wiss.preis d. TH Merseburg - Spr.: Russ., Engl.

BROSCHE, Peter
Dr. rer. nat., Astronom, Univ.-Prof. Univ. Bonn (s. 1982) - Hembrich 14, 5569 Schalkenmehren - Geb. 7. Dez. 1936 Reichenberg - Promot. 1965; Habil. 1969 (Heidelberg) - 1974 apl. Prof., 1982 Univ. Prof. Sternw. Bonn. Üb. 160 Facharb.

BROSCHWITZ, Johannes
Dr. rer. pol., Geschäftsführer Messerschmitt-Bölkow-Blohm GmbH., Ottobrunn - Haydnstr. 5, 8021 Sauerlach/Obb. - Geb. 14. Mai 1926 - ARsmand.

BROSER, Immanuel
Dr.-Ing., Prof., Ausw. wiss. Mitgl. Fritz-Haber-Inst./MPG TU Berlin - Miquelstr. 13, 1000 Berlin 33 (T. 823 64 20) - Geb. 11. März 1924 Schaulen/Lit. (Vater: Miron B., Gymnasialdir.; Mutter: Agnes, geb. Moser), verh. s. 1952 m. Dr. Ruth, geb. Warminsky - Dipl.-Ing. (1945), Promot. (1948), Habil. (1956) Berlin (TH bzw. TU) - S. 1945 MPG (Assist., 1955 Oberassist., 1960 Abt.sleit.); s. 1956 TU Berlin (Privatdoz., 1962 apl., 65 ao., 66 o. Prof.). Üb. 100 Fachveröff. - 1991 Dr. Ing. h.c. Univ. Lund, Schweden - Spr.: Engl., Franz.

BROSEY, Dieter
Landrat Werra-Meißner-Kr. (s. 1988) - Baumhofstr. 4, 3432 Großalmerode (T. 05604 - 16 26) - Geb. 12. Mai 1942 Chemnitz, ev., verh. s. 1974 m. Gudrun, geb. Lücker, 3 Kd. (Stefan, Dagmar, Axel) - Abit. 1962; 1. jurist. Staatsex. 1967, 2. jurist. Staatsex. 1970 - 1975-88 Bürgerm. Großalmerode. Schatzmeister d. SPD Bez. Hessen Nord.

BROSIG, Wilhelm
Dr. med., o. Prof. f. Urologie - Rüsternallee 5, 1000 Berlin 19 (T. 302 34 00) - Geb. 27. Nov. 1913 St. Nikolaus, verh. s. 1941 m. Edda, geb. Loew, 2 Töcht. - D. Univ. Prag. Promot. 1937 Prag; Habil. 1953 Frankfurt/M. - S. 1953 Lehrtätigk. Univ. Frankfurt/M. u. FU Berlin (1959); 1960 ao., 1966 o. Prof.; Dir. Urol. Klinik; emerit. 1984). 1965ff. Vors. Dt. Ges. f. Urol. - BV: Nierentransplantation, 1965 (m. R. Nagel); Nierenstein - Leiden, Ursachen, Vorbeugung u. Heilung, 1966 (m. A.-A. Kollwitz). Zahlr. Einzelarb. - 1967 Ehrenmitgl. Österr. u. Jap. Ges. f. Urol., 1978 Berufsverb. d. d. Urol., S.W.D. Ges. f. Urol., u. 1980 D. Ges. f. Urol., Berliner Urol. Ges.; Korr. Mitgl. Americ. Assoc. Genito Urinary Surgeons, Chil. Ges. f. Urol., u. 1980 Americ. Urol. Ass.; 1983 BVK.

BROSIUS, Dieter
Dr. phil., Ltd. Archivdirektor Hauptstaatsarchiv Hannover - Delpweg 15, 3000 Hannover 91 - Geb. 20. Nov. 1936 Visselhövede, verh., 2 Kd. - Stud. Gesch. u. German. Univ. Hamburg, Tübingen u. Göttingen; Staatsex. u. Promot. 1964 - S. 1985 Vors. Histor. Verein f. Nieders.; s. 1986 stv. Vors. Histor. Kommiss. f. Nieders. u. Bremen. Zahlr. Schriften u. Quellenedit. z. niederss. Landesgesch.

BROSOWSKI, Bruno
Dr. rer. nat., Prof. f. Informatik Univ. Frankfurt (s. 1975) - Kleiststr. 23, 6200 Wiesbaden (T. 84 36 95) - Geb. 14. Dez. 1930 Düsseldorf (Vater: August B., Kaufm.; Mutter: Amalie, geb. Stricker), verh. s. 1955 m. Godelinde, geb. Blankerts, T. Britta - Max-Planck-Gymn. D'dorf (Abit.); Stud. d. Math., Phys., Astronomie Univ. Köln, Bonn, München; Promot. 1964 München; Habil. 1967 ebd. - 1960-69 wiss. Mitarb. Max-Planck-Inst. f. Phys. u. Astrophys. u. (1967) Privatdoz. Univ. München, 1969 b. 1975 o. Prof. f. Numer. u. angew. Math. Göttingen, 1970-75 wiss. Gf. Ges. f. wiss. Datenverarb. mbH., ebd., 1972-77 Mitgl. Wiss. Beirat Hahn-Meitner Inst. f. Kernforschg. Berlin GmbH., 1976-81 Sekr. u. 1982-84 Vizesekr. d. Ges. f. Angew. Math. u. Mechanik. In- u. ausl. Fachmitgliedsch. - BV: Nichtlineare Tschebyscheff-Approximation, 1969; Einführung in d. Numer. Math. I u. II, 1975/76 (m. R. Kreß); Parametric Semi-Infinite Optimization, 1982. Herausg.: Meth. u. Verfahren d. math. Phys., Bd. 1-35, 1969-88 (m. E. Martensen); Mathematical Methods in the Applied Sciences 1979ff. (m. G. Roach); Parametric Optimization and Approximation, 1985 (m. F. Deutsch) - Spr.: Engl.

BROSOWSKI, Egbert
Dipl.-Ing., Prof. f. Meßtechnik Gesamthochschule Siegen (Fachbereich Elektrotechnik) - Im Oberen Marktfeld 14, 5912 Hilchenbach.

BROSS, Christine
Geschäftsführerin Bund Dt. Schauwerber - Otto-Lilienthal-Str. 9, 7030 Böblingen (T. 07031 - 22 78 77) - Geb. 26. Jan. 1944 Breslau, kath., gesch., T. Alexandra - Werbekauffrau.

BROSS, Helmut
Dr. rer. nat., o. Prof. f. Theoret. Physik - Schillerstr. 2, 8012 Ottobrunn/Obb. (T. München 601 81 07) - Geb. 23. Mai 1931 Mühlacker/Württ., ev. - Obersch. Mühlacker; 1951-56 TH Stuttgart (Dipl.-Phys. 1956). Promot. (1958) u. Habil. (1962) Stuttgart - 1963 Privatdoz. TH Stuttgart; 1965 Ord. Univ. München (Sektion Physik) - BV: Elektronentheorie d. Metalle, in: A. Seeger, Moderne Probl. d. Metallphys. (VI. Kap.). Zahlr. Fachaufs.

BROSSEDER, Johannes
Dr. theol., o. Prof. f. Systemat. Theologie Rhein.-Friedr.-Wilh.-Univ. Bonn (s. 1980) - Rauschendorfer Str. 74, 5330 Königswinter 21 (T. 02244 - 64 41) - Geb. 10. Dez. 1937 Leverkusen, kath. - Humanist. Gymn. (Abit. 1958); 1958-64 Univ. Bonn u. München (Phil., Theol.) - 1965-71 Assist. Inst. f. Ökumen. Theol. Univ. München, 1971-80 o. Prof. f. System Theologie Päd. Hochschule Rhld. Abt. Bonn - BV: Ökumen. Theol. - Gesch., Probleme, 1967; Luthers Stellung zu d. Juden im Spiegel seiner Interpreten, 1972; Hrsg. der Internationalen Ökumenischen Bibliographie, Bd. 10 ff., 1976 ff.

BROSSMER (ß), Max
Dipl.-Ing., Geschäftsführer Dienes-Honeywell GmbH., Mühlheim - Westerwaldstr. 14, 6540 Hanau/M. - Geb. 16. Sept. 1930.

BROST, Erich
Verleger - Zeißbogen 28, 4300 Essen-Bredeney (T. 71 12 35) - Geb. 29. Okt. 1903 Elbing (Vater: Gustav B., Mechaniker; Mutter: Maria, geb. Hohmann), ev., verh. s. 1975 m. Anneliese, geb. Brinkmann, Sohn - Oberrealsch. u. Buchhändlerlehre - B. 1936 Redakt. Danziger Volksstimme u. Mitgl. Volkstag Danzig, dann Journ. Engl., Polen, Schweden u. Finnl., n. Kriegsende Essen u Berlin, s. 1948 Herausg. Westd. Allg.

Ztg., Essen (b. 1970 Chefredakt.) - 1963 Gr. BVK, 1983 Stern u. Schulterbd. dazu, 1986 VO Land Nordrh.-Westf. - Spr.: Engl., Schwed. - Rotarier.

BROSZINSKI, Hartmut
Dr. phil., Ltd. Bibliotheksdirektor Landesbibl. Fulda - Heinrich-von-Bibra-Pl. 12, 6400 Fulda (T. 0661 - 7 20 20) - Geb. 21. Juni 1935 Fulda (Vater: Dr. Johannes B., Stud.R.; Mutter: Emmy, geb. Lehmann), ev., verh. s. 1959 m. Ursula, geb. Winter, 2 Töcht. (Bettina, Karin) - Humanist. Gymn. Hersfeld, Musikhochsch. u. Univ. Heidelberg; Promot. 1968. 1958-68 Cellist, Musiklehrer, 1970 b. 1974 DFG Handschriftenkatalogis.; 1974 Bibliothekar - Liebh.: Musik - Spr.: Lat., Engl., Niederl.

BROTZMANN, Fritz Karl
Dr.-Ing. E. h., Dr.-Ing., Dipl.Phys., Vorsitzender d. Geschäftsfg. d. Klöckner Stahlforsch. GmbH, Duisburg (s. 1984; 1980-84 Geschäftsf.) - von-Scheffel-Str. 34, 4510 Amberg (T. 09621 - 2 41 47) - Geb. 21. Nov. 1927 Harras (Vater: Albin B., Reichsbahnangest.; Mutter: Alma, geb. Schmidt), ev., verh. 1954-85 m. Adelheid, geb. Kühne †, in 2. Ehe s. 1987 m. Christa, geb. Lüdecke, 2 Kd. aus 1. Ehe (Petra, Birgit) - Stud. d. Physik Univ. Würzburg; Promot. 1959 Clausthal - Erf.: DH-Stahlentgasungs- u. OBM-Stahlherstellungsverfahren (m. a.). 1954-64 Leit. d. Abt. Verfahrenstechnik in d. Versuchsanstalt d. Werkes Dortmund d. Dortmund-Hörder-Hüttenunion; 1964-80 Dir. d. Forsch. u. Qualitätsstellen d. Eisenwerk-Ges. Maximilianshütte mbH, Sulzbach-Rosenberg. Mitgl. Fachbeirat Max-Planck-Inst. f. Eisenforsch. GmbH, Düsseldorf, Max-Planck-Ges. z. Förd. d. Wiss., München. S. 1983 Hon.-Prof. TU Clausthal - 1976 Mitgl. Kgl. Schwedische Akad. f. Ing.wiss.; 1978 Bessemer Gold Metal durch Metals Soc., London; 1982 BVK; 1983 Aachener u. Münchener Pr. f. Technik u. angew. Naturwiss. durch Dr. Carl-Arthur Pastor-Stiftg.; 1987 Howe Memorial Lecture, AIME Annual Meeting, Pittsburgh; 1988 Carl-Lueg Denkmünze durch Verein Dt. Eisenhüttenleute b. Eisenhüttentag; 1991 Walter Ahlström-Preis, Helsinki.

BROX, Hans
Dr. jur., Prof., Bundesverfassungsrichter a. D. - Klausenerstr. 40, 4400 Münster/W. (T. 7 52 82) - Geb. 9. Aug. 1920 Dortmund, kath., verh. s. 1952 m. Ida-Maria, geb. Knust - Realgymn. (Abit. 1938); n. 1945 Univ. Münster (Promot. 1949). Habil. 1959 Münster/W. - 1938-45 Arbeits- u. Wehrdst.; 1950-60 Gerichtsass., Landgerichtsrat (Dortmund) u. Oberlandesgerichtsrat (Hamm; 1957); 1959 Privatdoz. Univ. Münster; 1961-62 ao. Prof. Univ. Mainz; s. 1962 o. Prof. (Bürgerl. Recht, Handels-Arbeits-, Zivilprozeßrecht); s. 1964 Mitgl. Landesverf. GH NRW; 1967-75 BVerfG - BV: D. Einrede d. nichterfüllten Vertrages b. Kauf, 1948; D. Einschränk. d. Irrtumsanfecht., 1960; Arbeitskampfrecht, 1965, 2. A. 1982; Erbrecht, 1988, 13. A. 1991; Arbeitsrecht, 1967, 10 A. 1991;

Allg. Schuldrecht, 1969, 19. A. 1991; Bes. Schuldrecht, 1970, 17. A. 1991; Allg. Teil d. Bürgerl. Gesetzbuchs, 1976, 15. A. 1991; Handelsrecht u. Wertpapierrecht, 1978, 9. A. 1991; Zwangsvollstreckungsrecht, 1986, 3. A. 1990. Mithrsg. Ztschr. f. d. ges. Familienrecht.

BROX, Norbert
Dr. theol., Prof., Lehrstuhlinh. f. Alte Kirchengeschichte u. Patrologie - Sonnenstr. 21, 8411 Lorenzen/Opf. - Geb. 23. Juni 1935 Paderborn/W., kath. - Promot. 1961; Habil. 1966 - S. 1969 Prof. Univ. München (1971 o.) u. Regensburg (1973). Bücher u. Einzelarb. - 1965 Kardinal-Innitzer-Preis.

BROY, Manfred
Dr. rer. nat., Prof. f. Informatik TU München - Franz-Josef-Strauß-Str. 12, 8024 Deisenhofen (T. 089 - 6 13 55 44) - Geb. 10. Aug. 1949 Landsberg/Lech, verh., 3 Kd. (Verena, Julian, Nora) - Stud. Math. u. Informatik TU München (Dipl. 1976, Promot. 1980, Habil. 1982) - 1983 o. Prof. f. Informatik Passau; s. 1989 Prof. f. Informatik TU München - Spr.: Engl.

BRUCH, Gerhard
Rechtsanwalt, MdL Hessen (s. 1978) - Untere Weinbergstr. 9, 6239 Aarbergen - Geb. 6. März 1936 Kirberg, ev., verh., 3 Kd. - Univ. Freiburg/Br. u. Frankfurt/M. (Rechts- u. Staatswiss.). Beide jurist. Staatsex. - Tätigk. Regierungspräs. Wiesbaden, Landrat Untertaunuskr., Hess. Kultusmin.; s. 1972 RA, MdK Untertaunus (1968-77 Vors. SPD-Frakt.). Parteieintr. 1963.

BRUCHHAUSEN, von, Franz
Dr. med., Dipl.-Chem., Prof. f. Pharmakologie u. Toxikol. FU Berlin (I. stv. Dir. Inst. f. Pharmak.) - Königstr. 53 E, 1000 Berlin 39 - Geb. 2. Sept. 1929 Münster/W. - S. 1967 (Habil.) Lehrtätigk. Berlin.

BRUCHMANN, Ernst-Erich
Dr. rer. nat., Dipl.-Chem., Prof. f. Techn. Biochemie Univ. Hohenheim (s. 1966) - Garbenstr. 25, 7000 Stuttgart 70 - Geb. 20. Aug. 1923 Berlin (Vater: Karl B., Reg.s-Insp.; Mutter: Helene, geb. Sander), ev., verh. s. 1958 m. Herta, geb. Broder, 3 Kd. (Matthias, Clemens, Karsten) - Stud. d. Chemie Univ. Berlin; Promot. 1950; Habil. 1963 - 1950-66 TU Berlin - BV: Biochem. Praktikum, 1966; Angew. Biochemie, 1976 (span., russ.).

BRUCKERT, Emil
Dr. oec., Dipl.-Kfm., Marktforscher, Inh. Mafo-Institut, Schwalbach - Altkönigstr. 2, 6231 Schwalbach (T. 06196 - 30 22); priv.: Altkönigstr. 41 (T. 10 72) - Geb. 17. Juni 1925 Heidelberg (Vater: Emil B., Photo-Kfm.; Mutter: Maria, geb. Haas), kath., verh. s. 1955 m. Hannelore, geb. Bausch, 3 Kd. (Stephan, Andreas, Christiane) - Stud. WH Mannheim (Dipl.ex. 1949); Promot. 1954 Nürnberg - Spez. Arb.geb.: Markt-, Meinungs- u. Absatzforschg. - BV: Handb. d. prakt. Marktforschg., 1972 (m. a.).

BRUCKMANN, Peter
Dr. rer. pol., Geschäftsf. Gesellschafter Geiger technik GmbH, Garmisch-Partenkirchen - Königstandstr. 6, 8100 Garmisch-P. - Geb. 3. April 1926 Heilbronn, ev., verh. s. 1960 m. Eva, geb. Wissmath, 2 Kd. (Beatrix, Peter) - Univ. Tübingen (Promot. 1953) - U. a. Geschäftsf. Fa. Reckziegel Formenbau GmbH, Kaufbeuren, Geiger Plastics USA Portage (Mich.); stv. Vors. Arbeitgeberverb. Kunststoffverarb. Ind. in Bayern (KVJ); Präs. Kunststoff-Museumsverein (KMV).

BRUCKNER, Werner
Dipl.-Ing./Wirtschaftsing., Vorstandsmitglied d. Thosti Bau-AG., Augsburg, Geschäftsf. Betz GmbH., Kempten - Böheimstr. 8, 8900 Augsburg - Geb. 4.

Nov. 1937 - Vorst. Bayer. Bauind.-Verb. München.

BRUCKNER, Wilhelm
Dr. phil., Publizist, Geschäftsführer Bayer. Philologen-Verb. a. D., Mitbegr. u. Ehrenvors. Landsmannsch. d. Siebenbg. Sachsen in Dtschl., München - Bacherstr. 39, 8000 München 90 - Geb. 23. Jan. 1921 Hermannstadt, verh. m. Maria, geb. Sporrer, Sohn Ernst - Stud. German., Gesch. u. Ztg.wiss. Univ. München - Nach Kriegsende Lehrer u. Leit. Privatgymn. München, Unterr. an versch. Bildungseinricht.; 1967-86 Bayer. Philol.-Verb. (zeitw. Geschäftsf. Dt. Philologenverb.); 1977-83 Bundesvors. Landsmannsch. d. Siebenbg. Sachsen in Dtschl. Zahlr. Facharb. (ca. 200 Aufs. u. Reden über siebenbg. u. südostdt. Themen, Rundf.send. u.a.) - Liebh.: Musik, Theater - Spr.: Franz., Rumän.

BRUCKS, Eberhardt

Maler u. Graphiker - Cecilienstr. 8, 1000 Berlin 46 (T. 030 - 772 21 34) - Geb. 29. Nov. 1917 (Vater: Friedrich B., Unternehmer; Mutter: Martha, geb. Schönfelder), ev. - Mode- u. Kunsthochsch. Berlin - S. 1945 freischaff. Arbeiten zeitkrit. Inhalts. Herausg.: Neue Graphik/Kunstmappe (1946); Kunstmappe: Brucks sieht E. T. A. Hoffmann (1947); Farbige Original-Grafik-Mappe zu E. T. A. Hoffmann (1984); Farbige Grafik-Mappe zu Fontane Herr v. Ribbeck (1985); Katalog Brucks-Ausst. Bamberg (1986). Buchillustr. - 1984 arte factum; 1985 Les Arts en Europe, Monte Carlo; 1986 Anthol. d. Dessin contemporain, Monte Carlo; 1987 Rotr. Schöne Intermezzo, Berlin; 1987/88 Brucks-Ausst., Frankfurt/M.; Circe u. Fête de famille, Paris 1991; Céline in memoriam Louis Ferdinand Céline, Lausanne 1991 - Liebh.: Lit., Musik, Radf.

BRUCKSCHEN, Hans-Hermann

Dr. rer. pol., Dipl.-Ing., Dipl.-Wirtschaftsing., Prof. FH Düsseldorf (s.

1983), Kommanditist DAIS Handelsges. mbH Export KG (s. 1983), Mehrheitsgesellsch. Prof. Dr. Bruckschen & Partner GmbH Ingenieure (s. 1986) - Kranzerhof, 4130 Moers 2 (T. 02841 - 6 14 17) - Geb. 19. Sept. 1949, ev., verh. s. 1979 m. Lieselette A., geb. Bestendonk - 1969-74 Maschinenbaustud. TH Aachen, 1973-75 Wirtschaftsstud. TH Aachen, 1975-76 Management Graduate School of Management UCLA, Los Angeles, Promot. 1979 TH Aachen - 1979-83 Geschäftsf. u. Mitinh. Fa. Henkelhausen, Krefeld - BV: Verrechnungspreise in Spartenorg., 1981 - Springorum-Denkmünze d. TH Aachen - Spr.: Engl., Franz.

BRUDER, Leopold
Dr., Dolmetscher-Übersetzer, Honorarkonsul in Italien (s. 1976) - Priv.: Via Solmi Nr. 10, I-09100 Cagliari, Italia; dienstl.: Via R. Garzia Nr. 9, Italia - Geb. 18. Okt. 1937 Berghaupten, kath., verh. s. 1965 m. Dr. Musu Lucia (Lehrerin), 3 Kd. (Francesca, Alexandra, Christian) - Stud. Fremdspr. u. Fremdsprachenlit. Univ. Cagliari; Promot. 1975 - Spr.: Ital., Engl., Holländ.

BRUDER, Reinhart
Dr.-Ing., Werksdirektor Thyssen Stahl AG, Produktbereich Langprodukte - Kaiser-Wilhelm-Str. 100, 4100 Duisburg 11.

BRÜCHER, Hildegard
s. Hamm-Brücher, Hildegard

BRÜCHER, Horst
Dr. jur., Rechtsanwalt u. Notar, Aufsichtsratsvors. Otis GmbH, Berlin, Otis Escalator GmbH, Stadthagen, Dunlop GmbH, Hanau, Kraft General Foods GmbH, Eschborn - Bockenheimer Landstr. 51, 6000 Frankfurt/M. - Geb. 30. Okt. 1928 (Vater: Hugo B., Bankdir.; Mutter: Else, geb. Wüsthoff), ev., verh. s. 1963 m. Karin, geb. Hammer, 2 Kd. - Univ. Frankfurt/M., Paris (Sorbonne), Washington (Georgetown). Diplome de droit compare; D. C. - Zeitw. Direktionsassist. AR-Mitgl.: Lingner + Fischer GmbH, Bühl, Ingersoll Maschinen u. Werkzeuge GmbH, Burbach, Otis Europe S.A., Paris. Versch. Beiräte - BV: Doing Business, 8. A. 1978 (m. Mueller u. Stiefel); Auslands-Investment-Gesetz, 1970 (m. Pulch) - Spr.: Engl, Franz.

BRÜCHERT, Erhard
Oberstudienrat, Autor - Distelweg 14, 2905 Edewecht (T. 04486 - 5 72) - Geb. 25. März 1941 Schlönwitz (Pommern), ev., verh. s. 1968 m. Hailke, geb. Zimmering, 2 Kd. (Ilka, Martin) - Stud. German. u. Gesch. 1962-68 Marburg, Berkeley (Calif.) u. Göttingen; 1. Staatsex. Göttingen; Refer. Oldenburg; 2. Staatsex. 1970 Oldenburg - S. 1979 Mitgl. Schriever-Kring, s. 1982 Bevensen-Tagung; Fr. Mitarb. hist. Magazin Damals (Bd. 1982 sieben hist. Ess.); Fr. Mitarb. Nordwest-Zeitung, Oldenburg - BV: Robitur, Jugendtheaterstück 1978; Nun sag's doch endlich, Schauspiel 1980; Tanker up Schiet, Kindertheaterst. 1980; E. Tag im Leben v. Martina u. Volker, Jugendtheaterst. 1982; So'n Theater um de Schohkoperee!, Kindertheaterst. 1983; Sneewittchen un de Rockers, Kindertheaterst. 1983; Unser neues Haus, Schausp. 1985; D. schwarze Brack, Hist. Erz. 1987. Bearb. v.: Ut mien Hollwäger Jungenstiet, Niederdt. Lebenserinnerungen v. Georg Willers, 1980. Herausg.: Snacken un Verstahn (Bd. 3 1983). Mithrsg.: Snacken un Verstahn (Bd. 1 u. 2 1982 u. 84). Hörsp.: Een Stedinger Mönk (1982); Wenn Mudder op Arbeit geiht (1983); Dat nie Huus (1983); De Negerpaster (1983); Marathon (1986); Ick, Wilhelmine (1987); Wilhelmshaben 1918 (1988); Historienspiel: Bischop Willehad (1989). Regionalgeschichtl. Beitr. in Nordl. Rundf. Mitarbeit Sammelbd.: Heimat (Analysen, Themen, Perspektiven), 1990 - 1979 Preis d. Oldenburg. Landschaft f. niederdt. Kindertheaterstück; 1982 Preis d. Schlesw.-Holst. Heimatb. f. niederdt.

Kindertheaterstücke; 1990 Preis d. Niederdt. Bühnenbundes - Liebh.: Joggen, Tennis, Segeln - Spr.: Engl., Franz., Lat.

BRÜCK, von, Alexander

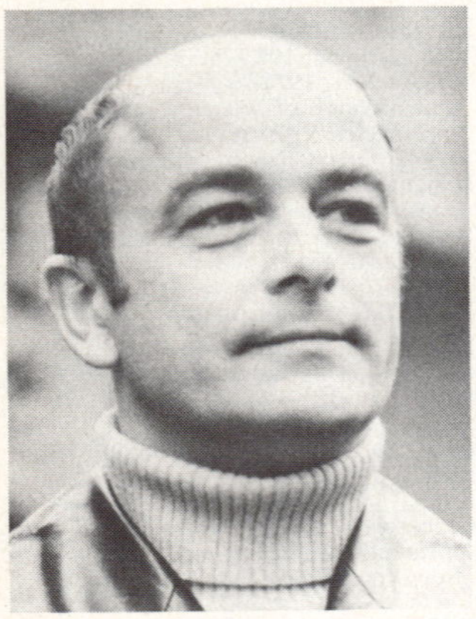

Dirigent - Hochschulstr. 2, O-8010 Dresden - Geb. 13. Okt. 1940 Dresden - 1951-59 Mitgl. Dresdner Kreuzchor; 1959-64 Stud. Musikhochsch. Leipzig (Dirigieren, Flöte) - 1965-79 Volkstheater Rostock; 1979-81 Kleist-Theater Frankfurt/O.; s. 1981 Städt. Theater Chemnitz; s. 1987 Leit. e. Dirig.klasse an d. Musikhochsch. Dresden - Gastdirigate: Staatsoper Dresden, Dresdner Philharmonie, Berliner Sinfonieorch., Nationaltheater Weimar, u.a.

BRÜCK, Alwin

Journalist, MdB (1965-90), Parlam. Staatssekr. a. D. - Am Westfeld 27, 6601 Heusweiler/Holz (T. Heusweiler 89 39) - Geb. 23. Sept. 1931 Holz (Vater: Friedrich B., Bergmann; Mutter: Juliane, geb. Pörtner), ev., verh. s. 1957 m. Margot, geb. Reidenbach, 2 Töcht. (Sabine, Heike) - Mittelsch. (Mittl. Reife); Redaktionsvolontär - 1951-65 (m. Unterbr. weg. Meinungsversch. in d. Saarfrage) Redakt., Chef v. Dienst (1960) u. stv. Chefredakt. (1963) Saar-Volksstimme u. Saarbrücker Allgemeine; 1960-73 Gemeinderatsmitgl.; 1974-82 Parlam. Staatssekr. Bundesmin. f. wirtschaftl. Zus.arbeit. SPD (1960-88 Mitgl. Landesvorst. Saarl.) - Ehrensenator Univ. Saarland; Gr. BVK, Saarl. VO - Liebh.: Sport - Spr.: Engl., Franz.

BRÜCK, Christoph

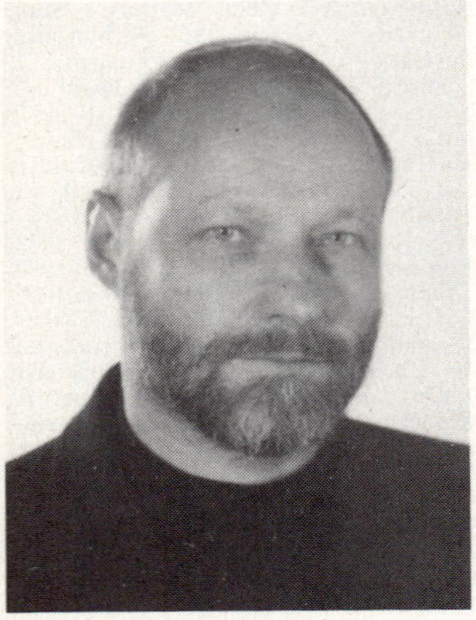

Regisseur, Schauspieler, Oberspielleiter d. Münchner Volkstheaters - Zu erreichen üb. Münchner Volkstheater, Augustenstr. 31, 8000 München 2 (T. 089 - 5 23 55-0) - Geb. 1. Sept. 1941 Leipzig, verh. s. 1969 m. Sigrid, geb. Kressmann, S. Nils - 1958 Dreher-Facharb.; 1961 Staatsex. Päd.; ab 1964 Stud. Theaterwiss. Theaterhochsch. Leipzig; 1969 Dipl. Schauspieler; 1979 Dipl. Regiss. am Inst. f. Schauspielregie, Berlin - Pädagoge in Rostock; 1969-75 Schauspieler (Theater Dresden, Freiberg, Erfurt) u. Film- u. Fernsehaufg.; 1979-87 Regiss. am Berliner Ensemble; 1987-90 freischaff. Regiss. (Insz. u.a. Italien, Österr., Japan); s. 1990 Oberspielleiter d. Münchner Volkstheaters; s. 1978 Workshops an Univ. u. Theatern z. Thema: Episches Theater (Tschechosl., Dänemark, Engl., Frankr., Holland, Irland, Ital., Japan, Österr. Schweiz, Ung.) - Theaterstück nach M. de Cervantes Don Quijote - Insz. u.a. D. Widerspenstigen Zähmung, Jochen Schanotta, D. Hauptmann v. Köpenick am Berliner Ensemble; Mann ist Mann, Adam u. Eva in Österr.; D. kleine Mahagonny, Lysistrata, Bürger Schippel in Ital.; D. Alpenkönig u. d. Menschenfeind, D. Dreigroschenoper, Purpurstaub, Don Quijote am Münchner Volkstheater - Spr.: Engl.

BRÜCK, Inge

Sängerin, Schauspiel., Texterin, Komp. - Postfach 1213, 5227 Windeck 1 - Geb. 12. Okt. 1936 Mannheim (Vater: Hans B.; Mutter: Luise B.), kath. - Stud. Musik u. Schausp. - Hauptrollen (FS): u.a. Miss Molly Mill (13teil. ZDF-Serie), Im Rampenlicht (eig. FS-Show), Annie get your gun, Iduna in Feuerwerk, Brückenschlag (Magazinsendung) usw.; Gesang in Konzertsälen, Kirchen, Klöstern u. zu christl. Großveranstaltung (Glaubens-Lieder) - BV: E. handvoll schöner Gedanken (kl. Aphorismensammlung), 1985; Gedichte e. Umkehr, 1988 - 1966 Gold. Hahn v. Rio de Janeiro - Liebh.: Poesie, Malen.

BRÜCK, Kurt-Herbert

Maler u. Graphiker - Bülowstr. 49, 1000 Berlin 30 (T. 030 - 215 51 78) - Geb. 26. Nov. 1908 Danzig (Vater: Gottfried B., Kfm.; Mutter: Wanda Kochanowski, Sängerin, Schausp.), verh. in 2. Ehe (1963) m. Käte, geb. Weidner - 1936-37 École des Beaux Arts Paris; 1938 Kunstakad. Düsseldorf; 1941-43 Meistersch. f. Graphik u. Buchgew. Berlin - Arb. Impressionismus u. Naturalismus (Aquarell, Öl, Kupferstich, Holzschnitt) - 1953 I. Preis Berliner Plakatwettbew.; 1969 Palme d'Or de Monaco - Spr.: Engl., Franz.

BRÜCK, Wilhelm

Direktor, Gf. Vorstand Raiffeisen-Waren-Zentrale Rheinl. eG i.R. (b. 1992) - Hubert-Vallender-Str. 12, 5350 Euskirchen - Geb. 26. Jan. 1927 Euskirchen (Vater: Josef B.; Mutter: Gertrud, geb. Schmitz), verh. s. 1960 m. Annemie, geb. Schneider, 2 S. (Josef, Dieter) - Volkssch., Obersch., Fachhochsch. - Gf. Vorst., Vorst.-Sprecher, Mitgl. in versch. Gremien d. Ernährungswirtsch. u. d. dt. Raiffeisen-Organis. auf region. u. auf Bundesebene - Spr.: Engl.

BRÜCK, Wolfram

Oberbürgermeister d. Stadt Frankfurt am Main (b. 1989) - Römerberg 23, 6000 Frankfurt am Main 1 (T. 069 - 2 12-31 00) - Geb. 27. Febr. 1937 Köln-Mühlheim, kath., verh. s. 1966 m. Marianne, geb. Müller, S. Michael - Stud. Univ. Köln, Freiburg (Rechtswiss.); 1. Ex. 1961, 2. Ex. 1965 - B. 1970 Staatsanwalt; b. 1977 Min.beamter; 1977-86 Dezern. f. Personal u. Recht d. Stadt Frankfurt - BVK am Bde. - Spr.: Engl.

BRÜCKEL, Kurt W.

Dr. med., Chefarzt i. R. - Kernenblickstr. 2, 7000 Stuttgart 75 (T. 47 56 86) - Geb. 6. März 1920 Hausen/Hessen (Vater: L. B., Regierungsrat), ev., verh. s. 1945 m. Dr. rer. nat. Priska, geb. Edle v. Jaschke, 3 Kd. (Rolf, Petra, Joachim) - Realgymn. Gießen u. Bad Nauheim; Univ. Jena u. Gießen (Promot. 1944). Röntgenausbild. - 1937-39 Militärdst.; 1944 b. 1945 Truppen- u. Lagerarzt; 1945-53 Assistenz- u. Titularoberarzt (1953) I. Med. Univ.klinik Frankfurt/M. (Prof. Volhard u. Hoff); 1954-59 ltd. Oberarzt Innere Klinik Berg Städt. Krkhs. Stuttgart-Bad Cannstatt (Prof. Beckmann u. Schettler); 1959-85 Ärztl. Dir. u. Chefarzt Bürgerhospital Stuttgart, Med. Klinik III - BV: Grundzüge d. Geriatrie, 1974; 20 J. Kalziumantagonismus als therapeut. Prinzip, 1985; üb. 100 Fachveröff. - Liebh.: Motorsport, Fotogr.

BRÜCKER, Christian

Vorsitzender Landsmannschaft d. Donauschwaben aus Jugoslawien - Goldmühle 30, 7032 Sindelfingen/Württ.

BRÜCKER, Diethelm

Präsident d. Grenzschutzpräsidiums Ost - Schnellerstr. 139a, O-1190 Berlin - Geb. 22. April 1933.

BRÜCKLE, Wilhelm

Dipl.-Kfm., Aufsichtsratsvorsitzender Kulmbacher Spinnerei AG, Kulmbach (1984-88) - Friedrich-v.-Schiller-Str. 7, 8580 Bayreuth - Geb. 23. April 1920 München (Vater: Franz B., Beamter; Mutter: Maria, geb. Bergmaier), kath., verh. s. 1947 m. Marga, geb. Kühl, 3 Söhne (Wolfgang, Klaus, Bernhard) - Gymn. u. Univ. München (Betriebsw.). Dipl.-Kfm. 1948 - B. 1945 Bayer. Treuhand, 1955 Kulmbacher Spinnerei AG; b. 1984 Vorst. Finanzen, Personal, Allg. Verw., Mitgl. d. Beir. Gerling-Konzern, JLO Assekuranzgeschäft Joh. Leonh. Orth GmbH, Nürnberg - 1985/86 Past-District-Governor Lions-Club - Liebh.: Reisen, Theater, Antiquitäten - Spr.: Franz.

BRÜCKLE, Wolfgang

Dr. med., Arzt f. Innere Medizin, Rheumatologie, Physikalische Medizin, Chefarzt d. Rheumatologischen Abt. d. Rheumaklinik - 3052 Bad Nenndorf - Geb. 1. Juli 1949 München (Vater: Wilhelm B., Dipl.-Kfm.; Mutter: Marga, geb. Kühl) verh. m. Susann, geb. Schwarz, 3 Kd. - Stud., Ex. u. Promot. 1977 München - Assist.zeit in Starnberg, Oberammergau u. München; 1986-90 Oberarzt an d. Univ. Klinik Basel - Ca. 40 wissenschaftl. Veröff.

BRÜCKMANN, Walter

Journalist, Hauptabteilungsleiter Öffentlichkeitsarbeit d. CDU-Bundesgeschäftsst. - Zu erreichen üb. CDU Deutschl., Fried.-Ebert-Allee 73-75, 5300 Bonn - Geb. 23. Sept. 1934 Velbert, ev., verh. s. 1960 m. Lilo, geb. Broich, 2 Kd. (Guido, Gitta) - Univ. Münster, München, Berlin (Gesch., Psych., Publiz.) - Bis 1976 Chefredakt. Berliner Morgenpost, 1976-81 Chefredakt. Berliner Rundschau, 1981-89 Chefredakt. Dt. Monatsblatt.

BRÜCKMANN, Willi

Dr. rer. pol., Unternehmer, Aufsichtsratsvors. Schunk Industrieverwaltung GmbH (SIV), Heuchelheim, Lahn-Gießen - Professorenweg 29, 6300 Lahn-Gießen - Geb. 17. Dez. 1914.

BRÜCKNER, Alfred

Prof., Hochschullehrer - Mörikeweg 5, 7987 Weingarten/Württ. - U. a. Prof. f. Gesch. PH Weingarten.

BRÜCKNER, Christine,

geb. Emde

Schriftstellerin - Hans-Böckler-Str. 5, 3500 Kassel - Geb. 10. Dez. 1921 Schmillinghausen/Waldeck (Vater: Carl E., Pfarrer), ev., verh. I) m. Werner Brückner, Keramiker, II) Otto-Heinrich Kühner, Schriftst. (s. dort) - Schule Kassel (Abitur); Büchereisch. Stuttgart (Dipl.-Bibliothekarin 1946); Univ. Marburg (4 Sem. Kunst- u. Lit.gesch.) - 1947-50 wiss. Mitarb. Forschungsinst. f. Kunstgesch., Marburg; 1951 Redakt. Frauenwelt, Nürnberg - BV: Ehe d. Spuren verwehen, R. 1954 (I. Bertelsmann-R.preis); Katharina u. d. Zaungast, R. 1957; E. Frühling im Tessin, R. 1960; D. Zeit danach, R. 1961; Bella Vista, Erz. 1963; Letztes Jahr auf Ischia, R. 1964; D. Kokon, R. 1966; D. glückl. Buch d. a. p., R. 1970; Wie Sommer u. Winter, Jugendb. 1971; Momoko u. d. Vogel, Bildb. 1972; Überlebensgeschichten, Erz. 1973; Momokos Geburtstag, 1973; Momoko u. Chibi, Bildb. 1974; Lewan, sieh zu!, Erz. 1974; Jauche u. Levkojen, R. 1975; Nirgendwo ist Poenichen, R. 1977; E. Bruder f. Momoko, Bildb. 1977; Erfahren u. erwandert (zus. m. O. H. Kühner), 1979; D. eine sein, d. andre lieben, R. 1981; Mein schwarzes Sofa, Aufzeichnungen, 1981; Momoko ist krank, Bildb., 1980; Wenn du geredest hättest, Desdemona, Ungehaltene Reden ungehaltener Frauen, 1983; Was ist schon e. Jahr, Erz. 1984; Lachen, um nicht zu weinen, Leseb.; Die Quints, R. 1985; Deine Bilder - meine Worte, (zus. m. O.H. Kühner) 1987; Hat d. Mensch Wurzeln?, Autobiogr. Texte 1988; D. letzte Strophe, R. 1989. D. Stunde d. Rebhuhns, Aufz. 1991; Lieber alter Freund, Briefe 1992. Herausg.: Botschaften d. Liebe (1960); An mein Kind (1962); Juist (1984); Lesezeit (1986) - Mitgl. PEN-Zentrum BRD (1980-84 Vize-Präs.); 1982 Goethe-Med. Land Hessen; 1987 Ehrenbürgerin Stadt Kassel; 1990 Hess. VO; 1991 BVK I. Kl. - Lit.: Gunther Tietz (Hg.): Üb. Christine Brückner (1989).

BRÜCKNER, Christine

Komponistin - Deesbarg 48, 2000 Hamburg 53 (T. 040 - 832 03 90) - Geb. 13. Juni 1967 - Oper Der Basilisk (UA 1990) Musikhochsch. Hamburg, Kl. Bachmannsuite, tria genera, Kazeeah - Liebh.: Zeichnen, Esoter. Bücher, intell. Comics - Spr.: Lat., Altgr., Althebr.

BRÜCKNER, Günther

Pfarrer i.R., Mitglied d. Landtages Sachsen - Lange Gasse 1, O-9302 Annaberg-Buchholz 2 - Geb. 28. Okt. 1925 Leipzig, ev., verh. s. 1954 m. Erika, geb. Binner, 3 Töcht. (Christiane, Barbara, Almut) - Theologiestud. Leipzig, Dipl.-Theologe - 1953-90 Pfarrer in Sachsen. S. 1990 CDU. Präs. d. Kreistages Annaberg; Mitgl. im Arbeitskr. Christl. Publizisten; Kurat.-Mitgl. Arbeitsgemeinsch. Funk u. Fernsehen.

BRÜCKNER, Helmut

Dr. rer. nat., Prof. f. Mathematik - Perelstr. 2, 2000 Hamburg 80 - B. 1977 Doz. (Wiss. Oberrat), dann Ord. Univ. Hamburg (gf. Dir. Math. Sem.).

BRÜCKNER, Jürgen B.

Dr. med., Prof. f. Anaesthesiologie, Reanimation u. Intensivmed., Vizepräs. f. d. Bereiche Human-, Veterinär- u. Zahnmed. FU Berlin - Keithstr. 16, 1000 Berlin 30 - Geb. 16. März 1937 - Promot. 1963; Habil. 1970 - S. 1970 Prof. FU Berlin (gegenw. Leit. Arbeitsgr. f. Kreislaufforsch./Inst. f. Anaesthes.); s. 1985 Vizepräs. FU. Fachaufs.

BRÜCKNER, Klaus

Dr.-Ing., Vorstandsmitglied Mannesmann Demag AG (1981ff.) - Wolfgang-Reuter-Pl., 4100 Duisburg.

BRÜCKNER, Rolf

Dr.-Ing., Dipl.-Phys., o. Prof. f. Nichtmetall.-Anorgan. Werkstoffe - Hagenstr. 17 , 1000 Berlin 33 - Geb. 10. März 1928 Urnshausen/Thür. (Vater: Fritz B., Lehrer; Mutter: Gertrud, geb. Nennstiel), ev., verh. s. 1956 m. Elisabeth, geb. Doepke, S. Gerd - Promot. 1961, Habil. 1964 - 1957-73 Wiss. Mitarb. MPI u. Fraunhofer Ges. (1971); s. 1971 Prof. TU Clausthal (apl.) u. 1973 o. Prof. Berlin - BV: Glastechn. Fabrikationsfehler, 1980. Üb. 200 Facharb. Regional Herausg. J. Non-Crystalline Solids u. Mitherausg. Glastechn. Ber. - 1969 Industriepreis u. 1989 gold. Gehlhoff Ring d. dt. Glastechn. Ges. - Liebh.: Musik, Ski, Tennis - Spr.: Engl.

BRÜCKNER, Walter

Vertriebsdirektor, Vors. Fachverb. Flachglasind., Düsseldorf, Vorst.mitgl. Flachglas AG. DELOG/DETAG, Fürth/Gelsenkirchen - Schottstr. 3, 5810 Witten/Ruhr - Geb. 5. Okt. 1926.

BRÜCKNER, Wolfgang

Dr. phil., o. Univ.-Prof. u. Vorst. Inst. f.

dt. Philologie Univ. Würzburg (s. 1973) - Bohlleitenweg 59, 8700 Würzburg (T. 4 25 66) - Geb. 14. März 1930 Fulda (Vater: Dr. Heinrich B., OStudR.; Mutter: Annemarie, geb. Heiduschka), kath., verh.s. 1958 m. Dr. Annemarie, geb. Schmitt, 2 Kd. (Elisabeth, Michel) - Promot. 1956; Habil. 1964 - 1968-73 Dir. Inst. f. Volkskd. Univ. Frankfurt/M.; VR-Mitgl. d. German. Nat. Museums Nürnberg - BV: Strukturwandel barocken Wallfahrtens, 1958; Bildnis u. Brauch, 1966; Populäre Druckgraphik Europas: Dtschl., 2. A. 1975 (auch ital., franz); Frankfurter Wörterbuch, 1971-85; D. Bilderfabrik, 1973; Volkserz. u. Reformation, 1974; Bayer. Bll. f. Volkskunde, 1974ff.; Elfenreigen, 1974; Mithg. Enzyklopädie d. Märchens (1975ff.); Gnadenbild u. Legende, 1978; Jb. f. Volkskd., 1978ff.; Maria-Buchen, 1979; Fränkisches Volksleben im 19. Jh., 1985; Hinterglas-Künste, 1988; Histor. Fotografie in Unterfranken, 1989; Hinterglasbilder, 1990; Zisterzienser in Franken, 1991 - Korrespond. Mitglied d. Wiss. Gesellsch. a. d. Univ. Frankfurt, d. Österr. Akad. d. Wissensch., Wien, Vetenscapssocieteten Lund/Schwed., d. Königl. Gustav Adolfs-Akad. Uppsala/Schw. - Lit.: Sozialgesch. regionaler Kultur, Bibliogr. W. B. (1990).

BRÜCKNER-LACOMBE, Marie M.

Schriftstellerin, Übers. - Bahnhofstr. 90, 8032 Gräfelfing (T. 089-852538) - Geb. 25. Okt. 1913 Ilmsdorf/Ostpr., kath., gesch., 2 S. (Wolfgang, Hans Hermann) - Abit. 1934 Allenstein/Ostpr.; Sprachenstud. Königsberg/Pr. - BV: 27 Jugendb. (u.a. Du bist reizend, Christine; D. Gesch. mit Nora, Maria u. Nico; Heike, 15, Schülerin; Heiml. Freundsch.), z.T. auch in Franz., Portug. u. Finn.; Romane (u.a. Geh nicht nach Nizza, Josephien?; E. Mann wie Marcel); Krimis, hist. Serien, alle 1958-82; s. 1984 haupts. Erz. in Anthol. - 1974 Gold. Schneider-Buch - Spr.: Engl., Franz., Ital.

BRÜDERLE, Rainer

Dipl.-Volksw., stellv. Ministerpräsident, Minister f. Wirtschaft u. Verkehr Rhld.-Pfalz (s. 1987), MdL, FDP-Landesvorsitzender Rhld.-Pfalz (s. 1983) - Am Huhlchen 13, 6500 Mainz-Weisenau (T. 06131 - 83 24 61) - Geb. 22. Juni 1945 Berlin, ev., verh. s. 1980 m. Angelika, geb. Adamzik - Abit. Landau; Stud. Volksw., Rechtswiss., Polit. Wiss., Publiz. Univ. Mainz; Dipl. 1971 - Wirtschaftsdezern. Landeshauptstadt Mainz - Spr.: Engl., Franz.

BRÜDERLIN, Heinz

Dr.-Ing., Prof., Vorstandsvorsitzender Techn. Werke d. Stadt Stuttgart AG, Stuttgart - Blauer Weg 7, 7000 Stuttgart 1 - Geb. 13. März 1928 - Honorarprof. f. Elektr. Energieversorg. u. Elektrizitätsw. Univ. Stuttgart. Div. Mand.

BRÜGELMANN, Gerd

Kaufmann, Gesellsch. F. W. Brügelmann Söhne, Köln, Ehrenvors. Gesamtverb. d. Dt. Textilgroßhandels, Köln - Am neuen Forst 16, 5000 Köln 50 - Geb. 26. Sept. 1913 Köln - Kurat.-Mitgl. Univ. Köln - 1973 BVK I. Kl.; Ehren-AR-Vors. Ev. Krkhs. Weyerthal, Köln; Ehrenmitgl. IHK Köln .

BRÜGELMANN, Hans

Dr. lic. rer. soc., Prof. Univ. Bremen - Beim Rumpsmoore 35, 2803 Weyhe-Leeste (T. 0421 - 89 27 67) - Geb. 29. Dez. 1946 Berlin (Vater: Hermann B., Beigeordn.; Mutter: Eva, geb. Wollmann), verh. s. 1971 m. Karin, geb. Loos, 2 Söhne (Matthias, Benjamin) - BV: Strategien d. Curriculumreform, 1975; The Teachers' Centre, 1975; Curriculum - e. Einf., 1979; Kinder auf d. Weg z. Schrift, 1983, 3. A. 1988; D. Schrift entdecken, 1984, 3. A. 1989; ABC u. Schriftsprache, 1986, 2. A. 1987; Welten d. Schrift in d. Erfahrung d. Kinder, 1987; Regenbogen-Lesekiste, 1987, 2. A. 1989; Jeder spricht anders, 1989; D. Hirn, sein Alfabet u. andere Geschichten, 1990.

BRÜGELMANN, Jan

Geschäftsleit. F. W. Brügelmann Söhne, Köln, Präs. Dt. Golf-Verb., Wiesbaden - Am neuen Forst 26, 5000 Köln 50 - Geb. 12. Juli 1921 - AR-Mand.

BRÜGGEMANN, Bernhard

Dipl.-Ing., Oberbaudirektor a. D., Prof. f. Techn. Mechanik Univ. Duisburg - Robert-Koch-Str. 8, 4130 Moers 2.

BRÜGGEMANN, Gerd

Dipl.-Volksw., Wirtschaftskorrespondent USA Zeitung D. Welt - Zu erreichen üb. D. Welt, Godesberger Allee 99, 5300 Bonn - Geb. 25. Jan. 1933 Hamburg, verh., 2 Kd. - Zul. Leit. Wirtschaftsressort Zentralredakt. D. Welt, Bonn; s. 1986 Washington.

BRÜGGEMANN, Jörg

Chefredakteur, Programmchef RIAS 2 - Taubertstr. 1, 1000 Berlin 33 (T. 030 - 825 89 15) - Geb. 16. Juni 1952 Duisburg, ledig - Stud. 1971-76 Klass. Philol., Polit. Wiss., Publizistik Mainz - SWF Mainz, SWF Baden-Baden, SR, BILD Frankfurt, HR, RTL-Radio Luxembourg, RIAS Berlin.

BRÜGGEMANN, Theodor

Dr. phil., em. o. Prof. f. Didaktik d. deutschen Sprache u. Literatur Univ. Köln (Erziehungswiss. Fak.) - Wupperstr. 9, 5000 Köln 40 (T. 0221 - 430 17 39) - Geb. 15. März 1921 Werne/L. - Gymn. Münster (Abit. 1939); ab 1940 Stud. Philol. Univ. Münster u. nach Kriegsdst. (1941-45) Univ. Göttingen, Lehrerausb. PA Emsdetten; ab 1947 wieder Univ. Münster (Promot. 1954) - 1947-59 Schuldst. Senden/W. u. Münster; 1960/61 Assist. Päd. Inst. Weilburg u. PA Köln; s. 1962 Prof., s. 1970 o. Prof. PH, ab 1980 Univ. Köln (Lehrst. f. Dt. Sprache u. Lit. sowie deren Didaktik. Schwerp.: Kinder- u. Jugendlit.). Emerit. 1986. Leit. v. Forschungsprojekten zur Geschichte d. Kinder- u. Jugendlit.; s. 1970 Mitgl. Intern. Forschungsges. f. Kinder- u. Jugendlit.; 1976 Gründ.-Mitgl. Dt. Akad. f. Kinder- u. Jugendlit., Volkach; 1984 Mitbegr. Rhein. Kinderbuchges.; 1985 Arbeitsst. f. Kinder- u. Jugendliteraturforsch. Univ. Köln - BV: 14 selbst. Veröff., u. a. Kinder- u. Jugendlit. 1498-1950, 1975; Handb. z. Kinder- u. Jugendlit. v. 1750-1800 (m. H.-H. Ewers), 1982; Handb. z. Kinder- u. Jugendlit. V. Beginn d. Buchdrucks bis 1570 (m. O. Brunken), 1987; Handb. z. Kinder- u. Jugendlit. v. 1570-1750 (m. O. Brunken), 1991; zahlr. Aufs. u. Lex.-Beitr. Mithrsg.: Intern. Unters. z. Kinder- u. Jugendlit., 8 Bde. (1969-74) - 1987 Med. f. Verdienste um die Jugendlit. d. Dt. Akad. f. Kinder- u. Jugendlit. Volkach.

BRÜGGEMANN, Wolfgang

Dr. phil., Univ.-Prof., MdL Nordrh.-Westf. (1966-85) - Im Brauke 25, 4630 Bochum (T. 38 12 29) - Geb. 4. März 1926 Bochum, verh., 3 Kd. - Gymn. Bochum; Stud. Gesch., Phil., Theol., German. Münster u. Lund (Schweden) - Gymnasiallehrer Bochum; Fachleit. Staatl. Studiensem. ebd.; o. Prof. Univ. Dortmund (Polit. Bildung u. Didaktik d. Gesch.). 1952ff. Vors. Ring christl.-demokr. Studenten. Vors. d. Aussch. f. Wissenschaft u. Forsch. Landtag NRW - CDU s. 1946 - BV: D. Mensch in d. mod. Demokratie (1971), Bildung oder Indoktrination? (1974), A. d. Wege z. e. a. Republik? (1974), Polit. Bildung im Umbruch (Hrsg., 1976), Arbeitsmat. f. d. polit. Unterr. (Hrsg., 1976), Anmerkungen z. polit. Sprache (2/1977) - Ehrenring Stadt Bochum; Gr. BVK.

BRÜGGEN, Hinrich

Dr. jur., gf. Gesellschafter H. & J. Brüggen, Lübeck, stv. Vors. Verein Dt. Reis- u. Schälmühlen e. V., 5300 Bonn - Gertrudenstr. 15, 2400 Lübeck.

BRÜGGEN, Jochen

Kaufmann, pers. haft. Gesellsch. H. & J. Brüggen, Lübeck, Präses Kaufmannschaft, ARsvors. Handelsbank ebd. - Gertrudenstr. 13b, 2400 Lübeck - Geb. 25. Sept. 1929.

BRÜGMANN, Henry

Techn. Angestellter, Mitgl. Hbg. Bürgerschaft (s. 1978) - Hastedtpl. 17, 2100 Hamburg 90 - Geb. 16. Aug. 1933 Hamburg, verh. s. 1958, 2. Söhne - Volks-, Berufs- u. Fachsch. Hamburg; Maurerlehre; n. Meisterprüf. Ausbild. z. Hochbautechn. ebd. - S. 1963 Techn. Angest. Baubeh. Hamburg. 1970 b. 1978 Mitgl. Bezirksvers. Harburg. SPD s. 1967.

BRÜGMANN-EBERHARDT, Lotte

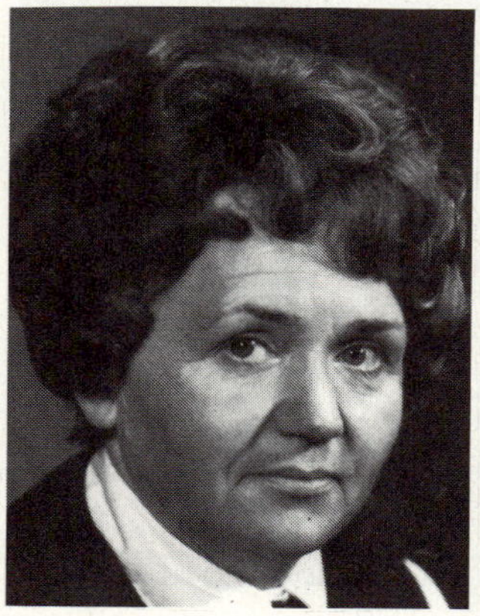

Journalistin, Schriftst. (Ps. Droste) - Schillerstr. 3, 2300 Kiel (T. 0431 - 55 31 91) - Geb. 1. Febr. 1921 Dortmund, ev., wiederverh. s. 1971 (Ehem. Hans B.), 3 Töcht. (Ursel, Brigitte, Carola) - Obersch., kaufm. Ausbildg. - Landesschatzmeisterin Verb. Schriftsteller in Schlesw.-Holst. - BV: E. Licht entzünden, 1984; E. bunter Kranz, 1985; D. Tag ist nicht nur grau, 1987; Schmetterlinge fliegen noch, 1989; Unter jedem Dach, 1991; De Tieden ännert sik (m. a.), 1991. Üb. 100 Unterhaltungsr., 43 Rom. in Fremdspr. übers., Mitarb. an Anthologien u. Sammelbänden; Zeig mir einen Narren; Lebendiges Alter, 1990; Lieb Vaterland, 1990 - Lit.: Schriftst. in Schlesw.-Holst. - heute; Ztg.- u. Ztschr.-beiträge; Kürschners dt. Lit.-Kalender u. a. Nachschlagewerke; Lebendige Lit. in Schlesw.-Holst.

BRÜHANN, Willfried

Dr. med. vet., Dr. h. c., Prof., Ministerialdirektor a. D. - Ossietzkystr. 14, 5300 Bonn 1 (T. 0228 - 62 18 34) - Geb. 19. Juni 1916 Stendal, ev., verh. s. 1942 m. Sigrid, geb. Pflüger, 2 Kd. (Bernd, Maja) - Gymn. Stendal, Stud. Vet. med. Berlin u. Hannover, Staatsex. u. Promot. 1940 Hannover, Prüf. f. d. tierärztl. Staatsdst. 1950 - 1952 Eintritt Bundesdst, zul. Leit. d. Abt. Lebensmittelw., Vet. med. u. Verbraucherschutz BMJFG. S. 1968 Lehrtätigk. Tierärztl. Hochsch. Hannover (1971 Honorarprof. f. Intern. Lebensmittelrecht) - BV: D. öfftl. Veterinärwesen, 1983. Mitautor: Großklaus, D.: Geflügelfleischhyg. 1979 (auch in span.) - 1976 Gr. BVK, 1980 Ehrenz. Dt. Tierärztesch. u. Robert-v.-Ostertag-Plak; Ehrenmitgl. Dt. Vet. med. Ges. u. Bundesverb. Beamt. Tierärzte; Ehrendoktor TiäH Hannover.

BRÜHL, Carlrichard

Dr. phil., em. o. Prof. f. Mittelalterl. Geschichte - Zul. Düsseldorf - Geb. 23. Febr. 1925 Frankfurt/M. (Vater: Dr. Carl B.; Mutter: Friedel, geb. Walter), verh. m. Eva, geb. Wiemer - Univ. Frankfurt, Paris (Sorbonne), Bonn - S. 1961 (Habil.) Lehrtätig. Univ. Köln u. Gießen (1966 Ord.). Emerit. 1990 - BV: Fodrum, Gistum, Servitium regis, 2 Bde. 1968; Codice diplomatico langobardo, t. III 1974; t. IV/1 1982; Palatium u. Civitas, t. I 1975, t. II 1990; Urkunden u. Kanzlei König Rogers II. v. Sizilien, 1978, (ital. Übers. als 2. A. 1984); Codex Diplomaticus Regni Siciliae, Ser. Ia, t. II/1: Rogerii Regis Diplomata Latina, 1987 - 1978 Commandeur de l'Ordre des Arts et Lettres; 1975 Corresp. de l'Inst., 1990 membre de l'Institut; Socio stran. Acc. di Palermo; 1989 Soc. corr. Acc. degli Intronati, Siena; 1980 Fellow of the Royal Philatelic Soc.; 1981 Lindenberg-Med.; 1985 Roll of Dist. Phil.; 1988 Crawford-Med. - Spr.: Engl., Franz., Ital. - Liebh.: Philatelist - Rotarier.

BRÜHL, Gisela

Dr. phil., Prof. f. Schulpädagogik u. Allg. Didaktik PH Karlsruhe (s. 1973) - Gretelweg 4, 7500 Karlsruhe-Rüppurr - Geb. 17. Jan. 1937 Mainz - Promot. 1968 - BV: D. Schule im Urteil ihrer Lehrer v. ausgehenden 16. b. z. ausg. 19. Jh., 1969; Päd., Psych., Soziol. im Stud. d. Lehrer (m. and.), 1975; Schul. Sozialisation konkret, 1980; Hochschullehrer als Lehrende u. Lernende. E. Beitrag z. Didaktik d. Allg. Didaktik, 1984; u. a. Facharb.

BRÜHL, Hanskarl

Dr. rer. nat., Prof. f. Angew. Geologie FU Berlin (Hydrogeol. u. Ingenieurgeol.) - Ostpreußendamm 19d, 1000 Berlin 45.

BRÜHL, Peter

Dr. med., Univ.-Prof. f. Urologie/Kinderurologie Bonn, Leiter Abt. f. Kinderurologie Urol. Univ.-Klinik Bonn - Paracelsusstr. 57, 5300 Bonn 2 (Bad Godesberg) - Geb. 30. Aug. 1932 Göttingen (Vater: Prof. Dr. med. Robert B. (s. Ausg. XVII.); Mutter: Maria, geb. Brühl), kath., verh. s. 1959 m. Elis., geb. Korff, 4 Kd. (Dr. med. vet. Matthias, Annette, Susanne, Stefanie) - Stud. Univ. Wien u. Bonn; Promot. 1958; Habil. u. Priv.-Doz. 1970 Univ. d. Saarl. (Klin. Bakteriol. u. Serol.), 1971 (Urologie), 1971 Prof. Urol. Univ.-Klinik Homburg/Saar; Dipl. Med. Fachmikrobiol. DGHM; 1974 apl. Prof. Univ. Bonn; 1984 Univ.-Prof. f. d. Fach Urologie/Kinderurologie ebd. Entd.: Reverse Osmosis Spülautomat f. op. Endoskopie - BV: Diagnostik u. Verlaufskontrolle maligner Tumoren d. Urogenitaltraktes, 1979. Mitarb.: Urol. in Klinik u. Praxis, 1982; Urol. Geschwulstkrankheiten in: Therapiehandb. Inn. Med. u. Allgemeinmed., 1983, 4. A. 1992; Krankenhaushygiene, 1983, 4. A. 1992; Hygiene u. Infekt. an Urol. Abt., 1983; Harnsteinerkrankungen im Kindesalter - Ätiologie, Diagnostik, Therapie u. Metaphylaxe, 1987; Neurourologische Syndrome, 1990; Infektionsprophylaxe im Krankenhaus, 1989. Zahlr. Filme üb. operat. u. diagnost. Verf. in d. Urologie u. Kinderurol. TV: Krebs b. Mann - Vorsorge u. Früherkennung (m. Dtsch. Krebshilfe), 1982 - F. of the Royal Soc. of Med., London; Commodore Ritterorden v. Hl. Grab zu Jerusalem; 1984 Düsseldorfer Hygienepreis; 1990 Alexander Nitze Med. Ges. f. Urol.

BRÜHNE, Heinrich

Geschäftsf. Gesellschafter brühne gruppe, H. Brühne Baustoff- u. Transport GmbH & Co. KG, H. Brühne Umwelttechnik GmbH & Co. KG, H. Brühne Rohstoff GmbH & Co. KG, Warsteiner Kalkwerk GmbH & Co. KG, Blaukalk Steinbruchbetrieb GmbH, KVG Kalk-Vertriebsges. mbH, Enso Ges. f. Entsorgung u. Wiedergewinnung v. med. Sonderabfällen mbH, UTU Umweltschutz GmbH & Co. KG, Seute Rohstoffe GmbH & Co. KG, Hann.Münden - Aplerbecker Str. 420-422, 4600 Dortmund 41 - Geb. 9. März 1948.

BRÜLLE, Karl-Heinz

Sonderschullehrer, MdL Nordrh.-Westf. (s. 1985) - Chalybäusstr. 5a, 4780 Lippstadt (T. 02941 - 6 02 56) - Geb. 23. Okt. 1949 Lippstadt, ev., verh., 2 S. - 1968-73 Lehramtsstud. PH Münster (1. u. 2. Staatsex.); 1981-84 Aufbaustud.

Sonderpäd. Fernuniv. Hagen (Abschl.) - S. 1989 MdR d. Stadt Lippstadt, s. 1991 Fraktionsvors. d. Ratsfraktion Lippstadt.

BRÜMMER, Gerhard

Dr. agr., Prof. f. Bodenkunde - Wischhof 34, 2308 Postfeld - B. 1974 Doz., dann Prof. Univ. Kiel.

BRÜMMER, Karl H.

Dipl.-Ing., Ass. d. Bergfachs, Vors. d. Geschäftsfg. Deilmann-Haniel GmbH (s. 1986), Vorst.-Mitgl. C. Deilmann AG, Bad Bentheim, AR-Vors. Gebhardt & Koenig - Gesteins- u. Tiefbau GmbH. Recklinghausen (s. 1987) - Böckelmannweg 8, 5758 Fröndenberg-Strickherdicke (T. 02378 - 22 78) - Geb. 21. Febr. 1933 Westerholt (Vater: Heinrich B., Verwaltungsrat; Mutter: Elisabeth, geb. Neukirchen), ev., verh. s. 1962 m. Christine, geb. Fehrensen, 2 Kd. (Greta, Stefanie) - Stud. TH Clausthal (Dipl.ex. 1958; Ass.ex. 1961 Bonn) - Spr.: Engl., Franz. - Lions-Club Lünen.

BRÜNIG, Eberhard F.

Dr. forest., Prof. f. Weltforstwirtschaft - Vor den Hegen 3, 2055 Aumühle (T. 04104 - 2097) - Geb. 16. Mai 1926 Schöningen (Vater: Otto B., Off./Angest.; Mutter: Anneliese, geb. Kuthe), ev., verh. s. 1962 i. 2. Ehe m. Birgit, geb. Mahr, 2 Kd. (Stephanie, Alexandra) - Stud. Univ. Göttingen, Freiburg u. Oxford, Promot. 1953 Göttingen, Habil. 1967 Hamburg. 1954-63 Brit. Kolonialforstdst., 1964-67 Wiss. Asst. Univ. Hamburg, 1967 Doz., 1968/69 Prof. Univ. New York State, s. 1973 Prof. Univ. Hamburg, 1983 nebenamtl. Dir. Inst. f. Weltforstwirtschaft, Bundesforschungsanst. Hamburg - BV: Forstl. Produktionslehre, 1971; Grundsätze f. d. umweltger. Wiederaufbau sturmgeschäd. Wälder, 1975; Ecological studies in the Kerangas forests of Sarawak and Brunei, 1974. Mitarb. a. versch. Fernsehfilmen über Waldökologie u. Wald und Umwelt - Ehrenritterkreuz d. Johanniterordens - Liebh.: Ostasiat. Bild. Kunst u. Dicht. - Spr.: Engl., Malayisch-Indon. - Bek. Vorf.: Prof. Dr. Hans Spemann, Zoologe, Nobelpreisträger (Großonkel).

BRÜNING, Jochen

Dr., Prof. f. Mathematik, Lehrst. f. Reine Math. II Univ. Augsburg - Breslauer Str. 34, 8902 Neusäss (T. 0821 - 46 92 50) - Geb. 29. März 1947 Bad Wildungen/Kr. Waldeck, ev., verh. s. 1972 m. Hannelore, geb. Petereit, 2 Töcht. (Karin, Eva) - Abit. Kassel 1966; Stud. Math. u. Physik Univ. Marburg; Dipl. 1969, Promot. 1972, Habil. 1977, alles Marburg - 1969-78 wiss. Mitarb. bzw. Doz. Marburg; 1978/79 Prof. Univ. München; 1979-83 Prof. Univ. Duisburg; s. 1983 Prof. Univ. Augsburg; 1986-88 Dekan Nat. Fak. S. 1980 Ausw. Aussch. Studienstiftg. 1977 u. 87 Gastprof./Gastforsch. Univ. Bonn, 1982 u. 85 Northeastern Univ., 1984 Univ. Göteborg, 1990 Inst. Advanced Studies, Princeton, 1990 Visiting Prof. Nagoga Univ., 1985/85 Visiting Prof. Mass. Inst. Techn. Hauptarbeitsgeb.: Spektraltheorie elliptischer Operatoren. Üb. 40 Arb. z. Reinen Math. in wiss. Ztschr. - 1967-69 Stip. Stud.stiftg.; 1978 Heisenberg-Stip.; 1988 Akad.-Stip. - Liebh.: Phil., Lit., Ornithol., Gesang - Spr.: Engl., Ital.

BRÜNING, Rolf

Dr. rer. pol., Dipl.-Kfm., Vorstand Ges. f. soz. Wohnungsbau, Berlin - Opitzstr. 1, 1000 Berlin 41 - Geb. 13. Okt. 1937 Bremen, ev., verh. s 1966 m. Irmgard, geb. Bergmann, T. Kathrin - 1959-65 Stud. Univ. Hamburg; Promot. 1972 - 1973-82 Geschäftsf. Brem. Ges. f. Stadterneuerung, Stadtentw. u. Wohnungsbau GmbH; s. 1982 Vorst. Ges. f. soz. Wohnungsbau; Beiratsmitgl. Dt. Hypothekenbank Frankfurt/Bremen, Fernheizwerk Märkisches Viertel GmbH, Berlin, Ges. f. Öffentlichkeitsarbeit in Berlin mbH; AR-Mitgl. Wohnungsbau-Rechenzentrum Berlin GmbH; AR-Vors. RITAG-Armaturen GmbH u. Co. KG, Osterholz-Scharmbeck; stv. AR-

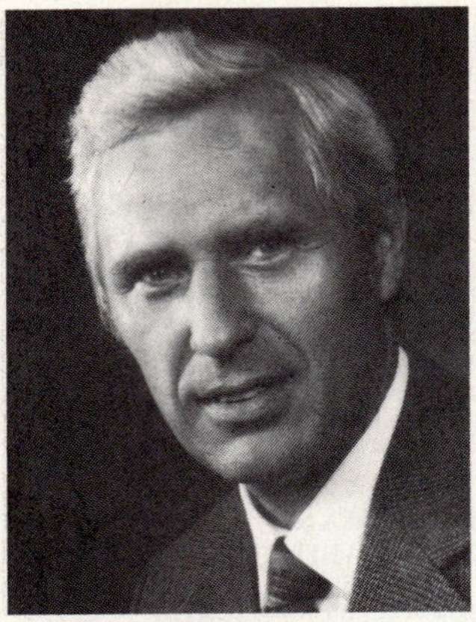

Vors. d. Wohnungsbauges. Marzahn mbH, u. Wohnungsbauges. Hellersdorf mbH.

BRÜNING, Walther

Dr. phil., Prof., Philosoph - Am Gonsenheimer Spieß 6, 6500 Mainz - Geb. 12. April 1927 Darmstadt (Vater: Dr. med. Walther B., Arzt), ev., verh. s. 1958 m. Katrin, geb. Goecke, 2 Kd. (Agnete, Stefan) - Gymn. Darmstadt; Univ. Frankfurt/M. u. Mainz (Phil.). Promot. u. Habil. Mainz - Lehrtätigk. Univ. Córdoba/Argent. (1956 Ord.) u. Univ. Mainz (1968 Wiss. Rat u. Prof.) - BV: D. Gesetzesbegriff im Positivismus d. Wiener Schule, 1954 (auch span.); Phil. Anthropologie, 1960 (auch span. u. jap.); Geschichtsphil. d. Gegenw., 1961 (auch span.). Etwa 80 Fachaufs. - Spr.: Span., Engl.

BRÜNNECK, von, Alexander

Dr. jur., Prof. f. Öffentl. Recht, Allg. Staatslehre, Verfassungsgesch. FB Rechtswiss. d. Univ. Hannover - Blumenhagenstr. 5, 3000 Hannover - Geb. 13. Juni 1941 Hermersdorf/Kr. Lebus, ev., verh. s. 1976 m. Martina, geb. Hoffmann, S. Friedrich - Stud. Univ. München, London, Paris, Berlin (Rechtswiss., Polit. Wiss.); 1. jurist. Staatsex. 1968 Berlin, 2. jurist. Staatsex. 1971 Wiesbaden; Promot. 1976 Frankfurt/M., Habil. 1984 Hannover - 1971 Wiss. Assist., 1974 Akad. Rat Univ. Hannover - BV: Politische Justiz gegen Kommunisten in d. BRD 1949-1968, 1978; D. Eigentumsgarantie d. Grundgesetzes, 1984 - Spr.: Engl., Franz., Lat., Griech.

BRÜNNER, Friedrich

Dr. agr., Minister a. D., MdL Baden-Württ. (s. 1956, CDU) - Löwenbreitestr. 24, 7960 Aulendorf/Württ. (T. 87 37) - Geb. 2. Nov. 1910 Heidelberg, kath., verh., 6 Kd. (dar. 3 S.) - Realgymn. Buchen/Odenw.; 2 J. prakt. Tätigk. Landw.; 1932-37 Stud. Landw. Hohenheim u. Berlin - Ab. 1937 Sachbearb. Landesbauernschaft Rhld., Bonn, 1939-45 Wehrdst., 1946-49 Ref. Min. f. Ernährung u. Landw., Tübingen, dann Leit. Versuchsanst. f. Grünlandw. u. Futterbau, Aulendorf, 1960-68 Dir. Beratungsinst., Donaueschingen, 1968-76 Min. f. Ernährung, Landw. u. Umwelt Baden-Württ. - Gr. Verdienstkreuz m. Stern, 1975; Verdienstmed. d. Landes Bad.-Württ., 1978; Ehrensenator der Univ. Hohenheim; Dt. Sportabz. i. Gold (10mal).

BRÜNNER, Hubertus

Dr. med., Prof. f. Chirurgie Univ. Mainz u. Direktor Chir. Klinik Städt. Krankenanst. - Haydnstr. 14, 4150 Krefeld 1 - Geb. 19. Juni 1932 Bad Mergentheim - Promot. (1958) u. Habil. (1968) Mainz - S. 1971 Prof. - BV: Taschenb. f. Chir., 3 Bde. 1990. Üb. 270 Einzelarb. u. Buchbeiträge.

BRÜNNER, Thea

Dr. rer. pol., Vorsitzende Verbraucherschutzverein e. V., Berlin, Geschäftsführerin Verbraucherzentrale Berlin e. V. - Bayreuther Str. 40, 1000 Berlin 30 (T. 030 - 213 15 91).

BRÜSKE, Hans-Günther

Dr. phil., MA, Redaktionsleiter ZDF - Adam-Karrillon Str. 7, 6500 Mainz (T. 06131 - 67 08 82) - Geb. 4. Febr. 1951 Königstein/Ts., kath., ledig - Industriekfm 1972; MA (Politikwiss. 1978), Promot. (Romanistik) 1980 alles Mainz - Persönl. Ref. d. Univ.-Präs. Mainz; Leit. d. Akad. Auslandsamtes Erlangen; Programmref. d. ZDF-Programmdir.; Lehrbeauftragter an d. Univ. Mainz - BV: D. Wirtschafts- u- Sozialaussch. d. EG, 1979; Verkehrtes Heldentum u. Absonderung in d. Romanen Jean Genets, 1980. Herausg.: Europa auf d. Bildschirm. Szenarium d. europ. Fernsehwirklichkeit (m. Alois Schardt), 1986 - 1987 Ehrenbrief d. Landes Hessen - Liebh.: Lit., Kino, Reisen, Kochen, Musik, Gesch. - Spr.: Franz., Engl., Span.

BRÜSSAU, Werner

Dr. phil., Journalist, Leiter ZDF-Büro DDR, Ost-Berlin - Mohrenstr. 10, 1080 Berlin (DDR) (T. (0)0372 - 229 38 85) - Geb. 28. Juni 1935 Berlin, kath., gesch., 1 Kd. - Stud. Publiz., Betriebsw., Amerikan.; Promot. 1964 FU Berlin - Redakt. SFB; Presseref. FU Berlin; Mitarb. Bundesgeschäftsstelle CDU; s. 1974 ZDF (versch. Posit.) - BV: Fernsehen - e. Medium sieht sich selbst (Mitautor u. Mithrsg., 1976); Keine Angst vor Alternativen (Mitautor, 1983); D. DDR von innen gesehen (1988) - Spr.: Engl., Franz.

BRÜSTER, Herbert

Dr. med., Prof., Kinder- u. Laborarzt - Grünewaldstr. 6, 4040 Neuss/Rh. - Geb. 24. Dez. 1928 Neuss - S. 1962 (Habil.) Lehrtätigk. Med. Akad. bzw. Univ. Düsseldorf (1968 o. Prof. Dir. d. Inst. f. Blutgerinnung u. Transfusionsmedizin Univ. Düsseldorf); s. 1988 Mitgl. d. Expertenkommiss. d. Europarates - 180 Wiss. Veröff. - 1965 Wilmar-Schwabe-Preis. 1982/83 Dekan der Med. Fakultät.

BRÜTT, Peter

Dr.-Ing., Dipl.-Ing., Vorstandsvorsitzender d. MAN Roland Druckmaschinen AG, Vorst.-Mitgl. MAN AG, München - Christian-Pleß-Str. 6-30, 6050 Offenbach am M. u. Stadtbachstr. 1, 8900 Augsburg 1 - Geb. 19. Mai 1935 Dorfmark.

BRÜTTING, Georg

Rektor a.D., Ehrenpräsident Dt. Aero-Club - Baltenweg 2, 8630 Coburg - Geb. 27. April 1913 (Eltern Hans u. Anna B.), kath., verh. m. Gretl, geb. Baumgardt, Sohn Rolf - Oberstudienrat - 1960-75 Lehrer u. Rektor Coburg. 1977-83 Präs. Dt. Aero-Club - BV: u.a. Segelflug u. Segelflieger, 1934; Segelflug erobert d. Welt, 1939; Wagnis am Himmel (Gesch. d. Kunstfluges), 1943; Mit d. Segelflugzeug in d. Stratosphäre, 1954; Handb. f. d. Motorflieger, 1959; Gesch. d. Segelfluges, 1973; D. berühmtesten Segelflugzeuge, 1974; D. waren d. dt. Kampfflieger-Asse 1939-45, 1974; D. waren d. dt. Stuka-Asse 1939-45, 1976; D. Buch d. dt. Fluggesch., 1979; Fliegen ist unser Sport, 1986 - Gr. BVK - Liebh.: Fliegen, Wandern, Musik - Spr.: Engl.

BRUG, Erwin

Dr. med., Univ.-Prof., Direktor d. Klinik u. Poliklinik f. Unfall- u. Handchirurgie d. Westf. Wilhelms-Univ. - Jungeblodtplatz 1, 4400 Münster/W.

BRUGGENCATE ten, Gerrit

Dr., o. Prof. u. Vorst. Physiol. Inst. Univ. München - Pettenkoferstr. 12, 8000 München 2 - Geb. 3. Febr. 1934 Greifswald (Vater: Paul t. B.; Mutter: Margarethe, geb. Sachs), ev., verh. s. 1961 m. Ursula, geb. Schenkel, 2 Kd. - Stud. d. Med. Univ. Göttingen u. Freiburg/Br. - BV: Experimentelle Neurophysiologie, 1972; Med. Neurophysiologie, 1984.

BRUGGER, Peter

Dr. phil., Journalist, Hauptabteilungsleit. Kultur/FS u. stv. Fernsehdirektor Saarl. Rundf. - Zu erreichen üb. Saarl. Rundfunk, Postf. 10 50, 6600 Saarbrücken - Geb. 12. März 1935 Freiburg/Br. (Vater: Ernst B., Rundfunkstudioleit.; Mutter: Gladys, geb. Bergmann), verh. m. Hannelore, geb. Appler - Stud. Dt. u. Roman. Philol., Phil. u. Gesch. Univ. Freiburg u. München; Staatsex. 1961, Promot. 1971 - S. 1955 fr. Mitarb. f. Ztg. u. Hörf.; 1964 Fernsehredakt. Bayer. Rundf.; 1969 Koordinator 3. FS-Progr. Saarl. Rundf., s. 1973 zugl. Hauptabteilungsleit. Kultur/FS; s. 1988 Lehrbeauftr. Univ. d. Saarlands (Romanistik). 1985 Gastprof. Univ. New Mexico (USA) - Dokumentarfilme, z.B. Lamento Siciliano, Triptychon m. Claude Simon, Schauplatz d. Gesch. (Petrograd, Jerusalem, Algier, Rio Grande, Havanna, u.a.) - Spr.: Engl., Franz., Ital.

BRUHN, Christian

Dr. agr., Diplom-Gärtner, Direktor - Elvirasteig 30, 1000 Berlin 38 (T. 801 78 61; Büro: 468 22 20) - Geb. 22. Mai 1930 Berlin (Vater: Wolfgang B., Kunsthistoriker; Mutter: Marianne, geb. Rubner), verh. s. 1957 m. Ruth, geb. Blaich, 3 Kd. (Michael, Matthias, Kristin) - Stud. Phytopathologie u. Pflanzenschutz Humboldt-Univ. Berlin, TU Berlin, Cornell Univ. New York, Erwerbsgartenbau TU Berlin - S. 1955 Schering AG. (1972 o. Vorstandsmitgl.) - Spr.: Engl., Span., Franz. - Bek. Vorf.: Prof. Max. Rubner, Physiologe u. Hygieniker (ms.).

BRUHN, Christian

Komponist, Produzent - Postf. 71 02 05, Irmgardstr. 11, 8000 München 71 (T. 089 - 79 57 18) - Geb. 17. Okt. 1934 Wentorf b. Hamburg, verh. s. 1976 m. Erica, geb. Götz, 2 S. (Sebastian, Johannes aus 2. Ehe) - Musikstud. (u.a. b. Prof. E. G. Klussmann, Hamburg) - 1991 AR-Vors. GEMA Berlin-München - Werke: Liederzyklen: James Tierleben; Heinrich-Heine-Lieder; Wilhelm-Busch-Zyklus; u.a.; Musicals: D. Sängerkrieg d. Heidehasen; Florian auf d. Wolke; Wibbel; Fernsehmusiken: Timm Thaler; Jack Holborn; Patrick Pacard; Oliver Maass; u.v.a.; Schlager: Zwei kl. Italiener; Mitsou; Monsieur Dupont; Akropolis adieu; Heidi, u. üb. 2000 weitere Lieder - 1962 u. 64 1. Platz Dt. Schlagerfestsp.; div. 2. u. 3. Plätze; Gold. Schallpl. u. and. Ausz. - Spr.: Engl., Franz., Span. - Lit.: Friedr. Torberg: Apropos.

BRUHN, Gerhard

Dr. rer. nat., Prof. f. Mathematik (s. 1970) - Techn. Hochschule, 6100 Darmstadt - Geb. 31. Mai 1931 Berlin - Promot. 1960; Habil. 1965 - Zul. Hahn-Meitner-Inst. Berlin. Fachaufs.

BRUHN, Hans-Dietrich

Dr. med., Prof. f. Innere Medizin - Möltenorter Weg 28, 2305 Heikendorf - Geb. 18. Juni 1937 Hamburg (Eltern: Dr. med. Carl u. Eva B.) - Promot. 1962; Habil. 1972 - S. 1977 apl. Prof. Univ. Kiel (gegenw. Oberarzt Abt. Allg. Inn. Med./Zentrum Konservative Med. I) - BV: D. antithrombot. Therapie d. Fibrinolyse u. Hemmung d. Gerinnung, 1972 - 1983 Silbermed. Dt. Ges. f. Blutgerinnung.

BRUHN, Herbert

Dr. phil., Prof. f. Musik u. ihre Didaktik PH Kiel (s. 1989) - Bernadottestr. 38, 2000 Hamburg 50 - Geb. 16. Juni 1948 Hamburg, verh. m. Christine, geb. Gömann, stv. Chefredakt. Maxi - Dipl. als Dirigent; Dipl. als Psych.; Promot. Psych., Musikwiss. u. Musikpäd. - 1972-84 Kapellmeister u. Pianist an versch. Musiktheatern d. BRD (München, Hamburg, Stuttgart, Bielefeld, Kaiserslautern, Bremerhaven); 1987/88 Assist. psych. Inst. Univ. München; 1988/89 Musikdir. Univ. d. Saarlandes. 1985/86 Gastprof. GH Kassel - BV: Musikpsych.

(m. R. Oerter u. H. Rösing), 1985 u. 1992; Harmonielehre als Grammatik d. Musik, 1988 - Spr.: Engl., Franz., Ital.

BRUHN, Jochen
Geschäftsführer Rheinbraun Handel Nord GmbH, Gelsenkirchen - Stegerwaldstr. 7, 4512 Wallenhorst (T. 05407 - 27 68) - Geb. 30. Jan. 1937 Hamburg, verh., 2 Kd.

BRUHN, Jörn
Prof., Pädagoge - Roggenweg 6, 2200 Elmshorn - O.St.Dir., s. 1974 Prof. Univ. Hamburg (Erziehungswiss. unt. bes. Berücks. d. Physikdidaktik) - BV: Physik in Stichworten, 2 Bd. 1966/67; Festkörperphysik, 1982; (m. E. Töpfer †): Methodik d. Physikunterr., 1979; (m. H. Athen): Trigonometrie u. Kugelgeometrie, 1968; Mengenlehre, 1971; Logik, 1972; Taschenrechner, 1974 (übers. in zahlr. Spr.); Mathematik z. Nachschlagen, 1974, 10. A. 1981; Lexikon d. Schulmath., 4 Bd. 1976/78; Stochastik, 1980; Mitarb. am Schulbuchwerk: Math. heute; Hrsg. d. Reihe: Physikalische Arbeitsbücher.

BRUHN, Klaus
Dr. phil., o. Prof. f. Indologie Freie Univ. Berlin - Cimbernstr. 3, 1000 Berlin 38 (T. 803 54 67) - Geb. 22. Mai 1928 Hamburg - 1964 Privatdoz. Univ. Hamburg. Emerit. 1991 - BV: The Jina-Images of Deogarh, 1969.

BRUHN, Manfred
Dr. jur., Bürgermeister - Am Kommandantengraben 6a, 2208 Glückstadt (T. 64 82) - Geb. 17. Mai 1930 Eckernförde (Vater: Christian B., Verw.beamter; Mutter: Ella, geb. Pohlmann), ev., verh. s 1960 m. Waltrud, geb. Raschke, 3 Kd. (Christine-Elisabeth, Claus-Christian, Hans-Ulrich) - Gymn. Eckernförde; Stud. Rechtswiss. Freiburg, Bonn, Kiel, Speyer - Ass. d. schlesw.-holst. Innenmin.; Bürgerm. Glückstadt - Liebh.: Klass. Musik - Spr.: Engl., Franz.

BRUHN, Peter

Wiss. Leiter Bibliothek u. Dokumentation Osteuropa-Inst. FU Berlin i.R. - Bartschweg 10, 1000 Berlin 22 (T. 030 - 838 40 34) - Geb. 3. Sept. 1926 Wernigerode, verh. s. 1955 m. Hannelore, geb. Schultz, 2 Kd. (Eike, Klaus) - Staatsex. (Slawistik, Bibl.-Wiss.) 1951 Univ. Halle-Wittenberg; Bibl.-Fachprüf. 1956 - 1952 Lehrbeauftr., 1953 Univ.-Lektor Halle-Wittenberg; s. 1956 Osteuropa-Inst. Berlin. Begr. d. Dokumentationszentrums f. d. Schrifttum aus u. üb. Rußland/UdSSR - BV bisher 14 Bde., u.a.: Gesamtverz. russ. u. sowjet. Periodika u. Serienw. in Bibl. d. Bundesrep. Deutschl. u. West-Berlin, 1962-76; Russ. f. Bibliothekare. Leitfaden f. d. Bearb. v. russ. Schrifttum in wiss. Bibl., 1968; Rußland u. d. Sowjetunion im dt.-spr. Schrifttum. Bibliogr. Jahrb., 1974, 1978ff.; Russika u. Sowjetika unter d. dt.-spr. Hochsch.schriften 1961-73, 1975ff.; D. sowjet. Schrifttum üb. d. Bundesrep. Deutschl. nebst Berlin (W.). Bibliogr. Jahrb. 1971/ 72, 19766ff.; Heinrich Böll in d. Sowjetunion. Bibliogr. d. in d. UdSSR in russ. Spr. erschienenen Schriften v. u. üb. Heinrich Böll, 1980.

BRUHNS, Felix
Vorstandsvorsitzender Duravit AG, Hornberg, Geschäftsf. Duravit GmbH, Heidelberg - Im Buchenbronn 5, 7746 Hornberg/Schwarzw. - Geb. 10. Juni 1926 - Présidente Directeur Génerale Ceramique de Bischwiller S.A., Bischwiller/Elsaß.

BRUMM, Gernot
Dr. rer. pol., Dipl.-Kfm., Geschäftsführer Hermal Kurt Herrmann - Scholtzstr. 3, 2057 Reinbek (T. 040 - 72 70 40).

BRUMM, Ursula
Dr. phil., em. o. Prof. f. Amerikanistik - Bismarckstr. 1, 1000 Berlin 37 (T. 801 40 14) - Geb. 24. Okt. 1919 Berlin (Vater: Willi B., Kaufm.; Mutter: Cläre, geb. Dillenseger), ev. - Droste-Hülshoff-Obersch. Berlin; Univ. ebd. u. Tübingen (Gesch., German., Kunstgesch., Phil.). Promot. 1943 (Neuere u. mittelalterl. Gesch. u. German.) - 1943-45 wiss. Mitarb. Monumenta Germaniae Historica, Berlin u. Redaktion Dt. Archiv f. Gesch. d. Mittelalters ebd.; 1947-53 Mitarb. United States Information Centers (zul. Chefbibliothekarin); 1953-55 Stud. Harvard Univ. (USA); s. 1956 Lektorin, 1961 Habil., ao. (1963; Dir. Abt. f. Amerik. Kultur John-F.-Kennedy-Inst.) u. o. Prof. (1966) Freie Univ. Berlin. 1967 Gastprof. Rutgers Univ. (USA) - BV: D. religiöse Typologie im amerik. Denken, 1963 (auch engl. 1970); Puritanismus u. Lit. in Amerika, 1973; Gesch. u. Wildnis in d. amerik. Lit., 1980. Zahlr. Einzelarb. - Spr.: Engl., Franz.

BRUMMACK, Jürgen
Dr. phil., Prof., Philologe - Schützenstr. 21, 7400 Tübingen 5 - Geb. 22. Mai 1936 Bomlitz - Promot. 1964 - S. 1971 (Habil.) Lehrtätig. Univ. Tübingen (gegenw. Prof. f. Dt. Philol.) - BV: D. Darst. d. Orients in d. dt. Alexander-Geschichten d. Mittelalters, 1966; Sat. Dichtung. Stud. z. Fr. Schlegel, Tieck, Jean Paul u. Heine, 1979; Heinrich Heine. Epoche - Werk - Wirkung, 1980 (Hrsg.).

BRUMMER, Arnd

Chefredakteur Deutsches Allgemeines Sonntagsblatt (s. 1992) - Deutsches Allgemeines Sonntagsblatt, Mittelweg 11, 2000 Hamburg 13 - Geb. 5. Juni 1957 Bad Mergentheim, ev., verh. s. 1985 m. Kerstin, geb. Klamroth - 1976 Volont. b. SCHWARZWÄLDER BOTE Oberndorf; 1978 BADISCHE NEUESTE NACHRICHTEN in Pforzheim; 1979 SONNTAG AKTUELL in Stuttgart - 1987 Programmchef Seefunk-RADIO KONSTANZ; 1987-91 Leit. d. Parlamentsredakt. Bonn b. KÖLNISCHEN RUNDSCHAU; 1991-92 stv. Chefredakt. DEUTSCHES ALLGEMEINES SONNTAGSBLATT - BV: Reform od. Ruin? Zur Situation gesetzl. Krankenversicherung, 1988 - Liebh.: Musiktheater, amerik. Lit., ital. Weine, Tennis - Spr.: Engl., Ital.

BRUN, Dominik
Mittelschullehrer, Schriftst. - Chleygandli 1, CH-6390 Engelberg (T. 041-941855) - Geb. 21. Aug. 1948 Entlebuch, verh. s. 1975 m. Elisabeth, geb. Portmann, 2 Töcht. (Sidonia Alena, Andrina Rosalia) - Gymn.; lic. phil. 1975 Univ. Bern - BV: u.a. D Abtrüibig, Hörsp. 1972; Puurechrieg, Stück m. Dok. 1978; Notland. im Entlebuch, R. 1982; D. Höhlenfrau, R. 1987; D. Garnspinner, R. 1990; D. fliegende Heuwender, Jugendb. 1991 - 1979 Luzerner Literaturförderungspreis; 1981 Ingeborg Bachmann-Verlegerpreis - Spr.: Engl., Franz.

BRUNCKHORST, Hinrich
Landwirt u. Kaufmann, Landrat Kr. Rotenburg (s. 1949) - 2131 Bartelsdorf/Hann. (T. Scheeßel 2 45) - Geb. 9. Juli 1903 Bartelsdorf ev., verh. - Volkssch.-B. 1925 elterl. Landw., dann Steinsetzer, s. 1934 selbst. (Großhandel m. Straßenbaumaterialien, gegenw. Inh. landw. Betrieb). 1940-45 Wehrdst. 1959-63 MdL Nieders. DP/GDP).

BRUNE, Günter
Dr. med., Univ.-Prof. f. Neurologie, Direktor d. Klinik u. Poliklinik f. Neurol. d. Westf. Wilh.-Univ. - Albert-Schweitzer-Str. 33, 4400 Münster.

BRUNE, Hans-Albert
Dr. rer. nat., o. Prof. f. Chemie - Heckenbühl 4, 7900 Ulm/Donau - Geb. 8. Jan. 1922 Hamburg - Promot. 1960; Habil. 1965 - S. 1969 Ord. Univ. Ulm. Üb. 286 Facharb.

BRUNE, Heinrich
Dr. rer. nat. (habil.), o. Prof. u. Direktor Inst. f. Tierernährung Univ. Gießen (s. 1960) - Albert-Schweitzer-Str. 17, 6301 Leihgestern (T. Großen-Linden 30 64) - Zul. apl. Prof. Univ. Göttingen - 1957 Justus-Liebig-Preis.

BRUNE, Pit Jürgen
Gf. Gesellsch. Luftbefeuchtung GmbH., Ludwigshafen - Am Kohlbach, 6945 Großsachsen - Geb. 26. Aug. 1928.

BRUNE, Wilfried
Geschäftsführer VDMA-Landesgruppe Nord, VDMA - Arbeitsgemeinschaft Schiffbau- und Offshore-Zulieferindustrie - Schlebuschweg 23a, 2050 Hamburg 80 - Geb. 10. Aug. 1934.

BRUNHÖLZL, Franz
Dr. phil., o. Prof. f. Lat. Philologie d. Mittelalters u. Institutsvorstand (s. 1964) - Seybothstr. 16, 8000 München 90 - Geb. 12. Juni 1924 Neumarkt-St. Veit, kath., verh. s. 1952 - Promot. (1951) u. Habil. (1961) München - S. 1961 Lehrtätig. Univ. München (Privatdoz.), Erlangen (1963 ao. Prof.), Marburg (1964 o. Prof.), ab 1975 München.

BRUNK, Manfred
Dr.-Ing., Prof. Lehrstuhl f. Nachrichtentechnik Univ. Erlangen-Nürnberg (s. 1974) - Am Veilchenberg 1, 8521 Spardorf - Geb. 8. Juni 1933.

BRUNKHORST, Wilhelm
Schneidermeister, MdL Nieders. (s. 1970) - Am Markt 8, 2732 Sittensen (T. 04282 - 14 07) - CDU.

BRUNN, Anke
Dipl.-Volksw., Ministerin f. Wissenschaft u. Forschung von Nordrh.-Westf. (s. 1985) - Sielsdorfer Str. 29, 5000 Köln 41 (T. 43 36 86) - Geb. 17. Sept. 1942 Behlendorf Kr. Lauenburg, ev., (Ehemann Hochschulprof.), 1 Kd. - Stud. Wirtschafts- u. Sozialwiss. Hamburg, Paris, Köln (Dipl.-Volksw. 1966) - Wiss. Mitarb. Rechenzentrum Univ. Köln; SPD s. 1967 (MdL Nordrh.-Westf. 1970-81 u. ab 1985); 1981 Senatorin f.

Jugend, Familie u. Sport in Berlin, 1981-83 MdA von Berlin.

BRUNNACKER, Karl
Dr. phil. nat., em. o. Prof. f. Eiszeitforschung Univ. Köln (s. 1963) - Ginster 4, 8531 Dietersheim/Mfr. - Geb. 3. Nov. 1921 Castell/Ufr., ev., verh. s. 1979 m. Ursula, geb. Boenigk - Stud. Geol. - 1958-63 Privatdoz. TH München. Emerit. 1988. Zahlr. Fachveröff.

BRUNNER, Edgar
Dr. rer. nat., Univ.-Prof. f. Medizin. Statistik - Humboldtallee 32, 3400 Göttingen - Geb. 13. Juli 1943 Roetgen/Eifel (Vater: Emil B., Orgelbauer; Mutter: Justine, geb. Reims), verh. s. 1985 m. Adelheid, geb. Grimm, T. Sabine - Einhard-Gymn. u. TH Aachen (Dipl. 1969). Stud. Math. Promot. 1971 Aachen - S. 1973 (Habil.) Lehrtätig. TH Aachen u. Univ. Göttingen (1976 Ord. Med. Fak.). BV (Mitverf.): Biomath., 1975 - Spr.: Engl., Franz.

BRUNNER, Georg
Dr. jur., Prof. f. öffentl. Recht u. Ostrecht Univ. Köln - Zu erreichen üb. Rechtswiss. Fak. Univ. Köln, 5000 Köln - Geb. 2. Juni 1936 Budapest (Vater: Prof. Dr. Wilhelm B.; Mutter: Senta, geb. Krippendorf), kath., verh. s. 1961 m. Ursula, geb. Gutzeit - Jurist. Staatsprüf. 1959 u. 1963 Tübingen; Promot. 1963 ebd.; Habil. 1970 Köln - 1964-71 wiss. Ref. Bundesinst. f. ostwiss. u. intern. Stud., Köln; 1971-84 Prof. Jurist. Fak. Univ. Würzburg (1973-75 Dekan, 1975/76 Konrektor); 1989-92 Dekan Univ. Köln - BV: D. Grundrechte im Sowjetsystem, 1963; D. Parteistatut d. KPdSU 1903-1961, 1965; D. Sowjet. Kolchosordn., 1970 (m. Klaus Westen); D. Problematik d. soz. Grundrechte, 1971; Kontrolle in Dtschl., 1972; Einführ. in d. Recht d. DDR, 2. A. 1979; Polit. Soziol. d. Sowjetunion, 1977; Vergl. Reg.lehre, 1980; Minderheiten in d. Sowjetunion u. d. Völkerrecht, 1988 - Spr.: Engl., Franz., Ungar., Russ.

BRUNNER, Gotthard
Präs. a. D. Bayer. Oberster Rechnungshof, München (1967-76) - Böhmerwaldpl. 11, 8000 München 80 (T. 98 19 51) - Geb. 1911 Rosenheim - Univ. München u. Würzburg (Rechtswiss.) - Ab 1938 bayer. inn. Verw. (10 J. Leit. Personalabt. Innenmin.; zul. Ministerialdirig.) - 1973 Bayer. VO.

BRUNNER, Guido
Dr. jur., Drs. h. c., Bürgermeister u. Senator a. D., Botschafter d. Bundesrep. Deutschl. in Madrid (s. 1982) - C/Fortuny, 8, Madrid-4/Span. (T. 419 - 91 00) - Geb. 27. Mai 1930 Madrid (Vater: AEG-Dir.), ev., verh. s. 1958 m. Christa, geb. Speidel - Stud. Rechtswiss. Madrid, Heidelberg, München - S. 1955 AA: u. a. 8 J. New York (UN), Sprech. d. AA 1970; Leit. Planungsstab/Ministerialdir.; Leit. Deleg./Botschafter b. Konf. f. Sicherheit u. Zusammenarbeit in Europa in Helsinki u. Genf 1972; Mitgl. d. Kom-

miss. d. Europ. Gemeinschaften 1974 (Energiekommissar), 1980 MdB, 1981 ff. MdA Berlin (Bürgerm. u. Senator f. Wirtsch. u. Verkehr) - BV: Bipolarität u. Sicherheit, 1965; Friedenssicherungsaktionen d. Vereinten Nationen, 1968; Stolz wie Don Rodrigo, 1982 - Ehrendoktor d. Univ. Patras/Griechenland (1977) u. Edinburgh/Großbritannien, (1977), Univ. London (1980); Melchett-Med. Inst. of Energy, London. S. 1985 Korr. Mitgl. d. Span. Akad. d. Geschichte - Spr.: Franz., Engl., Ital., Span.

BRUNNER, Hans Peter

Dr. med. vet., Dr. med., Prof. f. Allg. Pathologie u. pathologische Anatomie Erlangen, Chefarzt Path. Inst., Aschaffenburg - Zu erreichen üb. Lamprechtstr. 2, 8750 Aschaffenburg - Geb. 20. Sept. 1932, verh. m. Dr. med. vet. Sigrid, geb. Fiedler - Stud. Veterinärmed. Humboldt-Univ. u. FU Berlin; Stud. Medizin Erlangen; Habil. 1977.

BRUNNER, Heinz

Syndikus i. R. d. Industrie- u. Handelskammer Düsseldorf (Außenwirtsch.) - Novalisstr. 14, 4000 Düsseldorf 30 (T. 435 09 82) - Geb. 11. Aug. 1929 München (Vater: Heinrich B., Ministerialdir. (s. XIII. Ausg.); Mutter: Johanna, geb. Rapsch), ev.-luth., verh. s. 1963 m. Helga, geb. Schröder, T. Caroline - Jura-Stud. Univ. München u. Cambridge (Fitzwilliam College) - 1958-65 Dt. Industrie- u. Handelstag, Bonn; 1965-85 IHK Düsseldorf; 1979-85 Geschäftsf. Außenhandelsstelle f. d. mittelständ. Wirtsch. NRW; stv. Vors. d. German Cambridge Society; Vorst.-Mitgl. Dt.-Tschechoslowakische Ges. f. d. Bundesrep. Dtschl.; Beirats-Mitgl. Dt.-Israelische Wirtschaftsvereinig. - 1964 Officier de l'Ordre du Mérite de la République du Sénégal; 1971 Gr. Ehrenz. f. Verdienste um d. Republ. Österr.; 1979 Chevalier dans l'Ordre d. Palmes Académiques; Rechtsritter d. Johanniter-Ordens; 1984 Ritter I. Kl. Kgl. Schwed. Nordstern-Orden; 1985 BVK - Liebh.: Bibliophilie, Gesch., Porzellan - Spr.: Engl., Franz.

BRUNNER, Heinz-Rudi

Dr. phil., M.A., Prof. f. Medienpäd. u. Kommunikationswiss. FH Mannheim (s. 1975) - Hausackerweg 21, 6900 Heidelberg (T. 06221 - 2 00 09) - Geb. 29. Mai 1943 Darmstadt, ev. - Zeitungsvolont., Regieausb.; Stud. Univ. Frankfurt/M. (Polit. Wiss., Phil., German., Soziol., Päd., Kulturanthropol./Volkskd., Gesch.); Staatsex. (Phil., Polit. Bildung u. Päd.) 1964; Magister Artium (M.A.) 1968; Promot. 1972 - 1971-73 Wiss. Mitarb. u. Lehrbeauftr. Univ. Frankfurt/M.; 1974 Doz., s. 1975 Prof. FHS Mannheim - BV: Stud. z. Folklorismus d. Gegenw., 1974; J. W. v. Goethe 1749-1832 - E. Erinner. z. 150. Todesj., 1982 (auch engl., franz., span.); J. W. v. Goethe: FAUST - I. T. - Ausgew. Insz. auf Bühnen d. BRD, 1982 (auch engl., franz.); Audiovis. Medien in d. polit. Bildungsarb., 1982; E. Bündel Geheimnis, 1985 u. 1988 (2. erw. Auflage); Spüre d. Hauch d. Lebens, 1986. 8 Kataloge zu intern. Kunstausst., 1974-90. 25 Aufs. in Wiss. Ztschr. u. Handb. Mitarb. an Funksendungen, Anthol. Autor u. Mitarb. v. 10 wiss. Filmen (1974-90). 110 Vortragsmanuskr. zu Medien- und Kultur-Themen (1971-92) - Spr.: Engl., Franz., Ital., Lat.

BRUNNER, Hellmut

Dr. phil., D. theol. h. c., em. o. Prof. f. Ägyptologie - Bei d. Ochsenweide 8, 7400 Tübingen (T. 6 12 96) - Geb. 11. Mai 1913 Höchst/M. (Vater: Dr. Arnold B., Chemiker; Mutter: Sophie, geb. Wimpf), verh. 1937 m. Dr. phil. Emma, geb. Traut - Promot. (1936) u. Habil. (1942) München - S. 1950 Lehrtätigk. Univ. Tübingen (1956 apl., 1960 ao., 1964 o. Prof.) - BV: u. a. Altägypt. Erzieh., 1957, 2. A. 1991; D. Geburt d. Gottkönigs, 2. A. 1986; Hieroglyph. Chrestomathie, 1965, 2. A. 1992; Grundzüge e. Gesch. d. altägypt. Lit., 4. A. 1986; D. südl. Räume d. Tempels v. Luxor, 1978; Grundzüge der ägypt. Relig., 3. A. 1989 - Altägypt. Weisheit, 1988; Groß ist d. Große, 1991; D. Weisheitsbücher d. Ägypter, 1991 - 1954 o. Mitgl. Dt. Archäol. Inst.; 1978 Mitgl. Explorers Club, New York.

BRUNNER, Hellmut

Dr. med., Prof., Pharmakologe u. Toxikol. - Im Kirschgarten 8, CH-4106 Therwil (Schweiz) - Geb. 19. Aug. 1922 Außig - U. a. Leit. Biol. Labor. Ciba-Geigy AG., Basel. S. 1959 (Habil.) Lehrtätigk. Univ. Mainz (1967 apl. Prof.). Etwa 80 Fachveröff.

BRUNNER, Helmut

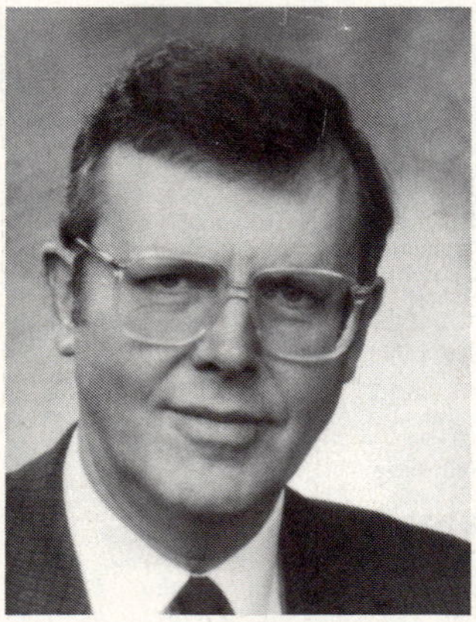

Dr. med., Prof. f. Med. Mikrobiologie u. Infektionsimmunologie Univ. Düsseldorf (s. 1977), Leiter Abt. f. Infektionsabwehr Fa. Bayer AG, Wuppertal (s. 1980) - Am Rohm 111, 5600 Wuppertal - Geb. 13. März 1939 Essen, kath., verh. s. 1969 m. Helga, geb. Zander, 2 Kd. (Stefan, Annika) - Gymn. Rheinhausen; Univ. Freiburg u. Hamburg (1959-64 Med., 1960-64 Psych.). Promot. 1966 Hamburg; Habil. 1974 Gießen - Zul. Univ. Gießen; 1988-90 Vorsitz d. Intern. Organization for Mycoplasmology (IOM). Üb. 150 Facharb. - 1978 Ludwig-Schunk-Preis.

BRUNNER, Horst

Dr. phil., o. Prof. f. Dt. Philologie Univ. Würzburg - Pilziggrundstr. 36, 8700 Würzburg (T. 0931 - 27 41 40) - Geb. 2. Nov. 1940 Braunschweig, ev., verh. s. 1967 m. Roswitha, geb. Wimmer, 2 Kd. (Bernd, Bettina) - Stud. Univ. Erlangen u. Zürich; Promot. 1966 Erlangen, Habil. 1971 ebd. - 1972 Doz., 1973 Wiss. Rat, 1976 Wiss. Rat u. Prof., 1978 apl. Prof. Erlangen; s. 1981 Ord. Univ. Würzburg - BV: D. poet. Insel, 1967; D. alten Meister, 1975; Walther v. d. Vogelweide (m. a.), 1977. Herausg.: Konrad v. Würzburg - s. Zeit, s. Werk, s. Wirkung (1989); D. dt. Trojalit. (1990); Wittenwilers Ring (1991). Mithrsg.: Repertorium d. Sangsprüche u. Meisterlieder (1986ff.).

BRUNNER, Josef

Landwirt, stv. Präsident d. Bayer. Bauernverb., Bezirksverb. Oberpfalz - Zu erreichen üb. Arbeitsgemeinsch. Dt. Kartoffelwirtsch., Godesberger Allee 142-148, 5300 Bonn 2 - Geb. 1937 Schwandorf, verh., 8 Kd. - Div. Funktionen, u.a. Vors. Arbeitsgem. d. Dt. Kartoffelw. CSU.

BRUNNER, Karl

Dr. oec., Dipl.-Kfm., Vorstandsmitglied Patrizier-Bräu AG., Nürnberg (Finanz- u. Rechnungswesen, Controlling - Einkauf) - Würzburger Str. 488, 8510 Fürth/Bay. - Geb. 23. Sept., ev., verh. s. 1951 m. Lisl, geb. Geißendörfer, 2 T. (Ursula, Carola) - Hochsch. f. Wirtschafts- u. Sozialwiss. Nürnberg.

BRUNNER, Oskar

Dr. oec. publ., Dipl.-Kfm., Direktor, Vorstandsvorsitzender Erlus Baustoffwerke AG, Neufahrn - Industriestr. 25, 8305 Ergoldsbach/Ndb. - Geb. 8. Febr. 1930 Lindau/B. - Geschäftsf. Ergo GmbH; VR-Vors. d. TÜV Bayern/Sachsen; Vizepräs. d. Industrie- u. Handelskammer f. Niederbayern in Passau.

BRUNNER, Rudolf

Geschäftsführer Nürnberger Hercules-Werke GmbH., Nürnberg - Friedrichsthaler Str. 39, 8500 Nürnberg - Geb. 6. Aug. 1928 - Ing.

BRUNNSTEIN, Klaus

Dr. rer. nat., Prof. f. Anwendungen u. Wirkungen d. Informatik Univ. Hamburg (s. 1973) - Sülldorfer Kirchenweg 251, 2000 Hamburg 55 - Geb. 25. Mai 1937 Köln (Vater: Alfred B., Kaufm.; Mutter: Hildegard, geb. Vietze), kath., verh. m. Gunda, geb. Biel, 2 Kd. (Anke, Jochen) - Staatl. Gymn. Bochum (Abit. 1957); 1957-62 Physikstud. Marburg, Münster, Hamburg (Dipl.Phys. 1962); Promot. (Angew. Math.). Spezialgeb.: Rechnersicherheit, Anwendungen v. Expertensystemen, Wirk. d. Informatik - FDP Landesvors. Hamburg (1980-83) - Liebh.: Segeln, Klass. Musik - Spr.: Engl., Franz.

BRUNS, Hans-Jürgen

Dr. jur., o. Prof. f. Strafrecht, Straf- u. Zivilprozeßrecht (emerit.) - Krippenhof 6, 7570 Baden-Baden - Geb. 28. März 1908 Düren/Rhld. (Vater: Hayo B.; Mutter: geb. Beumer), ev., verh. m. Dr. Helga, geb. Wolff - 1938 LGsrat Reichsjustizmin., Berlin, 1939 ao. Prof. Univ. Greifswald, 1941 o. Prof. Univ. Posen, 1952 Univ. Erlangen - BV: u. a. Strafzumessungsrecht, 1967. Div. Einzelarb.

BRUNS, Heiner

Intendant - Städt. Bühnen, 4800 Bielefeld - Geb. 12. Aug. 1935 Düsseldorf - 1957 Ruhrfestsp. Recklinghausen, 1958 Landestheater Darmstadt, 1960 Bühnen d. Hansestadt Lübeck (Chefdramaturg), 1962 Städt. Bühnen Freiburg (Chefdramaturg u. Regisseur), 1968 Lübeck (pers. Ref. Int. Karl Vibach), 1970 Bühnen Stadt Essen (pers. Ref. Generalint. Dr. Erich Schumacher), 1971-74 Stadttheater Pforzheim (Int.). Ab 1975 Bühnen der Stadt Bielefeld (Int.). VR-Mitgl. Dt. Bühnenverein (DBV), im Tarifausschuß d. DBV u. d. Bayer. Versich.-Kammer.

BRUNS, Herbert

Dr. rer. nat., Prof., Hochschullehrer, Biologe (Zoologe) - Schloßallee 10a, 6229 Schlangenbad 5 (T. 81 17) - Geb. 11. Juli 1920 Wilhelmshaven (Vater: August B., Bauing.; Mutter: Berta, geb. Brost), ev., verh. s. 1949 m. Margarete, geb. Kraut, 1 Kd. - Univ. Göttingen u. Berlin. Promot. 1950 Göttingen - 1952-56 Mitarb. Univ. Würzburg (Inst. f. Angew. Zool.); 1957-62 Leit. Staatl. Vogelschutzwarte Hamburg; 1965ff. Präs. Bund f. Lebensschutz; s. 1972 Prof. PH Berlin; s. 1980 TU Berlin; 1985 Biol. Station List auf Sylt - BV: Warn- u. Tarntrachten im Tierbereich, 1952; Schutztrachten im Tierreich, 1958; 400 Ratschläge z. umwelt- u. lebensschutzgerechten Verhalten, 1972, 2. A. 1974; Ullstein Vogelb., 1975; Sylt - Natur, Erhol., Umwelt, Forsch., 1974; Vogelbeobachtung auf Sylt, 1980. Herausg.: Ornithol. Mitt. (1948ff.), Biol. Abh. (1948ff.), Angew. Ornithol. (1961ff.), Leben u. Umwelt/Intern. Ztschr. f. Biol., Umwelt u. Lebensschutz (1964ff.), Vögel d. Wattenmeeres (1987) - Silb. Ehrennadel Bund f. Vogelschutz.

BRUNS, Johann

Dozent, MdL Nieders. (s. 1970) - Heidestr. 9, 2970 Emden (T. 5 15 22) - SPD (stv. Vors. Landtagsfraktion).

BRUNS, Josef

Geschäftsführer Mühlenwerke Küppers & Werner KG., Duisburg, Vors. Getreide- u. Produktenbörse ebd. - Friesenweg 16b, 4133 Neukirchen-Vluyn - Geb. 6. Febr. 1930.

BRUNS, Jürgen

Dr. rer pol., Vorstandsvorsitzender Europa Carton AG (Vorstand s. 1979) - Spitalerstr. 11, 2000 Hamburg 1 (T. 040 - 30 90 10).

BRUNS, Klaus-Peter

Landesminister a. D., MdL Nieders. (s. 1963), u. a. - Knüllstr. 30, 3401 Gleichen (T. Bremke 6 47) - Geb. 28. Nov. 1913 Krefeld, verh., 3 Kd. - N. Abit. Landw.-lehre, spät. -stud. (Bonn) - Wehrdst. (Inf.); Landw. (1960 ff. Domänenpächt. Reinhausen); Bürgerm. Gde. Gleichen, Landrat Kr. Göttingen; 1970-76 Landw.min.; SPD s. 1946 (u. a. 1970ff. stv. Vors. Bezirksvorst. Hannover, 1984ff. Landesvors. SPD Nieders.) - 1969 Gr. BVK, 1975 Gr. BVK m. Stern.

BRUNS, Martin

Dr. rer. nat., Prof. f. Didaktik d. Mathematik FB 17, Univ. Paderborn - Erich Bögerstr. 27, 5300 Bonn 1 - Geb. 5. Febr. 1945 Salisbury/Rhodesien (Vater: Wilhelm B., Realschullehrer; Mutter: Christina, geb. Karthaus), ev., verh. 1970-77 m. Waltraud, geb. Rams, 4 Kd. (Christian, Stefan, Ulrike, Ingo) - 1961-64 Gymn. Petershagen; 1964-68 TH Aachen (Math., Phys., Phil.; Staatsex. 1968). Promot. 1972; Habil. 1975 PH Rhld. - BV: Netzplantechnik - Math.unterr., 1979; D. Schulbuch im Mathematikunterr., 1981 - 1972 Borchers-Plak. - Spr.: Engl. - Bek. Vorf.: Dr. Werner Karthaus (Onkel).

BRUNS, Werner

Dr., Unterabteilungsleiter Abt. Nachr. im Presse- u. Informationsamt d. Bundesreg. - Welckerstr. 11, 5300 Bonn 1 - Geb. 1937 Westfalen - Stud. Betriebsw. - Zeitungsvolontär, Industriekfm., Projektleit. Dt. Entwicklungsges., Bereich Süd-Europa u. Afrika, zul. Leiter d. Büros d. Bundeskanzlers im Bundeskanzleramt (1979-82).

BRUNS, Wolfgang

Dr., Dipl.-Chem., Prof. Techn. Univ. Berlin (s. 1972; Makromolekulare u. Theoret. Chemie) - Franzensbader Str. 28, 1000 Berlin 33 (T. 825 86 49) - Geb. 11. März 1931 Artern (Vater: Bernard B., Justizamtm.; Mutter: Lilli, geb. Rühr), verh. s. 1959 m. Wendula, geb. Kempf, S. Kersten - Stud. d. Chemie FU Berlin; Promot. 1963; Habil. 1970 ebd. - 1963-72 wiss. Assist. Fritz-Haber-Inst. (MPG); 1975-77 Vors. Forschungskommiss. Fachber. Chemie TU Berlin; 1978-82 Gf. Dir. I.N.-Stranski-Inst. TU Berlin; 1983-84 Sprecher FB f. Physik. u. Angew. Chemie TU; 1986-89 Vors. d. Auswahlkommiss. z. Vergabe d. Tiburtius-Preises; 1991-93 Prodekan FB f. Physik. u. Angew. Chemie TU - BV: Monte Carlo Applications in Polymer Science, Springer-Verlag 1981 - Liebh.: Klavier, Segeln, Tennis - Spr.: Engl.

BRUNSWIG, Heinrich

Dr.-Ing., Prof. f. Hochfrequenztechnik (entpfl.) - Saalbaustr. 9, 6100 Darmstadt - Geb. 17. Dez. 1907 Neubabelsberg - Promot. 1960; Habil. 1966 - B. 1973 (Ruhest.) Lehrtätigk. TH Darmstadt - BV (m. Zinke): Hochfrequenz-Meßtechnik, Hochfrequenz-Meßgeräte, Lehrb. d. Hochfrequenztechnik. Üb. 40 Einzelarb. - 1973 Hans-Bredow-Med.

BRUNTSCH, Karl H.

Dr. med., Chefarzt Frauenklinik/Stadtkrkhs. Offenbach (s. 1967), Honorarprof. f. Geburtshilfe u. Gynäk. Univ. Frankfurt/M. - Tulpenhofstr. 46, 6050 Offenbach/M. - Geb. 15. Okt. 1920 Königswusterhausen - Ab 1955 (Habil.) Privatdoz. u. apl. Prof. (1961) FU Berlin - BV: Taschenb. d. Frauenheilkd. d. Geburtsh., 1964.

BRUSIS, Ilse

Ministerin f. Bauen u. Wohnen Nordrhein-Westf. (s. 1990) - Breitestr. 31, 4000 Düsseldorf - Geb. 1937 Wattenscheid - Volksschullehrerin. 12 J. stv. bzw. Vors. (1975) GEW/Landesverb.

Nordrh.-Westf. SPD (1982 Vorst.-Mitgl.).

BRUST, A.

Dipl.-Ing., Prof. f. Prakt. Informatik Studiengang Med. Informatik Univ. Heidelberg/Fachhochsch. Heilbronn - Hauffstr. 6, 7101 Nordheim - Geb. 6. Dez. 1930.

BRUSTEN, Manfred

Dr. soz. wiss., Dipl. Soz., Prof. f. Soziologie - Parsevalstr. 13, 5600 Wuppertal 2 (T. 0202 - 8 57 22) - Geb. 29. Juni 1939 Anrath/NRW (Vater: Clemens B., Buchh.; Mutter: Maria, geb. Derichs), verh. s. 1969 m. Annelie, geb. Metzler, Stiefsohn Hinrich - Abit. Mönchengladbach 1959; 1959/60 Bundeswehr; Dipl. Soz. Münster 1969; Promot. 1974 Bielefeld; Prof. f. Soziologie 1975 Wuppertal - Wiss. Beirat d. Kriminolog. Journals; Vorst. d. Sektion Soz. Probleme/soz. Kontrolle in d. Dt. Ges. f. Soz. (DGS), u. d. Ges. f. interdisziplinäre wissenschaftl. Kriminologie (GIWK); Präs. Research Committee f. the Sociology of Deviance a. Social Control Intern. Ges. f. Soziol. (ISA) - BV: Abweichendes Verhalten in d. Schule, Bericht üb. e. empirische Forsch., 1973 (3. A. 1976 m. K. Hurrelmann) - Liebh.: Gesteine, Kristalle, Fossilien - Spr.: Engl.

BRUTSCHIN, Gerhard

Gesellschafter u. Geschäftsführer AFT-Automatisierungs- und Förderanlagen GmbH, Rheinfelden - Blasistr. 24a, 7860 Schofheim/Baden - Geb. 10. April 1943 Schopfheim (Vater: Walter B., Kaufm.; Mutter: Emmy, geb. Eichin), ev., verh. s. 1963 m. Heidi, geb. Quietzsch, 2 Kd. (Uwe, Elke) - Volkssch.; Maschinenschlosserlehre; Technikersch. - 1965 Verkaufsing.; 1970 Verkaufsleit./Prok.; 1977 Geschäftsf. - Liebh.: Sport (Tennis, Fußball, Ski).

BRUYCKER, de, Volker E. J.

Regisseur, Produzent - Klingerstr. 9, 8000 München 70 (T. 089 - 769 13 45) - Geb. 6. Okt. 1943 Schneverdingen/Hann. (Vater: Allda de B., Kunstmaler; Mutter: Els-Maria, geb. Pienig), verh. in 2. Ehe (1977) m. Dagmar, geb. Jausel, 3 Kd. (Geraldine, Daniel, Roman) - Ausbild. Kamera/Schnitt - Regieassist. Herbert Seggelke (Bundesfilmpreisträger) u. R. v. Gottberg, s. 1970 Regiss., Drehbuchautor, Prod. (1982). Zahlr. Industriefilme u. Fernsehbeitr. - Div. Preise Europa u. Übersee - Spr.: Engl. - Bek. Vorf.: Francois (18. Jh.) u. Hermann de B. (Großv.), beides Kunstmaler.

BRYDE, Brun-Otto

Dr. jur., Univ.-Prof. f. öffentl. Recht u. Wiss. v. d. Politik - Zu erreichen üb. Justus-Liebig-Univ. Gießen, 6300 Gießen - Geb. 12. Jan. 1943 Hamburg - 1962-66 Stud. Rechtswiss. Univ. Hamburg u. Tübingen; 1. u. 2. jurist. Staatsex.; Promot. 1971 Hamburg; Habil. 1980 - 1971-73 Visiting Prof. Fak. of Law Univ. Addis Abeba, Äthiopien; 1982-87 Univ.-Prof. Univ. d. Bundeswehr München - BV: Zentrale wirtschaftspolit. Beratungsgremien, 1972; The Politics and Sociology of African Legal Development, 1976; Verfassungsentwicklung, 1982.

BSCHOR, Friedrich

Dr. med., Prof. f. Gerichtl. u. Soziale Medizin - Matterhornstr. 16, 1000 Berlin 37 (T. 801 69 54) - Geb. 8. Febr. 1921 Nördlingen - S. 1956 (Habil.) Lehrtätigk. FU Berlin (1964 apl. Prof.). Fachveröff.

BUB, Lothar

Bauunternehmer - Zur Brüche 1, 5910 Kreuztal 4 - Geb. 12. April 1927 Kreuztal (Eltern: Ferdinand u. Minna B.), ev., verh. s. 1950 m. Ortrud, geb. Feige, 2 Kd. (Anneliese, Dirk Ferdinand) - N. Abit. Maurerberuf (Meisterprüf.) - Div. Ehrenstell., u. a. Präs. Handwerkskammer Arnsberg - Gold. Ehrennadel HWK Arnsberg, BVK - Liebh.: Musizieren, Wandern - Spr.: Lat., Engl. - Erf.: Mech. Reibbrett m. Gummikuppl.

BUBECK, Hermann

Modellbauermeister, Ehrenpräs. Dt. Modellbauerhandw. - Tunnelstr. 16, 7000 Stuttgart 30 - Geb. 29. April 1922 Stuttgart - B. 1982 Bundesinn.meister Dt. Modellbauerhandw. - BVK; Handwerksabz. in Gold.

BUBENHEIMER, Ulrich

Dr. theol., Prof. f. Ev. Theologie u. Religionspäd. - Berggasse 104, 7410 Reutlingen (T. 07121 - 29 03 10) - Geb. 30. Sept. 1942 Budapest/Ung. (Vater: Peter B., Journ.; Mutter: Edith, geb. Lindenschmidt, Apothekerin), ev. - 1962-67 Univ. Tübingen u. Göttingen (Ev. Theol.). Promot. 1971 - Wiss. Assist. Univ. Tübingen u. GH Wuppertal; s. 1973 Doz. u. Prof. (1977) PH Reutlingen; 1987 Prof. PH Heidelberg - BV: Consonantia Theologiae et Jurisprudentiae, 1977; Religionsunterr. u. Spielpäd. in d. Grundsch., 1979; Thomas Müntzer: Herkunft u. Bildung, 1989. Film: Spielen im Religionsunterr., 1980 - Liebh.: Märchen - Spr.: Engl., Franz., Finn.

BUBENIK, Gernot

Maler u. Graphiker - Adalbertstr. 94, 1000 Berlin 36 (T. Atelier: 614 89 20) - Geb. 30. April 1942 Troppau (Vater: Otto B., Genossenschaftsrevisor; Mutter: Erika, geb. Kunz), verh. s. 1963 m. Erika, geb. Giese, 2 Kd. (Wolf, Ev) - Mittelsch. Pfaffenhofen; Gärtnerlehre Weihenstephan; Kunststud. Stuttgart u. Berlin (Meisterschüler) - S. 1966 freiberufl. Tätigk. Didakt. Bilder, Schautafeln, Funktions-, Begriffsbilder, Demonstrationsobjekte - BV: d. komplexe gedicht, 1965; Image u. Funktion, 1967 (m. W. Aue) - 1968 Dt. Kritikerpreis 1967 (Bild. Kunst) - Spr.: Engl.

BUBLITZ, Gunter

Dr. med., Prof., Chefarzt Inst. f. Röntgendiagnostik u. Nuklearmed./Städt. Klinikum Braunschweig (s. 1971) - Salzdahlumer Str. 90, 3300 Braunschweig - Geb. 4. April 1927 Berlin - Promot. 1953 - S. 1969 (Habil.) Privatdoz. u. apl. Prof. f. Med. Strahlenkd. Univ. Tübingen (1969-71 Oberarzt Strahleninst.). Vors. Nieders. Röntgen-Ges. (1984/85), jetzt stv. Vors. - BV: Morpholog. u. biochem. Unters. üb. d. Verhalten d. Bindegewebes b. strahlenbedingter Lungenfibrose, 1973. Üb. 100 Einzelarb.

BUBLITZ, Karl-Adolf

Dr. med. dent., Zahnarzt, Präs. Zahnärztekammer Hamburg a.D., Vizepräs. Bundesverb. Dt. Zahnärzte a.D., Vors. Bundesarbeitsgem. Zahngesundh. a. D. - Glissmannweg 9, 2000 Hamburg 61 - Geb. 22. Aug. 1923 Hagenow (Vater: Dr. med. dent. Walther B., Zahnarzt), ev., verh. s. 1949, 3 S. (Dr. Rolf, Dr. Axel, Klaus) - BVK I. Kl.; Gold. Sportabz.; Ehrenmitgl. Americ. Dental Assoc. - Spr.: Engl.

BUBNER, Rüdiger

Dr., Prof. Univ. Tübingen - Bursagasse 1, 7400 Tübingen - Geb. 9. Mai 1941 Lüdenscheid (Vater: Dr. Karl B., Landrat; Mutter: Dr. Margarete, geb. Herberholz) - BV: Theorie u. Praxis - e. nachhegelsche Abstraktion 1971; Dialektik u. Wiss., 1973; Handlung, Spr. u. Vernunft, 1976; Z. Sache d. Dialektik, 1980; Geschichtsprozesse u. Handlungsnormen, 1984; Ästhetische Erfahrung, 1989; Dialektik als Topik, 1990; Antike Themen u. ihre moderne Verwandlung, 1992.

BUCERIUS, Gerd

Dr. jur., Senator a. D., Verleger, Ehrenmitgl. Bertelsmann AG, Gütersloh, AR-Mitgl. Druck- u. Verlagshaus Gruner + Jahr AG, Itzehoe (s. 1973) - Postfach 10 68 20 (DIE ZEIT), 2000 Hamburg 1 - Geb. 19. Mai 1906 Hamm/W. (Vater: Walter B.; Mutter: Maria, geb. Rump), ev., verh. s. 1947 m. Gertrud (gen. Ebelin), geb. Müller - Realgymn. Essen, Hannover, Hamburg; Univ. Berlin, Hamburg, Freiburg/Br. - Richter Kiel u. Flensburg, RA Hamburg, n. Kriegsende 1945 Senator das. (Baubehörde), s. 1946 Verleger (Die Zeit), 1947-49 Mitglied Frankfurter Wirtschaftsrat, 1949-62 (Austritt CDU) MdB (b. 1953 Vors. Berlin-Aussch.), 1952-57 Bundesbeauftr. f. d. Förd. d. Berliner Wirtsch. - BV: D. angeklagte Verleger, Notizen zur Freiheit d. Presse, 1973; D. Adenauer, Subjekt. Beobachtungen e. unbequemen Weggenossen, 1976; Zwischenrufe u. Ordnungsrufe, 1984 - 1956 Gr. BVK m. Stern; 1986 Ehrenbürger Stadt Hamburg; 1986 BVK m. Schulterband.

BUCH, Aloys Joh.

Dr. phil., Dipl.-Theol., Dozent f. Moraltheol. am Priesterseminar Lantershofen - Stettiner Weg 2, 5309 Meckenheim/Rh. (T. 02225 - 34 19) - Geb. 17. Juli 1951 Offenbach/Main, kath. - Stud. Theol., Phil., Päd. Univ. Mainz; Dipl. 1976, Promot. 1981 - 1976-80 Wiss. Assist. Univ. Mainz; 1981-86 Geschäftsf. Bischöfl. Studienförd. Cusanuswerk; 1982-86 Lehrbeauftr. RWTH Aachen; Mitgl. Schriftltg. Arzt u. Christ - BV: D. Frage n. Gott (m. H. Fries), 1981; Wert - Wertbewußtsein - Wertgeltung, 1982; Wiss. - Technik - Humanität (m. J. Splett), 1982. Herausg.: Nicolai Hartmann 1882-1982 (2. A. 1987).

BUCHBINDER, Albert

Brauereidirektor i. R., Vorstandsmitglied Brauhaus Amberg AG, Geschäftf. Frischgetränke GmbH, beide Amberg - Am Schiederberg 7, 8450 Amberg/Opf. - Geb. 12. April 1919.

BUCHBORN, Eberhard

Dr. med., em. o. Prof. f. Innere Medizin - Ziemssenstr. Nr. 1, 8000 München 2 (T. 5 16 01) - Geb. 20. Sept. 1921 Breslau - Univ. Breslau u. Frankfurt. Promot. 1948 Frankfurt; Habil. 1957 München - S. 1966 Ord. u. Klinikdir. Univ. Köln u. München (1971); emerit. 1990. 1984-90 Vizepräs. Dt. Forschungsgem.; Vors. Dt. Ges. f. Innere Med. (1979/80). Üb. 100 fachwiss. Arbeiten (u. a. Klin. Pathophysiol. d. Nierenkrankheiten b. Menschen) - 1986 Mitgl. Dt. Akad. d. Naturforscher Leopoldina.

BUCHENROTH, Günter

Rechtsanwalt, Hauptgeschäftsf. Hauptverb. d. Dt. Bauindustrie, Wiesbaden - Ölbergstr. 9, 5300 Bonn-Holzlar - Geb. 16. Dez. 1931.

BUCHER, Alexius Jakob

Dr. phil., Dipl.-Theol., Prof. f. Prakt. Philosophie u. Gesch. d. Phil. Theol. Fakultät Univ. Eichstätt (s. 1982), Priester - Zu erreichen üb. Kath. Univ. Eichstätt, P.-Philipp-Jeningen-Pl. 6, 8078 Eichstätt - Geb. 16. Sept. 1938 Herzogenaurach (Vater: Konrad B., Ltd. Reg.Dir.; Mutter: Anny, geb. Schramm), kath. - Univ. Bamberg, Mainz, Theol. Hochsch. St. Georgen/Frankf., Dipl.-Theol. Frankf. 1964, Promot. 1970, Habil. 1975 - 1976/77 Gastprof. Ankara, 1978 Prof. Mainz, 1965-68 Pfarrei, Kant-Ges. Mainz, Rabanus Maurus Akad. - BV: M. Heidegger-Metaphysikkritik als Begriffsproblematik, 1972, 2. A. 1983; Freude, d. nicht vergeht, 1973; Modellbegriffe, 1974; Erkenntnisgegenstand u. Gegenstandserkenntnis, 1980; Bewußt sein 1975; Warum sollen wir gut sein ? 1984; Ethik - E. Hinführung, 1988 - Ehrenmitgl. ACIF, Mexiko - Lit.: Opt. f. d. Armen (Mithrsg.) 1991.

BUCHER, Ernst

Dr. sc. nat., Prof. f. Physik Univ. Konstanz - Wolfackerstr. 27, CH-8280 Kreuzlingen (Schweiz).

BUCHER, Josef

Prof., Dozent f. Orgel u. Kirchenmusik Musikhochschule Ruhr/Folkwang-Hochsch. - Folkwang Hochschule, 4300 Essen 16 - Geb. 14. Aug. 1929 - Kirchenmusikdirektor Liebfrauenkirche Zürich - Konzerte in allen europ. Ländern u. in Nord- u. Südamerika.

BUCHER, Werner

Schriftsteller, Verleger, Journ. - Restaurant Kreuz, CH-9429 Zelg/Wolfhalden - Geb. 19. Aug. 1938 Zürich, gesch. - Gymn. St. Clemens, Ebikon; versch. Lehren - Verleger orte-Verlag; Herausg. Literaturztschr. orte; Gründ. Vera Piller-Preis u. Zürcher Poesie-Tel., Poesie-Agenda - BV/Romane: Schweizer Schriftst. im Gespräch, I u. II 1970/71; Nicht solche Ängste, du ..., Ged. 1974; Eigentlich wunderbar, d. Leben ..., Ged. 1976; & jetzt d. Glas, d. Beton, Ged. 1976; Tour de Suisse, 1977; Die Wand, 1978; E. anderes Leben, 1981; Lyrik: Noch allerhand z. erledigen, 1980; D. bessere Ende, 1983; Dank an d. Engel, Ged. 1987; Was ist mit Lazarus?, Roman; Einst + jetzt + morgen, Ged. 1989; Vorhänge sind wie unnütze Lappen, Kunstmappe - Werkpreis Kanton Luzern - Liebh.: Sport, Sportjourn., Poesie.

BUCHHEIM, Hans (Johannes)

Dr. phil., em. o. Prof. Univ. Mainz (1966-90) - Weidmannstr. 35, 6500 Mainz - Geb. 11. Jan. 1922 Freiberg/Sa. (Vater: Prof. Dr. phil. Karl B., Historiker †1982; Mutter: Johanna, geb. Böhme), kath., verh. s. 1952 m. Bernhild, geb. Weinheimer †1991, 2 Söhne (Christoph, Thomas) - Thomassch. Leipzig (Abit. 1940); Univ. Leipzig u. Heidelberg (Klass. Philol., Phil.). Promot. 1950. Emerit. 1990 - 1951-63 Mitarb. Inst. f. Zeitgesch. München; 1963-66 Forsch.auftr. Bundeskanzleramt. CDU - BV: D. III. Reich - Grundl. u. polit. Entwickl., 1958 (auch engl.); D. Orientpolitik d. Triumvirn M. Antonius, 1960; Anatomie d. SS-Staates, 1965 (auch engl.); Aktuelle Krisenpunkte d. dt. Nationalbewußtseins, 1967; Theorie d. Politik, 1981; Deutschlandpolitik 1949-72, 1984 - 1969 BVK; 1986 BVK I. Kl.; Mitgl. PEN-Zentrum BRD; Mitgl. Zentralkomit. dt. Katholiken (Vors. Kommiss. Politik, Verfassung, Recht) - Spr.: Engl.

BUCHHEIM, Klaus

I. Bürgermeister a.D. - Gallerberg 14, 8133 Feldafing/Obb. - Geb. 15. Juni 1920 Pankow, verh. (Ehefr.: Rosemarie) - Architekt. CSU. 15 J. Gemeindetätigk. (b. 1984 I. Bgm.).

BUCHHEIM, Lothar-Günther

Dr. phil. h.c., Prof., Verleger, Maler, Schriftst. - 8133 Feldafing - Geb. 6. Febr. 1918 Weimar, verh. m. Diethild, geb. Wickboldt, 2 Kd. (Yves, Nina) - Abit.; Stud. Kunstakad. Dresden u. München - BV: D. Boot, R. 1973 (verfilmt u. FS-Spiel in 3 T.). Veröff. üb. mod. Kunst, bes. Expressionismus - 1983 BVK; 1985 Ehrendoktor Univ. Duisburg - Vielf. Sammler (u. a. Express.).

BUCHHEISTER, Klaus

Dr., prakt. Tierarzt, MdL Sachsen-Anhalt (s. 1990) - Geschw.-Scholl-Str. 51, O-3280 Genthin (T. 0924 - 37 16) - Geb. 18. Febr. 1934 Burg/Magdeburg, ev., verh. s. 1958 m. Dagmar, geb. Schmidt, 3 Söhne (Lutz, Thomas, Andreas) - Stud. d. Vet.-Med. Humboldt-Univ. Berlin 1953-58; Promot. 1968.

BUCHHEIT, Harriet

Schriftstellerin - Theaterstr. 9, 6791 Hütschenhausen 1 (T. 06372 - 16 67) - Geb. 17. April 1963 Landau (Vater: Dr. Gert B., Studienprof.; Mutter: Anneliese, geb. Lutz), ledig - Stud. (Übers. u. Dolmetsch.) Saarbrücken 1982-85 - S. 1985 Flugbegleiterin Dt. Lufthansa AG - BV: insges. 23 Titel, 9 Sonderbde. u.a. E. Pferd u. e. Freundin, 1978 u. 80; Schöne Zeit m. Koralle, 1979; Alle Liebe f. e. Pferd, 1980; Sehnsucht nach Rosette, 1981; Wer redet v. Glück, 1982; Mein Pferd gehört Anja, 1984; Träume um e. Pferd, 1984; Kein Pferd f. zwei, 1985;

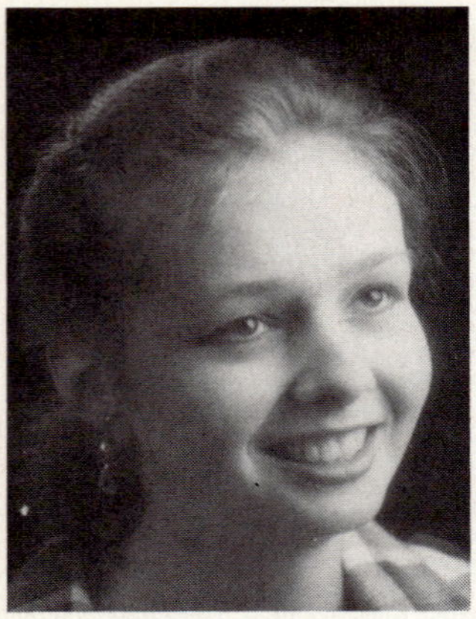

Aus Gabi wird doch eine Reiterin, 1986; Galopp im Sommerwind, 1987; Traumpferd Lucky Star, 1987; Pferdesommer in Schweden, 1988; Beinahe e. Wildpferd, 1988; Pferdeverrückt, 1989; D. Pferd Gitana, 1989; E. Jahr auf d. Ponyhof, 1990; Es begann m. Abendstern, 1991; Reiten um jeden Preis, 1991; Vier Freunde beim Turnier, 1992 - Liebh.: Reiten, Musik (ital. Oper), Reisen (bes. Italien, Rom), Kunst, Astronomie - Spr.: Engl., Ital., Span. - Bek. Vorf.: Dr. Gert B., Schriftst. u. Historiker †1978 (Vater).

BUCHHEIT, Vinzenz

Dr. phil. (habil.), o. Prof. f. Lat. Philologie Univ. Gießen (s. 1963) - Am Zollstock 15, 6300 Gießen (T. 2 16 90) - Geb. 5. Okt. 1923 Neualtheim - 1957-62 Doz. Univ. Saarbrücken; 7 Rufe an dt. Univ. Zahlr. Bücher u. ca. 325 Fachaufs.

BUCHHOFER, Ekkehard

Dr. rer. nat., Prof. f. Geographie Univ. Marburg - Seekante 29, 2300 Kiel-Schilksee; dstl.: Deutschhausstr. 10, 3550 Marburg/L.

BUCHHOLTZ, Christiane

Dr. rer. nat., Prof. f. Zoologie u. Tierphysiol. Univ. Marburg - Auf d. Hofstatt 12, 3555 Fronhausen- Oberwalgern - Geb. 25. Febr. 1926 Goldap/Ostpr. - S. 1966 Lehrtätigk. Marburg.

BUCHHOLTZ, Stefan

Direktor Klöckner & Co., Duisburg - Bockumer Str. 133, 4000 Düsseldorf 31 - Geb. 23. Febr. 1929 - B. 1978 Geschäftsf. L. Possehl & Co. mbH., Lübeck u. Possehl Eisen u. Stahl GmbH., Mannheim.

BUCHHOLZ, Axel

Stv. Chefredakteur Hörfunk b. Saarländischen Rundfunk - Zu erreichen üb. Saarl. Rundfunk, Postfach 10 50, 6600 Saarbrücken - Geb. 10. Sept. 1939 Berlin, ev., verh. - Stud. Rechtswiss. Saarbrücken - Doz. f. prakt. Journalismus an d. Dt. Journalistensch. München u.a. Einrichtungen journalist. Aus- u. Fortbildung; Lehraftrag an d. Univ. Mainz - Autor u. Mit-Herausg. v. Radio-Journalismus, Fernseh-Journalismus, Revolution auf d. Bildschirm u. mehr. Publ. v. Radio-Reihen - Liebh.: Radwandern, Tennis, Dt. Sportabzeichen - Spr.: Engl., Franz.

BUCHHOLZ, Bruno

Dipl.-Ing., Geschäftsführer Verbraucherzentrale d. Landes Bremen - Carl-Ronning-Str. 2, 2800 Bremen 1.

BUCHHOLZ, Detlev

Dr. rer. nat., Prof. f. Theoret. Physik Univ. Hamburg (s. 1978) - Hudenbarg 33, 2081 Prisdorf.

BUCHHOLZ, Edith

O. Professorin f. Angewandte Sprachwissenschaft - Willem-Barente-Str. 23, O-2520 Rostock 26 - Geb. 16. Okt. 1935 Magdeburg, verh., 2 Kd. (Birgit, Bert) - 1954 Abit. Haldensleben; Stud. Anglistik, German. 1954-59 Greifswald, Dipl.; Ing.stud. 1964-69 Mittweida; Promot. 1975, Habil. 1984, beides in Rostock - 1985-90 Dir. Sekt. Angewandte Sprachwiss. Univ. Rostock - BV: Englisch f. d. Seewirtschaft, 1981; Fremdsprachen lernen m. Mikrocomputer, 1989 - 1979 Humboldt-Med. in Silber - Spr.: Engl.

BUCHHOLZ, Edwin H.

Dr. rer. pol., apl. Prof. Ruhr-Univ. Bochum - Waldburgstr. 47, 5480 Remagen 1 - Geb. 20. Jan. 1930 Bessarabien - Promot. 1963 Tübingen - S. 1968 (Habil.) Lehrtätigk. Univ. Tübingen (1973 apl. Prof. f. Volkswirtschaftslehre); Ruhr-Univ. Bochum (s. 1975) u. Witten/Herdecke (Ord. 1986/87); 1971-77 Dir. Zahnärztekammer u. Kassenzahnärztl. Vereinig. Nordrh. Düsseldorf; 1977-84 Dir. Bundesverb. d. Ortskrankenkassen Bonn. 1986/87 o. Prof. f. Ökonomie im Gesundheits- u. Sozialwesen Univ. Witten/Herdecke - 1988-89 Fell. Prof. Stanford University, Calif., USA - BV: D. Wirtschaftsverb. in d. Wirtschaftsges., 1969; Interessen - Gruppen - Interessentengr., 1970; Zwang z. Freiheit, 1977; D. Gesundheitswesen in d. Bundesrep. Dtschl., 1988; Unser Gesundheitswesen, 1988.

BUCHHOLZ, Ernst Wolfgang

Dr. phil., em. o. Prof. f. Soziologie Univ. Bochum (s. 1977) - 2215 Beldorf - Geb. 15. Juli 1923 Grenzhausen, ev., verh. s. 1947 m. Stefanie, geb. Lelonek, S. Prof. Dr. Friedrich - Zul. Wiss. Rat u. Prof. Univ. Hohenheim. Bücher u. Einzelarb.

BUCHHOLZ, H. E.

Dr. sc. agr., Dr. phil., Prof., Direktor Inst. f. landw. Marktforschung Bundesforschungsanst. f. Landwirtschaft - Bundesallee 50, 3300 Braunschweig - Geb. 22. März 1933 Sonnenburg, verh. s. 1969 m. Erika, geb. Lindecke, 2 Kd. - Landwirtsch. Lehre; Stud. Landwirtsch. Univ. Göttingen (Dipl. 1960) u. Univ. of Illinois (M.A. 1961); Univ. Göttingen; Promot. 1964 u. 1965, Habil. 1968 Univ. Göttingen - S. 1967 Institutsleit.; 1976-77 Präs. d. Bundesforschungsanst. f. Landw. - BV: Üb. d. Bestimmung räuml. Marktgleichgewichte, 1969; Landw. u. Markt (hg. m. G. Schmitt u. E. Wöhlken), 1982. Mitherausg. u. Schriftleit. Ztschr. Agrarw. (s. 1969).

BUCHHOLZ, Hanns Jürgen

Prof. Dr. rer. nat. (habil.), Prof. f. Geographie Univ. Hannover/Fachb. Erdwissenschaften - Nordstr. 56, 3005 Hemmingen - Promot. 1968, Habil. 1975 - BV: Formen städt. Lebens im Ruhrgebiet, 1970; Bevölkerungsmobilität u. Wohnverhalten im sozialgeographischen Gefüge Hong Kongs, 1978; Law of the Sea Zones in the Pacific Ocean, 1987.

BUCHHOLZ, Hans-Günter

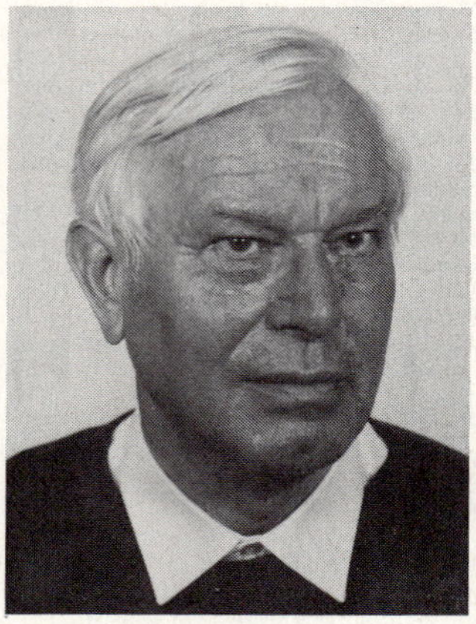

Dr. phil., em. o. Prof., Direktor Inst. f. Klass. Archäologie Univ. Gießen (1969-85), Dekan d. Fachber. Geschichtswiss. (1978/79) - Otto-Behaghel-Str. 10D, 6300 Gießen (T. 702 54 68); priv.: Espenstr. 10, 6306 Langgöns (T. 06403 - 33 91) - Geb. 24. Dez. 1919 Fürstenwalde/Spree (Vater: Paul B.), verh. m. Maria, geb. Mohr - 1. u. 2. Staatsex. f. d. höh. Schuldienst; Promot. Kiel, Habil. Berlin - U. a. Wiss. Oberrat Dt. Archäol. Inst. Berlin (Zentraldir.); Priv.-Doz. FU Berlin; apl. Prof. Univ. Saarbrücken (Inst. f. Alte Geschichte); Ausgräber v. Tamassos, Zypern (1970-80); Gastprof. Univ. München (1970) - BV: Vor- u. Frühgesch. d. Alten Welt in Stichworten, 1966; Altägäis u. Altkypros (m. Vassos Karageorghis), 1971, weit. A. 1972, engl. Ausg. Preehistoric Greece and Cyprus, 1973; Archaeologia Homerica: Jagd u. Fischfang, 1973 (m. G. Jöhrens u. I. Maull, Mitbegr. u. Hrsg. 24 Monogr.); Kriegswesen I, 1977 (m. J. Wiesner † u. a.); II, 1980 (m. St. Foltiny u. O. Höckmann); Methymna, Archäol. Beitr. z. Topographie u. Gesch. v. Nordlesbos, 1975; Nisyros, Giali, Kos, 1982 (m. E. Althaus); Sport u. Spiel, 1987 (m. S. Laser); Ägäische Bronzezeit, 1987 (m. zahlr. Mitarbeitern). Ca. 220 Facharb. Übers. u. Herausg.: V. Karageorghis, Zypern (1968); D. C. Kurtz, J. Boardman, Thanatos (1985); H. H. Scullard, Röm. Feste (1985) - 1968 o. Mitgl. DAI; 1978 Mitgl. Soc. for the Promotion of Hellenic Studies; 1972-85 Vertrauensdozent der Studienstift. d. Dt. Volkes; 1979/80 Fulbright Senior Scholarship u. Mitgl. Institute for Advanced Study, Princeton/USA; 1985-87 Präs. Dt. Orientges.; 1989 Ehrenvorst. Archäol. Ges. Athen; Phoinixorden Griechenlands; 1991 Mitgl. Königl. Akad. d. Wiss. Göteborg - Lit.: P. Åström, Who's who in Cypriote Archaeology, 1971; Kürschners Gelehrtenkal., 1987; Who's who in Europe, 1979; Who's who in the World, 1980; Men and Women of Distinction, 1982; Widmung d. Dt. Orientges., 1990 (B.'s Schriftenverz.) u. a. intern. Werke.

BUCHHOLZ, Horst

Schauspieler - CH-7078 Lenzerheide - Geb. 4. Dez. 1933 Berlin, verh. s. 1958 m. d. Schausp. Myriam Bru (Künstleragentin Paris), 2 Kd. (Christopher, Beatrice) - Ausbild. Marlise Ludwig - Theater: Versch. Engagements an Berliner Bühnen; am Broadway: Andorra u. Cheri; in Wien: Arms and the Man; in Berlin: Entertainer im Musical Cabaret; Helden; D. zwölf Geschworenen; Aus d. Luft gegriffen od. D. Geschäfte d. Baron Laborde; FS: Derrick: D. Superding, Solo f. Margarethe, Auf e. Gutshof, D. Tote in d. Isar; D. Alte: Liebe hat ihren Preis; Astro-Show; Charlie's Angel; Angel come home; Return to Fantasy Island; The Return of Captain Nemo; The French Atlantic Affair; Crossings; Berlin Tunnel 21; Affari di Famiglia; Fuga dal Paradiso, Requiem por Granada; Film: Marianne meine Jugendliebe; Himmel ohne Sterne (Bundesfilmpreis); Regine; D. Halbstarken; Herrscher ohne Krone; Robinson soll nicht sterben; Bekenntnisse d. Hochstaplers Felix Krull; Monpti; Endstation Liebe; Nasser Asphalt; Auferstehung; Tiger Bay; D. Totenschiff; The Magnificent Seven (D. Glorreichen Sieben); Fanny; One, Two, Three (Eins, Zwei, Drei); Nine Hours to Rama (Neun Stunden bis z. Ewigkeit); La Noia; Operacion Estambul (Unser Mann in Istanbul); La Fabuleuse Aventure de Marco Polo (D. Abenteuer d. Marco Polo); Jonny Banco; Cervantes; Astragal; Le Sauveur; The Great Waltz (D. Große Walzer); ...aber Jonny; Lohngelder f. Pittsville; Raid on Entebbe; From the Hell to Victory; Avalanche Express; Wenn ich mich fürchte (Bundesfilmpreis); Codename Emerald; And the Violins Stopped Playing - Spr.: Engl., Franz., Span., Ital., Russ.

BUCHHOLZ, Peter

Prälat, Geschäftsführer Caritasverband f. d. Bistum Aachen - Kapitelstr. 3, 5100 Aachen - Kath.

BUCHHOLZ, Quint

Maler u. Illustrator - Sudetenstr. 5, 8012 Ottobrunn (T. 089 - 609 15 16) - Geb. 28. Juli 1957 Stolberg/Rhld., verh. s. 1983 m. Ulrike, geb. Kreß, 2 Kd. (Sebastian, Nina) - Stud. Kunstgesch. 1976-79 Univ. München; Stud. d. Malerei u. Grafik 1981-86 Kunstakad. München (b. Prof. Gerd Winner) - Freiberufl. Tätigk. als Maler (zahlr. Ausst.) u. Illustrator f. intern. Ztschr. u. Buchverlage - Veröff.: Illustrationen f. zahlr. Bücher u. Umschläge im Suhrkamp Verlag u. Verlag Sauerländer, Otto Maier Verlag, Carl Hanser Verlag. BV: u.a. Nachtstücke, 1988; Kopf od. Zahl, 1990; D. Sara, d. z. Circus will, 1990; Sam's Wal, 1990; Zaide, 1991; D. Nacht d. Vögel, 1992; Zeichnungen f. DIE ZEIT - Kunstrichtung: Magischer Realismus - 1977 Plakatpreis III. Internat. Russell-Tribunal, 1985 Förderpreis Augsburg, 1989 u. 1991 Auszeichn. durch d. Stiftg. Buchkunst, Troisdorfer Bilderbuchpreis, 1991 Auswahlliste Dt. Jugendbuchpreis, Gold. Plak. Biennale Bratislava, 1992 Ehrenliste Hans-Christian-Andersen-Preis.

BUCHHOLZ, Rudolf

Dr. med. (habil.), em. o. Prof. u. Direktor Univ.-Frauenklinik u. Hebammenlehranstalt Marburg - An der Haustatt 60, 3550 Marburg/L. (T. 6 83 03) - Geb. 13. Mai 1914 Glogau/Schles. (Vater: Gerhard B., Bankdir.), verh. m. Herta, geb. Geldbach - Univ. Jena u. Münster, Med. Akad. Düsseldorf. Promot. (1942) u. Habil. (1955) Düsseldorf - 1955-64 Privatdoz. u. apl. Prof. (1961) MA Düsseldorf. Emerit. 1981 - 1968ff. Vors. Mittelrhein. Ges. f. Geburtshilfe u. Gynäk. Fachaufs. - Spr.: Engl., Franz. - Rotarier.

BUCHHOLZ, Wolfgang

Dipl.-Physiker, Mitglied d. Bereichsvorst. Öffentliche Kommunikationsnetze Siemens AG, München - Hofmannstr. 51, 8000 München 70 - Geb. 7. Sept. 1930 Berlin - Physik-Stud. TU Berlin - Max-Planck-Inst. f. Zellphysiol. - Gemeinschaftl. Veröff. m. Prof. Warburg.

BUCHINGER, Otto

Dr. med., Senior-Chef Klinik Dr. Otto Buchinger, biol. Therapie (gegr. 1920) - Forstweg 39, 3280 Bad Pyrmont (T. 05281 - 16 60; Telefax 05281 - 16 64 50) - Geb. 19. März 1913 Flensburg (Vater: Dr. med. Otto B. †1966 (s. Brockhaus-Enzyklopädie); Mutter: Elisabeth, geb. Sander), ev. (Quäker), verh. s. 1944 m. Marieluise, geb. Drinkuth-Schmidt, 5 Kd. (Dr. med. Andreas (Internist), Cornelia, Nicolai, Thomas, Susanna) - BV: u. a. Heilfastenkur, 6. A. 1968; Vegetar. Kost als Heil- u. Dauernahrung, 5. A. 1960; Geist. Vertiefung durch Fasten u. Meditation, 1967; Älter werden ohne zu altern, 1974 (m. Prof. Baden); D. Heilende Fasten, 1988, u.a.m. - 1975 BVK a. Bde. - Liebh.: Segelfliegen, Musik, Oriental. u. Islam. - Gold. Sportabz. - Mitgl. Lions - Spr.: Engl., Franz.

BUCHKREMER, Hansjosef

Dr. phil., o. Prof. f. Allg. Heil- u. Sozialpädagogik - Barthelstr. 62, 5000 Köln - Geb. 22. Febr. 1940 Lindern (Vater: Karl B., Maurer; Mutter: Josefine, geb. Claßen), kath., verh. s. 1965 m. Gisela, geb. Hamacher (geb. 1940), 2 Kd. (Thomas, Miriam) - Gymn. Rheydt (Abit.); PH Rhld.; TH Aachen (Promot.) - 1962-70 Lehrer Grund-, Hauptu. Sondersch.; 1970-75 Wiss. Assist.; s. 1975 Wiss. Rat u. Prof. PH Ruhr, Dortmund; 1979 o. Prof. PH-Rhld., jetzt Univ. Köln. S. 1988 Vors. d. Reha-Akad. - BV: Ehrgeiz, 1972; Verständnis f. Außenseiter, 1977; Einf. in d. Sozialpäd., 1982; Heil- u. Sozialpäd. (Kon-)Texte, 1991. Mithrsg.: Jugend '85 (1985); Umwelterz. in Schulen (1986); Ausländerkinder (1987) - 1972 Borchers-Plak. TH Aachen - Liebh.: Kinderlit. u.

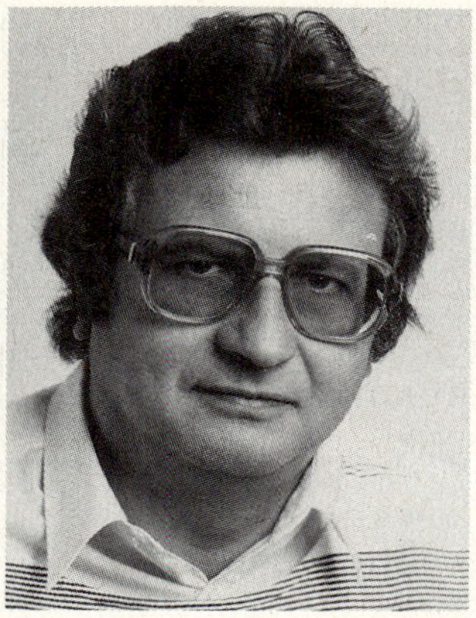

Gedichte (auch Selbstschreiben) - Spr.: Engl., Holl.

BUCHLER, Johann

Dr. rer. nat., Prof. f. Anorgan. Chemie TH Darmstadt (s. 1979) - Richard-Wagner-Weg 93, 6100 Darmstadt - Geb. 24. Sept. 1935 Braunschweig, ev., verh. s. 1965 m. Gisela, geb. Reinecke, 2 Kd. (Maja, Florian) - Promot. 1963; Habil. 1971 - 1971-79 Privatdoz. u. apl. Prof. f. Anorgan. Chemie (1973) TH Aachen (zul. Studienprof. Fachabt. Chemie); 1976/77 Gastprof. TU München; 1983/84 Gastprof. Univ. Strasbourg. Etwa 100 Facharb.

BUCHLER, Walther Hartwig

Dr. oec., Dipl.-Kfm., Geschäftsführer, Beirat Deutsche Bank AG. - Im Ziegenförth 40, 3300 Braunschweig (T. 0531 - 35 04 12) - Geb. 3. Juni 1926 Braunschweig (Vater: Walther B.; Mutter: Irmgard, geb. Clemen), ev., gesch. (s. 1980), S. Lorenz - Betriebsw. Hochsch. f. Wirtsch.s- u. Sozialwiss., Dipl.-Kfm. 1953, Promot. 1957 Nürnberg, s. 1968 Mitgl. Ind.-Aussch. IHK Braunschweig; s. 1973 Handelsrichter LG Braunschweig - Liebh.: Musik, Golf, Skifahren - Spr.: Engl.

BUCHMANN, Ewald

Dr. phil., Physiker - Elektrastr. 5, 8000 München 81 (T. 91 16 57) - Geb. 12. Febr. 1906 Vörde/Ndrh. (Vater: Johann B.; Mutter: Friederike, geb. Weyer), verh. s. 1934 m. Klara, geb. Neumann, 3 Kd. (Erika, Renate, Eckhart) - Univ. Bonn, Wien, Berlin (Physik; Promot. 1929) - 1930-71 Siemens & Halske bzw. Siemens AG., Berlin/München (zul. Generalbevollm.). Spez. Arbeitsgeb.: Nachrichtenübertragungstechnik. Fachveröff. - Liebh.: Sport - Spr.: Engl.

BUCHMANN, Hansmartin

Dr. phil., o. Prof. f. Didaktik d. Engl. Sprache - Heidemannstr. 128, 5000 Köln-Neuehrenfeld (T. 55 57 87) - Geb. 27. Juni 1920 Köln (Vater: Alfred B., Dolmetscher; Mutter: Maria, geb. Braun), kath., verh. s. 1951 m. Erika, geb. Knickenberg, 4 Kd. (Brigitte, Johannes, Markus, Barbara) - Realgymn. Köln-Deutz; Univ. Köln u. Marburg (German., Angl., Phil., Roman., Gesch.). Staatsex. 1950; Promot. 1951 - Ab 1951 Studienass., -rat (1954) u. Oberstudienrat (1962) Köln; 1954/55 Gastprof. New York Univ. (Dt.) u. 1973 State Univ. New York; s. 1964 Prof. Päd. Hochsch. Hamm u. Rhld./Abt. Bonn (1965; 1966 o. Prof.; 1968-74 Dekan u. Prodekan) - Mitarb.: Begegnung m. d. amerik. Erziehungswesen, 1961; Schulfunk z. Didaktik u. Methodik, 1971; Fremdspr. i. Schulfunk, 1971; Gesamtsch. in d. didakt. Planung, 1973. Übers.: Wighton, Meisterspione d. Welt; Dawson, Abendl. Bildung in d. Krise (auch Herausg.) - Spr.: Engl., Franz. - Fachdidakt. Berat. u. Mitarb. b. Schulfunk- u. Schulfernsehsendungen d. WDR.

BUCHMANN, Jürgen

Dr. phil., Akad. Rat Univ. Bielefeld, Schriftst. - Wellensiek 196, 4800 Bielefeld 1 - Geb. 29. Okt. 1945 Obernkirchen - Stud. Klass. Philol., Allg. Lit.wiss., Phil. u. Linguistik; M.A. 1970, Promot. 1974 Konstanz - 1973 Assist. Univ. Konstanz; s. 1975 Doz. Oberstufen-Kolleg Land NRW, Univ. Bielefeld - BV: Logbuch v. Meer d. Finsternis, 1984; Phantast. Topogr. d. Stadt Lüneburg, 1986; Warten auf d. Atombombe. Satiren z. Landesverteidigung, 1986; Grammatik d. Sprachen v. Babel, 1987; Einschiffung n. Cythera, 1989. Übers.: Aloysius Bertrand, Gaspard de la Nuit (aus dem Franz.), 1978.

BUCHNER, Edmund

Dr. phil., Prof., Präsident Dt. Archäol. Inst. a. D. - Nadistr. 14, 8000 München 40 - Geb. 22. Okt. 1923 Ittling (Vater: Gotthard B., Bauer; Mutter: Anna, geb. Sesselmeier), kath., verh. s. 1951 m. Kordula, geb. Grunwald †1987, s. 1990 m. Helga, geb. Handvest, 3 Kd. aus 1. Ehe (Bernhard, Roswitha, Ursula) - Staatsex. 1950, Promot. 1953 Erlangen - 1969 Dir. Kommiss. f. Alte Gesch. u. Epigraphik; 1980 Präs. Dt. Archäol. Inst. - BV: D. Panegyrikos d. Isokrates, 1958; Solarium Augusti u. Ara Pacis, Röm. Mitt. 1976; Horologium solarium Augusti, Röm. Mitt. 1980; D. Sonnenuhr d. Augustus, 1982 - Mitgl. Dt. Archäol. Inst. u. Österr. Archäol. Inst.; Korr. Mitgl. Pontificia Accad. Romana di Archeologia; Gr. BVK; Goldmed. Ai benemeriti della cultura d. ital. Staatspräs.

BUCHNER, Hans

Dr. phil., Prof., Oberstudiendir. i. R. - Löfftzstr. 3, 8000 München 19 - Geb. 6. Okt. 1906 Augsburg (Vater: Hans B., Kaufm.; Mutter: Barbara, geb. Ludwig), kath., verh. s. 1937 m. Edeltraud, geb. Hartmann, 2 Söhne (Hans-Gustav, Klaus) - Univ. München (Biol., Chemie, Erdkd.) - Höh. Schuldst. München; Ref. Bayer. Unterrichts- u. Kultusmin.; wiss. Tätigk. Kaiser-Wilhelm-Inst. f. Biol. Berlin, Univ. Basel u. München (1949 Privatdoz., 1958 apl. Prof.; Zool.). Spez. Arbeitsgeb.: Physiol. d. Fortpflanz. Fachveröff.

BUCHNER, Klaus

Dr., Prof. f. Mathematik - Straßbergerstr. 16, 8000 München 40 (T. 351 61 14) - Geb. 6. Febr. 1941 München (Vater: Dr. Hans B., Prof.; Mutter: Edeltraud, geb. Hartmann), kath., verh. s. 1970 m. Rosemarie, geb. Schmidt-Pauly, 4 Kd. (Martin, Ruth-Maria, Hanna, Rita) - Gymn. München (Abit. 1960), 1960-63 Univ. München, 1963-64, TH München, 1964-65 Univ. Edinburgh; Dipl. Edinburgh 1965, Promot. (Experimentalphysik) Univ. München 1970, Habil. (Mathematik) TU München 1976 - 1965-70 Max-Planck-Inst. f. Physik, München, 1971-72 Staatl. Univ. Kyoto/Japan, 1972 Univ. Chandigarh (Indien), 1973 ff. TU München, S. 1978 Korresp. Mitgl. d. wiss. Academia Peloritana dei Pericolanti, Messina.

BUCHNER, Norbert

Dr.-Ing., Techn. Berater u. Fachautor, Honorarprof. f. Verpackungstechnik Univ. Hohenheim - Seehaldenweg 68, 7057 Winnenden-Höfen - Vorst.-Mitgl. d. Fördervereins Frauenhofer-Inst. f. Lebensmitteltechnol. + Verpackung, München; Mitgl. v. 2 Redaktions-Beiräten - BV: Verpacken v. Lebensmitteln, Lehrbuch.

BUCHNER, Robert

Dr. rer. pol., o. Prof. f. Betriebsw.slehre Univ. Mannheim - Schloß, 6800 Mannheim 1 (T. 292 56 23) - Zul. o. Prof. Univ. Gießen (s. 1967).

BUCHRUCKER, Armin-Ernst

Dr. Dr. habil. theol., Prof. f. Systemat. Theologie u. christl. Kunst - Hubertusallee 9, 5600 Wuppertal 1 - Geb. 29. Jan. 1923 Wuppertal (Vater: Oscar B.; Mutter: Margarethe, geb. Otto), ev.-luth. - Gymn.; Stud. Theol., Phil., Kunstgesch. Promot. 1948 Göttingen; Habil. 1964 Halle - S. 1971 Prof. Univ. Frankfurt/M. - BV: D. ev. dt. Abendmahlslied v. Luther b. zur Gegenwart, 1952; Apostolat u. Amt, 1954; D. Repräsentation d. Opfers Christi im Abendmahl, 1967; D. regula atque norma in d. Theologie Luthers, 1968; Luthers Anthropologie in s. gr. Genesisvorlesung, 1972; Wort, Kirche u. Abendmahl b. Luther, 1972; D. Bedeutung d. Teufels f. d. Theologie Luthers, 1973; D. Apologie d. Confessio Augustana als Antwort auf d. Confutation 1981; Z. Theol. mod. Glaubensbekenntnisse, 1982; Abendmahl u. Opfer, 1984; Theol. d. evangelischen Abendmahlslieder, 1987; Zur theol. u. symbolischen Deutung des Isenheimer Altars, 1989 u. zahlr. kunsthist. Veröffentl. - Spr.: Engl., Franz.

BUCHRUCKER, Hasso

Leiter außenpolitische Abt. im Bundespräsidialamt, Bonn - Kaiser-Friedrich-Str. 16, 5300 Bonn 1 - Geb. 15. März 1935 Hannover (Vater: Ernst B., Oberstlt. a.D.; Mutter: Charlotte, geb. Wittstock), ev., verh. s. 1974 m. Christine, geb. Gräfin Maltzan, 3 Kd. (Ernst, Sophie, Georg) - Master of Arts 1957 Oxford, Ass. jur. 1966 München - S. 1966 AA; Ausl.posten in Den Haag, UNO New York, Tel Aviv u. Mosambik - Bek. Vorf.: Ernst B., Gründer d. Schwarzen Reichswehr (Vater).

BUCHSTALLER, Werner

Geschäftsführer, MdB (s. 1961) - Dessauer Str. 23, 5400 Koblenz 1 (T. 4 51 28) - Geb. 4. Nov. 1923 Rosenheim/Obb., verh., 2 Kd. - Volkssch.; kaufm. Ausbild. (Sägewerk) - Kriegsteiln. (schwer verwundet); holzverarb. Ind.; Verlagswesen. 1949-61 Bundesgf. Jungsozialisten Dtschl.s; 1954-61 Mitgl. Präsid. Intern. Union sozialdemokr. Jugendverb. Mitbegr. Ring Polit. Jugend. SPD s. 1946 (gegenw. Vors. Bezirk Rhld.-Hessen-Nassau; b. 1976 Vors. Verteidigungsaussch.) - 1976 Gr. BVK.

BUCHTALA, Victor

Dr. med., Prof., Chefarzt a. D. - Netzstuhl 3a, 8447 Windberg (T. 09962 - 22 30) - Geb. 23. Febr. 1915 Graz/Steierm. (Vater: Prof. Dr. med. Johann B., Ord. f. Physiol. Chemie; Mutter: geb. Rosmann), kath., verh. s. 1944 m. Hildegard, geb. Schmack (Malerin), 2 Kd. (Wolfgang, Cornelia) - Univ. Pressburg, Graz, Frankfurt/M., Prag - Assist. Frankfurt/M., Oberarzt Prag, Radiologe Würzburg (Chir. Klinik; 1950 Privatdoz.) u. Münster/W. (Med. Klinik; 1957 apl. Prof.), s. 1956 Chefradiol. München (Krankenanst. Rotes Kreuz) - BV: D. Ultraschall in d. Med. Zahlr. Einzelarb. - Ehrenmitgl. Argentin. u. Brasilian. Radiol. Ges. - Liebh.: Jagd - Spr.: Tschech., Engl., Span.

BUCHWALD, Gerhard

Dr. med., Medizinaldirektor a. D. - Obersteben, Am Wolfsbühl 28, 8675 Bad Steben (T. priv. 09288 - 83 28) - Geb. 15. Febr. 1920 Eisenberg/Thür. (Vater: Edmund B., Druckereibes.; Mutter: Else, geb. Eichner), verh. s. 1948 m. Barbara, geb. Kratzert (Ärztin), 3 Kd. (Angelika, Sigrid, Hans-Bernhard) - Abit. 1939; Wehrdst. (1939-45), Med.-Stud. Univ. Königsberg, Danzig (Physikum) u. Jena (Staatsex. 1948); Promot. 1950 Hamburg - 1956 Facharzt f. Lungenkrankh. Hannover; 1970 Facharzt f. Inn. Med. Frankfurt; 1982 Badearzt München (Naturheilverfahren). Aufgabe d. ärztl. Tätigkeit (15.2.1990).

BUCHWALD, Konrad

Dr. rer. nat., em. o. Prof. f. Landschaftsökologie, Landschaftsplanung, Naturschutz - Große Heide 33, 3000 Hannover 51 (T. 65 07 22) - Geb. 16. Febr. 1914 Jena (Vater: Prof. Dr. phil. Reinhard B., Schiller-Biograph; Mutter: Elisabeth Leo), verh. s. 1944 m. Martha Ausserer, 5 Kd. (Monika, Jutta, Christoph, Verena, Rainer) - Stud. d. Geogr., Biol., Geol. Univ. Heidelberg - 1955-60 Dir. Landesstelle f. Naturschutz u. Landschaftspfl. Bad.-Württ., 1960-79 Dir. Inst. Landschaftspflege u. Naturschutz Univ. Hannover - O. Mitgl. Akad. f. Raumforschg. u. Landespflege, Akad. f. Städtebau u. Landespl., Dt. Rat f. Landschaftspfl. u. Rat d. Sachverst. f. Umweltfragen b. BMI (b. 1981) - BV: Handb. f. Landschaftspfl. u. Naturschutz, 4 Bde. 1968/69. Herausg.: Landschaftspfl. u. Naturschutz in d. Praxis (1973 m. W. Engelhardt; Poln. 1974); Handb. f. Planung, Gestaltung u. Schutz d. Umwelt, 4 Bde. 1978/80 (m. W. Engelhardt).

BUCHWALD, Manfred Harald

Dr. phil., Fernsehjournalist, Intendant Saarländischer Rundfunk (s. 1989) - Zu erreichen üb. Schloß Halberg, 6600 Saarbrücken (T. 0681 - 602 20 00) - Geb. 31. Juli 1936 Oberhausen (Vater: Wilhelm B., Berging.; Mutter: Maria, geb. Klocke) - Stud. Gesch., Lit.wiss. Univ. Münster, Kiel; Promot. 1964 ebd. - 1971-78 Vors. Journalistenverb. Rhld.-Pfalz - 1978-81 Vors. Dt. Journalistenverb.; 1981-83 Chefredakt. ARD-Tagesthemen, 1983-88 Chefredakt. Fernsehen Hess. Rundfunk, Frankfurt/M. - Spr.: Engl.

BUCHWALD, Werner

Dipl.-Ing., Geschäftsführer Deutsche Postreklame GmbH - Wiesenhüttenstr. 18, 6000 Frankfurt 1 (T. 069 - 26 82-0) - Geb. 15. Nov. 1934 Breslau, ev., verh.

BUCHWALD, Wolfgang

Dr. med., Prof., Chefarzt Radiolog. Klinik/Friedrich-Ebert-Krkhs., Neumünster - Friesenstr. 11, 2350 Neumünster - Geb. 28. Aug. 1930 - Promot. 1956 - S. 1969 (Habil.) Lehrtätigk. Univ. Mainz (1971 apl. Prof.) u. Kiel (1978 apl. Prof.). Üb. 40 Fachaufs.

BUCHWALDT, von, Wolf

Landwirt, Kreispräs. v. Plön - Gut, 2322 Neudorf/Holst. - Geb. 15. Nov. 1906 - Stud. Rechtswiss. - Gerichtsass. - 1970 BVK I. Kl.

BUCK, August

Dr. phil., Dr. h. c., em. o. Prof. f. Roman. Philologie - Georg-Voigt-Str. 5, 3550 Marburg/L. (T. 6 73 13) - Geb. 3. Dez. 1911 Delitzsch/Sa. (Vater: August B.; Mutter: Herma, geb. Pauser), ev., verh. s. 1941 m. Riccarda, geb. Kraus, 2 Kd. - Univ. Wien, Berlin, Paris, Leipzig (Promot. 1936). Habil. 1942 Kiel - Ab 1936 Lektor Univ. Kiel, Neapel u. Hochsch. Venedig, 1945-57 Privatdoz. u. apl. Prof. (1949) Univ. Kiel, s. 1957 Ord. Univ. Marburg (1966/67 Rektor). 1972 ff. Vors. Dt. Dante-Ges. - BV: D. Platonismus in d. Dichtung Lorenzo de Medicis, 1936; Grundzüge d. ital. Geistesgesch., 1947; Dante als Dichter d. christl. Mittelalters, 1949; Ital. Dichtungslehren, 1952; D. Geschichtsdenken d. Renaissance, 1957; D. Orpheus-Mythos in d. ital. Renaissance, 1961; D. Kultur Italiens, 1964; D. Einfluß d. Platonismus auf d. volkssprachl. Literatur im Florentin. Quattrocento, 1965; D. humanist. Tradition in d. Romania, 1968; Renaissance u. Barock - D. Emblematik, 1971; D. Querelle des Anciens et des Modernes im ital. Selbstverständnis, 1973; D. Rezeption d. Antike i. d. roman. Lit. d. Renaissance, 1976; Renaissance: Krise u. Neubeg., 1977; Forschungen zur Roman. Barocklit., 1980; Machiavelli, 1985; D. Humanismus. S. europ. Entwicklung in Dokumenten u. Darstellungen, 1987; Arma et Litterae. Z. Geschichte e. Topos, 1992. Herausg.: Ital. Sonette (m. Einleit., 1954); J. C. Scaliger, Poetices libri septem (1964); G. Budaeus, De Philologia, De studio litterarum (1964); E. Tesauro, Il Cannocchiale Aristotelico (1968); Begriff u. Problem d. Renaissance, 1969; N. Boileau, L'Art Poétique (1970); Rabelais, 1973; Petrarca, 1976; Humanismus u. Historiographie, 1991 - 1982 Dante-Preis Stadt Florenz u. Premio Internazionale Galileo Galilei. 1964 Socio Straniero Accad. Letteraria Italiana Arcadia, Rom; 1973 o. Mitgl. Wiss. Ges. Frankfurt/M.

BUCK, Jürgen

Bürgerschaftsabgeordneter (s. 1974) - Willebrandstr. 21, 2000 Hamburg 50 - CDU.

BUCK, Lothar

Prof. f. Geographie PH Ludwigsburg - Behringweg 4, 7145 Markgröningen - Geb. 22. Dez. 1926.

BUCK, Peter

Dr. rer. nat., Prof. f. Chemie u. ihre Didaktik PH Heidelberg - Rohrbacher Str. 56, 6900 Heidelberg 1 (T. 0622 - 18 36 06) - Geb. 20. Jan. 1939 Bandung (Indonesien).

BUCK, Siegfried

Prof. f. Schulpädagogik PH Karlsruhe - Rechbergstr. 25a, 7850 Lörrach-Hauingen - BV: Texte u. Fragen, Leseb. f. d. Primarstufe, 3 Bde. (Mithrsg.) 1974ff.; Lesen, lesen, lesen, 1980; Quiesel-Bücher f. d. Er. Lesealter, 1982ff.; Bausteine Deutsch (Leseb. u. Sprachb. f. d. Grundsch.), 6 Bde., 1983ff.; Bausteine Sachunterricht (2.-4. Schuljahr) 1990ff.

BUCK, Theo

Dr. phil., Prof., Lehrstuhlinh. f. Neuere dt. Literatur TH Aachen (s. 1979) - Zu erreichen üb. German. Inst., Templergraben 55, 5100 Aachen - Geb. 3. Okt. 1930 Tübingen, verh. s. 1958 m. Daniele, geb. Pinède, S. Bertolt - 1973-78 Wiss. Rat u. Prof. Univ. Göttingen. Gastprof. Sorbonne Paris, Hebrew Univ. Jerusalem, Middlebury College, Univ. Antwerpen, Universidade de São Paulo.

BUCK, Udo

Dr. rer. nat., Prof. f. Physik Univ. Göttingen, Abteilungsleiter Max-Planck-Inst. f. Strömungsforschung Göttingen (s. 1976) - Zur Scharfmühle 7, 3400 Göttingen - Geb. 29. Juni 1938 Kamen, verh. m. Hannelore, geb. Spatschek, 2 Kd. (Bettina, Arndt) - 1958-65 Physikstud. Univ. Göttingen u. Bonn; Dipl. 1965 Bonn; Promot. 1969 Bonn; Habil. 1976 Göttingen - 1968 wiss. Assist. Bonn; 1969 MPI f. Strömungsf. Göttingen; 1971 Gast Univ. Genua; s. 1980 apl. Prof. Univ. Göttingen; Gast Univ. Jerusalem, Illinois, Urbana, Canberra - Üb. 110 Fachveröff., Arbeitsgeb.: Molekülstreuung, Cluster - Spr.: Engl., Franz.

BUCKA, Hans

Dr. rer. nat., Prof., Hochschullehrer, Direktor Inst. f. Kernphysik TU Berlin - Garystr. 92, 1000 Berlin 33 - Geb. 24. Jan. 1925 (Vater: Johann B., Kaufm.; Mutter: Frida, geb. Remus), ev., verh. s. 1955 m. Margrit, geb. Schreyer, 2 S. (Martin, Christoph) - Dipl-Phys. Univ. Göttingen (1951), Dr. rer. nat. Univ. Göttingen (1954), Privatdoz. Univ. Heidelberg (1961), visiting associate Professor Columbia University New York (1962/63), o. Prof. TU Berlin (1963); Intensity Pumping an Na-Atomen - BV: Atomkerne u. Elementarteilchen (1973), Nukleonenphysik (1981). Herausg.: Concise Nuclear Isobar Charts (1986). Fachveröff. üb. Atomphysik, Kernmomente, Mechanismen v. Kernreaktionen - Liebh.: Musik - Spr.: Franz., Engl., Ital.

BUCKEL, Werner

Dr. phil. nat., Drs. h. c., em. o. Prof. f. Experimentalphysik - Allensteiner Str. 11, 7500 Karlsruhe-Waldstadt (T. 68 45 91) - Geb. 15. Mai 1920 Nördlingen/Schwaben (Vater: Gottfried B., Oberstudienrat; Mutter: Luise, geb. Bissinger), verh. s. 1944 m. Maria, geb. Hiebel - TH München u. Univ. Erlangen (Physik; Promot. 1948) - 1954 Privatdoz. Univ. Göttingen, 1959 ao. Prof. TH Aachen, 1960 o. Prof. u. Dir. Physikal. Inst. TH, jetzt Univ. Karlsruhe. 1971 Präs. Dt. Physikal. Ges.; 1986-88 Präs. Europ. Physikal. Ges. Arbeitsgeb.: Erforsch. d. festen Körpers u. s. Eigenschaften b. sehr tiefen Temperaturen, Unters. d. Supraleitung. Fachveröff. - 1968 o. Mitgl. Heidelbg. Akad. d. Wiss.; 1972 korr. Mitgl. Österr. Akad. d. Wiss.; 1975 Dt. Akad. d. Naturforscher Leopoldina, Halle/S.; 1988 Mitgl. Akad. d. Wiss. d. DDR; 1982 Ehrendoktor Naturwiss. Fak. d. Univ. Giessen; 1985 Ehrendoktor Naturwiss. Fak. Univ. Göttingen; 1990 ausw. Mitgl. Finn. Akad. d. Wiss.

BUCKEL, Wolfgang

Dr., Prof. f. Mikrobiologie Univ. Marburg (s. 1987) - Am Köppel 8, 3550 Marburg (T. 06421 - 4 15 10; dstl.: 06421 - 28 34 83) - Geb. 22. Nov. 1940 München, ev., verh. s. 1969 m. Burgi, geb. Edle v. Hayek, 2 Kd. (Celine, Amalie) - Stud. Chemie u. Biol. München; Dipl. (Chemie) 1965; Promot. (Biochemie b. H. Eggerer) 1968 München; Habil. (Biochemie) 1975 Regensburg - 1970-71 Stud.aufenth. b. H.A. Barker, Berkeley/USA. Üb. 60 Veröff. in in- u. ausl. Ztschr. - Liebh.: Bergwandern - Spr.: Engl.

BUDÄUS, Dietrich

Dr. rer. pol., Dipl.-Kfm., o. Prof. f. Betriebswirtschaftslehre m. d. Schwerp. Öffentl. Unternehmen u. Verwaltungen - Von-Melle-Park 9, 2000 Hamburg 13 - Abit. 1963, b. 1965 Bundeswehr; Dipl.-Kfm. 1969, Promot. 1973, Habil. 1979 - Lehre u. Forsch. auf d. Gebiet Betriebswirtschaftslehre Öfftl. Untern. u. Verw.; Mitgl. einschläg. wiss. Fachverb. u. -kommiss. u. a. Mitgl. wiss. Beirat Ges. f. öfftl. Wirtsch. u. Gemeinwirtsch.; Vors. d. Wiss. Kommiss. Öfftl. Untern. u. Verw. im Verb. d. Hochschullehrer f. Betriebswirtsch.

BUDCZIES, Michael

Dr. jur., Vorstandsmitglied Spar-Handels AG, Hamburg - Düsseldorf - München - Heinrich-Plett-Str. 21, 2000 Hamburg 52 - Geb. 3. Febr. 1933 Berlin (Vater: Wolfgang B.; Mutter: Hildegard, geb. Ehrhardt), verh. m. Eva-Maria, geb. Schieweck - Schule (Abit.); Banklehre; Stud. Rechtswiss. Gr. jurist. Staatsprüf. - 1962-70 August-Thyssen-Hütte AG; 1970-86 Vorst.-Mitgl. Blohm + Voss AG, Hamburg (s. 1980 Vorst.-Sprecher).

BUDDE, Hans-Jürgen

Dr. rer. pol., Dipl.-Ing., Dipl.-Kfm., Geschäftsführer Vereinig. industrielle Kraftwirtschaft - Bodelschwinghstr. 18, 4300 Essen 1 -Geb. 29. Aug. 1935.

BUDDE, Ludwig

Dr. phil., Prof., Wiss. Rat - Schützenstr. 7, 4400 Münster/W. (T. 4 23 46) - Geb. 10. Sept. 1913 Werne/Lippe, ev., verh. m. Erika, geb. Barthel, 2 Söhne - Univ. Münster u. Berlin (Promot. 1939) - 1937 Wiss. Hilfsassist. Archäol. Sem. Univ. Berlin, 1939 wiss. Ref. Archäol. Inst. d. Dt. Reiches ebd., 1943 wiss. Assist. Dt. Archäol. Inst. Athen, 945 Inst. f. Altertumskd. Univ. Münster, 1947 Privatdoz., 1962 apl. Prof. 1947/48 Gastvorlesungen Univ. Cambridge. Ausgrab.: 1951-54 Sinope/Schwarzes Meer (m. Prof. Akurgal, Ankara); 1955-58 Misis-Mopsuhestia/Kilikien (m. Prof. Bossert, Istanbul); s. 1958 Aphrodisias i. Kilikien. Forsch.: Tunesien (1968ff.). Vorsitzender DTG Münster-Bonn - BV: D. att. Kuroi, 1939; Jugendbildn. d. Caracalla u. Geta, 1951; Severisches Relief in Palazzo Sacchetti, 1955; Vorl. Bericht über d. Ausgrab. in Sinope, 1956 (m. Akurgal); D. Entsteh. d. antiken Repräsentationsbildes, 1957; Göreme, Höhlenkirchen in Kappadokien, 1958; Türkei, 1963; Istanbul, 1964; D. Tierkampfgruppe aus Sinope, 1963 (Antike Plastik); A. Catalogue of the Greek and Roman Sculpture in the Fitzwilliam Museum Cambridge, 1964; Imago Clipeata d. Kaisers Traian in Ankara, 1965 (Ant. Plastik); D. frühchristl. Mosaiken v. Misis-Mopsuhestia, 1968; Antike Mosaiken in Kilikien, 2 Bde. 1970/72; St. Pantaleon v. Aphrodisias in Kilikien, 1987 - BVK I. Kl. - Liebh.: Fotogr. - Spr.: Engl., Franz., Türk.

BUDDE, Otto

Vorstandsmitglied i.R. Demag Bagger u. Kran GmbH u. Duiglerwerke AG, Beirat Una-DAT Unternehmensberat. GmbH, Köln, AR Sächs. Revisions- u. Treuhand AG, München - Gneisenaustr. 15, 5000 Köln 50 - Geb. 9. Juli 1916 Bochum.

BUDDE, Rainer

Dr., Direktor Wallraf-Richartz-Museum - Bischofsgartenstr. 1, 5000 Köln 1 (T. 0221 - 221 23 72).

BUDDE, Walter

Dr.-Ing., o. Prof. f. Physik u. ihre Didaktik PH Rheinland/Abt. Aachen - Karl-Marx-Allee 154, 5100 Aachen - Zul. Ord. GH Duisburg.

BUDDE, Wolfgang Dieter

Dr. jur., Rechtsanwalt, Wirtschaftsprüfer, Steuerberater, Vorstandssprecher Treuhand-Vereinig. AG, Frankfurt, Vorst.-Mitgl. Dt. Revision AG, Frankfurt - Wöhlerstr. 6-10, 6000 Frankfurt 1 (T. 069 - 7 11 00); priv.: Oberfeldstr. 62, 6000 Frankfurt 50 (T. 069 - 58 31 07) - Geb. 25. Febr. 1929 Mannheim, kath., verh. s. 1957 m. Dr. iur. Helga B., Rechtsanw., Fachanw. f. Steuerrecht, S. Dr. rer. nat. Florian - 1. jurist. Staatsprüf. 1954, 2. jurist. Staatsprüf. 1956, Promot. 1958; Stud. Betriebsw. - Geschäftsf. Coopers & Lybrand Wirtschaftsprüfungsges. GmbH u. Karoli-Wirtschaftsprüf. GmbH. Präs. Wirtschaftsprüferkammer Landesvertr. Hessen - 1982 BVK - Spr.: Engl.

BUDDECKE, Eckhart

Dr. med., o. Prof. f. Physiol. Chemie - Waldeyerstr. Nr. 15, 4400 Münster/W. - Geb. 15. Juli 1923 Greifswald - Promot. 1952 Göttingen; Habil. 1957 Gießen - S. 1957 Lehrtätigk. Univ. Gießen, Tübingen (1962 apl. Prof. u. Wiss. Rat Physiol.-Chem. Inst.), Münster (1966 Ord. u. Dir. Physiol.-Chem. Inst.) - BV: Grundriß d. Biochemie, 8. A. 1989; Pathobiochemie, 2. A. 1983. Üb. 200 Einzelarb. Mithrsg. wiss. Ztschr. - Mitgl. New York Acad. of Sciences; 1990 Paul-Linser-Med.

BUDDECKE, Wolfram

Dr. phil., Prof. f. Germanistik - Kuhweg 21, 3549 Diemelstadt 1 (T. 05694 - 2 82) - Geb. 16. Okt. 1926 Greifswald - Promot. 1958 Göttingen; Habil. 1969 Karlsruhe - S. 1973 Prof. GH Kassel - BV: u. a. C. M. Wielands Entwicklungsbegriff u. D. Gesch. d. Agathon, 1966; D. deutschsprachige Drama s. 1945, 1981; Fernsehunterh. im Literaturunterr., 1986; Phantastik in Literatur u. Film, 1988 - 1958 Fakultätspreis Göttingen - Spr.: Engl., Span.

BUDDEMEIER, Heinz

Dr. phil., o. Prof. f. Kommunikationstheorie, Medienwissenschaft u. Ästhetik Univ. Bremen - Saarbrückener Str. 36, 2800 Bremen 1 - Geb. 22. März 1938 Köln - Abit.; Stud. Germanist., Romanist., Philosoph.; postdoctoral studies i. Kanada. S. 1975 Prof. f. Medien- u. Kommunikationswissensch. Univ. Bremen - BV: Panorama, Diorama, Photographie, 1970; Kommunikation als Verständigungshandl., 1973; D. Foto. Gesch. u. Theorie d. Fotografie als Grundl. e. neuen Urteils, 1981; Illusion u. Manipulation. D. Wirkung v. Film u. Fernsehen auf Individuum u. Ges., 1987; D. unhörbare Suggestion. Forsch.ergebn. z. Beeinflussung d. Menschen durch Rockmusik u. subliminale Kassetten (m. J. Strube), 1989.

BUDDENBERG, Hellmuth

Dr. rer. pol., Dipl.-Kfm., stv. Aufsichtsratsvorsitzender Deutsche BP AG (s. 1989) - Zu erreichen üb. Dt. BP AG, Überseering 2, 2000 Hamburg 60 - Geb. 5. Mai 1924 Bünde/W. (Vater: Beamter), verh. m. Hildburg, geb. Röhr - S. 1949 Dt. BP AG, Hamburg (1965 stv. Vorst.-Mitgl., 1967 o. Vorst.-Mitgl., 1972 stv., 1976 Vorst.-Vors.); 1976-88 Vorst.-Vors. Deutsche BP AG; AR-Mitgl. AEG AG, NCR GmbH, Ruhrgas AG, Thyssen Edelstahlwerke AG, Hamburgische Landesbank; VR-Mitgl. Allianz Versicherungs AG; Präsid.-Vors. Dt. Verkehrsforum e.V.; Präs. British Chamber of Commerce in Germany - Lit.: Karl Günther Simon, D. Kronprinzen, 1969.

BUDDENBERG, Wilhelm

Rektor a. D., Bürgerm. a. D., Landrat a. D., MdL Nieders. (s. 1967) - Bahnhofstr. 22, 4460 Nordhorn (T. 05921 - 52 64) - CDU.

BUDDENBERG, Wolfgang

Bundesrichter (b. 1978) - Herrenstr. 45a, 7500 Karlsruhe - Geb. 13. Nov. 1911, verh. (Ehefr.: Gerta) - B. 1970 OLG Hamm (OLGsrat), dann BGH (BR).

BUDDRUSS, Georg

Dr. phil., Dr. h. c., o. Prof. Sem. f. Indologie Univ. Mainz (s. 1963) - Am Judensand 45, 6500 Mainz (T. 32 05 00) - Geb. 30. Nov. 1929 Lappienen/Ostpr., ev., verh. s. 1985 m. Dr. Karin, geb. Zippel, 2 Kd. (Eckhard, Konstanze) - Univ. Frankfurt/M. (Vergl. Sprachwiss. u. Orientalistik). Promot. 1954 Frankfurt; Habil. 1961 Tübingen - Teiln. Dt. Hindukush-Expedition 1955/56. Studien z. Sprachgeogr. Hindukush u. Sprach- u. Kulturgesch. Indiens.

BUDELMANN, Claus G.

Bankkaufmann, pers. haft. Gesellschafter Berenberg Bank, Hamburg (s. 1988) - Moevenstr. 8, 2000 Hamburg 60 - Geb. 13. Dez. 1944, ev. (Vater: Prof. Dr. G. B., Arzt), verh. s. 1970 m. Annegret Friesecke, Sohn Till Christian - S. 1965 Bankhaus Joh. Berenberg, Gossler + Co. - Berenberg Bank - 2. Vors. Club an d. Alster; Vorst.-Mitgl. Anglo German Club, Hamburg, British Chamber of Commerce - Liebh.: Klass. Musik, Hockey, Tennis, Wandern - Spr.: Engl.

BUDER, Johannes

Dr. phil., Prof. f. Bibliotheks- u. Buchwesen FU Berlin - Steinstr. 29a, 1000 Berlin 49 - Geb. 28. Febr. 1935 Berlin, kath., verh. s. 1972 m. Gisela, geb. v. Plessen, 3 Kd. (Martin, Ulrich, Friederike) - S. 1974 Prof. FU Berlin/Inst. für Bibliothekswiss. u. Bibliothekarausb. (Formal- u. Sachkatalogisierung, Fachbibliogr., Geogr., Politologie u. Geschichte f. Bibliothekare) - BV: D. Inhaltserschließung v. Zeitungen, 1978; D. Reorganisation d. preuß. Polizei, 1986.

BUDIG, Peter-Klaus

Dr. sc. techn., Dr. h. c., Prof. - Steinbergsiedlung 4, O-9043 Chemnitz (T. 071 - 22 53 25) - Geb. 15. Juli 1928 Sagan, verh. s. 1954 m. Christa, geb. Eibenstein, 2 Söhne (Gunther, Olaf) - Stud. TU Dresden, Dipl. 1952; Promot. Dr.-Ing. 1959, Dr. sc. 1971 TU Chemnitz - Techn. Dir. Sachsenwerk, Dresden; 1984-89 Dekan TU Chemnitz; 1989/90 Min. f. Wiss. u. Technik - 40 Patente - BV: 3 Bücher, 2 Lexika - 1970 Nationalpreis f. Wiss. u. Technik; 1987 Ehrendoktor TU Tallinn - Liebh.: Sport - Spr.: Engl.

BUDINGER, Hugo Ernst

Dr., Prof., Dipl.-Sportlehrer, Dozent, Olympiagewinner - Stüttgerhofweg 8, 5000 Köln 40 (T. 0221 - 48 17 84) - Geb. 10. Juni 1927 Düsseldorf, kath., verh. s. 1955 m. Lydia, geb. Strauch - 1948-51 Sporthochschule Köln, Ex. 1951, Promot. ebd. 1974 - Leit. Trainerakad. Köln e.V., Pers. Mitgl. NOK. 1990 Hon.-Prof. f. Bewegungs- u. Trainingslehre an d. DSHS Köln - BV: Hockey-Technik, Hockey-Taktik, Hockey-Training (Technik-Taktik) - 1957 Silb. Lorbeerblatt; 1969 Sportplak. NRW; 1984 Ehrenplak. Dt. Sporthochsch. Köln - Liebh.: Musik, Lit. - Sportl. Leist.: 1952, 56 u. 60 Teiln. an Olymp. Spielen (Hockey-Mannschaft), 1956 Bronzemed. - Spr.: Engl., Span.

BUDKE, Gudula

Schriftstellerin, fr. Journ. - Meller Str. 27, 4500 Osnabrück (T. 0541 - 57 26 20)

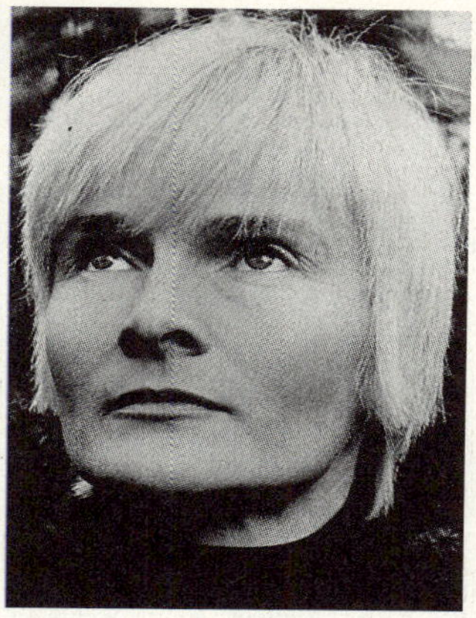

- Geb. 16. Febr. 1926 Osnabrück, ev., verh. s. 1953 m. Dr. Wilhelm B., S. Michael - Abit.; Volont. b. Ztg. u. Ztschr. - Vorstandsmitgl. Verb. dt. Schriftst. (VS) Nieders.; 1971-80 Gründ. u. Vors. Lit. Gr. Osnabrück, jetzt Ehrenvors.; s. 1978 Jurymitgl. Schles. Kulturpreis; 1985 Gründ. u. Vors. Ges. f. Medienkultur (Kunst, Foto, Lit., Musik u. Tanz) - BV: Rückspiegel, 1970/72; M. meinem langen Haar, 1973; Engel, d. Sekt trinken, 1974; Auch Sterben wird Gewohnheit, 1975; Hilfe, mein Mann ist Lehrer, 1976/77; In deinen Wohnungen, Israel 1978; Schreibfreiheit, 1980; Ballspiele, 1982; Bilderstürmer, 1983; Mutterhände, 1986; Trauer muß d. Witwe tragen, 1989; Imdugud od. Hochzeit m. d. Löwen, 1992 - 1974/75 Literaturpreis; 1978 Lyrikpreis Stadt Osnabrück; 1979 Stadtschreiberin v. Soltau; 1985 Dr. Mock-Med. München; 1987 Nieders. Künstlerstip. f. Lit.; 1990 Stipendiat Künstlerdorf Schöppingen; 1990 Intern. Mölle-Lit.preis, Schweden - Spr.: Engl. - Lit.: Dr. Gerhard Rademacher in: d. horen, Heft 94, 98, 114, 128, 161.

BUDZIKIEWICZ, Herbert

Dr. phil., o. Prof. f. organ. Chemie - Brauweilerweg 153, 5000 Köln 41 - Geb. 20. Febr. 1933 Wien (Vater: Dr. Alfred B., Bankbeamt.; Mutter: Maria, geb. Hoffmann), kath., verh. s. 1970 m. Renate, geb. Metzker, 2 Kd. (Christine, Peter) - Promot. 1959 Univ. Wien, Habil. 1966 TH Braunschweig - 1958-60 Univ. Wien, 1960-65 Stanford Univ. (Calif. USA), 1965-69 TH Braunschweig, s. 1970 Univ. Köln (Dekan math.-naturwiss. Fak. 1972-74, 1980/81 u. 1988/89) - BV: Mehrere Bücher üb. organ. Massenspektroskopie, z. T. übers. ins Russ. u. Jap. - Ehrenmitgl. Jugosl. Ges. f. Massenspektrometrie - Spr.: Engl., Franz.

BUDZINSKI, Klaus

Journalist, Schriftsteller - Bahnhofstr. 91, 8032 Gräfelfing - Geb. 6. Dez. 1921 Berlin (Vater: Fredy B., Sportjourn. †1970; Mutter: Erna, geb. Grau †1973), verh. s. 1961 m. Renate, geb. Rasp, Schriftst. (s. dort) - Gymn. Berlin (Abit.); 4 Sem. Gesch. u. German. Berlin u. München - S. 1946 Journ. Presse, Rundfunk, Fernsehen. 1972 b. 1975 Leit. Bund-Länder-Projekt z. Erstellung e. Deutschunterrichtsw. f. Kinder ausländ. Arbeiter - BV: D. Muse m. d. scharfen Zunge - V. Cabaret z. Kabarett, 1961; D. öfftl. Spaßmacher - D. Kabarett in d. Ära Adenauer, 1966. Anthol. (1966-70): Soweit d. scharfe Zunge reicht, Linke Lieder, Liederl. Lieder, Was gibt's denn da zu lachen?; Vorsicht - d. Mandoline ist geladen; Witz als Schicksal - Schicksal als Witz (Bildbiographie Werner Finck), 1966. Hurra - wir sterben! (sat. Revue; Urauff. 1976); D. Hptm. v. Köpenick, 1978; (Satirische Musicals); Pfeffer ins Getriebe - So ist u. wurde d. Kabarett, 1982; D. Kabarett - 100 Jahre lit. Zeitkritik - gesprochen, gesungen, gespielt (Hermes Handlexikon), 1985; Wer lacht denn da? Kabarett v. 1945 bis heute, 1989. Zahlr. Übers. aus d. Engl. u. Franz. (Belletristik, Sachb., Dramatik) - Liebh.: Schach, Radfahren - Spr.: Franz., Engl. - Bek. Vorf.: Victor Barnowsky, Regiss. u. Theaterdir. (ms.).

BUEBLE, Benno

Ministerialdirektor Finanzmin. Baden-Württ. (s.1984) - Neues Schloß, 7000 Stuttgart 1 (T. 2072 - 2193-1) - Geb. 19. März 1935 Tettnang - Zul. Min.dir. Innenmin.

BÜCH, Robert

Dipl.-Volksw., Vorstandsmitglied Deutsche Beamten-Versicherung Öfftl.-rechtl. Lebens- u. Renten-Versich.sanstalt u. Allg. Versich.s-AG. d. DBV, Berlin/Wiesbaden - Alban-Köhler-Str. 11, 6200 Wiesbaden - Geb. 5. Okt. 1919 Hannover.

BÜCH, Rudolf

Senator a. D., Präs. DRK-Landesverb., Hamburg u. Vizepräs. DRK, Mitgl. Hbg. Bürgerschaft (s. 1946, SPD) - Vizelinstr. 35, 2000 Hamburg 54 (T. 56 26 13) - Geb. 28. Nov. 1904 Hamburg (Vater: Wilhelm B.; Mutter: geb. Jacobs), verh. 1933 m. Elisabeth, geb. Hart - Volkssch.; Maschinenbauerlehre; Abendsch. (alles Hamburg), Meisterprüf. - 1931-50 Dt. Shell-AG., Hamburg (zul. Oberm.); 1950-53 u. 1957-66 Leit. Baubehörde Hamburg. ARsmandate.

BÜCHEL, Karl Heinz

Dr. rer. nat., Dr. agr. h. c., Dr. rer. nat. h. c., Prof., Vorstandsmitglied Bayer AG, Sprecher d. Forschung, Leverkusen - Dabringhausener Str. 42, 5093 Burscheid - Geb. 10. Dez. 1931 Beuel, verh.. 2 Kd. (Jochen, Vera) - Stud. Chemie Univ. Bonn - 1975 Honorarprof. TH Aachen (Organische Chemie), 1987 Hon.-Prof. Univ. Bonn, Arbeitsgeb.: Entw. v. Pharmazeutika u. Fungizide. Vors. Kurat. Fonds d. Chemie, Mitgl. Ges. Dt. Chemiker u. Kurat. Intern. Dokumentationsges. f. Chemie - Zahlr. Arb. üb. umweltschonende Chemikalien - 1981 Ehrendoktor TH München f. Leist. im chem. Pflanzenschutz; 1984 Burdick and Jackson Intern.-Preis (USA), 1985 Ehrendoktor Univ. Bielefeld; 1989 BVK I. Kl.

BUECHELER, Kurt

Prof., Schauspieler - Florentiner Str. 20, 7000 Stuttgart 75 (T. 0711 - 47 02 40 70) - Geb. 7. Juli 1915 Frankfurt/M. (Vater: Dr. Anton B., Arzt; Mutter: Eisabeth, geb. Schnelle), verh. s. 1943 m. Anneliese, geb. v. Capelle, T. Marlis - Schule (Abit.) u. Theaterhochsch. Frankfurt/M. Bühnenreifezeugnis 1936 - S. 1936 Schausp. Remscheid, Hamburg, Frankfurt/M., Berlin (1951-67 Schillertheater). S. 1951 Lehrtätigk. Max-Reinhardt-Sch. bzw. Hochsch. f. Musik u. Darstell. Kunst Berlin (gegenw. Prof.); 1958-67 Lehrbeauftr. FU Berlin; b. 1980 Hochsch. d. Künste. Regie: Vaganten-Bühne (1958-60) u. Kabarett D. Bedienten (1963). Bühne: Posa, Faust, August Keil, Orest, Sprecher (D. Milchwald), Einsame Menschen (Vockerat); Film: D. Ehe d. Herrn Mississippi (Generalstaatsanw.), O Jonathan, o Jonathan (Butler); Fernsehen: D. Geschwister (Wilhelm), Letzter Punkt d. Tagesordnung (Pleydon), In aller Stille (Vater Kindler), E. Duft v. Blumen (Vater), Reichstagsbrandprozeß (Torgler); Tod im Studio (Prof. Grasshoff), E. gr. Familie (Ziegler), Einmal im Leben mein Eigenheim (Schweiger), D. Pueblo-Affaire (Admiral), D. 21. Juni (Hölderlin-Sprecher), Tribunal 82 (Dr. Bernstorf), Sie kommen aus Agarthi (Waterhouse), D. Kunstfehler (Prof. Stüfen), Tadellöser u. Wolf (Dr. Krause), Stumme Zeugen (Haubert), Gesucht wird Arn Hermann (Arn Hermann), Hotel z. schönen Marianne (Robert), Elise (Burmester), Lessing (Lessing), Mit Gewissenhaftigkeit u. Würde (Brandstätter), Dippegass Nr. Deckel (Joe) - 1961 Silb. Ehrenz. GDBA, 1964 Silb. Ehrennadel Volksbd. Dt. Kriegsgräberfürsorge - Bek. Vorf.: Prof. Franz B., Altphilologe, Bonn (Großv.).

BÜCHER, Theodor Karl

Dr. rer. nat., Dr. med. h. c., em. Prof. d. Physiol. Chemie - Hermelinweg 7, 8000 München 90 (T. 690 01 37) - Geb. 10. Jan. 1914 Oberhof/Thür. (Vater: Wirkl. Legationsrat a. D. Dr. phil. Hermann B., Vorstandsvors. AEG †1951; Mutter: Ella, geb. Freiesleben †1957), ev., verh. in 2. Ehe m. Ingrid-Maria, geb. Linke, 2 Kd. aus 1. Ehe (Hermann, Christiane) - Paulsen-Realgymn. Berlin; 1932-38 Univ. München, Kiel, Berlin (Chemie). Promot. 1942 Berlin; Habil. 1951 Hamburg - 1938-39 u. 1940-45 Assist. Kaiser-Wilhelm-Inst. f. Zellphysiol. Berlin (Prof. Otto Warburg); 1949-53 Assist. u. Privatdoz. (1951) Univ. Hamburg (Krkhs. Eppendorf); 1953-63 Ord. u. Inst.sdir. Univ. Marburg; s. 1963 Ord. u. Vorst. Inst. f. Physiol. Chemie u. Physikal. Biochemie Univ. München. Mitgl. div. Fachges. Fachveröff. - 1961 Ehrendoktor Univ. Marburg; 1974 Otto-Warburg-Med. Ges. f. Biol. Chemie; 1979 Bayer. VO; 1981 Gabor-Szasz-Preis f. klin. Enzymologie; 1986 Dr. Robert Pfleger Preis; Ehrenmitgl.: Comité Semana Médica Buenos Aires, Soc. italiana di Biologia sperimentale, Ges. f. Biol. Chemie. Europ. Federation of Biochemical Societies, Int. Soc. Clin. Enzymology; Mitgl. Dt. Akad. d. Naturforscher/Leopoldina (1964) u. Bayer. Akad. d. Wiss. (1968) - Bek. Vorf.: Karl Bücher, Nationalök. (Großonkel).

BÜCHERL, Emil Sebastian

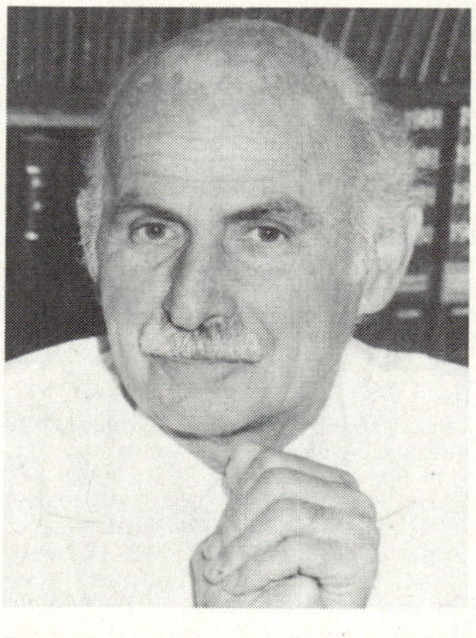

Dr. med., o. Prof. f. Chirurgie FU Berlin - Wangenheimstr. 26, 1000 Berlin 33 (T. 892 90 21) - Geb. 6. Nov. 1919 Furth (Vater: Alois B., Beamter; Mutter: Burga, geb. Dimpfl), kath., verh. s. 1957 m. Dr. med. Rosemarie, geb. Koch, Kd.: Anja Sabine - Univ. München, Rom, Heidelberg. Med. Staatsex. 1944 Heidelberg - S. 1944 Chir. Univ.sklinik Heidelberg, Chir. Abt. Städt. Krkhs. Amberg (1945), Pathol. Inst. Univ. München (1948), Physiol. Univ. Göttingen (1948), Chir. Univ.sklinik Göttingen (1952, Privatdoz.) u. Berlin/FU (1957; 1962 apl., 1968 o. Prof. u. Klinikdir.); 1964-68 Ärztl. Dir. Krkhs. Neukölln (Chefarzt Chir. Abt.). Mitgl. American Soc. for Artificial Intern. Organs, Soc. Intern. de Chirurgie, Österr. Ges. f. Unfallchir., Dt. Ges. f. Chir., Nordwestd. Ges. f. Chir., Berliner chir. Ges., Dt. Ges. f. Naturforscher u. Ärzte; 1974 Gründ. European Society for Artificial Organs - BV: Lunge u. kl. Kreislauf, 1957; Lungenfunktionsprüf., 1959 (engl. 1963); D. Wiss. u. d. Zukunft d. Menschen, 1965; Postoperative Störungen d. Elektrolyt- u. Wasserhaushaltes, 1968; D. postoperative Verlauf, 1969; D. Totalersatz d. Herzens m. künstl. Blutpumpen, 1974. Zahlr. Einzelarb. - 1976 Ernst-Reuter-Plak. in Silb., 1984 Gr. BVK, 1985 Targa Europea - Liebh.: Belletristik, Malerei, Plastik - Spr.: Engl., Ital.

BÜCHLER, Hans

Ing. (grad.), Abteilungsleiter, MdB (s. 1971, SPD; 1972 Wahlkr. 226/Hof) - Eppenreuther Str. 46, 8670 Hof/Saale - Geb. 2. Febr. 1940 Ebersbach/Mfr., ev., verh., 1 Kd. - 1956-58 landw. Lehre; 1958-61 Höh. Ackerbausch./Ing.sch. f. Landbau Triesdorf/Mfr.; 1961-62 Praktikantenaustausch Großbritannien; 1962-63 Carl-Duisberg-Programm Univ. of Minnesota (USA); 1964-65 Inst. f. trop. u. subtrop. Landw. Witzenhausen. Staatl. gepr. Landw. u. Ing. f. trop. u. subtrop. Landw.; Mitgl. Gewerksch. Gartenbau, Land u. Forsten - S. 1966 Ref. SPD-Landesverb. Bayern.

BÜCHLER, Hans-Joachim

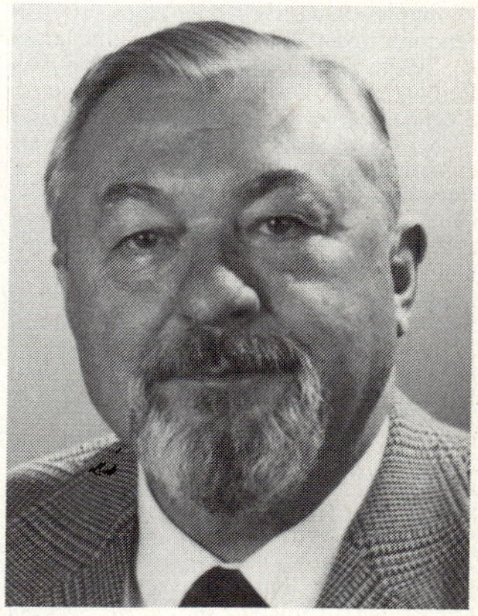

Dr. h. c. (Univ. d. l. Patagonia, Argent.), Univ.-Prof. (Univ. Unisinos Bras.), Direktor Forschungsstelle f. alpenländische Geschichte - Steinbruchstr. 4, 8128 Polling (T. 0881 - 22 42) - Geb. 29. Jan. 1924 Rastatt (Vater: Gustav-Adolf B., Hochschullehr. u. Inst.-Dir.; Mutter: Luise, geb. Lehmann), verh. m. Gertrud, geb. von den Hoff, 3 Kd. (Barbara, Gertrud, Ursula) - Stud., US-Gradubierungen; s. 1950 Inst.-Dir.; Ehrenpräs. Verb. bayr. Heime, Mitgl. Europ. Erzieherring, Ehrenmitgl. Albert-Schweitzer-Ges., USA, Prof. Emérito, Univ. Unisinos - Schrifttum: D. Situation d. 13-14jährigen, Inwieweit kann ein Heim erziehen?, Jahrhundert d. Kindes, Freizeit nicht nur ein Jugendproblem, Rauschmittelsucht u. d. Veränderung d. Gesellschaft, Jugend u. Industriegesellschaft, Zivilisationsgefährung d. Jugend, Jugend ist Wagnis u. Chance, Rebellen d. Gesellschaft, Wege u. Grenzen d. Erziehung, Gibt es noch Autorität?, Sport, ein Teil d. Menschenbildung, Kreativität i. d. Erziehung, Fernsehkinder - Reflexion zur Schule, D. Bildungskatastrophe - Hintergründe u. Aussichten, D. pädagog. Auftrag, Internate - nicht nur f. Versager, Analyse üb. d. moralischen Grundlagen, Rationale Erziehungsform, Tarifgespräche im Kinderzimmer, Ganz der Vater - ein Generationsproblem; Dtschl., Deine Schulen; Dtschl., Deine Erzieher; Wege u. Grenzen; Wie soll es weitergehen? Bd. I, 1982/Bd. II; Ist unsere Jugend politisch?; Alexander v. Humboldt, Lebensgesch.; Irrwege menschl. Entw.; Lateinamerika, Band I; Lateinamerika, Band II; Was Europa Südamerika verdankt; Bayern; D. Wittelsbacher; D. dritte Welt; D. Papst u. Südamerika; Ist Humboldts Geist tot?; Lebensgesch. e. Genies; Rationelle Erziehungsform, Bd. II; Chance d. Abendlandes; Geist d. Zeit; A. v. Humboldt, Leitbild u. Erzieher; Zauberformel d. Lebens; Revolution in Ungarn; Jugend zw. Resignation u. Hoffnung; D. Glück in d. Entfaltung Elite Begriffsbestimm.; Bürgerpflicht u. Freiheit; Dt. Forsch.politik; Wertwandel u. Erzieh.; Polit. Bild. d. Jugend; Wieder Lust z. Leistung; Unisinos, eine Univers. z. Anfassen; Probleme d. Bildungsw.-Zukunft; Interessengr. u. Forsch.; Dt. u. Österreicher in Chile; Advent im Voralpenland; Entw.träger (Staatl. Nichtstaatl.); Entw.politik v. d. Wende; Glück d. Lernens; St. Georgslegende u. Ausbreit.; Rochus Dedler, Komp. u. Lehrer; Prognosen z. Entw.; Zeitgeist in Zitaten;

Skizzenmappe Südtirol, Illustrationen z. Büchern. d. Zeitgesch.; Literatur heute in Lateinamerika; Deutschtum in Brasilien; D. Land Werdenfels; Ludwig Thoma, s. Herkunft; Decadencia da Sociedade Ocidental; Hans Lindinger, e. Maler unserer Zeit; Vergleiche zw. dt. u. engl. Schulbüchern; Kaiserin Leopoldina v. Brasilien; Brasilien d. neue Welt (Mitautor); Musikgesch. d. Klosterdorfs Polling; Befreiungstheol., Glaube od. Politik? u. a. - Gastprof. Javeriana/Bogota u. Poona (Indien); Commendatore de Grazia Magistrale; Lehrst. an d. Universidade do Vale do Rio dos Sinos; Senator const. academia cosmologica nova; Ehrenmitgl. The Alexander v. Humboldt Society of the Americas; Ehrendoktor San Juan Bosco/Argent. Univ. u. Mitgl. St. Georgsritter; Komtur von Polling; St. Georgskreuz; Großkreuz z. Stern d. Friedens in Gold; Großoffizier d. St. Georg-Ritter-Ordens; Bundesverdienstmed.; Cavaliere Ufficiale; Mitgl. u. Berufung z. academia cosmologica noca; Bürgermed. v. Weilheim; Commandeur d. Ordens Cordone bleu de St. Esprit; Commandeur d. Ordens Croce Lateranense; Commandeur d. Ordens Croix de merite; Sportabz. in Gold; Ehrenmitgl. Albert-Schweitzer-Ges. USA; Laterankreuz Rom; Bürgermed. v. Polling; St. Ulrichsorden - Liebh.: Malen, Sport.

BÜCHLER, Klaus Jürgen
Gymnasialdirektor, Präs. Bundesverb. Schulen in freier Trägerschaft - Am Schloßberg, 7570 Baden-Baden (T. 07221 - 2 38 62) - Geb. 14. März 1923 Baden-Baden (Vater: Otto B., Prof.; Mutter: Maria, geb. Pfuller), ev., verh. s. 1955 m. Marion, geb. Strunk, 3 Kd. (Andreas, Michael, Susanne) - Abit. 1941; Stud. Lehramt (1. Staatsex. 1954, 2. Staatsex. 1956) - Leit. Pädagogium B.-Baden (Internatssch. f. Mädchen u. Jungen). Präs. Bundesverb. Schulen in fr. Trägerschaft; Stadtrat in B.-Baden - Päd. u. erziehungspolit. Aufs. u. Veröff. (s. 1962) - BVK - Spr.: Franz., Engl.

BÜCHNER, Christoph
Dr. med., Prof. f. Innere Medizin u. Kardiologie - Wiesenstr. 88c, 7830 Emmendingen/Br. - Geb. 31. Mai 1930 Freiburg/Br. - B. 1966 (Habil.) Lehrtätigk. Univ. Freiburg (1972 Prof.). Mitverf.: Herzrhythmusstörungen. Fachaufs.

BÜCHNER, Ernst
Dipl.-Kfm., Geschäftsführer Bundesverb. Glas, Porzellan, Keramik Groß- u. Außenhandel - Ostlandstr. 76, 5000 Köln 40 - Geb. 25. Aug. 1928 Köln.

BÜCHNER, Ernst-Eberhard
Dr. phil. (habil.), Prof. f. Treibmitteltechnik i. R. TU München (s. 1980) - Schlesierstr. 9, 8037 Olching/Obb. - S. 1971 apl. Prof., s. 1978 C-3 Prof. - 1978 gold. Hermann-Oberth-Med.

BÜCHNER, Georg
Dr. jur., Vorstandsvorsitzer Württ. Feuerversicherung AG., Stuttgart (s. 1978), Vizepräs. IHK ebd., 1979 Präs. Gesamtverb. d. Dt. Versicherungsw. - Im Steingarten 35, 7000 Stuttgart 80 - Geb. 28. Juli 1931 - ARsmandate (z. T. Vors.).

BÜCHNER, Hermann
Dr. med., Prof., Chefarzt - Radiolog. Institut Städt. Krankenanstalten, 7730 Villingen - Geb. 2. Okt. 1919 - 1961-68 Lehrtätigkeit Univ. Erlangen u. München (zul. apl. Prof. f. Med. Radiologie) - BV: Radiometrie - Theorie u. Praxis röntgenol. Meßmeth., 1963. Handb. u. Lehrb.beiträge, 1959-65. Üb. 40 Einzelarb. - 1968 Holthusenring Dt. Röntgenges.

BÜCHNER, Matthias
Maler, Grafiker, Gestalter, Publizist, MdL Thüringen - Dammweg 4, O-5020 Erfurt (T. 60 23 43) - Geb. 30. Juni 1953 Zella-Mehlis, ev., verh. s. 1980 m. Petra, geb. Hertel, Sohn Jacob - Gärtner, Blumenbinder, Arbeitsplatzgestalter - 1989 Bez.- u. DDR-Sprecher d. Neuen

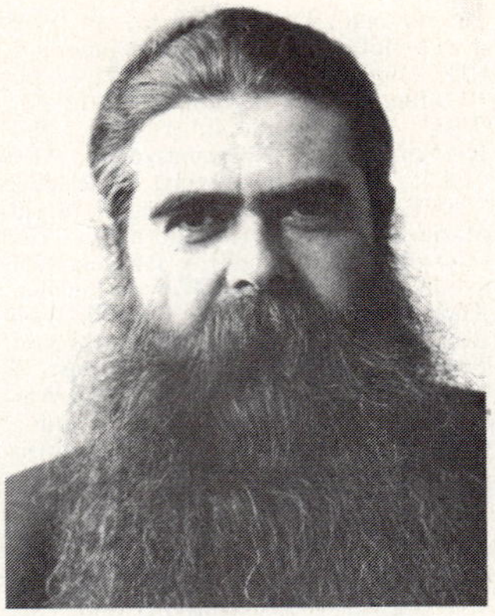

Forum; 1990 Volkskammerbeauftr. zur Kontrolle d. Auflösung d. MfS/AfNS; Mitgl. d. Runden Tisches Stadt u. Bez. Erfurt - 1987-89 Grafikzyklus Angst - Art. in Tageszg., Ztschr. u. Fachlit. - Liebh.: Phil.; vergl. Religionswiss.; Erotik - Spr.: Engl., Russ.

BÜCHNER, Michael
Dr. med. (habil.), Prof., Chefarzt (Innere Abt.) - Kreiskrankenhaus, 7840 Müllheim/Baden - B. 1972 apl. Prof. Univ. Düsseldorf u. Freiburg/Br. (Inn. Med.).

BÜCHNER, Otto
Violinvirtuose, Prof. Musikhochsch. München (S. 1961) - Zul. Fasanenstr. 165, 8025 Unterhaching/Obb. (T. München 61 69 62) - Geb. 10. Sept. 1924, verh. m. Maria Magdalena, geb. Hiltl - Konservat. Nürnberg; Akad. d. Tonkunst München (Vasa Prihoda) - S. 1946 I. Konzertm. Bamberger Symphoniker u. Bayer. Staatsoper München (1957); 1952-57 Lehrer Konservat. Nürnberg (1955 Studienrat).

BÜCHNER, Peter
Lehrer, MdB (s. 1971; 1972 Wahlkr. 160/Neustadt-Speyer) - Gutenbergstr. 11, 6720 Speyer/Rh. (T. 7 58 50) - Geb. 5. März 1943 Heidelberg, ev., verh. s. 1968 m. Hilde, geb. Kern - Gymn. Speyer (Abit. 1962); 1962-64 Päd. Hochsch. Kaiserslautern. Lehramtsprüf. 1964 u. 68 - S. 1964 Schuldst. Speyer. 1969-71 Mitgl. Stadtrat Speyer. 1967-71 Bezirksvors. Jungsozialisten Pfalz. 1968-74 Mitgl. DGB-Kreisvorst. S. 1986 Kreisvors. Europa-Union. SPD s. 1964 (1969 Mitgl. Bezirksvorst. Pfalz u. Landesvorst. Rhld.-Pf., 1979-86 stv. Vors. SPD-Bez. Pfalz). Sportpolit. Sprecher SPD-Bundestagsfrakt. S. 1973 Mitgl. Parlam. Vers. d. Europarates.

BÜCHNER, Peter
Dr. rer. soc., Prof. f. Erziehungswiss. Univ. Marburg (s. 1979) - Eichweg 7, 3550 Marburg (T. 06421 - 7 84 16) - Geb. 31. Dez. 1941 Glauchau, verh., 2 Kd. - Dipl. 1968 Saarbrücken (Übersetzungswiss. Engl./Franz.), Promot. 1972 Konstanz; Habil. 1977 Berlin (Soziol. d. Erziehung u. d. Bildungswesens) - 1969-73 Wiss. Mitarb./Projektleit. Zentrum f. Bildungsforsch. Univ. Konstanz; 1974-79 Ass. Prof. FU Berlin, FB Erziehungswiss. - Zahlr. Buch- u. Ztschr.veröff., zul. Einf. in d. Soziol. d. Erziehung u. d. Bildungswesens, 1985, u. Kindheit u. Jugend im interkulturellen Vergleich, 1990; Aufwachsen hüben u. drüben, 1991.

BÜCHNER, Thomas
Dr. med., Prof. f. Innere Med. u. Hämatologie Univ. Münster, Internist - Besselweg 28, 4400 Münster (T. 86 38 01) - S. Habil. Privatdoz., apl. Prof. - 1971 Theodor-Frerichs-Preis.

BÜCHS, Hubertus
Dr. med. dent., Prof. f. Zahn-, Mund- u. Kieferheilkunde, Lehrstuhlinhaber Zahnerhaltung Poliklinik f. ZMK Univ. Witten/Herdecke (s. 1986) - Im Erlenbusch 3, 5300 Bonn-Venusberg (T. 28 16 73) - Geb. 15. Febr. 1921 Frankfurt/O. - S. 1963 (Habil.) Lehrtätigk. Univ. Bonn (1969 apl. Prof.; 1971 planmäßiger Prof.), Leit. d. Abtlg. f. Präventive Zahnheilkunde. Zahlr. Fachveröff.

BÜCHTING, Carl-Ernst
Dr. agr. - Auf der Trumpe, 3352 Einbeck - Geb. 6. Sept. 1915 Kleinwanzleben - AR-Vors. KWS Kleinwanzlebener Saatzucht AG, Einbeck; Ehrenpräs. ASSINSEL intern; Ehrenvors. GFP (Gem. z. Förderung d. priv. dt. landwirtschaftl. Pflanzenzüchtung, Bonn); Ehrenmitgl. BDP (Bundesverb. Dt. Pflanzenzüchter, Bonn), u. FIS (Fédération Intern. du Commerce des Semences, Nyon/Schweiz); Ehrenbürger Univ. Göttingen.

BÜCKER, Horst
Dr. rer. nat., Physiker, Honorarprof. f. Bio- u. Experimentalphysik Univ. Frankfurt/M. - Zu erreichen üb. Dt. Forschungsanst. f. Luft- u. Raumfahrt (DLR), Inst. f. Flugmedizin, Abt. Biophysik, Linder Höhe, 5000 Köln 90 - Geb. 27. März 1926 - Promot. 1952; Habil. 1960 - S. 1965 Leit. Arbeitsgr. f. biophysikal. Weltraumforsch. Üb. 200 Facharb. - 1976 Medal for Exceptional Scientific Achievement NASA.

BÜCKER, Joseph
Dr. med., Prof., Röntgenologe - Bergstedter Markt 9, 2000 Hamburg 65 (T. 604 78 22) - Geb. 6. Dez. 1910 Dortmund (Vater: Josef B.; Mutter: Mathilde, geb. Kuhlmann), kath., verh. s. 1938 m. Dr. med. Elisabeth, geb. Finkener - Realgymn. Dortmund; Univ. Freiburg, München, Münster, Kiel, Med. Akad. Düsseldorf - Assist. Pathol. Inst. Med. Klinik Dortmund u. Zentralröntgeninst. Univ.skrankenhs. Hamburg-Eppendorf, 1946-75 Chefarzt a.D. Röntgenabt. Allg. Krkhs. Heidberg, Hbg.-Langenhorn, 1949 apl. Prof. Univ. Hamburg - BV: Anat. u. Physiol. f. ärztl. Hilfspers., 23. A. 1988; D. Diagnose d. kl. Magenkrebses, 1944; Gastritis, Ulcus u. Carcinom, 1950; D. Erkrank. d. Magens u. Zwölffingerdarmes (Handb. d. Med. Radiologie. Band XI. Teil 1) 1969 - 1943 Martini-Preis Univ. Hamburg.

BÜCKING, Hans-Jörg
Dr. iur., M.A. (sc. pol.), Prof. f. Staats- u. Verwaltungsrecht (s. 1980) - Friedrichsdorfer Str. 204, 4800 Bielefeld 12 (T. 05209 - 44 49) - Geb. 13. Mai 1947 Stendal, verh. s. 1979 m. Johanna, geb. Stiasny - Abit. 1967; 1967-70 Rechtswiss. Hamburg, Regensburg; 1971-74 Politikwiss. Regensburg; M.A. 1974; Dr. iur. 1976 (jew. Regensburg) - 1975-80 Rechtsanwalt Regensburg; 1979 Doz. FH öff. Verw. Bielefeld, s. 1980 Prof. ebenda; s. 1991 Gastprof. Humboldt-Univ. Berlin - BV: Rechtsschutz b. zurückgenommenen u. erledigten Verwaltungsakten, 1976; D. Rechtsstatus d. Deutschen Reiches, 1979 - Spr.: Engl., Franz.

BÜCKMANN, Detlef
Dr. rer. nat., o. Prof. f. Zoologie - Julius-Leber-Weg Nr. 46, 7900 Ulm/Donau - Geb. 4. Nov. 1927 Helgoland - Promot. 1952 - S. 1957 (Habil.) Lehrtätigk. Univ. Mainz, Göttingen (1963 apl. Prof.), Gießen (1965 Ord.) Ulm (1969 Ord., 1979-1983 Rektor). Fachveröff.

BÜCKMANN, Walter
Dr. jur., Rechtsanwalt, Prof. TU Berlin (s. 1981) - Nassauische Str. 42, 1000 Berlin 31 (T. 030 - 861 15 97) - Geb. 25. Juli 1932 Mönchengladbach, ev., verh. m. Karin, geb. Siebert - Human. Gymn. Mönchengladbach; Jurist. Staatsex. 1957 u. 1961 (Düsseldorf), Promot. 1958 Köln, 1959 Hochsch. f. Verwaltungswiss. Speyer - 1964-76 Verwaltungschef e. rhein. Stadt; s. 1977 RA Berlin - BV: Kommunalverfassung im Lande Nordrh.-Westf., 1965; Verfassungsfragen b. d. Reformen im örtl. Bereich, 1972; Stadt u. Umwelt, 1979; Stadterneuerungsrecht in d. Diskussion, 1985; Informationsgrundl. f. d. Bodenschutz, 1987; Bausteine eines Informationskonzepts z. Erfassung bodenschutzspezifischer Daten, 1988; Ökologische Folgenbewertung, 1991; Problem e. Bodenschutzgesetzes im intern. Vergleich, 1991. Insges. üb. 150 Veröff. - Liebh.: Kunst, Kultur - Spr.: Engl., Lat., Griech.

BÜDELER, Werner
Fachjournalist, Publizist f. Luft- und Raumfahrt, Vorst.mitgl. Dt. Ges. f. Luft- u. Raumfahrt - Zu erreichen üb. DVA, Neckarstr. 121-125, 7000 Stuttgart 1; priv.: 8153 Thalham/Obb. (T. 08025 - 82 67) - Geb. 20. Mai 1928 Berlin - Fernsehautor f. wiss. Sendungen ARD u. ZDF (u. a. Berichterstatt. aller Apollo-Flüge aus Kap Canaveral u. Houston), Filmproduzent u. Autor zahlr. Bestseller, Mitarb. in- u. ausländ. Ztschr. u. Ztg. - BV u. a.: Aufbruch in d. Weltraum, 1968, 2. A. 1969; Projekt Apollo - D. Abenteuer Mondlandung, 1969; Spacelab, Europas Labor im Weltraum, 1976; Blick ins Weltall, 1978; Geschichte d. Raumfahrt, 1979; Faszinierendes Weltall, 1981 - Mitgl. Intern. Astronaut. Akad.; 1970 Jules-Verne-Med., Frankreich; 1977 Goldmed. Acad. Cosmologica Nova f. Weltraum-Publ. in Dtschl.

BÜGLER, Gerhard
Dipl.-Kfm., Wirtschaftsberater u. Sachverst. f. Unternehmensfragen (selbst.) - Bismarckstr. 29, Berlin 12 (T. 030-342 43 38) - Geb. 7. Nov. 1923 - Stud. Betriebsw. - B. 1979 Vorst. H. Klammt AG., Berlin.

BÜHL, Helmut
Rechtsanwalt, Aufsichtsratsmitglied Flughafen Nürnberg GmbH - Neudörferstr. 3-7, 8500 Nürnberg (T. 0911 - 46 80 41) - Geb. 19. Aug. 1932 Nürnberg (Vater: Leonhard B., Buchh.; Mutter: Grete, geb. Schütz), kath., verh. s. 1957 m. Marianne, geb. Lochner, 2 Kd. (Susanne, Charlotte) - Jura-Stud. Univ. Erlangen - Rechtsanw., Stadtrat in Nürnberg, AR s. o.

BÜHLER, Achim-Ernst
Dr. rer. nat., Prof. f. Chemie PH Reutlingen - Schulstr. 17/1, 7441 Wolfsschlugen - Geb. 10. Jan. 1938 - Promot. 1965 - S. 1972 Prof. - BV: Molekülmassenbestimmung hochpolymerer Stoffe im Unterr., 1972; Strukturen u. Lernziele d. Chemie, 1973.

BÜHLER, Hans
Dr. rer. pol., Aufsichtsratsvorsitzender i. R. - Steinplattenweg 95, 8500 Nürnberg - Geb. 25. Nov. 1903, verh. m. Marianne, geb. Schnock - 1929-70 AEG-Telefunken (1965 o. Vorst.smitgl., 1966 -vors.), 1970-75 Vors. d. AR AEG-Telefunken - 1969 Gr. BVK - Liebh.: Jagd - Rotarier.

BÜHLER, Hans-Eugen
Dr.-Ing., Dipl.-Ing., apl. Prof., Direktor u. Generalbevollm. Didierwerke AG, Wiesbaden - Kastanienweg 3c, 6240 Königstein 3 - Geb. 18. Aug. 1936 Dortmund (Vater: Prof. Dr.-Ing. Dr. rer. nat. habil. Hans B.; Mutter: Else, geb. Kolb), ev., verh. s. 1961 m. Edelgard, geb. Rosar, 2 Kd. (Claudia, Stefan) - Stud. RWTH Aachen, Dipl.-Ing. 1960, Promot. 1964, Habil. 1974 - Prof. RWTH Aachen u. Univ. Hannover, Honorarprof. North-East Univ. Shenyang, VR China - BV: Atlas d. Interferenzschichten-Metallographie, 1979 (deutsch), 1980 (engl.); Gesch. d. Amtes Allenbach, 1984/85; Kupferschmelzen u. Kupferbergbau an d. oberen Nahe u. an d. Mosel v. Mittelalter b. 1800, 1987. Herausg.: Insel-Bücherei. Mitteilungen f. Freunde (ab 1990); Moderne Säureschutzsysteme (1991) - Liebh.: Scharfrichterforsch., Technikgesch. - Spr.: Engl., Franz.

BÜHLER, Jörg
Rechtsanwalt, Hauptgeschäftsführer Verb. Nord-Westdt. Bekleidungsind. - Detmolder Str. 12, 4800 Bielefeld 1 (T.

0521 - 17 30 94) - Geb. 5. Mai 1942 Mannheim, verh. s. 1969 m. Marion, geb. Rödiger, 2 Söhne (Ralf Jörg, Thomas Ulrich) - Stud. Rechtswiss., Volksw.; Refer. Heidelberg; 1970 Ass. Stuttgart - Gesellsch. Kaiser-Friedrich-Quelle GmbH, Offenbach; Mitgl. Vertretervers. Textil- u. Bekleidungs-Berufsgenoss., Augsburg, AOK Bielefeld, LVA Münster, Arbeitsamt Bielefeld.

BÜHLER, Klaus

Referent, MdB (Wahlkr. Karlsruhe-Land), stv. Vors. Aussch. f. d. Post- u. Fernmeldewesen - Alter Unteröwisheimer Weg, 7520 Bruchsal - Mitgl. Parlam. Vers. d. Europarates u. d. Westeurop. Union. CDU.

BÜHLER, Liselotte

Hausfrau, MdL Baden-Württ. - Kernenblickstr. 31, 7000 Stuttgart 75 - Geb. 6. Juni 1922 Fürth/Bay., verh., 2 Töcht. - 1948-55 Stadträtin Fürth; 1962-65 Bezirksbeirätin Cannstatt; 1965-76 Gemeinderätin Stuttgart; s. 1976 Landtagsabgeordnete. SPD s. 1946.

BÜHLER, Otto-Peter A.

Ing., Direktor Inst. f. Techn. Werbung, Ulm (1961-89) - Lerchenweg 8, 7919 Bellenberg - Geb. 31. Juli 1921 Stuttgart (Vater: August B., Ing.; Mutter: Emma, geb. Dingler), vd., verh. s. 1944 m. Clarita, geb. Wappler - Gymn. (Abit.); Maschinenbaulehre; Ing.sch. Eßlingen u. Berlin; Univ. Frankfurt/M. (Phil., Ztg.-wiss.) - U. a. Redakt. Stuttgart, Ressortleit. Berlin, Pressechef Klöckner-Humboldt-Deutz AG Ulm (1954), Presse- u. Werbechef Zahnradfabrik Friedrichshafen AG, F'hafen (1958). Präs. Verb. d. Motorjourn. (1963-71); Beiratsmitgl. Dt. Verkehrswiss. Ges. (1963-71). Mitinitiator d. Dt. Verkehrssicherh.-rates 1967; Initiator techn. Fortbild. f. Fachjourn. u. Berufsausbild. f. techn. Werbekaufleute. Erf.: TobiMat 61 DBGM (Kombinationsgerät z. automat. Vorführung vertonter DIA-Reihen) - BV: 1. Jahrhundert Automobiltechnik, 1986; 100 J. Nutzfahrzeug (Daimler-Benz 1886-1986); Inufa Katalog 1980-89; Metroliner in Carbondesign (Neoplan), 1990. Herausg. techn.-wiss. Informationen (tpi) - Diesel-Med., Ehrenzeichen in Silb. d. Dt. Verkehrswacht - Spr.: Engl., Franz., Span.

BÜHLER, Wilhelm

Dr. rer. pol., Dipl.-Hdl., o. Prof. f. Allg. Betriebswirtschaftslehre u. Direktor Inst. f. Bankbetriebslehre Wirtschaftsuniv. Wien (s. 1979) - Reimersgasse 16/C 1, A-1190 Wien - Geb. 28. Jan. 1935 Göppingen, verh. s. 1966 m. Christa, geb. Pitsch, T. Birgit - 1972-78 o. Prof. u. Inst.dir. Univ. Mannheim - BV: Kreditdisposition d. Banken, 1970 (Wien/New York); Securitization (m. Feuchtmüller u. Vogel), 1987; Kreditinformations- u. Kreditüberwachungssysteme (m. Schuster), 1988. Mithrsg.: Financial Futures (m. Feuchtmüller u. Vogel, 1985); Finanzmarktinnovationen (m. Feuchtmüller u. Vogel, 1985); KWG u. Bankbetrieb (m. Raab u. Strobl, 1987); Kreditmanagement (m. Schmoll, 1987).

BÜHLER, Winfried

Dr. phil., em. o. Prof. f. Klass. Philol. Univ. Hamburg - Stauffenbergstr. 7/VIII, 8000 München 40 - Geb. 11. Juni 1929 Münster/W. (Vater: Prof. Dr. jur. Ottmar B., Rechtswissenschaftler †1965 (s. XIV. Ausg.); Mutter: Maria, geb. Michels), verh. s. 1958 m. Maria, geb. Fisser, S. Diethard - Univ. Bonn, Tübingen, Hamburg, München (Klass. Philol.). Promot. (1957) u. Habil. (1962) München - 1962-65 Privatdoz. Univ. München; 1964-65 Forschungsfreijahr Oxford; 1966-67 Associate Prof. Univ. Los Angeles (USA) - O. Mitgl. Göttinger Akad. d. Wiss., Joachim Jungius-Ges. Hamburg (Präs. 1982-85); Corr. Fellow Brit. Acad.; korr. Mitgl. Bayer. Akad. d. Wiss.; Mitgl. Mommsen-Ges., Egypt Exploration Soc. - BV: D. Europa d. Moschos, 1960; Beiträge z. Erklärung d. Schrift v. Erhabenen, 1964; Zenobii Athoi proverbia, vol. 4, 1982, vol. 1, 1987 - Liebh.: Musik, Tennis - Spr. Engl., Franz.

BÜHLER, Wolfgang

Dr. jur., Vorstandsvorsitzender Gustav u. Grete Schickedanz Holding KG, Fürth, Vors. Stiftungsrat Gustav u. Grete Schickedanz Stiftg., Fürth, Vors. aller weit. Konzernleit.- u. Aufsichtsgremien d. Schickedanz-Unternehmensgr. - Nürnberger Str. 91, 8510 Fürth - Geb. 10. Okt. 1932 (Vater: Dr. rer. pol. Hans B., AR-Vors. i. R.; s. dort) - 1970 stv. Vorst.-Mitgl., 1973 o. Vorst.-Mitgl. AEG-Telefunken; 1976 Vorst.-Mitgl. Schickedanz-Unternehmensgr.; Mitgl. zahlr. Aufsichtsgremien - Liebh.: Jagd, klass. Musik.

BÜHLER-KISTENBERGER, Traute

Lyrikerin, Malerin, Illustratorin - Schmid-Schneider-Str. 3, 8036 Herrsching (T. 08152-84 16) - Geb. 7. April 1926, verw. s. 1968 (war verh. m. Robert B. Jur.), 3 Kd. (Henry-Peter, André René, Yvonne-Denise) - 1940-45 Kunstsch. Würzburg (Prof. Dickreiter u. Gerstner) - 1946-50 Zeichn. f. Simplizissimus, München u. Wespennest, Stuttgart; 1950-65 fr. Mitarb. Mainpost; 1956 Mitbegr. Dauthendey-Kreis Würzburg; s. 1980 Lyrik u. Illustr. f. div. Ztg., Zeitschr. u. Bücher - Liebh.: Musik, Lesen, d. lebend. Gespr. m. Mensch, Natur u. Tier.

BÜHMANN, Hubertus

Forstwirt, Arbeitsrichter, Vors. Nordwestd. Forstverein, Hann. Landforstverband u. a. 3106 Schelploh - Geb. 6. März 1921 Bremervörde, ev., verh., 5 Kd. - Obersch. (Reifezeugnis); 1945-47 land- u. forstw. Ausbild.; einige Sem. Betriebsw. - 1939-45 Kriegsdst. (zul. Oblt. z. See); s. 1947 selbst. 1966 ff. Landrat Kr. Celle. 1952 ff. Ratsmitgl. u. Bürgerm. (1955) Gde. Dalle; 1956 ff. MdK Celle (1961 Fraktionsf.); 1963-74 MdL Nieders. (Mitgl. Fraktionsvorst.). CDU s. 1947.

BÜHR, Siegfried

Regisseur, Spielleiter Schauspiel Köln - Brüsseler Str. 96, 5000 Köln 1 - Geb. 23. März 1943 Hamburg - 1970-78 Int. Westf. Kammerspiele, Paderborn; 1979-84 Leit. Tübinger Zimmertheater - Letzte Insz. Schausp. Köln: Moliére, Tartuffe, Wertmüller, Liebe + Magie; Thalia Theater Hamburg: Garonen: Ich bin nicht Rappaport. Staatstheater Stuttgart: Linie 1, Akerman: Südafrik. Roulette.

BÜHRING, Richard

Geschäftsführer Hünnebeck GmbH., Lintorf - Am Rennbaum 22, 4033 Hösel - Geb. 9. März 1927 Hamburg - B. 1972 Vorstandsmitgl. Peiner Maschinen- u. Schraubenwerke AG., Peine; s. 1973 Gf. Hünnebeck GmbH. (Ressort Vertrieb, Marketing).

BÜHRING, Wolfgang

Dr. rer. nat., Prof. f. Physik Univ. Heidelberg - Happelstr. 16, 6900 Heidelberg - Geb. 26. Jan. 1932 Hannover - Promot. (1959) u. Habil. (1967) Heidelberg - 1974 ff. apl. Prof. Heidelberg.

BÜHRING-UHLE, Peter

Unternehmensberater - Erwin-v.-Witzleben-Str. 11, 4000 Düsseldorf-Golzheim - Geb. 27. Juni 1926.

BÜHRINGER, Heinz

Bürgermeister a. D., Verwaltungsratsvorsitzender Südd. Rundfunk u. a. - Mühlweingärten 43, 7050 Waiblingen-Bittenfeld (T. Waibl. 54 98) - Geb. 5. Mai 1927 Waiblingen, ev., verh. s. 1952 m. Erna, geb. Haar, 2 Kd. (Gert, Claudia) - Obersch. (Abit. 1946); Verw.ausbild. - Wehrdst. (40prozentige Kriegsbesch.). 1953ff. Bürgerm. Bittenfeld SPD s. 1959 (1968-73 Vors. Landesverb. BW). 1964-80 MdL Baden-Württ., 1968-72 Vors. SPD-Fraktion - 1972 BVK I. Kl., 1980 Gr. BVK m. Stern.

BÜHRMANN, Rolf

s. Bührmann, Werner

BÜHRMANN, Werner

Regisseur u. Filmemacher (Ps. Rolf Bührmann) - Pfälzerstr. 40, 5000 Köln 1 (T. 23 78 00) - Geb. 2. Okt. 1945 Gau-Algesheim, (Vater: Josef B.), ledig - Konditorlehre - 8 J. Jobs in d. Schweiz (Konditor, Werkzeugmacher, Galvaniseur); Polizist in Dtschl.; 1970 zus. m. Walter Bockmayer (s. dort) Garderobier Bühnen Köln; ab 1976 Gastwirt (m. Bockmayer). Filmemacher ab 1970: Zun. Super 8-Filme, ab 1977 Spielfilme (Jane bleibt Jane, intern. Kritikerpreis, außergewöhnlichster ausl. Film [London]; Flammende Herzen, 1977/78, Bundesfilmpreis in Gold u. Silber; Looping, 1980/81, 4 Bundesfilmpreise Gold u. Silber u. bester Film d. J. Intern. Filmfestsp. Cannes u. Manila; Kiez, 1982; D. Chance, 1982) u.v.a. Fernsehen: Viktor, Rockoper 1979 (ZDF) - Bühneninsz.

BÜLLESBACH, Alfred

Dr. jur., Dipl. sc. pol., Honorarprof. f. angew. Informatik, Schwerpunkt Rechtsinformatik, Landesbeauftragter f. Datenschutz Bremen a. D., Bereichsleit. Datenschutz u. IV-Sicherheit u. Beauftragter f. d. Datenschutz b. debis (Daimler-Benz InterServices AG), Stuttgart - Geb. 1942, kath., verh. m. Birgit, geb. Steuler, 3 Kd. - Stud. Recht, Phil., Volksw., polit. Wiss.; Dipl. polit. Wiss. (phil. Fak. d. Univ. München); 1. u. 2. jurist. Staatsex. München; Promot. Dr. jur. München - B. 1990 Landesbeauftr. f. d. Datenschutz Land Bremen; 1983 Vors. d. Konfz. Datenschutzbeauftr. Bund/Länder; Lehrtätigk. Univ. Bremen FB Jura, Math., Informatik - BV: Informationstechnol. u. Datenschutz, 1985; Rechtswiss. u. Sozialwiss., Systemtheoret. Ansätze, in: Hassemer/Kaufmann, Einf. in Rechtsphil. u. Rechtstheorie d. Gegenwart, 6. A. 1992 (1. A. jap. übers.); versch. Aufs. z. Rechtssoziol., Rechtsinformatik u. Fortentw. d. Datenschutzrechtes; Datenschutzkommentar; "PC u. Datenschutz", 5. A. 1992 - Liebh.: Musik - Spr.: Engl.

BÜLOW, von, Andreas

Dr. jur., Bundesminister a. D., MdB (s. 1969) - Hesselbergstr. 15, 7460 Balingen 14/Württ. - Geb. 17. Juli 1937 Dresden (Vater: Georg-Ulrich v. B., Musiker; Mutter: Susanne, geb. Haym), ev., verh. s. 1961 m. Anna-Barbara, geb. Duden, 4 Kd. (Hans, Susanne, Philipp, Alice) - Univ. Heidelberg, Berlin, München, Paris (Rechtswiss.). Ass.ex. 1964 - S. 1966 höh. Verw.sdst. Baden-Württ. (u. a. Reg.spräsid. Tübingen u. Landratsamt Balingen). 1964-65 Mitarb. Inst. for Intern. and Foreign Trade Law Washington (USA). 1980-82 Bundesmin. f. Forsch. u. Technol. SPD s. 1960 - BV: D. Überwachung d. Erdgasindustrie durch d. Federal Power Commission als Beispiel d. Funktionen d. unabhäng. Wirtschaftsüberwachungskommissionen d. amerik. Bundesverw., 1967 (Diss.); Gedanken z. Weiterentw. d. Verteidigungsstrategien in West u. Ost, 1984; Alpträume West gegen Alpträume Ost. E. Beitrag z. Bedrohungsanalyse, 1984; Skizzen e. Bundeswehrstruktur d. 90er Jahre, 1985; D. eingebildete Unterlegenheit. D. Kräfteverh. West-Ost, wie es wirklich ist, 1985 - Spr.: Engl., Franz.

BÜLOW, von, Bernd

Dr. jur., Rechtsanwalt u. Notar, Präs. Rechtsanwaltskammer Braunschweig - Bismarckstr. 2, 3300 Braunschweig - Geb. 13. Nov. 1936, verh.

BÜLOW, von, Eberhard

Landespfarrer, Dir. Diakonisches Werk - Peter-Joseph-Krahe-Str. 11, 3300 Braunschweig (T. 0531 - 7 28 43) - Geb. 16. Okt. 1927 Lübeck - 1956-79 Pfarrer Goslar; s. 1979 Dir. Diakon. Werk. S. 1971-83 Mitgl. Kirchenreg. Landeskirche Braunschweig, s. 1973 Mitgl. Synode d. EKD u. s. 1976 Diakon. Konfz. d. EKD - Spr.: Engl.

BÜLOW, Erhard

Vorstandsmitglied Elsflether Werft AG, Parkstr. 3, 2887 Elsfleth - Geb. 15. Dez. 1936, verh. m. Edith, geb. Meister, 2 Söhne (Stefan, Christian) - Vorst.-Mitgl. Arbeitsmed. Dienst, Oldenburg; AR-Mitgl. Friedrich Graepel AG, Löningen; Mitgl. Vollvers. IHK Oldenburg.

BÜLOW, Erich

Dr. jur., Ministerialdirektor Bundesmin. d. Justiz a. D. - Geb. 14. Sept. 1925, ev., 2 Söhne (Wolfgang, Peter) - 1948/49 Stud. Volksw. TH Stuttgart, Rechtswiss. Univ. Tübingen; 1. Staatsex. 1952, 2. Staatex. u. Promot. 1956 - Richter LG Stuttgart; s. 1960 BMJ Bonn; 1972-75 Menschenrechtsbeauftr. d. Bundesreg., Unterabt.-Leit. Öfftl. Recht u. Zivilrecht; 1982-90 Abt.-Leit. Öfftl. Recht; s. Nov. 1990 freiberufl. Vertrauensbevollm. b. Vorstand d. Treuhandanstalt in Berlin; s. 1991 Rechtsanwalt in Stuttgart - BV: Praxis d. Gesetzgebung, 1984 (m.a.). Mitherausg. Ztschr. f. Gesetzgebung - Liebh.: Sport, Lit., Musik - Spr.: Engl.

BÜLOW, Peter

Dr. iur., Dr. h. c., Univ.-Prof. f. Bürgerl. Recht, Handels- u. Wirtschaftsrecht Univ. Trier (s. 1982, 1989/90 Dekan) - Finkenhofstr. 29, 6000 Frankfurt 1 (T. 069 - 55 33 35) - Geb. 14. März 1941 Berlin, Atheist, verh. m. Rechtsanwältin Brigitte Buschbeck-Bülow, 2 Kd. (Margret, Konrad) - Stud. Univ. Frankfurt, München (Rechtswiss.); 1. Staatsex. 1969 Frankfurt, 2. Ex. 1972 Wiesbaden; Promot. 1972 Frankfurt, Habil. 1981 Saarbrücken - 1972 selbst. Rechtsanwalt in Frankfurt; 1977 Fachanwalt f. Steuerrecht; Korvettenkapitän d. Reserve - BV: D. psychol. Kaufzwang, 1972; Gleichförmiges Unternehmensverhalten ohne Kommunikation, 1982; Handelsrecht, Lehrb. 1986; Recht d. Kreditsicherheiten, Lehrb. 3. A. 1992; Konsumentenkredit, 2. A. 1992; Kennzeichnungsrecht u. Produktwerbung, 5 Bde. 1990; Wechsel- u. Scheckrecht nebst Allg. Geschäftsbed., Kommentar 1991; Verbraucherkreditgesetz, Kommentar 1991; Bundesbankgesetz, Kommentar 1992; ca. 80 rechtswiss. Beitr. - Liebh.: Kunstgesch., Wandern - Spr.: Engl., Franz., Span., Lat.

BÜLOW, von, Vicco

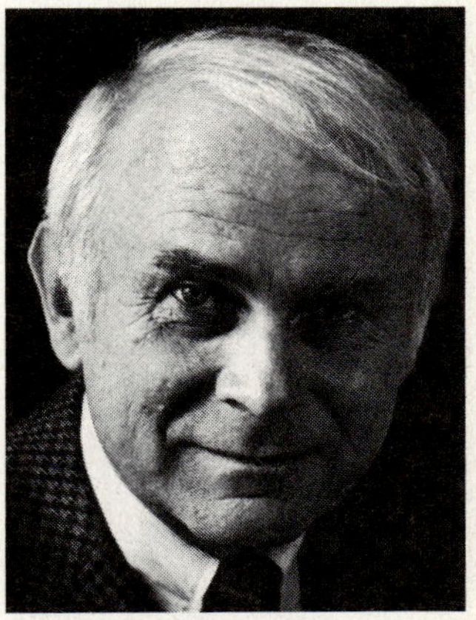

Cartoonist, Schriftsteller, Regisseur, Schauspieler (Ps.: Loriot) - Höhenweg 19, 8193 Ammerland/Starnberger See - Geb. 12. Nov. 1923 Brandenburg/Havel (Vater: Johann-Albrecht v. B., Berufsoffizier, zul. Major; Mutter: Charlotte, geb. v. Roeder), ev., verh. s. 1951 m. Romi, geb. Schlumbom (Modezeichnerin), 2 Töcht. (Bettina, Susanne) - Gymn. Berlin u. Stuttgart; 1947-49 Kunstakad. Hamburg - S. 1953 fr. Mitarb. stern, ARD, ZDF (1967ff.). 1968-72 Autor u. Moderator satir. Fernsehreihe: Cartoon; 1976-78 Autor, Regisseur u.

Hauptdarsteller Fernsehreihe: Loriot I - VI; 1980 Polit. Satire in FS-Sendung Report. Bek. Fernsehtiere, darunter seit 1971 Hund Wum; 1985 Aachen Insz. Dramat. Werke; 1986 Stuttgart Operninsz. Martha (Regie, Bühnenbild u. Kostüme); 1988 Ludwigsburger Festspiele Operninsz. D. Freischütz (Regie, Bühnenbild u. Kostüme) - BV/Cartoon-Bände (1954-73; GA. etwa 3 Millionen): Auf den Hund gekommen, D. gute Ton, Für d. Fall, Reinhold d. Nashorn, D. Weg zum Erfolg, D. gute Geschmack, Neue Lebenskunst, Nimm's leicht, Wahre Geschichten, Umgang m. Tieren, Loriots großer Ratgeber, Loriots heile Welt, Loriots Tageb., Loriots dramatische Werke, Möpse u. Menschen. Spielfilme: Ödipussi (1988), Pappa ante portas (1991) - 1969 u. 77 Gold. Kamera, 1973 Adolf-Grimme-Preis in Silber, Gold. Europa u. Gold. Schallpl.; 1974 Karl-Valentin-Orden; 1974 Gr. BVK; 1976 Dt. Schallplattenpreis; 1979 Mitgl. PEN; 1980 Bayer. VO; 1984 Erich-Kästner-Preis; 1985 Kasseler Lit.preis; 1986 Telestar-Preis WDR; 1988 Bambi; 1988 Bayer. Filmpreis; 1989 Dt. Bundesfilmpreis; 1989 Ernst-Lubitsch-Preis; 1991 VO d. Landes Berlin - Liebh.: Klass. Musik, naive Bilder Anf. d. 19. Jh. - Spr.: Engl.

BÜLTMANN, Burkhard

Dr. med. (habil.), o. Prof. f. Allg. u. Spez. Pathologie u. Exper. Cytopathologie, gf. Direktor d. Inst. f. Pathol. d. Univ. Tübingen - Römerhofweg 9, 7407 Rottenburg/Neckar.

BÜLTMANN, Elmar L.

Dr. jur., Generalbevollmächtigter Karl Danzer Furnierwerke (s. 1976) - Königsträßle 153, 7410 Reutlingen (T. 07121 - 30 71) - Geb. 15. Okt. 1935 Heringhausen (Vater: Josef B., Beamter; Mutter: Anne, geb. Becker), kath., verh. s. 1964 m. Brigitte, geb. Schäfer, 3 Kd. (Dominik E., Esther B., Barbara J.) - 1964-66 RA Frankfurt; 1966-68 Justitiar DEG Köln; 1968-72 Gf. DHG Köln, 1972-76 Afrika-Dir. DEG Köln - BV: D. Abschluß völkerrechtl. Verträge nach d. Grundgesetz - Liebh.: Tennis, Ski - Spr.: Engl., Franz.

BÜNAU, von, Günther

Dr. rer. nat., o. Prof. f. Physikal. Chemie Universität Siegen (s. 1973) - Am Kornberg 8, 5900 Siegen 21 - Geb. 26. April 1930 Bischheim (Vater: Rudolf v. B., Landw.; Mutter: Mathilde, geb. v. Freytag-Loringhoven), verh. s. 1962 m. Ulrike, geb. v. Massow, 3 Kd. (Gela, Rudolf, Adele) - 1949 b. 1957 Univ. Göttingen (Promot.) - 1958-60 Research Fellow Univ. of Notre Dame (USA); 1960-73 Wiss. Mitarb. MPI f. Strahlenchemie Mülheim - Spr.: Engl.

BÜNCK, Bernhardt

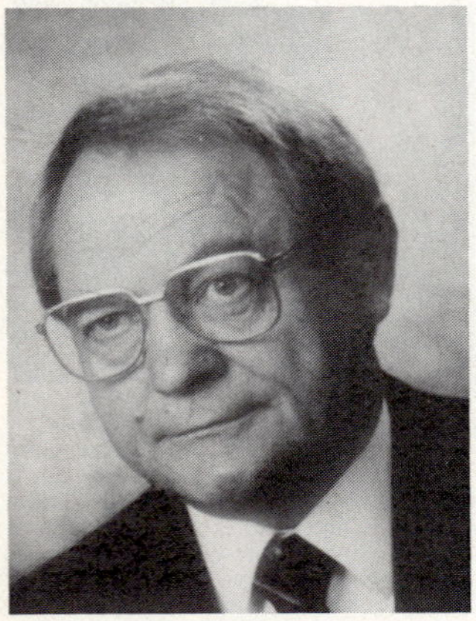

Spediteur, Präs. Bundesverb. Spedition u. Lagerei, Bonn, Mitgl. Vollversamml. IHK Duisburg-Wesel-Kleve zu Duisburg, 1. Vors. Fachvereinig. Spedition u. Lagerei Nordrh., Düsseldorf, Vorst. Schifferbörse Duisburg-Ruhrort - Werthauser Str. 5, 4100 Duisburg 14 - Geb. 9. Mai 1924 - Verbandsämter; Handelsrichter; Vizepräs. F.I.A.T.A. Zürich u. C.L.E.-C.A.T. Brüssel - Gr. BVK.

BÜNEMANN, Edmund

Kaufmann, Inh. Natermann & Hurm u. Gerhard Freysoldt (Rohtabakimport), Bremen, Vors. Wirtschaftsvereinig. Groß- u. Außenhandel Nordsee ebd. - Rilkeweg 58, 2800 Bremen 33 - Geb. 29. Juli 1926.

BÜNEMANN, Gerhard

Dr. phil., Prof. f. Obstbau u. Baumschule - Herrenhäuser Str. 2, 3000 Hannover 21 - Geb. 8. Febr. 1926 Hamburg (Vater: Hermann B., Kaufm.; Mutter: Louise, geb. Redicker), ev., verh. s. 1962 m. Katrin, geb. Löhmer, 4 Kd. (Toni, Arnd, Ernst, Else) - TH Hannover (Gartenbau; Diplomprüf. 1953); Michigan, State Univ. (M. S. 1956, Ph. D. 1958). Habil. 1964 Hannover; 1989 Dr. agr. h.c. in Ås, Norwegen - 1958-64 Assist. u. Oberassist. TH Hannover (Inst. f. Obstbau u. Baumsch.); s. 1964 Ord. TU Berlin u. Hannover (1972). 1969/70 Hon. Res. Fellow Univ. of Tasmania (Australien); Mitgl. Dt. Gartenbauwiss. Ges., 1986 Fellow American Soc. f. Hort. Science, Intern. Soc. Hort. Science (Council) - BV: D. Obstbau auf d. Insel Fünen, 1954; D. ökolog. u. wirtschaftl. Grundl. d. norditkal. Obstbaus, 1955; Frucht- u. Gemüselagerung, 1973. Herausg.: Gartenbauwiss. in 6 Heften jährl. (1975-89) - Spr.: Engl., Dän., Ital., Franz.

BÜNGER, Karl

Dr. jur. (habil.), Dr. phil., Botschafter a. D., Honorarprof. f. Sinologie Univ. Bonn (s. 1969) - Lukas-Cranach-Str. 14, 5300 Bonn 2 - Geb. 28. März 1903 Coswig - Banklehre; Stud. Rechtswiss. u. Philol. Berlin. Diplomprüf. Franz. u. Chines. - Tätigk. Kaiser-Wilhelm-Inst. f. ausl. öfftl. Recht Berlin, Justitiar, ab 1941 Ref. dt. Botschaft Peking, 1945 b. 1948 Prof. f. Vergl. europ. u. Völkerrecht Univ. Shanghai, dann Privatdoz. Univ. Tübingen, 1952 b. 1968 AA Bonn (u. a. Botschafter Korea u. Generalkonsul Hongkong).

BÜNGER, Siegfried

Dr. phil. habil., Prof. f. Allg. Geschichte d. Neuzeit u. d. neuesten Zeit Univ. Berlin - Straße 34, Nr. 16, O-1123 Berlin (T. 030 - 949 44 24) - Geb. 1. Sept. 1929 Parchim/Mecklenb. - Stud. 1949-54 Univ. Rostock u. Humboldt-Univ. Berlin; Promot. 1960; Habil. 1966 Berlin - ao. Prof. 1979 Berlin; Hochschullehrer - BV: F. Engels u. d. britische sozialist. Bewegung 1881-95, 1962; D. sozialist. Antikriegsbewegung in Großbrit. 1914-17, 1967; Gesch. Großbrit. v. 1918 b. z. Gegenw. (m. H. Kaeselitz), 1988 - Spr.: Engl., Franz.

BUENKER, Robert J.

Dr. rer. nat., Prof., Lehrstuhlinhaber f. Theoret. Chemie an d. Berg. Univ.-GH Wuppertal - Gaußstr. 20, 5600 Wuppertal 1 (T. 439-25 09) - Geb. 6. Mai 1942 in Dubuque/Iowa (USA), kath., verh. s. 1969 m. Marilyn geb. Lambrecht, 3 Kd. (Michael, Timothy, Anne Marie) - 1966 Ph.D. an d. Princeton Univ. (USA); 1968/69 Gastprof. Inst. f. Theoret. Chemie Univ. Gießen; 1970 Ass.Prof. of Chemistry, Univ. of Nebraska Lincoln/USA; 1970/71 Gastprof. Inst. f. Phys. Chem., Univ. Mainz; 1973/75 Prof. of Chem. Univ. of Nebraska, Lincoln/USA; 1976/77 Wiss.Rat u. Prof. Univ. Bonn; s. 1977 Univ. Wuppertal; 1983/85 Dekan FB Naturwiss. II an d. Univ. Wuppertal; 1981/84 Sprecher d. Sonderforsch.bereichs 42 d. Dt. Forsch.gemeinsch. ebd. - 255 wiss. Veröff.

BÜNSOW, Robert

Dr. rer. nat., Prof., Botaniker i. R. - Wilhelmshöher Allee 320, 3500 Kassel (T. 0561 - 31 30 19) - Geb. 6. Juni 1919 Estland - S. 1960 (Habil.) Forschungs- u. Lehrtätigk. Univ. Göttingen (1966 apl. Prof., 1974 wiss. Rat, 1978 Prof. C 3), ab 1982 im Ruhest.

BÜNSTORF, Jürgen

Dr. phil., Prof. f. Geographie (Schwerp. Wirtschaftsgeogr.) u. ihre Didaktik Univ. Münster (FB 19) - Mersmanns Stiege 8, 4417 Altenberge/W. - Geb. 24. Jan. 1936 Lüneburg - Promot. 1965 - S. 1972 Prof. PH Esslingen u. Münster (1973 Ord.). Facharb.

BÜNTE, Carl-August

Dirigent, Ehren-Prof. d. National University Tokyo - Halmstr. 10, 1000 Berlin 19 - Geb. 23. Sept. 1925 Berlin (Vater: Prof. Charles B., Konzertpianist; Mutter: Hertha, geb. Lackner), verh. I) 1957 m. Brigitte, geb. Grothum, Schausp. (gesch. 1965), II) 1971-77, III) s. 1991 m. Heidelinde, geb. Napetschnig - Konserv. Klindworth-Scharweuka u. Intern. Musikinst. (Dirigieren, Sergiu Celibidache), bde. Berlin - 1946-49 Dirig. versch. Berliner Orch.; 1949-67 Chefdirig. Berl. Symph. Orchester. 1967-73 Symphon. Orch. Berlin. Gastdir. Bundesrep., Engl., Frankr., Span., Griechenland, Schweden, Dänemark, Japan, Chile, Uruguay, Argentinien. 1962 Musikpreis Verb. d. dt. Kritiker; 1982 Ehrendirig. Kansai Philharmonic Orchestra Osaka; 1987 Lehrauftr. f. Dirigieren Hochschule d. Künste Berlin, 1989 Gastprof. ebd.

BÜNTE, Hermann

Dr. med., o. Prof. f. Chirurgie - Alsenstr. 8, 4400 Münster/W. - Geb. 8. Okt. 1930 Nürnberg - Promot. 1957 - S. 1964 (Habil.) Lehrtätigk. (1973 Ord. u. Dir. Chir. Klinik/Univ. Münster). Zahlr. Buchveröff., üb. 250 Einzelarb. aus d. Allg. Chir.

BÜNTING, Karl-Dieter

Dr. phil., Prof. f. Linguistik d. dt. Sprache Univ.-GH Essen - Charlottenhofstr. 60 B, 4300 Essen 18 - Geb. 5. Juli 1939 Witzenhausen/Werra (Vater: Heinrich B., RA u. Notar; Mutter: Gerda, geb. Witte, Studienrätin), ev., verh. s. 1963 m. Ingeborg, geb. Meis, 2 Söhne (Hans Friedrich, Heiner) - 1. Staatsex. 1964 Univ. Marburg, Promot. 1968 Univ. Bonn, Habil. 1971 TU Berlin - 1972 o. Prof. f. Linguistik d. dt. Sprache Univ. Essen (1974-79 Konrektor f. Stud. u. Lehre) - BV: Einf. in d. Linguistik, 1971, 13. A. 1990 (übers. Japan. u. Poln.); Grammatik d. dt. Gegenwartssprache (m. W. Eichler), 1976, 4. A. 1989; D. ABC d. dt. Grammatik (m. W. Eichler), 1982; Auf gut deutsch, 1986; Schreiben u. reden - gar nicht so schwer, 1988; Computer im Deutschunterricht (zus. m. Schaeder, Schardt, Willé), 1989; Sieh doch einfach nach - Rechtschreiben im Alltag (zus. m. D. Ader), 1989; Sprachspiele (m. D. Ader); D. Grammatiklexikon (m. W. Eichler), 1989; D. richtige Wort. Wörterb. sinnverwandter Wörter, 1990; Grammatik null Problemo. Deutsch entdecken mit ALF (Buch u. Kassette, m. D. Ader, S. Rabe), 1990; 4 Bände: Grammatik auf e. Blick, Rechtschreibung u. Zeichensetzung, Rechtschreibwörterbuch, Fremdwörterlexikon (zus. m. D. Ader) 1991; mehrere Schulbücher; Lehrmaterialien auf Video, 1992; Kurs Superlearning English (zus. m. R. Lewicki, R. Brunt), 1991. Forschungsprojekte z. Sprachprobl. türk. u. griech. Schüler; Kooperation m. Ain Shams Univ. Kairo z. Deutschlehrerausb. (s. 1978); Kooperation m. d. Univ. Warschau u. d. Univ. Minsk zu Deutsch als Fremdsprache.

BÜRCK, Werner

Dr.-Ing., Prof., Wiss. Rat - Eichholzweg 1, 8031 Neu-Gilching/Obb. (T. Gilching 95 22) - Geb. 11. März 1911 München (Vater: Paul B., Maler u. Graphiker; Mutter: Clara, geb. Gerson), ev., verh. s. 1939 m. Ursula, geb. v. Sivers, 4 Kd. (Jochen, Ewe, Monika, Claudia) - Theresien-Gymn. u. TH München (Elektrotechnik; 1934 Dipl.-Ing.) - 1934 b. 1945 Telefunken GmbH. (Obering.), 1945-48 Bayer. Wirtschaftsmin. (stv. Abt.sleit.), 1948-67 Rohde & Schwarz (Meßgerätebau; Betriebsleit.); s. 1949 TU München (Lehrbeauftr., 1957 Honorarprof., 1967 Wiss. Rat u. Prof.; Techn. u. Elektroakustik, Elektron. Mess- u. Regelungstechnik). Bau d. ersten rauscharmen dm-Wellenverstärker (1942). Zahlr. Patente - BV: Akust. Rückkopplung u. Rückwirkung, 1938; Grundl. d. prakt Elektroakustik, 1954; D. Schallmeßfibel f. d. Lärmbekämpfung, 4. A. 1968. Üb. 100 Einzelveröff. - Spr. Engl. - Nachkomme in 10. Generation v. P. P. Rubens, Maler (1577-1640); Nachk. in 18. Generation d. Friedrich v. Lierbach, erw. 1383, geb. um 1350, ab 1390 gen. Bircke nach seinem Gut Zur birken, gest. nach 1413.

BÜRGEL, J. Christoph

Dr. phil., o. Prof. f. Islamwissenschaft (s. 1970) Universität, Bern (Schweiz) - Lilienweg 123, CH-3322 Mattstetten - Geb. 16. Sept. 1931 Gottesberg/Schles., verh. s. 1960 m. Magdalena, geb. Kluike, 2 Kd. - BV: D. Hofkorrespondenz 'Adud ad-Daulas, 1965; D. ekphrast. Epigramme d. Abu Talib al-Ma'muni, 1965; Averroes contra Galenum, 1968; Hafis Gedichte aus d. Diwan (Hrsg.), 1972; Rumi Licht u. Reigen (übers.), 1974; Drei Hafis-Stud., 1975; Nizami: Chosrou u. Schirin (übers.), 1980; Iqbal u. Europa (hrsg.), 1980; Iqbal: Steppe im Staubkorn (übers.), 1983; Im Lichtnetz, Ged. 1983; D. Islam im Spiegel zeitgenössischer Lit. d. islam. Welt (Hrsg.), 1985; The Feather of Simurgh. The Licit Magic of the Arts in Medieval Islam, 1988; Nizami: D. Alexanderbuch (Übers.), 1991; Allmacht u. Mächtigkeit. Religion u. Welt im Islam, 1991; Rumi. Traumbild d. Herzens (Übers.), 1992. Aufsätze in div. Sprachen - 1983 Rückert-Preis d. Stadt Schweinfurt - Liebh.: Klavier, Orgel, Lyrik - Spr.: Engl., Franz., Arab., Pers., Türk.

BÜRGEL, Ursula

Dr. phil., Prof. f. Englisch u. Franz. (Didaktik u. Methodik d. Fremdsprachenunterr.) PH Karlsruhe - Benedikt-Schwarz-Str. 10, 7505 Ettlingen - Geb. 12. Juni 1919 Breslau (Vater: Prof. Dr. Erich Schmidt; Mutter: Martha, geb. Freund), verh. s. 1942 m. Ernst B. (gefallen 1942 in Rußland), 1 Sohn - 1938-42 Stud. Angl., Roman., German. Univ. Breslau, Wien u. Marburg. Staatsex. u. Promot. - Ref. im Päd. Austauschdienst, Kultusmin.konfz. Bonn; Lehrtätigk. Frankfurt/M., London, San Francisco, Karlsruhe - Spr.: Engl., Franz., Ital.

BÜRGER, Christa, geb. Müller

Dr. phil., Prof. Univ. Frankfurt (s. 1973) - Hans-Thoma-Str. 25, 2800 Bremen - Geb. 20. Mai 1935 Frankfurt/M. (Eltern: Gustav (Bundesbahnangest.) u. Paula M.), ev., verh. s. 1964 m. Prof. Dr. phil. Peter B. (s. dort) - Univ. Frankfurt (Dt., Franz., Phil.). Staatsex. 1961 u. 65; Promot. 1973 - 1965-73 Studienrätin - BV: Deutschunterricht - Ideologie od. Aufklärung?, 2. A. 1974; Textanalyse als Ideologiekritik, 1973; D. Ursprung d. bürgerl. Institution Kunst im höf. Weimar, 1977; Tradition u. Subjektivität, 1980; D. Moderne (zus. m. P. B.), Prosa 1988; Leben Schreiben. D. Klassik, d. Romantik u. d. Ort d. Frauen, 1990. Herausg.: Zerstörung, Rettung d. Mythos durch Licht (1985); Postmoderne: Alltag, Allegorie u. Avantgarde (1987); Bettina v. Arnim. E. Lesebuch (1987) - Spr.: Franz., Engl.

BÜRGER, Erich

Dr.-Ing. habil., o. Prof. f. Informationstechnik TU Chemnitz (s. 1970) - Am Schösserholz 46, O-9063 Chemnitz (T. 071 - 72 20 73) - Geb. 27. Mai 1928 Gorsleben/Thür., verh. s. 1953 m. Johanna, geb. Nathanael, 2 Söhne (Bernd, Peter) - Abit. 1950; Dipl.-Ing. 1954 TU Dresden; Promot. 1958 Dresden; Habil. 1969 Chemnitz - Chefkonstrukteur; 1964 Hochsch.doz.; s. 1970 Leit. Lehrst. u. Dir. Inst. f. Feinwerktechn. TU Chemnitz, Wissenschaftsber.leit. - BV: Laß uns einen besseren Ort suchen, 1992; 130 wiss. Veröff. z. Informationstechnik; 12 Sachb.; vierspr. Fachwörterb. (E-D-F-R) zu EDV, Informat.technik, Robotertechnik - 1978 Gold. Ehrennadel d.

URANIA - Liebh.: Prosa - Spr.: Engl., Franz., Russ.

BÜRGER, Hans
Dr. rer. nat., o. Prof. f. Anorgan. Chemie Univ./GH Wuppertal (s. 1974) - Kruppstr. 230, 5600 Wuppertal 1 - Geb. 9. April 1937 Aachen - Promot. 1962; Habil. 1966 - Zul. apl. Prof. TU Braunschweig. Üb. 250 Facharb.

BÜRGER, Otto
Dipl.-Ing., Generalbevollm. Deutsche Babcock AG. (s. 1948) - Rügenstr. 28, 4200 Oberhausen 11 (T. 60 11 07) - Geb. 6. Aug. 1921 Finsterwalde (Vater: Alfred B., Prokurist; Mutter: Frieda, geb. Bürger), ev., verh. s. 1948 m. Inge, geb. Voigt, 3 Kd. (Alf, Christiane, Big) - Obersch., Kriegsdst. (Ritterkreuz)/ Stud. TH Berlin, Stuttgart, Braunschweig (Dipl.ex. 1948) - 1970 Gold. Sportabz. - Spr.: Engl., Franz.

BÜRGER, Peter
Dr. phil., Prof. Univ. Bremen (s. 1971) - Hans-Thoma-Str. 25, 2800 Bremen - Geb. 6. Dez. 1936 Hamburg (Vater: Dr. Fritz B., Bildhauer; Mutter: Elsbeth, geb. Baack), ev., verh. s. 1964 m. Dr. Christa, geb. Müller (s. dort) - Stud. German. u. Roman.; Promot. 1959 München; Habil. 1970 Erlangen; 1971 Prof. Bremen - BV: Die frühen Komödien P. Corneilles, 1971; D. franz. Surealismus, 1971; Stud. z. franz. Frühaufklärung, 1972; Theorie d. Avantgarde, 1974; Aktualität u. Geschichtlichkeit, Stud. z. ges. Funktionswandel d. Lit., 1977; Vermittl.-Rezeption-Funktion. Ästh. Theorie u. Methodol. d. Lit.wiss., 1979; Z. Kritik d. idealist. Ästhetik, 1983; Prosa d. Moderne, 1988. D. Denken d. Herrn, 1992. Herausg.: Z. Funktionswandel d. Literatur (1983); Postmoderne: Alltag, Allegorie u. Avantgarde (1987) - Spr.: Franz., Ital., Engl. - W. M. Lüdke (Hrsg.), Theorie der Avantgarde. Antworten auf P. Bürgers Bestimmungen von Kunst u. Gesellsch., 1976.

BÜRGER, Rudolf
Dr. oec. publ., Dipl.-Kfm., Wirtschaftsprüfer u. Steuerberater, Vorstandsmitgl. Südd. Treuhand-Ges. AG., München - Treufer Str. 8, 8500 Nürnberg - Geb. 15. Juli 1924 Augsburg - Spr.: Engl., Franz., Ital.

BÜRGER, Wolfgang
Dr. rer. nat., Dipl.-Phys., o. Prof. u. Leiter Inst. f. Theor. Mechanik Univ. Karlsruhe (s. 1975) - Kaiserstr. 12, 7500 Karlsruhe - Geb. 12. Juli 1931 Dresden (Vater: Dr. rer. techn. Kurt B., Meteorol.; Mutter: Else, geb. Dierig), verh. m. Linde, geb. Frommherz, 5 Kd. (Silke, Steffen, Götz, Meike, Hanno) - Stud. Phys. Univ. Hamburg u. Göttingen; Dipl.ex. 1961 Göttingen; Promot. 1967 u. Habil. 1971 TH Darmstadt - 1969-75 TH Darmstadt (1972 Prof. f. Mechanik). 1979-85 Wiss. Berat. u. Fernsehmoderator WDR/Köln; s. 1988 Kolumnist Bild d. Wiss. - BV: Kontinuumsmechanik.

Leitfäden d. angew. Math. u. Mechanik, 1975 (m. E. Becker) - Spr.: Engl., Franz.

BÜRKLE, Horst
Dr. theol., em. o. Prof. f. Religionswissenschaft - Waldschmidtstr. 7, 8130 Starnberg/Obb. (T. 1 36 55) - Geb. 9. Juni 1925 Niederweisel/Hessen (Vater: Alfred B., Techn. Direktor; Mutter: Hanna, geb. Zehme), ev., verh. s. 1963 m. Dorothea, geb. Geißler, 3 Töcht. (Juliane, Britta, Anja) - Stud. Bonn, Tübingen, Köln, New York (Mag. theol. 1952). Promot. 1957 Hamburg; Habil. 1964 Hamburg - 1954-56 Studieninsp. Predigersem. Wuppertal, 1956-59 Studentenpfarrer Stuttgart, 1959-65 Studienleit. Missionsakad. Hamburg, 1965-68 Doz. Univ. Kampala (Uganda), 1968 o. Prof. u. Inst.-Vorst. Univ. München; 1973-74 Prorektor Univ. München; 1978-85 Vors. Fachgr. Religions- u. Missionswiss. Ges. f. Theol. - BV: Dialog m. d. Osten, 1965; D. Reaktion d. Religionen auf d. Säkularisierung, 1969; Einf. i. d. Theol. d. Religionen (1977); Missionstheologie (1979). Herausg.: Ind. Beitr. z. Theol. d. Gegenw. (1966), Theol. u. Kirche in Afrika (1968); Theol. Beitr. a. Papua Neuguinea (1978) - Mitgl. Malteser-Orden - Spr.: Engl., Franz. - Rotarier.

BÜRKLE, Klaus
Elektromeister, Geschäftsführer Fa. Bürkle u. Schöck KG Elektroanlagen - Gewerbestr. 38, 7000 Stuttgart 80 (T. 0711 - 780 04 21); Egelhaafstr. 15, 7000 Stuttgart 80.

BÜRKLE, Wolfgang
Dr., Dipl.-Kfm., Vorstandsvorsitzender SIMONA AG Kunststoffwerke, Kirn - Geb. 24. Jan. 1928 Karlsruhe, verh. m. Anita, geb. Herlan - Stud. TH Karlsruhe, WH Mannheim; Dipl. 1950; Promot. Freiburg 1952 - Beiratsvors. RHIAMER GmbH., Ringsheim; AR-Präs. SIMONA S.A., Domont/Frankr.; Präs. VR SIMONA S.r.l., Segrate/Ital.; Chairman of the Board SIMONA U. K. Ltd., Stafford (Großbrit.) - Liebh.: Jagd - Spr.: Engl. - Lions-Club.

BÜRRIG, Karl-Heinz
Bürgerschaftsabgeordneter (s. 1974) - Moosberg Nr. 44, 2000 Hamburg 80 - FDP.

BÜRSCH, Joachim
Dr. med. (habil.), Univ.-Prof., Leiter d. Abt. Pädiatrische Kardiologie Univ. Göttingen - Wilhelm-Weber-Str. 4, 3400 Göttingen - 1973 Privatdoz., 1978 apl. Prof. - 1988 Berufung an d. Univ. Göttingen.

BUERSCHAPER, Margret

M.A., Lehrerin, Renga-Meisterin (1988) - Auenstr. 2, 2849 Goldenstedt-Lutten (T. 04441 - 8 11 77) - Geb. 22. April 1937 Wissen/Sieg (Vater: Heinz Buerschaper, Schriftst.), kath., gesch., 3 Kd. (Barbara, Sabine, Stephan) - Stud. German., Theol., Gesch Univ. Osnabrück; 1. u. 2. Staatsex. 1963 u. 66, MA

1987 - 1. Vors. d. Dt. Haiku-Ges.; Mitgl. Intern. Autorenkreis Plesse, u. Ges. d. Lyrikfreunde - BV: D. dt. Kurzged. in d. Tradition jap. Gedichtformen Haiku, Senryu, Tanka, Renga, 1987; Carl Heinz Kurz - e. dt. Haijin, 11 Lyrikbde. (1979-92); Auch wenn ich im Herbst komme... E. Japanreise, 1992. Herausg.: Vierteljahresschr. Dt. Haiku-Ges.; pocket print Reihe im Graphikum, Göttingen; Bio-Bibliogr. d. DHG-Mitgl.; Golden im Blatt steht d. Ginkgo Anthol. - 1985 A. G. Bartels-Gedächtnisehrung; 1986 Dr. H. Mock-Med.; 1987 Senryu-Preis zur Flußweide; 1988 Silb. Peter Coryllis-Nadel; 1992 Lyrik-Preis z. Halben Boden - Liebh.: Dt. Kurzlyrik nach jap. Vorbild - Spr.: Engl.

BUERSTEDDE, Wilhelm
Dr. jur., Oberstadtdirektor (s. 1984) - Rathaus, 3200 Hildesheim - Geb. 1928 - Zul. Schul- u. Kulturdezern. Hildesheim. CDU.

BÜRZLE, Erwin
1. Bürgermeister (s. 1971) - Rathaus, 7914 Pfaffenhofen/Roth (Schwaben) - Geb. 29. Aug. 1922 München - Zul. Verwaltungsbeamter.

BUES, Werner
Dr. rer. nat. (habil.), Prof. f. Anorgan. Chemie - Am Turmhof 2, 3392 Clausthal-Zellerfeld - Lehrtätig. TH Stuttgart (Privatdoz.), Univ. Tübingen (1953 apl. Prof.; 1965 Abt.svorsteher u. Prof., TU Clausthal (1968 Ord.). Facharb.

BÜSCH, Otto

Dr. phil., Prof., Historiker - Berliner Str. 14, 1000 Berlin 37 (T. 030 - 811 43 02) - Geb. 30. April 1928 Wien (Vater: Otto B., Verbandsgeschäftsf.; Mutter: Margarete, geb. Krendelberger), verw. (Ehefr.: Dorit Rosemarie, geb. Klimas † 1982) - Oberschule; Humboldt- (1947-48) u. Freie Univ. Berlin (1948 b. 1952; Gesch., Politol., Publiz.). Promot. 1952; Habil. 1969 - 1953-56 Assist. Inst. f. Polit. Wiss. FU Berlin; 1957-59 Forschungsbeauftr. Senatsverw. f. Wirtschaft u. Kredit; 1959-69 Ref., Abt.leit. u. Mitgl. gf. Vorst. (1963), Vors. (1978-81) der Histor. Kommission zu Berlin; Wiss. Rat s. 1963; s. 1970 o. Prof. PH Berlin; s. 1980 o. Prof. FU Berlin - BV: Geschichte u. Gestalt d. Sozialist. Reichspartei, in: Rechtsradikalismus im Nachkriegsdtschl., 1957; Gesch. d. Berliner Kommunalwirtsch. in d. Weimarer Epoche, 1960; Militärsystem u. Sozialleben im alten Preußen, 1962 (Neuaufl. 1981); Garnisonen u. Garnisonsorte in Brandenburg (b. 1806) u. Gewerbe um 1849, beide in: Histor. Handatlas v. Brandenburg u. Berlin, 1966; Industrialisierung u. Geschichtswiss., 1969 (Neuaufl. 1979); Industrialis. u. Gewerbe, 1971 (Habil.-Schr.); Z. Rezeption u. Revision d. preuß.-dt. Gesch., Ausg.-Beiträge 1988. Herausg.: Unters. z. Gesch. d. frühen Industrials. (1971); Wählerbewegung in d. dt. Gesch. (1978); D. Preußenbild in d. Geschichte (1980); Wählerbewegung in d. europ. Geschichte

(1980); Moderne Preuß. Geschichte (1981); Preußen u. d. Ausland (1982). Mithrsg.: Hist. u. päd. Stud. (s. 1971); Jahrb. f. d. Gesch. Mittel- u. Ostdtschl. (s. 1982); Otto Hintze u. d. mod. Gesch.wiss. (m. Michael Erbe, 1983); Vgl. europ. Wahlgesch. (m. Peter Steinbach, 1983); D. Rolle d. Nation in d. dt. Gesch. u. Gegenw. (m. James J. Sheehan, 1985); Berliner Demokratie, Bd. 1 (m. Wolfgang Haus, 1987); Preußen i. d. revolutionäre Herausforderung s. 1789 (m. Monika Neugebauer-Wölk); Wissenschaft u. Stadt. Publ. d. FU Berlin (s. 1987) - 1961 Prämie Stiftg. d. dt. Gemeinden u. Gemeindeverb. (f.: Gesch. d. Berliner Kommunalw....); Festschr. z. 60. Geb.: Geschichte als Aufgabe (1988) - Spr.: Engl.

BÜSCH, Wilhelm
Dr. rer. nat., Prof. f. Mineralogie FU Berlin (gf. Dir. Inst. f. Mineral.) - Berner Str. 47, 1000 Berlin 45.

BÜSCH, Wolfgang
Senator a. D., Rechtsanwalt u. Notar - Glockenturmstr. 20a, 1000 Berlin 19 (T. Büro: 324 36 61) - Geb. 24. Sept. 1929 Breslau, ev., verh. s. 1958 m. Karin, geb. Lüttich, 2 Kd. - Univ. Berlin, Mainz, Marburg (Rechtswissensch., Gesch., German., polit. Wiss., Phil.). Jurist. Staatsex. 1956 u. 60 - 1962 b. 1967 Fraktionsgeschäftsf. Abgeordnetenhaus v. Berlin; 1967 (Rücktr.) Senator f. Inneres v. Berlin. 1958-70 AR, Vors. Bund Demokr. Studentenvereinig. (1954-55) u. Sozialist Dt. Studentenbund (1957-58). SPD - Spr.: Engl.

BÜSCHER, Friederike
Hausfrau, Bürgerschaftsabgeordn. a. D. - Theodor-Körner-Weg 2, 2000 Hamburg 61 (T. 551 14 93) - Geb. 13. März 1913 Hamburg, verh. s. 1939 - Volks- u. Handelssch. - B. z. Eheschließ. Buchhalterin. S. 1945 kommunalpolit. tätig (16 J. Ortsaussch., 20 J. Bezirksvers., 1966-78 MdHB). S. 1931 SPD - 1979 BVK am Bde.

BÜSCHER, Otto
Dipl.-Kfm., gf. Vorstandsmitgl. Bundesverb. d. Dt. Schuheinzelhandels (1956 ff. Hauptgeschäftsf.) - Untergründemich, 5060 Bensberg-Immekeppel (T. Overath 12 41; Büro: Köln 31 51 21) - Geb. 18. Febr. 1923, ev. - Kaufm. Lehre; Reifeprüf. als Externer Wirtschaftsobersch. Stuttgart; Univ. Freiburg (Volksw.s-) u. Köln (Betriebsw.slehre) - U. a. Ref. Verb. d. Textileinzelhandels (1947 ff.) - Liebh.: Mod. Graphik (Sammler), Malen, Holzschnitzerei, Tonplastik.

BÜSCHGEN, Hans E.
Dr. rer. pol., Dipl.-Kfm., o. Prof. f. Betriebswirtschaftslehre, Dir. Sem. f. Allg. BWL u. Bankbetriebslehre, Dir. Inst. f. Bankwirtschaft und -recht Univ. Köln, Dir. Forsch.inst. f. Leasing Univ. Köln - Birkenweg 83, 5000 Köln 50 (T. 02233 - 2 36 17) - Geb. 11. Nov. 1932 Schwelm - BV: u. a. Wertpapieranalyse, 1966; Betriebl. Finanzpolitik im Hinblick auf d. Konjunkturabschwung, 1967; D. dt. Geldmarkt, 1969; D. Unternehmen im Konjunkturwandel, 1971; D. Universalbankensystem, 1971; Rentabilität u. Risiko d. Investmentanlage, 1971; Universalbanken od. spezialis. Banken als Ordnungsalternativen, 1972; Bankbetriebslehre, 3. A. 1991; Grundriß d. Bankbetriebslehre, 1973; Einführung in d. Bankbetriebslehre, 1976; Grundl. betriebl. Finanzwirtsch., 3. A. 1991; Bankbetriebslehre, 1989; Betriebl. Finanzwirtsch., 1981; Bankunternehmensführung, 1981; D. Großbanken, 1983; Intern. Finanzmanagement, 1986; D. kleine Börsenlexikon, 19. A. 1991; Zinstermingeschäfte, 1988. Herausg.: Geld, Kapital u. Kredit - Festschr. z. 70. Geburtstag v. Heinrich Rittershausen (1968); Handwörterbuch d. Finanzwirtschaft (1976); Handbook of German Business Management (1989); Handb. d. Intern. Bankgeschäfts (1989). Mithrsg.: Zeitschr. f. Betriebswirtsch.; bank und markt; ZBB Ztschr. f. Bankrecht u. Bankwirtsch.

BÜSCHGENS, Hans
Generalstaatsanwalt in Düsseldorf - Sternwartstr. 31, 4000 Düsseldorf 1 - Geb. 9. Juli 1933.

BÜSCHGES, Günter
Dr. rer. pol., Dipl.-Kaufm., o. Prof. f. Soziologie, Dir. Inst. f. Freie Berufe Univ. Erlangen-Nürnberg, u. Inst. f. emp. Soziologie, Nürnberg - Urlasstr. 38c, 8560 Lauf/Pegnitz (T. 09123 - 1 38 79) - Geb. 4. Sept. 1926 Weidenau/ Sieg, kath., verh. s. 1954 m. Gretel, geb. Felix, 3 Kd. (Beatrix, Birgitta, Ansgar) - BV: Prakt. Organisationsforsch. (m. P. Lütke-Bornefeld), 1977; Einführung in d. Organisationssoziol., 1983; Privater Haushalt u. Neue Armut (m. J. Wintergest-Gaasch), 1988. Herausg.: Aspekte d. Berufswahl in d. mod. Ges. (m. U. Lange, 1975); Organisation u. Herrschaft (m. W. Raub, 1976); Soz. Bedingungen, individ. Handeln, soz. Konsequenzen (1985).

BÜSING, Arthur
Rechtsanwalt u. Notar - Marktstr. 3, 2800 Bremen (T. 32 53 37) - Geb. 14. Febr. 1928 Bremen, ev.

BÜSSE, Helmut
Dr. theol., o. Prof. f. Liturgiewissenschaft u. Pastoraltheol. Univ. Freiburg (s. 1975) - Werthmannpl. 3, 7800 Freiburg/Br. - Geb. 20. Febr. 1930 Düsseldorf.

BÜSSELBERG, Wolfgang
Rechtsanwalt, Direktor Deutsche Bank AG, Fil. Hannover - Georgsplatz 20, 3000 Hannover 1 (T. 0511 - 3 65-2 15) - Geb. 2. April 1934 Berlin - AR-Vors., stv. AR-Vors. sowie AR-Mitgl. b. e. Reihe v. namhaften Ges.

BÜSSER (ß), Friedrich-Wilhelm
Dr. rer. nat., Prof. f. Experimentalphysik - v.-Suttner-Str. 20, 2000 Wedel/ Holst. - Geb. 7. Juni 1939 Hamburg, ev., verh. s. 1967 m. Margot, geb. Kopmann, 2 Kd. (Heike, Karsten) - B. 1977 Doz. (Wiss. Oberrat), dann Prof. Univ. Hamburg.

BÜSSER, Heinz
Dipl.-Kfm., Generaldirektor - Schubertring 54, 2940 Wilhelmshaven (T. 6 00 89) - Geb. 16. Juni 1908 Leipzig, ev., verh. s. 1939 m. Sybille, geb. Jauerneck, 2 Töcht. (Sabine, Susanne) - Dipl.-Kfm. 1932 Berlin - S. 1932 AEG-Bereich (1964 Vorstandsmitgl., 1968 -vors., 1973 ARsmitgl. Olympia Werke AG., Wilhelmshaven). Vors. Verband der Metallindustriellen d. nordwestl. Nieders.s (1968 ff.) u. a. - Liebh.: Jagd - Spr.: Engl. - Rotarier.

BÜSSOW, Hans-Jürgen
Dipl.-Pädagoge, Referent, MdL Nordrh.-Westf. SPD-Fraktion (s. 1975; Wahlkreis 47/Düsseldorf IV) - Zu erreichen üb. Landtag Nordrh.-Westf., Postf. 11 43, 4000 Düsseldorf 1 - Geb. 1. April 1946 Bad Godesberg, verh., 1 kd. - Volkssch., Lehre, Gesellenprüf. Orthopädiemechaniker; 1968 Bildungsreifeprüf., Stud. d. Erziehungswiss. (Dipl.-Päd.) - 1975-77 Studienleit. Inst. Erwachsenenbild.: s. 1977 Ref. Hans-Böckler-Stiftg., s. 1981 beurlaubt - Mitgl. Gewerkschaft ÖTV u. d. Arbeiterwohlfahrt, s. 1985 Mitgl. Rundfunkrat WDR; s. 1971 Unterbezirksvorst. SPD Düsseldorf, s. 1984 Medienkommiss. b. d. Parteivorst. d. SPD auf Bundes- u. Landesebene, s. 1991 Landesvorst. d. SPD NRW.

BÜTIKOFER, Reinhard
Mitglied d. Landtages Baden-Württ. - Leimer Str. 20, 6900 Heidelberg - Geb. 26. Jan. 1953 Mannheim.

BÜTTNER, Gisela
Richterin a. D., MdL Rhld.-Pfalz (s. 1971); Vizepräs. Landtag Rhpf. - St. Quentinring 79, 6750 Kaiserslautern/Pf. - Geb. 27. April 1927 Halle/S. - Obersch. Francke'sche Stiftg. (Abit. 1945) u. Univ. Halle (Rechts- u. Staatswiss.). Beide jurist. Staatsprüf. (Ost u. West) - S. 1961 Land- u. Amtsgerichtsrätin (1962). CDU Halle (1945) u. Kaiserslautern (1966; 1971 Kreisvors.).

BÜTTNER, Hans Wolfgang
Dr. rer. pol., Dipl.-Kfm., Geschäftsführer Rationalisierungs-Kuratorium d. Dt. Wirtsch., Frankfurt/M. - Brückenstr. 46, 6239 Hofheim-Lorsbach (T. Büro: Ffm. 256 52 01) - Geb. 10. Febr. 1922 Berlin (Vater: Max B., Werkmstr.; Mutter: Ida, geb. Ristau), ev., verh. s. 1946 m. Christa, geb. Rieger, 2 Töcht. (Franziska, Gisela) - WH Berlin - 1950 DGB (Bundesvorst.); 1961 RKW (Geschäftsfg.) - BV: Betriebsw. u. Mitbestimmung, 1966 - Spr.: Engl., Franz., Ital.

BÜTTNER, Helmut
Dr. phil. nat., o. Prof. f. Theoret. Physik Univ. Bayreuth (s. 1975) - Havelstr. 3, 8580 Bayreuth - Geb. 3. Jan. 1939 Kiel (Vater: Karl-Alexander B., Baurat; Mutter: Margrit, geb. Peine), ev., verh. s. 1966, T. Birke - Goethe-Gymn. u. Univ. Frankfurt (Dipl.-Phys. 1964; Promot. 1966) - 1967-71 Wiss. Mitarb. Battelle-Inst. Frankfurt; 1971-75 Wiss. Rat u. Prof. Univ. Dortmund. Üb. 100 Facharb. - Spr.: Engl., Franz.

BÜTTNER, Karl
Ltd. Regierungsdirektor, Präsident Landeskriminalamt Rheinland-Pfalz - Valenciaplatz 1-7, 6500 Mainz.

BÜTTNER, Manfred
Dr. rer. nat., Dr. phil., Dr. theol., Prof. f. Kulturgeographie u. Gesch. d. Geogr. Univ. Bochum/Abt. f. Geowiss. - Kiefernweg 40, 4630 Bochum - Geb. 29. Juni 1923 Österfeld/W. - Univ. Münster; Landesmusiksch. ebd.; Folkwang-Sch. Essen. Promot. 1954 (ph.), 58 (r. n.), 64 (th.) Münster; Habil. 1970 Bochum - Privatmusiklehrer; Leit. Gelsenkirchner Kantorei; Assist. Univ. Münster (Theol.) u. Bochum (Geogr.) - Leit. Forschungsst. z. Geschichte d. Geographie Geograph. Instit. Ruhr-Univ. u. d. Arbeitsgruppe d. Bundesrep. d. IGU-Commission on the History of Geographical Thought; Chairman Intern. Working Group on the Geography of Belief-Systems/Geogr. d. Geisteshaltung; Leit. Forsch.stelle z. Religionsgeogr. Bochum; gf. Leit. Bundesdt. Arbeitsgr. z. Gesch. d. Geowiss.; Vors. Arbeitskr. Religionsgeogr. Zentralverb. d. Dt. Geographen, u. Ges. z. Förd. d. Religion/ Umwelt-Forsch., Bochum; Vorst.-Mitgl. Arbeitskr. Religionsgeogr. in d. Dt. Vereinig. f. Religionsgesch.; Mitgl. Koordinationsteam Interdiszipl. Arbeitsgr. z. Religion-Umwelt-Forsch./Interdisciplinary Working Group on Religion-Environment-Research; Geschäftsf. interdiszipl. Arbeitskreis z. Umwelttheol. - Ehrenmitgl. Working Group on the History of Geographical Thought of the Intern. Geographical Union and the Intern. Union of the History and Philosophy of Science - BV: u. a. D. Geographia generalis vor Varenius, 1973; Regiert Gott d. Welt?, 1975. Herausg.: Abhandlungen u. Quellen z. Gesch. d. Geographie u. Kosmologie (1979ff.); Geographia religionum (1985ff.); Abhandlungen z. Gesch. d. Geowiss. u. Religion/Umwelt-Forsch. (1988ff.).

BÜTTNER, Rudolf
Dr. rer. nat., Prof. f. Didaktik d. Chemie - Herrenweg 20, 6944 Hemsbach - Geb. 17. Juli 1936 Viernheim (Vater: Dr. med. Walter B., Arzt; Mutter: Erna, geb. Rudershausen), kath. - Gymn. Viernheim; Univ. Innsbruck u. Heidelberg (Chemie, Psych., Päd.). Staatsex. 1961 (Heidelberg) u. 65 (Karlsruhe); Promot. 1963 Heidelberg - 1964-68 Stud. Ass., 1968-69 Wiss. Assist. PH Karlsruhe; s. 1969 Doz. u. Prof. (1972) PH Heidelberg - Spr.: Engl., Franz., Ital. - Bek. Vorf.: Seelmann, Coburg (um 1300).

BÜTTNER, Walter
Fabrikant, Geschäftsf. Büttner Stahl- u. Maschinenbau GmbH. u. MAN-Büttner Lager- u. Systemtechnik GmbH., München - Luitfriedstr. 1, 8000 München 50 - Geb. 14. Juni 1931.

BUGARCIC, Helmut
Dr.-Ing., o. Prof. f. Spurgebundene Fahrzeuge TU Berlin (s. 1975) - Salzufer 17-19 (Inst.), 1000 Berlin 10; priv.: Kurfürstendamm 92, 31 - Geb. 3. Febr. 1931 Mokrin/Jugosl. (Vater: Lazar B.; Mutter: Helene, geb. Kreuter), kath., verh. s. 1957 m. Margot, geb. Meier - 1950 Kraftfahrzeug-Handw.; 1954 Ing./grad. (Maschinenbau); 1959 Dipl.-Ing. (Maschinenbau); Promot. 1965 (Spez. Arbeitsgeb.: Stadtschnellbahntechnik) - 1964-75 Abt.leit., Hauptabt.leit. u. Prok. U-Bahn-Fahrzeugtechnik bei d. Hamburger Hochbahn AG, zusätzl. Leit. Fahrzeugentwickl. u. -instandhaltung sow. Prok. bei d. Eisenbahnges. Altona-Kaltenkirchen-Neumünster (AKN).

BUGGISCH, Werner
Dr. rer. nat., Prof. f. Geologie Univ. Erlangen - Zu erreichen üb.: Inst. f. Geologie u. Mineralogie, Universität, Schloßgarten 5, 8520 Erlangen (T. 09131 - 85 26 16) - Geb. 2. Dez. 1943 Bensheim-Auerbach - Stud. Geol. TH Darmstadt (Dipl. 1968, Promot. 1971, Habil. 1976) - 1972-80 Doz. TH Darmstadt, 1980-82 Heisenbergstip., s. 1982 Lehrst. f. Geol. in Erlangen. Zahlr. Fachaufs. in wiss. Ztschr.

BUGGLE, Franz
Dr. phil., Dipl.-Psych., o. Prof. f. Psychologie - Selzenstr. 13, 7800 Freiburg/ Br. Au - Geb. 18. Aug. 1933 Freiburg - Univ. Freiburg u. München - S. 1969 Lehrtätigk. Univ. Hamburg (Doz.), Regensburg (1970 Prof.), Freiburg (1974 Ord.) - BV: Heutige dt. Univ.studenten, 1965; Hamburger Neurotizismusskala f. Kinder u. Jugendl., 1972; Psych.-Gegenst., Method., soz. Rahmenbeding., 1974; Veränd. v. Schülerverhalten, 1976; Entwicklungspsychologie J. Piagets, 1985 - Spr.: Engl., Franz.

BUGL, Josef
Dr. phil., Prof., Physikochemiker, Direktor Asea Brown Boveri, Honorarprof. an d. TU Chemnitz, Forsch.zentrum Technikfolgen-Umwelt - Elisabeth-von-Thadden-Str. 7, 6800 Mannheim 1 - Geb. 24. Dez. 1932 Weiden/Opf., kath., verh., 2 Kd. - Gymn. Weiden; Univ. Innsbruck (Physik, Chemie). Promot. 1960 - 1960-65 Battelle Memorial Inst. Columbus/ USA (wiss. Arb. i. A. EURATOM); 1966-70 EURATOM (wiss. Ref. u. Leit. Projektabt. Petten/Niederl.); 1971-80 BBC Mannheim (Leit. Stabsabt. Kraftwerke/Nukleartechnik); 1976-80 MdL Bad.-Württ.; 1980-87 MdB. Obmann d. CDU-CSU/Bundestagsfrakt. im Aussch. f. Forsch. u. Technol; 1985-87 Vors. d. Enquete-Kommiss. Technol.folgenabschätzung; s. 1987 stv. Vors. Bundesfachaussch. Forsch. u. Technol. d. CDU; Vors. d. Energieaussch. im LVI; Mitgl. im Energiebeirat Baden-Württ. - BVK I. Kl.

BUGLA, Gerhard
Syndikus, Mitgl. Brem. Bürgerschaft (s. 1967), Vizepräs. d. Brem. Bürgersch. (s. 1970), Aufsichtsr.-Mitgl. Stadthallen GmbH - Gustav-Deckwitz-Str. 72, 2800 Bremen 61 - Geb. 22. Mai 1921 Breslau, verh., 1 Kd. - Volkssch. Breslau; 1935-38 Lehre Anwaltsb.; 1956 Akad. d. Arbeit Frankfurt/M., 1938-45 Wehr- u. Kriegsdst.; 1945-56 Chemiefacharb.; s. 1957 Angest. DGB Kreis Bremen (1960 Leit. Rechtsst.); SPD s. 1955. S. 1968 Syndikus d. Wirtschaftskammer Bremen.

BUHL, Olaf
Journalist, stv. Magazinleiter (Studio I) u. Moderator ZDF (s. 1988) - Majoranweg 7, 6200 Wiesbaden (T. 0611 - 56 19 15) - Geb. 4. Jan. 1953 Wiesbaden, kath., led. - Abit. 1971; Stud. Medizin, Jura; Staatsex. 1977 in Anglistik u. Politologie - Fernsehvolont. ZDF, b.

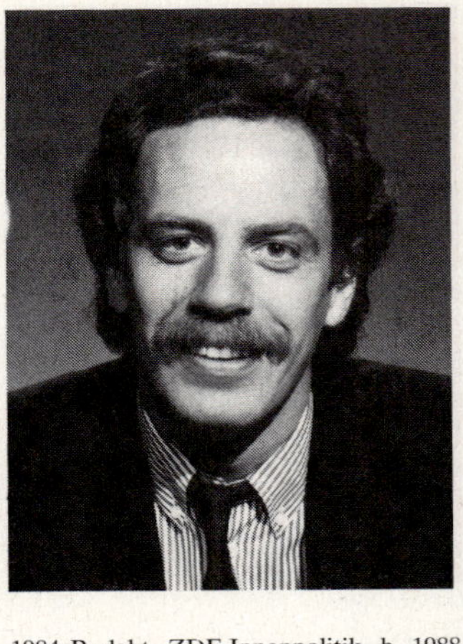

1984 Redakt. ZDF-Innenpolitik, b. 1988 Korresp. im ZDF-Studio Bonn - 1992 Stip. d. amerik. Botsch. - Liebh.: Musik, Sport - Spr.: Engl., Franz.

BUHL, Wolfgang
Dr. phil., Prof. - Schnaittacher Str. 10, 8500 Nürnberg (T. 50 23 44) - Geb. 15. April 1925 Zwickau/Sa. (Vater: Fritz B., Lehrer; Mutter: Else, geb. Schäfer), ev., verh. s. 1959 m. Renate, geb. Thume - Obersch. Zwickau/Sa.; German., Gesch., Theatergesch., Philos. Univ. Erlangen. Promot. 1950 - 1953-63 Redakt. Feuilleton Nürnb. Nachr., dann b. 1978 Leit. Abt. Wort Studio Nürnberg BR, 1978-90 Leiter d. Studios - BV: Äpfel d. Pegasus, 1953; Franken, e. dt. Miniatur, 1978; Lob d. Provinz, 1984; Pflaumen d. Pegasus, 1985; Schneller als Schmerz, 1985; Überall ist Franken, 1989; Verachtet mir d. Sachsen nicht, 1991. Herausg.: Barock in Franken (1969), Fränkische Städte (1970), Fr. Klassiker, Poetisches Fr. (1971), 7 x Nürnberg (1972), Karoling. Fr. (1973), Kleine Städte am Main (1975), D. Nürnberger Christkindlesmarkt (1976), Bäder in Franken, Michael Mathias Prechtl (1981), Macht När su weida (1983), Panorama Franken (1984), Fr. Reichsstädte (1987); Franken im Rokoko (1989) - Honorarprof. f. Publiz. Univ. Erlangen-Nürnberg; Mitgl. PEN, Kästner-Ges. (München) - Spr.: Engl.

BUHLMANN, Günther
Lic. jur., Stadtdirektor Mönchengladbach - Aachener Str. 2, 4050 Mönchengladbach 1 - Geb. 2. Nov. 1929 Duisburg (Vater: Otto B.; Mutter: Magdalena, geb. Fabry), kath., verh. m. Evamarie, geb. Hückstedt, 2 Kd. (Urs, Bettina) - Univ. Tübingen, Bonn, Münster, Hochsch. f. Verwaltungswiss. Speyer, Univ. Bern (Gr. jurist. Staatsprüf., 1. u. 2. jurist. Prüf. Bern) - 1960-66 Dezern. u. Ref. Reg. Düsseldorf, Innenmin. NW, Finanzmin. NW, zul. Regierungsdir., s. 1966 Kommunaldst. Vors. Kurat. Dt. Altershilfe-Wilhelmine-Lübke-Stiftg., Sozial- u. JugendA Städtetag NW; Mitgl. in Gremien d. Städtetags, d. Bundes u. fr. Träger - Bek. Vorf.: Dr. Franz Heinrich v. Fabry, Kurköln. Hofkammerpräs. (†1702).

BUHMANN, Hans
Dipl.Ing. (agr.), Dipl.-Finanzwirt (FH), MdL Schlesw.-Holst. (s. 1975) - Moorlandsweg 17, 2216 Schenefeld (T. 0431 - 5 96-21 88; priv.: 04892 - 2 52) - Geb. 21. März 1936 Schenefeld (Eltern: Otto u. Anne B.), ev., verh. s. 1963 m. Helga, geb. Kriszun, 2 Kd. (Imke, Volker) - Gymn.; landw. Lehre; Landw.sch.; Höh. Landbausch. Gehilfen- u. Meisterprüf.; Dipl.-Ing. (agr.), Vorb.dst. Finanzverw., Steuerinsp.; Betriebsprüfer, Dipl.-Finanzwirt (FH) - S. 1967 Geschäftsf. u. Dir. (1974) Kreisbauernverb. Steinburg. 1970ff. Gemeinderatsmitgl. u. Bürgerm. (1974) Schenefeld; Vorsteher Alten- u. Pflegeheim Schenefeld; Amtsvorsteher Amt Schenefeld; Vorst. Zweckverb. Landspark. Schenefeld. 1970-90 Kreistag, s. 1960 CDU (1980-87 Kreisvors.).

BUHR, Gerhard
Dr. phil., Prof. f. Neuere deutsche Literaturgeschichte - Goethestr. 25, 6901 Wiesenbach (T. 06223 - 4 67 17) - Geb. 15. Okt. 1940 Bremen (Vater: Hans B., kaufm. Angest.; Mutter: Elisabeth, geb. Gloatz) - Stud. German. u. Angl. Freiburg u. Glasgow - BV: Hölderlins Mythenbegriff, 1972; Celans Poetik, 1976 - Spr.: Engl.

BUHR, Lothar
Dipl.-Kfm., Wirtschaftsprüfer u. Steuerberater Bayer. Treuhand AG - Zu erreichen üb. Oskar-von-Miller-Ring 35, 8000 München; u. Am Höfle 57, 8912 Kaufering - Geb. 12. Juni 1929 Neuwied, ev., verh. s. 1956 m. Lieselene, geb. Monreal, T. Christine - Univ. Köln (Dipl.-Kfm.) - 1971-74 Gf. Plettenberger Drahtges. mbH., Brambauer, u. Deckenwerk Schlewecke Werke GmbH., Schlewecke; 1974-75 Gf. Dt. Gerätebau GmbH., Salzkotten (Vors.); 1974-82 Vors. d. Geschäftsfg. Bayer. Flugfabrik GmbH, Landsberg/Lech.

BUHR, Walter
Dr. rer. pol., Univ.-Prof. f. Volkswirtschaftslehre (Lehrst. II) Univ.-GH Siegen (s. 1973) - Am Schieferberg 9, 5900 Siegen 1 - Geb. 27. Aug. 1938 Bremen (Vater: Hans B., kaufm. Angest.; Mutter: Elisabeth, geb. Gloatz), ev., verh. s. 1967 m. Inge, geb. Kaden, 3 Kd. (Kerstin, Jan, Henning) - 1949-57 Obersch. Hermann-Böse-Str. u. Wirtschaftsobersch. Bremen (ab 1954); 1957-61 Univ. Glasgow (UK) u. Freiburg/Br. Promot. 1965 Freiburg; Habil. 1972 Kiel - Zul. Wiss. Assist. Univ. Kiel. 1968-70 USA-Aufenth. (Berkeley) - BV: Dualvariablen als Kriterien unternehmer. Planung, 1967; D. Rolle d. materiellen Infrastruktur im regionalen Wirtschaftswachstum, 1975; Konkurrenz zw. kl. Regionen, 1978 (hrsg. m. P. Friedrich); Stadtentwicklungsmodelle, 1981 (m. R. Pauck); Lectures on Regional Stagnation, 1981 (hrsg. m. P. Friedrich); Regional Development under Stagnation, 1981 (hrsg. m. P. Friedrich); Wirtschaftstheoret. Aspekte d. Isolierten Staates. Beitr. z. 200. Wiederkehr d. Geb. v. Johann Heinrich v. Thünen. Heft 6 Ztschr. f. Wirtsch.- u. Soz.wiss., 103. Jg., 1983 (hrsg. m. A. Woll) - Spr.: Engl., Franz.

BUHSE, Günter
Dr. rer. nat., Prof. (Fischereikunde) Univ. Göttingen (s. 1968) - Riedwiesen 49A, 3500 Kassel-Kirchditmold (T. 0561 - 6 84 35) - Geb. 5. Dez. 1911 Neustettin (Vater: Gustav B., Arch.), verh. s. 1942 m. Ursula, geb. Leschke, Apoth. - Stud. Chemie, Physik, Biol. Greifswald Baton Rouge, La, USA u. Berlin; Promot. - Hon.-Prof. Univ. Göttingen. Üb. 100 Veröff. - Ca. 14 Ehrungen, u.a. 1984 BVK am Bde.

BUHSE, Karl-Heinrich
Vorstandsmitglied SCHLESWAG AG, Rendsburg - Esmarchstr. 63, 2240 Heide - Geb. 3. Okt. 1932 Kiel, verh. m. Karen, geb. Ströh.

BUISSON, Ludwig
Dr. phil., Dr. h. c., em. o. Prof. f. Mittlere u. Neuere Geschichte Univ. Hamburg - Mövenstr. 1, 2000 Hamburg 60 (T. 47 25 14) - Geb. 12. Juni 1918 Karlsruhe (Vater: Prof. Dr. phil. Erich B., Oberstud.dir.; Mutter: Emilie, geb. Brand), ev., verh. s. 1976 m. Prof. Dr. phil. Inge, geb. Wolff - Promot. 1951 Freiburg; 1957 Privatdoz. Univ. Freiburg; 1957 Univ.-Doz. Univ. Marburg/Lahn; o. Prof. 1961 Univ. Saarbrücken; 1967 Univ. Hamburg - BV: König Ludwig IX., d. Heilige, u. d. Recht, 1954; Potestas u. Caritas, D. päpstl. Gewalt im Spätmittelalter, 2. A. 1982; D. Bildstein Ardre VIII auf Gotland, 1976; Erobererrecht, Vasallität u. byzantin. Staatsrecht auf d. ersten Kreuzzug, 1985; Lebendiges Mittelalter. Aufs. z. Gesch. d. Kirchenrechts u. d. Normannen, 1988 - 1963 Mitgl. d. Kommiss. f. Saarl. Landesgesch. u. Volksforsch.; 1969 korr. Mitgl. d. Académie Nationale des Sciences, Belles-Lettres et Arts de Bordeaux; 1974 Croix de Chevalier dans l'Ordre des Palmes Académiques; 1975 Docteur h. c. Univ. Bordeaux; 1983 o. Mitgl. Joachim-Jungius-Ges. d. Wiss., Hamburg.

BULANG, Jan
MD, Dirigent u. Komponist, Musikalischer Oberleiter Sorb. National-Ensemble Jan Bulank - Erich-Pfaff-Str. 5, O-8600 Bautzen (T. 4 75 41) - Geb. 7. Sept. 1931 Ostro/Sachs., kath., 3 Kd. (Matthias, Petra-Maria, Marian) - Hochsch. f. Musik 1952-55 Leipzig, 1955-58 Weimar - Doz. am Päd. Inst.; Vors. Arbeitskr. sorb. Musikschaffender - BV: Wšón klinčeć dyrbi serbski kraj - Anthol. sorb. Musik; Towaršny spěwnik - Geselliges Liederb.; Ryma, ryma rej - Sorb. Volksliedsamml. - Lieder, Chorwerke, Tanz- u. Gesangsszenen, Ballettmusik, Orchesterwerke, Filmmusiken - 1959 u. 1966 J. B. Čišinskipreis; 1977 Kunstpr.; 1981 Nationalpr. f. Kunst.

BULHOF, Francis
Dr., Prof. f. Niederlandistik Univ. Oldenburg - Herbartstr. 15, 2900 Oldenburg - Geb. 19. Sept. 1930 Den Haag (Vater: Henri B., Beamter; Mutter: Antoinette, geb. Textor), verh. I.) 1957 m. Ilse, geb. Rutgers, II.) 1983 m. Elizabeth, geb. Daverman, 4 Kd. (Anton-Rutger, Justus, Hanno, Fransijn) - Gymn. Apeldoorn (Abit. 1949); 1949-56 Univ. Groningen (Roman. Spr.); Promot. Univ. Utrecht 1966 - 1953-66 Studienrat Groningen u. Den Haag; 1966-81 Prof. Univ. of Texas; s. 1981 Prof. f. Niederlandistik in Oldenburg - BV: Transpersonalismus u. Synchronizität, 1966; Wortindex z. Th. Manns Zauberberg, 1976; Nijhoff, Van Ostaijen, De Stijl, 1976; Over Ter Braaks Politicus zonder partij, 1980; Over Du Perrons Land van herkomst, 1980; Ter Braak, de artikelen over emigrantenliteratuur, 1981; E. unfreiwillige Seereise, 1984; Country of Origin, 1984; Anarchismus in Kunst u. Politik, 1985 - Mg. Maatschappij der Ndl. Letterkunde.

BULIRSCH, Roland

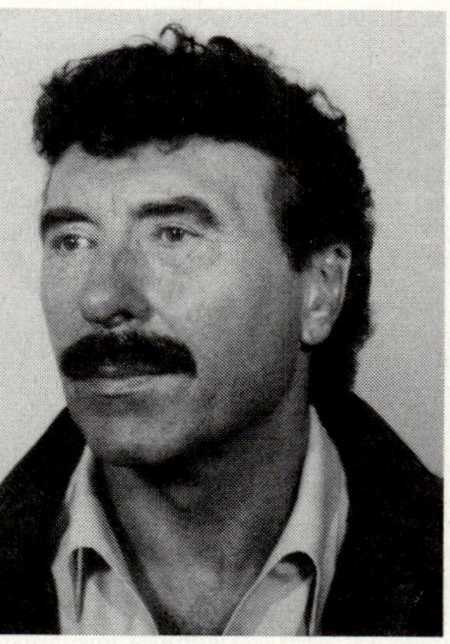

Dr. rer. nat., Dr. rer. nat. h. c., o. Prof. f. Höh. u. Numerische Mathematik - Paul-Hey-Str. 22, 8035 Gauting/Obb. - Geb. 10. Nov. 1932 Reichenberg/B., verh m. Waltraut, geb. Wittke, 2 Kd. (Vanda, Laelia) - Promot. 1961 u. Habil. 1966 München - 1967-69 Prof. Univ. of Calif., San Diego (USA); 1969-73 o. Prof. Univ. Köln, s. 1973 TU München; 1977/78, 1982/83, 1987/88, 1991/92 Visiting Prof. Univ. of Calif. (USA); 1990 Gastprof. Univ. de Costa Rica; 1980-82 Dekan Fak. f. Math. u. Informatik TU München; 1980-88 Fachgutachter u. Vors. Fachgutachter-Aussch. Math. d. DFG Bonn, 1983-87 Mitgl. Auswahlaussch. A.v. Humboldt-Stiftg., Bonn, s. 1985 Mitgl. wiss. Beirat d. Math. Forsch.inst. Oberwolfach. Zahlr. Facharb., Fachb. (m. Übers. in Engl., Ital., Poln., Chin.) - O. Mitgl. Acad. Scientiarum et Artium Europaea, Salzburg, u. d. Bayer. Akad. d. Wiss.; Ehrendoktor Hamburg.

BULL, Bruno Horst
Journalist u. Schriftst. - Bergstr. 7, 8000 München 90 (T. 089 - 691 14 08) - Geb. 17. März 1933 Stülow/Meckl. (Vater: Bruno B., Landw.) - Univ. München (German., Zeitungswiss.) - U. a. Mitarb. Kinderfunk. Üb. 100 Kinderb., dar. Kreativer Kinderalltag, D. Mäuse v. Rom (Übers. z. T. in Holl., Ital., Jap., Portugies. u. Poln.) - Spr.: Engl., Ital.

BULL, Hans Peter
Dr. jur., o. Prof. d. Rechte, Innenminister Schlesw.-Holst. (s. 1988) - Düsternbrooker Weg 92, 2300 Kiel - Geb. 17. Okt. 1936 Lübben/Spreew. - S. 1972 (Habil.) Lehrtätigk. Univ. Hamburg (1973 Ord. f. Staats- u. Verw.recht), 1978-83 Bundesbeauftr. f. d. Datenschutz - BV: Verw. durch Masch., 2. A. 1964 (Diss. 1963); D. Staatsaufg. n. d. Grundgesetz, 3. A. 1977 (Habil.schr. 1972); Allg. Verw.recht. E. Lehrb., 3. A. 1991; Datenschutz oder D. Angst vor d. Computer, 1984. Herausg.: Verw.politik (1979); Sicherheit durch Gesetze? (1987).

BULLA, Hans Georg
Dr. rer. soc., Schriftsteller, Kritiker, Erwachsenenbildung - Hellendorfer Kirchweg 54, 3002 Wedemark 1 (T. 05130 - 3 92 58) - Geb. 20. Juni 1949 Dülmen/Westf. ledig - Stud. Angl./Linguistik, Päd. u. German. Univ. Münster u. Konstanz; Promot. 1981 Konstanz - BV: Landschaft m. langen Schatten, 1978; Weitergehen, 1980; D. Schwimmer, 1982; Nachtaugen, 1983; Auf d. Landrücken, 1985; Kindheit u. Kreide, 1986; Verzögerte Abreise (m. Zeichn. v. Rolf Escher), 1986; Vogels (dt./niederl.), 1987; D. Bücher, d. Bilder, d. Stimmen, 1989; Katzentage, 1990; Verlorene Gegenden, 1990 (alles Gedichtbde.) - 1982 Marburger Förderpreis f. Lit.; 1983 Förderpreis f. Lit. Stadt Konstanz; 1985 Annette-von-Droste-Hülshoff-Preis; 1990 Nieders. Künstlerstip.

BULLA, Josef S.
Kaufmann, Geschäftsf. Wohnungsbaugesellschaft mbH Salzgitter - Schloenbachstr. 31, 3320 Salzgitter 51 (T. 05341 - 3 48 45) - Geb. 27. Okt. 1921 Zeltweg/Österr., kath., verh. s. 1949 m. Hilde, geb. Bachler, 2 Kd. (Michael, Christine) - Offz. d.R. - Zahlr. Ehrenstell., u.a. Vors. Verbandsaussch. u. Hauptaussch. Verb. nieders.-brem. Wohnungsuntern., Hannover; stv. AR-Vors. NT Nordwestd. Treuhandges. mbH, Hannover; 1. Vors. Verkehrsverein Salzgitter - 1977 BVK; 1981 Ehrenmed. gemeinn. Wohnungswirtsch. - Spr.: Franz., Engl. - Mitgl. Lions Club Intern.

BULLERJAHN, Jens
Elektroing., MdL Sachsen-Anhalt (s. 1990) - Bahnhofstr. 18, O-4251 Ziegelrode - Geb. 15. Juli 1962 Halle, verh. s. 1984 m. Kerstin, geb. Weiner, 2 Söhne (Toni, André) - Lehre Elektriker; Fachsch. Elektroing. Magdeburg - S. Okt. 1990 Mdl, wirtsch.polit. Sprecher d. Fraktion, Obmann im Aussch. Wirtsch., Verkehr, Technol. - Liebh.: Lit., Musik (elektron.).

BULLING, Burchard
Dipl.-Bibl., stellv. Direktor Hamburger Öfftl. Bücherhallen (1974-89) - Am Distelkamp 1b, 2800 Bremen 33 - Geb. 23. Jan. 1926 Bremen (Vater: Burchard B., Komponist; Mutter: Cäcilie, geb. Betke, Gesangslehrerin), ev., verh. s. 1951 m. Rotraut, geb. Müller, 3 Kd. (Klaudia, Petra, Wolf Burchard) - Fachhochsch. Hamburg (Dipl.ex. 1962) - 1947-58 Musiker Radio Bremen, 1963-72 Gründer u. Leit. Musikbibl. Bremen, 1972-74 Leit. Zentralbibl.; 1969-76 Vors. Arb.kr. Öfftl. Musikbibl., 1970-76 Generalsekr. dt. Verein. d. Musikbibl. - BV: Tonkünstlerlexikon (2 Bde. 1974-78); Fagott-Bibliogr. (1989).

BULLINGER, Hans-Jörg
Ordinarius f. Arbeitswissenschaft u. Technologiemanagement Univ. Stuttgart, Leit. d. Inst. f. Arbeitswiss. u. Techno-

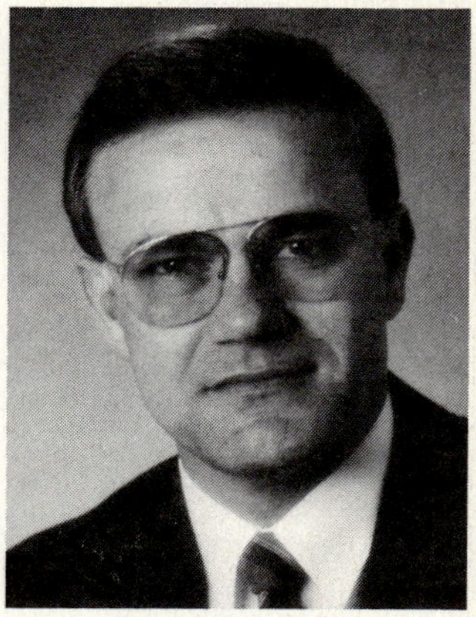

logiemanagement (IAT) d. Univ. Stuttgart u. d. Fraunhofer-Inst. f. Arbeitswirtsch. u. Org. (IAO), Stuttgart - Nobelstr. 12, 7000 Stuttgart 80 (T. 0711 - 9 70-20 00) - Geb. 13. April 1944 Stuttgart, verh. s. 1966 m. Margarita, geb. Jäger, 3 Kd. (Alexander, Alexandra, Angelika) - 1959-62 Lehre Daimler-Benz, Stuttg.; 1960-62 Gew. Berufs- u. Fachsch. Stuttgart; 1963-66 TO Stuttg.; 1966-71 Stud. Fertigungstechn. Univ. Stuttgart; Dipl.-Prüf. 1971; Dr.-Ing. Promot. 1974, Habil. 1978, Stuttg. - 1962-64 Betriebsmech. Daimler-Benz, Stuttg., 1968-79 Assist. industrienahe Forschung; s. 1979 Dir. d. Fraunhofer-Inst. f. Produktionstechn. u. Automatisier.; s 1980 Prof. f. Arbeitswiss. Fernuniv. Hagen; s. 1981 geschäftsf. Dir. Fraunhofer-Inst. - BV: Integrierte Bürosysteme; Menschengerechte Arbeitsmittel, Verf.: Bullinger, Solf; Testanwendung in d. Arbeitswelt: Verf.: Bullinger, Stenzl, Kohl; Systemat. Montageplanung (Hrsg. Bullinger); Toward the Factory of the Future; Wettbewerbsvort. d. Informationsmanagement; D. CIM-fähige Fabrik - 1966 Scheffel-Preis Volksbd. f. Dichtung; 1978 Otto-Kienzle-Gedenkmünze Hochschulgruppe Fertigungstechn.; 1980 VDI-Ehrenring in Gold; 1986 Human Factors Society's Distingnished Foreign Colleauque Award; 1991 Ehrendoktor d. Univ. Novi Sad, 1991 Ehrenprof. d. Univ. of Science and Technology of China - Spr.: Engl.

BULLINGER, Martin
Dr. jur., Dr. h. c. (Dijon), Prof. d. Rechte Univ. Freiburg i. Br. - Altschlössleweg 4, 7801 Au - Geb. 5. April 1930 Pforzheim - Vorst.-Mitgl. Ges. f. Rechtsvergleichung, Studienkreis Presserecht u. Pressefreiheit, Frankreichzentrum d. Univ. Freiburg im Br. - BV: D. Mineralölfernleitungen, 1962; Öffentl. Recht u. Privatrecht, 1968; Kommunikationsfreiheit im Strukturwandel d. Telekommunikation, 1980; Landesmediengesetz Baden-Württ., Kommentar (m. Ch. Gödel), 1986; Beschleunigte Genehmigungsverfahren f. eilbedürftige Vorhaben, 1991 u. a. - Verdienstmed. Land Baden-Württ.

BULST, Neithard
Dr. phil., Prof. f. Allg. Geschichte m. bes. Berücks. d. Sozial- u. Verfassungsgesch. d. Späten Mittelalters u. d. Frühen Neuzeit Univ. Bielefeld (s. 1978) - Trakehnerweg 8, 4800 Bielefeld - Geb. 14. Juli 1941 Berlin (Vater: Prof. Dr. phil. Walther B., Ord. f. Lat. Philol. (s. XVII. Ausg.); Mutter: Dr. Marie-Luise, geb. Thiele), ev., verh. s. 1966 m. Helga, geb. Beer, S. Friedrich Wenzel - BV: Untersuch. z. d. Klosterreformen Wilh. v. Dijon (962-1031), 1973; D. franz. Generalstände v. 1468 u. 1484, 1992. Herausg.: Familie zw. Tradition u. Moderne, 1981; Bevölker., Wirtsch. u. Ges., 1983; Medieval Lives and the Historian, 1986; Ville, bourgeoisie et la genèse de l'État moderne, 1988; Maladies et société (XIIe-XVIIIe s.), 1989.

BULST, Werner, S. J.

Prof., Dr. theol. - Nieder-Ramstädter Str. 30, 6100 Darmstadt (T. 40 61 73) - Geb. 9. Okt. 1913 Berlin, kath. - Luisen-Gymn. Berlin; Phil. u. theol. Studien München, Breslau, Frankfurt, Rom, Innsbruck, Lic. phil. 1937; Promot. 1952 - S. 1932 Jesuitenorden - BV: D. Grabtuch v. Turin - Forschungsberichte u. Unters., 2. A. 1959 (engl. (Milwaukee) 1957); Vernünftiger Glaube - D. geschichtl. Grundl. d. Glaubens an Christus, 1957; Offenbarung - Bibl. u. theol. Begriff, 1960 (engl. (New York) 1965); D. Turiner Grabtuch u. d. Christusbild, Bd. 1: D. Grabtuch, Forschungsberichte u. Unters., 1988; Betrug am Turiner Grabtuch. D. manipulierte Carbontest, 2. A. 1990 - Spr.: Engl., Franz.; Ital., Griech., Latein.

BULTMANN, Klaus

Dipl.-Kfm., Rückversicherer - Vollmannstr. 25b, 8000 München 81 - S. 1972 FRANKONA München, stv. Vorst.-Vors. Rückversich. AG.

BUMKE, Joachim

Dr. phil., o. Prof. f. Deutsche Philologie - Grünstr. 2, 5176 Inden (T. 02423 - 46 46) - Geb. 31. März 1929 Berlin (Vater: Dr. med. Erich B., prakt. Arzt; Mutter: Irmgard, geb. Günther), ev., verh. s. 1954 m. Sylvia, geb. Meyer-Wolde, 2 Kd. (Ulrike, Christian) - Stud. German. u. Gesch. Univ. Heidelberg, Uppsala, Hamburg (Staatsex. 1952), Paris, Promot. (1953) u. Habil. (1958) Heidelberg - 1954-58 Assist. Univ. Heidelberg, 1958-61 Assoc. Prof. Johns Hopkins Univ. Baltimore, 1961-65 Assoc. u. Full Prof. (1964) Harvard Univ. Cambridge, s. 1965 Ord. Freie Univ. Berlin (Dir. German. Inst.) u. Univ. Köln (1969; Dir. Inst. f. Dt. Sprache u. Lit.) - BV: Wolframs Willehalm, 1959; Wolfram v. Eschenbach, 1964; Studien z. Ritterbegriff im 12. u. 13. Jh., 1964; D. roman.-dt. Literaturbezieh. im Mittelalter, 1967; D. Wolfram-v.-Echenbach-Forsch. s. 1945, 1970; Ministerialität u. Ritterdichtung, 1976; Mäzene im Mittelalter, 1979; Höfische Kultur, 1986; Gesch. d. dt. Lit. im hohen Mittelalter, 1990.

BUMM, Karl Ernst

Dr. jur., Vorstandsmitglied i. R. ARAG Rechtsschutzversicherung AG - Moltkestr. 83, 4100 Duisburg - Geb. 26. Mai 1915 München (Vater: Karl B., Reg.rat; Mutter: Ada, geb. Ruzzini), kath. - Promot. 1952 Göttingen - Spr.: Ital.

BUND, Elmar

Dr. jur., Prof. f. Röm. u. Bürgerl. Recht, Rechtsinformatik - Spechtweg 1, 7800 Freiburg/Br. (T. 13 15 26) - Geb. 13. März 1930 Konstanz/B. - S. 1963 (Habil.) Lehrtätigk. Univ. Freiburg (1969 Prof.). Facharb.

BUND, Karlheinz

Dr.-Ing., Dr. rer. pol., Dr.-Ing. E. h., Vorsitzender d. Geschäftsfg. ENRO Energie u. Rohstoff GmbH - Huyssenallee 82-84, 4300 Essen 1 (T. 0201 - 23 36 00, 23 36 07-08) - Geb. 18. März 1925 Saarlouis, verh. m. Anni, geb. Kronenberger - Stud. TH Darmstadt (Elektrotechnik); Assist u. Doz. TH Darmstadt 1951-56; AEG Frankfurt 1956-60; Dir. AEG Berlin 1961-63; Vorst. Steag 1963-73 (ab 1966 Vorst.-Vors.); 1973-85 Vorst.-Vors. Gesamtverb. d. deutschen Steinkohlenbergbaus u. Ruhrkohle AG - 1975 Gr. BVK - Spr.: Engl., Franz.

BUNDKE, Werner

Dr. phil. nat., Akad. Direktor (Rechenzentrum), Honorarprof. f. Grundlagen u. Datenverarb. Univ. Frankfurt/M. (s. 1972) - Im Hasenwinkel 12, 6070 Langen - Geb. 22. März 1926 Neiße/OS. - Facharb.

BUNDSCHU, Hans-Dieter

Dr. med., Prof., Internist (Chefarzt) - Am Hang 2, 6990 Bad Mergentheim - Geb. 15. Febr. 1938 - S. 1973 Privatdoz., 1978 apl. Prof. RWTH Aachen/Med. Fak. (Lehrstuhlvertr. f. Inn. Med. II), s. 1980 Chefarzt Med. Klinik Caritaskrkhs. Mergentheim, Lehrkrkhs. d. Univ. Heidelberg.

BUNGARTEN, Frank

Konzertgitarrist - Hammersteinstr. 1, 3000 Hannover 1 (T. 0511-62 46 02) - Geb. 6. Mai 1958 Köln (Vater: Gerhard B., Verwaltungsdir.; Mutter: Margarete, geb. Darmstadt), kath. - Abit. 1976; 1975-82 Stud. Staatl. Hochsch. f. Musik/Rheinl., Köln; 1982 Künstl. Reifeprüf. - s. 1982 Doz. Staatl. Hochsch. f. Musik u. Theater, Hannover - 1981: 2. Preis im Bundeswettb. d. Musikhochsch. u. 1. Pr. im IV. Concurso de Interpretacion Musical Granada/Span.

BUNGARTEN, Hermann-Josef

Dipl.-Kfm., Vorstandsmitglied Landesbank Rheinl.-Pfalz (s. 1980), Große Bleiche 54/56, 6500 Mainz 1 - Geb. 15. März 1934 Freilingen.

BUNGE, Hans-Joachim

Dr. rer. nat., Dr. h. c., o. Prof. f. Metallkunde u. -physik u. Institutsdir. TU Clausthal - Ahornweg 15, 3392 Clausthal-Zellerfeld - Geb. 29. Juli 1929 Zerbst/Anh. (Vater: Otto B., Lehrer; Mutter: Ida, geb. Friedrich), verh. m. Helga, geb. Steinmetz, S. Peter - Obersch.; Maschinenschlosserlehre; Stud. Physik Halle (Dipl.-Phys. 1953). Promot. 1955 Halle; Habil. 1964 Berlin (Humboldt) - 1954 Assist. Verkehrshochsch. Dresden; 1955 Wiss. Mitarb. Inst. f. Strukturforsch. Berlin (AdW); 1968 Zentralinst. f. Festkörperphys. u. Werkstofforsch. Dresden; 1976 Stip. DFG; 1977 Prof. TU Clausthal - BV: Math. Meth. d. Texturanalyse, 1969; Quantitative Texture Analysis, 1982; Texture Analysis in Materials Science, 1982; Experimental Techniques of Texture Analysis, 1986; Theoretical Methods of Texture Analysis, 1987 - 1981 Ehrendoktor Univ. Metz - Spr.: Engl., Franz.

BUNGENSTOCK, Wilfried

Dr. jur., Rechtsanwalt, Verbandsdirektor, Geschäftsf. Genossenschaftsverb. Niedersachsen (s. 1973) - Kaiserallee 9, 3000 Hannover 1; priv.: Fritz-Schwerdtfeger-Weg 1, 51 - Geb. 1. Okt. 1938 Aerzen/Hameln (Vater: Hermann B., Bankdir.; Mutter: Ellen-Margrete, geb. Marcussen), verh. s. 1968 m. Grietje, geb. Hansen, 2 Kd. (Dietke, Ansgar) - Schiller-Gymn. Hameln; Univ. Göttingen u. Marburg (Rechtswiss.). 2. Staatsex. 1967 - B. 1971 Dt., dann Nds. Genoss.sverb. - BV: Heergewäte u. Gerade, 1966 (Diss.). Div. Einzelarb. - Liebh.: Musik, Angeln - Spr.: Engl., Neugriech.

BUNGERT, Hans

Dr. phil., Dipl. rer. pol., Prof. f. Angl. u. Präsident Univ. Regensburg - Rennweg 29, 8400 Regensburg - Geb. 8. März 1930 Mülheim/R. (Vater: Wilhelm B., kfm. Angest.; Mutter: Julie, geb. Ufers), ev., verh. s. 1960 m. Dr. Heide, geb. Hackenberg, 2 Kd. (Hartwin, Heike) - Stud. Univ. Bonn, Freiburg, Yale/USA; Promot. 1957 Freiburg; Habil. 1969 ebd. - 1969-71 Doz. Freiburg, 1971-74 Prof. Mannheim, s. 1974 Regensburg. Vorst.-Mitgl. Dt. Ges. f. Amerikastud. (1972 b. 1975 Vors.), Vorst.-Mitgl. European Assin for American Studies, Präs. Univ. Regensburg - BV: Formen d. Einsamkeit im zeitgenöss. amerik. R., 1970; William Faulkner u. d. humorist. Tradition d. amerik. Südens, 1971; D. amerik. Short Story, 1972; D. amerik. Lit. d. Gegenwart, 1977 - Liebh.: Musik, Wandern - Spr.: Engl. Franz.

BUNGERT, Klaus

Oberbürgermeister Düsseldorf (1974-79, s. 1984) - Kaiserswerther Str. 226, 4000 Düsseldorf - Geb. 18. Febr. 1926 - AR-Vors. Rhein. Bahngesellsch. AG, Düsseldorf u. Stadtwerke Düsseldorf AG; stv. AR-Vors. Düsseldorfer Messeges. NOWEA; AR Flughafen Düsseldorf GmbH; VR-Vors. Theatergemeinschaft Düsseldorf - Duisburg (Vors. im jährl. Wechsel).

BUNGERT, Wilhelm

Kaufmann, Ref. f. Spitzensport Dt. Tennis-Bund - Zu erreichen üb. DTB, Zeißstr. 13, 3000 Hannover 81 - Geb. 1939 - Zahlr. Tenniserfolge, dar. Meistersch. u. 2. Platz Wimbledon.

BUNK, Gerhard P.

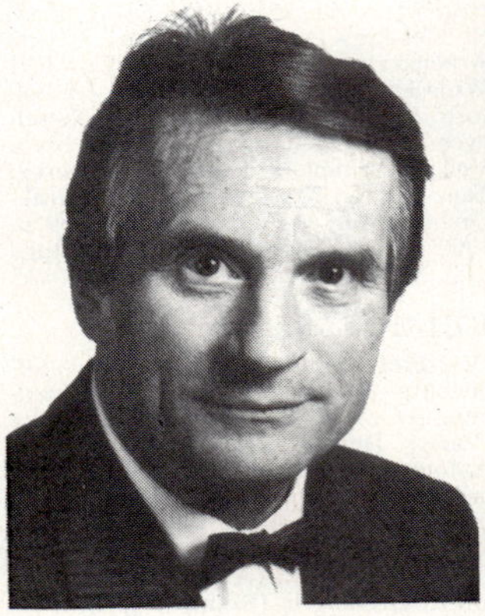

Dipl.-Kfm., Dipl.-Hdl., Dr. rer. oec., o. Prof. f. Arbeits-, Berufs- u. Wirtschaftspädagogik Univ. Gießen - Schillerstr. 40, 6302 Lich 1 - Geb. 1926 - Stud. Cottbus, Berlin, Innsbruck - Lehrtätigk. an Volks-, Berufs- u. Fachhochschulen; Industrietätigk. im Personal-, Sozial- u. Ausbildungswesen; Assist. TH Aachen. Vors. REFA-Grundsatzaussch. Arbeitspäd. (1985) - BV: Erzieh. u. Industriearbeit, 1972; Revision d. kaufm. Berufsausb., 1974; REFA-Buch Arbeitsunterweisung, 1975 (Hauptautor); Untersuchungen z. Berufsgrundbildungsjahr, 1974/76/77/78/88; Berufseingl. u. Berufsausb. Jugendlicher ohne Hauptschulabschl. (DHKT-Mod.), 1979/80/81/83/84; Ausbildungsverzicht - Ausbildungsabbruch - Ausbildungsversagen (m. A. Schelten), 1980; Einf. in d. Arb.-, Berufs- u Wirtschaftspäd., 1982; Neue Meth. u. Konzepte berufl. Bildung (m. R. Zedler), 1986; Idealität u. Realität in d. berufl. Bildung, 1990; REFA-Buch Arbeitspädagogik, 1991; Agrarpädagogik, 1991 - 1971 Hans-Constantin-Paulssen-Preis (f. d. Habil.-Schr.: D. Modellanalyse als Grundl. betriebs- u. industriepäd. Theoriebildung, 1970 TH Aachen). Herausg.: Schriftenreihe Beiträge z. Arbeits-, Berufs- u. Wirtschaftspäd. (1979). Mithrsg.: Ztschr. Päd. Rundschau (1982). Redakteur d. Ztschr.: REFA Aus- u. Weiterbildung (1989); Redaktionsmitgl. d. berufspäd. Ztschr. Shizie Zahye Jishu Jiao yo d. VR China (1989) - BVK am Bde.

BUNKE, Helga

Dr. rer. nat., Dr. sc., em. Prof. f. Mathematik, Schriftstellerin (Künstlername: Helga Königsdorf) - Mellenseestr. 16, O-1136 Berlin - Geb. 13. Juli 1938, gesch. s. 1977, 2 Kd. (Susanne, Ulrich) - Stud. Physik Jena u. Berlin; Dipl. 1961 Humboldt-Univ. Berlin; Promot. 1963 z. Dr. rer. nat. Humboldt-Univ.; Promot. 1972 z. Dr. sc. Akad. Wiss.; 1974 Prof. f. Math. - B. 1990 Leit. e. Abt. f. Wahrscheinlichkeitsrechnung u. Math. Statistik an d. Akad. d. Wiss. Emerit. 1990 - Ca. 60 wissenschaftl. Veröff. üb. statist. Differenzialgleich. u. statist. Modellbildung - BV: 10 lit. Bücher, u.a. Meine ungehörige Träume, 1978; Repektloser Umgang, 1986; Gleich neben Afrika, 1992 - 1985 Heinrich-Mann-Preis; 1989 Nationalpr.; 1992 Roswitha Gedenkmedaille.

BUNNERS, Christian

Dr. theol., Pfarrer, Dozent am Theol. Seminar Paulinum Berlin, Rundfunkprediger, Publizist - Georgenkirchstr. 69,

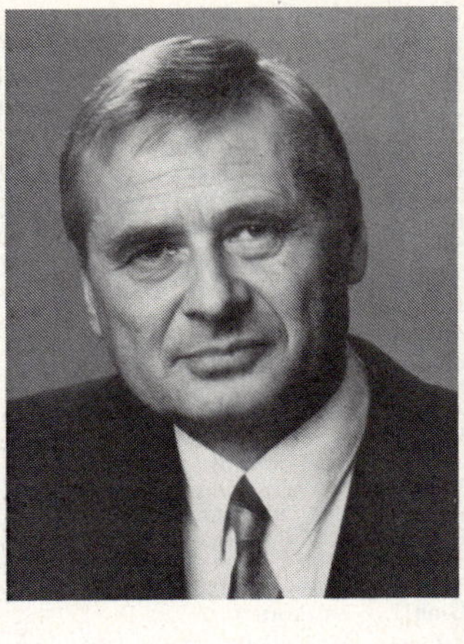

O-1017 Berlin (T. 427 19 33) - Geb. 3. April 1934 Zapel b. Schwerin (Vater: Walter B., Pastor; Mutter: Irmgard, geb. Zander), ev., verh. s. 1965 m. Regina, geb. Benckert, 4 Kd. (David C., Friederike, Katharina, Johann A.) - 1952 Organistenex. Schwerin; 1953 Abit. Waren/Müritz - Stud. Theol., Dipl. 1958 u. Musikwiss. Rostock; Promot. 1962 Rostock; Kirchl. Amtsprüf. 1963 Schwerin - Tätigk. als Organist, Journ.; 1959-65 wiss. Univ.-Assist.; 1965-75 Pastor an St. Marien Neubrandenburg/Mecklenb., s. 1968 Propst; s. 1975 Doz. in Berlin; s. 1983 Hörf.beauftr. d. Ev. Kirchen - S. 1969 Mitgl. d. Histor. Kommiss. z. Erforsch. d. Pietismus; s. 1989 Vorst.-Mitgl. d. Intern. Arb.gemeinsch. f. Hymnologie, s. 1990 d. Fritz-Reuter-Lit.ges.; s. 1990 Mitgl. d. Histor. Kommiss. f. Mecklenb., s. 1991 d. Kommiss. u. d. Fachaussch. Hörfunk b. Gemeinschaftswerk Ev. Publizistik - BV: Kirchenmusik u. Seelenmusik. Studien zu Frömmigkeit u. Musik im Luthertum d. 17. Jh., 1966; Fritz Reuter u. d. Protestantismus, 1987; Bekenntnis u. Bekennen (m. Tr. Vogel), 1987; Handb. d. Predigt (m. div. Coaut.), 1990; Paul Gerhardt. Weg-Werk-Wirkung, 1992. Mithrsg. d. Ztschr. f. Gottesdienst u. Predigt (s. 1991) - Liebh.: Regionales, Maritimes, Reisen - Bek. Vorf.: Th. u. Heinr. Mann (Großonkel).

BUNTROCK, Annemarie

Lyrikerin u. Malerin - Frohnhauser Str. 142, 4300 Essen 1 (T. 0201 - 74 46 98) - Geb. 19. April 1923 Mülheim, ledig - Mittelsch., Höh. Handelssch. - B. 1980 kaufm. Angest. im soz. Wohnungsbau; dann freisch. Arbeitsgeb.: Lyrik u. Prosa, Malerei u. Graphik, Herausgebertätigk. - BV: Und läßt das Saumtier trinken, Ged. m. Graphiken d. Autorin 1978; Stadien z. Stillwerdung, Ged. 1980; Unnahbar nah, Ged. 1981. Herausg.: Kennwort Schwalbe, Lyrik u. Prosa m. Bildbeilagen (1981); D. Ohr an d. Wurzel, Ged. m. Graphiken d. Autorin (1984); Im Sanddorn verfangen üb ich Widerstehen, Ged. m. Graphiken d. Autorin (1987); Zwischen Moräne u. Woge, Ged. m. 32 Graphiken d. Autorin (1992) - Liebh.: Literaturkritik, Musik, Meditatives Leben, Briefl. Gedankenaust., Wandern, Schwimmen, Radfahren.

BUNZ, Werner

Prof., Maler, Dozent f. Schrift u. -graphik Kunsthochsch. Hamburg - Zu erreichen üb.: Lerchenfeld 2, 2000 Hamburg 22 - Geb. 1926 - 1972 Edwin-Scharff-Preis.

BURAU, Werner

Dr. phil., o. Prof. f. Mathematik - Brahmsallee 13, 2000 Hamburg 13 (T. 45 73 79) - Geb. 31. Dez. 1906 Allenstein/Ostpr. (Vater: Regierungssekr.; Mutter: geb. Schablowski), ev. - Gymn. u. Univ. Königsberg. Promot. 1931 Königsberg; Habil. 1943 Hamburg; emerit. 1975 - 1936 Wiss. Angest. Dt. Seewarte Hamburg (b. 1944), 1943 Privatdoz., 1949 apl. Prof., 1965 Wiss. Rat u. Prof., 1970 Ord.

BURCHARD, Christoph
Dr. theol., o. Prof. f. Neutestamentl. Theologie Univ. Heidelberg - Am Pferchelhang 29, 6900 Heidelberg - Geb. 19. Mai 1931 Göttingen - Promot. 1963 Göttingen - S. 1969 (Habil.) Lehrtätig. Göttingen u. Heidelberg (1971 Ord.). Bücher u. Einzelarb.

BURCHARD, Joachim F.
Vorsitzender d. Geschäftsführung Oberpfälz. Schamotte- u. Tonwerke GmbH, Ponholz, Maxhütte-Haidhof - Amselstieg 8, 3220 Alfeld/Leine - Geb. 14. März 1935 Berlin - Spr.: Engl., Franz.

BURCHARD, Johann M.
Dr. med., Prof., Psychiater u. Neurologe - Martinistr. 52, 2000 Hamburg 20 - Geb. 7. Jan. 1927 - Promot. 1956; Habil. 1963 - S. 1970 Prof. Univ. Hamburg (Ltd. Oberarzt Psychiatr. u. Nervenklin.) - BV: Struktur u. Soziol. d. Transvestitismus u. -sexualismus, 1961; Unters. z. Struktur symptomat. Psychosen, 1965; Lehrb. d. systemat. Psychopathol. 1980, 1987 (3 Bde.).

BURCHARD, Walther
Dr. rer. nat., Prof. f. Physikal. Chemie d. Polymeren Inst. f. Makromolekulare Chemie Hermann Staudinger-Haus, Freiburg - Fichtenstr. 13a, 7803 Gundelfingen - S. 1972 Prof. Univ. Freiburg.

BURCHARD, Wilhelm-Günther
Dr.-Ing., Dipl.-Phys., Akad. Direktor RWTH Aachen - Ziegelweg 2, 5100 Aachen (T. 0241-6 25 44) - Geb. 7. Nov. 1932 Wassenberg (Vater: Anton B., Tierarzt; Mutter: Josefine, geb. Schabsky), kath., verh. s. 1965 m. Gudrun, geb. Hages, 2 T. (Susanne Elvira, Vera Antonia) - 1953-63 Univ. Bonn Physik u. Meteorol.; 1963 Dipl.-Phys.; 1969 Dr.-Ing. RWTH Aachen - 1963-71 Assist. u. wiss. Mitarb. RWTH Aachen; 1971 Leitung u. Ausbau d. Gemeinschaftslaborat. f. Elektronenmikroskopie RWTH Aachen - Zahlr. Fachveröff.

BURCHARDI, Hilmar
Dr. med., Abteilungsvorsteher Inst. Anaesthesiologie/Abt. I, Prof. f. Anaesthes. Univ. Göttingen (s. 1973) - Am Weinberg 18, 3406 Bovenden - Geb. 29. April 1937 Tondern (Dänem.), ev., verh. s. 1967 (Ehefr.: Antje), 2 S. (Jan-Erik, Kai).

BURCHARDT, Lothar
Dr. phil., Prof. f. Geschichte Univ. Konstanz - Zur Breite 18, 7753 Allensbach/B. - Geb. 7. Febr. 1939 Frankfurt/O. (Vater: Hans B., Studiendir.; Mutter: Ruth, geb. Bergenthum), ev., verh. s. 1966 m. Monika, geb. Müller-Pilgram, 3 S. (Christian, Ulrich, Erik) - Höh. Schule Eberbach/N. u. Modesto (Cal./USA); Univ. Heidelberg u. Tübingen. Promot. 1966; Habil. 1973 - 1965 Wiss. Angest.; 1969 Assist.; 1973 Doz.; 1979 Prof.; 1987 Gastprof. Univ. of Massachusetts - BV: Friedenswirtschaft u. Kriegsvorsorge, 1968; Wissenschaftspolitik im Wilhelmin. Dtschl., 1975; Hitler u. d. histor. Größe, 1979; Konstanz im 20. Jh. (Mitverf.) 1990 - Liebh.: Schreinern, Bergsteigen, Skilaufen, Schwimmen - Spr.: Engl., Franz., Lat.

BURCHHARDT, Hellmuth
Dr. phil., Prof. f. Erziehungswissenschaft, insbes. Pädagogik d. Sozialarbeit, Sozialpädagogik u. Jugendhilfe Fachhochschule Dortmund - Brockhauser Str. 105, 4630 Bochum-Stiepel.

BURCK, Erich
Dr. phil., Drs. phil. h.c., em. Prof. Univ. Kiel - Goethestr. 24, 2300 Kiel (T. 55 43 55) - Geb. 30. Nov. 1901 Grimma/Sa. (Vater: August B., Postsekr.; Mutter: Anna, geb. Lossack), ev., verh. s. 1932 m. Erika, geb. Hoppe, 2 S. (Hans-Christian, Gerhard) - Promot. 1925 Leipzig, Staatsex. 1926, Studienass. 1928 - 1932 Priv.-Doz. in Münster; 1935 ao. Prof. in Kiel; 1938 o. Prof. ebd. (1942 Dekan phil. Fak., 1945-46 u. 1961/62 Rektor) - BV: D. Erz.kunst des T. Livius, 1934; Einf. in d. dritte Dekade d. Livius, 1950; D. Frau in d. griech.-röm. Antike, 1969; V. röm. Manierismus, 1971; D. röm. Epos, 1978; Silius Italicus, 1983; V. Menschenbild in d. röm. Lit. I 1966, II 1981 - 1962 Ehrendoktor Univ. Athen, 1964 Rennes; 1967 Officier des Palmes Académiques; 1980 Carl-Diem-Plak.; 1986 Gr. BVK - Liebh.: Lit. u. bild. Kunst - Spr.: Franz., Ital., Engl.

BURCKHARDT, Jürgen
Dr., Staatssekretär Hess. Min. f. Wiss. u. Kunst - Zu erreichen üb. Min. f. Wiss. u. Kunst, Luisenplatz 10, 6200 Wiesbaden - Geb. 12. Febr. 1936 Greifswald, ev., verh. s. 1958 m. Inge, geb. Wolf, 2 S. (Jérôme, Markus) - Abit. 1954; Stud. Rechtswiss. FU Berlin (1955-57) u. Univ. Bonn (1957-60); Staatsprüf. 1961 u. 1966, Promot. 1969 - 1966-69 Wiss. Assist. Univ. Bonn; 1969 Bundesmin. f. Bildung u. Wiss., Leit. Ministerbüro K. v. Dohnanyi; zul. Ministerialdir., Leit. d. Grundsatzabt.; 1983 Rechtsanwalt in Bonn.

BURCKHARDT, Lucius
Dr. phil., Prof. f. sozioökonom. Grundlagen d. Städteplanung - Emilienstr. 18, 3500 Kassel; Angensteiner Str. 31, CH-4052 Basel (Schweiz) - Geb. 12. März 1925 Davos/Schweiz (Vater: Dr. med. Jean Louis B.; Mutter: Jenny, geb. Hoffmann), ev., verh. s. 1955 m. Annemarie, geb. Wackernagel - Univ. Basel (Promot. 1955) - 1961-72 Redakt. Ztschr. WERK; s. 1973 Prof. GH Kassel 1976-83 Vors. Dt. Werkbund, Darmstadt - BV (Mitverf.): Achtung, d. Schweiz, 1955; Reise ins Risorgimento, 1959; Bauen e. Prozeß, 1966; D. Werkbund, 1978; Grün in d. Stadt, 1981; D. Kinder fressen ihre Revolution, 1985; Design au-delà du visible, 1991; Editions du Centre Pompidou - Korr. Mitgl. Dt. Akad. f. Städtebau u. Landesplanung, Hannover; Chevalier dans l'Ordre des Arts et des Lettres - Spr.: Franz., Engl., Ital.

BURCKHART, Theo
Dr. med., Prof., Ärztl. Direktor u. Chefarzt Chir. Abteilung - Stadtkrankenhaus, 6090 Rüsselsheim - Geb. 19. Jan. 1916 Bad Homburg v.d.H. - S. 1949 (Habil.) Privatdoz. u. apl. Prof. Univ. Mainz (u. a. Chefarzt Chir. Klin.). Div. Fachveröff.

BURCZYK, Klaus
Dr. rer. nat., Prof. f. Anorg. u. Allg. Chemie Bergische Univ.-GH Wuppertal - August-Jung-Weg 35, 5600 Wuppertal 1 - Geb. 11. Nov. 1942 Glogau/Schles. (Vater: Karl B., Beamter; Mutter: Elisabeth, geb. Richter), kath., verh. s. 1970 m. Dr. Ulrike, geb. Wollany, 2 Kd. (Claudia, Christian) - TH Braunschweig (Dipl.-Chem. 1968; Promot. 1970) - 1970-71 Res. Ass. Univ. Oxford (Engl.); 1971-75 Mineralölind.; 1975-76 Akad. Rat, s. 1976 Hochschullehrer Wuppertal - Liebh.: Briefm. - Spr.: Engl., Franz.

BURDA, Aenne
Verlegerin, Leit. Verlag Aenne Burda GmbH + Co (Modezeitschr.) - Am Kestendamm 2, 7600 Offenburg/Baden - Geb. 28. Juli 1909 Offenburg, kath., war s. 1931 m. d. 1986 verstorbenen Senator Dr. Franz Burda verh., 3 Söhne (Franz, Frieder, Dr. Hubert) - Klosterschule, kaufm. Lehre. Ztschr. burda moden (s. 1987 auch in russ. Spr.), Burda Intern., Carina, Verena - 1974 Gr. BVK; 1984 Bayer. VO.; 1979 Ehrenring u. 1989 Ehrenbürgerwürde d. Stadt Offenburg;

1989 Fugger-Med. - Liebh.: Malen - Lit.: Frankf. Allg. Magazin, Heft 57, 1981.

BURDA, Hubert

Dr. phil., Verleger, alleiniger Gesellsch. u. Vors. d. Geschäftsfg. Burda GmbH, Offenburg, München, Co-Verleger ELLE-Verlag GmbH, München, Mitgesellsch. Verlag Aenne Burda GmbH & Co., Offenburg - Arabellastr. 23, 8000 München 81 - Geb. 9. Febr. 1940 Heidelberg (Vater: Dr. Franz B., Verleger; Mutter: Aenne, geb. Lemminger, Verlegerin), kath. - Abit. 1959 Offenburg, 1960-65 Univ. München (Soziol., Archäol., Kunstgesch.), Promot. 1965 - 1966-74 Verlagsleit. Bild + Funk, 1974ff. gf. Gesellsch. Burda GmbH, 1979 Vorst. Dt. Journ.schule München - Herausg.: PAN (s. 1986), ELLE (s. 1988), Forbes (s. 1990), Super IllU (s. 1990), Super tv (s. 1990), Super! Zeitung (s. 1991) - Stifter: s. 1975 Petrarca-Preis (Lyrik); s. 1977 Preis f. Kommunikationsforsch.; s. 1988 PAN-Preis f. Ausstellungsmacher.

BURDA, Wolfgang A.
Dipl.-Volksw., Vorstandsmitglied Westd. Landesbank Girozentrale Münster/Düsseldorf - Zu erreichen üb. Westd. Landesbank Girozentrale, Herzogstr. 15, 4000 Düsseldorf - Geb. 17. Aug. 1931 Köln - Gymn. Eitorf/S. u. Siegburg (Abit. 1951); Stud. Univ. Bonn (Volkswirtschaftslehre). 1954 Dipl.ex. Bonn, 1959 Verbandsprüferex. Dt. Sparkassen- u. Giroverb., Bonn - 1956-58 Kreissparkasse Bonn, 1958-65 Rhein. Spark.- u. Giroverb., D'dorf (Verbandsprüfer), 1965-68 Vorst.-Mitgl. Kreisspark. Münster, s. 1968 Westd. Landesbank (u. a. Geschäftsleit. Landes-Bauspark. u. 1975ff. Vorst.-Mitgl.).

BURDACH, Jörg
Dipl.-Wirtsch.-Ing., Generalbevollmächtigter SELAG, Geschäftsführer RFTSEL Nachrichtenelektronik GmbH - Zu erreichen üb. SELAG, Coldistr. 34/36, 1000 Berlin 42 (T. 030 - 70 02 23 00); u. RFTSEL, Storkower Str. 99, O-1055 Berlin (T. 420 62 09) - Geb. 20. Okt. 1935 Stendal.

BURDE, Gerhard
Dr. rer. nat., Prof. f. Mathematik Univ. Frankfurt/M. - Meisenstr. 22, 6078 Neu-Isenburg 2 - Arbeitsgeb.: 3-dimensionale Topologie, Knoten - BV: Knots (m. H. Zieschang), 1985.

BURDE, Klaus-Friedrich
Dr. rer. nat., Prof. f. Mathematik TU Braunschweig - Steinkamp 16, 3302 Cremlingen 2 - Geb. 5. März 1935 Berlin (Vater: Rudolf B., Oberstudienrat; Mutter: Agnes, geb. Sperhake), ev., verh. s. 1968 m. Eleonore, geb. Gebauer - Obersch. Brake; Univ. Göttingen (Math.). Promot. 1964 Göttingen; Habil. 1970 Braunschweig - S. 1966 Braunschweig (Wiss. Assist., 1970 Doz., 1972 Wiss. Rat u. Prof.). Stip. DFG.

BURDE, Wolfgang
Dr., Prof. f. Musikwiss. Hochschule d. Künste Berlin - Kaiser-Friedrich-Str. 3a, 1000 Berlin 10 - Geb. 18. Okt. 1930 Berlin - BV: Heinz Friedrich Hartig, 1967; Studien z. Mozarts Klaviersonaten, 1969; Igor Strawinsky, 1984. Herausg.: Aspekte d. Neuen Musik (1968); Igor Strawinsky, Schriften u. Gespräche I/II (1984/86); Weltmusik Korea (1985). Fernsehfilm: Gruppe Neue Musik Berlin (SFB 1985) - Spr.: Engl., Franz.

BURDENSKI, Wolfhart
Dr. jur., Bundesrichter a. D., Rechtsanwalt - Am Hohlacker 61, 6000 Frankfurt 50 (T. 069 - 54 60 60) - Geb. 12. April 1915 Königsberg/Pr., verh. I) m. Susi, geb. Winterer †, II) m. Dr. med. Gudrun, geb. Wickmann, 3 Kd. (Dr. rer. nat. Siegfried, Dr. jur. Wolfhart, Jürgen) - Zul. Senatspräs. LSG Hamburg.

BURG, von der, Detlev
Mitglied Board of Directors Allianz Europe Ltd., Amsterdam - Zu erreichen üb. Königinstr. 28, 8000 München 44 - VR Allianz France S.A. d'Assurances IARDT, Paris, Allianz France S.A. d'Assurances sur al Vie, Paris, Allianz RAS Holding France S.A., Paris, La Fondiaria, Florenz, RAS (France) S.A., Paris, Rhin et Moselle Assurances Françaises Cie. d'Assurances sur la Vie S.A., Straßburg, Riunione Adriatica di Sicurtà S.p.A., Mailand, UNIORIAS, Rom, VIA Assurances IARD S.A. d'Assurances et de Réassurances à Primes Fixes, Paris; Via Assurances Vie, Paris, La Vigilance S.A., Paris.

BURG, Günter
Dr. med., Prof. f. Dermatologie, Direktor Dermatol. Klinik, Univ.-Spital Zürich - Gloriastr. 31, CH-8091 Zürich - Geb. 5. Febr. 1941 Mayen/Eifel (Vater: Peter B., Beamter; Mutter: Maria, geb. Deutscher), kath., verh. s. 1968 m. Dr. Doris, 2 S. (Andreas, Thomas) - Abit. Koblenz, Univ. Bonn, Marburg, s. 1969 München. Div. Publ. (Fachpresse) - Spr: Engl., Franz., Span.

BURG, Klemens
Dr.-Ing., Prof. f. Mathematik f. Technikwissenschaften GH Kassel - Am Krümmershof 23, 3500 Kassel - Zul. Wiss. Rat u. Prof. Univ. Karlsruhe.

BURGARD, Horst
Dr., Vorstandsmitglied Deutsche Bank AG - Taunusanlage 12, Frankfurt/M. - Geb. 28. Jan. 1929 - AR-Vors., stv. AR-Vors. u. AR-Mitgl. e. Reihe größ. Ges.

BURGER, Heinz Otto
Dr. phil., o. Prof. f. Dt. Philologie (emerit.) - Vogtshaldenstr. 54, 7400 Tübingen - Geb. 25. August 1903 Stuttgart (Vater: Max B., Oberbaurat; Mutter: Eugenie, geb. Lilienfein), ev., verh. m. Dr. med. Ruth, geb. Mayer-List, 4 Kd. (Doris Metzger; Dr. theol. Christoph, Dr. rer. nat. Dietrich; Agnes Klumpp) - Karlsgymn. Stuttgart; Univ. Tübingen - 1927 württ. Studienass., 1929 Lektor

Univ. Bologna, 1935 Doz. Univ. Tübingen, 1937 Doz. (Lehrstuhlvertr.), 1939 ao. Prof. TH Danzig, 1944 Univ. Erlangen, 1948 o. Prof. (1959/60 Rektor). 1961 Univ. Frankfurt. 1966 Gastprof. Univ. Lawrence/Kansas (USA). 1942-47 Wehrdst. u. Gefangensch. 1963-75 stv. Vors. in V. A. Freies Dt. Hochstift - BV: Schwäb. Romantik, 1928; Schwabentum in d. Geistesgesch., 1933; D. Kunstauffas. d. frühen Meistersinger, 1936; Gedicht u. Gedanke, 1942; D. Gedankenwelt d. gr. Schwaben, 1952, 2. A. 1978; Annalen d. dt. Lit., 1952, 2. A. 1971; Kaiser Maximilians I. Weisskunig, 1957; Schiller-Nationalausg., Bd. V 1957; Evokation u. Montage, 1961; Dasein heißt e. Rolle spielen - Studien z. dt. Literaturgesch., 1963; Renaissance, Humanismus, Reformation, 1969. Herausg.: Begriffsbestimmung d. Klassik u. d. Klass. (1971, japan. 1978); German.-Roman. Monatsschr. Mitherausg.: Hugo v. Hofmannsthal, sämtl. Werke - krit. A. (1975/80) - Lit.: Lit. u. Geistesgesch., Festgabe (1968).

BURGER, Helmut
Kaufmann, Vors. Frankfurter Getreide- u. Produktenbörse, Geschäftsf. Agrarhandel Hessen GmbH, Frankfurt - Schönblick 7, 6000 Frankfurt 56.

BURGER, L.
Geschäftsführer Drachen-Propangas GmbH. - Roßmarkt 12, 6000 Frankfurt/M. 1 - Geb. 18. Mai 1930.

BURGER, Norbert

Oberbürgermeister Stadt Köln, MdL Nordrh.-Westf. - Belvederestr. 38, 5000 Köln 41 (T. 497 12 46; Büro: Köln 221-20 22) - Geb. 24. Nov. 1932 Köln (Vater: Friedrich B., Baumeister; Mutter: Elfriede, geb. Getz), kath., verh. s. 1963 m. Annemarie, geb. Pfeifer, 3 Kd. (Chistopher, Klaus, Miriam) - Schule (Abit. 1953) u. Univ. Köln (Rechtswiss.). Jurist. Staatsex. 1957 u. 61 - 1961-63 Repetitor; 1963-73 Stadtverw. Köln (Rechtsrat, 1965 Dir. Schulverwaltungsamt, 1970 Beigeordn. f. Jugend u. Soziales); 1973-74 stv. Chef Presse- u. Informationsamtes Bundesreg.; 1974-80 Ministerialdir. im Min. f. wirtsch. Zusammenarbeit; Rechtsanw. s. 1983 - Spr.: Engl.

BURGER, Walter
Dr. jur., Dipl.-Kfm., Dipl.-Volksw. Rechtsanwalt, in Sozietät m. Steuerberater J. Beisel - Pikartenkamp 36, 2000 Hamburg 55; priv.: Lüdemannstr. 3, -52 - Geb. 29. Mai 1940.

BURGERT, Hans-Joachim
Prof., Bildhauer u. Grafiker - Lassenstr. 22, 1000 Berlin 33 (T. 030 - 826 43 48) - Geb. 8. Sept. 1928 Berlin (Vater: Dr. Helmuth B., Verlagslektor; Mutter: Margarete, geb. Fröbel), ev., verh. s. 1965 m. Benita, geb. v. Hennings, 2 Kd. (Tilman, Jonas)- S. 1954 freisch. Künstler; s. 1977 Prof. - Bild. Kunst: Skulpturen, fr. Graphik, s. 1962 Burgert Handpresse, Edition f. Handpressdrucke, Kalligraphien. Einzelausst. In- u. Ausl. - Spr.: Engl.

BURGEY, Franz
Prof. f. Grenzfragen zw. Theol. Phil. u. Naturwiss. Kath. Univ. Eichstätt (s. 1972) - Linden 21, 8157 Dietramszell (T. 08027 - 8 06) - Geb. 5. Febr. 1927 Landshut, kath. - 1947-52 Stud. d. Phil. u. Theol. Freising/München; 1952-73 tätig in Seelsorge u. Unterr. 1989 im Ruhestand - BV: Technik u. Hl. Kosmos, 1985; Predigtwerke, 1988, 89, 90; Westl. Christent. u. Technik..., 1991. Aufs. in: Techn. u. Kultur Bd. II.

BURGGRAF, Hans

Dr. med., Arzt u. Psychotherapeut, MdL Hessen (1982/83 u. s. 1991) - Klaus-Groth-Str. 36, 6000 Frankfurt/M. 1 (T. 069 - 56 13 78) - Geb. 22. Aug. 1927 Frankfurt/M., kath., ledig - Abit., Stud. Medizin, Staatsex.; Promot. (summa cum laude) in Frankfurt (Thema: D. Anfänge d. Entwicklung d. med. Radiologie in Frankfurt/M. 1896-1914) - S. 1961 als Arzt niedergelassen in Frankfurt; Alterspräs. d. Landtags; Mitgl. d. Aussch. Wirtsch. u. Technik, Wiss. u. Kunst, u. Petitionen; s. 1971 Kreisvorst.-Mitgl. d. CDU Frankfurt; 1977-91 Stadtverordn. in Frankfurt; 1975-91 Landesvors. d. Mittelstandsvereinig. d. CDU Hessen, jetzt Ehrenvors.; s. 1974 Mitgl. d. Bundesvorst. d. Mittelstandsvereinig. d. CDU/CSU; s. 1973 Mitgl. d. Bundesparteitages d. CDU - Römerplakette (Frankfurt) in Bronze, Silber u. Gold; Ehrenbrief d. Landes Hessen; BVK am Bde. - Liebh.: Musik - Spr.: Engl.

BURGHARD, Peter
Vorstandsmitglied Nürnberger Lebensversicherung AG., Nürnberg - Röthenbachstr. 49, 8503 Altdorf/Mfr. - Geb. 12. Jan. 1934 - Stud. (Dipl.-Phys.).

BURGHART, Heinz

Publizist, Chefredakteur Fernsehen d. Bayerischen Rundfunks i.R. - Bavariafilmplatz 2c, 8022 Grünwald (T. 089 - 649 21 41) - Geb. 29. Dez. 1925 Fürth/Bay. - Stud., u. a. German., Kunst- u. Zeitungsw. - S. 1950 Münchner Merkur, s. 1964 BR-Fernsehen, s. 1983 Leit. Programmber. Bayern-Inform, s. 1987 Chefredakt. Fernsehen. 1983 Vors. Freundeskr. Ev. Akad. Tutzing - 6 Bücher, u.a.: Kommunalpolitik d. Reform u. Heimat im Oberland - Bayer. VO, BVK, Med. um bes. Verdienste f. d. kommunale Selbstverw., Bayer. Verfassungsmed., Med. München leuchtet.

BURGTORF, Cornel
Rechtsanwalt, Geschäftsführer J. H. Benecke GmbH., Vinnhorst (s. 1970) - 3000 Hannover - Geb. 23. Jan. 1937, verh. - Stud. Rechtswiss. Gr. jurist. Staatsprüf.

BURHENNE, Wolfgang E.
Dr., Dr. h. c., Geschäftsführer Interparlament. Arbeitsgemeinschaft (s. 1953) - Bundeshaus, Postf. 12 01 10, 5300 Bonn 1 (T. 0228 - 269 22 12) u. Alter Marxhof, 5330 Königswinter-Oelinghoven - Geb. 27. April 1924 Hannover (Vater: Adolf B., Leit. Landeskulturamt; Mutter: Dr. phil. Clara, geb. Ditges), verh. m. Dr. jur. Françoise, geb. Guilmin, 3 Kd. (Nicolas, Falk, Raphaella) - B. 1941 Höh. Sch.; Soldat; Stud. Polit. Wiss. - 1948 Ref. Bayer. Staatsmin. f. Ernähr., Landw. u. Forsten; 1949-53 Schriftleit. Verlag; ehrenamtl.: 1976-90 Vors. Rechtsaussch., 1990 Legal Advisor IUCN; Executiv Governor Intern. Council of Envir. Law (Genf); Vors. Dt. Abwärmekomm. (1974-82); stv. Vors. E. Haub Foundation, Washington D.C.; Vors. Dt. Stiftg. f. Umweltpolitik - Herausg.: Parlamentsspiegel (1957-64), Recht u. Organisation d. Parlamente, Umweltrecht, EDV-Recht, Recht gemeinn. Organisationen, Umweltrecht der EG, Multilaterale Verträge, Denkmalrecht, Gründer d. Buchreihe Beiträge z. Umweltgestaltung (138 Bde.) - Kriegsausz.; Gr. BVK; Prix Elizabeth Haub Univ. Bruxelles; 1991 Intern. Umweltpreis d. Vereinten Nationen - Liebh.: Jagd, Technik - Spr.: Engl., Franz.

BURIAN, Peter
Dr. phil., Prof. f. Neuere u. neueste Geschichte - Bachemer Str. 103, 5000 Köln 41 (T. 40 74 26) - Geb. 7. Aug. 1931 Mähr.-Ostrau (Vater: Anton B., Dipl.-Ing.; Mutter: Felicitas, geb. Arnold), kath. - Gymn., Univ. Köln, Tübingen, Wien; Promot. Köln 1960; Habil. Köln 1973 - 1961 wiss. Angest. Herder-Inst. Marburg, 1965 wiss. Assist. Univ. Köln, 1973 Priv.doz.; 1976 apl. Prof., 1980 Prof. - BV: D. Nationalitäten in Cisleithanien u. d. Wahlrecht d. Märzrevolution 1848/49; 1962 - Spr.: Engl.

BURIAN, Walter
Dr. sc. oec., o. Prof. f. Betriebswirtsch./ Unternehmensorg. Hochschule f. Ökonomie Berlin (s. 1980) - Spreeufer 4, O-1020 Berlin (T. 242 49 47) - Geb. 29. Mai 1936 Leitmeritz, verh. s. 1955 m. Ursula, geb. Göhe, S. Hans-Holger - Abit. 1953; Stud. Wirtsch.wiss. Halle, Dipl. 1957; Promot. 1962 Berlin; Dr. sc. 1977 Berlin - 1962 Prorektor (k) TH Ilmenau; 1965 stv. Gen.-Dir. VVB Elektrogeräte Berlin, 1971 Dozent - BV: Leitungsorg. (Mitaut.) 1976, 1985 (russ. 1987); Leitung d. Wirtsch. (Mitautor), 1976, 1979, 1983; Mitarb.beteilig., 1991 - Liebh.: Lit., Goethe-Ges. in Weimar - Spr.: Russ., Engl.

BURK, Michael
Schriftsteller - Habermannstr. 6, 8022 Grünwald/Obb. - Geb. 7. Sept. 1928 Erlangen, verh. s. 1966 m. Gabriele, geb. Bastian, 2 S. (Daniel, Marcel) - Div. Romane, zul. Keine Stunde zuviel, 1975; Träume haben ihren Preis, 1976; D. gold. Karussell, 1979; Nimm wenigstens d. Liebe, 1980; Aller Menschen Sehnsucht, 1981; B. auf d. nackte Haut, 1981; Silbern strahlt d. Horizont, 1982; Auf einmal ist Hoffnung, 1982; Nur d. Schöne zählt, 1984; E. Geheimnis braucht d. Mensch, 1985; Du hast vielleicht nur e. Chance, 1986.

BURKARD, Rainer Ernst
Dr. phil., o. Prof. f. Mathematik - St. Peter Pfarrweg 8a, A-8010 Graz/Österreich (T. 0316 - 47 53 77) - Geb. 28. Jan. 1943 Graz/Österr. (Vater: Otto B., Univ.Prof.; Mutter: Herta, geb. Waidbacher), kath., verh. s. 1969 m. Dr. Heidemarie, geb. Knobloch, 3 Kd. (Michael, Reinhild, Thomas) - Univ. Graz u. Wien - 1973-81 o. Prof. Univ. Köln, s. 1981 o. Prof. TU Graz (Österreich). 1981-85 stv. Vors. Ges. f. Math., Ökonomie u. Operations Research; 1986-88 Präs. Österr. Ges. f. Operations Research; 1985-89 Editor in chief Ztschr. Operations Research - BV: Methoden d. ganzzahligen Optimierung, Wien 1972; Assignment and Matching Problems: Solution methods with FORTRAN routines, 1980 - 1971 Förderpreis Österr. Math. Ges.; 1991 Wissenschaftl. Preis d. Ges. f. Mathematik, Ökonometrie u. Operations Research (GMÖOR).

BURKARDT, Friedhelm
Dr. rer. nat., Dipl.-Psych., Prof. f. Arbeitspsychologie Univ. Frankfurt/M. (s. 1973) - Gneisenaustr. 97, 4330 Mülheim/Ruhr-Heißen - Geb. 4. Aug. 1929 Castrop-Rauxel (Vater: Wilhelm B., Lehrer; Mutter: Adele, geb. Seebohm), kath., verh. s. 1957 m. Hedwig, geb. Kunigk, S. Albrecht - Univ. Erlangen u. St. Andrews (Schottl.), Köln (Promot. 1955) - S. 1973/74 Lehrst. f. angew. Psychol. Johann-W.-Goethe-Univ. Frankfurt/M. 1962-69 Salzgitter AG, Salzgitter (Leit. Arbeitsschutz); 1970-73 Ruhrkohle AG, Essen (Leit. Arbeitsmed.). 1971ff. Honorarprof. Univ. Göttingen - BV: Psych. d. Arbeitssicherheit, 3. A. 1973.

BURKARDT, Hans Eugen
Prof., Grafik-Designer - Fuchsklint 65, 3004 Isernhagen 1 (T. 0511-61 27 82) - Geb. 30. Mai 1930 Stuttgart, kath. - 1951-56 Stud. Akad. d. bild. Künste Karlsruhe; 1960 Beruf. an d. Werkkunstsch. Hannover; s. 1973 Prof. FH Hannover, Fachbereichsleit.; 1980 Dekan FB Kunst u. Design; 1981-85 Rektor FH Hannover; Juror b. Design-Wettbew.; Einzel- u. Gruppenausst. - BV: Alphabete u. kalligraphische Skizzen, 1984, Engl.; div. Fachveröff. - Spr.: Engl., Franz. - Lit.: Heiderhoff: Kontrollierte Virtuosität; Lange: Kein Tag ohne Linie; Blobelt: D. neue alte Kunst - üb. d. Kalligraphen Hans Burkardt u. sein Werk.

BURKART, Erika
Schriftstellerin - CH-5649 Althäusern b. Muri (Schweiz) - Geb. 8. Febr. 1922 Aarau, verh. m. Ernst Halter (Schriftst.) - BV: D. dunkle Vogel, 1953; Sterngefährten, 1955; Bann u. Flug, 1956; Geist d. Fluren, 1958; D. gerettete Erde, 1960; Mit d. Augen d. Kore, 1962; Ich lebe, 1964; D. weichenden Ufer, 1967; Moräne, R. 1970; D. Transparenz d. Scherben; Fernkristall, Anthol. 1972; Rufweite, Prosa 1975; D. Licht im Kahlschlag, Lyrik 1977; Augenzeuge, Ausgew. Ged. 1978; D. Weg zu d. Schafen, R. 1979; D. Freiheit d. Nacht, Ged. 1982; Sternbild d. Kindes, Ged. 1984; D. Spiele d. Erkenntnis, R. 1985; Schweigeminute, Ged. 1988; D. Zärtlichkeit d. Schatten, Ged., 1991 - Lions-Club; 1958 Droste-Preis Meersburg; 1959 Preis Schweizer. Schiller-Stiftg.; 1961 Conrad-Ferdinand-Meyer-Preis; 1964 Kulturpreis Argovia; 1971 Ida-Dehmel-Preis; 1978 Johann-Peter-Hebel-Pr.; 1980 Lit.pr. d. Kantons Aargau; 1990 Mozart-Preis; 1992 Gottfried Keller Preis.

BURKART, Rolf A.
Verleger, Zeichner, Autor - Alte Rathausstr. 21, 6551 Mandel - Geb. 1962 Worms, verh. s. 1982 - Gaststud. Klagenfurt u. Berlin (Literaturwiss., Phil.); Ausb. in Zeichnen u. Malerei b. Gregor Alexis Tamaroff, Serge Angel, Marcel Zapf (Augsburg) - BV: Hoffnung - Oasen m. vereister Quelle, 1982; Prismen; O-Stimmen aus d. Sprachlosigkeit, 1985. Herausg.: Lit.-Almanach wider d. korsettierten Geist: Tabula Rasa. D. ersten deutschspr. Werkausg. Saint-Pol-Roux u.

Werkausg. (Ess. u. Textsamml.) R. A. Berendsohn; Wort-Kristall, Anth. (1986); Hulisser - Hommage z. Joten v. Walter Hilsbecher (1987). Übers.: Saint-Pol-Roux, Bd. 12 RES POETICA od. die Republik d. Poesie (1989) - Liebh.: Schrift, Sprache, Lit., Kunst - Spr.: Engl., Franz.

BURKEI, Ria,

geb. Hilmer

Abteilungsleiterin, MdL Bayern (s. 1978) - Jakob-Böhme-Str. 8, 8000 München 80 - Geb. 28. Jan. 1935 München (Eltern: Karl (Mechaniker) u. Maria Hilmer), verh. m. August B. (Ing.) - Volks- u. Handelssch.; Bayer. Verwaltungssch. Mittl. Reife 1952 - S. 1952 Stadtverw. (Angest.) u. städt. Wohnungsges. München (1966 Abt.sleit.). 1966-78 Stadträtin München. SPD s. 1960 - BVK; Goldmed. München leuchtet; Gold. Ehrennadel VdK Bayern.

BURKERT, Martin

Schriftsteller, Dramat. - Am Ruhr 46, 4320 Hattingen (T. 02324 - 2 14 53) - Geb. 5. Febr. 1951 Braubach, verh. m. Dr. Dagmar Goch, VHS-Leit. Hattingen, 2 Kd. (Cosima, Tilman) - Stud. Theater- u. Sozialwiss.; M.A. 1976 Köln, Journ., Autor v. Rundf.- u. Fernsehsend. WDR, Regieassist., Theateranimateur, Lehrer, Jugendpfleger - BV: Leben in Köln, 1977; Unsere Zukunft, 1979; Ich steh vor m. Plastikbaum, 1980. Herausg.: Morgen beginnt heute (1980); Ab in d. Orient-Express (1984, m. H. Böseke). Theaterst.: Ab in d. Orient-Express (m. H. Böseke, UA 1983 Castrop-Rauxel); Besuch b. d. verbannten Dichtern (UA 1984 Lüdenscheid). Theaterfass. v. Romanen: Vorstadtkrokodile v. Max v. d. Grün (UA 1981 Castrop-Rauxel); Wir pfeifen auf d. Gurkenkönig, v. Christine Nöstlinger (UA 1982 Castrop-Rauxel); D. war d. Hirbel v. Peter Härtling (UA 1984 Castrop-Rauxel); D. Geheimnis d. Brunnens v. Luise Rinser (UA 1985 Castrop-Rauxel); Seudican - Tor zur Hoffnung (dt. Fassung) (UA 1985 Hamm); Kanaken (UA 1986 Castrop-Rauxel); D. kleine Soldat (UA 1987 Castrop-Rauxel).

BURKERT, Walter

Dr. phil., Dr. h. c., o. Prof. f. Klass. Philologie - Wildsbergstr. 8, CH-8610 Uster b. Zürich (Schweiz) - Geb. 2. Febr. 1931 Neuendettelsau/Mfr. (Vater: Dr. phil. Adolf B., Pfarrer; Mutter: Luise, geb. Großmann), ev., verh. s. 1957 m. Maria, geb. Bosch, 3 Kd. (Reinhard, Andrea, Cornelius) - Univ. Erlangen u. München (Klass. Philol., Phil., Gesch.). Promot. (1955) u. Habil. (1961) Erlangen - S. 1966 Ord. TU Berlin u. Univ. Zürich (1969). Spez. Arbeitsgeb.: Altgriech. Religion u. Phil. - BV: Weisheit u. Wissenschaft - Studien zu Pythagoras, Philolaos u. Platon, 1962 (auch engl.); Homo necans - Interpretationen altgriech. Opferriten u. -mythen, 1972 (auch ital. u. engl.); Griech. Religion d. archaischen u. klass. Epoche, 1977 (auch ital. u. engl.); Structure and History in Greek Mythology and Ritual, 1979 (auch ital.); D. orientalisierende Epoche in d. griech. Religion u. Lit., 1984; Ancient Mystery Cults, 1987 (auch ital. u. dt.); Wilder Ursprung, 1990 - 1982 Carl-Friedrich-Gauss-Medaille Braunschweig. Wiss. Ges.; 1988 Dr. h. c. Univ. of Toronto; 1989 Dr. h. c. Univ. Fribourg; 1990 Balzan-Preis - Spr.: Engl., Franz., Lat., Ital., Griech.

BURKHARD, Wolfgang

Dr., Dipl.-Volksw., Geschäftsf. IHK Duisburg (s. 1968) - Postf. 10 15 08, 4100 Duisburg - Geb. 22. Febr. 1928 Trier (Vater: Wilhelm B., Ing.; Mutter: Johanna, geb. Keller), kath., verh. s. 1955 m. Marietheres, geb. Esser, T. Dorothee - Stud. d. Nationalökonomie Univ. Köln, Bonn - IHK-Gf. Aschaffenburg (1954), Dortmund (1960); Lehrauftr. Gesamthochsch. Duisburg (Strukturfragen d. Ruhrgebietes); Gf. Volks- u. Betriebswirtschaftl. Vereinig. i. Rhein.-Westf. Ind.-Geb. - BV: Wirtsch. a. Niederrh. - Strukturen u. Entwicklungen, 1973; D. Hüttenwerke d. Ruhrgeb., 1974; Abriß e. Wirtschaftsgesch. d. Niederrh., 1977; D. Niederrhein - Wirtschafts- u. Lebensraum, 1987.

BURKHARDT, Dietrich

Dr. rer. nat., o. Prof. f. Zoologie u. Neurophysiologie Univ. Regensburg (s. 1970 Lehrstuhl Biologie VI) - Universitätsstr. 31, 8400 Regensburg - Geb. 17. Mai 1928 Wiesbaden (Vater: Rudolf B., Ingenieur; Mutter: Hildegard, geb. Neudeck) - Humboldt-Sch. Berlin (Tegel); Univ. Berlin u. Göttingen (Naturwiss.). Promot. (1953) u. Habil. (1958) Würzburg - 1953-65 Univ. Würzburg u. München (Assist., Konservator Zool. Inst.; Doz.); 1965-70 Dir. Zoolog. Inst. Univ. Frankfurt/M. Spez. Arbeitsgeb.: Sinnes- u. Nervenphysiol. - BV: Lexikon d. Neurophysiol., 1968/69; Mithrsg.: Signale d. Tierwelt, 1965. Div. Einzelarb. - 1961 Preis Bayer. Akad. d. Wiss. - Spr.: Engl.

BURKHARDT, Georg

Dr.-Ing. E.h., em. o. Prof. f. Tunnelbau u. Baubetriebslehre TU München (s. 1956) - Jahnstr. 24, 8133 Feldafing/Obb. (T. 12 76) - Geb. 29. Dez. 1911 Serpuchow (Vater: Ernst B.; Mutter: Barbara, geb. Turizyna), verh. s. 1937 m. Susanne, geb. Pusch - Dipl. TU München 1935 - BV: Kostenprobl. d. Bauproduktion, 1963; Numer. Ablaufplanung e. Baustelle, 2. A. 1968 - Prakt. Tätigk.

BURKHARDT, Hermann

Prof., Hochschullehrer (Kunsterzieher) - Wunnensteinstr. 28, 7140 Ludwigsburg-Eglosheim - Geb. 24. Juli 1928 - 1962 Doz. PI Stuttgart; 1962 Prof. PH Ludwigsburg - BV: Grundschul-Praxis d. Kunstunterrichts, 5. A. 1977; Z. visuellen Kommunikation in d. Grundschulprax., 1974; Bildtexte - narrative Strukturen im Kunstunterr., 1977.

BURKHARDT, Joachim

Dr. phil., Journalist, Schriftsteller, HA-Leiter im Fernsehbereich der Deutschen Welle - Heinrich-Heine-Str. 22, 5000 Köln 50 - Geb. 21. Jan. 1933 Borna/Sa. (Vater: Dr. jur. Rudolf B.; Mutter: Hildegard, geb. Scholl), ev., verh. - Stud. Theol., Publizistik, German. - Zul. Leit. Kulturabt. im SFB - BV: Wie e. bitterer Kern, R. 1960; Wer sammelt d. Stunden?, Erz. 1961; D. Krisis d. Dichtung, Ess. 1962; Zum Beispiel im Juni, R. 1965; D. Komödiant, Erz. 1969. Meißen - meine Stadt, Lit. Sachbuch (1983). Bühnenw.: D. neue Robinsonade (Sch. UA. 1964 Saarbrücken); Lassalle (Sch. UA. 1978 Wuppertal); Potsdam (UA 1991 Stuttgart). Fernsehfeature u. -dokumentationen, u. a. Ansichten e. Autors - Heinrich Böll (1969), Ich brauche eine Werkstatt - Max Frisch (1970), Du sollst die graue Farbe lieben - Günther Grass (1972), Ferdinand Lasalle od. d. dritte Weg in d. Zukunft (1975). Fernsehfeauture: Von Frankfurt nach Weimar - Joh. Wolfg. v. Goethe 1749-1786, WDR 1982; In e. neues Jahrhundert - Joh. Wolfg. v. Goethe 1786-1832, WDR 1982 - Enkel d. Verlagsbuchhändlers Dr. Werner Scholl.

BURKHARDT, Karl

Staatssekretär a. D., Regierungspräs. v. Mittelfranken a. D. - Bischof-Meiser-Str. 12, 8800 Ansbach (T. 21 45) - Geb. 9. Jan. 1910 Ansbach, ev., verh. - Gymn.; Univ. Würzburg u. Köln. Gr. jurist. Staatsprüf. 1937 - Ab 1938 bayer. innere Verw., Reg. Mittelfranken, Innenmin., Landratsämter Ansbach u. Dinkelsbühl, 1950-57 Rechtsrat u. Oberbürgerm. Ansbach, 1957-58 Staatssekr. Bayer. Unter.- u. Kultusmin. - 1962 Bayer. Verdienstorden; 1967 Ehrensenator Univ. Erlangen-Nürnberg; 1973 Gr. Verdienstkreuz d. VO d. Bundesrep. Deutschl.; 1975 Ehrenbürger Stadt Ansbach.

BURKHARDT, Klaus

Dr. med., Prof., Chefarzt Chirurg. Klinik/Reinhard-Nieter-Krkhs. - 2940 Wilhelmshaven (T. 04421 - 80 12 70) - Geb. 21. Aug. 1934 Aschersleben - Stud. Georg-August-Univ. Göttingen (Med. Fak.) 1960, Promot. 1960, Habil. 1970. Etwa 60 wissenschaftl. Veröff. - Spr.: Engl.

BURKHARDT, Ludwig

Dr. med., Prof., Vorst. Patholog. Inst. TH München/Klinikum r. d. Isar (ab 1955; jetzt emerit.) - Adalbert-Stifter-Str. 29, 8000 München 81 (T. 98 30 66) - Geb. 31. Okt. 1903 Würzburg (Vater: Prof. Dr. med. Ludwig B., Chirurg; Mutter: Margarete, geb. Schroeder), verh. s. 1940 m. Ilse, geb. Zenneck - Gymn. Nürnberg; Univ. Würzburg - S. 1938 Privatdoz. u. apl. Prof. (1949) Univ. München. Arbeitsgeb.: Erb- u. Konstitutionspathol., Tbc., Histopathol. d. Skeletts - BV: Pathol. Anatomie d. Schädels, 1970 (Handb. d. Spez. Pathol. Anatomie u. Histol. Bd. 9/7) u. a. Fachveröff.

BURKHARDT, Ole

Dr.-Ing., Dipl.-Ing., Prof. f. See- u. Hafenbau Univ. Hannover - Alleehof 1, 3000 Hannover 1 (T. 0511 - 70 86 64) - Geb. 26. März 1935 Schleswig (Vater: Dr. med. Hans B., Facharzt f. Nerven- u. Geisteskrankh.; Mutter: Maria, geb. Weber), verh. s. 1965 m. Monika, geb. Bisping, 3 Kd. (Antje, Jan, Gretel) - Staatl. Domsch. Schleswig (Hum. Gymn.; Abit. 1954); Stud. Bauing.wesen, Wasserbau u. -wirtsch. TH München u. Hannover; Dipl.ex. 1960 u. Promot. 1967 Hannover - 1960ff. Versuchsing., wiss. Assist., Obering., Prof. (s. 1975) Franzius-Inst. Univ. Hannover; 1968-71 Chefbauleit. Rep. Senegal; 1971-74 Sachverst. f. Wasserbau u. -wirtsch. Kreditanst. f. Wiederaufbau, Frankfurt/M.; Fachmitgl.sch. - Liebh.: Segeln - Spr.: Franz., Engl.

BURKHARDT, Otto

Dr. oec., Dipl.-Kfm., Geschäftsführer Eisenwerk Hensel Bayreuth/Dipl.-Ing. Burkhardt GmbH, Bayreuth - Schwindstr. 4, 8580 Bayreuth - Geb. 30. Aug. 1922 Bayreuth.

BURKHARDT, Rudolf

Dr.-Ing., em. o. Prof. Fachg. Photogrammetrie u. Kartographie TU Berlin (s. 1954) - Boelckestr. 12, 1000 Berlin 42 (T. 786 76 67) - Geb. 23. Febr. 1911 Seidenberg/OL. (Vater: Otto B., Dir.; Mutter: geb. Gareiss), verh. 1938 m. Wilma, geb. Buschmann, 3 Söhne (Hans, Rolf, Lutz) - TH Berlin - 1936-45 Hansa Luftbild GmbH., Berlin; s. 1946 TU Berlin (1952 Prof.). Fachveröff.

BURKHART, Paul

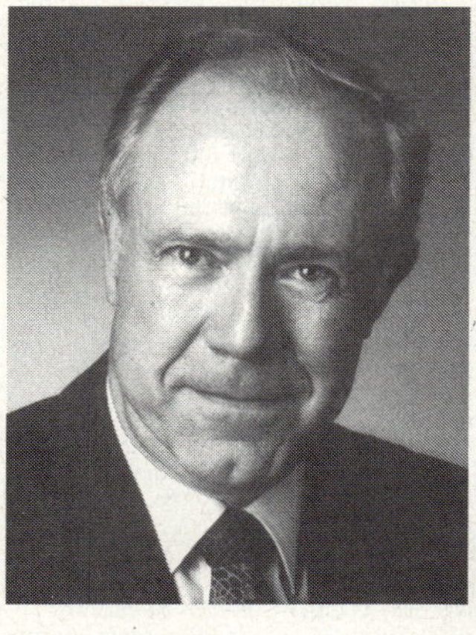

Dipl.-Ing., Präsident d. Oberpostdirektion Stuttgart - Friedrichstr. 11, 7000 Stuttgart 1 (T. 0711 - 20 00-20 00) - Geb. 27. Mai 1932 Maikammer/Pfalz, kath., verh. - Stud. d. Elektrotechnik München, Dipl. 1956 - S. 1988 Bundesvors. d. Vereinig. höherer Führungskräfte d. Dt. Bundespost; Mitgl. im Wirtschaftskurat. d. Württemberg. Verwalt.- u. Wirtsch.akad.

BURMANN, Hans-Wilhelm

Dr. rer. nat., Prof., Mathematiker - Roedererstr. 8, 3400 Göttingen (T. 5 99 32) - Geb. 29. Aug. 1936 Norden (Vater: Bernhard B., Spark.ang.; Mutter: Luise, geb. Thiele), verh. s. 1973 m. Ingrid, geb. Kullmann, 2 Kd. (Marc, Gerd) - Abit. 1956; Staatsex. 1962, Promot. 1965, Habil. 1971 (Univ. Göttingen). S. 1972 Wiss. Rat u. Prof. Univ. Göttingen (Math. Inst.).

BURMEISTER, Brigitte

Dr. phil., Romanistin, freiberufl. Autorin u. Übersetzerin (s. 1983) - Seydelstr. 32, O-1080 Berlin (T. 030 - 229 39 27) - Geb. 25. Sept. 1940 Posen, verh. s. 1967 m. Jörn B. - Nach d. Abit. 1 J. Fabrikarb.; Stud. d. Roman. in Leipzig; Dipl. 1965 - S. 1967 an d. Akad. d. Wiss. in Ostberlin; Promot. 1973 - BV: Streit um d. Nouveau Roman, 1983; Anders oder Vom Aufenthalt in d. Fremde, R. 1987 - S. 1991 Mitgl. d. P.E.N. (Ost) - Spr.: Franz., Span.

BURMEISTER, Peter

Dr. rer. nat., Prof. f. Mathematik TH Darmstadt - An d. Fuchsenhütte 78, 6101 Roßdorf 1 (T. 06154 - 98 17) - Geb. 16. Juli 1941 Berlin (Vater: Paul B., Verkehrsmstr i. R.; Mutter: Gertrud, geb. Winkelmann), ev., verh. s. 1967 m. Hildegund, geb. Hüner, 2 Kd. (Johannes, Martin) - Ulrich-von-Hutten-Schule (Abit.), Stud. FU Berlin, Univ. Münster (Diplom 1965) u. Bonn (Promot. 1966, Habil. 1971); 1964-66 wiss. Hilfskr., 1966-68 wiss. Assist., 1968-69 DFG-Stip., 1969-71 wiss. Assist. Univ. Bonn, ab 1971 Prof. TH Darmstadt - BV: A Model Theoretic Oriented Approach to Partial Algebras, 1986 - Liebh.: Wandern - Spr.: Engl., Franz.

BURMEISTER, Walther

Dr. med., em. o. Prof. f. Kinderheilkd. (Körperzusammensetz. währ. d. Wachstums) - Deutschherrenstr. 51, 5300 Bonn-Bad Godesberg (T. 0221 - 33 04 77) - Geb. 18. Jan. 1924 Neuenkirchen N. Dithm. (Vater: Dr. med. Walther B.; Mutter: Elli, geb. Harbeck), ev., luth., verh. m. Anita, geb. Steppuhn; 2 Kd. (Eva-Maria, Karsten) - Univ. Kiel 1961 (Habil.); Univ. Saarbrücken (1967 apl. Prof.); 1974 Univ. Bonn o. Prof. f. Kinderheilkd.; Dir. d. Univ. Kinderkl.; emerit. 1989 - 1963 Adalbert-Czerny-Preis, 1966 Claude-Bernard-Preis, 1970 Pädologie-Preis.

BURNHAUSER, Wolfgang

Rechtsanwalt, Mitgl. Bayer. Senat - Höhenkircher Str. 6, 8000 München 60; Büro: Destouchesstr. 14/0, 40.

BUROSCH, Gustav

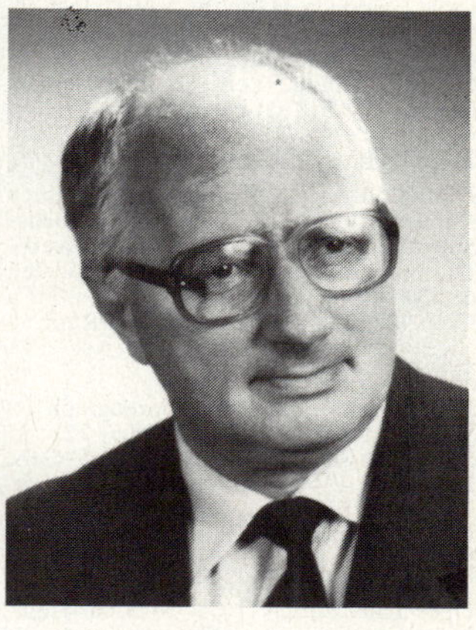

Dr. habil., o. Prof. (s. 1961), Mathematiker - Goethestr. 21, O-2500 Rostock - Geb. 29. Sept. 1938 Bremen, verh. s. 1964 m. Barbara, geb. Seidenberg, 2 Töcht. (Beatrix, Katharina) - Dipl.-Math. 1961; Promot. 1967; Habil. 1969 - 1967-69 Doz.; 1970-90 Leit. d. DDR-Mannsch. zu d. Intern. Mathematikolympiaden; 1986-90 Dir. d. Sekt. Math. Univ. Rostock - BV: Graphentheorie I, II (Hg. K. Wagner, R. Bodendiek), 1990 - Liebh.: Lit., Sport - Spr.: Russ., Engl.

BURR, Wolfgang F.V.

Dr. jur., Ministerialdirektor - Am Düsterbäumchen 8, 5309 Meckenheim (T. 02225 - 37 23) - Geb. 28. Dez. 1939 Tübingen (Vater: Viktor B., Univ.-Prof.; Mutter: Emma, geb. Neukamm), kath., verh. s. 1966 m. Anja, geb. Nevanlinna, 3 Söhne (Kai, Christian, Johannes) - 1962-66 Stud. Rechtsw. u. Gesch. Univ. München u. Bonn; Staatsex. 1966 u. 1969; Promot. 1968 Univ. Bonn - 1969 Bundeswirtsch.min.; 1973-77 Botsch. New Delhi (Wirtsch.-Ref.); 1977-82 CDU/CSU Bundestagsfrakt.; 1982-89 Bundeskanzleramt; s. 1989 Bundesmin. d. Verteidigung - Spr.: Engl., Franz., Finn.

BURREN, Ernst

Lehrer, Schriftst. - Reckholderweg 24, CH-4515 Oberdorf/Solothurn - Geb. 20. Nov. 1944 Oberdorf - Vornehml. Mundartlyrik u. -gesch. - 1981 Alemann. Literaturpreis.

BURRICHTER, Clemens

Dr. phil., Prof., Direktor d. Inst. f. Gesellschaft u. Wissenschaft Univ. Erlangen-Nürnberg - Ringstr. 24, 8551 Kirchehrenbach - Geb. 28. Mai 1932 Legden/W. - Abit. Abendgymn. Duisburg; Stud. Univ. Münster u. Berlin. Veröff. üb. Wissenschaftstheorie, Deutschlandpolitik u. Ost/West-Beziehungen - 1987 BVK I. Kl.

BURRICHTER, Ernst

Dr. rer. nat., Prof., Botaniker - Langeworth 73, 4400 Münster/W. - Geb. 7. Juni 1921 Andervenne/N. - Promot. 1952; Habil. 1969 - S. 1955 Lehr- u. Forschungstätigk. Univ. Münster (1966 Oberkustos, 1970 Studienprof. Botan. Inst. u. Bot. Garten; außerd. apl. Prof. f. Geobotanik); 1981 Prof f. Geobotanik. Emerit. 1986. Hefte u. Einzelarb.

BURSCHEID, Hans Joachim

Dr. rer. nat., o. Prof. f. Mathematik u. ihre Didaktik Univ. Köln - Elisabeth-Breuer-Str. 28, 5000 Köln 80 - Geb. 20. Mai 1938 Köln - Promot. 1967; Habil. 1972 - 1973 Wiss. Rat u. Prof. GH Wuppertal; 1976-80 o. Prof. PH Rheinland/Abt. Köln; s. 1980 Univ. Köln.

BURSCHEL, Peter

Dr. forest., o. Prof. f. Waldbau u. Forsteinricht. - Amalienstr. 52, 8000 München 40 (T. 21 80 31 59) - Geb. 16. Sept. 1927 Kassel - S. 1961 (Habil.) Lehrtätigk. Univ. Göttingen (1967 apl. Prof.), 1966 Universidad Austral de Chile, Valdivia (Ord. u. Vorst. Inst. f. Waldbau), u. 1972 Univ. München (Ord. u. Vorst. Lehrstuhls für Waldbau u. Forsteinrichtung, Leit. d. Univ.-Forstbetriebes). Üb. 100 Fachveröff.

BURSKA, Ottmar

Dipl.-Volksw., Hauptgeschäftsführer Bundesverb. d. Dt. Milch- u. Lebensmittelhandels u. Verb.dir. Zentralverb. Dt. Milchwirtschaftler - Baumschulallee 6, 5300 Bonn 1 (T. 02221 - 63 76 05) - Geb. 10. März 1929 Steingruben/Rhpf.

BURTH, Jürg

Ballettdirektor, Chefchoreograph - Wielandstr. 17, 1000 Berlin 12; u. Schoffelgasse 10, CH-8001 Zürich - Geb. 28. Febr. 1944, ledig - Stud. Zürich; Tanzausb. b. Rosella Hightower Cannes, Martha Graham, George Balanchine/New York - Choreogr., Regie, Mitbegr. Tanzforum Köln (1968); Chefchoreogr. Opernhaus Zürich (1975-78). Lehrtätigk. New York Univ. (s. 1978) - Ballettdir. u. Regisseur Theater d. Westens; Bühnenbild. u. Maler.

BURZLAFF, Hans

Dr. rer. nat., o. Prof. f. Kristallographie Univ. Erlangen-Nürnberg (s. 1971) - Robert-Koch-Str. 4a, 8525 Uttenreuth/Mfr. - Geb. 19. Febr. 1932 Schlawe/Pom. (Vater: Walter B.), verh. s. 1957 m. Karin, geb. Schroeder, 4 Kd. - Univ. Kiel. Promot. 1961 Kiel; Habil. 1968 Marburg - Zul. Wiss. Rat Univ. Erlangen-Nürnberg (Mineral.Inst.). - Fach- u. Buchveröff. - 1967 Ernst-Abbé-Preis.

BUS, Heiner

Dr. phil., Prof. f. Engl. Philologie m. bes. Berücks. d. Amerikanistik Univ. Mainz - Jahnstr. 22, 6509 Wahlheim - Geb. 13. Mai 1941 Bydgoszcz/Bromberg (Vater: Ernst B., Metzger; Mutter: Elisabeth, geb. Fünfhaus), ev., verh. s. 1964 m. Margareta, geb. Böger, 4 Kd. (Joachim, Daniel, Esther, Gabriel) - Gymn. Landau; Univ. Mainz. Promot. (1970) u. Habil. (1978) Mainz - 1970 Wiss. Assist.; 1972 Assistenzprof.; 1979 Prof. - BV: D. Figur d. Helden in Saul Bellows Roman, 1970; Stud. z. Reiseprosa Washington Irvings, 1981 - Liebh.: Amerikanistik - Spr.: Engl., Franz.

BUSACKER, Karl-Heinz

Dipl.-Kfm., Geschäftsf. Philips GmbH, AR Berliner Handels- u. Frankfurter Bank, BTS Broadcast Television Systems GmbH, Philips Medizin Systeme GmbH, Philips Licht GmbH, DST Dt. System-Technik GmbH, Bremen, RKS Kabel-Fernsehen Hamburg Service GmbH; VR Hamburgische Landesbank Girozentrale, Beirat Dresdner Bank AG, Westdeutsche Landesbank Girozentrale, Colonia Versich. AG, Rheinland d. Gerling-Konzerns, Vorst. Hanseatische Wertpapierbörse Hamburg - Steindamm 94, 2000 Hamburg 1 - Geb. 17. Mai 1930 Chemnitz.

BUSCH, Dieter

Dipl.-Kfm., Direktor i. R. - Berghalde 31g, 6900 Heidelberg 1 - Geb. 6. Mai 1922 Dessau - 1977-86 Vorstandssprecher Kraftanlagen AG, Heidelberg; AR Fehling, Hannover.

BUSCH, Dieter

Dr. med., Prof., Chefarzt Inn. Abt. I Städt. Krkhs. Bietigheim - Riedstr. 12, 7120 Bietigheim-Bissingen; priv.: Löchgauer Str. 91 - Geb. 8. April 1930 Leipzig (Vater: Dr. jur. Rudolf B.), verh. m. Annegret - Promot. 1955 Leipzig; Habil. 1966 Freiburg - S. 1972 apl. Prof. Univ. Freiburg (Inn. Med.). Fachveröff.

BUSCH, Eberhard

Dr. theol., Prof. f. reformierte Theologie Univ. Göttingen - Lindenstr. 13, 3403 Friedland 4 (T. 05504 - 13 03) - Geb. 22. Aug. 1937 Witten, ev., verh. s. 1967 m. Beate, geb. Blum, 4 Kd. (Karl Emanuel, Christian Johannes, Sara Henriette, Friedrich Nathanael) - Städt. Gymn. Witten; Stud. Univ. Wuppertal, Göttingen, Heidelberg, Münster, Basel; Promot. 1977 Basel - 1965-68 Assist. b. Prof. Karl Barth in Basel; 1969-86 Pfarrer in Uerkheim/Schweiz; 1986 Prof. Univ. Göttingen - BV: Karl Barths Lebenslauf, 1975 (Übers. engl., ital., holl., japan.); Karl Barth u. d. Pietisten, 1978; Juden u. Christen im Schatten d. Dritten Reiches, 1979 - Spr.: Engl.

BUSCH, Ernst Werner

Dr. med., Forschungsleiter Boehringer Mannheim GmbH., Mannheim, Honorarprof. f. Biochemie Univ. Gießen (Bereich Humanmed.) - Sandhofer Str. 116, 6800 Mannheim 31 - Geb. 16. Mai 1928 Köln - Habil. 1967 Hamburg - Zul. Chem. Staatsinst. Hamburg.

BUSCH, Franz

Gewerkschaftssekretär a.D., MdL Nordrh.-Westf. (s. 1970) - Mählerweg 13, 4300 Essen (T. 28 88 29) - Geb. 7. Juni 1922 Essen, verh., 1 Kd. - Volkssch.; 1950-51 Sozialakad. - Bergmann; b. 1982 Vors. DGB Essen. Landessozialrichter. 1964 ff. Ratsherr Essen. SPD s. 1947.

BUSCH, Frieder

Dr. phil., Prof. f. Engl. Phyilologie m. bes. Berücks. d. Amerikanistik - Starenweg 3, 6200 Wiesbaden - Geb. 24. März 1932 Bochum (Vater: Willi B., Schausp.; Mutter: Margarethe, geb. Thelemann), ev. - Univ. Mainz (Angl., Amerik., German.). Promot. 1966 - S. 1971 (Habil.) Lehrtätigk. Univ. Mainz - BV: Natur in Neuer Zeit, 1974; Satire, 1977.

BUSCH, Friedrich W.

Dr. phil., Univ.-Prof. f. Erziehungswissenschaft Univ. Oldenburg - Schilfweg 5, 2902 Rastede/O. 1 - Geb. 5. Juli 1938, kath., verh. s. 1964, 2 Kd. - Stud. Päd., Phil., kath. Theol. u. Kunstgesch. Univ. Münster, Berlin, Bochum; Promot. 1971 (Vergl. Erz.Wiss.) - 1963-67 Lehrer an versch. Schulformen; 1974 Univ.-Prof. Oldenburg (1976-79 Vizepräs.) - 1981-83 Präs. Assoc. for Teacher Education in Europe (ATEE), Brüssel; 1991ff. Gründungsdekan f. d. Fak. Erziehungswiss. an d. TU Dresden - BV: Familienerz. in d. DDR, 1972/1980; Vgl. Erziehungswiss., 1975; Lehrerausbild., 1978; J. F. Herbart, 1976; Lehren u. Lernen in d. Lehrerausb., 1981; Schulleben heute, 1984; Suche n. Identität, 1985; Perspektiven gesellschaftl. Entw. in beiden dt. Staaten, 1988; Umbrüche in Osteuropa u. d. DDR; Universitäten im Umbruch, 1992. Mithrsg. u. verantw. Redakt.: Ztschr. Päd. u. Schule in Ost u. West. Zahlr. Aufs. u. Stud. z. Vgl. Erziehungswiss. u. Lehrerausb.

BUSCH, Günter

Dr. phil., Prof., Kunsthistoriker, Museumsdirektor i.R. - Kurfürstenallee 92, 2800 Bremen - Geb. 2. März 1917 Bremen (Vater: Wilhelm B., Kaufm.; Mutter: Wilhelmine, geb. Dröge), verh. m. Ruth, geb. Palm - Univ. Berlin u. Prag (Promot. 1944) - 1943-44 Assist. Graph. Samml. Prag; s. 1945 Kustos u. Dir. (1950) Kunsthalle Bremen - BV: u. a. Max Beckmann, Monogr. 1960; Gerhard Marcks, 1964. Herausg.: Paula Modersohn-Becker, Handzeichnungen, 1950; Manet, Un Bar aux Folies-Bergère, 1956; Emil Nolde, Aquarelle, 1957; Delacroix, D. Freiheit auf d. Barrikaden, 1960; Macke, Zeichnungen, 1966; Hinweis z. Kunst, Aufs. 1977; Max Liebermann. D. Phantasie in d. Malerei (Hrsg.), 1978; Paula Modersohn-Becker. Briefe u. Tageb. (Hrsg.), 1980; Paula Modersohn-Becker. Malerin - Zeichnerin, 1981; Félix Vallotton, 1982; Hans Wimmer, Zeichn. 1983; Gerhard Marcks, Holzschnitte 1984; Max Liebermann, Maler, Zeichner, Graphiker, 1987 - 1967 Bremer Med. f. Kunst u. Wiss., 1974 Sigmund-Freud-Preis f. wiss. Prosa d. Dt. Akad. f. Sprache u. Dichtung; 1970 Officier de l'Ordre des Arts et des Lettres, 1977 Mitgl. d. Deutsch. Akad. f. Sprache u. Dichtung - Spr.: Engl., Franz. - Rotarier.

BUSCH, Günter

Dr. med., Prof. f. Neurochirurgie, Chefarzt Neurochir. Abt. Barbara-Klinik Hamm - Zu erreichen üb. St.-Barbara-Klinik, 4700 Hamm-Heessen (T. 02381 - 68 14 76) - Geb. 14. Juli 1936 Aachen - Promot. 1963; Habil. 1973 - 1974ff. Univ. Mainz (Oberarzt Neurochir. Abt.); s. 1980 Chefarzt Hamm - BV: Verletzungen d. Halswirbelsäule, 1975.

BUSCH, Gustav

Assessor, Hauptgeschäftsf. Handwerkskammer Mannheim - B 1, 1-2, 6800 Mannheim - Stud. Rechtswiss.

BUSCH, Hans-Dieter

Einzelhandelskaufmann, MdL Rhld.-Pfalz (1977-79, 1981) - Wormser Str. 1/3, 6710 Frankenthal/Pf. - Geb. 3. Sept. 1938 Mannheim, ev., verh., 1 Kd. - Obersekundareife; 1959 Kaufmannsgehilfenprüf.; 1962 Opernreifeprüf. - S. 1964 selbst. CDU s. 1974.

BUSCH, Hans-Heino

Dipl.-Ing., Univ.-Prof. f. Baubetrieb Berg. Univ.-GH Wuppertal - Faunastr. 27, 4000 Düsseldorf 1 - Geb. 11. Okt. 1925 Berlin, verh. s. 1962 m. Ursula, geb. Pyczak - Abit. 1947; 1947-54 TU Berlin; 1954-69 Bauindustrie; 1970 Baurat; s. 1973 Prof.

BUSCH, Helmut

Dr. med., Prof. f. Transfusionsmedizin - Rader Weg 137, 2000 Tangstedt Bez. Hamburg - S. 1971 Prof. Univ. Hamburg (Dir. Abt. f. Transfusionsmed./Chir. Klin.).

BUSCH, Hermann J.

Dr. phil., Prof. f. Musikwissensch. u. Organist - Nordoststr. 22, 5910 Kreuztal (T. 02732 - 1 29 32) - Geb. 20. Febr. 1943 Monheim, verh. s. 1980 m. Songrid Hürtgen-B., geb. Pohle - Staatsex. Schulmusik 1968 Mainz, Staatsex. Kirchenmusik 1969 ebd., Promot. 1970 Mainz - 1969 Wiss. Assist. PH Weidenau; s. 1981 Prof. Univ.-GH Siegen; s. 1983 Lehrbeauftr. Musikhochsch. Köln - BV: Georg Poss, 1971; D. Orgeln d. Kr. Siegen, 1974; Orgeln in Paris, 1978; Musik - gedeutet u. gewertet, 1983; Z. Interpretation d. franz. Orgelmusik, 1986; Z. Interpretation d. Orgelmusik M. Regers, 1988. Schriftleit. Ztschr. Ars Organi. 4 Schallpl. - 1978 Ehrenmitgl. Assoc. Cavaillé-Coll - Spr.: Engl., Franz., Niederl.

BUSCH, Johannes

Pfarrer, Leit. Bodelschwinghsche Anstalten Bethel (1980ff.) - 4800 Bielefeld 13-Bethel/W. - Stud. Wuppertal, Tübingen, Basel, Münster - 1969-79 Brüderpfr. Westf. Diakonenanstalt Nazareth, Bethel.

BUSCH, Karl

Dr. Ing., Dipl. Ing., Unternehmer - Schauinslandstr. 2, 7867 Maulburg (T. 07622 - 40 13) - Geb. 20. Aug. 1929 Loerrach (Vater: Hanns B., Ing.; Mutter: Elly, geb. Wittig), islam., verh. s. 1963 m. Ayhan, geb. Gökay, 3 Kd. (Ayla, Sami, Kaya) - TU München, Promot. 1957 - Liebh.: Radfahren (in 14 Tagen m. d. Rad Basel-Istanbul, 1978) - Spr.: Engl., Franz., Türk. - Bek. Vorf.: Karl Wittig, Erfinder d. Rotation-Kompressors (Großv.).

BUSCH, Kurt

Oberstadtdirektor Stadt Essen (s. 1981) - Beckmannsbusch 39, 4300 Essen 1 - Geb. 5. Juni 1930 Bünde/Westf., verh. s. 1958 m. Rotraud, geb. Meinert, Sohn Michael (Jurastud.) - Jurastud., gr. jurist. Staatsprüf. 1959 - 1960-66 Amtsdir. Herford-Hiddenhausen; 1966-68 Verbandsdir. Städte- u. Gde.-Verb. NRW Düsseldorf; 1968-80 Oberstadtdir. Göttingen - Liebh.: Barockmusik, Lit., Wandern.

BUSCH, Kurt

Dr. jur., Rechtsanwalt u. Wirtschaftsprüfer - Alsterdorfer Damm 10, 2000 Hamburg 60 - Geb. 19. Mai 1924 - B. 1986 stv. AR-Vors. Dt.-Iran. Bank AG, Hamburg; AR-Vors. d. Treuverkehr AG, Frankf./M., u. im Rahmen d. KD Feddersen Gruppe, Hamburg (div. Untern.), (ab 1990, vorh. stv.).

BUSCH, Manfred

Dr. med., Prof. f. Radiologie (Strahlentherapie) - Brachtstr. 8, 4300 Essen-Bredeney (T. 0201 - 41 25 01) - Geb. 9. Dez. 1925 Marienburg (Vater: Reinhold B., Stud.rat; Mutter: Käthe, geb. Wiens), ev., verh. s. 1950 m. Signe, geb. Ehlers, 2 Kd. (Karin, Martin) - Univ. Berlin, Göttingen; Ex. u. Promot. 1952, Habil. 1966 - 1970 Wiss. Rat u. Prof. Klinikum Marburg, 1975 Prof. Klinikum Essen - Entd.: Optimier. intracavitärer Strahlentherapie, Naturwiss. Grundl. v. Nutzen u. Risiken d. Strahlentherapie - BV: Dosierungsatlas f. d. intracavitäre Strahlentherapie nach d. Kurzzeit-Afterloading-Verfahren in 7 Bd. - Liebh.: Fotogr., Mikroelektronik, Math. u. Physik - Spr.: Engl.

BUSCH, Rolf

Regisseur, Autor - Balger Hauptstr. 120, 7570 Baden-Baden (T. 07221 - 6 52 72) - Geb. 15. Juni 1933 Hamburg, verh. m. Ursula, geb. Langrock - Stud. German./Roman. Univ. Hamburg u. Poitiers - 1961-66 Dramat./Regiss. NDR Fernsehspiel; ab 1966 fr. Regiss. 1978/79 Gastdoz. Austral. Film and Television School in Sydney - Drehb. u. Übers. Rd. 40 Filme u. Fernsehspiele, Dokumentarfilme, Hörsp. - Versch. Preise.

BUSCH, Ulrich

Dr. phil. (habil.), o. Prof. f. Slavistik Univ. Kiel (s. 1961) - Klosterhof 24, 2308 Preetz/Holst. (T. 31 34) - Geb. 10. Sept. 1921 - 1958-61 Privatdoz. Univ. Münster - BV: D. Seinssätze in d. russ. Sprache, 1960. Fachaufs.

BUSCH, vom, Werner

M.A., Chefredakteur Ring Nordbayerischer Tageszeitungen (RNT) (s. 1985) - Postfach 10 09 54, 8580 Bayreuth; priv.: Rheingoldstr. 10, 8580 Bayreuth - Geb. 2. Mai 1946 Mellrichstadt - Stud. Politik, German., Gesch. - 1974-79 Bayer. Rundf.; 1979-81 Journ. Consultant d. Times of Papua New Guinea Port Moresby; 1981-84 Nürnberger Ztg.; 1984/85 Inter Nationes Bonn.

BUSCH, Wolfgang

Dr., Kanzler d. Johann Wolfgang Goethe-Univ. Frankfurt a.M. (s. 1981) - Senckenberganlage 31, 6000 Frankfurt/M. 11 - Geb. 12. Okt. 1941 Rendsburg (Vater: Helmut B., Hauptlehrer i. R.; Mutter: Ruth, geb. Liepert), ev., verh. s. 1967 m. Dr. Christiane, geb. Hail (Kinderärztin), 2 Töcht. (Stefanie, Barbara) - Max-Planck-Gymn. Kiel; Stud. Christian Albrechts-Univ. Kiel u. Philipps-Univ. Marburg; Jurist. Staatsprüf. 1966 Marburg u. 1972 Kassel - 1972 Rechtsref. Univ. Marburg; 1973 Ref. f. Finanzen u. Personal ebd.; 1978 Personalref. Hess. Kultusmin. - Spr.: Engl., Franz.

BUSCH, Wolfgang

Dr., Dr., Arzt f. Mund-Kiefer-Gesichtschirurgie, Präsident d. Bundesverb. Dt. Ärzte f. Mund- Kiefer- Gesichtschir. - Harburger Rathausstr. 41, 2100 Hamburg 90 - Geb. 15. April 1938 Kiel, verh. - Med.- u. Zahnmed.-Stud.; Promot. - Vizepräs. d. Section Stomatologie u. Mund-Kiefer-Gesichtschir. d. Europ. Vereinig. d. Fachärzte.

BUSCH-MEINERT, Rotraud

Malerin (Ps. Rotraud Meinert) - Beckmannsbusch 39, 4300 Essen 1 - Geb. 20. Mai 1938 Bielefeld (Vater: Dr. Hermann M., Tierarzt; Mutter: Margarete, geb. Harms), ev., verh. s. 1958 m. Kurt B., Oberstadtdir. Essen, S. Michael - Aquarelle, Öl u. Plastiken; Ausst. - 1968 Preis f. gute mus. Leist.

BUSCHBECK, Bernhard

Dr. theol., M. A., o. Prof. f. Ev. Theologie einschl. Didaktik Univ. Koblenz/Landau (s. 1990) - Am Löwentor 15, 6100 Darmstadt - Geb. 2. Juni 1934 Reichenbach - Promot. 1968; M. A. 1972 - 1968-72 Leit. Religionspäd. Amt Mainz; 1972-74 Doz. Fachhochsch. Darmstadt; 1974-89 Prof. EWH Rhld.-Pf. (zuerst Abt. Worms), s. 1990 Univ. Koblenz/Landau. Emerit. s. 1991. Facharb.

BUSCHBECK, Heinz

Dr. rer. nat., Ing., Chemiker, Vorstandsmitglied Hoffmann-La Roche AG, Grenzach-Wyhlen - Uhlandweg 11, 7888 Rheinfelden (T. 07623 - 6 26 02) - Geb. 7. Febr. 1932 Berlin (Vater: Dr.-Ing., Dr.-Ing. E.h. Werner B.), ev. - Promot. 1961, Pharmazeut. Inst. Univ. Bonn - Spr.: Engl., Russ.

BUSCHBECK, Jochen

Dipl.-Volksw., Vorstandsmitglied Brau u. Brunnen AG (s. 1988) - Rheinische Str. 2, 4600 Dortmund 1 - Geb. 19. März 1937 Würzburg, ev., verh., T. Kristina - Abit. Bad Harzburg, Stud. Volksw. München u. Hamburg (Diplom) - Marktforscher B.A.T. Hamburg; Produkt Manager General Foods Elmshorn; Account Supervisor Werbeagentur Masius Hamburg; Hauptabt.leit. Marketing, Service u. Konzernplan. (zuv. Produkt Manager) Reemtsma Hamburg; Geschäftsf. Tuborg, Vertriebsges. Hamburg u. Dt. Brau GmbH Hamburg - Spr.: Engl., Franz.

BUSCHBECK, Malte

Journalist, Chefredakteur d. Frankenpost, Hof - Zu erreichen üb. Poststr. 9/11, 8670 Hof - Geb. 27. Nov. 1939 Stettin, ev., verh. s. 1963 m. Stephanie, geb. Dübell, 4 Kd. (Marlene, Bettina, Fabian, Anna) - Stud. Univ. München (Zeitungswiss., Soziol., Phil.) - Zul. Chef v. Dienst u. Kommentator d. Süddt. Ztg., München - 1976 Theodor Wolff Preis.

BUSCHBOM, Helmut

Richter a. D., MdB/Vertr. Berlins - Lohengrinstr. 12, 1000 Berlin 30 (Wannsee) (T. 030 - 803 44 47) - CDU.

BUSCHE, Jürgen

Journalist - Zu erreichen üb.: Frankfurter Allg. Zeitung, Postf. 2901, 6000 Frankfurt/M. 1 - Geb. 9. Okt. 1944 Belzig/Mark Brandenburg - Schulen Bad Lippspringe, Paderborn, Fulda; 2 J. Militärdst.; Univ. Münster (Alte Geschichte, Phil., Literaturwiss.) - S. 1972 FAZ (Mitgl. Polit. Redakt./Innenpol.-Report).

BUSCHE, Manfred

Dr. rer. pol., Dipl.-Volksw., Vorsitzender d. Geschäftsführung AMK Berlin Ausstellungs-Messe-Kongress-GmbH (s. 1970), Vorstandsmitgl. Dt. Handelskammer Österr. - Messedamm 22, 1000 Berlin 19 - Div. ehrenamtl. Funkt., u.a. Vors. Ges. z. freiw. Kontrolle v. Messe- u. Ausst.zahlen, Köln/Berlin; Geschäftsf. Kongreß u. Ausst. Wasser, Berlin; Beirat Dt. Zentrale f. Tourismus, Frankfurt, Arbeitsgem. Entw.länder b. Dt. Ind.- u. Handelstag, Bonn, u. Deutschl-Beirat Dt. IHK Großbritannien, London; Mitgl. Direktionskomitee Union des Foires Intern., Paris; Kurat.-Mitgl. Bundesverb. Dt. Groß- u. Außenhandel (BGA), Bonn u.a.m. - 1980 Komturkreuz Commendatore del'Ordine al Merito della Republica Italiana; 1985 Preis Vereinig. Dt. Reisejourn. (f. ITB-Bestreb.); 1987 Gr. Silbernes Ehrenz. d. Rep. Österreich; BVK I. Kl.

BUSCHFORT, Hermann

Beauftragter d. Bundesreg. f. d. Belange d. Behinderten, MdB (s. 1965), Vors. Arbeiterwohlfahrt (1983ff.) - Bundeshaus, 5300 Bonn - Geb. 25. Juni 1928 Bocholt, kath., verh., 3 Söhne - Volkssch.; Feinmechanikerlehre; Arbeits- u. sozialrechtl. Sem. - Facharb. Ind. (1951-59 Betriebsratsmitgl.); s. 1959 I. Bevollm. IG Metall, Verw.-Stelle Bocholt. S. 1958 Stadtverordn. Bocholt; 1965 ff. MdB (1976-82 Parlam. Staatssekr. Bundesmin. f. Arbeit u. Sozialordnung); Arbeitsricht. SPD s. 1948 - 1983 Gr. BVK.

BUSCHHORN, Gerd

Dr. rer. nat., Prof., Direktor Max-Planck-Inst. f. Physik Werner-Heisenberg-Inst. (s. 1972) - Föhringer Ring 6, 8000 München 40 (T. 3 23 08-1) - Zul. Prof. Univ. Hamburg (II. Inst. f. Experimentalphysik).

BUSCHHORN, Hans-Reinhard

Dr.-Ing., Messerschmitt-Bölkow-Blohm GmbH, Bremen, Honorarprof. Inst. f. Luft- u. Raumfahrt TU Berlin - Robert-Bosch-Str. 38, 2800 Bremen 33.

BUSCHINGER, Alfred

Dr. rer. nat., Prof. f. Zoologie TH Darmstadt (s. 1973) - Roßbergring 18, 6107 Reinheim 5 - Geb. 6. Juni 1940 Würzburg (Vater: Friedrich B., Beleuchtungsm.; Mutter: Maria, geb. Dornberger), ev., verh. s. 1967 m. Renate, geb. Roedig, 3 Kd. (Bernhard, Christian, Barbara) - Stud. d. Biol., Chemie, Geogr. Univ. Würzburg; Promot. 1967 ebd. - 1967-73 wiss. Assist. Univ. Bonn - Spr.: Engl., Franz.

BUSCHMANN, Heinrich

Dr.-Ing., Dipl.-Phys., Prof. f. Elektromechan. Konstruktionen TH Darmstadt - Im Wiesengrund 9, 6105 Ober-Ramstadt (T. 06167 - 2 35) - Arbeitsgebiete: elektr. Kleinmotoren, Messtechnik, Entwicklungswiss., künstl. Intelligenz.

BUSCHMANN, Lothar

Dipl.-Kfm., Dipl.-Ing., Geschäftsführer Dt. Bobinet Industrie, Trier - Osbüsch 12, 5500 Trier-Kernscheid - Geb. 16 Juli 1948, ev., verh. s. 1976 m. Monika, geb. Niemann, 2 T. (Silke, Gesa) - Ausb.: Dipl.-Ing., Dipl.-Kfm., Aachen/Köln.

BUSCHMANN, Werner

Dr. med., Prof. f. Augenheilkunde - Mohnstr. 11, 8700 Würzburg - Geb. 5. Sept. 1931 Geithain/Sa. - Promot. 1956 Leipzig; Habil. 1964 Berlin - S. 1978 Prof. Univ. Würzburg. Rd. 100 Veröff. - 1965 Rudolf-Virchow-Preis.

BUSCHSCHLÜTER, Siegfried

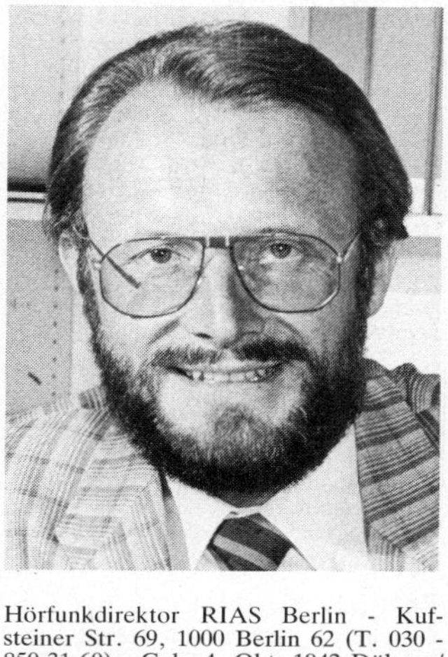

Hörfunkdirektor RIAS Berlin - Kufsteiner Str. 69, 1000 Berlin 62 (T. 030 - 850 31 60) - Geb. 4. Okt. 1942 Dülmen/Westf., kath., verh. m. Christine, geb. Rouget, 2 Kd. (Vanessa, Nicholas) - Abit. 1962; 1962-66 Stud. Auslands- u. Dolmetscherinst. Univ. Mainz, Germersheim; Dipl.-Dolmetscher f. Engl. u. Span. - 1967-74 BBC German Service London; 1974-82 Redakt. Hess. Rundf. Frankfurt/M.; 1982-87 ARD-Korresp. Madrid - BV: 5-Sprachen-Silmultanwörterb.

BUSCHULTE, Winfried

Dr.-Ing., Wissenschaftler Dt. Forschungsanstalt f. Luft- u. Raumfahrt, Hardthausen, Honorarprof. f. Strahltriebwerke TU Braunschweig (s. 1966) - Herzog-Friederich-Str. 14, 7106 Neuenstadt a. K. - Geb. 10. Aug. 1929 Hamm/W. (Vater: Karl B. †; Mutter: Elisabeth, geb. Klaus), kath., verh. s. 1959 (Ehefr.: Edith, geb. 1937), 3 S. (Thomas, Jürgen, Rainer) - Obersch. Hamm; TH Braunschweig (Dipl.-Ing. 1956); 1956-57 College of Aeronautics Engl. - S. 1956 DLR. Spez. Arbeitsgeb.: Raketen-, Energie-, Verbrennungstechnik - 1966 Johann-Maria-Boykow-Preis (Dt. Ges. f. Flugwiss.); 1984 Technologie-Transfer-Preis (Bundesmin. f. Forsch. u. Technologie) - Liebh.: Tennis, Futurologie - Spr.: Engl., Franz.

BUSE, Gerhard

Dr. rer. nat., Prof. f. Biochemie u. Molekularbiologie TH Aachen (s. 1973) - Nordhoffstr. 29, 5100 Aachen (T. 8 29 22) - Geb. 7. Okt. 1935 Neumünster (Vater: Otto B., Tierarzt; Mutter: Elisabeth, geb. Ahting), verh. s. 1969 m. Karin, geb. Pfitzer, 2 Kd. (Katharina, Friederike) - Stud. d. Biol., Chemie, Phil. Univ. Marburg, Mainz, Kiel; Promot. 1965; Habil. 1971 - 1967-69 Inst. f. Biochemie (MPG), München. Fachveröff. (Ztschr.), Buchbeitr. üb. respiratorische Proteine - Spr.: Engl.

BUSE, Kurt

Dipl.-Ing., Prof. f. Automatisierungstechnik, insb. Datenverarb., Univ.-Gesamthochschule Wuppertal (Fachbereich Elektrotechnik) - Dellbusch 91, 5600 Wuppertal 2 - Geb. 30. Juni 1928 Kleve - 1946 Abit. Realgymn. Bremen, 1953 Dipl.-Ing. TH Aachen.

BUSELMAIER, Werner

Dr. rer. nat. habil., Dipl.-Biol., Prof. f. Humangenetik - Ahornstr. 45, 6800 Mannheim 71 - Geb. 5. Sept. 1946 Mannheim (Vater: Heinrich B., Obering.; Mutter: Else, geb. Vögelen), ev., verh. s. 1969 m. Dr. Barbara, geb. Freyer, S. Marcus Daniel - Dipl. 1973, Promot. 1973, Habil. 1978, Ernennung z. Prof. 1982 Inst. f. Humangenetik u. Anthropol. Univ. Heidelberg - 1978 u. 1979 Vorst.mitgl. Ges. f. Anthropol. u. Humangenetik; 1974-76 Vorst-Mitgl. Ges. f. Umweltmutationsforsch. - Rd. 70 wiss. Publ. üb. Faktoren v. Mutationen, Bez. v. Mutagenese u. Cancerogenese, Genet. Grundl. d. Verhaltens, u. genet. Fehlsteuerungen bei Trisomien d. Menschen - BV: Biologie f. Mediz., 5. A. 1985; Biologia Medica (Lizenzausg. portug.) 1978 - 1965 Landespreis: Jugend forscht; 1979 Heisenberg-Stip.; 1981 Hans-Nachtsheim Preis - Spr. Engl.

BUSELMEIER, Michael

M.A., Schriftsteller, Publizist - Kühler Grund 58, 6900 Heidelberg - Geb. 25. Okt. 1938 Berlin, verh. s. 1969, 2 Kd. - Ausb. als Schausp.; Regieassist.; Stud. German., Kunstgesch. Univ. Heidelberg; Magisterex. 1967. 1972-76 Lehrtätigk. an versch. Univ. (Medienth. u. Literaturwiss.); publiz. Arb. f. Rundf. u. Zeitschr. (Die Zeit, Theater heute, Frankfurter Rundschau etc.). Mitbegr. alternat. Heidelberger Stadtztg. Communale - BV: D. glückl. Bewußtsein, Anleitungen z. materialist. Medienkritik, 1974; Nichts soll sich ändern, Ged. 1978; D. Rückkehr d. Schwäne, Ged. 1980; D. Untergang v. Heidelberg, R. 1981; Radfahrt gegen Ende d. Winters, Ged. 1982; Monologe üb. d. Glück, Kl. Prosa 1984; Heidelberger Reportagen (Hrsg. m. E. Bohn), 1984; Heidelberg-Leseb., Stadt-Bilder v. 1800 b. heute, 1986; Auf, auf, Lenau!, Ged. 1986; Schoppe, E. Landr. 1989; Lit. Führungen durch Heidelberg. E. Kulturgesch. im Gehen, 1991; Erdunter, Ged. 1992.

BUSHART, Bruno

Dr. phil., Dr. phil. h.c., Prof., Direktor i. R. Städt. Kunstsammlungen Augsburg - Burgkmairstr. 2, 8900 Augsburg (T. 15 24 45) - Geb. 11. Sept. 1919 Ellwangen/Jagst, kath., verh. s. 1952 m. Annemarie, geb. Merkenschlager, 4 Kd. - Gymn. Ellwangen; Univ. München (Kunstgesch.). Promot. 1950 - 1952-64 Staatsgalerie Stuttgart, s. 1964 Augsburg; Hon.-Prof. Univ. München; Lehrauftrag Univ. Augsburg - Bücher u. Aufs. üb. altdt. Malerei, dt. Barockmalerei, mittelalterl. schwäb. Arch. - Spr.: Ital., Franz., Engl.

BUSHE, Karl-August

Dr. med., em. o. Prof. u. Direktor Neurochir. Univ.-Klinik i. Kopfklinikum - Lerchenweg 8, 8700 Würzburg (T. 8 44 22) - Geb. 16. Dez. 1921 Göttingen (Vater: Dr. W. B., Rechtsanw. u. Notar; Mutter: Dora, geb. Nolte), ev., verh. s. 1952 m. Eva-Christa, geb. Neumann-Blindow, 3 Kd. (Jürgen, Karin, Christoph) - Univ. Berlin, Freiburg, Göttingen - S. 1962 Lehrstuhlinh. Göttingen (1966/67 Dekan Med. Fak.). 1967/68 Vors. Dt. Ges. f. Neurochir.; 1969 Chairman 4. Intern. Kongreß World Federation of Neurosurgical Soc. New York; 1970/71 Präs. Europ. Ges. f. Pädiatr. Neurochir.; 1981/83 Dekan Med. Fak. Univ. Würzburg - BV: Zahlr. Veröff. aus d. Gebiet d. Neurochir. Hrsg. u. Schriftleit. mehrerer Fachzeitschr. - 1975 Silb. Med. f. wiss. Film Cannes; 1968 Mitgl. Soc. for Research into Hydrocephalus a. Spina, Bifida; 1971 korr. Mitgl. Americ. Assoc. of Neurological Surgeons, 1973 Americ. Acad. of Neurological Surgeons u. 1974 British Neurol.

Surgeons; 1975 Präs. Intern. Soc. for Paediatric Neurosurgery; 1981 BVK; 1981 Honorary Pres. of the World Feder. of. Neurosurg. Societies; 1982 Ehrenmitgl. Dt. Ges. f. Neurochirurgie; 1984 Mitgl. Dt. Akad. d. Wiss. Leopoldina; 1991 Fedor Krause Med. d. Dt. Ges. f. Neurochirurgie; 1991 Gründungsdekan d. Med. Fak. d. TU Dresden - Spr.: Engl., Franz. - Mitgl. Lions Club; Präs. d. Int. Congr. d. World Federation of Neurosurgical Societies (1977-81).

BUSKE, Norbert

Dr. theol., Pfarrer, Mitglied d. Landtages Mecklenburg-Vorpommern u. Vors. d. Rechtsaussch. (s. 1991) - Schloß Schwerin, O-2750 Schwerin - Geb. 2. Jan. 1936, verh. m. Dr. Barbara, geb. Schneider, 2 Kd. (Annegret, Detlef) - Vors. d. AG Kirchengesch. d Pommerschen Ev. Kirche; s. 1972 Lehrbeauftr. f. Territorialkirchengesch. an d. Ernst-Moritz-Arndt Univ. Greifswald; Mitgl. d. Landessynode d. Pom. Ev. Kirche - Zahlr. Veröff. z. Kunst-, Kirchen- u. Kulturgesch. Pommerns.

BUSKE, Waldemar

Dipl.-Ing., Aufsichtsratsmitglied Elec-tronicon GmbH, Gera, Schloss- u. Stahlbau GmbH, Mühlhausen, u. Schieder-Werke, Nürnberg - Am Buchenwald 2, 3550 Marburg (T. 06421 - 7 86 03) - Geb. 20. Aug. 1927 Tütz/Pom. (Vater: Georg B., Kaufm.; Mutter: Martha, geb. Niklarz), kath., verh. s. 1967 m. Bernadette, geb. Damberg, 3 Kd. (Stefan, Andreas, Simon) - Obersch.; Chemiel.; Stud. Elektrotechn. TH Aachen - B. 1968 Betriebsdir.; 1971 Vors. d. Geschäftsfg. d. DFG; Vorst.-Vors. LVA Hessen; Vors. Mitgl.-Vers. VDR; Mitgl. Postaussch. DIHT; Handelsrichter - BVK am Bde.; Ehrenbrief Land Hessen - Spr.: Engl. - Lions-Club.

BUSS, Otto-Michael

Studienrat a. D., MdL Hessen (s. 1970) - An der Ringmauer 85, 6000 Frankfurt/M. 50 (T. 57 04 52) - Geb. 24. Febr. 1939 Frankfurt/M., verh. - Univ. Frankfurt (Dipl. 1965) - Dipl.-Hdl. 1968 ff. Stadtverordn. Frankfurt. CDU (Vors. Bezirksgr. Frankfurt-Eschersheim).

BUSS, Peter

Dipl.-Ing., Hauptgeschäftsführer i. R. d. Hauptverb. d. gew. Berufsgenossenschaften - Am Boeselagerhof 11, 5300 Bonn 1 - Geb. 15. Sept. 1928 Offenburg - 1955 Dipl. TU Karlsruhe - 1967-86 Leit. Zentralstelle f. Unfallverh. u. Arbeitsmed.; 1976-80 Hauptgf. d. Berufsgen. Arbeitsmed. Dienstes (BAD) - 1979 BVK am Bde., u. 1988 I. Kl.

BUSS, Wilm Harro

Dr. med., apl. Prof., Ltd. Arzt Pathol. Inst. Rheinhard-Nieter-Krankenh. Wilhelmshaven u. St. Willehad-Hosp. Wilhelmshaven (s. 1979) - Friedrich-Paffrath-Str. 100, 2940 Wilhelmshaven - Geb. 25. Mai 1938 Bremen (Vater: Hermann B., Holzkfm.; Mutter: Ilse, geb. Petersen), ev., verh. s. 1991 m. Swenja, geb. Behrens, T. Wibke - Stud. Med. Univ. Berlin (Freie), Hamburg; Promot. 1965; Habil. 1973 - S. 1967 TH Aachen. In- u. ausl. Fachmitgl.sch. Üb. 50 Veröff. wiss. Ztschr. - Liebh.: Gesch./Genealogie, Ornithol., Fotogr., Glasmacherkunst - Spr.: Engl.

BUSSCHE, van den, Hendrik

Dr. med., Prof. f. Hochschuldidaktik d. Medizin Interdisziplinäres Zentrum f. Hochschuldidaktik/Univ. Hamburg (s. 1976) - Fischers Allee 67, 2000 Hamburg 50.

BUSSCHE-HADDENHAUSEN, Freiherr von dem, Julius

Land- u. Forstwirt - Rittergut Dötzingen, 3139 Hitzacker (T. 3 14) - Geb. 10. März 1906 Döbeln/Sa. (Vater: Georg Frhr. v. d. B.-H., zul. Oberst; Mutter: Gabriele, geb. Freiin v. d. Bussche-Ippenburg), ev. verh. s. 1929 m. Anna-Elisabeth, geb. v. Pfuel, 2 Söhne (Georg-Heino, Christoph) - Stud. Land- u. Forstw. Göttingen u. Eberswalde - B. 1945 Bewirtschaft. meckl. Güter Lützow u. Camin (enteignet), dann Rittergut Dötzingen - Rotarier.

BUSSE, Brigitte

Prof., Hochschullehrerin - In den Etzmatten 5, 7813 Staufen-Grunern/Br. - Geb. 20. März 1940 Berlin (Vater: Richard B., Kaufm.; Mutter: Herta, geb. Rahn), ev. - N. Mittl. Reife (1956) Lette-Verein Berlin; 1961-63 Berlin-Kolleg (Reifeprüf.); 1963-66 PH Berlin. Staatl. anerk. Hauswirtschaftsleit. 1961; Staatsprüf. f. d. höh. Lehramt an Berufssch. 1966 u. 68 - B. 1970 Viktoria-Fachsch. Berlin, dann PH Freiburg (1973 Prof. f. Sozioökonomie d. Haushalts) - BV: D. priv. Haushalt, 7. A. 1980; Haushaltsplanung, 4. A. 1980; Wohnen, 5. A. 1984; Leben im Haushalt, 3. A. 1986, dazu Lehrerhandb., 2. A. 1988; Kochen f. Anfänger, 1987.

BUSSE, von, Hans Busso

Dipl.-Ing., M.Arch., Architekt, o. Prof. f. Entwerfen u. Baukonstruktion Univ. Dortmund (s. 1975) - Nederlinger Str. 4, 8000 München 19 - Geb. 1930 Oppeln/Schles., verh. m. Waltraud, geb. Kaiser, T. Alexandra - Stud. Architektur TH München - 1952 Mitgl. Studienstiftg. d. Dt. Volkes, 1955 M.Arch. Massachusetts Inst. of Technology, M.I.T., Cambridge, Mass., s. 1956 freiberufl. Architekt (Bauten: Kirchen, Sozialbauten, Flughafen München 2), 1971-75 Präs. Bund Dt. Architekten - Veröff. im In- u. Ausland üb. Bauten, Projekte, Forschungsergebnisse.

BUSSE, Heinrich-Gustav

Dr. habil., Dr. rer. nat., Prof., Dipl.-Physiker - Olshausenstr. 40-60, 2300 Kiel (T. 0431 - 880-28 99) - Geb. 10. Nov. 1938 Celle, T. Monika - Dipl. Physik 1965, Promot. Phys. Chemie 1967, Habil. biophys. Chemie u. Molekularbiologie 1978.

BUSSE, Heribert

Dr. phil., o. Prof. f. Orientalistik - Dietesheimer Str. 117, 6052 Mühlheim/M. - Geb. 26. April 1926 Duderstadt - Promot. 1956 Mainz; Habil. 1965 Hamburg - Zul. Dir. d. Sem. f. Orientalistik Univ. Kiel; emerit. 1991. 1964-65 Aufenth. Beirut, 1970-71 Univ. Bordeaux, 1979-80 Hebr. Univ. Jerusalem. Bücher u. Einzelarb. z. Gesch. d. Islams u. d. islam. Länder.

BUSSE, Holger

Dr. med., Prof., Direktor Klinik u. Poliklinik f. Augenheilkunde Univ. Münster (s. 1986) - Domagkstr. 15, 4400 Münster - Geb. 1. April 1945 Jena (Vater: Dr. med. Ernst B., Prof.; Mutter: Ilse, geb. Trumpff), ev., verh. - Staatsex. 1970 Univ. Münster, Promot. 1972, Habil. 1977 - S. 1980 apl. Prof.; Oberarzt Univ.-Augenklinik Münster; 1984 Dir. Augenklinik Ludwigshafen; 1986 Dir. Univ.-Augenklinik Münster - Erf.: 1976 Druck- u. distanzvariabler Indentationstrichter, 1978 hydrophile Tränenwegsprothese - BV: Erkrank. d. ableitenden Tränenwege (m. Hollwich), 1978; Taschenb. d. Augenheilkd. (m. Küchle), 1990 (span. 1981); Augenerkrankungen im Kindesalter (m. Küchle), 1985; Augenerkrankungen in d. allgemeinärztl. u. internistischen Praxis. Klinik d. Gegenwart (Urban u. Schwarzenberg), 1989; Augenerkrankungen (Urban u. Schwarzenberg), 1990 - Liebh.: Musik, Sport - Spr.: Engl., Franz., Holländ.

BUSSE, Michael

Publizist - Zu erreichen üb.: Fischer Taschenbuch-Verlag, Geleitstr. 25, 6000 Frankfurt/M. 70 - BV: Arbeit ohne Arbeiter - Wem nutzt d. technolog. Fortschritt?, 1978.

BUSSE, Otto

Dr. med., Prof., Chefarzt Neurologische Klinik, Klinikum Minden - Marienstr. 56a, 4950 Minden/Westf. - Geb. 13. April 1940 Heidelberg, verh. s. 1967 m. Bärbel, geb. Kober, 3 Töcht. (Anne-Kristin, Britta, Pia) - Stud. Univ. Marburg, Hamburg, Wien, Heidelberg; Promot. 1966; Habil. 1981 - 1983 Prof. Univ. Gießen.

BUSSE, Peter

Regisseur - Wychelstr. 14, CH-3800 Interlaken (T. u. Fax 0041 - 36-22 30 76) - Geb. 19. Sept. 1935, ev. - Ausb. Folkwang-Hochsch. Essen (Prof. H. Kenter) - Fr. Regisseur, künstl. Koordinator Salzburger Festsp.; Gründer u. künstl. Leit. Salzburger Opernstudio; Gründer Neues Züricher Ballettforum (m. A. Wild); Lehrer Hochsch. Mozarteum Salzburg; Kommiss.-Mitgl. Interlakner Festwochen; Gründer, künstlerischer Leit. u. Balletdir. Euroballet Luxemburg - Inszenierungen: Meistersinger (Toulouse); Medea (Wiesbaden); Carmen (Toulouse-Athener Festsp.); Parsifal (Rom u. Turin); Fidelio (Turin); Adriana Lecouvreur (Gießen); Bohème (Augsburg); Lucia di Lammermoor (Augsburg); Tosca (Turin); Rosenkavalier (Santiago di Chile); Maskenball (Straßburg); Tosca (Turin u. Salzburger Festsp.); u.a.m. - Spr.: Franz., Ital., Engl.

BUSSE, Rudi Franz

Dr. med., Prof., Kreislaufphysiologe Univ. Freiburg - Sonnhalde 105, 7800 Freiburg (T. 0761 - 5 61 22) - Geb. 21. Nov. 1943 Bayreuth (Vater: Dr. Gustav B., Arzt; Mutter: Christiana, geb. Biedermann), ev., verh. s. 1969 m. Dr. Ingrid, geb. Bauer, 1 Kd. - Staatsex./Med. u. Promot. 1971, Habil. 1976 - 1980 Prof. Univ. Erlangen; 1981 Freiburg - BV: The arterial system, (Mithrsg.) 1978; Cardiovascular system dynamics (Mithrsg. Plenum) 1982; Kreislaufphysiol. (Hrsg.) 1982 - 1983 Fraenkel-Preis (Dt. Ges. f. Herz- u. Kreislauf).

BUSSE, Ulrich Günter

Pädagoge d. Klass. Tanzes (Methode: russ., engl., Balanchine) - Püntenstr. 4, CH-8152 Opfikon/ZH - Geb. 25. Juni 1955 Berlin - kath., led. - Kath. Hochsch. Hamburg - Div. Filme, u.a. 1978 m. Maria Rabenalt als Azor in Karibia. 1983 Teiln. an d. Salzburger Festsp. als Orpheus im gleichn. Ballett v. Armin Wild - 1978 Ausz. als bester dt. Nachwuchstänzer, Heinz-Bosl-Stiftg. in München - Liebh.: Musik, Gesch., Phil., Spr. u. dt. Lit.

BUSSE, Wolfgang

Dr.-Ing., Dipl.-Ing., Geschäftsf. Rhenania Chem. Ges. mbH., Wevelinghoven - Fasanenweg 1, 4048 Grevenbroich - Geb. 2. Aug. 1925.

BUSSE von COLBE, Walther

Dr. rer. pol., Dr. rer. oec. h. c., Prof. f. Betriebswirtschaftslehre - Löwenzahnweg 51, 4630 Bochum - Geb. 17. Febr. 1928 Gleiwitz/OS. (Vater: Herbert v. Colbe, Oberst; Mutter: Gertud, geb. Schneider), ev., verh. s. 1951 m. Charlotte, geb. Meynköhn, 4 Töcht. (Sabine, Isabel, Beatrix, Friederike) - Schulen (Gymn.) Eberswalde, Berlin, Templin, Itzehoe (Abitur 1946 Kaiser-Karl-Sch.); Univ. Mainz (Wirtschaftswiss.; Dipl.-Volksw. 1953). Promot. 1957 Mainz; Habil. 1962 Köln - 1953-62 Assist. Univ. Mainz u. Köln (1960); s. 1962 Ord. Univ. Kiel u. Bochum (1965) - BV: D. Zukunftserfolg - D. Ermittl. d. künft. Unternehmenserfolges u. s. Bedeut. f. d. Bewert. v. Industrieunternehmen, 1957; D. Planung d. Betriebsgröße, 1964; Betriebswirtschaftstheorie, Bd. 1, 4. A. 1988, Bd. 2, 3. A. 1990, Bd. 3, 3. A. 1990 (japan. Übers. 1979/81); Konzernabschlüsse, 5. A. 1984 (japan. Übers. 1973).

BUSSFELD, Klaus

Dr. iur., Oberstadtdirektor d. Stadt Gelsenkirchen - Hans-Sachs-Haus, Ebertstr. 15, 4650 Gelsenkirchen - Geb. 4. Juni 1947, verh., 2 Kd. - Abit.; Stud. Rechts- u. Polit. Wiss. Münster, Lausanne u. Tübingen - 1968/69 ASTA-Vors. Tübingen; VR-Vors. Sparkasse Gelsenkirchen; AR-Mitgl. RWE AG u. Emscher-Lippe Agentur - Spr.: Engl., Franz.

BUSSHOFF (ß), Heinrich

Dr. phil., o. Prof. f. Politische Wissenschaften Univ. Würzburg (s. 1972) - Schellingstr. 32, 8700 Würzburg (T. 7 78 81) - Geb. 4. März 1936 Rhede (Vater: Josef B., Handwerksm.; Mutter: Anna, geb. Tekampe), kath. - Lehre (techn. Zeichner), Aufbaugymn., Stud. - Nach Habil. (1970) Doz. - BV: Politikwiss. u. Päd., 1968; D. Dollfuß-Regime in Österr., 1968; Zu einer Theorie d. polit. Identität, 1970; Zu einer Theorie d. polit. Stils, 1972; Systemtheorie als Theorie d. Politik, 1975; Kritische Rationalität u. Politik, 1976 (span. 1980); Methodologie d. Politikwissensch., 1978; D. polit. Code. Soziale Evolution u. polit. Steuerung, 1980; Politikwiss. u. d. Problem d. Freiheit, 1983; Politikwiss. Theoriebild., 1984; Anwendbarkeit politikwiss. Theorien, 1987; Komplementarität u. Politik, 1989 - Spr.: Engl.

BUSSLER, Wolfgang

Dr. rer. nat., Prof. - Gregor-Mendel-Str. 4, 1000 Berlin 33 (-Dahlem) (T. 824 15 86) - Geb. 23. Nov. 1925 Berlin (Vater: Wilhelm B., Amtsrat; Mutter: Charlotte, geb. Reißle), ev., verw. s. 1978, 2 Kd. (Elke, Jo), in 2. Ehe verh. s. 1981 m. Astrid, geb. v. Puttkamer, 1 T. (Maria El-Safti) - Dipl.-Biol. 1952 (Humboldt-Univ.); Promot. 1955 (FU Berlin); Habil. 1961 (TU Berlin) - S. 1961 Lehrtätigk. TU Berlin (1965 apl. Prof. f. Pflanzenernährungslehre; gegenw. Prof. i. Fachgeb. Pflanzenernährung FB 15, TUB). Spez. Arbeitsgeb.: Ernährungsstörungen b. höh. Pflanzen, optim. Nährstoffangebote, Qualität. Fachmitgliedsch., 1971-75 Vors. Dt. Ges. f. Pflanzenernährung, s. 1982 Gf. Dir. Inst. f. Nutzpflanzenforschung, 1983/84 Sprecher FB Intern. Agrarentwicklung; 1984 Gastprof. im Department of Horticulture, Taichung, R.O.C. - BV: Vergl. Unters. an Kali-Mangelpflanzen, 1962 (auch engl.). Zahlr. Einzelarb. - 1959 Paul-Wagner-Preis; 1963 Preis Intern. Kali-Inst. (Bern) - Liebh.: Pflanzenernährung in d. Malerei - Spr.: Engl., Franz.

BUSSMANN (ß), Bernhard

Dr., Generalsekretär - Im Marienfried 12, 5202 Hennef/Sieg (T. 43 84) - Geb. 1. Juli 1929 Essen (Vater: Wilhelm B., Kaufm.; Mutter: Sophia, geb. Peitz), ev., verh. s. 1969 m. Margret, geb. Jäde, 5 Kd. (Hans, Lutz, Henning, Nina, Eva) - 1948 Abit., Promot. Dr. phil. 1955 - 1956-61 Assist. Univ. Kiel, 1961-65 Abt.-leiter Dt. Ges. f. auswärt. Politik; 1965-69 Wiss. Referent SPD-Bundestagsfraktion. 1969-80 MdB. 1976-80 Stv. Vors. Haushaltsausschuß; 1982 Generalsekr. Komitee f. europ. u. Intern. Zusammenarbeit, Bonn - BV: Schrifttum üb. Deutschland 1945-62, Bibliographie, Bonn 1963; Wege nach Gesamteuropa, kommentierte Dokumentation, Bonn 1965; D. Haushaltsausschuß. - Eine Einführung, Bonn 1975.

BUSSMANN (ß), Friedhelm

Dr. rer. pol., Vorsitzender d. Beirates d. Dr. Sterzenbach & Rau Vermögensverwaltungsges. mbH, Heiligenhaus u. d. m. dieser verb. Ges., Beirat Kettenfabrik Unna, Unna - Feldhauserweg 16, 4018 Langenfeld-Wiescheid - Geb. 10. Juli 1924 Hamm (Westf.) - Handelsrichter - BVK I. Kl.

BUSSMANN (ß), Heiko

Dipl.-Ing., Unternehmensberater - Theodor-Fontane-Str. 14, 6450 Hanau 1 (T. 06181 - 2 06 68) - AR Honeywell AG, Offenbach, u. Messelektronik Dresden GmbH, Beirat Paul Uebel Wirk- u. Strickwaren GmbH, Limbach-Oberfrohna.

BUSSMANN, Johann Friedrich

Dr. med., Prof., Chefarzt Chirurg. Abt. Ev. Krankenhaus, Herne, Lehrbeauftr. Univ. Bochum - Mont-Cenis-Str. 346, 4690 Herne 1 - Zul. Privatdoz. Univ. Heidelberg.

BUSSMANN, Karl Ferdinand

Dr. rer. pol. (habil.), Dipl.-Kfm., o. Prof. f. Allg. u. industrielle Betriebswirtschaftslehre - Zellerweg 22b, 8016 Irschenhausen (T. 08178 - 41 64) - Geb. 9. Febr. 1915 Elberfeld (Vater: Dr. Ferdinand B., Physiker; Mutter: geb. Plum), kath., verh. s. 1958 m. Elfriede, geb. Binder - Gymn.; HH Leipzig, Univ. ebd., Neuchâtel, Köln. WH Berlin, TH u. Univ. Prag - S. 1955 Ord. u. Inst.sdir. TH Darmstadt u. TH München. Gastprof. St. Antony's College Oxford - BV: D. nach preisrechtl. Grundsätzen erstellte Bilanz u. ihre Bedeut. f. d. Wirtschaftsleben, 1944; Kaufm. Rechnen u. Finanzmath., 2. A. 1956; Grundlagen u. Verfahren d. industriellen Rechnungswesens, 1953; Finanzierungsvorgänge, 1955; D. betriebsw. Risiko, 1955; Kostenrechnungsrichtlinien f. Wirkereien u. Strickereien, 1955; Produktivitätsvergl. in d. Flachstrumpfwirkerei, 1959; - in d. Strumpfstrickerei, 1959; - in d. Unterwäschewirkerei, 1960; Betreuung u. Prüfung d. Unternehmungen, 1960 - Liebh.: Sportangeln - Spr.: Engl., Franz., Ital.

BUSSMANN, Walter

Dr. phil., em. o. Prof. f. Geschichte - Kurpromenade 11, 7506 Bad Herrenalb/Schwarzw. (T. 21 66) - Geb. 14. Jan. 1914 Hildesheim (Vater: Erdwin B.; Mutter: Frieda, geb. Graf) - Univ. Heidelberg u. Göttingen. Promot. u. Habil. Göttingen. S. 1949 Lehrtätigk. Univ. Göttingen (zul. apl. Prof.), FU Berlin (1959 Ord.), Univ. München (1966 Ord.) u. Univ. (TH) Karlsruhe (1970 Ord.) - BV: u. a. Treitschke - S. Welt- u. Geschichtsbild, 2. A. 1981; D. Zeitalter Bismarcks, in: Leo Just, Handb. d. Dt. Gesch., 4. A. 1968; D. innere Entwickl. d. dt. Widerstandes gegen Hitler, in: Beitr. zu Zeitfragen, 1964; Zw. Preussen u. Dtschl. Friedrich Wilhelm IV. E. Biogr., 1990. Herausg.: Staatssekr. Graf Herbert v. Bismarck - Aus s. polit. Privatkorrespondenz (1964); Europa v. d. Franz. Rev. zu den nationalstaatl. Bewegungen des 19. Jh. (= Handb. d. Europ. Geschichte 5, 1981); Dt. Ausw. Amt 1918-45 (dt. Herausg.) - 1969 o. Mitgl. Bayer. Akad. d. Wiss., s. 1970 korr. Mitgl., Leit. Abt. Dt. Gesch.squellen im 19. u. 20. Jhr.; s. 1977 Haupthrsg. d. Akten z. dt. Auswärtigen Politik.

BUTENANDT, Adolf

Dr. phil., Dr. h. c., Prof., Ehrenpräs. Max-Planck-Ges. z. Förd. d. Wiss., Göttingen bzw. München (s. 1972) - Marsopstr. 5, 8000 München 60 (T. 88 54 90) - Geb. 24. März 1903 Bremerhaven-Lehe (Vater: Otto B., Kaufm.; Mutter: Wilhelmine, geb. Thomfohrde), ev., verh. s. 1931 m. Erika, geb. v. Ziegner, 7 Kd. - Oberrealsch. Bremerhaven-Lehe; Univ. Marburg u. Göttingen (Promot. 1927 b. A. Windaus) - Assist., 1931-33 Privatdoz. f. Biol. Chem. Univ. Göttingen, 1933 o. Prof. u. Dir. Organ.-chem. Inst. TH Danzig, Dir. Kaiser-Wilhelm- bzw. Max-Planck-Inst. f. Biochemie, Berlin (1936), Tübingen (1944), München (1956), 1945-71 zugl. o. Prof. u. Inst.dir. Univ. Tübingen u. München (1956). 1960-72 Präs., dann Ehrenpräs. Max-Planck-Ges. z. Förd. d. Wiss. Arbeitsgeb.: Konstitutionsermittl. u. Synthese d. Sexualhormone, biochem. Wirk. d. Erbfaktoren, Wirkstoffe d. Insektenreichs. - Ehrendoktor Univ.Tübingen (1949 u. 56), München (1950), Graz (1957), Leeds (1961), Saloniki (1963), Madrid (1963), Wien (1965), St. Louis (1965), TU Berlin (1966), Univ. Cambridge (1966), Med. Akad. Bukarest (1970), Univ. Rene Descartes, Paris (1972), Yonsey Univ., Seoul (1973); Ehrenbürger TH Danzig (1943), Stadt Bremerhaven (1961) u. München (1985); 1935 Emil-Fischer-Denkmünze, Gold. Rienäcker-Med. Univ. Würzburg, 1936 Pasteur-Med., 1937 Scheele-Med., 1939 Nobel-Preis f. Chemie, 1942 A.-W.-v.-Hofmann-Denkmünze, 1943 Carus-Med., 1944 Justus-Liebig-Preis, 1953 Paul-Ehrlich-Preis, 1961 Normann-Med., 1962 Sir-Henry-Dale-Med., 1966 Wilhelm-Bölsche-Med. in Gold, 1973 Adolf-Harnack-Med., 1983 in Gold (höchste Ausz. MPG), 1974 Weigmann Gedenkmünze in Gold; 1978 Verd.-Med. d. Deutschen Akad. d. Naturforscher Leopoldina, Halle; 1978 Univ.-Med. d. Eberhard-Karls-Univ. Tübingen. 1967 Kultureller Ehrenpreis Stadt München, 1970 Ernst-Hellmut-Vits-Preis (erster Träger); 1962 Ritter-Orden Pour le mérite Friedenskl.; Ehrenmitgl. Dt. Akad. d. Naturforscher (Leopoldina), Halle/S. (1955-60 Vizepräs.), Österr. Akad. d. Wiss., Wien, Jap. Akad., Tokio, Bayer. Akad. d. Bild. Künste, München, Consejo Superior de Investigaciones Cientificas, Madrid, Chem. Ges. Japans, Tokio, Ges. d. Ärzte, Wien; 1978 Ges. Dt. Naturforscher u. Ärzte; 1978 Jap. Ges. f. Agrikulturchemie; 1968 ausl. Mitgl. Royal Soc., London, s. 1974 Acad. des Sciences, Paris; Gr. BVK m. Stern (1959) u. Schulterbd. (1964), 1962 Bayer. VO., 1963 jap. Orden d. aufgeh. Sonne II. Kl., österr. Ehrenz. f. Wiss. u. Kunst, 1969 Kommandeur Ehrenlegion (Frankr.), 1972 Kommandeur Orden Palmes academiques (Frankr.); 1981 Bayer. Maximiliansorden f. Wiss. u. Kunst; 1983 Gold. Ehrenmünze Stadt München; 1985 Großkreuz d. VO d. Bundesrep. Dtschl.

BUTENANDT, Otfrid

Dr. med., Prof. f. pädiatrische Endokrinologie, Kinderarzt - Nördl. Seestr. 35, 8193 Ammerland (T. 08177 - 85 44) - Geb. 31. März 1933 Göttingen (Vater: Dr. Adolf B.; Mutter: Erika, geb. von Ziegner), ev., verh. s. 1968 m. Dagmar, geb. Diekmeier, 4 Kd. (Karen, Jens, Dirk, Silke) - Human. Gymn. Tübingen, Univ. Göttingen, Tübingen, München (Med.); Ex. München 1958, Habil. München 1970 - Ben May Laboratory, Univ. Chicago (Stip. 1961), Johns Hopkins Hospital (Fellow in Pediatrics 1962), s. 1963 Univ. Kinderklinik München, z. Z. ltd. Oberarzt - BV: Genetischer u. endokriner Minderwuchs, 1975; Humanes Wachstumshormon, 1974; Wachstumsstörungen rechtzeitig erkennen, 1987; ca. 100 Publ., vorzugsw. üb. pädiatrische Endokrinologie, insb. Wachstums-Störung - Spr.: Engl. - Bek. Vorf.: Prof. Dr. Adolf Butenandt, ehem. Präs. Max-Planck-Ges. (Vater).

BUTENSCHÖN, Hinrich-Timm

Dipl.-Ing., Direktor i. R. - Oskar-Graemer-Str. 21, 4050 Mönchengladbach 2 (T. 4 79 16) - Geb. 25. Sept. 1916 Kiel (Vater: August B., Obering.; Mutter: Gertrud, geb. Jerzembeck), ev., verh. s. 1947 m. Ilsabe, geb. v. Lowtzow, 2 Kd. (Hinrich-Timm, Christa-Luise) - Stud. TH Berlin (Dipl.ex. 1943) - 1945-51 Sachbearb. f. Hochspannungsanlagen (AEG, Kiel, Bielefeld), 1951-65 Leit. Planungsabt. Elektromark, Hagen, b. 1982 Dir. u. Vorst.-Mitgl. Niederrh. Licht-Kraftw. AG, Mönchengladbach. AR-Mand. - Liebh.: Theater, Musik, Sport - Spr.: Engl., Franz.

BUTENSCHÖN, Rolf

Kaufmann, Unternehmer, Fa. Rolf Butenschön Unternehmer-Beratungsges. mbH f. Existenzgründung d. Hotellerie - Elbchaussee 191, 2000 Hamburg 52 (T. 040 - 880 14 71) - Geb. 11. Jan. 1933, ev., verh. s. 1955 m. Brigitte, geb. Hummel, 4 Kd. (Birger Wilhelm, Gunnar, Anja, Arne) - Kaufm. Lehre - 1962-81 Inh. R. Butenschön Großkücheneinrichtungen Hamburg; s. 1983 GIVAG GmbH; s. 1988 Chambrair GmbH Hamburg - Erf. Chambrair Weinpflegesystem - 1987 FBMA Preis f. Chambrair Weinpflege.

BUTENUTH, Hans-Hellmuth

Kaufmann, Geschäftsf. u. Kompl. Autohaus H. Butenuth KG, Berlin - Philipp-Franck-Weg 25, 1000 Berlin 39 (T. 030 - 805 12 89) - Geb. 9. Juli 1929, ev., verh. s. 1954 m. Gisela, geb. Fasse, 3 Kd. (Dinah, Hendrik, Hellmuth-Andreas) - Mitgl. Präsid. IHK Berlin; 1. Vors. Verb. d. Kraftfahrzeughandels Berlin, Handelsrichter LG Berlin, Präs. Landesgolfverb. Berlin/Brandenburg - Liebh.: Golf - Spr.: Engl.

BUTENUTH-MANI, Claudia

Schauspielerin, Autorin (auch von Drehbüchern), Malerin - Zu erreichen üb. ZBF München, Leopoldstr. 19, 8000 München 40 (T. 381 70 70) - Geb. 20. Sept. Göttingen, S. Oliver - Hochsch., Schauspielstud., Heilprakt.ausb. München - Film- u. FS-Rollen, u.a. in: Silent Night (m. James Mason), Brass Target (m. John Casavettes u. Sophia Loren), Protokoll e. Verdächtg. (m. Martin Lüttge), E. Mord, d. jeder begeht, 1983 Film in Frankr., Battling le tenebreux (m. Manuel Gelin, Roger Carel u.a.), Schwarzwaldklinik, Hotel Paradies, Regina auf d. Stufen, Glückliche Familie. Üb. 100 FS-Spiele - Bilder in Öl u. Aquarell, 1980 Malerei-Ausst. München - BV: Begegnungen, Autobiogr. 1990; Zwei Männer u. eine Frau. Kurzgeschichte üb. Beziehungen, 1992 - 1981 Greater-Cup, Tennis - zu Gunsten d. dt. Krebshilfe - Liebh.: Malen, Schreiben, Stud. d. Psych. u. Heilpraktiker - Spr.: Franz., Engl., Ital. - Lit.: Nachschlagew. v. München u. im Zeitgen. Nachschlagew. Italien, Who is Who, Women, Engl. Cambridge.

BUTIN, Heinz

Dr. rer. nat., Prof., Direktor Inst. f. Pflanzenschutz im Forst Biolog. Bundesanstalt f. Land- u. Forstw., Braunschweig (s. 1969) - Messeweg 11/12, 3300 Braunschweig - Geb. 13. April 1928 Bad Godesberg - Promot. 1954 - S. 1964 (Habil.) Privatdoz. u. apl. Prof. (1969) Univ. Göttingen (Mykologie) - BV: Forstpathologie, 1973 (m. Herbert Zycha); Krankheiten d. Wald- u. Parkbäume, 1989. Zahlr. Einzelarb.

BUTKUS, Günther

Verleger Pendragon-Verlag - Karl-Eilers-Str. 24, 4800 Bielefeld 1 (T. 0521 - 6 96 89; Telefax 0521 - 17 44 70) - Geb. 18. Nov. 1958, led. - BV: Gedichte, 1981. Herausg. d. Buchreihen: subito, pendragon's parade, Werke v. Hanne F. Juritz - Spr.: Engl., Franz.

BUTLER, Charlotte

s. Butler-Skuratowicz, Charlotte.

BUTLER-SKURATOWICZ, Charlotte

Solotänzerin Dt. Oper Berlin (Ps. Charlotte Butler) - Laubenheimer Str. 19, 1000 Berlin 33 - Geb. 27. Mai 1951 La Valetta (Malta), verh. s. 1982 m. Marek Skuratowicz, T. Sophia Lara - Ausb. in England (Arts Educational Trust School u. College) - 1971-73 Städt. Bühnen Freiburg; 1973-74 Wuppertaler Bühnen; s. 1974 Dt. Oper Berlin, s. 1979 Solotänzerin - Solorollen: Giselle, Schwanensee, Coppelia, Dornröschen, La Fille mal Gardee, Romeo u. Julia u. in Choreogr. v. Balanchine, Béjàrt, Christe, Kylian, van Manen, Petit, Forsythe, Bournonville/Schaufuss, Panov, u. a.

BUTTENBENDER, Horst

Dipl.-Päd., Fernsehjournalist - Pestalozzistr. 9, 6501 Wörrstadt - Geb. 15. März 1929 Offenbach/M. - Journ.-Ausb.; Stud. Univ. Frankfurt, Freiburg, Mainz, Köln, PH Aachen - 1963-90 Verantw. Redakt. f. d. FS-Programm d. SWF in Rhld.-Pfalz; fr. Journalist.

BUTTERFASS (ß), Theodor

Dr. rer. nat., em. Prof. f. Botanik - Siesmayerstr. 70, 6000 Frankfurt/M. - Geb. 1926 Ulm/D. - Promot. 1956 Münster/W.; Habil. 1964 Heidelberg - 1957-73 MPI f. Pflanzengenetik Ladenburg; s. 1970 Prof. Univ. Heidelberg (apl.) u. Frankfurt (1973, o.). Emerit. 1991 - BV: Wachstums- u. Entwicklungsphysiol. d. Pflanze, 1973 (auch Ndl.); Patterns of Chloroplast Reproduction, 1979 (Springer Wien/New York).

BUTTGEREIT, Dieter

Geschäftsf. Gesellsch. plettac GmbH Plettenberg, Geschäftsf. Franz Mayer GmbH - Postfach 5242, 5970 Plettenberg 5; priv.: Randstr. 38, 5970 Plettenberg 2 (T. 02391 - 5 20 20) - Geb. 28. Nov. 1932 Eiringhausen - AR-Mitgl. Märk. Eisenbahn AG Lüdenscheid u. Stadtw. Plettenberg; VR-Mitgl. Sparkasse Plettenberg-Werdohl, Vors. d. Beirates d. Stahl- u. Maschinenbau -STAMA-GmbH, O-Großräschen.

BUTTING, Hannshermann

Dr. jur., Gf. Gesellschafter Metallwerk H. Butting, Wittingen - Gifhorner Str. 59, 3120 Wittingen-Knesebeck (T. 05834 - 5 00) - Geb. 25. Juli 1925 Crossen/O., ev., verh. s. 1957 m. Ingeborg, geb. Schäfer, 5 Kd. (Eva, Klara, Johanna, Hermann, Katharina) - 1945-48 Jurastud. Göttingen; Promot. 1952 Göttingen, Ass. 1953, Anwalt 1957 - Geschäftsf. Metallwerk H. Butting; Rechtsanw. (nebenberufl.) Hankensbüttel - BVK - Liebh.: Forstwirtsch., Rudern - Spr.: Franz.

BUTTJES, Dieter

Dr. phil., Prof. f. Anglistik u. Amerikanistik Univ. Dortmund (s. 1985) - Auf dem Königsberg 4, 5800 Hagen 1 - Geb. 6. Okt. 1945 Oldenburg in O., verh. s. 1972 m. Elke, geb. Weitzmann (Dipl.-Psych.), 2 Töcht. (Andrea, Stefanie) - Stud. d. Philol. 1965-70 Univ. Marburg; Promot. 1975 (Amerikanistik); Habil. 1984 Dortmund (Angl.) - 1975 Wiss. Berater f. WDR-Schulfernsehen Köln; 1973 Intern. Schüleraustausch, Hamburg - BV: Theorie u. Praxis d. Übers. (Übers. 1968); Proletarischer Roman in d. USA, 1975; Landeskundl. Lernen im Engl.-Unterr., 1981; Fremdsprache u. fremde Ges., 1984; Panorama, 1987; Mediating Languages and Cultures, 1990. Drehbücher f. Dokumentarfilme u. Sprachkurse d. WDR (Kanada, USA, Australien, Neuseeland, Großbritannien).

BUTTLAR, von, Adrian

Dr. phil., Prof. f. Kunstgeschichte Univ. Kiel - Fußsteigkoppel 19, 2300 Kronshagen (T. 0431 - 54 15 61) - Geb. 12. Sept. 1948 Marburg, ev., verh. s. 1977 m. Madelaine, geb. Niester (M.A., Politologin), 3 S. (Moritz, Raban, Johannes) - 1968 Abit. Wilhelms-Gymn. Hamburg; 1968-77 Stud. Kunstgesch., Archäol., Soziol., Jura (München u. London); Promot. 1977 München; Habil. 1984 Augsburg - 1977-82 wiss. Assist. München, 1982-85 Univ. Augsburg - BV: D. Engl. Landsitz 1715-60. Symbol e. lib. Weltentwurfs, 1982; D. Münchner Hofgarten (Hrsg.), 1988; D. Landschaftsgarten - Gartenkunst d. Klassizismus u. d. Romantik, 1989 - Spr.: Engl.

BUTTLAR, von, Haro

Dr. rer. nat., Prof. f. Experimentalphysik (Lehrstuhl III) - Schinkelstr. 69, 4630 Bochum 1 (T. 70 10 55) - Geb. 27. Okt. 1926 Frankfurt/M. (Vater: Dipl.-Ing. Hans v. B., Dir. Kasseler Verkehrsges.; Mutter: Eva, geb. Wussow), ev., verh. I) 1953 m. Liselotte, geb. Weidlich (†1966), 3 Söhne (Manfred, Hans, Armin), II) 1967 Ilselore, geb. Gerstberger, 2 Töcht. (Silvia, Almut) - Univ. Göttingen (Physik; Diplomex. 1950). Promot. 1952 Göttingen; Habil. 1959 Darmstadt - 1952-54 Research Associate Univ. of Chicago, 1954-58 Assistant u. Assoc. Prof. New Mexico Inst. of Mining and Technology, Socorro, 1959-66 Dozent u. apl. Prof. TH Darmstadt, seither Prof. Univ. Bochum, s. 1984 Vorst.-Mitgl. Univ. Verein Witten/Herdecke - BV: Einf. in d. Grundl. d. Kernphysik, 1964; Radioaktivität, 1990. Etwa 90 Einzelarb. - Spr.: Engl. - Rotarier - Bek. Vorf.: Friedrich Wussow, Generaldir. BVG Berlin (Großv. ms.).

BUTTLER, Friedrich
Dr. rer. pol., Prof., Direktor Inst. f. Arbeitsmarkt- u. Berufsforschung d. Bundesanstalt f. Arbeit - Regensburger Str. 104, 8500 Nürnberg - Geb. 1941.

BUTZ, Manfred
Dr. med., Prof., Chefarzt Urol. Abt. St. Josefskrankenhaus Paderborn (s. 1983) - Zu erreichen üb. St. Josefskrankenhaus, Husener Str. 46, 4790 Paderborn 1 - Geb. 5. Jan. 1941 Stuttgart, kath., verh. s. 1968 m. Erika Gross, 2 S. (Christian, Matthias) - Med. Staatsex. 1967 Mainz, Promot. 1968 ebd., Habil. 1981 Klinikum Steglitz, FU Berlin, apl. Prof. 1986 ebd. - S. 1977 Arzt f. Urol. u. Oberarzt Urol. Klinik, Klinikum Stegliz FU Berlin. Entd.: Prophylaxe v. Kalziumharnsteinen m. Alkalizitrat - BV: Zitrat u. Urolithiasis, 1988. 65 Publ. - Liebh.: Musik (Ausb. als Geiger), bild. Kunst, Fotogr. - Spr.: Engl., Franz.

BUTZ, Michael-Andreas
Dr. jur., Jurist, Ministerialrat, Pressesprecher u. Leit. Presse u. Öffentlichkeitsref. im Bundesmin. f. Verkehr - Zu erreichen üb. Robert-Schumann-Pl. 1, 5300 Bonn 2 (T. 0228 - 300-20 40 u. 20 43) - Geb. 5. Aug. 1948 Brüggen/Hannover, ev., verh., 2 Söhne (Andreas, Benjamin) - Stud. Rechtswiss. Göttingen; 1. u. 2. Staatsex. 1974, 1977 Göttingen, Hannover, 1978 Promot. - 1981/83 abgeordn. z. NATO-Defence College Rom; zul. Sprecher d. Bundesinnenmin. - BV: Rechtsfragen z. Zonenrandförderung - Liebh.: Sport, Theater, Malerei - Spr.: Engl., Franz.

BUTZ, Peter Eckehard

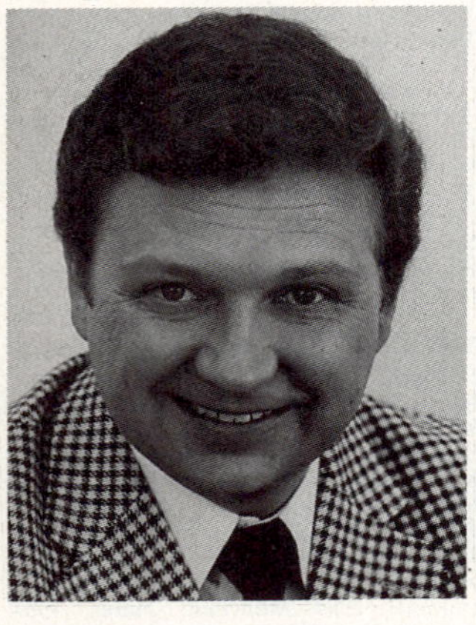

Dr. rer. pol., Dipl.-Kfm., Geschäftsführer Mann GmbH u. Kauf- u. Handels-Centren GmbH (s. 1979) - Memelweg 4, 4837 Verl 1 (T. 30 39) - Geb. 10. Mai 1939 Berlin (Vater: Hermann B., Dipl.-Fahrmeister, Dipl.-Reitlehrer; Mutter: Erika, geb. Wolf), ev., verh. s. 1968 m. Ingeborg, geb. Bode, 2 Söhne (Christoph, Matthias) - Dipl.ex. 1965; Promot. 1968 Münster - 1967-69 Geschäftsf. Inst. f. Kreditwesen Univ. Münster; 1974-79 alleinverantw. Geschäftsf. Bertelsmann Reinhard Mohn oHG; 1974-78 AR-Mitgl. Bertelsmann AG - BV: D. Anpassung d. techn.-organisator. Bereichs von Kreditinst., 1969 - Liebh.: Bücher, Musik, Pferdesport - Spr.: Engl., Franz., Ital., Span., Latein.

BUTZENGEIGER, Karl H.
Dr. med., Prof., Facharzt f. Inn. Med., Ärztl. Dir. d. St. Marien-Hospit. a.D., Mülheim - Leonhard-Stinnes-Str. 47, 4330 Mülheim/Ruhr (T. 3 31 15) - Geb. 27. Juli 1912 (Vater: Prof. Dr. med. Otto B. †1969; Mutter: Marlis, geb. Daumenlang), verh. s. 1950 m. Dr. med. Annele, geb. Reichert, 4 Söhne (Peter, Georg, Michael, Thomas) - S. 1948 Habil. (Privatdoz.), s. 1954 apl. Prof. f. Inn. Medizin Univ. Bonn - Div. Fachveröff. - Rotarier.

BUTZER, Paul L.
B. Sc., M. A., Ph. D., o. Prof. f. Mathematik - Lohmühlenstr. 34, 5100 Aachen (T. 7 28 33) - Geb. 15. April 1928 Mülheim/Ruhr - Loyola College Montreal u. Univ. Toronto (Math., Phys.). Doctor of Phil. 1951 Toronto - S. 1952 Lehrtätigk. Univ. McGill Montreal (Lecturer, 1953 Assistant Prof.), Univ. Mainz (1955 Gastprof.), TH Aachen (1958; 1959 apl., 1961 ao., 1962 pers. Ord., 1968 o. Prof.). 1964-67 Vorst.-Mitgl. Dt. Mathematiker-Vereinig. Mitgl. American Math. Soc., Ges. f. Angew. Mathematik u. Mechanik; Dt. Math.-Vereinig., Österr. Math. Ges., Görres Ges. Spez. Arbeitsgeb.: Approximationstheorie, Funktionalanalysis - BV: Semi Groups of Operators and Approximation, 1967 (m. Prof. H. Berens); Approximationsprozesse u. Interpolationsmethoden, 1968 (m. Prof. K. Scherer); Hilberttransformation, gebrochene Integration u. Differentiation, 1968 (m. Prof. W. Trebels); Fourier Analysis and Approximation, I 1971 (m. Prof. R. J. Nessel); E. B. Christoffel, The Influence of his Work on Mathematics and the Physical Sciences, 1981 (m. Doz. Dr. F. Fehe-;r). Zahlr. Einzelarb. Mithrsg.: Üb. Approximationstheorie (1964); Abstract Spaces and Approximation (1969); Linear Operators and Approximation (I 1972, II 1974); Linear Spaces and Approximation (1978); Functional Analysis and Approximation (1981); Theory and Applications of Gibbs Derivatives (1990); Anniversary Volume on Approximation Theory and Functional Analysis (1984); 5. Aachener Kolloquium: Mathem. Meth. in d. Signalverarb. (1984). Jahresberichte Dt. Math. Vereinig. (1964ff.); Journal of Approximation Theory (1968ff.); Applicable Analysis (1971ff.); Numerical Functional Analysis and Optimization (1978ff); Resultate der Mathematik-Mathematical Results (1978ff.); Zeitschr. f. Analysis u. ihre Anwend. (1982ff.). Approximation Theory and its Applications (1984ff.); Applied Mathematics Letters (1988); Atti Seminario Matematico e Fisico dell' Univ. de Modena (1991) - Sir Joseph Flavelle-Preis Toronto - Korr. Mitgl. Sociéte Royale d. Sciences de Liége; Jurymitgl. Dr. A. DeLeeuw-Damry-Bourlart Preis 1981-85 Brüssel; 1990 Assoz. Mitgl. d. Acad. Royale de Belgique; 1987 Dr. h.c. Liége - Spr.: Engl., Franz.

BUTZKAMM, Wolfgang
Dr. paed., o. Prof. f. Engl. Sprache u. ihre Didaktik RWTH Aachen - Meischenfeld 79, 5100 Aachen - Geb. 11. Nov. 1938 - BV: Aufgeklärte Einsprachigkeit, 1978; Klassengespräche (m. Colin Black), 1977; Praxis u. Theorie d. bilingualen Methode, 1980; Psycholinguistik d. Fremdsprachenunterrichts, 1989.

BUWITT, Dankward
Kaufmann, MdB (s. 1990) - Wünsdorfer Str. 68, 1000 Berlin 49 (T. 745 56 36) - Geb. 6. Juli 1939 Berlin (Vater: Gerhard B., Sozialrat; Mutter: Dorothea, geb. Bonus), ev., 2 Töcht. (Alexandra, Katja) - Realschule; Lehre Ind.-Kfm. - 1975-90 MdA Berlin, 1984-89 Vors. CDU-Fraktion, 1989-91 gf. Vors. d. CDU-Frakt. d. Abg.hauses v. Berlin. S. 1979 Mitgl. d. Stift.rates d. Dt. Klassenlotterie Berlin (1991 Vors.); s. 1981 VR-Mitgl. Berliner Pfandbriefbank, s. 1983 Wohnungsbaukreditanstalt (WBK) Berlin; s. 1991 AR-Mitgl. Spezialbau GmbH Potsdam.

BUX, Kuno
Präsident u. Amtsleiter Landeskriminalamt Baden-Württ. - Rebenweg 8, 7250 Leonberg - Geb. 9. Okt. 1928, verh. - B. 1952 Polizeiausb.; Stud. Rechtswiss. Univ. Tübingen (1. Staatsex. 1955, 2. Staatsex. 1959) - S. 1959 Staatsanwalt LG Ellwangen u. Stuttgart; ab 1964 stv. Leit. Landeskriminalamt Baden-Württ./Stuttgart, s. 1970 dessen Amtsleiter u. Präs.

BUXBAUM, Otto
Dr.-Ing., Prof., Direktor Fraunhofer-Institut f. Betriebsfestigkeit - Bartningstr. 47, 6100 Darmstadt - Geb. 12. Aug. 1935 Düren (Vater: Franz B., Dipl.-Kfm.; Mutter: Hedwig, geb. Schaff) - Hum. Gymn., 1954-58 Stud. Maschinenbau TH München (Dipl.-Ing.), 1967 Promot. 1959-60 Berechnungsing. Messerschmitt AG., 1960-62 Lt. d. Werkstoff-Forschung, ebd.; s. 1963 Fraunhofer-Inst. f. Betriebsfestigkeit (s. 1974 gf. Dir.); s. 1973 dt. Deleg. b. Intern. Comm. on Aeronautical Fatigue (ICAF); s. 1991 Generalsekretär d. ICAF - BV: Betriebsfestigkeit, 1986 (erster Nachdr. 1988), 2. A. 1992. Rd. 100 Fachveröff. - 1977 ASTM Ehrenpreis; 1981 Plantema Med. - Spr.: Engl.

BUYER, Karl
Dipl.-Ing., Direktor - Rochusstr. 13, 8022 Gräfelfing/Obb. (T. München 8 51 55) - Geb. 7. Juli 1926 Ebingen/Württ. - B. 1963 Vorstandsmitgl., dann Vorstandsvors. Heilmann & Littmann Bau-AG., München, zul. b. 1981 Vorstandsvors. Heilit & Woerner Bau AG., ebd. 1981 aus ges. Gründen in vorz. Ruhestand getr.

BYDLINSKI, Franz
Dr. jur., o. Prof. f. Zivilrecht - Hohe-Wand-Str. 46, A-2344 Maria Enzersdorf am Gebirge (Österr.) - Geb. 20. Nov. 1931 Rybnik (Vater: Leo B., Ing. †; Mutter: Margarete, geb. Cellbrot †), kath., verh. s. 1954 m. Leopoldine, geb. Leitner, 5 Söhne (Georg, Michael, Peter, Andreas, Martin) - Realgymn. Knittelfeld; Univ. Graz (Promot. 1954) - 1955-57 Hochschulassist. u. Gerichtspraxis; 1957-63 Dozent u. ao. Prof. (1960) Univ. Graz; 1963-67 o. Prof. Univ. Bonn; s. 1967 o. Prof. Univ. Wien. Spez. Arbeitsgeb.: Österr. Zivil- u. Arbeitsrecht, jur. Methodenlehre - BV: D. Gleichheitsgrundsatz im österr. Privatrecht, 1961; Probleme d. Schadensverursach., 1964; Privatautonomie u. objektive Grundl. d. verpflichtenden Rechtsgeschäfts, 1967; Arbeitsrechtskodifikation u. allg. Zivilrecht, 1969; Klang-Kommentar z. ABGB 2 IV/2, 1971-76; Jur. Methodenlehre u. Rechtsbegriff, 1982, 2. A. 1991; D. Recht d. Superädifikate, 1982; Einf. in d. österr. Privatrecht, 2. A. 1983; Risikohaftung d. Arbeitgebers, 1985; Rechtsgesinnung als Aufgabe, 1987; Recht, Methode u. Jurisprudenz, 1988; Fundamentale Rechtsgrundsätze, 1988; Handels- od. Unternehmensrecht als Sonderprivatrecht, 1990; Zulässigkeit u. Schwanken ewiger und extrem langdauernder Vertragsbindung, 1991. 115 Abhandl. Herausg.: Jurist. Blätter, Wien (1963ff.), Rechts- u. Staatswiss. (Springer-Vg.) - 1976 Kardinal-Innitzer-Würdigungspreis; 1985 korr. Mitgl. Österr., 1989 Göttinger Akad. d. Wiss.; 1986 Dr. jur. h. c. Salzburg, 1991 München - Liebh.: Tennis - Spr.: Engl., Poln.

BYDLINSKI, Georg
Schriftsteller - Hohe Wand-Str. 9/2, A-2346 Südstadt (T. 02236 - 2 27 04) - Geb. 30. Mai 1956 Graz, verh. s. 1977 m. Birgit, geb. Wegerth, 3 Söhne (David, Gabriel, Lukas) - Stud. Angl.- u. Religionspäd. Univ. Wien (Mag. Phil.) - Vorst.-Mitgl. Interessengem. Österr. Autoren; Mitgl. Grazer Autorenvers.; Mitbegr. Autorenverlag edition umbruch, Mödling b. Wien (österr. Kleinverlagsprämie 1987, 89 u. 90) - BV: Lyrik: D. Sprache bewohnen, 1981; Distelblüte, 1981 (2. A. 1982); Hinwend. z. d. Steinen, 1984; Landregen, 1988; Im Halblicht, 1991. Prosa: Kopf gegen Beton, 1986; Satellitenstadt, 1988; Wurfparabel, 1991. Kinderlit.: Pimpel u. Pompel aus Limonadien, 1980; D. Mond heißt heute Michel, 1981; D. Wünschelbaum, 1984, 2. A. 1988; ... weil wir Heinzelmännchen sind, 1984, 2. A. 1986 (engl. Übers., 'The Midnight Visitors', 1985); D. Himbeerrote Drache, 1988, 4. A. 1992 (span. Ausg. 1990); E. Krokodil geht in d. Stadt, 1990; Guten Morgen, d. Nacht ist vorbei, 1991; D. bunte Brücke, 1992; D. Hinzel-Henzel-Hunzelmann, 1992; E. Krokodil entdeckt d. Nacht, 1992. Übers. (Mithg., m. Käthe Recheis): Weißt du, daß d. Bäume reden. Weisheit d. Indianer (1983; 18. A. 1992); Freundschaft m. d. Erde. D. indian. Weg (1985, 3. A. 1991); Auch d. Gras hat e. Lied. Indianertexte d. Gegenwart (1988, 2. A. 1988); D. Erde ist e. Trommel. Indianerweisheit aus Gegenw. u. Vergangenh. (1988); Zieh e. Kreis aus Gedanken. Texte u. Bilder v. Leben d. Indianer (1990) - 1981 u. 1984 Buchprämien Bundesmin. f. Unterr. u. Kunst; 1982 Anerkennungspreis Land Niederösterr.; 1982 u. 1987 Theodor Körner-Pr. f. Lit.; 1984 Ehrenliste z. Österr. Kinder- u. Jugendbuchpr.; 1985 Ehrenliste z. Kinder- u. Jugendbuchpr. Stadt Wien; 1985 Förderungspreis Land Niederösterr.; 1988 Übersetzerprämie Bundesmin. f. Unterr. u. Kunst; 1991 Förderungspreis f. Jugendliteratur d. Landes Steiermark - Lit.: D. Barke (Lehrerhandb. d. Österr. Buchklubs d. Jugend, 1982); Kürschners Dt. Lit.-Kal. (1988) u.a.

BYLANDT-RHEYDT, Graf von, Bernhard
Prof., Bildhauer - Hofrat-Werner-Str. 5, 8733 Aschach üb. Bad Kissingen (T. 4 16) - Geb. 3. Jan. 1905 Magdeburg (Vater: Alexander Graf v. B.-R.; Mutter: Marie-Dorothea, geb. Dreyer), ev., verh. in 2. Ehe (1953) m. Ilse, geb. Josten (Pianistin) - 1920-24 Kunstakad. Breslau (Malerei); als Bildh. Autodid. - 1958-70 Prof. Hochsch. f. bildende Künste, Kassel. Zahlr. Werke aus Stein - BV: Vision im Stein, 1981 - Liebh.: Komponieren.

BYSTŘINA, Ivan
Dr. jur., o. Prof. f. Kommunikationswissenschaft u Semiotik - Caspar-Theyß-Str. 14a, 1000 Berlin 33 - Geb. 8. Okt. 1924 Nový Jicin - Promot. (1949) u. Habil. (1954) Prag - B. 1969 Vizedir. Inst. f. Staats- u. Rechtswiss. Prag, dann Gastprof. Univ. Mannheim, Heidelberg u. Bochum, s. 1972 Ord. FU Berlin. Bücher u. viele Einzelarb.

C

CABANIS, Detlef
Dr. med., Prof. f. Forens. Psychiatrie u. Med. Kriminol. - Teichwiesenweg 6, 3555 Fronhausen/Oberwalgern - Geb. 28. Febr. 1921 Berlin - S. 1967 (Habil.) Privatdoz. u. Prof. FU Berlin.

CADUFF, Sylvia
Prof., Generalmusikdirektorin, Orchesterdirigentin - Argonnerweg 21, 5650 Solingen - Geb. 7. Jan. 1938 Chur (Vater: Dr. phil. Gian C.; Mutter: Clara, geb. Rich), ev. - Matura 1958 Chur; Dipl. f. Klavier u. Theorie 1961 Konservat. Luzern; 1962-65 Karajan-Praktikum Berlin - 1966-67 Assist. Conductor New Yorker Philharmoniker; 1972-76 Prof. f. Dirig. Bern; 1977-86 GMD in Solingen - 1966 1. Preis Mitropoulos-Competition New York; 1973 Kunstpreis Luzern - Spr.: Engl., Franz., Ital.

CAESAR, Knud
Dr. agr., Prof. em. f. Acker- u. Pflanzenbau - Endestr. 41, 1000 Berlin 39 - Geb. 24. Mai 1925 Steinsdorf - Promot. 1954 Hohenheim (LH); Habil. 1966 Göttingen - S. 1971 Prof. TU Berlin - BV: Einf. in d. tropischen u. subtropischen Pflanzenbau, 1986.

CAESAR, Peter
Justizminister Rhld.-Pfalz (s. 1987) - Ernst-Ludwig-Str. 3, 6500 Mainz (T. 06131 - 1 61) - Geb. 30. Nov. 1939 Oldenburg, ev., verh. s. 1977 m. Irmgard Margarete, geb. Mühlbeyer, 2 Kd. (Jan, Martin) - Gymn. Oldenburg, Bonn u. Kelkheim; Abit. 1960; Stud. Rechtswiss. Berlin u. Bonn; Referendarex. 1966; gr. jurist. Staatsprüf. 1969 - 1969 Rechtsanwalt in Idar-Oberstein. FDP (s. 1970).

CAESAR, Rolf Julius

Dr. rer. pol., Univ.-Prof. Univ. Stuttgart-Hohenheim - Postf. 700562, 7000 Stuttgart 70 (T. 0711 - 4 59 29 90) - Geb. 7. Mai 1944 Ahrweiler (Vater: Julius C., Kaufmann; Mutter: Mia C., geb. Pasman), ev., verh. s. 1968 m. Christa, geb. Distelkamp, 2 Kd. (Christoph, Bettina) - Univ. München, Köln (Wirtschaftswiss.); Promot. 1970 Köln, Habil. 1979 Köln, 1984-91 Univ.-Prof. Ruhr-Univ. Bochum - BV: D. Intern. Zusammenhang d. Löhne, 1970; Steuerquoten, Steuerstrukturen u. Steuerharmonisierung in d. Europ. Gemeinschaft, 1980; D. Handlungsspielraum v. Notenbanken, 1981 - Spr.: Engl., Franz.

CAESAR-WOLF, Beatrice

Ph. D., Dipl.-Soz., Prof. f. Sozialisation u. Sozialpsych. Univ. Hannover - Hanomagstr. 8, 3000 Hannover; priv. Treuchtlinger Str. 8, 1000 Berlin 30.

CAFFIER, Lorenz

Dipl.-Ing. f. Landtechnik, MdL (s. 1990), Parlam. Geschäftsführer, CDU-Landtagsfraktion Mecklenburg-Vorpommern - Dorfstr. 57, O-2081 Lichtenberg - Geb. 24. Dez. 1954 Dresden, ev., verh., 2 Kd. (Susann, Sebastian) - Polytechn. Obersch.; Forstfacharb. m. Abit.; 1976-80 Stud. Ing.hochsch. Berlin; 1980 Dipl.-Ing. - 1990/91 LPG-Vors.; 1990 Volkskammerabg.; s. 1990 CDU-Kreisvors. Neustrelitz; AR-Mitgl. Schiffswerft Rechlin GmbH; Vorst. Wirtsch.förderges. Neustrelitz - Liebh.: Natur, Jagd - Spr.: Russ., Engl.

CAHN, Herbert Adolph

Dr. phil., Archäologe u. Numismatiker, Honorarprof. f. Antike Numismatik Univ. Heidelberg (s. 1971) - Rütimeyerstr. 12, CH-4054 Basel (Schweiz) - Geb. 28. Jan. 1915 Frankfurt/M. (Vater: Ludwig C., Numismat.; Mutter: Johanna, geb. Neuberger), isr., verh. in 2. Ehe (1949) m. Mathilde, geb. Vögeli, 2 Kd. (Miriam, David) - Goethe-Gymn. Frankfurt (Abit. 1932); Univ. Frankfurt u. Basel (Promot. 1940) - 1942-87 Dir. u. Verwaltungsratdeleg. Münzen u. Medaillen AG, Basel - BV: D. Münzen d. sizil. Stadt Naxos, 1944; Knidos - D. Münzen d. 6. u. 5. Jh. v. Chr., 1970; Kl. Schriften z. Münzkd. u. Archäol., 1975; D. spätröm. Silberschatz v. Kaiseraugst (Mitautor u. Herausg.), 1984; Antikenmuseum Basel u. Sammlg. Ludwig: Münzen (Katalog, Mitautor u. Herausg.), 1988 - 1971 Med. Royal Numism. Soc.; 1972 Soc. française de numism.; 1983 American Numismatic Society; 1988 Ehrenmitgl. Schweiz. Numismatische Ges. - Spr.: Franz., Engl., Ital.

CALBERT, Joseph (Josse) P.

Ph. D., Prof. f. Anglistik (Konstrastive Sprachwiss.) Univ. Oldenburg (s. 1974) - Häherweg 5, 2905 Edewecht-Friedrichsfehn/O. - Geb. 28. Aug. 1938 Brüssel/Belg. (Vater: Henri C., Landw.; Mutter: Marie, geb. Debremaeker), verh. s. 1964 m. Marie-Thérèse, geb. Ocreman, 4 Kd. - Univ. Löwen (1958-63; Lic. en Philol. German.) u. Indiana/USA (1968-72; Ph. D.) - Zul. 1971 bis 1973 Assist. Prof. Univ. Ontario/Kanada. Fachb.

CALDER, Clement Barrie

Übersetzer, Englischdoz. - Levetzowstr. 16, 1000 Berlin 21 (T. 030 - 393 44 72) - Geb. 29. Sept. 1936 Philadelphia/USA, ledig - Assoc. in Arts 1956 Valley Forge M.A., USA; Bachelor of Music 1959 Michigan State Univ. USA; Master of Music Michigan State Univ. USA; Hochsch. d. Künste FU Berlin; Lehrauftr. Techn. FH Berlin - Englischdoz. in d. Erwachsenenbildung; Gerichtsdolmetscher; fr. Übers. 1967-68 Gast d. Berliner Künstlerprogramms - Spr.: Engl., Ital., Franz.

CALLIESS, Rolf-Peter

Dr. jur., o. Prof. f. Strafrecht Univ. Hannover (s. 1974) - Deisterstr. 5, 3005 Hemmingen-Hannover - Geb. 21. März 1935 Berlin, ev. - 1945-54 Gymn. Berlin; Univ. ebd., Bonn u. Köln (Rechts- u. Sozialwiss.). Jurist. Staatsex. 1959 u. 64. Promot. 1961 Berlin; Habil 1973 Bielefeld. Div. Mitgliedsch. - BV: Eigentum als Institution, 1962; Kirche u. Demokr., 1966; Strafvollzug - Instit. im Wandel, 1970; Alternativ-Entw. e. Strafvollzugsges., 1973 (Mitverf.); Theorie d. Strafe im demokr. u. soz. Rechtsstaat, 1974; D. Begriff d. Gewalt im Systemzush. d. Straftatbestände, 1974; Kommentar z. Strafvollzugsges., 3. A. 1982 (Mitverf.); Lehrb. d. Strafvollzugsrechts, 2. A. 1981; Lehrb. d. Strafrechts, 1981/82. Alternativ-Entw. e. Strafprozeßordn. (Mitverf.) 1980.

CALMEYER, Peter

Dr. phil., apl. Prof. Univ. München; Wiss. Direktor Deutsches Archäologisches Inst. Abt. Teheran - Postf. 33 00 14, 1000 Berlin 33 - Geb. 5. Sept. 1930 Halle/Saale, verh. m. Ursula, geb. Seidl - Promot. 1965 Berlin; Habil. 1969 München - BV: Datierbare Bronzen aus Luristan u. Kirmanshah, 1969; Reliefbronzen in babyl. Stil, 1973; Art. z. Archäol. u. Gesch. d. Achaimeniden.

CAMAJ, Martin

Dr. phil. (habil.), Prof., Albanologe - Tiefenweg 3, 8172 Lenggries/Obb. (T. 8833) - B. 1971 Doz., dann apl. Prof. Univ. München (Albanol.).

CAMBEIS, Hansjörg Philipp

Maler, Schriftst. - Maier-Leibnitz-Str. 14, 8046 Garching (T. 089-320 14 73) - Geb. 1. Mai 1938 Speyer, Sohn Paul Martin - Schriftsetzer - BV: Mutmaß, Ged. 1981; u.a. - 1983 Gold. Amöbe Freundeskr. d. schönen Künste, München - Lit.: Oswald Collmann, H. Cambeis allein gegen alle(s).

CAMBEIS, Ludwig

Dr.-Ing., Prof. f. Allg. Elektrotechnik u. Qualitätssicherung Gesamthochschule Paderborn (Fachbereich Elektrotechnik/Elektronik) - Kleinenberger Weg 12, 4790 Paderborn.

CAMMENGA, Heiko K.

Dr. rer. nat., Chemiker, Prof. f. Physikal. Chemie TU Braunschweig (beamtet; s. 1977) - Johanniterstr. 7A, 3300 Braunschweig - Geb. 30. Juli 1938 Bremen (Vater: Karl C., Bäckerm.; Mutter: Henriette, geb. Müller), verh. s. 1965 m. Ingrid, geb. Potthoff, 2 Kd. (Anne, Jörg) - Friedrich-Paulsen-Gymn. Niebüll; TH Braunschweig u. Helsinki. Promot. 1967; Habil. 1973 - 1970/71 Gastdoz. Rochester Inst. of Technol. USA - BV: Evaporation Mechanisms of Liquids; Methoden d. Thermischen Analyse; Naturwerkstein in d. Denkmalpflege. Üb. 100 Einzelarb. - 1987 Preis d. Schweiz. Ges. f. Thermonalytik u. Kalorimetrie - Spr.: Engl., Franz.

CAMMERER, Walter Friedrich

Dr. rer. nat., Dipl.-Phys. - Monatshauserstr. 14, 8132 Tutzing (T. 08158 - 16 14) - Geb. 26. März 1920 München (Vater: Franz C., Oberforstmeister; Mutter: Adelheid, geb. Hutter), kath., verh. s. 1947 m. Dr. med. Ursula, geb. Erber, 7 Kd. (Johannes, Christiane, Stefan, Michael, Dominik, Birgit, Marius) - Oberrealsch.; TH (Techn. Physik). Dipl. u. Promot. TH München - 1950-58 Wiss. Assist., 1959-85 Wiss. Leit. Forsch.sheim bzw. -inst. f. Wärmeschutz; Mitarb. DIN Dt. Inst. f. Normung u. VDI-Verein Deutscher Ingenieure - Kriegsausz; BVK 1. Kl.; Ehrenmed. d. VDI.

CAMP, Anne

(eigentl. Gänßle-Pfeuffer, Cäcilie Anne), Dr. phil., Schriftstellerin - Im Breiten Wingert 11, 6915 Dossenheim b. Heidelberg (T. 06221 - 86 09 32) - Geb. 24. Febr. 1925 Würzburg (Vater: Friedrich Pfeuffer; Mutter: Anna, geb. Röder), kath., verh. s. 1957 m. Dr. Gerhard Gänßle, geb. Pfeuffer, verw. 1983 - Stud. Roman.; Promot. 1950 Würzburg (Thema: Jean Anouilhs Bühnendich-

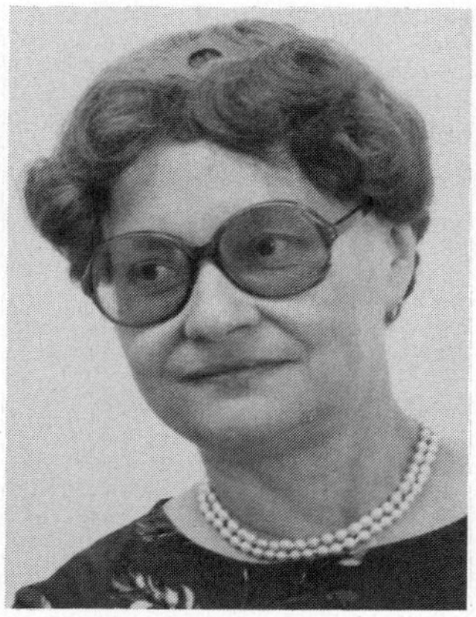

tungen) - 1957-62 Wiss. Assist. am Sem. f. Roman. Philol. Univ. Würzburg; 1963-65 Lehrauftr. f. Altfranz. Univ. Würzburg. Mitgl. im FDA (Freier Dt. Autorenverb.) - BV: Anne Camp: Schmierentheater u. and. Stücke, 1984; Zwei Berühmtheiten a. d. Kopf gestellt, Doña Quijote u. d. Herr v. Stein, 1985; D. Katze d. Papstes u. and. Katzengesch., 1988 (Illustration Dorothee Söder); Salieri, d. Mörder Mozarts?, 1989; D. Katze d. Callas, in katzen Nr. 5/1989; E. Bestseller? D. 20. Jh. im Spiegel v. Kurzgesch. u. Erz., 1991; Ich, Ettore Majorana, habe die Atombombe vernichtet, in: Autoren im Dialog: Krieg um Frieden?, 1991; D. Mädchen Pinocchia, 1992 (Illustration: Margit Schwarz) - 1987 Lit. Förderpreis - Liebh.: Lit., Musik, Opern, Theater - Spr.: Lat., Engl., Franz., Ital., Span. - Lit.: Franz Rauhut, E. neue Autorin f. d. Theater, Anne Camp in: Neues Europa (1985).

CAMPE, von, Burchard

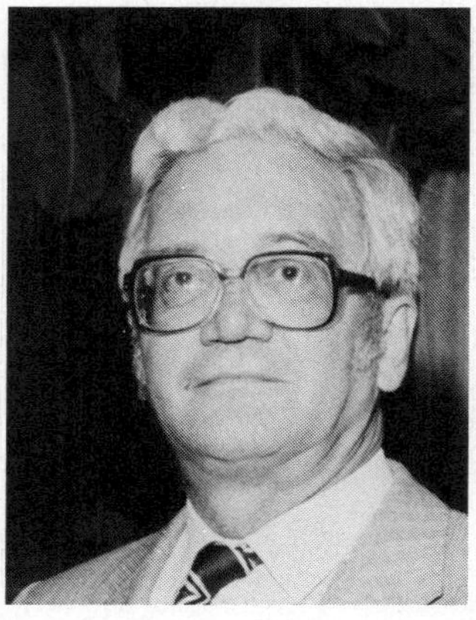

Kaufmann - Circunvalación Norte No. 205 y V.E. Estrada - Casilla 2003 U, Guayaquil, Ecuador - Geb. 5. April 1928 Halle/Westf., ev., verh. s. 1962 m. Hardy Carlotta, geb. Witte, 4 Kd. (Alfred Hilmar, Carlota Virginia, Clemens Burchard, Constatin Philip) - Abit., Kaufm. Ind.-Lehre Eisenwerk Wülfel, Hannover 1948-49 - S. 1957 in Ecuador, zunächst als Angestellter u. s. 1971 selbständig. Inhaber u. Geschäftsf. v. mehreren Firmen, u.a. Baterrielizenzfabrikation unter d. Marke Bosch, Plastikfabrikation, Züchtung v. Shrimps, Alleinimporteur u. Vertr. M.A.N., O & K u. Bosch; 1986-88 Präs. d. Dt. Ecuadorianischen Ind. u. Handelskammer; s. 1985 Präs. d. Dt. Humboldt Schule in Guayaquil - S. 1965 Rotarier; 1992 BVK I. Kl. - Spr.: Engl., Span.

CAMPE-KEIL, von, Annelie

s. Keil, Annelie

CAMPENHAUSEN, Freiherr von, Axel

Prof. Dr. jur., Staatssekr. a.D., Präsident d. Klosterkammer (s. 1979) - Oppenbornstr. 5, 3000 Hannover 71; dstl.: Präs. d. Klosterkammer Hannover, Eichstr. 4, 3000 Hannover - Geb. 23. Jan. 1934 Göttingen (Vater: Hans Frhr. v. C., Prof. f. Theol. †1989; Mutter: Dorothee, geb. v. Eichel), ev., verh. s. 1964 m. Sabine, geb. v. Schultzendorff, 4 Kd. (Balthasar, Aurel, Moritz, Jutta) - Univ. Heidelberg, Göttingen, Köln, Bonn, Paris, London (Rechtswiss.). Promot. (1960) u. Habil. (1967) Göttingen - 1967-69 Doz. Univ. Göttingen, 1969 Leit. Kirchenrechtl. Inst. d. Ev. Kirche in Dtschl., 1969-79 o. Prof. f. Öfftl. Recht u. Kirchenrecht Univ. München, 1979 Hon.-Prof. Univ. Göttingen. Mitgl. Synode d. Ev. Kirche in Dtschl. - BV: Staat u. Kirche in Frankr., 1962 (franz. A. 1964); Erziehungsauftrag u. staatl. Schulträgerschaft, 1967; Staatskirchenrecht, 2. A. 1983; Münchener Gutachten, 1983; Kirche, Staat, Diakonie (zus. m. Erhardt), 1983; v. Mangoldt, Klein, v. C.: D. Bonner Grundgesetz. Komment. Bd. 14, 3. neubearb. A. 1991. Fachaufs. - Spr.: Engl., Franz.

CAMPENHAUSEN, Freiherr von, Christoph Johann

Dr. rer. nat., o. Prof. f. Allg. Zoologie u. Biophys. Univ. Mainz (s. 1972) - Bebelstr. 50, 6500 Mainz (T. 3 44 11) - Geb. 4. April 1936 Göttingen (Vater: Prof. Hans Frhr. v. C. †1989; Mutter: Dorothee, geb. v. Eichel), ev., verh. seit 1961 mit Gabriele, geborene Sartorius, 5 Kd. (Dorothee, Otto, Ruth, Peter, Marie) - Promot. 1963 Tübingen, Habil. 1969 Köln - 1963-65 Res. Fell. Cal. Inst., Pasadena/Cal., 1965-71 Wiss. Assist. u. 1969 Wiss. Rat u. Prof. Zool. Inst. Univ. Köln; s. 1972 Prof. f. Zool. u. Biophysik Mainz - BV: D. Sinne d. Menschen, 2 Bde., 1981 - Spr.: Engl.

CAMPENHAUSEN, Freiherr von, Otto

Präsident des Kirchenamtes der EKD (Ev. Kirche in Deutschland), Landgerichtspräs. a.D. - Herrenhäuser Kirchweg 32, 3000 Hannover 1 (T. 0511 - 279 61 10) - Geb. 7. Febr. 1932 Burg Schwarzenfels, ev., verh. s. 1957 m. Edelgard v. Kannewurff, 4 Kd. (Katja, Hans-Rudolf, Ingeborg, Irmela) - Spr.: Engl., Russ.

CAMPINGE, Josef

Dr., Prof., Dipl.-Kfm., Dipl.-Volksw., Dipl.-Ing., Präsident Zentralverb. d. Ingenieurvereine ZBI, Bonn - Im Kalkfeld 10, 5204 Lohmar 21 Durbusch - Geb. 26. April 1930.

CANARIS, Claus-Wilhelm

Dr. jur., Dr. iur. h. c., o. Prof. d. Rechte - Prof.-Huber-Pl. 2 (Jurist. Fak.), 8000 München - Geb. 1. Juli 1937 Liegnitz/Schles. (Vater: Dr. Constantin C., Versich.jurist, † 1983; Mutter: Ilse, geb. Krenzer), verh. s. 1963 m. Rena, geb. Günther, 2 Kd. (Leander, Afra) - Stud. Rechtswiss., German., Phil. München, Genf, Paris - S. 1967 (Habil.) Lehrtätigk. Univ. München, Graz (1968 Ord.), Hamburg (1969 Ord.), München (1972) - BV: D. Feststellung v. Lücken im Gesetz, 1964, 2. A. 1983; Systemdenken u. -begriff in d. Jurisprudenz, 1969, 2. A. 1983; D. Vertrauenshaftung im Dt. Privatrecht, 1971, 2. A. 1981; Großkomm. z. Handelsgesetzb. Bd. III, 1973ff.; Bankvertragsrecht, 1975, 3. A. 1988; Wertpapierrecht, 12. A. 1986; Handelsrecht, 21. A. 1989 - 1988 Leibniz-Preis d. Dt. Forschungsgemeinsch.; 1990 o. Mitgl. d. Bayer. Akad. d. Wiss. - Spr.: Engl., Franz.

CANCIK, Hubert

Dr. phil., Prof. f. Klass. Philologie, Gesch. d. antik. Relig. - Haußerstr. 89, 7400 Tübingen - Geb. 7. Dez. 1937 Berlin (Vater: Dr. Josef C., Lungenfacharzt; Mutter: Rosemarie, geb. Hardegen), verh. s. 1963 m. Dr. Hildegard, geb. Lindemaier - Gymn. Canisius-Colleg, Berlin; Stud. FU Berlin, Münster, Manchester, Tübingen (Klass. Phil., Archäol., Orientalist., Theol.); Promot. 1964, Habil. 1969, bde. Tübingen - BV: Unters. z. lyr. Kunst d. P. Papinius Statius, 1965; Mythische u. histor. Wahrheit, 1970; Grundzüge d. hethit. u. alttestamentl. Geschichtsschreib., 1976, 2. A. 1991; Dioniso in Germania, 1988. Herausg.: Rausch, Ekstase, Mystik (1978); Relig.- u. Geistesgesch. d. Weimarer Rep. (1982); Markus-Philol. (1984). Mithrsg.: Gesch. d. Klass. Philol. u. d. altsprachl. Unterr. (Bd. I 1982 u. Bd. II 1984); Otto Jahn 1813-69 (1991); Reihe „D. Relig. d. Menschheit“; Handb. religionswissensch. Grundbegriffe (1988ff.).

CANDLER, Norman,

s. Narholz, Gerhard

CANINENBERG, Hans

Schauspieler u. Autor - Maria-Eich-Str. 43, 8032 Gräfelfing (T. 089 - 85 32 17) - Geb. in Duisburg (Vater: Wilhelm C., Lehrer; Mutter: Adele, geb. Melcher), verh. m. Lola Müthel 2 Kd. (Andreas, Angelika) (aus 1. Ehe) - Abit.; Folkwangsch. Essen - Bühnen: Krefeld, Gießen, Wuppertal, Stuttgart, München, Berlin, Frankfurt; Fernsehen u. Film. Autor: Romane, Theaterst., Ess. usw.

CANISIUS, Peter

Dipl.-Ing., Prof., Direktor Bundesanst. f. Straßenwesen - Brüderstr. 53, 5060 Bergisch Gladbach 1 - Geb. 17. Okt. 1929 Peine (Vater: Peter C., Präs. a. D.; Mutter: Gretel, geb. Feist), kath., verh. s. 1961 m. Renate, geb. Peschko, 2 Kd. - Abit. 1949 Minden, Dipl.-Ing. (Bauing.-wesen) Univ. Karlsruhe 1960 - S. 1989 Präs. Dt. UNESCO-Kommiss.; s. 1990 Vors. Comité Européen de Normalisation CEN/TC 227 Materialien f. d. Straßenbau - 1986 BVK am Bde.; 1986 DIN-Ehrennadel - Spr.: Engl., Franz.

CANONICA, Marco-Maria

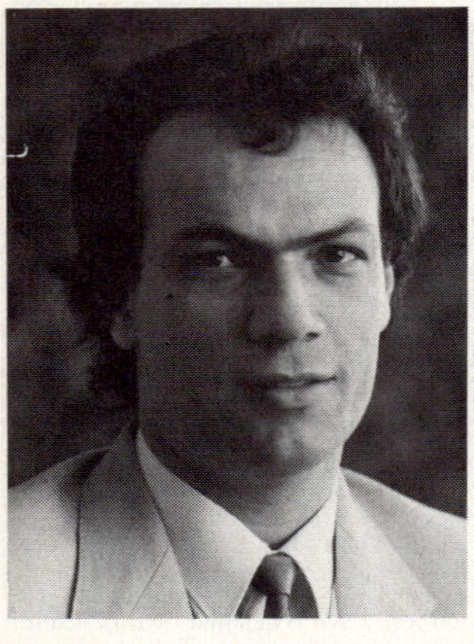

Dirigent, Künstlerischer Direktor Opernfestspiele Heidenheim (s. 1983) - Grabenstr. 15, 7920 Heidenheim - Geb. 13. Mai 1950 Köniz b. Bern - Abit. Collège St. Michel, Fribourg Schweiz; Stud. German., Musikwiss. Univ. Bern; musikal. Ausb. Conservatoire et Accadémie de musique Fribourg/Schweiz; 1973 Dirigentenkurs unter Igor Markevitch; Kapellmeistersch. Konservat. u. Musikakad. Zürich (Prof. F. Leitner) - 1973-75 Städtbundtheater Biel/Solothurn; 1975-81 Kapellm. u. Assist. d. Operndir. Städt. Bühnen Augsburg - Zahlr. Funkaufn. Gastdirig. Schweiz, Frankr., Ital. - Div. Prod. Städt. Bühnen Augsburg; s. 1985 künstler. Dir. d. Opernfestspiele Heidenheim; Konz. m. Solisten (J. Frantz, C. D. Reinhart, Boris Bloch, Ulf Hoelscher u.a.m.) - Liebh.: Lit., Kunst d. Jugendstils, antiquarische Bücher u. Noten, Computer - Spr.: Ital., Franz., Engl., Span.

CANSTEIN, Freiherr von, Ludolf

Dipl.-Kfm., Geschäftsführung Musikverlag B. Schott's Söhne, Mainz - Odenwaldstr. 5 A, 6500 Mainz 42 (T. 06131 - 83 17 39) - Geb. 22. Juli 1925 Düsseldorf (Eltern: Oberst a. D. Richard. Frhr. u. Elisabeth Frfr. v. C.), kath., S. Bernhard - Stud. Univ. Köln u. München (Dipl.ex. 1953) - Rotarier.

CANTOW, Hans-Joachim

Dr. rer. nat., Dr. h. c. em. o. Prof. f. Physikal. Chemie d. molekularen Substanzen - Schubertstr. 20, 7800 Freiburg/Br. (T. 5 64 92) - Geb. 2. März 1923 Oberhausen (Vater: Richard C., Lehrer; Mutter: Hedwig, geb. Sabel); kath., verh. s. 1953 m. Ilse, geb. Knickenberg, 3 Kd. (Ronald, Andreas, Bettina) - Gymn. Wiesbaden; Univ. Frankfurt, Mainz, TH Darmstadt (Dipl.-Chem. 1946). Promot. (1950) u. Habil. (1964) Mainz - 1956-65 Chem. Werke Hüls AG., Marl (Leit. Polymeranalyt. Gruppe); s. 1965 Univ. Freiburg (b. 1967 ao., dann o. Prof.; Dir. Inst. f. Makromolekulare Chemie). Geschäftsf. Dir. , Freiburger Materialforsch.-Zentrum F·M·F· d. Univ. Mitgl. Ges. Dt. Chemiker, Dechema u. Bunsen-Ges. Zahlr. Fachveröff., darunt. Handbuchbeitr. Mithrsg.: Advances i. Polymer Science, Polymers-Properties and Applications, Makromolekulare Chemie, Polymer Bulletin, Polymeric Materials - Spr.: Engl., Franz. - Rotarier.

CANZLER, Bertram Georg

Dipl.-Ing., Berat. Ing. VBI, Prüfing. u. Sachverst., Geschäftsf. Canzler Ingenieure GmbH - Viehgasse 10, 4330 Mülheim a. d. Ruhr 13 (T. 0208 - 48401-0) - Geb. 30. Nov. 1920 Dresden - Spez. Arbeitsgeb.: Techn. Ausrüstung, Energie- u. Automatisierungstechnik, Umweltschutz.

CANZLER, Helmut

Dr. med., (Leit. Arbeitsbereich f. Ernährungsmed. u. Klin. Diätetik), Prof. f. Stoffwechselkrankheiten u. Klin. Diätetik Med. Hochschule Hannover (s. 1974), Honorarprof. Univ. Hannover (s. 1987), Facharzt f. Innere Medizin - Konstanty-Gutschow-Str. 8, 3000 Hannover 61 - Geb. 21. Jan. 1929 Chemnitz/Sa. - Abit. 1947; Staatsex. 1954 (Göttingen); Promot. 1955 (ebd.); Habil. 1970 (Hannover).

CAPELL, Manfred

Prof., Kammersänger, Opernsänger Ulmer Theater, Doz. f. Gesang u. Leiter d. Opernschule Meistersinger-Konservat. Nürnberg, Gastvorlesung Univ. Ulm - Johann-Wanner-Str. 10, 7918 Illertissen 3 (T. 07303 - 4 19 29) - Geb. in Lübeck, ev., verh. s. 1961 m. Maria, geb. Merkel, 2 Töcht. (Claudia Marina, Ariane Leonore) - Abit. Johanneum Lübeck; Schauspielausb. Dt. Theater-Inst. Weimar, u. Hebbeltheater-Schule, Berlin; Musikstud. Hochsch. f. Musik Berlin, Academy of Vocal Arts Philadelphia/USA, u. Univ. of Illinois/USA - Engagem. Theater Nürnberg (1957-60), Osnabrück (1960-62), Köln (1962/63), Dortmund (1963-66), Krefeld (1966-73), Ulm (s. 1973, 1976-79 pers. Ref. d. Int.). Prof. f. Gesang Landeskonservat. Vorarlberg. Konz., Kirchenkonz., Liederabende - Partien: Golem, Sebastiano, Pizarro, Escamillo, Agamemnon, Thoas, Mephisto, Tonio, Vampyr, Alfio, Boris (Godunow), Alfonso, Giovanni, Figaro, Almaviva, Dappertutto, Schicchi, Scarpia, Basilio, Tell, Mandryka, Geisterbote, Jochanaan, Onegin, Amonasro, Posa, Falstaff, Jago, Malbeth, Rigoletto, Holländer, Telramund, Wolfram, Wotan, Kurwenal u.a. Opernregie: Faust (Gounod), D. Kluge (Orff). Gastspiele im In- u. Ausl. (Warschau, Barcelona, Marseille, Nizza, Linz, u.a.) - 1954 1. Preis Meistersinger-Wettstreit Nürnberg; 1981 Kammersänger-Titel - Liebh.: Sport, Reisen - Spr.: Engl. Ital.

CAPELLE, Heinz

Dr. jur., Rechtsanwalt, Ehrenvors. d. AR Düsseldorf Intercont. Hotel GmbH, Ehrenpräs. d. VR Bergbahnen Disentis AG, CH-Disentis/GR; Ehrenvors. Düsseldorfer Ruderverein 1880, Ehrenmitgl. Verkehrsverein Disentis/GR - Holbeinstraße 16, 4000 Düsseldorf (T. 66 04 24) - Geb. 9. Februar 1914 Duisburg (Vater: Landger.-Dir.; Mutter: geb. Klostermann), verh. mit Gerda, geb. Thünte, 2 Töcht. (Annegrit, Verena) - 1942-47 Richter Düsseldorf, dann RA - Carl-Gayer-Med. d. Forstwiss. Fak. Univ. München; Umweltschutzpreis d. Landeshauptstadt Düsseldorf - Liebh.: Rudern.

CAPELLE, Torsten

Dr. phil., Prof., Prähistoriker - Rüschhausweg 129 d, 4400 Münster/W. - Geb. 11. Okt. 1939 Hamburg - Promot. 1966; Habil. 1969 - S. 1970 Prof. f. Ur- u. Frühgesch. Univ. Münster - BV: 15 Monogr., u. a. D. Goldzeitalter, 1976; D. Wikinger. Kultur- u. Kunstgesch., 2. A. 1988. Üb. 100 Einzelarb.

CAPELLMANN, Herbert

Ph. D., Prof., Physiker - Akenerstraat 20, NL-Vaals - S. 1980 Prof. TH Aachen (Lehrgeb. Physik).

CAPELLMANN, Kurt

Fabrikant, pers. haft. Gesellschafter u. Geschäftsf. Waggonfabrik Talbot, Aachen, AR-Mitgl. DUEWAG AG, Krefeld-Uerdingen - Haaler Str. 146 (Gut Heidchen), 5102 Würselen - Geb. 25. März 1923 Haaren (Vater: Dr. Paul C.), verh. m. Helga, geb. Schirmer, 2 Kd. (Gina, Nadine) - Präs. Aachen-Laurensberger Rennverein, Ehrenpräs. Dt. Reiter- u. Fahrer-Verb., u. Marketing-Club Aachen - 1983 BVK - Liebh.: Reiten (1948 Reiterabz. in Gold, 1966 Mannschaftssieger Dressur-Europameistersch.) - Spr.: Engl., Franz.

CAPIZZI, Carmelo

Dr. phil., Lic. theol., Prof. f. byzantin. Geschichte - Via di Porta Pinciana, 1, I-00187 Roma (T. 679 83 51) - Geb. 14. Juli 1929 Piazza Armerina (Vater: Biagio C., Bauer; Mutter: Giuseppa, geb. Correnti), kath. - 1941-50 Gymn. Piazza Armerina u. Bagheria (Abit.); Stud. Philol. Univ. Palermo, Stud. Phil. Univ. Messina, Stud. Theol. Istituto Ignatianum Messina, Stud. Byzantinistik Univ. Köln - S. 1964 Prof. d. byzantin. Gesch., Forscher u. Schriftst.; Kath. Priester - BV: Pantokrator, 1964; Anastasio I, 1969; Storia dell'Impero bizantino (aus d. franz.), 1977; Callinico, Vita di Ipazio (aus d. Griech.) 1981. Zahlr. Beitr. Fachzeitschr. - Mitgl. d. Assoc. ital. di Studi Bizantini; Società Romana di Storia Patria, Società Dalmata di Storia Patria, Deputazione di Storia Patria per la Calabria - Liebh.: Klass. Musik - Spr.: Deutsch, Franz., Engl., Span., Neugriech.

CAPPELLER, Ulrich

Dr. rer. nat. (habil.), Prof., Physiker - An der Haustatt 2, 3550 Marburg/L. (T. 66063) - Geb. 28. Okt. 1917 - 1961 Doz., 1971 Prof. Univ. Marburg.

CAPRA, Ingeborg,

geb. Teuffenbach

Schriftstellerin (Ps.: Ingeborg Teuffenbach) - Hinterwaldnerstr. 19, Innsbruck-Hötting/Tirol (T. 7 06 84) - Geb. 1. Okt. 1914 Wolfsberg/Kärnt. (Vater: Johannes Reichsfrhr. v. Teuffenbach), verh. m. Dr. Heinz C. (Innsbruck), 2 Söhne - BV: Kärntner Heimat, Ged. 1938; Saat u. Reife, 1938; Du Kind, 1939; Verpflichtung, 1941; Verborgenes Bildnis, Ged. 1943; D. gr. Gesang, Ged. 1953; Zeugnis e. Freundschaft (Christine Lavant), Prosab. 1989. Hörsp.: Heute ohne Morgen, Mosaik d. Momente, Regentage, Feriengrüße, Ich bin, wie Du mich haben willst, Wie geht's denn d. Sophie?, Erfüll. e. Wunsches, 5 mal ER SELBST, Schatten u. Licht (Fernsehsp.). Mitarb. Radiotelevisione Ital., Mitveranst. Österr. Jugendkulturwoche - 1941 Raimund-Preis Stadt Wien, 1944 Lyrikpr. Land Kärnten, 1956 Lyrikpr. Stadt Innsbruck, Torberg-Pr. Stadt Wien, 1987 Hörspielpr. Landesstudio Vorarlberg u. Vorarlberger Landesreg. - Spr.: Engl., Franz., Ital.

CARD, June

Kammersängerin, Opernsängerin, Regiss. - Arabellastr. 5/1411, 8000 München 81 (T. 92 32 34 11) - Geb. 10. April 1939 New York (Vater: Clifford C., Immobilienmakler; Mutter: Elsie, geb. Beal), ev., verw. - Univ. of Florida (BS Dipl.); Graduate Stud., Mannes College of Music, New York - Bayer. Kammersängerin, München; auch tätig: Wiener Staatsoper, Metropolitan Oper, in Paris, London, Barcelona, Teheran, an vielen dt. Bühnen - Insz.: Fidelio in Frankr. - Spr.: Engl. (als amerik. Mutterspr.), Deutsch, etwas Ital. u. Franz.

CARDAUNS, Burkhart

Dr., Prof. f. Klass. Philologie Univ. Mannheim - v.-Schilling-Str. 32, 5024 Pulheim-Brauweiler - Geb. 18. Juli 1932 Gelsenkirchen (Vater: Dr. med. Franz C., Mutter: Dr. med. Martha, geb. Franken), kath. - Stud. Klass. Philologie Univ. Köln, Tübingen, München, Promot. 1958, Staatsex. 1959, Habil. 1967. 1959-69 Assist. Univ. Erlangen, 1969 Wiss. Rat, s. 1974 o. Prof. Univ. Mannheim - BV: Varros Logistoricus üb. d. Götterverehr. (Curio de cultu deorum), 1960; M. Terentius Varro, Antiquitates Rerum Divinarum, 1976; Stand u. Aufgaben d. Varroforschung (Bibliogr. 1935-1980), 1982 - Bek. Vorf.: Prof. Dr. Hermann Cardauns, kath. Publizist (1847-1925), Großv.

CARDONA, Manuel

Prof., Direktor Max-Planck-Inst. f. Festkörperforschung - Knappenweg 21 c, 7000 Stuttgart 80 - Geb. 7. Sept. 1934, ev., verh. m. Inge, geb. Hecht, 3 Kd. (Michael, Angela, Steven) - Dipl. 1955 Barcelona; D.Sc. 1958 Madrid; Ph.D. 1959 Harvard - BV: Modulation Spectroscopy, 1969; Light Scattering in Solids I-VI, 1975-91; Photoemission in Solids, I 1978, II 1979 - Zahlr. Ausz. u. Preise, u.a.: 1984 Frank Isakson Prize American Physical Soc.; 1985 Dr. h. c. Univ. Antónoma Madrid u. Univ. Antónoma Barcelona; 1986 Member Nat. Acad. of Sciences USA; 1988 Span. Preis Principe de Asturias.

CARIUS, Kay

Dr. phil., Schauspieler, Chefdramaturg, Regisseur Theater Lüneburg GmbH - Dorfstr. 54 G, 2126 Adendorf (T. 04131 - 18 74 49) - Geb. 29. März 1944 Kellinghusen (Vater: Dr. jur. Hellmut C., VG-Dir. †; Mutter: Hildegard, geb. Timm), verh. s. 1977 m. Heidy, geb. Wildhirth, 2 Söhne (Christian, Sven) - Promot. 1976 Univ. Wien - 1991 Thespisring Lüneburg.

CARL, Bruno

s. Kuss, Bruno C.

CARL, Wolfgang

Dr. phil., Prof., Philosoph - Hanssenstr. 26, 3400 Göttingen - Geb. 24. Sept. 1941 Berlin - Promot. 1966 Heidelberg - S. 1972 (Habil.) Privatdoz. u. apl. Prof. (1976) Univ. Göttingen (Phil.) - BV: Existenz u. Prädikation, 1974.

CARLBERG, Michael

Dr. rer. pol., Prof. f. Theoret. Volkswirtschaftslehre Univ. Bundeswehr Hamburg - Lerchenweg 2d, 2000 Barsbüttel - Geb. 26. Sept. 1945 Hamburg, verh. s. 1972 m. Aloysia, geb. Wanstrath, 2 Töcht. (Ruth, Esther) - Stud. Volkswirtschaftslehre, Soziol., Math.; Dipl.-Volksw. 1971; Promot. 1974; Habil. 1977 - 1971 Wiss. Assist. Univ Hamburg; 1978 Prof.vertr. u. 1980 Prof. Univ. Bundeswehr Hamburg - BV: Simulationsmodell, 1974; Ordnung d. Städte, 1977; Stadtökonomie, 1978, Wachstumsmodell, 1979; Public Debt, Tax and Gov. Exp., 1988; Theorie d.

Arbeitslosigkeit, 1988; Makroökonomik d. offenen Wirtschaft, 1989; Fiscal Policy, 1990; Monetary Dynamics, 1992.

CARLÉ, Walter

Dr. rer. nat., Prof., Dipl.-Geol., Ltd. Regierungsdir. a. D. - Florentiner Str. 20/4133, 7000 Stuttgart 75 - Geb. 23. Juni 1912 Stuttgart (Vater: Georg C., Oberingenieur; Mutter: Elisabeth, geb. Kunz), ev., verh. s. 1941 m. Ruth, geb. Neuhaus († 1978), 2 Töcht. (Ursula, Margot) - Univ. Tübingen, Kiel, Berlin (Geol.). Promot. Berlin; Habil. Stuttgart - Ab 1936 Assist. Univ. Berlin u. Hamburg (1937), 1938-40 Montangeologe Spanien, 1941-45 Reichsamt f. Bodenforsch. (Bezirksgeol.). 1946-75 Geol. Landesamt Baden-Württ. (Ltd. Reg.-Dir.). S. 1950 Doz. u. apl. Prof. TH bzw. Univ. Stuttgart - BV: Bau u. Entwickl. d. südwestd. Großscholle, 1955; D. Mineral- u. Thermalwässer v. Mitteleuropa, 1975; Vulkanismus u. Thermalphänomene: Island, Neuseeland, 1980; Geologen-Stammbaum, 1988; 250 Fachveröff. - 1966 Ehrenmitgl. VHS Korntal, 1971 Oberrh. Geol. Verein, 1981 Ges. f. Naturkd. in Württ., 1983 Hans-Stille-Med. Dt. Geol. Ges. - Lit.: Prof. Dr. W. C. 60 J. alt (K. Fricke in: Heilbad u. Kurort '72); W. C. im Ruhest. (F. Nöring in: Heilbad u. Kurort '75); Prof. Dr. C. wird 70 Jahre alt (K. Fricke in: Heilbad u. Kurort '82).

CARLEIN, Walter

Dipl. rer. pol., Dr. jur. utr., Oberbürgermeister Baden-Baden a.D., Vors. d. Verw.rates Bäder- u. Kurverwaltung u. d. AR-Rates Spielbank BB, Vors. DAL u. Vizepräs. DGWohnmedizin, Vors. Aussch. mittl. Städte im Dt. Städtetag u. Vors. Aussch. Umweltschutz und Kurortgestalt. im Dt. Bäderverband - Verf. umfangr. Fachliteratur.

CARLS, Fritz

Vorstandsmitglied Wohnstätte Krefeld Gemeinn. Wohnungs-AG., Krefeld - Germaniastr. 77, 4150 Krefeld - Geb. 13. Jan. 1911 - Arch.

CARLSBURG, von, Gerd-Bodo

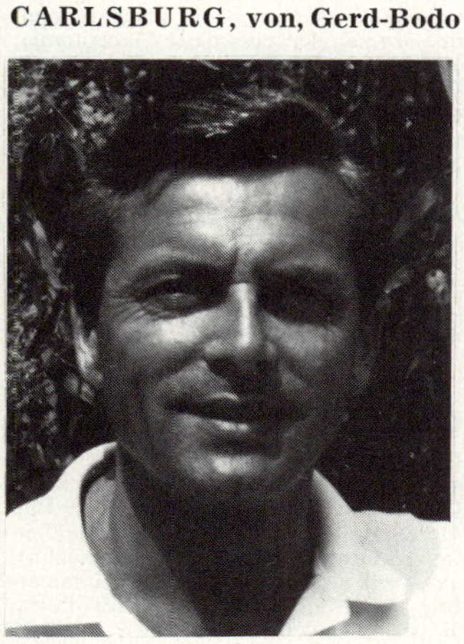

Dr. phil., Prof. f. Erziehungswissenschaft/Schulpädagogik Heidelberg, (Ps. Reinert) - Mauternstr. 41, 6920 Sinsheim - Geb. 18. Aug. 1942 Dresden, ev., verh. s. 1985 m. Gisela, geb. Soffner, 3 Kd. (Stefanie, Nina, Christian) - Stud. Erziehungswiss., Chem., Med. Univ. Hamburg; 1. Staatsprüf. 1970; 2. Staatsprüf. 1972; Promot. 1972 Hamburg - Lehrauftr. Univ. Hamburg, Wuppertal, Univ. d. Bw Hamburg (Lehrstuhlvertr.) u. Heidelberg; Wiss. Beirat Bildungswerk d. Nordrh.-Westf. Wirtsch.; Präsid. d. Wiss. Beirats d. Studienges. f. ökologische Verpackung e.V.; Vors. Fachaussch. Bildungspolitik d. CDU Rhein-Neckar-Kreis u. Heidelberg; stv. Vors. d. Landesfachaussch. Wiss. u. Forsch. Baden-Württ. (CDU), u. d. Präsidialaussch. Verteidigungspolit. Arb. d. VdRBw; Mitgl. d. Kommiss. Bildungsforsch. m. d. Dritten Welt, d. Wiss. Arbeitsgr. Päd. u. Psychoanalyse d. Dt. Ges. f. Erziehungswiss., Mitgl. d. Görres-Ges., d. Weltbundes f. Erneuerung d. Erziehung u. d. Clausewitz-Ges.; Geschäftsf. Vorst.-Mitgl. d. Presse Club Rolandseck e.V.; Oberstlt. d. Res. u. Ref.leit. (V) im Führungsstab d. Heeres (FüHI) - Zahlr. Buchpubl., Buch- u. Lexikonsow. Ztschr.beiträge in engl. u. span. Herausg.: Buchreihe Lang: Erziehungskonzeptionen u. Praxis. Mithrsg.: Reihe Scriptor Ratgeber Schule (b. 1985); Reihen Auer: Bild. u. Erziehung, Schule u. Unterricht, Innovation u. Konzeption; Ztschr. Education (engl.) u. Educacion (span., portug.). Korresp. pr magazin - 1973 Aulis Förderpreis f. Chemie; 1987 kooptiertes Mitgl. Inst. f. wiss. Zusammenarb. in Tübingen; Ehrenkreuz d. Bundeswehr in Gold.

CARNAP, Günter

Dr. rer. pol., Dipl-Wirtschaftsing. - Zu erreichen üb. Ernst Leitz Wetzlar GmbH, 6330 Wetzlar - Geb. 1. Aug. 1927 Wuppertal - Geschäftsf. (Finanz- u. Rechnungswesen). Vorst.-Mitgl. Schott Glaswerke Mainz.

CARRELL, Rudi

Schauspieler, Quizmaster Radio Bremen - 2819 Wachendorf b. Syke - Geb. 19. Dez. 1934 Alkmaar/Holland, verh. in 2. Ehe (1974) m. Anke, geb. Bobbert, S. Alexander, T. Annemieke u. Carolin (aus 1. Ehe) - Quizmaster u. Moderator Fernsehsend.: Am laufenden Band (b. 1979), Rudis Tageschau, D. verflixte 7, D. Rudi Carrell Show (s. 1988) - BV: Gib mir mein Fahrrad wieder, Erinn. 1979 - 1979 u. 80 Bambi-Preis (Bild + Funk/Bunte); 1983 Gold. Kamera HÖRZU; 1985 BVK I. Kl.

CARRIÈRE, Mathieu

Schauspieler - Zu erreichen üb. Agentur Alexander, Lamonstr. 9, 8000 München; wohn. in Paris u. New York - Geb. 2. Aug. 1950 Hannover (Vater: dt. Psychiater hugenottisch. Herkunft), verh., 1 T. - Abit. 1969 Lübeck; ab 1972 Stud. Phil. Paris - Filmt s. 1966 - Rollen in: D. junge Törless (nach Musil, 1966); India Song (nach Marguerite Duras); D. Indianer sind noch fern (nach Patricia Moraz); Dantons Tod (St. Just, 1981 Salzburg); D. flambierte Frau (m. Gudrun Landgrebe, 1983). Auftritt als Transvestit im Alcazar, Paris (m. e. Parodie auf Hamlet u. Goebbels, 1974) - BV: f. e. lit. d. krieges, kleist, Ess. 1981.

CARSTEN, Peter-Michael

Dr. med., Prof. f. Geburtshilfe u. Gynäk. - Miquelstr. 12a, 1000 Berlin 33 - Geb. 17. Sept. 1933 Berlin - Promot. 1959 - S. 1970 (Habil.) Privatdoz. u. Prof. FU Berlin (Frauenklin. Charl.).

CARSTENS, Manfred

Sparkassendirektor, Parlam. Staatssekr. Bundesmin. d. Finanzen (s. 1989), MdB (s. 1972; Wahlkr. 27/Cloppenburg) - Markt 2, 4593 Emstek (T. 04473 - 3 30) - Geb. 23. Febr. 1943 Molbergen, kath., verh., 2 Kd. - Volkssch.; Handelssch.; Banklehre - Mehrj. Angestelltentätigk. Cloppenburg, Oldenburg, Lohne; 1967ff. Dir. Zweigst. Emstek Landessparkasse Oldenburg. CDU s. 1962.

CARSTENS, Veronica,

geb. Prior

Dr. med., Ärztin f. inn. Krankheiten, Vorst. Karl u. Veronica Carstens Stiftg. - 5309 Meckenheim - Geb. 18. Juni 1923 Bielefeld (Vater: Wilhelm P., Dipl.-Ing.; Mutter: Auguste, geb. Maute), ev., verh. s. 1944 m. Prof. Dr. Karl Carstens, Altbundespräsident († 1992) - 1942-1944 Med.-Stud. Univ. Freiburg, 1956-59 in Bonn (Promot. 1960) - 1960-68 Fachausb. in versch. Krankenh.; s. 1968 eigene Praxis. 1979-89 Schirmherrsch. Dt. Multiple Sklerose Ges., Vorst.-Vors. Natur u. Medizin, Fördergemeinsch. f. Erfahrungsheilkd. - Liebh.: Musik, bild. Kunst, Wandern, Gartengestaltg.; Interessen auf med. Gebiet: Biol. Med.

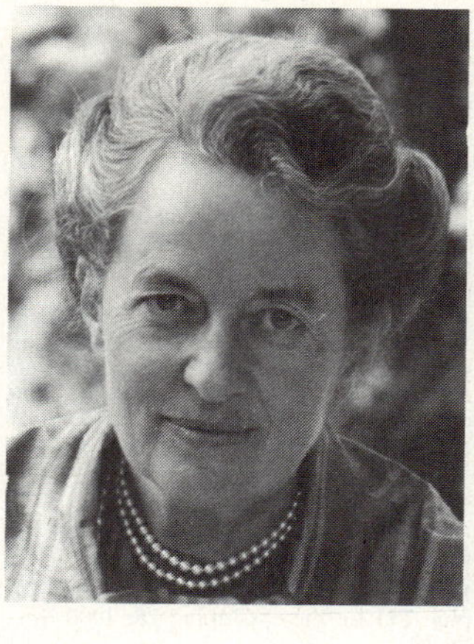

(insb. Homöopathie) - Spr.: Engl., Franz.

CARSTENSEN, Erhard

Dr. med., Prof., Chefarzt Chirurg. Abt./ Krankenhaus Malente-Mühlenberg - Forstweg 11, 2427 Malente-Gremsmühlen/Holst. - Geb. 16. Dez. 1921 Nordstrand üb. Husum - S. 1960 (Habil.) Privatdoz. u. apl. Prof. (1967) Univ. Hamburg (Chir.) - BV: Parenterale Ernährung u. Infusionstherapie in d. Chir., 1964. Etwa 50 Einzelarb.

CARSTENSEN, Gert

Dr. med., Prof., Chefarzt Chirurg. Klinik, Evang. Krankenhaus Mülheim - Bleichstr. 5, 4330 Mülheim/Ruhr - Geb. 11. April 1922 - S. 1960 (Habil.) Priv.-Doz. u. apl. Prof. (1966) Univ. Würzburg. Üb. 300 Fachveröff.

CARSTENSEN, Peter Harry

Bundestagsabgeordneter (s. 1983; Wahlkr. 2/Nordfriesl.-Dithmarschen-Nord) - Bundeshaus, 5300 Bonn 1 - CDU - Präs. Dt. Fischereiverb., Hamburg.

CARTANO, Werner

Schauspieler - Müllerstr. 47, 2000 Norderstedt 2 (T. 040 - 524 19 76) - Geb. 14. Juni 1929 Karlsruhe, verh. m. Gerlinde, geb. Franke - Theaterakad. Karlsruhe - Bühnen-, Film- u. Fernsehrollen (u. a. Fernsehgericht, Tatort) - Liebh.: Reiten.

CASDORFF, Claus Hinrich

Ehem. Journalist, Chefredakt. FS-Landesprogramme d. WDR, Beauftr. f. Regionalisier. im Hörfunk/Fernsehen (s. 1982) - Frankenstr. 68, 5000 Köln 40 (T. 0221 - 220 45 18) - Geb. 6. Aug. 1925 Hamburg (Vater: Hartwig C., Werbekaufm.; Mutter: Lieselotte, geb. Lühmann), ev., verh. s. 1958 m. Ursel, geb. Zehnpfenning, 2 Kd. (Stephan-Andreas, Caroline) - Abitur 1946 n. Rückkehr aus Kriegsgefangensch. - S. 1947 NWDR, Hamburg (polit. Redakt.) u. WDR, Köln (1956 Chef v. Dienst u. Redakt. Nachrichtenabt., 1961 Moderator Hier- u. Heute-Sendung, 1963 Redakt. u. Leit. Fernsehmagazin Report, 1965 Chef Fernsehmagazin Monitor, 1972 Leit. Programmgruppe Fernsehmagazine, 1977 stv. Chefredakt. u. Leit. d. PG Innenpolitik-FS.). FDP s. 1950 - BV: D. Kreuzfeuer, 1972; Weihnachten 45, 1981; Demokraten-Profile unserer Rep., 1983; Medienpraxis f. Manager, 1991 - 1979 BVK I. Kl.; 1991 VO d. Landes NRW - Liebh.: Reiten, Golf - Spr.: Engl.

CASPARI, Fritz

Dr. phil., M. Litt., Prof., Botschafter a. D. - Casa das Nogueiras, Malveira da Serra, 2750 Cascais, Portugal (T. 00351 - 1-485 02 08); u. 3 Chilgrove House, Chichester, W. Sussex P0 189 Hu, Großbritannien - Geb. 21. März 1914 Baden (Schweiz), ev., verh. s. 1944 m. Elita Galdós, geb. Walker, 4 Kd. (Hans Michael †, Conrad, Elisabeth, Andrea) - Gymn. Heidelberg: Univ. ebd., Oxford (Diploma of Economics and Political Science 1934, Bachelor of Letters 1936), Hamburg (Promot. 1939) - 1939 Doz. Scripps College Cal./USA, 1943 Bibliothekar Newberry Library, Chicago, 1946 Doz., 1948 ao. Prof. University of Chicago, 1954 AA Bonn, 1955 Hon.-Prof. Univ. Köln (Neue engl. Lit. u. Geistesgesch.), 1973 Honorary Fellow d. St. John's College, Univ. Oxford - 1958 Botsch.rat London, 1963 Vertr. d. Dt. Beobachters b. d. Vereinten Nationen New York (1967 Gesandter), 1968 Min.-dirig. Bonn, 1969 Min.dir. u. Stv. Chef Bundespräsidialamt ebd., 1974-79 Botschafter d. Bundesrep. Dtschl. in Lissabon - BV: Humanism and the Social Order in Tudor England, 1954 (NA 1968); dt. Ausg.: Humanismus u. Gesellschaftsordnung im England d. Tudors, 1988 - 1974 Gr. BVK, 1973 Großkreuz d. Hl. Sylvester, 1979 Großkreuz d. Christus-O. (Portugal); 1972 Ritter d. Kgl. Victoria-O. (Großbrit.), u. a. - Bek. Vorf.: Prof. Jakob Nöggerath, Mineral. Univ. Bonn (Ururgroßv.); Prof. Eduard Schönfeld, Astronom Univ. Bonn (Urgroßv.).

CASPARI, Tina

s. Eitzert von Schach, Rosemarie

CASPARY, Roland Alfred

Dipl.-Volksw., Vorstandsmitglied Filmförderungsanstalt (Bundesanst.), s. 1968 - Budapester Str. 41, 1000 Berlin 30 (T. 261 60 06) - Geb. 5. Aug. 1931 Nohfelden/Saar (Vater: Hugo C., Justizbeamter; Mutter: Paula, geb. Müller), ev., verh. s. 1959 m. Ursel, geb. Emmerich, 2 Kd. (Bettina, Roman) - Dipl.-Volksw. 1957 Mainz - 1958-62 Ref. Filmselbstkontrolle; 1963-67 Hauptgeschäftsf. Filmproduzentenverb. Zahlr. Artikel in Film u. Recht - Mitgl. Dt. UNESCO-Kommiss. - Ritter d. Ordens f. Kunst u. Lit. d. franz. Rep.; BVK am Bde. - Liebh.: Rennsport, Garten - Spr.: Engl., Franz.

CASPER, Bernhard Josef

Prof., Ordinarius f. Christl. Religionsphil. Univ. Freiburg - Werthmannplatz 1, 7800 Freiburg/Br. (T. 0761 - 2 03/20 13) - Geb. 24. April 1931 Trier (Vater: Heinrich C., Präs. Wasser- u. Schiffahrtsdir. Mainz; Mutter: Johanna, geb. Lanninger), kath. - Abitur 1949, Stud. Philos. u. Theol. Freiburg u. Rom, Dr. theol. 1959 Freiburg, Habil. 1967 ebd.; 1971 Prof. Univ. Augsburg, 1979 Prof. Univ. Freiburg - BV: D. dialogische Denken, 1967; Sprache u. Theologie, 1975. Aufs. z. jüdischen Religionsphilosophie d. 20. Jh. (Rosenzweig, Levinas).

CASPER, Walther

Dr. h. c., Vorstandsmitglied Metallges. AG., Frankfurt/M. - Rombergweg 8, 6240 Königstein/Ts. - Geb. 30. Juli 1915 Frankfurt/M. - S. 1934 Metallges. (1956 stv., 1963 o. Vorstandsmitgl.). ARsmandate u. a. - 1964 Ehrendoktor Marquette Univ. Milwaukee (USA); 1965 BVK I. Kl.; 1976 Gr. BVK.

CASPERS, Albert

Vorstandsmitglied Ford Werke AG (1981ff.; Bereich Karosseriefertig. u. Montage) - Ottopl. 2, 5000 Köln 21 - 1989 Vice-Pres. Manufacturing Operations Ford of Europe Inc. Warley, Brentwood, Essex, England.

CASPERS, Heinz

Dr. med., o. Prof. f. Physiologie - Alsenstr. 5, 4400 Münster - Geb. 22. Sept. 1921 Husbäke - S. 1955 (Habil.) Privatdoz., apl. Prof. (1961), Wiss. Rat u. Prof. (1963), o. Prof. (1966) Univ. Münster (Dir. Physiol. Inst.). Fachveröff. - 1960 Hans-Berger-Preis; 1975 Preis d. Stift. Michael f. Verd. a. d. Geb. d. Epilepsieforsch.; Mitgl. New York Acad. of. Sciences u. Royal Soc. of Med., London.

CASPERS, Hubert

Dr. rer. nat., Prof., Abteilungsdirektor Inst. f. Hydrobiol. u. Fischereiwiss., Hamburg-Altona (S. 1965) - Zeiseweg 9 (T. 38 07 26 00); Sülldorfer Kirchenweg

38, 2000 Hamburg 55 (T. 86 58 05) - Geb. 1. Nov. 1913 Berlin (Vater: Josef C., Ing; Mutter: Hedwig, geb. Gebhardt), verh. s. 1950 m. Else, geb. Ohse, 2 Kd. - Univ. Berlin u. Hambg. (Promot. u. Habil.) - 1945-65 Abt.sleit. Zool. Staatsinst. u. Mus. Hamburg.; s. 1947 Privatdoz. u. apl. Prof. (1952) Univ. ebd. (Zool., insb. Hydrobiol.). Zahlr. Facharb. Mithrsg.: Intern. Revue d. ges. Hydrobiol.

CASSEL, Dieter

Dr. rer. pol., o. Prof. f. Volkswirtschaftslehre, insb. Wirtschaftspolitik, Univ. Duisburg-GH (s. 1977) - Eichenstr. 5, 5620 Velbert 15 - Geb. 25. Sept. 1939 Kassel, ev., verh. s. 1967, 2 Töcht. - Wilhelm-Sch. Kassel; Univ. Marburg u. München. Promot. 1968 Marburg - 1969-71 Wiss. Assist. u. Akad. Rat Univ Gießen; 1971-77 o. Prof. Univ. Wuppertal-GH - BV: Methodolog. Systeme d. Wirtschaftswiss., 1968; Grundbegriffe d. Makroökonomik, 1974; Kreislaufanalyse u. VGR, 1975; Einkommenspolitik, 1977; Mitautor v. Vahlens Kompendium d. Wirtsch.theorie u. Wirtsch.polit., 1980/81; Wirtschaftspolitik im Systemvergleich, 1984; Möglichkeiten u. Grenzen d. Wettbewerbs in d. GKV, 1987; Japan: Pharma-Weltmacht d. Zukunft, 1987; Wirtschaftliche u. soziale Auswirkungen v. Wahlmodellen in d. GKV 1991. Herausg.: Forsch. im Dienste d. Gesundheit (1988); Wirtschaftssysteme im Umbruch (1990). Mithrsg.: Ordnungspolitik (1988) - Spr.: Engl.

CASSEL, Hans

Dr. phil., Prof., Chemiker - 7101 Collins Ave. Apt. 612, Miami Beach/Florida (USA) - B. z. Emerit. o. Prof. TU Berlin.

CASSELMANN, Karl-Heinz

Dr. jur., Ltd. Verwaltungsdirektor a.D., Fachautor - Am Lindenbaum 9, 6240 Königstein 4 (T. 06174 - 49 32) - Geb. 23. Nov. 1923 Großalmerode (Vater: Franz C., Stadtkämmerer; Mutter: Luise, geb. Marci), ev., verh. s. 1955 m. Ingeborg, geb. Vigna - Abit. 1944 Trier; 1945-51 Stud. Rechtswiss. Univ. Göttingen u. Hamburg (1. jurist. Staatsex. 1948, Promot. 1951, 2. jurist. Staatsex. 1953) - 1953-56 Ass., Rechtsanw. in Kassel; 1956-84 Justitiar Landesversich. Anstalt Hessen, Frankfurt - 1976 Vors. Frankf. Jurist. Ges.; 1980-86 Lehrbeauftr. Verw.-FHS Wiesbaden. Mitherausg. Standard-Komment. z. Angest.-Versich.gesetz (AVG) Bd. V u. V a (1967), Komment. z. Sozialgesetzb. (1975) - BV: Rentenberat. u. mündl. Verhandeln vor d. Sozialgerichten, 1967, 1970 u. 1978, Ergänzungsbd. 1982 u. 1990; Kl. Rechtskd.; Kl. Verwaltungs-Kd., 1991; Fachkomment. im Hess. Rundf.; Beiträge z. Festschr.; zahlr. Besprech. v. Urteilen d. Bundessozialgerichtes - BVK am Bde. - Liebh.: Heimatschriftst., Familienforsch. - Spr.: Engl., Franz. - Lit.: Festgabe d. Asgard-Verlages z. 60. Geb. (1983).

CASSENS, Johann-Tönjes

Dr. jur., Nieders. Minister f. Wiss. u. Kunst (1981-90) - Leibnizufer 9, 3000 Hannover (T. 12 01) - Geb. 30. Okt. 1932 Aurich-Oldendorf (Vater: Kaufm.), ev., verh. (Ehefr.: Sigrid, Journ.) - Gymn. Aurich; Univ. Freiburg u. Kiel (Rechts- u. Staatswiss.). Ass.ex. 1961 Hamburg - 1961-62 Mitgl Geschäftsfg. Vereinig. d. Arbeitgeberverb. im Lande Bremen; 1962-67 CDU-Landesgeschäftsf. u. Leit. Verlag f. Staatsbürgerkd., Bremen; 1962-81 Rechtsanw. u. Notar, Bremen. 1963-81 MdBB (1971-81 stv. Fraktionsvors. CDU) - Liebh.: Klavierspielen, Radfahren.

CASSIRER, Eva

B. A., Ph. D., Honorarprof. f. Philosophie TU Berlin - Wildpfad 28, 1000 Berlin 33.

CASTANO-ALMENDRAL, Alfonso

Dr. med., Frauenarzt, Honorarprof. f. Frauenheilkunde, Geburtsh. u. Gynäk. Radiol. Univ. Frankfurt/M. (s. 1971) - Universitätskliniken, CH-4000 Basel - Geb. 13. Jan. 1933 Zamora (Span.) - Promot. 1959; Habil. 1966 - Rd. 100 Facharb.

CASTELL-CASTELL, Fürst zu, Albrecht

Land- u. Forstwirt, Mitinh. Fürstl. Castell'sche Bank (Credit-Casse), AR-Mitgl. Südd. Bodencreditbank, Beiratsmitgl. Bayer. Vereinsbank u. Bayer. Versich.bank AG, Ehrenvors. verb. d. Reit- u. Fahrvereine Frankens u. Univ.-bund Würzburg - Schloß, 8711 Castell/Ufr. - Geb. 13. Aug. 1925 Castell (Vater: Carl Fürst zu C.C.; Mutter: Anna, geb. Prinzessin zu Solms-Hohensolms-Lich), ev., verh. s. 1951 m. Marie-Louise, geb. Prinzessin zu Waldeck u. Pyrmont, 8 Kd. - 1984ff. Präsidiumsmitgl. Bayer. Bauernverb. - 1951 Ehrenritter Johanniter-Orden.

CASTELL-RÜDENHAUSEN, Fürst zu, Siegfried

Land- u. Forstwirt, Mitinh. Fürstl. Castell'sche Bank (Credit-Casse) - 8711 Rüdenhausen/Ufr. - Geb. 16. Febr. 1916 Rüdenhausen (Vater: Casimir Fürst zu C.-R.; Mutter: Mechthild, geb. Gräfin v. Bentinck), ev., verh. s. 1946 m. Irene, geb. Gräfin zu Solms-Laubach, 8 Kd.

CASTENHOLZ, Anton

Dr. med., Prof. f. Humanbiologie GH Kassel - Heinrich-Plett-Str. 40, 3500 Kassel; priv. Jenaer Str. 2, 3501 Emstal 1 - Geb. 25. April 1930 Bonn - Promot. 1957 Bonn; Habil. 1969 Marburg - Zul. Prof. Univ. Marburg - BV: Unters. z. funkt. Morphol. d. Endstrombahn, 1971. Zahlr. Arb. üb. d. Struktur d. Auges, Blut- u. Lymphgefäßsystem.

CASTROP, Helmut

Dr. phil. habil., B.Litt., apl. Prof. f. Engl. Philologie - Ainmillerstr. 29a, 8000 München 40 (T. 089 - 39 96 71) - Geb. 11. Sept. 1936 Bochum (Vater: Walter C., Kaufm.; Mutter: Luise, geb. Schiereck), ev., verh. s. 1968 m. Ingrid, geb. Ehmcke-Kasch, 2 Kd. (Wolf Hayo, Jens Florian) - 1957-62 Stud. Angl., German. u. Hispanistik Univ. München, Promot. (Dr. phil.) ebd. 1964, Promot. (B.Litt.) Oxford 1967, Habil. München 1977 - 1963-1966 Lektor Oxford, 1967-78 Wiss. Assist., 1979-91 Lehrstuhlvertr. Univ. Paderborn, Trier, Augsburg, Münster, München - BV: Shakespeares Verserzählungen, 1964; D. varronische Satire in England 1660-1690, 1983; Aufsätze z. Shakespeare, z. Klassizismus u. z. Modernen - Liebh.: Kunstgesch. - Spr.: Engl., Span.

CATENHUSEN, Wolf-Michael

Studienrat, MdB (s. 1980) - Breslauer Str. 71, 4400 Münster - Geb. 13. Juli 1945 Höxter (Vater: Wolfram C.; Mutter: Ursula, geb. Säger), ev., verh. s. 1970 m. Lore, geb. Thedieck, 2 Kd. (Wolfram, Inga) - Stud. Latein, Gesch., Sozialwiss. (1. Staatsex. 1971, 2. Ex. 1977) - 1977-80 Studienrat. SPD (1975-85 Vors. Unterbez. Münster, 1976 Mitgl. Bezirksvorst. Westl. Westf.), s. 1980 Mitgl. d. Dt. Bundestages, 1984-87 Vors. d. Enquête-Kommiss. Chancen u. Risiken d. Gentechnol.; s. 1987 Vors. d. Bundestagsaussch. f. Forsch. u. Technol.; s. 1987 Vorst.-Mitgl. SPD-Bundestagsfraktion.

CAUDMONT, Jean

Prof. f. Roman. Sprachwissenschaft Univ. Gießen - Waldstr. 41, 6301 Heuchelheim - Geb. 3. März 1925 St. Denis (Frankr.) - Zul. Doz.

CECH, Klaus

Prof., Fachhochschullehrer - Talsperrenstr. 93, 5600 Wuppertal 21 - Gegenw. Lehrtätigk. Gesamthochsch. Wuppertal (Objekt-, Produkt- u. Raumdarstell).

CEDERBAUM, Srulek M.

Dr. rer. nat. habil., o. Prof. f. Chemie - Zu erreichen üb. Fakultät f. Chemie, Inst. f. Physikal. Chemie, Im Neuenheimer Feld 253, 6900 Heidelberg - Geb. 26. Okt. 1946 Braunschweig (Vater: Samuel C., Kaufm.; Mutter: Esther, geb. Klugmann), verh. m. Dr. habil. Mila E. Majster-C. (o. Prof. f. Informatik) - Dipl.-Phys. 1970 (Univ.), Promot. (Chemie) 1972, Habil. (Theoret. Phys.) 1976 (TU), alles München, 1976-79 Prof. (Physik) Univ. Freiburg - Rd. 200 Facharb.

CELIBIDACHE, Sergiu

Prof., Generalmusikdirektor, Chefdirig. Münchener Philharmoniker (1979ff.) - Zu erreichen üb. Münchener Philharmoniker, Rindermarkt 3-4, 8000 München 2 - Geb. 28. Juni 1912 Roman (Rumän.), verh. (Ehefr.: Joana, Malerin) - Stud. Mathematik, Phil., Musik (Komposition und Dirigieren) Jassy (Rumän.) u. Berlin - 1946-51 Dirig. u. künstler. Leit. Berliner Philharmoniker; s. 1961 Leit./Schwed. Radio-Symph.-Orch. Gastsp. - 1953 Preis Verb. d. Kritiker, 1954 Gr. BVK, 1955 Kunstpreis Stadt Berlin, 1970 Leonie-Sonning-Kulturpreis (Dänemark), 1979 Mitgl. Akad. d. Schönen Künste München.

CEN, Medeni

Dr. med., Prof., Medizinaldirektor a. D. - Nordhoffstr. 3, 5100 Aachen - Geb. 9. Dez. 1929 Istanbul (Türkei) - Promot. 1954 - S. 1964 (Habil.) Lehrtätigk. Univ. Istanbul u. TH Aachen/Med. Fak. (1970 Wiss. Rat u. Prof.; 1974 apl. Prof.).

CERHAK, Jochen M.

Film- u. Fernsehregisseur - Im Schwalbennest 6, 5063 Overath - Geb. 10. Okt. 1939, verh. s. 1971 m. Marita, geb. Marx - Ausb. Dt. Inst. f. Film u. Fernsehen Univ. München, Bavaria-Atelier-GmbH München; Mitgl. im Bundesverb. d. FS u. Filmregisseure Dtschl. - Kurz- u. Trickfilme, Dok., Dokumentarspiel- u. Fernsehspielfilme f. Kinder (1971-81 üb. 200 Filme f. D. Sendung m. d. Maus); PR-, Ind.- u. wiss. Filme f. privatwirtsch. Untern. u. öfftl. Inst. - Publ. in The New Encyclopaedia of Photography - Zahlr. Ausz., u. a. 1969 Dt. Kurzfilmpreis, 1985 Gold. Award New York u. 1988 Dt. Wirtsch.filmpreis, 1990 Prof. h.c.

CERVENY, Anneliese,

geb. Matzke

Lehrerin i.R., Schriftst. u. Malerin - Gebauergasse 16/19, A-1210 Wien (T. 0222-38-50-012); u. Geyersberg 2, A-3122 Gansbach/Niederösterr. - Geb. 16. März 1933 Wien, verh. s. 1953 m. Prof. Wilhelm C., Oberstudienrat, Bild. Künstler, T. Martina - Matura 1952; Bundeslehrerinnenbildungsanst.; Lehramtsprüf. 1955 - BV: fremde erde Korsika, Lyrikbildbd. 1980; Tage, aus denen Brot wird, Lyrik u. Prosa 1981; Mensch in d. Zeit, Lyrik u. Prosa 1982; Wenn auch d. Regen fallen, Ged. 1982; sand knirscht mir im schuppenkleid, Ged. 1985 - Malerei: Arb. in Öl, Acryl, Tempera, Mischtechnik. Entw. d. Aquatypie (Themen: Ausdruck in Farbe, Imaginäre Landsch.). Ausst. Wien u. Niederösterr.

CERVOS-NAVARRO, Jorge

Dr. med., Dr. h.c., o. Prof. f. Neuropathologie - Hindenburgdamm 30, 1000 Berlin 45 (T. 798 23 39) - Geb. 9. Jan. 1930 Barcelona/Span. (Vater: Enrique Cervós, Kaufm.; Mutter: Celestina, geb. Navarro), kath. - Med. Staatsex. 1952 Saragossa; Promot. 1956 Madrid; Habil. 1961 Bonn - S. 1961 Lehrtätigk. Univ. Bonn u. Berlin/Freie Univ. (1968 o. Prof.), Vizepräs. (1974-77) d. FU Berlin - Spez. Arbeitsgeb.: Hirntumoren, Durchblutungsstörungen, Gefäßerkrank. u. senile Veränd. i. Nervensystem - BV (Madrid): Encefalitis granulomatosa reticuloihistiocitaria, 1958; Estudio al microscopio electronico del ganglio raquideo normal y despues de la Ciaticotomia, 1966. Etwa 300 Fachaufs. t. Hrsg. v. 8 Büchern - Ehrenmitgl. Span. Ges. f. Pathol. (1967), Brasil. Ges. f. Anat. (1971) u. Argent. Ges. f. Neurol., Psych. u. Neurochir.; korr. Mitgl. Ital. Ges. f. Neuropathol. (1970); 1968 Marinescu-Plak. Rumän. Akad. d. Wiss.; 1978 Orden „del Merito Civil" v. Spanien; Korr. Mitgl. Akad. d. Wiss. Saragossa - Spr.: Span., Dt., Franz., Engl., Ital.

CESARO, Ingo

s. Hümmer, Ingo

CESCOTTI, Roderich

Generalmajor a.D., Schriftsteller - Kastanienweg 7, 8080 Fürstenfeldbruck (T. 08141 - 2 68 20) - Geb. 4. Mai 1919 Bad Herrenalb (Vater: Egidio C., Tiefbauing.; Mutter: Luise, geb. Dammhahn), ev., verh. s. 1945 m. Otti, geb. Hemmerling, 3 Kd. (Rüdiger-Peter, Viola-Petra, Roderich-Oliver) - Abit. 1937, 1937-39 Offz.-Ausb., 1938-40 Flugzeugführersch., 1945-46 Fremdsprachenpäd., 1965 Nato-Verteidig.Akad. Paris - 1940-45 Kriegsteiln. (Flugzeugf.), 1946-50 Reg.-Dolmetscher, 1951 Volont. Stahlind., 1952 Exportleit. 1952-55 Verteid.-Min. (Amt Blank: Planung Luftwaffe), 1955-80 Bundesluftwaffe, davon 13 J. in Canada, USA, Belg., Großbrit., Portugal, Dänemark - Als Schriftst. spez. Arbeitsgeb.: Lexikographie - BV: Luftfahrtwörterb. (Dtsch.-Engl./Engl.-Dtsch.), 1954-57, 1992; Luftfahrtdefinit. (Engl.-Dtsch./Dtsch.-Engl), 1956, 69 u. 87; Übers. aus d. Amerik. u. Engl.: Angriffsziel Berlin, 1982; Kampfflugzeuge u. Aufklärer - v. 1935 b. heute, 1989; Im Jahrhundert Flugzeuge: Militärluftfahrt, 1990 - Kriegsausz.; 1976 BVK - Spr.: Engl. (Dolmetscherex.), Franz. - Bek. Vorf.: G. Cescotti, Südtiroler Arch. u. Ing., Cavaliere (Großv.) - Lit.: Marquis Who's Who in the World.

CETTO, von, Gitta
s. Seuffert, Brigitta

CEZANNE, Wolfgang
Dr. rer. pol., Prof. f. Volkswirtschaftslehre TU Berlin (s. 1977) - Geb. 22. Sept. 1943 Erbach/Odenw. (Vater: Daniel C., Kaufm.; Mutter: Katharina, geb. Schulmeyer) - Univ. Frankfurt/M. u. Saarbrücken (Volksw.; Dipl. 1969, Promot. 1972) - 1970-74 Univ. Saarbrücken; 1974-75 Univ. Bielefeld (Zentr. f. interdisz. Forsch.); 1976-77 Westd. Landesbank Düsseldorf - BV: Gleichgewichtstheorien u. Wechselkurse, 1974; D. Europ. Union als Währungsunion (m. H. Möller), 1979; Grundzüge d. Makroökonomik, 1982, 5. A. 1991; Volkswirtschaftslehre - E. Einf. (m. J. Franke), 1983, 5. A. 1991.

CHAILLY, Riccardo
Chefdirigent Radio-Symphonieorchester Berlin (1982/89), Teatro Communale Bologna (s. 1986), u. Concertgebouw Orchester Amsterdam (s. 1988) - Zu erreichen üb. Teatro Communale Bologna, Largo Respiqhi 1, 40126 Bologna/Italen - Geb. 20. Febr. 1953 Mailand (Vater: Luciano Ch., Komp.) - Musik- u. Kompos.-Stud. in Italien - 1972-74 Assist. Scala Mailand; s. 1974 USA (Oper Chicago) u. Engl. 1979 Konzertdebüt im Covent Garden, 1979 m. London Symphony-Orch. u. b. Edingburgh Festival; 1980 USA Konzertdebüt m. Los Angles Philharm.-Orch.; dann Dirig. Philharm. Berlin, Wien, Paris, Cleveland (USA), 1982 Chef-Dirig. Berlin (s. o.) u. Dirig. Met. New York, 1983 auch Wiener Staatsoper, 1984, 85 u. 86 Salzburg-Festival; 1982-85 1. Gastdirig. London Philharm.-Orch. Exkl. Aufnahmevertrag m. Decca London.

CHALUPA, Gustav
Journalist - Zu erreichen üb. Verlag Der Tagesspiegel, 1000 Berlin 30 - Geb. 1925 Budweis/Böhmen - Univ. Wien (Slavistik) - S. 1953 Journ. (1965ff. Balkan-Korresp. Tagesspiegel) - BV: Unbekannter Nachbar Jugoslawien. Autor d. TV-Filme: Titos fünf Nationen, Abseits v. Mamaia, Gehn od. bleiben - BVK I. Kl.

CHANDRA, Prakash
Dr. phil. nat., F.R.S.C. (London), Prof. u. Leit. Abt. f. Molekularbiol. (Zentrum d. Biol. Chemie, Klinikum d. Univ. Frankfurt - Breitlacher Str. 45 A , 6000 Frankfurt/M.90 - Geb. 16. Okt. 1936 Kalkutta (Ind.) - Promot. 1965) u. Habil. (1971) Frankfurt - S. 1973 Prof. u. Abt.-leit.- BV: Methoden d. Molekularbiol., 1973 (Mitverf.); Autiviral Mechanisms in the Control of Neoplasia (Hrsg.) Plenum Press, N.Y. 1979; Biochemical and Biological Markers of neoplastic transformation (Hrsg.) Plenum Press, N.Y., 1983. Üb. 180 Einzelarb.

CHANG, Tsung-tung
Dr. phil., Dr. rer. pol., B. A., Prof. f. Sinologie Univ. Frankfurt - Parlamentspl. 2b, 6000 Frankfurt/M. - Geb. 26. Sept. 1931 - Promot. 1961 (r.p.) u. 70 (ph.) - S. 1972 Prof. Frankfurt (Dir. China-Inst.) BV: D. chines. Volksw., 1965; D. Kult d. Shang-Dynastie im Spiegel d. Orakelinschr., 1970; Metaphysik, Erkenntnis u. prakt. Phil. im Chuang-tzu, 1982.

CHANTRAINE, Heinrich
Dr. phil. (habil.), o. Prof. f. Alte Geschichte Univ. Mannheim (s. 1967) - Troppauer Str. 1, 6834 Ketsch - Geb. 10. Februar 1929 Betzdorf/Sieg - 1965-67 Privatdoz. Univ. Mainz - BV (1959 ff.): Unters. z. röm. Gesch. am Ende d. 2. Jh.s, D. Fundmünzen d. röm. Zeit in Dtschl. (Pfalz), Freigelassene u. Sklaven im Dienst d. röm. Kaiser, D. röm. Fundmünzen d. Ausgrab. in Neuss. Zahlr. Einzelarb. - 1967 korr. Mitgl. DAI.

CHAPCHAL, George
Dr. med., o. Prof. f. Orthopädie (emerit.) - Bächtenbühlstr. 15, Meggen Post CH-6006 Luzern - Geb. 30. Okt. 1911 (Vater: Jacques C.; Mutter: Margarethe, geb. Bernhof, beide Kunstmaler), russ.-orthodox, verh., 6 Kd. (Boris, Jaques-Christian, Sylvia, Veronica, Zita, Lydia) - Dt. Oberrealsch. Den Haag; Med.stud. Leiden, München, Frankfurt/M. Staatsex. München (1939) u. Leiden (1941) - B. 1959 Privatdoz. Univ. Utrecht (Dir. Orthop. Abt.), dann Ord. Univ. Saarbrücken (Dir. Orthop. Klinik), Basel (1964; Vorst. Orthop. Klin.), 1970 Nijmegen, Vorst. d. orthop. Klinik, 1972 Berater d. Winterthur „Unfallversich.“ - BV: 14 Monograph., 13 Verhandlungs-Bd., Int. Symposien f. spez. Fragen d. Orthopädie. Ca. 203 Handbuch- u. Fachztschr.beitr., Jb. f. Wiederherstellungschir. u. Traumatol.; Mithrsg.: Ztschr. D. chir. Praxis, Wien (1962ff.) - Mitgl. in- u. ausl. Fachges.; Honor. Member ICS, Ehrenmitgl. d. Ges. f. Orthop. Jugoslavien, DDR, Polen, Bulgarien - Liebh.: Bild. Kunst - Spr.: Niederl., Franz., Engl., Russ., Span.

de CHAPEAUROUGE, Donat
Dr. phil., em. o. Prof. f. Kunstgeschichte Univ.-Gesamthochschule Wuppertal (s. 1978) - Augustastr. 112, 5600 Wuppertal 1 - Geb. 20. Okt. 1925 Reinbek (Vater: Donat de Ch., Kaufm.; Mutter: Gertrud, geb. Hayn), ev., verh. s. 1956 m. Felicitas, geb. v. Nippold, 2 Kd. - Gelehrtensch. d. Johanneums Hamburg; Univ. Hamburg u. Bonn. Promot. 1953 Bonn; Habil. 1973 Tübingen - Museen Mainz, Karlsruhe, Tübingen (1962 Konserv.) - BV: D. Stilleben Chardins in d. Karlsruher Galerie, 1955; Wandel u. Konstanz in d. Bedeut. entlehnter Motive, 1974. Ausstellungskat. Tübingen 1965, 74 u. 76 (Druckgraph. 16. - 19. Jh.); D. Auge ist e. Herr, d. Ohr e. Knecht, 1983; Einf. in d. Gesch. d. christl. Symbole, 1984, 3. A. 1991; Paul Klee u. d. christl. Himmel, 1990 - Lit.: Festschr. Ikonographia (hg. v. Bazon Brock u. Achim Preiß; 1990).

CHARELL, Marlene
(eigtl. Angela Pappini, geb. Miebs) Tänzerin, Sängerin, Moderatorin - La Romalina le Castellet, F-06650 Le Rouret (T. 93-77 32 04) - Geb. 27. Juli 1944 Winsen/Luhe, ev., verh. s. 1971 m. Roger Pappini, T. Angelina - Liebh.: Tanz, Gesang, Show, Sport, Malerei, Mode - Spr.: Franz., Ital., Engl.

CHASSÉE, Wilhelm
Prof. f. Musik u. ihre Didaktik - Lützowstr. 34, 4040 Neuss (T. 8 25 47) - Geb. 21. März 1910 Erkrath b. D'dorf (Vater: Wilhelm Ch.; Mutter: Elisabeth, geb. Korn), verh. s. 1938 m. Elisabeth, geb. Finke, 6 Kd. (Winfried, Gisela, Ute, Michael, Elisabeth, Christiane) - Päd. Akad. Bonn, Musikhochsch. Köln, Volksschullehrer, Schulrat, Doz. f. Musikerz. PH Aachen; ab 1961 PH Rheinl., Abt. Neuss; 1962 ao. Prof., 1970 o. Prof., 1978 emerit., 1980 Univ. Düsseldorf.

CHATTERJEE, Niranjan Deb
Dr. rer. nat., Prof. f. Mineralogie u. Petrologie Ruhr-Univ. Bochum - Geb. 5. Nov. 1932 Allahabad (Indien), verh. - S. 1965 Dr. med. Gudrun, geb. Haschenburger, T. Nina - Promot. Göttingen 1957, Habil. Bochum 1968, Prof. f. Mineralogie Ruhr-Univ. Bochum s. 1980 - Mitherausg. v. „Advances i. physical Geochemistry“. Üb. 50 Veröff. i. Fachztschr. - Fellow Mineralogical Soc. of America.

CHERDRON, Eberhard
Dipl.-Volksw., Pfarrer, Oberkirchenrat, Landeskirchenrat, Ev. Kirche d. Pfalz - Domplatz 5, 6720 Speyer - Geb. 7. Nov. 1943.

CHERNIAVSKY, Vladimir
Prof. f. Informatik TU Braunschweig - Einsteinstr. 16, 3300 Braunschweig - Geb. 21. Dez. 1924 Moskau (Vater: Solomon C., Finanzfachm.; Mutter: Regina, geb. Haritonowa), verh. s. 1954 m. Maja, geb. Hoffmann - Univ. Moskau (Dipl. in Math. 1956, Promot. 1961) - S. 1978 Prof. in Braunschweig.

CHÉRO, Jeanette,
geb. Roscher

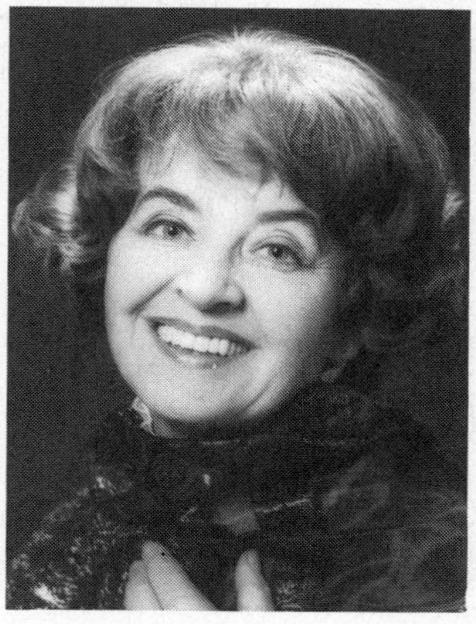

(bürgerl. Name Christiane Schartner) Komponistin von U- u. E-Musik, Texterin, Pianistin, Sängerin (Interpretin eig. literar. Chansons) - 5000 Köln 60 (T. 0221 - 76 54 48) - Geb. Dresden, Witwe d. ehem. GMD Walter Schartner - Musikstud. (Kompos., Klavier, Gesang) Musikhochsch. Dresden, später Berlin (in Berlin auch Schauspielunterr.) - Auftritte b. Rundfunk u. Fernsehen; abendfüllende Konzerte m. ausschl. eig. Werken; Auftragskompos.; langj. Leit. e. Chanson-Klasse am Konservatorium Köln - BV: Übersetzung u. dt. Nachdichtung v. engl.. franz. u. ital. Chansons (u.a. Mononde). Herausg. e. Gedichtbandes m. eig. Lyrik in Vorbereit. 1981 Veröff. e. LP m. eig. Chansons; Aufführung v. Liedzyklen (E-Musik unter meinem Mädchennamen (Charlotte-Christiane Roscher) durch Kammersänger Kurt Böhme, Gottlieb Frick u.a. - Liebh.: Fotografie, Weltreisen - Spr.: Engl., Franz., Ital. - Div. Presseveröff.

CHERUBIM, Dieter
Dr. phil., Prof. f. germanistische Linguistik Univ. Göttingen - Magnitorwall 3, 3300 Braunschweig (T. 0531 - 4 48 22) - Geb. 22. Jan. 1941 Dresden (Vater: Wolfram Ch.; Mutter: Lieselotte, geb. Wiegand), verh. s. 1970 m. Brigitte, geb. Aue, 2 Töcht. (Melanie, Katharina) - Stud. Klass. Philol. u. German. Univ. München u. Marburg (1. Staatsex. f. Höh. Lehramt [Griech., Lat., Dtsch.] 1967/68, Promot. 1971), Habil. 1980 Univ. Braunschweig - 1971-80 Wiss. Assist. Marburg u. Braunschweig, s. 1980 Prof. f. germanist. Linguistik - BV: Grammat. Kategorien. D. Verhältnis v. tradit. u. mod. Sprachwiss., 1975. Herausg.: Sprachwandel (1975), Fehlerlinguistik (1980), Neben-Kommunikationen (1981), Gespr. zw. Lit. u. Alltag (1984); Voraussetzungen u. Grundlagen d. Gegenwartssprache (1989).

CHILL, Hugo
Dipl.-Kfm., Direktor Dresdner Bank AG, Frankfurt - Parkstr. 32, 6232 Bad Soden am Taunus - Geb. 17. März 1929.

CHMIELEWICZ, Klaus
Dr., Dipl.-Kfm., Prof. f. Betriebswirtschaftslehre Univ. Bochum (s. 1971) - Im Kempken 34, 4630 Bochum 1 (T. 0234 - 7 41 05) - Geb. 14. Juli 1935 Berlin (Vater: Paul C., Malerm.; Mutter: Berta, geb. Lüders), verh. s. 1965 m. Gerda, geb. Kieckbusch, 3 Kd. (Gerhard, Marianne, Barbara) - Kaufm. Lehre; Stud.; Dipl.ex. 1965; Promot. 1967 Berlin; Habil. 1970 Freiburg - 1965-71 Assist. U. a. Mitgl. Schmalenbach-Ges. - BV: Grundl. d. industriellen Produktgestaltung, 1968; Forschungskonzeptionen d. Wirtsch.s-wiss., 2. A. 1979; Integrierte Finanz- u. Erfolgsplanung, 1972; Betriebl. Rechnungswesen, 2 Bde. 3. A. 1982; Arbeitnehmerinteressen u. Kapitalismuskritik in d. Betriebswirtsch.slehre, 1975; Betriebl. Finanzwirtsch. Bd. I: Finanzierungsrechnung, 1976 (Samml. Göschen Bd. 2026). Zahlr. Fachveröff. in wiss. Ztschr., Handbuchbeitr.

CHMILL, Heinz
Vorstandsmitglied Plettenberger Kleinbahn AG. (vorher ARsvors.), MdL Nordrh.-Westf. (1966) - Ratscheller Weg 54, 5970 Plettenberg/W. (T. 1 03 23) - Geb. 26. Aug. 1915 Plettenberg, verh., 2 Kd. - Volkssch. - Ab Lehre Werkzeugschlosser. 1964 ff. Landrat Kr. Altena. 1952 ff. Ratsmitgl. Plettenberg (1956-61 Bürgerm.); 1961 ff. MdK Altena. SPD s. 1947 (u. a. 1955-66 stv. Vors. Unterbez. Altena-Lüdenscheid).

CHOBOT, Manfred
Schriftsteller - Yppengasse 5, A-1160 Wien - Geb. 3. Mai 1947 Wien, verh. s. 1968 m. Dagmar, geb. Höfer, S. Simon Tobias - Stud. Kulturtechnik - Vorst.-Mitgl. Grazer Autorenvers. u. Literaturkr. Podium u. Intern. Dialektinst. - Inst. f. regionale Sprachen u. Kulturen - BV: projekte, 1973; D. Gruftspion, Sat. Prosa 1978; Krokodile haben keine Tränen, Ged. 1985; Lesebuch, 1987; Spreng-Sätze, Sat. 1987; Sportged., 1989; Ich dich - und du mich auch, Liebesged. 1990; Atlantis, Kinderb., 1992; u. a. Hörsp. u. Features f. ORF, Hess. Rundf., SDR, RAI - 1976 Preis Theodor Körner-Stiftungsfond; 1981 Preis Arbeiterkammer; 1986/87 Staatsstip. Bundesmin. f. Unterr., Kunst u. Sport - Spr.: Engl. - Lit.: Walter Kratzer in: morgen, 11/80, Wien (1980).

CHOINSKI, Andrzej
Solo-Tänzer Theater Stadt Koblenz - Nagelsgasse 5, 5400 Koblenz - Geb. 23. Juli 1957 Gdansk (Polen), kath., verh. s. 1978 m. Hanna Bartnicka, T. Magdalena - 1976 Ballettsch. Gdansk - 1976-82 Solo-Tänzer Gdansk, 1982/83 Warschau, 1983-86 Koblenz - Hauptrollen in Schwanensee u. Giselle (Gdansk); Hauptrollen in Koblenz: Romeo u. Julia, Undine, Schwanensee - Spr.: Deutsch, Engl., Russ., Poln.

CHOLEWA, Werner
Beigeordneter u. Leiter Bonner Büro d. DStGB - Augustastr. 29a, 5300 Bonn 2 - Dezernent f. Raumordn., Landesplan., Städtebau, öffentl. u. priv. Baurecht u. Gemeindeentwickl. Dt. u. Nordrh.-Westf. Städte- u. Gemeindebund, Mitgl. d. Beirates f. Raumordnung beim BMBau, Gf. Vorstandsmitgl. Dt. Volksheimstättenwerk; Vors. d. Preisgerichts K.-Adenauer-Preis f. Kommunalpolitik; Korr. Mitgl. Akad. f. Raumforsch. u. Landesplanung.

CHOLLET, Hans-Joachim
Realschullehrer, Kinderbuchautor (Ps. Hans-Joachim Wolter) - Jahnplatz 6a, 4790 Paderborn (T. 05251-33116) - Geb. 1. Sept. 1933, ev., verh. s. 1970 m. Hilde, geb. Plath, 2 Kd. (Andreas, Anke) - 1952-55 Ausb. f. d. mittl. Postdst.; 1960-63 Päd. Stud. Dortmund, Zusatzstud. - 1955-60 Postassist. Rüthen (Möhne); 1963-69 Leit. VS Hövelhof; s. 1969 Realschullehrer; s. 1973 Vorstandsmitgl. Volksbildungswerk Hövelhof; s. 1975 vortragsdst. Börsenverein d. dt. Buchhandels; s. 1975 Leitg. Vorlesewettbew. d. Buchh. - BV: In 80 Ged. um d. Welt, 1982; D. König-Elf u. d. Warenhausdieb, 1973; D. König-Elf u. d. tote Briefkasten, 1970 - 1977 Erzähler-Preis Stadtbibl. Paderborn - Liebh.: Studienreisen in alle Kontinente, (Schmal-)Filmen, Lesen - Spr.: Engl.

CHOPRA, Virendra
Dr. rer. nat., Prof., Anthropologe - v.-Melle-Park 10, 2000 Hamburg 13 - S. 1976 Prof. Univ. Hamburg (stv. Dir. Anthropol. Inst.).

CHOU, John Tung-Yang
Dr. phil., Prof. f. Biochemie u. Zytologie d. Innenohres Univ. Frankfurt - Theodor-Stern-Kai 7, 6000 Frankfurt/M. - Geb. 6. März 1926 Peking (China) -

Stud. National Tsing-Hua Univ. Peking; B.Sc. 1948; s. 1952 Hong-Kong Univ.; Promot. 1958 Magdalen College, Oxford Univ. - S. 1965 Bedford College, London Univ., British Council Scholar, Inter-Univ. Council Scholar.

CHRIST, Günter
Dr. phil., o. Prof. f. Rhein. Landesgeschichte u. Didaktik d. Gesch. Univ. Köln - Bodelschwinghstr. 15, 5000 Köln 40 - Geb. 20. März 1929 Aschaffenburg - Stud. Würzburg u. Wien, Promot. 1957 Würzburg, Habil. 1973 München. - BV: Aschaffenburg. Grundz. d. Verw. d. Mainzer Oberstifts u. d. Dalbergstaates, 1963; Praesentia Regis, 1975; Lothar Friedrich v. Metternich-Burscheidt, Erzbischof v. Mainz, Bischof v. Speyer u. Worms, 1985; Studien z. Reichskirche d. Frühneuzeit, 1989; zahlr. Aufs. u. Beiträge in Fachztschr. u. Sammelw. z. Themen d. Reichs- u. Landesgesch.

CHRIST, Herbert
Dr. phil., Prof. f. Didaktik d. Franz. Sprache u. Lit. (gf. Inst.dir.) Univ. Gießen - Karl-Glöckner-Str. 21, 6300 Gießen; priv.: Im Heidkamp 2, 4000 Düsseldorf 31.

CHRIST, Horst Walter
Dr., Regierungsdirektor, Vors. Verb. Dt. Meteorologen, Schatzm. Arbeitsgem. d. Verb. d. höh. Dienstes u. Verb. d. Bundesbeamten d. höh. Dienstes - Zu erreichen üb. Kaiserleistr. 42, 6050 Offenbach/M.

CHRIST, Hubertus
Dr.-Ing., Prof., Vorstandsmitglied ZF Friedrichshafen AG - Allmannsweilerstr. 25, 7990 Friedrichshafen (T. 07541 - 77-73 84) - Geb. 10. Juli 1936 - Maschinenschlosserlehre; Stud. Allg. Maschinenbau; Promot. 1966; Habil. 1969 Univ. Karlsruhe - 1970-86 Daimler-Benz AG, AR-Vors. Texas Instruments Deutschland GmbH - AR-Mitgl. Hertel AG, Fürth, ZF Getriebe GmbH, Saarbrücken, Zahnradfabrik Passau GmbH, Passau; Beirat Vorwerk & Co., Wuppertal; Vors. Forschungskurat. Maschinenbau, u. Arbeitsaussch. Forsch. u. Technologie d. LVI (Landesverb. d. Baden-Württ. Ind.); Mitgl. Kurat. Jugend forscht; Mitgl. Aussch. f. Forsch- u. Wissenschaftspolitik d. BDI, u. Aussch. Technik VDMA.

CHRIST, Karl
Dr. phil., em. o. Prof. f. Alte Geschichte - Rotenberg 26 1/2, 3550 Marburg/L. (T. 3 23 54) - Geb. 6. April 1923 Ulm/D. (Vater: Karl C., Getreidekfm.; Mutter: Rosa, geb. Sterk), kath., verh. s 1954 m. Gisela, geb. Hartmann, 3 Kd. (Thomas, Susanne, Elisabeth) - Gymn. Ulm; Univ. Tübingen u. Zürich - S. 1959 (Habil.) Lehrtätig. Univ. Marburg (1965 Ord. u. Dir. Sem. f. Alte Gesch.) - S. 1966 Hist. Komiss. f. Hessen - BV: Drusus u. Germanicus, 1956; Antike Münzfunde Südwestdtschl., 2 Bde. 1960; Fundmünzen d. röm. Zeit in Dtschl. Baden-Württ., 4 Bde. 1963/64; Antike Numismatik, 2. A. 1972; D. Römer in Dtschl., 3. A. 1967; Untergang d. Röm. Reiches, 2. A. 1986; Von Gibbon zu Rostovtzeff, 3. A. 1989; Röm. Gesch., 4. A. 1990; D. Röm. Weltreich, 3. A. 1980; Hannibal, 1974; Die Römer, 2. A. 1984 (auch engl.); Krise u. Untergang d. Röm. Republik, 2. A. 1984; Römische Gesch. u. Wissenschaftsgesch., 3 Bde. 1982ff.; Römische Geschichte u. dt. Geschichtswissenschaft, 1982; Sparta, 1986; Geschichte d. röm. Kaiserzeit, 1988; Neue Profile d. Alten Geschichte, 1990; Geschichte d. Existenz, 1991. Div. Einzelarb. - 1957 korr. Mitgl. Dt. Archäol. Inst.; 1984 Accad. di Scienze Morali e Politiche, Napoli.

CHRIST, Liesel
Schauspielerin, Leiterin Volkstheater Frankfurt - Leerbachstr. 12c, 6000 Frankfurt am Main 1 (T. 72 63 46) - Geb. 16. April 1919 Frankfurt a.M. (Vater: Karl, Werkmeister; Mutter: Marie, geb. Brühmann), ev., gesch. 2 Töcht.

(Gisela, Bärbel) - 1933-36 Hochsch. f. Musik u. Theater Frankfurt - Zahlr. Bühnen- u. Fernsehrollen, u. a. in d. FS-Serie Familie Hesselbach - 1973 Ehrenring Stadt Frankfurt (z. 50. Bühnenjubiläum); 1976 BVK I. Kl.; 1988 Elisabeth Norgall Preis; 1989 Ehrenplak. d. Stadt Frankfurt.

CHRIST, Paul Wilhelm
Dr. med., Prof. - Kleiner Kornweg 30, 6092 Kelsterbach (T. 06107 - 45 63) - Geb. 5. Febr. 1916 Frankfurt/M. (Vater: Philipp C., Stukkateur; Mutter: Katharina, geb. Hörsch), kath., verh. 1942-86 m. Hildegard, geb. Vellenzer †, 2 Söhne (Klaus Lothar, Dr. phil. nat. Rainer Werner), verh. s. 1989 in 2. Ehe m. Katharina, geb. Laun - Gymn. Mainz; Univ. Frankfurt (Med. Staatsex. 1940). Promot. (1941) u. Habil. (1958) Frankfurt - S. 1958 Lehrtätigkeit Univ. Frankfurt (1963 apl. Prof., 1974 Hon.-Prof. Innere Med.). Spez. Arbeitsgeb.: Rheumatol., Klin. Bakt. - BV: Infektionskrankheiten - Krankh. d. Atmungsorgane - Krankh. d. Bewegungsorgane, in: Ferdinand Hoff, Behandlung innerer Krankh., 5.-10. A. 1954-62; Arzneimittelallergie - Infektionswechsel u. Superinfektion - Hospitalismus - Atmungsorgane (m. H. Michel u. P. Rosenthal), in: Robert Heintz, Erkrankungen durch Arzneimittel, 1., 2. u. 3. A. 1966, 78, 84; Serologie d. Streptokokken- u. Staphylokokken-Infektionen b. rheumat. Erkrankungen, in: Schön/Böni/Miehlke, Klinik d. rheumat. Erkrank., 1970 - Liebh.: Gartenpflanzen - Spr.: Engl., Franz.

CHRIST, Richard
Dipl.-phil., Germanist, Schriftsteller u. Publizist - Püttbergeweg 33, O-1166 Berlin (T. 648 90 96) - Geb. 30. Dez. 1931 Speyer/Rhein, verw., T. Ricarda - German. Philol. Univ. Halle/Saale u. Berlin-Ost; Staatsex. 1955 - 1956-70 Lektor f. Belletristik in versch. Verlagen - BV: ca. 20 Titel, u.a.: Um d. Halbe Erde in 100 Tagen, 1977; Mein Indien, 1984; D. Zimtinsel, 1987; Welt-Betrachtung, 1989; Kleines Reise-Brevier, 1990 - 1974 Heinrich-Heine-Preis; 1988 Goethe-Pr. Ost-Berlin u.a. - Liebh.: lange Ausl.aufenth. auf 4 Kontinenten - Spr.: Engl., Franz., Latein - Lit.: u.a. Weimarer Beiträge 7/88, (S. 1118-1155, von Dr. Welke).

CHRIST, Wolfram
Dr. rer. nat., Prof., Direktor Abt. Pharmakologie u. Toxikol. sow. Labor./Inst. f. Arzneimittel Bundesgesundheitsamt, Berlin 65 - Nassauische Str. 20, 1000 Berlin 31 - Prof. f. Biochem. Pharmak. FU Berlin.

CHRISTA, Karl
Ing., Maurermeister, Bauuntern. - Große Allee 32, 8880 Dillingen/D. - Geb. 24. Juli 1931 Dillingen, kath., verh. s. 1959 m. Gisela, geb. Gebhard, 3 Kd. (Andreas, Dorothee, Arnulf) - 10 J. AR d. Bank; 25 J. Stadtrat gr. Kreisstadt Dillingen, Wirtschaftsref.

CHRISTADLER, Marieluise
Dr. phil., Prof. Univ.-GH Duisburg - Klöcknerstr. 190, 4100 Duisburg (T. 0203 - 35 90 81) - Geb. 27. März 1934 Düsseldorf, T. Maike - Stud. Gesch., Politikwiss., Roman., German.; Promot. 1977 Frankfurt - BV: Kriegserziehung im Jugendbuch 2. A., 1979; Dtschl.-Frankr. Alte Klischees - Neue Bilder, 1981; D. geteilte Utopie, 1985; Freiheit, Gleichheit, Weiblichkeit, 1990.

CHRISTADLER, Martin
Dr. phil., o. Prof. f. Amerikanistik Univ. Frankfurt (s. 1968) - Kettenhofweg 130, 6000 Frankfurt/M. - Geb. 13. Okt. 1930 - Zul. Privatdoz. Univ. Tübingen. Facharb. - BV: Der amerikanische Essay, 1720-1820 (Heidelberg 1968); Natur u. Geschichte i. Werk v. William Faulkner (Heidelberg 1962).

CHRISTBAUM, Wilhelm
Journalist - Tannenstr. 20, 8044 Lohhof - Geb. 11. Jan. 1942 Bukovica, verh. s. 1967 - Stud. Zeitungswiss., Politische Wiss., Germanistik - S. 1972 Münchener Merkur (Redakt. f. Außenpolitik, 1977 stv., 1978 Ressortchef Politik).

CHRISTE, Alexander
Dr. med., Bezirksstadtrat a. D. - Bocksfeldstr. 24b, 1000 Berlin 20 (T. 3685145) - Geb. 30. März 1913 Hanau/M. (Vater: Josef Christe-Christean, Rundfunkint.; Mutter: Hedwig, geb. Patschinske), ev., verh., 8 Kd. (Michael, Joachim, Eva, Viktor, Gabriele, Alexander, Stefanie, Jacqueline) - Gymn. Breslau u. Königsberg; Stud. Med. Approb. 1939; Promot. 1940 - B. 1946 Landarzt, dann Kreisarzt Osthavelland, 1950-56 Medizinalrat Gesundheitsamt Reinickendorf, Bez.stadtrat (1956-74) u. stv. Bürgerm. Spandau. CDU s. 1946 (1967 ff. Kreisvors.).

CHRISTEL, Alexander
Dipl.-Volksw., Kfm., Geschäftsführer Elektrizitätswerk Wesertal GmbH - Bahnhofstr. 18/20, 3250 Hameln - Geb. 31. Mai 1946 - Stv. AR-Vors. Müllverbrennung Hameln GmbH, Hameln; AR Kraftverkehrsges. Hameln mbH, Hameln, Verkehrsbetriebe Extertal Extertalbahn GmbH, Extertal, Fernwärmeversorgung Hameln GmbH, Hameln, Gemeinschaftskraftwerk Weser GmbH, Porta Westfalica.

CHRISTEL, Oswin
Geschäftsf. ORMIG Organisationsmittel GmbH, Berlin, Präsident Verwaltungsrat d. ORMIG Organisations-Mittel AG, Muri/Schweiz - Am Albanusweinberg 15, 6450 Hanau 7 - Geb. 19. Juni 1926.

CHRISTEN-KLEITZ, Ilona

Fernseh- u. Hörfunk-Moderatorin - Postfach 202, CH-6373 Ennetbürgen NW - Geb. 26. Mai Saarbrücken, verh. s. 1982 m. Ambros Christen - Fotokauffr., Filmcutterin, Bildmischerin - Auslandsaufenthalt - TV Moderatorin ARD u. ZDF: dort ZDF Fernsehgarten (65% MA), Musiksend., Kultur, Aktuelles, Filme; Hörfunk: Musik u. Kultursend. - Kurt Magnus Preis, Hörzu Kamera, Bambi, Telestar Förderpr. - Liebh.: Fotogr., Schreiben, Reisen - Spr.: Engl., Schwyzerdüütsch.

CHRISTENSEN, Erik Martin
Dr. phil., o. Prof. f. Neuere Skandinavistik Freie Univ. Berlin (s. 1973) - Habelschwerdter Allee 45, 1000 Berlin 33 (T. 838 44 44) - Geb. 5. April 1931 Sonderburg/Dänem. (Vater: Aage M. C.; Mutter: Eva M., geb. Kruuse), S. Peter Sophus - Ordrup Gymn. (Abit. 1949); Stud. Univ. Kopenh. u. Aarhus; M. A. 1962 Aarhus; Promot. 1972 Odense - 1949-54 Kaufm. Det. Ostas. Komp., Kopenhagen/New York/Cali (Kolumb.) - BV: Om Ibsens Vildanden, 1969 (m. Lars Nilsson; auch engl.); Verifikationsproblemet ved litteraturvidenskabelig meningsanalyse, 1971 (auch engl.); Henrik Ibsens realisme: illusion katastrofe anarki, 1981; Henrik Ibsens anarkisme: de samlede værker, 1989; Georg Brandes, Berlin als dt. Reichshauptstadt (hg. m. H.-D. Loock), 1989 - 1961 Goldmed. Univ. Aarhus - Spr.: Dänisch, Schwed., Norweg., Engl., Franz., Span.

CHRISTENSEN, Helmuth
Dr. jur., Bürgermeister a. D. - Westerallee 17, 2390 Flensburg (T. 5 13 23) - Geb. 17. Sept. 1918 Flensburg (Vater: Jes. C., Rektor i. R.; Mutter: Katharina, geb. Paulsen), luth. (Dän. Kirche), verh. s. 1951 m. Else, geb. Fonager, 4 Kd. (Anne, Inge, Anders, Ulla) - Gymn. Flensburg; 1946-49 Univ. Kiel (Rechtswiss.; Promot. 1951) - 1955 Rechtsanw. Flensburg; 1956 Bürgerm. das. - 1971 Dt. Feuerwehrkreuz in Silber; 1978 BVK; 1979 Ritter d. Danebrogordens 1. Kl. (dän.); 1981 Dt. Feuerwehrkreuz in Gold; 1982 BVK I. Kl., 1990 Gr. BVK; Ehrenbürger v. Kansas City, Missouri, USA - Spr.: Engl., Dän., Norw.

CHRISTES, Johannes
Dr. phil., apl. Prof., Akad. Direktor Sem. f. klass. Philol. Univ. Freiburg - Schloßgasse 66, 7800 Freiburg - Geb. 18. Okt. 1937, kath., verh. s. 1965 m. Doris, geb. Masanneck, 3 Kd. (Anke, Tatjana, Martin) - Stud. Univ. Freiburg - S. (Klass. Philol.); Ex. 1965, Promot. 1970, Habil. 1977, alle Freiburg - BV: D. frühe Lucilius, 1971; Bildung u. Ges., 1975; Sklaven u. Freigelassene als Grammatiker u. Philologen im antiken Rom, 1979 - 1971 Preis d. Wiss. Ges. Freiburg.

CHRISTIAN, Paul
s. Hubschmid, Paul

CHRISTIAN, Ulrich
Dr. rer. nat., Prof., Mathematiker - Wilhelmspl. 1, 3400 Göttingen - Geb. 18. Aug. 1932 Glesien/Sa. - S. 1961 (Habil.) Lehrtätig. Unv. Göttingen (1967 apl. Prof.; 1970 Wiss. Rat u. Prof.). Fachaufs.

CHRISTIAN, Walter
Dr. med., Prof., ehem. Ärztl. Direktor Abt. Klin. Neurophysiologie u. Epileptologie/Univ. Heidelberg - Tischbeinstr. 15, 6900 Heidelberg - Geb. 9. Mai 1922 - S. 1966 (Habil.) apl. Prof. f. Neurol. Heidelberg.

CHRISTIANI, Klaus
Dr. med., Prof., Nervenarzt - Fritz-Reuter-Weg 8, 2307 Strande (T. 04349 - 83 65) - Geb. 11. Aug. 1936 Kiel (Vater: Edmund C., Nervenarzt †; Mutter: Anneliese, geb. Goeken), kath., verh. s. 1963 m. Ingeborg, 2 Kd. (Anja, Jan-Michael) - Stud., Promot., Habil. 2. Zt. Leit. Oberarzt Neurol. Univ.-Klinik Kiel - S. 1978 Schrift f. d. Dt. Migränegesellsch. - Liebh.: Sport, Jagd.

CHRISTIANS, Clemens
Oberstudiendirektor, Vors. Bund Freiheit der Wissenschaft - Marker Allee 32, 4700 Hamm (T. 02381 - 2 51 44) - Geb.

11. Okt. 1923, kath., verh. s. 1957 m. Dr. Monika, geb. Reidick, 3 Kd. (Anno, Daniel, Ingo) - Stud. Marburg, Freiburg, Paris, Münster - Gr. BVK - Spr.: Franz.

CHRISTIANS, F. Wilhelm
Dr. jur., Aufsichtsratsvorsitzender Deutsche Bank AG - Königsallee 51, 4000 Düsseldorf - Geb. 1. Mai 1922 - AR-Mand. (auch Vors. u. Stellv.) namhafter Ges.

CHRISTIANS, Ludwig
Dipl.-Ing., Prof. f. Planen u. Bauen in Entwicklungsländern TU Berlin - Waldschulallee 27, 1000 Berlin 19.

CHRISTIANSEN, Annemarie
Dr. phil., Dr. h. c., Prof. f. Dt. Sprache u. Lit. Päd. Hochsch. Reutlingen - Haußerstr. 150, 7400 Tübingen (T. 6 56 40).

CHRISTIANSEN, Günther
Buchhändler, Vorst. Börsenverein d. Dt. Buchhandels e.V. (1980-89) - Bahrenfelder Str. 79, 2000 Hamburg 50 (T. 040 - 390 20 72) - Geb. 27. Nov. 1926 Hamburg (Vater: Theodor C., Buchhändler; Mutter: Käthe, geb. Sodemann), ev., verh. s. 1951 m. Lieselotte, geb. Sahlmann, 2 Kd. (Ruth, Sönke) - Buchhändler-Lehre - Liebh.: Reiten, Segeln - Spr.: Engl., Franz.

CHRISTIANSEN, Jens
Dr. rer. nat., o. Prof. f. Experimentalphysik u. Vorst. Physikal. Inst. Univ. Erlangen-Nürnberg (s. 1970) - Hahnemannstr. 2, 8520 Erlangen (T. 52961) - Geb. 4. Juni 1926 Hamburg (Vater: Paul C., Gymnasiallehrer), verh. s. 1962 m. Wibke, geb. Clausen, 2 Kd. - Univ. Hamburg. Promot. 1955 Hamburg; Habil. 1967 Berlin - Zul Privatdoz. TU Berlin. Facharb.

CHRISTIANSEN, Sabine, geb. Frahm
Journalistin, Moderatorin ARD Tagesthemen - Geb. 20. Sept. 1957, verh. s. 1986 m. Dr. Uwe Christiansen.

CHRISTIANSEN, Waldemar
Bankdirektor - Ohlendorffs Tannen 37, 2000 Hamburg 67 (T. 6034924) - Geb. 3. Okt. 1920 Hamburg, verh. - Oberrealsch. (Mittlere Reife) u. Banklehre Hamburg - 1940-45 Wehrmacht (1944 b. Caen als Artl.offz. schwer verwundet; Oberschenkelamputation); s. 1949 wied. Bankfach (1964 Vorst. Hamburg-Afrika-Bank AG.). 1953-56 Bezirksabg. Elmsbüttel. FDP (1958 Mitgl Landesvorst. Hamburg).

CHRISTIER, Holger
Dr. phil., Studienrat, Mitgl. Hbg. Bürgersch. (s. 1982) - Warnemünder Weg 28 d, 2000 Hamburg 73 - Geb. 12. April 1948 Hamburg, verh. s. 1977 m. Margrit, geb. Jante, S. Carsten - 1. u. 2. Staatsex. höh. Lehramt 1972 u. 75, Promot. 1975 - BV: Sozialdemokratie u. Kommunismus, 1975 - Spr.: Engl., Franz.

CHRISTMANN, Alfred
Dr. rer. pol., Präsident Bundesversicherungsamt - Reichpietschufer 72-76, 1000 Berlin 30 - Geb. 1. März 1927 Falkenburg/Bromberg, ev., verh. s. 1958 m. Ingrid, geb. Völler, T. Petra - Obersch.; Univ. - U. a. Abteilungsleit. Wirtschaftswiss. Inst. u. Ministerialdir. BMA - BV: Gewerkschaftstheorie u. -praxis, 1961; Mitbestimmung im Meinungsstreit.

CHRISTMANN, Hans Helmut
Dr. phil., o. Prof. u. Direktor Romanist. Inst. Univ. Saarbrücken (s. 1965), s. 1974 Rom. Seminar d. Univ. Tübingen - Erlenweg 50, 7400 Tübingen (T. 6 23 05) - Geb. 28. Aug. 1929 Mainz - Promot. u. Habil. Mainz - BV: Idealist. Philologie u. mod. Sprachwissenschaft., 1974; Sprachwissensch. d. 19. Jahrh., 1977; Frau u. 'Jüdin' a. d. Univ.: D. Romanistin Elise Richter, 1980; Romanistik u. Anglistik an d. dt. Univ. im 19. Jh., 1985; Ernst Robert Curtius u. d. dt. Romanisten, 1987. Herausg.: Deutsche u. österr. Romanisten als Verfolgte d. Nationalsozialismus (1989); Tobler-Lommatzsch, Alfranz. Wörterb. XI, 1-2 (1989-91) - Div. Facharb. - 1972 Officier de l'Ordre d. Palmes Acad.

CHRISTMANN, Hansjörg

Landrat Kr. Dachau (s. 1977) - Schleißheimer Str. 52, 8060 Dachau/Obb. - Geb. 20. Mai 1947 Dachau - Rechtsanw. CSU.

CHRISTOFF, Daniel

Schriftsteller, Fernsehautor u. Regisseur - Mühlstr. 22, 6501 Stadecken-Elsheim 2 - Geb. 31. Okt. 1926 Bonn, verh. s. 1978 m. Christina, geb. Hoynacki, S. Christoph Michael - Grafikstud. - S. 1970 fr. Schriftst., s. 1976 Filmregiss. - Bühnenwerke u. Preise: Noah ist tot, 1961 (Dramatikerpreis); Rückkehr v. Elba, 1963; Exilregierung; Passagiere f. Garganos, 1965; Kille, kille, kill, 1970. Prosa u. Preise: Schaukelstühle, R. 1964 (Dt. Erzählerpreis). Fernsehfilme (Autor) u. Preise: Rückkehr v. Elba, 1967 (ZDF); Umschulung, 1969 (WDR, tz-Rose); D. Musterschüler, 1970 (WDR); Kennwort gute Reise, 1971 (HR); Altersheim, 1972 (ZDF); Gladiatoren (WDR); Finito l'amor (ZDF, Fernsehsp. d. Monats); Sechs Wochen im Leben d. Brüder G., 1974 (SFB, Fernsehsp. d. Monats, Adolf-Grimme-Preis Gold 1975); Haus ohne Hüter, 1975 Fernsehbearb. nach Heinrich Böll (ZDF); Stumme Zeugen (HR); D. Tod vor d. Sterben (SFB, Film- u. Fernsehpreis d. Hartmannbundes 1976, Silbermed. d. Siebten Intern. Filmfestspiele Varna 1977); D. Wahl, 1976 (ZDF, Fernsehsp. d. Monats); Moosmacher macht Millionen, 1977 (ZDF); Rückfälle (WDR); Adoptionen, 1978 (ZDF, tz-Rose); Fallstudien, 1979 (ZDF); Jeans, 1981 (ZDF, DAG-Preis Silber 1982); D. Zubringer, 1982 (ZDF, Fernsehsp. d. Monats); Heimat, die ich meine, 1983 (ZDF, Zweiteiler); Kunstfehler (WDR); Liddl 17, 1987 (ZDF); Gegen d. Regel, 1987 (WDR); Crash, 1988 (WDR); E. unheimliche Karriere, 1989 (ZDF); Mich will ja keiner, 1989 (ZDF); Schuldlos schuldig, 1992 (WDR). FS-Filme (Autor u. Regiss.) u. Preise: Georg u. Martha, 1977 (ZDF); Protokoll e. Verdachts, 1979 (ZDF, Fernsehsp. d. Monats); Direktmandat, 1981 (ZDF); Wir haben uns doch mal geliebt, 1982 (ZDF); Datenpanne, 1983 (ZDF); D. Spur d. anderen, 1985 (ZDF); Totschweigen, 1986 (ZDF). Serien: Sprungbrett (3 Folgen), Hauptsache, d. Kohlen stimmen (3 F.), Aus Liebe z. Sport (6 F.), Auf d. Suche nach d. Glück (2 F.), Hamburg Transit (3 F.), Jean-Christophe (3 F.), St. Pauli-Landungsbrücken (2 F.), Wie würden Sie entscheiden? (2 F.), Telefonseelsorge (2 F.), Kollege Betriebsrat (6 F.) - Lit.: Peter v. Rüden, D. Fernsehspiel.

CHRISTOPEIT, Joachim
Dr. jur., Vorstandssprecher AVIA Mineralöl AG, München - Zu erreichen üb. Einsteinstr. 169, 8000 München 80 - Geb. 16. Dez. 1936, verh. m. Gabriele, geb. v. Witzleben, 4 Kd. - Stud. Rechts- u. Volkswirtsch.; Ass.-Ex. 1967; Promot. 1966 - Geschäftsf. Dt. AVIA Mineralöl GmbH, AVIA Beteiligungsges. mbH, München; Beiratsvors. Klöcker GmbH, Borken; stv. Beiratsvors. Heistermann KG, Bielefeld; VR Euravia AG, Zürich - BV: Hermes-Deckungen, 1967 - Liebh.: Golf, Jagd - Spr.: Engl., Franz.

CHRISTOPEIT, Ulrich
Dr. jur., Assessor a. D., geschäftsf. Gesellschafter A. Mall GmbH & Co KG, Mall Baustoffhandel GmbH & Co KG, Donaueschingen, Bauunternehmung Blume & Rotermund GmbH & Co. KG, Mönchengladbach 2 - Güterstr. 40, 7710 Donaueschingen - Geb. 19. Dez. 1933 Berlin (Vater: Dr. Kurt C., Diplom-Landwirt; Mutter: Irmgard, geb. Sievert, ev., verh. s. 1974 m. Adelheid, geb. Engelmann, 4 Kd. (Maximilian, Vera, Otto, Frauke) - Abit. 1953 Viersen; Jurist. Staatsprüf. 1956 (Tübingen) u. 61 (Düsseldorf); Promot. 1960 Tübingen - 1961-62 Dt. Werft AG, Hamburg; 1963-66 Haniel Lueg GmbH, Tripolis (Lib.); 1967 Dt. Entwicklungsges., Köln; 1968 Dt. Lufthansa AG, Köln; 1968-87 Vorst. Mitgl. Dt. Tiefbohr AG (DEUTAG), Bentheim - Liebh.: Landwirtsch. - Spr.: Engl., Franz.

CHRISTOPHERS, Enno
Dr. med., o. Prof. f. Dermatologie u. Venerol., Präsident d. Dt. Dermatol. Ges. - Schloßgarten 12, 2300 Kiel - Geb. 7. April 1936 - Promot. 1965 Kiel; Habil. 1969 München - S. 1974 Prof. Univ. München (apl.) u. Kiel (1975 o.) - BV: Praxis d. Haut- u. Geschlechtskrankh. 1974. Mitherausg.: The epidermis in disease, 1981; Lymphoproliferative diseases of the skin, 1982.

CHROBOG, Jürgen
Ministerialdirektor, Politischer Direktor Ausw. Amt - Forstweg 4, 5307 Wachtberg-Pech - Geb. 28. Febr. 1940 Berlin, verh. m. Dr. Magda Gohar-Ch., 3 Kd. - Stud. Rechtswiss.; Ass.-Ex. - Spr.: Engl., Franz.

CHROMY, Werner
Dipl.-Betriebsw., Verwaltungsdirektor Düsseldorfer Schauspielhaus - Biesenwiese 45, 4100 Duisburg 11 - Geb. 11. Aug. 1946 Duisburg.

CHRONZ, Horst, Bruno
Oberfinanzpräsident a.D. - Vörnste Esch 13, 4400 Münster (T. 0251 - 6 23 34) - Geb. 24. Sept. 1922 Gleiwitz (Vater: Bruno C. †; Mutter: Hedwig, geb. Kopietz †), kath., verh. s. 1954 m. Hildegard, geb. Skrzidlo, S. Harald Andreas - Abit. 1941; Jura-Stud. Univ. Köln u. Bonn; 1. jur. Staatsprüf. 1949, Ass. 1953 - 1953 Finanzverw. NRW; 1954-69 Sachgebietsleit. b. versch. Finanzämtern, Vorst., Ref. Oberfinanzdir. Münster; 1970-78 Ref., Gruppenleit. Finanzmin. NRW; 1979-87 Oberfinanzpräs. u. Leit. d. Oberfinanzdirektion Münster.

CICHON, Bruno W.
Chefredakteur DIE HARKE, Nienburger Ztg., Regionalztg. f. d. Mittelwesergebiet - An der Stadtgrenze 2, 3070 Nienburg (T. 05021 - 8 02-2 00); priv.: Lichtenhorst 9, 3071 Steimbke (T. 05165 - 13 65) - Geb. 1. Okt. 1942 Frankenstein (Schlesien) - Akad. f. Welthandel, Frankf. - Liebh.: Langstreckenlauf (Swiss Alpine Marathon), Abenteuerreisen.

CILLIEN, Ursula
Dr. phil., Prof. f. Allg. Pädagogik - Am Gottesberg 65, 4800 Bielefeld 1 - Geb. 21. April 1925 Zellerfeld/Clausthal - Promot. 1959 - S. 1960 Prof. PH Nieders./Abt. Lüneburg u. Univ. Bielefeld - BV: u. a. D. Erziehungsverständnis i.Päd. u. Ev. Theol., 1961; Johann Gottfried Herder - Christl. Humanismus, 1972.

CIMIOTTI, Emil
O. Prof. f. Bildhauerei Hochsch. f. Bild. Künste Braunschweig (s. 1963) - Roseggerweg 33, 3340 Wolfenbüttel (T. 05331 - 4 44 31) - Geb. 19. Aug. 1927 Göttingen - 1949-53 Stud. Univ. Stuttgart, Berlin u. Paris - Zahlr. Veröff. üb. eig. Arbeit (Bibliogr. in WVZ Brusberg-Documente 10 u. 13) - Zahlr. Plastiken in Mus. u. öfftl. Besitz - Kunstpreise.

CIPLEA, Alexander-Georg

Dr. med., Prof. f. Allg. Pathologie u. pathol. Anatomie Univ. Münster - Kastanienstr. 10a, 4670 Lünen (T. 02306 - 5 38 63) - Geb. 9. Okt. 1917 Sarasau (Siebenb./Rumänien), kath., verh. s. 1943 m. Katharina, geb. Gräfin Wassilko, Tocht. Alexandra - 1935 Univ. Klausenburg/Siebenb. u. Bukarest (Med.; Habil. 1978) - Ober- u. Chefarzt f. inn. Med. in Bukarest u. Ober- u. Chefarzt f. Pathol. Univ.-Inst. Cantacuzino; 1973-82 Leit. d. Pathol. Fa. Dr. Thiemann GmbH, Lünen; Angeh. d. med. Fak. Gerhard-Domagk-Inst. f. Pathol. Univ. Münster - BV: Kursus f. Histologie (D. Histologie d. Atemorgane), 1948; Cardiologia, 1963; Biol. d. Verbrennungen, 1970. Zahlr. Publ. auf d. Geb. Pathol., Zyto- u. Histochemie, Hämatol. u. quantitat. Histoenzymol. Entd.: D. atypische homozygote Manifestat. d. Pelger-Anomalie; neue Histochem. Meth. f. d. Quantifizierung knochenmarkschädigender Substanzen; Modifizierte Meth. z. Bestimmung d. Lage implantierter Elektroden im Gehirn; D. Mikrophotometrie d. Enzymhistochemie v. Isoproterenolnekrosen; D. Lokalisierung d. Lamblia in Lebergewebe; D. Zytochemie d. Plasmodium bergei; Experiment. Nachweis d. Pathogenität v. autochtonen Stämmen im Vergl. m. virulenten tropischen Stämmen v. E.dysenteriae; Beweis d. histochem. Veränderungen im Neuro-Cortex b. geimpften Tieren m. B. pertussis; Modifizierte

Aspekte d. Nucleinsäuren u. d. oxidativen mitochondrielen Enzymaktivität in Leber u. Nieren b. experimenteller Leishmianasis; Mikrophotometrische Quantifizierung d. enzymatischen Aktivität in d. Riesenzellen d. Knochentumors; Vitamin E Bedarf u. Quelle - Wirkung u. Wirksamkeit. D. selektive Permeabilität d. Zellmembranen (1991), D. Anwendung v. Zytostatika als Vergleichstest z. Prüfung potentiell knochenmarkschädigender Substanzen (1991) - Mitgl. Intern. Akad. f. Pathol. Dt. Ges. f. Pathologie, Hämatologie, Pharmakol. u. Ges. f. Histochemie; s. 1988 Mitgl. Dt. Ges. f. Neuropathologie - 1988 BVK - Spr.: Engl., Franz., Rumän., Ungar.

CITRON, Anselm

Dr. rer. nat., em. Prof. f. Exper. Kernphysik Univ. Karlsruhe (s. 1965), Leit. Inst. f. Kernphysik Kernforschungszentrum Karlsruhe (1965-88), Beschleunigertechnik, Mittelenergiephysik - Erasmusstr. 2, 7500 Karlsruhe 1 (T. 68 31 99) - Geb. 27. März 1923 Stettin (Vater: Curt C., Reichsgerichtsrat; Mutter: Eva, geb. Stäckel), ev., verh. s. 1951 m. Renate, geb. Lais, 5 Töcht. (Sabine, Cornelia, Aglaia, Katharina, Thaddäa) - Gymn. Leipzig, Freiburg/Br. Zutphen (Niederl.); MTS (Technikum) Dordrecht (Ndl.); Univ. Freiburg/Br. u. Basel (Physik). 1953 Stip. Cambridge (Engl.). Promot. (1952) u. Habil. (1958) Freiburg - 1953ff. CERN, Genf; s. 1985 Mitgl. Akad. Leopoldina - Spr.: Engl., Franz., Niederl., Russisch.

CITRON, Klaus

Dr., Botschafter d. Bundesrepublik Deutschland in Den Haag (s. 1990) - Adenauerallee 99-103, 5300 Bonn 1 (T. 0228 - 1 71) - Geb. 16. Mai 1929 Berlin (Vater: Oberverw.ger.rat Fritz C; Mutter: Charlotte C.), ev., verh. s. 1961 m. Karin, geb. Hansen, 2 Kd. (Reinhard, Bettina) - Stud. German., Roman. Univ. Kiel, Lyon, Paris; Promot. 1954 Kiel - 1955/56 Lektor Ecole Centrale, Paris; 1956-59 Lektor Univ. Bologna; 1959 Diplomat. Dienst, Auslandsposten: San Francisco, New Delhi, Kuala Lumpur, Brüssel, 1984-86 Leit. KVAE-Deleg. Stockholm, 1987 Leit. Deleg. b. Mandatsgesprächen üb. Konventionelle Abrüstung Wien, 1988-90 Leit. d. Planungsstabs d. Ausw. Amtes.

CIUCIURA, Theodore Bohdan

Dr., Prof. f. Jurisprudenz u. Politologie, Rektor Ukrainische FU München (s. 1986) - Pienzenauerstr. 15/III, 8000 München 80 (T. 089 - 98 69 28) - Geb. 10. Jan. 1919 Kobaky/Ukraine, kath., verh. s. 1988 m. M.A. Maria Theresia, geb. Szuflat - 1937-41 Stud. Univ. Lwiw (Ukraine), 1945-48 Univ. München u. Ukrainische FU, 1952/53 Columbia New York, 1959-62 Rechts-, Staats- u. Wirtsch.wiss.); Promot. 1947; Habil. 1949; M.A. (Publ. Law & Government) 1953; Doctoral Examination (Polit. Phil.) 1962 - 1949/50 Doz. Ukrain. FU München; 1962-69 Assoc. Prof., 1969-86 Prof. u. Abt.-Vorst. Saint Mary's Univ. of Nova Scotia, Kanada. S. 1970 Mitgl. Canadian Council on Intern. Law - BV: Lenin's Idea of a Multi-National Commonwealth, 1963. Zahlr. Aufs. in wiss. Ztschr. (Völkerrecht, Vergl. Rechts- u. Staatslehre, Arbeitsrecht, Ökologie) - 1970 Memorial medal Intern. Law Assoc.-Canadian Section - Spr.: Ukrain., Engl., Russ., Poln.

CLAAR, Egon

Techn. Direktor, Geschäftsf. Cellux GmbH., Lindau - Schachener Str. 60, 8990 Bad Schachen/B. - Geb. 2. April 1921.

CLAAS, Günther

Fabrikant, Mitinhaber Claas oHG, Harsewinkel - Münsterstr. 56, 4834 Harsewinkel (T. 05247 - 31 91) - Geb. 23. Sept. 1931 Harsewinkel (Eltern: Ehel. Franz u. Christine C.), kath., verh. - Abit.; Stud. Betriebswirtsch. - Gesellsch./AR Claas oHG, Harsewinkel; Gesellsch./Gf. Claas Guss GmbH & Co. KG, Bielefeld, Präzi-Flachstahl GmbH, Everswinkel; Kompl./Gf. Max Frost KG, Bohmte; Gf./Gesellsch. g. claas industrietechnik GmbH, Bohmte; Gut Arenshorst, Bohmte - Großkreuz al merito Ritterorden v. Hl. Grabe zu Jerusalem - Spr.: Engl., Span.

CLAASSEN (ß), Jürgen

Dipl.-Math., Vorstandsmitglied Sparkassen-Versicherung AG. u. Zentraleurop. Versicherung AG., beide Stuttgart 50 - Glaserweg 2a, 7000 Stuttgart 21 - Geb. 9. März 1929.

CLAES, Fritz

Dr.-Ing., Prof. f. Planung u. Zuschnitt im Steinkohlenbergbau - Waldesrand 42, 4630 Bochum-Linden - Geb. 22. Okt. 1923 - B. 1978 Privatdoz., dann apl. Prof. TH Aachen.

CLAESGES, Ulrich

Dr. phil., Prof. f. Philosophie Univ. Köln - Am Serviesberg 17, 5000 Köln 41 - Geb. 13. März 1937 Krefeld - BV: Edmund Husserls Theorie d. Raumkonstit., 1964; Gesch. d. Selbstbewußtseins, 1974; Darst. d. ersch. Wissens, 1981.

CLAESSEN, Herbert

Dr., Oberkirchenrat - Rutenbergstr. 17, 3000 Hannover-Kirchrode - Geb. 26. Juli 1938 Düsseldorf (Vater: Georg C., Kaufm.; Mutter: Liesel, geb. Schwartner), ev. verh. s. 1971 m. Margrit, geb. Noell, 3 S. (Rolf, Bernd, Max).

CLAESSENS, Dieter

Dr. phil., o. Prof. f. Soziologie - Baseler Str. 51, 1000 Berlin 45 (T. 833 70 93) - Geb. 2. Aug. 1921 Berlin - S. 1960 (Habil.) Lehrtätigk. Univ. Münster (1962 Ord.) u. Berlin/FU (1966 Ord.), Rektor d. FHSS Berlin (1974-78) - BV: Jugend in Gemeinschaftsdiensten, 1957 (m. D. Danckwordt); Arbeiter u. Angest. in d. Betriebspyramide, 1959 (m. G. Hartfiel, J. Fuhrmann, H. Zirwas), Familie u Wertsystem, 4. A. 1979; Status als entwicklungssoziol. Begriff, 1965; Sozialkunde d. Bundesrep. Dtschl., 15. A. 1989; Instinkt - Psyche - Geltung, 2. A. 1970; Rolle u. Macht, 3. A. 1974; Nova Natura, 1970; Kapitalismus als Kultur, 2. A. 1979 (m. K. Claessens); Raeder z. Familiensoziologie, 5. veränd. A. 1980 (hg. m. P. Milhoffer), Jugendlexikon Gesellschaft, (m. K. Claessens u. B. Schaller), 1976; Gruppe u. Gruppenverbände, 1978; D. Konkrete u. d. Abstrakte, 1980; Gruppenprozesse, (m. W. v. Baeyer-Katte, H. Feger, F. Neidhardt u.a.), 1982; Lexikon d. Grundbegriffe: Gesellschaft, (zus. m. Karin Claessens), 1992, Kapitalismus u. demokratische Kultur, 1992 - Lit.: Festschr. z. 60. Geb., Schau unter jeden Stein (hrgs. v. B. Schaller, H. Pfütze, R. Wolff).

CLAMER, Harry W.

Dr., Geschäftsführer Total Deutschland GmbH, Düsseldorf, Dt.-Übersee Petroleum GmbH, Hamburg - Brühler Weg 20, 4005 Meerbusch 1 - Geb. 16. März 1932 - Div. Mandate.

CLAPHAM, Ronald

Dr. rer. pol., Dipl.-Kfm., Univ.-Prof. Wirtschaftswissenschaft Univ. Siegen (s. 1976) - Begonienweg 13, 5910 Kreuztal 1 - Geb. 6. Febr. 1935 Berlin, verh. s. 1968 m. Gisela, geb. Guischard - Stud. Wirtschaftswiss. Univ. Köln u. Bristol (GB); Dipl.-Kfm. 1961 Köln; Promot. 1964, Habil. 1972 - Zul Doz. Univ. Köln. Fachmitgl.sch. Aussch. Entw.länder u. Aussch. Industrieökonomik d. Vereins f. Socialpolitik; Präsid. Arbeitskr. Europ. Integration e.V., Bonn; Wiss. Beirat Ges. z. Stud. Strukturpolit. Fragen e.V., Bonn - BV: Marktw. in Entwicklungsländern, 1973; Sozioökonom. Verantw. ausl. Unternehmer in Entwicklungsländern, 1976; World Economic Order - Liberal Views, 1983 (hg. m. H. Kammler); Small and Medium Entrepreneurs in Southeast Asia, 1985. Herausg.: Diskussionsbeitr. z. Ökonomie d. techn. Fortschritts (1984ff.); Schriften z. Wirtschaftsforsch. (1990ff.)

CLARIN, Hans

Staatsschauspieler - Moserhof, 8213 Aschau/Chiemgau (T. 08052 - 23 68) - Geb. 14. Sept. 1929 Wilhelmshaven (Vater: Johann C., Beamter; Mutter: Henriette, geb. Kloker), ev., verh. s. 1969 in 2. Ehe m. Bebs Freiin v. Cramer-Klett, 5 Kd. (Angela, Manuela, Irene [1. Ehe]; Philipp, Anna [2. Ehe]) - Abit. - Zahlr. Rollen, rd. 150 Bühnenst., u. a. Sommernachtstraum, Michael Kramer, Portugies. Schlacht, Revisor, Konzert, D. Weg ins Freie; üb. 100 Fernsehspiele, u. a. Fels im roten Meer, Irland, Paquito; 49 Schallplatten (f. Kinder), u. a. Meister Eder u. sein Pumuckl (12 Mill.), Hui Buh d. Schloßgespenst (18 Mill.) - Gold. Schallplatten - Liebh.: Pferdezucht - Spr.: Engl.

CLASEN, Sigvard

Dr.rer. pol., Vorstand Allg. Gold- u. Silberscheideanst. AG, Pforzheim - Zu erreichen üb.: Allg. Gold- u. Silberscheideanst., Kanzlerstr. 17, 7530 Pforzheim - Geb. 11. April 1936 Hamburg - Stud. TU Karlsruhe (Masch.bau), FU Berlin (Wirtsch.wiss.) u. Univ. Hamburg (Promot.) - BV: Flexibilität d. volksw. Produktionsstruktur, 1966; Gleichgewicht - E. Zielbegriff d. Unternehmensführ., 1979; Schlüsselthemen uns. Gegenw., 1985. - Spr.: Engl., Franz.

CLASS, Richard H.

Vorsitzender d. Geschäftsfg. Hobart GmbH - Am Holderstock 4, 7600 Offenburg; Brucknerstr. 46, 7600 Offenburg - Geb. 24. Okt. 1937 Darmstadt (Vater: Dr. jur. Hans C., RA; Mutter: Aenne, geb. Ringer), verw. s. 1985, S. Thomas - Salem Abit. Lausanne (Schweiz) u. Georgetown, D. C. USA, u. Ohio State, Columbus Ohio/USA. 1958 Hobart Corporation Troy Ohio; 1962 Hobart Masch. GmbH Offenburg; 1964-86 AR-Mitgl. Hobart AG, Birsfelden/CH (European Advisory Council - EAC), 1986 Hobart Europe SA Rueil-Malmaison, Frankreich (Executive Committee Europe); 1985 Präs. d. VR Hobart (Swiss) AG; 1976-80 Vorst.-Sprecher Arbeitgeberverb. d. Bad. Eisen- u. Metallind., Freiburg (s. 1968 Vorst.-Mitgl., s. 1974 Schatzm.); s. 1980 Vorst.-Vors. Vereinigte Bad. Untern.-verb. (VBU); s. 1980 Vorst.-Mitgl. Bildungswerk d. Südbad. Wirtsch.; s. 1982 Vorst.-Mitgl. Landesvereinig. Bad.-Württ. Untern.verb., Stuttgart; s. 1983 Beiratsmitgl. Albert-Ludwig Univ. Freiburg - S. 1968 Rotarier (Offenburg).

CLASSEN, Carl Joachim

Dr. phil., D. Litt., o. Prof. f. Klass. Philologie - Am Brachfelde 7, 3400 Göttingen-Nikolausberg (T. 2 29 51) - Geb. 15. Aug. 1928 Hamburg (Vater: Erwin C., Oberlandesgerichtsrat; Mutter: Erika, geb. Petersen), ev., verh. s. 1959 m. Roswitha, geb. Rabl, 3 Söhne (Claus Dieter, Carl Friedrich, Hans Christoph) - Gelehrtensch. d. Johanneums Hamburg; Univ. Hamburg, Göttingen, Oxford. Promot. 1952 Hamburg; B. Litt. 1956, D. Litt. 1988 Oxford; Habil. 1961 Göttingen - 1956 Studienass. Hamburg; 1956-59 Lecturer Univ. Ibadan (Nigeria); 1960-66 Lektor (b. 1963), Privatdoz. (1961) u. Doz. (1963) Univ. Göttingen; 1964-65 Lehrstuhlvertr. Univ. Tübingen; s. 1966 Ord. u. Inst.dir. TU Berlin, Univ. Würzburg (1969) u. Univ. Göttingen (1973), 1967/68 Gastprof. Univ. of Texas, Austin (USA), 1975 Member Inst. Advanced Study Princeton, 1980 Vis. Fellow All Souls College Oxford, o. Mitgl. Akad. d. Wiss. Göttingen, Mitgl. Mommsen-Ges. (1983-87 1. Vors.), Classical Assoc., American Philol. Assoc.; Intern. Soc. Hist. Rhetoric (1987-89 Präs.) - BV: Sprachl. Deutung als Triebkraft platon. u. sokrat. Philosophierens, 1959; Unters. zu Platons Jagdbildern, 1960; Sophistik (ed.) 1976; D. Stadt i. Spiegel d. Descriptiones u. Laudes urbium, 1980; Recht-Rhetorik-Politik, 1985; Ansätze, 1986; div. Einzelarb. - Liebh.: Afrikan. Kunst, Kulturgesch. u. Politik - Spr.: Engl., Ital.

CLASSEN, Hans-Georg

Dr. med., Arzt f. Pharmakologie u. Toxikologie, Prof. Univ. Hohenheim, apl. Prof. Univ. Freiburg/Br. (s. 1977) - 7000 Stuttgart-Hohenheim (Fachgeb. Pharmakologie u. Toxikologie) - Geb. 20. Juli 1936 Schatensen - Promot. 1962 Göttingen; Habil. 1971 Freiburg - Üb. 200 Facharb.

CLASSEN, Harold

Dr. rer. pol., Dipl.-Volksw., Verleger (Fachztschr. u. Fachbücher) - Alte Höhe 43, 5628 Heiligenhaus (T. 02056 - 6563) - Geb. 9. Dez. 1926 Essen (Vater: Wilhelm C., Verleger; Mutter: Luise, geb. Weber), verh. s. 1976 m. Karin Classen, geb. Huck, 3 Töchter (Susanne, Gaby, Pamela) - 1951-57 Stud. Betriebs- u. Volksw. Univ. Köln.

CLASSEN, Meinhard

Dr. med., o. Prof. f. Innere Medizin Klinikum Rechts der Isar d. TU München - Ismaninger Str. 22, 8000 München 80 - Zul. Chefarzt Med. Klinik Hamburg-Barmbek u. o. Prof. f. Innere Med. d. Univ. Frankfurt.

CLAUDE, Dietrich

Dr. phil., Prof. f. Mittelalterl. Geschichte Univ. Marburg (s. 1971) - Heinrich-Heine-Str. 50, 3550 Marburg/L. - Geb. 12. Okt. 1933 Düsseldorf (Vater: Edmund C., Studienrat; Mutter Johanna, geb. Thal), verh. s. 1962 m. Gisela, geb. Schönrock - Heese-Gymn. Berlin (Abit. 1953); Stud. Gesch. u. Roman. Tübingen (1953), Berlin (FU, 1953-57 u. 1958-60), Toulouse (1957-58). Promot. 1960 Berlin; Habil. 1969 Marburg - B. 1964 Univ. Frankfurt/M., dann Marburg - BV: Topogr. u. Verfass. d. Städte Bourges u. Poitiers b. ins 11. Jh., 1961; D. byzantin. Stadt im 6. Jh., 1969; Gesch. d. Erzbistums Magdeburg b. in d. 12. Jh., 2 Bde. 1972/75; Gesch. d. Westgoten, 1970; Kirche, Adel u. Königtum im Westgotenreich, 1971; D. Handel im westl. Mittelmeer während d. Frühmittelalters, 1985.

CLAUS, Günther

Dipl.-Math., Versicherungsdirektor - Bismarckallee 53c, 2070 Ahrensburg/Holst. - Geb. 4. Juli 1930 - Vorst. DT. RING Leben/Kranken/Sach.

CLAUS, Roland

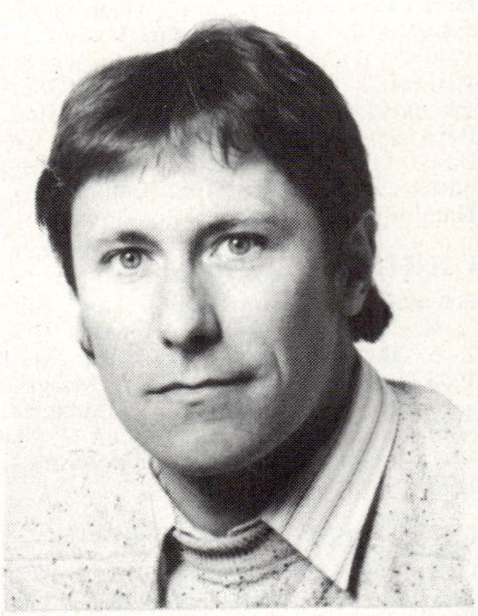

Dipl.-Ing. oec., MdL, Landesvorsitzender d. PDS Sachsen-Anhalt - Pfännereck 5, O-4090 Halle - Geb. 18. Dez. 1954 Hettstedt, verh. m. Barbara, 2 Kd. (Andreas, André) - Dipl. 1976 TH Merseburg - 1983-87 1. Sekr. FDJ Bezirksleitg. Halle; s. 1990 Bezirks- u. Landesvors. PDS Sachsen-Anhalt - Liebh.: Altruss. Lit. - Spr.: Engl., Russ., Bulg.

CLAUS, Willi

Dipl.-Ing., Prof., Architekt - Rüsternallee 23, 1000 Berlin 19 (T. 3044081) - Geb. 27. Juli 1909 Mannheim, verh. m. Charlotte, geb. Fleischer - Lessingsch. Mannheim; Univ. Heidelberg u. TH

Karlsruhe (Diplomprüf. 1936) - Ab 1936 angest. Arch. f. Behördenbauvorhaben Berlin (Siedlungen u. Ind.bauten); s. 1945 fr. Arch.; s. 1950 Prof. f. Bauformen d. Mittelalters Hochsch. f. bild. Künste Stud.reisen: Holl., Frankr., Ital., Griech.l., Türkei.

CLAUSEN, Heinrich

Dipl.-Ing., Senator E.h., Vorstandsmitglied Hannover-Braunschweig. Stromversorgungs-AG i.R. (1947-75) - Adolf-Ey-Str. 16, 3000 Hannover - Geb. 12. Juli 1909 Holstein - S. 1946 HASTRA (1947 stv., 1949 o. Vorst.-Mitgl.). Stv. Vors. Vereinig. Dt. Elektrizitätswerke u. Vorst.-Mitgl. VDE. AR-Mand. S. 1978 Ehrenmitgl. im VDE - Liebh.: Gartengestaltung.

CLAUSEN, Lars

Dr. sc. pol., Univ.-Prof., Soziologe - Wehlbrook 30, 2000 Hamburg 73 - Geb. 8. April 1935 Berlin, verh. s. 1964, 1 Kd. - Abit. 1955, Dipl.-Kfm. 1960, Dr. sc. pol. 1963, Habil. (Soziol.) 1967 - S. 1970 Dir. Inst. f. Soziol. u. 1987 Katastrophenforsch.stelle Univ. Kiel. S. 1978 Präs. Ferd.-Tönnies-Ges.; s. 1991 stv. Vors. dt. Ges. f. Soziol. - BV: Elemente e. Soziologie d. Wirtschaftswerb., 1964; Industrialis. in Schwarzafrika, 1968; Assistenten in e. neuen Univ. (m. J. Frese u.a.), 1968; Jugendsoziologie, 1976; Tausch, 1978; Siedlungssoziologie (m. V. v. Borries, K. Simons), 1978; Einf. in d. Soziol. d. Katastrophen (m. W. R. Dombrowsky), 1983; Zu allem fähig, Sozio-Biogr. Leopold Schefer (m. B. Clausen), 1985; Produktive Arbeit, destruktive Arbeit, 1988; Z. Akzeptanz staatl. Informationspolitik b. techn. Großunfällen u. Katastrophen (m. W. R. Dombrowsky), 1990. Herausg.: Ankunft bei Tönnies (m. F. U. Pappi, 1981); Tönnies heute (m. V. v. Borries, W. R. Dombrowsky, H.-W. Prahl, 1985); Spektrum d. Literatur (m. B. Clausen, 14. A. 1989); Renaissance d. Gemeinschaft? (m. C. Schlüter, 1990); Ausdauer, Geduld u. Ruhe (m. C. Schlüter, 1991) - 1982 BVK.

CLAUSEN, Manfred

Kaufmann, Vorstandsmitglied Dt. Lloyd - Dianastr. 60, 8013 Haar b. München - Geb. 17. April 1928 Tinningstedt, verh. s. 1957 m. Erna, geb. Schulze, 5 Kd. (Christian, Heinrich, Maren, Norbert, Dietmar) - 1943-48 kaufm. Lehre - 1982-85 Vorst.-Mitgl. Dt. Bausparkasse, 1956-82 Leonberger Bauspark. (1978-82 Dir. Hannover).

CLAUSEN, Rolf

Dr.-Ing., Prof. Univ. Hamburg (s. 1975) - Glashütter Damm 71, 2000 Norderstedt - Geb. 20. April 1934 Hamburg - Abit. 1953, Lehre, 1956 TU Braunschweig b. 1962, b. 1966 Ind., Promotion 1969 Berlin, b. 1975 TU Berlin - Spez. Arb.gebiet: Fertigungstechnik u. Werkzeugmaschinen.

CLAUSEN, Wolfgang

Dr. jur., Staatssekretär im Kultusministerium Schlesw.-Holst. i. R. (b. 1988) - Drosselhörn 12, 2305 Heikendorf b. Kiel (T. 0431 - 23 17 75) - Geb. 25. Dez. 1935.

CLAUSERT, Horst

Dr.-Ing., Prof. TH Darmstadt (FB Regelungs- u. Datentechnik) - Röderstr. 45c, 6109 Mühltal - Geb. 1. Dez. 1936 Magdeburg (Vater: Ernst C., Ing.; Mutter: Gertrud, geb. Hußlein), ev., verh. m. Ingrid, geb. Hofmann - TH Darmstadt (Dipl.-Ing. 1961; Promot. 1966) - 1962-66 TH Darmstadt; 1967-70 Siemens AG.; 1970-74 TU Clausthal; 1974-82 Univ./GH Wuppertal - BV: Grundgeb. d. Elektrotechnik, Bd. I 1978, Bd. II 1980 (bde. m. G. Wiesemann).

CLAUSS, Armin

Minister a. D., MdL Hessen - Geb. 16. März 1938 Lauffen/N. - Volkssch., 1952-60 Bundespost; 1960-1961 Akad. d. Arbeit, Frankfurt; 1962-72 Gewerkschaftssekr. IG Metall, 1972-76 DGB-Landesvors.; s. 1970 MdL, 1974-76 Vors. SPD-Landtagsfrakt.; s. 1976 Hess. Sozialmin. (1984-86 Min. f. Arbeit, Umwelt u. Soziales). SPD s. 1959 (Mitgl. Bezirksvorst.), Vors. Bundesratsausschuß f. Arbeit u. Sozialpol.

CLAUSS, Günther

Dr.-Ing., o. Prof. f. Meerestechnik - Schlangenbader Str. 73, 1000 Berlin 33 - Geb. 31. Dez. 1939 München - Promot. 1968 - S. 1971 (Habil.) Lehrtätigk. TU Berlin (1973 Prof.). Üb. 20 Facharb.

CLAUSS, Volkmar

Dr. phil., Generalintendant Bühnen Landeshauptstadt Kiel - Postf., 2300 Kiel 1 (T. 0431 - 910 28 92) - Geb. 7. Jan. 1942 Meißen (Vater: Rolf C., Bundesrichter a.D. (s. XX. Ausg.); Mutter: Hildegard, geb. Nakoinz), ev., verh. s. 1988 m. Sibylle, geb. Schleicher - 1962-68 Univ. Berlin, Köln, Wien (Theaterwiss., German., Publiz.); Promot. 1968 Wien - 1969-71 Dramat. u. Regiss. Esslingen; 1971-73 Chefdramat. u. Regiss. Ulm; 1973-75 Chefdramat. Heidelberg; 1975-78 Dramat. Wuppertal; 1978-79 Komm. Leit. Schausp. ebd.; 1979-85 Int. Ulm; 1985-90 Generalint. Kiel; ab 1990 gv. Direktor d. Staatl. Schauspielbühnen Berlin.

CLAUSSEN, Carsten P.

Dr. jur., Prof., Bankier, Vorstandsmitgl. Nordd. Landesbank, Präs. Nieders. Börse zu Hannover - Am Wäldchen 5, 3000 Hannover 51 - Geb. 13. Mai 1927 (Vater: Bruno C., Dr. jur., Staatssekr.; Mutter: Elsbeth, geb. Brandt), ev., verh. s. 1957 m. Erika M., geb. Dose, 4 Kd. (Carsten jun., Johann, Jakob, Marie-Theres) - Jurastud., 1. Staatsex. Berlin, 2. Staatsex. Düsseldorf, Promot. - Vorst. d. Wirtschaftsrats d. CDU e. V., Bonn, u. d. Schwed. Handelsk. in d. BRD - BV: Publizität u. Gewinnverteilung im neuen Aktienrecht, Mitverf. Kölner Kommentar u. a. - Liebh.: Bergsteigen.

CLAUSSEN, Claus Frenz

Dr. med., Prof. f. Neurootologie, Vorstand Neurootologisches Forschungsinst. d. Ges. z. Erforschung v. Geruch-, Geschmack-, Gehör- u. Gleichgewichtsstörungen, Bad Kissingen (s. 1982) - Kurhausstr. 12, 8730 Bad Kissingen - Geb. 28. Mai 1939 Husum - Promot. 1965 Hamburg; Habil. 1970 Berlin (FU) - S. 1978 Ord. Univ. Würzburg. 1974ff. Präs. Ges. f. Neurootol. u. Äquilibriom.; 1. Vors. Ges. z. Erforsch. v. Geruch-, Geschmack-, Gehör- u. Gleichgewichtsstör. e.V. Vorles. üb. d. Zus.hänge zw. Wiss. u. Kunst; Kunstausst. v. eig. Stahlplastiken; Plastikgruppe: D. hl. Kilian u. D. beiden guten Vögel (erworben v. Stadt Würzburg 1981) - BV: Üb. d. Aufz. u. Auswert. ausgew. quantit. Gleichgewichtsfunktionsprüf., 1970; Feuer, Stahl u. Logik, Kunstb. 1980; Monogr.: Equilibriometria Practica (span), 1973; Study of the Human Equilibrium (engl.), 1978; D. Elektronystagmogramm u. d. neurootologische Kennliniendiagnostik, 1976; D. Schwindelkranke u. s. neurootologische Begutachtung, 1976; Schwindel - Symptomatik, Diagnostik, Therapie, 1981; Presbyvertigo, Presbyataxie, Presbytinnitus, 1985; Atlas d. Elektronystagmographie, 1986; Oftalmootoneurologia (span.), 1988. Üb. 200 Einzelarb.

CLAUSSEN, Georg W.

Ehrenvorsitzender Beiersdorf AG - Joachimstr. 24, 2000 Hamburg 52 (T. 80 34 36) - Geb. 5. Juni 1912 Hamburg (Vater: Carl C., Fabrikdir.) - Kaufm. Lehre; mehrj. Auslandsaufenth. - S. 1938 Beiersdorf AG, Hamburg (1952 Vorst.-Mitgl., 1957 Vorst.-Vors., b. 1987 AR-Vors.) - Spr.: Engl. - Rotarier.

CLAUSSEN, Heinz-Helmut

Oberstudiendirektor, Präsident Landessportbund Bremen, Vors. Rundfunkrat Radio Bremen - Vahrer Str. 244 A, 2800 Bremen 44 (T. 0421-46 10 46) - Geb. 9. Febr. 1929 Bremen (Vater: Gerhard C., Elektroschweißer; Mutter: Martha, geb. Mindermann), ev.-luth., verh. s. 1953 m. Edith, geb. Böhme, 3 T. (Cornelia, Birgit, Annette) - Univ. Hamburg (1. Staatsex. German. u. Angl. 1959), 1960/61 Studiensem. - 1965-73 Vors. Bremer Landesarbeitsgem. f. Spielen in d. Schule; 1969-72 2. Vors. Bundesarbeitsgem.; 1972-78 Vizepräs. Landessportbd. Bremen, s. 1978 2. Bundesvors. Ring d. Abendgymn.; s. 1978 Präs., s. 1980 2. Vors. Rundfunkrat Radio Bremen, Fachmitgl.sch. - Spr.: Engl.

CLAUSSEN (ß), Hermann

Bankdirektor - Posener Str. 29, 2300 Altenholz-Stift - Geb. 1. Sept. 1929 - Geschäftsf. SKV Kredit-Bank GmbH., Kiel.

CLAUSSEN, Karl Eduard

Rechtsanwalt, Innenminister d. Landes Schlesw.-Holst. a. D. (1983-88), MdL Schlesw.-Holst. - Buchenweg 19, 2072 Bargteheide (T. 04532 - 82 23) - Geb. 20. Sept. 1930 Kappeln/Schlei (Vater: Valentin C.; Mutter: Helene, geb. Diederichsen), ev., verh. m. Helga, geb. Wünsche, 4 Kd. (Andrea, Claus Christian, Cornelia, Carl Christoph) - Stud. Univ. Marburg u. Hamburg (Rechtswiss.); Verw.hochsch. Speyer. Gr. jurist. Staatsprüf. 1959 - Reg.ass. schlesw.-holst. Innenmin., 1962-71 Bürgerm. Bargteheide, 1971-79 Sozialmin., 1979-83 Justizmin.; 1983-88 Innenminister; 1966-67 MdK Krs. Stormarn; s. 1967 MdL Schlesw.-Holst. CDU s. 1957 (1973-85 Kreisvors. Stormarn, s. 1985 Ehrenkreisvors., Mitgl. Landesvorst. d. CDU) - 1979 Gr. BVK m. Stern.

CLAUSSEN, Uwe

Dr.-Ing., Univ.-Prof., Leiter Inst. f. Konstruktionstechnik Univ. Bundeswehr München - Werner Heisenbergweg 39, 8014 Neubiberg (T. 089 - 60 04-21 24/21 12) - Geb. 25. März 1935, ev. - Dipl.-Ing. (Maschinenbau) 1959 TU München, Dipl.-Wirtschafts-Ing. 1963 TU München, Dr.-Ing. (Maschinenbau) 1965 TU Braunschweig - Mitgl. bzw. Obmann in Aussch. VDI, REFA, IFIP, GI - Pat.: Antriebstechnik, Maschinenelemente, Meßtechnik - BV: Konstruieren m. Rechnern, 1971; Method. Auslegen, 1973; Techn.-wirtsch. Konstruieren, 1984ff.

CLAUSSEN, Uwe

Dr. med. habil., Prof., Arzt, Akad. Oberrat - Buchenweg 11, 8520 Erlangen (T. 09131 - 2 22 30) - Geb. 30. April 1945, ev., verh. s. 1967 m. Edith, geb. Binnen, 3 Kd. (Anne, Jan, Neele) - 1966-72 Univ. Düsseldorf (Med.); Staatsex. u. Promot., Habil. 1980 Düsseldorf (Humangenetik); 1985 apl. Prof. Düsseldorf, 1986 Erlangen - Leit. d. Pränatallabors (Zytogenetik), genet. Berat. - Entw. d. Dottersackmethode (1974) u. d. Pipettenmethode (1980); Mitentwickl. d. Mikrosezierung u. universellen enzymatische Amplifikation (1989) - Ballonsportlehrer (Gas u. Heißluft); 1984 u. 87 Dt. Meister im Heißluftballonsport; Rekorde in Höhe und Strecke; 1991 Bronzemed. b. d. Weltmeisterschaft Heißluftballon in Kanada - Liebh.: Schach - Spr.: Engl.

CLEFFMANN, Günter

Dr. rer. nat., o. Prof. f. Zoologie - Waldstr. 27, 6305 Buseck (T. 6408-33 87) - Geb. 27. Jan. 1928 Bochum, ev., verh. s. 1957 (Ehefr.: Dr. Rosemarie), 3 Kd. - Univ. Göttingen u. Bonn. Promot. 1952 Bonn; Habil. 1960 Marburg - 1966 Wiss. Rat u. Prof. Univ. Marburg; 1971 Ord. u. Dir. Inst. f. Tierphysiol. Univ. Gießen. Veröff. z. Stoffwechselphysiol. d. Tiere u. z. Physiol. d. Zellteilung.

CLEMEN, Harald

Regisseur - Hildegardstr. 5, 8000 München 22 - Geb. 23. Jan. 1947 Forchheim (Vater: Wolfgang C., Prof.; Mutter: Ursula C., Übersetzerin), verh. s. 1968 m. Andrea, geb. Reck-Malleczewen, S. Florian - B.A. Univ. Bristol - Regiss. in Berlin, München, Düsseldorf, Chicago usw. Doz. Univ. München. Bisher 25 Insz., 1 Fernsehsp. SR.

CLEMENS, Adolf

Prof., Bildjournalist, Dozent f. Bildjournalismus FHS, Dortmund - Schildstiege 7, 4400 Münster/W. - Geb. 17. Sept. 1942 Köln (Vater: Adolf C., Komp.; Mutter: Gertrud, geb. Fieger), kath., verh. s. 1970 m. Ingrid, geb. Lossau (geb. 1943), 2 Kd. (Julia, Caspar) - N. Schule Laboranten- u. Fotografenlehre; 1961 ff. Stud. b. Prof. Dr. Otto Steinert/Folkwangsch. Essen (1966-67 Meisterschüler). S. 1980 Vorst.mitgl. Dt. Lichtbildner (GDL) - Div. beruf. Mitgliedsch. Zahlr. Bildporträts namh. Kulturschaff. (BRD u. Ostblock) - BV: § 8, Bildbd. üb. geist. behind. Menschen, 1971 - 1960 Photokina-.Plak.; 1963 u. 68 Obelisk; Grand Prix intern. (Foto-)Wettbewerb Budapest; 1982 Perle d. Donau, Budapest.

CLEMENS, Hans-Joachim

Dr. med., o. em. Prof. f. Anatomie - Weinerweg 7, 8021 Hohenschäftlarn - Geb. 18. April 1921 Berlin - S. 1954 (Habil.) Privatdoz., apl. (1961) u. o. Prof. (1967) FU Berlin (Dir. III. Anat. Inst.), 1971-73 Lektor Verlag Walter de Gruyter, Berlin, 1974-82 Lektor Verlag Urban u. Schwarzenberg, München, 1982-91 Planer Springer-Verlag, Büro München; s. 1987 1. Vors. d. Dt. Med. Fach- u. Standespresse; Fr. Fachjourn., Redakt. Klin. Wochenschr. - BV: D. Venensysteme d. menschl. Wirbelsäule - Morphologie u. funktionelle Bedeut., 1961; Medizin f. Buchhändler, 2. A. 1979. Film: D. Venensystem d. Wirbelsäule, Neue röntgen-anat. Unters., D. trans-ossale Phlebogr. d. Wirbelsäule u. d. Spinalkanals, m. H. Vogelsang (16 mm. Farbtonf., 1968; Verleih: SANDOZ AG., Basel) - 1965 Georg-Schmorl-Preis Ges. f. Wirbelsäulenforsch.

CLEMENS, Helmut

Journalist - Goethestr. 33, 6472 Altenstadt/Hessen (T. 06047 - 78 16) - Geb. 24. Juli 1928 Gelsenkirchen - Stud. Soziol., Phil., Politol. Frankfurt u. Marburg. Verlagslektor - S. 1962 Hess. Rundfunk, Redakt. Fernsehen, Schwerp.: Ostpolitik, sozialist. Länder - ARD-Auslandkorresp. (FS u. HF) in Prag, Moskau, Lissabon, Belgrad. S. 1985 fr. Autor.

CLEMENS, Joachim

Rechtsanwalt, MdB (s. 1980; Wahlkr. 45/Braunschweig) - Böcklinstr. 1, 3300 Braunschweig (T. 0531 - 33 53 38) - 1952 Abit.; Stud. Rechts- u. Staatswiss. Göttingen; 1956 I. jur. Staatsex., 1960 II. jur. Staatsex. 1961-80 Geschäftsf. Allg. Arbeitg.verb. Braunschweig; s. 1974 Rechtsanwalt; b. 1984 Kommanditist Fa. Clemens & Vogl GmbH & Co. KG, Braunschweig - CDU (s. 1967); s. 1977 stv. Vors. CDU-Landesverb. Braunschweig; 1977-83 Mitgl. Bundesfachaussch. Sport; Vors. CDU-Mittelstandsvereinig., Kreisverb. Braunschweig; 1968-80 Ratsherr; 1975-80 Mitgl. Bundesvorst. d. Kommunalpolit. Vereinig. d. CDU/CSU.

CLEMENT, Bernd

Dr. rer. nat., Prof. f. Pharmazeutische Chemie Univ. Kiel (s. 1990) - Johann-Fleck-Str. 27, 2300 Kiel (T. 0431 - 54 87 71) - Geb. 15. Juni 1948, kath. - Stud. 1970-76 Univ. Marburg (Pharmazie, Chemie); Staatsex. 1973; Dipl. 1976; Promot. 1978 Marburg; Habil. 1985 Freiburg - 1978/79 Univ. London: 1980-85 Hochschulassist. Freiburg; 1986-90 Prof. Marburg - BV: The biol. N-oxidation of amidines a. guanidines, in biol. oxid. of nitrogen in org. molecules, ed. by J. W. Gorrod a. L. A. Damani, 1985 - Spr.: Engl., Franz., Latein.

CLEMENT, Danièle

Docteur ès Lettres, Prof. f. Germanistik u. Linguistik - 32-34, Rue Blondel, F-75002 Paris - Geb. 24. Okt. 1943 - Berg. Univ.-GH Wuppertal.

CLEMENT, Wolfgang
Journalist, Minister f. bes. Aufgaben und Chef d. Staatskanzlei Nordr.-Westf. (s. 1990) - Mannesmannufer 1a, 4000 Düsseldorf (T. 8 37 01) - Jurist, Ausb. z. Redakt. Westf. Rundschau, Dortmund - Stv. Chefredakt.; Chefredakt. Hamburger Morgenpost - 1981-86 (Rücktr.) SPD-Vorst.-Sprecher u. stv. Bundesgeschäftsf.

CLEMENZ, Manfred
Dr. phil., Prof. f. Soziologie/Sozialpsychol. Univ. Frankfurt/M., Leit. Zentrum f. psychosoziale Forschung u. Beratung (m. Prof. A. Combe, s. 1984) - Rheinstr. 22, 6000 Frankfurt 1 - Geb. 6. Dez. 1938 Stuttgart - Promot. 1969 - S. 1972 Prof. - BV: Soziol. Reflexion u. sozialwiss. Methode, 1970; Gesellschaftl. Ursprünge d. Faschismus, 1972; Erzieh. in d. Klassenges., 3. A. 1973 (m.a.); D. soziale Codierung d. Körpers, 1986; Soziale Krise, Institution u. Familiendynamik (m.a.), 1989; Psychoanalyse in d. Weiterbildung (m.a.), 1990.

CLEVÉ, Bastian
Autor, Regisseur, Prod. - Zu erreichen üb. Sanderskoppel 16, 2000 Hamburg 65 (T. 040 - 536 20 71) - Geb. 1. Jan. 1950 München, verh. s. 1971 m. Marlies, geb. Giersiepen (Malerin), T. Marietta Celine - 1970-76 Hochsch. f. bild. Künste, Hamburg, u. San Francisco Art Institute - Autor, Regiss., Prod. v. künstler. Kurzfilmen, Langfilmen, Spielfilmen, Fernsehserien, Ind.- u. Dokumentarfilmen; Gastdoz., Gastprof. f. Film, USA, Canada, BRD - Werke: u.a. Schau ins Land, 1975; Nachtwache, 1976; Lichtblick, 1976; Empor, 1977; Am Wegesrand, 1978; Zenith, 1981; Kaskaden, 1982; Echo, 1982; D. Sheriff aus Altona, 1983 (ZDF); D. blinde Glück, 1985 (ZDF). Autor Buch/Video: The art of personal filmmaking. Filme: Lehrfilm d. FWU, 1984; D. Reise aus d. 23. Jh., 1988/89. 1990 Associate Producer v. Deadly Revenge. Prod.leitg. f. dt. u. US-amerik. Kinofilme, u.a. Out of Rosenheim - 1976, 78, 79 Dt. Filmpreis; BMI-Drehbuchprämie f. d. Drehbuch Exit Aussenalster - Liebh.: Lit., Kunst, Reisen - Spr.: Engl., Franz.

CLEVE, Hartwig
Dr. med., o. Prof. f. Anthropologie u. Humangenetik Univ. München (Inst. f. Anthropologie u. Humangenetik) - Richard-Wagner-Str. 10/I, 8000 München 2 (T. 52 03/3 81) - Geb. 9. Juni 1928, verh., 2 Kd. - Stud. Göttingen, Dr. med. (1953), Assist. Med. Klinik Göttingen, Med. Poliklinik Marburg, Inst. Pasteur Paris, Rockefeller Inst. New York, Habil. f. Inn. Med. (1963) u. f. Humangenetik (1966) Univ. Marburg, Assoc. Prof. (1967), Prof. Cornell Univ. Med. College New York (1973), s. 1973 o. Prof. Univ. München - BV: D. gruppenspezifischen Komponenten d. menschl. Serums, 1965. 170 Fachveröff.

CLEVER, Peter
Dipl.-Volksw., Abteilungsleiter f. Intern. Sozialpolitik Bundesmin. f. Arbeit u. Sozialordnung - Rochusstr. 1, 5300 Bonn 1 (T. 0228 - 527 28 00) - Geb. 5. Jan. 1955 Frechen, kath., verh. s. 1977 m. Birgit Over-C., geb. Over, 2 Söhne (Christian, Andreas) - Stud. Univ. Köln (Volksw., Politikwiss., Soziol.); Dipl.-Volksw. 1979 - 1979-81 Büroleiter d. stv. Vors. d. CDU-CSU Bundestagsfrakt. Dr. Blüm; 1981/82 Büroleiter u. Pressespr. d. Senators f. Bundesangelegenheiten d. Ld. Berlin; 1982-85 Leiter Min.büro im Bundesmin. f. Arbeit u. Sozialordnung (BMA); s. 1986 Abt.-Leiter f. Intern. Sozialpolitik im BMA; s. 1986 Regierungsvertr. d. Bundesrep. Dtschl. im VR d. Intern. Arbeitsorganisation, Genf.

CLOER, Ernst Ludwig
Dr. phil., o. Prof. f. Allg. Pädagogik, Univ. Hildesheim (s. 1977) - Comblouxstr. 10, 3201 Diekholzen - Geb. 6. Juni 1939 Neheim (Vater: Ernst C., Schreinermst.; Mutter: Gertrud, geb. Hickfang), verh. s. 1964 m. Hannelore, geb. Welling, 2 Kd. (Thomas, Eva) - Stud. PH Dortmund u. Univ. Bochum - 1961-66 Schuldst., 1966-69 Lehrerfortbild., 1969-74 Wiss. Assist. PH, 1974-77 Prof. Univ. Gießen - BV: Sozialgesch., Schulpolit. u. Lehrerfortbild. d. kath. Lehrerverb. im Kaiserreich u. in d. Weimarer Rep., 1975; Disziplinieren u. Erziehen, 1982; D. Dritte Reich im Jugendb. Zwanzig neue Jugendbuchanalysen, 1988; Gewerkschaftliche Jugendbildung - identitätsorientierte, 1991. Herausg.: Familienerziehung (1979); Disziplinkonfl. in Schule u. Erziehung (1982); D. Dritte Reich im Jugendb. Fünfzig Jugendbuchanalysen u. e. theoret. Bezugsrahmen (1983, 2. A. 1985).

CLOERKES, Günther
Dr. soz. wiss., Prof. f. Soziologie d. Behinderten PH Heidelberg (s. 1981) - Am Blumenberg 5, 6908 Wiesloch - Geb. 23. April 1944 - Stud. in Köln u. Münster; Dipl. (Soziol.) 1972 Münster; Promot. 1979 Bielefeld - Tätigk. in Forsch. u. Lehre: 1977-79 Univ. Köln, 1979-81 Zentralinst. f. Seelische Gesundheit Mannheim - BV: Einstellung u. Verhalten gegenüber Behinderten. E. kritische Bestandsaufnahme d. Ergebnisse intern. Forsch., 1979; Behinderung u. Behinderte in verschiedenen Kulturen. E. vergleichende Analyse ethnol. Studien (m. D. Neubert), 1987.

CLOOS, Karl-Günther
Geschäftsführer Baubedarf Wetzlar GmbH, Vorst. Verb. d. Baustoffhändler Hessen/Rheinl.-Pfalz, DIHT Finanz- u. Steueraussch. - Dilichstr. 3, Postf. 1242, 6330 Wetzlar (T. 06441 - 37 77-11) - Geb. 4. Dez. 1937 Gießen (Vater: Karl C., Geschäftsf.; Mutter: Anna, geb. Rupp), ev., verh. s. 1964 m. Renate, geb. Gissel, 3 S. (Karl-Christian, Matthias, Michael) - Jurist. Staatsex. 1966 - 1975-82 AR Raiffeisenbank Wetzlar (stv. Vors.); 1982 Vors. Steueraussch. Bundesverb. Groß- u. Außenhdl.; 1978 Mitgl. Vollvers. IHK Wetzlar; 1978 Arbeitsrichter; Mitgl. Vorst. Steueraussch. Dt. Ind.- u. Handelstag Bonn.

CLOPPENBURG, Ferdinand
Generalstaatsanwalt in Oldenburg (s. 1987) - Mozartstr. 5, 2900 Oldenburg - Geb. 1931 Friesoythe - Univ. Köln (Rechts- u. Staatswiss.). Gr. jurist. Staatsprüf. - S. 1957 nieders. Justizdst. (1976 Ltd. Oberstaatsanw. b. Generalstaatsanwaltschaft in Oldenburg, 1984-87 Generalstaatsanw. in Celle).

CLURE, Cliff
s. Breucker, Oscar Herbert

CLUSEN, Helmut
Dipl.-Kfm., Alleinvorstand Rathgeber AG (s. 1973) - Elsterweg 7, 8033 Krailling (T. 089 - 857 21 93) - Geb. 16. Juli 1931 Rheydt (Vater: Heinrich C.; Mutter: Gertrud, geb. Tillmann), kath., verh. s. 1962 m. Elsbeth, geb. Wolter, 3 Kd. (Thomas, Andrea, Monika) - Stud. Univ. Köln - S. 1956 Ind-tätigk.; Geschäftsf. F. X. Meiller GmbH, Karlsruhe; stv. Geschäftsf. Meiller GmbH.

COBAN, Ismail
Bildender Künstler - Atelier: Taunusweg 9, 5600 Wuppertal 12 (T. 0202 - 40 15 25) - Geb. 1. Jan. 1945 Corum/Türkei (Vater: Halil C., Landw.; Mutter: Emine, geb. Celik) - Abit.; Volksschullehrer-Ex. 1965; 1965-68 Hochsch. f. angew. Werkkunst Istanbul; 1969-71 Werkkunstsch. Wuppertal (Staatsex. 1971) - 1968 Fotograf u. Berichterstatter in d. Osttürkei; s. 1971 freiberufl. Tätigk. als bild. Künstler - BV: Z. Beispiel oder e. oriental. Anti-Märchen, m. 10 Farbradierungen 1976; D. Lied v. Roten Fluß, m. 7 Farbholzschnitten 1978; Hommage à Pablo Neruda, m. 3 Farbradierungen 1982 - S. 1973 bevorzugte Techniken: Öl, Aquarell, Zeichnung, Holzschnitt, Radierung. Themen: Zwischenmenschl. Bezieh.; Hauptthema s. 1979 Fegefeuer unseres Jh. S. 1973 üb. 240 Radierungen u. Holzschnitte. S. 1965 zahlr. Ausst. in Museen u. Galerien d.

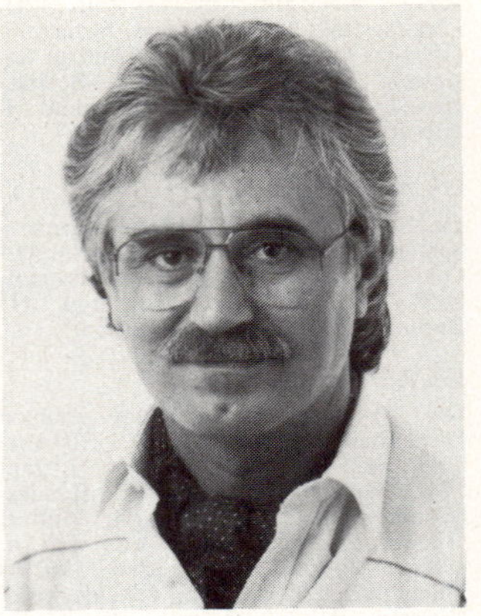

In- u. Ausl.; Teiln. an Biennalen - Interessen: Humanitäres Engagement f. d. Menschenrechte - Lit.: u.a. Katalog Ismail Coban/interma-orb (1980); Butzbacher Künstler-Interviews III (1982); Katalog d. Kunsthalle Recklinghausen (1985); In zwei Welten - Migration u. Kunst (1988; Eva Weber).

COBET, Justus
Dr. phil., Prof. f. Alte Geschichte - Semperstr. 3, 4300 Essen 1 (T. 0201 - 26 33 44) - Geb. 25. Mai 1939 Frankfurt/M. (Vater: Heinrich C., Buchhändl.; Mutter: Grete, Bibliothekarin) - Gymn. Frankf.; Stud. Tübingen, Frankf., Haverford; Promot. Frankf. 1968, Stip. DAI 1970/71 - 1969/70 wiss. Assist. Univ. Frankf., 1971-1979 wiss. Mitarb. ebd., s. 1979 o. Prof. Univ. Essen GH - BV: Herodots Exkurse u. d. Frage d. Einheit s. Werkes, 1971. Herausg.: Heinrich Schliemann n. hundert Jahren, 1990 (m. W. M. Calder III); Archäologie u. historische Erinnerung, 1992 (m. B. Patak).

COBURN-STAEGE, Ursula
Dr. phil., Prof. f. Erziehungswiss. u. Allg. Päd. PH Schwäb. Gmünd - Am Schapfenbach 24, 7070 Schwäbisch Gmünd.

COCHINAIRE, Gilles

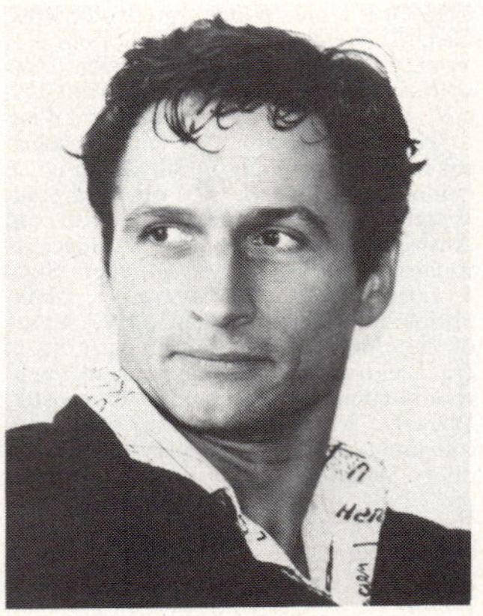

Solotänzer, Choreograph, Maler - Wilhelm-Levison-Str. 4, 5300 Bonn 1 - Geb. 27. Jan. 1957 Marseille/Frankr., led. - Abit.; 1969 Ballettunterr.; 1971 Ballettsch. d. Oper Marseille; 1974 Ballettsch. Cannes; 1975 Royal Ballett School London - Engagements: 1976 Ballett du Rhin, Straßburg; Ballet National, Marseille; 1980-83 Solotänzer Ballet National; 1983-88 Solotänzer Ballett d. Theaters Bonn; s. 1988 Solotänzer Ballett d. Oper Bonn; 1987/88 Gastspiele an d. Oper Dortmund; s. 1991 Ballettmeister Oper Bonn - Auftritte in Europa, USA u. Japan - Rollen u.a.: Hilarion u. Prinz (Giselle), Prinz (Cinderella), Prinz (Schwanensee), Prinz (Fire Bird), Faust (Abraxas, Blue Bird, Dornröschen), Golo (Pelleas et Melisande), Tybalt (Romeo u. Julia), Notar u. Wladimir (Lucidor), Todesgeist (Nußknacker), Apuschkin (Tschaikowsky), Crassus (Spartacus), Patron (Coppelia), Rotbarth u. Prinz (Schwanensee), Julien (Rouge et Noir), Rollen in van Dyks Choreographien - S. 1980 Gestaltg. eig. Choreographien (in Marseille, Bonn, Hyères, Corbier, Chatillon u.a. Orten). S. 1989 Ausst. als Maler (zuletzt 1992 Art Expo New York) - Liebh.: Malerei, Antiquitäten - Spr.: Franz. (Mutterspr.), Dt., Engl., Ital.

COENEN, Erich
Dr. jur., Vorstandsmitglied Commerzbank AG - Breite Str. 25, 4000 Düsseldorf (T. 82 71) - Geb. 23. April 1942.

COENEN-MENNEMEIER, Brigitta
Dr. phil., Univ.-Prof. f. Neuere franz. Literatur - Birkenweg 27, 4400 Münster/W. - Geb. 3. Okt. 1930 Paderborn - Promot. 1956; Habil. 1971 - 1970 Studienprof.; 1975 apl. Prof., 1981 Prof. Univ. Münster - BV: u. a. D. Roman im Zeitalter d. Mißtrauens - Unters. zu Nathalie Sarraute, 1974. Übers.: Führer durch d. franz. Lit. d. Mittelalters (1968). Beitr. u. a. zu: J. Grimm (Hrsg.), Franz. Lit.Gesch., 1989.

COENENBERG, Adolf Gerhard
Dr. rer. pol., Dipl.-Kfm., Steuerberater, Prof. Univ. Augsburg (s. 1971) - Memminger Str. 14, 8900 Augsburg (T. 57 58 62) - Geb. 8. Okt. 1938 Düsseldorf (Vater: Adolf C.; Mutter: Margarete, geb. Korfmacher), kath., verh. s. 1966 m. Gisela, geb. Wiedemann, 2 Söhne (Marc, Oliver) - Promot. 1966; Habil. 1970. 1979-82 u. 1990-93 wiss. Leitg. Univ.seminar d. Wirtschaft - BV: Jahresabschluß u. Jahresabschlußanalyse, 1974, 13. A. 1992; Betriebswirtschaftl. Entscheidungslehre, 1974, 5. A. 1989; Unternehmensrechnung, 1976. Mithrsg.: D. Betriebswirtschaft (DBW); HW d. Revision (HWRev.), 1983, 2. A. 1991; Kostenrechnung u. Kostenanalyse, 1992 - Spr.: Engl.

COERS, R. Otto
Dr.-Ing., Fabrikant, Geschäftsf. Herkules-Werk GmbH. - Bahnhofstr. 17-21, 6330 Wetzlar - Geb. 4. Nov. 1919 Gießen (Vater: Otto C.), verh. m. Sieglinde, geb. Engel - TH.

CÖSTER, Oskar
Dr. phil., Schriftsteller, Publiz., Werber, Verleger - Elbchaussee 118, 2000 Hamburg 50 (T. 040 - 39 52 07) - Geb. 16. Juli 1949 Breitenheim, ev., verh. m. Regine, geb. Bondick, S. Till Nikolaus - Banklehre; Stud. Phil., German., Politol. u. Theol.; Promot. 1982 Univ. Hamburg - Autor liter. u. wiss. Arb. u. div. Ess.; fr. Journ. (Dt. Allg. Sonntagsblatt, Stern, Rundf.); Creative Director b. TEAM/BBDO Hamburg Werbeagentur GWA/TEAM DIRECT; Inh. d. Verlages DOC'S Communications, Hamburg - BV: Kämpfe m. Engeln, Ged. 1979; Hegel u. Marx, Diss. 1983; Ad' Age - D. Himmel auf Erden. E. Theodizee d. Werbung - 1980 Literaturpreis Story '80 f. d. beste dt. Kurzgesch. (Assuan).

COHEN, Rudolf
Dr. phil., Dipl.-Psych., Prof. f. Psychologie Univ. Konstanz - Im Baumgarten 6, 7750 Konstanz 16 - Geb. 13. Juni 1932 München - Promot. 1961; Habil. 1968 - S. 1969 Ord. - BV: Systemat. Tendenzen b. Persönlichkeitsbeurt. 2. A. 1973 (auch engl.). Zahlr. Einzelarb. Klin. Psych. Neuropsych. u. Psychophysiol.; Mithrsg.: Ztschr. f. Klin. Psych.

COHNEN, Georg
Dr. med., Prof., Chefarzt (Inn. Med.) - Ronheider Berg 259 a, 5100 Aachen (T. 7 80 11) - Geb. 24. Okt. 1937 Dresden (Vater: Dipl.-Ing. Georg C.; Mutter: Ruth, geb. Meding), kath., verh. s. 1965 m. Astrid, geb. Mathes, 5 Kd. (Mathias,

Bernhard, Joachim, Sebastian, Astrid) - 1957 Abit., 1963 Med. Staatsex. u. Promot., 1973 Habil., 1978 apl. Prof. Univ. Aachen. S. 1972 Facharzt f. Inn Med., Oberarzt Med. Univ.-Klinik Essen, s. 1976 Chefarzt Abtlg. Inn. Med Marienhospital Aachen. Zahlr. Fachveröff. - Spr.: Engl., Franz.

COHNEN, Karl

Kunsthändler (Kunsthaus am Niederrhein) - Priv.: Bismarckstr. 95, 4050 Mönchengladbach 1, Galerie: Hindenburgstr. 160 - Geb. 5. Mai 1917 Mönchengladbach, kath., verh. s. 1943 m. Elisabeth, geb. Thomsen, 2 Kd.

COHORS-FRESENBORG, Elmar

Dr. rer. nat., Prof. f. Didaktik u. Grundl. d. Mathematik Univ. Osnabrück - Felix-Nußbaum-Str. 11, 4500 Osnabrück (T. 0541 - 6 78 97) - Geb. 19. Mai 1945 Nordkirchen (Vater: Georg C., Reg.dir.; Mutter: Elisabeth, geb. Sengpiel), kath., verh. s. 1972 m. Renate, geb. Anhut - Stud. 1964-72 Univ. Münster u. Fribourg (Math., Physik, Volkswirtsch.), promot. 1971. 1972 Assist. Münster, 1973 Wiss. Rat u. Prof. Flensburg, 1975ff. o. Prof. Osnabrück - BV: Mathematik m. Kalkülen u. Maschinen, 1977; Einführung in d. Computerwelt m. Registermasch., 1988 - Spr.: Engl.

COING, Helmut

Dr. jur., Dr. h. c. mult., em. o. Prof. f. Röm. u. Bürgerl. Recht sowie Rechtsphil. - Holzhecke 14, 6000 Frankfurt/M. (T. 67 40 27) - Geb. 28. Febr. 1912 Celle (Vater: Hermann C., Offz.; Mutter: geb. Krüger), ev., verh. s. 1941 m. Hilde Knetsch, 1 Kd. - Ratsgymn. Hannover; Univ. Kiel, München, Göttingen, Lille (Promot. 1935, Habil. 1938 Frankf.) - S. 1940 ao. u. o. Prof. (1948) Univ. Frankfurt (1955-57 Rektor). 1964-80 Dir. Max-Planck-Inst. f. Europ. Rechtsgesch., Frankfurt (Neugründ.). 1955-58 Mitgl. Hess. Staatsgerichtshof; 1956/57 Präs. Westd. Rektorenkonfz.; 1958-61 Vors. Wiss.rat; VR-Mitgl. Stifterverb. f. d. Dt. Wiss.; s. 1961 Vors. Wiss. Beirat Fritz Thyssen Stiftg; 1976 Vors. Wissenschaftl. Beirat Gerda Henkel Stiftg.; 1978-84 Vizepräs. Max-Planck-Ges. z. Förd. d. Wiss.; 1984-92 Kanzler d. Ordens Pour le mérite; 1984 Ehrensenator d. Max-Planck-Ges. z.F.d.W.; 1986 Ehrensenator J.W. Goethe-Univ. Frankfurt; Gastprof. in USA - BV: D. Rezeption d. röm. Rechts in Frankfurt/M., 1939; D. obersten Grundsätze d. Rechts, 1948; Neubearb.: Kipp, Erbrecht, 1959/65/76/90; Staudinger, Allg. Teil BGB, 1957 u. 1978-80; Röm. Recht in Dtschl., 1964; Epochen d. Rechtsgesch. in Dtschl., 1967; Rechtsformen d. priv. Vermögensverwaltg., 1967; Grundzüge d. Rechtsphil., 4. A. 1985; D. Treuhand kraft priv. Rechtsgeschäfts, 1973; Handbuch d. Quellen u. Lit. d. neueren europ. Privatrechtsgesch. (Hrsg.) I, 1973; II/1 u. II/2 1976; III/1 1982; Wiss. u. Kodifikation d. Privatrechts im 19. Jahrh. (Mithrsg.) I 1974; II u. III. 1976; IV 1979; V 1980; Europ. Privatrecht 1500-1800, Bd. I 1985, 1800-1914, Bd. II 1989 - Dr. h. c. Univ. Lyon, Montpellier, Uppsala, Wien, Aberdeen, Brüssel, Mailand; Mitgl. Acad. Intern. de Droit, Compare, Inst. Intern. de Phil. Politique, Paris, Acad. delle Scienze dell Inst. Bologna; British Acad. London; Accad. Nazionale di Scienze Lettere e Arti, Modena; Sociedad Mexicana de Filosofia, Mexico; korr. Mitgl. Inst. Brasileiro de Filosofia, Rio de Janeiro, Acad. of Arts and Science of Uppsala, Bayer. Akad. d. Wiss., München, Accad. Nazionale dei Lincei, Rom; 1958 Goethe-Plak. Frankfurt/M. u. Komturkreuz VO. Rep. Italien, 1962; Ausz. Malteser-Orden; 1965 Officier dans l'Ordre National de la Legion d'Honneur; 1973 Mitgl. d. Ord. Pour le mérite; 1974 Gr. BVK m. Stern d. VO.; 1980 Premio Galileo Galilei; 1990 Hess. VO.; 1990 Gr. BVK m. Schulterbd. u. Stern - Spr.: Engl., Franz., Ital. - Rotarier.

COLBE, von, Walther

s. Busse v. Colbe, Walther

COLBERT, Helga

s. Boscheinen, Helga

COLLA-MÜLLER, Herbert Ernst

Dr., Prof. f. Sozialpädagogik Inst. f. Sozialpäd. Univ. Lüneburg - Köthner Heide 2, 2126 Adendorf - Geb. 18. Jan. 1941 Koblenz - Promot. 1972 Tübingen - S. 1974 Prof. in Lüneburg - BV: D. Fall Frank, 1973; Heimerziehung, 1981; Suizid, Handb. d. Sozialpäd., 1982; Rd. 60 Aufs. in soz.päd. Ztschr. z. Heimerz., Obdachlosigk., Armut, weibl. Dissozial., Suizid.

COLLAS, Karlheinz

Generalvikar Bistum Aachen, Prälat, Domkapitular - Klosterpl. 7, 5100 Aachen - Geb. 22. Mai 1931 Aachen, kath. - Abit. 1951 Couven-Gymn. Aachen; Stud. Theol. Frankfurt-St. Georgen u. Priesterseminar Aachen; Priesterweihe 1957 - Kaplan in Düren; 1969-79 Pfarrer St. Katharina Aachen-Forst; 1973-78 Regionaldekan Aachen-Stadt; s. 1978 Generalvikar.

COLLET, Hugo

Geschäftsführer, MdB (s. 1965) - Alleestr. 60, 6780 Pirmasens (T. 74007) - Geb. 15. Sept. 1921 Völklingen/Saar, verh., 2 Kd. - Abitur - Jan. 1941 bis Dez. 46 Kriegsmarine u. Gefangensch. Engl. u. Kanada (durch Schiffsversenk. Dez. 1941 b. Narvik); spät. Dolmetscher, Personalchef Geschäftsf. Zeitw. DGB-Kreisvors. Westpfalz. S. 1960 Stadtratsmitgl. Pirmasens (1964 Fraktionsf.), Mitbegr. Europa-Union Pirmasens, SPD.

COLLET, Ingrid

Ballettdirektorin Oldenburgisches Staatstheater - Moltkestr. 20, 2900 Oldenburg (T. 0441 - 7 66 46) - Geb. 24. Okt. 1938 Ibbenbüren, gesch., T. Tanja - Elevenzeit Pfalztheater Kaiserslautern; Stud. in Paris b. Victor Gsovsky, Lutys de Luz u. Mme. Valerie; Ex. b. Erich Walter; Päd.-Dipl. - Choreographin; Pädagogin; Vizepräs. d. Dt.-Sowj. Ges. Oldenburg - Choreographien U.A.: Rot u. Schwarz, Anna Karenina, F. Anne Frank, Aus meinem Leben (Kom. Oper Berlin 1985) - Liebh.: Politik, Theater, Lit., Reisen, Klavierspielen - Spr.: Engl., Franz., Russ.

COLLETTE, Gerard Robert

Dr. oec. publ., Vorstandsmitglied Automobil-AG., Köln - Titusstr. 14, 5000 Köln - Geb. 17. Okt. 1922 Bensberg (Vater: Robert C. †), verh. m. Mary, geb. McIsaac - Univ. Cambridge (Harvard) u. Zürich - S. 1960 Automobil - Liebh.: Golf - Spr.: Engl.

COLLINS, Hans-Jürgen

Dr.-Ing., Univ.-Prof. f. Landw. Wasserbau u. Abfallwirtschaft TU Braunschweig (s. 1972) - Im Sieke 45, 3300 Braunschweig - Geb. 8. Sept. 1936 Wilhelmshaven (Eltern: Hans-Joachim (Kapt. z. S.) u. Ilse C.), verh. s. 1964 m. Gisela, geb. Buhr, 2 Kd. - Stud. Braunschweig - Gold. Sportabz. - Spr.: Engl.

COLLINS, Michael

1. Kapellmeister Deutsche Oper am Rhein Düsseldorf (s. Sept. 1991) - Curtiusstr. 22, 4006 Erkrath 2 - Geb. 16. Okt. 1948 Sydney/Austr., kath., verh. s. 1971 m. Lynette Jennings, 2 Söhne (David, Anthony) - Abit. 1965 Sydney; Ausb. (Klavier) in Sydney (Alexander Sverjensky); 1973-75 Dirigentenkl. Hochsch. f. Musik u. Darst. Kunst Wien (Prof. Hans Swarowsky) - 1968-70 Klavierlehrer Conservat. Sydney; 1970-73 Dirig. u. Korepetitor Austral. Oper, Sydney; 1974-77 Korepetitor Wiener Staatsoper; 1977-79 Dirig. u. Korepetitor Württ. Staatsoper Stuttgart; 1979-84 Chefdirig. Stuttgarter Ballett; s. 1984 Dirig. Bayer. Staatsoper; s. 1986 Gastdirig. d. Dt. Oper Berlin, 1990/91 1. Kapellmeister Staatstheater Braunschweig - Liebh.: Fotogr., Briefmarken - Spr.: Engl. (Mutterspr.), Ital.

COLMANT, Hans Joachim

Dr. med., Prof. f. Neuropathologie - Curschmannstr. 10, 2000 Hamburg 20 - Geb. 21. Juni 1922 Bonn - Promot. 1945; Habil. 1962 - S. 1962 (Habil.) Lehrtätigk. Univ. Hamburg (1967 Ord. u. ehem. Dir. Abt. f. Neuropathol. u. Exper. Hirnforsch./Univ. Krhs. Eppendorf) - BV: Encephalopathien b. chron. Alkoholismus, 1965; Zerebrale Hypoxie, 1966 u. Einzelarb. i. Fachztschr.

COLNERIC, Ninon

Dr. iur. habil., Präsidentin d. Landesarbeitsgerichts Schleswig-Holstein (s. 1989) - Melanchthonstr. 25, 2300 Kiel (T. 0431 - 604 27 39) - Geb. 29. Aug. 1948 Oer-Erkenschwick, ledig - Stud. Jura Tübingen, München, Genf u. London; Promot. 1977 München; Habil. 1985 Bremen - S. 1988 Mitgl. d. Wissenschaftl. Beirats d. Zentrums f. Europ. Rechtspolitik - BV: D. Industrial Relations Act inffektiver Gesetzgebung aus d. Bereich d. kollektiven Arbeitsrechts, 1979 - 1978 Fakultätspreis d. jur. Fachber. d. Univ. München - Spr.: Engl., Franz., Lat., Span., Ital.

COLPE, Carsten

Dr. theol., Dr. phil., o. Prof. f. Allg. Religionsgesch., Hist. Theologie - Schützallee 112, 1000 Berlin 37 (T. 832 69 94) - Geb. 19. Juli 1929 Dresden (Vater: Dr. med., Dr. jur. Carl C., Psychiater; Mutter: Helge, geb. Paech), verh. s. 1965 m. Gisela, geb. Asteroth, 1 Tocht. (Gabriele) - S. 1948-1955 Univ. Mainz u. Göttingen (Theol., Oriental. Spr., Phil.) - Univ. Göttingen (1960 Priv.-Doz., 1962 o. Prof.), Hamburg u. FU Berlin (1969 o. Prof.); Visiting Prof. 1963/64 Yale Univ. New Haven, 1974 u. 1975 British Acad. London u. Univ. of Chicago; 1970ff. Honorarprof. Univ. Göttingen - BV: D. religionsgesch. Schule, 1961. Buch- u. Ztschr.beitr. Mithrsg.: Handb. d. Religionsgesch. 3 Bde. 1971-75; Theol. Ideol. Religionswiss., 1980; Altiran. u. zoroastr. Mythol., 1982.

COLPET, Max

s. Kolpe, Max

COLSMAN, Erich

Unternehmer, Geschäftf. Gesellschafter Fa. Barthels-Feldhoff GmbH & Co.

COLSMAN, Rolf

Dipl.-Kfm., Gf. Gesellschafter Gebr. Colsman GmbH & Co., Essen - Bogenstr. 62, 5620 Velbert 15 (Neviges) (T. 02053 - 51 51) - Geb. 6. März 1931 Langenberg, verh., 3 Kd. (Alexander, Verena, Guido) - Ausb. Chemielaborant; Stud. Chemie u. Betriebsw. Univ. Tübingen u. Köln - Harvard-Business-School Boston; Dipl. 1957 Köln - Beirat: Dresdner Bank AG, Gerling, Gelsenwasser; G.A.: Pfeifer & Langen - 1989 BVK I. Kl. - Spr.: Engl., Franz.

COMBERG, Dietrich Wilhelm

Dr. med., Prof. f. Ophthalmologie FU Berlin, Augenarzt - Praxis: Drakestr. 32, 1000 Berlin 45 - Verh. m. Dr. med. Sabine, geb. Berg, 2 Kd. (Kai, Ute) - Univ.-Augenklinik (Charité), Humboldt-Univ. Berlin; Klinikum Steglitz FU Berlin.

COMES, Franz Josef

Dr. rer. nat., Prof. f. Physikal. Chemie - Schlesienstr. 27, 6231 Schwalbach a. Ts. (T. 8 22 54) - Geb. 18. Juli 1928 Bad Neuenahr (Vater: Peter C.; Mutter: Margarethe, geb. Müller), verh. m. Margot, geb. Korn, 3 Kd. (Barbara, Elisabeth, Joachim) - Univ. Mainz, Max-Planck-Inst. f. Chemie, Mainz - S. 1964 (Habil.) Lehrtätigk. Univ. Bonn (1969 apl. Prof.). Univ. Ffm. (1972 o. Prof.) - 1971-74 Vors. Fa Molekülphysik DPG, 1973-79 Secr. Mol. Physica Section EPS, 1983-85 Dir. Inst. f. Physikal. Chemie Univ. Ffm. - BV: Spectroscopy in Chemistry and Physics: Modern Trends Elsvier (m. and.), 1980; rd. 100 Fachveröff. - 1970 Haber-Preis d. Dt. Bunsenges. f. Physik. Chemie.

COMPES, Peter Const.

Dr.-Ing. (habil.), o. Prof. f. Allgem. Sicherheitstechnik, Berg. Univ. - GH Wuppertal (Sicherheitswissensch. Methodik u. Systematik) - Falkenberg 19 d, 5600 Wuppertal 1 (T. 0202 - 71 54 81) - Geb. 7. März 1930 Köln (Vater: Dr. rer. pol. Dipl.-Ing. Eduard C., Messedir.; Mutter: Mimi, geb. Steinberg) - kath., verh. 1960, gesch. 1982, 5 Kd. (Georg, Monika, Thomas, Christoph †, Constanze); wiederverh. s. 1984 m. Marlene C., geb. Eßer, 2 Kd. (Tania, Natascha) - 1951 naturw. Abit. Köln; 1956 Dipl.-Ing. Maschinenbau TH Aachen; 1963 Dr.-Ing. Arbeitswiss./Unfallkosten TH Aachen; 1970 Privatdoz. f. Sicherheitstechn. (1. Habil. i. d. Fachgeb.) TH Aachen; 1963-70 Leiter Schutz-Ressort d. KHD-AG, Köln; 1970-74 Dir. Inst. f. Unfallforsch. TÜV Rheinland, Köln, 1972 Ord. f. Sicherheitstechn. TU Hannover; s. 1972 Ord. f. Sicherheitstechn. Univ.-GH Wuppertal u. Mitgl. d. Gründ.-Senats u. d. Ständ. Kommiss. f. Lehre u. Stud. u. f. Forsch.; 1975/78 Gründungs-Dekan d. (weltweit ersten) Fachber. f. Sicherheitstechn.; 1974-78 Konzept. d. Integr. Studieng., d. Promot. O (Dr. rer. sec.) u. Habil. O Sicherheitstechn.; s. 1972 Gastprof. u. a. TH Aachen, TU Hannover, Kath. Univ. Leuven/Belgien, 1979/80 v. BCAE in Ballarat/Victoria, Austral., 1984 NITIE, Bombay, Indien. 1975-76 Inh. Intern. Francqui-Lehrst. Belgien (Kath. Univ. Leuven); s. 1977 European Coordinator of System Safety Society, USA; 1978 Gründer d. Ges. f. Sicherheitswissensch., Wuppertal, Geschäftsf.; s. 1979 Vice-Pres. of World Safety Organization; 1981 Lecturer of the Year (1. Ausz. dieser Art d. System Safety Soc. USA); 1983 u. 84 als ILO-Experte (Genf) u. 1987 als UNIDO-Experte (Wien) in Indien. Üb. 100 Publ. (Bücher, Aufs. dt., engl., franz.), üb. 200 Refer. auf intern. Kongr.; Redaktions-Beirat in intern. Zeitschriften - 1990 BVK I. Kl.; 1990/91 Präs. Lions Club Wuppertal-Mitte - Spr.: Engl., Franz.

CONEN, Peter R.

Dr. jur., Rechtsanwalt, Staatssekreätr a.D. - Ilsensteinweg 31, 1000 Berlin 38 - Geb. 5. Juli 1936 - 1971-79 MdA Berlin/CDU. Leit. Bezirksamt W'dorf; 1981-89 Senatsdir. Senatsverw. d. Innern v. Berlin - BVK.

CONERT, Hans-Georg

Dr. rer. pol., Prof. f. Politikwissenschaft einschl. Polit. Bildung u. Arbeiterbild. Univ. Bremen - Uhlandstr. 55, 2800 Bremen.

CONNERT, Winfried

Dr.-Ing., Hüttendir. i. R. - Gustav-Fünders-Weg 20, 4150 Krefeld - Geb. 26. April 1913 Pilsen - S. 1938 Dt. Edelstahlwerke AG., Krefeld (b. 1970 Vorstandsmitgl., dann -vors.). Div. Mandate.

CONRAD, Bastian

Dr. med., Prof., Neurologische Klinik d. TU München - Geb. 18. März 1941, verh. s. 1970 m. Birgit Müller-Elmau, 4 Kd. (Christian, Colin, Carolin, Cornelius) - Med.-Stud. Göttingen/Freiburg; Promot. 1965 Univ. Freiburg; Habil. 1974 Univ. Ulm - 1978 Abtl.leit. Klin. Nerophysiologie Univ. Göttingen; 1989 Lehrstuhl f. Neurol. TU München; 1985 Präs. d. Dt. EEG-Ges.; 1992 Präs. d. Int. Med. Soc. of Motor Disturbances.

CONRAD, Carl-August

Dr. jur., gf. Vorstandsmitgl. Landkreistag Schlesw.-Holst. - Reventlouallee 6, 2300 Kiel (T. 56 75 62-55 99).

CONRAD, Diethelm

Dr. theol., Prof. f. Hebräische Sprache, Landeskd. u. Archäol. Palästinas Univ. Marburg (Fachbereich Ev. Theol.) -

Friedrichstr. 5, 3550 Marburg/L. - Geb. 26. Sept. 1933 Ludwigshafen/Rh., ev., verh. s. 1959, 3 Kd. - Stud. z. Altargesetz Ex 20 : 24 - 26, 1968 - Spez. Arbeitsgeb.: Altes Testam.

CONRAD, Hans Günter

Dipl.-Ing., Bergass. a. D., Geschäftsführer Dt. Montan Technologie-Ges. f. Lehre u. Bildung mbH, u. Dt. Montan Technologie-Ges. f. Forschung u. Prüfung mbH - Herner Str. 45, 4630 Bochum 1 - Geb. 9. Dez. 1931 - Stv. VR-Vors. d. Bildungsforum im Technologiepark Eurotec Moers GmbH.

CONRAD, Hans-Werner

Dr., Programmdirektor Fernsehen Hessischer Rundfunk, Koordinator f. d. Familienprogr./Dt. Ferns. (ARD) - Bertramstr. 8, 6000 Frankfurt/M. 1.

CONRAD, Jochen F.

Geschäftsführer Gradco Systems Europe GmbH - Teilfeld 5, 2000 Hamburg 11, priv.: Erlenweg 2, 2000 Wedel/Holst. (T. 04103-33 26) - Geb. 5. Juni 1932 Dresden, verh. s. 1957 m. Helen, geb. Cemin, S. Markus - Abit., Kfm. Lehre, Marketing Akad. Zürich. Praxis i. Werbung u. Ind., 1956-75 Geschf. Fabrikation u. Marketing v. Diktiergeräten, 1976 Aufb. u. Geschf. VYDEC (Dtschl.) GmbH, EXXON OFFICE SYSTEMS GmbH - Liebh.: Barock-Musik, Tennis - Spr.: Engl.

CONRAD, Klaus

Dipl.-Ing., Vorstandsmitglied Münchener Rückversicherungs-Ges., AR-Mitgl. Munich Reinsurance Co of Canada, Toronto, Great Lakes Reinsurance, Toronto, TELA Versich., München, MAN Nutzfahrzeuge AG, München, Techn. Beirat Germ. Lloyd AG, Hamburg - Königinstr. 107, 8000 München 40 - Geb. 26. Sept. 1932.

CONRAD, Klaus

Dr. rer. pol., Prof. f. Volkswirtsch. Univ. Mannheim - Zu erreichen üb. Univ., FB Wirtschaftstheorie u. Ökonometrie, Schloß, 6800 Mannheim - Geb. 4. Okt. 1940 Halle/S. (Vater: Heinz C., Arzt; Mutter: Karin, geb. Rusche), verh. s. 1970 m. Ute, geb. Vöpel, 2 S. (Moritz, Felix) - Univ. München (Dipl.-Math. 1966), Promot. 1970 Univ. Tübingen; 1972-1973 Res. Fellow Harvard Univ./USA; Habil. 1975 Univ. Tübingen u. Bonn 1977 - 1976-79 Priv.-Doz. Tübingen u. Bonn - BV: D. quadrat. Zuweisungsproblem, 1971; Simulation u. Optimier. ..., 1975; Measuring Performance of the FRG ..., 1975; Produktivitätslücken n. Wirtschaftszweigen im intern. Vergleich, 1985; 70 Art. in nat. u. internat. Ztschr. - Liebh.: Tennis - Spr.: Engl.

CONRADI, Ellen

s. Schmidt-Bleibtreu, Ellen

CONRADI, Heinrich

Geschäftsführer Hoberg & Driesch, Düsseldorf, u. Chiron-Werke GmbH, Tuttlingen - Geb. 17. Dez. 1933.

CONRADI, Peter

Oberregierungsbaudirektor, MdB (s. 1972; Wahlkr. Stuttgart-Nord) - Im Haurer 1, 7302 Ostfildern 4/Württ. (T. 0711 - 454102) - Geb. 10. Dez. 1932 Schwelm/W. (Vater: Helmuth C. †, Bundesbahndir., Arch.; Mutter: Sylvia, geb. Grassauer), ev., verh. s. 1961 m. Jutta, geb. Prinz, 3 Kd. (Katharina, Valentin, Urban) - Obersch. Vorder-Hindelang, Odenwaldschule, Stuttgart; Zimmererpraktikum; 1953-61 TH Stuttgart (Arch.; Dipl.-Ing.) - S. 1967 Staatl. Hochbauamt Reutlingen, Oberfinanzdir. Stuttgart, Finanzmin., Staatl. Hochbauamt ebd. (1969). SPD s. 1959 - BV: Für e. soziales Bodenrecht, 1972 (m. H. Dieterich u. V. Hauff); Boden zw. Markt u. Lenkung, 1976 - Liebh.: Musik (Gitarre) - Spr.: Engl. (einj. Studienaufenthalt USA).

CONRADS, Bernhard

Dr. rer. pol., Dipl.-Kfm., Bundesgeschäftsführer Lebenshilfe f. geistig Behinderte e. V. - Raiffeisenstr. 18, 3550 Marburg (T. 06421 - 40 01-0) - Geb. 12. Sept. 1944 Bamberg, kath., verh. s. 1970 m. Doris, geb. Müller, 2 Söhne (Florian, Julian) - Stud. Betriebswirtsch.; Dipl.-Kfm.; Promot. 1974 Würzburg - Unternehmensberater; Präsid.-Mitgl. d. Bundesarbeitsgemeinschaft d. Werkstätten f. Behinderte; Vizepräs. v. Special Olympics Deutschland e.V. - Veröff. zu Themen aus Management, Kommunikation u. Sozio-Marketing - Liebh.: Lit. Kabarett, Moderne Malerei, Jazz, Tennis, Skilauf - Spr.: Engl., Franz.

CONRADS, Ulrich

Dr. phil., Dr.-Ing. E.h., Journalist - Hainbuchenstr. 56, 1000 Berlin 28 (T. 401 41 41) - Geb. 27. Okt. 1923 Bielefeld, verh. in 2. Ehe (1954) m. Renate, geb. Schuppel, T. Corinna - Univ. Marburg (Kunstgesch., Literaturwiss., Archäol.). Promot. 1951 - 1951-52 Mitarb. D. Kunstwerk, Baden-Baden; 1952-57 Redakt. baukunst u. werkform, Frankfurt/Darmstadt; 1957-88 Chefredakt. Bauwelt, Berlin, u. s. 1981 Daidalos, Architektur Kunst Kultur - BV: Phantast. Architektur, 1960 (m. Hans-G. Sperlich; auch engl., franz., jap.); Neue dt. Arch. 1955-60, 1962; Berlin Philharmonie, 1964; Programme u. Manifeste z. Arch. d. 20. Jh., 1964; Architektur - Spielraum für Leben, 1972. Herausg.: Bauwelt - Fundamente (Quellenwerk z. Gesch. d. mod. Arch.) - 1967 Preis f. Arch.-Kritik (BDA) - spr.: Franz., Engl.

CONRADT, Marcus

Schriftsteller - Neue Weinsteige 61, 7000 Stuttgart 1 (T. 0711 - 24 30 66) - Geb. 22. Okt. 1935 Mühlhausen/Enz - Univ. Heidelberg u. Berlin/FU (Theaterwiss., German., Kunstgesch.) - BV: D. Geschichte v. Doktor Faust, 1980 (m. Felix Huby); 5 1/2 Jahre unt. Menschen - Armer Kaspar Hauser, 1983; D. Eugen, (m. Felix Huby) 1987. TV/Serien: Sehsack, Menschenskinder, D. Eugen, Peter Strohm, Novak z.b.V.; Dokument.: Heino - E. dt. Sänger, Auf Teufel komm raus!, Liselotte v. d. Pfalz, Armer Kaspar Hauser, Paracelsus.

CONRADY, Karl Otto

Dr. phil., em. o. Prof. f. Neuere dt. Literaturgeschichte - Fröbelstr. 16, 5064 Rösrath - Geb. 21. Febr. 1926 Hamm/W. (Vater: Otto C., Rektor; Mutter: Luise, geb. Schröder), verh. s. 1956 m. Jördis, geb. Beckert, 1 Kd. - Promot. 1953, Habil. 1957 - S. 1957 Lehrtätigk. Univ. Münster/W., Göttingen (1958), Saarbrücken (1961 ao. u. o. Prof.), Kiel (1962 o. Prof.), Köln (1969 o. Prof.). Emerit. 1991 - BV: Lat. Dichtungstradition u. dt. Lyrik d. 17. Jh., 1962; Einf. in d. Neuere dt. Lit.wiss., 1966; Lit. u. Germanistik als Herausforderung, 1974; Das gr. dt. Gedichtbuch, 1977; Dt. Lit. zur Zeit d. Klassik, 1977; Jahrb. f. Lyrik, 1979 u. 1980; Gedichte d. dt. Romantik, 1979; Goethe. Leben u. Werk, 2 Bde. 1982/85; D. Buch d. Gedichte. E. Sammlung f. d. Schule, 1987; Goethe u. d. Franz. Revolution, 1988; Völkisch-nationale German. in Köln, 1990. Fachaufs., Rezensionen.

CONRADY, Peter

Dipl.-Päd., Dr. päd., Univ.-Prof. f. Dt. Sprache u. Lit. u. ihre Didaktik Univ. Dortmund (s. 1981) - Am Fiskediek 29c, 4402 Greven (T. 02571 - 4 07 58) - Geb. 5. Mai 1944 Bad Oeynhausen, kath., verh. s. 1968 m. Mariele, 2 Kd. (Janna, Max Philipp) - Lehrerstud.; Dipl.-Päd. 1972, 1. u. 2. Staatsex., Promot. 1975; Habil. 1979 - Mitgl. DGLS; Mitgl. Wiss. Beirat abc-Ges. u. d. Ztschr. Grundschule - BV: Schüler b. Umgang m. Texten, 1976; Anfangsunterr. u. Sprachunterr. 2-4, Deutschunterr. 5-10, Literaturunterr. 5-10 (1980/81); Z. Lesen verlocken, 2 Bde., 1985, 87, 90 u. 92; Fibeln im Gespräch, 1987; Sprachunterr. in d. Grundschule, 1990; Leseunterr. in d. Grundschule, 1992; Bücher u. Aufs. z. Lit. u. Spr. (Deutsch); Herausg. v. Kinderb. (s. 1982) u. Jugendb. (s. 1990).

CONSTANTIN, Ion

Ballett-Tänzer, 1. Solotänzer Bühnen Lübeck (s. 1985), Choreograph - Kulenkampstr. 62, 2400 Lübeck 1 (T. 0451 - 3 53 57) - Geb. 14. März 1956 Rumän., orth., gesch., 2 Kd. (Ionut, Delia) - Abit.; Stud. Klass. Ballett Bukarest/ Rumän. - 1976-79 Tänzer Staatsoper Bukarest; 1979-82 Solotänzer Theater Novi Sad, Jugosl.; 1982-85 Solotänzer Landestheater Linz, Österr.; s. 1985 Assist., Trainingsleit. Bühnen Lübeck - Rollen u.a. in: Giselle, Schwanensee, Dornröschen, Carmen, Cinderella, Don Quixote, La Valse, Sommernachtstraum, Vier Jahreszeiten, D. wunderbare Mandarin, D. verlorene Sohn, Käfig, Gaité Parisienne, Orpheus u. Euridike, Sinfonie in d. Sibelius-Sinfonie, Dreispitz, Paganini, Spartakus, Sinatra-Suite, Fancy Free, Rockballett, Spring, Dance me a Song, La Fille mal Gardée; div. Operetten u. Musicals - Liebh.: Surfen, Fußball, Boxen, Sportangeln, Hobby-Gärtner - Spr.: Rumän., Ital., Franz., Jugosl., Russ.

CONSTANTIN, Rudolf

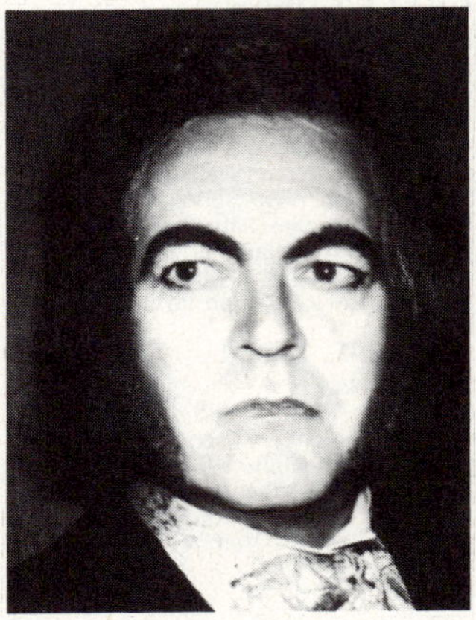

Opernsänger (Bariton) - c/o Vera Tomberg, v. Schiller-Str. 18, 6078 Neu-Isenburg - Gymn. u. Gesangsstud. in Zürich (Konservatorium u. Accad. di Canto) - Gastsp. London, Paris, Wien, München, Dresden, Salzburger Festsp. (Hoffmanns Erzählungen). Partien: Wotan, Holländer, Mandryka, Rigoletto, Macbeth, Jago, Don Giovanni u. a. FS: ZDF E. Maskenball; Span. FS: Arabella, Pelléas u. Mélisande; Belg. FS: Luisa Miller - Ehrenmitgl. Rencontres Wagneriennes - Liebh.: Lit., Kunst, Sprachforsch. - Spr.: Engl., Franz., Ital., Lat.

CONSTEN, Eleanor

s. Erdberg, von, Eleanor

CONTA, von, Manfred

Journalist, Schriftst. - Zu erreichen üb.: Diogenes-Verlag, Zürich (Schweiz) - BV: D. Totmacher, R.; Schloßgeschichten, Erz.; Reportagen aus Lateinamerika.

CONTZEN, Heinz

Dr. med., Prof., Chirurg - An d. Wolfsweide 15, 6000 Frankfurt/M. (T. 545873) - Geb. 7. Juni 1925 Dortmund - S. 1963 (Habil.) Privatdoz. u. apl. Prof. (1968) Univ. Frankfurt - BV: Grundl. d. Alloplastik m. Metallen u. Kunststoffen, 1967 (m. Straumann u. Paschke). Zahlr. Einzelarb.

CONZE, Wolfgang

Textilkaufmann, gf. Teilh. Conze & Colsman AG, Langenberg, Vorstandsmitgl. Concordia Spinnerei u. Weberei, Wassenberg - Herwarthstr. 2, 5600 Wuppertal 1 - Geb. 5. Januar 1935 Langenberg, ev., verh. seit 1960, 5 Kd. - Spez. Arbeitsgeb.: Marketing u. Verkauf.

CONZELMANN, Hans

Komponist (Ps. Hans Eric, Walter Menzing), Vors. d. Sektion Bayern d. DKV (Dt. Komponisten-Verband), stv. AR-Mitgl. d. GEMA - Im Wismat 39, 8000 München 60 (T. 089-811 13 92/ 811 12 31) - Geb. 2. März 1920 Stuttgart, verh. m. Tessie, geb. Schröder - Oberrealsch., Konservat. u. Stuttgarter Musiksch. (Klavier, Cello, Kompos., Dirig.) - Eig. Orch.; 1946-53 Leit. Abt. Unterhaltungsmusik b. SDR; 1948 Gast Columbia-Univ. New York; 1953-58 Leit. Abt. Leichte Musik b. BR; Gastdirig. an Europ. Rundfunkanst.; div. Schallpl.; 1958 Gründg. DEHACE Musikverlag u. DEHACE Musikprod.-Ges. - Werke: Orchesterwerke, Suiten, Walzer. Komp. d. Mainzelmännchen (ZDF); Leo-Löwen (BR); Prof. Balthazar (WDR); Neuvertonung v. üb. 400 amerik. Spielfilmen (ARD u. ZDF); Erstvertonung berühmter Stummfilme m. H. Lloyd; 120 Filme Klamottenkiste (ARD); D. Doktor u. d. liebe Vieh; Lydia, Robins Nest, u.a.; zahlr. Fernsehwerbespots u. Industriefilme.

CONZELMANN, Paul

Geschäftsf. Gesellschafter Gebr. Conzelman Wirk- u. Strickwarenfabrik Tailfingen; Außenbetr. Meßstetten, Hartheim, Heinstetten, Schwenningen, Hechingen, Rangendingen u. Deisslingen; Zweigbetr. Spinnerei & Weberei Wannweil, Wannweil Alber & Co., Magstadt; Oberndorfer Präzisionsw. GmbH., Oberndorf/Neckar - Geb. 27. Sept. 1912 Tailfingen (Vater: Karl C., s. XIX. Ausg.), verh. m. Gerda, geb. Maier, 3 Kd. (Ingrid, Dipl.-Volksw., Brigitte, Karl-Stefan).

CONZELMANN, Paulwalter

Dr. rer. pol., Dipl.-Kfm., Geschäftsf. EBG Ges. f. elektromagnetische Werkstoffe mbH, Vorst.-Mitgl. Stahlwerke Bochum Aktiengesellschaft, Bochum, u. Eisen- u. Hüttenwerke AG, Köln - Castroper Str. 228, 4630 Bochum 1; priv.: Lindenstr. 60, 5778 Meschede (T. 0291 - 42 41) - Geb. 22. Dezember 1931 Tailfingen/Württ.

CONZEN, Friedrich G. (Fritz)

Dr. h. c., Kaufmann, Inh. F. G. Conzen, Kunsthandlungen, u. Rahmen-Leistenwerkst., bde. Düsseldorf, Kunst-Amendt, Aachen, Ehrenpräs. Hauptgemeinsch. d. Dt. Einzelhandels, Köln (s. 1969), Ehrenpräs. IHK Düsseldorf (1984ff.; 1974-83 Präs.) u. Offizielle Dt.-Franz. IHK u. a. - Poststr. 2/3, 4000 Düsseldorf (T. 13 30 66) - Geb. 2. April 1913 Düsseldorf, kath., 5 Kd. (Verena, Friedrich-Georg, Mechthild, Ursula, Brigitte) - Stud. Kunstgesch. (W. Pinder, P. Clemen), Gesch., Betriebsw., Okt. 79 Dr. h. c. Wirtschafts- und Sozialwissenschaftl. Fak. d. Univ. Köln - S. 1941 pers. haft. Ges. väterl. Fa., s. 1975 Ordre National du Mérite, Paris/Frankr. - 1978 Gr. silb. Ehrenz. Rep. Österr.; 1983 Gr. BVK m. Stern; Ritter z. hl. Grab v. Jerusalem (Komtur m. Stern) - Sammelt mod. Kunst, Originalrahmen u. Düsseldorfer Ansichten - Spr.: Engl., Franz., Ital.

CONZEN, Hermann W.

ehem. Geschäftsführer CLAAS SAULGAU GMBH - Schloßbergstr. 5, 7968 Saulgau/Württ. - Geb. 13. Okt. 1920.

COPER, Helmut

Dr. med., o. Prof. f. Neuropharmakologie - Roonstr. 1a, 1000 Berlin 37 (T. 841709) - Geb. 30. Dez. 1925 Frankfurt/M. (Vater: Alexander C.), verh. m. Ingrid, geb. Betke, 2 Kd. (Detlev, Karin) - Stud. Berlin - S. 1960 (Habil.) Lehrtätigk. FU Berlin (1967 Ord.). Üb. 60 Fachveröff.

COPPIETERS, Francis

Pianist, Komponist, Dirig. u. Doz. f. Jazz Musikhochsch. Köln - Auenweg 32a, 5000 Köln 50 (T. 0221 - 39 18 42) - Geb. 7. Sept. 1930 Etterbeek/Belg., verh. s. 1971 m. Liselotte, geb. Hoppe, 3

Kd. (Pascal, Valérie, Boris) - Conservatoire de Musique, Brüssel - Fr. Pianist, Komp. u. Dirig.; Lehrer u. Ltg. d. Big Band in d. Jazz-Abtlg. v. Conservatoire Royal de Musique, Brüssel - BV: Anleitung z. Improvisation - Werke: Suite Spiegelungen in 3 Sätzen; Suite Metamorphose in 2 Sätzen; Ritmo Pizzicato, Walzer f. gr. Orch. - Liebh.: Musik, Tischtennis - Spr.: Franz., Deutsch, Engl., Niederl.

COPPIK, Manfred

Rechtsanwalt, MdB (1972-83; Wahlkr. 142/ Offenbach) - Brandenburger Str. 69, 6050 Offenbach/M. (T. 86 41 90) - Geb. 1. Nov. 1943 Bromberg (Vater: Alfred C., Oberstudienrat; Mutter: Helene, geb. Kamyczek), verh., 3 Kd. (Jürgen, Nina, Nicolas) - Univ. Frankfurt/M. Jurist. Staatsprüf. 1968 u. 71 - S. 1971 RA. 1968-72 u. 1989/90 ehrenamtl. Stadtrat, 1972-73 Stadtverordn. Offenbach. SPD 1961-82; D. Grünen 1986-90; PDS 1990-92 (s. Jan. 1991 Mitgl. Parteivorst.) - Spr.: Engl., Franz., Poln.

CORAZOLLA, Paul

Bildender Künstler, Leiter Kunstamt Tiergarten, Berlin (s. 1983) - Wilhelmshöher Str. 4, 1000 Berlin 41 - Geb. 21. Juni 1930 Berlin, verh. - Stud. Hochsch. f. bild. Künste, Berlin - 1970-71 1. Vors. BBK Berlin, 1978-83 Vors. Verein Berl. Künstler; Mitgr. Guardini-Stiftg. u. Künstlerhaus Berlin - BV: Stationen d. Liebe, 1985 u.a. - Zahlreiche Veröff. in Ztg. u. Ztschr. - Erste Preise b. zahlr. Wettbewerben - Spr.: Engl., Franz., Ital.

CORDES, Eilhard

Dr. rer. nat., Direktor Universitätsbibliothek Osnabrück - Alte Münze 16, Postf. 44 69, 4500 Osnabrück - Geb. 14. Juli 1938 Hamburg - Stud. Univ. Kiel (Geol.).

CORDES, Günther

Dr., Geschäftsführer Byk Gulden Lomberg GmbH., Konstanz - Seestr. 1, 7751 Wallhausen/.

CORDES, Hans

Dr. phil., Prof., Bibliotheksdirektor i. R. - 7761 Schienen b. Radolfzell/B. - Geb. 21. Juni 1905 Bielefeld (Vater: Friedrich C., Kaufm.), kath., verh. s. 1936 m. Anne, geb. Wegmann, T. Angela - Gymn.; Univ. Münster/W. (Neuphilol.; Promot. 1930). Staatsex. Dt., Franz., Engl. 1930 Münster; Fachprüf. f. d. höh. Dienst an wiss. Bibl.en 1933 Leipzig - 1933-40 Bibl.sass. u. -rat Dt. Bücherei Leipzig, 1940-47 Wehrdst. u. Gefangensch. 1948-51 Übers. u. Schriftl. Konstanz, 1951 bis 1956 Bibl.srat TH Karlsruhr, 1956-57 Leit. Zentralkatalog BW Stuttgart, 1957-70 Bibl.sdir. Univ. Saarbrücken. S. 1961 Honorarprof. Univ. Saarbrücken (Wiss. Dokumentation). 1968 ff. Vors. Bibl.sausssch. DFG - Spr.: Engl., Franz.

CORDES, Hermann

Dr. rer. nat., Prof. f. Biologie (m. d. Schwerp. Ökologie/Vegetationskunde, Naturschutz) Univ. Bremen (s. 1972) - Butlandsweg 10, 2800 Bremen 33 - Geb. 18. April 1931 Bremen (Vater Hermann C., Angest.; Mutter: Dora, geb. Graumann), verh. s. 1961 m. Inge, geb. Geerken, 4 Kd. (Margarethe, Anne, Sonja, Hermann) - 1951-54 PH Bremen; 1956-61 Univ. Göttingen, Tübingen, Kiel. Promot. 1966 - 1970/71 PH Bremen, s. 1972 Univ. Bremen. 1987-90 Vors. Naturwiss. Verein Bremen; 1975ff. Vizepräs. Wittheit zu Bremen; 1980ff. Sprecher Naturschutzbeiräte Land u. Stadt Bremen; 1986-91 Konrektor f. Forsch. u. Auslandsangelegenh.

CORDES, Walter

Dr. oec., Dr. rer. pol. h.c., Prof., Direktor i. R. - Büro: Fahrner Str. 133, Postf. 11 01 50, 4100 Duisburg 11 (T. 0203 - 555 97 20); priv.: Am Samberg, Postf. 7, 5401 Rhens (T. 02628 - 7 20) - Geb. 21. März 1907 Dortmund (Vater: Hermann C., Ingenieur; Mutter: geb. Holtschmidt), ev., verh. - Univ. Köln; HH Berlin - 1933-46 Vereinigte Stahlwerke AG., Rhein. Armaturenfabrik A. Sempell (1946), Thyssen AG (1951-73 Vorst.-Mitgl., Finanzbereich). S. 1967 Honorarprofessor TU Berlin (Wirtschaftliche Probleme d. Hüttenind.); Vors. Ev. u. Johanniter Krkhs. Duisburg-Nord/Oberhausen; Vorst. Verb. Ev. Krankenanst. Rheinl. - AR-Mand. u. a. - Ehrenmitgl. Schmalenbach-Ges./Dt. Ges. f. Betriebswirtsch.; Ehrenvors. Schutzgem. Dt. Wald, LV NRW - Spr.: Engl.

CORDES, Werner

Senator a. D., Großhandelskaufmann Frerichs Glas GmbH - Siemensstr. 17, 2810 Verden/Aller; priv.: Bgm.-Urban-Str. 15, 2810 Verden/Aller (04231 - 102-0) - Geb. 31. Dez. 1914 - Hauptgeschäftsführer Frerichs-Unternehmensgr. (Gebr. Frerichs KG); 1. Vors. ev. Alten- u. Pflegeheim St. Johannis, Verden/Aller - BVK am Bde.

CORDEWENER, Friedrich

Dipl.-Kfm., Senator E. h., Vorstandsvorsitzender Wolfgang-Ritter-Stift., Bremen - Feldmannstr. 10, 2800 Bremen 33 (T. 0421 - 25 45 37) - VR-Mitgl. Gerling-Konzern Versich.-Beteiligungs AG, u. D. Sparkasse in Bremen; Mitgl. Kurat. u. gf. Aussch. Inst. Finanzen u. Steuern, Bonn.

CORDIER, Dieter

Dipl.-Ing., Vorstandsmitglied Robert Cordier AG, Bad Dürkheim - 6702 Bad Dürkheim-Jägerthal - Geb. 9. April 1936 - Geschäftsf. Papierfabrik Cordier GmbH, Bad Dürkheim, d. Papierfabrik Schleipen GmbH, Bad Dürkheim, u. d. Kölner Baumwollbleicherei GmbH, Köln; Vorst.-Mitgl. Knoeckel, Schmidt & Cie. Papierfabriken AG, Lambrecht.

CORDIER, Peter

Dipl.-Ing., Geschäftsführer Robert Cordier GmbH, Bad Dürkheim (Sprecher d. Gfg.), Papierfabrik Salach GmbH, Salach, Illig'sche Papierfabrik GmbH, Darmstadt - Rheinstr. 38, 6109 Mühltal - Geb. 20. Aug. 1931.

CORDTS, Jürgen

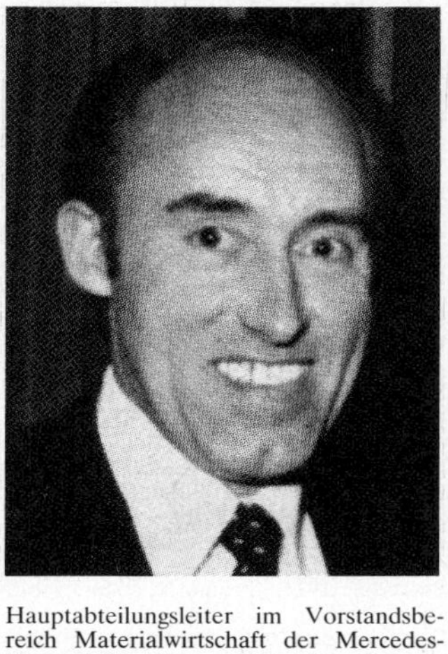

Hauptabteilungsleiter im Vorstandsbereich Materialwirtschaft der Mercedes-Benz AG, ehem. Vors. Bundesverb. Materialwirtsch. u. Einkauf, Frankfurt/M. - Zu erreichen üb. Mercedes-Benz AG, Mercedesstr. 136, 7000 Stuttgart 60 (T. 0711 - 17-5 56 79) - Verf.: Materialwirtschaftskosten, 1983. Mitverf.: Einkaufsleiter-Handb., 1974, Integrierte Materialwirtschaft, 1984, Materialmanagement, 1985, u. a. m. Ref. b. d. Baden-Badener-Unternehmergespr. u. BME-Akad. u. a. m.

CORDUA, Klaus-Otto

Dipl.-Ing., Architekt, Fachwirt Grundstücks- u. Wohnungswirtschaft Hamburg - Klaus-Groth-Str. 13, 2085 Quickborn (T. 04106 - 7 31 96) - Geb. 19. Sept. 1939 Hamburg, verh. s. 1963 m. Elke, geb. Hoffmann, 3 Kd. (Urs, Jördis, Gwendolin) - AR- u. Betriebsratsmand. - Spr.: Engl.

CORDUA, Rudolf

Versicherungsdirektor - Sierichstr. 135, 2000 Hamburg 60 - Geb. 20. Sept. 1934 Hamburg (Vater: Prof. Dr. med. Rudolf C.; Mutter: Alice, geb. Greayer), ref., verh. s. 1962 m. Gabriele, geb. Möring, 2 T. (Melanie, Daniela) - S. 1968 Vorstandsmitgl. Dialog Versich.-AG, Hamburg - Spr.: Engl.

CORINO, Elisabeth,

geb. Albertsen

Dr. phil., Schriftstellerin - An der Au 34, 6368 Bad Vilbel 3 (T. 06101-42372) - Geb. Breitenberg/Holst., ev., verh. m. Dr. Karl C. (s. dort), 2 Kd. (Carsten, Eva) - Stud. German. Univ. Hamburg, Freiburg, München u. Tübingen; Promot. 1966 Tübingen - BV: u.a. Ratio u. Mystik im Werk Robert Musils, 1968; D. Dritte, 1977.

CORINO, Karl

Dr. phil., Abteilungsleiter f. Literatur Hess. Rundfunk - An der Au 34, 6368 Bad Vilbel 3 (T. 06101 - 4 23 72) - Geb. 12. Nov. 1942 Ehingen (Mittelfranken), verh. m. Elisabeth, geb. Albertsen (s. dort), 2 Kd. (Carsten, Eva) - Promot. 1969 Univ. Tübingen - BV: Robert Musil - Thomas Mann. E. Dialog, 1971; Robert Musils Vereinigungen. Stud. z. e. hist.-krit. Ausg., 1974; Tür-Stürze. Ged. 1981; Genie u. Geld. V. Auskommen dt. Schriftsteller, 1987; Musil. Leben u. Werk in Bildern u. Texten; Gefälscht! Betrug in Lit., Kunst, Musik, Wiss. u. Politik, 1988 - 1974 Kurt-Magnus-Preis d. ARD.

CORMEAU, Christoph

Dr. phil., Prof. Univ. Bonn - Nietzschestr. 22, 5300 Bonn 2 - Geb. 3. Febr. 1938 München (Vater: Alfred C., Bauing.; Mutter: Clara, geb. Urban) - Promot. 1964, Habil. 1974, beides München - 1975 Wiss. Rat Univ. München; 1980 Prof. ebd.; 1981 o. Prof. Bonn - BV: Hartmanns v. Aue Armer Heinrich u. Gregorius. Stud. z. Interpret. m. d. Blick auf d. Theol. z. Zeit Hartmanns, 1966; Wigalois u. Diu Crône. Zwei Kapitel z. e. Gattungsgesch. d. nachklass. Aventiureromans, 1977; (m. W. Störmer) Hartmann v. Aue, Epoche, Werk, Wirkung 1985.

CORNEHL, Peter

Dr. theol., Prof. f. Prakt. Theologie - Siriusweg 1, 2000 Hamburg 65 - B. 1976 Privatdoz., dann Prof. u. gf. Seminardir. Univ. Hamburg/Fachber. Ev. Theol., s. 1977 Univ. Prediger.

CORNELISSEN, Josef

Dr. jur., Hauptgeschäftsführer Bundesverb. Dt. Kornbrenner e.V. (s. 1977) - Heerener Str. 45c, 4750 Unna-Mühlhausen Geb. 20. Juni 1934 Essen, verh. s. 1967 m. Barbara, geb. Eckle, 2 S. (Jan, Nils) - Abit. 1955 Essen; Stud. Bonn, Berlin u. München; Promot. 1963 Bonn, 2. jurist. Staatsex. Düsseldorf - Tätigk. in nationalen u. intern. Gremien d. Alkohol- u. Spirituosenwirtsch.; s. 1981 Schatzmeister Europ. Alkoholunion; s. 1982 Geschäftsf. Arbeitsgem. Dt. Agraralkoholerzeuger u. -bearbeiter (Dachorganis. aller dt. Verb. d. Bereichs). Zahlr. Veröff.; Herausg. u. Verf.: Brennereiinform.

CORNELIUS, Ingeborg

Schauspielerin - Denninger Str. 98, 8000 München 81 (T. 91 44 05) - Geb. 4. Jan. 1929 Wien, kath., verh. s. 1952 m. Erich Scholz (früher Schausp., jetzt Kaufm.) - Obersch. u. Reinhardt-Sem. Wien (1945-48) - Bühnen Linz, Zürich, Graz u. a.; Rollen: Julia, Gretchen, Hero, Pützchen, Inken, Peters, Rautendelein, Luise u. a.; Film (u. a. D. Geigenmacher v. Mittenwald u. D. schöne Tölzerin), Rundfunk- u. Fernsehtätigk. - Liebh.: Bücher - Spr.: Engl.

CORNELIUS, Joachim

Dr. jur., Oberstadtdirektor Wuppertal - Rathaus, 5600 Wuppertal 2 - Geb. 3. Sept. 1934, ev., verh. s. 1963, 1 T. - Jurastud., 1. u. 2. Staatsex.; Promot. - AR-Vors. Hotel AG; AR Wuppertaler Stadtwerke AG; VR Sparkasse; Vorst. Wupperverb.

CORNELIUS, Karl

Dr., Fabrikant, Beiratsvors., Unternehmensleit. elektr.-techn. Fabriken - Landhaus-Vöckenberg, 5810 Witten-Annen - Geb. 21. Aug. 1911 Bochum (Eltern: August u. Katharina C.), kath., verh. s. 1964 m. Marlies, geb. Schmidt - Promot. 1936 Köln - Spr.: Engl.

CORNELIUS-LUND, Werner

Kaufmann (Fa. W. Cornelius, Damenkonfektion, Flensburg), Vizepräs. IHK Flensburg - Timm-Kröger-Weg 6, 2390 Flensburg.

CORNIDES, Thomas

Dr. jur., Geschäftsführer R. Oldenbourg Verlag GmbH., München 80 (s. 1972) - Denninger Str. 8, 8000 München 80 - Geb. 11. Sept. 1938 Berlin (Vater: Dr. Karl C., Verleger; Mutter: Dr. Walburga, geb. Doblhoff), kath., verh. s. 1966 m. Dr. Eleonore, geb. Kinsky, 2 Kd. - Promot. 1961 Wien; Habil. 1976 Graz - BV: Ordinale Deontik, 1974 - Spr.: Engl., Franz., Ital. - Bek. Vorf.: Dr. Friedrich List, Nationalökonom, 1789-1846 (Dt. Zollverein).

CORRELL, Werner

Dr. phil., o. Prof. f. Päd. Psychologie - Am Alten Turm 16, 6310 Grünberg (T. 66 86) - Geb. 29. Juni 1928 Wasseralfingen/Württ. (Vater: Friedrich C., Kaufm.; Mutter: Katharina, geb. Bantel), ev., verh. s. 1967 m. Erika, geb. Wostyn - Univ. Tübingen (Päd., Psych., Phil., Angl.; Promot. 1957) - 1949-53 Lehrer (1952-53 USA); ab 1961 Prof. Päd. Hochsch. Flensburg; 1963-64 Prof. m. Forschungsauftr. Harvard Univ. (USA); s. 1964 ao. u. o. Prof. (1970) Univ. Gießen/Fachb. Psych. (1966 Dir. Inst. f. Programmiertes Lernen). Präs. Forschungsgem. f. Techn. Lernmittel (1967ff.); Vorstandsmitgl. u. Beirat Bundesakad. f. öffentl. Verw. Bonn; Wiss. Unternehmensberater. Mitarb.: Visuelle Leselernmaschine (1961ff.) - BV: Lernpsych., 17. A. 1984 (auch ital., poln., tschech., span.); Lernschwächen u. Leistungsstörungen, 2. A. 1991; Einf. in d. Psych., 8. A. 1974; Progr. Lernen u. schöpfer. Denken, 4. A. 1968; Denken u. Lernen, 1967; Lesetreppe - Lesekurs f. kl. Kinder, 1977; Lernpsych. progr., 1968; Motivation u. Überzeugung in Führung u. Verkauf, 6. A. 1992; Menschen durchschauen u. richtig behandeln, 12. A. 1992; Verstehen u. lernen, 2. A. 1992 - Spr.: Engl.

CORSTEN, Hans

Dr. habil., Univ.-Prof., Lehrst. f. Produktionswirtschaft Wirtsch.wissenschaftl. Fak. Ingolstadt d. KUE (s. 1989) - Retzbuck 46, 8079 Egweil (T. 08424 - 2 33) - Geb. 30. Mai 1949, kath., verh. s. 1974 m. Hilde, geb. Dreeßen, 3 Kd. (Martina, Johannes, Marcus) - Stud. Betriebswirtsch.lehre Univ. Aachen u. Köln; Dipl.-Kfm.; Promot. 1981; Habil. 1986 Braunschweig - 1981-88 Hochschulassist. TU Braunschweig; 1986/87 Ltg. e. Forschungsprojektes b. d. Kommiss. d. EG; 1988/89 Lehrst. f. Prod.wirtsch. an d. Univ. Kaiserslautern - BV: D. nationale Technologietransfer, 1981; Z. Bedeutung v. Forschung u. Entwicklung (m. K.-O. Junginger), 1983; Partizipation in d. Unternehmung (m. P. Brose), 1983; D. Produktion v. Dienstleistungen, 1985; Betriebswirtsch.-Lehre d. Dienstleistungsunternehmungen, 1988, 2. A. 1990; Produktionswirtsch. Einf. in d. industrielle Produktionsmanagement, 1990, 2. A. 1991. Herausg.: Innovation u. Technologietransfer (1982; m. H.-J. Engeleiter u. H. Corsten); D. Gestaltung v. Innovationsprozessen (1989); Lexikon d. Betriebswirtsch. (1992) - Spr.: Egl.

CORSTEN, Severin
Dr. phil., Prof., Ltd. Bibliotheksdirektor a. D., Leit. Universitäts- u. Stadtbibl. Köln (1971-85) - Breslauer Str. 14, 5300 Bonn 2 - Geb. 8. Dez. 1920 Heinsberg/Rhld. (Vater: Leo C. Bürgerm.; Mutter: Gertrud, geb. Heusch), kath., verh. s. 1952 m. Dr. Margret, geb. Loenartz, 3 Kd. (Angela, Beate, Severin) - Univ. Bonn (Gesch., Dt.; Promot. 1951). Staatsprüf. 1951 u. 54 (höh. Bibl.dst.) - S. 1975 Honorarprof. Univ. Köln, 1978-81 Vors. Verb. d. Biblioth. NW eV., s. 1979 Vors. Hist. Verein f. d. Niederrh. - BV: D. Domanialgut im Amt Heinsberg, 1953; D. Anfänge d. Kölner Buchdrucks, 1955; D. Kölnische Chronik v. 1499, 1982; Studien z. Kölner Frühdruck, 1985; Untersuchungen z. Buch- u. Bibliothekswesen, 1988. Herausg.: Annalen d. Hist. Vereins f. d. Niederrh. (1966-79); Lexikon d. gesamten Buchwesens (m. G. Pflug u. F. A. Schmidt-Künsemüller, 2. A. Bd. 1ff. 1987ff.); D. Buchdruck im 15. Jh. (m. R. W. Fuchs), E. Bibliogr., Bd. 1 (1988) - 1985 Ritter d. päpstl. St. Gregorius-Ordens; 1986 BVK am Bde. - Liebh.: Musik.

CORTERIER, Peter
Dr. jur., Assessor, Staatsminister a.D., MdB a.D. (1969-1983, 1984-87), MdEP a.D. (1972-76), Generalsekr. d. Nordatlantischen Versammlung, Brüssel (s. 1987) - Nordatlantische Versammlung, 3 Place du Petit Sablon, B-1000 Brüssel (T. 513 28 65) - Geb. 19. Juni 1936 Karlsruhe (Vater: Fritz C., vereid. Bücherrevis., 1953-69 MdB; Mutter: Dipl.-Kfm. Maria, geb. John), ev., verh. s. 1972 m. Waltraut, geb. Teßmer, T. Julia - Goethe-Gymn. Karlsruhe; Univ. Heidelberg, Freiburg, Bonn (Rechtswiss.), Verwaltungshochsch. Speyer. 1981-82 Staatsmin. im Ausw. Amt - Spr.: Engl., Franz.

CORTESI, Mario

Journalist u. Filmrealisator, Verleger u. Publiz. - Neuenburgstr. 140, 2505 Biel (T. 032 - 22 09 11) - Geb. 22. Nov. 1940, ev., ledig - Sekundarsch., Handelssch. - Leiter Presse- u. Filmbüro Cortesi Biel (50 Mitarb.). Herausg. Wochenztg. Biel-Bienne - BV: Hollywood, Hollywood, 1983; James Bond, Belmondo & Co 1984; Mensch u. Medien, 1985; Abenteuerliche Flucht m. Luzifer, 1989; Biel - Eine Stadt, 1989; The World of Charles Jourdan, 1990 - Filme: 20 Tage in China, Claudia oder wo ist Timbuktu?, Yesterday when I was young, D. Duft dl. gr. weiten Welt, Wie wild war d. Wilde Westen?, Peppino, Flucht m. Luzifer, La Rose des Temps, The World is Yours, Significant Moments, The Seven Wonders of the World (1991) - Div. Filmpreise, dar. Prix Jeunesse 1976, 1986 Goldmed. Film/TV Festival New York, 1988 Erste Preise Filmfestivals v. Houston u. New York; 1989 Goldstatuette Fimfestival v. Houston - Spr.: Franz., Ital., Engl.

CORYLLIS, Peter
Schriftsteller - Im Eulenwinkel 1, 2999 Walchum 1/Emsl. - Geb. 19. Juli 1909

Hainichen/Sachs. - Gründ. u. Init. intern. Autorengem. KREIS D. FREUNDE um Peter Coryllis - BV: Üb. 86 Bücher, Broschüren u. Hefte, meist Lyrik, Aphorism., Ess., Kurzprosa, Lieder, Liederzyklen u. ganze Chorwerke (vertont v. versch. Komponisten, auch intern. aufgef.), Bücher u. Einzeltexte (auch zwei- u. mehrspr., insges. in mehr als 60 Spr. u. Idiome übers. u. übertr.). Herausg. auch fremder Bücher u. vieler Anthol. (dt. u. andersspr.); Partnerschaftsbde. in Lyrik, auch dt.-russ. u. dt.-chin. - 19 Lit.Preise u. Ausz. - Lit: Prof. Dr. Carl Heinz Kurz: Grenzgänge. Aus Leben u. Werk d. P. C. (1977); Prof. Dr. Wilhelm Bortenschlager: Zw. Stille u. Lärm - d. Mensch, Leben u. Werk d. streitb. Humanisten P. C. (1979, 506 S.); Wo d. Ems vorüberfließt...., Abendstunden e. reichen Lebens - D. späte Weg d. P. C. (1989, 252 S. u. Illustr.). Hainichen-Heimat aus d. Ferne - Gedanken u. Erinnerungen, Autobiograph. Notizen (1992).

COSER, Lewis Alfred

Prof. State Univ. New York - 27 Shepard St., Cambridge, MA D 2138 - Geb. 27. Nov. 1913 Berlin, jüd., verh. s. 1943 m. Rose, geb. Laub, 2 Kd. - Univ. Paris (Sorbonne), u. New York (Columbia; PH. D. 1953) - 1941-45 Dienst amerik. Reg.; s. 1948 Lehrtätig. Univ. of Chicago (b. 1950), Brandeis Univ. (1951-68) u. Gastprof. Univ. of Cal. (1957/58), s. 1968 dist. Prof. SUNY at St. B., 1984 Max Weber Gastprof. d. Univ. Heidelberg - BV: Zahlr. Veröff., dar. 20 Bücher, u. a. The Functions of Social Conflict, 1956 (Glencoe/Ill. u. London); Sociological Theory, m. Bernard Rosenberg 1957 (New York); A History of the Communist Party, m. Irving Howe 1958 (Boston); Men of Ideas, 1965 (New York); Georg Simmel, 1965 (New York); Continuities in the Study of Social Conflict, 1967 (New York); The Culture and Commerce of Publishing (m. W. Powell u. Ch. Kadushin), 1981 (New York); Refuge Scholars in America: Their im-

pact and their experiences; 1984 (New Haven); Buchbeitr., Ztschr.-Artikel. Herausg.: Modern Review (1945-47), Dissent (s. 1954). Autor: A Handful of Thistles New Brunswick, N.J. 1988 - Zahlr. Ehrungen u. Mitgliedsch., u. a. 1974-75 Pres. Americ. Soc. Assoc.; 1988 Ehrenmitgl. d. Dt. Ges. f. Soziol. - Spr.: Dt., Franz.

COSERIU, Eugenio
Dr. phil., LL. D., Dr. phil. h. c., Prof. f. Roman. Philologie u. Allg. Sprachwiss. - Sonnenhalde 27, 7402 Kirchentellinsfurt - Geb. 27. Juli 1921 Mihaileni/Rumän. (Vater: Ion C., Sanitätsbeamter; Mutter: Zinaida, geb. Spanu), kath., verh. in 2. Ehe (1953) m. Adele, geb. Pisani, 4 Kd. (Annamaria, Laura, Hans Victor, Paul Adrian) - Stud. Jasi, Rom, Padua, Mailand. Promot. Rom (1944) u. Mailand (1949) - S. 1951 Ord. Univ. Montevideo u. Tübingen (1963; Dir. Roman. Sem.).

COSIN, Catharina
Kunstmalerin - Friedbergstr. 29, 1000 Berlin 29 (T. 030 - 322 73 45) - Geb. 24. Sept. 1940 Potsdam (Vater: Willy Deuble, Bankier; Mutter: Johanna, geb. Aßmann), ev., verh. s. 1966 m. Prof. Joachim Schmettau, Bildhauer - 1960-64 Hochsch. d. Bild. Künste Berlin - 1977 u. 79 (DAAD-Stip.) Arbeitsaufenth. New York. Mitgl. Dt. Künstlerbd. (s. 1974) u. Künstlergr. (Gründ.) E 43, Berlin; 1974/75 Gründ.mitgl. Interdiszipl. Künstlergr. f. Kunst im Öfftl. Raum, Künstlerhaus Bethanien, Berlin; 1978 Zus.arb. m. Rick Cluchey f. s. Theaterstück The Wall is Mama, Schaubühne Berlin; 1979 Vorles. Visual School of Arts, New York; 1981 Org. v. Art & Exchange, Budapest/Berlin; 1983 Vorl. an d. Kunstsch. u. Kunsthochsch. Santo Domingo, Dominik. Rep.; Arb. u. a.: Wandgestalt. m. Bild Fachsch. f. Erzieher, Berlin-Charl., Wandbild f. U-Bahn-Station Broadway/Lafayette/Houston St., New York City, Banner f. d. Disarmament Art Show anläßl. d. UNO Abrüstungskonfz. 1988, New York City, Wandbild Berühmte Persönlichk. in d. Bronx (Duke Ellington). Bronx River Art Center & Gallery, New York City. Zahlr. Ausst.-Beteil. u. Einzelausst. in Neumünster, Textilmus., 1965; Dortmund, Galerie am Wall, 1976; New York, Brewster Gallery uptown, 1977; Bergkamen, Städt. Galerie, 1977; Offenbach, Kunstverein 1978; Berlin, Haus am Lützowplatz, Fördererkr. Kulturzentrum Berlin e.V., 1978; Göttingen, Kunstverein, 1978; New York. PS I, The PS I-Slates-Series (Schieferpl.-Install.), 1980; Galerie-Bar Komma, Berlin, 1982; La Romana. Altos de Chavon. (Dominik. Republ.), 1983; Hairfriends, 1983; The Corner Gallery World Trade Center, New York, 1988; Individuals Gallery, New York, 1988 - Spr.: Engl., Franz., Ital., Span. - Lit.: Zahlr. Ausst.-Kataloge, Programmhefte, Ztschr.-Beitr.

COSTABEL, Ulrich
Dr. med., Privatdozent Univ. Essen, Chefarzt Abt. f. Pneumologie/Allergologie Ruhrlandklinik Essen-Heidhausen (s. 1987) - Tüschener Weg 22a, 4300 Essen 16 - Geb. 31. Jan. 1949 Schramberg, ev., verh. s. 1982 m. Josune, geb. Guzman-Rotaeche - Abit. 1968; Med. Staatsex. 1974, Promot. 1975, Habil. 1986 Freiburg - 1985-87 Oberarzt Abt. Pneumologie Univ. Freiburg - Hauptforschungsgeb.: Immunologie u. Allergie d. Lunge. Ca. 160 Publ. in med. wiss. Fachztschr., sow. 23 Buchbeitr. - 1987 Karl-Hansen-Gedächtnispreis Dt. Ges. f. Allergie u. Immunitätsforsch. - Spr.: Engl., Franz., Span.

COSTEDE, Jürgen
Dr., Prof. f. Zivilrecht, Prozeßrecht, Steuerrecht - Platz der Göttinger Sieben 6, 3400 Göttingen - Geb. 8. Okt. 1939 Memel (Vater: Helmut C., LG.dir.; Mutter: Hedwig, geb. Tiedtke), ev., verh. s. 1964 m. Hermine, geb. Brause, 2 Töcht. (Susanne, Judith) - 1969 Rechtsanwalt, 1970 wiss. Ass.; 1978 Prof., 1981 Kurat. Dt. Musikinstrumentenstiftg. - BV: Stud. z. Gerichtsschutz, 1977; Dogmat. u. Methodolog. Überlegungen

z. Verständn. d. Bereicherungsrechts, 1977. Herausg.: Umsatzsteuerkongreßbericht (1985).

COSTER, Rudolf de
Vorstandsvorsitzender DAS Dt. Automobil Schutz Allgemeine Rechtsschutz-Versicherungs-AG., München - Farchanter Str. 12, 8000 München 70 - Geb. 21. März 1935 - Stud. Rechtswiss. Ass. ex.

COTTA, Horst
Dr. med., o. Prof. u. Direktor Orthopäd. Univ.-Klinik Heidelberg - Schlierbacher Landstr. 200a, 6900 Heidelberg-Schlierbach - Geb. 15. Juli 1928 - Habil. 1961 Berlin - ca. 250 Veröff. in in- u. ausl. Fachztschr., Herausg. mehr. Fachztschr. u. zahlr. Monografien u. Bücher.

COUBIER, Heinz
Schriftsteller - Haus Langewiesche, 8026 Ebenhausen/Isartal - Geb. 25. Mai 1905 Duisburg (Vater: Max C., Direktor; Mutter: Edith, geb. Weber), verh. s. 1935 m. Marianne, geb. Langewiesche, Schriftst. (s. dort) - Univ. München, Berlin, Köln, Freiburg - Regiss. u. Dramat. Gladbach-Rheydt, Regensburg, Köln, Berlin - BV: D. falsche Zar, R. 1959, Bühnenw.: u. a. Aimee (UA. 1938 Bremen), D. Kommandant (UA. 1953 Berlin), D. Lorbeermaske (UA. 1957 Celle). Mithrsg.: Psalter u. Harfe - Lyrik d. Christenheit, 1955.

COURTH, Franz
Dr. theol. habil., o. Prof. f. Dogmatik u. Dogmengesch. Theol. Hochsch. d. Pallottiner in Vallendar (s. 1977) - Pallottistr. 3, 5414 Vallendar/Rhld. - Geb. 30. Dez. 1940 Weeze, kath. - 1963-69 Stud. Phil. u. Theol. Phil.-Theol. Hochsch. d. Pallottiner in Vallendar; Promot. 1973 Univ. München; Habil. 1977 ebd. - 1973 Doz., 1977 o. Prof. - BV: D. Leben-Jesu d. Fr. Strauß in d. Kritik Johann Ev. Kuhns, 1975; D. Wesen d. Christentums i. d. Lib. Theol., 1977; Trinität in d. Scholastik, 1985; Trinität in d. Schrift u. Patristik, 1988 - Spr.: Lat., Griech., Engl., Ital., Franz.

COURTH, Paul

Dr. jur., Bundesgeschäftsführer Dt. Steuer-Gewerksch. (s. 1970) - Zu erreichen üb. Dt. Steuer-Gewerksch., In der Raste 14, 5300 Bonn 1 - Geb. 5. Febr. 1939 Hannover, kath. - Aloisius-Kolleg Bad Godesberg (Abit. 1959); Univ. Bonn u. Köln (Rechtswiss.); Bankausbild. Köln u. New York. Staatsex. 1963 u. 67; Promot. 1969 - Spr.: Engl.

COURTOIS, Horst
Dr. oec. publ., Dipl.-Forsting., Univ.-Prof. f. Forstwissenschaft (Holzpathologie) i. R. - Schloßhofstr. 11a, 7801 Buchenbach - Geb. 27. Juli 1926 Bad Freienwalde/Oder - Promot. 1963 München - 1971 (Habil.) Lehrtätig. Univ. Freiburg (1974 Prof.). Arbeitsgeb.: Waldschadensforsch.

COX, Heinrich Leonard
Dr., o. Prof. f. europ. Ethnol. Univ. Bonn (s. 1975) - Zur Tomburg 18, 5308 Rheinbach-Todenfeld (T. 02226 - 34 54) - Geb. 15. Aug. 1935 Geleen/Niederl. (Vater: Peter Heinrich C., Schlosser; Mutter: Maria Elisa, geb. Mainz), verh. s. 1964 m. Anita, geb. Leick - Stud. d. German., Volkskd., Entwicklungspsychol. Univ. Nijmegen u. Bonn - 1964-65 wiss. Mitarb. Univ. Bonn (Atlas d. dt. Volkskd.); 1965-70 Doz. u. Prof. (1967) Univ. Nijmegen; 1970-75 o. Prof. f. dt. Spr. u. Lit. d. Mittelalters Univ. Utrecht; 1978 Ltr. d. Koord. St. West d. Ethnolog. Atlas Europas u. s. Nachbarländer. In- u. ausl. Fachmitgl.sch. - BV: D. Bezeichn. d. Sarges im Kontinental-Westgerman., 1967; Märchen aus d. Niederl., 1977; Van Dale Groot Woordenboek Duits-Nederlands, 1983, 2. A. 1990; Van Dale Groot Woordenboek Nederlands-Duits, 1986, 2. A. 1992; Spreekwoordenboek in vier talen, 1988; Spreekwoordenboek in zestalen, 1992 - Mitgl. d. königl.-belg. Akad. d. Wiss. in Brüssel; Mitgl. d. Intern. Europ. Ethnokartograph. Arbeitsgruppe.

COX, Helmut
Dr. rer. pol., Dipl.-Kfm., o. Prof. f. Volkswirtschaftslehre, Wirtschaftspolitik u. Didaktik d. Wirtschaftslehre Univ. Duisburg - Fasanenring 22, 4030 Ratingen (T. 02102 - 6 89 44) - Geb. 1. Jan. 1938 Aachen, kath. - Dipl.-Kfm. 1963, Promot. 1966 - S. 1970 o. Prof. f. Wirtschaftswiss. u. Volkswirtsch. Univ. Duisburg; Wiss. Beirat d. Ges. f. öfftl. Wirtschaft - BV: Handb. d. Wettbewerbs; Veröff. auf d. Geb. Wettbew., Verteil., Öfftl. Wirtsch. u. Arbeitsmarkt.

COY, Wolfgang
Dr. rer. nat., Prof. f. Informatik Univ. Bremen (s. 1980) - Feldstr. 14, 2800 Bremen 1 - Geb. 3. Nov. 1947 Frankfurt/M. - 1966-72 Stud. Math. TH Darmstadt; Dipl.-Ing. (Math.) 1972; Promot. 1975 - 1972-75 wiss. Mitarb. TH Darmstadt u. 1976-79 Univ. Dortmund; 1977 Université de Paris VI - BV: Industrieroboter, 1985; Aufbau u. Arbeitsweise v. Rechenanlagen, 1988; Erfahrung u. Berechnung - Kritik d. Expertensystemtechnik (m. L. Bonsiepen), 1989.

CRAEMER, Heiner
Dr. phil. (habil.), Prof., Philosoph - Königshügel 20, 5100 Aachen - Geb. 27. Juni 1938 Birkesdorf/Düren - S. Jahren Lehrtätigk. TH Aachen (1978 apl. Prof. f. Phil.; gegenw. Wiss. Rat u. Prof. f. Phil.) - BV: D. skept. Zweifel u. s. Widerlegung, 1974; F. e. neues skept. Denken, 1983.

CRAILSHEIM, Freiherr von, Hanns-Jürgen

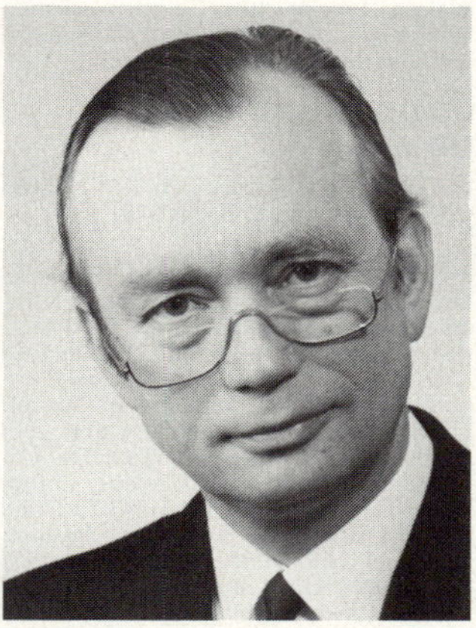

Präsident d. Bayer. Verwaltung d. staatl. Schlösser, Gärten u. Seen (s. 1975) - Schloß Nymphenburg, 8000 München 38 - Geb. 24. Juli 1932 Ansbach (Vater: Hanns v. C., Generalmajor; Mutter: Eleonore, geb. Ruthardt), ev., verh. s. 1966 m. Ursula, geb. Schodere, 2 Kd. (Wolfgang, Irma) - Zul. 12 J. Bayer. Finanzmin. - 1990 BVK I. Kl.; Mitgl. Lions-Intern., Rechtsritter Johanniter-Orden, Peutinger-Collegium.

CRAM, Kurt-Georg
Dr. phil., Verleger (wiss. Bücher u. Ztschr.) - Braschzeile 12-14, 1000 Berlin 39 - Geb. 2. Jan. 1920 Berlin (Vater: Herbert C., Verleger; Mutter: Clara, geb. de Gruyter), ev., verh. s. 1955 m. Gisela, geb. Hanckel, 3 Kd. (Georg-Martin, Hans-Robert, Renate) - Schiller-Gymn. Berlin-Lichterfelde; Univ. Göttingen (Mediävistik). Promot. 1952. 1955-58 New York Univ. School of Business Administration - S. 1963 pers. haft. Gesellsch. W. de Gruyter & Co., Berlin, s. 1971 Präs. W. de G. Inc., New York, s. 1980 Geschäftsf. Arthur Collignon GmbH, Berlin (Druckerei), s. 1981 Geschäftsf. Dr. Arthur L. Sellier & Co. - Walter de Gruyter & Co., Berlin; 1965-68 Vorst.-Mitgl. Börsenverein d. dt. Buchhandels - BV: Iudicium belli. Zum Rechtscharakter d. Krieges im dt. Mittelalter (Beihefte z. Archiv f. Kulturgesch. 5), 1955 - BVK I. Kl. - Spr.: Engl., Franz. - Bek. Vorf.: Walter de Gruyter, Verleger (Großv.).

CRAMER, Arno
Dr., Dipl.-Kfm., Unternehmensberater, geschäftsf. Gesellschafter Trade-Design, Ges. f. moderne Einkaufsstätten mbH, München (s. 1990) - Klementinenstr. 3a, 8000 München 40 - Geb. 4. Sept. 1930 Stuttgart - WH Mannheim (Betriebsw.). Promot. Nürnberg - S. 1958 Nestle-Bereich (1970 stv., 1973 Gf. Maggi); 1973-90 stv. Vors. d. Gesch.ltg. d. Pfanni-Werke Otto Eckart KG.

CRAMER, Detlev
Prof. f. Sonderpädagogik FU Berlin (s. 1973) - Cimbernstr. 11/0, 1000 Berlin 38 - Geb. 13. April 1926 Stettin (Vater: Dr. Friedrich C., Arzt; Mutter: Ruth, geb. Lauterbach), ev., verh. s. 1958 m. Prof. Jeannette, geb. Chemin-Petit, S. Sebastian - 1949-51 Ausb. als Möbeltischler, 1951-54 Stud. Berufspäd. Berlin - 1954-73 Lehrer an Berliner Berufs-, Sonder- u. Hauptsch.; mitbeteiligt an d. Entw. d. Berliner Rahmenplanes Arbeitslehre f. d. Sek. I; beauftr. v. Senator f. Schulen/Berlin m. d. Erst. d. Arbeitsgrundl. Arbeitslehre in d. Schule f. Lernbehinderte; Durchf. zweier Modellvorhaben z. Sonderpäd. im Auftr. d. Bundesministeriums f. Bild. u. Wiss.; s. 1978 fr. Mitarb. d. Christl. Jugenddorfwerkes Dtschl. f. Sonder-/Berufspäd. Vortr. u. Sem. im Bundesgeb. Veröff. in Fachztschr.

CRAMER, Ernst
Journalist, Herausgeber WELT am SONNTAG - Waldmeisterstr. 9, 1000 Berlin 33 - Geb. 28. Jan. 1913 Augsburg, jüd., verh. s. 1948 m. Marianne, geb. Untermayer, 2 Kd. (Claire Barbara, Martin Tom) - Gymn.; kaufm. Lehre; landwirtsch. Volontariat; Stud. USA - 1948-54 stv. Chefredakt. D. Neue Ztg.; 1954-58 UPI; s. 1958 Verlag Axel Springer, derz. stv. AR-Vors. u. Vors. d. Axel Springer Stiftg. - 1979 BVK I. Kl., 1988 Gr. BVK; 1987 Bayer. VO.; 1988 Prof. e.h. d. Stadt Berlin; 1988 Hon.-Fellow Bar Ilan Univ., Israel - Liebh.: Wandern - Spr.: Engl., Franz.

CRAMER, Friedrich
Dr. rer. nat., Prof., Biochemiker, em. Direktor Abt. Chemie/Max-Planck-Inst. f. Exper. Medizin (s. 1962) - Jakob-Henle-Str. 18, 3400 Göttingen (T. 30 32 23) - Geb. 20. Sept. 1923 Breslau (Vater: Dr. Johannes C., Arzt; Mutter: Ilse, geb. Kriebitzsch), ev., 7 Kd. - 1944-49 Univ. Breslau u. Heidelberg (Promot. 1949) - 1953/54 Gastdoz. Univ. Cambridge (Engl.); 1954-58 Privatdoz. Univ. Heidelberg; 1959-62 ao. Prof. TH Darmstadt; gegenw. Hon.-Prof. TU Braunschweig u. Univ. Göttingen; 1976-79 Vors. d. biol.-med. Sektion der Max-Planck-Ges. - BV: Papierchromatographie, 1953 (4. A., auch engl., ital., span., bulgar.); Einschlußverbindungen, 1954 (auch russ.); Forscher zwischen Wissen u. Gewissen, 1974; Fortschritt durch

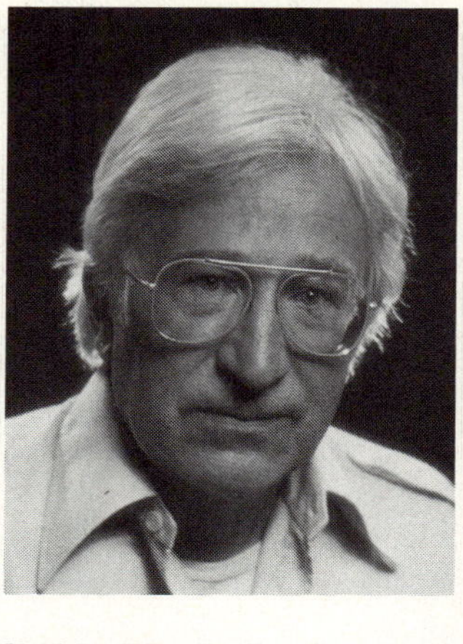

Verzicht, 1975; Chaos u. Ordnung - D. komplexe Struktur d. Lebendigen, 1988; Erkennen, 1991; Amazonas, 1991; D. Natur d. Schönheit, 1992. Ca. 400 Abhandlungen in Fachztschr. - 1980 Mitgl. poln. Akad. d. Wiss.; Mitgl. Akad. d. Wiss. zu Göttingen u. zu Heidelberg; 1989 Fellow Wiss.kolleg Berlin; 1990 Bayer. Staatspreis f. Lit. - Spr.: Engl., Franz., Ital.

CRAMER, Hans
Dr. med., Prof., Facharzt f. Inn.- u. Nuklear-Medizin, Doz. f. Inn. Med. u. Röntgenologie, Nuklearmed. Maria-Hilf-Krankenhaus, Warstein - Jagdhaus, 4788 Warstein 1 - Geb. 15. April 1918 Warstein/Sauerl. (Vater: Albert C., Brauereibes.; Mutter: Josefine, geb. Bergenthal) - Univ. Wien, Halle/S., Freiburg/Br., München (Promot. 1942). Habil. München (1951 Innere Med.) u. Münster/W. (1962 Radiol.) - S. 1951 Lehrtätigk. Univ. München u. Münster/W. (1959; apl. Prof.) - Liebh.: Jagd.

CRAMER, Hans-Georg
Konsul, Kaufmann - Pferdmengesstr. 3, 5000 Köln 51 (T. 213270) - Geb. 29. Juli 1902 Köln, kath., verh. s. 1949 m. Helene, geb. Hart, 1 Kd. (Mandy) - N. Abitur elterl. Fa. (Johannes Cramer) - Konsul d. Rep. Liberia - BVK.

CRAMER, von, Heinz
Schriftsteller, Regiss. - Via Titta Scarpetta 1, Rom (Ital.) - Geb. 12. Juli 1924 Stettin (Vater: Wilhelm v. C., Landw.; Mutter: Jenny, geb. v. Samson-Himmelstjerna) - Abit.; Musikstud. Boris Blacher - 1947-52 Regiss. RIAS Berlin, daneb. b. 1950 Kritiker D. Welt. Lfd. Rundfunkinsz. (BR, NDR, SDR, WDR, SFB, RIAS) - BV: D. Kunstfigur, D. Konzess. d. Himmels; Leben wie im Paradies, 10 Erz. 1964; D. Paralleldenker, R. 1968. Hörsp. Opernlibretti: D. Flut, Preuß, Märchen, D. Prozeß, König Hirsch, Zwischenfälle b. e. Notlandung - 1960 Preis d. Jg. Generation (Berliner Fontane-Preis), 1964 Georg-Mackensen-Lit.preis (m. M. L. Kaschnitz), 1968 DAG-Fernsehpreis in Gold (f.: Dieser Mann u. Dtschl.); 1966 Mitgl. Dt. PEN-Zentrum d. Bundesrep. - Liebh.: Reisen, Schwimmen, Schiffsmodellbau - Spr.: Ital., Engl., Franz.

CRAMER, Hinrich
Dr. med., Prof. f. Neurologie u. Neurophysiol. Univ. Freiburg (s. 1973), Neurol. Univ.-Klinik Freiburg - Hansastr. 9, 7800 Freiburg/Br. - Geb. 17. Aug. 1932, verh. m. Dr. med. Marie-Lena, geb. Körnig, 3 Kd. - Stud. Univ. Heidelberg, Paris, München - Neurol. Univ.Klinik Paris (Salpêtrière) u. Freiburg; Nat. Inst. of Health Bethesda/USA - Arbeitsgeb.: Klin. u. poliklin. Neurol.; Grundl. d. chem. Neurotransmission, Hirnstoffwechsel, insb. zyklische Nukleotide u. Neuropeptide b. Nervenkrankh. - BV: u. a. Cyclic 3', 5'-Nucleotides: Mechanisms and Actions (m. and.), 1977 .

CRAMER, Ingo
Gitarrist, Komponist, Arrangeur - Paulsborner Str. 92, 1000 Berlin 31 (T. 030 - 891 62 92) - Geb. 1. Febr. 1946, ledig - Musikstud. Berlin - Gitarrist Studioorch. u. Soloplatten, eig. Prod., Begleitung intern. Künstler (u.a. E. + A. Ofarim, Surpremes, V. Leandros, R. Kaiser, Dionne Warwick, G. O'Sullivan, Wall Street Crash); Musikprod. Studio Unlimited - Filmmusiken, Fernsehmusiken, Schallpl. - Gold. Schallpl. in Mexiko, Brasilien, Japan - Spr.: Engl., Span.

CRAMER, Jeannette,
geb. Chemin-Petit
Prof., Flötistin - Cimbernstr. 11/0, 1000 Berlin 38 - Geb. 22. Sept. 1932 Göttingen (Vater: Prof. Hans C.-P., Komp. u. Dirig. †1981 (s. XX. Ausg.); Mutter: Helene, geb. v. Hippel), ev., verh. s. 1958 m. Prof. Detlev C. (Pädagoge), S. Sebastian - Musikhochsch. Berlin (Schulmusik) - S. 1977 Prof. f. Blockflöte Hochsch. d. Künste Berlin. Konzertreisen u. Kurse In- u. Ausl.

CRAMER, Konrad Niklas
Dr. phil., o. Prof. f. Philosophie Univ. Göttingen - Keplerstr. 10, 3400 Göttingen (T. 48 63 86) - Geb. 6. Dez. 1933 (Vater: Wolfgang C., Philosoph), ev., verh. s. 1969 m. Sunna, geb. Klausing, 2 Töcht. (Anne Karoline, Agnes Valentine) - Stud. Phil., Soziol. u. Jura Univ. Innsbruck, München, Tübingen, Frankfurt/M., Wien, Heidelberg; Promot. 1967 Univ. Heidelberg, Habil. 1975 das. - 1967-74 wiss. Assist. Phil. Sem. Univ. Heidelberg, 1975-77 Univ.-Doz.; 1977-82 o. Prof. f. Phil. PH Westf.-Lippe, Abt. Münster; s. 1982 o. Prof. f. Phil. Univ. Göttingen - BV: Nicht-reine synthet. Urteile a priori, 1985; Begriffsanalyt. Unters. z. Ontol. d. Rationalismus (Wolff u. Spinoza), 1990. Mithrsg. Neue Hefte f. Phil. - 1983 Ehrenmitgl. Zentrum f. ethische Forsch. Dr. Rizieri Frondizi, Buenos Aires - Liebh.: Gesch., Lit., span. u. iberoamerikan. Kultur - Spr.: Engl., Franz., Span., Lat., Griech.

CRAMER, Peter
Dr. jur., Dr. h. c., Univ.-Prof. f. Strafprozeß-, Verkehrs- u. Ordnungswidrigkeitenrecht Univ. Gießen, Richter am Oberlandesgericht a.D. - Zu erreichen üb.: Justus-Liebig-Univ. Gießen, Hein-Heckroth Str. 3, 6300 Gießen (T. 0641 - 702-50 75) u. F-06620 Le Bar's/Loup, Chemin des Vergers, Villa Le Plaqueminier (T. 93 42 52 33) - Geb. 13. Jan. 1932 Böblingen/Württemberg (Vater: Dr. jur. Fritz C.; Mutter: Maria, geb. Hilsenbeck), verh. s. 1988 m. Dr. jur. Ortrud, geb. Seifert, 2 Kd. (Christina, Steffen) - Univ. Tübingen u. München (Rechtswiss.). Promot. (1960) u. Habil. (1966) Tübingen - 1966 Privatdoz. Univ. Tübingen; 1967 o. Prof. Univ. Bochum - BV: Straßenverkehrsrecht, Komm. 2. A. 1977. Mitautor: Schönke-Schröder, Strafgesetzb., Komm. (24. A. 1991); Karlsruher Komm. z. OWiG (1989). Herausg.: Dt. Autorecht, Jur. Ausb. (Mitarb.); Zahlr. Aufs. in Fachztschr. z. Straf-, Straßenverkehrs-, Ordnungswidrigk. u. Wirtschaftsrecht. Strafverteidigungen.

CRAMER, Thomas
Dr. phil., Prof. f. Ältere deutsche Philol., Inst. f. dt. Philol. TU Berlin - Retzdorffpromenade 3, 1000 Berlin 41 - Geb. 19. März 1938, verh. s. 1965 m. Sibylle, geb. Büttner, S. Florian - Prof. f. Ält. dt. Philol. Univ. Heidelberg, Aachen, TU Berlin - Publ. z. Lit. d. dt. Mittelalters.

CRAMER, Ulrich
Rechtsanwalt - Schafjückenweg 23, 2900 Oldenburg/O. (T. 6 05 08; Büro 2 76 21) - Geb. 25. Aug. 1921 Ratibor/OS. (Vater: Dr. jur. Wilhelm C., Landgerichtsdir.; Mutter: Wilma, geb. Roscher), ev., verh. s. 1948 m. Ingeborg, geb. v. Rosainsky, S. Wolfgang - 1931-39 Ratsgymn. u. Gymn. Carolinum Osnabrück (Reifezeugnis 1941 Obersch. Schloß Bischofstein); 1939-41 Maschinenbauer-

lehre Klöckner-Werke Osnabrück; 1946-49 Univ. Marburg u. Göttingen (Rechtswiss.). Gr. jurist. Staatsprüf. 1953 - 1953-55 Nieders. Landesverw. (Reg.rat); 1957-60 Verw.gericht Oldenburg (VGrat); 1960-65 Oberverw.gericht f. d. Länder Nieders. u. Schlesw.-Holst., Lüneburg (OVGrat); 1965-81 Hauptgeschäftsf. Handwerkskammer Oldenburg. Oberstlt. d. R. d. Bundeswehr.

CRAMER, Winfrid Herbert

Dr. theol., Prof. (Pater Winfrid OSB) - Servatiikirchplatz 8, 4400 Münster (T. 0251 - 51 18 24) - Geb. 3. Dez. 1933 Hamminkeln (Vater: Albert C.; Mutter: Josefine, geb. Brockmann), kath. - Dr. theol. Rom 1965; Lic. hist. philol. orient. Löwen 1967; Habil. Münster 1976 - 1968 Prof. extraordin. Rom; 1980 Prof. Münster - BV: D. Engelvorstellungen b. Ephräm d. Syrer, 1965; D. Geist Gottes u. d. Menschen im frühsyrischer Theologie, 1979 - Spr.: Ital., Engl., Franz., Span., Sprachen d. frühchristl. Orients.

CRAMER, Wolfgang-Dietrich

Dipl.-Ing., Bankkaufmann, Geschäftsf. Dipl.-Ing. Eduard Schmieg KG., Schwäb. Gmünd - Stuifenstr. 7, 7070 Schwäbisch Gmünd - Geb. 12. Febr. 1929 Pasing (Vater: Otto C., Oberstlt. a. D.; Mutter: Elisabeth, geb. Goettgens), kath., verh. s. 1958 m. Eleonore, geb. Jaeger, 2 Kd. (Martin, Ursula) - Gymn.; Bankkaufm.slehre; Stud. Maschinenbau TH München - Liebh.: Briefmarken, Münzen - Spr.: Engl.

CRAMON-TAUBADEL, von, Detlev Yves

Dr. med., Prof. Chefarzt - Daphnestr. 9/5, 8000 München 81 - Geb. 21. Juli 1941 Pahl (Weilheim), verh. m. Gabriele, geb. Matthes, S. Johannes - Stud. Univ. München, Gießen (Med.); Promot. 1970, Habil. 1979 - 1. Vors. Dt. Ges. f. Neurotraumatologie u. Klin. Neuropsychol. - BV: Zerebrale Sehstörungen (2. Autor), Neuropsychol. Rehabilit. (Herausg. u. Autor); Neuropsychologische Diagnostik. Mithrsg.: Ztschr. Brain, Journ. of Neurology, Klin. Psychol., Journ. of Neuropsychol. Rehab. - Liebh.: Musik d. frühen 20. Jh., Gesch. (Antike), Geogr. - Spr.: Engl., Ital. - Bek. Vorf.: Breitenbach, Preuß. Eisenbahnmin. (Urgroßv.); v. Kaufmann: o. ö. Prof. zu Berlin.

CRASEMANN, Hans-Joachim

Dr.-Ing., Unternehmensberater - Kapellenweg 16, 5300 Bonn 2 - Geb. 25. Jan. 1928 - B. 1981 Vorst.-Mitgl. Bremshey AG, Solingen.

CRAUER, Pil

Schriftsteller, Regiss. - Zumhof, CH-6048 Horw-Luzern (T. 041 - 48 50 25); od. Sur Gougeas, F-84580 Oppède (T. 90 - 76 87 80, Fax 90 76 93 64) - Geb. 7. Jan. 1943 - Med., Publiz., Dramat. - BV: Lesestücke f. Nichtleser, 1976; D. Leben u. Sterben d. Paul Irniger, 1981; Les Dissidents, 1984; SchiebungSchiebung, 1986; Bubenberg, 1988. Theater: Rolland Laporte begegnet Minister Colbert, 1979; Wer braucht da Drogen, Schwester Stahl?, 1982 (auch Insz.); Oh, schwarze Blume..., 1985; Du bist ein Goldschatz, Einstein!, 1990; Tu es un trésor, Einstein!, 1991. Drehbuch Kinofilm: Irniger-Story (1991). Insz.: Albee Zoogeschichte, Luzern; Oh, schwarze Blume ..., Mannheim; Assassine Petrarca, Firenze - 1979 Werkjahr Schweiz. Eidgenoss.; 1981 Luzerner Literaturpreis; 1983 Schweiz. Dramatikerpr.; 1985 Turmstip. Mannheim - Spr.: Franz.

CRAUS, Mauriciu

Schauspieler, Komiker (Ps.: Mircea Krishan) - Wingertstr. 42, 6457 Maintal 1 (T. 06181 - 43 21 22) - Geb. 1924 Bukarest (Vater: Simon C., Schausteller; Mutter: Carola C., Schaustellerin), verh. s. 1979 in 2. Ehe m. Ruth, geb. Goldstein, 1 Kd. (Tedi) - 1941-45 Theater-Conserv. Bukarest - S. 1941 Schauspieler u. Autor - Rollen u.a.: Schweijk, Sancho-Pansa, Tewije; zahlr. Auftritte, bes. auch FS - 1960 Volkskünstler Bukarest - Spr.: Rumän., Franz., Engl., Russ., Deutsch.

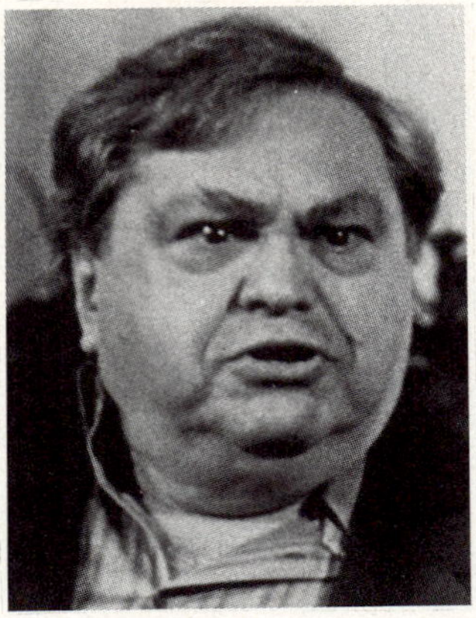

CRAUSHAAR, von, Götz

Dr. jur., Prof. f. Bürgerl. Recht u. Zivilprozeßrecht - Am Kohlbach 2, 7815 Kirchzarten-Burg/Br. - Geb. 15. Jan. 1932 Dresden - Promot. 1961; Habil. 1968 - S. 1969 Doz., 1973 apl. Prof., 1978 Prof., 1977 Dir. Abt. Priv. Baurecht Inst. f. Baurecht e.V. Univ. Freiburg. Fachveröff.

CREMER, Drutmar

Pater, Benediktinermönch, Schriftsteller - 5471 Abtei Maria Laach üb. Andernach (T. 02652 - 59-1) - Geb. 26. Jan. 1930 Koblenz, kath. - Gymn. Andernach u. Jesuitenkolleg Bad Godesberg (Abit. 1952); Eintr. in d. Benediktinerabtei Maria Laach; phil. u. theol. Stud.; Priesterweihe 1958 - 1960-67 Jugendseels. in Maria Laach; s. 1971 Leit. Kunstverlag u. Kunstwerkst. d. Abtei Maria Laach; s. 1991 Prior d. Abtei Maria Laach; Schriftst., Lyriker; pastorale Aufg. - BV/Werke: Frohe Legenden d. Heiligen Nacht, 9. A. 1964; Maria Laach, Landschaft, Baukunst, Plastik, 3. A. 1971; Mensch, wo bist du? Bildmeditat. zu Plastiken aus Autun, 9. A. 1972; Du siehst mich an, 4. A. 1973; Öffne meine Augen, Bildmeditat. z. Christussäule in Hildesheim, 3. A. 1974; Ich komme zu euch, z. Bronzetür d. Basilika San Zeno in Verona, 1975, 3. A. (auch Ital.); Laacher Impressionen, Landschaft u. Münster am See, 1976; Preisen sollen dich alle Völker, Betrachtungen zu Plastiken d. Holztür v. St. Maria im Kapitol Köln, 1977; Zisternen, zu Bildern v. Ernst Alt, 2. A. 1979; Benedikt v. Nursia, 1980; Aber einmal fällt Stille ein, 2. A. 1981. Anthol.: Wohin, Herr? 9. A. (auch franz., ital., niederl.); Sing mir d. Lied meiner Erde (auch franz. u. engl.), 1978; Malaika, d. Schwarze Engel, Weihnachtsterz. 1977, (auch als Schallpl.); Ged.: Denn Sterne wollen stets geboren sein, 1982; Leichter schweben als d. Albatros, 1985; Dein Atemzug holt Zeiten heim, Ged. zu Bildern v. Marc Chagall, 1984; Leise seinem Lobpreis nahen, Gedanken u. Ged. zu Plastiken v. Santo Domingo de Silos, Nordspan., 1985; Ich preise dich, Herr. Darum hüpfe ich (heitere Tiergebete), 1986; Randgefüllt mit Liedern voll Lavendel, 1987; Bei mir piept es, Herr - Vögel beten - jenseits Eden, 1988; Heimwehstraßen - eingebrannt ins Windgehäuse Welt; Ged. zu europ. Landschaft u. Kultur, 1988; Gerufen u. Feuerwolken, Wege d. Gottesmutter n. Bildern d. Romanik, Gedanken u. Ged. 1989; Maria Laach, Münster u. Mönche am See m. Fotos v. G. u. B. Steinicke, Text-Bildbd. 1989; Da d. Zeit erfüllt war, Frohe Legenden z. Weihnacht, m. Holzschnitten v. Robert Wyss, 1989; Wo Licht gesät ist u. Lavendelträume blühen. Poetische Wanderungen durch d. Provence (m. Fotos v. D. B. u. G. Steinicke). Versch. Radiosendungen u. Mitarb. in Ztschr. - Spr.: Engl.

CREMER, Hans-Diedrich

Dr. med., o. Prof. f. Menschl. Ernährungslehre (emerit.) - Rob. Sommerstr. 21, 6300 Gießen (T. 2 12 86) - Geb. 14. Febr. 1910 Kiel (Vater: Georg C., LGsdir.; Mutter: Ilse, geb. Thomsen), ev., verh. s. 1937 m. Margot, geb. Mehrens, 4 Kd. - Domgymn. Naumburg/S.; Univ. Bonn, Kiel, Innsbruck, Köln (Promot. 1933). Habil. 1944 Berlin - S. 1944 Lehrtätigk. Univ. Innsbruck, Heidelberg (1945), Mainz (1946; 1950 apl. Prof.), Gießen (1956 ao. 1960 o. Prof.; Dir. Inst. f. Ernährungswiss.). 1961-63 FAO. Herausg. (1958 ff.): Beitr. z. Ernährungslehre (4 Bde; I auch engl.), Handb. d. Landw. u. Ernährung in Entwicklungsländern (5 Bde.) - 1953 Mitgl. Dt. Ges. f. Ernährung. (Ehrenmitgl.) New York Acad. of Sciences, 1970 Am. Inst. of Nutrition (Ehrenmitgl.).

CREMER, Michael

Dr.-Ing., Prof. f. Meß-, Regelungs- u. Automatisierungstechnik TU Hamburg-Harburg (s. 1982) - Krabbenhöhe 15, 2057 Reinbek - Geb. 17. Jan. 1942 Berlin (Vater: Prof. Dr.-Ing. Lothar C., Ord. f. Techn. Akustik/emerit. (s. dort); Mutter: Lydia, geb. Richter), kath., verh. s. 1968 m. Gabriele, geb. Conrad, 3 Söhne (Markus, Florian, Claudius) - Gymn. u. TU Berlin (Dipl.-Ing. 1967) - 1967-69 Wiss. Angest. TU Berlin; 1969-72 Wiss. Assist. Univ. Bochum; 1972-78 Obering. TU München; 1978-82 Prof. Univ. Hamburg - BV: D. Verkehrsfluß auf Schnellstr., 1979; Regelungstechnik, 1984 - Liebh.: Kammermusik, Botanik, Bergsteigen - Spr.: Engl. - Bek. Vorf.: Dr. August v. Rothmund (Urgroßv.); Prof. Dr. Max C. (Großv.); Prof. Dr. Dr. h. c. Erika C. (Tante).

CREMER, Peter

Dipl.-Kfm., Geschäftsführer Privatbrauerei Thier GmbH, u. Split Box Patentverwertungs KG, bde. Dortmund - Hoher Wall 5-7, 4600 Dortmund 1 - Geb. 4. Aug. 1943, kath. - Stud. Betriebsw. Univ. Münster - AR-Vors. Tremonis, Dortmund; Beiratsmitgl. Dt. Brau-Koop GmbH & Co KG, Dortmund; Mitgl. Vollvers. d. IHK, Dortmund. Handelsrichter - Liebh.: Jagd, Golf - Spr.: Engl., Franz.

CREMER-BARTELS, Gertrud

Dr. rer. nat., Dipl.-Chem., Prof. Lehrbeauftragte Univ.-Augenklinik Münster - Horstmarer Landweg 142, 4400 Münster/W. - Geb. 10. Juni 1921 Oldenburg i. O. (Vater: Dr. med. Heinrich B., Augenarzt; Mutter: Elisabeth, geb. Wehrbein), gesch., S. Dr. rer. nat. Cornelius - apl. Prof. Münster (Exper. Ophthalmologie); Lehrbeauftr. f. exper. Ophtalmol. u. Netzhautdegenerationen.

CREMER-HUNZINGER, Stefani

Verlegerin, Vors. Verb. Dt. Bühnenverleger - Zu erreichen üb. Bismarckstr. 107, 1000 Berlin 12; u. Hunzinger-Bühnenverlag, Kaiser-Friedrich-Promenade 101, 6380 Bad Homburg (T. 06172 - 2 40 19-10).

CREMER THURSBY, Peter E.

Direktor i. R., Korv.-Kpt. a. D. - Bismarckstr. 8, 2057 Reinbek - Geb. 25. März 1911.

CREMERIUS, Johannes

Dr. med., o. Prof. f. Psychosomatik, ehem. Ärztl. Dir. Abt. Psychosomat. Med. u. Psychother. - Schneeburgstr. 24, 7800 Freiburg (T. 48 25 81) - Geb. 16. Mai 1918 Moers/Rh. (Vater: Johann C.; Mutter: Hertha, geb. Jahn), ev., verh. s. 1946 m. Annemarie, geb. Stolz, T. Janine - Realgymn. Krefeld; Univ. Gießen, Leipzig, Freiburg/Br., Pavia (Ital.). Med. Staatsex. 1944 Freiburg - 1950-60 Leit. Psychomat. Beratungsst. Univ. München; s. 1965 (Habil.) Lehrtätigk. Univ. Gießen (1968 Wiss. Rat u. Prof.) u. Freiburg (1972 Ord.); emerit. 1986. Berat. Fischer-Verlag (Reihe: Conditio Humana). Mitgl. Intern. Psychoanalyt. Vereinig. u. Dt. Ges. f. Psychotherapie u. Tiefenpsych. - BV: Psychotherapie als Kurzbehandlung in d. Sprechstd., 1951; D. Beurt. d. Behandlungserfolges in d. Psychotherapie, 1962; Was ist Süchtigkeit?, 1962 (Zürich); D. Prognose funktioneller Syndrome, 1968; Z. Theorie u. Praxis d. Psychosomat. Med., 1978; Psycha., Über-Ich u. soziale Schicht, 1979; V. Handwerk d. Analytikers, 1984; Neurose u. Genialität - Psychoanalyt. Biogr., 1971; Psychoanalyt. Erziehg.spr., 1971; Psychoanalyt. Textinterpret., 1975. Hrsg.: K. Abraham, Psychoanal. Stud., 2 Bde. 1969/71; D. Rezeption d. Psychoanalyse i. d. Soziologie, Psychologie, Theologie b. 1940 - 1969 Pr. Schweizer Ges. f. Psychosomat. Med. - Spr.: Engl., Ital., Franz.

CREMERS, Armin B.

Dr. rer. nat., Dipl.-Math., Prof. f. Informatik Univ. Dortmund - August-Schmidt-Str. 12, 4600 Dortmund 50 - Geb. 7. Juni 1946 Eisenach - Univ. Karlsruhe (Dipl.-Math. 1971, Promot. 1972, Habil. 1974) - 1973-76 Assist. Prof. Univ. of Southern Calif./Los Angeles; s. 1976 Prof. Univ. Dortmund; 1985-90 Prorektor Univ. Dortmund; s. 1990 Dir. Inst. f. Informatik Univ. Bonn - Spr.: Engl., Franz., Russ.

CREMERS, Hartwig

Dr. jur., Kanzler d. Univ. d. Saarl. - Im Stadtwald, 6600 Saarbrücken.

CRETIUS, Konstantin

Dr. med., Prof., Ärztl. Direktor i.R. Städt. Frauenklinik Stuttgart - Gustav-Siegle-Str. 36, 7000 Stuttgart 1 (T. 636 69 00) - Geb. 18. Mai 1920 Nürnberg (Vater: Otto C., Kaufm.; Mutter: Henriette, geb. Schultze), ev., verh. s. 1954 (Heidelberg) m. Inge, geb. Albrecht - 1941-45 Stud. Med. Promot. 1945 Heidelberg; Habil. 1958 Mainz - S. 1946 Univ. Heidelberg (Assist. Med. Klinik u. Frauenkl.), Mainz (Assist. u. Oberarzt Frauenkl.; 1958 Privatdoz.) u. Würzburg (1959; I. Oberarzt u. stv. Dir. Frauenkl.; 1964 apl. Prof.). Üb. 100 Fachveröff., darunt. d. Handbuchbeitr.: D. Geburt (1984), Adaptive Vorgänge an d. Genitalorganen (1982) - Liebh.: Lit. - Spr.: Engl., Franz. - Bek. Vorf.: Prof. Konstantin C., Maler (1814-1901).

CREUTZ, Helmut

Architekt, Schriftst., Wirtschaftspubl. - Monheimsallee 99, 5100 Aachen - Geb. 8. Juli 1923, verh. m. Barbara Krüger (Schriftst.) - Erf.: Kindermöbel-Baukastenprogr. (BRD- u. US-Pat.) - BV: Gehen od. kaputtgehen; D. System - Ende e. Zeitalters; Haken krümmt man beizeiten; Bauen, Wohnen, Mieten - Welche Rolle spielt d. Geld?; Wachstum b. z. Krise; div. Anthol. - 1971 Sonderpreis Werkkr. Lit. d. Arbeitswelt.

CREUTZENBERG, Hermann

Landwirt, MdL Nieders. (s. 1970, CDU) - 2943 Hartsgast (T. Esens 378).

CREUTZFELDT, Werner

Dr. med., Dr. med. h.c., o. Prof. f. Innere Medizin - Senderstr. 47, 3400 Göttingen (T. 39 63 01) - Geb. 11. Mai 1924 Kiel (Vater: Prof. Dr. med. Hans-Gerhard C., Ord. f. Psychiatrie u. Neurol. Univ. Kiel † 1964; Mutter: Cläre, geb. Sombart), ev., verh. s. 1962 m. Dr. Cora, geb. Glees, 4 Kd. (Nikolaus, Cornelius, Nils David, Naomi) - 1943-50 Univ. Freiburg/Br., Kiel, Tübingen. Promot. 1950 Kiel; Habil. 1957 Freiburg - S. 1957 Lehrtätigk. Univ. Freiburg (1962 apl. Prof.) u. Göttingen (1964 Ord. u. Klinikdirektor); Fellow Royal College of Physicians (FRCP) 1977 - BV: Orale Diabetestherapie u. ihre expl. Grundl., 1960 (engl.: Oral Treatment of Diabetes, 1961). Herausg. zahlr. Monogr. Üb. 500 Einzelarb. - Mitgl. Royal Soc. of Med. London, Europ. Assoc. Study of Diabetes (1971-74 Präs.), Dt. Diabetes-Ges.

(1967 Präs.), Dt. Ges. f. Inn. Med., Dt. Ges. f. Verdauungs- u. Stoffwechselkrankh. (1977 Präs.), Dt. Ges. f. Endokrinol., Schweizer Ges. f. Gastro-Enterol., European Soc. for Clinical Investigation (1968 Vizepräs.), Editor-in-chief Digestion (s. 1978) - 1974 Paul Langerhans-Plak. d. Dt. Diab. Ges.; 1978 Claude Bernard Med. d. EASD; 1983 Ehrenmitgl. Brit. Soc. Gastroent.; 1983 Ehrendoktor Univ. Krakow; 1988 Ehrenmitgl. Am. Soc. Surgery Aliment. Tract - Spr.: Engl. - Bek. Vorf.: Geheimrat Prof. Dr. phil., Dr. h. c. Werner Sombart, b. 1931 Ord. f. Nationalök. Univ. Berlin, † 1941 (Großv. ms.).

CREUTZIG, Jürgen

Dr., Hauptgeschäftsführer Zentralverb. Deutsches Kraftfahrzeuggewerbe (s. 1973) - Franz-Lohe-Str. 21, 5300 Bonn 1 (T. 0228 - 2 60 01-0).

CREZELIUS, Georg

Dr. iur., o. Univ.-Prof. Univ. Bamberg (s. 1985) - Treustr. 59, 8600 Bamberg (T. 0951 - 1 46 46) - Geb. 11. April 1948 Dortmund, kath., verh. s. 1976 - 1969-73 Stud. Rechtswiss.; 1. Staatsex. 1973, 2. Staatsex. 1976; Promot. 1978 Bielefeld, Habil. 1982 ebd. - 1983-85 Prof. Mainz - BV: Erbschaft- u. Schenkungsteuer in zivilrechtl. Sicht, 1979; Steuerrechtl. Rechtsanwendung u. allg. Rechtsordnung, 1983; Neuzeitliche Gesellschaftsverträge, 1987; Bilanzrecht, 1988; Handb. d. Personenges. (Steuerrecht), 1989; Steuerrecht II, 1991.

CRIEGEE, Friedrich C.

Dr., Dipl.-Kfm., Fabrikant, pers. haft. Gesellsch. Schlicker & Söhne, Baumwollspinnerei u. -weberei, Schüttorf (b. 1981) - Rosenstr. 6, 4443 Schüttorf - Geb. 2. Sept. 1934 - Vorstandsmitgl. Fachverb. Baumwollweberei Nieders. Mitgl. Vollvers. IHK Osnabrück, Betriebswirtschaftl. Aussch. Hauptverb. Baumwollweberei, Frankfurt.

CRIEGERN von, Axel

Dr. phil., Prof. f. Kunsterziehung, o. Prof. Univ. Gießen - Zu erreichen üb. Univ. Gießen, Inst. f. Kunstpäd., Karl Klöckner Str. 21/H, 6300 Gießen - Geb. 23. Aug. 1939 Berlin (Vater: Friedrich v. C., Oberstlt. i. G. a. D., Studienprof.; Mutter: Rosemarie, geb. Wallenstein), ev., verh. s. 1964 m. Gudrun, geb. v. d. Weppen (geb. 1940), 2 Kd. (Annette, Marc) - N. Abit. 1959 Göppingen Kunstakad. Stuttgart, TU ebd. (Politikwiss.) u. Univ. Tübingen (Kunstgesch., Politik, Archäol.). Beide Staatsex. - S. 1972 Prof. Reutlingen. 1981-82 Foreign Visiting Prof. a. d. Valparaiso Univ. USA - Schriftl. Ztschr. f. Kunstpäd. (1979ff.) - BV: Struktur u. Politik - Grenzwerte d. Kunstpäd., 1975; Fotodidaktik als Bildlehre, 1976; Kitsch u. Kunst, 1977; D. Lernbereiche d. Kunstunterr. in d. Hauptsch., 1978; Bilder interpretieren, 1981, 2. A. 1991; Skizzieren u. Zeichnen v. A-Z, 1982; Tübinger Impressionen, 1987; Tatort Tübingen..., 1988; Landesgesch. E. schwäb. Chronik in Bildern, 1988; Buri. Bilder aus e. vergessenen Leben, 1989 - Einzel- u. Gruppenausstell.; Buchillustr. - Spr.: Engl., Ital.

CROISSANT, Michael

Bildhauer, Prof. u. Leit. Bildhauerkl. Städelsch./Staatl. Hochsch. f. bild. Künste Frankfurt - Schwanthalerstr. 58, 6000 Frankfurt/M. (T. 622510) - Geb. 7. Mai 1928 Landau/Pf. (Vater: Hermann C., Maler; Mutter: Ursula, geb. Hirschberg), ev., verh. s. 1953 m. Christa, geb. v. Schnitzler - Kunstakad. München.

CROIX, de la, Rolphe

Schauspieler, Regiss., Theaterleit. - Pfinztalstr. 24, 7500 Karlsruhe 41 (T. 0721 - 4 11 56) - Geb. 15. Dez. 1925, verh. m. Angela, geb. Koschel - Mittl. Reife 1941; Landwirtschaftsprüf. 1942; 1943-45 Reichsarbeitsdienst, Soldat (verw.); 1946-48 Schule d. Dt. Theaters, Berlin - 1948-53 versch. Theater in Berlin; 1953-56 Torturmtheater (Luigi Malipiero), Sommerhausen; s. 1956 Mitgl. d. Theaters D. Insel, Karlsruhe; 1960-61 SR; 1961-62 Landestheater Linz/Donau; 1971-82 Mitgl. d. Theaters Altstadt Stuttgart; s. 1982 Schloßfestsp. Ettlingen; 1971-84 Gesamtleitg. Heidenheimer Musiktheater. Tourneen: Dtschl., Österr., Schweiz, Ital. Arbeit f. Ferns., Hörf. u. Film - Üb. 250 Klass. u. mod. Rollen, u.a.: General Harras/Teufels General (Zuckmayer); Kürmann/Biogr. E. Spiel (M. Frisch); Oberst Pickering/My Fair Lady (Loewe/Lernert/Gilbert); Kardinal Zampi/Bacchus (Corteau); Faust/Don Juan u. Faust (Grabbe); Major/Fast e. Poet (O'Neill); Präs./Kabale u. Liebe (Schiller); Tod/Jedermann (Hofmannsthal) - Üb. 200 Insz., u.a.: D. Zimmerschlacht (Walser); Duett f. e. Stimme (Kempiski); Tote ohne Begräbnis (Sartre); Wie es euch gefällt (Shakespeare); Woyzek (Büchner); Kabale u. Liebe (Schiller); Wallenstein (Schiller); u.a. Oper: D. Entf. aus d. Serail (Mozart); D. Gärtnerin aus Liebe (Mozart); Don Pasquale (Donizetti); Idomeneo (Mozart); D. Barbier v. Sevilla (Rossini); Don Giovanni (Mozart); D. lustigen Weiber v. Windsor (Nicolai) - Div. Int. Am.-Filmpreise, silb. Schere u.a.; EK I u. EK II; Silb. Verw. Abz.; Silb. Sturmabzeichen - Spr.: Engl.

CROLL, Willi

Präsident Dt. Raiffeisenverb. (1979-91) - Adenauerallee 127, 5300 Bonn 1 (T. 0228 - 1 06-0) - Geb. 1. Sept. 1926 Simtshausen/Kr. Marburg/Lahn.

CROLL, Willi

Bürgermeister - Höhenweg 5, 3520 Hofgeismar (T. 23 11) - Geb. 2. Dez. 1924 Calden, Kr. Kassel - Volks- u. Aufbausch.; 1948 Hess. Knappschaft, Kriegsdienst (2 × verwundet), 1968-1976 I. Stadtrat Hofgeismar (ehrenamtl.), 1970-76 MdL Hessen, s. 1976 Bürgerm. Hofgeismar, Mitgl. SPD-Bezirksaussch. Hessen-Nord u. SPD-Unterbez. Vorst. Kassel-Land.

CROME, Peter

Dr. phil., Journalist u. Buchautor - Zu erreichen üb. Kiepenheuer + Witsch Verlag, Köln - Geb. 1938 Japan (Vater: Werner C., Journ. † 1971, s. XV. Ausg.) - Stud. Westdtschl. - S. 1968 Japan- u. Fernost-Korresp. Frankf. Rundschau, Tagesspiegel, D. Spiegel, u. a.; s. 1983 Köln - BV: Symbol u. Unzulänglichkeit d. Sprache, 1970; D. Tigergrill, R. 1984; D. Ungeheuer v. Akiya, R. 1987; D. Tenno, Biogr. 1988.

CROMME, Franz

Dr. jur., Dipl.-Volksw., Staatssekretär Nieders. Umweltministerium (1988-90) - Archivstr. 2, 3000 Hannover - Geb. 9. Okt. 1939 Vechta (Vater: Franz C., Mutter: Agnes, geb. Wingbermühle), kath., verh. s. 1975 m. Angelika, geb. Dressler, 2 Söhne (Felix, Rasmus) - Gymn. Vechta (Antonianum); Univ. Freiburg/Br., Berlin, Münster (Rechts- u. Wirtschaftswiss.). Jurist. Staatsprüf. 1963 u. 68. Dipl.-Volksw. 1965; Promot. 1966 - 1968-71 Rechtsanw. Vechta. 1971-1977 Stadtdir. Delmenhorst, 1977-86 Oberstadtdir. 1967-71 MdL Nieders. CDU s. 1959 (1969-71 Kreisvors. Vechta, 1969-71 u. s. 1987 stv. Vors. CDU Landesverb. Oldenburg), 1973-86 Mitgl. Rundfunkrat NDR, 1983-86 Vors. Wirtsch.- u. Verkehrsaussch. Dt. Städtetag; 1986-88 Staatssekr. Nieders. Min. d. Justiz, Febr.-Nov. 1988 im Nieders. Min. d. Innern.

CROMME, Gerhard

Dr. jur., Vorstandsvorsitzender d. Fried. Krupp AG (s. 1989) - Zu erreichen üb. Fried. Krupp AG, Altendorfer Str. 103, 4300 Essen 1 - Geb. 25. Febr. 1943, verh., 4 Kd. - Stud. Rechtswissensch. u. Volkswirtsch. Münster, Lausanne, Paris u. Harvard; Promot. 1969 Münster - 1971 Untern.gr. Compagnie de Saint-Gobain, zul. stv. Generaldeleg. f. d. Bundesrep. Deutschl. u. Vors. d. Geschäftsfg. VEGLA/Vereinigte Glaswerke GmbH, Aachen; 1986 Vorst.-Vors. Krupp Stahl AG Bochum, 1988 o. Vorst.-Mitgl. Fried. Krupp GmbH.

CRONE-ERDMANN, Hans-Georg

Ass., Hauptgeschäftsführer Vereinig. d. Industrie- u. Handelskammern NRW - Steffenstr. 43, 4000 Düsseldorf 11 (T. 55 33 88) - Geb. 18. Juni 1942 Düsseldorf, kath., verh. s. 1977 m. Inge, geb. Klein - Stud. Rechts- u. Staatswiss. Univ. Heidelberg u. Münster; Ex. 1968 u. 72 - 1973-77 Dt. Industrie- u. Handelstag; 1977-84 IHK Berlin; s. 1984 s. o.; Geschäftsf. d. Auftragsberatungsstelle NRW - BV: Handb. f. Städtebau u. Handel (m.a.), 1976; Kaufvertrag u. Werkvertrag, 1975; Berechnung d. Unternehmenswertes (m.a.), 1983 - Liebh.: Gesch., Kunst, Politik - Spr.: Engl., Franz.

CRONE-MÜNZEBROCK, Alfred-Adolf

Dr. med., Chirurg, Chefarzt Chir.-Urol. Abt. Pius-Hospital Oldenburg (s. 1957) - Kärntner Str. 40, 2900 Oldenburg/O. (T. 0441/502779) - Geb. 16. Juni 1918 Freiburg/Br., kath., verh. s. 1947 m. Dr. med. Gottfriede, geb. Jaspers, 2 Söhne (Klaus, Wolfgang) - Med. Staatsex. 1944 Hamburg; Promot. 1944 Berlin; Habil. 1956 Göttingen - S. 1956 Privatdoz. Univ. Göttingen (Chir.). Üb. 60 Fachveröff.

CRONE-RAWE, Bernard Gerhard

Textil-Ing., Beirat B. Rawe & Co., Nordhorn (s. 1954), Präs. Ind.verb. Garne, Frankfurt, Bremer Baumwollbörse - van Delden-Str. 34, 4460 Nordhorn (T. 05921 - 9 32 35; priv.: 7 52 00) - Geb. 16. Aug. 1924 Berlin (Vater: Dr. August C.-Münzerock; Mutter: Elisabeth, geb. Rawe), kath., verh. in 2. Ehe m. Renate, geb. Diersch, 3 Kd. (Barbara, Bernhard, Alexander) - Obersch. Osnabrück; 1947-48 Staatl. Technikum Reutlingen - 1942-45 Wehrmacht (Ltn. d. Res.); 2. 1948 Beirat B. Rawe & Co., Nordhorn; Präs.mitgl. Gesamttextil/Gesamtverb. Textil-Ind. in d. BR Dtschl.; Präs. Intern. Textil Manufacturérs Federation, Zürich; Member Baumw.-Standard-Comm. USDA, Washington; Vizepräs. AvD-Club Bremen, AvD Frankfurt u. Berufungsgericht Dt. Automobil-Sport ebd. - Liebh.: Motorsport - Lions Club - Spr.: Engl.

CRONENBERG, Dieter Julius

Unternehmer, Bundestagsvizepräs. (s. 1984), MdB - Friedrich-Naumann-Str. 1a, 5760 Arnsberg 1 (T. 02932 - 4 77 21) - Geb. 8. Febr. 1930 Neheim (Vater: Dipl.-Kfm. Franz-Julius C.; Mutter: Lucie, geb. Westermann), kath., verh. s. 1961 m. Marie-Luise, geb. Riecks, 3 Kd. (Carl-Julius, Friederike, Constantin) - Stud. Lausanne, Aix-en-Provence, Münster (1954/55 Vorst. VDS); 1. jurist. Staatsex. 1958 OLG Hamm - S. 1960 Fa. Julius Cronenberg oH. AR Ind.verw.ges. mbH Bonn-Bad Godesberg; Mitgl. d. Beirates u. d. Mitgliedervertretung d. Gothaer Versich.bank VVaG. S. 1976 MdB. FDP s. 1961 (1973 Mitgl. Landesvorst.; 1974 Bez.vors.).

CRONSHAGEN, Eberhard

Regisseur, Autor - Kyllmannstr. 15 E, 1000 Berlin 39 (T. 030-805 23 49) - Geb. 25. Juni 1913 Berlin-Friedrichshagen, ev., gesch., T. Swantje - Max Reinhardt Schauspielsch. u. Regiesem. Berlin - Werke f. Film u. Fernsehen - Spr.: Engl.

CROONENBROECK, Hans

Dipl.-Volksw., Hauptgeschäftsführer Industrieverb. Steine u. Erden Baden-Württemberg e.V. - Gammertinger Str. 4, 7000 Stuttgart 80 - Geb. 8. April 1948.

CROPLEY, Arthur J.

Ph. D., Prof. f. Psychologie u. Päd. Psych. Univ. Hamburg (1978ff.) - Zul. 2000 Hamburg 60 - Geb. 31. Dez. 1935 Marree/Austr. (Vater: William C., Lehrer; Mutter: Phyllis, geb. Stubbs), Angl., verh. s. 1962 (Ehefr.: Alison), 2 S. (Andrew, David) - Univ. Adelaide/Austr. u. Alberta/Kan. - 1956-62 Lehrer Austr., Engl., Kan.; s. 1965 Hochschull. Austr., Kan., BRD. Div. Bücher, zu.: Kinder zw. zwei Welten (1979) - Spr.: Engl., Franz.

CROPP, Wolf-Ulrich

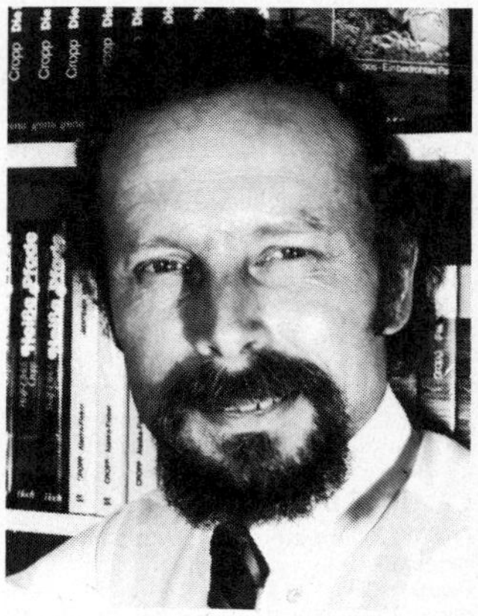

Dr. rer. oec., Dr. rer. oec. h.c., Bau-Ing., Dipl.-Kfm., Vorsitzender d. Geschäftsleitung Carl W. Kopperschmidt GmbH, Hamburg (s. 1980), Naturkundler, Forsch.reisender, Schriftst. (Ps.: Lupus) - 2000 Hamburg 65 - Geb. 25. Juli 1941 Hamburg, ev., verh. s. 1970 m. Christiane, geb. Moritz, 2 Söhne (Marc-Ulrich, Leif Christian) - 1962 Lehre Strabag Bau-AG, Hamburg; Stud. Ing.-Wiss.; Bau-Ing. (grad.) 1965; Stud. Wirtschaftswiss.; Dipl.-Kfm. 1969 Köln; Promot. 1983 University of Ottawa - 1978 kaufm. Dir. Kueppers Ltd., Nigeria; 1977 Geschäftsfg. ISS GmbH, Hamburg - BV: Heiße Pfade, 1977; Ölrausch in d. Arktis, 1977; Iditarod-Hetzjagd durch Alaska, 1981; Fangtage, 1981; Alaska-Fieber, 1982; wiss. Studie: Exportfähigk. v. Industriestaaten im Verhältnis z. Importabhängigk. v. Drittländern, 1983; Galapagos - D. Drachen leben noch, 1984; Im Herzen d. Regenwaldes, 1984; Schwarze Trommeln, 1985; Tunesien, 1987; Äthiopien, 1987; Wüsten-Leben in d. Todeszone, 1990 - 1982 Ehrendoktor Univ. München; 1982 Bandera-Kreuz München; 1983 Ausz. Buch d. Monats Dez. Dt. Akad. f. Jugendlit., Volkach - Interessen: Reisen in ethnol., geogr., hist. wenig erschlossene Geb.; Beobachten u. Forschen unt. aussterb. Naturgem.; Überleben in menschenfeindl. Umwelt; Unternehmensführ.; mod. Management, Menschenführ., Betriebspsych., Organisationssysteme, Marketing, Außenhandel - Spr.: Engl., Franz. - Lit.: Kürschners dt. Literatur-Kalender, Allg. Dt. Sonntagsblatt, D. Zeit, Mannheimer Morgen, Kieler Nachrichten, Christ u. Welt, D. Welt.

CROUS, Helmut A.

Publizist, Ehrenpräs. Federation Intern. des Journalistes, Brüssel, Ehrenpräs. Aachener Karnevals-Verein (Orden „wider den tierischen Ernst") - Arndtstr. 28, 5100 Aachen (T. 7 22 96) - Geb. 15. Nov. 1913 Aachen (Vater: Rudolf C., Bankbeamter; Mutter: Auguste, geb. Vopel), ev., verh. s. 1939 m. Barbara, geb. Beckers († 1988), 2 Töcht. (Liesel, Elena) - Kaiser-Wilhelm-Gymn. Aachen - 1932-36 fr. Journ.; 1936-39 Mitarb. Droste-Verlag, Düsseldorf; 1946-78 Ressortleit. Aachener Volksztg.; 1964-75 Vors. Dt. Journ.-Verb.; 1975-78 Pres. Feder. Intern. d. Journ., Brüssel, 1966-78 Fernsehrat ZDF - BV: Närr. Kur s. 1133 - Karneval in Aachen, 1959. Einleit. u. Texte Bildbde.: Aachen (1961 u. 62), Eifel - Ardennen (1963), J. A. Mayersche Buchhandl. Aachen - 1817-1967 (1967), Aachen, wie es war 1971, Alte Aachener Stadtansichten 16. - 19.

Jh. 1976, Aachen, wie es war, Bd. 2, 1979 - Impress. e. Zeitgen. 1978; Wider d. tierischen Ernst, Reden aus d. Aachener Käfig, 1980; D. Fastnacht in Aachen im Lauf d. Jhe., 1984; Anfänge d. journalist. Verbandsbildung in Pioniere d. Nachkriegs-Publiz., 1986 - 1971 BVK I. Kl., 1980 Gr. BVK - Liebh.: Kupferstiche, alte Landkarten - Spr.: Franz.

CROY, Herzog von, Carl

Forst- u. Landwirt - 4408 Merfeld/W. (T. Dülmen 36 34) - Geb. 11. Okt. 1914 Düsseldorf (Vater: Carl Herzog v. C., Landw. † 1974; Mutter: Nancy, geb. Leishman, Tocht. d. amerik. Botschafters in Berlin), kath., verh. s. 1953 m. Gabrielle, geb. Prinzessin v. Bayern (geb. 10. Mai 1927), 3 Kd. (Marie-Therese, Rudolf, Stefan) - Univ. Fribourg (Rechtswiss.) - Ritter d. Souveränen Malteser-Orden, Mitgl. Lions Club - Liebh.: Wildpferde - Spr.: Franz., Engl.

CRÜGER, Gerd

Dr., Direktor u. Prof. Institut f. Pflanzenschutz im Gartenbau/Biol. Bundesanstalt f. Land- u. Forstw., Braunschweig - Messeweg 11/12, 3300 Braunschweig.

CRÜWELL, Berndt

Dr. jur., Direktor IKB Deutsche Industriebank AG - Zeppelinallee 38, 6000 Frankfurt/M. 90 (T. 069 - 79 50 91 65); priv.: Frauenlobstr. 57, 6000 Frankfurt/M. 90 (T. 069 - 77 15 33) - Geb. 1. April 1935 Münster (Vater: Ludwig C., General), ev., verh., 3 Söhne (Ludwig †, Christoph, Ulrich) - Banklehre u. Jura-Stud.; Ass. 1965, Promot. 1966 - AR-Mitgl. Elektromotorenwerk Dessau - Spr.: Engl., Franz.

CRULL, Christina,

geb. Schmitt

Ballett-Tänzerin Lüneburg - Mohnweg 19, 2121 Vögelsen (T. 04131 - 12 12 81) - Geb. 2. März 1963 Königstein/Ts., kath., verh. s. 1987 m. Ralf-Peter C. - Ausb. an d. Staatsoper München - Hauptrolle in Coppelia (1988) u. La Gille mal gardée (1990).

CRUMMENERL, Klaus

Beigeordneter Stadt Lüdenscheid - Worthstr. 26A, 5880 Lüdenscheid (T. 02351-86 04 26) - Geb. 10. Okt. 1939 Lüdenscheid (Vater: Erich C., städt. Oberbaurat; Mutter: Irene, geb. Brüninghaus), ev., verh. s. 1967 m. Doris Paskert - Gymn. Lüdenscheid; Stud. Rechtswiss. Univ. Marburg u. Münster; 1. jurist. Staatsprüf. 1964, 2. jurist. Staatsprüf. 1967 - 1967-69 Gerichtsass.; s. 1969 Stadt Lüdenscheid; s. 1973 Beigeordneter. S. 1980 Vorst. Lüdenscheider Wohnstätten AG; s. 1983 Vors. Ständ. Konf. d. Kultursekr. nordrh.-westf. Städte Gütersloh. Zahlr. Beiträge u. Aufs., insb. z. kulturpolit. Themen - Liebh.: Zeitgenöss. Kunst, Kulturgesch. - Spr.: Engl.

CRUTZEN, Paul

Dr. phil., Dr. Dr. h.c. mult., Prof. f. Meteorologie, Direktor Max-Planck-Inst. f. Chemie, Mainz - Zu erreichen üb. Max-Planck-Inst., Saarstr. 23, Box 3060, 6500 Mainz - Geb. 3. Dez. 1933 Amsterdam (Vater: Josef C., Kellner; Mutter: Anna, geb. Gurk), verh. s. 1958 m. Terttu, geb. Soininen, 2 Töcht. (Ilona, Sylvia) - Promot. (Meterol.) 1973 Univ. Stockholm/Schweden - 1973-74 Assist. Univ. Stockholm; 1974-77 Wiss. u. 1977-80 Forschungsdir. NCAR, Boulder/USA; s. 1980 Dir. MPI f. Chemie, Mainz. Mitgl. Max-Planck-Ges. - BV: Environmental Consequences of Nuclear War, Bd. I, Physical, 1985; Schwarzer Himmel, 1986 - 1984 Discover; 1984 Scientist of the Year; 1985 Leo Szilard Award, American Physical Soc.; 1986 Dr. h.c. York University, Canada, 1992 Dr. h.c. Univ. Leuven, Belgien; ausl. Ehrenmitgl. American Acad. of Arts and Sciences, Cambridge/USA; Ehrenmitgl. American Geophysical Union; 1989 Tyler Prize; 1990 korr. Mitgl. Königl. Niederl. Akad. d. Wiss., 1991 Volvo Umweltpreis - Spr.: Holländ., Schwed., Engl.

CSIKY, Franz

M. A., Dramaturg u. Spielleit., Mitinh. Werbeagentur REGE - Moltkestr. 34, 7520 Bruchsal (T. 07251 - 8 36 23) - Geb. 8. Okt. 1950 Mediasch/Siebenbürgen (Rumän.), verh. s. 1974 m. Margrit, geb. Abalasei, T. Ava Marion - 1969-73 Stud. German. u. Roman. Univ. Temeschburg (Rumän.; M.A.); 1975-81 theaterwiss. Lehrg. Bukarest - 1973-78 Dramat. Dt. Staatstheater Temeschburg; 1978-82 Dramat. dt. Abt. Staatstheater Hermannstadt; 1982-83 Spielleit. Kulturgesch. Art. in dt., rumän. u. ungar. Ztg. u. Ztschr. aus Rumän.; Theatergesch. Hermannstadts. Übers. rumän. Theaterst. ins Deutsche: 3x Liebe, 1x Tod, v. Theodor Mazilu (Premiere 1979); Tausche Haifisch gegen Kamel, v. Dumitru Solomon (Premiere 1980); Urlaub am Meer, (in e. Sammelbd., UA 1984). Stücke in Dt.: Brettener Gauklerspiel - 1504 (UA in Bretten 1986); Souvenirs, Souvenirs (m. Rolf P. Parchwitz, UA in Bruchsal 1986, veröffentl. 1987); D. Kuckucksbraten (UA in Eberbach 1988); D. Mosbacher Befreiungsspiel (UA 1988) - Spr.: Engl., Ungar., Rumän.

CUBE von, Felix

Dr. rer. nat., o. Prof. f. Erziehungswiss. - Kirchstr. 15, 6903 Neckargemünd - Geb. 13. Nov. 1927 Stuttgart - 1963 ao. Prof., s. 1968 Ord. PH Berlin, 1970 PH Rheinland/Abt. Bonn, 1974 Univ. Heidelberg. Dir. Erz. wiss. Sem. - BV: Allg. Bildung o. produktive Einseitigkeit, 1960; Üb. d. Entropie v. Gruppen (m. R. Gunzenhäuser), 1963; Kybernet. Grundl. d. Lernens u. Lehrens, 1965; Was ist Kybernetik?, 1967; Technik d. Lebendigen, 1970; Gesamtschule - aber wie?, 1972; Ausb. zw. Automation u. Kommunikation, 1976; Erziehungswiss. - Möglichkeiten, Grenzen, polit. Mißbrauch, 1977; Recht in d. Ges., 1978 (m. Hadding, Hrsg.); Fordern statt Verwöhnen - d. Erkenntnisse d. Verhaltensbiol. in Erziehung u. Führung, 1986 (m. D. Alshuth); Besiege deinen Nächsten wie dich selbst - Aggression im Alltag, 1988; Gefährliche Sicherheit - D. Verhaltensbiol. d. Risikos, 1990.

CÜPPERS, Curt

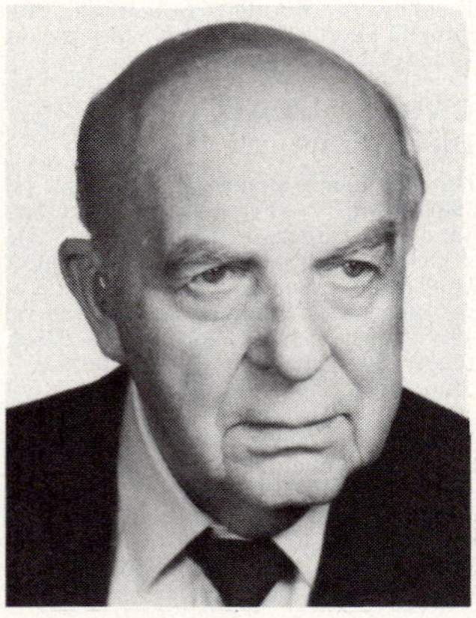

Dr. med., em. o. Prof. f. Augenheilkunde - Lindenallee 57, 5000 Köln 51 (T. 38 48 07) - Geb. 18. März 1910 Köln, verh. m. Lotte, geb. Schütte, T. Mechthild - 1934 Dr. med. (Physiologie), 1938 Facharzt (Neurol. u. Psych.), 1946 Facharzt f. Augenheilkd. S. 1954 (Habil.) Lehrtätigk. Univ. Gießen (1958 apl., 1963 ao., 1966 o. Prof.; Dir. Augenklinik, 1976 emerit.). 1954 Gründer u. Leit. d. Schule f. Orthoptistinnen Univ. Gießen (Leitg. b. 1975), 1958 Überführ. d. Lehranst. z. ersten Staatl. Schule f. Orthoptistinnen in d. BRD - 1964-75 Hess. Landes-Arzt f. Sehbehinderte; 1969-77 Präs. d. CESSD. 140 Fachveröff. - 1957 Leonhard-Simonon-Preis (Belgien), 1962 Medaille Med. Fakultät Univ. Nancy, 1974 Bergmann Plakette, 1975 von Graefe Preis, 1976 BVK, 1977 Ehrendoktor Med. Fakultät Univ. Nancy, 1977 Gold. Medaille Stadt Nancy, Ehrenpräs. d. CESSD; Mitgl. od. Ehrenmitgl. zahlr. europ. od. intern. Fachges.

CULLMANN, Hans-Jürgen

Dr. jur., Rechtsanwalt, Aufsichtsratsvorsitzender Naumann Beteiligungs- und Verwaltungs AG, stv. AR-Vors. Artur Naumann Stahl AG, Kommanditist Naumann Stahl AG & Co. KG - Marienstr. 10, 4000 Düsseldorf 1 (T. 35 40 02) - Geb. 1. Dez. 1918 Düsseldorf (Vater: Hugo C. (Kaufm. Dir. Gerresh. Glashüttenwerke); Mutter: Irene, geb. v. Steimker), ev., 2 Kd. (Peter, Petra) - Hindenburggymn. (Abit. 1938) Düsseldorf; Rechtsstud. Bonn, München, Köln, Freiburg/Br. Staatsex. 1941 u. 44; Promot. 1944 - Liebh.: Tanz, Jagd, Orgelspiel - Spr.: Engl., Franz.

CULMANN, Herbert

Dr. jur., Präsident Dt. Aero-Club (s. 1983), Vorstandsvorsitzer a.D. Dt. Lufthansa AG., Köln (b. 1982) - Neuer Traßweg 30, 5060 Bergisch-Gladbach - Geb. 15. Febr. 1921 Neustadt/Weinstr. (Vater: Wilhelm C; Mutter: Cornelia, geb. Fuchs), verh. s. 1949 m. Angelika, geb. Küstner, 3 Kd. (Harald, Joachim, Astrid) - Univ. Heidelberg (Rechtswiss.). Promot. 1951 (Prof. Walter Jellinek); Ass.ex. 1952 - 1939-45 Wehrdst. (Marine, Luftw.; Offz. u. Flugzeugf.); s. 1953 Luftag bzw. Lufthansa (1954); Vicepres. Federation Aeronautique Intern. (FAI); Präs. Kuratorium Stiftg. Dt. Segelflugmuseum - Ehrenmitgl. Luftfahrt-Presse-Club; 1969 Gold. Daidalos-Med. Dt. Aero-Club; 1981 Gr. BVK - Liebh.: Musik, Lit., Filmen, Skilaufen.

CUNITZ, Maud

Kammersängerin - Kirchenweg 8, 8011 Baldham/Obb. (T. Zorneding 8377) - Geb. 3. April 1916 London (Vater: Fritz C.; Mutter: Franziska, geb. Unertl), kath., verh. s. 1957 m. Kammers. Albrecht Peter (Bariton) - Inst. d. Engl. Fräulein - Mitgl. Bayer. Staatsoper. Gastsp. intern. Bühnen. Partien: Elisabeth, Butterfly, Aida, Octavian, Dorabella, Arabella, Ariadne, Gräfin, Eva, Jenufa, Elsa u. a. - 1955 Bayer. Kammers.; 1959 Bayer. VO.

CUNTZ, Joachim

Dr., o. Univ.-Prof. f. Mathematik Univ. Heidelberg (s. 1988) - Werderplatz 5, 6900 Heidelberg (T. 06221 - 41 07 26) - Geb. 28. Sept. 1948 Mannheim, ev., verh. s. 1973 m. Claude Doyen, 3 Söhne (Hermann, Michael, Nicolas) - Stud. Heidelberg, Paris, Bielefeld; Dipl. 1974 Heidelberg; Promot. 1975 Bielefeld; Habil. 1977 Berlin - 1982-84 Assoc. Prof. Univ. Pennsylvania, Philadelphia, 1984-88 o. Prof. Univ. Marseille - Erf.: u.a. Cuntz-Algebren - 1986 Adjunct Prof. (Prof. E. h.), Univ. Pennsylvania - Spr.: Engl., Franz.

CURDES, Gerhard

Prof., Ordinarius f. Städtebau u. Landesplanung u. Institutsdir. TH Aachen (s. 1971) - Ahornstr. 74, 5100 Aachen - 1979 Ruf TU Berlin.

CURDT, Lothar

Geschäftsführer, MdB (1976-87; Wahlkr. 49) - Gleichenweg 2, 3400 Göttingen (T. 91715) - Geb. 8. Juni 1928 Nikolausberg - Schriftsetzerlehre; b. 1964 Schriftsetzer; anschl. Bezirkssekr. IG Druck u. Papier; 1973-76 Geschäftsf. SPD-Unterbez. Göttingen; Geschäftsf. Gesellsch. Weender Druckerei GmbH, Göttingen. S. 1946 Mitgl. IG Druck u. Papier (1961-73 Bezirksvors.) - SPD (s. 1955). Ratsherr in Grone u. Göttingen (s. 1964 Kreistag Göttingen); 1970-73 Landrat, b. 1976 stv. Landrat.

CURILLA, Wolfgang

Senator Fr. u. Hansestadt Hamburg (1978-86 Umweltsenator, 1986-91 Justizsenator, s. 1991 Finanzsenator - Gänsemarkt 36, 2000 Hamburg 36 (T. 35 98-4 11/4 12) - Vors. d. Stiftungsrates d. Stiftg. Naturschutz Hamburg u. Stiftg. zum Schutze gefährl. Pflanzen; AR-Vors. Hamburger Ges. f. Beteilig.verw. mbH; VR-Vors. Hamburger Feuerkasse u. Hamburgische Landesbank-Girozentrale; VR-Mitgl. Hamburgische Wohnungsbaukreditanstalt. SPD.

CURIO, Eberhard

Dr. rer. nat., Prof. f. Zoologie, Ruhr-Univ. Bochum/Fak. f. Biol. (s. 1971) - Schattbachstr. 4, 4630 Bochum - Geb. 22. Okt. 1932 Berlin (Vater: Otto C., Studienrat; Mutter: Dorothea, geb. Clouth), verh. s. 1965 m. Dorothea, geb. Mohr, 2 Kd. (Cristóbal, Isabéla) - Friedrich-Ebert-Sch. u. FU Berlin. Promot. 1957 Berlin; Habil. 1968 Bochum - BV: Verhaltensstud. am Trauerschnäpper, 1959; The Ethology of Predation, 1976 - Spr.: Engl., Ital. - Bek. Vorf.: Gajus Tribonius Curio (Legat Cäsars) - Entd.: Vielkanaltheorie d. Feindwahrnehmens v. Singvögeln.

CURTIUS, Mechthild,

geb. Wittig

Dr. phil., Privatdozentin f. Lit., Schriftst., Journ., Funk- u. Filmautorin - Vogtstr. 74, 6000 Frankfurt/M. 1 (T. 069 - 59 59 45) - Geb. in Kassel, 2 Kd. (Birgitta, Boris) - Abit.; Stud. German., Ethnosoziol., Kunstgesch.; Promot. 1971 Marburg, Habil. 1982 - Forschungsschwerp.: schöpfer. Proz. b. Dichtern, Erotik, Landsch. - BV: Mode u. Ges., 1971 u. 74; Kritik d. Verdinglichung in Canettis Blendung, 1973; Theorien d. künstler. Produktivität, 1976; Wasserschierling, Gesch. 1979; Jelängerjelieber, R. 1983; Erot. Phantasien b. Thomas Mann, 1984; Vater u. Gott b. Ernst Weiß, 1988; Autorengespräche, 1991. Wortbilder, Erz. 1991. Filme: (Reihe) Hess. Landschaftsbilder, 1985-89; Marquis de Sade, 1986; Glockenjahr, 1986; Rückkehr in d. Oberlauritz, 1991. Drehb.: D. Rüschhausjungfrau (1988 Drehbuchpreis d. Kultusmin. Nordrh.-Westf.) - 1989 Lichtenberglit.preis - Bek. Vorf.: Josef Wittig, Breslau, Prof. d. Theol. u. Schriftst.

CURZI, Cesare

Opernsänger - Max-Reger-Str. 14, 8501 Schwaig b. Nürnberg (T. 0911 - 50 54 20) - Geb. 14. Okt. 1926 San Francisco, kath., verh. seit 1950 m. Rosemarie, geb. Ginocchio, 4 Kd. (Gina Marie, Mario, John, Paul) - Liebh.: Ital. Küche - Spr.: Deutsch, Ital., Franz., Span.

CUSTODIS, Reiner

Assessor, Geschäftsf. Bundesverb. Kunststoff- u. Schwergewebekonfektion - Worringer Str. 99, 4000 Düsseldorf - Stud. Rechtswiss.

CVIKL, Ernst

Ing., Architekt, Vorstandsmitgl. DEV, Nürnberg - Felbigergasse 58, A-1140 Wien (T. 42 93 27) - Geb. 19. Nov. 1910 Graz/Steierm. (Vater: Ignaz C., Techn. Rat; Mutter: Johanna, geb. Stadler), verh. s. 1933 m. Grete, geb. Plank, 3 Söhne (Ernst, Walter, Herbert) - Maurerlehre; HTL Graz, Bauhaus u. Verw.-sakad. Dessau - B. 1957 Dtschl. (1946 ff. Westerland/Sylt, Kiel, Kaiserslautern, Homburg/Saar), dann Wien. Fabrikations-, Lager-, Sport- u. Turn- sowie Flugzeughalten (Bundesrep., Frankr., Österr., Spanien, Südamerika). Üb. 80 Patente im Stahlleichtbau - 1962 Diesel-Med. in Gold, Staatspreis Bundesmin. f. Wissensch. u. Forschg. Wien 1973 u. a.; 1963 Ehrenmitgl. Österr. Erfinder-Verb., Ehrenpräs. Österr. Patentinhaber- u. Erf.-Verb. - Liebh.: Schäferhundezucht (Zwinger v. d. Wickenburg).

CYCON, Dieter

Freier Journalist - Herrnstr. 17, 8000 München 22 (T. 22 06 86) - B. 1969 außenpolit. Redakt. Stuttgarter Ztg., dann (b. 1976) DIE WELT - BV: Es geht um d. Bundesrep. - E. krit. Wertung d. Außenpolitik Willy Brandts, 1971; D.

CYFFER, Norbert
Dr. phil., Prof. f. Afrikan. Philologie Univ. Mainz - Inst. f. Ethnologie u. Afrika-Studien, Postf. 39 80, 6500 Mainz 1 (T. 06131 - 3 51 72; dstl.: 39 24 14) - Geb. 16. Mai 1943 Dortmund, ev.-luth., verh. s 1980 m. Marita Cyffer - 1965-71 Stud. Afrikanistik, Allg. Sprachwiss., Ethnol., Soziol.; Promot. 1973 Hamburg - 1974-81 Ahmadu Bello Univ. Zaria (Res. Fellow) u. Univ. of Maiduguri (Senior Lecturer; bde. Nigeria); 1982-84 Lehrstuhlvertr. Univ. Mainz; ab 1984 Prof. f. Afrik. Philol. Mainz - BV: Syntax d. Kanuri, 1973; The Standard Kanuri Orthography, 1979; Dictionary of the Kanuri Language, 1990; We Learn Kanuri, 1991 - Liebh.: Jogging - Spr.: Engl., Franz., Hausa, Kanuri.

CYPRIAN, Rolf Friedrich
Richter, Amtsgerichtsdirektor, Bürgermeister Wettringen - Grüner Weg 5, 4441 Wettringen (T. 02557-239) - Geb. 26. Jan. 1935 Herten/Westf. (Vater: Fritz C., Brotkutscher; Mutter: Anna Martha, geb. Kruk), kath., verh. s. 1959 m. Franzis, geb. Sandmann, 4 Kd. (Charlotte, Friederike, Ulrich, Uta Maria) - 1955-59 Stud. Rechts- u. Staatswiss. Univ. Münster, 1. u. 2. Staatsprüf. - S. 1964 Ratsmitgl. Wettringen (CDU-Fraktionsvors.); s 1975 Bürgerm. - Liebh.: Lit., Musik.

CYRAN, Eberhard
Schriftsteller - Mombertstr. 13, 6900 Heidelberg 1 (T. 06221 - 38 38 03) - Geb. 1. Febr. 1914 Breslau (Vater: Dr. Georg C., Mutter: Erna, geb. Troost) - Gymn. Breslau; Kunstgewerbesch. ebd.; Kunstakad. Berlin; Filmakad. Babelsberg (UFA) - Graphiker; Cutter u. Regieassist.; s. 1948 Schriftst.; 1961 Redakt. SFB (Fernsehen); TV-Berat. afrikan. u. asiat. Länder; 2. Vors. Goethe-Ges. Heidelberg; Dozent - BV: D. Knabe m. d. Flöte, R. 1948; Du trägst d. Zeichen, R. 1949; Horde Harro, Jgdb. 2. A. 1952 (auch franz.); Wolken üb. weißen Segeln, Jgdb. 1957 (auch franz.); Auch A. Dieb greift in Gott, R. 1954; Marco u. d. Herr d. Welt, Jgdb. 1961 (auch ital. u. franz.); Sanssouci, 1959; D. Insel, Jgdb. 1960; Tor z. Tag, N. 1961; D. Schloß an d. Spree, 1962; D. tödl. Krone, Erz. 1968; Preußisches Rokoko, 1979; D. König, R. 1981; D. Lebensgesch. d. Frhr. v. d. Trenck, 1983; Roman d. letzten Staufer, 1985; Begegnung in Bari, 1986; Bachstelzenburg, R. 1987; D. Borgia, R. 1988; Lucrezia Borgia, 1990; Abend üb. d. Alhambra, R. 1991. Hör- u. Fernsehsp. - 2 x Dt. Jugendbuchpreis, 1966 Adolf Grimme Preis, 1981 Eichendorff-Lit.-Preis.

CYRAN, Walter
Ministerialrat, Honorarprof. Pharmazeut. Inst./Univ. Tübingen - Haußerstr. 140, 7400 Tübingen 1.

CZAJA, Herbert
Dr. phil., Oberstudienrat i. R. - Nachsommerweg 31, 7000 Stuttgart-Freiberg (T. 84 11 15) - Geb. 5. Nov. 1914 Teschen/OS. (Vater: Albert C., Notar; Mutter: Luise, geb. Smekal), kath., verh. s. 1948 m. Eva-Maria, geb. Reinhardt, 9 Kd. (Christine, Thomas, Andreas, Eva-Luise, Sabine, Johannes, Katharina, Rudolf, Karl-Albert) - Dt. Staatsgymn. Bielitz; Univ. Krakau (German., Gesch., Phil.; Promot. 1939) - Assist. Univ. Krakau, 1940-42 Lehrer Dt. Obersch. Generalgouvernement, 1942-45 Kriegsdst., ab 1946 Lehrer Obersch. Stuttgart (1948 Studienrat); 1947-53 Stadtrat, s. 1952 Vors. Union d. Vertriebenen in d. CDU Nord-Württ., s. 1953-90 MdB, 1964-69 Bundesvors. Landsmannsch. d. Oberschlesier, s 1967 Mitgl. Zentralkomitee d. dt. Katholiken, s. 1969 LdO-Sprecher Union d. Vertriebenen, CDU s. 1946, s. 1970 Präs. Bund d. Vertriebenen - Publ.: Wie kommt man zu e. Familienheim?, 4. A. 1962; Ausgleich m. Osteuropa, 2. A. 1969; Materialien zu Oder-Neiße-Fragen,

2. A.; Dok. d. Menschenrechtsverletz. gegenüb. Deutschen, 2. A. - Liebh.: Phil., Theol. - Spr.: Poln., Engl.

CZAYKA, Lothar
Dr. rer. pol., Prof. f. Hochschuldidaktik d. Wirtschaftswiss. Univ. Frankfurt/M. - Herrzehntenweg 10, 6903 Neckargemünd-Dilsberg.

CZEGUHN, Manfred
Dipl.-Ing., Mitglied d. Bereichsvorstandes Verkehrstechnik d. Siemens AG - Alter Rautheimer Weg 38, 3300 Braunschweig - Geb. 11. Dez. 1928 Hamburg, verh. m. Ingeborg, geb. Göttsch.

CZELL, Gernot
Dr. theol., Dipl.-Psych., Leiter Ehe-, Familien- u. Lebensberatungsstelle - Am Ziegenberg 19, 5900 Siegen - Geb. 26. April 1943 Hermannstadt/Siebenb. (Vater: Albert C., Lehrer; Mutter: Emma, geb. Bretz, Lehrerin), ev., verh. s. 1968 m. Dr. Maria, geb. Prall, 2 Kd. (Astrid, David) - Schule Alsdorf (Abit.); 1962-68 Stud. Theol. Wuppertal, Heidelberg, Bonn, 1968-73 Psych. u. Soziol. Heidelberg. I. Theol.ex. 1968; Dipl.-Psych. 1973 - 1976-89 Leit. Ev. Studienwerk e.V., Villigst.

CZEMPER, Karl-Achim
Prof. f. Industrial Design - Hofweg 21, 2000 Hamburg 76 (T. 040 - 229 65 33) - Geb. 4. Nov. 1935 Potsdam - Stud. TH Stuttgart, Hochsch. f. Gestaltg. Ulm, Dipl. 1961 - 1962-66 Studiengruppe f. Systemforsch. Heidelberg; 1967-70 Design Research Unit, Royal College of Art, London; 1970 Master of Design (RCA), 1971-73 Assist. Prof. School of Architecture, Univ. of Virginia (USA); s. 1973 Prof. Hochsch. f. bild. Künste, Hamburg.

CZEMPIEL, Ernst-Otto
Dr. phil., o. Prof. f. Wiss. Politik Univ. Frankfurt (s. 1970) - Senckenberganlage 13-17, 6000 Frankfurt/M. - Geb. 22. Mai 1927 Berlin - Schiller-Gymn. Berlin (L'felde); 1947-48 Humboldt-Univ. Berlin (Phil., Gesch.), 1948-53 Univ. Mainz (Neuere Gesch., Angl., Phil.). Promot. 1956 Mainz; Habil. 1964 Darmstadt (TH) - 1957-64 Assist. TH Darmstadt (Lehrstuhl f. Polit. Wiss.), 1966-70 o. Prof. Univ. Marburg. 1965-66 Gastforscher Columbia Univ. New York, Forschungsgruppenleiter Hess. Stiftg. f. Friedens- u. Konfliktforsch., Frankfurt. Spez. Arbeitsgeb.: Außenpolitik d. USA, Probleme d. intern. Org. u. d. Ausw. Politik, Friedensforschung - BV: u. a. Macht u. Kompromiß - D. Bezieh. d. BRD zu d. Vereinten Nationen 1956-70, 1971; Schwerp. u. Ziele d. Friedensforsch., 1972; Friedenspolit. i. Südl. Afrika, 1976; Amerikan. Außenpolit., 1979; Intern. Politik, 1981; Weltpolitik d. USA nach 1945 - Einf. u. Dokum., 1984 (m. Carl-Christoph Schweitzer); Friedensstrategien, 1986; Machtprobe, 1989; Weltpolitik um Umbruch, 1991. Herausg.: Amerikanische Außenpolitik im Wandel (1982) - Spr.: Engl.

CZERNETZKY, Günter
Filmregisseur u. Dozent, fr. Filmemacher (s. 1988), Gesellschafter Fa. Rubicon Film GbR - Sperlstr. 42, 8000 München 71; priv.: Theobaldgasse 15/17, A-1060 Wien (T. 0222 - 587 02 60) - Geb. 27. März 1956 Schäßburg/Siebenbürgen, ev., verh. s. 1987 m. J. Achmedowa - Hochsch. f. Fernsehen u. Film München - 1984-88 wiss. u. künstler. Assist. HFF München; Doz. Univ. Eichstätt, Akad. d. bild. Künste München, u. Goethe-Inst.; s. 1988/89 Doz. Univ. München (Inst. f. Thwi). Obmann Verein Intern. Tanzspektrum Wien - Filme: Sabbat (1981/82); Liebesblut (1983/85); Yma Sumac - Hollywood's Inkaprinzessin (BR-1991); D. Zigeunerbaron Insz. Ung. Staatsoper/Klausenburg (Premiere Febr. 1992) Projekte: Wunden (ZDF), Deportation (ARD), Reigen Schnitzler/Insz. am Nationaltheater Klausenburg/Rumänien - Mitgl. Ges. f. Filmtheorie, Wien - Liebh.: Sammlung v. Plakaten u. Prospekten, Videosammlung - Spr.: Engl., Rumän.

CZERNIK, Inge
Verlegerin - Zollernstr. 4, 7298 Loßburg (T. 07446 - 22 17) - Geb. 3. Juni 1941 Hockenheim, verh. s. 1960, T. Esther - Mithrsg. Lit.ztschr.: Lit. aktuell; Stifterin Förderpreis f. Lyrik: Lyrischer Oktober; Mitgründ. d. lit. Vereinig. Lyrischer Oktober.

CZERNIK, Theodor Peter
Verleger, Schriftsteller, Graphiker - Zollernstr. 4, 7298 Loßburg (T. 07446 - 22 17) - Geb. 22. Nov. 1929 Hruschau (CSSR), kath. verh. s. 1960 m. Inge, geb. Metzger, T. Esther - Stud. Malerei, Grphik, Bühnenbildnerei in Wien u. Mannheim - Verleger m. Schwerpunkt Lyrik (Anthol., Einzelausg., Dokument.); Herausg. Lit.ztschr.: Lit. aktuell; Initiator u. Veranst. Lyrikertagungen: Lyrischer Oktober u. Freudenstädter Lyriktage; Stifter Lit.preis: Lyrischer Oktober. Veröff. v. Romanen, Hörsp., Erzähl. u. e. Theaterstück.

CZERWENKA, Hans
Bankdirektor - Elsterstr. 6, 8025 Unterhaching b. München (T. München 61 67 64) - Geb. 10. Mai 1927 Reichenberg (Vater: Johann C.; Mutter: Marie, geb. Steffl), kath., verh. s. 1960 (Ehefr.: Hannelore), T. Heike - Handelsakad.; Kaufm. Lehre (Industriekfm.) - S. 1949 Bankfach (Dir. Bankhaus Reuschel & Co., München), AR-Mitgl. WKV Bank GmbH, u. GBS-Schule, bde. München, AR-Mitgl. u. Stiftg.rat Sabel-Schulen, München u. Nürnberg.

CZERWENSKY, Gerhard
Dr. rer. pol., Herausgeber v. Czerwensky intern u. Bonner Welle Kronberger Verlagsges. mbH, Frankfurt/M. - Oberer Lindenstruhweg 8, 6242 Kronberg/Ts. (T. 640428) - Geb. 25. Sept. 1920 Hindenburg/OS. (Vater: Max C., Mehlgroßkfm.; Mutter: Martha, geb. Pixa), kath., verh. s. 1949 m. Amalie, geb. Stapfer, 2 Töcht. (Claudia, Cornelia) - Oberrealsch. Hindenburg; Univ. Würzburg, Freiburg, Wien, München (Dipl.-Volksw. 1947). Promot. 1948 b. Prof. Adolf Weber - 1946-47 Ref. Bayer. Wirtschaftsmin. u. STEG; 1949-53 Redakt. D. Neue Zeitung; 1953-57 to Journ.; 1957-69 Wirtschaftskorresp. Südd. Ztg. Mitgl. Frankfurter Sportclub Sachsenhausen (1961) u. Reitstall Kronberg - BV: Anlageland USA; Plato(w)tüden; Scherzerades (bde. Zitatenb.); Jährliche gebundene Konjunkturprognose - BVK am Bde. - Liebh.: Reiten, Tennis - Spr.: Engl., Franz.

CZICHON, Günther
Dr.-Ing., Senator a. D., Vorstandsvors. Stadtwerke Bremen AG, schwed. Konsul - Wullweide 2, 2800 Bremen-Oberneuland - Geb. 19. Mai 1930 Bremen, verh., 2 Kd. - Mittelsch. Bremen; Maschinenschlosserlehre; Ingenieursch. Bremen (Maschinenbau; Ing.); 1952-55 TH Karlsruhe (Dipl.-Ing.). Promot. 1961 - 1956-69 Maschinenfabrik Friedrich Kocks

GmbH, Bremen (1965 Techn. Dir., 1966 Geschäftsf.). 1970-77 Dir. Fried. Krupp GmbH, 1978/79 Chef d. Staatskanzlei Bremen, 1975-77 Konsul, 1979-83 Senator Bremen. 1967-75 u. 1983/84 MdBB. SPD s. 1947 - 1957 Redtenbacher-Med. TH Karlsruhe, 1967 VDI-Ehrenring.

CZURDA, Elfriede
Dr. phil., Schriftstellerin - Bonhoeffer Ufer 15, 1000 Berlin 10 (T. 030 - 344 35 41); u. Joh.-Strauß-G. 10-14, 1040 Wien (T. 0222 - 657 92 62) - Geb. 25. April 1946 Wels (Ob.-Österr.) - Stud. Kunstgesch. u. Archäol. Univ. Salzburg u. Paris; Promot. 1974 - BV: Diotima oder D. Differenz d. Glücks, 1982; Signora Julia, 1985; Kerner, 1987; D. Giftmörderinnen, 1991 - Spr.: Engl., Franz.

CZWIKLITZER, Christoph
Kunstsammler, Kunsthändler u. Verleger - Postf. 22 09, 7570 Baden-Baden (T. 07221 - 6 71 58) - Geb. 18. Mai 1914 Breslau, ev. - Univ. Berlin u. Heidelberg (Volks- u. Betriebsw., Kunstgesch.) - 13 J. Paris.

CZYGAN, Franz-Christian
Dr. phil., o. Prof. f. Pharmazeut. Biologie (s. 1972), Vorst. d. Inst. f. Pharmazeut. Biol. d. Univ. Würzburg - Mittlerer Dallenbergweg 64, 8700 Würzburg (T. 7 30 85) - Geb. 25. Okt. 1934 Königsberg/Pr. (Vater: Wilhelm C., Kaufm.; Mutter: Gertrud, geb. Weyher), ev., verh. s. 1962 m. Apothek. Isolde, geb. Wehner, 3 Kd. (Michael, Martin, Markus) - Stud. Univ. Marburg; Promot. 1963 ebd.; Habil. (Bot. u. Pharmakognosie) 1967 Erlangen - 1968 Doz. Erlangen u. 1969 Wiss. Rat u. Prof. Würzburg - Arbeitsgeb.: pflanzl. Zell- u. Gewebekulturen, Carotinoide, Alkaloide, Chemosystematik, Arzneipflanzen. Ca. 190 Publ. in Fachztschr. - Herausg. (s. 1972), Pigments in Plants (1980); Biogene Arzneistoffe (1984). Mithrsg.: Ztschr. f. Phytotherapie (s. 1988). Mitautor: Trends d. mod. Biol. (m. M. Winkler, 1989); Teedrogen (M. Wichtl, 1989); Blattwerk, alte u. neue Arzneipflanzen in Aquarell u. Lyrik (1989, zus. m. J. Kaiser); Wieviel Garten braucht d. Mensch? (Hrsg. G. Bittner/P.-L. Weinacht, 1990) - Spr.: Engl.

D

DAAMS, Hans
Journalist - Nauenstr. 17, 4600 Dortmund-Brackel - Geb. 9. Okt. 1913 Emmerich, verh. s. 1946 m. Brigitte, geb. Ziem, Tocht. Brigitte - Stud. Phil., Theol., Soziol. - S. 1946 Redakt. (Wiss., Technik, Reiseseiten) - 1956 Diesel-Med. - Bek. Vorf.: de Wit, niederl. Freiheitskämpfer, spät. Admiral.

DABS, Otto
Kürschnermeister, Inh. Dabs Pelze, Lübeck - Niels-Bohr-Ring 12, 2400 Lübeck (T. 0451 - 7 14 11) - Geb. 7. Juni 1929 Demmin, ev., verh. m. Hannelore, geb. Holznagel, 3 Kd. (Thomas, Annette, Katja) - Kürschnerm. - Ehrenpräs. Zentralverb. d. Dt. Kürschnerhandwerks, Vors. Artenschutzkreis Deutschl. e. V., Ehrenvors. Verein f. Wirtsch. u. Kultur in Lübeck e. V. - 1978 Freiherr v. Stein Gedenkmed. Land Schlesw.-Holst., Senatsplak. d. Hansestadt Lübeck.

DACH, Günter
Redakteur - Britzer Str. 84 H, 1000 Berlin 42 - Geb. 27. Aug. 1915 Berlin, ev., verh. s. 1944 m. Brigitte, geb. Radke, 3 Söhne (Michael, Wolfgang, Thomas) - N. mittl. Reife Drogistenlehre; Ausbild. als techn. Fotogr. u. Bildberichter - 1936-38 u. 1939-45 Wehrm. (Luftw.); 1946-47 Angest. Zentralverw. f. Handel u. Versorg. SBZ; 1948-49 fr. Bildberichter u. Journ.; s. 1949 Angest. DAG Berlin (Redakt. u. Leit. Abt. Presse - Werbung - Rundfunk) u. Bundesversich.sanstalt f. Angestellte (1965 Leit. Pressest.); 1974-78 Mitgl. Geschäftsleit. DAK; s. 1980 Mitgl. Vorst. DAK; MdA Berlin (1959-75, s. 1963 stv. Vors. CDU-Fraktion) - 1968 BVK, 1981 Stadtältester von Berlin.

DACHS, Joachim
Dr. rer. nat., Prof. f. Astronomie Univ. Bochum (s. 1971) - Haarholzer Str. 31, 4630 Bochum-Stiepel - Geb. 2. Febr. 1930 Berlin, ev., verh. s. 1960 m. Dr. med. Doris, geb. Mergenthaler, 2 Kd. (Katrin, Christoph) - Univ. Tübingen (Dipl.-Phys. 1956) u. Paris. Promot. (1960) u. Habil. (1967) Tübingen - 1962-67 Akad. Rat Univ. Tübingen. 1974-83 Rendant Astronom. Ges. - Spr.: Engl., Franz.

DADELSEN, von, Georg
Dr. phil., em. o. Prof. f. Musikwissenschaft - Denzenbergstr. 43, 7400 Tübingen (T. 5 27 81) - Geb. 17. Nov. 1918 Dresden (Vater: Dr. jur. Hans v. D., Bankier; Mutter: Margarethe, geb. Boessneck), ev., verh. s. 1947 m. Dr. Dorothee, geb. Dovifat, 5 Kd. (Johannes-Christian, Andreas, Bernhard, Katharina, Margarete) - Gymn. Berlin-Zhldf.; Univ. Kiel u. Berlin (Humboldt u. Freie). Promot. 1951 FU Berlin; Habil. 1958 Tübingen - 1952-58 Assist. (Musikwiss. Inst.) u. Doz. (1958) Univ. Tübingen; s. 1960 Ord. u. Inst.dir. Univ. Hamburg u. Tübingen. 1959ff. Leit. Denkmälerpubl. D. Erbe dt. Musik; 1962ff. Leit. Johann-Sebastian-Bach-Inst. Göttingen; 1974-89 Vors. d. Musikgeschichtl. Kommiss. 1971ff. Hrsg. d. Ausgew. musikal. Werke E. T. A. Hoffmanns - BV: Alter Stil u. alte Techniken in d. Musik d. 19. Jh., 1951 (Diss.); Bemerk. z. Handschr. J. S. Bach, s. Familie u. s. Kreises, 1957; Beitr. z. Chronol. d. Werkes J. S. Bachs. 1957; Editionsrichtlinien musikal. Denkmäler u. Gesamtausg., 1967; Üb. Bach u. a., 1983. Mitarb.: Neue Bach-Ausg., Festschrift Georg v. Dadelsen. 1978.

DADELSEN, von, Hans-Christian
Komponist - Magdalenenstr. 50, 2000 Hamburg 13 - Geb. 1948 Berlin - 1986 u. 1990 Doz. Intern. Ferienkurse f. Neue Musik, Darmstadt; fr. Mitarb. versch. Ztschr. - Werke f. Ensemble, Orch., Oper. 1990 Musiktheater Ikarus b. d. 2. Münchner Biennale - Ess. im Ber. d. Musikästhetik, Musikphil. u. Rhythmus-Theorie etc. - 1979 Berliner Kunstpreis (Musik); 1981 Wilfried-Steinbrenner-Preis (f. Ernste Musik); 1982 u. 84 Villa Massimo, Rom.

DAECKE, Sigurd
Dr. theol., Univ.-Prof. f. Ev. Theologie RWTH Aachen (s. 1980) - Flandrische Str. 36, 5100 Aachen - Geb. 22. Nov. 1932 Hamburg (Vater: Dr. Herbert D.; Mutter: Maria, geb. Rüth), verh. m. Rosemarie, geb. Seeger, 2 Söhne (Dirk, Nils) - 1960-69 Pfarrer u. Redakt.; 1970 Chefredakt. Monatsschr. Ev. Kommentare, Stuttgart; 1972 o. Prof. f. Ev. Theol. PH Aachen - BV: Teilhard de Chardin u. d. ev. Theol., 1967; Mythos v. Tode Gottes, 2. A. 1970; Grundl. d. Theol. (zus. m. Pannenberg, Sauter, Janowski), 1974. Herausg.: Kann man Gott aus d. Natur erkennen? Evolution als Offenbarung (1990); Albert Einstein - Worte in Zeit u. Raum (1991); ca. 120 Beitr. in Ztschr., Sammelw. u. Enzykl. - 1967 Straßburg-Preis d. Stiftung F.V.S.

DÄHLER, Helmut
Direktor, Geschäftsführer Energieversorgung Mittelrhein GmbH - Ludwig-Erhard-Str., 5400 Koblenz; priv.: Lohrweg 12, 5403 Mülheim-Kärlich - Ing. (grad.).

DÄHMCKE, Olaf
Dipl.-Ing., Prof. f. Baustofflehre u. Massivbau Univ.-GH Siegen (Fachbereich Bautechnik) - Hölderlinstr. 56, 5900 Siegen 21- Spr.: Franz. - Bek. Vorf.: Heinrich Lhotzky, Schriftst. (Großv.).

DÄHNE, Erwin
Dr. rer. pol., Bankier, Vorstandsmitgl. i. R. Bankhaus Neelmeyer AG, Bremen - Heinrich-Heine-Str. 85, 2800 Bremen - Geb. 12. Sept. 1916 - Zul. Vorstandsmitgl. Bankhaus Neelmeyer AG, Bremen.

DÄHNERT, Burkhard
Verlagsleiter Johannes Verlag Freiburg i. Br. (s. 1989) - Bürgerwehrstr. 15, 7800 Freiburg/Br. - Geb. 12. Sept. 1929 Bremen (Vater: Carl D.; Mutter: Käthe, geb. Thewes), kath., verh. s. 1952 m. Ursula, geb. Fielitz, T. Christiane - 1949-74 Buchhändler Bremen, Münster, Aachen; 1974-83 Geschäftsf. Walter-Verlag GmbH, Freiburg; 1984-89 Verlagsleit. Schwabenverlag AG, Ostfildern. Aufs. in Fachztschr. - Liebh.: Bibliophilie, Wandern, Griech. Antike - Spr.: Engl., Niederl.

DÄMMRICH, Klaus
Dr. med. vet., Prof. f. Allg. Pathologie u. Pathol. Anat. sow. Histol. - Bergstr. 17 c, 1000 Berlin 39 - Geb. 15. Mai 1932 Crimmitschau - Promit. 1958 - S. 1966 (Habil.) Lehrtätigk. FU Berlin (gegenw. Prof. u. stv. Dir. Inst. f. Veterinärpathol.). Üb. 80 Fachaufs.

DÄNIKEN, von, Erich

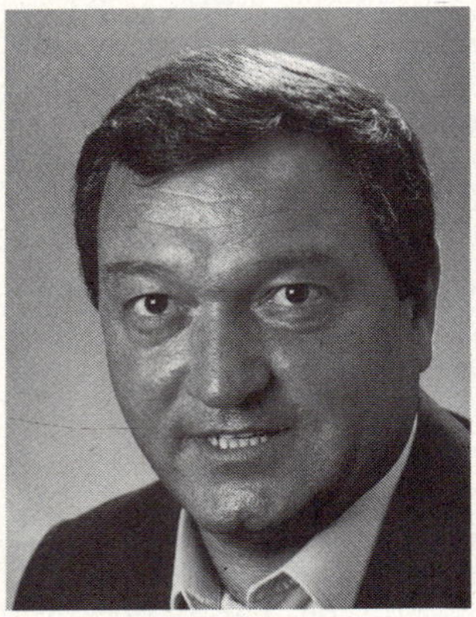

Schriftsteller - Baselstr. 1, CH-4532 Feldbrunnen - Geb. 14. April 1935 Zofingen (Schweiz) - BV (1968-91, b. zu 36 Übers.): Erinnerungen an d. Zukunft, Zurück zu d. Sternen, Meine Welt in Bildern, Aussaat u. Kosmos, Erscheinungen, Besucher aus d. Kosmos, Beweise, E. v. D. im Kreuzverhör, Prophet d. Vergangenheit, Reise nach Kiribati, D. Strategie d. Götter, Habe ich mich geirrt?, D. Tag, an dem d. Götter kamen, Ich liebe d. ganze Welt, Wir alle sind Kinder d. Götter, D. Augen d. Sphinx, D. Spuren d. Außerirdischen, D. Steinzeit war ganz anders, 1991; D. Rätsel im alten Europa, 1991. Fernsehvortr. Erinnerungen an d. Zukunft u. Botsch. d. Götter auch als Videofilm - Dr h. c. Univ. Boliviana; Ehrenmitgl. d. Ancient Astronaut Soc., Chicago; Premio Lourenco Filho in Gold u. Platin, Sao Paulo, Brasilien; Ehrenbürger d. Stadt Ica, Peru.

DÄNZER-VANOTTI, Wolfgang
Dr. jur., Richter am Bundesfinanzhof a. D. - Montgelasstr. 20, 8000 München 80 - Geb. 20. März 1926 Karlsruhe (Vater: August D., Richter; Mutter: Hedda, geb. Seeck), kath., verh. s. 1953 m. Hildegard, geb. Quennet, 2 Kd. (Christoph, Matthias) - Human. Gymn., Stud. Rechtswiss. - Ref. OFD Freiburg; 1958-74 Hilfsref. u. Ref. Bundesmin. d. Finanzen - 1991 Gr. BVK.

DAERR, Eberhard
Dr. med., Generaloberstabsarzt a. D., Bundesarzt d. DRK (1973-86) - Weißdornweg 122, 5300 Bonn 2 (T. 32 23 24) - Geb. 11. Juli 1912 Frankenstein/Schles. (Vater: Dr. med. Johannes D., Arzt; Mutter: Magdalena, geb. Herting), ev., verh. s. 1941 m. Katharina, geb. Wingenfeld, 4 Kd. (Hans Joachim, Christiane, Elisabeth, Gundula) - Gymn. Frankenstein; Univ. Greifswald, München, Tübingen, Breslau (Med. Staatsex. 1937; Promot. 1939). Facharzt f. Chirurgie 1951 - 1939-45 Kriegsdst. (Sanitätsoffz.,), 1945-51 Chirurg Univ.klinik Kiel u. Stadtkrkhs. Schleswig, 1951-53 Regierungsarzt Liberia/Westafrika (Chirurg), 1954-56 DRK-Hospital Pusan/Südkorea (Chirurg), s. 1956 Bundeswehr (Sanitätsoffz. u. a. SHAPE, Paris); 1969-72 Inspekteur d. Sanitäts- u. Ges.-Wesens d. Bundeswehr - Kriegsausz. (EK I, Sturm- u. Verwundetenabz.); 1971 Ehrenritter Johanniter-Orden, 1971 Order of National Security-Gug Seon Medal, Südkorea; 1972 Gr. BVK m. Stern; Dr. med. E. h. d. Chonam National University/Südkorea; Ehrenzeichen d. DRK - Liebh.: Cello, Reiten, Tennis - Gold. Sportabz. - Spr.: Engl., Franz.

DÄUBLER, Wolfgang
Dr. jur., Prof. f. Arbeits-, Handels- u. Wirtschaftsrecht Univ. Bremen (s. 1971) - Geierweg 20, 7409 Dußlingen (T. 07072 - 77 70) - Geb. 5. Mai 1939 Berlin (Vater: Helmut D., Senatspräs. OLG; Mutter: Hanne, geb. Wagner), ev., verh. s. 1969 m. Herta, geb. Gmelin, 2 Kd. (Monika, Wolf-Peter) - BV u. a.: Streik im öfftl. Dienst, 2. A. 1971; Negative Koalitionsfreiheit?, 1971 (m. Mayer-Maly); D. Grundrecht auf Mitbestimmung u. s. Realisierung d. tarifvertragl. Begründung von Beteiligungsrechten, 3. A. 1975; D. soz. Ideal d. Bundesarb.gerichts, 1975; Eigentum u. Recht, 1976 (m. a.); D. Arbeitsrecht, Bd. 1, 11. A. 1990, Bd. 2, 6. A. 1990; Koalitionsfreiheit, 1976 (m. Hege); Tarifvertragsr. (m. Hege), 2. A. 1981; Gewerkschaftsrechte im Betrieb, 7. A. 1992; Privatisierung als Rechtsproblem, 1980; Stationier. u. Grundgesetz, 3. A. 1983; Arbeitskampfrecht (m. a.), 2. A. 1987; Gläserne Belegschaften? Datenschutz f. Arbeiter, Angest. u. Beamte, 2. A. 1990; Haftung f. gefährl. Technol., 1988 - Spr. Franz., Ital., Engl., Span., Russ.

DÄUBLER-GMELIN, Herta, geb. Gmelin
Dr. jur., Rechtsanwältin, MdB (s. 1972) - Geierweg 20, 7401 Dußlingen - Geb. 12. Aug. 1943 Bratislava (CSSR), verh. m. Prof. Dr. jur. Wolfgang D., 2 Kd. - Neuspracht. Gymn. (Abit.); Stud. Rechtswiss. u. Volksw. Tübingen u. Berlin - 1968-72 Gerichtsrefer. 2. Staatsex. 1974 - S. 1972 Bundestag (s. 1983 stv. Fraktionsvors., b. 1982 Vors. Rechtsaussch.). SPD s. 1965 (1971 Vors. Arbeitsgem. sozialdemokr. Frauen Baden-Württ.) - Div. arbeitsrechtl. u. wirtschaftsrecht. Veröff.

DÄUMEL, Gerd
Dr. rer. hort., Prof., Leiter d. Instituts f. Gartenarchitektur u. Landschaftspflege

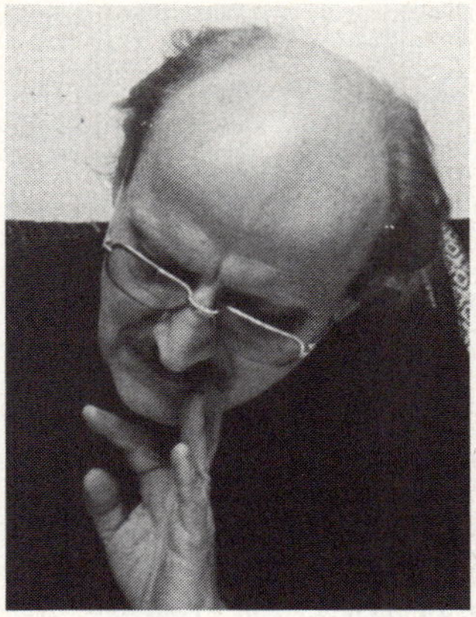

d. Forschungsanstalt f. Weinbau, Gartenbau, Getränketechnologie u. Landespflege i.R.; 1968 Lehrauftr. Univ. Gießen - Rebenweg 10, 6222 Geisenheim/Rhg. - Geb. 8. Jan. 1913 Neustadt/Orla, ev., verh. s. 1955 m. Irmela, geb. v. Kannewurff, S. Wolfram - Univ. Berlin, TH Hannover. Diplom 1950; Promot. 1960 - BV: Üb. d. Landesverschönerung, 1961; Beton i. Garten, 1968; zahlr. Fachartikel - 1978 Hon.-Prof. d. Univ. Gießen.

DÄUMLER, Klaus-Dieter
Prof. FH Kiel, Fachber. Wirtschaft - Lärchenweg 12, 2301 Felde-Jägerslust (T. 04340 - 3 68) - Geb. 17. Dez. 1943 - Stud. Univ. Tübingen, Kiel (Wirtsch.wiss.), Dipl. 1969 - BV: Finanzmath. Tabellenwerk f. Praktiker u. Studierende, 3. A. 1989; Unterjährige Zinsperioden - Finanzmath. Tabellenwerk, 1984; Kostenrechn. 1 Grundl., 5. A. 1991 (m. J. Grabe); Kostenrechnung 2 Deckungsbeitragsrechn., 4. A. 1991 (m. J. Grabe); Kostenrechnung 3 Plankostenrechn., 3. A. 1991 (m. J. Grabe); Kalkulationsvorschr. b. öffentl. Auftr., 1984 (m. J. Grabe); Betriebl. Finanzwirtsch., 5. A. 1991; Grundl. d. Investitions- u. Wirtschaftlichkeitsrechn., 7. A. 1992; Praxis d. Investitions- u. Wirtschaftlichkeitsrechn., 3. A. 1991; Leitfaden z. Investitionsrechnung, 1990.

DAFFINGER, Wolfgang
Bürgermeister Stadt Weinheim a.D., MdL Baden-Württ. (s. 1962) - Schollstr. 1, 6940 Weinheim/Bergstr. (T. 1 22 98) - Geb. 28. Dez. 1927 Weinheim, ev., verh., 2 Kd. - Volkssch.; Maschinenschlosserlehre; 1953-54 Cornell Univ. Ithaka (USA) - 1944-45 Wehrdst., dann Werkzeugmacher u. Lehrlingsausbilder (1952-56 Betriebsrat e. Grußuntern.), s. 1956 Vors. DGB Kr. Weinheim. 1953-82 Stadtrat Weinheim; s. 1959 MdK. SPD (1958) Vors. Weinheim).

DAFFNER, Hans
Erster Bürgermeister - Rathaus, 8304 Mallersdorf-Pfaffenberg, Ndb., Landkr. Straubing-Bogen - Geb. 7. Dez. 1939 Mallersdorf - Angest. Notarkasse A.d.ö.R.; stv. Kreisvors. im Bayer. Gemeindetag im Landkreis Straubing-Bogen; stv. Kreisvors. d. Bayer. Roten Kreuzes im Landkreis Straubing-Bogen.

DAHEIM, Hansjürgen
Dr. rer. pol.,, Dipl.-Kfm., Prof. f. Soziologie (s. 1979) Univ. Bielefeld, Dir. Inst. z. Erforsch. sozialer Chancen, Köln (s. 1990) - Am Hof 20a, 5330 Königswinter 1 - Geb. 16. Dez. 1929 Essen - Univ. Bonn (1950-52; Theol.) u. Köln (1952-57; Betriebsw., Soziol., Sozialpolitik). Dipl. 1955, Promot. 1957, Habil. 1966 (alles Köln) - 1966/67 Research Associate Univ. of California, Berkeley (USA), 1967-79 o. Prof. d. Soziologie Univ. Regensburg, 1971-72 Visit. Prof. Univ. of Calgary, 1977 Univ of Connecticut, Storrs. Mitgl. Dt. Ges. f. Soziol. u. American Sociol Assoc. - BV: D. Beruf in d. mod. Gesellschaft, 1967; D. Di-

plomlandwirte, 1972 (m. W. Kaupen), Soziol. d. Arbeit u. d. Berufe, 1981 (m. U. Beck u. M. Brater), Bleibe- u. Rückkehrperspektiven korean. Arbeitsemigranten i. d. BRD, 1986 (m. J.-H. Choe), König-Festschr., 1973 (hg. m. G. Albrecht u. F. Sack); Sozialisationsprobl. arbeitender Jugendl., 1978 (hg. m. a.); Perspektiven d. Soziologielehre, 1987 (m. G. Schönbauer); Soziale Chancen, 1992 (hg. m. H. Heid u. K. Krahn) - Spr.: Engl.

DAHESCH, Keyvan

(Ps.: Wilhelm Unverzagt, Kai Saturn), Journalist, Pressesprecher Landesversorgungsamt Hess. - Homburger Landstr. 693, 6000 Frankfurt/M. 50 (T. priv.: 069 - 50 37 28; dstl.: 069 - 15 35-381) - Geb. 26. Dez. 1941 Teheran/Iran (von Geburt an blind), verh. s. 1966 m. Anni, geb. Westerweller - Blindensch.; Stud. Akad. d. Arb. Univ. Frankfurt u. Hess. Verwaltungsschulverb., dpa - Mitgl. Frankfurter Presseclub u. DJU; Autor: D. Zeit, SZ, dpa, FR, DLF, DW, HR u. WDR; ehrenamtl. Richter am Sozialgericht Frankfurt; s. 1975 nebenamtl. Doz. f. d. Fächer Soz.-Politik, Mitbest.-Fragen, Public Relation a. d. Heimvolkshochsch. d. Friedrich-Ebert-Stiftg.; s. 1982 Jurymitgl. b. Bundesentscheid im Vorlesewettbewerb d. Börsenvereins d. dt. Buchhandels - Ehrenbrief Land Hessen, Ehrenteller Reichsbund d. Kriegsopfer, Behinderten, Sozialrentner u. Hinterbliebenen; Ehrenplak. VdK Hessen in Silb.; 1986 u. 1990 Medienpreis Bundesarbeitsgem. d. fr. Wohlfahrtspflege; 1988 Ehrenplak. Stadt Frankfurt. Gold. Ehrennadel VdK-Deutschland. Journalistenpreis Bundesvereinigung Lebenshilfe f. geistig Behinderte; 1990 BVK; 1992 Europomed. d. VdK - Liebh.: Musik, Lit., Reisen, Wandern, Tandemfahren, Segeln - Lit.: div. Art. in Ztg. u. Ztschr., u.a. FAZ, FR, FNP, dpa, Stars & Stripes, D. erfolgr. Weg. AP, Reuter, SAT 1 u. ZDF.

DAHL, Edwin Wolfram

Lyriker - Kidlerstr. 39, 8000 München 70 (T. 089 - 76 64 51) - Geb. 17. Juni 1928 Solingen, verh. s. 1980 m. Gertrud Therese, geb. Rochelsberg - Handelssch.; akad. Lehrg. in Phil. u.a. - BV: Zw. Eins und Zweitausend, Ged. 1970; Gesucht wird Amfortas, Ged. u. Prosa 1974; Außerhalb d. Sprechzeit, Ged. 1978; Z. Atmen bleibt noch Zeit, Ged. 1984; V. Staunen einen Rest, Ged. 1989; An e. einzigen Tag, Ged. 1991 - 1973 Arbeitsstip. Land Nordrh.-Westf.; 1992 Kulturpreis d. Stadt Solingen - Liebh.: Musik, Theater, Kunst, Studienreisen - Spr.: Engl., Franz. - Lit.: Otto Knörrich Z. Lyrik von Edwin Wolfram Dahl in Literatur u. Kritik (1990); Frauke Bülow in:

Neues Handbuch d. dt.-sprachigen Gegenwartsliteratur s. 1945 (1990).

DAHL, Winfried

Dr. rer. nat., Dr.-Ing. e. h., o. Prof. u. Direktor Inst. f. Eisenhüttenkunde TH Aachen (s. 1969) - Eberburgweg 53, 5100 Aachen - 1947-53 Stud. d. Phys. Univ. Göttingen - MPI Eisenforsch. Düsseldorf, TU Berlin, Mannesmann Forsch.-sinst. Duisburg-Huckingen.

DAHLE, Wendula

Dr. phil., Prof. f. Sprach, Literatur- u. Kulturwissenschaft sowie Didaktik d. Dt. Sprache - Bauernstr. 3a, 2800 Bremen - Geb. 15. Dez. 1937 Hamburg (Vater: Wilhelm Weiß; Mutter: Jutta, geb. Sikorski), verh. s. 1983 m. Wolfgang Leyerer, S. Jakob - Abit. 1956; Staatsex. 1962 u. 69; Promot. 1968 Berlin (FU) - S. 1971 Prof. Univ. Bremen - BV: D. Einsatz e. Wiss., 1970; Deutschunterricht u. Arbeitswelt, 2. A. 1973; Arbeit u. Reichtum, 1974 (Mitverf.); Madeira - Du Mont Landschaftsführer, 1986; Bucher's Madeira, 1990; Namibia, 1991. Film: Arbeit u. Schule (WDR, 1974) - Liebh.: Musik, Reisen, Sport (Bundesligaspielerin Volleyball) - Spr.: Franz., Engl.

DAHLHAUS, Horst

Dipl.-Kfm., Direktor Bundeszentrale f. polit. Bildung - Zaubernußweg 22, 5205 St. Augustin 1 (T. priv.: 02241 - 33 04 85; dstl.: 0228 - 51 51 00/1 01) - Geb. 30. Juli 1927 Voerde, ev., verh. s. 1958 m. Hanna, geb. Berndt, S. Frank - Kaufm. Lehre, Stud. Wirtschaftswiss. Univ. Köln, Dipl.-Kfm. 1955. 1955-60 Geschäftsf. Ges. d. Freunde ev. Akad.-Arb., 1961-67 Sozialref. Ev. Kirche, 1967-70 Leit. Theodor-Heuss-Akad., 1970-73 Sozialamt Ev. Kirche v. Westf., Kurat. WGW.-Döring-Stiftg., Jury DAG-Fernsehpreis; Beiratsmitgl. Innere Führung beim Bundesmin. d. Verteidigung. FDP - BV: Notstandsrecht u. Demokratie, 1963; Liberale in d. Verantwort., 1976; Ev. Sozialexikon, 1980 - Spr.: Engl.

DAHLHEIM, Werner

Dr. phil., o. Prof. f. Alte Geschichte TU Berlin (s. 1972) - Mörchinger Str. 52, 1000 Berlin 37 - Geb. 2. Juni 1938 - Promot. 1965; Habil. 1970 - BV: Struktur u. Entwickl. d. röm. Völkerrechts, 1968.

DAHLHOF, Herbert

Schulrat a. D., MdL Nordrh.-Westf. (s. 1975) - Hasselstr. 150, 5650 Solingen 1 (T. 53434) - Geb. 10. April 1925 - SPD.

DAHLINGER, Erich

Dipl.-Volksw., Handelskammersyndikus i. R. - Heimhuder Str. 61, 2000 Hamburg 13 (T. 040 - 410 28 27) - Geb. 9. Febr. 1921 Lahr, ev., verh. s. 1951 m. Barbara, geb. Ostermayer - Univ. Hamburg (Dipl. 1950).

DAHLINGER, Werner

Dr., Oberfinanzpräsident, Leit. OFD Stuttgart - Zeppelinstr. 91, 7320 Göppingen.

DAHLKE, Walter

Dr. phil., Physiker, Honorarprof. f. Spezialprobleme d. Elektronenröhren u. Halbleiterbauelemente TH bzw. Univ. Karlsruhe (s. 1961), Bethlehem, PA. USA (s. 1965) - 2425 S. Howard Street, Allentown, Pa. 18103 (USA) - Geb. 24. Aug. 1910 Berlin, ev., verh. s. 1973 m. Ruth, geb. Brand - Stud. Physik u. Math. Promot. 1936 Berlin; Habil. 1939 Jena. Emerit. 1985 - Fellow Inst. Electric. Electron. Engineers.

DAHLKE-KOHNEN, Heidrun

Dramaturgin - Kaiser-Friedrich-Ring 7, 4000 Düsseldorf (T. 0211 - 66 46 08) - Geb. 21. März 1948 Mönchengladbach, verh. s. 1982 m. Arno Kohnen, T. Oana - 1973-76 Stud. Betriebsw. FH f. Wirtschaft (Dipl.); 1976-82 Stud. FU Berlin (Kunstgesch. u. Theaterwiss., M.A.) - 1983-85 Dramat. Rhein. Landestheater Neuss - BV: Death Destruction & Detroit, Magisterarb. üb. Robert Wilsons 1982 - Spr.: Engl.

DAHLMANNS, Gerhard J.

Dr. jur., M. C. L., Direktor Frankfurter Inst. f. wirtschaftspolit. Forschung, Bad Homburg - Am Jägerwäldchen 12, 3551 Marburg-Wehrda - Geb. 29. Dez. 1937 Mönchengladbach (Vater: Josef D.; Mutter: Franziska, geb. Schmitter), kath., verh. s. 1964 m. Marita, geb. Kühn, 2 Kd. (Claudia, Guido) - Gymn. Krefeld; Univ. Freiburg/Br., Ann Arbor/Mich., Harvard. 1964 M. C. L., 1964-66 Research Associate Harvard Law School. 1969 Gr. jurist. Staatsprüf. u. Promot. - S. 1969 Univ. Marburg (1972-76 Doz., s. 1977 Lehrbeauftr. f. Bürgerl. Recht, Verfahrensrecht, Rechtsvergl. u. Intern. Privatrecht); 1977-85 Beigeordn. u. Bürgermeister (ab 1983) Stadt Marburg - 1971-74 Secretary Intern. Assoc. of Law Libraries, 1974-77 Präs. ebd.; 1972ff. Mitgl. Consultative Committee Intern. Federation of Library Assoc., 1973ff. Auswärt. Mitgl. American Assoc. of Law Libraries - BV: D. Strukturwandel d. dt. Zivilprozesses im 19. Jh., 1971; Neudrucke zivilprozessualer Kodifikationen u. Entwürfe, 2 Bde. 1971-72 (Hrsg.); Beiträge, in Coing, Handb. d. Quellen u. Lit. d. neueren europ. Privatrechtsgesch., Bd. 3, 1982 - Spr.: Engl., Franz.

DAHLSTRÖM, Hermann Norbert

Pers. haft. Gesellsch. Freudenberg & Co., Mitgl. d. Unternehmensltg. Freudenberg & Co. u. Carl Freudenberg, Weinheim/Bergstr., Präs.-Mitgl. Gesamttext.-Unternehmerverb. Text.Ind. Bundesrep. Deutschl., u. EDANA, European Disposables and Nonwovens Assoc., Brüssel - Lützelsachsenerstr. 24, 6940 Weinheim - Geb. 3. Aug. 1936 Hamburg - Beiratsmitgl. Südwest d. Dresdner Bank; Mitgl. Außenwirtsch.-beirat b. Bundesmin. f. Wirtsch.

DAHM, Bernhard

Dr. phil., o. Prof. f. Südostasienkd. Univ. Passau (s. 1984), Vorstandsmitgl. Dt. Ges. f. Asienkd. - Innstr. 53, 8390 Passau 53 (T. 0851 - 5 09-4 74) - Geb. 30. Aug. 1932 Kirchen/Sieg (Vater: Wilhelm D., Pfarrer; Mutter: Margarete, geb. Beisenherz), ev., verh. s. 1961 m. Dr. Elke, geb. Vieth, 2 Tcht. (Annette, Julia) - Stud. Geisteswiss. Univ. Marburg u. Kiel; Promot. 1964, Habil. 1972 - 1973-83 Lehrtätig. Univ. Kiel. Wiederh. USA-Aufenth. (zul. Gastprof. Yale) - BV: Sukarnos Kampf um Indonesiens Unabhängigkeit, 1966 (amerik. Ausg. 1969); Emanzipationsversuche v. kolonialer Herrschaft in Südostasien - Philippinen u. Indonesien im Vergleich, 1974; Indonesien. Gesch. e. Entwicklungslandes 1945-71, 1978; José Rizal. D. Nationalheld d. Filipinos, 1989. Herausg.: Economy and Politics in the Philippines Under Corazon Aquino (1991). Mithrsg.: Asean-EG, Partnerschaft u. Perspektiven (1988); Culture and Technol. Development in Southeast Asia (1988) - Spr.: Engl., Indon., Niederl.

DAHM, Claus

Dr. rer. nat., Prof. f. Heimatkunde u. Didaktik d. Geographie Univ. Göttingen - Aussiger Wende 6 c, 3000 Hannover-Kirchrode (T. 0511 - 520343).

DAHM, Helmut

Dr. phil. habil., Prof., Leiter Abt. Gesellschaftspolitik Bundesinst. f. ostwiss. u. intern. Studien, Köln (1962-89) - Im Tannenbusch 26, 5300 Bonn (T. 66 01 55) - Geb. 8. Juli 1925 Remagen/Rh. (Vater: Hans D., Großhandelskfm.; Mutter: Helene, geb. Schwamm), kath., verh. s. 1955 m. Dr. med. Annemarie, geb. Hermann, Sohn Andreas - 1946-54 Theol. Fak. Trier u. Univ. Mainz (Theol., Philos., Slav. Philol., Osteurop. Gesch.; Promot. 1954; Habil. 1974; Prof. 1983) - Arbeitsgeb.: Marxist. Phil. u. Militärdoktrin - BV: Vl. Solov'ev u. Max Scheler - Versuch e. vergl. Interpretation, 1955; erweitert 1971, engl. 1975; D. Dialektik im Wandel d. Sowjetphil. 1963; Abschreckung oder Volkskrieg - Strateg. Machtplanung d. Sowjetunion u. Chinas im intern. Kräfteverhältnis, 1968; Meuterei auf d. Knien - D. Krise d. marxist. Welt- u. Menschenbildes, 1969; Demokratischer Sozialismus, - D. tschechoslowakische Modell 1971; D. Technik der Macht (m. Frits Kool), 1974; Studien zum sowjetischen Denken, 1974; Wissenschaft u. Ideologie, 1975; Grundzüge russischen Denkens, 1979; D. gescheiterte Ausbruch. Entideologisierung u. ideol. Gegenreformation in Osteuropa (1960-1980), 1982; Ethik-Kritik d. kommunist. Rechtfertigung d. Guten, 1986; Sozialistische Krisentheorie. D. sowjetische Wende - e. Trugbild, 1987; Seid nüchtern u. wachsam. Gustav A. Wetter u. d. Phil. Sowjetologie, 1991; D. nichtmarxist. Philosophie Osteuropas im 20. Jh. (in Vorber.). Mithrsg.: SOVIETICA Series (1961ff.); Sammlung Wissenschaft u. Gegenwart (1961ff.); Edition Dokumente d. Weltrevolution (1964-1978); D. Menschenbild in Ost u. West - 4 Studien (m. W. Grottian, † G. Möbus, G. A. Wetter, 1963); Philosophical Sovietology. The Pursuit of a

Science (m. Th. J. Blakeley, G. L. Kline, 1988); Ztschr. Ost-Probleme (1955-69); Studies in Soviet Thought (1961ff.); Asian Thought and Society (1976ff.). Mitarb.: A. Böhm, Häresien d. Zeit - E. Buch z. Unterscheid. d. Geister (1961); John T. Noonan Jr, Natural Law Forum (1963); Adorno/Zick/Jaspers/Leifer/Ralfs/Pieper/Binkowski/Löwith, Man and Philosophy - German Opinion on Problems of Today (1964); D. marxistische Idee der Parteilichkeit, in: Jahrbuch f. Psychologie (1965); E. Boettcher/H.-J. Lieber/B. Meissner, Bilanz d. Ära Chruschtschow (1966); D. Geyer, Wiss. in kommunist. Ländern (1967); P. Modesto, 100 anni dalla nascita di Lenin (1969); B. Meissner, Grundfragen der sowjet. Außenpolitik (1970); E. Oberländer, Rußlands Aufbruch ins 20. Jh., 1894-1917 (1970); engl. u. amerik. 1971; B. Meissner, Elemente des Wandels in d. östlichen Welt (1976); E. Kroker, D. Gewalt in Politik, Religion u. Gesellschaft (1976); Sowjetunion - Innenpolitik, Wirtschaft, Außenpolitik - Analyse und Bilanz, Jahrbuch BIOst, 10 Ausgaben (Mithrsg. u. Mitarb. 1974-89), auch engl.; H. Vogel, D. sowjet. Intervention in Afghanistan (1980); S. D. Cioran, W. Smyrniw, G. Thomas, Stud. in Honour of Louis Shein (1983); James J. O'Rourke, Thomas J. Blakeley, Friedrich J. Rapp, Contemporary Marxism. Ess. in Honor of J. M. Bocheński (1984); R. Bäumer, A. v. Stockhausen, Verabschiedung od. naturphil. Weiterführung d. Metaphysik? Festschr. d. Gustav-Siewerth-Akad. anläßl. ihrer Eröffnung als staatl. anerkannte Wiss. Hochschule am 13. Juli 1990 (1990) - 8 Beiträge in Enzyklopädien; 60 Aufsätze in Ztschr.; üb. 300 Textübers.; 55 Quellenkomment. - 1968 Gold. Sportabz.; 1980 BVK a. Bde. - Spr.: Russ., Bulg., Tschech., Poln., Engl., Franz., Lat., Griech., Hebr.

DAHM, Helmut Walter

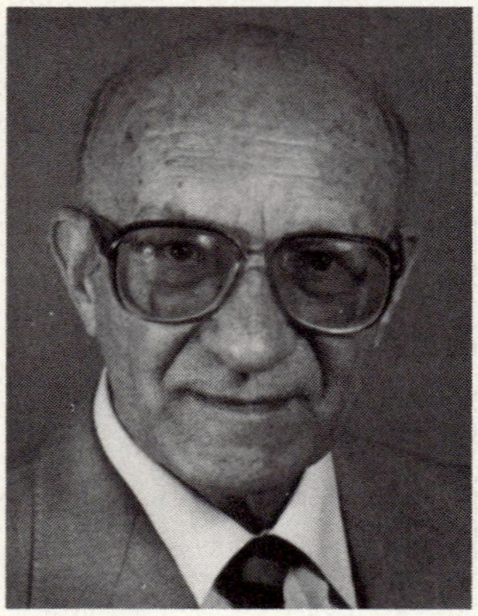

Dr. phil., Leitender Ministerialrat a.D. - Schumann-Str. 68, 4000 Düsseldorf 1 (T. 0211 - 67 28 28) - Geb. 30. Aug. 1913 Wuppertal-Elberfeld (Vater: Bernhard D., Arch.; Mutter: Selma, geb. Priestersbach), ev.-luth., verh. s. 1942 m. Erika, geb. Schlüter, 3 Söhne (Bernhard, Heinz-Günther, Herbert) - Abit. Kassel 1932, Univ. Kiel, München, Berlin, Marburg (Promot. u. Staatsex. 1939/42), Ausb. wiss. Archivar Marburg u. Paris, Gr. Staatsex. 1950 - 1948-65 Hauptstaatsarchiv Düsseldorf, 1965-78 Leit. Staatl. Archivverw. Nordrh.-Westf. (Kultusmin.) - BV: Veröff. z. mittelalterl. u. neueren Gesch., insbes. rhein.-westf. Landesgesch. (in Sammelw., Lexika, Ztschr.) u. z. Archivwesen (Hrsg. Fachztschr.: D. Archivar, 1953-78) - Gr. BVK, VO. Land Nordrh.-Westf., Rheinlandtaler, Lacomblet-Plak.; Ehrenmitgl. Intern. Council on Archives, Verein dt. Archivare, Ges. f. Westf. Wirtschaftsgesch., Verein f. Rhein. Kirchengesch., Düsseldorfer Gesch.verein; korr. Mitgl. Verb. österr. Archivare; Membre de l'Institut Grand Ducal de Luxembourg; Mitgl. Ges. f. Rhein. Geschichtskd. - Liebh.: Gesch., Geogr. - Spr.: Engl., Franz.

DAHM, Herbert

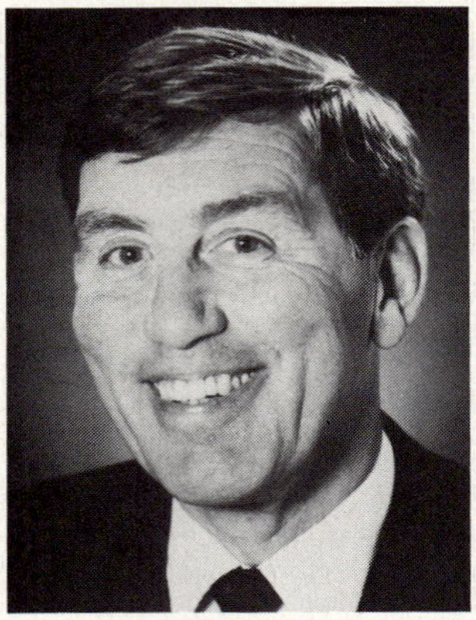

Gründer d. dahm-Firmengruppe: Datensysteme GmbH, Köln, Düsseldorf, Essen, Münster, dahm international GmbH, Düsseldorf, Monte Carlo, Palma de Mallorca, dahm u. partner Messebau KG, Neuss, modul Einricht.syst. GmbH, Neuss, Werksvertr. KG, Düsseldorf - Geb. 16. April 1929 Düsseldorf verh., 2 Kd. Mitgl. in zahlr. nationalen u. intern. Segelverbänden u. - vereinen - Intern. Preise b. Segelregatten - Liebh.: Segeln, Schwimmen, Tauchen, Filmen - Spr.: Engl.

DAHM, Karl-Wilhelm

Dr. phil., o. Prof. u. Direktor Institut f. Christl. Gesellschaftswiss. Univ. Münster - Universitätsstr. 13-17, 4400 Münster (T. 83 25 55); priv.: -, Langeworth 99 (T. 21 33 90) - Geb. 3. Aug. 1931 Kirchen/Sieg (Vater: Wilhelm D., Pfarrer; Mutter: Margarete, geb. Beisenherz), ev., verh. s. 1960 m. Anne, geb. Schneider, 3 Kd. (Annegret, Christoph, Nikola) - Stud. d. Theol. (1. u. 2. Ex.), Soziol., Gesch., Sozialpsychol. - Zun. Assist. Univ. Münster, 1967 Prof. Theol. Seminar Herborn u. 1969 Univ. Marburg (Spez. Arb.sgeb.: Theol. Ethik, Religions- u. Kirchensoz., Sozialpsychol. kirchl. Handlungsfelder) - BV: Pfarrer u. Politik zw. 1918 u. 1933, 1965; Ökumene in d. Gemeinde, 1971; Beruf Pfarrer, 1971, 3. A. 1974 (teilw. auch engl. u. franz.); Religion - System u. Sozialisation, 1972 (m. Luhmann u. Stoodt); Gruppendynamik in d. kirchl. Praxis, 1974; D. Jenseits d. Ges. (m. Drehsen), 1975; Polit. Theorie d. Johannes Althusius, 1988; Beiheft 7 d. Rechtstheorie (m. Krawietz u. Wyduckel); D. Zukunft d. Wochenendes (m. Mattner, Rinderspacher, Stober), 1989. Unternehmensbezogene Ethikvermittlung, Heft 2 1989 (d. Ztschr. f. Evang. Ethik). Zahlr. Fachveröff. in Ztschr.

DAHMEN, Günter

Dr. med., o. Prof. f. Orthopädie - Barkenkoppel 22, 2000 Hamburg 65 (T. 5366078) - Geb. 20. Juli 1928 Düren/Rhld. (Vater: Dr. phil. Peter D., Studienrat; Mutter: Cilly, geb. Pinell), kath., verh. s. 1957 m. Dr. med. Mechthild, geb. Happe, 5 Kd. (Georg, Uta, Norbert, Angelika, Ursula) - Schule Borken; Univ. Münster (Med.). Promot. (1955) u. Habil. (1963) Münster - S. 1958 Univ. Münster (1966 Oberarzt, 1968 gf. Oberarzt Orthop. Klinik; 1968 apl. Prof.) u. Hamburg (1971 Ord. u. Ärztl. Dir. Orthop. Klinik). Spez. Arbeitsgeb.: Bindegewebsforsch. Knorpel- u. Knochentransplantation. Fachmitgliedsch. - BV: Krankhafte Veränderungen d. Bindegewebes, 1966; D. operierte Kranke, 1969; Kinderorthopädie, 1976; Entzündungen u. Tumore d. Wirbelsäule, 1987; Erkrankungen d. Bewegungsapparates, 1985 - Spr.: Engl.

DAHMEN, Karl

Bundesvorsitzender d. Bundes dt. Hirnbeschädigter (s. 1964) - Langeoogstr. 8, 4000 Düsseldorf 30 (T. 0211 - 42 23 27) - Geb. 5. Okt. 1920 Düsseldorf (Vater: Franz D.; Mutter: Maria, geb. Paulzen), kath., verh. s. 1945 m. Anneliese, geb. Ewertz, S. Richard - 1936-39 kaufm. Lehre - 1946-70 Versorgungsamt Düsseldorf. Landesvors. BDH-Landesverb. NRW (1971); Vors. Arbeitsgem. Kriegsopfer- u. Kriegsteilnehmerverb., Vors. Aktionsgem. Kriegsopfer u. Sozialrentner, 1. Schriftf. Dt. Komitées f. Europ. Zusammenarb. d. Kriegsteiln. u. Kriegsopfer (CEAC); Vorst. Dt. Rat d. Europ. Beweg.; Vors. Kurat. ZNS f. Unfallverletzte d. Zentralen Nervensystems - 1971 BVK I. Kl.; 1980 Gr. BVK, 1985 Stern dazu u. sonst. Ausz. In- u. Ausl.

DAHMEN, Wolfgang

Dr. phil., Gastprof. TU Chemnitz-Zwickau (s. 1992) - Untere Brücke 2, 8600 Bamberg (T. 0951 - 5 37 60) - Geb. 20. Jan. 1950 Düsseldorf, kath., verh. s. 1988 m. Ursula, geb. Lang - 1968-74 Stud. Romanistik, Geogr., Geschichte Univ. Köln, Bukarest, Nancy, Debrecen; 1. Philol. Staatsex. 1974 Köln; Promot. 1982 Bamberg - 1977 Rumänischlektor Univ. Köln; 1978 Wiss. Assist. Univ. Bamberg; 1984 Akad. Rat ebd.; 1991 Akad. Oberrat ebd.; 1991 Gastprof. PH Zwickau - BV: Studien z. dialektalen Situation Zentralfrankreichs (1983); Etude de la situation dialectale dans le Centre de la France (1985); Aromunischer Sprachatlas (1985); Balkan-Archiv (s. 1976); Romanistisches Kolloquium (s. 1987) - Spr.: Romanische Spr., Engl., Ung., Finn.

DAHMEN, Wolfgang

Dr., Univ.-Prof. FU Berlin, FB Mathematik (s. 1987) - Grolmanstr. 56, 1000 Berlin 12 (T. 030 - 313 67 78) - Geb. 19. Okt. 1949, kath., verh. s. 1973 m. Therese Jansen, S. Marc - Abit. 1968 Human. Kreisgymn. Heinsberg; Stud. 1970-74 RWTH Aachen (Math. u. Physik); Dipl. 1974, Promot. 1976, Habil. 1981 Bonn - 1974-76 wiss. Mitarb. Lehrst. f. Math. RWTH Aachen; 1976-81 wiss. Assist. Inst. f. Angew. Math. Univ. Bonn; 1979-80 IBM Forschungsstip. Thomas J. Watson Res. Center Yorktown Heights, New York; 1981-87 Univ.-Prof. Fak. f. Math. Univ. Bielefeld; 1987-92 Univ.-Prof. (C4) f. Math. m. Schwerp. Numerische Math.; s. 1992 Univ.-Prof. (C4), Lehrstuhl f. Mathematik u. Inst. f. Geometrie u. Praktische Math., RWTH Aachen - Mithrsg. d. Ztschr. Constructive Approximation Theory and its Applications - Zahlr. Länderkämpfe als Nationalmannschaftsmitgl.; 1974 u. 75 Dt. Meister Taekwondo; 1974 Gewinn d. offenen Europameistersch. in Paris; 1974 Europacup Brüssel; 1975 Vizeweltm. Seoul/Korea (2. offiz. Taekwondo-Weltmeistersch.); 1976 3. Platz Europameistersch. Barcelona (sämtl. Wettk. im Federgewicht 60-64 kg) - Liebh.: Taekwondo, Malerei.

DAHMER, Helmut

Dr. phil., Prof. f. Soziologie TH Darmstadt - Friedrichstr. 50, 6000 Frankfurt/M. 1 - Wiss. Beirat Hamburger Inst. f. Sozialforsch. - BV: Libido u. Ges., 2. A. 1982. Mitherausg. Ztschr. Psyche.

DAHMER, Jürgen

Dr. med., Dr. rer. nat., Dipl.-Psych., Prof. f. Didaktik d. Medizin Med. Hochschule Hannover (s. 1974) - Jägerstieg 43, 3000 Hannover 51 - Geb. 10. Mai 1927 Danzig - Promot. 1954 (r. n.) u. 63 (m.); Habil. 1970 - BV u. a.: ärztl. Unters., 1967; Anamnese u. Befund, 6. A. 1988 (jap. Übers.); Ausbildungsziel: Arzt, 1973; Lernziele operational definieren, 1975; Effektives Lernen, 2. A. 1979; Diagnostisch-therapeutisches Denken - Ein ärztl. Problemlösungsmodell, 1980; Gesprächsführung, 1982; Computer in d. ärztl. Diagnostik, 1987

DAHMS, Hellmuth Günther

Dr. phil., Studiendirektor i. R. - Böblinger Str. 9, 7400 Tübingen-Bebenhausen - Geb. 19. April 1918 Brandenburg/H. (Vater: Max D., Offz., spät. Verw.-beamter), ev., verh. s. 1944 m. Charlotte, geb. Maján †, 2 Kd. (Angelika, Clemens) - 1945-47 Journ.; 1947-52 Verlagsleit. u. Herausg. Schriftenreihe Geschichte u. Politik; s. 1952 höh. Schulst. - BV (1944-60 s. XVIII. Ausg.): D. Span. Bürgerkr., 1962 (auch span. u. portugies.); Gesch. d. II. Weltkr., 1965 (auch franz., span., portug.); D. II. Weltkr., 1976 (Ullstein-Tb., 6. A. 1989); Grundzüge d. Gesch. d. Vereinigten Staaten, 1972 (3. A. 1991); Gesch. d. Zweiten Weltkrieges, 1983; Litauen zw. d. großen Mächten, 1989. Buchbeitrag: D. Weltanschauungskr. gegen d. Sowjetunion (D. II. Weltkr. - Bilder, Daten, Dokumente); Franco - Sold. u. Staatschef, 1972 (auch span.); Dt. Geschichte im Bild, 2. A. 1991. Übers.: Langer, D. Innenseite d. amerik. Außenpolitik (1956); May, D. Ferne Osten als Spannungsfeld zw. USA u. d. UdSSR 1940-45 (1956). Buchbeitr.: George Washington (Bd. IV. Enzyklop. D. Großen d. Weltgesch.) - Ehrenbürger New Orleans; Mitgl. Military History Soc. of Ireland; 1974 Comendador de la Orden de Isabel la Católica; 1989 Professeur-conseiller - Spr.: Engl., Franz., Span.

DAHMS, Kurt

Dr. phil., Prof., Dozent f. Philosophie u. Psychologie - Am Pannesbusch 56, 5600 Wuppertal-Barmen (T. 700389) - Geb. 15. Nov. 1911 Altenderne (Vater: Gustav. D., Bergmann), ev., verh. s. 1944 m. Angelika, geb. Seyferth, 4 Kd. (Joachim, Annette, Christoph, Gundula) - Reform-Realgymn. Castrop-Rauxel; Univ. Münster, Göttingen, Erlangen (Promot. 1941), Rostock (Theol., Psych., Phil.). Theol.ex. 1935 u. 38 Münster - 1935-40 Vikar u. Pastor Westf. Landeskirche; 1946-47 Psychologe Berufsberat. Gelsenkirchen; 1947-49 Doz. Sonderkurse f. Lehrerbild.; s. 1949 hauptamtl. Doz. Päd. Akad. u. 1972 o. Prof. Gesamthochsch., bde. Wuppertal - BV: Nietzsches Esthetica, 1944; Üb. d. Führung, 1964 - Liebh.: Musik - Spr.: Franz., Engl., Holl., Ital., Span.

DAHR, Wolfgang

Dr. med., Prof., Heisenberg-Stip. d. Dt. Forschungsgem., Inst. f. Immunologie u. Serologie Univ. Heidelberg - Wilckensstr. 21, 6900 Heidelberg 1 (T. 06221 - 41 27 64) - Geb. 8. Sept. 1947 Düsseldorf (Vater: Prof. Dr. med. Peter D.), verh. m. Ursula, geb. Steiner, Krankengymnastin - Stud. Univ. Köln u. München; Med. Staatsex. 1972, Promot. 1973, Habil. (Immunol.) 1979 Köln - 1974-78 wiss. Assist. Med. Klinik; 1978-83 wiss. Mitarb. Abt. f. Transfusionswesen Univ. Köln; 1984ff. Heisenberg-Stip. DFG, Abt. f. Transfusionswesen u. Inst. f. Genetik Univ. Köln, Inst. f. Immunologie u. Serologie Univ. Heidelberg; 1985 apl. Prof. Univ. Köln. S. 1982 Mitgl. Nomenklaturkommiss. f. Blutgruppenantigene d. Int. Soc. of Blood Transfusion. Rd. 90 Fachveröff. in Ztschr. u. Büchern. Rd. 110 Vortr., bes. z. Thema d. Biochemie u. Immunologie d. Erythrocytenmembran, Strukturaufklärung zahlr. Blutgruppenantigene auf d. Glykoproteinen d. Erythrocytenmembran - 1973 Dissertationspreis Med. Fak. Univ. Köln; 1982 Fritz-Schiff Preis Dt. Ges. f. Transfusionsmed. u. Immunhämatologie; 1984 Jean-Juillard Award Int. Soc. of Blood Transfusion - Liebh.: Windsurfen, klass. u. Flamenco-Gitarre, Reisen - Spr.: Engl., Franz.

DAHRENDORF, Frank

Vorstandssprecher Verband d. Konsumgenossenschaften (VdKeG), Berlin (s. 1991) - Zu erreichen üb. Stresemannstr. 128, O-1086 Berlin (T. 22 38 319 u. 22 38 499) - Geb. 1934 Berlin - Stud. Rechtswiss. Hamburg, München u. Frankfurt/M. - Rechtsanw. Hamburg; 8 J. Staatsrat ebd. (6. J. Innen-, 2 J. Schulbeh.); 1979 Justizsenator Hbg.; Rechtsanw. ebd.; 1981 Senator f.

Inneres Berlin. SPD; 1988-91 Präs. DRK Hamburg - Bruder Ralf D.

DAHRENDORF, Ingo

Dipl.-Ing., Techn. Direktor Westd. Rundfunk (WDR) Köln (s. 1972) - Bertolt-Brecht-Str. 82, 5042 Erftstadt - Geb. 22. Sept. 1927 Hamburg, verh. m. Gerda, geb. Manté, 2 Kd. - Kirchenpauer-Gymn. Hamburg, 1948-53 Stud. Elektrotechn. TH München - 1954 NWDR Hamburg, 1957 Inst. f. Rundfunktechn. Hamburg, 1958 WDR Köln, 1968 Leit. Hauptabt. Hörfunktechnik, 1971 Cheflng. u. Stv. d. Techn. Dir.

DAHRENDORF, Malte

Dr. phil., Prof. f. Erziehungswissenschaft unt. bes. Berücks. d. Dt. Sprache u. Literatur - Witts Park 16, 2000 Hamburg 55 - Geb. 2. Okt. 1928 Hamburg, verh. s. 1954 m. Ilse, geb. Springer, 3 Kd. (Susanne, Matthias, Katharina) - Promot. 1954 Hamburg - S. 1970 Prof. PH Kiel u. Univ. Hamburg (1976). Mitgl. d. Intern. Forsch.-Ges. f. Kinder- u. Jugendlit. (1976-83 Vorstand). 1983 Gastprof. Macquarie-Univ. Sidney/Austr. - BV: Wozu Lit. in d. Schule?, 1970 (m. A. C. Baumgärtner); Zurück z. Lit.-Unterr.?, 1977; D. Mädchenb. u. s. Leserin, 4. A. 1980; Literaturdidaktik im Umbruch, 1975; Kinder- u. Jugendlit. im bürgerl. Zeitalter, 1980; Jugendlit. u. Politik, 1986; D. Darstellung d. Dritten Reiches im Kinder- u. Jugendbuch (m. Z. Shavit), 1988. Herausg.: Informationen Jugendlit. u. Medien (GEW), s. 1972.

DAHRENDORF, Ralf

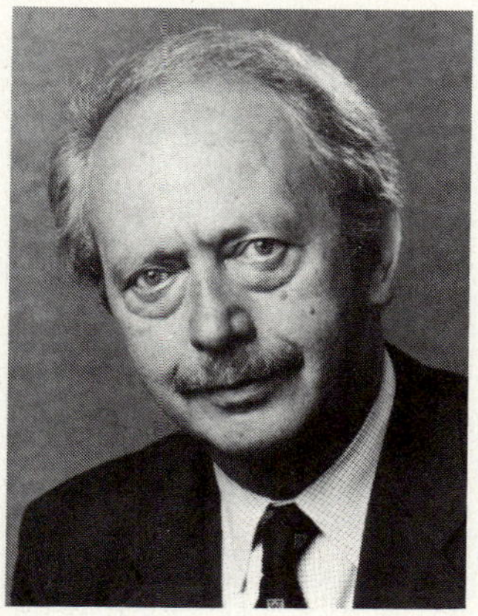

Dr. phil., Ph. D., Drs. h. c., Prof. St. Antony's College, Oxford (s. 1987), Vors. Friedr.-Naumann-Stiftg. (1982-87) - Warden, St. Antony's College, Oxford OX2 6JF - Geb. 1. Mai 1929 Hamburg (Vater: Gustav D., zul. Vors. Zentralverb. dt. Konsumgenoss. † 1954; Mutter Lina, geb. Witt), verh. m. Ellen, geb. Krug - Univ. Hamburg, 1947-52 (Phil., Klass. Philol.), Graduiertenstud. Soziol. London School of Economics, (1952-54). Wiss. Assist. Univ. Saarl. (1954-57), Habil. u. Privatdoz. 1957 Saarbrücken. Fellow Center f. Adv. Study i. the Behavioral Sciences, Palo Alto (1957/58). 1958 o. Prof. f. Soziologie Hamburg, Univ. Tübingen 1960, Univ. Konstanz 1966, 1. Dekan Sozialwiss. Fak. Konstanz 1966-67, Gastprof. an mehr. europ. u. nordamerik. Univ., 1986 Besuchsprof. Univ. Basel - Berat. Landesreg. Baden-Württ. f. Bildungsfragen 1964-68, 1964-66 st. Vors. Gründungsaussch. Univ. Konstanz, 1967/68 Vors. Arbeitskreis Hochsch.-Gesamtplan, 1966-68 Mitgl. Dt. Bildungsrat; Mitgl. in zahlr. Kommiss., Beiräten u. Ges. Mitgl. FDP 1967 u. Bundesvorst. 1968-74; Mitgl. Landtag v. Bad.-Württ. u. stv. Vors. FDP/DVP-Frakt. 1968-69; Mitgl. Dt. Bundestag u. Parlam. Staatssekr. Bundesmin. d. Ausw. 1969-70. Mitgl. Komm. EG f. Ausw. Beziehung. u. Außenhandel 1970-73; f. Forschung, Wiss. u. Bildung b. 1974; Dir. London School of Economics 1974-84. 1967-70 Präs. Dt. Ges. f. Soziol. - BV: 26 Bücher, u. a. Marx in Perspektive, 1953; Industrie- u. Betriebssoziol., 2. A. 1961 (auch jap., ital., span., chin., holl.); Soziale Klassen u. Klassenkonflikt, 1957 (auch engl., span., ital., jap.); Homo Sociologicus - E. Versuch z. Gesch., Bedeut. u. Kritik d. Kategorie d. sozialen Rolle, 10. A. 1971; Üb. d. Ursprung d. Ungleichheit, 1961; Gesellschaft u. Freiheit, 1961; D. angewandte Aufklärung; Pfade aus Utopia, 1967; Essays in the Theory of Soc., 1968; Konflikt u. Freiheit, 1972; Plädoyer f. d. Europ. Union, 1973; D. neue Freiheit, 1975 (auch engl., ital., portug., urdu, arab., jap.); Lebenschancen, 1979 (engl., span., ital.); Chancen d. Krise - Üb. d. Zukunft d. Liberalismus, 1983; Reisen n. innen u. außen, 1984; Law and Order, 1985; The Modern Social Conflict, 1988; Betrachtungen üb. d. Revolution in Europa, 1990 - 1967 Mitgl. PEN-Zentrum BRD; Mitgl. Ehrenpräsid. Dt.-Engl. Ges. (s. 1973); 1975 Senator Max-Planck-Ges.; 1976 Trustee Ford Foundation; 1966 Journ. Fund Award of Learned Public.; 1971 Gr. Croix de l'ordre du Mérite du Sénégal; 1974 Gr. BVK m. Stern u. Schulterbd.; 1975 Gr. Croix de l'ordre de Léopold II; 1975 Gr. gold. Ehrenz. f. Verdienste u. d. Rep. Österr., 1974 Grand croix de l'ordre du Mérite du Luxembourg; 1981 Knight Commander of the Order of the Brit. Empire; Ehrendoktorate: D. Litt. (Reading 1973 u. Dublin 1975); Ll. D. (Manchester 1973, Wagner College New York 1977, York Univ. Ontario 1979); D. Sc. (Ulster 1973, Bath 1977); D. Univ. (Open Univ. 1974, Surrey 1978); D. H. L. (Kalamazoo 1974, Maryland 1978, Johns Hopkins 1982); Hon. Dr. (Louvain 1977); D. SSc. (Queen's Univ. Belfast 1984, Birmingham 1991); Dr. sc. pol. (Bologna, 1991); 1977 Fellow of the Royal Society of Arts; 1977 Fellow of the British Academy; 1977 Foreign Associate of the National Academy of Sciences, Washington D. C.; 1977 Foreign Member, American Philosophical Society, Philadelphia - Spr.: Engl., Franz.

DAIBER, Hans

Journalist, Schriftst. - Hausacker 17, 5064 Rösrath/Rhld. - Geb. 9. Mai 1927 - Redakt. - BV: Theater, e. Bilanz, 1965; Argumente f. Lazarus, Erz. 1966; Vor Dtschl. wird gewarnt, Kurzbiogr. 1967; Doppelspiel, R. 1969; Gerhart Hauptmann, Biogr. 1971; Dt. Theater, 1976. Herausg.: Wie ich anfing . . . 24 Autoren berichten v. ihren Anfängen (1979). Versch. Fernsehsend.

DAIBER, Karl-Fritz

Dr. phil., Univ.-Prof. - Böttcherstr. 4, 3000 Hannover - Geb. 6. Aug. 1931 Ebingen/Württ., ev. - Promot. 1967 - S. 1972 (Habil.) Lehrtätigk. Univ. Göttingen (1975 apl. Prof. f. Prakt. Theologie); Leit. Pastoralsoziol. Arbeitsstelle Ev.-luth. Landeskirche Hannover; S. 1988 Prof. f. Praktische Theologie Philipps-Univ. Marburg. Bücher u. Einzelarb.

DAISENBERGER, Gert

I. Bürgermeister - Rathaus, 8938 Buchloe/Schw. - Geb. 10. Aug. 1940 Lengenwang, Landkreis Ostallgäu - Zul. Regierungsoberinsp.

DALCHAU, Ines Angelika

Solotänzerin Deutsche Staatsoper Berlin - Geb. 13. Okt. 1952 Berlin, led., T. Antonia - 1963-71 Staatl. Ballettschule Berlin - Rollen in: Nußknacker (Marie), Joan v. Zavissen (Isabeau), Erschaffung d. Welt (Eva), Wunderbare Mandarin (Mädchen), Dornröschen (Fliederfee), Abraxas (Archisposa), Carmina Burana (Weib), Undine (Undine u. Beatrice).

DALHOFF, Willi

Dr.-Ing., Dipl.-Ing., Prof., Geschäftsführer Krupp Maschinentechnik GmbH, Essen, Leit. d. Geschäftsbereichs Kunststoff- u. Packungstechnik, Vors. d. Geschäftsfg. Krupp Kantex Maschinenbau GmbH, Bonn u. Mitgl. d. Geschäftsber.-leitg. Krupp Kunststoff- u. Kautschuktechnik (s. 1989), Vors. d. Geschäftsfg. d. Battenfeld Extrusionstechnik, Bad Oeynhausen (s. 1985), Generalbevollm. d. Heinrich Oltmanns Unternehmensgr., Edewecht, Techn. Leit. u. Prok. Klaus Esser KG, Neuss (s. 1973) - Baumschulenweg 2, 2905 Edewecht - Geb. 23. Juni 1939 Waldhausen/W. (Vater: Wilhelm D., Landw.; Mutter: Josefine, geb. Kühle), kath., verh. s. 1970 m. Maria, geb. Mendelin, 2 Töcht. (Daniela, Isabel) - Stud. Maschinenbau u. Verfahrenstechn. TH Aachen - S. 1969 Obering., s. 1975 Lehrbeauftr. Univ./GH Wuppertal. 20 Patentanmeld. - BV: Systemat. Extruderkonstruktion, 1974 - 1969 Borchers-Plak. TH Aachen - Liebh.: Lit., Sport - Spr.: Engl.

DALICHAU, Harald

Dr. med., Prof., Chirurg (Thorax u. Kardiovaskularchirurgie) - Grotefendstr. 48, 3400 Göttingen - Geb. 19. Nov. 1934 Dresden (Vater: Otto D., Zahnarzt; Mutter: Margarete, geb. Richter), ev., verh. s. 1962 (Ehefr.: Anneliese), 3 S. (Mark, Jörg, Dirk) - Univ. Berlin u. Frankfurt/M. (Staatsex. 1959). Promot. 1959 Frankfurt; Habil. 1973 Hannover - 1976 o. Prof. u. Klinikdir. Univ. Köln; 1986 Prof. u. Klinikdir. Univ. Göttingen. 1970-71 Forschungsaufenth. London. Spez. Thorax- u. Kardiovaskularchir. Üb. 120 Facharb.

DALL, Carl

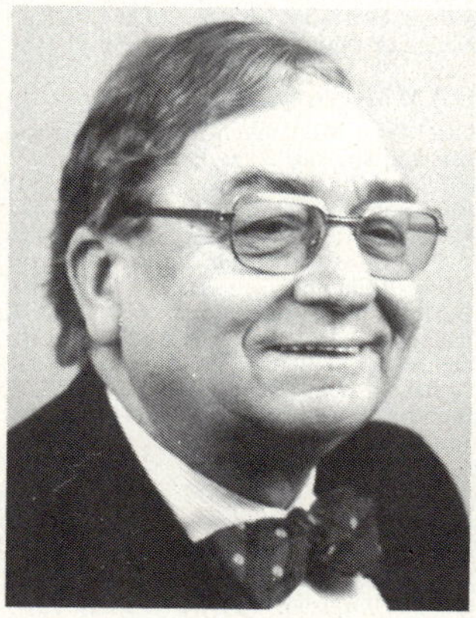

Dipl.-Kfm., Bankdirektor, selbst. Unternehmens- u. Finanzierungsberat. (s. 1985) - Kronsberg 2, 2300 Kiel-Altenholz (T. 0431 - 32 29 22) - Geb. 29. Febr. 1920 Flensburg, ev., verh. s. 1954 m. Lisa, geb. Denecke, 6 Kd. - Gymn.; Abit. Kiel; Stud. Wirtsch.- u. Sozialwiss. Kiel u. Königsberg - 1959-67 Tätigk. im Finanzmin. Schlesw.-Holst., Verw. d. Beteiligungen d. Landes u. Umstellungsrechnung d. Banken sowie entsprechende Mitgl.schaften auf Bundesebene; 1967-74 Tätigk. im Wirtsch.min. Schlesw.-Holst., Leitg. d. betriebswirtsch. Großreferats, Erteilung d. Landesbürgschaften, Mitgl.schaften in Bankengremien; 1975-84 Vorst. d. Wirtsch.aufbaukasse Schlesw.-Holst. AG; AR-Vors. Beamtenbank Kiel eG; Beiratsmitgl. Nordrohr GmbH, Elmshorn u. Agro GmbH, Osdorf; Wirtsch.- u. Mittelstandsvereinig. d. CDU: Mitgl. im Landesvorst. Schlesw.-Holst. u. Kreisvorst. Kiel.

DALLACKER, Franz

Dr. rer. nat., Univ.-Prof., Leiter d. Lehrst. f. Organ. Chemie III TH Aachen - Weberstr. 5, 5120 Herzogenrath - Geb. 29. Juni 1925 Alsdorf - S. 1963 (Habil.) Lehrtätigk. Aachen. Üb. 150 Fachaufs.

DALL'ASTA, Eberhard R.

Dr. sc. pol., Prof., Hochschullehrer, MdL Schlesw.-Holst. (s. 1979), 1. Vizepräs. Landtag Schlesw.-Holst. - Lärchengrund 8, 2300 Kronshagen - Geb. 3. Febr. 1940 Berlin/Spd. (Vater: Paul D.'A., Gewerkschaftssekr.; Mutter: Helene, geb. Rüstow), verh. m. Hiltrud, geb. Dose, 2 T. (Dorothee, Nicole) - Univ. Kiel (Dipl.-Volksw. 1965; Promot. 1969) - S. 1971 Prof. f. Wirtschaft u. Politik PH Kiel. Div. Ämter, u. a. CDA-Landesvors. (1974ff.), NDR Programmbeirat (1977-80), NDR Rundfunkrat (1981ff.). CDU (1975ff. Mitgl. Landesvorst., stv. Landesvors. s. 1981) - BV: Ansatzpunkte f. e. realist. Lohntheorie, 1969; Theorie d. Lohnpolitik, 1971 - Liebh.: Mod. Kunst, Fußball - Spr.: Engl., Franz.

DALLENBACH, Gisela,

geb. Hellweg

Dr. med., Prof. f. Gynäkolog. Morphologie - Ludolf-Krehl-Str. 57, 6900 Heidelberg - Geb. 22. Juni 1926 Iserlohn (Vater: Albrecht Hellweg, Stadtbaurat; Mutter: Elisabeth, geb. Steinborn), verh. s. 1957 m. Prof. Dr. med. Frederick D., 3 Kd. (Christian, Friederike, Ingrid) - 1944-50 Univ. Danzig u. Marburg (Med. Staatsex. 1950). Promot. 1950 Marburg; Habil. 1957 Bonn - Wiss. Tätigk. Univ. Marburg, Bonn, Harvard u. Dartmouth Med. School/USA (1961-66), 1967-83 Wiss. Rätin/Leit. Morphol. Abt./Univ.-Frauenklin. Mannheim. 1970ff. apl. Prof. Univ. Heidelberg; s. 1983 eig. Inst. 1975-80 Stadträtin Heidelberg (CDU) - BV: Gynäk. Zytologie, 1968; Endometrium - Pathol. Histologie in Diagnostik u. Forsch., 1969 (auch engl., span., ital.), Neuaufl. 1975, 1981 u. 1987; Atlas of Histopath. of the cerrix uteri, 1990. Rd. 200 Einzelarb. - Spr.: Engl.

DALLIBOR, Klaus

Chefredakteur Ärzte Zeitung - Heidberg 23, 2000 Hamburg 60 - Geb. 25. Jan. 1936, verh. m. Karin, geb. Hilbig, 2 Kd. (Katja, Kostja) - Abit.; Stud. Univ. Frankfurt u. Berlin (Gesch. u. German.); Staatsex. - Colloquium Verlag Berlin; RIAS Berlin; Intern. Atomenergie-Org. Wien; Dt. Presse-Agentur Hamburg - Umschau-Preis; Upjohn-Fellowship; Walter-Trümmer-Med. - Spr.: Engl., Franz., Span.

DALLINGER, Peter

Dr., Ministerialdirektor im Bundesmin. f. Bildung u. Wiss. a. D. - Pützstr. 7, 5307 Wachtberg-Niederbachem (T. 0228 - 34 48 65) - Geb. 19. März 1933 Stuttgart, ev., verh. s. 1966 m. Felicitas, geb. Klym - 1952-56 Stud. Univ. Tübingen, Berlin, München, Dijon; Promot. (jurist. Fak.) 1959 Tübingen; 1. u. 2. jurist. Staatsprüf. 1956 u. 1961 - 1961 Landratsamt Heidelberg; 1962-67 Staatsmin. Stuttgart; 1967-69 Kanzleramt Bonn - BV: Kommentar z. HRG, 1978; zahlr. Aufs. in Ztschr. - BVK I. Kl.; VO. f. d. Österr. Rep.; Verdienstmed. Hochschullehrerbd. - Liebh.: Musik (u.a. Mitgl. Niederbachemer Flötenquartett).

DALMA, Alfons

Prof., Journalist (Ps. f. Stefan Tomicic) - Braciano (Rom), Via del Lago 14 - Geb. 26. Mai 1919, kath., gesch., 2 Kd. (Sylvia, Stefan) - 1945-52 Chefredakt. Salzbg. Nachr., 1953-62 Chefredakt. Münch. Merkur, dann diplomat. Korresp. D. Presse Wien, Chefredakt. Fachztschr. Wehrkunde, München, stv. Herausg. Bayern-Kurier ebd. (1964). 1961-66 Lehrbeauftr. Hochsch. f. Polit. Wiss., München (Politik u. Strategie). 1967-75 Chefredakt. Österr. Rundfunk/Hörfunk u. Fernsehen, s. 1975 Auslandskorr. ORF in Rom u. Leitartikler u. a. f. D. Presse (Wien), D. Welt (Bonn), D. Weltwoche (Zürich), s. 1988 Mitarb. ORF u. d. Standard, bde. Wien - BV: Hintergründe d. Berlin-Krise, 1962, De Gaulle, d. Deutschen, Europa, 1963; Eurokommunismus, 1977 - 1961 Ritterkreuz Ehrenlegion, 1979 Gr. Ehrenz. Rep. Österr., u. a. - Spr.: Franz., Engl., Ital., Span., Kroat.

DALTROZZO, Ewald

Dr. rer. nat., Dipl.-Chem., o. Prof. Univ. Konstanz (s. 1973) - Postf. 5560, 7750 Konstanz (T. 882088) - Geb. 24. Okt. 1937 Kempten/Allg. (Vater: Johann D.; Mutter: Therese, geb. Wachter), kath., verh. s. 1967 m. Heike, geb. Ebert, T. Anke - Obersch. Kempten; Stud. d. Chem. TH München; Promot. u. Habil. ebd. - Zun. wiss. Assist. TU

München. Entd. auf d. Geb. d. Polymethine u. Borchelate. GDCh - Spr.: Engl., Franz., Ital.

DAM, van, Henry
s. König, Hans H.

DAMBACH, Kurt A.
Prof., Senator E. h., gf. Gesellsch. Dambach-Werke GmbH Gaggenau (m. 5 Zweigbetrieben), Dambach-Industrieanl. GmbH, Gaggenau, Dambach-Templin GmbH & Co. Werbemittel KG, Gaggenau - Tulpenweg 4, 7560 Gaggenau/Baden (T. 33 30) - Geb. 25. Juni 1919 Germersheim, ev., verh. m. Hannelore, geb. Dittes - Div. Ehrenstell., dar. 1972ff. Ehrenpräs. Wirtschaftsverb. Ind. Untern. Baden, Freiburg; stv. Vors. Landesverb. Baden-Württ. Ind., Stuttgart; Ehrenbürger Gaggenau; Gr. BVK; Verdienstmed. Land Bad.-Württ.; Gold. Nebenius Med. IHK Karlsruhe; Wirtsch.med. Land Bad.-Württ.

DAMERAU, Rudolf
Dr. theol. (Lic. theol.), Pfarrer i. R. - Höhenweg 5, 3550 Marburg (T. 06421 - 3 19 66) - Geb. 28. Dez. 1911 Hohenstein/Westpr., ev., verh. s. 1961 m. Liselotte, geb. Kölzow, 4 Kd. - Human. Gymn.; Abit.; 1. theol. Ex. 1935, 2. theol. Ex. 1936 Gießen u. Marburg, Promot. 1939 Gießen - S. 1936 Pfarrdst. Stadtkirche Gießen, Kriegsheim, Wallenrod; Dekanatsvertr. f. Öffentlichkeitsarb. - BV: Autor u. Herausg. d. Studien zu d. Grundl. d. Reformation, Bd. 1-21: D. Abendmahlslehre d. Nominalismus, insbes. d. d. Gabriel Biel, Bd. 1 1964; D. Laienkelch, Bd. 2 1965; D. Herrengebet. Nach e. Kommentar d. Gabriel Biel, Bd. 3 1966; D. Herrengebetskommentar e. Unbekannten, Bd. 4 1966; D. Demut in d. Theol. Luthers, Bd. 5 1967; Texte z. Probl. d. Laienkelchs: Nik. v. Dinkelsbühl a.) Contra errores, b.) Sub utraque, Bd. 6 1969; D. Galeterbriefkommentar d. Nik. v. Dinkelsbühl Textausg., Bd. 7; Übers. dazu, Bd. 8 1970; D. Quästionen d. N. v. Dinkelsbühl z. Galaterbriefkommentar, Bd. 9 1970; D. Herrengebetskommentar d. N. v. Dinkelsbühl, Textausg., Bd. 10 dazu D. Übers. in Deutsch, Bd. 11 1971; Luthers Gebetslehre b. 1515, I. T. 1975/76, II. T. 1976, Bd. 12; D. Gutachten d. Theol. Fak. Erfurt anno 1452 üb. d. Hl. Blut v. Wilsnak, Bd. 13 1976; D. Sentenzenkommentar d. Heinrich v. Langenstein, lat. textkrit. Ausg. u. Übers., Bd. 15-18 1980; D. Offenbarung d. Johannes, N. e. Kommentar d. Reformtheol. Johannes Hagen. E. Beitr. z. Bursfelder Reformtheol. u. d. Mönchstheol. Luthers, Bd. 19-21 1984 - 1934 Hess. Staatspreis f. wiss. Arbeit - Liebh.: Theol., Musik, Sport - Spr.: Lat., Griech., Hebr., Franz.

DAMEROW, Reinhard
Dr. med., Prof., Ltd. Medizinaldirektor a. D., ehem. Chefarzt Städt. Kinderklinik Fürth - Gluckstr. 8, 8510 Fürth-Dambach (T. 0911 - 72 02 72) - Geb. 6. Juli 1921 Berlin, ev., verh. s. 1946 m. Dr. Gudrun, geb. Streit, S. Holger - Abit. 1939 Berlin; 1940-45 Med.-Stud. (Promot. 1945); Habil. 1958 - S. 1965 Prof. 1945-51 Assistenzarzt Univ.-Kinderkl.; 1951/52 Hygiene-Inst. Univ. Berlin; 1952-59 Oberarzt Univ.-Kinderkl. Berlin; 1959 Serol. Inst. Univ. Heidelberg; 1959-68 Ltd. Oberarzt Univ.-Kinderkl. Erlangen; 1969-86 Chefarzt Städt. Kinderkl. Fürth - BV: Klinik u. Praxis d. Immunhaematol., 1959; Handb. f. Kinderheilkd.; Beitr. in Fachztschr. - Spr.: Engl.

DAMKOWSKI, Wulf
Dr. jur., Assistent, Mitgl. Hbg. Bürgerschaft (s. 1970) - Wülpensand 33, 2000 Hamburg 56 (T. 812262) - Gegenw. Wiss. Assist. Univ. Hamburg (Sem. f. Verwaltungslehre). SPD.

DAMM, Bernhard
Dr. rer. nat. (habil.), Prof. f. Geologie u. Paläontol., Präs. a.D. - Wielandtstr. 41, 6900 Heidelberg - Geb. 6. Juni 1930 Königsberg/Pr. (Vater: Erwin D., Bürgerm. Elbing/Westpr.; Mutter: Gerda, geb. Sabinski).

DAMM, Carl
Rektor, MdB (s. 1965) - Heinrich-Goebel-Str. 5, 2000 Hamburg 67 (T. 6039868) - Geb. 20. Febr. 1927 Hamburg - Obersch.; 1943-46 Luftwaffenhelfer (Flak), Arbeitsdst., Fronteinsatz (an d. Oder), 1945 schwer verwundet u. sowj. Gefangensch.; 1946-49 Univ. Hamburg (Päd., Phil., Psych., Gesch.) - S. 1959 Leit. Kath. Schule Wilhelmsburg. 1953-65 Mitgl. Hbg. Bürgerschaft. CDU.

DAMM, Carlhanns
Marketing-Fachmann, Damm GmbH Agentur f. Marketing u. Kommunikation, Carlhanns Damm Unternehmensberat., CD Communication GmbH, Vorst.-Vors. AEG AG, Geschäftsber. Hausgeräte, Nürnberg - Simrockstr. 5, 5400 Koblenz-Oberwerth - Geb. 9. März 1936 Aachen (Eltern: Carl u. Margarete D.), kath., verh. s. 1962 m. Gretel, geb. Schneider, 2 Söhne (Carsten, Dirk) - 1975-78 Mitgl. AGMA (Arbeitsgem. Media Analyse); 1975-79 Präs. BDW (Dt. Kommunikationsverb.); 1975-79 Präsidialmitgl. Dt. Werberat ZAW, Bonn; u. a. Ehrenämter - BV: 25 individuelle Reisen in 5 Erdteile; Kinder sind Rätsel v. Gott; Corporate Identity. Vom Stilder Werbung (m.a.) - 1978 Dr. Kurt Neven du Mont-Med.

DAMM, von, Jürgen
Direktor, Mühlenkaufmann - Hannoversche Str. 60, 3300 Braunschweig (T. 0531 - 5 20 80) - Geb. 14. Sept. 1919 Reckershausen (Vater: Dr. Georg v. D., Rechtsanw.; Mutter: geb. Sievers), verh. s. 1944 m. Christa, geb. Pastors, 2 Söhne (Hans-Wilhelm, Tile) - B. 1945 akt. Offz. Dzt. Funktionen. Vorst.-Vors. AOK Braunschweig - Div. genealogische Arbeiten - Div. Kriegs-Ausz.; Gold. Sportabz.; BVK am Bde., BVK I. Kl. - Liebh.: Genealogie, Bergwandern, Sammeln v. alten Kinderbüchern - Spr.: Franz., Engl. - Rotarier.

DAMM, Peter
Prof., Musiker, Solohornist Staatskapelle Dresden (s. 1969) - Anzengruberweg 4, O-8054 Dresden (T. 51 - 37 61 12) - Geb. 27. Juli 1937 Meiningen/Thür., ev., verh. m. Hildegard, geb. Noll, 3 Töcht. (Mechthild, Beate, Uta) - 1951-57 Hochsch. f. Musik Weimar; 1957-59 Solohornist Orch. d. Bühnen Stadt Gera; 1959-69 Solohornist Gewandhausorch. Leipzig - 1963-71 Lehrauftr. Hochsch. f. Musik Leipzig; s. 1969 Hon.doz. Hochsch. f. Musik Dresden; s. 1986 Prof. ebd.; Gastprof. intern. Musiksem. (u.a. Weimar, Luzern, Salzburg) - Konzerte im In- u. Ausl. (Europa, Japan, USA) - S. 1986 künstl. Leit., s. 1991 Präs. d. Intern. Instrumentalwettbewerbs f. Blasinstrumente in Markneukirchen/Sachs. - Zahlr. Rundfunkprod. u. Schallplattenaufn. (Werke d. 18.-20. Jh.), u.a. Hornkonzerte v. Mozart m. d. Academy of St. Martin-in-the-Fields (Dirig. Sir Nevil Marriner) u. Konzerte v. Richard Strauss m. d. Staatskapelle Dresden (Dirig. Rudolf Kempe) - Art. in Fachztschr. u. z. Kolloquien (Fragen d. Horns, Interpret. v. Hornmusik) - Preisträger intern. Musikwettbewerbe, u.a. 1960 Intern. Musikwettbew. d. ARD, München; 1962 Intern. Musikwettbew. Prager Frühling; 1972 Kunstpreis d. DDR; 1979 Nationpr. d. DDR - Liebh.: Fotograf., Musikwiss. (bezügl. Staatskapelle Dresden).

DAMM, Renate,
geb. Schünhoff
Rechtsanwältin - Kortenland 4, 2000 Hamburg 65 - Geb. 27. Sept. 1935 Wandsbek/Pr., S. Ulrich - Jurastud. Univ. Hamburg, 1. jurist. Staatsex. 1959, 2. Staatsex. 1963 - Leit. Stabsabt. Recht Axel Springer Verlag AG Hamburg; Lehrauftr. Univ. München. 1. Vors. d. Ges. f. Volkskunde in Schlesw.-Holstein - BV: Presserecht - Journalismus v. heute, 2. A. 1985; Widerruf, Unterlassung u. Schadenersatz in Presse u. Rundfunk, 1991 - Spr.: Engl., Franz.

DAMM, Sigrid

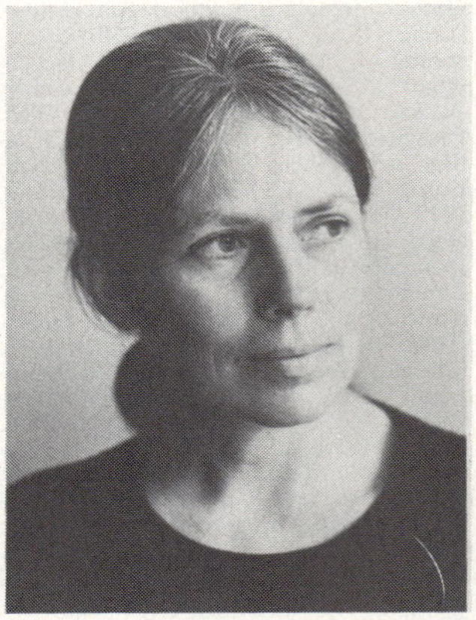

Schriftstellerin - Brüderstr. 14, O-1020 Berlin - Geb. 7. Dez. 1940, 2 Söhne (Joachim, Tobias) - Stud. German. u. Gesch. Jena; Promot. 1970 - S. 1978 freiberufl. tätig - BV: Begegnung mit Caroline, Briefe d. Caroline Schlegel-Schelling, 1979; Vögel, d. verkünden Land. D. Leben d. Jakob Michael Reinhold Lenz, 1985; Ich bin nicht Ottilie, R. 1992 - Herausg. d. Werke u. Briefe von J.M.R. Lenz in 3 Bde. (1987) - 1987 Lion-Feuchtwanger-Preis d. Akad. d. Künste d. DDR; 1988 Ev. Buchpreis d. Dt. Verb. Ev. Büchereien in d. DDR; Mitgl. d. P.E.N.

DAMM, Walter
Dr. phil., Generalbevollmächtigter Sal. Oppenheim jr. & Cie., Köln - Unter Sachsenhausen 4, 5000 Köln 1 (T. 0221 - 1 45 01) - Geb. 14. März 1931 Berlin, ev., verh. m. Dr. Isabelle, geb. Frey - Dipl.-Dolmetscher (Univ. Mainz) 1954; Master of Arts 1956, Promot. 1958 (Univ. of Chicago) - 1962-69 Sekr. EG-Bankenvereinig. - BV: D. Bankwesen im Gemeinsamen Markt, (Mitverf.) 1962. Mitherausg.: The Multinational Corporation in the World Economy (1970).

DAMMANN, Günter
Dr. phil., Prof. f. Neuere Dt. Literaturwissenschaft Univ. Hamburg (s. 1978) - Ludwig-Uhland-Str. 31, 2153 Neu-Wulmstorf - Geb. 27. Mai 1941 Bliedersdorf/Stade (Vater: Albert D., Lehrer; Mutter: Margareta, geb. Poppe), verh. s. 1971 m. Ursula, geb. Kraft, S. Stefan - Gymn. Harburg; Univ. Hamburg (Staatsex. 1967; Promot. 1971) - BV: Antirevolutionärer Roman u. romant. Erzählung, 1975; Georg Heyms Gedicht D. Krieg, 1978 (m. K. L. Schneider u. J. Schöberl).

DAMMANN, Heinrich
Fabrikant, Pers. haft. Gesellsch. Vereinigte Kreidewerke Dammann KG, Söhlde - Bockmühlenstr. 21, 3201 Söhlde (T. 05129 - 78 11) - Geb. 3. Sept. 1924 Söhlde, ev., verh. s. 1952 m. Ortrud, geb. Bode - BVK - Spr.: Engl.

DAMMANN, Klaus
Dr. jur., Univ.-Prof. f. Öfftl. Verwaltung Univ. Bielefeld (s. 1973) - Schumannstr. 9, 4800 Bielefeld 1 - Geb. 5. Okt. 1939 Itzehoe (Eltern: Karl (Kaufm.) u. Gertrud D.), gesch., 4 Kd. (Daniel, Catherine, Arvid, Gerrit) - Univ. Freiburg/Br., Rabat (Marokko), Tübingen, Hamburg. Assessorex. u. Promot. 1969 - 1972 Prof. FU Berlin - Mitgl. Landschaftsvers. Westf.-Lippe.

DAMMANN, Rolf
Dr. phil., Prof., Musikwissenschaftler - Weinstr. 14, 7818 Oberrotweil am Kaiserstuhl - Geb. 6. Mai 1929 Celle/Aller, verh. s. 1963 m. Martha, geb. Krieger (Zahnärztin), T. Sibylle - Promot. 1952; Habil. 1958 - 1953-64 Doz. Musikhochsch. Freiburg/Br. (Geschichte d. ev. Kirchenmusik u. Hymnol., 1958ff. zusätzl. Musikgeschichtl. u. theoret. Fächer); s. 1958 Privatdoz., apl. Prof. (1966), Prof. (1978) Univ. Freiburg (Musikwiss.). Zahlr. Mitgliedsch. - BV: D. Musikbegriff im dt. Barock, 1967, 2. A. 1984; J. S. Bachs Goldberg-Variationen, 1986. Aufs. in: Archiv f. Musikwissenschaft s. 1953; Dufays Florentiner Domweihmotette (1436), 1964, überarb. Fass. 1983; Bachs Capriccio B-Dur - Nachahm. um 1700, in: Festschr. f. H. H. Eggebrecht, 1984.

DAMMERS, Claus
Direktor, Buchenstr. 76, 6670 St. Ingbert/Saar - Geb. 20. Okt. 1937 - Ing. (grad.) - Geschäftsf. Precismeca Ges. f. Fördertechnik mbH., Sulzbach, u. Prescismeca S/A., Saverne (Frankr.).

DAMMEYER, Manfred
Dipl.-Sozialw., Dr. paed., Direktor Volkshochsch. Oberhausen a.D., MdL Nordrh.-Westf. (s. 1975) - Mühlenstr. 94, 4200 Oberhausen 1 (T. 86 08 05) - Geb. 1939 Hausberge/Porta Westfalica - Stud. Sozial- u. Erziehungswiss.; Dipl. 1963, Promot. 1979 - Tätigk. in d. gewerkschaftl. Bildungsarb. u. kommunalen Erwachsenenbildung; 1966-75 Dir. VHS Oberhausen; Lehrbeauftr. f. Politikwiss. Univ. Düsseldorf u. GH Duisburg. SPD (bildungspolit. Sprecher d. SPD-Frakt. im Landtag, Bundesvors. Arbeitsgem. f. Sozialdemokraten im Bildungsbereich, stv. Vors. Kommiss. f. Bildungspolitik b. SPD-Parteivorst.) - Zahlr. Veröff., u.a. D. altern. Bildungskonzept, 1980.

DAMRAT, Anna
Dipl.-Volksw., Dipl.-Handelslehrerin, Berufsschullehrerin u. Dozentin f. Wirtschaftsfächer, MdA (s. 1989) - Lauenburger Str. 9, 1000 Berlin 41 - Geb. 18. Juli 1945 Staats/Krs. Gardelegen (Vater: Franz D.; Mutter: Hanna, geb. Voß), ev., led. - Stud. Volkswirtsch.lehre u. Wirtsch.-Päd. FU Berlin; Dipl.-Prüf. 1972 u. 73 - 1973 wiss. Angest. Senat v. Berlin; 1974-82 wiss. Assist. PH bzw. TU Berlin; s. 1983 (m. Unterbrechungen) im Schuldst. u. Doz. Polit. Ämter in d. SPD, u.a. 1975-78 stv. Landesvors. d. Berliner Jungsozialisten, s. 1988 stv. Landesvors. AsF Berlin) - Spr.: Engl., Franz., Norw.

DAMRATH, Helmut
Dipl.-Ing., Prof. Ltd. Baudirektor, Fachhochschule Nordostniedersachsen (s. 1971) - Am Tannenrähm 3, 3113 Suderburg Kr. Uelzen (T. 05826 - 10 15) - Geb. 12. Juni 1917 Allenstein/Ostpr. (Vater: Bruno D., Baumeister; Mutter: Agnes, geb. Wiemer), ev., verh. s. 1948 m. Marianne, geb. Gibbels, 2 Söhne (Joachim, Jörg) - Oberrealsch. Allenstein; TH Danzig u. Hannover. Diplom-Hauptprüf. 1950 - 1950-54 Planungsing. Fa. Fr. Kocks, Koblenz; 1954-56 Dozent Vereinigte Techn. Lehranstalten (Ing.sch.), Koblenz; 1956-59 Kreisbaurat, Doz. Ing.sch. f. Bauwesen, Siegen, 1959-71 Leiter Staatl. Ingenieurakad. f. Wasserwirtschaft u. Kulturtechnik, Suderburg, 1974-76 Rektor Fachhochsch. Nordostniedersachsen - BV: Wasserversorgung - 1983 BVK am Bde., 1987 BVK.

DAMRAU, Jürgen
Dr. jur., Richter a. D., Prof. f. Rechtswiss., insb. Erb- u. Familienrecht, Univ. Konstanz (s. 1977) - Stifterstr. 33a, 7750 Konstanz/B. - Geb. 22. Dez. 1937 Koblenz (Vater: Dr. Siegfried D., Oberpostpräs.; Mutter: Ilse, geb. Fodermann), 3 Kd. - Univ. Marburg, Genf, Mainz - 1966-77 Richter - BV: Erbverzicht als mittelzweckmäß. Vorsorge f. d. Todesfall, 1966; D. Entwickl. einz. Prozeßmaximen s. d. Reichszivilprozeßordnung v. 1877, 1975.

DAMS, Theodor
Dr. agr., Dres. h.c. em. , o. Prof. f. Wirtschaftspolitik u. Direktor Inst. f. Entwicklungspolitik Univ. Freiburg (s. 1965) - Wertmannplatz 1, 7800 Freiburg/

Br. (T. 0761 - 203 35 26) - Geb. 6. Mai 1922 Ginderich Kr. Moers - Univ. Bonn (Volksw.lehre, Agrarpolitik). Promot. 1951; Habil. 1959 - 1959-65 Abt.leit. EWG-Kommiss. Brüssel. Mitgl. Dt. Bildungsrat 1966-75; o. Mitgl. Akad. f. Raumforsch. u. Landesplanung, Hannover; Mitgl. Wiss. Beir. Bundesmin. f. Wirtschaftl. Zusammenarb. u. d. Bundesmin. f. Landwirtsch.; Vors. d. Beirats f. Ausbildungsförd. Bundesmin. Bildung u. Wiss. - Mitgl. SWF-Rundfunkrat s. 1973-91, Präs. Intern. Assoc. of Agricultural Economists (1979-82) - BV: Marginalität-Motiv. u. Mobilisierung v. Selbsthilfegruppen als Aufg. d. Entwicklungspolitik, 1970; Berufl. Bildung - Reform in d. Sackgasse, 1973; Entwicklungshilfe Hilfe z. Selbsthilfe?, 1974; Kontroversen in d. intern. Rohstoffpolitik (m. G. Grohs), 1977; Weltwirtschaft im Umbruch, 1978; Integrierte ländl. Entwickl.-Theoret. Grundl. u. prakt. Erfahrungen, 1980 (Hrsg.); Integrated Rural Regional Develeopment, 1982; Entw., Entw.politik, 2. A. 1986, u. Wirtschaftspolitik, 5. A. 1989 in: Staatslexikon ; Ausb.förderung: E. Fallstudie d. Familienlastenausgleichs, 1989; Reform d. Ausb.förderung, 1989 - 1982 Ehrendoktor Univ. Gießen; 1982 Membre Étranger de l'Académie d'Agriculture de France; 1986 Ehrendoktor Univ. Nagoya/Japan; 1989 Ehrenprof. (Prof. h.c.) People's Univ. China, Beijing; 1991 Honorary Life Member International Ass. of Agric. Economists - Spr.: Engl., Franz., Niederl.

DAMUS, Martin

Dr. phil. habil., apl. Prof., Kunsthistoriker - Gertkenstr. 15, 4512 Wallenhorst 2 (Rulle) (T. 05407 - 64 70) - Geb. 7. April 1936 Guben, verh. s. 1966 m. Prof. Dr. Renate D. - Stud. Kunstgesch., Phil. u. Gesch., Promot. 1972 FU Berlin - 1972-74 Gastdoz. PH Berlin - 1977/78 SHfBK Braunschweig, s. 1978 Lehrtätigk. Univ. Osnabrück, freischaff. Kunsthist. - BV: Freiheit d. Kunst u. staatl. Kunstpreise, 1972; Üb. d. Zusammenhang zw. d. autonomen u. gebrauchten Kunst, 1973; Funktionen d. Bild. Kunst im Spätkapitalismus, 1973; Fuchs im Busch u. Bronzeflamme, 1979 (m. and.); Sozialist. Realismus u. Kunst im Nationalsozialismus, 1981; D. Rathaus. Architektur- u. Sozialgesch. v. d. Gründerzeit zur Postmoderne, 1988; Malerei d. DDR. Funktionen d. Bildenden Kunst im Realen Sozialismus, 1991.

DAMUS, Renate

Dr. phil., Prof. f. Politikwissenschaft Univ. Osnabrück - Gertkenstr. 15, 4512 Wallenhorst 2 - Geb. 19. Febr. 1940 Karlsruhe, verh. s. 1966 - Stud. Polit. Wiss., Phil., Gesch. Freiburg, Zürich, FU Berlin; Promot. 1968 - Wiss. Assist. bzw. Assist. Prof. Otto-Suhr-Inst. FU Berlin; 1972-73 Gastdoz. Univ. Erlangen-Nürnberg; s. 1974 Univ. Osnabrück (Arbeitsgeb.: Ökolog., ökonomische, soziale, demokratische Transformationsprozesse im u. gegen d. Kapitalismus). Dez. 1988-April 1991 im Bundesvorst. d. Grünen. 1990/91 eine d. drei Vors. d. Partei Die GRÜNEN - BV: Entscheidungsstrukturen u. Funktionsprobl. in d. DDR-Wirtsch., 1973; D. Reale Sozialismus als Herrschaftssystem am Beispiel d. DDR, 1978; RGW. Wirtschaftl. Zusammenarb. in Osteuropa, 1979; D. Legende v. d. Systemkonkurrenz. Kapitalismus u. Realer Sozialismus, 1986. I. V.: Transformationsprozesse im Kapitalismus. Regelungsmechanismen z. Lösung d. ökologischen, sozialen, demokratischen u. weltwirtschftl. Probleme in ihrer Verzahnung.

DANCO, Armin

Dr. jur., Ministerialdirigent a. D., Abteilungsleiter Min. f. Wissensch. u. Forschung Nordrh.-Westf. (b. 1990) - Flachskampstr. 67, 4000 Düsseldorf 12 - Geb. 4. Nov. 1927 Naugard/Pom. (Vater: Dr. Helmuth D., Kaufm.; Mutter: Irmgard, geb. Bahls), ev., verh. s. 1960 m. Barbara, geb. Leuze, 3 Kd. (Cordula, Carl-Ulrich, Ursula) - Stadtgymn. Dortmund; Stud. d. Rechtswiss. Univ. Münster; 1. u. 2. jur. Staatsex. 1950 u. 54; Promot. 1961 Münster - 1957- 65 Dezern. Bez.reg. Aachen u. D'dorf; 1965-71 Ref. Innenmin. NRW; s. 1971 Min. f. Wiss. u. Forsch. NRW - BV: D. Entstehung d. BR Dtschl. u. d. Inkrafttr. d. GG, 1961 (Diss.) - Festschr.: Verwalten ist Gestalten (1990) - 1990 Gr. BVK; 1991 Kortum-Med. Med. Fak. Ruhr-Univ. Bochum - Liebh.: Geschichte, Musik.

DANELLA, Utta

geb. Denneler

(eigentl. Utta Schneider), Schriftstellerin - Zu erreichen üb. Franz-Schneekluth Verlag, Widenmayerstr. 34, 8000 München 22 - Geb. Berlin (Vater: Apotheker) - BV/R. (1956ff.): Alle Sterne v. Himmel, Regina auf d. Stufen, D. Frauen d. Talliens, Alles Töchter aus guter Familie, D. Reise n. Venedig. Stella Termogen od. D. Versuch d. Jahre, Tanz auf d. Regenbogen, D. Sommer d. glückl. Narren, D. Maulbeerbaum, D. Mond im See, Vergiß, wenn Du leben willst, Quartett im September, Jovana. Niemandsland, Gestern od. d. Stunde n. Mitternacht, D. blaue Vogel, D. Hochzeit auf d. Lande, 2 Tage im April, Gespräche m. Janos, D. Schatten d. Adlers. Familiengeschichten, Jacobs Frauen; R.-Trilogie: D. dunkle Strom, Flutwelle, D. Unbesiegte; Jugendb.: Tränen v. vergangenen Jahr, D. Hotel im Park, Meine Freundin Elaine; u.a. insges. 45 Bücher. Aufl. üb. 50 Mill.

DANGELMAIER, Paul

Dipl.-Kfm., Geschäftsführer Kernkraftwerk Obrigheim GmbH. (s. 1969) - Meisenweg 2, 6951 Obrigheim/Baden (T. 06261 - 7655) - Geb. 15. Juni 1932 Wiesensteig/Württ. (Vater: Karl D.), verh. m. Erna, geb. Decker - Stud. Betriebsw. - Spr.: Engl., Franz. - Rotarier.

DANGELMAYER, Horst

Direktor - Reutäckerstr. 5, 7537 Remchingen-Singen - Geb. 8. Juni 1939 Esslingen (Vater: Hugo D., Justizinsp. a. D.; Mutter: Lina, geb. Herre), verh. s. 1961 m. Elfriede, geb. Arold, 2 Kd. (Michael, Marcella) - Geschäftsf. ROWI Rodi & Wienenberger GmbH; div. weit. Mandate - Spr.: Engl.

DANIEL, Günter

Bankdirektor i.R. - Lindenstr. 11a, 8000 München 90 - Geb. 30. Okt. 1923 - Stud. Rechtswiss. Ass.ex. - AR-Mand.

DANIEL, Helmut

Dr. rer. nat., Prof., Chemiker (Leitg. Pharmachemie C. H. Boehringer Sohn, Ingelheim) - Frankenstr. 21, 6507 Ingelheim/Rh. - Geb. 8. Aug. 1930 Ludwigshafen/Rh. - Promot. 1958; Habil. 1965 - S. 1971 apl. Prof. f. Org. Chemie TU München. Facharb.

DANIEL, Herbert

Dr., Dipl.-Phys., o. Prof. u. Direktor Inst. f. Kernphysik u. Nukleare Festkörperphysik TU München (s. 1968) - Taxetstr. 37, 8045 Ismaning (T. 089 - 32 09 25 71) - Geb. 30. März 1926 Treptow (Vater: Herbert D., Lehrer; Mutter: Marie, geb. Rottschalk), ev., verh. s. 1971 m. Gisela, geb. Bähre, 2 Kd. (Dirk, Silke) - Stud. d. Physik Univ. Heidelberg (Lehrer Prof. Bothe); Promot. 1954 u. Habil. 1961 ebd. - 1954-58 Max-Planck-Inst. f. medizin. Forschung, Heidelberg; 1958-59 Iowa State Univ.; 1959-65 Max-Planck-Inst. f. Kernphysik, Heidelberg; 1966-68 CERN, Genf; 1974, 76, 80, 84 u. 86 Los Alamos National Labor., Neu-Mexiko/USA; 1979 Inst. Laue-Langevin, Grenoble, Frankreich; 1978 Int. Atom. Energy Agency, Wien (Berater) - BV: Beschleuniger, 1974. Ca. 300 Fachveröff. in dt., europ., amerik., jap. u. intern. Büchern u. Ztschr. - Spr.: Engl., Franz., Ital., Latein.

DANIEL, Jens

s. Augstein, Rudolf

DANIELMEYER, Hans Günter

Dr. rer. nat., Prof., Physiker, Leiter Zentralabt. Forsch. u. Entw. Siemens AG, München - Otto Hahn Ring 6, 8000 München 83 - Geb. 5. März 1936 Nürnberg (Vater: Hans Erich D., Prokurist; Mutter: Lieselotte, geb. Fricke), verh. m. Antonia, 3 Kd. (Birgit, Inka, Hendrik) - Dipl.-Phys. 1962, Promot. 1965, Habil. 1974, alles Stuttgart; MBA 1971 Rutgers/USA - 1966-71 Bell Labs/USA, 1972-74 MPG; 1974 MIT/USA; 1975-86 Univ. Hamburg (Ord. f. Exper. Festkörperphysik). 1978-86 Gründungspräs. TU Hbg.-Harburg; 1986 Generalbev. Dir. Siemens AG, zentr. Forsch. u Technik; s. 1987 Vorst.-Mitgl. Siemens AG - Entd.: Festkörper- u. Miniaturlaser.

DANIELS, Hans

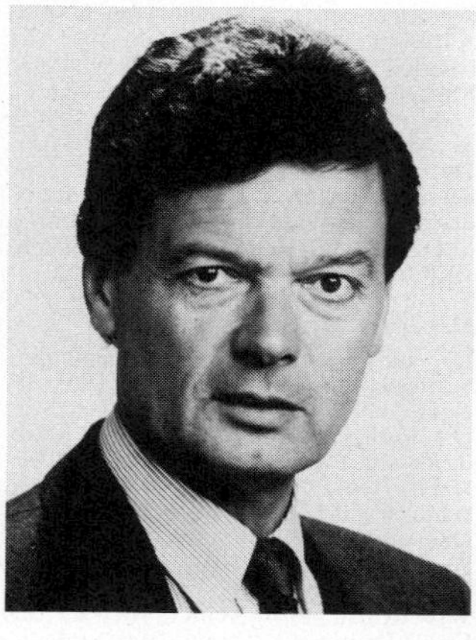

Dr. rer. pol., Notar, Oberbürgermeister (s. 1975) - Rathaus, 5300 Bonn 1 (T. 77 34 00) - Geb. 11. Dez. 1934 Düsseldorf (Vater: Dr. Wilhelm D., Oberbürgerm. a. D.; Mutter: Hedwig, geb. Mosler), kath., verh. s. 1966 m. Ursula, geb. Blanke, 4 Kd. (Zoe, Florian, Severin, Esther) - Gymn. (Abitur 1952); Stud. (Jura, Volksw. Math.); Promot. 1957; 1. u. 2. jur. Staatsex. 1955, bzw. 1959 - 1960 Ass.; 1962 Notar Bonn; 1970-83 MdL NRW; 1983-90 MdB. CDU (s. 1961 Mitgl. Stadtrat, 1974 Vors. CDU-Frakt.). S. 1975 Mitgl. d. Präsid. d. Dt. Städtetages (s. 1989 stv. Präs.) - BV: Ausscheidungsprozesse in d. Marktwirtsch. u. i. Lenkung durch d. Rechtsordn., 1958) - Spr.: Engl., Franz.

DANIELS, Karlheinz

Dr. phil., Prof. f. Didaktik d. Dt. Sprache u. Lit. Univ. Bonn - Landskronweg 17, 5308 Rheinbach 12 - Geb. 23. Nov. 1928 Neuss/Rh. (Vater: Karl D.; Mutter: Josefine, geb. Szymanski), kath., verh. s. 1956 m. Eva, geb. Schrankel, 2 Kd. (Dieter, Karen) - Stud. Allg. Sprachwiss. Promot. 1960 Bonn; Habil. 1966 Stockholm - S. 1968 Ord. Bonn - BV: Substantivierungstendenzen in d. dt. Gegenwartssprache, 1963. Herausg.: Üb. d. Sprache (1966), Mensch u. Maschine (1981), Konzepte emotionellen Lernens in d. Deutsch-Didaktik (1985) - Spr.: Engl., Franz., Neugriech.

DANIELS, Will-Hubertus

Bergass., Geschäftsführer Vereinig. d. Bergbau-Spezialgesellschaften - Rüttenscheider Str. 14, 4300 Essen 1.

DANN, Gerhard

Regierungsdirektor a. D., MdL Hessen (s. 1978, Wahlkr. 18/Limburg-Weilburg-O. u. Lahn-Dill III sow. Lahn II) - Imkerweg 13, 6200 Wiesbaden-Bierstadt - Geb. 26. Juni 1935 Gießen, ev., verh., 3 Kd. - Volkssch.; Uhrmacherlehre; Heim VHS Friedrich-Ebert-Stiftg. Meisterprüf. 1958 - B. 1971 Parteitätigk. (zul. Bezirksgeschäftsf. Hessen-S.), dann Ref. Hess. Staatskanzlei u. Kultusmin. (1976). 1968 ff. MdK Wetzlar. SPD s. 1954 (1978 stv. Vors. Unterbez. Limburg-Weilburg).

DANN, Otto

Dr. rer. nat., em., o. Prof. f. Angew. Chemie - Louis-Störzbach-Str. 5, 6930 Eberbach/Neckar (T. 06271-3583) - Geb. 20. Febr. 1914 Baden-Baden (Vater: Christian D.; Mutter: Paula, geb. Fuchs), verh. s. 1976 m. Ilse, geb. Bansbach - Univ. Freiburg/Br., Edinburgh, Heidelberg, Erlangen, Colorado (USA), Approb. Apoth.; Dipl.-Chem. - 1939 Assist. Kaiser-Wilhelm-Inst. f. Med. Forsch., Heidelberg b. Richard Kuhn, 1947 Privatdoz., 1950-1982 Ord. u. Inst.svorst. Univ. Erlangen bzw. Erlangen-Nürnberg. Fachveröff.

DANN, Otto

Dr. phil., Prof. f. Geschichte d. Neuzeit Univ. Köln - Stumbshof-Str. 40, 5030 Hürth-Alstädten - Geb. 24. Aug. 1937 Gersdorf, ev., verh. s. 1965 m. Antje, geb. Markert, 3 Kd. - BV: Nationalismus u. soz. Wandel, 1978; Gleichheit u. Gleichberechtigung, 1980; Köln nach d. Nationalsozialismus, 1981.

DANNECKER, Walter

Dr. rer. nat., Dipl.-Chem., Prof. f. Anorgan. u. Angew. Chemie Univ. Hamburg - Heidewisch 21, 2000 Hamburg 56 (T. 040 - 81 88 71 bzw. 41 23-31 11) - Geb. 23. März 1934 Bad Säckingen - Prof. u. Geschäftsf. d. Inst. f. Angew. Analytik Univ. Hamburg. Zahlr. Fachveröff. üb. angew. analyt. Themen, üb. Emissions- u. Immissionsunters., Rauchgasreinig. an Großfeuerungsanl. u. üb. Umweltschutzprobl.

DANNEEL, Ilse

Dr. rer. nat., Prof. f. Allg. Biologie u. Didaktik d. Biol. Univ. Duisburg - Lotharstr. 1, 4100 Duisburg 1 - Geb. 21. Mai 1931.

DANNENBERG, Peter

Chefdramaturg Hamburger Staatsoper - Brunsberg 12, 2000 Hamburg 54 (T. 34 40 35) - Geb. 21. Mai 1930 Potsdam (Vater: Friedrich D.; Mutter: Maria, geb. Hoffmann), ev., verh. s. 1977 m. Susanne, geb. Nieß - Stud. Rechtswiss.; Musikwiss., 1. jur. Staatsex. - Leit. Musikredakt. u. Musikkrit. D.e Welt u. Stuttg. Zeitung (u.a.) - BV: Robert Schumann, 1979; Primadonnen u. Gaukler, 1981; Jahrbuch d. Hamburg. Staatsoper V – VIII, 1978-81 - Spr.: Engl., Franz.

DANNENBRING, Fredo

Dr. jur., Botschafter u. Leit. d. Ständ. Vertretung d. Bundesrep. Deutschl. b. Sitz d. Vereinten Nationen sow. d. Generalkonsulats, Genf i. R. (b. 1991) - Jagdweg 18, 5205 St. Augustin 2 - - Geb. 1926 Bremen - Stud. Rechts- u. Staatswiss. sow. Volksw. - S. 1955 Ausw. Amt (Auslandsposten in Tokio, Ottawa, Ankara, 1979-82 Ständ. Vertr. d. Botsch. in Washington); 1982-86 stv. Generalsekr. f. polit. Angelegenh. b. NATO-Generalsekretariat Brüssel.

DANNENMANN, Arnold

Prof., Gründer d. Christl. Jugenddorfwerkes Deutschlands (CJD) (1947-85 Präs., seitd. Ehrenpräs.) - Panoramastr. 55, 7320 Göppingen - Geb. 4. Jan. 1907 Faurndau, verh. s. 1965 m. Rosemarie, geb. Funk - Stud. Univ. München, Tübingen, Marburg, Greifswald (Phil., Theol.) - 1953 Adenauer-Med.; 1962 Wichern-Med. EKD; 1967 Gr. BVK m. Stern; 1979 Verdienstmed. Baden-Württ.; u.a. Ausz.

DANNER, Max

Dr.-Ing., Prof., Versicherungsdirektor (Leit. ALLIANZ-Zentrum f. Technik) - Kraußtr. 14, 8045 Ismaning/Obb. - Geb. 31. Mai 1930 Haselbach - Promot. 1958 München (TH) - S. 1972 Honorarprof. TU Berlin u. München (1976; Unfallforsch.). Üb. 30 Facharb. Mithrsg.: D. Verkehrsunfall (Ztschr.) - 1981 Bayer. VO.

DANNHEIM, Reinhard

Dr. med., Prof., Augenarzt - Daimlerstr.

12, 7000 Stuttgart-Bad Cannstatt - Geb. 8. Aug. 1936 Breslau - Promot. 1960 - S. 1971 (Habil.) Lehrtätigk. Univ. Tübingen. Üb. 30 Aufs.

DANNOWSKI, Hans Werner

Pastor, Stadtsuperintendent Hannover - Hanns-Lilje-Pl. 2, 3000 Hannover 1 (T. 0511 - 32 69 16) - Geb. 22. Juni 1933 Petershagen (b. Berlin), ev., verh. s. 1964 m. Edith, geb. Ruddies, Sohn Christoph - Abit. 1953 Hamburg-Harburg; Theol.-Stud. Bethel, Heidelberg, Göttingen u. Hamburg; 1. Theol. Ex. 1959, 2. Theol. Ex. 1962 - 1962/63 Insp. Uhlhorn-Konvikt Göttingen; 1963-69 Pastor Göttingen; 1969-74 Studiendir. Predigersem. Imbshausen; 1974-80 Superintend. Kirchenkr. Hannover-Linden; s. 1980 Stadtsuperintend. Marktkirche Hannover. S. 1985 Filmbeauftr. Rat d. EKD - BV: Kompendium d. Predigtlehre, 1985. Mitherausg.: Ztschr. f. Gottesdienst u. Predigt, homilet. Werke. Stând. Mitarb. d. Filmztschr. epd Film.

DANOVSKY, Vladimir

Regisseur Landestheater Schwaben - Bismarckstr. 40, 8940 Memmingen - Geb. 8. Sept. 1945 Sofia (Vater: Bojan D., Regiss.; Mutter: Wessela D., Schausp.), verh. s. 1970 m. Krassimira D. (Pianistin), S. Bojan - Stud. Klavier u. Musikwiss. Musikhochsch. Sofia, Staatsex. 1970; 1070-73 Regiehospitanz Staatsoper Ost-Berlin - 1973-81 Fr. Regiss. in Bulgarien; 1973-81 Doz. f. Schauspielunterr. Musikhochsch. Sofia; 1981-85 Oberspielleit. Landestheater Memmingen - üb. 35 Insz. in Bulgarien u. Dtschl. - Spr.: Engl., Russ.

DANZ, Max

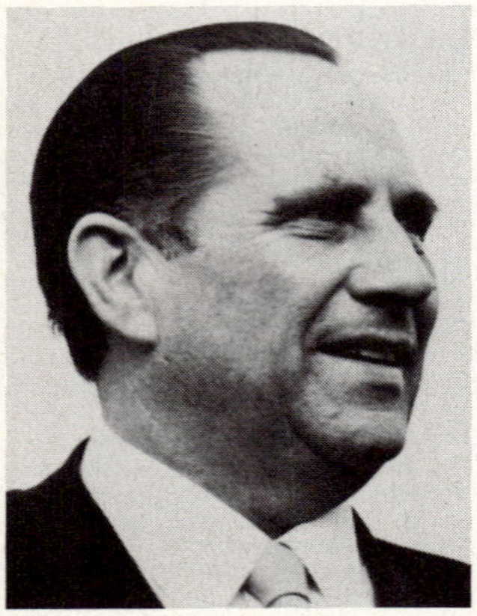

Dr. med., Internist, Ehrenvors. Dt. Leichtathletik-Verb. (s. 1970; 1949-70 Vors.), Ehrenpräs. u. Präsid.-Mitgl. (1949-77 Vizepräs.) Nationales Olymp. Komitee, Vizepräs. Olympian Intern. (Weltorg. ehem. Olympiateiln.) - Ochsenallee 1, 3500 Kassel (T. 0561 - 6 77 09) - Geb. 6. Sept. 1908 Kassel, verh. m. Elisabeth, geb. Prinz - 1945 Mitgründ. Kasseler Sportverein (Vorst.- u. Ehrenmitgl.), 1950 Mitgründ. Dt. Sportärztebd., Gründungs- u. Präsid.-Mitgl. Dt. Sportbund (ab 1970 Ehren- u. Hauptaussch.-Mitgl.), Gründungs- u. Präsid.-Mitgl. Dt. Olymp. Ges. (ab 1978 Ehrenmitgl.), 1956-81 Ratsmitgl. IAAF (Intern. Leichtathl.-Verb., 1964-84 IAAF-Vors. Med. Kommiss., 1976-81 Vizepräs., seitd. Ehren-Vizepräs.), Gründg. d. Kurat.-Mitgl. Stiftg. Dt. Sporthilfe - 1931 dt. Meister 3 x 1000m-Staffel, Teiln. an d. Olymp. Spielen 1932 Los Angeles - 1967 Gr. BVK, 1973 Stern dazu; 1970 Ehrenplak. d. Olymp. Akad. in Griechenl. (Olympia); 1976 Dr. Hans-Heinr.-Sievert-Preis; 1978 DLV-Ehrenring; 1979 Gold. Wappenring d. Stadt Kassel; 1982 Olymp. Orden; 1983 Ehrennadel Hartmannbd. u. Gold. Ehrennadel Dt. Sportärztebd.; 1987 Gr. Ehrenplak. d. Ld.ärztekammer Hessen; 1988 BVK m. Stern u. Schulterbd.; 1988 Gold. Ehrenring KSV Hessen/Kassel; 1989 Ehrenbürger Stadt Kassel; 1990 Hess. VO. - Liebh.: Sport, Musik.

DANZ, Werner

Dr. phil., Stadtdirektor, MdL Rhld.-Pfalz a.D. (1967-83) - Heinrichstr. 14, 6550 Bad Kreuznach/N. - Geb. 3. Juni 1923 Koblenz, ev., verh., Sohn - Univ. Berlin und Mainz (Soziol., Phil., Politik) - Ab. 1953 Geschäftsf. Wirtschafts- u. Sozialpolit. Vereinig. Bonn/Geschäftsst. Mainz; 1959-65 Hauptgf. FDP-Landesverb. Rhld.-Pf.; ab 1966 Pers. Ref. Minister f. Finanzen u. Wiederaufbau ebd. 1942-46 Wehrdst. (Kriegsmarine; zul. Ltn. z. See; gegenw. Oblt. z. S. d. R. Bundesmarine) u. Gefangensch. 1961-65 MdB. FDP s. 1953 (Mitgl. Landesvorst.), 1969-82 Vors. FDP Landtagsfraktion, 1982/83 Landtags-Vizepräs.; 1974-83 stv. Landesvors. - Gr. BVK.

DANZER, Bruno

Altbürgermeister - Frühlingsweg 6, 8047 Karlsfeld/Obb. - Geb. 1. März 1924 Horosedl/CSFR (Vater: Rudolf D., Landw.; Mutter: Maria, geb. Schwarz), kath., verh. in 2. Ehe (in 1. 1970 verw.) s. 1976 m. Anna D., S. Gerald - 1935-39 Gymn. Duppau; 1939-43 Höh. Landw. Landessch. Kaaden - 1946-59 Landratsamt Dachau (zul. Verwaltungsoberinsp.). SPD - Liebh.: Reiten, Ski - 1975 BVK, 1980 BVK I. Kl.

DANZER, Ludwig W.

Dr. rer. nat., Prof. f. Mathematik - Stortsweg 9, 4600 Dortmund - Geb. 15. Nov. 1927 München (Vater: Dr. Paul D.), verh., 4 Kd. - 1946-51 Stud. Math. u. Physik. Promot. 1960 München (TH); Habil. 1963 Göttingen - 1952-56 höh. Schuldst.; 1956-59 Math. Forschungsinst. Oberwolfach (Assist.); 1960/61 Univ. of Washington Seattle/USA (Visiting Assistant Prof.); 1963 Univ. Göttingen (1965 Wiss. Rat u. Prof. Math. Inst.), s. 1969 Univ. Dortmund (Ord.). Spez. Arbeitsgeb.: Diskrete Geometrie, hochsymmetrische Strukturen, Quasiperiodizität. Fachveröff.

DARDENNE, Michael Ulrich

Dr. med., Prof., Facharzt f. Augenheilkunde - Graf-Stauffenberg-Str. 36, 5300 Bonn - S. Habil. Lehrtätigk. Univ. Bonn (1966 apl. Prof.).

DARNHOFER-DEMAR, Benno

Dr. phil., Prof. f. Zoologie Univ. Regensburg - Geberichstr. 20, 8401 Pentling.

DAS, Arabindo

Dr.-Ing., Abteilungsleiter DFVLR/Inst. f. Aerodynamik, Braunschweig (s. 1970), apl. Prof. f. Strömungsmechanik TU Braunschweig (s. 1975) - Dornstr. 2, 3300 Braunschweig - Geb. 17. Aug. 1925 Ranchi (Ind.) - Promot. (1959) u. Habil. (1968) Braunschweig - Fachveröff.

DASCHNER, Franz

Dr. med., Prof. f. Kinderheilkunde u. Klinikhygiene - Universität, 7800 Freiburg/Br. - Geb. 18. Mai 1940 - Promot. 1966; Habil. 1975 - S. 1974 Lehrtätigk. Univ. München u. Freiburg (1976 Prof.). Üb. 400 Fachveröff.

DASSANOWSKY, von, Elfriede

Opernsängerin, Pianistin, Lehrerin - 4346 Matilija Avenue 27, Sherman Oaks, California 91423-USA - Geb. 2. Febr. 1924 Wien, kath., 2 Kd. (Robert, Vivi) - Hochsch. f. Musik u. darst. Kunst, Wien; Klavier m. Emil v. Sauer; Gesang m. Paula Mark-Neusser - Sängerin-Sopran/Mezzosopran. Debut: Susanna in Le Nozze di Figaro (1946 St. Pölten); zahlr. Gastspiele in Wien, St. Pölten, München, Hamburg, Flensburg. Partien: u.a. Agathe, Freischütz; Inez, Trovatore; Mimi, La Boheme; Hänsel u. Gretel; Hannerl u. Heiderl, D. Dreimäderlhaus; Carmen; Adelaide, D. Vogelhändler; Lola, Cavalleria Rusticana; Lizzi, D. Sperrsechserl; Orlofsky, Fledermaus. 1948-53 Liederabende u. Klavierkonzerttourneen durch Österr. u. Dtschl. - Schausp. versch. Filme; Mitbegründerin Belvedere Film Produktion, versch. Theatergr. u. Operettenbühnen, Wien; 1947-49 Ansagerin, Forces Broadcasting u. BBC, Wien; 1950-60 Gesang u. Klavierlehrerin, österr., Deutschland u. USA; Ehrenfak. d. Accademia Culturale d'Europa, Italien; Mitgl. versch. intern. Kultur-Kommitees; 1990 Dipl. Accad. Culturale d'Europa, Ital.; 1991 Gold. VO d. Rep. Österr. - Spr.: (Deutsch), Engl., Franz. - Bek. Vorf.: Christian v. Dassanowsky, k.k. Hof-Direktor in Wien (Urgroßvater).

DASSANOWSKY-HARRIS, von, Robert

Schriftsteller, Redakt. - Dept. of Germanic Languages, Univ. of California, 405 Hilgard Avenue, Los Angeles, Calif. 90024, USA - Geb. 28. Jan. 1956 New York, kath. - Theaterstud. American Acad. of Dramatic Arts; B.A. Politik u. Gesch., M.A., PhD. Germanistik 1992. Univ. of California, Los Angeles - S. 1985 Redakt. b. Rohwedder Intern. Ztschr. f. Lit. u. Kunst; s. 1986 Redakt. New German Review, Los Angeles, s. 1992 Osiris, Mass., USA; s. 1992 Rampike, Canada - BV: Tristan im Winter, Drama 1984; Lieder e. fahrenden Gesellen, Drama 1987; Telegrams from the Metropole, Ged. 1991. Zahlr. Ged. u. Ess. in versch. Ztschr. u. Ztg. in d. Bundesrep. Dtschl., USA, Großbritannien, Österr., Italien, Canada, Indien, Australien u. Japan - Mitgl. PEN, MLA, Goethe Ges. v. Nord Amerika; Ehrenmitglied d. Accad. Culturale d'Europa (Italien) - Liebh.: Heraldik, Sport, Musik - Spr.: Engl., Deutsch, Holl., Franz.

DASSLER (ß), Jürgen

Dr. rer. nat., Dipl.-Chem., Vorstandsvorsitzender Leuna-Werke AG, Leuna - Lilienweg 5, O-4220 Leuna (T. Merseburg 43 49 25) - Geb. 20. Dez. 1935 Merseburg, verh. s. 1975 m. Dr. Carola, geb. Hamann, 4 Kd. (Ronald, Karen, Guntram, Ingo) - 1950-52 Lehrling Leuna-Werke; 1952-54 Stud. TH Dresden; 1954-60 Stud. Chemie, Dipl. 1960; Promot. 1971 TH Merseburg - Leuna-Werke AG: Betriebschem.; Betriebsleit.; Betriebsdir.; Generaldir. - Liebh.: Ornithologie, hist. Romane, Gartenarbeit, Wandern, Familie - Spr.: Engl.

DASSMANN, Ernst

Dr. theol. (habil.), o. Prof. f. Alte Kirchengeschichte, Patrologie u. Christl. Archäologie Univ. Bonn (s. 1969) - Herzogsfreudenweg 25, 5300 Bonn 1 (T. 25 26 51) - Geb. 30. Jan. 1931 Coesfeld/W., kath. - Zul. Univ. Münster; 1972 Dir. F. J. Dölger-Inst. z. Erforsch. d. Spätantike, Bonn - Fachveröff. - 1980 o. Mitgl. Rhein.-Westf. Akad. d. Wiss., Düsseldorf.

DASTON, Lorraine

Dr., Professorin f. Wissenschaftsgeschichte am Inst. f. Wiss.gesch. d. Univ. Göttingen - Schlözerweg 2, 3400 Göttingen - Geb. 9. Juni 1951, verh. s. 1985 m. Gerd Gigerenzer, T. Thalia - 1973 A.B. Harvard Univ.; 1974 Dipl. Univ. of Cambridge; 1979 Ph. D. Harvard Univ. - BV: Buch üb. d. Ideale u. Praktiken d. Objektivität in d. Naturwissenschaften v. 1600-1925; Monographie üb. d. Wandel d. Erklärungen f. Wundererscheinungen im frühneuzeitlichen Europa; Classical Probability in the Enlightenment, 1988. Herausg.: The Probabilistic Revolution: Ideas in History (1987 m. L. Krüger, M. Heidelberger); The Empire of Chance (1989 m. G. Gigerenzer u. a.) - 1989 Pfizer-Preis d. History of Science Society (USA).

DATHE, Johannes Martin

Dr.-Ing., Prof., Geschäftsführer Industrieanlagen-Betriebsges. mbH, Ottobrunn - Einsteinstr. 20, 8012 Ottobrunn (T. 089 - 60 88 - 25 67) - Geb. 10. Aug. 1930 Habelschwerdt/Schles., ev., verh. - 1950-54 Stud. Maschinenbau München u. Stuttgart; Promot. 1962 Karlsruhe - 1954-58 wiss. Mitarb. Dt. Studiengem. Hubschrauber, Stuttgart; 1958-65 Dornier GmbH, Friedrichshafen; s. 1965 Industrieanl.-Betriebsges. mbH, Ottobrunn; 1968 Abteilungsleit. Operations Res., 1970 Dir. Studienber., s. 1978 Geschäftsf. -Buch Mod. Projektplanung in Technik u. Wiss - 1982 Th. v. Karman-Med. AGARD; 1985 Honorarprof. f. Operations Research TU München.

DAU, Herbert

Generaldirektor i. R., Bürgerschaftspräs. a. D. - Georg-Bonne-Str. 14, 2000 Hamburg 52 (T. 826382) - Geb. 8. Dez. 1911 Hamburg (Vater: Heinrich D.; Mutter: geb. Dannel), verh. s. 1939 m. Margarete, geb. Liesche, 3 Kd. - Oberrealsch.; Lehre Versich.fach - 1931-50 Angest. Volksfürsorge Lebensversich.-AG u. Hamburg-Mannheimer Versich.-AG (zul. Prokurist), 1950-67 Vorstandsvors. Deutscher Ring Lebensversich.-AG, Dt. Ring Krankenversich.verein a. G. u. Dt. Ring Sachversich.-AG, 1967-75 Vorstandsvors. Hamburg-Mannheimer Versich.-AG ebd. AR-Mand. 1946-78 Mitgl. Hbg. Bürgersch.; 1960-78 Präs. d. Hbg. Bürgersch. (SPD). 1972-74 Vors. Verb. d. Lebensversich.-untern. S. 1978 Richter am Verfassungsger. Hamburg u. Ehrenbürger d. Freien u. Hansestadt Hamburg - Spr.: Engl.

DAUB, Jörg

Dr. rer. nat., Prof. f. Organ. Chemie Univ. Regensburg (s. 1973) - Frauenzellstr. 16, 8400 Regensburg (T. 0941 - 66280) - Geb. 10. Febr. 1940 Lauffen/Neckar (Vater: Friedrich, Lehrer; Mutter: Marie, geb. Herzog), ev., verh. s. 1966 m. Hannelore, geb. Mehrmann, 2 Kd. (Henrik, Kristian) - Stud. Univ. Stuttgart, Princeton University, Princeton N. J. USA, Habil. 1973. 1973 Privatdoz. Univ. Stuttgart, s. 1973 Prof. Univ. Regensburg.

DAUBERTSHÄUSER, Klaus

Industriekaufm. Oberregierungsrat a. D., MdB (s. 1976; Wahlkr. 130) - Rodheimer Str. 33, 6301 Wettenberg 1 (T. 0641 - 8 29 20; dstl. 0228 - 16 79 17) - Geb. 16. Okt. 1943 Krofdorf-Gleiberg, ev., verh. s. 1967 m. Gabriele, geb. Stoffel, 3 Kd. (Kai, Antje, Kira Kim) - VR-Mitgl. Dt. Bundesbahn - SPD (Vorst.-Mitgl. Bundestagsfraktion, Verkehrspolit. Sprecher Bundestagsfraktion) - BVK I. Kl.

DAUENHAUER, Alois

Oberamtsrat a. D., Bürgermeister Stadt Rodalben (s. 1982), MdL Rhld.-Pfalz (1975-91) - Am Hilschberg 26, 6782 Rodalben - Geb. 17. Juli 1929 Rodalben, kath., verh. s. 1956 m. Marlene, geb. Trauth, 2 Kd. (Andreas, Sabine) - Gymn. (Abitur). Verw.akad. - Spr.: Engl., Franz.

DAUENHAUER, Erich

Dr., Univ.-Prof., Ord. f. Wirtschaftswiss.- u. Wirtschaftsdidaktik - Fritz-Claus-Str. 23, 6785 Münchweiler (T. 06395 - 82 65) - Geb. 9. März 1935 (Vater: Oskar D., Schuhfacharb.; Mutter: Emilie, geb. Brödel), kath., verh. s. 1965 m. Bärbel, geb. Forster, 2 Kd. (Ute, Sigrun) - B. 1955 Banktätigk. - Stud. Univ. München, Nürnberg (Dipl.-Hdl. 1959); Promot. 1964 - Zun. empir. Forsch.sarb. (i. A. Bund-Länder-Kommiss.); 1975 Sachverst. im Anhörverf. d. Bundestages z. Berufsbild.sgesetz. Mitgl d. Dt. Ges. f. Erziehungswiss. (s. 1969) - BV: Kategoriale Didaktik, 1970; Wissenschaftstheorie, 1973; Einf. in d. Arbeitslehre, 1974; Curriculumforsch., 1976; Berufskundeunterr., 1976; Anfangsunterr. im Rahmen d. berufl. Grundbild., 1976; ... u. kamen nach S. Domingo, R. 1980; Berufsbildungspolitik, 1981; D. Abordnung, R. 1982; Helles Geleit, R. 1986; Herrenhaut u. Armenseele, R. 1992; Beruf - Wirtschaft - Humankapital, 1984ff., Heft 1-14, WALTHARI; Ztschr. f. Lit., 1984ff., Heft 1-18.

DAUER, Alfons
Dr. phil., Prof. Hochschule f. Musik u. Darstell. Kunst Graz, Honorarprof. Univ. Mainz (Ethonologie, insb. Musikethnol.) - Leonhardtstr. 15, A-8010 Graz (Österr.).

DAUER, Anton
Dr. theol., o. Prof. f. Kath. Theologie Univ. Bayreuth - Am Schloßberg 17, 8570 Pegnitz - Geb. 26. Juni 1933 Weismain - Promot. 1969 - S. 1973 Ord. Bayreuth - BV: D. Passionsgesch. im Johannes-Evangel., 1972; Johannes u. Lukas, 1984; Beobachtungen z. literarischen Arbeitstechnik d. Lukas, 1990.

DAUER, Hanspeter
Geschäftsführer PFAFF Haushaltsmaschinen GmbH., Karlsruhe - Weierstr. 41, 7520 Bruchsal/Baden - Geb. 1. Okt. 1928.

DAUFENBACH, Wilhelm
Spediteur, Unternehmer - Roitzheimer Str. 28-36, 5350 Euskirchen (T. 02251 - 81 40) - Geb. 29. Sept. 1923 Euskirchen, kath., verh. s. 1953 m. Dorothea, geb. Brendt, T. Gabriele - 1972 Vorst. Adekra (Arbeitsgemeinsch. Dt. Kraftwagensped., Bonn; s. 1978 Vorst. Vereinig. Dt. Kraftwagenspediteure, Bonn.

DAUGS, Reinhard
Dr. phil., Prof. f. Sportwissenschaft (Bewegungs- u. Trainingswiss.) Univ. d. Saarlandes - Kossmannstr. 5, 6600 Saarbrücken - Geb. 15. Dez. 1946 Berlin (Vater: Erwin D.; Mutter: Ursula, geb. Bartel), konfessionsl., verh. s. 1991 m. Christiane Zobay-Daugs, Dipl.-Sozialpädagogin, 3 Töcht. (Daniela, Lisa, Anna) - Abit. 1966 Berlin, Staatsex. (Math./Leibeserzieh.) 1971 Berlin, Promot. 1979 Bremen - Rd. 150 wiss. Veröff., insbes. z. motor. Lernen u. z. Trainingstechnol. d. Sports - Liebh.: Sport (20mal Fußball-Juniorenauswahl Berlin, 4 J. Fußball-Lizenzspieler b. Blau-Weiß 90 Berlin), insbes. Radsport - Spr.: Engl.

DAUM, Josef
Dr. rer. nat., Prof., Ltd. Bibliotheksdirektor a. D. - Abt-Jerusalem-Str. 8, 3300 Braunschweig (T. 33 40 47) - Geb. 8. Febr. 1924 Merzig/Saar (Vater: Nikolaus D., Tischlerm. †; Mutter: Ida, geb. Billig †), kath., verh. s. 1970 m. Hella, geb. Bauer, T. Pia - Gymn. Merzig; Univ. Saarbrücken (Naturwiss.). Promot. 1954 - S. 1954 Univ. Saarbrücken (Wiss. Assist. Biol. Inst.), TH Aachen (1961 Bibl.oberrat), TU Braunschweig (1967 Bibl.dir., 1971 Honorarprof.). 1970ff. Präs. Wilhelm-Raabe-Ges. Zahlr. Fachaufs. - Liebh.: Europ. Volkskunst - Spr.: Engl., Franz. - Mitgl. Lions-Club.

DAUM, Roland
Dr. med., o. Prof. f. Kinderchirurgie - Tischbeinstr. 48, 6900 Heidelberg - Geb. 3. April 1929 - Promot. 1955 - S. 1967 (Habil.) Lehrtätigk. Univ. Heidelberg (1974 Ord.). Etwa 200 Facharb.

DAUM, Rudi
Regierungsoberinspektor, MdL Bayern (s. 1970) - Kronacher Str. 1, 8641 Stockheim (T. 09265 - 431) - Geb. 1925 - CSU - 1980 Bayer VO.

DAUME, Erhard
Dr. med. (habil.), Prof., Leiter Abt. f. Gynäkol. Endokrinol. u. Reproduktion im Zentrum f. Frauenheilkd. u. Geburtshilfe Univ. Marburg - Auf'm Gebrande 10, 3550 Marburg (T. 3 29 30) - Geb. 16. Mai 1929 Kreuz/Ostbahn (Vater: Erich D., Mutter: Else, geb. Knuth), ev., verw., 3 Kd. (Christopher, Ulrike, Jens-Mathias) - 1956-58 Assist. Inst f. Experiment. Endokrinol. Charité Berlin (Prof. Hohlweg); 1958-61 Frauenklinik Krkhs. am Friedrichshain Berlin (Prof. Pschyrembel); 1961-66 I. Univ.-Frauenklinik München (Prof. Bickenbach); 1966 Univ.-Frauenklinik Marburg (Prof. Buchholz); s. 1972 Prof., s. 1979 Abt.-leit.

DAUME, Willi
Dr. h. c., Prof., Fabrikbesitzer, Inh. Eisengießerei Wilhelm Daume, Dortmund, Ehrenpräs. Dt. Sportbund (s. 1970; 1950-70 Präs.), Präs. Nationales Olymp. Komitee f. Dtschl. (s. 1961), Ehrenmitgl. Intern. Olymp. Komitee/IOC (1972-76 Vizepräs., s. 1956 Mitgl.), 1979-88 Präs. DOG, Präs. Erich Kästner-Ges., s. 1988 Präs. d. Comité Intern. pour le Fair Play, Paris; 1989-91 Vors. Stiftg. Dt. Sporthilfe - Gesch.: Lindenhorster Str. 106-116, 4600 Dortmund (T. 85 00 11); Whg.: 8133 Feldafing - Geb. 24. Mai 1913 Hückeswagen/Rhld. (Vater: Wilhelm D., Fabr.; Mutter: Emilie, geb. Radermacher), verh. s. 1949 m. Rosemarie, geb. Kredel, 2 Kd. (Kay, Doreen) - Univ. Leipzig, München, Köln (Betriebs-, Volksw. u. Rechtswiss.; Stud. weg. Tod d. Vaters u. Eintritt in d. väterl. Untern. o. Abschluß) - B. 1955 Vors. Dt. Handball-Bd. - 1936 Olympia-Teiln. (Basketball) - 1973 Ehrendoktor Univ. Köln (Sportwiss.); 1969 Gr. BVK, 1973 Stern dazu, 1972 Offz. Ehrenlegion, Bayer. VO, Gold. Schlüssel New York, Plak. Stadt Dortmund, Olymp. Flamme in Gold Panathlon Intern., Gold. Ehrennadel m. Brillanten Verb. Dt. Sportpresse, VO Rep. Ital., 1975 Kult. Ehrenpr. Stadt München, 1982 Gold. Ehrenmed. Baden-Baden, 1983 Gold. Ehrennadel Dt. Sporthilfe, 1986 Gr. BVK - Spr.: Engl., Franz. - Rotarier.

DAUNER, Iris
Dr. med., Prof., Ltd. Medizinaldirektorin, Klinik f. Kinder- u. Jugendpsychiatrie Lahnhöhe LWV Hessen - Cappeler Str. 98, 3550 Marburg/L. - Geb. 4. Mai 1937 - B. 1978 Doz., s. 1978 Prof. Univ. Marburg. Facharb.

DAUS, Richard
Persönlich haftender Gesellschafter Richard Daus & Co. Vermögensverw. - Hubertusweg 8-9, 6072 Dreieich - Geb. 20. Nov. 1917 Hamburg-Othmarschen - AR-Vors. BVT München; Mitgl. intern. Beirat Montana AG, Wien.

DAUS, Ronald
Dr. phil., Prof. f. Hispanistik, Lusitanistik u. Lateinamerikanistik - Joseph-Haydn-Str. 1, 1000 Berlin 21 - Geb. 12. Mai 1943 Hannover, verh. m. Ursula, geb. Opitz, 2 Kd. - Promot. 1967 Kiel - S. 1970 (Habil.) Lehrtätigk. FU Berlin (1971 Prof.). Gastprof. Mexico (1971-73), Singapur (1978/79 u. 1987/88) u. Manila (1983/84). Bücher u. Aufs.

DAUSCH, Helmut
Dipl.-Volksw., Syndikus Bundesverb. d. Schmuck-Großhdl.s (s. 1963), Syndikus Dt. Groß- u. Außenhandelsverb. Optik-Feinmechanik e. V., Generalsekr. Europ. Verein f. d. opt. Fachgroßhandel (s. 1965), alle Stuttgart, Landesarbeitsrichter, s. 1969 Treuhänder u. Dir. v. Industrieverb. - Eduard-Spranger-Str. 3, 7400 Tübingen (T. 61755; Büro: Stuttgart 766098/99) - Geb. 5. April 1926 Salzstetten/Schwarzw. (Vater: Eugen D., Bürgerm.; Mutter: geb. Schmid), verh. s. 1957 m. Prof. Dr. med. dent. Dorothea, geb. Neumann (s. unt. Dausch-Neumann), T. Nadja - Univ. Tübingen - (Rechts- u. Wirtschaftswiss.; Diplomex. 1950) - 1950-52 Sachbearb. württ.-baden bzw. baden-württ. Wirtschaftsmin.; 1952-53 Ref. f. Volksw. Fragen baden-württ. Arbeitsmin.; 1953-63 Hauptgeschäftsf. Installateur- u. Heizungsbaugewerbe, Bonn - Spr.: Engl.

DAUSCH-NEUMANN, Dorothea, geb. Neumann
Dr. med. dent., em. Prof. f. Kieferorthopädie - Eduard-Spranger-Str. 3, 7400 Tübingen - Geb. 11. März 1924 Naunhof, verh. s. 1957 m. Dipl.-Volksw. Helmut Dausch (s. dort), T. Nadja - Promot. 1944 Leipzig; Habil. 1953 Halle - S. 1953 Lehrtätigk. Univ. Halle, Bonn (1954; 1959 apl. Prof.), s. 1962 Univ Tübingen (Ord., ärztl. Dir. d. Kfo Abt. d. Zahnklinik). Emerit. 1990. Üb. 100 Fachveröff.

DAUSCHA, Peter
Kaufmann, Vorstandsvors. ZANDERS Feinpapiere AG, Berg. Gladbach (s. 1973) - Margaretenhöhe 31, 5060 Bergisch Gladbach 2 - Geb. 26. April 1929 Wien (Vater: Dr. Anton D., Ministerialrat, zul. Rechtskonsulent Neusiedler AG; Mutter: Johanna, geb. Darlang), kath., verh. s. 1953 m. Marlies, geb. Hoffmann, T. Andrea - Gymn. m. Matura - 1949-73 Neusiedler AG., Wien (zul. Vorstandsmitgl.) - Liebh.: Musik, Ski, Tennis - 1970 Goldenes Ehrenz. f. Verd. um d. Rep. Österr.; BVK am Bde. - Spr.: Engl. - Bek. Vorf.: Industrie- u. Ärztefamilie Skoda (Ur- u. -urgroßeltern).

DAUTZENBERG, Dirk
Schauspieler u. Regisseur - Friesenstr. 26, 2949 Wangerland 3, Hooksiel (T. 04425 - 6 66) - Geb. 7. Okt. 1921 Meiderich (Vater: Wilhelm D., Modelltischl.; Mutter: Margarete, geb. Hettkamp) - Immermannschule Düsseldorf u. Hess. Landesmusikschule Darmstadt. S. 1943 Bühnentätigk., 1947 Mainz, 1951-54 Baden-Baden, 1954-57 Kiel, 1957-58 Wuppertal - 1958-59 Köln, 1959-62 Frankfurt/M., ab 1962 freischaffend; Gastsp. in Stuttgart, Dortmund, Hamburg, Berlin (Fr. Volksb.), Düsseldorf; mehrere Theatertourn. in Deutschl., Österr., Schweiz; ca. 240 Bühnen-, weit üb. 250 Fernseh- u. ca. 30 Filmrollen - Gastregiss. Komödie im Marquardt, Stuttgart; 1979 Gast bei d. Ruhrfestsp. Recklinghausen - 1991 Adolf-Grimme-Preis in Silber - Liebh.: Bildhauerei - Spr.: Engl., Franz., Ital., Holl.

DAUTZENBERG, Gerhard
Dr. theol., Theologe, Prof. f. Bibelwissenschaft Univ. Gießen (s. 1973) - Löberstr. 9, 6300 Gießen - Geb. 30. Jan. 1934 Köln (Vater: Leo D., Schneiderm.; Mutter: Elisabeth, geb. Bergmann), kath. - Gymn. Euskirchen; Johannes-Duns-Skotus-Akad. Mönchengladbach; Univ. Würzburg. Promot. 1964; Habil. 1972 - BV: u. a. Was hat die Kirche m. Jesus zu tun?, 1969 (auch span. u. ital.); Christusdogma ohne Basis?, 1972; Urchristl. Prophetie, 1975. Mithrsg.: Gestalt u. Anspruch d. Neuen Testaments (1969, m. J. Schreiner, auch span. u. ital., 2. A. 1979); Mithrsg.: Z. Gesch. d. Urchristentums, 1979; D. Frau im Urchristentum, 1983, 2. A. 1986.

DAUZENROTH, Erich
Dr. phil., Prof. f. Erziehungswissenschaft Univ. Gießen - Eichendorffring 42, 6300 Lahn-Gießen - Geb. 5. Mai 1931 Fulda (Vater: Heinrich D., Schlosser; Mutter: Maria, geb. Desch), kath., verh. s. 1960 m. Johanna, geb. Vonderau, 3 Kd. (Marie-Elisabeth, Sebastian, Johannes) - Gymn. Päd. Inst., Univ. Promot. 1957 Frankfurt/M. - Lehrer, Assist., Oberstudienrat/Hochschuldst., Prof. - BV: Janusz Korczak - D. Pestalozzi aus Warschau, 1978 - Vors. Dt. Korczak-Ges.; Mitgl. Intern. Korczak-Komitee; Beauftr. Univ. Gießen f. Univ. Lodz - 1986 Med.: D. Univ. Lodz im Dienste d. Wiss. u. d. Ges. - Spr.: Lat., Griech., Engl., Poln.

DAVI, Hans Leopold
Buchhändler, Schriftst. u. Übers. - Hünenbergstr. 76, CH-6006 Luzern (T. 041 - 36 67 26) - Geb. 10. Jan. 1928 Santa Cruz/Teneriffa (Vater: Leopold D., Architekt; Mutter: Pia, geb. Hübscher), kath., verh. s. 1964 (London) m. Silvia, geb. Lüscher, Sohn Stefan, Töchter Nicole, Barbara - Primar- u. Mittelsch.; Buchhändlerlehre (Zürich) - BV: Gedichte e. Jugend, 1952; Spuren am Strand, 1956 (span.-dt.); Kinderlieder, 3. A. 1981 (span.-Dt.); Stein u. Wolke, 1961 (span.-Dt.); Aphor.: Distel- u. Mistelworte, 2. A. 1976. Hsg./Übers.: J. R. Jiménez, Herz stirb oder singe (Auswahl, 5. A. 1987); Span. Lyrik d. Gegenwart (Ausw. 1960); Span. Erzähler d. Gegenw. (1968; Reclam); Stadtbuch Luzern (zus. m. Eugen Bachmann, Illustr. - Kunstkr. Luzern 1972); Es steigt d. Wasserspiegel d. Flüsse (Lyrik, Span.-Dt. 1975); A. M. Matute, El salvamento/D. Rettung (zweispr., 1977; Reclam); J. P. Jolote, Tzotzil (zus. m. Silvia Davi, 1979); D. Herzmaler u. a. Erz., 1982; Neue Distel- u. Mistelworte, (Aphorismen) 1984; Xavier Güell, Antoni Gaudí, 1987; Josep M. Espinàs. Dein Name ist Olga. Briefe an meine mongoloide Tochter, 1988; El esqueleto del molino de viento / D. Gerippe d. Windmühle, Ged. 1990 (span.-dt.); D. Vorkoster, Erz. 1992 - 1959 Ehrengabe Schweiz. Schiller-Stiftg.; 1961 Anerkennungspreis Stadt Luzern; 1990 Werkbeitrag d. Stadt u. d. Kantons Luzern - Liebh.: Reisen, Musik - Spr.: Dt., Span., Franz. - Lit.: Emil Lerch, D. Lyriker H. L. D., Schweizer Rundschau 1962.

DAVID, Ernst W.
Dipl.-Volksw., Pressechef u. PR-Berater Württ. u. Bad. Versich. AG, Heilbronn (WÜBA, s. 1985) - Winterfeldtstr. 83, 1000 Berlin 30; u. Panoramaweg 28, 6973 Boxberg/Baden (2. Wohnsitz) - Geb. 25. März 1908 Königsberg/Pr., ev. verh. m. Gretl, geb. Hensel, Tocht. Heidemarie - Dorotheenstädt. Realgymn. Berlin; Univ. Hamburg u. Berlin - 1926-47 Angest. Siemens-Schuckertwerke, Berlin/Hamburg, u. Allianz Versich.-AG., Berlin (1930 Innen- u. Außendienst), 1947-53 Redakt. (Ressortleit.) D. Neue Ztg. ebd., s. 1954-73 Leit. Pressest. Gesamtverb. d. Versicherungswirtsch. Köln. Vorstandsmitgl. Presseverb. Berlin (1951-53), Mitgl. Komit. Intern. Filmfestsp. Berlin (1952 u. 53) u. SFB-Rundfunkrat (1953). 1973-83 Leit. Presse- u. Informationsabt. Gerling-Versich.-Konzern - BV: Lebensversich. u. Kapitalbild., 1930; PR-Richtig u. falsch gesehen, 1972 - Liebh.: Musik, Garten.

DAVID, Peter
Dr. rer. nat., Physiker, Prof. Univ. Bonn (s. 1976) - Stationsweg 4, 5300 Bonn - Geb. 24. Juni 1938 Breslau (Vater: Walter D.; Mutter: Gertrud, geb. Trautmann), ev., verh. s. 1981 m. Ines D., geb. von Seydlitz-Kurzbach - Arndt- u. Ebert-Gymn. Bonn; Univ. ebd. (Physik; Dipl. 1965). Promot. 1967 - MPI Heidelberg; Habil. 1973 . Üb. 40 Facharb. - Liebh.: Musik, Theater, Fischen - Spr.: Engl., Franz., Ital., Russ.

DAVID, Peter
Mitgl. d. Bundesvorstandes d. Deutschen Angestellten-Gewerkschaft (DAG) - Karl-Muck-Platz 1, 2000 Hamburg 36 u. Sandlid 14, 2422 Bosau - Geb. 4. Okt. 1941 (Vater: Heinrich D., Kaufm.; Mutter: Anneliese, geb. Borchert), ev., verh. s. 1964 m. Ingrid, geb. Klawitter, 2 Kd. (Karen, Frank) - 1958-61 kaufm. Lehre Groß- u. Außenhandel Eutin; 1965-68 Stud. Betriebsw. (Dipl. FH) - 1961-63 Bundeswehr (Hauptmann d. Res.); 1963-65 Gewerkschaftssekr. DAG; s. 1968 Gewerkschaftssekr. in wechselnden Funkt. DAG. AR GKSS, Geesthacht u. Aachener u. Münchener Versich. AG, Aachen; Präs. Anstaltsvers. Unabhängige Landesanst. f. d. Rundfunkwesen Schlesw.-Holst., Kiel.

DAWEKE, Helmut
Dr. med., Prof., Internist, Chefarzt Knappschaftskrankenh. Universitätsklinik Bochum-Langendreer (Abt. Inn. Med.), Ordinarius Inn. Med., Ruhr-Univ. Bochum - Klinikstr. 61, 4630 Bochum (T. 590150) - Geb. 1. April 1928 Aachen (Vater: Dr. jur. Wilhelm D., RA; Mutter: Dr. med. Elli, geb. Kaubes), ev., verh. m. Dr. med. Gertrud D.-Pickardt, 2 Kd. (Claudia, Achim-Walter) - Stud. Münster, Freiburg, Düsseldorf; Promot. 1954; Habil. 1965, bde, D'dorf - Nach Habil. apl. prof. Univ. D'dorf, 1972 ff. Chefarzt - BV: Diätkatalog, 1976 (m. Haase u. Irmscher). Zahlr. Fachveröff. üb. Diabetol., Endokrinol., Gastroenterol., Pharmakol. - 1968 Ferdinand-Bertram-Pr. Dt. Diabetes-Ges. - Spr.: Engl.

DAWEKE, Klaus
Dipl.-Hdl., B. A., gf. Gesellsch. Fa. Stoffhaus Daweke, Lemgo (s. 1970), MdB (s. 1976) - Pöstenweg 30, 4920 Lemgo (T. 13 54 5) - Geb. 14. Mai 1943

Lemgo (Vater: Helmut D., Kaufm.; Mutter: Martha, geb. Niebuhr), ev., verh. s. 1974 m. Vlasta, geb. Benesch, 2 Kd. - Engelbert-Kämpfer-Gymn. Lemgo; Stud. d. Wirtsch.wiss. Univ. Köln u. Brunswick/USA - Doz. f. Wirtsch.wiss. Fachhochsch. Lippe; AR-Mitgl. Wesertal Elektrizitätswerke GmbH, Hameln; Präsid.-Mitgl. Bundesverb. d. Textileinzelhdl. (BTE). CDU (s. 1969 Mitgl. Kreistag; 1971-76 Stadtrat Lemgo) - Liebh.: Musik - Spr.: Engl., Franz. - Rotarier.

DAXELMÜLLER, Christoph

Dr. phil., M.A., o. Univ.-Prof. f. Volkskunde Univ. Regensburg (s. 1990) - Pütterweg 9, 3400 Göttingen (T. 0551 - 4 53 35) - Geb. 19. April 1948 Bamberg, kath., verh. s. 1986 m. M.A. Marie-Louise, geb. Thomsen - 1967-74 Stud. Univ. Würzburg, Rom u. München; M.A. 1974; 1974-79 Stud. Univ. Würzburg; Promot. 1979 Würzburg - 1975-82 wiss. Assist. Univ. Würzburg; 1982-85 Hochschulassist. Univ. Göttingen; 1985-90 Prof. f. Volkskunde Univ. Freiburg - BV: Krippen in Franken, 1978; Disputationes curiosae, 1979; Jüdische Kultur in Franken, 1988 - Spr.: Engl., Franz., Ital., Dän.

DAXNER, Michael

Dr. phil., Prof. f. Hochschuldidaktik, Präsident Univ. Oldenburg - Haareneschstr. 43, 2900 Oldenburg - Geb. 27. Okt. 1947 Wien - Stud. 1966-72 Univ. Wien, Freiburg; Promot. 1972; Dr. of Humane Letters (h.c.) Towson State U. 1990 - 1971-74 Bundesmin. f. Wiss. u. Forschung; 1974 Prof. f. Hochschuldidaktik Univ. Osnabrück. 1972 Kommiss. f. Hochschulplanung b. BMWF, Vertr. b. OECD-CERI Projekt IMTEC (Paris) u. b. EUDISED (Europarat, Straßburg); 1978-83 Vertr. d. DGB Ständ. Kommiss. f. d. Studienreform Nieders.; 1983-85 Forschungsaufenth. USA; 1985/86 Dekan FB Erziehungs- u. Kulturwissenschaftler Univ. Osnabrück; 1985 Sachverst. b. d. Anhörungen d. Bundestagsaussch. f. Bildung u. Wiss.; Versch. Funktionen im Referat Hochsch. d. Gewerksch., Erziehung u. Wiss.; Mitgl. in wiss. Vereinig. u. Fachverb. - Zahlr. Buchveröff., u.a. Hochsch. auf d. Rechten Weg (m. Barbara Kehm), 1985; D. Erfolg d. Überlebenden In: neue samml., 26 Jg., 1986, H. 1; D. Wissen v. Untergang? Wiss. braucht Macht u. muß sie wollen, 1990; Gutachten: D Hochschule als republikanischer Ort, 1991. Herausg.: Studierfähigkeit, in: Kellermann: Univ. u. Hochschulpolitik (1986) - Forschungsarb. u.a.: Gutachten: Empfehlungen z. Förd. hochschuldidaktischer Aktivitäten, 1978; Forschungsprojekt HPR: Projektleitg. 1978-80, Rückwirkungen d. Prüfungssystems... (m. Kellersmann, Kievel u.a.), 1980 (Auftrag MWK/VW-Stiftg.); D. jüd. Waldsch. Kaliski in Berlin (DFG-Projekt m. Wißmann u. Klattenhoff), 1989.

DAZERT, Franz Josef

Dr. rer. pol., Aufsichtsratsvorsitzender d. Salamander AG, Kornwestheim (s. 1989) - 7972 Neutrauchburg/Allgäu - Geb. 26. Jan. 1925 - 1969-73 Vorst.-Mitgl. Württ. Metallwarenfabrik, 1974-89 Vorst.-Vors. Salamander AG, Kornwestheim; Sprecher. BDI/Landesverb. d. Baden-Württ. Ind., Ostfildern.

DEBELIUS, Jörg

Dr. jur., Rechtsanwalt, gf. Vorstandsmitglied Dt. Verb. techn.-wiss. Vereine, Sekretär Nat. Komitee d. Weltenergierates f. d. Bundesrep. Dtschl. - Graf-Recke-Str. 84, 4000 Düsseldorf 1.

DEBON, Günther

Dr. phil., em. o. Prof. f. Sinologie - Im Rosengarten 6, 6903 Neckargemünd - Geb. 13. Mai 1921 (Vater: Dr. Kurt D., Fabrikdir.; Mutter: Isa, geb. Bestehorn), ev., verh. s. 1960 m. Gertraude, geb. Eisemann, 2 Kd. (Bettina, Reinhard) - Univ. München (Sinol.). Promot. 1953 München; Habil. 1959 Köln - S. 1959 Lehrtätigk. Univ. Köln (1964 apl. Prof.) u. Heidelberg (1968 o. Prof.). Emerit.

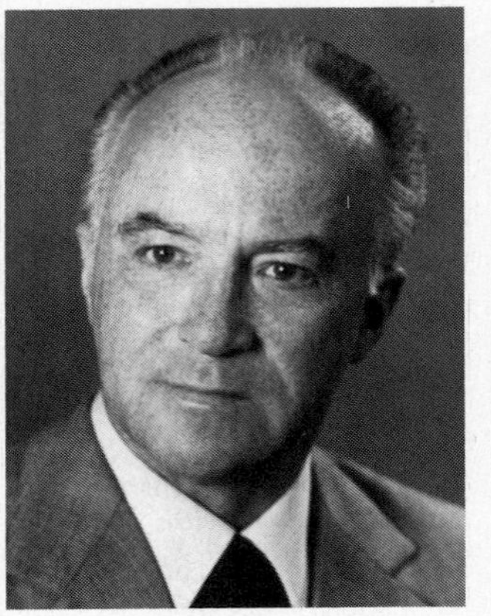

1986 - BV (Auswahl): Lao Tse: Tao Te-King, 1961; Li Taibo: Ged., 1962; Ts'ang-lang's Gespräche üb. d. Dichtung, 1962; Lob d. Naturtreue, 1969; Grundbegriffe d. chin. Schrifttheorie u. ihre Verbind. zu Dichtung u. Malerei, 1978; Schiller u. d. chines. Geist, 1983; Mein Weg verliert sich fern in weißen Wolken. Chin. Lyrik aus drei Jahrts., 1988; Mein Haus liegt menschenfern, doch nah d. Dingen. Dreits. J. chin. Poesie, 1988; Chin. Dichtung. Gesch., Struktur, Theorie (Handb. d. Orientalistik IV, II, 1), 1988. Herausg.: D. Literaturen Ostasiens (neues Handb. d. Lit.wiss., Bd. 23, 1984); Oscar Wilde u. d. Taoismus. Oscar Wilde and Taoism (1986); E. Lächeln Dir. Heidelberg-Ged. (1989); D. Glück d. Welt. Sekundensätze (1990); Am Gestade ferner Tage. Jap. Lyrik d. neueren Zeit (1990); D. Heidelberger Jahr Joseph v. Eichendorffs (1991) - Spr.: Engl., Franz., Chines., Jap. u. a.

DEBUCH, Hildegard

Dr. med., em. o. Prof. f. Physiol. Chemie - Brauweiler Weg 10, 5000 Köln 41 (T. 48 63 28) - Geb. 19. Sept. 1919 Frankfurt/M. (Vater: Dr.-Ing. Carl D., Dir.; Mutter: Liesel, geb. Essers) - Univ. Frankfurt/M., Berlin, Tübingen, Med. Akad. Düsseldorf, Promot. 1948 D'dorf; Habil. 1956 Köln - S. 1956 Lehrtätigk. Univ. Köln (1962 apl., 1964 ao., 1968 o. Prof., 1984/85 emerit.). Beitr. üb. Lipide in dt., engl. u. amerik. Fachb.

DEBUS, Friedhelm

Dr. phil., o. Prof. f. Dt. Philologie - 2301 Schierensee b. Kiel (T. 04347 - 5 05) - Geb. 3. Febr. 1932 Oberdieten/Hessen (Vater: Ludwig D., Volksschullehrer; Mutter: Elisabeth, geb. Kamm), ev., verh. s. 1961 m. Heidelind, geb. Behrens, 3 Söhne (Sebastian, Otfried, Rüdiger) - Univ. Marburg, Tübingen, Dijon, Paris (German., ev. Theol., Psych., Roman.). Promot. (1957) u. Staatsex. (1959) Marburg - S. 1965 o. Prof. Univ. Groningen (Niederl.) u. Kiel (1970) - BV: D. dt. Bezeichnungen f. d. Heiratsverwandtschaft, 1958; Aspekte z. Verhältnis Name-Wort, 1966, 1977; Reclams Namenbuch, 1987 - 1982 Mitgl. Joachim Jungius-Ges. d. Wiss. Hamburg; 1985 Mitgl. Akad. d. Wiss. u. d. Lit. Mainz - Liebh.: Musik - Spr.: Lat., Griech., Franz., Engl., Niederl.

DEBUS, Kurt

Dr., Oberstudiendirektor i. R., Verleger, Publizist - Zu erreichen üb. Wochenschau Verlag, Adolf-Damaschke-Str. 103-105, 6231 Schwalbach-Limes - Geb. 19. Sept. 1911 Höchst, S. Bernward - Buchhändler-Lehre; Lehrer-Stud. (Ex.) - Schuldienst (Mitarb. Hauptaussch. Landesschulbeirat, Vors. Deutschaussch.); Mitbegr. Volksbildungsverein Frankfurt/M. u. Höchst (Vorgänger d. heut. VHS); 1956 Gründ. 1. Gymn. Main-Taunus-Kr. m. Tagesheimschule, Aufbau weit. Gymn.; 1954 Gründ. Wochenschau Verlag; Redakt. Ztschr. Päd. Provinz. Herausg.: Ztschr. tagesheimschule, D. Bücherschiff, Wochenschau (Publ. im Bereich d. polit. Bildung).

DECAMILLI, José Leopoldo

Dr. Fil. Univ. Madrid, Prof. f. Span. Sprache u. Literatur TU Berlin - Zu erreichen üb. TU, FB 1, Ernst-Reuter-Platz 7, 1000 Berlin 10 - Geb. 15. Juni 1926 Asunción (Paraguay) (Vater: Abelardo D., RA; Mutter: Leopoldina, geb. Achinelli), kath., verh. s. 1956 m. Eloísa, geb. Aguilera, S. Abelardo - Abit., Stud. Rechtswiss. u. Phil. Asunción, Madrid (Promot.), Paris, Berlin - Vors. Intern. Arbeitsgem. Freih. u. Demokr., München u. Dt.-Iberoamerik. Kulturkreis, Berlin - BV: Reflejos de Sombras, Ged. 1964; Latinoamérica entre hoy y mañana, 1966; Hispanoamérica y las Guerrillas, 1969; Desarrollo y subdesarrollo en Hispanoamérica, 1971; Kuba-Modell f. Lateinamerika?, 1981; u. zahlr. weit. Bücher in span. u. dt. Sprache.

DECHEND, von, Hertha

Dr. phil., Prof. f. Geschichte d. Naturwissenschaften - Senckenberganlage 31, 6000 Frankfurt/M. - Geb. 5. Okt. 1915 Heidelberg (Vater: Dr. Alfred v. D.; Mutter: Elsbeth, geb. Krohn) - Univ. Frankfurt (Ethnol., Phil., Archäol.; Promot. 1939) - S. 1960 (Habil.) Lehrtätigk. Univ. Frankfurt (1966 apl. Prof.; Oberassist. Inst. f. Gesch. d. Naturwiss.). Zeitw. USA-Aufenth. (Cambridge). Facharb.

DECHER, Hellmuth

Dr. med., Prof., Chefarzt Hals-Nasen-Ohrenklinik St. Elisabeth-Krankenhaus, Köln (s. 1969); Ohrmikrochirurgie, plast. Chirurgie) - Werthmannstr. 1, 5000 Köln 41 (T. 467 75 55) - Geb. 22. März 1927 Frankfurt/M. (Eltern: Paul u. Katharina D.), verh. m. Dr. med. Erika, geb. Prinz - Stud. Eichstätt, Würzburg, Frankfurt (Promot. 1952) - S. 1963 (Habil.) Lehrtätigk. Univ. Bonn (1969 apl. Prof.), Lehrauftr. Univ. Köln (1978). Fachveröff., dar. 2 Monographien - 1969 Mitgl. Intern. Barany Soc. Uppsala - Ruf Freie Univ. Berlin (Lehrstuhl f. HNOheilkd.) 1970 abgelehnt.

DECHERT, Hans-Wilhelm

Dr. phil., Prof. f. Anglistik GH Kassel - Finkenstr. Nr. 29, 3507 Baunatal - Geb. 8. Jan. 1929 Gießen - Promot. 1954 Frankfurt/M. - Zul. Prof. Univ. Gießen (1972 ff.). Facharb.

DECK, Ernst

Dipl.-Ing., Senator E. h., Direktor, Honorarprof. f. Baumaschinen TH München (s. 1970) - Romanstr. Nr. 105, 8000 München 19 (T. 170608) - Geb. 24. Juni 1905 Mannheim (Vater: Peter D.; Mutter: Anna, geb. Spiegel), verh. 1939 m. Dr. Else, geb. Deci - TH Karlsruhe - S. 1939 Dyckerhoff & Widmann KG., München (zul. Dir. Maschinenverw.).

DECKEN, Christian

Fabrikant (G. E. Habich's Söhne); Ehrenpräsident IHK Kassel (s. 1991) - Landhaus, 3512 Reinhardshagen (T. 05544 - 7 91 55) - Geb. 10. Dez. 1920 Berlin (Vater: Friedemann D., Fabrikant; Mutter: Lilli, geb. Seeberger), verh. m. Hilde, geb. Habich, 3 Töcht. (Carola, Petra, Corinna) - Hum. Gymn. (Abit.); Wirtschaftshochsch. Berlin - VR-Mitgl. Hess. Brandversich.anstalt Kassel - 1985 BVK I. Kl. - Liebh.: Porzellan, Kunstgesch., Jagd.

DECKEN, von der, Christoph

Dr. jur., Bankdirektor, Vorstandsmitgl. Dresdner Bank AG - Jungfernstieg 22, 2000 Hamburg 36 - Geb. 23. Okt. 1925 Washington D.C. (USA) - Div. Mand.

DECKEN, von der, Claus-Benedict

Dr. rer. nat., o. Prof. f. Reaktorkomponenten u. Reaktorsicherheit TH Aachen (s. 1975), Dir. Inst. f. Energieverfahrenstechnik, Forschungszentrum Jülich (s. 1969) - Zul. 5100 Aachen - Geb. 28. Aug. 1927 Stuttgart (Vater: MinDir. Benedict v. d. D.; Mutter: Helene, geb. Liebold), ev., verh. s. 1975 m. Hiltrud, geb. Frey, 4 Kd. (Sabine, Godele, Cay, Nikolaus) - Stud. d. Math., Physik, Chemie Univ. Hamburg, Göttingen, Heidelberg; Dipl.ex. 1951; Promot. 1956 - 1956-69 Hauptabt.leit. Brown, Boveri - Krupp Reaktorbau; 1971ff. Mitgl. Reaktor-Sicherheitskommiss.; 1978ff. Mitgl. d. Wirtschafts- u. Sozialaussch. d. Europ. Gemeinsch. - Spr.: Engl.

DECKER, Franz

Dr. rer. pol., Prof. f. Wirtschaftswiss., Wirtschafts- u. Berufsprädagogik PH Weingarten - Karl-Erb-Ring 112, 7980 Ravensburg/Württ..

DECKER, Franz-Paul

Dr. h. c., Generalmusikdirektor - Kronenburger Str. 2, 5000 Köln 41, u. 486 B Mt. Pleasant, Montreal, Que. Canada - Geb. 22. Juni 1923 Köln (Vater: Caspar D.; Mutter: Elisabeth, geb. Scholz), kath., verh. s. 1969 m. Christa, geb. Terka, 2 Töcht. (Arabella, Ariadne) - Musikhochsch. u. Univ. Köln (Staatsex.) - 1944 Chordir. Stadttheater Gießen, 1945 Kapellm. Opernhaus Köln u. Dirig. Kölner Männer-Gesangverein, 1946 städt. Musikdir. Krefeld, 1950 Dirig. Hess. Staatstheat. Wiesbaden, 1953 städt. Musikdir. das., 1956 GMD Bochum, 1962 Chefdirig. Rotterdamer Phil. Orch., 1967 Chefdirig. u. künstler. Dir. Montreal Symphony Orch., 1986ff. Chefdirig. u. künstler. Dir. d. Symphonie-Orch. v. Barcelona - Gastdirig. In- u. Ausl. (auch BBC), 1980 principal guest New Zealand Symphony - Spr.: Franz., Engl., Holl., Span.

DECKER, Hans

Dipl.-Kfm., Vorstandsvorsitzender Thuringia - Seidingerstr. 2, 8153 Weyarn - Geb. 1. Sept. 1930 Ingolstadt/D. - B. 1970 stv., dann o. Vorstandsmitgl. Thuringia Versich.-AG., München.

DECKER, Karl

Dr. rer. nat., o. Prof. f. Biochemie - Maria-Theresia-Str. 14, 7815 Kirchzarten/Br. (T. 53 25) - Geb. 14. Febr. 1925 München (Vater: Dr. jur. h. c. Albert D., Senatspräs.; Mutter: Mathilde, geb. Breiling), kath., verh. s. 1953 m. Eva-Maria, geb. Hopf, 3 Kd. (Susanne, Thomas, Sheila) - S. 1962 (Habil.) Lehrtätigk. Univ. Freiburg (1968 Ord. u. Mitdir. Biochem. Inst.); 1972-77 Prorektor f. Forsch. Univ. Freiburg; 1976-82 Senator Dt. Forsch.-Gemeinsch.; Vorstandsmitgl. Dr. Mildred Scheel Stiftg. f. Krebsforsch. - Mitgl. Dt. Akad. d. Naturforscher (Leopoldina) Halle, Mitgl. Akad. d. Wissensch. Berlin - BV: D. aktivierte Essigsäure, 1959. Zahlr. Einzelarb. - Spr.: Engl.

DECKER, Rudolf

Dipl.-Ing., Berat. Ingenieur (VBI), Prüfing. (VPI), Vors. d. gemeinnützigen Vereinig. z. Förderung d. Völkerverständigung e. V., Bonn - Bunsenstr. 80/1, 7030 Böblingen/Württ. - Geb. 22. Mai 1934 Schwäb. Hall.

DECKER, Werner

Dipl.-Ing., Geschäftsführer VDI/ADB-Ausschuß Schmieden u. FNA Schmiedetechnik (s. 1970) - Goldene Pforte 1, 5800 Hagen/W.; priv.: Berninghauser Str. 44, 5828 Ennepetal - Geb. 22. Juni 1932 Ründeroth (Vater: Dr. jur. Kurt. D., Notar; Mutter: Annemarie, geb. Hollmann), ev., verh. s. 1976 m. Erika, geb. Schliep - Gymn. Solingen; TH Aachen (Maschinenbau/Fertigungstechnik; Dipl. 1958) - Zul. Industrietätigk.

DECKER, de, Wilfried

Dr. med., Prof. f. Augenheilkunde - Graf-Spee-Str. 26, 2300 Kiel 1 - Geb. 7. Juli 1935 Hamburg - Promot. (1962) u. Habil. (1970) Kiel - S. 1974 Prof. Univ. Kiel (Leit. Abt. Orth- u. Pleoptik/Zentrum Operative Medizin II). 1990-94 Vors. d. Bielschowsky.Ges. f. Schielforschung. Üb. 70 Facharb.

DECKERS, Manfred

Dr.-Ing., Prof. f. Geo- u. Abfalltechnologie Univ.-GH Siegen (Fachbereich

Bauingeneurwesen) - Hoheroth 52, 5901 Wilnsdorf - Geb. 16. Febr. 1934 Duisburg - Ratsgymn. Bielefeld; TH Aachen (Bergbau, Studienstiftg. d. Dt. Volkes); Promot. 1964 - Wiss. Mitarb. TH Aachen (Inst. f. Aufbereitung u. Entsorgung); Ind.-Tätigk. - Springorum Denkmünze; Borchers Plak.

DECKERS, Peter-Josef

Dr. rer. pol., Dipl.-Kfm., Geschäftsführer Indugas Gesellschaft für industrielle Gasverwendung mbH., Essen, u. Fernheizgesellschaft Bochum-Ehrenfeld mbH., Bochum - Ruhrland 21, 4300 Essen-Werden (T. 491304) - Geb. 23. März 1912 Dinslaken - 1963-75 Vorst. Ruhrgas. ARsmandate u. a. - Spr.: Engl., Franz., Niederl. - Rotarier.

DECKWER, Wolf-Dieter

Dr. rer. nat., Prof., Bereichsleiter Bioverfahrenstechnik Ges. f. Biotechn. Forschung (GBF) mbH, Braunschweig - Olmsweg 56, 2900 Oldenburg (T. 0441 - 5 37 74) - Geb. 3. Aug. 1941 Herzberg, ev., verh. s. 1964 m. Monika, geb. Holborn, 2 S. (Marc, Roland) - Stud. Chemie TU Berlin (Studienstiftg. d. Dt. Volkes); Promot. 1973, Habil. 1975 TU Berlin - 1976-81 Prof. f. Techn. Chemie Univ. Hannover; 1981-86 Prof. f. Techn. Chemie Univ. Oldenburg; s. 1986 Prof. TU Braunschweig (beurl.) - BV: Reaktionstechnik in Blasensäulen, 1985. Ca. 200 Fachveröff. (bes. z. Thema Mehrphasenreaktionstechnik) - Spr.: Engl.

DEDECIUS, Karl

Dr. phil. h. c. mult., Direktor Dt. Polen-Inst. Darmstadt, Herausgeber, Essayist, Übersetzer - Reichsforststraße 16, 6000 Frankfurt/M. (T. 666 26 21) - Geb. 20. Mai 1921 Lodz (Vater: Gustav D., Beamter; Mutter: Martha, geb. Reich), ev., verh. s. 1950 m. Elvira, geb. Roth, 2 Kd. (Octavia, Clemens) - Abitur - Kriegsdst. u. 7 J. Gefangensch. (1943 Stalingrad), dann wiss. Redakt. u. Oberassist. Dt. Theater-Inst., Weimar, s. 1952 Angest. Allianz AG., Frankfurt (Prok.) - BV: Deutsche u. Polen - Botschaft d. Bücher, 1971/1973; Überall ist Polen, 1974; Polnische Profile, 1975; Z. Lit. u. Kultur Polens, 1981; V. Übersetzen, 1986; V. Polens Poeten, 1988; Lebenslauf aus Büchern u. Blättern, 1990. Herausg. u. Übers. poln. Lyrik u. Prosa (s. XVIII. Ausg.) S. 1982 Herausg. d. Poln. Bibliothek im Suhrkamp-Verlag, Frankfurt (50 Bde.) - 1962 Förd.pr. Künstlergilde, 1961 Ehrengabe Kulturkr. Bundesverb. d. Dt. Ind. u. Intern. Übersetzerpreis poln. PEN-Club, 1967 Übersetzerpreis Dt. Akad. f. Sprache u. Dicht., 1968 Übers.preis Polish Inst. of Arts and Sciences (New York); 1976 Godlewski-Pr. d. Exilpolen Zürich; 1979 Lit.pr. d. Poln. Autorenverb., Warschau; 1967 Mitgl. PEN-Zentrum BRD; 1969 o. Mitgl. Bayer. Akad. d. Schönen Künste; 1977 o. Mitgl. d. Deutschen Akad. f. Sprache u. Dichtung Darmstadt; 1974 L'ordre du Merite Culturel des poln. Min. f. Kultur u. Kunst, Warschau; 1985 Gr. BVK u. Wieland-Übersetzerpreis; 1986 Hess. Kulturpreis; Komandoria d. VO. d. Rep. Polen; 1990 Friedenspreis d. Dt. Buchhandels - Liebh.: Musik - Spr.: Poln., Russ.

DEDERICHS, Peter Heinz

Dr. rer. nat., Prof., Physiker - Preyerstr. 76, 5180 Eschweiler/Rhld. - B. 1971 Doz., dann Prof. TH Aachen.

DEDERING, Heinz

Dr. rer. pol., Univ.-Prof. Pädagogik d. Arbeitswelt - Heerstr. 40, 4986 Rödinghausen - Geb. 1939 - Abit.; Kaufm. Lehre; Stud. Wirtsch.- u. Sozialwiss.; Promot. 1967; Habil. 1973 - Sozialwiss. Tätigk., Lehr- u. Forsch.tätigk. an Hochsch. - BV: Innovationen im Spannungsfeld berufl. u. allg. Lernens in d. Sek. II, 1982 (m. A. Bojanowski u. G. Heidegger); Qualifikationsforsch. u. arbeitsorientierte Bildung, 1984 (m. P. Schimming). Herausg.: Ansätze u. Perspektiven e. neuen Qualität v. Bildung (1983); Projekt Neue Bildungsoffensive (1986); Vorberufl. Bildung in Osteuropa (1991, m. A. Bojanowski), Qualifizierung als Persönlichkeitsbildung (m. A. Bojanowski u. M. Brater).

DEDI, Hans (Johannes)

Kaufmann - Zu erreichen üb. Quelle, Nürnberger Str. 91, 8510 Fürth - Geb. 11. Dez. 1918 Basel/Schweiz (Vater: Josef D., Fabrikbes.), verh. s. 1952 m. Louise, geb. Schickedanz, 3 Kd. (Roland, Martin, Margarete) - AR-Vors. Goldzack Werke AG; stv. AR-Vors. Quelle Investitions AG, Patrizier Bräu AG, Nürnberg; Vorst.-Vors. Gustav u. Grete Schickedanz Stiftg., Fürth u. Gustav u. Grete Schickedanz Holding KG, Fürth; stv. VR-Vors. Großversandhaus Quelle Gustav Schickedanz KG; VR-Mitgl. Quelle S.A., Saron (Orléans); Beiratsvors. Foto Quelle Schickedanz & Co OHG, Nürnberg; AR-Mitgl. Quelle AG, Linz, Vereinigte Papierwerke AG Nürnberg, u. Noris Verbraucherbank GmbH, ebd. - Liebh.: Jagd.

DEDNER, Burghard

Dr. phil., Prof. f. Neuere Dt. Literatur Univ. Marburg, Leit. Forschungsst. Georg Büchner - Schülerhecke 34, 3550 Marburg/L. - Geb. 3. Juni 1942 Berlin, verh. s. 1967 m. Doris, geb. Smith - Promot. 1967 Tübingen - 1969-76 Prof. Vasser College u. Indiana Univ. (1969) - BV: Topos, Ideal u. Realitätspostulat, 1968; Carl Sternheim, 1982. Herausg.: Georg Büchner: Leonce u. Lena, 1987; 2. Internationales Georg Büchner-Symposium 1987, 1990; D. Widerständige Klassiker. Einleitungen zu Georg Büchner, 1990; Romantik im Vormärz, 1992; Fachveröff. zu Theorie d. Komödie, H. Heine, F. Wedekind, Th. Mann. Hörsp. u.a.m. - Spr.: Engl., Franz., Latein.

DEEG, Peter Franz

Dr. med., Prof., Mitinhaber d. Deegenbergklinik f. Innere Krankh. u. d. Bewegungsapparates AHB-Klinik f. Herz-, Gefäß- u. Kreislauferkrankungen, Bad Kissingen - Burgstr. 21, 8730 Bad Kissingen (T. 0971 - 82 11) - Geb. 25. Aug. 1942 Lemberg, kath., verh. s. 1978 m. Jadwiga, geb. Angielska, 4 Kd. (Maria, Peter, Dorothea, Stefan) - 1972 Med. Staatsex. Würzburg, Promot. 1972, 1981 Priv.-Doz., 1988 apl. Prof. - Mitgl. Dt. Ges. f. Herz- u. Kreislaufforsch. u. Dt. Ges. f. Innere Med., Mitgl. Wiss. Beirat d. Dt. Herzstiftg. - BV: Herz in: Untersuchungsmeth. u. Funktionsprüf. in d. Inneren Med., 1983; Erkrankungen d. Herz-Kreislauf-Systems, in: Klinik d. Frauenheilkd. u. Geburtsh., Bd. 5 1986. Weitere zahlr. Veröff. - Spr.: Engl., Franz.

DEEGEN, Eckehard

Dr. med. vet., Abteilungsvorsteher (Klinik f. Pferde) u. Prof. f. Pferdekrankheiten Tierärztl. Hochschule Hannover (s. 1978) - Schützenstr. 2, 3000 Hannover 73 (T. 0511 - 523966) - Geb. 11. Sept. 1941 Gera/Thür. (Vater: Walter D., Gärtnerm.; Mutter: Irmgard, geb. Storck), ev., verh. s. 1967 m. Barbara, geb. Lange, 2 Kd. (Christian, Olaf) - Stud. Tierärztl. Hochsch. Hannover, Wien, Examen 1966, Promot. 1967, Priv.-Doz. 1976, Prof 1978. S. 1978 Leit. Abt. f. Inn. Med. d. Pferde TiäHochsch. Hannover - BV: Klin. Elektrokardiographie b. Pferd unt. Berücks. d. Muskelmassenvert. a. Herzen, 1977.

DEENEN, van, Bernd

Dr. agr., em. o. Prof. ehem. Direktor d. Seminars f. Soziologie Univ. Bonn - Kaufmannstr. 46, 5300 Bonn - Geb. 14. Okt. 1925 Düsseldorf (Vater: Robert D.; Mutter: Josefine, geb. Tillmanns), kath., verh. s. 1956 (Ehefr.: Elisabeth, geb. 1934), 2 Kd. (Bernd, Angelika) - N. Abit. Landw.lehre; Univ. Bonn (Schüler v. Prof. Niehaus; Dipl.-Agraring. 1954). Promot. (1957) u. Habil. (1969) Bonn - 1972ff. apl. Prof. Univ. Bonn.; Präs. d. Vereinig. Dt.-Franz. Ges. in Dtschl. u. Frankr. - BV: Arbeitnehmer in ländl. Räumen, 1958; D. ländl. Familie unt. d. Einfluß v. Industrienähe u. -ferne, 1961; Agrarstrukturelle Entwicklung in NRW, 1967; Bäuerl. Familien im soz. Wandel,

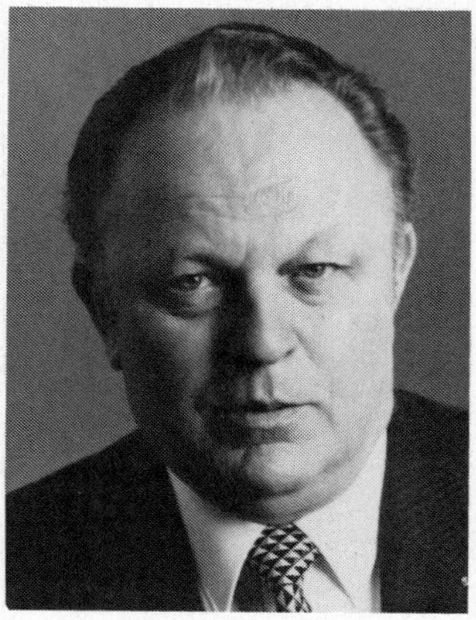

1970; Wandel im Verhalten, in d. Einstellungen u. Meinungen westd. Landw. zu Beruf, Familie u. Ges., 1971. Herausg.: Lebensverhältnisse in kleinbäuerl. Dörfern (1952 u. 74); Europ. Landfrauen im soz. Wandel, (1981 u. 82); Bäuerliche Ehe u. Familie auf d. Wege z. Partnerschaft (1986) - BVK am Bde., Europakreuz Ring dt. Soldatenverb., Kommandeurskreuz d. VO d. VR Polen.

DEFFNER, Hans

Altbürgermeister - Kurt-Sittler-Str. 7. 8011 Poing/Obb. (T. 08121 - 8 21 74) - Geb. 15. Nov. 1913 Mönchsdeggingen - Zul. Regierungsamtm. SPD. Ehrenbürger Gde. Poing/Obb.

DEFFNER, Jakob

Senator (s. 1983) - Freybergweg 16, 8000 München 50 (T. 141 09 25) - Geb. 8. Dez 1929 Penzberg (Vater: Heinrich D.; Mutter: Maria, geb. Mudra), verh. m. Edith, geb. Raunick - 1981 Bayer. VO.

DEFFNER, Peter

Ing., Geschäftsführer Energieversorgung Kleinwalsertal GmbH., Riezlern - Unterwestegg 32, 8984 Riezlern - Geb. 15. Juni 1927 - Ing.

DEFREGGER, Matthias

Weihbischof, Bischofsvikar f. d. Ordensleute Erzdiözese München-Freising - Maxburgstr. 2, 8000 München 33 - Geb. 18. Febr. 1915 München, kath. - Stud. Phil. u. Theol. Priesterweihe 1949 durch Kardinal Faulhaber - S. 1949 Kirchendst. München (1953 Sekr. Kardinal Wendel, 1962 Domkapitular, 1962 Generalvikar, 1968 Weihbischof). Kriegsteiln. (zul. Major) - Päpstl. Geheimkämmerer u. Hausprälat - Bek. Vorf.: Franz D., Maler (Tirol, Großv.).

DEGE, Eckart

Dr. rer. nat., Prof. Univ. Kiel - Schaarberg 3, 2308 Wielen (T. 04342 - 8 18 01) - Geb. 7. Jan. 1942 Elbing (Vater: Prof. Dr. Wilhelm D.; Mutter: Liselotte, geb. Zwingmann), ev., verh. s. 1965 m. Katherine, geb. Peterson, 3 Kd. (Michael, Erik, Mia) - 1961-69 Stud. Geogr., Geol., Meteorol. Univ. Bonn; Promot. 1969 Bonn; Habil. 1980 Kiel - 1969-70 wiss. Assist. TH Aachen; 1970-84 wiss. Assist. Univ. Kiel; s. 1984 apl. Prof. Univ. Kiel. 1974-76 Gastdoz. Kyung Hee Univ. Seoul/Korea - BV: Ostasien (m. P. Schöller u. H. Dürr), 1978; Entwicklungsdisparitäten d. Agrarregionen Südkoreas, 1982 - Liebh.: Fotogr. - Spr.: Engl.

DEGEN, Dieter

Bundesvorsitzender VaB e.V., Berufskraftfahrer - Hünefeldstr. 5, 4250 Bottrop 1 (T. 02041 - 2 21 21/2 02 60 - Geb. 9. Sept. 1938 Weibern, kath., verh. s. 1959 m. Gerda, geb. Vehling, 3 Kd. (Ulrich, Barbara, Markus) - 1953-56 Steinmetz Weibern/Mayen, 1977 Kraftfahrer Dekra Essen - 1980-84 Sachbearbeiter, Verkehrs- u. Rechtsfragen, Verb. anerk. Berufskraftfahrer, s. 1984 Bundesvors. - Spr.: Ital., Franz.

DEGEN, Heide

Juristin, MdL Hessen (s. 1978, Wahlkr. 39/Ffm. VIII) - Frauenlobstr. 38, 6000 Frankfurt/M. - Geb. 13. Okt. 1937 Düsseldorf, verh., 2 Kd. - Univ. Heidelberg, Würzburg, München. Refer.ex. - 1972 ff. Stadtverordn. Ffm.; 1973 ff. Vors. CDU-Stadtbez. Ffm.-Bockenheim.

DEGEN, Helmut

Prof., Komponist - Beethovenstr. 2, 7218 Trossingen/Württ. (T. 8580) - Geb. 14. Jan. 1911 Aglasterhausen b. Heidelberg (Vater: Erwin D., Pfarrer), verh. m. Maria, geb. Höfer, 2 Kd. (Udo, Dietmar) - Musikhochsch. Köln, Rhein. Musiksch. u. Musikhochsch. Univ. Bonn (Musikwiss.) - S. 1954 Prof. Hochsch. f. Musik Trossingen. Zahlr. Kompos., dar. Symphon. Werke, Konzertw., Kammermusik, 2 Schallpl. (Chorw.) - BV: Handb. d. Formenlehre.

DEGEN, Michael

Schauspieler - Zu erreichen üb. Deutsches Schauspielhaus, Kirchenallee 39, 2000 Hamburg 1 - Geb. 1928 - U.a. Schiller-Theater Berlin. Film u. Ferns. (zul. Julia). Insz.: Urfaust (1972) - 1969 Hersfeld-Preis (f. d. Hamlet-Darstell.).

DEGEN, Rolf

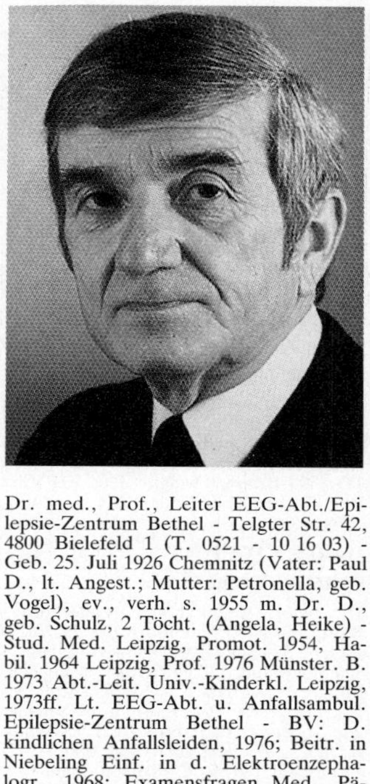

Dr. med., Prof., Leiter EEG-Abt./Epilepsie-Zentrum Bethel - Telgter Str. 42, 4800 Bielefeld 1 (T. 0521 - 10 16 03) - Geb. 25. Juli 1926 Chemnitz (Vater: Paul D., lt. Angest.; Mutter: Petronella, geb. Vogel), ev., verh. s. 1955 m. Dr. D., geb. Schulz, 2 Töcht. (Angela, Heike) - Stud. Med. Leipzig, Promot. 1954, Habil. 1964 Leipzig, Prof. 1976 Münster. B. 1973 Abt.-Leit. Univ.-Kinderkl. Leipzig, 1973ff. Lt. EEG-Abt. u. Anfallsambul. Epilepsie-Zentrum Bethel - BV: D. kindlichen Anfallsleiden, 1976; Beitr. in Niebeling Einf. in d. Elektroenzephalogr., 1968; Examensfragen Med., Pädiatrie, 1980; Anästhesie b. zelebralen Krampfanfällen u. Intensivtherapie d. Status epilepticus (m. A. Opitz), 1980; Anästhesie b. Epileptikern u. Behandl. d. Status epilepticus (m. A. Opitz u. J. Kugler), 1982; Epilepsy, sleep and sleep deprivation (m. E. Niedermeyer), 1984 (2. A. m. E. Rodin, 1991); D. cerebralen Anfallsleiden - Epilepsien, 1988; The Lennox - Gastaut Syndrome (m. E. Niedermeyer), 1988; Praxis d. Epileptologie, 1991 - Liebh.: Klass. Musik, Psychol. - Spr.: Engl.

DEGEN, Wendelin

Dr. rer. nat., o. Prof. f. Mathematik u. Direktor Math. Inst. B. Univ. Stuttgart (s. 1967) Rosenrotweg 18, 7000 Stuttgart 80 (T. 714282) - Geb. 11. Aug. 1932 Freiburg/Br. (Vater: Dr. Rudolf D., Diplom-Volkswirt, † (gef.); Mutter: Elisabeth, geb. Blum), kath., verh. s. 1958 m. Gertrud, geb. Rottler, 2 Söhne (Stefan, Michael) - Rotteck-Gymn. u. Univ. Freiburg (Math., Physik). Promot. (1958) u. Habil. (1962) Freiburg - 1957-62 Assist. Univ. Kiel u. Freiburg (1958); 1962-63 Doz. Univ. Freiburg; 1964-67 Wiss. Rat. TH Karlsruhe; 1967 o. Prof.

Univ. Stuttgart u. Dir. d. Math. Inst. B; 1984-86 Dekan d. Fak. Math. u. Informatik Univ. Stuttg. Spez. Arbeitsgeb.: Projektive Differentialgeometrie, math. Symbolmanipulation, Computergeometrie - BV: Aufgabensamml. z. Differential- u. Integralrechnung m. Lösungen, 2 Bde. 1969 ff. (m. K. Böhmer; B. I.-Hochschultaschenb.); Grundl. d. affinen u. enklidischen Geometrie (m. L. Profke, B. G. Teubner Stuttgart), 1976. Zahlr. Fachaufs. - Spr.: Engl., Franz.

DEGENER, Volker W.

Schriftsteller, 1. Vors. Verb. dt. Schriftst. (VS) in NRW, Mitgl. d. WDR-Rundfunkrates, Vorstandsmitgl. d. Lit.rates NRW - Bochumer Str. 48, 4690 Herne 1 (T. 02323 - 4 01 09) - Geb. 12. Juni 1941 Berlin, ev. - BV: Heimsuchung, 1976; Einfach nur so leben, 1978; Geht's uns was an?, 1981; D. Reporter aus d. 4. Kl., 1981; No future?, 1984; Katrin, 15 ... u. eigentlich gehör' ich mir, 1985; Dann nehmt doch mich!, 1988; Froschkönig soll leben!, 1991 - 1978 Lit.-Förderpreis Land NRW f. junge Künstler d. Jahres - Lit.: Krit. Lexikon z. deutschsprach. Gegenwartslit.; edition text u. kritik (hg. v. Heinz Ludwig Arnold); Bertelsmann-Literatur-Lexikon, Bd. 3 (hg. v. Walter Killy); Kürschners Literaturkalender 1988.

DEGENHARDT, Franz Josef

Dr. jur., Rechtsanwalt, Schriftst. u. Musiker - Jahnstr. 39, 2085 Quickborn/Holst. - Geb. 3. Dez. 1941 Schwelm/W. - BV: u. a. Zündschnüre, R. 1973; Brandstellen, R. 1975; D. Mißhandlung, 1980; D. Liedermacher, R. 1982; D. Abholung, R. 1984; August Heinrich Hoffmann genannt von Fallers leben, R. 1991 - 20 LP (s. 1963) u.a.: Spiel nicht mit d. Schmuddelkindern, Väterchen Franz, Aus diesem Land sind meine Lieder. Hörsp. u. a. - 1983 Dt. Kleinkunstpreis; Mitgl. PEN; Mitgl. Akad. d. Künste, Berlin (Ost).

DEGENHARDT, Hermann

Geschäftsführer Niedersachsen GmbH., Vorstandsmitgl. Wohnstätten-AG., Braunschweig. Gemeinn. Wohnungsuntern., beide Braunschweig - Richterstr. 11, 3300 Braunschweig - Geb. 10. März 1908 Oschersleben/Bode - ARsmandate.

DEGENHARDT, Johannes-Joachim

Dr. theol., Erzbischof v. Paderborn - Kamp 38, 4790 Paderborn (T. 20 73 27) - Geb. 31. Jan. 1926 Schwelm, kath. - Theologiestud. Paderborn, München, Münster, Würzburg - Studentenpfarrer Päd. Hochsch. Paderborn u. Bezirksdekan Hochstift Paderborn, s. 1968 Weihbischof, 1973 Kapitularvikar ebd., 1974 Erzbischof, Vors. d. Komm. Schule u. Erziehung d. Deutschen Bischofskonferenz - BV: Lukas-Evangelist d. Armen, 1966 (Diss.); E. Segen sollt ihr sein - Zu Ehe, Familie, Erziehung, 1984; Ermutigung z. Glauben, 1989.

DEGENHARDT, Karl-Heinz

Dr. med., o. Prof. f. Humangenetik u. vergl. Erbpathol. Univ. Frankfurt/M. (1961-83), Vors. Kommission f. teratolog. Fragen Dt. Forschungsgem. (1963-80), Ges. f. Anthropologie u. Humangenetik (1965-67), u. d. Rabanus Maurus Akad. (1965-67) - Parkresidenz, Appt. 21, Am Spitzenbach 2, 5340 Bad Honnef - Geb. 12. Sept. 1920 Mönchengladbach (Vater: Karl D.), verh. m. Carla, geb. Seche, 5 Kd. (Martina, Isabel, Beatrice, Regine, Markus) - 1947-57 Assist. Univ. Kinderklinik Bonn, 1950-51 M. P. Inst. f. Vergl. Erbbiologie u. Erbpathologie Berlin-Dahlem; 1957-61 Privatdoz. Inst. f. Humangenetik u. Anthropologie Univ. Münster/W.; 1959/60 Assoc. Staff Scientist am Roscoe B. Jackson Memorial Labor. Bar Harbor, Maine, USA - BV: Experimentelle u. vergl. Teratogenese axialer Fehlbildungen - Ab 1956 Korr. Mitgl. World Assoc. of Neurological

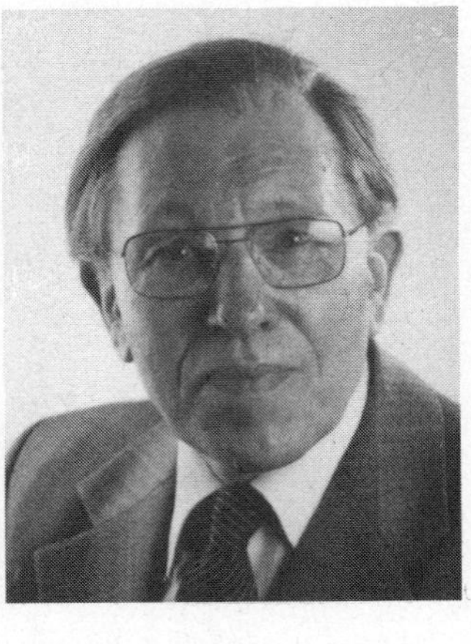

Commission, s. 1986 Ehrenmitgl. d. Japanese Teratology Society.

DEGENHART, Bernhard

Dr., Dr. h. c., Museumsdirektor i. R. - Meiserstr. 10, 8000 München 2 (T. 559 14 97) - Geb. 4. Mai 1907 München (Vater: Dr. Max D.; Mutter: Mathilde, geb. Raila) - Univ. München, Berlin, Wien - Ab 1931 Assist. Bibliotheca Hertziana, Rom; 1939-46 Kustos Albertina-Museum, Wien; 1949-70 Konservator u. Dir. (1965) Staatl. Graph. Sammlung, München - BV: Graphologie d. Handzeichnung, 1937; Pisanello, 1941 (ital. 1945); Europ. Handzeichnungen, 1943; Ital. Zeichnungen d. 15. Jh., 1949 (Basel); Marées-Zeichnungen, 1953; Dante, Leonardo, Sangallo, 1955; Ital. Zeichner d. Gegenw., 1956; Marées D. Fresken in Neapel, 1958; Gentile da Fabriano in Rom u. d. Anfänge d. Antikenstud., 1960; Dante Altonensis, 1965; Marino Sanudo u. Paolino Veneto ... in Venedig, Avignon u. Neapel, 1973 Corpus d. ital. Handzeichnungen 1300-1450. Teil I/1-4 (Süd-/Mittelital.) 1968, T. II/1-3 (Venedig) 1980, T. II/4 (Taccola) 1983; Jac. Bellini, Zeichnungsbd. Louvre, 1984; Corpus T. II/5-8 (Jac. Bellini), 1990 - Bayer. VO; 1976 Premio Intern. Galileo Galilei; 1984 Bayer. Maximiliansorden f. Wissenschaft u. Kunst; 1989 Gr. BVK.

DEGISCHER, Vilma

Kammerschauspielerin - Gregor-Mendel-Str. 2-4/I/10, A-1180 Wien - Geb. 17. Nov. 1911 Wien, verh. m. Kammerschausp. Hermann Thimig, 2 Töcht. - Reinhardt-Seminar Wien - Vornehml. Wiener Bühnen (s. 1939 Mitgl. Theater in d. Josefstadt). Gastsp., u. a. Komödie Berlin. Bek. Rollen: Mizzi (Schnitzler, Komtesse Mizzi), Irene Herms (Schnitzler, D. einsame Weg), Marie (Bahr, D. Konzert), Gräfin Rosmarin (Frey, D. Dunkel ist licht genug), Lola (Inge, Komm zurück kl. Sheba), Essie Miller (O'Neill, Oh Wildnis), Laura (Douglas, D. lb. Familie) - Filme: D. 20. Juli, Liebste Freundin, Sissy (2. T.), D. veruntreute Himmel u. a.

DEGKWITZ, Eva Gertrud

Dr. rer. nat., Dipl.-Biol., Habil., em. Prof. f. Biochemie Biochem. Inst. d. Justus-Liebig Univ. Gießen - 6300 Gießen - Geb. 31. Juli 1926 Greifswald (Vater: Rudolf D., Ord. f. Kinderheilkd.; Mutter: Eva, geb. Jacobs) - 1946-53 Stud. Zool., Botanik u. Chemie Univ. Hamburg; Dipl. Biol. 1953, Promot. Dr. rer. nat. 1955, Habil. Biochemie 1970, Prof. 1971; s. 1971 Leit. e. Arbeitsgr. im Biochem. Inst. Fachber. Humanmedizin.

DEGN, Christian

Dr. phil., Prof., Historiker u. Geograph - Niemannsweg 30, 2300 Kiel (T. 56 21 78) - Geb. 13. Dez. 1909 Bremen, verh. i. 2. Ehe m. Antje, geb. Voß - Univ. Freiburg/Br., Kopenhagen, Kiel (Gesch., Geogr., lat. Philol.; Promot. 1932) - U. a. Prof. f. Gesch. Päd. Hochsch. Kiel (1967-69 Rektor); 1974-78 o. Prof. f. schlesw.-holstein. Gesch. Univ. Kiel - BV: Orla Lehmann u. d. nationale Gedanke, Eiderstaat u. nord. Einheit, 1936; D. Herzogtümer im Gesamtstaat 1773-1830, in: Gesch. Schlesw.-Holst. VI, 1960; Arrondieren o. Kollektivieren? - Wandl. d. Agrarstruktur, 1962; D. Schimmelmanns im Atlant. Dreieckshandel - Gewinn u. Gewissen, 1974. Mithrsg.: Seydlitz, Geogr. Unterrichtswerk (1951ff.); Landeskundl. Atlanten v. Schlesw.-Holst. - Ehrensenator Päd. Hochsch. Kiel - Liebh.: Segeln - Bek. Vorf.: August u. Johanne Kippenberg, Begr. Kippenberg-Gymn. Bremen (Großelt.).

DEGNER, Helmut

Schriftsteller (Ps. Helmut Anders) - St. Pauls-Platz 4, 8000 München 2 (T. 089 - 53 58 34) - Geb. 24. März 1929 Wien, 2 Kd. (Julia, Florian) - BV: Graugrün u. Kastanienbraun, R. 1979; Ca. 120 Buchübers. a. d. Engl. u. Amerik. - 1980 Förderpreis Münchner Lit.-Jahr, 1980 Staatsstip. f. Lit. d. Rep. Österr., Mitgl. Grazer Autorenvers.

DEGNER, Joachim

Dr., Dipl.-Volksw., Hauptgeschäftsführer Verb. d. Priv. Bausparkassen - Dottendorfer Str. 82, 5300 Bonn 1 (T. 0228 - 23 90 41) - Geb. 30. Juni 1929 Beuthen/OS. - Stud. Univ. Kiel. Köln u. Nürnberg; Dipl. Kiel, Promot. Nürnberg - B. 1959 Rhein. Girozentrale u. Provinzialbank, 1959 Gemeinsch. z. Schutz d. Deut. Sparer, 1973-77 Mitgl. d. Geschäftsf. Verb. d. Priv. Bauspark. (1977 alleinig. Gf.) - Dissert.: D. Rolle d. Sparkassen im Giralgeldschöpfungsprozeß. Mitaut. d. Art. Bausparkassen i. Handbuch d. Realkredits.

DEGNER-DECKELMANN, Hasso

Spielleiter u. Schausp. (Ps. Hasso Degner) - Rosenheimer Weg 3, 4044 Kaarst 1 (T. 02131 - 6 86 93) - Geb. 8. Sept. 1924 Berlin (Vater: Georg D.-D., Finanzbeamter; Mutter: Ella, geb. Piestert), verh. s. 1962 m. Ursula, geb. Bredin, Schausp., T. Andrea - 1941-43 Schauspielsch. Preuss. Staatstheater Berlin; 1948-52 Med.-Stud. Univ. Marburg - Spielleiter, Oberspielleiter u. Schauspieldir. - Bisher 130 Insz. in der BRD, Schweiz u. Österr. an 30 Theatern - Rollen: alle aus d. guten Rollenrepertoire; Üb. 400 × Higgins (Fair Lady) an 6 Theatern - Liebh.: Foto, Film, Reisen - Spr.: Engl.

DEHE, Hans Günther

Direktor, Geschäftsf. Landkreistag Rhld.-Pfalz a. D. - Kaiser-Wilhelm-Str. 14, 6550 Bad Kreuznach - Geb. 2. Nov. 1921 Koblenz (Vater: Hans D.; Mutter: geb. Litzenberger), verh. s. 1945 m. Margarete, geb. Weber, 2 Kd. (Hanne, Ulrich) - Stud. Rechts- u. Wirtschaftswiss. - Zahlr. Veröff. in Fachztschr. u. Fachb. - Mitherausg. u. Schriftleiter: D. Gemeindeverw. in Rheinl.-Pfalz - BVO I. Kl.

DEHLER, Klaus

Dr. med., Internist, Vorsitzender Arbeitsgem. Berufsständ. Versorgungseinricht., Köln - Hallplatz 37/IV, 8500 Nürnberg 1 - Geb. 15. Sept. 1926 Erlangen - Vors. Verw.aussch. Bayer. Ärzteversorgung; Ehrenvors. d. KVB Mfr. Nürnberg, AR-Mitgl. Deutsche Apotheker- u. Ärztebank Düsseldorf, u. Bayergrund, München. 1954-66 MdL Bayern - VO Freistaat Bayern; Gr. BVK; Humboldt-Med. d. Bundesverb. d. Freien Berufe.

DEHM, Richard

Dr. phil., o. Prof. f. Paläontologie u. Histor. Geologie - Stiftsbogen 74, App. 956, 8000 München 70 (T. 709 69 56) - Geb. 6. Juli 1907 Nürnberg (Vater: Wilhelm D., Metzgerm.; Mutter: Margarete, geb. List), ev., verh. s. 1940 m. Antonia, geb. Grill, 2 Söhne (Peter, Christian) - Univ. Erlangen u. München - (Naturwiss., bes. Geol. u. Paläontol.). Promot. (1930) u. Habil. (1935) München - Studienass., 1932 Assist., spät. Konservator Bayer. Staatssamml. f. Paläontol. u. histor. Geol. München, 1936 Privatdoz. Univ. ebd., 1941 ao. Prof. Univ. Straßburg/Els., 1946 Lehrbeauftr. u. Hauptkonserv. Univ. Tübingen, 1950 Ord. Univ. München (Dir. Inst. u. Bayer. Staatssamml. f. Paläontol. u. Histor. Geol.), 1976 emerit. - BV: Vorzeit u. Leben - Münch. Univ.reden 1967 - 1983 1. Rieser Kulturpreis; o. Mitgl. Bayer. Akad. d. Wiss., Korresp. Mitgl. Österr. Akad. d. Wiss. - Spr.: Engl. - R. D. z. 70. Geburtstag. Mitt. Bayer. Staatsslg. Paläont. hist. Geol. 17:5-13, München 1977. 1976 emeritiert.

DEHMLOW, Eckehard Volker

Dr. rer. nat., Dipl.-Chem., Univ.-Prof. f. Org. Chemie Univ. Bielefeld (s. 1979) - Fakultät f. Chemie, Universitätsstr., 4800 Bielefeld 1 (T. 0521 - 106 20 51) - Geb. 25. Mai 1933 Berlin (Vater: Friedrich D., Mittelschullehrer; Mutter: Melitta, geb. Goede), ev., verh. s. 1958 m. Dr. Sigrid, geb. Möhl, 3 Kd. (Henrietta, Marvin, Carola) - Stud. Earlham Coll. Richmond, Indiana/USA, FU u. TU Berlin; Promot. 1961; Habil. 1968 - 1969-79 Prof. TU Berlin - BV: Phase Transfer Catalysis, 1979, 2. erw. A. 1983 (russ. Übers. 1987); New Synthetic Methods, Vol. 1 u. Vol. 6 (1975 u. 79), Mitautor; ca. 190 wiss. Originalveröff. - Spr.: Engl.

DEHN, Mechthild,

geb. Kasdorff

Dr. phil., Prof. f. Erziehungswissenschaft unt. bes. Berücks. d. Didaktik d. dt. Sprache u. Lit. Univ. Hamburg (s. 1978) - v.-Melle-Park 8, 2000 Hamburg 13; priv.: Rarsrott 10, 2300 Kiel - Geb. 16. Febr. 1941 Stettin (Vater: Dr. Hans K., Studiendir.; Mutter: Hilde, geb. Schmeling), verh. s. 1962 m. Dr. Wilhelm D. (geb. 1936), 4 Kd. (Silke, Ulrich, Jochen, Henning) - Stud. Kiel. Promot. 1974 - 1962-65 Lehrerin, 1965-71 Hausfrau, 1971-77 Hochschulmitarb. - BV: Texte in Fibeln, 1975; Johannes Bobrowski, Prosa (zus. m. W. Dehn), 2. A. 1977; Lesen- u. Schreibenlernen in d. Schule (m. K. H. Castrup), 1980; Zeit f. d. Schrift. Lesenlernen u. Schreibenkönnen, 1988 (3. A. 1990); z. Zt. Projektarbeit Elementare Schriftkultur als Prävention v. Lese-Rechtschreibschwierigkeiten u. Analphabetismus.

DEHN, Wolfgang

Dr. phil., em. o. Prof. f. Vorgeschichte - Weintrautstr. 12, 3550 Marburg/L. (T. 2 42 96) - Geb. 6. Juli 1909 Wesel, ev., verh. m. Gerda, geb. Geib, 2 Kd. - Gymn. Kreuznach; Univ. Marburg (Promot. 1934), Kiel, Berlin, Göttingen, Wien. Habil. 1941 Marburg - 1934 Assist., spät. Abt.sdir. Landesmuseum Trier (1935 Reisestip. Dt. Archäol. Inst.), 1943 Doz., ao., 1952 o. Prof. Univ. Marburg. Bearb.: Katalog Kreuznach (Vorgeschichtl. Mus.) 1941. Zahlr. Aufs. z. rhein. u. kelt. Vorgesch. - 1953 o. Mitgl. Dt. Archäol. Inst.; 1956 Honorary Corresp. Member Prehistoric Soc. (Großbrit.); 1960 Membro Istituto Italiano di Preistoria e Protostoria - Spr.: Franz., Engl. - Rotarier.

DEHNE, Corina,

geb. Franz

Solotänzerin Oper Leipzig, Musikalische Komödie - Heinrich-Budde-Str. 40, O-7022 Leipzig - Geb. 3. Jan. 1967 Berlin, verh. s. 1988 m. Mario D. - 1977-84

Staatl. Ballettschule Berlin - Liebh.: Tiere, Pflanzen, Musik.

DEHNEN, Heinz
Dr. rer. nat. (habil.), Dipl.-Phys., o. Prof. f. theor. Physik Univ. Konstanz (s. 1970) - Kornblumenweg 1, 7750 Konstanz 16 - Geb. 25. Jan. 1935 Essen - Zul. Doz. Univ. Freiburg. Mitgl. DPG u. Astron. Ges.

DEHNHARD, Fritz
Dr. med., FIAC, Chefarzt, Prof. f. Geburtshilfe u. Frauenheilkd. Univ. Gießen - Kreiskrankenhaus, 6430 Bad Hersfeld (Frauenklinik) - Geb. 12. Febr. 1940, ev., verh. s. 1971 m. Dr. med. Ute, geb. Ritter, 2 Kd. (Jörg, Ina) - 1977 Forschungspreis Dt. Ges. f. Zytologie.

DEHNHARDT, Hans-Georg
Dr. med., Facharzt f. innere Krankheiten, ehem. Chefarzt Rhön-Klinik d. BfA im Klinikum Bad Kissingen u. d. Privatklinik Kurländer Haus - Gutenbergstr. 9, 8730 Bad Kissingen - Geb. 10. März 1913 Breslau (Vater: Karl D., Dir.; Mutter: Frieda, geb. Voigt), ev., verh. s. 1949 m. Marina, geb. v. Ditmar, (ehem. Schausp. b. Klöpfer & Hilpert, 24 Filme), 2 Kd (Sebastian, Marina Nathalie) - Zahlr. wiss. Veröff. - 10 J. persönl. Arzt d. ehem. Bundespräs. Heinrich Lübke u. Frau - Langjähr. Präs. Golfclub Bad Kissingen, s. 1972 Ehrenpräs.

DEHNICKE, Diether
Dr. jur., Präsident Kammergericht a.D. (1976-90) - Burgunderstr. 10, 1000 Berlin 38 - Geb. 22. Febr. 1925 Berlin (Vater: Dipl.-Ing. Johannes D.; Mutter: Katharina, geb. Tormann), ev., verh. s. 1954 m. Beate, geb. Bechter, 2 Kd. (Martina, Christoph) - Treitschke-Obersch. Berlin; Humboldt-Univ. ebd., Univ. of Washington, Seattle, Freie Univ. Berlin (Promot. 1957), Acad. de Droit Intern. Den Haag - 1954 Gerichtsass., 1957 Land-, 1962 Kammergerichtsrat. 1965 Generalstaatsanw. LG (alles Berlin). S. 1983 Präs. d. Jurist. Ges. Berlin - Spr.: Engl. - Rotarier.

DEHNICKE, Kurt
Dr. rer. nat., o. Prof. f. Anorgan. Chemie (Lehrstuhl II) u. Direktor Inst. f. Anorg. Chemie Univ. Marburg (s. 1968) - 3551 Bauerbach b. Marburg/L. (T. Inst.: Marburg 282031) - Zul Privatdoz. Univ. (TH) Stuttgart.

DEICHER, Helmuth
Dr. med., Abteilungsleiter, Prof. f. Inn. Med. u. Immunologie Med. Hochschule Hannover (s. 1969) - Liebrechtstr. 22, 3000 Hannover 81 - Geb. 31. Juli 1929 Berlin - Promot. 1955; Habil. 1964 - 1957-59 Rockefeller Inst. New York; 1959-64 med. Univ.-Poliklin. Marburg; s. 1965 MH Hannover. Viele Fachveröff., auch Buchbeitr. Herausg.: Immunobiology (1972ff.), Ztschr. f. Rheumatol. (1974ff.).

DEICHL, Klaus
Dr.-Ing. (habil.), Prof. f. Anstronom. u. Physikal. Geodäsie TU München (s. 1978) - Fischerstr. 1, 8060 Dachau/Obb. - Zul. apl. Prof. u. Wiss. Rat u. Prof. TUM.

DEICHMANN, Friedrich Wilhelm
Dr. phil., D., Dr. phil. h.c., Prof., Wiss. Dir. i. R. Dt. Archäol. Inst. Rom - Via Amalfi 6, I-00013 Mentana (T. Rom 909 00 65) - Geb. 17. Dez. 1909 Jena (Vater: Geheimrat Ernst D.; Mutter: Josephine, geb. Piltz), ev. - Univ. Graz, München, Jena, Halle (Promot. 1934) - 1954ff. Honorarprof. Univ. Bonn (Frühchristl. Archäol.) - BV: Frühchristl. Kirchen in Rom, 1947; Studien z. Architektur Konstantinopels, 1956; Bauten u. Mosaiken v. Ravenna, 1969; Ravenna - Hauptstadt d. spätantiken Abendlandes, 1969, 1974, 1975, 1989; Einf. in d. frühchristl. Archäol., 1982; Rom, Ravenna, Konstantinopel, Naher Osten, Ges. Studien, 1982; Nubische Forschungen (m. P. Grossmann), 1988 - 1957 Theol. Ehrendoktor Univ. Bonn; 1969 korr. Mitgl. Bayer. Akad. d. Wiss; 1975 Soc. corr. Pont. Acc. Romana di Archeol.; 1985 phil Ehrendr. München.

DEICHMANN, Michael
Prof., Dozent f. Klavier Musikhochschule Ruhr/Folkwang-Hochsch. - Abtei, 4300 Essen 16.

DEICHSEL, Alexander
Dr. phil., Prof. f. Soziologie Univ. Hamburg (s. 1977) - Allende Platz 1, 2000 Hamburg 13 (T. 41 23/38 29).

DEIKE, Wolfgang
Verleger u. Journalist, Inh. Verlag Horst Deike KG, Konstanz u. Kreuzlingen (Schweiz) - Schützenstr. 11, 7750 Konstanz (T. 07531 - 6 50 61) - Geb. 27. Juli 1930 Berlin, ev., verh. s. 1962 m. Heiderose, geb. Klein, 2 Kd. (Lars [Juniorchef], Antina) - Vater: Horst D. †, Gründ. u. Herausg. d. Verlagserzeugn. Deike Press Unterhaltungsbilder, Deike Press Intern. Inseratenbilder, Gedenktage Text- u. Bilderarchiv, Messe- u. Kongress-Vorschau, Kultur-Vorschau-Intern., Sport-Vorschau-Intern., Bild- u. Vorschau-Datenbanken.

DEILE, Volkmar
Pfarrer ev. Kirche Berlin-Brandenburg, Generalsekretär d. dt. Sektion v. amnesty international (s. 1990) - Heerstr. 178, 5300 Bonn 1; Gernotstr. 4, 5000 Köln 60 - Geb. 25. Jan. 1943, ev., verh. s. 1967 m. Monika, geb. Kraemer, 4 Kd. (Renate, Joachim, Stefan, Christian) - 1963-70 Stud. ev. Theol. Wuppertal, Mainz, Berlin - 1970-74 Vikar; 1974/75 Pfarramt f. Ind.- u. Sozialarb.; 1975-84 Geschäftsf. Aktion Sühnezeichen/Friedensdienste; 1985 Forschungsarb. b. d. Forschungsstätte d. ev. Studiengemeinsch. (FEST), Heidelberg; 1986 Arbeitsst. Konzil d. Friedens b. d. Leitg. d. Dt. Ev. Kirchentages (DEKT); s. 1987 Konferenz Europ. Kirchen, Genf, Schweiz; 1989/90 Ökumenischer Rat d. Kirchen, Genf, Schweiz - BV: Zumutungen d. Friedens. Kurt Scharf z. 80. Geb., 1982.

DEILMANN, Hans-Carl
Dipl.-Berging., Geschäftsführer Deilmann-Montan GmbH, Bad Bentheim - Am Berghang 71, 4444 Bad Bentheim 1 (T. 24 46) - Geb. 3. März 1923 Dortmund (Vater: Dr.-Ing. E. h. Bergass. a. D. Carl D. † 1985; Mutter: Claire, geb. Weidner † 1967), ev., verh. s. 1953 m. Nora, geb. v. Derenthall, Sohn Carl-Joachim - Obersch. Bad Godesberg (Abit. 1941); 1946-51 TH Aachen (Dipl.-Berging.) - Zahlr. AR-Mandate - Liebh.: Jagd - Spr.: Engl., Franz. - Rotarier - Bruder: Jürgen D.

DEILMANN, Harald
Dipl.-Ing., Architekt u. Städteplaner, em. o. Prof. f. Bauplanung u. Städtebau Univ. Dortmund (s. 1985) - Jessingstr. 11-13, 4400 Münster/W. (T. 0251 -

29 35 95) - Geb. 30. Aug. 1920 Gladbeck/W. - Architekt; 1963-68 o. Prof. f. Gebäudekd. TH bzw. Univ. Stuttgart (Dir. Inst. f. Gebäudekd.). 1968-73 o. Prof. f. Bauplanung Univ. Dortmund; 1973-85 o. Prof. f. Städtebau u. Entwerfen Univ. Dortmund. Zahlr. Realisierungen u. Geb. aller Art. Mitgl. Verb.rat Intern. Verb. f. Städteb. u. Wohnungsw. Üb. 300 Fachveröff. - 1962 Gr. Kunstpreis Nordrh.-Westf.; 1966 o. Mitgl. Akad. d. Künste Berlin; 1969 Mitgl. Dt. Akad. f. Städtebau u. Wohnungswesen; 1971 BVK I. Kl.; 1977 Gr. BVK - Spr.: Engl., Franz. - Rotarier.

DEILMANN, Jürgen
Dr. rer. pol., Dipl.-Volkswirt, Geschäftsführer d. Deilmann-Montan GmbH, Bad Bentheim - Osterberg 6, 4444 Bad Bentheim (T. 05922 - 25 67) - Geb. 9. Aug. 1927 Dortmund, ev., verh. s. 1969 m. Frauke, geb. Wilhelmi, S. Carl-Gerrit - 1948-54 Univ. Bonn, Tübingen, Bern - AR-Vors. Braunschweigische Maschinenbauanst. AG, Braunschweig, Deilmann-Haniel GmbH, Dortmund; Vizepräs. Inst. d. dt. Wirtsch., Köln; Vizepräs. u. Schatzm. Bundesvereinig. d. dt. Arbeitg.verb. Köln; div. weitere Mand. - Liebh.: Jagd, Reiten - Spr.: Engl. - Rotarier - Eltern s. Hans-Carl D. (Bruder).

DEIMER, Josef
Dipl.-Ing. (FH), Oberbürgermeister Stadt Landshut (s. 1970) - Rathaus, 8300 Landshut (T. 8 82 15) - Geb. 29. Mai 1936 Landshut - 1966-70 Stadtrat u. 3. Bürgerm. Landshut; 1970 Oberbürgermeister ebd., 1973 Vors. Regional. Planungsverb., 1975 Vors. Bayer. Städtetag, Mitgl. Bayer. Senat, Mitgl. Präsid. Dt. Städtetag, stv. Landesvors. Bayer. Büchereiverb., Präs. d. Bayer. Volkshochschulverb.

DEIMLING, Gerhard
Dr. phil., o. Univ.-Prof. f. Soziologie u. Sozialpädagogik Univ.-GH Wuppertal - Freiligrathstr. 99, 5600 Wuppertal 2 - Geb. 23. April 1934 Barmen - Promot. 1967 Bonn - S. 1970 Ord., 1972-83 Gründungskonrektor u. Mitgl. d. Gründungssenats Univ. Wuppertal; 1988-92 Gastprof. Univ. Lódź (Polen), 1991 Gastprof. Univ. Leipzig; s. 1991 Mitgl. d. Gründ.aussch. d. Fak. f. Erzieh.wiss. d. Univ. Leipzig; Mitgl. Wiss. Beirat Walter-Raymond-Stiftg.; 1976-86 Vors. Ev. Berg. Gefängnisgde.; s. 1989 Vorst. Vors. Inst. f. Soz. Gerontologie u. Alternsmed. an d. Berg. Univ. Wuppertal - BV: Theorie u. Praxis d. Jugendstrafvollzugs in päd. Sicht, 1969; Recht u. Moral, 1972; Straffälligenpäd. u. Delinquenzprophylaxe, 1979; Erziehung u. Bildung im Freiheitsentzug, 1980; Angst u. Einsamkeit, 1980; Cesare Beccaria (1738-94) u. d. Anfänge mod. Strafrechtspflege in Europa, 1988; Erziehung u. Recht, 1989. 120 Ztschr.Art. - 1979 Kulturpreis Stadt Wuppertal.

DEIMLING, Klaus
Dr. rer. nat., o. Prof. f. Mathematik Univ.-GH Paderborn - Eckworth-Str. 13, 4791 Schwaney - Geb. 18. Juli 1943 - Promot. (1969) u. Habil. (1971) Karlsruhe - Zul. Prof. Univ. Kiel - BV: Nichtlineare Gleichungen u. Abbildungsgrade, 1974; Ordinary Differential Equations in Banachspaces, 1977; Nonlinear Functionalanalysis, 1985.

DEIMLING, von, Otto
Dr. rer. nat., Prof. f. Biochemie u. Exper. Pathologie - Fillibachstr. 6, 7800 Freiburg/Br. - Geb. 13. Nov. 1929 - S. 1966 Lehrtätigk. Freiburg (Doz., Wiss. Rat u. Prof. bzw. Prof.) - 1971 Robert-Feulgen-Preis d. Ges. f. Histochemie.

DEINERT, Wilhelm
Dr. phil., fr. Schriftsteller - Wilhelmstr. 18, 8000 München 40 (T. 089 - 39 62 25) - Geb. 29. März 1933 Oldenburg - Stud. d. klass. Philol., German. u. Kunstgesch. Münster, Freiburg u. München; Promot. 1958 - 1958-63 Lehrbeauftr. f. dt. Sprache u. Lit. Univ. München; dann fr. Schriftst. (Lyrik, Kurzprosa, Rezens. u. Aufs., Sprachspiele) - BV: u.a. Ritter u. Kosmos im Parzival, 1960; Triadische Wechsel, Lyrik 1963; Gedrittschein in Oden, Lyrik 1964; Sprachliche Mobile (Thema Mundi I + II, u.a.), ab 1969; D. Tausendzüngler, E. Wortkartenspiel 1970; Missa Mundana, epizyklische Gänge, 1972; Bricklebrit, E. Lügenmärchenlegespiel 1979; D. Gnomenstaffel, E. Steckspielkalender 1979; Mauerschau, ein Durchgang, 1982; Über d. First hinaus. E. Anstieg, 1990. Übers. - 1981 u. 83 Turmschreiber Rilketurm Muzot; 1984 Stip. Palazzo Barbarigo, Venedig (erster Schriftst.); 1984 Ehrengabe Stiftg. z. Förderung d. Schrifttums; 1986 Ehrengast Villa Massimo, Rom; Villa-Waldberta-Stip. Stadt München; 1991 Stip. d. Casa Baldi in Olevano Romano - Lit.: Paul Konrad Kurz, Gott u. Welt im Ged., in: D. Neuentd. d. Poetischen (1975); Jürgen Küster: Gespräch m. W. D., in: Lit. in Bayern 2 (1985); Ingeborg Reichert: Mauerschau, in: D. Lächeln d. Windes (1990).

DEINHARDT, Erich
Generaldirektor a. D., Aufsichtsratsvors. Gummiwerke Fulda GmbH (b. 1991) - Kohlgrunderstr. 31, 6411 Künzell OT Dirlos - Geb. 13. Nov. 1912 - Ehrenpräs. IHK Fulda, Vors. Arbeitgeberverb. Osthessen e. V., Fulda.

DEININGER, Jürgen
Dr. phil., Prof. f. Alte Geschichte - Dürerstr. 6, 2000 Hamburg 52 (T. 89 24 60) - Geb. 10. Juni 1937 Schwäb. Gmünd (Vater: Wilfried D., Kaufm.; Mutter: Berta, geb. Körber), ev., verh. s. 1970 m. Dr. phil. Helga, geb. Dücker - Promot. 1961 Tübingen; Habil. 1969 Freiburg i. Br. - 1969-76 o. Prof. FU Berlin, 1976 o. Prof. Univ. Hamburg - BV: D. Provinziallandtage d. röm. Kaiserzeit von Augustus b. z. Ende d. 3. Jh. n. Chr., 1965; D. politische Widerstand gegen Rom in Griechenland 217-86 v. Chr., 1971. Herausg.: Max Weber, D. römische Agrargesch. in ihrer Bedeutg. f. d. Staats- u. Privatrecht (Max Weber-Ges.-Ausg. I/2, 1986; Stud.-Ausg., 1988). Div. sonst. Fachveröff. - 1979 Ord. Mitgl. Dt. Archäol. Inst.; 1979-80 Member Inst. for Advanced Study, Princeton, N. J. (USA); 1981-82 u. 1991-92 Gastprof. Univ. Bordeaux III - Spr.: Franz., Engl., Niederl.

DEININGER, Oskar
Dipl.-Ing., Direktor, Vorst. Porzellanfabrik Waldsassen Bareuther & Co. AG., Waldsassen, Vize-Präs. IHK Regensburg, Vors. Verb. d. Keramische Ind., Selb - Mitterteicher Str. 31, 8595 Waldsassen/Opf. - Geb. 11. Mai 1933 Salzburg - BVK; Gold. Ehrennadel DRK Bayern.

DEINLEIN, Adam
Dr. jur., Regierungspräsident i. R. (1962-74), Theodolindenstr. 99 (T. 29990507); priv.: 90, Theodolindenstr. 99 (T. 64 43 75) - Geb. 27. Dez. 1909 Hammelburg/Un-

terfr., verh. (Ehefr. Helene), 2 Kd. (Doris, Claus) - Univ. München - Stadtverw. München; Reg. v. Oberbayern - Bayer. VO., Gr. BVK. - Spr.: Engl. - Rotarier.

DEINZER, Willi

Dr. rer. nat., Prof., Vorsteher Abt. f. Theoret. Sonnenphysik/Univ.s-Sternwarte Göttingen (s. 1969) - Geismarlandstr. 11, 3400 Göttingen (T. 395044) - Zul. Privatdoz. Univ. Heidelberg (Theoret. Astrophysik). Facharb.

DEIPENBROCK, Norbert

Dr. rer. pol., Dipl.-Kfm., Wirtschaftsprüfer u. Steuerberater, AR-Vors. Mr. Wash-Auto-Service AG, Düsseldorf (s. 1965), Vorst.-Mitgl. Steuerberaterverein Nordrh.-Westf. e. V., ehrenamtl. Richter OLG, alle Düsseldorf - Viersener Str. 355, 4050 Mönchengladbach - Geb. 22. Febr. 1929 Werne (Vater: Joseph D., Versicherungskaufm.; Mutter: Maria, geb. Waßmann), kath., verh. s. 1957 m. Margot, geb. Müller († 1977), 2 Töcht. (Uta, Dorit), verh. s. 1980 m. Marie-Luise, geb. Schmitz - Gymn.; Univ. Mainz, Köln - 1990 BVK am Bde. - Liebh.: Schwimmsport, Stud. Ges.polit., Golf - Spr.: Engl.

DEIRING, Hugo

Journalist, gf. Chefredakt. Südd. Zeitung München i.R. - Schulerstr. 28, 8035 Stockdorf/Obb. (T. 089 - 8 57 38 09) - Geb. 25. Juli 1920 Grönenbach.

DEISENROTH, Karl A.

Kurdirektor u. Leit. d. Kurbetriebe d. Landeshauptstadt Wiesbaden i.R., ehem. Vors. Verb. Hess. Heilbäder u. mehrerer Gremien d. Dt. Bäderverb. - Richard-Wagner-Str. 55, 6200 Wiesbaden (T. 0611 - 52 31 84) - Geb. 2. Febr. 1913.

DEISSLER, Alfons

Dr. theol., em. Prof. f. Alttestamentl. Literatur - Reinhold-Schneider-Str. 5, 7800 Freiburg/Br. (T. 6 78 86) - Geb. 2. April 1914 Weitenung/Baden (Vater: Franz D.; Mutter: Marie, geb. Lorenz), kath. - Promot. 1939 Freiburg/Br. - S. 1951 Doz. (März) u. Ord. (Okt.) Univ. Freiburg. Emerit. 1982 - BV: Fürstabt Martin Gerbert v. St. Blasien u. d. theol. Methode, 1939; D. 119. Psalm u. s. Theol., 1955; Kommentare zu Hosea, Obadja, Micha, Sephanja, Haggai u. Meleachi, in: Pirot-Clamer, La Sainte Bible, Bd. VIII/1 u. 2, 1961/64 (Paris); D. Alte Testament u. d. neuere Kath. Exegese, 1963; D. Psalmen - Welt d. Bibel, 3 Bde. 1963/1965; D. Priestertum im AT, 1970; D. Grundbotsch. d. AT, 10. A. 1987; Ich bin d. Gott, d. dich befreit hat, 1975; Biblisch Glauben, 1982; Wer bist Du, Mensch? D. Antwort d. Bibel, 1985; Hosea, Joël, Amos, 1981; Obadja, Jona, Micha, Habakuk, 1984; Dann wirst du Gott erkennen. Grundbotschaft d. Propheten, 1987; Zefanja, Haggai, Sacharja, Maleachi, 1987; Was am Ende d. Tage geschehen wird. Bibl. Visionen d. Zukunft, 1991 - Spr.: Franz., Hebr. - Rotarier.

DEISTLER, Manfred

Dr., Dipl.-Ing., o. Prof. f. Ökonometrie u. Operations Research TU Wien - Argentinierstr. 8, A-1040 Wien; priv. Eichendorffstr. 16, A-3100 St. Pölten (T. 7 75 75) - Geb. 23. Sept. 1941 St. Pölten (Vater: Josef D., Mutter: Antonia, geb. Vopalenski), kath., led. - Stud. Elektrotechnik TU Wien; Promot. (Angew. Math.) TU Wien - 1965-66 Entwicklungsing. (Regeltechnik), 1968-73 Assist., 1973-78 Wiss. Rat u. Prof. f. Statistik u. Ökonomie Univ. Bonn, s. 1978 o. Prof. TU Wien (Ökonometrie, Lineare dynam. Systeme, Zeitreihen).

DEITERS, Hugo Carl

Kommanditist Crespel & Deiters Weizenstärkefabr., Ibbenbüren - Poststr. 24g, 4530 Ibbenbüren (T. 05451 - 76 96) - Geb. 27. Juli 1912 Bremen (Vater: Ulrich D.; Mutter: Frida, geb. Stadtländer), verh. s. 1942 m. Eva, geb. Contag - Ehrenvors. Fachv. d. Stärke-Ind. e. V., Bonn - Spr.: Engl. - Lions.

DEITERS, Jürgen

Dr. rer. nat., Prof. f. Wirtschaftsgeographie Univ. Osnabrück - Wilhelm-von-Euch-Str. 71, 4500 Osnabrück (T. 0541 - 6 27 29) - Geb. 27. Dez. 1938 Hess. Oldendorf (Vater: Hermann D., Buchhalter; Mutter: Elisabeth, geb. Tregel), ev., verh. s. 1971 m. Gertrud, geb. Futschik, S. Ulrich - 1962-69 Stud. Geogr., Geol. u. Volksw. Univ. Berlin u. Bonn (Promot. 1975 Bonn) - 1959-61 Ing. f. Kartogr. Berlin; 1970-76 Wiss. Assist. Geogr. Inst. Univ. Karlsruhe; 1976-80 Ltd. Planer f. d. Region Trier b. d. Bezirksreg. Trier; ab 1980 Prof. (C4) Univ. Osnabrück (Leit. Forschungsgr. öfftl. Personennahverkehr) - BV: Z. empir. Überprüfbark. d. Theorie zentraler Orte, 1978; Verkehrsverhalten im ländl. Raum, 1984; Öfftl. Nahverkehr im Rahmen d. städt. Verkehrsmobilität, 1985; Verkehrsnachfrage u. Kooperationsmöglichk. im ÖPNV d. nördl. Rheinhessen, Planungsgem. Rhein.-Nahe, 1989; ÖPNV-Gutachten f. d. Landkreis Osnabrück, 1991; Bedarfsorientierter Nahverkehr im ländl. Raum, 1992.

DEJA, Achim Georg

Dr.-Ing., Vorstandsmitglied AESCULAP AG, Bereich Produktion u. Technik - Hochbergstr. 11, 7200 Tuttlingen-Nendingen (T. 07461 - 52 74) - Geb. 12. März 1948 Koblenz, kath., verh. s. 1973 m. Charlotte, geb. Weilandt, 5 Kd. (Eva Charlotte, Maren Christine, Christian Georg, Laura Elisabeth, Hella Dorothe) - RWTH Aachen; Dipl.-Ing., Promot. (Eisenhüttenkd.) - Tokyo Inst. of Technol.; Chiba Inst. of Technol.; Nippon Kokan Technical Res. Center; Werkleiter Mannesmann Achs- u. Röhrenwerk Brackwede; Vorst. Produktion u. Technik AESCULAP AG; Präs. MOTRIC S.A., Mutriku, Spanien - Chairman of Board AESCULAP Scientific Tools, AESCULAP Scientific Instruments, Penang/Malaysia, AESCULAP Surgical Metal, Penang/Malaysia - Liebh.: Malerei, Elektron. u. klass. Musik, Sport - Spr. Engl., Franz.

DEJON, Bruno

Dr. rer. nat., o. Prof. u. Mitvorstand Inst. f. Angew. Mathematik Univ. Erlangen-Nürnberg (s. 1970) - Lerchenstr. 19, 8520 Erlangen-Dechsendorf/Mfr. - Zul. Leit. Gruppe f. Angew. Math. IBM-Forschungslabor., Rüschlikon b. Zürich.

DEKKEN, von, Helmuth J. B.

Wirtsch.-Ing. (grad.), Ltd. Direktor, Geschäftsf. mehrerer Kliniken - Hünxer Str. 23, 4224 Hünxe 2 (T. 02858 - 61 42) u. Hammerberg 1, 6619 Nonnweiler (T. 06873 - 882) - Geb. 13. Jan. 1932 Bocholt (Vater: Gerhard v. D., Ing. u. Kaufm.; Mutter: Maria, geb. Eich), kath., verh. s. 1959 m. Mery, geb. Towara, S. Ingo - Abit., Stud. TH Darmstadt, Polytechn. München, Akad. f. Führungskräfte in d. Wirtsch. Bad Harzburg (Maschinenbau, Betriebswirtsch.slehre, 4 Sem. Med., Psychol.) - Zun. 8 J. Unternehmensberatung (Bauing.-techn. u. Arch.), s. 1973 Leit. eig. Sanatorium u. Klinik. Patentinh. Fachveröff. (vornehml. im Ausl.) - Liebh.: Jagd, Fliegen, Motoryacht - Spr.: Engl., Niederl., Afrikaans - Rotarier - Bek. Vorf.: Graf Johannes B. H. v. D. (Urgroßv.).

DELANK, Heinz Walter

Dr. med., em. o. Prof. f. Neurologie, ehem. Direktor d. Neurol. Univ.-Klinik Berufsgenoss. Krankenanstalten Bergmannsheil, Bochum - Dahlhauser Str. 77 a, 4320 Hattingen - Geb. 26. August 1923 Wanne-Eickel - Promot. 1951; Habil. 1971 - S. 1962 Chefarzt - BV: D. Eiweißbild d. Liquor cerebrospinalis, 1965; Grundriß d. Unfallneurol., 1970; Neurologie, 1978, 6. A. 1991; Coautor: Checkliste Neurolog. Notfälle, 1988, 2. A. 1991; Coautor: Neurolog. Therapie, 1988, 2. A. 1992.

DELBRÜCK, Axel

Dr. med., Abteilungsvorst., Prof. f. Klin. Chemie Med. Hochschule Hannover (s. 1969) - Prießweg 10, 3000 Hannover 51 - Geb. 26. Okt. 1925 - Promot. 1952; Habil. 1964 - Facharb.

DELBRÜCK, Christian

Dipl.-Volkswirt, Verlagsgeschäftsführer Zeitungsgr. Hamburg - Axel Springer Verlag AG, Parkallee 80, 2000 Hamburg 13 (T. dstl.: 040 - 34 72 23 30) - Geb. 25. Sept. 1944 Lörrach, T. Johanna - 1966-71 Stud. Volkswirtsch.lehre Univ. Hamburg; 1972/73 Ausb. z. Redakt. in d. Wirtsch.redaktion Hamburger Abendblatt - 1974-76 Assist. u. Ref. b. Vors. d. Geschäftsführungsber. Ztg. Axel Springer Verlag; 1977 stv. Verlagsleit. Hamburger Abendblatt; 1986 Verlagsleit. Hamburger Abendblatt - Liebh.: Fliegerei - Spr.: Engl., Franz.

DELBRÜCK, Jost

Dr. jur., LL.M., o. Prof. f. Öfftl. Recht, Richter OVG (1978-90) - Schoolredder 20, 2300 Kiel 17 - Geb. 3. Nov. 1935 Pyritz/Pom. - Promot. 1964; Habil. 1971 - S. 1972 Ord. Univ. Göttingen u. Kiel; 1985-89 Präs./Rektor Univ. Kiel; Mitgl. Haager Schiedshof - BV: D. Rassenfrage als Problem d. Völkerrechts u. nationaler Rechtsordnungen, 1971; Menschenrechte u. Grundfreiheiten im Völkerrecht, 1972; Direkter Satellitenrundfunk u. nationaler Regelungsvorbehalt, 1982; Friedensdok. aus fünf Jh. - Abrüst.-Kriegsverhüt.-Rüst.kontrolle (Hrsg.), 2 Bde., 1984; D. Rundf.hoheit d. dt. Bundesländer im Spannungsfeld zw. Regelungsanspruch d. EG u. nat. Verfassungsrecht, 1986; Dahm, Delbrück, Wolfrum, Völkerrecht, Bd. I 1., 2. A. 1989.

DELCOURT, Victor

Schriftsteller - Charles-Arendt-Str. 31, Luxembourg (T. 44 59 95) - Geb. 28. Jan. 1919 Koerich/Lux. (Vater: August D., Zimmermann; Mutter: Marie, geb. Kass), kath., verh. s. 1948 m. Alice, geb. Thill, 3 Kd. (Colette, Claude, Christian) - Mittelsch., Univ.Kurse Luxemburg. Fr. Schriftst. - BV/Ged. (z. T. in 2 u. mehr A.): Dunkele Glut, 1953; Segnung, 1953; D. Tat, 1953; Stunde d. Seele, 1954; Aus Herzens Innen, 1954; Gewalten, 1954; In heißer Quelle Überfließen, 1955; Schwur u. Gebärde, 1956; Glaube u. Gral, 1961; Gesetz d. Unbegrenzten, 1964; Maß d. Mächte, 1980; Wie Segen u. wie Kern, 1981; Als wäre Leben leben Filigran, 1981; D. Lied d. Phidias, 1981; Adel u. ewige Zeit; Brigitte; Gabriele; Venus am See; Attributivisch reflektiert, 1982; Nicht immer d. Sosein, 1982; F. e. Narbe Zeit, 1983; Wie Fragen gespart, 1984; Geliebter Teenager, 1984; E. Twen f. Kai, 1984; Assistent Dr. Stalling, 1985; Besternen d. zeitlosen Vorgänge, 1985; D. Aufgabe, 1986; D. sieben Tage d. Tröstung, 1987; Luxemburg unt. d. Hakenkreuz, 1988; Trinken den Schmerz v. d. Tränen, 1988; D. Worte falten, 1988; D. stille Farbe d. Nostalgie, 1989; Luxemburg n. d. Kriegssturm, 1989; Meine glückliche Vorkriegszeit od. D. rosagrünen Jahre, 1990; Meine streitbare Nachkriegszeit od. Einsames Brot, 1991; Luxemburgische Lit.geschichte: Verstorbene Autoren d. dt., franz. u. luxemb. Sprache, 1992 - Liebh.: Bücher, Reisen, Filmen.

DELEKAT, Lienhard

Dr. theol., Prof., Theologe - Nipkowstr. 7, 5300 Bonn 1 (T. 255 166) - Geb. 9. Jan. 1928 Berlin (Vater: Prof. Dr. phil. Dr. theol. D. Friedrich D., Theologe † 1970 (s. XVI. Ausg.); Mutter: Dr. Hedwig, geb. Bickel), ev., verh. s. 1953 m. Irmgard, geb. Köhler, 3 Kd. (Marliese, Cornelia, Friedrich) - 1939-43 Kreuz-Gymn. Dresden, 1943-44 Eberhard-Ludwigs-Gymn. Stuttgart; n. Abit. (Blaubeuren) 1946-50 Univ. Tübingen, Mainz, Theologieex. 1950 u. 52, Dr. 1956 Heidelberg - Pfarrvikar Offenbach/M., Gymnasiallehrer Düsseldorf-Benrath, 1958-63 Wiss. Assist. Univ. Erlangen u. Bonn, s. 1964 (Habil.) Privatdoz., Doz. (1965) u. apl. Prof. (1969) Univ. Bonn (Altes Testament) - BV: Katoche, Hierodulie u. Adoptionsfreilass., 1964; Asylie u. Schutzorakel am Zion-Heiligtum, 1967; Phönizier in Amerika, 1969 - Spr.: Engl., Franz.

DELISLE, Heinrich

Kaufmann, Inh. Fa. Ernst Straub, Konstanz, Vizepräs. IHK Konstanz - Franz-Liszt-Str. 3, 7750 Konstanz/B. - Geb. 17. Jan. 1910 München.

DELIUS, Ernst-August

Fabrikant, gf. Gesellschafter C. A. Delius & Söhne, Bielefeld - Goldstr. 16-18, 4800 Bielefeld - U. a. Vors. Verb. Nord-Westd. Textilind., Vizepräs. Landesvereinig. d. Arbeitgeberverb. Nordrh.-Westf., Vizepräs. Gesamttextil.

DELIUS, Günther

Vorstandsmitglied Bremer Woll-Kämmerei AG., Bremen, Vors. Arbeitsgem. Lohn-Wäscherei u. Kämmerei ebd. - Borchshöher Str. 145a, 2820 Bremen 70 - Geb. 11. Okt. 1927.

DELIUS, Harald

Dr. phil., B. Phil., o. Prof. f. Phil. Univ. Mannheim (s. 1966) - Hans-Thoma-Str. 72, 6900 Heidelberg-Handschuhsheim (T. 40 95 62) - Geb. 4. Aug. 1925 Göttingen (Vater: Dr. med. Kurt D., Neurologe u. Psychiater; Mutter: Franziska, geb. Bünsow), ev. - Univ. Göttingen (1946-50) u. St. Andrews/Schottl. (1950-52; B. Phil. 1952). Promot. (1951) u. Habil. (1961) Göttingen - 1961-65 Doz. Univ. Göttingen. 1965-66 Gastprof. Brown Univ. Providence (USA). Emerit. 1990 - BV: Unters. z. Problematik d. sog. synthet. Sätze apriori, 1963; Self-Awareness. A. Semantical Enquiry, 1981 - Spr.: Engl. - Bek. Vorf.: Nikolaus (Shakespeare-Forscher) u. Frederic D. (Komp.).

DELIUS, Juan D.

Dr. rer. nat., Prof. f. Allg. Psychologie Univ. Konstanz, Fak. Sozialwiss. (s. 1987) - Wetzsteinstr. 32, 7750 Konstanz 19 - Geb. 14. Mai 1936 Essen (Vater: Pablo D., Farmverwalter; Mutter: Linda, geb. Hammerschmidt), verh. s. 1962 m. Ute, geb. Beissenhirtz, 2 Kd. (Julia, Tobias) - Colegio Nacional Buenos Aires; Univ. Bonn, Freiburg, Göttingen, Oxford. Promot. 1961 Göttingen - 1962-66 Senior Research Assistant Univ. Oxford; 1967-74 Lecturer Univ. Durham; 1974-87 Prof. Univ. Bochum. 1968 u. 69 Gastprof. Univ. San Diego - Div. Fachveröff., dar. Komplexe Informationsverarbeitung bei Tauben (1986); Naturgesch. d. Kulturgesch. (1989) - Liebh.: Polarforsch. - Spr.: Span., Engl., Dt. - Argentin. Staatsbürger.

DELIUS, Nikolaus

Prof. Staatl. Hochsch. f. Musik Freiburg, Flötist - Bahnhofstr. 52a, 7815 Kirchzarten - Geb. 6. April 1926 Karlsruhe (Vater: Dr. Helmut D., Archit.; Mutter: Antonie, geb. Sackur), ev., verh. s. 1956 m. Ingeborg, geb. Gerke, 3 Kd. - Ausb. b. G. Müller, Berlin (1944) u. 1950-55 Musikhochsch. Freiburg (b. G. Scheck) - 1955 Musikhochsch. Karlsruhe; s. 1965 Doz. Freiburg, 1971 Prof. Juror intern. Wettb. Mitheraus.: Ztschr. TIBIA; zahlr. Aufs. in Fachztschr. - Schallpl., Funk - Spr.: Engl., Franz.

DELIUS, Wolfram

Dr. med., Prof., Internist/Kardiologe, apl. Prof. TU München, Chefarzt I Med. Abt. (Kardiol. u. Pneumol.) Krankenhs. München-Bogenhausen - Englschalkingerstr. 77, 8000 München 81.

DELKESKAMP, Claus

Dipl.-Kfm., Pers. haft. Gesellschafter Delkeskamp KG - Hauptstr. 9, 4577 Nortrup - Gf. Ges. Delkeskamp Verpackungswerke GmbH; stv. Vors. ind. Arbeitgeberverb. Osnabrück-Emsl. u. Verb. Wellpappenind. Darmstadt; Vorst.-Mitgl. AOK Bramsche; Mitgl. Vollvers. IHK Osnabrück.

DELLER, Karlheinz
Dr. phil., Prof. f. Assyriologie Univ. Heidelberg (s. 1967) - Am Hirschwald 6, 6901 Wilhelmsfeld (T. 06220 - 87 27); dstl.: Sandgasse 5/7, 6900 Heidelberg 1 (T. 54 - 2964) - Geb. 21. Febr. 1927 Nürnberg, kath., verh. s. 1962 m. Ilga-Maria, geb. Bretterbauer, 2 Kd. (Bernadette, Patrick) - 1953-59 Univ. Göttingen u. Wien (Assyriol.) - 1963-67 Prof. f. Assyriol. Pontificium Institutum Biblicum Rom. Fachveröff. Herausg.: Keilschriftbibliogr. (1962 ff.).

DELLING, Rudolf Manfred
M.A., Fernstudienfachmann, Wiss. Referent Dt. Inst. f. Fernstudien Univ. Tübingen (s. 1971) - Autenriethstr. 3, 7400 Tübingen 1 (T. 3 19 82) - Geb. 10. Sept. 1937 Burgstädt/S. (Vater: Rudolf D.; Mutter: Elisabeth, geb. Emmrich), verh. s. 1961 m. Angelika, geb. Johannsen, 2 Kd. (Christiane, Martin) - Obersch. Burgstädt (Abit. 1955); Univ. Hamburg (Päd.) u. Tübingen (Gesch., Volkskd.) - 1965-71 Forschungsref. Hamburger Fernlehrinst., 1968, 1970, 1978, 1984 u. 1991 Leit. wiss. Symposia üb. Fernstud.; 1983-90 Liaison Officer Intern. Council for Distance Education (ICDE). Mitbegr., 1963ff. Herausg. u. 1964-68 Schriftl. Ztschr. Epistolodidaktika; 1962-68 Herausg. Schriftenr. Hamburger Fernlehrinst. - BV: Fernstud. - Fernunterr. (Bibliogr.), Bd. 1 1977; Bd. 2 1982. Zahlr. Fachveröff. - Fachmitgl.sch. - Liebh.: Musik, Homöopathie.

DELLMANN, Klaus
Dr. rer. oec., o. Prof. f. Unternehmensrechnung u. Dir. Inst. f. Untern.rechnung und Controlling Univ. Bern (s. 1989) - Eichenweg 66, CH-3028 Spiegel b. Bern - Geb. 19. Mai 1938 Berlin - 1960-65 Univ. Saarbrücken. Promot. 1969; Habil. 1973 - Wiss. Rat u. Prof. Univ. Bonn; 1978-89 o. Prof. Univ. Kiel - BV: u. a. D. Bestimmung optimaler Bedienungssysteme b. Mehrstellenarb., 1971; Entscheidungsmodelle f. d. Serienfertig., 1975; Betriebswirtschaftl. Produktions- u. Kostentheorie, 1980; D. handelsrechtl. Jahresrechnung, 1990 - Spr.: Engl., Franz.

DELLWEG, Hanswerner
Dr. rer. nat., em. Prof. f. Biotechnologie d. TU Berlin - Heiligendammer Str. 15, 1000 Berlin 33 (T. 823 89 09) - Geb. 19. Febr. 1922 Aschaffenburg (Vater: Christian D., Verwaltungsangest.), kath., verh. s. 1951 (Ehefr.: Veronika), 4 Söhne (Hans-Georg, Thomas, Andreas, Stephan) - Univ. Heidelberg (Dipl.-Chem. 1950). Promot. 1952 Heidelberg; Habil. 1966 Frankfurt/M. - 1952-59 Wiss. Mitarb. Aschaffenburger Zellstoffwerke, Stockstadt (Biochem. Forschungslab.); 1960-67 Wiss. Rat Univ. Frankfurt (Inst. f. Therapeut. Biochemie); s. 1967 Prof. TU Berlin (1968-89 Wiss. Dir. Inst. f. Gärungsgewerbe u. Biotechnol.); 1976 Chairman 5th Int. Fermentation Symposium, Berlin, 1977-79 Vors. Fachber. Lebensmitteltechnol. u. Biotechnol., TU Berlin. 1977 auswärt. Mitgl. Finn. Akad. d. Techn. Wissenschaften. Fachmitgliedsch., auch USA - Spr.: Engl.

DELORME, Karl
Bürgermeister a. D., MdB (1983-87) - Niklas-Vogt-Str. 3, 6500 Mainz (T. 8 21 67) - Geb. 23. Jan. 1920 (Vater: Karl D., Spengler; Mutter: Anna, geb. Polti), kath., verh. m. Käte, geb. Primsch, 2 Söhne (Peter, Klaus) - Volkssch.; Schriftsetzerlehre (Mainz) - 1934-57 Schrifts.; 1957-83 Sozialdezern. u. Bürgerm. SPD - Rotarier.

DELP, Ludwig
Dr. jur., Dipl.-Volksw., Rechtsanwalt, Leiter Dt. Bucharchiv München/Inst. f. Buchwiss. (s. 1948; begr.) - Frans-Hals-Str. 4, 8000 München 71 (T. 790 11 90, Fax 790 14 19) - Geb. 25. Nov. 1921 Darmstadt (Vater: Friedrich D., Amtsrat; Mutter: Frieda, geb. Erbes), ev., verh. s. 1954 m. Irmgard, geb. Roters, 3 Kd. (Joachim †, Gisela, Peter) - 1946-49 Univ. München (Rechts- u. Staatswiss.); Promot. 1951 - Anwaltspraxis. 1949ff. Sachverst.; 1988ff. Lehrbeauftr. Univ. Erlangen. Gründer u. Vorst.-Vors. d. Ludwig-Delp-Stiftg. - BV: D. Verlagsvertrag, 1949, 5. A. 1990 (neubearb. v. Dr. jur. P. Lutz); D. Kulturabgabe, 1950. Herausg.: D. ges. Recht d. Publizistik/Losebl.-Ausg. (m. Dr. jur. P. Lutz, 3. A. 1987ff.); wiss. Beiträge in Fachb. - BVK am Bde.; Ehrenteller d. Verb. Bayer. Verlage u. Buchhandlungen - Liebh.: Frühgesch. u. Archäol.

DELSEIT, Elisabeth
Konzertdirektorin, Präs. d. Konzerte Jg. Künstler, Gesangslehrerin - Emmastr. 3, 5000 Köln 41 (T. 0221 - 41 67 53 u. 41 83 37) - Geb. 8. Jan. 1906 Köln (Vater: Edmund Tillmannss, Immob.Makler; Mutter: Auguste, geb. Schätte), ev., verh. s. 1933-71 m. Karl D., Konz.Pianist †, S. Joachim - Reifeprüf. ev. Lyz.; Stud. Meisterkl. Staatl. Hochsch. f. Musik Köln (b. Maria Philippi); Reifeprüf. u. Konzertex. - 1930-52 Konzerttätigk. als Sängerin (Sopran) u. Oper (Schülerin v. Walter Felsenstein); Gründ. Gemeinsch. d. Künstler u. Kunstfreunde Konz. Junger Künstler Köln (s. 1949 Präs.), 1959 Gründ. Konzertdir. Elisabeth D.; Mitgl. im Verb. d. Dt. Konzertdir. u. Mitgl. im Dt. Schäferhund-Verb. - 1980 BVK - Liebh.: Malerei, Lit., Schäferhund - Spr.: Franz., Engl., Ital., Span.

DELVENDAHL, Werner
Generaldirektor i. R., Berater in Außenhandelsfragen - Huyssenallee 85, 4300 Essen 1 (T. 0201 - 231538); priv.: Bosselberg 3 (T. 44 01 90) - Geb. 21. Juli 1908 St. Johann/Saar - B. 31. Dez. 1975 Vorst.svors. Ferrostaal AG., Essen.

DEMANDT, Alexander
Dr. phil., o. Prof. f. Alte Geschichte - Bülowstr. 33, 1000 Berlin 37 - Geb. 6. Juni 1937 Marburg, ev. - BV: Gesch. als Argument, 1972; Metaphern f. Gesch., 1978; D. Fall Roms, 1984; Ungeschehene Gesch., 1984; D. Spätantike, 1989; Deutschlands Grenzen in d. Geschichte, 1990; Macht u. Recht, 1990; Theodor Mommsen, Römische Kaisergeschichte, 1992; Sokrates antwortet, 1992 - Liebh.: Exlibris - Bek. Vorf.: Dr. Karl Demandt, Hess. Landeshistoriker.

DEMARREZ, Erik
Dipl.-Volksw., Geschäftsführer Bundesverb. d. obst- u. gemüseverarbeit. Ind. e. V., Fachverb. d. Back- u. Puddingpulverind. e. V., Bundesverb. d. kartoffelverarbeitenden Ind. e. V., Verb. d. dt. Sauerkonservenind. e. V. - Vonder-Heydt-Str. 9, 5300 Bonn 2; priv.: Junesrotstr. 11, 5020 Frechen-Königsdorf - Geb. 8. Okt. 1939.

DEMBOWSKI, Hermann
Dr. theol., Prof. f. Systemat. Theologie Univ. Bonn/Ev.-Theol. Fak. (s. 1970) - Luisenstr. Nr. 31, 5300 Bonn - Geb. 20. Nov. 1928 Carlshof/Ostpr. (Vater: Heinrich D., Pfarrer; Mutter: Christel, geb. Besch), ev., verh. s. 1955 m. Hiltrud, geb. Brock, T. Ulrike - 1947-52 Univ. Marburg, Göttingen, Basel. Theol.Ex. 1952 u. 55; Promot. 1952 (Göttingen); Habil. 1967 (Bonn) - 1955 ff. Pfarramt; 1960 ff. Lehrauftr. TH Aachen - BV: Initium Sancti Evangeli, 1959; Grundfragen d. Christologie, 2. A. 1971; Einf. in d. Christol., 1976; Karl Barth/Rudolf Bultmann/Dietrich Bonhoeffer, 1976; Menschl. Leiden u. d. Dreiein. Gott, 1979; Gott im Wort, 1982 - Liebh.: Musik, Lit., Bild. Kunst, Wandern - Spr.: Engl. - Lit.: J. E. Gutheil/S. Zoske (hg.) Daß unsere Augen aufgetan werden.... Festschr. f. H. D. z. 60 Geb. (1989); Hermann Dembowski/Wolfgang Greive (Hg.), D. andere Christus, Christologie in Zeugnissen aus aller Welt, 1991.

DEMISCH, Karl-Dieter
Dr. jur., allein. Geschäftsführer Mode-Woche-München GmbH - Theresienhöhe 15, 8000 München 12 - Geb. 1936 Stettin - 1981ff. Geschäftsf. Münchener Messe- u. Ausst. Ges. mbH/MMG; 1983ff. Chef Münchener Mode-Woche.

DEMKE, Claus
Staatssekretär a. D., Generalbevollmächtigter d. ADVANTA Management AG, Frankfurt (s. 1991) - Schwindstr. 10, 6000 Frankfurt/M. 1 (T. 069 - 74 03 77) - Geb. 18. Juni 1939 Frankfurt/M. - Stud. Rechtswiss. FU Berlin u. Univ. Frankfurt - 1971-80 Rechtsanwalt u. Fachanwalt f. Steuerrecht; 1980-83 Beigeordn., u. 1983-88 gf. Dir. Hess. Städtetag. 1970-88 MdL Hessen; b. 1991 Staatssekr. im Hess. Finanzmin. CDU.

DEML, Friedrich
Prof., Schriftsteller - Artur Landgraf-Str. 25, 8600 Bamberg - Geb. 15. Febr. 1901 Ebrach/Ofr. (Vater: Martin D.; Mutter: Eva, geb. Ullrich), kath., verh. m. Cläre, geb. Winz, 3 Kd. - Gymn.; Univ. München u. Wien - Studienrat, Seminarleit., Studienprof., Oberstudienrat - BV: Sprache d. Dinge, Ged. 1932 (auch tschech.); Rupertiwinkel, Erz. 1934; Regensburg, d. steinerne Sage, 1935; D. ird. Abenteuer, Erz. 1937; D. Maler u. d. Meer, Erz. 1941; D. Antlitz d. Sibylle, Erz. 1946; Die Sonnenmaske, Abenteuerb. 1960; Sol invictus - Unbesiegl. Sonne, R. 1967; Im Kern d. Atome, Ged. 1975. Oper; Die Barke d. Odysseus; Zeugnis vor d. dt. Jugend (Zeitporträt); Drama: D. Frau d. Ostens, Hör- u. Laiensp. - Max-Dauthendey-Plak., Eichendorffmed., BVK a. Bde.; Ritter d. Ordens v. San Yuste.

DEMLER, Otto
Komponist, Texter, Prod. (Ps. Bert Olden, Fred Gordoni, F. Volauven) - Vossmoorweg 4, 2084 Rellingen (T. 04101-2 37 12) - Geb. 1. Nov. 1922 Wien, ev., verh. s. 1980 m. Gisela, geb. Coch, 2 Kd. (Frederic, Claudia) - Abit. Mähr. Trübau (CSSR); Instrumentalausb. Geige, Klavier u.a. Mozarteum Salzburg, Ausb. z. Verlagskaufm. Hamburg u. Köln - 1952-58 Musikredakt. Radio Salzburg; 1962-68 Artist-Promotion-Dir. EMI-Electrola, gleichz. Managing-Dir. Edition Accord, Köln; 1968-72 General Manager Intersongmusikverlage Hamburg; 1961-81 Free-lanced Producer dt.spr. Schallpl., u.a. v. Marlene Dietrich, The Beatles, Cliff Richard, Gilbert Becaud, Alma Cogan, Karel Gott, Julio Iglesias - Kompos.: u.a. Frag d. Abendwind (m. Francoise Hardy 1963); Santo Domingo (m. Wanda Jackson, Audrey Landers, Heino 1963); D. Glück ist rosarot (m. Cliff Richard 1966) - 1969 Gold. Schallpl. (LP): D. gold. Stimme aus Prag - Liebh.: Gartengestalt., Sport (Handball), Management - Spr.: Engl., Franz., Ital., Span., Tschech.

DEMMER, Johannes H.
Dr. jur., Rechtsanwalt, Hauptgeschäftsf. Dt. Anwaltsverein, Bonn - Friedrichstr. 181, 5620 Velbert/Rhld. - Geb. 23. März 1943 Velbert (Vater: Dr. J. D. Kreisdir. a. D.) - Universitätsassist. - BV: Verfassungsrechtl. Grenzen staatl. Regelungsbefugnis im Bereich d. Wirtschaftsrechts - untersucht am Beisp. d. Zusammenschlußkontrolle (Diss.) - Spr.: Engl., Franz.

DEMMER, Klaus
Dr. theol., o. Prof. f. Moraltheologie - Gregoriana, Rom /Italien - Geb. 27. Mai 1931 Münster/W. - S. 1962 Lehrtätigk. Ordenssch. Oeventrop, Theol. Fak. Paderborn (1966), Gregoriana Rom (1970). Wiss. Veröff. - 1987 BVK I. Kl.

DEMMING, Alfons
Weihbischof Bistum Münster (s. 1978) - Dompl. 27, 4400 Münster/W. - Zul. Dechant Borghorst.

DEMPEWOLF, Klaus W.
Geschäftsführer Wilhelm Dempewolf Zahnräder- u. Getriebe-Fabrik GmbH, Köln 30 - Immermannstr. 24, 5000 Köln 41 - Geb. 24. Mai 1935 - Dipl.-Ing. (FH).

DEMPWOLF, Gertrud
Landfrau, MdB (s. 1984) - Lasfelderstr. 94, 3360 Osterode/Harz; Heinrich-Heine-Ring 20, 3000 Hannover-Misburg; Bundeshaus, 5300 Bonn 1 - Geb. 3. Febr. 1936 Mönchengladbach, kath., verh., 1 T. - Lehre Zahnarztassist.; Landwirtschaftl. Betrieb in Osterode, Lasfelde/Harz - Mitgl. im Landes- u. Bundesvorst. d. Frauen-Union CDU, u. Landesvorst. CDU-Nieders. Aussiedlerbeauftr. d. CDU/CSU Fraktion im Dt. Bundestag; Abg. im WK 36 Hannover-Stadt.

DEMSKI, Eva

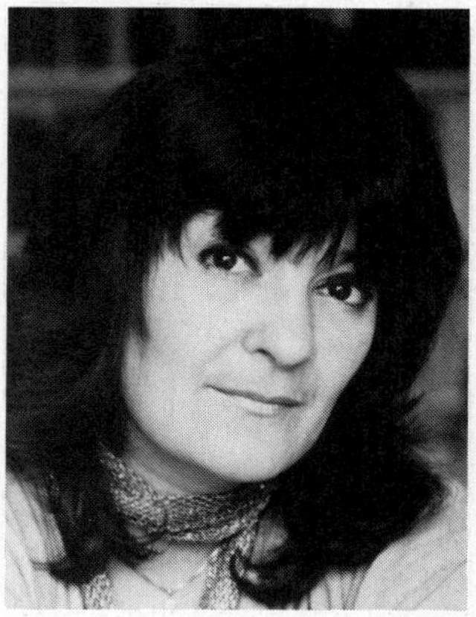

Schriftstellerin - Fallerslebenstr. 31, 6000 Frankfurt/M. - Geb. Regensburg - 1988/89 Stadtschreiberin v. Bergen-Enkheim - BV: Goldkind, R. 1978; Karneval, R. 1981; Scheintod, R. 1984; Hotel Hölle, Guten Tag..., R. 1987; Unterwegs, Erz. u. Ess. 1988. Zahlr. Fernsehfilme, u. a. üb. Joseph Roth, Eleonora Duse, Adolf Wölfli, Hans Neuenfels, Gottfried Benn. Zahlr. Ess. f. FAZ-Magazin, Kursbuch, u.a. Publ. - 1981 Preis d. Klagenfurter Jury (f. R. Karneval), 1987 Kulturpreis Stadt Regensburg, 1990 Goethe-Plakette d. Stadt Frankfurt/M.

DEMTRÖDER, Wolfgang
Dr. rer. nat., Prof. f. Physik Univ. Kaiserslautern (s. 1970) - Am Harzhübel 80, 6750 Kaiserslautern - Geb. 5. Sept. 1931 Attendorn - Promot. 1961 Bonn; Habil. 1970 Freiburg - Üb. 80 Facharb., 2 Bücher.

DEMUS, Jörg
Dr. h.c., Prof., Konzertpianist - Döblinger Hauptstr. 77a, A-1190 Wien - Geb. 2. Dez. 1928 St. Pölten/Österr. (Vater: Dr. Otto D., Kunsthist.; Mutter: Erika, geb. Budik, Violonistin) - Gymn., Staatsakad. f. Musik Wien, im Ausl. b. Yves Nat (Paris), Gieseking (Saarbrücken), Sommerkurse b. Kempff, Benedetti-Michelangeli, Fischer - 1950 Debut in London u. Zürich, s. 1951 Konzert-Tourneen in alle Welt (außer Rußl. u. China), Ständ. Gast b. intern. Festsp. - Zahlr. Schallpl. (350 LP) - BV: Abenteuer d. Interpretation, 1970; D. Klaviersonaten v. L. v. Beethoven (m. P. Badura-Skoda), 1970 - Kompos.: Franckiana - 1956 Busoni Preis Bozen; 1977 Beethoven-Ring Wien; 1977 Ernennung z. Prof.; 1979 Mozart-Med. d. Wr. Mozartgde. - Liebh.: Antiquitäten, Rosen - Spr.: Franz., Engl., Ital., Span.

DEMUTH, Hans-Jörg
Dr. rer. oec. publ., gf. Gesellschafter Demuth GmbH., Ludwigshafen, Präs. IHK f. d. Pfalz ebd. u. a. - Defreggerstr. 15, 6700 Ludwigshafen/Rh. - Geb. 3. Sept. 1931.

DENCKER, Klaus Peter
Dr. phil., Prof. - Sieker Landstr. 77, 2070 Großhansdorf 1 (T. 04102 - 6 11 86) - Geb. 22. März 1941 Lübeck (Vater: Friedrich D.; Mutter: Charlotte, geb. Wegener), ev., verh. s. 1971 m. Gisela, geb. Böckmann, 2 Kd. (Andreas, Angelika) - Univ. Hamburg u. Erlangen (Dt. Literaturwiss. u. Japanol.). Promot. 1970 - 1965-74 Assist. u. Lehrbeauftr. Univ. Erlangen-Nbg.; 1974-75 Autor u. Filmemacher; 1975-85 1. Redakt. Saarl. Rundf./Ferns. 1976ff. Lehrauftr. Univ.

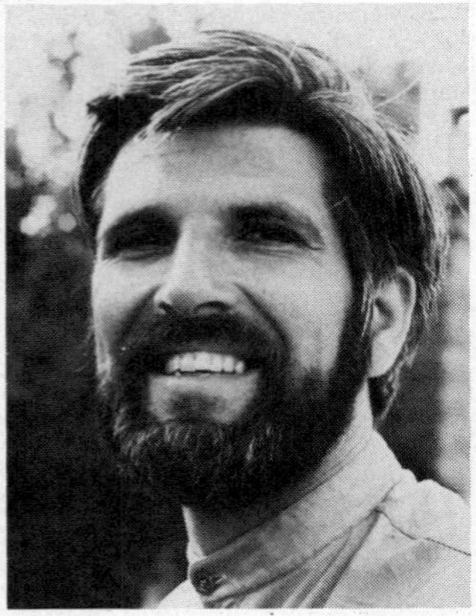

Saarbrücken u. Univ. Trier; s. 1985 LRD Kulturbehörde Hamburg u. Medienwissenschaftler Univ. Trier - 14 Bücher; 80 Dokumentar- u. Experimentalfilme ARD/ZDF - 1972 Erlanger Kulturpr., 1979 Buchpr. Kulturzentr. Stockholm, 1982 Förderpr. z. Berliner Kunstpr., Ehrenbürgerschaft v. New Orleans - Liebh.: Jazz/Banjo (1981 Gründ. Rabbit Mountain Ramblers, Saarbrücken), s. 1986 Mitgl. d. Forum Stompers, Hamburg.

DENCKER, Norman
Botschafter d. Bundsrepb. Dtschl. in Ungarn (Budapest) - Izso ütca 5, PF. 40, 1440 Budapest XIV, Ungarn.

DENDEN, Ahcène
Dr. med., Prof., Augenarzt - Eckenbornweg 5 H, 3400 Göttingen (T. 0551 - 2 24 21) - Geb. 21. Juni 1929 Jemmapes, Algerien - 1949 Abit.; Med.-Stud. Montpellier, Paris; Promot. 1958 Paris u. 1961 Göttingen; Habil. 1966 ebd. Lehrtätigk. Univ. Göttingen (1971 apl. Prof. f. Augenheilkd.). Rd. 100 Publ.

DENECKE, Hans-Joachim
Geschäftsführer Stadtwerke Braunschweig GmbH., Vorstandsmitgl. Braunschweiger Verkehrs-AG. - Wilhelmstr. 62-69, 3300 Braunschweig; priv.: Herzogin-Elisabeth-Str. 28 - Geb. 24. Okt. 1923.

DENECKE, Ludwig
Dr. phil., Dr. phil. h. c., Bibliotheksdirektor i. R. - Am Krughof 10, 3510 Hann. Münden (T. 05541 - 23 27) - Geb. 26. Febr. 1905 Hameln, verh. s. 1969 in 2. Ehe m. Irmgard, geb. Reisse, 4 Kd. (Albrecht, Dietrich, Utta, Gisela) - Stud. Dt. u. Klass. Phil., Gesch., Archäol., Urgesch., Leibesübungen Halle, Freiburg, Greifswald, Leipzig; Promot. 1929; Staatsex. 1932 Greifswald - 1930-33 Mitarb. am Dt. Wörterb.; b. 1968 wiss. Bibl.dst. Berlin, Göttingen, Kassel; 1959-69 Erster Leiter Brüder-Grimm-Mus. Kassel - BV: Ritterdichter u. Heidengötter, 1930; D. Brüder Grimm in Bildern ihrer Zeit, 1963, 2. A. 1980; D. Nachlässe in den Bibl. d. Bundesrep. Dtschl., 1969; Jacob Grimm u. s. Bruder Wilhelm, 1971; Bibl. im mittelalterl. Fritzlar, 1974; Bibliogr. d. Briefe v. u. an Jacob u. Wilhelm Grimm, 1983; D. Bibl. d. Brüder Jacob u. Wilhelm Grimm (m. I. Teitge), 1988. Herausg.: Brüder Grimm Gedenken (s. 1963) - 1985 Kulturpreis Land Hessen; 1985 Dr. phil. h. c. Kassel; 1985 Gr. Preis Akad. f. Kinder- u. Jugendlit.; 1985 Brüder Grimm-Med. Akad. d. Wiss. Göttingen; 1987 Ehrenring Stadt Hann. Münden; 1990 Orden d. Jugosl. Fahne m. gold. Kranz - Lit.: Festschr. (1990); Festschr. Waltende Spur m. Bibliogr. (1991).

DENEFFE, Peter J.
Dr. rer. pol., Staatsrat i. R., Honorarprof. f. Statistik Univ. Hamburg (s. 1964) - Wulksfelder Weg 6, 2000 Tangstedt (T. Hamburg 6070258) - Geb. 17. Juli 1909 Frankfurt/M.-Höchst.

DENEKE, Diether
Dr. h.c., Minister f. Ernährung, Landw. u. Forsten v. Nordrh.-Westf. a. D. (1966-79; Rücktritt) - Flurgasse 32, 5330 Königswinter-Oberdollendorf - Geb. 27. Okt. 1918 Berlin, ev., verh., 2 Kd. - Gymn.; Gärtnerlehre, Reifeprüf. als Nichtschüler - 1947-66 Verw. d. Vereinigten Wirtschaftsgeb. u. Bundesmin. f. Ernährung, Landw. u. Forsten (zul. Reg.dir.). MdL (b. 1985). S. 1980 stv. Präs. Schutzg. Deutscher Wald Bvd.; s. 1981 Landesvors. NW; s. 1982 Präs. Verb. Dt. Naturparke, Hamburg; Mitgl. Syn. an Rhein u. Sieg; Präs. d. Nordrh.-Westf. Stiftung Naturschutz, Heimat- u. Kulturpflege - 1973 Gr. BVK m. Schulterbd. u. Stern; gold. Plak. Landwirtschaftsk. Rhld. u. Westf.; gold. Verdienstmed. Zentralverb. Gartenbau; 1984 Ausz. Silb. Landsch. Bundesverb. Garten- u. Landschaftsbau; Landesverdienstord. v. Nordrh.-Westf.

DENEKE, J. F. Volrad
Prof., Journalist, Präs. Bundesverb. d. Fr. Berufe, Bonn (1984ff.) - Axenfeldstr. 16, 5300 Bonn-Bad Godesberg (T. 31 40 75; Büro: 37 66 35) - Geb. 8. März 1920 Wernigerode/Harz (Vater: Dr. phil. Günther D., Archivdir.; Mutter: Käthe, geb. Sprondel), ev., verh. s. 1943 m. Elisabeth, geb. Grumbrecht, 2 Kd. (Gabriele, Jochen) - Schulen Wernigerode, Berlin, Schwiebus, Davos/Schweiz (humanist. Abitur); Buchhändlerlehre Magdeburg (Gehilfenprüf. 1940); Stud. Sozialwiss. Berlin - 1940-43 Verlagsbuchh., 1943-45 Kriegsteilnahme, 1945-48 fr. Publizist, 1948-51 Chef v. Dienst u. stv. Chefredakt. Aachen, 1951-55 Bonner Korresp. Zeitungen u. Ztschr., 1955-64 Hauptschriftl. D. geist. Kapital/Blätter f. d. Fr. Berufe, 1958-64 Hauptschriftl. Dt. Ärztebl., dann fr. Publizist; 1971-74 Hauptgeschäftsf. Verb. d. Ärzte Deutschlands (Hartmannbund), 1974-84 Hauptgeschäftsf. Bundesärztekammer u. Dt. Ärztetag, Köln; 1981-83 Dir. Inst. f. Fr. Berufe Univ. Erlangen-Nürnberg. S. 1961 Lehrtätigk. Düsseldorf, Erlangen u. Mainz. Div. Ehrenstell., dar. Vors. Landesverb. d. Fr. Berufe in NRW; 1963-65 MdB. Präsid.-Mitgl. Dt. Ärztetag; stv. Vors. Vereinig. ehem. Mitgl. d. Dt. Bundestages; AR Dt. Apotheker- u. Ärztebank; Vorst.-Vors. Ludwig-Sievers-Stiftg. FDP (1969-71 [Rücktr.] Bundesgeschäftsf.) - BV: u. a. D. freien Berufe, 1956; Gesundheitspolitik, 1957; Augenprothetik als Heilberuf, 1968; Klassifizierung d. Fr. Berufe, 1969; Arzt und Medizin in d. Tagespublizistik d. 17. u. 18. Jahrhunderts, 1969; Haben d. fr. Berufe noch eine Chance?, 1973; Aspekte u. Probl. d. Medizinpubliz., 1985; Individuelle Freiheit in soz. Sicherheit, 1985; D. Berufsbild d. Vermögensberaters, 1987 - 1965 Ehrenz. Dt. Ärzteschaft; 1975 BVK I. Kl.; 1977 Gold. Sportabz.; 1975 Gr. BVK, 1986 Stern dazu; Cav. Uff. Ital.; 1980 Ludw. Sievers Preis - Liebh.: Ztschr. (18. Jh.), Skat - Spr.: Engl.

DÉNES, István
Dirigent Bremer Theater, 1. Kapellmeister (s. 1987) - Osterdeich 101, 2800 Bremen (T. 0421 - 49 06 75) - Geb. 13. Aug. 1954 Budapest/Ung., verh. s. 1978 m. Júlia Kukely, T. Diana - Ausb. Klavier, Dirigieren, Kompos.lehre Akad. Franz Liszt. Stip. v. Sir Georg Solti. Weiteres Stud. in Wien - Dirigent Staatsoper Budapest. Gastsp. in Tschechosl., Polen, Bregenzer Festsp., Wiener Volksoper, Flensburg, Groningen - Kompos. u.a.: Fuga f. zwei par Timpani, Trio in memoriam B. Bartok, Mohács 1526 f. gr. Orch., Hommage à Beethoven f. gr. Orch., Bearbeitung u. Neuinstrumentation János Vitéz v. Kacsoh.

DENFFER, von, Dietrich
Dr. rer. nat. habil., em. Prof. f. Botanik - Senckenbergstr. 15, 6300 Gießen (T. 34470) - Geb. 8. Febr. 1914 Rostock (Vater: Otto v. D.; Mutter: Dorothea, geb. Pannenborg), ev., verh. s. 1940 m. Brunhild, geb. Henke, 3 Kd. (Margrit, Enno, Christiane) - Stud. Univ. Göttingen u. Greifswald, Promot. (1939) u. Habil. (1944) Göttingen - 1948 apl. Prof. Univ. Göttingen; 1951 o. Prof., Dir. Botan. Inst. u. Bot. Garten Univ. Gießen, 1976 emerit. - Mitgl. Dt. Botan. Ges., Soc. botanique de France, Intern. Soc. of Plant. Physiol. Zahlr. Fachveröff. Mithrsg.: Lehrb. d. Botanik f. Hochsch. (27.-32. A.; auch engl., ital., span., poln., serbo-kroatisch); Beiträge z. Biologie d. Pflanzen (Bd. 46-60, 1970-85).

DENGEL, Dieter
Dr.-Ing., Prof. f. Werkstofftechnik u. gf. Institutsdir. TU Berlin - Frankenallee 12, 1000 Berlin 19.

DENGEL, Georg
Kaufmann, Ehrenpräs. Fachverb. Dt. Eisenwaren- u. Hausrathändler - Hagenauer Str. 37, 6200 Wiesbaden.

DENGLER, Hans J.
Dr. med., o. Prof. f. Innere Medizin - Med. Univ.-Klinik Bonn-Venusberg, 5300 Bonn - Geb. 16. Nov. 1925 Straubing/Niederbay. (Vater: Josef D.), verh. m. Gertrud, geb. Traub - S. 1961 (Habil.) Lehrtätigk. Univ. Heidelberg, Gießen (1968 Ord. u. Klinikdir.), Bonn (1973 Ord. u. Klinikdir.). Fachveröff. - Spr.: Engl. (1959-60 USA).

DENGS, Udo
Dipl.-Kfm., Vorstandsvorsitzender d. Deutsche SB-Kauf AG (DSBK), Frankfurt - Am Römerbrunnen 5, 6368 Bad Vilbel 3 - - Geb. 14. Sept. 1937, verh. m. Angelika, geb. Heisterberg, 3 Kd. (Gero, Yvo, Arno) - Stv. AR-Vors. Röders AG, Soltau; AR-Vors. Herrenhäuser Brauerei, Hannover.

DENGSCHERZ, Helmar
Oberlehrer, Vors. Arbeiterwohlfahrt/Bezirksverb. Ober- u. Mittelfranken, Mitgl. Bayer. Senat - Bodelschwinghweg 14, 8532 Bad Windsheim/Mfr..

DENIG, Friedrich
Dr. rer. nat., Dipl.-Psych., Wiss. Rat, Prof. f. Sprachlehrforschung (Schwerp. Sprachpsych.) Univ. Bochum/III. Abt. (s. 1973) - Auf dem Aspei Nr. 51, 4630 Bochum.

DENINGER, Johannes
Dr. phil., Lic. theol., Prof. f. Religionsphil. u. Dogmengesch. Univ. Frankfurt - Im Bangert 10, 6546 Argenthal (T. 06761 - 36 40) - Geb. 27. Juli 1926 Hofheim/Taunus (Vater: Walther D., kaufm. Dir.; Mutter: Anna, geb. Landler), kath., verh. s. 1971 m. Prof. Dr. Gertrude Deninger-Polzer, 2 S. (Anselm, Gregor) - Abit. 1946; Stud. Philos., Theol., Soziol., Klass. Philol. (Lizentiat Theol. 1952 Rom, Promot. 1959 Frankfurt) - 1962-69 Prof. f. Kath. Theol. u. Didaktik, 1966-67 Präs. d. Hochsch. f. Erz. Frankfurt; s. 1969 Prof. FB Religionswiss. Univ. Frankfurt/M. - BV: Wahres Sein, 1961; Denkender Glaube, 1966; Religionskritik I, 3. A. 1981; Religionskritik II, 1979.

DENINGER-POLZER, Gertrude
Dr. phil., Prof. f. Religionsphänomenol. u. Religionsgesch. Univ. Frankfurt/M. - Im Bangert 10, 6546 Argenthal (T. 06761 - 36 40) - Geb. 4. Mai 1936 Hof/Ostsud. (Vater: Ferdinand P., Med.-Statistiker; Mutter: Helene, geb. Kunz), kath., verh. s. 1971 m. Prof. Dr. Johannes D., 2 Kd. (Anselm, Gregor) - Abit. 1957, Stud. Philos., Theol., German., Promot. 1964. S. 1972 Prof. Fachber. 6 Religionswissensch.) - J.-W.-Goethe-Univ. Frankfurt/M. - BV: Kritik d. Lebens, 1965 (Diss.); Bender, Wolfgang, Deninger-Polzer, Gertrude: Ethik, 1976 - Spr.: Franz., Engl., Ital., Span., Griech., Lat.

DENK, Bohdan
Regisseur, Künstl. Leiter Schauspiel Staatstheater Braunschweig (1977-88), stv. Generalintendant Staatstheater Braunschweig (1991-92) - Eidelstedter Weg 207, 2083 Halstenbek - Geb. 24. Juni 1925 Zavidov (ČSFR), kath., verh. s. 1949 m. Marketa, geb. Stohl, 2 Kd. (Bohdan, Marketa) - Stud. Esthetik u. Kunsthistorie Univ. Prag; priv. Schauspielunterr. - Schausp. u. Regiss. in Aussig, Prag, Olmütz; Regiss. Tschechosl. Rundf.; Mitgründ. d. Theaters v. d. Tor; 1968 (während d. Prager Frühlings) Mitgl. Koord.-Aussch. Brünn. 1969 Emigration in d. Bundesrep. Deutschl.; freischaff. Regiss. Rundf. u. Theater. Lehrauftr. Otto Falckenberg Schule - Kunstrichtung: Psych. Realismus (Insz. d. Werke v. Ibsen, Hauptmann, Gorkij; dt. Erstauff. v. D. Wassermann's Bühnenfassung Einer flog üb. d. Kuckucksnest - 1952 Staatl. Schauspielerpreis Theater d. Jugend Prag - Spr.: Deutsch, Franz., Tschech., Kroat. - Lit.: Art. üb. d. Tschech. Theater 1918-68 (D. Waage, 1973).

DENK, Friedrich
Studiendirektor Gymnasium Weilheim - Kaltenmoserstr. 34, 8120 Weilheim/Obb. (T. 0881 - 14 41) - Geb. 16. Dez. 1942 Wohlau/Schles., kath., verh. s. 1970 m. Gerda, geb. Schlick, 3 Kd. (Barbara, Wolfgang, Franziska) - Stud. German., Roman., Philos. Univ. München u. Bordeaux - S. 1969 Gymnasiallehrer München, Weilheim, London - BV: D. verborgenen Nachrichten, Versuch e. Pressekritik, 1977; Gründer u. verantw. Redakt. Weilheimer Hefte z. Lit. (s. 1980), Londoner Lesehefte (1983-85) u. D. Lesebogen (s. 1989) - 1982 Silbergriffel f. bes. Verdienste um Vermittl. v. Lit.; 1986 BVK; 1992 Wilhelm-Hausenstein-Ehrung d. Bayer. Akad. d. Schönen Künste.

DENK, Liselotte
Journalistin, Autorin, Redakt. Harper's Bazaar, Ltg. Ressort Reise u. Personalities - Hohenzollernstr. 46, 8000 München 40 (T. 39 73 78) - Geb. 10. Mai München, kath., verh., S. Ingo - Vorm. Redakt. Quick, Wiss.ressort (Hintergrundsreportagen zu Päd., Psych., Relig. etc.); ADAC Buchverlag; Münchner Merkur (Interviews, Porträts, Reportagen) - BV: Auf d. Suche n. Morgen - Begegnungen m. Prominenten, 1981; Marie Louise Fischer - d. Autorin u. ihr Werk, 1982; Fernseharbeiten, 1983; Biografie Fanny Elßler - Tänzerin e. Jh. - Legende u. Wirklichk., 1984/85; in Vorb.: E. Chronik v. 1880 b. 1980 (Tatsachenroman) - Liebh.: Theater, Malerei, Städte.

DENK, Rolf
Dr. med., apl. Prof., Arzt f. Haut- u. Geschlechtskrankh., Allergologie - Rathausstr. 55, 6090 Rüsselsheim; Praxis: Obergasse 65, 6090 Rüsselsheim - Geb. 28. Juni 1935 Düsseldorf - Promot. 1962; Habil. 1969 - S. 1972 apl. Prof. Mainz. Vors. d. Interessengemeinsch. z. Bekämpfung d. Fluglärms e.V. - Weit. Arbeitsgeb.: Vormünzliche Zahlungsmittel, 41 Einzelarbeiten. Üb. 65 Facharb.

DENK, Rudolf
Dr. phil., Prof. f. Didaktik d. dt. Sprache u. Literatur - Am Birkenrain 21, 7811 St. Peter/Schw. - Geb. 7. Febr. 1944 Brünn (Vater: Rudolf D., Verw.angest.; Mutter: Johanna, geb. Gruber, Lehrerin), kath., verh. s. 1970 m. Christel, geb. Kellner, 2 Kd. - Univ. Wien u. München; Kunstakad. Wien - Doz. FHS f. Sozialarb., Studienrat Ludwigsburg, Doz. u. Prof. PH Freiburg. S. 1990 Rektor PH Freiburg - BV: Erziehung z. Umgang m. Medien, 1977; Musica getutscht. Unters. Dt. Fachprosa im Ber. d. Musik, 1981. Herausg.: Texte z. Poetik d. Films (1978); Spiel u. Alltag. Szenen u. Stücke d. 70er J. (1982); Spieltexte 8.-10. Schulj. (1984); Theaterbuch 1 (1990); Theaterbuch 2 (1991).

DENK, Viktor
Dr.-Ing., o. Prof. f. Mechanik TU München (s. 1976) - Buchenstr. 12, 8051 Kranzberg/Obb. - Geb. 23. Okt. 1930 Prag (Vater: Dr. Viktor Denk-Czurda, Univ.-Prof.; Mutter: Wilhelmine, geb. Krombholz), verh. s. 1961 m. Martha, geb. Köttinger, T. Angelika - Stud. Phy-

sik TH München; Promot. 1957 - 1959-76 Industrietätigk. (Prok., techn. Geschäftsf.); 1976 o. Prof. TU München.

DENKER, Hans-Werner

Dr. med., Dr. rer. nat., Prof., Hochschullehrer - Zu erreichen üb. Univ.-Klinikum, Inst. f. Anatomie, Hufelandstr. 55, 4300 Essen 1 - Geb. 4. Jan. 1941 Erfurt/Thür., verh. s. 1976 m. Dr. med. Ulrike, geb. Michel, 4 Kd. (Sebastian, Annette, Tanja, Nils) - Heinrich-Mann-Obersch. Erfurt; Stud. Med. u. Zool. Hamburg u. Marburg. Promot. 1969 (r. n.) u. 70 (m.) Marburg; Habil. 1976 (Anat. u. Reproduktionsbiol.) Aachen - 1978-88 Prof. TH Aachen/Med. Fak. (Lehrgeb. Anat. u. Reproduktionsbiol.), s. 1989 Univ.-Prof. Univ.-Klinikum Essen (Lehrst. Anat. u. Entwicklungsbiol.).

DENKER, Manfred

Dr. rer. nat., Prof. f. Mathematik Inst. f. Math. Stochastik Univ. Göttingen - Goerdeler Weg 15, 3400 Göttingen - Geb. 20. Juni 1944 Breslau, verh. s. 1971 m. Tillu, geb. Heidinger, S. Michael - 1966-70 Stud. Univ. Erlangen u. Warwick (Studienstiftg. d. Dt. Volkes), Promot. 1972, Habil 1974 Erlangen - 1970 Assist. Univ. Erlangen, 1973 Attaché de Recherche Univ. Rennes, s. 1974 Prof. Univ. Göttingen. Zahlr. Gastprof. in Europa u. USA - BV: Ergodic Theory on Compact Spaces, 1975; Ergodic Theory, 1979; Asymptotic Distribution Theory in Nonparametric Statistic, 1985. Ca. 50 Fachveröff. in Dynamischen Systemen, Ergodentheorie, Funktionalanalysis, Wahrscheinlichkeitstheorie, Statistik.

DENKER, Rolf

Dr. phil., Prof. Univ. Tübingen - Österbergstr. 11, 7400 Tübingen (T. 07071 - 5 23 09) - Geb. 20. Juni 1932 - Stud. Phil., Kunstgesch., German. u. Psychoanalyse; Promot. 1961, Habil. 1979, bde. Tübingen - BV: Natur als Gegenstand d. Malerei, 1961; Goethes Schriften z. Kunst, 2 Bde., Auswahl u. Nachwort, 1962; Aufklärung üb. Aggression, 1966, 5. erw. A. 1975 (Übers. niederl. u. span.); Individuum u. mündige Ges., 1967 (Übers. jap.); Grenzen liberaler Aufklärung b. Kant u. a., 1968; Angst u. Aggression, 1974; Aggression im Spiel (m. a.), 1976 (Übers. ital.); Selbst-Bild als Fremdentwurf. Aufs. z. Phil. v. Kant b. Bloch, 1985; Hiob - od. d. Schwere d. Glücks, 12 Essays üb. Leben u. Lebenlassen, 1992; Jakob van Hoddis. Denkspiele e. expressionistischen Dichters u. Euthanasiepläne e. Therapeuten, 1992 - Liebh.: Friedenspolitik, Reisen, Wandern, Segeln, Malen - Spr.: Engl., Franz., Ital., Latein.

DENKERT, Kurt

Beigeordneter, MdL Nordrhein-Westf. (1962-70 u- s. 1975) - Bismarckstr. 45, 4670 Lünen (T. 1 32 93) - Geb. 23. Dez. 1929 - SPD.

DENKLER, Horst

Dr. phil., Prof. f. Neuere Dt. Lit. FU Berlin (s. 1973) - Lotosweg 8, 1000 Berlin 28 - Geb. 18. Sept. 1935 Thale/Harz - Obersch. Goslar; Stud. Univ. Berlin u. Münster - 1964-67 Wiss. Assist. Frankfurt u. Mannheim; 1968-73 Assoc. Prof. u. Prof. (1970) Amherst/USA - BV: Drama d. Expressionismus, 1967; Restauration u. Revolution. Polit. Tendenzen im dt. Dr. zw. 1815 u. 1850, 1973; Wilhelm Raabe, 1989. Zahlr. Herausg., Sammelbde. u. Anthol. - Spr.: Engl., Franz.

DENNERLEIN, Paul

Ing., Fabrikant, pers. haft. Gesellsch. Aufzugfabrik Schulte & Co., Wuppertal-E., Vorstandsmitgl. Beck & Henkel Maschinenbau AG., Kassel - Am Krähhahn 15, 3500 Kassel-W'höhe - Geb. 7. Jan. 1909 Nürnberg.

DENNINGER, Erhard

Dr. jur., Prof. Universität Frankfurt/M. - Am Wiesenhof 1, 6240 Königstein 3 (T. 06173 - 7 89 32) - Geb. 20. Juni 1932 Kortrijk/Belgien (Vater: Dr. Ing. Edgar D., Chemiker; Mutter: Almita, geb. Bauer), verh. s. 1961 m. Linda, geb. Valli-Ferri, 2 Töcht. (Daniela, Fabia) - Univ. Tübingen, Lausanne, Mainz. Gr. jurist. Staatsprüf. - S. 1966 (Habil.) Lehrtätigk. Univ. Mainz u. Frankfurt (1967 Ord. f. Öff. Recht u. Rechtsphil.), 1970/71 Rektor Univ. Frankfurt/M., 1973/74 Leit. Abt. Hochsch. u. Kunstpfl. Hess. Kultusmin. - BV: Traditionsfunktion d. Seekonnossements im intern. Privatrecht, 1959; Rechtsperson u. Solidarität, 1967; Polizei in d. freiheitl. Demokratie, 1968; Das Hochschulrahmengesetz - Kernstück einer Bildungsreform?, 1972; Staatsrecht 1, 1973; Bd. 2, 1979; Polizei u. Strafprozeß im demokr. Rechtsstaat, 1978 (m. K. Lüderssen); D. gebändigte Leviathan, 1990; Verfass.rechtl. Anforderungen an d. Normsetzung im Umwelt- u. Technikrecht, 1990. Mitautor: Alternativkommentar z. Grundgesetz, 1984, 2. A. 1989 - Spr: Ital., Franz., Engl.

DENNINGHAUS, Friedhelm

Dr. phil., Prof. f. Sprachlehrforschung Univ. Bochum - Heinrich-Sträter-Str. 14, 4600 Dortmund-Lücklemberg - Lehrwerke f. Engl., Russ., Chines.: Engl. for Today, Russ. Heute, Lesekurse Russ. u. Chines. f. polit. Texte, Kommuniaktionskurs Chines. - BV: D. dramat. Konzeption G. B. Shaws, 1972. Übers. ins Russ., teilw. auch ins Engl. Herausg. zahlr. Kommunikat.-Kurse u. solche z. Methodik d. Fremdspr.unterr.

DENSCHLAG, Johannes (Hans) Otto

Dr. rer. nat., Dipl.-Chem., Prof. f. Kernchemie Univ. Mainz (s. 1973) - Höhenweg 30, 6501 Nieder-Olm (T. 06136 - 4 43 03) - Geb. 1. Juli 1937 Worms (Vater: Dr. med. Johannes D., Chir.; Mutter: Dr. med. Hiltrud Karla, geb. Schildhauer), kath., verh. s. 1965 m. Ilse, geb. Schlüter, 3 Kd. (Marie Karoline, Johannes Peter, Gabriele Gisela) - Hum. Gymn. (Abit. 1955); Stud. Univ. Mainz ; Promot. 1965 u. Habil. 1972 ebd. - 1966-72 Forsch.s- u. Lehrtätigk. Univ. Michigan u. California/USA, s. 1972 Mainz (apl. Prof.). 1974 Gastprof. Kyoto/Japan. Fachveröff., Fachmitgliedsch. - Spr.: Engl., Franz.

DENSO, Jochen

Journalist, Leit. Landesstudio Köln WDR - Hohle Gasse 13, 5300 Bonn 2, (T. 32 20 05) - Geb. 20. Juli 1934 Berlin (Vater: Manfred D., Oberstltn.; Mutter: Victoria, geb. Kessler), verh. s. 1970 m. Annette, Freiin v. Villiez, S. Christian - Ratsgymn. Bielefeld; Schriftsetzerlehre; Stud. Polit. Wiss. Univ. Berlin u. Bonn - S. 1983 Leit. Landesstudio Köln WDR (Hörf. u. Fs); Herausg. u. Chefredakt. polit. Monatsztschr. CIVIS (1960-69) - 1975-83 Bonner Korresp. WDR - BV: Schale ohne Kern, 1983; Verw.motivation u. Effizienz, 1976; D. Jugend - e. verlassene Generation (in: Keller, D. Jahrz. d. Utopisten, 1979); div. akt. Berichte - Liebh.: Gesch., Reisen, Kochen.

DENTLER, Theodor

Theaterleiter, Regiss., Schausp. - Riedweg 16, 7900 Ulm (T. 0731 - 38 14 73) - Geb. 17. Sept. 1930 Pforzheim (Vater: Max D., Musiker; Mutter: Emma, geb. Löhner), ev., verh. s. 1953 m. Christiane, geb. Peinert, 4 Kd. (Markus, Ulrike, Thomas, Michaela) - Ausb. Landsberger Bühne - 1952 Leit. Wanderbühne D. Boten; 1958 desgl. Mannheimer Kellertheater; 1963 Leit. theater in d. westentasche. Erf. d. Publikumsspiele - Insz.: D. Ulmer Sklavenmarkt, Ganz Ulm spielt, D. Ulmer Wand. Zahlr. Rollen in konvent. u. unkonvent. Stücken - Liebh.: Denken u. Angeln - Lit.: Christiane Peinert, Westentaschen-Schausp., u. Theodor Dentler, Merke Intendant.

DENZEL, Siegfried

Kaufmann, pers. haft. Gesellsch. Holzgroßhandl. u. Sägewerk Denzel KG - Mühlwinkel 14, 8857 Wertingen (T. 08272-2021) - Geb. 22. Aug. 1931, kath., verh. s. 1963 m. Elfriede, geb. Utz, 2 S. (Christoph, Peter) - Holzwirtsch. u. kaufm. Ausb. - Tätigk. in versch. Fachverb. u. Kammern - Liebh.: Kultur u. Geschichte.

DENZER, Karl-Josef

Landtagspräsident Nordrh.-Westf. (b. 1990) - Am Petristift 22, 4800 Bielefeld 17 - Geb. 23. März 1925 Trier, verh. s. 1946 m. Ruth, geb. Liese, 2 Kd. - Verwaltungslehre, 1. u. 2. Verwaltungsprüf.; Stud. d. Verw.- u. Sozialwiss. Verw.-Akad. Münster (Dipl. 1966) - B. 1975 Abt.Leit. d. AOK Bielefeld, 1980-85 Vors. SPD-Landtagsfrakt. Nordrh.-Westf., s. 1980 Landtagspräs., SPD s. 1950, Landtagsmitgl. s. 1970; 1954-64 Ratsmitgl. Gemeinde Werl-Aspe, 1969-84 Ratsmitgl. Stadt Bielefeld - Gr. BVK m. Stern.

DENZLER, Georg

Dr. theol. habil., Prof. f. Kirchengesch. Univ. Bamberg - Seestr. 34, 8036 Breitbrunn/Ammersee (T. 08152 - 61 27) - Geb. 19. April 1930 Bamberg, röm.-kath., verh. s. 1973 m. Irene, geb. Nützel, 2 Kd. (Paul, Pia) - Priesterweihe 1955 - S. 1967 (Habil.) Lehrtätigk. Univ. München u. Univ. Bamberg (1971 Prof.) - BV: Kardinal Guglielmo Sirleto (1514-1585), 1964; D. Propagandakongregat. i. Rom u. d. Kirche i. Deutschl. i. 1. Jahrz. nach d. Westf. Frieden, 1969; Papsttum u. Amtszölibat, 2 Teilbde., 1973-76; (m. Carl Andresen) dtv-Wörterb. d. Kirchengesch., 1982; (m. Volker Fabricius) D. Kirchen im Dritten Reich. Christen u. Nazis Hand in Hand?, 2 Bde., 1984; Widerst. oder Anpassung? Kath. Kirche u. Drittes Reich, 1984; D. verbotene Lust. 2000 J. christl. Sexualmoral, 1988 - Herausg.: Päpste u. Papsttum (Wiss. Reihe, bish. 25 Bde.); Bamberger Hochschulschriften (bish. 10 Hefte); Papsttum - heute u. morgen. 57 Antworten auf e. Umfrage, 1975; Kirche u. Staat auf Distanz. Hist. u. aktuelle Perspektiven, 1977; Priester f. heute. Antworten auf d. Schreiben Papst Johannes Pauls II. an d. Priester, 1980; Weshalb Priester?, 1982; Lebensberichte verh. Priester. Autobiogr. Zeugnisse z. Konflikt zw. Zölibat u. Ehe, 1989; Geschichtlichkeit u. Glaube. Gedenkschrift z. 100. Todestag Ignaz v. Döllingers (m. E. L. Grasmück), 1990.

DEPARADE, Klaus Adolf

Dr.-Ing., Vorstandsmitglied Ostthüringer Energieversorgung AG (OTEV) u. Energiewerke Ostthüringen AG (EWO), Jena (s. 1991), Oberstleutnant d. R. - Waldstr. 19, 3007 Gehrden 5 (Northen) (T. 05108 - 24 69) - Geb. 9. Juni 1938 Hildesheim, ev., verh. s. 1968 m. Elke, geb. Frühbrodt, 2 Kd. (René, Nicole) - Staatl. Obersch. Buenos Aires (Abit. 1956); kaufm. Lehre; Stud. d. Elektrotechn. TU Braunschweig u. Hannover; Dipl.ex. 1967 ebd.; Promot. 1974 Braunschweig - 1970-79 Geschäftsf. Verb. d. Energie-Abnehmer VEA, u. 1978/79 Inst. f. Energieeinsparung; 1976/77 Vorst.-Vors. VDE Hann.; div. Aussch. VDEW; 1979-91 Prok. u. Abt.-Dir. Hauptabt. Energiewirtsch. Hastra, Hann.; 1990/91 Geschäftsf. Vereinigung Dt. Elektrizitätswerke (VDEW) Landesgr. Nieders./Bremen, Hann., 1990/91 Lehrbeauftr. FH Hann. (Elt. Energiewirtschaft). CDU Gehrden-Nord (Vorst.-Vors. 1979-81) - 1981/82 Präs. Lions Club Steinh. Meer sowie div. Ämter auf Lions-Zone u. Distr.-Ebene - BV: Netz-u. Anschlußkosten in d. Elektrizitätswirtsch. d. Bundesrep. Dtschl., 1975; Energiekosten senken!, 1977 - Spr.: Span., Engl.

DEPENBROCK, Manfred

Dr.-Ing., o. Prof. f. Erzeugung u. Anwend. elektr. Energie Univ. Bochum (s. 1968) - Lupinenweg 1, 4630 Bochum-Stiepel (T. 79 19 68) - Geb. 11. Jan. 1929 - Stud. Elektrotechnik TH Hannover - Brown, Boveri & Cie AG, Mannheim, zul. Leit. Zentr. Entwicklungsber. f. elektron. Geräte u. Anlagen - S. 1979 Mithrsg. ETEP - 1969 Verleihung VDI-Ehrenring; 1982 Mitgl. Rhein. Westf. Akad. d. Wiss.; 1985 Förderpreis Innovation; 1987 Verleihung Heinrich-Hertz-Preis; 1992 Ernst-Blickle-Preis.

DEPENHEUER, Helmut

Dr., Hauptgeschäftsführer Arbeitgeberverb. Dt. Eisenbahnen/Eisen-, Berg- u. Seilbahnen, Kraftverkehrsbetriebe; gf. Vorst.-Mitgl. Pensionskasse Dt. Eisenbahnen u. Straßenbahnen - Volksgartenstr. 54a, 5000 Köln (T. 31 39 80) - Geb. 23. Nov. 1932.

DEPNER, Frank A.

Romanautor, Hotelier - Hotel St. Pierre, Hauptstr. 138-142, 5462 Bad Hönningen (T. 02635-2091-92) - Geb. 9. Mai 1922 Zeiden/Siebenb., verh. s. 1968 m. Gerti, geb. Miersch, 3 T. (Michaela, Susanne, Brigitte) - Kaufm. Lehre - Ausl.-Aufenth. Balkan, Rußland, Argent., Bahamas, USA (Chicago, Miami u. Texas). Hotelleit., Ölfeldmanager, Reiseleit. - BV: Romane; u.a. Barrakudas, 1984 - Liebh.: Verhaltensforsch., Naturbeobacht., Jagd - Spr.: Rumän., Engl., Franz.

DEPPE, Frank

Dr. phil., o. Prof. f. Politikwissenschaften Univ. Marburg (s. 1972) - Wilhelm-Röpke-Str. 6, 3550 Marburg/L. (T. 28 49 32) - Mithrsg.: D. neue Arbeiterklasse - Techn. Intelligenz u. Gewerkschaften im organisierten Kapitalismus, 1970; Verschwörung, Aufst., Revolution, 1970; Kritik d. Mitbestimmung, 1969; D. Bewußtsein d. Arb., 1971; Europ. Wirtschaftgem., 1975; Arbeiterbeweg. u. westeurop. Integration, 1976; Geschichte d. dt. Gewerkschaftsbeweg., 1977; Autonomie u. Integration, Materialien z. Gewerkschaftsanalyse, 1979; Einheit u. Spaltung d. Arbeiterklasse, 1981; Ende oder Zukunft d. Arb.bewegung, 1984; Niccolò Machiavelli, 1987; Jenseits d. Systemkonkurrenz, 1991.

DEPPE, Hans

Dr. rer. pol., o. Prof. f. Betriebswirtschaftslehre unter bes. Berücks. d. betriebsw. Steuerlehre Freie Univ. Berlin (s. 1973), Wirtschaftsprüfer, Steuerberater - Altensteinstr. 58, 1000 Berlin 33.

DEPPE, Hans-Ulrich

Dr. med., Prof. f. Med. Soziologie Univ. Frankfurt (s. 1972) - Theodor-Stern-Kai 7, (Klinikum) 6000 Frankfurt/M. - Geb. 20. März 1939 Frankfurt/M. - Stud. Med. (1959 b. 64) u. Soziol. (1965-72). Promot. 1965 Würzburg - BV: Industriearb. u. Med., 1973; Med. Soziol., 1978; Vernachlässigte Gesundheit, Z. Verhältnis v. Gesundheit u. Staat, Ges. in d. BRD, 1980. Mithrsg.: Med. u. gesellschaftl. Fortschr. (1973); Med.-Ges.-Gesch. (1975); Med. Soziol., Jahrb. 1 (1981).

DEPPE, Heinz

Dr. jur., Ministerialdirektor, Sprecher d. Geschäftsfg. Dt. Postreklame GmbH (s. 1984) - Wiesenhüttenstr. 18, 6000 Frankfurt/M. (T. 069 - 26 82-0) - Geb. 1. Nov. 1929 ev., verh. - Stud. Rechtswiss.

DEPPE-WOLFINGER, Helga

Dr., Prof. - Neuhaußstr. 5, 6000 Frankfurt/M. (T. 55 64 69) - Geb. 1940 Tabriz/Iran - Spez. Arb.geb.: Sonder- u. Heilpäd. 1986-88 DFG-Forschungsprojekt Integration behind. Kinder in Primarber.; 1986-90 Wiss. Begleitung integrativer Klassen in vier hess. Grundsch. (m. H. Reiser) - BV: Gewerkschaftl. Jugendbild. u. polit. Bewußtsein, 1971; Arbeiterjugend - Bewußtsein u. polit. Bild., 1972; Behindert u. abgeschoben. Z. Verhältnis v. Behinder. u. Ges., 1983; Integrative Pädagogik in d. Grundschule (m. A. Prengel u. H. Reiser), 1990.

DEPPENDORF, Ulrich

Zweiter Chefredakteur ARD-aktuell (s. 1991) - Gazellenkamp 57, 2000 Hamburg 54 - Geb. 27. Jan. 1950 Essen, verh. - 1969 Abit.; 1976 1. jurist Staatsex. Münster - 1981-86 Redakt. Tagesschau, Redaktion WDR, Köln; 1986-89 Leit. d. Tagesschau-Redakt. WDR, Köln; s. 1987 ARD-Wahlredakt.; 1989-91 Leit. d. Redakt.gr. Zeitgeschehen Aktuell, WDR, Köln - Liebh.: Tennis, klass. Musik, Reisen - Spr.: Engl., Franz.

DEPPERT, Fritz

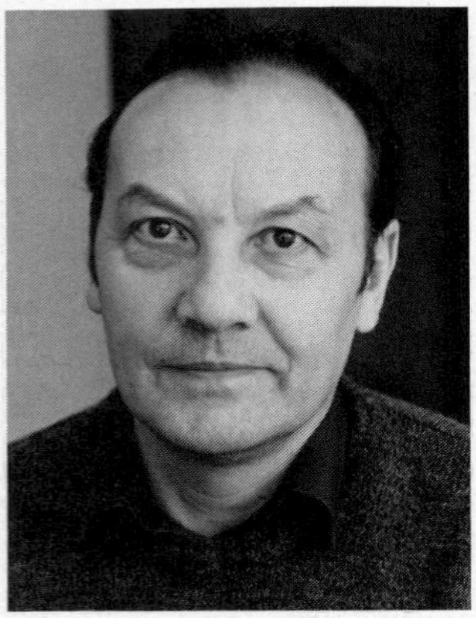

Dr. phil., Oberstudiendirektor, Schriftst. - Viktoriastr. 50a, 6100 Darmstadt (T. 06151 - 2 16 53) - Geb. 24. Dez. 1932, ev., verh. s. 1966 m. Gabriella, geb. Döhner, 2 Söhne (Alexander, Matthias) - Stud. Univ. Frankfurt (German., Gesch., Phil.); Promot. 1966 Frankfurt - S. 1974 Leit. d. Bertolt-Brecht-Schule; s. 1979 Lektor d. Liter. März in Darmstadt; s. 1985 Präs. d. Kogge in Minden - BV: Holzholen, 1970; Atemholen, 1974; Atempause, 1981; Zeitged., 1983; M. Haut u. Haar, 1987; Linien, 1987; Bewegte Landschaft, 1988; Dreh dich um, 1990; Gegengewichte, 1992.

DEPPING, Friedhelm

Dr.-Ing., Wiss. Rat, Prof. f. Prozeßrechentechnik Univ. Bochum/Abt. f. Elektrotechnik (s. 1972) - Girondelle 43, 4630 Bochum 1 - Geb. 1. Juni 1930 Bochum - Promot. 1961 Aachen - 1962 Siemens, Erlangen; 1967 CERN, Genf. Zeitw. USA. Facharb.

DERBEN, Hans

Verwaltungsangest., MdL Nieders. (s. 1967) Niggemannweg 7c, 3000 Hannover (T. 652272) - Geb. 24. Sept. 1927 Danzig (Vater: prakt. Arzt), kath., verh., 3 Kd. - Gymn. (n. Arbeits-, Kriegsdst. u. sowjet. Gefangensch. beendet) - S. 1948 Angest. nieders. Versorgungsverw. (Betriebs- bzw. Personalratsvors. nds. Sozialmin.). 1961 ff. Ratsherr Hannover (stv. Vors. Sozialaussch.). CDU (u. a. Mitgl. Landesvorst.).

DERCLAYE, François

Dipl.-Ing., Geschäftsführer Vereinigte Glaswerke GmbH., Aachen, Vorstandsmitgl. Glas- u. Spiegel-Manufactur AG., Schalke - 24, rue François Stroobant, 1060 Ixelles-Bruxelles (Belgien) -

DERES, Karl

Dipl.-Hdl., Studiendirektor i. R., MdB (s. 1980; Wahlkr. 147 Ahrweiler) - Rolandstr. 6, 5485 Sinzig (T. 42346) - Geb. 13. Febr. 1930 Sinzig (Vater: Hermann D., Oberlokomotivführer; Mutter: Agnes, geb. Becker), kath., verh. s. 1969 m. Anita, geb. Ley, 4 Kd. (Christhild, Franz Hermann, Claudia, Christian) - Stiftsgymn. Andernach; Banklehre Dt. Bank, Andernach; Univ. Köln (Wirtschaftspäd.) - 1960-65 Studienrat Berufsbild. Schulen Kr. Ahrweiler; 1965-75 Studiendir. u. stv. Schulleit. Berufsbild. Schulen Mayen-Andernach u. Ahrweiler-Sinzig (1969). 1970 Tätigk. Min. f. Unterr. u. Kultus Mainz. I. Kreisdeputierter Landkr. Ahrweiler; 1975-80 MdL Rhld.-Pfalz. CDU (Vors. Kreisverb. Ahrweiler) - Liebh.: Sport, Musik - Spr.: Engl.

DERFUß, Alfred

1. Bürgermeister - Rathaus, 8524 Neunkirchen am Brand/Ofr. - Geb. 3. Mai 1931 Neunkirchen a. Brand - Dipl.-Finanzwirt FH, Wirtsch.-Dipl. u. Betriebsw. (VWA). CSU.

DÉRIAZ, Philippe

Dipl.-Ing. (ETH), Regisseur - Fleischerstr. 12, 8000 München 2 (T. 089 - 76 16 34) - Geb. 6. Juni 1930 Genf (Vater: Georges D., Dipl.-Ing., Patentanw.; Mutter: Renée, geb. Bonnet), ev., gesch., 2 Kd. (Christine, Frédéric) - 1948-55 ETH Zürich; Dipl. 1955 - 1972-73 Oberspielleit. Städt. Bühnen Heidelberg - 36 Bühneninsz.; ca. 100 Filme. Einige Auszeichnungen - Spr.: Franz. (Mutterspr.), Deutsch, Italien., Engl.

DERICHS, Alfred

Dipl.-Ing., Unternehmer, Geschäftsf. Derichs Ges. f. Verfahrenstechnik GmbH, Kompl. Derichs GmbH + Co. KG Masch.- u. Mühlenbau - Daimlerstr. 27, 5132 Übach-Palenberg - Geb. 4. Juli 1930 Palenberg (Vater: Josef D., Ing.; Mutter: Maria, geb. v. d. Driesch), kath., verh.s. 1960 m. Hubertine, geb. Schreinemachers, 3 Kd. (Hanno, Ulrike, Uta) - Stud. RWTH Aachen - Verwaltungsaussch. Arbeitsamt Aachen u. a. - Spr.: Engl.

DERICHS, Heinz-Josef

Dipl.-Ing., Unternehmer, Geschäftsführer Derichs Ges. f. Verfahrenstechn. GmbH - Daimlerstr. 25, 5132 Übach-Palenberg - Geb. 2. Juli 1927 Palenberg (Vater: Josef D., Ing.; Mutter: Maria, geb. von den Driesch), kath. - Stud. RWTH Aachen - Spr.: Engl.

DERICUM, Christa

Dr. phil., Schriftstellerin - Ortsstr. 100, 6943 Birkenau/Hornbach (T. 06201 - 3 42 11) - Geb. 21. Mai 1932 Rheinberg (Niederrh.), verh. m. Prof. Dr. Philipp Wambolt v. Umstadt, 2 Adoptivsöhne aus 1. Ehe - Stud. (Gesch., Kunstgesch., Soziol.) Univ. Heidelberg u. Ann Arbor/ Michigan, USA; Promot. 1961 Heidelberg - Redakt., Verlagslektorin, s. 1968 fr. Schriftst. u. Übers. Mitgl. d. PEN - BV: Burgund u. seine Herzöge, 1966 u. 80; Belgien-Luxemburg, 1970; Holland, 1972; Fritz u. Flori-Tageb. e. Adoption, 1976 u. 80; Florian Geyer u. d. dt. Bauernkrieg, 1979 u. 87; Maximilian I, Biogr. 1980; Spiegelbilder, 1989; Querdenker (in Vorber.). Zahlr. Aufs. zu Demokratie- u. Kulturgesch., u.a. Kulturzensur (1984); Pierre Josephe Prondhon (1984); Leopold v. Ranke (1986); Gesch. u. Benennen (1988); Alexis de Tocqueville (1990); Tomas Garrique Masaryk (1990). 6 Buchübers. aus d. Engl. Herausg.: Alfred Weber, Haben wir Deutschen s. 1945 versagt? (1979 u. 83) - Liebh.: Musik, Natur, Wandern - Spr.: Engl., Franz. Ital. - Lit.: Kürschners Lit.kalender.

DERINGER, Arved

Prof., Rechtsanwalt - Heumarkt 14, 5000 Köln 1 (T. 20 50 70); priv.: Freibadstr. 93, 7000 Stuttgart-Vaihingen (T. 73 33 44) - Geb. 4. Juni 1913 Neustuttgart/Ukraine, ev., verh. s. 1950 m. Erika, geb. Stapff, 5 Kd. - Gymn.; Univ. Tübingen, Kiel, Genf, Berlin (Theol. u. Rechtswissensch.) - 1938-39 Leiter Studentenwerk, 1939-47 Wehrdienst (Marineoffizier) und bis 1947 franz. Gefangensch., Dolmetscher, Jugendleit., Versich.vertr. u. Rechtsanw. (1952). 1957-69 MdB; 1958-69 Mitgl. Europ. Parlament (1966 Vors. Rechtsaussch.). CDU s. 1953 (div. Funktionen) - Ca. 230 Veröff. z. Kartell-, Wettbewerbs-, Medien- u. Europarecht (s. 1937) - 1977 Ehrenprof. baden-württ. Landesreg. - Liebh.: Fotogr., Garten - Spr.: Engl., Franz., Russ.

DERIX, Christoph Hermann

Dr., Botschafter - Zu erreichen üb. Ausw. Amt, Zul. 5300 Bonn 1 - Geb. 11. Juni 1939 Goch (Vater: Josef D. †, Goldschmiedem.; Mutter: Hildegard, geb. Köster), kath., verh. s. 1970 m. Pierette, geb. Azouz, T. Claudia Bernadette - Hum. Gymn. (Abit. 1959); Stud. Univ. Frankfurt u. Marburg; Promot. 1967 - Spr.: Engl., Franz. - Rotarier - Zul. Botsch. d. BRD im Kongo.

DERLEDER, Peter

Dr. jur., Prof. f. Bürgerl. Recht Univ. Bremen - Orleansstr. 74b, 2800 Bremen - Geb. 3. März 1940, verh., 2 Kd.

DERLIEN, Hans-Ulrich

Dr. rer. pol., Prof., Lehrstuhlinh. f. Verwaltungswiss. Univ. Bamberg (s. 1978) - Feldkirchenstr. 21, 8600 Bamberg - Geb. 20. Juli 1945 Lübeck - Katharineum Lübeck; 1966-72 Univ. Berlin (FU) u. Leicester/Engl. - B. 1977 Wiss. Assist., dann Prof. Bundeswehr-Hochsch.; s. 1978 o. Prof. f. Verwaltungswiss. Univ. Bamberg, 1989 weit. Ruf abgelehnt; 1978ff. Vorst. Ges. f. Programmforsch. in d. öfftl. Verw. - BV: D. Erfolgskontrolle staatl. Planung, 1976; Mitverf.: Kommunalverfass. u. Kommun. Entscheidungssystem, 1976; Vollzugsprobleme d. Umweltpolitik, 1978; Verwaltungslexikon, 1985; Kommunalpolitik im geplanten Wandel, 1986; Innere Struktur d. Landesministerien in Baden-Württ., 1988.

DERMIETZEL, Friedrich

Dr. jur., Rechtsanwalt u. Notar - Graf-Gerlach-Str. 3, 6200 Wiesbaden (T. 0611 - 54 05 51) - Geb. 18. Dez. 1935 Berlin (Vater: Karl D., Oberlandesgerichtsrat; Mutter: Lucie, geb. Engler), ev., verh. m. Paula, geb. Rompel, S. Jan - Abit. human. Gymn. Ernestinum Celle; Stud. Rechts- u. Staatswiss. Univ. Würzburg, Hamburg, Göttingen; 1. jurist. Staatsex. 1961 Würzburg, Referendarausb. Celle, Bayern, USA, Berlin; Ass.ex. 1965 Hannover, Promot. 1967 Würzburg - B. 1968 Rechtsanw. Celle, Banktätigk. Merck, Finck & Co. München (1971 Prok.); 1972 Vorstandsmitgl. Bankenunion Frankfurt AG; 1974 stv., s. 1975 o. Vorstandsmitgl. ZVK-Bau, s. 1977 auch Geschäftsf. ULAK, alle Wiesbaden; b. Juni 1989 Oberstleutnant d. R. d. Panzertruppen - Ehrenkreuz der Bundeswehr.

DERSCHAU, Christoph

Schriftsteller, Textdok. - Gödersenweg 23, 2000 Hamburg 65 - Geb. 13. Febr. 1938 Potsdam, verh. - Mitgl. PEN-Club u. VS - BV: D. Kopf voll Suff u. Kino, Ged. 1976; D. Ufer d. salzlosen Karibik, Ged. 1977; So e. Theater!, Theater- u. Hörst., Feature 1977; D. guten Wolken, Haikus 1980; Grüne Rose, E. Poem 1981; Monolog in d. Küche, Ged. u. Lieder 1982; So hin u. wieder d. eigene Haut ritzen ..., Ausgew. Ged. 1986; Bei den Schakalen, Prosa 1989. Div. Theaterst., Hörsp., e. Film, Tonbandkassetten u. e. Schallpl. Herausg.: Schreibheft 25, anl. d. 50. Geb. v. Hubert Fichte (1985); Lehrtätigkeit an amerik. Univ. (1988).

DERWALD, Walter

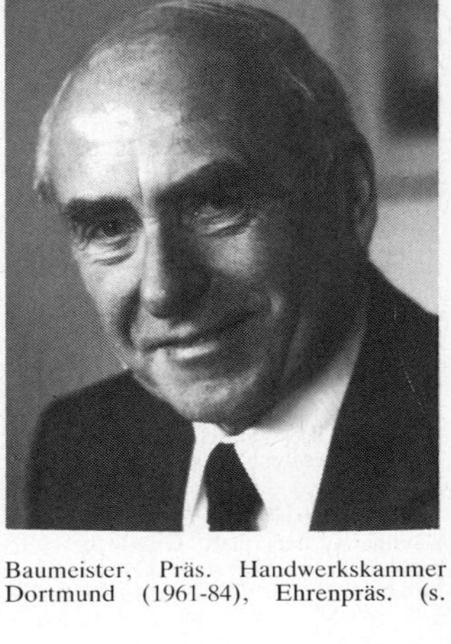

Baumeister, Präs. Handwerkskammer Dortmund (1961-84), Ehrenpräs. (s. 1984), Präsid. Zentralverb. d. Dt. Handwerks (1967-87), Vors. Bundesverb. d. Innungskrankenkassen (1957-81), d. Landesverbandes Westfalen d. Innungskrankenkassen (1955-80) u. d. VR d. Kreditgarantiegemeinschaft d. nordrh.-westf. Handwerks (1973-87); Vors. Hauptaussch. f. Sozialversich. d. Zentralverb. d. Dt. Handwerks (1967-87) - Patroklusweg 23, 4600 Dortmund 50 - Geb. 27. April 1911 Dortmund - AR-Mitgl. Iduna (1969-88); AR-Vors. Dortm. Volksbank (1971-84) u. Ehrenvors. (s. 1984); Stv. AR-Vors. Verlagsanstalt Handwerk GmbH (1972-84); SIGNAL Krankenversich. (1980-85) u. SIGNAL Unfallvers. (1985-87).

DERWALL, Josef (Jupp)

Dipl.-Sportl., Bundestrainer a. D. (1978-84; Rücktr.), Fußballtrainer Galatasaray Istanbul/Türkei (1984-88) - Winterbachsroth 12a, 6602 Dudweiler - Geb. 10. März 1927 Würselen (Vater: Johann D., Bundesbahn-Obersekr.; Mutter: Maria), kath., verh. s. 1963 m. Elisabeth, geb. Beck, 2 Kd. (Manuela, Patrick) - Realsch. Aachen, Eidgen. Turn- u. Sportsch. Schweiz. 1948-61 Spieler u. Spielertrainer Dtschl. u. Schweiz, 1962 Trainer Fortuna D'dorf, 1962ff. Vereinsbzw. Verbandstrainer; 1984-88 Techn. Dir. b. Galatasaray Isanbul - 4 × Dt. Pokalendsp. (1954/57/58/62), 1 × Schweiz. Cupfin. (1961), 1960 Schweiz. Vizem., 1965 Südwestd. Meister, 1980 Europam., 1982 Vizeweltm., 1985 Pokalsieger, 1986 2. Platz, 1987 u. 88 Türk. Meister u. Super-Cup - 1985 Orden Mérite et Dévonement Française; 1989 BVK; Dr. h. c. d. Hacettepe-Univ. Ankara - Liebh.: Golf, Musik - Spr.: Engl.

DESCH, Heinz

Fabrikant, gf. Gesellsch. J. Desch, Herrenkleiderwerke, Aschaffenburg, Vizepräs. IHK Aschaffenburg - Kirchnerstr. 4, 8750 Aschaffenburg (T. 53081) - Geb. 31. Juli 1921 Frankfurt/M. - 1971 BVK, 1975 Bay. VO. - Spr.: Engl., Franz. - Rotarier.

DESCHNER, Karlheinz

Dr. phil., Schriftsteller - Goethestr. 2, 8728 Haßfurt/M. (T. 81 59) - Geb. 23. Mai 1924 Bamberg (Vater: Karl D., Forstoberamtm.; Mutter: Grete, geb. Reischböck), verh. s. 1951 m. Elfi, geb. Tuch, 3 Kd. (Katja, Bärbel, Thomas) - BV: D. Nacht steht um mein Haus, R. 1956 (auch serbokroat., engl. u. franz.); Kitsch, Konvention u. Kunst - E. literaturkrit.Streitschr., 1957; Florenz ohne Sonne, R. 1958 (auch franz.); Abermals krähte d. Hahn - E. krit. Kirchengesch., 1962 (auch holl. u. norweg.); Talente, Dichter, Dilettanten - Über- u. unterschätzte Werke in d. dt. Lit. d. Gegenw., 1964; Mit Gott u. d. Faschisten - D. Vatikan im Bunde m. Mussolini, Franco, Hitler u. Pavelic, 1965; Kirche d. Unheils. Argumente, um Konsequenzen z. ziehen, 1974; D. Kreuz m. d. Kirche. Eine Sexualgesch. d. Christentums, 1974 (auch holl.). Herausg.: Was halten Sie v. Christentum?, 1957; D. Jh. d. Barbarei, 1966; Jesusbilder in theol. Sicht, 1966; D. Christentum im Urteil s. Gegner, 2 Bde. 1969/71; Kirche u. Krieg oder D. christl. Weg z. Ewigen Leben, 1970; Warum ich aus d. Kirche ausgetreten bin, 1970; Warum ich Christ, Atheist, Agnostiker bin, 1977; Abermals krähte der Hahn, 1980; E. Jahrhundert Heilsgesch. - D. Politik d. Päpste im Zeitalter d. Weltkr./ V. Leo XIII. 1878 b. zu Pius XII. 1939, 1982 - Mitgl. PEN-Zentrum BRD, Ehrenmitgl. Bund f. Geistesfreiheit, Nürnberg.

DESELAERS, Josef

Dr. jur., Prof. f. Tierzuchtrecht Univ. Bonn, Ministerialdirigent - Kissbergweg 35, 4000 Düsseldorf 12 (T. 0211 - 28 96 17) - Geb. 23. März 1923 Geldern (Vater: Hermann D., Landw.; Mutter: Henrika, geb. Smitmans), kath., verh. s. 1953 m. Elisabeth, geb. Otten, 2 Kd. (Vera, Wolfgang) - 1933-40 Gymn. Geldern; nach Wehrdst. (1940-45 Ltn. d.R.) 1945-49 Stud. Rechtswiss. Univ. Köln (1. Staatsprüf. 1949, Promot.

1950), 1949-53 Refer., 2. Staatsprüf., 1953-55 Anwaltsass. u. Rechtsanw. Düsseldorf; 1955-58 Verw. f. Flurbereinig. u. Siedl., Bonn (zul. Rechtsdez.); s. 1958 Min. f. Ernähr., Landw. u. Forsten, Düsseldorf (1958-72 Gr. Recht u. Gesetzgeb., s. 1967 Leit. ders.; 1972 Gr. Tier. Erzeugn. in d. Abt. Agrarwirtsch., 1976 Übern. Abt. als Ministerialdirig.). S. 1974 Lehrauftr. Univ. Bonn üb. Tierzuchtrecht. - Zahlr. wiss. Vortr. u. Veröff. - 1983 Honorarprof. Univ. Bonn - Liebh.: Gesch. - Spr.: Franz. (Latein u. Griech.).

DESNITSKY, Ivan

Schauspieler (Ps. Ivan Desny) - Via Segnale 25, Casa Vogorno, 6612 Ascona/ Schweiz (T. 093 - 352005) - Geb. 28. Dez. 1922 Peking/China (Vater: Jean D., Diplomat; Mutter: Olga, geb. Lopatkine) - Stud. Ecole des Sciences Politiques Paris (Jura) - Üb. 100 Rollen in Filmen u. im Fernsehen - Liebh.: Malerei, Kochen, Golf, Reisen - Spr.: Franz., Engl., Deutsch, Ital., Russ.

DESNY, Ivan

s. Desnitsky, Ivan

DESSAUER, Guido

Dr. techn., Dipl.-Physiker, Honorarprof. TU Graz - Martelsgraben 2, 8132 Tutzing - Geb. 7. Nov. 1915 Aschaffenburg, verh. m. Dr. Gabrielle, geb. v. Keller - Stud. Physik - ARs- u. Beiratsmand. - Spr.: Engl., Franz., Ital. - Rotarier.

DESSOI, Willy

Kaufmann (selbst.), AR-Vors. Getränke-Ring eG., Frankfurt (s. 1961), AR-Mitgl. Kronland-Marken GmbH, ebd. (s. 1964) - Röntgenstr. Nr. 13, 6454 Bruchköbel - Geb. 8. Jan. 1917 Wiesbaden, verh. s. 1949 m. Lydia, geb. Desoi, 3 Kd. (Bernhard, Klaus, Ulrike) - Oberreal-, Höh. Handels- u. Verw.sch. - 1977 BVK.

DETERING, Heinrich

Autor - Fäutlingsgasse 4, 3400 Göttingen - Geb. 1. Nov. 1959 Neumünster, ev., verh. s. 1984 m. Christine, geb. Trinter, 2 Kd. (Jakob, Luise) - Promot. 1988 Univ. Göttingen - BV: Zeichensprache, Ged. 1978; D. Jahreszeiten, Ged. 1978; In mag. Kreisen: Goethe u. Lippe, Monogr. 1984; Theodizee u. Erz.verfahren, Monogr. 1990; Geistige Amphibien: H. C. Andersen, Ess. 1991. Herausg.: Alexander v. Blomberg (Ged. 1986); Christian Wilhelm v. Dohm (Ausgewählte Schriften 1988) - 1977 Lipp. Kulturpreis; 1983 2. Preis f. Prosa Nordrh.-Westf. Autorentreffen; 1990 Förderpreis Wilh. Raabe-Ges.; 1990 Akademiepreis d. Akad. d. Wiss. zu Göttingen.

DETERING, Klaus

Dr. phil., o. Prof. f. Englisch u. Didaktik u. Meth. d. Englischunterr. PH Kiel (s. 1975; 1976 Vizepräs., 1978-81 Präs.) - Rönkoppel 3, 2300 Altenholz-Klausdorf - Geb. 5. Nov. 1935 Senne I/W., ev., verh. s. 1963 m. Annelore, geb. Mößbauer.

DETERMANN, Helmut

Dr. phil. nat., Chemiker, Honorarprof. Univ. Frankfurt/M. (s. 1970) - Sommergasse 95, 6940 Weinheim - Geb. 25. Aug. 1932 Würzburg - Promot. (1959) u. Habil. (1964) Frankfurt - Industrietätigk.; Corange Ltd. Hamilton, Bermuda - BV: Gelchromatogr., 1967 (div. Übers.). Zahlr. Einzelarb.

DETERS, Heiko

Dipl.-Psych., Schriftsteller, Übers. - Metzerstr. 24, 5000 Köln 1 - Geb. 31. Jan. 1944, ledig - Stud. Psych. (Dipl. 1970) u. Phil. - 1980 Ständ. Mitarb. Stadtztg. Köln - BV: Hier stehe etwas an d. Wand, 1970; Tageb. e. in Köln Exilierten, in: Notizbuch - neun Autoren, Wohnsitz Köln, 1972. Herausg.: Psychologie (1972-78); Gläserne Herzen (1988; Pfeifer u. Deters). Übers. wiss. Texte (1972-80), lit. Texte (1971-83); Bearb. Forschungsauftr. NRW (1976-78). Leit. Forsch.-Projekt Psychotherapie (s. 1991).

DETERS, Rolf

Dr.-Ing., Prof., Vorsitzender d. Geschäftsführung TEERBAU GMBH, Essen, Lehrbeauftr. f. Technologie bituminöser Baustoffe TU Braunschweig (s. 1973) - Selbachstr. 32, 4300 Essen-Überruhr - Geb. 5. Okt. 1933 - 1980 Honorarprof. TU Braunschweig; Präs. Dt. Asphaltverb. (DAV) e. V., Offenbach.

DETERT, Günther

MdL Nordrh.-Westf. - Wylackstr. 6, 4230 Wesel 1 (T. 0281 - 25678) - Geb. 6. Jan. 1929 - Zul. Hauptgf. Kreishandwerkersch. Wesel; VR-Vors. Verb.sparkasse Wesel. CDU.

DETERT, Klaus

Dr.-Ing., o. Prof. f. Maschinen- u. Werkstofftechn. Gesamthochsch. Siegen (Fachber. Maschinentechnik I) - Breslauer Str. 8, 5901 Wilnsdorf 5 - Geb. 29. Nov. 1926 Berlin - Zul. Industrietätigk. AEG-Telefunken, Frankfurt/M. (Forsch. u. Entwickl.). Ab 1961 (Habil.) Privatdoz. u. apl. Prof. (1967) TU Berlin. Facharb.

DETHIER, Brigitte

Regisseurin, Künstlerische Leitung WLB-Junior (s. 1989) - Zu erreichen üb. Württembergische Landesbühne Esslingen, Postfach 307, 7300 Esslingen (T. 0711 - 35 34 61) - Geb. 16. Aug. 1959 Haslach i.K., led. - Stud. German., Theaterwiss., Psychol. Frankfurt; 1985 M.A.; 1983-85 priv. Schauspielausb. im Studio Haller in Heidelberg - 1986 Mitarb. SCHAU SPIELE '86, 2. intern. Kinder- u. Jugendtheatertreffen; 1987 Regieassist. im Theater d. Jugend München - Regie: Abflug (1988), Der Junge im Bus (1989), Vaterliebe (1990), OOS (1990), Leben Eben (1991) Metamorphosen (1991).

DETHLEFFS, Ursula

Malerin u. Graphikerin - 7972 Isny/Allgäu - Geb. 6. Juli 1933 Ottersweier/Baden (Vater: Arist D., Wohnwagenfabr. Mutter: Fridel, geb. Edelmann, Malerin, ev. - Autodidakt - Bilder im Besitz d. Museen Konstanz, Ulm, Stuttgart, München, Dortmund, Friedrichshafen u. a.; Chorfenster Nikolaikirche u. 2 Glasbetonfenster Friedhofshalle Isny - 1956 Oberschwäb. Kunstpreis der Jugend, 1968 Kunstpr. d. Stadt Kempten - Lit.: D. Mädchen U. D. (Simon-Koch-Verlag, 1955); Farb- u. Fernsehfilm U. D. i. Folkwangmuseum, 1960.

DETHLEFSEN, Harald

Rechtsanwalt, Hauptgeschäftsführer Unternehmensverband Kiel e.V. u. NORDMETALL Verb. d. Metall- u. Elektro-Ind. e.V. u. Vereinigung d. Unternehmensverb. f. Mecklenburg-Vorpommern e.V. - Groten Diek 30, 2070 Großhansdorf - Geb. 14. Aug. 1927 Itzenhoe.

DETHLOFF, Hans

Dr., Staatssekretär a. D., Geschäftsführer Messe Frankfurt GmbH - Ludwig-Erhard-Anlage 1, 6000 Frankfurt/M. (T. 069 - 75 75 63 29/63 28) - Geb. 9. Mai 1934.

DETHLOFF, Walter

Kaufmann, Honorarkonsul d. Rep. Indonesien (s. 1976) - Sophie-Dethleffs-Str. 37, 2240 Heide (T. 0481 - 6 44 33; Telefax 0481-64944) - Geb. 4. Sept. 1904 - Mitgl. Außenwirtsch. Integr.aussch. DIHT, Bonn, Mitgl. Präsid. Dt.-Indones. Ges. Schleswig-Holstein, Mitgl. Ost-Aussch. d. Wirtsch., Köln; Vorst.-Mitgl. Carl Duisberg-Ges. Schleswig-Holstein - 1970 BVK I. Kl., 1977 Gr. BVK - Spr.: Engl. - Rotarier.

DETJEN, Claus

Mitherausgeber u. Geschäftsführer DONAU KURIER Verlagsges. u. A. Ganghofersche Buchhdlg. Courier Druckhaus GmbH & Co. KG - Stauffenbergstr. 2a, Postf. 3 40, 8040 Ingolstadt - Geb. 24. Mai 1936 Würzburg, verh. m. Ursula, geb. Vogel, 2 Kd. (Stephan, Anne) - Univ. Basel u. München - 1960-67 polit. Redakt. u. stv. Chefred. Zeitungsring Oberfranken, Bayreuth; 1967-76 Chef v. Dienst Dt. Welle, Köln; 1976ff. Geschäftsf. Ber. Elektron. Medien, Bundesverb. Dt. Ztg.verleger, 1982-85 Geschäftsf. Anstalt f. Kabelkommunikation Ludwigshafen/ Rh., 1985-90 Hauptgeschäftsf. Bundesverb. Dt. Zeitungsverleger e.V., Bonn.

DETLEFSEN, Jörgen

Skandinavien-Korrespondent Hörfunk d. NDR/WDR/SDR (s. 1983) - Rödstügüvägen 24, S-18131 Lidingö/ Schweden (T. 0046 - 8-7672130) - Geb. 14. Nov. 1940 Berlin, vd., verh. s. 1964 m. Ann, geb. Wolfsberg, 2 Kd. (Rikke Susanne, Lars Christian) - 1961-64 Stud. FU Berlin (Publiz., Politologie, Nordistik) - 1964-67 Redakt. Flensborg Avis, Flensburg; 1967-73 Deutschlandfunk Köln; 1973-83 NDR Studio Flensburg - Spr.: Engl., Dän., Schwed.

DETLEFSEN, Jürgen

Dr.-Ing., Prof. f. Funkortung u. Funknavigation TU München - Bachstr. 12, 8137 Berg - Geb. 3. Okt. 1943 Dresden (Vater: Erich D., kaufm. Revisor; Mutter: Margareta, geb. Niederauer), ev., verh. s. 1969 m. Gisela, geb. Hitzler, 3 Kd. - Dipl.-Ing. Elektrotechnik 1967, Dipl.-Wirtschaftsing. 1968, Promot. 1971, Habil. 1978 - 1968-74 Wiss. Assist.; 1974-80 Obering.; 1980ff. Prof. f. Funkortung u. Funknavigation - BV: Abbild. m. Mikrowellen, 1979; Radartechnik, 1989 - 1980 NTG-Preis - Spr.: Engl., Franz.

DETLEFSEN, Max Werner

Landwirt, MdL Schlesw.-Holst. (Wahlkr. 8/Schleswig) - Lindaunis 12, 2347 Boren - Geb. 12. Jan. 1928 Lindaunis - CDU.

DETMERING, von, Wolf-Dieter

Kanzler Medizinische Univ. zu Lübeck - Ratzeburger Allee 160, 2400 Lübeck 1 (T. 0451 - 500-30 03) - Geb. 12. Juli 1941 Posen (Vater: Wolfgang v. D., Landw.; Mutter: Ingeborg, geb. Bitter), ev., verh. s. 1973 m. Monika, geb. Löer, 2 Kd. (Ilka Juliane, Yorck Alexander) - Abit. 1964 Großburgwedel; 1. jurist. Prüf. 1968 OLG Schleswig; 2. jurist. Prüf. 1973 OLG Hamburg - 1973-76 Syndikus Univ. Kiel; 1976 Kanzler FH Dortmund; 1976-84 Kanzler Med. Hochsch. Lübeck; 1984-89 Kanzler FU Berlin - Spr.: Engl.

DETRICH, Tamas

Solotänzer Württ. Staatstheater Stuttgart - Heslacherwand 18, 7000 Stuttgart 1 (T. 640 63 03) - Geb. 25. Juli 1959 New York (Vater: Kalman D., Inh. e. Klaviergesch.; Mutter: Kormos Palinkas) - Ballett-Hauptrollen: Romeo, Onegin, Tames - Spr.: Engl., Ungar., Deutsch.

DETTE, Gerhard

Dr. phil., Generalsekretär Dt. Akademie f. Sprache u. Dichtung (s. 1978) u. Geschäftsf. Dt. Literaturfonds (s. 1981) - Alexandraweg 23, 6100 Darmstadt (T. 06151 - 4 48 23) - Geb. 11. Nov. 1940 Lüneburg - Stud. Göttingen, Hamburg u. Wien (Literaturwiss., Klass. Philol., Musikwiss.) - S. 1968 Lehrbeauftr. Univ. Göttingen u. s. 1971 Leiter Presse- u. Informationsbüro ebd.; 1977/78 Wiss. Mitarb. Herzog August Bibl. Wolfenbüttel - Literatur- u. Musikkritiker f. versch. Ztg.

DETTENHOFER, Günther

Dipl.-Brauereiing., Vorstandsmitgl. Patrizier-Bräu AG. - Schwabacher Str. 106, 8510 Fürth/Bay.; priv.: Holzstr. 5 - Geb. 3. Febr. 1924 Schwandorf.

DETTLOFF, Werner Rainer

Dr. theol., em. o. Prof. f. Geschichte d. Theologie s. d. Ausgang d. Väterzeit (s. 1963) u. Vorst. Grabmann-Inst. z. Erforsch. d. mittelalterl. Theol. u. Phil. Univ. München (1965-85). Gründ. Bonaventura-Inst. Tokio - Ringstr. 57, 8200 Oberwöhr/Obb. (T. 08031 - 4 15 67) - Geb. 12. Okt. 1919 Schwientochlowitz/ OS. (Vater: Anton D.; Mutter: Maria, geb. Schloßarzyk), kath., led. - Gymn.; Stud. Phil. u. Theol. Promot. (1952) u. Habil. (1961) München - BV: D. Lehre v. acceptatio divina bei Johannes Duns Scotus m. bes. Berücks. d. Rechtfertigungslehre, 1954. D. Entwickl. d. Akzeptations- u. Verdienstlehre v. Duns Scotus bis Luther m. bes. Berücks. d. Franziskanertheologen, 1963; Chusei Yoroppa Shingaku (Theol. im europ. Mittelalter), 1989.

DETTMANN, Günther

Dipl.-Ing., Prof., berat. Ing. - Eppendorfer Landstr. 27, 2000 Hamburg 20 (T. 481679) - Geb. 16. Sept. 1924 Hamburg, ev., verh. s. 1954 m. Helene, geb. Grotkasten (Dekorateurin), 3 Kd. (Christian, Susanne, Frauke) - 1934-43 Obersch. Eppendorf; 1945-51 TH Braunschweig - S. 1952 berat. Ing. f. Bauwesen; s. 1957 Dozent Kunsthochsch. Hamburg (Tragkonstruktionen); s. 1961 Prüfing. f. Baustatik. Div. Brücken- u. Industriebauwerke, zul. Kaispeicher A Hamburg - Liebh.: Reiten - Spr.: Engl., Franz.

DETTMANN, Klaus

Dr. rer. nat., o. Prof. f. Kulturgeographie Univ. Bayreuth - Heinrich-Schütz-Str. 22, 8580 Bayreuth.

DETTMAR, Werner

Dekan KR, Präses d. Ev. Landessynode Kurhessen-Waldeck, Schriftleit. d. Dt. Pfarrerblattes - Baunsbergstr. 37, 3500 Kassel - Geb. 21. April 1929 Kassel (Vater: Hermann D., Modellschreiner; Mutter: Anna, geb. Dettmar), ev., verh. s. 1955 m. Mechthild, geb. Maass, 3 Kd. (Erika, Ines, Kerstin) - Univ. Marburg u. Göttingen (Theol.) - S. 1955 Pfarrer u. Dekan (1968).

DETTMER, Albrecht

Schauspieler, Regiss. - Voltmerstr. 27, 3000 Hannover 1 - Geb. 25. Mai 1949, ev., ledig - Gründung d. rammbaff-theater - Vors. d. Fachgr. Darst. Kunst d. Landesbez. Nieders./Bremen in d. IG Medien; Vorst.-Mitgl. Naturheilverein Prießnitz v. 1890, Verein z. Förd. d. lit. Straßentheaters u. d. Kinder- u. Jugendtheaters - Spr.: Engl.

DETTMER, Hans A.

Dr. phil., o. Prof. f. Geschichte Japans - Universität, 4630 Bochum - Geb. 23. Jan. 1927 Behnsdorf/Altm. - Promot. 1958 München; Habil. 1970 Frankfurt/M. - B. 1971 Prof. Frankfurt, dann Bochum - BV: u. a. D. Steuergesetzgeb. d. Nara-Zeit, 1959; D. Urkunden Japans v. 8. b. ins 10. Jh., Bd. 1 D. Ränge, 1972; Grundzüge d. Gesch. Japans, 4. A. 1985; E. Japan-Karte aus d. Edo-Zeit. Beschreibung d. Manuskriptes, 1984; Einf. in d. Stud. d. japan. Gesch., 1987; Ainu-Grammatik, Teil I, 2 Bde., 1989.

DETTMER, Horst-Wolfgang

Generalkonsul d. Dominikan. Republik f. Hessen u. Rheinl.-Pfalz - Fuchshohl 59, 6000 Frankfurt/M. 50 (T. 069 - 52 10 35) - 1985 BVK I. Kl.

DETTMERING, Wilhelm Heinrich

Dr.-Ing., Prof., Vorstandsmitglied i. R. Fried. Krupp GmbH (1970-77; Ress. Forsch. u. Entwickl.) - Luxemburger Ring 26, 5100 Aachen - Geb. 19. Jan. 1912 Aumund b. Bremen (Vater: Wilhelm D.; Mutter: Anna, geb. Oentrich), ev., verw., S. Wilhelm - Abit., 1930-35 Stud. Maschinenbau TH Berlin, Braunschweig, Aachen; Dipl.-Ing., Promot. - 1935-41 Forschungsing. Erprobungsstelle Luftwaffe Travemünde u. Peenemünde, 1948-61 Obering. TH Aachen, 1962-69 o. Prof. u. Dir. Inst. f. Strahlantriebe u. Turboarbeitsmaschinen TH Aachen; Mitgl. d. Rhein.-Westf. Akad. d. Wissensch. (Kl. f. Natur-, Ing.- u. Wirtschaftswissensch., 1971); Vorst.-Mitgl. d.

DGLR, 1969; 1975-77 Präs. VDI, jetzt Ehrenmitgl.; s. 1977 Vorst.-Vors. d. Georg-Agricola-Ges. z. Förd. d. Gesch. d. Naturwiss. u. Technik, Düsseldorf - BV: D. Nahverkehr. Probleme u. Lösungsansätze, 1976. Zahlr. Fachveröff. - 1982 Ehrenmitgl. Dt. Ges. f. Luft- u. Raumfahrt, Köln, 1987 BVK I. Kl. - Liebh.: Segelsport (Hochsee); 1936-39 Regatta-Preise - Lit.: Techn. Mitt. Krupp, Jan. 1977; VDI-Ztg. 119, 1977.

DETTWEILER, Christian Friedrich

Dr. phil., Apotheker. Psychotherapeut, Graphologe - Erlenweg 14, 7000 Stuttgart 70 (T. 0711 - 76 29 23; Fax 0711 - 765 41 57) - Geb. 5. Sept. 1915 Rostock (Vater: Prof. Dr. Friedrich D., Landestierzuchtinsp.; Mutter: Luise, geb. Janentzky), verh. s. 1949 m. Anneliese, geb. Pfisterer, 2 Kd. (Gabriele, Helmut) - Gymn. Abit. Staatsex. (Pharmaz.), Psychoanalyse/Tiefenpsych., Graphol. Promot. - Vorstand Intern. Ges. f. Dynamische u. Klin. Schriftpsychol. (DKS). Intern. Ausbild.kurse, Sem., Tagungen - Erfindung: Verfahren z. Keimungshemm. d. Kartoffel (Pat. 1943) - BV: Jugend in Not, 1974 - 1990 Ehrung Dt. Apothekerzeitung - Spr.: Engl., Schwed.

DEUBEL, Franz

Dipl.-Kfm., Geschäftsführer Armco GmbH., Voer-de, u. Armco-Thyssen GmbH., Dinslaken - Rheydter Weg 11, 5025 Stommeln/Rhld. - Geb. 20. Juli 1930.

DEUBER, Walter

Dr. sc. math., Prof. f. Mathematik Univ. Bielefeld - Wildhagen 54, 4800 Bielefeld 1 - Geb. 6. Okt. 1942 Bern/Schweiz (Vater: Alfred D.; Mutter: Ruth, geb. Pflüger), verh. s. 1967.

DEUBLER, Alois

Prof. - Hoher Weg 10, 8864 Fremdingen - Geb. 21. März 1919 Seglohe (Vater: Gregor D., Landwirt; Mutter: Maria-Anna, geb. Kapeller - Hum. Gymn. Nördlingen u. Dillingen/Do, Abit. 1938; b. 1945 Arb.dst. u. Wehrdst.; Stud. Phil. u. kath. Theol. Univ. München - 1950-56 Kaplan in Augsburg; 1956-68 hauptamtl. Relig.lehrer Peutinger- und St. Annagymn. Augsburg; nebenamtl. Reiseseelsorger u. Studentenpfarrer; 1968-82 Doz. u. Prof. f. kath. Theol./Relig.-Päd. PH Schwäb. Gmünd; 1977 Gründ. RPI Schwäb. Gmünd; s. 1979 Mitgl. einer Komm. d. Dt. Bischofskonfz.; 1982/83 Mitarb. am Lehrplan f. d. kath. Relig.-unterr. SI f. Baden-Württ. (bibeltheol. Grundlegung) - S. 1968 Doz. Prof. f. Kath. Theol. u. Religionspäd. PH Schwäb. Gmünd - Veröff. v. Facharb. - Spr.: Lat., Griech., Franz., Engl., Ital. - Liebh.: Reiseführungen, Bergsteigen, Klettern, Skifahren.

DEUBLER, Siegfried

I. Bürgermeister - Rathaus, 8961 Durach/ Schw. - Geb. 17. April 1930 Durach/ Zul. Angest.

DEUBNER, Franz-Ludwig

Dr. rer. nat., Dipl.-Phys., o. Prof. - Inst. f. Astronomie u. Astrophysik, Am Hubland, 8700 Würzburg - Geb. 2. Juni 1934 Berlin (Vater: Alexander D., Phys.; Mutter: Carla Louise, geb. Wegener), verh. s. 1959 m. Esther, geb. Schaarschmidt, 2 Kd. (Maacha Caroline, Rahel Sabine) - Stud. TU Berlin u. Freiburg (Phys., Math.); Promot. 1968 Freiburg - Astrophys. Fraunhofer-Inst., Freiburg (insb. Phys. d. Sonne), 1979 Univ. Würzburg - Liebh.: Kammermusik (Cello), Bild. Kunst - Spr.: Engl., Ital. - Bek. Vorf.: Ludwig D., Altphil., Religionshistor. (Großvater).

DEUFLHARD, Peter

Dr. rer. nat., o. Prof. f. Mathematik u. Angew. Informatik Konrad-Zuse-Zentrum f. Informationstechnik, Berlin - Heilbronner Str. 10, 1000 Berlin 31 - Geb. 3. Mai 1944 Dorfen/Obb. (Vater: Dr. Karl Ludwig D., Arzt; Mutter: Charlotte, geb. Reese) - 1963-68 Stud. Physik TU; Promot. 1972; Habil. 1977 (jeweils Math.) - 1969-73 Univ. Köln; 1973-78 TU München; 1978 Univ. Heidelberg - Spr.: Engl., Franz.

DEURINGER, Hubert

Kapellmeister, Komp., Doz. - Brunnenstr. 7, 7246 Empfingen - Geb. 18. Jan. 1924, kath., verh. m. Ulla, geb. Günther, 3 Kd. (Maria, Tobias, Tilman) - Musikhochsch. Stuttgart (Klarinette) u. Musiksch. Trossingen (Akkordeon) - Freisch. Kapellmeister, Komp., Arrangeur u. Akkordeonsolist SWF Baden-Baden, Gastsp. im In- u. Ausl., Fernsehen; Doz. Musiksch. Trossingen (mod. Akkordeonstilistik) - 40 Langspielpl., üb. 1500 Kompos. (u.a. Unterhaltungsmusik, Schlager, Instrumentals, Volksmusik) - 1974 Herrmann-Schittelhelm-Med. Dt. Harmonika-Verb. - Liebh.: Volkskd., Zeitgesch., Volkskunst, Wandern.

DEUSEL, P. M.

s. Berthold, Will

DEUSER, Hermann

Dr. theol., Prof. f. Ev. Theologie Univ.-GH Wuppertal - Kriemhildenstr. 5, 5600 Wuppertal 2 (T. 0202 - 59 56 69) - Geb. 19. Febr. 1946 Wetzlar - Univ. Tübingen (1. u. 2. Staatsex. 1970 u. 73 in Ev. Theol., German., Phil.), Promot. 1973, Habil. f. Syst. Theol. 1978 - 1974-78 Wiss. Assist.; 1978-81 Privatdoz. f. Syst. Theol. Univ. Tübingen, dann Univ. Bochum; 1978-81 Doz.; s. 1982 Prof. Univ. Wuppertal - BV: Sören Kierkegaard, 1974; Dialekt. Theol. Stud. z. Ador nos Metaphysik u. z. Spätwerk Kierkegaards, 1980; Ernst Blochs Vermittl. z. Theol. (Mithrsg.) 1983; Kierkegaard, (Erträge d. Forschung) 1985.

DEUSS, Walter

Dr. jur., Vorstandsvorsitzender Karstadt AG, Essen - Föhrenkamp 23, 4330 Mülheim 13 - Geb. 1. Mai 1935 - B. 1969 stv., dann o. Vorst.-Mitgl. Karstadt AG (Chef Finanz- u. Rechnungswesen); 1982 AR-Vors. Neckermann-Versand AG; AR: NUR TOURISTIC GmbH. RHEINHYP, Gerling-Konzern Allg. - Spr.: Engl., Franz.

DEUSSEN, Giso

Dr., Leiter Abteilung Presse u. Information RIAS BERLIN - Carl-Schurz-Str. 53, 1000 Berlin 20 (T. 030 - 333 87 98) - Geb. 5. Aug. 1940 Mönchengladbach, kath., verh. s. 1972 m. Ulla, geb. Bennent, 2 Töcht. (Tanja, Nadine) - 1969-72 Stud. Phil., Theol., Soziol. u. Publiz.: Staatsex.; Promot. - 1972/73 Volont. u. Redakt. Aachener Volksztg.; 1974-83 Pressespr. Konrad-Adenauer-Stiftg.; 1984/85 Spr. d. Intendanz NDR; 1986/87 Medien- u. Programmref. RIAS BERLIN (s. 1987 Pressechef). Mitgl. u. wiss. Beirat Redakt. Communicatio Socialis; Gründ.-Mitgl. u. Beirat Kommunikationswiss. Vereinig. Communicatio Socialis; Redaktionsbeirat Bertelsmannbriefe; Mitgl. Dt. Ges. f. Publiz. u. Kommunikationswiss., d. Dt. Public Relation Ges. (DPRG), u. d. Berliner Presse Clubs e.V.; Lehrauftrag d. FU Berlin, FB Kommunikationswiss. sowie d. Hochschule d. Künste Berlin - BV: Ethik d. Massenkommunikation, 1972; Wahrheit u. öffentl. Meinung, 1979 - Liebh.: Sammeln v. Antiquitäten u. Büchern, zeitgenöss. Kunst, Lesen, Musik hören (insbes. Jazz, mod. Musik) - Spr.: Engl., Lat., Griech., Hebr.

DEUSTER, Gerhard

Dr., Prof., Vorstandsvorsitzender Energieversorgung Oberhausen AG u. Stadtwerke Oberhausen AG, Oberhausen - Leibnizstr. 9, 4300 Essen-Kettwig - Geb. 18. Okt. 1929 Ludwigshafen/Rh. - Präs. d. Union Intern. des Distributeurs de Chaleur (Unichal), Mitgl. VR RWE, AR Dt. Babcockw. AG, Bundesvorst. VKU u. Nuclear Cycl. Commit. d. Americ. Soc. of Mechanic. Engineers (ASME).

DEUTELMOSER, Otto Karl

Dr. rer. pol., stv. Aufsichtsratsvorsitzender Württ. u. Bad. Versicherungs-Aktienges., Heilbronn, AR-Vors. Kur- u. Bäderverw. Bad Krozingen GmbH, AR Brauerei Cluss, Heilbronn - Menzelstr. 20, 7000 Stuttgart 1 - Geb. 28. März 1927 München (Vater: Wilhelm D., Kaufm.), kath., verh. m. Doris, geb. Vogt, 3 Kd. - Dipl.-Volksw. u. Promot. Univ. Tübingen.

DEUTICKE, Bernhard

Dr. med., Prof. f. Physiologie - Eupener Str. 240, 5100 Aachen - Geb. 24. Nov. 1933 - Promot. 1959 - S. 1967 (Habil.) Lehrtätigk. Univ. Freiburg/Br. u. RWTH Aachen/Med. Fak. (1971 Wiss. Rat u. Prof./Leit. Lehrgeb. Physiol.) - Spez. Arbeitsgeb.: Struktur u. Funktion biol. Membranen - Üb. 100 Facharb. u. Buchbeitr.

DEUTSCH, Erwin

Dr. jur., Dr. jur. h. c., M. C. L., o. Prof. f. Zivilrecht (bes. Haftungs- u. Arztrecht), Handelsrecht, Intern. Privatrecht, Rechtsvergl. - Höltystr. 8, 3400 Göttingen (T. 4 16 55) - Geb. 6. April 1929 Greifswald (Vater: Joseph D., Dir. Univ.bibl. Heidelberg, †; Mutter: Elisabeth, geb. Jungebloed), kath., verh. m. Dr. med. Marita, geb. Allerbeck - Matthias-Gymn. Breslau, Obersch. Papenburg; Univ. Heidelberg u. New York (Columbia). Habil. 1960 München - S. 1961 Ord. Univ. Kiel u. Göttingen (1963) - BV: Wettbewerbstatbestände m. Auslandsbezieh.; Fahrlässigk. u. erforderl. Sorgfalt; Haftungsrecht I; Medizin u. Forschung vor Gericht; Arzt- u. Arzneimittelrecht; Versich.vertragsrecht - Spr.: Engl., Franz.

DEUTSCH, Hans Robert

Leiter Referat Presse u. Information d. Dt. Aero Clubs i.R. (1977-91), DAeC-Bundesgeschäftsst. (b. 1991), Freier Luftfahrt-Journalist u PR-Berater - Pappelweg 10, 6080 Groß-Gerau (T. 06152 - 5 51 47) - Geb. 19. Mai 1928 Frankfurt/M., verh. s. 1965 m. Lieselotte, geb. Tesdorff, Sohn Nils - Luftfahrt-

Fachschriftleit. - Liebh.: Motor- u. Segelflug (1955 Silb. Ehrennadel Dt. Aero-Club; 1983 Silb. Ehrennadel Dt. Ges. f. Luft- u. Raumfahrt) - Spr.: Engl., Franz.

DEUTSCH, Karl W.

Dr. jur., Dr. phil., Dr. h.c. mult., Prof., Direktor - Zu erreichen bei Prinzessin zu Löwenstein, Holsteinische Str. 31, 1000 Berlin 31 - Geb. 21. Juli 1912 Prag - U.a. Prof. Yale u. Harvard, 1977-85 Dir. Intern. Inst. f. Vergl. Gesellschaftsforsch., Wiss.zentrum Berlin (WZB), 1985-87 Direktor Programmentw., Gastprof. Univ. Mannheim, Forschungsst. f. gesellschaftl. Entw. (1988); Prof. u. Fellow, Pres. Carter Center, Emory Univ., Atlanta/USA - BV: Nationalism and Social Communication, 1953 (erw. Ausg. 1966); Political Community at the Intern. Level, 1954; The Nerves of Government, 1963, 3. A. 1987. Übers. in deutsch: Polit. Kybernetik, 1969; The Analysis of Intern. Relations, 1968 (rev. Ausg. 1978); Nationalism and Its Alternatives, 1969; Politics and Government, 1970 (3. rev. u. erw. Aufl. 1980); D. Schweiz als e. paradigmat. Fall polit. Integration, 1976; Tides Among Nations, 1979; Decentralization (m. Kochen), 1980; Advances in the Social Sciences, 1986 (m.a.) - 1977 Gr. Sudetend. Kulturpreis; 1979 Intern. Preis f. Kommunikationsforsch.; 1982 Prix de Talloires; 1982 Gr. BVK m. Stern; 1983 Ehrendoktor TU Berlin - Lit.: R.L. Merritt u. B.M. Russett, From National Communication to Global Community: Essays in Honor of K.W. Deutsch.

DEUTSCH, Michael

Dr. rer. nat., Prof. f. Mathematik, Logik u. Grundlagen Univ. Bremen (s. 1976) - Postf. 34 70 52, 2800 Bremen - Geb. 31. März 1944 Niedemühl/Grenzm. (Vater: Maximilian D., Realschullehrer; Mutter: Anna-Marie, geb. Peters), verh.

DEUTSCH, Richard

Dipl.-Kfm., Vorstandsmitglied Dt. Apotheker- u. Ärztebank, Düsseldorf - Falkenweg 25, 4005 Meerbusch - Geb. 17. März 1932.

DEUTSCHMANN, Martin

Dr.-Ing., o. Prof. f. Experimentalphysik - Höfchensweg 51, 5100 Aachen - Geb. 20. Juli 1917 Mallnitz - S. 1957 (Habil.) Doz., ao. Prof. (1959), pers. Ord. (1966), o. Prof. (1968) TH Aachen. Fach-arb.

DEVIN, Heinz

Dr., Vorstandsmitglied i. R. Kurfürsten-Bräu AG - Bornheimer Str. 42-52, 5300 Bonn - Geb. 12. Jan. 1919 - S. 1990 gf. Vorst.-Mitgl. d. Schweiz.-Dt. Ges. e. V., Bonn.

DEVIN, Marius

s. Landau, Edwin M.

DEW, John Roland

Opernregisseur - Zu erreichen üb. Bühnen d. Stadt Bielefeld, Postf. 2 20, 4800 Bielefeld - Geb. 1. Juni 1944 Santiago/ Cuba - 1965 Bühnenbildner Pratt-Inst. New York; s. 1972 intern. Opernregiss. - Insz. u. a.: Troubadour (Stuttgart 1982), Maschinist Hopkins (Bielefeld 1984), Ring d. Nibelungen (Krefeld 1985), Salome (Dortmund 1986), Transatlantik (Bielefeld 1986), Ruh u. Frieden (Bielefeld 1987), Hugenotten (Berlin 1987), Margarethe (Düsseldorf 1987), Hamletmaschine (Hamburg 1989), Titus (Zürich 1989); mehrjähr. Zyklus in Bielefeld: Entartete Oper (Oper d. 20er Jahre); außerd. Gastregiss. in Leipzig, Houston, London-Covent-Garden.

DEWALL, von, Christoph

Dipl.-Kfm., Steuerberater Beethovenstr. 27, 5410 Höhr-Grenzhausen - Geb. 30. Dez. 1910.

DEWIES, Heinz

Fabrikant, Kompl. C. A. Baldus & Söhne KG., Strickerei u. Wirkerei, 5252 Osberghausen b. Köln - Moltkestr. 23,

5270 Gummersbach - Geb. 3. Dez. 1911 Gummersbach/Rhld. (Vater: Ferdinand D., Fabr. †), kath., verh. s. 1942 m. Liesel, geb. Pape - Färberei- u. Textilfachsch. - Pers. haft. Ges. C. A. Baldus & Söhne KG (s. 1945), ehem. Vorst. Arbeitg.verb. Gummersbach, Verw.richter Köln, Arbeitsamtrichter Siegburg u. stv. Bürgerm. Bielstein, Soz. Richter, Köln - 1974 BVK.

DEXHEIMER, Hermann

Chefredakteur - Zu erreichen üb. Mainzer Verlagsanstalt, Große Bleiche 44-50, 6500 Mainz (T. 14 41) - Geb. 18. Juni 1930 Albig/Rhh., ev., verh. m. Christa, geb. Göbel, 4 Kd. - S. 1950 Alzeyer Beobachter (Lokalredakt.), Allg. Zeitung/Alzeyer Anzeiger (1952 Lokalredakt.), Allg. Ztg., Mainz (1956 Nachrichtenredakt., 1962 Ressortchef Politik, 1964 stv. Chefredakt.), Ztg.gruppe Allg. Ztg., Mainz/Wormser Ztg./Wiesbadener Tagbl. (1965 Chefredakt.); Mitgl. Publiz.-Kammer d. Ev. Kirche in Dtschl. (EKD); Vors. d. Kurat. d. Joh.-Gutenberg-Univ. Mainz; Vorst. d. Intern. Gutenberg-Ges. - 1972 BVK am Bde.; 1976 BVK I. Kl.; 1978 Gutenberg-Plak. Stadt Mainz (höchste kulturelle Ausz. d. Gutenberg-Stadt); 1978 Europa-Med.; 1990 Ehrenring d. Stadt Mainz.

DEY, Reinhold

Autor (selbst.) - Bornstr. 14, 2000 Hamburg 13 (T. 040 - 44 91 71) - Geb. 27. Aug. 1928, ev., gesch., 2 Tȫcht. (Melus-Helena, Eva-Natalie) - Abit. 1949 - 1955-86 Auslandsaufenthalte; Übersetzer u. Auslandskorresp. f. Medien im dt. Sprachraum, u. a. langjährig als Korresp. f. d. damalige sozialdemokr. Wochenztg. Vorwärts; s. 1987 Leit. d. publiz. Agentur SkanWort. 1969-73 Vorst.-Mitgl. im Western Foreign Press Club Helsinki; s. 1977 Redakt.-Mitgl. d. Rundschau (Organ d. Dt.-Finn. Ges., bundesweit m. Sitz München) - BV: üb. skand. Länder, Finnland u. ganz Skandinavien. Übers. v. vorwiegend polit. Sachb. aus d. Finn., Engl., Norweg. u. Dän. (darunter Bücher d. verstorbenen finn. Staatspräs. Urho Kekkonnen u. d. amtierenden finn. Staatspräs. Mauno Koivisto). Herausg.: Informationsdienst media-finn (s. 1989); DSV-Organ nordlicht (s. 1989) - 1990 Orden v. Finn. Löwen I. Kl. - Liebh.: Gesch., Radfahren - Spr.: Engl., Schwed., Finn., Dän., Norweg.

DEYHLE, Albrecht Ludwig

Dr. rer. pol., Dipl.-Kfm., Inh. Management Service Verlag, Gauting (s. 1969), gf. Gesellsch. Controller Inst. GmbH., u. Chefdoz. Controller-Akad. Gauting/München (s. 1971) - Untertaxetweg 74, 8035 Gauting (T. 089 - 850 60 13 od. 850 35 51) - Geb. 12. Mai 1934 Tübingen (Vater: Walter D., Reg.-dir.; Mutter: Gertrud, geb. Welz), konf., verh. s. 1969 m. Hannelore, 2 Töcht. (Dorothee, Barbara) - Wirtsch.abit. 1953 Stuttgart. Dipl.-Kfm. 1956 München; Promot. 1961 Tübingen - 1959-67 Dt. Inst. f. Betriebsw., Frankfurt (zul. stv. Gf.); 1968 Chefredakt. Verlag Moderne Ind., München - Erf.: Controlling-System - BV: Gewinn-Management, 1967; Controller-Praxis, 1971; Controller-Handb., 1975. Zahlr. Fachaufs. Hrsg. Controller-Magazin (s. 1976) - Spr.: Engl., Franz., Ital.

DEYM, Graf von, Carl Ludwig

Vorsitzender d. Geschäftsfg. Papierfabrik Oberschmitten GmbH, Nidda/Oberschmitten, Kopafol Elektrofolien GmbH, ebd., Maria Soell GmbH, Nidda/Eichelsdorf - Haus am Kirschberg, 6478 Nidda/Hessen (T. 26 76) - Geb. 22. Aug. 1930 Mariakirch - Stv. Vors. Verb. d. Papier- u. Pappenind. Hessen e.V. - Landesvertr. d. VDP -, Wiesbaden; AR-Vors. Cellunion, Bonn; Vors. d. Vereinig. Pergamyn im VDP; Mitgl. d. Fachbeirates Wirtschaftspolitik in d. Vereinig. d. hess. Unternehmerverb.; Mitgl. Vollvers. IHK Friedberg; Beiratsmitgl. Dt. Bank AG, Frankfurt; Beirat Hessen.

D'HEIN, Werner P.

Journalist, Direktor d. Presse- u. Werbeamtes u. Sprecher d. Stadt Bonn (s. 1983) - Alfred-Bucherer-Str. 103, 5300 Bonn 1 (T. 0228 - 62 44 48) - Geb. 20. Aug. 1939 Bonn, kath., verh. s. 1962 m. Annie, geb. Jax, 2 Söhne (Michael, Christoph) - Univ. Bonn (Phil., Gesch., Polit., Engl.) - 1962 Redakt. General-Anzeiger Bonn; Ltd. Redakt. Express; Bonner Rundschau; 1970 Parlamentskorresp. STERN Bonn - BV: Parteien - Wähler - Parlamente, 1980; Bonn ist 2000, 1989 - Spr.: Engl.

DHOM, Georg

Dr. med., o. Prof. f. Allg. Pathologie u. Pathol. Anatomie - Am Webersberg 20, 6650 Homburg/Saar (T. 3813) - Geb. 16. Mai 1922 Endorf/Obb. (Vater: Arzt), verh. m. Dorothee, geb. Springer - Univ. Berlin, Würzburg, München (Promot.) - S. 1954 (Habil.) Lehrtätigk. Univ. Würzburg (1960 apl. Prof.) u. Saarbrücken (1965 o. Prof. u. Inst.sdir.) - BV: D. Nebenniere im Kindesalter, 1965. Etwa 80 Einzelarb. - Mitgl. Dt. Akad. d. Naturforscher (Leopoldina), Halle/S.

DHOM, Günter

Dr. med. dent., Zahnarzt f. Oralchirurgie, Managementtrainer - Bismarckstr. 27, 6700 Ludwigshafen (T. 0621 - 51 40 45) - Geb. 30. Okt. 1950 Ludwigshafen - Stud. Polit. Wiss., Soziol., Angl., Zahnmed.; Staatsex. 1975 Mannheim u. 1982 Mainz - Tätigk. zahnärztl. Gemeinschaftspraxis (f. Oralchirurgie); Wiss. Leit. Management-Inst. Praxiserfolg; Tätigk. in wiss. u. berufspolit. Gremien; AR-Mitgl. Compudent AG.

DIALER, Kurt

Dr. phil., em. o. Univ.-Prof. f. Techn. Chemie - Spalatinstr. 41, 8000 München 83 - Geb. 15. Sept. 1920 Zell am See (Vater: Dr. Felix D., Richter; Mutter: Margherita, geb. Kraft), verh. 1969 m. Gertrud, geb. Vierrath, 2 Kd. (Harald, Irmela) - Univ. Wien u. Innsbruck (Chemie). Promot. 1947 Innsbruck; Habil. 1953 Hannover - U. a. Chemiker Hoffmann-La Roche, Basel (1948ff.) u. Farbwerke Hoechst, Frankfurt/Main (1956ff.); s. 1964 Ord. u. Inst.dir. TH Stuttgart u. 1970 TU München. Div. Fachmitgliedsch. - BV: Chem. Reaktionstechnik, 1975 (m. A. Löwe); Grundz. d. Verfahrenstechn. u. Reaktionstechn. (m. U. Onken u. K. Leschonski), 1986.

DIAMANTSTEIN, Tibor

Dr. rer. nat. (habil.), Prof. f. Immunologie u. Dir. Inst. f. Immunologie FU Berlin - Platanen-allee 24, 1000 Berlin 19 - Zul. stv. Dir. Hals-Nasen-Ohrenklinik.

DIBBERN, Detlef

Dr.-Ing., Vorstandsmitglied BASF AG - Geb. 1929 Berlin - Stud. TH Hannover; Dipl. Maschinenbau 1956, Promot. Techn. Thermodynamik 1963 - 1956-63 Assist. Inst. f. Thermodynamik u. Verfahrenstechnik TH Hannover; 1963ff. BASF AG.

DIBBERN, Harald

Dr. phil., Dipl.-Kfm., Dipl.-Hdl., Prof. f. Wirtschaft PH Flensburg - Itzenbütteler Str. 77, 2112 Jesteburg.

DIBELIUS, Günther

Dr.-Ing., em. o. Prof. u. ehem. Dir. Inst. f. Dampf- u. Gasturbinen TH Aachen (s. 1963) - Fichthang 11, 5100 Aachen - Geb. 13. Jan. 1923 Heidelberg (Vater: Prof. Dr. Dr. Martin D., Theologe; Mutter: Dorothea, geb. Wittich), ev., verh. s. 1954 m. Annette, geb. Böttcher, 3 Kd. (Thomas, Olivia, Matthias) - Kurfürst-Friedrich-Gymn. Heidelberg; TH Darmstadt (Maschinenbau; Dipl.-Ing. 1951, Promot. 1953), Harvard Univ. (Mechanical Engineering; 1951 Master of Science u. of Engineering) - 1953-63 wiss. Mitarb. Brown, Boveri & Cie. AG., Baden (Schweiz) - Liebh.: Musik - Spr.: Engl., Franz.

DICHANZ, Horst

Dr. phil., o. Prof. f. Pädagogik - Landweg 70, 4420 Coesfeld - Geb. 19. April 1937 Gelsenkirchen - Volksschullehrerausbild.; Promot. 1969 Münster - Assist. PH Münster; 1970-73 Refer. Dt. Inst. f. Fernstud. Tübingen; 1974 Wiss. Rat u. Prof. Univ. Bielefeld; s. 1975 Ord. Fern-Univ. Hagen; 1983/84 Gastprof. Milwaukee/USA - BV: Medien im Unterrichtsproz., 1974. Mithrsg.: Quellentexte z. Unterr.technol. (2 Bde. 1975/76; m. G. Kolb); Übers. (USA): Unterr.vorb. (1976); Unterr. - E. Einf. (1978; m. Mohrmann); D. Methodenrepertoire d. Lehrers (1985; m. a.); Schulen in d. USA (1991).

DICHGANS, Johannes

Dr. med., o. Prof. f. Neurologie - Bei der Ochsenweide 6, 7400 Tübingen - Geb. 27. Juni 1938 Wuppertal - Promot. 1963 - S. 1970 (Habil.) Lehrtätigk. Univ. Freiburg (Doz. u. Oberarzt) u. Tübingen (Ord. u. Dir. Neurol Klinik). 1971/72 USA-Aufenth. Üb. 200 Facharb.

DICHLER-APPEL, Maria Magdalena,

geb. Freiin von Appel

Dr. phil., Mag. phil., Schriftstellerin - Johann Strauß-Gasse 28, A-1040 Wien - Geb. 30. April 1906 Wien, kath., verh. s. 1933 m. Prof. Dr. phil. Gustav Carl Dichler, Oberstudienrat - Gymn.; Univ. Wien (Angl., German., Vgl. Sprachwiss.) - Lehrtätigk. an Gymn. u. Hochsch. f. Musik u. Darst. Kunst Wien; Vorbereit. Erwachsener auf Staatsprüf.; Lehrbuchautorin - BV: Engl. f. d. Kaufmann, 3 Bde.; English, Gate to the World, 2 Bde.; Engl. Sprachüb.; Engl. Stilüb.; u.a. Blütenzweige, Erz.; Solange d. Kerze brennt, Legenden; Schuhu Mandrill, Märchen; Vögel, Blumen, Hände, Ged.; Und deswegen! Nov.; Mischwald, Ged. u. Erz.; u.a. - 1980 Goldenes Doktorat Univ. Wien; 1985 Albert-Rotter-Lyrikpreis - Spr.: Engl., Ital., Franz., Lat., Alt-Griech.

DICHMANN, Dieter W.

Dipl.-Kfm., Geschäftsführer Wiessner GmbH, Luft- u. Wärmetechn. Anlagen, Bayreuth - Heidloh 15a, 8581 Hummeltal - Geb. 26. März 1939.

DICK, Alfred

Staatsminister a. D., MdL Bayern - (s. 1962) Lilienthalstr. 8, 8440 Straubing (T. 09421 - 3 21 76) - Geb. 6. Dez. 1927 Passau (Vater: Franz D., Schreiner; Mutter: Juliane D.), kath., verh. s. 1957 m. Christine, geb. Stockinger, 3 Kd. (Christine, Alfred, Andreas) - Lehrerbildungsanstalten Zangberg, München-Pasing u. Straubing; Ausbild. Plakat- u. Schriftmalerei, Lehramtsprüf. 1949 u. 52 - Arbeits-, Wehrdst. u. engl. Gefangensch. (1/2j. Lazarettaufenth.); Malergehilfe; Schriftsetzer; 1949-53 niederbayer. Volksschuldst.; 1953-70 Heimerzieher, stv. (1956) u. Heimleit. (1959) Lehrerbildungsanst. Straubing m. angeschl. Schülerheim; 1970-78 Staatssekr. Bayer. Min. f. Landesentwicklung u. Umweltfragen. S. 1956 Stadtratsmitgl. Straubing (1960 Fraktionsf.). 1957ff. Bezirksvors. Jg. Union, CSU (1957ff. stv. bzw. Bezirksvors. Niederbay.; 1965ff. Vors. Straubing) - 1982 Ehrenbürger Straubing, 1971 Bayer. VO., 1981 Gr. BVK m. Stern; 1978 Silb. BLSV-Plak.; 1985 Komturkreuz päpstl. Sylvester-Orden.

DICK, Klaus

Dr. theol., Weihbischof Köln (s. 1975) - Marzellenstr. 32, 5000 Köln (T. 0221 - 16 42-7 11) - Geb. 27. Febr. 1928 Köln (Vater: Dr. Max D., Oberstudienrat; Mutter: Dr. Elisabeth, geb. Winkel), kath. - Stud. Univ. Bonn u. München; Promot. 1958 - 1957-63 Studentenpf. Bonn, 1963-69 Dir. Alberti-num Bonn, 1969-72 Pfarrer St. Michael ebd., 1972-75 Pfr. St. Antonius, Wuppertal.

DICK, Rolf

Architekt i.R., b. 1980 MdL Bad.-Württ. - Julius-Leber-Weg 36, 7900 Ulm/Donau (T. 26 55 64) - Geb. 30. April 1926 Ulm, verh., 4 Kd. - Realsch. Ulm; Chemigraphenlehre; Stud. Architektur (autodid.) - SPD s. 1966, Stadtrat Ulm - 1968 Gold. Sportabz.; 1978 BVK; 1987 Med. d. Univ. Ulm; 1989 Verdienstmed. Bad.-Württ.

DICK, Werner

1. Vorsitzender Gewerkschaft Leder - Ulmer Str. 27, 7146 Tamm-Hohenstange - Geb. 30. Mai 1936 Bedesbach/Kr. Kusel, verh. s. 1959 m. Hella D., 2 Kd. (Thomas, Sabine) - Mitgl. DGB-Bundesvorst., Vizepräs. Intern. Textil-, Bekleidungs- u. Lederarbeiter-Vereinig.

DICKE, Gerd

Dr. phil., Weihbischof d. Bistums Aachen (s. 1970), Domkapitular, Vors. d. Diözesancaritasverb. - Klosterplatz 7, 5100 Aachen - Geb. 1928.

DICKEL, Gerhard

Dr. rer. nat., Prof., Chemiker - Karwendelstr. 15, 8023 Großhesselohe/Obb. (T. München 7911575) - Geb. 28. Okt. 1913 Augsburg (Vater: Studienprof. Dr. Otto D.), verh. m. Hertha, geb. Lindner - TH u. Univ. München (Chemie) - S. 1950 (Habil.) Privatdoz., apl. Prof. (1957), Abt.svorsteher u. Prof. (1966) Univ. München (Physikal.-Chem. Inst.); Extraordinarius (1978) Univ. München. Div. Publ. - 1957 Fritz-Haber-Preis Dt. Bunsen-Ges. Trennrohr zur Isotopentrennung.

DICKENSCHEID, Werner

Dr. rer. nat., Prof., Physiker - Danziger Str. 5, 6600 Saarbrücken 3 (T. 81 24 06) - Geb. 1. April 1922 Butzbach/Hessen (Vater: Peter D., Obering.; Mutter: Maria, geb. Fuisting), verh. s. 1953 m. Christine, geb. Fischer, 3 Kd. (Martina, Roswitha, Wolfgang) - Univ. Frankfurt u. Berlin, TH Berlin, Univ. Bonn (Dipl.-Phys. 1952). Promot. (1957) u. Habil. (1962) Saarbrücken - S. 1962 Privatdoz. u. Prof. (1966) Univ. Saarbrücken (Techn. Fak.). Fachveröff.: Metallphysik u. Metallkunde - Spr.: Engl., Franz.

DICKER, Günther

Dipl.-Kfm., Geschäftsführer Hannen Brauerei GmbH., Willich - Schaffhauser Str. 118, 7701 Busingen/Hochrh. - Geb. 23. Aug. 1923 Willich (Vater: Heinrich D., Geschäftsf. †; Mutter: Elise, geb. Lesmeister), kath., verw., 2 Kd. (Thomas, Stefanie).

DICKERHOF, Urs

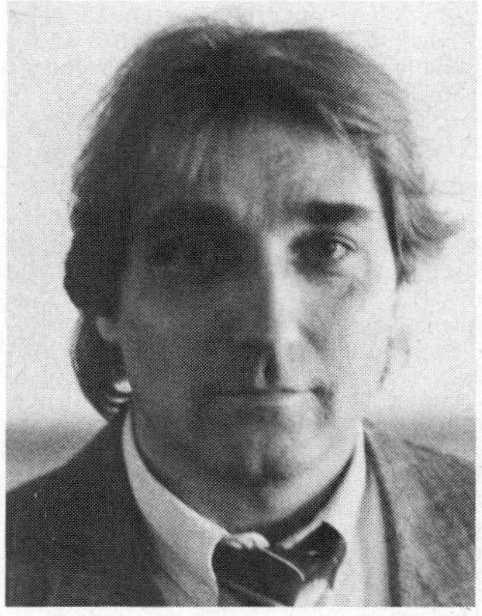

Kunstmaler, Buchautor, Dir. Kantonale Schule f. Gestaltung, Biel, Präs. Kunst-Kommiss. Stadt Biel - Unionsgasse 1, CH-2502 Biel (T. 032 - 22 88 70); u. Mas du Tilleul, Boisset et Gaujac, F-30140 Anduze - Geb. 14. Dez. 1941 Zürich, verh. s. 1962 m. Irms Humer, 2 Kd. (Mischa, Anja) - Ausb. Atelier Oscar Bölt, Locarno/Ticino, in Zürich, Bochum u. Amsterdam; Schule f. Gestalt., Bern - S. 1970 öfftl. Auftr. Schweiz u. Deutschl., u.a. Wandmalereien Mus.

Bochum; Wand- u. Farbgestalt.; Co-Org. v. Ausst. (Tell 73 in 5 Schweizer Mus., Tatort Bern in Bochum u.a.); zahlr. eig. Ausst. im In- u. Ausl., u.a. 1987 in Berlin. Werke in versch. Samml. im In- u. Ausl. - BV: 12 Bücher, s. 1969; zahlr. Kataloge u. Lexikon-Beiträge - Künstler. Tätigk.: Malerei, Zeichn., Book Art, Lithogr., Siebdruck, Collage, Objekt, Multiples, Wandbild, Baugestalt. - Mitgl. versch. Stiftungsräte - 1964-71 vierzehn schweizer. Kunststip. u. Preise; 1970 Lit.preis Kanton Bern. Zahlr. Ehrenstell., u.a. Mitgl. in versch. Kunst-Kommiss., Präs. Bernische Kunstges. - Spr.: Franz., Ital.

DICKERTMANN, Dietrich

Dr. rer. pol., Univ.-Prof. f. Volkswirtschaft (Finanzwiss.) Univ. Trier - Kreuzflur 111, 5500 Trier - Geb. 11. Dez. 1941 Verden/Aller - Kaufmannsgehilfenprüf. Bankkaufm. 1964; Dipl.-Kfm. 1968; Promot. 1971; Habil. 1978 - Mitgl. Wiss. Beirat z. umweltökon. Gesamtrechnung b. Bundesmin. f. Umwelt, Naturschutz u. Reaktorsicherheit - BV: D. Finanzier. v. Eventualhaushalten durch Notenbankkredit, 1972; Öfftl. Finanzierungshilfen, 1980; Instrumentarium d. Geldpolitik (m. A. Siedenberg), 4. A. 1984; Möglichkeiten f. e. Reform d. Einheitsbewertung u. ihre Auswirkungen a. d. einheitswertabh. Steuern (m. U. Pfeiffer), 1985; Grundlagen u. Grundbegriffe d. Volks- u. Finanzwirtsch. (m. K. D. Diller), 1986; D. öfftl. Kredit II - D. Staat als Finanzier (m. K. H. Hansmeyer), 1987; Geld- u. Finanzpolitik (m. K. D. Diller), 1988; Bundesbankgewinn - Mit zweckgebundener Verwendung im Bundeshaushalt, 1989; Landesmittel z. Förderung d. Handwerks in Rheinl.-Pfalz (m. K. D. Diller), 1990; Landeszentralbanken v. einer Strukturreform?, 1991.

DICKLER, Erich

Dr. agr., Prof., Entomologe, Direktor Inst. f. Pflanzenschutz im Obstbau d. Biol. Bundesanst. f. Land- u. Forstwirtsch. - Kolbenzeil 23, 6900 Heidelberg (T. 06221 - 30 09 95) - Geb. 14. Sept. 1937 Darmstadt, ev., verh. s. 1967 m. Gertraud, geb. Nies, 5 Kd. (Wolf, Ulla, Christoph, Dorothee, Sophie) - Landwirtschaftl. Lehre; 1960-63 Stud. d. Landwirtsch.; Dipl.-Landw.; Promot. 1967 Giessen - 1967-68 Postdoctorate Michigan State Univ. USA; s. 1985 Leit. Intern. Arbeitsgr. Integrierter Pflanzenschutz im Obstbau (IOBC/WPRS); s. 1986 Leit. BBA-Inst. f. Pflanzenschutz im Obstbau, Dossenheim - Publ.: The use of integrated control and the sterile insect technique for control of the codling moth, Mitt. Biol. Bundesanst., 180, 1978; VII. Symposium integrated plant protection in orchards, IOBC/WPRS Bulletin, 1986 - Liebh.: Musik, Wandern - Spr.: Engl., Franz.

DICKMANN, Barbara,
geb. Kremmin

Runfunk- u. Fernsehjournalistin, ZDF-Red. ML Mona Lisa - ZDF-Straße 1, 8043 Unterföhring (T. 089 - 95 08 56 26 u. 431 07 66) - Geb. 21. Juni 1942 Kattowitz (Vater: Kurt K., Transportuntern.; Mutter: Elfriede, geb. Schippan), ev., verh. m. Klaus Mahlein, 2 Kd. (Ralf, Claudia) - Realsch., Sportstud. (abgebr.), Volont. Neue Presse Frankfurt/M. - S. 1965 Lokalredakt. Neue Presse, s. 1970 Hess. Rundf., s. 1978 Tagesthemen, ARD-aktuell; 1985 Chefredakt. Ufa-Radio München u. Berlin, Chefredakt. Rundf. Programm Service (RPS) - 1975 Regionalfilmpreis f. krit. Reportage; 1981 Bambi f. Moderation Politik - Liebh.: Pferde, Reiten (1963 silb. Reitabz.) - 1956 Südd. Meistersch. 100 m. Rückenschwimmen - Spr.: Engl., Span.

DICKMANN, Herbert

Dr. jur. utr., Ass. iur., Regierungsdirektor a. D., Beigeordn. Landeshauptstadt Düsseldorf a. D. - Lessingstr. 25, 4040 Neuss/Rh. (T. 4 26 33) - Geb. 19. Juli 1920 Düsseldorf (Vater: Hubert D., Dipl.-Ing.; Mutter: Emma, geb. Flieger), kath., verh. s. 1952 m. Ruth, geb. Tamborini - Versch. Hochsch. (Natur-, Rechts-, Wirtschaftswiss.). Promot. 1951 Köln; Gr. jurist. Staatsprüf. 1952 Düsseldorf - 1938-45 Wehrdst. (Reserveoffz.; Taktiklehrer); 1952 Notarvertr.; 1953-65 Finanzmin. NRW (1957 Oberreg.rat, 1964 Reg.dir.); 1965-77 Beigeordn. d. Landeshauptstadt D'dorf (Soz.- u. Sport-, s. 1970 Rechtsdezern. m. Ausgleichsverw., Statistik u. Wahlen, Standesämter, Einw.melde- u. Ausl.wesen, Verteidig.lasten, Versicherungswesen; Vorst-Vors. Eigenunfallvers. Stadt D'dorf) - S. 1968 nebenberufl. Diakon, s. 1979 Domdiakon Köln, s. 1977 Notarvertr. u. Beis. d. Bundesprüfst. f. jugendgefährd. Schriften, Bonn, s. 1989 Diözesanrichter; div. Ehrenämter, dar.: 1957-61 Vors. Altherrenschaften Rhenania, Breslau, Rheno-Silesia, Düsseldorf im Ring Kath. Dt. Burschenschaften, 1968-84 Vorst. Caritasverb. Düsseldorf, 1969-79 Vorst. Kath. Landesarb.gem. Jugendschutz NW, Düsseldorf-Münster/W., 1969-83 Vorst. Landesarb.stelle Aktion Jugendschutz NW, Köln; 1970-77 Präs. Dt.-Franz. Kreis Düsseldorf; s. 1976 Beirat Kath. Sozialeth. Arb.stelle Dt. Bischofskonfz., Hamm/W.; 1980-84 Vorst. Bundesarb.stelle Aktion Jugendschutz, Mainz; 1981-86 Vorst. Altherrenschaft Saxonia, Köln. CDU s. 1950 - BV: D. Rechtsnatur d. Energieversorgungsvertrages, 1952; D. Beseitigung behördl. Bewilligungen durch Aufhebung oder Widerruf, 1957 - EK I u. Erdkampfabz. d. Luftw. - 1936 Silb. Leistungsabzeichen Dt. Lebensrettungs-Ges.; 1966 Gold. Sportabz.; 1977 Ehrenabz. d. Dt. Verkehrswacht in Gold m. Eichenkranz, 1988 als gold. Lorbeerblatt; 1981 BVK am Bde.

DICKMANN, Wilhelm G.

Dipl.-Kfm., Geschäftsführer Autohaus Jacob Fleischhauer GmbH & Co. KG, Köln - Am Siegershof 23, 4005 Meerbusch 3 - Geb. 17. Juli 1932.

DICKOPP, Gerhard

Dr.-Ing., o. Prof. f. Nachrichtengeräte u. -anlagen Univ.-GH Duisburg - Lotharstr. 63, 4100 Duisburg; priv.: Zu den Tannen 19, 4150 Krefeld.

DICKS, Walter

Kammersänger - Zu erreichen üb.: Richard-Wagner-Str. 10 (Deutsche Oper), 1000 Berlin 10 - 1980 ff. Vors. Landesverb. Berlin GDBA.

DIEBOLD, Klaus

Dr. med., Prof. f. Psychiatrie u. Neurologie - Falltorstr. 19, 6903 Neckargemünd - Geb. 4. Aug. 1933 Zweibrücken - Promot. 1961 - s. 1971 (Habil.) Privatdoz. u. apl. Prof. Univ. Heidelberg (1972 Oberarzt Psychiatr. Klinik) - BV: D. erbl. myoklon.-epilept.-dementiellen Kernsyndrome, 1973. Zahlr. Einzelarb. - 1965 Preis Michael-Stiftg.

tom DIECK, Heindirk

Dr. rer. nat., Prof. f. Anorgan. Chemie, Geschäftsf. d. Ges. Deutscher Chemiker, Frankfurt (s. 1991) - Varrentrappstr. 40-42, 6000 Frankfurt 90 - Geb. 17. Okt. 1939 Berlin - Promot. 1966 München; Habil. 1971 Frankfurt - S. 1972 Prof. Univ. Frankfurt u. Hamburg (1977 Ord. u. gf. Dir. Inst. f. Anorgan. u. Angew. Chemie); 1988 stv. Mitgl. dtsch.-franz. Hochschulkolleg 1991, Geschäftsf. d. Ges. Dt. Chemiker GDCh, Frankfurt - BV: Einf. in d. Chemie (m. V. Buss), Bd. I 1975; Bd. II 1977; Bd. III 1979; Bd. IV 1981 - 1985 A. v. Humboldt-Preis d. franz. Forschungsmin.

DIECK, Leopold E.

Dr.-Ing., Dipl-Phys., Unternehmer - Bayernweg 39, 4790 Paderborn/W. (T. 4 91 16) - Geb. 24. Juli 1940 Eisenach/Thür. (Vater: Dr. med. E. Leopold D., Arzt; Mutter: Ilse, geb. Grasshoff), ev., verh. s. 1966 m. Rotraud, geb. Wiesener - Dipl. (1966) u. Promot. (1968) Aachen - 1963-68 Wiss. Mitarb. Kernforschungsanlage Jülich; 1969/70 Projektleit. Dornier GmbH, Friedrichshafen (Urananreicherungsanl.); 1971/72 Geschäftsf. Sprague Elektronik, Rheydt/Mailand/Galashiels; 1973/74 Vorstandsbevollm. Bertelsmann AG, Gütersloh (f. Druckereien Span. u. Port.); 1975/76 Dornier (verantw. f. Diversifikation u. Beteilig.); s. 1977 Inh. Dr. E. Leopold Dieck Industriebeteiligungs-KG, Paderborn, zusätzl. 1981/82 u. ab 1983 Vors. d. Geschäftsfg. Pelikan Informationstechnik GmbH. & Co. KG, Hamburg; 1983 AEG AG, Konstanz (Sprecher d. Leitung Geschäftsber. Informationstechnik); 1988 Vorst.-Vors. AEG Olympia AG Frankfurt u. Wilhelmshaven; s. 1989 Vors. d. Geschäftsführung AEG Electrocom GmbH, Konstanz. s. 1992 Vorst.-Vors. W. Schlafhorst AG & Co., Mönchengladbach. Zahlr. Fachveröff. - Liebh.: Motorflug, Segeln - Spr.: Engl., Franz., Span. - Div. Patente (Kerntechnik Uran-Anreich., Elektronenstrahlvernetz.).

tom DIECK, Tammo

Dr. rer. nat., o. Prof. f. Mathematik - Am Winterberg 48, 3400 Göttingen - Geb. 29. Mai 1938 Saõ Paulo (Brasiliën) - Promot. 1964 Saarbrücken; Habil. 1969 Heidelberg - S. 1970 o. Prof. Univ. Saarbrücken u. Göttingen (1975). Zahlr. Facharb. Mithrsg.: Math. Ztschr. (1970ff.) - 1984 o. Mitgl. Akad. d. Wiss. Göttingen (Math.-Naturwiss. Kl.).

DIECK, Walter

Dr. jur., Bankdirektor - Roseggerstr. 25, 8013 Haar/Obb. - Geb. 20. Mai 1932 - Vorst. Bayer. Handelsbank AG, München.

DIECKERHOFF, Werner

Geschäftsführer Pechiney-Aluminium-Halbzeug GmbH., Düsseldorf, ALMET Metall-Halbzeug-Vertriebsges. mbH ebd. - Merkurstr. 10, 4044 Kaarst/Rhld - Geb. 5. Jan. 1923.

DIECKERT, Jürgen

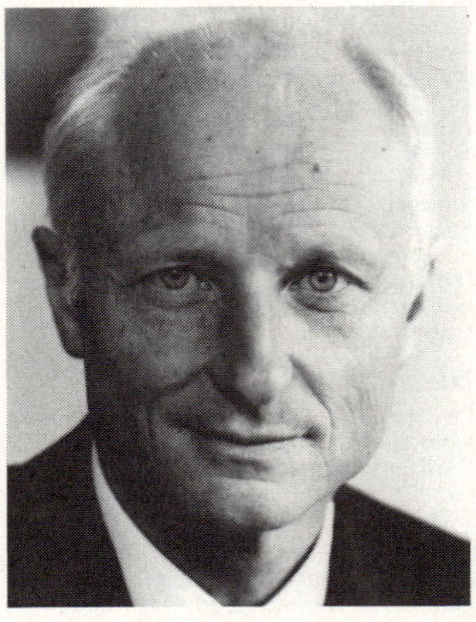

Dr. phil., Prof. f. Sportwiss. Univ. Oldenburg - Kaspersweg 107a, 2900 Oldenburg/O. (T. 0441 - 5 49 46) - Geb. 10. Juni 1935 Gumbinnen/Ostpr. (Vater: Kurt D., Oberreg.baurat; Mutter: Christel, geb. Tiedemann), ev., verh. s. 1957 m. Barbara, geb. Zigan, 4 Kd. (Jochen, Ulrich, Kurt Georg, Susanne) - Univ. Göttingen (1955-60; German. Leibeserzieh.; 1. u. 2. Staatsex. 1960/62) u. Saarbrücken (1964-68; Päd. Soziol., German.; Promot. 1968) - 1960-68 Assist. u. Akad. Rat Univ. Saarbrücken; s. 1968 Prof. f. Sportwissensch. PH Oldenburg, jetzt Univ. Oldenburg; 1980-83 Gastprof. Univ. Santa Maria (Brasilien). 1962-66 Bundesjugendwart Dt. Turner-Bund, 1970-74 Präsidialmitgl. d. Dt. Sportbd., 1971-74 Präsidialmitgl. d. Dt. Ges. f. Freizeit, 1990 Präs. Dt. Turner-Bund - BV: Was kannst Du?, 1968 (m. Preiß); Turnerjugendbewegung, 1968; Probleme d. Sports u. d. Leibeserziehung, 1970 (Hrsg.); Turnen - Sport - Spiel, 3. A. 1979, Übers. ins Span., Portugies., Japan. (m. Kreiß/Meusel Hrsg.); Methodische Übungsreihen im Geräteturnen, 6. A. 1984, Übers. ins Portugies. (m. K. Koch); D. große Trimmbuch, 1973 (Red.); D. Trimm-Park - Baumustermappe, 1973 (m. Palm/Roth); Eugen Eichhoff, 1974; Trimm-Tips f. jedermann, 1975; Theorie - Praxis - Modelle im Sport, 1976 (m. K. H. Leist, Hrsg.); Freizeitsport, 2. A. 1978, Übers. ins Portugies. (Hrsg.); Spielen im städt. Naherholungsgeb., 1979 (m. Schottmayer, Wocelka); Sportmehrzweckhallen, 1980-82 (m. Altekamp, Koch, Winkler); Parque de Lazer e de Esporte para todos, 1983 (m. Monteiro); Elementos e Principios da Educação Física, 1986 (m. Kurz, Brodtmann). 3 ZDF-Dokumentarfilme üb. brasilianische Canela-Indianer (16.3.89, 21.12.89, 21.12.90); 3 NDR-Dokumentarfilme üb. brasilianische Canela-Indianer (9.11.91, 16.11.91, 23.11.91) - Liebh.: Sport (Dt. Juniorenmeister Zwölfkampf, 1956), bild. Kunst - Spr.: Engl., Franz., Portug.

DIECKHEUER, Gustav

Dr. rer. pol., Prof. f. Allg. Volkswirtschaftslehre Univ. Münster - Universitätsstr. 14/16, 4400 Münster (T. 0251 - 83 20 21); priv.: Gasselstiege 453, 4400 Münster - BV: Wirk. u. Wirkungsprozeß d. Geldpolitik, 1975; Staatsverschuld. u. wirtschaftl. Stabilisier., 1978; Intern. Wirtschaftsbeziehungen, 1990.

DIECKHÖFER, Klemens

Dr. med., Prof. f. Geschichte d. Medizin u. Psychiatrie - Poppelsdorfer Allee 84, 5300 Bonn 1 (T. priv.: 0228 - 63 20 92) - Geb. 14. Sept. 1938 Bonn (Vater: Dr. Clemens D., Internist; Mutter: Maria-Christine, geb. Heinen), kath., verh. s. 1968 m. Dr. Sigrid, geb. Telle, 2 Söhne (Gunther, Roland) - Univ. Bonn, Münster (Med.); Staatsex. 1965, Promot. 1968; Facharzt f. Nervenkrankh. 1972, Psychotherapie 1973, Habil. (Neurol. u. Psych.) 1974, Habil. (Gesch. d. Med.) 1975 - 1974 Oberarzt Univ. Nervenkl. Bonn, 1979 apl. Prof., 1982-86 Prof. a. Z. Univ. Bonn, 1987/88 Leit. Ärztl. Dienst WBGA III Düsseldorf; 1988-90 Ltd. Arzt Psychiatr. Abt. St. Nikolaus-Hospital, Kalkar - BV: D. Niederländ. Arzt Daniel Voet, 1970; El Desarrollo de la Psiquiatría en España, 1984; Kleine Gesch. d. Naturheilkunde, 1985 - Liebh.: Philatelie, Numismatik, Sport - 1988 Gold. Sportabz. (30) - Spr.: Engl., Franz., Span., Niederl.

DIECKHOFF, v., D. Peter

Regisseur, Autor, Prod., Redakt. - Loehrsweg 3, 2000 Hamburg 20 (T. 040-47 25 70) - Geb. 30. Nov. 1936 Hamburg, verh. s. 1968 m. Karin Bauer, T. Alice - Abit. Johanneum 1956 Hamburg; B. 1963 Theater, dann Film u. Fernsehen. Div. Drehb. - Liebh.: Sport (Tennis, Hockey, Ski) - Spr.: Engl., Franz.

DIECKHUES, Bernhard

Dr. med., Prof. Abteilungsvorsteher Univ.s-Augenklinik Münster (s. 1965) - Klausenerstr. 49, 4400 Münster/W. (T. 73265) - Geb. 1. Aug. 1923 Bleicherode (Vater: Hermann D., Werksdir.; Mutter: Else, geb. Wolff), kath., verh. s. 1950 (Ehefr.: Dr. Margot), 3 Kd. (Antje, Matthias, Roland) - Ärztl. Approb. 1950 - S. 1966 Privatdoz., Doz., apl. Prof., Wiss. Rat u. Prof., Abt.svorst. u. Prof. Univ. Münster (Augenheilkd.) - BV: Allergie u. Auge, 1967. Etwa 150 Fachaufs. - Spr.: Engl.

DIECKMANN, Albrecht

Dr. jur., o. Prof. f. Bürgerl. Recht, Zivilprozeß u. Intern. Privatrecht - Europaplatz, 7800 Freiburg/Br. - Geb. 18. Mai 1926 Liegnitz/Schles. - S. 1965 (Habil.) Lehrtätigk. Univ. Frankfurt, Gießen (1966 Ord.), Freiburg (1972 Ord.). Fachveröff.

DIECKMANN, Bernhard

Dr. rer. pol., o. Prof. f. Empirie in d. Sozialwissenschaften u. in d. Pädagogik TU Berlin (s. 1980) - Straße des 17. Juni 135, 1000 Berlin 12; priv. Matterhornstr. 106, 1000 Berlin 38 - Geb. 10. Juli 1938 Heimburg (Vater: Adolf D., Saatzüchter; Mutter: Anna Marie, geb. Klamroth), ev., verh. s. 1967 m. Karin, geb. Koderisch, 2 Kd. (Annika, Jörg) - Stud. Sozialpäd. u. Volksw. Hamburg, Heidelberg, Berlin. Dipl.-Volksw. 1966 Berlin; Promot. 1969 Heidelberg - B. 1974 Geschäftsf. Arbeitsgr. f. Empir. Bildungsforsch. Heidelberg; 1983 Mitgl. Akad. Senat TU Berlin - BV: Z. Strategie d. systemat. intern. Vergleichs, 1970; Gesellschaftsanalyse u. Weiterbildungsziele, 1973; Weiterbildung in d. Verw., 1975; Berufsgruppenspezif. Weiterbildungsprobleme, 1975; Nebenberufl. Kursleit. in d. Volkshochsch. v. Berlin, 1981; Gewerksch. u. nebenberufl. Mitarb. in kultur. Einricht., 1983; Zw. Qualifizierungsoffensive u. Armutsgrenze - Berliner Volkshochsch. in d. achtziger Jahren, 1989.

DIECKMANN, Christoph

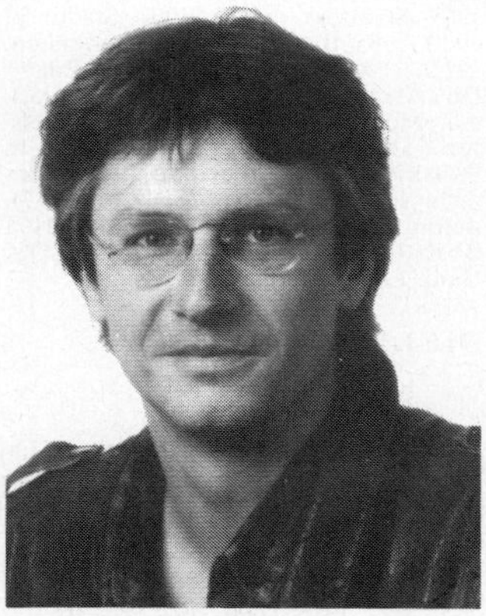

Filmvorführer, Theologe, Publizist, Journalist bei d. Zeit (s. 1991) - Georgenkirchstr. 70, O-1017 Berlin (T. 030 - 42 83 251) - Geb. 22. Jan. 1956 Rathenow (Vater: Hans-Joachim D., Pfarrer; Mutter: Anneliese, geb. Lietzau, Lehrerin), ev., 1982-91 verh. m. Eva-Marlen, geb. Wiezien; s. 1992 m. Mei-Huey Chen, T. Sophie Luise - 1972-74 Lehre als Filmwiedergabetechniker, 1975-78 Theologiestud. am Theol. Seminar Leipzig, 1978-81 am Sprachenkonvikt in Ost-Berlin; 1981 1. Ex., 1984 2. Ex. - 1982/83 Vikar in d. ev. Studentengemeinde v. Ost-Berlin u. in Berlin-Buch. Bis 1986 Theol. Studienabt. b. Bund d. ev. Kirchen in d. DDR, b. 1990 Medienref. b. Ökumenisch-Missionarischen Zentrum/Berliner Missionsges. Freiberufl. Publizist. 1990 halbjährige USA-Kreuzfahrt auf Einladung d. World Press Inst.; 1991 Kulturredakt. b. Freitag, dann Wechsel z. Zeit - BV: Olle DDR, 1990; My Generation. Cocker, Dylan, Lindenberg u. d. verlorene Zeit, 1991; Oh! Great! Wonderful! - Anfänger in Amerika, 1992 - 1990 Ausz. d. d. World Press Inst. St. Paul/Minnesota (als einer d. zehn weltbesten jungen Publizisten) - Liebh.: Rockmusik, Lit., Fußball, Politik: id est Philosophie - Spr. Engl. u. d. b. Altsprachlern übliche Halbbildung in Griech., Latein u. Hebräisch.

DIECKMANN, Friedrich

Schriftsteller u. Publizist - Moosdorfstr. 13, O-1193 Berlin - Geb. 25. Mai 1937 Landsberg, Warthe (Vater: Johannes Dieckmann, dt. Politiker; Mutter: Dorothea, geb. Hoerstebrock), verh. m. Christine, geb. Decker, T. Bianca - Obersch. Oranienburg (Abit. 1955), Univ. Leipzig German., Phil., Physik - S. 1963 u. wieder ab 1976 freischaffend tätig als Essayist, Kritiker, Buchautor. 1972-76 Dramaturg am Berliner Ensemble. 1989/90 Fellow am Wissenschaftskolleg zu Berlin. 1991 BR-Mitgl. d. Goethe-Inst. München - BV: Karl von Appens Bühnenbilder am Berliner Ensemble, 1971; Streifzüge, 1977; Theaterbilder, 1978; Richard Wagner in Venedig, 1983; Orpheus, eingeweiht, 1983; Radierungen zur Zauberflöte, 1984; Hilfmittel wider d. alternde Zeit, 1990; Glockenläuten u. offene Fragen, 1991; D. Geschichte Don

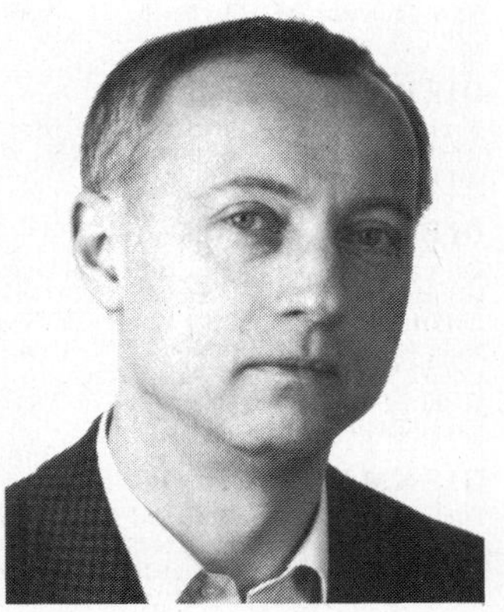

Giovannis, 1991; Vom Einbringen, 1992 - 1974 P.E.N.-Mitgl.; 1976 Silb. Med. d. Prager Quadriennale; 1983 Heinrich-Mann-Preis d. Akad. d. Künste d. DDR; 1983 Intern. Kritikerpreis Venedig.

DIECKMANN, Hans

Dr. med., Psychoanalytiker (eig. Praxis) - Schützallee 118, 1000 Berlin 37 (T. 030 - 831 10 69) - Geb. 13. Sept. 1921 Berlin (Vater: Dr. med. Max D., Internist; Mutter: Frieda, geb. Hinze), ev., verh. s. 1949 m. Ute, geb. Bermbach, 4 Kd. (Kai, Jan, Sabine, Kathrin) - Univ. Berlin, Leipzig, Jena, Halle, Wien, Kiel (Med.). Ausbild. Psychotherapie - U. a. Doz. FU Berlin u. C. G. Jung-Inst. ebd. - BV: Träume als Sprache d. Seele, 1972; Umgang m. Träumen, 1978; Gelebte Märchen, 1978; Meth. d. Anal. Psych., 1979; Archetyp. Symbolik in d. mod. Kunst, 1981. Herausg.: Übertrag. - Gegenübertrag. in d. Anal. Psych. C. G. Jungs (1980); Weltzerstörung - Selbstzerstörung (1988) - 1982 Ehrenpräs. Österr. Ges. f. Anat. Psych., 1983 Präs. Intern. Ges. f. Analyt. Psych. u. Ehrenpräs. Dt. Ges. f. Analyt. Psych.; 1988 Ehrenvors. C.G. Jung-Inst. Berlin; 1988 Patron Cape of Good Hope Center, Süd-Afrika; Patron of C. G. Jung Inst. of Perth (Australien) - Spr.: Engl., Franz.

DIECKMANN, Heinz

Fernseh-Redakteur, Schriftst. - Alwinenstr. 10, 6200 Wiesbaden (T. 06121-371320) - Geb. 18. Mai 1921, verh. m. Vera, geb. Lehoczky, S. Pascal - Stud. Kunstgesch. - Fernsehredakt., Schriftst. (üb. 100 Rundfunksend., üb. 100 Fernsehfilme, e. Dutzend Bücher, u.a. Literaturbrevier, 1948; D. Kunst, poetisch zu küssen, 1962; Hahnrei im Korb, 1964; M. M. Prechtl, 1971; Narrenschaukel, 1984) - Liebh.: Reisen - Spr.: Engl., Franz.

DIECKMANN, Johann

Dr. phil., o. Prof. f. Soziologie PH Kiel - Wannseebogen 17, 2300 Kiel 1 - Geb. 15. Mai 1927 Tüttendorf (Vater: Gustav D., Maurer; Mutter: Käte, geb. Schlotfeldt), ev., verh. s. 1953 m. Traute, geb. Albrecht, 3 Töcht. (Gesche, Gisel, Birte) - Gelehrtensch. Kiel; PH Kiel; Univ. Kiel, Frankfurt/M., Köln - 1950-62 Lehrer; s. 1963 Hochschull. (1968 Prof., 1971 Ord.) - BV: Päd. Soziol., 1970; Mitverf.: Spezialis. im Lehrerberuf (m. P. Lorenz), 1968; Gesellschaftswiss. Unterr. (m. D. Bolscho) 1975; Konfliktregulierung durch Dialoge, 1989 - Liebh.: Garten-, Hausarb., Wandern - Spr.: Lat., Griech., Engl.

DIECKMANN von LAAR, Günther-August

Geschäftsführer Ferienpark Kur + Sport Aparthotel GmbH, Bischofsmais, Geschäftsf. DAM Treuhand u. Unternehmensberat. GmbH, Essen, Akad. Rechts- u. Wirtsch.dienste, Bischofsmais, Präs. Bundesverb. VRW. Rechts- u. Wirtschaftsdienst, Bonn, u. a. - Hindenburgstr. 6, 4300 Essen 1 - Geb. 26. Sept. 1932 Coppenbrügge (Vater: Heinz, Kaufm.; Mutter: Martha, geb. Wulf), verh. s. 1964 m. Liselotte, 3 S. (Dietmar, Thorsten, Lars) - Alte niederd. Familie.

DIEDERICH, Georg

Dr. rer. nat., Innenminister Mecklenburg-Vorpommern (1990-92) - Wismarsche Str. 133, 2750 Schwerin (T. 5 74 21 05) - Geb. 17. Dez. 1949 Schwerin, kath., verh. s. 1970 m. Astrid, geb. Seitz, 3 Söhne (Mathias, Stefan, Markus) - 1968 Abit.; 1973 Abschl. Chemiestud. - 1973 Dispatcher im Schweriner Plastverarb.werk; 1976-90 Inst. f. Laborat.diagnostik Schwerin; Juni - Okt. 1990 Reg.bevollm. - Liebh.: Musik, Wandern, Lit. - Spr.: Engl.

DIEDERICH, Helmut

Dr. rer. pol., Univ.-Prof. f. Betriebswirtschaftslehre - Alfred-Mumbächer-Str. 26, 6500 Mainz - Geb. 15. Juli 1928 Mainz - Promot. u. Habil. Mainz - S. 1963 Ord. Univ. Hamburg, 1970 Univ. Mainz; wiss. Leit. Forschungsinst. f. Wirtschaftspolitik, Vorst. Institut f. Verkehrswissenschaft; Mitgl. Wiss. Beirat Bundesmin. f. Verkehr; stv. AR-Vors. Bausparkasse Mainz AG - BV: D. Kostenpreis b. öfftl. Aufträgen, 1961; Allg. Betriebsw.lehre, 6. A. 1989; Verkehrsbetriebslehre, 1977. Div. Einzelarb.

DIEDERICH, Jürgen

Dr. phil., Prof. f. Schulpädagogik Univ. Frankfurt - Senckenberganlage 13-15, 6000 Frankfurt/M.; priv.: Kapellenweg 23, 3572 Amöneburg - Geb. 29. Jan. 1936 Berlin - Promot. 1971 - S. 1973 Prof. Frankfurt - BV: Fördern im Kernunterr., 1973; Didaktisches Denken, 1988. Mitverf.: Erziehungswiss., 1970ff.; Handlungsprobl. d. Lehrers, 1979; Gesamtschulalltag - D. Fallstud. Kierspe, 1979.

DIEDERICH, Klas

Dr. rer. nat., Prof. f. Reine Mathematik Gesamthochschule Wuppertal - Ingeborgstr. 38, 5600 Wuppertal 2 - Geb. 26. Okt. 1938 Wuppertal - Promot.- 1967 Göttingen; Habil. 1972 Münster - Zul. Wiss. Rat u. Prof. Univ. Münster. wiederh. Gastprof. USA, Frankr., Ital., Japan - BV: Funktionentheorie, 1972 (m. Reinhold Remmert); Konvexität in d. komplexen Analyses, 1981 (m. Ingo Lieb). Herausg.: Aspekte d. Mathematik/Aspects of Mathematics (1981ff.); Mathemat. Ztschr. (s. 1984) - 1982/83 Mitgl. Inst. f. Advanced Study Princeton; 1989 Akad.stip. VW-Stiftg.; 1990 Max-Planck-Forsch.preis; 1992 Forsch.preis d. Japanese Soc. for the Prom. of Sciences.

DIEDERICH, Nils

Dr. rer. pol., Dipl.-Volksw., Univ.-Prof. Zentralinst. f. sozialwiss. Forsch. FU Berlin (Fach Politische Soziologie) - Wilkskistr. 54a, 1000 Berlin 31 - Geb. 24. Mai 1934 Berlin (Vater: Ludwig D., Diplomat; Mutter: Clara, geb. Schirner), verh. s. 1958 m. Ana, geb. de Pablo), 3 Kd. (Michel, Gabriel, David) - Stud. d. Volkswirtsch. FU Berlin; Dipl.ex. 1960; Promot. 1964; Habil. 1970 - 1960-71 Assist., Akad. Rat, Akd.leit., Gf. Zentralinst. f. Sozialwiss. u. Prof. FU Berlin; 1971-76 Leit. Planungsstelle b. Reg. Bürgerm. Berlin; 1976-87 u. s. 1989 MdB (SPD); s. 1985 Mitgl. gf. Landesvorst. Berlin (verantwortl. f. Finanzen). S. 1988 1. stv. Vors. Arbeitsgem. Soz.wiss. Inst.; VR-Mitgl. Informationszentrum Soz.wiss. Bonn; Beiratsmitgl. Wissenschaftszentrum Soz.wiss. Berlin - BV: Empirische Wahlforschung, 1964 - In- u. ausl. Fachmitgl.sch.; Mitgl. Verein Villa Vigoni - Liebh.: Judo, Gitarrenspiel - Spr.: Engl., Franz., Niederl. - Bek. Vorf.: Dr. Franz D., Schriftst. (Großv.).

DIEDERICH, Toni

Dr. phil., Hon.-Prof., Direktor Hist. Archiv d. Erzbistums Köln (s. 1979) - Prinz-Albert-Str. 50, 5300 Bonn 1 (T. 0228 - 21 91 95) - Geb. 16. Nov. 1939 Eveshausen/Krs. St. Goar, kath. - Stud. Univ. Bonn, Köln (Gesch., Hist. Hilfswiss., Lat., Phil.); Promot. 1965; 1. Staatsex. 1966; Assessorex. f. d. Höh. Archivdst. 1968 - 1968-79 Stadtarchiv Köln; s. 1975 Lehrauftr. Hist. Hilfswiss.; 1985 Hon.-Prof. Univ. Köln - BV: D. Stift St. Florin zu Koblenz, 1967; Revolutionen in Köln 1074-1918, 1973; D. alten Siegel d. Stadt Köln, 1980; Rhein. Städtesiegel, 1984. Aufs. z. Landesgesch. u. Siegelkd.

DIEDERICHS, Claus Jürgen

Dr.-Ing., Dipl.-Ing. f. Bauingenieurwesen, Dipl.-Wirtschaftsing., Prof. FB Bautechnik Univ.-GH Wuppertal - Frühlingstr. 8, 8031 Eichenau (T. 08141 - 86 19) - Geb. 14. Juni 1941 Neustrelitz/Mecklenb. (Vater: Heinz D., Landw.; Mutter: Annfriede, geb. Thormann), ev., verh. s. 1967 m. Dorothea Carola, geb. Frommer, 2 Kd. (Tatjana, Wolf-Stephan) - Stud. TU München (Dipl.-Ing. Bau 1967, Promot. 1969, Dipl.-Ing. Wirtsch. 1970) - 1970-78 Geschäftsf. Prof. Burkhardt KG München; 1978 selbst. (Untern.- u. Projektberat.) Puchheim/München; s. 1981 o. Prof. f. d. Lehr- u. Forschungsgeb. Bauwirtsch., FB Bautechnik, Univ.-GH Wuppertal - BV: Rationalisier. v. Baugenehmigungsverf. d. Standardisier., 1979; Gleichgewicht Bauvolumen, Planer- u. Unternehmenskapazität, 1981 - Bek. Bauwerke: Kulturzentrum Am Gasteig München (Projektsteuerung) - Spr.: Engl., Franz.

DIEDERICHS, Henning

Dr. rer. pol., Dipl.-Volkswirt, Geschäftsführer Fachverb. Techn. Teile im Gesamtverb. kunststoffverarb. Industrie e.V. (GKV) - Am Hauptbahnhof 12, 6000 Frankfurt/M. - Geb. 9. Juli 1933 Berlin.

DIEDERICHSEN, Uwe

Dr. jur. (habil.), o. Prof. f. Bürgerl. Recht, Handels- u. Zivilprozeßrecht - Platz der Göttinger Sieben 6, 3400 Göttingen - Geb. 18. Juli 1933 - S. 1967 Ord. Univ. Köln u. Göttingen (1970) - BV: D. Recht z. Besitz aus Schuldverhältnissen, 1965; D. Haftung d. Warenherstellers, 1967; s. 33. A. Kommentierung d. gesamten Familienrechts b. Palandt, BGB (z. Zt. 50. A.) - 1988 Mitgl. Akad. d. Wiss. in Göttingen.

DIEDERIX, Frits

Dipl.-Kfm., Konsul a. D., Maschinenfabrikant, Mitinh. u. Geschäftsf. C. F. Scheer & Cie., Stuttgart 30 - Heiligenbergstr. 80, 7000 Stuttgart 30 - Geb. 10. Mai 1926 Den Haag/Holl. (Vater: E. J. A. F. D., Fabrikant; Mutter: Gertrud, geb. Mescher), verh. in zw. Ehe (1965) m. Brigitte, geb. Haid, 4 Kd. (Peter, Arlette, Ralph, Claudia) - Hochsch. f. Wirtschafts- u. Sozialwiss. Nürnberg (Dipl. 1949) - 1961-1982 Kgl.-Niederl. Kons. f. Baden-Württ.; Orden Ridder van Oranien-Nassau, BVK I. Kl. - Liebh.: Golf, Tennis - Spr.: Holl., Engl.

DIEDRICH, Karl-Heinz

Vorstandsmitglied Nürnberger Allg. Versicherungs-AG u. Nürnberger Beamten Allg. Versich. AG, Hauptbevollm. Assitalia Le Assicurazioni d'Italia, Rom - Rathenaupl. 16-18, 8500 Nürnberg 20.

DIEDRICH, Waldemar

Schriftsteller - Hesselnberg 23, 5600 Wuppertal 2 (T. 0202 - 8 48 23) - Geb. 6. Sept. 1919 Stettin, ev., verh. s. 1953 m. Walli, geb. Lehmann, 3 Söhne (Wolfgang, Holger, Thorsten) - BV: Handvoll Hoffnung zw. d. Schläfen, 1978; Opus f. Hauklotz u. Klavier, 1979; ... daß sich d. Mensch drin wohlig strecke (Kulturgesch. d. Bades), 1984; Frag mich nach Pommern, 1987; Dünnhäuter du, so leicht verwundbar, 1989; Läutet mein Leben laut in der Brust, 1990 - 1978 Förderprämie Stadt Wuppertal - Lit.: Sie schreiben zw. Goch u. Bonn (1975); Profile v. Schriftst. aus Ost- u. Mitteldtschl. in Nordrh.-Westf. (1979); Kürschners Dt. Lit.-Kalender (s. 1981).

DIEGEL, Georg

Inhaber Kölner Fettschmelze, Vors. Bundesverb. d. Dt. Talg- u. Schmalzind.

- Markt 9, 5300 Bonn 1 (T. 0221 - 1 79 52-0; u. 0228 - 65 04 54) - Geb. 20. Febr. 1928.

DIEGEL, Helmut
Jurist, MdL Nordrh.-Westf. (s. 1985) - Auf dem Birnbaum 39, 5800 Hagen - Geb. 30. März 1956 Hagen, verh., 1 Kd. - S. 1983 Bezirksvors. Junge Union Westf. Ruhrg.; 1980-84 Kreisvors. Junge Union Hagen; Gesellsch. eines Autozubehörgroßhdl. - Liebh.: Tischtennis, Politik - Spr.: Engl.

DIEGRITZ, Theodor
Dr., Univ.-Prof. f. Didaktik d. dt. Sprache u. Lit. Univ. Erlangen-Nürnberg - Burgsalacher Str. 48, 8500 Nürnberg 60 (T. 0911-67 26 97) - Geb. 4. Juli 1939, ev., verh. s. 1966 m. Inge, geb. Kränzlein, 2 T. (Uta, Sabine) - Promot. (german. Linguistik) 1970 Univ. Erlangen - BV: Kommunikation zw. Schülern (m. Heinz Rosenbusch), 1977. Herausg.: Diskussion Grammatikunterr. (1980) - Liebh.: Kunstliedgesang - Spr.: Altgriech., Lat., Engl., Franz.

DIEHL, Anton
Maschinenschlosser, MdL Rheinland-Pfalz (s. 1979) - Laubenheimer Str. 8, 6500 Mainz 1 - Geb. 10. Jan. 1928 - SPD.

DIEHL, Fred
Journalist, Ltd. Redakt. Bild + Funk (Ps. Peer Dongen) - Waldhüterstr. 21, 8000 München 70 (T. 089 - 70 68 40) - Geb. 1. Mai 1925 Heßheim (Vater: Fritz D., Textilkaufm.; Mutter: Katharina, geb. Hüther), ev., verh. m. Helga Viktoria, geb. Eckl, 3 Kd. (Heidrun, Dagmar, Falk) - Redakt. BILD + FUNK; zahlr. Komment. z. Medium Fernsehen - 3 Preise in Wettb. f. Werbegrafik u. Schaufensterwerb. - Liebh.: Bergsteigen, Grafik, neue Medien.

DIEHL, Günter
Dipl.-Volksw., Staatssekretär a.D., Botschafter a. D., Vors. Dt. Ges. f. Asienkunde - Siebengebirgsweg 4, 5480 Remagen 2 - Geb. 8. Febr. 1916 Köln, verh. s. 1939 m. Helga, geb. v. Rautenstrauch, Kd. - Gymn. u. Univ. Köln u. Bordeaux - 1939-45 AA (Berlin, Brüssel, Vichy); Journ. (u. a. Außenpol. Hbg. Abendblatt), s. 1950 Bundesreg. (Presseu. Inf.-Amt); 1952 Pressesprecher AA, 1956 Botschaftsrat Chile, 1960 Leit. Auslandsamt. Presse- u. Infortmationsamt, 1966 Leit. Planungsstab AA; 1967 Bundespressechef; 1968 Staatssekr., 1970-77 Botschafter Indien; 1977-81 Botsch. Japan; 1981-87 Präs. d. Dt. Ges. f. Ausw. Politik, Vors. d. Dt. Ges. f. Asienkunde - BV: Denken u. Handeln, Planung in d. Außenpolitik, 1970; Ferne Gefährten, Erinnerungen a. e. Botsch. in Japan, 1987; Bei d. Tapferen. Diplom. Reisen in d. äussere Mongolei, 1988; D. indischen Jahre. Erfahrungen e. dt. Botschafters, 1991 - 1986 Gr. BVK m. Stern u. Schulterband - Lieb.: Jagd.

DIEHL, Heidelotte

Schauspielerin - Krusauerstr. 74, 1000 Berlin 49 (T. 030 - 742 70 58) - Geb. 30. April 1940 Berlin (Vater: Wilhelm D., Kaufm.; Mutter: Charlotte, geb. Riek), ev., verh. m. Rolf Sander, S. Mathias - Ausbild. Max-Reinhardt-Sch. Berlin - Zahlr. Theaterrollen, dar. Ophelia (Hamlet) - Liebh.: Reisen, Golf - Spr.: Engl.

DIEHL, Heinz-Georg
Geschäftsführer d. Mainzer Aufbaugesellschaft mbH, Bürgermeister a.D. - Göttelmannstr. 24, 6500 Mainz - Geb. 30. Mai 1935, kath., verh., 2 Kd. - 1972-83 Bürgerm. u. Beigeordn. Stadt Mainz. AR-Mitgl. Kraftwerke Mainz-Wiesbaden (KMW). CDU (1984-89 Fraktionsvors. Mainzer Stadtrat, 1986 CDU-Kreisvors. Mainz).

DIEHL, Horst Alfred
Dr. rer. nat., Dipl.-Phys., Prof. Univ. Bremen (s. 1971) - Bergiusstr. 93, 2800 Bremen 33 - Geb. 22. Okt. 1938 Wetzlar (Vater: Karl D., Arb.; Mutter: Anna, geb. Saltenberger), ev., verh. s. 1964 m. Doris, geb. Fürle, 2 Kd. (Goesta, Henning) - 1964-71 Phys. u. Biochem. Inst. Univ. Gießen. Spez. Arb.sgeb.: Biophysik. Fachmitgl.sch.

DIEHL, Johannes Friedrich
Dr. rer. nat., Prof., Ltd. Direktor Bundesforschungsanst. f. Ernährung, Karlsruhe - Wildbader Str. 6, 7500 Karlsruhe 41 - Geb. 18. Juni 1929 Ilbesheim/Pfalz (Vater: Dr. med. Heinrich D.; Mutter: Gertrud, geb. Linn), verh. m. Eva, geb. Müller, 4 Töcht. - Master of Science Univ. of Kentucky (1953), Dipl.-Chem. (1955) u. Promot. (1957) Univ. Heidelberg - 1957-65 Research Associate, Assistant (1958) u. Associate Prof. of Biochemistry (1963) Univ. of Arkansas; 1965 Dir. Inst. f. Strahlentechnol. Bundesforschungsanst. f. Lebensmittelfrischhalt.; s. 1976 Dir. Inst. f. Biochemie d. Bundesforschungsanst. f. Ernährung. S. 1971 Honorarprof. Univ. (TH) Karlsruhe (Lebensmittelkd.). Üb. 200 Fachveröff. - BV: Safety of Irradiated Foods, 1990 - 1963 Mitgl. American Inst. of Nutrition, 1989 Fellow Inst. of Food Technologists, Vizepräs. d. Intern. Union f. Lebensmittelwiss. u. -technologie - Spr.: Engl., Franz.

DIEHL, Klaus
Dipl.-Volksw., Geschäftsführer Bundesverb. Lederwaren u. Kunststofferzeugnisse e.V. - Kaiserstr. 108, 6050 Offenbach/M.

DIEHL, Wolfgang
Studienrat, Schriftst., Kunsthist. - Schlettstadter Str. 42, 6740 Landau (T. 06341 - 3 01 28) - Geb. 8. Aug. 1940 Landau, ev., verh. m. Margot, geb. Müller - Stud. German., Phil., Kunstgesch., Gesch. u. Polit. Wiss. Univ. Heidelberg, Wien, Berlin u. Mainz; Staatsex. in German., Gesch. u. Polit. Wiss. - B. 1978 Redakt. (Redaktionsleit.) u. fr. Journ.; s 1979 Schuldst.; BV: Linksrhein., Ged. 1975; Saigon gesehen - gestorben, Erz. 1980; D. Gesch. d. Landkr. Alzey-Worms, 1981; auswärtseinwärts, Ged. 1983; Helwig Goldfang (Ps.): D. wahre Gesch. d. altpfälz. Nationalvogels Elwetritsche, 1985; Heimatliebe-Heimattrauer, Pfalzged., 1987; Hermann Croissant. Maler zw. Tradition u. Moderne, Monogr. 1987; Konrad Krez. Freiheitskämpfer u. Dichter in Dtschl. u. USA, 1988; 1789-1989. D. tränennasse Fahnentuch d. Freiheit (Ged. z. 200-Jahrfeier d. franz. Revolution), 1989 - 1979 Förderpreis Rhld.-Pfalz f. Lit.; 1980 Pfalzpreis f. Lit.; 1982 Hambach-Preis.

DIEHM, Walter
Dr., Bankdirektor a. D. - Lerchenfeldstr. 5, 8000 München 22 (T. 292649) - Geb. 30. Juli 1912 - Zul. 1967-71 Dir. Bayer. Staatsbank.

DIEKMANN, Achim
Dr. rer. pol., Geschäftsführer Verband d. Automobilindustrie (VDA), Hon.-Prof. d. Univ. Köln - Westendstr. 61, 6000 Frankfurt/M. 17 - Geb. 12. April 1930.

DIEKMANN, Eduard
Botschaftsrat I. Kl. Wirtschaftsref. Botschaft d. BRD in Rom - Via Po 25c, I-00198 Rom (Ital.).

DIEKMANN, Hans
Dr. rer. nat., Prof. f. Mikrobiologie (Biochemie) Univ. Hannover (s. 1974) - Lothringer Str. 26e, 3000 Hannover 71 - Geb. 15. Mai 1931 Bornum/Harz - Dipl.-Chem. 1958, Promot. 1962 Freiburg/Br.; Habil. 1969 Tübingen - 1969-74 Doz. Univ. Tübingen. Fachaufs.

DIEKMANN, Heinrich
Dipl.-Ing., Vorstandsmitglied R. Stock AG. - Zu erreichen üb. Stock AG, Präzisionswerkz., Fritz-Werner-Str. 56, 1000 Berlin 48 - Geb. 26. Juni 1938.

DIEKMANN, Horst
Dipl.-Volksw., Geschäftsführer Kalksandstein-Information GmbH, Bundesverb. Kalksandsteinind. e.V. u. Güteschutz Kalksandstein e.V. - Entenfangweg 15, 3000 Hannover 21 - Geb. 5. Jan. 1931.

DIEKMANN, Manfred
Dipl.-Ing., Prof. f. Konstruktiven Ingenieurbau Univ.-GH Paderborn (Fachbereich Bauing.wesen) - Gartenstr. 32, 4939 Steinheim 1 (T. 05233 - 84 86 od. 77 54; Telefax 05233-4692).

DIEKMANN, Wilhelm
Bauing., Dachdeckermstr., Präs. Zentralverb. d. Dt. Dachdeckerhandwerks/Fachverb. Dach-, Wand- u. Abdichtungstechnik, Köln - Wagnerstr. 13, 4690 Herne - Geb. 8. Juli 1913.

DIEKWISCH, Stefan
Dr., Staatssekretär Niders. Ministerium des Innern (1988-90) - 3000 Hannover 1 - Geb. 26. Dez. 1946 - 1986-88 Staatssekr. Niders. Min. f. Bundes- u. Europaangelegenh.

DIEL, Alfred

Journalist - An der Hexeneiche 8, 6451 Großkrotzenburg (T. 06186 - 3 36) - Geb. 10. April 1924 Mainaschaff, verh. s. 1957 m. Maria, geb. Römmelt, 2 Kd. (Roland, Brunhilde) - Redakt. b. Tagesztg.; 1956-86 Chefredakt. Dt. Schachblätter; 1971-86 Ref. f. Öffentlichkeitsarbeit Dt. Schachbund - BV: Schach in Deutschl., 1977; 8×8=64 (m. H.W. Geissler), 1979; D. Schachweltmeister (m. K. Lindörfer), 1979; D. Spiel d. Könige, 1983; Gr. Schach-Lexikon (m. K. Lindörfer), 1991 - 1990 Goldene Ehrennadel Dt. Schachbund; Ehrenmitgl. Unterfränk. Schachverb. u. Bayer. Schachbund; BVO Mitgl. d. Freimaurerloge Zu d. drei Sternen im Odenwald, Michelstadt-Erbach, u. Zur Harmonie, Chemnitz - Spr.: Engl., Franz.

DIEL, Herbert
Dr. rer. pol., Dipl.-Kfm., Versicherungsdirektor - Tiergartenstr. 137, 3000 Hannover - Geb. 6. Dez. 1926 Neuss (Vater: Franz D.; Mutter: Josefine, geb. Struwe), kath., verh. s. 1954 m. Therese, geb. Huber, Tocht. Gabriele - Obersch.; Stud. Betriebsw. Dipl.-Kfm., Promot. Köln.

DIEL, Willi
Dipl.-Verw.-Wirt (FH), Bürgermeister Verbandsgemeinde Bad Ems - Römerstr. 97, 5427 Bad Ems (T. 02603 - 33 11) - Geb. 10. Mai 1928 Koblenz (Vater: Alois D., Bundesbahnbeamter; Mutter: Katharina, geb. Schmidt), kath., verh. s. 1951 m. Anneliese, geb. Klein, T. Heike - 1942-44 Eisenbahn-Junghelfer-Ausb.; Wehrdienst, Kriegsgefangensch. (b. 1945); 1950/51 Sozialakad. Dortmund, Assist.Prüf. 1957 - 1945-54 Bundesbahngehilfe, 1954-60 Bundesbahnbetriebswart, 1960 Stadtassist. Koblenz, 1963 Stadtsekr. ebd., 1964 Stadtinsp. ebd., 1965 Bürgerm. Kamp-Bornhofen, 1972ff. Verbandsbürgerm. Bad Ems - Div. Mand. u. Mitgl.sch. (teilw. Vors.), u.a. MdL (1963-75), Vors. DRK-Kreisvors. Rhein-Lahn (s. 1982), Schöffe u. Sozialricht., Vorst. Landesfremdenverk.verb. Rhld.-Pfalz, AR. SPD (s. 1947), Beirat d. EVE Bad Ems (1980) - 1971 BVK II. Kl., 1975 BVK I. Kl.; 1989 Gold. Ehrenkreuz d. Bundeswehr.

DIELMANN, Axel

Schriftsteller, Vorsitzender d. Fördervereins Deutscher Schriftsteller in Hessen, Verleger - Eckenheimer Landstr. 57b, 6000 Frankfurt/M. 1 (T. 069 - 55 17 12) - Geb. 2. Febr. 1959 Frankfurt/M., ev., led. - Stud. Physik Frankfurt - Herausg.: Ztschr. f. Lit. SCHRITTE; Moderat. v. Lit.-Veranstalt. (Hess. Autorentage, u.a.); Vermittl. v. Lesungen u. Veranstalt. m. Autoren - Arbeitsgebiet: Lyrik; Konzepte u. Bücher zu Filmen (9 Mütter 3 Söhne, u.a.) - Stipendiat d. Hess. Min. f. Wiss. u. Kunst - Liebh.: Theorien d. Mod. Kunst, Kino - Spr.: Engl.

DIEM, Kurt
Geschäftsführer Alcan Metall GmbH., Frankfurt/M. - Huserstr. 13, 6380 Bad Homburg v. d. H. - Geb. 25. Jan. 1922 - Zul. Gf. Alcan Aluminiumwerke GmbH., Göttingen.

DIEM, Max
Dr. phil. nat., em. o. Prof. f. Meteorologie - Wolfweg 85, 7500 Karlsruhe 41 (T. 40 89 92) - Geb. 8. Febr. 1913 Karlsruhe (Vater: Johann D., Mutter: Margarethe, geb. Marx), verh. s. 1939 m. Elisabeth, geb. Buggisch, 3 Kd. - Realgymn.; TH Karlsruhe, Darmstadt, Univ. Frankfurt/M. (Promot. 1937), Habil. 1945 München - 1938-39 Assist. Univ. Jena, Göttingen, TH Darmstadt; 1939-45 wiss. Mitarb. Dt. Forschungsanst. f. Segelflug ebd., s. 1943 Lehrtätig. TH bzw. Univ. Karlsruhe (1953 apl., 1962 o. Prof.; Dir. Meteorol. Inst.; em. 1978). Entwickl. v. Instrumenten. Beitr. z. Wolkenphysik u. Staubausbreit. - Liebh.: Fotogr.

DIEMANN, Ekkehard

Dr. rer. nat., Dipl.-Chem., Akad. Direktor Univ. Bielefeld - Vilsendorfer Str. 3A, 4800 Bielefeld 15 (T. 05206 - 54 58) - Geb. 12. Jan. 1944 Langenwalde, ev., verh. s. 1975 m. Renate, geb. Bauernfeind, 2 S. (Andreas, Frank) - 1963-68 Stud. Univ. Göttingen (Chemie); Promot. 1971 Dortmund - 1971-77 wiss. Assist. Univ. Dortmund; 1977 Akad. Rat; 1979 Akad. Oberrat; 1985 Akad. Dir. Univ. Bielefeld. 1980 Gastprof. Univ. La Plata/Argent. - BV: Transition Metal Chemistry, 1981.

DIEMINGER, Walter

Dr. rer. techn., Prof., Flugbaumeister - Berliner Str. 14, 3412 Nörten-Hardenberg (T. priv.: 05503 - 26 89; dstl.: 05556 - 40 12 12) - Geb. 7. Juli 1907 Würzburg (Vater: Ludwig D., Staatsbankdir.; Mutter: Anna, geb. Kraus), kath., verh. s. 1935 m. Dr. Ilse, geb. Günther, 3 Kd. (Günter, Waltraud, Lothar) - Gymn. Würzburg; TH München (Techn. Physik; Diplomprüf. 1931). Promot. 1935 - 1934-43 Wiss. Mitarb. Erprobungsst. d. Luftw. Rechlin, 1943-45 Leit. Zentralst. f. Funkberat. Leobersdorf, 1945-50 Leit. Inst. f. Ionosphärenforsch. Verw. Kaiser-Wilhelm- bzw. Max-Planck-Ges., 1950-56 Dir. MPI f. Ionosphärenforsch., 1956-75 Dir. Max-Planck-Inst. f. Aeronomie. S. 1948 (Habil.) Lehrtätigk. Univ. Göttingen (1956 apl. Prof.; Geophysik). S. 1950 Vors. bzw. Ehrenvors. (1967) Dt. URSI-Landesaussch.; 1958-60 Vors. Dt. Geophysikal. Ges.; 1969-72 Präs. (1963-69 Vizepräs.) Union Radio Scientifique Intern.; 1966-72 Senator MPG. üb. 120 Fachveröff. - 1959 ausw. Mitgl. Finn. Akad. d. Wiss.; 1968 Mitgl. Dt. Akad. d. Naturforscher (Leopoldina); 1978 Auswärt. Mitgl. Österr. Akad. d. Wiss.; 1975 Ehrenmitgl. Dt. Geophys. Ges.; 1978 Ehrenpräs. Union Radio Scientifique Intern.; 1972 C. F. Gauss-Med.; 1975 Ehrenbürger Katlenburg-Lindau; 1975 BVK a. Bd. - Liebh.: Amateurfunk (s. 1926) - Spr.: Engl., Franz., Lat., Griech. (klass.).

DIENETHAL, Friedrich

Dipl.-Volksw., Bankdirektor - Mangoldweg 4, 6100 Darmstadt - Geb. 4. März 1936 - Generalbevollm. Hess. Landesbank/Girozentrale Frankfurt/Main; Aufsichts- u. Beiratsmand.

DIENST, Karl

Dr. theol., Prof. Hochsch. f. Musik u. Darst. Kunst u. Univ. Frankfurt, Pfarrer, Oberkirchenrat - Pfungstädter Str. 78, 6100 Darmstadt (T. 06151 - 5 69 91) - Geb. 24. Jan. 1930 Weisel (Vater: Fritz D., Lehrer; Mutter: Elly, geb. Engel), ev., verh. s. 1958 m. Ellen Ruth, geb. Günther, 4 Kd. (Bernhard, Renate, Markus, Thomas) - 1949-53 Stud. Ev. Theol. Univ. Mainz; Stud. Phil. u. Päd. Univ. Giessen; Promot. 1955 Mainz - 1955-70 Pfarrer Wiesbaden u. Giessen; 1959-63 Doz. Theol. Sem. Herborn; s. 1970 Oberkirchenrat Darmstadt; s. 1972 Lehrbeauftr. Frankfurt (FB Kirchenmusik); s. 1984 Lehrbeauftr. Univ. Frankfurt (Ev. Theologie); s. 1988 Dir. Dt. Inst. f. Bildung u. Wissen, Paderborn - BV: Gesch. d. Luth. Gottesdienstes d. Fr. Reichsstadt Frankfurt/M., (Diss.) 1955; Mod. Formen d. Konfirmandenunterr., 1973; D. Lehrbare Religion, 1978; Glaube, Erfahrung, Relig. Erzieh., 1979; Luther, 1983 (m.a.) - 1984 u. 85 Honorarprof. - Liebh.: Eisenbahn - Spr.: Engl., Franz., Latein, Griech., Hebräisch.

DIENSTL, Erika

Vizepräsidentin Dt. Sportbund, Frankfurt (s. 1982) - Otto-Fleck-Schneise 12, 6000 Frankfurt 71 - B. 1982 Vors. Dt. Sportjugend, s. 1986 Präs. Dt. Fechter-Bund; s. 1986 stv. Vors. Stiftg. Sporthilfe; s. 1991 Präsid.-Mitgl. NOK.

DIEPENBROCK, Franz-Reinhold

Dr. rer. nat., Prof. f. Angew. Mathematik, Statistik, Datenverarbeitung - Hermannshöhe 31, 5600 Wuppertal 1 (T. 0202 - 42 59 60) - Geb. 29. Nov. 1944 Nesselwang (Vater: Franz D., Stud.-Dir.; Mutter: Ida, geb. Gardemann), kath., verh. s. 1985 m. Irmgard, geb. Riediger - Gymn. Paulinum Münster, Univ. Münster (Math.), Dipl. 1969, Promot. 1971 (b. Prof. Dr. Witting) - 1971-79 Laboring., Laborleit. u. Gruppenleit. b. Siemens AG, München, 1980 Prof. FHS Dortmund, s. 1981 Prof. GH Wuppertal - Bek. Vorf.: Melchior Diepenbrock, Kardinal in Breslau, 1798-1853.

DIEPGEN, Eberhard

Rechtsanwalt, Regierender Bürgermeister von Berlin (1984-89 u. s. 1991) - Berliner Rathaus, O-1020 Berlin - Geb. 13. Nov. 1941 Berlin, verh., 2 Kd. - FU Berlin; 1963 Asta-Vors., dann stv. Vors. Verb. dt. Studentensch. - 1971ff. MdA Berlin CDU s. 1962 (vorher Junge Union; Landesvorst., s. 1983 Vors. dass.; s. 1983 Bundesvorst.) - 1980-84 u. 1989-90 Fraktionsvors. - 1985 Silb. Ehrenschild Reichsbund d. Kriegsopfer, Behinderten, Sozialrentner u. Hinterbliebenen - 1987 Gr. BVK - Liebh.: Fußball.

DIEPOLD, Peter

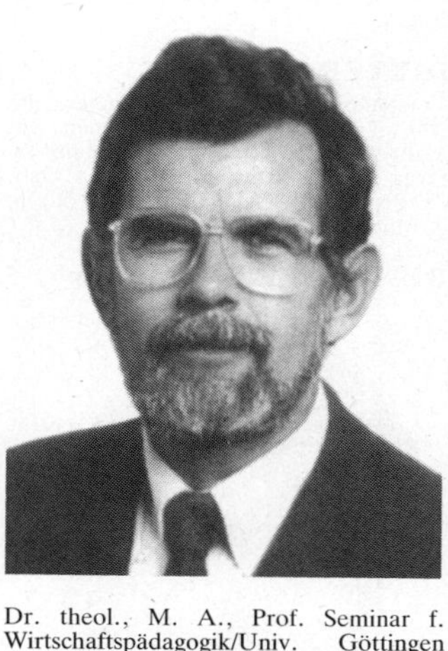

Dr. theol., M. A., Prof. Seminar f. Wirtschaftspädagogik/Univ. Göttingen (s. 1975) - Platz d. Göttinger Sieben 7, 3400 Göttingen - Geb. 22. Jan. 1938 - Stud. Volkswlehre (Brandeis BA, Yale MA) u. Ev. Theol. (Wien, Jerusalem, Tübingen, Göttingen Dr. theol.) - 1967-75 Leit. Theol. Stift Göttingen; s. 1975 Prof. f. Wirtsch.päd. Göttingen. Vorst. Dt. Ges. f. Erziehungswiss. Wiss. Begleit. mehrerer schul. u. betriebl. Modellversuche im Ber. neuer Informationstechniken. Sachverst.arb. f. EG u. OECD - BV: Israels Land, 1972; Taschenrechner Programme z. Statistik, 1979; D. Studienanfänger d. Wirtsch.wiss., 1980; Taschen-Tutor AT, 6. A. 1988; Textverarbeitung, 1991. Mitautor: Gruppenarb. u. Tutorenausb., 2. A. 1976; Mädchen in Metallberufen, 1984; Lernarrangements, 1987; Neue Informationstechn. in kfm. Modellversuchen, 1989; Modellversuch WOKI, 1991. Aufs. z. Gruppendynamik, Hochschuldidaktik, Tutorenausb., gewerbl.-techn. Ausb. f. Mädchen, Fachdidaktik Informatik, neue Technol. in d. kfm. Ausb., Informatik-Grundausb., Lernprozesse in Arbeitssituationen.

DIERIG, Christian G.

Vorstandsvorsitzer Dierig Holding AG, Augsburg, Vors. d. Geschäftsführung Dierig Textilwerke GmbH, Augsburg, VR-Präs. Dierig AG, Wil (Schweiz), u. Cede Finanz- u. Verw. AG, Zürich (Schweiz) - Kirchbergstr. 23, 8900 Augsburg 1 - Geb. 12. Okt. 1923 Langenbielau/Schles. - AR-Vors. Christian Dierig GmbH, Augsburg, F. H. Hammersen GmbH, Bocholt, Kottern Textil GmbH, Kempten; AR Gerling-Konzern Standard Versicherungs AG, Köln; Beiratsvors. Haunstetten Textil GmbH, Prinz Textildruck GmbH, S-Modelle Damenkleider GmbH, Riedinger Textil GmbH, Ernst Mallinckrodt GmbH, sämtl. Augsburg; stv. Beiratsvors. Martini Textil GmbH, Augsburg; Beirat Dt. Bank AG, München - Spr.: Engl. - Rotarier.

DIERKER, Egbert

Dr. rer. pol., o. Prof. f. Wirtschaftstheorie Univ. Wien - Reisnerstr. 22/5, A-1030 Wien - Geb. 2. Jan. 1941 Duisburg, verh. s. 1970, 1 Kd. - Dipl.-Math. 1966 u. Promot. 1969 Heidelberg; Habil. 1973 Bonn - BV: Topological Methods in Walrasian Economics, 1974.

DIERKES, Gerhard

Dr.-Ing., Dipl.-Chem., Prof. - Carl-Schurz-Str. 11, 4150 Krefeld - Geb. 18. Jan. 1909 Lingen/Ems, kath., verh. s. 1942 m. Stephanie, geb. Wiesner - Herausg.: Intern. Veredler-Jahrb. (s. 1976). 150 wiss.-techn. Veröff.

DIERKES, Josef

Dipl.-Finanzwirt, Steuerberater, MdL Nieders. (s. 1974) - Ina-Seidel-Str. 28, 2900 Oldenburg (T. 46044) - CDU.

DIERKES, Meinolf

Dr. rer. pol., Prof. f. Technik- u. Wissenschaftssoziologie Techn. Univ. Berlin - Zu erreichen üb. Wissenschaftszentrum Berlin f. Sozialforsch., Reichpietschufer 50, 1000 Berlin 30 (T. 030 - 2 54 91-0) - Geb. 24. Sept. 1941 Hagen, verh. s. 1966 m. Sigrun, geb. Wolberg, 2 Söhne (Ansgar, Julian) - 1952-61 Gymn., 1961-65 Stud. Betriebsw. Univ. Köln u. Würzburg, Dipl.-Kfm. 1965 Köln, Promot. 1970 ebd. - 1966-71 Forsch.stelle f. empir. Sozialforsch., Köln (zul. Geschäftsf.); 1967-71 Lehrauftr. Univ. Köln; 1971-73 Res. Fellow Battelle Seattle Res. Center, Washington; 1971-73 Assoc. Prof. Univ. Washington; 1973-75 Adjunct Prof. Univ. Pittsburgh; 1973-76 Leit. Abt. Angew. Sozial- u. Verhaltensforsch. Battelle-Inst., Frankfurt/M.; 1973-81 Wiss. Dir. Stiftg. Ges. u. Untern., Frankfurt/M.; 1975-79 Adjunct Prof. Europ. Inst. f. Unternehmensführung, Fontainebleau; 1976-80 Dir. Intern. Inst. f. Umwelt u. Ges. Wiss.zentr. Berlin f. Sozialforsch.; 1979 Gast-Prof. Univ. of Missouri, Columbia; 1980-87 Präs. Wiss.zentr. Berlin; 1987/88 Prof. f. Business and Public Policy, Schools of Business Administration, Univ. of Calif. Berkeley; 1988 Dir. Forschungsabt. Organisation u. Technikgenese d. Forsch.-schwerp. Technik-Arbeit-Umwelt am Wissenschaftszentr. Berlin f. Sozialforsch. gGmbH - Zahlr. Mitgliedsch. in wiss. Vereinig., u. a. Aussch. f. Grundlagenforsch. in d. Verhaltens- u. Sozialwiss. b. National Research Council, Washington, D. C.; Enquête-Kommiss. Einschätzung u. Bewert. v. Technikfolgen - Gestaltung v. Rahmenbeding. d. techn. Entwickl. d. Dt. Bundestag - BV: 18 Bücher (z.T. m. a.) u. a.: Kapitalbedarf u. Finanzierungsquellen mittl. Kaufhausunternehmen, 1965; D. Beitrag d. franz. Mittelstandes z. wirtschaftl. Wachstum, 1969 (auch franz.); Produktivität u. Expansion - e. Beitr. z. mikroökonom. Theorie d. Wirtschaftswachstums u. d. Unternehmensverhalten, 1971; Wirtschaftstheorie als Verhaltenstheorie, (Hrsg.) 1969; D. Sozialbilanz, 1974; Soz. Daten u. polit. Plan. - Stand u. Perspektiven d. Sozialindikatorenforsch. in d. Bundesrep. Deutschl. u. d. USA, (Hrsg.) 1975; Bürgerinitiativen im Bereich v. Kernkraftwerken, 1975; Künftige Bezieh. zw. Untern. u. Ges., (Hrsg.) 1976; Unternehmenspolitik u. ges. Wandel - Aufg., Vorstell. u. Herausforder., (Hrsg.) 1980; Wenig Arbeit - aber viel zu tun. Neue Wege d. Arbeitsmarktpolitik, (Hrsg.) 1985; Technik u. Parlament. Technikfolgenabschätzung: Konzepte, Erfahrung, Chancen (Hrsg. zus. m. Thomas Petermann u. Volker v. Th.), 1986; Comparative Policy Research-Lerning from Experience (Hrsg. zus. m. Hans N. Weiler, A. Berthoin-Antal), 1987; Macht u. Verantwortung - z. polit. Rolle d. Untern., 1987; Umweltbewußtsein - Umweltverhalten (zus. m. Hans-Joachim Fietkau), 1988; Informations- u. Kommunikationstechn. im Dienstleistungssektor (zus. m. Bernd Biernert), 1989; Wirtschaftsstandort Bundesrep. (zus. m. Klaus Zimmermann), 1990; Ethik u. Geschäft (Hrsg. zus. m. Klaus Zimmermann), 1991; Leitbild u. Technik (zus. m. Ute Hoffmann u. Lutz Marz), 1992. Üb. 50 Beitr. in Büchern - Liebh.: Segeln, Golf - Spr.: Engl., Franz.

DIERKS, Klaus

Dr.-Ing., Dipl.-Ing., Prof. f. Tragwerkslehre u. Baukonstruktion TU Berlin - Trabener Str. 21, 1000 Berlin 33 (T. 892 87 01) - Geb. 2. März 1932 Osnabrück (Vater: Hans D., Kaufm.; Mutter: Henriette, geb. Mäck), ev., verh. s. 1957 m. Marianne, geb. Zieger, 2 Kd. (Karsten, Arne).

DIERS, Lothar

Dr. rer. nat., o. Prof. f. Biologie u. ihre Didaktik Univ. Köln - Kirchdaun, 5483 Bad Neuen-ahr-Ahrweiler - Geb. 26. März 1932 Bonn - Promot. 1961; Habil. 1967 - S. 1970 Ord. Üb. 100 Facharb.

DIERS, Paul

Landwirt, Vors. Arbeitsgem. Dt. Rinderzüchter, Bonn - Hentrup 3, 4725 Liesborn üb. Beckum/W..

DIERSCHKE, Hartmut

Dr. rer. nat. (habil.), Prof. (Systemat.-Geobotan. Inst.) - Gottlieb-A.-Richter-Weg 5, 3400 Göttingen - Geb. 11. Juli 1937 - B. 1976 Privatdoz., dann apl., s. 1980 o. Prof. Univ. Göttingen (Botanik); 1. Vors. Florist. soziol. Arb.gemeinsch. e.V.; Generalsekr. Intern. Assoc. for Vegetation Science.

DIERSE, Walter

Assessor, Geschäftsführer DRK-Landesverb. Westfalen-Lippe - Sperlichstr. 25, 4400 Münster/W. - Stud. Rechtswiss.

DIESCH, Jörg

Dr. med., Orthopäde, Segelsportler - Metzstr. 8, 7990 Friedrichshafen/B. (T. 07541 - 2 17 12) - Geb. 29. Sept. 1951 Friedrichshafen (Vater: Dr. med. dent. Bruno D., Zahnarzt; Mutter: Antonie, geb. Schuck), kath., verh. s. 1984 m. Jutta, geb. Schieffer, 3 Kd. (Carolin, Constantin, Cecilia) - Med. Staatsex. Freiburg/Br.; Promot. Klinikum Essen - U. a. 1972 Weltmeister Kl. Fireball u. Shark, 1977, 78, 81, 83 u. 85 Vizeweltm., 1986 Welt- u. Europameister Kl. FD, 1976 Olymp. Goldmed. Kl. FD Montreal (m. Bruder Eckart); 1984 5. Pl. Olympiade Los Angeles. 1982/83 Weltumsegl. - 1x Silb. Lorbeerbl. d. Bundespräs. - Liebh.: Familie, Sport - Spr.: Engl., Franz., Span. (mäßig).

DIESFELD, Hans Jochen

Dr. med., Prof., Internist u. Tropenmediziner, Präs. Dt. Tropenmed. Ges. (1979-81), Mitgl. Wiss. Beirat Bundesmin. f. Wirtschaftl. Zusammenarbeit - Am Mühlwald 50, 6903 Neckargemünd-Rainbach - Geb. 18. April 1932 Berlin (Vater: Dipl.-Kfm. Walther D.; Mutter: Gerda, geb. v. Bressendorf), ev., verh. s. 1957 m. Ingeborg, geb. Schnorrenberg, 2 Kd. (Angelika, Nikolaus) - Obersch. Starnberg; 1951-57 Univ. München (Med.), 1965-66 London (Tropenhyg.). Promot. München; D. T. P. H. London; Habil. Heidelberg - Internist; s. 1966 Wiss. Assist., -Rat, Privatdoz. u. apl. Prof., s. 1975 Ärztl. Dir. Inst. f. Tropenhyg. u. Öfftl. Gesundheitswesen Südasien-Inst./Univ. Heidelberg.

DIESING, Heinz G.

Schauspieler - Zu erreichen üb. ZBF Agentur, Kurfürstendamm 215, 1000 Berlin 15; priv.: Galvanistr. 13, 1000 Berlin 10 - Geb. 28. Jan. - Stud. Staatstheater Danzig, Städt. Bühnen Zoppot - Staatsschausp. - Haus d. Kultur, Dt. Theater, Hebbel Theater, Komödie Kurfürstendamm, alle Berlin. Film: Defa-Film; CCC Film; Societe Film Paris; Rosselini Film Rom. Ferns.: Film- u. Fernsehakad. Berlin; SFB; WDR; ZDF; SWF; NDR. Fr. Mitarb. Sender Freies Berlin; Windrose Dumont Time Ham-

burg; Bavaria München; Ufa Bertelsmann Berlin; Dt. Buchgemeinsch. Berlin - Filme u. a.: Make Love Not War; Post aus Ottava; D. Macht d. Finsternis; E. neuer Start; D. Hochhaus; Meister Timpe; Fallstudien; D. Pfarrer in Kreuzberg; Derrick; Mein Gott Willi; Manni d. Libero; Ich heirate e. Familie; H. v. Kleist; Teufels Großmutter; E. Heim f. Tiere; D. Wicherts v. Nebenan; Justitias kl. Fische (f. Sat 1); Nach d. Wende. Honeckers vergessene Tochter (3 Sat). Kinofilme s. 1986: D. Schwarzfahrer; D. verrückteste Monster d. Welt; Palace Prod. Wonderland Paris; Fatherland Prod. Franco Anglaise; Ödipussi; Kismet (v. Enis Günay u. Rasmin Konyar, Türkei) - Lit.: Presse In- u. Ausland, Hör zu, Funk Uhr, Gong, Film Fernseh Fachverlag, Fachlit., Nachschlagewerke u.a.

DIESINGER, Walter Helmut
Dr.-Ing., Prof. f. Chem. Raketenantriebe TH Aachen (apl.; s. 1978) - Pützweg 7, 5060 Berg. Gladbach 2 - Geb. 19. Dez. 1935 Saarbrücken - Promot. 1966; Habil. 1974 - Bücher u. Einzelarb. - 1967 Borchers-Plak.

DIESNER, Jürgen
Stv. Chefredakteur u. Feuilletonchef Darmstädter Echo - Am Braunen Berg 8, 6104 Seeheim-Jugenheim 1 (T. 06257 - 8 15 12) - Geb. 13. Juli 1942 Königsberg - Liebh.: Theater-, Film-, Literaturkritik - Spr.: Engl.

DIESSELHORST (ß), Malte
Dr. jur., Prof. - Ludwig-Beck-Str. 7, 3400 Göttingen - Geb. 18. Aug. 1928 Essen - Promot. 1955; Habil. 1966 - s. 1971 Prof. Univ. Göttingen (Bürgerl. Recht, Neuere Rechtsgesch. u. Allg. Rechtstheorie). Bücher u. Einzelarb.

DIESTEL, Horst-Gunther
Dr., Prof., Leiter der Abteilung Akustik der Phys.-Techn. Bundesanstalt, 3300 Braunschweig; priv.: Ostwaldstr. 3, 3300 Braunschweig.

DIESTEL, Peter-Michael
Dr. jur., Dipl.-Jurist, Rechtsanwalt. Vors. CDU-Fraktion im Landtag Brandenburg - Am Havelblick 8, O-1560 Potsdam - Geb. 14. Febr. 1952 Prora. ev., verh., 3 Kd. (Stephanie, Friedrich, Jan) - 1972 Abit. m. Berufsb.: Rinderzüchter u. Melker; 1974-78 Jurastud. Leipzig, Promot. 1985 Leipzig - 1978-89 Leit. e. Rechtsabt.; 1990 Zulass. freier Rechtsanw.; 1990 Generalsekr. DSU u. stv. Min.präs. u. Innenmin. d. DDR, Mitgl. d. Volkskammer; s. 1990 MdL - Lit.: Porträts in Frage u. Antwort - Günter Gaus im Gespräch m. u.a. Dr. Diestel, Laienspieler, Riecker, Schwarz,

Schneider; D. wie Diestel v. Dieter Mechtel u. Jürgen Helfricht.

DIESTELKAMP, Bernhard
Dr. jur., Dr. jur. h.c., o. Prof. f. Dt. Rechtsgeschichte Univ. Frankfurt (s. 1967) - Kiefernweg 12, 6242 Kronberg-Oberhöchstadt - Geb. 6. Juli 1929 Magdeburg (Vater: Adolf D., Bundesoberarchivrat; Mutter: Irene, geb. Funck), ev., verh. s. 1958 m. Gisela, geb. Grimm, 2 Kd. (Antje, Michael) - Promot. 1960 Freiburg; Habil. 1966 ebd. - BV: D. Städteprivilegien Herzog Ottos d. Kindes (1204-52), 1961; D. Lehnrecht d. Grafschaft Katzenelnbogen (13. Jh. - 1479), 1969; Gibt es e. Freiburger Gründungsurkunde?, 1973; Urkundenregesten z. Tätigk. d. dt. Königs- u. Hofgerichts bis 1451, Bd. 1, 1988. Bd. 3, 1986. Fachveröff. - Spr.: Engl.

DIETEL, Arno
Dipl.-Ing. (FH), Geschäftsführer Ottmar Reich GmbH & Co., Lindenberg - Säntisweg 41, 8998 Lindenberg (T. 08381 - 14 03) - Geb. 3. Juli 1918 Auerswalde (Vater: Kurt D., Betriebsleit.; Mutter: Frieda, geb. Ulmann), ev., verh. s. 1943 m. Alma, geb. Dick, 5 Kd. (Totila, Volkmar, Bernd, Claudia, Carmen) - Höh. Textilfachsch. Chemnitz, Staatl. Technikum Reutlingen (Staatsex. z. Textil-Ing.) - 1958-61 Managing-Dir. Staatl. Textilw. IRAN; 1962ff. Geschäftsf. Ottmar Reich GmbH & Co., Lindenberg. 1963-82 Vors. Arbeitg.-Verb. Soz. Vereinig. d. Dt. Hutind., München; s. 1963 Vorst.-Vors. AOK Lindau; Landesarbeitsrichter LAG Bayern - 1982 BVK am Bde. - Liebh.: Franz. Gesch., Bergwandern - Spr.: Engl., Franz.

DIETEL, Klaus-Günter

Dr., Landrat Kr. Bayreuth (s. 1978) - Landratsamt, 8580 Bayreuth/Ofr. - Geb. 9. Sept. 1940 Bayreuth, verh., 2 Kd. - Abit. 1959; Stud. Rechtswiss. u. Volkswirtsch. Univ. Würzburg; Promot. 1967 - Wiss. Assist. Univ. Würzburg; 1969 Reg. v. Ufr. (Kommunalref.); 1970-78 pers. Ref. d. Staatssekr. f. Landwirtsch., Ernährung u. Forsten; zul. Ministerialrat; s. 1978 Landrat; Vors. Tourist-Information Fichtelgebirge. CSU; s. 1982 Mitgl. Bezirkstag Ofr.; Vors. Bezirksverb. Oberfranken im Bayer. Landkreistag; Präsid.-Mitgl. d. Bayer. Landkreistags; Vors. Zweckverb. Fränkische Schweiz-Museum.

DIETER, Ludwig
Bundesbahndirektor a. D., Präs. Verb. Dt. Amateurfotografen-Vereine - Tiroler Str. 12A, 6000 Frankfurt/M. 70 (T. 069 - 63 24 83) - Geb. 24. Febr. 1916 Windesheim, ev., verh. s. 1941 m. Friedel, geb. Thiele, 2 T. (Marieluise, Cornelia) - Abit.; Ausb. z. gehob. m. spät. Übern. in d. höh. Dst. Dt. Bundesbahn - Bundesbahndir. DB-Hauptverw.; Hauptbeauftr. Hauptvorst. d. Bundesbahn-Sozialw. f. d. Foto-, Film- u. Tonbandgr. - Ehrenbrief Land Hessen; Médaille d'Honneur d'Argent franz. Société Nationale d'Encouragement au Bien; Honoraire Excellence FIAP d. Fédération Intern. de l'Art Photographique (FIAP); Gold. Ehrennadel, Gold. Verdienstmed. u. Gold. Ehrenring Verb. Dt. Amateurfotografen-Vereine (vdav); BVK am Bde.

DIETER, Werner H.
Vorstandsvorsitzender Mannesmann AG, Düsseldorf - Zu erreichen üb. Mannesmann AG, Mannesmannufer 2, Postf. 55 01, 4000 Düsseldorf 1 - Geb. 23. Sept. 1929 - AR Allianz AG, Berlin u. München.

DIETERICH, Hans Armin

Dr. rer. nat., Prof., Direktor f. klinische Forschung u. Entwicklung b. Marion Merell Dow, Rüsselsheim/London/Kansas City, Prokurist - Am Huhlchen 5, 6500 Mainz (T. 06131 - 83 30 70) - Geb. 24. Sept. 1950 Bad Dürkheim/Pfalz, ev., verh. s. 1978 m. Christine, geb. Deubert, T. Alexandra - Stud. Biol./Chem. u. Pharmak./klin. Pharmak.; Ex. 1975; Promot. 1977; Fachpharmakologe DGPT 1982; Habil. Pharmak./klin. Pharmak. 1989 Georgetown Univ., Washington - Entd.: Verbess. d. Überlebenszeit b. Einsatz v. PDE-Hemmern b. pretransplant Patienten - Veröff.: Etwa 310 wiss. Publ., vorw. Herz/Kreislauf; Bücher, z.B. D. Koronarpatient in Klinik u. Praxis. Mithrsg.: Ztschr. Cor Europaeum (zus. m. Prof. Unger) - 1990 Fellowship of the Europ. Soc. of Cardiol.; 1991 Fellowship of the American Coll. of Cardiology; Mitgl. v. 16 national u. intern. wiss. Gesellsch. - Liebh.: Klavierspielen, Malen, Sport - Spr.: Engl., Franz.

DIETERICH, Hans Jost
Dr. med., Univ.-Prof. (Anatomie u. Elektronenmikroskopie) Univ. Münster (s. 1973) - Julius-Leber-Str. 6, 4400 Münster/W. - Geb. 3. Dez. 1933 Gießen (Vater: Hans D., Univ.-Prof.; Mutter: Erna, geb. Escher) - Stud. Medizin Marburg, Würzburg u. Gießen. Promot. 1961 Gießen; Habil. 1971 Münster - Wiss. Assist. Anat. Inst. Univ. Gießen u. Münster; s. 1973 Prof. - Arbeitsgeb.: Blutgefäß- u. Tubulussystem d. Säugerniere, Vogel- u. Reptilienauge, Struktur d. Herzklappen. Üb. 40 Facharb.

DIETERICH, Hartmut
Dr. jur., Prof. f. Vermessungswesen u. Bodenordnung Univ. Dortmund - Crispinstr. 50, 4600 Dortmund 50 (T. 0231 - 73 32 55) - Geb. 19. Aug. 1931, verh. m. Beate, geb. Buchwald, 4 Kd. - Stud. Pacific Univ., Forest Grove, Oregon, Univ. Tübingen u. Kiel; 1. u. 2. jur. Staatsprüf. 1956-60, 1966-73 Amt f. Boden-ordnung Stadt Stuttgart (Amtslt.), 1973-77 Min. f. Raumordng., Bauw. u. Städtebau, Bonn (Ref.), s. 1977 Univ. Dortmund; Mitgl. DASL. 1991/92 Visiting Prof. Univ. of Newcastle - BV: Dieterich-Farenholtz, Städtebauförderungsgesetz f. d. Praxis, 1972; Conradi-Dieterich-Hauff, Für e. soziales Bodenrecht, 1972; Dieterich-Koch, Bauleitplanung, 1977, (jap. Ausg. 1981); Baulandumlegung, 2. A. 1990 - Spr.: Engl.

DIETERICH, Michael
Dr. phil., Prof. f. Erziehungswiss. Univ. Hamburg - Gartenstr. 35, 7769 Orsingen-Nenzingen (T. 07771 - 58 11) - Geb. 13. Jan. 1942 Stuttgart (Vater: Karl D., kaufm. Angest.; Mutter: Margarete, geb. Krebser), ev., verh. s. 1966 m. Hilde Luise, geb. Schweikert, 3 Kd. (Eva Maria, Jörg, Rebekka) - 1962-65 FH Esslingen (Dipl.-Ing. FH); 1965-66 Berufspäd. Hochsch. Stuttgart (Lehramt an gewerbl. Schulen); 1969-72 Univ. Hohenheim (Höh. Lehramt); 1973-77 Univ. Stuttgart (M.A. Päd./Berufspäd., Psychol.); 1977-80 Promot. (Berufspäd. u. Psych.) ebd., Psychotherapie Univ. Tübingen - 1966-76 Berufsschullehrer; 1976-80 Assist. Univ. Stuttgart; 1980-82 Fachleit. u. Studiendir. f. Psych. Studiensem. Stuttgart; s. 1982 Prof. Univ. Hamburg. Erf. Testverf.: Handwerkl.-motor. Eignungstest HAMET - BV: Berufsausb. lernbehinderter Jugendl., 1978; Diagnostik u. Förder. motor. Fertigkeiten als Elemente d. Berufsreife, 1980; Vorbereit. auf d. Beruf, 1982; Geschicklichkeitserprob. m. MTM, 1983; Randgruppen in d. Berufl. Schulen, 1983; Z. Denken unserer Zeit, 1983; Psych. contra Seelsorge?, 1984; Förderdiagnostik f. Behinderte, 1984; Handbuch Psychol. u. Seelsorge, 1989; Auf d. Weg z. Beruf, 1991; Z. beruflichen Rehabilitation psychisch Behinderter, 1991 - 1979 Preis d. Freunde d. Univ. Stuttgart f. bes. wiss. Leist.; 1982 Nürnberger Trichter Bundesanst. f. Arbeit - Liebh.: Vorträge in Kirchen u. Gemeinsch. z. päd. u. psych. Fragen - Spr.: Engl., Franz., Span.

DIETERICH, Rudolf
Dr.-Ing., Vorstandssprecher Bremshey AG, Solingen - Theodorstr. 90, 4000 Düsseldorf 30.

DIETERICH, Thomas
Dr. jur., Richter Bundesverfassungsgericht, Hon.-Prof. Univ. Göttingen - Schloßbezirk 3, 7500 Karlsruhe - Geb. 19. Juni 1934 - B. 1972 Landesarbeitsgerichtsdir. LAG Baden-Württ., dann Richter am BAG.

DIETERICH, Wilhelm
Dr. rer. pol., Dipl.-Kfm. - Bodenschneidstr. 2b, 8162 Schliersee 2 - Geb. 29. April 1909 Ratingen (Vater: Wilhelm D., Ing.; Mutter: Emilie, geb. Wagner), ev., verh. m. Gerda, geb. Wiesner - Univ. Köln (Schüler v. Prof. Schmalenbach; Dipl.-Kfm. 1931, Promot. 1933) - 1933-39 Wirtschaftl. Prüfungs- u. Treuhandwesen; 1939-45 Ferngas Schlesien AG, Breslau (stv. Vorst.-Mitgl.); 1945-75 Hauptgeschäftsf. d. Wirtschaftsprüfer-Berufsorganisationen Düsseldorf; 1975-78 Generalsekr. u. Int. Accountance-Kongress, München 1977 - Spr.: Franz., Engl. - 1970 BVK I. Kl.; 1979 Gr. BVK.

DIETERLE, Peter
Dr. med., Prof., Chefarzt Krankenhaus Neuperlach, München - Forststr. 39b,

8012 Riemerling - Geb. 8. März 1935 Leisnig, ev., verh. s. 1963 m. Barbara, geb. v. Kutzschenbach, 2 S. (Florian, Christoph) - Promot. 1960 München, Habil. 1970 - 1976 apl. Prof. München - BV: Diabetes (Handb. Inn. Med.); Diät f. Zuckerkranke - Spr.: Engl.

DIETHEI, Paul

MdL Bayern (CSU; s. 1966), stv. Fraktionsvorsitzender - Oertelweg 5, 8960 Kempten/Allgäu - Geb. 26. Juni 1925 Reimlingen Kr. Nördlingen (Vater: Landw.), verh., 2 Kd. - Gymn.; Verwaltungs- u. Wirtschaftsakad. München (7. Sem.; Diplomabschl.) - Wehrdst. u. engl. Kriegsgefangensch. (4 J. Ägypten u. Libyen); s. 1950 Landratsamt Kempten. S. 1956 Mitgl. Stadtrat Kempten.

DIETHELM, Lothar

Dr. med., Prof. (emerit.) - Weichselstr. 53, 6500 Mainz - Geb. 3. April 1910 Gutsch (Eltern: Adolf (Kaufmann) und Margarete D.), kath., verh. s. 1934 m. Hildegard, geb. Staab, 5 Kd. (Lothar, Helga, Jürgen, Gisela, Marianne) - Schule Marienwerder; Univ. Zürich, München, Königsberg, Kiel (Promot. 1933) - 1934 Assistenzarzt Med. Akad. Danzig, 1938 Oberarzt Robert-Koch-Krkhs. Berlin, 1939 Charité-Krkhs. Berlin, 1941 Chefarzt Städt. Krkhs. Bromberg, 1946 ltd. Arzt Röntgen-Abt. Chir. Univ.klinik Kiel (1947 Privatdoz., 1953 apl. Prof.), 1961 o. ö. Prof. Dir. Inst. f. Klin. Strahlenkunde, Univ.-Kliniken Mainz. Zahlr. Facharb., u. a. Handb. d. Med. Radiol. - Ehrenmitgl. Kgl.-Belg., tschechoslow., ung. u. dt. Röntgen-Ges.; Alber-Schönberg-Med. - Liebh.: Musik, Wassersport - Spr.: Franz., Engl.

DIETL, Annelies,
geb. Bachl

Schriftstellerin - Theresienstr. 67, 8000 München 2 (T. 089 - 52 46 80) - Geb. 28. Sept. 1926 Regensburg, kath., verh. s. 1951 m. Eduard D., Schriftst. (s. dort), 2 Kd. (Erhard, Renate) - Kinderb., Relig. Kinderb., Hörsp., Tonbilder, Cassetten, Kinderfilme.

DIETL, Eduard

Schriftsteller - Theresienstr. 67, 8000 München 2 (T. 089-52 46 80) - Geb. 9. Okt. 1927 Regensburg, kath., verh. s. 1951 m. Annelies, geb. Bachl (s. dort), 2 Kd. (Erhard, Renate) - Redakt., Lektor - BV: Clowns, 1968; Traumstraßen Italiens, 1973; Traumstraßen Südtirols, 1979; Bayer. Städtebilder, 1981; Südtirol, Reiseland zw. Brenner u. Salurner Klause, 1982; Franken, 1985; Zeitkritische u. humoristische Erz., 1990; Thüringen, 1990.

DIETL, Erhard

Fr. Illustrator u. Kinderbuchautor - 8000 München - Geb. 22. Mai 1953 Regensburg, 2 Kd. - Akad. f. d. graph. Gewerbe u. Akad. d. bild. Künste, München (Dipl.) - Illustr. f. Ztschr. u. Bücher, haupts. im Ber. Kinder- u. Jugendb., humorist. Zeichner. Veröff. b. versch. Verlagen - Spr.: Engl., Franz.

DIETL, Wolfgang

Dr. rer. pol., Dipl.-Kfm., Hauptgeschäftsführer Gesamtverb. d. Einzelhandels, ARsmitgl. Berliner Volksbank (West) eGmbH., Landesarbeitsrichter - Am Volkspark 15, 1000 Berlin 31 (T. 874172; Büro: 85343011) - Geb. 28. Mai 1905 Hermannstadt (Vater: Anton D., Artl.hptm.; Mutter: Wilhelmine, geb. Lode), ev., verh. s. 1935 m. Hildegard, geb. Ulrichs - Gymn.; Stud. Wirtschaftswiss. Dipl.-Kfm. 1932; Promot. 1935 (beides HH Berlin) - S. 1951 Gf. - Liebh.: Farbfotogr.

DIETLEIN, Max

Dr. iur., Prof., Präsident Verfassungsgerichtshof u. Oberverwaltungsgericht f. Nordrh.-Westf. (s. 1987) - Aegidiikirchplatz 5, 4400 Münster (T. 0251 - 50 52 51) - Geb. 8. Jan. 1931 Köln, kath., verh. s. 1959 m. Jutta, geb. Bönner, 3 Söhne (Markus, Johannes, Thomas) - 1951-54 Stud. Univ. Freiburg u. Köln; Promot. 1958; Gr. jurist. Staatsprüf. 1959 Düsseldorf - Tätigk. Oberverw.gericht; Bundesjustizmin.; 1980 Ministerialdir. u. stv. Amtschef d. Bundesrates; Geschäftsf. Vermittlungsaussch. v. Bundestag u. Bundesrat; s. 1989 Hon.-Prof. Univ. Köln - Verfassungs-, verwaltungs- u. zivilrechtl. Fachbeitr. - Spr.: Engl.

DIETRICH, Albert

Dr. phil., em. o. Prof. f. Arabistik - Benfeyweg 7, 3400 Göttingen (T. 5 52 07) - Geb. 2. Nov. 1912 Hamburg (Vater: Albert D., Lehrer; Mutter: Caroline, geb. Schmitz), ev., verh. s. 1947 m. Gertrud, geb. Bendixen, 4 Söhne (Holger, Rango, Hartmut, Enno) - Univ. Hamburg u. Tübingen (Semit. Sprach-, Islamwiss., Klass. Philol., Alte Gesch.) - Assist. Univ. Berlin (Orient-Inst.; 1938-39) u. Hamburg (Sem. f. Gesch. u. Kultur d. Vorderen Orients; 1948-49); 1949-56 Privatdoz. f. Semistik u. Islamkd. Univ. Heidelberg; 1956-59 Ref. Dt. Archäol. Inst./Abt. Istanbul; s. 1959 Ord. Univ. Göttingen; emerit. 1981 - BV: Phöniz. Ortsnamen in Spanien, 1936; Arab. Papyri aus d. Hbg. Staats- u. Univ.bibl., 1937; Z. Drogenhandel im islam. Ägypten, 1954; Arab. Briefe aus d. Papyrussamml. d. Hbg. Staats- u. Univ.bibl., 1955; D. arab. Studien in Dtschl., arab. 1962, 2. A. 1968; D. arab. Version e. unbek. Schrift d. Alexander v. Aphrodisias üb. d. Differentia specifica, 1964; Islam u. Abendl., 1964; Medicinalia arabica, 1966; Gesch. Arabiens vor d. Islam, 1966; 'Ali ibn Ridwān Üb. d. Weg z. Glückseligkeit durch d. ärztl. Beruf, 1982; Dioscurides triumphans. E. anon.arab. Kommentar z. Materia medica, 2 Bde., 1988 ; D. Dioskurides-Erklärung d. Ibn al-Baitār, 1991 - 1961 o. Mitgl. Göttinger Akad. d. Wiss.; 1958 korr. Mitgl. Ges. f. wiss. Forsch. Aleppo (Syrien); 1974 ausw. Mitgl. Accademia Nazionale dei Lincei, Rom; 1976 korr. Mitgl. Indische Akad. d. Wiss. Aligarh; 1979 Irak. Akad. d. Wiss. Baghdad; 1982 o. Mitgl. Accad. Mediterranea Catania - Spr.: Franz., Engl., Ital., Arab., Türk.

DIETRICH, Anton

Dr., Oberregierungsrat, MdL Bayern (s. 1974) - Friedrich-Zoepfl-Str. 8, 8880 Dillingen (T. 09071 - 3234) - Geb. 1943 - CSU.

DIETRICH, Bruno

Schauspieler (Film, Fernsehen, Theater) - Zu erreichen über: Agentur Alexander, Lamontstr. 9, 8000 München 80 - Geb. 3. April 1939 Düsseldorf (Vater: Erich D., Kaufm.; Mutter: Helga, geb. Jenssen), ev. - Max-Reinhardt-Sch. Berlin - Rollen u.a.: ES; Film v. U. Schamoni; D. Revolution entläßt ihre Kinder; FS-Serie: MS Franziska, Praxis Bülowbogen - 1966 Bundesfilmpreis f. ES. - Spr.: Engl., Franz.

DIETRICH, Frank

Elektromonteur, MdL Brandenburg, stv. Vors. Petitionsaussch. - Dorfstr. 64, O-7561 Kerkwitz - Geb. 3. Mai 1966 Guben, ev., ledig - S. 1991 Landesvors. JU-Brandenburg.

DIETRICH, Fred

Schriftsteller - Mühlbaurstr. 34, 8000 München 80 - Geb. 11. Okt. 1921 Zürich, ev., verh. s. 1949 m. Marianne, geb. Bauernfeind, 3 Kd. - Seemann, Journalist; Generalsekretär Dt. Motoryachtverb. (1956-83), Verlagsleitung, Geschäftsf. ADAC Verlag GmbH, München (1966-83); Landwirt - Autor: Sach-, Jugendb., belletrist. Lit., Hör- u. Fernsehsp., Übers. - Spr.: Franz.

DIETRICH, Georg

Dr. phil., Prof. f. Psychologie Univ. München - Parkstr. 6, 8139 Bernried - Geb. 1. Nov. 1928 Nürnberg - BV: Allg. Beratungspsychol., 1983; Pädagogische Psychol., 1984; Erziehungsvorstellungen v. Eltern, 1985; Spezielle Beratungspsychol., 1986.

DIETRICH, Georg

Oberbürgermeister i. R. - Oppelner Str. 7, 6050 Offenbach/M. (T. 855138) - Geb. 19. Sept. 1909 Karlshorst b. Berlin (Vater: Hermann D., Geschäftsm.; Mutter: Else, geb. Möbius), verh. s. 1940 m. Ilse, geb. Frühling - Univ. Leipzig u. Jena - B. 1945 Allianz, dann Stadtverw. Magdeburg u. Offenbach (1951; 1957-74 Oberbürgerm.). ARsmandate - 1971 Gr. BVK, 1974 Gr. BVK m. Stern, Ehrensenator d. Dt. Ledermuseums - Liebh.: Ostasiat. Kunst - Rotarier.

DIETRICH, Gerhard

Dr. jur., Prof. f. Zivil-, Arbeits-, Wettbewerbs-, Steuer- u. Verw.srecht Gesamthochschule Paderborn - Warburger Str. 100, 4790 Paderborn; priv.: Am Felskamp 5, 3490 Bad Driburg-Neuenheerse.

DIETRICH, Hanns

Kaufmann, Direktor, Generalbevollm. Grillo Handelsges., Duisburg-Hamborn - Saarner Str. 497, 4330 Mülheim (T. 54282) - Geb. 21. Febr. 1917 Frankfurt/M. (Vater: Heinrich D., Bankier; Mutter: Mathilde, geb. Köhler), kath., verh. s. 1944 m. Else, geb. Schilling, 2 Kd. (Renate, Angelika) - Abit.; kaufm. Lehre (Metallges. Frankfurt/M.) - Spr.: Engl., Franz., Span.

DIETRICH, Hans J.

Dr. jur. utr., Generalkonsul a. D. - Alte Hecke 3, 5307 Wachtberg-Pech - Geb. 2. März 1918 Flensburg (Vater: Erich D., Oberregierungsrat †; Mutter: Margarethe, geb. v. Ahlefeld †), ev., verh. s. 1942 m. Borgny, geb. Hanisch, 5 Kd. (Jürgen, Birgit, Eva, Stephan, Désirée) - Ausb. z. Seeoffz. Panzerschiff Graf Spee, Schnellbootskdt., 1944 US-Gefangenschaft - 1946 Univ. Heidelberg, 1. Staatsex. 1949, Promot. 1951, Attaché-Ex. 1951 Speyer - Ausw. Dienst: 1953ff. Gesandtsch. Wellington/Neuseel., 1957ff. u. 1968ff. AA Bonn, 1960ff. Botsch. Addis Abeba/Äthiopien, 1963ff. Botsch. Washington/USA, 1973ff. Botschafter Singapur, 1977ff. Generalkonsul Hongkong u. Macau; 1983 i. R.; 1984 Gastdoz. f. Intern. Beziehungen Univ. of East Asia/Macau, 1985 Peking Univ./China - 1981 BVK I. Kl. - Interessen: Entw. d. ostasiatisch-westpazif. Raumes, Segeln, Wandern - Spr.: Engl., Franz., Norw.

DIETRICH, Hans-Walter

Geschäftsführer Niederrh. Stahlbau GmbH., Wesel - Giselastr. 5, 4230 Wesel - Geb. 1. Febr. 1938.

DIETRICH, Klaus

Dr. rer. nat., o. Prof. f. Theoret. Physik TU München (s. 1972) - Mahirstr. 12, 8000 München 81 - Geb. 30. März 1934 München - Promot. 1961; Habil. 1965 - 1968-72 Prof. Univ. Heidelberg; s. 1972 Prof. TU München. Fachveröff.

DIETRICH, Manfried Leonhard

Dr. phil., Prof., Keilschriftforscher - Droste-Hülshoff-Str. 9b, 4417 Altenberge/M. - Geb. 6. Nov. 1935 China (Vater: Hans D., Pfr. i. R.; Mutter: Maria, geb. Wehrheim), ev., verh. m. Gisela, geb. Bergerhoff - Promot. 1958; Habil. 1969 - S. 1974 Prof. Univ. Münster (Ugarit-Forschergr.). Vizepräs. d. Dt. Religionsgeschichtl. Studienges., Saarbrücken, d. Forschergruppe f. Anthropol. u. Religionsgesch. u. dt.-ostasiat. Vereinig. f. Forsch. üb. Relig., Anthropol. u. Kultur. Spez. Arbeitsgeb.: Sprachen, Gesch. u. Kultur Alt-Syriens, Religionsgesch. d. Vorderen Orients im Altertum u. Asiens - Bücher u. Einzelarb. Mithrsg. Serien Alter Orient u. Altes Testamt, Jb. Ugarit-Forschungen, u. Abhandlungen z. Lit. Alt-Syrien-Palästinas, Altertumskunde d. Vorderen Orients, Zeugnisse Christlicher Mission im 20. Jh.; Mitbegr. Ugarit-Verlag Münster.

DIETRICH, Rainer

Dr. phil., Prof. Univ. Heidelberg - Zu erreichen üb. Inst. f. Deutsch als Fremdsprachenphilol., Plöck 55, 6900 Heidelberg 1 (T. 06221 - 54 75 45); priv.: Am Petrus 9, 6915 Dossenheim - Geb. 16. Aug. 1944 Freiburg/B. - Stud. ältere u. neuere Geman., Phil., Sprechkde. Univ. Saarbrücken; Promot. 1971 Saarbrücken, Habil. 1974 Heidelberg - 1971-73 wiss. Mitarb. Univ. Saarbrücken, s. 1973 Univ. Heidelberg (angew. Sprachwiss., Dt. als Fremdspr.); 1983-85 Prorektor Univ. Heidelberg; 1987 Ehrenprof. d. Shanghai Intern. Studies Univ. - BV: Automat. Textwörterbücher, 1973; Computerlinguistik, 1973; Generat. Linguistik f. Psychol., 1976; Learner, Language and Control, 1983; Language Processing in Social Context, 1989 - Spr.: Engl., Franz., Eborisch.

DIETRICH, Richard

Dr. phil., Prof., Historiker - Sachsenstr. 17, 3500 Kassel (T. 311762) - Geb. 2. Jan. 1909 Freiberg/Sa. (Vater: Johannes D., Oberregierungsrat; Mutter: Adelgunde, geb. Heisterbergk), ev., verh. s. 1939 m. Ilse, geb. Kassow, S. Eberhard - Gymn. Albertinum Freiberg; Univ. Kiel, Leipzig, Berlin (Geschichte, Phil., German., Geogr.; Promot. 1933). Habil. 1953 Berlin - 1933-38 fr. Wiss.ler, 1938-45 wiss. Sachbearb. Kriegsgeschichtl. Abt. Luftwaffe u. Archivkommiss. AA, 1945-47 Tutor u. Lehrbeauftr. Univ. Hamburg, 1947-48 Lehrer, s. 1948 Lehrb., Privatdoz. (1953) u. apl. Prof. (1959) FU Berlin (Neuere Geschichte). Fachmitgliedsch. - BV: D. Tripoliskrise u. d. Erneuerung d. Dreibundes 1911-12, 1933; Unters. z. Frühkapitalismus im mitteld. Erzbergbau u. Metallhandel, 1958/60, 2. A. 1991; Kl. Gesch. Preußens, 1966; Pol. Test d. Hohenzollern, 1986. Herausg.: Forsch. zu Staat u. Verfass. (Festg. f. Fritz Hartung, 1958), Berlin - 9 Kap. s. Gesch. (1960), Preußen - Epochen u. Probleme s. Gesch. (1964), Histor. Theorie u. Geschichtsforsch. d. Gegenw. (1964; span. 1966), Europa u. d. Nordd. Bund (1967), D. Städte Brandenburgs im 16. Jh. D. Städtewesen Sachsens um d. Wende v. Mittelalter z. Neuzeit, 1980. Mitarb. zahlr. Lehrb. f. d. Geschichtsunterr. - Liebh.: Musik, bild. Kunst, Lit., Reisen - Spr.: Franz., Engl. - Bek. Vorf. ms.: Jacobus (Hannoverscher Vizekanzler, Vertr. Westf. Friedenskongr.; 1593 - 1649) u. Wilhelm August Lampadius (Chemiker, ab 1794 Prof. Bergakad. Freiberg; 1772 - 1842) - Lit.: Histor. Stud. zu Politik, Verfass. u. Ges. Festschr. z. 65. Geburtstag, 1976.

DIETRICH, Theo

Dr. päd., Prof. f. Erziehungswissenschaft - Kösseinestr. 19, 8580 Bayreuth (T. 0921 - 9 92 71) - Geb. 19. Febr. 1917 Löbichau/Thür. (Vater: Paul D., Oberpostinsp.; Mutter: Paula, geb. Ulbrig), ev., verh. s. 1949 m. Elfriede, geb. Zetzsche, 4 Töcht. (Ulrike, Ute, Ursula, Annette) - 1936-38 Hochsch. f. Lehrerbild. Bayreuth; 1940-46 m. Unterbr. Univ. Jena (Promot. 1946) - 1937-40 Volksschullehrer; 1946-49 Assist. Univ. Jena; 1949-51 Lehrer Landerziehungsheim Odenwaldsch.; 1952-75 Prof. Univ. Bremen; s. 1975 Univ. Bayreuth (emerit. 1985) - BV: Wie Kinder sich Erwachsene wünschen, 1953; Eltern, laßt uns spielen, 1956 (franz. 1958); Peter Petersen - Leben u. Werk, 1958, 5. neubearb. u. erw. A. 1991; Mensch u. Erziehung in der Pädagogik Christian Gotthilf Salzmanns, 1963; Sozialist. Päd. - Ideologie ohne Wirklichkeit, 1966, Paris 1973, Madrid 1975; Geschichte d. Päd. in Beispielen, 18. - 20. Jh., 1970; Zeit- u. Grundfragen d. Päd. (1983), 7. A. 1992. Herausg.: Klinkhardts päd. Quellentexte (m. A. Reble): Didakt. Grundrisse; Fachdidaktische Texte (m. J.-G. Klink u. H. Netzer) - 1985 BVK a. Bd. - Spr.: Engl.

DIETRICH, Walter

Dr.-Ing., Wiss. Rat, Prof. f. Stahlbetonu. Massivbau TU Braunschweig (s. 1962) - Sudetenstr. 59, 3302 Cremlingen.

DIETRICH, Werner
Dipl.-Kfm., Vorstand Kurhessische Molkereizentrale eG, Kassel (s. 1976), Geschäftsf. Milchwerke Fulda-Lauterbach, Milchverwertungs-Ges. mbH, Fulda-Lauterbach u. Schwalm-Milch GmbH, Neukirchen - Tegeler Str. 19, 6420 Lauterbach (T. 06641 - 80 60) - Geb. 1. Jan. 1931 Alsfeld (Vater: Georg D., Kaufm.; Mutter: Käthe, geb. Kalbfleisch), ev., verh. s. 1960 m. Karin, geb. Rockemer, 2 Kd. (Jörg, Kathrin) - Gymn. (Abit.); Molkereilehre; Stud. d. Betriebswirtsch. (Dipl.ex. 1958 Frankfurt/M) - Verbandsprüfer Frankfurt/M., Rhein.-Westf. Dauermilchges., Krefeld (Kaufm. Leit.). AR- u. VR-Mand.

DIETRICH, Wolf
Dr. phil., o. Prof. f. Roman. Philol. Univ. Münster (s. 1973) - Coesfeldweg 43, 4400 Münster (T. 86 33 83) - Geb. 9. Okt. 1940 Mülheim (Vater: Dr. med. Herbert D., Chirurg; Mutter: Anneliese, geb. Steil), ev., verh. s. 1969 m. Marta, geb. Kreppel, 4 Kd. (Sebastian, Julia, Johannes, Agnes) - Univ. Münster, Montpellier, Tübingen (Roman., Lat.); Promot. 1971 Tübingen; Habil. 1973 ebd. - 1967-73 Assist. Sem. f. vergl. Sprachwiss. Tübingen, 1973 Gastprof. Univ. de Navarra, Pamplona/Sp. - BV: D. periphrast. Verbalaspekt in d. roman. Spr., 1973 (span. Übers. 1983); Bibliografia da lingua portuguesa do Brasil, 1980; El idioma chiriguano, 1986; More Evidence for an Internal Classification of Tupi-Guarani Languages, 1990; Einführung in d. span. Sprachwiss. (m. H. Geckeler), 1990. Fachveröff. bes. z. Grammatik d. roman. Sprachen u. d. Tupi-Guarani - Spr.: Engl., Franz., Span., Ital., Portug., Rumän., Ung.

DIETRICH, Wolfgang
Dr. theol., Prof. f. Theol. u. Religionspäd. Univ. Hannover - Leopold-Lucas-Str. 41, 3550 Marburg/Lahn (T. 06421 - 3 48 96) - Geb. 6. Febr. 1925 Berlin/Birkenstein (Vater: Gerhard D., Pfarrer; Mutter: Hanna, geb. Heinig), ev., verh. s. 1953 m. Irmgard, geb. Dörmer, 2 S. (Siegfried, Christoph) - 1. Theol. Ex. 1952 Marburg, 2. Theol. Ex. 1958 Hofgeismar, Promot. 1975 Marburg - 1955-69 Berufsschulpfarrer Marburg; 1970-79 Doz. Kronberg/Ts.; s. 1979 Prof. Hannover, s. 1990 pens. - BV: D. Anstoß - Bl. f. d. Relig.unterr., 3 Ringb., 1968-77, 2. A.; Elemente f. Relig.unterr. u. Sem., 1971; Exemplar. Bilder - Didakt. Bildwerk m. 3 Kommentarbde., 1973-80, 2. A.; Provokation d. Person-Nikolai Berdjajew in d. Impulsen s. Denkens, 4 Bde. 1975; Gebet (Dia-Themen); Zitate-Tafeln - Wortkompos., 1978; Frau u. Mann - Mann u. Frau; Ich spiele, also bin ich, 1981; V. Mut, sanft zu sein, 1983; Gegen Sätze - Antithesen im Sinne Jesu, 1984; U. Mirjam nahm d. Pauke in d. Hand, 1985; In d. Welt geboren, 1986; Sabbat halten - Arbeit loslassen, 1987; Gott ehren - D. Freiheit folgen, 1988; Zeit f. Schmetterlinge, 1989; Bilder durchschauen - Idole verhindern, 1989; Am Namen wachsen - Im Namen handeln, 1990; Lebensfragen 1: Unterwegs z. Mündigkeit, 1990.

DIETTER, Ernst
Ing., Techn. Direktor, Geschäftsf. Linde Hausgeräte GmbH. (s. 1971) - Am Steeg 16, 6203 Hochheim - Geb. 30. Okt. 1926.

DIETZ, Albrecht
Dr. rer. pol., Dipl.-Kfm., ehem. Vorstandsvorsitzender Dt. Leasing AG, Bad Homburg v.d. Höhe, Hon.-Prof. f. Betriebswirtsch. d. Univ. Frankfurt/M., Fachgeb. Managementlehre, Leasingwirtschaft (s. 1990) - Johann-Usener-Str. 1, 6000 Frankfurt/M. 60 - Geb. 11. März 1926 Dresden, ev., verh. s. 1954 m. Elisabeth, geb. König, 3 Kd. (Micaela, Matthias, Simone) - TH Dresden, Univ. Jena (Dipl. 1947) u. Frankfurt (Promot. 1949) - 1949 Treuarbeit; 1953 Olivetti (Finanzdir. u. Geschäftsf.); 1962 Maschinen-Miete GmbH (gf. Gesellsch.). B. 1982 Vorst.-Vors. Bundesverb. Dt. Leasing-Ges., Köln; Mitgl. Beirat Landesbank Rheinl.-Pfalz, Mainz - 1992 BVK - Liebh.: Zeichnen u. Malen - Spr.: Engl., Franz.

DIETZ, Armin
Dr. med., Prof., Chefarzt Intern. Abt. Kreiskrankenhaus Burghausen - Zu erreichen üb. Kreiskrankenhaus, Krankenhausstr. 1, 8263 Burghausen - Geb. 17. Okt. 1941, kath., verh. s. 1969 m. Gudrun, geb. Fleischmann, 3 Söhne (Christopher, Sebastian, Johannes) - Med. Staatsex. 1967, Promot. 1967, Habil. 1977, alles Univ. Würzburg - Liebh.: Sport, Lit. - Spr.: Engl.

DIETZ, Ernst
Studienrat, MdL Bayern (s. 1970) - Marktredwitzer Str. 6, 8595 Mitterteich/Opf. (T. 09633 - 636) - Geb. 1943 - CSU.

DIETZ, Georg Jorge
Dr. med. dent., Prof. f. Zahnmedizin - Residenzstr. 7, 8000 München, priv.: Mauerkircherstr. 120, 8000 München - Geb. 24. Dez. 1934 Concepcion (Vater: Georg D., Dipl.-Ing.; Mutter: Marga, geb. Vogel), ev.luth., verh. s. 1962 m. Gerda, geb. Winkler, S. Georg-Herbert - Univ. de Concepcion/Chile (b. 1959), Univ. München (b. 1980) - Lebensl. Mitgl. d. Lehrkörper Univ. München - Entd.: Endodontische enossale Stiftimplantat (FS-Stift n. Dietz), Endodontische Gangraena-Merz-Paste - BV: Stiftimplantate, 1978; Mod. Endodontie, 1981 - Nationalpreis f. zahnärztl. Forsch./Chile 1973 - Spr.: Span.

DIETZ, Hermann
Dr. med., Dipl.-Psych., o. Prof. f. Neurochirurgie Med. Hochschule Hannover (s. 1970) - An d. Trift Nr. 10b, 3000 Hannover 71 - Geb. 15. Febr. 1925 - Promot. 1953; Habil. 1966 - Zul. Univ. Mainz - BV: D. frontobasale Schädelhirnverletz., 1970. Etwa 100 Einzelarb.

DIETZ, Klaus
Dr. rer. nat., o. Prof. f. Medizin. Biometrie - Hirschauer Str. 31, 7400 Tübingen - Geb. 26. Aug. 1940 Ludwigshafen/Rh. - Promot. 1966 Heidelberg - Assist. Freiburg, Doz. Sheffield, Statistiker WHO, s. 1976 Ord. u. Institutsdir. Tübingen. Üb. 100 Facharb. Mithrsg.: Theoretical Population Biology (1973ff.); Biometrics (1980-84); Statistics in Medicine (1982ff.); Parasitology Today (1985-91); Mathematical Biosciences (1991ff.).

DIETZ, Peter
Dr.-Ing., Prof. f. Maschinenwesen - Robert-Koch-Str. 32, 3392 Clausthal-Zellerfeld (T. 05323-72 22 70) - Geb. 27. Mai 1939 Darmstadt (Vater: Prof. Dr. Heinrich D.; Mutter: Dorothea, geb. Schütt), kath., verh. s. 1968 m. Elsbeth, geb. Niedermaier, 3 Kd. (Margit, Martin, Stefan) - Gymn. Rüsselsheim (Abit. 1957), TH Darmstadt (Masch.bau, Dipl.-Ing. 1964, Promot. 1971) - 1964-71 Assist., 1971-74 Doz., 1974-80 Pittler Masch.fabrik AG, Langen (Vorst.assist. b. 1976, Abt.Leit. b. 1977, Bereichsleit. Konstrukt. u. Entwickl. b. 1980), s. 1980 Prof. u. Institutsdir. (Masch.wesen) TU Clausthal - Zahlr. Patente - BV: Div. Veröff. auf d. Gebiet d. Masch.elemente u. Werkzeugmasch. - Liebh.: Musik, Skifahren - Spr.: Engl., Span.

DIETZ, Sigrid Antonia,
geb. Rehm
Malerin, Schriftst. - Götzfriedstr. 1, 8948 Mindelheim (T. 08261-26 82) - Geb. 3. Aug. 1932 Laupheim/Württ., kath., verh. s. 1954 m. Georg Dietz, 3 Kd. (Bernhard, Georg, Gudrun) - Autodidaktin - VHS-Doz. f. Malerei. Kunstricht.: Porträt, Akt, Landschaft, Tiere - BV: D. Psychophysische Realismus; D. Psychonaut; mehrere Lyrikbde., u.a. Nachricht an d. Farben, 1978; Gras stirbt/Gras kann gerettet werden, 1981. Ausst. in amerik. Galerien u. in Europa - Preis f. zeitgenöss. Kunst, Spoletto/Ital. - Spr.: Engl., Ital. - Lit.: Sigmund Bonk, D. Psychonaut; Bernhard Mayer, D. Psychonauten d. Malerin Sigrid Dietz.

DIETZ, Walter
Vorstandsmitglied Nord-West-Deutsche Hefe- u. Spritwerke AG., Hameln - Hastenbecker Weg 10, 3250 Hameln/Weser - Geb. 17. Mai 1925 - S. 1945 ob. Fa.

DIETZ, Werner
Dr. med., Prof., Radiologe - Im Vogelbach 2, 7801 Wittnau-Biezighofen (T. Freiburg/Br. 403251) - Geb. 27. Juli 1914 Pirmasens (Vater: Philipp D., Kaufm.; Mutter: Emma, geb. Fuchs), verh. s. 1962 m. Inge, geb. Wiecker - Promot. 1940; Habil. 1954 - Klin. Ausbild. Univ. Freiburg u. Würzburg; s. 1954 Privatdoz. u. apl. Prof. f. Med. Strahlenkd. (1959) Univ. Freiburg (zeitw. Oberarzt). Fachveröff.

DIETZE, Ekkehardt
Dipl.-Physiker, Mitglied d. Landtages Thüringen (s. 1990) - K.-Langebach-Str. 12, O-6822 Rudolstadt - Geb. 21. Juni 1950, verh., 1 Kd. - Abit.; Physikstud. Leipzig.

DIETZE, Horst
Bezirksstadtrat a. D., Journalist - Forstweg 58, 1000 Berlin 28 (T. 401 28 58) - Geb. 19. Okt. 1927 Berlin (Vater: Carl D., Koffermacher; Mutter: Emmi, geb. Lieber), ev., verh. in 2. Ehe (1961) m. Hildegard, geb. Näther, Tocht. Johanna - Max-Planck-Obersch. Berlin, 1947-50 Humboldt- u. Freie Univ. Berlin (1948; Rechtswiss.). Gr. jurist. Staatsprüf. 1955 - 1960 Senat v. Berlin; 1960-64 Leit. Rechtsamt Wedding; 1964-75 Bezirksstadtrat f. Volksbild. u. stv. -bürgerm. (1971) Reinickendorf (alles Berlin); 1975-77 Kirchentagsbeauftr. Ev. Kirche Berlin/Brandenburg. Begr. Graphothek, Artothek Berlin u. Intern. Archiv f. Kunstverleih u. Bildereien; Mitbegr. Verb. Berliner Verw.jur. u. Neuer Berliner Kunstverein. SPD s. 1949 - BV: u. a. Erfahrungen m. d. Berliner Verw.reorganisation, 2 T. 1958/64 (m. a.); Z. Gesch. d. Berliner Bez.reform 1966-71, 1974; Über Kunstleihe u. Bildereien (Hrsg.), 1982; Aspekte d. Kunstverleihs (Hrsg.), 1986 - 1978 BVK a. Bd.

DIETZE, Horst-Dietrich
Dr. rer. nat., em. o. Prof. Theoret. Physik RWTH Aachen - Nizzaallee 36a, 5100 Aachen - Geb. 24. Juli 1920 Salzwedel - Dipl. 1949 u. Promot. 1951 Göttingen; Habil. 1959 Aachen - 1965 apl. Prof., 1952-58 Friedr. Krupp Widia-Fabrik Essen; 1958-66 Inst. f. Reaktorwerkstoffe Kernforsch.-Anl. Jülich; 1963-64 Gastwiss. Oak Ridge Nat. Lab. (USA); 1967-71 o. Prof.Univ. Saarbrücken; s. 1971 o. Prof. RWTH Aachen - BV: Grundkurs in Theor. Physik I u. II.

DIETZE, Lutz
Dr. jur., Dr. phil., Prof. f. Öfftl. Recht, Bildungs- u. Rehabilitationsrecht Univ. Bremen (s. 1973) - Bergstr. 23, 2862 Worpswede - Geb. 19. Juni 1940 Berlin (Eltern: Dr. Ernst (Rechtsanw. u. Not.) u. Irmgard D.), verh. s. 1962 m. Ingrid, geb. Hölzel, 3 Kd. - Habil. 1982 Univ. Osnabrück - 1974 Mitarb. im Hess. Kultusmin. - Ca. 300 wiss. Publ. (s. 1970) u. a. z. Schul- u. Hochschulrecht, Recht d. berufl. Bildung, Behind.-Recht, Gesundh.- u. Lebensmittelrecht; Didaktik - Liebh.: Mod. Kunst, Bücher, Kochen - Spr.: Franz., Engl., Lat., Ital.

DIETZEL, Adolf
Dr.-Ing., Dr.-Ing. E.h., Prof. f. Chemie - Gerhart-Hauptmann-Str. 5, 8745 Ostheim v. d. Rhön (T. 09777 - 5 10) - Geb. 3. Febr. 1902 Pforzheim (Vater: Adolf D., Chemiker; Mutter: Emilie, geb. Hasenmayer), ev., verh. s. 1989 in 2. Ehe m. Gerda, geb. Annecke - S. 1920 TH Karlsruhe (Dipl.-Ex. 1926, Promot. 1928); Habil. 1938 TH Berlin - 1952-71 Schriftleit. u. Wiss. Leit. Ber. Dt. Kerm. Ges. u. Mitt. Verein Dt. Emailfachl. S. 1943 apl. Prof. TH Berlin; 1951ff. Dir. Max-Planck-Inst. f. Silikatforsch. Würzburg; s. 1952 Hon.-Prof. Univ. Würzburg. Emerit. 1971 - BV: Emaillier., 1981. Zahlr. Veröff. (b. 1990) - 1952 Gold. Gehlhoff-Ring Dt. Glastechn. Ges.; 1957 Seger-Med., Dt. Keram. Ges.; 1960 BVK I. Kl.; 1962 Ehrenmitgl. d. Americ. Ceram. Soc.; 1962/63 Präs. Intern. Commiss. on Glass; 1963 Louis-Vielhaber-Med. Verein Dt. Emailfachl.; 1964 Otto-Schott-Med. Dt. Glastechn. Ges., Rieke-Ring Dt. Keram. Ges.; 1965/66 Präs. Intern. Enamellers Inst.; 1969 Ehrenmitgl. Dt. Keram. Ges.; 1970 Ehrenvors. Verein Dt. Emailfachl.; 1972 Ehrenmitgl. Soc. Ital. per la Ceramica; 1979 Ehrendoktor TU Clausthal-Zellerfeld; 1987 Ehrenmitgl. Dt. Glastechn. Ges.; 1987 Goldene Ehrennadel Dt. Keram. Ges.; 1987 Balthasar-Neumann-Plak. Stadt Würzburg - Liebh.: Foto, Schach - Spr.: Engl., Franz., Span., Schwed. (etwas Russ.) - Lit.: Beiträge in: Ber. Dt. Keram. Ges. 39/1962, Dt. Glastechn. Ges. 35/1962 u. Verein Dt. Emailfachl. 10/1962.

DIETZEL, Armin
Dr. theol., Bibliotheksdirektor i. R. - Lerigauweg 12, 2900 Oldenburg (T. 50 19 49) - Geb. 10. Juni 1926 Bayreuth (Vater: Emil D.; Mutter: Elsa, geb. Paschold), ev.-freik., verh. s. 1954 m. Gretchen, geb. Müller, 4 Kd. (Ursula, Barbara, Andreas, Martin) - 1945-54 Univ. Erlangen, Tübingen, Hamburg (Theol. Seminar), Mainz (Theol., Bibliothekswiss.). I. theol. Ex. 1950 Tübingen; Promot. 1955 Mainz; Bibl.-Fachpr. 1958 BSB München - 1958-68 Univ.-Bibl. Erlangen (zul. Oberreg.-Bibl.-Rat); 1968-88 Landesbibl. Oldenburg (Leit.) - BV: Martin Luther: De kleene Catechismus Oldenburg 1599, Faks.-Ausg. 1970 (Hrsg.). Mitarb.: O. Pültz, D. dt. Handschr. d. UB Erlangen (1973). Herausg.: Schr. d. LB Oldenburg (1974-87) - 1986 Landschaftsmed. d. Oldenburg. Landsch. - Liebh.: Humaniora; Theol. in Tradition u. Gemeinde - Spr.: Lat., Griech., Hebr.

DIETZEL, Ernst
Dr. rer. nat., Vorstandsmitglied Behringwerke AG., Marburg - Paul-Ehrlich-Weg 17, 3550 Marburg/L. - Geb. 14. Okt. 1914.

DIETZEL, Werner
Dr. med., Prof., Chefarzt Anaesthesie-Abt./Städt. Krankenhaus Leverkusen - Dhünnberg 60, 5090 Leverkusen - Geb. 9. Juni 1937 - Promot. 1962 - S. 1970 (Habil.) Lehrtätigk. Univ. Heidelberg (1974 apl. Prof. f. Anaesthesiologie). Üb. 50 Facharb.

DIETZEN-SCHLÖSSER, Gaby
Journalistin, Regierungssprecherin Mecklenburg-Vorpommern (1991/92) - Staatskanzlei Mecklenburg-Vorp., Schloßstr. 2-4, O-2750 Schwerin (T. 57 19-5 23, 581 32 80) - Geb. 14. Mai 1951 Trier, verh. - 1969-71 Zeitungsvolontariat; 1974-76 Stud. Politikwiss. - 1971-74 Ztg.redakt.; 1976-85 Hörfunkredakt./Moderat.; 1985-90 Fernsehredakt./Moderat.

DIEZEL, Paul Bernd
Dr. med., Prof, Chefarzt Pathologisches Institut - Büchenbronner Str. 68, 7530 Pforzheim - Geb. 13. März 1923 Bad Homburg v. d. H. (Vater: Paul D., Ing.; Mutter: Elisabeth, geb. Gubelt), ev., verh. s. 1965 m. Dr. med. Sibylle, geb. Arndt - Fürsten u. Landessch. St. Augustin Grimma; Stud. med. u. Chemie Med. Staatsex. 1946 Tübingen - S 1957 (Habil.) Lehrtätigk. Univ. Heidelberg (1962) apl. Prof.). S. 1983 Vors. Ärzteschaft Pforzheim/Enzkr. - BV: D. Stoffwechselstörungen d. Sphingolipoide,

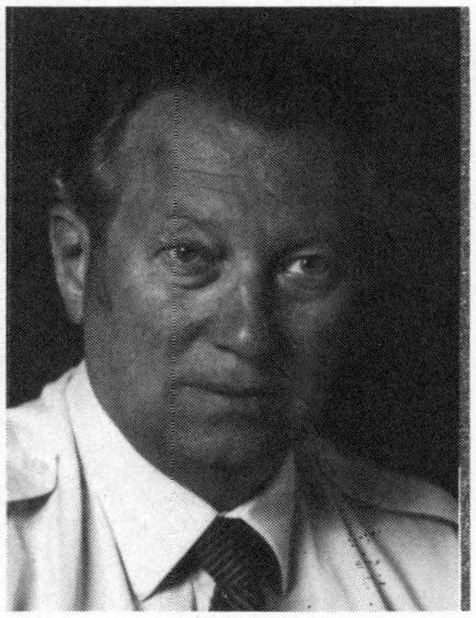

1957. üb. 100 Einzelarb. - Liebh.: Musik, Alte Kunst - Spr.: Engl.

DIGEL, Helmut

Dr., Prof. f. Sportwissenschaft TH Darmstadt - Albert-Schweitzer-Str. 20, 6107 Reinheim 5 - Geb. 6. Jan. 1944 Aalen, ev. - Stud. Univ. Tübingen (Promot. 1974) - 1978-82 Prof. Univ. Frankfurt; 1982-85 Prof. Univ. Tübingen; s. 1985 Prof. TH Darmstadt. S. 1990 Präsid.-Mitgl. d. Dt. Sportbundes; Vors. Bundesaussch. Wiss., Bildung u. Gesundh. - BV: Sprache u. Sprechen im Sport, 1977; Sport verstehen u. gestalten, 1982; Lehren im Sport, 1982; Probl. d. modernen Hochleistungssports, 1987; Sport im Verein u. im Verband, 1988; Sport in d. Entwicklungszusammenarb., 1989; Modernes Training im Sport, 1990; Wettkampfsport. Wege zu e. besseren Praxis, 1991 - Spr.: Engl.

DIGESER, Andreas

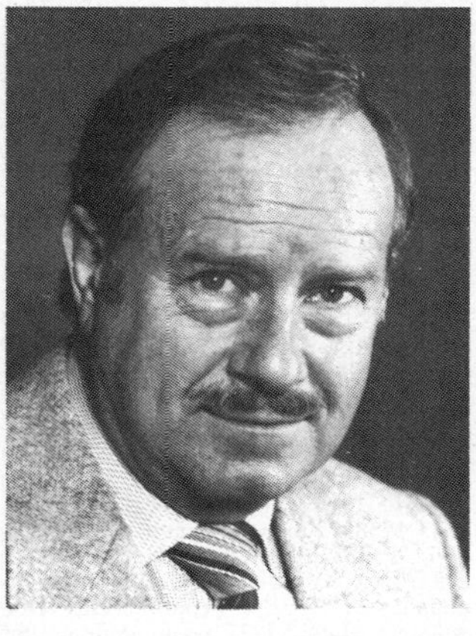

Dr. phil., Prof. f. Englisch PH Freiburg - Meisenweg 6, 7860 Schopfheim - Geb. 13. Juli 1925 Breslau - Stud. Engl., Franz., Dt. Beide Staatsex. Diss. üb. Eugene O'Neill - BV: Phonetik u. Phonol. d. Engl. - E. Lernb. m. Übungen, 1978; Fremdspr.did. u. ihre Bezugswiss. - Einf., Darst., Kritik, Unterr.-Modelle, 1983. Herausg.: Groß- u. Kleinschreibung? - Beitr. z. Rechtschreibreform (1974) - Liebh.: Lit. (bes. Dramen) - Spr.: Engl., Franz.

DIHLE, Albrecht

Dr. phil., theol. h.c., phil. h. c., Prof. f. Klass. Philologie - Marstallhof 4, 6900 Heidelberg - Geb. 28. März 1923 Kassel (Vater: Hermann D., Kammerpräs.; Mutter: Frieda, geb. v. Reden), ev., verh. s. 1949 m. Marlene, geb. Meier, 5 Kd. - Univ. Göttingen (Promot. 1946) u. Freiburg/Br. (Archäol., Klass. Philol.) - S. 1950 (Habil.) Lehrtätigk. Univ. Göttingen (1957 apl. Prof.) u. Köln (1958 Ord.), Heidelberg (Ord. 1974). 1963 Gastprof. Cambridge, 1965/66 u. 1989/90 Harvard, 1968 Stanford, 1973/74 Berkeley, 1974 Sidney, 1983 Princeton, 1984 Durban, 1989 Perugia - BV: Studien z. griech. Biogr., 1956; D. goldene Regel, 1962; Umstrittene Daten, 1965; Griech. Literaturgesch., 1967, 2. A. 1990; Homer-Probleme, 1970; Euripides' Medea, 1977; D. Prolog d. Bacchen, 1981; The Theory of Will, 1982; Griech. u. lat. Lit. d. Kaiserzeit - 1966 Mitgl. Akad. Rhein. Westf., 1975 Heidelberger Akad. d. Wiss., 1986 Inst. de France Acad. d. Inscriptions et Belles Lettres, 1988 Brit. Acad., 1990 Acad. Europ.

DIKAU, Joachim

Dr. rer. pol., Dipl.-Hdl., o. Prof. f. Wirtschaftspädagogik - Rolandstr. 6, 1000 Berlin 38 - Geb. 3. Aug. 1929 Königsberg/Pr. (Vater: Adolf D., Geschäftsf.; Mutter: Emma, geb. Weinert), verh. s. 1961 m. Jutta, geb. Walbert, T. Simone - 1946-49 Lehre Einzelhandelskfm.; 1952-54 Abiturkurs Braunschweig-Kolleg; 1954-59 Univ. Hamburg u. Berlin (FU). Dipl.-Hdl. 1959; Promot. 1967 - 1949-52 Angest.; 1959-63 Lehrer; 1963-68 Wiss. Assist. FU Berlin; 1968-71 Akad. Rat TU Berlin; s. 1971 Ord. PH (Erwachsenenbild.) u. FU Berlin (1974 gf. Dir. Inst. f. Wirtschaftspäd.) - BV: Wirtschaft u. Erwachsenenbild., 1968; Mitbestimmung in d. Wirtsch., 1979 (m. Barthel); Weiterbildungsaufg. d. Hochschulen, 1982; Berufsausbg. ausländ. Jugendlicher in Berlin, 1984 - Spr.: Engl.

DILCHER, Gerhard

Dr. jur. (habil.), Prof. f. Dt. Rechtsgeschichte, Kirchen- u. Zivilrecht - Senckenberganlage 31, 6000 Frankfurt - Geb. 14. Febr. 1932 Schlüchtern (Vater: Dr. Fritz D.; Mutter: Inge, geb. Hassenstein), ev., verh. s. 1961 m. Ellen, geb. Müller, 2 Söhne (Roman, Sebastian) - Stud. Rechtswiss. Gr. jurist. Staatsprüf., Stip. Dt. Hist. Inst. Rom, 1961/63 - S. 1967 Ord. FU Berlin u. Univ. Frankfurt (1972), dort Dekan 1969/70 u. 1981/82 - BV: D. Entsteh. d. lombard. Stadtkommune, 1967; D. dt. Juristentag, 1980 u.a. Herausg.: Rechtsgesch. als Kulturgesch., Festschr. A. Erler, 1976; Christentum, Säkularisation u. mod. Recht, 1982 u. a. Zahlr. Veröff. z. mittelalterl. Rechtsgesch., insbes. Stadtrechtsgesch., u. z. Rechts- u. Verfassungsgesch. sow. z. Wissenschaftsgesch. d. Neuzeit, z. Zivilrecht u. z. Juristenausbildung - Mitgl. Berliner Wiss. Ges. u. a. wiss. Vereinig.; 1985-89 Vors. Vereinigung f. Verfassungsgeschichte. 1985 wiss. Vortragsreise Jap. u. Ostasien, 1991 Indien. 1986 Gastprof. Univ. of Florida (USA) - Spr.: Engl., Ital., Franz.

DILCHER, Hermann

Dr. jur., o. Prof. f. Rechtsgeschichte d. Neuzeit u. Bürgerl. Recht - Ruhr-Universität, 4630 Bochum-Querenburg - Geb. 24. Nov. 1927 Frankfurt/M. - Gymn. u. Univ. Frankfurt (Phil., Gesch., Altphilol., Rechtswiss.). Jurist. Staatsprüf. 1952 u. 57. Promot. (1953) u. Habil. (1960) Frankfurt - S. 1962 Ord. Univ. Kiel u. Bochum (1965) - BV: D. Vollstreckung d. Abgabe v. Willenserklärungen, 1954; D. Typenzwang im mittelalterl. Vertragsrecht, 1960; D. Theorie d. Leistungsstörungen bei Glossatoren, Kommentatoren u. Kanonisten, 1960; Rechtsgeschäfte auf verfassungswidr. Grundl. 1963; Normann. Assisen u. röm. Recht im sizil. Stauferreich, 1966.

DILG, Peter

Dr. rer. nat., Prof. f. Geschichte d. Pharmazie Univ. Marburg - Haselhecke 30, 3550 Marburg - Geb. 6. Okt. 1938 Landshut/Bay. (Vater: Paul D., Apotheker; Mutter: Emilie, geb. Reber), kath., verh. s. 1967 - Stud. Pharmazie München, Gesch. d. Pharm. Marburg - BV: Pharmazeut. Terminologie - D. Fachspr. d. Apothekers, 2. A. 1975 (m. G. Jüttner); Perspektiven d. Pharmaziegeschichte, 1983 (Hrsg.).

DILGER, Bernhard

Dr. phil., Univ-Prof. Univ. Bochum - Universitätsstr. 150, 4630 Bochum 1 (T. 0234 - 700 27 37/27 38) - Geb. 1. März 1931 Dresden, kath., verh. m. Ilse, geb. Maschmeier, 3 Kd. (Bettina, Nikolaus, Alexander) - Lehrerprüf.; Stud. Univ. FU Berlin, Bonn, Wien, Leningrad; Staatsex. (Gesch., Deutsch) 1963 Berlin; Promot. 1968 FU Berlin - 6 J. Lehrer in versch. Schulformen; s. 1963 Univ. in versch. Posit. - BV: D. politischen Anschauungen A.D. Gradovskijs, 1970; D. Erziehungs- u. Bildungswesen d. VR China s. 1969 (m. J. Henze), 1978; Vergl. Bildungsforsch. (Anweiler-Festschr. hg. m. F. Kuebart u. H.-P. Schäfer), 1986. Fachaufs. insb. z. Erziehungspolitik in China - Spr.: Engl., Franz., Russ.

DILGER, Friedrich

Vorstandsvorsitzender Elektrizitätswerk Mittelbaden AG., Lahr - Schutterlindenbergstr. 44, 7630 Lahr/Schwarzw. - Geb. 28. Nov. 1926 - Zul. I. Bürgerm..

DILGER, Konrad

Dr. phil., Prof. f. Arabistik u. Islamwissenschaft Univ. Osnabrück (s. 1992) - Mittelweg 187, 2000 Hamburg 13 - Geb. 27. Juli 1935 Dresden, ledig - Stud. Oriental. u. Rechtswiss. 1955-62 FU Berlin, Freiburg/Br., Bonn, Istanbul, Kairo, München; 1. jurist. Staatsex. 1963 München; Promot. 1966 München; 2. jurist. Staatsex. 1967 München; Redakt.ausb. 1968 Hamburg - 1967-69 Wissenschaftl. Ref. am Max-Planck-Inst. f. ausländ. u. intern. Strafrecht, Freiburg/Br.; 1969-82 desgl. Max-Planck-Inst. f. ausländ. u. intern. Privatrecht, Hamburg; 1982-92 Prof. f. Ges. u. Kultur d. Türkei u. Südosteuropas, Wissenschaftl. Hochsch./Univ. Hildesheim - BV: Untersuchungen z. Geschichte d. osmanischen Hofzeremoniells im 15. u. 16. Jahrhundert, 1967; Quellen u. Schrifttum d. Strafrechts Bd. II: Asien u. Nordafrika (Veröff. d. Max-Planck-Inst. f. ausländ. u. intern. Strafrecht hg. v. Jescheck/Löffler), 1976 - Preis d. Südosteuropa-Ges. f. d. Dissertation; 1979 Zertifikat Modernes Hocharabisch Kairo - Liebh.: Klass. Musik, Klavier - Spr.: Engl., Franz., Arab., Türk., Pers.

DILL, Peter

Dipl.-Ing., Vorsitzender d. Geschäftsfg. Sulzer-Escher Wyss GmbH, Ravensburg - Altdorfstr. 6, 7987 Weingarten/Württ. - Geb. 11. Febr. 1930.

DILL, Richard

Dr. phil., Programmkoordinator Ausland d. ARD - Tattenbachstr. 10, 8000 München 22 - Geb. 23. Juli 1932 - 1951-56 Stud. Gesch. u. Öfftl. Recht Norfolk/USA, München, Bonn u. Erlangen; 1953/54 Werner-Friedmann-Inst. (Dt. Journ.sch.) München; Promot. 1956 Erlangen - 1954-61 Redakt. u. Programmgestalter BR (Ferns.); 1961-63 Fachref. Abt. Massenkommunik. UNESCO Paris; 1963-65 Hauptabt.-Leiter u. Stellv. d. Programmdir. b. Aufbau d. Dritten Programms in Bayern; s. 1965 Programmkoord. Ausl. u. Festivals in d. Programmdir. ARD München.

DILLER, Hans-Jürgen

Dr. phil., o. Prof. f. Anglistik (s. 1969) - Virchowstr. 18, 4630 Bochum (T. 70 43 77) - Geb. 1. Jan. 1934 (Vater: Hans D. († 1977)); Mutter: Inez, geb. Sellschopp († 1981)), verh. s. 1962 m. Leticia, geb. Saavedra, 3 Kd. (Ines-Maria, Monika, Hans-Michael) - Kieler Gelehrtenschule; Stud. d. Angl., Roman. Univ. München - BV: Redeformen d. engl. Misteriensp., 1973; Engl. Metrik u. Verslehre, 1979; Linguist. Probleme d. Übers., 1978 (m. J. Kornelius) - 1986-89 Vors. Anglistentag; 1989 Board Europ. Soc. for the Study of English.

DILLER, Justus

Dr. rer. nat., o. Prof., Inst. f. math. Logik u. Grundlagenforsch. Univ. Münster (s. 1973) - Braseweg 8, 4400 Münster (T. 0251 - 23 38 73) - Geb. 8. Juni 1936 Hamburg (Vater: Hans D., Univ.prof.; Mutter: Inez, geb. Sellschopp), ev., verh. s. 1963 m. Dorothea, geb. Blättner, 3 Töcht. (Ricarda, Caroline, Irene) - Kieler Gelehrtensch. (1946-55); Stud. Kiel, Middletown, Conn./USA, Hamburg (Math.). Promot. 1963 Kiel; Habil. 1969 München - 1963-70 Wiss. Assist. Kiel u. München, 1970-73 Wiss. Rat München - BV: Grundlagen d. Geometrie, 1967 (n. G. Hessenberg); Differential- u. Integralrechnung I u. II, 1973 (m. A. Breitkopf).

DILLER, Karl

Lehrer a. D., MdL Rheinland-Pfalz (1979-87), MdB (s. 1987) - Schulstr. 82, 5508 Hermeskeil - Geb. 27. Jan. 1941 - SPD.

DILLER, Werner Felix

Dr. med., Prof. f. Arbeitsmedizin Univ. Düsseldorf (apl.; s. 1978) - Elisabeth-Langgässer-Str. 8, 5090 Leverkusen - Geb. 2. Dez. 1929 Bautzen/Sa. (Vater: Prof. Dr. Hans D., Lebensm.chem.; Mutter: Hede, geb. Vibrans), kath., verh. s. 1958 m. Karin, geb. Pommerenke, 3 Kd. (Hans-Peter, Martin, Charlotte) - Stud. Med. Ithaca (USA), Erlangen u. Heidelberg. Staatsex. u. Promot. 1958 (Röntgenologie). S. 1963 Leit. Inst. f. Röntgendiagn. Werksärztl. Abt. Bayer, Leverkusen; s. 1974 habil. Univ. Düsseldorf, s. 1978 apl. Prof. - BV: Radiolog. Unters. z. verbesserten Frühdiagn. v. industriellen Inhalationsvergift. m. verzög. Wirkungseintr., 1975; D. Arbeitsmed. i. d. EG-Ländern - 1979 Baader-Preis, 1976 Agfa-Gevaert-Preis - Liebh.: Klass. Musik (akt. Pianist) - Spr.: Engl., Franz., Ital. - Bek. Vorf.: Prof. Hans Diller (verst. Vater).

DILLING, Horst

Dr. med., Prof., Klinikdirektor Med. Univ. Lübeck - Ratzeburger Allee 160, 2400 Lübeck (T. 0451 - 500 24 40) - Geb. 4. März 1933 Lübeck, ev. ref. - 1964-71 Assist. Max-Planck-Inst. f. Psychiatrie München; 1971-78 Oberarzt Psychiatr. Klinik München; 1978 Komm. Dir. Psychiatr. Klinik TU München; s. 1978 Dir. Klinik f. Psychiatrie Med. Univ. Lübeck; 1989-91 Dekan d. Fak. Klin. Med. - BV: Epidemiol. psych. Störungen u. psychiatr. Versorgung, 1978 (m. Weyerer); Psych. Erkrank. in d. Bevölkerung, 1984; Psychiatrie in Lübeck: 19. Jh. Veröff. z. Gesch. d. Hansestadt Lübeck, Reihe B, Bd. 11 1984 (ersch. b. Schmidt-Römhild, m. Reger); Lehrb. d. Psychiatrie, 1990 (m. Reimer) - 1974 Hermann-Simon-Preis f. Sozialpsychiatrie.

DILLMANN, Roland

Dr. rer. pol., Dipl.-Math., Prof. f. Volkswirtschaftslehre, insb. math. Verf. in Planung u. Org., Bergische Univ.-GH Wuppertal, Praxisberatung Logistik - Ob. Lichtenplatzerstr. 247a, 5600 Wuppertal 2 - Verh., 3 Kd.

DIMITROV, Nikola Spassov

Dr.-Ing., Dr.-Ing. E.h. em. o. Prof. f. Tragwerkslehre u. konstruktives Entwerfen - Universität (TH) Stuttgart, Keplerstr. 11; priv.: Kaiser-Wilhelm-Str. 2, 7570 Baden-Baden (T. 2 91 80) - Geb. 29. April 1921 Plovdiv/Bulg. (Vater: Spass D., Kaufm.; Mutter: Petra, geb. Ovtscharova), orthodox, verh. s. 1956 m. Irmtraut, geb. Schill, S. Nikola - Dt. Schule Plovdiv; Univ. Sofia, TH Berlin, Breslau, München, Karlsruhe (Dipl.-Ing. 1946; Dr.-Ing. 1949) - S. 1955 (Habil.) Lehrtätigk. TH Karlsruhe u. Univ. (TH) Stuttgart (o. Prof.) - BV: Festigkeitslehre, 1971 u. 1972 Bd. 1 u. 2 (m. Dr. Herberg). Herausg.: Lexikon d. Bautechnik (Bd. X u. XI 1966) - 1965 Freudenberg-Preis TH Karlsruhe; 1986 Ehrendoktor TU Berlin; Werner-Heisenberg-Med. d. Alexander-v.-Humboldt-Stiftg. - Liebh.: Bridge.

DIMITROVA, Margarita

Solo-Tänzerin, Ballettpäd., Choreogr. - Fliederbogen 24, 2390 Flensburg - Geb. 26. Juli 1935 Varna/Bulg., orth., verh. m. Simeon D., 2 Kd. (Simeon, Maria) - Ballettausbild. Varna/Bulg. u. Sofia - Solotänzerin Linz, Ballettpäd. Ulm Stadttheater, Landestheater Flensburg - BV: Exercisen f. Klass. Ballett - Hauptrollen: Feuervogel; Coppelia; Springbrunnen v. Bachschisaray; Carmen; D. Dreispitz; Gershwin-Story - Liebh.: Kreuzfahrten u. Reisen - Spr.: Russ., Bulg.

DIMITROV, Simeon

Ballettmeister - Fliederbogen 24, 2390 Flensburg (T. 0461 - 3 97 73) - Geb. 16. Juni 1935 Varna/Bulg., orth., verh. m. Margarita D., 2 Kd. (Simeon, Maria) - Ballettausbild., Tanzpäd. - Solotänzer Varna/Bulg., Weimar/DDR, Linz; Ballettm. Linz, Ulm, Baden b. Wien, Flensburg - BV: Exercisen f. Klass. Ballett. Ballettabende, Choreogr. - Liebh.: Kunst, Reisen - Spr.: Russ., Deutsch.

DIMLER, Hans

Dipl.-Wirtsch., Geschäftsführer Gallus Herrenschuhfabrik, Viersen (s. 1983) - Diergardtplatz 13, 4060 Viersen 1 - Geb. 9. Okt. 1932 Bischofswerda (Vater: Fritz D., Lederhändler; Mutter: Ilse, geb. Fischer), verh. s. 1957 (Ehefr.: Barbara (Bärbel), geb. 1938), 3 T. (Petra, Heike, Katrin) - 1943-51 Obersch. Bischofswerda; 1951-55 Univ. Leipzig (Wirtschaftswiss.) - 1955-60 Staatl. Schuhgroßhdl. Leipzig; 1961-65 Elefantenschuh Kleve; 1966-83 Sprecher d. Geschäftsfg. Schuhfabrik Ferdinand Rinne GmbH, Hess.-Oldendorf - Spr.: Engl.

DIMPFL, Gottlieb

I. Bürgermeister - Rathaus, 8492 Furth im Wald/Opf. - Geb. 24. März 1923 Furth - Zul. Stadtamtsrat.

DIMPKER, Alfred

Präsident Bundesakademie f. öfftl. Verwaltung (s. 1984) - Friedrich-Ebert-Str. 1, 5300 Bonn 2 - Geb. 14. Okt. 1925 Tsinanfu (China), ev., verh., 3 Kd. - Stud. Univ. Hamburg; Staatsprüf. 1950 u. 1955; Anwaltsass. u. RA Kiel - 1956 Eintritt i. d. Bundesmin. d. Innern, u.a. Ref.-Leit. in d. Abt. Öffentl. Sicherheit; Pers. Ref. d. Ministers; Personalref.; 1977 Leit. Unterabt. Verw.-Org., Datenverarb.; 1982 Leit. Unterabt. Personal, Haushalt, Organisation.

DIMROTH, Karl

Dr. phil., em. Prof. f. Organ. Chemie - Glammbergweg 1, 3550 Marburg/L. (T. 2 68 59) - Geb. 18. Aug. 1910 Bad Tölz/Obb. (Vater: Prof. Otto D.; Mutter: geb. Bayer), verh. 1939 m. Charlotte, geb. Grußdorf - Habil. 1941 Göttingen - 1944 Doz., 1945-49 Ob.assist. Chemie Univ. Marburg; 1949 ao. Univ. Tübingen; 1949-52 o. Prof. u. Inst.dir. Physiol. Chemie; 1952-79 Inst.dir. Chemie Univ. Marburg - Üb. 250 Veröff. in Fachbl.

DINCKLAGE, von, Hans-Bodo

Geschäftsführer SFB Werbung GmbH - Kaiserdamm 80-81, 1000 Berlin 19 (T. 30 31-49 00) - Geb. 9. April 1929.

DINESCU, Violeta

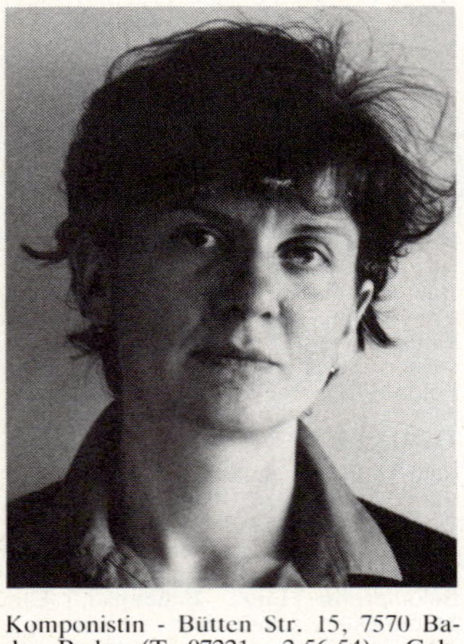

Komponistin - Bütten Str. 15, 7570 Baden Baden (T. 07221 - 2 56 54) - Geb. 13. Juli 1953, orth. - 1977 Abit., 1978-82 Lehrauftrag (Harmonie, Kontrapunkt, Theorie, Ästetik) Musikschule G. Enescu Bukarest; 1986-90 Lehrauftr. Musiktheorie Hochsch. f. Kirchenmusik Heidelberg; s. 1990 auch Lehrauftr. Musiktheorie Hochsch. f. Musik Frankfurt a. M.; s. 1990 Dozentur f. Tonsatz an d. Akad. f. Kirchenmusik Bayreuth - Kompos.: D. Kreisel - Ballettmusik (1986); Hunger u. Durst, Oper (1986); D. 35. Mai, Oper (1987); Eréndira, Oper (1992); Hunger u. Durst, Freiburger Theater (1986); Bonn, Oper (1987); D. 35. Mai, Mannheimer Nationaltheater (1986); Semper, Oper (1990); Tabu, F. W. Murnaufilm Musik, Alte Oper Frankfurt (1988); ERÉNDIRA Stuttgarter Theater, Münchener Biennale (1992) - Üb. 50 intern. Preise u. Ausz., dar. 1983 Grand Prise f. Composition (Utah/USA); 1986 I.A.M. Preis, Kassel; 1989 I. Preis. v. Bucchi Italien; C.M.v. Weber-Preis Dresdner Festspiele; 1988 Preis d. Stadt Baden-Baden - Interessen: Sport, Literatur, Mathematik - Spr. Engl., Franz., Rumän., Deutsch.

DING, Herbert

Dr. phil., M. A., Prof. f. Schwerhörigenpädagogik PH Heidelberg - Peter-Wenzel-Weg 8, 6900 Heidelberg.

DINGEL, Joachim

Dr. phil., Prof., Klass. Philologe - Taunusstr. 3, 7410 Reutlingen 28 - Geb. 7. Febr. 1938 Gotha/Thür. - Promot. 1965 Tübingen - S. 1972 (Habil.) Privatdoz. u. apl. Prof. Univ. Tübingen; s. 1991 Prof. Univ. Hamburg - BV: Seneca u. d. Dichtung, 1974; Scholastica materia, 1988.

DINGER, Hubert

Dipl.-Volkswirt, Hauptgeschäftsführer d. Industrie- u. Handelskammer Osnabrück-Emsland - Hofbreede 118, 4500 Osnabrück - Geb. 4. Juni 1943, verh. 2 Kd.

DINGES, Hermann

Dr. rer. nat., Prof. f. Math. (Wahrscheinlichk.stheor. u. math. Statist.) Univ. Frankfurt (s. 1966) - Beethovenstr. 48, 6000 Frankfurt/M. (T. 746206) - Geb. 15. Nov. 1936 - Stud. Math. Habil. München - Fachaufs. u. didakt. Aufs.

DINGES, Karl

I. Direktor, Vors. d. Gfg. Landesversicherungsanstalt f. d. Saarland, Saarbrücken - Dr.-Schoenemann-Str. 33, 6600 Saarbrücken 3 - Geb. 25. Sept. 1924 - ARsmand.

DINGES, Rainer

Journalist, Vors. Landespressekonfz. Hessen - Zu erreichen üb. Hessischer Rundfunk - Studio Wiesbaden - (T. 0611 - 16 90).

DINGLER, Emmi

Dr. med., Prof., Anatomin - Candidstr. 22, 8000 München 90 - Geb. 31. Juli 1918 Berlin (Vater: Dipl.-Ing.), verw., 2 Kd. - Univ. München u. Innsbruck - S. 1956 (Habil.) Lehrtätigk. Univ. München/Anat. Inst. (1963 apl. Prof.; 1968 Konservatorin, 1969 Oberkonserv., 1970 Akad. Oberrätin, 1971 Akad. Dir.). Üb. 30 Fachveröff. - Liebh.: Bildhauerei, Kammermusik (spielt Geige), Bücher (sammelt Märchen).

DINGLREITER, Adolf-Josef

Mitglied d. Bayerischen Landtags (s. 1986), Verkehrspolitischer Sprecher d. CSU - Kaltwiesstr. 55, 8200 Rosenheim (T. 08031 - 6 72 68 od. 1 42 10) - Geb. 27. Okt. 1935, kath., verh. s. 1959, 3 Kd. (Winfried, Wolfgang, Monika) - Landwirtschaftl. Fachschulausb.; Stud. Betriebswirtsch.lehre - 1959-63 Landesgeschäftsf. Bayer. Jungbauernschaft; 1976-86 Leit. Marketingsber. d. Bayer. Versicherungsbank AG.

DINGWORT-NUSSECK, Julia

Dr. rer. pol., Präsidentin Landeszentralbank Nieders. i. R. (1976-88) - Georgsplatz 5, 3000 Hannover - Geb. 6. Okt. 1921 Altona (Vater: Julius N., Malerm.; Mutter: Carla, geb. Vagt), ev. verh. s. 1951 m. Carl-Wolfgang D., 3 Kd. (Cay, Maren, Silke) - Abit. - Dipl.-Volksw. - 1946-76 Rundfunk u. Fernsehen (zul. Chefredakt. WDR) - 1975 Adolf-Grimme-Preis u. zahlr. and. Rundfunk- u. Fernsehpreise - Spr.: Engl., Franz.

DINKELBACH, Werner

Dr. rer. pol., o. Prof. f. Betriebswirtschaftslehre, insb. Unternehmensforsch. Univ. Saarland - 6600 Saarbrücken 11 (T. 3022137) - Geb. 5. Febr. 1934 Witten/Ruhr (Vater: Josef D., Kaufm.; Mutter: Adele, geb. Koch), verh. s. 1976 m. Christa, geb. Tasche; T. Angela - Fachveröff.

DINSE, Klaus

Landrat i. R. - Oberstr. 11, 6220 Rüdesheim/Rh. (T. 06722 - 3558) - Geb. 30. April 1912 Schwerin/Warthe (Vater: Dr. jur. Bernhard D., Rechtsanw. u. Notar † 1946; Mutter: Anna, geb. Anders † 1972), verh. s. 1940 m. Gerda, geb. Geißler, 3 Kd. (Klaus-Peter, Jutta, Gabriele) Gymn.; Stud. Rechts- u. Staatswiss. - 1938-41 Regierungsass. u. -rat (1941) Höchst/M., Imst, Bludenz, 1941-45 Wehrdst., 1945-46 Kriegsgefangensch., 1949-51 Verw.sangest. Höchst, 1951-65 Bürgerm. Stadt Rüdesheim, 1965-76 Landrat Rheingau-Kreis. 1962-65 Vizepräs. Hess. Städtebund. 1952-65 MdK Rheingau. CDU s. 1949 - BVK I. Kl., 1974 - Liebh.: Geschichte, Musik - Spr.: Engl., Franz. - Mitgl. Lions-Club.

DINSLAGE, Patrick

Dr. phil., Prof. f. Musiktheorie Hochsch. d. Künste Berlin - Regensburger Str. 2, 1000 Berlin 30 (T. 030 - 211 99 78) - Geb. 2. Aug. 1950 - Stud. Schulmusik, Math., Tonsatz, Musikwiss., German.; Promot. 1986 (Prof. Dr. Dr. Carl Dahlhaus †, TU Berlin) - S. 1976 Hochschullehrer f. Musiktheorie; 1989 Prodekan Fachber. Musik Hochsch. d. Künste Berlin. Künstler. u. wiss. Arb. - BV: Stud. z. Verhältnis v. Harmonik, Metrik u. Form in d. Klaviersonaten Ludwig van Beethovens, 1987 - Interdisziplinäre Forsch. z. Kunst, Lit. u. Musik.

DINTELMANN, Klaus

Dr. jur., Direktor Dt. Bank AG. Filiale Köln - Othegravenstr. 4, 5000 Köln 41 - Geb. 18. Dez. 1935 Ober-Ramstadt/Hessen, ev., verh. s. 1970 m. Heike, geb. Hübsch, T. Tanja - Realgymn. Saarbrücken; Stud. Rechtswiss. u. Volksw. Saarbr. u. Paris. Beide Jurist. Staatsex. Saarbrücken; Promot. Köln - S. 1966 DB - Spr.: Engl., Franz., Span., Ital., Russ.

DINTHER, van, Regina

geb. Nowak

Dipl.-Ing., MdL Nordrh.-Westf. (s. 1990), frauenpolit. Sprecherin d. CDU-Fraktion - Am Leiloh 6, 5802 Wetter 4 - Geb. 15. Mai 1958 Wetter, kath., verh. s. 1986 m. Bernd van Dinther, T. Viktoria Luise - 1976-79 Stud. FH Niederrhein Fachrichtung Bekleidungstechnik - 1979-90 Betriebsleiterassist. bei Canda International + Co.; s. 1982 Kreisvors. d. Jungen Union Ennepe Ruhr, Mitgl. im JU Landesvorst. NRW u. JU Bezirksv. Ruhrgebiet; s. 1990 stv. Vors. d. CDU Ruhrgebiet.

DINZELBACHER, Peter

Dr. phil. habil., apl. Univ.-Prof., Mediävist - Makartkai 17/29, A-5020 Salzburg - Geb. 14. Juli 1948, kath. - Univ. Graz, Wien, Stuttgart - BV: D. Jenseitsbrücke im Mittelalter, 1973; Judastraditionen, 1977; Vision u. Visionslit. im Mittelalter, 1981; Mittelalterl. Visionslit., 1989; An d. Schwelle z. Jenseits. Sterbevisionen im interkultur. Vergleich, 1989. Herausg. d. Ztschr. Mediaevistik.

DIPPEL, Edler u. Ritter von, Dietmar

Rechtsanwalt u. Notar, Hauptgeschäftsf. Unternehmens- u. Arbeitgeberverb. f. Großhandel u. Dienstleistungen e. V., u. a. - Knesebeckstr. 30, 1000 Berlin 12 - Geb. 23. Febr. 1943 Berlin - Stud. Volksw. u. Rechtswiss. - Stv. Vorst.-Mitgl. AOK Berlin; VR Landesarbeitsamt Berlin - 1983 BVK - Liebh.: Ethnol. - Spr.: Engl., Span. - Bek. Vorf.: Grafen v. Hirschberg/oberpfälz. Linie (1223ff.); ms.: Louis Spohr, Komp. (1784-1859).

DIPPELL, Jürgen

Dr. med., Prof., Arzt, Ärztlicher Direktor Clementine-Kinderhospital Frankfurt - Theobald-Christ-Str. 16, 6000 Frankfurt 1 (T. o69 - 40 58 07 65) - Geb. 20. Juni 1938, ev., verh., 3 Kd. (John, Anne, Katharina) - 1958-63 Med.-Stud. Univ. Frankfurt u. München; Staatsex. 1964; Promot. 1966; Habil. 1975 - 1969-82 Kinderarzt Zentr. d. Kinderheilkunde Frankfurt; 1971 wiss. Arb. New York Medical College, Spezialisierung z. Kindernephrologen u. - Rheumatologen; 1981 Prof. Univ. Frankfurt. 1981 Präs. Dt. Arbeitsgemeinsch. f. pädiatrische Nephrologie - Ca. 25 Originalarb. üb. klin. immunolog. Themen, u. a. experimentelle Nephritis. Beitr.: Pädiatrische Intensivbehandlung (hg. v. Loewenich), 1974; Klin. Nephrologie (Losse-Renner), 1982 - Liebh.: Klaviermusik, Radsport - Spr.: Engl., Franz.

DIRKS, Marianne,

geb. Ostertag

Musiklehrerin, Mitgl. Synode d. Bistümer in d. BRD - Hasenbuckweg 7, 7801 Wittnau (T. 0761 - 40 99 86) - Geb. 26. Aug. 1913 Stuttgart (Vater: Hans Ostertag, Kaufm.; Mutter: Herta, geb. Wingler), kath., verh. s. 1941 m. Walter D., 4 Töcht. (Clara, Elisabeth, Maria, Theresia) - Musiksem. Freiburg/Br., Staatsprüf. 1937 Karlsruhe - 1951-72 Präs. Zentralverb. Kath. Frauengemeinsch.; 1951-73 Mitgl. gf. Aussch. Zentralkomit. d. Dt. Katholiken, 1968-72 Vizepräs. - BV: Konkrete Wünsche an d. Konzil; D. Ehe, 1970; Mein Gott, Theol. v. Nichttheol., 1979; F. e. neue Liebe zu Maria, 1984. Herausg.: Sie prägten d. Antlitz d. Kirche (1982); Glauben Frauen anders (1983) - 1973 Gr. BVK - Liebh.: Musik, Theol. (Pastoral), Wandern, Päd. - Spr.: Franz., Engl.

DIRKSEN, Gebhard

Dr. jur., Bankdirektor - Westpreußenufer 4, 3000 Hannover 51 - Geb. 29. Juni 1929 - Stv. Vorstandsvors. Norddeutsche Landesbank Girozentrale.

DIRLMEIER, Ulf

Dr. phil., Prof. f. Mittlere u. Neuere Geschichte Univ.-GH Siegen - Eckenweg 31, 5905 Freudenberg-Alchen - Geb. 18. Jan. 1938 München (Vater: Franz D., Univ.-Prof.; Mutter: Camilla, geb. Scharold), kath., verh. s. 1967 m. Cornelia, geb. Sarre - Promot. 1964 Heidelberg; Habil. 1977 Mannheim - 1965 Geschäftsf. Heidelberger Akad. d. Wiss.; 1966 wiss. Assist. TU Berlin; 1968 Oberassist. TU Berlin; 1969 desgl. Univ. Mannheim; 1977 Univ.-Doz. Mannheim; 1981 apl. Prof. ebd.; 1981 Prof. Univ.-GH Siegen - BV: Mittelalterl. Hoheitsträger im wirtsch. Wettb., 1966; Unters. z. Einkommensverh. u. Lebenshaltungskosten in oberdt. Städten d. Spät-MA, 1978. Herausg. u. Übers. aus d. Franz. (m. Cornelia Dirlmeier): Pierre Riché, D. Welt d. Karolinger (1981); D. Karolinger. E. Familie formt Europa (1987); K. F. Werner, D. Ursprünge Frankreichs b. z. Jahr 1000 (1989); Menschen, Dinge u. Umwelt (1989, hg. m. Gerhard Fouquet); öffentliches Bauen in Mittelalter und früher Neuzeit (1991, hg. m. Gerhard Fouquet u. Rainer S. Elkar).

DIRSCHERL, Klaus

Dr. phil., Prof. f. Roman. Literaturwiss. Univ. Passau - Innstr. 25, 8390 Passau (T. 0851 - 509-259) - Geb. 13. Dez. 1940 - Lehrstuhlinh. - BV: Z. Typologie d. poetischen Sprechweisen b. Baudelaire,

1975; D. Roman d. Philosophen. Diderot-Rousseau-Voltaire, 1985.

DIRSUWEIT, Lothar

Kaufmann, Kreistagsabgeordneter, AR-Mitgl. Stadtwerke Hameln - Papengösenanger 5, 3250 Hameln 1 - Geb. 8. April 1943 Landsberg/W. (Vater: Artur D., Kaufm.; Mutter: Waltraud, geb. Wendt), ev. - S. 1973 Ratsherr, s. 1977 MdK - Spr.: Engl.

DIRX, Ruth

Sachbuchautorin - Auf dem Brahm 11, 5600 Wuppertal 2 (T. 0202 - 70 01 74) - Geb. 25. Okt. 1913 Siegen, ev., verh. m. Willi D., 2 Söhne (Axel, Bastian) - Lyz.; Kindergärtnerinnensem. - BV: D. Kind, d. unbekannte Wesen, 1964; Kinder brauchen gute Eltern, 1970; Kinder brauchen gute Schulen, 1971; E. Tages, als d. Schule abgeschafft wurde, 1975; D. Buch v. Spiel, 1981; Utopia, 1982; Kinderreime, 1987 - Liebh.: Reisen - Bek. Vorf.: August Sander, Fotograf (Onkel).

DIRX, Willi

Graphiker, Maler, Plastiker - Auf dem Brahm 11, 5600 Wuppertal 2 (T. 0202 - 700174) - Geb. 24. Sept. 1917 Recklinghausen, kath., verh. s. 1942 m. Ruth, geb. Jung (Verf.: Kinder brauchen gute Eltern, 1971), 2 Söhne (Axel, Bastian) - Kunstakad. Düsseldorf (Prof. Kersting) - Holzschnitte zu relig. u. soz. Themen, Hinterglasbilder, Glasfenster, Plastiken, Buchillustr. (u. a. Tolstoi: Herr u. Knecht, 1949; Dostojewski: D. Sanfte, 1965) - 1963 Eduard-v.-d.-Heydt-Preis Stadt Wuppertal.

DISCH, Friedrich J.

Dr. phil., Prof. f. Geographie u. ihre Didaktik - Lettenweg 14, 7850 Lörrach/Baden - Geb. 20. März 1926 Elzach - 1946-48 Päd. Akad.; Univ. Basel (Geogr., Gesch., Päd.). Promot. 1967 - 1948-65 Grund-, Haupt- u. Realschullehrer BW; 1965-68 Hochschulassist.; 1968-69 Abteilungsleit. Inst. FWU München; s. 1969 Doz. u. Prof. (1971) PH Heidelberg.

DISCHNER, Gisela

Dr. phil., Prof. f. neuere u. neueste dt. Lit. Univ. Hannover (s. 1973) - Königsworther Str. 22, 3000 Hannover 1 (T. 0511 - 32 06 88) - Geb. 3. Nov. 1939 Steinhöring, verh. s. 1987 m. Horst Vogel (Architekt u. Schriftst.) - Promot. 1968 Frankfurt; Habil. 1972 Gießen u. 1973 Hannover - 1989 Gründung d. Förderkreises Dritter Bildungsweg f. alle Bürgerinnen u. Bürger in Ost u. West; 1990 Eröffnung d. ersten dt. Wochenenduniv. durch d. Förderkreis in Hannover - BV: Poetik d. mod. Gedichts. Z. Lyrik v. Nelly Sachs, 1970; Ursprünge d. Rheinromantik in England z. Gesch. d. romant. Ästhetik, 1972; Bettina. E. weibl. Sozialbiogr. aus d. 19. Jh., 1977 (ital. Ausg. Bettina Brentano. Una Biografia Romantica, 1979); Caroline Schlegel-Schelling. E. Leben zwischen bürgerl. Vereinzelung u. romant. Geselligkeit, 1979; Friedrich Schlegels Lucinde u. Materialien zu e. Theorie d. Müßiggangs, 1980; Üb. d. Unverständlichkeit. Aufs. z. neuen Dichtung, 1982; E. stumme Generation berichtet, Frauen d. 30er + 40er Jahre, 1984; D. Stimme d. Fremden, 1992.

DISDORN, Hannspeter

Botschafter d. Bundesrep. Deutschland in Angola (1985ff.) - Avenida 4 de Fevreiro 120, Luanda - Geb. 22. Aug. 1934 Mannheim, verh., 2 Kd. - Abit. Karlsruhe, kaufm. Lehre, jurist. Stud. Heidelberg u. München; 1963 Ass.-Examen; 1963/64 Stud. Dijon (Stipend. d. Stiftg. Volkswagenwerk); 1964 Regierungsass. in d. Bundesfinanzverw. - 1965 Ausw. Dienst, 1965/66 Botsch. Dublin, 1967-70 Tokyo, 1971-74 Belgrad, 1974-77 Zentrale, 1977-80 Kabul, 1980-84 Zentrale, 1984/85 Nato Defense College Rom, s. 1985 Botsch. in Luanda, zugl. São Tomé.

DISSELNKÖTTER, Hermann

Rechtsanwalt, Geschäftsführer Kraft GmbH, Eschborn (Arbeitsber. Personal) -Diesteinwiesen 4, 6380 Bad Homburg - Geb. 19. Dez. 1931 Sensweiler (Vater: Walther D., Pfarrer, zul. Kirchenrat; Mutter: Antia, geb. Haas), ev., verh. s. 1959 m. Annelotte, geb. Kohnen, 2 Kd. (Barbara, Andreas) - Jurist. Staatsex. 1955 u. 60 - 1960-62 Feldmühle AG.; 1962-67 Nestlé AG. (Vevey/Schweiz); 1967-76 B. Sprengel & Co. (stv. Geschäftsf.); 1976-82 Vorst.-Mitgl. Dt. Renault - Liebh.: Musik, Reiten, Tauchen - Spr.: Engl., Franz.

DISSMANN (ß), Theodor

Dr. med., Prof., Internist - Ilsensteinweg 1, 1000 Berlin 38 - Gegenw. Lehrtätigk. FU Berlin (Med. Poliklinik).

DISTEL, Franz Josef

Prof. a.D., Dozent f. Grundschuldidaktik u. Schulkunde Päd. Hochsch. Weingarten, Leit. d. Alamannen-Museums u. d. Heimatkundl. Samml. d. Stadt Weingarten - Am Rebhang 6, 7987 Weingarten/Württ. (T. 0751 - 4 48 16) - Geb. 4. Febr. 1905 - 1985 BVK am Bde.

DISTLER, Armin

Dr. med., Prof., Leiter Abt. f. allg. Inn. Med. u. Nephrologie Klinikum Steglitz FU Berlin - Hindenburgdamm 30, 1000 Berlin 45 (T. 798 24 41) - Geb. 8. Jan. 1935 Nürnberg (Vater: Fritz D., Bankkfm.; Mutter: Martha, geb. Hesse), ev., verh. s. 1961 m. Heide, geb. Hagen, 2 T. (Madeleine, Kathrin) - Med.stud.; Staatsex. 1960 Erlangen; Habil. 1969 Mainz. 1981 Beruf. n. Berlin.

DISTLER, Harry

Dr. rer. nat., Chemiker - In den Hahndornen 5, 6719 Bobenheim a. Berg - Geb. 12. April 1923 Gottmannsgrün/ČSR (Vater: Josef D., Kaufm.; Mutter: Paula, geb. Pleßgott), ev., verh. s. 1947 (Ehefr.: Gerty), 3 Kd. (Henry, Ellen, Gernot) - Univ. Erlangen (Chemie, Lebensmittelchemie; Promot. 1952) - The Chester Beatty/Research Inst., London; s. 1956 BASF, Ludwigshafen (Forsch.). Spez. Arbeitsgeb.: Synthet. Organ. Chemie, Chemotherapie, insb. Schwefelchemie. üb. 400 in- u. ausl. Patente bzw. Patentanmeld. Zahlr. Fachveröff. - 1968 Premio Tensiochemica 1967 (Italien) - Liebh.: Phil. - 1964 Gold. Sportabz. - Spr.: Tschech., Ital., Engl.

DISTLER-BRENDEL, Gisela

Cembalistin, Prof. i. R. f. Musikpädagogik Univ. Gießen - Zur Lutherlinde 41, 6301 Pohlheim - Geb. 11. Jan. 1919 (Vater: Dr. phil. Robert B., Stud.-Rat u. Schriftst.; Mutter: Dr. phil. Xenia, geb. Bernstein) - Fachveröff. bes. z. Thema Musikhören - Mitgl. d. Bfgr. Musikpäd., EPTA Ges. f. Christl.-jüd. Zusammenarb. - Liebh.: Lit., Kunst, Spr.

DITHMAR, Reinhard

Dr. phil., o. Prof. f. Literaturdidaktik FU Berlin - Jägerstr. 12, 1000 Berlin 45 (T. 030 - 772 77 52) - Geb. 2. Juni 1934 Kassel, verh. s. 1962 m. Anneliese, geb. Plückelmann, 2 Kd. (Ulrike, Volker) - Stud. German., ev. Theol. u. Erziehwiss. Univ. Marburg, Freiburg, Berlin u. Heidelberg; Promot. 1965 Heidelberg - 1962-65 Stud. Ass., 1965-66 Wiss. Assist., 1966-71 Doz., 1971-81 o. Prof. PH Berlin - BV: u.a. Dt. Dramaturgie zw. Hegel u. Hettner, 1966; Fabeln, Parabeln u. Gleichnisse, 7. A. 1983; D. Fabel, 7. A. 1988; G. Wallraffs Ind.reportagen, 1973; Ind.lit., 2. A. 1977; Fachdidaktik u. fächerübergreifender Unterr. (m. J. Willer), 1976; Deutsch in d. Sek. I, 2 Bde., 1976; Lit.unterr. in d. Diskussion, 2 Bde., 1973/74; Schule zw. Kaiserr. u. Faschismus (m. J. Willer), 1981; Martin Luthers Fabeln u. Sprichwörter, 1989; Schule u. Unterricht im Dritten Reich, 1989; D. Langemarck-Mythos in Dichtung u. Unterricht, 1992.

DITSCHE, Manfred

Dr. rer. pol., Rechtsanwalt, Geschäftsf. Milchindustrie-Verb. - Schedestr. 11, 5300 Bonn 1; priv.: -2, Bismarckallee 4 - Geb. 20. Dez. 1931 Waldenburg/Schles., kath., verh. s. 1962 m. Dr. Uta, geb. Ziegler.

DITSCHUNEIT, Hans

Dr. med. (habil.), Internist, o. Prof. f. Inn. Medizin, Gastroenterologie, Stoffwechsel u. Ernährungswiss., Ärztl. Direktor Univ. Ulm - Albert-Schweitzer-Str. 13, 7906 Blaustein - 1985ff. Präs. Dt. Ges. f. Adipositas-Forsch./Fettsucht (Neugründ.).

DITT, Egon

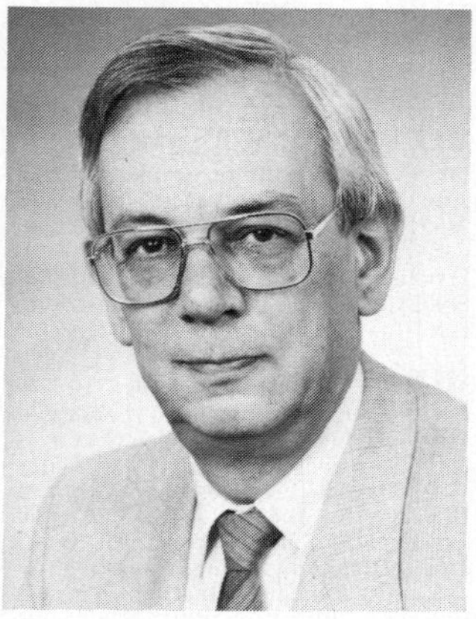

Senatsrat, Leiter d. Staats- u. Universitätsbibliothek Bremen, AR-Vors. FWU Grünwald, Präs. Dt. Schachbund, Vizepräs. Weltschachbund - Meißener Str. 18, 2800 Bremen 1 (T. 0421 - 35 42 78) - Geb. 29. Mai 1931 Bremen, ev. - Schach: FIDE-Meister, Intern. Fernschachmeister.

DITTBERNER, Hugo

Dr. phil., Schriftsteller - Hauptstr. 54, 3355 Kalefeld 7/Nds. (T. 05553 - 15 50) - Geb. 16. Nov. 1944 Gieboldehausen - BV: Passierscheine, Ged. 1973; Heinrich Mann, Ess., 1974; D. Internat, R. 1974; Kurzurlaub, Erz. 1976; D. Biß ins Gras, Ged. 1976; Draußen im Dorf, Erz. 1978; Jacobs Sieg, R. 1979; Ruhe hinter Gardinen, Ged. 1980; D. gebratenen Tauben, Erz. 1981; Drei Tage Unordnung, Erz. 1983; Wie man Provinzen erobert, Erz. 1986; D. Tisch unter d. Wolken, Ged. 1986; D. Wörter, d. Wind, Ged. 1988; Geschichte einiger Leser, R. 1990; D. letzte fliegende Weiss, Ged. 1992 - Mitgl. dt. PEN-Zentrum; 1979 Förderpreis Kulturkreis im BDI; 1981/82 Villa Massimo-Stip.; 1984 Niedersachsenpreis f. Publiz.

DITTBERNER, Jürgen Erwin

Dr. rer. pol., Prof. f. Polit. Soziol. (s. 1974), Staatssekretär b. Min. f. Wissenschaft, Forsch. u. Kultur Brandenburg (s. 1991) - An der Bastion 46, 1000 Berlin 22 (T. 030 - 365 11 30) - Geb. 1. Dez. 1939 Berlin (Vater: Erwin D., Beamter; Mutter: Irmgard, geb. Dammer), verh. s. 1965 m. Elke, geb. Birkigt, 2 Kd. (Maren, Jan) - Dipl.-Soz. 1965; Promot. 1969; Habil. 1974 - 1965-69 Wiss. Assist., 1969-74 Assistenzprof. FU Berlin; 1974-86 Prof. FH f. Verw. u. Rechtspflege Berlin, dort zul. Rektor; 1986-89 Staatssekr. b. Senator f. Jugend u. Familie, 1989-91 b. Senatsverw. f. Wirtsch., Berlin; 1971-75 FDP-Fraktionsvors. W'dorf; 1975-85 MdA. B. 1981 (Rücktr.) stv. FDP-Landesvors. Berlin - BV: Parteiensystem in d. Legitimationskrise, 1973 (hrsg. m. Rolf Ebbighausen); FDP - Partei d. zweiten Wahl, 1986 - Liebh.: Hobbygärtner - Spr.: Engl.

DITTBRENNER, Arnold

Mitglied der Geschäftsführung STEAG Fernwärme GmbH, Geschäftsf. d. WSG Wärmezähler-Service GmbH, bde. Essen - Bismarckstr. 54, 4300 Essen 1; priv.: Scharpenhang 58A, 4300 Essen 15 - Geb. 15. Sept. 1937 - Dipl.-Ing.

DITTMANN, Armin

Dr. jur., o. Univ.-Prof. f. Öfftl. Recht Univ. Stuttgart-Hohenheim - Karl-Brennenstuhl-Str. 11, 7400 Tübingen 9 (T. 07071 - 8 24 56) - Geb. 14. Aug. 1945 Uelzen, ev., verh. s. 1971 m. Anne-Gret, geb. Adler, 2 Kd. (Tobias, Barbara) - Abit. 1965 Uelzen; Stud. Univ. Hamburg u. Tübingen; jurist. Staatsex. 1969 u. 73, Promot. 1974 u. Habil. 1982 Univ. Tübingen - Wiss. Assist.; 1982 Priv.-Doz. Univ. Tübingen; 1983 Prof. Univ. Hamburg; dann o. Prof. Univ. Stuttgart-Hohenheim - BV: Bildungsplanung als Gemeinschaftsaufg., 1975; Schulträgerschaft zw. Kreisen u. Gemeinden, 1978; D. Bundesverw., 1983. Zahlr. Einzelbeitr. u. Herausg.schaften - Liebh.: Bild. Kunst, Sport, Neuere Gesch. - Spr.: Engl., Franz., Latein.

DITTMANN, Heinz Wilhelm

Dr. oec. publ., Botschafter a. D. - Siebengebirgsstr. 2, 5205 St. Augustin 2 (T. 02241 - 33 53 19) - Geb. 2. Aug. 1925 Berlin (Vater: Wilhelm D.; Mutter: Anna-Gertrud, geb. Bagienski), verh. s. 1958 m. Ursula, geb. Huttenlocher, 3 Kd. (Claudia, Gabriele, Axel) - 1943-45 Wehrdst.; 1945-50 Stud. Volks- u. Betriebsw.; Promot. Univ. Zürich - 1951-52 Bank Dt. Länder; s. 1953 Ausw. Amt; 1968-72 Stv. Generaldir. GATT; 1979-83 Botsch. in Chile; 1983-87 Botsch. in Mexiko; 1987-90 Botsch. in Brasilien - Spr.: Engl., Franz., Span., Portug.

DITTMANN, Jürgen

Dr. phil. habil., Prof. f. Germanische Philologie - Häge 18, 7800 Freiburg (T. 0761 - 49 44 04) - Geb. 22. Febr. 1947 Meinerzhagen (Vater: Werner D., Bauuntern.; Mutter: Margarethe, geb. Gautrein), ev., verh. s. 1972 m. Doris, geb. Walz, 2 Töcht. (Katharina, Stephanie) - Stud. Univ. Freiburg (Phil., German., Politikwiss.); Promot. 1974; Habil. 1977, Freiburg - 1980 Prof. Univ. Freiburg, Dt. Seminar (1985/86 Dekan), Leit. d. Forschungsgr. Neurolinguistik/Sprachpathologie. Ca. 50 sprachwiss. Veröff., Feuilletonbeitr.

DITTMANN, Lorenz

Dr. phil., o. Prof. f. Kunstgesch. Univ. d. Saarlandes (s. 1977) - Mecklenburgring 31, 6600 Saarbrücken (T. 81 87 51) - Geb. 27. März 1928 München, kath., verh. s. 1965 m. Marlen, geb. Nebendahl, 2 Kd. (Christina, Christoph) - Stud. d. Kunstgesch., Archäol., Phil. Univ. München; Promot. 1955; Wiss. Rat u. Prof. TH Aachen (1970-77) - BV: D. Farbe b. Grünewald, 1955; Stil/Symbol/Struktur, 1967; Farbgestaltung u. Farbtheorie in d. abendländischen Malerei. E. Einführung, 1987. Redakt. Ztschr. f. Ästhetik u. allg. Kunstwiss. (s. 1988).

DITTMANN, Werner

Dr. rer. soc., Dipl.-Psych., Prof. f. Geistigbehindertenpädagogik u. Psych. PH Ludwigsburg, Leit. FB Sonderpäd. d. PH Ludwigsburg m. Sitz in Reutlingen (1987-91) - Drosselweg 57, 7417 Pfullingen - Geb. 4. Nov. 1941 Stuttgart, ev., verh. s. 1970 m. Karin, geb. Hain, 2 Kd. (Götz, Katharina) - Albert-Schweitzer-Gymn. Leonberg; PH Stuttgart; Univ. Tübingen u. Hamburg (Psych.) - Gastprof. 1985 Appalachian State Univ. Boone, N.C., USA - BV: Intelligenz b. Down-Syndrom, 1982; Herausg. (zus. m. M. Hahn, E. Ruoff u. H. Sautter): Neue Richtlinien f. d. Unterricht in d. Schule f. Geistigbehinderte (1983); Z. Problem d. päd. Förderung schwerstbehinderter Kinder u. Jugendlicher (zus. m. S. Klöpfer u. E. Ruoff). Versch. Fachveröff.

DITTMANN, Wolfgang

Dr. phil., o. Prof. f. Ältere dt. Sprache u. Literatur FU Berlin (s. 1970) - Stanzer Zeile 26, 1000 Berlin 45 - Geb. 14. Juni 1933 Hamburg - Promot. 1960; Habil. 1969 - Fachveröff.

DITTMAR, Friedrich W.

Dr. med. (habil.), Prof., Internist - Badstr. 27, 7847 Badenweiler (T. 266) - Geb. 25. Juni 1906 Schöller/Rhld. (Vater: Friedrich W. D., Pfarrer; Mutter: Auguste, geb. Fischer), ev., verh. s. 1935 m. Ilse, geb. Gleißenberg, 2 Kd. (Jürgen, Ursula) - Stud. Musik u. Med. Kapellmeister-Staatsex. 1927 München; Med. Staatsex. 1933 Leipzig - 1941-53 Chefarzt Riesa, Leipzig-Zwenkau (1945), Halle/S. (1949); 1955-71 Chefarzt Weserberglandklinik, Höxter. 1949 ff. Doz. u. Prof. (1951) Univ. Halle, 1959 ff. Vors. Dt. Med. Arbeitsgem. f. Herdforsch. u. -bekämpf. Entd.: Kutiviszeral. Reflex, allerg. Reaktionen b. Krebskrankh. u. Rheumatismus, wachstumsfördernde Wirkstoffe in d. Frischzellen - BV: D. diätet. Behandl. d. Nahrungsmittelallergien, 1942; D. Unters. d. reflektor. u. alget. Krankheitszeichen, 1949; Diätetik, 1956; D. neurotop. Diagnose u. Therapie d. inneren Krankh., 1961 (auch jap.); Zivilisation u. Nervenkrankh., 1969; Umweltschäden regieren uns, 1971; D. selbstmörder. Zukunft, 1972; Phasentherapie, 1979; Schlaflosigkeit, 1981. Üb. 300 Einzelarb. - Liebh.: Musik (Klav.), Malerei, schöne Lit. - Spr.: Engl., Franz., Ital. - Rotarier.

DITTMAR, Friedrich-Wilhelm

Dr. med., Prof., Chefarzt Gynäkolog. Abt./Kreiskrankenhs. Starnberg (s. 1977) - Oßwaldstr. 1, 8130 Starnberg/Obb. - Geb. 29. Mai 1935 Homburg/Saar - Promot. 1960 München - S. 1968 (Habil.) Lehrtätigk. (1973 apl. Prof. f. Geburtsh. u. Gynäk. Univ. Kiel). Buchbeitr. u. Aufs. (etwa 100).

DITTMER, Wilhelm Gustav

Prof. Dr. jur., Hochschullehrer, Dekan FB Versich.wesen Fachhochsch. Köln, Leit. Sozialblatt-Verlag, Vorst.-Mitgl. Terra Allgem. Vers. AG, AR-Mitgl. VIA, Beiratsvors. Terra, Prokurist Eisenbahnvers.kasse - Sperberweg 16, 5060 Bensberg-Refrath (T. 02204 - 6 26 01) - Geb. 26. Febr. 1923 Hamburg (Vater: Wilhelm D., Postbeamter; Mutter: Cläre, geb. Müller), verh. s. 1964 m. Brigitte, geb. Michel - B. 1939 Versich.slehre, 1949-53 Feuill.redakt. d. Welt - BV: Sachenrecht, Grundriß 1970; Handelsrecht, G. 1972; Grundstücksrecht, G. 1972; Les Suretes Immobieres, G. 1974; Rechtslehre Teil 3 (Studientexte f. Betriebsw.), 1978; Rechtslehre, 1989 - Liebh.: Hundezucht (vereid. Sachverst. f. Kynologie), Lit. - Spr.: Engl., Span.

DITTRICH, Günter

Dr.-Ing., o. Prof. u. Direktor Inst. f. Getriebetechnik u. Maschinendynamik TH Aachen (s. 1972) - Eilfschornsteinstr. 18, 5100 Aachen.

DITTRICH, Helmut

Abgeordneter - Westerdeich 14, 2800 Bremen - S. 1971 Mitgl. Brem. Bürgerschaft. SPD.

DITTRICH, Herbert

Dr. med., o. Prof. u. Direktor Chirurg. Universitätsklinik Münster (s. 1973) - Zu erreichen üb.: Albert-Schweitzer-Str. 33, 4400 Münster - Geb. 26. Febr. 1930 Klingenberg - S. 1966 (Habil.) Privatdoz. u. apl. Prof. (1972) Univ. Erlangen-Nürnberg; Dekan Med. Fak. Westf. Wilhelms-Univ. Münster (1982/83); Präs. Dt. Ges. f. Thorax-Herz- u. Gefäßchirurgie (1984/85); s. 1985 Vorst. Dt. Herzstiftung - 22 Fachbuchbeitr., üb. 300 Einzelarb. - Jubil. Preis d. Dt. Ges. Chirurgie; BVK.

DITTRICH, Joachim

Dr. med., Prof. Univ.s-Kinderklinik Marburg - Ernst-Lemmer-Str. 12, 3550 Marburg-Wehrda - Geb. 15. Mai 1921 Breslau (Vater: Max D., Kaufm.; Mutter: Luise, geb. Fröhlich), verh. s. 1948 m. Renata, geb. Forchheim, 3 Kd. (Matthias, Christiane, Gabriele) - Oberrealsch. Breslau, Univ. Leipzig, Breslau, Hamburg - S. 1957 (Habil.) Lehrtätigk. Leipzig u. Marburg (1959; 1965 apl. Prof.). Spez. Arbeitsgeb.: Röntgenol. im Kindesalter, Pädol.; Fachveröff.

DITTRICH, Lothar

Dr. rer. nat., Prof., Direktor Zool. Garten Hannover (s. 1961) - Adenauerallee 3, 3000 Hannover 1 (T. 0511 - 28 07 40) - Geb. 20. April 1932, verh., 2 Kd. (Dr. Iris, Falk) - Dipl. Biol., Chemie, Parasitol.; Dipl. Biol. 1955; Promot. 1960 Leipzig - 1954-61 wiss. Assist.; wiss. Direktorialassist. im Zoo Leipzig - BV: Lebensraum Zoo, Tierparadies od. Gefängnis?, 1977 - Spr.: Engl.

DITTRICH, Walter

Dr. rer. nat., Prof., Physiker - Zwehrenbühlstr. 56, 7400 Tübingen 1 - Geb. 24. Nov. 1935 Kiel - Promot. 1968 München - S. 1973 (Habil.) Lehrtätigk. Univ. Tübingen (gegenw. 3 Prof. f. Theoret. Physik). Mehrj. USA-Aufenth. Üb. 30 Fachveröff.

DITTRICH, Wolfgang

Dr. med., o. Prof. f. Strahlenbiologie - Am Krug 10, 4400 Münster/W. (T. 74351) - Geb. 11. März 1914 Zuckmantel - S. 1955 (Habil.) Lehrtätigk. Univ. Hamburg (1961 apl. Prof.), Heidelberg (1962), Münster (1963 Ord. u. Inst.sdir.). Buch- u. Ztschr.beitr.

DITTRICH, Wolfgang

Dr., Direktor Nieders. Landesbibl. Hannover (s. 1986) - Waterloostr. 8, 3000 Hannover 1 (T. 0511 - 126 73 01) - Geb. 23. Mai 1938 Breslau, ev., verh. m. Ilona, geb. Haase, 2 Kd. (Claudia, Clemens) - Stud. German. u. Gesch. Univ. Berlin u. Bonn; Promot. 1971 - 1967 Bibliothekar Staatsbibl. Preussischer Kulturbesitz Berlin; 1979 Herzog August Bibl. Wolfenbüttel - BV: Erzähler u. Leser in C. M. Wielands Versepik, 1974.

DITTRICH van WERINGH, Kathinka

Dr., Leiterin d. Kulturzentrums d. Bundesrep. Deutschl. in Moskau (s. 1990) - Zu erreichen üb. Dt. Botschaft, B. Grusinskaja UL. 17, 103031 Moskau/UdSSR - Geb. 26. Juni 1941 Mittenwald, verh. m. Prof. Dr. Jacobus van Weringh - Stud. Gesch., Polit. Wiss., Angl.; Dolmetscherdipl. 1964 München; Staatsex. 1966 München; Promot. 1987 Amsterdam - 1967-69 Goethe-Inst. im Inland, 1969-75 Goethe-Inst. Barcelona, 1975-79 Goethe-Inst. New York, 1979-86 Leit. Goethe-Inst. Amsterdam, 1986-90 Abt.leit. Goethe-Inst., Zentralverw. München. 1976-86 Korresp. d. Börsenblattes - BV: D. niederl. Spielfilm d. dreißiger J. u. d. dt. Filmemigration, 1987, sow. zahlr. Art. z. Europapolitik, Kulturpolitik u. Film. Mithrsg.: D. Niederl. u. d. dt. Exil (1982); Berlin-Amsterdam 1920-40 (1982); Beitr. z. Geschiedenis van de Nederlandse Film en Bioscoop tot 1940 (1986) - Spr.: Engl., Franz., Span., Niederl., Russ.

DITTUS, Erich

Dr. rer. oec., Hauptgeschäftsführer Handwerkskammer Ulm - Grüntenweg 44, 7910 Neu-Ulm (T. Büro 0731 - 14 25-0) - Geb. 6. Jan. 1930, kath., verh., 2 Kd. - Stud. Volksw. (Dipl.-Volksw.).

DITZE, Karl H.

Fabrikant, geschäftsf. Gesellsch. rotringwerke Riepe KG, Hamburg - Schrödersweg 7, 2000 Hamburg 61 (T. Büro: 5 49 61).

DITZEN-BLANKE, Joachim

Dr. jur., Herausgeber u. Verleger (Nordsee-Zeitung, Bremerhaven, Kreisztg. Wesermarsch, Nordenham), pers. haft. Gesellsch. Druckhaus Ditzen KG, Ditzen-Blanke KG, gf. Gesellsch. J. Ditzen-Blanke GmbH, Geschäftsf. Ditzen Druck u. Verlags-GmbH, Bremerhavener Rotations-Druck Verw. GmbH, KZW Verw.-GmbH, Nordwestdeutsche Verlagsges. mbH, alle Bremerhaven - Brinkmannstr. 3 a, 2850 Bremerhaven - Geb. 13. Dez. 1925 Bremen (Vater: Kurt D., Verleger; Mutter: Marie, geb. Büter), ev., verh. s. 1979 m. Roswitha, geb. Jung, 2 Kd. (Jutta, Tom) - Gymn. Bremen; Univ. Würzburg u. Kiel (Rechtswiss., Volksw.); B. 1954 Rechtsanw. Bremen, dann Verbandsgf. Remscheid, s. 1970 Verleger u. Herausg. Nordsee-Ztg. - U. a. Stadtrat u. 2. Bürgerm. (1961-63) Remscheid; Richter LAG Bremen (s. 1976); Vorst. Verb. Nordwestd. Zeitungsverleger (s. 1977); AR-Mitgl. Schichau-Seebeckwerft AG (s. 1987); Beiratsmitgl. Geestemünder Bank AG (s. 1987) - Rotarier.

DIVERSY, Lothar

Steuerberater - Bahnhofstr. 10a, 6605 Friedrichsthal - Geb. 19. April 1932 Maybach, verh., 2 Kd.- CDU s. 1960 (Mitgl. Landesparteivorst.); 1975-82 Mdl Saarl.

DIWALD, Hellmut

Dr. phil., Historiker, apl. Prof. f. Mittlere u. Neuere Geschichte, bes. Geistesgesch., Univ. Erlangen-Nürnberg (s. 1965) - Gut Neue Welt, 8700 Würzburg - Habil. Erlangen - BV: D. Anerkennung - Bericht z. Klage d. Nation, 1970; Gesch. d. Deutschen, 1978; Wallenstein, 1978; D. Kampf um d. Weltmeere, 1980; Mut z. Gesch., 1983. Herausg.: Im Zeichen d. Alters - Porträts berühmter Preußen, 1981; Lebensbilder Martin Luthers, 1982.

DIZIOĞLU, Bekir

Dr.-Ing., em. o. Prof. f. Getriebelehre u. Maschinendynamik - Marienburgweg 36, 3340 Wolfenbüttel (T. 7 28 16) - Geb. 13. Dez. 1920 Corlu/Türkei (Vater: Abdullah D.; Mutter: Remziye, geb. Salihani), Islam, verh. s. 1964 m. Maria, geb. Freytag - Schule Istanbul; 1938-42 TH Dresden (Dipl.-Ing. 1943). Promot. 1945 Dresden (TU) - 1946-60 Assist., Doz. u. Prof. Univ. Istanbul; s. 1960 Prof. TH bzw. TU Braunschweig (1965 Ord. u. Inst.dir.) - BV: Getriebelehre, 4 Bde. 1965-68 - 1967 Türk. Staatspreis f. Wiss. u. Technik - Liebh.: Musik, Kunstgesch. - Spr.: Türk., Dt., Engl.

DLUGOS, Günter

Dr. rer. pol., Dipl.-Kfm. em. o. Prof. f. Betriebswirtschaftsl. FU Berlin (s. 1970) - Schopenhauerstr. 81, 1000 Berlin 38 (T. 030 - 8038510) - Geb. 26. Nov. 1920 Berlin - Techn.-kaufm. Ausbild.; lt. Stell. in d. Ind.; Promot. 1961; Habil. 1969; o. Prof. s. 1970. Emerit. s. 1989 - Fachveröff. z. Kostentheorie, Wiss.theorie, Unternehmungspolitik, Konfliktforsch. - Spr.: Engl.

DOBBECK, Otto D.

Geschäftsführer PRO HONORE, Verein f. Treu u. Glauben im Geschäftsleben, Hamburg - PRO HONORE, Borgfelder Str. 30, 2000 Hamburg 26 (T. 040 - 250 87 49) - Geb. 12. März 1949 Frankfurt/M., verh., 2 Kd. - Mitautor d. Lexikon d. Wettbewerbshüter, Dok. u. Inform., 1982; D. Wettbewerbs-Berater, Loseblatt-Handb., 1983; Gewerblicher Rechtsschutz, 1990; Wettbewerb u. Recht, 1991.

DOBBERTHIEN, Marliese

Dr. phil., Mitglied des Deutschen Bundestages (1978/88 u. s. 1990) - Adebarweg 80, 2000 Hamburg 56 - Geb. 22. Mai 1947 Lübeck, 1 T. - Abit. 1966 Lübeck, Werksem. b. Evang. Studienwerk Villigst, Stud. d. Sozialwiss. Ruhr-Univ. Bochum u. Univ. Hamburg (Polit. Wiss., Soziologie, Erzieh.wiss.); Promot. Hamburg - Auslandsstudienaufenthalte in Brasilien u. Israel. VHS-Dozentin in Hamburg; 1976-88 Leiterin d. Abt. Frauen b. DGB-Landesbezirk Baden-Württ.; 1988-90 Staatsrätin, Leitstelle Gleichstellung d. Frau; Rundfunkrätin u. stv. Vors. d. Politik-Aussch.; Mitgl. d. Verw.aussch. d. baden-württ. Landesarbeitsamtes; Vors. d. baden-württ. DGB-Landesfrauenaussch. u. Mitgl. im DGB-Landesbezirksvorst.; Vorst.-Mitgl. d. baden-württ. Verbraucherzentrale u. d. Landesfrauenrates; Mitgl. im Kurat. f. Frauenfragen, u.a. SPD s. 1972 (stv. SPD-Kreisvors. in Göppingen, stv. Vors. d. baden-württ. Medienbeirats d. SPD). Zahlr. Publ. - Liebh.: Lesen, Reisen, Pferde - Spr.: Engl., Portug., Latein.

DOBE, Hans-Jürgen

Prof., Bildhauer, Hochschullehrer - Ulmenweg 1, 3501 Ahnatal - Gegenw. Prof. f. Kunstdidaktik u. Plast. Gestalten GH Kassel.

DOBENECK, Freiherr von, Henning

Dr.-Ing., habil., Prof., Berat. Chemiker, ehem. Abt. Vorst. TU München (Heterocyclen-Chemie) - Wenzberg 6, 8021 Icking/Obb. (T. 53 41) - Geb. 9. April 1912 (Vater: Friedrich v. D., Offz.; Mutter: Ida, geb. Spengelin), verh. 1946 m. Dr. Ilse, geb. Klebe, 2 Söhne (Götz, Jan) - TH München u. Massachusett State College Amherst; Promot. u. Habil. München - S. 1948 Lehrtätigk. TH München (1955 apl. Prof. f. Organ. Chemie). Patente, Fachveröff.

DOBERAUER, Wolfgang

Dr. jur., Rechtsanwalt, Direktor - 8501 Rückesdorf/Mfr. - Geb. 15. Juli 1921 Groß-Pawlowitz, verh. s. 1949 m. Ruth, geb. Nissen, 2 Kd. (Michael, Carola) - 1940 Abit.; 1952 Gr. jurist. Staatsprüf., 1953 Promot. - 1953-65 Dt. Unilever-Gruppe (1958 Vorstandsmitgl. Schmitz & Loh AG., Geschäftsf. Lebensmittelwerk Effka GmbH. u. Westd. Nahrungsmittelwerke GmbH., 1963 Geschäftsf. Dt. Lebensmittelwerke GmbH.); 1966-83 Vereinigte Papierwerke Schickedanz & Co. (1968 stv. Vors. d. Geschäftsltg.), Mitgl. d. Holding-Beirats d. Schickedanz-Gruppe, Geschäftsf. d. Schickedanz Holding GmbH, Fürth, 1972 ff. Vorstandsmitgl. Verb. Dt. Papierfabriken, 1973 Vors. d. Gesch.-Ltg., Generalbevollm. Vereinigte Papierwerke - 1984 Bayer. VO - Spr.: Tschech., Engl., Franz. - Rotarier.

DOBERER, Kurt K.

Dipl.Ing., Schriftsteller - Regenbogenstr. 189, 8500 Nürnberg (T. 48 22 89) - Geb. 11. Sept. 1904 Nürnberg (Vater: Johann D.; Mutter: geb. Reichel), verh. 1939 m. Ilse, geb. Hartmeyer - Staatl. Akad. f. angew. Technik, Nürnberg, Hochsch. f. Wirtschafts- u. Sozialwiss. ebd. u. Hochsch. f. Politik, Berlin - BV: Republik Nordpol, R. 1936; Elektrokrieg, 1937; United States of Germany, 1944; D. Schiene, Ged. 1948; The Goldmakers, 1949; Sinn u. Zukunft d. Automation, 1958; Goldsucher - Goldmacher / Welt zwischen Tat u. Traum, 1960; Essais u. Probedrucke altd. Staaten, 1963; Schwarze Einser - rote Dreier / Kulturgesch. d. Briefmarke, 1967; Weise Narren - närr. Weise, 1968; Schiffbruch, 1969; Philatelie f. Kenner, 1970; Drachenschlacht, 1970; Wunder im Mond, 1971; The Goldmakers, USA 1972; Republik Nordpol, 1979; Auf d. Suche n. d. Unteilbaren, 1981; Alte Briefmarken, 1983; D. Goldmacher, 1987; Bayern-Philatelie, 1990; Frauengesch., 1990. Übers. aus d. Engl.: John Diebold, D. automat. Fabrik (1954); Daniel Defoe, D. Pirat (1977); Kapitän Viaud, Untergang der „Tiger" (1978) - Mitgl. PEN-Zentrum BRD - Kalckhoff-Med. 1972, BVK am Bde. 1974 - Spr.: Engl. - Liebh.: Briefmarken.

DOBIAS, Peter

Dr. rer. pol., o. Prof. f. Volkswirtschaftslehre insb. Wirtschaftspolitik Univ.-GH Paderborn - Von-Bodelschwingh-Str. 29, 4792 Bad Lippspringe - Geb. 8. Mai 1937 - BV: D. jugoslaw. Wirtschaftssystem, 1969; Theorie u. Praxis d. Planwirtsch., 1977; Wirtschaftspolitik, 1980; Wirtschaftssysteme Osteuropas, 1986.

DOBIESS, Berthold

Dipl.-Volksw., Leiter Goethe-Institut Amsterdam i.R. - Herengracht 470, NL 1017 CA Amsterdam, Niederl. - Geb. 18. Dez. 1930 Essen (Vater: Franz D., Schulrektor; Mutter: Änne, geb. Holte), kath., verh. s. 1957 m. Jutta, geb. Haas,

3 Kd. (Cornelie, Andrea, Christof) - Abit. Human. Burggymn. Essen; Stud. Wirtschaftswiss. Univ. München u. FU Berlin; Dipl.-Ex. 1956, Wirtschaftsprakt. 1956/57, Res. Scholar Delhi School of Economics 1958/61 - S. 1961 Mitarb. Goethe-Inst. München; 1962 Dozenturleit. New Delhi; 1966-71 Referatleit. Zentralverw. München; 1971/80 Institutsleit. Dublin, 1980/86 Helsinki, s. 1986 Amsterdam - 1980 M.A. honoris causa Univ. Dublin (Trinity College) - Liebh.: Gärtnern - Spr.: Latein, Griech., Engl.

DOBLER, Carl

Landwirt, Präs. Bauernverb. Württ.-Baden a.D., Stuttgart, stv. AR-Vors. Volksbank Ludwigsburg, AR Vereinigte Tierversich. VTV, Wiesbaden - 7251 Hemmingen/Württ. - Geb. 4. Jan. 1930 - Stud. Landw. (Dipl.-Landw.) - 1980 BVK I. Kl.; Ehrensenator Univ. Hohenheim u. Fachhochsch. Nürtingen.

DOBLHOFER, Ernst

Mag. et Dr. phil., em. o. Prof. f. Klass. Philologie Univ. Kiel (1971-84) - Gartenstadtstr. 77, A-8010 Graz - Geb. 2. Sept. 1919 Eferding (Österr.) (Vater: Leopold D., Beamt.; Mutter: Katharina, geb. Habl), kath., verh. s. 1960 m. Magda, geb. Spielhofer, 2 Söhne (Stefan, Georg) - Stud. Univ. Graz u. Wien, Lehramtspr. 1947, Dr. phil. 1948, Habil. 1964, Graz. 1948-71 Gymnasiallehrer, 1964-71 Doz. u. Lehrbeauftr. Univ. Graz, s. 1971 Ord. Kiel - BV: Byzantin. Diplomaten, 1955; Zeichen u. Wunder, 2. A. 1964 (ersch. i. 10 Spr.); D. Augustuspanegyrik d. Horaz, 1966; Rutilius Claudius Namatianus, I 1972, II 1977; Horaz. Ausgewählt u. kommentiert, 1984; Exil u. Emigration. D. Erlebnis d. Heimatferne i. d. röm. Lit., 1987 - 1959 u. 68 Theodor-Körner-Preis Wien; 1979 Österr. Ehrenkreuz f. Wiss. u. Kunst I. Kl.

DOBMEIER, Anton

Ltd. Forstdirektor, MdL Bayern (s. 1974) - Weiher 15, 8562 Hersbruck (T. 09151 - 43 39) - Geb. 1921 - CSU.

DOBNER, Eberhard

Dr.-Ing., Vorstandsmitglied Mannesmann Demag AG, Duisburg - Kohlstr. 31, 4030 Ratingen-Hösel - Geb. 27. Mai 1929.

DOBNER, Reinhold

Sprecher d. Geschäftsführung PFAFF Industriemaschinen GmbH, stv. Vorst.-Mitgl. GM Pfaff AG, AR-Vors. J. Sandt AG Pirmasens - Königsstr. 154, 6750 Kaiserslautern/Pf.; priv.: Dresdener Str. 6 - Geb. 22. Jan. 1928 - Obering.

DOBROSCHKE, Horst

Dr. med., Inhaber Mewis-Film (wissenschaftl. Dok.) u. IHD-Inst. Dr. med. Horst Dobroschke, München - Am Isarkanal 24, 8000 München 70; Hasenstr. 2 u. Schwalbenstr. 10, 4019 Monheim (T. 02173 - 5 84 11) - Geb. 22. April 1926, verh. s. 1955 m. Hilla, geb. Kaul (Medizinerin), verw. s. 1989 - Neben Medizin- u. Psychologie auch Musikstud. - Produzent v. Filmen u. Videos aus d. med.-wiss. Bereich, dort auch Träger von Auszeichn.; als spezif. Kenner d. Pharmabranche als Berat. u. Unterweiser tätig; Geschäftsf. d. Pharma Schwarz GmbH, Düsseldorf, Sanol-Arzneimittel Dr. Schwarz GmbH, Monheim (f. d. Bereich wiss. Forschung u. Marketing); dann selbst. Untern. - S. 1990/91 auch Fortbildung u. Beratung in d. neuen Bundesländern - Filme: W. C. RÖNTGEN f. d. ARD; med. Fortbildungsfilme, bes. auf d. Gebieten: Kardiologie, Rheumatologie u. Plebologie.

DODEN, Wilhelm

Dr. med., em. o. Prof. u. Direktor Universitätsklinik f. Augenkrankh. Frankfurt (1967-87) - Bertha-von-Suttner-Ring 24, 6000 Frankfurt/M. (T. 68 42 62) - Geb. 20. April 1919 Leer - 1957-67 Privatdoz. u. apl. Prof. (1962) Univ. Freiburg (Oberarzt Augenklinik). Zahlr. Fachveröff.

DODENBERG, Henning

Dr., Botschafter d. Bundesrep. Deutschl. in d. Rep. El Salvador - 3a, Calle Poniente 3831, Colonia Escalòn, San Salvador/El Salv., Ap. postal 693 (T. 00503 - 23 61 40 u. 23 61 73) - Zul. Botsch.rat u. Wirtsch.ref. in Zaire.

DODENHOFF, Wilhelm J.

Dr. jur., Bundesrichter, Honorarprof. - Messelstr. 43, 1000 Berlin 33 (T. 030 - 823 31 41) u. Im Schluh 29, 2862 Worpswede (T. 04762 - 5 17) - Geb. 10. Jan. 1920 Sottrum Bez. Bremen, ev., verh. I.) s. 1945 m. Ursula, geb. Leeb † 1975; II.) s. 1985 m. Ursula, geb. Kuchenbecker, 3 Kd. (Karin, Jutta, Carsten) - Stud. Rechts- u. Staatswiss. Univ. Hamburg u. Vanderbilt Univ. Nashville/Tenn. (USA) - Vors. Richter a. Bundesverw.gericht Berlin a. D., Mitgl. u. Vizepräs. d. Staatsgerichtshofs d. Freien Hansestadt Bremen.

DODERER, Klaus

Dr. phil., em. Prof. f. Germanistik Univ. Frankfurt/M., Direktor Inst. f. Jugendbuchforsch. Univ. Frankfurt/M. (1963-90) - Rodinghweg 5, 6100 Darmstadt - Geb. 20. Jan. 1925 Wiesbaden (Vater: Otto D., Schriftst. †; Mutter: Else, geb. Mathes †), ev. verh. s. 1954 m. Ingrid, geb. Flössner, 3 Töcht. (Claudia, Christiane, Beatrix) - 1945-52 Univ. Marburg (German., Phil., Kunstgesch., Päd.). Promot. 1953; beide Lehrex. - 1954 Lektor Univ. Birmingham (Engl.), dann Volksschullehrer, Assist. u. Doz. f. Dt. (1959-63) Päd. Inst. Darmstadt, danach Prof. u. Inst.dir. Univ. Frankfurt. Präs. Intern. Forschungsges. f. Kinderlit. (1970-74) - BV: Kurzgesch. in Dtschl., 1953, 6. A. 1980; Wege in d. Welt d. Sprache, 1960; D. Sachbuch als literaturpäd. Problem, 1962; D. Reimschmiede - So dichten Kinder, 1966; Klass. Kinder- u. Jugendb. - Krit. Betracht., 1969, 3. A. 1975; Fabeln - Formen/Figuren/Lehren, 1970, 2. A. 1977; Das Bilderbuch, Geschichte und Entwicklung, 1973, 2. A. 1975; Gotthelf Schlotter - Einkreisungsversuche, 1977; Lit. u. Schule - Ess. üb. e. schwieriges Verhältnis, 1983; D. dt. Jugendliteraturpreis, e. Wirkungsanalyse (m. C. Riedel), 1988; Zw. Trümmern u. Wohlstand. Lit. d. Jugend 1945-60, 1988; Literarische Jugendkultur - Kulturelle u. gesellschaftl. Aspekte d. Kinder- u. Jugendliteratur in Deutschland, 1992. Herausg.: Reihe Jugendlit. heute (1965ff.); Lexikon d. Kinder- u. Jugendlit. (Bd. I-IV, 1975-82); Ästhetik d. Kinderlit. (1981); Üb. Märchen f. Kinder v. heute (1982); Neue Helden in d. Kinder- u. Jugendlit. (1986); Walter Benjamin u. d. Kinderlit. (1988) - 1987 Intern. Brüder Grimm-Preis, Osaka; 1983 Friedrich Bödecker-Preis - Liebh.: Samml. alt. Kinderbücher u. mod. Kunst, Reisen - Spr.: Engl. - Lit.: Kinderwelten, Festschr. f. Klaus Doderer, (1985).

DODERER, Siegfried

Sparkassendirektor, Vorstandsvors. Kreisspark. Ostalb - Einhornstr. 1/ Hochhaus, 7070 Schwäbisch Gmünd-Strassdorf - Geb. 9. Okt. 1928.

DODT, Eberhard

Dr. med., Prof., em. Direktor II. Physiolog. Abt. Max-Planck-Inst. f. Physiol. u. Klin. Forschung, W. G. Kerckhoff-Inst. - Parkstr. 1, 6350 Bad Nauheim (T. 70 52 71) - Geb. 22. Febr. 1923 Bielefeld (Vater: Dr. phil. M. D.; Mutter: geb. Pfeiffer), verh. 1974 m. Elke, geb. Schwerdtfeger - Univ. Freiburg/Br., Erlangen, Marburg. Promot. (1950) u. Habil. (1954) Freiburg - S. 1954 Lehrtätigk. Univ. Freiburg (Privatdoz.) u. Gießen (1960 apl. Prof.; 1972 Honorarprof). Emerit. 1991 - Fachveröff. - Mitgl. in- u. ausl. wiss. Ges.; 1967 Fancesschetti-Liebrecht-Preis Dt. Ophthamol. Ges.; 1955 Fellow Rockefeller Foundation; 1962 Wiss. Mitgl. Max-Planck-Ges.; 1965 Mitgl. Scientific Council New York Acad. of Sciences; Fellow Optical Society of America; 1980 Ernst-Jung-Preis; 1983 Ehrenmitgl. rumän. physiol. Ges.; 1985 dt. Ophthamol. Ges.; 1987 Mitgl. Dt. Akad. Naturf. Leopoldina; 1988 BVK I. Kl.

DOEBEL, Günter

Journalist, Schriftsteller - Peter-v.-Fliesteden-Str. Nr. 6, 5000 Köln 41 (T. 495776) - Geb. 17. Sept. 1905 Königsberg/Pr. (Vater: Dr. med. Ernst D., Arzt; Mutter: Käthe, geb. Gilde), ev., verh. s. 1934 m. Luise, geb. Krecker, 3 Kd. (Peter, Jochen, Ursula) - Gymn.; Stud. German., Dt., Musik-, Kunstgesch., Astron. - BV: D. Mensch lebt nicht allein im All, 1966 (ital. 1968); D. Weltall u. s. Entdeckung, 1968, 2. erg. A. 1970; Dem roten Planeten auf d. Spur, 1971; D. Sonne, Stern des Lebens, 1975; Johannes Kepler, 1983 - 1966 Med. f. hervorrag. journalist. Leistungen u. f. Weltraumforsch. u. Raumfahrt (Kurat. D. Mensch u. d. Weltraum); 1984 Copernicus-Med. (Acad. Cosmologica Nova).

DOEBEL, Peter

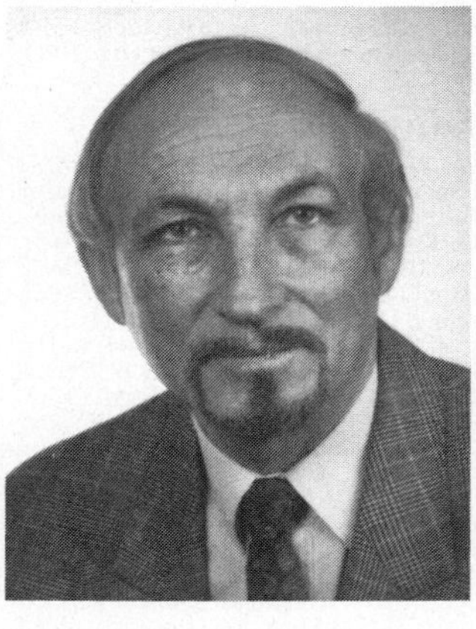

Gerichtsreporter ZDF - Danziger Str. 61, 6200 Wiesbaden (T. 06121 - 54 27 26) - Geb. 6. Nov. 1935 Gumbinnen/Ostpr. (Vater: Günter D., Red.; Mutter: Luise, geb. Krecker), verh. - Jurastud. Köln, 2. jur. Staatsex. 1966. 1962-66 Referendar NRW u. Berlin, 1960-70 Mitarb. u. Redakt. Kölner Stadt-Anz., s. 1970 Redakt. ZDF; 1985-87 Korresp. ZDF-Studio Bonn; 1988-90 Redakt. Studio 1 - 1979 Adolf-Grimme-Preis - Liebh.: Musiz. (Cello).

DÖBEREINER, Wolfgang Ernst

Astrologe - Agnes-Bernauer-Str. 129, 8000 München 21 - Geb. 28. Febr. 1928 München (Vater: Ernst D., Musiker; Mutter: Kunigunde, geb. Kraus), kath., verh. s. 1986 in 5. Ehe m. Petra D., T. Bettina Maria (aus 4. Ehe) - Abit. München, Astrologie-Sch. München - Begründ. Münchner Rhythmenlehre; Entd. u.a. Astrol. Wetterprognose, Gruppenschicksale - BV: Horoskop f. jeden Tag, 1972; Heyne Tierkreisbücher, 1974; Astrol. Lehr- u. Übungsbuch, Bd. I, II, III, IV, V u. VI, ab 1978 (Bd. I, II, III auch engl.); Astrol.-med.-Diagnose, Bd. I u. II (Bd. I auch engl.); Hamburger Vortr., 1987; Berliner Vortr. - Weg d. Aphrodite, 1988; Astrol. definierb. Verhaltensweisen in d. Malerei, 1988; Maler-Horoskope zu astrol. definierb. Verhaltensweisen in d. Malerei, 1988; Flumserberger Sem. - Weg d. Aprodite, 1990; Seminare, 1990 - Liebh.: Garten, Musik.

DÖBERTIN, Winfried

Dr. phil., Wiss. Oberrat, Dozent f. Erziehungswiss. unt. bes. Berücks. d. Didaktik d. Politik Univ. Hamburg/Fachbereich Erziehungswiss. (s. 1968) - Krautstücken 18, 2000 Hamburg 55 (T. 87 67 96) - Geb. 28. Nov. 1932 Magdeburg (Eltern: Paul (Masseur) u. Lisa D.), kath., verh. s. 1959 m. Ursula, geb. Garsche, 4 Kd. (Ansgar, Birgitta, Johannes, Ruth) - Univ. Hamburg, München, Münster (Gesch., Polit. Wiss., Päd.). Promot. 1964 Hamburg - Schuldst. - BV: Adolf v. Harnack, Theologe, Pädagoge, Wiss.-Politiker; Antworten auf d. Sinnfrage; Jesus, Albert Schweitzer, Johannes XXIII. Marx, Lenin, Hitler; Albert Schweitzer, Gespräche üb. d. Neue Testament (hg.); D. Sinn d. Lebens - d. Frage d. Menschen (Taschenb.); Ohne Religion kann man nicht leben (Taschenb.).

DÖBLER, Hannsferdinand

Schriftsteller - Yorckstr. 1, 3000 Hannover - Geb. 29. Juni 1919 Berlin - BV: E. Achtel Salz - D. Geschichte e. jg. Ehe, 1955; Gez. Coriolan, R. 1957; Keine Anhaltspunkte, R. 1958; D. Preisträger, R. 1962; Kultur- u. Sittengeschichte d. Welt, Bd. 1-10, 1971-74; Germanen A-Z, 1975; Hexenwahn, 1977; Kein Alibi. E. dt. R. 1919-1945; Exners Glück, R. 1988; Nie wieder Hölderlin, R. 1989.

DOEBLIN, Jürgen

Dr., Prof., Vorsitzender d. FDP-Landtagsfraktion - Max-Planck-Str. 1, 8000 München 85 - Geb. 28. Aug. 1946 Wiesbaden, verh. s. 1976 m. Renate, 2 Kd. (Patrick, Johanna) - Dipl.-Volksw. 1974 Mainz, Promot. 1979 Mainz - S. 1984 Prof. FB Betriebswirtsch. d. Fachhochsch. Nürnberg.

DOEBNER, Heinz-Dietrich

Dr. rer. nat., Prof. f. Theoret. Physik - Schieferweg 21, 3380 Goslar/Harz (T. 2 66 82) - Geb. 11. Mai 1933 - S. 1965 (Habil.) Lehrtätigk. Univ. Marburg (Wiss. Rat u. Prof.) u. TU Clausthal (1970 o. Prof. u. Dir. Inst. f. Theoret. Physik II). 1971-74 Mitgl. Gründungsaussch. u. Rektor Univ. Osnabrück. S. 1977 Vors. Studien- u. Studentenberat. d. Landes Nieders., 1979-83 Vors. Studentenreformkommiss. Physik in Nieders., s. 1981 Vors. Math.-Naturw. Fak. TU Clausthal - Herausg. v. Ztschr. u. Monogr. auf d. Gebiet d. mathem. Physik. Fachaufs.

DÖDING, Günter

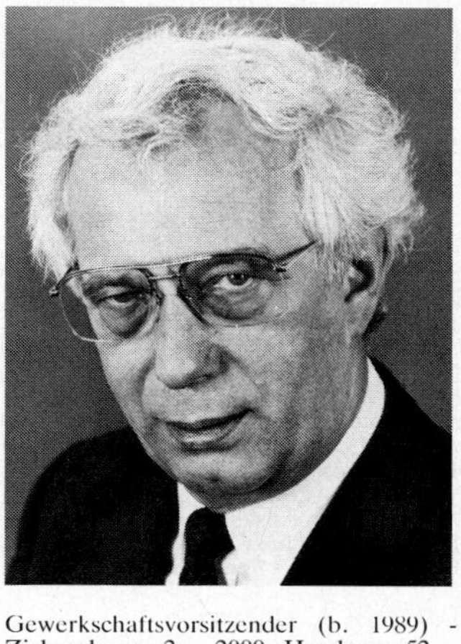

Gewerkschaftsvorsitzender (b. 1989) - Zickzackweg 2a, 2000 Hamburg 52 - Geb. 4. Sept. 1930 Isenstedt (Vater: Hermann D., Schneider; Mutter: Dorothee, geb. Hucke), ev., verh. s. 1953 m. Ilse, geb. Klostermann - 1953-56 Gewerksch.sekr. Wuppertal; NGG-Landesjugendvors. NRW; 1956-58 Bundesjugendsekr. b. Hpt.vorst. Hamb.; 1958-66 Leit. Ref. Tabakwirtsch.; 1966-78 2. Vors. Gewerksch. Nahrung, Genuß, Gaststt., 1978-89 Vors. - Mitgl. DGB-Bundesvorst.; Präs. Intern. Union Lebensmittelarb. - Gewerksch., u. a. div. Ehrenämter, AR-Mand. - 1987 BVK m. Stern - Liebh.: Lesen, Wandern - Spr.: Engl.

DOEGE, Eberhard

I. Beigeordneter u. Bürgermeister - Rathaus, 7400 Tübingen - Geb. 18. Aug. 1910 - Parteilos.

DOEGE, Eckart

Dr.-Ing., Prof. f. Umformtechnik u. masch. Univ. Hannover (s. 1974) - Lindenweg 40, 3005 Hemmingen - Geb. 18. Febr. 1936 Bad Polzin/Pom. (Vater: Erich D., Landw.; Mutter: Alma, geb. Jahnke), ev., 2 Töcht. (Corinna, Vanessa) - Oberseh. Brandenburg, West-Berlin, Ulm; TH Stuttgart (Allg. Maschinenbau; Promot.) - Langj. Industrietätigk. (u. a. Prok. Schuler GmbH) - Liebh.: Schach, Tennis, Ski - Spr.: Engl.

DOEHLER, Christian

Abteilungsleiter i.R. Inst. f. Auslandsbezieh., Stuttgart, Präs. Dt.-Japan. Ges. Baden-Württ. - Kiess-Str. 18, 7000 Stuttgart-70-Sonnenberg (T. 0711 - 76 32 63; Telefax 0711 - 765 63 45) - Geb. 2. Jan. 1924 Kaufungen/Kr. Rochlitz, Sachsen (Vater: Gotthard D., Pfarrer; Mutter: Margarete, geb. Ebert), ev., verh. s. 1957 m. Torborg, geb. Hellsten, 4 Kd. (Stephan, Christine, Andreas, Margarete) - Stud. Theol. u. Psych. - S. 1953 Inst. f. Auslandsbezieh. Stuttg. - 1977 BVK - Liebh.: Völker-Länderkd., Reisen, Fotogr. - Spr.: Engl., Schwed.

DÖHLER, Christian

Betriebswirt, Vorstandsmitglied Fränk. Unternehmerverb. u. Arbeitgeberverb. Bayern - Ketschendorfer Str. 15, 8630 Coburg (T. 09561-10091) - Geb. 30. Nov. 1923 Neustadt b. Coburg, verh. m. Margot, geb. Greiner, 3 T. (Angelika, Evi, Uli) - Betriebswirt, Wirtschaftstreuhänder 1940.

DÖHLER, Gottfried

Dr., Prof., Lehrstuhl f. Halbleiterphysik, Inst. f. Techn. Physik Univ. Erlangen-Nürnberg (s. 1986) - Erwin-Rommel-Str. 1, 8520 Erlangen (T. 09131 - 85 72 94) - Geb. 26. Dez. 1938, verh. s. 1969 m. Karin, geb. Brand, 3 Kd. (Sebastian, Franziska, Felix) - Dipl. (Physik) 1966, Promot. (Theoret. Physik) 1968, bde. München - 1970-73 u. 1975-83 wiss. Mitarb. Max-Planck-Inst. f. Festkörperforsch. Stuttgart; 1973-75 Gastforsch. b. IBM, Yorktown Heights, USA; 1982 Gastprof. Joh. Kepler Univ. Linz, Österr.; 1983-86 Gastforsch. u. Mitarb. Hewlett-Packard Laboratories Palo Alto, USA. Entw. d. Konzeption, theoret. u. experimentelle Unters. v. Dotierungsübergittern (n-i-p-i-Kristalle). Mithrsg.: Fachztschr. Superlattices and Microstructures. 125 wiss. Veröff. - 1984 Walter-Schottky-Preis Dt. Physikal. Ges.

DÖHLER, Günter

Dr. phil. nat., Prof. f. Botanik Univ. Frankfurt - Feldgerichtstr. 20, 6000 Frankfurt/M. - Geb. 17. März 1933 Naumburg/S., ev., verh. s. 1956 m. Eleonore, geb. Boden, 2 Kd. - Gymn. Naumburg; Stud. Univ. Jena, Hamburg, Frankfurt/M. (Biologie u. Chemie); Dipl.-Biol. 1959, Promot. 1960, Habil. 1969 - 1960 Wiss. Assist., 1969 Oberassist., s. 1971 Prof., Gastforscher in Dundee (Schottl.) u. Orsay (Frankr.) - Üb. 85 Fachveröff. bes. z. Thema Photosynthetische CO2 Fixierung u. Stickstoffmetabolismus b. Algen u. Cyanobakt. Spez. Arbeitsgeb.: Auswirkg. d. Ozonabbaus u. a. Streßfaktoren auf d. Stickstoffhaushalt d. Phytoplanktons. Teilnahme an Antarktis-Exped. (EPOS 3).

DÖHLER, Klaus-Dieter

Dr. rer. nat., M.A., B.A., apl. Prof. f. Experiment. Endokrinologie Pharma Bissendorf Peptide GmbH, Hannover - Im Kamp 24, 3000 Hannover 51 (T. 0511 - 65 03 51) - Geb. 29. Dez. 1943 Weilburg/Lahn (Vater: Richard D., Polizeim.; Mutter: Emma, geb. Sauter), ev., verh. s. 1972 m. Ursula, geb. Han-Hua FANG - 1964-69 Stud. Biol. u. Chemie Univ. Marburg; 1969-72 Stud. Biol., Psych. u. Psychobiol. Univ. Calif. Berkeley, Irvine u. Calif. State Univ. Fresno (B.A. 1971, M.A. 1972); 1972-74 Univ. Göttingen (Promot. 1974); Habil. 1978 Hannover - 1974-78 wiss. Assist. Med. Hochsch. Hannover; 1978-80 wiss. Assist. Tierärztl. Hochsch. Hann.; 1980/81 Assoc. Res. Anatomist Univ. Calif. Los Angeles (USA); s. 1983 apl. Prof. Med. Hochsch. Hannover. 1985-89 wiss. Leit. Bissendorf Peptide GmbH, s. 1990 Dir. Forsch., Entw. & Prod. Pharma Bissendorf Peptide GmbH; s. 1989 Geschäftsf. Bissendorf Biosciences GmbH - Zahlr. wiss. Veröff. in Büchern u. intern. Fachztschr. Herausg. Progress in Neuropeptide Research (1989) - 1977 Schöller-Junkmann-Preis f. Endokrinol.; 1978 Heisenberg-Stip. - Interesse: Intern. Beziehungen - Spr.: Engl.

DÖHMER, Klaus

Dr. phil., Bibliothekar, Schriftst. - Alte Post 1, 4630 Bochum - Geb. 25. Mai 1941 Troisdorf, verh. m. Annemarie, geb. Schulte - Fachref. Universitätsbibl. Dortmund - BV: In welchem Style sollen wir bauen?, 1976; Leda u. Variationen, 1978; Merkwürd. Leute, 1982; D. Affixe d. Hebräischen, 1988.

DÖHN, Hans

Dr. phil., Prof., Hochschullehrer - Straußstr. 9, 6520 Worms (T. 5036) - Geb. 29. Mai 1920 Worms (Vater: Wilhelm D., Oberbauinsp.; Mutter: Margarete, geb. Hartkopf), ev., verh. s. 1952 m. Erika, geb. Huf, 2 Töcht. (Ursula, Ingrid) - Gymn. Worms; Univ. Heidelberg (Rechtswiss.) u. Mainz (Geschichte, Kunstgesch., Päd.) - S. 1957 Doz. u. Prof. Päd. Hochsch. Worms (Mittlere u. Neuere Geschichte) - BV: Eisenbahnpolitik u. -bau in Rheinhessen 1835-1914, 1957; Erkunden u. Erkennen - Geschichte, 3 Bde. 1966 ff.; D. Geschichtsunterr. in Volks- u. Realsch., 1967; Kirchheimbolanden - D. Geschichte d. Stadt, 1968 - Spr.: Engl., Franz.

DÖHN, Lothar

Dr. phil., Prof. f. Politikwissenschaft GH Kassel (s. 1972) - Druselstr. 82, 3500 Kassel - Geb. 7. April 1937 Kassel - Promot. 1968 - Assist. Gießen u. Trier - Politik u. Interesse - D. Interessenstruktur d. Dt. Volkspartei, 1970; Medienlexikon, 1979 (m. Klöckner).

DÖHNER, Hans-Jürgen

Dipl.-Ing., Prof. f. Massiv-, Spannbeton- u. Ingenieurholzbau sow. d. fachbezog. Datenverarb. Univ.-GH Siegen (Fachbereich Bauingenieurwesen) - Gerhart-Hauptmann-Weg 20, 5900 Siegen - Geb. 8. Juli 1930 Deutsch-Krone - Öffntl. bestellter u. vereid. Sachverständ. f. Bauschäden IHK Siegen.

DÖHR, Gerhard

Bankdirektor - Im Band 16, 5442 Mendig (T. 02652 - 36 57) - Geb. 31. März 1944 Niederendig, kath., verh. s. 1971 m. Monika, geb. Marx, 2 Söhne (Marco, Petro) - Bankkaufm. - Dir. Dresdner Bank AG, Filialen Andernach u. Neuwied; VR Provinzial Versich., Düsseldorf; Beiratsvors. Eifelferienpark Daun-Dorint Gruppe; Beirat Bodo Schnell, Kaub, u. Kerpen u. Kerpen, Ochtendung - Spr.: Franz.

DOEHRING, Carl

Sparkassendirektor a. D. - Am Südbahnhof 2, 3000 Hannover (T. 0511 - 81 09 06) - Geb. 9. Juni 1909 Allenstein/Ostpr., ev.-luth., verh. m. Elfriede, T. Sabine (Gymn.Lehrerin f. German. u. Gesch.) - Oberrealsch. Königsberg/Ostpr. - Ab 1951 Gründ. u. Leit. wiss. Ges. im Raum Hannover (u.a. Dt.-Kanad., Steuben-Schurz, Auerbichlskr. d. Dt. Atlant., Intern. Club v. Hannover); s. 1951 Aktion: Mehr Kontakt m. ausl. Mitbürgern u. Alliierten Soldaten; Vors. d. 4 Lindrath Ges. (gegr. 1960) - Fachlit. Tätigk. Insolvenzgeschehen - BV: Koordinierte Bankenstatistik als Grundl. europ. Währungspolitik im J. 1962 - 1975 Nato-Verdienst-Med. u. Ehr. Ehrenz. Rep. Österr.; Silb. Friedensmed. UN; 1984 BVK I. Kl.; 1985 Silbermed. d. Europ. VO d. Fondation du Mérite Européen, Luxemburg; Ehrenbürger Lubbock/Texas; Ehrenmitgliedsch.; Gold. Ehrennadel Europa Union Deutschl.

DOEHRING, Karl

Dr., em. Prof. f. öffntl. Recht u. Völkerrecht Univ. Heidelberg, em. Direktor Max-Planck-Inst. f. ausl. öff. Recht u. Völkerrecht, Membre de l'Inst. de Droit Intern. - Mühltalstr. 117 c, 6900 Heidelberg (T. 06221 - 40 98 80) - Geb. 17. März 1919 Berlin, ev., verh. m. Dr. med. Eva-Maria, geb. Borchart - Promot. 1957, Habil. 1962 Heidelberg - 1981-85 Vors. d. Dt. Ges. f. Völkerrecht - BV: Staatsrecht d. BRD, 3. A. 1984; Pflicht d. Staates z. Gewähr. diplomat. Schutzes, 1958; Allgem. Regeln d. völkerrechtl. Fremdenrechts, 1962; Selbstbestimmungsrecht als Grundsatz d. Völkerrechts, 1973; Allg. Staatslehre - Spr.: Engl., Franz.

DÖHRING, Sieghart

Dr. phil., Prof., Leiter Forschungsinstitut f. Musiktheater Univ. Bayreuth - Schloß Thurnau, 8656 Thurnau (T. 09228-669) - Geb. 12. Dez. 1939 Bischofsburg, ev., verh. s. 1982 m. Dr. Sabine Henze-Döhring - Stud. Musikwiss., ev. Theol., Phil. Univ. Hamburg u. Marburg; Promot. (Musikwiss.) 1969 Univ. Marburg; Habil. (Musikwiss.) 1986 TU Berlin - 1971 Wiss. Assist., 1973 Doz., 1980 Prof. Univ. Marburg - BV: Gesch. d. Arienform v. Ausgang d. 18. b. z. Mitte d. 19. Jh., 1975.; Pipers Enzyklopädie d. Musiktheaters in 8 Bde., 1986ff. (Hrsg.).

DOEKER, Günther

LL.M., Ph. D., Prof. f. vergleichende Analyse polit. Systeme u. intern. Politik - Geb. Bottrop/W. - Ausbild. USA, Engl., Frankr.; Habil. 1970. Lehrtätigkeit: FB Polit. Wiss. FU Berlin.

DÖKER, Klaus

Dipl.-Kfm., Bundesbankdirektor - Mäuerchen 12, 5600 Wuppertal 1 (T. 45 90 00) - Geb. 29. Juni 1936 Köln (Vater: Dipl.-Hdl. Herbert D.; Mutter: Grete, geb. Falkenstein), kath., verh. s. 1965 m. Marion, geb. Hänsel, S. Thomas - Stud. Univ. Köln Dipl.ex. (1960) - 1960-62 Sparkasse Stadt Köln, 1962-64 Fa. Rhenag AG., ebd., s. 1964 Landeszentralbank Nordrh.-Westf., z. Z. II. Dir. Wuppertal - Spr.: Engl.

DOEKER, Werner

Dipl.-Ing., Vorstandsmitgl. C. Baresel AG./Bauuntern. - Nordbahnhofstr. 135, 7000 Stuttgart 1.

DÖLCKER, Hansheinrich

Dipl.-Kfm., Vorsitzender d. Geschäftsführung Deutsche Star GmbH - Ernst-Sachs-Str. 90, 8720 Schweinfurt 1/Ufr. - Geb. 7. April 1929 Kiel - Mitgl. d. Geschäftsfg. d. Mannesmann Rexroth GmbH, Lohr/Main.

DÖLKER, Helmut Bernhard

Dr. phil., Prof., Hauptkonservator i.R. - Hegensberger Str. 118, 7300 Esslingen (T. 0711 - 37 25 68) - Geb. 5. Aug. 1904 Stuttgart (Vater: Bernhard D., Oberpostinsp.; Mutter: Sophie, geb. Schwämmle), ev., verh. s. 1941 m. Ilse, geb. Krohmer, 3 Kd. (Ursula, Bernhard, Albrecht) - Human. Gymn. Stuttgart, Stud. Univ. Tübingen, Berlin, London (Deutsch, Gesch., Engl.), Promot. Tübingen 1928, Staatspr. f. d. höh. Lehramt 1929/30 ebd. - 1930-45 Stud. Ass., 1945-47 Stud.R. (Württ. Landesamt f. Denkmalspfl.), 1947-69 Hpt.konservator b. Staatl. Amt f. Denkmalspfl. Stuttgart (Amtsvorst.), s. 1952 Hon.prof. f. Volkskunde u. Mundartforsch. Univ. Tübingen; Schriftsachverst., Vors. Württ. Gesch.- u. Altert.vereins (1948-69) u. Dt. Ges. f. Volkskd. (1951-61), Vorst.smitgl. Kommiss. f. gesch. Landeskd. - BV: D. Flurnamen d. Stadt Stuttgart, 1933 (Reprint 1982); volkskundl. Aufs. - Ehrenmitgl.sch., 1979 Med. f. Verd. u. d. Heimat Bad.-Württ., 1984 Ehrenplak. d. Stadt Esslingen a. N. u. Verdienstmed. d. Landes Baden-Württ. - Spr.: Engl., Franz. - Bek. Veröf.: Jakob Andreä d. Ae., Kanzler Univ. Tüb., Verf. Konkordienformel (1528-90) - Lit.: Helmut Dölker z. 60. Geb., Hrsg. Hermann Bausinger Volksleben, 1964.

DÖLL, Alfred

Kaufmann, vereid. Sachverständiger, Niedersächs. Gast-Spielbüro GmbH KG, Musica GmbH, Pro Musica GmbH & Co., Braunschweiger Konzertdir. W. E. Schmidt GmbH + Co. - Schmiedestr. 8, 3000 Hannover 1 (T. 0511 - 3 66 07-20) - Geb. 28. Sept. 1924 Halle/Saale (Vater: Dr. Alfred D., Phil., Kaufm.; Mutter: Gertrud, geb. Spitzer), ev. - Human. Gymn. (Abit. 1942) - 1943-47 Wehrmacht u. Gefangensch.; 1967-71 Präs. Verb. Dt. Klavierhändler, Präs. Gesamtverb. Dt. Musikfachgesch.; 1. Vors. Akad. f. Musikpäd. Mainz - BVK I. Kl. - Spr.: Engl., Russ.

DÖLL, Martin

Geschäftsf. Vorstand Deutsches Grünes Kreuz, Marburg, Geschäftsf. Med. Verlagsges. mbH, Marburg - Schuhmarkt 4, 3550 Marburg (T. 06421 - 2 40 44) - Präs. Intern. Green Cross, Geneva.

DÖLLE, Wolfgang

Dr. med., o. Prof. f. Inn. Med. - Auf d. Schnarrenberg, 7400 Tübingen (Med. Klinik; T. 712712) - Geb. 19. Nov. 1923 Berlin (Vater: Prof. Dr. jur. D. h. c. Hans D., emerit. Ord. Univ. Hamburg; Mutter: Else, geb. Vorwald) - S. 1963 (Habil.) Lehrtätigk. Marburg (1969 apl. Prof.) u. Tübingen (1972 Ord. u. Vorst. Abt. Inn. Med. I). Üb. 80 Fachveröff. - Spr.: Engl. - Rotarier.

DÖLLINGER, Kurt Eugen

1. Bürgermeister Windischeschenbach - Friedhofstr. 4, 8486 Windischeschenbach - Geb. 25. Mai 1946 Windischeschenbach, kath., verh. s. 1968 m. Celsa Alvarez Graua, 2 S. (Harald, Stefan) - Postbeamter. Vorstandsmitgl. Feuerwehr, Spielvereinig. Fußball u. Schützenverein. SPD.

DÖLP, Reiner

Dr. med., Prof., Direktor Klinik f. Anästhesiologie, Intensiv- u. Notfallmed., Städt. Klinikum Fulda - Pacelliallee 4, 6400 Fulda - Zul. gf. Oberarzt Department Anaesthesiol./Univ. Ulm - 1979 Förderungspreis Jacques-Pfrimmer-Stiftg., Erlangen.

DÖLVERS, Horst

Dr. phil., Prof. f. Engl. Sprache u. Lit. - Ludwigkirchstr. 8, 1000 Berlin 15 - Univ. Kiel, Göttingen, Edinburgh (Engl., Dt., Skand. Philol.). Promot. 1966 - 1960 Lektor Univ. Stockholm; 1966 Wiss. Assist., 1969 Akad. Rat Univ. Freiburg; 1971 Ord. PH Berlin, 1980 TU Berlin.

DOEMMING, von, Klaus-Berto

Staatssekretär - Mendelssohnstr. 21-23, 5400 Koblenz (T. 6 16 92; dstl.: Mainz 2 39 73) - Geb. 3. Aug. 1915 Koblenz, ev., verh. - Gymn. Koblenz; Univ. Bonn u. Heidelberg - 1949-54 Stellv. d. Bevollm. v. Rhld.-Pfalz b. Bund, Bonn; ab 1954 Ministerialdirig., -dir. (1955), Staatssekr. (1963) Min. f. Unterr. u. Kultus Rhld.-Pfalz (Stellv. d. Min.); dazw. zeitw. Staatssekr. Innenmin.; gegenw. Staatssekr. Justizmin. - 1970 BVK I. Kl.

DÖNGES, Johannes

Dr. rer. nat., Prof. Zoolog. Inst. Univ. Würzburg - 8716 Neuses am Berg - Geb. 10. Okt. 1925 Stuttgart (Vater: Ernst Heinrich D., Missionar; Mutter: Gertrud, geb. Klinger), ev., verh. s. 1948 m. Walburg, geb. Bretschneider, 2 Töcht. - 1957-67 Helminthol. Tropenmed. Inst. Univ. Tübingen, dann Prof. (spez. Arb.-geb.: Parasitol.) Würzburg - BV: Parasitologie m. besond. Berücks. d. Parasiten d. Menschen, 2. A. 1988 - Liebh.: Ornithol. d. trop. Afrika.

DÖNHARDT, Axel

Dr. med., Prof. - Blankeneser Landstr. 68, 2000 Hamburg 55 (T. 86 20 24) - Geb. 18. April 1920 Hamburg - Promot. u. Habil. Hamburg - S. 1955 Privatdoz. u. apl. Prof. (1961) Univ. Hamburg (Inn. Med.). Vorst. Nordwestd. Ges. f. Inn. Med. - Etwa 200 Fachveröff. (Kardiol., Klin. Toxikol.). Herausg.: Kongreßberichte Nordwestdt. Ges. f. Inn. Med.

DÖNHOFF, Graf von, Christoph

Dr. jur., Präsident Dt.-Südafrikan. Ges. (1968-80) - Schloß Schönstein, 5248 Wissen (Sieg) (T. 02247 - 34 23) - Geb. 24. Juli 1906 (Vater: Graf August D., Landhofmstr. i. Kgr. Preußen; Mutter: Maria, geb. v. Lepel), ev., verw., 3 Kd. (Andreas, Isabel, Hubertus) - Human. Gymn. Königsberg/Pr., Univ. Bonn, Königsberg, Göttingen, Referend., Dr. jur. - 1929-39 selbst. i. Kenya, 1940-45 Kriegsverwend., 1946-48 Redakt. DIE ZEIT, 1948-50 Generalsekr. d. DJV, 1951-60 selbst. i. Südafrika, 1961-65 Dir. S.A.-Stiftg., 1966-73 Kammerdir. d. Fürstl. Hotzfeldt'schen Verwalt., s. 1973 i. R. - Liebh.: Jagd - Spr.: Engl., Franz., Ital., Swahili - Bek. Vorf.: Bei jed. Generat. Soldaten u. Diplomaten i. u. f. Preußen.

DÖNHOFF, Gräfin, Marion

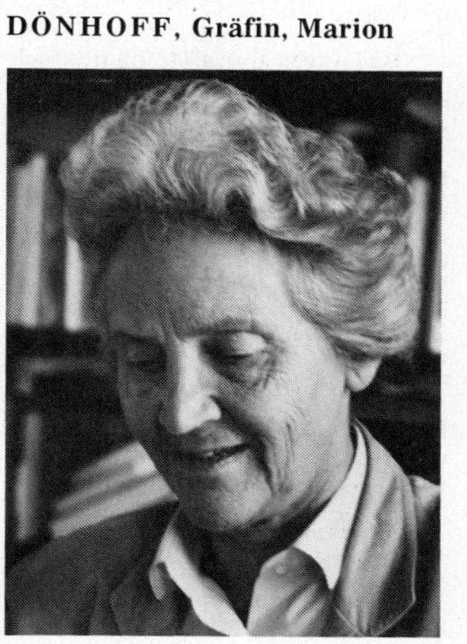

Dr. rer. pol., Journalistin - Zu erreichen üb. Die Zeit, Postfach 10 68 20, 2000 Hamburg 1 - Geb. 2. Dez. 1909 Friedrichstein/Ostpr. (Vater: August Graf D., Fideikommißbesitzer, Mitgl. Preuß. Herrenhaus; Mutter: Ria, geb. v. Lepel) - Univ. Frankfurt/M. u. Basel (Promot.) - S. 1946 Wochenztg. D. Zeit (Ressortleit. Politik u. stv. Chefredakt., 1968 Chefredakt., 1972 Herausg.) - BV: Namen, d. keiner mehr nennt/Ostpr. - Menschen u. Gesch., 1962; D. Bundesrep. in d. Ära Adenauer - Kritik u. Perspektiven, 1963; Welt in Beweg. - Berichte aus 4 Erdteilen, 1965; D. Außenpolitik v. Adenauer b. Brandt - 25 J. miterlebt u. kommentiert, 1970; Menschen, d. wissen, worum es geht, 1976; Von Gestern n. Übermorgen - Z. Gesch. d. Bundesrep. Dtschl., 1981; Amerik. Wechselbäder, 1983; Weit ist d. Weg nach Osten, Berichte u. Betrachtungen, 1985; Südafrikanischer Teufelskreis, 1987; Preussen - Mass u. Masslosigkeit, 1987; Kindheit in Ostpreussen, 1988; Bilder, d. langsam verblassen, 1989; Gestalten unserer Zeit. Polit. Porträts, 1990 - 1962 Ehrendoktor Smith-College (USA); 1964 Joseph-E.-Drexel-Preis, 1966 Theodor-Heuss-Pr., 1971 Friedenspr. d. Dt. Buchhandels; 1982 Ehrendoktorwürde Columbia Univ. New York; 1984 Wolfgang-Döring-Med.; 1985 Preis Louise-Weiss-Stiftg., Paris; Ehrenmitgl Dt. Ges. f. Ausw. Politik, Bonn; Honorary Trustee Aspen Inst. for Humanistic Studies, Aspen C. USA; 1987 Ehrendoktor New School for Social Res. New York; 1988 Heinrich-Heine-Preis; Ehrendoktor Georgetown Univ. Washington; Ehrendoktor Torun (Thorn) Univ. Poland.

DÖNHUBER, Sebastian

Landrat Kr. Altötting (s. 1970) - Am Bärenbach 14, 8265 Neuötting/Obb. - Geb. 14. Jan. 1934 Neuötting, kath., verh. - Volkssch.; Schriftsetzer- u. Ztg.-metteurlehre - 1958-61 Jugendsekr. IG Chemie, Papier u. Keramik, 1961-66 gf. Vors. DGB Kr. Mühldorf-Altötting; 1966-70 I. Bürgerm. Stadt Neuötting. 1960-70 Stadtrat Neuötting u. Kreisrat Altötting; 1962-66 Mitgl. Bezirkstag Oberbayern; 1966-70 MdL Bayern. 1961-64 Landesvors. Bayer. Jungsozialisten. SPD, 2. Vizepräs. u. Schatzm. Landeskreistag Bayern, Landesvors. Bayer. Arbeiterwohlfahrt; Mitgl. d. Senats, Kreisvors. d. Bayer. Roten Kreuzes u. d. VDK - BVK 1. Kl.

DÖPKE, Oswald

Regisseur - Osterwaldstr. 57, 8000 München 40 (T. 3613186) - Geb. 26. Juni 1923 Eldagsen/Hann., ev., verh. m. Rotraud, geb. Küster, 2 Kd. (Daniela, Manuel) - Real- u. Schauspielsch. - 1942-45 Wehrdst., dann Schausp. Hannover u. Bielefeld, 1949-63 Sprecher, Regiss., Chefdramat. u. Leit. Hörspiel-u. Fernsehspielabt. (1953) Radio Bremen, s. 1963 ltd. Regiss. ZDF, Gastdoz. a. Mozarteum Salzburg. Fernsehinsz.: Lorca, Giraudoux, T. Williams, Ibsen, Claudel, Dostojewski, Marcel, O'Neill, Gorki, Tschechow u. a. Autor: D. Feind (Hörsp.); E. Brief aus Jerusalem (Hörsp.); Ramon Yendias Flucht (Fernsehfilm); Hausverkauf (Hörsp.); D. Gräber oder d. Freiheit (Bühnenst.). Herausg.: Hörspiel-Anthol. - Bremer Beitr. (1961) - 1957 Prix Italia (Hörspielinsz.: Wovon wir leben u. woran wir sterben), 1965 I. Preis 8. Intern. Fernsehfestival Monte Carlo (Verkündigung), 1966 Kriegsblindenpreis (Miserere), 1967 I. Preis Intern. Hörspielfestival d. Tschechosl. Rundfunks (Miserere, in tschech.), 1970 Silb. Maske, Krit.Prs. f. beste Inszen. d. Spielz. „König Johann" (Thalia-Th., Hamburg), 1978 DAG-Preis i. Gold f. „Ernst Niekisch" - Liebh.: Malerei.

DÖPP, Dietrich

Dr. phil., o. Prof. f. Organ. Chemie - Ludwig-Richter-Ring 66, 4130 Moers 1 - Geb. 18. Juli 1937 Marburg/L. (Vater: Prof. Dr. phil. Walter D., Botaniker † 1963; Mutter: Dr. Anna-Berta, geb. Woesler), ev., verh. s. 1964 (Ehefr.: Dr. Heinrike), 2 Kd. - Univ. Marburg (Dipl.-Chem. 1963). Promot. 1964 Marburg; 1965-67 Forsch. Univ. Wisconsin, USA; Habil. 1971 Karlsruhe - S. 1976 Ord. Univ. Duisburg. Üb. 80 Facharb. - Spr.: Engl.

DÖPP, Hansjörg

Dr. iur., Hauptgeschäftsführer Verband d. Metall- u. Elektro-Ind. NRW e.V. u. Landesvereinigung d. Arbeitgeberverbände NRW e.V. - Uerdinger Str. 58-62, 4000 Düsseldorf 30 (T. 0211 - 457 32 90) - Geb. 3. Mai 1940 Berlin, kath., verh. s. 1967 m. Karin, geb. Martin, 4 Kd. (Carsten, Corinne, Cristjan, Caroline) - Stud. Rechtswiss., 1. u. 2. Staatsex. u. Promot. Univ. Köln.

DÖPP, Klemens

Dr. rer. nat., Prof. f. Mathematik, insb. Automatentheorie u. Formale Sprachen, Univ. Bremen - Kugelfangtrift 150, 3000 Hannover 51.

DÖPP, Siegmar

Dr. phil., o. Prof. f. Klassische Philol. Univ. Bochum - Roomersheide 69, 4630 Bochum 1 (T. 0234 - 47 49 75) - Geb. 10. Dez. 1941 Marburg (Vater: Walter D., Prof.; Mutter: Aenne, geb. Woesler), ev., verh. s. 1973 m. Elisabeth, geb. Wilmes, T. Ulrike - Staatsex. 1966, Promot. 1968, Habil. 1977 - 1980 Prof. München, s. 1987 o. Prof. Bochum - BV: Virgilischer Einfluß im Werk Ovids, 1968; Zeitgesch. in Dicht. Claudians, 1980.

DÖPP-WOESLER, Aenne

Dr. phil., Prof. f. Biologiedidaktik (emerit.) - Hans-Sachs-Str. 9, 3550 Marburg/L. - Geb. 17. Jan. 1908 Reigersfelde/OS. - Promot. 1933 Marburg - Lehrtätigk. Univ. Marburg, PI Darmstadt, Univ. Frankfurt/Hochsch. f. Erzieh. u. Gießen (1972 Prof.) - BV: Unterrichtsverf. in d. Biol., 1953.

DÖPPER, Walter

Dr.-Ing., Prof., Vorstand Fichtel & Sachs AG - Zu erreichen üb. Fichtel & Sachs AG, Ernst-Sachs-Str. 62, 8720 Schweinfurt - AR-Mitgl. Kronprinz AG, Solingen, Nürnberger Hercules Werke GmbH, Nürnberg, Hertel AG, Fürth, Zahnradfabrik Friedrichshafen AG, Friedrichshafen.

DÖPPNER, Lothar

Dipl.-Kfm., Gf. Gesellschafter Leopold Feuerstein Holzwerke GmbH & Co. KG, Dipperz/Krs. Fulda - Langenbieberstr. 21, 6409 Dipperz - Geb. 23. Juli 1940 Fulda, kath., verh. m. Lieselotte, geb. Feuerstein, Sohn Michael - Vorstandsmitgl. Wirtschaftsvereinig. Sägeind. Hessen, Wiesbaden; Mitgl. Vollvers. IHK Fulda - Spr.: Engl. - Rotarier.

DÖRENMEYER, Walter

Kurdirektor, Geschäftsf. Heilbäderverb. Nordrh.-Westf. (1970 ff.) - Parkstr. 15, 4934 Horn-Bad Meinberg 2 - Geb. 11. April 1929 Detmold (Vater: Heinrich D., Angest.; Mutter: Auguste, geb. Sielemann), ev., verh. s. 1959 m. Irene, geb. Krüger, 2 Kd. (Axel, Ulrich) - Obersch. (Abit.); Verwaltungsakad. (Dipl.-Ex.) - 1964 stv. u. 1969 Kurdir. Staatsbad Meinberg - Liebh.: Theater, Lit. - Spr.: Engl.

DÖRFEL, Helmut

Dr. rer. nat., Prof., Dipl.-Chemiker, Vorstandsmitgl. BASF AG, Ludwigshafen i. R. - Bergstr. 152, 6900 Heidelberg - Geb. 28. Jan. 1928 Schima/Sudetenland (Vater: Emil D., Landw.; Mutter: Auguste, geb. Schramedei), kath., verh. s. 1961 m. Dr. Ursula, geb. Töbing - S. 1948 Chemie-Stud. Univ. Würzburg (Dipl.-Hauptex. 1953, Promot. 1954) - 1953-56 wiss. Assist.; s. 1956 BASF AG (1976 Abt.-Dir., 1978 Dir., s. 1980 Vorst.-Mitgl., s. 1982 Leit. Forsch.), s. 1990 i.R.; Vorst.-Mitgl. Ges. Dt. Chemiker; AR-Mitgl. Chemie AG, Bitterfeld-Wolfen; Kurat.-Mitgl. Max-Planck-Inst. f. Polymerforsch., Mainz, u. Fachinformationszentrum Chemie GmbH; Mitgl. Industrial R & D Advisory Commitee of the Commiss. of the European Communities.

DOERFER, Gerhard

Dr. phil., Dr. h. c., em. Prof. Univ. Göttingen - Ludwig-Beck-Str. 13, 3400 Göttingen (T. 0551 - 2 27 42) - Geb. 8. März 1920 Königsberg/Pr., verh. s. 1957 m. Ingeborg, geb. Bluethner, 2 S. (Achim, Matthias) - Promot. 1954 FU Berlin, Habil. 1960 Göttingen - S. 1970 o. Prof. - BV: Türk. u. Mongol. Elemente im Neupersischen, 1963-75; Anatomie d. Syntax, 1973; Mongolo-Tungusica, 1985 - 1978 Ehrenmitgl. Türk Dil Kurumu, Körösi Csoma Ges., Societas Uralo-Altaica; 1991 Ehrendoktor Szeged.

DÖRFFLER, Wolfgang

Präsident Oberverwaltungsgericht f. d. Länder Niedersachsen u. Schlesw.-Holst., Lüneburg; Präs. Nieders. Staatsgerichtshof, Bückeburg - Geb. 28. Okt. 1923.

DOERFLER, Walter

Dr. med., o. Prof. f. Genetik Univ. Köln - Inst. f. Genetik, Univ. Köln, Weyertal 121, 5000 Köln 41 (T. 0221 - 470 23 86; Telefax 49-221-470-5163) - Geb. 11. Aug. 1933 Weissenburg/Bay. (Vater: Dr. Hermann D., Arzt; Mutter: Hermine, geb. Kreuter), ev., verh. s. 1960 m. Helli, geb. Schleich, S. Markus - Abit. Weissenburg/Bay. 1952; Med.-Stud. Erlangen, Hamburg, München; Staatsex. München 1958, Promot. 1959 - 1959/60 Intern. Mercer Hospital Trenton, N.J./USA (Exchangee d. Ventnor Foundation); 1961-63 Wiss. Mitarb. Max-Planck-Inst. f. Biochemie München; 1961 ECFMG d. Americ. Med. Assoc.; 1963-66 Postdoctoral Fellow Dept. Biochem. Stanford Univ.; 1966-69 Assist. Prof. Rockefeller Univ. New York; 1969-71 Assoc. Prof.; 1971-72 Gastprof. Uppsala-Univ., Uppsala/Schweden; s. 1972 o. Prof. Univ. Köln. 1978 Gastwiss. Stanford-Univ., Stanford/Calif.; 1986 Gastwiss. Princeton Univ., Princeton, N.J.; 1988 Gastprof. Kawasaki Med. Sch., Kurashiki, Japan; 1990 Gastwiss. Akad. Nauk CCCP, Moskau; 1978-88 Sprecher SFB 74 d. Dt. Forschungsgem., s. 1992 Sprecher SFB 274; 1985-91 Senator ebd. Entd.: Integrat. viraler DNA im Säugerzellgenom; DNA Methylier. u. Regulation d. eukaryontischen Genexpression - Ca. 280 Veröff. in Fachztschr. u. Büchern (meist in Engl.), 1959-92; 1984 Robert Koch Preis - 1981 Aronson-Preis; 1969/71 Career Scientist, City of New York - BV: The Mol. Biol. of Adenoviruses, Bd 1-3, 1983-84; Develop. Molec. Virol., Bd. 8, 1986; The Mol. Biol. of Baculoviruses, 1986; The Molec. Biol. of the Cell, SFB 74 - Final Report, 1992; Molec. Mechanisms in the Malignant Transformation by DNA Viruses, 1992 -

Liebh.: Linguistik, Gesch., Musik - Spr.: Engl., Franz., Schwed., Russ. - Rotary Intern.

DÖRFLINGER, Werner Georg
Bürgermeister a. D., MdB (Wahlkr. 192/ Waldshut) - Hauptstr. 103, 7890 Waldshut-Tiengen - CDU.

DÖRGE, Friedrich-Wilhelm
Dipl.-Volksw., em. Univ.-Prof. f. Wirtschaftswissenschaften u. Didaktik d. Wirtschafts- u. Sozialwiss. Univ. Bielefeld - Werther Str. 69, 4800 Bielefeld 1 - Geb. 1. März 1921 Haldensleben - BV f. Wirtschafts- u. Sozialpolitik. Schulbücher. Aufs. z. Wirtschaftspolitik, Konsumökonomie u. Wirtschaftsdidaktik. Mithrsg.: Ztschr. Gegenwartskunde (1966ff.).

DÖRICH, Wolfgang

Regisseur u. Schauspieler - Appenzeller Str. 125, 8000 München 71 - Geb. 2. Mai 1918 Wien (Mutter: Fine Reich-Dörich, Kammersängerin), kath., gesch., S. Wolfgang - Abit.; Reinhardt-Sem. Wien - 1953-55 Oberspielleiter Klagenfurt, 1955-59 St. Gallen; Schausp. u. Regiss. in Zürich, Wien u. München - Besuch d. alten Dame, Maria Stuart, Don Carlos, Fra Diavola, D. Medium (Insz. in St. Gallen), D. Fee (Volkstheater München), Letzte Rollen: Gloster (Lear), Miller (Kabale), Parker (Elvis), Ohms Ullrich (Strom) - Liebh.: Reisen, Musik. Auff., Lesen, Platten - Spr.: Franz.

DÖRING, Ernst
Dr. phil., Kaufmann (Fa. E. F. Döring GmbH, Hanau), Präs. Handelskette IFA, Osnabrück, stv. Vors. d. Vorst. Bund f. Lebensmittelrecht u. -kunde, Bonn - Friedrich-Ebert-Anlage 9, 6450 Hanau/M. (T. priv.: 06181 - 3 26 04, Fa.: 06181 - 3 27-94) - Geb. 2. Sept. 1913 Hanau/M. (Eltern: Bernhard (Großkfm.) u. Otti D.), verh. s. 1941 (Ehefr.: Hildegard), S. Klaus - Univ. Marburg u. Bonn (Chemie; Diplomprüf. 1937) - Chemiker Stinnes-Konzern; s. 1949 Familienuntern. (5. Generation in direkter Folge) - Liebh.: Golf, Ski, Schwimmen.

DÖRING, Gerhard Karl
Dr. med., Prof., Chefarzt i. R. Frauenklinik Städt. Krkhs. München-Harlaching (1965-85) - Seeleite 9, 8031 Seefeld 2 (T. 08152 - 74 47) - Geb. 18. Juni 1920 Schleiz/Thür. (Vater: Fritz D.; Mutter: Else, geb. Koch), ev.-luth., verh. s. 1943 m. Ruth, geb. Brill, 3 Söhne (Gert, Klaus, Hans) - Gymn. Schleiz; Univ. Göttingen (Promot. 1945) u. Münster/W. - Wiss. Assist. bzw. Oberarzt Univ. Frauenklin. Münster, Tübingen (1953 Doz.), München (1959 apl. Prof.) - BV: D. extragenitalen zykl. Veränderungen im Organismus d. gesunden Frau, 1953 (Habil.schr.); D. Temperaturmethode zur Empfängisverhütung, 10. A. 1989 (auch span., schweiz., ital., argentin. u. holl. Ausg.); D. Sterilität d. Frau, 4. A. 1969 (m. W. Bickenbach) (auch span. u. ital. Ausg.); D. Physiol. d. Fortpflanzung, 2. A. 1976 (m. C. Hoßfeld); Empfängnisverhütung, 12. A. 1990 (auch span. u. ital. Ausg.); D. gesunde Frau, 1975; D. Kind von 0 bis 6, 6. A. 1990 (m. Th. Hellbrügge). Zahlr. Fachaufs. - Mitgl. Dt. Ges. f. Endokrinol., Intern. Ges. f. Sterilität u. Fertilität, Intern. Ges. f. biol. Rhythmusforsch., Dt. Ges. f. Gynäkologie, The New York Academy of Sciences, Amerik. Academy for the Advancement of Sciences, Fertility Soc. - Liebh.: Fotogr.

DÖRING, Hans-Werner
Dr. rer. nat., Prof. f. Pflanzenernährung TU Berlin - Krottnaurerstr. 27, 1000 Berlin 38 - Geb. 15. März 1926 - Stud. Chemie - Promot. 1957 - Zeitw. Prof. FU Berlin; Lehr- u. Forsch.tätigkeit an d. Humboldt-Univ. Berlin.

DÖRING, Heinrich
Dr. theol., Prof. f. Fundamentaltheol. u. ökum. Theol. Univ. München - Meindlstr. 5, 8000 München 70 (T. 089 - 77 43 35) - Geb. 12. Okt. 1933 Schierschwende/Thür., kath. - Stud. Phil. u. Theol. Univ. Bonn, St. Augustin, Fulda, Würzburg; Priesterweihe 1962 Fulda, Promot. 1968, Habil. f. Fundamentaltheol. u. vergl. Religionswiss. 1971 Fulda, Würzburg - 1971 Privatdoz. Würzburg, dann Prof. f. ökumen. Theol., vergl. Religionswiss. u. Religionspsych. Phil.-Theol. Hochsch. Fulda; 1972 Prof. f. Fundamentaltheol. Phil.-Theol. Hochsch. Passau, 1977 Univ. Passau; s. 1979 Ord. f. Fundamentaltheol. u. ökumen. Theol. Univ. München - BV: Kirchen - unterwegs z. Einheit, 1969; Abwesenheit Gottes, 1977; Grundkurs ökumen. Information, 1978; Grundriß d. Ekklesiologie, 1986; D. Kreuzweg, 1986; D. Wagnis, heute v. Gott zu reden, 1988. Mithrsg. Ztschr. Catholica, Una Sancta, Münchener Theol. Ztschr.

DÖRING, Herbert

Dr.-Ing., em. o. Prof. f. Hochfrequenztechnik TH Aachen - Hofweg 11, 5100 Aachen (T. 0241 - 1 24 89) - Geb. 10. Febr. 1911 Wien (Vater: August D.; Mutter: Grete, geb. Schultz), ev., verh. s. 1938 m. Gerda, geb. Pompe, 2 Kd. - TH Wien (Diplomprüf. 1934, Promot. 1936). Habil. 1949 TH Stuttgart - Industrietätigk. (Siemens, AEG, Lorenz). 1967ff. Vors. Nachrichtentechn. Ges. - BV (1943ff.): Z. Theorie geschwindigkeitsgesteuerter Laufzeitröhren, Mikrowellentechnik, Ferrite, Laser - 1967 o. Mitgl. Rhein.-Westf. Akad. d. Wiss., 1971 korr. Mitgl. Österr. Akad. d. Wiss.; 1974 Fellow Inst. of Electrical a. Electronics Engin.; 1972 VDE-Ehrenring; 1975 Wilh.-Exner-Med. Österr. Gewerbeverein; 1982 Hon.-Prof. Univ. Nanjing - Liebh.: Musik, Bergsteigen, Tennis - Spr.: Engl., Franz.

DÖRING, Karl
Dr., Botschafter - Zu erreichen üb.: Ausw. Amt, Adenauerallee 99-103, 5300 Bonn - Zul. Neuseeland, Papua, Neuguinea, Tonga u. Samoa.

DÖRING, Klaus
Dr. rer. pol., Dipl.-Kfm., Geschäftsführer Gossen GmbH (b. 1991) - 8520 Erlangen - Geb. 27. Okt. 1942 Essen (Vater: Dipl.-Chem. Ernst D.; Mutter: Hilde, geb. Depenbusch), verh. s. 1977, 3 Kd. - Univ. Freiburg/Br. u. München - Spr.: Engl., Franz.

DÖRING, Klaus W.
Dr. phil., o. Prof. f. Erziehungswissenschaft m. Schwerp. Mediendid. u. Erwachsenenbild. TU Berlin - Otto-v.-Wollank-Str. 22, 1000 Berlin 22 - Zul. Prof. PH Rhld./Abt. Köln - BV: u.a. Lehrerverhalten: Forsch., Theorie, Praxis, 1980; Lehren in d. Erwachsenenbild., 1983.

DÖRING, Kurt
Wirtschaftsjournalist - Wangenheimstr. 15, 3000 Hannover-Kleefeld (T. 55 24 34) - Geb. 29. April 1924 Boitzenburg (Vater: Hermann D., Elektromonteur; Mutter: Anna, geb. Döring), ev., verh. s. 1980 m. Ingeborg, geb. Welzel - 1940-42 Redaktionsausbild. Eberswalde. Wehrdst. Pioniere (1945-46 Ltn. Minensuchkomp. Belg.); 1947-48 Herausg. Kriegsgefangenenztg. (Brüssel); 1949-53 korresp. Deutsche Ztg. u. Wirtschaftsztg.; 1953-56 Korresp. FAZ; 1956-68 Wirtschaftsjourn. NDR (Kommentator); 1968-85 Leit. Hauptabt. Presse u. Information Salzgitter AG. Vors. Verein z. Eigentumsbild. - BV: D. Land Nieders. als Unternehmer, 1955. Autor zahlr. Hörfunk- u. Fernsehsend. Drehb. zu d. Dokumentarfilmen: Treffpunkt Zukunft (1967) u. Stabile Fundamente (1969) - 1963 Karl-Bräuer-Preis Bund d. Steuerzahler - Spr.: Engl., Holl. - Rotarier.

DÖRING, Martin
Dr. jur., Staatssekretär a.D. Nordrh.-Westf. - Erwin-v.-Witzleben-Str. 36, 4000 Düsseldorf - Geb. 20. März 1924 Niedersachswerfen - AR-Mand.

DOERING, Paul
Dr. med., Prof., Chefarzt Inn. Abt. Krkhs. d. Barmherzigen Brüder (s. 1969) - Traberweg 3, 8400 Regensburg - Geb. 7. Mai 1924 Uder/Eichsfeld (Vater: Hans D.), verh. s. 1960 m. Adelheid, geb. Burgdorf, 3 Kd. - S. 1958 (Habil.) Lehrtätigk. Univ. Göttingen (1964 apl. Prof.) - BV: Biochem. Befunde in d. Differentialdiagnose innerer Erkrank., 1961 (auch engl., ital., span.).

DÖRING, Ulrich
Dr. rer. oec., o. Prof. f. Betriebswirtschaftslehre Univ. Lüneburg (s. 1985) - Hermann-Löns-Weg 11, 2121 Deutsch Evern (T. 04131 - 7 95 79) - Geb. 17. Mai 1945 Lindau/Anhalt (Vater: Gustav-Adolf D., Kaufm.; Mutter: Ruth, geb. Krumbach), verh. m. Margitta, geb. Kolvenbach - Stud.; Promot. 1976 u. Habil. 1982 Saarbrücken - 1983 Prof. Univ. Konstanz - BV: Veräußerungsgewinne u. steuerl. Gerechtigkeit, 1977; Kostensteuern, 1984; Übungsbuch z. Allg. Betriebswirtsch.-Lehre (m. G. Wöhe u. H. Kaiser), 6. A. 1990; Buchhaltung u. Jahresabschluß (m. R. Buchholz), 2. A. 1990.

DÖRING, Walter
Dr. phil., Studienrat, MdL Baden-Württ. (s. 1988), Fraktionsvors. (s. 1988), 1. stv. Landesvors. FDP Baden-Württ. (s. 1991) - Schwabenweg 13, 7170 Schwäbisch Hall (T. 0791 - 4 26 60) - Geb. 15. März 1954 Stuttgart, verh. - Univ. Tübingen (Angl. u. Germ.); Promot. 1981 - S. 1981 FDP-Kreisvors. Schwäb. Hall; 1984 Kreisrat u. Stadtrat; 1985-88 Landesvors. FDP Baden-Württ. - BV: Mediatiser. d. ehemals fr. Reichsstadt Hall durch Württ., 1982 - Liebh.: Politik, Sport, Musik - Spr.: Engl., Franz.

DÖRING, Werner
Dr.-Ing., emer. Prof. f. Theoret. Physik - Waldstr. Nr. 25, 2055 Aumühle Bez. Hamburg (T. 2024) - Geb. 2. Sept. 1911 Berlin, ev., verh. m. Maria, geb. Junghans, 5 Kd. - TH Stuttgart u. Berlin - 1935 Assist. TH Berlin, 1936 Univ. Göttingen (u. 1945), 1940 Doz., 1942 ao. Prof. Univ. Posen, 1946 Diätendoz. TH Braunschweig, 1949 o. Prof. u. Inst.sdir. Univ. Gießen, 1963 Univ. Hamburg - BV: Ferromagnetismus 1939 (m. R. Becker); Einführung in d. Quantenmechanik, 1955/60/62; Einf. in d. theoret. Physik, 5 Bde. 1954/57, 3. A. 1965/68 (Göschen; span. 1960); Atomphysik u. Quantenmechanik, 1973/80.

DÖRING, Willi
Landrat, Kaufmann, MdL Niedersachsen (s. 1967) - Postwinkel 5, 3429 Gieboldehausen (T. 05528 - 12 27) - Geb. 5. Dez. 1924 Gieboldehausen, kath., verh., 2 Kd. - Volkssch.; 1939-42 kaufm. Lehre - 1942-46 Wehrdst. (2 × verwundet) in Kriegsgefangensch. (1944), 1946-48 kaufm. Angest., dann selbst., 1963-72 Landrat Kr. Duderstadt u. s. 1973 Kr. Göttingen. Kurat.-Mitgl. Harzwasserwerke Nds. 1952-81 Mitgl. Gemeinderat Gieboldehausen (1964-81 Bürgerm., s. 1984 Ehrenbürgerm.); 1956ff. MdK Duderstadt. CDU (1960 Ortsvors.) - Gr. BVK, Nieders. VO I. Kl.

DÖRING, Wolfgang
Dipl.-Ing., Architekt BDA, Univ.-Prof. f. Baukonstruktion u. Entwerfen RWTH Aachen (s. 1973) - Tiergartenstr. 4, 4000 Düsseldorf - Geb. 1934 Berlin-Dahlem - Stud. TH München u. Karlsruhe - 1964 eig. Arch.-Büro, Düsseldorf - Bauten u. Projekte: Hotel-, Büro-, Ind.bau, Museen, Wohnungen u.a. in Istanbul, Moskau, Mailand, Rijad - Vorträge u. Ausstell. in Berlin, DAM Frankf., Triennale Mailand, Tokio, Chicago, Buenos Aires - BV: Perspektiven e. Architektur, 1970; Entwerfen u. Bauen, 1985 - 1989 Prof. h. c. Buenos Aires - Spr.: Engl.

DÖRING-VITT, Wilma
Geschäftsführerin Dt. Volksheimstättenwerk/Landesverb. Rhld.-Pf. - Simmerner Str. 97, 5400 Koblenz.

DOERK, Klaus
Dr. rer. nat., Prof. f. Mathematik Univ. Mainz - Am Marienpfad 63, 6500 Mainz 22 - Geb. 9. Dez. 1939 - Promot. 1968; Habil. 1971 - S. 1972 Prof. Mainz. Fachveröff.

DÖRKEN, Ewald
Vorstandsmitglied Ewald Dörken AG, Herdecke - Wetterstr. 53, 5804 Herdecke/Ruhr - Geb. 9. April 1929.

DÖRKEN, Klaus
Dipl.-Kfm., Gesellschafter Carl Dan. Peddinghaus GmbH & Co. KG - Schwarzer Weg 16, 5828 Ennepetal 1 (T. 02333 - 7 21 81) - Geb. 13. Mai 1933.

DOERKEN, Wilhelm
Dr.-Ing., Dipl.-Ing., Bereichsleiter REFA-Verb., Darmstadt - Wittichstr. 2, 6100 Darmstadt (T. 880 11 42) - Geb. 4. Sept. 1943 Hildesheim (Vater: Wilhelm, Prokurist; Mutter: Sophie, geb. Walther), ev., verh. s. 1971 m. Ute, geb. Brüggemann, 2 Söhne (Jens Uwe, Ulf) 1971-75 Lehrbeauftr. Fachhochsch. f. Wirtsch., Schriftl. D. Arbeitsvorbereitung u. Doz. TU Berlin, REFA u. AWF. 1973-75 Mitgl. Akad. Senat; s 1978 Lehrbeauftr. Univ. Mannheim - BV: Grundlagen d. betriebl. Ablauforg., 1974; D. arb.swiss.I. Gesichtspunkte d. Betriebsverfassungsgesetzes, 1974 - Spr.: Engl., Franz.

DOERMER, Christian-Michael
Schauspieler, Regiss. - Postfach 26, 8201 Samerberg - Geb. 5. Juli 1935 Rostock (Vater: Dr. med. Hartmut D., Arzt; Mutter: Ruth, geb. v. Zerboni), ev., verh. s. 1968 m. Eleonore, geb. Schmidt-Polex, 3 Kd. (Christiane, Philipp, Moritz) - Lietz-Sch. Neubeuern; Univ. Frankfurt/M. (Soziol.) - Filme: u. a. D. Halbstarken, Brot d. frühen Jahre, Joanna; Fernsehen: D. Revolution entläßt ihre Kinder; u. a. Beteiligung an priv. Fernseh- u. Radioveranstaltern -

1961 Bundesfilmpreis (bester Nachwuchsdarsteller; Flucht n. Berlin) - Spr.: Engl.

DÖRN, Manfred

Assessor, Geschäftsführer Bundesverb. d. Holz- u. Kunststoffverarb. Handwerks - Abraham-Lincoln-Str. 32, 6200 Wiesbaden - Stud. Rechtswiss.

DÖRNER, Claus S.

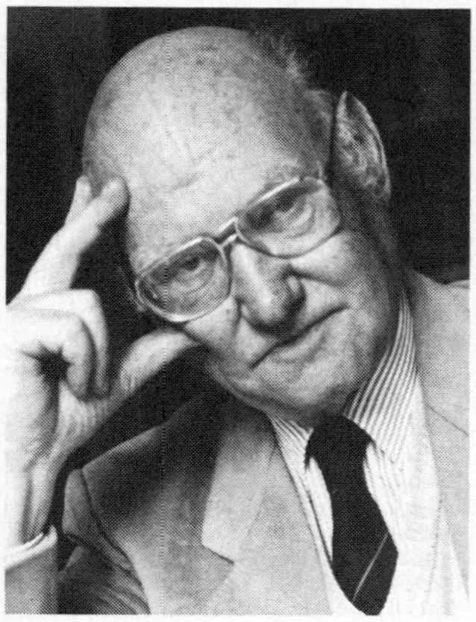

Publizist, Autoren- u. Verlagsberater (Ps.: Claus Silvester) - Silker Weg 1, 2057 Reinbek b. Hamburg (T. 040 - 7222227) - Geb. 31. Dez. 1913 Hamburg (Vater: Carl D., Großkaufm.), ev., verh. s. 1938 m. Hilde, geb. Gothe, 4 Kd. - Lichtwarcksch. Hamburg; Redaktionsvolontär - 1933 Feuilletonredakt., Journ., 1936 Verlagslektor, 1948 -leit., 1951 Inh. Dörnersche Verlagsges. Pressebüro Lit.Agt., Reinbek - BV: D. Mann ohne Gestern, R. 1948; Ihr Sohn, N. 1948; D. Dunkle, Krim.r., 1949; Als keine Antwort kam, R. 1957; Steine waren ihr Bett, R. 1958; Feste feiern wie sie fallen, 1978; D. feine hanseat. Art, Speisen zu bereiten, 1985; Recht auf Irrtum. 77 Jahre in diesem Jahrhundert, 1992.

DÖRNER, Dietrich

Dr., Dipl.-Psych., Prof. Univ. Bamberg (1979-89) - Am Ziedergraben 1, 8605 Hallstadt-Dörfleins (T. 0951 - 7 55 26) - Geb. 28. Sept. 1938 Berlin (Vater: Claus D., Verlagskfm.; Mutter: Hilde, geb. Gothe), ev., verh. s. 1969 m. Sigrid, geb. Hirsemann, 2 Töcht. (Stephanie, Jessica) - Dipl.ex. 1965 Kiel; Promot. 1969; Habil. 1972 - Zun. wiss. Assist., 1973-74 ao. Prof. Univ. Düsseldorf, 1974-79 o. Prof. Univ. Gießen; 1979-89 o. Prof. Univ. Bamberg; s. 1990 Leit. d. Projektgruppe Kognitive Anthropol. d. Max-Planck-Ges., Berlin. Fachmitgl.sch. - BV: D. kognitive Organisation b. Problemlösen, 1974; Problemlösen als Informationsverarbeitung, 1976; Lohhausen: Vom Umgang m. Unbestimmtheit u. Komplexität, 1983; D. Logik d. Mißlingens, 1989 - 1986 Leibniz-Preis - Spr.: Engl., Franz., Schwed.

DÖRNER, Friedrich Karl

Dr. phil., Prof., Althistoriker, Leit. Dt. Ausgrabungen in Kommagene (Türkei) - Schultheiss-Allee 55/IV, 8500 Nürnberg 30 (T. 0911 - 40 61 62) - Geb. 28. Febr. 1911 Gelsenkirchen, ev., verh. s. 1938 m. Dr. Eleonore, geb. Benary, Tochter - Promot. Univ. Greifswald - 1935 Wiss. Ref. Dt. Archäol. Inst. Berlin u. Istanbul, 1941 Wiss. Beamter Akad. Wiss. Wien, 1945 Lehrbeauftr. Univ. Tübingen, 1949 Privatdoz. Univ. Münster, 1963 Prof. u. Wiss. Rat. Entd.: Königsresidenz v. Arsameia in Kommagene/ Kleinasien (1951) - BV: Forsch. in Kommagene (m. R. Naumann), 1939; Inschr. u. Denkmäler aus Bithynien, 1941; Bericht üb. e. Reise in Bithynien, 1952 (Österr. Akad. d. Wiss., Phil.-Histor. Kl., Denkschr. Bd. 75, 1); Arsameia am Nymphaios - D. Ausgrab. 1953-56 (m. Th. Goell), 1963; Kommagene - e. wiederentdecktes Königreich, 3. A. 1971; Tituli Asiae Minoris (TAM) IV 1: Paeninsula Bithynia, 1978; V. Bosporus z. Ararat, 3. A. 1991; Kommagene-Götterthrone u. Königsgräber am Euphrat, 2. A. 1987; D. Thron d. Götter auf d. Nemrud Dağ, 3. A. 1987; Von Pergamon z. Nemrud Dağ. D. archäologischen Entdeckungen Carl Humanns (m. Eleonore Dörner), 2. A. 1991 - 1963 o. Mitgl. Dt. Archäol. Inst.; korr. Mitgl. Österr. Akad. d. Wiss. (1959) u. Österr. Archäol. Inst. (1955) - Liebh.: Reisen, Fotogr. - Spr.: Lat., Griech., Engl., Franz., Türk., Ital.

DÖRNER, Hans-Jürgen

Richter am Bundesarbeitsgericht - Rutenbergstr. 19, 3000 Hannover 71 - Geb. 9. Sept. 1944, ev.-luth., verh. m. Reinhild, geb. Salzer, 3 Kd. (Sabine, Martin, Christian) - BV: Kommentar z. Schwerbehindertengesetz.

DÖRNER, Otto

Dr. phil., o. Prof. Deutsche Sprache u. ihre Didaktik, Univ. Osnabrück, Abt. Vechta - Driverstr. 22, 2848 Vechta/ Oldbg (T. 0541 - 44 34 35) - Geb. 7. Okt. 1924.

DOERNER, Wolfgang

Generalmusikdirektor Hansestadt Lübeck - Zu erreichen üb. Bühnen d. Hansestadt Lübeck, Fischergrube 5-21, 2400 Lübeck - Geb. Wien - Musikhochsch. Wien (b. Prof. K. Österreicher); Meisterkurse (b. Franco Ferrara u. Sir Charles Mackerras) - Konzert- u. Operntätigk. in Frankr., Luxemb., Österr., Deutschl. u. and. Ländern; Rundf.- u. FS-Aufz. - 1984 1. Preis 34. Intern. Dirig.-Wettbew. Besançon/ Frankr.

DÖRNHÖFER, Alfred

Geschäftsführer Becker Autoradiowerk GmbH - Im Stöckmädle 1, 7516 Karlsbad 2; priv.: 1, Goethestr. 18 - Geb. 15. Sept. 1927 - Wirtschaftsing. (grad.).

DOERPER, Reinhard

Präsident Dt. Keglerbund - Zu erreichen üb. Dt. Keglerbund, Wilhelmsaue 20, 1000 Berlin 31.

DÖRR, Anton

Geschäftsführer Groß- u. Außenhandelsverb. Saarland - Hindenburgstr. 9, 6600 Saarbrücken 1.

DÖRR, Dieter

Dr., Prof., Justitiar d. Saarländischen Rundfunks, Saarbrücken (s. 1990) - Heidenkopferdell 1, 6600 Saarbrücken (T. 0681 - 6 91 30) - Geb. 17. April 1952 Tübingen, ev., verh. s. 1974 m. Manuela, geb. Scheuer - 1971/72 u. 1974-78 Stud. d. Rechtswiss. Univ. d. Saarlandes, 1977 1. u. 1980 2. jurist. Staatsprüf.; 1983 Promot. Univ. d. Saarl.; 1987 Habil. Univ. Köln - 1987/88 Vertr.prof. Univ. d. Saarl.; 1988/89 Vertr.prof. Hamburg; s. 1989 Prof. auf Zeit Hamburg; s. 1990 Dir. d. Inst. f. Europ. Medienrecht e.V. - BV: Faires Verfahren, 1984; D. dt. Handelsflotte u. d. Grundgesetz, 1988; D. Verfass.beschwerde in d. Prozeßpraxis, 1990; D. Abgrenzung v. Beamten- u. Angestelltenfunktionen im öfftl. Dienst, 1990; zahlr. Beitr. in Fachztschr. - 1983 Dr. Eduard Martin Preis (f. Promot. Saarbrücken) - Liebh.: Gesch., Segeln, Fußball, Tennis - Spr.: Engl.

DÖRR, Friedrich

Dr. rer. nat., em. o. Prof. f. Physikal. Chemie - Riesheimer Str. 41, 8032 Lochham/Obb. (T. 85 53 75) - Geb. 13. Dez. 1921 Landsberg - S. 1959 Lehrtätigk. TU München (1965 apl., 1966 o. Prof.). Fachveröff.

DÖRR, Friedrich

Dr. phil., Dr. theol., o. Prof. f. Philosophie - Residenzpl. 3, 8078 Eichstätt/ Bay. - Geb. 7. März 1908 Wolframs-Eschenbach, kath. - Gymn. Eichstätt; Phil.-Theol. Hochsch. ebd. u. Gregorian. Univ. Rom (Promot. 1930 u. 1935) - 1935 Seelsorge (1940-45 Kriegspfarrer), 1945 ao., 1951 o. Prof. Phil.-Theol. Hochsch. Eichstätt (1964-68 Rektor). Spez. Arbeitsgeb.: Altchristl. Mystik - BV: Diadochus v. Photike u. d. Messalianer - E. Kampf zw. wahrer u. falscher Mystik im 5. Jh., 1937. Übers.: Emilianos Timiadis, Lebend. Orthodoxie, 1966. Verf. v. Kirchenliedern i. „Gotteslob" (1975), Verf. u. Übers. v. Hymnen i. kirchl. „Stundenbuch" (1978).

DOERR, Hans Wilhelm

Dr. med., Prof. Abt. f. Med. Virologie Univ. Frankfurt - Zul. 6000 Frankfurt - Geb. 15. Jan. 1945 Arnstadt (Vater: Wilhelm D., Prof. f. Pathol.; Mutter: Eva, geb. Neuroth), ev., verh. s. 1975 m. Silvia, geb. Middeldorf, 2 Kd. (Andrea, Simon) - Med. Staatsex., Promot. u. ECFMG-Prüf. München 1971; Habil. 1978 - 1972-77 wiss. Assist. Univ.-Hygiene-Inst. Freiburg, 1977-81 Univ.-Inst. f. Med. Virol. Heidelberg. 1978/80 Laborarzt u. Med. Mikrobiol. 1981 C2-Prof.; s. 1985 C4-Prof. Univ. Frankfurt/ M. - Entd.: Röteln-IgM-Nachweis m. Mikroimmobeads - BV: Beitr. z. Epidemiol. v. Infektionskrankh. am Mod. d. human. Herpesviren, 1978; Infektionssicherheit biotechnol. Pharmazeutika aus virol. Sicht (gem. m. H. Rabenau), 1990. - Inter.: Gesch. - Spr.: Latein, Griech., Engl.

DÖRR, Herbert

Präsident Schwaben International - Charlottenplatz 6, 7000 Stuttgart 1; priv.: Höhenweg 13, 7411 Sonnenbühl 2 (Erpfingen) - Geb. 20. Okt. 1912.

DÖRR, Johannes

Dr.-Ing., emer. Prof. (bis 1979, Direktor Inst. f. Angew. Mathematik Univ. Saarbrücken) - Hellwigstr. 17, 6600 Saarbrücken (T. 62213) - Geb. 14. Juli 1912 Dorsten/W. (Vater: Lorenz D., Bergmann; Mutter: geb. Kowalski), luth., verh. s. 1947 m. Hildrun, geb. Genzmer, 4 Kd. - Obersch. Bethel; TH Darmstadt (Dipl.-Ing. 1939, Promot. 1942). Habil. 1954 TH Darmstadt - 1939-45 Versuchsing. Junkers Flugzeugwerke, Dessau; 1947-50 Forsch.sing. O.N.E.R.A., Paris; 1950-56 Forsch.sstip., Assist. u. Privatdoz. (1954) TH Darmstadt, Fachaufs. - Liebh.: Musik - Spr.: Franz., Engl.

DÖRR, Manfred August

Dr. phil., Prof. f. Politikwiss. Univ. Gießen (s. 1972; 1974/75, 1979/80 u. 1989/90 Dekan, 1977-79 Konventsmitgl.) - Gießener Weg 4, 6301 Biebertal 1 (T. 06409 - 3 16) - Geb. 23. März 1936 Kassel (Vater: Georg D., Feinmechaniker; Mutter: Elisabeth, geb. Köhler), ev., verh. s. 1963 m. Inge, geb. Müller, 4 Kd. (Asta, Ina, Ulla, Peter) - Stud. Univ. Marburg; Promot. 1964 - S. 1986 Vors. d. Dipl.-Prüf.-Aussch. Sozial-Wiss. - BV: D. Deutschnationale Volkspartei 1925-28, 1964; Fachveröff. - Liebh.: Klass. Musik - Spr.: Engl., Franz.

DÖRR, Rudolf

Regierungspräsident v. Schwaben (s. 1984) - Fronhof 10, 8900 Augsburg - Geb. 1928 Buchloe/Schw. - Stud. Rechte Univ. München - 1956 Eintritt Höh. Verw.dst., zul. Ministerialdirig. Bayer. Innenmin. (Leit. Abt. Haushalt/Personal/ Org.).

DÖRR, Walter M.

Dr. med., Prof., Chefarzt (Orthopäde) - Walther-Dobbelmann-Str. 60, 5190 Stolberg/Rhld. - B. 1974 Privatdoz., dann apl. Prof. TH Aachen/Med. Fak. (Orthop.).

DOERR, Wilhelm

Em. o. Prof. d. Allg. Pathologie u. Pathol. Anatomie - Ludolf-Krehl-Str. 46, 6900 Heidelberg (T. 40 15 50) - Geb. 25. Aug. 1914 Langen/Hessen, ev., verh. 1. s. 1939 m. Eva, geb. Neuroth †1981, 3 Kd. (Monika, Prof. Dr. Hans, Dr. Renate); verh. 2. s. 1982 m. Doris, geb. Glaser - Stud. Univ. Heidelberg, Marburg, Heidelberg; Promot. 1939 - 1942 Privatdoz., 1948 apl. Prof. Univ. Heidelberg, 1953 o. Prof. u. Inst.dir. FU Berlin, 1956 Univ. Kiel, 1963 Univ. Heidelberg (s. 1983 emerit.); 1972-74 Präs. Heidelberger Akad. d. Wiss. - Entd. d. Heterochronie als pathogenet. Prinzip gr. Herzkrankheiten - BV: Allg. Pathol. d. Organe d. Kreislaufs (Hb. Allg. Pathol.), 1970; Atlas d. pathol. Anat. (m. Ule u. Schumann), s. 1973 mehrf. Herausg.: Spez. Path. Anat. (Doerr-Seifert-Uehlinger, s. 1966, z. Zt. 30 Bde.); mehr als 350 Einzelarb. - Ehrendoktor (mehrf.); Paracelsus-Med. d. Dt. Ärzteschaft; Rudolf Virchow-Med. d. Dt. Ges. f. Pathol.; 1988 Verdienstmed. Land Baden-Württ.; 1991 Gr. BVK - Lit.: G. Seifert Virchows Arch. A 415: 187-189 (1989).

DÖRRENBERG, Peter E.

Ing., Kaufmann, Rechtsbeistand, gf. Kommand. Paul Aschenbrenner PAN-Apparatebau GmbH & Co. KG, Mehrzweckhallen KG Zentrale GmbH Verw.Büro, Beratung, Vermittlung & Co., gf. Gesellsch. Zentrale GmbH Verw.Büro, Beratung, Vermittlung, Vors. d. Beirates IGOH-GmbH, alle Mönchengladbach - Friedrich-Ebert-Str. 49/51, 4050 Mönchengladbach 2 (T. 02166 - 4 70 86) - Geb. 26. April 1937 Düsseldorf (Vater: Dipl.-Ing. Eduard H. D.; Mutter: Alice, geb. Kaiser, ev., verh. s. 1968 m. Karin, geb. Eß, 2 Kd. (Maike Maria, Walter Ben) - Jacobi-Gymn. Düsseldorf, Inst. Montana, Zugerberg (Schweiz); n. Praktikum Textil-Technikum Reutlingen - 1961-63 kaufm. Tätigk. Osaka (Japan); s. 1963 Familienuntern.; s. 1976 Rechtsbeistand. Div. Ehrenämter, dar. 1967-73 Vors. Industrieverb. Gewebe aus Baumwolle u. a. Fasern. F.D.P. - Liebh.: Sport, insb. Reiten (Silb. Reiterabz.) - Spr.: Engl., Franz.

DÖRRENBERG, Richard

Dr.-Ing., Dipl.-Ing., Geschäftsführer May-Dörrenberg Maschinenbau GmbH - Zu erreichen üb. May-Dörrenberg, Hansa-Allee 108, 4000 Düsseldorf-Oberkassel 11 (T. 58 99 96) - Geb. 7. Nov. 1940 Düsseldorf (Vater: Dipl.-Ing. Eduard H. D.; Mutter: Alice, geb. Kaiser), verh. s. 1991 m. Ute, geb. Lange, 3 Kd. (Eduard Richard, Anita Beatrix, Michael Georg) - Stud. Masch.-Bau TH Karlsruhe, Hannover; Dipl-ex. 1965 Karlsruhe; Promot. 1973 TU Berlin - Erf.: Verf. z. Herst. von Spiralbohrern - Liebh.: Sportfliegerei, Curling - Spr.: Engl., Franz.

DÖRRHÖFER-TUCHOLSKI, Heide

Bevollmächtigte d. Landes Nordrh.-Westf. b. Bund (s. 1990), Staatssekr. im Min. f. Bundesangelegenh. Land Nordrh.-Westf. (s. 1985) - Dahlmannstr. 2, 5300 Bonn 1 - Geb. 4. April 1944 Alzey, ev., verh. - Abit. - Ausb. z. Journ. - 1980-85 stv. Regierungssprecherin NRW.

DÖRRIE, Klaus

Dipl.-Sozialwirt, Hauptgeschäftsführer Dt. Paritätischer Wohlfahrtsverband - Gesamtverband e.V. - Heinrich-Hoffmann-Str. 3, 6000 Frankfurt/M. 71 (T. 069 - 670 62 15) - Geb. 3. Jan. 1936 Göttingen, verh. s. 1962, 2 Kd. - Gymn. Alfeld/Leine, Stud. Sozialwiss. Berlin u. Nürnberg (Dipl. 1960) - S. 1961 Mitarb. Dt. Parität. Wohlfahrtsverb. - Gesamtverb. e.V.

DOERRIES, Reinhard R.

Dr. phil., M.A., M.F.A., M.B.A., Prof. f. Neuere Geschichte, Lehrst. f. Auslandswiss. Univ. Erlangen-Nürnberg - Zu erreichen üb. Wirtschafts- u. Sozialwiss. Fak., Univ. Erlangen-Nürnberg, Findelgasse 7-9, 8500 Nürnberg - Geb. 25. Sept. 1934 Berlin (Vater: Prof. Dr. Hermann A. D., Kirchenhistoriker u. Patristiker; Mutter: Annemarie, geb. Kochendörffer), verh. m. Elaine, geb. Sulli, T. Chantal-Aimée - Stud. Gesch., Kunstgesch., Betriebsw.; B.A. 1958 Concordia College; M.F.A. 1960 Ohio Univ.; 1960-61 Wayne State Univ.; M.A. 1962 Yale Univ.; M.B.A. 1965 Inst. Européen d'Administrat. des Affaires; Promot. 1971 Univ. Bochum; Habil.

1982 Univ. Hamburg - 1965-68 Intern. Management Consultant, Booz Allen Hamilton Intern.; 1970-73 u. 1975-83 Wiss. Assist. Univ. Hamburg; 1983-86 Prof. Univ. Hamburg. 1986 Gastprof. Southampton Univ./Engl.; 1986-88 Prof. GH Kassel; s. 1988 Prof. Univ. Erlangen-Nürnberg - S. 1987 1. Vors. Dt. Ges. f. Amerikastud. - BV: Washington-Berlin 1908/1917, 1975; Iren u. Deutsche in d. Neuen Welt, 1986; Imperial Challenge, 1989 - 1961 Danforth Fellow Yale Univ.; 1973 u. 74 American Council of Learned Societies Fellow, New York - Spr.: Engl., Franz.

DÖRRSCHEIDT, Frank

Dr.-Ing., Prof. f. Regelungstechnik Univ.-GH Paderborn (Fachber. Elektrotechn.) - Tegelweg 27, 3940 Bad Driburg.

DOERRY, Gerd

Dr. phil., Prof. f. Erziehungswiss. m. Schwerp. Erwachsenenbild. FU Berlin (s. 1980) - Salzbrunner Str. 29, 1000 Berlin 33 - Geb. 2. Mai 1929 Berlin (Vater: Hans D., Verlagsvertr.; Mutter: Erna, geb. Huppert), verh. s. 1971 (Ehefr.: Hannelore, geb. Krabs), Stiefs. Tim-Owe Georgi - 1948-53 Stud. Phil., Psych., Soziol. FU Berlin u. Ohio State Univ. (USA). Promot. 1957 Berlin - 1958-64 u. 1967-76 FU Berlin (1971 Prof.), 1976-80 PH Berlin (o. Prof.) - 1. Sprecher Sektion Erwachsenenbild. d. Dt. Ges. f. Erziehungswiss. (1978-82) - BV: Metakommunikation in Lerngruppen, 4. A. 1982; Bewegl. Arbeitsformen in d. Erwachsenenbildung, 1981 (m. Gabriele Kallmeyer u. a.) - Spr.: Engl., Franz., Span. - Bek. Vorf.: Kurt D., Dt. Meister 100 m 1896, 200 m 97, Sportjourn. (Großv.).

DÖRSCHEL, Alfons

Dr. phil., Dipl.-Psych., Prof. (emerit. 1978) f. Wirtschafts- u. Sozialpädagogik - Universität, 5000 Köln-Lindenthal - Geb. 17. Nov. 1912 - 1959-61 Privatdoz. Freie Univ. Berlin; s. 1961 Ord. Univ. München u. Köln (1964) - BV: Arbeit u. Beruf in wirtschaftspäd. Betracht., 1960; Einf. in d. Wirtschaftspäd., 1960, 4. A. 1975; Kindl. Schaffen - psych. u. päd. gedeutet, 1961; D. Berufsschule in unserer Zeit, 1967; Geschichte der Erz., 1972, 2. A. 1976; Arbeitspäd., 1972; Betriebspäd., 1975 - Spr.: Engl., Franz., Lat.

DÖRTELMANN, Friedrich W.

Dipl.-Kfm., Vorstandsvorsitzender Rheuma-Heilbad AG, Bad Kreuznach - Kurhausstr. 16, 6550 Bad Kreuznach - Geb. 24. April 1931 Oberhausen - AR Kinderkurklinik Viktoriastift, Bad Kreuznach; 1. Vors. Gütegem. Diätverpflegung, Düsseldorf; 1. Vors. Fritz-Gabler-Schulverein, Heidelberg; stv. Vors. Sektion Heilbäder u. Kurorte im Fremdenverkehrs- u. Heilbäderverb. Rheinl.-Pfalz, Koblenz. Handelsrichter am LG Bad Kreuznach.

DÖSER, Alfons

Verleger, Mithrsg. Münchner Merkur u. tz (1982ff.) - Pressehaus Bayerstraße. 8000 München 2; priv.: Langbehnstr. 14, 8200 Rosenheim - Geb. 22. Jan. 1938 - U. a. gf. Gesellsch. Oberbayer. Volksblatt GmbH & Co. KG u. Wendelstein Verlags-GmbH, bde. Rosenheim; Geschäftsf. Radio Charivari, Rosenheim.

DOETSCH, Heinz Josef

Dr. jur., I. Bürgerm. a. D., Industrieberater - Knietschstr. 16, 6710 Frankenthal/Pfalz - Geb. 14. Aug. 1927 Essen (Vater: Josef D., Bundesbahnrat), kath., verh. m. Dr. Renate, geb. Mayer, 4 Kd. - Gymn. Köln u. Essen; Univ. Kiel (Rechtswiss.). Promot. 1952; Ass.ex. 1954 - S. 1954 Stadtverw. Mönchengladbach (Stadtrechtsrat) u. Frankenthal (1959 Stadtrechts-, 1962 -oberrechtsrat, 1964 I. Bürgerm.); ARsmitgl. Dt. Ring, Krankenvers. V.a.G.

DOETSCH, Karl H.

Dr.-Ing., o. Prof. u. Direktor Inst. f. Flugführung TU Braunschweig (s. 1962) - Am Rübenberg 14, 3301 Schapen (T. Braunschw. 360370) - 1972 Gr. BVK.

DOETSCH, Richard Peter

Dipl.-Ing., Vorstandsmitgl. Strabag Bau-AG. - Ochtendunger Str. 39, 5473 Kruft - Geb. 26. Sept. 1929 Kruft, verh. s. 1959 m. Erika, geb. Drehsen, 2 Kd. (Annette, Peter).

DOETSCH, Wilhelm

Dipl.-Ing., Reg.sbauassessor a. D., Geschäftsf. Rhein-Lippe-Wohnstättenges. mbH. - Fendelweg Nr. 2, 4300 Essen - Geb. 15. April 1915.

DÖTTINGER, Fritz

Vorstandsmitglied Calwer Decken- u. Tuchfabriken AG., Calw - Eichertstr. 42, 7261 Calw-Alzenberg/Württ. - Geb. 31. Okt. 1929.

DOETZ, Jürgen

Journalist, Geschäftsführer SAT 1-Satelliten-Fernsehen GmbH, u. PKS Programmges. f. Kabel- u. Satellitenrundfunk - Hegelstr. 61, 6500 Mainz - Geb. 9. Okt. 1944 Heidelberg, ev. - Stud. polit. Wiss., Gesch., Soziol. Univ. Heidelberg; Zeitungsvolon. - B. 1971 Redakt.; 1971-76 Pressesprecher Kultusmin. Rhld.-Pfalz; 1976-82 stv. Regierungssprecher Landesreg. Rhld.-Pfalz (Ministerialrat); s. 1990 1. stv. Präs. d. VPRT (Verb. Priv. Rundf. u. Telekommunikation).

DOHM, Gaby

Schauspielerin - Trogerstr. 17, 8000 München 80 - Geb. 23. Sept. 1943 Salzburg (Mutter: Heli Finkenzeller, Schausp. †1991; Vater: Nill Dohm, Schausp. †), verh. - Zahlr. klass. Rollen an Theatern, z.B. Düsseldorf, München (Residenztheater 15 Jahre); weibl. Hauptrolle in ZDF-Serie Schwarzwaldklinik. M. Ingmar Bergman Tartuff-Hedda Gabler usw. - Preis als beste Schausp. München f. Yvonn-Prinzessin v. Burgund, Mehr. TZ Rosen, 1986 Gold. Kamera (HÖRZU),1986 Ital. TV-Preis il Gatto (Gold. Katze).

DOHMEN, Günther

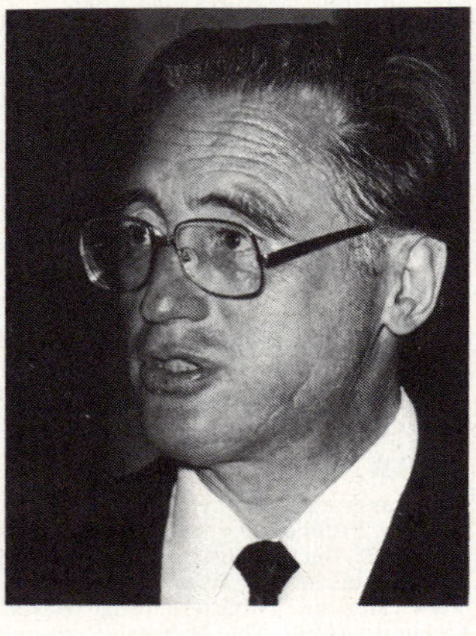

Dr. phil., Dr. h. c., o. Prof. f. Erziehungswissenschaft - Falkenweg 72 , 7400 Tübingen (T. 6 38 28) - Geb. 8. April 1926 Heidelberg (Vater: Dr. med. Hugo D., Arzt; Mutter: Elisabeth, geb. Frauenrath), ev., verh. s. 1956 m. Dr. rer. nat. Karin, geb. Schulze (Biologin), 4 Kd. (Martin, Renate, Stefan, Christiane) - Stud. German., Gesch., Angl., Phil. Promot. 1951 Heidelberg; Habil. 1963 Tübingen - 1952-56 Studienass. u. -rat; 1956-62 Doz. f. Didaktik; s. 1963 Prof. f. Päd.; 1966-79 Leit. Dt. Inst. f. Fernstudien an d. Univ. Tübingen; s. 1967 Ord. Päd. Univ. Tübingen; Vors. Dt. Ges. f. Fernstud.; s. 1968 Vors. VHS-Verb. Baden-Württ.; s. 1987 Vors. Dt. VHS-Verb.; Vizepräs. Europ. Büro f. Erwachsenenbild. - BV (z. T. übers. in Engl., Franz., Span., Jap.); Bildung u. Schule, 2 Bde. 1964/65; D. Fernstud., 1967; D. Aufbau d. Hochschulfernstud. in d. BRD, 1968; Fernstud. im Medienverbund, 1970; Forschungstechniken f. d. Hochschuldidaktik, 1971; Offenes Lernen u. Fernstud., 1976; Externenstud. 1978; Erwachsenenbildung, 1986; Was heißt Bildung?, Bildung u. Technik, 1988; Offenheit u. Integration, 1991 - 1954 UN-Preis; 1977 BVK; Ehrendoktor O.U.; 1983 Ehrennadel d. Landes Baden-Württ.; 5 Ehrenbürgerschaften - Spr.: Engl.

DOHMEN, Hans Gerd

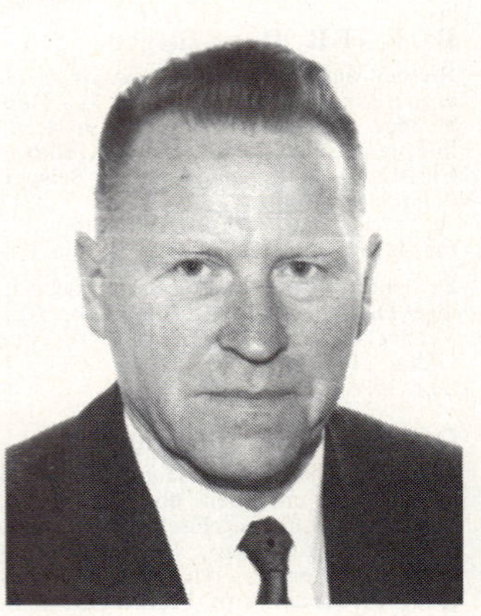

Dr.-Ing. habil., Prof. an d. Ruhruniv. Bochum - Erhard-Fischer-Str. 6a, 5307 Wachtberg-Adendorf - Geb. 30. Okt. 1927 Viersen 11, kath., verh. s. 1961 m. Ursula, geb. Joosten, 5 Kd. (Hildegard, Dr. med. Bernhard, Winfried, Wolfgang, Irmtraud) - Abit., Masch.schlosserlehre m. Abschl.; Stud. TH Aachen; Dipl. 1959; Promot. 1964; Habil. 1972 Bochum - Koordinator f. angew. Forsch. DFG; AR-Mitgl. d. Rheinmetall Berlin AG, Kurat.-Mitgl. FHG; Mitgl. d. Rationalisier. kurat. Wirtsch.; Senats-Mitgl. d. Forsch.inst. f. Rationalisierung NRW - BV: Mechan. Umformtechnik, 1968; Präzisions-Umformtechnik, 1990 - 1981 Herwart Opitz Ehrenmed. d. VDI-Ges. Prod.technik - Liebh.: Klass. Musik, Sport - Spr.: Engl.

DOHMEN, Hubert

Generaldirektor, Präs. IHK Saarbrücken (1971-75), vorher Vizepräs.) u. Saar-Pfalz-Kanal-Verein, Saarbrücken, Vorstandsmitgl. DIHT, Bonn - Kieselpfad 21, 6600 Saarbrücken (T. 63010) - Geb. 21. März 1907 Mönchengladbach (Vater: Franz D., Industriemeister; Mutter: Maria, geb. Leppers), kath., verh. s. 1934 m. Elfriede, geb. Bley, 2 Töcht. (Ruth, Ingrid) - Oberrealsch. u. Banklehre (Kreisbank AG.) Mönchengladbach; Rhein.-Westf. Sparkassensch. Düsseldorf (IIS-Prüf.) u. a. - B. 1927 Angest. Lehrbank, dann Buchhaltungsleit. Kreissparkasse, Schleiden, 1931-41 Abt.sleit., stv. u. gf. Dir. (1936) Kreissparkasse, Saarbrücken, 1941-74 Vorstandsvors. Landesbank Saar u. Girozentrale Saarbrücken, s. 1951 Vorstandsvors. Saarl. Investitionskreditbank AG., Saarbrücken. Mehrere ARsmandate. Div. pers. Mitgliedsch., dar. Lions Club Saarbrücken - 1969 Gr. BVK; Frhr.-v.-Stein-Plak. - Liebh.: Musik, Golf - Spr.: Franz.

DOHMEN, Ludwig

Leiter d. WDR-Studios (Hörfunk), Bonn (s. Jan. 1992) - Am Reiferbusch 1, 5060 Bergisch-Gladbach 2 (T. 02202 - 3 21 55) - Geb. 27. Aug. 1935 Mönchengladbach, verh. s. 1964 m. Hannelore, geb. Hützen, 3 Kd. (Felix, Caspar, Agnes) - Dipl.-Volksw. 1963 Köln - 1963-64 Wirtsch.-Redakt. Kölner Stadt-Anzeiger; 1965-69 Wirtsch.-Redakt. WDR; 1969-81 Leit. Abt. Wirtsch. u. Verkehr WDR; s. 1981 Leit. Programmgr. Kommentare u. Feature WDR; 1978-91 stv. Chefredakteur Hörfunk - Ernst-Schneider-Preis - Liebh.: Musik - Spr.: Engl.

DOHNA, Graf zu, Lothar

Dr. phil., Prof. f. Mittelalterl. Geschichte TH Darmstadt - Rodinghweg 22, 6100 Darmstadt - Geb. 4. Mai 1924 Seepothen - Promot. 1957 Göttingen - S. 1972 Ord. Darmstadt - BV: Reformatio Sigismundi, 1960.

DOHNÁNYI, von, Christoph

Chefdirigent Cleveland-Orchestra/USA (s. 1984/85 - Zu erreichen üb. Severence Hall, 44106 Cleveland, Ohio/USA - Geb. 8. Sept. 1929 Berlin (Vater: Hans v. D., Reichsgerichtsrat, Widerstandskämpfer, 1945 hingerichtet; Mutter: Christine, geb. Bonhoeffer), verh. 1956-78 m. Renate, geb. Zillessen (Schausp.), gesch., 2 Kd. (Katja, Justus); jetzt verh. m. Anja Silja (Opernsängerin), 3 Kd. (Julia, Benedikt, Olga) - Gymn., zul. St. Ottilien (Abit. m. 16 J.); Univ. (4 Sem. Rechtswissenschaft) u. Musikhochsch. München - 1957-66 Generalmusikdir. Lübeck (jüngster d. Bundesrep.) u. Kassel (1963); 1964-68 Chefdirig. Sinfonieorch. WDR; 1968-77 GMD u. Operndir. (1972-1977) Städt. Bühnen Frankfurt/M.; 1977-84/85 Int. u. GMD Hamburgische Staatsoper; jetzt Cleveland-Orch. (1986 Deutschl.-Tournee: München, Bonn, Berlin, Hamburg, Frankfurt). Intern. Gastdirig. Schallpl.-Aufn. - 1951 Richard-Strauss-Preis Stadt München; 1979 Frankfurter Goethe-Med.; 1982 Ung. Bartók-Med. - Beherrscht mehrere Sprachen - Bek. Vorf.: Ernst v. D., Komp. (Ungarn); Geheimrat Prof. Dr. med. Karl Bonhoeffer, Psychiater u. Neurologe (Berlin; Großv. ms.), Dietrich Bonhoeffer (Berlin; Onkel) - Bruder Klaus v. D. (Erster Bürgerm. Fr. u. Hansestadt Hamburg) - Lit.: Karl Günter Simon, D. Kronprinzen, 1969.

DOHNANYI, von, Klaus

Dr., Erster Bürgermeister u. Senator Senatskanzlei u. Staatsarchiv Fr. u. Hansestadt Hamburg (1981-88, zurückgetr.), AR-Vors. d. TAKRAF AG, Leipzig - Geb. 23. Juni 1928 Hamburg (Vater: Hans v. D., Reichsgerichtsrat, Widerstandskämpfer, 1945 hingerichtet; Mutter: Christine, geb. Bonhoeffer), ev., verh. I) 1951 m. Renée, geb. Illing († 1958), II) 1966 Christa, geb. Groß, 3 Kd. (Johannes, Jakob, Babette) - Stud. Rechtswiss. Univ. München, Columbia, Stanford u. Yale Univ. (USA). LL. B. 1953 Yale - 1952-53 New Yorker Anwaltsfa. u. Ford Motor Company; 1954-60 Ford-Werke AG., Köln (1956 Leit. Planungsabt.); 1960-68 Wirtschafts- u. Sozialforschungsinst. INFRATEST (gf. Gesellsch.); 1968-69 Bundeswirtschaftsmin. (Staatssekr.); 1969-72 Bundesmin. f. Bildung u. Wiss. (Parlam. Staatssekr.); 1972-74 Bundesminister f. Bildung u. Wissenschaft; 1976-81 Staatsmin. u. parlam. Staatssekr. im Ausw. Amt; 1969-81 MdB. SPD s. 1957 - BV: Jap. Strategie oder D. dt. Führungsdefizit, 1969; Notenbankkredite an d. Staat?, 1986; Hamburg - Mein Standort, 1986; Brief an d. Dt. Demokratischen Revolutionäre, 1990; D. Dt. Wagnis, 1990. Herausg.: D. Schulen d. Nation - Z. Bildungsdebatte: Fakten, Forderungen, Folgen (1971) - 1988 Theodor-Heuss-Med.; Humanitarion Award v. B'nai B'rith - Spr.: Engl. - Bek. Vorfahren s. Christoph v. D. (Bruder) - Lit.: Karl Günter Simon, D. Kronprinzen, 1969.

DOHR, Günter

Prof. f. Objekt-Design u. Objekt-Systeme FHS Niederrh., Krefeld - Dorfstr. 135, 4100 Duisburg 25 (T. 0203 - 78 69 27-8) - Geb. 7. Juli 1936 Münster - 1957-62 Stud. Univ. Münster u. Hochsch. f. bild. Künste, Kassel; 1. u. 2. Staatsex. f. d. Lehramt an Höh. Schulen, 1978 Beruf. an d. FHS Niederrh. - 1964-78 Tätigk. als Kunsterzieher u. Arb. im Ber. freie Kunst. Ausstell. s. 1965, dar. Einzelausst. Museen Ludwigshafen, Dortmund, Bonn, Oberhausen, Hagen u. Hannover. Arb. im Ber. Kunst u. Archit. u.a. Ferrostaal, Essen, Kunstmuseum Hannover u. Bundesarchiv Koblenz. Mitbegründ. Künstlergruppe B 1. Mitgl. Westdt. u. Dt. Künstlerbd. - 1976 Arbeitsstip. Kulturkreis im Bundesverb. d.

Dt. Ind.; 1988 Atelierstip. Djerassi Foundation, Woodsicle Californien - Spr.: Engl.

DOHR, Roman

Dr., Dipl.-Chem., pers. haft. gf. Gesellschafter Henkel KGAA Düsseldorf - Mozartstr. 10, 5657 Haan - Geb. 2. Jan. 1931 Wadern/Saar - Mehrj. Ausl.-Aufenthalte (Südamerika, Spanien) - Mitgl. Board of Directors, Loctite Corp., Hartford. Con. - Spr.: Engl., Franz., Span.

DOHRMANN, Jürgen

Dr. rer. nat., Dipl.-Chem., Prof. am Inst. f. Physikal. u. Theor. Chemie der FU Berlin - Takustr. 3, 1000 Berlin 33 - Geb. 11. Juni 1938 Landsberg/Warthe - Prom. 1968, Habil. 1971 - S. 1971 Prof. f. Physikal. Chemie.

DOHRMANN, Rolf

Dr. med., Prof., Ärztl. Direktor u. Chefarzt i.R. Chir. Abt. Städt. Behring-Krkhs. - Camphausenstr. 25, 1000 Berlin 37 (T. 8012617) - Geb. 29. Dez. 1918 Oderberg/Mark (Vater: Franz D., Beamter; Mutter: Claire, geb. Lotze), ev., verh. s. 1950 m. Dr. Ingelotte, geb. Zimmermann, Sohn Peter - 1939-45 Univ. Gießen u. Göttingen - Ärztl. Tätigk. Humboldt- (1948-51) u. Freie Univ. Berlin (1952-60); s. 1959 (Habil.) Privatdoz. u. apl. Prof. (1966) FU (Chir.); 1960-84 Ärztl. Dir. u. Chefarzt Chir. Abt. Behring-Krkhs. Fachveröff. - Spr.: Engl., Franz. - Rotarier.

DOHRMANN, Rolf Erich

Dr. med., Prof., Ärztl. Direktor u. Chefarzt Innere Abt./Ev. Waldkrankenhaus Spandau, Berlin 20 - Kaiserstr. 24, 1000 Berlin 20 - Geb. 14. Nov. 1926 Braunschweig - Promot. 1952; Habil. 1961 - S. 1968 apl. Prof. Univ. Bonn u. FU Berlin - BV: ß-Glucuronidase u. Entgiftungsstoffwechsel, 1968; Leber- u. Gallenleiden, 1971; Diätrichtlinien f. Leber- u. Gallenkranke, 1971; Neue Therapie d. Herzinfarktes u. coronarer Herzkrankh., 1978-83.

DOHRN, Klaus

Dr. rer. pol., Bankier - Hofgut Staudach, 8152 Feldkirchen (T. 08063 - 79 97) - Geb. 23. Mai 1905 Breslau (Vater: Dr. Georg D., Leit. Schles. Philharm; Mutter: Hedwig, geb. Commichau), verh. m. Katharina, geb. Engel - Univ. Berlin u. Breslau - U. a. Vorst.-Mitgl. Bayer. Hypotheken- u. Wechsel-Bank, München, u. Kreditanst. f. Wiederaufbau, Frankfurt; 1960-72 Geschäftsinh. BHG bzw. BHG/Frankf. Bank - Ehrensenator Max-Planck-Ges., Ehrenmitgl. German. Nationalmus. Nürnberg - BV: Bürger u. Weltbürger. E. Familiengesch., 1983; Meine Zeit, 1991 - 1970 Komturkreuz finn. Löwen-Orden; Gr. BVK m. Stern.

DOHSE, Richard

Kaufmann (selbst.) - Beethovenstr. 14, 4800 Bielefeld (T. 58 41) - Geb. 25. Febr. 1926 Bielefeld (Vater: Wilhelm D., selbst. Kaufm.; Mutter: Wilhelmine, geb. Schwarz), ev., verh. 1951 m. Gertrud, geb. Baumhöfener, 4 Kd. (Renate, Friedrich-Wilhelm, Ferdinand, Richard-Ludwig) - Gymn., kaufm. Lehre - B. 1986 Präs. IHK Ostwestfalen, Bielefeld - Spr.: Engl.

DOLAINSKI, Klaus

Dipl.-Kfm., Geschäftsführer Handelsblatt GmbH, Ges. f. Wirtschaftspubliz. GWP mbH, Verlag Wirtsch. u. Finanzen GmbH, alle Düsseldorf, Schäffer Verlag f. Wirtsch. u. Steuern GmbH, Stuttgart - Kasernenstr. 67, 4000 Düsseldorf 1 - Vorher 13 J. Tätigk. in Verlagen: Jul. Springer, Berlin, Heidelberg, Vereinigte Motor-Verlage GmbH & Co. KG, Stuttgart u. Unternehmensber.

DOLD, Albrecht

Dr. rer. nat. (habil.), o. Prof. u. Direktor Math. Inst. Univ. Heidelberg (s. 1963) - Türkenlouisweg 14, 6903 Neckargemünd - Geb. 5. Aug. 1928 Triberg/Schwarzw. - 1958-60 Privatdoz. u. apl. Prof. (1960); 1960-62 Prof. Columbia Univ. New York; 1962-63 Ord. Univ. Zürich - Fachaufs. - S. 1974 o. Mitgl. Heidelberger Akad. d. Wissensch. u. 1985 Dt. Akad. d. Naturforscher Leopoldina; 1983 Dr. rer. pol. h. c. Univ. Karlsruhe.

DOLDE, Klaus-Peter

Dr. jur., Honorarprof. Univ. Tübingen, Rechtsanwalt - Holbeinweg 32, 7000 Stuttgart 1 (T. 0711 - 85 91 94) - Geb. 19. Febr. 1944 Schöntal, verh. s. 1970 m. Dr. Gabriele, geb. v. Düsterlho - 1963-65 u. 1966-68 Univ. Tübingen; 1965-66 FU Berlin; 1. jurist. Staatsex. 1968 Tübingen; 2. jurist. Staatsex. 1971 Baden-Württ.; Promot. 1971 - 1970-71 Wiss. Mitarb. b. Prof. Dr. O. Bachof; s. 1972 Rechtsanw. - BV: D. polit. Rechte d. Ausländer in d. Bundesrep., 1972; Mitarb. an: D. Recht d. Bebauungsplans, 2. A. 1980; Städtebaul. Entwicklungsplanung in d. Praxis, 1981; Behördl. Warnungen vor nicht verkehrsfähigen Lebensmitteln, 1987 - 1984 Honorarprof. Univ. Tübingen.

DOLDI, Günther

Dr. jur., Rechtsanwalt, Fachanwalt f. Steuerrecht, öfftl. best. u. vereid. Sachverst. f. Unternehmensbewert. IHK München u. Obb. - Leitnerstr. 6a, 8162 Schliersee (T. 08026 - 68 88) - Geb. 4. Aug. 1922 München.

DOLEZAL, Richard

Dr. techn., Prof. f. Verfahrenstechnik u. Dampfkesselwesen Univ. Stuttgart - Pfaffenwaldring 23, 7000 Stuttgart 80 - Geb. 26. Mai 1921 Kostelec n. O. (Vater: Bretislav D.; Mutter: Marie, geb. Cerny), verh. s. 1947 m. Vladimira, geb. Podrazil, 2 Kd. (Richard, Petronilla) - Stud. TH Prag - Mitgl. VDI; insg. 52 Patente - BV: Großkesselfeuerungen, 1961; Durchlaufkessel, 1962; System Dynamics, 1970; Vorgänge b. Anfahren von Dampferzeugern, 1977 - Spr.: Tschech., Franz., Engl., Russ.

DOLEZALEK, Gero

Dr. jur., Prof. f. röm. Recht, Rechtsvergleichung u. Rechtstheorie - Univ. of Cape Town, ZA 7700 Rondebosch - Geb. 18. Jan. 1943 Posen, ev. - Stud. Gesch. u. Rechtswiss. Univ. Kiel, Florenz, Modena, Frankfurt; Promot. 1967 - BV: Verz. d. Handschriften z. römischen Recht, 1972 (4 Bde.); Repertorium Codicis Justiniani, 1985 - Spr.: Engl., Franz., Ital., Niederl., Span., Afrik.

DOLEZICH, Norbert

Maler, Graphiker u. Schriftst. - Händelstr. 28, 4350 Recklinghausen (T. 02361 - 2 25 63) - Geb. 16. Febr. 1906 Bielschowitz/Oberschl., kath., verw. s. 1977, 3 Kd. - Hilfsschlosser; Abit. 1928; Stud. Kunstgesch., Kunstpäd., Phil.; Staatsex. 1941 Berlin - Malerei u. Graphik; Schriftst. Tätigk.: Lyrik u. Prosa; Kunstpäd. Tätigk.; Ausb. v. Kunstpäd. - BV: 3 Lyrikbde., 1960, 73 u. 75; Wiesufer (Erzählbd.), 1976; Johannes Standorfer, Künstler-R. 1986 - 1940 Preis Kunstverein Königsberg; 1943 Kunstpreis Prov. Oberschlesien; 1949 Kunstpreis Westf. Heimatbund; 1979 BVK; 1985 Ehrengabe Lovis Corinth-Preis Regensburg - Lit.: u. a. Vollmer, Allg. Lexikon d. bild. Künstler (1953); G. Ott: Künstlerprofile (1980); W. Timm u. R. Schreiner: N. Dolezich, D. druckgraph. Werk (1982).

DOLEZOL, Theodor

Schriftsteller u. Wissenschaftsjourn. - Schanzenbachstr. 11, 8000 München 70 - Geb. 18. Aug. 1929 Duisburg, kath., verh. s. 1966 m. Hannelore, geb. Fritsch - Gymn. Breslau u. Düsseldorf; Stud. Theaterwiss., Neue Dt. Lit., Psych. u. Phil. Univ. Marburg, Bonn u. München - BV: Feature, Sachb., Science-Fiction; Aufbruch zu d. Sternen, 1969 (TB 1977); Delphine - Menschen d. Meeres, 1973; Planet d. Menschen, 1975; Adam zeugte Adam, 1979. Hörbilder, Hörfunkreihen: Lucy im Diamantenhimmel (1967); Keine Antwort v. Antares (1968); Wenn d. Eiszeit wiederkommt (1970); Unsere Freunde - d. Delphine (1972); Erdbeben (1976); Allein im Kosmos? (1981); Woher wir kommen (1983); Bekanntschaft m. d. Erde (1984); D. Außerirdischen (1987); Geschichte u. Zukunft d. Weltalls (1988); D. Alpen (1990); Kosmologie im Umbruch (1991). Artikelserien: D. neue Bild d. Evolution (1986); D. schwere Weg v. Tier z. Menschen (1987); Klima-Katastrophe - ja od. nein? (1989); Ozon (1991); Bilder aus d. Erdinneren (1991) - 1976 Dt. Jugendbuchpreis f.: Planet d. Menschen; Mitgl. d. PEN u. d. TELI.

DOLL, Erich

Dr. med., Prof., Ärztl. Direktor (Internist) Rehabilitationskliniken Sinnighofen u. Privatklinik Baden - 7812 Bad Krozingen/Br. - Geb. 25. Febr. 1927 Schramberg/Württ. - S. 1963 (Habil.) Lehrtätigk. Univ. Freiburg/Br. (1969 apl. Prof. f. Inn. Med.) - 1964 Theodor-Frerichs-Preis; 1968 Felix-Haffner-Preis.

DOLL, Gary

s. Doll, Wolfram Gary

DOLL, Hans Karl

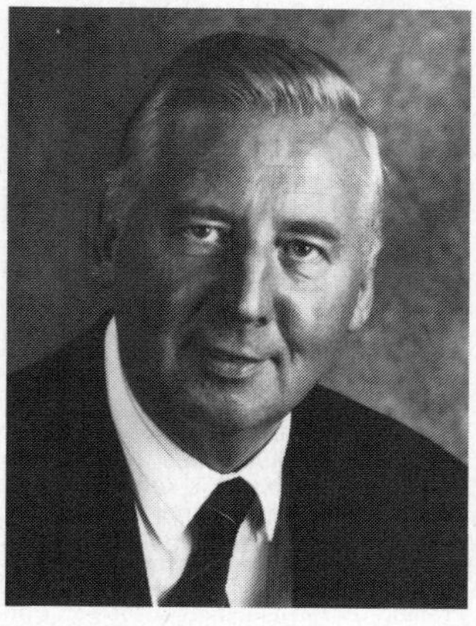

Ing., Geschäftsführer Vanderlande Industries GmbH, Mönchengladb., Beirat VDI-Gesellsch. Fördertechnik Materialfluß u. Logistik (FML), Kurator Fraunhofer-Inst. f. Transporttechn. u. Warendistribution (ITW), Dortmund - Pollerbäumchen 23, 4050 Mönchengladbach 6 (T. 02161 - 55 75 60) - Geb. 28. Sept. 1933 Offenbach.

DOLL, Hans-Peter

Prof., Generalintendant a. D., Landesbeauftr. f. d. künstler. Bühnennachwuchs Baden-Württ. (s. 1985) - Wohnh. in 7000 Stuttgart - Geb. 21. Febr. 1925 Offenbach/M., kath., verh. s. 1959 m. Peggy, geb. Thorndike - Mittel- u. Obersch.; Univ. Frankfurt/M. (Literatur- u. Theatergesch.) - 1946 Dramat. Städt. Bühnen Frankfurt/M., 1951 Gelsenkirchen, 1952 Chefdramat. Staatstheater Braunschweig, 1953 Schauspielhaus Bochum, 1959 Landestheater Hannover, 1962 Theater d. Fr. Hansestadt Bremen, 1963 Int. Städt. Bühne Heidelberg, 1968 Generalint. Staatstheater Braunschweig, 1972 Staatstheater Stuttgart. Interimsintendanzen: 1990/91 Schauspiel Frankfurt, 1991/92 Oper Frankfurt, 1992/93 Staatstheater Braunschweig. Zahlr. Übers. u. Bearb. engl., amerik. u. franz. Bühnenstücke u. -märchen n. d. Brüdern Grimm - BV: Theater (zus. m. Erken); Skizzen aus d. Ballettsaal; Mein erstes Engagement.

DOLL, Wolfram G.

Volkswirt, Geschäftsf. Diversey GmbH., Frankfurt/M. - Zul. Am Forsthaus Gravenbruch 49, 6078 Neu-Isenburg - Geb. 13. Okt. 1936 Legau, kath., verh. s. 1966, 2 Töchter (Barbara, Claudia) - Spr.: Engl.

DOLL-HEGEDO, Hannelore,

geb. Weist

Journalistin, Verlegerin pro-info-Verlag (Sylt-Lit. u. Nordd. Lit.) - Postf. 150, 2055 Aumühle (T. 04104 - 26 12) - Geb. 18. April 1925 Stettin, verh. s. 1944 m. Herbert Gerhard Doll, 2 S. (Dirk-Rainer, Torsten) - Abit.; Ing.schule Stettin - Stv. Chefredakt. Sylt Verlag Heinrich Möller Söhne, Rendsburg - BV: Kochbuch Sylt, Amrum, Föhr, 1981; Kochbuch Lüneburger Heide, 1983; D. Kochbuch aus Nordfriesl., 1990; Spezialitäten aus Pommern, Kochb. 1990. Herausg.: Sylt u. Hobbyköche, Kochkunst d. Frauen; Kl. Bettlektüre - z. 65. Geb. (1990). Hörspiele (Kinderf.); FS-Spiele (Kinderf.).

DOLLICHON, Uwe

Schriftsteller - Laischaftsstr. 13a, 4500 Osnabrück (T. 0541 - 8 72 40) - Geb. 20. Dez. 1953 Osnabrück, kath. - Angest. Neue Osnabrücker Ztg. - BV: Anfang u. Ende, 1974; In d. Pfanne gehauen, 1983; Zeit- u. Lebenssturm, 1991 u.a.

DOLLINGER, Hans

Publizist, Schriftst. - Hochweg 6, 8031 Wörthsee-Etterschlag (T. 08153 - 76 09) - Geb. 5. Febr. 1929 Biberach/Riß - Buchhändler - Journ., Redakt. (Ztschr. D. Kultur, Desch, 1958-62), Schriftst., Lektor - BV: u. a. D. totale Autoges., 1972; Lachen streng verboten, 1972; Schwarzbuch d. Weltgesch., 1973; D. Himmel hat Grenzen, 1974; Bayern - 2000 Jahre in Bildern u. Dokumenten, 1976; Preußen - E. Kulturgesch. in Bildern u. Dokumenten, 1980; Kain, wo ist dein Bruder? - Was d. Mensch im Zweiten Weltkrieg erleiden mußte, 1983; Friedrich II. v. Preußen. S. Bild im Wandel v. 2 Jh., 1986; Ploetz-Weltgesch. auf e. Blick, 1988; Ploetz-Weltgesch. 1939-45 auf e. Blick, 1989. Div. Herausg. - 1972 Mitgl. PEN-Zentrum BRD u. IG Medien.

DOLLINGER, Heinz

Dr. phil., Prof., Prorektor f. Struktur, Planung u. Bauangelegenh./Histor. Seminar Univ. Münster - Dompl. 20-22, 4400 Münster/W. - Geb. 30. Juni 1929 Ingolstadt - Promot. 1963 München; Habil. 1972 Münster - 1973 ff. apl. Prof. f. Neuere u. Neueste Geschichte - BV: Stud. z. Finanzreform Maximilian I. v. Bay. in d. J. 1598-1618, 1968.

DOLLINGER, Karl

I. Bürgermeister - Rathaus, 8073 Kösching/Obb. - Geb. 26. Aug. 1914 Kösching - Fuhruntern. SPD.

DOLLINGER, Werner

Dr. rer. pol., Bundesminister a.D., MdB - Hampfergrundweg 30, 8530 Neustadt/Aisch (T. 2494) - Geb. 10. Okt. 1918 Neustadt/Aisch (Vater: Richard D., Großhändler; Mutter: geb. Hösch), ev., verh. s. 1945 m. Herta, geb. Dehn, 3 Kd. (Magdalena, Walter, Annemarie) - Realsch. Neustadt; WH Nürnberg, Univ. Frankfurt/M., TH München, Dipl.-Kfm. 1940; Promot. 1942 - 1942-43 Außenhandelsst. f. Nordbay. u. Südthür., Nürnberg, dann Wehrdst., s. 1945 Leit. Dampfziegelei A. Dehn, Neustadt, Mitgl. Stadt- u. Kreisrat, s. 1948 Vors. Industrie- u. Handelsgremium Neustadt-Scheinfeld, s. 1951 Kreisvors., Mitgl. Landesaussch. u. stv. Vors. CSU, s. 1952 Vors. Bayer. Tonind.verein, Bez. Mittelfranken, s. 1953 MdB (Mitgl. Fraktionsvorst., 1961 Landesgruppenleit. CSU), s. 1956 Mitgl. Gemeins. Vers. Europ. Gemeinschaft f. Kohle u. Stahl, 1962-69 Bundesschatz- u. Bundesminister f. d. Post- u. Fernmeldewesen (1966), 1982-87 Bundesmin. f. Verk. - BV: Post 2000, 1969 - 1969 Gr. BVK m. Stern u. Schulterband, Gr. Gold. Ehrenz. Rep. Österr. - Liebh.: Landw. (eig. Bauernhof), Tennis, Schwimmen, Wandern.

DOMAGK, Götz F.

Dr. med., Dipl.-Chem., Prof., Abteilungsvorsteher Physiol.-Chem. Inst. Univ. Göttingen (s. 1969) - Ebelhof 20,

3400 Göttingen (T. 33306) - Geb. 14. Aug. 1926 Münster/Westf. (Vater: Prof. Dr. med. Drs. h. c. Gerhard D., Pathologe, Nobelpreisträger 1939, † 1964; Mutter: Gertrud, geb. Srübe), ev., verh. s. 1962 m. Dr. Jutta, geb. Herrmann, 3 S. (Kai, Dirk, Klaus) - 1945-51 Stud. Med. Univ. Göttingen; 1952-56 Stud. Chemie Univ. Göttingen u. TH Braunschweig; Habil. 1964 Göttingen - 1964 Privatdoz., 1969 Prof. Univ. Göttingen, 1970 Dir. Biochem. Inst./Univ. Louvain (Belg.), 1972 Leit. Abt. f. Enzymchemie Univ. Göttingen. 1956-57 u. 1965-66 USA-Aufenth. (30 Mon.). Spez. Arbeitsgeb.: Zuckerstoffw. - BV: D. Nucleinsäuren, 1964 (m. E. Harbers; auch Engl.). Zahlr. Fachveröff.

DOMARUS, von, Dietrich

Dr. med., Prof. f. Augenheilkd. Univ. Hamburg, Ophthalmologe - Geb. 1. Nov. 1941 Lübeck, verh., 3 Kd. - 1961-67 Stud. Univ. Marburg u. Hamburg - Chefarzt d. Augenabt. AK Barmbek, Hamburg, Ophthalmopathol. Labor - BV: Rd. 110 wiss. Publ., Mitarb. Handb.: Pathol. d. Auges (v. G.O.H. Naumann) 1980 (Engl. 1986, Jap. 1987 u. Span. in Vorb.).

DOMBROWSKI, Harald

Dr., Kaufmann, Geschäftsf. Einkaufskontor Frankfurt - 6240 Königstein (T. 06174 - 54 38) - Geb. 6. Febr. 1940 Frankfurt/M., ev., verh. s. 1965 m. Gisela, geb. Rosenberg, 2 T. (Ines, Angela) - Jura-Stud., Promot. - Stv. Beiratsvors. Mainzer Verlagsanst. Mainz, Vorst.-Mitgl. Landesverb. Groß- u. Außenhdl. f. Hessen, Frankfurt, Commerzbank AG f. Hessen - BV: Mißbrauch d. Verwaltungsmacht - Spr.: Franz., Engl.

DOMBROWSKI, Heinz Dieter

Dr. rer. nat., Prof. f. Mathematik - Bauernreihe 4A, 2862 Worpswede - Geb. 3. Nov. 1936 Kallenau - Promot. 1962; Habil. 1966 - S. 1971 Prof. Univ. Bremen. Fachaufs.

DOMBROWSKI, Horst

Dr. med., Univ.-Prof. a. D., ehem. Leiter Abt. f. Strahlendiagnostik Med. Zentrum f. Radiol. Univ.-Klinikum Marburg - Am Grassenberg 23, 3550 Marburg - Geb. 22. Nov. 1924 Berlin, verh. s. 1953 m. Dr. med. Gisela, geb. Forster, 3 Kd. - Habil. 1972 Marburg - 1975 C3-Prof. Arb. üb. gastrointest. Angiogr., Dünndarm- u. Dickdarmdiagnostik.

DOMBROWSKI, Lothar

Chefsprecher WDR - Zum Waschbach 12, 5060 Bergisch Gladbach 2 (T. 02202 - 8 50 50) - Geb. 22. Dez. 1930 Bromberg, verh. s. 1984 in 2. Ehe m. Dr. Erika, geb. Sauer von Aichried, 2 Kd. (Dr. Thomas, Andrea) - Abit.; 3 Semester Humanmed. Humboldt-Univ. Berlin; Musikstud. Hochsch. f. Musik Berlin, Hauptfach Gesang; nach Examen HFM - Konzertsänger (Bariton), Engagements an versch. Provinzbühnen, u.a. 5 J. Pfalztheater Kaiserslautern. 1965 Sprecher b. SWF, Moderator versch. Funkmagazine, Reporter, 1967 Sprecher Tagesschau Hamburg NDR, Fr. Mitarb. als Moderator b. and. ARD-Anstalten u.a. Mittagsmagazin WDR-Hörf., Schaukelstuhl WDR-FS, 1973 Sprecher/Moderator WDR, 1974 Chefsprecher u. Leit. Sendebüro d. Hörf.sendeleitg. WDR - 1975 Wilhelmine-Lübke-Preis.

DOMENJOZ, Robert

Dr. med., em. o. Prof. f. Pharmakologie u. Toxikol. - Rüdigerstr. 42, 5320 Mehlem/Bonn 2 (T. 34 27 42) - Geb. 23. Dez. 1908 Lausanne (Schweiz) - S. 1950 Ord. u. Inst.dir. Univ. Saarbrücken u. Bonn (1958-77); Leit. d. pharmakol. Forschungsabt. d. J. R. Geigy (Basel) - Fellow d. New York Acad. of Sciences; Mitgl. d. Rheinisch-Westf. Akad. d. Wiss.

DOMES, Jürgen Otto

Dr. phil., o. Prof. Univ. d. Saarl., Leiter Arbeitsstelle Politik Chinas u. Ostasiens (s. 1975) - Kleeweg 2a, 6603 Sulzbach-Hühnerfeld - Geb. 2. April 1932 Lübeck (Vater: Alfred D., Prof. u. Schriftst.; Mutter: Freiea, geb. Johannsen) - Stud. Marburg 1952-54, Heidelberg 1954-60. Promot. 1960 Heidelberg - 1960-62 Forsch.assist. Heidelberg; 1963-64 Akad. Rat, 1969-75 Prof. FU Berlin - BV: Mehrheitsfraktion u. Bundesreg.-Aspekte d. Verhältn. d. CDU/CSU-Bundestagsfraktion z. Kabinett Adenauer in 2. u. 3. Dt. Bundestag, 1964; Politik u. Herrschaft in Rotchina, 1965 (m. a.); Kulturrevolut. u. Armee - D. Rolle d. Streitkräfte in d. chines. Kulturrevolut., 1967; D. Kuomintang-Herrschaft in China, 1970; Vertagte Revolut. - D. Politik d. KMT in China 1923-37, 1969; D. Ära Mao Tse-tung - 2 Jahrzehnte Innenpolit. in d. VR China, 1972 (auch engl.); D. Außenpolit. d. VR China - E. Einf., 1972 (m. Marie-Luise Näth); China n. d. Kulturrevolut. - Polit. zw. zwei Parteitagen, 1975; Sozialismus in Chinas Dörfern, 1977; Pol. Soziol. d. VR China, 1980; Taiwan im Wandel, 1981; The Government and Politics of the PRC: A Time of Transition, 1985; P'eng Te-huai, 1985; China im Aufbruch, 1990 (m. Marie-Luise Näth) - 1973 Sophie-Charlotte-Plak. f. Kunst u. Wiss. - Liebh.: Klass. europ. u. chines. Musik, österr.-ungar. Gesch. - Spr.: Engl., Franz., Latein, Chines.

DOMES, Rainer

Geschäftsführer MAN Lager- u. Systemtechnik GmbH., München - Wagnerstr. 5, 8031 Puchheim/Obb. - Geb. 20. März 1939.

DOMEYER, Friedrich

Dipl.-Ing., Bezirksstadtrat a. D. - Löwenbrucher Weg 35, 1000 Berlin 49 (T. 7445015) - Geb. 9. Dez. 1912 Duderstadt, verh., 7 Kd. - TH - S. 1947 öfftl. Dienst Berlin (u. a. Leit. Vermessungsamt Tempelhof u. 1965-72 (Rücktr.) Bezirksstadt u. Leit. Abt. Bauwesen Neukölln), s. April 1974 v. d. IHK Berlin öff. best. u. vereidigt. Sachverst. f. Grundstücks- u. Gebäudebewertung. SPD s. 1946 - Liebh.: Gärtnerei, Imkerei, Musik (spielt Querflöte) - Spr.: Engl., Franz., Russ.

DOMIN, Hilde

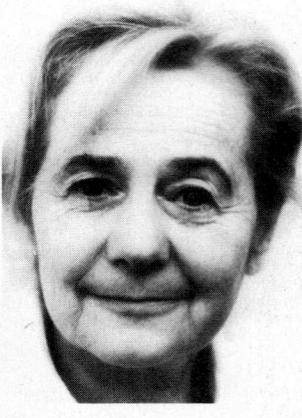

Dr., Schriftstellerin - Graimbergweg 5, 6900 Heidelberg (T. 1 25 45) - Geb. 27. Juli 1912 Köln, verh. s. 1936 (Rom) m. Prof. Dr. phil. Erwin Walter Palm †1988, Kunsthistoriker u. Hispanist - Gymn. Köln; Stud. Jura, Soziol., Phil. Heidelberg, Köln, Berlin, Rom, Florenz. Promot. 1935 (Dott. in scienze politiche) - 1939-40 Sprachlehrerin England; 1947-52 Lektorin f. Deutsch Univ. Santo Domingo. Lyrik s. 1951 - BV/Lyrik: Nur e. Rose als Stütze, 1959; Rückkehr d. Schiffe, 1962; Hier, 1964; Höhlenbilder (Hundertdr. m. Graph. v. Mack), Ged. 1968; Ich will dich, Ged. 1970; Gesamm. Ged., 1987; R.: D. andalus. Katze, 1971, Wozu Lyrik heute? - Dichtung u. Leser in d. gesteuerten Gesellschaft, 1968; Para qué la lírica hoy? v. Juan Faber u. Rafael Gutiérrez Girardot, 1986; V. d. Natur nicht vorgesehen (Autob.) 1974; Aber d. Hoffnung (Autobiogr. aus u. üb. Dtschl.), 1982 (alle B. lfd. neu aufgel. b. 1982/83/90/91); D. Gedicht als Augenblick v. Freiheit, 1988; Gesammelte Essays, 1992; Gesammelte autobiograph. Schriften, 1992. Frankf. Poetik-Vorlesungen. Übers.: Numai o floare ca sprijin, v. Lidia Staniloae, Gheorghe Pitut. Einleit. Gerhardt Cscjka. Ed. Univ. Bukarest (1978); Four German Poets: Eich, Domin, Fried, Kunert, v. Agnes Stein, 1979. Herausg.: Spanien erzählt (1963; Fischer-Bücherei); Die zeitgenöss. dt. Gedicht zwischen Autor u. Leser - Doppelinterpretationen (1966); J. Rochow, D. leise Krieg (Nachl.) Ged. 1968, Nachkrieg u. Unfrieden - Ged. als Index 1945-70 (1970); Nelly Sachs, Ged. (1977) - 1968 Ida-Dehmel-Preis GEDOK (1. Träger), 1971 Droste-Preis, 1972 Ehrengabe Heinrich-Heine-Ges./Bronzeplak. (2. Träger n. Max Brod), Literaturpreis d. Stadt Bad Gandersheim (Roswithaplak.) 2. Träger, 1976 Rilkepreis (2. Träger), 1982 Richard-Benz-Med. Stadt Heidelberg, 1983 Nelly-Sachs-Preis Stadt Dortmund; 1983 BVK I. Kl.; 1988 Verdienstkreuz d. Landes Nordrh.-Westf.; 1990 Verdienstmed. d. Landes Baden-Württ.; 1992 Carl-Zuckmayer-Med. d. Landes Rheinl.-Pfalz; Mitgl. Dt. Akad. f. Spr. u. Dicht.; PEN-Zentrum BRD (1964ff.). 1991 Ehrenmitgl. d. American Assoc. of Teachers of German - Spr.: Engl., Franz., Ital., Span. - Lit.: Heimkehr ins Wort. Materialien zu Hilde Domin. Herausg. B. v. Wangenheim, 1982.

DOMKE, Helmut

Dr.-Ing., Prof. f. Konstruktive Gestaltung - Gut Steeg 15, 5100 Aachen - Geb. 15. Sept. 1912 Aachen (Vater: Prof. Dr.-Ing. E. h. Oskar D., Ord. TH Aachen; Mutter: Elisabeth, geb. Blauhöfer), ev., verh. s. 1939 m. Elisabeth, geb. Blauhöfer, 3 Töcht. (Karin, Birgit, Jutta) - Realgymn.; TH (Bauing.wesen). Dipl.-Ing. (1936) u. Promot. (1940) Hannover - B. 1963 berat. Ing., dann Ord. TH Aachen (Konstruktive Gestaltung, 1969 zusätzl. Holz- u. 1972 Kunststoffbau. Entwurf zahlr. Großbauvorhaben f. d. Brücken-, Wasser- u. Industriebau. Erf.: Taucherströmungsschutz (1946), Hydraul. Doppelauslegerkran (1947), Wellenspundwand (1953) - BV: Grundl. konstrukt. Gestaltg., 1971; Kunststoffbau, 1981; Aktive Verformungskontrolle im Bauwesen, 1981 - 1975 o. Mitgl. Rhein.-Westf. Akad. d. Wiss. - Liebh.: Segeln - Spr.: Engl., Franz. - Bek. Vorf.: Geheimrat Prof. August Hirsch (ms.).

DOMRÖS, Manfred

Dr. rer. nat., o. Prof. u. Direktor Geograph. Inst. Univ. Mainz (s. 1974), Region. Geogr. v. Monsunasien, allg. u. angew. Klimatologie - Kirschblütenweg 16, 6500 Mainz 33 - Geb. 7. März 1940 Essen (Vater: Willi D., Ing.; Mutter: Friedel, geb. Kohlberg), ev., verh. s. 1966 m. Gisela, geb. Knippscheer, 3 Kd. (Joachim, Martin, Jörg). Stud. d. Geogr., Meteorol., Math. Univ. Münster, Bonn; Promot. 1965; Habil. 1972 Heidelberg - 1972-74 Wiss. Rat u. Prof. TH Aachen - BV: Luftverunreinig. u. Stadtklima i. Rhein.-Westf. Industriegeb., 1966; The Agroclimate of Ceylon, 1974; Sri Lanka - D. Tropeninsel Ceylon, 1976; The Climate of China, 1988 - 1988 Honorarprof. Acad. Sinica, Beijing.

DOMRÖSE, Lothar

Generalleutnant a. D., s. XX. Ausg. - Präs. Clausewitz-Ges.; Gf. Vors. Dt. Strategie-Forum - Herausg.: Ulrich de Maizière - Stationen e. Soldatenlebens, Herford 1982.

DOMSCH, Klaus

Dr. rer. nat., Prof. - Ernst-Domke-Weg 2, 3341 Wittmar - Geb. 28. Jan. 1926 Chemnitz (Vater: Heinz D., Kunsthist.; Mutter: Margarete, geb. John), ev., 4 Kd. (Albrecht, Ulrike, Martin, Bettina) - Stud. Humboldt-Univ. Berlin u. Univ. Göttingen; Promot. 1953 Göttingen - Nach Habil. (1967) Privatdoz. Landwirtschaftl. Hochsch. Hohenheim (bis 1978), 1967-90 Dir. Inst. f. Bodenbiol. a. d. Bundesforschungsanst. f. Landwirtsch. Zahlr. Fachmitgl.sch. - BV: Pilze aus Agrarböden, 1970; Fungi in agricult. soils, 1972; Compendium of soil fungi, 1980. Herausg.: Umweltschutz in Land- u. Forstwirtsch. (1972) - Spr.: Engl., Franz.

DOMSCH, Michel

Dr. rer. oec., Prof., Vorsitzender I.P.A. Inst. f. Personalwesen u. Arbeitswiss. Univ. d. Bundeswehr Hamburg, Geschäftsf. F.G.H. Forschungsgr. Hamburg (s. 1979), Board-Member Intern. Assoc. for the Study of Interdisciplinary Research, USA (s. 1984) - Bauernvogtkoppel 35e, 2000 Hamburg 65 (T. 040 - 601 28 15) - Geb. 27. Mai 1941 Dresden, verh. s. 1968 m. Silke, geb. Ebsen, 3 Kd. (Martin, Matthias, Miriam) - Dipl.-Volksw., Promot. 1968 Univ. Bochum, Habil. (Betriebswirtsch.lehre) 1974 ebd.

- 1972-78 Bereichsleit. im British Petroleum-Konz.; 1978 Wiss. Seminarleit. USW Univ.seminar d. Wirtsch., Erftstadt; s. 1981 Vorst.-Vors. Zentrale f. Fallstudien, Erftstadt - BV: Systemgestützte Personalarbeit, 1980; Personal-Management in Forschung u. Entw., 1984 u. 90; Berufschancen v. Offizieren in d. Wirtschaft, 1984 u. 1987; Offizier u. Studium, 1988; Unternehmungserfolg, 1988; Frauen als Fach- u. Führungskräfte, 1990; Mitarbeiterbefragungen, 1991 - Liebh.: Tennis, Segeln, Reisen, Lesen.

DOMSCHEIT, Arthur

Beamter i. R., MdBB (1959 (2 Mon.), 1963-67 u. 1971 ff.) - Borchshöher Str. 116, 2820 Bremen 70 - Geb. 30. Juli 1914 Königsberg/Pr., ev., verh., 4 Kd. - Abendgymn. (Mittl. Reife); Bäckerhandw. - 1934 ff. preuß. Staatsdst.; n. 1945 Stadt- u. Polizeiamt Bremen. CDU (div. Funktionen).

DONAT, Helmut

Dr. phil., em. Univ.-Prof. f. Psychologie - Wörther Str. 42, 2800 Bremen (T. 44 78 83) - Geb. 21. Okt. 1909 Schmölln/Thür. (Eltern: Alfred u. Valeska D.), ev., verh. s. 1938 m. Hilde, geb. Runge, S. Hans-Jürgen - Univ. Leipzig, Wien, Berlin, Jena (German., Gesch., Phil., Psych.). Promot. 1935 - 1935-36 Volksschullehrer, 1936-37 Leit. höh. Privatsch., 1938-45 Studienrat höh. Schulen u. Lehrerbild., 1945-46 Leit. Ausbildungslehrgänge f. Volksschullehrer, s. 1947 Doz. u. Prof. (1949) Päd. Hochsch. Bremen, 1972-78 o. Prof. Univ. Bremen - BV: Kl. Charakterkd. f. d. Schulpraxis, 3. A. 1956; Persönlichkeitsbeurteil. Methoden u. Probleme d. Charaktererfass., 2. A. 1970 - Spr.: Engl., Franz.

DONAT, Klaus

Dr. med., Prof. Univ. Hamburg, Chefarzt i.R. I. Medizinische Abt. Allg. Krankenhs. Harburg (1969-89) - Eißendorfer Grenzweg 48a, 2100 Hamburg 90 (T. 7603013) - Geb. 5. Dez. 1924 - S. 1959 (Habil.) Lehrtätigk. Univ. Hamburg (1966 apl. Prof. f. Innere Med.) Zahlr. Facharb.

DONATH, Helen

Opern- u. Konzertsängerin - Bergstr. 5, 3002 Wedemark 1 - Geb. 10. Juli 1940 Corpus Christi (Texas/USA) (Vater: Jimmy Erwin; Mutter: Helen Philpo, geb. Hamauei), griech.-orth., verh. s. 1965 m. Klaus Donath, S. Alexander - 1954-62 Ausb. z. Opern- u. Konzertsängerin, 1958-61 Musikstud. - Engag. f. Oper, Konzert, Lied, Funk, Fernsehen, Schallpl., u.a. Oper Köln (1962-63), Opernhaus Hannover (1963-68) u. München (1968-72), seith. intern. Auftritte - Medaille v. Papst Paul VI; Dt. Schallplattenpreise; 1990 Niedersachsen-Preis - Spr.: Deutsch, Arab., Engl., Ital., Span.

DONATH, Klaus

Dirigent, Pianist, Dozent - Bergstr. 5. 3002 Wedemark 1 - Geb. 14. Dez. 1936 Hannover (Vater: Erich D., Betriebs-Ing.; Mutter: Elisabeth, geb. Tanner). verh. s. 1965 m. Helen, geb. Erwin. Opern- u. Konzertsängerin, Sohn Alexander - 1953-60 Musikstud. Hochsch. f. Musik u. Theater Hannover - 1960-67 Korrepetitor u. Kapellm. Nieders. Staatstheater Hannover; 1967-71 I. Kapellm. Staatstheater Darmstadt; 1981-89 Doz. Hochsch. f. Musik u. Theater Hannover; s. 1991 Music-Dir. u. Chefdirig. in Bath (Engl.) - Zahlr. Rundf.- u. Fernsehprod., Schallpl. - Dt. Schallplattenpreis - Spr.: Engl., Franz., Ital.

DONGES, Juergen B.

Dr. rer. pol., Dipl.-Volksw., o. Prof. f. Wirtschaftl. Staatswiss., Dir. Inst. f. Wirtsch.politik Univ. Köln - Friedrich-Schmidt-Str. 58b, 5000 Köln 41 - Geb. 24. Okt. 1940 Sevilla, verh. s. 1966 m. María-Cruz, geb. Gutiérrez, 2 Söhne (Daniel, Martín) - Dt. Gymn. Madrid; kaufm. Lehre Heidenheim; Stud. Univ. Saarbrücken (Volksw.) - 1969-89 Inst. f. Weltwirtsch. Univ. Kiel (1972 Leit. Abt. Entwicklungsländer; 1983 Leit. Abt. Strukturforsch. u. Stv. d. Präs.); 1979 Hon.-Prof. Univ. Kiel; 1973ff. Mitgl. Wiss. Beirat Bundesmin. f. wirtschaftl. Zusammenarb.; 1978-83 Mitgl. Wiss. Beirat Centro de Estudios y Comunicación Económica, Madrid; 1981ff. Mitgl. Wiss. Beirat European Inst. of Public Administration, Maastricht; 1983ff. Mitgl. Studiengr. Weltw. Zusammenarb. d. Dt. Ges. f. ausw. Politik; 1984ff. Wiss. Berat. Inst. de Estudios Económicos, Madrid; 1986ff. Mitgl. Wiss. Beirat Inst. for Intern. Economics, Washington, D. C.; 1988ff. Wiss. Beirat Research Inst. of Intern. Trade and Industry, Tokio; 1988-91 Vors. d. Deregulierungskommiss. d. Bundesreg.; 1989ff. Vorst.-Mitgl. Atlantik-Brücke, Bonn; 1990ff. Forsch.kommiss. f. Regulierung u. Wettbewerb, Bundesmin. f. Post u. Telekommunikation; 1990ff. Wiss. Beirat Frankf. Inst. f. wirtsch.polit. Forsch. (Kronberger Kreis); 1991ff. Wiss. Beirat Aktionsgemeinsch. Soziale Marktwirtsch., Heidelberg; 1992ff. Sachverständigenrat z. Begutachtung d. gesamtwirtschaftl. Entwicklung; Berat. intern. Wirtschaftsorgan. u. Regierungen im Ausland; in- u. ausl. Fachmitgliedsch. - BV: (teilw. m.a.): Protek. u. Branchenstruktur d. westd. Wirtsch., 1972; Übertrag. von Technolog. an Entwicklungsländern, 1975; La Industrialización en España, 1976; Außenwirtschaftsstrategien u. Industrialisierung in Entwicklungsländern, 1978; Außenwirtschafts- u. Entwicklungspolitik, 1981; España Año Cero, 1982; The Second Enlargement of the European Community, 1982; La industria española en la transición, 1985; Mehr Strukturwandel f. Wachstum u. Beschäftigung, 1988; Hacia la apertura de los mercados del Este Europeo, 1990; Wirtschaftspolitik f. d. vereinte Deutschland, 1990; Deregulating the German Economy, 1991; Marktöffnung u. Wettbewerb, 1991; Deregulierung u. wirtschaftl. Dynamik, 1991; Z. Wirtschaftsreform in Osteuropa, 1992; Deregulierung am Arbeitsmarkt u. Beschäftigung, 1992; zahlr. Fachaufs. - Spr.: Engl., Span.

DONHAUSER, Siegfried

Dr., Prof. TU München - Eggendobl 22, 8390 Passau (T. 0851 - 5 72 16) - Geb. 1. Juli 1927 Amberg - TH München (Dipl. 1952, Promot. 1964, Habil. 1978) - 1982 BVK am Bde., 1986 Bayer. VO.

DONIKE, Manfred

Dr. rer. nat., Dipl.-Chem., Leiter Inst. f. Biochemie, Prof. f. Biochemie Dt. Sporthochschule Köln - Zu erreichen üb. Dt. Sporthochsch. Köln, Carl Diem Weg 6, 5000 Köln 41 - Mitgl. Med. Kommiss. IOC u. IAAF; Beauftr. f. Dopinganalytik d. Bundesinst. f. Sportwiss.

DONNEPP, Bert

(Ps.: Heinz Wendland), Dr., Direktor i. R. - Eduard-Weitsch-Weg 23, 4370 Marl (T. 02365 - 1 53 05) - Geb. 22. April 1914 Roßlau a. d. Elbe (Vater: Albert D., Bürgermeister; Mutter: Betty, geb. Lüdemann), ev., verh. s. 1943, 2 Söhne (Burkhard, Jochen) - Stud. Univ. Leipzig, Münster - 1949 Gründer u. Verantw. Redakt. Ztschr. Volkshochsch. im Westen (ab 1990 Volkshochsch.); b. 1988 Sprecher d. Redakt.; 1955 Gründ. d. ersten Hauses f. Kommun. Erwachsenenbild. in d. Bundesrep.: d. insel, Marl (b. 1979 Dir.); 1955-70 Mitgl. Rundfunkrat WDR; 1959 Gründ. u. Verantw. Redakt. Korrespondenz VHS u. FS; 1961-77 Gründ. u. Leit. Fernsehwettbewerb Adolf-Grimme-Preis (erst. Leit. Adolf-Grimme-Pr. v. 1964-77); 1965-76 Vorst.-Mitgl. Dt. VHS-Verb.; 1972-74 u. 1980-90 Beis. FBW (Filmbewert.st. Wiesbaden); 1974-85 Vors. Kurat. Adolf-Grimme-Inst. (erst. Leit. Adolf-Grimme-Inst. 1973-74); 1989 Ehrenvors. Verein d. Freunde d. Adolf-Grimme-Preises - SPD s. 1950 - BV: D. dt. Presse 1946 - Ztg. u. Ztschr. v. heute, 1946; Dt. Presse 1947, 1947; Fernsehen - Hinweise f. d. Erwachsenenbild., 1955; D. Adolf-Grimme-Preis. Möglichk. u. Grenzen e. Kooperation Erwachsenenbild. - Fernsehen, 1973; 25 J. Erwachsenenbild. im Spiegel e. Ztschr., 1974; Zeitzeugen befragt - Interviews u. Gespr., 1984; Rückblicke nach vorn, 1988; Für e. kulturelles Stadtbewußtsein, 1992 - 1973 BVK I. Kl.; 1976 Stadtplak. Marl; 1984 Gr. BVK; 1989 VO Ld. Nordrh.-Westf.; 1989 25. Adolf Grimme-Preis: D. Besondere Ehrung - Liebh.: Musik, Lit., Reisen, Fußball, Rudern - Spr.: Engl., Franz.

DONNEPP, Inge

Landesministerin a.D. - Martin-Luther-Platz 40, 4000 Düsseldorf 1 - Geb. 13. Dez. 1918 Unna/Westf., ev., verh. s. 1943 m. Dr. Bert D., 2 Kd. (Burkhard, Joachim) - Gymn. (Abitur 1937); Stud. Neuphilol. Univ. Heidelberg (Dolmetscherex.) u. Rechtswiss.; 1942 u. 47 I. u. II. jurist. Staatsex. - 1947-54 Ass. u. RA in Anwaltssoz., 1954ff. Richterin Soz.-gerichte Münster u. Gelsenkirchen. 1973ff. Landesvors. Arbeitsgemeinsch. Sozialdemokr. Frauen, 1975-83 Min. f. Bundesangelegenheiten u. d. Justiz (1978) Nordrh.-Westf. MdL NRW. Mitgl. Frauenrechtskommiss. d. Vereinten Nationen (s. 1977). SPD - Liebh.: Musik - Spr.: Engl., Franz.

DONNER, Hartwig B. B.

Dr. iur., Univ.-Prof., Rektor d. Univ. Lüneburg (s. 1989) - Nettelbeckstr. 20, 3000 Hannover 1 (T. 0511 - 81 22 81) - Geb. 13. Jan. 1941 Wien, verh. s. 1975 m. Irmhild D.-Widdel, 3 Kd. (Annina, Charlotte, Leonard) - Abit.; Stud. Rechtswiss. Hamburg u. Marburg; 1. Staatsex. 1967; 2. Staatsex. 1971; Promot. 1971 Marburg; Habil. 1986 Hannover - Liebh.: Umweltrecht, Sport, Musik - Spr.: Engl., Franz.

DONNER, Herbert

Dr. theol., Dr. phil., o. Prof. f. Altes Testament - Goethestr. 25, 2300 Kiel (T. 55 12 75) - Geb. 16. Febr. 1930 Reichstädt/Sa. (Vater: Bruno D., Angest.; Mutter: Katharina, geb. Hayn), ev., verh. s. 1956 m. Charlotte, geb. Werner †, s. 1977 m. Ingeborg, geb. Skrodzki, 3 Kd. (Christian, Georg, Katharina) - Stud. Theol. u. oriental. Spr. Univ. Leipzig. Promot. 1957 u. 58 Leipzig; Habil. 1960 Göttingen - S. 1960 Lehrtätigk. Univ. Göttingen (1963 Ord.), Tübingen (1968) u. Kiel (1980), Vors. Dt. Verein z. Erforsch. Palästinas; Mitgl. Heidelberg. Akad. d. Wissensch., Wissenschaftl. Ges. a. d. Johann Wolfgang Goethe-Univ. Frankfurt, Südafrikan. Akad. d. Wiss. u. Kunst Berlin, Dt. Archäol. Inst. - BV: Kanaanäische u. aramäische Inschriften, I - III 3. A. 1971/73 (m. W. Röllig); Israel unt d. Völkern, 1964; Herrschergestalten i. Israel, 1970; D. lit. Gestalt d. alttestamentl. Josephsgesch., 1976; Einführung in d. bibl. Landes- u. Altertumskde., 1976; D. Mosaikkarte v. Madeba, 1977; Pilgerfahrt ins Hl. Land, 1979; Gesch. d. Volkes Israel u. s. Nachbarn in Grundzügen, 1987; Gesenius, Hebr. u. Aram. Handwörterb. z. Alten Testament, 18. A. 1987 - Spr.: Engl., Franz., Hebr.

DONNER, Wolf

Dr. phil., Journalist - Droysenstr. 6, 1000 Berlin 12 (T. 323 60 33) - Geb. 1939 - B. 1969 Hess. Rundf. (FS-Magazin Titel, Thesen, Temperamente), b. 1976 Die Zeit (Feuilleton), b. 1979 Intern. Filmfestsp. Berlin (Leit.), 1979-80 Der Spiegel (Kulturredaktion), s. 1981 fr. Autor u. Journ.

DONNER, Wolf

Dr. rer. pol., FAO/UN-Berater a.D., Fachschriftsteller - Düsseldorfer Str. 58, 5000 Köln 90 (T. 02203 - 2 66 60) - Geb. 27. Jan. 1923 Berlin, ev., verh. s. 1952 m. Eka, geb. Künzel-Mehner - 1949 Industriekfm. Halle/S.; Dipl.-Volksw. 1953 Univ. Köln; Promot. 1959 Univ. Köln; Ph. D. 1989 Pacific Western Univ., Los Angeles - 1961-66 Forsch.-Inst. f. Wirtschaftsfr. d. Entw.länder, Bonn; 1966-78 FAO/UN-Überseeberatung; Publizist; Dozent; Vizepräs. Dt. Thail. Ges.; Vorst.-Mitgl. Dt. Nepal. Ges.; Chefredakt. Nepal Information; Redakt. Thailand Rundschau - BV: Lebensraum Thailand, 2. A. 1988; Thailand ohne Tempel. Lebenfragen eines Tropenlandes, 2. durchges. A. 1989; Land Use and Environment in Indonesia, 1987; Thailand. Räumliche Strukturen u. Entwicklung, 1989; Nepal. Im Schatten des Himalaya, 1990; Lebensraum Nepal. E. Entwicklungsgeographie, 1992 - 1991 BVK am Bde. - Liebh.: Geogr., Umweltfragen, Reisen - Spr.: Engl., Franz., Span., Niederl.

DONTENWILL, Walter

Dr. med., Prof., Pathologe - Agathe-Lasch-Weg 25, 2000 Hamburg 52 - Geb. 24. März 1922 Freiburg/Br. - S. 1954 (Habil.); gegenw. apl. Prof. f. Allg. Pathol. u. Pathol. Anat. - Fachaufs.

DONUS, Bruno

Schriftsteller - Meranierring 65, 8580 Bayreuth (T. 0921-41732) - Geb. 18. April 1921 Fellbach, verh. s. 1947 m. Gertrud, geb. Mundstock, S. Herbert - Stud. Verw.-Akad. (Verw.-Dipl.) - Mitgl. im VS, RSGI, Senryu-Zentrum - BV: Theaterst., 2 Lyrikbde.: Rusterwein m. Smyrnafeigen, 1980; V. Zeiten, 1981. Zahlr. Veröff. in Ztg., Ztschr., Lit.-Ztschr., Rundf., Lyrik-Telefon im In- u. Ausl. - Liebh.: Japan. Gedichtformen.

DOORNKAAT KOOLMAN, ten, Gerhard

Stv. Vorsitzender d. Aufsichtsrates Doornkaat AG, Norden, Ehrenmitgl. IHK f. Ostfriesl. u. Papenburg, Emden - Doornkaatlohne 14a, 2980 Norden (T. 04931 - 18 50) - Geb. 2. Juni 1916 Hannover, led. - 1953-76 Vorst.-Mitgl., zul. (s. 1976) Vorst.-Vors. im Familienuntern.

DOOSE, Hermann

Dr. med., Prof. - Holländerey 5c, 2300 Kiel-Kronshagen (T. 582276) - S. 1963 (Habil.) Lehrtätigk. Kiel (1969 apl. Prof. f. Kinderheilkd. u. Abt.sleit. f. Neuropädiatrie).

DOPATKA, Bernhard
Dr. jur. utr., Bundesrichter i. R. - Oettingerstr. 50, 8000 München 22 (T. 223289) - Geb. 13. Mai 1907 Breslau (Vater: Dr. jur. Max D., kgl. pr. Major), ev., verw., S. Alexander - Gymn.; Univ. Breslau u. Königsberg - Assist., wiss. Mitarb. Univ. Breslau u. Münster, Beamter u. Richter (zul. Bundesfinanzhof) - BV: D. Rechtsprechung d. BFH in d. Jahren 1955-60, 1964; Entscheidungssammlungen - Auswahl StRK, 1966. Ständ. Mitarb. u. Höchstrichterl. Finnzrechtsprechung.

DOPPEL, Karl
Dr. phil., Prof. f. Mathematik FU Berlin - Arnimallee 2-6, 1000 Berlin 33 - Geb. 14. Dez. 1941 Wien, ev. freik., verh. s. 1966 m. Helga, geb. Reif, 3 Kd. (Julia, Sebastian, Anna) - 1959 Kaufmann, Abit. Realgymn. f. Berufstätige Wien 1964, 1965 Lehrerausbildungsanst. Krems/Donau, Österreich - 1965-70 Stud. Math. u. Physik; Promot. 1970 Univ. Wien. 1970-73 Assist. Univ. u. TU Wien, 1973 DFG-Stip. TU Hannover u. Univ. Dortmund, Habil. 1974 TU Wien, 1974-76 Doz. TU Wien, 1977 Prof. FU Berlin - 1973 Förderungspreis d. Theodor Körner Stiftungsfonds Wien.

DOR, Karin
Schauspielerin - Zu erreichen üb. Theater Die kleine Komödie, Neuer Wall 54, 2000 Hamburg 36 - Geb. 22. Febr. 1938 Wiesbaden (Eltern: Franz (Kaufm.) u. Sophie Derr), kath., verh. I) 1954 m. Dr. Harald Reinl, Filmregiss. (gesch. 1968), S. Andreas, II) 1972 Günther Schmucker, Kaufm. - Realgymn. (Schloßparksch.) Wiesbaden, Schauspielausbild. - Filme: u. a. D. blaue Meer u. du, So angelt man keinen Mann, D. Bande d. Schreckens, D. grüne Bogenschütze, Im schwarzen Rößl, D. Teppich d. Grauens, Topas (Regie: A. Hitchcock), D. Chef, You only live twice, Al Mundy - Liebh.: Schwimmen, Skilaufen, Kochen - Spr.: Engl.

DOR, Milan
Regisseur - Fleischmarkt 16, Wien I/ Österr. (T. 513 27 10) - Geb. 25. Juni 1947 Wien, serb.-orthod., verh. - Dipl. Hochsch. f. Film u. FS (Fach Regie) Wien - Filmprod. (Dokumentarfilme): Ich bin Kolaric-Wer bist Du?, Istrien, Divertimento, D. veruntreute Landschaft, Venedig, Zw. Abend u. Morgen, Toskana, An eisernen Tor, Mein Belgrad, D. Josefstadt. Spielfilme: Malambo, Pink Palace, Paradise Beach - 1984 Gr. Preis d. Stadt Mannheim u. zugl. 1985 Interfilmpreis Saarbrücken f. Malambo; 1989 Würdigungspreis f. Filmkunst d. Rep. Österr. f. 1985 - Spr.: Engl., Serb.

DOR, Milo
s. Doroslovac, Milutin

DORA, Georg
I. Bürgermeister - Rathaus, 8622 Burgkunstadt/Ofr. - Geb. 21. Nov. 1925 Nürnberg - Stellv. d. Landrats. CSU.

DORANDT, Ilse,
geb. Köster
1. Vorsitzende d. Vereins „Wünsch dir was" - Holunderweg 33, 5000 Köln 40 (T. 0221 - 484 49 07) - Geb. 10 Juni 1953, ev., verh. s. 1984 m. Georg D., T. Christiane - Kaufm. Ausb., Kosmetikerin, Psychol. - „Wünsch dir was" (Erfüllung d. Wünsche krebskranker Kinder) - 1992 Gesundheitspreis d. AOK,

u.a. - Liebh.: Neue Ideen umsetzen, Sport, neue Phil. - Spr.: Engl.

DORFF, Gerth
Dr. jur., Rechtsanwalt (spez. Hochschulrecht), Geschäftsf. Dt. Hochschulverb. (1957-90) - Gneisenaustr. 3, 5300 Bonn 2 - Geb. 6. Mai 1925 Coburg (Vater: Hans D.; Mutter: Gretel, geb. Heckel), ev., led. - Gymn.; Stud. Rechtswiss. Staatsex. 1952 u. 56; Promot. 1957.

DORFMEISTER, Gregor
s. Gregor, Manfred

DORFMÜLLER, Joachim

Dr. phil. habil., Prof. f. Musikwissenschaft, Organist, Pianist, Cembalist, Kirchenmusikdirektor - Ringelstr. 22, 5600 Wuppertal 2 (T. 0202 - 62 15 91) - Geb. 13. Dez. 1938 Wuppertal (Vater: Ewald D., Kantor u. Musikpäd.; Mutter: Meta, geb. Kläber), ev., verh. s. 1976 m. Ursula, geb. Petschelt, 3 Kd. (Birte, Helge Christian, Ann-Kristin) - Musikhochsch. Köln, Univ. Köln u. Marburg (Musikhochs. b. H. Hüschen, Orgel b. W. Stockmeier, Promot. 1967, Orgeldipl. 1969, 1. u. 2. Phil. Staatsex., Habil. b. N. Linke 1982) - B. 1978 Oberstudienrat; b. 1984 Univ. Duisburg, seither Univ. Münster u. Musikhochsch. Köln. Begründer u. Künstler. Leiter Wuppertaler Orgeltage u. Akad. Orgelkonz. d. Univ. Münster - BV: Stud. z. norweg. Klaviermusik d. 20. Jh. (Diss.), 1968; 300 J. Orgelbau im Wuppertal, 1979; Zeitgenöss. Orgelmusik 1960-82 (Habil.-Schr.), 1983; Wuppertaler Komponistenbiographien I, 1986; 125 J. Sinfonieorch. Wuppertal, 1987; Heinrich Reimann, Leben u. Werk, 1992; Hans Knappertsbusch, 1993; Strings (Berühmte Streicher; m. KAH. Jagals), Foto- u. Textdok., 1992. Üb. 400 Fachaufs. - Internat. Konzerttätigkeit (20 europ. Länder, NW-Afrika, USA u. Japan; 1250. Konzert am 6. Aug. 1990), üb. 100 Urauff. - Musikw.: Transkriptionen; 20 LPs u. CDs m. Orgelmusik sowie als Liedbegleiter;

Funkaufnahmen - 1991 Kulturpreisträger d. Landsch.verb. Rheinland - Spr.: Engl., Lat., Norw.

DORFMÜLLER, Thomas
Dr. rer. nat., Prof. f. Chemie - Grewenbrink 38, 4800 Bielefeld 1 - Geb. 23. Sept. 1928 Berlin - Promot. 1965 Bonn; Habil. 1971 Hannover - S. 1973 Ord. Univ. Bielefeld. Fachveröff.

DORGE, Manfred
Hauptgeschäftsführer d. Industrie- u. Handelskammer Frankfurt/O. - Hamburger Str. 13, O-1200 Frankfurt/O. (T. 0335 - 6 35 88) - Geb. 7. Juli 1953 Leipzig, verh., 2 Kd.

DORMANN, Elmar
Dr. rer. nat., Prof. f. Experimentalphysik Physikal. Institut Univ. Karlsruhe - Lärchenweg 15, 7517 Waldbronn 2 - Geb. 15. April 1942 Berlin (Vater: Adolf D.; Mutter: Elfriede, geb. Gehrke), verh. s. 1972 m. Adelheid, geb. Betz, 3 Kd. - Stud. Physik 1961-66 TH Darmstadt; Promot. 1969; Habil. 1975 - 1977-91 Prof. Univ. Bayreuth.

DORMEYER, Detlev
Dr. theol., Lic. theol., Prof. f. Bibelwiss. u. Didaktik Kath.-Theol. Fak. Univ. Münster - Bahnhofstr. 56b, 4403 Senden-Bösensell/W. - Geb. 5. Dez. 1942 Leoben/Österr. (Vater: Robert D., Lt. Regierungsdir.; Mutter: Marga, geb. Fuhlrott), kath., verh. s. 1972 m. Hildegard, geb. Wiemers, 2 Töcht. (Julia, Sophia) - Univ. Freiburg, Kirchl. Hochsch. Frankfurt/M., Univ. Münster/W. (Kath. Theol., Dt.) - S. 1970 Lehrerbild. - BV: D. Passion Jesu als Verhaltensmodell, 1974 (Diss.); Relig. Erfahrung in d. Bibel, 1975 (Habil.schr.); Begegnung und Konfrontation - Analysen 1975; D. Bibel antwortet - Einf., 1978; D. Sinn d. Leidens Jesu, 1979; Evangelium als lit. u. theol. Gattung, 1989; Weltuntergang u. Gottesherrschaft (m. L. Hauser), 1990.

DORN, Bernhard
Dr., Dipl.-Kfm., Rechtsanwalt - Mauerkircherstr. 185, 8000 München 81 - Geb. 20. Febr. 1927 - AR- u. Beiratsmand. - 1981 Bayer. VO.; 1987 BVK I. Kl.

DORN, Dieter
Regisseur, Intendant Münchner Kammerspiele (s. 1983) - Postf. 22 16 13, 8000 München 22 (T. 23 72 10) - Geb. 31. Okt. 1935 Leipzig - Abit. 1954; b. 1956 Stud. Theaterwiss. Leipzig; 1956-58 Schauspielausb. Max-Reinhardt-Schule Berlin (b. Hilde Körber u. Lucie Höflich) - 1958-68 Schausp., Dramat. u. Regiss. in Hannover; 1968-70 Regiss. in Essen u. Oberhausen; 1971 Dt. Schauspielhaus Hamburg; 1972-75 Burgtheater Wien u. Staatl. Schauspielbühnen Berlin; 1976-83 Oberspielltr. Münchner Kammersp.; s. 1983 Int. ebd. 1974, 82 u. 86 Salzburger Festsp. - Zahlr. Insz., u. a. D. Menschenfreund (Hamburg), Lessing: Minna von Barnhelm (München), Shakespeare: Ein Mittsommernachtstraum, Was ihr wollt (München), Botho Strauß: Groß u. klein (München), Thomas Bernhard: D. Jagdgesellschaft (Berlin), D. Ignorant u. d. Wahnsinnige (Berlin), D. Macht d. Gewohnheit (Salzburg). Letzte Insz.: Tankred Dorst: Merlin o. D. wüste Land; Goethe: Iphigenie auf Tauris (München), Torquato Tasso (Salzburger Festspiele), Georg Büchner: Leonce u. Lena, Dantons Tod; Peter Weiss: D. neue Prozeß; Shakespeare: Troilus u. Cressida (München); J. W. Goethe: Faust I (München); Heinr. v. Kleist: D. zerbrochne Krug (Salzburg). Operninsz.: Mozart: D. Entführung aus d. Serail (1979 Staatsoper Wien); R. Strauß: Ariadne auf Naxos (1979 Salzburger Festsp.); Peter Michael Hamel: E. Menschentraum (1981 Staatstheater Kassel UA); Alban Berg: Wozzeck (1982 Bayer. Staatsoper München); Mozart: Cosi fan tutte (1984 Ludwigsburger Festsp.); Mozart: Figaros Hochzeit (1987 Ludwigsburger Festsp.), Faust-Film (1988 München); Botho Strauß: Besucher (1988 UA); Botho Strauß: Sieben

Türen (1988 UA); Samuel Beckett: Glückliche Tage (1990); Tankred Dorst: Karlos (1990 UA); Richard Wagner: D. fliegende Holländer (1990 Bayreuther Festsp., Dirig. Giuseppe Sinopoli); Botho Strauß: Schlußchor (1991 UA); Shakespeare: König Lear (1992) - 1972 Josef-Kainz-Med. Stadt Wien; 1973 Theaterpreis Verb. dt. Kritiker, 1977 Münchner Künstler d. J. 1976 - 1979 Mitgl. Akad. d. Künste Berlin u. d. Bayer. Akad. d. Schönen Künste (s. 1986 Dir. Abt. Darst. Kunst).

DORN, Gertrud
s. Fussenegger, Gertrud

DORN, Martin
Dr. rer. pol., Dipl.-Volksw., kaufm. Angest., MdL Baden-Württ. (1975-84) - Heiligenbergstr. 88, 7000 Stuttgart 30 (T. 85 08 87) - Geb. 8. Mai 1935 Herrenberg (Vater: Heinrich D., Pastor; Mutter: Brunhilde, geb. Schneider), ev., verh. s. 1964 m. Gertrud, geb. Karpp, 4 Kd. (Wolf-Dieter, Eckhard, Monika, Albrecht) - Abit.; Banklehre; Stud. Univ. Frankfurt, Erlangen, Bonn; Dipl.ex. 1962 Erlangen - Präs. AG Heimat- u. Volkstumspflege Bad.-Württ.; AR-Vors. Gemein. Wohnungsbaugen. f. Bedienstete d. Polizei u. d. Stadt Stuttgart; Vors. Heimattag Baden-Württ.; CDU - BV: Z. Problematik e. gemeinsamen Konjunktur u. Wachstumspolitik d. EWG, 1968; Z. Tarifproblematik v. Fernmeldediensten, 1987. Mithrsg.: 900 J. Feuerbach (1975).

DORN, Wolfgang-Erich

Unabhängiger Marketingberater f. d. Druck- u. Verlagsbranche, Chefredakteur, Ehrenpräs. Wirtschaftsvereinigung Werbung - Lützowstr. 23, 5000 Köln 1 - Geb. 27. Jan. 1932 Berlin - 1949-52 Schriftsetzerlehre, Meisterprüf. 1962 - 1960 Ausbildungsleit.; b. 1963 Werbeleiter; s. 1963 Marketingtrainer, 1966 Gründ. eig. Fa. wolfgang dorn werbe GmbH + Co KG; Chefredakt. Ztschr. Print Dtschl.; freier Mitarb. div. Druck- u. Werbefachzschr. im In- u. Ausl.; Geschäftsf. d. Produktioner-Clubs. Fachbuchautor.

DORN, Wolfram
Parlam. Staatssekr. a. D., MdL Nordrh.-Westf. (s. 1985) - Am Zinnbruch 6, 5300 Bonn (T. 23 91 55) - Geb. 18. Juli 1924 Altena/W., ev., verh., 2 Kd. - Volks- u. Rektoratsssch.; Landw. u. Kolonialausbild. - Wehrdst. u. Gefangensch.; Industriekfm.; ab 1962 Geschäftsf. Dt. Architekten- u. Ingenieur-Verb.; 1969-72 (Rückrr.) Parlam. Staatssekr. Bundesinnenmin. 1951-65 Ratsherr Werdohl (1953-56 Bürgerm.); 1961-72 MdB (1968-69 stv. Fraktionsvors.). 1950-54 Landesvors. Dt. Jungdemokr. FDP (Mitgl. d. Landesvorst. NRW). 1981-82 stv. Vorst.-Vors. Forschungs- u. Beratungsinst. DATUM, Bonn; s. 1983 Leit. d. Büros Bonn d. Westdt. Landesbk. Vors. Ges. f. Lit. in NRW; s. 1989 Mitgl. d. Bundesvorst. Verb. dt. Schriftsteller, 1991 stv. Bundesvors. - BV: NPD -

Neuer Anfang e. furchtbaren Endes?, 1969; Vergessen d. Zeit, Ged. 1974; D. Freiheit gehört d. Zukunft, Biogr. W. Döring 1974; Geschichte d. Dt. Liberalismus, 1976; Thomas Dehler - Begegnungen - Gedanken - Entscheidungen, 1977; Grundz. d. Entscheidungsproz. im Sparkassenwesen, 1979; 100 J. Sparkasseneinheit, 1980; 1000 J. sind wie d. gestrige Tag, 1986; Wenn d. Bäume Blätter weinen, Ged. 1991 - Liebh.: Tischtennis, Skat.

DORNDORF, Eberhard
Dr. jur., Prof. f. Zivil- u. Arbeitsrecht Univ. Hannover (s. 1975) - Ringstr. 22, 3005 Hemmingen 4 - Geb. 26. April 1934 Berlin - Promot. (1968) u. Habil. (1975) Frankfurt/M. - BV: Rechtsbeständigk. v. Entscheid. u. Wiederaufn. d. Verf. in d. freiw. Gerichtsbark., 1969; Sozialplan im Konkurs, 1978; Fr. Arbeitsplatzwahl u. Recht am Arbeitsergebnis, 1979; Kreditsicherungsrecht u. Wirtschaftsordn., 1986. Zeitschr.aufsätze z. Arbeitsrecht und z. Ökonom. Analyse d. Rechts.

DORNDORF, Maria
Dr. phil., o. Prof. f. Psychologie Univ. Dortmund - Nerscheider Weg 180, 5100 Aachen-Schleckheim.

DORNDORF, Wolfgang
Dr. med., Prof. f. Neurologie, Direktor Neurol. Univ.-Klinik Gießen - Am Steg 14, 6300 Gießen - Geb. 17. April 1929 Berlin (Vater: Dr. med. Georg D., Arzt; Mutter: Hildegard, geb. v. Kalinowski), verh. s. 1956 m. Ingeborg, geb. Richter, 2 Kd. (Dinah, Harald) - Univ. Mainz u. Frankfurt/M. Promot. 1956; Habil. 1967 - 1971 apl. Prof. Bochum; 1973 Wiss. Rat u. Prof. Univ. Heidelberg; 1977 Ord. u. Dir. Neurol. Klinik Univ. Gießen (sez. Arbeitsgeb.: Hirngefäßkrankh.).

DORNEMANN, Michael
Dr., Vorstandsmitglied Bertelsmann AG, Gütersloh, Chairman & CEO Bertelsmann Music Group - Zu erreichen üb. Bertelsmann Music Group, 1133 Avenue of the Americas, New York, N. Y. 10036, USA, u. Steinhauser Str. 3, 8000 München 80 - Geb. 3. Okt. 1945.

DORNER, Mirko
Cellist, Prof. f. Violoncello u. Kammermusik Folkwang Hochsch., Essen-Werden - Haraldstr. 19, 4300 Essen-Bredeney (T. 413822) - Spr.: Serbokroat., Engl., Franz., Ital. - Rotarier.

DORNFELD, Georg
Musiker, Komponist u. Arrangeur (Ps. Salwik) - Stettiner Str. 67, 4000 Düsseldorf 13 (T. 0211-70 56 17) - Geb. 29. Juli 1929 Hindenburg, kath., verh. s. 1954 m. Edeltraud, geb. Cieslik, 2 Kd. (Ingrid, Helmut) - Pianist. Ausbild. 1944 in Hindenburg - 1946-79 Orchesterleit., Komp. u. Arrangeur b. Rundfunk - Liebh.: Musik, Videographie, Reisen - Spr.: Engl., Poln.

DORNIER, Peter
Dipl.-Ing., Geschäftsführer Lindauer Dornier GmbH, Lindau (s. 1950) - Schachener Str. 97, 8990 Lindau/B. (T. 3296) - Geb. 31. Jan. 1917 Friedrichshafen/B., ev., verh. s. 1959 m. Maya, geb. Zimmermann, 4 Kd. (Peter, Kersti, Karin, Aimée) - Realgymn.; TH München (Dipl.-Ing. 1944) - 1944-62 Geschäftsf. Dornier-Werke. Erf.: Senkrechtstarter Do 31 - 1943 Preis Lilienthal-Ges. f. Luftfahrt (Do 335); 1983 Bayer. VO; 1987 Ehrensenator d. Ruprecht-Karl Univ. Heidelberg - Liebh.: Segeln, Kunst - Spr.: Engl., Franz.

DORNIER, Silvius
Dipl.-Ing., Gesellschafter Dornier GmbH, Friedrichshafen - Gustav-Werner-Weg 27, 7990 Friedrichshafen/B. - Geb. 12. April 1927.

DOROSLOVAC, Milutin
Schriftsteller (Ps.: Milo Dor) - Pfeilgasse 32, Wien VIII (T. 42 73 57) - Geb. 7. März 1923 Budapest (Vater: Dr. Milan D., plast. Chirurg Belgrad), griech.-orthod., verh. s. 1955 m. Elisabeth, geb. Prückner, 1 Kd. aus 1. Ehe - Univ. Wien (Theaterwiss.) - BV: Unterwegs, Erz. 1947; Tote auf Urlaub, R. 1952; Nichts als Erinnerung, R. 1959; Salto Mortale, Erz. 1960; D. weiße Stadt, R. 1969; Meine Reisen n. Wien, Erz. 1974; Alle meine Brüder, R. 1978; D. letzte Sonntag, R. 1982; Auf d. Suche nach d. größeren Heimat, Ess. 1988; Auf d. falschen Dampfer, Autobiogr. 1988; D. Mann, d. fliegen konnte, 1990; in Zus.arbeit m. Reinhard Federmann: Romeo u. Julia in Wien, R. 1954 (verfilmt 1956 unter: Nina); Othello v. Salerno, R. 1956. Herausg.: D. Gesicht unseres Jh. (Bildbd., 1960), D. Verbannten (Anthol., 1962); Mithrsg.: Gemordete Lit. - Dichter d. russ. Revolution (1963), D. polit. Witz (1964), D. groteske Witz (1968), Schreib wie du schweigst (1984) - 1962 Österr. Staatspreis f. Literatur (Nichts als Erinnerung); 1972 Anton-Wildgans-Preis; 1977 Preis d. Stadt Wien; 1980 Österr. Würdigungspreis; 1989 Österr. Staatspreis f. Verd. um d. österr. Kultur im Ausl.; 1990 Ehrenpreis d. Österr. Buchhandels f. Toleranz in Denken u. Handeln; Mitgl. Österr. PEN-Club; Präs. Interessengem. Österr. Autoren - Liebh.: Autofahren, Schwimmen - Spr.: Serb., Franz.

DORPUS, Karl
s. Lange, Karl-Heinz

DORSCH, Bernhard
Dr.-Ing., o. Prof. f. Netzwerk- u. Signaltheorie TH Darmstadt - Merckstr. 25, 6100 Darmstadt (T. 06151 - 16 28 13) - Geb. 25. April 1938 Hockenheim (Eltern: Alfred u. Maria D.), kath., verh. s. 1965 m. Renate, geb. Walchhofer, 3 Söhne (Thaddäus, Stephan, Gregor) - 1958-64 Univ. Karlsruhe (Promot. 1968) - 1964-82 Wiss. Mitarb. DFVLR Oberpfaffenhofen; 1968-69 NASA/USA; 1977-82 Ltg. Abt. Nachrichtentheorie (DFVLR-Inst. f. Nachrichtentechnik, Oberpfaffenhofen); 1982ff. Seniorwiss. DFVLR. 1971-81 Lehrauftr. Univ. Karlsruhe; 1982ff. o. Prof. TH Darmstadt. Gastprof. an d. Univ. of Maryland u. d. Univ. of Hawaii at Manoa. Üb. 30 Facharb. üb. Informationstheorie u. Codierung - 1974 Erich-Regener-Preis DFVLR - Spr.: Engl.

DORSCH, Walter
Verwaltungsrat, MdL Bayern (s. 1975) - Hirschenstr. 19, 8510 Fürth (T. 772809) - Geb. 1922 - SPD.

DORST, Tankred
Schriftsteller - Schleißheimer Str. 218, 8000 München 40 (T. 300 64 32) - Geb. 19. Dez. 1925 Sonneberg/Thür. (Vater: Max D., Ing.; Mutter: Elisabeth, geb. Lettermann), ev. - Stud. German., Theaterwiss., Kunstgesch. (o. Abschluß) - Theaterst. (1960-80): Gesellschaft im Herbst, D. Kurve (etwa 100 Bühnen; 20 Übers.), Große Schmährede an d. Stadtmauer (150 Bühnen; 20 Übers.), D. Mohrin, Auf d. Chimborazo, Toller, Eiszeit, D. Villa. Opernlibretti f. Wilhelm Killmayer: La Buffonata, Yolimba oder D. Grenzen d. Magie, Günter Bialas: Aucassin u. Nicolette. Bearb.: Ludwig Tieck, D. gestiefelte Kater oder Wie man d. Spiel spielt. Filmdrehb.: Piggies (1969); Fernsehsp.: Rotmord (1970) - BV: Dorothea Merz, R. 1976, Stücke I/II/III/IV, Klaras Mutter (auch Fernsehfilm); Merlin od. d. wüste Land; D. verbotene Garten, Fragmente üb. d'Annunzio Korbes - Autor u. Regiss. d. Filme Mosch u. Eisenhaus - 1960 Preis Nationaltheater Mannheim (f. d. erste Stück), 1964 Preis Stadt München u. Gerhart-Hauptmann-Preis FVB, 1969 Preis Tukan-Kr. München, 1970 Preis Stadt Florenz (m. Peter Zadek), 1990 Georg-Büchner-Preis; Lit.-Preis d. Bayer. Akad. d. schönen Künste; 1971 Mitgl. PEN-Zentrum BRD, Mitgl. Bayr. Akad. d. Schönen Künste, Dt. Akad. d. darst. Künste, Dt. Akad. f. Sprache u. Dichtung.

DOSCH, Günter
Dr. rer. nat., o. Prof. f. Theoret. Physik - Uferstr. 50, 6900 Heidelberg - Geb. 16. Juli 1936 Heidelberg - Promot. 1963 - S. 1966 (Habil.) Lehrtätigk. Univ. Heidelberg (1969 Ord.). Fachaufs.

DOSCH, Hilmar
Dr. rer. pol., Vorstandsmitgl. Heidelberger Druckmaschinen AG. - Neurottstr. 21, 6909 Walldorf - Geb. 12. Okt. 1929 Freudenberg/W.

DOSE, Volker
Dr. phil., o. Prof. Univ. Bayreuth, Wissenschaftliches Mitglied Max-Planck-Ges., Dir. Max-Planck-Inst. f. Plasmaphysik, Garching - Boltzmannstr. 2, 8046 Garching - Geb. 16. Febr. 1940 Bad Segeberg - Physikstud. Univ. Freiburg/Br., Zürich u. Belfast; Promot. 1968; Habil. 1970 - 1971-85 Prof. f. Experimentalphysik Univ. Würzburg.

DOSS, Hansjürgen
Architekt, MdB (Landesliste Rhld.-Pfalz) - An der Favorite 18, 6500 Mainz 1 (T. 06131 - 8 26 02 u. 8 26 22) - CDU.

DOSS, Manfred
Dr. med., Prof. f. Klin. Biochemie - Deutschhausstr. 17 1/2, 3550 Marburg/L. - Geb. 2. Juli 1935 Zwickau/Sa. - Univ. Jena u. Köln. Promot. 1959 Köln; Habil. 1969 Marburg - S. 1971 Prof. Univ. Marburg (Leit. Abt. f. Klin. Biochemie) - BV: Regulation of Porphyrin and Heme Biosythesis, 1974 (Karger, Basel); Porphyrins in Human Diseases, 1976 (ebd.); Diagnosis and Therapy of Porphyrins and Lead Intoxication, 1978 (Springer, Berlin/Heidelberg/New York). Zahlr. Original- u. Übersichtsarb., Lehr- u. Handb.-Beitr.; u. a. in Progress of Liver Diseases, 1982 (Grune & Stratton, New York); im Lehrb. d. Inneren Med., 1987 (Schattauer, Stuttgart) u. 1991 (Urban & Schwarzenberg, München); in Therapie innerer Krankheiten, 1991 (Springer-Verlag, Berlin); sowie intern. Vorträge u. Publikationen.

DOST, Klaus
Dr. med., Prof., Chefarzt Chirurg. Abt. Marien-Hospital Steinfurt-Borghorst - Hangenkamp 22, 4430 Steinfurt 2 - Geb. 26. Febr. 1932 Lyck/Ostpr. (Vater: Wilhelm D., Volksschullehrer † 1970; Mutter: Käte, geb. Borries † 1950), ev., verh. s. 1960 m. Gisela, geb. Gömann, 3 Kd. (Philipp, Clemens, Nina) - Gymn. Schwenningen; Univ. Heidelberg, Freiburg/Br., München (Med. Staatsex. 1956). Promot. 1956 Heidelberg; Habil. 1966 Freiburg - 1959-68 Chir. Univ.klinik Freiburg i. Br., 1968-70 Chir. Univ.Klinik Tübingen; 1972 apl. Prof. - 1968 Erich-Lexer-Preis Dt. Ges. f. Plast. u. Wiederherstellungschir.

DOTT, Wolfgang
Dr., Univ.-Prof., Leiter FG Hygiene, FB Umweltechnik TU Berlin - Amrumer Str. 32, 1000 Berlin 65 (T. 030 - 31 42 75 32) - Geb. 23. April 1949 Koblenz, verh. s. 1970 m. Elke, geb. Caspari, 3 Töcht. (Christiane, Andrea, Susanne) - Stud. Biol. u. Chemie Univ. Bonn; Dipl. 1975; Promot. (Mikrobiol.) 1977; Habil. (Umwelthyg.) 1982 - 1983-85 Prof. a. Z. f. Umwelthyg. Univ. Bonn; s. 1985 Univ.-Prof. TU Berlin - 113 Publ., 130 Vortr. zu Themen: Bakterienphysiol., Schwefelstoffwechsel, Bakterientaxonomie, Umwelthyg. (Wasser), Krankenhaushyg., Biotechnol., biologische Bodensanierung - Spr.: Engl.

DOTTER, Hans Erich
Fabrikant, Geschäftsf. Goldwell GmbH./Haarpflegemittelfabrik - Zerninstr. 10 - 18, 6100 Darmstadt-Eberstadt - Geb. 12. Febr. 1920.

DOTTERWEICH, Georg
Dr. jur., Landgerichtspräsident - Landgericht, 8600 Bamberg/Ofr. - Geb. 30. März 1909 - Zul. LGsdir. Bamberg.

DOTTERWEICH, Helmut
Dr. phil., Redaktionsleiter Bayer. Fernsehen, Autor (Ps. Simon Aiblinger) - Martiusstr. 7, 8000 München 40 - Geb. 17. Okt. 1930 München - BV: D. junge Maximilian 1962, 1980; Bayer. Gesch., 1970; V. echten bayer. Leben, 1975, 1976, 1980; V. Gottes u. v. Volkes Gnaden, 1977; D. Erbe d. Wittelsbacher, 1980; Trotz allem Bayern, 1990. Beiträge im Zeit-Magazin - Spr.: Engl., Franz., Ital.

DOTZAUER, Josef Anton
Dr. rer. pol., Gesellsch. Engelskinder-Plastikwerk GmbH & Co. KG, Aichach, Verlag Moderne Industrie Publikationsges. Landsberg/Lech, Verlag Industrie-Magazin, München, Dynacord Elektronik u. Gerätebau-KG, Straubing, P-H-Matik GmbH, München; stv. AR-Vors. Verlag Moderne Industrie AG, Landsberg/Lech - Spitzingweg 2, 8022 Grünwald/Obb. (T. München 641 16 72) - Geb. 28. März 1925 - Bayer. VO.

DOTZAUER, Winfried
Dr. phil., Prof. f. Neuer Geschichte u. Geschichtl. Landeskunde Univ. Mainz - Am Taubertsberg 2, 6500 Mainz - Geb. 31. März 1936 Bad Kreuznach/N. - Promot. 1962; Habil. 1973 - S. 1966 Mainz - BV: Dt. Studenten an d. Univ. Bourges, 1971.

DOTZENRATH, Wolfgang
Vorstandsmitglied Dt. Continental-Gas-Ges., Düsseldorf - Stübbenhäuser Str. 40, 4021 Metzkausen - Geb. 2. Febr. 1926 Düsseldorf - Zul. stv. Vorstandsmitgl. DCGG. ARsmandate u. a.

DOUTINÉ, Heike
Dr. phil., Schriftstellerin - Ohnhorststr. 26, 2000 Hamburg 52 - Geb. 3. Aug. 1945 Zeulenroda/Thür. - BV (1965ff.): In tiefer Trauer (Ged.), D. Herz auf d. Lanze (Ged.), Wanke nicht, mein Vaterland (R.), Dt. Alltag - Meldungen üb. Menschen (Erz.); 1965-87: Berta (R.), Wir Zwei (R.), Die Meute (R.), Der Hit (R.), Kunstedition Cicero (m. Diether Kressel), 1985 u. 89, Blumen begießen, bevor es anfängt zu regnen, Erz. u. Ged. 1986, Im Lichte Venedigs (m. August Ohm), 1987; Blutiger Mund/D. Tage d. Mondes, R. 1991 - Übers.: In Frankreich, Polen, Holland, Belgien, Spanien, Pakistan, Ungarn, Jugoslawien und den USA - Roman-Preis Neue Lit. Ges.; 1973/74 Rom-Preis Villa Massimo; Lit.-preis Soltau; Gastprof. Univ. Los Angeles u. Ford Foundation.

DOUTREVAL, André
Ballettmeister, Choreograph, Tanztheaterleit. Ballett Arena Kassel - Königstor 14a, 3500 Kassel (T. 0561-1 66 46) - Geb. 5. Jan. 1942 Wien/Österr., verh. s. 1965, 2 Kd. (Silvana, André) - Ausb. Staatsoper Wien, Paris, London, New York - 1960 Solotänzer Köln, 1963 Wuppertal u. Düsseldorf, 1967 Berlin, 1969 Ballettm. u. stv. Ballettdir. Frankfurt, 1970-76 Ballettm. u. Choreogr.

Staatstheater Kassel, s. 1970 Leit. Ballettschule, 1978 Gründer Tanztheater Ballett-Arena Kassel - 1985 Revue Souvenirs; Choreogr. Schwanensee, Dornröschen, Coppélia, zeitgenöss. Werke; Klass. Ballett, Jazz-Dance, Step-Dance - Mitgl. Kiwanis Intern. - Liebh.: Angeln, Fischen, Lesen, Tennis - Spr.: Engl., Fachfranz.

DOYÉ, Peter

Prof., Hochschull. - Blumenstr. 23, 3302 Cremlingen (T. 05306 - 43 93) - Geb. 28. Mai 1927 Berlin (Vater: Alfred D. †; Mutter: Margarethe, geb. Pankau), ev., verh. s. 1954 (Ehefr.: Gisela), 2 Söhne (Frank, Lutz) - Realgymn. Berlin; Stud. Engl., Franz., Päd., Psych. Univ. Berlin, Päd. Hochsch. Berlin, College of S. Mark and S. John, London - 1950-60 Lehrer Berliner Schulen; 1960-66 Assist. u. Doz (1962) PH Berlin; 1966 Prof. PH Braunschweig, s. 1978 TU Braunschweig - BV: Frühbeginn d. Englischunterr., 1966; System. Wortschatzvermittlg. im Englischunterr., 1971; Untersuch. z. Englischunterr. in d. Grundschule, 1977; The Language of Education 1981; D. Feststellung v. Ergebnissen d. Englischunterrichts, 1981; Typol. d. Testaufg. f. d. Englischunterricht, 1986; Typologie d. Testaufgaben f. Deutsch als Fremdsprache, 1988. Mithrsg. d. Ztschr. f. Fremdsprachenforsch. - Liebh.: Musik, amerik. Lit. - Spr.: Engl., Franz., Ital.

DRABEK, Kurt

Komponist - Konstanzer Str. 64, 1000 Berlin 15 (T. 030 - 881 24 65) - Geb. 25. März 1912 Berlin (Vater: Karl D., Uhrmacherm.; Mutter: Elisabeth, geb. Bartsch), ev., verh. s. 1934 m. Gerda, geb. Czasch, S. Ulrich - Abit. 1931 - 1931-39 Musiker; 1945-72 eig. Ensemble. 1953-80 Vorst. Vereinig. Dt. Musikbearb. Vornehml. Unterhaltungsmusik. Zahlr. Auftragskompos. (viels. Filme).

DRACHE, Heinz

Schauspieler, Regisseur - Selchowstr. 11, 1000 Berlin 33 (T. 823 71 18) - Geb. 9. Febr. 1926 Essen, kath., verh. s. 1957 m. Rosemarie, geb. Nordmann, 3 Kd. (Christian, Angelika, Nicole) - Gymn. Essen u. Mülheim/Ruhr (Abit.); keine Schauspielausbild. - 1943-45 Mitgl. Schauspielhaus Nürnberg u. Düsseldorf, 1946 Dt. Theater Berlin, 1947-54 Düsseldorf (unt. Gustaf Gründgens); s. 1954 freigastier. u. a. Berlin, Wien, München, Hamburg, Frankfurt u. Tourneen. Bühne: Snob, Räuber (Franz Moor), Helden, Plötzlich u. unerwartet, Ornifle, Hokuspokus, Ein idealer Gatte, Ländliche Werbung, Minna Magdalena, Duett f. e. Stimme, Halb auf d. Baum. Film: Rest ist Schweigen, D. Frau am dunklen Fenster, D. Zinker, D. indische Tuch, D. Hexer, Neues vom Hexer, Bittere Kräuter; Fernsehen: D. Halstuch, D. Snob, Tatort - Spr.: Engl., Franz.

DRACHSLER, Hans

Verleger, MdL Bayern (s. 1970) - Griechenstr. 14, 8000 München 90 (T. 646350) - Geb. 10. März 1916 Plöß/Böhmen, kath., verh., 2 Kd. - Gymn. Mies; Univ. Prag, München, Würzburg (Gesch., Altphilol., Zeitungswiss.); Redaktionsausbild. München - Journ. bayer. Presse, 1939-45 Wehrdst., dann polit. Redakt. Isar-Post u. dpa, ab. 1952 Chefredakt. u. Verlagsleit. Bayern-Kurier. S. 1957 MdB. CSU - 1965 Bayer. VO., 1965 Gold. Bürgernadel München, 1972 BVK I. Kl.

DRAECKER, Claus Friedemann

Dr. h. c., Ministerialdirigent a. D., Leiter Inst. f. Bodenkultur Univ. Erlangen, Vorstandsvors. Fränk. Kabelges. mbH. Nürnberg - Meisenweg 5b, 8500 Nürnberg - Geb. 1. April 1943 Rotterdam, ev., verh. s. 1969 m. Hella, geb. Schulze, 2 Kd. (Benjamin, Isabelle) - Human. Gymn.; Abit. 1964; Stud. Wirtschafts- u. Rechtswiss. Univ. München; Stip. Konrad-Adenauer-Stiftg.; konsular.-diplomat. Prüf. Ausw. Amt 1977 - S. 1974 Staatsdienst Baden-Württ.; 1976 Hilfsref. Büro Arbeits- u. Sozialmin. ebd.; ab 1977 auf versch. Dienstposten in London, Rom u. Neu Delhi, zul. Ministerialdirigent im AA (Zentrale), 1985 Ausscheiden auf eig. Wunsch. Sonderkorresp. engl. Ztschr. Wild and Hunt - BVK I. Kl.; Friedensmed. Univ. Prag; Kommandeur d. Orden tunes. Rep.; Ehrendoktor Nansen-Akad. Prag; Ehrensenator United Nations Univ., Delhi.

DRÄGER, Christian

Dr., Vorstandsvorsitzer Drägerwerk AG - Moislinger Allee 53-55, 2400 Lübeck - Geb. 13. Juli 1934 Berlin (Vater: Dr. Heinrich D. †).

DRAEGER, Jörg

Dr. med., Prof., Ärztl. Direktor Univ.-Augenklinik Hamburg - Zu erreichen üb. Augenklinik, Martinistr. 52, 2000 Hamburg 20 (T. 040 - 468 23 01) - Geb. 29. Nov. 1929, ev., verh. s. 1955 m. Dr. med. Brigitte, geb. Altenstein, 3 Kd. (Annette, Ulrike, Frank) - Human. Gymn.; Med.-Stud. Innsbruck u. Heidelberg (Staatsex. u. Promot. 1955); Klin. Ausb. Univ.-Augenklinik Bern (Prof. Goldmann) u. Univ.-Augenklinik Hamburg (Prof. Sautter); Habil. 1962 Hamburg - 1968-81 Dir. Augenklinik Bremen; C-4 Prof. Ophthalmol. Univ. Hamburg; s. 1981 Ärztl. Dir. Univ. Augenklinik ebd. - BV: Handapplanationstonometer, 1963; Mikrochir. Op.-Einheit, 1966; Mikrochir. Op.-Tisch, 1967; Elektron.-opt. Aesthesiometer, 1975; Tonometrie, 1961 (engl. Ausg. 1965); Corneal Sensitivity, 1985; Opthalmic Mikrosurgery, Instrumentat., Mikroskops, Technik, 1986 - 1967 Martini-Preis Hamburg; 1976 Graefe d'ORO; 1981 Preis d. Wiss. Kontaktlinsenvereinig. - Liebh.: Luft- u. Raumfahrt - Spr.: Engl. (Franz., Ital., Latein, Griech.).

DRAEGER, Jürgen

Schauspieler, Maler - Hohenzollerndamm 11, 1000 Berlin 31 (T. 030 - 881 33 60) - Geb. 2. Aug. 1940 Berlin (Vater: Julius D., Gastwirt †; Mutter: Käthe D. †) - Mittelsch., Schauspielsch., Intern. Akad. Salzburg - BV: Querelle-Zyklus (nach R. v. Jean Genet u. letztem Fassbinder-Film), 1982; D. Reise z. Regenbogen, Circus-Roncalli-Zyklus, 1983. 3 Kunstb. üb. Draegers Zeichnerisches Werk unter d. Titel Trilogie d. Masken erschienen. Teil I: Querelle Zyklus, Teil II: Circus Roncalli Zyklus, Teil III: E. Käfig voller Narren - Ca. 15 Filme u.a. Polizeirevier Davidswache, D. 3. Generation, Lilli Marleen; ca. 100 FS-Spiele. FS-Serie Rivalen d. Rennbahn (ZDF, 1989) - Bild. Kunst: D. neue Sensibilität; Realismus. 1990 gr. Ausstellung z. 50. Geb., Titel: Lebensläufe - Kunstpreis Berlin u. d. Dt. Buchhandels, 1. Preis d. Berliner Festwochen f. Plakat: Tag d. Kindes (Preis d. Berliner Festwoch.), 1. Preis f. E. Berliner sieht Berlin; 1981 Nomin. f. d. Grand Prix Intern. d'Art Contemporain de Monte Carlo - Spr.: Engl., Ital.

DRAF, Wolfgang

Dr. med., Prof., Direktor d. Klinik f. HNO-Krankheiten, Kopf-, Hals- u. Plastische Gesichtschirurgie im Klinikum Fulda - Pacelliallee 4, 6400 Fulda - Geb. 29. Nov. 1940 Bonn (Vater: Dr. med. Heinz D., HNO-Arzt; Mutter: Adele, geb. Winter), kath. - Stud. Würzburg u. Berlin; Promot. 1966 Würzburg, Habil. 1974 Mainz - 1975 a.o. Prof., 1975-76 kommiss. Leit Univ.-HNO-Kl. Mainz; s. 1979 Chefarzt Fulda - Üb. 150 Veröff., u. a. Endoskopie d. Nasennebenhöhlen, 1981 (engl. Übers.), Mikro-endoskopische Chirurgie d. Nasennebenhöhlen, Surgery of the skull base, Surgical anatomy of Head and Neck - Spr.: Engl.

DRAGUHN, Werner

Dr., Direktor Inst. f. Asienkunde - Rothenbaumchaussee 32, 2000 Hamburg 13.

DRAHEIM, Heinz

Dr.-Ing., Dr. h. c., Prof. f. Geodäsie - Parkring 29, 7516 Karlsbad-Spielberg (T. 07202 - 80 99) - Geb. 5. Nov. 1915 Schönfeld/Pom. (Vater: Bernhard D., Kaufm.; Mutter: Ottilie, geb. Watter), ev., verh. s. 1942 m. Ursula, geb. Schaub, S. Joachim - TH Berlin - S. 1958 (Habil.) Lehrtätigk. TU Berlin (Obering.), TH bzw. Univ. Karlsruhe (1959 ao., 1960 o. Prof. u. Dir. Geodät. Inst.; 1968-83 Rektor). 1970-72 Präs. Fédération Intern. des Géomètres. 1971-76 Mitgl. Wiss.rat. 1966 b. 78 Vors. Fachbeirat Zentralf. Dokumentation MPG - BV: u. a. Aposphären als geodät. Rechenflächen, 1959, Zahlr. Einzelarb. Herausg.: Samml. Wichmann; Hauptschriftl.: Allg. Vermessungs-Nachr.; 1972 Ehrenmitgl. d. Royal Institution of Chartered Surveyors, London; 1973 Ehrendoktor (Dr. h. c.) d. Techn. Univ. Budapest; 1974 Ehrenpräs. d. Fédération Intern. des Géomètres (FIG); Ehrenmitgl. Dt. Verein f. Vermessungsw., u. Dt. Ges. f. Photogrammetrie u. Fernerkundung - 1981 BVK I. Kl.; 1982 Ehrenmed. Stadt Karlsruhe; 1984 Verdienstmed. Land Baden-Württ.; 1987 Commandeur Orden Palmes Académique - Lit.: D. Hochsch. in d. Herausford. d. 70er J., Festschr. z. 65. Geb., 1980.

DRAHEIM, Joachim

Dr., Gymnasiallehrer, Musikwissenschaftler - Rhodter Str. 26, 7500 Karlsruhe 21 - Geb. 26. Juli 1950 Berlin-Schmargendorf, ev., verh. s. 1989 m. Susanne, geb. Hoy - Stud. (Klass. Philol., Gesch., Musikwiss.) Univ. Heidelberg; 1. Staatsex. 1973/74; Promot. u. 2. Staatsex. 1978 - Archivleit. d. Vertonungen antiker Texte im Sem. f. Klass. Philol. Univ. Heidelberg; s. 1978 Lehrer Lessing-Gymnasium Karlsruhe; freier Mitarb. mehrerer in- u. ausl. Musikverlage u. Plattenfirmen - Brahms, Lied D. Müllerin; R. Schumann, Violinfassung d. Cellokonz. op. 129 - BV: Vertonungen antiker Texte v. Barock b. z. Gegenwart, 1981; Johannes Brahms u. seine Freunde - Werke f. Klavier, 1983. S. 1973 zahlr. Rundf.aufnahmen (SDR, SWF) u. einige Schallplattenaufn. als Pianist (Liedbegleiter). Herausg.: Reihe Breitkopf Archiv - Mitarb. bei d. Neuen Schumann Gesamtausg. u. b. d. Neuaufl. d. MGG - Liebh.: Musik (Klavier spielen), Lit. - Spr.: Engl., Lat., Altgriech.

DRANSFELD, Klaus

Dr., Univ.-Prof. f. Physik Univ. Konstanz (s. 1982) - Immenstallstr. 8, CH-8272 Ermatingen (T. 072 - 64 26 32) - Geb. 12. Aug. 1926 Berlin, kath., verh. s. 1965 m. Nelly, geb. Calderón L., 2 Söhne (Peter, Clemens) - Stud. Physik Univ. Köln; Promot. 1952 Köln - 1955/56 Postdoctoral Fellowship am Clarendon laboratory, Oxford/Engl.; 1957-60 Scientific Staff Member Bell Telephone Labor. Murray Hill, N.J./USA; 1960-65 Assoc. Prof. of Physics (with tenure) Univ. of California, Berkeley CA/USA; 1965-73 Prof. f. Physik Physik-Department d. TU München; 1973-77 Dir. Hochfeldmagnetlabor d. Max-Planck-Ges., Grenoble/Frankr.; s. 1975 Hon.-Prof. Univ. Konstanz; 1977-81 Dir. MPI f. Festkörperforsch. Stuttgart (1981 gf. Dir.) - S. 1976 im Comite de Direction des Inst. f. Tieftemperaturforsch. CNRS, Grenoble; 1985-94 Mitgl. d. Vorst.rats d. Ges. Dt. Naturforscher u. Ärzte; s. 1985 Hon.-Prof. Tong-ji Univ., Shanghai/China; s. 1985 Mitgl. Auswahlaussch. d. Alexander-von-Humboldt-Stiftg., Bonn (f. d. Preisträger-Programm); s. 1985 Kurat.-Mitgl. f. d. Technologiezentrum Konstanz; s. 1988 Mitgl. Heidelberger Akad. d. Wiss., Heidelberg; s. 1989 Hon.-Prof. Nanjing-Univ., Nanjing/China - Wissenschaftl. Arb.: Erzeugung v. Ultraschall b. Mikrowellenfrequenzen, Dynamik v. adsorbierten Dämpfen, Erzeugung, Ausbreitung u. Anwendungen v. akustischen Oberflächenwellen, Lichtstreuung (stimulierte Brillouin-Streuung) in superfluidem Helium u. in Gläsern b. tiefen Temperaturen, Piezoelektrischer Effekt u. Anwend. v. Polyvinylidenfluorid-Folien, Niederenergetische Anreg. in dielektrischen u. metallischen Gläsern, Biomoleküle u. Polymere in hohen Magnetfeldern, Ausbreitung v. hochfrequenten Ultraschallwellen auf DNS-Molekülen, Ultraschall in lyotropen flüssigen Kristallen, Neue Mikroskopien (Tunnelmikroskopie, akust. Nahfeld- u. thermische Mikroskopie) - BV: Physik I u. II, Lehrb. (m. P. Kienle u. H. Vonach), 6. A. 1992. Mithrsg.: Annalen d. Physik (s. 1991) - 1989 Gentner-Kastler Preis d. Franz. Phys. Ges. - Spr.: Engl., Franz., Span.

DRATH, Jürgen

Dr. jur., Chefjustitiar Lausitzer Braunkohle AG (Laubag) - Knappenstr. 1, O-7840 Senftenberg (T. Senftenberg 78 37 00).

DRAWE, Hans

Regisseur, Autor - Schwarzburgstr. 21, 6000 Frankfurt 1 (T. 069-591687) - Geb. 31. Juli 1942 Königgrätz/CSSR - Lehrerausb.; Dipl. Literaturinst. Johannes R. Becher, Leipzig - Fr. Mitarb. f. Dramat. Dt. Hochsch. f. Filmkunst, Babelsberg; Szenarist, Dramat. u. Regiss. DEFA (f. Kurzfilme Babelsberg), jetzt Regiss. Hess. Rundf. - BV: Kopfstand, R.; Lit. im Film, Ess.; Literaturgesch.; Drehb.: Gelegenheitsarb. e. Sklavin (Mitarb.); Fluchtgedanken; Kneipenbekanntsch.; Mädchen aus zweiter Hand; Car-Napping (Mitarb.); Einsam, Hörsp. 1990 (Autor + Regie); Sie u. Er, Monologe, 1991 (Autor + Regie). Lyrik: Auswahl 66.

DRECHSEL, Reiner

Dr. rer. pol., Dipl.-Hdl., Prof. f. Erziehungswissenschaften (Schwerp.: Theorie u. Praxis d. berufl. Bildung, Berufsbildungspolitik u. -recht) Univ. Bremen - Herderstr. 11, 2800 Bremen 1 - Geb. 31. März 1944 Kempten/Allg.

DRECHSLER, Friedrich

Dr.-Ing. E. h., Dipl.-Ing., Regierungsbaumeister, Vizepräs. a. D. - Johann-Traber-Str. 1, 8850 Donauwörth (T. 0906 - 48 48) - Geb. 19. März 1906 Weiden/Opf. - 1967 Ehrendoktor TU München.

DRECHSLER, Fritz
Dr., Dr., MU., Prof., Neurologe u. Psychiater, Leit. Fachgeb. Psychiatr. Neurophysiologie u. Elektroenzephalogr. Univ. Würzburg - Kaiserstr. 2, 8700 Würzburg - Geb. 23. Nov. 1915 Budapest/Ung. (Vater: Rudolf D., Ing.; Mutter: Frieda, geb. Kraus), isr. - Gymn. Iglau; Univ. Prag/Tschechosl. (Med.). Promot. u. Habil. Prag - B. 1968 Univ. Prag, dann Univ. Chicago/USA, s. 1971 Univ. Würzburg (Nervenklin.) - BV: Elektromyographie, 1964. Üb. 200 Einzelarb. - Spr.: Ungar., Tschech., Engl., Franz.

DRECHSLER, Hanno
Dr., Oberbürgermeister - Rathaus, 3550 Marburg (T. 06421 - 20 12 01) - Geb. 24. März 1931 Schönheide/Erzgeb. (Vater: Max D., Reichsbahnbeamter; Mutter: Minna, geb. Oschatz), verh. s. 1950 m. Gisela, geb. Streller, S. Dr. Wolfgang - 1949-55 Lehrerausb. Auerbach/Vogtl., 1955-61 Stud. Univ. Marburg - 1949-55 Lehrer in Auerbach u. Falkenstein/Vogtl., 1961-63 wiss. Ass. Univ. Marburg, 1963-70 Doz. Univ. Gießen u. Lehrbeauftr. Univ. Marburg, s. 1970 Oberbürgerm. Stadt Marburg. Vors. d. Sozialdem. Gemeinschaft f. Kommunalpolitik Hessen e.V., Mitgl. SPD-Landesvorst. Hessen, Mitgl. Präsid. d. Hess. d. Hauptaussch. d. Dt. Städtetages, VR-Vors. Stadtsparkasse Marburg-Bidenkopf, stv. Verbandsvors. d. Hess. Sparkassen- u. Giroverb. - BV: D. Sozialist. Arbeiterpartei Dtschl. (SAPD), 2. Repr. 1983; Ges. u. Staat, Lexikon d. Politik, 8. A. 1992 - 1971 Dt. Jugendbuchpr.; Gold. Ehrennadel d. Univ.stadt Marburg u. Ehrenz. d. DRK; BVK I. Kl.

DRECHSLER, Hans-Alexander
Postamtmann a. D., MdL Nieders. (s. 1963) - Eckermannstr. 37, 3110 Uelzen (T. 0581 - 52 39) - Geb. 26. Okt. 1923 Danzig, ev. - Conradinum, Kronpr.-Wilh.-Realgymn. Danzig, Abitur, 1943-44 TH edenda. 1944-45 Soldat (schwerkriegsbesch.). Postdienst. Seit 1955 Kreistag Uelzen (Fraktionsvors.), s. 1956 Ratsherr u. Beigeordn. Stadt Uelzen. SPD s. 1949, s. 1962 Vors. SPD-Unterbez. Uelzen, Lüchow-Dannenberg. Mitgl. Rundfunkrat NDR u. AR von NWF (stellv. Vors.).

DRECHSLER, Heike
Weitspringerin, Sprinterin (4 x 100 m) - Geb. 16. Dez. 1964 Gera - Stud. Päd. - 1991 2. d. Weltmeisterschaft, 1991 u. 1992 Dt. Meisterin.

DRECKMANN, Hans-Josef
Dr. phil., Journalist, ARD-Korresp. in Afrika - P.O.Box 47021, Nairobi/Kenya - Geb. 17. Sept. 1938 Oberhausen (Vater: Wilhelm D., Elektriker; Mutter: Elisabeth, geb. Lanius), kath., verh. s. 1972 in 2. Ehe m. Dr. Heidegret, geb. Klöter, Sohn Daniel - 1958-64 Stud. German. u. Latein Univ. Münster u. München; Promot. 1966 - 1964-72 Redakt. Ruhr-Nachrichten, Dortmund; 1972-73 WDR, Köln; 1974-80 ARD-Korresp. Brüssel, s. 1981 Afrika.

DREDEN, von, Wolfgang
Rechtsanwalt, Vorstandsmitgl. Steedener Kalkwerke AG., Runkel - Wiedener Str. 5, 5600 Wuppertal 11 - Geb. 23. Febr. 1936 - VRsmand.

DREES, Bernhard
Präsident Landgericht Düsseldorf, Vors. Dt. Richterbund (v. 1967-73), Mitgl. d. Zentralrats d. Intern. Richtervereinigung u. d. Landesjustizprüfungsamtes NRW - Wirmerstr. 13, 4000 Düsseldorf - Geb. 4. Okt. 1912 Warendorf (Westf.) - Gymn. Warendorf; Univ. Würzb. Jurist. Staatsprüf. Hamm (1935) u. Düsseldorf (1939) - V. 1940-45 Soldat. 1946 LGsrat Münster, 1952 OLGsrat Hamm, 1958 Senatspräs. Hamm, s. 1960 LGspräs. D'dorf. Mitverf. e. Kommentars z. BGB u. Kommentar z. Straßenverkehrsrecht.

DREES, Gerhard
Dr.-Ing., o. Univ.-Prof. u. Direktor Inst. f. Baubetriebslehre Univ. Stuttgart (s. 1963), Mitinh. DREES & SOMMER, Ingenieurges. f. Projektmanagem. u. DREES & SOMMER, berat. Ingenieure VBI, Mitgl. VBI, VDI, VUBI, REFA - Pfaffenwaldring 7, 7000 Stuttgart 80 - Geb. 6. Aug. 1925, verh. m. Jutta Rohrmann, 4 Kd. (Verena, Alexa, Joachim, Philipp) - Stud. Bauing.wesen TH Hannover, Dipl. 1953, Promot. 1956 TH Aachen - 1956-58 Ingeco Gombert, berat. Ing. f. Produktionsorg. (Belgien, Spanien); 1959-63 Obering., Techn. Geschäftsleit. Carl Brandt, Düsseldorf; s. 1963 Univ. Stuttgart, Lehr- u. Forschungsgeb. Baubetriebslehre (Kostenrechnung, Fertigungsplanung u. Fertigungssteuerung, Projektmanagement, Organisation u. Betrieb v. Bauuntern., Vertragswesen) - Üb. 100 Veröff., 11 Fachb. z. Baubetriebslehre.

DREES, Heinz
Dr. rer. nat., Ministerialrat a. D. - Sigmund-Freud-Str. 18, 5300 Bonn 1 (T. 28 27 90) - Geb. 6. Aug. 1912 Oldenburg/O., ev., verh. m. Erna, geb. Krämer, 1 Kd. - Obersch. Oldenburg; Univ. Hamburg, Köln, Jena (Naturwiss.) - LK Westf., Kriegsmarine, Zentralamt f. Landw. u. Ernährung f. d. brit. Zone, Hamburg (1946), Länderrat, Stuttgart (1947), Wirtschaftsrat, Frankfurt/M., u. Bundesmin. f. Ernährung, Landw. u. Forsten, Bonn (1950) - Ehrenmitgl. Pflanzenschutzorganis. f. Europa u. d. Mittelmeerraum, Paris; Ausz. aus 12 Ländern.

DREES, Oskar
Dr. med., Prof., Direktor Heinrich-Pette-Inst. f. Exper. Virologie u. Immunol. Univ. Hamburg - Husumer Str. 32, 2000 Hamburg 20 - Geb. 5. Mai 1925 - S. 1960 (Habil.) Lehrtätig. Hamburg (1967 apl. Prof. f. Virol.). Üb. 50 Facharb.

DREESEN, Ulrich
Botschafter d. Bundesrep. Deutschl. in Bangui/Zentralafrikanische Republik (s. 1989) - B.P. 901, Ambassade de la Rep. Fed. d'Allemagne, Bangui, Republique Centrafricaine - Geb. 23. Mai 1952 Bonn, kath., verh. s. 1980 m. Julia, geb. Ramisch - Jura-Stud. Univ. Bonn; Staatsex. 1976 Bonn - 1977 Eintritt in d. Diplomatischen Dienst; 1977-79 Attachéausb. im Auswärtigen Amt Bonn; 1979-82 Wirtschaftsref. in Buenos Aires/ Argent.; 1982-85 Ref. in d. Polit. Abt. d. Ausw. Amtes; 1985-88 Vertr. d. Botsch. in Port-of-Spain/Trinidad u. Tobago; 1988/89 Botsch. u. Konsularref. in Bukarest/Rum.; s. 1989 Botsch. in Bangui/Zentralafrikanische Rep. - 1984 Offizierkreuz d. Orden de Mayo al Merito de Argent. Rep. - Spr.: Engl., Franz., Span.

DREESKAMP, Herbert
Dr. rer. nat., Dipl.-Phys., o. Prof. f. Physikal. Chemie TU Braunschweig (s. 1975) - Birkenheg 37, 3300 Braunschweig - Geb. 7. Juli 1929 Mülheim/Ruhr (Vater: Heinrich D., Realschullehrer; Mutter: Elisabeth, geb. Kneisel) - Univ. Bonn, Paris, Notre Dame (USA). Promot. Bonn; Habil. 1965 Stuttgart - 1965-75 Doz. TU Stuttgart.

DREESMANN, Bernd
Generalsekretär EuronAid - P.O.Box 79, NL-2340 AB Oegstgeest (T. 71 - 159 159); Dt. Wohnsitz: Hescheid 54, 5374 Hellenthal - Geb. 15. Juni 1936 Düsseldorf (Vater: Franz D., Kaufm.; Mutter: Odilia, geb. Laufer), kath., verh. s. 1966 m. Jutta, geb. Hilger, 2 Kd. (Daniel, Monica) - 1947-56 Gymn.; 1956-60 Jurastud.; 1960-61 Johns Hopkins Univ.; 1962-65 Refer.zeit. - 1962/63 EG-Kommiss. Brüssel; 1966-69 Dt. Stiftg. f. Entw.; 1969-91 Dt. Welthungerhilfe; s. 1991 EuronAid. Mitarb. in zahlr. intern. Gremien. Regelmäßige Veröff. u. Vortr. z. Entw.politik - 1987 BVK I. Kl.- Liebh.: Malen, Wandern, Sammeln v. Spazierstöcken - Spr.: Engl., Franz., Ital.

DREESMANN, Ewald
Postbeamter, MdL Nieders. (s. 1974) - Stettiner Str. 8, 2952 Weener (T. 500) - SPD.

DREESSEN, Klaus

Dr. rer. pol., Vorstandsmitglied AC Alpha Consulting AG - Auf dem Berg 11, 6229 Schlangenbad (T. 06129 - 13 90) - Geb. 25. Nov. 1940 Münster/Westf., ev., verh. m. Felicitas, geb. Heckmann, 2 Kd. (Claudia, Thomas-Uwe) - Molkereilehre; Stud. Volkswirtsch. Univ. Münster u. Hamburg; Ex. 1968; Promot. 1971 Münster - BV: D. Bedeutung d. landwirtschaftlichen Produktionsgenossenschaften f. d. DDR, 1973.

DREGER, Wolfgang
Dr.-Ing., Prof. - Sorauer Str. 22, 5900 Siegen 1 (T. 0271 - 31 53 61) - Geb. 1. Juni 1934 Berlin (Vater: Heinz D., Lehrer; Mutter: Luise, geb. Kahre) - Gymn. u. TU Berlin (Dipl.-Ing. 1957). Promot. (1959) u. Habil. (1963) Berlin - S. 1963 Lehrtätig. TU Berlin (1968 apl. Prof. f. Automation). S. 1978 o. Prof. f. Systemtechnik Univ. Siegen; s. 1989 Inst. f. Qualitätssicherung u. BV: Netzplantechnik f. d. Materialfluß, 1968. Mitarb.: Unternehmensführung auf neuen Wegen (1968); Management-Informations-Systeme (1973); Projekt-Management (1974). Herausg. d. Materialien zu d. wehrtechn. Seminaren: Möglichk. d. Absicherung v. Projekten gegen Risiken u. Pannen, Bd. 1 (1985); Wie läßt sich d. tatsächliche Kampfwert v. Waffensystemen bestimmen?, Bd. 3 (1985); Was kostet e. System wirklich (Life Cycle Cost als neue Management-Aufg.), Bd. 4 (1986), Bd. 5; Künstl. Intelligenz auf d. Gefechtsfeld (1988) - Liebh.: Klass. Musik, bes. Opern - Spr.: Engl. - Rotarier.

DREGGER, Alfred
Dr. jur., Oberbürgermeister a. D., MdB (s. 1972), Ehrenvors. CDU/CSU-Bundestagsfraktion (1982-91), Ehrenvors. (s. Nov. 1991) - Elisabethenstr. 1, 6400 Fulda - Geb. 10. Dez. 1920 Münster/W. (Vater: Alfred D., Verlagsdir.; Mutter: Änne, geb. Sasse), kath., verh. s. 1952 m. Dipl.-Volksw. Dagmar, geb. Hillenhinrichs, 3 Söhne (Wolfgang † 1972, Meinulf, Burkard) - Gymn. Werl (Abit. 1939); 1946-49 Univ. Marburg u. Tübingen (Rechts- u. Staatswiss.). Promot. 1950; Gr. jurist. Staatsprüf. 1953 - 1939-45 Wehrdst. (zul. Hptm.; 4 × verwundet); 1954-56 Ref. Bundesverb. d. Dt. Ind., Dt. Städtetag; 1956-70 Oberbürgerm. u. Kämmerer Fulda; 1970-83 Vorst.-Mitgl. Überlandwerk Fulda AG. (vorher AR-Vors.) - 1960-70 Präsidialmitgl. Dt. Städtetag (1965 Präs., 1967 Vizepräs.). 1962-72 MdL Hessen (1970 Fraktionsvors.). S. 1972 MdB (1976 stv. Fraktionsvors.; 1982-91 Fraktionsvors., s. Nov. 1991 Ehrenvors. CDU (1967-82 Landesvors. Hessen; 1969 Mitgl. Bundesvorst., s. 1977 Mitgl. d. Präsid.) - BV: Haftungsverhältnisse in d. Vorgesellschaft, 1950 (Diss.); Systemveränderung - Brauchen wir e. andere Republik?, 1972; Freiheit in unserer Zeit, 1980; D. Preis d. Freiheit, 2. A. 1986; Der Vernunft e. Gasse, 2. A. 1987 - 1977 Gr. BVK, 1980 Stern, 1984 Schulterbd., 1985 Großkreuz dazu - Liebh.: Sport (Schwimmen, Reiten, Wandern), Kunstgesch. (Malerei, Plastik).

DREHER, Anton
Dipl.-Ing., Präsident d. Vorstandes Dt. Boots- u. Schiffbauer-Verb. - Jungiusstr. 13, 2000 Hamburg 36 - Geb. 2. März 1942.

DREHER, Erich
Dipl.-Kfm., Vorstandsmitglied Hessische Landesbank - Girozentrale, Junghofstr. 18-26, 6000 Frankfurt/M. - Geb. 12. April 1931 Nürnberg - Div. AR-Mandate.

DREHER, Heinz
Direktor, Hauptgeschäftsf. Diakon. Werk d. Ev.-luth. Landeskirche/Innere Mission u. Hilfswerk - Ebhardtstr. 3a, 3000 Hannover.

DREHER, Herbert Emil
Dr. jur., Botschafter a. D. - Basler Str. 6, 7800 Freiburg - Geb. 8. Aug. 1916 Ettlingen (Vater: Friedrich D., Beamter; Mutter: Lina, geb. Lebert), ev., verh. s. 1944 m. Hella, geb. Spangenberg - S. Wolfgang, Richter LSG Stuttgart - Promot. 1950 Freiburg; 2. Jurist. Staatsex. 1951 - S. 1952 Ausw. Amt, Bonn (Ausl.posten: b. 1956 Teheran; 1960-63 Washington; 1963-66 Brüssel); 1976-79 Botsch. i. d. Niederlanden, 1966-76 Bonn (Leit. Rechtsabt.) - Offz.-kreuz d. Leopold-Ordens; Komturkr. d. Ordens Leopold II; Gran Uffiziale VO. Ital. - Liebh.: Musik, Sport - Spr.: Engl., Franz.

DREHER, Peter
Maler u. Graphiker, Prof. Staatl. Akad. d. bild. Künste Karlsruhe (s. 1965; Leit. Malklasse Außenst. Freiburg) - Fuchsstr. 7a, 7800 Freiburg/Br. (T. 7 27 25) - Geb. 26. Aug. 1932 Mannheim (Eltern: Dr. med. Rudolf u. Erna D.), ev., verh. s. 1962 m. Brigitte, geb. v. Canstein, 3 Kd. (Valeska, Stefan, Felix) - Kunstakad. Karlsruhe (Hubbuch, Schnarrenberger, Heckel) - U. a. bauverbund. Arbeiten (Reliefs in Stein, Beton, Metall, Glasfenster, Wandmalerei) Hamburg, Oldenburg, Folkwang-Mus. Essen, Kunstverein Freiburg, staatl. Kunsthalle Baden-Baden, Mus. Leverkusen, Schloß Morsbroich, v. d. Heydt-Mus. Wuppertal, Österr., Frankr. Mitgl. Ges. Künstlerbund, Vorst.smitgl. Künstlerbund Bad.-Württ. - 1958 Kunstpreis d. Jugend, 1965 Rom-Preis Villa Massimo; Reinhold-Schneider-Kulturpr.; Hans-Thoma-Staatspr. - Spr.: Engl., Franz., Ital.

DREIBUS, Heinz

Geschäftsf. Direktor Landkreistag Rheinland-Pfalz - Am Hechenberg 20, 6500 Mainz-Hechtsheim (T. 06131 -

DREIBUS

50 81 95; dstl.: 23 20 21) - Geb. 17. Jan. 1938 Mainz-Hechtsheim (Vater: Heinrich D., Bürgerm.; Mutter: Anna, geb. Fürst), kath., verh. s. 1967 Gerlind, geb. Kapp, T. Alexandra - Abit.; Sparkassenvolont.; 1957-62 Stud. Rechts- u. Staatswiss., Finanzwiss., Volkswirtsch.lehre Mainz; 1. jurist. Staatsex. 1962, 2. jurist. Staatsex. 1966 Rhld.-Pfalz 1962-64 Assist. Univ. Mainz; 1966-69 Ref. Kommunalabt. Innenmin. Rhld.-Pfalz; 1969-70 Dezern. Kreisverwaltung Mainz-Bingen; 1970-85 stv. Geschäftsf. Landkreistag Rhld.-Pfalz; s. 1985 Geschäftsf. Landkreistag Rhld.-Pfalz; s. 1970 Lehrbeauftr. Hochsch. f. Verwaltungswiss. Speyer. S. 1979 Stadtratsmitgl. Mainz, 1985-88 stv., s. 1989 Fraktionsvors.; Mitgl. Regionalvertretung Rheinhessen-Nahe (Fraktionsvors.), s. 1976 stv. Bezirksvors. Kommunalpolit. Vereinig. d. CDU Rheinhessen-Pfalz; Vorst.-Mitgl. Kommunaler Arbeitgeber-Verb. Rhld.-Pfalz - BV: Kommunalgesetz f. Rhld.-Pflaz (Kommentar z. Kommunalverfassungsrecht), s. 1975; Handb. d. kommunalen Wiss. u. Praxis (Bürgermeisterverfassung), b. 1982 - 1987 Hochschulmed. Hochsch. f. Verwaltungswiss. Speyer; Gold. Feuerwehrehrenzeichen am Bde. - Liebh.: Politik, Gesch., Musik.

DREIDOPPEL, Emil

Dr. jur., Oberstadtdirektor a.D. - Helenenbergweg 8, 5810 Witten/Ruhr (T. 12066) - Geb. 26. Jan. 1920 Linkenbach/Westerw. (Vater: Gustav D.; Mutter: Katharina, geb. Kalbitzer), ev., verh. s. 1948 m. Ilse, geb. Heidtkamp - Abitur 1942 (als Nichtschüler); Promot. (Köln) u. Gr. jurist. Staatsprüf. 1957 - 1934-39 Verw.lehrling u. -angest. Bürgermeisteramt Puderbach/Westerw., dann Anwärter u. Beamter d. gehobenen Dienstes Stadtverw. Mülheim/Ruhr, 1957-59 städt. Rechtsrat ebd., 1959-85 Oberstadtdir. Witten; dann Doz. f. Etymologie u. Onomastik; Vors. Schutzgemeinsch. Deutscher Wald u. d. Kulturgemeinde Witten.

DREIER, Erich

Fabrikbesitzer, Geschäftsf. Dreier-Werk GmbH. u. a. - Im Defdahl 201 - 03, 4600 Dortmund - Geb. 24. Okt. 1919.

DREIER, Franz-Adrian

Dr. phil., Prof., Direktor Kunstgewerbemuseum/Staatl. Museen Pr. Kulturbesitz i. R. (1969-87) - Bayernallee 48, 1000 Berlin 19 - Geb. 11. Juli 1924 Bremen - Promot. 1952 - Museumstätig. Hamburg, Frankfurt/M., Kassel - BV: Glaskunst in Hessen-Kassel, 1968; Winkelmessinstrumente, 2. A. 1989; Venezianische Gläser u. façon de Venise, 1989. Div. Einzelarb.

DREIER, Joachim

Dr. rer. pol., Dipl.-Kfm., Industrieller, Geschäftsf. Gelco Bekleidungswerke, Gelsenkirchen/Wien/Strasbourg, u. a. - Pöpinghausstr. 24, 4660 Gelsenkirchen-Buer - Geb. 17. Dez. 1930 Gütersloh (Eltern: Friedrich (Finanzdir. Miele-

Werke) u. Regina D.), kath., verh. s. 1963 (Ehefr.: Renée, geb. 1937), 3 Kd. (Jörn, Dirk, Dorle) - Gymn. Gütersloh, Univ. Münster u. Köln. Dipl.-Kfm. 1954; Promot. 1957 - BV: D. Mode als betriebsw. Problem, 1957 - Spr.: Engl.

DREIER, Josef

Dipl.-Volksw., Oberstudiendirektor, Staatssekr. Min. f. Wissenschaft u. Forsch. (s. 1992), MdL Baden-Württ. (Wahlkr. 68, Wangen) - Altmannweg 3, 7988 Wangen (T. 07522 - 45 33) - Geb. 28. Aug. 1931 Egelsee - CDU.

DREIER, Ralf

Dr. jur., Prof. f. Allg. Rechtstheorie Univ. Göttingen (s. 1973) - Wilhelm-Weber-Str. 4, 3400 Göttingen (T. 5 91 14) - Geb. 10. Okt. 1931 Bad Oeynhausen (Vater: Heinrich D., Kaufm.; Mutter: Martha, geb. Volkmann), ev. - Stud. Univ. Hamburg, Freiburg, Münster; Promot. 1963 Münster; Habil. 1970 ebd., s. 1980 Mitgl. Akad. d. Wiss. Göttingen; s. 1991 Präs. d. Int. Vereinigung f. Rechts- u. Sozialphilosophie - BV: Zum Begriff d. Natur d. Sache, 1965; D. kirchl. Amt, 1972; Was ist u. wozu Allg. Rechtstheorie?, 1975; Recht - Moral - Ideologie, 1981; Rechtsbegriff u. Rechtsidee, 1986; Recht - Staat - Vernunft, 1991 - Spr.: Engl., Franz.

DREIER, Wilhelm

Dr. theol., Dr. rer. pol., Prof. f. Christl. Sozialwissenschaft - Lerchenweg 15, 8700 Würzburg - Geb. 17. Febr. 1928 Wattenscheid - Promot. 1958 (r. p.) u. 64 (th.); Habil. 1967 - S. 1968 Ord. Univ. Würzburg (Mitvorst. Inst. f. Prakt. Theol.) - BV: u. a. Soll die Kirche Werbung treiben?, 1967.

DREIKORN, Kurt

Dr. med., Prof., Arzt f. Urologie, Direktor d. Urolog. Klinik, Zentralkrkhs. (s. 1986) - St.-Jürgen-Str., 2800 Bremen 1, priv.: Stadtländer Str. 58, 2800 Bremen 33 - Geb. 16. Mai 1942 Cuxhaven (Vater: Kurt D. †; Mutter: Magda, geb. Lengsfeld), ev., verh. m. Ilga, geb. Rambaks - Abit. 1961 Cuxhaven, Stud. Univ. Heidelberg u. Lausanne, Staatsex. Univ. Heidelberg 1967, 1968-70 Schweden u. Dänemark, Habil. 1974, Prof. s. 1977 - 1970-86 Urolog. Univ.-Klinik Heidelberg - Liebh.: Segeln, Golf - Spr.: Engl., Franz., Schwed., Dän.

DREITZEL, Hans P.

Dr. phil., o. Prof. f. Soziologie FU Berlin (s. 1969) - Goethestr. 69, 1000 Berlin 12 (T. 3124219) - Zul. New York.

DREIZLER, Helmut

Dr. rer. nat., o. Prof. u. Leiter Abt. Chem. Physik/Inst. f. Physikal. Chemie Univ. Kiel (s. 1969) - Zul. Doz. Univ. Freiburg. Etwa 350 Fachaufs.

DREIZLER, Reiner

Ph. D., Prof. f. Theoret. Physik Univ. Frankfurt/M. - Sodener Weg 32, 6232 Bad Soden - Geb. 22. Sept. 1936 Stuttgart.

DRENCKHAHN, Detlev

Dr. med., Prof. Inst. f. Anatomie u. Zellbiologie Univ. Würzburg - Univ., Koellikerstr. 6, 8700 Würzburg - Geb. 26. Nov. 1944 Göhren/Rügen (Vater: Dr. Detlev D., Arzt; Mutter: Christa, geb. Schmidt, Ärztin), ev., verh. s. 1969 m. Helga, geb. Wittich, 3 Kd. (Detlev, Anne, Frank) - 1965-71 Med.-Stud. Kiel u. Heidelberg; Promot. 1971, Habil. 1981 Kiel - 1981-90 Prof. f. Anat. u. Zellbiol. Univ. Marburg; s. 1990 Ord. f. Anat. Univ. Würzburg. Forschungsgeb.: Zellforsch. - BV: Vogelwelt Schlesw.-Holst., 1974 - Liebh.: Ornithol., Ökol.

DRERUP, Heinrich

Dr. phil., o. Prof. em. f. Archäologie - Wilhelm-Busch-Str. 53, 3550 Marburg/L. (T. 2 38 17) - Geb. 23. Aug. 1908 München (Vater: Prof. Dr. phil. Engelbert D., Altphilologe † 1942; Mutter: Maria, geb. Hecking), verh. 1942 m.

Martha, geb. Hömberg - Promot. 1933 Bonn; Habil. 1948 Münster - 1938-40 Ref. Dt. Archäol. Inst. Berlin; 1940-48 Wehrdst. u. Kriegsgefangensch.; s. 1948 Lehrtätig. Univ. Münster u. Marburg, o. Mitgl. Dt. u. Österr. Archäolog. Inst. Publ. in Buchform u. in Fachztschr., vor allem z. griech. u. röm. Arch. sowie antikes Porträt.

DRESCHER, Joachim

Dr. med., o. Prof. f. Virologie u. Seuchenhygiene - Husarenweg 6, 3167 Burgdorf-Ehlershausen - Geb. 8. Juli 1930 Reichenbach/Schles. - S. 1962 (Habil.) Lehrtätig. FU Berlin (1967 Abteilungsvorst. u. Prof.) u. Med. Hochsch. Hannover (1970 Ord.). Üb. 80 Fachveröff. - 1964 Aronson-Preis.

DRESCHER, Jürgen

Dr. med. (habil.), Prof., Kinderarzt - Cloppenburger Str. 363, 2900 Oldenburg/O. - B. 1977 Privatdoz., dann apl. Prof. Univ. Kiel (Kinderheilkd.).

DRESCHER, Julius

Geschäftsführer, MdL - An den Galmeibäumen 3, 5790 Brilon (T. 8640) - Geb. 20. Mai 1920 Brilon, verh., 2 Kd. - Gymn. - 1938-45 Wehrdst.; spät. Tätigk. elterl. Vermessungsgeschäft. S. 1948 Ratsmitgl. Brilon (1952-56 I. stv., 1956-62 Bürgerm.) u. MdK ebd. (Fraktionsvors.); 1956-62, 1963-66 u. s. 1968 MdL Nordrh.-Westf. SPD s. 1946 (div. Funktionen).

DRESCHER, Philipp

Fabrikant - Florentiner Str. 20, 7000 Stuttgart 75 - Geb. 9. Febr. 1906 Freiburg/Br. - Gilt als Schöpfer u. Pionier d. mod. Geschäftsdruckind.

DRESCHER, Wilfried H.

Direktor, Vorst. BASF Farben + Fasern AG., Hamburg 70, Administrateur: Couleur-Paris S. A., Paris, Kast + Ehinger France S. A., ebd., Kast + Ehinger S. A., Brüssel, Sindaco: Kast + Ehinger Italiana S. p. A., Milano, Raad v. Commissarissen: Remmert B. V., Apeldorn, B. V. Drukinktfabr. Falck-Roussel, Varsseveld - Kuehnstieg 12, 2000 Hamburg 70 - Geb. 1. Juni 1927 Bernsdorf (Vater: Walter D.), verh. m. Ruth, geb. Schaarschmidt.

DRESE, Claus Helmut

Dr. phil., Direktor Opernhaus Zürich - Seehaldenstr. 1, CH-8802 Kilchberg - Geb. 25. Dez. 1922 Aachen (Vater: Karl D.; Mutter: Helene, geb. Schüller), kath., verh. s. 1950, 2 Kd. - Dramat., Regiss., Int. in Marburg, Osnabrück, Mannheim, Heidelberg, Wiesbaden, Köln, Zürich. Div. Ztschr.veröff., Hörspiele.

DRESEN, Lothar

Dr. rer. nat. (habil.), Dr. h.c. (H) Geophysiker, Univ.-Prof. f. Seismik, insb. Regional- u. Modellseismik, 1987-89 u. 1991-93 Dekan Fak. f. Geowiss., 1989-91 Senator an d. Univ. Bochum, Ing. u. Bergbaugeophys. Univ. Bochum Fak. f. Geowiss. - Platanenweg 11, 4630 Bochum 1 - Geb. 16. Nov. 1939 - Präs. Ambassador-Club Bochum, Wiss. Leit. dt. Mintrop-Sem. - 68 Publ. in Monogr. u. Ztschr.

DRESIA, Heinrich

Dr. rer. nat., Prof., Hochschullehrer - Helmertweg 4, 4300 Essen 1 - Geb. 4. Juli 1923 Oidtweiler b. Aachen (Vater: Johann D.; Mutter: Sybilla, geb. Clemens), kath., verh. s. 1948 m. Maria, geb. Neuhausen, 4 Kd. (Wolfgang, Angelika, Hildegard, Maritta) - Stud. Physik. Dipl.-Phys. 1951 Univ. Göttingen; Promot. 1955 TH Aachen - 1953 Wiss. Assist. TH Aachen; 1956 Doz. Staatl. Ing.sch. Essen; 1972 Prof. Univ. ebd. (Kernphys. u. -techn.). Üb. 30 Fachveröff. (Kerntechn., Strahlen- u. Umweltschutz). Div. pat. Erf.

DRESKE, Klaus-Dieter

Industriekaufmann - Breimerwinkel 4,

DRESSLER

3012 Langenhagen 1 - Geb. 3. Juni 1944 Hannover, ev., verh. s. 1966 m. Klein, geb. Port, 3 Kd. (René, Nadja, Bianca) - Gymn., Handelssch. - 1971 Deleg. Bundesverb. Druck im REFA-Fachausssch. Druckind., 1979 Vors. ebd. 1974 Prüfungsausssch.-Vors. f. Ind.-Kaufleute Hannover-Hildesheim, 1980 Handelsrichter LG Hannover.

DRESS, Andreas W. M.

Dr. rer. nat., o. Prof. f. Mathematik Univ. Bielefeld - Bremer Str. 33a, 4800 Bielefeld 1 - Geb. 26. Aug. 1938 Berlin (Vater: Prof. Walter D., Kirchenhistoriker (s. XVIII. Ausg.); Mutter: Susanne, geb. Bonhoeffer), ev., s. 1963 m. Heidemarie, geb. Luther, 2 S. (Jochen, Ruprecht) - Arndt-Sch. Berlin; FU Berlin, Univ. Tübingen u. Kiel. Promot. (1962) u. Habil. (1965) Kiel - 1965-69 Wiss. Rat FU Berlin. - Prof. s. 1970 f. reinen u. angew. Mathematik - Spr.: Engl. - Bek. Vorf.: Dietrich u. Karl Friedrich (Onkel), Karl Bonhoeffer (Großv.); Karl v. Hase (Ururgroßv.).

DRESSEL, Helmut

Dr. jur., Ltd. Regierungsdirektor Freie u. Hansestadt Hamburg, Geschäftsf. Hamburger Ges. f. Beteiligungsverw. mbH (HGV), Bayerisch-Hamburgische Beteiligungsges. mbH, AR-Vors. P+R Betriebsges. GmbH, AR-Mitgl. Sprinkenhof AG, TEREG Techn. Reinigungsges. mbH, Hamburg Messe u. Congress GmbH, Zentral-Omnibus-Bahnh. ZOB GmbH, alle Hamburg. Staatl. Treuhänder: Dt. Schiffsbank AG - Begel 6, 2000 Hamburg 67 (T. 603 64 62) - Geb. 21. Nov. 1926 Hamburg (Eltern: Wilhelm (Oberschulrat a. D. u. Hertha B.), ev., verh. s. 1971 m. Jutta, geb. La Ruelle, Sohn Andreas - Jurist. Stud. Univ. Hamburg (2. Jurist. Staatsprüf.) - Vorstandsvorsitzender Dt.-Franz. Ges. Cluny - Spr.: Franz., Engl.

DRESSEL (ß), Horst

Verleger, Geschäftsf. Gesellsch. f. Schlütersche Verlagsanst. u. Druckerei GmbH & Co., Hannover, Geschäftsf. Kommunikation u. Wirtsch. GmbH, Oldenburg u. d. Mediengenes. Niedersachsen. mbH, Hannover, Vorst.-Mitgl. Verb. d. Zeitschriftenverlage Nieders.-Bremen E.V., Verb. Dt. Adressbuch-Verleger E.V., u. d. Fachgr. GELBE SEITEN im VDAV - Zu erreichen üb. Schlütersche Verlagsanst. u. Druckerei - Postfach 5440, 3000 Hannover 1 - Geb. 7. Febr. 1931 Coburg, ev., verh. s. 1957, 1 Kd. - 1992 BVK am Bde.

DRESSLER, Fritz

Dr. med. (habil.), Prof., Chefarzt Kinderklinik am Mariendorfer Weg (s. 1972) - Bredtschneiderstr. 14, 1000 Berlin 19 (T. 3027602) - Geb. 1930 (?) - Zul. Oberarzt Kaiserin-Auguste-Viktoria-Kinderklinik Charl. (zugl. Univ.s-Kinderklinik). Privatdoz. u. apl. Prof. FU Berlin. Fachveröff.

DRESSLER, Otto

Bild. Künstler - Osteranger 4, 8019

Moosach/Obb. (T. 08091-97 16) - Geb. 1. Nov. 1930 Braubach (Vater: Otto D., Arch.; Mutter: Berta, geb. Friedrich), verh. m. Hildegard, geb. Langemeijer - Ausb. Steinmetz; Staatsdipl. f. Bildhauerei - Mitgl. Freie Akad. Mannheim, Dt. Künstlerbd., Intern. Künstler-Gremium, Künstlerhaus Wien, Bundesverb. Bild. Künstler (ehem. Bundesvors.), Künstlerbund Rhein-Neckar, Deleg. d. BRD KSZE-Nachfolgekonf. KULTUR-FORUM BUDAPEST - Volksausst., Objekte-Aktionen-Reaktionen, (Unser Land, Dt. Verfassungswirklichk.); Ausst. u. Kunstaktionen in 209 Städten Europas, u.a. Moskau, New York, Paris, Berlin, Sofia, Wien, München, Seoul, Tokio, Bonn, Budapest, Madrid, Brüssel, Hamburg, Stockholm, Kopenhagen, Frankfurt, Luxemburg, Neapel, Nijmegen, Hannover, Sao Paulo, Rostock, Warschau, Schwerin, Berlin, Cairo, Rosenheim, Krakau, Maidanek, u.v.a. - 1990 BVK I. Kl. - Spr.: Engl. - Lit.: Gerd Winkler, D. Verfremder O. D. u. s. Aktionen; O. D., Unser Land, Text v. Dr. A. Vowinckel; O. D. Aktionen, Text v. H. Hoffmann.

DRESSLER (ß), Rudolf

Schriftsetzer, MdB (Wahlkr. 69/Wuppertal 1) - Auf dem Scheidt 15, 5600 Wuppertal 1 (T. 0202 - 71 01 71) - Geb. 17. Nov. 1940 - B. 1982 Parlam. Staatssekr. Bundesmin. f. Arbeit u. Sozialordn., Bundesvors. Arbeitsgem. f. Arbeitn.fragen. SPD. (1984 Vorst.-Mitgl., 1991 Mitgl. Präsid., s. 1987 stv. Vors. SPD-Bundestagsfraktion).

DRESSLER (ß), Siegfried

Dr. med., Prof., Chirurg - Meisenstr. 1, 1000 Berlin 33 - Gegenw. Lehrtätigk. FU Berlin.

DRESSLER (ß), Willi

Dr. med., Prof., Chefarzt Chirurg. Klinik - Stadtkrankenhaus, 8670 Hof/S. - Geb. 27. Febr. 1913 - S. 1952 (Habil.) Privatdoz. u. apl. Prof. (1958) Univ. Erlangen (Chir. u. Neurochir.) Üb. 50 Fachveröff.

DREVS, Merten

Dr. jur., Staatssekretär im Finanzministerium d. Landes Mecklenburg/Vorpommern (s. 1990) - Marquardplatz 2, 2400 Lübeck 1 - Geb. 27. Juli 1934 Köslin/Pommern, ev., verw. s. 1986, 2 Kd. (Kirstin, Jan Hinrik) - Abit. 1954 Ratzeburg; Stud. Rechtswiss. Univ. Bonn, Tübingen, Zürich, Kiel; bde. Staatsprüf., Promot. Univ. Paris; zahlr. Ausl.-Aufenth. - Landesvorsitzender Schleswig-Holstein der Paneuropa-Union; 1989 Vorst. d. Finanzamts Ratzeburg; 1990 Dir. f. Finanzen d. Bezirksverw.behörde Rostock - 1985 Bismarck-Med. - Liebh.: Natur, Jagd, Judo, Foto/Film - Spr.: Franz., Engl., Schwed., Ital.

DREWANZ, Hans

Prof., Dirigent, Generalmusikdirektor Darmstadt - Niebergallweg 1, 6100 Darmstadt - Geb. 2. Dez. 1929 Dresden (Vater: Hans D., Kapellmeister; Mutter: Charlotte, geb. Friebel), ev., verh. s. 1959 m. Christiane, geb. Lang, 2 T. (Katja, Viola) - Gymn. u. Musikhochsch. Frankfurt/M. - 1952-59 Studienleit. Frankfurt/M., 1959-63 1. Kapellm. Wuppertal; s. 1963 GMD Darmstadt; s. 1985 Prof. Musikhochsch. d. Saarlandes - 1980 Joh. H. Merck-Ehrung - Liebh.: Schmalfilmen - Spr.: Engl., Franz.

DREWES, Joseph

Dr. med., Prof. f. Chirurgie Univ. Düsseldorf (s. 1966) - Frankfurter Str. 67, 6239 Kriftel/Ts. - Geb. 14. Aug. 1917 Gelsenkirchen - S. 1962 (Habil.) Lehrtätigk. D'dorf (1957 Leit. Chir. Poliklin.) - BV: D. Phlebographie d. oberen Körperhälfte, 1963 - 1962 v.-Haberer-Preis Ndrh.-Westf. Chirurgenvereinig. - Liebh.: Mineralogie, Botanik.

DREWS, Dietrich Eckhard

Prof. f. Mathematik, Physik u. Lerntechnik FH Ostfriesl. - Schlehenweg 39a, 2950 Leer - Geb. 21. April 1935 Gumbinnen (Vater: Friedrich D., Studienrat; Mutter: Käthe, geb. Hartwig), ev., 2 S. (Kai Holger, Till Martin) - 1. Staatsex. 1958 Berlin, 2. -Ex. Göttingen, Sprecherzieherex. 1962 Frankfurt; Ass. 1963 - Doz. FH Ostfriesl. (1973-85 Dekan, 1974-76 Rektor) - Gold. Sportabz.

DREWS, Gerhart

Dr. rer. nat., o. Prof. f. Mikrobiologie - Schloßweg 27b, 7802 Merzhausen/Br. (T. Freiburg 40 24 42) - Geb. 30. Mai 1925 Berlin (Eltern: Wilhelm (Lehrer) u. Hilma D.), ev., verh. s. 1960 (Ehefr.: Christiane) - Stud. Biol., Chemie, Geogr. Staatsex. (1951), Promot. (1953) u. Habil. (1960) Halle/S. - 1952 Assist. Botan. Inst. Univ. Halle, 1953 wiss. Mitarb. Inst. f. Mikrobiol. u. Exper. Therapie Akad. Wiss. Jena, 1961 Doz. Univ. Freiburg, 1964 o. Prof. ebd. Hrsg. Arch. Microbiol. 250 Fachaufs. u. Buchbeiträge insb. z. Thema Biochemie u. Molekularbiol. v. Membranproteinen (Funktion, Struktur, Biosynthese, Regulation). Mikrobiol. Praktikum, 4. A. 1983 - Spr.: Engl.

DREWS, Hans-Jürgen

Dr. rer. pol., Vorstandsmitglied HUK-Coburg Versicherungsgruppe (s. 1963), Vizepräs. IHK Coburg (1983ff.) - Oberer Pelzhügel 10, 8630 Coburg/Ofr. (T. 09561 - 96 28 30) - Geb. 9. Febr. 1930 Kiel, ev., verh. s. 1955 m. Doris, geb. Auschel, 2 T. (Kerstin, Anke) - Univ. München u. Hamburg (Dipl.-Volksw.). Promot. TU Berlin - 1952-62 Ref. Bundesaufsichtsamt f. d. Versich.wesen - Spr.: Engl.

DREWS, Hellmuth

Vorstandsmitgl. Triton-Belco AG. - Alter Teichweg 15 - 25, 2000 Hamburg 76 - Geb. 21. Dez. 1923.

DREWS, Jörg

Dr. phil., Literaturwissenschaftler, Schriftst. - Gaisbergstr. 16, 8000 München 80 (T. 47 33 71) - Geb. 26. Aug. 1938 Berlin - Stud. German., Angl., Gesch. Heidelberg, London, München. Promot. 1966 - 1969ff. Mitarb. Südd. Ztg. (Feuilletonred., Literaturkrit.), 1973ff. Prof. Fak. Ling. u. Lit.wiss. (Univ. Bielefeld) - BV: Goethe anekd., 1969; Freud anekd., 1970; D. Solipsist i. d. Heide, 1974; Wie die Grazer auszogen, d. Literatur z. erobern, 1975; Wie bin ich vorgespannt d. Kohlenwagen meiner Trauer (hrsg., Gedichte von Albert Ehrenstein), 1977; Ich bin an meinen Punkt gebannt, 1978; Zynisches Wörterbuch, 1978; V. Kahlschlag zu movens. Üb. d. langsame Auftauchen experimenteller Schreibweisen in d. westd. Lit. d. fünfziger J., 1980; D. Tempo dieser Zeit ist keine Kleinigk. Z. Lit. um 1918, 1981; Gebirgslandsch. m. Arno Schmidt. D. Grazer Symposion, 1982; Lilienthal od. d. Astronomen. Hist. Materialien zu e. Projekt Arno Schmidts; James Joyce. Materialien z. Vermessung s. Universums, 1985; D. endgültige zynische Lexikon, 1989; Johann Gottfried Seume. E. polit. Schriftst. d. Spätaufklärung, 1989; Charlotte Brontë: Erzählungen aus Angria (hg. u. übers.), 1990; Gift, das du unbewußt eintrinkst. D. Nationalsozialismus u. d. deutsche Sprache (m. Werner Bohleber), 1991; Johann Gottfried Seume: Mein Leben, 1991. Herausg.: Bargfelder Bote. Fernsehf.: Esoterik u. Marxismus - E. Porträt Walter Benjamins (1972); Lebensgeschichte als Zeitgeschichte: Gershom Scholem (1976) - 1972 Mitgl. PEN-Zentrum BRD.

DREWS, Jürgen

Dr. med., Prof., Vorsitzender d. Forschungsleitung u. Mitgl. d. Konzernleitung F. Hoffmann-La Roche Aktiengesellschaft, Basel (s. 1985), m. Sitz in USA (s. 1991) - Hoffmann-La Roche Inc. Nutley, NJ 07110 - Geb. 16. Aug. 1933 Berlin (Vater: Walter D., Kaufm. Direktor; Mutter: Lotte, geb. Grohnert), verh. s. 1963 m. Dr. med. Helga, geb. Eberlein, 3 T. (Ulrike, Karoline, Bettina) - Promot. 1959 Berlin (FU) - S. 1968 (Habil.) Privatdoz. u. apl. Prof. (1973)

Univ. Heidelberg (Inn. Med.); 1979 Dir. Sandoz-Forsch.-Inst. Wien; 1982-84 Dir. Pharmaforsch. u. Entwickl. Sandoz AG, Basel - BV: Grundl. d. Chemotherapie, 1979; Immunpharmakologie, Grundl. u. Perspektiven, 1986; Immunopharmacology, 1990. Etwa 170 Facharb.; zahlr. Artikel in d. Tages- u. Fachpresse zu forsch.- u. wissensch.politischen Fragen.

DREWS, Paul

Dr.-Ing., Prof. TH Aachen (s. 1972) - Korneliusmarkt 54, 5100 Aachen - Geb. 16. April 1934 Ahlen/W. (Vater: Paul D., Soldat; Mutter: Elisabeth, geb. Middelkötter), kath., verh. s. 1964 m. Doris, geb. Bergs, 2 Kd. (Claudio, Frank) - Erf. a. d. Geb. d. Schweißtechn. Mitgl. in- u. ausl. Fachges.

DREXELIUS, Günter

Dr., Präsident Bundesamt f. Ernährung u. Forstwirtschaft - Adickesallee 40, 6000 Frankfurt/M. 18 - Geb. 25. Febr. 1939.

DREXHAGE, Karl-Heinz

Dr. phil., o. Prof. f. Physikal. Chemie (Lehrst. II) Univ.-GH Siegen (s. 1978) - Schanzenweg 50, 5900 Siegen - Geb. 25. Febr. 1934 Herford, verh. s. 1961 m. Elisabeth, geb. Plaas, 2 Kd. (Kirsten, Andreas) - 1945-54 Leopoldinum Detmold; 1954-60 Univ. Marburg (Dipl.-Chem. 1960). Promot. (1964) u. Habil. (1967) Marburg - Forschungsleit. USA (1968-69 IBM San José; 1969-78 Kodak Rochester) - Liebh.: Laufen - Spr.: Engl.

DREXLER, Erich

Kaufmann, Vors. Großhandelsverb. Schreib-, Papierwaren u. Bürobedarf - Am Weißen Turm 27, 6000 Frankfurt/M. 60.

DREYBRODT, Wolfgang

Dr. rer. nat., Prof. f. Exper. Physik, insb. Festkörperphysik, Univ. Bremen (s. 1974) - Bekassinenstr. 86, 2800 Bremen 33 - Geb. 10. Jan. 1939 Annaberg/Sa. (Vater: Johannes D., Oberstudienrat; Mutter: Irene, geb. Meinhold), ev., verh. s. 1964 m. Marion, geb. Fischer, 2 Kd. (Jörg, Anja).

DREYER, Ernst Adolf

Verleger, Schriftst. - Schmüserstr. 12, 2000 Hamburg-Wandsbek - Geb. 25. Nov. 1907 Rostock - Univ. Rostock, Berlin, Zürich (Literatur-, Kunstwiss., Religionsphil., Gesch., Volksw.) - BV: Egon Tschirch, Hans Friedrich Blunck, Julian Klein v. Diepold, D. Vieweg-Verlag in 150 J. dt. Geistesgesch., Werner Peiner, D. Hermann-Eris-Busse-Buch, E. Stickelberger, F. v. Unruh, E. Barlach u. a. Herausg.: Welt d. Bühne - Welt d. Films, D. Erdöl-Bücherei, Dt. Geist u. a.

DREYER, Ernst-Jürgen

Dr. phil., Schriftsteller u. Lehrer - Anton-Mangold-Weg 4, 8120 Weilheim (T. 6 18 74) - Geb. 20. Aug. 1934 Oschatz (Vater: Ernst D., Lehrer), verh. in 2. Ehe s. 1983 m. Geraldine, geb. Gabor, 2 Kd. (Alma, Armin) - Musikhochsch. Weimar, Univ. Jena, Leipzig (Musikwiss.), Promot. 1958 - 1961-72 Lehrer Goethe-Inst., s. 1973 Lehrer Bildungszentr. Murnau (Deutsch f. Ausl.) - BV: Kleinste Prosa d. dt. Sprache, 1970; Versuch, e. Morphologie d. Musik zu begründen, m. e. Einleit. üb. Goethes Tonlehre, 1976; Entwurf e. zusammenhängenden Harmonielehre, 1977; D. Spaltung, R., 1979; E. Fall v. Liebeserschleichung, Erz. 1980; D. Goldene Brücke, Schausp. (UA. Münchner Kammersp. 1985); Goethes Ton-Wissenschaft 1985; Robert Gund (Gound) 1865-1927, e. vergessener Meister d. Liedes, 1988; Hirnsfürze, 1988; D. Double (UA Staatstheater Kassel 1988); D. Nacht v. d. Fahrt n. Bukarest (UA Städt. Bühnen Münster 1988); Francesco Petrarca, Canzoniere, nach e. Interlinearübers. v. Geraldine Gabor in dt. Verse gebracht, 1990; Guido Cavalcanti, Le Rime/D. Gedichte, nach e. Interlinearübers. v. Geraldine Gabor in dt. Reime gebracht, 1991 - 1980 Hermann-Hesse-Preis; 1983 Preis Autorenstiftg. Frankfurt/M. - Spr.: Engl.

DREYER, Heinrich

Bundesbahnamtmann a. D., MdL Nordrh.-Westf. (s. 1975) - Im Felde 26, 4972 Löhne 4 (T. 05732 - 7672) - Geb. 8. Juli 1935 - CDU.

DREYER, Horst

Dr. theol., Propst d. Kirchenkreises Eutin (s. 1978) - Wasserstr. 6, 2420 Eutin/Holst. - Geb. 21. Mai 1928 Lübeck (Vater: Friedrich D., Beamter; Mutter: Katharina, geb. Vieillard), ev.-luth., verh. s. 1953 m. Elisabeth, geb. Meltz, 2 Kd. (Christiane, Mathias) - Johanneum Lübeck; Univ. Kiel u. Göttingen (Ev. Theol.). Promot. 1952 Kiel - 1954-78 Pastor Lübeck u. Westerland - Spr.: Engl.

DREYER, Inge

Rektorin i. R., Schriftstellerin - Kurfürstenstr. 115, App. 95, 1000 Berlin 30 - Geb. 12. Juni 1933 Berlin - Stud. PH Berlin; Staatsex. (m. Ausz.) - 1968-78 Rektorin - BV: Achtung Stolperstelle, 1982; Schule m. Dachschaden, 1985; Tönende Stille, 1985; D. Streuner v. Panghor, 1987; zahlr. Beitr. zu intern. Anthol., Literaturztschr., Rundfunk - 1990 Welt-Lyrikerpreis: World Poets Award Golden Crown; 1992 Ehrenmitgl. im Forsch.beirat d. Amerik. Biogr. Inst. u. im Beratungsausschuß d. intern. Biogr. Inst. in Cambridge/England - Liebh.: Tanz (Folklore, Flamenco, oriental. Tanz), div. Sportarten, Malerei, Mode-Design, Fotografie - Spr.: Engl., Franz.

DREYER, Nicolaus

Fruchtgroßhändler, MdB (1972-80; Wahlkr. 25/Stade) - Flethweg 14, 2160 Stade-Bützfleth (T. 04146 - 5469) - Geb. 21. April 1921 Butzfleth, verh. s. 1944, 5 Kd. - Mittelsch.; kaufm. Ausbild. - 1939-45 Wehrdst. (Frankr., Rußl.; zul. Ltn. d. R.); s. 1946 selbst. S. 1956 Bürgerm. Gde. Butzfleth; s. 1961 MdK Stade;

1963-70 MdL Nieders. B. 1969 (Austr.) FDP; s. 1969 CDU.

DREYER, Paul Uwe

Prof., Maler, Rektor Staatl. Akademie d. bild. Künste - Am Weissenhof 1, 7000 Stuttgart 1 - Geb. 22. Sept. 1939 Osnabrück - 1958-61 Stud. Werkkunstsch. Hannover, 1961/62 Hochsch. f. Bild. Künste Berlin - 1968 Stip. Villa Serpentara Olevano/Romano, 1970 Mitgl. Dt. Künstlerbund, 1970/71 Preis u. Aufenth. Villa Massimo Rom, 1972 Berufung an d. Staatl. Akad. d. Bild. Künste Stuttgart, 1974 Prof., s. 1987 Rektor Staatl. Akad. d. Bild. Künste Stuttgart - Bilder: Konstruktive ornamentale Malerei, große u. wicht. Einzelausst. im nat. u. intern. Bereich - 1985 1. Preis f. Druckgraphik Landesbank Stuttgart - Liebh.: Sport.

DREYER, Wolfgang

Dr. rer. nat., Dipl.-Phys., Prof. TU Clausthal (s. 1969) - Berliner Str. 11, 3392 Clausthal-Zellerfeld (T. 05323 - 1592) - Geb. 29. April 1920 Konstanz (Vater: Paul D., Ing.; Mutter: Johanna, geb. Moll), ev., verh. s. 1951 m. Ursula, geb. Bahl, 2 Kd. (Angelika, Detlev) - Stud. Berlin, München, Göttingen, Zürich, Braunschweig; Promot. 1955 - Erf. u. a.: Zeitwaage, Gebirgsdruckmeßpatrone - BV: D. Festigkeitseigensch. natürlicher Gesteine, 1967; The Science of Rock Mechanics, 1971; Materialverhalten anisotroper Festkörper, 1974; Gebirgsmechanik im Salz, 1974; Underground Storage, 1979 - Spr.: Engl., Franz.

DREYER-EIMBCKE, Oswald

Konsul, Kaufmann - Waldstr. 5, 2055 Wohltorf (T. 04104 - 20 46; Büro: 040 - 33 66 96) - Geb. 12. Nov. 1923 Hamburg (Vater: Generalkonsul a. D. Ernst D.-E. †); Mutter: Susanne, geb. Heermann), verh. s. 1954 m. Erika, geb. Ohle - Teilh. Senator Reisedienst GmbH, Hamburg; Vors. Freundeskreis f. Cartographie in Stiftg. Preuß. Kulturbesitz, Berlin; Vorst.-Mitgl. Ges. d. Freunde Islands, Freunde d. Tropeninst., Ibero-Amerika Verein, alle Hamburg; Beiratsvors. Freundeskreis f. Cartographica in d. Stiftg. Preußischer Kulturbesitz e.V., Berlin; Präs. Aktionsgemeinsch. Wirtschaftl. Mittelstand e.V., Bonn. 1958 Chilen. Konsul f. Schlesw.-Holst. (Sitz Kiel), 1973 Konsul v. Island in Hambg.; Vizepräs. Aktionsgem. Wirtschaftl. Mittelst. - Liebh.: Kartographie - Spr.: Engl., Span. - Rotarier.

DREYHAUPT, Franz Joseph

Dr.-Ing., Ministerialdirigent a. D., Honorarprof. Univ. Kaiserslautern (Fachbereich Maschinenwesen) - Am Sinnenbüsch 19, 5532 Feusdorf/Jünkerath - Geb. 15. Febr. 1925 Düren - 1987-90 Mitgl. im Rat v. Sachverst. f. Umweltfragen.

DRIBBUSCH, Friedrich

Dr. jur., Direktor - Julius-Leber-Str. 4, 6800 Mannheim - Geb. 1915 Berlin - Stud. Berlin u. Göttingen; Promot. 1947 - 1969-77 Vorst.-Mitgl. BASF AG.

DRIEHAUS, Hans-Joachim

Dr. jur., Prof., Bundesrichter - Hardenbergstr. 31, 1000 Berlin 12 - Geb. 28. Sept. 1940 (Vater: Dr. Walter D., Arzt, Mutter: Sigrid, geb. Harnisch), ev. verh. m. Christa, geb. Richardt, 2 Töcht. - Stud. Univ. Münster, Innsbruck, London u. Bonn - B. 1981 Richter Oberverwaltungsgericht Lüneburg, 1981 Bundesrichter - Mitverf. v. Komment. u. Veröff. z. Baugesetzbuch, Kommunalabg. u. Disziplinarrecht.

DRIESCH, von den, Günther

Studiendirektor, Präs. Kath. Pädagogenarbeit Deutschlands (s. 1980) - Beethovenstr. 24, 5205 Sankt Augustin 2-Hangelar - Geb. 4. Febr. 1928, kath., ledig - Stud. kath. Theol., Gesch., Kunstgesch.; Staatsex. als Realschullehrer u. Gymnasiallehrer - 1971-75 Präs. Ring Kath. Dt. Burschensch.; 1972-76 Vizepräs. Kath. Akademikerschaft Deutschl. (KDA) - Spr.: Latein, Griech., Hebr., Engl., Ital., Span.

DRIESCH, von den, Karlheinz

Dr., Dipl.-Volksw., Ministerialrat - Lotharstr. 46, 5300 Bonn 1 (T. 21 98 64) - Geb. 27. Nov. 1934 Olzheim (Vater: Josef v. d. D., Lehrer; Mutter: Elisabeth), kath., verh. s. 1962 m. Mari-Ann, geb. Kolbenschlag, 2 Kd. (Alexander, Barbara) - Hum. Gymn.; Stud. Univ. Bonn, Graz, Berlin - 1960-61 Redakt. Wirtschaftsbild. 1961-69 dpa-Bundesbüro, Bonn, 1969-79 Korresp. Frankfurter Neue Presse, Badische Ztg., Nürnberger Nachrichten, 1979-81 Presseref. Bayer. Vertr. Bonn, 1981-83 Pressesprecher CDU-Landtagsfraktion Nordrh.-Westf., Düsseldorf, s. 1983 Leit. Presse u. Information d. Bundesmin. d. Finanzen (Pressesprech.) Bonn - BV: Handb. d. Ofen-, Kamin- u. Takenplatten im Rhld., 1990 - Liebh.: Briefmarken, Ofenplatten, Jugendstilkeramik - Spr.: Engl., Ital., Span.

DRIESEN, Gerd

Dr. phil., Dipl.-Chem., Apotheker, Geschäftsf. Cassella-Riedel Pharma GmbH. - Hanauer Landstr. 526, 6000 Frankfurt/M. 61.

DRIESEN, Werner

Geschäftsf. d. Eduard Wille Verw. GmbH, Vors. d. Geschäftsltg. d. Eduard Wille GmbH. & Co., Wuppertal - Am Buschkamp 5, 5620 Velbert - Geb. 17. Febr. 1925 Duisburg - Zul. Vorstandsmitgl. Losenhausen Maschinenbau AG., Düsseldorf (s. 1970).

DRIESSEN, Hans

Dr., Marktforscher, Gf. Gesellschafter ASK Ges. f. Sozial- u. Konsumforschung Dr. H. Driessen mbH, Hamburg - Mönckebergstr. 10, 2000 Hamburg 1 (T. 33 94 85) - Geb. 17. Febr. 1926 Tegelen (Niederl.), verh. m. Dr. med. Hedwig, geb. Evers, 2 S. (Dirk-Jan, Ralf-Peter) - Ausb. Inst. f. Weltwirtsch. Kiel (Dipl. 1952), Promot. 1956 Köln. - Liebh.: Alt-China, Porzellan, Wandern.

DRIESSLER, Johannes

Prof., Komponist - Mozartstr. 36, 4930 Detmold - Geb. 26. Jan. 1921 Friedrichsthal/Saar (Vater: Oskar D., Bergmann; Mutter: Bertha, geb. Doll), verh. s. 1958 m. Monika, geb. Quistorp - Konservat. Saarbrücken, Musikhochsch. u. Univ. Köln - S. 1946 Doz. u. Prof. f. Kompositionslehre u. Theorie Nordwestd. Musik-Akad. Detmold (jahrel. stv. Dir.). U. a. weltl. u. geistl. Oratorien u. Kantaten, Konzerte, Sinfonien (3), Chor- u. Kammermusik - Westf. (1959) u. Saarl. Kunstpreis (1962); 1971 BVK I. Kl.

DRIEST, Burkhard

Schriftsteller, Regiss., Schausp. - 2732 Kuhmühlen - Geb. 28. April 1939 - BV: D. Verrohung d. Franz Blum, 1974; Mann ohne Schatten, 1981; ca. 30 Drehb., 2 Theaterst. - 4 Hauptrollen, 2 Nebenrollen. Regie: Film Annas Mutter - Spr.: Engl.

DRINGENBERG, Rainer

Dr. rer. soc., Prof. f. Gerontologie, Sozialforschung - Girondellenstr. 5, 4300 Essen 1 - Geb. 31. Aug. 1945 Essen (Vater: Reinhard D., Kaufm.; Mutter: Hedwig, geb. Baumgärtner), ev., verh. s. 1971 m. Gerlinde, geb. Graf, 2 Kd. (Daniela, Raimund) - Abit. Essen 1965, 1965-71 Univ. Köln u. Bochum (Wirtsch.-, Sozial.- u. Erziehungswiss., Ex. 1971, Promot. 1977) - 1971 Assist., Lehrauftr., 1973 Geschäftsf., 1975 FHS Bochum, s. 1977 Prof. f. Soziol. u. Soziale Gerontol. FHS Bochum (s. 1981 Dekan), s. 1970 Forsch.arb. u. Gutachtertätigk., insbes. Wohnwiss. u. Gerontol. (Dt. Ges. f. Gerontol. Dt. Ges. f. Soziol.) - BV: u.a. Wohnstandard, 1974; Z. Situation d. Alters in d. Ges., 1977; Jugendtheater, 1982 - Spr.: Engl., Franz.

DRINGS, Peter

Dr. med., Prof., Internist - Furtwänglerstr. 10, 6900 Heidelberg - Geb. 27. März 1939 Greifswald - Promot. 1964; Habil. 1973 - S. 1976 apl. Prof. f. Inn. Med. Univ. Heidelberg (1975-79 Oberarzt Med. Klinik). S. 1979 Chefarzt Onkolog. Abt. Krkhs. Rohrbach, Klinik f. Thoraxerkrank., Heidelberg - BV: Standardisierte Krebsbehandlung, 1974 (m. Ott u. Kuttig), 2. A. 1982; D. Bronchialkarzinom, 1986 (m. Vogt-Moykopf u. U. Schmähl); Therapy of Lung Metastases (m. Vogt-Moykopf), 1988; Thoraxtumoren-Diagnostik, Staging, gegenwärtiges Therapiekonzept (m. Vogt-Moykopf), 1991. Üb. 400 Einzelarb. m. Schwerpunkt in d. Onkologie u. Hämatologie.

DRISSNER, Jürgen

Dipl.-Kfm., Geschäftsführer Brüninghaus & Drissner GmbH, Hilden - Itterstr. 14, 4010 Hilden (T. 02103 - 50 98-0) - Geb. 5. April 1950 Hilden, ev., verh. m. Marita, geb. Breuer, T. Monika - Stud. Betriebsw.; Dipl. 1978. Ehrenamtl. Richter am AG Düsseldorf - Liebh.: Bergsteigen, Segeln, Skifahren - Spr.: Franz., Engl.

DRIVER, Winfried

Dr. rer. pol., Dipl.-Volksw., Vorstandsmitglied a.D., selbst. Unternehmensberater - Kaiser-Friedrich-Ring 47, 4000 Düsseldorf 11 (T. 0211 - 57 80 91) - Geb. 27. Nov. 1934 Köln, verh. m. Marga, geb. Herbrandt, 3 Kd. - 1954-59 Univ. Köln (Volksw.) - 1976-82 Vorst. Girmes-Werke AG, seither Untern.berat. m. Partner Dr. Jochen Zschocke.

DROBEK, Franz K.

Dipl.-Ing., Direktor, Vorstandsmitgl. Lech-Elektrizitätswerke AG. - Schaezlerstr. 3, 8900 Augsburg.

DROBESCH, Karl Heinz

Direktor Stadttheater u. d. Sommerarena in Baden b. Wien (s. 1989) - Bechardgasse 25/3/12, A-1040 Wien (T. 0222 - 75 61 10) - Geb. 5. Sept. 1942 Murau/Steiermark, verh. s. 1974 m. Diana Bennett (Sängerin) - Gymn., Handelssch., Hochsch. f. Musik u. Darst. Kunst Graz (Abt. Regie u. Schausp.) - Vereinigte Bühnen Graz (1966-70 Regieassist., Abendspielleit., Schausp.; 1970-76 Regiss.; 1976-81 Chefdisp. u. Regiss.); 1981-86 Salzburger Landestheater (Betriebsdir. u. Regiss.), 1987/88 freischaff. Regiss., Gastsp. in d. Bundesrep., Barcelona, Festival d. Kanar. Inseln, Haydnfestsp. Schloß Esterhazy. 10 J. Mitarb. Seefestsp. Mörbisch (1965-75) - Liebh.: Tennis, Schwimmen, Lesen, Sammeln v. Jugendstilgegenst. - Spr.: Engl., Ital.

DROBNIG, Ulrich

Dr. jur., M. C. J. (New York Univ.), Prof., Direktor MPI f. Ausl. u. Intern. Privatrecht - Mittelweg 187, 2000 Hamburg 13 - Geb. 25. Nov. 1928 Lüneburg (Vater: Walter D., Offz.; Mutter: Margarete, geb. Chales de Beaulieu), ev., verh. b. 1985 m. Isa, geb. v. Klitzing, 5 Kd. - Univ. Tübingen (Rechtswiss.). 2. Staatsex. u. Promot. 1959 - S. 1967 Wiss. Mitgl. u. Dir. (1979) MPI. 1975ff. Prof. f. Rechtsvergl., Recht d. DDR u. Intern. Privatr. Univ. Hamburg - BV: Haftungsdurchgriff b. Kapitalges., 1959; American-German Private Intern. Law, 2. A. 1972; Arbeitskampf auf Schiffen fremder Flagge, 1989 - Spr.: Engl., Franz.

DRÖGE, Franz

Dr. phil., Prof. f. Kommunikationswiss. Univ. Bremen - Lindhornstr. 27, 2800 Bremen (T. 0421 - 70 14 24) - Geb. 1. Nov. 1937 Münster (Eltern: Franz u. Wilhelmine D.), verh. s. 1967 m. Dr. Ilse Dröge-Modelmog - 1960-64 Stud. Univ. Münster (Soziol., Publiz., German.); Promot. 1965, Habil. 1969 - 1970-71 Prof. in Münster; ab 1971 Prof. Univ. Bremen - BV: Publiz. u. Vorurteil, 1967; Wirk. d. Massenkommunikation 1969, 1973; D. zerredete Widerstand, 1970; Wissen ohne Bewußtsein, 1972; D. alltägl. Medienkonsum, (m. a.) 1979; D. Kneipe. Z. Soziol. e. Kulturform, (m. a.) 1986; D. Medien-Prozeß, 1991; D. Medien-Prozeß (m. a.), 1991; D. populäre Fortschritt (m. a.), 1991.

DROEGE, Georg

Dr. phil., o. Prof. f. Mittelalterl. u. Neuere Geschichte sow. Rhein. Landesgesch. - Am Römerlager 29, 5300 Bonn - Geb. 25. März 1929 Krefeld - Promot. 1953; Habil. 1965 - S. 1970 Ord. Univ. Trier u. Bonn (1975) - BV: u. a. Dt. Wirtschafts- u. Sozialgesch., 1971.

DRÖGE, Heinz

Dr. rer. pol., Botschafter a. D. - Leibnizstr. 39, 5300 Bonn 2 - Geb. 15. April 1922 Essen, ev., verh. s. 1951 m. Gerda, geb. Dobbert, 4 Kd. (Christoph, Markus, Renate, Donata) - N. Kriegsdienst und Gefangenschaft Studium Volksw. Köln u. London. Promot. 1951 - S. 1951 Auswärt. Dienst (1951-53 Generalkons. New York, 1953-62 Botsch. Washington, 1962-66 UNO-Referat AA, 1966-70 Ständ. Vertr. NATO, Paris u. Brüssel, 1970-74 Bundeskanzleramt, 1974-75 Botschafter Saigon, 1975-79 Botschafter Lagos, 1979-83 Unterabt.leit. AA, 1983-87 Botschafter Algier) - BV: D. Mensch als wirtschaftl. Datum, 1952; D. Bundesrep. Dtschl. u. d. Vereinten Nationen, 1966 (m. Münch u. von Puttkamer) - BVK I. Kl.; Kriegsausz.; ausl. Orden.

DROEGE, Herbert

Bankkaufm., Direktor, Leit. Zentrale Abteilung f. Private Kunden Commerzbank AG, Frankfurt/M. - Biebricher Allee 14, 6200 Wiesbaden (T. 0611 - 80 88 54) - Geb. 7. Nov. 1930 Bielefeld, kath. - AR Petrus-Werk Berlin - Liebh.: Jagd, klass. Musik, Schach.

DROEGE, Herbert

President Schindler Kanada, Pickering/Ontario - Finkeneck 39, 2080 Pinneberg (T. 04101 - 6 57 38) - Geb. 6. März 1936 Frankfurt/M. (Eltern: Heinrich D. u. Gretel, geb. Wissenbach), ev., verh. s. 1958 m. Margit, geb. Lammel, 2 Kd. (Evelyne, Wolfgang) - Stud. Betriebswirtsch. Univ. Darmstadt - S. 1954 Schindler GmbH, 1972-74 Geschäftsf. Würzburg, 1974-81 Hamburg, 1981-87 Berlin, 1988ff. Kanada. Spezialgeb.: Fördertechnik (Kundendienst) - Liebh.: Wassersport, Segeln - Spr.: Engl.

DRÖGE, Wulf

Dr. rer. nat., Prof. f. Immunbiologie Univ. Heidelberg, Leit. d. Abt. Immunchemie, Dt. Krebsforsch.zentrum - 6900 Heidelberg - Promot. 1967 Univ. Freiburg.

DRÖSCHER, Vitus B.

Tierschriftsteller - Zu erreichen üb. Rasch u. Röhring Verlag, Hoheluftchaussee 95, 2000 Hamburg 20 - Geb. 15. Okt. 1925 Leipzig (Vater: Dr. Gustav

D., Stadtbibliotheksdir.; Mutter: Frida, geb. Plate), ev., verh. s. 1955 m. Helga, geb. Oppermann, 4 Kd. (Lutz, Nicola, Ariane, Till) - 1948-52 TH Hannover (Zoolog., Psychol., Elektrotechn.) - 1952-54 Ing. Atlas-Werke AG, Bremen (Unterwasserschall-Labor f. Lautäußerungen d. Fische); s. 1954 Tierschriftst. (div. Ztschr., Funk u. TV). Spez. Arbeitsgeb.: Verhaltensforsch. b. Tieren - 27 Reisen n. Afrika, Madagaskar, Indien, Nepal, Grönland, Australien, Argentin., Brasilien, Bolivien, Ekuador, Galapagos, Mexiko, USA - Stv. Vors. Rettet d. Elefanten Afrikas - Initiator u. Leit. d. Sven-Simon-Wettbew. Jugend schützt Umwelt - Schirmherr d. Aktion Fischadlerschutz; Mitgl. d. Freien Akad. d. Künste in Hamburg - 1965 Theodor-Wolff-Preis; Ehrenmitgl. Albert-Schweitzer-Verein v. Argentin. - BV: 25 Bücher ü. Verhalten u. Sinnesleist. d. Tiere, z.T. in 17 Sprachen übers., Ges. A. üb. 6 Mill., 3 Weltbests., zahlr. intern. Auszeichng. Einige Titel: Magie d. Sinne im Tierreich, 1966; Überlebensformel, 1979; Nestwärme, 1982; Weiße Löwen müssen sterben, 1989; D. Friedenspol. d. Tiere, 1991 - Liebh.: Tennis - Spr.: Engl.

DROESE, Werner

Dr. med., Prof., ehem. Direktor Forschungsinst. f. Kinderernährung, Dortmund-Brünninghausen (s. 1966) - Nordstr. 8, 3163 Sehnde 1 (T. 05138 - 83 98) - Geb. 1. Nov. 1913 Hannover - Univ. Hamburg (Med. Staatsex. 1937). promot. 1939 Hamburg; Habil. 1951 Kiel - 1939-45 Kaiser-Wilhelm-Inst. f. Arbeitsphysiol., Dortmund (Assist.); 1945-54 Univ. Kinderklinik Kiel; 1954-66 Univ. Kinderklinik München (1958 apl. Prof., 1962 Diätendoz.). 1971 ff. apl. Prof. Uiv. Münster (Kinderheilkd.). 1952/53 Fellow WHO New York Univ. (Bellevue Medical Center). Spez. Arbeitsgeb.: Zusammenhänge zw. Ernährung u. Körperfunktionen b. Säuglingen u. Kleinkindern. Zahlr. Veröff., dar. Vitamintabellen d. gebräuchl. Nahrungsmittel - Spr.: Engl. - Rotarier.

DRÖSLER, Jan

Dr. phil., o. Prof. u. Direktor Inst. f. Psychologie Univ. Regensburg - Nürnberger Str. 204, 8400 Regensburg (T. 0941 - 8 42 35) - Geb. 16. Mai 1934 Berlin - Habil. 1965 Göttingen.

DROGULA, Karl-Heinz

Dr. med., Orthopäde, Chirotherapie/ Arzt f. Physik. Therapie, Inh. Belegklinik West-Klinik Dahlem, u. Krkhs. Neustadt b. Coburg - Düppelstr. 16, 1000 Berlin 37 - Geb. 14. Juni 1925 Mittenwalde/M., verh., 2 Kd. - Obersch.; Stud. Med., Staatsex. (1952) u. Promot. (1954) Kiel - U. a. Ass.-Arzt u. Oberarzt Univ.-Klinik Berlin u. Gießen; 1970-81 Chefarzt Klinik Prof. Sandmeyer, Berlin-Zehlendorf. Jahrel. Bezirksverordn. Charlottenburg (1959ff.); 1971-75 MdA. SPD s. 1945, ausgetreten 1974, b. 1984 Vors. Verb. d. Berliner Privat-Krankenanst., s. 1979 Präs. Bundesverb. Dt. Privatkrankenanst., s. 1986 2-maliger Präs. dt. Ges. f. Manuelle Med. (Chirotherapie).

DROMMER, Wolfgang

Dr. med. vet., DD. h. c., Prof. f. Allg. Pathologie u. pathol. Anat. d. Haustiere - Hildesheimer Str. 318, 3014 Laatzen 3 - Geb. 24. April 1938 Mittweida (Vater: Herbert D.; Mutter: Dora, geb. Eulitz), ev., 2 Tôcht. (Anja, Sandra) - Staatsex. 1964, Promot. 1964, Habil. 1972 - S. 1972 Privatdoz., apl. (1977) u. o. Prof. (1980) Tierärztl. Hochsch. Hannover (Leit. Elektronenmikroskop. Abt., Inst. f. Pathol. 1986, Vorst.-Vors.). Üb. 174 Facharb. Mithrsg. Lehrb. d. Allg. Pathol. f. Tierärzte u. Studierende d. Tiermed. (1982, 10. völlig neu bearb. Aufl., 1990, übers. ins Span. 1985), Pathologie d. Haustiere (1991; m. L. Cl. Schulz) - 1969 E.-W.-Bader-Preis; 1986 Ehrendoktor Univ. Cordoba/Spanien; 1987 Vice Pres. of the World Assoc. of Veterinary Pathologists; 1987 Gedenkplak. d. Veterinärmed. Univ. Budapest,

Ungarn; 1989 Ehrendoktor Univ. Sarajevo/Jugoslawien; 1990 Goldmed. d. Vet. Med. Fak. Cordoba/Spanien - Spr.: Engl.

DROSDOWSKI, Günther

Dr. phil., Prof., Leiter DUDEN-Redaktion/Bibliogr. Inst. AG - Dudenstr. 6, 6800 Mannheim - Stud. German., Angl., Nordistik, Indogerman. u. allg. Sprachwiss. - 1953-61 Mitarb. an d. Dt. Akad. d. Wiss. Berlin; 1974 Mitgl. Wissenschaftl. Rat Inst. f. dt. Sprache; 1979 o. Mitgl. Dt. Akad. f. Sprache u. Dicht., Darmstadt; 1984 Prof.-Titel - Wiss. Arb. z. Orthographie u. Lexik, Bearb. u. Herausg. v. Wörterbüchern u. Grammatiken.

DROSS, Reinhard

Dr. theol., o. Prof. f. Ev. Theologie u. Didaktik d. Religionsunterr. Techn. Univ. Braunschweig - Howaldtstr. 3, 3300 Braunschweig - Geb. 22. Febr. 1931 Osche - S. 1964 Prof. Braunschweig. Fachveröff., auch Bücher.

DROST, Volker C. A.

Rechtsanwalt, Vors. Aktionsgem. Wirtschaftl. Mittelstand (AWM)/Landesverb. Hamburg, Präsidialratsmitgl. AWM Dtschl. - Radekoppel 9, 2000 Hamburg 65 - Geb. 20. Juli 1938 Hannover, verh. s. 1964 - Stud. Jura u. Betriebsw.

DROST, Wolfgang

Dr. phil., o. Prof. f. Romanistik franz. u. ital. Literaturwiss. - Im Hainchen 1, 5900 Siegen - Geb. 16. Aug. 1930 Danzig (Vater: Prof. Dr. phil. Willi D., Kunsthistoriker † 1964; Mutter: Erna, geb. Wollschon), ev., verh. s. 1962 m. Dorothea, geb. Döhner, 3 Kd. (Andreas, Cornelia, Sebastian) - 1950-58 Stud. German., Roman., Angl., Kunstgesch. Tübingen, Paris, Leeds, St. Ander, Perugia. Promot. 1957 - S. 1969 Ord. Univ. Stuttgart u. Univ.-GH Siegen (1973) - BV: Aus d. franz. Kultur- u. Geistesgesch. (zus. m. W. Dierlamm), 1971; Strukturen d. Manierismus in Lit. u. bild. Kunst - E. Studie zu d. Trauersp. Vicenzo Giustis (1532-1619), 1977; Vicenzo Giusti. Dramatische Werke. Mit e. Essay üb. Giustis Fortunio, 1980; Rodolphe Toepffer. Essay z. Physiognomonie (zus. m. D. Drost u. K. Riha), 1982; La Photosculpture, Gazette des Beaux-Arts, 1985; Imaginäre Welten in d. poln. Kunst d. 1980er J., 1986; Mai 1968 - une crise de la civilisation française. Anthol. (zus. m. I. Eichelberg), 1986; La Fontaine dans l'univers des arts, 1991. Théophile Gautier, Exposition de 1859 (kommentierte Edition zus. m. U. Henninges, u. Essay über Gautier critique d'art en 1859). Herausg.: Fortschrittglaube u. Dekadenzbewußtsein im Europa d. 19. Jh. (1986); Le Regard et l'objet - La Critique d'art de Diderot (2. Kolloquium Univ. Orléans-Siegen) (m. Michel Delon, 1989). Mithrsg. (zus. m. Fr. Kemp u. Cl. Pichois u. Kommentator): Baudelaire. Werke-Briefe in 8 Bden. (1975-92) - Liebh.: Graphik, Numismatik - Spr.: Engl., Franz., Ital.

DROSTE, Hans

Dr. jur., Rechtsanwalt, Geschäftsf. Brauerbund Hessen-Mittelrhein - Gartenstr. 107, 6000 Frankfurt/M. 70 (Tel. 63 73 53) - Geb. 11. März 1922.

DROSTE, Herbert

Oberkreisdirektor Landkreis Hannover (s. 1974) - Am Waldhof 7, 3013 Barsinghausen (T. 05105 - 21 52) - Geb. 17. Mai 1934, ev., verh. s. 1959 m. Helga, geb. Nordsiek, 2 Kd. - Gymn.; Jurastud.; 1. Staatsex. 1957; 2. Staatsex. 1961 - S. 1962 im Kommunaldst.

DROSTE, Karl-Heinz

Bildhauer - Sybelstr. 5, 1000 Berlin 12 (T. 3122835) - Geb. 3. März 1931 Benneckenstein/Harz (Vater: Heinrich D., Schuhmacher), ev., verh. s. 1954 m. Susanne, geb. Haiduga, T. Ute-Angela - Kunsthochsch. Halle/S., Leipzig, Berlin (Meisterschüler v. Prof. B. Heiliger) - Werke in öfftl. (Museum Leverkusen, Kunsthallen Mannheim, Bremen, Recklinghausen, Nationalgalerie Berlin, Landesmus. Hannover, Märk. Mus. Witten, Mus. of modern Art u. Metropolitan Mus. New York, Mus. Baltimore, Mus. d'art Contemporian Skopje) u. priv. Besitz d. In- u. Ausl. (Lyr. Abstraktion); s. 1959 Ausstell. Dtschl., Österreich, Belg., Schweiz, USA - 1960 Dt. Kunstpreis d. Jugend, 1961 Preis Verb. d. dt. Kritiker, 1964 Preis Jg. Generation Stadt Berlin - Liebh.: Künstler. Fotogr. - Bek. Verf.: Annette v. Droste-Hülshoff - Würdig. U. Kultermann, Jg. dt. Bildh., Gertz, Plastik d. Gegenw. (2. Folge), D. Kunstwerk (1963 u. 1964), O. Schindler, Neue dt. Graphik (1965).

DROSTE, Manfred

Dr. phil., Verleger, Gesellsch. d. Rheinisch-Bergischen Druckerei- u. Verlagsges. mbH (Rhein. Post), Droste Verlag GmbH, Geschäftsf. Gesellsch. d. Düsseldorfer Pressevertrieb GmbH & Co., Inh. d. Reisebüro Droste - Niederrheinstr. 6b, 4000 Düsseldorf-Lohausen (T. Büro: 505 14 70) - Geb. 27. Mai 1927 Düsseldorf (Vater: Heinrich D., Verleger † (s. XVIII. Ausg.); Mutter: Gertrud (Trude), geb. Otten), ev., verh. s. 1961 m. Gisela, geb. Roeber, 5 Kd. - Schulen Düsseldorf u. Salem/B.; Univ. Göttingen (Gesch., German., Kunstgesch., Phil., Volksw., Ethnol., Völkerrecht; Promot.); Redaktionsvolontär Handelsblatt u. D. Mittag - 1953-58 Dt. Bücherbund (Geschäftsf.); s. 1954 Droste-Verlag (Werbeleit., Prok., 1959 gf. Gesellsch.). Ratsherr d. Stadt Düsseldorf - BV: D. Ruhrbergbau in Staat u. Ges. 1850-1918, 1954 (Diss.).

DROSTE, Wilhelm

Konditormeister, MdL Nordrh.-Westf. (s. 1970) - Eggerscheidter Str. 60, 4030 Ratingen 6-Hösel (T. 02102 - 60335) - Geb. 9. März 1933 Altena, verh., 4 Kd. - Gymn.; Konditorenhandw. Meisterprüf. 1957 - S. 1960 selbst. Hösel (Konditorei-Café-Betrieb), Obermeister Konditoreninn. Kr. Mettmann, 1964-74 Bürgerm. Hösel, 1972-74 Amtsbürgerm. Angerland; s. 1970 MdL; s. 1975 Rat Stadt Ratingen. CDU s. 1956 - 1966 Ehrenbürger Quesnoy.

DROSTEN, Robert

Dipl.-Kfm., Vorsitzender d. Verwaltungsrates Hugo Kern u. Liebers GmbH & Co. - Dr.-Kurt-Steim-Str. 35, 7230 Schramberg; priv.: Goethestr. 39 - Geb. 23. Febr. 1927 - Stud. Frankfurt/M. u. Saarbrücken - AR Dr. Karl Thomae GmbH, Biberach/Riss; Kurat.-Mitgl. Landesgirokasse Stuttgart; Vorst. VDMA Fachgemeinsch. Textil-Masch., Frankfurt; AR-Vors. Lindenmaier Präzision AG, Laupheim.

DROTSCHMANN, Manfred

Unternehmer, Vors. Hauptaussch. f. Landwirtsch. u. Gartenbau Hamburg, Bürgerschaftsabg. - Billwerder Billdeich 356, 2050 Hamburg 80.

DROTT, Karl

Verleger - Goethestr. 43, 6050 Offenbach/M. (T. 87630) - Geb. 18. Febr. 1906 Pfungstadt/Hessen, freirelig., verh. in 3. Ehe, 1 Kd. - Volkssch.; Dreherlehre - Dreher, Journ., b. 1933 Jugendsekr., dann selbst. Kaufm. u. techn. Angest., n. 1945 Verleger. 1946-54 MdL Hessen; 1956-68 Stadtverordn. Offenbach. SPD. Verf. (Ps. Dora Otto): Friedrich Ebert, Staatsmann u. Politiker; Mitverf.: Carl-Ulrich-Erinnerungsb., Gesch. d. Farben Schwarz-Rot-Gold; Bearb.: SPD u. Wehrfrage.

DRUBE, Hans

Dr. med., Chefarzt i. R. - Am Klößberg 9, 8720 Schweinfurt/Ufr. (T. 2 23 44) - Geb. 29. Juni 1919 Trier (Vater: Albert D., Gastwirt), verh. s. 1955 m. Dr. Herta, geb. Knauer, Sohn Reinhard - Neues Gymn. Nürnberg; 1939-44 Univ. Erlangen, Innsbruck, Graz - 1950 Assist. Städt. Kinderklinik Nürnberg; 1954 Oberarzt Kinderklinik St. Elisabeth Neuburg/D., 1959-84 Chefarzt Kinderklinik Leopoldina-Krkhs. Schweinfurt - Liebh.: Fotogr. - Spr.: Franz., Russ.

DRUBE, Hans-Joachim

Dr. med., Prof., Chefarzt Innere Abt. Städt. Friedrich-Ebert-Krkhs. Neumünster - Ricarda-Huch-Str. 3, 2350 Neumünster/Holst. (T. 41310; Krkhs.: 5232) - Geb. 19. Mai 1924 - S. 1961 (Habil.) Lehrtätigk. Univ. Kiel (1967 apl. Prof. f. Inn. Med.). Fachveröff.

DRUBIG, Hans Bernhard

Dr. phil., o. Prof. f. Anglistik Univ. Tübingen (s. 1974) - Eichenweg 1, 7400 Tübingen - Geb. 2. Febr. 1939 Halle/S. (Vater: Heinz D., Baukfm.), verh. s. 1969 m. Dr. Margaret A., geb. Howard, T. Sarah Alexandra - Stud. Univ. Erlangen, Kiel, Dublin; Promot. 1970 Stuttgart - 1967-68 Lecturer Queens Coll., New York; 1968-70 wiss. Angest. Univ. Kiel u. Stuttgart; 1970-71 Prof. adj. Univ. Laval, Quebec; 1971-74 Assist. Prof. City Univ., New York - In- u. ausl. Fachmitgl.sch. - Spr.: Engl.

DRUCKREY, Hermann

Dr. med. (habil.), Prof., Pharmakologe - Reinhard-Booz-Str. 18, 7802 Merzhausen/Baden - Geb. 27. Juli 1904 Greifswald - Promot. 1932 Leipzig - Ab 1936 Doz. u. Prof. (1942) Univ. Berlin; 1948-64 Laborleit. Chir. Univ.sklin. Freiburg; 1964-73 Leit. Forschungsgr. Präventivmed. - BV: Dosis u. Wirkung, 1949 (m. Küpfmüller). Etwa 500 Einzelarb. - Div. Anerk., dar. Scheele-Med. (1955) u. Saltzer-Preis (1973). Ehren Mgl. Japan. (1973) u. U.S. Americ. Ass. Cancer Res. (1979); Dr. med. h.c. (1984, Hamburg).

DRÜCK, Helmut

Dr., Intendant RIAS Berlin - Brentanostr. 38, 1000 Berlin 41 - Geb. 21. Jan. 1932 Maulbronn/Württ., verh. m. Almut, geb. Pfeifer, Dipl.-Psych., 4 Kd. (Heitmar, Julia, Eike, Constanze) - Stud. Rechtswiss., Polit. Wiss.; 1. jurist. Staatsex. 1955 Freiburg; Promot. 1960

Univ. Göttingen; Master of Laws, LL.M. Harvard Law School, USA, 1963; 2. jurist. Staatsex. 1964 Hannover - 1957-62 Inst. f. Völkerrecht, Univ. Göttingen; 1965 Planungsabt. Mobil Oil, Hamburg; 1965-71 Ref. WDR Köln; 1972-80 Leit. Intendanz; 1980-89 Sendeleiter u. stv. Programmdir. FS. 1975-89 AR-Mitgl. Transtel GmbH Köln; 1978-89 e-te-s GmbH Köln; s. 1981 Beiratsvors. Film/Fernsehen/Hörfunk Goethe-Inst. München - BV: D. intern. Zusammenarbeit b. d. friedl. Verwendung d. Atomenergie innerhalb Europas, 1959; Gemeinsame Unternehmen in Staatenverbindungen. Mitbearb.: Göttinger Atomrechtskatalog (Bd. 1-7, 1960-63) - S. 1984 Fellow Univ. of Manchester - Spr.: Engl.

DRÜCKE, Paul

Prof. f. Kunst u. ihre Didaktik Univ. Dortmund - Im Eichenwald 5, 5800 Hagen - Geb. 7. Juni 1930, kath. - Stud. Kunstpäd. u. Bildhauerei - Lehrer an e. Volkssch. u. am Gymn.; Doz. u. Studienprof. an Päd. Hochsch. - Skulpturen in Stein u. Holz, Bronzen (Plaketten).

DRÜE, Hermann

Dr. phil., Dipl.-Psych., o. Prof. f. Psychologie, Dir. Inst. f. Psych. Univ. Köln (s. 1974) - v.-Hessen-Str. 1, 5040 Brühl (T. 02232/2 34 48) - Geb. 17. Mai 1933 Bad Godesberg (Vater: Josef D., Küsterorganist; Mutter: Anna, geb. Rinken, †), kath., verh. s. 1960 m. Dr. phil. Elisabeth, geb. Schurff, S. Clemens - Aloisius-Kolleg Godesberg; 1953-57 Stud. Psych. (Dipl.), 1958-60 Phil. (Promot.), 1961-63 Klass. Philol. u. Gesch. (Philol. Staatsex.) - 1964-66 Stip. DFG, 1967-70 Leit. Schulpsych. Dienst Stadt Bonn, 1970-73 Wiss. Assist. u. Ass.-Prof. Univ. Mainz (Habil.), 1973-74 Privatdoz. u. apl. Prof. Univ. Mainz - BV: Edmund Husserls System d. phänomenolog. Psych., 1963; Psych. aus d. Begriff - Hegels Persönlichkeitstheorie, 1976. Theol., phil. u. psych. Fachaufs. - Liebh.: Klavierspiel - Spr.: Griech., Lat., Engl., Franz.

DRÜLL, Wolfgang D.

Rechtsanwalt, Geschäftsf. Wirtschaftsvereinig. Bauind., Dortmund - Rathenaustr. 10, 4600 Dortmund 1 - Geb. 18. Juli 1939 Bielefeld (Vater: Dr. Alfred D., RA u. Notar; Mutter: Maria Magdalena, geb. Lippelt), ev., verh. - Stud. Univ. Köln (Rechtswiss.), Univ. Bonn (Kunstgesch.) - 1970-73 Justitiar u. Personalleit.; Vorst.-Mitgl. AOK Dortmund; Mitgl. Verwaltungsaussch. d. Arbeitsämter Bochum u. Dortmund; Vorst. Lokalfunk Dortmund - Spr.: Latein, Engl., Franz.

DRÜPPEL, Adolf

Dipl.-Ing., Vorstandsmitglied Eichbaum-Brauereien AG, Mannheim (s. 1985) - Käfertaler Str. 170, 6800 Mannheim (T. 33 70-0) - Geb. 1. Okt. 1934 Guben (Vater: Bernhard D., Verb.sdir.; Mutter: Elsa, geb. Valentin), ev., verh. s. 1976 m. Gabriele, geb. Hanfland - Stud. TU Berlin - S. 1972 I. Ratsmitgl. Europ. Brewery Convention - Spr.: Engl.

DRUKARCZYK, Jochen

Dr. rer. pol., Prof. f. Betriebswirtschaftslehre - Rehfeld 12, 8401 Pentling - Geb. 2. Nov. 1938 Stettin (Vater: Hans D., Kaufm.; Mutter: Elsa, geb. Mangold) - Abitur, kaufm. Lehre, Studium, Diplom 1966, Promot. 1969, Habil. 1973 (Univ. Frankfurt). S. 1975 o. Prof.; Senator Univ. Regensburg - BV: Investitionstheorie u. Konsumpräferenz, 1970; Probleme individ. Entscheidungsrechnung, 1975; Betriebswirtschaftslehre, 1977; Finanzierungstheorie, 1980; Finanzierung, 5. A. 1990; Mobiliarsicherh. - Arten, Verbreit., Wirksamk. (zus. m. J. Duttle u. R. Rieger), 1985; Untern. u. Insolvenz, 1987; ca. 50 wiss. Beitr. in anges. Ztschr. Rufe an d. Univ. Hagen, Trier, Augsburg u. Linz - 1971 Preis IHK Frankfurt - Liebh.: Fotogr., Segeln, Tennis - Spr.: Franz., Engl.

DRUMM, Hans-Jürgen

Dr. rer. pol., o. Prof. f. Betriebswirtschaftslehre - Karl-Stieler-Str. 47, 8400 Regensburg - Geb. 6. Mai 1937 Saarbrücken - Promot. 1968 Berlin; Habil. 1972 Saarbrücken - S. 1974 Ord. Univ. Regensburg, 1977-79 Dekan; 1983 Univ. d. Saarlandes, 1988 Univ. zu Köln - BV: u. a. Automation u. Leitungsstruktur, 1970; Personalplanung (m. Ch. Scholz), 2. A. 1988; Personalwirtschaftslehre, 2. A. 1992; Individualisierung d. Personalwirtsch., 1989; D. europ. Herausforderung (m. F. Böcker), 1990. Zahlr. Facharb. - Spr.: Engl., Franz.

DRUX, Rudolf

Dr. phil., Prof., Hochschullehrer - Münstereifeler Str. 28, 5000 Köln 41 - Geb. 2. Mai 1948 Rosenheim (Vater: Dr. Herbert D., Univ.-Musikdir.) - Abit. 1966; Stud. German., Latinistik, Hist.-Vergl. Sprach- u. Lit.wiss.; Staatsex. 1973, Promot. 1976, Habil. (Neuere dt. Phil.) 1984, alles Köln - 1976-85 wiss. Assist. Köln; 1977-79 Sprecher d. Assist.; 1985 Prof. auf Zeit, 1990 apl. Prof. Lehr- u. Forsch.tätigk. auf d. Gebiet d. Neueren dt. Lit.gesch. u. Allg. Lit.wiss. - BV: Martin Opitz u. s. poetisches Regelsystem, 1976; Marionette Mensch. E. Metaphernkomplex u. s. Kontext, 1986; Herausg.: D. lebendige Puppe. Erz. aus d. Zeit d. Romantik (1986); Menschen aus Menschenhand. Z. Gesch. d. Androiden - Texte v. Homer b. Asimov (1988).

DRUXES, Herbert

Dr. rer. nat., o. Prof. f. Experimentalphysik u. Didaktik d. Physik Univ. Koblenz (s. 1971) - Alexanderstr. 28, 5400 Koblenz - Geb. 11. Aug. 1937 Kempen/Ndrh. (Vater: Hans D., Oberbaurat a. D.; Mutter: Maria, geb. Kloth), kath., verh. s. 1972 m. Cornelie, geb. Dockhorn - Thomaeum Kempen; TH Aachen (Physik; Dipl. 1963) - Promot. 1966 - 1966-71 Forschungsaufg. Plasmaphysik (Wiss. Leitg.). 1970 Gastvorles. Tokio - BV: Zur Erzeugung stationärer Plasmaströmungen, 1968; Theory of Electric Arcs with Radial Mass Inflow, 1969; Curriculum f. d. physikal. Sachunterr., 1973; Kybernetik I, Lehrerb. 1978; Kompendium Didaktik: Physik, Ehrenwirth 1983; Handb. d. experimentellen Physik Sek. II, Band 5: Elektrizitätslehre I, Deubner 1992 - Liebh.: Tennis.

DRYGAS, Hilmar

Dr., Dipl.-Math., Prof. Gesamthochsch. Kassel (s. 1976) - Berliner Str. 14, 3501 Körle (T. 05661 - 61 54) - Geb. 21. Okt. 1937 Wigandsthal/Schl. (Vater: Gerhard D., Augenoptiker; Mutter: Erna, geb. Schäl), ev., verh. s. 1972 m. Gertraud, geb. Rumpf, 2 Kd. (Robert, Wolfgang) - Gymn. Mosbach; Stud. Univ. Heidelberg; Promot. (1968) u. Habil. (1972) Heidelberg - 1969/70 Gastprof CORE, Leuven/Belg., 1979 Gastprof. New Delhi; 1982 Gastprof. Univ. Pittsburgh/USA. S. 1974 Prof. Marburg, dann Frankfurt, 1976 Prof. GH Kassel - BV: The coordinate free approach to Gauss-Markov estimation, 1970 - Liebh.: Schach (1957 bad. Jugendm.); 1969 Meister Univ. Leuven) - Spr.: Engl.

DUBBE, Daniel

Dr. phil., Schriftsteller - Breitenfelder Str. 13D, 2000 Hamburg 20 - Geb. 18. Aug. 1942 - Promot. 1975 Hamburg - BV: Szene, 1973; Schrittweise Annäherung, 1977; Wilde Männer, wenig Frauen, 1984; Schmerzgrenze, Schmucknarbe, 1988; Gr. Insel fernsüdl., 1989. Drehb. zu Kanakerbraut, 1983, u. z. Mau-Mau, 1991 (bde. m. Uwe Schrader) - Liebh.: Reisen (Madagaskar, Costa Rica, Kamerun, Philippinen, Süd-Korea), dazu jew. lit. Reiseberichte f. HR, NDR, WDR.

DUBBER, Carsten Th.

Geschäftsführer - Lausitzer Wende 16, 3000 Hannover 71 (T. 0511 - 517 93 64) - Geb. 1. Aug. 1921, verh. s. 1950 m. Dr. Doris, geb. Dracker - U. a. Vorst.-Mitgl. Zeiss Ikon AG, Stuttgart, Geschäftsf. Himly, Holscher & Co. Glasfabrik Wilhelmshütte, Nienburg, u. landeskirchl. Beauftr. Ev. Tagungsstätte Loccum - Rotarier.

DUBE, Wolf-Dieter

Dr. phil., Prof., Generaldirektor Staatl. Museen zu Berlin (1983ff.) - Stauffenbergstr. 41, 1000 Berlin 30 - Geb. 13. Juli 1934 Schwerin/Meckl. - 1955-61 Stud. Kunstgesch., Klass. Archäol., Ur- u. Frühgesch. Göttingen, Freiburg/Br., München. Promot. 1961 Göttingen (Diss.: Südd. Bronzemörser) - 1966-82 Bayer. Staatsgemäldesamml., München (zul. stv. Leit.).

DUBINA, Peter

Schriftsteller - Albert-Schweitzer-Str. 2, 7918 Illertissen (T. 07303-5362) - Geb. 1. Juli 1940 Iglau/Tschechosl. (s. 1945 in Bayern ansäss.) (Vater: Karl D., Steuerbevollm.; Mutter: Maria, geb. Kasamas), ledig - BV: Zahlr. Western- u. Science-fiction-Jugendb., u.a.: D. schwarze Mustang, Texas-Rangers, Entscheidung im Weltraum; Übers. ersch. in USA, Engl., Schweden, Dänemark, Holland, Tschechosl., Belgien, alle 1968-78 - Liebh.: Gesch., Lit., Phil., Sport (ausüb. Schießen) - Spr.: Engl., Span.

DUCHAČ, Josef

Dipl.-Ing. oec., Ministerpräsident d. Landes Thüringen a.D. (1990-92), MdL - Arnstädter Str. 51, O-5010 Erfurt (T. 37 22 61) - Geb. 19. Febr. 1938 Bad Schlag, kath., verh. s. 1960 m. Anna-Maria, geb. Daubner, T. Claudia - Chemieing. 1964 Ing.schule Fürstenwalde; Dipl.-Ing. oec. 1973 TH Merseburg - 1964-86 Schichting., Abt.-Leit., stv. Auftragsleit. Investvorhaben Zentraler Rohbetrieb Waltershausen, Prod.-Leit. Gummiwerke Waltershausen; 1986-89 Rat d. Kreises Gotha/Wohnungswirtsch.; 1990 Betriebsleit. Gummiwerke Waltershausen; 1990 Regierungsbevollm.

DUCHROW, Ulrich

Dr. theol., Pfarrer, Regionalbeauftragter f. Mission u. Ökumene u. Prof. f. systemat. Theol. Heidelberg (s. 1979) - Hegenichstr. 22, 6900 Heidelberg (T. 06221 - 78 07 18) - Geb. 13. Juni 1935 Hannover, ev., verh. s. 1963 m. Ulrike, geb. Scharmer, 3 Kd. (Johannes, Anselm, Julia) - Stud. Univ. Tübingen, Heidelberg, Zürich, Basel, Paris; 1. Staatsex. 1960, 2. Staatsex. 1964; Promot. 1963; Habil. 1968 Heidelberg - 1963-70 wiss. Assist./Ref. Forschungsstätte d. Ev. Studiengem. (F.E.S.T.) Heidelberg; 1970-77 Dir. Studienabt. Lutherischer Weltbund; 1977/78 Gastprof. Ökum. Inst. Bossey; 1978/79 Pfarrvikar in Denzlingen/Freiburg - BV: Sprachverständnis u. bibl. Hören b. Augustin, 1965; Christenheit u. Weltverantwortung, 1970; Konflikt um d. Ökumene, 2. A. 1980; Weltwirtschaft heute - E. Feld f. bekennende Kirche, 1986; Schalom - D. Schöpfung Befreiung, d. Menschen Gerechtigkeit, d. Völkern Frieden (m. G. Liedke), 1987, 2. A. 1988; D. Bundeswehr im Schulunterr. E. Prozess gegen Indoktrinierung (m. R. Eckertz), 1988; Totaler Krieg gegen d. Armen. Geheime Strategiepapiere d. amerik. Militärs (m. G. Eisenbürger u. J. Hippler), 1989, 2. aktual. A. 1991; Lasst uns auch den Westen demokratisieren. Handlungsmöglichk. f. Christen u. andere im real existierenden Kapitalismus (Beiheft zu Junge Kirche H. 2), 1990; Europa im Weltsystem 1492-1992. Gibt es e. Weg d. Gerechtigkeit nach 500 Jahren Raub, Unterdrückung u. Geldver(m)ehrung? (Beiheft zu Junge Kirche H. 9), 1992 - Liebh.: Bergsteigen, Skilaufen - Spr.: Engl., Franz., Griech., Hebr., Latein, Portug.

DUCKWITZ, Wolfdieter

Dipl.-Ing., Prokurist, Vors. Normenaussch. Schmuck - Schillerstr. 8, 7536 Ispringen (T. 07231 - 8 90 76); gesch.: Allg. Gold- u. Silberscheideanstalt AG., Kanzlerstr. 17, 7530 Pforzheim (T. 07231 - 6 10 61) - Geb. 25. Okt. 1933 Aue/Sachs. (Vater: Dr. Ludwig D., Ing.; Mutter: Erna, geb. Sachse), ev., verh. s. 1961 m. Clara, geb. Oelschläger - Beirat Forschungsinst. f. Edelmetalle u. Metallchemie, Schwäbisch Gmünd.

DUDA, Seweryn Jozef

Dr. phil., Univ.-Prof. (Geophysik, insb. Seismologie) Univ. Hamburg (s. 1974) - Bundesstr. 55, 2000 Hamburg 13 - Geb. 20. April 1933 Königshütte/OS. (Vater: Josef D., lt. Ang.; Mutter: Hedwig, geb. Hammerling), kath., verh. s. 1955 m. Theresia, geb. Mrziglod († 1979), 3 Kd. (Chrysanth-Caesar, Laurent-Claudius, Marcel-Titus) - 1955 Dipl.-Geoph. Univ. Warschau, 1961 Dr. phil. Univ. Uppsala, 1967 Habil. ebd.; 1955-74 Assist. u. Prof. in ausl. Univ. bzw. Untern., u. a. 1970 UNESCO-Expert i. Seismology, Intern. Inst. of Seismology and Earthquake Enrineering, Tokio (Japan), s. 1974 Prof. d. Geophysik Univ. Hamburg u. gleichz. Adjunct Prof. of Geophysics Saint Louis Univ., Saint Louis (USA) - 1966 Gastprof. Saint Louis Univ., 1979 Univ. of Roorkee, India. 1979 Ehrenmitgl. Ges. f. Angew. Geophysik (Indien) - Liebh.: Wandern, Reisen - Spr.: Engl., Poln., Schwed. - Lit.: Leaders i. American Science, Dictionary of International Biography, Who is Who in the World - Marquis u. a.

DUDDA, Waldemar

Bürgermeister, MdL Schlesw.-Holst. (s. 1967) - Theodor-Storm-Allee 60, 2082 Uetersen (T. 2700) - Geb. 28. Mai 1925 Hamburg, verh., 2 Kd. - Volks- u. Abendsch. (z. Vorb. f. d. Ing.ausbild.) - Torpedomechaniker, n. Umschul. 1945 Verw.sangest., 1957-64 Außenstellenleit. Wohnungsw., seith. Bürgerm. Stadt Uetersen. ARsvors. Pinnau Baugenoss. u. Uetersener Eisenbahn AG. S. 1955 MdK. SPD s. 1947.

DUDDECK, Heinz

Dr.-Ing., Dr. Ing. E.h., o. Prof. u. Direktor Inst. f. Statik TU Braunschweig (s. 1966) - Greifswaldstr. 38, 3300 Braunschweig (T. 6 32 47) - Geb. 14. Mai 1928 Sensburg/Ostpr., verh. s. 1956 m. Marianne, geb. Lindhofer, 2 Kd. (Beat, Fabian) - TH Hannover (Bauing.wesen; Dipl.-Ing. 1955). Promot. 1959; Habil. 1963 - 1959-61 Stanford Univ. USA (Research Associate); 1961-63 Ing.büro Emch + Berger, Bern/Schweiz; 1963-65 Beton- u. Monierbau AG, Düsseldorf; 1988 Ehrenpromot. Univ. Karlsruhe; 1978-84 DFG-Senat u. Hauptaussch.. Beton-Kalender (Beitr. Statik d. Stab-Tragwerke, Traglastverf.). Fachgeb.: Bauingenieurwesen, Konstruktiver Ingenierbau, Baustatik, Tunnelbau; fachübergr. Grundlagen.

DUDECK, Lothar

Journalist - Gartenstr. 32, 7101 Löwenstein (T. 07130 - 6134) - Geb. 12. Juli 1926 Elsterwerda (Vater: Arthur D., Kaufm.; Mutter: Camilla, geb. Hänisch), ev., verh. s. 1978 m. Wilma, geb. Kraemer - Stud. d. Publizistik, Gesch., German. Univ. München - 1960-69 Redakt., 1969-74 Pressechef VW-Porsche, 1974-76 Presseabt. Daimler Benz AG,

1976-81 Pressechef Dt. FIAT AG; s. 1987 fr. Journalist. Spezialgeb.: Militär- u. Sozialgesch., Reisen, Gastrokritik - Liebh.: Reisen - Spr.: Engl.

DUDEL, Josef

Dr. med., Physiologe, o. Prof. u. Leiter Inst. f. Physiol. TU München (s. 1971) - Waldparkstr. 35b, 8012 Riemerling - Geb. 14. April 1930 Küstrin (Vater: Hermann D., Ing.; Mutter: Elisabeth, geb. Mossiers), kath., verh. s. 1958 m. Erika, geb. Schäfer, 4 Kd. - Stud. Univ. Heidelberg, Freiburg; Promot. 1957 - Privatdoz. (1962) Univ. Heidelberg - Spr.: Engl.

DUDEN, Fritz-Christoph

Beamter, Mitgl. Hbg. Bürgerschaft (s. 1982) - Raawisch 29, 2000 Hamburg 70 - Geb. 20. Sept. 1939 Schneverdingen (Vater: Heinrich D., Kaufm.; Mutter: Anna, geb. Schlumbohm), ev., verh. s. 1960 m. Karin, geb. Mildner, 3 Kd. (Ulrike, Manuela, Andreas) - Fahrlehrer-Ausb. m. Abschl.; Kfz.-Mechaniker-Meisterprüf., Kfz.-Elektriker-Meisterprüf. SPD.

DUDEN, Hans-Herdin

Kaufmann, 1. Geschäftsführer u. Mitgesellsch. WK-Ges. f. Wohnkultur GmbH, Echterdingen (s. 1983) - Zu erreichen üb. WK-Ges. f. Wohnkultur GmbH, Postf., 7022 Leinfelden-Echterdingen 2 - Geb. 1937 - Zul. Market.-Leit. in Gehrden. S. auch XIX. Ausg.

DUDENHAUSEN, Joachim Wolfram

Dr. med., Prof., Ärztl. Leiter d. Abt. f. Geburtsmed. Univ.-Klinikum Rudolf Virchow - Pulsstr. 4, 1000 Berlin 19 (T. 030 - 30 35-44 88) - Geb. 28. Febr. 1943 Werdohl/Altena, ev., verh. s. 1969 m. Dr. Ria, geb. Bury, 2 Kd. (Hanna, Wolfram) - Staatsex. 1968 Berlin, Approb. 1970 Berlin; Promot. 1970, Habil. 1977, bde. FU Berlin - 1978-87 stv. Abt.-Leit. Frauenklinik Berlin-Neukölln; 1982 apl. Prof. Berlin; 1987-89 Ltd. Arzt Univ.-Spital Zürich; s. 1989 Univ.-Klinikum Rudolf Virchow Berlin. S. 1983 Editor-in-Chief Journal of Perinatal Medicine - BV: Grundriß d. Perinatalmed., 1972; Praxis d. Perinatalmed., 1982; Prakt. Geburtshilfe, 16. A. 1989 - 1981 Maternité-Preis - Liebh.: Musik, Segeln - Spr.: Engl., Latein.

DUDERSTADT, Günter

Fotokaufmann, Geschäftsf. Ringfoto Schattke GmbH - Pferdemarkt 14, 2160 Stade (T. 04141 - 4 60 05) - Geb. 4. Mai 1940, ev., verh. s. 1975 m. Jutta, geb. Hamacher, 2 Kd. (Claus, Christina) - Abit. Stade; Lehre - Vizepräs. IHK Stade; Vors. Schulverein Fotoschule Kiel - Liebh.: Fotografie - Spr.: Engl., Franz.

DUDZIK, Peter

Journalist (1982 ff. ARD-Korresp. in Israel) - Zu erreichen üb.: Bayer. Rundfunk, 8000 München 2.

DÜCHTING, Helga

Hausfrau, MdL Rheinland-Pfalz (s. 1979), Vizepräsidentin d. Landtags v. Rheinl.-Pfalz - Elisenhöhe 11, 6530 Bingen/Rh. - Geb. 3. Febr. 1937 - SPD - BVK am Bde.

DÜCHTING, Reinhard

Dr. phil., Prof. f. Mittellateinische Philologie - Kopernikusstr. 12, 6902 Sandhausen (T. 06224 - 5 27 38) - Geb. 13. März 1936 Witten-Ruhr (Vater: Emil D., Ing.; Mutter: Bertha, geb. Höper), ev., verh. s. 1964 m. Doris, geb. Hartenstein, 2 Kd. (Susanne, Oliver Moriz) - Gymn. Witten-R. (Abit. 1957), 1957-63 Stud. German., Ev. Theol. u. Mittellatein Heidelberg u. Göttingen - BV: Sedulius Scottus (Diss.), 1968; Bibliogr. W. Bulst, 1969; Herausg. Georg Sohn: Rede v. Ursprung d. Univ. Heidelberg 1587 (1988); Johann Heinrich Jung-Stilling: Üb. d. Geist d. Staatswirtsch. (1990); Heinrich Luden: V. fr. Geistesverkehr (1990); Vita Benedicti (1991, m. H. Thurn) - Spr.: Engl. (Franz.).

DÜCHTING, Werner

Dr.-Ing., o. Prof. f. Regelungstechnik Univ.-GH Siegen (Fachber. Elektrotechn.) - Zum Söhler 68, 5900 Siegen 21 - Geb. 28. Dez. 1933 Witten/Ruhr (Vater: Emil D., Obering.; Mutter: Bertha, geb. Höper), ev., verh. s. 1960 m. Helga, geb. Kauhaus, 2 T. (Anke, Karin) - Promot. 1961 Darmstadt - S. 1972 Ord. Siegen. S. 1985 Beirat Fa. Demig Microcomputer. Zahlr. Publ. üb. Regelungstechn. Modellbildung u. Computer-Simulation v. Tumorwachstum u. -behandlung - BV: Mod. Elektrotechnik, 2 Bde. 1970.

DÜCKER, Gertrud Franziska

Dr. rer. nat., Prof., Zoologin - Hüfferstr. 56, 4400 Münster/W. (T. 8 12 06) - Geb. 9. Febr. 1928 Coesfeld (Vater: Bernhard D., Fabrikant; Mutter: Gertrudis Franziska, geb. Höping), kath. - Abit. 1949; Promot. 1956; Habil. 1965 - 1957-62 Wiss. Assist. Zool. Inst. Univ. Münster; 1962-70 Kustodin; 1965-70 Priv.-Doz.; s. 1970 Prof. u. Leit. Abt. Verhaltensforsch. - BV: Biologie II, Fischer Lexikon (m. B. Rensch) 6. A. 1976 (ital., niederländ., portugies. übers.). 70 wiss. Veröff.

DÜCKER, Helmut

Rechtsanwalt, Domsheide 3, 2800 Bremen; priv.: Saarbrückener Str. 50 - Geb. 21. Sept. 1936 Leipzig (Vater: Dipl.-Ing. Erich D.; Mutter: Ruth, geb. Bannicke), vd., verh. - N. Abit. Bremen - 1955-59 Stud. Rechtswiss. Marburg u. Göttingen. Gr. jurist. Staatsprüf. 1963 - B. 1965 Rechtsanw. Bremen, dann Senatsverw. f. Bild. ebd. (1975-83 Senatsdir., 1975 Vertr. d. Senators).

DÜCKER, Karl-Heinz

Generaldirektor, Vorstandsvors. AMISIA Versicherungs-AG., Köln, u. Hauptbevollm. Neu Rotterdam Versich.sges. f. Dtschl. - Efeuweg 22, 5020 Frechen (Königsdorf) - Geb. 19. Dez. 1927 Wuppertal.

DÜHMKE, Eckhart

Dr. med., Prof. f. Radiotherapie u. Onkologie - Robert-Koch-Str. 40, 3400 Göttingen (T. 39 61 81) - Geb. 22. Juli 1942 Berlin (Vater: Martin D., Physiker; Mutter: Christa, geb. Horrer), ev.-luth., verh. s. 1970 m. Eva, geb. Bagge, 4 Kd. (Anna Katharina, Elisa Maria, Rudolf Martin, Victoria Christina) - Abit. Braunschweig 1962, Med.stud. Marburg u. Kiel, Staatsex. 1968 Kiel, Promot. 1969, Habil. 1980 ebd. - 1975-85 Oberarzt, Radiologische Univ.-Klinik Kiel; 1984 Visit. Prof. Department of Radiation Oncology and Nuclear Medicine, Hahnemann Univ., Philadelphia/USA; s. 1985 Vorst. Abt. Strahlentherapie Univ. Göttingen - BV: Med. Radiographie m. schnellen Neutronen, wiss. Monogr., 1980 - Spr.: Engl.

DÜHRSSEN, Annemarie

Dr. med., o. Prof. FU Berlin (Lehrst. f. Psychotherapie u. Psychosomatische Med.), Ltd. Ärztin Inst. f. psychoanalyt. Forsch. u. Ausbild. - Barstr. 24a, 1000 Berlin 31 - Geb. 22. Nov. 1916 Berlin (Vater: Dr. jur. Rudolf D., Verbandsdir.; Mutter: Elfriede, geb. Brandt), ev. - Univ. Berlin, Bonn, München. Approb. (1940) u. Promot. (1942) Berlin - Fachärztin f. Inn. Med. (1945) u. Neurologie u. Psychiatrie (1950) Berlin. 1965 ff. Honorarprof. Univ. Kiel (Psychoanalyse) - BV: Psychogene Erkrank. b. Kindern u. Jugendl., 1954, 13. A. 1987; Heim- u. Pflegekinder in ihrer Entwickl., 1958, 5. A. 1986; Psychotherapie b. Kindern u. Jugendl., 1960, 3. A. 1967; Z. Problem d. Selbstmordes b. jg. Mädchen, 1968; Analyt. Psychother. in Theor., Praxis u. Ergebn., 1972; D. Biogr. Anamnes 1982, 3. A. 1989; Dynamische Psychotherapie, 1988 - Mitgl. Acad. of Psychoanalysis - Spr.: Engl., Franz. - Großv.: Prof. Dr. med. Alfred D., Gynäkologe (erster vaginaler Kaiserschnitt 1895 u. erste sterile Uterusstamponade).

DÜLFER, Eberhard

Dr. rer. pol., o. Prof. f. Betriebswirtschaftslehre - Carl-Strehl-Str. 5, 3550 Marburg/L. (T. Inst.: 28 37 40) - Geb. 14. März 1924 Elberfeld, ev., verh. s. 1957 m. Helga, geb. Grimm, 2 S. (Christian, Bernd) - Gymn.; Univ. Marburg (Dipl.-Volksw. 1953). Promot. (1956) u. Habil. (1961) Marburg - S. 1962 Lehrtätigk. Univ. Marburg, TH Darmstadt (1963; 1965 Ord. u. Dir. Inst. f. Allg. Betriebsw.slehre sowie Industrie u. Treuhandwesen), Univ. Marburg (1967 Ord., Dir. Staatswiss. Sem. u. Inst. f. Kooperation in Entwicklungsländern), ITESM Mexico City (1977 Gastprof.), 1961/62 ILO-Experte Obervolta (Westafrika); 1965-68 OECD-Consultant Südspanien; 1968-81 FAO-Research-Consultant; 1975-77 Berater BMZ; 1980-82 Vors. Wiss. Kommiss. Intern. Management; 1986-88 Vors. Wiss. Komm. Organisation - BV: D. Aktienunternehmung, 1962; Introduction à la Comptabilité, 1965 u. 68 (Franz., Arab. u. Vietn. Ausg.); OECD-Development Study - Andalusia, 3 Bde. 1968; Training facilities for co-operative personnel in African Countries, 1971 (Franz. Ausg. 1971); Operational efficiency of agricultural cooperatives in developing countries, 1974 (Franz. u. span. Ausg. 1975, arab. 1977); Leitf. f. d. Evaluier. Kooperativer Org. in Entwicklungsländern, 1979 (engl. 1981); Betriebswirtschaftslehre d. Kooperative, 1984; Schwachstellenanalyse u. Frühwarnsysteme b. Genossenschaftsbanken (m. J. W. Kramer), 1989. Herausg.: Z. Krise d. Genossensch. in d. Entwicklungspolitik (1975); Projektmanagement - Intern. (1982); Personelle Aspekte im Intern. Management (1983); Organisationskultur (1988, 2. A. 1991); Intern. Management in unterschiedl. Kulturbereichen (1991); Bildungsinvestitionen in d. Dritten Welt - Schlüssel zu eigenständiger Entwicklung (1991) - Spr.: Engl., Franz.

DÜLFFER, Jost

Dr. phil., Prof. f. Neuere Geschichte, Histor. Seminar Univ. zu Köln - Albertus-Magnus-Platz, 5000 Köln 41; u. Lochnerstr. 20, 5000 Köln 1 (T. 0221 - 24 99 90) - Geb. 24. Febr. 1943 Siegen/Westf., ev., verh., 1 T. - Promot. 1972 Freiburg; Habil. 1979 Köln - BV: Weimar, Hitler u. d. Marine, Reichspolitik u. Flottenbau 1920-39, 1973; Hitlers Städte, Baupolitik im Dritten Reich, 1978 (Mitverf.); Regeln gegen d. Krieg? D. Haager Friedenskonfz. 1899 u. 1907 in d. intern. Politik, 1981; Nationalsozialismus u. tradit. Machteliten, 1984; Deutschl. als Kaiserreich 1871-1914 (Rassow-Handb. d. dt. Gesch.), 1987; Theobald v. Bethmann Hollweg, Betrachtungen z. Weltkrieg, 1989; Dt. Geschichte 1933-1945. Führerglaube u. Vernichtungskrieg, 1992. Mithrsg.: Ploetz-Gesch. d. Weltkriege (1981); Inseln als Brennpunkte intern. Konflikte (1986, Verf.); Bereit z. Krieg. Kriegsmentalität im wilhelminischen Deutschl. 1890-1914 (1986); Dtschl. in Europa, Gedenkschrift Andreas Hillgruber (1990).

DÜLL, Ruprecht

Dr. rer. nat., Dipl.-Biol., o. Prof. f. Botanik Univ.-GH Duisburg - Funkenstr. 13, 5358 Bad Münstereifel - Geb. 18. Febr. 1931 Weimar, verh. m. Dipl.-Biol. Irene, geb. Hermanns - Biol.-Stud. Univ. Jena (Dipl.) u. Tübingen (Promot.) - BV: u. a. Botan.-Ökol. Exkursionstaschenb., 3. A. 1988; Punktkartenflora v. Duisburg, 2. A. 1987 (bde. m. H. Kutzelnigg); Exkursionstaschenb. d. Moose, 3. A. 1990; Distribution of Europ. and Macaron. liverw. and mosses, 3 Tl., 1983-85; Deutschlands Moose (m. L. Meinunger), 1989; Moosflora Tirol, 1991 - Liebh.: Zeichnen u. Malen.

DÜLMEN, van, Richard

Dr. phil., Prof. f. neuere Gesch. Univ. d. Saarlandes - Schultze-Kathrin-Str. 1, 6600 Saarbrücken - Geb. 3. Mai 1937, verh. - Stud. Gesch., Phil. u. Relig.wiss. Münster, Würzburg, München, Paris; Promot. 1966, Habil. 1973 - B. 1981 wiss. Mitarb. Bayer. Akad. d. Wiss., München. Priv.-Doz., Prof. in München - BV: Propst Franz Töpsl (1711-96), 1967; Traunstein, 1970; D. Täuferreich zu Münster 1534/35, 1974; Geheimbund d. Illuminaten, 1975; Reformation als Revolution, 1977; D. Utopie e. christl. Ges., 1978; Entstehung d. frühzeitl. Europa, 1982; Volkskultur (zus. m. N. Schindler), 1984; Theater d. Schreckens, 1985; D. Ges. d. Aufklärer, 1986; Hexenwelten, 1987; Liebe, Armut, Ehre, 1988; Religion u. Gesellschaft, 1989; Industriekultur an d. Saar, 1989; D. Haus u. seine Menschen, 1990; Arbeit, Frömmigkeit u. Eigensinn, 1990; Frauen vor Gericht, 1991.

DÜNGEMANN, Hans

Dr. med., Prof. f. Dermatologie u. Venerol., Internist u. Arbeitsmediziner - Effnerstr. 73, 8000 München 81 - Geb. 22. März 1928 Salzgitter (Ehefrau: Vesna, geb. Schlicht, Dipl.-Dolm.) - Promot. 1956 Marburg; Habil. 1970 München - 1964 ltd. Arzt Asthma-Klinik Davos, 1967-89 Allergie-Poliklinik Dermatol. Klinik/TU München (1976 apl. Prof., 1978 a. o. Prof.). Mitgl. (teilw. Vorst.) in 24 dt., europ. u. intern. Wiss. Ges. Üb. 200 Facharb.; 4 wiss. Filme - 1986 Ernst-v.-Bergmann-Plak. d. Bundesärztekammer.

DÜNISCH, Oskar

Dr. med. h. c. - Platenstr. 16, 8520 Erlangen (T. 842220) - Geb. 21. Mai 1912 Maßbach/Unterfranken (Vater: Johann D., Landw.; Mutter: Johanna, geb. Weisensee), ev., verh. s. 1989 m. Emma Zeh, geb. Wölker - Stud. Elektrotechn.; Ing. (grad.) - 1969 Dr. med. h. c. Univ. Erlangen - Spr.: Engl.

DÜNNEBACKE, Hans-Georg

Kaufmann, Landwirt u. Gärtner, Präsident Union Fleurs - Bergstr. 41, 4350 Recklinghausen - Geb. 1. Nov. 1924 Herten/Westf. (Vater: Albert D., Kommunalbeamt.; Mutter: Elisabeth, geb. Koch), kath., verh. s. 1950 m. Änne, geb. Bertlich, 4 Kd. (Angelika, Peter, Ulrike, Marlis) - Gymn., Landwirtsch.lehre u. -schule - Präs. Intern. Blumengroßhandelsverb. Union Fleurs, Düsseldorf (s. 1972); Präs. Verb. d. Dt. Blumen-Groß- u. Importhandels e.V., D'dorf (s. 1979) - Liebh.: Lit., Golf, Landwirtsch. - Spr.: Engl.

DÜNNEBIER, Anna

Schriftstellerin, Fernsehautorin - Mühlengasse 5, 5000 Köln 1 (T. 0221 - 21 78 03) - Geb. 21. Jan. 1944, verh. s. 1975 m. Gert v. Paczensky (s. dort) - Stud. Lit.wiss. Berlin u. London; M.A. 1970 - BV: Berlinfresser, 1969; Lindhoops Frau, 1981 u. 83; Eva u. d. Fälscher, 1989; Mein Genie, 1992. Rd. 10 Hörsp., 50 Fernsehfilme - 1968 Kurt-Magnus-Preis ARD - Spr.: Engl., Franz.

DÜNNER, Hans-Wilhelm

Dipl.-Volksw., Direktor d. Zentralverwaltung, Provinzialat d. Franziskanerinnen von Nonnenwerth - Insel Nonnenwerth, 5480 Remagen 2 (T. 02228 - 6 00 90) - Geb. 18. Febr. 1950 Leverkusen (Vater: Heinrich-Peter D., Spediteur; Mutter: Ruth, geb. Finkler †), kath., verh. s. 1983 m. Kunigunde, geb. Wulf, 2 Kd. (Gwendolyn, Henning-Lloyd) - Carl-Duisburg-Gymn. Leverkusen, Abit. 1970; Univ. Münster (Dipl.-Volksw. 1981) - 1973-76 u. 1978-80 gf. Tätigk. in mittelst. Untern. (Bereich Verkehr u. Touristik); 1976-80 fr. Mitarb. in e. wiss. Inst.; 1981 wiss. Assist. im Dt. Bundestag, 1981-91 Bundesgeschäftsf. d. Bundes d. Selbständigen, Dt. Gewerbeverb. e.V., Bonn; 1984-87 Vorst.-Mitgl. Europ. Gruppe f. kl. u. mittl. Untern. u. d. Handwerk in Brüssel; 1981-92 Polit. Sekr. Europmi - Europ. Komitee f. kl. u. mittl. Untern., Brüssel. 1981-91 Herausg.: D. Selbständige - offizielles Organ Bundesverb. d. Selbst.; Dt. Gewerbeverb. u. D. Selbständige in d. Binnenschiffahrt - offizielles Organ Abt. Binnenschiffahrt d. BDS, Bonn; 1987-91 Chefredakt. D. Selbständige - BV: D. Wettbewerbssituation auf

d. Güterverkehrsmärkten d. Bundesrep. Dtschl. - unter bes. Berücksicht. mittelst. Verkehrsuntern., 1980; D. Wettbewerbssituat. mittelständ. Binnenschiffahrtsuntern. in d. Bundesrep. Dtschl., 1981; Unternehmensnachwuchs u. Zukunftschancen mittelständ. Untern. - e. Ausbildungsproblem?, 1982; 100 Jahre Interessenvertretung f. Selbständige, 1991 - Liebh.: Fotografie, Wandern - Spr.: Engl., Franz.

DÜNNINGER, Eberhard

Dr. phil., Generaldirektor d. Bayer. Staatl. Bibliotheken, München - Kirchweg 6 b, 8000 München 70 (T. 089 - 723 26 32) - Geb. 26. Juni 1934 Würzburg, kath., verh. s. 1962 m. Renate, geb. Schöfer, 4 Kd. (Ulrich, Dorothea, Leonhard, Veronika) - Gymn. Regensburg (Abit. 1953); Stud. Gesch., German. u. Angl. Univ. München, Dublin (Trinity College) u. Würzburg; Staatsex. Lehramt an Gymn. 1958; Promot. 1961; 1959-61 Ausb. z. Bibliothekar - S. 1961 wiss. Bibliothekar Bayer. Staatsbibl. München; 1965 Mitarb. u. Ref. Bayer. Staatsmin. f. Unterr. u. Kultus; 1986 s. o. - BV: D. christl. Frühzeit Bayerns, 1966; Begegnung m. Regensburg, 1972; Johannes Aventinus, 1977; Erlebtes Bayern, 1978; Bayer. Bibliothek, Bd. 4, 1980 - 1984 Nordgau-Kulturpreis - Liebh.: Lit., Bienenzucht.

DÜNNWALD, Rolf

Dr. jur., Prof., Rechtsanwalt, Geschäftsf. Ges. z. Verwertung v. Leistungsschutzrechten mbH u. Dt. Orchestervereinig., bde. Hamburg (s. 1978) - Schöner Blick 11, 2000 Hamburg 55 (T. 040 - 86 97 02) - Geb. 7. Okt. 1937 - BV: D. Rechtsstellung d. Theaterint., Diss. 1964.

DÜNSCHEDE, Elmar

Dr. jur., Oberkreisdirektor a. D., Diözesan-Caritasdir. a. D. - Unterm Wolfsberg 18, 5500 Trier - Geb. 24. Mai 1925.

DÜNSCHEDE, Hans

Prof., Violinvirtuose - Guerickestr. 1, 1000 Berlin 10 (T. 349919) - Geb. 18. Nov. 1907 Düsseldorf, kath., verh. s. 1946 m. Friedel, geb. Weihe, S. Hans-Wolfgang - 1925-30 Musikhochsch. Köln (Violine, Klavier, Kompos., Theorie) - Langj. Lehrtätigk. Musikhochsch. Berlin (Prof.).

DUENSING, Christoph

Rechtsanwalt, Geschäftsf. Dt. Beamtenbund, Landesbd. Nieders. (s. 1971) - Gr. Packhofstr. 28, 3000 Hannover - Geb. 7. Dez. 1937 Hannover - Stud. d. Rechte Univ. Göttingen u. Freiburg - Schriftleit. d. Ztschr. DBB-Nieders.

DÜRBAUM, Hans-Jürgen

Dr. rer. nat., Geophysiker, Dir. u. Prof., Bundesanstalt f. Geowiss. u. Rohstoffe Hannover, Honorarprof. u. Lehrbeauftr. f. Geohydraulik Univ. Münster, Projektleit. DEKORP, Sekr. Nat. Komitee Geodäsie/Geophysik - Waldstr. 8, 3004 Isernhagen 4.

DÜRBECK, Karl

Dipl.-Kfm., Inh. Anton Dürbeck (Fruchtimport/Großmarkt), Frankfurt, Vors. Zentralverb. d. Dt. Früchte-Import- u. -Großhandels, Bonn - Großmarkthalle, 6000 Frankfurt/M..

DÜRIG, Gerhard

Ministerialdirektor a. D. - Am Buchacker 4, 5300 Bonn-Bad Godesberg (T. 310387) - Geb. 2. April 1910 Breslau (Vater: Paul D., Telegrapheninsp.; Mutter: Elisabeth, geb. Hentschel), kath., verh. s. 1939 m. Johanna, geb. Burghardt, 3 Kd. (Michael, Irmtraud, Christian) - Gymn. u. Univ. Breslau (Rechtswiss.). Ass.ex. 1937 Berlin - Ab 1938 Postass. Reichspostdir. Frankfurt/O., 1939-49 Kriegsdst. u. sowjet. Gefangensch., 1950-58 Post- u. Oberpostrat Oberpostdir. Braunschweig, s. 1958 Ref. u. Leit. Zentralabt. (1968) Bundespostmin. (zugl. Leit. Postakad. Schloß Kleinheubach u. Hauptschrift. Archiv f. d. Post- u. Fernmeldewesen), 1974 i. Ruhest. - 1972 Gr. BVK - Brüder: Günter u. Walter D.

DÜRIG, Günter

Dr. jur., em. o. Prof. f. Öfftl. Recht - Staufenstr. 9, 7400 Tübingen (T. 8 25 08) - Geb. 25. Jan. 1920 Breslau - Promot. (1949) u. Habil. (1953) München - 1953-55 Privatdoz. Univ. München; 1955ff. ao. u. o. Prof. (1956) Univ. Tübingen (Dir. Völkerrechtl. Sem.), emerit. 1985 - Richter Verw.gerichtshof Baden-Württ. - BV: u. a. Kommentar z. Grundgesetz, 7. A. 1989 (m. Maunz) - 1982 Gr. BVK, 1989 Stern dazu; VO Bad.-Württ.; St. Martinusord. Diöz. Rottenburg - Bruder Walter D.

DÜRIG, Walter

Dr. theol., Dr. phil., Prof. Univ. München 1960 - Prof.-Huber-Pl. 1, 8000 München 22 - Geb. 17. März 1913 Breslau (Vater: Paul D., Telegrapheninsp.; Mutter: Elisabeth, geb. Hentschel), kath. - Gymn.; Univ. Breslau; Promot. 1941 (phil.) u. 1944 (theol.) Breslau - 1937 Kaplan, 1939 Subregens, 1946 Pfarrer, 1960 Regens Georgianum München - BV: D. Zukunft d. liturg. Erneuer., 1962; D. christl. Fest, 2. A 1978; D. Cherubinische Wandersmann, 3. A. 1977; Maria, Mutter der Kirche, 2. A. 1982 - 1966 Päpstl. Hausprälat; 1976 Bayer. VO.

DÜRING, Jochen

Rundfunkredakteur NDR, Studio Lübeck - Dorfstr. 28, 2061 Sierksrade (T. 04501 - 5 85) - Geb. 24. Dez. 1928 Lübeck (Vater: Friedrich D., Telegrafenbaubeamter; Mutter: Bertha, geb. Busch), verh. s. 1967 m. Ulla, geb. Beyermann, 2 S. (Tobias, Ulrich) - 1949-54 Stud. German. u. Theol. Univ. Hamburg - 1955-68 Redakt. Lübecker Freie Presse/Lübecker Morgen; 1969-71 Stormarner Tageblatt; 1969/70 u. s. 1985 Schriftleit. d. Vaterstädt. Blätter Lübeck (Text u. Gestaltg. d. Kastorfer Chronik 1186-1986 u. and. Ortschroniken); s. 1971 NDR-Studio Lübeck, s. 1955 Vors. Fr. Pfadfindersch. Dtschl.; s. 1986 2. Vors. Lübecker Volksfestkomit.; s. 1990 Vors. d. Vaterstädt. Vereinig. Lübeck. Div. Veröff. in Fachlit. z. Fragen d. Jugendpolitik u. -kultur sowie z. Kulturgesch., Heimatkd., Regionalhistorie u. Gesch. d. dt. Jugendbewegung s. 1900.

DÜRINGER, Annemarie

Kammerschauspielerin am Burgtheater - Hawelgasse 17, 1180 Wien/Österr. - Geb. 26. Nov. 1925 Basel - Schauspielausbild. René Simon, Paris, u. Reinhardt-Sem. Wien. 1947 Mitgl. Burgtheater Wien, danach Schillertheater Berlin, Kammerspiele München, Residenztheater München. Jugendl. Liebhaberrollen b. z. Charakterdarst. Ca. 70 Theaterrollen, dar. Maria Stuart, D. Möwe, D. Frau v. Stein, Shakespeare-Rollen. Ab 1953 Film, u.a.: Nachts, wenn d. Teufel kam, V. Sonnenuntergang, D. Sehnsucht d. Veronika Voss, Berlin Alexanderplatz - Bundesfilmpreis; Preis der Stadt Berlin (f.: Nachts, wenn d. Teufel kam); 1968 österr. Kammerschausp.; Kainz-Med.; Kreuz I. Kl. f. Wiss. u. Kunst; Gr. Ehrenz. f. d. Rep. Österr.; Ehrenmed. d. Stadt Wien; Hans Reinhardt-Ring, Schweiz - Interessen: Gartenarb.

DÜRINGER, Werner

Stv. Aufsichtsratsvorsitzender Stolberger Zink AG - Cockerillstr. 69, 5190 Stolberg/Rhld. - Geb. 10. Dez. 1923.

DÜRK, Theo

Ing. grad., Bauunternehmer, Vors. Bund Güteschutz u. Fertigteilwerke Bonn, Vors. Güteschutz Beton- u. Fertigteilw. Land Bayern, München, Vizepräs. Bund Dt. Beton- u. Fertigteilw. - Luitpoldstr. 9, 8230 Bad Reichenhall/Obb. - Geb. 22. Juni 1924 - Schatzmeister ADAC Gau Südbayern.

DÜRKES, Hanns-Peter

Rechtsanwalt, Geschäftsführer Schonlau-Werke, Maschinenfabrik u. Eisengießerei Geseke, Vors. Mittelstandsaussch. d. Dt. Gießereiverb., Rechts- u. Steueraussch. d. IHK Arnsberg, Vertretervers. AOK Lippstadt-Soest, Vorst.-Mitgl. Dt. Gießereiverb. Mittelstandsaussch. d. BDI, Mitgl. Mittelstandsaussch. d. DIHT, Vollvers. d. Industrie- u. Handelskammer f. d. süd-östl. Westf., Arnsberg - Auf den Strickern 52, 4787 Geseke (T. 02942 - 50 50) - Geb. 9. Jan. 1935 Leipzig (Vater: Dr. Karl D., Chemiker; Mutter: Magda, geb. Naundorf), ev., verh. s. 1966 m. Giselheid, geb. Bartscher, S. Markus-Peter - Ass. 1966.

DÜRKOP, Klaus A.

Dipl.-Ing., Geschäftsf. Gesellschafter WESER Bauelemente-Werk GmbH, Rinteln - Die Drift 19, 3260 Rinteln 1 (T. 05751 - 29 89) - Geb. 3. Dez. 1936 Duisburg (Vater: Fritz D., Ltd. Reg.-baudir. a. D.; Mutter: Martha, geb. Lange), ev., verh. s. 1965 m. Waltrud, geb. Böhnke, 2 Kd. (Frank, Timm) - Gymn.; TU Berlin - Vorst.-Vors. Fachvereinig. Faserbeton, Heidelberg; Vorst.-Mitgl. Verb. Beton- u. Fertigteilind. Nord, Burgwedel/Hannover, AdU, Hameln, Info B/Wiesbaden; AR-Vors. WESER S.A. in Mazieres/Frankr.; AR-Mitgl. Sogali S.A. Savigné-Sur-Lathan, Frankr., Pagonsa-Weser S.A., Gernika/Vizcaya/Spanien.

DÜRR, Ernst

Dr. rer. pol., Dipl.-Kfm., o. Prof. f. Volkswirtschaftslehre u. Direktor d. Volkswirtsch. Inst. Univ. Erlangen-Nürnberg (s. 1965) - Buchenstr. 13, 8501 Feucht (T. 09128 - 44 90) - Geb. 2. Juni 1927 Köln, verh. s. 1959 - 1950-55 Univ. Köln (Volks- u. Betriebswirtsch.) - 1943-50 Tätigk. Versich.w.; 1955-63 Assist. (Inst. f. Wirtschaftspolitik), 1963-65 Doz. Univ. Köln; 1965 Dt. Vertr. im Expertenaussch. OECD z. Überprüf. d. Meth. z. Berechnung d. Entwicklungshilfebedarfs, 1968 Projektanalyse in Pakistan, 1969-73 Vors. Wirtschaftspolit. Aussch. d. Ges. f. Wirtsch.- u. Sozialwiss., 1972-73 Dekan Wirtsch.- u. Sozialwiss. Fak. Univ. Erlangen-Nürnberg. S. 1973 Mithrsg. „Handwörterbuch d. Wirtschaftswiss.", s. 1974 Mitgl. d. Senats Adolf-Weber-Stiftg., s. 1975 Mitgl. d. Wissenschaftl. Beirats beim Bundeswirtschaftsministerium; s. 1984 Vortragsreisen n. Paraguay, Chile, Argentinien, Bolivien, Ekuador, Japan, Taiwan u. Zimbabwe, 1984 Prof. Extraordinario de la Univ. Austral de Chile (Valdivia); 1987 Prof. Honorario de la Univ. Nac. de Asunción (Paraguay) - BV: D. Liberalisierung des intern. Versich.verkehrs, 1956; Konjunkturpolitik bei Konvertibilität, 1961; Wirkungsanalyse d. monetären Konjunkturpolitik, 1966; Probleme d. Konjunkturpolitik, 1968; Währungspolitik - Konjunktur- u. Beschäftigungspolitik (zus. m. G. Neuhauser), 1975; Wachstumspolitik, 1977; Política de crecimiento en una economía social de mercado, 1979; Spanien u. d. Europ. Gemeinschaften (m. R. Biskup u. S. García Echevarría), 1982; Spanien a. d. Weg nach Europa? (m. H. Kellenbenz u. W. Ritter), 1985; Orden económico y política económica, 1986; Paraguay hacia una economía social de mercado, 1987; La economía social de mercado y la política economica de Chile, 1988; El empresario frente a los problemas nacionales e intern., 1988; Condiciones del funcionamiento de una economía de mercado moderna en el Paraguay, 1989. Herausg.: Geld- u. Bankpolitik (1968), Wachtumstheorie (1978); Soziale Marktwirtsch. in Entwicklungs- u. Schwellenländern (1991). Zahlr. Einzelarb. - Mitgl. Ges. f. Wirtschafts- u. Sozialwiss., List-Ges., American Economic Assoc. - Spr.: Engl., Span. - Rotarier.

DÜRR, Fritz

I. Bürgermeister (s. 1978) - Rathaus, 8411 Sinzing/Opf. - Geb. 22. Mai 1926 - Zul. Stadtamtm. CSU.

DÜRR, Hans-Peter

Ph. D., Prof., Physiker - Rheinlandstr. 14a, 8000 München 40 (T. 089 - 323 08-280) - Geb. 7. Okt. 1929 Stuttgart (Vater: Rupert D., Lehrer; Mutter: Eva Kraepelin), verh. s. 1956 m. Carol Sue Durham, 4 Kd. (Rosemarie, Michael, Carolyn, Peter) - Physik-Stud. Univ. Stuttgart (Dipl. 1953), Ph.D. 1956 Berkeley, Habil. 1962 Univ. München - 1971 Dir. Max-Planck-Inst. f. Physik; 1980 Mitgl. Dt. Akad. d. Naturforscher Leopoldina, Halle; 1980 Vorst.-Mitgl. Vereinig. Dt. Wiss.; 1983 Mitgl. Pugwash Conferences on Science and World Affairs; 1985 Vorst.-Mitgl. Greenpeace Dtschl.; 1987 Mitgl. d. Pugwash Council - 1987 Right Livelihood Award (Altern. Nobelpreis) - Lit.: Üb. 90 Veröff. - Spr.: Engl.

DÜRR, Heinz

Vorsitzer d. Vorstandes d. Deutschen Bundesbahn u. d. Deutschen Reichsbahn - Friedrich-Ebert-Anlage 43-45, 6000 Frankfurt/M. 1 - Geb. 16. Juli 1933, verh., 3 Töcht. - AR-Vors. Dürr Beteiligungs-GmbH, Stuttgart-Zuffenhausen; AR- u. VR-Mand. - Liebh.: Theater, Sportl. Betätig. (Tennis, Golf).

DÜRR, Hermann

Rechtsanwalt - Uhlandstr. 14, 7262 Althengstett Kr. Calw/Württ. - Geb. 7. Jan. 1925 Konstanz/B. (Vater: Dr. h. c. Ludwig D., Luftschiffkonstrukteur), ev. - Obersch. Friedrichshafen; Wehrm. u. Kriegsgefangensch.; Univ. Tübingen (Rechtswiss.). Ass.ex. 1954 Stuttgart - 1957-58 Bundesvors. Dt. Jungdemokraten. 1957-65 u. 1969-80 MdB (1961-64 Geschäftsf. FDP-Fraktion). B. 1966 (Austritt) FDP, dann SPD.

DÜRR, Otto

Dr. phil., Prof. - Achalmsteige 24, 7410 Reutlingen 26 (T. 66234) - Geb. 2. Okt. 1912 Gammesfeld (Vater: Georg D., Maurermeister; Mutter: Pauline, geb. Leyh), ev., verh. s. 1950 m. Rosemarie, geb. Paul, 3 Kd. (Hans-Michael, Christa, Martin) - Lehrersem. Künzelsau; Univ. Tübingen u. München (Päd., Psych., Phil., Engl.). Promot. 1948 Tübingen - 1934-38 Volks- u. Blindenschullehrer; 1948-62 Dozent Päd. Inst. Schwäb. Gmünd; 1962ff. Prof. Päd. Hochsch. Reutlingen (zeitw. Rektor), jetzt Ruhest. S. 1953-83 Mitgl. Landessynode Ev. Kirche v. Württ.; Vors. Freundeskr. Ev. Erzieher in Württ. - BV: Probleme d. Gewissens- u. Gesinnungsbild., 2. A. 1962; üb. d. Heimatkd. z. Geschichtsunterr., 1959; Ist gehorchen so schwer?, 3. A. 1966; Erzieh. z. Freiheit in Selbstverantw., 1963; Memorieren ja - aber wie?, 1964 (m. G. Wipf); Autorität / Vorbild / Strafe - Hindernisse neuzeitl. Erziehens?, 1970; Frieden - Herausforderung an die Erziehung, 1971. Mitarb.: K. Strunz, Päd. Psych. f. höh. Schulen (4. A. 1966); Mithrsg.: Reihe Arb. z. Päd. (Buch) - Spr.: Engl. - Mitgl. Lions Club.

DÜRR, Rolf

Studienrat, Doz., Schriftst. - Wangerooger Steig 10, 1000 Berlin 33 (T. 030 - 823 14 14) - Geb. 20. Dez. 1933 Berlin, verh. m. Ellen Buchert, 2 Töcht. (Margrit, Elke) - Stud. Berlin u. Toulouse (German., Roman.); 1. u. 2. Staatsex. - Doz. Goethe-Inst. (1964-72 Leitg. Sprachabt. Dt. Bibl. Rom); s. 1974 FU Berlin (Studienkolleg) - BV: Ist Krosigk e. Faschist?, R. 1978; V. Tobias u. a. Männern, Ged. 1981; Lebenszweige, Son. 1985; Ewald Traugott Dombski, Auswahl aus d. Werk, (Hrsg.) 1987; Moralische Gesch., 1988; Namenlos, Erz. 1989; Dädalos fliegt üb. d. Labyrinth, Erz. 1989.

DÜRR, Walter

Dr. med., Prof., Chirurg (Chefarzt) - Eichendorffweg 16a, 5411 Urbar b. Koblenz - Gegenw. Lehrtätigk. FU Berlin (Chir.).

DÜRR, Walter

Dr. rer. pol., o. Prof. f. Wirtschaftspädagogik u. stv. Institutsdir. FU Berlin - Sophie-Charlotte-Str. 27, 1000 Berlin 37; Specksaalredder 17a, 2000 Hamburg 65 - Geb. 5. Aug. 1936 Hamburg - Promot. 1968 - Zul. Doz. Univ. Hamburg - BV: Wiedereinglied. weibl. Angest. in d. Berufsleben, 1972.

DÜRR, Walther

Dr. phil., Editionsleiter, Honorarprof. Fak. f. Kulturwissenschaften Univ. Tübingen - Hausserstr. 140, 7400 Tübingen 1 - Geb. 27. April 1932 Berlin (Vater: Dagobert D., Meteorologe; Mutter: Hannah, geb. Schneider), verh. s. 1960 m. Vittoria, geb. Bortolotti, 2 Töcht. (Renate, Silvia) - Stud. Musikwiss. FU Berlin u. Univ. Tübingen (Promot. 1956) - 1957-62 Lektor Univ. Bologna; 1962-65 Assist. u. Lekt. Univ. Tübingen; s. 1965 Editionsleit. Neue Schubert-Ausg. (9 Bde.) - BV: Franz Schuberts Werke in Abschr. - Liederalben u. Samml., 1975; D. dt. Sololied d. 19. Jh., 1984; Reclams Musikführer: Franz Schubert (m. Arnold Feil), 1991.

DÜRR, Wolfgang

Dr. rer. pol., Dipl.-Kfm., Konsul, Vorstandsmitgl. Bundesverb. Dt. Eisen- u. Metallwarengroßhandel, Hbg. - Gellertstr. 8, 7000 Stuttgart 1 (T. 24 70 42) - Geb. 3. Juli 1916 Bad Boll (Vater: Hermann D., Dekan; Mutter: Anna, geb. v. Graffen), ev., verh., 4 Kd. - Daimler-Gymn. Stuttgart; 3j. Lehre; n. Abitur Univ. Berlin u. Frankfurt, WH Berlin, HH Nürnberg (Dipl.Kfm., Dipl.-Volksw., Dipl.-Vers. Verst.), Assist. Univ. Frankfurt a. M. (1940-41) - BV: D. Umsatzsteuer im Einzelhandel, 1955, 2. A. 1959 - Wahlkonsul v. Malta f. Baden-Württ. - Liebh.: Reitsport - Spr.: Engl., Franz.

DÜRRE, Günter

Dr. jur., Ministerialdirigent u. Präs. Bundesaufsichtsamt f. d. Kreditwesen a. D. - Am Hirschsprung 12, 1000 Berlin 33 - Geb. 1. April 1910 Berlin, verh. m. Martha, geb. Schleif - Spr.: Engl.

DÜRRENFELD, Eva

Dr. phil., Schriftstellerin - Alte Ziegelei 11, 6554 Meisenheim (T. 06753 - 48 58) - Geb. 15. Nov. 1928 Berlin, ev., ledig - Abit. Flensburg; Stud. German., Angl. u. ev. Theol. Univ. Heidelberg, Marburg u. Tübingen (Promot. Tübingen) - B. 1964 Lektorin Univ. Tübingen; 1966-71 wiss. Assist. Univ. München; 1971-87 Oberstudienrätin in Meisenheim - BV: Paul Fleming u. Johann Christian Günther. Motive-Themen-Formen, 1963 (Diss.); Risse in d. Luft, Ged. 1979; Verschlüsselte Wahrheit, Ged. 1987; Schöpft d. Dichters reine Hand, Wasser wird sich ballen, 7 lit. Vorträge v. Goethe b. Benn, 1990 - 1965 Stip. Fritz-Thyssen-Stiftg.; 1980 AWMM-Lyrikpreis (Luxemburg).

DÜRRSON, Werner

Dr. phil., Schriftsteller, Übersetz. - 7940 Neufra/Donau, Schloß (T. 07371 - 42 42) - Geb. 12. Sept. 1932 Schwenningen/N. (Vater: Hermann D., Montageinsp.;

Mutter: Emmy, geb. Pfründer), kath. - 1952 Musikstud. Trossingen; 1957 Externenabit.; Stud. d. German., Roman., Musikwiss. Univ. München u. Tübingen; Promot. 1962 ebd. - 1957-68 Doz. Musiklehrersem. Trossingen u. Univ. Poitiers (1962) - BV: Dreizehn Gedichte, 1965 (mit 4 Farbholzschnitten v. Klaus Staeck); Schattengeschlecht, Ged. 1965; Flugballade, 1966 (m. 6 Farbholzschnitten v. HAP Grieshaber; s. dort); Drei Dichtungen (Flugballade/Schneeharfe/Glas-Stücke), 1970; mitgegangen mitgehangen, Ged. 1970-75, 1975; Schubart-Feier - E. dt. Moritat, 1980; Schubart, Christian Friedrich Daniel, Drama 1980; Zeit-Ged., 1981; Stehend bewegt. E. Poem, 1982; D. Luftkünstler - 13 Stolpergesch., 1983; Das Kattenhorner Schweigen, Ged. 1984; Feierabend, Ged. 1985; Blochaden - Sprüche u. Zusprüche, 1986; Wie ich lese?, Aphorist. Ess. 1986, Denkmal fürs Wasser, lyr. Fragment 1987; Kosmose - Ged. in zwölf Vorgängen, 1987; Ausleben - Ged. aus 12 J., 1988; Katzen-Suite, Ged. 1989; Abbreviaturen, 1989. Werke in vier Bänden Lyrik u. Prosa (hg. v. Volker Demuth), 1992. Übers. u. teils Herausg.: Wilhelm v. Aquitanien. Ges. Lieder (1970; zweispr.), Arthur Rimbaud. E. Zeit in d. Hölle (1970; zweispr.), Yvan Goll. Triumphwagen d. Antimons (1973), Margarete von Navarra. D. Liebesgedichte (1974; zweispr.); Henri Michaux, Eckpfosten (1982); Momente (1983); René Char, Auf e. trocken gebautes Haus (1982). Schallplatte: W. D. liest Lyrik u. Prosa (1978) - 1953 Lyrikpreis Südwestpresse; 1973 u. 1983 Dt. Kurzgeschichtenpreis; 1978 Literaturpr. d. Stadt Stuttgart; Schubart-Lit.preis 1980; 1980 Arbeitsstip. Land NRW; 1982 Literaturförderpreis New York: abgelehnt; 1985 Literaturpreis Stadt Überlingen; 1991/92 Stip. d. dt. Literaturfonds. Mitgl. Dt. Schriftstellerverb. u. PEN-Zentrum - Spr.: Franz., Engl. - Lit.: Ulrich Keicher, W. D. (1976); Ich bleib dir auf d. Versen - W. D. z. 12. Sept. (1982); Manfred Fuhrmann, D. Kattenhorner Schweigen, Allmende 12 (1986); Manfred Durzak, D. Kunst d. Kurzgesch. (1989); Paul Hoffmann, D. Lyriker W. D., Manfred Durzak, D. Erzähler W. D. in: Werke (1992).

DÜRRWÄCHTER, Gerhard

Dr. rer. nat., Prof., Fachleiter Sem. f. Schulpäd. Freiburg - Hochfirststr. 10, 7800 Freiburg (T. 0761 - 49 10 04) - Geb. 22. Dez. 1928 Sulzbach/Murr, ev., verh. s. 1958 m. Hildegard, geb. Koepp, 3 Kd. (Andreas, Martin, Ute) - Stud. Univ. Freiburg (Biol., Geogr., Sport); Promot. 1956 Freiburg - 1971-91 Vors. Südbad. Volleyballverb.; 1978/79 Präs. Dt. Volleyballverb. - BV: Methodik d. Volleyballspiels; div. Titel; Übers. in 8 Spr. - 1954-57 Badische Rekorde u. Meistersch. im Zehnkampf; 1958 Volleyballnat.mannsch.

DUESBERG, Carl

Geschäftsführer Stahlwerke Brüninghaus GmbH., Westhofen - Hohe Str. 20, 5980 Werdohl/W. - Geb. 23. Okt. 1909 Werdohl - Zeitw. Vors. Fachvereinig. Waggonbeschlag.

DÜSING, Edith,

geb. Kallert

Dr. phil., apl. Prof. Univ. Köln - Postfach 12 52, 5912 Hilchenbach - Geb. 11. Sept. 1951 Erlangen, ev., verh. m. Prof. Dr. Klaus D. - Promot. 1977 Univ. Köln; Habil. 1984 Univ. Köln - S. 1977 Lehrtätigk. Univ. Köln, an d. Acad. libera evangelica theologica Basiliensis, Basel, u. Gustav-Siewerth-Akad., Bierbronnen - BV: Intersubjektivität u. Selbstbewußtsein, 1986.

DÜSING, Klaus

Dr. phil., Prof. f. Philosophie Univ. Köln - Postfach 12 52, 5912 Hilchenbach - Geb. 3. Sept. 1940 Köln - Promot. 1967; Habil. 1975 - S. 1975 Lehrtätigk. Bochum, Siegen, Köln - BV: Hegel u. d. Gesch. d. Phil., 1983; D. Problem d. Subjektivität in Hegels Logik, 2. A. 1984; D. Teleologie in Kants Weltbegriff, 2. A. 1986; Schellings u. Hegels erste absol. Metaphysik, 1988.

DÜSING, Wolfgang

Dr. phil., Prof. f. Neuere Dt. Literaturwissenschaft - Goethestr. 2, 6501 Zornheim - Geb. 14. Nov. 1938 Köln (Vater: Dipl.-Ing. Walter D.; Mutter: Hildegard, geb. Schulze), ev., verh. s. 1972 m. Ingeborg, geb. Eisen, 2 Kd. (Christian, Ulrike) - Stud. Univ. Köln u. Zürich (German., Phil., Angl.). Promot. 1967 Köln; Habil. 1975 Mainz - S. 1976 Prof. Univ. Trier; 1983 Univ. Mainz. 1989 Gastprof. Middlebury College, USA - BV: Schillers Idee d. Erhabenen, 1967 (Diss.); Schiller: Üb. d. ästhet. Erzieh., 1981; Erinner. u. Identität. Unters. z. e. Erz.probl. b. Musil, Döblin u. Doderer, 1982. 20 Aufs. u. Rezensionen z. dt. Lit. v. Herder b. M. Walser.

DÜSTERFELD, Peter

Msgr., Dr. theol., Prof. f. Pastoral-Theol. Univ. Bonn (b. 1984), Pastor, Sekr. Publiz. Kommiss. u. Leit. Zentralstelle Medien d. Dt. Bischofskonfz. Bonn - Geb. 5. Nov. 1942 Neurode/Schles., kath. - Homiletiker - BV: Didaktik d. Predigt (m. H.B. Kaufmann), 1975; Predigt u. Kompetenz, 1978. Herausg.: Neue Wege d. Verkündig. (1983); Kunst u. Botschaft (1989).

DÜSTERLOH, Diethelm

Dr. phil., Univ.-Prof. f. Geographie u. ihre Didaktik Univ.-GH Paderborn - Rudower Str. 37, 4800 Bielefeld 1 - Geb. 29. April 1933 Sprockhövel/W. (Vater: August D., Oberbürgerm.; Mutter: Herta, geb. Würtz), ev., verh. s. 1960 m. Ursula, geb. Schmiedel, 4 Kd. (Sigrid, Uwe, Jürn, Switgart) - Promot. 1966 Göttingen - Zul. Doz. PH Ruhr/Abt. Dortmund, Prof. PH Westf.-Lippe (s. 1971), Univ. Bielefeld (s. 1980) u. Univ.-GH Paderborn (s. 1984). Facharb.: Z. histor. Wirtsch.geogr, Tourismus, Didaktik.

DÜTTING, Dieter

Dr. rer. nat., Prof., Biologe - Hans-Geiger-Weg 16, 7400 Tübingen 1 - Geb. 31. Okt. 1932 Essen - Promot. 1960 München; Habil. 1967 Tübingen - Wiss. Mitarb. MPI f. Entwicklungsbiol. Tübingen; apl. Prof. f. Genetik Univ. ebd. Fachveröff. u. Veröff. z. Entziff. d. Hieroglyphenschr. d. Maya.

DÜTZ, Wilhelm

Dr. jur., o. Prof. f. Bürgerl. Recht, Prozeßrecht, Arbeits- u. Handelsrecht - Am Schönblick 17, 8901 Aystetten - Geb. 29. Juni 1933, kath., verh., 2 Kd. - Gr. jurist. Staatsprüf. (1961); Promot. (1965) u. Habil.(1969); 1961-70 Richter (1961-63 beurl. z. Tätigk. i. BGH-Anw. Kanzl.); 1963-69 wiss. Assist. a. Inst. Arb. u. Wirtsch. Recht Univ. Münster; s. 1970 o. Prof. FU Berlin u. Univ. Augsburg (1973) - Zahlr. Fachveröff. insbes. z. indiv. u. kollekt. Arbeitsrecht, kirchl. Arbeitsrecht, Zivilverfahrensrecht, Verbands- u. Erbrecht.

DÜVEL, Dietrich

Dr. rer. nat., Prof. f. Botanik bzw. Angew. Bot. - Marseiller Str. 7, 2000 Hamburg 36 - Geb. 24. Juli 1919 Stade - Promot. 1954 - S. 1962 (Habil.) Lehrtätigk. Univ. Hamburg (1970 Prof.). Üb. 20 Facharb.

DÜWEL, Klaus

Dr. phil., Prof., Philologe - Sertürnerstr. 14, 3400 Göttingen - Geb. 10. Dez. 1935 Hannover - Promot. 1965 - S. 1972 (Habil.) Lehrtätigk. Univ. Göttingen (1978 Prof. f. Dt. Philol.) - BV: Runenkunde, 2. A. 1983; Werkbezeichnungen d. mhd. Erzähllit. (1050-1250), 1983; D. Opferfest v. Lade. Quellenkrit. Unters. z. germ. Religionsgesch., 1985. Herausg.: Epochen d. dt. Lyrik, Bd. 3, Ged. 1500-1600 (1978); D. Reinhart Fuchs d. Elsässers Heinrich (1984); Unters. z. Handel u. Verkehr in Mittel- u. Nordeuropa I/V (m. a., 1985/87); D. Goldbrakteaten d. Völkerwanderungszeit I/III (m. a., 1985/89); Andreas Heusler an Wilhelm Ranisch. Briefe aus d. Jahren 1890-1940 (m. a., 1989).

DÜWELL, Henning

Dr., Prof. f. Didaktik Französisch - Alte Uslarer Str. 2, 3414 Hardegsen (T. 05505 - 54 77) - Geb. 3. April 1939 Krefeld (Vater: Willi D., Verkaufsleit.; Mutter: Else, geb. Schröder), ev., verh. s. 1968 m. Hanne, geb. Arnold, 2 Kd. (Matthias, Katja) - Abit. 1959 Krefeld; Stud. Univ. Köln, Lyon, Bonn, Gießen (Anglistik u. Romanistik); 1. Staatsex. 1966; Promot. 1969; 2. Staatsex. 1970; Habil. 1977 - 1970-72 wiss. Assist. Univ. Gießen, 1972-80 Doz. ebd., s. 1980 Prof. Univ. Göttingen - BV: E. altfranz. Übers. d. Elucidarium, Edition d. Elucidaire d. Handschrift Lambeth Palace 431, 1974; Zus. m. K. Gerhold u. K. Lindemann: D. informelle Test im Franz.unterr., 1975; Fremdsprachenunterr. im Schülerurteil, 1979; Comprendre les panneaux, 1983 u. Comprendre la vie à travers la chanson, 1985 (m. H. Rüttgens); Où trouver?, 1985 (m. J.-L. Pépin); Se débrouiller en France, 1987 (m. H. Rüttgens) - Spr.: Engl., Franz.

DÜWELL, Kurt

Dr. phil., o. Prof. f. Neuere u. Neueste Geschichte Univ. Trier (s. 1977) - Im Sarkberg 15, 5500 Trier/Mosel (T. 0651 - 1 64 23) - Geb. 28. Juli 1937 Düsseldorf (Vater: Wilhelm D., Ing.; Mutter: Elise, geb. Rückels), ev., verh. s. 1964 m. Ilse, geb. Rothermund, 2 Töcht. (Ulrike, Charlotte) - Stud. München, Bonn, Köln; Promot. 1966 Köln; Wiss. Assist. TH Aachen, Univ. Köln; Habil. 1974 Köln - BV: D. Rheingebiete in d. Judenpolitik d. Nationalsozialismus vor 1942, 1968; Grundl. d. Stud. d. Gesch., 1973, 3. A. 1981 (m. E. Boshof u. H. Kloft); Dtschls. auswärtige Kulturpolitik 1918-1932, 1976; V. Staat d. Ancien Régime z. modernen Parteienstaat (m. Helmut Berding, Lothar Gall u.a.), 1978; Entsteh. u. Entwickl. d. BRD (1945-61), 1981; Dt. Ausw. Kulturpolitik s. 1871, Gesch. u. Struktur, 1981; Rhld.-Westf. im Ind.zeitalter, 4 Bde., 1983/85 (m. W. Köllmann); Kontinuität u. Fortschritt 1986 (m. Diether Breitenbach u. M. Werth); Wiss. in Berlin, 3 Bde., 1987 (m. T. Buddensieg u. K.-J. Sembach); Emigration. Dt. Wissenschaftler nach 1933, 1987 (m. T. Buddensieg u. H. A. Strauss); Trier in d. Neuzeit, 1988 (m. F. Irsigler). Aufsätze in Ztschr. u. Sammelwerken. Mithrsg. Ztschr. Archiv f. Kulturgesch. u. d. Trierer Hist. Forschg.; Herausg. d. Reihe Beitr. z. Gesch. d. Kulturpolitik; Aufs. in Gesch.ztschr. u. Sammelwerken - Spr.: Engl., Franz., Span., Ital.

DÜX, Anton

Dr. med. (habil.), Röntgenologe, apl. Prof. f. Röntgenol. u. Strahlenheilkd. Univ. Bonn (s. 1969) - Kaesbachstr. 1, 4050 Mönchengladbach.

DUFKOVÁ, Jarmila

Dr. med., Prof. f. Rechtsmed. Univ.

Frankfurt (Fachber. Humanmed.) - Kennedyallee 104, 6000 Frankfurt/M..

DUFNER, Franz Xaver
Dr. rer. oec., Dipl.-Kfm., Textilkaufm. - Hauptstr. 14, 7807 Elzach (T. 07682 - 8 03 33) - Geb. 19. Okt. 1930 Elzach (Vater: Xaver D.; Mutter: Amalia, geb. Becherer), kath., verh. s. 1957 m. Inge, geb. Schülli - Gymn. Kolle St. Blasien, Univ. Freiburg, Mannheim (Dipl.-Kfm.), Innsbruck (Dr. rer. oec.) - Verb.-Tätigk., ehrenamtl. Richter Bundessoz.gericht u. Arbeitsgericht Freiburg - Spr.: Engl., Franz.

DUFNER, Hubert
Dipl.-Ing., pers. haft. Gesellschafter Elza-Textilwerk Gebr. Dufner KG - Bahnhofstr. 3a, 7807 Elzach - Geb. 25. Nov. 1941.

DUFNER, Wolfram
Dr. rer. pol., Dipl.-Volksw., Botschafter a.D., Generaldir. d. Welt-Pfadfinder-Stiftung - POB 241, CH-1211 Genf 4; Brachsengang 14, 7750 Konstanz/B. - Geb. 7. Aug. 1926 Konstanz, verh. m. Brigitte, geb. Schäfer, 2 Kd. (Odilia, Linnéa) - Stud. Rechts- u. Wirtsch.wiss. Univ. Zürich, Bern, Cambridge, Freiburg/Br.; Dipl.-Volksw. 1949, Promot. 1951 - S. 1952 Ausw. Dienst Bern, Helsinki, Ottawa, Stockholm, Ankara; 1977-80 Botsch. in Lusaka, 1980-84 Botsch. in Singapur, Brunei, 1984-88 Botsch. in Kuala Lumpur, 1988 Botsch. in Sambia, 1989-91 Botsch. in Bern - BV: Schwed. Portraits, 1963; Geschichte Schwedens, 1967; Politik im 20. Jh.: Entwicklungspolitik, 1973; Frühe Wegweisungen, Chronik e. alemannischen Jugend 1926-50, 1982 - Finn. Löwe; Vasa-Orden; 1973 Kommandeur Nordstern; 1979 BVK.

DUGE, Walter
Direktor - Bebelallee 61h, 2000 Hamburg 60 - Geb. 22. März 1911 - S. 1947 Ascalia GmbH./früher Teerchemie (üb. 20 J. Geschäftsf.). Vor d. II. Weltkr. Tätigk. Südamerika.

DUHM, Erna
Dr. phil. (habil.), Dipl.-Psych., o. Prof. f. Klinische Psychologie - Senderstr. 8, 3400 Göttingen - 1963 Wiss. Rätin u. Prof., dann Abt.vorsteherin u. Prof., 1974ff. Ord. Univ. Göttingen; s. 1969 in Gremien d. DFG (Senat, S.-Kommiss., Schwerpunktprogr., Fachgutachter) - Fachveröff. zu Beratung u. Therapie - 1985 Hugo-Münsterberg-Med. d. BDP.

DUHM, Hans Heinrich
Dr. rer. nat., Prof. f. Experimentalphysik Univ. Hamburg (s. 1974) - Bismarckstr. 40 2ooo Hamburg 19. - Zul. Privatdoz. Univ. Heidelberg.

DUHM, Jochen
Dr. med., Prof. f. Physiologie - Pettenkoferstr. 12, Physiol. Institut, 8000 München 2 (T. 089 - 599 63 92), priv.: Amselweg 2, 8011 Vaterstetten b. München (T. 08106 - 3 28 08) (Vater: Dr. Bernhard D., Phys.; Mutter: Greta, geb. Hörlein), ev., verh. s. 1965 m. Dr. med. Heltrud, geb. Hüneke, 3 Kd. (Hans Joachim, Ulrike Domenika, Boris Andreas) - Gymn. Wuppertal, Med.stud. Göttingen, Berlin, Innsbruck u. Freiburg, Staatsex. 1965 Freiburg - 1971 Priv.-Doz. Aachen, 1977 apl. Prof. München - BV: ca. 70 Publ. in Fachztschr. (z.B. Pflügers Archiv-Europ. J. Physiol.) - Spr.: Engl. - Bek. Vorf.: Bernhard Duhm, Theologe (Urgroßv.).

DULCE, Hans-Joachim
Dr. med., o. Prof. f. Physiologische u. Klin. Chemie, Ärztl. Dir. d. Klinikums Steglitz (s. 1989) - Marchandstr. 9, 1000 Berlin 46 (T. 775 51 92) - Geb. 6. Juni 1927 - S. 1959 (Habil.) Privatdoz., ao. Prof. (1965) u. o. Prof. (1966) FU Berlin. S. 1985 Landesverb.-Vors. Hartmannbund Berlin; 1987 Dekan FB Klinikum Steglitz FU Berlin. Ca. 80 Fachveröff. - 1960 Karl-Thomas-Preis - BV: Klin.-chem. Diagnostik, 2. A. 1974.

DULLENKOPF, Peter
Dr.-Ing., Wiss. Rat, Prof. f. Schaltungstechn. Univ. Bochum/Abt. f. Elektrotechnik - Friedr.-Geissel-Str. 5, 4630 Bochum 7 - Geb. 3. März 1938 Heilbronn/N. (Vater: Dr. rer. nat. Walter D.; Mutter: Hilde, geb. Keller), verh. s. 1964 m. Barbara, geb. Kästner - 1957-63 TH Aachen (Dipl.-Ing.). Promot. 1968 Aachen - 1963 Wiss. Assist.; 1968 Obering.; 1976 Wiss. Rat u. Prof. Spez. Elektronik - BV: Werkstoffe d. Elektrotechnik, 1967 (m. Wijn).

DULOG, Lothar
Dr. Dipl.-Chem., Prof. u. Direktor Inst. II. f. Techn. Chemie Univ. Stuttgart, Leit. Forschungsinst. f. Pigmente u. Lacke, ebd. - Sulzer Weg 44, 7277 Wildberg-4 (T. 07054 - 79 56) - Geb. 13. Mai 1929 Döbern/Schles. (Vater: Maximilian D., Rektor; Mutter: Katharina, geb. Hedderich), kath., verh. s. 1959 m. Fränzi, geb. Werner, 2 Kd. (Christine, Claudia) - Stud. Univ. Mainz; Dipl.ex. 1956; Promot. 1958; Habil. 1964 - 1966-75 Assist. Manager Productdevelopm. Texaco Belgium Ghent Res. Labor.; Inh. v. 8 Patentrechten - Mithrsg.: Ztschr. D. Makromolekul. Chemie; Farbe u. Lack s. 1977 - 1965 Pr. GdCh - Liebh.: Bergsteigen, prähistor. Funde, Sportfliegen - Spr.: Engl.

DUMA, Andrei
Dr. rer. nat., Prof. f. Mathematik, Lehrstuhl Komplexe Analysis Fernuniv. Hagen (s. 1981) - Ahornstr. 18, 5000 Köln 71 - Mitgl. d. Akad. v. Messina (Ital.).

DUMANN, Manfred
Verwaltungsangestellter, MdL Bayern (s. 1974) - Schimmelleite 35, 8078 Eichstätt (T. 08421 - 42 40) - Geb. 1936 - CSU.

DUMKE, Dieter
Dr. rer. nat., Univ.-Prof., Direktor d. Sem. f. Psychologie, Päd. Fak. Univ. Bonn - Römerstr. 164, 5300 Bonn; priv.: Im Cäcilienbusch 5, 5309 Meckenheim - Geb. 8. Juni 1936 Kolberg.

DUMKE, Isolde
Dr. phil., Wiss. Bibliothekarin, Leit. Ev. Bibliothek Köln (s. 1979) u. Verb. Kirchl.-Wiss. Bibliotheken (1986-87) - Peter-Bauer-Str. 7, 5000 Köln 30 (T. 0221 - 52 47 48) - Geb. 7. Aug. 1944 Berlin-Lichterfelde-West, ev., ledig - 1963-72 Stud. franz. Philol., Bibliothekswiss. u. lat. Philol. FU Berlin; Promot. 1972 - 1973-75 Bibliotheksrefer. (1973-74 Prakt. Staatsbibl. Preuß. Kulturbesitz, Berlin); 1974-75 theoret. Ausb. Bibliothekar-Lehrinst. d. Landes NW (jetzt FH f. Bibl.- u. Dokumentationswesen, Köln); Assessorex. 1975 - 1975-79 Handschriftenkatalogisier. Württ. Landesbibl. Stuttgart; 1979ff. Leit. Ev. Bibl. Köln. 1980-86 Mitgl. Leitg. Verb. kirchl.-wiss. Bibl. (VkwB) in d. Arbeitsgem. d. Archive u. Bibl. ev. Kirche (AABevK), 1986/87 Leit. d. VkwB. 1983-87; s. 1989 Deleg. VkwB im Conseil Intern. des Assoc. de Bibliothèques de Théol. (C.I.), u. als Sekretär Vorst.-Mitgl. d. Conseil; 1980-87 Ref. Aus- u. Fortbildungsveranst. d. VkwB - BV: Voltaire als Religionskritiker im Spiegel d. Forschung (1956-1969), Diss. 1972; zahlr. weit. wiss. Veröff. in Fachb. u. Fachztschr. - Liebh.: Franz. u. lat. Kultur; Lit. (bes. Lyrik), Gesch., Theol., Asiatica, Stickerei (bes. Gobelin) - Spr.: Engl., Franz., Latein, Altgriech.

DUMMEYER, Norbert
Selbst. Makler, Landesvors. Schleswig-Holst. im Verb. Dt. Makler (VDM) - An der Kirche 1, 2357 Bad Bramstedt (T. 04192 - 45 80 u. 59 85) - Geb. 13. Juli 1946 Bremerhaven, verh. - 1. Vors. Kulturkreis Musik u. Theater Bad Bramstedt; Kreischorleiter im Sängerbund Schleswig-Holst.

DUNCKER, Hans-Rainer
Dr. rer. nat., Dr. med., Prof. f. Anatomie Univ. Gießen (1971 ff.) - Eichendorffring 36, 6300 Gießen - Geb. 1. Juli 1933 - Promot. 1964 (Kiel) u. 67 (Hamburg) - S. 1969 (Habil.) Lehrtätigkeit. Facharb. z. Vergl. Anat. d. Wirbeltiere, spez. Atemapparat.

DUNDE, Siegfried Rudolf
Dr. phil., Dr. rer. pol., Dipl.-Theol., Dipl.-Psych., Prof. f. Verwaltungspsych. u. Polit. Soziologie an d. FH öfftl. Verw., Köln - Coburger Str. 10, 5300 Bonn 1 (T. 0228 - 23 23 47) - Geb. 19. März 1953 Idstein/Ts., ev. - Dipl.-Theol. 1976, Dipl.-Psych. 1979, Promot. 1981 (Soziol.), alles Mainz; 2. Promot. 1990 (Polit.) Bremen - Lehrer u. Schulpsych.; 1981-85 Ref. Bundespräsidialamt (Ghostwriter-Team); Ref. Bundesmin. f. Jugend, Familie, Frauen u. Gesundh. (u.a. Min.büro); 1973-76 Mitgl. Diözesanleitg. BDKJ Bistum Limburg; s. 1987 Vorst. Dt. Aids-Stifg. Positiv leben - BV: Kath. u. rebellisch, 1984; Auf d. Weg z. Ich, 1984; Neue Väterlichkeit, 1986; Neue Spiritualität, 1986; Aids - Was e. Krankheit verändert, 1986; Geschlechterneid - Geschlechterfreundschaft, 1987; Positiv weiterleben, 1988; Spirituelles Erleben d. Natur, 1989; Andere haben es gut, 1989; Gesundheit aus d. Seele schöpfen, 1989; Aids u. Moral, 1989; Beratungsführer AIDS, 1991; Handb. Sexualität, 1992; Handwörterb. Religionspsychologie, 1993.

DUNKEL, Winfried
Dipl.-Ing., Oberst i.G., Leiter Informations- u. Pressestab Bundesmin. d. Verteidigung - Postf. 13 28, 5300 Bonn 1 (T. 0228 - 12 94 06/07) - Geb. 21. Okt. 1942 Mühlhausen/Thür., verh., 2 Kd. (Christina, Michael) - Berufssoldat; 1963 Bundeswehr; 1965-70 Stud. Masch.bau - 17. Generalstabslehrgang an d. Führungsakad. d. Bundeswehr; 1976/77 Generalstabsausb. d. amerik. Heeres in Fort Leavenworth, Kansas; Ref. Ber. d. Leitg. BMVg; Chef Stab I. Gebirgsdivision, Garmisch-Partenkirchen - Liebh.: Bergsteigen, Ski, Jagd, Zeitgesch. - Spr.: Engl.

DUNKER, Hans Joachim
Dr., Generalkonsul d. Bundesrep. Deutschl. in Rio de Janeiro - Rua Presidente Carlos de Campos, 417 - 22.231 Rio de Janeiro/Brasilien (T. 021 - 5 53-67 77) - Zul. Botsch. in Angola u. Generalkonsul in New York.

DUNKER, Heinz Joachim
Dipl.-Ing., Direktor, Vorstandsmitglied Zuckervertriebsges. Baltischer Rübenzuckerfabr. (ZVG), u. Zuckerfabrik Süderdithmarschen AG i. R. - Klaus-Groth-Str. 28, 2220 St. Michaelisdonn (T. 5 55) - Geb. 3. April 1926 Halberstadt (Vater: Karl D., Beamter; Mutter: Edith, geb. Schlichting), kath., verh. s. 1951 m. Christa, geb. Haedecke, 2 Kd. (Klaus-Holger, Petra) - 1947-53 TU Berlin (Zuckertechnol.; Dipl.-Ing.) - Div. Mitgliedsch., dar. Beirat Verein d. Zuckerind. u. Vorst. Unternehmensverb. Westküste IHK - Liebh.: Jagd - Spr.: Engl.

DUNST, Erwin
Vorsitzender DAG-Bildungswerk Nieders. - Hildesheimer Str. 17, 3000 Hannover - Geb. 14. Jan. 1929 - Verdienstkreuz I. Kl. d. Nieders. VO.; Gr. BVK.

DUNTZE, Wolfgang
Dr. med., Wiss. Rat, Prof. f. Physiolog. Chemie Univ. Bochum/Abt. f. Naturwiss. Med. (s. 1972) - Am Steinknapp 13, 4630 Bochum 1 - Geb. 11. Okt. 1937 - Promot. 1962; Habil. 1970 - Zul. Doz. Univ. Freiburg/Br. Fachveröff.

DUPRÉ, Frank
Lic. rer. pol., Dipl.-Kaufm., Komplementär u. Geschäftsführer Dupré Bau GmbH Co KG, u. Baustoff-Recycling-Speyer GmbH & Co. KG, bde. Speyer - Dstl.: Franz-Kirrmeier-Str. 17, 6720 Speyer (T. 06232 - 7 10 61); priv.: Sophie-de-la-Roche-Str. 6, 6720 Speyer - Geb. 11. Okt. 1954 Speyer, ev., verh. s. 1986 m. Conny, geb. Neubeck, S. Jean Philippe - Stud. Schweiz - Kompl. u. Geschäftsf. Sägewerk J. Steiner GmbH & Co. KG, Speyer; Geschäftsf. C. Dupré Umwelttechnik + Logistik-Service GmbH, Speyer; Vors. Bundesgütegemeinsch. Kompost e.V., Bonn, Gütegemeinsch. Kompost Südwest e.V., Mainz, Aussch. Umwelt u. Technik im Zentralverb. d. Dt. Baugewerbes, Bonn, Vereinigung Junger Baugewerblicher Unternehmer d. Dt. Baugewerbes im Zentralverb. d. Dt. Baugewerbes, Bonn. Pfälz. Baugewerbeverb., Kaiserslautern; Obermeister Baugewerbe- u. Zimmereiinnung, Speyer; stv. Vors. Verb. Dt. Baustoff-Recycling-Untern., u. Gütegemeinschaft Recycling Baustoffe, bde. Bonn; AR Bamaka AG, Einkaufs-AG f. Bauuntern., Düsseldorf - Spr.: Engl., Franz.

DUPUIS, Gregor
Dr. phil., o. Univ.-Prof. f. Sondererziehung u. Rehabilitation an d. Univ. Dortmund (s. 1980) - Auf dem Krittenschlag 32, 5758 Fröndenberg - Geb. 10. Dez. 1942 Graz - Herausg.: Enzyklopädie d. Sonderpädagogik, d. Heilpädagogik u. ihrer Nachbargebiete (zus. m. W. Kerkhoff), 1992.

DUPUIS, Heinrich
Dr. agr., Prof., Akad. Direktor (Arb.-gruppenleit. Ergonomie) - Holbeinstr. 85, 6650 Bad Kreuznach/N. (T. 0671 - 23 02) - Geb. 30. Juni 1927 Halle/S. (Vater: Max D., Beamt.; Mutter: Henriette, geb. Hoefer), ev., verwitwet, 3 Töcht. (Barbara, Susanne, Ursula) - Stud. Landbauwiss. Göttingen, Dipl.-Ing. (agr.) 1953, Dr. agr. 1955, Habil. 1968. 1955-69 Wiss. Mitarb., 1969-78 Arbeitsgruppenlt. MPG, 1979ff. Akad. Dir. Inst. f. Arbeits- u. Sozialmed. Univ. Mainz - Fachbeitr. - 1970 Fritz-Giese-Preis Ges. f. Arbeitswiss.; Max-Eyth-Gedenkmünze - Spr.: Engl.

DURBEN, Maria-Magdalena,
geb. Block
Dr. h. c., Schriftstellerin - Schulstr. 8-10, 6645 Beckingen 1 (T. 74 40) - Geb. 8. Juli 1935 Berlin (Vater: Bernhard B., Berufsoffz.; Mutter: Eva, geb. Klein), verh. in 2. Ehe (1967) m. Wolfgang D. (Autor) - Abit. 1954; Staatsex./Fachlehrerin f. Dt. (Erfurt) 1956 (anerk. 1958 Berlin-West) - 1968-82 Redaktionsvorst. Lit.-Union - BV (z.T. m. Ehemann): E. Stückchen v. Gott, Gruß an Taiwan, Wenn d. Schnee fällt, Da schrie d. Schatten fürchterlich, Schaukle am blauen Stern, Unterm Glasnadelzelt, Roter Rausch u. weiße Haut, Wenn d. Feuer fällt, Wenn d. Asche fällt, Lichtrunen, Zw. Knoblauch u. Chrysanthemen (Reiseb. Südkorea), Haiku m. Stäbchen (Jap.) u. weit. sieben Publ. (Lyrik, Prosa) - 5f. Ehrendoktor (Ph. 1977 Univ. Danzig, New York; Litt. 1978 Univ. Libre, Karachi; Litt. 1978 World Acad. of Languages and Lit., São Paulo; Human. 1979 Bodkin Bible Inst., Crafton; Litt. 1979 World Acad. of Arts and Culture, Taipei); div. Buchpreise u. Ausz.

DURBEN, Wolfgang
Dr. h. c., Oberstudienrat a. D., Schriftst. - Schulstr. 8-10, 6645 Beckingen 1 - Geb. 12. Aug. 1933 Koblenz (Vater: Hans D., Konrektor; Mutter: Hedwig, geb. Nauert), verh. in 2. Ehe (1967) m. Maria-Magdalena, geb. Block (Autorin unt. M. M. Durben), 3 Kd. (Roman, Claudia, Friederike) - 1953-59 Stud. Univ. Saarbrücken, Sorbonne Paris, Kings College Cambridge, Univ. Saarbr. - 1956-82 Präs. Lit.-Union (begr.); ab 1983 Präs. Intern. Cultural Council (ICC) - BV: Harte Lichter, Ged. 1956; Was ist e. Gedicht?, Ess. 1971; Récolte de Patatas et d'Etoiles, Ged. 1975; Serien: Schüler schreiben ... freiwillig; Elèves écrivains. 14 lit. Kunstmappen m. dt., hebr., chin. u. jap. Texten. Div. Bücher m. Ehefr. (s. dort) - 6f. Ehrendoktor u. div. Ehrungen ausl. Einricht.; 1964 Saarl. Erzählerpr. - Spr.: Engl., Franz.

DURCHLAUB, Wolfgang
Dr. jur., Rechtsanwalt, Wirtschaftsprü-

fer, Steuerberater - Katernberger Str. 110, 5600 Wuppertal 1 (T. 0202-31 54 80) - Geb. 7. April 1939 Ravensburg (Vater: Karl D., Finanzbeamter; Mutter: Elisabeth, geb. Hoppé), ev., verh. s. 1967 m. Ursula, geb. Borcherding, 3 Kd. (Markus, Ilka, Tilman) - Gymn. (Abit. 1958), 1958-63 Stud. Rechtswiss. Tübingen, Bonn u. Köln, 1963-66 Stud. Betriebsw. Hamburg (1. Jur. Staatsprüf. 1963 Köln, Gr. Jur. Staatsprüf. 1969 Hamburg), Promot. 1971, Steuerberater-Ex. 1973 Düsseldorf, Wirtschaftsprüf.Ex. 1977 ebd. - BV: D. Rechtstellung d. Komplementärs in d. halbstaatl. Betrieben in d. DDR, 1973; Bibliogr. d. dt.spr. Schrifttums z. Ostrecht, 1969; zahlr. Publ. in Fachztschr.

DUREK, Inge

Direktorin Theater am Dom, Köln - Glockengasse 11, 5000 Köln 1 (T. 0221-21 99 23).

DURGELOH, Heinz

Dipl.-Volksw., Dr. rer. pol., Geschäftsführer i. R. - Verbindungsweg 20a, 4600 Dortmund 30 - Geb. 29. Okt. 1926 Detmold, ev.ref., verh. s. 1958 m. Ursula, geb. Zschepank, 2 Kd. (Vera, Christa) - Stud. Münster, Promot. 1956/58. 1958-63 Assist. Univ. Münster; 1963-65 Schiffahrtsverb. f. d. westd. Kanalgeb., 1965-72 Dt. Übersee-Inst. Hamburg, 1972-91 Schiff.-Verb. f. d. westd. Kanalgeb. u. Bundesverb. d. dt. Binnenschiffahrt e.V., Duisburg. Div. Veröff. - Liebh.: Archäologie, Briefmarken, Wandern - Spr.: Engl.

DURNIOK, Manfred

Film- u. Fernsehproduzent - Zu erreichen üb. Manfred Durniok Prod., Hausotterstr. 36, 1000 Berlin 51 (T. 030-491 80 45) - Geb. 1934 Berlin - Jurastud. FU Berlin u. Harvard Univ. - BV: People, Fotob. 1972; Faces of China, Fotob. 1979; China ändert s. Gesicht, Fotob. 1981; Bangkok, Fotob. 1983 - S. 1957 Prod. v. mehr als 350 Filmen, ausgez. m. üb. 50 dt. u. intern. Preisen (u. a. 7 dt. Filmpreise, 1982 Academy Award (Oscar) f. Mephisto, 1985 Dt. Filmpreis u. Prix de Jury Cannes f. Oberst Redl, Nominier. Golden Globe Award u. Oscar); 1986 BVK am Bde.

DURST, Franz

Gf. Gesellschafter Dur Wohnungsbauges. Ernst Leenen GmbH & Co. KG, Wuppertal - Waldhof 31, 5600 Wuppertal - Geb. 23. Nov. 1907.

DURST, Jürgen

Dr. med., apl. Prof., Direktor Chirurg. Klinik Städt. Krkhs. Süd, Lübeck (s. 1978) - Städt. Krankenhaus Süd, 2400 Lübeck 1 - Geb. 14. März 1937 Köslin (Vater: Dr. med. Alfred D., Augenarzt; Mutter: Hilde, geb. Härle), verh. s. 1963 m. Brigitte Durst, 3 Kd. (Andrea, Matthias, Nicola) - Stud. Univ. Berlin, Hamburg, Tübingen; Promot. 1962; Habil. 1971; apl. Prof. 1977 Tübingen - 1964-66 Biochem. Inst. Univ. Tübingen; 1971 Facharzt f. Chir. (Teilgeb. Unfallchir., 1974); 1976 ltd. u. geschäftsf. Oberarzt Chir. Univ.klinik Tübingen, 1978 Ern. z. C 3 Prof. - BV: D. posttraumatische Fettembolie; Nichtthrombotische Embolien; D. oper. Beh. d. Brustdrüsenerkrankungen; D. Fettembolie; Repetitorium f. Chirurgie; Mammakarzinom, Akt. Therapie; OP-Lehren: Bauchchirurgie, Chir. OP-Lehre in e. Band; ca. 70 Fachveröff. u. 80 wiss. Vorträge einschl. Leit. v. nationalen u. intern. Symposien. Herausg.: D. Mammakarzinom. Aktuelle Diagnostik u. Therapie (1991).

DUSCH, Hans Georg

Präsident Bundesamt f. Zivilschutz - Deutschherrenstr. 93, 5300 Bonn 2 - Geb. 31. Juli 1936 Düsseldorf (Vater: Alfons D., Dipl.-Ing.; Mutter: Liselotte, geb. Piper), ev., verh. s. 1966 - Stud. Rechts- u. Staatswiss. Univ. Köln, Würzburg u. Münster (1. Staatsprüf. 1962 Hamm, 2. Staatsprüf. 1966 Düsseldorf) - 1967-70 Wehrbereichsverw. III Düsseldorf; 1970-78 Bundesmin. d. Innern; 1978-82 Dir. Bundesamt f. d. Anerkennung ausl. Flüchtlinge; 1982-85 Bundesmin. d. Innern; s. 1985 Präs. Bundesamt f. Zivilschutz - BV: Einwanderungsland Bundesrep. Deutschl., 1982.

DUSKE, Jürgen

Dr. rer. nat., Prof. f. Informatik Univ. Hannover (s. 1974) - Osterwalder Str. 151, 3008 Garbsen 2 - Geb. 8. Mai 1943 Neustettin/Pommern (Vater: Gerhard D., Lehrer; Mutter: Edith, geb. Müller), ev., verh. s. 1979 m. Anna Maria, geb. Ibel - Stud. Math., Dipl. u. Promot. 1967 Kiel, Habil. 1972 Kiel - BV: (m. H. Jürgensen) Codierungstheorie, 1977. Div. Fachaufs. z. theor. Informatik.

DUSPIVA, Franz

Dr. phil., o. Prof. f. Zoologie - Hermann-Löns-Weg Nr. 16a, 6900 Heidelberg (T. 80 22 55) - Geb. 12. Juli 1907 Wien, kath., verh. s. 1940 m. Marianne, geb. Hering, 2 Kd. - Doz. Univ. Heidelberg u. Freiburg (1955; Abt.leit. Pathol. Inst.); s. 1959 Ord. u. Dir. Zool. Inst. u. Museum Heidelberg (emerit. s. 1975).

DUSSMANN (ß), Peter

Buchhändler, geschäftsf. Gesellsch. P. Dußmann GmbH & Co. KG, Pedus Service, Kursana Residenzen, München (Tochterges. Wien, Milano, Luxemburg, Dresden, New York u. Los Angeles) - Pilotystr. 4, 8000 München 22 (T. 089-23 03 50) - Geb. 5. Okt. 1938 Rottweil/N., kath., verh. s. 1982 m. Catharine, geb. v. Fürstenberg - Mittl. Reife; Buchhändlerlehre; Kaufm. Ausb. Arbeitsgem. Selbst. Unternehmer, Bonn - 1988 BVK - Liebh.: Lit., Reisen - Spr.: Engl., Franz., Portugies.

DUTTENHÖFER, Klaus

Geschäftsführer Peter Kaiser GmbH./Schuhfabrik - Lemberger Str. 46, 6780 Pirmasens/Pf.; priv. Hohenzollernstr. 33.

DUTTI, Klaus

Dr., Hauptgeschäftsführer Arbeitgeberverb. d. priv. Bankgewerbes - Mohrenstr. 35-41, 5000 Köln 1.

DUUS, Peter

Dr. med. (habil.), Prof. (em.), Direktor Neurol. Klinik Krankenhs. Nordwest, Frankfurt (s. 1963) - Thorwaldsenstr. 33, 6000 Frankfurt/M. (T. 637728) - Geb. 29. Sept. 1908 Guderup (Dänem.), ev., verh. m. Erika, geb. Müller, 2 Kd. - Gymn. Sonderborg; Univ. Kiel, Berlin, Frankfurt (Med. Staatsex.) - Zul. 1958-63 Leit. Neurol. Abt. St.-Markus-Krkhs., Frankfurt; 1963-74 Dir. d. Neurol. Klinik im Akad. Krkhs. Nordwest. S. 1944 (Habil.) Privatdoz. u. apl. Prof. (1950) Univ. Frankfurt (Psychiatrie u. Neurol.) - BV: Neurologisch-topische Diagnostik, 1976, 5. A. 1990. Übers. in 7 Spr. Veröff. neuer Erkenntnisse üb. d. Wirbelsäule als Krankheitsfaktor auf Grund anat., klin. u. röntgenol. Unters.; neurol. u. psychiatr. Arbeiten.

DUVE, Freimut

Publizist, MdB (s. 1980) - Mollerstr. 14, 2000 Hamburg 13 (T. 45 15 00) - Geb. 26. Nov. 1936 Würzburg (Vater: Bruno Herzl, Journ.; Mutter: Hildegard Duve, Steuerberat.), verh. m. Karin, geb. Weber, 3 Töcht. (Tamara, Miriam, Sarah) - Stud. Gesch., Engl. u. Soziol. - 1965 Auslandsamt Univ.; 1966-69 pers. Ref. Hbg. Senator f. Wirtsch.; 1969-70 STERN-Redakt. S. 1980 Mitgl. d. Dt. Bundestags, Kulturpolit. Sprecher d. SPD-Fraktion, Vors. Unteraussch. Kunst u. Kultur, Mitgl. Ausw. Aussch. Herausg. rororo-aktuell (1970-89), Begr. Ztschr.: Technol. u. Politik (1975); Herausg. d. Reihe Luchterhand Essay (s. 1990) - BV: u. a. Kap ohne Hoffnung, (Hrsg.) 1965; D. Rassenkrieg findet nicht statt, 1970; Briefe z. Verteid. d. Rep. (m. H. Böll u. Klaus Staeck), 1977 (auch dän., schwed.) - Spr.: Engl., Span., Franz.

DUWENDAG, Dieter

Dr. rer. pol., Dipl.-Kfm., Prof. f. Volkswirtschaft Hochsch. f. Verw.-Wiss. Speyer - Talstr. 231, 6730 Neustadt (T. 06321 - 22 68) - Geb. 28. Jan. 1938 Hamburg - Dipl.-Kfm. 1962, Promot. 1965, Habil. 1970 Univ. Münster - 1963-70 Wiss. Assist. Univ. Münster; 1971/72 Prof. Univ. Köln; s. 1973 o. Prof. Hochsch. Speyer (1979-81 Rektor) - BV: Liberalisier. Sozialwohnungsbestand, 1965; Wohnungsbedarfs- u. Mietprognose, 1970; Macht u. Ohnmacht d. Bundesbank, 1973; Geldtheorie u. Geldpolitik, (Mitverf.) 3. A. 1985; Staatssektor in d. Marktwirtsch., 1976; Politik u. Markt (Mitverf.), 1980; Capital flight from Developing Countries, 1987. Herausg.: Schriften z. monetären Ökon. (s. 1976); Staatsverschuld. (1983); Europa-Banking (1988). Mithrsg.: Geld- u. Währungspolitik (1984); Geldwertsicherung u. Wirtschaftsstabilität (1989); Jahrb. f. Sozialwiss. (s. 1990).

DUX, Eckart

Schauspieler (Gast Landesbühne Hannover) - Försterweg 20, 3177 Sassenburg 5 - Geb. 19. Dez. 1926 Berlin (Vater: Eugen D., Versicherungskfm.), verh. s. 1970 (Ehefr.: Marlies), S. Moritz - Gymn. (Abit.); Schauspielsch. - Zahlr. Rollen Theater, Film, Fernsehen - Liebh.: Malerei, Uhren, Musik.

DUX, Günter Ernst Karl

Dr. jur., Prof. f. Soziologie u. Sozialphil. Univ. Freiburg (s. 1973) - Erlenweg 8, 7820 Titisee-Neustadt - Geb. 23. Juni 1933 Blomberg/Lippe - Stud. Rechtswiss.; anschl. Soziol. u. Phil. Promot. Bonn, Habil. Konstanz (Soz. u. Soz.-phil.) - BV: Strukturwandel d. Legitimation, 1976; Rechtssoziologie, 1977; D. Logik d. Weltbilder, 1982; D. Täter hinter d. Tun. Zur Soziol. Kritik d. Schuld, 1988; D. Zeit in d. Geschichte. Ihre Entwicklungslogik v. Mythos z. Weltzeit, 1989; Liebe u. Tod im Gilgamesch Epos, 1992; D. Spur d. Macht im Verhältnis d. Geschlechter, 1992.

DVORAK, Felix

TV-Film- u. Bühnenautor, Schriftst., Schausp. u. Entertainer, Int. Stadttheater Berndorf - A-2293 Marchegg (Österr.) - Geb. 4. Nov. 1936 Wien (Vater: Heinrich D.; Mutter: Adela, geb. Braza),. verh. s. 1961 m. Elisabeth, geb. Haindl, 2 T. (Daniela, Katja) - Zahlr. Bühnenrollen u. -insz.; zahlr. Schallplatten - BV: Über Dicke, Humor kennt keine Grenzen, Humor kennt keine Grenzen; Küß d. Hand, Herr Hofrat - Goldene u. Bronzene Rose v. Montreux; Chaplin-Preis (2×); Prix de la Presse; Hollywood Prize; Silb. Ehrenz. f. Verdienste um d. Stadt Wien - Bek. Vorf.: Anton(in) Dvořák, tschech. Komponist (1841-1904).

DWORATSCHEK, Sebastian

Dr. rer. pol., Dr. h.c., Dipl.-Wirtschaftsing., Dipl.-Ing., Prof. f. Wirtschaftswiss. Dir. Inst. f. Projektman. u. Wirtsch.informatik Univ. Bremen - Trupe 12, 2804 Lilienthal - Geb. 26. Nov. 1941 Jugoslawien - Tätigk. Unternehmensforsch., Beratungsges., Management-Akad., Vorst. Ges. f. Projektmanagement - Internet Deutschl. - BV: Einf. in d. Datenverarb., 1969, 9. A. 1992 (Grundl. d. DV); Marktspiegel Projektman. Software (m. A. Hayek), 3. A. 1992; Management-Informationssysteme, 1971; Wirtschaftsanalyse v. IS, 1972 (m. H. Donike). FS-Serien: EDV (1970), Management (1972), Org. (1977).

DYBA, Johannes

Dr. jur., Dr. jur. can., Erzbischof, Bischof v. Fulda, Kath. Militärbischof - Michaelsberg 1, 6400 Fulda (T. 0661 - 8 72 11) - Geb. 15. Sept. 1929 Berlin (Vater: Felix D., Studienrat; Mutter: Johanna, geb. Brüll), kath. - Univ. Heidelberg (Promot. 1954), Dr. iur. can. 1962 Rom - 1962-79 Päpstl. Staatssekr.; 1979-83 Apostol. Delegat Westafrika; s. 1983 Bischof v. Fulda - BVK u div. a. Ehr. Niederl, Ägypten u. Liberia - Liebh.: Schach, Philatelie - Spr.: Engl., Franz., Ital., Span., Niederl.

DYCK, Joachim

Dr. phil., o. Prof., Lehrstuhl f. Literaturtheorie Univ. Oldenburg - Zu erreichen üb. Univ. Oldenburg, FB 11, 2900 Oldenburg (T. 0441 - 798 30 49), Elssaser Str. 97a, 2800 Bremen (T. 0421 - 44 77 09) - Geb. 24. März 1935 Hannover - Promot. (1965) u. Habil. (1969) Freiburg - Lehrtätigk. USA (1967-69 UW Seattle; 1975 UM Ann Arbor; 1984 OSU, Columbus); 1970 Prof. Univ. Freiburg; s. 1981 o. Prof. Univ. Oldenburg - BV: Ticht-Kunst. Dt. Barockpoetik u. rhetor. Tradition, 1966, 3. A. 1991; Rhetorik in d. Schule, 1974; Athen u. Jerusalem - D. Tradition d. argumentat. Verknüpfung v. Bibel u. Poesie im 17. u. 18. Jh., 1977; Minna v. Barnhelm od. d. Kosten d. Glücks, 1981; Rhetorik-Topik-Argumentation. Bibl. z. Redelehre u. Rhetorikforsch. im deutschsprach. Raum 1945-1979/80 (m. R. Jamison), 1983; D. Nichts u. d. Herr am Nebentisch - G. Benn, 1986 - Spr.: Engl., Franz.

DYCKERHOFF, Gert

Dipl.-Kfm., Gf. Gesellschafter Dy-pack Verpackungen Gustav Dyckerhoff GmbH - Raiffeisenstr. 1, 5962 Drolshagen (T. 02761 - 7 02 35) - Geb. 18. Okt. 1941 Troppau (Vater: Gustav W.; Mutter: Liselotte, geb. Gütermann), ev., verh. s. 1971 m. Petronella, geb. Gordon, 5 Kd. (Wilhelm, Henriette, Louise, Gabriele, Johanna) - 1957/58 Austauschschüler in USA; High School Dipl. 1958 Conneaut Lake-Area High School Pennsylvania (USA); Abit. 1961 Spiekeroog, Univ. Würzburg (Dipl. 1968) - 1968 Assist. GL-SCA Sundsval/Schweden; ab 1971 Geschäftsf. Sauerländer Papiersackfabr.; 1980-84 Geschäftsf. Herpol Ind. Projects Export GmbH & Co. 1984/85 Vorst. Beirat HIP; 1975/76 Bundesvors. BJU; ab 1976 Beirat Arbeitgeberverb.; ab 1978 Vorst. Arbeitsmed. Zentrum; ab 1983 Vorst. Sem. f. Staatsbürgerkd. - BV: Pro u. Contra - D. Antwort d. Unternehmers; Investitionslenkung (Hrsg. W. Roth) - Spr.: Engl., Franz. - Bek. Vorf.: Gustav W. Dyckerhoff, Gründ. Dyckerhoff Zementwerke AG (Ururgroßv.).

DYCKERHOFF, Harald

Kaufmann, Fabrikant i. R. - Rheingaustr. 135, 6200 Wiesbaden-Biebrich (T. 67 62 51) - Geb. 13. Sept. 1912 Amöneburg (Vater: Otto D., Zementfabr.; Mutter: Juanita, geb. Valentiner), ev., verh. m. Johanna, geb. Euler - Realgymn. (Abit.); prakt. Ausbild. Rabbow & Co., Hamburg - S. 1935 Dyckerhoffw.; jetzt AR-Ehrenvors. das. 1964ff.; 1981 Ehrenpräs. Bundesverb. Steine u. Erden - Liebh.: Jagd - Bek. Vorf.: Wilhelm Gustav D., Begr. Dyckerhoff-Zementfabrik (Urgroßv.).

DYCKERHOFF, Klaus

Dr.-Ing., Aufsichtsrat Dyckerhoff AG Wiesbaden - Feldstr. 63, 4000 Düsseldorf 30 (T. 0211 - 492 00 39) - Geb. 1927 Mainz, verh., 4 Kd. - Stud. Univ. Clausthal; Promot. 1957 - AR-Vors. Mauser Waldeck AG; stv. AR-Vors. Hannover Finanz GmbH; AR-Mitgl. Bilfinger + Berger Bauaktienges.; Beiratsvors. Siepmann-Werke GmbH & Co. KG, Warstein-Belecke; Beirat Haftpflichtverb. d. Dt. Ind. a.G.; Präs. Dt.-Kolumbianischer Freundeskreis, Düsseldorf - Spr.: Engl., Franz., Span.

DYCKERHOFF, Peter

Direktor Dyckerhoff AG, Bonn, Beiratsvors. Zement-Vertrieb Rhld. GmbH & Co. KG - Dstl.: Johannesstr. 72, 5300 Bonn 3; priv.: Am Weidenstück 6, 5300 Bonn-Beuel - Geb. 10. März 1933 Wiesbaden-Biebrich.

DYGA, Marko

Altlandrat Kr. Bad Kissingen, 8730 Bad Kissingen/Ufr. - Geb. 21. Febr. 1924 Hindenburg/OS. - Zul. Rektor. CSU.

DYHRENFURTH, Norman Günter

Univ.-Prof., Filmproduzent u. Regisseur - Weiserstr. 6, A-5020 Salzburg (T. 0662 - 7 33 71) - Geb. 7. Mai 1918 Schloß Carlowitz b. Breslau (Vater: Prof. Dr. Günter O. D., Geologe u. Himalayaforsch. (1886 - 1975); Mutter: Hettie (1892 - 1972), ev. - Realgymn. u. Handelssch. Zürich; 1935-37 Hilfsoperateur Schweiz u. Deutschland, dann Skilehrer New Hampshire u. Bergführer Tetons, Wyoming/USA; 1939-44 Kameramann, Regisseur, Willard Pictures, Inc., New York; 1944-46 Offz. amerik. Armee; 1948-53 Prof. f. Kinematografie u. Filmkunde u. Leit. d. Filmabt. Univ. of California, Los Angeles. Alaska- (1938) u. 2. schweiz. Mount-Everest-Exp. (1952), Intern. Himalaya- (1955, Leit.), schweiz. Dhaulagiri- (1960), Amerik. Everest-Überschreit. (1963, Leit.), Intern. Himalaya-Exped., Everest-Südwestwand (1971, Leit.). Fulbright Research Grant, Filmstud. in Italien (1953/54) - Hubbard Medaille (Nat. Geog. Soc.) v. Präs. John F. Kennedy, Elisha Kent Kane Medaille (Geogr. Soc. of Philadelphia); Ehrenmitgl.: Amer. Alpine Club, L. A. Adventurers Club, Appalachian Mount, Club, The Explorers Club, New York, Golden Plate Award, Amer. Acad. of Achievement. Zahlr. 1. Preise, Filmfestspiele Berlin, Trient, Cortina, New York, San Francisco, Washington, Columbus - Liebh.: Skifahren (dipl. Skilehrer), Bergsteigen, Tennis, Golf, Tischtennis (Int. schweiz. Doppelmeister 1936). Erreichte 8700 m am Mt. Everest (1963) als Exped.Leit. u. Filmschaff. - BV: Americans on Everest, Everest: West Ridge, D. Welt d. Gebirge, Bergsteigen Heute, Als Arzt am Everest (dt. Übers.), Nanga Parbat. Techn. Berat. u. Regiss.: 2. Aufnahmeteam, Fred Zinnemann's Am Rande d. Abgrunds (Fünf Tage e. Sommers, 1981). Techn. Berat. u. Koordinator: Clint Eastwood, The Eiger Sanction (1974) - 1981 Preis f. Dok.film Tibet. Totenfeier; silb. EnzianTrento Film Festival; Grand Prix Festival Les Diablerets - Spr.: Engl., Franz., Ital. - Vorf.: Eltern (Prof. Dr. G. O. u. Hettie Dyhrenfurth) erhielten olymp. Goldmed. (Berlin 1936), Prix d'Alpinisme f. ihre intern. Himalaya-Exped. 1934 - Lit.: Who's Who in America, Who's Who in the World, Current Biography (April 1965), Who's Who in the West, Dictionary of Intern. Biography 1975, Intern. Who's Who of Intellectuals, 1978.

DYK, van, Peter

Tänzer, Choreograph, Ballettdir. - Triérer Str. 80, 5300 Bonn 1 - Geb. 21. Aug. 1929 Bremen (Vater: Wilhelm van D., Kaufm.; Mutter: Käthe, geb. Prager) - M. 7 J. Tanzunterr. Berlin, m. 12 J. Schule v. Tatjana Gsovsky - 1946 Berliner Staatsoper; 1951-52 Ltg. Ballett Staatstheater Wiesbaden (m. Komp. Hans-Werner Henze); Tournéen m. Ballett de France; 1955 1. Tänzer Pariser Oper (1. Deutscher als Premier Danseur Etoile, Gastsp. in Moskau); dann Gastsp. Hamburg, hier 1962-70 Ballettdir. Hbg. Staatsoper (Gastsp. in Berlin, München, Venedig, Zürich, Barcelona); ab 1970 nur noch Päd. u. Choreogr.; 1974 Gründ. Ballet du Rhin Straßburg; dann Ballettdir. Genf; 1981 Dir. Ballett Bonn - Fast alle gr. Rollen als Tänzer, viele choreogr. Kreationen, Gastsp. Int. u. Ausl. - Tanzpreis Dt. Kritik; Prix Nijinsky Paris; Kritikerpreis Frankr. (f. beste Choreogr. 1959: Unvollend. Symph.); 1965 Etoile d'or Paris; 1979 Univ. de la Danse de Paris; 1985 Chevalier dans l'ordre des Arts et des Lettres; 1987 BVK I. Kl. - S. 1988 freischaffend.

DYKE, van, Peter

s. Waizenhöfer, Udo

DYSERINCK, Hugo

Dr. phil., Dr. h. c. (B), Univ.-Prof., Lehr- u. Forschungsgebiet Komparatistik Phil. Fak. RWTH Aachen (s. 1967) - Templergraben 55, 5100 Aachen; priv.: Sijsjeslaan Nr. 6, Lanaken (Belgien) - Geb. 5. Aug. 1927 Brügge - S. 1962 (Habil.) Lehrtätigk. Univ. Erlangen, Groningen, Aachen. Fachveröff.

DZIEMBOWSKI, von, Constantin

Generalkonsul a. D. - Nördliche Münchner Str. 35, 8022 Grünwald - B. 1974 Generalkonsul Los Angeles/Cal. - 1970 BVK I. Kl.

DZIEMBOWSKI, von, Constantin

Dipl.-Phys., Vorsitzender d. Geschäftsführung TVM Techno Venture Management, München u. Boston - v. Dziembowski-Str. 3, Söcking 8130 Starnberg (T. 08151 - 1 23 82) - Geb. 17. März 1942 München (Vater: Constantin v. D., Generalkonsul a. D., s.o.; Mutter: Eva, geb. Freiin v. Miltitz), kath., verh. s. 1967 m. Stephanie, geb. v. Frankenberg, 3 Kd. (Tatjana, Alexis; Jelena) - Human. Gymn. Ettal/Obb.; Univ. Wien, Freiburg, München - Dipl.-Phys. 1969 München - Spr.: Engl., Franz.

DZWILLO, Michael

Dr. rer. nat., Prof. f. Zoologie - Haldesdorfer Str. Nr. 116e, 2000 Hamburg 71 - S. 1971 Prof. Univ. Hamburg (stv. Dir. Zool. Inst. u. Mus.).

E

EBBEN, Heinz-Adolf

Dr. jur., Hauptgeschäftsführer d. Dt.-Niederländ. HK Düsseldorf/Den Haag (s. 1984) - Jan-de-Beyer-Str. 10, 4240 Emmerich (T. 02822 - 6 83 35) - Geb. 26. April 1929 Kleve (Vater: Heinz E., Amtsgerichtsdir), kath., verh. s. 1957 m. Gertrud, geb. Zimmermann, 3 Kd. (Jan, Sybil, Susan) - 1949-52 Univ Köln (Rechtswiss.). Promot. 1956; Ass.ex. 1957 - 1957-62 Reg.ass. u. -rat Bezirksreg. Detmold u. Kultusmin. Nordrh.-Westf.; 1962-84 Stadtdir. Emmerich.

EBBERT, Fritz

Dr. rer. pol., Dipl.-Kfm., Geschäftsführer i.R. Zahnradfabrik Passau GmbH, Passau, Senator a. D. u. a. - Adalbert-Stifter-Str. 15, 8390 Passau (T. 0851 - 5 70 91)- Geb. 22. Sept. 1914 - 1974 BVK I. Kl.; 1979 Bayer. VO; 1981 gr. BVK; 1984 Bürgermed. d. Stadt Passau.

EBBERT, Hans-Jürgen

Gf. Gesellschafter Middel u. Bülling GmbH, Hagen - Rehbecke 15, 5800 Hagen 8 (T. 02337 - 12 28) - Geb. 28. Mai 1952 Völlinghausen, kath., verh. s. 1977 m. Birgitta, geb. Koch.

EBBIGHAUSEN, Rolf

Dr. rer. pol., Prof. - Jänickestr. 56, 1000 Berlin 37 (T. 030 - 817 67 10) - Geb. 2. März 1937 Seesen/Harz - Promot. 1968, Habil. 1972 - S. 1972 Prof. Inst. f. Soziol.; s. 1973 am Zentralinst. f. sozialwiss. Forsch. FU Berlin - BV: u. a. D. Krise d. Parteiendemokr. u. d. Parteiensoziol., 1969; Monopol u. Staat, 1974 (dän. 1975); Bürgerl. Staat u. polit. Legitimation, 1976; Polit. Soziol., 1981; D. Ende d. Arbeiterbew. in Dtschl.?, 1984; Anatomie d. polit. Skandals, 1989.

EBBIGHAUSEN, Walter

Direktor Nieders. Landeszentrale f. polit. Bildung a.D. - Stenhusenstr. 33, 3000 Hannover 61 (T. 55 33 48) - Geb. 1. Jan. 1918 New York, ev., verh. s. 1945 m. Johanna, geb. Felkner, 2 Kd. (Frank, Ulrike) - Abit. 1937; S. 1937 Berufssoldat (zul. Major u. Generalstabsoffz.). S. 1946 Tätigk. in d. Erwachsenenbildung. 1947-49 Stipend. d. kgl. schwed. Reg. z. Ausbildung als Volkshochschullehrer in Schweden. 1949-53 Geschäftsf. d. Landesverb. d. VHS Nieders. 1953-56 Geschäftsf. d. Dt. VHS-Verb., Bonn, 1963-84 Vorst.-Mitgl. u. ehrenamtl. Auslandsref. d. Dt. VHS-Verb., Bonn. 1956-81 Dir. d. Nieders. Landeszentrale f. polit. Bildung. S. 1970 stv. Vors., s. 1980 Vors. Landesausschuß f. Erwachsenenbildung; s. 1980 Vors. Nieders. Bund f. fr. Erwachsenenbildung - Ehrenbürger d. Stadt Lubbock/Texas, 1983 VK I. Kl. d. Nieders. VO; 1990 BVK I. Kl. - Spr.: Engl., Franz., Schwed.

EBBRECHT, Günter

Dr. theol., Prof., Leiter Ev. Akademie Iserlohn (s. 1985) - Zu erreichen üb. Ev. Akad. Haus Ortlohn, Berliner Platz 12, 5860 Iserlohn (T. 02371 - 3 52 42) - Geb. 23. Sept. 1943 Gera/Thür., verh. s. 1969 m. Helene, geb. Grote, 2 S. (Tobias, Sebastian) - Stud. Theol. Univ. Göttingen u. Heidelberg; 1. Staatsex. 1969, 2. Staatsex. 1972; Promot. 1978 Heidelberg - 1969-71 Vikarsassist. Kirchl. Hochsch. Bethel; 1974-85 Fachhochschullehrer Ev. Fachhochsch. Rheinl./Westf./Lippe. Mitgl. westf. Landessynode, d. Präsidialvers. d. Dt. Ev. Kirchentages, d. Vorst. d. Forschungsstätte Ev. Studiengem., u. d. Leiterkr. Ev. Akad. in Dtschl.

EBEL, Friedrich

Dr. jur., o. Prof. f. Dt. Rechtsgesch. u. Privatrecht FU Berlin - Boltzmannstr. 1, 1000 Berlin 33 - Geb. 18. Juli 1944 Göttingen (Vater: Prof. Dr. Wilhelm E.; Mutter: Elisabeth, geb. Nix), verh. m. Iris, geb. Scheel, 2 Töcht. (Heike, Anne) - Univ. Tübingen, Heidelberg u. Bonn (Promot. 1973, Habil. Bürgerl. Recht, Dt. Rechtsgesch., Neuere Privatrechtsgesch. u. Versich.recht 1977) - 1977 Privatdoz. Tübingen; 1978 Wiss. Rat u. Prof. Bielefeld; 1981 o. Prof. FU Berlin - BV: Üb. Legaldefinitionen, 1974; Berichtung, transactio u. Vergleich, 1978; 200 J. preuß. Zivilprozeß, 1981; Magdeburger Recht I, 1983; Savigny officialis, 1987; Römisches Rechtsleben im Mittelalter, 1988; Rechtsentw. in Berlin, 1988; Rechtsgeschichte I, 1989; Magdeburger Recht II/1, 1989.

EBEL, Gerhard

Dr. phil., Direktor Dt. Bildungsgemeinschaft Urania Berlin - Droysenstr. 18, 1000 Berlin 12 - Geb. 17. März 1936 Berlin (Vater: Rudolf E., Kaufm.; Mutter: Eva, geb. Pflug), ev., verh. s. 1958 m. Renate, geb. Schmidt, 2 T. (Christine, Alice) - Abit. 1956; Stud. Phil., Publiz. u. German. Univ. Berlin u. München; Promot. 1965; Stud. Dt. Inst. f. Film u. Fernsehen, München - 1963-67 Assist. d. Dir. VHS München; 1967-77 Dir. VHS Göttingen. Vorst. Nieders. VHS-Verb.; Deleg. Dt. VHS-Verb.; 1977-80 Auslandstätigk. Saudi-Arabien - Herausg.: Achtzehn Philosophen sehen unsere Welt, 1973; versch. Arb. z. Erwachsenenbild. - Liebh.: Phil., Theater, Lit. - Spr.: Engl., Franz.

EBEL, Hans

Dr. med., Prof. f. Physiologie, Pathophysiol. u. Physiol. Chemie - Undinestr. 10, 1000 Berlin 45 - Inst. f. klinische Physiologie, Klinikum Steglitz, FU Berlin.

EBEL, Hans Friedrich

Dr. rer. nat. habil., Dipl.-Chem., Prokurist u. Cheflektor VCH Verlagsges. mbH, Weinheim/Bergstr. (1972ff.), Verlagsleit. Biowissenschaften/Pharmazie (s. 1992) - Zu erreichen üb. VCH Verlagsges. mbH, Weinheim/Bergstr. - Geb. 10. März 1933, ev., verh. s. 1960 m. Inge, geb. Hipp, 2 Kd. (Thomas, Birgit) - 1952-58 Stud. Univ. Tübingen (Chemie), 1959-60 Heidelberg; Promot. 1960 (b. Prof. Wittig), Habil. (Org. Chemie) 1967, bde. Heidelberg - 1969ff. Verlag Chemie GmbH, Weinheim/Bergstr. (1969-72 Lektor, s. 1972 s. o.) - BV: D. Acidität d. CH-Säuren, 1969; D. naturwiss. Manuskript (m. C. Bliefert), 1982; The Art of Scientific Writing (m. C. Bliefert u. W.E. Russey), 1987; Schreiben u. Publizieren in d. Naturwiss. (m. C. Bliefert), 1990, Vortragen in Naturwissenschaft, Technik u. Medizin (m. C. Bliefert), 1992 - Spr.: Engl.

EBEL, Heinz

Dr.-Ing., Dipl.-Ing., Prof. f. konstruktiven Ingenieurbau TH Darmstadt (s. 1972) - Westring 6, 6107 Reinheim 1 (T. 06162 - 37 80) - Geb. 20. Sept. 1931 München (Vater: Rudolf E., Kaufm.; Mutter: Eva, geb. Pflug), ev., verh. s. 1959 m. Fatma, geb. Sarhan, 2 Kd. (Nora, Susanne) - Abendgymn. (Abit. 1951); Zimmergesellenprüf. 1952; Stud. TH Darmstadt (Dipl.ex. 1958); Promot. 1967; Habil. 1971. Dekan Fachber. Konstr. Ingenieurbau 1976-78 - Fachveröff. - Spr.: Engl.

EBEL, Manfred Artur

Mitglied d. Europa-Parlaments (s. 1984) - Wohnh. in Bremerhaven; zu erreichen üb. Europ. Parlam., Europazentrum, Kirchberg, Postf. 16 01, Luxemburg (T. 00352 - 4 30 01) - CDU.

EBEL, Siegfried

Dr., Prof. f. Pharmazeut. Chemie Univ. Würzburg - Am Hubland, 8700 Würzburg - Geb. 3. Febr. 1934 Schmölln/Thür. (Vater: Siegfried E., Bankbeamter; Mutter: Lotte, geb. Adolph), ev., verh. s. 1964 m. Dr. Uda, geb. Oberg, 4 Kd. (Rainer, Renate, Annegrit, Brigitte) - Univ. Marburg (Pharmazie, Chemie, Lebensmittelchemie). Promot. u. Habil. Marburg - S. 1969 Prof. - BV: Synthet. Arzneimittel, 1979. Herausg.: Handb. d. Arzneimittelanalytik (1977); parat Jahrb. Pharmalabor; Lexikon d. Pharmazie; Hagers Handb. d. Pharmazeut. Praxis - Mitgl. dt. u. europ. Arzneibuchkommiss.; Mitgl. Wehrmed. Beirat - Spr.: Engl.

EBEL, Volker
Dipl.-Psych., Hochschullehrerbeauftragter, Präsident a. D. Berufsverb. Dt. Psychologen (BDP) - 4460 Nordhorn (T. 05921 - 7 77 32) - Geb. 9. Dez. 1933 Berlin (Vater: Dr. Gerhard E.; Mutter: Elsbeth, geb. Wehling) - 1953-58 Stud. Psych. u. Päd. FU Berlin - S. 1959 Arbeits- u. Betriebspsych., s. 1971 eigene Praxis, Spezialgeb.: Diagnostik u. Therapie v. Lernstör.; 1974-75 stv. Bundesvors. Bundesverb. Legasthenie, 1975-80 Bundesvors. - FDP 1974-80 Landesvorst. Nieders., s. 1972 Ratsmitglied Stadt Nordhorn, 1977-92 Sachverst. Bundesfachaussch. f. Soziales, Jugend, Familie u. Gesundh. FDP. 1978-83 Präs. BDP - BV: Legasthenie - Ursachen, Diagnose, Behandl. rechtl. u. ges. Problematik, 1977; Legasthenie, 1979 (bde. Hrsg.); Psych. Diagnostik, Kongreßbericht 3 Bde., 1985 (Mithrsg.) - 1974 Theodor-Heuss-Med.; 1981 Ehrenring u. 1986 Ehrenbeigeordn. Stadt Nordhorn - Liebh.: Musik, Fotografie (mehrere Ausst.).

EBEL, Walter
Dr. phil., Journalist - Am Wohld 27a, 2300 Kiel 1 (T. 52 31 40) - Geb. 11. Okt. 1921 Dortmund (Vater: Wilhelm E., Schulrat; Mutter: Maria, geb. Feldheim), kath., verh. s. 1953 m. Eva, geb. Schulte, 2 Kd. (Sabine, Matthias) - Realgymn. Dortmund; Univ. Münster u. München (Publizistik, Gesch., German.). Promot. 1953 - 1953-61 Volontär u. Redakt. (1954) Ruhr-Nachr. (b. 1959 Feuill., dann Politik); 1961-67 Chefredakt. Fränk. Volksbl., Würzburg; 1968-86 Presseref. Landesreg. Schleswig-Holst. - BV: D. Feuill. d. Köln. Volksztg. währ. d. I. Weltkr., 1953 - Liebh.: Reisen, Wandern, Schwimmen, Klass. Musik.

EBELING, Gerhard
Dr. theol., D., Dr. theol. h. c., Litt. D. h. c., D. D., o. Prof. f. Fundamentaltheologie u. Hermeneutik - Mühlehalde 5, CH-8032 Zürich (T. (01) 53 64 56) - Geb. 6. Juli 1912 Berlin, ev., verh. m. Kometa, geb. Richner, 1 Kd. - Univ. Marburg, Zürich (Promot. 1938), Berlin. Habil. 1946 Tübingen - 1938-45 Pfarrer; s. 1946 Ord. Univ. Tübingen, Zürich (1956), Tübingen (1965), Zürich (1968, 1979 Hon.-Prof.) - BV: Ev. Evangelienausleg. - E. Unters. z. Luthers Hermeneutik, 1942; Kirchenzucht, 1947; Kirchengesch. als Gesch. d. Ausleg. d. Hl. Schrift, 1947; D. Geschichtlichkeit d. Kirche u. ihrer Verkündig. als theol. Problem, 1954; Was heißt Glauben?, 1958; D. Wesen d. christl. Glaubens, 1959; Wort u. Glaube, ges. Aufs. 1960; Theol. u. Verkündig. - E. Gespräch m. Rudolf Bultmann, 1962; V. Gebet - Pred. üb. d. Unser-Vater, 1963; Luther - Einf. in s. Denken, 1964; Wort Gottes u. Tradition - Stud. z. e. Hermeneutik d. Konfessionen, 1964; Gott u. Wort, 1966; Verstehen u. Verständig. in d. Begegnung d. Konfessionen, 1967; Frei aus Glauben, 1968; Psalmenmeditationen, 1968; Wort u. Glaube, Bd. II, 1969; Einf. in theol. Sprachlehre, 1971; Lutherstud., Bd. I, 1971; Kritischer Rationalismus? Zu H. Alberts „Traktat über kritische Vernunft", 1973; D. zehn Gebote i. Predigten ausgelegt, 1973; Studium d. Theologie. Eine enzyklopädische Orientierung, 1975; Wort und Glaube Bd. III, 1975; Lutherstud., Bd. II. Disputatio de Homine, 1. T.: Text u. Traditionshintergr., 1977; Dogmatik d. christl. Glaubens, Bd. I-III, 1979; D. Wahrheit d. Evangeliums. Eine Lesehilfe z. Galaterbrief, 1981; Lutherstud., Bd. II, 2. Disputatio de homine, 2. T.: D. phil. Def. d. Menschen. Kommentar zu Th. 1-19, 1982; Umgang m. Luther, 1983; Lutherstud., Bd. III: Begriffsunters. - Textinterpretat. - Wirkungsgeschichtl., 1985; Lutherstud., Bd. II., Disputatio de Homine, 3. T.: D. theol. Definition d. Menschen. Kommentar z. Th. 20-40, 1989 - Mitherausg.: Martin Luthers Werke, Kritische Gesamtausg., Weimar, Archiv z. Weimarer Ausg. d. Werke Martin Luthers; M. Luther, Ausgew. Werke, 6 Bde. 1982; M. Luther, Sein Leben in Bildern u. Texten, 1983. F.D.E. Schleiermacher, Krit. Gesamtausg.; Schleiermacher-Archiv. - Ehrendoktor Univ. Bonn (1952), Upsala (1970), Litt. D. h. c. St. Louis University (1971), DD. Univ. Edinburgh (1981), Sigmund-Freud-Preis f. wiss. Prosa, Dt. Akad. f. Sprache u. Dichtung, Darmstadt (1987).

EBELING, Hans
Dr. phil., Prof. f. Philosophie Univ. Paderborn - Am Waldplatz 17, 4790 Paderborn 1 (T. 05251 - 7 24 63) - Geb. 8. Aug. 1939 Braunschweig - Promot. 1967 u. Habil. 1975 Freiburg i. Br. - 1978-79 Lehrst.-Vertr. FU Berlin; 1980-81 desgl. Univ. Frankfurt/M., s. 1981 Ord. Univ. Paderborn. 1982 Gastprof. Univ. Klagenfurt (Österr.) - BV: Selbsterhalt. u. Selbstbewußtsein, 1979; D. Tod in d. Moderne, 1979; Freiheit, Gleichheit, Sterblichk., Phil. nach Heidegger, 1982; D. ideale Sinndimension. Kants Faktum d. Vernunft u. d. Basis-Fiktionen d. Handelns, 1982; Gelegentl. Subjekt. Gesetz: Gestell: Gerüst, 1983; Rüstung u. Selbsterhaltung. Kriegsphil., 1983; Neue Reden an d. Dt. Nation? V. Warencharakter d. Todes, 1984; Vernunft u. Widerstand. D. beiden Grundl. d. Moral, 1986; D. Verhängnis. Erste Philosophie, 1987; Ästhetik d. Abschieds, Kritik d. Moderne, 1989; Heidegger. Gesch. e. Täuschung, 1990; Neue Subjektivität. D. Selbstbehauptung d. Vernunft, 1990; Martin Heidegger. Phil. u. Ideologie, 1991.

EBELING, Hans-Wilhelm
Dipl.-Theologe, Pfarrer, Minister f. wirtschaftliche Zusammenarbeit d. DDR (April-Aug. 1990) - Lütztalweg 23, O-1140 Berlin - Geb. 15. Jan. 1934 Parchim (Vater: Otto E., gefallen 1945; Mutter: Charlotte, geb. Perschel), ev., verh. s. 1969 m. Dorothea, geb. Lienicke, 4 Söhne (Jörg, Karsten, Uwe, Ralph) - Abit. 1952, Schlosser 1954, Stud. Theologie (Ex. 1962), 1954-57 5 Sem. Maschinenbau TH Dresden - B. 1976 Pfarrer in Lieberese, b. Jan. 1990 Pfarrer u. Pfarramtsleiter Thomaskirche Leipzig; ehem. Vors. d. DSU - Liebh.: Philosophie, Geschichte - Spr.: Latein, Griechisch, Hebräisch - Bek. Vorf.: Ernst-Moritz Arndt (ms.).

EBELING, Hans-Wolfgang
Kaufmann u. Pädagoge, Ehrenvors. Dt.-Skandinav. Verein, Hamburg, Ehrenmitgl. Dt.-Finn. Ges., Arbeitsgem. dt.-skand. Ges. - Zu den fünf Bäumen, Eulenkrugstr. 96, 2000 Hamburg 67 (T. 603 42 13) - Geb. 6. Dez. 1905 Hamburg (Vater: Oberbaurat J. A. Wilh. E.; Mutter: Margarete, geb. Müller), chr., 4 Kd. (Ingrid, Gudrun, Gunnar, Brigitte) - Abit. (Gelehrtensch. d. Johanneums) 1924, Lehre u. Tätigk. Import u. Großh., Stud. Univ. Hamburg (1. Ex. 1931, 2. Ex. 1935 Hamburg) u. Lund 1939 - Ritterkreuz d. weißen Rose/Finnland, Kriegsauszeichnungen - Liebh.: Länder d. Nordens, Gärten - Spr.: Schwed., Engl., Franz.

EBENHÖH, Wolfgang
Dr., Dipl.-Phys., Prof. Univ. Oldenburg (s. 1975) - Schlehenweg 7, 2900 Oldenburg (T. 5 83 98) - Geb. 7. Sept. 1939 Warnsdorf/ČSR (Vater: Dipl.-Ing. Heinrich E., Berufssch.dir.; Mutter: Ernestine, geb. Ludwig), verh. s. 1968 m. Mechthilde, geb. Schwarz, 2 Kd. (Oliver, Eva Katarina) - Stud. d. Physik Univ. Leipzig u. Heidelberg; Dipl.ex. 1963; Promot. 1966; Habil. 1972 - 1972-75 Doz. Univ. Heidelberg - BV: Math. f. Biol. u. Mediziner, Lehrb. 1975 - Spr.: Engl., Schwed.

EBENROTH, Carsten-Thomas
Dr. jur. (habil.), Dr. rer. pol., Prof. f. Rechtswissenschaft (spez. Intern. Wirtschaftsrecht) Univ. Konstanz - Letziweg 6, CH-8006 Zürich - Geb. 10. Dez. 1943 Pleschen (Vater: Dr. med. Günther E., Arzt; Mutter: Ursula, geb. Janicke), ev., verh. s. 1977 m. Rut, geb. Hotz - Albert-Schweitzer-Sch. Nienburg u. Leibniz-Sch. Hannover; 1963-67 Stud. Rechtswiss., Betriebs- u. Volksw. Berlin (FU/TU). Promot. 1969 (r. p., TU) u. 71 (j., FU) Berlin - Wirtschaftsprüf.; Studien- u. Forschungsaufenthalte USA u. Brasil.; s. 1972 Prof. Berlin, Kiel, Gießen, Konstanz. S. 1978 Senior Consultant Center Transnational Corp./UN New York; Member of the Board, Baurs - Krey Assoc. Inc., New York; s. 1981 Counsellor Whitman & Ransom, New York; 1982 Richter OLG Karlsruhe; Vize-Präs. Heinz Hotz-AG, Flims; s. 1984 Mitgl. Kurat. d. Exportstiftg. Baden-Württemberg; Vorst. Stiftg. f. Spitzenbegabte - BV: D. verdeckten Vermögenszuwendungen im multinationalen Unternehmen, 1974; Fusionskontrolle b. Auslandszus.schlüssen, 1984; Zu d. Grenzen d. Besteuer. v. Banken im Eurokreditgeschäfte, 1984; Winning or Losing by Default, 1985; Banking on the Act of State, 1985; Rechtl. Probleme b. d. Bewältig. d. Schuldenkrise, 1985; Auswirkungen d. Waiver by Conduct-Konzepts auf d. grenzüberschreitenden Wirtschaftsverkehr, 1985; Einkaufkoop. u. Kartellverbot, 1985; Z. Durchgriff im schweizer. Aktienrecht, 1985; Wirtschaftsrechtl. Rechtstatsachenforsch. unt. bes. Berücksichtig. d. intern. Wirtschaftsrechts, 1986; Intern. Vertragsgestaltg. im Spannungsverhältnis zw. ABGB, IPR-Gesetz u. UN-Kaufrecht, 1986; Codes of Conduct - Ansätze z. vertragl. Gestaltg. intern. Investitionen, 1987; D. Verhältnis zw. joint venture-Vertrag, Ges.satzung u. Investitionsvertrag, 1987; Z. Bedeut. d. Multilateral Investment Guarantee Agency f. d. intern. Ressourcentransfer, 1987; Konzernbildungs- u. Konzernleitungskontrolle - E. Beitrag zu d. Kompetenzen v. Vorst. u. Hauptvers., 1987; Globale Herausford. durch d. Verschuldungskrise, 1987; Überlegungen z. Ausgestalt. transnat. Investitionsverträge, 1987; Mittelständ. Untern. u. globale Herausford., 1987; Neue Instrumente in d. Umschuldung, 1987; Intern. Investment Contracts and the Debt Crisis, 1988; D. Kompetenzen d. Vorst. u. d. Aktionärsschutz in d. Konzernoberges., 1988; Neuere Entw. im dt. intern. Ges.recht, 1988; Inlandswirkungen d. ausl. lex fori concursus b. Insolvenz e. Ges., 1988; D. Beteilig. ausl. Ges. an e. inländ. Kommanditges., 1988; Rechtliche Hindernisse auf d. Wege z. Goffex, 1988; Code of Conduct, Intern. Investment Contracts, the Debt Crisis and the Development Process, 1988; Konkurr. institutionelle Vereinbarungen u. Internationalisierung d. Wirtsch., 1988; D. vorzeit. Beendigung v. Zins- u. Währungsswaps b. Eintritt v. Vertragsverletzungen aufgr. vertragl. Lösungsklauseln, 1988; Inhalt u. Grenzen v. Rechtswahlklauseln n. New Yorker Recht, 1988; D. Qualifikation d. action en comblement du passif n. Art. 180 d. neuen franz. Insolvenzrechts, 1988; Système expert en matière de contrats internationaux, 1988; D. intern.-privatrechtl. Anknüpfung v. Finanzinnovationen aus dt. u. schweiz. Sicht, 1989; Ausländische Investitionen u. EG-Integration - E. Beitrag zu d. Auswirkungen d. EG-Integrationsmaßnahmen auf d. Bezieh. d. Europ. Gemeinsch. zu Drittstaaten, 1989; D. Multilaterale Investitions-Garantie-Agentur, Kommentar z. MIGA-Übereinkommen, 1989; The Changing Legal Framework for Resolving the Debt Crisis: A European's Perspective, 1989; Intern. Handels- u. Gesellschaftsrecht, Münchener Kommentar, 1990; Vertragliche Vorsorge gegen Ereignisse höherer Gewalt im Wirtsch.-verkehr m. sozialistischen Staaten am Beispiel d. UdSSR, 1990; Gewerblicher Rechtsschutz u. europ. Warenverkehrsfreiheit, 1992; Zivil- u. steuerrechtl. Dimensionen d. grenzüberschreitenden Verlagerung v. Leitungsfunktionen, 1992 - Spr.: Engl., Franz., Span., Portug.

EBERBACH, Wolfgang Dietrich
Dr. rer. nat., Prof. f. Organ. Chemie - Rötebuckweg 66, 7800 Freiburg - Geb. 14. Nov. 1937 Dessau, verh. m. Ursula, geb. Pfisterer - Dipl. Chemie 1964 Univ. Freiburg, Promot. 1967, Habil. 1975, Prof. 1979 ebd. - S. 1975 Lehrtätigk. u. Forsch. Univ. Freiburg.

EBERHARD, Rudolf
Dr. med. h. c., Staatsminister a. D. - Unterbrunner Str. 39, 8035 Gauting/Obb. (T. München 850 10 47) - Geb. 1. Nov. 1914 Nürnberg (Vater: Johann E., techn. Beamter; Mutter: Elise, geb. Engelhardt), ev., verh. s. 1942 m. Irmgard, geb. Schuh, 2 Kd. (Ulla, Jörg) - Oberrealschule Nürnberg; 1935-39 Studium Rechts- u. Staatswissensch. I. jurist. Staats- u. Diplomprüf. f. Volksw. - 1939-45 Wehrdst. (zul. Hptm. d. R., Inf.; 1963 Major d. R. Bundeswehr), 1945-47 Tätigk. Landratsamt Kronach u. Ebermannstadt, 1947-57 Landrat Ebermannstadt, 1950-74 MdL Bayern (1951-58 stv. Fraktionsvors.), 1957-64 bayer. Finanzmin. u. stv. Min.präs. (1958ff.) sowie Mitgl. Bundesrat (1960ff. Vors. Finanzaussch. u. Länderfinanzmin.-konfz.); s. 1964 Präs. Bayer. Staatsbank, München; 1968-71 Vors. Steuerreformkommiss. Zahlreiche Ehrenstellungen, darunter Ehrenpräs. Fremdenverkehrsverb. u. Dt. Zentrale f. Tourismus sow. Schatzm. Org.komitee d. XX. Olymp. Spiele München 1972 - Zahlr. AR-Mandate, u.a. Bayer. Vereinsbank, CSU (1954-64 stv. Landesvors.) - Bayer. VO., Gr. BVK m. Stern u. Schulterbd., Gr. Österr. Ehrenz. in Silb., Med. Bene merenti in Gold Bayer. Akad. d. Wiss., Gr. Staatsmed. in Gold, Med. München leuchtet in Gold, Ehrenring Bayreuth, Gold. Bürgermed. Bad Kissingen, Orden Wider d. tier. Ernst Aachener Karnevalsverein, 1984 Bayer. Verfassungsmed. in Gold - Spr.: Engl. - Rotarier.

EBERHARD, Walter
Dr. rer. nat., o. Prof. f. Mathematik - Mergelskull 25, 4150 Krefeld 1 (T. 02151-56 25 83) - Geb. 15. Febr. 1936 Nieder-Weisel (Vater: Walter E., Amtsgerichtsrat; Mutter: Maria, geb. Reichel), kath., verh. s. 1968 m. Brigitte, geb. Witt, 2 Kd. (Barbara, Christian) - 1955-60 Stud. Math. u. Physik Univ. Gießen; Staatsex. 1960, Promot. 1964; Habil. 1969 - S. 1971 Prof. Univ. Marburg u. GH Duisburg (Ord. 1976). Fachveröff.

EBERHARD, Wolfram
Dr. phil., em. Prof. f. Soziologie University of California, Berkeley - 496 Gravatt drive, Berkeley 4, Calif. 94705, USA (T. (415) 845 38 23) - Geb. 17. März 1909 Potsdam (Vater: Prof. Dr. Gustav E., Astronom (s. X. Ausg.); Mutter: Gertrud, geb. Müller), verh. 1934-69 m. Alide, geb. Roemer, 2 Kd. - Promot. 1933 Berlin - 1929-34 Museum für Völkerkunde Berlin (wissenschaftlicher Hilfsarbeiter), 1934-35 National Univ. Peking, Peiping Municipal Univ. u. Hopei Provincial Medical College (Lehrbeauftr. f. Dt. u. Lat.), 1936 Grassi-Mus. Leipzig (Abt.sleit.), 1937-48 Univ. Ankara (Prof. f. Chines.) - BV: u. a. Geschichte Chinas, 1947 (Bern; auch engl., amerik., franz. u. türk. Ausg.); Chinese Festivals, 1952 (New York); Conquerors and Rulers, 1953 (Leiden); Erzählungsgut aus Südost-China, 1966 (Berlin); Settlement and Social Change in Asia, 1967 (Hongkong); Guilt and Sin in Traditional China, 1967 (Berkeley); Sternkunde & Weltbild i. alten China, 1970 (Taipei); Moral & Social Values of the Chinese, 1971 (Taipei); Studies in Hakka Folktales, 1974 (Taipei); China u. s. westl. Nachbarn (1978); Life and Thought of the Ordinary Chinese, 1982. Herausg.: Lexikon chines. Symbole (1982) - Korr. Mitgl. d. Wiss. u. d. Lit., Mainz, d. Bayerischen Akademie, München; Fellow, Am. Folklore Association - 1980 Ehrendoktor Univ. Lund - Spr.: Engl., Chines., Türk. - Groß- u. Urgroßv. Hofarch. Gotha.

EBERHARDT, Cornelius
Generalmusikdirektor, Dirigent, o. Prof. f. Dirigieren (s. 1977), Präs. (s. 1991) Hochsch. f. Musik München - Darmstädter Str. 11, 8000 München 50 (T. 15 42 30) - Geb. 3. Jan. 1932 Oberaudorf (Vater: Dr. jur. Cornelius E., Notar; Mutter: Annie, geb. Horn), kath., verh. s. 1957 m. Ursula, geb. Schade, T. Claudia - Stud. Univ. München, Hamburg, Hochsch. f. Musik München, Ac-

zialwiss. u. Politik - BV: Didaktiksprache, Grundl. e. strengen Unterr.wiss. (Böhlau), 1989.

ECKER, Günter

Dr. rer. nat., o. Prof. f. Theoret. Physik - Am Roswitha-Denkmal 21 , 4320 Hattingen-Blankenstein (T. 3 34 44) - Geb. 12. Juni 1924 Siegburg - Promot. u. Habil. Bonn - Assist. Univ. Bonn, Scholar Royal Soc. London an d. Queen's Univ. Belfast, Visit. Prof. Univ. of Oklahoma, Diätendoz. u. apl. Prof. Univ. Bonn, Prof. Univ. of California, Ord. Univ. Bochum (1963 ff.; 1967/68 Dekan Abt. Physik). Geschäftsf. Dir. Inst. f. Theor. Physik Bochum. Sprecher Sonderforschungsbereich Plasmaphysik Bochum/Jülich, Mitgl. Wiss. Rat KFA Jülich (1963ff.), Dt. Physikal. Ges., American Physical Soc. u. Soc. of Sigma Xi. Üb. 92 Fachveröff. In- u. Ausl. Monographie: Theory of Fully Ionized Plasmas, 1972, Academic Press New York and London, russ. Ausgabe 1974, Verlag Mir; Unters. d. Plasmatrons, 1977; Vacuum Arc Theory, Wiley and Sons, 1980; Editor Springer Series on Atoms and Plasmas, Assoc.; Advisory Board, Beitr. aus d. Plasmaphysik; Chairman of the Plasmatechnology Board; Chairman of the Executive Board of the Arbeitsgemeinsch. Plasma Physik (APP); Chairman of the Commission for the foundation of the Institute for Low Temperature Plasmaphysics (INP), Greifswald.

ECKERLAND, Günther

Kaufm. Ang., MdB (1965-76) - Möwenweg 18, 4370 Hamm/W. (T. Marl 43600) - Geb. 14. Nov. 1919 Kreidelwitz/Schles., ev., verh. 1 Kd. - Volkssch.; kaufm. Lehre - 1937-45 Arbeits- u. Wehrdst., 1945-1947 Hilfsarb., 1947-48 Angest. Arbeitsamt Wernigerode, 1948-57 Bergmann, seith. kaufm. Ang. Mitgl. Gemeinde- (1956; 1961 Bürgerm.) u. Amtsrat Marl (1962). SPD (1957 Vors. Ortsverein Hamm).

ECKERT, Alexander

Assessor, Geschäftsführer Vauen, Vereinigte Pfeifenfabriken Nürnberg GmbH, u. Prokurist Vauen, Adolf Eckert KG - Wertingerstr. 18, 8500 Nürnberg 60 - Geb. 30. Okt. 1951 Nürnberg, ev., verh. s. 1981 m. Helga, geb. Mangelsdorf, 2 T. (Anne, Julia) - Stud. Univ. München, Nürnberg (Jura); 1. u. 2. jurist. Staatsex. - Liebh.: Sport, Musik, Fotogr. - Spr.: Engl., Franz.

ECKERT, Alfred

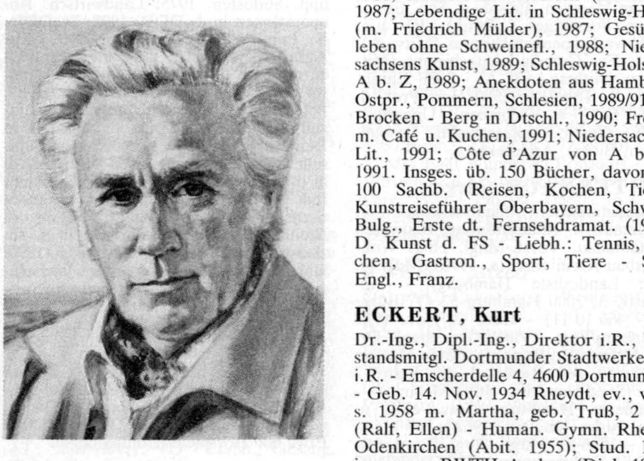

Aeronautik-Historiker, Ballon-Pilot, Redaktion Der Freiballon, Reprotechnikmeister, Graphiker, Maler, Vorstandsmitgl. im Berufsverb. bild. Künstler, Inh. Graph. Kunstanst. Eckert GmbH u. Co. Augsburg - Drentwettstr. 3, 8900 Augsburg (T. 0821 - 41 76 52) - Geb. 18. Mai 1916, verh., Tocht. Ursula - S. 1933 Aktiver im Widerstand, Gruppe W. v. Knöringen, Rev. Sozialisten, Gestapo Verfolgter - Fachbeirat im Dt. Museum München. 1. Dt. Ballonmuseum in Gersthofen m. üb. 3000 Exponaten - Erf.: Sicherheitsreißbahn b. Ballonen - BV: Am Himmel ohne Motor; Im Ballon; 1000 mal voll Gas am Himmel. ZDF-Film: Im Ballon üb. d. Alpen. Pilotenrolle i. Adalb. Stifter-Film Der Condor - Alle nat. u. intern. Ausz. im Ballonsport; die meisten Ballonfahrten in d. Luftfahrtgesch. (üb. 1000). 1. totale Alpenüberquerung; 2× üb. d. Kanal - Ehrenmitgl. Ballonclub of Amerika; Int. Ges. Leichter als Luft; Traditionsges. Alte Adler; Gold. Ehrennadel d. Stadt Augsburg; Verdienstmed. Stadt Gersthofen.

ECKERT, Dieter

Dr. jur., Ministerialdirektor Bundesmin. f. Jugend, Familie, Frauen u. Gesundheit, Bonn, Honorarprof. f. Lebensmittelrecht Univ. ebd./Landw. Fak. (s. 1977; vorh. Lehrbeauftr.) - Birkenweg 15, 5307 Wachtberg-Niederbachem - Geb. 24. Febr. 1926 Erfurt/Thür. (Vater: Kurt E., Rechtsanw. u. Notar; Mutter: Hildegard, geb. Lederle), ev., verh. s. 1962 m. Elga, geb. Wagner, 2 Kd. (Karin-Sue, Henning) - Univ. Heidelberg u. Berkeley/USA (Rechtswiss.). Promot. 1952 Heidelberg; LL.M. 1957 Berkeley - 1954-59 Justizdst. (1957 LGsrat); s. 1959 Ministerialdst. (gegenw. Leit. Abt. Lebensmittelwesen, Veterinärmedizin BMJFFG) 1979-83 Präs. FAO/WHO Codex Alimentarius Commission; Ehrenmitgl. European Food Law Assoc. - Liebh.: Golf - Spr.: Engl.

ECKERT, Ernst

Dipl.-Ing, Fabrikant, pers. haft. Gesellsch. VAUEN Adolf Eckert KG, Nürnberg - Landgrabenstr. 12, 8500 Nürnberg 70 (T. 42 20 14) - Geb. 6. Juli 1921 Nürnberg. FH (Diplom).

ECKERT, Gerhard

Dr. phil. habil., Schriftsteller - Melusinenhof, 2440 Kükelühn (T. 04382 - 2 65)- Geb. 12. Febr. 1912 Oberlössnitz b. Dresden (Vater: Richard E., Chemiker u. Apoth.; Mutter: Margarethe, geb. Wangemann), verh. s. 1973 in 3. Ehe m. Anneliese, geb. Borchers, 3 Kd. (Peter, Barbara, Heiner) - Promot. 1936 Berlin; Habil. 1941 ebd. - 1936-41 Assist. Inst. f. Ztgswiss. Berlin, 1960 Chefdramat. Freies Fernsehen. 1981 1. Vors. Schriftst. in Schlesw.-Holst., ab 1989 Ehrenvors. - BV u. a.: Vierhändig kochen (m. Anneliese Eckert), 1977; Selber weben (m. ders.), 1981; Kochen, was allen schmeckt (m. ders.), 1981; Brotbacken (m. ders.), 1983; D. Reformhauskochb. (m. ders.), 1984; Eis selbst herstellen (m. ders.), 1986; Backen m. Vollkorn (m. ders.), 1987; Lebendige Lit. in Schleswig-Holst. (m. Friedrich Mülder), 1987; Gesünder leben ohne Schweinefl., 1988; Niedersachsens Kunst, 1989; Schleswig-Holst. v. A b. Z, 1989; Anekdoten aus Hamburg, Ostpr., Pommern, Schlesien, 1989/91; D. Brocken - Berg in Dtschl., 1990; Freude m. Café u. Kuchen, 1991; Niedersachens Lit., 1991; Côte d'Azur von A b. Z, 1991. Insges. üb. 150 Bücher, davon ca. 100 Sachb. (Reisen, Kochen, Tiere), Kunstreiseführer Oberbayern, Schweiz, Bulg., Erste dt. Fernsehdramat. (1953): D. Kunst d. FS - Liebh.: Tennis, Kochen, Gastron., Sport, Tiere - Spr.: Engl., Franz.

ECKERT, Kurt

Dr.-Ing., Dipl.-Ing., Direktor i.R., Vorstandsmitgl. Dortmunder Stadtwerke AG i.R. - Emscherdelle 4, 4600 Dortmund 41 - Geb. 14. Nov. 1934 Rheydt, ev., verh. s. 1958 m. Martha, geb. Truß, 2 Kd. (Ralf, Ellen) - Human. Gymn. Rheydt-Odenkirchen (Abit. 1955); Stud. Bauing.wesen RWTH Aachen (Dipl. 1962); Promot. 1968 RWTH Aachen - Forschungsing.; 1966-68 Hauptabt.leit. Aachener Straßenbahn- u. Energieversorgungs-AG; 1969-89 Dortmunder Stadtwerke AG (1969 Abt.leit., 1970 Prok., 1975 Betriebsdir., 1983 Dir. u. Vorst.-Mitgl.) - Liebh.: Hochseesegeln - Spr.: Engl., Niederl.

ECKERT, Oskar

Vorstandsmitgl. Bayer. Landesanst. f. Aufbaufinanzierung, München - Klementinenstr. 9, 8000 München 23 (T. 348845) - Geb. 24. Febr. 1917 Saal.

ECKERT, Theodor

Dr. rer. nat., em. o. Prof. f. Pharmaz. Technologie - Birkenweg 45, 4400 Münster/W. (T. 3 18 68) - Geb. 29. März 1924 Frankfurt/M. - Promot. u. Habil. Frankfurt - S. 1961 Lehrtätigk. Univ. Frankfurt u. Münster. Fachaufs.

ECKERT, Walter Ludwig

Steuerberater, Rechtsbeistand (RAK), Gf. Gesellsch. Eckert & Partner Steuerberatungsges. mbH, Heidelberg, Gf. Gesellsch. WIRTSCHAFTSPRÜFUNG Treuhand-, Revisions- u. Unternehmensberat.-Ges. mbH Wirtschaftsprüfungsges. u. Steuerberatungsges. Heidelberg u. Stuttgart (s. 1969), Gf. Gesellsch. STEUERBERATUNG Treuhand-, Revisions- u. Berat.-Ges. f. Steuerrecht mbH Steuerberat.-Ges. Heidelberg, Pforzheim, Calw u. Stuttgart (s. 1977), Gf. Gesellsch. GESELLSCHAFT F. STEUERBERATUNG MBH STEUERBERATUNGSGES., Leipzig u. Dessau (s. 1991), Präs. d. VR WPG WIRTSCHAFTSPRÜFUNG Treuhand AG, Zürich (s. 1986) - Seitzstr. 23-25, 6900 Heidelberg 1 (T. 4 99 66, Fax 06221 - 41 30 10) - Geb. 16. Juli 1924 Mainz, 3 Kd. (Michael, Jutta, Kristine) - S. 1962 Präs. d. Steuerberaterkammer Nordbaden, Heidelberg; s. 1962 Präsid.-Mitgl. d. Bundessteuerberaterkammer, Bonn; Ehrenmitgl. d. Vorst. d. DATEV, Nürnberg; s. 1979 VR-Mitgl. Öffentl. Versich.anstalt d. Badischen Sparkassen (ÖVA), Mannheim; Beiratsmitgl. d. Südwestdt. Landesbank Stuttgart u. Mannheim. Herausg.: Kommentar z. Steuerberatergebührenverordnung. Mithrsg.: Deutsches Steuerrecht, DSWR u. D. steuerliche Betriebsprüfung - 1984 Gr. BVK; 1985 Verdienstmed. Land Baden-Württ. - Liebh.: Golf - Spr.: Engl.

ECKERT, Willi

Vorsitzender Dt. Rugby-Verband - An der Christuskirche 17, 3000 Hannover 1 (T. 0511 - 701 00 10) - Geb. 7. Jan. 1937, verh. s. 1964 m. Margret, geb. Linke, 2 T. (Natascha, Andrea).

ECKERT, Wolfgang

Schriftsteller - Am Schäferberg 15, O-9612 Meerane (T. 007317 - 30 22) - Geb. 28. April 1935 (Vater: Rudolf E., Textilarbeiter; Mutter: Gertrud, geb. Martin), verh. s. 1963 m. Annerose, geb. Gerber, S. Frank - 1949-52 Textilberufsschule; 1952-60 Handweber; 1960-63 Kunsthochsch. Inst. f. Lit. Leipzig; Dipl. 1963 - 1963-69 Leit. Betriebsbibl. Meerane; s. 1969 Schriftst. in Meerane; 1990-92 Redakt. Meeraner Blatt - BV: Pardon - sagen wir du?, Erz. 1974; Familienfoto, R. 1982; Plötzlich lachte Dr. Bunsen, Erz. 1990; D. Meeraner Bote, Feull. 1991; Sachsen v. A-Z, heiter betrachtet, 1992; Erzgebirge, 1992 - 1974 Hans-Marchwitza-Preis (Lit.pr.).

ECKERT-HETZEL, Karl

Ass., Leitender Geschäftsführer d. Industrie- u. Handelskammer Region Stuttgart, Bezirkskammer Göppingen - Ahornstr. 29, 7320 Göppingen - Geb. 28. Okt. 1929 Prag/CSFR, kath., verh.

ECKES, Konrad

Dr. phil., Prof. f. Allg. Didaktik u. Grundschulpädagogik Erziehungswiss. Hochschule Rheinl.-Pf./Abt. Landau (s. 1972) - Am Tanneneck 21, 6551 Spabrücken - Geb. 5. Mai 1917 Sommerloch - Promot. 1959 Mainz - Zul. Doz. PH Landau - BV: D. Weg aus d. Verwahrlos. bei Father Flanagan u. A. S. Makarenko, 1959; Schule zw. Auslese u. Fördern, 1971.

ECKEY, Horst

Ltd. Regierungsdirektor, gf. Dir. Dt. Oper Berlin - Richard-Wagner-Str. 10, 1000 Berlin 10.

ECKEY, Wilfried

Dr. theol., o. Prof. f. Ev. Theologie u. ihre Didaktik Univ./GH Wuppertal (s. 1972) - Zur Kaisereiche 8c, 5600 Wuppertal-Cronenberg (T. 40 01 42) - Geb. 9. Juni 1930 - S. 1961 PH Wuppertal, 1965-72 PH Rheinl. (1968/69 Rektor), 1973-83 Konrektor f. Stud. u. Lehre, 1977-84 stv. Leit. Staatl. Prüf.amt f. 1. Staatsprüf. f. Lehrämter an Schulen in Düsseldorf, s. 1977 Mitgl. Landessynode d. ev. Kirche im Rhld.

ECKHARD, Fred

Dr. phil., Geschäftsführer Ruhrfestspiele Recklinghausen GmbH, Recklingh. (s. 1977), Mitgl. Abt. Medien, Kultur, Freizeit, DGB-Bundesvorst., Düsseldorf - Haynstr. 19, 2000 Hamburg - Geb. 3. Okt. 1936 - Tanzpädagoge, Präs. d. Tanzkomitees f. d. Bundesrep. Dtschl.

ECKHARDT, Albrecht

Dr. phil., Ltd. Archivdirektor Staatsarchiv Oldenburg - Damm 43, Staatsarchiv, 2900 Oldenburg (T. dstl. 0441 - 2 54 64 u. 2 61 67) - Geb. 3. Nov. 1937 Bad Godesberg (Vater: Dr. Karl August E., Univ.-Prof.; Mutter: Ilse, geb. Thiel), ev., verh., 2 Kd. - Stud. Gesch., Latein Univ. Göttingen, Freiburg, Marburg; Staatsex. f. höh. Lehramt u. Promot. 1962 Göttingen, 2. Staatsprüf. 1964 Marburg (Archivass.) - 1965-77 Staatsarchiv Darmstadt; 1977 Oldenburg (Archivdir.); 1981 Ltd. Archivdir. - BV: D. Lüneburger Kanzler B. Klammer u. s. Compendium juris, 1964; D. oberhess. Klöster, Regesten u. Urkunden, Bd. 2 1967; Bd. 3, 1-2 1977/88; Arbeiterbew. u. Sozialdemokr. im Großherzogtum Hessen, 1976; Univ.archiv Gießen, Urkunden 1976; D. Hess. Staatsarchiv u. d. Stadtarchiv in Darmstadt, 1969 u. 1975; Oldenburger Landtagsreden 1848-1946, 1978; Brake - Gesch. d. Seehafenstadt an d. Unterweser, (Hrsg.) 1981; Werksverz. Karl August Eckhardt, 1979; Lex Frisionum, 1982; Birkenfelds Weg vom oldenburg. Landesteil z. preuß. Landkr., 1983; Oldenburg u. d. Gründ. d. Landes Nieders., 1983; D. Deichatlas d. Joh. Conr. Musculus v. 1625/26, 1985; Gesch. d. Landes Oldenburg, (Hrsg.) 1987, 1988; Veröff. zahlr. Repertorien u. Findb. d. Staatsarchive Darmstadt u. Oldenburg - Mitgl. v. fünf hist. Kommiss. in Hessen u. Nieders.

ECKHARDT, Andreas

Prof., Dr., Generalsekretär Dt. Musikrat e.V. Nationalkomitee d. Bundesrep. Deutschl. im intern. Musikrat, Geschäftsf. Arbeitsgem. Musikerziehung u. -pflege d. Dt. Musikrates - Zu erreichen üb. Deutscher Musikrat, Am Michaelshof 4a, 5300 Bonn 2.

ECKHARDT, Bernd

Schauspieler, Autor, Musikverleger, Songwriter, Regisseur - Elisabethstr. 39, 8000 München 40 (T. 089 - 271 32 53) - Geb. 30. Dez. 1944 Neuwied, ev., gesch., Tocht. Leoni - Stud. Theaterwiss. u. German. Univ. Berlin-Tübingen, Filmhochsch. München - Theaterregie - BV: Monogr. üb. Brigitte Bardot, R. W.

Fassbinder, Kl. Kinski, Ingrid Bergman, John Wayne, Romy Schneider, Mae West, John Huston, Dustin Hoffman, alle ersch. 1982/83; Chavez d. Flieger, R. 1961; Gesch. v. kindgebliebenen Erwachsenen, Erz. 1969; D. Zerreissprobe, R. 1984; Drehb., Erz., Lyrik, Übers. - Rollen in folg. Filmen: Hostage; D. As d. Asse; La piscine; Le coup; D. Clan d. Sizilianer; La route de Corinth; Corridor of Fear; D. Spider Murphy Gang u. a. Rollen im FS: Verkehrsgericht; D. Alte; Tegtmeier klärt auf; Leutersbronner Gesch.; E. Stück Himmel; D. Hausschaf; Rosowski u. a. Div. Rollen b. Bühne u. Kabarett.

ECKHARDT, Franz-Jörg

Dr. phil. nat., Prof. u. Direktor Bundesanst. f. Geowissenschaften u. Rohstoffe, Hannover-Buchholz, apl. Prof. f. Mineral. Univ. Hannover - Weimarer Allee 32, 3000 Hannover – Geb. 29. März 1929 Elbing (Vater: Conrad E.; Mutter: Margarete, geb. Schiller), ev., verh. s. 1954 m. Erika, geb. Dorn, 3 Kd. - Dipl.-Mineral. 1953 Univ. Frankfurt, Promot. 1957 ebd., Habil. 1968 Univ. Hannover - 1953 Amt f. Bodenforsch. Hannover (heute Bundesanst. f. Geowiss. u. Rohst.); 1972 Leit. Abt. Lagerstättenprospekt., Mineral. u. Petrogr.; s. 1975 apl. Prof. Univ. Hannover.

ECKHARDT, Fritz

Prof., Schauspieler, Autor - Peter-Rosegger-Str. Nr. 30, A-3400 Klosterneuburg (Österr.) - Geb. 30. Nov. 1907 Linz/D. (Eltern: Viktor u. Helene E., beide Schausp.), verh. s. 1945 m. Hilde, geb. Eder - Gymn.; Kunstakad. - Viele Theaterengagements (u. a. Volkstheater u. Theater in d. Josefstadt Wien, Kammersp. München). Spez. heitere Charakterrollen. Üb. 25 aufgef. Theaterst.; div. Filme; viele Fernsehsp. u. -serien - 1973 Österr. Prof.-Titel - Spr.: Engl.

ECKHARDT, Hanskarl

Dr.-Ing., Abteilungsvorsteher, Prof. f. Berechnung u. Konstruktion elektr. Maschinen TU Braunschweig (s. 1968) - Stettinstr. 27, 3300 Braunschweig.

ECKHARDT, Juliane

Dr. phil., Prof. f. Germanistik Univ. Oldenburg - Glatzer Str. 5, 2857 Langen (T. 04743 - 67 12) - Geb. 15. Aug. 1946 Langen (Vater: Rolf E., techn. Angest.; Mutter: Marianne, geb. Elfers, Lehrerin), ledig - 1969 u. 1972 1. u. 2. Staatsprüf. f. Lehramt an Hauptsch.; 1973-78 Stud. German. (Promot.); Habil. 1981 - 1969-73 Lehrerin Langen; 1978-81 Lehrbeauftr. Univ. Oldenburg; 1981-82 Privatdoz.; s. 1982 Prof. Univ. Oldenburg; s. 1986 apl. Prof. - BV: D. Lehrplan d. Deutschunterr. Lernbereichskonstruktion u. Lernzielbestimm. unt. ges.-hist. Aspekt, 1979; Reform d. Aufsatzunterr., Rezeption u. Prod. pragmat. Texte als Lernziel (m. a.), 1980; D. ep. Theater, 1983; Kinder- u. Jugendlit., 1987; Aufs.: Horváths Stücke unter literaturdidaktischem Aspekt. In: T. Krischke (Hrsg.), Horváths Stücke, 1988; Horváths Romane unter literaturdidaktischem Aspekt. In: T. Krischke (Hrsg.), Horváths Prosa, 1989; Imperialismus u. Kaiserreich. In: Reiner Wild (Hrsg.); Gesch. d. dt. Kinder- u. Jugendliteratur, 1990. Herausg.: Zeitgenöss. Lit. im Deutschunterr. (1981). Mithrsg.: Theorien d. Deutschunterr. (1980); Stud. z. Germanistik u. Anglistik (s. 1987; Buchreihe).

ECKHARDT, Ulrich

Dr. rer. nat., Prof. f. Mathematik, insb. Angew. Funktionalanalysis, Univ. Hamburg (s. 1978) - Schröderstiftstr. 16, 2000 Hamburg 13 - Geb. 31. Dez. 1939 Niederpöllnitz (Vater: Alfred E., Pfarrer; Mutter: Elsa, geb. Vent), verh. s. 1965 m. Karin, geb. Rosenfeldt, 2 Töcht. (Karin, Susanne) - 1959-67 Univ. Gießen u. Hamburg (Astronomie, Math.). Promot. (1972) u. Habil. (1978) Aachen - 1972-78 wiss. Mitarb. KFA Jülich; 1978 Prof. f. Math. Univ. Bayreuth; 1982-88 Dir. Regionales Rechenzentrum Univ. Hamburg - Spr.: Engl., Russ.

ECKHARDT, Ulrich

Dr. jur., Intendant u. Geschäftsf. Berliner Festspiele GmbH (s. 1973) - Zu erreichen üb. Berliner Festsp., Budapester Str. 50, 1000 Berlin 50 - Geb. 1934 Rheine/W. - Stud. Dirigieren u. Jura - 1969-72 Kulturref. Stadt Bonn - 1984 Beauftr. 750-Jahrfeier Berlins 1987.

ECKHARDT, Wolfgang

Dr. rer. pol., Prof. f. Schulpädagogik u. Allg. Didaktik PH Karlsruhe - Friedrichstr. 5, 7148 Remseck 2 - Geb. 29. Juni 1942 Sigmaringen - Dipl.-Hdl. (1968) u. Promot. (1971) Mainz - BV: Bildungsökonomie - Entwicklung/Modelle/Perspektiven, 1978.

ECKHARDT, Wolf-Rüdiger

I. Bürgermeister - Rathaus, 8805 Feuchtwangen/Mfr. - Geb. 22. Dez. 1941 Gelnhausen - Jurist.

ECKL, Horst

Dipl.-Ing., 1. Bürgermeister Stadt Osterhofen - Rathaus, 8353 Osterhofen/Ndb. - Geb. 5. Nov. 1937 Osterhofen.

ECKMANN, Friedrich

Dr. med., Prof., Ltd. Medizinaldirektor, Ärztl. Dir. Landeskrkhs. Schleswig-Stadtfeldt - Oldensworth 24, 2380 Schleswig - Geb. 20. April 1926 Schlangenfließ/Ostpr. - B. 1975 Privatdoz., dann apl. Prof. Univ. Kiel (Psychiatrie). Facharb.

ECKMANN, Hans-Heinrich

Oberkreisdirektor (Landkr. Schaumburg) - Martin-Luther-Str. 8, 3060 Stadthagen (T. 05721 - 703359) - Geb. 22. Dez. 1927 - Mitgl. AR Elektrizitätswerk Minden-Ravensberg GmbH - Rotarier.

ECKSTEIN, Brigitte

Dr. rer. nat., Prof., Kristallphysikerin - Brückstr. Nr. 32, 5100 Aachen - Geb. 31. Okt. 1926 - S. 1965 (Habil.) Privatdoz., Doz., apl. Prof., Wiss. Rätin u. Prof. TH Aachen. Facharb., Arb. a. d. Geb. d. Hochschuldidaktik, u. a. Einmaleins der Hochschullehre, 1978; Individualpsych. Beraterin, 1976; einschlägige Publ.

ECKSTEIN, Charlotte

Dr. jur., Bundesrichterin am Bundesverwaltungsgericht (s. 1971) - Hardenbergstr. 31, 1000 Berlin 12 - Geb. 17. Jan. 1926 - 1946-49 Univ. Leipzig (Promot. 1950) - Zul. Ministerialr. Bundesinnenmin.

ECKSTEIN, Friedrich

Dr.-Ing., Prof. f. Fertigungstechnik u. Werkzeugmaschinen - Jahnstr. 6, 6101 Fränkisch-Crumbach - Geb. 26. Dez. 1933 Darmstadt - Promot. 1964; Habil. 1968 - S. 1968 Doz. u. Prof. (1971) TH Darmstadt - BV: Gleichartigkeit mechan. Trennvorgänge, 1969. Üb. 30 Einzelarb.

ECKSTEIN, Fritz

Dr. rer. nat. (habil.), Prof., Wiss. Mitarb. MPI f. Exper. Medizin, Göttingen - Hermann-Rein-Str. 3, 3400 Göttingen - B. 1975 Privatdoz., dann apl. Prof. Univ. Göttingen (Organ. Chemie).

ECKSTEIN, Klaus

Dr., Fernsehjournalist, Redakt. Abt. Kultur u. Ges. ZDF, Mainz - Zu erreichen üb. ZDF, 6500 Mainz-Lerchenberg - Geb. 1927 München - Stud. München - Regiss. Peter-v.-Zahn-Prod., dann ZDF-Korresp. Washington u. Rio de Janeiro (1966).

ECKSTEIN, Wolfgang

Hauptgeschäftsführer Verb. d. Bayer. Bekleidungsind., Verb. Dt. Lederbekleidungsind., Modekreis München, Geschäftsf. Bekleidungsind.-Service GmbH (B.I.S.) - Gewürzmühlstr. 5, 8000 München 22 (T. 29 33 81) - Geb. 15. Febr. 1927 (Vater: August E., Kaufm.; Mutter: Kläre, geb. Schwabacher), verh. s. 1954 m. Renate, geb. Beck - Univ. Erlangen, Würzburg, München

(Rechtswiss., Nationalök., Psych.). Öfftl. best. u. vereid. Sachverst., 1967ff. Hgf. Verb. d. bayer. Bekleidungsind.; gf. Vors. Förderverein d. Bekleidungsfachsch. Naila; Ehrenvors. Verb. Dt. Mode-Designer, München; stv. Vors. Verein z. Förd. d. Fachsch. f. Bekleidungstechniker, Aschaffenburg; Beiratsmitgl. Modewoche München, Freundeskreis d. Dt. Meistersch. f. Mode, München; stv. Vorst.-Mitgl. Berufsgenoss. Textil-Bekleid. - BV: Mit der Welt auf Du und Du, 1987 - Ehrenplak. d. Bayer. Wirtsch., Ehrenplak. Gold m. Eichenkranz d. dt. Verkehrswacht, BVK I. Kl., Gold. Stecknadel d. Mode- u. Textilpresse.

ECKSTEIN, Wolfram

Dr. rer. pol., Dipl.-Kfm., Geschäftsführer Bundesverb. Dt. Leasing-Gesellschaften/BDL (1982ff.) - Heilsbachstr. 32, 5300 Bonn 1 (T. 0228 - 64 10 33) - Geb. 12. Nov. 1937 Bremen (Vater: Eugen E., Metallbildh.; Mutter: Auguste, geb. Zirkler), ev., verh. s. 1964 m. Erika, geb. Jenssen, 3 Kd. (Wiebke, Ellen, Niels) - Stud. Betriebsw. Hamburg u. Saarbrücken. Dipl.-Kfm. 1961; Promot. 1965 - 1968-69 Forschungsaufenth. Univ. of Michigan, dann ltd. Tätigk. Daimler-Benz, ab 1974 Generalsekr. Monopolkommiss. Veröff. z. Kartell- u. Konzentrationspolitik sow. Leasing - Spr.: Engl.

ECKSTRÖM, Wilhelm

Senator - Goosacker 25, 2000 Hamburg 53 - Geb. 9. Febr. 1921 Hamburg, verh. - Mittelsch.; Schlosserhandw. - 1941-45 Kriegsmarine; Kranführer; Werkzeugkontrolleur; ab 1953 Schlosser Hbg. Wasserwerke; 1966-75 Senator f. Ernährung u. Landw., 1975 ff. f. Vermögen u. Öff. Untern. 1953-1970 Mitgl. Hambg. Bürgerschaft (zeitw. Fraktionsgeschäftsf.). SPD.

EDDING, Friedrich

Dr. phil., em. Prof. f. Bildungsökonomie TU Berlin, Mitgl. Max-Planck-Inst. f. Bildungsforschung, Berlin - Beerenstr. 49b, 1000 Berlin 37 (T. 802 77 57) - Geb. 23. Juni 1909 Kiel, ev., verh. s. 1938 m. Irmgard, geb. Kohrs, 2 Kd. (Cornelia, Thomas) - Gymn. Kiel; Univ. Bonn, Berlin, Kiel (Promot. 1934) - Ab 1936 Mitarb. Statist. Reichsamt, Berlin, 1948-59 wiss. Dezern. Inst. f. Weltw. Univ. Kiel, 1959-64 o. Prof. Hochsch. f. Intern. Päd. Forsch., Frankfurt/M., seith. wie oben - BV: Intern. Tendenzen in d. Entwickl. d. Ausgaben f. Schulen u. Hochschulen, 1958 (Kieler Studien Nr. 47); Ökonomie d. Bildungswesen - Lehren u. Lernen als Haushalt u. Investition, 1963 (Freiburger Studien zu Politik u. Soziol.); Methods of Analysing Educational Outlay, 1966 (UNESCO, Statistical reports and studies, ST/S/11, Paris), Auf d. Wege z. Bildungsplanung, 1970; Reform d. Reform (m. H. Hamm-Brücher), 1973; Pädagogik i. Selbstdarstellungen (Beitrag), 1978. (Mithrsg.) Kosten u. Finanzierung d. außerschulischen berufl. Bildung - Liebh.: Gärtnerei - Spr.: Engl., Franz. - Lit.: Festschr. z. 60. Geburtstag (Bildungsökonomie - E. Zwischenbilanz, dt./engl.); E. Lämmert u. a.: Was heißt Bildungsökonomie? in: Neue Sammlung, hg. 1980 (Reden anl. d. Verleihung d. Dr. rer. pol. h. c. durch d. FU Berlin, 1980).

EDEL, Elmar

Dr. phil., em. o. Prof. f. Ägyptologie Univ. Bonn (s. 1965) - Blücherstr. 8, 5300 Bonn (T. 21 99 33) - Geb. 12. März 1914, kath., verh. s. 1948 (Ehefr.: Angelika) - Univ. Heidelberg u. Berlin (Promot. 1941), Habil. 1947 Heidelberg; emerit. 1982 - BV: Altägypt. Grammatik, 2 Bde. 1955/64 (Rom); D. Inschriften a. d. Jahreszeitenreliefs d. „Weltkammer" aus dem Sonnenheiligtum des Niuserre 1961/3; D. Felsengräber d. Qubbet el Hawa b. Assuan, 5 Bde. 1967, 1970, 1971, 1975, 1980; D. Ortsnamenlisten aus d. Totentempel Amenophis III., 1966; D. Ägypt. Ärzte u. ägypt. Med. am hethit. Königshof, 1976; Mitverf.: Textb. z. Gesch. Israels (3. A. 1979); D. Jahreszeitenreliefs a. d. Sonnenheiligtum des Königs Ne-userre (1 Bd.) 1974 - Korr. Mitgl. Dt. Archäol. Inst. Berlin (1953), Korr. Mitgl. Akad. d. Wiss. Göttingen (1960), o. Mitgl. Dt. Archäol. Inst. Berlin (1960), o. Mitgl. Rhein.-Westf. Akad. d. Wiss. Düsseldorf (1970); Korr. Mitgl. d. Inst. d'Egypte, Kairo (1977), Korr. Mitgl. Österreich. Akad. d. Wiss. Wien (1979), o. Mitgl. Accademia Mediterranea delle Scienze in Catania (1982).

EDEL, Gottfried

Dr. phil., Journalist, Schriftst., Regisseur - Postfach 1867, 6500 Mainz (T. 23 16 53 u. 4 23 34) - Geb. 14. Febr. 1929 Adlerhorst/OS. (Vater: Goetz-Gernot E., landw. Sachverst.; Mutter: Elfriede, geb. Scheurich), ev., verh. m. Mechthild, geb. Krebs, 2 Töcht. (Sabine, Susanne) - Relig. u. Kunstwiss., Phil. u. Gesch., Mitarb. Inst. Europ. Gesch. Mainz 1955-61, Lehrer Goethe-Inst. Rothenburg o. d. T. 1961-63, Kulturredakt. ZDF Mainz 1963-91, Lehrauftrag f. Relig. Phil. u. Medienkultur an d. Johann Wolfgang Goethe-Univ. Frankfurt a. M. - Vors. Akad. f. Weltkultur; Moderator Leibniz-Forum Mainz; Sekr. Europa-Begegn. Mainz - BV: D. gem.-kath. Erbe b. jg. Luther, 1962; Zyklus m. Sternen, Ged., 2. A. 1963; Amadeus, Ess. 1963; Zyklus u. Torso, Ged. 1971; Mehr Tierliebe f. d. Menschen, Aphor., 2. A. 1974; D. Rettung d. Dinge. Einblicke in d. Kosmol., Ess. 1975; D. Geburt d. Erkenntnis aus d. Gestalt des Poems. Zwanzig J. Akad. f. Weltkultur, 1987; Umbau d. Denkens. Fundamentalkritik d. abendl. Philosophie-Paradigmas. Herausg.: Areopag-Jahrb. f. Kultur u. Kommunik. (1966ff.); Erziehung z. Freiheit durch Freiheitsentzug (1969); Prosa heute (1975); Christl. Musterreden (1987ff.); Weltkultur, Beiträge z. Grundriß mondialer Verantwortung. Fernsehfilme u. -spiele, u. a.: D. Kreuz - e. Zeichen, d. Geschichte machte; D. teuerste Buch d. Welt - d. Bibel; D. Hohelied; Lob d. Torheit; Theologie d. Zauberflöte; Theol. d. Körpers; Theol. d. Gartens; Theol. d. Stadt; Theol. d. Weltkirchenrates; Reformation in Dtschl.; Waldenser in Italien; Methodisten in Engl.; Franz. Revolution; Kirchengesch. Rußlands; Christen in China; Dialog d. Religionen; Gott in Israel, ... in Griechenland, ... in Rußland, ... in Amerika, ... in Lateinamerika, ... in Asien, ... in Australien, ... in Afrika; Gott u. d. Welt; Augustinus; Jan Hus; Erasmus; Luther; Zwingli; Calvin; Jakob Böhme; Leibniz; Pascal; Oberlin; Schleiermacher; Dostojewski; Nietzsche; C. Blumhardt; Söderblom; Bonhoeffer; W. Stählin; Visser t'Hooft; Heinrich Schütz; Riemenschneider; Dürer; Grünewald; Holbein; Cranach; van Gogh; Barlach; Chagall. D. Nachtgespräch - FS-Dialoge u. Gespräche m. Karl Barth, Josef Hromádka, Martin Niemöller, Hanns Lilje, Helmut Gollwitzer, Kurt Scharf, Wolfhart Pannenberg, Hans Küng, Joseph Lortz, Peter Manns, Josef Pieper, Ernst Bloch, Georg Picht, Manès Sperber, Nelly Sachs, Luise Rinser, Gabriele Wohmann, Walter Jens, Will Quadflieg, Werner Heisenberg, Eugen Gerstenmaier, Gustav Heinemann, Haile Selassie, Kuang Yaming, u.a. - 1. UNDA/WACC-Preis f. Fernseh-Orator. „Genesis" 1969 Monte Carlo, Jakob-Boehme-Ehrengabe 1974 Görlitz - Spr.: Engl., Franz., Russ.

EDEL, Otto

Sachbearbeiter, MdA Berlin (s. 1985) - Regensburger Str. 30A, 1000 Berlin 30 (T. 030 - 211 87 74) - Geb. 26. Juni 1943 Pegau/Sachsen, verh. s. 1967 m. Ute, geb. Dmoch, T. Heike - Mittl. Reife; Lehre als Schaufenstergestalter; Umschul. z. Programmierer; Verwaltungsdipl. 1976 Verwaltungsakad. Berlin - Sachbearb. Dt. Inst. f. Urbanistik (b. 1985, beurl.). 1979-85 Mitgl. Bezirksverordnetenvers. Berlin-Schöneberg. SPD s. 1972 (Vors. Schöneberg s. 1980) - Spr.: Engl.

EDELBROCK, Karlheinz

Ing. (grad.), MdL Nordrh.-Westf. (s. 1975) - Velsenstr. 18, 4660 Gelsenkirchen/Buer (T. 6022328; priv. 65971) - Geb. 10. Okt. 1928 - SPD.

EDELSTEIN, Wolfgang

Dr., Prof., Direktor am Max-Planck-Inst. f. Bildungsforsch. - Malvenstr. 1, 1000 Berlin 45 - Geb. 15. Juni 1929 Freiburg/Br., verh. s. 1980 m. Dr. Monika, geb. Keller, 2 Kd. (Anna Lilja, Benjamin Tómas) - Schulb. u. Abit. in Reykjavik/Island; Stud. Univ. Grenoble, Paris; licence ès-lettres 1953, Promot. 1962 Heidelberg - 1961-63 Studienleit. Odenwaldsch.; 1966-69 Mitgl. d. Experimentalaussch. d. Dt. Bildungsrats; 1966-84 Chief Scientific Advisor d. isländ. Kultusmin.; 1973 Wiss. Mitgl. d. Max-Planck-Inst. f. Bildungsforsch.; 1981 Mitgl. d. Kolleg. u. Dir. am MPIfB; 1983 Hon.-Prof. FU Berlin; 1980 u. 1983/84 Gastwiss.ler Harvard Univ.; 1991 Gastprof. Univ. Island - BV: Eruditio u. Sapientia. Weltbild u. Erzieh. in d. Karolingerzeit, 1965; Explorations in Social Inequality. Stratification Dynamics in Social and Individual Development in Iceland (m. S. Björnsson), 1977; Skóli, nám og samfélag (Schule, Lernen u. Ges.), 1988 - Spr.: Engl., Franz., skandinav. Sprachen.

EDEN, Allrich

Chefredakteur Trierischer Volksfreund Trier - Tannenweg 50, 5500 Trier (T. 0651 - 6 68 83) - Geb. 27. Okt. 1924, ev., verh. s. 1951, 2 Kd. (Katja, Patrick) - Stud. Volkswirtsch. u. Gesch. - S. 1951 journ. tätig, 2 J. in USA u. Kanada; Ressortleit. u. Chefredakt. an dt. Tagesztg. - BVK I. Kl. u. Ausz. v. mehreren Berufsverb. - Liebh.: Lit., Tennis - Spr.: Engl.

EDEN, Haro

Dr. jur., Dipl.-Kfm., Hauptgeschäftsführer Industrie- u. Handelskammer Hochrhein-Bodensee, Konstanz - Schützenstr. 8, Postf. 13 20, 7750 Konstanz (T. 07531 - 2 86 00) - Geb. 24. Febr. 1941 Lübeck, verh. m. Nikoleta, geb. Kravarovic, 3 Kd. (Irena, Marko, Philipp) - Stud. Rechtswiss., Sprachen u. Betriebwirtsch. Marburg, München, Freiburg, Hamburg u. Nürnberg; 1. jurist. Staatsex. 1965, 2. jurist. Staatsex. 1970, Promot. 1967 alle Hamburg, Dipl.-Kfm. 1970 Nürnberg - 1970-82 Rechtsanwalt, 1970-76 kaufm. Prokurist H. Maihak AG, Hamburg; 1976-78 im Auftr. d. DEG Köln Berater b. tunes. Wirtschaftsmin., Amt f. Investitionsförd.; 1979 Gründ. Dt.-Tunes. IHK in Tunis u. Leitg. b. 1984. 1984-90 Dir. Handelskammer Dtschl.-Schweiz, Zürich; s. 1990 Hauptgeschäftsf. IHK Hochrhein-Bodensee, Sitz Konstanz, Hauptgeschäftsst. Schopfheim - 1984 Commandeur d. VO. d. Rep. Tunesien; 1988 BVK am Bde. - Liebh.: Reisen, Malerei, Jazzmusik (aktiv).

EDENHOFER, Peter

Dr.-Ing., Prof. f. Antennen u. Wellenausbreitung Univ. Bochum, Fak. f. Elektrotechnik (s. 1976) - Unterfeldstr. 21, 4630 Bochum 1 - Geb. 15. Jan. 1938 Leipzig, ev., verh. s. 1962 m. Sigrid, geb. Siegrist, 2 Kd. - Rupprecht-Oberrealsch. u. TU München (Dipl.-Ing. 1963; Promot. 1967) - 1963-76 Wiss. Mitarb. DFVLR, Oberpfaffenhofen; 1969/70 Research Fellow California Inst. of Technology/Pasadena; wiss. Experimentator b. Raumfahrtmissionen Helios, Giotto, Galileo, Ulysses, Cassini/Huygens.

EDER, Franz Xaver

Dr.-Ing., Prof., Direktor i.R. Zentralinst. f. Tieftemperaturforsch. Bayer. Akad. d. Wiss., München (s. 1960), Honorarprof. TH München (s. 1962) - Halmstr. 15a, 8000 München 70 (T. 781502) - Geb. 1. Febr. 1914 München (Vater: Franz E., Bahnbeamter; Mutter: Maria, geb. Ertl), ev., verh. s. 1954 m. Rosemarie, geb. Reinhardt, 2 Töcht. (Monika, Christiane) - Oberrealsch. u. TH München (Physik; Diplomprüf. 1937). Promot. 1941; Habil. 1947 - U. a. Prof. m. Lehrstuhl Humboldt-Univ. Berlin (1953); s. 1960 Honorarprof. TU München; Korr. Mitgl. Österr. Akad. d. Wiss. (s. 1972) - BV: Moderne Meßmethoden d. Physik, 3 Bde. 1952/56/72; Arbeitsmeth. d. Thermodynamik, Bd. I, 1981, Bd. 2, 1983 - 1984 BVK - Liebh.: Tischlern, Malen, Musizieren - Spr.: Engl., Franz., Ital.

EDER, Franz Xaver

Dr. h.c., Bischof v. Passau (s. 1984) - Residenzpl. 9, 8390 Passau - Geb. 1925 - Regens Priestersem. St. Stephan u. Domkapitular Passau; 1977-84 Weihbischof Diözese Passau.

EDER, Fritz

Fabrikant (Mitinh. Eder's Familien-Brauerei GmbH & Co. KG), Ehrenpräs. IHK Aschaffenburg - Aschaffenburger Str. 3, 8754 Großostheim/Ufr. (T. 06026 - 50 90) - Geb. 6. März 1922 Großostheim (Vater: Jakob E., Brauereibes.; Mutter: Berta, geb. Schwind), kath., verh. s. 1952 m. Ingrid, geb. Pein, 2 Kd. (Friedbert, Christina).

EDER, Gustav

Gastronom - Hilssteig 4, 1000 Berlin 37 (T. 8134591) - Geb. 25. Dez. 1907 Bielefeld/W. (Vater: Gustav E., Bauunternehmer; Mutter: Anna, geb. Stölting), gottgl., verh. in 2. Ehe s. 1942 m. Eva-Maria, geb. Graetz, S. Peter - 1928-49 Berufsboxer (162 Kämpfe im Weltergewicht, dav. 121 Siege (59 durch k. o.) u. 25 Unentschieden; 19 J. Dt. Meister, 1934-36 Europam., Titel 9 × verteidigt, durch USA-Aufenth. aberk.) - 1967 Gold. Ehrennadel Bund Dt. Berufsboxer.

EDER, Heinz

Dr. med. vet., Prof. f. Veterinärphysiologie - Finkenweg 38, 6301 Linden-Leihgestern - Geb. 8. Dez. 1925 - Promot. (1953) u. Habil. (1967) Gießen - S. 1970 Ord. u. Institutsdir. Univ. Gießen. Üb. 50 Facharb.

EDER, Josef

Geschäftsführer ERMA-Werke Waffen- u. Maschinenfabrik GmbH - Johann-Ziegler-Str. 13-15, 8060 Dachau/Obb.; priv.: Anton-Burgmeier-Str. 3a - Geb. 18. März 1929 - Obering.

EDER, Max

Dr. med., em. o. Prof. f. Allg. Pathologie u. Pathol. Anatomie - Emil-Dittler-Str. 8, 8000 München 71 - Geb. 17. März 1925 Landshut/Isar (Vater: Dr. Friedrich E., Reg.-Dir.; Mutter: Berta, geb. Wirth), verh. s. 1945 m. Karen, geb. Schjerning, T. Ingrid - Gymn.; Univ. Berlin, Marburg, München (Med.). Promot. (1949) u. Habil. (1956) München - 1956-66 Privatdoz. u. apl. Prof. (1962) Univ. München (zul. Konservator Pathol. Inst.); 1966-70 Ord. u. Inst.dir. Univ. Köln; 1970-91 Ord. u. Inst.vorst. Univ. München - 1983 BVK I. Kl.

EDER, Walter

Dr. phil., M. A., Prof. f. Alte Geschichte FU Berlin - Sponholzstr. 26, 1000 Berlin 41 - Geb. 2. April 1941 - Promot. 1969, Habil 1978 - 1971ff. Prof. - BV: D. vorsullan. Repetundenverfahren, 1969; Servitus publica, 1981. Herausg.: Staat u. Staatlichkeit in d. frühen röm. Rep. (1990) - 1981/82 Fellow am Center for Hellenic Stud. d. Harvard Univ., Washington, D.C.; 1988/89 Member am Inst. for Advanced Study, Princeton, N.J.

EDERLEH, Jürgen

Dr., Geschäftsführer Hochsch. Informations System GmbH, Hannover (s. 1986) - Helweg 5, 3017 Pattensen 1 (T. 05101 - 1 38 08) - Geb. 22. Nov. 1940, ev., verh. s. 1970 m. Christel, geb. Rueckert, 2 S. (Lars, Lennart) - 1958-60 Lehre als Bankkfm.; 1960-65 Stud. Betriebsw. Univ. Hannover u. Göttingen; Promot. 1969 Göttingen - 1968-69 wiss. Assist. Univ. Göttingen - BV: Nicht-numerische Informationsverarbeitung, 1969 - Spr.: Engl., Franz.

EDINGER, Ludwig

Dipl.-Kfm., Dipl.-Hdl., Univ.-Prof. f. Betriebswirtschaftslehre, insb. Finanzierung u. Investition sow. Betriebswirtschaftl. Steuerlehre, Univ. Wuppertal - GH - Akazienweg 3, 5628 Heiligenhaus - Geb. 7. Sept. 1921 Kaiserslautern (Vater: Philipp E.; Mutter: Elisabeth, geb. Schluckebier), neuapost., verh. s. 1946 m. Irmgard, geb. Fanselau, 4 Kd. (Brigitte, Hannelore, Reinhard, Winfried) - Wittelsbach-Obersch. München (Abit.); Banklehre; Univ. Köln (Wirtschafts- u. Sozialwiss.). Beide Dipl. Köln (1949 Hdl. u. 50 Kfm.) - B. 1970 Studiendir., dann Hochschullehrer - BV: Betriebl. Steuerlehre, 5. A. 1992 - Liebh.: Reisen, Wandern, Lesen, Musik.

EDLER, Arnfried

Dr. phil., Prof. f. Musikwiss. Hochsch. f. Musik u. Theater Hannover (s. 1989) - Ihmer Str. 29, 3000 Hannover 91 - Geb. 21. März 1938 Lüdenscheid - Stud. Saarbrücken u. Kiel (Schul- u. Kirchenmusik, Musikwiss., Dt. Lit., Phil.); Promot. 1968, Habil. 1978 - 1979-89 Prof. Univ. Kiel - BV u. a.: D. nordelbische Organist, 1982; Robert Schumann u. s. Zeit, 1982. Mithrsg.: Musikpäd. u. Musikwiss. (1987).

EDWARDS, Robert

Freischaffender Dirigent u. Komponist, Spezialist f. Musicals - Wisbyerstr. 65, O-1071 Berlin (T. 4 72-72 64) - Geb. 5. April 1955 Hampton, Virginia/USA, verh. s. 1982 m. Constance, geb. Fowler, 2 Töcht. (Alexandra, Carolyn) - Musikstud. East Carolina; Univ. Greenville, North Carolina, USA (Schwerp.: Dirigieren, Komponieren, Chormusik); Gesangsausb. HdK Berlin - 1984-88 Korrepetitor u. 2. Dirig. am Berliner Theater d. Westens, Prod.: Peter Pan, La Cage aux Folles, Company, Chicago, Cabaret; 1987-88 Musikal. Leit. am Opernhaus Zürich f. d. Prod. La Cage aux Folles; 1986-90 Musikal. Leit. d. Berliner Kammerspiele, Prod.: D. Rocky Horror Show, D. kl. Horrorladen, D. Dschungelbuch, Pinocchio; s. 1990 Musikal. Leit. d. Freilichtspiele Schwäbisch Hall; 1990 Musikal. Leit. f. d. Prod. D. kl. Horrorladen b. Amstettener Sommer Theaterfestival, österr.; 1990-92 Musikal. Leit. Starlight Express, Bochum - Komponist v. Kindermusicals: D. Dschungelbuch (Co-Kompon. Hans-Wolfgang Bleich), Berliner Kammerspiele, Regensburg, Mainz, Hagen, Eggenfelden, Dinslaken, Schwedt, Stralsund; Pinocchio (Co-Kompon. H.-W. Bleich), Berliner Kammerspiele; Gesucht: Robin Hood (Co-Kompon. H.-W. Bleich), Freilichtspiele Schwäbisch-Hall, Stockerau b. Wien, Innsbruck, Bregenz, Alice im Land d. Wunder (Co-Kompon. H. W. Bleich), Freilichtspiele Schwäbisch Hall; Musikal. Leit. u. Co-Prod. v. d. Dt. Einspielung v. d. Musical: D. kleine Horrorladen (m. Polydor Relords) - Spr.: Engl. (Mutterspr.), Dt.

EDWIN, Kurt

Dr. techn., em. Univ.-Prof. Inst. f. Elektr. Anlagen u. Energiewirtschaft d. RWTH Aachen - Am Sandberg 8, 5102 Würselen-Bardenberg - Geb. 5. Juni 1925 - 1970-90 Ord. u. Inst.dir. TH Aachen.

EDZARD, Dietz O.

Dr. phil. (habil.), o. Prof. f. Assyriologie - Engertstr. 2, 8035 Stockdorf/Obb. - Geb. 28. Aug. 1930 Bremen - S. 1961 Privatdoz. u. Ord. (1963) Univ. München (Vorst. Inst. f. Assyriol.). 1961/62 Gast Harvard Univ. (USA), 1979/80 u. 1984 Univ. of Chicago - BV: Sumer, Rechtsurkunden d. III. Jts., 1968 - Korr. Mitgl. Kgl. Niederl. Akad. d. Wiss.; Honorary Member American Oriental Soc.

EEKHOFF, Johann

Dr., Prof., Staatssekretär Bundesmin. f. Wirtschaft (s. 1991) - Villemombler Str. 76, 5300 Bonn-Duisdorf - Geb. 25. Juli 1941, verh., 2 Kd. - Promot. 1971 Bochum; Habil. 1979 Saarbrücken. Apl. Prof. Univ. Köln - BV: Wohnungs- u. Bodenmarkt, 1987.

EFFERT, Gerold

Schriftsteller - Biedenbachstr. 16, 6400 Fulda (T. 0661 - 6 36 20) - Geb. 12. Nov. 1932 Bausnitz (Riesengeb.), kath., verh. m. Ursula, geb. Schimmer, 2 Kd. (Susanne, Martin) - Stud. German., Angl. - Studiendir. f. d. Lehramt an Gymn. - BV: u.a. Üb. d. Grenze, 1965; Schattengefecht, 1981; Treffen d. Zauberer, 1982; Spiegelwelt, 1984; Im böhm. Wind, 1985; An meinen Sohn, 1986; Flugsand, 1987; Im Schneegebirge, 1989; Galle im Honig, 1991; Unter d. Vogelbeerbaum, R. 1991 - 1969 Sudetendt. Kulturpreis; 1977 Hörspielpreis SFB; 1983 Poetenmünze; 1987 Goldmed. Recherche de la qualité; 1988 Gryphius-Preis - Liebh.: Druckgraphik - Spr.: Engl., Span.

EFFERT, Sven

Dr. med., em. o. Prof. f. Inn. Med. TH Aachen/Med. Fak. (s. 1966) u. Helmholtz-Inst. f. Biomed. Technik ebd. (s. 1970) - Rotbendenstr. 14, 5100 Aachen (T. 6 10 58) - Zul. Univ. Düsseldorf (apl. Prof. u. Oberarzt I. Med. Klinik) - 1981 Präs. Dt. Ges. f. Herz- u. Kreislaufforsch. - Fachveröff. - O. Mitgl. Dt. Akad. d. Naturforscher Leopoldina, u. Rhein.-Westf. Akad. d. Wiss.; Intern. Fellow Amerik. Heart Ass.; Ehrenmitgl. Dt. Ges. f. Herz- u. Kreislaufforsch., u. Dt. Ges. f. Biomed. Technik - Spr.: Engl., Franz. - Rotarier.

EFFERTZ, Friedrich Heinz

Dr. rer. nat., o. Univ.-Prof. f. Physik u. ihre Didaktik Univ. Köln - Kiefernweg 27, 5030 Hürth-Efferen - Geb. 14. Jan. 1924 Simmerath (Vater: Paul E., Lehrer; Mutter: Therese, geb. Vandenhirtz), verh. m. Rita, geb. Pinsch, 3 Töcht. (Ursula, Hildegund, Irmtrud) - TH Aachen (Physik, Math., Erziehungswiss.; Promot. 1952) - 1955 Assist. Prof. Univ. Philadelphia; 1977 wie oben - BV: Einf. in d. Dynamik selbsttät. Regelungssysteme, 1963; Computerunterstützter Unterr. in Schule, Betrieb u. Univ. - Ziele/Erfahrungen/Möglichk., 1974; 84 Beitr. u.a. in: ZAMM, Math. Ann., Arch. Math., Arch. Elektrotechn., Proc. IEEE, Verh. DPG, Naturwiss. im Unt., Praxis Naturwiss., Elektron. Datenverarb., Med. Technik, Neue Wege im Unterricht, Physikdidaktische Berichte - 1956 Mary S. Kahl Memorial Award Univ. of Pennsylvania - Liebh.: Skilauf, Segeln - 1972 Gold. Sportabz. - Spr.: Engl. - Erf.: Hydraul.-takt. Feedback-System f. Prothesen u. Teleoperatoren.

EFFINGER, Hans

Dipl.-Kfm., gf. Gesellschafter Greiling-Werke GmbH., Mannheim - Furtwänglerstr. 52, 6800 Mannheim-Freudenheim - Geb. 15. Mai 1924.

EGBRING, Rudolf

Dr. med., Prof. f. Inn. Krankheiten Univ. Marburg - Goethestr. 5, 3554 Cappel.

EGE, Günter
Dr. rer. nat. (habil.). Wiss. Rat, apl. Prof. f. Organ. Chemie Univ. Heidelberg - Fliederstr. 16, 6800 Mannheim 71 - Geb. 16. Dez. 1929 - Arb.geb.: Synthesen u. Ringspaltungsreaktionen heterocycl. Verbind., Cycloreaktionen u. Präparative Photochemie.

EGE, Richard
Vorstandsmitglied Westfalenbank AG., Bochum/Düsseldorf - Huestr. 21-25, 4630 Bochum - Geb. 16. Febr. 1924 Worms - AR: Küppersbusch AG, Gelsenkirchen (stv. Vors.); BASF Düngemittelwerke Victor, Ges. m. beschr. Haftung, Castrop-Rauxel; VR Westfalenbank Intern. S.A., Luxemburg (stv. Vors.); Beirat Düngerhandel Kassel GmbH (stv. Vors.), u.a. Mand.

EGELER, Wolfgang
Dr. rer. pol., Dipl.-Kfm. - Jentgesallee 29, 4150 Krefeld - Geb. 20. Jan. 1926 Mühlhausen.

EGELHAAF, Albrecht
Dr. rer. nat. (habil.), o. Prof. f. Zoologie, ins. Exper. Morphologie, Univ. Köln (s. 1966) - Franz-Lenders-Str. 15, 5020 Frechen 4 (T. Frechen 82885) - Geb. 8. Dez. 1922 Schwäb. Hall - Zul. Privatdoz. Univ. Tübingen (Zool.). Fachveröff.

EGELKRAUT, Klaus
Dipl.-Phys., Bundesbahndirektor Dt. Bundesbahn, Versuchsanst. Minden - Postf. 29 60, 4950 Minden/Westf. (T. 0571 - 39 34 27) - Geb. 9. Aug. 1935 Berlin, verh. m. Ortrud, 2 Kd. - Stud. Physik Univ. Hamburg u. Heidelberg - Vors. Dt. Ges. f. Zerstörungsfreie Prüfung, Berlin - 1974 Berthold-Preis d. DGZfP.

EGEN, Peter
Dr. rer. soc., Dipl.-Kfm., Geschäftsführer WS-Kälte, Kühlzellen GmbH & Co. KG (s. 1991) - Erftstr. 25, 4050 Mönchengladbach 2, priv.: Hügelstr. 156, 5620 Velbert-Neviges - Geb. 12. Aug. 1936 Wuppertal (Vater: Dr. Fritz E., Vereid. Buchprüfer; Mutter: Lore, geb. Bickenbach), ev., verh. s. 1969 m. Heida, geb. Umbreit, 3 Kd. (Cornelia, Daniela, Michaela) - Stud. Betriebsw. (Dipl.-Kfm.) Univ. Köln u. Würzburg; Promot. Ruhr-Univ. Bochum - 1968-79 Bundesgeschäftsf. d. Ev. Arbeitskr. d. CDU/CSU; 1979-89 Hauptgf. Verb. d. Dt. Heimtextilien-Ind. e.V., Wuppertal, anschl. Beratungstätigkeit.

EGENTER, Peter
Dipl.-Wirtsch., Hauptgeschäftsführer IHK Potsdam - Sacrower Allee 108, O-1501 Groß Glienicke - Geb. 15. März 1944, verh. s. 1967 m. Christa, geb. Ahne, 2 Kd. (Dominique, Daniel) - Rundfunkmechaniker; Ökonompädagoge; Dipl.-Wirtsch.; Programmierer, Problemanalytiker - Leit. Organisations- u. Rechenzentrum; Leit. e. Innovationszentrums - Liebh.: Sammeln v. alten Uhren - Spr.: Russ.

EGERT, Jürgen
Amtsrat a.D., Parlam. Staatssekretär a. D. b. Bundesmin. f. Arbeit u. Sozialordn. (b. 1982), MdB - Rochusstr. 1, 5300 Bonn 1 - Geb. 23. Okt. 1941 Berlin, verh., 2 Söhne - Naturwiss. Gymn. Berlin (Abit. 1960); 1964-65 Verwaltungsakad. ebd. - S. 1963 Bezirksamt Charlottenburg (u. a. 1965-69 pers. Ref. Bürgerm.); MdB/Vertr. Berlins (s. 1972); 1969-71 Vors. Berliner Jungsozialisten. SPD s. 1963, 1975-82 Obmann SPD-Frakt. Vors. Aussch. f. Arbeit u. Sozialordn., 1985-86 Landesvors. d. Berliner SPD - Spr.: Engl., Franz.

EGERTER, Wolfgang
Staatssekretär b. Thüringer Minister f. Justiz, Bundes- u. Europaangelegenheiten (s. 1991) - Zu erreichen üb. Thüringer Landesvertretung Bonn, Simrockstr. 13, 5300 Bonn - Geb. 4. Dez. 1930 Schluckenau/Nordböhmen, kath., verh. s. 1964 m. Wiebke, geb. Stoltenberg, 2 Söhne (Jens Ole, Jörg Arne) - Stud. Gesch., German., Geogr. Univ. München u. Mainz, Magisterex. (in osteurop. Gesch.) - 1961-77 Lehrer u. Leit. Heimvolkshochsch. f. junge Arbeitnehmer in Hessen; 1977-88 Wissenschaftl. Mitarb. d. CDU-Landtagsfraktion Wiesbaden; 1989/90 Mitarb. im Büro d. Hess. Min.präs. in d. Staatskanzlei; 1990 Leit. d. hess. Informat.büros in Erfurt - BVK am Bde. - Liebh.: Gesch., Lit., Theater.

EGGEBRECHT, Arne
Dr. phil., Prof. h.c., Ltd. Direktor Roemer- u. Pelizaeus-Museum Hildesheim - Zu erreichen üb. Roemer-Pelizaeus-Mus., 3200 Hildesheim - Geb. 12. März 1935 München (Vater: Dr. Jürgen E., Schriftst.; Mutter: Elfriede, geb. Stiehr), verh. s. 1966 m. Dr. Eva E., Ägyptologin, Sohn Julian - Abit. 1955 Helmstedt; Stud. German., Gesch., Kunstgesch. u. Ägyptol., Klass. Archäol.; Promot. 1966 München - 1966-68 wiss. Mitarb. Handb. d. Archäol.; 1968-70 wiss. Mitarb. Staatl. Samml. ägypt. Kunst, München; Forschungsauftr. Dt. Forschungsgem. (DFG) (D. Keramik aus Nubien in d. Staatl. Samml. ägypt. Kunst, München); s. 1972 wiss. Mitarb. Dt. Archäol. Inst., Kairo (Teiln. an Grabungen in El-Tarif, Ber. Theben-West); s. 1974 Dir. Ägypt. Samml. Roemer- u. Pelizaeus-Mus. Hildesheim; s. 1984 Ltd. Dir. dass. S. 1975 Exekutivsekr. Intern. Org. Komitee Intern. Loseblatt-Katalog z. Erforschung ägypt. Altertümer (CAA); s. 1976 Veranst. intern. bedeut. Sonderausst. zu alten Hochkulturen d. Welt, mehrf. Ägypten, china, Zweistromland, Nigeria, Thrakien, Albanien u. Mexiko; s. 1978 Chairman Sektion Mus. u. Samml. Intern. Ägyptologen-Verb. (IAE); s. 1979 Projektleit. Ausgrab. d. bibl. Ramsesstadt in Kantir im ägypt. Ostdelta; s. 1981 Berater b. d. Planung e. Nationalmus. in Kairo, Auftrag d. Ägypt. Altertümerverw. m. d. Planung e. Echnaton-Mus. in El-Minia (Mittelägypten); s. 1983 Präs. Intern. Komitee f. Ägyptol. im Intern. Museumsbd. (ICOM). Herausg. wiss. Reihe Hildesheimer Ägyptol. Beitr. (1977ff.); Kulturgesch. z. Thema D. Alte Ägypten (1984, auch Mitverf.). Mitarb. Lexikon d. Ägyptol., (1975ff.) u. Propyläen Kunstgesch.; sow. an zahlr. wiss. Katalogen u. Ztschr. Übers., Rundf.- u. Fernsehautor.

EGGEBRECHT, Hans Heinrich
Dr. phil., em. o. Prof. f. Musikwissenschaft - 7801 Ehrenkirchen 2 (T. 07633 - 8 29 33) - Geb. 5. Jan. 1919 Dresden - Hochsch. f. Musikerzieh. u. Univ. Berlin, 1945-49 Hochsch. f. Musik, Weimar, u. Univ. Jena. Promot. 1949 Halle/S. - 1955-61 Privatdoz. u. apl. Prof. (1961) Univ. Erlangen; s. 1961 Ord. Univ. Freiburg (emerit. 1987) - BV: Studien z. musikal. Terminologie, 1955, 2. A. 1968; Heinrich Schütz - Musicus poeticus, 1959, 2. A. 1984; D. Orgelbewegung, 1967; Ad organum faciendum, 1969 (m. F. Zaminer); Schütz u. Gottesdienst, 1969; Versuch üb. d. Wiener Klassik, 1972; Zur Geschichte d. Beethoven-Rezeption, 1972; Musikalisches Denken, 1977; Sinn u. Gehalt, 1979; D. Musik Gustav Mahlers, 1982, 2. A. 1986, 3. A. 1992; Bachs Kunst d. Fuge, 1984, 3. A. 1988; Musik im Abendland, 1991. Herausg.: Sachteil Riemann-Musiklex. (12. A. 1967); Archiv f. Musikwiss. (1962ff.), Beihefte z. Archiv f. Musikwiss. (1966ff.), Schriftenreihe Walcker-Stiftg. f. Orgelwiss. Forsch. (1967ff.); Freiburger Schriften z. Musikwissenschaft (1970ff.); Handwörterbuch d. musikalischen Terminologie (1972ff.); Brockhaus Riemann Musiklexikon (m. C. Dahlhaus), 1978/79; Meyers Taschenlexikon Musik, 3 Bde., 1984 - 1965 o. Mitgl. Akad. d. Wiss. u. d. Lit. Mainz; 1984 korr. Mitgl. Österr. Akad. d. Wiss.; 1987 Dr. h. c. d. Univ. Bologna.

EGGER, Herwig
Dr. med., Prof. f. Gynäkologie Univ. Erlangen-Nürnberg, Chefarzt Gynäkol. Abt. Kreiskrkhs. Neumarkt/Oberpfalz - Nürnberger Str. 12, 8430 Neumarkt - Geb. 2. Okt. 1943 - Ex- u. Promot. 1968, Habil. 1979 - S. 1976 Facharzt; s. 1980 Prof. - Spr.: Engl.

EGGER, Kurt Ludwig
Kaufmann, pers. haft. Gesellsch. Bassermann & Co. Chemikalien, Import-Export, Mannheim, Geschäftsf. Bassermann & Grolman GmbH, Düsseldorf, Porphyr-Werke GmbH, Freihung, Baco-Mineralien GmbH, Mannheim - E 4, 4-6, 6800 Mannheim 1 - Geb. 22. März 1920 Mannheim (Vater: Ludwig E., Kaufm.; Mutter: Hedwig, geb. Willet), kath., verh. s. 1950 m. Wilma, geb. Stegmüller, 2 Töcht. (Margot, Christiane) - Abit., kaufm. Lehre - 1974 Komturorden v. St. Silvester - Liebh.: Mod. u. Afrik. Kunst - Spr.: Engl., Franz.

EGGER, Norbert
Dr. jur., Erster Bürgermeister Stadt Mannheim (s. 1989) - Rathaus E 5, 6800 Mannheim (T. 0621 - 293 42 32) - Geb. 11. Okt. 1939 Weinheim (Vater: Hans E., Hausmeister; Mutter: Anna, geb. Oswald), ev., verh. s. 1961 m. Margarete, geb. Söhner, 2 Söhne (Hans-Jürgen, Norbert) - Promot. Heidelberg - AR-Vors. d. Verkehrsverb. Rhein-Neckar GmbH (VRN) u. d. Zweckverb. Verkehrsverb. Rhein-Neckar (ZRN); stv. Vors. d. Regionalverb. Unterer Neckar; Mitgl. in mehreren AR, u.a. Mannheimer Verkehrs- u. Versorgungsges. GmbH (MVV), Großkraftwerk Mannheim AG (GKM).

EGGER, Rosemarie
Schriftstellerin, Objektkünstlerin - Scheuchzerstr. 1, CH-8006 Zürich - Geb. 30. Aug. 1938 Wien, kath., ledig - BV: u.a. V. draußen träumen; Interviews m. Strafgefangenen, 1981; Es ist etwas geschehn, 1979; E. Inselsommer, Erz. m. 13 Fotos, 1988.

EGGER, Willy
Filmproduzent, Executivprod. - Charlottenstr. 12, 1000 Berlin 46 (T. 030 - 774 45 26 u. 774 10 25) - Geb. 8. März 1929 Wien (Vater: Hans E., Steuerberater, Wirtschprüf.; Mutter: Eva, geb. Welter), ev., verh. I) m. Magda E., gesch.; II) m. Bärbele Z. †, 3 Kd. (Gerhard u. Susanna aus 1. Ehe, Michael aus 2. Ehe) - Zahlr. Filme, u. a. D. Prozeß, 1948; Erzherzog Johanns gr. Liebe, 1950; Sauerbruch, 1954; Teufel in Seide, 1955; D. veruntreute Himmel, 1958; D. brave Soldat Schwejk, 1960; Walt-Disney-Filme. Operett.-Prod. f. WDR, Fernseh-Filme f. ZDF, u. a.: D. Band; Zauberflöte; Peter-Alexander-Show; Herrenpartie, 1963; Schatz d. Azteken, 1965; Lorimar Avalance-Express, 1978; Formular, 1980; Fedora (Billy Wilder), 1981; Satan ist auf Gottes Seite (Wolfgang Staudte), 1982; Berlin Tunnel 21, 1983; Wildgeese II, 1984; Hemingway, 1985; Aurikel-Komplott, 1986; Otto II, 1987; Ödipussi, 1987; Beim nächsten Mann wird alles anders, 1988; The Package, 1988; Recovery, 1988; Otto III, 1989; Dinosaurs, 1990; Papa (Loriot-Film), 1990 - Liebh.: Theater, Oper, Schmalfilmen - Spr.: Engl.

EGGER-BÜSSING, Klaus
Hauptgeschäftsführer Allg. Arbeitgeberverb., Braunschweig i. R. (b. Jan. 1991) - Schwetzingenstr. 4 A, 3300 Braunschweig (T. 0531 - 31 18 02) - Geb. 29. Jan. 1927 Braunschweig (Vater: Dr.-Ing. E.h. Rudolf E.; Mutter: Ilse, geb. Büssing), 3 Kd. (Christoph, Martina, Daniel) - 1979 BVK am Bde. - Liebh.: Reiten - Spr.: Engl., Franz. - Bek. Vorf.: Dr.-Ing. E.h. Heinrich Büssing (Urgroßv.).

EGGERER, Hermann
Dr. rer. nat., o. Prof. f. Physiol. Chemie TU München (s. 1977) - Egenhofenstr. 21b, 8033 Planegg (T. München 8598263) - Zul. o. Prof. f. Biochemie Univ. Regensburg.

EGGERS, Christian
Dr. med., Prof. f. Kinder- u. Jugendpsychiatrie - Zeißbogen 43, 4300 Essen-Bredeney (T. 41 34 47) - Geb. 15. Sept. 1938 Geislingen/Steige (Vater: Dr.-Ing. Hans E., Chemiker; Mutter: Gertrud, geb. Schmidt-Lauenstein), ev. - Univ. Freiburg, Montpellier, Marburg; Stip. Studienstift. d. dt. Volkes, Habil. 1974 (Pädiatrie) - S. 1979 o. Prof. f. Kinder- u. Jugendpsychiatrie Essen - BV: Verlaufsweisen kindlicher u. präpuberaler Schizophrenien, 1973; Prä-, peri- u. postnatal-bedingte Schwachsinnformen, 1974; Kinder- u. jugendpsychiatrische Pharmakotherapie, 1984; Bindungen u. Besitzdenken b. Kleinkind, 1984; Emotionalität u. Motivation im Kindes- u. Jugendalter, 1985; Kinder- u. Jugendpsychiatrie (zus. m. R. Lempp, G. Nissen, P. Strunk), 1989; Schizophrenia and youth, 1990 - Liebh.: Phil., Musik - Spr.: Engl., Franz. - Bek. Vorf.: C. C. Lauenstein (Ur-Urgroßv.).

EGGERS, Erich
Assessor, Geschäftsf. Vereinigung d. am Drogen- u. Chemikalien-Groß- u. Außenhandel beteiligten Firmen u. Verein d. Dt. Einfuhrgroßhandels v. Harz, Terpentinöl u. Lackrohstoffen - Gotenstr. Nr. 21, 2000 Hamburg 1 - Stud. Rechtswiss.

EGGERS, Ernst
Staatssekretär im Ministerium f. Wirtschaft u. Verkehr Rhld.-Pfalz - Bauhofstr. 4, 6500 Mainz (T. 06131 - 16 21 50) - Geb. 2. Sept. 1939 Jeserig/Brandenburg, kath., verh., 1 Kd. - Dipl.-Kaufm. Köln - Stv. Vors. FDP-Landesverb. Rhld.-Pfalz.

EGGERS, Hans Joachim
Dr. med., o. Prof. f. Virologie - Fürst-Pückler-Str. 56, 5000 Köln 41 (T. 4 78-44 81) - Geb. 26. Juli 1927 Baumholder/N. - B. 1961 Assist. Prof. Rockefeller Inst. New York u. Abt.leit. MPI f. Virusforsch. Tübingen, dann Ord. Univ. Gießen (1966) u. Köln (1972) - Mitgl. versch. amerik. Fachges. Dt. Akad. d. Naturforscher Leopoldina, Halle, u. Akad. d. Wiss. Göttingen. Üb. 250 Fachveröff. Mithrsg. d. Buchreihe Conditio humana.

EGGERS, Karl
Senator a. D. - Bahnhofspl. 29, 2800 Bremen - Geb. 14. Okt. 1919 Lehe, verh., 3 Kd. - Volkssch.; Schmiedehandw. - 1948-54 Sekr. Gewerksch. ÖTV; 1954-59 Leit. Außenst. Bremerhaven Wohnungsbauges. Neue Heimat; 1959-70 (Rücktr. aus Gesundheitsrücks.) Senator f. Wirtschaft u. Außenhdl. Bremen. Ab 1947 Stadtverordn. B'haven (1949 Fraktionsf.). B. 1933 Sozialist. Jugendbeweg. (danach jahrel. illegal tätig). SPD (b. 1968 (Rücktr.) Vors. Ortsverein Bremerhaven u. 2. Vors. Landesverb. Bremen).

EGGERS, Klaus
Dr. rer. nat., em. Prof. f. Angew. Mechanik - Horstloogе 16, 2000 Hamburg 67 (T. 603 54 03) - Geb. 14. Jan. 1922 - S. 1963 (Habil.) Lehrtätigk. Univ. Hamburg/Inst. f. Schiffbau (emerit. 1987). Gast Univ. Notre Dame (USA) u. Univ. of Tokyo, Japan - 1986 Honorarprof. HSEI in Harbin, China.

EGGERS, Philipp Bernhard
Dr. phil. habil., Dr. jur utr., Dr. h.c., o. Univ.-Prof., Direktor d. Inst. f. Erziehungswissenschaft Univ. Bonn/Phil. Fak. (s. 1972) - Am Hof 3-5, 5300 Bonn 1 (T. 0228 - 73 78 03) - Geb. 9. Juli 1929 Bochum (Vater: Friedrich Karl E., Kaufm.; Mutter: Elisabeth Theresia, geb. König), kath., led. - Stud. Kath. Theol., Erziehungs-, Rechts- u. Sozialwiss. Bochum, Bonn, Heidelberg, Münster, Würzburg - 1961 Wiss. Assist. Univ. Heidelberg; 1966 apl. Doz. Univ. Bonn/Päd. Fak.; 1969 Doz. RWTH Aachen/Päd.Fak. u. PDoz. Univ.Amsterdam; 1970 Wiss. Rat u. Prof. RWTH Aachen/Päd.Fak.; Umhabil. u. 1972 apl. Prof. Univ. Heidelberg; 1973 o. Prof. Univ. Bonn/Phil.

Fak., 1989 zugl. Kath. Univ. Eichstätt (Phil.-Päd. Fak.) - BV: D. Persönlichkeitsbegriff bei Karl Marx u. in d. Kath. Soziallehre, 1961; Gesellschaftspolit. Konzeptionen d. Gegenw. - Sozialdemokr., Marxismus, Kath. Soziallehre, Neoliberalismus, 1969; Erzieh. u. Ges., 1970; Sexualpäd., 1976; Soziol. d. Erwachsenenbild., 1977; Päd. Soziol., 1979; D. Entw. d. Jugendwohlfahrtsgesetzgeb. in d. Bundesrep. Deutschl. unter bes. Berücksicht. d. Ordnungsprinzipien Subsidiarität u. Solidarität, 1979; Bergpredigt u. Volksbildung, 1985. Mithrsg.: Hochschulgesetze d. Bundes u. d. Länder (1972ff.); Schriften z. Christl. Erziehung u. Bildung (1983ff.); Training - Aus- u. Weiterbild. in Wirtsch., öffentl. Verwaltung u. Schule (1984ff.); Ztschr. f. Vormundschafts- u. Sozialarb. (1986ff.); Recht u. Rechtsbesinnung - Ged.Schr. f. G. Küchenhoff (1987). Mitarb.: Dt. Verwaltungsgesch., Bd. IV (1985). Zahlr. Beitr. in Ztschr. (s. 1961) - 1969 St.-Hedwigs-Med. d. Bistums Berlin; 1980 St.-Bonaventura-T-Med. d. St.-Bonaventura-Univ. Bogotá; 1985 Pontificia-Universidad-Javeriana-Med. d. Päpstl. Javeriana Univ. Bogotá, u. Ehrenmitgl. d. Pontificia Javeriana; 1990 Ritterkreuz d. Gregorius-Orden - Liebh.: Musik, Lit., antike Uhren - Spr.: Engl.

EGGERT, Almut

Schauspielerin - Eichkampstr. 10, 1000 Berlin 19 (T. 030 - 302 65 10) - Geb. 7. Juni 1937 Rostock (Eltern: Walther, Regiss., u. Agnes E.), verh. 1959-64 m. Wolfgang Spier, 2 Töcht.(Bettina, Nana) - 1957-60 Schauspielstud. in Berlin - Zahlr. Rollen b. Funk, FS, Theater u. Synchron; Moderation, Synchronregie, Autorin - Liebh.: Musik, Lit., Sport, Bild. Kunst - Spr.: Engl., Franz., Ital.

EGGERT, Astrid

Malerin - Helmkestr. 5a, 3000 Hannover 1 - Geb. 28. Okt. 1961 Hannover, ledig - Stud. d. Malerei 1983-89 Hannover u. Braunschweig (b. Prof. U. Baehr u. Prof. H. P. Zimmer), Dipl. 1989 - 1989 Gründung d. Ateliers Nordfelder Reihe 13 in Hannover; 1990 Arbeitsstip. d. Landes Nieders.; 1990/91 Jahresstip. d. DAAD in Wien; 1991/92 Wohn- u. Arbeiterstip. im Künstlerdorf Schöppingen (NRW); 1992 Arbeitsstip. d. Landes Nieders. - Ausst. 1991/92: Junge Kunst in Nieders., Wanderausst., Galerie Lang, Wien, Kunsthalle Exnergasse, Wien, „von der Bildfläche", Hannover; 1993 Kunstverein Gelsenkirchen, „Im Glashaus", Holle/Derneburg - Spr.: Engl.

EGGERT, Hartmut

Dr. phil., Prof. f. Neuere dt. Literatur FU Berlin - Vopeliuspfad 6, 1000 Berlin 37 (T. 030 - 811 35 41) - Geb. 31. Mai 1937 Essen - Stud. German. u. Geogr. Univ. Freiburg u. Berlin (Promot. 1970, Habil. 1975 Neuere dt. Philol.) - S. 1964 Lektor (USA), Assist. (FU Berlin), Studienrat (Insel Scharfenberg), 1981 Prof. 1980-83 Mithrsg.: Deutschunterr. Vors. Trägerverein Literaturhaus Berlin - BV: Veröff. z. Lit.gesch. d. 19. u. 20. Jh., Jugendlektüre, Deutschunterr. an Gymn.; u. a. Stud. z. Wirkungsgesch. d. dt. hist. Romans 1850-1875, 1971; Schüler im Lit.unterr. E. Erfahrungsbericht (m. Hans-Christoph Berg u. Michael Rutschky), 1975; D. deutschspr. Lit. in d. BRD. Vorgesch. u. Entw. Tendenzen (m. Bernd Balzer, Horst Denkler, Günter Holtz), 1988. Herausg.: Romantheorie. Dok. ihrer Gesch. in Dtschl. (m. Eberhard Lämmert, Karl-Heinz Hartmann u. a., Bd. I: 1820-1880, Bd. II: 1880-1970, 1975); Lit. Rollenspiel in d. Schule (m. M. Rutschky, 1978); westermann texte deutsch. Leseb. f. d. Sekundarstufe I (m. a., 4 Bde. (Kl. 7-10) incl. Lehrerhefte, 1978/79). Herausg.: Geschichte als Literatur. Formen u. Grenzen d. Repräsentation v. Vergangenheit (m. U. Profitlich u. K. R. Scherpe), 1990.

EGGERT, Rolf W.

Werbekaufmann, Vizepräs. Industrie- u. Handelskammer Düsseldorf - Hans-Sachs-Str. 54, 4000 Düsseldorf (T. 0211 - 68 47 86) - Geb. 9. Febr. 1925 Schwerin, verw. - Liebh.: Rudern (Vorst. Dt. Ruderverein 1880 e.V.).

EGGLI, Ursula

Schriftstellerin - Wangenstr. 27, CH-3018 Bern - Geb. 16. Nov. 1944 Dachsen, ref. - Heimsch. - Gründ. Riurs-Verlag (m. Rita Hubrich); Mitarb. Film: Behinderte Liebe, div. Vortr.- u. Arbeitsgr.; Gründ. Club Behinderter u. ihre Freunde; Radio- u. Fernsehsend. - BV: Herz im Korsett; Freakgesch., Fortschritt im Grimmsland; D. Blütenhexe u. d. blaue Rauch; D. Zärtlichkeit d. Sonntagsbratens.

EGGS, Ekkehard

Dr. phil., Prof. f. Romanistik (Linguistik) Univ. Hannover (s. 1979) - Rosskampstr. 8a, 3000 Hannover 81 - Geb. 10. Okt. 1943, verh. s. 1970 m. Ulrike, geb. Lunkwitz, 2 Kd. (Frederike, Florian) - Stud. Roman., Phil., German. Univ. Saarbrücken u. Aix-en-Provence; Promot. 1971 Saarbrücken; Habil. 1978 - 1971-79 Assist.-Prof. FU Berlin; Vertretungsprof. Marburg u. Hamburg - BV: Möglichkeiten u. Grenzen e. wissenschaftl. Semantik, 1971; D. Rhetorik d. Aristoteles, 1984; D. Kehrseite d. Medaille. Napoleon - Karikaturen (m. H. Fischer), 1986; Napoleon: Europ. Spiegelungen in Mythos, Gesch. u. Karikatur (m. H. Fischer), 1986; Phonétique et phonologie (m. I. Mordellet), 1990; D. Inszenierung v. Politik. Debatten m. Politikern im franz. Fernsehen, 1991.

EGGSTEIN, Manfred

Dr. med., o. Prof., Direktor Abt. f. Inn. Med. IV Med. Univ.klinik u. Poliklinik Tübingen - Gottl.-Olpp-Str. 2, 7400 Tübingen (T. 07071/292804) - Geb. 28. Jan. 1927 Weingarten/Württ. - S. 1961 (Habil.) Lehrtätigk. Univ. Marburg u. Tübingen (1962; 1967 Prof.). Üb. 200 Fachveröff. - 1966 Homburg-, 1967 Haffner-, 1969 Hufeland-Preis - Diagnost. Informat.-System 1970; Massenspektrometrie u. kombin. Techn. in Medizin, Klin. Chemie u. Biochemie, 1977 - Spr.: Engl. (USA-Aufenth.).

EGIDY, von, Hans

Dr. med. (habil.), Prof., Internist, Chefarzt Med. Klinik, Abt. A Kliniken d. Landeshauptstadt Wiesbaden - Annabergstr. 28, 6500 Mainz 1 (T. 5 43 32) - Geb. 24. März 1933 Flensburg (Vater: Fritz v. E., Apotheker; Mutter: Hertha, geb. Rossow), ev., verh. s. 1958 m. Hedwig-Charlotte, geb. Marth, 3 Töcht. (Martina, Isabel, Ann-Marie) - Hum. Gymn. Flensburg (Abit. 1953); Stud. Univ. München, Marburg, FU Berlin, Tübingen, Heidelberg; Promot. 1958 ebd.; Habil. 1968 - Apl. Prof. (1971), Wiss. Rat u. Prof. (1974). Cardiol. - BV: Phonocardiographie in Klinik d. Gegenwart Bd. 2, 1972; Herz- u. Gefäßerkrankungen in König, D. Allgemeinmed., 1988 - Spr.: Engl.

EGIDY, von, Till

Dr. rer. nat., Prof. f. Experimentalphysik - Zur Deutschen Einheit 11, 8000 München 81 - Geb. 23. Dez. 1933 München (Vater: Dr. jur. Holm v. E., AG-Rat; Mutter: Elsbeth, geb. Kübel), ev., verh. s. 1965 m. Maria, geb. v. Koppenfels, 3 Söhne (Holm, Hans, Max) - Dipl. 1958 Univ. München; Promot. 1961 TU München; Habil. 1969 ebd. - S. 1961 Assist. u. Hochschull. TU München (1970 Wiss. Rat, 1976 apl. Prof., 1978 Prof.); 1962-63 IAEA-Berater in Südkorea; 1967-68 Univ. Rochester, New York; 1972-73 CERN, Genf; 1976-79 Senior Scientist, Inst. Laue-Langevin, Grenoble; 1989 Visiting-Prof., Triumf, Vancouver/Kanada - Ca. 210 Facharb. üb. Kernphysik u. exot. Atome - Spr.: Engl., Franz.

EGLI, Urs

Dr. phil., Prof. f. Allg. Sprachwissenschaft Univ. Konstanz - Eichhornstr. 2b, CH-8280 Kreuzlingen (Schweiz) - Geb. 6. Juli 1941 Niederbipp (Schweiz). Promot. (1967) u. Habil. (1974) Bern (Schweiz) - S. 1976 Konstanz. Bücher u. Aufs.

EGLI, Werner J.

Schriftsteller - Marktpl. 25, 7290 Freudenstadt/Schwarzw. - BV: u. a. Im Sommer als der Büffel starb, R. 1974; Als d. Feuer erloschen, R. 1977; Heul' doch d. Mond an, R. 1978; Die Siedler, R. 1983; Wenn ich Flügel hätte, R. 1982; Bis ans Ende d. Fährte, R. 1984; Samtpfoten auf Glas, R. 1985; D. Nacht als d. Kojote schwieg, R. 1986; D. schwarze Reiter, R. 1987; Martin u. Lara, R. 1988; D. Gold d. Amazonas, R. 1988; D. Land ihrer Träume, R. 1988; D. Geheimnis d. Krötenechse, R. 1988; D. Stunde d. Skorpions, R. 1989; Schnee im Sommer, R. 1989.

EGNER, Henning

Dr. rer. oec., Dipl.-Kfm., Prof. f. Betriebsw. Prüfungswesen - Gutzkowstr. 2, 1000 Berlin 62 - Geb. 17. Jan. 1934 Leipzig (Vater: Prof. Dr. Erich E.; Mutter: Lieselotte, geb. Amann), ev., verh. s. 1967 m. Hannelore, geb. Schneider, 3 Kd. (Katrin, Daniel, Tobias) - Schule Göttingen (Abit. 1954); kaufm. Lehre Bremen; Univ. Saarbrücken (1961 Dipl.-Kfm.; Promot. 1968) - 1962-65 kaufm. Angest.; 1965-72 Wiss. Assist.; s. 1972 Prof. Univ. Saarbrücken (Ass.) u. FU Berlin (1975; Leit. ob. Fachricht.) - BV: D. Belastung dt. u. franz. Kapitalges. m. gewinnabhäng. Steuern, 1969; Bilanzen, Lehrb. 1974; Einf. in d. betriebsw. Prüfungslehre, 1979 - Spr.: Engl., Franz.

EHHALT, Dieter H.

Dr. rer. nat., Prof. f. Geophysik Univ. Köln, Direktor Inst. f. Luftchemie d. KFA Jülich - Peter-Stommen-Str. 21, 5170 Jülich - Geb. 11. Mai 1935 Heidelberg (Vater: Hans Konrad E.; Mutter: Else, geb. Knoerr), verh. s. 1957 m. Ingeborg, geb. Kaulbach, 2 Kd. (Barbara, Peter Hans) - Univ. Heidelberg (Dipl.-Phys. 1959, Promot. 1963, Habil. 1969) - 1964-67 visiting scientist; 1969-74 sen. scientist, National Center for Atmospheric Res. Boulder, Colorado/USA; 1974 Dir. Inst. f. Luftchemie KFA Jülich, Lehrst. f. Geophysik Univ. Köln - 1986 Fellow Amerc. Geophysical Union; 1989 Mitgl. Rhein.-Westf. Akad. d. Wiss.

EHLEN, Karl J.

Dr., Geschäftsf. Westd. Elektrogerätebau GmbH. - Windmühlenweg 27, 4770 Soest/W.

EHLER, Hans Jörg

Dr., gf. Vorstandsmitglied, Verbandsdir. Verb. d. Lebensversich. Unternehmen - Eduard-Pflüger-Str. 55, 5300 Bonn 1 - Geb. 15. Jan. 1936 Flensburg - AR-Mitgl. PSVaG.

EHLERS, Carl-Christian

Bankdirektor u. Vorstandsmitgl. Kieler Volksbank, Vorst.-Vors. Gewinnsparverein d. Volksbanken u. Raiffeisenbanken Schlesw.-Holst. u. Hamburg, Vorst.-Mitgl. Presse- u. Informationsdienst d. Volksbanken u. Raiffeisenbanken (PVR), Vollvers.-Mitgl. IHK Kiel, Beiratsvors. d. DG Bank Region Nord - Zu erreichen üb. Kieler Volksbank, Postf. 2840, 2300 Kiel 1 - Geb. 29. Jan. 1948, verh., 3 Söhne (Lennart-Christian, Achim, Lasse) - Banklehre; Verbandsprüferex.

EHLERS, Carl-Theo

Dr. med., o. Prof. f. Med. Dokumentation u. Datenverarb. Univ. Göttingen (s. 1972) - Wilhelm-Raabe-Str. 16, 3400 Göttingen - Geb. 16. Sept. 1925 - Promot. 1954 Göttingen; Habil. 1967 Tübingen - Üb. 50 Facharb.

EHLERS, Christian

Rechtsanw., Hauptgeschäftsf. Landesverb. Gaststätten- u. Hotelgewerbe Nordrh.-Westf. - Liesegangstr. 22, 4000 Düsseldorf.

EHLERS, Eckart

Dr. phil., o. Prof. u. Direktor d. Inst. f. Wirtschaftsgeogr. Univ. Bonn (s. 1986) - Meckenheimer Allee 166, 5300 Bonn 1 (T. 73 72 32) - 1972 o. Prof. Univ. Marburg - BV: D. nördl. Peace River Country/Alberta/Kanada, 1965; Südkaspisches Tiefland u. Kasp. Meer, 1970; Tradit. u. moderne Formen d. Landwirtsch. im Iran, 1975; Iran, Grundz. e. Landeskunde, 1980; Iran. E. bibl. Forsch.bericht, 1980; Ernährung u. Ges. (Herausg.), 1983; D. agraren Siedlungsgrenzen d. Erde, 1984; Bevölkerungswachstum - Nahrungsspielraum - Siedl.-grenzen d. Erde, 1984. Herausg.: German Geography: Development, Trends and Prospects 1952-92 (1992). Herausg. u. Mithrsg.: Geogr. Taschenbuch (s. 1977); Geogr. Rundschau (s. 1981); Orbis Geographicus (s. 1988); Erdkunde (s. 1988). Etwa 100 Zeitschriftenaufs.

EHLERS, Henning Carsten

Dr. jur., Vorstandsmitglied Gerling Konzern Allg. Versich. AG - Zu erreichen üb. Postf. 10 08 08, 5000 Köln 1 - Geb. 11. Sept. 1943 Flensburg, ev., verh., 1 Kd. - Stud. Univ. München u. Hamburg; Promot. Hamburg.

EHLERS, Joachim

Dr. phil., o. Prof. f. Mittelalterl. Geschichte FU Berlin (s. 1989) - Sprottaustr. 1, 3300 Braunschweig (T. 60 28 78) - Geb. 31. Mai 1936 Leipzig (Vater: Walter E., Landw.; Mutter: Hildegard, geb. Hoffmann), ev., verh. s. 1963 m. Barbara, geb. Budde, S. Caspar - Stud. d. Gesch., Phil., German.; Promot. 1964 Hamburg; Habil. 1972 Frankfurt; Prof. 1972 Frankfurt, 1980 TU Braunschweig - BV: D. Wehrverfass. d. Stadt Hamburg, 1966; Hugo v. St. Viktor, 1973; Frankreich im Mittelalter, 1982; Geschichte Frankreichs im MA, 1987. Herausg.: Ansätze u. Diskontinuität dt. Nationsbildung im MA (1989) - 1974 o. Mitgl. Frankfurter Hist. Kommiss.; 1982 o. Mitgl. Braunschw. Wiss. Ges.; 1986 o. Mitgl. Hist. Kommiss. f. Nieders. u. Bremen.

EHLERS, Jürgen

Dr. rer. nat., Prof., Physiker, Wiss. Mitgl. Max-Planck-Inst. f. Physik u. Astrophysik, München - Riedenerweg 50, 8130 Starnberg/Obb. (T. 8498) - Geb. 29. Dez. 1929 Hamburg - Promot. u. Habil. Hamburg - S. 1971 Honorarprof. Univ. München (Theoret. Physik); Mitgl. d. Akad. d. Wissensch. u. Lit., Mainz, u. d. Deutsch. Akad. d. Naturforscher Leopoldina, Halle, u. d. Intern. Astron. Union. Facharb. - 1963 Preis Akad. d. Wiss. u. Lit., Mainz.

EHLERS, Karl-Heinz

Alleinvorstand d. Sprinkenhof Aktiengesellschaft, Hamburg, Mitgl. d. Verwaltungsrates d. Hamburger Feuerkasse - Kurze Mühren 20, 2000 Hamburg 1 (T. dstl. 33 95 42 13).

EHLERS, Paul Nikolai

Dr. med., Prof. - Richard-Strauss-Allee 22a, 5600 Wuppertal 2 (T. 62 17 00) - Geb. 20. Nov. 1920 Riga (Vater: Dr. iur. Herbert E., Ministerialdir.; Mutter: Zoe, geb. v. Kowaleff), ev., 2 S. (Dr. med., Dr. iur. Alexander, Dr. iur. Peter Nikolai) - Dt. Klass. Gymn. Riga (Abit. 1939); Univ. ebd., Wien, Berlin, Erlangen. Approb. 1947; Promot. 1947 Erlangen; Habil. 1959 Heidelberg - S. 1959 Privatdoz. u. apl. Prof. (1965) Univ. Heidelberg (b. 1962 Oberarzt Chir. Univ.-Klinik Heidelberg); 1962-85 Dir. Chir. Klinik, Klinikum Barmen, Wuppertal. Mitgl. in- u. ausl. Fachges. Fachveröff. u. Vortr. In- u. Ausl. - BVK I. Kl. - Spr.: Lett., Russ., Engl., Franz., Ital.

EHLERS, Peter

Dr. jur., Präsident u. Prof. d. Bundesamtes f. Seeschiffahrt u Hydrographie - Bernhard-Nocht-Str. 78, 2000 Hamburg 36 - Geb. 30. Aug. 1943.

EHLERS, Reinhard
Kirchenbeamter, Mitgl. Brem. Bürgerschaft (s. 1959, s. 1971 Vizepräs., CDU) - Sielwall 74, 2800 Bremen 1 (T. 71746) - Geb. 18. Juli 1928 Bremen, ev., verh., 2 Kd. - Obersch.; Sem. f. Psychohyg. u. Sozialwiss.; Jugendpfleger-Lehrgang - 1950-54 Angest. Amt f. Jugenförd. Bremen (zul. Heimleit.); s. 1955 Geschäftsf. Landesjugendpfarramt u. d. Brem. Ev. Kirche (s. 1975 a. Mandatstr. beurl.).

EHLERS, Widu-Wolfgang
Dr. phil., Prof. f. Klass. Philologie FU Berlin - Zähringerstr. 34, 1000 Berlin 31 (T. 883 76 88) - Geb. 12. April 1941 Hamburg, verh. s. 1968 m. Monika, geb. Hermann, S. Raimund - Promot. 1967 Hamburg; Habil. 1979 - 1981 Prof. (1982-84 gf. Dir., 1985-87 Dekan Fachber. Geschichtswiss.), 1989 Prof. FU Berlin - BV: Unters. z. Überl. d. Argonautica d. Val. Flaccus, 1970; C. Valeri Flacci libros VIII, 1980. Herausg.: U. Knoche, Ausgew. Kl. Schriften (1986). Mithrsg.: W. Ludwig, Litterae Neolatinae (1989).

EHLERT, Claus Paul
Dr. med., Prof., Chirurg, Chefarzt Landeskrankenhaus Sanderbusch (s. 1976) - Landeskrankenhaus, 2945 Sanderbusch - Geb. 22. Sept. 1935 Berlin (Vater: Prof. Dr. Hermann E. (s. d.); Mutter: Käte, geb. Zantonella), ev., verh. s. 1964 m. Gertraud, geb. Fischer, 3 Kd. (Susanne, Kathrin, Thomas) - Stud. Heidelberg, Hamburg, Wien, Freiburg - 1963-71 Wiss. Assist. Gießen u. Mainz, 1971-75 Oberarzt ebd. Zahlr. Fachveröff. im In- u. Ausl. - 1953 Gold. Jugendsportabz. - Liebh.: Klass. Musik, mod. Grafik - Spr.: Engl.

EHLERT, Tamara
Schriftstellerin - Weichselstr. 5, 8080 Fürstenfeldbruck (T. 08141-9 12 37) - Geb. 28. Dez. 1921 Königsberg/Pr., ev., 2 T. (Diana, Tatjana) - Schauspielunterr.; Dolmetscherprüf. - BV: D. Dünenhexe, Erz. 1957; Spröder Wind v. Ost, Lyrik 1970; Kleiner alter Mann geht durch d. Wind, Lyrik 1975; D. silb. Fräulein, Lyrik u. Prosa 1978 - 1955 Lyrikpr. d. Brentano-Verlags, Nicolaus-Copper-Theater; 1967 Andreas-Gryphius-Förderpr.; 1970 Nicus-Preis - Spr.: Engl., Franz.

EHLERT, Trude
Dr. phil., M.A., apl. Prof. f. Ältere Germanistik Univ. Bonn Hochschuldoz. Univ. Karlsruhe (TH) - Hermann-Löns-Weg 62, 7516 Karlsbad 1 - Geb. 11. Okt. 1946, ledig - Stud. German., Roman. u. Komparatistik Univ. Hamburg, Freiburg/Br., Grenoble u. Bonn (Promot. 1976, Habil. 1984) - 1972/73 wiss. Hilfskraft u. 1973-84 wiss. Assist. German. Sem. Univ. Bonn (1973-76 mdVb); 1984/85 Vertr. e. Prof. Sem. f. Dt. Philol. Univ. Mannheim. 1991 Gastprof. Univ. Leipzig - BV: Konvention-Variation-Innovation. E. struktureller Vergleich v. Liedern aus D. Minnesangs Frühling u. v. Walther v. d. Vogelweide, 1980; Gerhard Meissburger: Einf. in d. mediävist. German. (Hrsg. u. erw.), 1983; Deutschsprachige Alexanderdichtung d. Mittelalters, 1989; D. Kochb. d. MA, 1990. Mitautor/Mithrsg.: Essen u. Trinken in MA u. Neuzeit (Gießener interdisziplinäres Symposion) (1987); D. Rheinische Merlin (1990). Herausg./Mitautorin: Haushalt u. Familie im MA u. früher Neuzeit (1991 - Preis d. Phil. Fak. (f. d. Diss.) - Liebh.: Fotogr., Segeln, Skifahren - Spr.: Engl., Franz., Span.

EHLICH, Hans-Georg
Dipl.-Ing., Geschäftsführer Alcan AG, Werk Nürnberg (s. 1991), Interimsmanager, selbst. Geschäftsführer Sartorius GmbH, Göttingen (1988-90), s. 1989 Vors., Geschäftsf. WIKA/Alexander Wiegand GmbH & Co., Armaturen- u. Manometerfabrik, Klingenberg/M. (s. 1973) - Diebshohl 9, 8760 Miltenberg/Ufr. - Geb. 5. Juni 1936 Hannover (Vater: Georg E., Hotelier; Mutter: Gertrud, geb. Bölling), ev., verh. s. 1963 (Ehefr.: Christa, geb. 1940), 2 Söhne (Rüdiger, Andreas) - Abit. Wernigerode/Harz; Dipl.-Ing. Freiberg/Sa. (Bergbaumaschinen) - 1961-67 Abteilungsleit. Krupp, Essen; 1967-73 Betriebsleit. Babcock, Oberhausen - Liebh.: Musik, Ski, Schach - Spr.: Engl., Russ.

EHLICH, Hartmut
Dr. rer. nat., Dr. h.c., o. Prof. f. Mathematik Ruhr-Univ. Bochum (s. 1966) - Schattbachstr. 2, 4630 Bochum-Querenburg - Geb. 19. April 1931 Wuppertal-Barmen, verh. s. 1958 m. Elfriede, geb. Knoll (Hauswirtschaftsleiterin), 4 Kd. - Univ. Köln u. Tübingen (Math., Physik). Promot. (1959) u. Habil. (1962) Tübingen - Zul. Wiss. Rat Univ. Tübingen (Rechenzentrum), Dir. d. Rechenzentrums Ruhr-Univ. Bochum (s. 1966). Mitgl. ADV-Kommiss. d. Min. f. Wiss. u. Forschung NW (s. 1971) u. d. Gründungsaussch. d. Fernuniv. Hagen (s. 1974); 1981 Ehrenprom. FU Hagen. Facharb.

EHMANN, Dieter
Generaldirektor, Vorstandsvors. Sparkassen-Versicherung Lebensversich. AG u. Sparkassen-Versicherung Allgem. Versich. AG, bde. Stuttgart - Lerchenbergstr. 11, 7251 Weissach 2 - Geb. 12. März 1931.

EHMANN, Horst
Dr. jur. habil., o. Prof. f. Bürgerl. u. Arbeitsrecht Univ. Trier (s. 1976), Richter OLG Koblenz - Zu erreichen üb. Univ., Postf. 38 25, 5500 Trier - Geb. 7. Febr. 1935 Heilbronn (Vater: Emil E.; Mutter: Johanna, geb. Spindler), ev., verh. in 2. Ehe s. 1969 m. Katrin, geb. Schultze, Richterin am LG, 2 Söhne (Erik, Timo) - 1956-60 Stud. Univ. Heidelberg (Rechtswiss.); Promot. 1971; Habil. 1973, bde. Heidelberg - 1975 Wiss. Rat u. Prof. Göttingen - BV: Gesamtschuld, 1972; Betriebsstillegung u. Mitbestimmung, 1978; Betriebsrisikolehre u. Kurzarbeit, 1979; Arbeitsschutz u. Mitbestimmung, 1981; Informationsschutz u. Inform.verkehr im Zivilrecht, 1988 - Liebh.: Tennis (1951-53 württ. Juniorenmeister).

EHMKE, Horst
Dr. jur., Prof., Rechtsanw., MdB (s. 1969; Wahlkr. 063/Bonn/s. 1980) - Bundeshaus, 5300 Bonn 1 - Geb. 4. Febr. 1927 Danzig (Vater: Dr. med. Paul E., Chirurg; Mutter: Hedwig, geb. Hafften), ev., verh. I) 1952 m. Theda, geb. Baehr, 3 Kd. (Sabine, Cornelia, Hannspeter), II) 1972 Maria, geb. Hlavacova (Journ.) - Gymn. Danzig; Kriegsdst. (Fallschirmjäger); 1946-51 Univ. Göttingen u. Princeton/USA (Rechtswiss., Polit. Wiss., Gesch.). Jurist. Staatsprüf. 1951 Celle u. 56 Düsseldorf. Promot. 1952 Göttingen; Habil. 1960 Bonn - S. 1961 ao. u. o. Prof. Univ. Freiburg/Br. (Öfftl. Recht), 1967-69 Staatssekr. Bundesjustizmin., 1969-74 Bundesmin. d. Justiz, f. bes. Aufgaben u. Leit. Bundeskanzleramt (1969), f. Forschung und Technologie u. f. d. Post- u. Fernmeldewesen (1972). Stv. Vors. SPD-Bundestagsfrakt. (1977-91) - BV: Grenzen d. Verfassungsänderung, 1953; Ermessen u. unbestimmter Rechtsbegriff, 1960; Wirtschaft u. Verfass., 1961; Karl v. Rotteck, 1964; Politik d. prakt. Vernunft - Aufsätze u. Referate, 1969. Herausg.: Perspektiven - Sozialdemokr. Politik im Übergang zu d. 70er Jahren (1969); Politik als Herausforder. - Reden, Vortr., Aufs. (1974); Politik als Herausforderung II (1979); D. Portrait, Reden u. Beiträge (1980); D. Macht d. gr. u. d. kleinen Tiere (1980); Beitr. z. Verfass.theorie u. Verfass.politik (1981) Mithrsg.: Archiv d. öfftl. Rechts (1964ff.) - Liebh.: Mod. Malerei, Lit. - Spr.: Engl. - Lit.: Karl Günter Simon, D. Kronprinzen, 1969.

EHNI, Jörg
Dr. phil., Prof. f. Dt. Sprache u. Lit. PH Esslingen - Im Grund 3, 7799 Illmensee 2.

EHRBAR, Herbert

Dipl.-Verwaltungswirt (FH), Bürgermeister - Eichendorffstr. 14, 6906 Leimen (T. 06224 - 70 42 03) - Geb. 7. Juli 1933 Heidelberg, ev., verh. s. 1957 m. Doris, geb. Fetzer, 2 Kd. (Christiane, Alexander) - Mittl. Reife, fachgeb. Hochschulreife, Insp.-Laufbahn Versorgungsverw.; Stud. Volkswirtsch. - 1952-66 Beamter; zul. Reg.-Amtmann; Arb.-Min. Baden-Württ.; s. 1966 Bürgerm. St. Ilgen (1973 Wiederw.); 1976 durch Zusammenschluß m. Leimen Wahl z. Bürgerm. (1984 Wiederw.) - Stv. AR-Vors. Volksbank Kurpfalz; Vors. Wasserversorgungsverb. Hardtgruppe; Mitgl. Zulassungsaussch. f. d. gehob. Dienst (Dipl.-Verwaltungswirte), stv. Mitgl. Prüfungsaussch. f. Verwaltungsfachangest., Sozialaussch. Bad. Sportbund, Leistungsaussch. Bad. Sportbund; Vors. Bad. Hockeyverb.; Präs. Bad. Tischtennisverb., Gewichtheberverb. Baden-Württ.; Ehrenpräs. Bundesverb. Dt. Gewichtheber; Vizepräs. Europ. Gewichtheberverb.; Kurat.-Mitgl. Olympiastützpunkt Rhein-Neckar; Mitgl. Landesvorst. VDA Baden-Württ.; stv. Mitgl. Landesbeirat f. Katastrophenschutz Baden-Württ., Jagdbeirat Baden-Württ.; Mitgl. VEDEWA Beirat Baden-Württ., Personalaussch. VEDEWA, Klärwärteraussch. VEDEWA; Vorst.-Vors. Spar- u. Kreditbank St. Ilgen (b. z. Fusion); Vors. DRK Leimen; stv. Vors. DRK St. Ilgen, DRK Gauangelloch; Ehrenvors. Aeskulap; stv. Kurat.-Mitgl. FH Öfftl. Verw., Kehl; Oberst d. Res. (Teilstreitkraft Luftwaffe); Begründer v. div. Städtepartnerschaften u. Übern. v. Patenschaften - 1971 Verdienstnadel Gold Vdk Baden-Württ.; 1974 Ehrenbürger Gemeinde St. Ilgen, Ehrenring Gemeinde St. Ilgen, Dt. Sportabzeichen in Gold; 1976 Verdienstnadel Bad. Sportschützenverb. in Gold; 1977 Feuerwehrehrenz. Land Baden-Württ., Ehrenurkunde f. 25 j. Dienstjub., Treue-Abzeichen in Silber d. VdK Dtschl.; 1979 Dt. Feuerwehrmed., BVK am Bde., DLRG Leistungsabzeichen in Silber; 1980 Dt. Feuerwehrkreuz in Silber, ADAC Gauehrennadel in Bronce; 1981 Ehrenmed. Kreisfeuerwehrverb., Dt. Feuerwehrkreuz in Gold; 1982 Spielerehrennadel Bad. Fußballverb.; 1983 Staufermed. Land Baden-Württ.; 1984 Konrad-Adenauer-Med., Ehrennadel in Gold Bad. Tischtennisverb.; 1985 Bundeswehrehrenkreuz in Silber; 1986 Ehrenmed. Gemeindetag f. zwanzigj. Tätigk. als Bürgerm.; 1987 Landesehrennadel Land Baden-Württ. f. Verd. im Ehrenamt. Ausl. Ehrungen: 1982 Ehrenmitgl. Assoc. of the United States Army, Scroll of Appreciation, Army Europe; 1985 Outstanding Civilian Service Medal, Department of the Army, Ehrennadel Dtsch. Portug. Ges., Chevalier Ordre des Coteaux de Champagne; 1986 Scroll of Appreciation, Army Europe; 1988 Army Commendatio Medal; 1988 Gold. Kronenkreuz d. Diakonie; 1989 Gold. Ehrenkreuz d. Bundeswehr; 1990 Ehrenmed. u. Ehrenmitgl. d. nat. franz. Feuerwehren, 1990 portug. Feuerwehrmed. in Gold, 1990 Verdienstmed. d. franz. Rep. in Gold, 1990 Offizierskreuz d. franz. Zivilschutzkorps, 1990 Kreisverdienstmed. DRK, u. Mitgl. Kurat. rettet Meißen jetzt; 1991 Certificate of Customer Service Excellence US Army, Pentagon; 1991 BVK I. Kl.; 1992 Mérite européem; 1992 Feuerwehr-Ehrenzeichen Baden-Württ. in Gold - Liebh.: Gesch., Sport - Spr.: Engl., Franz., Lat. (Schulkenntn.).

EHRBAR, Udo
Bundestagsabgeordneter (s. 1983; Wahlkr. 178/Heidelberg) - Bundeshaus, 5300 Bonn 1 - CDU.

EHRECKE, Siegfried
Dipl.-Kfm., Dipl.-Brau-Ing., Vorstandsvorsitzender Erste Kulmbacher Actien-Brauerei, AR-Vors. TUCHER-BRÄU AG, Nürnberg - Wohnhaft in Kulmbach - AR Hofer Bierbrauerei AG Deininger Kronenbräu, Hof, Brauhaus Amberg AG, Amberg.

EHRENBERG, Birger
Dipl.-Betriebswirt, Geschäftsführer d. Firmengr. HDM-GmbH, Mainz, MdL - Peter-Meisenberger-Weg 10, 6500 Mainz 1 (T. 06131 - 83 46 55) - Geb. 6. Sept. 1962, Mainz, ev., ledig - Stud. Betriebswirtsch. 1985-91 Mainz, Dipl.-Betriebswirt (FH) - 1988 Landesvors. Junge Liberale Rheinland-Pfalz; Vorst. FDP; s. 1989 Stadtrat Mainz; s. 1991 MdL Rheinland-Pfalz.

EHRENBERG, Hans
Dr. rer. nat., o. Prof. u. Direktor Inst. f. Kernphysik Univ. Mainz (s. 1961) - Alfred-Mumbächer-Str. 38, 6500 Mainz - Geb. 13. Sept. 1922 Bonn - 1952 Promot. Univ. Göttingen - 1958-61 Privatdoz. Univ. Bonn - 1967 o. Mitgl. Akad. d. Wiss. u. d. Lit., Mainz - 1975 ausw. wiss. Mitgl. Max-Planck-Ges.

EHRENBERG, Henry
Senator h.c., Industrieller, Präs. Neumo-Ehrenberg-Gruppe (Neumo GmbH, Armaturenfabrik, Apparatebau aus Edelstahl, Knittlingen, Gebr. Rieger GmbH, Masch.fabrik u. Leichtmetallgießerei, Aalen, hema GmbH, Masch.-fabrik, Leichtmetallgießerei, Schwaigern, Herrli AG, Masch.fabrik, Apparatebau aus Edelstahl, Hartmetallwerkzeuge, Kerzers/Schweiz, Precitube AG, Röhrenwerk, Kerzers/Schweiz, Damstahl Edelstahlzentrum, Langenfeld, Damstahl A/S, Skanderborg/Dänemark, Damstahl AB, Malmoe/Schweden, Damstahl A/S, Bergen/Norwegen, VNE Corp., Janesville/USA) - Henry-Ehrenberg-Platz 3, 7134 Knittlingen (T. 07043 - 3 60).

EHRENBERG, Herbert
Dr. rer. pol., Bundesminister a.D., MdB (1972-90; Wahlkr. 21/Wilhelmshaven, 1974-76 stv. Vors. SPD-Fraktion) - Göresstr. 15, Bundeshaus, 5300 Bonn (T. 1 61) - Geb. 21. Dez. 1926 Collnischken, verh. - Schule; Wehrdst. u. Kriegsgefangensch. (b. 1945); Polizist; n. Hochschulreife/Begabtenprüf. (1952). Stud. Wilhelmshaven u. Göttingen (Dipl.-Volksw., Promot.) - Ltd. Tätigk. Wirtsch., Doz. Höh. Fachsch. f. Sozialarb., 1968-69 Leit. Unterabt. Strukturpolitik Bundeswirtschaftsmin., 1969-71 Ministeraldir. Bundeskanzleramt, 1971-72 Staatssekr. Bundesarbeitsmin. 1972ff. MdB (dir. Funkt.), 1976-82 Bundesarbeitsmin. SPD (b. 1984 Vorst.) - BV: Die Erhard-Saga, 1965; Durchbruch zum sozialen Rechtsstaat, 1969; Vermögensbildung f. d. siebz. Jahre, 1971; Zwischen Marx u. Markt, 1973; Blick zurück nach vorn, 1975; Sozialarbeit u. Freiheit (m. Anke Fuchs), 1980; Mehr Arbeitsplätze ohne Lohnverzicht, 1988; Damit keiner unter d. Räder kommt/Strategien f. e. gesamtdeutschen Sozialstaat, 1990; Abstieg vom Währungsolymp, 1991 - 1990/91 beratend f. d. DDR-Arbeitsministerin R. Hildebrandt u. f. d. SPD-Landtagsfraktion in Brandenburg tätig - 1986 Gr. BVK.

EHRENBERG, Joachim
Direktor i.R. - Corinthstr. 17, 5650 So-

lingen 19 (Wald) (T. 0212 - 31 41 61) - Geb. 11. Dez. 1914 Emden - Spr.: Engl. - Rotarier.

EHRENBERG, Maria
Dr. rer. nat., Prof., f. Botanik - Keesburgstr. 38, 8700 Würzburg (T. 0931 - 7 41 70) - Geb. 4. Nov. 1919 Göttingen (Vater: Rudolf E., Prof. f. physiol. Chemie; Mutter: Helene, geb. Frey), kath. - Promot. 1949 - S. 1961 (Habil.) Lehrtätigk. Univ. Würzburg (1968 apl. Prof., 1978 Prof.). Spez. Pflanzenphysiol. u. Mykologie. Fachaufs. - Bek. Vorf.: Rudolf v. Ihering (Urgroßv.).

EHRENBRAND, Friedrich
Dr. med., Prof., Abt. Vorst. Anat. Inst. Univ. Mainz - Thüringerstr. 11, 6500 Mainz-Finthen (T. Mainz 472409) - Geb. 28. Jan. 1925 Landau/Pfalz - S. 1961 (Habil.) Lehrtätigk. Mainz. Fachveröff.

EHRENFORTH, Karl Heinrich
Dr. phil., Prof., Leiter Studiengang Schulmusik u. Doz. f. Musikpädagogik u. Didaktik d. Musik Hochschule f. Musik Detmold - Allee 22, 4930 Detmold 1 - Geb. 13. Nov. 1929 Breslau - Promot. 1960 Hamburg - Studiendir.; 1980-90 Bundesvors. Verb. Dt. Schulmusiker - BV: Form u. Ausdruck - Arnold Schönbergs Durchbruch z. Atonalität, 1963; Verstehen u. Auslegen, 1971 - Herausg.: Musikerziehung als Herausforderung d. Gegenw. (1981); Humanität-Musik-Erziehung (1981); Schulische Musikerzieh. u. Musikkultur (1982); Medieninvasion (1985); Arbeit-Freizeit-Fest (1987); Spiel-Räume fürs Leben (1989); In Grenzen - über Grenzen hinaus (1992). Div. Aufs. in Fachztschr.

EHRENSCHWENDNER, Josef
Ing., Direktor - Lindenstr. 35, 8080 Fürstenfeldbruck/Obb. - Geb. 20. Febr. 1925 - Mitgl. Geschäftsfhg. Teves-Thompson GmbH., Barsinghausen/Hann.

EHRENSTEIN, von, Dieter
Dr. rer. nat., Dipl.-Phys., Prof. Univ. Bremen (s. 1972); Kernphysik, Atomphysik - Feldmannstr. 9, 2800 Bremen 33 (T. 252226) - Geb. 4. Febr. 1931 Hannover (Vater: Erich v. E., RA u. Notar; Mutter: Margot, geb. Kleinelecht), ev., verh. s. 1957 m. RA u. Notarin Dr. jur. Iselin, geb. Horst, 2 Kd. (Florian, Ondine) - Phys.stud. Univ. Göttingen, Paris, Heidelberg; Dipl.ex. 1957 Heidelberg; Promot. 1960 Heidelberg; 1961-72 Phys. Argonne National Labor. USA; 1969-72 Prof. Northern III. Univ; s. 1979 Mitgl. Enquete-Kommiss. d. Dt. Bundestages: zukünftige Kernenergie-Politik - Spr.: Engl., Franz.

EHRENSTEIN, Gottfried
Dr.-Ing., Prof. f. Polymerwerkstoffe, Direktor Institut f. Werkstofftechnik Univ.-GH Kassel - Schwarzenberg Str. 60, 3500 Kassel - Üb. 60 Fachaufs., 6 Bücher.

EHRENWIRTH, Franz
Verleger (Ehrenwirth Verlag GmbH., München)- Buchenstr. 4, 8022 Lochham/Obb. (T. München 851494) - Geb. 12. März 1904 München (Vater: Franz E.; Mutter: Maria, geb. Krembs), kath., verh. s. 1932 m. Ellen, geb. Petsch, 3 Kd. (Irmengard, Monika, Martin) - S. 1945 Verlagswesen. Zeitw. Vors. Bayer. Verleger- u. Buchhändlerverb. - 1963 Bayer. VO.; 1969 Friedrich-Perthes-Med.; 1975 BVK.

EHRENWIRTH, Martin
Verleger - Schwanthalerstr. 91, 8000 München 2 (T. 089 - 53 91 93) - Geb. 21. Dez. 1945 München, kath., verh. s. 1967 m. Dr. Ursula, geb. Braun, 3 Kd.

(Annette, Patrick, Rebecca) - S. 1968 im Verlag tätig - Spr.: Engl.

EHRHARDT, Helmut
Dr. rer. nat., o. Prof. f. Experimentalphysik Univ. Kaiserslautern - Erwin-Schrödingerstr. 46, 6750 Kaiserslautern, priv.: Pfaffenbergstr. 95, 6750 Kaiserslautern/Pfalz - Geb. 28. April 1927 Darmstadt - S. 1966 (Habil.) Lehrtätigk. Univ. Freiburg/Br., Mainz (1968 Ord.), Trier-Kaiserslautern, Präs. Intern. Conference on the Physics of Electronic and Atomic Collisions (1971-73), Univ. Trier-Kaiserslautern (1970-75), Univ. Kaiserslautern (1975-81); Wiss. Rat (1983-86); s. 1989 Vicepräs. d. Dt. Forsch.gemeinsch. Facharb.

EHRHARDT, Helmut E.

Dr. med., Dr. phil., Dr. jur. h. c., em. Prof. f. Gerichtl. u. Sozial-Psychiatrie - Stresemannstr. 39, 3550 Marburg/L. (T. 06421 - 1 34 33) - Geb. 24. März 1914 Kassel (Vater: Stephan E., Kaufm.; Mutter: Susanne, geb. Bourgeois), verh. s. 1952 m. Dr. med. Ruth, geb. Fiege, Sohn Alexander - Realgymn. Kassel (Abit. 1934), Univ. München, Berlin, Breslau (Psych., Phil., Med.). S. 1950 (Habil.) Lehrtätigk. Univ. Marburg (1964 ao. Prof., 1966 Inst.-Dir., 1967 o. Prof.), Landesarzt (Hessen) f. geist. u. seel. Behinderte (1970/83), Member WHO Expert Advisory Panel on Mental Health (1963/84), Committee-Member World Psychiatric Ass. (1966/77), Member Exec. Board World Fed. f. Mental Health (1966/77), Mitgl. Wiss. Beirat Bundesärztekammer (1969/90); Ehrenamtl. Richter, Landesberufsgericht f. Heilberufe, Hess. Verwaltungsgerichtshof (s. 1972); Präs.: Dt. Ges. f. Psychiatrie u. Nervenheilkd. (1969/71), Europ. Liga f. Psych. Hygiene (1970/71), Ges. f. d. ges. Kriminol. (1972/73); Mitgl. Internat. Narcotics Control Board-UN (1977/80), Mitgl. Bundesgesundheitsrat (1977-85) - BV (1960ff): Forensische und adm. Psychiatrie (1961), Euthanasie (1965), Rauschgiftsucht (1967), Psychiatr.-Psychopathol.-Begutacht. (1971), Perspekt. d. heutig. Psychiatr. (1972), 130 Jahre Dt. Ges. f. Psychiatr. (1972), Kriminol. Gegenwartsfrag. H. 11 (1974), Aggressivität - Dissozialität - Psychohygiene (1975), Wiss. Fortschr. u. ärztl. Praxis (1982). Zahlr. Einzelarb. - 1969 Ehrenmitgl. Hellen. Ges. f. Neurologie u. Psychiatrie; 1970 Corresp. Fellow Royal College of Psychiatr., London; 1971 Distinguished Fellow American Psychiatric Assoc.; 1971 Prés. d'Honneur Ligue Europ. d'Hygiène Mentale; 1974 Ehrenmitgl. Dt. Ges. f. Psychiatr. u. Nervenheilk. 1977 Ehrenmitgl. World Psychiatr. Assoc.; 1978 Ehrenmitgl. Tschechoslowak. Med. Ges. J.E. Purkinje; 1980 Mitgl. Dt. Akad. d. Naturforsch. LEOPOLDINA; 1980 Ehrenplak. d. Landesärztekammer Hessen; 1981 Ernst-v.-Bergmann-Plak. Bundesärztekammer; 1983 Ehrenmitgl. Dt. Ges. f. Kinder- u. Jugendpsychiatrie; 1983 Ehrenplak. in Gold, Landeswohlfahrtsverb. Hessen; 1986 Paracelsus-Med. d. Dt. Ärzteschaft - Spr.: Engl., Franz.

EHRHARDT, Marie-Luise, geb. Harder
Dr., Prof., Hochschullehrerin Univ. Hannover - Saarstr. 9, 3000 Hannover 1 - Geb. 28. Okt. 1935 Hamburg, ev., s. Thormen - Promot. 1962 Freiburg - BV: Meister Krabat, 1982; Schr. z. Volksüberlieferung u. Jugendlit.

EHRHARDT, Max
Dr. phil., Geschäftsführer Frankfurter Presse-Club - Gellertstr. 24, 6000 Frankfurt 60 (T. 069 - 45 16 31) - Geb. 7. Aug. 1919, verh. - Promot. 1950 Hamburg - 1950-82 PR-Abt. ESSO AG; Mitgl. DSV, Teli, MPC, DPRG - Spr.: Engl.

EHRHARDT, Ulrich
Verbandsdirektor, Geschäftsf. Fremdenverkehrsverb. Bodensee-Oberschwaben (s. 1975) - Schützenstr. 8, 7750 Konstanz/B.; priv.: Zum Lerchental 25, 7760 Radolfzell 18 - Geb. 19. Mai 1934 Halle/S. (Vater: Arno E., Pfarrer; Mutter: Martha, geb. Bormann), ev., verh. s. 1968 m. Dorothee, geb. Ernst, 4 Kd. (Stefanie, Mathias, Christofer, Daniel) - Tellkampf-Sch. Hannover u. Waldorf-Sch. Stuttgart (Abit. 1952); College Montreux (Schweiz) - 1954-65 Dolmetscher; 1965-70 Reisemanager Beverly Hills (USA); 1970-75 Verkehrsdir. Ulm - Liebh.: Tourismus, engl. Krimis - Spr.: Engl., Franz.

EHRHARDT, Wolfgang
Direktor - Gellertstr. 41, 2000 Hamburg 60 - Geb. 7. Nov. 1925 - Mitgl. Geschäftsfg. Trelleborg Gummiwerke GmbH, Wasbek/Neumünster.

EHRHARDT-LEEGAARD, Alf, s. Leegaard, Alf

EHRICH, Wulf
Dr. med., Prof. Augenklinik Univ. d. Saarlandes, Homburg (s. 1969), spez. biol. Verträglichk. v. Kunststoffen - Hiltebrandtstr. 2, 6650 Homburg/Saar (T. 06841 - 43 63) - Geb. 11. Nov. 1926 Eutin (Vater: Dr. phil. Walter E., OStud-Dir.; Mutter: Lucie, geb. Drückhammer), ev., verh. m. Gesa, geb. Wolgast - Promot. 1951 Kiel; Habil. 1972 Homburg/Saar - 1961-69 prakt. Augenarzt Kiel; 1982 Vorst. ECLSO; 1979 Begründ. u. dt. Hrsg. v. Contactologia - BV: D. Funktionsprüf. b. dichten Medientrübungen d. Auges, Lehrb. 1972 (m. D. Comberg); Grundl. u. klin. Bedeutung entoptischer Funktionsprüfungen, 1972; D. Kopftrauma aus augenärztl. Sicht, 1976 (m. O. Remler); Atlas der Kontaktlinsenanpassung, 2. A. 1985, (engl. Ausg. 1988) - 1985 Wiss. Preis d. ECLSO (Fick-Kalt-Müller-Med.); 1986 Verdienstmed. Berufsverb. Augenärzte Dtschl.; 1991 Kontaktlinsen-Förderpreis - Liebh.: Theater, 1949 dt. Hochsch.meister im Rudern/Doppelzweier.

EHRIG, Hartmut
Dr. rer. nat., Prof. f. Theoretische Informatik TU Berlin - Ambossweg 9, 1000 Berlin 26 - Geb. 6. Dez. 1944 - Promot. (1971) u. Habil. (1974) Berlin - 1977-81 u. s. 1986 gf. Dir. Inst. f. Software u. theoret. Informatik; 1981/82 u. 85 Dekan FB Informatik TU Berlin; zahlr. Forsch.aufenth. in USA; s. 1978 Leit. v. DFG-Forsch.proj. in Theorie u. Softwarereber.; s. 1985 Beteiligung an mehreren ESPRIT-Projekten u. ESPRIT Basic Research Working groups; s. 1991 Berliner Leitung v. BMFT - Projekt Korrekte Software - Rd. 250 wiss. Arbeiten u. Veröff., 180 Vortr.

EHRIG, Wolfgang
Versicherungsdirektor - Weißbirkenkamp 19, 2000 Hamburg 64 - Geb. 23. Nov. 1927 - Vorst. IDUNA Allg. Versich. AG. u. IDUNA Ver. Lebensversich. aG. f. Handw., Handel u. Gewerbe, beide Hamburg 36.

EHRING, Franz

Dr. med., Prof., Dermatologe - Pröbstingstr. 45, 4400 Münster-Handorf (T. 32 63 46) - Geb. 19. Mai 1921 Dillingen/Saar (Vater: Eduard E., Obering.; Mutter: Sophie, geb. Marx), kath., verh. s. 1957 m. Dr. Marielis, geb. Wessels, 4 Kd. (Barbara, Georg, Rudolf, Hanno) - Univ. Münster, München, Göttingen (Med. Biol.) - S. 1956 (Habil.) Lehrtätigk. Univ. Münster (1962 apl. Prof.) - 1950-71 leit. Oberarzt, u 1971-84 Ärztl. Dir. Fachklinik Hornheide f. Tumoren, Tuberkulose u. Wiederherstell. an Gesicht u. Haut, Münster. Entw. e. Histol. d. lebenden menschl. Haut, Rehabilitation d. Gesichtsversehrten - BV: Hautkrankheiten - 5 Jahrhunderte wissenschaftl. Illustration, 1989 - 1960 Franz-Redeker-Preis, Ehrenmitgl. d. ungarischen dermatol. Ges. - Liebh.: Alte dermatol. Fachlit. - Spr.: Franz., Engl.

EHRISMANN, Otfrid
Dr. phil., Prof. f. dt. Sprache u. ältere dt. Lit. Univ. Gießen (s. 1972) - Händelstr. 13, 6301 Staufenberg 1 (T. 06406 - 24 82) - Geb. 16. Juni 1941 Mainz (Vater: Prof. Dr. Otfrid E.; Mutter: Ursula, geb. Janota), ev., verh. s. 1968 m. Elke, geb. Hirschmann, 2 Kd. (Agnes, Katja) - Stud. d. German., Gesch., Phil. Univ. Mainz; Promot. 1968; Habil. 1972 - BV: Volk. e. Wortgesch., 1970; D. Weingartner Liederhandschrift, 1970; D. Nibelungenlied, 1973; D. Nibelungenlied in Dtschl., 1975; Lit. u. Gesch. im Mittelalter, 1976; Mittelhochdeutsch. E. Einführung, 1976; D. mittelhochdeutsche Reinhart Fuchs, 1980; Nibelungenlied 1755-1920. Regesten u. Kommentare z. Forsch. u. Rezeption, 1986; Nibelungenlied. Epoche - Werk - Wirkung, 1987 - Spr.: Engl., Franz., Latein.

EHRKE, Franz
Direktor a. D., MdA (1955-81) - Ernemannzeile 8, 1000 Berlin 20 (T. 363 42 84) - Geb. 20. Sept. 1921 Prenzlau, verh., 1 Kd. - Volkssch. Swinemünde; Handelssch. u. kaufm. Lehre

Stettin - 1941-45 Wehrdst. u. Gefangensch., ab 1946 kaufm. Angest. Berlin, 1960 Abt.leit., 1965-84 Vorst.-Mitgl. Dt. Klassenlotterie ebd. SPD s. 1949 (1967 Kreisvors. Spandau; 1968 Beis. Landesvorst.; 1977 Frakt.vors. SPD-Frakt.) - 1975 Silbermed. Abgeordnetenhaus v. Berlin; 1983 Ernst-Reuter-Plak.; 1986 Stadtältester Senat Berlin.

EHRLEIN, Hans-Jörg

Dr. med. vet. (habil.), Prof. f. Physiologie (apl.; Fachbereich Biol) Univ. Hohenheim - Garbenstr. 30, 7000 Stuttgart 70; Hermann-Hesse-Str. 22, 7024 Filderstadt 3 - Geb. 20. Sept. 1933 Stuttgart (Vater: Hans E., Kaufm.; Mutter: Gertrud, geb. Plocher), ev., verh. s. 1962 m. Ingeborg, geb. Balz, 2 Kd. (Jörn, Antje) - Helmholtz-Gymn. Essen; Stud. Veterinärmed. Hannover u. München - Autor wissenschaftl. Veröff. üb. d. Motorik d. Magendarmkanals.

EHRLER, Walter

Regisseur - Schneidhainer Str. 38, 6000 Frankfurt/M. 1 (T. 069 - 738 41 08) - Geb. 18. Aug. 1941 Zürich, verh. s. 1990 m. Dorothea Riss - Inh. d. Galerie an d. Galluswarte, Ffm. (Galerie f. realistische Kunst).

EHRLICH, Bernd

Verleger, gf. Gesellsch. Nordd. Verlagsges. mbH. u. Ehrlich & Sohn GmbH & Co. - Dr.-Julius-Leber-Str. 3-7, 2400 Lübeck; priv.: Lothringer Str. 46 - Geb. 26. Mai 1939.

EHRLICH, Hans

Ass., Journalist u. Schriftst. - Liegnitzer Gasse 2, 6834 Ketsch am Rh. (T. 06202-65158) - Geb. 20. Juni 1931 Kuchen/Kr. Göppingen, ev., verh. s. 1967 m. Gerlinde, geb. Wohlfarth, 2 Kd. (Max, Stella) - Gymn.; Stud. Rechtswiss., Phil., German. Univ. Heidelberg; bde. jurist. Staatsprüf. B. 1976 Rechtsanw.; seither fr. Journ. u. Schriftst.; Leit. Kultur. Gesprächskr. Heidelberg - BV: D. letzte Nacht, e. Gedichtkreis, 2. A. 1983; Wandlung, kl. lyr. Drama, zwei Märchen 1966; E. Tag im Leben e. freien Schriftst., Kurzgesch. 1986. Mitverf.: Üb. d. Freundschaft, Ess. 1988; Üb. d. unbekannten Künstler, Ess. 1989; Magnus' u. Danielas Christnacht, Weihnachtsgesch. 1990 - Liebh.: Klass. u. romant. Musik, Wandern u. Radwandern - Spr.: Engl., Franz., Lat., Altgriech., bibl. Hebräisch.

EHRLICH, Jürgen

Verleger, Präs. Bundesverb. d. Dt. Briefmarkenhandels-APHV - Peter-Berchem-Str. 3, 5000 Köln 41 (T. 0221-43 29 22) - Geb. 29. Dez. 1921 - Vizepräs. Intern. Federation of Stamp Dealers' Assoc. IFSDA - 1984 BVK.

EHRLICH, Peter

Schauspieler, Regisseur - Farlifangstr. 45, CH-8126 Zumikon/Zürich (T. 00411-918 06 06) - Geb. 25. März 1933 Leipzig - Schauspielsch. Berlin, Stud. Theaterwiss., Publiz. u. German. FU Berlin - Zahlr. Rollen b. Bühne, Film u. Fernsehen, u.a. Theater: Macbeth, Falstaff, Götz, Woyzeck, Hoederer, Jedermann, Orgon (Ponnelle), D. eingebildete Kranke (Ponnelle), Volpone, Leicester, Dürrenmatt: Newton (D. Physiker), Wolfgang Schwitter (D. Meteor), Arden (Arden v. Faversham); Film: D. Moral d. Ruth Halbfaß (Schlöndorff), Emil and the detectives (Walt Disney), Berlinger (Sinkel/Brustellin); FS: Wer einmal aus d. Blechnapf frißt (Fallada), Harry Brent (Durbridge), Vidocq, Derrick, Kommissar, D. Alte, E. Volksfeind (Ibsen), D. wilde Flamme (Steinbeck), Wilhelm Busch, Schwarz-Rot-Gold, Eureka 1992 - 1991 Gr. Hersfeld-Preis f. Schauspieler - Spr.: Engl. - Lit.: Div. Theaterbücher.

EHRLICHER, Werner

Dr. rer. pol., em. o. Prof. f. Finanzwissensch. - Beethovenstr. 23, 7800 Freiburg/Br. (T. 7 28 84) - Geb. 22. Febr. 1920 Effelter/Ofr. (Vater: Karl E., Forstm.; Mutter: geb. Sporrer), kath., verh. s. 1954 m. Dr. Christel, geb. Karaschewski, 2 Töcht. (Dr. Alexandra, Dr. Verena) - Promot. (1950) u. Habil. (1955) Erlangen - 1949-58 Assist. u. Privatdoz. Univ. Erlangen; Lehrstuhlvertr. Univ. Heidelberg (1956/57) u. Erlangen (1958/59); s. 1959 Ord. Univ. Freiburg, Hamburg (1963; Dir. Inst. f. Finanzwiss. u. Inst. f. d. Spar-, Giro- u. Kreditwesen; 1967/69 Rektor), Freiburg (1972; Dir. Inst. f. Finanzwiss. u. Inst. f. d. Spar-, Giro- u. Kreditwesen). 1962 Mitgl. Wiss. Beirat Bundesfinanzmin. - BV: D. Problematik d. Zeitmoments in der Theorie d. Sparens u. Investierens, 1950; Geldkapitalbildung u. Realkapitalbild., 1956; D. dt. Finanzpolitik s. 1924, 1961; Kommunaler Finanzausgleich u. Raumordnung, 1967; Grenzen d. steuerl. Belastbark. d. Produktivvermögens, 1977; ca. 100 Aufsätze in wiss. Ztschr. u. Sammelwerken. Mithrsg.: Kompendium d. Volksw.lehre (2 Bde. 1967/68); Ztschr. Kredit u. Kapital (1968ff.); Schriften d. Vereins f. Socialpolitik Band 99, 111, 120 u. 138; Geld- u. Währungspolitik in d. Bundesrep. Dtschl., Festschr. z. 25-jährigen Bestehen d. Dt. Bundesbank, 1982; D. volkswirtschaftl. Sparprozeß, 1985 - 1989 BVK I. Kl. - Lit.: Öfftl. Finanzen, Kredit u. Kapital, Festschr. f. W. E. (1985).

EHRMANN, Walter

Dr.-Ing., Prof. u. Direktor Univ. Hannover - An der Eiche 4, 3016 Seelze 6 - Geb. 5. März 1939 Tauberbischofsheim - Abschl. Lehre als Bau- u. Möbelschreiner; Abschl. Lehre als Bauzeichner; Univ. Stuttgart (Dipl.-Ing. Hochbau [Arch.] u. Dipl.-Gewerbelehrer [Hochbau], Promot.). 1974-80 Lehrer an e. Berufs- u. Fachsch. Stuttgart; s. 1980 Prof. u. Dir. Univ. Hannover - BV: Fachkd. f. Schreiner, Fachb. (u. a.).

EHRT, Robert

Dr. rer. pol., Vorstandsmitglied Degussa AG, Frankfurt/M. - Klettenbergstr. 8, 6000 Frankfurt 1 (T. 069-55 11 41) - Geb. 21. Sept. 1936, ev., verh. s. 1963 m. Antje, geb. Frass, 2 Kd. (Manuel, Mila) - Stud. Betriebsw. Univ. Frankfurt u. Mannheim; Dipl. 1959 Univ. Frankfurt; Promot. 1967 Univ. Mannheim - 1959-64 wiss. Assist. Univ. Frankfurt u. Mannheim; s. 1964 Degussa AG (s. 1979 Ressort Finanzen u. Vorst.-Mitgl.) - Liebh.: Wandern, klass. Musik - Spr.: Engl., Franz.

EIBERGER, Peter

Dipl.-Kfm., Geschäftsf. - Kaiser-Friedrich-Str. 11, 3200 Hildesheim - Geb. 16. Mai 1932 Stuttgart (Vater: Otto E., Friseurm.; Mutter: Antonie, geb. Frohberg), ev., verh. s. 1959 (Ehefr.: Elfriede), 3 Söhne (Hans-Peter, Frank, Bernd) - Oberrealsch. Stuttgart; kaufm. Lehre Robert Bosch GmbH., Stuttgart; TH Stuttgart, Univ. München (Dipl.-Kfm. 1959) - 1959-67 Robert Bosch GmbH. (Assist. Kaufm. Werkltg. Nürnberg, 1961 Abt.sleit. das., 1966 Kaufm. Werkleit. Bamberg); s. 1967 Blaupunkt-Werke GmbH., Hildesheim (Kaufm. Geschäftsf.) - Liebh.: Sport, bes. Skisport - Spr.: Engl., Franz.

EIBL, Karl

Dr. phil., Prof. f. Neuere dt. Literaturwissenschaft Univ. Trier - Auf der Au 6, 5500 Trier (T. 0651 - 1 61 91) - Geb. 28. Jan. 1940 Neumarkt/Oberpf. - Publ. z. dt. Lit. d. 18. b. 20. Jh. sowie zu theoret.-methodol. Probl.

EIBL-EIBESFELDT, Irenäus

Dr. phil., Prof., Zoologe - Fichtenweg 9, 8130 Söcking/Obb. (T. Starnberg 66 07) - Geb. 15. Juni 1928 Wien (Vater: Prof. Dr. Anton E.-E.), verh. s. 1950 m. Dr. phil. Eleonore, geb. Siegel, 2 Kd. (Bernolf, Roswitha) - Univ. Wien (Biol., Zool.). Promot. Wien; Habil. München - S. 1951 Mitarb. Max-Planck-Inst. f. Verhaltensphysiol. (1970 Leit. Forschungsst. Humanethol.). S. 1963 Lehrtätigk. Univ. München (1970 apl. Prof.) - BV: Galapagos - D. Arche Noah im Pazifik, 1960; Im Reich d. tausend Atolle, 1964; Grundriß d. vergl. Verhaltensforsch., 1967; Liebe u. Haß - Z. Naturgesch. elementarer Verhaltensweisen, 1970; D. Iko-Buschmanngesellschaft, Aggressionskontrolle u. Gruppenbindung, 1972; D. Vorprogrammierte Mensch, D. Ererbte als bestimmender Faktor im menschl. Verhalten, 1973; Krieg und Frieden aus der Sicht der Verhaltensforschung, 1975; Menschenforsch. a. neuen Wegen, 1976; Kurth, G. u. Eibl-Eibesfeldt, I. (Hrsg.): Hominisation u. Verhalten, 1975; Hass, H. u. Eibl-Eibesfeldt, I.: D. Hai, Legende eines Mörders, 1977; Eibl-Eibesfeldt, I. (Hrsg.): Konrad Lorenz, D. Wirkungsgefüge d. Natur u. d. Schicksal d. Menschen, 1978; D. Biol. d. menschl. Verhaltens-Grundriß d. Humanethol., 1984, 2. A. 1986; D. Mensch - d. riskierte Wesen. Zur Naturgesch. d. menschlichen Unvernunft, 1988; D. verbindende Erbe, 1991 - 1971 Wilhelm Bölsche-Med. in Gold; 1980 Burda-Preis f. Kommunikationsforsch. (In medias res); 1988 Philip Morris Forsch.pr. (Projektentw. d. neuen Fachgeb. Humanethol.); 1989 Gold. Ehrenmed. d. Stadt Wien; 1977 korr. Mitgl. Dt. Akad. d. Naturforscher Leopoldina; Korr. Mitgl. Senckenberg. Naturforschende Ges.; Fellow of the American Assoc. for the Advancement of Science; Pres. of the Intern. Soc. f. Human Ethol.; Mitgl. Charles Darwin Foundation.

EICH, Eckart

Dr. rer. nat., Univ.-Prof. f. Pharmazeut. Biologie FU Berlin - Königin-Luise-Str. 2 + 4, 1000 Berlin 33 - Geb. 14. Jan. 1938 Landsberg/Warthe - 1973-87 Prof. Univ. Mainz, 1975-87 Abt.-Dir. b. Inst. f. med. u. pharm. Prüfungsfragen (IMPP) Mainz - BV: Biogene Arzneistoffe (m. H. Rimpler), 1990. Spezialgeb.: Arzneistoffe aus u. durch Mikroorganismen; biogene Zytostatika, Chemotaxonomie d. Convolvulaceen.

EICH, Ludwig

Datenverarbeitungskaufmann, MdB (s. 1990) - Hauptstr. 106, 5464 Buchholz (Westerwald) - Geb. 18. Aug. 1942 - SPD.

EICHBAUER, Fritz

Dipl.-Ing., Bauunternehmer, Präs. Zentralverb. d. Dt. Baugewerbes (s. 1978) - Godesberger Allee 99, 5300 Bonn 1; priv.: 8000 München - Geb. 24. Jan. 1928 München, verh. s. 1966 (Ehefr. Sigrid), 3 Kd. (Bettina, Alexa, Felix) - N. Maurerlehre Stud. - Inh. väterl. Baugeschäft - U. a. Vors. Landesverb. Bayer. Bauinnungen u. Verb. baugewerbl. Unternehmer Bayerns; AR Vereinigte Haftpflicht-Versich. Hannover - 1984 Bayer. VO.

EICHBORN, Franz-Karl

Vorstandsmitglied Landesbank Rheinland-Pfalz - Große Bleiche 54/56, 6500 Mainz - Geb. 10. Jan. 1945.

EICHEL, Hans

Oberbürgermeister a. D., Ministerpräsident Land Hessen (s. 1991), Vors. SPD Hessen, Mitgl. SPD-Bundesvorst., MdL - Bierstadter Str. 2, 6200 Wiesbaden - Geb. 24. Dez. 1941 Kassel (Vater: Dipl.-Ing. Rudolf E., Architekt; Mutter: Marie, geb. Kepper), ev. - Wilhelm-Sch. Kassel; 1961-68 Stud. German. Politol., Phil., Gesch., German. Marburg u. Berlin. Staatsex. 1968 (Marburg) u. 70 (Kassel) - S. 1975 Obgm. Kassel. 1969-72 stv. JUSO-Vors.; 1970-75 SPD-Fraktionsvors. Stadtparlam. Kassel. Div. Mandate, u. a. AR-Vors. documenta GmbH. SPD (1964ff. Vorst.-Mitgl.) - Liebh.: Architektur/Städtebau, mod. Kunst, Lit. - Spr.: Engl., Franz.

EICHENAUER, Walter

Dr. rer. nat., Prof., f. Physikal. Chemie TH Darmstadt i. R. - Waldkolonie 27, 6101 Bickenbach/Bergstr. - Geb. 11. Sept. 1921 Darmstadt (Vater: Friedrich E., Kriminalkommissar; Mutter: Margarete, geb. Kraft), verh. s. 1948 m. Greta, geb. Teichmann, 2 S. (Wolfram, Gerald) - Promot. 1953 - S. 1972 Prof. Üb. 50 Facharb.

EICHENBERG, Klaus

Dr.-Ing., Prof., Dozent u. Leit. Lehrgeb. Zeichnen u. Malen TH Aachen - Am Chorusberg 11, 5100 Aachen - B. 1978 Privatdoz., dann apl. Prof. Aachen.

EICHENSEER, Joseph Anton

Dr. theol., Wiss. Mitarbeiter Univ. Saarbrücken, Lateinschriftsteller (P. Caelestis), Arb.st. f. Lat. d. Neuzeit (s. 1983) - Universität, FR 6.3, 6600 Saarbrücken 11 (T. 0681 - 302-33 92) - Geb. 1. Juli 1924 Schöllang (Vater: Johann E., Bahnbeamter; Mutter: Regina, geb. Fink), kath., ledig - Human. Gymn.; Stud. Phil., Theol., Latein; Promot. 1955 Univ. München - S. 1959 Lateinschriftst., s. 1965 Schriftleit. Lateinztschr. VOX LATINA. Mitgl. Intern. Röm. Lateinakad.; Lateinsprechkurse in d. Bundesrep., Frankr., Engl., Italien, Belgien, Schweiz u. Holland (1973ff.), s. 1976 Präs. intern. Vereinig. VOX LATINA (1978 in SOCIETAS LATINA umben.), Saarbrücken - BV: D. Symbolum Apostolicum b. Augustinus (Diss.), 1960; De lacu Brigantino congelato - Bodenseegefrörne, 1965; Latinitas Viva, vierteil. Unterrichtsw.: Einf., Bildteil (m. lat. Beschrift.), sechsspr. Lexikonteil, 2. A. 1982 bzw. 1984; Liederband, 1986; Lucere ubique lucernas caelestes (lat. Übers. d. Spanienreiseerz. v. René Saksa), 1982; De Insula Nigra (lat. Übers. d. L'île noire v. Hergé), 1987; De sigaris Pharaonis (lat. Übers. v. Les cigares du Pharaon v. Hergé), 1990; Leben u. Sterben d. Lateins: Neubelebung, 1990. Veröff. in intern. Lateinztschr.; Lat. Ref. üb. Antike, Mittellatein, Neuzeit; m. Spr. Prof. Dr. M. Mangold Tonkassette: Lat. Phonetik 1983; Latein aktiv, Latein. Sprachführer, 2. A. 1985; Erasmus-Dialoge-Kassette m. Sprecherin I. Pessarra-Grimm, 1985; 5 weit. lat. Kassetten: Mk.-Ev. -Aussprache - Weihn., 1987; lat. Neuzeit-Dialog m. Sprecherin Dr. S. Albert, 1989 - Liebh.: Bergsteigen, Eisenbahn, Tonband.

EICHER, Albert

Kaufmann, ARsmitgl. Traktoren- u. Landmaschinenwerke Gebr. Eicher GmbH., Forstern/Dingolfing (s. 1972, voher Mitinh.) - Hauptstr. 1a, 8011 Forstern/Obb. - Geb. 1. Aug. 1907 Forstern - BVK - Bruder: Josef E.

EICHER, Heinz

Rechtsanwalt, Fachanwalt f. Sozialrecht - Schulstr. 50, 5357 Swisttal-Buschhoven - Geb. 19. Aug. 1924 Mannheim, verh., 3 Kd. - Abit., 1. jur. Staatsex. 1948, 2. jur. Staatsex. 1952 - Zul. Staatssekr. Bundesmin. f. Arbeit u. Sozialordnung.

EICHER, Peter

Dr. phil., Dr. theol., o. Prof. f. Kath. Theologie Universität-Gesamthochschule Paderborn (s. 1977) - Friedrich-Ebert-

Str. 28, 4790 Paderborn/W. - Geb. 5. Jan. 1943 Winterthur/Schweiz (Vater: Josef E., Gewerbelehrer; Mutter: Rosa, geb. Ditzler), kath., verh. s. 1970 m. Lisette, geb. Klaus, 5 Kd. (Karin, Brigitte, Christoph, Manuela, Benjamin) - Kantonale Lehranst. (Gymn.) Sarnen; Univ. Fribourg (Dr. phil. 1969) u. Tübingen (Dr. theol. 1977) - U. a. Wiss. Mitarb. DFG (1971-74) - BV: D. anthropolog. Wende, 1970; Solidar. Glaube, 1975; Offenbarung - Prinzip neuzeitl. Theol., 1977; Im Verborgenen offenbar, 1978; Theologie, 1980; D. Herr gibts d. Seinen im Schlaf, 1980; Bürgerliche Religion, 1983; D. gute Widerspruch, 1986. Herausg.: Gottesvorstell. u. Gesellschaftsentwickl. (1979); D. Evanglium d. Friedens (1982); Neues Handb. theol. Grundbegriffe (4 Bde. 1984ff.); Theologie d. Befreiung im Gespräch (1985); D. reiche Jüngling (1986); Neue Summe Theologie (3 Bde. 1988ff.) - Liebh.: Ethnol., Volkskd., Musik, Politik - Spr.: Engl., Franz.

EICHER, Wolf

Dr. med., Prof. f. Gynäkologie u. Geburtshilfe Diakonissenkrankenhaus, Mannheim (s. 1983) - Speyerer Str. 91, 6800 Mannheim (T. 0621 - 810 22 98) - Geb. 11. April 1940, ev., verh. - Stud. Med. Univ. München, Lausanne, Strasbourg u. Heidelberg; Promot. 1965, Habil. 1974 Heidelberg - 1980 Prof. f. Gynäkologie u. Geburtshilfe, Psychosomatik Univ. München; s. 1983 Diakonissenkrankenh. Lehrkrankenh. Univ. Heidelberg, Mannheim. Spezialgeb.: Plast. Chirurgie, Psychosomatik - BV: D. sexuelle Erlebnisfähigkeit u. d. Sexualstörungen d. Frau, 2. A. 1977; Prakt. Sexualmed. E. kurzes Handb., 1980; Transsexualismus - Möglichk. u. Grenzen d. Geschlechtsumwandlung, 2. neubearb. A. 1992; Sexology, 1988; Plastic Surgery in the sexually handicapped, 1988; Orgasmus u. Orgasmusstörungen b. d. Frau, 1991 - Pres. 8th World Congress for Sexology - Spr.: Engl., Franz.

EICHHOLZ, Armin

Journalist, Theaterkrit. - Über d. Klause 7a, 8000 München 90 (T. 64 31 24) - Geb. 19. Dez. 1914 Heidelberg - U. a. 1957-79 Feuilletonleit. Münchner Merkur - BV: Ich traute meinen Augen, 1976; Heute abend stirbt Hamlet, 1977; Kennen Sie Plunderseweilern?, 1977; In flagranti, 1990 - 1981 Ernst-Hoferichter-Preis; Bayer. VO.; 1983 Tukan-Preis.

EICHHOLZ, Reinhold E.

Dipl.-Volksw., Dipl.-Kfm., Prof., Hochschullehrer - Bodo-Karcher-Str. 12, 7050 Waiblingen (T. 07151 - 5 94 75) - Geb. 15. Nov. 1930 (Vater: Wilhelm E., Mutter: Anna, geb. Schmidt), verh. s. 1959 m. Anneliese, geb. Krüger, S. Rüdiger - 1953 Wirtschaftsabit., 1953-58 Stud. Wirtschafts- u. Sozialwiss. Stuttgart u. Nürnberg, 1957 Dipl.-Volksw., 1958 Dipl.-Kaufm. (bde. Nürnberg) - BV: D. Untern. auf d. Markt, 1985; D. Unternehmenserfolg sichern, 1984 (m.a.); Finanzwirtschaft d. Unternehmung, 1989; Volks- u. betriebswirtschaftl. Grundlagen, 1990. Zahlr. Veröff. in wissenschaftl. u. Fachztschr. - 1973-77 Vors. Werbefachverb. Südwest Stuttgart, 1975-80 Vizepräs. Dt. Werbewiss. Ges., s. 1976 Vors. Prüfungsaussch. f. Bilanzbuchhalter IHK Mittl. Neckar, Stuttgart; s. 1989 Präsid.-Mitgl. Dt. Kommunikationsverb. BDW - Spr.: Engl.

EICHHORN, Egon

Dr. med. vet., Veterinärdirektor a. D. - Veilchenweg 79, 6200 Wiesbaden-Freudenberg - Geb. 14. Mai 1924 Limburg an d. Lahn, kath., verh. s. 1956 m. Berta, geb. Zöberlein, Lehrerin, 4 Kd. (Dr. med. Luitgard, Florian, Stefanie, Barbara) - Univ. Gießen, München; Tierärztl. Prüf. 1953; Promot. 1953 München - 1957-66 Städt. Tierarzt; s. 1966 Amtstierarzt in Wiesbaden; 1977-88 Veterinärdir. u. Leit. d. Staatl. Veterinäramtes Wiesbaden. 1980 Betreuung v. vet. med. hist. Diss.; Lokalhistoriker u. Altstraßenforscher - BV: St. Jakob Lindenholzhausen - St. Alban Rübsangen, Gesch. d. Kirchen u. d. Pfarrei Lindenholzhausen, 1967; Gesch. v. Lindenholzhausen (m. H. Gensicke, J. Jung), 1972; Gesch. v. Oberbrechen (m. H. Gensicke), 1975. Zahlr. Veröff. a. d. Gesch. d. Vet.med. u. d. Landes-, Orts-, Kirchen- u. Familiengesch. v. Nassau - 1945 EK II; 1972 Ehrenteller d. Gde. Limburg-Lindenholzhausen; 1974 Ehrenbrief u. Silb. Ehrenplak. Ld. Hessen; 1981 Bürgermed. d. Stadt Wiesbaden; 1982 BVK; 1984 Ehrenplak. d. Bundesverb. d. beamt. Tierärzte; 1988 Gold. Verdienst- u. Ehrennadel d. hess. Fleischerhandwerks - Liebh.: Musik, Lit., Gesch. - Spr.: Franz. - Lit.: Gisela Schuldt, Gesch. d. staatl. Vet.Verw. im Geb. d. ehem. Reg.bez. Wiesbaden Vet.-med. Diss. (Gießen 1987).

EICHHORN, Ernst

Dr. phil., Bezirksheimatpfleger, Lehrbeauftr. f. Fränk. Kunstgesch. Univ. Erlangen-Nürnberg - Hermundurenstr. 32, 8500 Nürnberg 40 (T. 44 96 80) - Geb. 7. Febr. 1921 - Bezirksvors. Frankenbund f. Mittelfranken - 1956 Förderpreis Stadt Nürnberg; 1966 Gr. Gold. Bundesabz. Frankenbund; 1966 VK a. Bd. Verdienstorden d. BRD.

EICHHORN, Franz-Ferdinand

Dr. jur., Rechtsanwalt, Generalbevollm. Immobilienges. Dr. Görtmüller u. Dr. Menard - Am Mühlenturm 15, 4000 Düsseldorf (T. 4 08 93 85) - Geb. 23. Juni 1915 (Vater: Dr. Walter E., Wirtsch.prüfer; Mutter: Else, geb. Litkow), ev., verh. s. 1943 m. Liselotte, geb. Gentzsch, 3 Kd. (Christian, Barbara, Bettina) - Stud. theol., Rechts- u. Betriebsw., Univ. Tübingen, Königsberg, Berlin, Köln, Innsbruck; 2. Staatsex. Gera, Promot. Innsbruck; stv. Vorst.-Vors. Dt. Anwaltsinst. e. V., Bochum, u. stv. Vorst.-Vors. Arbeitsgem. Fachanwälte f. Steuerrecht; Vors. d. Dt.-Schweizer. Wirtsch.vereinig. zu Düsseldorf e.V.; Mitgl. in- u. ausl. AR-, VR- u. Beiratsmand. - 1964 Ehrenring Stadt Düsseldorf; 1971 Gold. Ehrenz. Rep. Österr., 1978 Komturkr. Kommand. Ritter d. Ord. d. finn. Löwen; 1978 BVK I. Kl. - Liebh.: Moderne Kunst, Golf - Spr.: Engl. - Lions-Club.

EICHHORN, Friedrich

Dr.-Ing., em. o. Prof. Inst. f. Schweißtechn. Fertigungsverfahren TH Aachen (s. 1965) - Fichthang 2, 5100 Aachen - Geb. 30. März 1924 Stuttgart, ev., verh. s. 1957 m. Evamaria, geb. Kieß, 2 Kd. (Christoph, Friederike) - TH Stuttgart (Dipl.-Ing. 1952, Promot. 1959) - 1962-65 Wiss. Rat TH Stuttgart; 1973 o. Mitgl. d. Rhein.-Westf. Akad. d. Wiss., 1986-90 Präs. - BV: Schweißen (Kröner-Verlag, Stuttgart) - 1990 BVK I. Kl. - Rotarier.

EICHHORN, Gerhard

Dr.-Ing., Univ.-Prof. u. Direktor Inst. f. Geodäsie TH Darmstadt (s. 1966) - Ostpreußenstr. 57, 6100 Darmstadt-Eberstadt (T. 5 19 57) - Geb. 8. Jan. 1925 Steinach/Thür. (Vater: Otto E., Beamter; Mutter: Ida, geb. Morgenroth), ev., verh. s. 1949 m. Karoline, geb. Eichhorn, S. Dr. Johannes - Stud. TH München; Promot. 1952; Habil. 1964, bde. München - Ehrenmitgl. Fédération Intern. d. Géomètres, Dt. Verein f. Vermessungsw., Royal Inst. of the Chartered Surveyors, l'Union Belge des Géomètres Experts en Immeubles; Med. de l'Ordre des Géomètres-Experts (Frankreich); BVK I. Kl. - Spr.: Engl.

EICHHORN, Helmut

Dr. phil., Museumsdirektor, Lehrbeauftr. f. bild. Kunst/Arch. Univ. Oldenburg - Pitsdamer Str. 1, 2971 Emden.

EICHHORN, Kurt

Dirigent - Candidstr. 24, 8000 München 90 (T. 652828) - Geb. 4. Aug. 1908 (Vater: Peter E., Kunstmaler; Mutter: Elise, geb. Meier), verh. m. Senta, geb. Wagemann - Konservat. Würzburg - U. a. Dresdener Philharmoniker, Staatstheater am Gärtnerpl., München (Chefdirig.), Bayer. Rundfunk (1967 ff.). Honorarprof. Musikhochsch. München - Liebh.: Malerei.

EICHHORN, Otto

Dr. rer. nat., Prof. f. Forstzoologie - Johanniterstr. 41 a, 7843 Heitersheim (T. 28 21) - Geb. 23. Nov. 1918 Giessübel (Vater: Hermann E., Holzwarenfabr.; Mutter: Lina, geb. Voigt), ev., verh. s. 1953 m. Mathilde, geb. Mohr, 2 Töcht. (Gabriele, Eva-Maria) - Stud. Forstwiss. Eberswalde, Göttingen u. Freiburg, Staatsex. 1953, Promot. 1952, Habil. 1962 - 1953-61 wiss. Assist. Freiburg u. Göttingen, 1961-78 Entomologe Commonwealth Inst. of Biological Control Delémont Schweiz, 1980-83 Lehrstuhl f. angew. Zool. Univ. München - Fachaufs. z. biol. Schädlingsbekämpf. u. z. Biol. u. Ökologie d. Adelgidae, Formicidae, Diprionidae u. Pamphiliidae. Mitarb.: D. Forstschädlinge Europas, Bd. 3 1978, Bd. 4 1982 - Spr.: Engl., Franz.

EICHHORN, Peter

Dr. rer. pol., Dipl.-Kfm., Prof., Ord. f. Betriebswirtschaftslehre Univ. Mannheim (s. 1981) - L 5,4 am Schloß, 6800 Mannheim; priv.: Stuhlbrudergasse 5, 6720 Speyer - Geb. 30. Juli 1939 Berlin (Vater: Dipl.-Ing. Max E.; Mutter: Lotte, geb. Geldner), ev., verh. s. 1967 m. Dorothee, geb. Weiske, 3 Kd. (Maximilian, Friedemann, Stephanie) - Schule Hof (Abit.); 1959-64 Stud. Wirtschaftswiss. Würzburg, Berlin (FU), Erlangen-Nürnberg (Dipl.-Kfm. 1964, Promot. 1967); 1967/68 Stud.-Aufenth. Harvard Business School, Cambridge/Mass., u. Univ. of California, Berkeley; Habil. 1972 Münster (Betriebsw.lehre, Priv.-Doz.) - 1968-72 Wiss. Assist. Univ. Münster; 1972 Prof. FU Berlin, 1972-78 o. Prof. Hochsch. f. Verwaltungswiss. Speyer (1976/77 Rektor), 1978-81 Prof. Univ. Erlangen-Nürnberg. Vors. Kunstverein Speyer (1976-91); Vizepräs. Landessynode d. Ev. Kirche Pfalz (1979-85); Vors. Bundesverb. Dt. Verw.- u. Wirtsch.Akad. (s. 1981); Mitgl. d. Beratungskr. Verwaltung 2000 beim IM BaWü (s. 1988); Vors. Wiss. Beirat d. Ges. f. öfftl. Wirtschaft (s. 1992); Vors. Konferenz d. Landesausschüsse d. Dt. Evang. Kirchentages u. Mitgl. d. DEKT-Präsid. (s. 1992) - BV: Struktur u. Systematik kommunaler Betriebe, 1969; Kommunale Regiebetriebe u. Budgetkreislauf, 1970; Unters. üb. d. Nutzen komm. Wirtschaftsförderungsmaßn. (m. Peter Friedrich), 1970; Liquiditätsplanung u. Gelddisposition in öfftl. Haushalten, 1974; Grundl. e. gemeinw. Erfolgsrechnung f. Unternehmen, 1974; Gesellschaftsbezog. Unternehmensrechnung, 1974; Verwaltungsök. (m. P. Friedrich), 1976; Effizienzeffekte d. Verwaltungsreform (m. H. Siedentopf), 1976; Public Enterprise in the EEC: Federal Republic of Germany, 1978; Verwaltungshandeln u. -kosten, 1979; Leistungssteigerung in d. öfftl. Verwaltung, 1984; Verbände öfftl. Untern. (m. P. Kalusche), 1985; Untern. u. Beteiligungen d. Landkr. (m. E. Schneider), 1986; Forsch. u. Entwickl. in öfftl. Untern., 1986; Wirtsch.wissenschaftler(in) im öfftl. Dienst (m. D. Greiling), 1991. Herausg.: Auftrag u. Führ. öfftl. Untern. (1977); Betriebswirtsch. Erkenntnisse f. Regierung, Verw. u. öfftl. Untern. (1985); Verwaltungslexikon (1985, 2. A. 1991); Kaufm. Wirtschaftsförd. f. staatl. Einrichtungen, insb. Studentenwerke (1986); Doppik u. Kameralistik (1987); Untern.verfassung in d. priv. u. öfftl. Wirtschaft, (1989). Mithrsg.: Finanzier. öfftl. Untern. (1979, m. Theo Thiemeyer); Aufg. öfftl. Untern. u. gemeinwirtschaftl. Untern. im Wandel (1983, m. Paul Münch); Rationalisierungsreserven in öfftl. Verw. u. öfftl. Untern. (1985, m. Günter Sieben); Erfolgskontrolle b. d. Verausgabung öfftl. Mittel (1986, m. Gert v. Kortzfleisch); Aspekte d. Wirtschaftsreform in China (1988, m. Wolfgang Klenner); Handwörterbuch der Öfftl. Betriebswirtschaft (1989, m. Klaus Chmielewicz); Management u. Marketing v. Rundfunkanstalten (1990, m. Hans Raffée); Schr. z. öfftl. Verw. u. öfftl. Wirtsch. (s. 1974); Ztschr. f. öfftl. u. gemeinwirtschaftl. Untern. (s. 1978) - Spr.: Engl.

EICHHORN, Rainer

Dipl.-Ing., Architekt, Oberbürgermeister Zwickau - Robert-Koch-Str. 2, O-9591 Zwickau (T. 074 - 52 28 74) - Geb. 13. Okt. 1950 Zwickau, ev., verh., 2 Kd. - Maurer; Abit.; Stud. Architektur, Dipl. - Liebh.: Chorgesang - Spr.: Russ., Engl.

EICHHORN, Rolf

Vorstand - Bergstr. 1, 8630 Coburg (T. 09561-9 40 88) - Geb. 11. Aug. 1925 Gotha/Thür., ev., verh. s. 1956 (Ehefr.: Gerda, geb. 1927), 2 S. (Jürgen, Jochen) - Gymn.; Fachhochsch. (Keramiking.) - B. 1955 Berater Südamerika (4 J.), dann Direktionsassist. u. Vorst. Annawerk Keram. Betriebe GmbH., Rödental - Spr.: Portugies., Span., Engl.

EICHHORN, Siegfried

Dr. rer. pol., Dipl.-Kfm., Prof. f. Medizinorg. u. Krankenhausökonomie Univ. Düsseldorf (s. 1976), Prof. f. Betriebswirtschaftslehre d. Gesundheitsw. TU Berlin - Brucknerstr. 73, 4010 Hilden - Geb. 28. Dez. 1923 Wuppertal - Promot. 1954; Habil. 1972 - BV: Krankenhausbetriebslehre, 3 Bde. 1967/76/87 (mehr. Aufl.). Üb. 200 Einzelarb.

EICHHORN, Wolfgang

Dr. rer. nat., Dipl.-Volksw., o. Prof. f. Volkswirtschaftslehre Univ. Karlsruhe - Im Kennental 8, 7500 Karlsruhe 41 - Geb. 18. Aug. 1933 Ansbach (Vater: Max E., Dipl.-Ing.; Mutter: Lotte, geb. Geldner), ev., verh. s. 1964 m. Heidrun, geb. Tiedmann, 2 Kd. (Christian, Saskia) - 1953-59 Univ. München u. Würzburg (Dipl.-Math. 1959, Promot. 1962, Dipl.-Volksw. 1964, Habil. in Math. 1966) - 1959-66 Wiss. Assist.; 1966-69 Univ.-Doz. Würzburg; 1969ff. o. Prof. Univ. Karlsruhe (1969-71 Dekan Fak. f. Geistes- u. Sozialwiss.). 1967ff. Gastprof. Univ. Waterloo (CDN), Southern California (LA), Bonn, California (Berkeley), Lissabon, British Columbia (Vancouver), Rio de Janeiro, Pisa - BV: Verallgem. d. Funktionentheorie, 1962; Theorie d. homogenen Prod.funktionen, 1970; Mod. d. vertikalen Preisbild., 1973; Theory of the Price Index, (m. J. Voeller), 1976; Functional Equations in Economics, 1978; D. magische Neuneck. Umwelt u. Sicherheit in e. Volkswirtsch.. 1990. Mithrsg.: Production Theory (1974); Theory and Applications of Economic Indices (1978); Economic Theory of Natural Resources (1982); Quantitative Studies on Production and Prices (1983), Math. Systeme in d. Ökon. (1983); Measurement in Economics (1988) - Spr.: Engl.

EICHINGER, Bernd

Filmproduzent (Neue Constantin Film) - Kaiserstr. 39, 8000 München 40 - Geb. 11. April 1949 Neuburg/Donau (Vater: Dr. Manfred E., Arzt; Mutter: Inge, geb. Berkmann), T. Nina - N. Abit. Hochsch. f. Film u. Fernsehen München - S. 1974 (Gründ. Solaris Film) Prod. Bek. Filme: Christiane F. - Wir Kinder v. Bahnhof Zoo, Letzte Ausfahrt Brooklyn, D. unendl. Geschichte, Der Name d. Rose, Ich und Er - 1970/77/78/80 Bundesfilmpreise; 1982 Diplom Jury Karlsbad u.a. Auszeichn.

EICHLER, Günter

Uhrmachermeister, Honorarkonsul d. Seychellen - Dt. Honorarkonsulat, P.O. Box 132, Victoria/Mahe, Rep. of Seychelles - Geb. 24. Nov. 1936 Niederscheden (Vater: Erich E., Techn. Leit.; Mutter: Erna, geb. Winkelbach), ev., verh. s. 1969 m. Maryse, geb. de St. Jorre, 2 Kd. (Gersende, Henri) - Uhrmacherm. 1972-76 Fußballnationaltrainer d. Seychellen (1975 Gewinn d. Unabhängigkeitscup) - 1987 BVK am Bde. - Spr.: Engl., Franz., Creol (Eingeborenenspr. d. Seychellen).

EICHLER, Hans Joachim

Dr.-Ing., o. Prof. f. Experimentalphysik - Zu erreichen üb. TU Berlin, Optisches Inst., Str. d. 17. Juni 135, 1000 Berlin 12 - Geb. 9. Nov. 1940 Berlin (Vater: Hans E., Volksw.; Mutter: Lydia, geb. Wagner), kath., verh. s. 1966 m. Renate, geb. Bubel, 2 Töcht. (Katharina †, Stephanie) - Stud. TU Berlin, 1965-69 Assist. TU Berlin, Habil. 1969 - 1970-78 Vors. d. Fachber. Physik d. TU Berlin; 1982 Vors. Arbeitsgem. Quantenoptik DPG u. DGAO; stv. Direktor d. Optischen Instituts. Erste Experimente zu lichtinduzierten Gitterstrukturen - Mithrsg. opto-elektronischer Ztschr., Fachwissensch. Beitr. in Ztschr., Aufs. üb. Laserphysik. Mitverf. v. drei Büchern.

EICHLER, Joachim

Dr. med., Prof., Chefarzt Orthopäd. Klinik Wiesbaden (s. 1973) - Bayernstr. 41, 6200 Wiesbaden - Geb. 17. Febr. 1931 Laufenburg/Schweiz (Vater: Johannes E., Ing.; Mutter: Johanna, geb. Liss), ev., verh. s. 1976 m. Marianne, geb. Reuter, 2 Söhne (Jens-Olaf, Mark) - Stud. Univ. Leipzig; Promot. 1955 ebd.; Habil. 1967 Gießen - 1962-73 Oberarzt u. Doz. Univ. Gießen - Bundespatente: Hüftstützring, 1972; Fußhebeschiene, 1973; Rückenstützbandage, 1978; Spreizschiene, 1979 - BV: Inaktivitätsosteoporose, 1970; Hüftfibel, 1970; Wirbelsäulenfibel, 2. A. 1974. Schriftl. Med.-orthopäd. Technik - 1967 Heine-Preis Dt. Ges. f. Orthopädie u. Traumatologie.

EICHLER, Jörg

Dr. rer. nat., o. Prof. f. Theoret. Physik FU Berlin (Dir. Inst. f. Kernphysik) - Zu erreichen üb. Hahn-Meitner-Inst., Glienicker Str. 100, 1000 Berlin 39 - Geb. 1. Jan. 1934 Gießen, verh. s. 1968 m. Midori, geb. Kawashima, 2 Kd. (Taro, Nosomi) - Promot. 1960 Heidelberg - Wiss. Tätigk. USA, Dänemark, Japan u. West-Berlin (1971-73 Geschäftsf. Hahn-Meitner-Inst. f. Kernforsch. GmbH.). Facharb., Mithrsg. (zus. m. Hertel, Stolterfoht): Electronic and Atomic Collisions (1984) - S. 1987 Member Editorial Board Physics Reports (Amsterdam).

EICHLER, Johannes

Dr. med., Prof., ehem. Direktor Inst. f. Anaesthesiologie Med. Univ. zu Lübeck - Narzissenweg 3, 2406 Stockelsdorf - Geb. 19. April 1920 Gelenau/Erzgeb. (Vater: Paul E., Stickereiinh.; Mutter: Linda, geb. Harzer), ev., verh. s. 1957 m. Hanna, geb. Schuback, 5 Kd. (Maren, Inga, Anke, Sünne, Klaus) - Med. Staatsex. u. Promot. 1952 Kiel; Habil. 1965, Prof. 1970, alles Kiel - 1960-63 Leit. Anaesthesie-Abt. Chir. Univ.-Klinik Kiel; s. 1964 Dir. Inst. f. Anaesthesiol. Med. Univ. zu Lübeck, s. 1985 pens. - BV: Kompendium d. Anaesthesiol., 1973, 2. A. 1979; Grundl. d. apparativen Beatmung, 1976; Beitr. üb. Anaesthesie in: Enfinger, kl. Chir. (1960-78), 6 dt., 1 span. A., Kunz, Operationen im Kindesalter (1973), Brandt-Nissen-Kunz, Intra- u. Postop. Zwischenfälle (1974). Insges. 317 Publ. - 1959 Silb. Med. Intern. Med. Filmfestsp. Cannes; 1968 o. Mitgl. Dt. Ges. f. Photographie (DGPh); 1975 Silb. Ehrenteller Stadt Kiel; 1977 Silb. Ehrennadel Landesverb. Schlesw.-Holst. Luftsportvereine; 1978 Ehrenmitgl. Akad. Fliegergr. Univ. Kiel; 1978 Silb. Daidalos-Med.; 1983 Verdienstabz. in Bronze d. DLRG u. Silb. Ehrennadel Lübecker Verein f. Luftfahrt; 1985 Ehrennadel in Gold d. Landesverb. Schlesw.-Holst. Luftsportvereine; 1990 Silb. Ehrenteller d. Luftsportverb. Schlesw.-Holst. - Liebh.: Motor- u. Segelfliegen, Fotografie u. Kinematographie, Modelleisenbahn - Spr.: Engl., Franz.

EICHLER, Martin

Dr. sc. nat., o. Prof. f. Mathematik (emerit. 1979) - 27, im Lee, CH-4144 Arlesheim/Schweiz - Geb. 29. März 1912 Pinnow/Pom., ev., verh. m. Erika, geb. Paffen, 2 Kd. - Gymn. Gütersloh; Univ. Königsberg, Zürich, Halle (Promot. 1936) - 1939 Privatdoz., 1947 apl. Prof. Univ. Göttingen, 1949 Univ. Münster, 1956 Ord. Univ. Marburg, 1958 Univ. Basel (emerit. 1979) - BV: Quadrat. Formen u. Orthogonale Gruppen, 1952; Einf. in d. Theorie d. algebra. Zahlen u. Funktionen, 1963 (engl. Übers. 1966); The Theory of Jacobi Forms (m. Don Zagier), 1985 - 1982 Dr. h.c. Münster.

EICHLER, Norbert Arik

Schriftsteller, Verleger, (Hermes Verlag), Creative Consultant, Konzeptkünstler - Hammarskjöldring 100, 6000 Frankfurt 50 (T. 069 - 58 88 38) - Geb. 7. Juli 1950 Gmunden/Österr., led., T. Asiri Michaela - Abit. 1968; 1968-72 Stud. Phil., Soziol., Sozialpsych., Linguistik Univ. Frankfurt/M.; 1972 Consultant-Training (Spencer, Stuart & Ass.); 1975 Stud. d. Sufismus (b. Pir Vilayat Inayat Khan); 1978 Stud.-Aufenth. im tibet. Kloster Samye Ling (Theorie u. Praxis d. tibet. Buddhismus) - 1973/74 Werbetexter Frankfurt/M.; 1974-80 fr. Schriftst. in München, Port Grimaud, Paris, Amsterdam, London; 1980-85 Creativ Dir. in Frankfurt, Paris, Düsseldorf; 1983 Gründung Hermes Verlag (sd. Aufbau u. Ltg.); s. 1987 fr. Schriftst., Verleger, Creative Consultant in Frankfurt/M. Erf.: Semiotisches Quadrat (auf Semiotik basierendes Kommunikationsmodell f. alle Ber. d. Kommunikationswirtsch.). S. 1982 Arb. am Tao-Projekt, bestehend aus üb. 24.000 einzelnen Originalkunstwerken (Bildern, Objekten, etc.) inkl. e. Tao-Tempel genannten Museum - BV: Sonnenstadt im Nebel, 4. A. 1983; D. Buch d. Wirklichkeit, 3. A. 1987; Himmel u. Erde, 1988; D. Erleuchtung ist gratis, 1989 - 1968 Lyrikpreis; 1970 Lyrik- u. Prosapreis Stadt Frankfurt (b. Frankfurter Wettbew.); ADC-Ausz.; 1982 Gold. Reisekutsche; 1984 Ausz. Ztschr. art f. künstler. Werbung - Spr.: Engl., Franz., Hebr. (Schrift) - Bek. Vorf.: Andreas Hofer (Linie d. Großmutter vs.) - Lit.: Louis v. Zschock, in: Zu neuen Seinsdimensionen (1986, Kap. 13).

EICHLER, Richard W.

Prof., Schriftsteller, Kunsthist. - Steinkirchner Str. 15, 8000 München 71 (T. 75 42 61) - Geb. 8. Aug. 1921 Liebenau/Sudetenl. (Vater: Richard H. E., Drucker; Mutter: Maria, geb. Schwarz), unitar., verh. s. 1944 m. Elisabeth, geb. Mojr, 7 Kd. - Obersch. Reichenberg (Abit. 1940) - B. 1945 Kriegsmarine (Ltn. d. R.); Vorst.-Mitgl. Dt. Kunststift. d. Wirtsch.; Gründungsmitgl. Sudetendt. Akad. d. Wiss. u. Künste; Mitgl. d. Humboldt-Ges. - BV: Könner - Künstler - Scharlatane, 1960, 7. A. 1978 (46. Tsd.); Künstler u. Werke, 1962, 3. A. 1968; D. gesteuerte Kunstverfall, 1965, 3. A. 1968 (22 Ts.); D. tätowierte Muse - Kunstgesch. in Karikaturen, 1965; Viel Gunst f. schlechte Kunst, 1968, 2. A. 1969 (20 Ts.); Verhexte Muttersprache, 1974; D. Wiederkehr d. Schönen, 1984, 2. A. 1985; Kunstkritiken (Malerei, Plastik) - 1969 Schiller-Preis München; 1982 Adalbert-Stifter-Med.; 1990 Kant-Plak. - Liebh.: Genealogie.

EICHLER, Wolfgang

Dr. phil., o. Prof. f. Germanistik, Didaktik u. Linguistik - Am Hirtenberge 12, 3401 Waake-Bösinghausen - Geb. 11. Juni 1940 Köslin/Pom. (Vater: Friedrich E., Studiendir.; Mutter: Anneliese, geb. Neubert), ev., verh. s. 1967 m. Heidegard, geb. Sudhaus, 3 Kd. (Maren, Gyde, Jörn) - Gymn. Heide; 1960-66 Univ. Kiel u. Würzburg. Promot. 1966 - S. 1970 Prof. PH Ludwigsburg u. Univ. Göttingen (1976 Ord.); s. 1985 Univ. Oldenburg - BV: Sprachdidaktik Deutsch, 2. A. 1979; Sprach-, Schreib- u. Leseleistung, 1977; Dt. Grammatik, 4. A. 1988; Rechtschreib. u. -unterr., 1978; Grammatiklex., 1989; Grundregeln d. dt. Rechtschreibung, 1989; Schreibenlernen, 1992 - Liebh.: Segeln - Spr.: Engl.

EICHMANN, Klaus

Dr. med., Prof., Direktor Max-Planck-Inst. f. Immunbiol., Freiburg - Stübeweg 51, 7800 Freiburg (T. 0761-5 10 81) - Geb. 5. März 1939 Kassel, verh. s. 1964 m. Barbara, geb. Scharf, 3 Kd. (Anne, Frank, Michael) - Med.-Stud.; Staatsex. 1965, Promot. 1966 Univ. Marburg, Habil. 1979 Heidelberg.

EICHMEIER, Joseph

Dr.-Ing., Prof. f. Techn. Elektronik - Adelheidstr. 29, 8000 München 40 - Geb. 11. Febr. 1934 Straubing - Promot. 1962; Habil. 1967 TU München - BV: Endogene Bildmuster, 1974; Mod. Vakuumelektronik, 1981; Med. Elektronik, 1983; Elektrotechnik f. Studienanfänger, 1985; Mod. Relaistechnik, 1988. Herausg.: Handb. d. Vakuumelektronik (1989).

EICHNER, Der

Freischaffender Künstler - Colmantstr. 26, 5300 Bonn 1 (T. 0228 - 65 96 28) - Geb. 15. Mai 1946, kath., verh. s. 1976 m. Gabriele, geb. Elmendorff, 3 Kd. (Vanessa, Marcel, Nikolaus) - Kunstakad. Düsseldorf; Meisterschüler 1975 - Neue Figuration. Wichtige öfftl. Ankäufe d. Postmin., Arbeitsministerium Bonn. Kunst u. Arbeit, keine Gegensätze, 6 x 2 m Triptychon, d. Westd. Landesbk. Düsseldorf, Hauptverb. d. Berufsgenoss. St. Augustin, Gedo-Ges. f. Datenverarb. - Spr.: Engl. - Lit.: H. Tuchel, D. Eichner od. d. Frage n. d. Wirklichkeit (1986); D. Eichner, (Bd. II 1990); D. Rump, Sturz d. Götter.

EICHNER, Dietrich

Dr. med., em. Prof., Anatom - Isolde-Kurz-Str. 69, 4400 Münster/W. (T. 02533 - 19 20) - Geb. 16. März 1922 Seelow/M. (Vater: Martin E., Volksschullehrer; Mutter: Käthe, geb. Brand), ev., verh. s. 1952 m. Dr. med. Friederike, geb. Ulisch, 2 Kd. (Ulrich, Ulrike) - Stadtgymn. Halle/S. (Abit. 1940); 1945-50 Univ. Kiel. Promot. 1950; Habil. 1957 - S. 1957 Lehrtätigk. Univ. Münster (ab 1963 apl. Prof., dann Wiss. Rat u. Prof., 1968ff. Abt.vorsteher u. Prof. Anat. Inst., 1974 Lehrstuhl f. Anatomie), emerit. 1987. Spez. Arbeitsgeb.: Histochemie, Endokrinol., Netzhaut, Karyometrie. Mitarb.: Handb. d. Histochemie (Bd. VII/2) - Spr.: Engl., Franz., Latein., Griech.

EICHNER, Karl

Dr. med. dent., Dr. med. h. c., em. o. Prof. f. Zahnärztl. Prothetik Freie Univ. Berlin - Schopenhauerstr. 42, 1000 Berlin 38 (T. 803 20 37) - Geb. 9. Febr. 1926 Berlin - S. 1961 (Habil.) Lehrtätigk. FU Berlin (1967ff. apl. u. o. Prof.). Emerit. 1990. Üb. 150 Fachaufs. Div. Bücher üb. Zahnärztl. Prothetik, Werkstoffkunde (5. A.); Metallkeramik - 1978 Hermann-Euler-Med. d. DGZMK; 1982 Preis Int. Ass. of Dent. Research (IADR) f. Prothetik; 1989 Ehrenmitgl. d. Dt. Ges. zahnärztl. Prothetik u. Werkstoffkd.; 1990 Ehrendoktor d. Fr.-Schiller-Univ. Jena; 1991 BVK I. Kl.

EICHNER, Karl

Dr. rer. nat., Prof. Univ. Münster (Inst. f. Lebensmittelchemie), Dipl.-Chemiker - Am Schütthook 64, 4400 Münster - Geb. 13. Aug. 1936 Burghausen/Salzach, kath., verh. s. 1964 m. Roswitha, geb. Heiss, 2 T. (Monika, Angelika) - Chemiestud. u. Promot. 1965 TU München, Habil. 1979 das. - B. 1981 wiss. Mitarb. Fraunhofer-Inst. f. Lebensmitteltechnol. u. Verpackung; s. 1982 Prof. Univ. Münster - BV: Haltbarmachen v. Lebensmitteln, (m. R. Heiss) 1984, 2. A. 1990 - Liebh.: Klaviermusik, Gesch., Biogr. Darst. - Spr.: Engl.

EICHNER, Walter

Dr. phil., Regisseur, Leiter Kulturamt u. Städt. Bühnen Villingen-Schwenningen - Romäusring 2, 7730 Villingen-Schwenningen (T. 07422 - 2 02 05) - Geb. 17. Sept. 1926 München (Vater: Benedikt E., †; Mutter: Maria, geb. Müller, †), kath., verh. s. 1975 in 2. Ehe m. Uta, geb. Nothdorff, S. Alexander - Stud. Phil., Theater- u. Musikwiss. Univ. München (Promot. 1951) - 1948-51 Dramat. Staatsoper München, 1951-59 Pressechef Festsp. Bayreuth, 1959-67 Oberspielleit. u. stv. Generalint. Krefeld-Mönchengladbach, 1968-75 Operndir. Kgl. Fläm. Oper Antwerpen/Belg.,

s. 1975 Kulturamt u. Bühnen Villingen-Schwenningen, s. 1982 Präs. Stadtmusik Villingen u. Geschäftsf. Sinfonieorch. Villingen-Schwenningen, s. 1984 Präs. Interessengemeinsch. d. Städte m. Theatergastspielen (INTHEGA) - BV: Weltdiskussion um Bayreuth, 1951; Bayreuther Festspielb., 1952-55; Jahresalmanach Bayreuther Festsp., 1955-59; Blätter d. Bühnen Krefeld-Mönchengladbach, 1959-65; Hrsg.: Monatsztschr. Im Scheinwerfer (s. 1975) - als Regiss. ca. 280 Insz., u.a.: Bühnen Düsseldorf, Wuppertal, Bremen, Kiel, Salzburg, Wien, Graz, Brüssel, Antwerpen, Lüttich, Amsterdam, Lyon, Bordeaux, Strasbourg, Triest, Rom, Neapel, Madrid, Lissabon, Ankara, Teheran (s. 1953, meist Musiktheater) - 1975 Belg. Ehrenmed. - Spr.: Franz., Niederl.

EICHSTÄDT, Hermann Werner

Dr. med., Prof., Arzt f. Innere Med. u. Kardiologie, Sektionsleiter - Konstanzer Str. 61, 1000 Berlin 15 (T. 030 - 882 59 20) - Geb. 15. Febr. 1948 Alten-Buseck/Krs. Gießen, kath., 4 Kd. (Björn, Kerstin, Bastienne, Bernadette) - 1968-71 Stud. Humanmed. Univ. Mainz u. 1971-74 Univ. Düsseldorf; Staatsex. 1974 Düsseldorf, Promot. 1974 - 1972-74 wiss. Hilfsassist. SFB Kardiologie Düsseldorf; 1975-77 wiss. Assist. Herzzentrum Bad Krozingen; 1977-79 wiss. Assist. Univ. Tübingen; s. 1979 FU Berlin; Habil. 1982 (Myokarddurchblutung); 1985/86 apl. Prof. f. Innere Med. u. Kardiol., 1986 planm. Prof. - Erstbeschreiber d. circumferenziellen Impulsquantifizierung am Herzen u. Gadoliniumdarst. d. akuten Myokardinfarktes - BV: Quantitative Myokardszintigraphie, 1984; Nuklearkardiologie, 1984 (amerik. Ausg. 1985). 6 kardiol. Bücher; 3 Fortbildungsfilme als Regiss.; 481 Ztschr.- u. Buchbeitr. - 1982 Wahl z. aktiven Mitgl. New Yorker Akad. d. Wiss. - Mitgl. zahlr. wiss. Fachges.; 1. Vors. d. Vorst.-Kommiss. Nuklear-Kardiol. d. Dt. Ges. Herz- u. Kreisl.forsch.; Gründ. u. Schriftf. d. Berliner Kardiologenges.; Mitgl. im Council f. Klinische Kardiol. d. Amerik. Heart Assoc. - Liebh.: Violinspiel, klass. Musik, Fotogr., Film, aktiver Regiss. - Spr.: Engl., Franz., Latein, Span.

EICK, Horst

Dr.-Ing., Honorarprof. f. Hydraul. Bindemitttel TU Berlin - Hünefeldzeile 6, 1000 Berlin 46 (T. 030 - 774 76 42) - Geb. 7. Mai 1923 Berlin (Vater: Paul E., Hotelier; Mutter: Frieda, geb. Senf), ev., verh. s. 1946 m. Gerda, geb. Lehmann, 2 Kd. (Dirk, Dina) - Abit. 1941, 1942-46 Marine (Ltn. z. See), Stud. TU Berlin 1946, Dipl.-Ing. 1950, Dr. 1952, 1953 Chefchem. Deutsche Eternit AG, 1963 Direktor, s. 1989 b. Eternit i. R.; s. 1989 vereidigter Sachverständiger f. Bauschäden. 1965 Lehrauftr. TU Berlin (1971 Honorarprof.) - Zahlr. Veröff. - 1968 D'Ans Med. - Liebh.: Geschichte d. Baukunst - Spr.: Engl., Franz.

EICKE, Ruth

Dr. rer. nat., Prof., Wiss. Rätin Inst. f. Anorgan. u. Analyt. Chemie TU Berlin - Albiger Weg 9, 1000 Berlin 38 - Geb. 25. Mai 1914 Berlin - S. 1956 (Habil.) Privatdoz. u. apl. Prof. (1962) TU Berlin (Allg. Botanik). Facharb.

von EICKE und POLWITZ, Ernst

Dr. jur., Generalsekretär Dt. Ges. f. Osteuropakunde, Berlin 15 (s. 1959) - Nikischstr. 3, 1000 Berlin 33 (T. Büro: 030 - 218 41 72) - Geb. 9. Okt. 1929 Polwitz/Schles. (Vater: Ernst v. E. u. P., Landw.; Mutter: Katharina, geb. Rehm), verh. s. 1977 m. Marianne, geb. Schmidt, 2 Söhne (Ernst, Frederick) - 1950-54 Stud. Rechtswiss. u. 1957-59 Osteuropakd. Promot. 1955 (Agrarrecht) - Zahlr.Aufs., bes. aktuelle Fragen Osteuropas - Liebh.: Gesch., Mus., Arch. - Spr.: Engl., Franz., Russ. - Schlesischer Uradel, s. 600 Jahren in Schlesien ansässig. Bek. Vorf.: Emil Ernst v. E. u. P., Landrat, Reichstagsabg./Vertrauter Bismarcks (Urgroßv.).

EICKEL, Jürgen

Dr. rer. nat., o. Prof. f. Informatik TU München (s. 1971) - Fasanenweg 5d, 8038 Gröbenzell/Obb. - Geb. 17. Dez. 1935 Münster/Westf. - Promot. 1961, Habil. 1968; 1970 Wiss. Rat; s. 1971 Lehrst. f. Informatik TU München.

EICKELPASCH, Rolf

Dr. phil., Prof. f. Soziologie Univ. Münster - Vikar-Tümler-Str. 23, 4722 Ennigerloh (T. 02528 - 83 88) - Geb. 27. Dez. 1940 Beckum/Westf. (Vater: Hans E., Volksschulrektor; Mutter: Käthe, geb. Hammer), kath., verh. s. 1963 m. Rosida, geb. Reuter, 3 Kd. (Jutta, Kathrin, Max) - Promot. 1972 Univ. Münster (Ethnol., Soziol., Phil.), Habil. 1975 - 1972-76 Wiss. Assist., 1976-79 Doz. PH Münster; 1978 Lehrstuhlvertr. Univ. München; 1980 Prof. Univ. Münster - BV: Mythos u. Sozialstruktur, 1973; Fam. in d. Ges., Unterr.mod. f. d. Erwachsenenbild., 1978 (m.a.); Soziol. ohne Ges.?, 1983 (m. B. Lehmann). Herausg: Unübersichtliche Moderne? (1991), zahlr. Beitr. in Fachztg.

EICKENBERG, Karl Heinz

Geschäftsführender Gesellschafter advice GmbH Unternehmens- u. Personalberatung, Grünwald - Postf. 342, 8022 Grünwald (T. 089 - 6 41-48 00, Fax 089 - 6 41-73 00), priv.: Wörnbrunner Str. 19, 8022 Grünwald - Geb. 1. Nov, 1935 - Mitgl. Dt. Ges. f. Personalführung e.V., Düsseldorf; Vorst. AGROB AG, München, DIERIG Holding AG, Augsburg, Rosenthal AG, Selb; Geschäftsf. Bleyle KG, Stuttgart.

EICKER, Edmund

Dipl.-Kfm., stv. Vorstandsvorsitzender SWK Städt. Werke Krefeld AG - Menzelstr. 7, 4044 Kaarst (T. 02101 - 51 46 93) - Geb. 14. Juli 1928 Willich, kath., verh. s. 1957 m. Gertrud Schopen, 3 Töcht. (Dorothee, Monika, Marion) - Landwirtschaftslehre; Stud. Landw. u. Betriebsw. (Dipl.-Landw., Dipl.-Kfm.); Ex. als Steuerberat. u. Wirtschaftsprüf. - 1972-77 Niederlassungsleit. WIBERA, Wirtschaftsberat. AG, Wirtschaftsprüf.- u. Steuerberat.-Ges., Saarbrücken u. Düsseldorf; s. 1977 Vorst. Stadtwerke Krefeld AG; s. 1979 s. o. 1975-79 Ratsmitgl. Kaarst - Liebh.: Kunstausst., Musik, Wandern, Langstreckenlauf - Spr.: Engl., Niederl.

EICKER, Friedhelm

Dr. rer. nat., Prof. f. Mathem. Statistik Univ. Dortmund - Zu erreichen üb. FB Statistik Univ. Dortmund, Postfach 500500, 4600 Dortmund 50 - Geb. 5. April 1927 Radevormwald (Vater: Friedr. Wilh. E.; Mutter: Hildegard, geb. Wiegand), ev., verh. s. 1957 m. Renate, geb. Konrad, 4 T. (Erdmute, Annette, Henrike, Rebekka-Ellinor) - Stud. Math. u. Physik Univ. Mainz (Dipl.Math. 1953, Promot. 1956); Habil. 1964 Univ. Freiburg - 1964-69 Doz. u. apl. Prof. Univ. Freiburg; 1959-61 Res. assoc. Univ. of North Carolina; 1965-67 Gastprof. Columbia Univ. New York; 1971ff. o. Prof. Univ. Dortmund.

EICKHOF, Norbert

Dr. rer pol., Prof. f. Volkswirtschaftspolitik Ruhr-Univ. Bochum, Sem. f. Wirtschafts- u. Finanzpolitik - Postf. 10 21 48, 4630 Bochum (T. 0234 - 700 29 00) - Geb. 22. Jan. 1943 Dortmund - 1979 Habil. Univ. Münster; 1980-86 Prof. Univ. Bamberg - BV: E. Theorie d. Gewerkschaftsentw., 1973; Kooperat., Konzentrat. u. funktionsfäh. Wettb., 1975; Strukturkrisenbekämpf. durch Innovat. u. Kooperat., 1982; Energieversorgung, 1983.

EICKHOFF, Ekkehard

Dr. phil. (habil.), Botschafter d. Bundesrep. Deutschl. in Ankara, Türkei, Privatdoz. f. mittelalterl. u. neuere Gesch. Univ. Stuttgart - Atatürk Bulvari 114, Ankara (Türkei) - Geb. 8. Juni 1927 Berlin, verh. m. Heidi E., geb. Gengenbach, 3 Kd. - S. 1953 Ausw. Dienst (b. 1983 Botsch. in Pretoria, b. 1984 Botsch. in Dublin, 1984-88 Botsch. z.b.V. im Auswärtigen Amt, Deleg.leit. bei d. KSZE-Folgekonferenz in Wien) - BV: Seekrieg u. Seepolitik zw. Islam u. Abendland, 1966; Venedig, Wien u. d. Osmanen, 3. A. 1988; Friedrich Barbarossa im Orient, 2. A. 1979; Macht u. Sendung. Byzantinische Weltpolitik, 1981 - 1976 o. Mitgl. Dt. Archäolog. Inst.; korr. Mitgl. Türk. Histor. Inst. u. a.

EICKHOFF, Wilhelm Karl

Dr. med., Prof. i. R. (s. 1974), Gründer u. Leit. d. priv. Inst. f. Pathol. am akad. Lehr-Krkhs. Bethesda, Duisburg (s. 1950) - Theodor-Heuss-Str. 80, 4440 Rheine (T. 05971 - 8 78 04) - Geb. 26. April 1909 Balve - S. 1939 (Habil.) Privatdoz. u. apl. Prof. (1949) Univ. Münster/W. - BV: Pathol.-anat. Grundl. d. Allergie, 1948; Schilddrüse u. Basedow, 1949; D. Schilddrüse, 1965; D. Lymphbahnen d. menschl. Schilddrüse, 1968 - Spr.: Engl., Franz., Portug.

EICKHORN, Gerhard

Geschäftsführer Europa Union Verlag GmbH - Europa-Zentrum, Bachstr. 32, 5300 Bonn 1 - Geschäftsf. Verlag f. Intern. Politik GmbH, Bonn; Direktor Europ. Staatsbürger-Akad. e.V., Bocholt; Vorst. Inst. f. Europ. Politik, Bonn; Vorst.-Vors. Stiftg. Europa-Haus Marienberg e.V., Bad Marienberg; AR-Vors. Wetzlarer Verwalt.- u. Bewirtschaftungs-GmbH, Wetzlar; AR-Mitgl. ESTA Verwalt.- u. Bewirtschaftungs-GmbH, Bocholt; Geschäftsf. ESTA-Tagungshotel Cursdorf GmbH, Thüringen; VR-Mitgl. Deutschlandfunk - BVK I. Kl.; Offizierskreuz d. VO. d. Ung. Republik.

EICKMEIER, Gerhard

Dr. jur., Rechtsanwalt, Oberstadtdirektor a.D. - Virchowstr. 2, 2940 Wilhelmshaven - Geb. 9. Mai 1931 Eidinghausen (Vater: Gustav E., Kaufm.; Mutter: Minna, geb. Schürmann), ev., verh. s. 1958 m. Annemarie, geb. Bohlender, 3 Söhne (Lars, Frank, Jens) - 1952-55 Univ. Heidelberg, Berlin (Freie), Kiel (Rechts- u. Staatswiss.). Gr. jurist. Staatsprüf. Düsseldorf - 1960-65 Kreisrechts- u. -oberrat Landkr. Gießen, 1965-66 Reg.dir. Hess. Finanzmin.; 1966-68 Stadtrat Gießen; 1968-90 Oberstadtdir. Wilhelmshaven. SPD s. 1960 - Spr.: Engl.

EICKMEYER, Horst

Dr. jur., Oberbürgermeister Konstanz - Rathaus, Kanzleistr. 15, 7750 Konstanz - Geb. 9. Febr. 1935 Herford, 4 Kd. (Birgit, Wolfgang, Frank, Cornelia) - 1955-59 Stud. Rechts- u. Staatswiss. Univ. Bonn, Freiburg, München; Promot. 1961 Bonn, 2. jurist. Staatsex. 1963 Düsseldorf - 1969-80 Bürgerm. Meersburg/Bodensee; s. 1980 OB Stadt Konstanz - BV: D. strafrechtl. Behandlung d. Heranwachsenden nach § 105 d. Jugendgerichtsges., 1963; Sparpolitik - Wirtschaftsflaute - Politikflaute?, 1983 - Liebh.: Musik, Segeln, Bergsteigen.

EICKMEYER, Karl-Arnold

Rektor a. D., MdB (s. 1977) - Karkweg 108, 2190 Cuxhaven 13 - Geb. 7. Juni 1925 Lüdingworth/Nds., ev., verh., 3 Töcht. - Volkssch.; 1939-41 Aufbaulehrg. Lehrerbildungsanst.; 1946-48 PH Lüneburg (Gesch., Dt., Psych.) - S. 1948 Schuldst. Grünendeich, Gudendorf (1957 Leit.), Franzenburg (1967 Rektor). 1968-76 Ratsherr Altenwalde (Fraktionsf.) u. Cuxhaven (1972). 1943-45 Arbeits- u. Wehrdst. (Fallschirm-Panzerdiv.). SPD s. 1968 - Liebh.: Imkerei.

EID, Ursula

Dipl.-Haushaltswissenschaftlerin, MdB (s. 1985; Landesliste Baden-Württ.) - Max-Liebermann-Str. 16, 7440 Nürtingen - Geb. 18. Mai 1949 Landau/Pfalz, ledig - Gymn. Landau (Abit. 1969); 1969-76 Stud. d. Haushaltswiss. Univ. Hohenheim, Landbouwhogeschool Wageningen/Niederl. u. Oregon State Univ./USA; Dipl. 1975 - S. 1976 wiss. Angest. Inst. f. Haushalts- u. Konsumökon. Univ. Hohenheim. Mitgl. ÖTV. S. 1976 Mitarb. in entwicklungspolit. Aktionsgr. Mitgl. im Aussch. f. wirtschaftl. Zusammenarb. u. U-Boot-Untersuchungsaussch. Dt. Bundestag. Grüne s. 1980.

EID, Volker

Dr. theol., Prof. f. Moraltheologie Univ. Bamberg - Untere Seelgasse 5, 8600 Bamberg (T. 0951 - 5 74 03) - Geb. 10. Mai 1940 Kirchheimbolanden (Vater: Ludwig E., Lehrer; Mutter: Hedwig, geb. Klein), kath., Hum. Gymn. Speyer; Univ. München (Theol.). 1972 o. Prof. f. Moraltheol.; 1974-77 u. 1981-83 Dekan Kath.-theol. Fak.; 1977-80 Vizepräs. Univ. Bamberg - BV: D. Kunst i. christl. Daseinsverantwortung n. Theod. Haecker, 1968; Jesus v. N. u. e. christl. Moral (m. P. Hoffmann), 3. A. 1979; Euthanasie, 1975, 2. A. 1985 (Hrsg.); Sterbehilfe, 1978 (Mithrsg.); Wandel d. Familie, 1982 (Mithrsg.); Begleit. v. Schwerkranken u. Sterbenden, 1984 (Mithrsg.) - Liebh.: Kunstgesch., Musik - Spr.: Franz., Ital., Engl.

EIDEN, Fritz

Dr., Prof. f. Pharmazie u. Chemie, Vorst. Inst. f. Pharmazie u. Lebensmittelchemie München - Hartnagelstr. 11, 8032 Gräfelfing (T. 854 39 01) - Geb. 29. Aug. 1925 Trier (Vater: Dr. jur. Karl E.; Mutter: Hedwig, geb. Fülles), kath., verh. s. 1958 m. Helge, geb. Dabelow, 3 Kd. (Jan, Till, Antje) - Stud. Pharmazie (Staatsex. 1952), Chemie (Dipl. 1955, Promot. 1955, Habil. 1962) - 1965-70 Dir. Pharmaz. Inst. Berlin, dann Vorst. Inst. f. Pharmaz. u. Lebensmittelchemie München. Untersuchung üb. Synthese u. Analyse v. Arzneistoffen - 1983 Mitgl. Akad. Leopoldina, 1986 Mannich-Med.

EIDEN, Hans

Kaufm. Dir. i. R. - Holzgraben 1-3, 5100

Aachen - Geb. 17. Febr. 1910 Köln - 1929-75 Eschweiler Bergwerks-Verein (s. 1958 Vorstandsmitgl.).

EIDEN, Reiner
Dr. rer. nat., Prof., Leit. Abt. f. Meteorologie Fachgruppe Geowiss. Univ. Bayreuth - Geranienweg 4, 8580 Bayreuth - Geb. 26. Juli 1932 Hermeskeil/Hunsrück, kath., verh. m. Renate, geb. Morsch, 4 Kd. (Martin, Andreas, Ruth, Ethel) - Physikstud. Univ. Mainz, Dipl. 1961, Promot. 1966 - 1967-73 Wiss. Assist., 1973-74 Forschungsaufenth. National Center f. Atmospheric Research Boulder USA, 1975 Prof. Mainz (Meteorol.), s. 1981 Prof. Univ. Bayreuth. Teiln. u. Leit. Wiss. Exped.: Grönland, Inlandeis (1962), Maui, Hawaii (1964 u. 1965), White Sands, New Mexico (1967), Atlant. Exped. d. Meteor (1969) - Fachveröff. üb. atm. Strahl., atm. Aerosol u. atm. Spurenstoffe.

EIFF, von, August Wilhelm
Dr. med., Prof., Internist - Haagerweg 18a, 5300 Bonn-Venusberg (T. 28 28 47) - Geb. 15. Aug. 1921 Darmstadt (Vater: Dr. jur. Friedrich v. E., Staatsrat hess. Justizmin.; Mutter: Elisabeth, geb. Sticksel), kath., verh. s. 1950 m. Dipl.-Chem. Rita, geb. Kercher, 5 Kd. (Adelheid, Michael, Barbara, Gabriel, Christof) - Ludwig-Georgs-Gymn. Darmstadt; Univ. Marburg, Frankfurt/ M., Heidelberg, Tübingen - S. 1945 Univ. Frankfurt (b. 1947 Physiol. Inst.), Heidelberg (1949-52 Med. Klinik), Bonn (1953 Med. Klinik; 1962 apl. Prof.), 1973 o. Prof. u. Direktor d. Med. Univ.klinik Bonn. Emerit. 1987. Erf.: Elektromyointegrator - BV: Grundumsatz u. Psyche, 1957; Klin. Aspekte d. Muskeltonus, in: Med. Grundlagenforsch., 1960; D. vegetative Nervensystem, in: Heilmeyer, Pathol. Physiol., 11. A. 1968, in: Holtmeier, Pathol. Physiol. 1974; Essentielle Hypertonie, 1967, 1971: japanische Ausgabe; Fluglärmwirkungen, 1974; Das Gedächtnis, biologische Grundlagen eines psychophysiol. Phänomens, 1975; Die Regulation d. Sexualtriebs in Sexualität u. Gewissen, 1973; Seel. u. körperl. Störungen durch Stress, 1976; Stress - unser Schicksal, 1978; Stress, 1980; Neurogenic hypertension, 1981; Schutz d. Pflanze u. personale Würde d. Menschen als Grundl. d. Geburtenkontrolle, 1982; Pathophysiol. u. Ätiol. d. essentiellen Hypertonie, 1984; Tod, Sterben u. d. Aporie d. Med., 1984; Risikofaktoren d. Umwelt, 1984; The importance of puberty for the sex-specific blood pressure regulation, 1984; Anthropol.-biol. Grundl. e. interdisziplinären Diskussion üb. Sexualität, 1985; The protective mechanism of estrogen on high blood pressure, 1985; Schulstreß - Beisp. e. Urphänomens d. Evolution, 1985; Health effects of environmental noise on man. Results of a prospective study, 1985; Yin u. Yang u. d. Harmonie d. Seins in d. Medizin, 1986; D. Natur d. Menschen, insbes. s. Sexualität unt. biol. Aspekten, 1987; D. Mensch - Höhepunkt u. Ende d. Evolution, 1987; AIDS, 1987; AIDS, 1988; Bonner Kinderstudie, 1989; Dialog Medizin - Theologie u. Utopie?, 1990; Ethische Aspekte in d. Med., 1990; Menschl. Verhalten als Wegbereiter der des Immunsystem zerstörenden HIV Infektion, 1990; Criteri per la pratica medica e la ricerca di base circa la possibilita di influenzaregli istinti naturali, 1990; AIDS-Aufklärung, 1991; Verantwortung f. d. menschliche Leben, 1991; Längere Lebensdauer d. Frau, 1991; The specifie being of man and Woman, 1992. Zahlr. Fachbuchbeiträge - Berater d. Umweltbundesamts; Vertr. d. Bundesrep. im Intern. AIDS-Ethikausch.; Mitgl. Intern. Beratungskomitee v. Rivista de scienzae etica, Interdisziplinäres Inst. Görres-Ges., New York, Acad. of Science, Internat. Soc. Hypertension. Gastvorlesungen in Schweden, Italien, USA, Canada, UdSSR, Japan, Ägypten, Rumänien, Thailand, CSFR, Spanien, Polen, Österreich - 1988 Hippokrates Med.; 1988 BVK I. Kl.; 1989 Ehrenmitgl. Intern. Interdisc. Study Higher Nervous System - Liebh.: Musik, Lit., Theater, Fotogr. - Spr.: Engl.

EIFF, Hansjörg
Dr. jur., Botschafter d. Bundesrep. Deutschl. in Jugoslawien (s. 1988) - Ulica Kneza Miloša 74-76, YU-11000 Belgrad -, 3 Kd. - 1952-56 Stud. Rechtswiss. Univ. Tübingen u. Bonn, 1957-61 Aix-en-Provence u. Turin; bde. jurist. Staatsex.; Promot. - 1961 Eintr. Ausw. Dienst; 1963-70 Botsch. Abidjan u. Tel Aviv; 1970-73 AA; 1973-78 Botsch. Belgrad u. Wien (MBFR-Delegation); 1978-82 Haushaltsref. AA; 1982-84 Botsch. Washington; 1984-87 Leiter Unterabt. Verw. AA.

EIFINGER, Franz
Dr. med. dent., o. Prof., Direktor Zahnu. Kieferklinik Univ. Köln - Zu erreichen üb. Univ.-Zahn- u. Kieferklinik, Kerpener Str. 32, 5000 Köln 41 (T. 0221 - 478 47 10) - Geb. 20. Febr. 1931, ev., verh. s. 1960 m. Brigitta, geb. Radtke, 4 Kd. (Wolfgang, Marguerite, Frank, Julia) - Univ. Bonn; Promot. 1956, Habil. 1968 - 1956-59 praktiz. Zahnarzt; 1971 apl. Prof., 1972 Wiss. Rat u. Prof., s. 1972 o. Prof. Univ.-Klinik Köln - BV: Mikromorphol. d. menschl. Pulpa, 1970 - 1963 Certificate of Merit American Soc. Dentistry f. Children - Spr.: Engl.

EIFRIG, Bernd
Dr., Prof. f. Mathematik Univ. Oldenburg - Bismarckstr. 30, 2900 Oldenburg/O.

EIGEN, Karl
Landwirt, Vizepräs. Landesbauernverb. Schlesw.-Holst., MdB (1972-76), Vors. Schlesw.-Holst. Bauernverb., Rendsburg (1984 ff.) - 2407 Klein-Parin üb. Bad Schwartau (T. 04505 - 336) - Geb. 3. Nov. 1927 Lübeck (Vater: Hermann E., Landw.; Mutter: Dora, geb. Peters), ev., verh. s. 1951 m. Heidi, geb. Höft, 2 Kd. (Dirk-Hermann, Sabine) - Univ. Göttingen, AR-Vors. Bochum-Gelsenkirchener Straßenbahnen AG., Stadtwerke GmbH u. Holding f. Versorgung u. Verkehr - Vors. d. Zweckverb. d. Verkehrsverb. Rhein-Ruhr - 1979 Ehrenring Stadt Bochum.

EIKEMEIER, Dieter
Dr. phil., Prof. f. Koreanistik - Engelfriedshalde 105, 7400 Tübingen (T. 07071-6 28 26) - Geb. 10. Okt. 1938 Berlin, verh. m. Martha, geb. Ummenhofer, 2 Kd. - Gymn. Göttingen, Univ. Göttingen, Hamburg, Leiden, Münster, Bochum (Sinologie, Japanologie, Koreanistik, Rechtswiss., Phil.) - 1984/86 Präs. Assoc. for Korean Studies in Europe (AKSE) - BV: Elemente im polit. Denken d. Yŏn'am Pak Chiwŏn, 1970; Documents from Changjawa-ri, 1980; Getanzte Karikaturen (m. M. Göock), 1988 - Liebh.: Brettspiele, Skisport, Bergwandern - Spr.: Korean., Engl., Franz., Niederl.

EIKENBUSCH, Gerhard
Autor - Sågmästaregatan 1F, S-41680 Göteborg (T. 0046 - 31 - 67 94 52) - Geb. 3. Sept. 1952 - BV: Noch eben befriedigend, R. 1982; Eingemacht u. durchgedreht, R. 1983; Jahrhundertglück, R. 1985; U. jeden Tag e. Stück weniger v. mir, R. 1986; Wie e. Feder im Flug, R. üb. J. H. Pestalozzi, 1989; Auftritt v. rechts, 1982; Hörspiel: Patience (1988) - 1986 Förderungspreis Land Nordrh.-Westf.

EIKMEIER, Hans
Dr. med. vet., o. Prof. f. Innere u. Gerichtl. Veterinärmed. - Frankfurter Str.

Weimar, Stendal, Eisleben - Insz. u.a.: Moliere, Brecht, Beckett, Schiller, Bean, Fo, Albee, Ibsen, Hein, Drewniok, Ludwig, Erdmann, Lewandowski, Jacobsen, Bez, Aprilow, Gelman, Fonquez, Agranowski, Ensikat/Schaller, Strahl - Liebh.: Kunst, Lit., Musik.

EIGENFELD, Rolf
Dr. phil., Prof., Mineraloge u. Petrograph - Arndtstr. 37, 8700 Würzburg - S. 1949 (Habil.) Privatdoz. u. apl. Prof. (1955) Univ. Würzburg (Mitvorst. Mineral. Inst.). Fachveröff.

EIGNER, Gerd-Peter
Schriftsteller - Zu erreichen üb. Carl Hanser Verlag, Kolbergerstr. 22, 8000 München 86 (T. 089 - 9 26 94-0) - Geb. 21. April 1942 Malapane/Oberschles. - Gymn. Wilhelmshaven, PH Oldenburg, Univ. Hamburg (Soziol., Volkswirtsch., Gesch.) - 1969-71 Lehrer f. verhaltens- u. entwicklungsgestörte Kinder Bremen; langj. Aufenthalte in Spanien, Griechenland, Frankreich, Nordafrika u. Vorderasien - BV: Golli, R. 1978; Brandig, R. 1985; Mitten entzwei, R. 1988. Traktate, Choreograph. Theaterstück, 1972. Hörsp. u. Stücke: Sweet-Water-Beach (1976), Kastration, mehr oder weniger sanft (1977), Abel & Lulag (1978), D. Herz d. Musik oder d. Onkel kommt, d. Onkel geht (1980), Barfuß in Stiefeln - D. einzige Begegnung zw. Dostojewskij u. Flaubert (1982), Aragons Traum (1982), D. langen zwölf Stunden d. Kindheit (1983, auch als Buch), Sechs unbiograph. Angaben üb. Mozart u. üb. d. Schnee (1983), Im Notfall kann man immer noch alles wieder mit Gewinn verkaufen (1988) - 1978 Hörspielpreis d. Österr. Rundfunks; 1978 Literaturpreis u. Stadtliterat d. Stadt Bocholt; 1979/80 Villa-Massimo-Preis Rom; 1982 Stadtschreiber auf Burg Kniphausen b. Wilhelmshaven; 1983 Förderpreis d. Kulturpreises Schlesien d. Landes Niedersachs.; 1985 Stip. d. Dt. Literaturfonds - Liebh.: Terrassenbau, Oliven - Spr.: Engl., Franz., Ital., Span.

EIKELBECK, Heinz
Handwerksmeister, Oberbürgermeister, Stadt Bochum - Kellermannsweg 61, 4630 Bochum (T. 0234 - 47 60 14) - Geb. 17. Febr. 1926 Kamp-Lintfort (Vater: Bergmann), verh. s. 1948 m. Gerda, geb. Schmidt, 2 T. (Heide-Marianne, Petra) - Haupt- u. Fachschule -

126, 6300 Gießen (T. 7024764) - 1958 Habil., 1964 Prof., 1970 Lehrstuhl I f. Innere u. Gerichtl. Veterinärmed. Univ. Gießen. Facharb.

EILENBERGER, Gert
Dr. rer. nat, Prof. f. Physik Univ. Köln (s. 1970) u. Inst.-Leit. KFA Jülich - Mühlenweg 8, 5170 Jülich - Geb. 21. Juli 1936 Hamburg - 1955-61 Stud. Physik Univ. Göttingen; Dipl. 1960, Promot. 1961, Habil. 1965 - 1961-65 wiss. Assist. Univ. Göttingen; 1965-67 wiss. Assist. Cornell Univ. ITHACA/New York; 1967-69 Doz. Univ. Köln; 1969-70 Visit. Prof. Univ. Helsinki - BV: Solitons u. Math. Meth. for Physicists, 1981.

EILENDER, Hans Jürgen
Dipl.-Kfm., Geschäftsf. Standard-Messo Duisburg Ges. f. Chemietechnik mbH. & Co. - Friedensstr., 4150 Krefeld 11; priv.: Friedenstr. 219, 4150 Uerdingen - Geb. 5. Febr. 1929.

EILERS, Elfriede
Jugendwohlfahrtspflegerin, MdB a.D., Senioren-Beauftragte d. SPD - Am Balgenstück 17, 4800 Bielefeld (T. 8 16 85) - Geb. 17. Jan. 1921 Bielefeld (Eltern: Karl u. Lina E.), led. - Real- u. Frauensch.; kaufm. Lehre; 1950-52 Sem. f. Sozialberufe, Mannheim (Ex. 1953) - 1941-49 Maschinen- u. Bilanzbuchh. Stadtwerke Bielefeld; ab 1954 Fürsorgerin Jugendamt ebd.; 1957-80 MdB. SPD (Parlamentar. Geschäftsf. SPD-Frakt.) - Gr. BVK m. Stern - Liebh.: Lit. - Spr.: Engl.

EILERS, Franz-Josef
Dr. phil., Prof. Päpstl. Univ. Gregoriana, Rom, Kommunikationswissenschaftler, Prof. f. Kommunikationswiss. u. Missiologie am DIVINE WORD SEMINARY - 4120 Tagaytay/Philippinen - Geb. 11. Mai 1932 Emsdetten, kath. - Stud. Phil. u. Theol.; Missionspriestersem. St. Augustin; Stud. Missionswiss. (Dipl.), Publiz. u. Kommunikationswiss. Univ. Münster (Promot.) - 1967-71 Leit. Ref. f. Publiz. SVD, Rom; 1970-71 Ass. Secretary Sodepax, Weltrat d. Kirchen, Genf; 1971-85 Geschäftsf. Catholic Media Council, Aachen; s. 1983 Prof. - BV: Christl. Publiz. in Afrika, 1964; Z. Publiz. schriftloser Kulturen in Nordost Neuguinea, 1967; Kirche u. Publiz., 1973; Christian Communication Directory Africa, Asia, 1980 u. 1982; Communicating between Cultures, 1987, 1992. Herausg.: Communicatio Socialis, Ztschr. f. Publiz. in Kirche u. Welt (s. 1968) - Spr.: Engl., Ital., Niederl., Franz., Span.

EILERS, Ingo
Dipl.-Ing., Geschäftsführer Transferon Bremen Wäschereimaschinen GmbH., Vors. Fachgemeinschaft Wäschereimaschinen und Chem. Reinigungsmaschinen, Frankfurt a. Main - Freiligrath Str. 23, 2800 Bremen 1 - Geb. 29. Sept. 1926.

EILERS, Jan
Dipl.-Volksw., Landesminister a. D., Vizepräs. Dt. Olymp. Ges. - Alte Osenberge 20, 2900 Hatten-Sandkrug (T. 04481 - 4 10) - Geb. 16. Mai 1909 Varel/ Friesl., ev., verh. m. Rica, geb. Lüning, Sohn Hans-Uwe - Stud. Wirtsch.- u. Sozialwiss. (Dipl.-Volksw.) - B. 1939 Geschäftsf. in Wirtschaftsorg.; 1939-45 Kriegsdst. (Art.-Offz., mehrf. schwer verw.); 1945-50 Leit. Hauptarbeitsamt Oldenburg; 1950-63 Oberstadtdir. Oldenburg; 1963-65 Finanzmin. Land Niedersachs. (Rücktr.); 1965-76 Dir. AEG-Telefunken-Olympia-AG. Mitgl. Präsid. Dt. Städtetag (1950-63); Präs. Kommunal. Arbeitgeberverb. Niedersachs.; Mitgl. Präsid. Vereinig. Kommunal. Arbeitgeberverb. 1957-61 u. 1972-76 MdB - Präsid.-Mitgl. Nat. Olymp. Komitee f. Deutschl.; Ehrenpräs. Verb. Dt. Bürgervereine; Gr. BVK; Gr. Verdienstkreuz Land Niedersachs.; Gold. Ehrenplak. Dt. Olymp. Ges. - Liebh.: Lit., Gesch., Sport - Spr.: Engl., Niederl.

EILERS, Johannes

Vorstandsvorsitzender Midgard Dt. Seeverkehrs-AG (s. 1972) - 2890 Nordenham - Geb. 5. Juni 1929 - Direkt.-Mitgl. Stinnes AG, Mülheim/Ruhr; Vorst. Zentralverb. dt. Seehafenbetriebe, Hamburg.

EILERS, Karl-Heinz

Geschäftsinhaber, Aufsichtsratsvors. Dugena Uhren u. Schmuck eG, Darmstadt (s. 1984) - Osterstr. 12-13, 2986 Norden (T. 04931-54 32/33) - Geb. 10. Okt. 1937 Norden, verh. s. 1960 m. Etta, geb. Zeeden, 4 Kd. (Hilke, Karsten, Ralf, Udo) - Meisterprüf. Uhrmacher 1961 Aurich, Meisterprüf. Augenoptiker 1964 Berlin, Meisterprüf. Hörgeräteakustiker 1971 Mainz - S. 1985 Vorstandsvors. Dugena Leistungsgemeinsch. eG; AR Dugena AG. S. 1983 F.D.P.-Fraktionsvors. Landkr. Aurich - Liebh.: Segeln - Spr.: Engl.

EILERS, Wilhelm

Dr. jur., Dr. h. c., o. Prof. f. Oriental. Philologie (emerit.) - Theodor-Körner-Str. 6, 8700 Würzburg (T. 7 24 36) - Geb. 27. Sept. 1906 Leipzig (Vater: Prof. Dr. Wilhelm E., Oberstudiendir.; Mutter: Elly, geb. Pescheck), ev., verh. s. 1936 m. Erika, geb. Böhling, 2 Söhne (Wilhelm, Wolfhart) - Univ. Freiburg, München, Leipzig (Promot. 1931), Berlin (Rechtswiss., Orientalistik). Habil. 1938 Berlin - 1936-45 Dt. Archäol. Inst. (zul. Leit. Stützpunkt Isfahan/Iran); 1947-52 Doz. Univ. Sydney/Austral.; 1952-58 Doz. Univ. Marburg; 1958-74 Ord. u. Vorst. Oriental. Sem. Univ. Würzburg - BV: Gesellschaftsformen im altbabyl. Recht, 1931; D. Gesetzesstele Chammurabis, 1932; Iran. Beamtennamen in d. keilschriftl. Überlieferung, I 1940; Hafis. Vierzeilen, 1940; Irak. Vierzeiler, 1942; D. alte Name d. pers. Neujahrsfestes, 1953; Semiramis, 1971. Verf.: Dt.-Pers. Wörterb., 1959ff.; Festgabe dt. Iranisten z. 2500-Jahrfeier Irans, 1971; Über Sprache aus d. Sicht von Einzelsprachen, 1973; D. vergleichend semasiologische Methode i. d. Orientalistik, 1974; D. Mundart von Chunsar, 1976; Sinn u. Herkunft d. Planetennamen, 1976; D. Mundart von Gäz, 1979; Schiitische Wasserheilige, 1979; D. Āl, e. pers. Kindbettgespenst, 1979; Geogr. Namengeb. in u. um Iran, 1982; Iranische Ortsnamenstudien, 1987; D. Mundart v. Sīvänd, 1988; D. Name Demawend, 1988 - 1963 Ehrenmitgl. Kgl. Akad. Cordoba (Span.), 1973 ord. Mitgl. Bayer. Akad. d. Wiss., München, Mitgl. DAI, Dt.-Morgenl. Ges.; Acta Iranica, Teheran-Liège; Encyclopaedia Iranica, New York; Mitarb. Cambridge History of Iran; Mitgl. d. Iran. Komm. d. Österr. Akad. d. Wiss., Wien; 1981 BVK I. Kl. - Lit.: Festschr. (1967), Festschr. AMI Bd. 20 (1987).

EILERS-MECHTEL, Angelika, s. Mechtel, Angelika

EILERT-OVERBECK, Brigitte

Journalistin, Ressortleiterin Zeitschrift TV Hören u. Sehen - Abendrothsweg 71, 2000 Hamburg 20 (T. 040 - 8 71 94) - Geb. 15. Febr. 1947 Nordhausen (Vater: Heinz O., Kaufm.; Mutter: Erika, geb. Vollberg), verh. s. 1973 m. Fred Eilert - Lehre Verlagsbuchhändl. Düsseldorf (Abschl. 1966); ab 1967 Zeitschriftenredaktions-Volont. Düsseldorf - Ab 1969 Redakt.; s. 1979 Ressortleit. Frau u. Fam. TV Hören u. Sehen - BV: D. neue Katzenbuch, 1978; Katzen, 1980 - Spr.: Engl., Franz.

EIMER, Gerhard

Dr., Dr., Prof. u. Direktor Kunstgeschichtl. Inst. Univ. Frankfurt (s. 1973) - Hof Frhr. v. Stein Bubenheimer Str. 3, 6257 Hünfelden 1 - Geb. 5. April 1928 Marburg (Vater: Prof. Dr. med. Karl E., Intern.; Mutter: Dr. med. Ilse, geb. Reuter), ev., verh. s. 1962 m. Dr. Birgitta, geb. Lundgren - Promot. 1953 Kiel u. 1961 Stockholm; Lic.-Examen u. Habil. ebd. - 1956-58 Assist. Nationalmuseum Stockholm, 1961-62 Stip. Kunsthist. Inst. Florenz. Fachmitgl.sch. - BV u. a.: Casp. David Friedrich u. d. Gotik, 1964; La Fabbrica di S. Agnese in Navona Bd. I u. II, 1970-71; C. D. Friedrich, 4. A. 1980; Bernt Notke, 1985; Quellen z. polit. Ikonographie d. Romantik, 1987; Van Gogh Indices, 1992. Herausg.: Frankfurter Fundamente d. Kunstgesch. I-IX (ab 1982). Zahlr. Übers. aus d. Schwed. - 1985 Pommerscher Kulturpreis - Spr.: Schwed., Engl., Ital.

EIMER, Manfred

Dr. sc. agr., Dipl.-Ing.mach., Prof., Akad. Direktor - Südring 12, O.T. Obernjesa, 3405 Rosdorf 2 (T. 05509 - 602) - Geb. 20. Aug. 1933 Marburg/Lahn (Vater: Prof. Dr. med. Karl E.; Mutter: Dr. med. Ilse, geb. Reuter), ev., verh. s. 1966 m. Charlotte, geb. Brase, T. Frauke - Mittelsch. Lauenburg/Elbe, Schiffbauer-Lehre, Lauenb.; 1953-57 Ingenieursch. Hamburg (Schiffbau), ab 1963 TH Karlsruhe (allg. Masch.bau), Promot. 1971 Göttingen, Habil. f. Agrartechn. 1973 ebd. - 1957-59 Schiff- u. Masch.bau AG Mannheim, 1963-66 Forsch.-Anst. f. Landwirtsch. Braunschweig, s. 1966 Univ. Göttingen. 1978 Doz. Univ. Kumasi, Ghana (Entw.proj.) - Spr.: Engl.

EIMER, Norbert

Ing. (grad.), MdB (s. 1976) - Zaunkönigweg 16, 8510 Fürth (T. 76 34 20) - Geb. 19. März 1940 Trautenau (Vater: Richard E.; Mutter: Adele, geb. Bittner), ev., verh. s. 1971 m. Irmtraud, geb. Hüttel, 3 Kd. - FDP-Kinderbeauftragter Dt. Bundestag.

EIMERN, van, Josef

Dr. sci. math. nat., Dipl.-Meteorol., ehem. Prof. f. Bioklimatologie Univ. Göttingen - Gartenstr. 23, 8050 Freising - Geb. 16. März 1921 Till - Promot. 1948 Bonn; Habil. 1964 München - S. 1956 Leit. Agrarmeteorol. Forschungsst. d. Dt. Wetterdst., Weihenstephan, u. Wetteramt München (1972). 1970-80 apl. Prof. TU München (Meteorol.). 1979-81 Vors. Dt. Meteorol. Ges. - BV: Wetter- u. Klimakunde f. Landw., Garten- u. Weinbau, 4. A. 1984. Üb. 160 Einzelarb.

EIMERS, Enno

Journalist - Homburger Str. 21, 1000 Berlin 33 (T. 822 48 68) - Geb. 15. Dez. 1908 Hengsterholz/O. (Vater: Gerhard E., Rektor; Mutter: Sophie, geb. Ahlers), reform., verh. s. 1942 m. Dr. Margret, geb. Hillmann, 2 Kd. (Gerd, Helge) - Reform-Realgymn. Wilhelmshaven; 1928-33 Univ. Jena u. Göttingen (Dt., Gesch., Geogr., Phil.); 1935-36 Volontär Oldenbg. Nachr. - S. 1938 (m. kriegsbedingter Unterbr.) Berliner Lokal-Anzeiger, D. Nachtausgabe, German News Service, dpa (1946), D. Neue Ztg. (1947; Leit. Büro Hamburg), Hbg. Anz. (1953; Ressortleit. Politik), Braunschweiger Ztg. (1957; Kommentator), Bremer Nachr. 1958; stv. Chefredakt.), D. Kurier (1959; stv. Chefredakt. u. Chef v. Dienst, Presse- u. Informationsamt/Vertr. Berlin (1968). Freier Journalist (1974).

EIMICKE, Alfried

Dr., Vorstandsmitgl. Holsten-Brauerei, Hamburg/Kiel - Holtenauer Str. 121, 2300 Kiel.

EIMÜLLER, Hermann-Josef

Schriftsteller, Illustrator, Verleger - Schützenstr. 6, 8900 Augsburg 1 - Geb. Augsburg - BV: Menschenkreuzweg, 9 Stationsfragmente 1981; Losgelassen, Text- u. Bilderbuch 1982; Wendspiele in Sachen Schöpfung, 1984; V. Gleichgewicht d. Zärtlichkeit, 1985; Oskar Maria Graf zu Ehren, 1987; D. lechslavische Liederb., 1988; Berd Brehds Moridad fom Megi Meser auf Lehslaviš, 1989; Kamerad Schönfärber, 1990; Zeilengelände (m. Peter Hanslmeier u. Siegfried P. Rupprecht), 1992; Vom Gleichgewicht d. Welt, 1992; D. Provinz u. ihr Dichter Oskar Maria Graf, 1992. Zahlr. Langspielpl. nach Liedern u. Theaterst., u.a.: Menschenkreuzweg (1982); Spielball Schöpfung (1983); Erbarmen unserer Zeit (1984); Kreuzfahrt nach Ninive (1984). Aufführ. im In- u. Ausl. - Liebh.: Lechslavische u. bairische Provinzkultur.

EINBRODT, Hans Joachim

Dr. med., o. Prof. f. Hygiene u. Arbeitsmed. RWTH Aachen - Geb. 12. Juli 1927 Unseburg - S. 1968 Prof. Univ. Münster (1969 Abt.vorst. u.Prof. Inst. f. Staublungenforsch. u. Arbeitsmed.) u. TH Aachen (1969 Ord.). Vorst. Wiss. Ges. f. Umweltschutz. Herausg.: Wiss. u. Umwelt. Üb. 240 Fachveröff.

EINEM, von, Gottfried

Prof., Komponist - Wien-Hofburg, Kapuzinergang 86, A-1010 Wien - Geb. 24. Jan. 1918 Bern, ev., verh. I) Lianne, geb. v. Bismarck, S. Caspar, II) Lotte Ingrisch - Gymn. Ratzeburg; 1941-43 Musikstud. B. Blacher, Berlin - 1938-44 Kapellm.korrepetitor Staatsoper Berlin, 1938 u. 39 musikal. Assist. Bayreuther Festsp., 1944-45 Direktionsassist. Staatsoper Dresden, s. 1946 Lektor u. Dir.mitgl. (1965) Konzerthausges. Wien, 1948-62 Dir.mitgl. Salzbg. Festsp., em. o. Prof. Hochsch. f. Musik u. darstell. Kunst Wien. Opern: Dantons Tod, D. Prozeß, D. Zerrissene (n. Nestroy), D. Besuch d. alten Dame (n. Dürrenmatt), Kabale u. Liebe (Schiller), Jesu Hochzeit (Ingrisch), D. Tulifant (Ingrisch). Ballette, Medusa, Prinzessin Turandot, Rondo v. goldenen Kalb, Pas de Coeur, Glück, Tod u. Traum; Konzertst.: Capriccio f. Orch., Concerto f. Orch., Serenade f. dopp. Streichorch., Hymnus f. Altsolo, Chor u. Orch., Symphon. Szenen, Meditationen, Wandlungen, Ball. f. Orch., Philadelphia Symphony, Hexameron und Bruckner Dialog, Klavier- u. Violinkonz., Konz. f. Orgel u. Orch.; Orat. a. d. Nachgeborenen, D. Stundenlied; Wiener Symphonie, Ludi Leopoldini f. Orch.; Hunyady László, Drei Gaben f. Orch., Münchner Symph., 4. Symphonie; Kammermus.: 4 Stücke f. Klaviersolo, 2 Sonaten f. Klaviersolo, Sonate f. Klav. u. Geige, 4 Streichquart., 1 Bläserquint., Sonate f. Violine, f. Bratsche, f. Kontrabass Solo, Sonate f. Cello u. Klavier: Gute Ratschläge a capella, Chor, Missa Clara Vallensis, Unterwegs a capella Chöre; Lieder, Zyklen f. Singstimme u. Orchester: v. d. Liebe, Rosa. Mystica - 1965 Gr. Österr. Staatspreis; 1960 o. Mitgl. Akad. d. Künste Berlin; Präs. Alban-Berg-Stiftg. - Liebh.: Mod. Malerei u. Stahlwerke - Spr.: Engl.

EINERM, Hans

s. Gerlach, Rolf

EINERT, Günther

Dipl.-Volksw., Minister f. Wirtschaft, Mittelstand u. Technologie (s. 1990), MdL Nordrh.-Westf. (1966-70 u. s. 1971) - Haroldstr. 4, 4000 Düsseldorf (T. 0211 - 8 37-25 00) - Geb. 12. Okt. 1930 Langenöls, verh., 3 Kd. - Realsch.; Schlosserlehre; Hochschulreife; Stud. Univ. Hamburg u. in d. USA (Volkswirtsch.) - 1946-53 Schlosser u. Schweißer; 1958-60 Rechtsschutzsekr. b. DGB; 1960-80 gf. Vors. d. DGB Kr. Mark; 1964-74 Oberbürgermeister Stadt Iserlohn; 1975-80 Vors. SPD-Stadtratsfraktion; 1980-83 Parlam. Geschäftsf. d. SPD-Landtagsfraktion; 1983-90 Min. f. Bundesangelegenh.

EINSELE, Gerhard

Dr. rer. nat., o. Prof. f. Geologie (Exogene Dynamik) - Bohnenbergerstr. 31, 7400 Tübingen - Geb. 17. März 1925 Kirchheim/Teck - S. 1962 (Habil.) Lehrtätigk. Univ. Tübingen (Wiss. Rat u. Prof.), Kiel (1968 Ord. f. Geol.), Tübingen (Ord. f. Exog. Dynamik). Fachaufs. üb. Sedimentologie u. Meeresgeologie, Hydrogeologie u. Ingenieurgeologie.

EINSELE, Helga

Dr. jur., Regierungsdirektorin a. D., Honorarprof. f. Strafvollzugsrecht u. - wiss. Univ. Frankfurt - Savignystr. 59, 6000 Frankfurt/M..

EINSELE, Martin

Dipl.-Ing., o. Prof. f. Städtebau u. Entwerfen Inst. Orts-, Regional- u. Landesplan. Univ. Karlsruhe, Architekt (BDA, SRL, DASL) - Am Künstlerhaus 32, 7500 Karlsruhe 1 - Geb. 11. April 1928.

EINSELE, Theodor

Dr.-Ing., em. Univ.-Prof. f. Informationstechnik - Taxisstr. 23, 8000 München 19; Wengertstr. 25, 7032 Sindelfingen - Geb. 11. Aug. 1921 Kirchheim/Teck - Dipl.-Ing. 1950, Dr.-Ing. 1953 TH Stuttgart - 1953-66 IBM-Deutschland; Lehrauftr. TH Stuttgart (1956-70) u. TH Karlsruhe (1960-66); Lehrst. f. Datenverarb. TU München s. 1966; emerit. 1986.

EINSLE, Hans

Verlagsbuchhändler, Schriftst. - Schwabenstr. 1a, 8901 Königsbrunn - Geb. 2. Dez. 1914 Kempten/Allg. - Zahlr. Romane u. Sachb. (zul.: D. Abenteuer d. bibl. Forsch. - V. d. Arche Noah b. zu d. Schriftenrollen v. Qumran, Sie glaubten an d. ew. Leben - Bibl.Forsch. v. Bethlehem b. z. Grab Petri); D. Bayern-Lexikon; D. Ungarnschlacht auf d. Lechfeld im Jahre 955 - Ursachen u. Wirk.; D. Nachtbäume v. Kreta; Ich warte auf Dich in Ischia; E. Reise durch d. schwäb.-alemann. Land; Ich, Minos, König v. Kreta; Sophia Schliemann; Arthur Evans - D. wiederentdeckte Kreta.

EINSTEIN, Siegfried

Schriftsteller, Doz. f. dt. Lit. - Richard-Wagner-Str. 79, 6800 Mannheim (T. 44 17 52) - Geb. 30. Nov. 1919 Laupheim/Württ. (Vater: Max E., Warenhausbes.; Mutter: Fanny, geb. Marx), isr., verh. s. 1967 m. Ilona, geb. Sand, 3 Kd. (Claire-Caroline, Marion, Daniel-Siegfried) - HH St. Gallen (Dipl. 1940); Sprachstud. (Engl., Franz., Span.). B. 1945 Arbeitslager Schweiz, Mitarb. Presse u. Rundf. In- u. Ausl., s. 1945 Mitgl. ISDS - BV: Melodien in Dur u. Moll, Ged. 1946, 2. A. 1948; Sirda, N. 1948; Thomas u. Angelina, Erz. 1949; D. Schilfbuch, Erz. 1949; D. Wolkenschiff, Ged. 1950; Legenden, 1951; Eichmann - Chefbuchhalter d. Todes, 1961. Übers.: Dostojewskij, D. Frau e. anderen, N. 1947; Roger Mauge, D. Gesch. v. Goldfisch, Erz. 1961; Eichmann - Chefbuchhalter d. Todes, 1961 (auch russ.) - 1955 Stipend. Bertelsmann-Verlag, 1956 TH. Mann-Spende, 1964 Kurt-Tucholsky-Preis Kiel - Liebh.: Franz. u. span. Lit., europ. Lyr., Expressionismusdebatte, jidd. Schallplatten, Bummeln in Augsburg, Ascona u. Annecy - Mit d. Nobelpreisträger Albert E. weitläuf. verwandt. Lit.: Prof. E. L. Kerkhoff, i.: „Kl. dt. Stilistik" u. L. Ginsburg (Moskau) „Preis d. Asche, Dt. Marginalien" (beide 1962).

EINWAG, Alfred

Dr., Bundesbeauftragter f. d. Datenschutz - Stephan-Lochner-Str. 2, 5300

Bonn 2 (T. 0228 - 81 99 50) - Geb. 18. März 1928 Ebern/Unterfr., verh. s. 1953 m. Gertrud, geb. Gagel, 6 Kd. (Johannes, Angela, Heribert, Michael, Matthias, Annette).

EIRICH, Raimund

Dr. rer. pol., Dipl.-Ing., Dipl.-Wirtsch.-Ing., pers. haft. Gesellschafter Firma A. & A. Eirich, Hardheim, Inh. Eirich-Verlag - Jahnstr. 22, 6969 Höpfingen - Geb. 12. Aug. 1931, verh. s. 1965 m. Pauline, geb. Moll, 2 Töcht. - Diplome u. Promot. 1956-72 München - BV: Memmingens Wirtsch. u. Patriziat 1347-1551, 1972; D. Imhof in d. oberschwäb. Städten, 1976 - Liebh.: Wirtsch. u. Patriziatsgesch. d. Allgäuer Reichsstädte - Spr.: Engl.

EISCH, Erich

Geschäftsführer - Degenberger Ring 16, 8377 Frauenau (T. 09926 - 18 92 44) - Geb. 15. Sept. 1928 Frauenau, kath., verh. s. 1957 m. Gertraud, geb. Rammel, 4Kd. (Brigitte, Renate, Albrecht, Eberhard) - Abit.; 1951/52 Fachsch. f. Glashüttentechnik Zwiesel - S. 1952 Geschäftsf. elterl. Glashütte in Frauenau, s. 1963 Mitinh. - 1985 Med. f. Umweltschutz - Liebh.: Musik - Spr.: Engl.

EISEL, Horst

Direktor im Bundesgrenzschutz - Grenzschutzdirektion, Hohenfelder Str. 16, 5400 Koblenz 1 - Geb. 29. Jan. 1935.

EISELE, Jürgen

Hotelier, MdL Baden-Württ. (Wahlkr. 31/Ettlingen; s. 1980) - Waldring 3a, 7517 Waldbronn - Geb. 9. Juni 1951 Busenbach, kath., verh., 2 Kd. - Höh. Handelssch., Wirtsch.gymn.; Stud. Wirtsch.wiss. Mannheim - 1976 Dipl.-Handelslehrer; 1976/77 Aufbaustud. d. Verw.wiss. Speyer (Ex.) - 1977-82 Werbeleit. d. Kurverw. Waldbronn; s. 1983 Hotelier; Vors. d. Dt. Ges. z. Förd. u. Entw. d. Seminar- u. Tagungswesens; Beiratsvors. Wasserkraftwerke Baden-Württ.; Vorst.-Mitgl. d. Bundesmittelstandsvereinigung; Kreisvors. Landkreis Karlsruhe.

EISELE, Wolfgang

Dr. rer. pol., Dipl.-Kfm., o. Prof. f. Betriebswirtschaftslehre Univ. Hohenheim (s. 1975) - Uhlbacher Str. 39/1, 7300 Esslingen a. N. - Geb. 25. Febr. 1938 Stuttgart (Vater: Alfons E., Polizeikommiss. i. R.; Mutter: Berta, geb. Salch), kath., verh. s. 1968 m. Carla, geb. Kellermann, 2 Kd. (Florian, Silke) - Stud. Univ. Tübingen, München, Würzburg; Promot. (1965) u. Habil. (1972) ebd. - 1972 Doz. Univ. Würzburg. Fachmitgl.sch. - BV: Return on Investment. D. Rückfluß d. investierten Kapitals, 1965; Betriebswirtschaftl. Kapitaltheorie u. Unternehmensentwickl., 1974; Technik d. betriebl. Rechnungswesens. Buchführ.-Kostenrechn., Sonderbilanzen, 4. A. 1990 - Spr.: Engl.

EISENBACH, Joachim

Dr. med., apl. Prof., f. Chir. Univ. Erlangen, Chefarzt I. Chir. Klinik Klinikum Bamberg - Buger Str. 80, 8600 Bamberg.

EISENBERG, Johannes

Dipl.-Volksw., Filmproduzent, Drehbuchautor - Kellerwaldstr. 5, 3550 Marburg (T. 06421 - 4 77 73) - Geb. 19. April 1947 Reichenbach, ev., verh. s. 1976 m. Elke, geb. Appaly, 4 Kd. (Diana, Florian, Benjamin, Raphael) - Stud. Volkswirtschaft; Dipl. 1974 Marburg - Prod. wiss. Informationsfilme (Schwerpunktber. Med.) u. Industriefilme - Spr.: Engl.

EISENBERG, Peter

Dr., Dipl. Ing., Prof. f. Linguistik - Walter-Flex-Str. 20, 3000 Hannover 1 (T. 0511 - 69 43 85) - Geb. 18. Mai 1940 Strausberg/Mark, verh. m. Gabriele, geb. Hänsel, 2 T. (Sonja, Johanna) - Stud. Nachrichtentechn. u. Musik Berlin; Stud. Linguistik Berlin u. Cambridge/USA - 1971-75 wiss. Assist. Berlin, 1975-80 akad. Rat Univ. Hannover, s. 1980 Prof. FU Berlin (Fachber. German) - BV: Oberflächenstruktur u. logische Struktur, 1976; Grundriß d. dt. Grammatik, 1986 - Bek. Vorf.: Dr. Johannes Andreas Eisenbarth.

EISENBERG, Ulrich

Dr. jur., o. Prof. FU Berlin (s. 1976) - Neuchâteller Str. 7, 1000 Berlin 45 - Geb. 5. März 1939 Hanau/M. - Stud. Rechtswiss. Jurist. Staatsprüf. 1964 u. 67 Hessen. Promot. 1967; Habil. 1974 - BV: Strafe u. freiheitsentzieh. Maßnahme, 1967; Einf. in Probleme d. Kriminol., 1972; Lehrb. d. Kriminol., 3. A. 1990; Minderjährige in d. Ges., 1980; Komment. z. Jugendgerichtsgesetz, 4. A. 1991; Bestreb. z. Änder. d. JGG, 1984; Kriminol., Jugendstrafrecht, Strafvollzug - Fälle u. Lösungen, 3. A. 1991; Aussetzung d. Strafrestes z. Bewährung (Mitverf.), 1987; Verkehrsunfallflucht (Mitverf.), 1989.

EISENBERG, Ursula

Studienrätin, Schriftst. - Waldseeweg 23, 1000 Berlin 28 (T. 030 - 404 99 47) - Geb. 21. Aug. 1945 Spornitz/Meckl., T. Katharina - 1965-70 Stud. Musik u. German. Berlin - BV: Da kommt noch was nach, 1981; Und wo bleib ich?, Kindergesch. 1991; Tochter eines Richters, R. 1992. Div. Beiträge f. Ztschr. u. Rundf.

EISENBERGER, Herbert

Dr. phil., Prof. f. Klass. Philologie Univ. Frankfurt/M. (s. 1971) - Blücherstr. 5, 6501 Budenheim (T. 06139 - 3 38) - Verh. s. 1976 m. Renate, geb. Nickerl - Gymn. Wiesbaden; 1951-57 Univ. Frankfurt (Klass. Philol., Angl., Alte Gesch., Phil.; Lehrer u. a. Karl Reinhardt, Matthias Gelzer u. Carlo Schmid). Promot. (1956) u. Habil. (1968) Frankfurt - BV: D. Mythos in d. äol. Lyrik, 1956; Studien z. Odyssee, 1973. Zahlr. Fachaufs. u. Rez. - Spr.: Engl., Franz., Ital.

EISENFÜHR, Franz

Dr. sc. pol., Prof., f. Betriebswirtschaftlehre Univ. Köln - Merowingerstr. 48, 5100 Aachen - Geb. 18. Okt. 1936 Berlin (Vater: Hansjoachim E., Kaufm.; Mutter: Hildegard, geb. Meys), verh. s. 1966 m. Jutta, geb. Richter, 2 Kd. (Harald, Astrid) - Gymn.; Banklehre; Stud. Wirtschaftswiss. Dipl.-Volksw. (1962) u. Promot. (1966) Kiel.

EISENFÜHR, Gottfried W.

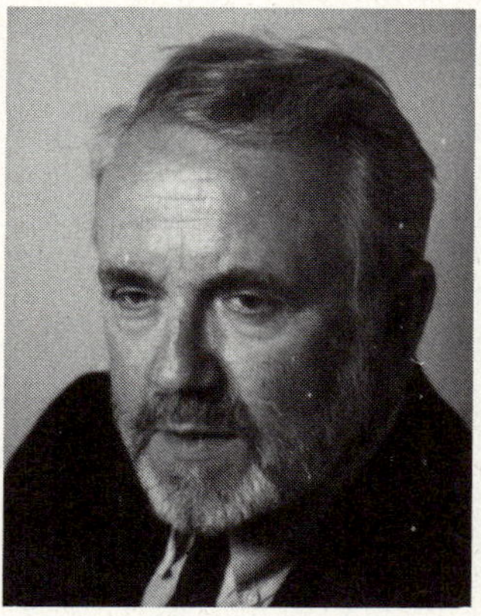

Dr., Rechtsanwalt, Vors. Rechtsaussch. u. Präsidialrat Landesjagdverband Hamburg (LJV), Vorst.-Mitgl. Spitzenorg. d. Filmwirtsch. (SPIO), Verein Gold. Cinema, u. Verein Werbefachschule Hamburg, Kurat.-Mitgl. Kommunikations-Akad. Hamburg, Mitgl. Fachaussch. Werberecht ZAW, gf. Vorst.-Mitgl. FDW Werbung im Kino - Oberhafenstr. 1, 2000 Hamburg 1 - Geb. 21. März 1925 Berlin - Zahlr. Mitgliedsch., u. a. Ges. Hamburger Juristen, Dt. Vereinig. f. gewerbl. Rechtsschutz u. Urheberrecht, Dt. Versuchs- u. Prüfanst. f. Jagd- u. Sportwaffen (DEVA), Norddt. Gebrauchshunde-Verb.

EISENHUT, Werner

Dr. phil., Prof. f. Klass. Philologie - Brüderstr. 7, 1000 Berlin 45 - Geb. 30. Jan. 1922 Nürnberg (Vater: Philipp E., Bankkfm.; Mutter: Anna, geb. Pöllath), verh. s. 1957 m. Reinhilde, geb. Böhm, 2 Kd. (Corinna, Marcus) - Neues Gymn. Nürnberg (Abit. 1940); Univ. München (Klass. Philol.). Promot. 1949 München; Habil. 1968 Berlin - B. 1957 Wiss. Assist. Univ. Erlangen, dann Akad. bzw. Wiss. Rat (1969) FU Berlin; jetzt Prof. (1971) FU Berlin - BV: Properz-Stud., 1948 (Diss.); Catull, 1956; Dictys Cretensis, 1958; Virtus Romana, 1973 (Habil.schr.); D. lat. Sprache, 1959; Einf. in d. antike Rhetorik u. ihre Gesch., 1974; Catullus, 1983; m. Lindauer Sallust, 1985 (zweispr.). Herausg.: Ars interpretandi (1970), Properz (Wege d. Forsch. 1975) - Socius h. c. Intern. Ovid-Ges. - Liebh.: Hochseesegeln - Spr.: Engl., Franz. u. a.

EISENKRÄMER, Kurt

Dipl.-Landw., Dr. agr., Staatssekretär Bundesmin. f. Ernährung, Landwirtsch. u. Forsten (1989-92) - Rochusstr. 1, 5300 Bonn-Duisdorf - Zul. Ministerialdir., Leit. Abt. II (Planungskoordination u. Wirtschaftsbeob.) Bundesmin. f. Ernährung, Landwirtsch. u. Forsten.

EISENLOHR, Horst H.

Dr. rer. nat., Dipl.-Physiker, Ltd. Regierungsdirektor i. R. - Gießhüblerstr. 19, A-2344 Maria Enzersdorf b. Wien - Geb. 12. Okt. 1926 Altdorf/Baden-Württ., ev., verh. s. 1957 m. Anneliese, geb. Papenfuß, T. Christine - Initiator u. erster Sekr. d. IAEA/WHO Netzes v. Sekundärstandard-Labor. f. Strahlendosimetrie. Mehrere Fachb. u. Fachveröff. - Spr.: Engl. - Mitgl. Lions-Club.

EISENLOHR, Ulrich

Musiker, Pianist - Schützenhausstr. 9, 6903 Neckargemünd (T. 06223 - 7 14 20) - Geb. 11. Sept. 1954 Eppingen (Vater: Hermann E., Studiendir.; Mutter: Ilse, geb. Oberndörfer), kath., ledig - Stud. Schulmusik Heidelberg, 1. Staatsex.; Liedgestaltung b. Prof. Richter, Stuttgart - S. 1980 Lehrauftr. f. Liedgestalt. u. Korrepetitor Staatl. Musikhochsch. Heidelberg/Mannheim; 1983-86 Lehrauftr. f. Klavier Ev. Kirchenmusik-Inst. Heidelberg; 1984-87 Lehrauftr. f. Korrepetition Staatl. Musikhochsch. Frankfurt/M.; s. 1986 Lehrauftr. f. Liedgestaltung Staatl. Musikhochsch. Karlsruhe. Konzerttätigk. als Solist, Kammermusiker u. Liedbegleiter.

EISENMANN, Josef

Dr.-Ing., o. Prof. f. Bau v. Landverkehrswegen - Meindlstr. 18b, 8000 München 70 - Geb. 9. Juli 1928 - Promot. 1958; Habil. 1964 - S. 1969 Ord. TU München (Lehrstuhl u. Prüfamt f. Bau v. Landverkehrswegen). Bücher u. Aufs. - BVK I. Kl.

EISENMANN, Otto

Landesminister a. D. - Karlstr. 8, 2210 Itzehoe (T. 33 65) - Geb. 26. Febr. 1913 Alpirsbach/Württ., ev., verh. s. 1940 m. Marianne, geb. Frähmcke, 3 Kd. - Realsch.; Reifeprüf. n. Selbststud.; autodidakt. Stud. Wirtschafts- u. Sozialwiss. S. 1948 Versicherungskfm. (selbst.); 1967-69 Min. f. Arbeit, Soziales u. Vertriebene v. Schlesw.-Holst. I. Stadtrat u. stv. Bürgerm. Itzehoe. MdK Steinburg; MdL Schlesw.-Holst. (1954-57, 1967-68); MdB (1957-67). B. 1958 DP, dann FDP (1963-69 (Rücktr.) Landesvors. SH), n. Parteiaustr. 1970 CDU. 1940-47 Wehrdst. (Inf.; 1942 Ltn. d. R.) u. engl. Gefangensch. - 1971 Bayer. Naturschutzpreis; 1956 Silb. Ehrennadel Turnverb. Schlesw.-Holst. u. Leichtathletik-Verb. - Liebh.: Turnen, Sport (vor d. Kriege Speerwurfm. Württ. u. Pom., Teiln. versch. Länderkämpfe, Zehnkämpfer; üb. 15 mal Gold. Leistungsabz., letzte Ergebn.: 75-m-Lauf 9,8 sek., Kugelstoßen 11,28 m. Diskuswerfen 39,17 m, Speerwerfen 47,82 m, Weitsprung 5,08 m), Skilauf, Theater - Spr.: Franz.

EISENMENGER, Wolfgang

Dr. med., o. Prof. f. Rechtsmedizin LMU München - Wilhelm-Humser-Str. 2, 8022 Grünwald/Obb. - Geb. 4. Febr. 1944 Waldshut/Baden (Vater: Dr. Horst, Tierarzt; Mutter: Paula, geb. Studinger), kath., verh. s. 1971 m. Gertrud, geb. Cigolla, 2 Töcht. (Simone, Irene) - Hochrhein-Gymn. Waldshut; 1963-68 Univ. Freiburg/Br. u. Wien - S. 1977 (Habil.) Lehrtätigk. Univ. München (1978 Wiss. Rat u. Prof.). Üb. 100 Facharb. - Spr.: Franz., Engl.

EISENTRAUT, Martin

Dr. rer. nat., Prof. f. Zoologie, Museumsdirektor i.R. - Buschstr. 45, 5300 Bonn - Geb. 21. Okt. 1902 Groß-Töpfer (Vater: Johannes E., Pfarrer; Mutter: Anna, geb. Bischoff), ev., verh. 1930-81 m. Johanna, geb. Rißmann †, T. Hannelore - Latina d. Franckeschen Stiftung, Halle/Saale; Stud. Zoolog., Botan., Geolog. Halle/S., Promot. 1925 - 1926 Museums-Assist., 1939 Kustos, 1950 Hauptkonservator, 1957-77 Dir. - BV: D. dt. Fledermäuse, 1937; Eidechsen d. span. Mittelmeerinseln, 1950; Überwinterung im Tierreich, 1955; D. Winterschlaf, 1956; Aus d. Leben d. Fledermäuse u. Flughunde, 1957; D. Wirbeltiere d. Kamerungebirges, 1963; Wirbeltierfauna v. Kamerun u. Fernando, Poo, 1973; Gaumenfaltenmuster d. Säugetiere, 1976; Im Schatten d. Mongo-ma-loba, 1982; Im Land d. Chaco-Indianer, 1983; Buntes Herbstlaub, 1984; Wir reichen uns d. Hände, 1988; Erinnerungen. E. Familiengeschichte im Rahmen d. Zeitgeschehens, 1992 - 1972 Ehrenmitgl. d. Ges. f. Säugetierkunde; 1972 Gr. BVK - Spr.: Engl., Span.

EISERMANN, Gottfried

Dr. rer. pol., Dr. sc. pol. h.c. (Padova); Dr. rer. soc. h. c., Prof. d. Soziologie - Am Quirinusbrunnen 6, 5300 Bonn (T. 23 89 00) - Geb. 6. Nov. 1918 Berlin, ev., verh. in 2. Ehe (1955) m. Nora, geb. Herwald, 4 Kd. (David-Gottfried, Tobias, Daniel, Jessica) - Stud. Soziol., Nationalök., Rechtswiss., Phil., German. Berlin, Perugia, Rom - 1957 Doz. Univ. Heidelberg; 1962 Ord. Univ. Bonn. 1967 Gastprof. Istituto Luigi Sturzo Univ. Rom, Indiana Univ. Mitgl. zahlr. Fachges. - BV: D. Grundl. in d. dt. Nationalök., 1956; D. Lehre v. d. Ges. - E. Lehrb. d. Soziol. 1958, 3. A. 1973; Vilfredo Paretos System d. allg. Soziol., 1962; Wirtsch. u. Ges., 1964; Trattato di Sociologia Generale, 1965; D. gegenw. Lage d. Soziol., 1967. Herausg.: Soziol. d. Entwicklungsländer (1968); D. Krise d. Soziol. (1976); D. dt. Sprachgemeinsch. in Ostbelgien (2. A. 1980); D. dt. Sprachgemeinsch. in Südtirol (1981); La montagna del Sole, (2. A. 1982); Vilfredo Pareto (1987); Max Weber u. Pareto (1989); Gottfried Benn (1991); Rolle u. Maske (1991); Bonner Beitr. z. Soziol., 21 Bde. - 1965 Mitgl. Assoc. Italiana di Scienze Sociali; Ehrenmitgl. Istituto Luigi Sturzo u. Assoc. Intern. des Sociol. de Langue Francaise; Cavaliere dell'Ordine al Merito della Reppublica Ital.; Ehrendoktor Univ. Bochum - Liebh.: Lit., Film, Theater, Malerei - Spr.: Ital., Engl., Franz.

EISERMANN, Walter

Dr. phil., em. o. Prof. f. Allg. Pädagogik - Tiergarten 95, 3300 Braunschweig-Lamme (T. 51 12 30) - Geb. 5. April 1922 Hamburg (Vater: August E., städt. Angest.; Mutter: Auguste, geb. Nackenhorst), ev., gesch., 2 Söhne (Lorenz, Gundolf) - Mittelsch.; Gymn.; kaufm. Lehre (Ind.); Univ. Hamburg u. Tübingen (Erziehungswiss.; Promot. 1958) - Ab 1958 Volks- u. Mittelschullehrer, 1960-64 Doz. Päd. Inst. Stuttgart u. Päd. Hochsch. Ludwigsburg (1962), s. 1964 Prof. PH Braunschweig (1965 Prorektor) u. Nieders./Abt. Braunschweig (1970 o. Prof., s. 1978 TU Braunschweig). Emerit. 1989 - BV: Üb. d. Möglichkeit e. Gewissenserzieh., Diss. 1958. Beitr. z.

päd. Anthropol., Gesch. d. Päd., Bildungstheorie u. -politik, Sammelw. u. Festschr. Herausg.: Psych. u. Menschenbildg., Bd. IV d. Gesammelt. Schriften Eduard Sprangers (1974). Mithrsg.: E. Spranger, Ges. Schriften (11 Bde. 1969ff.); Maßstäbe - Perspektiven d. Denkens v. E. Spranger (m. H. J. Meyer, H. Röhrs, 1983); Festschr. f. W. E. (1987): Z. Kritik u. Neuorientierung d. Päd. im 20. Jh. (hg. v. Hein Retter u. Gerhard Meyer-Willner) - Liebh.: Wandern, Fotogr., Musik - Spr.: Engl., Span.

EISERT, Wolfgang G.

Dr. rer. nat., Dr. med., Dr. rer. hort. habil., Dipl.-Phys., Arzt, Prof. f. Biophysik Univ. Hannover, Visiting Prof. of Pharmacy and Radiology Univ. of California, San Francisco, Leiter Clinical Pharmacology Research Dr. K. Thomae GmbH u. Leiter A. Zytometrie Univ. Hannover - 7950 Biberach/Riss - Geb. 5. Febr. 1947 Hannover, verh. m. Dr. med. Roswitha M., geb. Ostertag, 2 Kd. (Christian, Susan) - 1966-71 Stud. Physik Univ. Hannover u. 1971-77 Stud. Humanmed. Med. Hochsch. Hannover; Promot. (Dr. rer. nat.) 1973 Hannover, Promot. (Dr. med.) 1978, Approb. 1977, Habil. (Biophysik) 1981 Hannover; Facharztausbild. Pharmakol. (Thomae, Univ. of California San Francisco) - 1973-90 Ges. f. Strahlen- u. Umweltforsch. (GSF) München; 1976-78 Bell Laboratories, Murray Hill, N.J., USA; 1980-81 Memorial Sloan Kettering Cancer Center, New York, USA; 1983, 85, 89 Univ. of Calif. San Francisco. Div. Patente üb. zytometrische Meßsysteme sowie pharmak. wirksame Substanzen - BV: Biological Dosimetry, 1983. Mehr als 70 Fachveröff. - 1980 Wiss.-Preis Dt. Ges. f. Biomed. Technik.

EISFELD, Fritz

Dr.-Ing., Prof. f. Kraft- u. Arbeitsmaschinen Univ. Kaiserslautern (s. 1973) - Rousseaustr. 10, 6750 Kaiserslautern - Geb. 5. März 1925 - Promot. 1960 - 1963-73 Abteilungsleit. DFVLR. Bücher u. Einzelarb.

EISFELD, Rainer

Dr. rer. pol., Prof. f. Politikwissensch. Univ. Osnabrück - Werderstr. 5, 4500 Osnabrück (T. 0541 - 43 08 45) - Geb. 4. April 1941 Berlin, verh. m. Marion Roitzheim-E. - Univ. Saarbrücken (Dipl.-Volksw. 1966), Univ. Frankf. (Promot. 1971) - 1968 Wiss. Ass. Univ. Frankf., 1972 Doz., 1974 o. Prof. Univ. Osnabrück - BV: Pluralismus zw. Liberalismus u. Sozialismus, 1972 (ital. 1976); Souveränität u. Supranationalität, 1976; Mitteleuropa - Paneuropa, 1980; Sozialist. Pluralismus in Europa, 1984; Ausgebürgert u. doch angebräunt: Politikwiss. in Dtschl. 1920-45, 1991. Aufs. zu Demokratietheorie, Parteien- u. Interventionsstaat, westeurop. Integr. u. Hochschulfragen in dt., amerik., engl., ital., portug. u. jugosl. Fachztschr. u. Sammelw. Herausg.: Null-A (1986, Polit. Science Fiction v. A. E. van Vogt); Ischer (1989, Polit. Science Fiction v. A. E. van Vogt); Frau im Mond (1989, R. v. Thea v. Harbou); Gegen Barbarei (1989, m. Ingo Müller) - 1984 IPSA Research Comm. on Socio-Pol. Pluralism; 1992 Kurat. d. KZ-Gedenkstätte Mittelbau-Dora.

EISHOLZ, Lutz

Autor, Regiss., Prod. - Großbeerenstr. 55, 1000 Berlin 61 (T. 030 - 785 92 55) - Geb. 1940 Dessau/Anh. - N. Abit. Buchhändlerlehre; Folkwangsch. Essen (Fotogr.); 1966-69 Film- u. Fernsehakad. Berlin - S. 1973 eig. Fa. Spielfilme: Bruno d. Schwarze (1970), Liebe d. Leben (1977). Fernsehsp. u. a.: Mannheimer Filmdukaten (f. Bruno ...) - Spr.: Engl., Franz., Span., Holl.

EISINGER, Walther

Dr. theol. (habil.), o. Prof. f. Prakt. Theologie Univ. Heidelberg (s. 1965) - Beethovenstr. 62, 6900 Heidelberg (T. 41 23 62) - Geb. 28. Febr. 1928 Freiburg/Br. - Fachveröff.

EISMANN, Josef

I. Bürgermeister (s. 1970), Kreisrat, Kreisvors. Bayer. Gdetages. - Rathaus, 8557 Eggolsheim/Ofr. - Geb. 13. Juni 1936 Kauernhofen - Zul. Lehrer. CSU.

EISNER, Annemarie

Dr. phil., (Künstlername Anja Eisner) Theaterwissenschaftlerin - Schloßberg 19, O-5900 Eisenach - Geb. 23. Aug. 1956 Prenzlau - Stud. 1975-80 Theaterwiss.; Dipl. Theaterhochsch. Hans Otto, Leipzig; Stud. 1985-87 Soziol. Univ. Leipzig; Promot. 1988 Leipzig - 1986 Ausl.aspirantur (Inst. f. Theater, Musik u. Kinematographie, Leningrad) - Spr.: Russ., Engl.

EISNER, Stefan

s. Ferrari, Gustav

EISSLER, Heinrich

Dipl.-Ing., Prof. f. Architektur (Entwerfen/Baukonstrukt.) Univ. Kaiserslautern - Ludwig-Erhard-Str. 20, 6750 Kaiserslautern.

EISTERT, Michael Armin

Dipl.-Ing., Vorstandsvorsitzender d. Babcock Sempell AG, Korschenbroich, Vorst.-Mitgl. d. Deutsche Babcock Ind. u. Systemtechnik AG, Oberhausen - Werner-von-Siemens-Str., 4052 Korschenbroich 1 - Geb. 4. Juli 1936 Beuthen/OS.

EISTERT, Ulrich

Prof. Staatl. Hochsch. f. Musik Stuttgart, Chordirektor u. Kapellm. Württ. Staatstheater Stuttgart - Finkenstr. 11, 7024 Filderstadt (T. 0711-77 51 40) - Geb. 30. Dez. 1935 Weißwasser, verh. s. 1964 m. Sigrid Heuss, 2 Kd. (Torsten, Birgit) - Staatl. Hochsch. f. Musik Köln (Dirig., Kompos., Klavier); Bühnenengagem. in Köln, Braunschweig, Hannover, Stuttgart - Liebh.: Sport - Spr.: Engl., Franz.

EITEL, Karl

Dr., pers. haft. Gesellschafter u. Sprecher d. Geschäftsführung d. Vorwerk & Co. Elektrowerke KG, AR Glunz AG, Hamm - Mühlenweg 17-37, 5600 Wuppertal 2 - Geb. 27. Sept. 1938.

EITH, Ule J. R.

Regisseur, Autor, Produzent - Elbdeich 3, 2162 Steinkirchen - Geb. 7. Mai 1916 Koblenz, verh. s. 1954 m. Rosemarie, geb. Boehlke, T. Nicole - Stud. German., Ztgswiss., Theaterwiss. in Berlin, München, Paris - Zahlr. Drehb., Fachart.; üb. 300 Filme u. Fernsehprod. - Prix Femina, Unda-Preis u. a. Filmpreise - Liebh.: Malen, Hochseesegeln - Spr.: Engl., Franz.

EITING, Aloys

Sparkassendirektor, Vorstandsvors. Stadtsparkasse Bocholt - Markgrafenstr. 25, 4290 Bocholt (T. 02871 - 9 72 00) - Geb. 21. Febr. 1945 Heiden, kath., verh. s. 1969 m. Antonia, geb. Twieling, 4 Kd. (Bernd, Ralf, Rita, Mike) - Spark.-Fachprüf.; Verbandsprüferex. Spark.-Akad. Bonn; Mitgl. versch. Prüf.-Aussch.; div. AR-Mandate - Liebh.: Sport, Politik, Wirtsch.-Politik - Spr.: Engl.

EITNER, Hans-Jürgen

Publizist, Chinaexperte - Beethovenstr. 3, 6000 Frankfurt/M. 1 (T. 74 86 36) - Geb. 17. Febr. 1925 Stettin (Vater: Willy E., Bankdir. u. Stadtkämmerer Stettin; Mutter: Elsa, geb. Grünberg), Gymn. (Abit. 1943) - S. 1954 Publizist u. Ref. f. weltpolit. Analyse; s. 1958 Chinaforsch.: Mitarb. in- u. ausl. Ztschr. u. Rundfunkanst.; 1964-69 China-Komment. Tageszt. DIE WELT; 1962-73 Gründ. u. Leit. d. monatl. wiss. Informat. CHINA-ANALYSEN, seitdem Beratertätigk. - BV: Erzieh. u. Wiss. in d. VR China - Dokument. u. Analyse, 1962; D. Führer. Hitlers Persönlichk. u. Charakter, 1981; Hitlers Deutsche. D. Ende e. Tabus, 1990 - Liebh.: Klass. Musik - Spr.: Engl., Franz.

EITNER, Klaus

Kaufmann, Honorarkonsul d. Bundesrep. Deutschl. in Arica/Chile (s. 1970) - Casilla 907, Arica/Chile - Geb. 6. Aug. 1925 Hamburg (Vater: Georg E., Lehrer; Mutter: Elisabeth, geb. Landahl), ev., verh. s. 1958 m. Norma, geb. Delgado, 4 Kd. (Eckart, Dietram, Carolina, Claudia) - Abit. 1944 Human. Gymn. Hamburg - Spr.: Span.

EITZERT-von SCHACH, Rosemarie

Schriftstellerin, Schausp. (Ps. Tina Caspari, Claudia Jonas) - Am Steinberg 63, 8031 Steinebach-Wörthsee (T. 08153 - 74 18) - Geb. 25. Jan. 1939 Berlin (Vater: Erich Sch. v. Wittenau, Kaufm.; Mutter: Erika, geb. v. Schultz), kath., verh. s. 1963 in 2. Ehe m. Peter Kurt Eitzert, 2 Kd. (Thomas, Nina) - Handelssch.; Dolmetscher (engl.), Ballett- u. Schauspielausb. Hamburg - 1957-63 fest. Theaterengagem.; ab 1964 fr. Schausp.; ab 1972 Schriftst. - BV: Kurzgesch., insges. 76 Jugendb., 3 Romane, Übers., Drehbuchbearb., TV-Drehb. - Zahlr. Rollen b. Bühne und FS, Synchron, Funk, Moderation - Spr.: Engl., Franz.

EKLÖH, Hartmut

Vorstandsmitglied Hussel Holding AG, Hagen - Karl-Halle-Str. 10, 5800 Hagen/W. - Geb. 17. Sept. 1936.

EKMAN, Bo

Hauptgeschäftsf. 3 M Deutschland GmbH. - Carl-Schurz-Str. 1, 4040 Neuss/Rh. - Geb. 30. Mai 1933.

EL GAMMAL, Tarek

Dr.-Ing., Wiss. Rat, Prof. f. Metallurgie d. Eisenhüttenprozesse TH Aachen (s. 1971) - Auf d. Schönauer Höhe 4, 5100 Aachen-Richterich.

EL-MAGD, Essam Abou

Dr.-Ing., Prof. RWTH Aachen, Lehr- u. Forschungsgeb. Werkstoffkd. - Augustiner Bach 4, 5100 Aachen (T. 80 53 20) - Geb. 30. Okt. 1941 Kairo, Islam, verh. s. 1964 m. Dr.-Ing. Atiat, geb. El-Schennawi, 2 Kd. (Mona, Hazem) - Kairo-Univ. (B.Sc. mech. Eng. 1963), TH Aachen (Dipl.-Ing. 1967), Promot. 1971, Habil. 1974, Doz. 1975, apl. Prof. 1977, Prof. 1980 - Zahlr. Veröff. in Fachztschr., insb. üb. d. mechan. Verh. metall. Werkst. - Spr.: Arabisch, Engl.

EL-SHAGI, El-Shagi

Dr., Prof. f. Volkswirtschaft Univ. Trier - Kirchstr. 29a, 5511 Kanzem - Geb. 13. Jan. 1941 Sohag/Ägypten (Vater: Tawfik E., Untern.; Mutter: Simonda, geb. Alexander), kopt., verh. s. 1971 m. Hannemarie, geb. Hedtke, Kd. Makram - Univ. Hohenheim (Dipl.-Landw. 1964), Promot. 1968, Habil. 1978 Ruhr-Univ. Bochum - S. Sommer 1981 Prof. f. Volksw. (insb. Außenwirtsch. u. Entwicklungsländer) Univ. Trier. Zahlr. Veröff. z. Entwicklungstheorie u. -politik u. Außenwirtsch., u. a.: Strategie d. wirtsch. Integration, 1980 - Spr.: Deutsch, Engl. (Mutterspr.: Arabisch).

ELBEL, Matthias

Dr. phil., Prof. f. Experimentalphysik Univ. Marburg (s. 1971) - Huteweg 14, 3557 Ebsdorfergrund-Beltershausen - Geb. 1. März 1935 Hanau/M. (Vater: Dr.-Ing. Arnold E. †1983) - Promot. 1963; Habil. 1969 - BV: Praktikum d. Physik, 1966 (m. W. Walcher). Üb. 30 Einzelarb.

ELBERN, Victor H.

Dr. phil., Hauptkustos i. R., Leit. Frühchristl.-Byzantin. Sammlung/Staatl. Museen Pr. Kulturbesitz, Berlin 33, Honorarprof. f. Kunstgesch. FU ebd. (s. 1970) - Ilsensteinweg 42, 1000 Berlin 38 (T. 801 44 61) - Geb. 9. Juni 1918 Düren (Vater: Heinrich E., Kond.; Mutter: Maria, geb. Seifer), kath., verh. s. 1952 m. Theres, geb. Schager, 3 Kd. (Martina, Stephan, Benedikt †) - Humanist. Gymn., Univ. Bonn, Pont. Univ. Gregor. Rom (Bacc. Phil.), Univ. Bonn, Univ. Zürich (Dr. phil. 1950). 1950-54 Assist. Univ. Bonn; 1954-58 Gen.Sekr. Ausstell. Essen/Brüssel, Stipend. NRW 1958/59, s. 1960 Ass., Kustos, Hauptkustos Staatl. Museen Preuß. Kulturbes. Berlin; Leit. Sekt. Kunstgesch. d. Görres-Ges., Dir. Görres-Inst. Jerusalem - BV: D. karoling. Goldaltar v. Mailand, 1952; St. Liudger u. d. Abtei Werden, 1962; D. erste Jahrtausend (3 Bde.), 1962-64; D. eucharistische Kelch im früh. Mittelalter, 1964; D. Hildesheimer Domschatz (m. H. Reuther), 1969; Der Hildesheimer Dom (m. H. Reuther), 1974; D. Ikonenkabinett, 1979; D. Goldschmiedekunst im früh. Mittelalter, 1988, u. a. - 1958 Chev. Couronne de Belgique; 1961 korr. Mitgl. Soc. Antiqu.Quest; 1977 Großoffz. Hl. Grab zu Jerusalem; 1980 korr. Mitgl. Dt. Archäol. Inst.; 1981 Komturkreuz päpstl. Gregoriusorden; 1983 Wiss. Ges. Braunschweig; 1983 BVK; 1988 Accademico dei Lincei Rom - Liebh.: Ikonenkunst - Gold. Sportabz. (12-fach) - Spr.: Engl., Franz., Ital., Span., Niederl., Latein.

ELBRACHT, Dietrich

Dr.-Ing., o. Prof. f. Fertigungstechnik Univ. Duisburg (s. 1977) - Ringstr. 1, 4300 Essen 18 (Kettwig) - Geb. 9. Mai 1934 Arnstadt/Thür. (Vater: Dr. jur. Karl E., Rechtsanw. u. Notar; Mutter: Edith, geb. Neuse), verh. s. 1978 m. Dr. Marie-Luise, geb. Müller, 3 Kd. (Carl-Markus, Christian, Uta) - Gymn.; Maschinenschlosserlehre; TU Hannover (Fertigungstechnik; 1959 Dipl.-Ing.), Promot. 1968 Darmstadt - 1959-65 Verlag Axel Springer & Sohn, Hamburg; 1968-76 Mitgl. Betriebsltg. u. Geschäftsf. (1968) Maschinenfabr. H. Jungheinrich & Co.; 1984 Gastprof. Univ. of Washington, Seattle, USA; 1988/89 Gastprof. Univ. Melbourne, Australien - Veröff. üb. Zeitschriften- u. Zeitungsdruck, Fließarb., Mobile Industrieroboter u. Automat. d. Kleinserienfertigung u. Montage - Liebh.: Segeln, mod. Kunst - Spr.: Engl.

ELENZ, Helmut

Dr.-Ing., Industrieberater - Taunusbogen 12, 4300 Essen-Bredeney (T. 42 02 31) - Geb. 19. Febr. 1929 Saarburg, verh. s. 1959 m. Annelies, geb. Plötner, 2 S. (Thomas, Stephan) - Masch.baustud. Univ. Stuttgart, Promot. 1956 - 1970-79 Vorst.-Mitgl. Fried. Krupp GmbH.

ELFE, Horst

Vorstandsmitglied Dt. Eisenhandel AG., Berlin, Präs. IHK Berlin (1976-85), Präs. Dt. Weltwirtschaftl. Ges., Berlin (s. 1979) - Burenstr. 46, 1000 Berlin 37 - Geb. 23. April 1917 Allenstein/Ostpr. (Vater: Karl E., Dir.; Mutter: Anneliese, geb. Köllner), verh. m. Gertraud, geb. Abshagen, S. Constantin - AR-Mandate, Beiratsmitgl.sch. u. Präsidiumsmitgl.sch. versch. Ges. - Gr. BVK u. 1983 Offz. Kreuz Order of the British Empire;

1984ff. Ehrenpräs. IHK Berlin; 1984 Ernst-Reuter-Plak. - Spr.: Engl., Franz., Dän. - Rotarier.

ELFENBEIN, Josef

Dr., Prof. Seminar f. Vergleichende Sprachwissenschaft Univ. Mainz - Eschenweg 17, 6370 Oberursel 4 (T. 06172 - 3 20 62) - Geb. 9. März 1927 Kalifornien/USA, verh. s. 1988 in 2. Ehe m. Heide Strauß, geb. Asendorf, 2 Kd. - MA; Ph.D.; M.Phil.; 1947-50 Indo-German. Sprachwiss. Princeton Univ. USA; 1964 brit. Staatsbg.; 1969 Math. Statistik Univ. of London - 1965-78 Senior Lecturer in Math., London Univ.; 1979-82 Prof. of Statistics Univ. of Baluchistan, Pakistan; 1986/87 Stip. Stiftg. Volkswagenwerk; 1988-90 Forscher (DFG); s. 1990 stv. Leit. Sem. f. Vergl. Sprachwiss. Univ. Mainz - Veröff. Bücher u. Aufs. üb. Iranistik, u.a. An Anthology of Classical and Modern Balochi Literature, 1990 - 1979-83 Fellow of Churchill College, Cambridge; 1989 Hon.-Prof. Univ. Mainz - Liebh.: Musik, Gärten - Spr.: Div.

ELFERT, Josef

Dipl.-Ing., Prof. f. Umformungstechnik/Hüttenmaschinen Gesamthochsch. Duisburg - Grünstr. Nr. 47, 4230 Wesen.

ELFRING, Helmut

Journalist - August-Schlüter-Str. 29, 4408 Dülmen (T. 02594 - 34 44) - Geb. 17. Jan. 1933 Billerbeck (Vater: Franz E., Amtsdir., † 1976; Mutter: Maria, geb. van Lay, † 1984), kath., verh. s. 1963 m. Gisela, geb. König, 3 Kd. (Ruth, Kristin, Claus) - Gymn. (Abit. 1953); Stud. Rechts- u. Politikwiss.; 1. Jurist. Staatsprüf. 1960 - S. 1987 stv. Vors. Rundfunkkommiss. d. Landesanstalt f. Rundf. NRW. S. 1991 Vors. d. CDU-Ratsfraktion Dülmen - 1988 Gr. BVK.

ELGETI, Klaus

Dr.-Ing., apl. Prof., Leiter Fachbereich Prozeßtechnik Bayer AG - 5090 Leverkusen-Bayerwerk - Geb. 11. Juli 1934 Stralsund - B. 1972 Privatdoz., dann apl. Prof. TH Aachen (Thermodynamik u. Verfahrenstechnik) - 1972 Arnold-Eucken-Preis.

ELIAS, Horst

Dr. rer. nat., Dipl.-Chem., Prof. f. anorganische Chemie TH Darmstadt - Scribastr. 7, 6107 Reinheim 1 - Geb. 14. Juli 1932 Bremen - 1952-67 Chemiestud. Univ. Darmstadt u. Tübingen (Promot. 1957, Habil. f. anorg. Chemie u. Kernchemie 1963) - 1967-70 mehrf. USA-Aufenth.; 1970 a.o. Prof. Univ. Innsbruck; 1971 o. Prof. f. anorg. Chemie TH Darmstadt. Zahlr. Publ. z. kinet. Verh. v. Metallkomplexen in Lösung - Spr.: Engl.

ELISEIT, Horst

Journalist, Schriftst., Asienspezialist - 1000 Berlin-Frohnau u. Finkenstr. 3, 2150 Buxtehude - Geb. 19. Okt. 1913 Berlin, verh. s. 1940 (Ehefr.: Käthe) - Stud. Geschichte, Kunstgesch., Ztg.swiss. - Redakt. u. Auslandskorrespondent u. a. amerik. Neue Zeitung; Kurier, Berlin; ab 1961 Chefreporter Welt am Sonntag, Hamburg; ab 1976 Internat. Korresp. Asia-Agentur, Hongkong. Zahlr. Artikelserien in in- u. ausländ. Blättern. Rd. 200 polit. u. kulturelle Sendungen im SFB, Rias, NDR. S. 1950 insges. elf Jahre in Asien (in rd. 30 Ländern, zumeist mehrf., z. B. üb. 20 mal in Korea, Japan, indochin. Staaten), außerd. Afrika, Australien, Ozeanien, Nordamerika - BV: Halbmond um Israel, 1955; Vom Pfauenthron z. Dach der Welt, 1957; Im Schatten d. großen Drachen, 1966; Japan - e. Herausforderung, 1969/71; Korea - d. zerrissene Lächeln, 1978; Verse e. Jahrtausends, 1979; Japan - abseits d. breiten Straßen, 1981 - Ausz. Rep. Korea u. Nationalchina; Ehrenmitgl. korean. Presseverb. - Liebh.: Asiat. Kunst, Musik, Literatur; Nachdichtung fernöstl. Lyrik.

ELITZ, Ernst

Chefredakteur-Fernsehen SDR Stuttgart (s. 1985), Kommentator/Moderator Pro u. Contra u. Weltspiegel - Zu erreichen üb. SDR, Neckarstr. 230, 7000 Stuttgart 1 (T. 0711 - 288 27 20) - Geb. 24. Juli 1941 Berlin, verh. s. 1982 m. Inge, geb. Weber - Stud. German., Theaterwiss. u. Phil. FU Berlin; M.A. 1968 - 1966-68 Reporter u. Redakt. Hauptabt. Kulturelles Wort RIAS Berlin; 1969-74 Redakt. D. Spiegel Hamburg; 1974-85 Redakt. u. Moderator ZDF (Kennz. D u. heute-journal). Buch- u. Ztschr.-Veröff. zu kultur- u. medienpolit. Fragen; Gewissensfragen, 1989; Sie waren dabei - Ostdeutsche Profile, 1991 - Gustav-Heinemann-Bürgerpreis f. d. Arbeit b. Kennz. D - Liebh.: Aktiver Sportler - Spr.: Engl.

ELIZONDO, Oscar-Luis

Solotänzer, Designer, Choreograph - Paulsborner Str. 88A, 1000 Berlin 31 (T. 030 - 892 34 27) - Geb. 22. Okt. 1949 Mexico, ledig - Stud. Kunst u. Tanz Univ. Texas, Austin/Texas - Tänzer, Maskenbildner, Designer, Choreograph. Tänzer: Austin Ballett Theater, Nds. Staatstheater Hannover, Dt. Oper Berlin - Rollen als Solotänzer: Dante, Façade, Gemini (1970-73 Texas), Dornröschen, Pulcinella, Abraxas, Remontage (1974-78 Hannover), 5 Tangos, Symphonie in C (1978-82 Berlin). Maske: Gespenster-Sonate, Heimliche Ehe, Bruchstücke (1983-86 Berlin), Schaubühne am Lehniner Platz (1986/87, Berlin), Staatl. Schauspiel (1987-89, Berlin), Schiller-Schloßparktheater, Berliner Festspiele "Sternstunden" (1987), Film: D. Photo (1987 Berlin), Bayreuther Festspiele (1991); Choreogr. u. Maske: Weißt du wohin?, Zwergnase (1983-86 Berlin). Ballett Kostüme/Design: Schneewittchen (1983-86 Berlin); Abendstern, Ballett (1990 Berlin). Regie: Miguels Frauen (1985 Berlin) - Spr.: Span., Engl., Franz.

ELKAR, Fritz

Dr. jur. utr., Rechtsanw. - Rothenburger Str. 50, 8507 Oberasbach - Geb. 15. Juli 1911 Altenberg/Mfr. (Vater: Georg E., Wagnermeister; Mutter: Margarete, geb. Fischer), verh. s. 1943 m. Else, geb. Balbach, S. Rainer - Univ. Erlangen u. München - BV: 100 J. Produktenbörse Nürnberg - 1866-1966 (Festschr.).

ELL, Norbert

Dipl.-Volksw., Geschäftsführer Bundesverb. Glasind. u. Mineralfaserind., Düsseldorf - Stresemannstr. 26, 4000 Düsseldorf; priv.: Grenzstr. 8, 4005 Meerbusch 2 - Geb. 7. Dez. 1929.

ELLEGAST, Peter

Dipl.-Kfm., Vorsitzender d. Geschäftsfg. F. W. Woolworth Co. GmbH - Lyoner Str. 52, 6000 Frankfurt/M. 71 - President Rutail Company of Germany, Inc., Wilmington/Delaware.

ELLENBERG, Heinz

Dr. rer. nat., Dr. agr. h.c., Dr. rer. nat. h.c., Dr. phil. nat. h.c., em. Prof. f. Geobotanik - Hasenwinkel 22, 3400 Göttingen - Geb. 1. Aug. 1913 Harburg/Elbe (Vater: Hermann E., Mittelschullehrer; Mutter: Ella, geb. Harms), ev., verh. s. 1940 m. Charlotte, geb. Metelmann, 4 Kd. (Hermann, Ludwig, Renate, Almut) - Oberrealsch.; Stud. Botanik, Zool., Chemie, Geol. Promot. 1938 Göttingen; Habil. 1948 Hohenheim - S. 1948 Lehrtätigk. LH Hohenheim, Univ. Hamburg (1953 apl. Prof.), Zürich (1958 ao. Prof.), Göttingen (1965 o. Prof.) u. Dir. Systemat.-Geobotan. Inst.). Zahlr. Fachmitgl.sch. - BV: Vegetation Mitteleuropas m. d. Alpen, 1963, 78, 82 u. 86; Integrated Experimental Ecology, 1972; Ökosystemforsch., 1973; Vegetation Südosteuropas, 1974 (m. Horvat u. Glavac); Aims a. Methods of Vegetation Ecology, 1975 (m. Müller-Dombois); Ökosystemforsch. Ergebn. d. Solling-proj., 1986 (m. R. Mayer u. Schauermann); Vegetation Ecology of Central Europe, 1988; Bauernhaus u. Landschaft, 1990 - Ehrenmitgl. Tschechosl. Akad. d. Wiss., Prag; Brit. Ecol. Soc., Ges. f. Ök. u. zahlr. andere; 1978 Umweltschutzpr. d. Friedr. Flick-Stiftung - Spr.: Franz., Engl., Span.

ELLENDORFF, Franz

Dr. sc. agr., Dr. habil., Direktor u. Prof., Leit. Inst. f. Kleintierzucht (FAL), Celle - Dörnbergstr. 25, 3100 Celle - 1977 Privatdoz., dann apl. Prof. Univ. Göttingen (Fortpflanzungsbiol. u. Endokrinol.), 1979 Privatdoz. Tierärztl. Hochsch. Hann. (Endokrinol. u. Neuroendokrinol.).

ELLER, Joachim

Geschäftsführer Eller-Montan-Comp. GmbH., Duisburg, Vors. Bundesverb. mittelständ. Mineralölunternehmen, Hamburg - Mercatorstr. 13, 4100 Duisburg; priv.: Hammerstein 13, 4330 Mülheim/Ruhr.

ELLER, Roland

Landrat Kr. Aschaffenburg (s. 1972) - Landratsamt, 8750 Aschaffenburg/Ufr. - Geb. 28. Juni 1936 Aschaffenburg.

ELLERBROCK, Olav C.

Wahlgeneralkonsul, Kaufmann, gf. Gesellsch. Hälssen & Lyon GmbH, Hamburg 11 (s. 1968; zus. m. Bruder Horst-Jürgen E.), Vors. Verb. d. Tee-Einfuhr-Fachgroßhandels (s. 1974) u. European Tea Committee (s. 1977) - 2000 Hamburg 60 - Geb. 8. Jan. 1931 Hamburg (Vater: Carl E., Kaufm.; Mutter: Adele, geb. Klatte), verh. s. 1963 (Ehefr.: Anne-Marie, geb. 1942), 2 Kd. (Pia, Olivier) - 1974ff. Wahlgeneralkonsul Sri Lanka f. Hamburg u. Schlesw.-Holst. S. 1984 Gesellsch. Koffeinfrei Kaffee GmbH, Hamburg; s. 1986 Kommanditist Kaffee-Veredelungs-Werk Koffeinfrei Kaffee GmbH & Co., Hamburg; Board of Management Intern. Tea Committee - Spr.: Engl., Franz. - Lit.: Otto Hintze, D. Holst.-Pinnebergsche Bauerngeschl. Ellerbrock (1938).

ELLERKAMM, Käthe

Geschäftsf. Verein d. Textilchemiker u. Coloristen - Rohrbacher Str. 76, 6900 Heidelberg.

ELLERMANN, Jochen

Dr. rer. nat., Univ.-Prof. Inst. f. Anorgan. Chemie/Bereich f. Komplexchemie Univ. Erlangen-Nürnberg - Rennesstr. 38, 8520 Erlangen - Geb. 25. Dez. 1933 Berlin - Promot. 1963 München (TH) - S. 1969 (Habil.) Lehrtätigk. Erlangen. Üb. 135 Facharb.

ELLGER, Dietrich

Dr. phil., Landeskonservator v. Westfalen-Lippe i. R., Honorarprof. f. Architekturgeschichte Univ. Münster - Niedersachsenring 32, 4400 Münster/W. - Geb. 30 März 1922.

ELLIGER, Sigurd

Dr. rer. nat., Prof. f. Mathematik Univ. Bochum (s. 1973) - Laerholzstr. 25, 4630 Bochum - Geb. 13. Jan. 1935 Kiel (Vater: Prof. D. Walter E., Kirchenhistoriker (s. XVIII. Ausg.); Mutter: Else, geb. Zurmühl), ev., verh. s. 1965 m. Monika, geb. Barnewitz, S. Elmar - Gymn. (Steglitz) u. FU Berlin. Promot. 1963 Berlin; Habil. 1971 Bochum - 1965-69 Stip. DFG. Üb. 30 Facharb. Bek. Vorf.: Prof. D. Dr. theol. h. c. Karl E., Ord. f. Altes Testament Univ. Tübingen/s. XVIII. Ausg. (Onkel).

ELLINGER, Theodor

Dr.-Ing., Dr. rer. pol., em. o. Prof. f. Industriebetriebslehre - Am Waldhang 15, 5064 Rösrath 1 - Geb. 14. Juni 1920 Stuttgart (Vater: Otto E., Notar), ev., verh. s. 1951 m. Hedwig, geb. Lang, 5 Kd. - TH Stuttgart (Maschinenbau, Dipl.-Ing. 1948; Wirtschaftswiss., Dipl.-Volksw. 1950). Promot. Stuttgart (1950) u. Tübingen (1953); Habil. 1958 Frankfurt - S. 1960 Ord. Univ. Mainz u. Köln (1967) - BV: Rationalisierung durch Standardkostenrechnung, 1954; Ablaufplanung, 1959; D. Informationsfunktion d. Produktes, 1966; Ind. Wechselprod., 1971 u. 85; D. Produktionssteuer., 1972; Marktperiode, 1974; Humane Gestalt. v. Arbeitsplätzen in d. ind. Prod. 1979; . Einsatz v. OR-Methoden im Ber. d. ind. Produktionsplan., 1980; Kostensenk. durch erfolgr. Einsatz v. Operations Res. (10 Fallstud.), s. 1980; Prod.- u. Kostentheorie (m. R. Haupt), 1982; Operations Research, 1984; Übungen z. Produktions- u. Kostentheorie (m. R. Haupt), 1986. Beitr. in Sammelw.: Ind. Einzelfertig. u. Vorbereitungsgrad, 1963.

ELLINGHAUS, Gert

Dr. phil., Journalist, Kaufmann, Gf. Gesellschafter Dr. Ellinghaus GmbH - Kurfürstendamm 214, 1000 Berlin 15 - Geb. 1946 - Stud. Sozialwiss. Stuttgart u. Tübingen - Tätigk. WDR, SDR, RB, SFB.

ELLMERS, Detlev

Dr. phil., Prof., Ltd. Museumsdirektor - Oldenburger Str. 24, 2850 Bremerhaven - Geb. 12. März 1938 Vegesack/Bremen (Vater: Diedrich E., Maschinenbauing.; Mutter: Annemarie, geb. Walter), ev., verh. s. 1965 m. Renate, geb. Sander, 3 Kd. (Ute, Christoph, Dorothee) - Univ. Tübingen, München, Kiel (German., Gesch., Kunst- u. Vorgesch.). Promot. 1968 Kiel (Diss.: Schiffsarchäol.) - 1963 Assist. Inst. f. Ur- u. frühgesch. Univ. Kiel; 1966 Assist. Röm.-German. Museum Mainz; 1971 gf. Dir. Dt. Schiffahrtsmus. B'haven. Buchbeitr. - 1968 Fakultätspreis Univ. Kiel - Spr.: Engl.

ELLWANGER, Albert

Dipl.-Volksw. - Ehrenvorsitzender Interessengem. Dt. Fachmessen- u. Ausstellungsstädte.

ELLWANGER, Wolfgang

Verleger, Mithrsg., Geschäftsf. u. Verlagsleit. Nordbayer. Kurier GmbH & Co, Zeitungsverlag KG, Bayreuth - Maxstr. 58/60, 8580 Bayreuth (T. 0921 - 5 00-0) - Geb. 18. Aug. 1942 Bayreuth - Stud. Betriebsw. u. graph. Betriebstechnik; Dipl.-Ing. (FH) - Vollhaft. Gesellsch. u. Geschäftsf. Druckerei u. Verlagsges. Lorenz Ellwanger KG, Bayreuth; Geschäftsf. Buch- u. Offsetdruckerei Emil Mühl Bayreuth GmbH, Bayreuth; Inh. Mühl'scher Univ.-Verlag Werner Fehr, Bayreuth; vollhaft. Gesellsch. Paul Kölbel KG, Graph. Kunstanst., Offsetdruck, Buchdruck, Hof - Bek. Vorf.: Albert Ellwanger (†), Verleger, Gründungsgesellsch. u. gf. Verlagsleit. Nordbayer. Kurier (Vater).

ELLWANGER, Wolfram

Dr. phil., Dipl.-Psych., Prof. f. Psychologie (Leiter d. Forschungsst. Unterrichtsfilm u. Schulfernsehen), PH Karlsruhe (s. 1969) - Klotzbergstr. 23, 7582 Bühlertal - Geb. 19. Febr. 1928 Baden-Baden - Promot. 1960 - BV: Märchen - Erziehungshilfe oder Gefahr?, (Mitautor) 1977; Handpuppenspiel in Kindergarten u. Grundschule, (Mitautor) 1978; Seelische Entwickl. d. Schulkindes, 1979; D. Zauberwelt unserer Kinder, 1980;

Bosselnacht, 1983; Üb. 40 Facharb., Drehbücher, Musik zu Schulfernsehsend.

ELLWEIN, Thomas

Dr. jur., o. Prof. f. Polit. Wissensch. Univ. Konstanz (s. 1976) - 8162 Schliersee / Obb. - Geb. 16. Juli 1927 Hof/S. (Vater: Prof. Theodor E., Oberkonsistorialrat † 1962; Mutter: Magdalene, geb. Uebel), ev., verh. s. 1970 m. Ingrid, geb. Prinz, 3 Töcht. - Promot. 1950 - 1952-54 Cheflektor u. Hochschuldoz.; 1955-58 Leit. Bayer. Landeszentrale f. pol. Bild.; 1962-70 o. Prof. u. Seminardir. Univ. Frankfurt/M.; 1968-73 Präs. Dt. Studentenwerk; 1970-74 Dir. Sozialwissensch. Inst. d. Bundeswehr, München; 1974-76 Präs. Hochsch. d. Bundeswehr, Hamburg. SPD - BV: Bücherkunde f. d. Politik, 5. A. 1966; Einf. in d. Reg.- u. Verw.lehre, 1966; Politik u. Planung, 1968; Reg. als polit. Führung, 1970; Polit. Verhaltenslehre, 7. A. 1972; D. Reg.system d. BRD, 6. A. 1987; Berufsbeamtentum - Anspruch u. Wirklichk., 1973 (gem. m. R. Zoll); D. Entw. d. öfftl. Aufgaben, 1973; Regieren u. Verwalten, 1976; D. dt. Univ. v. Mittelalter b. z. Gegenw., 1985; Verwaltung in Ostwestf.-Lippe, 1992. Mithrsg.: Polit. Verhalten (12 Bde. s. 1969); Staatswiss. u. Staatspraxis (s. 1990).

ELM, Kaspar

Dr. phil., o. Prof. f. Mittelalt. Gesch. Freie Univ. Berlin (s. 1974) - Habelschwerdter Allee 45, 1000 Berlin 33; Hittorfstr. 10, 1000 Berlin 33 (T. 030 - 832 73 81) - Geb. 23. Sept. 1929 Xanten (Vater: Kaspar E.; Mutter: Euphemia, geb. Rüther), kath., verh. m. Ingeborg, 4 Kd. (Susanna, Caspar-Veit, Eva, Dorothee) - Promot. Münster; Habil. Freiburg/Br. - 1967-70 Privatdoz. Freiburg; 1970-74 o. Prof. Bielefeld. Fachveröff. - Mitgl. v. Akad., Kommiss., Ges. u. Vereinen.

ELM, Ludwig

Dr. sc. phil., Prof. a. D. (s. Okt. 1991) - Schillbachstr. 2, O-6900 Jena - Geb. 10. Aug. 1934 Greußen/Thür., verh. s. 1960 m. Helga, geb. Blume, 3 Töcht. (Heike, Ulrike, Katrin) - 1952-56 Stud. Berlin u. Leipzig, Dipl.; Promot. 1964 Jena; Habil. 1971 Jena - 1956-69 wiss. Ass. u. Oberass.; 1969 Doz.; 1969-78 Prorektor f. Gesellsch.wiss. Univ. Jena; s. 1970 o. Prof.; 1971-81 Abg. d. Volkskammer - BV: Zw. Fortschritt u. Reaktion. Gesch. d. Parteien d. lib. Bourgeoisie in Deutschland 1893-1918, 1968; Hochsch. u. Neofaschismus. Zeitgeschichtl. Studien z. Hochschulpolitik in d. BRD, 1972; D. neue Konservatismus, 1974 (übers. ins Poln. 1979 u. Russ. 1980); Aufbruch ins Vierte Reich? Zu Herkunft u. Wesen e. konserv. Utopie, 1981; Konservatives Denken 1789-1848/49, 1989; Nach Hitler. Nach Honecker. Zum Streit d. Deutschen um d. eigene Vergangenheit, 1991 - 1987 Nationalpreis d. DDR III. Klasse f. Wiss. u. Techn.

ELM, Theo

Dr. phil., Prof. Univ. Erlangen-Nürnberg - Holzleite 19, 8521 Effeltrich (T. 09133 - 27 09) - Geb. 11. Juli 1944 Grafenau, kath., verh. s. 1973, 2 Kd. (Cornelia, Alexander) - Stud. German., Angl. u. Päd. Univ. Erlangen-Nürnberg u. Coleraine/N.-Irland (Staatsex. 1971, Promot. 1972, Habil. 1980) - BV: Siegfried Lenz, 1974; D. mod. Parabel, 1982; D. westdt. Nachkriegsroman, 1988; Goethe - D. Wahlverwandtschaften, 1990. Mithrsg.: Z. Geschichtlichk. d. Moderne (1982); D. Parabel (1986); Medien u. Maschinen. Lit. im techn. Zeitalter (1991) - Spr.: Engl.

ELMENDORF, Knut

Fabrikant, Inh. Kornbrennerei Friedrich Elmendorf - Haller Str. 105, 4830 Gütersloh 12 - Geb. 4. Nov. 1937, ev., verh. s. 1964 m. Ulrieke, geb. Rottwinkel, 4 Kd. - Techn. Dipl.-Betriebsw. 1964 Karlsruhe - Präs. Bundesverb. Dt. Kornbrenner Dortmund; Vors. Verb. Westf. Kornbrenner Dortmund; AR-Mitgl. Dt. Kornbranntwein-Verwertungsst. GmbH Münster.

ELMENDORFF, Freiherr von, Harald

Dr. med., Prof., Chefarzt St. Vinzenz Hospital Köln (s. 1974) - Spitzwegstr. 6, 5000 Köln-Müngersdorf; priv.: 5043 Schloß Lechenich - Geb. 17. Jan. 1928 Bonn (Vater: Dr. med. Hans Frhr. v. E., Chefarzt; Mutter: Gerda, geb. Frfr. v. Schorlemer), kath., verh. s. 1967 m. Dr. Renate, geb. Kurig, 2 Kd. (Corinna, Alexander) - Stud. Frankfurt, München; Promot. 1951 ebd.; Habil. 1967 Düsseldorf - Prof. f. Unfallchirurgie Univ. Düsseldorf - BV: Fußverletzungen, 1976 - Liebh.: Denkmalschutz - Spr.: Engl., Franz., Ital., Span.

ELMER, Konrad

Dr. theol., Mitglied d. Deutschen Bundestages (s. 1990), Doz. f. Phil. u. Theol. - Nordendstr. 61B, O-1110 Berlin (T. 030 - 48 24 168) - Geb. 9. Febr. 1949 Bad Berka, ev., verh. s. 1971 m. Karin, geb. Winkelmann, 2 Töcht. (Lydia, Julia) - 1967 Abit. u. Facharb.abschl. als Gärtner in Bleicherode; Stud. Biol., Theol. Martin-Luther-Univ. Halle/Wittenberg; Staatsex. 1973; Ordinat. z. Pfarrer in d. Kirchenprovinz Sachsen; Promot. 1982 Halle - 1968 Kriegsdienstverw.; s. 1976 Kreisjugendpfarrer Aschersleben; 1982-89 Studentenpfarrer Ostberlin; 1989 Doz. f. Phil. u. Theol. am Paulinum Berlin; 1989 Mitbegr. d. (SDP, spät. SPD) in Schwante; Vorst.-Mitgl. SPD (DDR); Kurat.-Mitgl. d. Dt. Ges.; 1990 Mitgl. d. Volkskammer, Vors. Aussch. Bildung u. Wiss.; stv. Sprecher d. SPD-Fraktion im Aussch. Frauen u. Jugend; Mitgl. im Europaaussch. u. im gemeinsamen Verfassungsaussch. - Spr.: Engl.

ELMER, Wilhelm

Dr., Prof. Univ. Dortmund - Am Gardenkamp 44, 4600 Dortmund 50 - Geb. 13. Mai 1944 Zürich (Vater: Wilhelm E., Restaurateur; Mutter: Anna, geb. Saxer) - Promot. (1971) u. Habil. (1978) Univ. Basel - Ab 1980 Lehrtätigk. Univ. Freiburg, Essen u. Dortmund; ab 1982 o. Prof. Univ. Dortmund - BV: The Terminology of Fishing, 1973; Atlas of English Sounds, (m. a.) 1979; Diachronic Grammar, 1981 - Spr.: Engl., Franz., Isländ., Span.

ELSÄSSER (ß), Alice

Prof., Hochschullehrerin - Pädagogische Hochschule, 6900 Heidelberg - Gegenw. Prof. f. Kunsterzieh.

ELSÄSSER, Günter

Dr. med. (habil.), Prof., Obermedizinalrat, Psychiater u. Neurologe - Schwarzwaldstr. 57, 7583 Ottersweier - Geb. 24. April 1907 Halle/S. (Vater: Gustav E., Goldschmied; Mutter: Antonie, geb. Schuchard), verh. s. 1935 m. Irmgard, geb. Brunner, 1 Kd. - Franckesche Stiftg. Halle; Univ. Freiburg/Br., Wien, Göttingen, Berlin (Med. Staatsex. 1933) - Klin. Tätigk. Berlin, Frankfurt/M. u. Bonn (1943 Doz., 1949 apl. Prof.). Kurat.smitgl. Inst. f. analyt. Psychotherapie im Rhld.; Mitgl. Dt. Ges. f. Psychotherapie u. Tiefenpsych. - BV: Die Nachkommen geisteskranker Elternpaare, 1952; Hirntrauma u. Psychose, in: E. Rehwald, D. Hirntrauma, 1956; Meditation v. Traumsymbolen, in: W. Bitter, Meditation in Religion u. Psychotherapie, 1958; Erfahrungen an 1400 Kriegsneurosen, in: Psychiatrie d. Gegenwart, Bd. III 1961; G. Elsässer (Autobiogr.), in: L. J. Pongratz (Hrsg.), Psychiatrie in Selbstdarst., 1977 - Liebh.: Musik, Alpinistik.

ELSÄSSER, Hans

Dr. rer. nat. (habil.), o. Prof. f. Astronomie Univ. Heidelberg (s. 1962) u. Dir. Max-Planck-Inst. f. Astronomie, Heidelberg (s. Neugründ. 1969) - Königstuhl, 6900 Heidelberg - Geb. 29. März 1929 Aalen (Vater: Jakob E., Beamter; Mutter: Margarete, geb. Vogelsang), verh. s. 1953 m. Ruth, geb. Abele - Stud. Astron., Physik, Math. - 1959-62 Privatdoz. Univ. Göttingen; 1962-75 Dir. Landessternwarte Heidelberg - BV: Physik d. Sterne u. d. Sonne, Lehrb. 1974, 2. erw. A. 1990 (m. H. Scheffler); Bau u. Physik d. Galaxis, Lehrb. 1982, engl. 1987 (m. H. Scheffler); Weltall im Wandel. D. neue Astronomie, 1985. Fachveröff. - 1972 Mitgl. Heidelberger Akad. d. Wiss.; 1980 Comendador de la Orden Isabel la Católica; 1981 korr. Mitgl. Österr. Akad. d. Wiss.; 1984 Mitgl. Dt. Akad. d. Naturforscher/Leopoldina, Halle/S.

ELSÄSSER, Klaus

Dr. rer. nat., Prof. f. Theoret. Physik Univ. Bochum - Heckertstr. 27, 4630 Bochum 1 (T. 0234-50 12 73).

ELSÄSSER, Martin

Dr. jur., Botschafter d. Bundesrep. Deutschl. in Irland - Zu erreichen üb. Botschaft d. Bundesrep. Deutschl., Trimleston Ave, Booterstown Co Dublin (Irland) - Geb. 29. Jan. 1933 Konstanz, kath., verh., 3 Kd. - Stud. Jura u. Volksw. Univ. München, Heidelberg, London u. Paris; Promot. 1956 Heidelberg; Ass. 1959 - 1960 Ausw. Amt; Auslandstätigk. London, Algier, Hongkong, Paris, Kairo; 1978-81 Generalinspekteur UNESCO Paris; versch. Verwend. in AA-Zentr. u. Bundeskanzleramt; 1986-90 Botsch. in Kairo.

ELSCHENBROICH, Christoph

Dr. rer. nat., Prof. f. Anorgan. Chemie Univ. Marburg - Savignystr. 11, 3550 Marburg/L. - Geb. 28. April 1939 - 1988 Literaturpreis d. Fonds d. Chem. Ind. - Amateurmusiker (Saxophon, Flöte).

ELSCHNER, Bruno

Dr. rer. nat (habil.), em. o. Prof. f. Experimentalphysik am Inst. f. Festkörperphysik d. TH Darmstadt (s. 1963) - Breslauer Pl. 3, 6100 Darmstadt (T. 4 72 05) - Geb. 20. Mai 1924 Schleiz-Oschitz/Thür. - Prof. m. vollem Lehrauftr. Univ. Jena (1960), zul. Battelle-Inst. Genf (1961-64).

ELSCHNER, Egmont

Intendant Rheinisches Landestheater Neuss - Drususallee 8, 4040 Neuss (T. 02101 - 2 69 90) - Geb. 11. Jan. 1947 Jena - Regiss. u. Schausp. - BV: Übers. Shakespeare, Lope de Vega u. Aristophanes.

ELSENHANS, Hartmut

Dr. phil., o. Prof. f. Politikwissenschaft Univ. Konstanz (s. 1980) - Holländer Str. 12b, 7500 Konstanz - Geb. 13. Okt. 1941 Stuttgart (Vater: Wilhelm E., Sparkassendir.; Mutter: Anne, geb. Mayer), verh. m. Phurbu, geb. Dolma, T. Julia - Univ. Tübingen, Berlin, Paris (Politik, Soziol., Gesch.). Dipl.-Polit. 1967; Promot. 1973; Habil. 1976 - 1970-75 Wiss. Assist. Berlin; 1975-76 Doz. Frankfurt.; 1976-80 Prof. Univ. Marburg; 1978 Gastprof. Univ. Montreal u. 1986/87 Univ. Salzburg; 1987 Univ. de Dakar; 1990 Jawaharlal Nehru Univ. - BV: Frankreichs Algerienkrieg 1954-62, 1974; Erdöl f. Europa, 1974; Algerien- u. postkoloniale Reformpolitik, 1977; Ungleichh. u. Unterentwickl., 1978; Migration u. Wirtschaftswachstum, 1978; Agrarreform in d. Dritten Welt, 1979; Staatskapitalismus oder bürokrat. Entwicklungsges., 1981; Nord-Süd-Bezieh., 1984; Development and Underdevelopment, 1991; Equality and Development, 1991 - Liebh.: Franz., Lit., Arch., Segeln - Spr.: Franz., Engl., Ital., Span., Russ.

ELSHORST, Günter

Ing. grad., Obering., Vorsitzender d. Geschäftsführung Klöckner Pentaplast GmbH - Industriegebiet Heiligenroth, 5430 Montabaur; priv.: Nassauer Ring 32, 5432 Wirges/Westerw. - Geb. 8. Febr. 1930 Frankfurt/M. (Eltern †), verh. s. 1955 m. Ingeborg, geb. Rossmann, 2 Töcht. (Felicitas, Claudia) - Vors. Beirat Klöckner Pentapack, Ranstadt; Beirat Klöckner-Pentapack Benelux N.V., Hamont, Klöckner Datentechnik GmbH, Duisburg, Klöckner-Penta (UK Holdings) Ltd., Reading/Engl.; Vors. Board Klöckner-Pentaplast Ltd., Theale/Reading/Engl., Klöckner Pentaplast S.A.R.L., Paris/Frankfurt; Board Klöckner-Pentaplast of America, Inc., Gordonsville/USA, Klöckner Contract Packaging, Inc., Richmond/USA; Vorst.-Vors. Gütegemeinschaft Kalandrierte PVC Hart-Folien f. Verpackungszwecke e.V., Wiesbaden; VR Arbeitsamt Montabaur - Liebh.: Hochseesegeln, Jagd - Spr.: Engl.

ELSHORST, Hansjörg

Dr. phil. M.A., Geschäftsführer Dt. Gesellschaft f. techn. Zusammenarb. (GTZ) - Sossenheimer Weg 47, 6231 Schwalbach a. Ts. - Geb. 27. Sept. 1938 Bochum (Vater: Hans E., Dipl. Ing., Bauuntern.; Mutter: Marianne, geb. Thomas), kath., verh. s. 1967 m. Anna Maria, geb. Mariano, 4 Kd. (David, Tanya, Tai, Hal) - Abit. Gymn. Castrop-Rauxel, Univ. Freiburg u. München, Master of Arts (in Soziol. u. Economics) Louisiana States University, USA - B. 1965 journ. Tätigk., 1965-69 Doz. f. dt. Lit. u. Soziol. in USA u. Santiago del Estero, Argent., 1970-74 Bundesmin. f. wirtsch. Zus.arb., s. 1974 GAWI, dann GTZ; AR Dieselmotoren Schönebeck (DMS) - Spr.: Engl., Franz., Span.

ELSNER, Bertram Georg

Assessor, Geschäftsf. Nass. Heimstätte - Schaumainkai 47, 6000 Frankfurt/M. (T. 0611 - 6069207) - Geb. 17. Jan. 1939 Stuhm/Westpr. (Vater: Waldemar, Stud.dir.; Mutter: Christine, Lehr.), ev., verh. s. 1968 m. Beate, geb. Kries - Andreanum, Hildesheim, Max-Planck-Gymn., Göttingen, Univ. Berlin, Göttingen, Wien, 1. Jurist. Staatspr. b. OLG Celle, 2. Jurist. Staatspr. i. Hess. Min. d. Justiz. 1968 Assess. RP Darmstadt, 1970 Justitiar, 1974 Gf. Nass. Heimstätte - Spr.: Engl., Lat., Griech.

ELSNER, Günter

Versicherungskaufm., MdA - Methfesselstr. 45, 1000 Berlin (T. 7855545) - Geb. 17. März 1916 Stettin - Realgymn.; Versich.slehre - Arbeits- u. Wehrdst.; Angest. berufsständ. Kranken- u. Lebensversich. (Abt.sleit.). Zeitw. Bezirksverord. Kreuzberg; 1959-63 u. s. 1971 MdA. CDU (Kreisschatzmeister).

ELSNER, Ilse,

geb. Künzel

Dr. rer. pol., Senatorin a. D. - Ringstr. 241, 2000 Hamburg 73 (T. 678 08 30) - Geb. 25. Nov. 1910 Berlin (Vater: Paul K., Holzbildhauer; Mutter: Martha, geb. Kron), gesch., T. Gine - N. Fremdenabit. Univ. Hamburg (Promot. 1936) - Kaufm. Angest. Berlin u. Hamburg (zul. Dt.-Amerik. Petroleum-Ges.); 1946-61 Redakt. Hbg. Echo (b. 1950 Ressortleit. Wirtschaftspolitik) u. D. Welt (ab 1951 Ressortleit. Sozialpolitik); 1970-74 Senatorin Hamburg (b. 1972 Bevollm. b. Bund, dann Gesundheitsbeh.). 1961-70 MdB., gleichz. Mitgl. Europ. Parlament (1964ff. Vors. Wirtschafts- u. Finanzaussch.). SPD. Zahlr. Veröff. Übers. - Spr.: Engl., Franz.

ELSNER, Kurt

Dr. rer. pol. (habil.), Dipl.-Kfm., o. Prof. u. Direktor Inst. f. Angew. Wirtschaftstheorie u. Ökonometrie FU Berlin (s. 1965) - Kurfürstenstr. 80, 1000 Berlin 30 (T. 2612791) - Geb. 19. April 1932 Breslau (Vater: Wilhelm E., Verwaltungsbeamter; Mutter: Ida, geb. Geister), ev. - 1952-56 Stud. Wirtschaftswiss. Dipl.-Kfm. (1956) u. Promot. (1958) WH Mannheim - 1956-65 Assist. u. Doz. (1962) WH Mannheim - BV: Instrumentale Integration - Kreislauftheorie-Experiment u. Berechnung, 1959 (Diss.); Mehrstuf. Pruduktionstheorie u. dynam. Programmieren, 1964. Mitarb.: Waffenschmidt u. Forschungsgruppe, Dt. Volksw. Gesamtrechnung u. ihre Lenkungsmodelle, Einkommenserhöh. in d. dt. Volksw. (beide 1959) - Spr.: Engl.

ELSNER, Ludwig

Dr. rer. nat., Prof. f. Mathematik - Schultenstr. 14, 4802 Halle/W. - Geb. 17. Jan. 1939 Gr. Strehlitz/OS. - Promot. 1965 - S. 1970 (Habil.) Lehrtätigk. Univ. Hamburg, Erlangen (1971 Wiss. Rat u. Prof.) u. Bielefeld (gegenw. Ord.). Gastprof. Calgary, New Delhi. Üb. 70 Facharb.

ELSNER, Norbert

Dr., o. Prof. f. Zoologie/Lehrst. I (s. 1978) - Universität, 3400 Göttingen - Geb. 11. Okt. 1940 - Arbeitsgeb.: Neurobiol. u. Verhaltensphysiol. b. Insekten.

ELSNER, Reinhard

Regisseur - Kastanienallee 21, 1000 Berlin 19 (T. 302 56 88) - Geb. 8. Febr. 1914 Berlin (Vater: Wilhelm E., Buchdruckereibes.; Mutter: Edeltraut, geb. Schmaußer), verh. s. 1935 m. Ingeborg, geb. Schläfer, 2 Kd. (Edeltraut, Reinhard) - Grunewald-Gymn. Berlin; techn. u. kaufm. Lehre graph. Gewerbe ebd. (Otto Elsner KG); Univ. Jena, Berlin, München (Med.), 1952-54 pers. Referent Kult.-Senator Prof. Tiburtius/Maßgebl. bet. a. Gründung u. Entwickl. d. SFB., Doz. an d. Ausbildungsstätte f. Fernsehfachkräfte d. Entwickl.sländer; üb. 2000 Live-Sendungen, dar. je 8 Literatur im techn. Zeitalter, Musik im techn. Zeitalter, Mod. Theater auf kl. Bühnen. Wesentl. Fernsehinsz.: Kennen Sie die Milchstr. (Wittlinger), Ges. d. Gänseblümchen (Wunderlich), Und das am Montagmorgen (Priestley), D. hl. Flamme (Maugham), D. Doppelgänger (Dürrenmatt), Theater (Ernst Schröder) - Liebh.: Sport (5 Landesmeistersch. Leichtathletik; Dt. Sportkrone (5. Träger im Bundesgeb.), Gold. Sportabz.), Träger d. Adolf-Grimme-Preises, Fotogr. - Mitgl. DOG, Tennis-Club Rot-Weiß, Ges. f. Christl.-Jüd. Zusammenarb. - Spr.: Engl., Franz.

ELSNER, Rudolf

Dr.-Ing., Prof. i. R. Inst. f. Nachrichtentechnik TU Braunschweig - Schapenbruch 7, 3300 Braunschweig (T. 36 02 57) - Habil. Braunschweig.

ELSTER, Hans-Joachim

Dr. phil. nat., o. Prof. em. f. Zoologie, Limnol. u. Fischereiwiss. - Limnol. Inst. d. Univ. Konstanz, Mainaustr. 212, 7750 Konstanz-Egg (T. 07531 - 88 29 16); priv.: Im Grün 7, K-16 - Geb. 6. Mai 1908 Bernburg/S. (Vater: Carl E., Kaufm. †; Mutter: Elsa, geb. Schwerdtfeger), ev., verh. s. 1949 m. Elisabeth, geb. Buhrfeind, 2 Kd. (Heidi, Christian) - Gymn. Bernburg; Univ. Leipzig, Freiburg/Br., München (Zool., Botanik, Chemie; Promot. 1931) - Habil. 1951 Freiburg - 1931 Assist. Univ. München, 1931-45 wiss. Leit. Inst. f. Seenforsch. Langenargen/Bodensee; ab 1948 wiss. Leit. Hydrobiol. Station Falkau; s. 1951 Privatdoz., apl. (1957), ao. (1962) u. o. Prof. (1966) Univ. Freiburg (Dir. Limnol. Inst. Konstanz-Egg). 1956-58 Fischereiexperte Ägypten (FAO). Etwa 150 Fachaufs. 1959ff. Herausg. Archiv f. Hydrobiol., Ergebnisse d. Limnol., D. Binnengewässer (m. W. Ohle), s. 1983 Schriften d. Ges. f. Verantwortung in d. Wiss. - 1966 Ehrenmitgl. Venezulan. Ges. z. Förd. d. Wiss.; 1980 (Kyoto): Naumann-Thienemann-Med. Soc. Limnologorum; 1981 Kolkwitz-Plak.; 1991 Max-Born-Med. - Spr.: Engl.

ELSTER, Kurt

Dr. med., Prof., Direktor Patholog. Inst. Städt. Krankananstalten Bayreuth - Ermreus 27, 8551 Kunreuth/Ofr. - Geb. 15. März 1918 - S. 1955 (Habil.) Lehrtätigk. Univ. Erlangen bzw. Nürnberg (1961 apl. Prof. f. Allg. Pathol. u. Pathol. Anat.). Fachveröff. Endoskopie u. Biopsie d. Speiseröhre u. d. Magens (m. Demling u. Ottenjann), Farbatlas 1972 coed - 5 Sprachen.

ELSTNER, Erich

Dr. rer. nat., Prof. f. Biochemie - Wildmoosstr. 18, 8038 Gröbenzell/Obb. - Geb. 19. Sept. 1939 Neustadt a.T., verh. s. 1966 m. Helga, geb. Stange, 2 Söhne (Marcus, Matthias) - 1959-64 Stud. Chemie u. Biol. Univ. München; Promot. 1967 Univ. Göttingen, Habil 1975 - 1967-70 Wiss. Assist. Göttingen; 1970-72 Post Doc. Fellow A. Einstein Med.-Center Philadelphia/USA; 1972-76 Akad. Rat Ruhr-Univ. Bochum; s. 1976 Prof. TU München, Inst. f. Botanik u. Mikrobiol. Spez. Arbeitsgeb.: Sauerstofftoxikol., biochem. Phytopathol - BV: Ann. Rev. Pl. Physiol., 1982; The Biochem. of Plants-Acad. Press, 1987; D. Sauerstoff - Biochemie, Biol., Med., 1990. Herausg.: Reaktive Sauerstoffspezies in d. Medizin-Springer V. (1987); Schadwirkungen auf Pflanzen (1988). 150 wiss. Publ.

ELSTNER, Frank

Journalist, Moderator, Fernsehprod., Inh. Frank Elstner Productions - Postf. 2424, 1024 Luxembourg; u. ZDF, Essenheimer Landstr., 6500 Mainz-Lerchenberg - Geb. 19. April 1942 Linz/Österr. (Vater: Schauspieler; Mutter: Tänzerin), verh. s. 1969 m. Sylvie, geb. Kayser, 2 S. (Andreas, Thomas) - 1965-83 Sprecher u. langj. Dir. Dt. Programm Radio Luxemburg; Moderator ARD-Fernsehsend. D. Montagsmaler; 1981-87 ZDF-Show Wetten, daß . . .?; s. 1986 ZDF-Serie üb. Nobelpreisträger: D. stillen Stars; 1988-90 ZDF-Show Nase vorn - 1978 Gold. Kamera Ztschr. HÖRZU; 1979 BVK; 1981 Bambi Ztschr. Bild & Funk; 1982 Ehrenlöwe Radio Luxemburg; 1983 Silb. Kamera HÖRZU.

ELSTNER, Helga,

geb. Kurz

Dipl.-Volksw., Senatorin a. D., Präsidentin Hambg. Bürgerschaft (1987-91), Vorst.-Mitgl. Wirtsch.- u. Sozialaussch. Europ. Gem., Brüssel - Sanderskoppel 4, 2000 Hamburg 65 - (Vater: Kaufm.), verh. - Univ. Frankfurt (1947ff.) - U. a. Mitgl. d. Präsid. d. DNA; 1971-76 Min.-dir. Bundesmin. f. Jugend, Familie u. Gesundheit (Leit. Abt. Lebensmittelwesen, Veterinärmed., Verbraucherschutz); 1976ff. Senatorin f. Gesundh., Hbg., 1978ff. 2. Bürgerm.

ELTEN, Thomas

s. Fuchs, Anton

ELTERMANN, Heinz

Dr. rer. nat., Prof., Wiss. Rat Inst. f. Mathematik A TU Braumschweig (s. 1960) - Im Gettelhagen 45, 3300 Braunschweig (T. 350239) - Habil. Braunschweig.

ELTGEN, Horst

Dr. rer. nat., Dipl. Geol., Prof. TU Clausthal - Baumhofstr. 41, 3360 Osterode/Harz (T. 21 86) - Geb. 4. Febr. 1932 - Realgymn. Karlsruhe; Stud. Geol. u. Paläontol. Heidelberg; Promot. (1966) u. Habil. (1973) Clausthal - Prof. Abt. f. Paläontologie am Inst. f. Geol.-Paläontologie d. TU Clausthal.

ELTING, Theodor

Erster Beigeordneter - Kleine Rosenstr. 16, 4620 Castrop-Rauxel (T. 12144) - Geb. 10. April 1930 Borken/W. (Vater: Theodor E., Sparkassenangest.; Mutter: Johanna, geb. Wilmers), kath. - Obersch.; Univ., Hochsch. f. Verw.swiss. Jurist. Staatsprüf. 1956 u. 61 - 1961-63 Assist. Bischöfl. Kommissariat Niederrh., Wesel; 1963-64 Ass. Landkr. Rees; 1964-66 Kreisdir. u. -kämmerer Rees; s. 1966 I. Beigeordn. (Stadtdir.) Castrop-Rauxel. 1. stv. Landesvors. Kommunalpolit. Vereinig. d. CDU v. Nordrh.-Westf.; 1968ff. Mitgl. Bundesvorst. Kommunalpolit. Vereinig. d. CDU/CSU. CDU s. 1953 - Liebh.: Niederl.-fläm. Literatur, Judaica - Spr.: Engl., Niederl.

ELWERT, Georg

Dr. phil., Univ.-Prof. f. Ethnologie FU Berlin (s. 1985) - Königsallee 14 L, 1000 Berlin 33 - Geb. 1. Juni 1947 München (Vater: Wilhelm Theodor E.), verh. s. 1975 m. Karola, geb. Kretschmer, 2 Kd. (Felix, Sarah Francesca) - Stud. Ethnol., Soziol.; Promot. 1973 Heidelberg - Wiss. Assist. Univ. Heidelberg u. Bielefeld. S. 1980 Priv.-Doz. Bielefeld; s. 1983 Heisenbergstip.; Prof. f. Soziol. Univ. Bielefeld - BV: Bauern u. Staat in Westafrika, 1983 - 1986/87 Fellow Wiss.-Kolleg Berlin; s. 1990 Mitgl. d. wissensch. Beirats d. Bundesmin. f. wirtschaftl. Zusammenarbeit - Liebh.: Paddeln, Spr. erlernen, Fotografieren - Spr.: Engl., Franz., Ital., Türk., Fongbe - Bek. Vorf.: Philipp Elwert (1621-99, Urahn).

ELWERT, Gerhard

Dr. rer. nat., o. Prof. f. Theoret. Astrophysik - Bohnenbergerstr. 3, 7400 Tübingen (T. 61780) - Geb. 15. Mai 1912 Hohengehren (Vater: Gotthilf E., Pfarrer; Mutter: Maria, geb. Schimpf), ev., led. - Univ. Tübingen u. München (Promot. 1938). Habil. 1953 Tübingen - S. 1953 Dozent, apl. Prof. (1959), Wiss. Rat u. Prof. (1963), o. Prof. (1968) Univ. Tübingen. Mitgl. Intern. Astronom. Union u. Intern. Wiss. Radiounion Cospar. Zahlr. Fachveröff.

ELWERT, W. Theodor

Dr. phil., em. o. Prof. f. Roman. Philologie - Oberer Laubenheimer Weg 13, 6500 Mainz (T. 8 27 73) - Geb. 20. Dez. 1906 Stuttgart (Vater: Wilhelm E.; Mutter: Theodora, geb. Lush), ev., verh. s. 1942 m. Erika, geb. Geitel, 3 Kd. - Univ. Lausanne, Freiburg/Br., München - 1933 Lektor Univ. Pisa, 1935 Assist. Biblioteca Hertziana, Rom, 1938 Univ. München, 1941 Privatdoz. das., 1951 apl., 1953 o. Prof. Univ. Mainz, 1969 Gastprof. Univ. Cambridge (Engl.), 1975/76 Gastprof. Univ. Innsbruck. 1975/76 Präs. Assoc. Intern. per gli Studi di Lingua e Letteratura Italiana - BV: Geschichtsauffass. u. Erzählungstechnik in d. histor. Romanen F. D. Guerrazzis, 1935; D. Mundart d. Fassatals, 1943; Z. Charakteristik d. ital. Barocklyrik, 1950; Studi di letterat. veneziana, 1958; D. zweisprach. Individuum, 1959; Franz. Metrik, 1961 (franz. 1965); D. franz. Übers. im Staatsex., 1963; La Poesia lirica ital. del Seicento, 1967; Ital. Metrik, 1968 (ital. 1973); Studien zu d. roman. Sprachen u. Literaturen, 10 Bde. 1968/89; D. roman. Spr. u. Lit., e. Überblick, 1979; D. ital. Lit. d. Mittelalters, 1980. Herausg.: Probleme d. Semantik (1968); Problemi di lingua e lett. italiana del Settecento, 1965 - 1958 Mitgl. Accad. Ital. Lett. Arcadia; 1982 Mitgl. Inst. Lombardo Scienze e Lettere; 1956 Komturkreuz ital. VO; 1963 Offz. Orden Palmes Academiques; 1964 Ehrenmitgl. Rumän. Forschungsinst. Freiburg/Br.; 1966 Gold. Med. Rep. Ital. u. Silb. Med. Freundschaftskr. Rhld.-Pfalz/Burgund; 1969 Ehrenmed. Univ. Dijon, Gold. Ehrennadel d. Manzoni-Stadt Lecco; 1978 BVK - Liebh.: Fotogr. - Spr.: Engl., Franz., Ital., Span.

ELZE, Reinhard

Dr. phil., Prof., Direktor Dt. Historisches Inst. in Rom (1972-88) - Münchener Freiheit 16, 8000 München 40 (T. 39 91 27) - Geb. 28. Juni 1922 Rostock (Vater: Prof. Dr. med. Curt E. († 1972); Mutter: Annemarie, geb. Keil), verh. m. Annemarie, geb. Kießhauer - Promot. 1944 Göttingen; Habil. 1958 Bonn; 1961 Ord. FU Berlin (Mittlere u. Neuere Geschichte, insb. Verfassungsgesch.). Fachveröff.

ELZE, Thomas

Dr. rer. nat., Prof. f. Kernphysik Univ. Frankfurt/M. - Schöne Aussicht 28, 6233 Kelkheim-Fischbach.

ELZER, Bertold

Dipl.-Volksw., Dipl.-Versicherungsverständiger, Aufsichtsratsmitgl. Veritas Lebensversicherung AG. - Odinweg 25, 5060 Bergisch Gladbach 1 (T. 02204 - 5 27 80) - Geb. 5. Sept. 1912 Karlsruhe (Vater: Hermann E., Verw.oberinsp.; Mutter: Marie, geb. Weber), kath., verh. s. 1939 m. Margarete, geb. Schildhorn, 2 Söhne (Hans, Reinhard) - 1931-35 Univ. München - B. 1937 Karlsruher, dann Kölnische (1962 Vorst.), Gutachter f. betriebl. Altersversorg. (IVS) - Liebh.: Fotogr., Musik, Garten.

EMBACHER, Gudrun

Dr. phil., Schriftstellerin - Arlbergstr. 67/8, A-6900 Bregenz (T. 05574 - 24 40 52) - Geb. 14. Aug. 1931 Feldkirch (Österr.) (Vater: Dr. Erich E., Jurist; Mutter: Rosy, geb. Hutter), kath., led. - Realgymn., Handelsakad.; Stud. German. u. Angl. Univ. Innsbruck (Promot. 1954, Akad. Übers.-Prüf. 1955) - 1955-81 Verlagslektorin, Wirtsch.-Sachbearb., Bedienstete Land Vorarlberg; Schriftstellerin (Gegenw.-Romane) - BV: Sperling auf meiner Hand, R. 1978; Berliner Hochzeit, R. 1979; Ich nenne dich Eurydike, R. 1980; D. Narr Wohlgemuth, R. 1982; D. Wolf ist los u. and. Erz., 1982; Antigone u. ihre Brüder, R. 1984; E. Handbreit Hoffnung. E. Südafrika-R. v. heute, R. 1987; Atlantis, R. 1991 - 1983 Ehrenring d. Dt. Lit.; 1986 Dichterschild Offenhausen - Liebh.: Musik, Schach, Bergsport - Spr.: Ital., Engl., Franz., Span.

EMBORG, Henrik

Kaufmann, Dir., Honorarkonsul d. Bundesrep. Deutschl. in Aalborg/Dänemark (b. 1989), VO, Vors. d. Dänischen Tiefkühlrates (b. 1989) - Daimlerstr. 3, 6374 Steinbach/Taunus - Geb. 2. Okt. 1921 Odense/Dänemark (Vater: Harald E., Postdir.; Mutter: Martha, geb. Nielsen), luth., verh. s. 1963 m. Christa, geb. Gallé, 2 Kd. (Torben, Esben) - B. 1947 Jurist Univ. Kopenhagen - 1948 Mitgr. u. Dir. Emborg Foods Aalborg A/S u. Emborg Foods GmbH Steinbach/Taun. - Spr.: Engl., Deutsch, skandinav. Spr.

EMDE, Hans-Georg

Dr. rer. pol., Staatssekr. a. D., Mitgl. Direktorium Dt. Bundesbank i. R. - Borngasse 2a, 5238 Hachenburg/Ww. - Geb. 28. Juli 1919 Elberfeld, ev., verh., 3 Kd. - Hohe Schule; Banklehre; Univ. Wien u. Berlin (Volksw.). Promot. 1948 München - B. 1956 Banktätigk. (Großbank u. LZB); 1956-57 Reg.rat Finanzmin. NRW; 1957-68 Landesoberverw.rat Landschaftsverb. Rhld.; 1968-69 Stadtdir. Gummersbach; 1969-72 Staatssekr. Bundesfinanzmin. 1952-56 MdK Oberberg. Kr. 1961-69 MdB. FDP - 1972 Großkreuz niederl. Orden v. Oranien-Nassau; Gr. BVK m. Stern u. Schulterbd.; VO Land Rhld.-Pfalz.

EMDE, Heinrich

Dr. med., Radiologe u. Nuklearmediziner, Leit. Diagnostik Zentrum Robert Janker, Robert Janker Klinik, Bonn - Adenauerallee 11F, 5300 Bonn 1 (T. 0228 - 21 17 35) - Geb. 24. Febr. 1942 Korbach, verh. s. 1971 m. Dr. med. Brigitte, geb. Braun-Feldweg - Gymn. Korbach; Stud. FU Berlin; Facharztausb. FU u. Univ.-Kliniken Homburg/S.; Promot. 1973 FU Berlin - Ab 1980 Oberarzt Neuroradiol. Univ.-Kliniken Homburg/S.; ab 1984 Leit. Diagnostik Zentrum Robert Janker, Robert Janker Klinik (Fachklinik f. Tumorerkrank.) - Beitr. in Handb., u. a. Lymphszintigraphie, in: Handb. d. med. Radiol., 1979;

Ektodermale Tumoren, in: Kranielle Computertomogr., 1980; div. Einzelbeitr. in Fachztschr. - Spr.: Engl.

EMDE, Helmut

Dr. rer. nat., Prof. f. Mathematik f. Architekten u. Geometr. Informationsverarb. - Pützerstr. 6a/212, 6100 Darmstadt (T. 44820) - Geb. 12. Mai 1926 Arolsen (Vater: Karl E., Bürgerm.; Mutter: Frieda, geb. Schluckebier), Chr. gem., verh. s. 1951 m. Gerda, geb. Petri, 3 Kd. (Michael, Gabriele, Daniel) - Promot. 1958 - S. 1972 Prof. TH Darmstadt.

EMDE, von der, Jürgen

Dr. med., Prof., Leiter d. Herchirurgischen Abt. Univ. Erlangen-Nürnberg - Atzelsberger Str. 17, 8525 Marloffstein.

EMEIS, Carl-Christian

Dr. rer. nat., o. Prof. f. Angew. Biologie u. Institutsdir. TH Aachen (s. 1973) - Landgraben 105, 5100 Aachen-Richterich.

EMEIS, Dieter

Dr. theol., Dr. rer. nat., Wiss. Rat u. Prof. f. Pastoraltheol. Univ. Münster - Gut Leye, 4500 Osnabrück-Atter (T. 0541 - 6 15 59) - Zun. Ref. f. Theol. Erwachsenenbild. Diözese Münster u. Osnabrück, dann o. Prof. Univ. Bochum.

EMENDÖRFER, Dieter

Dr. rer. nat., Dipl.-Phys., Prof., Abteilungsleit. Inst. f. Kernenergetik u. Energiesysteme Univ. Stuttgart - Weinbergweg 62A, 7000 Stuttgart 80 (T. 0711 - 68 32 10) - Geb. 20. Juli 1927 Heidenheim/Brenz, ev., verh. s. 1955 m. Krista, geb. Neufert, 2 Töcht. (Veronika, Angelika) - 1947-53 Physik-Stud. TH Stuttgart, Promot. 1955, Studienaufenth. Univ. North Carolina 1957, Habil. Kerntechn. 1964, apl. Prof. 1969, Prof. 1978 - 1974-76 Vorst. Fachgr. Reaktorphysik d. Kerntechn. Ges. (Vorstandsmitgl. d. Ges. 1974-77), 1975-77 VR-Mitgl. d. Dt. Atomforums; 1984-86 u. 1989-92 Advisory Editor d. Ztschr. Nuclear Science and Engineering - Buch: Theorie d. Kernreaktoren (m. K.-H. Höcker), 2. A. 1982. 60 wiss. Veröff.

EMGE, Richard Martinus

Dr. phil. (habil.), em. o. Univ.-Prof., Soziologe - Eduard-Otto-Str. 37, 5300 Bonn 1 (T. 21 28 53) - Geb. 20. Jan. 1921 Gießen (Vater: Prof. Dr. jur. Dr. phil. Carl August E., Rechtsphilosoph † 1970 (s. XVI. Ausg.); Mutter: Lona, geb. Küch), verh. m. Hilda, geb. v. Barton gen. v. Stedman, 3 Kd. (Andus, Daniela, Richard) - Univ. Genf, Berlin, Heidelberg, College d'Europe Brügge - 1950/51 Mouvement Europeen, Paris; 1952 Inst. f. europ. Politik u. Wirtsch., Frankfurt; 1953ff. Ausw. Amt Bonn (stv. Presseref., 1957 Kulturattache Ottawa, 1961 Kulturabt. AA); 1964 Lehrauftr. Univ. Bonn, 1966 Habil. u. Privatdoz., 1969 Honorarprof.; 1968 o. Prof. d. Soziol. u. Sozialpäd. Päd. Hochsch. Rhld., 1974 o. Prof. u. Dir. Sem. f. Soz. Univ. Bonn (emerit. 1986); 1989 Gastprof. Univ. Salzburg. 1963 o. Mitgl. Dt. Ges. f. Soziologie, Europa-Union, Fondation europ. de la culture (dt. Komit.), Inst. f. Auslandsbeziehungen, dt.-franz., dt.-kanad. Ges.; wiss. Beirat Freunde d. Univ. Tel Aviv - BV: u.a.: D. Einzelne u. d. organisierte Gruppe, 1956; Evolution des structures soc. en Allemagne Fédérale, 1964; Ausw. Kulturpolitik, 1967; Z. Sozialprestige d. Lebensalter, 1978; Soziol. d. Familienhaushalts, 2. A. 1981; Saint-Simon. Einf. in e. Leben u. Werk, e. Schule, Sekte u. Wirkungsgesch., 1987; Virtus u. Fortuna (Festschr. Faul), 1988; Postmoderne, utopisches Denken u. ges. Wirklichk. (Festschr. Fürstenberg), 1990. Ca. 80 weitere Einzelbeitr. - 1957 ER Joh. O., 1981 BVK - Bek. Vorf.: Martin Luther, Phys. Richard Küch, Erf. d. Quarzlampe, etc. (Großv.).

EMIG, Günter

Diözesancaritasdirektor, Geschäftsf. Caritasverb. f. d. Diöz. Mainz - Holzhofstr. 8, 6500 Mainz.

EMIG, Günther

Schriftsteller, Bibliothekar (stv. Leiter d. Stadtbücherei Heilbronn) - Egerer Weg 9, 7102 Weinsberg (T. 07134 - 26 43) - Geb. 8. Febr. 1953, verh. s. 1974 m. Hanna, geb. Seidel, 2 Kd. (Christian, Dorothea) - 1971-76 Stud. German. u. Polit. Wiss. Univ. Heidelberg; Staatsex.; 1977-80 FH f. Bibliotheksw. Stuttgart (Dipl.) - S. 1972 publiz. tätig; Gründg. e. Kleinverlags. 1975 Mitbegr. Arbeitsgem. d. Kleinverlage u. 1979 d. IG Lit.ztschr. u. d. Projekts Lit.ztschr. - Herausg.: Jules Michelet, D. Hexe (1977); Erich Mühsam, Gesamtausg. (4 Bde. 1977-83); Verz. deutschspr. Lit.schr. (3 Ausg., 1979-84); Neuerscheinungsindex Lit.ztschr. (2 Bde. 1979-80); Materialien z. Werk v. Elisabeth Alexander (1986).; Ludwig Pfau Blätter (1992 ff.). Mithrsg.: Aubin, Geschichte d. Teufel v. Loudun (1974), D. Alternativpresse (1980) - Lit.: Th. Daum, D. 2. Kultur (1981), H. Kunoff, The Alternative Press and Movement in West-Germany (1988).

EMIG, Jürgen

Dr. phil., Abteilungsleiter Sport-Fernsehen Hessischer Rundfunk - Bertramstr. 8, 6000 Frankfurt/M. 1 (T. 069 - 1 55-30 37) - Geb. 3. Aug. 1945 Kaiserslautern, ev., verh. s. 1991 m. Atlanta Killinger, S. Johannes - Abit. 1966 Kaiserslautern; Dipl.Sport Ex. 1972 Saarbrücken; Promot. 1986 Saarbrücken, Fachricht. Informations-Wiss. - BV: Barrieren e. invertigativen Sportjournalismus, 1987; mehr. Fernsehfeatures - NOK-Medienpreis f. d. beste Fernsehreportage d. Olympiade 1984 - Liebh.: Familie, Wandern, Radfahren, Lesen - Spr.: Engl., Franz.

EMIG, Karl

Kaufmann, Vors. Verb. d. Dt. Fruchtsaft-Industrie, Bonn - Pleutersbacher Str. 30, 6930 Eberbach/N. - Geb. 28. Juli 1930.

EMMANUELE, Eric Louis

Regisseur, Choreograph, Produzent - Spaldingstr. 41, 2000 Hamburg (T. 040 - 23 39 81) - Geb. 15. Aug. 1955 New York, ledig - Point Park College; American Ballett Theater New York; Joffrey Ballett New York; Mudra, Brüssel (Dir.: Maurice Béjart) - Tätigkeit als Tänzer: Eglevsky Ballett, New York; Pittsburgh Ballett Theater; Béjart Ballett, Brüssel; Hamburg. Staatsoper-Ballett; Ballett der Frankfurter Oper; Washington Ballett; Thalia-Theater, Hamburg. Haus-Choreograph v. R.C.A. u. Polydor; Dir. u. Gründ. Portable Movement Productions u. Portable Movement Troup (1978); Dir. Center Stage Productions Halifax, Kanada - Klass. Choreogr.: Pyramis & Thysbe, Eglevsky Ballett, New York (1970); Zeitspanne, Hamburgische Staatsoper, Washington Ballett (1976-78); Carmen, Hamburg. Staatsoper (1979); Sprachenfalle, Hamburg. Staatsoper (1977); L'Histoire du Soldat, Hamburg. Staatsoper (1978); Encounter u. Rave, Ballett Nuevo Mondo de Caracas/Venezuela u. Manuela (1983); VI.- Internat. Theater Festival, Caracas/ Venezuela (1983). Musicals (Tanzregie u. Prod.): Joseph & his Technicolor Dreamboot, Halifax/Kanada (1982); Grease, Halifax (1985); This can't be love, Halifax (1985); Dames at Sea, King's Theater, Annapolis Royal, Kanada (1985). FS (Artist Styling u. Choreogr.) f. Gitte Henning, Irene Cara, Taco, Vivian Reed, Chilly, Kelly Family, Gillian Scalici, Robert Kreis im ZDF, ARD, SWF, WDR, SR, C.B.C. (Kanada). Filme (Tanzregie): Mary & Gordy auf d. Lande (1982); Hamburg wir Gratulieren (NDR, 1989); Frauen, Frauen, Frauen. Choreogr. u. Regie f. Musical: Sweet Charity - HH 1988/89. Musical Insz.: Hugo d. Schloßgespenst, HH 1990/91, Guys & Dolls, HH 1990/91. 1991 gegründet: Show Center GmbH, Hamburg. Gastsp. Leningrad 89, Galas, Tagungen, Sales Presentations (Choreogr., Regie, Prod.) f. Pan Am, Texaco, IBM, Effem, Unilever, VW, Hapag-Lloyd Kreuzfahrten, Eckes, Colgate, Palmolive, Reestma - Liebh.: Design, Fotogr., Reisen - Spr.: Deutsch, Engl., Franz.

EMMERICH, Erika

Präsidentin Verband d. Automobilindustrie (s. 1989) - Westendstr. 61, 6000 Frankfurt/M. 1 - Geb. 1934 - Stud. Rechtswiss. - 18 J. Bundesverkehrsmin. (zul. Ref.); 1983-88 Präs. Kraftfahr-Bundesamt.

EMMERICH, Gerhard

Dr. rer. pol., Dipl.-Kfm., Wirtschaftsprüfer u. Steuerberater, Honorarprof. f. Betriebl. Finanzwirtschaft u. Bankbetriebslehre Univ. Göttingen (s. 1978) - Grenzweg 33, 3011 Laatzen-Grasdorf.

EMMERICH, van, H. Rolf

Dipl.-Ing., geschäftsf. Gesellschafter H. Neumann Intern. Management Consultant, Düsseldorf (s. 1989), Personalberater - Cecilienallee 59, 4000 Düsseldorf 30 (T. 0211 - 454 89 50) - Geb. 11. Aug. 1926 Oberhausen, ev., 2 Kd. (Gaby, André) - 1952 Konstrukt.-Ing. Dt. Babcock; 1955 Projektmanager in USA; 1958 Leit. Org. Dt. Babcock; s. 1960 Untern.-Berater Knight Wegenstein (jetzt Knight Wendling) AG, 1968 Leit. Personalberat., Europa, 1974-89 Vorst.-Mitgl.

EMMERICH, Kurt

Sportredakteur/-reporter (Hörfunk) NDR - Zu erreichen üb. NDR, 2000 Hamburg 13 (T. 040 - 41 56-27 52) - Geb. 31. Jan. 1930, ev., verh. s. 1955, 3 Kd. - S. Gründg. 1963 ständ. Fußball-Bundesligha-Rep.; Teiln. an 3 Fußball-WM, 5 Handball-WM - 1982 Gold. Mikrophon d. Rundf. u. FS.Zeitschr. HÖR ZU.

EMMERICH, Marilone

Pädagogin, Ehrenvorsitzende Verein kath. dt. Lehrerinnen, Hauptschriftleit. Ztschr. Kath. Bildung - Hedwig-Dransfeld-Pl. 4, 4300 Essen 1 (T. 0201 - 62 30 29).

EMMERICH, Volker

Dr. jur., Prof. f. Bürgerl. Recht, Handels- u. Wirtschaftsrecht Univ. Bayreuth - Postf. 3008, 8580 Bayreuth, priv.: Walchenseestr. 4 - Lehrst.-Inh.

EMMERICH, Wolfgang

Dr. phil., Prof. f. Neuere dt. Literaturgeschichte, bes. d. 20. Jh., unt. bes. Berücks. d. Kulturgeschichte u. -theorie Univ. Bremen (s. 1978) - Oberneulander Landstr. 98, 2800 Bremen - Geb. 30. März 1941 Chemnitz/Sa. (Vater: Heinrich E., Rechtsanw.; Mutter: Charlotte, geb. Seidel, Lehrerin), verh. s. 1971 m. Silke, geb. Dahm, 3 Kd. (Niels, Julia, Johann) - Zul. Assistenzprof. Bremen; Gastprof. Univ. of Wisconsin (Madison), Indiana (Bloomington), Paris VIII - BV: Z. Kritik d. Volkstumsideol., 1971; Proletar. Lebensläufe, 2 Bde. 1974/75; Kl. Lit.gesch. d. DDR, 1981, erweit. Ausg. 1989; Lyrik d. Exils, 1985; D. Bremer Literaturpreis 1954-87, 1988.

EMMERICK, Ronald E.

Ph. D., B. A. M. A., Prof. f. Iranistik - Waidmannsring 7, 2085 Quickborn - Geb. 9. März 1937 Sydney (Australien) - S. 1964 Lehrtätigk. London u. Hamburg (1971 Ord. u. Abt.leit.). 1967/68 Gastprof. Chicago (USA); Corresponding Fellow of the British Acad. - Bücher u. Aufs.

EMMERIG, Ernst

Dr. jur., Prof., Regierungspräsident a. D. - Oberfeldweg 8, 8400 Regensburg - Geb. 9. März 1916, kath., verh. m. Maria, geb. Käß, 5 Kd. - Stud. Rechtswiss. Univ. Würzburg u. München; Promot. 1948; 2. jurist. Staatsex. 1949 - 1962-81 Regierungspräs. d. Oberpfalz Regensburg - BV: Komment. z. bayer. Sicherheits- u. Polizeirecht, 1979 u. 83; Unbekannte Oberpfalz, 1982; Regensburger Almanach, 1985-92; Begegnung mit d. Welt, 1987; Kulturlandschaft Oberpfalz, 1989 - 1964 Bayer. VO.; 1978 Honorarprof. f. Verwaltungsrecht Univ. Regensburg; 1981 Gr. BVK - Liebh.: Fotogr. - Spr.: Engl., Ital. - Lit.: Lebendige Oberpfalz, Festschr. (1981).

EMMERLICH, Alfred

Dr. jur., Richter, MdB (s. 1972; Wahlkr. 33/Osnabrück; s. 1983 stv. Fraktionsvors. SPD) - Ellerstr. 114b, 4500 Osnabrück (T. 2 50 34) - Geb. 10. Mai 1928 Osnabrück, verh., 4 Kd. - Mittelsch.; Lehrerbildungsanst.; Stud. Rechtswiss. As.ex. 1957 - U. a. OLG-Rat Oldenburg (1970ff.).

EMMERLICH, Gunther

Opernsänger Staatsoper Dresden, Kammersänger - Bergbahnstr. 1, O-8051 Dresden - Geb. 18. Sept. 1944 Eisenberg/ Thür., ev., verh. s. 1979 m. Anne-Kathrein, geb. Kretzschmar, 2 Kd. (Karoline, Johannes) - Bauing. Bauing.sch. Erfurt; Opernsänger Musikhochsch. Weimar - Opernrollen: Osmin, Bartold, Basilio, Alfonso Eremit, Kuno, Dulcamara, Colline, Sarastro; eig. Fernsehsend.: 1987-90 Showkolade; 1991/92 Nimm Dir Zeit - 1988 Fernsehliebling; 1990 Bambi - Liebh.: Wandern, Tischtennis, Skat, mod. Malerei.

EMMERT, Karl

Laborleiter i.R., Schriftst. - Obere Seestr. 59, 7994 Langenargen - Geb. 10. März 1922 München, verh. s. 1949 m. Anni, geb. Döring, 2 Kd. (Alexander, Annegret) - Konditor, Koch, Baustoffprüfer; Lyriker (üb. 1300 Veröff. in Ztg. u. Ztschr.), Brückenschlag, 1966, Heitere Gesch. d. Straßenbaus, 1957, Bodensee-Zyklus, 1970; Brevier z. Stillen Zeit, 1982; Im Jahresring, 1983; U. es geschah z. jener Zeit, 1984; Wia's hoid so is, 1986; Wia Gott no mit de Menschen g'red't, 1988; Wenn's finster wird ums Haus, 1991. Üb. 1500 Veröff. in Publ. - 1941 Dichterpreis d. II. Armee; 1970 Ehrenring: D. Dt. Gedicht; 1984

Preis Soli Deo Gloria; 1987 2. Preis Ältere Menschen schreiben (Sozialmin. v. Baden-Württemb.); 1988 Dichtersteinschild Offenhausen O.Ö. u.a. Ehrungen, Ehrenmitgliedsch.: Dt. Kulturwerk e.G., Dt. Akad. f. Bild. u. Kultur, Künstlervereinig. Katakombe, Ernst Lyrikkr. München.

EMMERT, Werner
Dr. rer. nat., Univ.-Prof. f. Zoologie Univ. Würzburg - Apostelweg 4, 8708 Gerbrunn - Geb. 8. Okt. 1938 Würzburg - Promot. 1966 - S. 1972 (Habil.) Lehrtätigk. Univ. Würzburg (1974 Wiss. Rat u. Prof., 1978 Prof.). Spez. Entwicklungsbiol.

EMMINGER, Eberhard
Dr. med. habil., Pathologe - Karmelitengasse 10, 8900 Augsburg - Geb. 13. Dez. 1907 Augsburg (Vater: Senatspräs. Erich E., 1923-24 Reichsjustizmin., 1913-18 u. 1920-33 MdR (Lex E., Aufwertungsgesetz n. 1923, Zollunion m. Österr. 1928); Mutter: Maria, geb. Scharff), kath., verh. s 1939 m. Elisabeth, geb. Buchin, 8 Kd. (Adelheid, Volker, Brigitte, Eckhard, Gudrun, Angelika, Christoph, Ulrike) - Gymn. Augsburg (St. Stephan); Univ. Berlin, Hamburg, Freiburg, München. Promot. 1931 München; Habil. 1943 Wien - B. 1934 Assist. Univ. München, dann Wehrmachtspathologe (akt. Sanitätsoffz.), n. Kriegsende Amtsarzt Gesundheitsamt Deggendorf, ab 1947 Ärztl. Dir. Pathol. Inst. Städt. Krankenanstalten Augsburg. Entd. d. Zusammenhänge v. Bau u. Funktion d. kl. Wirbelgelenke, 1973-87 Mitarb. Krebsinst. Prof. Mohr Med. Hochsch. Hann., 1977-85 auch ärztl. Dir. u. Doz. MTA-Schule Augsburg; 1947 Mitgl. u. ltd. Arzt Wasserwacht im BRK; 1973 Chefarzt Bezirksverb. Schwaben im BRK - BV: Wirbelgelenk u. Bandscheibe, 2. A. 1960 (m. Zukschwerdt). Zahlr. Einzelarb. (Porphyrine, Säuglingspathol., Wirbelsäule) - Liebh.: Eiszeitforsch., Bergsteigen, Skilauf - Bruder: Otmar E. († 1986 in Manila).

EMMRICH, Johannes
Dr. med. (habil.), Prof., Radiologe, Lt. Arzt d. Röntgenabt. Diakonissenkrkhs. - Rosenbergstr. Nr. 38, 7000 Stuttgart - Geb. 16. Mai 1923 Dresden, ev., verh. s. 1953 m. Johanna, geb. Beyer († 1976), verh. s 1979 m. Anita, geb. Wolf - Hum. Gymn. Dresden (Kreuzsch.), München (Theresiengymn.), Güstrow/Meckl. (Domschule) - Stud.: Univ. Posen, Würzburg, Kiel, Freiburg; Habil. 1966 Göttingen (Abt.-Vorst. u. Prof.), apl. Prof. 1971 Göttingen; 1975 Tübingen - Etwa 80 Fachaufs.

EMONS, Hans-Heinz
Dr. sc. nat., Dr. h. c. mult., Prof., Wissenschaftler Zentralinstitut f. anorganische Chemie, Berlin-Adlershof - Max-Ernst-Weg 25, 3380 Goslar - Geb. 3. Jan. 1930 Herford, verh. s. 1955 m. Maria, geb. Schwind, 2 Kd. (Hendrik, Beatrice) - Chemiestud. TH Dresden; Promot.

1957; Habil. 1962 Merseburg - 1962-75 Doz. bzw. o. Prof. TH-Leuna Merseburg; 1975-88 o. Prof. Bergakad. Freiberg; 1988-89 Vizepräs. Akad. d. Wiss. d. DDR - BV: m.a Chem. Mikroskopie. 1973 (engl. 1982); Techn. anorg. Chemie, 4. A. 1990; Mit d. Salz durch d. Jahrtausende, 2. A. 1986; Alte Salinen in Mitteleuropa, 1987; Luft - nur z. Atmen?, 1990; ca. 275 wiss. Orig.arb. insbes. z. Chemie u. Technol. anorgan. Salze - 1975 Dr. h. c. Leningrad u. 1984 Merseburg; 1988 Dr. mont. E. h. Leoben - 1973 o. bzw. auswärt. Mitgl. d. ehem. Akad. d. Wiss. d. DDR, 1979 d. Sächs. Akad. zu Leipzig, 1985 d. Königl.-Norweg. Wiss.akad. Trondheim, 1987 d. Norweg. Akad. d. Wiss. Oslo - Liebh.: Theater - Spr.: Engl.

EMONS, Rudolf
Dr. phil. habil., Prof. f. Engl. Sprachwissenschaft Univ. Passau - Innstr. 40, 8390 Passau (T. 0851 - 5 09-2 62) - Geb. 18. Febr. 1945 Bad Nenndorf (Vater: Karl-Heinz E., Musiker; Mutter: Ange, geb. Strothmann), verh. s. 1980 in 2. Ehe m. Christa, geb. Claus, Sohn Dominik - Abit. 1964 Bielefeld, 1964-70 Stud. Angl. u. German. Univ. Marburg, Tübingen, Exeter u. Heidelberg (Staatsex. in Engl. u. Dtsch. 1970, Promot. in Engl. Sprachwiss., Engl. Lit.wiss., Allg. Sprachwiss., 1973, Habil. 1980 in Angl.) - 1970-73 Univ. Heidelberg; 1970-81 Wiss. Assist. ebd.; 1981 Privatdoz.; 1981 Prof. (C 4) Univ. Passau - BV: Valenzen engl. Prädikatsverben, 1974; Valenzgramm. f. d. Engl. - E. Einf., 1978; Engl. Nominale: Konstituenz u. syntagmat. Semantik, 1982.

EMPACHER, Hans
Rechtsanwalt - Pullacher Str. 22d, 8023 Großhesselohe (T. 089 - 79 75 49) - Geb. 11. Mai 1928 Königsberg i. Pr., 2 Söhne (Helmut, Rainer) - Gymn.; Univ. Erlangen (Jura) 1946-49 - 1954-57 Carl Zeiss, Oberkochen; 1957-89 Bölkow GmbH bzw. Messerschmitt-Bölkow-Blohm GmbH; gf. Ges. Empacher GmbH, Eberbach a.N. - Liebh.: Segeln - Spr.: Engl.

EMPT, Wilhelm
Dr., Dozent f. Tonsatz Musikhochschule Köln - Grafenmühlenweg 80, 5000 Köln 80.

EMRICH, Dieter
Dr. med., o. Prof. f. Nuklearmed. - Jupiterweg 7, 3400 Göttingen 1 - Geb. 21. Okt. 1929 Münster/W., Promot. 1957 Freiburg/Br. - S. 1965 (Habil.) Lehrtätigk. Univ. Göttingen (1974 Ord.). Bücher, Facharb.

EMRICH, Ernst
Dr., Journalist, Hörfunkdirektor d. Bayer. Rundfunks (s. 1991) - 8000 München - Geb. 15. April 1930 Mainz, kath., verh. s. 1957 m. Dr. Agnes, geb. Niebecker, 3 Kd. - Gymn. Mainz; Univ. Innsbruck u. Mainz (Promot. 1955) - S. 1959 BR (u. a. Projektgruppenleit. Fernseh-Familienprogramm). 1972-90

Generalsekr. Stiftg. Prix Jeunesse - BV: Vergessene Wege zu Glaube u. Kult, 1962; Wir schalten um - Fernsehen/Wer es macht u. wie es gemacht wird, 1965; Priesterbild. in d. Diskussion, 1967; Üb. Gott u. d. Welt, 1970; D. entscheid. Jahre, 1977; Leben wir was wir glauben?, 1985.

EMRICH, Fritz
Unternehmer, Geschäftsführer Rieco GmbH u. Co, Grünstadt - Beim Bergtor 6, 6718 Grünstadt (T. 06359 - 50 34) - Geb. 30. Jan. 1936, ev., verh. s. 1970 mit Gabriele, geb. Jentzsch, 2 Kd. (Thomas Friedrich, Christine Charlotte) - Ausb. Buchdruck, Gehilfen- u. Meisterprüf.; Akad. f. d. graph. Gewerbe München (Abschlußdipl.) - Geschäftsf. Rieco KG. 1969-82 1. Vors. Lebenshilfe Grünstadt; s. 1979 Mitgl. Presbyt. u. Bezirkssynode; 1982-85 stv. Vors. Arbeitsgem. Partnersch. - Spr.: Engl., Franz.

EMRICH, Hinderk M.

Dr. med., Dr. med. habil., Prof., Nervenarzt, Psychiater u. Psychopharmakologe, Psychoanalytiker Max-Planck-Inst. f. Psychiatrie München, wiss. Mitgl. Wissenschaftskolleg zu Berlin - Wallotstr. 19, 1000 Berlin 33 (T. 030 - 89 00 10) - Geb. 2. Juli 1943 Witzenhausen b. Kassel - Habil. (Molekulare Neurobiol.) 1972 TU Berlin u. (Psychiatrie) 1987 München - 1978 apl. Prof. f. Psychiatrie Univ. München. S. 1988 Psychotherapeut - BV: The Role of Endorphins in Psychiatry, 1982; Anticonvulsants in Affective Disorders, 1985; Psychiatrische Anthropol., 1990; Integrative Biological Psychiatry, 1992. Ca. 250 wiss. Veröff. in Physiol., Pharmakol., Psychiatrie u. Psychoanalyse - Liebh.: Phil.

EMRICH, Ortwin
Dr. rer. pol., Prof. f. Mathematik Univ. Oldenburg (s. 1974) - Bremersweg 37, 2900 Oldenburg/O. - Geb. 12. März 1940 Kaiserslautern - Stud. Math.; Promot. 1971; Habil. 1973 - Üb. 20 Facharb.

EMRICH, Wilhelm
Dr. phil., Prof. f. Dt. Philologie - Witzlebenpl. 4, 1000 Berlin 19 - Geb. 29. Nov. 1909 Nieder-Jeutz b. Diedenhofen - 1929-33 Univ. Frankfurt/M. (German., Phil., Gesch.) - Mehrere J. Auslandsaufg. f. d. Dt. Akad.; s. 1949 (Habil.) Lehrtätigk. Univ. Göttingen, Köln (1953 ao., 1956 o. Prof.), Berlin/Freie (1959 o. Prof.) - S. 1956 Ord. Univ. Köln u. FU Berlin (1959) - BV: Symbolik v. Faust II (3 A.); Franz Kafka (7 A.); Protest u. Verheiß. (2 A.); Geist u. Widergeist; Polemik - Streitschriften Pressedebatten u. krit. Essays um Prinzipien, Methoden u. Maßstäbe d. Literaturkritik (1968); Poet. Wirklichk. Stud. z. Klassik u. Moderne (1979); Dt. Lit. d. Barockzeit (1981) - o. Mitgl. Akad. d. Wiss. u. d. Lit., Mainz; Mitgl. PEN-Zentrum BRD.

ENBERGS, Heinrich
Dr. med. vet., Univ.-Prof., Leiter Abt. Anatomie u. Physiol. Institut f. Anato-

mie, Physiologie u. Hygiene d. Haustiere Univ. Bonn - Am Kottenforst 69, 5300 Bonn 1 - Geb. 24. März 1937 - Promot. 1963; Habil. 1973 - B. 1963 Gießen, dann Bonn - BV: D. Feinstruktur d. Leukozyten d. Hausgeflügels, 1975. Mehrere Handbuchbeiträge u. üb. 70 Fachaufsätze.

ENCARNACAO, José
Dr.-Ing., Prof. f. Informatik TH Darmstadt, Leit. Fachgeb. Graphisch-Interaktive Systeme - Wilhelminenstr. 7, 6100 Darmstadt - Stud. Elektrotechnik TU Berlin - Heinrich-Hertz-Inst.; 1972 Assist.-Prof. Univ. Saarbrücken. S. 1984 Vorst.-Vors. d. Darmstädter Zentr. f. Graph. Datenverarb., s. 1987 Leit. Fraunhofer Arbeitsgr. Graph. Datenverarb. in Darmstadt - Autor u. Herausg.: Versch. Werke auf d. Geb. Graph. Datenverarb. u. CAD in engl. u. deutsch (z. T. übers. in chin., ung., ital., portug., russ.). Mitgl. d. Herausg.rates von Fachztschr., u. Herausg. v. Computer & Graphics (intern. Ztschr.) - 1983 BVK; 1989 Karl-Heinz-Beckurts Preis; Fellow d. Eurographics Assoc.

ENCKE, Warnfried
Journalist - Jürgensallee 18, 2000 Hamburg-Nienstedten - Geb. 1927 - Stud. - B. 1954 D. Welt, dann Welt am Sonntag (Chef v. Dienst, stv. Chefredakt., 1969 gf. Redakt., 1971-76 Chefredakt.). Danach Chefredakteur z. b. V. im Axel Springer Verlag, s. 1979 Verlegerbüro Axel Springer.

ENDE, vom, Hans
Dipl.-Phys., Prof. f. Experimental- u. Astrophysik Univ.-GH Paderborn (1973ff.) - Schäferweg 24, 4790 Paderborn - Geb. 8. Jan. 1925 Plön/Holst. - S. 1968 Fachhochschullehrer; s. 1973 Prof.

ENDE, Michael
Schriftsteller - Zu erreichen üb. K. Thienemanns Verlag, Blumenstr. 36, 7000 Stuttgart - Geb. 12. Nov. 1929 Garmisch/Obb. (Vater: Edgar E., Maler, Vertr. d. Surrealismus) - Maximilians-Gymn. München; Fr. Waldorf-Sch. Stuttgart; Otto-Falkenberg-Schauspielsch. München (Abschlußprüf.) - 1951-53 Schausp. Provinzbühnen, dann schriftst. Tätigk. f. Kabarett, Funk u. Fernsehen, s. 1957 fr. Mitarb. Bayer. Rundfunk (haupts. Filmkritik) - BV (Millionenaufl.): u.a. Jim Knopf u. Lukas d. Lokomotivführer, Kinderb. 1960; Momo - E. Märchen-R., 1973; D. unendl. Geschichte, 1979 (verfilmt); D. Spiegel im Spiegel, 1984; D. Gauklermärchen, 1982; D. Goggolori, 1984; Trödelmarkt d. Träume, 1986; D. Spielverderber, 1989; D. Wunschpunsch, 1989; u. mehrere Bilderb. - 1960 Lit.preis d. Stadt Berlin f. d. Junge Generation; 1961 Dt. Kinderbuchpreis (f. Jim Knopf u. Lukas d. Lokomotivführer); 1967 Hugo-Jacobi-Preis; 1974 Dt. Jugendbuchpreis (f. Momo), u. 1980 (f. D. unendliche Gesch.); 1980 Wilhelm-Hauff-Preis; 1989 BVK am Bde.

ENDE, Werner
Dr. phil., Prof. f. Islamkunde - Hansastr. 10, 7800 Freiburg/Br. - Geb. 22. Sept. 1937 Wittenberg/Elbe (Vater: Karl E.; Mutter: Else, geb. Posselt), verh. s. 1963 m. Doris, geb. Schaffernicht - Schule Eilenburg/Sa. (Abit. 1955); Buchhandelslehre; Univ. Halle/S., Hamburg, Kairo. Promot. 1965; Habil. 1974 - S. 1977 Univ. Hamburg; s. 1983 Univ. Freiburg (Oriental. Sem.) - BV: Arab. Nation u. islam. Gesch., 1977. Herausg.: D. Islam in d. Gegenwart (1984, 3. A. 1991).

ENDEMANN, Jürgen
Bürgermeister Stadt Bonn, Sprecher FDP im Bezirksplanungsrat Köln - Wielandstr. 1, 5300 Bonn 2 (T. 0228 - 36 25 09) - Geb. 4. Mai 1940, ev., verh. s. 1965 m. Ursula, geb. Janke, 2 Töcht. (Britta, Christina) - Immobilienmakler (RDM).

ENDERLE, Peter
Vorstandsmitglied Adam Opel AG (s. 1989) - Bahnhofsplatz 1, Postfach 17 10, 6090 Rüsselsheim - Vorst.-Mitgl. (Bereich Fertigung) Adam Opel AG.

ENDERLE-MOLLIER, Lore
Journalistin, Schriftst. - Mauerkircherstr. 54, 8000 München 80 (T. 980544) - Verh. m. Dr. phil. Hans Mollier, Kunsthistoriker † 1971 (s. XVI. Ausg.) - Mitarb. Südd. Ztg. - 1969 Intern Journalistenpreis Palermo-Cefalu (f. e. Bericht üb. Sizilien).

ENDERLEIN, Hinrich
Historiker, Minister f. Wissenschaft, Forschung u. Kultur Land Brandenburg (s. 1990) - Friedrich-Ebert-Str. 4, O-1560 Potsdam (T. 32 94 01) - Geb. 9. Mai 1941 Luckenwalde/Mark, ev., verh. s. 1970 m. Oggi, geb. Schultze, 3 Kd. (Almut, Henrik, Marion) - Abit. 1959; 1959-61 Wehrdienst; 1962-67 Stud. Gesch., Politik, Slawistik in Marburg u. Tübingen, 1967 Staatsex. - 1968/69 Forsch.aufenth. in d. Sowjetunion; 1970-73 wiss. Assist. Osteuropa-Inst. Univ. Tübingen - S. 1969 Mitgl. d. FDP, 1972-88 MdL Baden-Württ., 1985-88 Fraktionsvors. d. FDP, 1973-90 Mitgl. im Landesvorst. (1974-84 stv. Landesvors.), 1980-88 Mitgl. im Bundesvorst.; 1989/90 Leit. d. Arb.gr. Polit. Planung im Bundesmin. f. Bildung u. Wiss.

ENDERS, Eduard
Dipl.-Ing., Prof. Kolbenmasch. u. Techn. Wärmelehre Gesamthochsch. Paderborn (Fachbereich Maschinentechnik II/Meschede) - Josef-Künsting-Str. 12, 5778 Meschede.

ENDERS, Franz-Karl
Dr. phil., Dipl.-Kfm., Prof. f. Betriebswirtschaftslehre, insb. Betriebsw. Steuerlehre u. Produktionsw., Univ. GH Siegen - Steinstr. 67, 5900 Siegen 1 - Geb. 21. Juni 1928 Fulda (Vater: Franz E., Bankdir.), kath., verh. s. 1958 m. Anneliese, geb. Düsterbeck, 3 Kd. - Univ. Köln (Betriebsw.) u. Univ. Würzburg (Soziol., Promot.) - BV: Katholiken in Wirtsch. u. Verw., 1984.

ENDERS, Gisela
Dr. med., Prof., Leiterin med.-diagnost. Laboratorium u. Inst. f. Virologie u. Infektionsepidemiologie - Dstl.: Lenzhalde 85, 7000 Stuttgart 1; priv.: Gähkopf 21B - Geb. 25. Mai 1924 Stuttgart (Eltern: Erwin u. Olga Ruckle), verh. m. Dr. med. Gerhard, 2 Söhne (Christoph, Martin) - Abit. 1943; Med.-Stud. Univ. München u. Tübingen; Ex. 1949; Habil. 1973 - Prakt. Arbeit Univ. Klinik Tübingen, Hygiene-Inst. Stuttgart; 6 Mon. Einsatz in Engl.; 18 Mon. Inst. f. Virusforsch. Heidelberg; 1953-56 Fullbright-Fellow in d. USA (b. Nobelpreisträger Dr. J. F. Enders u. Polio-Forscher Dr. J. Salk); 1957-63 Hygieneinst. d. Univ. Marburg; 1963-79 Leit. d. Virusabt. b. med. Landesunters.-Amt Stuttgart (Reg.-Med.-Dir.); s. 1975 Hon.-Prof. d. Univ. Marburg, 1979 Gründg. d. eig. Labors; s. 1982 Hon.-Prof. d. Univ. Hohenheim, 1985 Gründg. d. Inst. f. med. Virologie - Üb. 250 Veröff. u. üb. 200 Fachvortr. z. Virusdiagnostik, Impfungen u. Diagnostik v. Infektionskrankh. bes. in d. Schwangerschaft; Beitr. in dt. u. amer. Lehr- u. Fachbüchern - BVK; korr. Mitgl. Dt. Ges. f. Gynäkol. u. Geburtsh.; Delegierte d. WHO z. Einricht., Entwickl. u. Training v. Laborpersonal; wiss. Beirat in versch. Ztschr. u. Aussch.; Beraterin d. Dt. Stiftg. f. Entwicklungsländer - Liebh.: Malerei, Musik, Architektur, Skifahren, Tennis.

ENDERS, Hubertus
Dipl.-Kfm., Vorstandsmitglied Maschinenfabrik Lorenz AG., Ettlingen - Steinfeldstr. 7, 7560 Gaggenau-Freiolsheim/Baden - Geb. 2. Febr. 1927.

ENDERS, Kurt
Dipl.-Kfm., Unternehmensberater - Glaskopfweg 3, 6270 Idstein (T. 06126 -

26 70) - Geb. 17. April 1927 Wiesbaden (Vater: Christian E., Ehrenbürger Stadt Idstein), ev., verh., 2 S. (Kurt, Wolfgang) - Nach Kriegsabit. (Luftwaffenhelfer) Abit. Limburg; Stud. Rechtswiss. u. Betriebswirtschaft; Dipl.-Kfm. 1954 - 1954-76 Tätigk. b. Treuarbeit AG, zul. Hauptabteilungsleit. (Dir.), zust. f. d. Hauptabt. Org. u. Unternehmensberat.; s. 1976 selbst. Unternehmensberater (Managementberat., Karriereberat.). 1977-81 Schatzm. u. 1981-85 Generalsekr. Dt. Aero Club; Vors. Mittelstandsvereinigung Rheingau-Taunus-Kreis u. Condor-Club Idstein e.V. - Interessen: Gesch. d. Luftf. - Spr.: Engl. (versch. Auslandsaufenth. in Nord- u. Südamerika).

ENDERS, Rolf
Botschafter a.D. - Reichenhardt 8, 5340 Bad Honnef 6 (T. 02224 - 8 94 23) - Geb. 13. Sept. 1924 Frankfurt/M. (Vater: Richard E., Maler u. Grafiker †; Mutter: Gabriele, geb. Herrlein †), ev., verh. s. 1961 m. Ilse, geb. Hauschildt † 1976, 3 Kd. (Ulrike, Tilman, Arvid), in 2. Ehe s. 1991 m. Frances-Mary, geb. Shilletto - Abit. 1943 Frankf./M., 1. jur. Staatsprüf. 1950, 2. 1954, bde. Frankfurt/M. Gr. Dipl. Staatsprüf. 1957 Bonn - S. 1956 Auswärtiges Amt; 1958-63 Botschaft Kairo; 1963-65 Dar-es-Salaam; 1968-72 Generalkonsul bzw. Geschäftsträger in Dacca (Ostpakistan bzw. Bangla Desh); 1972-75 Botschaftsrat I. Kl. in Algier; 1975-79 Botschafter in Jaunde; 1980-83 Botsch. in Kampala; 1983-86 Botsch. in Tripolis; 1986-89 Botsch. in Kingston/ Jamaica - 1969 BVK, 1974 BVK I. Kl.; 1979 Grand Officier Ordre de la Valeur, Kamerun - Spr.: Engl., Franz., Ital., Span., Arab.

ENDL, Kurt
Dr. rer. nat. (habil.), Prof., Mathematiker - Bergstr. Nr. 7, 6300 Gießen-Biebertal (T. Inst.: 7022942) - S. 1965 Prof. Univ. Gießen (Reine u. Angew. Math.).

ENDLER, Manfred
Dr. jur., Generalstaatsanwalt in Celle (s. 1990) - Schloßplatz 2, 3100 Celle (T. 05141 - 2 06-309/310) - Geb. 9. Juni 1934, ev., verh., s. 1963 m. Mechthild, geb. Meese, 4 Söhne (Jan, Tom, Dierk, Klaas) - Stud. Rechtswiss. Freiburg, München u. Göttingen, 1. u. 2. jur. Staatsex. Celle bzw. Hannover, Promot. 1961 Göttingen - B. 1974 Richter am Amtsgericht Celle; b. 1978 Richter Oberlandesgericht Celle; danach Ministerialrat im Niedersächs. Min. d. Justiz; s. 1987 Leit. Oberstaatsanwalt b. d. Generalstaatsanwaltschaft in Celle. 1972-90 Kreistagsabg.; 1976-90 1. stv. Landrat d. Landkr. Celle. S. 1974 Vors. d. Celler Volkshochsch. - Liebh.: Musik, bild. Kunst.

ENDLER, Roland
Ing., Hauptgesellschafter u. Geschäftsf. GST Ges. f. Steuerungs- u. Fertigungs-Technik Beratungsges. mbH & Co. KG - Reismühlenstr. 28, 8000 München 71 (T. 089 - 785 46 85) - Geb. 18. Juni 1913 - Ehrenbürger TH München.

ENDLICH, Stefanie
Dr., Kunstpublizistin - Traunsteiner Str. 1, 1000 Berlin 30 - Geb. 28. Febr. 1948 - Dipl.-Soziologin; Promot. Dr. rer. pol. 1980 Berlin - Spezialgebiet Kunst im öfftl. Raum (zahlr. Publ.); Ausstell.tätigk.; Mitgl. v. Beratungsgremien; Lehrtätigk. an d. Hochsch. d. Künste, Berlin - BV: Blickwechsel - 25 J. Berliner Künstlerprogramm (m. R. Höynck), 1988; Lenné im Hinterhof (m. F. v. Buttlar), 1989; Berliner Ring (m. U. Eckhardt u. R. Höynck), 1990; Skulpturen u. Denkmäler in Berlin (m. B. Wurlitzer), 1990; Denkort Gestapo-Gelände, 1991; u.v.a. - Spr.: Engl., Franz.

ENDRES, Alfred
Dr. rer. pol., Prof. f. Volkswirtschaftslehre Fernuniv.-GH Hagen - Dstl.: Kleine Str. 22, 5800 Hagen (T. 02331 - 987 44 50); priv.: Am Frache 10, 4600 Dortmund 50 (T. 0231 - 73 43 59) - Geb. 16. Febr. 1950 Frankfurt/M., kath., verh. s. 1972 m. Heide, geb. Gebauer, T. Evelyn - Stud. Volkswirtschaftslehre Univ. Bonn; Dipl. 1973; Promot. 1976 Univ. Dortmund; Habil. 1981 Univ. Konstanz - BV: D. pareto-optimale Internalisierung externer Effekte, 1976; Umwelt- u. Ressourcenökonomie, 1985; Ökonomische Grundlagen d. Haftungsrechts, 1991. Herausg.: Environmental Auditor (s. 1988).

ENDRES, Elisabeth
Journalistin (vor allem Literaturkrit.), Schriftst. - Fafnerstr. 12, 8000 München 19 (T. 178 13 59) - Geb. 13. Juni 1934 München - Stud. German. u. Gesch. München, Fribourg, Zürich, Promot. b. Emil Staiger - 1967-69 Kulturkorresp. London - BV: Jean Paul - D. Struktur s. Einbildungskraft, 1961; Autorenlexikon d. dt. Gegenwartslit. 1945-75, 1975; D. Literatur d. Adenauerzeit, 1980; Edith Stein, christl. Philosophin u. jüd. Märtyrerin, 1987; Erzabt Walzer, 1988; D. gelbe Farbe. D. Entwicklung d. Judenfeindschaft aus d. Christentum, 1989. Herausg.: Pathos u. Ironie, Üb. Martin Gregor-Dellin (1986). Mithrsg.: PEN-Schriftst.lexikon Bundesrep. Deutschl. (1982) - 1972 Mitgl. PEN-Zentrum BRD - Spr.: Engl.

ENDRES, Günther
Dr. phil. (habil.), Prof., Chemiker - Inselstr. 23, 2000 Hamburg 20 (T. 511 68 89) - Geb. 21. Juli 1905 Mannheim, ev., verh. s. 1933, 2 Kd. - Promot. u. Habil. München - 1930-37 Assist. Bayer. Akad. d. Wiss. u. Chem. Staatsinst. München; 1937-45 Vorst.-Mitgl. Schülke & Mayr AG, Hamburg; s. 1946 Teilh. Desitin-Arzneimittel GmbH ebd. Ab 1937 Doz. u. apl. Prof. (1946) Univ. Hamburg - Spr.: Engl. - Rotarier.

ENDRES, Heinz
Prof., Violinist - Byecherstr. 1, 8000 München 42 (T. 560663) - Geb. 14. Aug. 1925 Wiesbaden (Vater: Adolf E., Musiker; Mutter: Maria, geb. Riess), kath. - 1940-43 Musikstud. (m. Reifeprüf.) Musikhochsch. München - 1948-52 solist. u. kammermusikal. Tätigk. In- u. Ausl. (1950 Gründ. Endres-Quartett); 1952-55 Konzertm. Bayer. Staatsorch.; 1955-63 Lehrer Staatskonservat. Würzburg; s. 1963 Prof. Musikhochsch. München - 2 × Grand Prix du Disque (1959 Schubert, Streichquartette u. -quintett; 1962 Brahms, Klarinettenquintett) - Sammelt südd. u. Tiroler Bauernmöbel u. Plastiken sow. präkolumbian. Kunst (Mexico, Peru) - Spr.: Engl.

ENDRES, Michael
Dr., Vorstandsmitglied Deutsche Bank AG, Frankfurt - Taunusanlage 12, 6000 Frankfurt/M. - Geb. 28. Okt. 1937 - Stv. AR-Vors. u. AR-Mitgl. mehrerer gr. Ges.

ENDRES, Ria
Dr., Schriftstellerin - Lersnerstr. 7, 6000 Frankfurt 1 - Geb. 12. April 1946 Buchloe - BV: Am Ende angekommen, 1980; Milena antwortet. E. Brief, 1982; Am Anfang war die Stimme. Z. S. Becketts Werk, 1986; D. Zwischenmensch, Prosa 1991. Ged., Hörsp., Ess. Theaterst.: D. Kongress, Acht Weltmeister, Aus deutschem Dunkel, Zorn (1991) - 1989 Dramatikerpreis d. Bundes d. Dt. Theatergemeinden.

ENDRES, Walter
Dr. Dipl.-Kfm., em. Prof. f. Betriebswirtschaftslehre - Limastr. 16, 1000 Berlin 37 (T. 801 83 45) - Geb. 4. Jan. 1917 Feldkirch/Vorarlberg (Österr.), verh. m. Gertrud, geb. Göschka - S. 1966 (Habil.) Lehrtätigk. Univ. Frankfurt/M., Münster, Berlin/Freie (1969 Ord.). 1969-83 Wiss. Dir. Forschungsst. f. Handel Berlin; 1985 emerit. - BV: D. erzielte u. ausschüttbare Gewinn d. Betriebe, 1967; Unternehmen verschied. Wirtschaftsbereiche, 1979; Theorie u. Technik d. betriebswirtschaftl. Vergl., 1980; D. Betrieb. Grundriß d. Allg. Betriebswirtsch.lehre, 1991.

ENDRES, Werner
Dr. rer. nat., Ltd. Oberpostdirektor, Honorarprof. f. Akustik in d. Nachrichtentechnik TH Darmstadt (s. 1971) - Hölderlinweg 27, 6100 Darmstadt - Geb. 20. Mai 1915 Recklinghausen - Promot. 1939; Habil. 1966 - S. 1959 Fachgruppenleit. DBP-Forschungsinst. Facharb.

ENDRESS (ß), Gerhard
Dr. phil., o. Prof. f. Arabistik u. Islamwissenschaft Ruhr-Univ. Bochum (s. 1975) - Postf. 10 21 48, 4630 Bochum 1 - Geb. 23. Okt. 1939 Friedrichsdorf/Ts. - Stud. d. Orientalistik, Arabistik, Islamwiss. Univ. Frankfurt/M., Tübingen, Paris; Promot. 1965; Habil. 1972 - 1966-75 Wiss. Assist. u. Prof. (1972) Univ. Frankfurt/M.- BV: D. arab. Übersetzungen v. Aristoteles' Schrift De Caelo, 1966; Proclus Arabus, 1973; The works of Yahya b. Adi, 1977; D. Islam: e. Einf. in s. Geschichte, 2. A. 1991; Greek and Arabic lexicon... of the mediev. translations, 1992ff; Islam: an historical introd., 1987 - O. Mitgl. Rhein.-Westf. Akad. d. Wiss.

ENDRISS, Günter
Geschäftsführer C. Endriß Waldhornbrauerei KG., Plochingen - Im Burris 10, 7310 Plochingen (T. Büro: 07153/21026 - 29) - Geb. 6. Juni 1911 - Dipl.-Brauing. - Div. Ehrenstell., dar. Vizepräs. Dt. Brauerbund u. Vors. Baden-Württ. Brauerbd. (b. 1981, dann Ehrenpräs.) - 1971 BVK I. Kl.

ENDRISS, Walter
Handelskammergeschäftsf. i.R. - Beutenmüllerstr. Nr. 17, 7570 Baden-Baden - Geb. 17. März 1907 Neckarsulm (Vater: Wilhelm E., Direktor; Mutter: geb. Mann), verh. m. Erika, geb. Vogel - Stud. Rechtswiss. u. Nationalök. Gr. jurist. Staatsprüf. - S. 1946 IHK Baden-Baden (Hauptgf.). - 1972 BVK I. Kl. - Spr.: Engl., Franz. - Rotarier.

ENDRUWEIT, Günter
Dr. jur., Prof. f. Soziol. Univ. Kiel (s. 1991) - Olshausenstr. 40, 2300 Kiel 1 - Geb. 24. Juli 1939 Tilsit/Ostpr. (Vater: Max E., Landw.; Mutter: Meta, geb. Windszus), 2 Töcht. (Christina, Maja) - Gymn. Marne/Holst.; Univ. Kiel, Saarbrücken, Berlin, Tübingen - Univ. Saarbrücken (1971 Assistenzprof.; 1975 Vizepräs.). 1972 Gastprof. USA; 1979 Prof. TU Berlin; 1979 Univ. Bochum; 1980 Univ. Stuttgart - BV: D. Wahlfeststellung, 1973; Struktur u. Wandel d. Polizei, 1979. Dreisprach. Wörterb. d. Soziol., 1975; Organisationssoziol., 1981; Kommunalreform, 1982; Handb. d. Arbeitsbezieh., 1985; Gastarbeiter als Eltern, 1985; Elite u. Entw., 1986; Sozialverträglichkeit v. Energiesystemen, 1987; Dreibänd. Wörterb. d. Soziol., 1989.

ENGE, Hans Joachim
Dr. jur., Kaufmann, Teilh. Lampe & Schierenbeck, Bremen (s. 1957), Brit. Honorarkonsul - Kapitän-König-Weg 26,

2800 Bremen-Oberneuland (T. 0421 - 25 50 52) - Geb. 25. Sept. 1925 Leipzig (Vater: Willy E., Kaufm.; Mutter: Wally, geb. Hahn), ev., verh. s. 1954 m. Ursula, geb. Westphalen, 3 Kd. (Christoph, Catrin, Thomas) - Gymn.; Stud. Rechtswiss., Volksw. Jurist. Staatsex. Erlangen; Promot. 1951 Köln - 1948-50 Assist. Hochsch. Wilhelmshaven; 1951-52 Doz. Dt. Versich.akad. Köln; 1953-57 Abt.leit. Unilever Dtschl., Hamburg - Mitgl. German National Committee of Lloyd's Register. Vors. bzw. Mitgl. versch. nat. bzw. intern. Gremien d. Transportversich.wirtsch. - BV: D. Transportversich. (vergl. Darstell. d. engl. u. dt. Transportvers.rechts), 1965, 2. A. 1974; Erläut. z. d. ADS Güterversich. u. d. dazugehör. DTV-Klauseln, 1973; Erläut. z. d. DTV-Koskoklauseln 1978 - Liebh.: Segeln, Golf - Spr.: Engl.

ENGEL, Andreas

Journalist, Chefreporter Tageszeitung DIE WELT (s. 1990) - Godesberger Allee 99, 5300 Bonn 2 (T. 0228 - 30 41) - Geb. 31. Juli 1963 Hanau/M., ev., verh. s. 1990 m. Huberta, geb. von Voss, T. Valeska - Abit.; 1984-85 Volont. Nachr.agent. dpa, Hamburg; 1986 Nachr.red. Die Welt; 1987 Reporter/Mod. Südwestfunk Baden-B.; 1988-89 Leit. Red. Die Welt - BV: D. rauhe Luft d. Freiheit, 1991 - Liebh.: Medienpolitik - Spr.: Engl., Franz.

ENGEL, Frederico

Dr. rer. nat., Dipl.-Chem., Direktor i. R. - Langehegge 297, 4370 Marl/W. (T. 49 21 45) - Geb. 22. April 1924 Curityba/Bras., verh. s. 1954 m. Rosemarie, geb. Baumann - Stud. Staatl. Ingenieursch. Essen u. Univ. Münster (Dipl. 1952; Promot. 1954) - 1969-85 Vorst. Chem. Werke Hüls AG, Marl, u. Dir. Daicel-Hüls Ltd., Tokyo. Div. Mand. u. Fachmitgliedsch.

ENGEL, Hans

s. Linus, Hans

ENGEL, Heino

Dr.-Ing., Prof., Architekt BDA - Arthur-Zitscher-Str. 6, 6050 Offenbach/M. (T. 888602); priv.: Tennisstr. 22-24 - Geb. 29. März 1925 Bingen/Rh. (Vater: Dipl.-Ing. Adolf E., Oberreg.sbaurat; Mutter: Helene, geb. Bartikowski), ev., verh. s. 1962 m. Roswitha, geb. Quirin, 3 Kd. (Claudia, Barbara, Daniele) - Gymn. Bingen u. Offenbach (Abit. 1942); Stud. Architektur TH Darmstadt u. Univ. Kyoto/Japan. Promot. 1959 Darmstadt - 1942-45 Kriegsdst.; s. 1947 Assist. Prof. Graf TH Darmstadt, Mitarb. u. Chef Büro Prof. Neufert, Darmstadt (1949), fr. Architekt Frankfurt/M. u. Langen (1950), Mitarb. Architekturabt. Seikatsukagaku Kenkyu-sho (Forschungsinst. z. Nutzbarmachung d. Wiss. im Leben) Kyoto (1953), Japan. Architekt Bauforschungsinst. Univ. Kyoto (1954), Gastdoz. School of Architecture Univ. Minnesota/USA (1956; 1960 b. 63 Consultant architect Fa. Cerny, Minneapolis), fr. Architekt u. Planer sowie Lehrtätigk. Hochsch. f. Gestaltung Offenbach (1964; 1973 Prof.). Div. Fachmitgliedsch. Bauten: Wohnhäuser (1968 Terrassenhaus Homberg/Ohm), Verwaltungsbauten, Kirchen u. a. - BV: The Japanese House - A Tradition for contemporary Architecture, 1964; Tragsysteme, 1967 (m. H. Bandel; auch engl., span., jap., chin.). Zahlr. Fachaufs. - Zahlr. in- u. ausl. Stip. u. Ausz. - Spr.: Engl., Jap. - Liebh.: Fechten.

ENGEL, Helmut

Dr. phil., Landeskonservator v. Berlin, Honorarprof. f. Stadtbildpflege TU Berlin - Grethe-Weiser-Weg 11, 1000 Berlin 19.

ENGEL, Horst

Dr. rer. pol., Dipl.-Kfm., Verleger, Vors. d. Geschäftsfg. Druck- u. Verlagshaus Frankfurt am Main GmbH/ Verlag Frankfurter Rundschau - Gr. Eschenheimer Str. 16-18, 6000 Frankfurt/ M.

ENGEL, Johannes K.

Chefredakteur - Kirchenredder 7, 2000 Hamburg 63 (T. Büro: 3007-1) - Geb. 29. April 1927 Berlin (Vater: Karl E., Beamter; Mutter: Anna, geb. Helke), kath., verh. s. 1951 m. Ruth, geb. Moter, 2 Kd. (Christine, Christoph) - S. 1946 Journ. Intern. News Service u. Spiegel (1948; Bürochef Frankfurt/M., 1951 Ressortleit., 1961 Chefredakt. Hamburg) - Spr.: Engl., Franz.

ENGEL, Karl

Prof., Konzertpianist - Kohnestr. 25, 3000 Hannover-Kirchrode - Schüler v. A. Cortot u. P. Baumgartner - S. Jahren Lehrtätigk. Staatl. Hochsch. f. Musik u. Theater, Hannover (Prof. f. Klavier) - Schallplatten: Gesamtes Klavierwerk R. Schumann; Sämtl. Klavierkonzerte W.A. Mozart sowie sämtl. Klaviersonaten u. -stücke - 1952 2. Preis Concours Reine Elisabeth Brüssel - Spr.: Franz. - Rotarier.

ENGEL, Norbert

Präsident Arbeitskammer d. Saarlandes, Saarbrücken (1957-86) - Heiligenwalder Str. 110, 6685 Schiffweiler/Saar (T. Neunkirchen/S. 6397) - Geb. 27. Aug. 1921 Heidelberg - Volkssch.; Handw. - 1940-45 Kriegsmarine (Sanitätsmaat), ab 1945 Angest. Arbeitsamt Rheydt-Mönchengladbach u. Amtsverw. Schiffweiler; 1955-75 MdL. VR Saarl. Rundf. (SR). SPD (Mitgl. Landesvorst.).

ENGEL, Oswald

Präsident u. Bundes-Justitiar Verb. d. Kriegsteilnehmer u. Hinterbliebenen Deutschlands, 1. Bundesvors. u. Bundes-Justitiar Bundesverb. d. Kriegs- u. Zivilbeschädigten (BVK) - Auf der Wallme 24d, 5788 Winterberg.

ENGEL, Peter

Dr. med., Univ.-Prof. f. Arbeitsphysiologie u. Rehabilitationsforsch. Univ. Marburg, Leit. Außenabt. im Orthop. Rehabilitationszentrum Hessisch Lichtenau - Birkenkopfstr. 8, 3500 Kassel (T. 40 25 47) - Geb. 6. Juni 1937 Berlin, ev., verh. s. 1965 m. Dr. med. Hannelore Engel, 2 Kd. (Robert, Julia) - Stud. Univ. Marburg u. München; Promot. 1963 Univ. Marburg - 1972 Prof. Univ. Marburg, 1973-75 Univ. Göttingen (Neurologie) - Rd. 100 Fachveröff., bes. zu d. Themen Leistungsbeurteilung u. Thermoregulation v. Körperbehinderten, Physiologie techn. Hilfsmittel (insb. Rollstuhl), arbeitsmed. Hitzeschutzmaßnahmen (indiv. Kühlkleidung), Chronobiol. physikalischer Therapiemaßnahmen - Spr.: Engl., Latein.

ENGEL, Peter

Redakteur u. Schriftst., Lit.-Kritiker - Jungfrauenthal 26, 2000 Hamburg 13 - Geb. 10. Nov. 1940 Eutin/Holst., ev. - Stud. German., Angl.; Staatsex. - Gründ. d. Arbeitsgemeinschaft alternativer Verlage u. Autoren u. d. Interessengemeinschaft Lit.-Ztschr. - BV: Einige von uns, Ged. 1980; Gesammelte Werke v. Ernst Weiß in 16 Bde., 1982; Ernst Weiß, Materialienbd. 1982; Statt e. Briefs, Ged. 1986. Herausg.: Weiß-Blätter; Melchior Vischer: Sekunde durch Hirn, D. Hase (1988).

ENGEL, Siegfried W.

Dr. med., Wiss. Rat, Prof. f. Kriminologie Univ. Heidelberg - Ladenburger Str. 9, 6900 Heidelberg.

ENGEL, Thomas

Regisseur - Harthauser Str. 21A, 8000 München 90 - Geb. 18. April 1922 Hamburg (Vater: Prof. Erich E., Regiss. † 1966 (s. XIV. Ausg./Bd. II); Mutter: Annie, geb. Triebel), verh. I) 1944 m. Gisela, geb. Trowe (Schausp.), 2 Töchter (Angelika, Barbara), II) 1964 Marianne, geb. Schreitmiller - Landerziehungsheim Schondorf/Ammersee (Abit.); 1940-42 Schauspielsch. Dt. Theater Berlin - Berliner Insz.: u. a. Pastor Hall (Dt. Theater), Les parents terribles (Tribüne). Film: Pünktchen u. Anton, Glückl. Reise, Schwedenmädel, Liebe, die d. Kopf verliert, Liebe auf krummen Beinen, Meine Tochter u. ich; Fernsehen: Frau Luna, D. Zofen, D. Frau d. Fotografen, Gold f. Montevasall, Endstation Paradies, Mein Onkel Benjamin, Es muß nicht immer Kaviar sein, Ihr 106. Geburtstag, D. Führerschein, D. Urlaub, Trauer um e. verlorenen Sohn, Zw. Himmel u. Erde, Schuldlos schuldig (Tatort), Im Fadenkreuz (Tatort), u.a. - Verf. Treibgut (Sch.).

ENGEL, Till

Prof., Dozent f. Klavier Musikhochsch. Ruhr/Folkwang-Hochsch. - Abtei, 4300 Essen 16.

ENGEL, Ulrich

Dr. phil., Linguist, Honorarprof. f. Neuhochdt. Grammatik Univ. Bonn (s. 1974) - Burgweg 20, 6148 Heppenheim Bergstr. - Geb. 20. Nov. 1928 Stuttgart (Vater: Victor E., Ministerialrat; Mutter: Hertha, geb. Wunder), ev., verh. s. 1960 m. Uta, geb. Neuburger, 2 Kd. (Ulrich, Margrit) - Gymn.; Univ. Tübingen u. Göttingen (German., Gesch., Franz.). Staatsex. 1955 u. 56 - 1955-60 u. 1963-65 Höh. Schuldst.; 1960-63 Forschungsstip. DFG; s. 1965 Inst. f. Dt. Sprache, Mannheim (b. 1976 Dir., dann Wiss. Mitarb.) - BV: Syntax d. dt. Gegenwartsspr., 1977, 2. A. 1982; Kontrastive Grammatik Deutsch-Serbokroatisch, 1986 (m. a.); Deutsche Grammatik, 1988, 2. A 1991; Übers. v. L. Tesnière, Eléments de syntaxe structurale, 1980 - Spr.: Engl., Franz., Poln., bedingt Rumän., Serbokroat. u. Span.

ENGEL, Walter

Dipl.-Kfm., Dipl.-Hdl., Dr. rer. pol., Prof. f. Betriebswirtschaftslehre GH Kassel - Schanzenstr. 76, 3500 Kassel-Kirchditmold - Geb. 24. Febr. 1931.

ENGEL, Werner

Nährmittelfabrikant - Berliner Allee 9, 6100 Darmstadt - Geb. 12. März 1909 Beuthen/OS. - B. 1946 Berlin, dann München, s. 1953 Darmstadt. Vors. Forsch.aussch. Arbeitsgem. d. Dt. Kartoffelwirtsch., Bonn, Arbeitsgem. Kartoffelforsch. b. d. Bundesforsch.anst. f. Getreide- u. Kartoffelverarb., Detmold, u. Arbeitsgem. Ernährungsind. Hessen, Bad Homburg - Ehrenvors. Bundesverb. d. kartoffelverarb. Ind., Bonn, Ausst.-beirat InternorGa, Hamburg, u. Aussch. Interfab/Interhospital.

ENGEL, Wolfgang

Dr. med. (habil.), o. Prof. f. Humangenetik u. Institutsdir. Univ. Göttingen (s. 1977), Dekan d. Med. Fak. (1986-89) - Gosslerstr. 12d, 3400 Göttingen; priv.: Hermann-Reinstr. 4 - Geb. 18. Nov. 1940 Ludwigshafen/Rh. (Vater: Helmut E., Kriminaloberinsp.; Mutter: Maria, geb. Schnell), kath., verh. s. 1963 m. Hadswint, geb. Fink, 5 Kd. (Britta, Claudia, Ruth, Markus, Moritz) - Naturwiss. Gymn.; 1960-65 Univ. Heidelberg (Med.) u. Freiburg/Br. (1963; Med. u. Psych.) - Zul. Wiss. Assist. u. Doz. Univ. Freiburg. Buchbeitr. (Genetik u. Begabung, in: Begab. u. Lernen, 11. A. 1977; Störungen d. Entwickl., in: Allg. Pathologie, 1974) u. a. - 1967 Gödecke-Forschungspreis; 1979 Hans-Nachtsheim-Preis; 1988 Eduard-Grosse-Senior-Preis - Liebh.: Malerei - Spr.: Engl., Franz.

ENGELBERGS, Karl Heinz

Dr. jur., Landesbankdirektor a. D. - Am Falkenberg 28, 5090 Leverkusen-Bergisch Neukirch - Geb. 5. Dez. 1919 Osnabrück, kath., verh. s. 1961 m. Marie-Anne, geb. Hillebrand, T. Ragna - Gymn. Carolinum Osnabrück; Univ. Tübingen u. Göttingen (Rechts-, Staats- u. Wirtschaftswiss.). Promot. 1953 Göttingen; Gr. jurist. Staatsprüf. 1954 Hannover - 1938-45 Wehr- u. Kriegsdst. (Reserveoffz.); 1955-56 Rechtsanw.; 1957-58 Pers. Ref. u. Presseref. Finanzmin. W. Weyer (NRW); 1959-64 Oberreg.rat Finanzamt Münster-Stadt u. Oberfinanzdir. Münster; 1964-71 Stadtkämmerer Leverkusen; 1969-74 Ratsherr u. Frakt.Vors. Bergisch Neukirchen; 1975-79 Bürgerm. Leverkusen; s. 1964 AR- u. Beiratsmand.; s. 1973 Präs. Landesschiedsgericht FDP NRW. 1971-83 Vorst.-Vors. bzw. Vorst.-Mitgl. Wohnungsbauförderungsanst. d. Landes NRW öfftl. rechtl. Kred.Inst.-Düsseldorf, s. 1985 Vors. Kurat. Wolfgang Döring-Stiftg. - 1979 BVK - Liebh.: Aquarell-Maler, Lit., Kunst, Theater, Musiktheater - Spr.: Franz., Ital., Griech., Lat.

ENGELBERT, Manfred

Dr., Prof., Romanist - Hölleweg 8a, 3400 Göttingen - Geb. 5. März 1942 Dessau (Vater: Johannes E., Dipl.-Ing.; Mutter: Elisabeth, geb. Lustig), verh. m. Ulrike Carla, geb. Weinitschke, 4 Töcht. (Christina, Ulrike, Charlotte-Maite, Leonie Salka) - Gymn. (Abit. 1961 Bremen); Stud. Roman. Univ. Marburg, Paris, Salamanca, Hamburg; Promot. 1969 ebd. - 1968-74 wiss. Assist. Univ. Hamburg. 1974ff. o. Prof. f. franz. u. span. Lit. Univ. Göttingen - BV: Calderón - El pleito matrimonial, 1969; Violeta Parra - Lieder aus Chile, 1978, 2. Korr. A. 1979; Jean Renoir-La règle du jeu, 1981; La Guerra Civil Española - medio siglo después, 1990; Romanistik u. Franz. Revolution, 1991 - 1991 Palmes Académiques (Chev.) - Liebh.: Musik.

ENGELBERTZ, Wilhelm

Landwirt, Präs. Landwirtschaftskammer Westf.-Lippe, Münster - Silbeckerstr. 43, 5952 Attendorn-Silbecke/W. - Geb. 26. Juli 1921.

ENGELBRECHT, Constanze

Schauspielerin - 17 Passage Monténégro, F-75019 Paris - Geb. 6. Jan. München, T. Julie - Klavier- u. Gesangsausb. München, London, Salzburg, Klavierex. am Richard-Strauß Konservat. München - Rollen u.a. Film: Fiorile (Paolo u. Vittorio Taviani), Theater: Quoi qu'on fasse on casse (Jean Mercure) im Theatre de la ville Paris, Fernsehen: Tiefe Wasser (Franz Peter Wirth), D. Eindringling

(Sigi Rothemund) - Spr:. Engl., Franz., Ital.

ENGELBRECHT, Wilhelm

Direktor, Hoesch Maschinenfabrik Deutschland AG., Dortmund - Notweg 11, 4600 Dortmund-Kirchhörde - Geb. 22. Mai 1922, verh. - HTL Dortmund.

ENGELBRECHT, Wolfram

Dr. jur., Verleger, Geschäftsführender Gesellschafter d. Palast Verlages, d. Filmtheaterbetriebe Deis & Co., d. Residenz Filmtheaterbetriebe GmbH & Co KG, der Adler Film Corporation, der Primus Druck GmbH & Co KG, Vorst.-Mitgl. Wirtsch.vereinig. Dt. Filmtheater e.V. - Parkstr. 15, 5180 Eschweiler (T. 02403 - 3 35 33) - Geb. 30. Jan. 1914 Berlin (Vater: Edgar E., Oberstleutnant; Mutter: Charlotte, geb. Pohl), ev., verh. s. 1941 m. Elsbeth, geb. Deis - Gymn. Berlin-Steglitz; 1931-35 Jura-Stud. Berlin, Marburg, Freiburg; Promot. 1936, Assessor (1939) Kammerger. Berlin. 1939-45 Wehrdienst (Eisb. Pioniere). Bau u. Betrieb einer Kinokette von 35 Theatern. Herausg. v. 4 Wochenzeitungen. 1968 Errichtung e. Offset- u. Rotations-Druckerei.

ENGELBRECHTEN, von, Georg

Rittergutsbesitzer, Ehrenvors. d. AR. Zuckerfabrik Uelzen AG. u. a. - 3110 Molzen (T. 0581 - 4 28 10) - Geb. 17. Nov. 1905 Bückeburg - Zeitw. Vors. Wirtschaftl. Vereinig. Zucker - Gr. BVK m. Stern u. and. Orden aus Kriegs- u. Friedensz., 1973 belg. Orden I. Kl. - Rotarier.

ENGELEITER, Hans-Joachim

Dr. rer. pol., o. Prof. f. Betriebswirtschaftslehre TU Braunschweig (s. 1968) Lägenkamp 4, 3300 Braunschweig (T. 35 07 80) - Geb. 21. Juni 1923 Halberstadt - Promot. u. Habil. Göttingen.

ENGELEN, Bernhard

Dr. phil., o. Prof. f. Deutsch, Schwerp. Linguistik - Wielandstr. 9, 4400 Münster/W. (T. 02501 - 63 02) - Geb. 16. Okt. 1937 Düsseldorf (Vater: Matthias E., Buchdrucker; Mutter: Maria, geb. Breitenstein), kath., verh. s. 1968 m. Hildegard, geb. Westhoff, 2 S. (Markus, Daniel) - Stud. Dt. u. Roman. Philol., Gesch., Phil. Köln u. Aix-en-Provence. Promot. 1965; Habil. 1972 - 1964 Wiss. Assist. PH Essen, 1966 Wiss. Mitarb. Inst. f. dt. Sprache Mannheim, 1970 Doz., 1972 Prof. PH Heidelberg, 1973 Prof. PH Münster, 1978 Prof. Univ. Dortmund - BV: Unters. z. Satzbauplan u. Wortfeld in d. dt. Sprache d. Gegenw., 2 Bde. 1975; Einf. in d. Syntax d. dt. Sprache, 2 Bde. 1984/86.

ENGELEN-KEFER, Ursula

Dr. rer. pol., Stellv. Vorsitzende d. Deutschen Gewerkschaftsbundes - Hans-Böckler-Str. 39, 4000 Düsseldorf 30 (T. 0211 - 43 01-2 59)- Geb. 20. Juni 1943 Prag, ev., verh. s. 1967 m. Dr. Klaus Engelen, geb. Kefer, 2 Söhne (Christian, Oliver) - Stud. Volksw. (m. Schwerp. Sozialpolitik), 1970 Abschl. b. Prof. Weisser, Köln - 1967-70 Aufenth. in New York, fr. Journ. f. Die Zeit u. Handelsblatt (Wirtsch.- u. Sozialprobl. in d. USA). S. 1970 wiss. Ref. b. Wirtsch.- u. Sozialwiss. Inst. d. DGB f. Arbeitsmarktanalyse u. Arbeitsmarktpol.; Schwerpkte. Berat. d. Landesreg. Nordrh.-Westf. in Fragen d. Struktur-, Regional- u. Arbeitsmarktpolitik; ab 1974 Leit. Ref. Intern. Sozialpolitik b. DGB-Bundesvorst., Schwerp.: Vertret. d. DGB in sozial- u. arbeitsmarktpol. Fragen im Rahmen d. EG, d. EGB u. d. IAO. S. 1980 Leit. d. neugegr. Abt. Arbeitsmarktpol. b. DGB-Bundesvorst. u.a. 1974-82 Mitgl. Berat. Aussch. Europ. Sozialfonds in d. EG, 1976-82 VR-Mitgl. Stiftg. z. Verbess. d. Arbeits- u. Lebensbeding. in d. EG, 1977-80 Mitgl. Enquête-Kommiss. Frau u. Ges. d. Dt. Bundestag, 1977-83 Arb.nehmervertreter im AR d. Gerling-Konzern Versich.-Beteiligungs-AG, 1978-86 Mitgl. d. Wirtsch.- u. Sozialaussch. d. EG. 1978-84 Vorst.-Mitgl. Bundesanst. f. Arbeit. Okt. 1984 - Mai 1990 Vizepräs. d. Bundesanst. f. Arbeit - BV: Beschäftigungspolitik, 1976, 2. A. 1980; Abgrenzung reg. Aktionsräume d. Arbeitskräftepolitik, 1976; Arbeitslosigkeit, 1978; Umschul. in d. USA, e. Beitr. z. wiss. Berat. d. Politik, veröff. im Auftr. d. Min. f. Arbeit, Gesundh. u. Soziales in Nordrh.-Westf., 1971; Spezielle arbeitsmarktpolitische Maßnahmen als notwendige Ergänzung e. globalen Beschäftigungspolitik in: Hans-Jürgen Krupp, Bernd Rohwer, Kurt W. Rothschild, Wege z. Vollbeschäftigung, 1986 u.a. - Spr.: Engl., Franz.

ENGELHARD, Günter

Publizist, Mitgl. Redaktionsltg. Rheinischer Merkur/Christ u. Welt, Bonn (s. 1975) - Acherhof, 5330 Königswinter 41 - Geb. 19. Jan. 1937 Frankfurt/M. (Vater: Emil E., Schreinermeister; Mutter: Hedwig, geb. Schneider), kath., verh. s. 1959 m. Hanne, geb. Callesen, 3 Kd. (Karen, Kristina; Patrick [aus d. Gemeinsch. m. Christine Wurzwallner]) - Human. Gymn.; Volont. Fränk. Volksblatt, Würzburg - S. 1959 Redakt., u. a. Weser-Kurier, Bremen, Christ u. Welt, Stuttgart; 1970/71 Ressortleiter Feuilleton Frankf. Rundschau; 1972 Chefdramat. Düsseldorfer Schauspielhaus; regelm. Mitarb. Die Weltwoche (Kulturteil) u. art - D. Kunstmagazin, Capital, Kulturprogramme Hörfunk NDR, WDR, HR - 1975 Theodor-Wolff-Preis f. Kultur - BV: Adam, d. Seefahrer - Versuch üb. d. Wiener Maler Rudolf Hausner, 1975; Hausner-Monogr., 1975; Jesus Rafael Soto, 1975; 111 Meisterwerke d. Films. D. Video-Privatmuseum, 1989.

ENGELHARD, Hans

Dr., Sanitätsrat, Internist, Präs. Landesärztekammer Rhld.-Pfalz, Mainz - Erlenweg 10, 5400 Koblenz (T. 0261 - 5 27 60) - Geb. 23. Dez. 1925 Osnabrück, kath., verw., 3 Kd. - Med.-Stud. Univ. Frankfurt/M.; Staatsex.; Promot. 1952 Frankfurt.

ENGELHARD, Hans Arnold

Bundesjustizminister a.D., MdB (Landesliste Bayern) - Unsöldstr. 14, 8000 München 22 (T. 089-29 73 79) - Geb. 16. Sept. 1934 München, verh. s. 1961 (Ehefr. Katja) - Human. Gymn. Augsburg u. Rosenheim (Abit. 1954); Stud. Rechtswiss. Univ. Erlangen u. München (Refer.-Ex.; 2. jurist. Staatsex. 1963) - Rechtsanw. München. 1964-85 Vorstandsmitgl. Stiftg. Theodor-Heuss-Preis, seitd. Mitgl. Kurat. S. 1972 MdB (1977-82 stv. Vors. FDP-Frakt.). FDP s. 1954 (1970-82 Vors. Münchner FDP, Mitgl. Bundes- u. Landesvorst.; 1970-72 Stadtrat München, zul. Frakt.-Vors.) - 1982 Gr. Gold. Ehrenz. f. Verdienste um d. Rep. Österr.; 1984 Bayer. VO.; 1985 Gr. BVK - Liebh.: Lit., Heimatkd.

ENGELHARD, Karl

Dr. rer. nat., Prof. f. Geographie (Schwerp. Sozialgeogr.) u. ihre Didaktik - Görlitzer Str. 44, 4400 Münster-Coerde - Geb. 4. Mai 1926 Volkhardinghausen - Promot. 1966 - S. 1970 Ord. Univ. Münster - BV: u. a. D. wirtschaftsräuml. Gliederung Ostafrikas, 1974. Mithrsg. u. Verf.: Didaktik d. Geographie konkret (1988); Entwicklungspolitik im Unterricht (1992) - Ehrenmitgl. d. Intern. Cultural Society of Korea.

ENGELHARD, Michel

Dr. h. c., Diplomat - Zu erreichen üb. Bundespräsidialamt, Kaiser-Friedrich-Str. 16, 5300 Bonn (T. 0228 - 20 01) - Geb. 15. Okt. 1936 (Vater: Peter E., Sänger u. Pianist; Mutter: Ingeborg, geb. Michelsen), kath., verh. s. 1961 m. Ute Maria, geb. Hoffmann - 1. jurist. Staatsex. 1961, 2. Staatsex. 1966, Dipl.-Staatsprüf. 1967 - 1967-70 Ausw. Amt (Polit. Abt.); 1970-73 Kultur- u. Presseref. Botsch. Seoul/Korea; 1973 Pers. Ref. d. Staatssekr. d. AA; 1975-79 Bundespräsidialamt (Ghost-writer), anschl. 1979 Chargé d'Affaires in Algier u. in Monrovia/Liberia; 1980-83 Botschafter in Kamerun u. Äquatorialguinea; 1983 AA Bonn; s. 1985 Bundespräsidialamt - 1975 Ehrendoktor Korea-Univ. Seoul - Liebh.: Lit., Phil., Kunst - Spr.: Engl., Franz., Ital., Russ., Korean.

ENGELHARD, Rudolf Anton

Dipl.-Ing. (FH), Förster, MdL Bayern - Samhofstr. 12, 8068 Pfaffenhofen a. d. Ilm (T. 08441 - 16 35) - Geb. 10. März 1950, kath., verh.

ENGELHARDT, Albrecht

Dr. med. habil., Prof., Physiologe, Arzneimittelherst., AR-Mitgl. TOGAL-Werk AG, München/Lugano/Wien (1959ff.) - Ob. Bahnhofstr. 16, 8541 Büchenbach/Mfr. (T. 09171 - 38 91) - Geb. 1. April 1913 Büchenbach (Vater: Johann E., Oberlehrer; Mutter: Marie, geb. Gärtner), ev., verh. s. 1943 m. Gertrud, geb. Hoffmann, 2 Kd. (Dr. med. Konrad, Marie-Luise) - Stud. Univ. Erlangen, Berlin, München. Ärztl. Approb. u. Promot. 1939 Erlangen; Habil. 1942 ebd.; M. D. 1950 New York-Brooklyn - 1937-47 Physiol. Inst. Univ. Erlangen (1942 Doz.); 1947-48 Gastprof. Long Island Univ. New York; 1948-50 Pharmak. Inst. Univ. Erlangen; 1950-76 Resorba Steril-Catgut-Fabrik Nürnberg - BV: Physiol. d. Atmung, 1941; Isoton. Blutersatzmittel, 1943; Milchsäure u. Herztätigk., 1955; Chinin-Lithium-Salicylat-Kombination, 1974. Herausg.: Schillers Med. Schriften (1958) - Carl-v.-Eicken- (1942, Univ. Berlin) u. Carl-Diem-Preis (1955, Dt. Sportbd.) - Liebh.: Ahnenforsch. - Spr.: Engl. - Bek. Vorf.: Reformator Andreas Osiander (1498-1552).

ENGELHARDT, Freiherr von, Alexander

Vorsitzender des Vorstandes Dyckerhoff AG, Wiesbaden - Taunusstr. 4a, 6242 Kronberg - Beir.-Vors. Dyckerhoff Transportbeton GmbH, Wiesbaden; AR YMOS AG Ind.produkte, Hausen; stv. AR-Vors. d. Hans Sievert AG & Co., Osnabrück u. Anneliese Zementwerke AG, Ennigerloh; AR-Mitgl. S.A. Espanola de Cementos Portland Hispania, Madrid/Spanien.

ENGELHARDT, Andreas

Dr. med., Neurologe, Oberarzt Neurol. Universitätsklinik Erlangen (s. 1984) - Schwabachanlage 6, 8520 Erlangen (T. 09131 - 85-30 01) - Geb. 7. Dez. 1950 Ilbesheim, ev., verh. s. 1979 m. Maria, geb. Hoh, 2 Söhne (Moritz, Jakob) - Stud. d. Med. in Würzburg u. Heidelberg; Staatsex. 1976; Promot. 1977; 1981-85 Kunstsem. b. G. Backschat (Lübeck) - 1978-79 Neuropathologie Heidelberg; 1981-84 Neurologie Lübeck - BV: Detection of Acid Mucopolysaccharides in Human Brain Tumors, 1980; Polyneuropathie b. Aids, 1987 - Liebh.: Malerei, Klass. Musik - Spr.: Lat., Griech., Engl., Franz. - Bek. Vorf.: Prof. Dr. Friedrich E. (Vater).

ENGELHARDT, Dieter

Stv. Vorstandsvors. Hutschenreuther AG., Selb (s. 1975) - Plößberger Weg 19, 8672 Erkersreuth/Ofr. (T. 09287 - 4020) - Geb. 29. April 1929 Berlin (Vater: Friedrich E., Oberbaurat; Mutter: Frieda, geb. Müller), ev., verh. s. 1961 m. Christa-Maria, geb. Hassmann, T. Franziska, S. Florian, S. Nikolaus - Friedrich-Nietzsche- u. Georg-Herwigh-Obersch. Berlin (Abitur) - S. 1956 Rosenthal-Bereich (1961-68 General Manager Rosenthal China (London) Ltd.), 1969-73 Vorst. d. Rosenthal Glas u. Porzellan AG., Selb. Spez. Arbeitsgeb.: Verkauf, Marketing. AR Messe- + Ausst.GmbH, Frankfurt; 1. Vors. Verkehrsverb. f. Nordostbayern, Selb - Liebh.: Jagd, Reiten, Wandern - Spr.: Engl.

ENGELHARDT, von, Dietrich

Dr. phil., o. Prof. f. Geschichte d. Medizin Univ. Lübeck (s. 1983) - Zu erreichen üb. Inst. f. Med.- u. Wissenschaftsgesch., Königstr. 42, 2400 Lübeck - Geb. 5. Mai 1941 Göttingen (Vater: Wolf v. E., Univ.-Prof.; Mutter: Margarethe, geb. v. d. Ropp), ev., verh. s. 1969 m. Ulrike, geb. Aschoff, 5 Kd. (Juliane, Nikolaus, Jakob, Clara, Benjamin) - 1961-68 Stud. Phil., Gesch., Slavistik; Promot. 1969; Habil. 1976 - 1976-83 Prof. f. Gesch. d. Med. u. Allg. Wissenschaftsgesch. Univ. Heidelberg - BV: Hegel u. d. Chemie, 1976; Histor. Bewußtsein in d. Naturwissenschaft von d. Aufklär. b. z. Positivismus, 1979; Mit d. Krankheit leben, 1986; Wissenschaftsgesch. auf d. Versammlg. d. GDNÄ 1822-1972, 1987; Kriminalität u. Verlauf (m. S. W. Engel), 1978; D. inneren Verbindungen zw. Phil. u. Med. im 20 Jh. (m. H. Schipperges), 1980; Florenz u. d. Toscana: E. Reise in d. Vergangenh. v. Medizin, Kunst u. Wiss. (m. T. Henkelmann u. A. Krämer), 1987; Med. in d. Lit. d. Neuzeit, 1991. Herausg.: Klassiker d. Med., 1-2 (m. F. Hartmann), 1991 - Spr.: Engl., Franz., Ital., Russ.

ENGELHARDT, Friedrich

Dr. med., Prof. f. Neurochirurgie - Hofweg, 8707 Veitshöchheim/Ufr. - S. 1976 Prof. Univ. Würzburg - Ausz. f. wiss. Zusammenarbeit BRD u. VR China.

ENGELHARDT, Gunther

Dr. rer. pol., o. Prof. f. Volkswirtschaftslehre u. öffentl. Finanzen, gf. Dir. Inst. f. Finanzwiss. Univ. Hamburg - Corinthstr. 23, 2000 Hamburg 52 (T. 040 - 880 42 02) - Geb. 22. Juli 1937 Berlin (Vater: Walter E. †, Kaufm.; Mutter: Gerda, geb. Wlazil), ev., verh. s. 1964 m. Vera, geb. Süß, 2 Töcht. (Claudia, Maren) - Comenius-Gymn. (Abit. 1957) Düsseldorf, Dipl. 1963, Promot. 1967 Köln - Forsch.stip. 1968 b. 73 Dt. Forsch.gem. u. Max-Kade-Foundation; 1973-74 Lehrstuhlvertr. Finanzwiss. Univ. Hamburg; 1982 Visiting Scholarships The Brookings Inst., Washington D.C., Yale Univ., New Haven, Ct. USA; 1991/92 Sprecher FB Wirtsch.wiss.; 1992-94 Vizepräs. d. Univ. Hamburg - BV: Verhaltenslenkende Wirkungen d. Einkommensteuer, Monogr. 1968; Haushalts- u. mehrjährige Finanzplan. im Planspiel, Monogr. 1984; Finanzw. Folgen kommun. Gebiets- u. Funktionalreformen, Monogr. 1986 - Interessen: Polit. Soziol., Ethol. - Spr.: Engl., Franz.

ENGELHARDT, Gustav Heinz

Dr. med., Prof., Chirurg u. Unfallchirurg, Direktor d. Klinik f. Allgemeinchirurgie, Klinikum Barmen (s. 1986) - Heusnerstr. 40, 5600 Wuppertal 2 (T. 0202 - 896 23 20) - Geb. 1. Jan. 1930 Wuppertal - Stud. Med. - 1970-75 MdL Nordrh.-Westf.; Landesvors. ASB Landesverb. Nordrh.-Westf. - BV: Unfallheilkunde f. d. Praxis, 1983 - 1976 v. Haberer-Preis; 1986 BVK.

ENGELHARDT, Hans Peter

Oberfinanzpräsident, Leit. Oberfinanzdirektion Frankfurt/M. - Adickesallee 32, 6000 Frankfurt/M. 1 - Geb. 8. April 1935 Schwabach, kath., verh. s. 1961 m. Brigitte, geb. Künster, 4 Kd. (Ursula, Thomas, Barbara, Annette) - Stud. Rechtswiss. Univ. München, Erlangen, Bonn - 1963-66 Oberfinanzdirektionen München, Nürnberg; 1966-90 Bundesfinanzministerium.

ENGELHARDT, Heinz

Galvaniseurmeister, Präs. Bundesinnungsverb. d. Graveure, Galvaniseure, Gürtler u. verw. Berufe, Solingen - Platzhof 17, 5650 Höhscheid.

ENGELHARDT, Jürgen Peter

Dr. med. dent., Zahnarzt, apl. Prof. f. Zahn-, Mund- u. Kieferheilkunde, insb. zahnärztl. Prothetik, Univ. Düsseldorf (s. 1973) - Am Hövel 23, 4005 Meerbusch 1 - Geb. 16. Mai 1937 Ulm/D. - Promot. (1961) u. Habil. (1970) Düsseldorf - U. a. Oberarzt Westd. Kieferklinik. Üb. 40 Facharb. - 1972 Miller-Preis.

ENGELHARDT, Karlheinz

Dr. med., Prof., Chefarzt III. Medizin. Klinik/Städt. Krankenhs. Kiel (s. 1970) - Jägerallee 7, 2300 Kiel-Holtenau - Geb. 29. Nov. 1930 Plauen - BV: D. Patient in seiner Krankheit, 1971 (auch poln.); Kranke im Krankenhaus (m. A. Wirth u. L. Kindermann), 1973; Patienten-zentrierte Medizin, 1978 (auch holl.).

ENGELHARDT, Klaus

Dr. theol., Prof., Landesbischof Ev. Landeskirche Baden - Blumenstr. 1, 7500 Karlsruhe - Geb. 11. Mai 1932 Schillingstadt (Vater: Wilhelm E., Pfarrer; Mutter: Therese, geb. Nell), ev., verh. s. 1960 m. Dorothea, geb. Schlink, 3 Kd. (Markus, Tilman, Dietlind) - Univ. Göttingen, Basel, Heidelberg (Theol.) - 1969 Prof. f. Ev. Theol. PH Heidelberg (1971-76 Rektor); 1980 Landesbischof. 1985-88 Vors. Arnoldshainer Konf.; 1985 Mitgl., s. 1991 Vors. d. Rates d. EKD.

ENGELHARDT, Markus

Dr. phil., wiss. Mitarbeiter Inst. f. Musiktheater Schloß Thurnau Univ. Bayreuth - Berndorf 52, 8656 Thurnau (T. 09228 - 71 14) - Geb. 8. März 1956 Gießen, ev., verh. s. 1986 m. M. A. Sybille, geb. Hofmann, 2 Kd. (Raphael, Jelena) - Abit. 1977; Stud. Musikwiss. (Phil., Psychol.) Univ. Würzburg; Promot. 1986 Würzburg - 1972-79 Kantor in Veitshöchheim; 1975/76 Lehrbeauftr. Musikschule Marktheidenfeld; 1984-86 Forsch.aufenth. Italien; 1986/87 DFG-Stip.; 1988/89 Assist. Hochsch. f. Musik u. Darstellende Kunst, Frankfurt/M. (1989 Lehrauftr.) - BV: D. Chöre in d. frühen Opern Giuseppe Verdis, 1988; Verdi u. andere. Un giorno di regno, Ernani, Attila, Il corsaro in Mehrfachvertonungen, 1992 (Premio Intern. Rotary Club di Parma "Giuseppe Verdi" Bd. 1); Übers. (ital./dt.); U. Prinz (Hg.): Messa per Rossini, Geschichte, Quellen, Musik, 1988 (Übers. ital./dt.) (Schr.reihe Intern. Bachakad. Stuttgart Bd. 1); P. Petrobelli: Vorwort zu W. A. Mozart Il re pastore, Neue Mozart Gesamtausg., Bd. II, 5, 9, Intern. Stiftg. Mozarteum Salzburg 1985; Berichte u. Kommentare f. Main Post, Würzburg; Bayer. Kammeroper, Veitshöchheim; Saarl. Rundfunk; Dt. Grammophon, Hamburg; Sony classical, Hamburg. Vorträge: Teatro San Carlo (Modena); Univ. Rom; 50. Maggio Fiorentino 1987 (Florenz); Würzburger Bachtage 1987; Europ. Musikfest 1988 (Stuttgart); Bildungshaus Kloster Schöntal 1989 (Schöntal) - 1983 Premio Rotary Club di Parma - Giuseppe Verdi - Spr.: Engl., Lat., Ital., Altgriech.

ENGELHARDT, Otto

Geschäftsf. F. H. Hammersen GmbH., Osnabrück - Ernst-Stahmer-Weg 14, 4500 Osnabrück-Sutthausen - Geb. 12. Dez. 1927.

ENGELHARDT, Udo

Dr. rer. nat., Prof. f. Anorg. Chemie FU Berlin (s. 1971) - Goldenes Horn 25, 1000 Berlin 42 (T. 703 61 76) - Geb. 22. Jan. 1935 Berlin (Vater: Walter E., Dipl.-Kfm., Dr. rer. pol.; Mutter: Gerda, geb. Wlazil), ev., verh. s. 1961 m. Ingrid, geb. Crecelius, 7 Kd. (Amelie, Gundula, Caroline, Miriam, Ophelia, Nikola, Clemens-Samuel) - 1961 Dipl.-Chem., 1964 Promot., 1970 Habil.; 1962-65 wiss. Assist. TH München, 1965-66 post doc. Univ. of Michigan, USA, 1966-67 wiss. Assist. TH München, 1967-70 wiss. Oberassist. FU Berlin, 1970-71 Wissenschaftl. Rat u. Prof. FU Berlin, 1971ff. Prof. f. Anorg. Chemie FU Berlin. Ca. 70 Fachveröff. - Liebh.: Berg- u. Ski-Hochtouren, Garten - Spr. Engl., Franz.

ENGELHARDT, Walter

Hauptlehrer, MdL Bayern (s. 1978, SPD) - Buchenweg 2, 8581 Mistelbach/Ofr. - Geb. 15. Febr. 1939 Würzburg, ev., verh., 3 Kd. - Oberrealsch. Würzburg; PH Bayreuth - B. 1964 Volksschul-, dann Hauptlehrer. 1972ff. Mitgl. Gemeinderat Mistelbach u. Kreistag Bayreuth; 1974-78 Mitgl. Bezirkstag Oberfranken; Vors. Bürgerforum Bayreuth u. Verein f. Jugendpflege u. Volksbildung Schloß-Schney. Versch. Parteiämter (u. a. Kreisvors. Bayreuth-Land u. Unterbezirksvors. Bayreuth).

ENGELHARDT, Werner Hans

Dr. rer. pol., o. Prof. f. Wirtschaftslehre, insb. Marketing, Löwenzahnweg 12, 4630 Bochum (T. 79 17 17) - Geb. 11. Juli 1932 Frankfurt/M. - S. 1968 (Habil.) Lehrtätigk. Univ. Frankfurt/M. u. Bochum (1968 Ord.); 1982-85 Dir. Univ. Seminar d. Wirtschaft, Erftstadt - BV: Finanzierung a. Gewinn im Warenhandelsbetrieb u. ihre Einwirkungen a. Betriebsstruktur u. -politik, 1960; Grundzüge d. doppelt. Buchhalt., 1966 (m. Prof. H. Raffée); Investitionsgüter-Market., 1981 (m. B. Günter); D. Direktvertrieb im Konsumgüterbereich, 1984 (m. M. Kleinaltenkamp, S. Rieger); Strategische Unternehmensplanung, Lehrbrief f. d. Weiterbild. Stud. Techn. Vertrieb FU Berlin, 1986 (m. M. Kleinaltenkamp); Vertriebswegeentscheidungen, Lehrbrief f. d. Weiterbild. Stud. Techn. Vertrieb FU Berlin, 1986 (m. M. Kleinaltenkamp). Zahlr. Einzelarb.

ENGELHARDT, Werner Wilhelm

Dr. rer. pol., Dipl.-Volksw., Prof. f. Sozialpolitik u. Genossenschaftswesen Univ. Köln - Hochwaldstr. 38, 5000 Köln 41 (T. 43 38 91) - Geb. 13. Febr. 1926 Neudorf/Harz - BV: Robert Owen u. d. soz. Reformbestreb. s. Beginn d. Industrialisier., 1972; Sind Genoss. gemeinwirtsch. Untern., 1978; Allg. Ideengesch. d. Genossenschaftswesens, 1985. Ca. 200 Veröff. Herausg.: Schriften z. Genossenschaftswesen u. z. Öffentl. Wirtschaft (m. Theo Thiemeyer); Ges., Wirtsch., Wohnungswirtsch. Festschr. f. Helmut Jenkis (1987, m. Theo Thiemeyer); Genoss. - quo vadis? E. neue Anthol. (1988, m. Theo Thiemeyer); Genoss. u. genoss.wiss. Forsch. (1989, m. Jürgen Zerche u. Philipp Herder-Dorneich); Sozialpolitiklehre als Prozeß (1992, m. Philipp Herder-Dorneich u. Jürgen Zerche). Mithrsg.: Kölner Schriften z. Sozial- u. Wirtsch.politik.

ENGELHARDT, Freiherr von, Wolf

Dr. phil., em. o. Prof. f. Mineralogie - Paul-Lechler-Str. 5, 7400 Tübingen (T. 6 23 76) - Geb. 9. Febr. 1910 Dorpat/Estl. (Vater: Eduard v. E.; Mutter: Mary, geb. v. Grote), verh. 2) s. 1975 m. Gabriele, geb. Bargsten, 5 Kd. - Univ. Halle/S., Berlin, Göttingen (Promot. 1935). Habil. 1940 - Assist. u. Privatdoz. Univ. Rostock u. Göttingen, 1944 ao. Prof. (b. 1945), 1948 Leit. Geol. Labor. Gewerksch. Elwerath, Erdölwerke Hannover, 1957 o. Prof. Univ. Tübingen (1963/64 Rektor). 1950 Honorarprof. Univ. Göttingen - BV: D. Porenraum d. Sedimente, 1960 - BV: D. Bildung v. Sedimenten u. Sedimentgesteinen, 1973; Mineralogie, Geologie u. Paläontologie a. d. Univ. Tübingen v. d. Anfängen bis zur Gegenw. (m. H. Hölder), 1977; Theorie d. Geowiss. (m. J. Zimmermann). Herausg.: G. W. Leibniz, Protogäa, Schöpfer. Vernunft - Schr. aus d. J. 1668-86, Neue Abh. üb. d. menschl. Verstand; Mithrsg.: Goethes Naturwissenschaftliche Schriften, Leopoldina-Ausg. - 1957 Mitgl. Dt. Akad. d. Naturforscher (Leopoldina), Halle/S.; 1960 o. Mitgl. Heidelbg. Akad. d. Wiss.; 1973 Stille-Med. Dt. Geol. Ges.; 1979 Gauss-Med. Braunschweigische Wiss. Ges.; 1980 Abraham-Gottlob-Werner-Med. Dt. Mineral. Ges; 1983 Cothenins-Med. Akad. d. Naturforscher (Leopoldina); 1984 Steinmann-Med. Geol. Vereinig.; 1991 Gold. Med. d. Goethe-Gesellschaft.

ENGELHARDT, Wolfgang

Dr. rer. nat., Prof., Generaldirektor d. Staatl. Naturwissenschaftl. Sammlungen Bayerns (s. 1967) i.R., Präs. Dt. Naturschutzring/Bundesverb. f. Umweltschutz (DNR) (s. 1968) - Kirchstr. 5, 8061 Prittlbach - Geb. 12. Okt. 1922 München (Vater: Philipp E., Oberstudienrat; Mutter: Wiltrud, geb. Schörcher), ev., verh. s. 1951 m. Irmgard, geb. Lambert, T. Ingrid - Stud. u. Univ. München (Zool.). Promot. (1949) u. Habil. (1964) Univ. München - 1954-67 Leit. Abt. f. Wirbellose Tiere Zool. Staatssamml. München (Oberkonservator). 1951-82 Lehrbeauftr. f. Landschaftsökologie, -pflege u. Naturschutz TU München; s. 1964 Privatdoz., s. 1972 Honorarprof. f. Zool. Univ. München - BV: Naturschutz - S. wichtigsten Grundl. u. Ford., 1954 (Schulb.); Was lebt in Tümpel, Bach u. Weiher?, 13. A. 1989 (auch engl., niederl.); D. letzten Oasen d. Tierwelt, 6. A. 1968 (auch engl., schwed., niederl.). Mithrsg.: Handb. f. Landschaftspflege u. Naturschutz (4 Bde. 1968/69). Mithrsg.: Landschaftspflege u. Naturschutz i. d. Praxis, 1973. V.: Umweltschutz, 5. A. 1985. Mithrsg.: Handbuch f. Planung, Gestaltung u. Schutz d. Umwelt (4 Bde. 1978/80). Herausg.: Grünes Deutschl. (1982); Ökologie im Bau- u. Planungswesen (1983) - 1973 Alexander-v.-Humboldt-Med. in Gold; 1973 BVK I. Kl.; 1987 Gr. BVK; 1989 Bayer. VO.; 1991 Med. Pro meritis - Liebh.: Reiten.

ENGELHARDT, von, Wolfgang Georg

Dr. med. vet., Prof. f. Physiologie Tierärztl. Hochsch. Hann. - Bischofsholer Damm 15, 3000 Hannover 1 - Geb. 23. Febr. 1932 Jätschau (Vater: Gert v. E., Landw.; Mutter: Ruth, geb. Albinus), ev., verh. s. 1960 m. Ingrid, geb. Gollub, 2 Kd. (Jörg, Frauke) - Landwirtsch.Lehre; Stud. d. Veterinärmed.; Promot. 1959; Habil. 1968 - S. 1970 Lehrtätigk. Hohenheim (1970 Leit. Abt. Veget. Physiol.; 1973 apl. Prof.), 1979 Dir. Physiol. Inst. Tierärztl. Hochsch. Hann. - Ca. 220 Fachveröff. - 1973 Henneberg-Lehmann-Preis Univ. Göttingen; 1984 Centennial Medal Univ. of Pennsylvania.

ENGELHART, Anton

Rechtsanwalt - Witzelstr. 95, 4000 Düsseldorf - Geb. 14. Okt. 1918 - Stud. Rechtswiss. Gr. jurist. Staatsprüf. (s. XXIV Ausg.).

ENGELKE, Kai

Schriftsteller, Journ., Lehrer - Im Timpen 18, 2991 Surwold (T. 04965 - 12 10) - Geb. 1. April 1946 Göttingen (Vater: Josef E., Journ.; Mutter: Robin E., Malerin), verh. s. 1975 m. Ulrike, geb. Walsdorff, 5 Kd. (Florian, Felix, Moritz, Anna-Katharina, Johannes) - Abit. 1970 Gießen, Redaktionsvolont. b. dpa Frankfurt (b. 1971); ab 1972 Stud. Kunstpäd. u. Musik Hildesheim; 1. u. 2. Staatsprüf. 1975 u. 77 - S. 1981 Initiator u. Organisator surwolder literaturgespr. (Autorentreffen, Workshops, Musikveranst., Kunstausst.) in Surwold/Emsland; s. 1984 fr. Mitarb. NDR Hannover (Ressort Lit.); s. 1979 Lesungen m. Autoren u. Musikern in d. gesamt. BRD. Mitgl. Verb. dt. Schriftst.; s. 1987 Landesvorst.-Mitgl. Nieders./Bremen; Vorst.-Mitgl. Lit. Aktion Oldenburg (s. Gründg. 1988). Enge Zusammenarb. m. d. Maler Norbert Bücker u. m. d. Pianisten Chris Jarett (USA) - BV: Lärmend d. Nacht entgegen, Ged. 1977; Berührungsversuche, Ged. 1979; D. Angst ..., Ged. 1980; Mein kl. dunkles Zimmer, Gesch. 1980; D. Straßenmusikb., Sachb. 1982, 2. A. 1984; Lit. im Moor, Dok. 1984; Any J Malala, Erz. 1990; Wölfe malen immer blau (m. J. Haverkamp), Ged. 1990; D. Straßensänger v. Hameln, Gesch., Satiren, Einmischungen, 1992; Veröff. in üb. 50 Anthol., Kalendern, Lit.-Ztschr., Tagesztg., auf Kassette, LP u. im Rundf. - 1990 Georg Weerth-Literaturpreis - Spr.: Engl. - Lit.: nieders. literarisch - 100 Autorenporträts; Kürschners Lit.-Kalender (1984); Künstlerverz. 1984 Landesjugendring Hannover, Nicht Direkt, 8/85 (Oldenburger Lit.-Ztschr.); „259" Kunst Kulturregion Osnabrück (1988); u.a.

ENGELKEN, Dierk

Maler u. Bildhauer - Kurfürstenstr. 48, 5300 Bonn 1 (T. 0228 - 21 53 73); Atelier: Industriestr. 170, 5000 Köln 50 (T. 02236 - 6 28 69) - Geb. 26. Juli 1941 Elbing, verh. m. Gudrun, geb. Schieder, 4 Kd. (Jacki, Kai, Larissa, Aljoscha) - Stud. German., Kunstgesch., Staatswiss. Bonn, Köln, Düsseldorf; Bildhauerei, Malerei, Graphik Kunstakad. Düsseldorf, Meisterschüler Kunstakad. Düsseldorf; 1. u. 2. Staatsex. - Bundesvors. Bundesverb. Bild. Künstler, Sprecher d. Bundesvorst.; Sprecher d. dt. Kunstrates; Vors. d. Intern. Ges. f. Bildende Künstler; Vorst.-Spr. Dtsch. Nat. Kommiteé IAA, AIAP, Unesco; Mitgl. d. intern. Executiv-Commitees IAA; Deutsche Unesco-Kommission. Hochschullehrer s. 1972 - BV: u.a. Kunstwoche (m. L. Jappe), 1984; Kunstaktion, 1987. 237 Veröff. in in- u. ausl. Fachztschr. - Als Maler u. Bildhauer Einzelausst. u. Kunstaktionen in 159

Städten d. In- u. Ausl. - Lit.: Hugo Borger, Zu d. Arb. v. D. E. (1971); Joachim Heusinger v. Waldegg, D. E. (1975); Udo Liebelt, D. Zeichner D. E. (1976); Siegwart Blum, D. E. (1979); Justus Müller-Hofstede, Gespräch m. D. E. (1979); Stefan Papp, D. Zeichner D. E. (1981); Hans M. Schmidt, D. E.: Naturale Skulpturen (1984); Rainer Bonhorst, Ein Werber f. bundesdt. Kunst (1987); Emmanuel von Stein, Trunkenes Schiff - Ausst. Engelken (1987); Rita Tüpper, Statt eines Kochbuchs - Interview mit D. E. (1988); Zeynep Caglayan: Germans invite Cutural ties with Turkishartistsinterview with Dierk E., in: Dateline (1988); Hakan Derman: Orlak çalisma yapmak istiyoruz - Almanya Sanatçilar Birligi Baskani Engelken, in: Cumhuriyet (1988); F. Paul Schwakenberg: Kulturelle Enthaltsamkeit muß nicht sein - Interview m. D. E. in: D. Gemeinderat (10/31-1988).

ENGELKEN, Hans Gerhard

Dr. rer. pol., Dipl.-Kfm., Dipl.-Volksw., Sparkassenvorstand i. R. - Jägerweg 9, 6072 Dreieich - Geb. 24. Sept. 1923 Berlin (Vater: Johann E. †1984) - Vorst. Vereinig. Liberaler Kommunalpolitiker Hessen (VLK); Vors. FDP-Ortsverb. Dreieich, stv. Vors. FDP-Kreisverb. Offenbach-Land., Schatzm. FDP-Bezirksverb. Untermain.

ENGELKES, Heiko

Journalist, Auslandskorresp. d. ARD in Paris - Zu erreichen üb. ARD Paris, 31 Rue du Colisée, F-75008 Paris - Geb. 1. April 1933 Norden (Vater: Karl E., Journ.; Mutter: Juliane, geb. Hraby), ev., verh. s. 1972 m. Alice, geb. Tellenbach, 2 Kd. (Mélanie, Olivier) - Stud. Univ. Wilhelmshaven, Hamburg, West-Berlin, Kansas/USA. 1955-64 fr. Journalist, Lt. Tagesschau WDR-Köln, 1974ff. Auslandskorresp. Paris (1978-83 Leit. ARD-Stud.). S. 1983 zweiter Chefredakt. ARD-Aktuell Hamburg - BV: Mitterrand aus d. Nähe gesehen, 1981 - 1987 Orden Ritter d. franz. Ehrenlegion - Liebh.: Segelsport - Spr.: Engl., Franz.

ENGELL, Hans-Jürgen

Dr. rer. nat., Prof., em. Wiss. Mitgl. Max-Planck-Inst. f. Eisenforsch. Düsseldorf - Voisweg 45a, 4030 Ratingen 1 - Geb. 15. Okt. 1925 Bad Reinerz - 1963-70 o. Prof. TU Clausthal u. Univ. Stuttgart (Dir. Max-Planck-Inst. f. Metallforsch.); s. 1971 Hon.-Prof. TU Clausthal u. Univ. Düsseldorf (1974); 1982-84 Vors. Wiss.rat - BV: The Reduction of Iron Ores (m. L. v. Bogdandy), 1971 (japan. 1974); üb. 150 Fachveröff. - 1961 Masing-Preis; 1981 Cavallaro-Med.; 1982 BVK I. Kl.; 1982 Heyn-Denkmünze u. U.R. Evans-Award; 1987 Dr.-Ing. E. h. TU Berlin, 1991 Dr.-Ing. E. h. Univ. Erlangen.

ENGELMANN, Bernt

Schriftsteller - Robert-Holzer-Str. 7, 8183 Rottach-Egern/Oberbayern (T. Tegernsee 6 72 96) - Geb. 20. Jan. 1921 Berlin (Vater: Hans E., Verlagsdir.; Mutter: Helene, geb. Worbs), verh. I) m. Ellen, geb. Kohlleppel (†), II) Kirsten, geb. Wedemann, 4 Kd. (Petra, Thomas aus 1., Sabine, Katrin aus 2. Ehe) - Univ. Köln u. Genf (Spr., Neuere Gesch., Rechtswiss.) - Arbeits- u. Wehrdst.; Journ., Redakt. u.a. Spiegel u. Panorama. SPD - BV: (GA. 1991 üb. 12 Mio.; Übers. z. T. USA, Großbrit., UdSSR, Frankr., Schweden, Spanien, Lateinamerika, Finnl., Polen, Ungarn, Tschechosl., DDR-Ausg.): Meine Freunde - d. Millionäre, 24. A. 1987; Deutschland-Report, 3. A. 1965; D. eigene Nest, 1965; Meine Freunde - d. Manager, 18. A. 1984; D. Goldenen Jahre, 11. A. 1984; Schützenpanzer HS 30 - Starfighter F 104 G - Oder wie man d. Staat zugrunde richtet, 1967; Eingang nur f. Herrschaften, 5. A. 1984; D. Macht am Rhein - Meine Freunde, d. Geldgiganten, Bde. I u. II 1968; Krupp-Legenden u. Wirklichkeit, 1968; So deutsch wie möglich - möglichst deutsch, 1969; Dtschl. ohne Juden - e. Bilanz, 1970; D. vergoldeten Bräute, 1971; O wie oben - Wie man es schafft, ganz o zu sein, 1971; D. Reich zerfiel ... D. Reichen blieben - Dtschl. Geld- u. Machtelite, 1972; Ihr da oben, wir da unten, 1973 (zus. m. G. Wallraf); Wir Untertanen - e. dt. Anti-Gesch.buch, 1974; Gr. Bundesverdienstkr., 1974; Einig gegen Recht u. Freiheit, 1975; Trotz alledem. Deutsche Radikale 1777-1977, 1977; Preußen, Land d. unbegr. Möglichkeiten, 1979; D. Laufmasche, 1980; Wie wir wurden, was wir sind, 1980; Auf gut deutsch, 1981; Wir sind wieder wer, 1981; Im Gleichschritt marsch, 1982; Weißbuch: Frieden, 1982; ... b. alles in Scherben fällt, 1983; Du deutsch? 2000 J. Gesch. d. Ausländer in unserem Land, 1984; Bernt Engelmanns bundesdt. Heimatkd., Satiren, 2. A. 1984; D. Freiheit! D. Recht! Johann Jacoby u. d. Anfänge unserer Demokratie, 1984; Vorwärts u. nicht vergessen! Wege u. Irrwege d. dt. Sozialdemokratie, 1985; Bernt Engelmanns Karriere-Ratgeber, 1985; D. unfreiwilligen Reisen d. Putti Eichelbaum, R. 1986; Berlin - e. Stadt wie keine andere, 1986; D. unsichtbare Tradition. Z. Gesch. d. dt. Strafjustiz, 2 Bde. 1988, 1989; Deutschland Report, 1991. Mithrsg.: Ztschr. dt. panorama (1965-67) - 1984 Heinrich-Heine-Preis (DDR); 1971 Mitgl. PEN-Zentrum BRD (1972-74 Vizepräs., b. 1984 Präsid.-mitgl.), 1977-84 Bundesvors. Verb. dt. Schriftsteller (VS) in d. IG Druck u. Papier (Rücktr. nach Rücktr. d. Gesamtvorst.), Mitgl. Lit.konfz. f. d. BRD; Verw.-Rat VG Wort - Liebh.: Autographen zur dt. Literatur u. Politik, Mod. Malerei - Spr.: Engl., Franz.

ENGELMANN, Elsbeth

Dr. rer. nat., o. Prof. f. Heilpäd. Psychologie (Lehrstuhl I) Päd. Hochsch. Rheinland/Abt. f. Heilpäd. Köln - Richard-Wagner-Str. 39, 5000 Köln.

ENGELMANN, Günther

Dr. phil., Musiker, Mitgl. Symphonieorch. Bayer. Rundfunk i. R. - Seestr. 18, 8125 Oberhausen (T. 08802 - 4 46) - Geb. 15. Mai 1925, ev., verh. s. 1954 m. Susanne, geb. Lindner - Abit. 1943; 1948-52 Stud. German., Gesch. u. Zeitungswiss. in Regensb. u. München; Musik am Händelkons. Univ. München; Promot. 1957, Lehramtsprüf. (Deutsch u. Gesch.) 1959 München - S. 1952 Orchestermitgl. Bayer. Rundf.; s. 1964 Redakt. Ztschr.: D. Orch. Ehrenvors. Dt. Orch.-Vereinig. in d. DAG; s. 1975 Vors. Beirat d. GVL; 1972-80 Präsid.-Mitgl. Dt. Musikrat; s. 1980 Vors. Arbeitsgem. Musikberufe im Dt. Musikrat. 1962-74 fr. Mitarb. Schulfernsehen u. Telekolleg d. Bayer. Rundf. (Gesch.) - 1983 BVK - Liebh.: Jazz, Bergsport - Spr.: Engl.

ENGELMANN, Hans-Ulrich

Dr. phil., o. Prof. (s. 1973), Komponist, Dirigent, Doz. Staatl. Hochsch. f. Musik Frankfurt/M. (s. 1969) - Park Rosenhöhe 15, 6100 Darmstadt (T. 7 79 79) - Geb. 8. Sept. 1921 Darmstadt (Vater: Dipl.-Ing. Rudolf E.; Mutter: Käte, geb. Melchior), ev., verh. s. 1953 m. Roma, geb. Pillhardt - Realgymn. Darmstadt; Hess. Akad. f. Tonkunst u. Univ. Frankfurt/M. (Promot.); 1946-49 Kompos.: W. Fortner, Heidelberg; Kurse: Leibowitz u. Krenek - S. 1945 fr. mitarb. vieler Rundfunkanst. u. Theater; ab 1955 b. 1961 künstler. Berat. u. Regieassist. Theater Darmstadt; 1972 künstler. Berat. Theater Bonn; 1947ff. Mitgl. GEMA, Dt. Komponistenverb.; Mitgl. Neue Darmstädter Sezession; 1980 Mitgl. Accademia Italia - Opern: Doktor Faust's Höllenfahrt (Hamburg), Magog, Verlorener Schatten, Fall van Damm (Köln), Ophelia (Hannover), „Revue" (Oper, Bonn 73), dramat. Kantate: D. Mauer (Hamburg). Orator.: Manifest v. Menschen (1965 Frankfurt); Missa popularis (1980 Berlin); Stele f. Büchner (canto sinfonico, 1987 Darmstadt). Orchesterw., Kammermusik, Hörspiel- u. Bühnenmusiken - BV: Bela Bartoks Mikrokosmos - E. Typologie Neuer Musik, 1953; Commediahumana, 1985 - B. 1947 Komp.preis Univ. Frankfurt, 1949 Kompos.sstip. Harvard Univ., 1955 Preis f. Kompos. Bundesverb. d. Dt. Industrie, 1960 Rom-Preis Villa Massimo, 1960 Intern. Lidice-Preis Radio Prag, 1969 Stereo-Preis Dt. Rundfunkind. (Funkoper: D. Fall v. Damm) 1971 Johann-Heinrich-Merck-Ehrung d. Stadt Darmstadt, Goethe-Plak. d. Landes Hessen; BVK - Liebh.: Sport - Spr.: Engl., Franz. - Lit.: U. Dibelius in MELOS, Mainz 1971, Heft 9; Riemann-Musik-Lex.; MGG-Kassel Lexikonartikel. B. Schäffer: Klassische Dodekaphonisten, Krakau 1964; E. Sarnette, H. Ulrich Engelmann in Compositeur d'aujourd'hui, Paris, 1962; U. Stürzbecher: Werkstattgespr., Köln 1971; U. Dibelius; H. U. Engelmann, in: Melos 1971; Lexica u.a.: Brockhaus, Meyers, Grove, Honegger-Massenheit, Rizzoli/Ricordi u.v.a.

ENGELMANN, Heinz

Schauspieler, Sprecher, Autor u. Regiss. v. Synchronfilmen u. -Serien - Unteranger 11, 8132 Tutzing/Starnberger See (T. 08158-88 18) - Geb. 14. Jan. 1911 Berlin, ev., verh. I) m. Gertrud Meyen, gesch.; II) s. 1943 m. Tilla Bedendieck, 3 Kd. (Ursula, Christian, Roland †1976) - Abit.; kaufm. Lehre; Schauspielsch. Im 2. Weltkrieg Hptm. Flak. Hauptrolle in 30 Filmen (u.a. Haie u. kleine Fische), Synchronsprecher berühmter Namen wie John Wayne, William Holden, u.a. Theaterrollen Hildesheim, Boulevardtheater Berlin. Dt. Bearb. v. Synchronserien: u.a. Dr. med. Marcus Welby, Bonanza, Shiloh Ranch, D. Waltons - Liebh.: Lit., Schach, Briefmarken, Tischlern, Garten - Spr.: Engl.

ENGELMANN, Ulrich

Dr. jur., Ministerialdirektor - Auf dem Köllenhof Nr. 24, 5307 Wachtberg-Liessem (T. 348419) - Geb. 5. Mai 1927 Neustettin (Vater: Walter E., Zollamtm.; Mutter: Eva, geb. Hille), ev., verh. s. 1957 m. Ingeburg, geb. Piners, 3 Söhne (Lutz, Klaus, Jörg) - Gymn. Stettin u. Graz; Banklehre; Univ. Erlangen u. Köln (Rechtswiss.). Jurist. Staatsprüf. 1953 u. 57 - S. 1957 Bundeswirtschaftsmin. (1963 Pers. Ref. Min. Schmücker, 1966 Leit. Unterabt. Stahl- u. Investitionsgüterw., 1972 Leit. Industrie-Abt., 1974 Leit. Abt. Energiepolitik/Mineral. Rohstoffe) - Liebh.: Musik, Golf (Clubmitgl. Bonn) - Spr.: Engl.

ENGELMEIER, Max-P.

Dr. med., o. Prof. f. Psychiatrie, LLMD, Leit. Arzt Rhein. Landes- u. Hochschulklin. Univ.-Klinikum Essen, Direktor Psychiatr. Univ.-Klinik mit Zentrum f. Psychotherapie - Georg-Baur-Ring 16, 4300 Essen 1 - Geb. 30. März 1921 Münster/Westf. - Habil. 1957 (Neurologie u. Psychiatrie), apl. Prof. Münster 1963, o. Prof. 1965 Essen, Lehrtätigk. Münster, Bochum, Essen. Üb. 110 Fachveröffentl., dar. Buchbeiträge u. enzyklopäd. Artikel. Buch: Glauben als Befreiung, Recklinghausen 1969. Herausg. (m. Popkes): Leitbilder d. modern. Arztes, Stuttgart 1971. Mithrsg. d. Zeitschr. Pharmakopsychiatrie - Spr.: Engl., Franz. - Rotarier.

ENGELMEIER, Peter-W.

Journalist, Schriftsteller - Bayreuther Str. 18, 8000 München 81 (T. 928095-0, 92809525; priv.: 36 67 58/361 37 20) - Geb. 31. März 1941 Sonthofen/Allgäu, verh. s. 1974 m. Regine, geb. Fahle - Stud. Kunstgesch., Phil. Erlangen, München - Leit. Redakt. Münchner Merkur u. tz (Feuilletonchef), Herausg. u. Chefredakt. Dt. Fernsehdienst, Film-Manuskripte, FS-Video-Szene, München, Geschäftsf. pwe-Verlag f. Medienpubl. GmbH, München - Vorst.-Mitgl. Dt. Inst. f. Medienkd. - BV: Wir sind ja gar nicht so (Hrsg.), 100000 Wörter f. einen Tag (D. Zeitung u. was dahinter steckt), 1970, Liebe u. Hunger (1971 Mitarb.). Dustin Hoffmann-Schauspieler (Mitverf.), 1980; Medien: Es allen recht machen, 1981; D. Nymphe, Gedachtes aus 25 J., 1986, Auch d. Großen haben klein angefangen, Bildb. 1987; Europas Sterne strahlen - Kino d. alten Kontinents, 1988/89; Film u. Mode - Mode im Film, 1990; Brigitte Bardot - Biogr., 1991; D. gr. Schauspieler-Lex., 1991. Mehrere Hörsp.

ENGELS, Bruno

Dr. rer. nat., em. Prof. f. Allg. u. Angew. Geologie - Ohlstedter Platz 35, 2000 Hamburg 65 (T. 605 42 35) - Geb. 6. Okt. 1913 Oberlar/Siegkr. (Vater: Heinrich E., Eisenbahnbeamter; Mutter: Gertrud, geb. Wirges), kath., verh. s. 1940 m. Hedwig, geb. Greiner, 3 Kd. (Hartmut, Berna, Heike) - Reform-Realgymn. Bonn; Univ. ebd., Freiburg/Br., Breslau (Geol., Paläontol.). Staatl. gepr. Geologe 1942 Berlin - 1939-41 Montangeologe Spanien, 1941-45 Geol. Reichsamt f. Bodenforsch. Berlin, Assist. Univ. Jena, Köln, Mainz, s. 1954 (Habil.) Lehrtätigk. Univ. Mainz (Privatdoz.), Hamburg (1960 apl. Prof.), Münster (1965 ao., 1968 o. Prof.; Dir. Geol.-Paläontol. Inst., 1979 emerit.). 1962 UNESCO-Beauftr. Südamerika u. Zentralafrika - BV: D. kleintekton. Arbeitsweise unt. bes. Berücks. ihrer Anwend. im dt. Paläozoikum, 1959 (Geotekton. Forschungen). Zahlr. Fachaufs. - Spr.: Engl., Franz., Span.

ENGELS, Gerhard

Prof., Dr.-Ing., Hauptgeschäftsf. Verein Dt. Gießereifachleute (s. 1976) - Albertstr. 18, 4005 Meerbusch 3 (T. 02150 - 3895) - Geb. 25. Juli 1928 Wuppertal (Vater: Paul E., Pfarrer; Mutter: Lydia, geb. Pack), ev., verh. s. 1973 m. Ingrid, geb. Kremer, 3 Kd. (Susanne, Roland, Dirk) - Stud. Univ. Tübingen, TH Aachen - S. 1959 VDG - Lions-Club.

ENGELS, Hartmut

Oberstudienrat, MdHB (s. 1974) - Ohlstedter Pl. 36, 2000 Hamburg 65 (T. 605 41 40) - Geb. 15. Mai 1942, kath., verh. s. 1970 m. Dr. Monika, geb. Römhild, 2 Kd. (Sebastian, Constanze) - Abit. 1961; Staatsex. Math./Physik 1969, Refer. 1969 - S. 1971 Studienrat bzw. Oberstudienrat. S. 1976 Vors. Schulaussch. - Liebh.: Schach, Computer - Spr.: Engl.

ENGELS, Heinz

Dr. phil., o. Prof. f. German. Philologie u. Direktor German. Seminar Univ. Gießen (s. 1968) - Höhlerstr. 30, 6302 Lich/Hessen (T. 2962) - Geb. 8. Nov. 1926 Hohenselchow/Pom. (Vater: Ferdinand E., Posthauptsekr.; Mutter: Helene, geb. Preuß), kath., verh. s. 1957 m. Maria-Theresia, geb. Giwer, S. Heinrich - Gymn. Heinsberg/Rhld.; Univ. Mainz (German., Volkskd., Gesch.) - 1964-66 Wiss. Assist.; 1966-68 Privatdoz. - Spez. Arbeitsgeb.: Dt. Sprache u. ältere dt. Lit. - Mitgl. Collegium Carolinum, München - BV: D. Ortsnamen an Mosel, Sauer u. Saar, 1958; D. Nibelungenlied, 1968; Probleme u. Methoden mod. dt. Grammatik, 1969/70; Parzival, Titurel, Tageslieder 1970; D. Sprachges. d. 17. Jh., 1983. Herausg.: Sudetendt. Wörterbuch (Bd. 1, 1988) - Liebh.: Musik - Spr.: Engl.

ENGELS, Heinz

Intendant Dt. Theater Göttingen (s. 1986) - Zu erreichen üb. Dt. Theater, Theaterpl. 11, 3400 Göttingen - Geb. 1942 Düsseldorf - Mitarb. v. Karlheinz Stroux (D'dorf), Regie In- u. Ausl. (auch USA), dazw. 1972-76 Oberspiell. Braunschweig, dann Regiss. Hess. Staatstheater Darmstadt, Düsseldorfer Schauspielhaus.

ENGELS, Helmut

Postbeamter, MdL Nieders. (s. 1970, SPD) - 2841 Jacobidrebber 154 (T. Drebber 640).

ENGELS, Hermann

Dr. rer. nat., Prof., Mathematiker - Wendelinusstr. Nr. 13, 5110 Alsdorf/Rhld. - Geb. 25. Dez. 1939 Alsdorf - Promot. (1966) u. Habil. (1971) Aachen - 1968 ltd. Mitarb. Kernforschungsanlage GmbH, Jülich; 1974 Wiss. Rat u. Prof. TH Aachen (Abt. f. Numer. Math./Inst. f. Geometrie u. Prakt. Math.) - BV: Numerical Quadrature and Cubature, 1980. Üb. 50 Facharb.

ENGELS, Joseph

Dr. rer. pol., Botschafter d. Bundesrep. Deutschl. in Quito/Ecuador - Edificio ETECO, Avda. Patria y 9 de Octubre (esquina), Quito, Ecuador (T. 23 26 60-23 33 87) - Geb. 9. April 1921 Bonn, kath., verh. s. 1951 (Ehefr.: Thea) - Gymn. Bonn; Univ. Bonn u. Köln - Ausw. Dienst Chile, Kolumbien, Ecuador, Brasilien, Paraguay.

ENGELS, Jürgen

Dr. rer. nat., Prof. f. Physik - Halenseeweg 4, 4800 Bielefeld 1 - Geb. 1. Okt. 1941 Stuttgart (Vater: Wilhelm E., Konditorm.; Mutter: Hedwig, geb. Weinschenk), verh. s. 1980 m. Claudia-Martina, geb. Conrad, 2 Kd. - TU Karlsruhe (Physik; Dipl. 1966). Promot. 1969 Karlsruhe; Habil. 1972 Bielefeld - S. 1973 Doz. u. Prof. Univ. Bielefeld. Spez. Theoret. Hochenergiephysik. Fachveröff. - Spr.: Engl.

ENGELS, K.

Techn. Direktor - Pfungstädter Str. 2, 6800 Mannheim 1 - Geb. 6. Jan. 1918 - Ing. - Geschäftsf. Draiswerke GmbH., Mannheim 31.

ENGELS, Karl-August

Dipl.-Ing., Consultant - Taubenstr. 11, 5620 Velbert 1 (T. 8 42 68) - Geb. 4. Febr. 1929 Velbert, ev. - Stud. TH Aachen.

ENGELS, Odilo

Dr. phil., o. Prof. f. Geschichte d. Mittelalters - Pestalozzistr. 58, 5042 Erftstadt-Lechenich - Geb. 24. April 1928 Rheydt (Vater: Carl Jakob E., Dipl.-Ing.; Mutter: Ottilie, geb. Osterhaus), kath., verh. s. 1958 m. Gisela, geb. Polag, 4 Kd. - Gymn. Mönchengladb., Univ. Bonn u. Münster - 1966 Priv.Doz. München, 1971 o. Prof. Köln - BV: Schutzgedanke u. Landesherrschaft im östl. Pyrenäenraum, 1970; Series episcoporum, Bd. V 1, 1982, Bd. V 2, 1984; D. Bischof in seiner Zeit, 1986; Staufer-studien, 1988; D. Staufer, 1989; Reconquista u. Landesherrschaft, 1989.

ENGELS, Wolf

Dr. rer. nat., o. Prof. f. Entwicklungs-physiologie/Zool. Univ. Tübingen - Panoramastr. 49, 7400 Tübingen 7 - Geb. 1. März 1935 Halle/S. - Promot. 1963; Habil. 1971 - S. 1973 Prof. Univ. Münster/W. (Wiss. Rat u. Prof.) u. Tübingen (Ord.). 1973/74 Gastprof. Univ. São Paulo (Brasil.). Üb. 90 Facharb., dar. zahlr. Abh. üb. bienenwissenschaftl. Forsch.projekte in d. Neotropen - Mitgl. brasil. Akad. d. Wiss. Rio de Janeiro.

ENGELS, Wolfram

Dr. rer. pol., Prof. f. Betriebswirtschaftlehre, insb. Bankbetriebslehre, Univ. Frankfurt (s. 1968), Herausg.: Wirtschaftswoche - Im Rosengarten 6, 6380 Bad Homburg v. d. H. (T. 4 78 52) - Geb. 15. Aug. 1933 Köln (Vater: Wilhelm E., Wollhändler; Mutter: Elisabeth, geb. Möllen), ev., gesch., T. Bettina - Abit., kfm. Lehre; Stud. in Hamburg, Köln, New York; Dipl.-Kfm. 1959 Köln, Dr. rer. pol. 1961 (bei Prof. Gutenberg) Köln, Habil. 1968 (bei Prof. Stützel) Saarbrücken; 1961-64 Industrie, 1964-68 Univ. Saarbrücken, 1969-79 Univ. Frankfurt, 1979/80 Georgetown Univ. Washington - BV (u. a.): Betriebswirtschaftl. Bewertungslehre, 1962; Rentabilität, Risiko u. Reichtum, 1969; Staatsbürgersteuer (1973); Das Volksvermögen, 1974; Mehr Markt, 1976; Kritik des Wohlfahrtsstaats, 1979; Notenbanktechnik, 1979; D. Staat erneuern - d. Markt retten, 1983; The optimal Monetary Unit, 1980; Über Freiheit, Gemeinheit u. Brüderlichkeit, 1986. 100 Einzelveröff. - 1975 Pieroth-Preis , 1976 Ludwig-Erhard-Preis, 1977 Hermann-Lindrath-Preis - Spr.: Engl., Franz. - Liebh.: Wandern.

ENGELSBERGER, Eugen

Theologe, Prof. f. Didaktik u. Methodik d. ev. Religionsunterr. PH Karlsruhe - Uhlandstr. 44, 7500 Karlsruhe.

ENGELSBERGER, Matthias

Dipl.-Ing., Betriebsinhaber, MdB (s. 1969, CDU/CSU-Fraktion; Wahlkr. 211/Traunstein) - Adelholzener Str. 13, 8227 Siegsdorf/Obb. (T. 08662 - 94 24) - Geb. 18. Juli 1925 Siegsdorf, kath., verh., 4 Kd. (S. Matthias †1983) - Präs. Bundesverb. Dt. Wasserkraftwerke, MdK Traunstein u. Mitgl. Gemeinderat Siegsdorf; CSU s. 1950.

ENGELSBERGER, Max

I. Bürgermeister - Rathaus, 8183 Rottach-Egern/Obb.; priv.: Schmied-v.-Kochel-Weg 9 - Geb. 23. Febr. 1923 Rottach-Egern - Versicherungskfm. - 20 J. Vors. Fremdenverkehrsgem. Tegernseer Tal.

ENGEROFF, Hubert

Jurist, Hauptgeschäftsführer Dt. Journalisten-Verb. Bonn - Bennauerstr. 60, 5300 Bonn 1 (T. 0228 - 22 29 71-8) - Geb. 8. Juni 1950 - 1968-73 Jurastud. Univ. Frankfurt/M. - S. 1986 Mitgl. ZDF-Fernsehrat.

ENGERT, Jürgen

Journalist, Chefredakt., SFB/Fernsehen - Masurenallee 8-14 (Rundfunkhaus), 1000 Berlin 19 - Geb. 1936 - U.a. 7 J. Chefredakt. D. Abend (Berlin). Zahlr. Kommentare u.a.

ENGERTH, Horst

Dr. agr., Dipl.-Ing., Dipl.-Braumeister, em. o. Prof. f. Maschinenwesen u. Energiewirtschaft d. Brauerei - Franz-Weindler-Promenade 1, 8058 Erding/Obb. (T. 1 43 93) - Geb. 13. Juni 1914 Marburg/Drau (Vater: Eduard E., Oberst; Mutter: Eileen, geb. Linke-Crawford), ev., verh. seit 1940 m. Martha, geb. Hoecherl, T. Edith - Abit. 1931 (Salzburg); Dipl.-Ing. 1936, Dipl.-Braum. 1948, Promot. 1952 (alles München) - 1936-38 Industrietätigk.; 1938-46 Militär-, Kriegsdst., Gefangensch.; s. 1946 TH München/Fak. f. Brauwesen (Hilfsassist., 1948 Assist., 1954 ao., 1961 o Prof.; 1968/69 Rektor), 1974-82 Präs. d. Hochschule d. Bundeswehr München. 1971-91 Mitgl. Bayer. Senat. Üb. 30 Fachaufs. - Oskar-v.-Miller-Plak. Dt. Museum München; Ehrenmitgl. Verb. ehem. Weihenstephaner u. Dt. Brau- u. Malzm.-Bund; 1972 Bayer. VO.; 1976 BVK I. Kl.; 1980 Gr. BVK; 1984 Bayer. Verfassungsmed. in Silber u. in Gold - Spr.: Franz., Engl. - Bek. Vorf.: Wilhelm u. Eduard v. E.

ENGFER, Kurt G.

Direktor - Tönsfeldtstr. 38, 2000 Hamburg 50 - Geb. 20. Jan. 1907 Berlin - Kaufm. Ausbild. - U. a. Geschäftsf. DEA-Mineralölverkauf GmbH. bzw. DEA u. Texaco Verkauf GmbH., Hamburg.

ENGHOLM, Björn

Dipl.-Pol., Ministerpräsident Schlesw.-Holst. (s. 1988), MdL Schlesw.-Holst. (s. 1983; Fraktionsvors. b. 1988), Parteivors. (s. 1991) - Jürgen-Wullenwever-Str. 9, 2400 Lübeck - Geb. 9. Nov. 1939 Lübeck, verh., 2 Töcht. - Gymn. Lübeck (Mittl. Reife); Schriftsetzerlehre ebd.; Akad. f. Wirtschaft u. Politik Hamburg (Sozialw.); Univ. Hamburg (Dipl.-Pol.) - 1969-82 MdB; 1981-82 Bundesbildungsmin. SPD s. 1962 (1984 Vorst.-Mitgl.).

ENGL, Heinrich

Präsident - Bürgermeister-Keller-Str. 1, 8000 München 82 (T. 421404) - Geb. 11. März 1908 München - Gymn.; Stud. Rechtswiss. - Arbeitsgericht Ingolstadt, Landesarbeitsamt München, Wehrmachtsverw. ebd., amerik. Kriegsgefangensch. (2 J.), Anwaltskanzlei München, ab 1949 Bayer. Innenmin. ebd. (Reg.s-rat), 1954-56 Beauftr. Bayerns b. d. Bundesreg. Bonn (zul. Ministerialrat), s. 1956 Wehrbereichsverw. VI München (Präs.) - 1970 Bayer. VO., 1972 Gr. BVK.

ENGL, Walter L.

Dr. rer. nat., em. Prof. Inst. f. Theoret. Elektrotechnik TH Aachen - Zum Heider Busch 5, 5120 Herzogenrath - Geb. 8. April 1926 - Fellow IEEE - Fachveröff. Mitgl. d. Nordrh.-Westf. Akad. d. Wissensch.; Foreign Associate Engineering Acad. of Japan.

ENGLÄNDER, Hans

Dr. med., Dr. rer. nat., Prof., Wiss. Rat Zool. Inst. Univ. Köln - Siebengebirgsallee 24, 5000 Köln 41 - Geb. 31. Aug. 1914 St. Wendel/Saar - S. 1953 (Habil.) Privatdoz. u. apl. Prof. (1963) Köln. Facharb.

ENGLER, Helmut

Dr. jur., Prof., Minister f. Wissenschaft u. Kunst Baden-Württ. a. D. - Neumattenstr. 5, 7800 Freiburg/Br. (T. 276361) - Geb. 14. April 1926 Freiburg/Br., verh. s. 1954 m. Gertrud, geb. Schmukle, 3 Kd. (Hans, Susanne, Cornelia) - Berthold-Gymn. (Abit. 1944) u. Univ. Freiburg (1946 b. 1949 Rechtswiss.). Jurist. Staatsprüf. 1949 u. 53 - Ab 1953 LG Freiburg, dazw. 1954-56 Bundesjustizmin. (Strafrechtsabt.), 1959-63 Bundesverfassungsgericht (Pers. Ref. d. Präs.), 1963-68 OLG Karlsruhe (OLGsrat), s. 1968 o. Prof. f. Bürgerl. Recht u. Zivilprozeßrecht Univ. Freiburg, 1973-77 Rektor Univ. Freiburg, 1977/78 Justizmin. Bad.-Württ. (Min.Dir.), 1978-91 Min. f. Wiss. u. Kunst - BV: Kommentar (Staudinger) z. Adoptionsrecht, 1967; Vormundschaftsrecht, 1968; A. d. Weg zu einem neuen Adoptionsrecht, 1972.

ENGLER, Siegfried

Dr.-Ing., Prof. f. Gießereiwesen - Hangstr. 30A, 5100 Aachen - S. 1965 (Habil.) Lehrtätigk. TH Aachen (1968 Wiss. Rat u. Prof. Gießerei-Inst.). Zahlr. Fachveröff.

ENGLER, Winfried

Dr. phil., o. Prof., Hochschullehrer - Benediktinerstr. 42A, 1000 Berlin 28 (T. 401 78 95) - Geb. 17. Dez. 1935 Saulgau/Württ. (Vater: Franz E., Möbelfabr.; Mutter: Hildegard, geb. Wetzel), kath. verh. m. Dr. Sylvia, geb. Koehler - Stud. Phil., Romanistik, Geschichte München, Paris, Tübingen. Promot. 1960 Tübingen - 1960-63 Wiss. Hilfskraft Univ. Tübingen (Roman. Sem.); 1963-68 Wiss. Assist. u. Akad. Rat (1968; Franz., Ital., Span.) Auslands- u. Dolmetscher-Inst. (Germersheim) Univ. Mainz; s. 1968 ao. u. o. Prof. (1971) Päd. Hochsch. Berlin (Franz.), s. 1980 FU Berlin (Romanistik). 1981-91 Präs. Dt.-Franz. Ges. Berlin; 1989 Koordinator d. Städtfreundschaft Paris-Berlin (b. Reg. Bg.meister v. Berlin) - BV: D. franz. Roman v. 1800 b. z. Gegenw., 1965 (engl. (New York) 1968); Franz. Lit. im 20. Jh., 1968; Texte z. franz. Romantheorie d. 19. Jh., 1970; Lexikon d. franz. Lit., 2. A. 1984. Herausg.: D. franz. Roman im 19. Jahrh. (1976); Gesch. d. franz. Romans. V. d. Anfängen b. Marcel Proust (1982); D. Franz. Revolution (1992) - 1976 Chevalierorden Palmes acad.; 1984 Offiziersorden Palmes acad.; 1985 Chevalierorden Mérite National.

ENGLERT, Walter

Direktor, Aufsichtsrat Wüstenrot Holding GmbH - Königsberger Str. 39, 7140 Ludwigsburg/Württ. - Geb. 25. Febr. 1921 Schwäb. Hall (Vater: Pfarrer), verh., 4 Kd. - Schule Ludwigsburg (Abit.); Univ. Tübingen (Rechtswiss.) - Wehrmacht (akt. Offz.); Finanzverw. Ludwigsburg; Oberfinanzdir. Stuttgart; Baden-Württ. Finanzmin. (Pers. Ref. d. Min. Dr. Karl Franck); Wüstenrot (1958ff.; Dir., stv., 1960 Geschäftsf., 1968-86 Spr. d. Geschäftsfg.). AR- u. Beiratsmandate. Ehrenvors. Verb. d. Priv. Bauspark., Bonn - Liebh.: Lesen, Heimatgesch., Wandern, Ski, Bergsteigen.

ENGLHARDT-RÖSLER, Anneliese

Dr. med., Prof., Leiterin Zentrallabor. Rudolf-Virchow-Krkhs. (1972-88), Ärztin f. Innere Med., Labor.med. u. med. Mikrobiol. (s. 1987, eigene Praxis) - Pariser Str. 40, 1000 Berlin 15 - Geb. 20. Juni 1922 - Habil. 1965 Düsseldorf - Univ. Marburg; 1975-77 u. 1979/81 Wiss. Leitg. Kongreß f. Labor.-Med. (m.a.); 1982/83 Neuorg. d. Zentrallabors Krkhs. St.-Jürgen-Str., Bremen; 1983-86 Wiss. Berat. Zentrallaborat. niedergel. Ärzte; 1985/86 Wiss. Berat. Laborat. MTU BfA, Berlin. 1976-82 Schriftltg. Ztschr. Labor.-Med. - BV: Klinische Chemie u. Labor.diagnostik, 1974; Klin. Chemie u. Labor.-Diagnostik, 1974; Buchreihe: Methol. Fortschritte im Med. Labor.; Bd. I (Serumproteine), BD. II (Malabsorption), Bd. III (Akute Syndrome), Bd. IV (Diagnostik Hämorrhagischer Diathesen). Fachaufs.

ENIGK, Karl

Dr. med. vet., em. o. Prof. f. Parasitologie - Bevenser Weg 10, 3000 Hannover 61 (T. 0511 - 534 20 02) - Geb. 23. Okt. 1906 Torgau/Elbe, ev., verh. m. Hildegard, geb. Quoß - Gymn. Torgau; 1922-23 landw. Ausbild.; Univ. Leipzig u. Berlin - 1931 Tierärztl. Praxis, 1932 wiss. Assist. Inst. f. vet.-med. Parasitologie Univ. Berlin, 1941 Leit. Abt. Parasitol. Heeresvet.unters.amt ebd., 1945 Vet.-med. Abt. Bernhard-Nocht-Inst. f. Schiffs- u. Tropenkrankh. Univ. Hamburg, 1949 apl. Prof., 1953 o. Prof. u. Inst.dir. Tierärztl. Hochsch. Hannover. 356 Fachaufs. - 1966 Bernhard-Nocht-Med. sowie Pessina-Medaille d. Univ. Brünn, 1973 Dr. med. vet. h. c. der Tierärztl. Hochsch. Wien, Ehrenmitgl. Dtsch. Ges. f. Parasitologie, Dt. Tropenmed. Ges., d. Dtsch. Vet.med. Ges. u. World Assoc. of Vet. Parasitol.; BVK I. Kl.; 1986 Rudolf-Leuckart-Med.; 1987 K. A. Rudolphi-Med.; Berufen in: Albrecht-Thaer-Ges. u. Ges. naturfosch. Freunde zu Berlin.

ENKE, Helmut

Dr. med., Dipl.-Psych., o. Prof. f. Klin. Sozialpsychologie Univ. Ulm (Fak. f. Theoret. Medizin) - Abraham-Wolf-Str. 57, 7000 Stuttgart 70 - Geb. 4. Dez. 1927 - Promot. 1952 - 1968-88 Leit. Forschungsst. f. Psychotherapie Stuttgart - BV: D. Verlauf in d. klin. Psychotherapie, 1965; Mitverf.: Lehrb. d. Med. Psychologie, 2. A. 1974; Psychotherapeut. Handeln, 1983 (Mhg). Viele Einzelarb.

ENNEMANN, Wilhelm H.

Dipl.-Kfm., Unternehmensberater, Inh. Ennemann Marktforschung u. Absatzförderung, Werbe- u. Verlagsberat., gf. Ges. Bonner Inst. f. Markt-, Meinungs-, Absatz- u. Sozialforschung - Marmas Bonn GmbH, infas & Ennemann Inst. f. Medienforsch. u. regionale Marktanalysen GmbH, alle Bonn - Plittersdorfer Str. 106, 5300 Bonn-Bad Godesberg (T. 36 48 00, 36 48 32; Telefax 0228 - 36 48 46) - Geb. 4. Sept. 1932 Essen, verh. s. 1960 m. Marianne, geb. Westphal, 2 Kd. (Nicola, Timm) - Stud. Univ. Köln, Freiburg, München, Göttingen (Betr.wirtsch., Soz., Jura, Ztg.swiss.) - Präsidialrat ZAW - Zentralaussch. d. Werbewirtschaft; Fachgruppenspr. BDW - Dt. Kommunikationsverb.; Fachbeirat BVM-Berufsverb. Dt. Markt- u. Sozialforsch.; Vors. ZAW-Arbeitsausschuß Werbeträgerforsch.; Mitgl. ESOMAR - Europ. Ges. f. Markt- u. Meinungsforschung; DJV-Dt. Journalisten-Verb.; Co-Autor div. Handbücher f. Public Relations, Marktforsch., Absatzförderung u. Werbung.

ENNEN, Edith

Dr. phil., em. o. Prof. f. Mittelalterl. u. Neuere Geschichte sow. Rhein. Landesgesch. - Riesstr. 2, 5300 Bonn - Geb. 28. Okt. 1907 Merzig/Saar (Vater: Dr. med. Emil E., Arzt; Mutter: Louise, geb. Peters), kath., led. - Univ. Freiburg/Br., Berlin, Bonn (Promot. 1933). Archivar.Staatsprüf. 1935 Berlin - 1936-47 Wiss. Assist. Inst. f. geschichtl. Landeskd. d. Rheinlande Bonn; 1947-64 Leit. Stadtarchiv Bonn; 1961 Hon.Prof., 1964-68 o. Univ.Prof. Saarbrücken u. Bonn (1968-74), 1974 emerit. Vorst.-Mitgl. d. Ges. f. Rhein. Gesch., Membre hon. Commiss. internat. des villes, Vereeniging tot uitgaaf der bronnen van het oud vaderlandsche recht - BV: Die Organisation d. Selbstverw. in d. Saarstädten v. ausgeh. Mittelalter b. z. Franz. Revolution (Rhein. Archiv 25, 1933); Frühgesch. d. europ. Stadt, 1953 - D. europ. Stadt d. Mittelalters, 4. A. 1987; M. Huiskes Verz. d. Schriften E. Ennens in: D. Stadt in d. europ. Gesch., Festschr. E. E. 1972; Ges. Abhandlungen, 1977, 2. Bd. 1987; Frauen im Mittelalter, 1984, 4. A. 1991 - 1976 Gr. BVK - Spr.: Franz. - Bek. Vorf.: Leonhard E. (Seitenlinie), Historiker, Stadtarchivar Köln (1820-80).

ENSELING, Jost

Dr., Sprecher d. Geschäftsführung IGB Investmentges. Berlin mbH - Kurfürstendamm 24, 1000 Berlin 15 (T. 030 - 88 59 40-0) - Geb. 18. Juni 1922 (Vater: Joseph E., Bildhauer, Prof. d. Kunstakad. Düsseldorf), kath., ledig - Jurastud. Freiburg, Basel, Zürich, Bonn; Promot. 1953 Münster - 17 Jahre Deutsche Bank Zentrale Düsseldorf u. Kopffiliale Wuppertal; s. 1980 DG BANK/DEVIF; AR-Mitgl. Artemis S.A., Brüssel - Interessen: Kunst, insbes. Bildhauerei, zahlr. Auslandsreisen (vor allem Zentral- u. Südamerika sow. Süd/Ost-Asien) - Spr.: Engl.

ENSSLIN (ß), Joachim

Dr., I. Bürgermeister - Rathaus, 8057 Eching/Obb. - Geb. 29. Jan. 1943 München - Zul. Regierungsrat. SPD.

ENTEL, Peter

Dr. rer. nat., Prof. f. Theoret. Physik Univ.-GH Duisburg - Oberstr. 113, 5000 Köln 90 (T. 1 41 25) - Geb. 18. Okt. 1943 Duisburg, verh. s. 1975 m. Wiltraud, geb. Weis - Promot. 1975 Univ. Saarbrücken, Habil. 1980 Köln - S. 1982 Prof. in Duisburg. Rd. 50 Fachveröff. - Liebh.: Malerei.

ENTENMANN, Alfred

Direktor i.R. d. Staatl. Sport-Toto GmbH, Bürgermeister a.D., MdL Baden-Württ. (1964-84 Wahlkr. 15/Waiblingen I) - Obere Steigstr. 40, 7050 Waiblingen-Hegnach (T. 5 49 22) - 1953-74 Bürgerm. Gde. Hegnach. 1959-84 MdK Waiblingen. CDU. Ehrenpräs. d. Schwäb. Turnerbundes; Präsidiumsmitgl. Landessportverb. Baden-Württ.

ENTHOLT, Reinhard

Dr. jur., Oberregierungsrat a. D., Vorstandsmitgl. i.R. Bremer Landesbank Kreditanst. Oldenburg - Girozentrale - Domshof 26, 2800 Bremen - Geb. 31. Juli 1921 - AR-Mandate.

ENTRICH, Hartmut

Dr. phil., Prof. f. Theorie u. Praxis d. Naturwiss. Unterrichts m. d. Schwerp. Biologie Univ. Bremen - Rothenbaumchaussee 207, 2000 Hamburg 13.

ENTRUP, Otto

Rechtsanw. u. Notar, MdB (1972-76; Wahlkr. 121/Olpe-Meschede) - Mittelstr. 17, 5778 Meschede (T. 6249) - Geb. 20. Juli 1930 Hüsten/Ruhr (Vater: Aloys E.; Mutter: Anneliese, geb. Kaufmann), kath., verh. s. 1966 m. Erika, geb. Maybaum, s. Otto-Aloys - Benediktiner-Gymn. Meschede; Univ. Köln u. Münster. Jurist. Staatsprüf. 1955 u. 60 - S. 1960 RA u. Nt. (1969) Meschede. 1965-69 Mitgl. Stadtvertr. Meschede. 1969 ff. Landrat Kr. Meschede. CDU s. 1959 (1967 Kreisvors. Meschede) - Münzensammler.

ENTZIAN, Wolfgang

Dr. med., Wiss. Rat, Prof. f. Neurochirurgie Univ. Bonn (s. 1974) - Merler Allee 100, 5300 Bonn 1 - Geb. 16. Juni 1931 Hirschberg/Riesengeb., verh. s. 1961 m. Ingeborg, geb. Nielsen, 3 Kd. - Secretary and Treasurer of Europ. Soc. f. Paed. Neurosurgery; Assoc. Editor of Child's Nervous System.

ENWALDT, Runar

Dipl.-Volksw., Hauptgeschäftsführer Südwestf. IHK zu Hagen - Stadtgartenallee 10, 5800 Hagen/W. (T. 390-1) - Geb. 26. Juni 1932 Reval/Estl. (Vater: Noel E., Filmoperateur †; Mutter: Asta, geb. Mölder †), ev., verh. s. 1958 m. Elke, geb. Lambrecht, 3 Kd. (Thomas, Gesine, Wiebke) - Univ. Kiel u. Berlin. Dipl.-Volksw. 1961 Kiel - 1956-65 Journ.; s. 1965 Handelskammertätigk. (b. 1972 Ref., dann Hgf. Hagen). 1979-84 Vors. Verb. d. Geschäftsf. dt. IHKs - Spr.: Engl.

ENZENSBERGER, Hans Magnus

Dr. phil., Schriftsteller, Herausg. Ztschr. Kursbuch (1964-75), Mitherausg. Ztschr. TransAtlantik (1980-82), Herausg. d. Anderen Bibliothek (ab 1985) - Zu erreichen üb. Suhrkamp-Verlag, 6000 Frankfurt/M. - Geb. 11. Nov. 1929 Kaufbeuren/Allg., verh. I) m. Dagrun Averaa, geb. Christensen, Tocht. Tanaquil, II) 1967 Maria Alexandrowna, geb. Makarowa, III) 1986 Katharina, geb. Bonitz, Tocht. Theresia - Univ. Erlangen, Freiburg/Br., Hamburg, Paris/Sorbonne (German., Lit.wiss., Phil., Spr.). Promot. 1955 m. e. Arbeit üb. Clemens Brentano - Redakt. Südd. Rundfunk (Stuttgart); Lektor Suhrkamp-Verlag (Frankfurt). WS. 1964/65 Gastdoz. Univ. Frankfurt (Poetik) - BV: Verteidigung d. Wölfe, Ged. 1957; Zupp, Kinderb. 1958; Landessprache, Ged. 1960; Clemens Brentanos Poetik, Abh. 1961; Einzelheiten, Ess. 2 Bde. 1962/65; Blindenschr., Ged. 1964; Politik u. Verbrechen, Ess. 1964; Deutschland, Deutschland unter anderm, Ess. 1967; D. Verhör von Habana, 1970; Gedichte 1955-70, 1971; D. kurze Sommer d. Anarchie - Buenventura Durrutis Leben u. Tod, R. 1972; Mausoleum - 37 Balladen d. Geschichte d. Fortschritts, 1975; D. Untergang d. Titanic, 1978; D. Furie d. Verschwindens, 1980; Politische Brosamen, Ess. 1982; D. Menschenfreund, Drama 1984; Ach Europa, Reportagen 1987. Hörsp.: Taube Ohren (WDR, 1971); Verweht (WDR, 1973); D. tote Mann u. d. Philosoph (WDR, 1978); D. Bakunin-Kassette (WDR, 1977). Herausg.: Museum d. mod. Poesie (1960), Allerleirauh - Kinderreime (1961), Andreas Gryphius - Gedichte (1962), Reihe: Poesie (1962ff.), Vorzeichen - 5 neue dt. Autoren (1962), Bücher-Weidig - D. Hess. Landbote (1965). Übers. engl., franz., ital., span. u. schwed. Lyrik, dar. Ged. v. William Carlos Williams (1962) u. Cesar Vallejo (1963); Suchovo-Kobylin, Der Vampir v. Sankt Petersburg, Kom. a. d. Russ. 1972; Molières Menschenfeind, 1979; La Cubana oder ein Leben f. d. Kunst (Libretto), 1974. Filme (Autor u. Regiss.): Durruti - Biogr. e. Legende (1972); Erfinder in Dtschl. (1976) - 1962 Lit.preis Verb. d. dt. Kritiker, 1963 Georg-Büchner-Preis Dt. Akad. f. Sprache u. Dicht., 1967 Kulturpreis Stadt Nürnberg u. Intern. Lyrikpreis Ätna-Taomina.

ENZINCK, Willem

Schriftsteller - Adolfstr. 40, 5420 Lahnstein - Geb. 31. Okt. 1920 Apeldoorn/Niederl., verh., 1 Sohn - Stud. Lit., Kunstgesch., Psych. Univ. Utrecht - Vorst.-Mitgl. Europ. Autorenvereinig. D. Kogge. PEN-Mitgl. - BV: V. Minute z. Minute, 1968; Aus vielen Herbsten, 1969; Zw. Land u. Meer, 1970; D. Frau m. d. gläsernen Kind, 1974; Wolken, 1978; E. Pfeilschuß Licht, 1979; Weg u. Herberge, 1982; Metamorphose e. Kathedrale, 1983; Leonor Fini, Aquarelle 1985; F. diese Stunde, 1985; Spur e. Hand, Manugramme, 1985 (m. Texten v. Alfred Gesswein u. Alois Vogel); Jef van Tuerenhout, Monogr. 1990 (m. Hanns Theodor Flemming); Buch d. Begegnung - Erinnerung, Begegnung, Dokument, 1991; Farbe aus Staub - neue Kurzgedichte, 1991 - 1967 Edo-Bergsma-Preis (f. das beste lit. Reiseb.), 1977 Kogge-Preis (f. Lit. d. Stadt Minden) - Spr.: Engl., Franz., Deutsch (Übers. aus diesen Spr. ins Niederl.) - Lit.: Fernand Hofmann, D. Lyriker W. E.: Singend m. geborstenen Lippen.

ENZLER, Herbert

Geschäftsführer Beratung-Konstruktion-Seminare - Weilerweg 10, 8873 Ichenhausen (T. 08223 - 44 99; Telex 08223/1784) - Geb. 4. Okt. 1929, kath., verh. s. 1954 m. Helene, geb. Schulz, 3 Söhne (Wolfgang, Herbert, Stefan) - Masch.-Baumeist. - Mehrere Pat. - Liebh.: Kunst, Musik, Bergsteigen, Schwimmen - Spr.: Engl. - Lions-Mitgl.

EPLINIUS, Urs

Film- u. Fernsehautor - Feuerbachstr. 26, 1000 Berlin 41 (T. 030 - 792 08 56) - Geb. 4. Jan. 1946 Wörgl (Vater: Werner E., Filmautor; Mutter: Gertrud, geb. Reitz) - N. Abit. 1966 (Aloisius-Kolleg Bad Godesberg) Univ. München (Theaterwiss., Med.; 1968 abgebr.); 1968-69 Fernsehvolont. SWF Baden-Baden - 1970-73 Aufnahmeleit. u. Produktionsassist. SWF; 1973-80 Redakt. f. Spielserien/Ferns. ebd.; s. 1980 freischaff.

EPPE, Helmut

Obering., Sprecher Geschäftsfg. Mauser-Werke Oberndorf GmbH. - Teckstr. 11, 7238 Oberndorf/N. - Geb. 6. Aug. 1928 - AR-Vors. Oberndorfer Wohnungsbau GmbH.

EPPELMANN, Rainer

Stv. Landesvorsitzender d. CDU in Brandenburg (s. 1990), MdB (s. 1990; 12. Wahlperiode) - Zu erreichen üb. Bundeshaus 1 NHA 113, 5300 Bonn 1 (T. 0228 - 16 34 75) - Geb. 12. Febr. 1943 Berlin, ev., verh. s. 1970 m. Eva-Maria, 5 Kd. (Ulrike, Wiebke, Martin, Niels, Justus) - Dachdecker, Maurer, Pfarrer, Minister ohne Geschäftsbereich - Pfarrer d. Samaritergemeinde Berlin; 1990 Min. f. Abrüstung u. Verteidigung; s. 1990 Vors. d. Partei Demokratischer Aufbruch; stv. Vors. d. Arbeitnehmergr. d. CDU/CSU-Frakt.; Landesvors. d. CDA in Brandenburg; s. 1992 Vors. d. Enquête-Kommiss. z. Aufarbeitung d. Geschichte u. d. Folgen d. SED-Diktatur - Liebh.: Lesen, Bilder v. Spitzweg, gutes Essen.

EPPENDORFER, Hans

Freier Schriftsteller - Woldsenweg 6, 2000 Hamburg 20 (T. 040 - 460 21 17) - Geb. 10. Juni 1942 Lütjenburg, verh. s. 1971 m. Prof. Margret, geb. Hildebrand - Gymn., Intern.; Dipl. f. Journalistik M.A. - B. 1989 Chefredakt.; 5 J. Vors. Hamburger Lit.-Zentrum; 1981/82 Stadtteilschreiber v. St. Pauli - BV: D. Magnolienkaiser, 1987; D. Ledermann, 1988 (Übers. d. Theaterfassung in 6 Spr.; Auff. u.a. in Paris, Zürich, Kopenhagen, Brüssel, Toronto, Schillertheater Berlin, Düsseldorfer Schauspielhaus); Barmbeker Kuß, 1988; Szenen aus St. Pauli, 1988; Fast e. Augenblick v. Glück, 1988; Gesichtslandschaften, 1989; D. Kurier d. Sphinx, 1990; D. Kröte im Herzen, 1990; Auf d. Wurzeln d. Regens, 1991. Außerd. Kinderb.; d. Filmdrehb. Kiez (UIP, Prädikat wertvoll) u. Gossenkind; zahlr. öffentl. Lesungen in Schulen, Bücherhallen, Theatern u. auf Festivals (u.a. Ruhrfestspiele u. Europ. Forum in Alpbach) - Mehrere Lit.-Preise u. Stip. - Spr.: Engl., Franz., Ital., Arab.

EPPENSTEIN, Dieter

Rechtsanwalt, Generalsekretär Weisser Ring (s. 1987) - Weberstr. 16, 6500 Mainz-Weisenau (T. 06131 - 8 30 30) - Geb. 19. Jan. 1942 Remscheid, ev., verh. s. 1969, 2 Kd. - Stud. Jura Univ. Bonn u. Köln; 1. u. 2. Ex. 1967 u. 1970 Köln - 1970-79 Verb. priv. Krankenversich., 1979-85 Dt. Rotes Kreuz, 1985/86 Bank f. Sozialwirtsch. - BV: Tarife u. Tarifbestimmungen, in: Balzer/Jäger: Leitfaden d. PKV; Damages Caused during the Relaxation of the Conditions of Detention of Prisoners: Who Bears the Consequences?; Täter-Opfer-Ausgleich. Zwischenbilanz u. Perspektiven; Weißer Ring - Lobby for Victims of Crime; Mitarb. Uleer: 100 Fragen PKV.

EPPING, Dieter

Dipl.-Volksw., geschäftsführender Gesellschafter Auf's Blatt A. Kisker GmbH & Co. (s. 1956), Geschäftsf. AHK-Alkohol Handelskontor GmbH & Co. KG, Lippstadt (s. 1978) - Einsteinstr. 3, 4780 Lippstadt-Lipperode (T. 02941 - 6 33 96) - Geb. 17. Jan. 1930 Lippstadt, ev., verh. s. 1957 m. Maria, geb. Niethammer, 4 Töcht. (Claudia, Cornelia, Cathrin, Carolin) - Abit. 1950 Lippstadt; Stud. Wirtsch.-Wiss. Univ. Köln; Dipl.-Volksw. 1955 - S. 1969 Stadtrat Lippstadt; Vizepräs. IHK südöstl. Westf. Arnsberg. Ehrenamtl. Richter Verw.-Gericht Arnsberg, Finanzgericht Münster, ehrenamtl. Handelsrichter LG Paderborn - Interessen: Landschaftsschutz, Naturschutz, Gewässerschutz, Städtebau, Hochgebirgswanderungen, Skiwandern, Skilauf - Spr.: Engl., Franz.

EPPLE, Bruno

Kunstmaler, Schriftsteller - Rebberg 3, 7763 Öhningen/Bodensee - Geb. 1. Juli 1931 Rielasingen (Eltern: Paul u. Adelheid E.), kath., verh. - Staatsex. in Dtsch., Gesch., Franz. - S. 1972 Gymnasialprof. - BV: Bücher in alemann. Mundart, u. a. Dinne u. dusse, 1967; reit ritterle reit, 1979; Wosches - dreimal sechzig vergnügl. Lekt. z. alemann. Mundart, 1980/83; E. Clown läuft ins Bild, 1986; B. E. Katalogbuch, 1988; Seesonntag, 1988; Einbildungen, 1990; D. Buch da, 1991 - Naive Malerei; Mitgl. Groupe Henri Rousseau - 1976 Prix pro arte peinture naive; 1985 Prix Henri Rousseau; 1989 Premier prix suisse de peinture primitive moderne - Lit.: Rüdiger Zuck, D. naive Maler B. E., 1977; Dino Larese, Besuch b. B. E., 1982; Anatole Jakovsky, Lex. d. Laienmaler aus aller Welt, 1975; Martin Walser. D. Epple-Effekt, Kunstmappe 1983 - 1991 Bodensee-Literaturpreis; Mitgl. PEN.

EPPLE, Eduard

Dr. phil., Honorarprof. f. Didaktik d. Physik u. Chemie GH Bamberg - Schiffbaupl. 2d, 8600 Bamberg/Ofr.

EPPLÉE, Eugen

Kapellmeister, musik. Assistent d. Generalmusikdirektors am Aalto-Theater Essen (s. 1991) - Reinsburgstr. 203, 7000 Stuttgart (T. 0711-65 39 56) - Geb. 28. März 1929 Riga, russ.-orth., verh. s. 1965 m. Dr. med. Dörte, geb. Weitendorf, 2 Söhne (Andreas, Johannes) - Staatsex. als Kapellmeister 1951 Musikakad. Dresden - 1952-54 Solorepetitor mit Dirigierverpflicht. Landesbühnen Sachsen; 1954-60 desgl. Staatsoper Dresden; 1960-63 Musikal. Oberleit. Ernst-Barlach-Theater Güstrow; 1963-75 1. Solorepetitor m. Dirigierverpflicht. u. Studienleit. Staatsoper Dresden; 1975-76 stv. Studienleit. Bühnen Stadt Essen; 1976-91 Studienleit. Württ. Staatsoper Stuttgart. Zahlr. Konzertreisen als Liedbegleiter - Spr.: Franz., Russ.

EPPLER, Erhard

Dr. phil., Dr. h. c., Bundesminister a. D. - Auf dem Galgenberg 6, 7170 Schwäbisch Hall (T. 0791 - 4 32 88) - Geb. 9. Dez. 1926 Ulm/D. (Vater: Dr. Richard E., Oberstudiendir.; Mutter: Hildegard, geb. Dieterich), ev., verh. s. 1951 m. Irene, geb. Schäpperle, 4 Kd. (Susanne, Verena, Christoph, Dorothea) - Obersch. Schwäb. Hall; Univ. Frankfurt/M., Bern, Tübingen (Engl., Dt., Gesch.). Promot. 1951 - 1953-61 Gymn. Schwenningen (1957 Studienrat). 1968-74 (Rücktritt) Bundesmin. f. wirtschaftl. Zusammenarb. Mitbegr. Gesamtd. Volkspartei (1952). SPD s. 1956 (1973-81 Landesvors. Baden-Württ., 1973-82 u. 1984-89 Präsid.-Mitgl.), 1981ff. u. 1989-91 Präs. Dt. Ev. Kirchentag - BV: Liberale od. Soziale Demokratie? - Z. polit. Erbe Wilhelm Naumanns, 1961; Spannungsfelder - Beitr. z. Politik unserer Zeit, 1968; Wenig Zeit f. d. Dritte Welt, 1971 (auch engl., franz., span., portug., jap.); Maßstäbe f. e. humane Ges., 1974; Ende o. Wende, 1975; D. Schwerste ist Glaubwürdigkeit, 1978; Wege aus d. Gefahr, 1981; D. tödl. Utopie d. Sicherheit, 1983; Einsprüche, 1986; Wie Feuer u. Wasser, 1988; Reden auf d. Republik, 1990 - 1973 Ehrendoktor Univ. Madras (Indien); 1973 Gr. BVK - Gold. Sportabz. - Spr.: Engl., Franz., Span. - Großv.: Reinhold Dieterich, Pfarrer, Ulm; Bruder: Richard E.

EPPLER, Richard

Dr. rer. nat., em. o. Prof. f. Techn. Mechanik - Leibnizstr. 84, 7000 Stuttgart (T. 65 08 03) - Geb. 28. Juni 1924 Ulm/D., ev., verh. s. 1950 m. Margarete, geb. Pfeiffer, 3 Kd. (Reinhold, Ursula, Rolf) - Obersch. Schwäb. Hall; Stud. Luftfahrttechnik u. Math. TH Stuttgart u. Univ. Tübingen. Dipl.-Math. (1949) u. Promot. (1950) TH Stuttgart; Habil. 1959 TH Stuttgart (Areodynamik) u. 1960 TH München (Math. Strömungsmechanik) - 1949-55 Assist. TH Stuttgart (Prof. Grammel); 1956-68 wiss. Mitarb. Bölkow-Entwicklungen KG bzw. Bölkow GmbH, Ottobrunn; 1960-68 Privatdoz. u. apl. Prof. (1965) TH München. Entwickl. d. ersten Glasfaserkunststoff-Segelflugzeugs (m. H. Nägele) - 1942 Lilienthal-Preis; 1963 Ostiv-Plak. - Liebh.: Segelfliegen - Spr.: Engl. - Eltern s. Erhard E. (Bruder).

ERASMUS, Friedrich-Carl

Bergass., Vorstandsmitgl. Ruhrkohle AG., Essen (s. 1968, Neugründ.) - Zeissbogen 40, 4300 Essen (T. 79981) - Geb. 1927 - B. 1966 Rheinelbe Bergbau AG., dann Gelsenkirchener Bergwerks-AG. (Vorst.) - Rotarier.

ERB, Ute

Schriftstellerin - Schmiljanstr. 7/8, 1000 Berlin 41 - Geb. 25. Dez. 1940 Scherbach (Bonn-Land), 2 Kd. (Jascha, Nickel) - BV: u.a. D. Kette an deinem Hals, 1960; E. schöner Land, 1976; Schulter an Schulter, 1979; Alternative - Gebrauchsanthol. 1. Zwanzig Einfälle auf zehn Streichholzschachteln, Berlin/Amerikanischer Sektor 1988.

ERB, Wolf

Dr. med., Prof. Gastroenterologe. Chefarzt - Waldstr. 9, 8733 Bad Bocklet - Geb. 16. Okt. 1930 Darmstadt (Vater: Dr. med. Adolf E.; Mutter: Marga, geb. Schmitz), ev., verh. s. 1960 m. Edith, geb. Naumann, 3 Kd. (Annette, Katrin, Juliane) - Stud. Frankfurt; Staatsex. 1957; Habil. 1970 - 1967 Oberarzt, s. 1973 Prof. u. s. 1974 Chefarzt. Spez. Arb.sgeb.: Dünnschnittchromatographie. z. B. Stuhlfettanalyse, Arb. üb. Gallensäure.

ERBE, Adalbert

Geschäftsf. Walther-Büromaschinen GmbH., Gerstetten, Gesellsch. Carl Walther Sportwaffenfabrik GmbH., Ulm/D. - Karlstr. 48, 7342 Gerstetten/Württ.

ERBE, Günter

Dr. rer. pol., Dipl.-Kfm., Geschäftsführer Duisburger Versorgungs- u. Verkehrsges. mbH, Vorstandsvors. Duisbg. Verkehrsges. AG, alle Duisburg - Straubinger Str. 27, 4100 Duisburg-Buchholz - Geb. 6. Dez. 1927.

ERBE, Michael

Dr. phil., o. Prof. f. Neuere Geschichte Hist. Inst. d. Univ. Mannheim - Schloß, 6800 Mannheim 1 (T. 292 55 41) - Geb. 6. Sept. 1940 Berlin (Vater: Dr. phil. Hugo E., Chemiker; Mutter: Liselott, geb. Groening), verh. s. 1967 m. Sibylle, geb. Schwinski, 3 Söhne (Boris, Philipp, Thomas) - Franz. Gymn. Berlin; FU Berlin (Gesch., Klass. Philol.). Promot. (1967) u. Habil. (1974) Berlin - 1974-89 Lehrtätigk. FU Berlin, s. 1989 Univ. Mannheim - 1985-89 1. Vizepräs. FU Berlin - BV: Stud. z. Entwickl. d. Niederkirchenwesens in Ostsachsen (8.-12. Jh.), 1969; François Bauduin 1520-73 - Biogr. e. Humanisten, 1978; Z. neueren franz. Sozialgeschichtsforsch. - D. Gruppe um d. Annales, 1979; Gesch. Frankreichs v. d. Gr. Revolution b. z. 3. Rep. 1789-1884, 1982; Dt. Geschichte 1713-90. Dualismus u. Aufgeklärter Absolutismus, 1985; Belgien - Niederlande - Luxemburg. Gesch. d. Niederl. Raumes, 1992. Herausg.: Friedrich Meinecke heute (1981); Vom Konsulat z. Empire libéral. - Texte z. franz. Verfassungsgesch. 1799-1870 (1985); Berlinische Lebensbilder. Geisteswissenschaftler (1989). Mithrsg.: Otto Hintze u. d. mod. Geschichtswiss. (m. Otto Büsch, 1983) - Liebh.: Eisenbahnen - Spr.: Engl., Franz., Ital., Niederl.

ERBEL, Günter

Dr. jur., Prof. f. Staats- u. Verwaltungsrecht - Zu erreichen üb. Rechts- u. Staatswiss. Fak., Univ., Adenauerallee 24-42, 5300 Bonn 1 - Geb. 12. Juli 1936 Rheydt (Vater: Alfons E., Techn. Direktor i. R.; Mutter: Sofie, geb. Gilcher) - Abit. 1957; jurist. Staatsex. 1962 u. 67; Promot. 1965; Habil. 1972 - S. 1972 Lehrtätigk. Univ. Bonn (1974 Prof.) - BV: Inhalt u. Auswirkungen d. verfassungsrechtl. Kunstfreiheitsgarantie, 1966; D. Sittengesetz als Schranke d. Grundrechte, 1971; D. Unmöglichkeit v. Verwaltungsakten, 1972; Öfftl.-recht. Klausurenlehre, Bd. 1 1977, Bd. 2 1981.

ERBEL, Raimund

Dr. med., Prof. II. Med. Klinik u. Poliklinik Univ. Mainz - Langenbeckstr. 1, 6500 Mainz - Geb. 9. März 1948 Baesweiler - Gymn. Alsdorf; Univ. Köln, Düsseldorf; Approb. 1973, Promot. 1974, Facharzt f. Inn. Med. 1981, Facharzt f. Inn. Med. u. Kardiol. u. Habil. 1982 Aachen - 1973-74 Med. Assist. Hospital Leverkusen, 1974-75 Wiss. Assist. Düsseldorf, 1975-77 Bundeswehrzentralkrkhs. Koblenz, 1977-82 Wiss. Assist. RWTH Aachen, 1982 Univ. Mainz (1983 C2-Prof., 1987 Univ.-Prof. f. Inn. Med.) - Mithrsg.: Ztschr. Ultraschall in Klinik u. Praxis - 1983 Paul-Beiersdorf-Preis; 1987 Mitgl. Americ. Coll. of Cardiol.; 1988 Fellow of the Europ. Soc. of Cardiol.; Beirat Intern. Journ. of Cardiac Imaging.

ERBEN, Heinrich K.

Dr. rer. nat., em. o. Prof. u. Direktor Inst. f. Paläontologie Univ. Bonn - Kastanienweg 14, 5307 Wachtberg-Adendorf - Geb. 19. Mai 1921 Prag (Vater: Emil E., Angest.; Mutter: Eugenie, geb. Seckl), verh. 1946 m. Dr. Ursula, geb. Jonas - Univ. Berlin u. Tübingen. Promot. u. Habil. Tübingen - 1951-86 Lehrtätigk. Univ. Tübingen, Würzburg (1952), Bonn (1957 ao. Prof. u. Leit. Abt. Paläontol.), o. Prof. u. Dir. Inst. Paläontol., 1953-56 Forschungsaufg. Univ. Mexico, 1962/63 Univ. Kabul/Afghanistan, 1968 Vors. Paläontol. Ges., 1972-76 Präs. Dt. Nationalkommitee Intern. Union of Geological Sciences u. a. Ehrenämter - BV: D. Entwickl. d. Lebewesen, 1975; Leben heißt Sterben, 1981; Intelligenzen im Kosmos?, 1984; üb. 90 Fachveröff.; Herausg. v. Palaeontographica A u. Biomineralization Research Repts - 1967 o. Mitgl. Akad. d. Wiss. u. d. Lit., Mainz; 1973 o. Mitgl. Dt. Akad. d. Naturforscher (Leopoldina), Halle/S. (1987ff. Senator); 1980 o. Mitgl. Sudet. Akad. d. Wiss. u. d. Künste, München; 1988 o. Mitgl. Acad. Europaea, London; 1991 korr. Mitgl. Österr. Akad. Wiss.; 1980-84 Mitgl., s. 1984 Vors. Fachaussch. Naturwiss., 1986-88 Präs. Dt. UNESCO-Kommiss.; 1988 BVK I. Kl.

ERBEN, Johannes

Dr. phil., Dr. h. c., Prof. f. dt. Sprache u. ältere dt. Literatur Univ. Bonn - Ringstr. 39, 5300 Bonn 3 (T. 0228 - 46 45 70) - Geb. 12. Jan. 1925 Leipzig (Vater: Kurt E., Buchhändler; Mutter: Frida, geb. Heene), ev. - 1946-49 Univ. Leipzig (Promot. 1949), Habil. 1953 Berlin - 1954 ao. Prof. f. Dt. Philol.; 1961 Inst.-Dir. Akad. d. Wiss. Berlin; 1965 o. Prof. Univ. Innsbruck; s. 1979 Prof. in Bonn - BV: Syntax d. Sprache Luthers, 1954; Dt. Grammatik, 12. A. 1980; Ostmitteld. Chrestomathie, 1961; Einf. in d. dt. Wortbildungslehre, 1975, 2. A. 1983; Dt. Syntax, 1984; Bibl. in Studien z. dt. Grammatik (hg. v. E. Koller u. H. Moser), 1985, u. in: Dt. Sprachgesch. (hg. v. W. Besch), 1990 - 1961 Korr. Mitgl. Sächs. Akad. d. Wiss. Leipzig; 1964 o. Mitgl. Berliner Akad. d. Wiss.; 1969 Duden-Preis Stadt Mannheim; 1992 Korr. Mitgl. Akad. d. Wiss. Göttingen.

ERBER, Margareta

Dr. rer. nat., Prof. f. Biologie u. ihre Didaktik - Gartenstr. 12 a, 4802 Halle in Westf. - Geb. 14. Nov. 1923 Glatz/Schles. (Vater: Alfred E., Lehrer; Mutter: Elfriede, geb. Scholz), kath. - Univ. Breslau (1943-44) u. Münster (1946-49). Staatsex. 1949 (Biol., Chem., Geogr., Phil.); Promot. 1968 - B. 1963 Oberstudienrätin Gymn. Bielefeld, dann Doz. u. Prof. (1968) Univ.-GH Paderborn. Synodalmitgl. BRD-Bistümer (1970-72); Mitbegr. Kath. Akad. Schwerte - BV: D. Potenzbegriff in d. Biol., 1970.

ERBERICH, Rudolf

Direktor, MdL Nordrh.-Westf. (s. 1966) - Bergstr. Nr. 89, 4130 Moers (T. 54466) - Geb. 17. Dez. 1927 Lich Kr. Jülich, verh., 1 Kd. - Volkssch.; Lehrerbildungsanstalt; Verw.sakad. Düsseldorf u. Münster (Sozialverw.sdipl.); div. berufl. Lehrgänge - Ab 1950 Geschäftsf. Gewerksch. ÖTV/Kreisverw. Moers. S. 1956 Ratsmitgl. Moers (1961-68 Fraktionsf.; 1964 ff. stv. Bürgerm.). SPD s. 1952 (1965 ff. Vors. Unterbez. Moers); Präs. Nordrh.-Westf. Städte- u. Gemeindebund; Vorst.smitgl. Niederrhein. Verkehrsbetr. Aktiengesellschaft. NIAG, Moers.

ERBSE, Hartmut

Dr. phil., o. Prof. f. Klass. Philologie - Victoriastr. 11, 5300 Bonn 2 - Geb. 23. Nov. 1915 Rudolstadt/Thür. (Vater: Dr. med. Walter E.), verh. m. Charlotte, geb. Neumann † - Promot. (1940) u. Habil. (1948) Hamburg - S. 1948 Lehrtätigk. Univ. Hamburg (1954 apl., 1960 o. Prof.), Tübingen (1965), Bonn (1968) - BV: Fragmente griech. Theosophen, 1941; Unters. z. attizist. Lexika, 1950; Beitr. z. Überlfg. d. Iliasscholien, 1960; Scholia Graeca in Homeri Iliadem, I - VII, 1969-88; Beitr. z. Verständnis d. Odyssee, 1972. Ausgew. Schr. z. klass. Philol., 1979; Stud. z. Prolog d. euripideischen Tragödie, 1984; Untersuchungen üb. d. Funktion d. Götter im homerischen Epos, 1986; Thukydides-Interpretationen, 1989. Ztschr.aufs. - Korr. Mitgl. d. Royal British Acad. u. d. Akad. d. Wiss. zu Göttingen.

ERBSLÖH, Joachim

Dr. med., Prof., Frauenarzt - Travenhöhe 14, 2060 Bad Oldesloe - Geb. 28. Sept. 1909 Barmen (Vater: Dr. med. Walter E., Arzt; Mutter: Laura, geb. Brink), verh. in 2. Ehe (1942) m. Agnes, geb. v. Puttkamer - Univ. Kiel, Rostock, Innsbruck, Bonn - 1944 Doz. Med. Akad. Danzig; 1966 Honorarprof. Univ. Kiel. Üb. 100 Fachveröff.

ERCKENBRECHT, Ulrich

Dr., Schriftsteller (Ps. Hans Ritz) - Postf. 1765, 3400 Göttingen - Geb. 13. April 1947 Heidelberg - Promot. 1975 Univ. Frankfurt - BV: D. Gesch. v. Rotkäppchen, 10. A. 1992; D. Sehnsucht nach d. Südsee, 1983; Ringelsternchen, 1980, 2. A. 1984; Sprachdenken, 1974, 2. A. 1984; E. Körnchen Lüge, 3. A. 1983; Anleitung z. Ketzerei, 4. A. 1984; Maximen u. Moritzimen, 1991; u.a.

ERDBERG, von, Eleanor,

geb. v. Erdberg

Dr. phil., Prof., Kunsthistorikerin (Ostasiatische Kunst) - Adele-Weidtman-Str. 87, 5100 Aachen - Geb. 23. Nov. 1907 Berlin (Vater: Dr. Robert v. Erdberg, Ministerialrat Preuß. Kultusmin. (s. IX. Ausg.); Mutter: Amy, geb. Wesselhoeft), kath., verh. I) 1936 m. Hermann Consten, Forschungsreisender †1957 (s. XIII. Ausg.), II) 1961 Dr. Robert v. E., Forschungsing. †1989 - Univ. Bonn (Promot. 1931), Berlin, Wien (Kunstgesch., Archäol., Chines.); Habil. 1955 TH Aachen - 1931-34 Assistant (Oriental Department) Fogg Art Museum Harvard Univ., Cambridge/USA, 1934-36 Research Fellow American Council of Learned Societies Japan, ab 1938 Lector Yenching (b. 1941) u. National Univ., Peking (b. 1945), 1946-50 Associate Prof. Fujen Catholic Univ. ebd., s. 1951 Lehrbeauftr., Doz. (1956) u. apl. Prof. (1959) f. Asiat. Kunst u. Architekturgesch. TH Aachen (1961 Wiss. Rätin u. Prof.), s. 1972 i. R., 1968-76 Lehrbeauftr. f. Ostasiat. Kunst Univ. Bonn. 1985 Korr. Mitgl. Dt. Archäol. Inst. - BV: Chinese Influence on European Garden Structures, 1936 (Cambridge) u. 1985 (New York); D. Alte China, 1958 (auch ital.); Die Architektur Taiwan's, 1973; Chinese Bronzes from the Coll. of C. D. and D. Carter, 1978 (Ascona). Div. Buchbeitr. u. a. - Liebh.: Chines. u. jap. Kunst - Spr.: Engl., Franz - Lit.: Eleanor v. Erdberg u. ihre Schüler. Festschr. (1984); Gedanken in d. Ferne. Festschr. (1989).

ERDENBERGER, Manfred

Chefredakteur, Regionalisierungsbeauftragter (s. 1991 im jährl. Wechsel m. d. Chefredakt. Fernseh-Landesprogramme) - Kiefernweg 19, 5000 Köln 71 - Geb. 30. Aug. 1941, ev., verh. s. 1976 m. Rosemarie Erdenberger-Korte, 3 Kd. (Ralph, Thomas, Sonja) - 1965-67 Volontariat b. Vestische Neueste Ztg./Ruhr-Nachrichten Recklinghausen, anschl. Redakt. VNZ/RN u. Recklinghäuser Ztg.; 1969-75 fr. Mitarb. f. Hörfunk u. Fernsehen d. WDR, 1975-80 1. Reporter d. Programmgruppe Aktuelles/Hörfunk, 1980-82 Leit. d. Reportage d. Aktuellen Abt./Hörfunk, 1982-92 Chef v. Dienst Hörfunk, 1988-92 stv. Chefredakt. Hörfunk. 1984-91 Stv. Regionalisierungsbeauftr. - Goldene Plakette GdP, 1985 Journalistenpreis NGG - Liebh.: Sport - Spr.: Engl., Franz., Span.

ERDL, Lois

Dr. jur., Rechtsanw., Wirtschaftspr. u. Fachanw. f. Steuerrecht, AR-Vors. AWITAG Allg. Wirtschaftsprüfungsgesellsch. u. Treuhand AG., München; Vors. d. Vorst. Landesverb. Bayern/Dt. Schutzvereinig. f. Wertpapierbesitz e. V., Düsseldorf - Rabenkopfstr. 25, 8000 München 90 (T. 64 47 93; Büro: 29 33 45) - Geb. 4. April 1922 Trostberg/Obb. (Vater: Alois E., Zeitungsverleger; Mutter: Maria, geb. Reisberger), verh. m. Illa, geb. Stadelmayer, T. Cornelia - Gymn. München; Stud. Rechts- u. Staatswiss. Dtschl. u. USA - ARs- u. Beiratsmandate i. versch. Industrieunternehmen.

ERDL, Oscar

Zeitungs- u. Zeitschriftenverleger, pers. haft. gf. Gesellsch. Druck- u. Verlagshaus Alois Erdl KG - Gabelsberger Str. 4-6, 8223 Trostberg (T. 08621 - 8 08-0) - Geb. 1. Febr. 1912 Trostberg (Vater: Alois E., Ztg.verleger; Mutter: Maria, geb. Reisberger), kath., verh. s. 1952 m. Yvonne, geb. Miller, 4 Kd. (Elisabeth, Charlotte, Oscar, Nicole) - Gymn.; druck- u. verlagstechn. Volont. - Ehrenvors. Verb. Bayer. Ztg.verleger, AR Deutsche Presse-Agentur u. a. - 1974 Bayer. VO; 1982 Gr. BVK; 1983 Gold. Bürgermed.; 1986 Bayer. Verf.-Med. - Liebh.: Musik - Rotarier.

ERDMANN, Dietrich

Prof., Komponist - Biesalskistr. 12, 1000 Berlin 37 (T. 813 20 87) - Geb. 20. Juli 1917 Bonn (Vater: Lothar E. † 1939 KZ Sachsenhausen), verh. s. 1959 m. Gertrud, geb. Schulz, 3 Kd. (Micaela, Teja, Sebastian) - Musikhochsch. Berlin (1941 Abschlußprüf.) - 1945-48 Lehrer Humboldt-Obersch. Berlin; s. 1947 Doz., ao. (1954) u. o. Prof. (1968) Päd. Hochsch. Berlin (Musik); 1957-63 Dirig. Berliner Lehrer-Orch.; s. 1980 Hochsch. d. Künste Berlin - W: Solokonzerte: Klavier (2), Flöte, Violine, Cello, Mandoline, Viola, Blockflöte, Saxophon, Symphonie f. Streichorch., Serenade f. Streicher u. Bläser, Divertimento f. Streichorch., Suite f. Orch., Permutation f. Orch., Spektrum f. Orch., Nuancen f. Kammerensemble, Liederzyklen, Klaviermus. u. Kammermus.; Schallplatten - 1987 BVK, 1988 Stamitzpreis - Liebh.: Garten, Reisen - Bek. Vorf.: Prof. Benno Erdmann, Ord. d. Phil. Univ. Breslau, Halle, Kiel, Bonn, Berlin († 1921) - Lit.: U. Stürzbecher: Werkstattgespräche m. Komp. (1971); W. Burde: Musica multicolore, Werk u. Vita (1987).

ERDMANN, Gerhart

Dr. med. (habil.), Prof., Kinderarzt - Augustusstr. 11, 6500 Mainz - Geb. 12. Juni 1921 Mosel (Vater: Fritz E., Schulleiter u. Kantor; Mutter: Gertrud, geb. Hertsch), ev., verh. s. 1948 m. Lisa, geb. Engelhardt, 3 Kd. (Klaus, Judith, Sigrid) - Robert-Schumann-Sch. (Gymn.) Zwickau; Univ. Prag, Greifswald, München - S. 1951 Oberarzt Univ.-Kinderkliniken Halle, Rostock (1953; 1955 Dozent, 1960 Prof. m. Lehrauftr.), Mainz (1962; apl. Prof., 1975 Abt.-Vorsteher Pädiatr. Allergologie u. Bronchologie). Emerit. 1986 - BV: Allergie-Probleme im Kindesalter, 1961 (Leipzig); Gsell-Mohr, Listeriose, 1968; Erkältungskrankh., 1973; Allerg. Krankh. b. Kindern, 1976; Pollinosis, 1979; Schmerz (pädiatr.), 1980. Mitarb.: Opitz-Schmid, Handb. d. Kinderheilkd. (1963ff.); Ärztl. Sofortmaßn. (1977, 2. A. 1982, in Span. 1982); Gesundh. Brockhaus (1984); Pract. Pediatr. Ther., Allergy (1985, in dt. 1987); Listeriose (Mitarb. Hornbostel-Kaufmann-Siegenthaler: Innere Medizin, 1.-4. A. 1991); Allergologie (Mschr.), Begr. u. Schriftleitg. 1. b. (z.Z.) 15. Jhrg.; Atemwegs- u. Lungenkrankh. (Mschr.), Wiss. Beirat, 1. b. (z.Z.) 18. Jhrg. - 1957 MORO-Preis Dt. Ges. f. Kinderheilkd. - Liebh.: Lit., Musik - Spr.: Engl.

ERDMANN, Helmut W.

Komponist, Flötist, Pädagoge - Fortbildungszentrum f. Neue Musik, An der Münze 7, 2120 Lüneburg (T. 04131 - 30 93 90, Fax: 04131 - 30 91 88) - Geb. 2. Okt. 1947 Emden - Stud. Braunschweig (Orchesterdipl. 1968) u. Hamburg (Flöte b. K. Zöller, Kompos. b. D. de la Motte, Elektron. Musik b. Musiksch. Lüneburg (Flöte, Theorie; Leit. Studio f. Neue Musik); s. 1974 Lehrbeauftr. Hochsch. Lüneburg, s. 1983 Univ. Duisburg, s. 1985 Univ. Göttingen. S. 1976 Doz.; Ref. u. Kursleit. auf überregionalen u. intern. Tagungen u. Kongressen. S. 1975 Künstler; Leit. d. Veranstaltungsreihe Neue Musik in Lüneburg, s. 1977 Leit. Fortbildungszentrum f. Neue Musik in Lüneburg - Komponistor. Arbeiten (ca. 120 Werke), in allen Gattungen, einschl. elektron. u. liveelektron. Werke. 3 LP. Publ. Veröff. z. Thema Neue Musik in Fachztschr. Konzerte u. Rundfunkproduktionen eig. Werke in d. Bundesrep., Europa, USA u. Japan. 1971 Gründ. Varius-Ensemble; s. 1980 Mitgl. d. Ensemble Musica Viva. Anreger neuer Kompos. f. Flöte solo u. Kammermusik m. Flöte - Stip. d. Villa Massimo (Rom), d. Cité Intern. des Arts (Paris), d. Stanford-Univ. (USA), Bach-Preis-Stip. Hamburg, Stip. d. Casa Baldi (Olevano/Rom), d. Atelierhauses Worpswede, Nieders. Künstlerstip., Kulturpreis Landkr. Lüneburg - Spr.: Engl., Franz. - Lit.: Art. üb. künstler., kompos. u. päd. Arbeit in div. Fachztschr.

ERDMANN, Herbert

Redakteur u. Schriftst. - Am Eichenkamp 46, 4150 Krefeld-Traar (T. 02151 - 56 36 68) - Geb. 6. Okt. 1926 Bochum, kath., verh. s. 1951 m. Caecilia, geb. Enste, 3 Kd. (Magdalena, Andreas, Georg) - Üb. 30 Jugend- u. Sachb., Mitarb. in Anthol., Rundfunk - Liebh.: Archäol. (Steinzeit) - Spr.: Engl.

ERDMANN, Peter

Dr. phil., o. Prof. f. Neuere Sprach- u. Literaturwissenschaft Univ. Saarbrücken (s. 1974) - Eichendorffstr. 13, 6601 Scheidt/Saar - Geb. 28. Juni 1941 Posen (Vater: Herbert E., Kaufm. Angest.; Mutter: Johanna, geb. Stöwahse), ev., verh. s. 1965 m. Gisela, geb. Dohrmann, 2 Kd. (Nataly, Peter) - Gymn.; Stud. Hamburg u. Harvard (A. M.). Promot. (1971) u. Habil. (1975) Hamburg - Zul. Prof. GH Kassel - BV: Tiefenphonolog. Lautgesch. d. engl. Vokale, 1972; There sentences in Engl., 1976; Inversion im heut. Engl., 1979. Fachaufs. - Spr.: Engl., Franz.

ERDMANN, Volker, A.

Dr. rer. nat., Prof. f. Biochemie FU Berlin - Inst. f. Biochemie FU Berlin, Thielallee 63, 1000 Berlin 33 (T. 030 - 838 60 02) - Geb. 8. Febr. 1941 Stettin (Vater: Richard E., Berufssoldat † 1946; Mutter: Hildegard, geb. Kakosch), ev., verh. s. 1967 m. Hannelore, geb. Nölle, 2 Kd. (Jörn, Gabriele) - B.-A. in Chemie 1963 UNH, Durham, N.H., USA; M.Sc. 1966 ebd.; Promot. 1968 TU Braunschweig; Habil. 1978 FU Berlin - 1963-66 wiss. Assist. Durham; 1966-69 wiss. Assist. Max-Planck-Inst. f. experimentelle Med., Göttingen; 1969-71 NIH-Fellow Univ. of Wisconsin, Madison/USA; 1971-80 Max-Planck-Inst. f. Molekulare Genetik, Berlin; s. 1980 o. Prof. f. Biochemie FU Berlin (s. 1981 gf. Dir. Inst. f. Biochemie); 1985-88 Dekan FB Chemie. Üb. 260 Publ. auf d. Gebiet d. Genexpression - Mitgl. EMBO, Ges. f. Biol. Chemie, AXE (USA), Sigma Xi (USA), Ges. d. Chem., Ges. f. Natur- u. Heilkunde Berlin, Ges. Dt. Naturforscher u. Ärzte; s. 1989 ausw. Mitgl. am Center of Marine Biotechnology, Balitmore, USA; s. 1990 Sprecher d. SFB 344 d. Dt. Forsch.gemeinsch. - 1987 Förderpreis f. dt. Wissenschaftler im Gottfried Wilhelm Leibniz-Progr. d. Dt. Forschungsgemeinsch. - Spr.: Engl.

ERDMANN, Wolfgang

Dr.-Ing., Dipl.-Ing., Dipl.-Wirtsch.-Ing., Direktor - Springestr. 19, 4660 Gelsenkirchen (T. 0209 - 3 93 28) - Geb. 22. Sept. 1938 Düren (Vater: Hubert E., Rektor; Mutter: Friederike, geb. Chenaux), kath., verh. s. 1964 m. Roswitha, geb. Schmitz, 2 Kd. (Dirk, Sonja) - TH Aachen (Dipl.-Ing. 1963, Dipl.-Wirtsch-Ing. 1968, Promot. 1970) - 1963 Dir.-Assist.; 1967 Betriebsleit./Obering.; 1972 Dir. Köln; 1974 Techn. Vorst. Gelsenkirchen; 1977 Techn. Geschäftsf. Neuss u. Osnabrück; 1985 Geschäftsf. Managementberat., D'dorf; 1990 Prof. Nürnberg - Liebh.: Sport, Reisen - Spr.: Engl.

ERDTMANN, Lothar

Dr. rer. oec., Dipl.-Ing., Mitinh. Dr. Erdtmann & Partner Management Consultants, Krefeld (s. 1970) - Uerdinger Str. 231, 4150 Krefeld (T. 597271) - Geb. 18. April 1927 Moers - Zul. Vorstandsmitgl. Busch-Jaeger Dürener Metallwerke AG., Lüdenscheid (b. 1968 stv., dann o.) - Rotarier.

ERFURTH, Wolfgang

Abgeordneter - Paul-Freye-Str. 40, 2800 Bremen 44 - S. 1971 Mitgl. Brem. Bürgerschaft. CDU.

ERGENZINGER, Peter Jürgen

Dr. rer. nat., Prof. f. Geographie FU Berlin - Hochbaumstr. 46, 1000 Berlin 37 - Geb. 16. März 1939 Stuttgart (Vater: Walter E., Kaufmann; Mutter: Charlotte, geb. Nettmann, Graphikerin), ev., verh. s. 1974 m. Hannelore, geb. Riedinger, 2 Söhne (Marc, Dirk) - Stud. Univ. Tübingen, Saarbrücken, FU Berlin; Dipl. Geogr. 1961; Promot. 1965; Habil. 1971 - 1980/81 Gastprof. in MSU Bozemann, MT USA - BV: Geomorphologie N. Tschad. Fachveröff.: Geomorphologie + Hydrologie + Sedimenttransport - Spr.: Engl., Franz., Ital.

ERGER, Johannes

Dr. phil., Univ.-Prof. f. Neueste Geschichte u. Politische Bildung RWTH Aachen - Pannhauser Str. 14, 5100 Aachen (T. 0241 - 1 41 19) - Geb. 1. Sept. 1928 Holzwickede/Kr. Unna (Vater: Wilhelm E., Volksschulrektor; Mutter: Maria, geb. Heckmann), kath., verh. s. 1963 m. Hildegard, geb. Wiemers, 7 Kd. (Angelika, Johannes, Joachim, Monika, Christina, Thomas, Florian) - Abit. 1947; 1949-51 PA; 1. Staatsprüf. 1951 f. Volkssch., 2. Prüf. 1954, 1951-57 Lehrer in Unna; 1954-61 Univ. Münster u. Heidelberg (Gesch., Wirtsch.gesch., Phil., Päd.); Promot. 1963 Univ. Heidelberg - 1961-67 Assist. bzw. Doz. PH Münster u. Aachen; 1967-80 o. Prof. PH-Rheinl., Abt. Aachen (1968-70 u. 1976-78 Dekan Abt. Aachen, 1972-76 Rektor bzw. Prorektor PH); 1980 Integr. in d. RWTH Aachen; 1985 Gastprof. an d. Reichsuniv. Leiden. S. 1968 Mitgl. in versch. Hochsch.kommiss. u. im Senat; s. 1988 Beauftr. f. EG-Forsch.programme; Mitgl.sch., Kommiss.- u. Vorst.-Tätigk. in wiss., kirchl., polit., berufl. u. soz. Gremien; s. 1971 wiss. Beratung in d. Bundeszentrale f. Polit. Bild. Bonn; s. 1978 Lions Club; 1982 Ritter d. Ordens v. Hl. Grabe - BV: D. Kapp-Lüttwitz-Putsch 1920, 1967; Aufs. u. Schulb.veröff. z. Neuesten Gesch., z. Gesch.unterr., z. Polit. Bild. u. z. Bildungsgesch. Hrsg. u. Autor d. Schulb.-werkes Gesch. heute (Bd. 5/6 u. 7/8) - Liebh.: Musik - Spr.: Engl.

ERHARD, Benno

Rechtsanwalt u. Notar, Staatssekretär a. D. - Gartenfeldstr. 5, 6208 Bad Schwalbach (T. 22 00) - Geb. 22. Febr. 1923 Bad Schwalbach, kath., verh. 1956 m. Hilde, geb. Leis, 4 Töcht. - N. Wehrdst. (1942ff.) u. franz. Kriegsgefangensch. (b. 1946) Landwirt.Gehilfe. Phil.-Theol. Hochsch. Bamberg (2 Sem.) u. Univ. Mainz (Rechtswiss.). Gr. jurist. Staatsprüf. 1956 - 1954-65 (Mandatsniederleg.) MdL Hessen, 1965-87 MdB (1978-83 rechts- u. innenpolit. Sprecher, 1982/83 stv. Vors. d. CDU/CSU-Fraktion). 1983-87 Parlam. Staatssekr. Bundesjustizmin. CDU - 1984 Gr. BVK m. Stern, 1987 Schulterband dazu - Liebh.: Gartenkultur.

ERHARD, Heinz

Dr. rer. pol., Aufsichtsratsmitglied Metallwarenfabrik Erhard & Söhne GmbH,

Schwäb. Gmünd - Robert-v.-Ostertag-Str. 7, 7070 Schwäbisch Gmünd/Württ.

ERHARD, Martin

Gewerkschaftsangestellter, MdL Bayern (s. 1970) - Alpenblickstr. 12, 8150 Holzkirchen/Obb. (T. 08024 - 7419) - Geb. 1918 - U. a. Kreisvors. DGB. SPD - 1980 Bayer. VO.

ERHARDT, Manfred

Prof. Dr. jur., Senator f. Wissenschaft u. Forschung d. Landes Berlin (s. 1991) Bredtschneiderstr. 5, 1000 Berlin 19 (T. 030 - 30 32-316) - Geb. 21. März 1939 Stuttgart (Vater: Wilhelm E., Jugendamtsdir.; Mutter: Käthe, geb. Göttinger), ev., verh. s. 1967 m. Gabriele, geb. Schulz, 3 S. (Wolfram, Martin, Karsten) - Gymn. Stuttgart; Stud. Univ. Tübingen u. FU Berlin (Rechtswiss.). Jurist. Staatsprüf. 1964 Tübingen u. 1968 Stuttgart; Promot. 1968 - Wiss. Assist. Univ. Tübingen; s. 1979 Prüfer im 1. Jurist. Staatsexamen; s. 1981 Lehrbeauftragter Univ. Tübingen - 1969-71 Bundesmin. f. Bild. u. Wiss.; 1978-82 Kultusmin. Baden-Württ.; 1982-84 Geschäftsf. CDU-Landtagsfrakt. Baden-Württ.; 1984-91 Min.dir. u. Amtschef im Min. f. Wiss. u. Kunst Baden-Württ. S. 1988 Hon.-Prof. d. Univ. Tübingen - BV: D. Befehls- u. Kommandogewalt, 1969; Hochschulstatistikgesetz-Kommentar, 1972; Kulturverwaltungsrecht im Wandel, 1980; rechtswiss. u. bildungspolit. Veröff.

ERICHSEN, Hans-Uwe

Dr., o. Prof. f. Öfftl. Recht u. Europarecht Univ. Münster (s. 1981), Rektor d. Univ. Münster (1986-90), Vors. d. Landesrektorenkonf. Nordrh.-Westf. (1988-90), Präs. d. Hochschulrektorenkonfz. (s. 1990) - Falkenhorst 17, 4400 Münster - Geb. 15. Okt. 1934 Flensburg (Vater: Wilhelm E.; Mutter: Marie, geb. Brodersen), ev., verh. s. 1963 m. Bernhild, geb. Messemer, 3 Kd. (Christian, Sabine, Thomas) - Stud. Univ. Freiburg/Br., Hamburg, Kiel - 1964-69 wiss. Assist. Univ. Kiel u. Münster - BV: Staatsrecht u. Verfassungsgerichtsbarkeit I, 3. A. 1982, dto II, 2. A. 1979; Verwaltungsrecht u. Verwaltungsgerichtsbark. I, 2. A. 1984; Verstaatlichung d. Kindeswohlentscheid.?, 2. A. 1979; Elternrecht - Kindeswohl - Staatsgewalt, 1985. Herausg.: Allg. Verwaltungsrecht, Lehrb. (9. A. 1991; auch Mitautor); Kommunalrecht d. Landes NW, Lehrb. (1988). Jura - Zeitschr. f. Jurist. Ausb. - 1963 Preis Univ. Kiel f. d. beste Diss. - Spr.: Engl., Franz.

ERICHSEN, von, Lothar

Dr.-Ing., Prof. i. R. (Nuklearchemie) - Wegelerstr. 12, 5300 Bonn - Geb. 15. Mai 1915 Oberschlesien, verh. 1940 m. Edelgard, geb. Kerber - TH Breslau - S. 1951 (Habil.) Privatdoz. u. apl. Prof. (1957) Univ. Bonn, 1967 Abt.Vorst. u. Prof. Inst. f. Physikal. Chemie. 1955/56 Gastdoz. Valparaiso. 1962/63 u. 1971 Auslandseinsatz f. d. IAEA. 1980 Ruhest. - BV: Friedl. Nutzung d. Kernenergie, 1962; Uranisotopentrennung in Zentrifugen, 1985. Zahlr. Einzelarb. - 1958 Förderungspreis, Europarat Straßburg; 1961 Preis Akad. d. Wiss. Heidelberg.

ERICHSEN, Uwe

Schriftsteller - Schaevenstr. 42, 5014 Kerpen (T. 02237-4458) - Geb. 9. Aug. 1936, verh. s. 1961 m. Ursula, geb. Dahmen, 2 S. (Jörgen, Ulf) - Autor v. Kriminalrom. u. Drehbüchern, u.a. Tatort, D. Fahnder, Kinofilm D. Katze - BV: u.a. Todesfalle Nizza, 1978; D. Weiße im Auge d. Feindes, 1981; E. Eisen im Feuer, 1985; D. Katze, 1985/88 - 1977 2. Preis Wettb. um d. besten dt. Kriminalroman - Liebh.: Lit., Reisen - Spr.: Engl. Franz., Span.

ERIKSON, Lars-Christian

Direktor, Vors. d. Geschäftsfg. Volvo Deutschland GmbH. Assar-Gabrielsson-Str., 6051 Dietzenbach-Steinberg/Hessen - 1981 ff. Präs. Verb. d. Importeure v. Kraftfahrz. (VDIK), Bad Homburg.

ERKE, Heiner

Dr. phil., Dipl.-Psych., Prof. f. Angew. Psychologie TU Braunschweig (s. 1970) - Bammelsburger Str. 6, 3300 Braunschweig (T. 42134) - Geb. 6. Aug. 1939 Halle/W. - Habil. 1970 Saarbrücken - Mithrsg.: Handb. d. Psychol. Bd. 1.1 (Wahrnehmung u. Bewußtsein; 1966); Verkehrskonflikte i. Innerortsber., 1978; Grundlagen z. Wegweisung, 1981; Handb. d. Verkehrskonflikttechnik, 1985; Optische Strukturierung d. Arbeitsumgebung, 1987 - Spr.: Engl., Franz.

ERKEL, Günther

Dr. jur., Staatssekretär a. D. - Leibnizstr. 47, 5300 Bonn 2 - Geb. 9. Dez. 1924 Wiesbaden, verh. m. Hannelore, geb. Senff, 3 Kd. - Univ. Frankfurt (Rechtswiss.). Promot. 1952. 1953 Richter, 1957 Ref. i. Hess. Justizmin. 1967 Landgerichtspräs. in Gießen, 1970 Ministerialdir. im BJM, Ltg. d. Abt. Zivilrecht, 1971-82 Staatssekr. d. BJM - 1981 Gr. BVK m. Stern u. Schulterbd.

ERKEL, Willi

Parteigeschäftsf. - Vierzehn Eichen 15, 5407 Boppard-Buchenau/Rh. (T. 2404) - Geb. 11. Sept. 1913 Saarbrücken, ev., verh. - Volkssch.; Maschinenschlosserlehre - 1934-45 Marine (zul. Obermechniker), dann Elektriker Stadtverw. Trier, 1947-69 Herbergsvater Dt. Jugendherbergswerk Boppard; s. 1969 Gf. SPD-Bezirksverb. Rhld.-Hessen-Nass. 1959-75 m. kurzer Unterbr. 1971 MdL Rhld.-Pfalz. SPD s. 1945 (div. Funktionen).

ERKRATH, Carl Heinz

Regisseur, Schauspieler Staatstheater am Gärtnerplatz München - Schrobenhausener Str. 18, 8000 München 21 (T. 089 - 570 72 68) - Geb. 15. Aug. 1942 Dresden (Vater: Bernd E., Schausp.), ev., verh. m. Judit Pacséry, S. Hagen - Musikschule (Orchestermusiker, Abit.); Dirigier-, Kompos.- u. Gesangsstud. m. Päd. Hochsch. f. Musik Dresden (Dipl.); Ausb. Sologesang - Sänger an Theatern d. DDR. Regiestud. Berlin (Schüler v. Prof. Götz Friedrich). Regiss. u. Sänger-Darst. an Theatern u. FS d. DDR. Dramat. Stud. Theaterhochsch. Leipzig - 1978-83 Leit. u. Oberspielleit. Musiktheater Stadt Plauen; 1984-85 Gastregiss. National-Theater Szeged u. Szegeder Dom-Festsp. S. Herbst 1985 Bundesrep. Dtschl. - Zahlr. Insz. - Liebh.: Kunst, Phil., Politik, Sport (Fußball), Klavierspielen.

ERL, Willi

Geschäftsführer Dt. Entwicklungsdienst (s. 1985) - Kladower Damm 299, 1000 Berlin 22 (T. 030 - 36 50 91 02) - Geb. 30. April 1933 Schweinfurt/M., ev., verh. s. 1959 m. Erdmute, geb. Hoffmann, 2 Töcht. (Kerstin, Dorothea) - Stud. Theol. m. Päd. u. Soziol.; Ex. in Diakoniewiss. 1959 Univ. Heidelberg - 1959-61 CVJM-Sekr. Mannheim; 1961-66 Stud.-

leit. Intern. Inst. Schloß Mainau; 1966-73 Doz. (1970-73 Leit.) Ev. Schule f. Heimerzieh. Reutlingen; 1973-77 Aufbau Zentrum Lateinamerik. Sozialarb. (CELATS) in Lima/Peru; 1977/78 Geschäftsf. Kübel-Stiftg. Bensheim; 1978-85 ltd. Funktionen b. d. Konrad-Adenauer-Stiftg., zul. Hauptabt.leit. Entwicklungsländer im Intern. Inst. Versch. Mitgliedsch. u. Ehrenämter, u. a. 1980 Gründungsmitgl. Care-Deutschl. - BV: Gruppenpäd. in d. Praxis, 10. A. 1980; Modelleinricht. v. Jugendfreizeitstätten in d. Bundesrep. Dtschl., 4. A. 1973; Methoden mod. Jugendarb. I, 8. A. 1981; Methoden mod. Jugendarb. II, 2. A. 1979; Neue Methoden d. Bibelarb. (m. Fritz Gaiser), 8. A. 1987; Entfaltung d. Kreativität (m. Ulrich Beer), 5. A. 1985; Lektüre f. Kinder u. Jugendliche (m. Erdmute Erl), 2. A. 1975; Gruppenpäd. u. Kindergottesdienst (m. Peter Hess u. Dieter Kunz), 1976; Handwerk f. d. Dritte Welt (m. Ingo Scholz), 1987 - Liebh.: Lit., Malerei, Tanz, Gesch. - Spr.: Engl., Span.

ERLE, Dieter

Dr. rer. nat., Prof. f. Math. (Topologie) - Grenzweg 8, 4600 Dortmund 30 - Geb. 30. Aug. 1939 Wien - Stud. Math. (Dipl. 1964 Bonn). Promot. 1968 Bonn - S. 1972 Wiss. Rat u. Prof. Univ. Dortmund. Facharb.

ERLEBACH, Peter

Dr. phil., Prof. f. Engl. Philologie - Plesserstr. 31, 6500 Mainz 1 - Geb. 22. April 1942 Trautenau (Vater: Robert E., Fabr.; Mutter: Edith, geb. Weigend), kath., verh. s. 1969 m. Ursula, geb. Krebs, S. Gregor - Leibniz-Gymn. Neustadt/Weinstr.; Stud. Engl. u. Franz. Heidelberg, Nancy, Birmingham, Mainz, Staatsex. Promot. (1968) u. Habil. (1975) - S. 1975 Lehrtätigk. f. Engl. Philol. u. f. Engl. f. Wirtschaftspäd.; 1985-87 Dekan FB Philol. II. Univ. Mainz - BV: Formgesch. d. engl. Epigramms v. d. Renaissance b. z. Romantik, 1979; D. zusammengesetzten engl. Zunamen franz. Herkunft, 1979; Gesch. u. Vorgesch. d. engl. Liebeslyrik d. Mittelalters, 1989; Theorie u. Praxis d. Romaneingangs. Unters. zur Poetik d. engl. Romans, 1990. Herausg. (m. and.): Gesch.keit u. Neuanfang im sprachl. Kunstwerk (1981) - Spr.: Franz., Engl., Span.

ERLENBACH, Erich

Dipl.-Kfm., Wirtschaftsjournalist - Zu erreichen üb. Frankfurter Allg. Zeitung, 6000 Frankfurt/M. 1 - Geb. 16. April 1939 Düsseldorf, verh., 2 Töcht. - Univ. Frankfurt (Betriebsw.). Diplomprüf. 1964 - S. 1966 FAZ (1967 Finanz- u. Börsenredakt.) - BV: Mehr Geld durch Geld; Finanzierungsprüfliste f. d. Bauherrn; So funktioniert d. Börse.

ERLENKÄMPER, Friedel

Dr. jur., Beigeordneter Stadt Aachen - Zu erreichen üb. Stadtverw., 5100 Aachen - Geb. 21. Aug. 1946 Haan/Rhld., ev., verh. s. 1972 m. Brigitte, geb. Stein, 3 Kd. (Stephan, Maren, Tobias) - 1957-63 Gymn. Düsseldorf-Gerresheim; 1963-68 Ausb. f. gehob. nichttechn. Verwaltungsdst. Düsseldorf; Kommunaldipl. 1970, Hochsch.reife 1971; 1971-75 Univ. Köln (Rechtswiss.); 1. jurist. Staatsex., 2. Staatsex. 1977, Promot. 1980 - 1968-70 Beamter d. gehob. Dst. Düsseldorf, 1970-74 Univ.-Verw. Köln; 1977-78 wiss. Mitarb. Dt. Städtetag, 1978-82 Ref. ebd.; s. 1982 Beigeordn. Aachen - BV: D. Stadt-Umland-Problematik d. Flächenstaaten d. Bundesrep. Deutschl., 1980; Verwaltungsvollstreckungsgesetz Nordrh.-Westf., Komment. 1981.

ERLER, Luis

Dr. phil., Prof. f. Elementar- u. Familienpädagogik Univ. Bamberg (s. 1973) - Wiesäckerweg 8, 8400 Regensburg - Geb. 18. Dez. 1935 Tux/Tirol - Promot. 1968 Psych. (Prof. Ivo Kohler) - 1968-72 Assist. in Psych. b. Prof. D. Rüdiger; s. 1973 Prof. Univ. Bamberg. 1986-89 Vizepräs. Otto-Friedrich-Univ. Bamberg. Spezialgeb.: Päd. u. Psych. d. Kindheit, Familienpäd., Kindergartenpäd., Vorschulerziehung, ganzheitl. Erziehung u. Bildung.

ERLER, Rainer

Autor, Regisseur, Produzent (pentagramma filmproduktion) - Auf d. Tränke, 8157 Bairawies/Obb. (T. 08027 - 4 66) - Geb. 26. Aug. 1933 München (Vater: Ernst E., Studiendir. i. R.; Mutter: Hedwig, geb. Schultheiss), verh. s. 1961 m. Renate, geb. Eger, 2 Kd. (Tatjana, Tobias) - Abit. 1952 - B. 1960 Regieass. (bei 30 Spielfilmen), dann Regiss.; Dozent a. d. Hochsch. Fernsehen u. Film, München (s. 1971) - Üb. 30 Filme f. Kino u. Fernsehen (z. T. auch Buch), dar. Seelenwanderung (1962); (1962 Prix Italia Verona, 1963 Gold. Nymphe Monte Carlo, 1964 Otto-Dibelius-Preis Intern. Filmfestsp. Berlin, 1965 Ernst-Lubitsch-Preis Berlin), Sonderurlaub (1963 Presejury-Preis Volkshochschulverb.), D. Hexer (1963), Orden f. d. Wunderkinder (1963 I. Preis Anica Mailand, 1964 Gold. Nymphe Monte Carlo u. Prix Italia Genua), D. Gardine, Lydia muß sterben (1964), D. Bohrloch oder Bayern ist nicht Texas (1965), Fast e. Held (1967), D. Bahnübergang (1968), D. Attentäter (1969; 1970 Adolf-Grimme-Preis in Gold), D. Delegation (1971 Gold. Kamera Hörzu), D. Amateur (1972), Sieben Tage (Adolf-Grimme-Preis 1974), Das Blaue Palais (5 Filme), Die Halde, D. letzten Ferien (1975), Operat. Ganymed (1977, Gold. Asteroid f. best. science fiction-Film 1978), Plutonium (1977), Fleisch (1979, Gold. Nymphe MC81), Ein Guru kommt (1979), Die Quelle (1979), D. Spot (1981), Mein Freund, d. Scheich (1981), D. schöne Ende dieser Welt (1983), Nuclear Conspiracy (Reise in e. strahlende Zukunft), Preis d. Accad. Italia (Targa d'Oro Premio Italia) u. US-Umweltpreis (1986 Golden Flame), Zucker (Sugar - The sweet disaster comedy), Die Kaltenbach Papiere (Zweiteiler) - BV: D. Delegation, R. 1973; auch Übers. Span., Schwed., Finn., Sieben Tage, Bericht 1974; Fleisch, D. Blaue Palais (5 Bde.); D. letzten Ferien, Delay-Verspätung, 1982; Reise in e. strahlende Zukunft; Orchidee d. Nacht, Erz.; D. Zweitfrau, heit. R.; Zucker, heit. R. üb. d. süße Katastrophe; D. Kaltenbach Papiere, R. - Theaterstücke: D. Orgie (E. hochmoralische Komödie), D. Zweitfrau (E. höchstunmoralische Komödie), E. Volksfeind (Neufassung v. Henrik Ibsen) - Spr.: Engl., Schwed. Franz.

ERLER, Ursula,

geb. Anwander

Schriftstellerin - Alte Str. 5, 5276 Wiehl 1 (T. 02261 - 77789) - Geb. 6. Juni 1946 Köln, ev., verh. s. 1968 m. Dr. Hans E., 2 Töcht. (Julia, Nele) - Stud. German., Theol. u. Theaterwiss. Univ. Köln u. Bonn - 1971-81 Doz. f. Lit. u. Soz. VHS Köln - BV: Romane: D. neue Sophie, 1972; Lange Reise Zärtlichkeit, 1978; Auch Ehen sind nur Liebesgesch., 1979; Vertrauensspiele, 1981. Sachb.: Mütter in d. BRD - Ideologie u. Wirklichk., 1973; Zerst. u. Selbstzerst. d. Frau, 1977

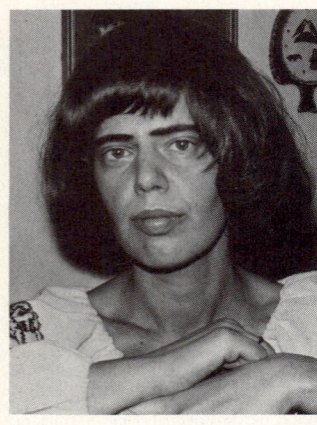

- 1983 1. Preis Literaturpreis NRW - Liebh.: Musik, Malerei - Spr.: Engl., Franz. - Bek. Vorf.: Prof. Hans Anwander, † 1974, Staatl. Hochschule f. Musik, Köln.

ERLEWEIN, Günter
DGB-Landesbezirksvors. a. D., MdL Baden-Württ. (s. 1968) - Louis-Hentges-Str. 19, 7100 Heilbronn/N. (T. 51583) - Geb. 6. Mai 1928 München, ev., verh., 3 Kd. - Obersch. Heilbronn; 1955-56 Akad. d. Arbeit Frankfurt/M. - Arbeits- u. Wehrdst.; ab 1945 Straßenbahner Heilbronn; s. 1956 Gewerkschaftsangest. (u. a. Rechtsschutzref. u. Abt.sleit. ÖTV-Bezirksverw. Stuttgart, 1964 Geschäftsf. u. Vors. ÖTV-Kreisverw. Heilbronn), s. 1974 Vors. DGB-Landesbez. SPD (1966 Ortsvors. Heilbronn), s. 1974 Vors. DGB-Landesbez. Baden-Württ.

ERLHOFF, Eugen Siegfried
Dipl.-Ing., Regierungsbauass. a.D., Architekt - Marktplatz 11, 8022 Grünwald b. München; Via Sacchetti 22, I-28051 Cannero (T. 0039 - 323-78 87 02) - Geb. 28. Juni 1924 Graudenz/Westpr. (Vater: Bruno E., Kapellmeister; Mutter: Gertrud Wilhelm), verh. s. 1952 m. Helga, geb. Heitmüller, verw. s. 1964, 2 Kd. (Hans-Peter, Ingo) - 1947-52 TU; 1954-57 Dipl.-Ing.; Reg.-Bauass. - Veröff. v. Bauten in zahlr. intern. Fachztschr. Zahlr. Ausst. - Erfinder d. Piktodiagramme - BV: 25 J. Bauen u. Entwerfen in Hannover, 1984 - Bek. Bauwerke: Zool. Garten, Berggarten, Freizeitheime, alle Hannover - 1964 Preis Architekturausst. BDA; 1976 BDA-Preis; u.a. - Liebh.: Malerei, Musik, Sport - 1967 u. 1969 Dt. Volley-Ball-Meisterschaft. - Spr.: Ital. - Als Kunstmaler unter d. Namen Eugeniusz Zygfryd Olszewski tätig. Ausstellung 1991 Locarno.

ERLING, Carl R.
Mühlbesitzer, pers. haft. Gesellsch. Bremer Rolandmühle Erling & Co., Bremen, AR Bankhaus Neelmeyer AG, Bremen - Carl-Dannemann-Weg 3, 2800 Bremen-Oberneuland - Geb. 17. Dez. 1923 Bremen - Bruder: Hans P. E.

ERLING, Hans P.
Mühlenbesitzer, pers. haft. Gesellsch. Bremer Rolandmühle Erling & Co., Bremen, Geschäftsf. Ludwigshafener Walzmühle GmbH. (s. 1970) - Gut Hohekamp, 2800 Bremen-Burg - Geb. 29. Jan. 1927 Bremen - Bruder: Carl R. E.

ERLINGER, Hans Dieter
Dr. phil. (habil.), Univ.-Prof. f. Deutsche Sprache u. Lit. u. ihre Didaktik (Schwerp. Linguistik) Univ. Siegen - Freckhausen, 5226 Reichshof - Geb. 14. Juni 1937 Bochum (Vater: Hans E., Klempnerm.; Mutter: Katharina, geb. Braumann), ev., verh. s. 1974 m. Ingrid, geb. Peuser, S. Ulrich - Bde. Staatsprüf. f. d. Lehramt an Gymn. - Studienrat u. Akad. Rat; Gastprof. Univ. Houston/Texas; Mitgl. d. Direktoriums d. Sonderforsch.bereichs 240 d. Dt. Forsch.-gemeinsch. z. Programmgesch. d. Fernsehens - BV: Sprachwiss. u. Schulgrammatik, 1969; Deutsche Satzlehre, 1973; Kinder u. Fernsehen, 1982; Z. praxisorientierten wiss. Lehrerausbildung, 1983; Arbeitsb. Grammatikunterr., 1988; Gesch. d. Kinderfernsehens, 1991. Mithrsg.: Ztschr. Siegener Studien. Zahlr. Veröff. z. Sprachunterr. u. z. Mediendidaktik u. Mediengesch., insb. z. Gesch. d. Fernsehens f. Kinder.

ERLINGHAGEN, Karl-Heinz
Dipl.-Volksw., Kaufm. Direktor, Vorstandsmitgl. Rhein.-Westf. Kalkwerke AG. (s. 1973) - 5600 Wuppertal 17-Dornap - Zul. Hauptgeschäftsf. Bundesverb. d. Dt. Kalkind.

ERLINGHAGEN, Peter
Dr. jur., Prof. f. Recht d. Wirtschaft - Beselerstr. 4, 2000 Hamburg 52 - S. 1971 Ord. u. gf. Dir. Sem. f. Betriebsw.slehre Univ. Hamburg.

ERMANN, Michael
Dr. med., Prof. Univ. München, Psychotherapeut u. Psychoanalytiker - Samerhofstr. 15c, 8000 München 60 - Geb. 29. Okt. 1943 Stettin (Vater: Fritz E., Chemiker; Mutter: Eva, geb. Hildebrandt), ev., verh. s. 1975 m. Gisela, geb. Klinckwort, T. Susanne - Med. Staatsex. u. Promot. 1969 Freiburg/Br., Dipl. als Psychoanalyt. u. Psychotherap. 1976 Stuttgart; Habil. 1979 - S 1980 Prof. f. Psychosomat. Med. u. Psychoanal. Univ. Heidelberg, Zentralinst. f. Seel. Gesundh., Mannheim; s 1985 Vorst. Abt. f. Psychotherapie u. Psychosomatik Univ.-Nervenklinik München; Präs. Dt. Psychoanalytische Ges. (DPG).

ERMEL, Horst
Dipl.-Ing., Prof. f. Architektur (Grundl. d. Entwerfens u. Gebäudelehre) Univ. Kaiserslautern - Schloßberg 16, 6751 Wartenberg.

ERMERT, Helmut
Dipl.-Ing., Dr.-Ing., Dr.-Ing. habil., Prof. u. Institutsleiter Inst. f. Hochfrequenztechnik Univ. Bochum (s. 1987) - Eichenring 15, 8551 Röttenbach - Stud. Elektrotechnik; Promot. TH Aachen, Habil. Erlangen - Lehr- u. Forsch.geb.: Hochfrequenz-, Mikrowellen- u. Ultraschalltechnik; Medizintechnik, Zerstörungsfreie Prüfung, Sensorik.

ERMISCH, Günter

Dr. iur., Staatssekretär u. Bevollm. d. Freistaats Sachsen f. Bundes- u. Europaangelegenheiten - Peterweg 1, 5300 Bonn 3 (T. 0228 - 95 85 111) - Geb. 14. April 1933, ev., verh. s 1989 m. Anni, geb. Schlarb, 3 Kd. (Susanne, Christian, Stefan) - Stud. Rechts- u. Staatswiss.; 2. Staatsex. 1961 (Prädikat); Promot. 1990 (magna cum laude) - 1958-63 wiss. Dir. Univ. Würzburg; s. 1963 Bundesmin. d. Innern, zul. Ministerialdir.; 1978-81 Vizepräs. d. Bundeskriminalamtes; 1984-87 Staatssekr. d. Bundesmin. d. Verteidigung; 1987-90 Vorst. fr. Wirtsch.; 1991 zul. Mitgl. d. Bundesreg. - Mithrsg. e. Kommentars z. Bundeshaushaltsordnung - BVK - Liebh.: Gesch., Polit. Entwicklungen, Musik - Spr.: Engl.

ERNÉ, Marcel
Dr. rer. nat., Prof. f. Mathematik Univ. Hannover - Tegeler Str. 11, 3012 Langenhagen 1 (T. 0511 - 72 15 42) - Geb. 6. Aug. 1947 Altenmarkt (Vater: Dr. Giovanni E., Schriftsteller; Mutter: Beatrice, geb. Schott), kath., verh. s. 1989 m. Birgit, geb. Suhr - Abit. 1966; Dipl. Math. 1970, Promot. 1972, Habil. 1980 Univ. Hannover - 1970-75 Assist. Univ. Münster; 1975-81 Oberassist. Hannover; 1981ff. Prof. ebd.; 1988 Gastprof. Univ. Toledo (Ohio), u. TH Darmstadt - BV: Einf. in d. Ordnungstheorie, Lehrb. 1982 - Liebh.: Bild. Kunst, Turnen, Tanzsport (div. Meistersch. u. Plaz., 1989 Nieders. Landesmeist. Sen. CI) - Spr.: Engl., Franz., Ital. - Bek. Vorf.: Giovanni E., Schriftst. u. Kulturredakt. ZDF (Vater); Rolf Schott, Maler, Dichter u. Kunsthistoriker (Großv.); Hans Reichenbach, Naturwiss. u. Philosoph (Großonkel); Joseph Suder, Komp. (Großonkel).

ERNÉ, Nino
Dr. phil., Schriftsteller - Ebersheimer Weg 37, 6500 Mainz (T. 06131 - 5 37 52) - Geb. 31. Okt. 1921 Berlin (Vater: Antonio E., Schriftst.; Mutter: Wendeli, geb. Reichenbach), verh. s. 1962 m. Tatjana, geb. Wlassow - Univ. Berlin u. München - Dramat., Lektor, Fernsehkorresp., Kulturredakt. ZDF - BV u. a.: D. sinnende Bettler, 1946; Kunst d. Novelle, 1956; Monolog d. Froschkönigs, 1966; Murmelpoeme, 1967; Italien süß u. sauer, 1975; Nachruf auf Othello, R. 1976; Kellerkneipe u. Elfenbeinturm, R. 1979; Fahrgäste - Gesch. aus 4 Jahrzehnten, 1981; Rom - e. Tag, e. Nacht, R. 1982, Vorschlag z. Güte, kl. Prosa, 1984; Weiße, schwarzgemusterte Flügel, Tageb. 1986; Kinder d. Saturn, drei Novellen 1987; Üb. d. großen Brücken, 10 Balladen 1988. Herausg.: E. T. A. Hoffmann, Conan Doyle. Übers.: Larbaud, Buzzati, Calvino, Bemelmans, Brassens u. a. Fernsehf.: u. a. D. ganz kl. Vier, Römisches Mosaik, An der Elbchaussee, Heines Harzreise, Der graue Gentleman, Der Milchmann, Fleet Street, An der Reeperbahn morgens um 10, Mir Frankforter Kulturmensche, Deutsche Frauen in Italien, Venedig muß gerettet werden, Triest italienisch, Emigranten im eig. Land, Vogel als Prophet (100 Jahre Hermann Hesse). Mitgl. PEN-Zentrum Bundesrep. Dtschl.; 1979 Kunstpreis Rhld.-Pf.; 1986 Gutenberg-Plak.; 1987 Chevalier dans l'ordre des palmes académiques; 1989 BVK I. Kl. - Liebh.: Bücher, Musik, Reisen - Spr.: Engl., Franz., Ital.

ERNESTI, Claus
Vorsitzender Geschäftsfg. CEBALVerpack. GmbH & Co KG, Mitgl. Comité de Direction CEBAL S.A., Clichy, Mitgl. Conseil d'Administration CO-TUPLAS S.A., Paris, Chairman PECHINEY CEBAL PACK. LTD. (UK) - Schweinauer Hauptstr. 80, 8500 Nürnberg; priv.: Radstädter Str. 62, 8500 Nürnberg 50 - Geb. 24. Aug. 1934 - Stud. Inst. de Commerce Int., Paris, Sciences Econ.

ERNESTI, Leo
Oberst a. D., MdB (s. 1967) - Geroweg 3, 3490 Bad Driburg/W. (T. 3364) - Geb. 3. Sept. 1925 Paderborn, kath., verh., 2 Kd. - Volkssch. - Beamtenlaufbahn u. a. Bundespost u. -wehr (1957; Ausbildungs- u. Lehroffz. Luftw. u. 5 J. Hilfsref. Führungsstab/Unterabt. Innere Führung bzw. -verteidigungsmin. (1963 Min.büro). 1943-45 Kriegsdst. (zul. Ltn. u. Kompanief.; schwerverw.). Zeitw. Ratsmitgl. Paderborn. CDU s. 1951.

ERNESTUS, Hanns Peter
Versicherungskfm., Direktor, o. Vorstandsmitgl. Gothaer Rückversicherung AG., Köln - Geb. 26. Febr. 1926 Wuppertal (Vater: Dr. med. Walter E.; Mutter: geb. Reerink), ev., verh. s. 1960 m. Hildegard, geb. Klostermann, 2 Kd. (Claudia, Britta) - Realgymn. Vers.lehre; Jurastud.

ERNST, Ekkehard
Dr. agr., Prof. f. Tierzucht u. -haltung - Wilhelm-Lehmann-Str. 44, 2330 Eckernförde - B. 1975 Doz., dann Prof. Univ. Kiel.

ERNST, Eugen
Dr. phil. nat., Prof. f. Didaktik d. Geographie Univ. Gießen (s. 1970) - An der Erzkaut 4, 6392 Neu-Anspach/Ts. - Geb. 17. Juni 1931 Anspach - Promot. 1957 - S. 1978 Dir. Hess. Freilichtmus. - Fachveröff. (auch Bücher).

ERNST, Friedhelm
Dipl.-Kfm., Verkehrsdirektor, Hauptgeschäftsf. Landesverkehrsverb. Rheinland, Geschäftsf. Arbeitsgem. d. Fremdenverkehrsverb. am Rhein u. Intern. Eifel-Ardennen-Werbung, Vorst.-Mitgl. u. Vors. d. Verkehrsaussch. im Dt. Fremdenverkehrsverb. - Rheinallee 69, 5300 Bonn 2 (T. 36 29 21-22) - Geb. 24. Juli 1935 Köln - Autor mehrerer Fachbücher d. Verkehrswesens - Gold. Steuerrad (Golden Helm) - Spr.: Engl., Franz.

ERNST, Gerhard
Dr. phil., Prof., Lehrstuhlinh. f. Roman. Philologie Univ. Regensburg - Gartenweg 2, 8402 Neutraubling/Opf. - Geb. 7. Juli 1937 Ansbach - Promot. 1967 Erlangen; Habil. 1974 ebd. - BV: Toskanisierung d. röm. Dial. im 15. u. 16. Jh., 1970; D. Wortschatz d. franz. Übers. v. Plutarchs Vies parallèles (1559-1694), 1977; Einführungskurs Ital., m. 4 Kassetten, 10. A. 1991; Gespr. Franz. z. Beginn d. 17. Jh., 1985; Sprachwiss. Analysen neufranz. Texte, 1987 - 1976 Cav. della Rep. (Ital.) - Liebh.: Kammer- u. Orchestermusik (aktiv) - Spr.: Engl., Franz., Ital., Rum.

ERNST, Gernot
Dr. jur., Bankier (Bankhaus Delbrück & Co., Berlin/Köln/Hamburg/Aachen/München), Börsenvorst. Berliner Börse, stv. Vors. Bankenverb. Berlin, u. a. - Teutonenstr. 15, 1000 Berlin 38 (T. 803 14 73; Büro: 88 42 88-0) - Geb. 19. Mai 1931 (Vater: Dr. Friedrich E., Ministerialdir., zul. Teilh. ob. Bankhaus † 1960; s. XIII. Ausg.) - Gr. jurist. Staatsprüf.

ERNST, Gundolf
Dr. rer. nat., Prof. f. Geologie u. Paläontol. FU Berlin - Schwendenerstr. 8, 1000 Berlin 33 - Zul. Doz. TU Braunschweig.

ERNST, Gustav
Schriftsteller - Taborstr. 33/21, A-1020 Wien (T. 0222 - 214 48 51) - Geb. 23. Juli 1944 Wien, gesch. - Stud. Phil., Gesch., German. Univ. Wien - BV: Am Kehlkopf, Erz. 1974; Einsame Klasse, R. 1979; E. irrer Haß, Stck. 1981; Frühling in d. Via Condotti, R. 1987; Herzgruft, Stck. 1988.

ERNST, Josef
Dr. theol., o. Prof. f. Neutestamentl. Exegese - Kamp 6, 4790 Paderborn/W. (T. 4827) - Geb. 7. März 1926 Gelsenkirchen - Priesterweihe 1952 - S. 1967 Dozent u. o. Prof. (1968) Theol. Fakultät Paderborn.

ERNST, Jürgen
Dr., Physiker, Prof. f. experimentelle Kernphysik Univ. Bonn - Auf dem Uhlberg 2, 5300 Bonn 1 (T. 25 52 95) - Geb. 17. Juni 1936 Nürnberg, ev.-luth., verh. s. 1978 m. Rosmarie, geb. Padberg, 3 S. - Univ. Erlangen u. Heidelberg, MPI f. Kernphysik Heidelberg; Dipl. 1962, Promot. 1965 - S. 1971 Hochsch.-Lehrer Univ. Bonn, Inst. f. Strahlen- u. Kernphysik (apl. Prof., s. 1980 Prof. C-3).

ERNST, Karl Heinz

Dipl.-Verw.wirt, Amtmann a. D., Vizepräsident Hess. Landtag (s. 1984), MdL (s. 1970) - Zum Galberg 17, 3580 Fritzlar (T. 05622/2364) - Geb. 18. Jan. 1942 Fritzlar - Realsch. Fritzlar; 1959-62 Verwaltungslehre Kreisverw.; Inspekt.-Prüf. - S. 1962 b. Regierungspräs. Kassel; zul. Amtm. (Personalverw.). 1968ff. Stadtverordn. Fritzlar, SPD-Fraktionsvors.; 1974-77 Vors. Aussch. f. Verw.-Reform; 1977-83 stv. Vors. SPD-Landtagsfrakt.; 1984-87 Vizepräs. d. Hess. Landtages.; s. 1991 Vors. d. Innenaussch. d. Hess. Landtages. SPD s. 1963.

ERNST, Klaus-Dieter

Dr. rer. nat., Prof. f. Zoologie Univ. Regensburg - Tannenstr. 13, 8411 Laaber-Waldetzenberg/Opf. - Zul. Privatdoz.

ERNST, Ludger

Dr. rer. nat. habil., Prof. TU Braunschweig - Fasanenstr. 65, 3300 Braunschweig - Geb. 4. April 1946 Borghorst/Westf. - 1965-67 Stud. Chemie TU Braunschweig u. 1967-69 Univ. Heidelberg; Dipl.-Chem. 1969; Promot. 1970 Heidelberg; Habil. (Strukturchemie) 1982 Braunschweig - 1970/71 wiss. Mitarb. Univ. Heidelberg; 1971/72 Univ. Manitoba/Can.; 1972/73 BASF AG Ludwigshafen; 1973-86 Ges. Biotechn. Forsch. Braunschweig; 1986 apl. Prof. TU Braunschweig; 1987 Akad. Oberrat; 1989 Akad. Direktor - BV: C-13-NMR-Spektroskopie, 1980; Carbon-13 NMR Spectral Data(m. W. Bremser), 4. A. 1987.

ERNST, Philipp

Verkehrsdirektor i. R. - Schauinslandstr. 99, 7800 Freiburg (T. 2 95 17) - Geb. 25. Jan. 1911 Marburg/L. (Vater: Philipp E., Elektroing.; Mutter: Christel, geb. Weintraut), ev., verh. s. 1972 m. Amy Yvonne, geb. Wain - 1932-35 Leit. Verkehrsamt Bad Neuenahr, 1935-37 Verkehrsdir. Eisenach, 1937-45 Ref. u. Leit. Beratungsst. Reichsverkehrsgruppe Hilfsgewerbe d. Verkehrs Berlin, 1946-53 Organisationsleit. Konzertdir. Marburg, Hauptgeschäftsf. Marbg. Philharmonie u. Sinfonieorch., s. 1953 Städt. Verkehrsdir. Freiburg; s. 1980 Stadtrat. Ehrenpräs. Freibg. Fußball- u. Vizepräs. Skal-Club Freiburg; Ehrensen. u. Beir. Univ. Freiburg, o. Mitgl. d. Academie Internationale du Tourisme, Mitgl. d. Fédération Internat. de Centres Touristiques - Commandeur Ordre de Merite de Madagaskar; Kavalier d. Straße, BVK I. Kl., Ehrenmitgl. d. internat. Reiselt.-Vereinig. Zürich, Ausz. „Goldene Reisekutsche", Ehrenmitgl. zahlr. u. überörtl. Vereine u. Org. - Liebh.: Briefm., Souvenirs (besitzt e. gr. Samml. v. Fremdenverkehrssouv. - Spr.: Engl., Franz., Norw. - Bek. Vorf.: Dietrich Weintraut (Heimatdichter).

ERNST, Reinhard

Dipl.-Ing., Hauptabteilungsleiter u. Direktor Siemens AG - Otto-Hahn-Ring 6, 8000 München 83 - Geb. 22. Aug. 1930 Breslau - Kurat.-Mitgl. Max-Planck-Inst. f. ausl. u. intern. Patent-, Urheber- u. Wettbewerbsrecht, München.

ERNST, Roland

Dipl.-Ing., Prof. f. Angew. Informatik GH Kassel (s. 1968) - Söhresstr. 7, 3501 Fuldatal 2 - Geb. 16. Aug. 1933 - Zul. Ingenieursch. Kassel.

ERNST, Ulrich

Dr. phil., Univ.-Prof. f. Allg. Literaturwissenschaft u. Dt. Philol. (Mediävistik) Berg. Univ.-GH Wuppertal - Mommsenstr. 34, 5000 Köln 41 - Geb. 14. Febr. 1944 (Vater: Bruno E.; Mutter: Wilhelmine, geb. Schröer), verh. m. Monika, geb. Linneborn, 2 Töcht. (Sabine, Caroline) - Stud. German., Gesch. u. Mittellat. Philol. Univ. Hamburg u. Köln, Promot. 1974 - 1976 Prof. Univ. Wuppertal - BV: D. Liber Evangeliorum Otfrids v. Weissenburg, 1975; Gottfried v. Strassburg in komparat. Sicht, 1976; D. Genese d. europ. Endreimdicht., 1977; D. Antagonismus v. vita carnalis u. vita spiritualis im Gregorius Hartmanns v. Aue, 1978/79; Betrus Bungus: Numerorum mysteria, 1983; Lesen als Rezeptionsakt, 1985; Kyot u. Flegetanis in Wolframs Parzival, 1985; Text als Figur. Visuelle Poesie v. d. Antike b. z. Moderne, 1987. Architectura Poetica. Festschr. f. Johannes Rathofer, 1990; Carmen figuratum. Geschichte d. Figurengedichtes v. d. antiken Ursprüngen b. zum Ausgang d. Mittelalters, 1991. Herausg.: Schr.reihen ORDO u. pictura et poesis. Zahlr. Aufs. z. visuellen Poesie.

ERNST, Walter

Betriebswirt u. Großhandelskaufmann. Geschäftsf. d. Heinrich Riemerschmid GmbH & Co. Holding KG - Schönberg 9, 8911 Finning (T. 08806 - 79 57) - Geb. 3. Okt. 1944 Mittenwald (Vater: Dr. Leo E., RA; Mutter: Herta, geb. Pause), ev., verh. s. 1968 m. Jutta, geb. Eickmann, 2 Kd. (Michael-Leo, Sonja-Ursula) - Ab 1966 kfm. Lehre, ab 1970 Betriebswirtschaftsakad. (Dipl.), ab 1971 Marketing-Colleg, ab 1974 Akad. f. Welthandel - S. 1977 Geschäftsf. Feldmann-Chemie GmbH, s. 1984 Geschäftsf. Grünbeck Wasseraufbereitung GmbH, GWT Ges. f. Wasser- u. Verfahrenstechnik mbH, SBM Stahl- u. Behälterbau Motzenhofen GmbH, s. 1991 Geschäftsf. Firmengruppe Riemerschmid. Z. Zt. Handelsrichter am Landgericht Augsburg - Liebh.: Lit., Bergwandern - Spr.: Engl., Franz.

ERNST, Werner

Dr. phil. nat., Prof., Geologe - Leutrumstr. 9, 7400 Tübingen 3 - Geb. 6. Okt. 1927 Mühlhausen/Thür. - S. Habil. Lehrtätigk. Univ. Tübingen (gegenw. apl. Prof. f. Geol. u. Doz. Inst. u. Mus. f. Geol. u. Paläontol.). Facharb.

ERNST, Werner

Dr. jur., Prof., Staatssekr. a. D. - 5300 Bonn - Geb. 28. Jan. 1910 Gumbinnen/Ostpr. (Vater: höh. Postbeamter, zul. Präs. e. Oberpostdir.), ev., verw., 2 Kd. (T., S.) - Univ. Göttingen, Kiel, Berlin, Rostock (Rechtswiss.). Ass.ex. 1936 - B. 1938 Sozialverw., dann Reichsarbeitsmin. (zul. Oberreg.rat), n. 1945 Wiederaufbaumin. NRW (maßgebl. an d. Aufbaugesetzgeb. beteiligt), 1953-59 Richter Bundesverw.gericht, 1959-68 Staatssekr. Bundesmin. f. Wohnungsbau bzw. Wohnungswesen, Städtebau u. Raumordnung u. d. Innern (1968; zurückgetr.). 1959-68 Honorarprof. FU Berlin; s. 1968 Honorarprof. Univ. Münster (Bau-, Boden-, Enteignungs-, Wege-, Wasser-, Raumplanungsrecht). Unters. üb. rechtl. u. wirtschaftl. Probleme d. Städtebaus; 1967 o. Mitgl. Akad. f. Raumforsch. u. Landesplanung, Hannover; 1968-80 Dir. Zentralinst. f. Raumplanung; 1970-72 Vors. d. Kommiss. f. d. Neugliederung d. Bundesgebietes - 1964 Gr. BVK m. Stern u. Schulterbd.; 1971 Heinrich-Plett-Preis; 1981 Camillo-Sitte-Preis.

ERNST, Wolfgang

Bundesrichter BVG Berlin (s. 1980) - Tempelhofer Damm 82, 1000 Berlin 42 (T. 7 86 11 34) - Geb. 27. Okt. 1930 - U. a. Kammergerichtsrat, Senatsrat Senatsverw. f. Justiz, Vors. Richter KG, Präs. d. Justizprüfungsamtes (1972 ff.; alles Berlin).

ERNSTING, Jans-Paul

Dipl.-Kfm., Hauptgeschäftsführer d. Handwerkskammer Hannover (s. 1992) - Berliner Allee 17, 3000 Hannover 1 (T. 0511 - 3 48 59 33) - Geb. 30. Aug. 1952.

ERNSTING, Uwe

Vorstandsmitglied Dt. Metalltüren-Werke Aug. Schwarze AG., Bielefeld - Arndtstr. 6, 4801 Brockhagen/W. - Geb. 16. April 1938 - Ing. (grad.).

ERNY, Horst Friedrich

Bürgermeister d. Stadt Krakow am See in Mecklenburg (s. 1991) - Rathaus, 8530 Neustadt/Aisch; priv.: Moltkestr. 3 -

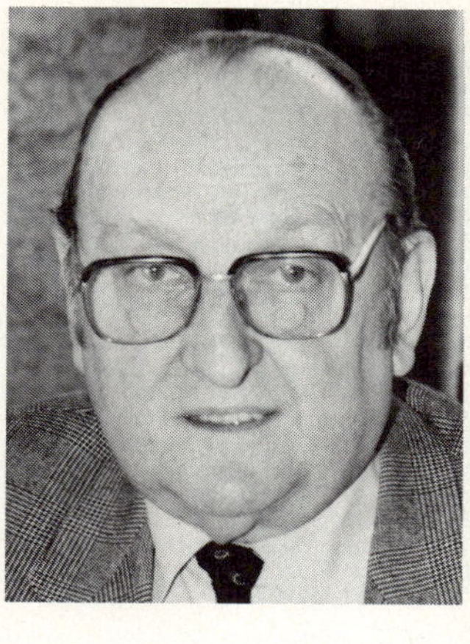

Geb. 4. Aug. 1928 Neustadt/A. (Vater: Wilhelm E., Fabr.; Mutter: Margarete, geb. Oberländer), ev., verh. s. 1951 m. Edith-Helen, geb. Schmid, 2 S. (Georg, Roland) - Kaufm. Ausbild. - Kaufm.; 1954 u. 1964 Mitgl. u. Wahlm. Bundesvers.; 1962-78 Bezirksrat; 1972-90 I. Bürgerm. Kreisstadt Neustadt; 1978-90 stv. Landrat Kr. Neustadt-Bad Windsheim. 1972ff. BRK-Kreisvors. CSU - 1978 Silb. u. Gold. Ehrennadel BRK; 1984 BVK am Bde.; 1988 Träger Gold. Bürgermed. Stadt Neustadt a.d. Aisch; 1988 Kreismed. in Silber d. Landkr. Neustadt a.d. Aisch-Bad Windsheim; 1989 Medaille d. Freistaates Bayern f. bes. Verdienste um d. kommunale Selbstverwaltung - Liebh.: Kunst - Spr.: Engl., Franz.

ERNY, Richard

Dr., Schul- u. Kulturdezernent Stadt Bochum a. D. - Overbergstr. 12, 4630 Bochum 1 (T. 0234 - 70 55 77) - Geb. 16. Juli 1928 - Stud. Psych., Soziol., Deutsch, Kunstgesch. u. Gesch.; Promot. 1957 Heidelberg - Ehem. Vors. Wuppertaler Sekr. f. gemeinsame Kulturarb. u. Kulturaussch. Städtetag NW - BV: Lyr. Sprachmusikalität als ästhet. Probleme d. Vorromantik, in: Lit. u. Musik. E. Handb. z. Theorie u. Praxis e. komparatistischen Grenzgeb., 1984. Herausg.: Medienforum Bochum (1977 u. 79); Handb. KULTUR '90, Modelle u. Handlungsbedarf f. d. kommunale Kulturarb. (1988); KULTUR '90, Reden, Komment., Pressestimmen (1989); Wirtschaft u. Kultur (1991); Kommunale Kulturarbeit (1990) - VO Land NW.

ERNYEY, von, Béla István

Dipl.-Schauspieler (Künstlername Béla Erny) - Zu erreichen üb. ZBF München, Leopoldstr. 14, 8000 München 40 - Geb. 10. Juni 1942 Budapest/Ungarn, verh. m. Mary Sur, T. Adrienne - Dipl. d. Hochsch. f. Theater- u. Filmkunst, Budapest - 9 J. Vig-Theater Budapest, klass. u. mod. Rollen, Musicals. 3 J. Theater an d. Wien, Österr.; Pippin: Pippin, Regie: Bob Fosse (1973), Gigi: Gaston, Regie: Christian Wölffer (1974), Billy: Billy, Regie: Patrick Garland (1976); Theater in d. Josefstadt, Wien, Österr.: Brave Diebe: David, Regie: Hans Jaray (1984); Theater am Gärtnerplatz, München, Deutschl. (1978-90): Gigi: Gaston üb. 500 Vorstellungen, Kiss me Kate: Lucentio, Regie: Kurt Pscherer, Annie get your gun: Frank, Regie: W. Bauernfeind. 22 Spielf., u. a. Rosemarie's Tochter, Regie: Rolf Thiele, Gigolo, Regie: David Hemmings; 105 TV-Filme, -Spiele u. Shows, u. a. Bali, Regie: István Szabó, D. Beau Titelrolle, auch Koproduzent, Regie: L. Málnay, Tatort, Regie: Walter Bannert. Ungarn: 1 LP, 9 Singles, Deutschl. 1 LP, 5 Singles. Eigene TV-Show MTV: Ohne Maske. S. 1985 auch als Produzent tätig - BV: Träume sind gefährlich, Autobiogr. 1989 - 1967 D. populärste junge Schauspieler, Ungarn; 1973/74 2 Goldene f. d. LP Popfestival, Ungarn; 1976 Stern d. Jahres, dt. Presse Auszeichnung f. d. besten Musical-Schausp. (f. Billy im Theater an d. Wien) - Liebh.: Fischen, Antiquitäten - Spr.: Deutsch, Engl. (Mutterspr. Ung.). Eine d. ältesten Familien Ungarns (XII. Jh.) - Lit.: Verschiedenes.

EROMS, Hans-Werner

Dr. phil., o. Prof. f. Dt. Sprachwiss. Univ. Passau - Innstr. 25, 8390 Passau - Geb. 23. Juli 1938 Hannover, ev., verh. m. Imme, geb. Rauterberg, 3 Kd. - 1977 Doz. Univ. Regensburg, 1978 Prof. Univ. Münster - BV: vreude b. Hartmann v. Aue, 1970; Textlinguistik u. ihre Didaktik, 1976 (m. a.); Be-Verb u. Präpositionalphrase, 1980; Valenz Kasus u. Präpositionen, 1981; Funktionale Satzperspektive, 1986. Herausg.: Probleme regionaler Sprachen (1989).

ERPENBECK, Ferdinand

Baumschulbesitzer - Bramscher Str. 190a, 4500 Osnabrück (T. 6 21 04) - Geb. 13. Jan. 1921 Osnabrück, kath., verh. s. 1947 m. Bernhardine, geb. Trentmann, 6 Kd. - Volkssch.; Lehre Gartenbau. Meisterprüf. - 1941-45 Kriegsdst. Mitgl. Landesschulbeirat Nieders., Präsid. Kath. Elternschaft Dtschl.s u. a. S. 1951 Ratsmitgl. u. Bürgerm. (1956) Osnabrück; 1965-72 MdB. CDU (1960 Kreisvors. Osnabrück-Stadt, 1963 stv. u. 1970 Bezirksvors. Osnabrück-Emsland; Mitgl. Landesvorst. Nieders.).

ERPENBECK, John

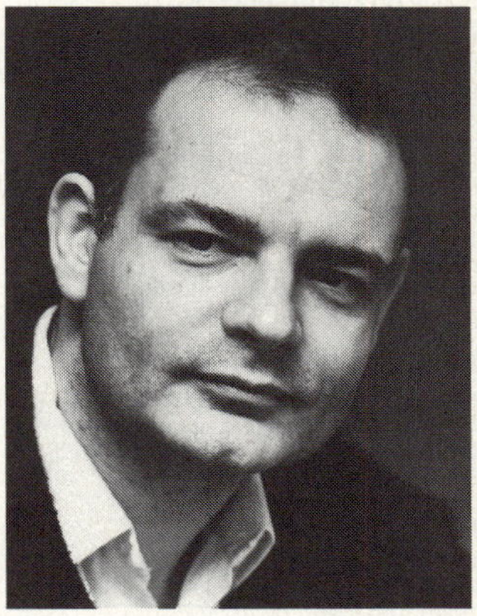

Dr. rer. nat., Dr. sc. phil., Prof. f. Wiss.-theorie u. Wiss.geschichte, MPG, Physiker, Philosoph, Schriftsteller/Zentrum - Fritz-Erpenbeck-Ring 10, O-1110 Berlin (T. 4 82 51 46) - Geb. 29. April 1942 Baschkirien (Vater: Fritz; Mutter: Hedda, geb. Zinner), verh. s. 1983 m. Ilse, geb. Lenz, 2 Töcht. (Jenny, Luise) - Abit., Physikstud. - Dipl.-Phys. 1965; Promot. 1968; s. 1973 Arb. als Philosoph; Habil. 1978. 1985 Prof. an d. AdW d. DDR; wiss. Mitarb. - Mitinh. v. 6 physikal.-techn. Pat. - BV: 5 Romane, u.a. D. blaue Turm, 1980; Heillose Flucht, 1984; Gruppentherapie, 1989; 2 Gedichtbde.; 2 Essaybde.; 6 wiss. Monogr., u.a. D. Ganze denken, 1986; Wollen u. Werden, 1992 - 1983 Heinrich-Heine-Preis - Spr.: Engl., Russ. - Lit.: Weimarer Beitr. 8/86.

ERREN, Karl-Heinz

Geschäftsführer Norddeutsche Faserwerke GmbH - 2356 Aukrug/Holst. - Geb. 12. Mai 1936 - Dipl.-Ing.

ERREN, Manfred

Dr. phil., Prof. f. Klass. Philologie - Hebelstr. 34, 7840 Müllheim (Baden) - Geb. 9. Dez. 1928 - Promot. 1956; Habil. 1966 - S. 1972 Prof. Univ. Freiburg. Fachveröff.

ERSFELD, Günther

Justitiar d. Steuerberaterkammer Saarland, Ltd. Verwaltungsdir. a. D. - Oberer Kohlweg 3, 6600 Saarbrücken (T. 0681 - 6 32 32) - Geb. 14. Dez. 1930

Witten, kath., verh., 3 Kd. - Stud. Rechts- u. Verwaltungswiss. Univ. Saarbrücken, Salamanca, Bonn u. Speyer; 1. Staatsex. Köln, 2. Staatsex. Düsseldorf - B. 1977 Wirtschaftsdezern. Stadt Saarbrücken; 1977-88 Generalbevollm. Saar Ferngas AG; s. 1991 Partner in Fa. Meyer-Hentschel Management Consulting & Partner, Saarbrücken-Scheidt; Vorst.-Mitgl. Wirtschaftsrat Saarland, Mitgl. d. CDU-Stadtratsfraktion Saarbrücken; AR-Mitgl. Stadtwerke Saarbrücken AG, Kongreßhalle Betriebs GmbH, Saarbrücken.

ERTEL, Dieter

Journalist - Neckarstr. 112, 7140 Ludwigsburg/Württ. (T. 81510) - Geb. 25. Febr. 1927 Hamburg (Vater: Dr. Kurt E., Rechtsanw.; Mutter: Luise, geb. Dieckmann), ev., verh. s. 1955 m. Hildegard, geb. Breithaupt, 2 Kd. (Claudia, Wolfgang) - 1947 b. 1950 Univ. Hamburg (German., Lit.wiss., Angl.) - B. 1953 Redakt. Neue Dt. Wochenschau, dann D. Spiegel, 1955-73 Mitarb. SDR (Leit. Fernseh-Programmbereich Kultur u. Ges.), s. 1974 Fernseh-Programmdir. Radio Bremen. B. 1981 Programmbereichsleit. WDR, Köln, dann Fernsehdir. SWF, Baden-Baden Fernsehdokumentarfilme: E. Großkampftag, Tortur de France, Schützenfest in Bahnhofsnähe, Strafvollzug, Ferenc Fricsay (D. Moldau), Bei d. Arbeit beobachtet: Georg Solti, D. totale Urlaub - 1966 Berliner Kunstpreis (Fernsehpr.) - Liebh.: Musik (Mozart) - Spr.: Engl.

ERTEL, Suitbert A.

Dr. phil., o. Prof. f. Psychologie Univ. Göttingen - Goßlerstr. 14, 3400 Göttingen (T. 0551 - 39 36 11) - Geb. 2. März 1932 Radevormwald - Stud. Univ. Münster (Dipl. Psych. 1956, Promot. 1962, Habil. 1968) - S. 1971 o. Prof. Univ. Göttingen - BV: Psychophonetik, 1969; Gestalttheorie in d. mod. Psych. (m. a.), 1975; Art. z. Psycholinguistik, Motivations- u. Persönlichkeitspsych.; Psychohist. Forsch; Arbeitsgeb.: Grenzgebietsprobl.

ERTL, Franz Xaver

Landes-Caritasdirektor, Geschäftsf. Dt. Caritasverb. - Zu erreichen üb. Caritas, Landesverb. Bayern, Lessingstr. 1, 8000 München 2 - 1982 Bayer. VO.

ERTL, Gerhard

Dr. rer. nat., Prof., Direktor Fritz-Haber-Inst. d. Max-Planck-Ges. Berlin (s. 1986) - Garystr. 18, 1000 Berlin 33 - Geb. 10. Okt. 1936 Stuttgart (Vater: Ludwig E.; Mutter: Johanna, geb. Schneider), ev., verh. s. 1964 m. Barbara, geb. Maschek, 2 Kd. - Stud. Univ. Stuttgart, Paris, München - 1968-73 o. Prof. TU Hannover, 1973-86 Univ. München; 1976/77 California Inst. of Technol. Pasadena (Fairchild Scholar); 1981/82 Univ. of California, Berkeley - BV: Low energy electrons a. surface chemistry, 1974. Zahlr. Fachveröff. - 1979 Paul H. Emmett Award (Americ. Catalysis Soc.); 1979 E.W. Müller Award (Univ. of Wisconsin).; 1985 C. F. Gauss-Med. Braunschweig. Wiss. Ges.; Hon. Fellow Royal Soc. of Edinburgh; 1986 Mitgl. Dt. Akad. d. Naturforscher Leopoldina; 1987 Liebig-Med. Ges. Dt. Chem.; 1990 Mittasch-Med. Dechema; 1991 Leibniz-Preis Dt. Forsch.gem.; 1992 Hewlett-Packard-Preis (Europ. Phys. Soc.); Japan Prize (sci. and Techn. Found. of Japan).

ERTL, Josef

Dr. h.c., Sen. e. h., Dipl.-Landw., Oberlandwirtschaftsrat, Bundesminister a. D. (1969-83), MdB (1961-87), Ehrenpräs. d. Dt. Landw.-Ges. - Auerstr. 20, 8182 Bad Wiessee/Obb. - Geb. 7. März 1925 Oberschleißheim/Obb. (Vater: Adolf E., Bauer; Mutter: Magdalena, geb. Wagner), kath., verh. s. 1953 m. Paula, geb. Niklas, 3 Söhne (Christoph, Wolfgang, Nikolaus) - Abit. 1943; n. Kriegsdst. (Luftw.) landw. Ausb.; 1947-50 TH München (Fak. f. Landw. u. Gartenbau, Weihenstephan, Dipl. 1950, Staatsex. 1952) - 1952-57 Bayer. Min. f. ELuF (Leit. Landjugendberatungsdst.); 1958-69 Landwirtschaftsamt m. Almwirtschaftsschule Miesbach (Dir.); 1969-83 Bundesmin. f. Ernähr., Landw. u. Forsten (Unterbr. Okt. 1982). 1978-91 Präs. Dt. Skiverb., Ehrenvors. Kulturwerk f. Südtirol, 1984-90 Präs. Dt. Landwirtsch.-Ges. (DLG), jetzt Ehrenpräs. FDP s. 1951 (b. 1983 Landesvors. Bayern, jetzt Ehrenvors.) - BV: 1000 Fragen f. d. jg. Landw. (2 A.); Agrarpolitik ohne Illusionen - 1971 Ritter Orden Wider den tier. Ernst Aachener Karnevalsverein; Ehrensenator Univ. f. Bodenkultur Wien; Ökonomierat Rep. Österr.; Ehrendoktor Univ. Tokyo; Bayer. VO; Großkreuz VO d. BRD; Silber. Ehrennadel d. Gewerksch. Gartenbau, Land- u. Forstwirtsch.; Gr. Gold. Max-Eytl Münze der DLG; Ehrenpräs. Kulturwerk f. Südtirol; zahlr. hohe ausl. Ausz. - Liebh.: Sport (Schwimmen, Skilaufen, Segeln), Jagd, hist. Lit. u. Biogr., klass. Musik, Malen - Spr.: Engl. - Rotarier.

ERTLE, Christoph

Dr. phil., M. A., Prof. f. Verhaltensgestörtenpädagogik PH Reutlingen - Bachstr. 19, 7408 Jettenburg/b. Tübingen - Geb. 13. Okt. 1936 Stuttgart (Vater: Dipl.-Landw. Hermann E.; Mutter: Elsbeth, geb. Bossert), ev., verh. s. 1967 m. Barbara, geb. Seeger, 2 Kd. (Ulrike, Peter-Johannes) - 1956-58 Lehrerstud. PA Dortmund; 1962 b. 67 Stud. Päd., Psych., Geogr. Univ. Tübingen u. Freiburg/Br. Psychoanalytiker (DPV/IPV) - BV: Erziehungsberatung, 2. A. 1976; D. andere Unterr., 1978 (m. V. Schmid); Fälle u. Unfälle d. Erziehung, 1981 (m. A. Möckel). Mitverf.: Gutachten f. d. Dt. Bildungsrat, 2. A. 1977.

ERTLE, Hans Jürgen

Dipl.-Ing., Bergass. a.D., Unternehmensberater, Vorst.-Mitgl. Mitteldeutsche Kali AG, O-5400 Sondershausen/Thür. (s. 1990) - Petersbergstr. 7, 6600 Saarbrücken (T. 0681 - 584 86 36) - Geb. 20. Sept. 1927 Bernburg/S., ev., verh. m. Hedy, geb. Kendel, 5 Kd. (Klaus-Martin, Hans-Stephan, Anne-Katrin, Petra-Barbara, Jörg-Christian) - 1946 Abit., bergm. Lehre, Hauer; 1948-54 Stud. TH Aachen u. Betriebswirtsch. Univ. Köln, Berlin; 1954-57 Staatsausb. Bergrefer. Dortmund, Ass. Bonn. Betriebsing. Harpener Bergbau AG (1957-60), Geschäftsf. Untertage Maschinenfabr. Dudweiler GmbH (1960-74), Geschäftsf. Saarberg-Interplan GmbH u. Vors. d. Gf. Internran GmbH (1974-86), Vizepräs. Verb. d. weiterverarb. Eisen- u. Metall-Ind. (1969-72), Mitgl. d. Präs. d. Saarl. Industriellen-Verb. u. Verb. d. weiterverarb. Eisen- u. Metall-Ind. d. Saarl., Hauptvorst. VDMA, Frankfurt, u. Vorst. Inst. Dt. Wirtsch. (IDW), Köln (1969-86). 1972-76 Mitgl. Vollvers. IHK Saarbrücken; Vorst.-Vors. Dank an CARE, Bonn; Gründ.-Mitgl. CARE-DEUTSCHLAND e.V., Bonn; AR-Vors. Mitteldeutsche Salzwerke GmbH, Bernburg/Saale; AR-Mitgl. Zielitzer Kali AG, Zielitz b. Magdeburg, Maschinenfabrik Dietlas GmbH, Dietlas/Thür., Maschinenfabrik Untertage GmbH (UT), Saarbrücken-Dudweiler; VR Intern. Kali-Inst., Basel, Vereinigung Europ. Kali-Erzeuger (APEP), Brüssel, VR Verein f. d. Deutschtum im Ausland (VDA), St. Augustin; Beirat Deutsche Bank AG, Leipzig, Fachzeitschr. Fördern u. Heben, Mainz; Fachvereinig. Auslandsbergbau, Bonn, Arbeitskr. Wirtsch. Carl Duisberg Ges., Saarbrücken, Ges. Dt. Metallhütten- u. Bergleute (GDMB), Clausthal, Georg Agricola Ges., München, Arbeitsgem. Entw.länder b. DIHT, Köln, Ostaussch. d. Dt. Wirtsch., Köln, Arbeitskr. China, Bonn; stv. Vors. Aussch. f. intern. Rohstoffpolitik, Bonn; Präsid.-Mitgl. Dt.-Arab. Handelskammer, Bonn - Ca. 50 techn.-wiss. Veröff. - Past. District Governor Lions International - Liebh.: Sport, Jagd, Gesch. - Gold. Sportabz. (20x); Luftfahrerschein Segelflug; Ungar. Reiterabz. - Reserve-Offizier, Kriegsausz. 1939-45.

ERTZDORFF-KUPFFER, von, Xenja

Dr. phil., Prof. f. Dt. Sprache u. Lit. d. Mittelalters Univ. Giessen (s. 1970) - Georg-Philipp-Gail-Str. 6, 6300 Gießen (T. 4 69 23) - Geb. 20. April 1933 Sindelfingen (Mutter: Maria, geb. Baronesse von Stempel (1892-1976)), verh. s. 1977 m. Dr. rer. pol. Karl von Ertzdorff-Kupffer, geb. Martin - Promot. 1958 u. Habil. 1966 Freiburg - BV: Rudolf von Ems, 1967; Romane u. Novellen d. 15. u. 16. Jh. in Dtschl., 1989. Übers.: Tristan (m. D. Scholz u. C. Voelkel), 1979; Liebe-Ehe-Ehebruch in d. Literatur d. Mittelalters (hg. m. Marianne Wynn), 1984; Essen u. Trinken in Mittelalter u. Neuzeit (hg. m. Irmgard Bitsch u. Trude Ehlert), 1987; Reisen u. Reiseliteratur im Mittelalter u. in d. Frühen Neuzeit (hg. m. Dieter Neukirch), 1992. Fachveröff. - Interessen: Reisen, Musik, Theater, Kunst d. Fotogr. - Spr.: Franz., Engl., Russ.

ERWE, Friedhelm

Dr. rer. nat., em. o. Prof. f. Mathematik - Techn. Hochsch., 5100 Aachen - Geb. 23. Juli 1922 Herne - 1956 Lehrtätigk. Univ. Bonn (1962 apl. Prof.) u. TH Aachen (1965 Ord.). Emerit. 1987 - BV: Gewöhnl. Differentialgleichungen, 1961; Differential- u. Integralrechnung, 1962; Partielle Differentialgleich. erster Ordnung (zus. m. E. Peschl), 1973; Reelle Analysis, 1978.

ERWIN, Joachim

Rechtsanwalt, Geschäftsf. Bundesverb. Bürotechnik u. BB-Landesverb. Nordrh.-Westf., Düsseldorf - Büro: Rosenstr. 64, 4000 Düsseldorf - Geb. 2. Sept. 1949.

ERZGRÄBER, Willi

Dr. phil., o. Prof. f. Engl. Philologie - Sonnenbergstr. 18b, 7800 Freiburg/Br. (T. 63120) - Geb. 31. Mai 1926 Arheilgen - Realgymn. Darmstadt; Univ. Frankfurt/M. (Angl., German., Roman., Phil.; durch Kriegsdst. unterbr.) - Studienrat Darmstadt; 1956-62 Privatdoz. u. apl. Prof. (1961) Univ. Frankfurt; 1962-66 o. Prof. Univ. Saarbrücken; 1966-70 o. Prof. Univ. Frankfurt; s. 1970 Ord. Univ. Freiburg. Fachveröff.

ESCH, Arno

Dr. phil., o. Prof. f. Engl. Philologie - Zietenstr. 51, 5300 Bonn-Bad Godesberg (T. 35 27 33) - Geb. 15. Okt. 1911 Solingen, ev., verh. - Gymn. Solingen; Stud. Bonn, London, Berlin (Anglistik, Roman., Theol.). Promot. 1937 Berlin, Habil. 1951 Bonn - 1951 Privatdoz. Univ. Bonn, 1954 Ord. Univ. Erlangen, 1958 Univ. Bonn (Dir. Engl. Sem.). 1967 Mitgl. d. Rheinisch-Westf. Akademie d. Wissenschaften - BV: u. a. Engl. religiöse Lyrik d. 17. Jh., 1955; Kurze Gesch. d. engl. u. amerik. Lit. (m. W. F. Schirmer), 4. A. 1977; Z. Situation d. zeitgenöss. engl. Lyrik, 1980; Gesch. d. engl. u. amerik. Lit. v. d. Anfängen b. z. Gegenwart, 2 Bde., 6. neubearb. A. 1983.

ESCH, Arnold

Dr. phil., Prof., Direktor Dt. Historisches Institut Rom - Via Aurelia Antica 391, I-00165 Roma - Geb. 28. April 1936, ev., verh. s. 1965 m. Dr. Doris, geb. Raupach, 3 S. (Friedrich, Philipp, Christian) - Stud. Univ. Münster/W., Göttingen, Inst. d'études politiques Paris - 1977-88 Prof. f. mittelalterl. Gesch. Univ. Bern, 1985/86 Rektor ebd. - 1970 Preis Göttinger Akad. d. Wiss.; 1989 Preis d. röm. Auslandspresse.

ESCHBERG, Peter

Prof., Intendant, Regiss. u. Schausp. - Neue Mainzer Str. 17, 6000 Frankfurt/M. 1 - Geb. 20. Okt. 1936 Wien (Vater: Josef E., Kunstmaler; Mutter: Hedwig, geb. Kuh), verh. s. 1967 m. Carmen-Renate Köper, Sohn Peter - Human. Gymn.; Stud. German. u. Theaterwiss.; Regie- u. Schauspielkl. Max-Reinhardt-Sem. Wien - S. 1958 Schausp. u. Regiss., 1981-86 Schauspieldir. I. Bühnen Stadt Bonn; 1986-91 Int. Schauspiel Bonn, s. 1991 Int. Schauspiel Frankfurt. Beitr. in Fachztschr. Zahlr. Rollen u. Insz. b. Bühne, Film u. Fernsehen - BVK I. Kl. - Spr.: Engl.

ESCHE, vor dem, Paul

Dr. med., Prof., Wiss. Rat Hygiene-Inst. Univ. Münster - Scheffer-Boichorst-Str. 25, 4400 Münster/W. (T. 81743) - Geb. 15. Jan. 1912 Münster/W. (Vater: Robert v. d. E., Kaufm.), verh. s. 1947 m. Liesel, geb. Wibbelt, 2 Töcht. (Elisabeth, Ludgera) - S. 1952 (Habil.) Lehrtätigk. Univ. Münster (1959 apl. Prof., 1964 Wiss. Rat u. Prof.). Amtl. Blutgruppengutachter. Zahlr. Fachveröff., u. a. Leitfaden d. Hygiene, 1979.

ESCHEN, Johannes Th.

Prof. f. Musiktherapie - Rissener Str. 46A, 2000 Wedel (T. 04103 - 54 14) - Geb. 16. Juni 1928 Delmenhorst, verh. s. 1949, 3 Kd. - 1953 A-Kirchenmusiker Hannover; 1950-72 Kantor u. Organist Wetzlar, Altenberg (b. Köln), Kiel u. Wolfsburg; 1969-72 Doz. Kirchenmusiksch. Hannover; 1973 Musiktherapeut London; 1974-77 Doz. Ev. FH Hannover; 1977 Prof. ebd.; 1974 Doz., 1975 Prof. f. Musiktherapie; 1982-90 Vizepräs. Hochsch. f. Musik u. darst. Kunst Hamburg; 1977-85 1. Vors., 1985/86 Präs., s. 1990 Ehrenpräs. Dt. Ges. f. Musiktherapie - Aufs. in in- u. ausl. Fachztschr. u. -Lexika. Übers.: Musik als Therapie f. behinderte Kinder (1975). Kompos. in versch. Samml., UA z.T. Radio Bremen, Werke f. Chor u. Orch. - S. 1978 Mitgl. Fr. Europ. Akad. d. Wiss.

ESCHENAUER, Hans

Dr.-Ing., Univ.-Prof. Inst. f. Mechanik u. Regelungstechnik Univ.-GH Siegen (s. 1975) - Am Ziegenberg 17, 5900 Siegen 1 - Geb. 7. Febr. 1930 Chemnitz/Sa. (Vater: Emil E., Kaufm.; Mutter: Lydia, geb. Reißmann), ev., verh. s. 1952 m. Gerda, geb. Rudolph, 2 Kd. (Barbara, Jörg) - N. Abit. Maschinenschlosserlehre; 1951-57 TU Berlin (Dipl.-Ing.). Promot. 1968 Darmstadt - Industrietätigk. (1957-63 BBC, Mannheim; 1969-75 Krupp, Rheinhausen). Veröff. u. a. üb. Elastizitätstheorie, Strukturoptimierung - Mitgl. VDI, DGLR, GAMM, ASME.

ESCHENBACH, Carl

Dr. med., Prof. f. Kinderheilkunde Univ. Marburg (s. 1972) - Deutschhausstr. 12, 3550 Marburg/L.; priv.: 3551 Wehrshausen - Geb. 22. Okt. 1931 Hamburg - Promot. 1960; Habil. 1970 - Facharb.

ESCHENBACH, Christoph

Dirigent u. Pianist, Chefdirigent Houston Symphony Orchestra, Houston/USA - Ev., ledig - Hochschulstud. Köln u. Hamburg (Konzertex. in Klavier u. Dirig. 1963/64) - Konzerttätigk. als Pianist u. Dirigent, 1979-83 GMD Staatsphil. Rheinl.-Pfalz, 1982-86 Chefdirig. Tonhalle-Orch. u. künstler. Oberleit. Tonhalle-Ges. Zürich, ab 1986 ausgedehnte intern. Tätigk. als Dirigent u. Pianist, einschl. Orchestertourneen als Leit. d. Wiener Symphoniker u. d. London Philharmonic Orchestra. Üb. 50 Schallplatten (London Philharmonie Orch., Tonhalle Orch. Zürich, Bamberger Symphoniker) - 1962 1. Preis ARD-Wettb. München; 1965 1. Preis Clara Haskill-Concours Luzern; Grand Prix du Disque, Edison Preis u.a. (f. Schallplatten).

ESCHENBACH, Rolf

Dr. rer. nat. techn., Dipl.-Ing., o. Univ.-Prof. f. Unternehmensführung Wirtschaftsuniv. Wien, Univ.-Prof. f. Wirtschaftslehre d. Brauerei TU München - Augasse 2-6, A-1090 Wien - Geb. 12. Mai 1931, verh. m. Hedi, geb. Zott.

ESCHENBECHER, Ferdinand

Dr. rer. nat., Prof. f. Mikrobiologie - Vimystr. 8, 8050 Freising - Geb.

19. Aug. 1928 Vilsbiburg/Niederbayern (Vater: Ferdinand E.; Mutter: Emma, geb. Bachl), kath., verh. s. 1962 m. Erna, geb. Hingerl, 2 Kd. (Claudia, Horst) - Stud. d. Biol., Chemie, Geogr. Univ. München; Promot. 1955 ebd.; Habil. 1968 TU München - 1968 Privat-, 1969 Hochschuldoz., 1970 Wiss. Rat, 1975 apl. Prof. u. Abt.vorst. u. Prof., 1978 Extraordinarius - Spr.: Engl.

ESCHENBURG, Theodor

Dr. phil., Dr. h. c., Staatsrat, o. Prof. f. Wiss. Politik (emerit.) - Am Apfelberg 15, 7400 Tübingen (T. 6 13 23) - Geb. 24. Okt. 1904 Kiel (Vater: Theodor E., Konteradmiral; Mutter: Ellen, geb. Wieler), ev., verh. I) s. 1934 m. Erika, geb. Kempf †, 4 Töcht.; II) s. 1982 m. Ingrid, geb. Übelmesser - Gymn. Kiel u. Lübeck; Univ. Tübingen u. Berlin (Promot. 1928) - 1929 Wiss. Hilfsarb. VDMA, Berlin, 1933-45 Geschäftsf. industrieller Verb., 1945-47 Staatskommissar f. d. Flüchtlingswesen Württ.-Hoh., 1947-52 Ministerial- u. Staatsrat (1951) Innenmin. WH (Vertr. d. Min.), 1949-69 Honorarprof. u. Ord. (1952) Univ. Tübingen (1961-63 Rektor). Mitgl. Staatsgerichtshof Baden-Württ. - BV: D. Kaiserreich am Scheidewege, Bassermann, Bülow u. d. Block, 1929; D. Problem d. Neugliederung d. Dt. Bundesrep., dargest. am Beispiel d. Südweststaates, 1950; Verfass. u. Verw.-Aufbau d. Südweststaates, 1952; D. Beamte in Partei u. Parlament, 1952 (Kl. Schr. f. d. Staatsbürger, H. 15); Staat u. Ges. in Dtschl., 1955; Herrschaft d. Verbände?, 1955; D. dt. Frage, 1959; Ämterpatronage, 1961; D. improvisierte Demokratie - Ges. Aufs. z. Weimarer Rep., 1963; Z. polit. Praxis in d. BRD - Krit. Betracht. 1957-71, 3 Bde. 1964/72; Matthias Erzberger, 1973; Üb. Autorität, 1976; Jahre d. Besatzung 1945-49, 1983; Spielregeln d. Politik. Ges. Aufs. 1987; Jahrhundert d. Verbände, 1989. Mithrsg.: Vierteljahreshefte f. Zeitgesch. (1953-77) - 1960 Schiller-Preis Stadt Mannheim, 1962 Karl-Bräuer-Preis Bund d. Steuerzahler; 1968 Mitgl. Orden Pour le mérite f. Wiss. u. Künste; 1983 Heinz-Herbert-Karry-Preis; 1984 Aschendorfer Historikerpreis; 1986 Großkreuz d. BVK; 1971 Mitgl. PEN-Zentrum BRD - Spr.: Engl. - Rotarier.

ESCHENHORN, Ingo

Vorstandsvorsitzender Eisen- u. Drahtwerk ERLAU AG, Aalen (1981-88, vorh. Vorst.-Mitgl. s. 1969) - Brandweg 16, 7080 Aalen - Geb. 22. Jan. 1928.

ESCHERICH, Rudolf

Dr. rer. pol., Vorstandsvorsitzender d. DSL-Bank, AR-Vors. Vereinigte Aluminium-Werke AG - Drachenfelsstr. 13, 5205 St. Augustin 2 - Geb. 27. Okt. 1923.

ESCHHUES, Evering

s. Berges, Hermann-J.

ESCHKE, Claus-Achim

Reeder, gf. Gesellsch. Poseidon Schiffahrt OHG, Lübeck, Geschäftsf. Frachtkontor Finnland OHG ebd. u. Poseidon Schiffahrt GmbH, Hamburg - Gr. Altefähre 20-22, 2400 Lübeck 1.

ESCHKER, Wolfgang

Dr. phil., Schriftsteller, Dozent Goethe-Inst. - Am kalten Born 35, 3400 Göttingen (T. 790 60 51) - Geb. 26. Juni 1941 Stendal - Stud. Slavistik u. Dt. Volkskd. Univ. Göttingen, Wien, Belgrad, Sarajevo; Promot. 1969 Göttingen (b. Maximilian Braun, s. XXIII. Ausg.) - BV: Unters. z. Improvisat. u. Tradierung d. Sevdalinka an Hand d. sprachl. Figuren, 1971; Pelzkalte Nacht, Prosa 1976; Gift u. Gegengift, Aphorismen 1977 (serbokroat. Übers. 1985). Herausg. u. Übers.: Mazedon. Volksmärchen (1972, Neuausg. 1989); Kosta Racin: Weiße Dämmerungen, Ged. (1978); D. Zigeuner im Paradies - Balkanslawische Schwänke (1986); Jacob Grimm u. Vuk Karadžić - Zeugn. e. Gelehrtenfreundschaft (1988, zweispr. serbokroat.-dt.); Desanka Maksimović: Ich bitte um Erbarmen, Ged. (1988, zweispr. serbokroat.-dt.); D. Chamäleons sind zur Zeit rot, Aphorismen (1989, zweispr. serbokroat.-dt.) - 1970 Preis Südosteuropa-Ges., München; 1972 Nicolaus-Copernicus-Preis f. Lit. Stadt Gelsenkirchen; 1977 Reisestip. Ausw. Amt; 1983 Nieders. Nachwuchsstip. f. Lit. - Spr.: Engl., Franz., Russ., Serbokroat., Makedon., Slowen., Bulgar.

ESCHMANN, Fritz

Geschäftsführer - Wiesenstr. 17a, 5270 Gummersbach/Rhld. (T. 30 23) - Geb. 7. Juni 1909 Dieringhausen (Vater: Gerhard E.; Mutter: geb. Klein), ev., verh. s. 1937 (Ehefr.: geb. Kapelle), Sohn - Volkssch.; Schlosserlehre; Polizei- u. -fachsch. - 1927-32 Schlosser, 1932-36 Polizeidst. (zul. Oberwachtm.), 1936-45 Berufssoldat (zul. Hptm.), Werkm., ab 1946 MdK Oberberg. Kr., s. 1948 gf. Vors. DGB-Kreisaussch. Oberberg, 1951-52 u. 1956-61 ehrenamtl. Landrat Oberberg. Kr., 1953-69 MdB. SPD - U. a. Ritterkreuz - Liebh.: Fuß- u. Handball.

ESCHWEILER, Otto

Dr. rer. pol., Hauptgeschäftsf. IHK Aachen (s. 1971) - Mallinckrodtstr. 9, 5100 Aachen (T. 6 27 72) - Geb. 2. Okt. 1931 - Stud. Volksw. - S. 1955 IHK Aachen. Lehrbeauftr. RWTH Aachen. Funktionen in zahlr. reg. u. überreg. Gremien - Honorarkonsul d. Königreichs d. Niederl.

ESCRIBANO-ALBERCA, Ignacio

Dr. theol., Prof., Theologe - An d. Univ. 2, 8600 Bamberg - Geb. 28. Febr. 1928, kath. - B. 1965 Privatdoz. Univ. München, dann o. Prof. Univ. Bamberg - BV: D. Gewinn. theol. Normen a. d. Gesch. d. Religion b. E. Troeltsch, 1961; D. vorläuf. Heil, 1970; Glaube u. Gotteserk. i. d. Schrift u. Patristik, 1974; Saludo a Boris Pasternak, 1976; Eschatologie. V. d. Aufklärung b. z. Gegenwart, 1987.

ESDORN, Horst

Dr.-Ing., em. o. Prof. f. Heizungs- u. Klimatechnik TU Berlin (s. 1968), Generalbevollmächtigter d. Klimasystemtechnik Esdorn Jahn Ingenieurges. mbH - Keplerstr. 8-10, 1000 Berlin 10 (T. 34 69 02-0) - Geb. 19. Okt. 1925 Hannover (Vater: Dipl.-Ing. Christian E. †1971; Mutter: Frida, geb. Winkelmann †1989), verh. m. Eleonore, geb. Reinecke, 2 Kd. (Jörg, Friederike) - Fachveröff.

ESENWEIN-ROTHE, Ingeborg

Dr. rer. pol., Dr. h. c., em. o. Prof. f. Statistik - Wohnstift Augustinum, 8542 Roth (T. 09171 - 80 54 30) - Geb. 24. Juni 1911 Chemnitz/Sa. (Vater: Konsul Hermann Rothe, Bankier; Mutter: Auguste, geb. Kühl), ev., verh. s. 1948 m. Dr. rer. pol. Hermann E., Wirtschaftsprüfer, verw. s. 1973 - Banklehre; Univ. Rostock, Berlin, Würzburg, Leipzig - Techn. Lehranst. Chemnitz; 1954 (Habil.) Univ. Münster. 1947-50 Lehrtätigk. Hochsch. f. Sozialwiss. Wilhelmshaven (1961 apl. Prof.), Univ. Göttingen (1962), Univ. Erlangen-Nürnberg (1962 ao., 1963 o. Prof., 1976 emerit.) - BV: D. Verkehrseffizienz, 1956; D. Struktur d. Bankwesens als Gegenstand wirtschaftsstatistischer Analyse, 1959; D. Wirtschaftsverbände v. 1933-45 (Schr. Verein f. Socialpolitik), 1965; Wirtschaftsstatistik - Kategorienlehre, 2. A. 1969; D. statistische Instrumentarium f. kommunale Entwicklungsplanung (Stat. Studien, Bd. 5), 1972 (zus. m. B. Hess); D. Meth. d. Wirtschaftsstatistik (UTB, 2 Bde.), 1976; Einf. in d. Demographie, 1991. Wilhelm Lexis - Demograph u. Nationalökonom. Mithrsg.: Kompendium d. Volkswirtschaftsl. Bd. I (5. A. 1975) u. Bd. II (4. A. 1976). Herausg. Statist. Studien, Wirtschafts- u. Sozialwiss. Arbeiten d. Inst. f. Statist. Univ. Erlangen-Nürnberg (10 Bde.). Zahlr. Einzelarb. - 1953 Mitgl. Dt. Statist. Ges.; 1956 Mitgl. Verein f. Socialpolitik; 1958 Mitgl. Dt. Ges. f. Bevölkerungswiss.; 1964 Mitgl. Intern. Union for the Scientifiç Study of Population; 1972 Intern. Statist. Inst., 1974 Akad. f. Raumforschung u. Landesplanung; 1984 Bayer. VO; 1986 Ehrenpromot. Univ. Trier - Festschr. z. 60. Geb.: Analyse u. Prognose in d. quantitativen Wirtschaftsforschung (1971).

ESER, Albin

Dr. iur. utr., Dr. h. c. (Krakau), M. C. J., o. Prof. f. Strafrecht u. Rechtsvergleichung Univ. Freiburg/Br., Dir. Max-Planck-Inst. f. ausl. u. intern. Strafrecht (s. 1982) - Zul. 7800 Freiburg/Br. - Geb. 26. Jan. 1935 Leidersbach/Ufr. (Vater: Alfons E.; Mutter: Irma, geb. Lenk), kath., verh. s. 1959 m. Gerda, geb. Schneider, 3 Kd. (Thiemo, Katja, Fabian) - Stud. Tübingen, FU Berlin, Würzburg, New York Univ., Cambridge; Habil. 1968 - 1970-74 o. Prof. Univ. Bielefeld (1971/72 Dekan, 1973/74 Prorektor), 1971-74 Richter OLG Hamm, 1974-82 o. Prof. Univ. Tübingen, 1974-82 OLG Stuttgart, 1986/87 Dekan Univ. Freiburg; 1989 Vizepräs. d. Dt. Forschungsgemeinschaft - BV: Stud.kurs Strafrecht 4 Bde., 1979-92; D. strafrechtl. Sanktion geg. d. Eigentum, 1969; Ges.gerichte in d. Strafrechtspflege, 1970; Suizid u. Euthanasie, 1975; Sterilisation u. Schwangerschaftsabbruch, 1980; Rechtfertigung u. Entschuldigung, 1987; Medizin u. Recht, 1990; (m.a.) Schönke-Schröder StGB-Kommentar, 24. A. 1991 - Liebh.: Kammermusik - Spr.: Engl., Franz.

ESER, Herbert

I. Bürgermeister - Rathaus, 8901 Dinkelscherben/Schw. - Geb. 28. Dez. 1936 Augsburg - Verwaltungsamtmann CSU.

ESER, Ruprecht

Programmdirektor VOX, Westschienenkanal GmbH & Co. KG (s. 1992) - Richard-Byrd-Str. 6, 5000 Köln 30 (T. 0221 - 16 02 10) - Geb. 6. Jan. 1943 Wittenberg, ev., verh. m. Marina Ruperti - Stud. Publiz., Politol. u. Soziol. FU Berlin; Ex. 1967 - S. 1967 Redakt. b. BBC-German Service, London; s. 1970 ZDF: Hauptredakt. Politik u. Zeitgeschehen; s. 1972 ZDF: Leit. Hauptred. Innenpolitik; s. 1984 ZDF: Korresp. in London; s. 1985 ZDF: Hauptred. Aktuelles, heute journal, Moderator u. stv. Leit.; s. 1988 ZDF: Redakt.leit. heute-journal - 1991 Verleihung d. Silbernen Kamera durch Hörzu - Spr.: Engl., Russ.

ESER, Willibald Georg

Schriftsteller u. Drehbuchautor - Wohnhaft München u. Siena - Gymn.; Univ. - Geb. 1. Sept. 1939 - BV: zahlr. Biogr.: Heesters, Dagover, Moser, Lingen, Camilla Horn, Helmut Käutner, Bert Brecht. Drehb./Film: u. a. Monpti, Lieschen Müller, Himbeergeist, D. Glas Wasser, Ellbogenspiele, Pardon me for father, Count your blessings, A certain talent, Come imparai ad amare le donne, Ingeborg, Four man pact, Flashdance u. a.; Fernsehen: u. a. Dem Himmel sei Dank (J. Heesters), Meine Trauer ist unendl. (Ch. Rivel) - Bek. Vorf.: Heerführer Eser, d. König David zu Hilfe kam (Bibelerwähnung).

ESKA, Henryk

s. Skrzypczak, Henryk

ESPEY, Günther

Dr., Vorstandsmitgl. Arbeitgeberverb. Groß- u. Außenhandel - Kurze Mühren 2, 2000 Hamburg 1.

ESRIG, David

Dr., Prof., Regisseur, Bühnenbildner u. Theaterwiss. - Wohnh. in München - Geb. 23. Sept. 1935 Haifa-Israel - Habil. 1978 München - Schauspieldir.: Bukarest, Bern, Essen; Theaterleit.: Essen; Präs. Athanor; Prof. f. Schauspielkunst u. Theaterregie Bukarest - BV: Tabarin (m. Geneviève Serreau), 1981 - Insz.: Schatten (E. Schwartz), Troilus u. Cressida (W. Shakespeare), Rameau's Neffe (D. Diderot), D. Späße d. Scapin (Molière), Faustus (Marlowe), Nachtasyl (Gorki), Hamlet (W. Shakespeare), Mandragola (Machiavelli), Warten auf Godot (S. Beckett), u.v.a. Preis Théâtre des Nations, Paris; Preis Bitef, Belgrad.

ESS, van, Josef

Dr. phil., Prof. f. Semitistik u. Islamkd. - Liegnitzer Str. 11, 7400 Tübingen (T. 3 14 99) - Geb. 18. April 1934 Aachen (Vater: Johann v. E., Lagerverwalter; Mutter: Hubertine, geb. Klüttgens), kath., verh. s. 1959 m. Dr. Marie-Luise, geb. Bremer, 4 Kd. (Margarete, Hans, Gertrud, Richard) - Univ. Bonn u. Frankfurt/M. Promot. Bonn u. Habil. Frankfurt - 1964 Privatdoz. Univ. Frankfurt; 1967 Associate Prof. Univ. Los Angeles u. Beirut; 1968 Ord. Univ. Tübingen - BV: D. Gedankenwelt d. Hârit Al-Muhâsibi, 1961; D. Erkenntnislehre d. Adudaddîn Al-Ici, 1966; Traditionistische Polemik gegen 'Amr b. 'Ubaid, 1967; Frühe mu'tazilitische Häresiographie, 1971; D. Kitâb an-Nakt des Nazzâm, 1972; D. biograph. Lexikon d. Safadi, Bd. 9, 1974; Zw. Hadit u. Theologie, 1975; Anfänge muslimischer Theologie, 1977; Chiliast. Erwart. u. d. Versuch. d. Göttlichkeit, 1977; D. Tailasân d. Ibn Harb, Mantelged. in arab. Spr., 1979; D. Wesir u. seine Gelehrten, 1981; Christentum u. Weltreligion (m. Hans Küng), 1984; Theologie u. Ges. im 2. u. 3. Jh. Hidschra, Bd. 1, 1991, Bd. 2, 1992 - O. Mitgl. Heidelberger Akad. d. Wiss.; Iran. Akad. f. Phil.; Acad. Europea; Korr. Mitgl. Academia d. Buenas Letras, Barcelona; Irak. Akad. d. Wiss.; Tunes. Akad. d. Wiss.; Medieval Acad. of America.

ESSBERGER, Ruprecht

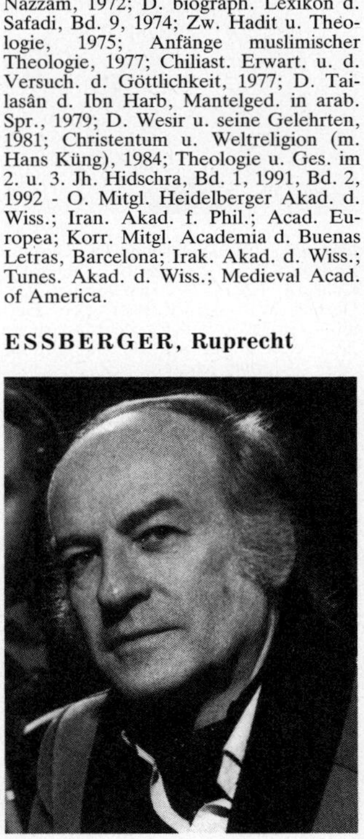

Regisseur u. Autor - Agnesstr. 2, 2000 Hamburg 60 - Geb. 8. März 1923 Berlin (Vater: Dipl.-Ing. Eduard E.; Mutter: Hedwig, geb. Schulthes), ev.-ref., verh. s. 1969 in 2. Ehe m. Merle, geb. Insanali, 3 Kd. (Nicolai, Manuel aus 1. Ehe; Nadira aus 2. Ehe) - 1941-44 Kriegsmarine (Ltn. z. See d. Res.); 1944-46 Gefangensch. in USA; 1946-50 Stud. Theater- u. Literaturwiss. Philos. u. Kunstgesch. Univ. Hamburg u. Göttingen - 1950 Regieassist. NDR (Fernsehen); 1953 Regiss.; 1957 fr. Regiss. - FS-Filme: D. Erlebnis d. Pantomine (m. Marcel Marceau); Morgen (v. Jos. Conrad); Rund um d. Ochsenkopf (v. Schallück). FS-Spiel: D. Taube im Schaukelstuhl. Fernsehserien: Familie Schölermann, 1955-60; D. Fernsehgericht tagt, ARD 1961-78; Ehen vor Gericht, ZDF 1970-84 u. ab 1989; Verkehrsgericht, ZDF s. 1983 - 1957 Gold. Rose; 1959 Gold. Bildschirm; 1973 Gold. Kamera (TV-Ehrungen); 1989 BVK am Bde. - Liebh.: Klass. Musik, Segeln - Spr.: Engl., Franz.

ESSEN, van Jörg

Oberstaatsanwalt a.D., Mitglied d. Deutschen Bundestages - Marker Allee 89, 4700 Hamm 1 (T. 02381 - 86-8 21) - Geb. 29. Sept. 1947 Burscheid, kath., ledig - 1. u. 2. jurist. Staatsex. - Spr.: Engl., Franz.

ESSEN, Werner

Dr. med., Prof., Chefarzt i.R. Innere Abt. Krkhs. Eutin - Bismarckstr. 26, 2420 Eutin - Geb. 16. Okt. 1907 Bielefeld - S. 1937 (Habil.) Doz. u. apl. Prof. (1943) Univ. Kiel (Inn. Med.) - BV: Krit. Betracht. d. Herdgeschehens, 1955 (Mitautor). Fachaufs.

ESSER, Adolf H.

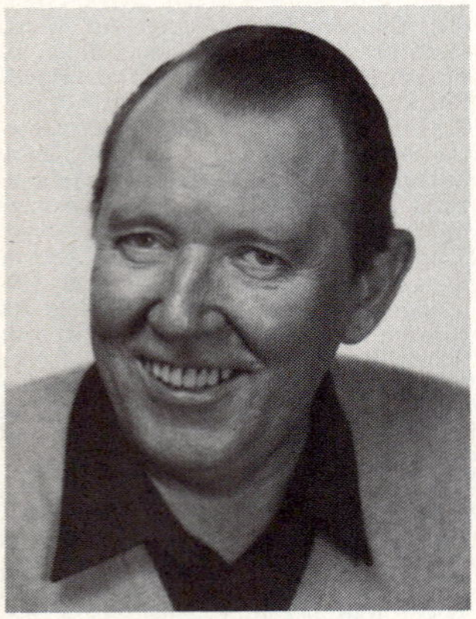

Dr. jur., Vorstandsmitglied Gerling-Konzern Versicherungs-AG, Gerling-Konzern Rhein. Versich.gruppe AG, Gerling Welt-Versich.-Pool AG, Gerling-Konzern Versich.-Zentral-Gruppe AG, Gerling Versich.-Beteilig.-Gruppe AG, Gerling-Konzern Rechtsschutz Versich. AG; Geschäftsf.: Gerling-Gruppe Ausbild.-Zentrum Betriebs-Organisations-GmbH, Gerling Welt Investor-Gruppe Globale Anlageberat. GmbH, Geschäftsf. Gerling Inst. f. Schadenforsch. u. -verhütung, Betriebs-Gruppe Verw.-Service GmbH, (1963-76) - Oberer Dorn 7 - Birkenhof, 8392 Waldkirchen (T. 08581 - 33 55) - Geb. 28. Juni 1926 Köln (Vater: Josef E., Kaufm.; Mutter: Käthe, geb. Quetting), verh. s. 1975 m. Helga, geb. Zeller - Abit. 1944 Brünn; Promot. 1951 Köln; Ass.ex. 1953 Düsseldorf - 1956-63 Justitiar Girmes-Werke AG, Oedt, s. 1956 Rechtsanw. - Liebh.: Golf - Spr.: Engl. - Bek. Vorf.: Thomas E., MdR u. Reichstagsvizepräs. 1930-33.

ESSER (ESZER), Ambrosius

Lect. theol., Dr. scient. eccl. orient., Generalrelator d. Kongregation f. Heiligsprechung (s. 1990) - Largo Angelicum 1, I-00184 Roma - Geb. 19. Nov. 1932 Düsseldorf, kath., led. - Abit. 1952 Euskirchen; 1953-60 phil. - theol. Studien Albertus-Magnus-Akad. Walberberg; 1960-64 Päpstl. Orient. Inst. Rom; Promot. 1967 - 1964 Mitgl. Hist. Inst. d. Dominikaner; 1972 Prof. Päpstl. St. Thomas-von-Aquin-Univ.; 1972-75 Dir. röm. Inst. d. Görres-Ges.; 1979 Konsulator Kongregation d. Heiligsprech.; 1983 Relator - BV: Joh. Laskaris Kalopheros, 1969; Mitarb. an größ. wiss. Werken; zahlr. wiss. Artikel, v. allem Arch. Fratrum Praed. - 1973 BVK I. Kl.; 1987 Gr. BVK; 1985 Komtur d. Konst. Rittero. v. hl. Georg; Mitgl. d. Päpstl. Theol. Röm. Akad.- Spr.: Engl., Franz., Ital., Lat.

ESSER, Bernhard

Dipl.-Volksw., Sprecher d. Geschäftsfg. Spanner Pollux GmbH Wasserzähler-Meßgeräte, Ludwigshafen - Rusdorfstr. 1, 6710 Frankenthal/Pf. - Geb. 5. Mai 1938 - Präs. Socam SA, Paris, Aquacom SA, Lüttich, u. AQUA Vereinig. d. Europ. Wasserzählerhersteller; Dir. Precision Meters, Inc., Orlando/USA; Vorst. Verb. Dt. Wasserzählerind.

ESSER, Claus

Dr. med., Prof., Med. Direktor, Facharzt f. Med. Strahlenkunde i. R. - Flotowstr. 4, 6100 Darmstadt (T. 7 61 74) - Geb. 18. Aug. 1909 Köln (Vater: Franz E., Kaufm.), kath., verh. s. 1959 m. Helga, geb. Klein - Univ. Köln, Erlangen, Freiburg/Br., München. Promot. 1936; Habil. 1951 - 1937-39 W.-Siemens-Inst. f. Röntgenforsch. Berlin; 1939-45 Charité ebd. (Univ.-Röntgeninst.); 1946-49 Krkhs. Köln-Hohenlind (Oberarzt); 1949-59 Univ.-Röntgeninst. Mainz (Oberarzt; 1951 Privatdoz., 1957 apl. Prof.); 1960-75 Städt. Kliniken Darmstadt (Dir. Strahleninst.) - BV: Topogr. Ausdeut. d. Bronchien im Röntgenbild, 2. A. 1957 (ital. 1953).

ESSER (ß), Gerd

Rechtsanwalt, Bundesgeschäftsführer Dt. Beamtenbund - Dreizehnmorgenweg 36, 5300 Bonn 2 (T. 0228 - 8 11-1 50) - Geb. 20. März 1940 Bonn, kath., verh. s. 1986 m. Ute, geb. Fingerhuth, 2 Kd. (Arnd, Caren) - Stud. Rechtswiss. Univ. Bonn; Ass.-Ex. u. Anwaltszulassung 1967 - Bundesjustitiar Dt. Beamtenbund; Geschäftsf. Dt. Beamtenwirtsch.-Bund.

ESSER (ß), Gregor

Dr. med., Chirurg, apl. Prof. f. Chirurgie Univ. Bonn (s. 1970), Lehrbeauftr. TH Aachen, Chefarzt Krkhs. Maria Hilf GmbH - Sandradstr. 43, 4050 Mönchengladbach 1 - Geb. 6. Nov. 1930 - 1986/87 Vors. Vereinig. Niederrh.-Westf. Chirurgen - Monogr. üb. Eiweißstoffw. u. Pfortaderhochdruck u. üb. Prinzipien onkol. Chir.; 28 Buchbeitr. zu Leberchir., Pfortaderhochdruck, Metastasenchir., Blutgerinnung, Gallengangsstrikt., Fremdkörper im Abdomen. Üb. 80 Einzelpubl. zu Leberchir., Pfortaderchir., Lebertransplant., Extremitätenrepl., Magen-, Kolon-, Gefäßchir., chir. Onkol., Standes- u. Organisationsprobl.

ESSER, Günter

Dr. rer. nat., Univ.-Prof., Leiter d. Forsch.-Labors f. Med. Akustik u. Audiologie, Univ. Düsseldorf u. d. Audiolog. Zentrums Kliniken d. Stadt Düsseldorf - Eichelscheidt 5, 4030 Ratingen 6.

ESSER, Hans

Dr. rer. nat., o. Prof. f. Biologie u. ihre Didaktik - Bergstr. 73, 5202 Hennef/Sieg (T. 3231) - Geb. 10. April 1929 Oberlar (Vater: Peter L.; Mutter: Magdalena, geb. Falkenstein), kath., verh. s. 1954 m. Hedwig, geb. Nöfer, 3 Söhne (Reinhart, Norbert, Ralf) - Gymn. Siegburg; Sporthochsch. (Dipl.-Sportl.), Päd. Hochsch. u. Univ. Köln - 1952-56 Real-, dann Hochschullehrer (Dozent, 1960 ao., 1965 o. Prof. PH Köln bzw. Rhld./Abt. Köln); 1981 Erzieh.wiss. Fak. Univ. Köln - BV: Glanz u. Niedergang antiker Körperkultur, in: Wahrheit u. Wert in Bildung u. Erzieh., 2. Folge 1958; D. Biol.unterr., Lehrb. 2. A. 1972, Neubearb. 1978; Geschlecht, Wachsen u. Werden d. Menschen, 1971; Zahngesundheitserzieh., 1979; Mosaik, Schulb. f. Sachunterr., 1977-79; Wege in d. Biol. NRW, 1980-82 - 1970 Gold. Sportabz.

ESSER (ß), Hans Helmut

D Dr. theol., em. o. Prof. f. Reformierte Theologie - Schloßstr. 15, 4435 Horstmar (T. 3 77) - Geb. 24. März 1921 Rheydt - S. 1962 Prof. Päd. Hochsch. Berlin (ao.) u. Univ. Münster (1970 o.) - D. theol. Klausenburg/Rum. (1977) - 1973-82 Moderator d. Reformierten Bundes. 1973-85 Mitgl. d. Rates d. EKD. Emerit. 1986. Theol. Veröff.

ESSER, Hartmut

Dr. rer. pol., Wiss. Rat, Prof. f. Soziologie Gesamthochsch. Duisburg - Lotharstr. 63, 4100 Duisburg 1; priv.: Marsilstein 21, 5000 Köln 1.

ESSER (ß), Helmut

Dr. theol., Landespfarrer, Hauptgeschäftsf. Diakon. Werk d. Lipp. Landeskirche/Inn. Mission u. Hilfswerk - Leopoldstr. 10, 4930 Detmold 1 - Geb. 26. Dez. 1930 Rheydt - 1969-81 Vors. d. Ev. Bundesarb.gemeinsch. f. Sozialpäd. im Kindesalter (EBASKA); 1976-81 Mitgl. d. Diakon. Rates d. EKD; s. 1970 Vors. d. Aussch. Tageseinricht. f. Kinder d. Landesarb.gemeinsch. NRW; 1974-85 Vors. d. Fachverb. Ev. Tageseinricht. in Westf. u. Lippe; Vors. d. Heil- u. Pflegeanst. Eben-Ezer, Lemgo; Vors. d. Ev. Diakonissenhauses, Detmold; Treuhänder d. Altersversorg.kasse d. Kaiserswerther-Diakonissen-Mutterhäuser - Herausg. versch. päd. Lit.

ESSER, Henning

Dr. rer. nat., Prof., Mathematiker - Eupener Str. Nr. 247 b, 5100 Aachen - Geb. 7. Febr. 1945 - S. 1975 Prof. TH Aachen (Numer. Analysis).

ESSER, Heribert

Generalmusikdirektor - Wolfenbütteler Str. 20, 3300 Braunschweig - Geb. 12. Jan. 1929 Rheinhausen (Vater: Edmund E., Beamter; Mutter: Gertrud, geb. Krahforst), kath., verh. s. 1958 m. Dr. Rosemarie, geb. Clormann - 1947-52 Stud. Musikhochsch. u. Univ. Köln - 1953 Kapellm. Bühnen Freiburg, 1954 Köln, 1958 Wiesbaden; 1962 Generalmusikdir. Staatstheater Braunschweig; 1984-86 Künstl. Leit. d. Tage Neuer Kammermusik Braunschweig; s. 1987 Prof. Univ. of Adelaide South Australia (Thomas Elder Chair of Music) - 1988 Ludwig-Spohr-Preis d. Stadt Braunschweig.

ESSER, Jo

Innenarchitekt u. Designer, Mitinh. u. Geschäftsf. Esser Brunen-Architektur GmbH (1971ff.) - Thomas-Mann-Str. 30, 4040 Neuss 21/Rh. (T. 02107 - 30 25) - Geb. 17. Jan. 1944 Dernbach, verh. s. 1968 m. Ruth, geb. Brunen - 1963-66 Stud. Innenarch. Düsseldorf (Ex. u. Dipl.) - Schr. anderer z. Person.

ESSER, Josef

Dr. jur., Dr. jur. h. c. mult., o. Prof. f. Bürgerl. Recht, Zivilprozeß- u. Versich.srecht sow. Rechtsvergl. u. -theorie - Hartmeyerstr. 78, 7400 Tübingen (T. 6 12 23) - Geb. 12. März 1910 Schwanheim/Main - Univ. Lausanne, Paris, Frankfurt (Promot. 1935) - 1940 Privatdoz. Univ. Freiburg/Br., 1941 ao. Prof. Univ. Greifswald, 1943 o. Prof. Univ. Innsbruck, 1949 Univ. Mainz, 1961 Univ. Tübingen. 1958 Dir. Legal Division Intern. Atomenergie-Org. Wien. Fachmitgliedsch. - BV: Wert u. Bedeut. d. Rechtsfiktionen, 1940; Aufgabe u. Entwickl. d. Gefährdungshaftung, 1941; Einf. i. d. Grundbegriffe d. Rechts u. Staates, 1949; Lehrbuch d. Schuldrechts, 4. A. 1971; Grundsatz u. Norm, Rechtsvergl. Beitr. z. Richterrechtsbild., 3. A. 1970; Vorverständnis u. Methodenwahl, 2. A. 1972 - Mitgl. Heidelberger Akad. d. Wiss.; s. 1989 Mitgl. Accad. Nationale dei Lincei - Lit.: Dogmatik u. Methode, Festschr. z. 65. Geb. v. J. E. (1975).

ESSER, Josef

Dr. rer. soc., Prof. FB Gesellschaftswiss. Univ. Frankfurt - Robert-Mayer-Str. 5, 6000 Frankfurt 1 - Geb. 12. April 1943 Aachen (Vater: Josef E., Modellschreiner; Mutter: Maria, geb. Kaußen), verh. s. 1970 m. Rita, geb. Witt - 1959-61 Lehre Ind.kaufm., Abendgymn. (Abit. 1967); 1967-74 Stud. Politikwiss., Soziol., Gesch. Univ. Berlin u. Konstanz (Promot. 1974); Habil. 1981 - 1959-67 Ind.-kaufm.; 1974-81 Wiss. Assist.; s. 1981 Prof. f. Politikwiss. (Schwerp. Staats- u. Planungstheorie) - BV: Einf. in d. materialist. Staatsanalyse, 1975; Gewerksch. in d. Krise, 1982; Krisenregulierung. Z. polit. Durchsetzung ökonom. Zwänge, 1983 (m. a.); D. polit. Ökonomie d. Liebe, 1986 (m. a.) - Herausg. (m. a.): Gesellschaftsplan. in kapitalist. u. sozialist. Systemen (1972); Technikentwicklung als sozialer Prozeß (1989).

ESSER, Jürgen

Dr. phil., Prof. f. Anglistik Technische Hochschule Aachen - Zu erreichen üb. TH Aachen, Kármánstr. 17/19, 5100 Aachen - Geb. 12. Juni 1947 Solingen - Stud. Angl., Allg. Sprachwiss. u. Phonetik Univ. Köln u. Freiburg (Promot. 1974 Köln); Habil. 1981 Univ.-GH Duisburg - 1975 Wiss. Assist. Duisburg; 1981 Prof. Univ. Erlangen-Nürnberg; 1989 TH Aachen - BV: Intonationszeichen im Engl., Diss. 1975; Engl. Prosodie, 1979; Untersuchungen z. gesprochenen Englisch, 1984; Comparing Reading and Speaking Intonation, 1988. Herausg. (m. a.): Forms and Functions (1981).

ESSER, Karl

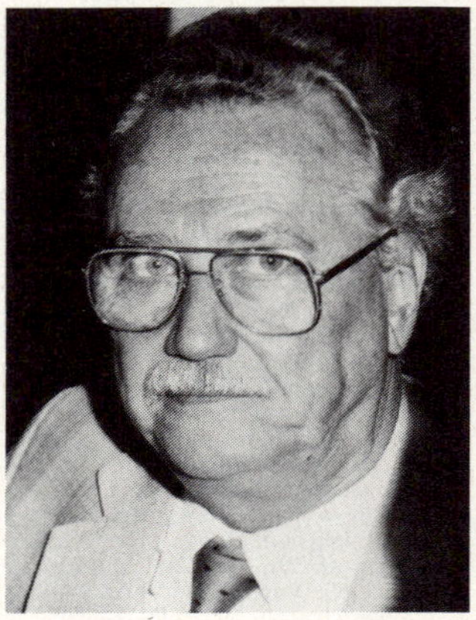

Dr. phil., Dr. h.c. mult., o. Prof. f. Allg. Botanik - Am Spik 23a, 4630 Bochum (T. 700 22 11) - Geb. 19. März 1924 Sinthern b. Köln (Vater: Fritz E., Lehrer; Mutter: Anna, geb. Hennen, Lehrerin), verh. s. 1952 m. Marianne, geb. Bielefeld (Studiendir.), S. Joachim (Dr. med.) - Stud. Biol. u. Chemie Köln. Promot. (1952) u. Habil. (1958) Köln - 1952-53 Forschungsaufenth. Paris; 1953-59 Assist. Univ. Köln; 1959-60 Research Associate Yale Univ. (USA); 1960-63 Doz. Univ. Köln; s. 1963 o. Prof. Univ. Bochum; s. 1968 zugl. Dir. Botan. Garten Bochum. Emerit. 1989. 1969 Gastprof. Indiana Univ. (USA), 1992 Gastprof. Univ. Wien (Österr.) - BV: Genetik d. Pilze, 1965 (unt. Mitwirk. v. R. Kuenen; engl. 1967); Kryptogamen, 1976, engl. 1982; Plasmids of Eukaryotes, 1985; Moose u. Farne, 1991. Zahlr. Einzelarb. - 1982 Ehrendoktor Univ. Orléans, Frankreich, 1990 Univ. Toulouse, ebd.; 1985 Sandoz Preis f. Gerontol. Forsch.; 1986 Ehrenmitgl. poln. Botanische Ges.; 1987 Membre d'honeur des la communauté scientifique Univ. de Tours; 1989 Chevalier des Palmes Academiques, Frankreich; 1991 Fellow AAAS (USA); Fellow Society of Industrial Micorbiology (USA) - Spr.: Engl., Franz.

ESSER, Karl Heinz

Dr. phil., Direktor Mittelrh. Landesmuseum, Mainz (s. 1967, 1977 a. D.) - Alfr.-Nobel-Str. 13a, 6500 Mainz-Gonsenheim - Geb. 8. Juni 1912 Bonn (Vater: Prof. Dr. med. Josef E.; Mutter: Anna, geb. Melchers), kath., led. - Univ. Marburg, Berlin, Wien, München, Bonn (Kunstgesch., Archäol., Phil., Gesch.) - 1950-67 Assist., Leit. u. Dir. Altertumsmuseum u. Gemäldegalerie Mainz - BV: Darstellung d. Formen u. Wirkungen d. Wallfahrtskirche zu Vierzehnheiligen, „Architekturraum" als „Erlebnisraum", 1940; Kirchenbau d. hl. Bernhard Clairvaux, 1953 (Archiv f. mittelrhein. Kirchengesch.); Mainz, 1961, 69; D. Mainzer Dom d. Erzbischofs Willigis, Festschr. 1975.

ESSER, Karl Heinz

Verleger (Herausg.: Mittelbayer. Zeitung), gf. Gesellsch. Mittelbayer. Druckerei- u. Verlags-Ges. mbH. - Kumpfmühlerstr. 11, 8400 Regensburg; priv.: Prebrunnstr. 7 - Geb. 22. Sept. 1930 - Div. Ehrenämter.

ESSER, Otto

Pers. haft. Gesellschafter u. Mitgl. d. Geschäftsltg. E. Merck, Darmstadt, Mitgl. Arbeitsring d. Arbeitgeberverb. d.

Dt. Chem. Ind., Präs. a.D. Bundesvereinig. d. Dt. Arbeitgeberverb. (1977-86) - Am Forstweg 1, 8765 Erlenbach - Geb. 1. Juni 1917 Rheinland - 1980 Gold. Handwerksz.; 1981 Gr. BVK.

ESSER, Werner Michael
Regisseur - Pillauerweg 21, 4044 Kaarst 1 (T. 02101-6 81 58) - Geb. 19. Nov. 1938 Aachen, kath., ledig - Stud. Theaterwiss. u. Psych. - Intern. Opernregiss. - Insz. in 11 Ländern: u.a. Deutschl., Österr., Italien, Frankr., Spanien, Luxemb., Portugal, Südamerika - Liebh.: Modelleisenbahn, antike Uhren.

ESSER, Wolfram
ZDF-Redakteur, stv. Hauptredaktionsleit. - Drosselweg 14, 6204 Taunusstein 2 (T. 06131 - 70 29 20/21) - Geb. 8. Jan. 1934 Düsseldorf, verh. s. 1967 m. Christiane, geb. Mahrenholtz, 3 Kd. (Gudrun, Jochen, Hendrik) - Abit.; Volont. Hamburger Morgenpost - Redakt. WAZ Essen u. Duisburg, Duisburger General-Anzeiger - BV: Beruf, Sport (Surfen, Segeln, Ballspiele), Garten - Spr.: Engl., Franz., Latein.

ESSERS, Ulf
Dr.-Ing., Prof. f. Verbrennungsmotoren u. Kraftfahrwesen Univ. Stuttgart -Pfaffenwaldring 12, 7000 Stuttgart 80.

ESSERS, Ursula
Dr. med., Prof., Internistin - Hangstr. 14, 5100 Aachen - Geb. 7. April 1937 Aachen - 1972-1975 Privatdoz., 1975 apl. Prof. Abt. Inn. Med. II TH Aachen (Oberärztin). - s. 1982 Haematol.-onkol. Schwerp.praxis Aachen.

ESSIG, Karl-August
Dr.-Ing., Chemiker, Geschäftsführer Faserwerke Hüls GmbH - Spreewaldstr. 11, 4370 Marl - Geb. 18. April 1914.

ESSING, Hans-Günther
Dr. med., Prof., Internist u. Arbeitsmediziner, Prof. f. Sozialmed. Univ. Bamberg (FB Sozialwesen) - Feldkirchenstr. 21, 8600 Bamberg; priv. Engelstr. 10, 8520 Erlangen.

ESSING, Willi
Dr. phil., Dipl.-Psych., Prof. Inst. f. Leibesübungen (Fachgeb. Sportpsychologie) Univ. Münster - Horstmarer Landweg 62b, 4400 Münster/W.; priv.: Kohlweg 14, 5100 Aachen - Zul. (b. 1974) Doz. Dt. Sporthochsch. Köln.

ESSLER, Wilhelm K.

Dr. phil., o. Prof. f. Phil., Logik u. Wissenschaftstheorie Univ. Frankfurt (s. 1979) - Nelkenweg 12, 8870 Günzburg (T. 08221 - 48 87) - Geb. 27. April 1940 Groß Glockersdorf/Tschechosl., verh. s. 1964 m. Uta, geb. Wieland, 2 Töcht. (Gaby, Ulrike) - Stud. 1959-63 Univ. München; Promot. 1964, Habil. 1968, bde. München - 1969 Univ.-Doz. Univ. München; 1975 apl. Prof. Univ. München; 1979 o. Prof. Univ. Frankfurt.

Gastprof.: 1966 Univ. of Pennsylvania, Philadelphia, 1972/73 Univ. Tübingen, 1973/74 Univ. Trier-Kaiserslautern, 1974 Univ. Hamburg - BV: Einf. in d. Logik, 1966, 2. A. 1969; Induktive Logik, 1970; Analytische Phil. I, 1972; Wissenschaftstheorie I-IV, 1970-79; Grundzüge d. Logik I-II, 1983-87. Mithrsg.: Ztschr. Erkenntnis - 1990 Membre titulaire Inst. Intern. de Phil. - Liebh.: Skifahren, Segeln, jap. Schwertkampf, buddhist. Phil.

ESSLINGER (ß), Maria
Dr.-Ing., Prof. (spez. f. Stabilität dünnwandiger Schalen) - Bussardweg 2, 3300 Braunschweig-Querum (T. 35 05 50) - Geb. 4. März 1913 Nürnberg (Vater: Ludwig E., Rechtsanw.; Mutter: Else, geb. Hecht), led. - 1936 Diplomprüf. TH Berlin (Flugzeugbau), 1947 Promot. TH Darmstadt, 1953 Habil. Saarbrücken, 1959 Umhabil. nach Darmstadt, 1967 apl. Prof. Darmstadt - 1937-61 Industrietätig., 1961-63 m. Forschung; 1963-78 Dt. Forsch.- u. Versuchsanst. f. Luft- u. Raumfahrt, Braunschweig, s. 1978 fr. Forschung - BV: Stat. Berechnung von Kesselböden, 1952; D. Stahlfahrbahn-Berechnung u. Konstruktion (Mitverf.), 1957; Postbuckling Behavior of Structures (Mitverf.), 1975. Zahlr. Fachaufs. u. Veröff. - 1970 Wiss. Mitgl. DLR, 1978 Mitgl. Braunschweig. Wiss. Ges. - Spr.: Engl., Franz.

ESTERER, Ingeborg,
geb. Günther

Dr. phil., fr. Journalistin in Hamburg - Cranachstr. 39, 2000 Hamburg 52 (T. 89 31 54) - Geb. 18. Febr. 1926 Mainz (Vater: Jakob-Ernst G., Richter; Mutter: Charlotte, geb. Schmidt; kath., verh. s. 1973 m. Dr. jur. Hajo Wandschneider, RA, 2 Kd. (Andreas, Ulrike) - Abit. 1943 Berlin; Stud. Roman., Hispan., Angl., Phil. Univ. Berlin u. Hamburg (Promot. 1950) - 1948-51 fr. Journ.; 1951-53 Kulturref. Inst. Français Hamburg; 1954-60 Redakt. Ztschr. Kristall; 1960-70 fr. Journ. NDR Hörf., Ztschr. u. Verlage (Übers. u. Herausg.); 1970-83 Textchefin Ztschr. Vital; 1983-90 Ressortleit. Med. u. Psych. Ztschr. FÜR SIE. 1968-71 ehrenamtl. Presseref. amnesty intern. (dt. Sekt.) - Liebh.: Lit., Psych., mod. Glaskunst - Spr.: Franz., Engl., Span.

ESTERHUES, Friedrich
Dr. phil., o. Prof. f. Westf. Landesgeschichte, Volks- u. Heimatkunde sow. Didaktik d. Geschichte Päd. Hochsch. Ruhr/Abt. Hamm - 4791 Neuenbeken 233 (T. 05252 - 6951).

ESTERS, Ernst-August
Dr., M. A., Prof. f. Soziologie, Sozialpsychologie u. Psychoanalyse Univ. Bremen - Beethovenstr. 41, 2800 Bremen.

ESTERS, Helmut
Wiss. Assistent, MdB (s. 1969) - Brunefeldsweg 40, 4178 Kevelaer - Geb. 15. Dez. 1915 Geldern - Stud. Geschichte u. Pol. Wissenschaften, Leiter Abt. Sozial- u. Zeitgeschichte im Forschungsinstitut der Friedr.-Ebert-Stift. 1963. 1969 Stadtrat Kevelaer. 1969 Mitgl. des Bundestages - BV: Mitverf. Gewerkschafter im Widerstand.

ESTLER, Claus-Jürgen
Dr. med., o. Prof. f. Pharmakologie u. Toxikol. - Jean-Paul-Str. 6, 8520 Erlangen - Geb. 22. Mai 1930 Merseburg - Promot. (1957) u. Habil. (1964) Erlangen - S. 1970 apl. u. o. Prof. (1976) Univ. Erlangen-Nürnberg (Vorst. Inst. f. Pharmak. u. Toxik.) - BV: Pharmak. f. Zahnmediziner, Lehrb. d. allg. u. system. Pharmakol. u. Toxikol., Arzneimittel u. Alter. Üb. 100 Einzelarb.

ETMER, Horst Christian
Dr. rer. oec., Dipl.-Kfm. - Fischerhüttenstr. 24, 1000 Berlin 33 (T. 8015465) - Geb. 5. Okt. 1928 Berlin (Vater: Dr. Friedrich E., Vizepräs. (s. XVIII.

Ausg.); Mutter: Agnes, geb. Woitschach), ev., verh. s. 1958 m. Marie-Luise, geb. v. Goertzke, 2 Söhne (Bernhard, Jörg) - Gymn. Berlin; kaufm. Lehre; WH Mannheim, Univ. Hamburg u. Göttingen (Wirtschaftswiss.; Dipl.-Kfm. 1956, Promot. 1958); 1962-72 Prok. Springer Verlag Berlin-Heidelbg.-New York. 1972-74 Gf. DRK Landesverb. Berlin, 1975-79 Hauptschriftl. Ztschr. Die Quintessenz, die Quintessenz der Zahntechnik u. Quintessenz-Journal. Prok. u. Leit. Verlagsplanung Paul Parey Berlin u. Hamburg - BV: D. bes. Risiken d. Markenartikelind.

ETSCHBERGER, Dietmar
Dipl.-Ing., Geschäftsführer Erdgas Schwaben GmbH - Tauentzienstr. 48, 8900 Augsburg - Geb. 28. Febr. 1938 Augsburg - Handwerkslehre, Ing.-Stud.; Hochschulstud. München.

ETTENGRUBER, Fritz
MA, Landrat Kr. Dingolfing-Landau (s. 1972) - Landratsamt, 8312 Dingolfing/Ndb. - Geb. 15. Jan. 1940 München - Zul. Beamter. CSU - 1985 BVK.

ETTERICH, Harald W.
Geschäftsf. Defrol GmbH., Essen, Vors. Außenhandelsverb. f. Mineralöl, Hamburg - Weerthstr. 3, 4300 Essen 18 (Kettwig).

ETTL, Helga
Prof., Pädagogin - Schlüterstr. 20, 2000 Hamburg 13 - S. 1973 Prof. Univ. Hamburg (Erziehungswissensch. unt. bes. Berücks. d. Musikdidaktik).

ETTL, Peter
Journalist, Schriftst. - Waldweidenweg 5, 8400 Regensburg (T. 0941-9 25 33) - Geb. 19. Mai 1954 Regensburg, kath., led. - Abit.; Stud. Volksw. - Stv. Vors. Regionalgr. Ostbay. d. Verb. Dt. Schriftst. - BV: Im Zeichen d. Trümmer, 1976; Kamikaze Ikarus, 1983; Katzenflug, 1984; Landnahme, 1985 - 1972 Hölf-Ulrici-Preis; 1980 Kulturförderpr. Ostbay. - Spr.: Engl., Franz.

ETTL, Wolfgang
Lehrer, Schriftst. - Karl-Knab-Str. 16, 8472 Schwarzenfeld (T. 09435 - 82 71) - Geb. 21. Sept. 1950 Schwarzenfeld, kath., verh. in 1. Ehe 1981-87 m. Christine, geb. Stadler, in 2. Ehe s. 1988 m. Margarete, geb. Müller, 2 Kd. (Jürgen aus 1. Ehe, Franziska) - Abit. 1970 Schwandorf; Stud. Erziehungswiss. Univ. Regensburg; 1. Ex. 1975, 2. 1978 - Mitgl. Verb. dt. Schriftst. - BV: D. Stille fragen, was d. Lärm verschweigt, Lyr. 1979; D. Hecheln d. Wölfe, Lyr. 1981 - Liebh.: Lit., klass. Musik, Gesch., Bier, Fußball - Spr.: Engl., Franz.

ETZ, Peter Paul

Prof., Maler - Otto-Korn-Str. 5, 6223 Espenschied - Geb. 30. Juni 1913 Mainz (Vater: Fritz E., Zollrat; Mutter: Elisabeth, geb. Weber), kath., verh. s. 1955 m. Felcitas, geb. Unterberg, 3 Kd.

(Christopher, Veronika, Lukas) - Realgymn. u. Kunstsch. Mainz (6 Sem.; Prof. Richard Throll); Handwerkslehre; Kunstakad. München (Prof. Karl Caspar) - Zul. Prof. Univ. Mainz (Kunsterzieh.). Tätigk. auf d. Gebieten d. fr. u. d. angew. Malerei (Mosaiken u. Glasfenster), zahlr. Werke in priv. u. öfftl. Samml. u. Museen - Liebh.: Verhaltensforsch. (Vögel u. Fische) - Spr.: Engl., Franz.

ETZIN, Eberhard
Prof., Ordinarius f. Dt. Sprache u. Lit. FU Berlin (entpfl.) - v.-Laue-Str. 7, 1000 Berlin 33.

EUCHNER, Walter
Dr. phil., o. Prof. f. Wissenschaft v. d. Politik - Landwaldstr 10b, 3400 Göttingen-Herberhausen - Geb. 31. Okt. 1933 Stuttgart - Promot. 1967 - S. 1971 Ord. Univ. Göttingen - BV: Naturrecht u. Politik bei John Locke, 1969; Egoismus u. Gemeinwohl, 1973. Div. Einzelarb.

EULENBACH, Joy
s. Breither, Karin

EULENBURG, Graf zu, Richard
Abteilungsleiter Treuhandanstalt Berlin - Heegermühlerweg 39, O-1106 Berlin - Geb. 9. April 1934 Prassen/Ostpr., verh. s. 1966 m. Soscha, geb. Behr, 3 Kd. - Dipl.-Kfm. 1960 München.

EULER, Arno
Dr. phil., Prof. f. Didaktik d. Franz. Sprache u. Lit. Univ. Frankfurt/M. - Am Eselsweg 77, 6500 Mainz.

EULER, Hans-Helmut
Dr. med., Staatsrat, Facharzt f. Innere Med., Direktor Bremer Inst. Film/Fernsehen (s. 1989), Geschäftsf. Bremer Inst. Film/Ferns. Beteiligungsges. mbH (s. 1989), u. Tele Bremen Fernsehprod. GmbH (s. 1989) - Zu erreichen üb. Bremer Inst. Film/Fernsehen, Dechanatstr. 13, 2800 Bremen - Geb. 4. Juni 1941 Bremerhaven, verh., 2 Kd. - mehrj. Tätigk. an Berliner Kliniken, 1975 Abt.leit. f. Arbeitsmed. Berliner Verkehrsbetriebe; 1985-89 Chef d. Senatskanzlei Fr. Hansestadt Bremen; mehrere J. Mitarb. im Planungsteam d. Berliner Senats z. Entw. e. Programms z. Krankenhausmodernisierung; Mitgl. Bezirksverordnetenversamml. Bezirk Tiergarten; zeitw. SPD-Fraktionsleit.; zul. Vors. Haushalts- u. Gesundheitsaussch.; 1976 Berufung z. Senatsdir. b. Bremer Senator f. Gesundheit u. Umweltschutz, spät. Gesundheit u. Sport - Mitgl. ZDF-Fernsehrat.

EULER, Heinrich

Dr. phil., Prof., Historiker - Huttenstr. 3, 8700 Würzburg 1 - Geb. 6. Mai 1925 Darmstadt (Vater: Heinrich E., Bekleidungsfabr., 1945-58 Präs. IHK Aschaffenburg (s. XIII. Ausg.); Mutter: Hedwig, geb. Weise), ev., verh. s. 1958 m. Erna, geb. Euler - Gymn.; Stud. Gesch.

Promot. (1952) u. Habil. (1957) Würzburg - S. 1957 (Privatdoz., Doz. (1959), apl. Prof. (1964), Wiss. Rat u. Prof. (1967), Prof. (1978) Univ. Würzburg (Mittl. u. Neuere Gesch.) - BV: Weltgesch. uns. Zeit, Nachkriegs-Ploetz Bd. 4: 1965-70 (m. W. Hubatsch u. a. m.) 1973; Napoleon III in: Encyclop. Britannica, 15th ed., 1974; D. Außenpolitik d. Weimarer Rep. 1918-23, 1957; Konferenzen u. Verträge - Neueste Zeit 1914-59, 1959-63, 1963-70 (m. Rönnefarth); Gesch. d. II. Weltkr., 1960 (m. Schramm u. a.); Napoleon III. in s. Zeit, Bd. I 1961; Ploetz, Auszug aus d. Gesch., 1968 (m. W. Hubatsch) - Liebh.: Astronomie - Spr.: Lat., Griech., Engl., Franz., Ital., Span.

EULITZ, Fritz

Dipl.-Chem., I. Bürgermeister a.D. - 8031 Seefeld Kr. Starnberg/Obb. - Geb. 12. Febr. 1913 Chemnitz/Sa. - Chemiker; b. 1984 I. Bgm. Seefeld; s. 1984 Geschäftsf. Combustin GmbH, Seefeld.

EULTGEM, Albert

Direktor i. R. - Kretzer Str. 40, 5473 Kruft/Rhld. (T. 02652 - 8 11 74) - Geb. 25. Sept. 1907 - S. 1931 TUBAG Trass-Zement- u. Steinwerke AG. (langj. Vorstandsmitgl.). Div. Ehrenämter, dar. Ehrenvors. Verb. Bims- u. Betonstein-ind., Neuwied - BVK I. Kl. - Spr.: Engl. - Rotarier.

EUSEMANN, Stephan

Prof., Lehrstuhlinhaber f. Textilkunst u. Flächendesign, Akad. d. bild. Künste - Hersbrucker Str. 38, 8500 Nürnberg (T. 57 25 39 bzw. 40 45 95) - Geb. 21. Okt. 1924 Bergrheinfeld (Vater: Stephan E., Lokomotivführer; Mutter: Barbara, geb. Rösch), kath., verh. s. 1951 m. Irmtraut, geb. Osel, 3 Töcht. (Regine, Martina, Stefanie) - Hochsch. Bamberg; Univ. Erlangen u. München, Kunstakad. Stuttgart u. München. As-s.ex. 1952 (Kunstlehramt) - B. 1960 Fachhochsch. Münchberg (Aufb. u. Leit. Gestalter-abt.), dann Kunstakad. Nürnberg (Inh. Lehrst. f. Textilkunst u. Flächendesign; gegenw. Vizepräs.). S. 1957 Mitgl. Dt. Werkbd.; Kurator Deutsches Farbenzentrum, VDID, FNF, IACC (Intern. Ass. of Colour-Consultants), Gestalter und Berater für manufakturelle Formgebung (Textil, Kunststoff, Tapeten, Porzellan, Glas) sowie Farbdesign f. Gerät, Raum u. Bau Univ.kirche Erlangen, Wandteppich Landratsamt Weißenburg u. Textilprüfamt Münchberg, Bayer. Kultusminist. München, Univ. Regensburg, Jubiläumsservice CM 150 f. Hutschenreuther, Tapetenkollektion Eu-Design f. Salubra, Ultrapas CC-System Dynamit Nobel, Farbprogr. f. BPost u. DB (Bahn), ISPO Eu Color-System - BV: Farbe u. Material im Raum, Grundlehre f. Gestalter, Farbklänge im Innenausbau, Mensch - Farbe - Genesung - 1981 Bayer. Staatspreis - Liebh.: Fotogr., Filmen, Glassamml. - Pfeifenraucher.

EUSTERBROCK, Dirk

Dr. phil., Prof. f. Geographie (Didaktik u. Methodik d. Erdkundeunterr.) PH Karlsruhe - Schwarzwaldstr. 4, 7801 Schallstadt.

EVERDING, August

Prof. Hochsch. f. Musik u. Univ. München, Generalintendant Bayer. Staatstheater (s. 1982) - Burg, 8022 Grünwald b. München - Geb. 31. Okt. 1928 Bottrop/W. (Vater: August E., Propsteiorganist), kath., verh. m. Dr. Gustava von Vogel, 4 Söhne (Marcus, Christoph, Cornelius, Johannes) - Obersch.; Univ. Bonn u. München (Phil., German., Theol., Theaterwiss.) - Regieassist. H. Schweikart, F. Kortner; 1955-72 Regiss., Oberspielleit., Schauspieldir., stv. (1960) u. Int. (1963) Münchner Kammersp.; 1973-77 Int. Staatsoper Hamburg; 1977-82 Staatsint. Staatsoper München. Div. Ehrenstell., dar. Präs. dt. Sektion d. Intern. Theaterinst., Präs. Dt. Bühnenverein, Vizepräs. Goethe-Inst., wiss. Beirat Forsch.-Inst. f. Musiktheater Univ. Bayreuth - BV: Mir ist d. Ehre widerfahren, An-Reden, Mit-Reden, Aus-Reden, Zu-Reden, 1985. Zahlr. Insz. u. Fernseh-Insz. klass. u. v. a. zeitgenöss. Theaterstücke. S. 1965 Opern-Insz. in München, Hamburg, Bayreuth, Wien, San Francisco, New York, Paris, London, Warschau. Moderation Fernsehreihe Theater in d. Kritik - 1972 Berliner Kritikerpreis (f.: Alles vorbei); 1978 Karl-Valentin-Orden; BVK I. Kl.; Commendatore nell' ordine al merito della Repubblica Italiana; 1984 Bayer. VO; 1986 Ritter Orden wider d. tier. Ernst Aachener Karnevalsverein; Kultur. Ehrenpreis d. Landeshauptstadt München; Orden d. Löwen v. Finnland; Ehrenbürgersch. d. Stadt Bottrop - Liebh.: Musik - Spr.: Engl., Franz.

EVERHARTZ, Heinrich

Dr., Dipl.-Volksw., Präsident PCI, Gf. Gesellsch. Chemiewerk Dr. Paul Stock GmbH, 8130 Starnberg - Postf. 8 12 66, 8000 München 81 (T. 08151 - 26 04 34) - Geb. 2. Okt. 1916 - Landrat a.D. - Bayer. VO.

EVERLING, Ulrich

Dr. jur., Prof., Zentrum f. Europ. Wirtschaftsrecht Univ. Bonn, ehem. Richter am Gerichtshof d. EG Luxemburg - Dahlienweg 5, 5307 Wachtberg-Pech (T. 32 41 77) - Geb. 2. Juni 1925 Berlin (Vater: Emil, o. Prof. f. Luftfahrttechn.), ev., verh. m. Lore, geb. Schwerdtfeger, 4 Kd. (Christiane, Sabine, Matthias, Stephan) - 1945-48 Univ. Göttingen (Promot. 1951). Jurist. Staatsprüf. 1948 u. 52 - 1953-80 Bundeswirtschaftsmin. (1970 Ministerialdir. u. Leit. Europa-Abt.); s. 1975 Honorarprof. f. Europarecht Univ. Münster, s. 1985 Univ. Bonn, 1980-88 Richter am Gerichtshof d. EG - Zahlr. europarechtl. u. europapol. Veröff.

EVERLING, Wolfgang

Dr. rer. pol., Aufsichtsratsvorsitzender Messegerätewerk Zwönitz GmbH, Beiratsvors. Pfungstädter Brauerei Hildebrand GmbH & Co KG - Freihamer Str. 7, 8032 Gräfelfing (T. 089 - 85 51 01) - Geb. 22. April 1920 Berlin (Vater: Dr. Emil E., Prof.; Mutter: Thekla, geb. Wolff), ev., verh. s. 1955 m. Christa, geb. Schubert, 3 Kd. (Wolfgang, Dietrich, Christine) - Stud. FU (Dipl.-Kfm. 1954) u. Univ. München (Dipl.-Hdl. 1955) - S. 1951 Ind.tätigk. - BV: Kurzfrist. Erfolgsrechnung, 1965; D. Abgrenzungsrechn. als Teil d. internen Rechn.wesens d. Unternehmung, 1977; Zwischenabschlüsse, 1982; Konzernrechnungslegung, 1990; D. Finanzierung d. Unternehmens, 2. A. 1991 - 1945 Ritterkreuz z. EK - Liebh.: Lit., Gesch. - Bek. Vorf.: MdR Dr. Otto Everling (Großv.).

EVERLING, Wolfgang

Dr., Prof., Ordinarius f. Informatik Univ. Bonn/Math.-Naturwiss. Fak. (s. 1975) - Am Lappenweiher 8, 5300 Bonn.

EVERS, Arrien

Dr. med., Internist, Honorarprof. Med. Hochschule Hannover (s. 1968) - Eichendorffpl. 3, 3052 Bad Nenndorf - Geb. 10. Okt. 1903 Berlin - Promot. 1928 Berlin - 1935-68 Leit. Balneolog. Inst. Staatsbad Nenndorf; Ärztl. Geschäftsf. Rheuma-Kurklinik Schaumburg - Fachveröff. - Gustav-Bergmann-Plak., BVK I. Kl.

EVERS, Friedrich-Wilhelm

Bauuntern., MdL Nieders. (CDU) - Breite Str. 34, 3334 Süpplingen - Maurerhandw.

EVERS, Georg

Gärtnermeister, Präs. Bayer. Gärtnerei-Verb. (s. 1976), Mitgl. Bayer. Senat (s. 1978) - Dachauer Str. Nr. 617, 8000 München 50 - Geb. 15. Mai 1920 Herne/W. (Vater: Julius E., Vertr.; Mutter: Mina, geb. Prange), ev., verh. s. 1947 m. Annemarie, geb. Schneider, S. Hans Georg - Volkssch. Herne; 1934-37 Gärtnerlehre ebd. Meisterprüf. 1946 Wohlbeck/W. - S. 1950 Aufg. BGV. Div. Mand. - 1979 BVK; 1980 Bayer. Staatsmed. in Silber; 1983 Bayer. VO; 1985 Bayer. Umweltmed.

EVERS, Hans

Dr. rer. pol., Dipl.-Kfm., Bürgermeister, MdB (1969-80; Wahlkr. 190/Freiburg; 1973 Vors. Sportaussch.) - Marienstr. 2, 7800 Freiburg/Br. (T. 22570) - Geb. 24. Sept. 1925 Helsinki (Vater: Siegfried E., Fabrikant; Mutter: geb. Wadel), ev., verh. s. 1946 (Ehefr.: geb. Fischer, Dipl.-Kfm.), 2 Söhne (Patrick, Karsten) - Univ. Rostock, WH Mannheim (Diplomex. 1949), FU Berlin (Promot. 1950) - S. 1950 Statist. Landesamt Berlin, Stadtverw. Braunschweig (1952), Inst. f. Raumforsch. Bonn (1956), Bundesverteidigungsmin. (1950); Reg.rat), Stadtverw. Freiburg (1963 Kämmerer). 1953-1964 Lehrbeauftr. TH Braunschweig (Wirtschaftsstatistik); 1. Geschäftsf. Landesgartenschau GmbH. CDU (u. a. gf. Vors. Ev. Arbeitskr. Südbaden) - Schr.: D. Wohnstruktur d. Stadt Braunschweig (1953), D. Bevölkerungsstruktur d. Stadt Brschwg. (1955), Probleme d. Regionalplanung in d. Entwicklungsländern (1960), D. Entwicklungsgebiete im Rahmen d. OEEC u. ihre Förd. (1962), Bevölkerung u. Volksw. im J. 1980 unt. bes. Berücks. d. Land- u. Forst. (1962), Regionale Unterschiede d. Lebenshaltungskosten (1963), D. Kreise d. BRD in Zahlen (1964) - 1977 Gr. BVK - 1966/67 Gold. Sportabz. - Spr.: Engl., Franz.

EVERS, Hans-Dieter

Dr. phil., Prof. f. Entwicklungsplanung u. Entwicklungspolitik (s. 1974) - Universität, 4800 Bielefeld 1 - Geb. 19. Dez. 1935 Dröbischau/Thür. (Vater: Prof. Dr. Wilhelm E., Geograph (s. XVIII. Ausg.); Mutter: Elisabeth, geb. Heinze), verh. s. 1963 m. Sigrid, geb. Wilhelm (Studienrätin), 2 Kd. (May, Dirk) - Bismarck-Sch. Hannover (Abit. 1956); Lehre Reedereikfm. Bremen; Stud. Volksw. u. Soziol. Hamburg, Freiburg/Br., Peradeniya/Sri Lanka. Promot. 1962 Freiburg, 1980-82 Dekan, Fak. f. Soziologie - Wiss. Beiratsvors. f. Südostasien, Dt. Ges. f. Asienkunde - Lehrtätigk. Univ. Melbourne (Monash), Newhaven (Yale), Singapur, Djakarta; 1987/88 Gastprof. Gadjah Mada Univ., Indonesien. S. 1982 Vors. Forsch.schwerp. Entw.soziol. Univ. Bielefeld - BV: Kulturwandel in Ceylon, 1964; Monks, Priests and Peasants, 1972; Modernization in Southeast Asia, 2. A. 1975; Studies in Asean Sociology, 1978; Sociology of Southeast Asia, 1980; Sosiologi Perkotaan, Jakarta, 1982; Auf d. Weg zu e. neuen Weltwirtsch.ordnung, 1983; Households and the World Economy; 1984; Strategische Gruppen, 1988 (indon. A. Jakarta 1990). Herausg.: Bielefelder Studien z. Entwicklungssoziol.; Mithrsg.: Asien, Journal of Southeast Asian Studies, Intern. Asienforum - Liebh.: Segeln, Wandern - Spr.: Engl., Indones., Malay.

EVERS, Werner

Bauunternehmer - Am Friedhof, 3002 Bissendorf (T. Mellendorf 83 58) - Geb. 19. Dez. 1932 Hannover - Mittelsch. Hannover; Maurerlehre; Ingenieursch. Holzminden (Bauing.) - B. 1964 Stadtbauoberinsp. Langenhagen (Leit. Planungs- u. Hochbauabt.), dann Mitinh. Marten & Evers KG. (Tief- u. Straßenbau), Hannover. 1967-75 MdL Nieders. SPD.

EVERSHEIM, Walter

Dr.-Ing., Dipl.-Wirtsch., Dipl.-Wirt. Ing., o. Prof. f. Produktionssystematik - Finsterau 35, 5190 Stolberg-Zweifall - Geb. 10. Aug. 1937 Aachen, verh. m. Anneliese, geb. Schnitzler, 2 Kd. (Sabine, Kristina) - Promot. 1965 - S. 1969 (Habil.) Lehrtätigk. TH Aachen (1973 Ord., 1981-83 Prorektor) - BV: Beitr. z. Fertigungsplanung u. -steuerung in d. Einzel- u. Kleinserienfertig., 1965; Konstruktionssyst. - Aufg. u. Möglichk., 1969; Organisation in d. Prod.technik, Bd. 1: Grundlagen, 2. neubearb. A. 1990, Bd. 2: Konstruktion, 2. neubearb. A. 1990, Bd. 3: Arbeitsvorber., 2. neubearb. A. 1989, Bd. 4: Fertig. u. Montage, 2. neubearb. A. 1989.

EVERT, Helmut

Versicherungskfm., Gesellschafter Carl Schröter GmbH, Bremen - Höhenkirchener Weg 15, 8127 Iffeldorf (T. 089 - 79 68 19) - Geb. 31. Jan. 1926 Bremen (Vater: Paul E., Versich.kfm.; Mutter: Hilde, geb. Quincke), ev., Tocht. Caroline - Schule (Mittl. Reife) u. Handelssch.; Lehre als Versich.kfm. - Spez. Arbeitsgeb.: Allg. Transportversicherung. Mitgl. Club zu Bremen u. Club z. Vahr, St. Eurach Land- u. Golfclub - Spr.: Engl., Franz.

EVERTS, Hans-Ulrich

Dr. rer. nat., o. Prof. f. Theoret. Physik Univ. Hannover (s. 1973) - Kolberweg 45, 3000 Hannover 51 - Geb. 15. Nov. 1937 Remscheid - Promot. 1966; Habil 1972 - Zul. Doz. Univ. Köln. Üb. 20 Facharb.

EVERTZ, Gottfried

Botschaftsrat, Wirtschaftsref. Botschaft d. BRD in Mexico-City - Calle Lord Byron 737 Col, Rincon del Bosque, Ciudad de Mexico (5) D. F. (Mexico).

EVERTZ, Klaus

Rechtsanwalt, Vorstandsmitgl. d. Städtische Werke Krefeld AG - St. Töniser Str. 124, 4150 Krefeld (T. 02151 - 8 40-26 40) - Geb. 23. Mai 1944 Krefeld - Gymn. (Abit. 1965); 1965-67 Bundeswehr; Univ. Bonn (Rechts- u. Staatswiss.).

EVERWYN, Klas Ewert

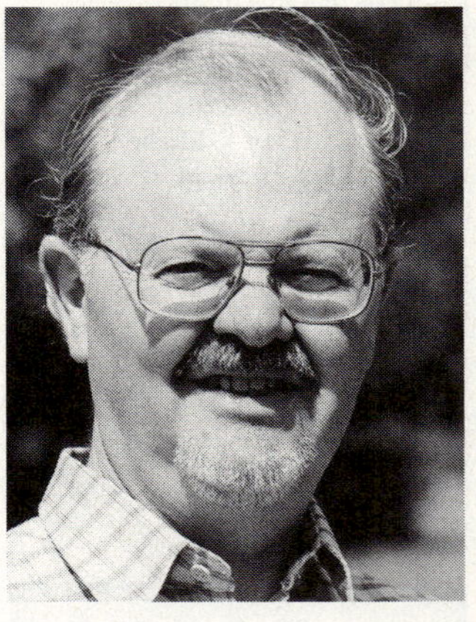

Schriftsteller - Konkordiastr. 38a, 4000 Düsseldorf (T. 0211 - 39 18 65) - Geb. 10. März 1930 Köln, verh. s. 1980 m. Hilde Nadolny, 2 Töcht. (Marlies, Vera) - Gymn.; mittl. Reife; Verwaltungshochsch. (Dipl.-Verw.wirt 1958 Düsseldorf) - 1956-71 Verwaltungsbeamter Neuss; 1972-80 Land NRW - BV: D. Leute v. Kral, R. 1961 (auch franz.); D. Hinterlassensch., R. 1962; D. Stadtväter, R. 1980; Land unter bleiernem Himmel, R. 1983; Für fremde Kaiser u. kein Vaterland, R. 1985 (auch schwed.); D. kleine Tambour u. d. große Krieg, R. 1987; Sterben kann ich überall, R. 1988; Jetzt wird alles besser, R. 1989; D. Räuberpaul, R. 1991 - 1966 Förderpreis f. Lit. NRW; 1980 Lit.preis Stadt Dormagen; 1986 Heinrich-Wolgast-Preis d. GEW; Dt. Jugendlit.preis - Liebh.: Musik, Sport - Spr.: Engl., Franz.

EWALD, Gerhard

Dr. phil., Prof., Direktor Kunsthistor. Institut (1981 ff.) - Via Giuseppe Giusti 44, I-50121 Florenz - Zul. stv. Dir. Staatsgalerie Stuttgart.

EWALD, Günter

Dr. rer. nat. (habil.), o. Prof. f. Mathematik - Äskulapweg 7, 4630 Bochum-Querenburg (T. 70 16 30) - Geb. 1. April 1929 - Assistant Prof. Michigan

State Univ., Lansing (1957-58), u. Univ. of South California, Los Angeles (1960-62), 1964 o. Prof. Univ. Bochum, 1973-75 Rektor. Mitgl. Sonderforschungsbereich Biol. Nachrichtenaufn. u. -verarb.; 1973-89 Präs. Dt. Ev. Kirchentag; 1989 Vizepräs. Intern. Bund d. Religiösen Sozialisten - BV: Geometry - An Introduction, 1971; D. Mensch als Geschöpf u. kybernet. Maschine, 1971; Rel. Sozialismus, 1977; Probl. d. geom. Analysis, 1982. Div. Einzelarb.

EWALD, Ursula

Dr. phil., Prof. f. Geographie - Hirschberger Str. 6, 6905 Schriesheim - Geb. 29. Juli 1938 Ludwigshafen (Vater: Dr. med. Fritz E.; Mutter: Fridl, geb. Schübeck, Gemälderestaur.), ev., led. - Stud. Deutschl., Engl. u. USA, 1. u. 2. Staatsex. Heidelberg 1963 u. 1966, Promot. 1964, Habil. 1974 - 1966 Stud.-Ass., b. 1968 grad. ass. and Univ. lecturer USA, s. 1970 wiss. Assist., Doz., s. 1980 Prof. Univ. Heidelberg, Gastprof. in Mexiko u. USA - BV: Estudios sobre la hacienda colonial en México. D. Mexiko-Projekt d. Dt. Forsch.gemeinsch., 1976; The Mexican Salt Industry, 1560-1980. A Study in Change, 1985 - Spr.: Span., Engl., Franz., Latein.

EWALD, Wolfgang

Dr. med., Internist (Chefarzt), Honorarprof. f. Inn. Med. Univ. Frankfurt/M. - Ernst-Ludwig-Klinik, 6127 Breuberg-Sandbach - Geb. 7. Okt. 1928 - Promot. 1958 Göttingen; Habil. 1971 Frankfurt - BV: Erkrankungen d. Nebennierenrinde, 3. A. 1971 (m. K. Retiene); Therapie m. Allopurinol, 1986.

EWALDSEN, Hans L.

Dipl. sc. pol. Dr.-Ing. E.h., Aufsichtsratsvorsitzender Deutsche Babcock AG, Oberhausen - Brucker Holt 16, 4300 Essen-Bredeney - Geb. 6. Sept. 1923 Lunden/Holst., verh., 2 Söhne - AR Balcke-Dürr AG, Ratingen, Gerling Versich.-Beteiligungs-AG, Köln, Gerling-Konzern Welt-Versich.-Pool AG, Köln, Klöckner-Humboldt-Deutz AG, Köln, Stinnes AG, Mülheim/R., Deutsche Babcock-Borsig AG, Berlin, Deutsche Babcock Energie- u. Umwelttechnik AG, Oberhausen.

EWEN, Carl

Rektor a. D., MdB (s. 1972; Wahlkr. 19/Aurich-Emden), Parlam. Geschäftsf. SPD-Bundestagsfraktion (1980-87), Fremdenverkehrspolit. Sprecher d. SPD Bundestagsfrakt., Präs. d. Ostfriesischen Landschaft - Möhlenhörn 11, 2974 Krummhörn 1 (T. 04923 - 4 44) - Geb. 23. Febr. 1931 Leer/Ostfriesl., verh., 4 Kd. - Versch. Gymn. (Abit. 1950 Emden); 1 J. Erziehungspraktikant; Päd. Hochsch. Göttingen. Lehrerprüf. 1953 u. 1955 - 1953-59 Lehrer Wirdum; 1959-66 Schulleit. Visquard; 1966-72 Rektor Jennelt. 1961-77 MdK Norden. 1961-72 Bürgerm. Gde. Visquard; 1964-72 Landrat Kr. Norden; 1977-87 MdK Aurich. SPD s. 1959 - Gr. BVK.

EWERS, Klaus

Dipl. rer. pol., Stadtdirektor u. Kämmerer d. Stadt Essen a. D. - Voßbusch 25, 4300 Essen 1 - Geb. 29. Dez. 1917 Berlin - VR-Vors. Stiftg. d. Elisabeth-Schwestern; AR-Vors. RWSt; Vorst.-Mitgl. Frz. Sales-Haus Essen; Gesellsch. Bonifatius GmbH Paderborn.

EWERS, Uwe

Postinspektor, MdA Berlin (s. 1975) - Nibelungenstr. 44, 1000 Berlin 28 - Geb. 24. März 1944 Bad Landeck - CDU.

EWERT, Friedrich-Karl

Dr. rer. nat., Dipl.-Geol., Prof. f. Geologie u. Geotechnik Univ. GH Paderborn, Abt. Höxter - An der Wilhelmshöhe, 3470 Höxter; priv.: Mozartstr. 15, 3490 Bad Driburg (T. 05253 - 38 83; Telefax 05253 - 71 45).

EWERT, Jörg-Peter

Dr., Prof. f. Zoologie (Physiologie) GH Kassel - Königsberger Str. 6, 3501 Schauenburg.

EWERT, Karsten

Dr. med., Generalarzt, Prakt. Arzt, Kommandeur d. Akad. d. Sanitäts- u. Gesundheitswesens d. Bundeswehr - Neuherbergstr. 11, 8000 München 45 - Geb. 30. Okt. 1937, ev., verh. s. 1968 m. Serena, geb. Wendeborn, 3 Kd. (Sabina, Maximilian Cornelius, Moritz Alexander) - Reserveoffz., Wehrübungen; Medizinstud. München; Staatsex. u. Promot. 1966 München - Truppenarzt, Kompaniechef, Brigadearzt, Standortarzt, Lehrstabsoffz., Dezern. f. Ausb.- u. Grundsatzfragen im Sanitätsdst. d. Heeres im Heeresamt, Divisionsarzt in Oldenburg, Korpsarzt in Ulm, Ref.leiter f. Org.fragen d. Sanitätsdst. im BMVg - 1979 BVK - Liebh.: Gesch., Sport (Langlauf, Schwimmen) - Spr.: Engl.

EWERT, Otto

Dr. phil., o. Prof. f. Psychologie - Staudinger Weg, Bau 413, 6500 Mainz - Geb. 23. Mai 1928 - S. 1962 (Habil.) Lehrtätigk. Univ. Mainz u. Bochum (Ord.). Fachveröff.

EWERWAHN, Werner J.

Dr. med., Prof., Oberarzt Chirurg. Universitätsklinik Hamburg - Platanenallee 8, 2000 Hamburg 54 - S. 1973 Prof. Hamburg (Chir.).

EWIG, Eugen

Dr. phil., Dr., Dr. h.c., em. o. Prof. f. Mittelalterl. Geschichte u. geschichtl. Hilfswiss. - Saalestr. 10, 5300 Bonn-Ippendorf (T. 283465) - Geb. 18. Mai 1913 Bonn (Vater: Fritz E., Kaufm. †; Mutter: Eugenie, geb. Mälchers), kath., verh. s. 1951 m. Dr. Mathilde (Tilde) Wallenfang, geb. Martini, 3 Kd. - Univ. Bonn (Promot. 1936). Habil. 1953 Mainz - Archivdst. Breslau u. Metz; s. 1946 Lehrtätigk. Univ. Mainz (1954 Ord.) u. Bonn (1964 Ord.) - BV: Trier im Merowingerreich, 1954; Spätantikes u. fränk. Gallien, 1976. Mitgl. Dt. Archäol. Inst. (korr.) u. Acad. des Inscriptions et Belles Lettres, Rhein.-Westf. Akad. d. Wiss., Bayr. Akad. d. Wiss. (korr.), Österr. Akad. d. Wiss. (korr.), Acad. Sciences Dijon - Spr.: Franz.

EWIG, Klaus

Architekt u. Maurermeister, Bauuntern. - Priv.: Händelstr. 37, Gesch.: Altes Dorf 5, 3200 Hildesheim (T. 05121 - 5 25 45) - Geb. 1. Juni 1923, ev., verh. s. 1947 m. Ingeborg, geb. Mull - Abit. 1940; 1948-50 FHS; Meisterprüf. 1952 - 1940-46 Berufsoffz. Kriegsmarine. Vorst.-Vors. Baugewerbe-Verb. Nieders., Verb. baugewerbl. Untern. ebd., Bau-Berufsgenoss. Hannover, IKK Hildesheim; Vorst. Zentralverb. Dt. Baugewerbe, Bonn; AR Bürger-GmbH, Hildesheim; weit. Ehrenämter im Handwerk u. in d. Sozialversich. - 1980 BVK; 1977 Silb. Verdienstmed. Zentralverb. d. Dt. Baugew.; 1983 Ehrenring d. Nieders. Handwerks; 1986 BVK I. Kl.; 1988 Ehrenring d. Dt. Baugewerbes - Spr.: Engl., Franz.

EXNER, Herbert

Dr. rer. nat., Vorstandsmitgl. Vereinigte Schmirgel- u. Maschinen-Fabriken AG. - Siegmundstr. Nr. 17, 3000 Hannover 1; priv.: Natelsheideweg 113a, 3002 Wedemark 2 - Geb. 26. Febr. 1928.

EXNER, Martin

Dr. med., Prof., Direktor Hygiene-Inst. d. Ruhrgebiets Gelsenkirchen, FB Umwelt u. Krankenhaushygiene (s. 1988) - Rotthauser Str. 19, 4650 Gelsenkirchen (T. 0209 - 15 86-1 60) - Geb. 10. April 1951 Linz/Rh., kath., verh. s. 1978 m. Veronika, geb. Schultes, 4 Kd. (Daniel, Julian, Valentin, Florentine) - Med.-Stud. Univ. Bonn; Promot. 1978 Bonn; Habil. 1986 ebd.; Arzt f. Hygiene - 1978-86 wiss. Assist. Hygiene-Inst.; 1986-88 Leiter Abt. f. Seuchen- u. Umwelthygiene am Gesundh.amt Köln - 1986 Mölnlycke-Preis; 1987 Rudolf-Schülke Preis.

EXNER, Rudolf

Leiter Familien- u. Heimpflege Bezirksamt Wilmersdorf (Abt. Jugend u. Sport), Vors. Berufsverb. d. Sozialarbeiter u. -pädagogen, Essen - Falkenhausenweg 11, 1000 Berlin 46 - Ausbild. Sozialarb.

EXNER, Walter

Verleger i. R. - 3590 Bad Wildungen (T. 44 64) - Geb. 13. Nov. 1911 Wien (Vater: Anton E., Kunsthändl. u. Sammler ostasiat. Kunst), verh. s. 1945 m. Lisl, geb. Scheerer, T. Uta - Mittelsch.; Ausb. väterl. Geschäft - Begr. Siebenberg-Verlag, Bad Wildungen (gegr. 1936 Peking); 1956-63 Asien-Mus. Frankenau/Hess.; 1964-77 Asien-Mus. Bad Wildungen - BV: Dürben Oirat gadar - in jiruk, d. älteste Karte d. Mongolei, 1937; Hiroshige, Monogr. e. jap. Malers, 1958 (auch engl., amerik.); Surimono, Kostbarkeiten jap. Druckkunst, 1984; Kirschblüten u. Ahornlaub. D. Hundert Gedichte aus d. alten Japan, 1990; D. von d. Vogelweide. Bemerkungen z. Walther-Forsch., 1991; Als Peking noch ummauert war. Erlebtes u. Gehörtes, 1992. Herausg.: Asien-Berichte (1939-45); Asien-Bibliogr. (1949-85) - Liebh.: Sammeln ostasiat. Kunst (Samml. im Österr. Mus. f. angew. Kunst, Wien), Geodynamik.

EXO, Reinhold

Dr. rer. pol., stv. Hauptgeschäftsführer IHK Wuppertal-Solingen-Remscheid - Barbarossastr. 4, 5600 Wuppertal 1 (T. 0202 - 31 09 60; dstl.: 24 90-700) - Geb. 20. Juni 1932 Bottrop, ev., gesch., 2 Kd. (Ingrid, Gerald) - Stud. Volkswirtsch.; Dipl.-Volksw.; Promot. 1967 Freiburg - BV: D. Entwicklung d. soz. u. ökonom. Struktur d. Ersparnisbildung in d. Bundesrep. Dtschl., 1967 - Spr.: Engl., Franz.

EY, Friedemann

M.A., Politikberater - Aloys-Schulte-Str. 22, 5300 Bonn 1 (T. 0228 - 21 65 66 u. 22 93 25, Telefax 0228 - 21 83 51) - Geb. 12. Sept. 1948 Diepholz/Nieders., ev., verh. s. 1983 m. Iris, geb. Faßbender, 2 Söhne (Julian Benedikt, Fritz Frey) - Abit.; Prüf. z. Fachagrarwirt Landtechnik; Trainees in Paris u. Toronto; Stud. Politikwiss., Staatsrecht u. Neuere Gesch. Bonn, Mag.ex. Bonn - 1972-80 MdB-Assist. b. Richard Ey (Vater †, s. XXVIII. Ausg.), 1975/76 Mitgl. Sprechergr. Mitarb. d. CDU/CSU-Bundestagsabg.; 1981/82 Ref. Dt. Atomforum; 1983-86 Vorst.assist. Genossenschaftsverb. Rhld., s. 1987 eig. Verbindungsbüro in Bonn. Zahlr. Veröff., u.a. Kommentare zu Wirtsch. u. Finanzen, Interviews m. Bundespolitikern - Liebh.: Klavier, Jagd.

EY, Richard

Bergmann, Sozialrichter - Kometenstr. 26, 4600 Dortmund-Dorstfeld (T. 170316) - Geb. 23. Sept. 1911 Fellhammer Kr. Waldenburg, verh., 2 Kd. - Volkssch. - 1951-75 MdL Nordrh.-Westf. SPD s. 1929.

EY, Werner

Dr. med., Prof., Chefarzt - Heidelberger Landstr. Nr. 37a, 6100 Darmstadt - Geb. 11. Juli 1926 Frankfurt/M. - S. 1960 (Habil.) Lehrtätigk. Heidelberg (apl. Prof. f. HNOheilkd.) - BV: D. Operationen an Nase, Mund u. Hals, 1964 (m. W. Schwab). Zahlr. Einzelarb.

EYCHMÜLLER, Wolfgang

Dr.-Ing., Vorstandsvorsitzer Wieland-Werke AG., Ulm, Geschäftsf. Metallwerke Schwarzwald GmbH, Villingen/Schwenningen - Wilhelm-Leuschner-Str. 42, 7900 Ulm/D. - Geb. Ulm (Vater: Karl E., Generaldir. Wieland-Werke, s. XVIII. Ausg.) - Div. ARsmandate.

EYER, Hermann

Dr. phil. nat., Dr. med., em. o. Prof. f. Hygiene u. Med. Mikrobiol. - Gabriel-Max-Str. 14, 8000 München 90 (T. 64 52 84) - Geb. 29. Juni 1906 Mannheim (Vater: Fritz E.; Mutter: Margarete, geb. Linzenmeier), kath., verh. 1938 m. Gertrud, geb. Decker - Goethe-Gymn. Karlsruhe; TH Karlsruhe u. Aachen (Allg. Maschinenbau), Univ. Heidelberg (Chemie (Dipl.-Chem.), Med.). Promot. 1929 u. 32 Heidelberg; Dr. med. habil. 1936 Erlangen (Hyg. u. Med. Mikrobiol.) - 1937 Doz. Univ. Berlin. 1943 apl. Prof., 1946 Ord. u. Inst.dir. Univ. Bonn, 1957 Univ. München, 1977 emerit. - Üb. 200 Veröff. üb. mikrobiol., virol., allg.- u. arbeitshyg. Themen - 1957ff. Mitgl. Dt. Akad. d. Naturforscher (Leopoldina), Halle/S., Ehrenmitgl. in- u. ausl. wiss. Ges. - Liebh.: Musik, Fotogr. - Spr.: Engl., Franz.

EYFERTH, Klaus

Dr. phil. (habil.), Dipl.-Psych., Prof. u. geschäftsf. Direktor Inst. f. Psych. TU Berlin (s. 1973) - Plüschowstr. 9, 1000 Berlin 37 (T. 314 44 72) - Geb. 9. Nov. 1928 Jena, verh. s. 1958 m. Ina, geb. Gröling, 3 Kd. - Dipl.-Psych. (1954) u. Promot. (1957) u. Habil. (1962) Hamburg, 1965-67 Prof. Univ. Saarbrücken, 1968-72 TH Darmstadt - Veröff.: Unters. üb. Wahrnehmungs- u. Lernpsych.

EYKMANN, Walter

Dr. phil., Studiendirektor, MdL (s. 1978, CSU), Bundesvors. d. Kath. Elternschaft Deutschlands - Franz-Stadelmayer-Str. 14, 8700 Würzburg - Geb. 20. Aug. 1937 Sonsbeck/Rhld. (Vater: Wilhelm E., Volksschullehrer), kath., verh. I) 1966 m. Sabine, geb. Küchenhoff († 1968), II) 1972 Ingeborg, geb. Treffer (Oberstudienrätin a. D.), 2 Töcht. - Univ. Freiburg u. Würzburg (Lat., Theol., Sozialkd.). Beide Staatsex. Ausbilder v. Studienrefer. am Riemenschneider-Gymn. Würzburg. 1975ff. Lehrbeauftr. Fachhochsch. Würzburg-Schweinfurt. Mitgl. im Kulturpolit. Aussch. d. Landtages; s. 1986 Vors. d. Aussch. f. Fragen d. öfftl. Dienstes; stv. Vors. d. Landeskomitees d. Katholiken in Bayern.

EYLL, van, Klara

Dr. rer. pol., gf. Direktorin Rhein.-Westf. Wirtschaftsarchiv (s. 1971) - Unter Sachsenhausen 10-26, 5000 Köln 1; priv.: Am Bramhoff 13, 5000 Köln 80 - Geb. 28. Sept. 1938 Essen (Vater: Theo v. E., Ltd. Verwaltungsdir.; Mutter: Klara, geb. Wilhelms), kath. - Univ. Freiburg u. Köln (Wirtschaftswiss.). Dipl.-Hdl. (1963) u. Promot. (1968) Köln - S. 1963 RWWA. 1970 Lehrauftr. Univ. Köln (Unternehmensgesch.). Div. Ämter, dar. stv. Vors. Wiss. Beirat Ges. f. Unternehmensgesch., Köln (1976ff.); Vorst. Verein dt. Archivare, 1985 Vors. Fachgr. 5 (Archivare d. Wirtschaft); 1985 stv. Vors. Wirtschaftshist. Verein Köln - BV: u. a. In Kölner Adreßbüchern geblättert, 1978. Mithrsg.: Zwei Jahrtausende Kölner Wirtschaft (2 Bde. 1975) - Spr.: Franz., Engl.

EYLMANN, Horst

Rechtsanwalt u. Notar, Bundestagsabgeordneter (s. 1983; Wahlkr. 25/Stade) - Bundeshaus, 5300 Bonn 1 - Geb. 1. Dez. 1933 - CDU.

EYMER, Peter

Dr. med., Prof., Internist - Hohenstaufenstr. 10, 8000 München 13 (T. 339995) - Geb. 7. Juni 1920 Heidelberg (Vater: Prof. Dr. med. Heinrich E., Gynäkologe (s. XIV. Ausg.); Mutter: Alma, geb. Klinker), verh. m. Ingeborg, geb. Kern, 2 Kd. (Wolfgang, Angelika) - S. 1955 (Habil.) Lehrtätigk. Univ. München (1963 apl. Prof. f. Inn. Med.; zeitw. Ltd. Oberarzt II. Med. Klinik).

EYRICH, Heinz

Dr. jur., Minister f. Bundes- u. Europaangelegenheiten Baden-Württ. a.D., MdL (s. 1980) - Schlegelstr. 2, 5300 Bonn 1 (0228 - 5 03-2 14) - Geb. 1. Febr. 1929 Tuttlingen, ev., verh., 2 Kd. - Gymn., Abitur 1948; Stud. 1949-52 Univ. Freiburg (Rechts- u. Staatswiss.); 1. u. 2. jurist. Staatsex. 1952 u. 1957 (b. 1957 Refer.-Zeit), Promot. 1953 (üb. Fragen d. Tarifvertrags- u. Arbeitsrechts) - 1957-62 Gerichtsass.; 1962 Staatsanwalt; 1965

Amtsgerichtsrat; 1966 Erster Staatsanw. - Beiratsmitgl. Landeskreditbank Baden-Württ.; 1986-91 Vors. Bundesarbeitskreis Christl.-Demokrat. Juristen - 1969-78 MdB; 1978-86 Justizmin. Baden-Württ., 1983-84 zusätzl. Innenmin., 1984-86 zusätzl. Min. f. Bundesangelegenh. u. Europabeauftr. d. Landesreg. Baden-Württ., 1987-91 Min. f. Justiz, Bundes- u. Europaangelegenh.; Mitgl. d. Bundesrates; s. 1986 Aussch.-Vors. f. Fragen d. EG d. Bundesrates. S. 1955 CDU, s. 1962 Landesvorst.-Mitgl. Südbaden, 1965-69 Landesvors. Junge Union Südbaden; b. 1969 stv. Bundesvors., 1979-91 Mitgl. CDU-Landesvorst. Baden-Württ.

EYRICH, Klaus

Dr. med., Univ.-Prof., Direktor Klinik f. Anaesthesiologie u. op.-Intensivmed. FU Berlin (s. 1978) - Hindenburgdamm 30 (Klinikum Steglitz), 1000 Berlin 45 - Geb. 10. Jan. 1928 Tübingen (Vater: Dr. Max E., Jugendpsychiater; Mutter: Dr. Maria, geb. Schüle, Ärztin), ev., verh. s. 1963 m. Dr. med. Rosemarie, geb. Jonietz, 3 Kd. (Max Christoph, Susanne Dorothee, Frank Michael) - Gymn. Stuttgart; Univ. Tübingen u. Freiburg. Promot. 1954; Habil. 1969 - Zul. 1969-78 Prof. Univ. Würzburg (Ltd. Oberarzt). Präsidialmitgl. Dt. Ges. f. Anaesthes. u. Intensivmed.; Mitgl. div. weit. wissenschaftl. Ges. - Üb. 100 Publ., Buchbeitr. u. Vorträge.

EYSEL, Hans-Hermann

Dr. rer. nat., Dipl.-Ing., Prof. f. Anorgan. Chemie Univ. Heidelberg (s. 1973) - Am Kirchwald 5, 6901 Gaiberg - Geb. 28. Jan. 1935 Mühlhausen/Thür. - Promot. 1964 Clausthal; Habil. 1972 Heidelberg - Üb. 70 Fachaufs.

EYSEL, Ulf

Dr. med., Prof. f. Neurophysiologie, Inst. f. Physiologie Univ. Bochum - Universitätsstr. 150, 4630 Bochum 1 (T. 0234 - 700 38 49) - Geb. 3. Nov. 1944 Mühlhausen/Thr. (Vater: Hermann E., Dr. med.; Mutter: Elfriede, geb. Busch), ev., verh. s. 1975 m. Dr. med. Elisabeth, geb. Dörrscheidt, 2 Kd. (Peter, Maximilian) - Abit. Kassel, Fr. Univ. Berlin u. Univ. Miami/USA (Med.-Stud.) b. 1971; Priv. Doz. Berlin 1975 - 1976-87 Prof. f. Physiol. Univ. Klinikum Essen, s. 1987 Leit. d. Abt. f. Neurophysiol. Univ. Bochum, s. 1989 Geschäftsf. Dir. Inst. f. Physiologie Univ. Bochum; 1991-94 Mitgl. Senatsaussch. f. d. Sonderforsch.-ber. d. DFG. 1981/82 Gastprof. Univ. Chicago - Spez. Arbeitsgeb.: Neurophysiol., Neurophamakol. u. Neuroanatomie d. Sehsystems: Entw., Läsionen u. Neuroplastizität. Üb. 80 Fachveröff. u. Buchbeitr. - 1966-71 Stip. d. Studienstiftg. d. Dt. Volkes - Liebh.: Musik, Sport - Spr.: Engl.

EYSEL, Walter

Dr. rer. nat. (habil.), Prof. f. Mineralogie Univ. Heidelberg - Zu erreichen üb. Universität, Im Neuenheimer Feld 236, 6900 Heidelberg 1 (T. 06221 - 56 28 07) - Geb. 3. Jan. 1935 Langenselbold (Vater: Georg E., Posthauptsekr.; Mutter: Elise, geb. Schadt), verh. s. 1963 m. Doris, geb. Wilken, 2 Kd. (Anja, Georg) - Dipl. Mineral. 1963, Promot. 1968, Habil. 1971, 1971/72 Stud.aufenth. in USA - 1974 Viktor Moritz Goldschmidt-Pr. d. Dt. Mineral. Ges. - Spr.: Engl., Franz.

EYSHOLDT, Karl-Günter

Dr. med., Prof., Chefarzt i. R. - Niederfeldstr. 49, 4800 Bielefeld 1 - Geb. 28. Juni 1918 Braunlage/Harz (Vater: Karl E., Oberinspektor; Mutter: Maria, geb. Brandt), ev., verh. s. 1948 m. Sigrid, geb. Kößler, 5 Kd. (Ulrich, Eilike, Ruprecht, Gesine, Tilmann) - Staatl. Gr. Schule Wolfenbüttel; Univ. Marburg u. Göttingen (Promot. 1945). Habil. 1955 Göttingen - S. 1953 Lehrtätigk. Univ. Göttingen (1962ff. apl. Prof.; b. 1959 Oberarzt Chir. Klinik). Mitgl. dt. u. intern. Fachges. - BV: D. angeborenen Verbiegungen u. Pseudoarthrosen d. Unterschenkels, 1950 (m. A. Büttner); D. peripheren Venen, D. peripheren Lymphbahnen, in: Hellner-Nissen-Voßschulte, Lehrb. d. Chir., 1957; D. intrauterinen Frakturen, 1958 - Fachaufs. - Membre d'hon. Soç. Franç d. Phlebolog. - Liebh.: Botanik, wiss. Fotogr.

F

FABEL, Helmut

Dr. med., o. Prof. f. Innere Medizin Med. Hochschule Hannover (s. 1974) u. gf. Leit. Med. Klinik Krkhs. Oststadt ebd. - Güntherstr. 22, 3000 Hannover 81 - Geb. 4. März 1934 Krofdorf - 1973-75 Rektor Med. Hochschule Hannover, 1987/88 Präs. Dt. Ges. f. Pneumologie, zul. Abteilungsvorst. u. Prof.

FABEL, Renate

s. Fischach-Fabel, Renate

FABER, Anne

Schriftstellerin - Beltweg 10, 8000 München 40 - Geb. 20. Juli 1921 München, verw., 2 Kd. (Veronika, Johannes) - 1939-41 Schauspielsch. d. Bayer. Staatsschausp. München - S. 1955 Arb. f. Hörfunk - BV: Gustav d. Letzte, Gesch. 1975; Louis Armstrong, Biogr. 1977 (Auswahlliste z. Dt. Jugendbuchpreis); Mein Name ist Fabelutzi, Gesch. 1979; Jahr & Tag, Erz. u. Sachb. 1981.

FABER, Gustav

Dr., phil., Journalist u. Schriftst. - Tannenweg 4, 7847 Badenweiler (T. 58 32) - Geb. 15. Aug. 1912 Badenweiler (Vater: Otto F., Oberforstrat), ev., verh. m. Hildegard, geb. Meyen, 1 Kd. - Gymn. Karlsruhe; Univ. Heidelberg, Berlin, München - 1938-43 Pressekorresp. Südamerika; 1947-49 stv. Chefredakt. D. Neue Baden; 1949-53 Feuill.redakt. Gießener Anzeiger - W.: D. Mörderhof, R. 1935; D. Meister H. L., Erz. 1937; Welserland, Sch. 1937; Dt. Blut in fremder Erde, 1939; D. Malerkönig, Erz. 1948; D. Wundergeige, Msp. 1949; Sturm an d. Elbe, Sch. 1952; Saudade - Brasilian. Schlenderjahre, 1954; Trop. Barock, 1957; Sand auf hl. Spuren - Reise durch Nahost, 1958; Komm zurück, weißer Bruder!, 1961; Auf d. Wegen d. Apostels Paulus, 1962; Süditalien - Bild u. Schicksal, 1964 - Brasilien hat andere Götter, 1965; Piraten oder Staatsgründer? - Normannen v. Nordmeer b. z. Bosporus, 1968; Im Lande d. Bibel - Reise durch d. mod. Israel, 1970; Brasilien - Weltmacht v. morgen, 1970; E. Tag wie gestern - V. Alltag in alten Tagen, 1971; D. manipulierte Mehrheit - Schleichwege d. Macht, 1971; Portugal, 1972; Schwelender Orient - E. polit. Reisebericht, 1972; Süditalien - Gesch., Kultur, Kunst, 1973; Denk ich an Deutschland ... Neun Reisen durch Gesch. u. Gegenwart, 1975; Badenweiler, 1975; D. Normannen, 1976 (holl. u. jap. Übers.); Spaniens Mitte, 1978; D. erste Reich d. Deutschen - Gesch. d. Merowinger u. Karolinger, 1980 (holl., poln. u. ital. Übers.); Baden-Baden, 1981; D. Traum v. Reich im Süden - D. Ottonen u. Salier, 1983; Auf d. Spuren v. Hannibal, 1983 (ital. Übers.); Auf d. Spuren v. Karl d. Gr., 1984 (ital. Übers.); Andalusien, 1985; Auf d. Spuren v. Christoph Kolumbus, 1987 (ital. Übers.), Elsaß, 1989; Auf d. Spuren d. Paulus, 1989; Himmlische Landschaft Oberrhein - E. europäischer Kulturführer, 1990 - 1953 Karlsruher Kulturpreis, 1987 BVK am Bde.

FABER, von, Hans

Dr. rer. nat., Dr. agr., Prof., Zoologe, Inst. f. Zoophysiol. Univ. Hohenheim - Friedrich-Zundel-Str. 50, 7000 Stuttgart 75 - Geb. 18. Mai 1927 - S. 1961 (Habil.) Privatdoz. u. apl. Prof. (1967) LH bzw. Univ. Hohenheim. Mitgl. Dt. Zool. Ges., Dt. Ges. f. Endokrinol., Dt. Ges. f. Züchtungskd., Dt. Ornithologen-Ges., World's Poultry Science Assoc. - BV: Endokrinologie, 1980 (span.). Fachaufs.

FABER, Heiko

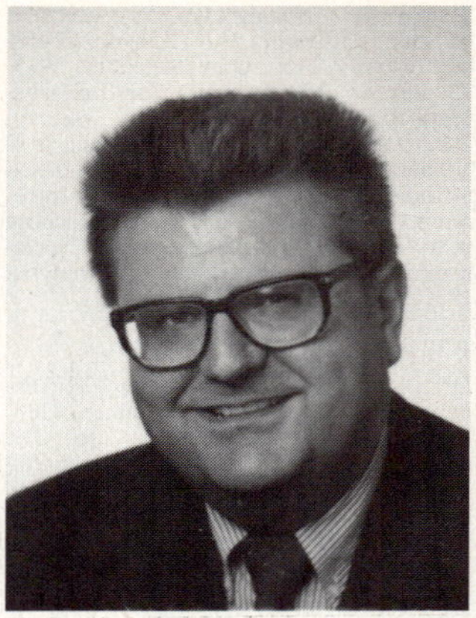

Dr. jur., Univ.-Prof. f. Öfftl. Recht Hannover, Richter Oberverwaltungsgericht Lüneburg - Wunstorfer Str. 1, 3007 Gehrden 1 (T. 05108 - 22 34) - Geb. 1. Okt. 1937 Wuppertal (Vater: Dr. jur. Bernhard, RA; Mutter: Ingeborg, geb. Trappenberg), ev., verh. s. 1967 m. Dr. phil. Rosina, geb. Borek, S. Bernhard - Wilh.-Dörpfeld-Gymn. Wuppertal (Abit. 1957); Stud. Bonn, Berlin; Habil. 1973 Konstanz - 1966-73 Wiss. Assist., 1973-74 Privatdoz.; 1974-78 Professur f. Öfftl. Recht IV Univ. Frankfurt - Mitgl. Verein. Dt. Staatsrechtslehrer, Dt. Juristentag, Verein f. Rechtssoz. - BV: Innere Geistesfreiheit u. suggestive Beeinflussung, 1968; Wirtsch.planung u. Bundesbankautonomie, 1969; D. Verb.klage im Verw.prozeß, 1972; D. Macht d. Gemeinden, 1982; Verwaltungsrecht, Lehrb. 3. A. 1992. Mithrsg.: Nieders. Staats- u. Verwaltungsrecht (1985) - Spr.: Engl., Franz., Span.

FABER, Ludwig

Dr. jur., Landgerichtspräsident a. D. - Sebastian-Bach-Str. 9, 5400 Koblenz (T. 34106) - Geb. 24. März 1910 Gießen (Vater: Otto F., Kaufm.; Mutter: Ida, geb. Schaaf), ev., verh. s. 1937 m. Gertrud, geb. Schwarz, 2 Kd. (Annelie, Joachim) - Oberrealsch. Gießen; Univ. Gießen u. München. Promot. 1935; As-s.ex. 1936 - Ab 1939 Landgerichtsrat Mainz, dazw. Kriegsdst., ab 1950 Oberlandesgerichtsrat Koblenz, s. 1964 Landgerichtspräs. Bad Kreuznach - BV: D. Stellung d. Sondervorrechtsgläubiger im gerichtl. Vergleichsverfahren, 1936 (Diss.) - Liebh.: Geschichte - Spr.: Franz., Engl.

FABER, Malte

Dr. rer. pol., o. Prof. f. Volkswirtschafslehre (Wirtschaftstheorie) Univ. Heidelberg - Berghalde 57, 6900 Heidelberg - Geb. 29. Nov. 1938 Düsseldorf (Vater: Otto F., Jurist; Mutter: Helene, geb. Meissner), ev., verh. s. 1965 m. Kathrin, geb. Beckel, T. Friederike - Abit. 1958, 1958-59 Praktikum, FU Berlin (Volkswirtsch., Math.); 1959-62 Mathematical Economics and Stastitics Univ. of Minnesota, USA, 1962-64 Abschl. Master of Arts; Promot. 1969; Habil. 1973 TU Berlin. 1973 Univ. Heidelberg - BV: Stochast. Programmieren, 1970; Introduction to Modern Austrian Capital Theory, 1979; Entropie, Umweltschutz u. Rohstoffverbrauch. E. naturwiss. ökon. Unters. (m. Gunter Stephan u. Horst Niemes), 1983; Umweltschutz u. Input-Output-Analyse. Mit zwei Fallstud. aus d. Wassergütewirtsch. (m. Gunter Stephan u. Horst Niemes), 1983; Umdenken in d. Abfallwirtsch. Vermeiden. Verwerten. Beseitigen. (m. G. Stephan u. P. Michaelis), 2. A. 1989; Evolution, Time, Production and the Environment (m. J. L. R. Proops), 1990. Herausg.: Studies in Austrian Capital Theory. Investment and Time (1986).

FABER, Peter

s. Schmitz, Siegfried

FABER, Rainer

Dipl.-Kfm., Gesellschafter u. Geschäftsf. Ges. f. Computer Anwendung Beratung + Training mbH & Co. KG, u. Geschäftsführungsges. f. Computer Anwendung Beratung + Training mbH, bde. Flensburg - Fritz-Reuter-Weg 23, 2390 Flensburg - Geb. 31. Mai 1932.

FABER, Rolf

Dr. jur., Richter am Landgericht Wiesbaden (s. April 1991 abgeordnet), z. Zt. stv. Abt.-Leit. im Thüringer Justizmin. - Carl-von-Ossietzky-Str. 29, 6200 Wiesbaden (T. 0611 - 46 74 85) - Geb. 16. Nov. 1946 Wiesbaden, kath., verh. s. 1974 m. Marie-Luise, geb. Hellmer - Abit. 1966 Mainz; 1967-74 Stud. Rechts- u. Staatswiss., Phil., Gesch. Mainz; 1. jur. Staatsex. 1974 Mainz; 2. jur. Staatsex. 1976 Wiesbaden; Promot. 1991 Mainz - Oberstleutnant d. R. (FJgBtl 742); 1982 Mitgl. d. Hist. Kommiss. f. Nassau; Sprecher AK Wiesbadener Heimatforsch. - BV: Herzogtum Nassau, 1982; D. Bemühungen im Herzogtum Nassau um d. Einführung v. Mündlichkeit u. Öffentlichkeit im Zivilprozeßverfahren, 1991; zahlr. Veröff. z. Wiesbadener Orts- u. zur nassauischen Landes- u. Rechtsgesch. - 1983 Bürgermed. d. Landeshauptstadt Wiesbaden; 1986 Ehrenbrief Land Hessen- Liebh.: Gesch. - Spr.: Engl.

FABER, Werner

Dr. phil., o. Prof. f. Erwachsenenbildung - Ludwigshöhe 23, 8600 Bamberg - Geb. 18. Jan. 1928 Haaren-Wünnenberg, kath., verh. - Stud. Päd., Phil., Publiz., Kunstgesch.; 1960 Promot., 1962 Prof., 1965 ao. Prof. Aachen, 1968 o. Prof. f. Erziehungswissenschaft GH Paderborn, 1977 o. Prof. f. Erwachsenenbildung Univ. Bamberg. 1973-76 ehrenamtl. Vors. d. VHS Paderborn. 1975-76 Dekan; s. 1977 Ord. f. Erwachsenenbildung u. Leit. d. Zentralstelle f. Wiss. Weiterbild. Univ. Bamberg, 1. Vors. d. Päd. Arbeitsstelle f. Erwachsenenbild. in Baden-Württ., Mitgl. Landesbeirat f. Erwachsenenbild. in Bayern - BV: D. Dialog. Prinzip Martin Bubers u. d. erzieher. Verhältnis, 2. A. 1967; Päd. Kontroversen I/1969, II/1973. Herausg.: Didaktik/Schriftenreihe; Erwachsenenbildung im Adressatenurteil, 1978; Elternarbeit a. d. Lande, 1979; Weiterbildung aktuell, 1979; Person oder Org. (Andragogik 1), 1981; D. Dorf ist tot - es lebe d. Dorf (Andragogik 2), 1981; Gasthörer an westdt. Univ. (m. K. Dieckhoff), 1985; Herausg.: Beiträge u. Materialien z. Wiss. Weiterbild. (Univ. Bamberg, 1984ff.); Person, Bildung, Menschlichk. (1988); F. e. zeitgerechte Erwachsenenbild. (1990) - Rotarier - Lit.: Engagement f. d. Erwachsenenbild. (Festschr. z. 60. Geb.), 1988.

FABER-CASTELL, Graf von, Anton-Wolfgang

Gf. Gesellschafter A. W. Faber-Castell GmbH - Nürnberger Str. 2, 8504 Stein - Geb. 7. Juni 1941 Bamberg - Ehrenämter: AR Nürnberger Allg. Versicherungs-AG, Nürnberger Lebensversich.-AG, Bayer. Landesgewerbeanst. - Vors. Albrecht Dürer-Ges., Vors. Stiftergem. f. e. Museum Industriekultur d. Stadt Nürnberg, Verb. dt. Bleistiftind., stv. Vors. Industrieverb. Schreib- u. Zeichengeräte.

FABERS, Friedhelm

Dr. rer. oec., Dipl.-Volksw., Wirtschaftsingenieur, gf. Gesellsch. Wohnungs-Verwaltungs GmbH, Essen, Möller Liegenschaftsverwaltungsges. mbH, Hanau, Vors. d. Immobilienbörse linker Niederrh., u. d. RDM-Bezirksverb. Düsseldorf e.V., Inh. Immobilien Dr. Fabers, RDM, Viersen - Königsallee 49, 4060 Viersen 1 - Geb. 31. Okt. 1930 Wuppertal (Vater: Josef F., Untern.; Mutter: Hedwig, geb. Gerling), verh. s. 1961 m. Ingeborg, geb. Schwarz, 6 Kd. - Ext.-Abit. 1952 Berlin; 1952-59 Stud. Technik, polit. Wiss., Wirtschaftswiss. Univ. Berlin, Innsbruck; Promot. 1959 -

1958-64 Arbeitgeberverb., 1965-71 selbst., Geschäftsf. IZI-Informationszentrum Immobilien GmbH, Düsseldorf. 1966-72 u. 1975-79 Stadtrat u. Frakt.-Vors. FDP (1968-81); Präs. Dt. Gr. d. Lib. Intern., 1981-83 Vizepräs., 1976-81 Schatzm. Europäische Lib. u. Demokr. (ELD), Mitgl. d. Synode d. Ev. Kirche Krefeld; 1986-88 u. 1990-92 Präses d. Ev. Kirchengemeinde Viersen - 1979 BVK; 1981 Méd. Merite Europeen; 1989 BVK I. Kl.; Lazarusorden KLJ - Liebh.: Skisport, Tanzsport - Spr.: Engl., Span.

FABIAN, Anne-Marie,
geb. Lorenz

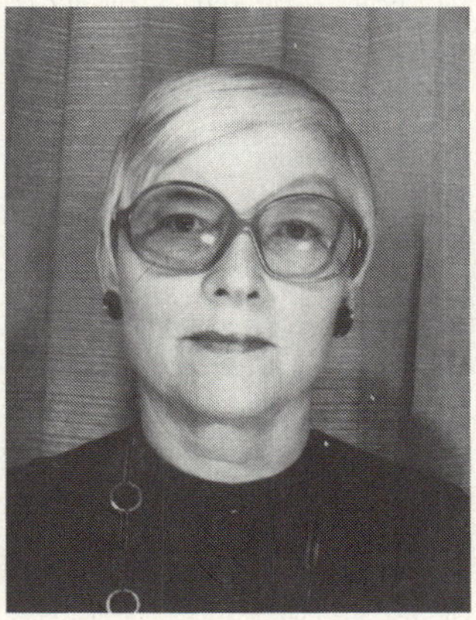

Dipl.-Politologin, Journalistin, Autorin - Wiener Platz 2, 5000 Köln 80 - Geb. 20. Nov. 1920 Stettin, ev., verh. s. 1965, 3 Kd. (Annette, Gefion, Hildegard) - 1949-55 Stud. polit. Wiss. Dt. Hochsch. f. Politik Berlin - 1954-60 Sachbearb. Sozialversich.; 1958-60 gf. Vorstandsmitgl. Hauptpersonalrat Senat v. Berlin; s. 1961 Journ. Köln. Zul. Vorstandsmitgl. d. Bezirksgr. im Verb. dt. Schriftst. (VS) - BV: Ihn'n kann ick's ja sagen, 1981; M. Dir nach Amsterdam, 1983; Wink üb. d. Aschenfeld - Auschwitzged., 1984; E. Fall f. Linda Gruber, 1990 - 1963 Kurt-Tucholsky-Preis, Kiel - Liebh.: Beruf, Kochen - Spr.: Engl., Franz.

FABIAN, Bernhard

Dr. phil., o. Prof. f. Engl. Philologie - Johannisstr. 12-20, 4400 Münster/W. (Engl. Seminar) - Geb. 24. Sept. 1930 Waldenburg/Schles. (Vater: Herbert F., Kaufm.; Mutter: Hildegard F.), verh. s. 1967 m. Ursula, geb. Sassen - Univ. Marburg u. London; Promot. - S. 1960 Lehrtätigk. Univ. Marburg u. Münster (1961 ao., 1962 o. Prof.; Dir. Engl. Sem. u. Inst. Erasmianum). Arbeitsgeb.: Engl. Lit. d. 17. u. 18. Jh., Geschichte d. Buchwesens.

FABRICIUS, Brunhilde

Rat d. Evang. Kirche in Deutschland, Vors. Dt. Frauenrat, Bonn - Auf der Schubach 62, 3500 Kassel (T. 0561 - 6 13 82) - Geb. 8. Aug. 1931 Kassel, ev., verw., 3 Kd. (Volker, Ralf, Angelika) - Vors. Dt. Ev. Frauenbund, stv. Präses d. Synode v. Kurhessen-Waldeck u. Rat d. Landeskirche, Bundesgesundheitsrat, stv. Vors. Ev. Zentralstelle f. Entwicklungshilfe, u. d. Diakon. Konferenz d. EKD, Diakon. Rat d. EKD - 1985 Stadtmedaille Kassel; 1989 BVK am Bde.

FABRICIUS, Cajus

Dr. phil. (habil.), o. Prof. f. Griechisch Univ. Göteborg (s. 1970) - Carlbergsgatan 26, S-41266 Göteborg (T. 40 34 48) - Geb. 28. Sept. 1925 Berlin (Vater: Cajus F., Prof.; Mutter: Margarete, geb. Michaelis), ev., verh. s. 1949 m. Marta, geb. Åkesson, 2 Kd. (Christian, Elisabeth) - 1946-54 Univ. Heidelberg, Lund. Promot. u. Habil. Lund 1962 - BV: Zu d. Jugendschriften d. Johannes Chrysostomos, 1962; Galens Exzerpte aus ält. Pharmakologen, 1972. Mithrsg.: Studia Graeca et Latina Gothoburgensia (s. 1971) - S. 1973 o. Mitgl. kungl. Vetenskaps-och Vitterhets-Samhället, Göteborg; 1981-83 Vors. Nord. Platon-Sällskapet; 1988 Vitterhets-, historie-och antikvitetsakad., Stockholm.

FABRICIUS, Dietrich

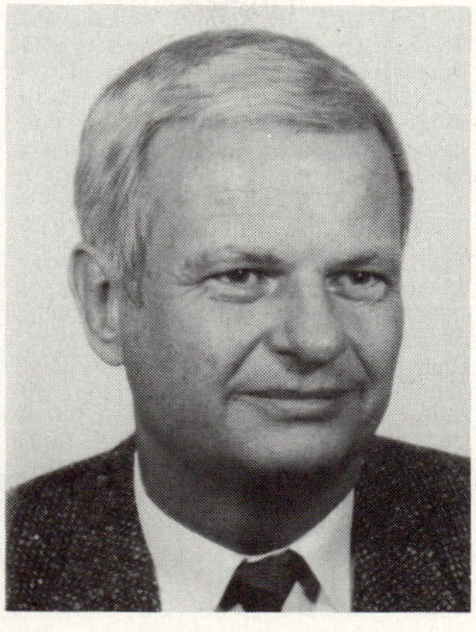

Rechtsanwalt, Hauptgeschäftsf. Fachverb. Klebstoffindustrie, Verb. Europ. Klebstoffind. (FEICA) u. Fachvereinig. Industriereiniger - Sternstr. 49, 4000 Düsseldorf 30 - Geb. 22. Aug. 1929 Berlin (Vater: Prof. D. Cajus F., Theologe †1950; Mutter: Margarete, geb. Michaelis †1945), ev., verh. s. 1959 m. Dr. Helga, geb. Kopsch, 3 Kd. (Anne, Eve, Nicolai) - 1939-49 Gymn.; 1949-54 Univ. Heidelberg (Rechtswiss., Volksw.). Jurist. Staatsprüf. 1954 (Heidelberg) u. 59 (Stuttgart) - S. 1960 Fachverb. Zahlr. Fachaufs. (insb. Fachztschr. Adhäsion) - Liebh.: Musik (Orgel), Filmen - Bek. Vorf.: Georg Michaelis, 1917 Reichskanzler (Großonkel ms.).

FABRICIUS, Fritz

Dr. jur. (habil), em. o. Prof. f. Bürgerl. Recht, Handels- u. Wirtschaftsrecht Univ. Bochum (s. 1964) - Dahlhauser Str. 71, 4320 Hattingen (T. 8 29 83) - Geb. 18. Mai 1919 Fedderwardergroden, ev., verh. s. 1948 m. Dr. Gisela, geb. Nagel, Sohn Dirk - 1961-64 Doz. Univ. Münster - Präs. d. Expertenaussch. f. d. Europ. Sozialcharta b. Europarat in Strasbourg - BV: Relativität d. Rechtsfähigkeit, 1963; Marktwirtsch. u. Mitbest., 1978; Kommentar z. Betriebsverfass.gesetz, Bd. I 1988, Bd. II 1990 (m. Kraft, Thiele, Wiese, Kreutz); Unternehmensrechtsreform u. Mitbestimm. in e. soz. Marktwirtsch., 1982; Rechtsprobl. gespalt. Arbeitsverhältnisse im Konzern, 1982; Streik u. Aussperrung im Intern. Recht, 1988; Human Rights and European Politics/The Legal-Political Status of Workers in the European Communities, 1992. Herausg.: Lawand Intern. Trade, Festschr. f. Clive M. Schmitthoff; Kommentar z. Mitbest. Ges. 1977, 1978; Festschr.: Berg- u. Energierecht vor den Fragen d. Gegenwart (1989) - 1986 BVK I. Kl. - Liebh.: Musik - Spr.: Engl.

FABRICIUS, Klaus

Dr. rer. nat., Prof. f. Theoret. Physik Univ. GHS Wuppertal - Ewald-Oberhaus-Str. 18, 5828 Ennepetal - Verh. m. Ljiljana Fabricius-Ivšić - Zul. Privatdoz.

FABRY, Hermann

Dr. med., Prof., Dermatologe - In der Uhlenflucht 11, 4630 Bochum - Geb. 5. März 1925 Bochum (Vater: Dr. Hermann Fabry, Arzt; Mutter: Maria, geb. Perrot), kath., verh. s. 1977 in 2. Ehe m. Hildegunde, geb. Hecker, 4 Söhne (Helmut, Jens, Matthias, Stephan) - Gymn. (Abit. 1943), Univ. Bonn, Frankfurt, Düsseldorf (Staatsex. 1949, Promot. 1951), 1952-54 Univ. Kiel, Facharzt 1955 - Ehem. Vorst. Dermatol. Klinik Ruhr-Univ. St. Josef-Hospital, Bochum - Üb. 70 wiss. Veröff. - 1979 Hon.-Prof.; 1986 BVK am Bde.; 1987 Ehrenmitgl. d. Hellenischen Dermatologischen Ges. - Liebh.: Musik, Dressur-Reiterei - Spr.: Engl., Franz., Holl., Ital.

FACH, Wolfgang

Dr. rer. soc., Dipl.-Politologe, Prof., Univ. Konstanz (s. 1980) - Ringstr. 97, 7750 Konstanz 19 - Geb. 6. Nov. 1944 Neuenbürg (Vater: Wilhelm F., Richter; Mutter: Irma, geb. Hoos), ev. - Dipl.ex. 1970 Berlin; Promot. (1971) u. Habil. (1975) Konstanz - BV: Koalition u. Opposition in spieltheoret. Sicht, 1974; (m. U. Degen): Polit. Legitimität, 1978.

FACK, Fritz Ullrich

Dr. rer. pol., Journalist - Jägerstr. 26, 6074 Rödermark (T. 06074 - 9 86 97) - Geb. 3. Mai 1930 Leipzig (Eltern: Fritz (Fabrikant) u. Erna-Maria F.), ev., verh. s. 1952 m. Helga, geb. Teuber, T. Martina - 1951-57 Dt. Hochsch. f. Politik u. Freie Univ. Berlin (Dipl.-Polit. 1955; Promot. 1957) - S. 1956 FAZ (1960 Bonn-Korresp. Wirtschaftspol., 1971 Mithrsg.). 1964-70 Vorst.-Mitgl. Bundespressekonfz., u. s. 1982 Ludwig-Erhard-Stiftg., Bonn - BV: D. dt. Stahlkartelle in d. Weltwirtschaftskrise, Diss. 1957. Mithrsg.: D. Neue Ärztliche (1986) - Spr.: Engl., Franz.

FACKELMANN, Michael

Autor, Regisseur - Steinsdorfstr. 20, 8000 München 22 (T. 089 - 29 12 59) - Geb. 10. Febr. 1941 Berlin - Abit.; Bay. Staatslehranst. f. Fotogr. (Abschl. 1963) - Fr. Fotograf f. Ztschr. u. Spielfilme. 1968-72 zahlr. Kurzspielfilme als Autor, Regiss. u. Prod. f. Kino; 1973-76 Buch, Regie u. Prod. v. 80 Kurzspielfilmen f. d. ZDF - Vorschulprogramm Rappelkiste; 1977-80 Drehb. u. Regie f. d. BR; 1979-80 Theaterst. f. Kinder (Vogelmenschen; Roboter lachen nicht); 1981 Drehb. u. Regie f. d. ZDF-Serie Anderland; 1982 Drehb. f. d. Bavaria u. Hörsp. f. d. SDR Stuttgart; 1984 Kindertheaterst. (D. Weltmeister). Synchrondialogbücher, Drehbücher u. Regie Industriefilme u. TV-Werbespots - 1979 Adolf-Grimme-Preis; 1981 Bayer. Filmförd.-Pr. - Spr.: Engl., Franz.

FACKLER, Willy

I. Bürgermeister Stadt Wemding (s. 1978) - Rathaus, 8853 Wemding/Schw. - Geb. 27. März 1943 Huisheim - Zul. Steueroberinsp. CSU.

FADINGER, Eckart

Dr., I. Bürgermeister - Rathaus, 8170 Bad Tölz/Obb. - Geb. 7. April 1938 Immenstadt - Zul. Oberreg.srat. CSU.

FAEHNDRICH, Henner Peter

Dipl.-Kfm., Sendeleiter Südwestfunk - Hardbergstr. 9, 7570 Baden-Baden (T. 07221 - 6 32 63) - Geb. 9. April 1939 Berlin (Vater: Helmuth F., Bankdir.; Mutter: Eva, geb. Radel), ev., verh. s. 1968 m. Margit, geb. Komorowski, 4 Kd. (Anja, Heike, Peter, Stefan) - Gymn. (Abit.), Stud. Wirtschaftswiss. Freiburg, Mannheim, Heidelberg, Dipl.-Kfm. Mannheim - Wiss. Assist. Univ. Frankfurt, Organisationsref. Südwestfunk, Hörfunk-Prod.chef Südwestfunk, s. 1979 Hörfunk-Sendeleit. Südwestfunk; Geschäftsf. Vereins z. Förderung d. Musik Oberschwaben e.V.; Mitgl. d. Landeselternbeirats Baden-Württ. - Spr.: Franz., Engl.

FÄHRMANN, Rudolf

Dr. phil., Dipl.-Psych., em. Prof., Psychotherapeut, gepr. Sprecherzieher - Burgholzweg 74, 7400 Tübingen (T. 07071 - 4 06 43) - Geb. 24. Nov. 1921 Leipzig, verh. s. 1947 m. Margret, geb. Kurz, S. Jörg - Musikhochsch. Stuttgart (Sprecherzieh., Theaterwiss.; Sprecherzieher-Ex. u. Zeugnis d. Künstlerreife 1949); Univ. Tübingen (Psych., Phil., Musikwiss., German.; Dipl.-Psych. u. Promot. 1949); Univ. München (Graphol.-Ex. 1957) - Spez. Arbeitsgeb.: Angew. Ausdrucksforsch. (Schriftpsychol., Psychophonetik), Klin. Anthropologie, Med. Psychologie, Psychosomatik, Jugendkd., Pädagogik. Div. Fachmitgliedsch. - BV: D. Deutung d. Sprechausdrucks - Studien z. Einf. in d. Praxis d. charakterol. Stimm- u. Sprechanalyse, 1960, 2. A. 1967. Mitautor: Dt. Nachkriegskinder, 1954. Rd. 50 Veröff. aus o. g. Fachgeb.

FÄHRMANN, Walter

Dr. rer. nat., Prof., Zentrum Anatomie Univ. Göttingen - Kreuzbergring 36, 3400 Göttingen - Geb. 11. März 1926 Schland/Spree - Promot. 1961 Münster/W. - S. 1970 (Habil.) Lehrtätigk. Univ. Göttingen (1975 apl. Prof. f. Histol.). Üb. 30 Facharb.

FÄHRMANN, Willi

Schulrat, Schriftsteller - Erprather Weg 5c, 4232 Xanten - Geb. 18. Dez. 1929 Duisburg - Vornehml. Kinder- u. Jugendb. - Div. Ausz., dar. Dt. Jugendb.-Preis 1981 (f.: D. lg. Weg d. Lukas B.) - Mitgl. PEN; o. Mitgl. Dt. Akad. f. Kinder- u. Jugendlit.; Träger d. Nibelungenrings.

FAERBER, Joerg

Prof., Chef-Dirigent u. Geschäftsf. Württ. Kammerorchester Heilbronn - Schongauerstr. 4, 7100 Heilbronn (T. 07131 - 2 15 65) - Geb. 18. Juni 1929 Stuttgart (Vater: Dr. Paul F., Oberbaurat; Mutter: Mouche, geb. Schaal), ev., verh. s. 1959 m. Ursula, geb. Münch, T. Katrin - Abit. 1949; Staatl. Hochsch. f. Musik Stuttgart (Künstler. Reifeprüf Dirig. 1954) - 1954-60 Musikal. Oberleit. Theater Heilbronn u. musikal. Oberleit. Operetten-Festsp. Stuttgart; s. 1961 Württ. Kammerorch. Heilbronn. Konzertreisen durch Europa, USA u. Canada, UdSSR, Süd- u. Südwest-Afrika, Japan, Taiwan, Thailand. Gastdirig. u.a. Camerata Acad. Salzburg, Berliner Symphoniker, ORTF Straßburg, Rundf. Bratislava, BBC Cardiff u. Manchester, Thames Chamber Orch. London, Bournemouth Sinfonietta, Northern Sinfonia of Engl., Engl. Chamber Orch., principle guest conductor of Europ. Community Chamber Orch. Schallplattenaufn. v. üb. 300 Werken - Kompos. f. Bühne u. Film - Gold. Verdienstmed. Stadt Heilbronn; 1984 BVK.

FAHIMI, H. Dariush

Dr. med., o. Prof. f. Anatomie Univ. Heidelberg (s. 1975) - Im Neuenheimer Feld 307, 6900 Heidelberg - Geb. 1933 Teheran/Iran - Med.-Stud. 1952-58 Univ. Heidelberg. Facharztausb. f. Pathol. Mallory Inst. of Pathol. Boston/USA - 1987-90 Präs. Dt. Ges. f. Zellbiologie; 1987-89 Dekan Fak. f. Naturwiss. Medizin an d. Univ. Heidelberg - Assoc. Prof. of Pathology Harvard Univ. Medical School, Boston/USA.

FAHLBUSCH, Erwin

Dr. theol., Dr. h. c., Prof. f. Religionswiss. Univ. Frankfurt/M. - Beedenkirchen, 6147 Lautertal/Odenw. - Geb. 26. Mai 1926 Frankfurt/M. - 1947-52 Stud. Univ. Hamburg, Mainz, Erlangen, Göttingen; Promot. 1955 Göttingen - 1952-54 Repetent Univ. Göttingen; 1953-59 Redakt. Ev. Kirchenlexikon; s. 1964 wiss. Mitarb. d. Konfessionskundl. Inst. Bensheim. 1965 Gastdoz. Prag, 1966 Löwen, 1967-72 Budapest, 1980 Basel, 1985 Lublin - BV: Kirchenkunde d. Gegenwart, 1979; Taschenlex. Religion u. Theol., 5 Bde., 4. A. 1982; EKL-Intern. Theol. Enzyklopädie, 5 Bde., 1985ff. - 1970 Dr. h. c. Akad. Budapest; 1985 Chevalier de la Confrérie du Franc-Pineau.

FAHLBUSCH, Klaus

Dr. rer. nat., Prof., Geologe TH Darmstadt - Breslauer Pl. 3, 6100 Darmstadt - Geb. 15. Juli 1927 Berlin-Lichterfelde (Vater: Karl F., Beamter; Mutter: Elsa, geb. Brunzel), ev., verh. s. 1955 m. Ursula, geb. Hoch, S. Klaus-Peter.

FAHLBUSCH, Volker

Dr. rer. nat., Prof. f. Geologie Univ. München - Richard-Wagner-Str. 10, Inst. f. Paläontologie u. hist. Geol., 8000

München 2 (T. 089 - 520 33 40) - Geb. 22. Febr. 1934 Celle/Hann. (Vater: Otto F., Arzt; Mutter: Hertha, geb. Rößler), ev., verh. s. 1963 m. Inge, geb. Sichling, T. Iris Lorna - 1955-60 Geol.-Stud. Univ. Göttingen u. München (Dipl. 1960, Promot. 1964, Habil. 1969) - S. 1970 Prof. Univ. München. Zahlr. paläontol. Veröff. in div. Fachztschr. (s. 1962) - Spr.: Engl., Franz.

FAHLBUSCH, Wilhelm

Pastor, Prof., ehem. Rektor Ev. Fachhochschule Hannover - Blumhardtstr. 2, 3000 Hannover 69 - Geb. 8. Okt. 1929 Göttingen (Vater: Wilhelm F., Lokführer; Mutter: Alma, geb. Utermöhlen), ev., verh. s. 1961 m. Karin, geb. Schneemann, 5 Kd. - Stud. Theol. u. Soziol. Univ. Göttingen (1. theol. Ex. 1956, 2. 1960); 1956 Sem. f. kirchl. Dienst in d. Ind.Ges. Mainz - 1960-62 Pastor in Bremke b. Göttingen; 1962-73 Landessozialpfarrer ev.-luth. Landeskirche Hannover; 1970-83 Mitgl. Landessynode (Vizepräs.); 1968-78 Präs. Ev. Aktionsgemeinsch. f. Arbeitn.fragen in d. EKD u. Vors. kirchl. Dienst in d. Arbeitswelt (EKD); s. 1974 Prof. FB Relig.päd.

FAHN, Karolina

Dr. phil., Prof. f. Didaktik d. Grundschule Univ. Regensburg - Brühfeldweg 39, 8300 Landshut - Geb. 22. Mai 1921 Passau - 1939 Abit.; Stud. PH München-Pasing; 1942-60 Lehrertätigk. u. Seminarrektorin; 1953-58 Zweitstud. Ludwig-Maximilian-Univ. München, 1958 Promot. - Ab 1960 Doz. f. Didaktik d. Deutschunterr. PH Regensburg; 1972 Prof. Univ., Aufbau d. Lehrst. f. Didaktik d. Grundschule. Emerit. 1987 - Zahlr. Buch- u. Ztschr.-Veröff. auf d. Gebiet d. dt. Sprachunterr., d. Didaktik d. Erstlesens u. d. Sachunterr. - Mitgl. d. Jugendbuch-Jury.

FAHNING, Hans

Dr. rer. pol., Geschäftsleitender Direktor Hamburgische Landesbank - Girozentrale -, Gerhart-Hauptmann-Platz 50, 2000 Hamburg 1 - Geb. 1. Juli 1925 - Div. AR- u. VR-Mand.

FAHR, Günther

Dr. rer. oec., Dipl.-Kfm., gf. Gesellschafter Werner & Pfleiderer Maschinenfabrik - Theodorstr. 10, 7000 Stuttgart-Feuerbach - Geb. 30. Sept. 1928 Stuttgart (Vater: Dr.-Ing. Dr.-Ing. E. h. Otto F., Fabr. † 1969 (s. XV. Ausg.); Mutter: Hildegard, geb. Brand), verh. m. Renate, geb. Schaudt - S. 1954 W & P.

FAHR, Hansjörg

Dr. rer. nat., Prof., Wiss. Rat - Brentanostr. 10, 5300 Bonn - Geb. 2. Nov. 1939 Hannover - Promot. (1966) u. Habil. (1971) Bonn - S. 1972 Lehr- u. Forschungstätigk. Univ. Bonn/Inst. f. Astrophysik u. Extraterrestr. Forschung (b. 1978 apl. Prof., dann Wiss. Rat u. Prof.). Facharb.

FAHR, Helmuth

Generaldirektor i. R. - Heilsbergweg 25, 7702 Gottmadingen/Baden (T. Singen 07731 - 72300) - Geb. 22. Nov. 1908 Gottmadingen (Vater: Johann Georg F., Fabrikdir.; Mutter: Emy, geb. Bucher), ev., verh. s. 1935 m. Ilse, geb. vom Feld, 6 Kd. - Oberrealsch. Konstanz; TH Hannover (Dipl.-Ing. 1933) - S. 1935 Betriebsing. (s. 1974 i. R.) - 1970 BVK - Spr.: Engl., Franz. - Rotarier - Brüder: J. Georg † 1972 (s. XVI. Ausg.) u. Wilfried F.

FAHR-BECKER, Christoph

Dr. jur., Vorstandsmitglied Readymix Beton AG - Zu erreichen üb. Fa. Daniel, Goldbachstr. 25, 4030 Ratingen (T. 02102 - 40 11) - Geb. 16. Nov. 1943 Quedlinburg, verh. s. 1989 m. Beatrice, geb. Hympendahl, 3 Kd.- 1. u. 2. jur. Staatsex.; 1971 Europa Kolleg Brügge; 1973 MBA-Insead; Promot. 1974 München - S. 1974 Readymix Gruppe (davon 1978-81 in Engl.) - Liebh.: Golf, Tennis, Skilaufen, Reisen, Lesen - Spr.: Engl., Franz., Span.- Bek. Vorf.: Huschke v. Hanstein (Onkel).

FAHRENBACH, Helmut

Dr. phil. (habil.), Prof. f. Philosophie (apl.) u. Doz. Phil. Seminar/Univ. Tübingen - Paul-Lechler-Str. Nr. 6, 7400 Tübingen 1.

FAHRENBERG, Jochen

Dr. phil., Dipl.-Psych., Prof. f. Psychologie - Peterhof, 7800 Freiburg/Br. - Geb. 18. Sept. 1937 Berlin - Promot. (1962) u. Habil. (1966) Freiburg - S. 1973 Ord. Freiburg - BV: Psychophysiol. Persönlichkeitsforsch., 1967. Einzelarb.

FAHRION, Roland

Dr. rer. nat., o. Prof. f. Wirtschaftsinformatik Univ. Heidelberg - Grabengasse 14, 6900 Heidelberg (T. 06221 - 54/29 39-29 38) - Geb. 8. Juni 1945 Wendlingen, ev. - Dipl.-Math. (Ökonometrie) 1971, Promot. 1975 Tübingen, Habil. 1979 Heidelberg - 1980/81 Gastprof. GH Kassel; 1981 Prof. f. Ökonometrie u. Statistik, 1986 Prof. f. Wirtschaftsinformatik Univ. Freiburg - Forsch.-schwerp.: Anwendungssysteme, log. Programmierung, wiss. basierte Systeme. Buchveröff. u. Ztschr.aufs.

FAHRMEIR, Ludwig

Dr. rer. nat., Prof., Lehrstuhlinh. f. Statistik Univ. München - Ludwigstr. 33, 8000 München 22.

FAHRNSCHON, Helmut

Geschäftsführer Centrale Marketingges. d. dt. Agrarwirtsch. (CMA) - Koblenzer Str. 148, 5300 Bonn-Bad Godesberg - Geb. 17. März 1923 Pfalz (Vater: Langj. Generalsekr. Dt. Weinbauverb.) - Marineoffz.; zul. Hauptgf. Verb. Dt. Weinexporteure u. Arbeitsgem. Agrarexport - 1972 Bayer. VO.; Gr. BVK m. Stern - Liebh.: Jagd, Segeln - Lit.: Festschr. z. 60. Geb. (CMA).

FAHSE, Hermann

Dr., Prof., Kanzler d. Univ. Kaiserslautern - Erwin-Schrödinger Str., 6750 Kaiserslautern.

FAIGLE, Egon

Prof., Hochschullehrer - Bannried 3, 7981 Waldburg/Württ. - U. a. Prof. f. Math. PH Weingarten.

FAILLARD, Hans

Dr. phil., o. Prof. f. Biochemie - Richard-Wagner-Str. 87, 6602 Saarbrücken-Dudweiler (T. 06897 - 761660), An der Wallburg 35, 5060 Bensberg-Refrath (T. 02204 - 63437) - Geb. 2. April 1924 Köln (Vater: Hermann F., Bankamtm.; Mutter: Elisabeth, geb. Kühn), verh. s. 1952 m. Maria, geb. Scholl †1989, S. Wolfgang - Univ. Köln (Med., Chemie). Promot. (1952) u. Habil. (1957) Köln - 1957-62 Privatdoz., apl. Prof. (1962). Wiss. Rat (1963) Univ. Köln, 1964 o. Prof. f. Physiol. Chemie Ruhr-Univ. Bochum, 1969-72 Rektor Univ. Bochum. 1970-76 Vizepräs. Westd. Rektorenkonfz. Bonn, 1973-79 Präs. Univ. d. Saarlandes, Saarbrücken. 1974-79 pers. Mitgl. standing committee European Rektors Conference, 1973-90 Mitgl. Auswahl-Aussch. f. US-Sonderprogr. Alexander v. Humboldt-Stiftg., s. 1976 Vors. Aussch. f. Intern. Begegnungszentren derselb. Stiftg., s. 1978 Mitgl. d. Ständ. Kommiss. f. d. Studienreform d. Kultusmin.-Konf., Bonn. 1982-85 Vorsitzender, s. 1979 Mitgl. Kommiss. f. Forsch. u. Beirat d. Stiftg. z. Förd. d. Westd. Rektorenkonfz., Mitgl. Ges. Dt. Chemiker, Ges. f. Biol. Chem., Ges. Dt. Naturforscher u. Ärzte. Arbeitsgeb.: Biochemie d. Glycoproteine. Üb. 60 Fachveröff., darunt. Beitr. Handb. d. Physiol. u. Pathol.-Chem. Analyse (Hoppe-Seyler-Thierfelder) u. Glycoproteins, BBA-Library Vol. 5; Üb. 30 hochschulpolit. Veröff. - 1957 Hochhauspreis Univ. Köln - Spr.: Engl.

FAIRHURST, Robin

Sänger u. Dirigent - Hohe Kuppe 19, 4300 Essen 14 (T. 0201 - 58 57 02) - Geb. 3. Juni 1941 London (Vater: Jack F., Kunstmaler; Mutter: Barbara, geb. Cooper), verh. s. 1967 m. Annemarie, geb. Steffens, 2 S. (Sebastian, Alexander) - 1959-65 Musikal. Ausb. in London (b. 1962) u. an d. Akad. f. Musik, Wien (Reifeprüf.) - 1965-75 Lyr. Bariton Städt. Oper Gelsenkirchen (b. 1966) u. Essen; 1975 ff. Musiklehrer Folkwang-Musikschule Essen; Doz. Univ.-GH Essen - Komponiert gern; weit. Liebh.: Schach, Fußball, Kochen.

FAISAL, Farhard H.

Ph. D., Univ.-Prof., Prof. f. Physik - Werther Str. 122c, 4800 Bielefeld 1 - Geb. 3. Nov. 1939 Pabna/Bengalen - 1969-71 Res. Fellow-Goddard Space Flight Center, Nasa, Md.; 1967-69 U. K. Atomic Energy Authority - Forsch.: Atom u. Molekülphysik, Laser-Physik. Üb. 50 Veröff. - Mitgl. DPG, American Physical Soc., Board of Editors Journal of Physics B.

FAISS (ß), Klaus

Dr. phil., Prof. f. Engl. Philologie Univ. Mainz - Bahnhofstr. 133, 6501 Harxheim - Geb. 10. Juni 1940 Plochingen - Promot. 1967 - Zul. Wiss. Rat u. Prof. Univ. Bochum. Facharb.: Gnade b. Cynewulf u. s. Schule; Aspekte d. engl. Sprachgesch.; Verdunkelte Compounds im Engl.; Engl. Sprachgeschichte.

FAISSNER, Helmut

Dr. rer. nat., o. Prof. f. Experimentalphysik - Eupener Str. 285a, 5100 Aachen (T. 6 11 34) - Geb. 5. Mai 1928 Kempten/Allgäu - 1958-64 Mitarb. CERN, Genf; s. 1963 Ord. u. Dir. III. Physikal. Inst. TH Aachen (1969/70 Rektor); Mitentdecker neutrale schwache Ströme, Neutrino-Elektron-Streuung - BV: Polarisierte Nucleonen (auch russ.), Proc. Neutrino Conference Aachen, 1976 (Ed.); Proton-Antiproton Conf. Aachen, 1986 - 1980 Max-Born-Preis d. dt. u. engl. Physikal. Ges.; 1984 Fellow Americ. Phys. Soc.; 1986 BVK I. Kl. - Lit.: Robert Jungk: D. große Maschine (1966) S. 127ff.

FAISST (ß), Lothar

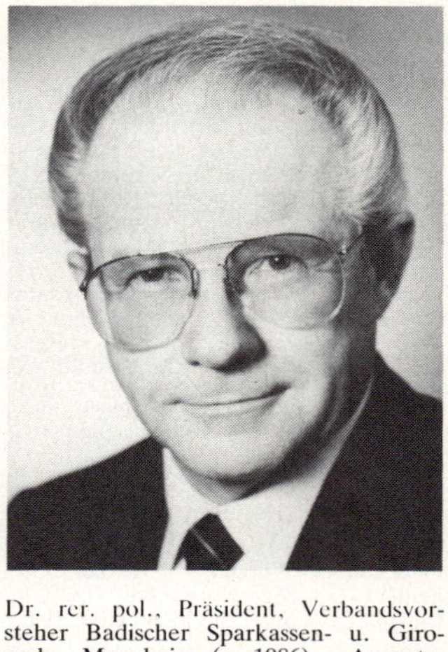

Dr. rer. pol., Präsident, Verbandsvorsteher Badischer Sparkassen- u. Giroverb., Mannheim (s. 1986) - Augusta-Anlage 33, 6800 Mannheim 1 (T. 0621 - 4 20 60) - Geb. 6. Juli 1927 Freiburg im Breisgau, verh. - Stud. Volkswirtsch. Univ. Freiburg im Br.; Dipl.-Volksw.; Promot.; Ex.: Verbandsprüfer, Steuerberater, Wirtschaftsprüfer - S. 1954 Bad. Sparkassen- u. Giroverb. (1963 stv. Revisionsdir., 1966 Revisionsdir. u. Prüfungsstellenleit., 1978-86 stv. Verb.-Vorst., s. 1986 Verb.-Vorst.). VR-AR-Vors.: Südwestdt. Landesbank Stuttgart/Mannheim, Bad. Landesbausparkasse, Karlsruhe, Kommunale Planungs- u. Entwicklungsges. d. bad. Sparkassen mbH, Öfftl. Versich.-Ges. d. bad. Spark., Mannheim, Datenverarbeitungsges. d. bad. Spark.-Org., Karlsruhe, Beteiligungsges. d. Bad. Spark.- u. Giroverb. mbH, Mannheim, Innovationsförderungsges. (IFG) d. Bad. Sparkassenorg. mbH, Mannheim; AR- u. VR-Mitgl. weiterer nat. u. intern. Tochter-Untern.; VR-Mitgl. d. Dt. Girozentrale, Frankfurt; stv. Beiratsmitgl. d. Landeszentralbank, Stuttgart; Mitgl. d. Gesellsch.aussch. d. GZS (Ges. f. Zahlungssysteme), Frankfurt; Kurat.-Mitgl. Ges. z. Förderung d. wiss. Forsch. üb. d. Spar- u. Girowesen, Bonn, u. Denkmalstiftg., Stuttgart; VR-Mitgl. Bad. Gemeindeversich.-Verb., Karlsruhe; AR-Vors. d. Bad. Allgemeinen Versich., Karlsruhe - Verf. zahlr. Art. in Fachztschr., sowie Verf. u. Herausg. v. Fachbroschüren u. Standardwerken d. Sparkassenrevisionswesens - Liebh.: Reisen, bildende Kunst, Sport - Spr.: Engl., Franz.

FALÁR, Hans

Schauspieler, Regiss. Bremer Theater - Ostendorpstr. 12, 2800 Bremen (T. 0421-7 60 76) - Geb. 1. Juni 1944 Wien, kath., ledig - 1972-82 Schausp. u. Regiss. Nationaltheater Mannheim; Staatstheater Stuttgart; Burgtheater Wien; Theater d. Stadt Bonn - BV: D. eisige Regenbogen, Theaterst. Rollen in: Vatermord (Mannheim), Lulu (Stuttgart), Im Dickicht d. Städte (Wien). Insz.: D. Stärkere, D. Stühle (Mannheim), Zufälliger Tod e. Anarchisten (Bremen) - 1980 u. 82 Schausp. d. Jahres (Theater heute) - Liebh.: Malen.

FALBE, Jürgen

Dr. rer. nat., Dipl.-Chem., Prof., pers. haft. Gf. Gesellschafter Henkel KGaA; Honorarprof. Lehrst. f. Chemietechn. Univ. Dortmund (s. 1978); Herausg. im Springer Verlag u. Georg Thieme Verlag - Zu erreichen üb. Henkel KGaA, Postf. 1100, 4000 Düsseldorf 1 (T. 0211 - 7 97-41 11); priv.: Linnéplatz 14, 4040 Neuss 1 (T.02101 - 46 68 80) - Geb. 16. Juni 1933 Schneidemühl (Vater: Fritz F.; Mutter: Margarete, geb. Hartwig), verh. s. 1957 m. Marlene, geb. Stein, 2 S. (Volker, Jörg) - Gymn. Herford u. Bonn; Univ. Bonn. Promot. 1959 - 1959-66 Shell Grundlagenforsch., Schloß Birlinghoven; 1966-83 Ruhrchemie AG (ab 1972 Vorst.) - BV: Synthesen m. Kohlenmonoxid, 1967; Carbonmonoxide in Organic Synthesis, 1970; Methodicum Chimicum, Bd. 5, 1975; Chemierohstoffe a. Kohle, 1977; Katalysatoren, Tenside u. Mineralöladditive, 1978; New Syntheses with Carbon Monoxide, 1980; Chemical Feedstocks from Coal, 1982; Houben-Weyl, Bd. E 3 1983, Bd. E 5 1985; Bd. E 18 1986; Surfactants in Consumer Products, 1986; ca. 100 fachwiss. Veröff. - Gold. Sportabz. - Liebh.: Golf, Tennis, Briefmarken - Spr.: Engl., Span. - Rotarier.

FALCH, Wolfgang

Dr.-Ing., Direktor - Graslitzer Str. 32, 8750 Aschaffenburg-Leider (T. 06021 - 8307) - Geb. 1. Aug. 1921 Kassel (Vater: Rudolf F., Oberreg.srat; Mutter: Hertha, geb. v. Brauchitsch), ev., verh. s. 1954 m. Ruth, geb. Rievel - Stud. Allg. Maschinenbau, Vorex. 1943 TH Berlin; Dipl.-Ing. 1945 TH Hannover; Promot. 1955 TH Aachen - S. 1946 Continental Gummiwerke AG., Metzeler AG. (1965; stv. Vorstandsmitgl.), Feldmühle AG. (1971; Dir. Werk Plochingen), Peter BTR Gummiwerke AG., Hanau (1973; Techn. Vorst.smitgl.) - Philatelist - Spr.: Engl., Franz.

FALCK, Ingeborg

Dr. med., Prof., Ärztl. Leit. Max-Bürger-Krankenhaus i. R. (1981-87) - Grillparzerstr. 2, 1000 Berlin 41 (T. 821 44 78) - Geb. 2. Mai 1922 Berlin-Steglitz (Vater: Dr. jur. et rer. pol. Carl F., 1930-32 Oberpräs. Prov. Sachsen (s. X. Ausg.); Mutter: Luise, geb. Bergell), ev. - Obersch. u. Univ. Berlin (Med. Staatsex. 1944) - 1945-61 Charité Berlin; 1961-62 I. Med. Klinik Freie Univ. Berlin; s. 1963 Max-Bürger-Krankenhs. Charlottenburg (Dirig. Ärztin Inn. Abt.). Lehrtätigk. Humboldt- (1955

Dozentin, 1961 Prof. m. Lehrauftr.) u. Freie Univ. Berlin (1968 apl. Prof.), 1986 Univ.-Prof., zeitw. Präs. u. Vizepräs. Dt. Ges. f. Gerontologie. Aktiv im Dt. Ärztinnenbund (zeitw. Vizepräs.). Fachgeb.: Geriatrie - BV: Mitarb.: Taschenb. d. prakt. Med., 1964, Alterskrankh., 1966. Herausg.: Ztschr. f. Gerontologie - Bek. Vorf.: Prof. Dr. med. C. Ph. F., Ord. Univ. Marburg (Urgroßv.).

FALCK, Wolfgang

Geschäftsf. Gesellschafter Fatex GmbH - Dr.-Tuppert-Str. 35, 8592 Wunsiedel - Geb. 24. Sept. 1920.

FALCKE, Heino

Dr. habil., Evangelischer Propst zu Erfurt - Comthurgasse 7, O-5020 Erfurt (T. 0361 - 6 46 40 84) - Geb. 12. Mai 1929 Riesenburg Kr. Marienwerder, ev., verh. s. 1956 m. Almuth, geb. Kliche, 5 Kd. (Katharina, Elisabeth, Hildigund, Martin, Gotthard) - Stud. Theol., 1. u. 2. theol. Ex.; Promot. 1958, Habil. 1960 beide Rostock - Pfarrer; Dir. e. Predigerseminars; 1974-87 Vors. d. Aussch. Kirche u. Ges. d. Bundes d. Ev. Kirchen in d. DDR - BV: Mit Gott Schritt halten, 1986; Vom Gebot Christi...., 1986; D. unvollendete Befreiung, 1991 - 1984 Dr. h.c. Bern.

FALK, Alfred

Vorstandsmitgl. Provinzial-Lebens- u. Feuerversicherungsanst. f. Rheinprov. (2), Düsseldorf, Bürgerm. Hückelhoven-Ratheim - Am Steinacker 50, 5142 Hückelhoven - Geb. 20. April 1914.

FALK, Erhard

Aufsichtsratsvorsitzender kabelmetal electro GmbH, Hannover, Standard Elektrik Lorenz AG, Stuttgart, AR-Mitgl. DEUMU Dt. Erz- u. Metall-Union GmbH, Hannover - Leunisweg 9, 3000 Hannover 71 - Geb. 20. Dez. 1923.

FALK, Gottfried

Dr. phil. o. Prof. f. Math. Physik - Neuheckstr. 8, 7500 Karlsruhe-Hagsfeld - Geb. 16. Aug. 1922 Gelsenkirchen (Vater: Dipl.-Ing. Kurt F.; Mutter: geb. Härtel), verh. 1950 m. Inge, geb. Schulte - S. 1953 (Habil.) Lehrtätigk. Univ. Marburg, TH Aachen, New York Univ., TH bzw. Univ. Karlsruhe (1960 Ord.) - BV: Theoret. Physik, 1966 u. 68. Zahlr. Fachaufs. Mitverf.: Axiomatik d. Thermodynamik, 1959.

FALK, Herbert

Bürgermeister a. D., MdL Bayern (s. 1978, CSU) - Hauptstr. 45, 8451 Hahnbach/Opf. - Geb. 28. Nov. 1929 Hahnbach, verh. - Oberrealsch. - 1951-78 Markt Hahnbach (Verwaltungsoberinsp., 1970 Bürgerm., 1978 ehrenamtl. Bgm.). 1972 ff. MdK (Fraktionssprecher). Div. Parteiämter (1972 ff. Schatzm. Kr. Amberg-N.).

FALK, Karl-Heinz

Dr. rer. nat., Dipl.-Chemiker, Unternehmensberatung, Technologietransfer - Weinsteige 37, 7119 Niedernhall (T. 07940 - 27 71) - Geb. 26. Febr. 1930 Stettin.

FALK, Konrad

Vorstandssprecher Nürnberger Allg. Versich.-AG (s. 1970), Vorst.-Mitgl. Nürnberger Beamten Allg. Versich. AG (s. 1970), u. GARANTA Versich.-AG (s. 1985), AR-Mitgl. (stv. Vors.) Schmidt + Koch AG, Bremen, Neue Rechtsschutz Versich.-AG, AR-Mitgl. Mahag Automobilhandelsges., München, Nürnberger Versich., Salzburg u. MAHAG-Haberl Firmengruppe, München - Schlaunstr. 13, 8500 Nürnberg (T. 0911 - 54 63 61) - Geb. 19. Okt. 1934 Nürnberg, verh., 4 Kd. (Rüdiger, Winfried, Jürgen, Christine) - Vorst. Nürnberger Beteiligungs-AG; AR-Vors. Firmengruppe Oper-Dürkop; stv. AR-Vors. GARANTA Finanzdienst GmbH; AR-Vors. Automobi-Commercial Berlin Vertriebs- u. Anlageges. mbH (ACB), O-Berlin; Geschäftsf. Nürnberger Merkur Rückversich.-Vermittlungs-GmbH; Beirat GARANTA ÖSTERREICH Versicherungsdienst Ges. mbH; VR GARANTA Versich.dienst AG d. Autogewerbe-Verb. d. Schweiz (AGVS); Generalbevollm. TECHNO Versich.-dienst GmbH, Nürnberg.

FALK, Peter

Prof. Hochsch. f. Musik, Würzburg, Chefdirigent HR-Rundfunkorch. - Sommerstr. 2, 8893 Hilgertshausen - Geb. 20. April 1937 Greiz/Thür., ev., verh. s. 1967 m. Eveline, geb. Agahd, 2 T. (Ulrike, Cordula) - Abit.; Stud. TU Berlin (Dipl.-Kfm. 1961) u. Hochsch. f. Musik Berlin (Kapellmeisterex. 1966) - 1966 Stadttheater Koblenz (Studienleit.); s. 1969 1. Kapellm. d. Oper; 1973 1. Kapellm. Staatstheater am Gärtnerplatz, München; 1977 1. Kapellm. Städt. Bühnen Frankfurt; 1979 Chefdirig. Staatstheater am Gärtnerplatz; 1983 Prof. Hochsch. f. Musik Würzburg; 1985 Chefdirig. d. Hess. Rundf. Ständ. Gastdirig. b. Funk u. Fernsehen, Schallpl. 1979 Staatskapellmeister - Liebh.: Sport (Tennis, Ski), Politik.

FALK, Sigurd

Dr.-Ing., o. Prof. f. Mechanik u. Festigkeitslehre - Wendentorwall 15a, 3300 Braunschweig (T. 40 01 52) - Geb. 6. Mai 1921 - S. 1957 (Habil.) Lehrtätigk. TH bzw. TU Braunschweig (1963 Ord.). Emerit. 1986 - BV: Lehrb. d. Techn. Mechanik, 3 Bde. 1967/69; Matrizen u. ihre Anwendungen (Teil I m. R. Zurmühl) 1984, Teil II 1986. Etwa 70 Publ. - 1958 VDI-Ehrenring.

FALK, Walter

Dr. phil., Prof. f. Neuere Dt. Literatur Univ. Marburg (s. 1971) - Im grünen Tal 10, 3550 Marburg - Geb. 8. Febr. 1924 Sandweier/Baden (Vater: Franz F., Oberschulrat; Mutter: Therese, geb. Dinger), kath., verh. s. 1962 m. Cristina, geb. Villacañas, 2 Kd. (Johannes, Isabel) - 1934-42 Gymn. Baden-Baden; 1947-57 Univ. Freiburg/Br. - Promot. 1957 Freiburg; Habil. 1968 Marburg - BV: Leid u. Verwandlung - Rilke, Kafka, Trakl u. d. Epochenstil d. Im- u. Expressionismus, 1961 (Span. 1963); D. Nibelungenlied in s. Epoche - Revision e. romant. Mythos, 1974; V. Strukturalismus z. Potentialismus - E. Versuch z. Gesch.- u. Lit.theorie, 1976; D. kollektive Traum v. Krieg - Epochale Strukt. d. dt. Lit. zw. Naturalismus u. Expressionismus, 1977; Epoch. Hintergr. d. antiautoritären Bewegung - E. Beitr. z. lit.wiss. Diagnose d. Sozialgesch., 1983; Handb. d. lit.wiss. Komponentenanalyse - Theorie, Operationen, Praxis e. Meth. d. Neuen Epochenforsch., 1983 (jap. 1987ff.); D. Teufels Wiederkehr. Alarmierende Zeichen d. Zeit in d. neuesten Dichtung, 1983; Parallele Ägypten. D. epochengeschichtl. Verhältnisse in d. ägypt. u. dt. Lit. d. 20. Jh., 1984 (Arabisch 1986); D. Ordnung in d. Gesch. E. alternative Deutung d. Fortschritts, 1985; D. Entdeckung d. potentialgeschichtl. Ordnung. Kl. Schr. 1956-84: I. Teil: D. Weg z. Komponentenanalyse, 1985; II. Teil: D. Weg z. komponentralen Ordnung in d. Gesch., 1985; Literaturwiss.liche Betrachtungsweisen II: Üb. d. geisteswiss.liche Verfahrensweise, 1989; Franz Kafka u. d. Expressionisten im Ende d. Neuzeit, 1990; Wissen u. Glauben heute. V. d. Evolutions- z. Fulgurationstheorie, 1990; Hawking irrt! Üb. d. Problem d. Zeit, 1991.

FALKE, Albert

Fabrikant, gf. Gesellsch. Hesse & Kleinsorge, Strumpffabrik, Fredeburg, MdL - Hochstr. 3, 5948 Schmallenberg (T. 585) - Geb. 5. Jan. 1922 Schmallenberg (Vater: Albert F., Fabr.; Mutter: Maria, geb. Tillmann), kath., verh. s. 1948 m. Doris, geb. Hennemann, 4 Kd. (Albert, Vera, Georg, Hans) - Höh. Schule (Mittl. Reife); kaufm. u. techn. Ausbild. elterl. Betrieb; Textilfachsch. - 1941-45 Wehrdst., dann Großhandel u. Ind., s. 1951 Fabr. S. 1956 MdK Meschede (1961 Fraktionsvors.); s. 1962 MdL NRW. CDU s. 1948 (u. a. Mitgl. Landesvorst. Westf.-Lippe u. Vorstandsmitgl. Wirtschaftsrat).

FALKE, Dietrich

Dr. med., Prof. f. Med. Mikrobiologie Univ. Mainz - Alfred-Mumbächer-Str. 30c, 6500 Mainz 22 - Geb. 13. Aug. 1927 Coswig/Anh. (Vater: Dr. med. Friedrich F., Arzt; Mutter: Gertrud, geb. Falke), ev., verh. s. 1960 m. Inge, geb. Schmidt-Westerkamp - Promot. 1954 Tübingen; Habil. 1964 Marburg - S. 1973 Abteilungsleit. Mainz - BV: Virologie (Heidelbg. Taschenb. Bd. 1978, 2. A.); Med. Mikrobiologie (m. Hahn u. Klein), 1991. Div. Einzelarb. - Liebh.: Musik (Cello) - Spr.: Engl.

FALKE, Franz-Otto

Gf. Gesellschafter Franz Falke-Rohen Strumpffabriken, Falke-Fashion u. Falke-Garne, alle Schmallenberg, Falke-Feinstrumpfwerke, Lippstadt - Am Stenn 9, 5948 Schmallenberg/Sauerl. - Geb. 20. Juni 1923 - AR Welle, Paderborn.

FALKE, Gerhard

Kaufmann, gf. Gesellschafter Wolters Verw.-GmbH + Carl H. Wolters GmbH & Co, bde. Stuhr, u. Tochterfirmen - Bremer Str. 49, 2805 Stuhr 1 (T. 0421 - 89 10 83) - Geb. 27. Aug. 1929 Bodenwerder, verh. s. 1955 m. Carla Helga F., geb. Wolters †1988, 3 Töcht. (Doris, Birgit, Carola) - Vorst.-Mitgl. im RDA - Intern. Bustouristik Verb. e.V., Köln u. DRV - Dt. Reisebüro Verb. e.V., Frankfurt - Spr.: Engl.

FALKE, Horst

Dr. rer. nat., em. o. Prof. f. Geologie u. Paläontol. - An d. Prall 1, 6500 Mainz-Gonsenheim (T. 47 43 79) - Geb. 7. Mai 1909 Trebitz/Saalkr. (Vater: Ernst F., Fabrikdir.; Mutter: Agnes, geb. Göcker), ev., verh. s. 1939 m. Elfriede, geb. Hermanns, T. Ingrid - Latina Halle/S.; Univ. Hamburg u. Innsbruck (Geol., Geogr., Botanik). Promot. 1932; Habil. 1943 - Ab 1934 Leit. Inst. f. Landesforsch. Concepcion (Chile); s. 1946 Doz., ao. (1948) u. o. Prof. (1951) Univ. Mainz (Dir. Geol. Inst.; 1961/62 Rektor); 1949-51 Leit. Geol. Landesamt Rhld.-Pfalz ebd. Mitgl. dt., franz. Fachges. - BV: Rheinhessen u. d. Umgeb. v. Mainz. 1960; D. Geol. Karte - Ihre Anlage u. Ausdeut., 1974; The Continental Permian in Central-West- and South Europe, 1976 - 1989 BVK am Bde., 1990 BVK - Spr.: Engl., Franz.

FALKE, Konrad

Dr. med., Prof., Leiter d. Klinik f. Anästhesiologie u. operative Intensivmedizin FU Berlin - Viktoria-Luise-Pl. 12a, 1000 Berlin 30 - Geb. 18. Aug. 1939 Grüna/Sa. (Vater: Johannes F., Pfarrer; Mutter: Ilse, geb. Ahrberg), ev., verh. s. 1965 m. Barbara, geb. Busch, 2 Töcht. (Franziska, Susanne) - 1958-64 Univ. Marburg u. München; 1968-71 Harvard Medical School (Fellow) - 1973-88 Univ. Düsseldorf. Spez. Intensivmed. Üb. 60 Fachveröff. - Spr.: Engl. - Beteiligt an d. Entwickl. u. Einf. neuer Methoden d. Behandl. d. akuten Lungenversagens.

FALKENBERG, Hans-Geert

Dr. phil., Chefredakteur - Birkenfelder Str. 28, 5000 Köln 41 (T. 0221 - 43 92 37) - Geb. 24. Juli 1919 Stettin, verh. in 3. Ehe m. Marcia Holly Lerner (Film- u. Fernsehprod.) - Marienstiftsgymn. Stettin; Stud. Dt. Lit., Kunstgesch., Phil. Univ. Göttingen, Zürich, Harvard - 1948-52 Redakt. Göttinger bzw. Dt. Univ.-Ztg., 1952-57 Dramat. Dt. Theater Göttingen (Heinz Hilpert); 1958-60 Cheflekt. S. Fischer Verlag, Frankfurt/M., 1960-65 Cheflekt. Kindler Verlag, München; 1965-80 Chefredakt. u. Leiter Hauptabt. Bildung u. Unterh., WDR/WDF Programmchef Kultur; Koordinat. Sonderprogr. III. u. Beauftr. f. Internat. Programmaufg. b. WDR, Köln. S. 1980 German Coordinator v. INPUT u. d. Executive Comité v. CIRCOM - BV: Heinz Hilpert, D. Ende e. Epoche. Herausg.: D. 7 Todsünden; dt. Mitherausg. World Univ. Library (Kindlers Univ.-Bibl.) - Mitgl. PEN-Zentr.

FALKENBERG, Hartmut

Geschäftsführer Bundesverb. Torf - u. Humuswirtsch., Hannover, u. Inst. f. Torf- u. Humusforschung GmbH, Bad Zwischenahn - Baumstr. 6, 3000 Hannover - Geb. 24. Juli 1944.

FALKENBERG, Jörg

Assessor jur., Hauptgeschäftsf. IHK Coburg - Schloßplatz 5, 8630 Coburg - Geb. 19. Dez. 1934 Potsdam - Stud. Rechts- u. Staatswiss. - Vorst. Landesauftragsstelle Bay., München, Ostbayer. Technol. Transfer Inst., Regensburg; AR Wirtschaftsförderungsges. d. Stadt Coburg mbH, Coburger Bank e.G.; Kurat. Forschungszentrum d. Univ. Bayreuth u. d. FH Coburg; Finanzrichter Finanzgericht Nürnberg - BVK.

FALKENHAUSEN, Freiherr von, Bernhard

Dr. jur., Rechtsanwalt, AR-Vors. Bankhaus Trinkaus & Burkhardt KG a.A. Düsseldorf/Essen - Redtenbacherstr. 11, 4300 Essen-Bredeney (T. 42 04 51) - Geb. 10. Mai 1927 - Gr. jurist. Staatsprüf. - Spr.: Engl., Franz. - Rotarier.

FALLAK, Heinz

Ministerialdirigent, Präsident d. Landessportbundes Hessen. - Edisonstr. 15a, 6200 Wiesbaden (T. 46 25 44) - Geb. 24. Mai 1928 - Ehrenmitgl. NOK u. DSB. 1976 Chef der Mission dt. Olympiamannsch. Montreal, 1984 Los Angeles u. 1988 Seoul.

FALLER, Hans Joachim

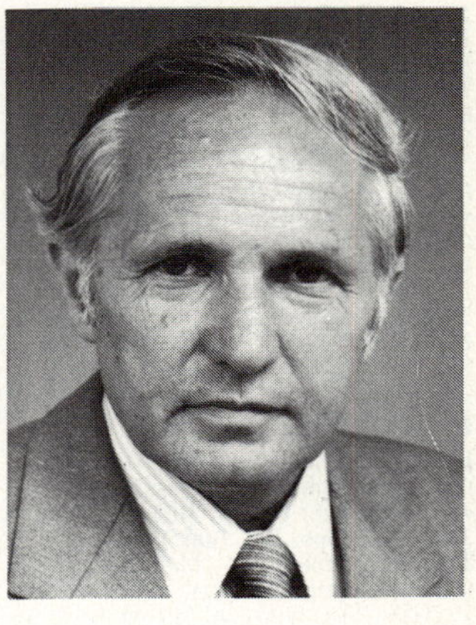

Dr. jur., Prof., Bundesverfassungsrichter i.R. - Wichtelmännerweg 12, 7500 Karlsruhe 51 - Geb. 17. Mai 1915 Staufen, kath., verh. s. 1942 m. Hella, geb. Willi, 3 Kd. - Gymn. Offenburg/Baden; Univ. München u. Freiburg/Br. - Justizdst.; 1953 Präsidialrat BVerfG; 1959 Richter BGH; 1971-83 Richter BVerfG; 1976 Honorarprof. Univ. Mannheim - Lit.: Festschr. f. H. F. (1984).

FALLHEIER, Jörg

Regisseur, Oberspielleiter d. Schauspiels Bielefeld (1982-87) - Westring 99, 6108 Weiterstadt - Geb. 28. Febr. 1952, kath., verh. s. 1973 m. Beate, geb. Lillinger, Sohn Jurij - Abit.; Hochsch. f. Musik u. darst. Kunst Frankfurt - Insz. in Mannheim (Nationaltheater), Städt. Bühnen Dortmund, Staatstheater Wiesbaden, Bühnen Bielefeld, Freiburger Theater, Staatstheater Stuttgart, Theater Lübeck, Regensburg u. Kaiserslautern.

FALTER, Jürgen W.

Dr. rer. pol., Prof. f. Polit. Wissenschaft u. Vergl. Faschismusforschung - Maltesersstr. 74-100, 1000 Berlin 46 (T. 030 - 779 25 12) - Geb. 22. Jan. 1944 Heppenheim (Vater: Dr. Robert F., Arzt; Mutter: Annemarie, geb. Lehmann), kath., verh. s. 1976 m. Christa, geb. Niklas (Rechtsanw.), 2 Kd. (Anna, Christoph) - Stud. Heidelberg (1963/64) FU Berlin (1964-68; Dipl. 1968), Ann Arbor, Mich./Berkeley (1969/70); Promot. 1973 Saarbrücken, Habil. 1981 ebd. - 1970-73 Wiss. Assist. Univ. d. Saarl., Saarbrücken; 1973-83 Prof. Hochsch. d. Bundeswehr, München; 1977/78 Kennedy Fellow Harvard Univ.; 1980/81 Gastprof. Johns Hopkins Univ.; 1983ff. o. Prof. FU Berlin - BV: Faktoren d. Wahlentscheid., 1973; D. Positivismusstreit in d. amerik. Politikwiss., 1982; Wahlen u. Abstimmungen in d. Weimarer Rep., 1986; Hitlers Wähler, 1991. Herausg.: Polit. Willensbild. u. Interessenvermittl. (1984) - Spr.: Engl., Franz.

FALTERBAUM, Josef

Vorstandsmitglied Gerling-Konzern, Speziale Kreditversich.-AG - Hohenzollernring 62, 5000 Köln 1 (T. 0221-144-36 31) - Geb. 21. Dez. 1935.

FALTERMEYER, Harold

Produzent, Komponist - Wasserburger Landstr. 6, 8011 Baldham (T. 08106 - 55 23) - Geb. 5. Okt. 1952 München, kath., verh. s. 1977 m. Karin, geb. Ballmann - Gymn.; Musikhochsch. - Filmmusiken: Beverly Hills Cop I u. II, Top Gun, Running Man, Fletch u. Fletch Lives, Fire & Ice, Thief of Hearts, Fire, Ice & Dynamite; TV-Musiken: Blue Blood, Formel I. Prod. v. Donna Summer, Bob Seger, Glen Frey, Jennifer Rush, Udo Jürgens, Pet Shop Boys - 2 Grammy Awards, 5 ASCAP Awards, 1987 1 Bambi; 1986 Gold. Europa, 1988 RSH-Gold; 20 Platin Schallpl., 40 Goldschallpl. - Liebh.: Golf, Fliegen, Tennis - Spr.: Engl.

FALTLHAUSER, Kurt

Dr., Dipl.-Volksw., Gf. Gesellschafter Fa. Ges. f. innerbetriebl. Zusammenarbeit GIZ GmbH, MdB (s. 1980; Wahlkr. 207/München-West) - Nußbaumstr. 19, 8000 München 50 - Geb. 13. Sept. 1940, kath., verh., 2 Kd. - 1961 Abit.; Stud. Volkswirtsch., Polit. Wiss. u. Rechtswiss. München, Berlin, Mainz; 1967 Diplomvolkswirt; 1971 Promot. - Gf. Gesellsch. Ges. f. innerbetriebl. Zus.arb. GIZ GmbH; Synd. Verb. unabh. bayer. Ing. f. Wasserbau - CSU (s. 1963 Kreisvors., Mitgl. Bzirksvorst. München, Mitgl. Landesverb. u. Präsidium d. CSU). 1974-80 Mitgl. Bayer. Landtag.

FANGHÄNEL, Egon

Dr. rer. nat. habil., Prof., Rektor d. TH Carl Schorlemmer Leuna-Merseburg - Albrecht-Dürer-Str. 6, 4020 Halle (T. 3 98 22) - Geb. 25. Juni 1935, verh. s. 1966 m. Ulrike, geb. Mauksch, 3 Kd. (Kirstin, Claudia, Jörg) - Chemiestud. 1953-58 TU Dresden; Promot. 1962; Habil. 1968 TU Dresden - 1985-88 Vors. d. Chem. Ges. d. DDR; s. 1981 o. Mitgl. d. Sächs. Akad. d. Wiss. zu Leipzig - BV: Mitautor d. Organikum - Organ.-Chem. Grundpraktikum, 1962 (19 A., Übers. in 9 Spr.) - 1983 Nationalpreis d. DDR f. Wiss. u. Techn. (im Kollektiv) - Liebh.:Bergwandern, Garten - Spr.: Engl., Span.

FANGMANN, Helmut D.

Dr. jur., Prof. Hochsch. f. Wirtschaft u. Politik Hamburg - Gustav-Falke-Str. 4, 2000 Hamburg 13 (T. 040 - 44 37 79) - Geb. 9. Mai 1943 Westerstede (Vater: Martin B., Tischlermstr.; Mutter: Martha, geb. Gerdes), verh. - Stud. Rechtswiss., Soz. u. Politol. Univ. Marburg u. Kiel; 1. jurist. Staatsex. 1970 Marburg, 2. Staatsex. 1974 Berlin, Promot. 1978 Bremen - 1974-79 wiss. Assist. FU Berlin. 1986/87 Vizepräs. Hochsch. f. Wirtsch. u. Politik, Hamburg - BV: Wohin treibt d. Rechtsstaat?, 1977; Justiz gegen Demokratie, 1979; Recht, Justiz u. Faschismus, 1984; Leitfaden f. Studium u. Prüfung, 4. A. 1990; Gewerkschaftl. u. polit. Betätig. v. Richtern, 1986; Verfassungsgarantie d. Bundespost, 1987; Parteisoldaten - D. Hbg. Polizei im Dritten Reich, 1987; Handb. f. Post u. Telekommunikation, 1990.

FANGMEIER, Jürgen

Dr. theol., Pfarrer, Prof. f. Syst. Theol. Kirchl. Hochsch. Wuppertal - Schöllerweg 8, 5600 Wuppertal 11 (T. 02058 - 83 83) - Geb. 2. Okt. 1931 Neuwied a. Rh., ev., verh. s. 1969 m. Erika, geb. Reusser - Stud. Univ. Bonn, Tübingen, Basel, Wuppertal (Theol., Phil., Psych., Päd.); Theol. Ex. 1958; Promot. 1963 Basel - 1964-67 Pfarrer in Riehen b. Basel; s. 1968 Pfarrer in Schöller u. Doz. KiHo Wuppertal (1969 Prof.). 1987 u. 90 Gastprof. Hyderabad, Indien - BV: Erziehung in Zeugenschaft. Karl Barth u. d. Päd., 1964; Karl Barth. Zeugnis v. freien Gott u. freien Menschen, 1969 (auch niederl., jap., franz.); Ernst Wiechert. E. theol. Gespräch m. d. Dichter, 1976. Editionen in d. Karl Barth-Gesamtausg. - 1966 Amerbach-Preis Univ. Basel - Interessen: Christl.-jüd. Gespräch; Armenier - Spr.: Engl., Franz.

FANK, Rudolf

Kaufmann (C. Feldmüllers Nachf. Adolf Fank KG., Textilhaus, Lahr), Vizepräs. IHK Mittelbaden, Lahr - Marktstr. 4, 7630 Lahr/Schwarzw. - (T. 06082 - 22 50).

FANSELAU, Rainer

Dr. phil., Prof., Oberstudienrat - Debberode 129, 3014 Laatzen (T. 0511 - 82 82 74) - Geb. 8. Mai 1934 Berlin (Vater: Werner F., Chemiker; Mutter: Käte Speler), ev., verh. s. 1965 m. Ruth, geb. Hoffmeister, Sohn Clemens - 1954-58 Hochsch. f. Musik u. FU Berlin (Schulmusik, Angl., Musikwiss.); 1968-73 Univ. Göttingen; 2. Staatsex. f. d. Lehramt an Höh. Schulen (Musik, Engl.) 1961; Promot. 1973 - 1961ff. Höh. Schuldst.; 1974ff. Lehrbeauftr. Univ. Göttingen u. Hochsch. f. Musik u. Theater Hannover; s. 1982 Honorarprof. ebd. 1962ff. Organist Athanasiuskirche Hannover - BV: D. Orgel im Werk Edward Elgars, 1973; Musik u. Bedeutung, 1984 (Kursmodelle Musik Sek. II, hg. Richard Jakoby) - Lit.: Dictionary of Intern. Biography, Men of Achievement u. a. Nachschlagew. - Liebh.: Wandern - Spr.: Engl., Franz., Lat.

FANSELOW, Karl-Heinz

Wirtsch.-Dipl.-Inh., Geschäftsführer Dt. Beteiligungsges. mbH, Frankfurt/M., Vorst.-Mitgl. Dt. Beteiligungs AG Unternehmensbeteiligungsges., Königstein - Bockenheimer Landstr. 42, 6000 Frankfurt; priv.: Goethestr. 35, 6240 Königstein - Geb. 17. Febr. 1934 Wolfenbüttel (Eltern: Karl (Berufssoldat) u. Herta F.), 2 Kd. (Stefan, Katja) - Stud. Wirtschaftswiss. Braunschweig. Wirtsch.-Dipl. 1956. B. 1961 Wintershall AG, Kassel; b. 1967 Finanzdir. Fichtel & Sachs AG, Schweinfurt; b. 1971 Geschäftsf. Hercules GmbH, Nürnberg, b. 1978 Geschäftsf. Heinkel-Firmenverband, Stuttgart - Liebh.: Jagd, Sportfischen, Golf - Spr.: Engl.

FANSLAU, Horst

Dipl.-Volksw., Vorstandsmitgl. Dt. Schiffskreditbank AG., Duisburg - Ginsterweg 22, 4021 Metzkausen-Hassel b. Düsseldorf - Geb. 14. Mai 1927 Tobelhof/Neumark, verh. m. Ursula, geb. Staffeldt - Stud. Univ. Hamburg - 1957-63 Tätigk. Industriekreditbank, Düsseldorf.

FANTE, Werner

Dipl.-Kfm., Hauptgeschäftsführer Verband f. Schiffbau u. Meerestechnik (s. 1968) - An d. Alster 1, 2000 Hamburg 1 (T. 24 62 05) - Geb. 24. Febr. 1935.

FANTL, Thomas

Regisseur - Widweg 7, 8000 München 60 (T. 089-811 14 10) - Geb. 9. Dez. 1928 Prag, verh. s. 1974 m. Katharina, geb. Lopinski, 2 Kd. (Zdenek, Jan) - Abit.; Filmakad. Prag - Übers. v. Theaterst. aus d. Tschech. (v. Frantisek Langer u. Vladimir Skutina) - Insz.: Zeit d. Schuldlosen, D. ausgefüllte Leben d. Alexander Jubronski, D. Preis, D. Magermilchbande, Ganove im Paradies - 1964 Preis d. Senators f. Jugend u. Erziehung, Berlin (Filmfestsp.); 1968 Adolf Grimme-Preis in Gold u. Gold. Nymphe v. Monte Carlo - Spr.: Engl., Tschech.

FANURAKIS, Gregor

Dr., Geschäftsf. Zwirnerei Ernst Michalke GmbH & Co. (s. 1972) - 8901 Foret üb. Augsburg - Zul. Hoechst AG.

FARINA, J. M. Wolfgang

Fabrikant, gf. Gesellsch. Rhein-Cosmetic Wolfgang Farina GmbH, Intern-Pharma Laboratories GmbH, Tina Farina Am Neuen Forst GmbH, alle Köln 50 - Am Neuen Forst 20, 5000 Köln 50 (Hahnwald) - Geb. 6. Juni 1927 Bad Godesberg (Vater: Carl F., Fabr.; Mutter: Angelika, geb. Wehling), verh. s. 1955 m. Ingeborg, geb. Hüber, 2 Söhne (J. M. Friedhelm, J. M. Alexander) - AR-Vors. Tina Farina Inc. Conn. USA.

FARNUNG, Roland

Dipl.-Kfm., Vorstandsvorsitzender Hamburg. Electricitäts-Werke AG (HEW) (s. 1985) - Geb. 25. Okt. 1940 Frankfurt/M. (Vater: Wilh. F.; Mutter: Maria, geb. Müller), kath., verh. s. 1966 m. Christine, geb. Kastenhofer, 4 Kd. (Markus, Stefanie, Nina, Patrick) - Stud. d. Betriebswirt. Univ. Frankfurt/M. (Dipl. ex. 1965) - B. 1985 Vorst.-Mitgl. Schubert & Salzer AG, Ingolstadt - Spr.: Engl.

FARRIES, Friedrich-Eberhard

Dr. sc. agr. (habil.), Prof., Wiss. Mitarbeiter Inst. f. Tierzucht u. Tierverhalten (FAL) - Mariensee, 3057 Neustadt-1 - B. 1973 Privatdoz., dann apl. Prof. Univ. Göttingen (Tierphysiologie u. -ernährung).

FARTHMANN, Friedhelm

Dr. jur., Prof., Landesminister a. D., SPD-Fraktionsvors. u. MdL Nordrh.-Westf. (s. 1985) - Platz des Landtags 1, 4000 Düsseldorf 1 (T. 0211 - 884 22 20) - Geb. 25. Nov. 1930 Bad Oeynhausen (Vater: Gustav F., Lehrer †; Mutter: Marie, geb. Habbe †), ev. verh. s. 1957 m. Heidrun, geb. Woelke, 2 Töcht. (Claudia, Birgit) - Gymn., 1952 Abit., Univ. Göttingen (Rechts- u. Staatswiss., Promot.) -1957/58 Assist. Sozialakad. Dortmund, 1958-59 Assist. Univ. Heidelb., 1966-71 Leit. Abt. Mitbestimmung, spät. Abt. Ges.politik Bundesvorst. DGB, 1971 Geschäftsf. Wirtschafts- u. Sozialwiss. Inst. DGB, 1971-75 MdB, 1973 Honorarprof. Freie Univ. Berlin, 1975-85 Minister f. Arbeit, Gesundheit u. Soziales Land NW - BV: Entscheidungsjahre - Leben zw. Freiheit u. Ordnung, 1980.

FASCHON, Susanne

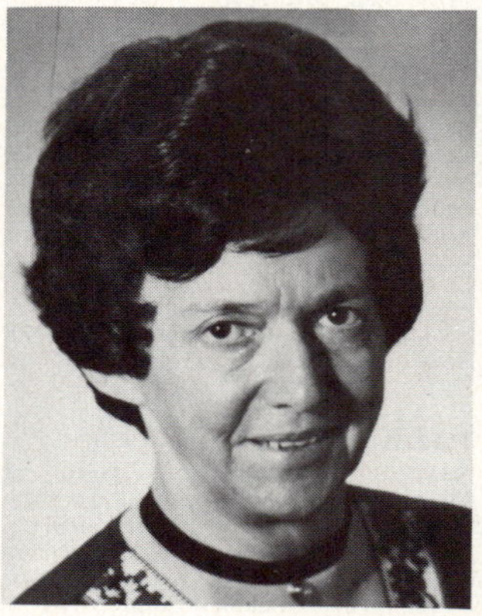

Bibliothekarin, Schriftstellerin (Ps. Susanne Faschon) - Danziger Allee 89, 6203 Hochheim (T. 06146 - 33 37) - Geb. 3. Mai 1925 Kaiserslautern (Vater: Josef Reuter, Steueramtm.; Mutter: Maria, geb. Demuth), kath., verh. s. 1974 in 3. Ehe m. Prof. Dr. Hans Stirn, T. Viola - Abit. 1944 Kaiserslautern - Sachbearb. Südwestfunk, Landesstudio Mainz; Vorst. VS Rheinl.-Pfalz (b. 1984) - BV: D. Blumenjahr, Ged. 1953; Kein Spiel f. Träumer, 1959; V. Meer z. d. Flüssen, Ged. 1974; Korn v. d. Lippen, Ged. 1976; D. Dorf d. Winde, rz. 1976; D. Traum v. Jakobsweiler, Erz. 1980; D. Land um d. Donnersberg, 1982; Vogelzug, Ged. 1984; D. alte Stadt Moguntia kommt immer mehr zu Ehr', 1986; Mei Gedicht is mei Wohret, Ged. 1988, Herausg.: Wie d. Kaiser unter d. Edelleuten (1991). Mithrsg.: Sachb. Anthol. II u. III, Lit. aus Rheinl.-Pfalz (1981 u. 86) - 1963 Förderpreis Land Rheinl.-Pfalz; 1963 Ehrengabe Dt. Schiller-Stiftg., 1967 Reisestip. Ausw. Amt; 1978 Pfalzpreis f. Lit.; 1989 1. Preis im Lyrikwettbewerb d. GEDOK Rhein-Main-Taunus.

FASEL, Wilhelm

Geschäftsführer u. Kompl. Industrieverwaltung Fasel GmbH & Co. KG - Wilhelmshöhe 6, 4100 Duisburg 1 - Geb. 10. Nov. 1911.

FASOL, Karl-Heinz

Dr. techn. (habil.), Dipl.-Ing., o. Prof. f. Regelungssysteme u. Steuerungstechnik (s. 1969) - Zu erreichen üb. Ruhr-Univ., 4630 Bochum 1 - Geb. 29. Jan. 1927 Wien - Zul. TU Wien - BV: D. Frequenzkennlinien, 1968; Synthese industrieller Steuerungen, 1975; Binäre Steuerungstechnik, 1988. Herausg.: Entwurf digitaler Steuerungen (1979); Simulation in d. Regelungstechnik (1989). Üb. 80 Einzelarb.

FASSBAENDER, Brigitte

Prof. f. Sologesang Musikhochsch. München, Kammersängerin - Zu erreichen üb. Sekretariat Jennifer Selby, Haiming 2, 8201 Obing - Geb. Berlin (Vater: Kammersänger Willi Domgraf-Fassbaender †1978 (s. XIII. Ausg.); Mutter: Sabine, geb. Peters, Schausp. †1982) - Schule Berlin; Konservat. Nürnberg - S. 1961 Bayer. Staatsoper (Mezzosopran). Salzbg. u. Bayreuther Festsp. Zahlr. Gastsp. (auch USA u. Japan). Mitgl. Dt. Musikrat u. Bayer. Akad. d. Schönen Künste - 1970 Bayer. u. 1983 österr. Kammers.; 1985 Frankf. Musikpreis; BVK am Bde.; Dr. h.c. R.N.C.M. - Spr.: Ital., Engl.

FASSBENDER, Hans Georg

Dr. med., Prof., Leiter Zentr. f. Rheuma-Pathol. WHO-Centre - Breidenbacherstr. 13, 6500 Mainz - Geb. 29. Jan. 1920 Koblenz/Rh. (Vater: Klaus F., Bankdirektor; Mutter: Anne, geb. Odenhausen), kath., verh. s. 1957 m. Regine, geb. Kurth, 3 Kd. (Klaus-Christoph, Manuel-Benedikt, Susanne-Maria) - Kaiserin-Augusta-Gymn. Koblenz; Univ. Köln (Promot. 1945). Habil. 1951 Mainz - 1951-64 Oberarzt Pathol.-Anat. Inst. Univ. Mainz (1957ff. apl. Prof.), dazw. 1958-60 Prosektor Univ. Zürich, 1965-77 Ltd. Pathologe Bundeswehr u. Leit. Inst. f. Allg. u. exp. Pathol. d. Bundeswehr, 1970-76 Vizepräs. u. Präs. Dt. Ges. f. Rheumatol. - BV: Experimentelle Stud. z. Allerg.-hypererg. Entzünd., Acta Allergologica, Suppl. 4 1955; Pathol. Anat. d. endokrinen Drüsen, Lehrb. d. spez. Pathol. Anat., 1960; Pathol. Anat. d. exp. Grundl., Lehrb. d. Allergie, 1956; Morphol. d. Tuberkuloseallergie, Handb. d. Tuberkulose, 1958; Pathol. rheumat. Erkrank., 1974 (engl. 1975). Fachveröff. (Rheumatol. u. Schock) - 1968 Ehrenplak. Armed Forces Inst. of Pathology Washington (USA) u. Verdienstmed. Univ. Regensburg; 1968 o. Mitgl. Regensbg. Kollegium f. ärztl. Fortbild.; 9 Ehrenmitgl. u. a. Franz. u. Brasil. Ges. f. Rheumatologie, Argent. Ges. f. Rheumaforsch., Clinical Electron Microscopical Society of Japan; 1976 Carol-Nachman-Preis; 1980 Albertus-Magnus-Med. f. Verdienste um Kunst u. Wiss.; 1981 BVK; 1983 Visiting-Prof. f. Pathol. u. 1990 f. Biochem. Rush-Presbyterian-Medical Center, Chicago u. 1984 f. Rheumatol. Univ. of North Carolina; Prof. of Medicine, Univ. of Alabama, Birmingham, USA - Liebh.: Architektur, Segelflug.

FASSBENDER, Hans-Werner
Dr. agr. (habil.), Prof. f. Bodenkunde u. Waldernährung - Kramberg 12, 3406 Bovenden-Lenglern - B. 1976 Privatdoz., b. 1977 Fachber. Forstwirtsch. FH Hildesheim/Holzminden in Göttingen, dann apl. Prof. Univ. Göttingen.

FASSBENDER (ß), Heribert
Journalist, Leiter Programmgr. Sport/Fernsehen WDR (s. 1982), Leit. u. Moderator ARD-Sportschau - Zu erreichen üb. WDR, Appellhofpl. 1, 5000 Köln 1 (T. 220 22 30/31) - Geb. 30. Mai 1941 Ratingen, verh. m. Uta F. (Lehrerin), Tocht. Johanna - Gymn. Ratingen (Abit.); Stud. Rechtswiss. Univ. München u. Köln (1. jurist. Staatsprüf. OLG Düsseldorf) - 1963-79 fr. Mitarb. WDR (teilw. währ. d. Stud.), Spez. Arbeitsgeb.: Fußball, Tennis, Reiten, (Eis-)Hockey, Sportrecht - Olymp. Spiele München, Montreal, Los Angeles u. Seoul; Fußball-WM England, Dtschl. u. Argent., Fußball-EM Jugoslawien, Ital., Spanien u. Dtschl., Hörf.-Reporter WM-Endsp. 1974 u. 78, Moderat. WDR-Mittagsmagazin (Hörf.) u. Mittwochs in... (FS, 3. Progr.), Spielleit. b. Spiel ohne Grenzen - 1979-82 Leit. FS-Landesstudio Düsseldorf, Aufbau u. Moderat. Send. Blickp. D'dorf. Lehrbeauftr. Univ. Bochum (Publiz. u. Kommunik.) - Herausg.: Sport-Tagebuch d. 20. Jh., 1984 - 1978 Gold. Mikrofon HÖRZU (als bester Hörf.-Reporter d. Fußball-WM Argent.) - Int./Liebh.: Familie, klass. Klaviermusik, Tennis, Jogging.

FASSBENDER (ß), Ludwig
Dr. jur., Vorstandsvorsitzender ARAG Allg. Rechtsschutz-Versich.-AG, Düsseldorf - Brehmstr. 110, 4000 Düsseldorf 1 - Geb. 11. Dez. 1944 - Geschäftsf. Faßbender, Siepmann GmbH & Co., Neuss.

FASSHEBER (ß), Peter
Dr. rer. nat., o. Prof. f. Wirtschafts- u. Sozialpsychologie - 3401 Ebergötzen-Neustadt 4 - S. 1971 Ord. Univ. Göttingen.

FASSKE, Erhard
Dr. med., Prof., Pathologe - Parkallee 41, 2061 Borstel (T. 04537 - 72 17) - Geb. 1. März 1927 Dresden (Vater: Dipl.-Ing. Rudolf F.; Mutter: Elisabeth, geb. Lisske), ev., verh. s. 1956 m. Helma, geb. Schultz, 3 Kd. (Thomas, Carola, Corinna) - Stud. Köln u. Düsseldorf. Med. Staatsex. u. Promot. 1954; Habil. 1976 - 1955-57 Assistenzarzt Essen; 1957-60 Oberarzt ebd. (Pathol. Inst.); s. 1961 Leit. Pathol. Abt./Forschungsinst. Borstel. S. 1976 Lehrtätigk. Univ. Hamburg (1980 apl. Prof.) - BV: Pathol. Histologie d. Mundhöhle, 1964 (m. Morgenroth). Herausg.: Lehrb. d. Histol. Technik (1964). 175 Einzelarb. - 1958 Jaccard-Preis Paris - Liebh.: Med. Bibliophilie - Spr.: Engl.

FASTENRATH, Elmar Eduard
Dr. theol., Prof. d. Dogmatik, Dogmengesch., ökum. Theol. - Forsthausstr. 21, 6400 Fulda (T. 0661 - 60 63 62) - Geb. 9. Sept. 1934 Remscheid, kath. - Stud. Univ. Bonn, München, Köln (Theol.); Promot. 1971 Bonn, Habil. 1979 Bonn - 1961-81 seelsorgl. Tätigk. in Leverkusen u. Bonn; 1979-81 Priv.-Doz. Bonn; 1981 Prof. Theol. Fak. Fulda - BV: Bischof Ketteler u. d. Kirche: Studie z. Kirchenverständnis d. polit.-soz. Katholizismus, 1971; In vitam aeternam: Grundzüge christl. Eschatologie in d. 1. Hälfte d. 20. Jh., 1982; D. Christologie Hermann Schells im Spannungsfeld d. Modernismus, 1986 (Fuldaer Hochschulschr., 1.); Papsttum u. Unfehlbarkeit, 1991 (Fuldaer Hochschulschr., 13) - Spr.: Engl., Franz., Griech., Hebr., Latein.

FATHWINTER
s. Winter, Fred

FATOUROS, Georgios
Dr. phil., Prof. f. Byzantinistik FU Berlin (s. 1971) - Muthesiusstr. 4, 1000 Berlin 41 - Geb. 31. März 1927 Athen (Griech.) - Promot. 1963 - BV: Index Verborum z. frühgriech. Lyrik, 1966; D. Briefe d. Michael Gabras, 1973; Neugriech. Lehrb. (m. D. Reinsch), 1977, 2. A. 1980; D. A. Zakythinos, Byzantin. Gesch. (aus d. Neugr. übers.), 1979; Libanios Briefe (m. T. Krischer), 1980; Johannes Kantakuzenos, Gesch., Bd. I. 1982; Bd. II. 1986 (m. T. Krischer); Libanios, WdF Bd. 621 (m. T. Krischer). 1983; Libanii concordantiae pars prima: Epistulae 2 Bde. (m. T. Krischer u. D. Najock), 1987; pars altera: Orationes 3 Bde. 1989; Stud. z. byzant. Lexikographie (m. E. Trapp u.a.), 1988; Theodori Studitae epistulae (CFHB 31), Bd. I-II, 1992.

FAUL, Erwin
Dr. phil., Prof. f. Politikwissenschaft Univ. Trier - Am Mühlenberg 12, 5504 Zerf - Zul. Univ. Bochum.

FAULBORN, Jürgen
Dr. med., Prof. f. Augenheilkunde, Vorstand Univ.-Augenklinik, Graz (s. 1989) - Zu erreichen üb. Univ.-Augenklinik, Auenbruggerplatz 4, A-8036 Graz - Geb. 27. Dez. 1934 Düsseldorf (Vater: Richard F., Ing.; Mutter: Ruth, geb. Werner), ev., verh. s. 1965 m. Gudrun, geb. Bauermeister, 3 Kd. (Annette, Matthias, Sebastian) - Gymn. Lübeck u. Krefeld; Univ. Köln - S. 1971 (Habil.) Doz. u. Prof. (1977) Univ. Freiburg u. Basel. Arb. z. Verletzungs- u. Glaskörperchir. - Liebh.: Musik, Bergsport - Spr.: Engl.

FAULENBACH, Karl Heinrich
Dr. theol., Prof. f. Kirchengesch. Univ. Bonn/Ev.-Theol. Fak. (C 3 Prof. s. 1980) - Höhenring 54, 5357 Swisttal-Heimerzheim - Geb. 7. Mai 1938 Moers - Promot. 1966 Basel; Habil. 1971 Bonn - Bücher u. Aufs.

FAULHABER, Franz
Bankdirektor, Vorst. Kölner Bank v. 1867 eG Volksbank - Im Römerkastell 2, 5000 Köln 51 (T. 0221 - 38 45 84) - Geb. 18. Okt. 1932 Bad Groß-Ullersdorf, kath., verh. s. 1960 m. Margret, geb. Kintzel, 2 Kd. (Andrea, Jörg) - Banklehre - Handelsrichter, Mitgl. Gewerbeaussch. IHK Köln, VR Schufa, Beirat R+V Versich., Finanzkurator u. Diözesanleit. Malteser-Hilfsdienst (MHD).

FAULHABER, Ilse
Dr. phil., Prof., Biochemikerin - Ilsensteinweg 35, 1000 Berlin 38 - Geb. 5. Mai 1931 - Promot. 1959; Habil. 1970 - S. 1971 Prof. FU Berlin (Inst. f. Molekularbiol. u. Biochem.). Fachveröff.

FAULHABER, Reiner
Kommunalbeamter, Oberstadtdirektor Lüneburg (s. 1984) - Wittenkamp 5, 2120 Lüneburg (T. 04131 - 4 32 92) - Geb. 6. Jan. 1935 Oppeln, kath., verh. s. 1966 m. Karin, geb. Schneider, 2 T. (Michaela, Bettina) - 1956-61 Stud. Rechts- u. Staatswiss. Univ. Hamburg, Berlin u. Göttingen; 2. jurist. Staatsex. - 1968 Presseref. Bundesmin. d. Innern Benda; 1974 Kreisdir. Landkr. Lüneburg; Geschäftsf. Theater Lüneburg GmbH; Leit. Verw.- u. Wirtschaftsakad. Lüneburg; AR-Vors. Gemeinn. Lüneburger Wohnungsbau GmbH; VR-Vors. Stadtsparkasse Lüneburg; AR-Mitgl. Hannover-Braunschweig. Stromversorgung-AG; Landschaftsrat im landschaftl. Kollegium d. Fürstentums Lüneburg; Vors. d. Museumsvereines; 2. Vors. Arbeitsgem. D. alte Stadt; o. VR-Mitgl. d. Dt. Bühnenvereins - Liebh.: Musik, Theater, Wandern - Spr.: Engl., Franz.

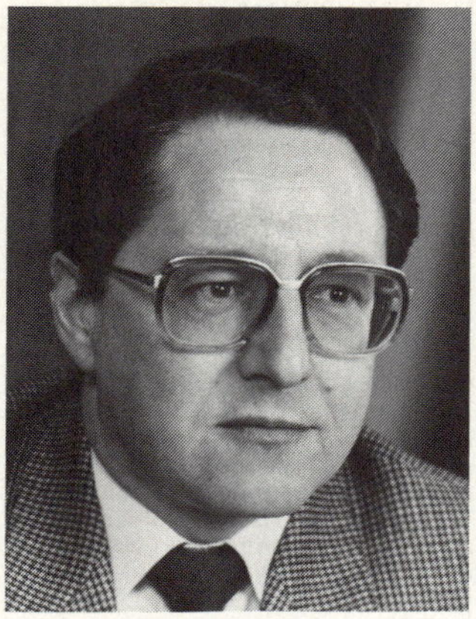

FAULSTICH, Felix
Kaufmann, Ehrenpräs. Bundesverband Dt. Inkasso-Untern., Bonn - Wiesenstr. 3, 8085 Geltendorf (T. 08193-15 77) - Geb. 8. Aug. 1919 Nürnberg, ev., verh. s. 1966 m. Gertraude, geb. Riebler, 2 T. (Raphaela, Angelika) - Jurastud. - Gründungsmitgl. Marketing-Club München (1. Geschäftsf. u. Vizepräs.) - Hohe Kriegsausz. - Liebh.: Segeln - Spr.: Engl.

FAULSTICH, Werner
Dr. phil. habil., Prof. Univ. Lüneburg, Leit. IFAM-Inst. f. Angewandte Medienforsch. - Wittorfer Str. 35, 2123 Bardowick - Geb. 28. Dez. 1946 - Stud. Univ. Frankfurt (German., Angl., Phil., Theol.); Promot. 1973 Frankfurt; Habil. 1981 Tübingen - 1982-87 Heisenberg-Stip.; 1985/86 Prof. Univ. Bamberg; 1987-89 Prof. Univ. Siegen - BV: Thesen z. Bestseller-R., 1974; Einf. in d. Filmanalyse, 1976/80; Modelle d. Filmanalyse (m. I. Faulstich), 1977; Domänen d. Rezeptionsanalyse, 1977; Paul Thompson, 1978; Rock-Pop-Beat-Folk, 1978; Radiotheorie, 1981; Medienästhetik u. Mediengesch., 1982; Filmästhetik, 1982; Ästhetik d. Fernsehens, 1982; Jeff Wayne: The War of the Worlds, 1982; Was heißt Kultur?, 1983; Bestandsaufnahme Bestseller-Forsch., 1983; V. Rock'n Roll b. Bob Dylan, 1983; Rock als way of life, 1985; Zwischen Glitter u. Punk, 1986; Bestseller als Marktphänomen (m. R. Strobel), 1986; Innovation u. Schema (m. R. Strobel), 1987; D. Filminterpretation, 1988; Medientheorien, 1991. Ca. 60 Aufs. Herausg.: Krit. Stichw. z. Medienwiss. (1979); Medien u. Kultur (1991); Literaturerfolg u. Geschichte (1991), Fernsehen u. andere Medien (1991). Mithrsg.: Apokalypse - Weltuntergangsvisionen in d. Lit. d. 20. Jh. (1986); Action u. Erzählkunst - D. Filme v. Steven Spielberg (1987); Filmanalyse interdiszipl. (1988); Seller, Stars u. Serien (1989); Sturz d. Götter? - Vaterbilder in Lit., Kultur u. Medien d. 20. Jh. (1989); Momentaufnahme - Lit. u. Kunst in Siegen heute (1989); Sex u. Gewalt im Spielfilm d. 70er u. 80er Jahre (1991); Fischer Filmgesch., Bd. 3 (1990), Bd. 2 (1991), Bd. 4 (1992). Mithrsg. d. Reihen Lit.wiss. im Grundstudium u. Medienbibliothek u. Kultur-Medien-Kommunikation.

FAULSTICH-WIELAND, Hannelore
Dipl.-Psych., Dr. phil. habil., Univ.-Prof. Univ. Münster - Querenburg 32, 3510 Hann. Münden (T. 05541 - 7 19 99) - Geb. 10. Dez. 1948 Hann. Münden, verh. s. 1967 m. Dr. Peter Faulstich, 2 Söhne (Michael, Stefan) - Stud. TU Berlin (Psych.); Dipl. 1972, Promot. (Sozialwiss.) 1975 Bremen; 1. Staatsex. (Arbeitslehre/Wirtsch.) 1977 PH Berlin; Habil. (Erziehungswiss.) 1980 TU Berlin - 1973-77 wiss. Assist. TU Berlin; 1977-79 wiss. Angest. SOFI Göttingen; 1980-82 AFS Univ. Dortmund; 1982-84 stv. wiss. Leit. Inst. Frau u. Ges. Hannover; 1981-92 Priv.-Doz. TU Berlin; 1984-92 Prof. FH Frankfurt/M.; s. 1992 Univ.-Prof. f. Frauenforsch. Univ. Münster. SS 1990 Gastprof. Forsch.inst. f. Geistes- u. Sozialwiss. Univ.-GH Siegen; 1984-90 Sprecherin AG Frauenforsch. DGfE; s. 1988 Fachgutachterin f. Erzieh.wiss. d. DFG - BV: Bildungsplanung u. Sozialisation (m. Peter Faulstich), 1975; Politische Sozialisation in d. Berufsschule, 1976; Ausbildungs- u. Berufsstartprobl. v. Jugendl. (m. Martin Baethge u. a.), 1978 u. 80; Berufsorientierende Beratung v. Mädchen, 1981; Schulsozialarbeit zw. Konflikt u. Akzeptanz (m. Klaus Jürgen Tillmann), 1984; Schulische Förderung in e. benachteiligten Stadtteil (m. K. J. Tillmann u. a.), 1985; Frauen u. neue Technologien (m. Marianne Horstkemper), 1987; Computer-Kultur (m. Peter Faulstich), 1988; Koedukation - enttäuschte Hoffnungen 1991. Herausg.: Abschied v. d. Koedukation? (1987); Weibliche Identität (1989).

FAUPEL, Rainer
Dr. jur., Staatssekretär Ministerium d. Justiz Brandenburg (s. 1990) - Heinrich-Mann-Allee 107, O-1561 Potsdam - Geb. 24. Juli 1938 Hochheim am Main, verh. s. 1982 m. Ingrid Stürz-Faupel - Stud. Rechtswiss. 1959-63 München u. Frankfurt/M.; 2. Staatsex. 1967 Frankfurt/M.; Promot. 1968 Gießen - 1968 Wiss. Assist. Univ. Gießen; 1969-70 Arbeitsrichter; 1971-90 Bundesmin. d. Justiz - BV: Tarifhoheit u. völkerrechtl. Vertragserfüllungspflicht, 1969; Ztschr.aufs. - Liebh.: Musik, Lit., Segeln - Spr.: Engl., Franz.

FAUSER, Hermann
Dr.-Ing., o. Prof. f. Bergwerks- u. Hüttenmaschinenkunde - Rastfeldchen 4, 5100 Aachen - Geb. 4. Nov. 1918 Ellwangen/Jagst - S. 1963 (Habil.) Lehrtätigk. TH Aachen (1967 Ord. u. Inst.dir.). Emerit. 1987. Fachveröff.

FAUST, Herbert
Bezirksschornsteinfegermeister, Bürgerm. a. D. (1969-84), MdL Nordrh.-Westf. (1970-85) - Klosterstr. 44, 4730 Ahlen/W. (T. 23 23) - Geb. 18. Juli 1927 Ahlen, kath., verh., 3 Kd. - Volkssch.; Schornsteinfegerl. - 1954-60 Vizepräs. Handwerkskammer Münster. 1952ff. Ratsherr Ahlen (1964-69 u. ab 1984 Fraktionsf.); 1976-90 Vors. Bezirksplanungsrat Münster; s. 1990 Vors. d. CDU Gruppierung im Bezirksplanungsrat; Vors. Schutzgemeinsch. Dt. Wald, Kreisgr. Warendorf; 1970 VR-Vors. Spark. Ahlen; AR Stadtw. Ahlen GmbH.

FAUST, Richard
Dr. rer. nat., Direktor Zoolog. Garten Frankfurt/M. (s. 1974) - Röderbergweg 142, 6000 Frankfurt (T. 493226) - Geb. 24. Juni 1927 Dromersheim b. Bingen/Rhein (Vater: Heinrich F., Lehrer; Mutter: Rosa, geb. Schmitz) - Realgymn. Bingen (Abit. 1946); 1946-50 Stud. Zoolog. Promot. 1951 - 1947-52 Hilfsassist. Zoolog. Inst. Univ. Mainz; s. 1952 wiss. Assist. Zoolog. Garten Frankf.; 1970 Magistratsdir. Zoolog. Garten ebd. - Spr.: Engl.

FAUST, Siegmar
Schriftsteller, Drehbuchautor - Dunckerstr. 8, O-1058 Berlin - Geb. 12. Dez. 1944 Dohna (Sachsen), gesch., 5 Kd. (Fausto, Mario, Marcus, Niko, Noriko) - Abit. 1964 Dresden; 1965/66 Stud. Kunsterzieh. u. Gesch. Univ. Leipzig; 1967/68 Stud. Lit.-Inst. Leipzig - Tätigk. als Landarb., Elektrokarrenfahrer, Kellner, Motorbootfahrer, Nachtwächter, Transportarb.; 1971/72 u. 1974-76 polit. Gefangener in d. DDR. S. 1990 gf. Vizepräs. d. Dok.zentrums z. Aufklärung d. SED-Verbrechen, u. s. 1991 d. Fr. Dt. Autorenverbandes (FDA) - BV: D. Knast- u. Wunderjahre d. Faustus Simplicissimus, 1979; In welchem Lande lebt Mephisto?, 1980; Ich will hier raus, 1983; E. jegliches hat s. Leid, 1984; Menschenhandel in d. Gegenw., 1986; D. Freischwimmer, 1987. Vortragsfilm: Auch dies ist mein Land (1986). Film-

drehb. f. d. sechsteilige ZDF-Serie Freiheit, d. ich meine (1979) - 1983 2. Preis Erzählwettbewerb d. Stiftg. Ostd. Kulturrat - Liebh.: Politik, Kunst.

FAUST, Volker

Dr. med., Prof., Medizinaldirektor, Forschungsleiter Psych. Landeskrkhs. Weissenau (Abt. Psych. I. d. Univ. Ulm), Ravensburg - Zu erreichen üb. Psych. Landeskrankenhs. Weissenau, 7980 Ravensburg-Weissenau - Geb. 21. Juli 1941 Leipzig, kath., verh. s 1968 m. Elke, geb. Schöpperle, T. Sabine - Med.-Stud. Univ. Freiburg; Staatsex. u. Promot. 1967; Arzt f. Neurol., Psych./Psychotherapie 1975; Habil. 1981 - 1987 apl. Prof. Univ. Ulm; 1979 Leit. Ber. Forschung u. Lehre PLK Weissenau/Univ. Ulm. Forsch.- u. Fachber.-Leit. Akutpsychiatrie - Autor u. Herausg. v. üb. 30 Fachb. z. Thema: Depression in. Manie, Sozialpsychiatrie, Sucht, Schlaf, Angst, Grenzgeb. d. Psych., Biometeorol., u.a. Herausg.: Fachztschr. Krankenhauspsychiatrie - Liebh.: Wandern, Wassersport, Theater, Gesch. - Spr.: Engl., Franz.

FAUTH, Wolfgang
Dr. phil., Prof. f. Klass. Philologie - Erfurter Str. 22, 3400 Göttingen - Geb. 6. Okt. 1924 - Promot. 1953 - S. 1973 (Habil.) Privatdoz. u. apl. Prof. (1976) Univ. Göttingen - BV: Hippolytos u. Phaidra, 2 Bde. 1958/59; Aphrodite Parakyptusa, 1966; Eidos Poikilon (Hypomnemata 66), 1981; Komment. z. Tacitus Historien Buch V (m. H. Heubner), 1982; Demogorgon (Nachr. Göttinger Akad.), 1987; Diener d. Götter - Liebling d. Götter (Saeculum 39), 1988.

FAY, Carl-Norbert
Kaufmann, pers. haft. u. gf. Gesellsch. Fay-Gruppe, Mannheim - Zentralbüro: Konstanzer Str. 10-12, 6800 Mannheim 61 (T. 0621 - 470 03 93) - Geb. 7. Febr. 1938, ev., verh. s. 1961 m. Maria, 1 Sohn - Kaufm. u. techn. Ausb.

FAY, Douglas A.
Ph. D., Prof. f. Theoret. Festkörperphysik - Windloh 52, 2000 Hamburg 55 - B. 1977 Doz., dann Prof. Univ. Hamburg.

FECHNER, Eberhard
Autor, Regisseur u. Schauspieler - Nonnenstieg 25, 2000 Hamburg 13 (T. (040 - 480 22 44) - Geb. 21. Okt. 1926 Schlesien - BV: Strehler inszeniert, 1963; D. Comedian Harmonists - sechs Lebensläufe, 1988; Comedian Harmonists, 1989; Nachrede auf Klara Heydebreck, 1990 - Fernsehsp.: Selbstbedienung, Damenquartett, Nachrede auf Klara Heydebreck, Klassenphoto, Frankf. Gold, Geheimagenten, Unter Denkmalsschutz, Tadellöser & Wolff Lebensdaten, D. Comedian Harmonists, Winterspelt, E. Kapitel f. sich, D. Prozess, Im Damenstift (1984), La Paloma (1989), Wolfskinder (1991) u. a. - 1970 Filmpreis Verband Dt. Kritiker, Goldene Kamera, Adolf-Grimme-Preis in Silber (für: Nachrede auf Klara H.); 1971 Adolf-Grimme-Preis in Silber (für Klassenphoto); 1975 Premio RAI (f. Tadellöser & Wolff); 1976 Adolf-Grimme-Preis in Gold (f. Unter Denkmalschutz) u. Sonderpreis Kultusmin. Nordrh.-Westf. (f. Tadellöser & Wolff), Ehrende Anerkenn. DAG; 1977 Stern d. Jahres (Comedian Harmonists); 1978 Präd. wertvoll (Winterspelt); 1980 tz-Rose, Stern d. Woche, Fernsehsp. d. Monats, Gold. Kamera, Gold. Gong u. d. Jakob-Kaiser-Preis, alle f. Ein Kapitel für sich; 1985 Preis Verb. d. dt. Kritiker, Eduard-Rhein-Preis, Hamburg; 1985 Alexander-Zinn-Preis; 1989 Telestar (f. La Paloma); 1991 Gold. Gong (f. Wolfskinder); 1991 Med. f. Kunst u. Wiss. d. Hansestadt Hamburg.

FECHNER, Gisela,
geb. Seling
Hausfrau, MdA Berlin (s. 1971) - Finkenkruger Weg 118c, 1000 Berlin 20 (T. 366 11 17) - Geb. 5. Nov. 1926 Gelsenkirchen, verh., 2 Kd. - Volks- u. Handelssch. - Langj. Sekr., u. a. 1951-55 Treuhandst. f. d. Interzonenhandel u. 1964-71 Anwaltspraxis. 1967-71 Bezirksverordn. Spandau, s. 1974 Mitgl. Rundf.rat u. Programmausssch. SFB. AR-Mand. SPD s. 1945.

FECHNER, Helmut

Ingenieurökonom, Parlamentarischer Geschäftsführer d. SPD Fraktion (s. Mai 1990), MdA (s. 1991) - Heidemühler Weg 22, O-1195 Berlin - Geb. 24. Febr. 1935 Berlin, ev., verh. s. 1959 m. Waltraud, geb. Kirspel, 2 Töcht. (Heike, Karola) - Büromasch.mech.; Ing.sch. f. Elektrotech. u. Masch.bau - 1990 Mitgl. d. Stadtverordnetenversamml. v. Berlin; s. 1991 Mitgl. im Ältestenrat.

FECHNER, Horst
Generalintendant Städt. Bühnen Dortmund (s. 1985) - Zu erreichen üb. Städt. Bühnen, Kuhstr. 12, 4600 Dortmund (T. 0231 - 54 21) - B. 1978 Int. Coburg, 1978-84 Generalint. Kiel, ab 1985 Int. Dortmund.

FECHNER, Jörg-Ulrich
Dr. phil., M.Litt., Prof. Ruhr-Univ. Bochum - Glockengarten 51, 4630 Bochum 1 (T. 0234 - 35 55 76) - Geb. 9. Febr. 1939 Bochum (Vater: Fritz F., Beamter; Mutter: Erika, geb. Werthwein), ev., verh. s. 1980 in 2. Ehe m. Hildegard, geb. Deitmer, 4 Kd. (Jörg-Ulrich, Michael, Ulrike, Benedict) - 1959-64 Univ. Heidelberg u. Madrid (German. u. Roman.); Promot. 1964 Heidelberg, M.Litt. 1975 Cambridge, Habil. 1976 Bochum - 1964-66 Lektor Univ. Catania (Italien); 1966-72 Lektor Univ. Cambridge (Engl.); s. 1972 Lehrtätig. Bochum. Gastprof. in München, Kiel, Mainz, Berkeley (USA), Lawrence (Kansas/USA), Rom - BV: D. Antipetrarkismus, 1966; D. dt. Sonett, 1969; Erfahrene und erfundene Landsch. Aurelio de'Giorgi Bertòlas Dtschl.bild u. d. Begründ. d. Rheinromantik, 1974; Helfrich Peter Sturz, 1981; Stammbücher als kulturhist. Quellen, 1981; J. W. Goethe: V. Deutscher Baukunst, 1989 - Liebh.: Lesen, Reisen, Kochen, Essen - Spr.: Engl., Franz., Span., Ital., Niederl.

FECHNER, Winfried
Musik- u. Kulturredakteur (Rundf./Fernss.) WDR Dortmund - Kreuzstr. 103, 4600 Dortmund 1 (T. 0231 - 10 11 10) - Geb. 6. Dez. 1943 Rotenburg/Wümme, ledig - Stud. Handlungsforsch., Päd., German. Nieders. Hochsch. Lüneburg; Stud. Musik (Klavier, Orgel, Dirig.) Lübeck, Hamburg, London; Stud. Musikwiss. Musikhochsch. Hannover; Stud. Tanz u. Schauspiel Durham u. London - Regiss. (Schausp., Musical, Oper); Schauspieler; Autor; Moderator d. Sendereihe Surprise (WDR) - Musical: Lauter Gauner, 1984 (m.a.) - Liebh.: Musik, Reisen - Spr. Engl., Franz.

FECHNER, Wolfgang
Journalist - Holbeinstr. 3, 5300 Bonn (T. 375664) - Geb. 25. April 1922 Berlin (Vater: Otto F., Bürgermeister), verh. s. 1946 m. Lieselotte, geb. Manthei, T. Barbara - Oberrealsch.; Sprachenstud. (Berlin); journalist. Ausbild. (Hamburg, Lübeck, Kiel) - U. a. stv. Chefredakt. VZ-Kieler Morgenztg., Chefredakt. Hannoversche Presse (1968); Freier Journalist in Bonn (1975). 1954-69 2. bzw. 1. Vors. (1967) Schlesw.-Holst. Journalisten-Verb.; Vorst. Dt. Presse-Club, Bonn; Mitgl. Int. Inst. f. strat. Stud. (ISS) London. SPD s. 1945 - BV: Die Bundeswehr, 1978; Sicherheit u. Frieden, Herausg. 1979 - 1968 Frhr. v. Stein-Medaille, 1975 BVK - Liebh.: Reisen, Gesch., Sprachen - Spr.: Engl., Russ. - Spez. Arbeitsgeb.: Internat. Sicherheitspolitik, Verteidigung, Ostpolitik.

FECHNER, Wolfgang

Dr. rer. pol., Dipl.-Volksw., Prof., Präsident FH Würzburg-Schweinfurt, Federführender d. Präs. d. bayer. Fachhochsch. - Baumgartenweg 87, 8780 Gemünden (T. 09351 - 32 00) - Geb. 23. Aug. 1938 Gramschütz, kath., verh. s. 1966 m. Gabriele Mann, 3 Kd. (Christoph, Martin, Veronika) - Stud. Volksw., Politikwiss. u. Soziol. Würzburg u. Wien - Vertreter bayer. FH b. d. WRK - Arb. z. Politikgesch., z. Hochschuldidaktik, z. Technologietransfer u. z. intern. Arbeitsaustausch u. Kapitalverkehr; Aufs. u. Veröff. in Wirtschaftswoche, Neue Hochschule, Polit. Studien.

FECHT, Gerhard
Dr. phil., em. o. Prof. f. Ägyptologie - Rainweg 60, 6900 Heidelberg (T. 80 96 76) - Geb. 6. Febr. 1922 Mannheim (Vater: Dr. Rudolf F., Oberstudienrat; Mutter: Hertha, geb. Schellenberg), ev., verh. s. 1951 m. Adelheid, geb. Kappler, 3 Kd. (Andreas, Johanna, Tobias-Immanuel) - Gymn. Mannheim; Univ. Heidelberg (Ägyptol., Alte Gesch., Sprachwiss.). Promot. (1952) u. Habil. (1954) Heidelberg - S. 1954 Lehrtätig. Univ. Heidelberg (1961 apl. Prof.) u. Berlin/FU (1967 Ord.). Entd.: Wiedergewinnung d. ägypt. Metrik - BV: D. Habgierige u. d. Maat in d. Lehre d. Ptahhotep, 1958; Wortakzent u. Silbenstruktur, 1960; V. Wandel d. Menschenbildes in d. ägypt. Rundplastik, 1965; Lit. Zeugnisse z. Persönl. Frömmigkeit in Ägypten, 1965; D. Vorwurf an Gott in d. Mahnworten d. Ipu-wer, 1971 (Abh. Heidelberger Akad. d. Wiss.); Metrik d. Hebräischen u. d. Phönizischen, 1990 - Mitgl. Dt. Archäol. Inst.

FECHTRUP, Hermann
Dr., Oberstadtdirektor Münster a. D. - Geschwister-Scholl-Str. 23, 4400 Münster - Geb. 15. Mai 1928.

FEDDERSEN, Dieter Henning
Dr. jur., Rechtsanwalt u. Notar, AR-Vors. Drägerwerk AG, Lübeck (s. 1979) - Zu erreichen üb. Schillerstr. 19, 6000 Frankfurt am Main 1 (T. 069 - 299 80 20) - Geb. 22. April 1935 Kiel (Vater: Lorenz F., Revisor; Mutter: Margareta, geb. Petersen), ev.-luth., verh. m. Elisabeth, geb. Sturz, 2 Kd. (Isa, Alix) - Stud. Rechtswiss. Univ. Kiel u. Berlin; 1. Staatsex. 1959 Schleswig, 2. Staatsex. 1964 Hamburg, Promot. 1964 Kiel - 1964-71 Rechtsanwalt Braunschweig, dann Wiesbaden (b. 1974); ab 1974 eig. Anwaltsbüro Frankfurt/M., s. 1974 Notar. Zahlr. Beirats- (z. T. Vors.) u. VR-Mandate - BV: D. Rolle der Volksvertret. in d. dt. demokrat. Rep., 1964; Gemeinschaftskomment. z. HGB (m. a.) - Spr.: Engl.

FEDDERSEN, Jens
Chefredakteur NRZ - Neue Ruhr Zeitung, Neue Rhein Zeitung, Essen - Veilchenweg 6, 5628 Heiligenhaus-Isenbügel (T. NRZ: Essen 2064605) - Geb. 1928 (Berliner), verh. - Schule (Abit.) u. Hochschule für Politik Berlin - S. 1946 Journalist, s. 1961 Chefredakt. Zahlr. Auslandsreisen - u. a. USA, Asien, Sowjetunion). Rundfunkkomm., Fernsehdiskuss., Buchveröff. - 1975 BVK I. Kl.

FEDERER, Josef
Altbürgermeister u. Ehrenbürger d. Stadt Mühldorf - Erhard-Auer-Str. 6, 8260 Mühldorf/Inn - Geb. 19. Febr. 1921 Fronberg - Verwaltungsamtm.; b. 1990 Bürgerm. d. Stadt Mühldorf. SPD.

FEDERHOFER, Hellmut
Dr. phil., o. Prof. u. Direktor Musikwiss. Inst. Univ. Mainz (s. 1962, s. 1979 emerit.) - Am Königsborn 18, 6500 Mainz (T. 4 05 12) - Geb. 6. Aug. 1911 Graz/Österr. (Eltern: Prof. Dr. Dr. h. c. Karl (Ord.) u. Irma F.), kath., verh. s. 1957 m. Renate, geb. Königs, 2 Kd. (Marie-Theres, Karl-Georg) - Univ. u. Akad. f. Musik u. darstell. Kunst Wien - Zul. Prof. Univ. Mainz - BV: Beitr. z. musikal. Gestaltanalyse, 1950 (Graz-Wien-Innsbruck); An Essay on thoroughbass, 1961 (USA); Musikpflege u. Musiker am Grazer Habsburgerhof d. Erzherzöge Karl v. Ferdinand v. Innerösterr., 1967 (Mainz); Neue Musik, 1978 (Tutzing); Akkord u. Stimmführ. in d. musiktheoret. Systemen von H. Riemann, E. Kurth

u. H. Schenker, 1981 (Wien); Musikwiss. u. Musikpraxis, 1985 (Wien); Heinrich Schenker, 1985 (Hildesheim). Herausg.: Musik Alter Meister, Heft 1-50 (1949-80); Mainzer Stud. z. Musikwissensch. Schriftl. d. ,Acta musiologica' (1962-86), Editionsleitung d. Gesamtausg. d. Werke v. J. J. Fux (1986ff.). Mitarb.: W. A. Mozart. Neue Ausgabe sämtl. Werke (1956ff.); H. Schenker als Essayist u. Kritiker, ges. Aufsätze (1990) - Österr. Ehrenkr. f. Wiss. u. Kunst, Korresp. Mitgl. Österr. Akad. d. Wiss., phil.-hist. Klasse; Ehrenmitgl. d. Intern. musicological Society u. d. Zentralinst. f. Mozartforsch., Salzburg; Goldmed. Pro Musica Austriaca; Gr. goldenes Ehrenz. d. Landes Steiermark - Spr.: Engl., Franz.

FEDERLIN, Konrad

Dr. med., Dr. med. h.c., o. Prof. f. Inn. Med. Univ. Gießen - Rodthohl 6, 6300 Gießen - Leiter III. Med. Klinik u. Poliklinik. Spezialgeb.: Endokrinol. (Diabetes, Schilddrüsenerkrankungen) u. Klin. Immunologie/Rheumatologie.

FEDERMANN, Rudolf

Dipl.-Kfm., Dr. rer. pol., Univ.-Prof., Steuerberater - Kalmanstr. 9, 2000 Hamburg 73 (T. 040 - 678 13 18) - Geb. 1. Juni 1945 Eger, verh. s. 1973 m. Gerlinde, geb. Thoß - Stud. Univ. Erlangen-Nürnberg, FU Berlin; Dipl.-Kfm. 1969 Nürnberg; Promot. 1973 - Wiss. Assist. Univ. Köln; 1977 Steuerberater; s. 1978 Prof. f. Betriebswirtsch.-Lehre Univ. d. Bundeswehr Hamburg, Inst. f. Betriebswirtsch. Steuerlehre - BV: Jahresabschlußzeitraum, 1973; Allg. Betriebswirtschaftslehre, 1978; Bilanzierung n. Handels- u. Steuerrecht, 1970/92; Bibliogr. d. Unternehmensbesteuerung, 1983; Kommentierungen EStG u. Bilanzrecht. Herausg.: Handb. d. Bilanzierung (s. 1987); Management (russ. Lehrbuch, 1992).

FEDERN, Klaus

Dr.-Ing., em. o. Prof. f. Maschinenelemente - Dachsberg 14, 1000 Berlin 33 (T. 8256719) - Geb. 21. Dez. 1910 Berlin - S. 1947 (Habil. f. Techn. Mechanik) Lehrtätigk. TH Darmstadt (1953 apl. Prof.) u. TU Berlin (1963-79 Ord. u. Dir. Inst. f. Konstruktionslehre u. Therm. Maschinen). 1971/72 Faculty Member Univ. Houston/Texas (USA), Dept. Mech. Engrg.; 1945-63 Abt.leit. u. Prok. d. C. Schenck GmbH Darmstadt; 1964-91 DIN-FANAK- u. VDI-Schwingungstechnik-Beiratsmitgl.; Delegierter d. DIN f. ISO/TC108; s. 1975 Vorst.-Mitgl. Berliner Wissensch. Ges. - 1982 A.I.P.I.-Premio Intern. Leonardo da Vinci; 1989 Grashofdenkmünze d. VDI; 1989 BVK I. Kl.; 1991 Ehrenmitgl. d. TU Berlin.

FEDERSPIEL, Jürg

Schriftsteller - Postf. 260, CH-8034 Zürich (Schweiz) - Geb. 28. Juni 1931 Winterthur (Schweiz) - BV: Orangen u. Tode, Erz. 1961; Massaker im Mond, R. 1963; D. Mann, d. Glück brachte, Erz. 1966; Märchentante, Erz. 1970; Paratuga kehrt zurück, Erz. 1972; D. beste Stadt f. Blinde u. a., Berichte 1980; D. Ballade v. d. Typhoid Mary, Erz. 1982; D. Liebe ist e. Himmelsmacht, Fabeln 1985; Kilroy, lyr. Prosa 1988; D. Geographie d. Lust, R. 1989 - Div. Ehrungen, dar. 1965 Georg-Mackensen- u. 1969 Conrad-Ferdinand-Meyer-Preis; 1986 Preis d. Schillerstiftg. f. d. Gesamtwerk; 1986 Lit.-Preis d. Stadt Zürich u. 1988 d. Stadt Basel; 1989 Kunstpreis Zollikon.

FEESER, Carsten

s. Geyer, Dietmar

FEEST, Johannes

Dr., Soz. Wiss., Prof. f. Strafverfolgung, Strafvollzug, Strafrecht Univ. Bremen - Wernigeroder Str. 20, 2800 Bremen (T. 49 47 23) - Geb. 21. Nov. 1939 Berlin (Vater: Walter F.; Mutter: Herta, geb. Hilgenreiner), verh. s. 1966 m. Christa, geb. Bianchi, 3 Kd. (Uljana, Caspar, David) - Stud. d. Rechtswiss. u. Soziol. Univ. München u. Berkeley - BV: D. Definitionsmacht d. Polizei, 1972; Komment. z. Strafvollzugsgesetz, 3. A. 1990; Herausg.: Criminalia Bremer Strafjustiz 1810-1850 (m. Ch. Marzahn), 1988.

FEGELER, Ferdinand

Dr. med., Prof., Dermatologe (Praxis u. Labor.) - Harsewinkelgasse 21, 4400 Münster/W. (T. 5 54 66) - Geb. 14. März 1920 Hörstel, 4 Kd. (Prof. Dr. med. Klaus, Dr. med. Wolfgang, Susanne, Maike) - Promot. 1945 Hamburg; Habil. 1957 Münster - S. 1957 Lehrtätigk. Univ. Münster (1963 apl. Prof.; zeitw. Oberarzt Hautklinik). Fachmitgliedsch. Ehrenmitgliedsch.; Ausz. Entd.: Fegeler-Syndrome I u. II - BV: Med. Mykologie in Praxis u. Klinik, 1967 - Liebh.: Alte Fachlit., Golf.

FEGER, Gottfried Alfons

Dr. jur., Ltd. Regierungsdirektor, Leiter Grenzschutzverw. Süd - Infanteriestr. 6, 8000 München 40 (T. 12706325) - Geb. 30. Nov. 1934 Oberwolfach - Stud. d. Rechtswiss.; Gr. Jur. Staatsprüf.; Promot. 1968.

FEGER, Hubert

Dr. phil., o. Prof. f. Psychologie (Lehrstuhl f. Psych.) FU Berlin - Habelschwerdter Allee 45, 1000 Berlin 33 - Geb. 1. Nov. 1938 - Veröff. z. Themen d. Entscheidungsforsch., Einstell.mess. u. Analyse soz. Strukturen.

FEHL, Gerhard

Dr.-Ing., o. Univ.-Prof. f. Planungstheorie RWTH Aachen (s. 1971) - Lütticher Str. 246, 5100 Aachen - Geb. 1934 - Zul. TU Berlin. Forsch.geb.: Gesch. d. Stadtplanung, d. Wohnungswesens u. d. Urbanisierung seit d. 19. Jh.

FEHL, Ulrich

Dr. rer. pol., Prof. Univ. Marburg - Wiesenweg 15, 3550 Marburg (T. 06421 - 3 54 51) - Geb. 27. Jan. 1939 Bochum (Vater: Ulrich F., kfm. Angest.; Mutter: Anna, geb. Manns), ev., verh. s. 1968 m. Berbel, geb. Knackmuß, T. Vera - Hochschulreife 1961; Dipl.-Volksw. 1967, Promot. 1971, Habil. 1981 - 1956-59 prakt. Tätigk. Großhdl.; 1967-74 Wiss. Assist. u. Wiss. Angest.; 1974-80 Doz., 1980-87 o. Prof. Univ. Oldenburg - BV: Prod.funktion u. Prod.periode, (Diss.) 1973; Grundl. d. Mikroökon., (m. P. Oberender) Lehrb. 1976, 3 A. 1989 - Spr.: Engl.

FEHLER, Wilhelm

Dipl.-Kfm., Aufsichtsratsmitglied Hein, Lehmann AG, Düsseldorf - Steubenstr. 34, 6200 Wiesbaden (T. 0611 - 37 98 89) - Geb. 13. Sept. 1914.

FEHLHAMMER, Wolf Peter

Dr. Dr. rer. nat., Prof. f. Chemie - Zu erreichen üb. Inst. f. Anorgan. u. Analyt. Chemie FU Berlin, Fabeckstr. 34-36, 1000 Berlin 33; priv.: Westhofener Weg 33, -38 (T. 030 - 803 71 89) - Geb. 9. Sept. 1939 München (Vater: Georg F., Bankangest.; Mutter: Franziska, geb. Groebmair), kath., verh. s. 1963 m. Elisabeth, geb. Donhauser, 3 Kd. (Michael, Susanne, Manuel) - Abit. München 1959, Chemie-Dipl. TH München 1966, Promot. 1968, Habil 1976 ebd. - 1976 Berufung n. Erlangen, 1981 GdCh-Ortsvors.; 1983 Prof. FU Berlin, 1984 gf. Direktor - BV: 90 Publ. üb. neue metallorgan. Verbind. in Fachztschr. - 1981 Carl-Duisberg-Preis - Liebh.: Lit., Malerei, Musik, England, Frankreich, Italien, USA, Küche - Spr.: Engl., Franz.

FEHLING, Detlev

Dr. phil., Prof. f. Klass. Philologie Univ. Kiel (s. 1970) - Stückenberg 43, 2305 Heikendorf - Geb. 10. Juni 1929 - S. 1964 (Habil.) Lehrtätigk. Kiel. Bücher u. Aufs., u. a. Wiederholungsfiguren vor Gorgias, 1969; Quellenangaben Herodots, 1971 (engl. Übers. 1989); Amor u. Psyche, 1977; D. sieben Weisen u. d. frühgr. Chronologie, 1985; D. ursprüngliche Geschichte vom Fall Trojas, 1991.

FEHLING, Dora,

geb. Fränkel

Theater- u. Filmkritikerin - Margaretenstr. 5, 1000 Berlin 33 (T. 887 94 64) - Geb. 9. Nov. 1909 Dresden, ev., verh. I) 1928 m. Hanns E. Friedrich (Schriftst.), T. Leonore, verehel. Menzel, II) 1954 Prof. Hermann F. (Arch., s. dort) - I. Höh. Mädchensch. Leipzig; Kunstakad. ebd. (Foto-Abschlußprüf.) u. Schauspielsch. Berlin (ebenf. Abschlußprüf.) - B. 1936 (Arbeitsverbot aus rass. Gründen) Mitarb. (Film-, Literaturkritik, Kurzgesch.) bek. Ztg. u. Ztschr. (Frankf. Ztg., DAZ, Christl. Welt, Elegante Welt u. a.); 1946-72 Leit. Ressort Feuill. Telegraf, Berlin - Liebh.: Fotogr. - Spr.: Engl., Franz. - Bek. Vorf.: Anna Katharina (Käthchen) Schönkopf (Jugendfreundin Goethes) u. Daniel Chodowiecki (Zeichner u. Radierer).

FEHLING, Hermann

Architekt, Honorarprof. f. Entwerfen v. Hochbauten TU Berlin (s. 1966) - Margaretenstr. 5, 1000 Berlin 33 (T. 887 94 64) - Geb. 10. Sept. 1909 Hyères/Frankr. (Vater: Max F., Gärtner; Mutter: Magda, geb. Stolterfoth), ev., verh. s. 1954 m. Dora, geb. Fränkel (Film- u. Theaterkrit.; s. dort) - Zimmermannlehre; Baugewerksch. Hamburg - S. 1945 fr. Arch. U. a. Mensa u. Studentendorf FU Berlin, Paul-Gebhardt- u. St.-Norbert-Kirche Schöneberg - 1961 o. Mitgl. Akad. d. Künste Berlin (1971 Dir. Abt. Baukunst); 1965 Berliner Kunstpreis.

FEHN, Franz Martin

I. Direktor, Vors. d. Gfg. Landesversicherungsanstalt Ober- u. Mittelfranken, Bayreuth - Herrnholzweg 15, 8580 Bayreuth - Geb. 9. Juni 1925 - Div. Mandate.

FEHN, Gerhard

I. Bürgermeister Stadt Schwarzenbach a. Wald (s. 1972) - Rathaus, Gartenstr. 27, 8678 Schwarzenbach a. Wald/Ofr. (T. 09289-14 51) - Geb. 17. Febr. 1929 Schwarzenbach a. W., ev., verh. s. 1947 m. Hildegard, geb. Lenz, S. Heinz - Zul. Stadtinsp. CSU (Überparteil. Schwarzenb. Heimatliste), Dipl.-Verw.wirt (FH) 1978 Kreisrat.

FEHN, Klaus

Dr. phil. (habil.), o. Prof. f. Histor. Geographie Univ. Bonn (s. 1972) - Konviktstr. 11, 5300 Bonn - Geb. 14. März 1936 München - Zul. Doz. Univ. Saarbrücken. Zahlr. Facharb.

FEHRENBACH, Elisabeth

Dr. phil., Prof. f. Neuere Geschichte Univ. Saarbrücken (s. 1979) - Höhenweg 184, 6601 Scheidt (T. 0681-89 20 86) - Geb. 24. Dez. 1937 Düsseldorf (Vater: Dir. Albert F.; Mutter: Maria, geb. Pollmann), kath. - Stud. d. Gesch., German. Univ. Köln, Freiburg; Promot. 1967; Habil. 1973 - BV: Wandlungen d. dt. Kaisergedankens 1871-1918, 1969; Traditionale Ges. u. revolutionäres Recht, 3. A. 1983; V. Ancien Régime z. Wiener Kongreß, 2. A. 1986.

FEHRENBACH, Gustav

Amtsrat a. D., stv. Vors. DGB (1982 ff.) - Hans-Böckler-Str. 39, 4000 Düsseldorf 30 - Geb. 1925 Lörrach/Baden - Ab 1939 (Lehre) Postdst.; 1965-82 stv. Vors. Dt. Postgewerksch. CDU.

FEHRENBACH, Karl

Bankdirektor, Vorstand DG Bank Dt. Genossenschaftsbank, Frankfurt/M. (stv. Vors. 1986-91) - Geb. 30. Dez. 1938 Augsburg - 1959-63 Jura-Stud. Univ. München; 2. jurist. Staatsprüf. 1968 - S. 1974 Vorst. BayWa AG, München (s. 1977 stv. Vors.); AR-Vors. Bavaria Schiffahrts- u. Speditions-AG, Aschaffenburg, BayWa AG, München; VR DG BANK Luxemburg, Luxemburg; Vorst.-Vors. Bayer. Raiffeisen-Beteiligungs-AG, München.

FEHRER, Hans-Heinz

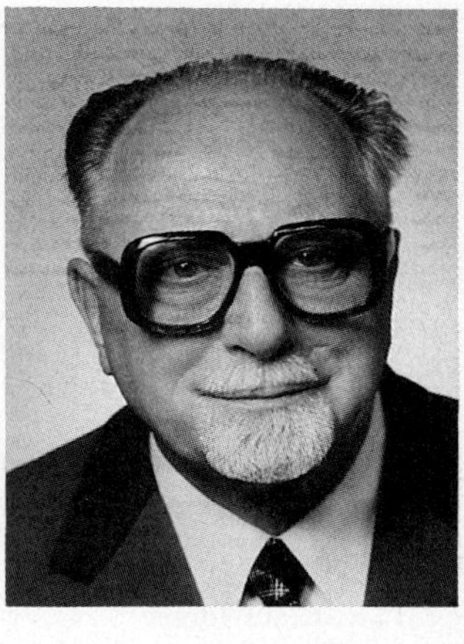

Dkfm., Dr., gf. Gesellsch. F. S. Fehrer Ges. mbH & Co KG, Linz/Donau; Ges. F. S. Fehrer, Gummihaar- u. Schaumpolsterfabrik GmbH & Co KG, Kitzingen a. M., Braunschweig, Fehrer/Sachsen, Markranstädt; Ges. Fr. Jarand Ges. mbH & Co. KG, Einbeck - Margarethenweg 9, A-4020 Linz (Österr.) (T. 0732 - 27 74 14) - Geb. 14. Mai 1915 Würzburg (Vater: Kommerzialr. Hans F.; Mutter: Seffy, geb. Estermann), kath., verh. s. 1962 m. Hedwig, geb. Magauer, 6 Kd. - Realgymn.; Wirtschaftsuniv. Wien. AR Österr. Wirtschaftsakad., Wien, Österr. Brau Beteiligungs-AG, Linz, u. Getränke-Holding AG, Linz - Gold. Ehrenz. f. Verd. u. d. Rep. Österr. - Liebh.: Jagd, Schach - Spr.: Engl., Franz.

FEHRES, Wilfried

Div. ARs- und VRsmandate - Bahrenbergring 2, 4300 Essen-Heisingen (T. 460685) - Geb. 14. Okt. 1909 Aussig/Böhmen (Vater: Rudolf F., Bankier; Mutter: geb. Lewis), verh. s. 1936 m. Eva, geb. Neumann, 3 Kd. (S., 2 T.) - Gymn. (Abit.); Bankausbildung (4 Jahre Tätigk. Ausl.) - Teilh. Bankhaus L. Wolfrum & Co., Aussig, u. Bankhaus v. d. Heydt-Kersten & Söhne, Wuppertal - Rotarier.

FEHRING, Günter Peter

Dr. phil., Prof. f. Archäologie - Zu erreichen üb. Amt f. Vor- u. Frühgeschichte d. Hansestadt Lübeck, Meesenring 8/II, 2400 Lübeck (T. 0451 - 6 82 25) - Geb. 20. Aug. 1928 Stade (Vater: Johannes F., Kaufm.; Mutter: Alma, geb. Martens), ev., verh. s. 1966 m. Brigitte, geb. Hoffmann, 2 Töcht. (Christiane, Dorothea) - Stud. Kunstgesch. (Bau), Archäolog., Gesch. - 1960-73 Grabungsleit. u. Konservator f. Archäolog. d. MA Baden-Württ.; s. 1973 Dir. Amt f. Vor- u. Frühgesch. (Bodendenkmalpflege) d. Hansestadt Lübeck; 1974-83 Leit. Lübeck-Projekt Sonderforsch.ber. 17 Univ. Kiel; s. 1978 Prof. Univ. Hamburg - BV: Unterregenbach, Kirchen, Herrensitz, Siedlungsbereiche (Forsch. u. Ber. d. Archäolog. d. Mittelalters Baden-Württ.), 1972; Einführung in d. Archäolog. d. MA, 1987, 2. A. 1992 (engl. Ausg. 1991); Div. Aufs. in Fachztschr. Herausg.: Lübecker Schr. z. Archäol. u. Kulturgesch. (s. 1978) - Spr.: Engl.

FEHRMANN, Friedrich Helmut

Polizeipräsident a. D. - Am Tivoli 36, 5100 Aachen - Geb. 8. Nov. 1920 Münster, kath., verh. s. 1954 m. Marlene, geb. Keimes, 8 Kd. - 1945-48 Stud. Rechts- u. Staatswiss. Univ. Münster (Ass.-Ex. 1951) - 1948-85 Beamter NRW, zul. Polizeipräs. Aachen. Vors. Volksbund Dt. Kriegsgräberfürsorge, Bez. Aachen; Beiratsmitgl. Malteser-Hilfsdienst - BVK I. Kl.; Offizierskreuz niederl. Orden v. Oranje-Nassau u. belg. Orden Leopold II - Liebh.: Wandern, Schwimmen, Jagen.

FEHRMANN, Hartmut

Dr. rer. nat., Dipl.-Landw., Prof. Univ. Göttingen, Pflanzenpathologe - Primelweg 11, 3400 Göttingen (T. 2 27 04) - Geb. 3. Juni 1933 Berlin (Vater: Willy F., Amtsrat; Mutter: Wanda, geb. Tiedge), verh. s. 1962 m. Sabine, geb. Girndt, T. Birgit - Obersch. (Abit.), Gärtnerl., Stud. d. Biol., Chemie, Landwirtsch. - Zahlr. Fachveröff. - Liebh.: Musik (Klavier) - Spr.: Engl.

FEHRMANN, Wilderich

Dr. jur., Vizepräsident Oberverwaltungsgericht f. d. Land NRW, stv. Mitgl. Verfassungsgerichtshof f. d. Land Nordrh.-Westf., Vors. Jurist. Studienges. Münster - Aegidiikirchplatz 5, 4400 Münster (T. 0251 - 50 53 51) - Geb. 12. Sept. 1928 Münster, kath. - Stud. Univ. Innsbruck u. Münster; Promot. 1958 Univ. Münster.

FEHSE, Klaus-Dieter

Dr. phil., Prof. f. Englisch - Clara-Egerten-Str. 7, 7801 Umkirch/Br. - Geb. 28. Sept. 1937 Aschersleben, ev., verh. s. 1965 m. Eleonore, geb. Erz, T. Katrin - Gymn. Dinslaken; 1957-64 Univ. Heidelberg, Freiburg, München, Glasgow, Saarbrücken (Angl., Amerik., Lat.). Promot. 1968 Saarbrücken - S. 1969 Lehrtätigk. PH Schwäb. Gmünd u. Freiburg (1970; 1972 Prof.) - BV: Bibliogr. z. Testen in d. Schule, 1973 (m. W. Praeger); D. zeitgenöss. engl. Drama, 1975 (m. N. Platz) - Liebh.: Musik, Theater.

FEID, Anatol

Priester im Dominikanerorden, Schriftst. - Marienhöhe, 6228 Eltville 2 (T. 06123 - 69 60) - Geb. 17. Juli 1942 Wormditt/Ostpr., kath. - Stud. Phil. u. Theol. - S. 1979 Kontaktperson f. Suchtkranke u. deren Angehörige - BV: u. a. Wenn Du zurückschaust, wirst Du sterben, 1981 u. 86. Zahlr. Veröff. zu Suchtthemen - Ehrungen u. a. 1986 Gustav-Heinemann-Friedenspreis; 1987 Kathol. Kinder- u. Jugendbuchpr. u. Silb. Feder.

FEIERABEND, Jürgen

Dr. rer. nat., Prof. f. Botanik Univ. Frankfurt (FB Biol., s. 1980) - Talstr. 98a, 6000 Frankfurt/M. 50 - Geb. 24. Okt. 1938 Danzig - Promot. 1965, Habil. 1972 Göttingen - 1973-80 Wiss. Rat u. Prof. f. Pflanzl. Zellphysiol. Univ. Bochum; s. 1980 Univ. Frankfurt (1986-87 Dekan FB Biol.); 1986 Ruf an Univ. Bonn, 1987 abgelehnt. Zahlr. Facharb.

FEIERTAG, Rainer

Dr.-Ing., Prof. f. Elektromech. Konstruktionen Univ.-GH Wuppertal - Univ., FB Elektrotechn., Fuhlrottstr. 10, 5600 Wuppertal 1 (T. 0202 - 439 29 51); priv.: Langenhaus 50, 5600 Wuppertal 21 (T. 467 09 75) - Geb. 31. Juli 1932 Oppeln (Vater: Karl F., Postvizepräs. †; Mutter: Margarete, geb. Schmidt †), kath., verh. s. 1961 m. Ruth, geb. Spreng, 3 Kd. (Dorothea, Gregor, Christian) - TH München (Dipl.-Ing. Maschinenbau 1958), Promot. 1967 Feinwerktechnik TH Karlsruhe; Habil. 1974 - 1958 Kontsruktionsing.; 1970 Akad. Rat; 1971 Lehrbeauftr. Univ. Karlsruhe; 1974 Privatdoz.; 1977 wiss. Rat u. Prof.; 1981 Prof. f. Techn. Mech. u. Elektromech. Konstrukt. Univ.-GH Wuppertal. Vorst.-Mitgl. VDI/VDE-Ges. Mikro- u. Feinwerktechnik - BV: Blätter z. Berufskd.: Dipl.-Ing. Feinwerktechnik, 1991 - Spr.: Engl.

FEIFEL, Erich

Dr. theol., o. Prof. f. Religionspädagogik u. Kerygmatik Univ. München (s. 1968) - Würmtalstr. 56c, 8000 München 70 (T. 714 78 02) - Geb. 27. Sept. 1925 Lauchheim/Württ., kath., led. - Gymn.; Univ. Tübingen (Theol., Päd.). Promot. 1957; Habil. 1963 - 1964-68 Prof. Päd. Hochsch. Reutlingen u. München (1965; Ord. u. Vorst.) - BV: Grundzüge e. Theol. d. Gottesdst., 1960; Personale u. kollektive Erzieh., 1963, 2. A. 1965; D. Glaubensunterweis. u. d. abwesende Gott, 1965 (ital. 1969, span. 1970); D. päd. Anspruch d. Nachfolge Christi, 1968; Glaube u. Erzieh., 1970; Erwachsenenbild., 1972; Handb. d. Religionspäd., Bd. 1-3 1973-75, 2. A. 1977-78.

FEIG, Rudolf

Dr. phil., Dipl.-Psych., Univ.-Prof. f. Psychologie Univ. (GH) Siegen - Ziegelhüttenweg 1-3, 6000 Frankfurt/M. 70 - Geb. 11. Juni 1935 Troppau/Oppa - Promot. 1970 - S. 1973 wie oben - BV: Motivations-Strukturen in d. Erwachsenenbild., 1972; div. Beiträge z. Erwachsenenpädag. u. Differentiellen Psych., in: Siegener Studien, 1972ff.

FEIGE, Johannes

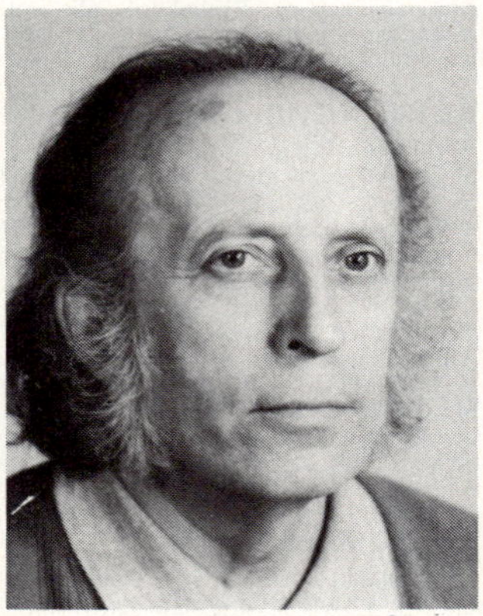

Maler, Grafiker, Holzgestalter - Hofeweg 43, O-9610 Glauchau/Sachs. - Geb. 4. Mai 1931 Crimmitschau/Sa., Baptist, verh. s. 1955 m. Waltraut, geb. Förster, 4 Kd. (Matthias, Michael, Cornelia, Annett) - Tischler, Gebrauchswerber, Privatuntern. (Lehrer: G. Püschel, Prof. K. Mischel, Heinz Tetzner, Gerh. Altenbourg) - S. 1958 Leit. e. Malzirkels; z. Zt. Leit. d. Städt. Galerie "art glurowe" in Glauchau/Sachsen - BV: Holzschnitte z. Bibel, 1989; Werke: Homage an Schmidt-Potthiff - Holzschnitt-Museum Chemnitz; Kapellengestaltungen in Heidenau/Glauchau, 1979, Werdau 1981 - Liebh.: Bibelstud. u. Predigtdienst in d. Gemeinde - Lit.: Dr.-Arbeit Pf. Schmidt, Berlin, Thema: Kunst d. Alten Testaments (Saul-David), Dipl.-Arbeit S. Bräutigam, Gößnitz, Der Künstler J. Feige.

FEIGE, Karl

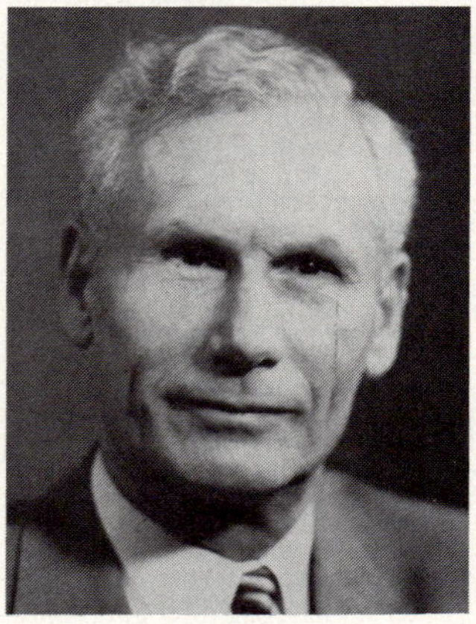

Dr. phil., Prof., Institutsdirektor a. D. - Hohenbergstr. 18, 2300 Kiel - Geb. 6. Dez. 1905 Berlin, ev., verh. s. 1938 - Stud. Psych., Phil., Päd., Musikwiss. Univ. Berlin u. Rostock; Dipl. Turn- u. Sportlehrer-Ex. 1931 Berlin; Promot. 1934 Rostock - 1938-45 Dir. Hochschulinst. f. Leibesübungen Univ. Jena; 1946-71 Dir. Hochschulinst. f. Leibesübungen Univ. Kiel - BV: Präzisionsleistungen menschl. Motorik, 1934; Natürliches Rudern, 1952; Vergl. Stud. z. Leistungsentw. v. Spitzensportlern, 1973; The Development of Sportspsych., 1977; Leistungsentw. u. Höchstleistungsalter v. Spitzenläufern, 1978 - 1976 Verdienter Leibeserzieher durch d. Vors. d. KMK; Ehrenvors. Arbeitsgem. f. Sportpsych. in d. BRD; 1977 Univ.-Med. Univ. Kiel u. Ehrenmitgl. Int. Soc. of Sports-Psych.; 1979 Ehrenmitgl. Fedération Européenne de Psych. des Sport et des Activitées Corporelles; 1986 BVK am Bde. - Lit.: Psychomotorik u. Sportliche Leistung, Festschr. z. 70. Geb. (1976).

FEIL, Arnold

Dr. phil., em. Prof. - Schützenstr. 22, 7400 Tübingen 5 - Geb. 2. Okt. 1925 Mannheim (Vater: Dr. jur. Fritz F., Brauereidir.; Mutter: Ottilie, geb. Heuser), kath., verh. s. 1954 m. Marion, geb. Daiber, 2 Kd. (Susanne, Daniel) - Stud. Musikhochsch. Mannheim u. Heidelberg, Univ. ebd.; Promot. 1954; Habil. 1965 - 1955-58 Musikref. Stadt Ludwigshafen/Rh., s. 1959 Univ. Tübingen (1971 apl. Prof. f. Musikwiss.), 1977/78 Univ. Hannover, emerit. 1988; Lehrbeauftr. Fachhochsch. f. Bibl.wesen, Stuttgart. Ed.-Leiter d. Neuen Schubert-Ausg.; 1978-91 Präs. d. Internat. Schubert-Ges. Fachmitgl.sch. - BV: Stud. zu Schuberts Rhythmik, 1966; Fr. Sch. - D. schöne Müllerin, Winterreise, 1975; Musikführer Franz Schubert (m. W. Dürr), 1991 - Rotarier - Lit.: Franz Schubert. Jahre d. Krise 1818-23. Festschr. z. 60. Geb. (1985).

FEIL, Ernst

Dr. theol., Prof. f. Theologie Univ. München - Grubenweg 13, 8031 Gilching - Geb. 15. Mai 1932 Dorsten (Vater: Georg F., Oberstudiendir.; Mutter: Josefine, geb. Nienhausen), kath., verh. s. 1964 m. Mechthild, geb. Kochs, 2 T. (Monika, Christine) - 1952-60 Stud. Theol., Phil. u. Gräzistik (Staatsex. 1960, Ass. 1962, Promot. 1971) - 1971 o. Prof. PH Dortmund; 1975 o. Prof. in München - BV: D. Theol. Dietrich Bonhoeffers, 1971, 4. A. 1991 (engl. 1985); Religio, 1986; Antithetik neuzeitl. Vernunft, 1987.

FEIL, Georg

Dr., Programmchef - Grubenstr. 6a, 8027 Neuried - Geb. 21. April 1943, verh. s. 1968 m. Annette, geb. Böcker, 2 Söhne (Jan, Hendrik) - Stud. (German., Gesch., Polit. Wiss., Kommunikations-Wiss.) Univ. Münster, München u. Paris; Promot. 1972 München - Programmchef d. Bavaria Film; Lehrbeauftr. Hochsch. f. FS u. Film, München - Wiss. Veröff.; zahlr. Romane u. Drehb. f. FS-Spiele u. -Serien (u. a. Tatort) - 1989 Adolf Grimme Preis f. d. Fahnder - Liebh.: Schreiben - Spr.: Engl., Franz.

FEIL, Klaus

Bankdirektor, Vorstandsvorsitzender Vereinsbank eG, Duisburg - Düsseldorfer Str. 11-13, 4100 Duisburg (T. 0203 - 2 86 70) - Geb. 29. März 1930 Düsseldorf, kath., verh., 2 Kd. - Abit.; Wirtschaftsakad., Banklehre - S. 1964 Vorst. Vereinsbank eG, Duisburg; Vors. Aussch. f. Bankmarketing im Genossenschaftsverb. Rhld. e.V. (GVR). Mitgl. erweiterter Vorst. Verein z. Förderung d. gen. Forsch. Univ. Köln, d. Verb.aussch. u. Fachrat im Genossenschaftsverb. Rheinl., d. Fachaussch. f. Marketing b. Bundesverb. d. Volksbanken u. Raiffeisenbanken (BVR), Bonn, u. d. Vollvers. IHK Duisburg-Wesel-Kleve; Beiratsmitgl. REX-Ges. f. Marketing-Service, Köln, Bausparkasse Schwäbisch Hall AG, u. d. WGZ-Bank, D'dorf; Sprecher Bezirkskonfz. Kreditgenoss. Bezirk Rhein-Ruhr; Sprecher Regionalkonfz. Kreditgenoss. Düsseldorf, Neuss, Mettmann, Grevenbroich-Ruhrgeb.; stv. Mitgl. Prüfungsaussch. f. Bankkaufleute b. d. IHK Duisburg - Spr.: Engl., Franz.

FEIL, Otto

I. Bürgermeister - Rathaus, 8835 Pleinfeld/Mfr. - Geb. 28. Juni 1939 Pleinfeld - Zul. Verwaltungsamtm. CSU.

FEILCKE, Jochen

Verbandsreferent, Zentralvereinig. Berliner Arbeitgeberverbände (ZBA), Arbeitgeberverb. d. Berliner Metallind. (AVBM), (beurl.), MdB/Vertr. Berlins (s. 1983) - Nymphenburger Str. 3, 1000 Berlin 62 - Geb. 19. Aug. 1942 Hannover (Vater: Kurt F., Superintendent †; Mutter: Inge, geb. Reincke), ev., verh. m. Mania, geb. Keller, S. Richard - Kaiser-Wilhelms-Gymn. Hannover; FU Berlin (Volksw.) - 1972-73 Geschäftsf. Demokrat. Klub; 1973-74 Wiss. Angest. Bildungswerk d. Berliner Wirtsch.; 1975-77 Lt. Abt. Jugend u. Bildung d. Zentralvereinig. Berliner Arbeitgeberverb; 1971-75 Bezirksverordn. Berlin-Schöneberg; 1975 MdA; s. 1990 Direktmandat d. Bundestagswahlkr. Kreuzberg-Schöneberg. 1978-80 Geschäftsf. Bildungswerk d. Berliner Wirtschaft; 1981-83 Leit. Abt. Arbeitsmarkt u. intern. Sozialpolitik ZBA u. AVBM. CDU.

FEILER, Anton

Diözesancaritasdirektor, Geschäftsf. Caritasverb. f. d. Diöz. Würzburg - Sterngasse 16, 8700 Würzburg.

FEILHAUER, Karl-Heinz

Dr. jur. utr., Rechtsanwalt, Hauptgeschäftsf. Verb. d. dt. Hochseefischereien, Geschäftsf. Seefrostvertrieb GmbH., Seefisch-Absatz-Ges. mbH., Verb. dt. Fischmehl- u. -ölfabriken, Vereinig. d. Verb. d. Fischmehlhersteller in d. EG, Präs. EUROPECHE Vereinig. d. national. Verb. v. Fischereiuntern. in d. EWG - Wachmannstr. 95, 2800 Bremen - Geb. 28. Sept. 1925 Hamburg - 1955 Bankjustitiar, 1961 -dir., 1969 Generalbevollm. Industrie, 1975 wie oben.

FEILHAUER, Oswald

Dipl.-Kfm., Vorstandsmitglied Heidelberger Versorgungs- u. Verkehrsbetriebe GmbH, Stadtwerke Heidelberg AG u. Heidelberger Straßen- u. Bergbahn AG - Berghalde 23, 6900 Heidelberg (T. 06221-38 11 01) - Geb. 1. Nov. 1931 Skotschau/Schles., verh. s. 1959 m. Helene, geb. Schwarzbach, 2 Töcht. (Ingeborg, Irene) - Stud. Rechtswiss. u. Volksw. Univ. Tübingen u. Betriebsw. Univ. Köln (Dipl. 1957).

FEILNER, Hildegunde

Dr. rer. pol., Dipl.-Kfm., Botschafterin a. D. - Zu erreichen üb. Auswärtiges Amt, 5300 Bonn - Geb. 4. Sept. 1918 Augsburg, ev., led. - 1946-51 Bayer. Wirtschaftsmin.; 1952-61 Botschaft Paris; 1962-65 Ausw. Amt; 1965-68 Botschaft New Delhi; 1968-73 Dt. Vertret. b. d. EG; 1973-77 Botsch. Colombo, Sri Lanka, 1977-80 Botsch. Singapur, 1980-83 Botsch. Manila - Legion d'Honneur; BVK - Spr.: Franz., Engl.

FEIN, Hans-Wolfgang

Dipl.-Ing., Konsul, gf. Gesellsch. C. & E. Fein, Erste Spezialfabrik f. Elektrowerkzeuge, Stuttgart (s. 1961), Vorstandsmitgl. Verb. Württ.-Bad. Metallindustrieller ebd., Vors. Fachverb. 27 Elektrowerkz. ZVEI; Präs. Vereinig. Europ. Elektrowerkzeugherst. - Albrecht-Dürer-Weg 10, 7000 Stuttgart-N. - Geb. 14. Aug. 1928 Stuttgart - 2 Kd. (Hans-Andreas, Diana) - TH Stuttgart (Maschinenbau; Dipl.-Ing. 1953) - Peruan. Konsul - Liebh.: Jagd, Tennis - Spr.: Engl. - Bek. Vorf.: Wilhelm Emil F., 1867 Firmengründer u. Pionier d. Elektrotechnik (Urgroßv.).

FEINÄUGLE, Norbert

Ph. D., Prof. f. Dt. Sprache u. Lit. PH Weingarten - Doggenriedstr. 45, 7987 Weingarten - Geb. 26. Juni 1943 Dornstetten - 1971 Doz., 1975 Prof. PH Reutlingen - Ph. D. Univ. of Texas.

FEINDT, Hans

Landwirt u. Obstbauer, MdL Nieders. (s. 1967, CDU) - Osterjork 108, 2155 Jork üb. Buxtehude (T. 351) - Geb. 3. Okt. 1920 Tocopilla (Chile), verh. s. 1948, 4 Kd. - Schule (Mittl. Reife); Obstbaulehre; Obstbausch. Gärtnermeister 1951 - 1939-45 Kriegsdst. (zul. Reserveoffz.); s.

1953 Pächter u. Inh. (1963) elterl. Betrieb (18 ha Obstbau). Fachfunktionen.

FEINE, Ulrich
Dr. med., Prof., Ärztl. Direktor Lehrst. f. Nuclearmed. Univ. Tübingen - Bei d. Ochsenweide 14, 7400 Tübingen - Geb. 18. Jan. 1925 Rostock (Vater: Prof. Dr. jur. Hans Erich F.; Mutter: Ilse, geb. Stutz), ev., verh. s. 1954 m. Ursula, geb. Siecke, 4 Töcht. (Dorothee, Ruth, Eva, Claudia) - BV: Szintigraphische Diagnostik, 1969, 2. A. 1979 - 1973 Patschke-Preis Univ. München; 1982 korr. Mitgl. Schweizer Röntgenges.; 1987 Ehrendipl. d. Assoc. Européenne de Radiologie - Spr.: Engl., Franz., Ital.

FEINEN, Klaus
Dipl.-Kfm., Betriebswirt grad., Geschäftsführer Dt. Immobilien Leasing GmbH, Düsseldorf (s. 1976), Dt. Ges. f. Immobilien-Leasing mbH, Köln, L.I.A. Leasing-Ges. f. Immobilien u. Anlagegüter mbH, Frankfurt, DIL Dt. Baumanagement GmbH, Düsseldorf; Präs. Bundesverband Deutscher Leasing-Gesellschaften e.V. (BDL), Bonn - Immermannstr. 50/52, 4000 Düsseldorf 1 (T. 0211 - 1 69 10) - Geb. 23. Nov. 1940 Nettersheim (Vater: Paul F., Landwirt; Mutter: Katharina, geb. Hourtz), kath., verh. s. 1972 m. Jutta, geb. Husmann, 3 Kd. (Susanne, Christiane, Thomas) - Handelssch., Banklehre, Höh. Wirtsch.-fachsch., Univ. Köln. Dipl.-Kfm. 1966 - Vorst.-Mitgl. Leaseurope, Brüssel; Präs. Verein z. Förderung d. Forsch.inst. f. Leasing an d. Univ. Köln - Liebh.: Politik, Reitsport - Spr.: Engl.

FEINENDEGEN, Ludwig E.
Dr. med., o. Prof. f. Nuklearmed. - Wolfshovener Str. 197, 5170 Jülich-Stetternich (T. 02461 - 75 28) - Geb. 1. Jan. 1927 Garzweiler/Rhld. (Vater: Ludwig F., Oberkreisdir. i. R.; Mutter: Rosa, geb. Klauth), kath., verh. s. 1960 m. Jeannine, geb. Gemuseus (Basel), 2 Kd. (Dominik, Christophe) - Univ. Köln (Med. Staatsex. u. Promot. 1952) - 1952-53 Assist. Med. Univ.klinik Köln; 1953-55 Assistenzarzt St. Peter's General Hospital, New Brunswick (USA); 1955-57 Assistenzarzt St.-Cornelius-Hospital, Dülken; 1957-58 Ass.arzt St. Vincent's Hospital, New York City (USA); 1958-62 Arzt u. Wiss. Mitarb. (gegenw. auswärtiges Mitgl.) Brookhaven National Laboratory, Upton (USA); 1962-67 Wiss. Ref. EURATOM, Brookhaven, Brüssel; Paris; s. 1967 Leit. Inst. f. Med. Forschungszentrum Jülich u. Ord. Univ. Düsseldorf, s. 1976 Dir. Nuklearmed. Klinik Univ. Düsseldorf. 1969-79 Mitgl. NCRP Com. 24 (USA), Vorst.-Mitgl. Inst. f. biomed. Technik (Helmholtz-Inst.) (s. 1970) u. Inst. f. Systemanalyse (1971-79) Univ. Aachen. Mitgl. Bundesgesundheitsrat, Bonn (s. 1972), ICRP (England, 1973-85), ICRU (Washington/USA, s. 1981), Wiss. Beirat Abt. Strahlenhygiene Bundesgesundheitsamt, Berlin (1981-89) u. Schutzkommiss. b. Bundesmin. d. Innern, Fachaussch. Strahlenschutz u. -krankheiten (s. 1974); Mitgl. Beir. Wiss. u. Lit., Goethe-Inst. München (1978-87); Mitgl. Strahlenschutzkomm. b. Bundesmin. d. Innern bzw. Bundesmin. f. Umwelt (1980-86) - Rhein.-Westf. Akad. d. Wiss. (s. 1971), Mitgl. Kurat. d. Tagungen d. Nobelpreisträger in Lindau (s. 1979) - BV: Tritiumlabeled molecules in biology and medicine, 1967 Academic Press (New York/London). 500 Veröff. in nat. u. intern. Ztschr.; Buchbeiträge z. Nuklearmed., Strahlenbiol., Strahlenschutz - Spr.: Engl., Franz.

FEINENDEGEN, Wolfgang
Rechtsanwalt - Porzeltstr. 2-3, 4050 Mönchengladbach 1 (T. 02161 - 8 60 01) - Geb. 30. Jan. 1930 Garzweiler (Vater: Ludwig F., Oberkr.dir.; Mutter: Rosa, geb. Klauth), kath., verh. s. 1959 m. Marelies, geb. Brungs, Sohn Stefan - Human. Gymn. Mönchengladbach; Stud. d. Rechtswiss. Univ. Köln; 1. u. 2. Staatsex. - 5 J. Tätigk. b. Wirtschaftsprüf.- u. Steuerberatungsges.; s.

1964 RA m. eig. Praxis. 1976-83 MdB. CDU - Spr.: Engl. - Rotarier.

FEISST, Werner Otto
Hauptabteilungsleiter Fernsehen Südwestfunk - An den Badäckern 14, 7560 Gaggenau-Selbach (T. 07225-57 78) - Geb. 8. Juli 1929 Freiburg/Br. (Vater: Adolf F., Buchdruckerm.; Mutter: Olivia, geb. Lorenz), orth., verh. s. 1959 - Leiter Abt. Ausbild.- u. Familienprogramm Südwestf.-Fernsehen - BV: Claudia (Einakter); Was d. Großm. noch wußte; V. Apfel b. z. Zwiebel (m. Kathrin Ruegg); Essen wie damals; Kein Tag wie der andere; Seppli si Schtern. Drehbücher u. Filme: Alexander v. Humboldt; Glauben aus d. Herzen; Mönche d. Heiligen Berges Athos; Das Sinaikloster; El Greco; D. schwarzen Berge Kretas - Orthod. Ritter v. hl. Grab, Südwestf. Kreuz d. Griech.-Orthod. Metropolie v. Dtschl.

FEIT, Armin
Dr. jur., Rechtsanwalt, Präs. Bund d. Steuerzahler (s. 1982) - Burgstr. 1, 6200 Wiesbaden.

FEIT, Dietrich
Vorstandsmitglied Guano-Werke AG., Hamburg, Geschäftsf. BASF Düngemittelwerke Victor GmbH, Castrop-Rauxel, Beiratsmitgl. Heimbs & Sohn, Braunschweig - Am Sorgfeld 57, 2000 Hamburg 55 - Geb. 30. März 1923.

FEIT, Pierre
Prof. Dozent f. Oboe Musikhochschule Ruhr/Folkwang-Hochsch. - Abtei, 4300 Essen 16.

FEITZINGER, Johannes Viktor

Dr. rer. nat., Prof. f. Astronomie u. Astrophysik Univ. Bochum, Direktor d. Sternwarte Bochum (s. 1987) - Zu erreichen üb. Sternwarte Bochum, Castroper Str. 67, 4630 Bochum (T. 0234 - 910 36 91) - Geb. 2. März 1939 Troppau, verh. s. 1975 m. Christa, geb. Vassilliere, 2 Kd. - Dipl.-Phys. Tübingen, Promot. Tübingen; Habil. Bochum - Ass. Assist., Oberassist. Univ. Bochum; s. 1984 Prof. Univ. Bochum; s. 1987 Dir. s. o. Zahlr. Fachveröff.

FEIX, Günter
Dr. rer. nat., Prof. f. Molekulare Biologie - Schubertstr. 30, 7800 Freiburg/Br. - B. 1975 Doz., dann Prof. Univ. Freiburg.

FEKETE, Maria
Dr. rer. nat., Prof. f. Chem. Pflanzenphysiologie TH Darmstadt - Stetteritzweg 59, 6101 Roßdorf 2.

FELBER, Dieter
Kommandeur im BGS, Grenzschutzkommando Nord - Möckernstr. 30, 3000 Hannover 1 - Geb. 11. Mai 1938.

FELD, Brigitte
s. Sivkovich, Gisela

FELD, Klaus
Dipl.-Volksw., Geschäftsführer Landesverb. d. Verleger u. Buchhändler Saar - Franz-Josef-Röder-Str. 9, 6600 Saarbrücken 1.

FELD, W. S.
s. Sommerfeld, Willy

FELDBAUSCH, Franz
Mitglied Junior Committee ITF (Intern. Tennis Federation), Junior Committee ETA (Europ. Tennis-Verb.) u. Intern. Aussch. Dt. Tennis-Bund - Am Johannisbach 17, 4800 Bielefeld 15 - Geb. 24. Febr. 1931 Ludwigshafen, kath., verh. s. 1963 m. Helga, geb. Zins, 2 Söhne (Christian, Michael) - Präs. Intern. Tennisclub v. Deutschl. - 1955 u. 56 Mitgl. dt. Davis-Cup Tennismannsch. - Spr.: Engl.

FELDBAUSCH, Friedrich K.

Dr. jur., Ass., Bankier, Schriftsteller, Verwaltungsdirektor Saarländ. Rundfunk (1974-90) - Kobenhüttenweg 22, 6600 Saarbrücken - Geb. 17. Febr. 1929 Landau/Pf., (Vater: Dr. med. Paul F.), verh. s. 1964 m. Brigitte, geb. Braund'Alleux, 3 Kd. (Johannes, Verena, Christian) - 1957-71 Dr. Dresdner Bank Frankfurt/M.; 1971-73 gf. Gesellsch. Privatbank Saarbrücken; Beirat K.O. Braun, Wolfstein/Pfalz, Conco Medical Company, Bridgeport/Con. USA - BV: Handb. d. Bankpraxis, 2. A. 1972; Bankpolitik, 1969; Bankwörterb. (Banking Dictionary), 3. A. 1984 (engl.-dt., dt.-engl.); Finance Diction, 1973; Bankmarketing, 1974; D. Bankgeschäft v. A-Z, 5. A. 1991 - Liebh.: Golf, Tennis - Gold. Sportabz. - Spr.: Engl., Franz. - Vorf.: Johann Feldpausch (1705-71).

FELDBUSCH, Elisabeth
Dr. phil., Prof. f. Germanistik/Linguistik Univ. Paderborn - Warburger Str. 100, 4790 Paderborn (T. 05251 - 60 29 11) - Geb. 17. Okt. 1946 Kassel, ev., ledig - 1966-71 Stud. Univ. Marburg (German., Sprachwiss., Phil., Politikwiss.); Promot. (Sprachwiss.) 1976, Förd. d. Promot. durch d. Land Hessen u. d. Bund; Habil. 1984 Paderborn - 1972-74 stv. DFG-Projekt-Leit. (Schichtenspezif. Sprachgebrauch v. Schülern); 1974-83 wiss. Assist. Univ. Paderborn; 1985ff. Prof. f. German./Linguistik. Schwerp.: Sprachgesch., Sprachtheorie u. ihre Anwend. a. d. Univ. Paderborn - BV: Sprachförderung im Vorschulalter. E. sozioling. Analyse, 1976; Geschriebene Sprache. Unters. zu ihrer Herausbildung u. Grundlegung ihrer Theorie, 1985; Sprache - e. Spiel?, 1986. Herausg. Sammelbd.: Ergebnisse u. Aufgaben d. Germanistik am Ende d. 20. Jh.; Festschr. f. Ludwig Erich Schmitt z. 80. Geb. (1989); Neue Fragen d. Linguistik. Athen d. 25. Linguistischen Kolloquiums. (1990 m. R. Pogarell, C. Weiß). Zahlr. Vortr. im In- u. Ausland - Einladung d. Stanford-Univ. z. 10. Weltkongreß f. Soziol., Vortr. im Main-Panel - Liebh.: Klass. Musik - Spr.: Engl., Franz., Span., Latein, Altgriech.

FELDBUSCH, Hans
Dr. phil., Museumsdirektor a. D. - Luise-Hensel-Str. 40, 5100 Aachen - B. 1978 Dir. Museen d. Stadt Aachen (Suermondt-Ludwig/Couven/Burg Frankenberg).

FELDER, Horst Günther
Verlagskaufmann, Verlagsdirektor, Verlagsleiter Darmstädter Echo Verlag u. Druckerei GmbH. - Holzhofallee 25-31, 6100 Darmstadt (T. 06151-387 255) - Geb. 7. Aug. 1923 Mindelheim (Vater: Josef F., Verleger, s. XVI. Ausg.; Mutter: Maria, geb. Klein), kath., verh. s. 1956 m. Anneliese, geb. Lorbach, T. Ute - Kaufm. Lehre; Handelssch. - Kriegsausz. - BVK - Liebh.: Musik, Theater, Filmen.

FELDERHOF, B. Ubbo
Dr. rer. nat., o. Prof. f. Theoret. Physik - Pommerotter Weg 14, 5100 Aachen - S. 1975 Ord. u. Inst.sdir. TH Aachen.

FELDERHOF, Dieter H.
Prof., gf. Gesellschafter MEXXEM Diagnostics GmbH, Düsseldorf - Holbeinstr. 22, 4000 Düsseldorf 1 - Geb. 14. Juli 1939 Erkelenz, ev., verh. m. Heidemarie, geb. Rummel, Sohn Kersten - Kaufm. Ausb. (Abschl. 1957) - S. 1979 ao. Prof. staatl. Univ. Francisco Marroquin in Guatemala (f. angew. Wirtschaftswiss.) - Mitgl. ASU Arbeitsgem. selbst. Untern. u. DMG Dt. Managementges. - Liebh.: Malerei (Klass. Mod., sammelt selbst), klass. Musik, Klavierspielen - Spr.: Engl. - Lit.: Ltd. Männer d. Wirtsch. (Nachschlagew.).

FELDES, Roderich
Dr. phil., Schriftsteller - Arthel 22, 6345 Eschenburg-Eiershausen - Geb. 21. Dez. 1946, verh., 4 Kd. - Human. Gymn. Dillenburg; Stud. Univ. Gießen u. Frankfurt (German., Volkskd., Linguistik, Phil.); Promot. 1974 - Buchrezens., Hörspielregie, Filme - BV: Hörsp., Romane, Erz., Ess., Lyrik, u.a.: D. Reise an d. Rand d. Willens, Erz. 1979; Lilar, R. 1980; D. Verschwinden d. Harmonie, R. 1981; Pitagorische Wechselküsse, Sonette 1982; Isolierglas, Erz. 1985; D. Wellensittich, 2 Erz. 1986; Der Wal, R. 1991 - 1976 Georg-Mackensen-Preis; 1980 Märk. Stip. f. Lit.

FELDHAUS, Bernd
Studiendirektor, MdL NRW (s. 1975) - Am Knapp Nr. 16, 4400 Münster/W. - Geb. 17. Okt. 1930 Vreden Kr. Borken, verh., 4 Kd. - Abit. 1951; Staatsprüf. 1957 (Deutsch, Erdkd., Sport) - S. 1958 höh. Schuldst. 1975 ff. Ratsmitgl. Münster. 1969-74 MdK Münster. SPD s. 1964 (u. a. 1974 Mitgl. Parteirat).

FELDHEIM, Walter
Dr. rer. nat., Dipl.-Chem., o. Prof. f. Ernährung - Elsa-Brandström-Str. 43, 2300 Kronshagen - Geb. 16. Mai 1926 Magdeburg - Promot. 1957 Jena; Habil. 1969 Gießen - 7 J. Akad. d. Wiss. Berlin/Inst. f. Ernährungsforsch.; s. 1971 Prof. Univ. Gießen u. Kiel (1976 Ord.). Präs. Dt. Ges. Qualitätsforsch.; Vizepräs. CCF-Kinderhilfswerk Dtschl. 300 Publ. u. Buchart.

FELDHOFF, Heiner
Realschullehrer u. Schriftsteller - Waldstr. 9, 5231 Lautzert - Geb. 27. Mai 1945 Steinheim/Westf., ev., verh. s. 1967 m. Annemarie, geb. Nosbüsch, 2 Kd. (Jens, Katrin) - BV: Gedichtbde.: Wiederbelebungsversuche, 1980; D. Notwendigkeit, bibbernd zusammenzurücken, 1984; Als wir einmal Äpfel pflücken wollten, 1985; Tuchfühlung, 1986; Mehr Licht! Notizen a. d. Provence, Prosa 1988; Vom Glück d. Ungehorsams. D. Lebensgesch. d. Henry David Thoreau, Biogr. 1989; Paris, Algier. D. Lebensgesch. d. Albert Camus, Biogr. 1991. Übers.: H. D. Thoreau, Vom Wandern (1983) - 1985 Förderpreis Land Rheinl.-Pfalz - Spr.: Franz.

FELDHOFF, Jürgen
Dr. phil., o. Prof. f. Soziologie Univ. Bielefeld - Hammerschmidtstr. 8, 4800 Bielefeld 2 - Doz. Berlin.

FELDHOFF, Norbert
Domkapitular, Generalvikar d. Erzbischofs v. Köln - Marzellenstr. 32, 5000 Köln 1 (T. 0221 - 1 64 21) - Geb. 3. Nov. 1939 Düsseldorf (Vater: Wilhelm F., Beamter; Mutter: Annemarie, geb. Feldhoff).

FELDKAMP, Rolf
Dipl.-Ing., Vorstandsmitgl. Thyssen Gießerei AG. - Aktienstr. 1, 4330 Mülheim/Ruhr - Geb. 29. Nov. 1929.

FELDMANN, Dierk Götz
Dr.-Ing., o. Prof. TU Hamburg-Harburg - Seekante 15, 2300 Kiel 17 (T. 0431 - 37 21 38) - Geb. 5. Febr. 1940 Heidenau (Vater: Dierk F., Dipl.-Ing.; Mutter: Eva, geb. Bogatsch), ev., verh. s. 1968 m. Ilsemarie, geb. Ehlers, 2 Söhne (Nils, Arne) - TH Hannover; Dipl. 1967, Promot. 1971 - 1972-75 ltd. Position Sauer u. Sohn, Kiel, u. 1975-81 Sauer Getriebe, Neumünster. Ab 1982 Prof. f. Konstruktionstechnik u. Leit. Arbeitsbereich TU Hamburg-Harburg; Vorst.-Vors. Stiftg. Johannes u. Ella Hinsch z. Förderung d. techn. Nachwuchses u. d. wiss. Forschung auf d. Gebiet d. Hydraulik.

FELDMANN, Erich
Dr. theol., Prof. f. Kath. Theol. Univ. Münster - Offenbergstr. 25, 4400 Münster (T. 0251 - 52 12 89) - Geb. 9. Mai 1929 Bamenohl, kath. - 1960-66 Religionslehrer u. Stud.-Ass. Hamm, s. 1966 Univ. Münster - BV: D. Einfluß d. Hortensius u. d. Manichäismus auf d. Denken d. jungen Augustinus v. 373 (Diss.), 1975; Epistula Fundamenti d. nordafr. Manichäer. Vers. e. Rekonstruktion, 1987. Mithrsg. d. Augustinus Lexikon (in Arb.). Veröff.: Christus-Frömmigkeit d. Mani-Jünger. D. suchende Augustinus in ihrem Netz (in: Pietas, 1980), Christenverfolg. im röm. Reich (in: rhs 26, 1983); Augustinus Bekehrung (in: rhs 28, 1985); Alypius (in: AL, Fasz. 1+2, 1986); Sinn-Suche in d. Konkurrenz d. Angebote v. Phil. u. Religionen. Exempl. Darst. ihrer Problematik b. j. Aug. (in: Festg. f. L. Verheijen, 1987); Konvergenz v. Strukturen? Ciceros Hort. u. Plotins Ennead. im Denken Augustins (in: Congresso Intern. Su S. Agostino (in: Atti I, Roma 1988); Apostolus (in: AL, Fasz. 3, 1988); Lit. u. theol. Probl. d. Confessiones (in: Intern. Symposion, Würzburg 1989); Unverschämt genug vermaß er sich, astronom. Anschauungen zu lehren - Aug. Polemik gegen Mani in conf. 5,3ff. (in: Signum Pietatis. Festg. f. C. P. Mayer, Würzburg 1989); Confessiones (in AL, 1992); D. Übertritt Augustins zu d. Manichäern (in: International Conference on Manichaeism, 1992).

FELDMANN, Gerhard
Dipl.-Volksw., Geschäftsführer Bundesverb. Ring Dt. Makler - Möncke-bergstr. 27, 2000 Hamburg 1 - Geb. 18. Sept. 1936.

FELDMANN, Harald
Dr. med., Prof. i. R. f. Psychopathologie Univ. Göttingen - Ludwig Beck-Str. 13, 3400 Göttingen - Geb. 14. Juni 1925 Celle, verh. m. Regine, geb. Schmidt, 3 Kd. - Stud. Univ. Göttingen (Med.); Staatsex. 1952, Promot. 1955, Habil. (Psych.) 1967 ebd. - BV: Hypochondrie, 1972; Kompendium d. med. Psych., 1983; Psychiatrie u. Psychotherapie, 1984; Mimesis u. Wirklichkeit, 1988. Vergewaltigung u. ihre psychischen Folgen, 1992. Art. u. Einzelbeitr. z. klin. Psychopathol. - Liebh.: Phil., Musik.

FELDMANN, Harald
Dr. med., em. Univ.-Prof., ehem. Direktor Hals-, Nasen- u. Ohrenklinik Univ. Münster - Schillerstr. 2, 4417 Altenberge/W. - Geb. 15. Febr. 1926 Werferlingen - Promot. 1955; Habil. 1963 - Zul. Wiss. Rat u. Prof. Univ. Heidelberg - BV: D. geschichtl. Entwickl. d. Hörprüfungsmethoden, 1960/1970; HNO-Notfälle, 1974/1978/1981; D. Gutachten d. HNO-Arztes, 1976/1984; Tinnitus, 1992. Üb. 160 Einzelarb. - 1961 Curt-Adam-, 1972 Ludwig-Haymann-Preis - Spr.: Engl., Franz., Ital.

FELDMANN, Helmut
Dr. phil., Prof. f. Romanische Philologie - Röntgenstr. 11, 5024 Pulheim 2 - Geb. 1934 - Stud. German. u. Roman. Köln, Genua, Madrid u. Lissabon (Staatsex. f. Lehramt am Gymn., Promot. 1964, Habil. 1969) - S. 1970 Prof. f. Roman. Philol. Univ. Köln, Gastprof. Rio de Janeiro, São Paulo, João Pessoa, Fortaleza (alle in Brasilien) - BV: Graciliano Ramos. E. Untersuchung d. Selbstdarst. in seinem epischen Werk, 1965 (übers. Portug. 1967); D. Fiabe Carlo Gozzis: D. Entstehung e. Gattung u. ihre Transposition in d. System d. dt. Romantik, 1971; Wenceslau de Moraes (1854-1929) u. Japan, 1987 - 1978 Ehrendoktor Univ. Fortaleza (Bras.); 1980 Ehrenbürger Bundesstaat Ceará (Bras.) - Spr.: Franz., Ital., Span., Portug., Engl.

FELDMANN, Horst
Dr. rer. nat., Prof. f. Physiol. Chemie - Pasinger Heuweg 86, 8000 München 50 (T. 089 - 812 59 69) - Geb. 13. März 1932 Stettin (Vater: Wilhelm F., Amtmann; Mutter: Hertha, geb. Mansen), kath., verh. s. 1960 m. Hildegard, geb. Beissel, 2 T. (Barbara, Miriam) - Univ. Köln (organ. Chemie), Promot. 1962; Habil. Physiol. Chemie München 1968 - Prof. Inst. f. Physiol. Chemie, Univ. München - Zahlr. Arb. a. d. Gebiet d. Molekularbiologie - Liebh.: Musik, Malerei - Spr.: Engl., Franz.

FELDMANN, Olaf
Dr. jur., Jurist, Geschäftsführer, MdB (1981ff.) - Beuttenmüllerstr. 11, 7570 Baden-Baden (T. 07221 - 78 18); Büro: Bundeshaus, 5300 Bonn 1 (T. 0228 - 16 78 89, 16 79 05)- Geb. 9. Mai 1937 Elbing, verh., 1 Tochter - 1950-57 Fr. Waldorfsch. Freiburg/Br.; 1957-61 Stud. Volkswirtsch. u. Jura ebd.; Ex. 1961 u. 67 (Promot.) - Selbstst. Kaufm.; ab 1973 Geschäftsf. Landesverb. Hotel- u. Gaststättengewerbe Baden-Württ. FDP s. 1972 (s. 1975 Stadtrat Baden-Baden; s. 1984 Mitgl. Landesvorst. Baden-Württ.); s. 1981 Bundestag, fremdenverkehrspolit. Sprecher FDP-Frakt., Mitgl. Ausw. Aussch., Vors. Fremdenverkehrsaussch. d. Dt. Bundestag.

FELDMANN, v., Peter
Dr. jur., Vorsitzender Richter am Verwaltungsgericht Berlin a. D., Stadtrat f. Stadtentw. u. Gewerbe in Potsdam - Treibjagdweg 36, 1000 Berlin 37 - Geb. 24. Dez. 1936 Berlin, 2 Söhne (Frank, Detlef) - Vorst.-Mitgl. Dt. Kinderhilfswerk - BV: Vereinigungsfreiheit u. Vereinigungsverbot, 1971; Recht u. Spiel, 1979; Berliner Planungsrecht, 1985, 2. A. 1991; D. neue Baugesetzbuch (m. Klaus-Martin Groth), 1987.

FELDMANN, Uwe
Dr. rer. nat., Prof. f. Med. Statistik, Biomathematik u. Informationsverarb. Univ. Heidelberg - Univ. Heidelberg, Fak. f. Klin. Med., 6800 Mannheim 1 (T. 0621 - 383 26 99) - Geb. 4. Juni 1939 Hamburg (Vater: Dr. Harry F., Studienrat; Mutter: Käthe Hack, Lehrerin), ev., verh. s. 1971 m. Rosemarie, geb. Reimer - Staatsex. 1966 (Math., Physik, Phil.) Univ. Hamburg, Promot. 1973 TU Hannover, Habil. 1977 Med. Hochschule Hannover - 1966 wiss. Assist. Univ. Hamburg; 1971 Oberassist. Med. Hochsch. Hannover; 1979 Prof. Univ. Heidelberg - BV: Wachstumskinetik, 1979 - Liebh.: Musik, Kunst, Sportfliegerei - Spr.: Engl., Latein.

FELDMANN, Winfried
Brauereidirektor i.R., Aufsichtsratsmitglied d. Lüneburger Kronen-Brauerei AG - Soltauer Allee 10b, 2120 Lüneburg - Geb. 15. Mai 1922 Essen-Steele (Vater: Heinrich F., Dipl.-Optiker; Mutter: Maria, geb. Winter), kath., verh. s. 1945 m. Gerda, geb. Vieth, 2 Söhne (Michael, Dieter) - Med. u. Phil. Univ. Freiburg/Br. u. Münster - VO I. Kl.; Rotarier.

FELDMEYER, Karl
Journalist - Zu erreichen üb.: Frankfurter Allg. Zeitung, Postf. 2901, 6000 Frankfurt/M. 1 - Geb. 30. Nov. 1938 Mindelheim/Schwaben (Vater: Redakt.) - N. Abit. Ztg.svolont.; Stud. Neuere Geschichte u. Polit. Wiss. - S. 1971 FAZ (1976 Bonn-Korresp.).

FELDSIEPER, Manfred
Dr. rer. pol., Prof. Univ. Köln - Philipp-Wasserburg-Str. 26, 6500 Mainz 1 (T. 06131 - 4 46 38) - Geb. 23. März 1941 Witten (Vater: Willi F., Kaufm.; Mutter: Emmi, geb. Schmidt) - Univ. Mainz; Dipl.-Volksw. 1964, Promot. 1968, Habil. 1972 - 1968-69 wiss. Mitarb. Sachverständigenrat; 1972-74 wiss. Rat u. Prof. Mainz; 1974ff. Prof. Köln. Gastprof. Afghanistan, Hongkong, Malaysia, Thailand, China - BV: Bengalische Erz., 1971; Zollpräferenzen f. Entwicklungsländer, 1975; Wirtschaftspolitik in weltoffener Wirtschaft, 1983 - Spr.: Engl., Franz., Span., Ital., Portug., Bengalisch, Chines.

FELDTKELLER, Ernst
Dr. rer. nat., Prof., Festkörperphysiker Ref. Wiss. u. Technik Zentralabt. Forschung u. Entw./Siemens AG, München (s. 1983) - Michaeliburgstr. 15, 8000 München 80 - Geb. 19. Okt. 1931 Berlin - Stud. Physik (Dipl. 1957 Stuttgart). Promot. 1959 Göttingen; Habil. 1971 München - 1971ff. Abt.leit. Siemens. 1976ff. apl. Prof. TU München (Werkstoffe d. Elektrotechnik) - BV: Dielektr. u. magnet. Materialeigensch., 2 Bde. 1973/74. Üb. 50 Einzelarb. Versch. Filme - 1963 Preis Dt. Physikal. Ges., 1964 Preis Nachrichtentechn. Ges.

FELDTMANN, Adolf
Sparkassenangestellter, Mitgl. Hbg. Bürgerschaft (s. 1978) - Damerowsweg 10, 2000 Hamburg 76 - Geb. 27. Mai 1928 Hamburg - Volkssch. Hamburg; 1942 ff. Flakhelfer, Soldat (1944), Kriegsgef. (1945); 1950-53 Lehre Hamburg - S. 1953 Angest. Hbg. Sparkasse. 1970-78 Mitgl. Bezirksvers. Hbg.-N (1976 Fraktionsf.). SPD.

FELGER, Wolf
Dr., Dipl.-Kfm., Geschäftsführer Getreide-Import-Ges. mbH, Duisburg - Höhenweg 19, 6072 Dreieich 5 - Geb. 30. Mai 1927 Stuttgart, verh. s. 1963, 2 Kd. - 1947-50 Stud. Betriebsw. Univ. Frankfurt; Promot. 1951 - Spr.: Engl.

FELGNER, Kurt
Prof., Ord. u. Direktor Inst. f. Musikerzieh. Univ. Frankfurt/M./Abt. f. Erziehungswiss. (s. 1964) - Schillerstr. 10, 6242 Kronberg/Ts. (T. 2324) - Geb. 26. März 1912 Osnabrück (Vater: Paul F., Kaufm.; Mutter: Olga, geb. Siems), ev. - Stud. Musik u. - wiss. Köln u. Berlin. Künstler. Prüf. Köln, päd. Berlin - U. a. Dir. Musiksch. Leoben u. Musikschulwerk Osnabrück. Dirig. Osnabr. Kammerchor, Frankf. Lehrergesangverein u. Bachchor. Konzertreisen In- u. Ausl. Gründer Nieders. Singkr. u. Nordwestd. Kammerorch. - Ehrenmitgl. Jeunesses musicales/Sektion Dtschl.

FELGNER, Ulrich
Dr. rer. nat., Prof., Mathematiker - Keplerstr. 5, 7400 Tübingen 1 - Geb. 17. Nov. 1941 Leoben (Vater: Prof. Kurt F.) - Promot. 1968 Tübingen - S. 1973 (Habil.) Lehrtätigk. Univ. Heidelberg (Doz.) u. Tübingen (Wiss. Rat u. Prof.) - BV: Models of ZF-Set Theory, 1971. Herausg.: Mengenlehre (1975). Üb. 40 Fachaufs. - Liebh.: Malerei, Lyrik, Musik - Spr.: Engl., Franz.

FELIX, Kurt
TV-Redaktor, TV-Moderator - Zu erreichen üb. Werner Kimmig, Appenweiererstr. 45, 7602 Oberkirch (07802 - 28 05) - Geb. 27. März 1941 Wil/ Schweiz, verh. s. 1980 m. Paola Del Medico - Lehrerausb. Sem. Kreuzlingen/ Schweiz - 1962-65 Radio-Reporter, 1965-80 Schweizer FS, zuerst f. Kultur u. Wiss. (viele Dokumentarfilme), später Regie v. gr. Live-Sendungen (Folklore u. Schweiz. Brauchtum), s. 1973 Abt. Unterhaltung, Ressortleit. Quiz u. Spiele - BV: Verstehen Sie Spass? Blick hinter d. Kulissen d. Versteckten Kamera, 1981 - Macher d. legendären Samstagabend-Show Teleboy (Hauptinhalt: Versteckte Kamera, erfolgreichste Sendereihe Schweizer FS. S. 1980 Macher u. Moderator v. Verstehen Sie Spass (Samstagabendsendung ARD) - 1965 Gold. Mikrophon d. BBC London (f. Kinder-Musical als Komp. u. Prod.); 1977 Prix Walo (erfolgreichster Unterhaltungsschaffender d. Schweiz); 1978 Bronzene Rose v. Monteux (f. That's TV) u. Chaplin-Preis (f. lustigste Sendung); 1988 Paola u. Kurt Felix beliebtestes Moderatoren-Paar im Deutschen FS.

FELIX, Paul
s. Reznicek, v., Felicitas J.

FELIX, Rainer
Dr. rer. nat., Prof. f. Mathematik Kath. Univ. Eichstätt (s. 1986) - Lüftenweg 2 B, 8078 Eichstätt (T. 08421 - 52 21) - Geb. 16. Sept. 1945 Gelsenkirchen, kath., verh. s. 1977 m. Dr. Sonja, geb. Klossek, 3 Kd. (Johannes, Susanne, Matthias) - Stud. 1965-70 Univ. Münster, Freiburg (Dipl.); Promot. 1973, Habil. 1980, bde. TU München - 1983 Heisenberg-Stip. Bielefeld; 1984 Prof.-Vertr. TH Darmstadt.

FELIX, Roland
Dr. med., o. Prof. f. Klinische Radiologie u. gf. Direktor Strahlenklinik/FU Berlin (s. 1978) - An d. Rehwiese 26, 1000 Berlin 38 - Geb. 15. Mai 1938 Berlin - Promot. 1962 München; Habil. 1970 Bonn - 1974-78 Prof. Univ. Bonn; Facharzt f. Radiol. u. Nuklearmed. (Strahlentherapie). Etwa 400 Fachveröff. - 1975 Fraenkel-Stip. Dt. Kreislaufges.; 1976 Hermann-Holthusen-Ring Dt. Roentgen-Ges.; 1984 1. Preis Radiological Soc. of North America (m. Runge u. Schörner); 1989 Board of Trustees Soc. Magnetic Resonance in Medicine.

FELIX, Sascha W.
Dr., o. Prof. f. Linguistik Univ. Passau - Ahornweg 16, 8391 Salzweg (T. 0851 - 4 69 75) - Geb. 29. April 1945 Bielefeld (Vater: Werner F., Arzt; Mutter: Inge, geb. Stiller), verh. - Staatsex. 1969, Promot. 1972, Habil. 1977 - S. 1978 o. Prof. (1978-80 Dekan, 1980-82 Prodekan) - BV: Linguist. Unters. z. natürl. Zweitsprachenerwerb, 1978; Psycholinguist. Aspekte d. Zweitsprachenerwerbs, 1982; Sprachtheorie, 1987 - Spr.: Engl., Franz., Ital., Span., Jap.

FELIX, Wolfgang Walter
Dr. med., Prof., Pharmakologe - Dyroffstr. 12c, 8000 München 50 (T. 8122676) - Geb. 30. Sept. 1923 Heidelberg (Vater: Prof. Dr. med. Kurt F.; Mutter: Emmy, geb. Vogtherr), ev., verh. s. 1955 m. Maria-Alwine, geb. Bremer, 3 Kd. (Stephan, Manfred, Christian) - Med.-Stud. Promot. 1950, Habil. 1957 - Lehrtätigk. Univ. München (1964 apl. Prof.; 1972 Abt.sleit. u. Prof.). Veröff. üb. Pharmak. d. Blutkreislaufs u. d. Vegetativ. Nervensystems.

FELIX-DEL MEDICO, Paola
Sängerin, Entertainerin, TV-Moderatorin - Zu erreichen üb. Werner Kimmig, Appenweiererstr. 45, 7602 Oberkirch (T. 07802 - 28 05) - Geb. 5. Okt. 1950 St. Gallen/Schweiz, verh. s. 1980 m. Kurt Felix - Kaufm. Ausb.; Musik- Gesang- u. Tanzunterr. - 2 × Vertr. d. Schweiz b. Grand Prix Eurovision: 1969 2. m. Bonjour, Bonjour, 1980 4. m. Cinema; Teiln. an vielen Intern. Song-Festivals; 1983-90 Co-Moderatorin m. Kurt Felix in Verstehen Sie Spass? (Samstagabendsendung ARD). Zahlr. Schallplatten, erfolg-

reichster Titel Blue Bayou (Bestseller, 7 × ZDF-Hitparade) - 1974 Gold. Bär (Beliebteste Sängerin d. Schweiz); 4 Goldene Stimmgabeln (am Tag d. dt. Schlagers) 1981, 1982, 1983, 1986; 1988 Paola u. Kurt Felix beliebtestes Moderatoren-Paar im Deutschen FS.

FELKE, Aloys

Dipl.-Kfm., Geschäftsf. Michael Felke Möbelwerke GmbH., Sohren - Michael-Felke-Str. 17, 6543 Sohren/Hunsrück - Geb. 20. Febr. 1927 - 1969-71 MdL. Rhld.-Pfalz.

FELL, Bernhard

Dr. rer. nat., Dipl.-Chem., Prof. f. Techn. u. Petrolchemie TH Aachen (s. 1970) - Im Mittelfeld 6, 5100 Aachen (T. 8 31 09) - Geb. 29. Aug. 1929 Aachen (Vater: Winand F., Beamter; Mutter: Käthe, geb. Dobbelstein), kath., verh. s. 1959 m. Dipl.-Chem. Dr. rer. nat. Marit, geb. Voigt, 4 Kd. (Frank-René, Sonja-Suzette, Anja Yvonne, Holger Marcel) - Stud. TH Aachen; Promot. 1958; Habil. 1968 - Patentinh.; Fachveröff. - Spr.: Engl.

FELL, Karl

1. Bürgermeister Stadt Hammelburg (1966-84) - Weinbergstr. 2, 8783 Hammelburg/Ufr. - Geb. 27. Dez. 1920 Modlos (Vater: Luitpold F., Landw.; Mutter: Maria, geb. Klüber), kath., verh. s. 1947 m. Anna, geb. Brendan, 3 Kd. (Valentin, Hans-Josef, Monika) - Gymn. - Zul. Regierungsamtm. CSU - Hammelbg. Bürgermed.; Ehrenbürger Stadt Hammelburg u. Stadt Turnhout/Belg.

FELL, Karl H.

Dr. jur., Landgerichtsrat a. D., MdL Nordrh.-Westf. (1970-85), MdB (s. 1987) - Tüschenbroicher Str. 48, 5144 Wegberg/Rhld. (T. 45 53) - Geb. 16. Dez. 1936 Erkelenz, verh., 6 Kd. - Gymn. Erkelenz (Abit. 1957); Univ. Bonn, Freiburg, Köln (Rechts- u. Staatswiss.). Promot. 1964 Bonn - 1966-70 Richter (LG Mönchengladbach); 1972-85 Bürgerm. Wegberg; s. 1981 Chef-Syndikus Bankhaus H. Lampe KG, Düsseldorf; s. 1986 Präs. Familienbd. d. dt. Katholiken.

FELL, Margret

Dr. phil. M.A., o. Univ.-Prof. f. Erwachsenenbildung u. außerschul. Jugendbild. Kath. Univ. Eichstätt (s. 1985) - Samariterstr. 6, 5000 Köln 51 (Bayenthal) (T. 0221 - 38 39 92) - Geb. 24. Okt. 1953 Köln (Vater: Gottfried F., Kaufm.; Mutter: Gerta, geb. Niessen), kath., led. - Stud. (Erziehungswiss., Soziol., Politol./Wirtsch.-Wiss.) Univ. Köln, Bonn u. Aachen; M.A. u. Promot. 1978 Bonn; Habil. 1982 Aachen - 1978 Lehrbeauftr. Univ. Bonn; 1979 wiss. Mitarb. RWTH Aachen. 1984 Gastprof. f. Allg. Päd. Univ. Trier. Mitgl. (Schriftleitg. u. Redakt.) Fachztschr. Erwachsenenbildung - BV: Betriebl. Weiterbild. als erwachsenenbildnerische Disziplin, 1978; Praxis d. betriebl. Weiterbild. Individuelle u. gruppenspez. Meth., 1981; Jugendsekten - Symptome e. säkularisierten Ges.?, 1982; Mündig durch Bildung, 1983; Kath. Erwachsenenbildung in d. Bundesrep. Dtschl., Dok. 1984; Andragogische Soziol., 1985; Auf d. Weg z. elternlosen Ges.?, 1986; Grundl. erwachsenengemäßen Lernens, 1986; Allgemeinbildung: Notwendigkeit od. Luxus?, 1987; D. neue Spielgeselligkeit, 1987; Räume in d. Erwachsenenbildung, 1989; Kath. Erwachsenenbildung zw. ges.-polit. Verantwortung u. kirchl. Interesse, 1989. Weit. Beitr., Buch- u. Spielerezens. in Ztschr. - Liebh.: Sammlung päd. relevanter Karikaturen, Malerei, Musik, Lit. - Spr.: Engl., Franz.

FELL, Wolfgang

Brennstoffhändler, Präsident d. IHK Halle-Dessau (s. 1990) - Gleimstr. 57, O-4050 Halle/S. (T. 2 28 85) - Geb. 17. Okt. 1946 Halle/S., verh. s. 1968 m. Angela, geb. Wirth, 2 Söhne (Torsten, Raik) - Facharbeiter Kellner 1963-65;

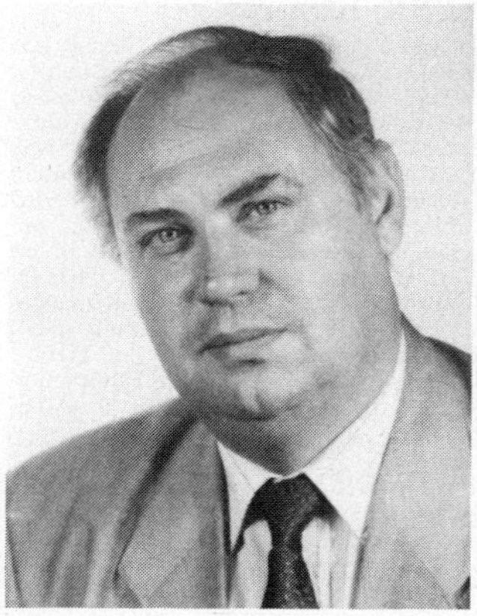

Fachschule f. d. Gastst.- u. Hotelwesen Leipzig v. 1965-68, Abschl. als Ökonom d. GHW - S. 1991 Vizepräs. d. DIHT; s. 1991 Vorst.-Mitgl. d. Brennstoffhandelsverb. Sachsen-Anhalt; s. 1991 VR-Mitgl. d. Bürgerschaftsbank SA.

FELLBAUM, Klaus-Rüdiger

Dr.-Ing., Prof. f. Digitale Übertragungstechnik TU Berlin (s. 1977) - Tegeler Str. 20, 1000 Berlin 28 (T. 030 - 404 40 66) - Geb. 10. Jan. 1942 Berlin (Vater: Günther F., Ing. (grad), Fachschriftst.; Mutter: Ruth, geb. Kulesch), ev., verh. s. 1971 m. Renate, geb. Berger, 2 Kd. (Karsten, Britta) - Abit. 1962, 1971 Dipl.-Ing., 1975 Dr.-Ing., 1977 Prof., alles Berlin - Ca. 80 wiss. Veröff. (dar. 8 Fachb.) üb. elektron. Sprachverarbeitung, Textkommunikation u. elektron. Kommunikationshilfen f. Behinderte. Miterf.: Verfahren z. Sprachsignalübertragung m. niedriger Bitrate. Fachveröff. - Liebh.: Klass. Musik, Sport - Spr.: Engl.

FELLENBERG, Günter

Dr. rer. nat., Prof. f. Botanik spez. Entwicklungsphysiologie u. Umwelthygiene TU Braunschweig (s. 1970) - Mühlenbergstr. 1a, 3180 Wolfsburg-Neindorf (T. 05365 - 89 44) - Geb. 6. Febr. 1936 Hamburg (Vater: Emil F., Ing.; Mutter: Ella, geb. Pohl), ev., verh. s. 1966 m. Dr. Maria, geb. Kreßel, 2 Kd. (Franziska, Monika) - Abit. 1956 Coburg; Stud. Univ. Erlangen (Staatsex. f. d. Höh. Lehramt 1962); Promot. ebd.; Habil. 1968 Hannover - 1962/63 Wiss. Mitarb. Max-Planck-Inst. f. Pflanzengenetik Ladenburg; 1963-1968 Wiss. Assist. TH Hannover; 1968-70 Doz. Univ. Heidelberg. Mitgl. Dt. Botan. Ges. - BV: Chromosomale Proteine, Monogr. 1974; Umweltforschung, Lehrb. 1977 (portug. 1980); Entwicklungsphysiol. d. Pflanzen, Lehrb. 1978; Prakt. Einführ. in d. Entwicklungsphysiol. d. Pflanzen, Lehrb. 1980; Pflanzenwachstum, Lehrb. 1981; Ökologische Probl. d. Umweltbelastung, Lehrb. 1985; Chemie d. Umweltbelastung, Lehrb. 1990; Lebensraum Stadt, 1991 - Liebh.: Photographieren - Spr.: Engl.

FELLER, Heinz-Gerhard

Dr. rer. nat., Prof. f. Oberflächentechnik u. Metallkunde TU Berlin - Im Dol 34a, 1000 Berlin 33 - Zul. Privatdoz.

FELLER, Peter jun.

Kaufmann, gf. Gesellsch. Allround Sportbekleidung Wilhelm Feller GmbH & Co. KG., Wuppertal, Vors. Bundesverb. d. Sportartikel-Industrie, Bonn, (b. 1981) u. a. - Brahmsstr. 13, 5600 Wuppertal 2 - Geb. 17. Okt. 1932 (Vater: Peter F., Kompl. Allround).

FELLER, Wolf

Journalist, Fernsehdir. BR (s. 1987) - Zu erreichen üb. Bayer. Rundfunk, Rundfunkpl. 1, 8000 München 2 - Geb. 1. Sept. 1930 München, led. - Gymn. Freising (1950 Abit.), Univ. München (1954 Dipl. oec. publ.) - S. 1958 BR (b. 1976 Wirtschaftsredakt. Fernsehen, b. 1982 ARD-Korresp. Rom, 1982-87 Chefredakt. Fernsehen) - Bayer. VO.; BVK I. Kl.; Comtur d. päpstl. Gregorius-Ordens sowie ital. u. österr. VO. - Liebh.: Musik - Spr.: Engl., Ital.

FELLERMEIER, Jakob

Dr. theol., o. Prof. f. Philosophie - Wildmoosstr. 31, 8038 Gröbenzell (T. 08142 - 51749) - Geb. 21. Juli 1911 Reichertheim/Obb., kath. - S. 1949 Univ. München (Privatdoz.), Phil.-Theol. Hochsch., Freising (1950 ao., 1954 o. Prof.; zeitw. Rektor) u. Bamberg (1968 o. Prof., em. 1976) - BV: Abriß d. kath. Gesellschaftslehre, 1956; D. Phil. d. Altertums, 1964; D. Phil. a. d. Weg zu Gott, 1975; D. Naturrecht u. s. Probleme, 1980.

FELLGIEBEL, Walther-Peer

Alleinvorstand Deutsche Zündwaren-Monopol-Ges. (1983-86), Allein-Liquidator DZMG i. L. - Schumannstr. 47, 6000 Frankfurt/M. (T. 749598) - Geb. 7. Mai 1918 Berlin (Vater: Erich F., 1. General d. Nachr.-Tr. †1944; Mutter: Welda, geb. Meydam †1976), ev., verh. s. 1944 m. Rosemarie, geb. Kaerger, 2 Töcht. (Barbara, Amélie) - Gymn.; Abit.; Kriegssch. - 1937-45 Berufssoldat (zul. Major); 1945-48 div. Funkt. in d. Landw.; 1948-50 Ind.-Kfm.; 1950-63 Angest. DZMG; Präsid.-Mitgl. u. Vors. Ordenskommiss. d. -gem. d. Ritterkreuzträger - 1943 Ritterkreuz, 1975 BVK I. Kl. - Spr.: Engl., Franz. - Lit.: Franz Kurowski, Dt. Offz., 1967.

FELLHAUER, Heinz

Dr. jur., Intendant d. Dt. Welle a. D. (1987-90) - Am Ziehenberg 4, 5060 Berg. Gladbach 1 (T. 5 26 53) - Geb. 8. April 1928 Stuttgart, verh. s. 1959, 3 Kd. - Univ. Tübingen (Rechtswiss.) - Anwalt, 3 J. Ind., 4 J. Südd. Rundfunk, s. 1962 Verwaltungsdir., zul. stv. Int. Dt. Welle, Köln. CDU.

FELLINGER, Imogen

Dr. phil., Wiss. Oberrätin, Musikwissenschaft - Devrientweg 34, 1000 Berlin 45 (T. 030 - 771 71 28) - Geb. 9. Sept. 1928 München (Vater: Wolfgang F., Kunstmaler; Mutter: Lola, geb. Krüger, Bildhauerin), ev. - Stud. Univ. München u. Tübingen (Musikwiss., Roman., Angl.). Promot. 1956 Tübingen - S. 1957 Wiss. Mitarb. am Répertoire Intern. des Sources Musicales f. d. Bundesrep. Dtschl.; s. 1963 Leit. d. Dokumentationsstelle f. Musikbibliogr. d. 19. Jh. am Musikwiss. Inst. d. Univ. Köln; s. 1970 Fortführ. als Musikarch. d. 19. Jh. am Staatl. Inst. f. Musikforsch. Pr. Kulturbesitz (1974 Rätin, 1983 Oberr.); s. 1979 Vors. Project Group on Music Periodicals d. Intern. Assoc. of Music Libraries, Archives and Documentation Centres (IAML) u. s. 1981 Mitgl. Intern. Advisory Board des Répertoire Intern. de la Presse musicale; s. 1983 Gründungsmitgl. d. J. Brahms Gesamtausg. (s. 1985 wiss. Beiratsmitgl.); s. 1990 Kurat.-Mitgl. Österr. Johannes Brahms Ges.; s. 1992 Mitgl. d. Editorial Board von Critica Musica - BV: Üb. d. Dynamik in d. Musik v. Johannes Brahms, 1961; Verzeichnis d. Musikztschr. d. 19. Jh., 1968 (Stud. z. Musikgeschich. d. 19. Jh. 10); Periodica Musicalia (1789-1830), 1986 (Ebda. 55). Zahlr. Einzelarb. - Herausg.: J. Brahms, Klavierstücke, op. 118 u. 119, 1974 - Spr.: Engl., Franz., Ital.

FELLMANN, Ferdinand

Dr. phil., Prof. f. Philosophie - Domplatz 23, 4400 Münster - Geb. 14. Dez. 1939 Hirschberg/Rsgb. - Promot. 1967, Habil. 1973 - S. 1980 Prof. Univ. Münster (Phil. Sem.) - BV: Scholastik u. kosmolog. Reform, 1971, 2. A. 1988; D. Vico-Axiom: D. Mensch macht d. Geschichte, 1976; Phänomenol. u. Expressionismus, 1982; Gelebte Phil. in Deutschl., 1983; Phänomenol. als ästhetische Theorie, 1989; Symbolischer Pragmatismus. Hermeneutik n. Dilthey, 1991; Lebensphilosophie, 1993 - Übers.: Bruno, D. Aschermittwochsmahl, 1969; Vico, Neue Wissensch., 1981; Croce, D. Geschichte, 1984.

FELLMANN, Richard

Apotheker, MdL NRW (1950-75), Ehrenpräs. Apothekerkammer Nordrh. (s. 1982), Ehrenpräs. Bundes-Apothekerkammer (s. 1969) - Hauptstr. 100, 5000 Köln-Rodenkirchen (T. Köln 39 35 70) - Geb. 16. Okt. 1908 Schweidnitz/Schles., kath., verh. m. Maria, geb. Krämer, 3 Kd. - Gymn. Glatz; Univ. Bonn, Pharmaz. Staatsex. 1935 - S. 1935 Apoth. Köln, Lechenich (1941) u. Rodenkirchen (1952). 1946-52 Bürgerm. Lechenich u. MdK Euskirchen (Vors. CDU-Fraktion b. 1972, ausgesch.), b. 1988 AR-Ehrenmitgl. Dt. Apotheker- u. Ärztebank, Düsseldorf; AR-Mitgl. Gebau, Düsseldorf - 1972 ital. Cavaliere-Orden; 1973 Gr. BVK.

FELMY, Hansjörg

Schauspieler - 5071 Unterbörsch (T. 02207 - 1316) - Geb. 31. Jan. 1931 Berlin (Vater: Hellmuth F., General d. Flieger a. D. † 1965; Mutter: Helene, geb. Boettcher † 1972), verh. 1960-84 m. Elfriede, geb. Rückert - Gymn. Braunschweig (b. Untertertia); Schlosser- u. Buchdruckerhandw.; Schauspielausbild. Hella Kaiser - S. 1949 Staatstheater Braunschweig, Stadttheater Aachen (1953) u. Städt. Bühnen Köln (1954). Charakterrollen. Zahlr. Filme, darunt. Herz ohne Gnade, Wir Wunderkinder, Unruhige Nacht, D. Mann, d. sich verkaufte, Menschen im Netz, Und ewig singen d. Wälder, D. Schachnovelle, An hl. Wassern, D. glückl. Jahre d. Thorwalds, D. zerrissene Vorhang (Hitchcock), Die Tote in d. Themse. Fernsehen: Flucht ohne Ausweg, Tatort (Kommissar Haferkamp).

FELMY, Karl Christian

Dr. theol., o. Prof. f. Geschichte u. Theologie d. christl. Ostens Univ. Erlangen - Kochstr. 6, 8520 Erlangen (T. 09131 - 85 22 14) - Geb. 13. Febr. 1938 Liegnitz, ev., verh. m. Linda, geb. Middendorf, 2 S. (Andreas, Stefan) - Univ. Heidelberg, Münster; Promot. 1969, Habil. 1981 - Ref. f. Orthodoxe Kirchl. Außenamt; 1982 Prof. f. Konfessionskd. Heidelberg - BV: Predigt im orthodoxen Rußland, 1972; D. Deutung d. Göttlichen Liturgie in d. russ. Theol., 1984; D. orthodoxe Theol. d. Gegenwart, 1990 - Spr.: Engl., Franz., Russ., Neugriech.

FELS, Gerhard Karl

Dr. rer. pol., Prof., Direktor Inst. d. Dt. Wirtsch. (1983ff.) - Gustav-Heinemann-Ufer 84-88, 5000 Köln 51 (T. 0221 - 370 82 11) - Geb. 17. Juni 1939 Baumholder (Vater: Karl F., Landw.; Mutter: Frieda, geb. Schug), ev., verh. s. 1962 m. Waltraud, geb. Endres, 3 Kd. (Joachim, Florian, Katrin) - Stud. d. Volkswirtsch. Univ. Bonn, Saarbrücken - 1969-83 Inst. f. Weltwirtsch. Univ. Kiel (1971 Leit. Abt. I; 1976 Stv. d. Präs.); 1983 Inst. d. dt. Wirtsch. Köln (Dir.); 1974-84 Hon.-Prof. Univ. Kiel; s. 1985 Hon.-Prof. Univ. Köln; 1976-82 Mitgl. Sachverständigenrat z. Begutachtung d. gesamtwirtschl. Entw.; 1978-82 Mitgl. d. Committee for Development Planning d. Vereint. Nat. In- und ausländ. Fachmitgl.sch. - BV: D. intern. Preiszusammenhang, 1969; Protektion u. Branchenstruktur d. westd. Wirtsch., 1972 (m. a.). Herausg.: Kirche u. Wirtsch. in d. Verantw. f. d. Zukunft d. Weltwirtsch. (1987); Orientierungsmarken f. d. neunziger Jahre (1990); Standort D. Nach der Vereinigung - Vor dem Binnenmarkt (1992). Mithrsg.: Public Assistance to Industry: Protection and Subsidies in Britain and Germany (1976); D. dt. Wirtsch. im Strukturwandel (1980; m. a.); Mehr Flexibilität am Arbeitsplatz (1986); Soz. Sicherung. Von d. Finanzkrise z. Strukturreform (1984); Brauchen wir e. neue Ind.politik? (1987); A Supply-Side-Agenda for Germany (1989) - Spr.: Engl., Franz.

FELSCH, Karl-Otto

Dr.-Ing., Dr. h. c., Dipl.-Ing., Univ.-

Prof. Univ. Karlsruhe (s. 1977) - Str. d. Roten Kreuzes 102, 7500 Karlsruhe 41 - Geb. 3. Nov. 1928 Dermbach/Rhön - Stud. Univ. Karlsruhe (Maschinenbau); Promot. 1965; Habil. 1971 - 1947-51 Siemens-Schuckert-AG, s. 1957 Univ. Karlsruhe (Assist.; 1961 Obering.; 1972 Akad. Dir.; 1974 Prof.); kollegiale Leit. d. Inst. f. Strömungslehre u. Strömungsmasch., Leit. Fachgeb. Strömungsmasch. Zahlr. Fachveröff. - 1989 Ehrenpromot. TU Budapest.

FELSCHE, Jürgen

Dr. rer. nat., Prof. f. Chemie - Gießberg, 7750 Konstanz - Geb. 8. Nov. 1939 - Promot. 1966 Hamburg; Habil. 1971 Zürich - S. 1973 Prof. Univ. Konstanz. Üb. 150 Facharb.

FELSCHER, Walter

Dr. rer. nat., o. Prof. f. Mathematik - Alte Steige 10, 7407 Rottenburg 13-Obernau (T. 07472 - 6874) - Geb. 12. Okt. 1931 - S. 1960 (Habil.) Lehrtätigk. Univ. Freiburg (1967 apl. Prof.) u. Tübingen (Ord.). Fachveröff.

FELTEN, Hans

Dr. phil., Prof. f. roman. Philologie RWTH Aachen - Heinrichsallee 62, 5100 Aachen - Geb. 27. Nov. 1938 Dortmund - Univ. Freiburg/Br. (Promot. 1971); Habil. 1977 RWTH Aachen - 1977 Priv.-Doz., 1982 Prof. - BV: Wissen u. Poesie. D. Begriffswelt d. Divina Commedia im Vergleich m. theol. Lateintexten, 1972; Maria de Zayas y Sotomayor. Z. Zusammenhang zw. moralist. Texten u. Novellenlit., 1978; zahlr. Veröff. in Fachztschr.

FELTKAMP, Herbert

Dr. rer. nat., Prof. f. Pharmazeut. Chemie - Falkenberg 85a, 5600 Wuppertal 1 - Geb. 11. Sept. 1930 Kassel - Promot. 1960; Habil. 1964 - S. 1964 Lehrtätigk. Univ. Tübingen u. Bonn (1967; 1970 apl. Prof.). Üb. 60 Fachveröff.

FEMPPEL, Gerhard

Dr. rer. pol., Inhaber Perpedes GmbH - Wernlinstr. 4, 7000 Stuttgart 1 (T. 0711 - 22 50 17) - Geb. 27. Nov. 1925 Stuttgart - Volksw. TH Stuttgart, Univ. Tübingen. Dipl. 1949; Promot. 1951 - Direkt.-Assist. DLW-AG; 1954 Geschäftsf. Albrecht KG; 1966-78 Generalbevollm. VDO; 1978-82 Geschäftsf. Blaupunkt-Werke GmbH; 1982 Dir. Robert Bosch GmbH; VR Klöckner-Moeller Holding; AR Klöckner-Moeller GmbH; AR-Vors. CAL-Apparatebau Leipzig GmbH - Spr.: Engl., Franz. - Rotarier.

FENDEL, Rosemarie

Schauspielerin - Seilerbahn 1, 6230 Frankfurt 80 - Geb. 25. April 1927 Metternich (Vater: Hans F., Studienrat; Mutter: Maria, geb. Wohlrab), kath., 1955-62 verh. (gesch.), T. Suzanne v. Borsody (geb. 1957) - Gymn. Graslitz/Tschechosl. (Abit.); Schauspielausbild. Maria Koppenhöfer - Mitgl. Kammersp. München (1947-49), Landestheater Tübingen (1949-53), Schauspielhaus Düsseldorf/Gründgens (1953-54), Landestheater Darmstadt (1954-55) - BV: 5 Drehb. (s. 1981). Film: Tätowierung; Fernsehen: D. Graue, Träume in d. Mäusefalle, D. Physiker, D. Jubilarin, D. Besuch (NBC), E. Sonntag, E. Besuch, Nette Leute, Morgen - E. Fenster z. Straße, D. Mann aus d. Bootshaus, Spaßmacher u. a. Regie: Auf d. Hund gekommen (1980), D. Heuler (1982), beides FS-Spiele; Theater-Regie: Tat Frankfurt u. Schillertheater Berlin (Mad. de Sade, Einer f. alles), Josefstadt Wien (Hellmann-Herbstgarten); Theater: Möwe-Arkadina, Schillertheater Berlin - 1972 Gold. Bundesfilmpreis; 1973 Goldene Kamera; 1974 Gold. Grimme-Preis - Liebh.: Lesen, Rosenzucht, Schreiben - Spr.: Engl., Franz.

FENDL, Josef

Realschulkonrektor i. R., Schriftst. - Reichenberger Str. 8, 8402 Neutraubling (T. 09401 - 34 24) - Geb. 17. Jan. 1929 Schönbühl/Kr. Straubing-Bogen, kath., verh. s. 1958 m. Lieselotte, geb. Stuhl, 3 Töcht. (Elisabeth, Maria, Barbara) - Abit. 1947 Straubing; Stud. Phil. Theol. Hochsch. Regensburg; Lehramtsprüf. 1954 u. 58 - Realschullehrer f. Deutsch u. Gesch. - S. 1966 Gemeinde-/Stadtrat Neutraubling, s. 1972 Kreisrat; s. 1974 Kreisheimatpfleger Regensburg - BV: u.a. 2000 Bauernseufzer, 1980; Hist. Erz. aus d. Bayer. Wald, 1981; Himmelfahrt im Holzkübel, 1983; Bayer. Bauernbrevier, 1984; Burgen u. Ritter rund um Regensburg, 1984; Bayer. Bauernschmaus, 1986; Weiß-Blaues schwarz auf weiß, 1987; D. Freitagsschnitzel, 1988; Gänshänger & Wasserreiter, 1989; Sprüch übers Bier, 1989; Sprüch über d. Beamten, 1989; Sprüch über d. Handwerker, 1989; Sprüch über d. Pfarrer, 1989; Sprüch über d. Lehrer, 1990; Sprüch über d. Bauern, 1990; Zwischen Jura, Gäu u. Wald, 1990; Sprüch über d'Mannerleut, 1991; Sprüch über d'Weiberleut, 1991; Sprüch über d. Liebe, 1991; Sprüch über d. Lehrerinnen, 1991; Sprüch über d. Leut, 1992; Namen gibts...!, 1992; Ortschroniken u. Heimatb., Mundartged. u. -erz. - 1983 Joseph-Schlicht-Med. f. Verdienste auf d. Geb. d. Volkskd.; 1987 Gotteszeller Heimat-Lit.preis - Spr.: Latein, Engl.

FENDT, Hermann

Dr.-Ing. E. h., Fabrikant, pers. haft. Gesellsch. Fendt Unternehmensgruppe, Marktoberdorf - Jahnstr. 10, 8952 Marktoberdorf/Allgäu - Geb. 13. Aug. 1911 Marktoberdorf - 1972 Publizitätspreis Club d. Münchner Wirtschaftspresse; BVK; 1973 Bayer. VO.

FENEBERG, Hermann

Dr. jur., Prof., Gerichtspräsident a. D., Präs. Dt. Ges. f. christl. Kunst, München - Klarastr. 2, 8033 Krailling/Obb. - Geb. 18. Aug. 1903 - Zul. Präs. Bayer. Verwaltungsgerichtshof. Honorarprof. TU München (Verw.srecht) - BV/Komm.: Bundeswahlgesetz, 1949 (div. Aufl.); Landes- u. Bezirkswahlgesetz, 1950 (div. A.); Personenstandsgesetz, 1958 - 1962 Bayer. VO., 1973 Gr. BVK; Ritterkr. Sylvester-Orden.

FENEBERG, Josef

Landwirt, MdL Bayern (s. 1970) - Riedhirschstr. Nr. 217, 8999 Heimenkirch/Schwaben (T. 08384 - 416) - Geb. 1923 - CSU - 1980 Bayer. VO.

FENEIS, Heinz

Dr. med., o. Prof. f. Anatomie - Ebertstr. 7, 7400 Tübingen (T. 31957) - Geb. 9. April 1908 Krügersdorp (Vater: Hans F., Hotelier; Mutter: Emma, geb. Wieben), ev., verh. s. 1938 m. Ida, geb. Pries, 3 Kd. - Univ. Kiel (Theol. u. Med.). Promot. (1937) u. Habil. (1942) Kiel - S. 1942 Lehrtätigk. Univ. Kiel u. Tübingen. (1949 Doz. u. apl. Prof., 1950 ao. Prof., 1969 o. Prof., 1976 emerit.). Spez. Arbeitsgeb.: Funktionelle Anat. - BV: Anat. Bildnomenklatur, 1967. Einzelarb. Drehb. z. ärztl. Unterr.filmen.

FENGE, Hilmar

Dr. jur., Prof. (Bürgerl. Recht, Zivilprozeßrecht u. Jurist. Methodenlehre) Univ. Hannover - Bölschestr. 42, 3000 Hannover 1.

FENGER, Herbert

Dr. rer. pol., Prof. f. Berufspädagogik u. Bildungsplanung TH Darmstadt - Fasanenweg 2, 6147 Lautertal-Staffel.

FENGLER, Jörg

Dr. phil., Prof. f. Heilpäd. Psychologie, Heilpäd. Fak. d. Univ. Köln - Zur Schneidemühle 6, 5305 Alfter-Oedekoven - Geb. 7. Nov. 1944 Schwessin (Vater: Ernst F., Tierarzt; Mutter: Ilse, geb. Ehlert), ev., - Gymn. Duisburg; 1964-69 Univ. Hamburg u. Bonn (Dipl.-Psych.). Promot. 1972 - S. 1975 Univ.-Prof. - BV: Verhaltensänderung in Gruppenprozessen, 1975; Selbstkontrolle in Gruppen, 1980; Handb. d. Heilpäd. Psych. (m. G. Jansen), 1986; Hörgeschädigte Menschen, 1990; Helfen macht müde, 1991 - Spr.: Engl., Franz.

FENN, Herbert

Dr. jur., o. Prof. f. Bürgerl. Recht, Arbeits- u. Zivilprozeßrecht Univ. Bonn (s. 1971) - Thüringer Allee 156, 5205 St. Augustin 2 - Geb. 8. Febr. 1935 Offenbach/M., ev., verh. s. 1960 - 1954-58 Univ. Frankfurt/M. u. München (Rechtswiss.). Promot. 1961; Habil. 1969 - Doz. Univ. Frankfurt - BV: D. Anschlußbeschwerde im Zivilprozeß u. im Verf. d. freiw. Gerichtsbarkeit, 1961; D. Mitarbeit in d. Diensten Familienangehöriger, 1970; Recht auf Arbeit, 1984; Ehevereinbarungen, 1989 - Liebh.: Tanzen (u. a. 1969 3. Platz Europameistersch. in d. Standardtänzen d. Amateure).

FENNER, Axel

Dr. med., Prof., Direktor Klinik f. Neonatologie Med. Univ. Lübeck - Mustersbahn 13, 2400 Lübeck (T. 0451 - 7 00 22) - Geb. 5. Juli 1935 Neustrelitz, ev.-luth., verh. s. 1966 m. Hedwig, geb. Nolte, 6 Kd. (Sören, Ulrike, Christian, Katharina, Mareike, Timon) - Med.-Stud.; Staatsex. 1960 Freiburg, Promot. 1961 Univ. d. Saarl., Habil. 1969 Lübeck (Kinderheilkd.) - S. 1972 Prof. Lübeck. Ausl.-Aufenth.: USA (1961-67): Univ. of Cincinnati Ohio u. Johns-Hopkins-Univ., Baltimore; Rhodesien: (1973/74) Univ. of Rhodesia, Salisbury - BV: Pädiatr. Pneumol., 1985 - Liebh.: Musik (Sänger u. Pianist) - Spr.: Engl.

FENSKE, Christian C.

Dr. rer. nat., Prof. f. Mathematik Univ. Gießen - Kantstr. 4, 6301 Pohlheim (T. 06403 - 6 18 87) - Geb. 2. Sept. 1939 Potsdam (Vater: Walther F., ltd. Reg.-Dir.; Mutter: Frida, geb. Trautmann), ev.-luth., verh. s. 1968 m. Dr. Hannelore, geb. Zahn, 2 Kd. (Sebastian, Christina) - 1959-65 Stud. Math. u. Physik Univ. Tübingen u. Bonn (Dipl. Math. 1965, Promot. 1967, Habil. 1971) - 1965-72 wiss. Angest./wiss. Assist. Univ. Bonn; 1971-73 Privatdoz. Univ. Bonn; s. 1973 Prof. Gießen - BV: Fixpunkttheorie, (m. G. Eisenack) 1978 - Spr.: Engl., Franz., Russ., Latein.

FENSKE, Hans

Dr. phil., Prof. f. Neuere u. neueste Geschichte - Kardinal-Wendel-Str. 45, 6720 Speyer/Rh. - Geb. 24. Mai 1936 Geesthacht (Vater: Bruno F., Klempner; Mutter: Elfriede, geb. Peper), ev., verh. s. 1964 m. Richmuth, geb. Kerber, 2 T. (Imma, Uta) - 1956-63 Univ. Tübingen u. Freiburg. Promot. (1965) u. Habil. (1971) Freiburg - S. 1973 Doz. u. Prof. (1977) Univ. Freiburg - BV: Konservativismus u. Rechtsradikalismus in Bayern n. 1918, 1969; Wahlrecht u. Parteisystem, 1972; Strukturprobleme d. dt. Parteiengesch., 1974; D. liberale Südwesten, 1981; Dt. Verfassungsgesch. V. Nordd. Bund b. heute, 1981; Bürokratie in Dtschl. Vom späten Kaiserreich b. heute, 1985. Herausg.: Quellen z. dt. Innenpolitik 1890-1914 (1991) - Spr.: Engl., Franz.

FENTSCH-WERY, Erna (WERY, Ernestine)

Schriftstellerin - Widenmayerstr. 31, 8000 München 22 (T. 22 44 89) - Geb. 21. April 1909 München, kath., verh. s. 1936 m. Carl Wery, Schausp. († 1975; s. XVII. Ausg.) - Inst. der Englischen Fräuleins; Schauspielausbild. - Drehb.: u.a. Brandner Kaspar, Ich heiße Niki, E. Herz spielt falsch, Am Galgen hängt d. Liebe. Mehrere FS-Spiele. Romane: u.a. D. Warnung, Auf dünnem Eis, Sie hieß Cindy, Im kalten Licht d. Mondes, Nachtkerze, E. Schulter z. Weinen, Lilie u. Schwert, Mary Vetsera - Goldene Palme v. Valladolid - Liebh.: Skilaufen u. Berge, Musik, Briefm., Astrol.

FENZL, Fritz

Dr. phil., Leit. Monacensia u. Handschriftenabt. Stadt München - Haidelweg 17a, 8000 München 60 (T. 089 - 834 16 26 u. 470 20 24) - Geb. 31. Jan. 1952 München, kath., ledig - Abit. 1973 München; Stud. German., Kath. Theol. u. Gesch. Univ. München; 1. u. 2. Staatsex. 1979 u. 81, Promot. 1983 - 1981-83 Stud.rat. S. 1982 Münchner Turmschreiber; s. 1984 Kulturrat; s. 1985 Lehrauftr. (Bay. Lit.gesch.) Univ. München; s. 1986 Mitarb. b. d. Süddt. Ztg. - BV: Da Zoaga ruckt auf Zwäife, 1977; Hinta da Fenstascheim, 1979; Weiss wia Eis, 1981; Hast Du mei Sternderl gseng?, 1984; Wie d. Urviech erschaffen wurde, 1984; I mog Di, 1985; Münchner Leseb., 1986; Geliebtes München, 1986; Endlich e. mod. Dichter, Theaterst. 1984 - 1975 Rundfunkpreis; 1978 Lit.preis Stadt München.

FERA, Charlotte

Hausfrau, Mitgl. Hbg. Bürgerschaft (s. 1957, CDU) u. Präsidium Europ. Frauen-Union (zeitw. Präs.), s. 1975 Vizepräs. Union Christl. Demokrat. Frauen u. Mitgl. polit. Büro Europ. Union d. Christl. Demokr. - Ringstr. 83a, 2000 Hamburg 73 - Geb. 24. Okt. 1905 Bremen, verw. - Lyz. Bremen (b. 1921); Aufenth. Engl. u. Belg. Ämter in Frauenorg.

FERBER, Hubert Peter

Dr. med., Prof. f. Exp. Anaesthesiologie, stv. Direktor u. Leit. d. klinischen Forschung u. Entwicklung d. CIBA Geigy Limited, Basel - Theodor-Stern-Kai 7, 6000 Frankfurt (T. 069 - 63 01 59 35) - Geb. 28. Febr. 1939 Bonn, kath., verh. m. M.A. Pharm. Susane, geb. Riedling, 2 Kd. (Wolfgang, Ursula) - Stud. Akad. Musik Wien (Kapellm.); Med.-Stud.; Promot. 1977 Wien; Habil. 1986 (f. Exp. Anaesthesiol.) - 1972-76 Med. Director clin. Res. M.S.D. (Raway USA); 1977-80 Med. Dir. Klin. Forschung Heumann; 1980-85 Forsch.-Leit. Laevosan - 2 Verfahrenspatente, 15 Substanzschutzpatente - Mithrsg. div. Bücher - Liebh.: Segeln, Musik.

FERBER, Michael Friedrich

Dipl.-Ing., Techn. Direktor i. R. - Im Dol 32, 1000 Berlin 33 (T. 396 47 80 od. 832 44 06) - Geb. 2. Juli 1930 Stuttgart (Vater: Fritz F., berat. Ing.; Mutter: Hilde, geb. Grau), ev., verh. s. 1963 m. Bärbel, geb. Hüneburg, 3 Söhne (Torsten, Oliver, Ingmar) - Schule u. TH Stuttgart (Bauing.wesen; Diplomhauptprüf. 1956) - 1956-60 wiss. Mitarbeiter TH Stuttgart (Lehrstuhl f. Siedlungswasserbau u. Gesundheitstechnik) u. Forschungs- u. Entwicklungsinst. f. Industrie- u. Siedlungswasser- sow. Abfallw. (e. V.) ebd. (1958); 1960-66 Assist. TH Stuttgart (ob. Lehrst.); 1966-68 Leit. Zentralst. f. Abfallbeseitig. Bundesgesundheitsamt, Berlin; 1968-82 techn. Gesch.leit. Berliner Stadtreinig.-Betriebe (Eigenbetrieb d. Stadt Berlin); 1978-85 Lehrbeauftr. d. TU Berlin f. Organis. d. Stadtreinig. u. f. Sammlung u. Transp. v. Siedlungsabfällen; s. 1969 Schriftl. Fachztschr. Müll u. Abfall; s. 1987 Lehrbeauftr. d. FH Nordostnieders. f. Sammlung u. Transport fester Abfälle; s. 1989 Vorst. Inst. f. angew. Abfallwirtschaft (IFAAS) Suderburg - BV: Müll - Abfuhr u. Beseitig. in Zahlen (Müllstatistik 1961), 1964 (m. Kolkenbrock u. Neukirchen) - Spr.: Engl.

FERBER, Wolfgang

Geschäftsführer Rhenania Schiffahrts- u. Speditions-Ges. mbH, Mannheim - Postf. 10 26 61, 6800 Mannheim 1, B 6, 26 - Vors. d. Geschäftsfg. Rhenania.

FERBERG, Nils

Dr. rer. pol., Bezirksstadtrat a. D., Lehrbeauftragter - Meraner Str. 49, 1000 Berlin 62 - Geb. 10. Juni 1931 Narva/Estland (Vater: Walter F., Monteur; Mutter: Irene F., Arb., Postbeamt.), ev., verh. s. 1967 Hannelore, geb. Koch - Stud. Wirtschaftswiss., Politik, Gesch. Berlin, London, Graz. Dipl.-Polit. 1957 Berlin; Promot. 1960 Graz - 1961-69 Dir. Otto-Suhr-VHS Neukölln. 1967-69 u. 1981-89 MdA Berlin; 1969-81 Bezirksstadtrat. SPD s. 1955 - Spr.: Estn., Russ., Engl.

FERBERS, Eduard

Dr. med., Chefarzt, apl. Prof. f. Chirurgie Univ. Düsseldorf (s. 1973) - Schloßstr. 85, 4000 Düsseldorf 30; priv.: Hahnenfurther Str. 10, -12 - Geb. 25. Mai 1927 Düren (Vater: Eduard F., Buchhändler; Mutter: Maria, geb. Landvogt), kath., led. - 1946-52 Univ. Bonn u. Zürich (Med.). Promot. 1952; Habil. 1966 - 1953-70 Chir. Univ.klin. Düsseldorf (Prof. Derra); 1956-58 Mayo Clin. Rochester/USA (Prof. Kirklin); s. 1970 St. Vinzenz-Krkhs. Düsseldorf (Chefarzt Chir. Abt.; 1974 Ärztl. Dir.) - BV: Bluttrauma bei Operationen m. d. Herz-Lungen-Maschine, 1966 (Diss.). Üb. 30 Einzelarb. - 1966 v.-Haberer-Preis - Liebh.: Ballett, Pferde, Hunde - Spr.: Engl.

FERDINAND, Karl

s. Barnick, Johannes

FERDINAND, Walter E.

Kaufmann, Inh. Porzellanhaus Commes, Koblenz; Bundesvors. Verb. Porzellan, Keramik, Glas Einzelhandel, Köln (1978-90) - Entenpfuhl 23-25, 5400 Koblenz (T. 0261 - 1 23 28) - Geb. 18. April 1935 Höhr, verh. s. 1962, 2 Kd. - 1982 AR-Mitgl. Schott-Zwiesel Glaswerke AG, Zwiesel - Spr.: Engl., Franz.

FERDINAND, Willi

Dr. phil., o. Prof. f. Psychologie PH Ruhr (Dortmund), Fachpsychol. f. Klinische Psychol., Psychotherapeut, Lehranalytiker (IP) - Morsbachweg 21, 4000 Düsseldorf 12 (T. 233227) - Geb. 13. Mai 1920, verh. m. Dr. med. Hilde, geb. Masberg, Psychotherapeutin, Lehranalytikerin (IP) - Gründ. u. langj. Leit. d. Schulpsychol. Beratungsst. Düsseldorf; Begr. d. Inst. f. wiss. Individualpsychologie Düsseldorf - BV: Über die Erfolge d. ganzheitl. u. d. synth. Lese-(Schreib-)Unterr.; Empir. Untersuch. im päd. Feld; Chancengleichh. durch Vorklassen?; Üb. Hausaufg.kummer, Zensurenärger u. Hilfsschulmisere; zahlr. Publikat. z. klin. Psychologie.

FERENCZY, von, Josef

Prof., Medienmanager - Portenlängerstr. 35, 8022 Grünwald-München (T. 641055) - Geb. 4. April 1919 Kecskemet (Vater: Josef v. F.), kath., verh. m. Katharina, geb. Csillag, 2 Kd. (Csaba, Dr. Andreas).

FERID, Murad

Dr. jur., Dr. jur. h. c., em. Prof. f. Intern. Privatrecht u. rechtsvergl. Privatrecht sow. Bürgerl. Recht - Marschnerstr. 23, 8000 München 60 (T. 88 60 96) - Geb. 11. April 1908 Saloniki (Vater: Mehmet Ferid Bey, kaiserl. Türk. Major; Mutter: Wilhelmine, geb. Switlik), verh. 1942-84 m. Liselotte, geb. Hall †, 2 Töcht. - Wilhelms-Gymn. u. Univ. München (Promot. 1932). Ass.ex. 1934 - Ab. 1936 Staatsanw. LG München, Wehrdst. (zul. Oblt. d. R.), 1950-53 I. Staatsanw., s. 1949 Privatdoz., ao. (1953) u. o. Prof. (1956) Univ. München (Vorst. Inst. f. Rechtsvergl.). Gastprof. Kairo 1959, Chicago 1970 u. Aix-en-Provence 1976; 1968ff. Präs. dt. Sekt., Vizepräs. u. 1970-73 Präs. Intern. Kommiss. f. Zivilstandswesen - BV: D. Neubürger im Intern. Privatr., 1949; Staatsangehörigkeitsrecht d. USA, 1951, Nachtr. 1953; Z. Neuabschluß v. Auslandsverträgen, 1954; D. intern. Erbrecht, 9 Bde., 3. A. 1982ff.; D. franz. Zivilrecht, 2. A. 1986; Le rattachement auton. de la transmission successorale en Droit intern. privé, 1974; Intern. Privatrecht, 3. A. 1986. Mitarb.: Staudinger, Kommentar z. BGB (11. u. 12. A.). Herausg.: Intern. Ehe- u. Kindsch.recht (begr. v. Bergmann, 11 Bde., 6. A. 1983ff.) - 1969 Ehrendoktor Univ. Bordeaux; 1973 Gr. BVK; 1978 korr. Mitgl. Österr. Akad. d. Wiss.; 1991 ausl. Mitgl. Accad. dei Lincei, Rom.

FERLEMANN, Erwin

Vorsitzender Industriegewerkschaft Medien Bundesrep. Deutschl. - Postfach 10 24 51, 7000 Stuttgart 10 (T. 0711 - 20 18-2 58) - Geb. 16. März 1930, verh., 2 Kd. - Kaufmann; Klischeeätzer. SPD - BV: Druckindustrie u. Elektronik.

FERLING, Peter

Dr. Ing., Vorsitzender d. Geschäftsfg. Brötje Beteiligungsges. mbH, Ges. f. Ind. u. Handel, Rastede - Dwoweg 39, 2902 Rastede 2 - Geb. 10. Juli 1927 Berlin (Vater: Wilhelm F., Oberbergrat i. R.; Mutter: Ingwelde, geb. Kellner), ev., verh. s. 1952 m. Renate, geb. Steude, 2 Töcht. (Barbara, Susanne) - Oberrealsch. Goslar; 1947-52 Bergakad. (jetzt TU) Clausthal. Promot. 1955 Clausthal - 1952-53 Betriebsing. Eisenerzbau Ilsede AG; 1953-58 Leit. Abt. Betriebsüberwach. Hüttenw. Ilsede-Peine AG; 1958-60 Obering., Werksleit. Grube Lengede-Broistedt u. Bergwerksdir. (Prokura) Eisenerzgruben (1961) Ilseder Hütte; s. 1968 Vorstandsmitgl. u. -sprecher (1970) Peiner Maschinen- u. Schraubenwerke AG, Vorst.-Mitgl. Industrie-AG Peine-Salzgitter (1970-73), Geschäftsf. August Brötje Werke f. Heizungstechn. (ab 1974); 1983-87 Geschäftsfg., ab 1987 Vors. d. Geschäftsfg. s. o. - Liebh.: Pferdezucht u. -sport - Spr.: Engl., Span.

FERLINGS, Wilhelm

Stadtdirektor, Präs. Nordrh.-Westf. Städte- u. Gemeindebund, Vizepräs. Dt. Städte- u. Gemeindebd. - Rathaus, 4790 Paderborn; priv.: Eibenweg 8 - Geb. 10. Aug. 1929 - AR-Mand.

FERLINZ, Rudolf

Dr. med., o. Prof. f. Inn. Med. u. Dir. Abt. f. Inn. Med.-Pneumologie Univ. Mainz (s. 1974) - Ulmenring 12, 6501 Ober-Olm - Geb. 3. Sept. 1928 Salzburg - 1966-74 Privatdoz. u. apl. Prof. (1970) Univ. Bonn. Geschäftsf. Dt. Ges. f. Pneumol.; Generalsekr. Dt. Zentralkomitee z. Bekämpf. d. Tuberkulose; Governor for Germany Amer. Coll. of Chest Physicians; Präs. IUATLD - BV: Lungen- u. Bronchialerkrankungen - Lehrb. d. Pneumologie, 1974; Lungentuberkulose (Handb. d. Tuberkulose, Bd. 2) 1982; Internist. Differentialdiagnostik, 2. A. 1990; Diagnostik in d. Pneumol., 2. A. 1992. Herausg.: Pneumologie. Üb. 170 Einzelarb. - Ehrenmitgl. Koranyi-Ges. (Ungarn) u. Österr. Ges. f. Lungenerkr. u. Tuberkulose.

FERLUGA, Jadran

Dr. phil., o. Prof. u. Direktor Seminar f. Byzantinistik Univ. Münster (s. 1970) - Deermannstr. 15, 4400 Münster/W. (T. 02501 - 55 50) - Geb. 13. Febr. 1920 Triest, verh. m. Katica, geb. Dedinac - 1952-70 Assist. u. o. Prof. Univ. Belgrad - BV: Byzant. Quellen z. Gesch. d. Völker Jugoslawiens, Bd. III, 1966; Byzantium on the Balkans, 1976; Ammin.-biz. in Dalmazia, 1978.

FERNANDEZ, Claire

Solotänzerin Bühnen Bonn (Ps. Claire Feranne) - Trierer Str. 80, 5300 Bonn 1 (T. 22 95 31) - Geb. 19. Juli 1956 Paris (Vater: Christian F., Arch.; Mutter: Odile Héraud), kath., T. Catharina-Eléonore - Stud. Baccalauréat u. Paris, Ecole du Louvre (Kunstgesch.) - Elevin Opera de Paris - 1976-78 Halbsolistin Ballet du Rhin, Straßburg; 1978-80 Solistin Ballet du Grand Théâtre, Genf; s. 1981 Solotänzerin Bonn. Zahlr. Gastsp.: Ballett-Théâtre Français Nancy, Théâtre du Capitole Toulouse, Nationaltheater Sofia, Barcelona, Monte-Carlo, Lyon, Nantes, Karlsruhe, u.a. S. 1977 zahlr. getanzte Rollen im In- u. Ausl.

FERNER, Walter

Dr., Vorstandsvorsitzer NINO AG., Nordhorn - Händelstr. 32, 4460 Nordhorn/W. - Geb. 20. Febr. 1933.

FERNHOLZ, Hans

Dr. rer. nat., Prof., Chemiker, früher Fa. Hoechst AG, Frankfurt-Höchst - Taunusstr. 57, 6233 Kelkheim (T. 06195 - 61309) - Geb. 3. Sept. 1915 Hiddenhausen/W. - S. 1954 (Habil.) Privatdoz. u. apl. Prof. Univ. Heidelberg (Chemie). Buch- u. Ztschr.beitr.

FERNHOLZ, Hans-Hermann

Dr.-Ing., Prof. f. Strömungslehre (s. 1971) - Ihnestr. 25, 1000 Berlin 33 - Geb. 13. Aug. 1935 Berlin - Promot. 1961 Karlsruhe; Habil. 1965 Berlin - Zeitw. Prof. USA. Zahlr. Facharb.

FERNHOLZ, Hans-Joachim

Dr. med., Prof., Röntgenologe, Direktor - Moltkestr. 14, 7500 Karlsruhe 1 (Zentral-Röntgeninst.); priv.: Horfstr. 27, 7500 Karlsruhe-Grünwettersbach - Geb. 12. Okt. 1934 Leipzig (Vater: Dr. Alfred F., Arzt; Mutter: Ilse, geb. Rüger), ev., verh. s. 1966 (Ehefr.: Dr. Ilse), 5 Kd. - Promot. 1962 - S. 1971 (Habil.) Privatdoz. u. apl. Prof. (1974) TH Aachen/Med. Fak. (Med. Radiol.). Zahlr. Fachaufs. - Liebh.: Musik, Kunst, Sport - Spr.: Engl.

FERNIS, Hans-Georg

Dr. phil., Oberstudiendirektor a. D., Vors. Verb. d. Geschichtslehrer Dtschl.s (1967-1972) - Lindenschmitstr. 51, 6500 Mainz (T. 22 18 47) - Geb. 24. Aug. 1910 Halle/S. (Vater: Georg F., Ing.; Mutter: Lina, geb. Gründler), ev., verh. s. 1939 m. Liselotte, geb. Pförtner, 2 Kd. (Rainer, Beate) - Univ. Heidelberg, Berlin, Bonn (Gesch., Dt., Lat.). Promot. 1934; Habil. 1942 - B. 1950 Studienrat, dann Oberstudiendir. - BV: D. Flottennovellen im Reichstag 1906-12, 1934; Grundzüge d. Gesch. v. d. Urzeit b. z. Gegenw., 18. A. 1975; Landesgesetz üb. d. Schulen i. Rheinl.-Pfalz, Komment., 1977.

FERNOW, Wolfgang

Prof., Dozent f. Klavier Staatl. Hochsch. f. Musik Freiburg - Johann-v.-Weerth-Str. 6, 7800 Freiburg/Br. - Geb. 8. Mai 1912, ev., verh. s. 1940 m. Malwine, geb. v. Pommer-Esche, 4 Kd. (Christian, Ulrike, Regine, Wolfgang Johannes) - Staatl. Schulmusikerprüf. 1936 Berlin - S. 1946 Lehrtätigk. Musikhochsch. Freiburg.

FEROLLI, Beatrice

Prof., Schriftstellerin - Krottenbachstr. 1/6, A-1190 Wien (T. 0222 - 36 79 85) - Geb. 18. Sept. 1937, kath., verh. m. Dr. Erwin Thalhammer, 3 Kd. (Christian, Diane, Edina) - Human. Gymn.; Schauspielunterricht Max Reinhardt-Sem. Wien - Sprecherzieh. u. Schausp. Hochsch. f. Musik u. Darst. Kunst Wien; Leitung Musicalkurses d. Hochschule - 8 Theaterst. (in 8 Spr. übers., in 15 Ländern gespielt). BV/Romane: Sommerinsel, Fährt e. Schiff n. Apulien, D. Kürbisflöte, D. Zottelbande (Jugendb.), Septembersong, D. Gartenzimmer. Mitautorin d. TV-Serie Insel d. Träume, ZDF, Autorin d. beiden letzten Folgen Traumschiff. Zahlr. Fernsehst. u. Hörsp. - Dramatikerpreis Nationaltheater, Mannheim; Ernennung z. Hochschulprof.; Theodor Körner-Preis f. Lit. - Liebh.: Fernreisen, Psych. - Spr.: Engl., Ital., Lat., Griech.

FERRA-MIKURA, Vera

s. Mikura, Gertrud

FERRARI, Gustav

Hotelier, Schriftst. (Ps. Stefan Eisner) - Hofstr. 282, 5400 Koblenz (T. 0261 - 7 36 29) - Geb. 19. Febr. 1922 Koblenz, kath., verh. s. 1949 m. Elfriede, geb. Duhr, 3 Söhne (Dr. Franz, Dr. Rudolf, Gustav) - Abit. 1939 Koblenz - Div. Ämter in Ges. u. Kirche, Koblenz - BV: u.a. Tödliche Liebe, 1979; D. beiden Seelen, 1980; Schicksal am Königstein, 1985; Auf unbekannten Pfaden, R. 1985; Es begann in Ismailia, R. 1986; Wenn d. Seele stirbt, R. 1987; Teufel über Europa, R. 1989. Schauspiel: Kristallnacht (1988) - 1938 Dt. Jugendmeister im Geräteturnen; 1938/39 Dt. A-Jugend-Nationalmannsch. (Fußball) - Liebh.: Lit., Theater, Sport, Reisen in die Sahara - Spr.: Engl., Franz.

FERSCHL, Franz

Dr. phil., o. Prof. f. Statistik - Universität, Wien (Österr.) - Geb. 20. Juni 1929 Freistadt O. Ö. - S. 1965 Ord. Univ. Bonn u. Wien (1972) u. München (1975). Fachveröff.

FERSTL, Roman

Dr. phil., Prof. Univ. Kiel - Blücherplatz 2, 2300 Kiel - Geb. 12. Juni 1945 Wien (Vater: Carl F., Mechaniker; Mutter: Anna F.); kath., ledig - Promot. 1968 Univ. Wien; Habil. 1978 München - 1968-70 Assist. Univ. Wien, 1970-80 Max-Planck-Inst. f. Psychiatrie, München, 1980-85 Prof. Univ. Trier; 1985ff. Univ. Kiel - BV: Abhängigk., 1976; Verhaltenstherapie d. Übergewichts, Bericht 1978; Determinanten u. Therapie d. Eßverh., Lehrb. 1980 - Spr.: Engl.

FERTIG, Ludwig

Dr. phil., Prof. f. Pädagogik TH Darmstadt (s. 1972) - Heiligenberg 3, 6104 Seeheim 2/Bergstr. - Geb. 28. Juni 1937 Jugenheim/Bergstr. - Univ. Frankfurt/M. u. Heidelberg. Beide Staatsex. f. d. höh. Lehramt; Promot. 1965 - Wiss. Assist. u. Studienrat Univ. Frankfurt - BV: D. Adel im dt. Roman, 1965 (Diss.); Obrigkeit u. Schule, 1971; Campes polit. Erzieh., 1977; Die Hofmeister, 1979. Herausg. u. Einzelarb.

FERTSCH, Ferdinand

Zahntechniker, Vors. Zahntechniker-Innung - Grünwalder Str. 243, 8000 München 80.

FERTSCH-RÖVER, Dieter

Kaufmann, Bevollm. Röver-Wisser Gruppe, Frankfurt/M. u. selbst. Berater - Büro: 5000 Köln (T. 02234 - 7 74 67) - Geb. 18. Febr. 1924 Frankfurt/M. (Vater: Dr. Georg-Ludwig Fertsch; Mutter: Wilhelmine, geb. Röver), ev. - 1964-71 Vors. Arbeitsgem. selbst. Unternehmer; s. 1977 Vorst.-Mitgl. Friedrich Naumann Stiftg. FDP s. 1952 (1983-87 MdL, 1971-91 Vors. Bundesfachaussch. Wirtsch.) - 1984 Gr. BVK - Spr.: Engl., Franz. - Rotarier.

FERTSCH-RÖVER, Wolfgang

Geschäftsführer Röver System GmbH, Vors. Forschungsst. Chemischreinig., Vizepräs. Dt. Textilreinig.-Verb., Vorst. Textil-Bekleidungs Berufsgen. - Kennedyallee 119, 6000 Frankfurt/M. (T. 63 76 02) - Geb. 9. Mai 1925 Frankfurt/M. (Vater: Dr. Georg-Ludwig Fertsch; Mutter: Wilhelmine, geb. Röver), ev., verh. s. 1951 m. Ruth, geb. Eckhard, 3 Kd. (Angelika, Thomas, Stefan) - 1948-49 prakt. Ausbild. Dtschl. u. Schweiz; 1949-50 Textil-Ing.sch. Krefeld - 1975 BVK am Bde. - Liebh.: Sammelt zeitgenöss. Kunst - Spr.: Engl., Franz. - Mitgl. Lions Intern.

FERY, Nikolaus

Dr. rer. pol. Vorstandsvorsitzender Kreissparkasse Saarlouis - Weiherstr. 39, 6635 Schwalbach/Saar - Geb. 30. Nov. 1919 Schwalbach/Saar, kath., verh., 2 Kd. - Gymn. Saarlouis; Stud. Staats- u. Wirtschaftswiss. (1940 Univ. Heidelberg; 1946-48 U. Freiburg). Promot. 1949 - 1940-45 Wehrdst.; 1950-1952 saarl. Min. f. Arbeit u. Wohlfahrt (Ref. Abt. Sozialversich.); 1952-70 Bergbau-Berufsgenoss. f. d. Saarl. (Gf.). 1956-73 ehrenamtl. Bürgerm. Gde. Schwalbach; 1965-70 MdL Saarl. CDU.

FERY, Renate

Prof. f. Didaktik d. Franz. Sprache u. Lit. PH Berlin - Kronbergstr. 6a, 1000 Berlin 49.

FESER, Rolf

Generalsekretär d. Bundesverbandes Deutscher Gewichtheber - Badener Platz 6, 6906 Leimen.

FESSELER, Ansgar

Dr. med. dent., Prof., ltd. Oberarzt Klinik f. Zahn-, Mund- u. Kieferkrankh. Univ. Mainz (s. 1975) - Am Eselsweg 45, 6500 Mainz 1 - Geb. 16. Jan. 1933 Biberach/Riß (Vater: Hans F., Schlosserm.; Mutter: Anna, geb. Sermersheim), kath., verh. s. 1964 m. Margot, geb. Hug, 2 Kd.

(Barbara, Dieter) - Salvator-Kolleg Bad Wurzach; Univ. München u. Mainz (Zahnmed. u. Med.) - 1975 apl. Prof. Mainz. 1978-84 Präs. Dt. Ges. f. Parodontologie, 1986 Berufung auf C3 Professur in Mainz.

FESSNER, Otmar

Geschäftsführer i. R. SWF Auto-Electric GmbH - Tulpenweg 44, 7120 Bietigheim-Bissingen - Geb. 2. Jan. 1927.

FEST, Joachim C.

Journalist, Mitherausg. u. Leit. Kulturteil Frankfurter Allg. Zeitung (s. 1973) - Hellerhofstr. 2-4, 6000 Frankfurt/M. (T. 75 91-1) - Geb. 8. Dez. 1926 Berlin (Vater: Hans F., Oberschulrat; Mutter: Elisabeth, geb. Straeter), kath., verh. s. 1959, 2 Söhne (Alexander, Nicolaus) - Gymn. Berlin u. Freiburg/Br.; Univ. Frankfurt/M., Freiburg, Berlin - Fr. Schriftst.; s. 1954 RIAS Berlin (Redakt.) u. NDR Hamburg (1961; 1963-68 Chefredakt. Fernsehen) - BV: D. Gesicht d. III. Reiches, 1963 (auch franz., engl., poln., span.); Fernsehen in Dtschl. (m. a.), 1967; Hitler, 1973 (zahlr. Übers.); Aufgehobene Vergangenh., 1981; D. Unwissenden Magier. üb. Thomas u. Heinrich Mann, 1985; D. tanzende Tod, 1986; Im Gegenlicht. E. ital. Reise, 1988 - 1972 Theodor-Wolff-Preis (Spiegel-Beitrag 20. Dez. 1971; Wozu d. Theater?); 1973 Thomas-Dehler-Preis (f.: D. Gesicht d. III. Reiches u. Hitler); 1981 Dr. h. c. Univ. Stuttgart (f. Verd. auf d. Geb. d. Gesch.schreib.); 1982 Thomas-Mann-Preis Stadt Lübeck (f.: Arb. üb. dt. Gesch. u. Kultur); 1987 Goethe-Plak. d. Stadt Frankfurt; 1967 Mitgl. PEN-Zentrum BRD; 1982 Mitgl. Dt. Akad. f. Spr. u. Dicht.; Senator d. Max-Planck-Ges. - Spr.: Engl., Franz.

FESTETICS von Tolna, Graf, Antal

Dr. phil., Dr. agr. h.c., Univ.-Prof. u. Direktor Inst. f. Wildbiologie u. Jagdkunde Univ. Göttingen; zugl. Hon.Prof. f. Zoologie Univ. Wien, Präs. d. Konrad-Lorenz-Ges. f. Umwelt- u. Verhaltenskunde - Büsgenweg 3, 3400 Göttingen - Geb. 12. Juni 1937 Budapest (Vater: Dr. rer. pol. Christoph Graf F. v. T., Dipl.-Landw.; Mutter: Maria, geb. Gräfin Blanckenstein), kath., verh. s. 1967 m. Gertrud, geb. v. Steindl, 3 Kd. (Monika, Paul, Vera) - Gymn. Budapest; Univ. Wien; Promot. ebd., Assist. b. Wilhelm v. Marinelli u. Konrad Lorenz (Ethologie, Ökologie, Ornithologie, Mammologie, Volkskunde) - 1962 u. 64 Theodor-Körner-Pr. f. Wiss. u. Kunst (Österr.), 1969 Förderungspr. Stadt Wien; 1982 Gr. Ehrenz. Burgenland, Intern. Naturschutzpreis World Wildlife Fund; 1987 Intern. Naturschutzorden Gold. Arche; 1987 Gr. Gold. Ehrenz. Steiermark; 1988 Konrad-Lorenz-Preis (Österr. Staatspreis f. Umweltschutz); 1990 Paracelsus-Ring - Liebh.: Zeichnen, Tierphotogr. - Bek. Vorf.: entstammt altösterr.-ungar. Fürstengeschl., a. d. mehr Minister, Generäle u. Wissenschaftler hervorgingen.

FESTING, Heinrich

Prälat, Generalpräses, Kolpingwerk Deutscher Zentralverband - Kolpingpl. 5-11, 5000 Köln 1.

FETH, Monika

Schriftstellerin - Elsa-Brändström-Str. 15, 5042 Erftstadt - Geb. 8. Juni 1951 Hagen, verh. m. Dr. Hans F., S. Hanno Benjamin - Stud. German. u. Angl. Univ. Bonn - Journ. Arb. - BV: Examen, 1980; Überall Täglichkeit, 1983; D. Gedankensammler, 1986; D. Haus mit d. Fensteraugen, 1989; U. was ist mit mir?, 1990; D. Weg durch d. Bilder, 1992.

FETSCHER, Iring

Dr. phil., Prof. f. d. Wissenschaft v. d. Politik - Ganghoferstr. 20, 6000 Frankfurt/M. (T. 0611 - 52 15 42) - Geb. 4. März 1922 Marbach/N. (Vater: Prof. Dr. med. Rainer F., b. 1933 Ord. f. Hyg. TH Dresden, 1945 v. d. SS erschossen; Mutter: Claire, geb. Müller), kath., verh. s. 1957 m. Elisabeth, geb. Götte, 4 Kd.

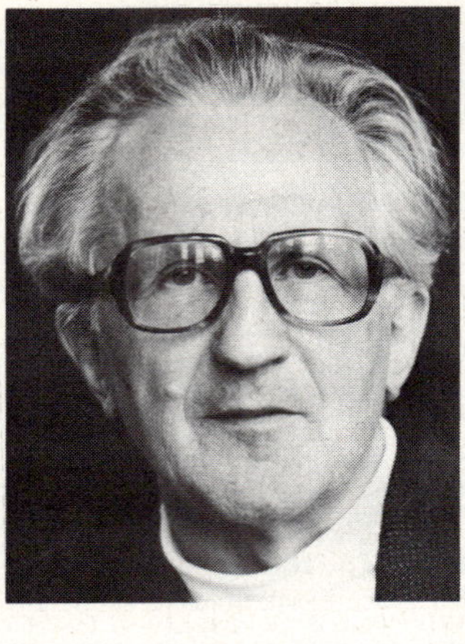

(Caroline, Sebastian, Justus, Christiane) - Gymn. (Kg. Georg) u. Dolmetschersch. Dresden; 1945-50 Univ. Tübingen, 1948-49 Sorbonne Paris, Promot. 1950 Tübingen, Habil. 1959 - 1940-1945 Wehrdst. (zul. Ltn. Artl.); 1946-48 Redakt. Jugend- u. Studentenztg.; 1950-54 Univ.-Ass.; 1955-59 Stip. Dt. Forschungsgem. u. Ford Foundation, Lehrbeauftr. LH Hohenheim; 1959-63 Doz. Univ. Tübingen; s. 1963 Ord. Univ. Frankfurt. 1968/69 Theodor-Heuss-Prof. New School for Social Research New York; 1974 Gastprof. Univ. Nijmegen; 1976 Australian National University, Canberra. Korr. Mitgl. Grundwertekommiss. b. Parteivorst. SPD. Mitherausg.: Psychosozial - BV: Hegels Lehre v. Menschen, 1970 (Diss. 1950); Kommentar zu Stalins Üb. dialekt. u. histor. Materialismus, 7. A. 1961; V. Marx z. Sowjetideologie, 23. A. 1986 (auch schwed., korean.); J. J. Rousseaus polit. Phil. - Z. Gesch. d. demokr. Freiheitsbegriffs, 3. A. 1975 (auch ital.); Großbritannien, Ges. - Politik - Wirtsch., 3. A. 1978; Karl Marx u. d. Marxismus, 4. A. 1985 (auch ital., engl., jap., span., portug.). Herausg.: D. Marxismus - S. Gesch. in Dokumenten 4. A. 1983, (auch ital.; NA (1 Bd.) 1968), Modelle d. Friedenssicherung (1973, auch holl.); Herrschaft u. Emanzipation (1976), Terrorismus u. Reaktion (1977, auch dän. u. schwed.); Überlebensbeding. d. Menschheit, 4. A. 1991; Vom Wohlfahrtsstaat z. neuen Lebensqualität, 1983; D. Wirksamkeit d. Träume, lit. Skizzen e. Sozialwissenschaftlers, 1987; Utopien, Illusionen, Hoffnungen - Plädoyer f. e. polit. Kultur in Deutschl., 1990; Toleranz - v. d. Unentbehrlichkeit e. kleinen Tugend f. d. Demokratie, 1990. Mitarb. Rundfunk u. Fernsehen - Mitgl. PEN-Zentrum BRD - Liebh.: Autographen (Philosophen u. Politiker), Bilder u. Graphiken d. 16.-18. Jh. - Spr.: Engl., Franz., Russ., Span., Ital., Niederl.

FETT, Walter

Dr. rer. nat., Prof., Direktor im Inst. f. Wasser-, Boden- u. Lufthygiene/Bundesgesundheitsamt, Berlin (s. 1971) - Gravelottestr. 4, 1000 Berlin 41 - Geb. 24. Juli 1927 Altona/Hbg. (Vater: Franz F., Oberzollrat; Mutter: Lucie, geb. Engemann), ev., verh. s. 1950 m. Cordula, geb. Uckeley, 3. Kd. (Georg, Ute, Andreas) - Univ. Rostock u. Berlin (Math., Meteorol., Geophys.; Dipl.-Meteorol. 1951). Promot. (1958, Humboldt) u. Habil. (1970 FU) Berlin - Meteorologe Potsdam u. Berlin. S. 1970 Privatdoz. u. apl. Prof. FU Berlin (Meteorol.) - BV: D. atmosphär. Staub, 1958 (russ. 1961). Zahlr. Einzelarb. - Liebh.: Musik, Fotogr., Bergwandern - Bek. Vorf.: Fürst v. Pückler-Muskau (Urgroßv.).

FETTING, Fritz

Dr. rer. nat., o. Prof. f. Chem. Technologie - Auf dem Sand 3, 6109 Mühltal (T. 14 76 10) - Geb. 28. Juni 1926 Itzehoe - S. 1962 (Habil.) Lehrtätigk. TH Hannover (1965 apl. Prof.; Abt.vorsteher Inst. f. Techn. Chemie) u. Darmstadt (1966 Ord.). Fachveröff. - Spr.: Engl. - Rotarier.

FETTWEIS, Alfred

Dr. sc. techn., Dr. h.c. mult., o. Prof. f. Nachrichtentechnik Univ. Bochum (1967) - Im Königsbusch 18, 4630 Bochum 1 (T. 79 79 22) - Geb. 27. Nov. 1926 Eupen/Belg. (Vater: Dipl.-Landw. Paul F.; Mutter: Helene, geb. Hermanns), kath., verh. s. 1957 m. Lois Jane, geb. Piaskowski, B. A., 5 Kd. (Luise, Maria, Gerhard, Gerlinde, Jörg) - Univ. Löwen u. New York; Dipl.: „Ingénieur civil électricien“ 1951, Univ. Löwen; Promot. 1963 - 1951-63 Mitarb. Intern. Telephone and Telegraph Corp. (ITT) in Antwerpen, Belgien, Nutley, NJ, USA, u. Chicago, IL, USA,1963-67 o. Prof. TH Eindhoven/Niederl. (Theoret. Elektrotechnik). Facharb. - 1962/63 Prix Acta Techn. Belgica; 1975 Fellow Inst. of Electric. a. Electronics Eng. USA u. o. Mitgl. Rhein.-Westf. Akad. d. Wiss.; 1980 Darlington Prize Paper Award Circuits and Systems Soc. im Inst. of Electrical and Electronics Engineers (USA); 1980 Prix de la Fondation Montefiore (Belgien); 1984 IEEE Centennial Medal u. VDE-Ehrenring; 1986 Ehrendoktor Linköping, Schweden; 1988 Technical Achievement Award d. IEEE Circuits and Systems Soc.; 1988 Ehrendoktor Faculté Polytechnique de Mons, Belgien; 1988 Karl-Küpfmüller-Preis d. Informationstechn. Ges. (ITG) im Verb. Dt. Elektrotechniker (VDE); 1988 Ehrendoktor Katholieke Univ. Leuven, Belg.; 1991 o. Mitgl. Acad. Scientiarum et Artium Europaea - Spr.: Engl., Franz., Niederl.

FETZ, Friedrich

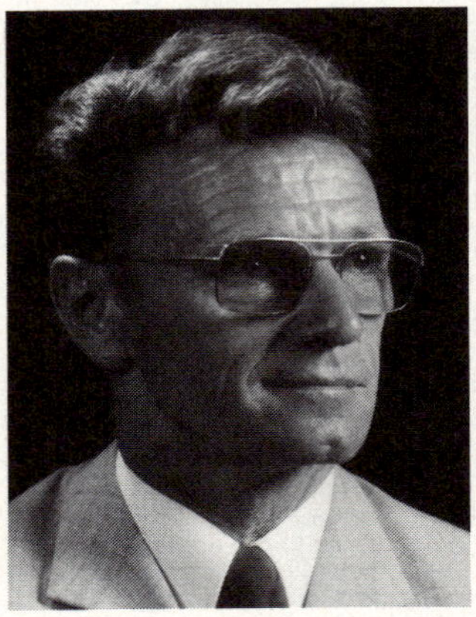

Dr. phil., Prof. f. Sportwissenschaften - Finkenbergweg 18, A-6020 Innsbruck - Geb. 2. Nov. 1927 Schlins (Vater: Jodok F.; Mutter: Emma, geb. Sonderegger), kath., verh. s. 1959 m. Liselotte, geb. Janko - Lehramtsprüf. (Math., Leibesüb., Physik) 1951, Promot. 1956, Habil. 1960, alles Innsbruck - 1951-61 Gymnasiallehrer; 1961-1964 Leit. Univ.-Turninst. Innsbruck; 1965-69 ao. u. o. Prof. (1968) Univ. Frankfurt/M. (Dir. Inst. f. Leibesüb.); s. 1969 o. Prof. Univ. Innsbruck (Vorst. Inst. f. Leibeserzieh.) - BV: Allg. Methodik d. Leibesüb., 9. A. 1988 (japan. Ausg. 1977); Bewegungslehre d. Leibesüb., 3. A. 1989 (japan. Ausg. 1979); Schwerpunktshöhe als Eignungsmerkmal, 1966 (m. A. Drees); Biomechanik d. Turnens, 1968 (m. P. Opavsky); Gymnastik bei Philostratos u. Galen, 1969 (m. L. Fetz); Grundbegriffe d. Bewegungslehre d. Leibesüb., 1969; Grundbegriffe d. Methodik d. Leibesüb., 1972 (m. a. Autoren); Sportmotor. Tests, 1978 (m. E. Kornexl); Programmierter Sportunterr., 1978; Sportmotor. Entwickl., 1982; Sensomotor. Gleichgewicht im Sport, 2. A. 1990 - Bek. Sportler (Olympiateiln. 1952 Helsinki; 1954 österr. Meister im olymp. 12-Kampf).

FETZNER, Steffen

Tischtennisspieler, Weltmeister im Doppel (1989, m. Jörg Roßkopf) - Geb. 17. Aug. 1968 Karlsruhe - 1990 EM-Zweiter im Doppel (m. Jörg Roßkopf; 1990 EM-Zweiter m. d. Mannschaft; 1992 EM-Dritter m. d. Mannschaft.

FEUCHTE, Herbert

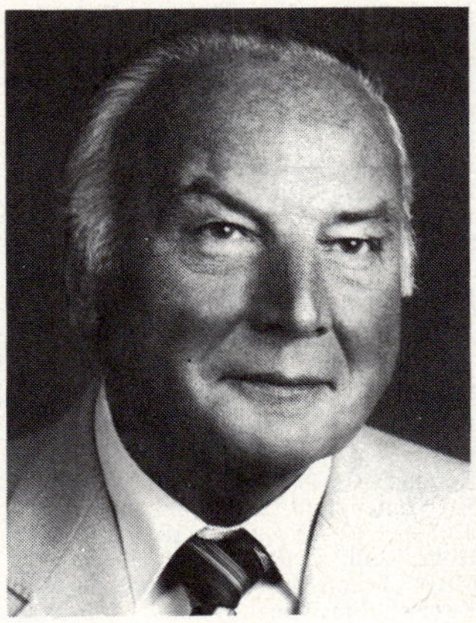

Dr. phil., Oberstudienrat i.R., Vorsitzender Stiftungsverbund z. Förd. mehrfachbehind. Gehörloser, Schwerhöriger u. Taubblinder in Hamburg u. Schlesw.-Holst. - Wientapperweg 27, 2000 Hamburg 55 (T. 040 - 87 79 29) - Geb. 26. Nov. 1914 Hamburg (Vater: Otto F., Schlosserm.; Mutter: Frieda, geb. Köhler), ev. luth., verh. s. 1945 m. Margot, geb. Servet, 2 Töcht. (Ruth Marion, Bärbel) - Realgymn., Abit., Univ. Hamburg (Gesch., Lit.Wiss., Anglist.), Prüf. f. d. Lehramt höh. Sch., Promot. 1939 - Ehrenvors. d. Ges. z. Förd. d. Gehörl., Vors. weit. Organis. f. Gehörl. o. Taubstumme, s. 1977 Ehrenvors. d. Bundesarb.gemeinsch. d. Elternvertr. u. Förderer dt. Gehörl.sch., s. 1978 Ehrenvors. d. Dt. Ges. z. Förd. d. Gehörl. u. Schwerhör. e.V. - BV: Div. Aufs. üb. Rehabil. Hörgeschäd. in Ztschr. - 1977 Med. f. treue Arb. im Dienste d. Volkes d. Stadt Hamb. (Bronze u. Silber), 1975 Ehrennad. Gold d. Dt. Gehörl.-Bundes, 1979 Med. d. Dt. Schwerhör.bundes, 1975 Déc. au Mérite Soc. Int. 1. Cl. Féd. Mond. Sourds, 1983 Karl-Wacker-Med. d. Dt. Gehörl.bundes - Liebh.: Gesch., Theol., Sprachen - Spr.: Engl., Franz., Russ.

FEUCHTE, Paul

Dr. jur., Prof. f. öffentl. Recht Univ. Freiburg, Ministerialdirektor a.D. - Schönbergstr. 22, 7000 Stuttgart 70 - Geb. 30. Nov. 1919 Pforzheim, verh. s. 1950, 2 Kd. - 1952-82 Staats- u. Sozialmin. Baden-Württ.; 1982-87 vertr. Lehrst. Univ. Freiburg - BV: Wechselbezieh. zw. Mietrecht u. Recht d. Wohnraumlenk., 1947; Komment. z. Verfass. d. Landes Baden-Württ., 1954 u. 1987; Verfassungsgesch. v. Baden-Württ., 1983; Quellen z. Verfassung v. Baden-Württ.; zahlr. Aufs. in Ztschr. u. Sammelwerken - 1982 Gr. BVK; 1988 Verdienstmed. Baden-Württ.; 1987 Schillerpreis d. Stadt Marbach; Ehrenz. Dt. Ärztesch.; Ehrenz. DRK - Spr.: Engl., Franz.

FEUCHTINGER, Helmut

Landrat Kr. Viechtach bzw. Regen (s. 1970) - Landratsamt, 8370 Regen/Ndb. - Geb. 31. Juli 1929 Lam - Zul. Oberreg.rat. CSU - 1984 Bayer. Verdienstmed. in Silber f. Kommunalpolitik.

FEUCHTMAYR, Inge

Dr. phil., Kunsthistorikerin, Schriftst. - Manzostr. 107, 8000 München 50 - Geb. 27. Okt. 1924 München, kath., ledig - Stud. Kunstgesch., Archäol., Neue Lit.-gesch. Univ. München; Promot. 1955 - 1955-85 Kunstref. Bayer. Akad. d. Schönen Künste; 1970 Gründ. Privathilfe f. Künstler in Bayern (ehrenamtl. Geschäftsf.) - BV: Florian d. Farbenkünstler, Kinderbilderb. 1960; D. Prinz Carl-Palais in München, 1966; Johann Christian Reinhart - Leben u. Werk, 1975; Inge Feuchtmayr's gesammelte Tanten, 1984 - 1977 Bayer. VO. - Liebh.: Musik, Gärtnerei - Spr.: Ital., Franz.

FEUCHTWANGER, Walter

Alt-Bankier, Vermögensverwalter Feuchtwanger & Partner GmbH - Liebigstr. 43, 8000 München 22 - Geb. 9. Juli 1916 München, verh. m. Christina, geb. Campbell - Bankdir. in Israel, England, Schweiz, USA. 1958 Gründg. d. W. Feuchtwanger Bank KG, München; 1968 Nachfolgeges. Feuchtwanger & Partner Vermögensverwaltung GmbH, München - BV: J. L. Feuchtwanger, 1857-1936, Lion Feuchtwanger, 1884-1958 - BVK I. Kl.

FEUERBACH, Hans-Joachim

Rechtsanwalt, Syndikus u. Geschäftsf. Baden-Württ. Wertpapierbörse zu Stuttgart - Königstr. 28, Postf. 10 04 41, 7000 Stuttgart 10.

FEUERSENGER, Marianne

Journalistin - Titurel 2, 8000 München 81 - Geb. 1919 Potsdam - 1946/47 Ausb. z. Journ. - 1948-62 Redakt. Bayer. Rundf.; 1962-74 Red.-Leit. ZDF u. 1971ff. stv. Hauptabt.leit. Ges.schaftspolitik ZDF, jetzt Ruhest. - BV: Gibt es noch e. Proletariat? (Hrsg.), 1962; D. garant. Gleichberechtig., 1980; Mein Kriegstagebuch, 1982 - Spr.: Engl.

FEULNER, Rolf

1. Bürgermeister Stadt Ebern - Rathaus, 8603 Ebern - Geb. 1. Juli 1934 Ebern - Zul. Verbandsrevisor. CSU.

FEURICH, Jörg Peter

Leiter Fernseh-Sendeleitung u. Programmplanung Hess. Rundf. - Zu erreichen üb. Hess. Rundf., Bertramstr. 8, 6000 Frankfurt am M. 1.

FEURING, Berno-Heinrich

Hotelier, Geschäftsf. Europahotel Mainz GmbH - Welschstr. 16, 6500 Mainz (T. 06131 - 23 45 88) - Geb. 2. April 1937 Darmstadt (Vater: Jakob F., Hotelier; Mutter: Margarete, geb. Neumer), kath., verh. s. 1963 m. Edeltraud, geb. Wolters, 4 Kd. (Berno-Maria, Bardo-Maria, Denise, Nicole) - Human. Gymn. Mainz; Kochlehre; Handelssch. - Zul. Ausl.-Tätigk. (Präs.) in Luxemburg, Marokko u. Bahama. Pres. Hotelconsulting Berno-H. Feuring Inc., Miami, Florida.

FEURLE, Gerhard E.

Dr. med., Prof., Internist, Chefarzt Stadtkrankenhaus Neuwied/Lehrkrankenhaus d. Univ. Bonn (s. 1986) - Eduard-Mörike-Str. 12, 5450 Neuwied - Geb. 15. Juli 1938 Graz/Steiermark, verh. m. Sabine Feurle-Bassenge, 2 Töcht. - Med. Staatsex. u. Promot. 1963 Univ. München, Habil. f. Inn. Med. 1973 Univ. Heidelberg - Tätig an Temple Univ. Philadelphia, Univ. Göttingen, Med. Poliklinik Univ. Heidelberg; 1977 Prof. Univ. Heidelberg, s. 1986 s. o. Üb. 240 wiss. Veröff.

FEURY, Freiherr von, Otto

Landwirt, Ehrenpräs. Bayer. Bauernverb. (1955- 77 Präs.), stv. Landrat Kr. Ebersberg (s. 1980) - Gut Thailing, 8019 Steinhöring/Obb. (T. 208) - Geb. 27. Dez. 1906 München (Vater: Friedrich v. F., Hptm. Bayer. Inf.-Leibregt., gf. 1914; Mutter: Ida, geb. Freiin v. Hirsch-Planegg), kath., verh. (1951) m. Paula, geb. Mayer, 3 Kd. (Otto Cajetan, Isabella, Cornelia) - Altes Realgymn. München; Univ. ebd. u. Frankfurt/M. (Volksw.); prakt. Ausbild. Frankfurt (Eisengroßhdl.), München (Bayer. Vereinsbk.) u. London (1930; London and Eastern Trade Bank) - Angest. Bayer. Vereinsbk., München (Auslandsabt.); 1933 Übern. Gut Thailing; 1950-78 MdL Bayern; 1955-77 Vizepräs. Dt. Bauernverb.; 1957 MdB; 1950-78 MdL Bayern. CSU. Vorst. Direkt. f. Vollblutzucht u. Rennen, Köln; Präs. Münchener Rennverein; Vors. Verein f. Reit- u. Fahrsport, München; Vizepräs. Copa, Brüssel (b. 1978); div. AR-Mand. - Bay. VO., 1969 Gr. BVK m. Stern u. Schulterbd., 1971 Kdr.kreuz franz. Orden Mérite Agricole; 1970 Gold. Ehrennadel DBV, Gold. Raiffeisenmed. - Liebh.: Pferdesport, Briefm. - Viels. Sprachkenntnisse.

FEUSER, Georg

Dr. phil., Univ.-Prof. f. Behindertenpädagogik, Didaktik u. Integration b. Geistigbehinderten, Erziehung u. Bildung autist. Kinder Univ. Bremen - Wilhelm-Wolters-Str. 48B, 2800 Bremen 44.

FEUSS (ß), Jürgen

Kaufmann, MdBB (s. 1975) - Heidelberger Str. 6, 2800 Bremen 1 - Geb. 8. Juli 1941 Sorau/NL., verh., 1 Kd. - Gymn.; Univ. Hamburg u. Göttingen (Wirtschafts- u. Sozialwiss.) - 1967-72 Prok. priv. Wohnungsw.; s. 1973 Firmeninh. Schallpl. SPD s. 1962.

FEY, Hans

Dr. jur., Bankdirektor - Kardinal-Faulhaber-Str. 10, 8000 München 2 - Geb. 3. Okt. 1934 Lauingen/Donau - 1971 stv. u. s. 1977 o. Vorst.-Mitgl. Bayer. Hypotheken-u. Wechsel-Bank AG, München; Vorst.-Vors. d. Hypo-Kulturstiftg.

FEY, Herbert

Ing., Geschäftsf. Bad. Tabakmanufaktur Roth-Händle GmbH & Co. - Bürklinstr. 57, 7630 Lahr/Schwarzw. (T. 3084) - Geb. 12. Febr. 1915 Dillenburg, kath., verh. s 1939 m. Erika, geb. Brüger, 3 Kd. (Klaus-Henning, Ursula, Monika) - Gymn. (Abit.); Ausbild. Allg. Maschinenbau.

FEY, Klaus H.

Dr. med. habil., Privatdoz., Chefarzt f. Chirurgie St. Gertrauden-Krankenhaus Berlin - Lietzensee-Ufer 7, 1000 Berlin 19 (Charlottenburg) (T. 030 - 321 32 33 u. 321 33 66) - Geb. 4. Sept 1943 Dillenburg (Vater: Herbert F., Major; Mutter: Erika, geb. Brüger), kath., verh. s. 1968 m. Dr. med. Barbara, geb. Knorr, 3 Kd. (Christoph Stephan, Martin Philipp, Anna Lena) - Abit. 1963 Jesuitenkolleg Berlin; Med.-Stud. FU Berlin u. Univ. Heidelberg; Ärztl. Prüf. 1969 Heidelberg, Promot. 1970 ebd., Approb. 1971; Chir. Ausb. Univ.-Klinik Heidelberg u. Los Angeles (Chirurg 1978, Unfallchirurg 1982); Habil 1982 - S. 1985 Chefarzt Abt. f. Chir. St. Gertrauden-Krankenhaus Berlin (Wilmersdorf). Mitgl. nat. u. intern. Fachges. - Liebh.: Lit., bild. Kunst, Wein - Spr.: Engl., Ital.

FEY-FEHRENBACH, Anneliese

Freie Schriftstellerin (Ps.: Fey) - Kneippstr. 20, 8939 Bad Wörishofen (T. 08247 - 20 77) - Geb. 7. Febr. 1926 Offenbach/M., kath., verh. s. 1949 m. Dr. med. Math. Fehrenbach, 3 Kd. (Claudia, Mathias, Marcus) - Musikstud. Frankfurt/M. (aufgr. Kriegsdienst nicht beendet) - BV: Wohin d. Weg führt; Griech. Sommer; Mondzitronenbaum, R.; Geteilte Liebe; Blaue Rosen, e. Kriegsnov. (m. e. Nachw. v. Dr. Karin Jäckel) 1988 - Mitgl. Fr. Dt. Autorenverb. - Liebh.: Veranstaltungen u. Hauskonz. u. Dichterlesungen, Liedbegleiterin (Piano) - Spr.: Engl., Franz., Ital. - Bek. Vorf.: Dr. Dieter Leisegang † (Cousin), Lyriker.

FEYOCK, Hans

Dr., Vorstandsmitglied Vereinigte Aachen-Berlinische Versich. AG, Vereinigte Eos-Isar Lebensversich. AG, Vereinigte Krankenversich. AG, Saar-Rhein Allg. Versich. AG - Tizianstr. 31, 8000 München 19 - Geb. 19. März 1930.

FEZER, Fritz

Dr. rer. nat., Prof., Geograph - Moselbrunnenweg 91, 6900 Heidelberg - Geb. 2. Okt. 1924 - Promot. 1951 - 1968-87 Doz. u. Prof. Univ. Heidelberg. Bücher (6) u. Einzelarb. (üb. 50).

FEZER, Gerhard

Dr. jur., o. Prof. Straf- u. -prozeßrecht Univ. Hamburg (s. 1978) - Schlüterstr. 28, 2000 Hamburg 13 - Zul. Wiss. Rat. u. Prof. Univ. Münster.

FIALA, Ernst

Dr. techn., Dr. h.c., Dipl.-Ing., Prof., ehem. Vorstandsmitglied Volkswagen AG, Forschung u. Entw. (b. 1988) - A-9570 Ossiach 40 - Geb. 2. Sept. 1928 Wien - 1986 Ehrendoktor Univ. Heidelberg (Fak. f. Theoret. Med.).

FICHSEL, Helmut

Dr. med., Prof. f. Pädiatrie (Päd., Neuropädiatrie) - Langenbergsweg 98, 5300 Bonn-Bad Godesberg (T. 0228 - 34 45 98) - Geb. 25. April 1930 Rudolstadt (Vater: Karl F., Rektor; Mutter: Margarete, geb. Rosenstiel), ev.-luth., verh. s. 1956 m. Christa, geb. Plieth, 2 Kd. (Markus, Gabriele) - Fridericeanum Rudolstadt, Univ. Heidelberg (Med.). Promot. 1956, Habil. 1967, Prof. 1972 - Hochschullehrer Univ.-Kinderklinik Bonn; 1985/86 Präs. Ges. f. Neuropädiatrie. Üb. 260 Publikationen - 1980 Gerhart Hauptmann-Preis - Liebh.: Gesch., Archäol., Kunst - Spr.: Engl.

FICHTELMANN, Helmar

Dr. jur., Ltd. Regierungsdirektor, Vorst. Finanzamt Ansbach (s. 1963) - Richard-Wagner-Str. 66, 8800 Ansbach (T. 1 25 83) - Geb. 20. Aug. 1926 Hof (Vater: Johann F., Bahnbeamter; Mutter: Johanna, geb. Wilfert), ev., verh. s. 1958 m. Doris, geb. Singer, S. Arved - Jurastud.; 1. u. 2. Staatspr. - Liebh.: Phil., Gesch. - Rotarier.

FICHTNER, Egon

Dr., Dipl.-Volksw., Vorstand Henschel Flugzeug-Werke AG., Kassel - Weinbergstr. 20, 3500 Kassel - Geb. 1. Febr. 1925.

FICHTNER, Gerhard

Dr. med., o. Prof. f. Geschichte d. Med. u. Inst.sdir. Univ. Tübingen - Bebenhäuser Str. 3, 7400 Tübingen 1.

FICHTNER, Hans-Joachim

Dr. med., Prof. f. Rehabilitationsmed. Univ. Heidelberg (apl.) - Im Spitzerhof 2, 6903 Neckargemünd.

FICHTNER, Heinz-Joachim

Dr. med. dent., Zahnarzt, ltd. Kreismedizinaldirektor, Vors. Bundesverb. d. Zahnärzte d. öffentl. Gesundheitsdienstes - Priv.: Hölderlinstr. 1, 4048 Grevenbroich 5; dstl.: Carossastr. 1, 4040 Neuss - Geb. 4. Juli 1927 Neisse/OS. (Vater: Paul F., Dir., Obering.; Mutter: Magdalena, gbe. Bucksch), ev., verh. s. 1955 - Abit. 1947 (Human. Gymn. Köln-Nippes); Stud. Zahn-, Mund- u. Kieferheilkd.; Staatsex. 1955 Köln, Promot. 1957 Düsseldorf 1959 Zahnarztpraxis u. Öffentl. Gesundheitsdienst; 1977 Fachgebietsanerkennung: Zahnarzt f. Öffntl. Gesundheitswesen; s. 1963 Leit. Zahnärztl. Gesundheitsdienst Neuss, s. 1975 Kreis Neuss. S. 1965 Vors. Bundesverb. d. Zahnärzte d. Öfftl. Gesundheitsdienstes, Mitgl. d. Vertreterversammlung KZV-Nordrh.; u.v.a. Ämter. Prüfer u. Doz. Akad. f. Öffntl. Gesundheitswesen, Düsseldorf. Verantw. Redakt.: Zahnärztl. Gesundheitsdienst; zahlr. Fachbeitr. - 1977 BVK am Bde.; 1981 Gold. Ehrennadel Bundeszahnärztekammer; 1984 BVK I. Kl.; 1986 Gold. Tholuck-Med. f. Zahngesundheitserziehung - Liebh.: Malerei, Musik.

FICHTNER, Otto

Beigeordneter a.D., Präsident d. Landesamtes f. Soziales u. Versorgung Brandenburg, Cottbus - Goethestr. 30, 3500 Kassel (T. 0561 - 77 18 84) - Geb. 25. März 1929 Bremen, ev. - Stud. Rechtswiss. Univ. Hamburg u. Bonn; 1. jurist. Staatsex. 1957 Hamburg, 2. jurist. Staatsex. 1961 Düsseldorf - stv. Vors. Kammer f. soz. Ordnung d. EKD - BV: Kommentar z. BSHG, 6. neubearb. A. 1983 - Liebh.: Lit., Gesch. - Spr.: Engl.

FICK, Eugen

Dr. rer. nat., o. Prof. f. Theoret. Festkörperphysik - Paul-Wagner-Str. 56a, 6100 Darmstadt (T. 6 16 69) - Geb. 24. Dez. 1926 München (Vater: Eugen F., Schriftl.; Mutter: Helene, geb. Böck), kath., verh. s. 1955 m. Magdalena, geb. Baumann, 3 Kd. (Eugen, Irene, Renate) - Stud. Physik. Promot. (1953) u. Habil. (1959) TH München - S. 1959 Lehrtätig. TH München (Dozent); 1962/63 Lehrstuhlvertr. Univ. Würzburg u. Darmstadt (1964 ao., 1966 o. Prof.) - BV: Kristallspektren (m. G. Joos), in: Handb. d. Physik, Bd. 28 1957; Einf. in d. Grundl. d. Quantentheorie, 1968, 6. A. 1988; Quantenstatistik dynam. Proz. (m. G. Sauermann), Bd. I 1982, Bd. IIa, 1985 (engl. 1990).

FICK, Hans Dietrich (Dieter)

Dr. rer. nat., Prof. f. Experimentalphysik Univ. Marburg (s. 1979) - Cappeler Str. 46, 3550 Marburg/L. - Zul. Privatdoz. u. apl. Prof. Univ. Heidelberg.

FICK, Karl E.

Dr. rer. nat., o. Prof. f. Didaktik d. Geographie, insbes. d. Phys. Geogr. u. Länderkunde Europas - Schumannstr. 58, 6000 Frankfurt/M. (T. 798 35 69) - Geb. 12. Febr. 1917 Bremen (Vater: Emil F., Amtmann; Mutter: Elisabeth, geb. Benecke), ev. - Stud. Geogr., Ozeanogr., Gesch., Päd. - S. 1959 Unterrichtsleit. Landerziehungsheim Marienau, dann höh. Schuldst. Hamburg, s. 1963 Lehrtätig. Univ. Frankfurt/Abt. f. Erz.wiss., s. 1971 im Fachber. Geogr. (1966 o. Prof.), 1972-76 Dekan u. Prodekan; 1972-82 Beirat Didakt. Zentr.; 1967-85 Vors. Landesverb. Hessen Vb. Dt. Schulgeogr.; 1970-88 Vors. Hess. Geogr. Ges.; 1977-86 Vors. d. V. z. Förd. geogr. Unterrichts - BV: Stadtgeogr. Buxtehude, 1952; Verkehrsgeogr. 1964; Reisebeschr., 1968; Alpdruck Schule, 1968; Weltstädte Amsterdam u.

Tokyo, 1977; Rotterdam, 1979; Lübeck 1979; Seeverkehrsgeographie, 1982. Üb. 200 Ztschr.-beitr. - Herausg.: Buxteh. Heimatbl. (1965ff.); Harms Erdk.buch (1968ff.); Der Schulgeogr. (1968-88); Inn. in d. Didaktik d. Geogr. (1976); Schulgeogr. heute (1978); Frankf. Beitr. z. Didaktik d. Geogr. (1978ff.); Hafengeogr. (1979); 140 Jahre Frankf. Geogr. Ges. (1980); Rezensionsztschr. Geolit (1980ff.); Geogr. Querschnitte (Brünger-Festschr., 1981); Japan/Frankf. Beitr. 6 (1983); Japan/Praxis Geogr. (1984); Dtschl./Geogr. im Unterr. (1984). Mithrsg. Frankf. Geogr. H. (s. 1970); Seydlitz-Atlas (s. 1984); Frankf. Geogr. Ges. 1836-1986 (1986); Justus Perthes 1987, 1992; Schulatlanten (1990); Fährverkehr (1989); Häfen d. südl. Ostsee (1988-92). 1982 August Ravenstein-Medaille; 1984 Julius Wagner-Medaille - Lit.: Festschr. f. K. E. F. (1977).

FICKER, Rudolf

Vorstandsmitglied Münchener Rückversicherungs-Ges. - Königinstr. 107, 8000 München 40 - Geb. 11. Nov. 1932 - AR-Mitgl. Munich Reinsurance Company of Australia Ltd. Sydney, Nordd. Versich. AG Hamburg; VR Dt. Schiffsbank AG Bremen; Wirtsch.-Beirat German. Lloyd AG Hamburg.

FICKLER, Georg

Gärtnermeister, MdL Bayern (1977 ff. (m. Unterbr.), CSU) - Babenhauser Str. 10, 8941 Erkheim/Schw. - Geb. 21. Aug. 1937 Erkheim, kath. - 1943-51 Volkssch. Erkheim; 1951-54 Gärtnerlehre Memmingen; 1955-56 berufl. Weiterbild. Schweiz. Meisterprüf. 1963 - S. 1971 selbst. 1966 ff. MdK Memmingen (jüngstes) bzw. Unterallgäu. 1965-70 Kreisvors. Jg. Union - 1954 Staatspr. f. bes. Leistung in d. Berufsausbild.

FIEBER, Gerhard

Filmproduzent, Regiss. - Kornweg 35, 6229 Schlangenbad 5 (T. 06129 - 82 39) - Geb. 20. Okt. 1916 Berlin, verh., Sohn Bernd - Kunstakad., Reimann-Schule (Meisterkl.), Hochsch. f. Grafik, Höh. Werbefachsch., alles Berlin - Chefgestalter Dt. Zeichenfilm (UFA Berlin). Herausg. v. Kinderb. u. Ztschr.; 1948 Gründ. u. Prod. Eos-Film-Prod., Berlin. Präs. Trickfilm-Förder.; Mitgl. Sprio-Prod.-Verb. - Gestalter d. 1. dt. abendfüllenden Zeichenfilms: Tobias Knopp (Wilhelm Busch), gr. FS-Serien, bek. Werbefiguren u. FS-Typen - Bundesfilmpreis in Gold; 1977 BVK am Bde. (f. Verdienste im Dt. Film); intern. Ausz. (u.a. Gold Award New York) - Sammelt Münzen u. Puppen.

FIEBER, Pavel

Intendant Pfalztheater Kaiserslautern (s. Aug. 1991), Regiss., Schausp. - Zu erreichen üb. Pfalztheater Kaiserslautern, 6750 Kaiserslautern - Ausb. Max Reinhardt-Sem., Wien - B. 1991 Intendant Theater Ulm - Spr.: Engl., Franz., Ital., Jidd. - Bek. Vorf.: Erich v. Stoheim (Großonkel).

FIEBICH, Kurt

Kaufmann - Schorlemer Str. 86, 4000 Düsseldorf-Oberkassel (T. 574132) - Geb. 8. März 1921 Leipzig - ARmand., Aktionärssprecher. Div. Berufsstell.

FIEBIG, Martin

Dr.-Ing., o. Prof. f. Wärme- u. Stoffübertragung Univ. Bochum/Abt. f. Maschinenbau (s. 1977) - Cranachstr. 38, 4630 Bochum 1 - Geb. 23. März 1932 - Promot. 1961; Habil. 1966 - 1971-72 apl. Prof. TH Aachen; 1972-77 o. Prof. GH Duisburg. 1966ff. DFVLR Köln (stv. Leit. Inst. f. Angew. Gasdynamik). Üb. 100 Facharb. - Borchers-Plak. TH Aachen; Ernst-Mach-Preis DGLR; BVK.

FIEBIG, Udo

Pfarrer, MdB (s. 1969; Wahlkr. 117/ Hamm-Unna II) - Sonnenweg 2, 4628 Lünen - Geb. 13. Juli 1935 Altena/W., ev., verh. - Gymn. Altena; Kirchl. Hochsch. Wuppertal (Griech., Hebr.); Univ. Göttingen u. Bonn (Theol.). Staatsex. 1960 u. 62 - S. 1963 Pfr. Lünen (Kirchengde. Preußen). 1966 ff. Ratsmitgl. Lünen. SPD.

FIEBIGER, Harald

Dr., Geschäftsf. i. R. 4 P Papier Günzach GmbH., Günzach/Allg. - Schraudolphstr. 7, 8960 Kempten/Allg. - Geb. 14. Juni 1917.

FIEBIGER, Nikolaus

Dr. rer. nat., o. Prof. f. Experimentalphysik Univ. Erlangen-Nürnberg (s. 1966), Rektor (1969-72), Präs. (s. 1975) - Albert-Schweitzer-Str. 21, 8521 Uttenreuth (T. Erlangen 52891) - Geb. 1922 Langseifersdorf/Schles. - TH Stuttgart (Promot. 1957). Habil. 1963 Frankfurt - n. Stud. mehrj. USA-Aufenth. - 1972 Bayer. VO - Liebh.: Angeln.

FIECHTNER, Urs Michael

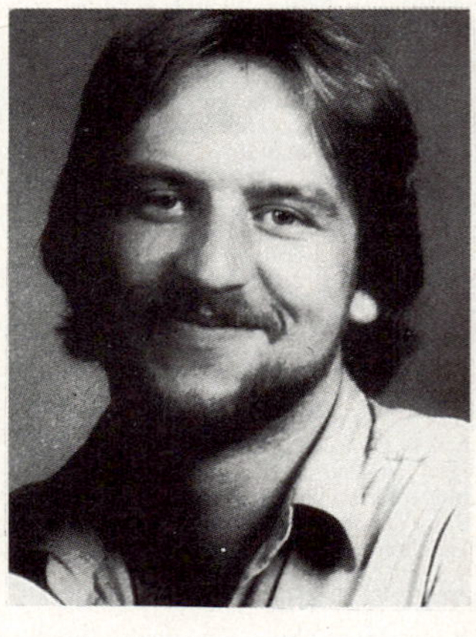

Schriftsteller, Jugendbuchautor, Übers. - Wacholderweg 6, 7907 Langenau-Hörvels (T. 07348 - 51 13) - Geb. 2. Nov. 1955 Bonn, ev. - Gymn. Köln, Starnberg, Neu-Ulm u. Ulm - 1976 Gründ. dt.-lateinamerik. Autorenkollektiv 79; s. 1971 versch. ehrenamtl. Pos. u.a. b. amnesty intern. - BV: an-klagen, 1977; und lebendiger als sie alle, 1980; Fluglizenz f. e. Maulwurf, 1984; Annas Gesch., R. 1985; Mario Rosas, R. 1986; Gesang f. América, Lyrik 1986; Erwachen in d. Neuen Welt - D. Geschichte d. Bartomolé de las Casas, biogr. R. 1988; Notizen v. Tagesanbruch, Lyrik 1989; Gesch. aus d. Niemandsland, Kurzprosa 1990; Im Auge d. Jaguars - Episoden aus d. indianischen Geschichte, Kurzprosa 1991; Gesang f. America - Bd. II: D. Kolonie, Lyrik 1991; Übers. (lateinamerik. Lit.) u. a. Miguel Barnet, D. stummen Hunde (1985). Div. Bühnenprogr. f. Konzertles., dar. Texte u. Mitwirk. f. Chor u. Orch. Canto General - Versch. Lit.preise u. Ausz., u. a. Buxtehuder Bulle; 1991 Thaddäus Troll-Preis - Liebh.: Segeln, Ethnol., präkolumb. Dicht. u. Kulturen - Spr.: Span., Engl., Franz.

FIEDLER, Eckart

Dr. med., Geschäftsführer Verband d. Angestellten-Krankenkassen e.V. (VdAK) u. AEV - Arbeiter-Ersatzkassen-Verband e.V. - Frankfurter Str. 84, 5200 Siegburg (T. 02241 - 1 08-1; Telefax 02241 - 1 08-248).

FIEDLER, Franz

Dr., o. Prof. f. Meteorologie Univ. Karlsruhe - Auf dem Guggelensberg 20, 7500 Karlsruhe 41 - Geb. 7. Jan. 1938 Dtsch.-Liebau (Vater: Johann F., Landwirt; Mutter: Elisabeth, geb. Grolig), kath., verh. s. 1965 m. Rita, geb. Dietrich, 2 T. (Anja, Christiane) - 1959-65 Stud. Meteorol. Univ. Frankfurt (Dipl. 1965), Promot. 1968 Univ. München, Habil. 1973 Mainz - 1968-73 wiss. Mitarb. München; 1970 US-Aufenth. (Pennsylvania State Univ.); 1973 apl. Prof. Mainz, dann wiss. Rat u. Prof.; s. 1978 o. Prof. Karlsruhe, s. 1985 gleichz. Inst.Leit. Kernforschungszentrum - Interessen: Atmosph. Turbulenz, Grenzschicht d. Atmosph., Luftreinhalt. - Spr.: Engl.

FIEDLER, Friedrich

Stellv. Hauptgeschäftsführer d. Industrie- u. Handelskammer Lippe zu Detmold (b. 1990) - Sonnenanger 8, 4930 Detmold (T. 05231 - 4 81 20) - Geb. 23. Febr. 1925 Hohenleipa, kath., verh. s. 1952 m. Ilse, geb. Klarholz, S. Thomas - Absolvent d. Handelsakad. in Bodenbach - Abt.-Leit. f. Außenwirtsch., Verkehr u. Raumordnung; Schatzmeister d. Kreisverkehrswacht Lippe; Schatzmeister d. Kreisverkehrswacht Lippe e.V.; Vors. d. Wirtsch.polit. Arbeitskr. Lippe-Ostwestf., Detmold; Beratende Tätigk. b. d. IHK Magdeburg/Sachsen-A.

FIEDLER, Georg

Präsident d. Landesarbeitsamtes Nord (s. 1984) - Projensdorfer Str. 82, 2300 Kiel (T. 0431 - 33 95-2 26) - Geb. 26. Nov. 1935 Berlin, ev., verh. s. 1965 m. Elke, geb. Kähler, 3 Töcht. (Karen, Jutta, Gesa) - Abit. 1956; Stud. Rechtswiss.; 1. Staatsex. 1960, 2. Staatsex. 1964 - 1978-84 Min.-Dirig. im Sozialmin. Land Schlesw.-Holst.

FIEDLER, Gerlach

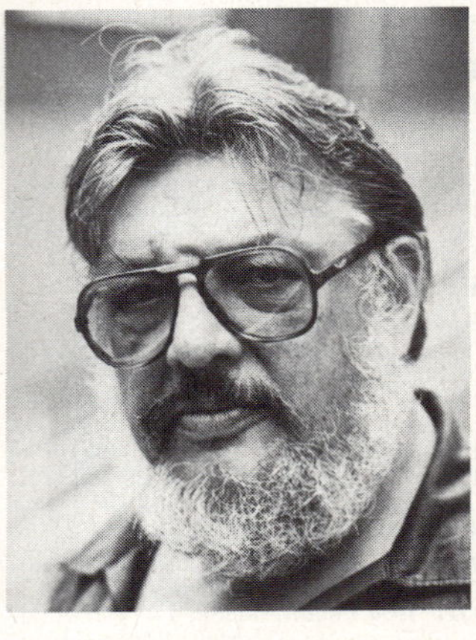

Schriftsteller, Regiss., Schausp. - Erikastr. 155, 2000 Hamburg 20 (T. 040 - 48 48 49) - Geb. 27. Juni 1925 Mannheim (Vater: Dr. Ewald F., Ministerialdirig.; Mutter: Dr. Anna-Marie, geb. v. d. Knesebeck), ev., verh. s. 1950 m. Dagmar, geb. Brandt, 2 S. (Gerlach-Friedemann, Christian-Berend) - Abit. 1942; Stud. Univ. Berlin u. Hamburg (Psych., Lit., Musikwiss.) - Stv. Int., Oberspielleit. u. Regiss. - Jeweils üb. 100 Bühneninsz., FS-Spiele u. Hörspiele u. rd. 100 Schausp.-Rollen - Grimme-Preis - Mehr. dt. Meistersch. (Tennis, Boxen, Leichtathl., Volleyball 1976) - Spr.: Engl., Franz. - Bek. Vorf.: General v. d. Knesebeck (Urgroßv.).

FIEDLER, Hans-Dieter

Dr. rer. pol., Dipl.-Volksw., Wirtschaftsberater, Anlagen-Consulting, Dozent - Geb. 28. März 1930 Bergen, ev., verh. s. 1959 m. Dr. Lore, geb. Nolling-Hauff - Univ. Freiburg/Br. Dipl. rer. pol., Promot. - Spr.: Engl., Franz.

FIEDLER, Heinrich Edwin

Dr.-Ing., Prof. f. Strömungslehre, Turbulenzforsch. u. Umweltaerodynamik TU Berlin (s. 1972) - Zimmermannstr. 18, 1000 Berlin 41 (T. 791 41 17) - Geb. 15. April 1933 Tetschen/CSSR, kath., verh. s. 1966 m. Margrit, geb. Blume, S. Christian - Obersch., Abit. Berlin 1953; Luftfahrttriebwerke TU Berlin, Dipl.-Ing. 1960, Dr.-Ing. 1966, Habil. 1971 - Wiss. Mitarb. DVL 1961-69, Cambridge Univ. 1963-64, Boeing/USA 1967-68, ab 1969 TU Berlin, Hermann-Föttinger-Inst. f. Thermo- u. Fluiddynamik - BV: Structure and Mechanisms of Turbulence I & II, Berlin 1977; Lecture Notes in Physics Vol. 75 and 76, Berlin 1978 - Visiting Prof. Tel-Aviv Univ. Israel 1976, Univ. of Arizona/Tucson USA 1986 - Liebh.: Bild. Kunst, Architektur, Musik, Kochen - Spr.: Engl.

FIEDLER, Herbert

Dr. jur., Dr. rer. nat., o. Prof. f. Jur. Informatik, Allg. Rechtslehre u. Strafrecht Univ. Bonn (s. 1970) - Wegscheid 31, 5305 Alfter-Oedekoven (b. Bonn) (T. Bonn 64 48 51) - Geb. 29. April 1929 Zwittau - Stud. d. Rechtswiss., Math., mathemat. Logik; Promot. (jur.) 1955 Göttingen u. (rer. nat.) 1962 Münster; Habil. 1969 Köln - S. 1973 Inst.sleit. (Inst. f. Datenverarb. im Rechtswesen) Ges. f. Math. u. Datenverarb., St. Augustin. Fachmitgl.sch. - BV: Vorhaben u. Versuch im Strafrecht, 1967; Derecho, logica, matematica, 1968. Mithrsg.: Datenschutz u. Datensicherung (1976); Org. informationstechnik-gestützter öfftl. Verw. (1981) - Spr.: Engl., Franz.

FIEDLER, Joachim

Dr.-Ing., o. Prof. f. Öffentl. Verkehrs- u. Transportsysteme Berg. Univ.-Gesamthochschule Wuppertal (Fachbereich Bautechnik) - Wilhelmring 90, 5600 Wuppertal 12 - Geb. 25. Juli 1929 Leipzig, verh., 3 Kd. - N. Abit. Zimmererlehre; TH Aachen. Promot. Hannover - U. a. Leit. Entwicklungs- u. Betriebsabt. Hambg. Hochbahn AG; Leit. Arbeitsaussch. Öfftl. Verkehr d. Forsch. Ges. f. Straßen- u. Verkehrswesen. 1973ff. Hon.-Prof. TU Karlsruhe - BV: Grundl. d. Bahntechnik, Tb. 1973, 3. A. 1991; Fahrgastinformation im Nah,- Regional, u. Fernverkehr, 1979; ÖPNV-Plan. u. Betrieb - kurzgefaßt, 1983; Bewertung u. Beurteilung v. Beschleunigungsmaßnahmen d. ÖPNV, 1986; Zusteiger-Mitnahme, 1988; Anhalterwesen u. -gefahren, 1989; Disco-Unfälle, 1989; Wie richtet man Diskobus-Linien ein?, 1990.

FIEDLER, Klaus

Dr. rer. nat., Prof. f. Geologie - Buchentwiete 26, 2000 Norderstedt - B. 1977 Doz. (Wiss. Oberrat), dann Ord. Univ. Hamburg (gf. Dir. Geol.-Paläontol. Inst.).

FIEDLER, Kurt

Dr. rer. nat., Prof. f. Biologie f. Mediziner - Theodor-Stern-Kai 7, 6000 Frankfurt/M. - Geb. 24. Dez. 1925 Türmitz/Böhmen - Promot. 1953 München - S. 1965 (Habil.) Lehrtätigk. Univ. Frankfurt (1970 Honorarprof.; 1972 Prof.). Zahlr. Facharb.

FIEDLER, Leonhard M.

Dr. phil., Prof. f. Dt. u. Vergl. Literatur- u. Theaterwiss. Univ. Frankfurt/M. (s. 1972) - Wolfsgangstr. 57, 6000 Frankfurt 1 (T. 59 54 67) - Geb. 19. März 1942 München (Vater: Dr. Leonhard F., Altphilol.; Mutter: Lind, geb. Grimm †) - Hum. Gymn. München; Stud. d. German., Roman., vergl. Literaturwiss. Univ. München, Paris, Frankfurt/M.; Lic. ès Lettres 1966 Sorbonne/Paris; Promot. 1971 Frankfurt - Wiss. Assist. Fontainebleau, Paris (1964-66) u. Univ. Frankfurt/M. (1966-72); 1972 Visit. Prof. Univ. of Cincinnati/USA; 1983 Visit. Prof. Univ. of California at San Diego/ USA - BV: Max Reinhardt u. Molière, 1972; Hofmannsthals Molièrebearb., 1974; Max Reinhardt in Selbstzeugnissen u. Bilddokumenten, 1975; D. Theater, 1981; Hofmannsthal-Blätter (Hrsg.), s. 1981; Grete Wiesenthal, 1985 - Spr.: Engl., Franz., Ital.

FIEDLER, Otto

Dr. rer. nat. habil., Prof., Physiker, Ord. f. Theoret. E-Technik Univ. Rostock (s. 1974) - J.-Herzfeld-Str. 11, O-2500 Rostock 6 (T. 0381- 44 19 98) - Geb. 4. Mai 1931 Wiesa (Erzgeb.), ev., verh. s. 1958 m. Waltraud, geb. Drefke, 2 Kd. (Andreas, Annegret) - Werkzeugma. 1949-51 Annaberg; Physikstud. 1952-57 Rostock; Dipl. 1957; Promot. 1966 TU Dresden (Kernphysik); Habil. 1972 TH Chemnitz (Ionenzerstäubung); 1978-89 Mitgl. im Rat f. Meeresforsch.; s. 1990 Senator f. Forsch. Univ. Rostock; 1991 Vors. d. Planungsstabes u. Ing.-Ausb. in Meck-

lenburg-Vorpommern; s. 1992 Vors. d. Gründ.kommiss. d. Fak. f. Ing.wiss. Univ. Rostock; 1990-92 Vertret.prof. f. Meßtechnik TU Hamburg-Harburg - 42 Patentanmeld., Besonderh.: Vielstrahlionenzerstäubung - BV: Strömungs- u. Durchflußmeßtechnik, 1992 - 1970 Nationalpreis III. Stufe f. Ionenzerstäubung - Liebh.: Handwerkeleien - Spr.: Engl.

FIEDLER, Ulf

Lehrer (Kunsterzieher), fr. Feuilletonredakt., Autor - Sudauenstr. 3, 2820 Bremen 71 (T. 0421-602786) - Geb. 2. Dez. 1930, verh. s. 1954 m. Erna, geb. Hagestedt, 2 T. (Brigitte, Ursel) - 1946-49 Kunstsch. Bremen (Fachricht. Malen u. Zeichnen), kein Abschl.; Meisterprüf. Malerhandw. 1966, Vorstandsmitgl. in region. kulturförd. Vereinen, Mitgl. Jury: Jugend musiziert - BV: D. Mond im Apfelbaum (Behindertenprobl.), 1978; Familienfotos, 1980 u.a. - Liebh.: Klass. Musik (hist. Aufführungspraktiken) - Spr.: Engl.

FIEDLER, Ulrich

Dr. med., Prof., stv. Direktor Urolog. Klinik/FU Berlin - Düppelstr. 19, 1000 Berlin 37.

FIEDLER, Ulrich

Dr. phil., Prof. f. Erziehungswissenschaft (Grundschulpäd.) Univ. Hamburg (s. 1978) - Lorsbachstr. 10, 6370 Oberursel/Ts.

FIEDLER, Wilfried

Dr. jur., o. Prof. f. Staatsrecht, Verwaltungsrecht u. Völkerrecht Univ. Saarbrücken (s. 1984), Dir. Inst. f. Intern. Recht Univ. Kiel (s. 1979) - Am Löbel 2, 6602 Saarbrücken-Dudweiler - Geb. 22. Dez. 1940 Hohenstadt/Nordmahren - Leit. Seminar f. Völkerrecht u. d. Forsch.stelle Schutz u. Rückführung v. Kulturgütern im geltenden Völkerrecht - BV: Sozialer Wandel, Verfassungswandel, Rechtsprech., 1972; Funktion u. Bedeutung öffentl.-rechtl. Zusagen im Verwaltungsrecht, 1977; D. Kontinuitätsproblem im Völkerrecht, 1978; D. erste dt. Nationalvers., 1980; Verfassungsrecht u. Völkerrecht, Gedächtnisschrift f. W. K. Geck, 1989; Intern. Kulturgüterschutz u. Deutsche Frage, 1991.

FIEDLER-WINTER, Rosemarie

Wirtschaftsjournalistin, 1. Vors. Hamburger Autorenvereinig. e.V. - Jürgensallee 13, 2000 Hamburg-Nienstedten - BV: Engel brauchen harte Hände, 1968; Die Management-Schulen, 1973; D. Moral d. Manager, 1977. Üb. 200 FS-Hörf.-Sendungen.

FIEGE, Albert

Angestellter, MdL Nieders. (s. 1967) - 3511 Glashütte üb. Hann. Münden (T. Verkerhagen 838) - Geb. 6. Aug. 1921 Glashütte, verh. (Ehefr.: Ostpreußin), 5 Kd. - Gewerkschafts- u. Heimvolkshochsch. - 1939-45 Wehrdst. (zul. Offz.; 50 % kriegsbesch.); s. 1952 Gewerkschaftsangest. (1957 Vors. DGB Hann. Münden). 1960 ff. MdK Hann. Münden (Fraktionsf.). SPD s. 1950 (1956 stv. Vors. Unterbez. Göttingen).

FIEGE, Hartwig

Dr. phil., Prof. f. Erziehungswissensch. - Mühlenweg 1, Augstinum 165, 2055 Aumühle (Tel. 04104 - 69 11 65) - Geb. 7. Sept. 1901 Altona (Vater: Johannes F., Postsekr.; Mutter: Martha, geb. Tiedemann), verh. s. 1927 m. Wilhelmine, geb. Vollrath, 3 Kd. (Renate, Dietrich, Elisabeth) - Mittelsch., Lehrersem. Altona, Stud. Erziehungswiss., Phil., Psych., Gesch. Hamburg, Promot. 1934 - 1923-35 Lehrer, 1935-37 wiss. Assist., 1937-42 Rektor, 1942-47 Studienrat, 1947-66 Doz. u. Prof. Univ. Hamburg - BV: Schleiermachers Begriff d. Bildung, 1935; Hamburg. E. Heimatbuch; D. Heimatkundeunterr., 1967; Gesch. d. hamburg. Volkssch., 1970; Gesch. (Didaktik), 1969; Wie Ostholstein u. Lauenburg deutsch wurden, 1979; Hamburger Denkmäler erzählen Gesch., 1980; Geschichte Wellingsbüttels, 1982; Fritz Köhne. E. gr. Hamburger Schulmann, 1986; D. Lehrerbildung im Pädagogischen Inst. d. Univ. Hamburg 1945-1969, 1991 - Liebh.: Heimatgesch. - Spr.: Engl., Franz.

FIEGER, Franz-Josef

Konsul, Kaufmann - Freytagstr. 19, 4000 Düsseldorf (T. 68 44 86) - Geb. 8. April 1921 Lechenich/Rhld. (Vater: Dr. Josef F., Arzt; Mutter: Anna, geb. Rössler), kath., verw. s. 1992, S. Wolfgang - Höh. Schule (Abit.); Höhe Fachsch. f. Textileinzelhandel (Abschlußprüf.) - 1958 Konsul v. Panama f. Nordrh.-Westf.

FIEGER, Werner

Dr. rer. nat., Dipl.-Math., o. Prof. Univ. Karlsruhe (s. 1971) - Strählerweg 1, 7500 Karlsruhe 41 (T. 401894) - Geb. 31. Mai 1935 Passau (Vater: Franz F., Bankangest.; Mutter: Klara, geb. Winklmann), kath., verh. s. 1968 m. Uta, geb. Wittich, 3 Kd. (Andreas, Markus †, Thomas) - Stud. Univ. München; Dipl.ex. 1958; Promot. 1961; Habil. 1967 - 1958-61 Versicherungswirtsch. - Spr.: Engl.

FIEGUTH, Gerhard

Dr. phil., Prof. f. Dt. Literaturwissenschaft u. Didaktik d. Deutschunterr. Erziehungswiss. Hochsch. Rheinland-Pfalz/ Abt. Worms (s. 1972) - Auf der Kinderlehre 8, 6753 Enkenbach-Alsenborn 2 - Geb. 19. Juli 1937 Reichandres/Westpr. - Promot. 1966 - Zul. Wiss. Assist. Univ. Mainz - BV: Jean Paul als Aphoristiker, 1969.

FIEKENS, Josef

Assessor, Hauptgeschäftsf. Handwerkskammer Dortmund - Reinoldstr. 7-9, 4600 Dortmund 1 (T. 5 49 30); priv.: Detmar-Mülher-Str. 8 (T. 59 49 77).

FIENHOLD, Wolfgang Günther

Schriftsteller, Journ. - Eckenheimer Landstr. 345, 6000 Frankfurt 50 (T. 069 - 56 75 80) - Geb. 10. Sept. 1950 Darmstadt - Stud. Sozialwiss. (abgebr.) - BV: S. 1973 mehr als 35 Bücher (Sachb., R., Sat., Lyrik) - Liebh.: Spiele aller Art.

FIENSCH, Günther

Dr. phil., o. Prof. f. Kunstwissenschaft - Saarlandstr. 17, 6300 Klein-Linden (T. Gießen 7024390) - Geb. 16. März 1910 Herford/W. - S. 1950 (Habil.) Lehrtätigk. Univ. Münster (1958 apl. Prof.; 1961 Wiss. Rat u. Prof.) u. Gießen (1965 o. Prof. u. Dir. Kunstgeschichtl. Sem.) - BV: D. Anfänge d. dt. Landschaftsbildes, 1957; Zeit, Raum u. Gegenst. in d. niederl. Malerei d. 15. Jh., 1958; Form u. Gegenstand, 1961; D. Malerei Westfalens u. d. nördl. Niederl., 1964.

FIESEL, Werner

Kanzler d. Pädagog. Hochschule Kiel - Olshausenstr. 75, 2300 Kiel.

FIESELER, Gerhard

Dr. jur., Prof. f. Bürgerl. Recht, Strafrecht u. Recht d. soz. Arbeit GH Kassel - Am Rehwinkel 45, 3501 Fuldatal 3 - Geb. 12. Febr. 1937 Offenbach (Main) - BV: Rechtsgrundl. soz. Arbeit, 1977; Lexikon d. soz. Arbeit, 1978 (m. Deutscher/Maòr); Alternativkommentar z. BGB-Familienrecht, 1981 (m. Derleder u.a.); Recht d. Familie u. Jugendhilfe (m. Herborth), 1985.

FIETKAU, Wolfgang

Journalist, Verlagsleit. Wichern-Verlag GmbH, Berlin (s. 1983) - Potsdamer Chaussee 16, 1000 Berlin 37 (T. 030-802 54 93) - Geb. 8. April 1935 Berlin, ev., verh. s. 1963 m. Erika, geb. Pleuger, 2 Kd. (Volker, Franziska) - B. 1954 Verlagslehre Berlin, 1959 Diakon; 1962-67 Redakt.; 1968-82 fr. Journ. (Rundf. u. Ferns.), alles Berlin - S. 1959 nebenberufl. Kleinverleger, Schriftst., Lied-Texter - BV: Sogenannte Gastarbeiter, krit. Report 1972; Laß doch d. Kind d. Flasche, Erz. 1982 - Liebh.: Lit.

FIETZ, Gerhard

Maler, Prof. Hochsch. f. bild. Künste Berlin - Reichssportfeldstr. 16, 1000 Berlin 19 (T. 3045877) - Geb. 25. Juli 1910 Breslau - Akad. Breslau (Kanoldt, Schlemmer), Düsseldorf (Nauen), Berlin - Zahlr. Bildw. (b. 1947 natürlich, dann gegenstandslos) - 1950 Ströher-Preis Darmstadt.

FIETZ, Lothar

Dr. phil., Prof. f. Neuere Engl. Literatur Univ. Tübingen - Cranachweg 7, 7400 Tübingen - Geb. 11. März 1933 Pilniksu (Vater: Franz F.; Mutter: Helene, geb. Bönsch), verh. s. 1962 m. Roswitha, geb. Schüller, 2 T. (Bettina, Joanna) - Stud. Angl./Amerikan., German. u. Roman. (1. Staatsprüf. 1958, Promot. 1960, Habil. 1968) - 1968-69 Doz.; 1969-81 Lehrst. f. Neuere Engl. Lit. Univ. Stuttgart; s. 1981 Prof. f. Engl. Philol. Univ. Tübingen - BV: Wandl. d. Form im Romanwerk Ernest Hemingways, 1960; Menschenbild u. Romantruktur in Aldous Huxleys Ideenromanen, 1969; Funktionaler Strukturalismus, 1976; Strukturalismus - E. Einf., 1982; Spr.: Engl., Franz.

FIGALA, Karin

Dr. rer. nat., Prof. f. Geschichte d. Naturwiss. TU München - Baaderstr. 23, 8000 München 5 - Geb. 7. Aug. 1938 Wien (Vater: Norbert F., Chemiker, Apoth.; Mutter: Luzy, geb. Steude) - Univ. München (Promot. 1969) - 1969 Wiss. Assist. Inst. f. Gesch. d. exakten Naturwiss. u. d. Technik TU München; 1975 Stv. Inst.-Vorst.; 1978 Doz. u. Leit. d. Abt. Gesch. d. Chemie, Pharm. u. beschreib. Naturwiss.; 1980 Prof. - Rd. 70 Fachveröff. in Ztg. u. Ztschr., Buchbespr. u. Beitr. in Lexika. Mithrsg. versch. intern. wissenschaftl. Ztschr., Betreuung v. 21 abgeschl. Promot. sowie 6 in Vorb. befindl. Diss. - 1974 Preis Acad. d'Alsace Colmar; 1979 Res. Fellowships in Cambridge; 1975 Schatzmeister Comité Intern. pour la Métrol. Hist.; 1978 Membre Corresp. de l'Acad. Intern. d'Hist. d. Sciences; 1980 Kommiss.-Vors. dt. Copernicus-Edition; 1990 o. Mitgl. d. Ges. f. Wiss.geschichte - Liebh.: Kunst (Malerei, Plastik), Belletristik, Antiquitäten - Spr.: Engl., Franz., Latein, wenig Altgriech.

FIGALA, Volker

Dr., Dipl.-Chemiker, Hauptabteilungsleiter Chem. Forschung Fa. Byk-Gulden - Am Hochfürst 2, 7753 Allensbach 4 (T. 07533 - 67 20) - Geb. 25. Febr. 1942 Carl-Schurz-Gymn. Frankfurt; Stud. Univ. Bonn u. München; Promot. 1970 - Patente u. Publ. auf d. Arzneimittelgeb. - Spr.: Engl., Ital.

FIGGE, Gustav

Geschäftsführer Handelskrankenkasse i. R. - Kissinger Str. 17, 2800 Bremen 1 (T. 0421 - 35 24 74) - Geb. 5. Juli 1930 Bremen, ev., verh. s. 1956 m. Anneliese, geb. Reitmann, 2 S. (Frank, Lars) - Mittl. Reife; kaufm. Lehre, 2 Sem. Stud. in USA (Austauschstudent) - 1953-91 Handelskrankenk.; s. 1976 Geschäftsf., 1989 altern. Vors. d. Medizinischen Dienstes d. Krankenversich. im Lande Bremen - BV: Sozialversich.handb. f. d. betriebl. Praxis, Loseblattausg. 1969, rd. 49 Ergänz.

FIGGE, Horst

Dipl.-Kfm., Vorstandssprecher Dt. Leasing AG - Frölingstr. 15-31, 6380 Bad Homburg v.d.H. (T. 06172 - 88 00) - Geb. 21. Aug. 1935 Saarburg, ev., verh. s. 1962 m. Ilse, geb. Müller, 3 Söhne (Friedrich, Peter, Frank) - Univ. Köln u. Berlin (Freie); Dipl.ex. 1959; Steuerberater 1964; Wirtsch.prüfer 1966 - 1959-64 Wirtsch.prüfer Hendrikson, Link + Dinter; 1965-68 Dt. Allg. Treuhand AG, Geschäftsf. Maschinen Miete GmbH, Dt. Privat-Leasing GmbH, Dt. Bahninvestition GmbH; AR-Vors. DIF Bank Dt. Investitions Finanz GmbH; AR Dt. Auto-Leasing GmbH, LGS Leasingges. d. Sparkasse GmbH; Vorst.: Bundesverb. Dt. Leasing-Ges. e.V., Bonn; Vizepräs. Leasunion A.S.B.L., Luxemburg; Mitgl. Inst. d. Wirtschaftsprüfer Deutschl.; Handelsrichter Landgericht Frankfurt - Spr.: Engl., Franz.

FIGGE, Udo L.

Dr., o. Prof. f. Romanische Linguistik Univ. Bochum (1973-75 Prorektor, 1975-82 Beauftr. f. Hochschulpädagogik, 1987-89 Dekan Fak. f. Philol.) - Auf dem Pfade 22 D, 4630 Bochum 5 (T. 49 15 52) - Geb. 18. April 1936 Wuppertal (Vater: Werner F.; Mutter: Irmgard), verh. s. 1963 m. Juliane, geb. Held, 2 Kd. (Isabel, Ninon) - Spr.: Engl., Franz., Span.

FIGGEMEIER, Bernd

Studiendirektor, Fachhochschuldoz., Maler, Grafiker, Bildhauer - Im Großen Busch 20b, 4630 Bochum 1 (T. 0234 - 47 50 63) - Geb. 20. Juni 1940 Bochum, ev., verh. s. 1965 m. Uta, geb. Leistner, 3 Kd. (Falk, Frauke, Fee) - Stud. Kunstakad. München u. Düsseldorf, Univ. München u. Bochum; Staatsex.

Kunst u. Geografie - Vorst.-Mitgl. d. Berufsverb. Bildender Künstler (BBK) Westf. Süd/Nord e.V. u. d. Bochumer Künstlerbundes - Malerei, freie u. angew. Grafik; Plastik; farb. u. plast. Kunst-am-Bau-Gestalt.; Reliefbilder; Werke im Besitz v. öffentl. u. privaten Samml.; zahlr. Ausstell. im In- u. Ausland - Lit.: Bernd Figgemeier - Spuren d. Zeit, in Roland Altmann: Einblicke u. Reflexionen, 1989, Kataloge u.a.

FIJALKOWSKI, Jürgen

Dr. phil., o. Prof. f. Politikwissenschaft u. Polit. Soziologie - Asternpl. 1, 1000 Berlin 45 - Geb. 29. Aug. 1928 Berlin - Promot. 1958; Habil. 1970 - 1970-74 PH Berlin. S. 1975 FU Berlin; 1979-81 Sprecher Fachber. Polit. Wiss. FU Berlin, s. 1986 Leit. Forsch.stelle Arbeitsmigration, Fluchtbewegungen u. Minderheitenpolitik - Veröff.: D. Wendung z. Führerstaat, 1958 (Span. 1966); Politologie u. Soziologie, 1965; Berlin-Hauptstadtanspruch u. Westintegration, 1967; Gastarbeiter als industrielle Reserve-Armee, 1984; Ethnische Heterogenität u. soziale Absonderung in dt. Städten, 1988; Transnationale Migranten in d. Arbeitswelt, 1990. Aufs.

FIKENTSCHER, Rüdiger

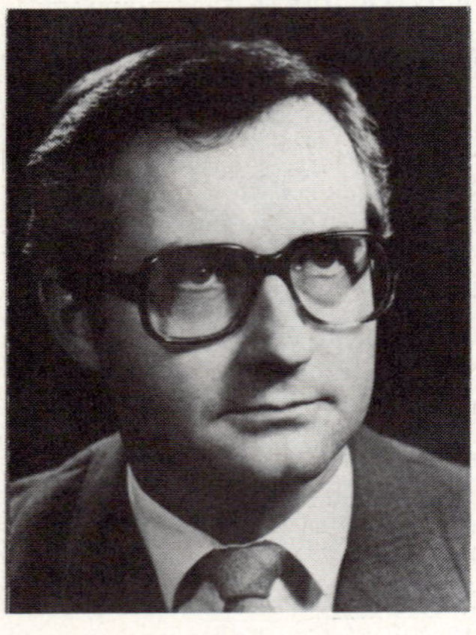

Doz., Dr. med. habil., Hochschuldozent f. HNO, Vizepräsident d. Landtages Sachsen-Anhalt (s. 1990) - Mühlweg 12, O-4020 Halle/S. (T. 0037 46-3 21 33) - Geb. 30. Jan. 1941 Probsthain (Schl.), ev., verh. s. 1967 m. Erdmuthe, geb. Scharfenberg, 2 Kd. (Markus, Uta) - Abit. 1959 Zwickau; Med.stud. 1961-67 Halle; Promot. 1967; Facharzt f. HNO 1972; Habil. 1974 - S. 1990 Landesvors. SPD Sachsen-Anhalt; 1990 Volkskammerabg.; s. 1990 Landtagsabg. Sachsen-Anhalt - BV: Klin. Olfaktologie u. Gustologie, 1977 - Liebh.: Gesch., Politik - Bek. Vorf.: Wolfgang Caspar F. (1770-1837), Gründer d. ersten chem. Fabrik in Deutschl., Bayr. Landtagsabg. (Ururgroßvater); Johann Bartholomäus Trommsdorf (1770-1837), Begründer d. mod. Pharmazie (Urururgroßvater); Friedr. Chr. F. (1799-1864) Industrieller u. Sächs. Landtagsabg. (Urgroßvater); Otto F. (1862-1945), Maler (Großonkel); Gertrud Schubart-F. (1896-1985), Rechtshistorikerin, erste Frau in Deutschl. auf jur. Lehrstuhl (Tante).

FIKENTSCHER, Wolfgang

Dr. jur., LL. M., o. Prof. f. Bürgerl. Recht, Handelsrecht, Gewerbl. Rechtsschutz, Urheberrecht, Rechtsvergl. - Mathildenstr. 8a, 8130 Starnberg - Geb. 17. Mai 1928 Nürnberg (Vater: Erich F., Ing.; Mutter: Elfriede, geb. Albers), ev., verh. s. 1956 m. Irmgard, geb. van den Berge, 4 Kd. (Kai, Markus, Saskia, Adrian) - Univ. Erlangen, München, Ann Arbor (USA). Habil. 1957 München - 1958 Ord. Univ. Münster/W., Tübingen (1965), München (1971) - BV: Wettbewerb, -sbeschränk., Marktbeherrsch., 1957 (m. Knut Borchardt); D. Preisunterbiet. im Wettbewerbsrecht, 2. A. 1962; Wettbewerb u. gewerbl. Rechtsschutz, 1958; Schuldrecht, 8. A. 1991; D. Interessengemeinschaft, 1966; Rechtsfragen d. Planifikation, 1967 (m. Hoffmann u. Kugler); D. Geschäftsgrundl. als Frage d. Vertragsrisikos, 1971; Methoden d. Rechts in vergl. Darstell. Bd. I (Frühe u. Religiöse R., roman. Rechtskr.), Bd. II (Anglo-amerik. Rechtskr.) 1975, Bd. III (Mitteleur. Rechtskr.) 1976, Bd. IV (Dogmatik) u. Bd. V (Register) 1977; Blöcke u. Monopole in d. Weltpol., 1979; De fide et perfidia, 1979; Wirtschaftsrecht, 2 Bde., 1983; Modes of Thought in Law and Justice, 1988 - 1977 Bay. Akad. d. Wiss., Max-Planck-Ges. - Spr.: Engl., Franz., Niederl., Span.

FILBERT, Dieter

Dr.-Ing., Prof. f. Elektr. Meßtechnik TU Berlin - Heimstättenweg 13, 1000 Berlin 41.

FILBINGER, Hans

Dr. jur., Drs. rer. nat. h.c., Prof., Ministerpräsident a. D., MdL - Riedbergstr. 29, 7800 Freiburg-Günterstal - Geb. 15. Sept. 1913 Mannheim (Vater: Bankbeamter), kath., verh. m. Ingeborg, geb. Breuer, 5 Kd. (Susanne, Barbara, Matthias, Hannelore, Alexa) - Jurastud. Univ. Freiburg/Br. (Promot. 1939/42), München, Paris (Rechtswiss., Volksw.). Gr. jurist. Staatsprüf. 1940 - Assist. u. Lehrbeauftr. Univ. Freiburg, 1940-46 Wehrdienst u. Gefangensch., dann Rechtsanw. Freiburg, s. 1958 Staatsrat, Innenmin. (1960) u. Min.-präs. (1966) Baden-Württ. 1970-74 Bevollm. d. Bundesrep. f. kulturelle Angelegenh. d. dt.-franz. Vertrags, 1973/74 Präs. Bundesrat. S. 1960 MdL BW. CDU (b. 1979 Mitgl. Bundesvorst., Vors. Landesverb. Südbaden (b. 1973), b. 1979 Landesvors. (Rücktr.); s. 1979 Präs. Studienzentrum Weikersheim - BV: Die Schranken d. Mehrheitsherrschaft im Aktien- u. Konzernrecht, 1942; Entscheidung z. Freiheit, 1972; Freiheit - Strukturen u. Werte; D. geschmähte Generation, 1987 - 1970 Großkreuz z. BVK; 1976 Großoffz. Legion d'Honneur u. Ehrendoktorwürde Oglethorpe-Univ. Atlanta/Georgia; 1977 Univ. Ulm; Eisernes Kreuz II. Kl.; Lapplandschild - Liebh.: Bergsteigen, Ski, Musik - 1979 Ehrenvors. CDU-Landesverb. BW - Lit.: Bruno Heck, H. F. - D. Fall u. d. Fakten, 1980; Lothar Bossle, H. F. - E. Mann in unserer Zeit, 1983.

FILIPP, Karlheinz

Dr. phil., Prof. f. Erziehungswissenschaft unt. bes. Berücks. d. Geographiedidaktik Univ. Hamburg (s. 1975) - Willistr. 14, 2000 Hamburg 60.

FILIPPI, Siegfried

Dr. phil. (habil.), o. Prof. f. Numer. u. Instrumentelle Mathematik Univ. Gießen (s. 1970) - Moosweg Nr. 3, 6300 Gießen (T. 2 22 35) - Geb. 2. Dez. 1929 Meran - 1964-70 Privatdoz., apl. Prof., Wiss. Abt.svorsteher u. Prof. TH Aachen. Üb. 60 Fachveröff.

FILIUS, Paul Werner

Kaufmann, Vors. Großhandelsverbund Regent - Uhren - Leineweg 58, 4800 Bielefeld 11 - Geb. 16. Nov. 1928 Berlin (Vater: Anton F., Kaufm.; Mutter: Anni, geb. Lederer), kath., verh. s. 1955 m. Gabriele, geb. Schechinger, 7 Kd. (Thomas, Peter, Andreas, Angelika, Barbara; Adoptivkd. Nirmala u. Michaela) - Mittl. Reife 1946 Calw; 1946-48 Uhrmacherlehre - S. 1948 selbst. - Liebh.: Klass. Musik, Tennis, Wandern.

FILL, Alwin F.

Dr. phil., Mag. phil., o. Prof. f. Engl. Philologie Univ. Graz - Joh. Paierl-Weg 7, A-8043 Graz - Geb. 14. Nov. 1940, ledig - Stud. klass. Philol. u. Angl. Univ. Innsbruck u. Queen's College, Oxford; Promot. 1965 Innsbruck, Habil. 1977 ebd. - S. 1980 o. Prof. Univ. Graz (1983-86 Vorst. Inst. f. Angl.) - BV: Wortdurchsichtigk. im Engl., 1980; Wörter z. Pflugscharen, 1987 - Liebh.: Musik (klass., Volks-), Skifahren, Bergwandern - Spr.: Engl., Franz., Ital.

FILOHN, Horst-Helmut

Geschäftsführer d. Renaissance-Theater Berlin, Künstler. Leiter d. Theaters das studio, Berlin, Vorst.-Mitgl. d. Theatergemeinde Berlin e.V. - Schillerstr. 21, 1000 Berlin 12 (T. 030 - 312 20 53) - Geb. 22. Aug. 1951 Zeesen Krs. Teltow, ev., led. - Abit.; Stud. Theatertechnik; Architekturstud. - Liebh.: Musik, Lit. - Spr.: Engl.

FILZER, Paul

Dr. rer. nat., Prof. f. Botanik Univ. Tübingen, Oberstudienrat a.D. - Eduard-Haber-Str. 14, 7400 Tübingen 1 (T. 07071 - 2 37 84) - Geb. 14. Jan. 1903 Stuttgart (Vater: Hermann F., Kaufm. †; Mutter: Bertha, geb. Daiber †), ev., verh. s. 1933 m. Elisabeth, geb. Hoffmann, T. Adelheid - 1921-26 Stud. Naturwiss. (Promot. 1925, Staatsex. 1926, Habil. 1933) - 1933-70 Lehre u. Forsch. Botan. Inst. Univ. Tübingen; 1948-64 Lehramt - BV: Pflanzengemeinsch. u. Umwelt, 2. A. 1956; D. natürl. Grundl. d. Pflanzenertrags in Mitteleuropa, 1951; D. Flora Württ. in ihren Bezieh. z. Klima u. Boden, 1981.

FINCK, Adrian

Dr., Prof., Leiter dt. Inst. Univ. Strasbourg - 47 rue Meinau, F-67100 Strasbourg - Geb. 1930, verh., 2 Kd. - Vors. Intern. Trakl-Forum Salzburg; Vizepräs. elsäss. Schrifstellerverb. - BV: D. Sprachlose, 1983; Fremdsprache, 1988; Deutschspr. Gegenwartslit. im Elsaß, 1988. 3 Mundartged.-Bde. - 1973 Straßburg-Preis; 1983 Oberrhein. Kulturpreis, 1992 Hebel-Preis.

FINCK, Arnold

Dr. agr., o. Prof. f. Pflanzenernährung u. Bodenkd. - Ulmenallee 33, 2300 Kronshagen (T. 58 84 31) - Geb. 27. Febr. 1925 Krokau/Holst. (Vater: Otto F., Bauer; Mutter: Grete, geb. Meggers), ev., verh. s. 1954 m. Renate, geb. Lamp, 3 Kd. (Susanne, Gerald, Malte) - Dipl.-Landw. (1949). Promot. (1951), o. Prof. (1970), Kiel - S. 1961 Lehrtätigk. Univ. Kiel. 1958-61 Forschungsaufg. Sudan. Spez. Arbeitsgeb.: Mineralstoffernährung d. Pflanze u. Fruchtbark. d. Böden - BV: Trop. Böden, 1963; Pflanzenernährung in Stichworten, 1968; Dünger u. Düngung (1979) - Spr.: Engl. - Rotarier.

FINCK, von, August

Kaufmann, pers. haft. Gesellsch. Bankh. Merck, Finck & Co. - Pacellistr. 4, 8000 München - Geb. 11. März 1930 München - AR-Mand. - Bruder: Wilhelm v. F.

FINCK v. FINCKENSTEIN, Hans Werner, Graf

Botschafter a. D. - Grüner Weg 26, 5300 Bonn 2 - Geb. 6. April 1926 Frankfurt/O. (Vater: Ernst-Wilhelm Graf F. v. F., Land- u. Forstw.; Mutter: Barbara, geb. v. Wulffen), ev., verh. s. 1948 m. Birgit, geb. Peiper, 3 Töcht. (Donata, Iris, Bettina) - Stud. German., Gesch., Phil., Rechtswiss. - Leit. Außenpolit. Redaktion Allt. Ztg., Mainz, Bonner Korresp. D. Welt (1961ff.). Presseattaché (b. 1972 London), Botschaftsrat (b. 1976 Prag), Generalkonsul (b. 1979 Boston/USA), dann AA Bonn, Polit. Abt., 1980-84 Chef d. Protokolls, Botsch. d. Bundesrep. Dtschl. in Argentinien (1984-87), in Mexiko (1987-90) - BV: Adenauer - E. Porträt, 1965 (m. a.). Mithrsg.: Herbert Wehner, Wandel u. Bewährung - Ausgew. Schriften u. Reden 1930-67 (1969) - 1965 Theodor-Wolff-Preis - Spr.: Engl., Span. - Bek. Vorf.: Albrecht-Conrad Graf F. v. F., Preuß. Feldmarschall; Karl-Wilhelm Graf F. v. F., Kabinettsmin. König Friedrich II. v. Preußen.

FINCKE, Martin

Dr. jur., Prof., Lehrstuhlinh. f. Straf-, -prozeß- u. Ostrecht - Johann-Huber-Str. 8, 8390 Passau - Geb. 30. Okt. 1937 Frankfurt/M. (Vater: Ernst. F., Pfarrer; Mutter: Elisabeth, geb. Vömel), verh. s. 1962 (Ehefr.: Alice), 3 Kd. (Andreas, Schoschana, Vera) - Abit. 1958 Frankfurt; jurist. Staatsex. 1963 u. 66; Promot. (1966) u. Habil. (1974) München - S. 1974 Prof. Univ. München, Bielefeld (1976) u. Passau (1978) - BV: u. a. D. aufsichtl. Überprüfung rechtskräft. Strafurteile im Sowjetrecht, 1966; D. Verhältnis d. AT zum BT d. Strafrechts, 1975; Arzneimittelprüf., 1977; Handb. d. Sowjetverfassung, 1983 - Spr.: Engl., Franz., Russ., Span.

FINCKENSTEIN, Eberhard, Graf Finck von

Dr.-Ing., Prof., Lehrstuhl f. Umformende Fertigungsverfahren Univ. Dortmund - An der Palmweide 82, 4600 Dortmund 50.

FINCKENSTEIN, Hans Werner, Graf

s. Finck v. Finckenstein, Hans Werner, Graf.

FINCKENSTEIN, Graf Finck von, Karl

Dr. rer nat., Prof. f. Mathematik TH Darmstadt - Im Geisner 5, 6101 Groß-Bieberau.

FINCKENSTEIN, Stefan, Graf Finck von

Unternehmer - Hülchrather Str. 6, 5000 Köln 1 (Telefax: 0221 - 72 83 17) - Geb. 28. Okt. 1961.

FINCKH, Eberhard

Dr. rer. nat., o. Prof. u. Vorstand Physikal. Inst. Univ. Erlangen-Nürnberg (s. 1972) - Erwin-Rommel-Str. 1, 8520 Erlangen (T. 85 70 73) - Geb. 25. Nov. 1929 Heilbronn (Vater: Eduard F., kaufm. Angest.; Mutter: Helene, geb. Lüdke), ev., verh. s. 1962 m. Veronika, geb. von Baeyer, 3 Kd. (Ruth, Wolfgang, Richard) - Stud. Univ. Frankfurt, Heidelberg, Purdue Univ. Lafayette, Ind. (USA); Dipl.ex. 1955; Promot. 1960; Habil. 1970 - 1962-72 Hahn-Meitner-Inst. Berlin.

FINCKH, Renate,

geb. Ehinger

Schriftstellerin - Mönchelenweg 28, 7300 Esslingen (T. 0711 - 37 39 07) - Geb. 18. Nov. 1926 Ulm, ev., verh., 8 Kd. (Hermann, Johannes, Thomas, Paul-Konrad, Ulrich, Immanuel, Maria, Benjamin) - Stud. German. u. Gesch., Phil. (Abbruch 1951 wegen Heirat); priv. Literaturstud. - Div. Ehrenämter, Referententätigk. - BV: u.a. Mit uns zieht d. neue Zeit, R., 1979; D. Familienscheuer, 1981; Nach-wuchs, R. 1987 - 1979 Auswahlliste z. Dt. Jugendbuchpreis - Liebh.: Lesen, Schreiben - Spr.: Engl.

FINGE, Wilhelm

Geschäftsführer KNA-Katholische Nachrichten-Agentur GmbH, Bonn, u. d. KNA Kath. Nachrichtenagt. Pressebild GmbH, Frankfurt, Generalsekr. CIC (Centrum Informationis Catholicum), Rom, Vorst.-Mitgl. Kath. Pressebund - Schumannstr. 6, 5330 Königswinter 21 - Geb. 24. Febr. 1929 Brühl, kath., verh., 2 Kd. - 1981 Päpstl. Silvesterorden; 1984 Silb. Ehrenzeichen d. Rep. Österr.; 1990 BVK.

FINGER, Hans

Dr. phil., M. A., Prof. f. Englisch PH Freiburg (s. 1972) - Neuhäuser Str. 152, 7815 Kirchzarten/Br. - Geb. 21. Jan. 1939 Kiel - Promot. 1970 - Facharb.

FINGER, Heinz Peter

Generalmusikdir. u. musikal. Oberleiter Städt. Bühnen Osnabrück (1965-88) - Lotter Str. 124, 4500 Osnabrück (T. 0541 - 4 81 18) - Geb. 9. Juli 1923 Herne/W. (Vater: Heinrich F., Fahrsteiger; Mutter: Berta, geb. Hollstein), ev., verh. s. 1946 m. Emma, geb. Schulz, 2 Kd. (Angelika, Peter) - Gymn.; Folkwang-Hochsch. Essen (Klavier, Geige, Bratsche, Klarinette; Dirigieren: Anton Hardörfer, D. Erpf); Folkwangdiplom 1941 - 1943-45 Lehrer (aushilfsweise) Folkwangsch.; 1945-47 Musikal. Oberleit. Stadttheater Sonneberg u. Kapellm. Philharmon.

Orch. Eisenach; 1948-51 Musikal. Oberleit. Landestheater Gotha; 1951-57 Musik- u. Operndir. Dt. Nationaltheater Weimar, gleichz. Leit. Dirigentenklasse u. Orch. Franz-Liszt-Akad., ebd.; 1957-66 Städt. Musikdir. Pforzheim. Gastdirig. Rundf. u. Fernsehen, Europa, Südafrika- u. -amerika (u. a. Prager Frühling 1956). Insz.: Don Pasquale. Zahlr. Kompositionen (Lieder, Streichquartette, Symphonien) - 1986 BVK am Bde. - Liebh.: Lit. - Spr.: Franz., Ital.

FINGER, Horst

Dr. med., Prof., Ltd. Stadtmedizinaldirektor, Leit. Hygiene Inst./Medizinaluntersuchungsamt - Städt. Krankenanstalten, 4150 Krefeld - B. 1971 Privatdoz., dann apl. Prof. Univ. Würzburg (Hyg. u. Mikrobiol.).

FINGER, Karl Hermann

Dr. med. vet., em. Prof. f. Tierzucht u. Zuchthyg. Univ. Gießen (1972-86) - Am Lückenberg 2, 6307 Linden-Leihgestern - Geb. 11. Juni 1921 - Promot. (1960) u. Habil. (1971) Gießen - Üb. 75 Facharb. u. Buchveröff.

FINGER, Ulrich

Vorstandsmitgl. i.R. Thuringia Versich.-AG., München - Daimlerstr. 9, 8000 München 40 (T. 271 77 16) - Geb. 19. Jan. 1918 Rügenwalde - Zul. Vorst.-Mitgl. Bayer. Beamten Vers. AG., München, 1968-82 Vorst. Thuringia Versich. AG.

FINGER, Willi (Wilhelm)

Ing., Mitglied Konzernleitung Georg Fischer AG - Neustadt 61, CH-8200 Schaffhausen - Geb. 12. Dez. 1920 - AR-Vors. Georg Fischer GmbH, Mettmann, Dingler, Karcher & Cie. GmbH, Worms, Gebr. Grundmann GmbH, Herzogenburg/Österr. Mitgl. versch. AR im In- u. Ausl., Vizepräs. Verein Dt. Gießereifachleute, Düsseldorf, Vizepräs. Dt. Gießereiverb., Düsseldorf, Vors. Fachverb. Temperguß, Düsseldorf.

FINGERHUT, Karlheinz

Dr. phil., Prof. f. Deutsch PH Ludwigsburg (s. 1972) - Schwabstr. 121, 7142 Marbach/N. - Geb. 17. Mai 1939 Soest/W., ev., verh. s. 1966 m. Dr. Margret, geb. Laudes, 2 Söhne (Christian, Armin) - Stud. German., Roman., Phil. Münster, Besançon, Bonn. Staatsex. 1965 u. 68; Promot. 1968 (Bonn) - BV: D. Funktion d. Tierfiguren im Werke F. Kafkas, 1969; D. Kreatürl. im Werke R. M. Rilkes, 1970; Heine, Standortbestimmungen, 1971; Affirmative u. krit. Lehrsysteme, 1974; Kafka, Klassiker der Moderne, 1981; Liebeslyrik, 1983; Naturlyrik, 1984; Heine, Satiriker, 1991. Mithrsg. Disk. Deutsch - Spr.: Engl., Franz., Ital.

FINGERHUT, Reinhard

Dr. jur., Stadtdirektor Velbert (s. 1987) - Mozartstr. 42, 5620 Velbert - Geb. 6. Jan. 1948, ev., verh., 2 Kd. - 1977 Stadt Wuppertal; 1980 Staatskanzlei Nordrh.-Westf.; 1982 1 Beigeordn. u. Kämmerer Detmold - BV: D. planungsrechtl. Gemeindenachbarklage - 1975 Förderpreis Univ. Münster; 1979 Förderpreis Stiftg. d. dt. Gemeinden u. Gemeindeverb.

FINGERLE, Karlheinz Klaus

Dr. phil., Univ.-Prof. - Erfurter Str. 9, 3501 Ahnatal - Geb. 3. Jan. 1942 Berlin (Vater: Wilhelm F., Ing.; Mutter: Gertrud, geb. Wedig), verh. s. 1971 m. Petra, geb. Meding, 2 Kd. (Meike, Jan Niklas) - S. 1975 Univ.-Prof. f. Erziehungswiss. GH Kassel. 1981-85 Vors. d. Naturschutzbeirates b. d. Bezirksdirektion f. Forsten u. Naturschutz in Kassel, s. 1989 stv. Vors. d. Naturschutzbeirates b. Regierungspräsid. Kassel.

FINK, Agnes

Schauspielerin - Restelbergstr. 60, Zürich (Schweiz) (T. 361 37 45) - Geb. 14. Dez. 1919 Frankfurt/M., kath., verh. s. 1945 m. Bernhard Wicki (Schausp. u. Regiss.) - 1938 Dr. Hoch's Konservat. Frankfurt/M. - Bühnen Heidelberg, Leipzig, München, Zürich, Basel, Wien, Theater: Don Gil, Rosalinde, Viola, Alkmene, Celiméne, Maria Stuart, Charlotte Stein u. a.; Fernsehen: u. a. Pygmalion, Herzogin von Langais, D. Dame ist nichts fürs Feuer, 24 Std. im Leben e. Frau, Maria Stuart, altmodische Kom., Gespenster, Eines langen Tages Reise - 1957 Dt. Fernsehpreis; 1975 Gr. BVK.

FINK, Berthold H.

Dr. jur., Bundesrichter Bundesverwaltungsgericht, Berlin 12 (s. 1967) - Oldenburgallee 14, 1000 Berlin 19 (T. 3054547) - Geb. 27. Sept. 1922 - Zul. Oberverw.gerichtsrat Hess. Verw.gerichtshof (Kassel) - Komtur d. Gregoriusordens.

FINK, Christian

Dr., Geschäftsführer Verb. Dt. Mineralbrunnen, Verb. Dt. Heilbrunnen - Kennedy-Allee 28, 5300 Bonn-Bad Godesberg.

FINK, Ernst O.

Dr. phil., Prof. f. Engl. Philologie Univ. Hamburg (s. 1977) - v.-Melle-Park 6, 2000 Hamburg 13 - Zul. Wiss. Oberrat u. Doz.

FINK, Ewald

Dr. rer. nat., o. Prof. f. Physikal. Chemie Bergische Univ. GH Wuppertal - Vonkeln 45 b, 5600 Wuppertal 12 - Geb. 9. Febr. 1937.

FINK, Gerhard

Dr. oec., Dipl.-Kfm., Mitinh. Hermann Fink GmbH., Böblingen - Galgenbergstr. 36, 7030 Böblingen - Geb. 12. Aug. 1928.

FINK, Heinrich (Heinz) F.

Dr. med., Prof. f. Med. Statistik u. Dokumentation Univ. Bonn/Med. Fak. (apl.; s. 1976) - Theodor-Heuss-Str. 50, 5600 Wuppertal 1 - Geb. 7. Febr. 1921 Alzey (Vater: Otto F., Regierungsvermessungsrat; Mutter: Erna, geb. Schlegelmilch), ev. - 1930-38 Gymn. Alzey u. Worms; 1942-48 Univ. Heidelberg (Med.). Promot. 1948 Heidelberg; Habil. 1971 Bonn - S. 1950 Industrietätigk. (b. 1960 Knoll AG, Ludwigshafen, 1960-86 Bayer AG, Wuppertal/Leit. Inst. f. Dokument. u. Biometrie). 1977-79 Präs. Dt. Region/Biometric Soc. Buchbeitr. u. üb. 90 Einzelarb. - Liebh.: Archäol. - Spr.: Engl.

FINK, Hermann

Dr. phil., M. A., Dipl.-Übers., Prof. f. Anglistik u. Amerikanistik Univ.-GHS Paderborn (s. 1973) - Zur Imburg 15, 4791 Herbram - Geb. 19. Okt. 1929 Birkenfeld/N. - Dipl.-Übers. 1961 Saarbrücken; M. A. 1964 Illinois; Promot. 1968 Mainz - Mehrj. Tätigk. an US-Univ. - BV: Amerikanismen im Wortschatz d. dt. Tagespresse, 1970. Übers. Loren Grey: Discipline without Tyranny, dt. Titel: Umgang m. unseren kleinen Tyrannen, 1979; R. Bronner: Entscheidung unt. Zeitdruck, engl. Titel: Decision Making under Time Pressure. An Experimental Study of Stress Behaviour in Business Management (zus. m. Leo Aichinger), 1982; Amerik.-engl. u. gesamtengl. Interferenzen d. dt. Allgemein- u. Werbesprache im aktiven u. passiven Sprachverhalten d. Grund-, Haupt- u. Oberschüler, 1983 (Europ. Hochschulschr.: Reihe 14, angelsächs. Sprache u. Lit.; Bd. 113); Fundamental Economic Texts (m. U. Hambusch), 5. A. 1989; Econoterms. A Glossary of Economic Terms (m. W. Rothfritz), 4. A. 1991. Div. Art. z. Interferenz d. Amerik.-Engl. mit d. dt. Sprache sowie z. engl. Fachspr. f. Wirtsch.-Wiss.

FINK, Humbert

Schriftsteller, Kommentator, Mitarb. ORF - A-9063 Maria Saal (Österr./Kärnten) - Geb. 13. Aug. 1933 Salerno - BV: D. engen Mauern, R. 1958; D. Absage, Erz. 1963; Stadtgeschichten, 1971; Zornige Träume, 1974; Am Anfang war die Ägäis, 1976; Anatolische Elegie, 1977; Adriatische Ufer, 1978; Tränen unter d. Sonne, 1979; Venetien zw. Gardasee u. Istrien, 1980; Iberische Sonne, 1980; Auf Pilgerstr. durch Europa, 1980; D. Heilige Land, 1981; Franz v. Assisi, 1981; E. Reise durch Toskana, Umbrien, Marken, 1982; Auf d. Spuren gr. Archäol., 1982; Martin Luther, 1982; Denk ich an Österr., 1983; D. Weg n. Jerusalem - D. unglaubl. Gesch. d. ersten Kreuzzugs, 1984; D. Botschafter Gottes - E. Kunstgesch. d. Heiligen, 1984; Land d. Dt. Reportagen aus e. sonderb. Land, 1985; Begegnung m. Rom, 1986; Ich bin d. Herr d. Welt - Friedrich II, D. Staufer, 1986; Begegn. m. Kärnten, 1987; Begegn. m. Florenz, 1988; Machiavelli, 1988; Metternich, 1989; Begegnung m. Venedig, 1989; Joseph II., 1990; Franz Grillparzer, 1990. Mithrsg. von: Klagenfurter Texte, 1977/78/79/80/81/82 - 1963 Österr. Staatspreis f. Erz., 1965 Theodor-Körner-Preis, 1981 Musil-Med.; 1977 Mitbegr. Ingeb.-Bachmann-Preis; 1985 Mitbegr. Intern. Publiz.-Preis (Klagenfurt); Mitgl. Intern. PEN-Club.

FINK, Karl-Heinz

Bankdirektor, Mitgl. d. Geschäftsltg. d. Dt. Bank AG, Filiale Köln - Robert-Heuser-Str. 16, 5000 Köln 51 - Geb. 29. Aug. 1926 Köln - AR-Mand., Beiräte - Ritter v. Hl. Grab z. Jerusalem.

FINK, Ulf

Dipl.-Volksw., Senator a. D. - 1000 Berlin 20 - Geb. 6. Okt. 1942 Freiberg/Sa. (Vater: Walter F., Berufsoffz.; Mutter: Käthe, geb. Mangold), ev., verh. s. 1964 m. Eleonore, geb. Pamp, 2 Kd. (Claudia, Jan-Walter) - 1962-66 Univ. Marburg, Hamburg, Bonn (Volksw.) - B. 1969 Bundesreg., dann CDU/CSU-Bundestagsfrakt., ab 1973 Landesregierung Rhld.-Pfalz, s. 1977 CDU-Bundesgeschäftsst. Bonn (b. 1979 Leit. Hauptabt. II/Politik-Dokumentation, 1979-81 Bundesgf.), 1981-89 Berliner Senator f. Gesundheit u. Soziales, s. 1990 stv. Vors. d. DGB. S. 1983-87 Vors. d. Bundesfachausschuß Sozialpolitik d. CDU, s. 1987 Bundesvors. CDA-Sozialaussch.; s. 1990 Mitgl. CDU-Bundesvorst.; s. 1991 CDU-Landesvors. in Brandenburg - BV: Christl. Gesellschaftsdenken im Umbruch, 1977; Grundwerte in d. Politik, 1979; Zukunftschancen d. Jugend, 1979; Keine Angst vor Alternativen, 1983. Herausg.: Alleinsteh. Frauen berichten üb. ihr Leben n. 1945/Berliner Trümmerfrauen (1984); D. neue Kultur d. Helfens (1990).

FINK, Walter Friedrich

Kaufmann, Gf. Gesellschafter Fink Schuhe + Sport GmbH, Wiesbaden-Nordenstadt - Haideweg 34, 6200 Wiesbaden-Sonnenberg (T. 0611 - 54 23 32) - Geb. 16. Aug. 1930 Celle - S. 1976 AR-Mitgl. Wiesbadener Volksbank; s. 1955 Beiratsmitgl. Nord-West-Ring eG, Frankfurt; Gründungsmitgl. u. 1. Vors. Rheingau Musik-Festival - Liebh.: Musik, Kunst - Spr.: Engl., Ital.

FINKBEINER, Hans (Johannes)

Dr. med., Prof., Ärztl. Direktor (s. 1966) u. Chefarzt Geburtsh.-gynäk. Abt. (s. 1958) Stadtkrkhs. Wolfsburg (s. 1981 i. R.), Zytolog. Laboratorium Wolfsburg (b. 1989) - Vogelreichsweg 5, 3280 Bad Pyrmont - Geb. 22. Nov. 1915 Stettin (Vater: Konsul Johannes F., Kaufm.; Mutter: Emma, geb. Matzke), ev., verh. s. 1959 (USA) m. Dr. Evelyn Y., geb. Robe, 3 Kd. - Univ. Berlin (Approb. u. Promot. 1941), Bonn, Jena. Habil. 1949 FU Berlin - 1942-45 Militärarzt Nordfinnl., 1945-49 Assist. Univ.-Frauenklinik Heidelberg, dann Oberarzt Univ.-Frauenklinik Berlin/FU (1956 apl. Prof.). 1957 Gastprof. Univ. Chicago - BV: D. Röntgenbild d. entwicklungsgestörten Uterus, 1951; Balneotherapie d. Frauenleiden, 1955. Üb. 60 Buch- u. Ztschr.-beitr. - Liebh.: Bild. Kunst, Theater, Musik - Spr.: Engl. - Rotarier.

FINKE, Helmut

Dr. med., Chefarzt i.R., Privatdoz. f. Röntgenol. u. Strahlenheilkd. Univ. Göttingen - Sturmbäume 24, 3410 Northeim (T. 05551-84 61) - Geb. 12. April 1916 Gadderbaum, ev., verh. s. 1948 m. Ursula, geb. Schilling, 3 Söhne (Ullrich, Reinhard, Jürgen) - Stud. Med. Univ. Göttingen (dort auch Fachausbild.), Graz, Freiburg, München. Habil. 1955 Göttingen - Zul. Chefarzt Röntgenabt. Albert-Schweitzer-Krkhs., Northeim - BV: Mitarb. am Lehrb. f. Innere Med.

FINKE, Joachim

Dr. med., Dipl.-Psych., Prof., Ärztl. Direktor Neurol. Klinik Bürgerhospital Stuttgart (s. 1970) - Tunzhoferstr. 14-16, 7000 Stuttgart 1 - Geb. 4. Febr. 1927 Liegnitz (Vater: Alfred F., Kaufm.; Mutter: Elly, geb. Günther), ev., verh. s. 1952 m. Dr. med. Waltraut, geb. Hoffmann, 3 Kd. (Gudrun, Ortrun, Ingrun) - Obersch. Liegnitz u. Halle/S. (Abit. 1946); Stud. d. Med. u. Psychol. Univ. Halle/S., 1953-58 Charité Berlin - 1960-70 Univ. Tübingen. Mitgl. Dt. Ges. f. Neurol. - BV: Ophthalmodynamographie in Neurol. u. Psychiatrie, 1966; D. neurolog. Untersuchung, 1968; Schlafstörungen, 1970 (m. W. Schulte; auch Ital.); Ophthalmodynamographie. Symposion, 1974; Neurol. Untersuchungskurs, 1975; Aktuelle Neurol. u. Psychiatrie, 1976; Neurol. Erkrankungen, 1981; Neurol. f. d. Praxis, 1985 - Spr.: Engl.

FINKE, Karl-Heinz

Dr. rer. nat., Dipl.-Kfm., Vorstandsmitglied H. W. Appel Feinkost AG., Hannover (b. 1974) u. a. - Erlenweg 15, 3008 Garbsen 4 - Geb. 2. Okt. 1921 Osnabrück - AR-Mitgl. IFA Hoteltouristik AG, Duisburg.

FINKE, Kurt

Rektor a.D., Vors. Kreisverb. f. Erwachsenenbildung Waldeck-Frankenberg (s. 1958) - Eisenberger Weg 1, 3540 Korbach (T. 05631 - 35 36) - Geb. 27. April 1915 Berlin, ev., verh. s. 1952 m. Herta, geb. Welteke, 3 Kd. (Wolfgang, Gerhard, Carola) - Abit.; Banklehre; Stud., 1. u. 2. Staatsprüf. f. Lehramt, Ergänz.prüf. als Realschullehrer - Lehrer u. Schulleit.; 1964-80 Rektor; Leit. e. Grund-, Haupt- u. Realschule - BV: Landjugend u. Bild., 1962; Hessen - Vergangenheit u. Gegenw., 1970; Wir machen e. Theater-AG, 1982, 3. erw. A. 1990. Mithrsg.: Handb. d. dörfl. Kulturarb. (1955); Jugendlexikon (1974/79); Kinderlexikon (1979); Erwachsenenbildung in Waldeck-Frankenberg (1984, 2. erw. A. 1987); mehrere Lesew.; zahlr. Schul- u. Jugendsp. (s. 1950) - 1973 Ehrenbrief Land Hessen; 1975 BVK; 1980 Ehrennadel Stadt Korbach in Silber - Liebh.: Gesch., Foto u. Filmherst. - Lit.: Kürschners Dt. Lit.kalender (s. 30 J.).

FINKE, Lothar

Dr. rer. nat., Prof., Fachgeb. Landschaftsökologie u. -planung/Univ. Dortmund, FB Raumplanung - Blaumenacker 7, 4600 Dortmund 50 - Geb. 4. Okt. 1939 Berlin - S. 1986 Vors. d. Landesgemeinsch. Naturschutz u. Umwelt Nordrh.-Westf. (LNU) - 1986 BVK am Bde.

FINKELNBURG, Klaus

Dr. jur., Rechtsanwalt u. Notar, MdA, Honorarprof. f. Verfassungs- u. Verwaltungsrecht FU Berlin (s. 1972) - Kurfürstendamm 29, 1000 Berlin 15 - Geb. 7. Mai 1935 Bonn - BV: Üb. d. Rechtsschutz b. anwaltl. Zulassungsstreitigk., 1964; Vorl. Rechtsschutz im Verwaltungsstreitverf., 3. A. 1986; Öffentl. Baurecht, 2. A. 1990.

FINKENRATH, Heinz

Dr. rer. nat., Prof. f. Physik - Am Elfengrund 57, 6100 Darmstadt 13 - Geb. 26. Juni 1920 Wuppertal-Barmen - Promot. 1959; Habil. 1963 - S. 1960 Lehrtätigk. TH Darmstadt (apl. Prof., Wiss. Rat u. Prof., Univ.-Prof. 1971). Facharb.

FINKENSTAEDT, Thomas
Dr. phil., o. Prof. f. Engl. Sprachwissenschaft i. R. - 8121 Wildsteig-Kirchberg - Geb. 14. Juli 1930, verh. m. Dr. phil. Helene, geb. Gruner - S. 1959 (Habil.) Lehrtätigk. Univ. München u. Saarbrücken u. Augsburg (1960 ao., 1961 o. Prof.) - BV: You and Thou - Studien z. Anrede im Engl., 1963; Stanglsitzerheilige u. große Kerzen, 1968; Chronological Engl. Dictionary, 1970; Ordered Profusion. Studies in Dictionaries a. the Engl. Lexicon, 1973; E. Buch von d. Wies, 1981; Kl. Gesch. d. Anglistik in Deutschl., 1983; Prozessionsstangen. E. Katalog, 1989; Sprachenschranken statt Zollschranken, 1990.

FINKENZELLER, Josef
Dr. theol., em. o. Prof. f. Dogmatik - Neideckstr. 45, 8000 München 60 (T. 87 90 68) - Geb. 5. Mai 1921 Zell b. Scheyern/Obb., kath. - Gymn. Scheyern u. Freising; Phil.-Theol. Hochsch. Freising u. Univ. München (Phil., Kath. Theol.; Promot. 1953). Habil. 1959 München - 1953 Seelsorge, 1954 Doz. Priestersem. Freising, 1959 ao., 1965 o. Prof. PhThH ebd., 1968-86 Univ. München, emerit. - BV: D. Lehre v. d. Taufe u. Buße nach Johannes Baptist Gonet (1616-81), 1956; Offenbarung u. Theol. n. d. Lehre d. Johannes Duns Skotus, 1960; Entspricht d. Beichtpraxis d. Kirche d. Forder. Jesu zur Umkehr, 1971; Glaube ohne Dogma?, 1972; Von d. Botschaft Jesu z. Kirche Christi, 1974; Was kommt nach d. Tod?, 1976; D. Lehre von d. Sakramenten im allgem. Von d. Schrift bis z. Scholastik, 1980; V. d. Reformation b. z. Gegenw., 1982; Grundkurs Gotteslehre, 1984.

FINSCHER, Ludwig
Dr. phil., o. Prof. u. Direktor Musikwiss. Seminar Univ. Heidelberg (s. 1981) - Klingenstr. 5, 6932 Hirschhorn - Geb. 14. März 1930 Kassel (Vater: Otto F., Amtsgerichtsrat † 1936, Mutter: Martha, geb. Zickler), ev. - Obersch. (Gymn.) Hann. Münden; Univ. Göttingen. Promot. 1954 Göttingen; Habil. 1968 Saarbrücken - Ab 1954 wiss. Mitarb. Dt. Volksliedarchiv Freiburg/Br., 1955-60 fr. Journ., 1960-67 Assist. Univ. Kiel u. Saarbrücken. Spez. Arbeitsgeb.: Musikgesch. d. 15./16. Jh. u. d. Wiener Klassik. 1972-77 Vizepräs., 1977-82 Präs. Intern. Ges. f. Musikwiss., 1974-77 Präs. Ges. f. Musikforsch. - BV: Loyset Compère, 1964; Stud. z. klass. Streichquartett I, 1974. Herausg.: Neue Mozart-Ausg., Gluck-Gesamtausg., Hindemith-Ausg. 1968 Preis Akad. d. Wiss. Göttingen; 1978 Honorary Foreign Member, Royal Musical Association; o. Mitgl. Akad. d. Wiss. Heidelberg, Wiss. Ges. Univ. Frankfurt; Korr. Mitgl. Akad. d. Wiss. u. d. Lit. Mainz - Spr.: Engl., Franz., Ital.

FINSTER, Klaus
Dr. jur., Rechtsanwalt, Chefsyndikus u. Mitgl. Direktorium Westfalenbank AG (s. 1978), Mitgl. Rechtsaussch. Bundesverb. Dt. Banken - Reckmannshof 10A, 4300 Essen-Bredeney (T. 41 03 40) - Geb. 5. Juli 1931 Dresden (Vater: Dr. jur. Ehrhard F., zul. Vorst. Hess Landesbk. † 1982; Mutter: Clara, geb. Simeons), ev., led. - 1949-54 Rechts- u. Wirtschaftswiss. Univ. Berlin, München, Köln, Washington Univ. St. Louis/USA. Promot. 1957 Köln - 1960-70 RA u. Chefsynd. Massey-Ferguson GmbH, Generalbevollm. Deutsche Unionbank GmbH - Liebh.: Tennis, mod. Kunst - Spr.: Engl., Franz.

FINSTERER, Alfred
Graphiker - Panoramastr. 23, 7000 Stuttgart - Geb. 8. Juni 1908 Nürnberg (Vater: Christian F., Ing.), verh., 2 Kd. (Dieter, Barbara) - Kunstgewerbesch. Nürnberg - U. a. Leit. Meisterkl. Holzschnitt Akad. f. graph. Künste u. Buchgew. Leipzig, Berat. Reclam, Klingspor, Belser. Vornehml. Farbradierung. Viele Ausstell. In- u. Ausl. (auch San Francisco/Boston/New York, Melbourne, Montreal/Ottawa/Toronto). Herausg.: Hoffmanns Schriftatlas (1962) - 1935 u. 1938 Dürer-Stip. d. Stadt Nürnberg; 1937 silb. Med. Weltausst. Paris; 1988 BVK am Bde. - Lit.: A.F., Farbradierungen, Gouachen, Zeichn. 1960-76, Kat.Bodensee-Mus. Friedrichshafen (1976/80); Paul Quensel, A.F., Gedanken üb. Leben u. Werk (1979); Christian Scheffler (Klingspor Mus.), A.F., Buch- u. Schriftkunst; Heinrich Geissler (Staatsgal. Stuttgart), A.F., V. Hexen, Gauklern u. erträumten Paradiesen, in: Philobiblon, Jg. 28 (1984); A.F., Druckgraphik 1979-88 m. Werkverz. v. 1947-88, hg. v. d. Stadtgeschichtl. Museen Nürnberg (1988); A. F., Zeichnungen u. Radierungen. Städt. Galerie Albstadt (1990, Nr. 66).

FINSTERWALDER, Rüdiger
Dr. Ing., o. Prof. f. Kartographie (s. 1976) - Pippinstr. 21a, 8035 Gauting (T. 089 - 850 32 07) - Geb. 16. Juli 1930 Deggendorf (Vater: Johann F., Baurat; Mutter: Rosa, geb. Scherl), kath., verh. s. 1961 m. Elisabeth, geb. Geyer, 3 Kd. (Barbara, Monika, Sebastian) - BV: Z. Entwickl. d. Bayer. Kartogr., München 1967; Kathmandu Valley Maps, München 1977; Kartenwerk Cordillera Real, München 1990.

FINZEN, Asmus
Dr. med., ao. Prof., Leiter sozial-psychiatr. Abtlg. Psychiatr. Univ.-Klinik - Wilhelm-Kleinstr. 27, CH-4025 Basel (T. 58 51 11) - Geb. 24. Febr. 1940 Taarstedt/Schles. (Vater: Max F., Bauer; Mutter: Herta, geb. Volkers), ev., 2 Kd. (Barbara, Ian) - N. Abit. 1959 (Schleswig) Stud. Soziol. u. Med. Hamburg, Kiel, Berlin, Tübingen. Promot. 1968 Kiel; Habil. 1973 Tübingen - 1968-75 Univ. Tübingen (1972 Leit. mitbegr. Tagesklinik f. psychiatr. Kranke; 1974 Wiss. Rat u. Prof.). 1975-87 Dir. Nieders. Landeskrankenhaus Wunstorf, s. 1977 apl. Prof. f. Psychiatrie Univ. Tübingen, Med. Hochsch. Hannover (1978). S. 1969 fr. wiss.-journalist. Arbeit f. FAZ; 1980 Berat. d. BMJFG f. d. Modellprogramm Psychiatrie; 1980 Beirat Akad. f. Soz.med. Hannover u. Beirat Psychiatr. Praxis (1974 Mitbegr.), 1981 Gastprof. Lausanne - BV: Arzt, Patient u. Ges., 1969; Argumente f. e. gemeindenahe Psychiatrie, 1974; D. Psychiatrie-Enquête, 1976; D. Tagesklinik - Psychiatrie als Lebensschule, 1977; Medikamentenbehandl. b. psych. Störungen, 9. A. 1991; Auf d. Dienstweg, 1984; D. Ende d. Anstalt, 1985; D. Patientensuizid, 2. A. 1990; Suizidprophylaxe b. psych. Störungen, 2. A. 1990; Carbamazepin-Behandlung b. affektiven Psychosen. Mithrsg.: Psychiatr. Praxis, Werkstattschr. z. Soz.psychiatrie /1970 mitbegr.), D. Angehörigengr. (m. M. C. Angermeyer 1984) - Spr.: Engl., Franz.

FIORONI, Pio
Dr. phil. (habil.), o. Prof. u. Direktor Zoolog. Inst. Univ. Münster (s. 1971) - Kegelskamp 15, 4400 Münster/W. (T. 78 52 16) - Geb. 18. Mai 1933 - Zul. Privatdoz. Univ. Basel - BV: Einführ. i. d. Embryologie, 1973; Cephalopoda, 1978; Einführung in die Meereszoologie, 1981; Allg. u. vergleichende Embryologie d. Tiere, Lehrb. 1987. Fachaufs. - Liebh.: Kunst u. Musik - Spr.: Engl., Franz.

FIPPINGER, Franz
Dr. phil., Dipl.-Psych., Univ.-Prof. f. Psychologie - Am Kolgenbach 2, 6741 Siebeldingen - Geb. 13. Okt. 1932 Kaiserslautern (Vater: Franz F., Steiger; Mutter: Anna-Maria, geb. Resch), kath., verh. s. 1957 m. Gisela, geb. Schwarz, 3 Kd. (Ute, Ruth, Wolfram) - Gymn. Kaiserslautern; Lehramtsstud. Landau, Psych.stud. Mainz. Dipl.-Psych. (1961) u. Promot. (1964) Mainz - S. 1969 Prof. Erziehungswiss. Hochsch. Rheinland-Pfalz/Abt. Landau. Ämter: Präs. EWH Rhld.-Pf. (1972-84) u. Vizepräs. Westd. Rektorenkonfz. (1976-78/1983-87); Vors. Bundesarbeitsgem. f. Jugendschutz (1970ff.) u. d. Zentralen Kommiss. f. d. Studienreform (s. 1985) - BV: Intelligenz u. Schulleistung, 1966; Allg. Schulleistungstests f. 3. u. 4. Kl., 1967/69/75. Div. Einzelarb. - Liebh.: Psych., Lit., Sport - Spr.: Engl., Franz.

FIRGES, Jean
Dr. phil., Prof. f. Französisch PH Ludwigsburg (s. 1970) - Lindenweg 18, 7144 Asperg/Württ. - Geb. 25. April 1934 St. Vith (Vater: Egidius F., Gemeindesekr.; Mutter: Elisabeth, geb. Holper), kath., verh. s. 1960 - Stud. German. u. Roman. Löwen, Heidelberg, Freiburg, Genua, Köln. Promot. 1960 - 1961-66 Studienrat Köln; 1966-70 Assist. PH Aachen - Bücher (Mitverf.): Schulaufs.-Texte f. Leser (1973) u. Innovationen d. audio-visuellen Fremdsprachenunterr. (1976). Publ. üb. Celan, Anouilh, Themen d. Frankreichkunde - Spr.: Franz.

FIRNER, Walter
Prof., Regisseur u. Autor - Strehlgasse 38, Wien XIX - Geb. 5. März 1907 Wien (Vater: Ignaz F., Musikprof.; Mutter: Bertha, geb. Winkler, Musiklehrerin), verh. s. 1927 (Ehefr.: Irma) - Akad. f. darstell. Kunst Wien - Schausp. u. Regiss. Dtschl., 1933-38 Leit. Mitbegr. Volksbühne Wien, dann Regiss. USA, n. Kriegsende Österr., Holl., Dtschl., Schweiz, Skand., s. 1949 Prof. Kunstakad. Wien - BV: Wir u. d. Theater, 1931; Wir v. d. Oper, 1932; Kl. Brüder, 1949; Johnny Belinda, R. 1960. Bühnenw.: D. Thompson Brothers, Bis wir uns wiederseh'n, Flucht in d. Zukunft (Burgtheater), Der Erfolgreiche, Schule d. Liebe, D. Kuckucksei u. a. Mehrere Drehb. Übers. u. Bearb. zahlr. amerik. Werke, darunt. Johnny Belinda, Johanna aus Lothringen, Belvedere, Kl. Füchse, Unsere liebste Freundin - Liebh.: Musik - Spr.: Engl.

FIRNHABER, Burkhard
Dr. jur., Rechtsanwalt - Wirmerstr. 40, 4630 Bochum 1 (T. 0234 - 35 12 91) - Geb. 3. Jan. 1934 Hamburg (Vater: Adolf F., Finanzpräs.; Mutter: Hedwig, geb. Hartz), ev., verh. m. Margot, geb. Kielmann, 5 Kd. (Christian, Dorothee, Jochen, Thomas, Joachim) - Abit. 1954 Bonn; 1954-58 Jura-Stud. Univ. Marburg, Bonn, Köln (Refer. 1958, Promot. 1962), Ass.-Ex 1962 Düsseldorf - 1962-67 Rechtsanw. Emschergenoss./Lippeverb., Essen; 1967-78 Justitiar u. Kämmerer, Leit. Geschäftsber. Verw. Emschergenoss. u. Lippeverb.; 1978-89 Chefjustitiar Ruhrkohle AG, Essen; s. 1990 Partner Sozietät in Düsseldorf - Liebh.: Musik, Wassersport - Spr.: Engl.

FIRNHABER, Eberhard
Dr. jur., Kanzler der Universität Bielefeld a. D. - Im Waldwinkel 16, 4800 Bielefeld 1 - Geb. 3. Mai 1927.

FIRNHABER, Wolfgang
Dr. med., Prof., Direktor Neurol. Klinik (s. 1973) u. Ltd. Ärztl. Direktor d. Städt. Kliniken Darmstadt (1980-85) - Mangoldweg 25, 6100 Darmstadt (T. 06151 - 71 54 11) - Geb. 14. Dez. 1930 Hamburg (Vater: Adolf F., Finanzpräs. a. D.; Mutter: Hedwig, geb. Hartz), ev., verh. s. 1963 m. Mechthild, geb. Freytag, 2 S. (Wolfram, Dietrich) - Facharztausbild. Univ.-Kliniken Hamburg, Göttingen (Lehrer u. a. Prof. Bürger-Prinz, Prof. Janzen, Prof. Bauer); Habil. 1970 - S. 1967 Facharzt f. Nerven- u. Gemütsleiden, b. 1977 Mitgl. Fachbereichsrat Humanmed. Univ. Frankfurt/M., s. 1976 Mitgl. Ärztl. Beirat, 1985-87 Vorst. Dt. Multiple Sklerose Ges., s. 1979 Vorst. Dt. Ges. f. Neurologie, 1989/90 1. Vors. - BV: Rehabilitation, Bd. 3 (m. a.). Herausg.: Jochheim, Scholz (1975); D. neurol. Gutachten (1984, m. a.) - Liebh.: Innenpolitik, Musik, Schach - Spr.: Engl. - Rotarier.

FIRTION, Fridolin
Dr. ès-Sciences, o. Prof. f. Geologie - Eichendorffstr. 13, 6601 Scheidt/Saar (T. Saarbrücken 813630) - S. 1958 Ord. u. Inst.sdir. Univ. Saarbrücken. Facharb.

FISCH, Jörg
Dr. phil., o. Prof. f. allg. neuere Geschichte Univ. Zürich - Hammerstr. 91, CH-8032 Zürich (T. 01 - 3 81 03 21) - Geb. 28. April 1947 St. Gallen - Promot. 1976 Univ. Heidelberg; Habil. 1983 Univ. Bielefeld. S. 1986 Prof. Bielefeld, 1986 Univ. Mainz, 1987 Univ. Zürich - BV: Krieg u. Frieden im Friedensvertrag, 1979; Cheap Lives and Dear Limbs. The British Transformation of the Bengal Criminal Law 1769-1817, 1983; D. europ. Expansion u. d. Völkerrecht, 1984; Hollands Ruhm in Asien, 1986; Geschichte Südafrikas, 1990; Reparationen nach d. Zweiten Weltkrieg, 1992 - Spr.: Engl., Franz., Ital., Span., Portug., Niederl.

FISCH, Rudolf
Dr. phil., Dipl.-Psych., o. Prof. f. Psychologie Univ. Konstanz (s. 1974) - Beethovenstr. 2, 7750 Konstanz 1 - Geb. 16. April 1939 Hagen/W. (Vater: Rudolf F., Ing.; Mutter: Thekla, geb. Weißenburg), kath., verh. 1966-78 m. Helga, geb. Böttcher (†), verh. s. 1980 m. Franziska, geb. Maier, 2 Kd. (Jan, Dagmar) - Gymn.; Industriepraktik.; Univ. Frankfurt/M., Münster/W., Bochum. Dipl.-Psych. 1964 Münster; Promot. 1967 Bochum; Habil. 1972 Saarbrücken - 1972-74 Wiss. Rat u. Prof. Univ. Saarbrücken - BV: Konfliktmotivation u. Examen, 1970; Elternbildung durch Elternbriefe (m. K. Lüscher u. I. Koebbel), 1984; Messung u. Förderung v. Forsch.leistung (m. H. D. Daniel), 1986; Evaluation v. Forschung (m. H. D. Daniel), 1988; V. Umgang m. Komplexität in Organisationen (m. M. Boos), 1990; Führung u. Zusammenarbeit b. komplexen Aufgaben, 1991. WDR-Filme: Gegenst. u. Meth. u. Stud. u. Beruf - Liebh.: Musik, Vor- u. Frühgesch., Malerei, Segeln, Flugmodellbau - Spr.: Engl., Franz.

FISCHACH, Hans
Kunstmaler, Graphiker, Lehrer Dt. Meisterschule f. Mode, München - Kirchbachweg 10, 8000 München (T. 71 - 089 - 79 62 48) - Geb. 21. Juli 1922 Aschaffenburg (Vater: Hans F., Offz.; Mutter: Lydia, geb. Lettenmayer), verh. s. 1973 in 2. Ehe m. Renate, geb. Fabel, T. Marion aus 1. Ehe - 1949-51 Dt. Meistersch. f. Mode, München - 1940 u. 1942-45 Berufsoffz.; freiberufl. Modegraphiker, Illustrator u. Maler, Journ., Schriftst.; s. 1972 Lehrer Dt. Meistersch. f. Mode - BV: Golf-Witz, 1976; Golf - K.u.K., 1980; Nächste Rosenbusch, 1982; Solang d. grüne Isar, 1983; D. König sein Schwalangschär, 1986; Deines Himmels weiß u. blau, 1988; zahlr. Rundfunkbeitr. - Bild. Kunst: Mod. gegenständl. Bilder; zahlr. Ausst. im Haus d. Kunst, München - Liebh.: Golf, Klass. Musik, Modelleisenbahn - Spr.: Engl.

FISCHACH-FABEL, Renate
Journalistin, Schriftst. - Kirchbachweg 10, 8000 München 71 - Geb. 9. Okt. 1939 Berlin (Vater: Dr. Karl Fabel; Mutter: Marianne, geb. Bornikoel), verh. m. Hans Fischach, Kunstmaler (s. dort) - Nach Abit. Verlagsbuchhändlerlehre, Stud. German. - S. 1962 Redakt. Madame - BV: Meines Mannes Tochter, R. 1976; Geliebte Feindin, R. 1978; Wo d. Liebe hinfällt, R. 1979; Söckchenzeit, R. 1980; Wir Wundertöchter, R. 1981; Mit Kind u. Kater, R. 1983; Molly im Glück, R. 1984; Am Tag d. Rosen im August, R. 1985; Ich war Cleopatras Lieblingskatze, R. 1986; Minou - e. Katzenleben am Hof v. Versailles, R. 1987; Verlieb dich nicht in einen Italiener, R. 1988; Fritzi - d. Müllerkatze v. Sanssouci, R. 1989; Paris ist e. Liebe wert, R. 1991.

FISCHBACH, Jörn-Uwe
Dr. rer. nat., Univ.-Prof. (Techn. Physik) Univ.-GH Wuppertal - Am Tescher Busch 9, 5600 Wuppertal - Geb. 7. Juli 1945 Weng/Bay., verh. s. 1981 m. Ursula, geb. Müller, S. Jonas.

FISCHBECK, Gerhard
Dr. agr. h. c., M.Sc., o. Prof. f. Spez. Pflanzenbau u. -züchtung - 8051 Palzing/

Obb. (T. 4 01) - Geb. 26. Aug. 1925 Wieglitz/Altmark (Eltern: Heinrich u. Frieda F.), verh. s. 1966 m. Ingeborg, geb. Muggenthaler - Stud. München u. Minnesota (USA) - 1961 b. 1964 Privatdoz. TH München; 1964-69 o. Prof. Univ. Bonn; s. 1969 o. Prof. TU München. Div. Fachveröff. - 1978 Justus-v.-Liebig-Preis, Hamburg; 1985 Dr. agr. h. c. Univ. Bonn.

FISCHEDICK, Heinz B.

Vertriebsdirektor, Geschäftsf. Mecano-Bundy GmbH. u. Mecano-Simmonds GmbH., beide Heidelberg - Kurpfalzstr. 10, 6908 Wiesloch/Baden - Geb. 22. Jan. 1935 Solingen - Spr.: Engl.

FISCHEL, Willy

Betriebswirt, Geschäftsf. Bundesverb d. Spielwaren-Einzelhandels e.V. im Hauptverb. d. Dt. Einzelhandels - Sachsenring 89, 5000 Köln 1.

FISCHER, Albert

Geschäftsführer STREIF Eigenheimbau GmbH. & Co. KG. - 6646 Losheim/Saar - Geb. 9. Sept. 1918 - Div. Funktionen, dar. Vors. Gütegem. Montagebau u. Fertighäuser e.V., Hamburg; Präsid.-Mitgl. u. Vizepräs. Hauptverb. d. Dt. Holzind. e.V., Wiesbaden (auch Vors. Tarifpolit. Aussch.); Vorst.-Mitgl. Bundes-vereinig. d. dt. Arbeitgeb.Verb., Köln.

FISCHER, Albert

Dr. med. vet., Prof. f. Fleischtechnologie Univ. Hohenheim - Schloß, 7000 Stuttgart 70.

FISCHER, Albrecht G.

Dr. rer. nat., Prof., Wiss. Rat Univ. Dortmund (Arbeitsgeb. Optoelektronik) - Kohlenbankweg 20, 4600 Dortmund 50 - Geb. 5. Juli 1928 Ilmenau/Thür. (Vater: Dr. H. F., Chemiker (Miterf. Fluoreszenzlampe); Mutter: Gertraud, geborene Schaible), gesch., 3 Kd. (Aurelia, Berthold, Oliver) - Goethe-Sch. Ilmenau; Univ. Mainz u. Gießen (Physik; Dipl. u. Promot.) - Tätigk. USA (1958-59 General Electric Corp. Cleveland; 1959-71 RCA Labor. Princeton; 1972-73 Westinghouse Labor. Pittsburgh). Beitr. u. Fachb. Üb. 70 Einzelarb. (Optoelektronik u. Materialwiss.) - 1963 RCA Award (Aufklärung Destriau-Effekt) - Liebh.: Musik, Fliegen - Spr.: Engl. - Bek. Vorf.: Rudolf Diesel (Urgroßonkel) - 28 Patente.

FISCHER, Alexander

Dr. phil., o. Univ.-Prof. f. Osteuropäische Geschichte Univ. Bonn (s. 1986) - Eichäckerstr. 18, 6382 Friedrichsdorf 1 (T. 06172 - 7 17 57) - Geb. 24. Jan. 1933 Thum/Erzgeb. (Vater: Gerhard F., kaufm. Angest.; Mutter: Lisbeth, geb. Weber), ev.-luth., verh. s. 1962 m. Dr. rer. nat. Gertrud, geb. Arnold, 2 Töcht. (Katharina †, Barbara) - Stud. d. Gesch., Germ., Phil., Politikwiss. Univ. Tübingen; Promot. 1964 ebd.; Habil. 1972 Frankfurt/M. - 1972-86 Prof. Univ. Frankfurt. 1976-78 Mitgl. Arbeitskr. f. vergleich. Deutschlandforsch., 1979-90 Arbeitskr. Forschungsförd. bzw. Deutschlandforsch. b. Bundesmin. f. innerdt. Beziehungen; s. 1984 Leit. Fachgr. Geschichtswiss. d. Ges. f. Deutschl.forsch.; s. 1988 Mitgl. Wiss. Beirat d. Militärgesch. Forschungsamtes in Freiburg i. Br.; s. 1990 Mitgl. d. Kommiss. f. d. Ostkolleg d. Wiss. Beirates d. Bundeszentrale f. polit. Bildung. 1981-89 u. s. 1990 Mitgl. Wiss. Direktorium Bundesinst. f. ostwiss. u. intern. Stud., Köln - BV: Russische Sozialdemokratie u. bewaffneter Aufstand im Jahre 1905, 1967; Teheran-Jalta-Potsdam, 3. A. 1985; Sowjet. Dtschl.politik im Zweiten Weltkrieg, 1975; Politische Weltkunde: D. Sowjetunion (zus. m. A. Karger), 1985. Herausg.: Wiederbewaffnung in Dtschl. n. 1945 (1986); DDR-Ploetz (1988); Geschichtswiss. in d. DDR, Bde. I u II (1988/89, zus. m. G. Heydemann). Mithrsg.: Festschr. f. Fritz T. Epstein (1978); Dok. z. Dtschl.politik (1992ff.) - 1989 BVK.

FISCHER, Alfred

Vorsitzender Richter am Bundesverwaltungsgericht a. D. - Hüninger Str. 23, 1000 Berlin 33 (T. 831 28 77) - Geb. 14. Dez. 1919, verh. s. 1946 m. Marga, geb. Bergmann, 5 Kd. (Manfred, Peter, Christa, Edgar, Frank) - Vorst.-Mitgl. Dt. Sektion d. Intern. Inst. f. Verwaltungswiss., Mitgl. Intern. Inst. f. Rechts- u. Verwaltungssprache, s. 1990 Mitgl. Schiedsgerichtshof u. d. Gemischten Kommiss. f. d. Abkommen üb. dt. Auslandsschulden (Londoner Schuldenabkommen); Beobachter b. d. Intern. Org. d. oberst. VG; Vertrauensbevollm. bei d. Niederlass. Frankfurt/Oder d. Treuhandanstalt - Gr. BVK.

FISCHER, Anneliese,

geb. Sell

Stv. Vorsitzende d. CSU-Landtagsfraktion, MdL Bayern - Waldsteinring 13, 8580 Bayreuth - Geb. 31. Mai 1925 Pirmasens, kath., verh. s. 1952 m. Friedrich F., Ltd. Forstdir. i. R., 4 Töcht. (Ursula, Gabriele, Susanne, Birgit) - Abit.; Lehramtsstud.; 1. u. 2. Ex. - Elternbeiratsvors. Gymn. Bayreuth; 1970-83 Mitarb. in d. Landeselternvereinig., dav. 4 Jahre Landesvors.; stv. Vors. Bundeselternrat; Gründ. Arge bayer. Elternverb.; Mitgl. Stadtrat Bayreuth (b. 1986 u. s. 1990); 1980-84 Mitgl. Rundfunkrat f. d. Eltern, 1987-90 f. d. CSU-Landtagsfrakt.; VdK-Kreisvors. d. VdK-Kreisverb. Bayreuth-Stadt u. Land - BVK am Bde.; Ehrenvors. Landeselternvereinig. d. Gymn. in Bayreuth.

FISCHER, Anton

Dipl.-Kfm., Sportreferent u. Gesellschafter-Geschäftsf. Aachen-Laurensberger Rennverein - Albert-Servais-Allee, 5100 Aachen; priv. Paulinenstr. 3-11, 5102 Würselen (T. 02405 - 20 92) - Geb. 29. Sept. 1924, kath., verh., 2 Kd. - 1973 Dressur-Aussch. u. 1974 Vors. Dressur-Aussch. Dt. Olympiade Komitee f. R., s. 1974 Equip-Chef d. Dressurreiter Mannsch., 1981 Präsid.-Mitgl. A.L.R.V. - 1976 Ehrenz. in Gold m. Olymp. Ringen d. Dt. Reiterl. Vereinig.; 1980 DOKR Ehrenz. Sonderstufe in Gold; 1982 Gr. Med. Verb. d. Reit- u. Fahrvereine Rhld.; 1984 Ehrenz. Dt. Reiterl. Vereinig. in Gold m. Lorbeer u. Olymp. Ringen; 1986 Dt. Reiterkreuz in Gold.

FISCHER, Arwed

Fabrikant, Mitinh. u. Geschäftsf. Christ. Fischer's Söhne GmbH./Wirk- u. Strickwarenfabrik, Kemnath (s. 1946), Vors. Fachzweig Maschenind./Verb. d. Nordbayer. Textilind. u. stv. Vors. Fachzw. Maschenmeterware/Gesamtverb. der dt. Maschenind. - Amberger Str. 48, 8584 Kemnath-Stadt - Geb. 25. Jan. 1921 Asch/Sudetenl. (Vater: Gustav Wilhelm F., Untern.; Mutter: Alice, geb. Grohmann), A. B., verh. s. 1950 m. Mira, geb. Pracowitz, 2 Kd. (Arwed, Carola) - Schule (Abit.) und Textiling.-ausbild. (grad.) Asch - Liebh.: Sport (regionale Titel Leichtathletik, Tennis, Tischtennis) - Spr.: Engl., Franz., Span. - 2 Patente.

FISCHER, Balthasar

Dr. theol., em. Prof. f. Liturgiewissenschaft - Weberbach 17/18, 5500 Trier (T. 75171) - Geb. 3. Sept. 1912 Bitburg/Eifel, kath. - Friedrich-Wilhelms-Gymn. Trier; Phil.-Theol. Hochsch. ebd. u. Univ. Innsbruck (Promot. 1937) - 1936 Seelsorger, 1945 Doz. (1946 Privatdoz. Univ. Bonn), 1947 o. Prof. Theol. Fak. Trier (1964-66 Rektor). Gastprof. Univ. Notre-Dame/USA (1950 u. 1985), Inst. Lumen Vitae Brüssel/Belg. (1957-71), St. John's University Brooklyn (1977). Konsultor Vorb. Kommiss. d. II. Vatikan. Konzils (Liturgierat, b. 1984 Gottesdienstkongregation), Ehrendoktor Mainz (1977) - BV: D. Psalmenfrömmigkeit d. Märtyrerkirche, 1948; Was nicht im Katechismus stand - 50 Christenlehren üb. d. Liturgie d. Kirche, 1952; Volk Gottes um d. Altar, 1960, 4. A. 1984. Mithrsg.: Festschr. f. Josef A. Jungmann (D. Messe in d. Glaubensverkündig.), 1950; Paschatis Sollemnia, 1959; Von d. Schale z. Kern, 1979; Feier uns. Erlösung, Ges. Aufs., Leipzig 1979; D. Psalmen als Stimme d. Kirche. Ges. Aufs. z. Christl. Ps.-Verständnis, 1982; Dich will ich suchen v. Tag z. Tag. Psalmen-Meditationen 1985 - Lit.: Festschr. z. 60. Geburtstag: Zeichen d. Glaubens. Stud. z. Taufe u. Firmung (1972).

FISCHER, Bernd

Dr. med., apl. Prof., Chefarzt Rehabilitationsklinik Klausenbach u. Schwerpunktklinik f. Hirnfunktionsstörungen u. Innere Krankheiten u. Memory-Klinik, Kolonie 5 - Talstr. 317, 7618 Nordrach-Klausenbach - Geb. 21. Mai 1939 Karlsruhe, ev., verh. s. 1966 m. Dr. Uta, geb. Engert, 2 Kd. (Christiane, Kim) - Promot. 1966 Mannheim, Habil. 1975 ebd. - 1977 Leit. Dt. Liga z. Bekämpfung frühzeit. Altersersch. (Frühgeriatrie); 1989 Präs. d. Ges. f. Gehirntraining. Begründer d. Gehirnjoggings (zus. m. Dr. Lehrl). Schwerp.: Geriatrie, Frühgeriatrie, Neurophysiol., Hepatol., Gesundheitsbildung, Gehirn-Training. Einf. Hyperbare Med. in d. Rehabilitationsmed.; Ausbild.leit. f. Geriatrie/Gerontologie u. Gehirntrainer - BV: Klausenbacher Gesprächsrunde I-XII; GeJo-Card (Kartenspiel); Selber denken macht fit. Mithrsg.: Ztschr. Geriatrie/Rehabilitation; Blick durch d. Wiss.; Handbook of Hyperbaric Medicine (1987); Psychometrie. 270 wiss. Veröff. - Spr.: Engl., Franz., Latein.

FISCHER, Bernhard

Dr. phil. nat., Prof. f. Mathematik - Schlesierweg 7, 4806 Werther - Geb. 18. Dez. 1936 Endbach - Promot. 1963; Habil. 1967 - S. 1970 Ord. Univ. Bielefeld.

FISCHER, Bodo

Geschäftsführer, Mitgl. Hbg. Bürgerschaft (1971-81) - Ruhwinkel 5, 2000 Hamburg 65 - Geb. 6. Dez. 1935 Herrenhausen/Hannover, verh. s. 1960, 1 Kd. - Volkssch. Altena/W.; kaufm. Lehre Industrie; 1959-61 Sozialpäd. Inst. Hamburg (Staatsex.); 1968ff. Univ. Hamburg (Soziol., Erziehungswiss., Polit. Wiss.). Staatsex. 1973 (Erziehungswiss.); Dipl.-Soziol. 1978 - B. 1956 kaufm. Angest.; ab 1961 Angest. Jugendbeh. Hamburg, Jugendbildungsref. CVJM u. Ev. Akad. SH Bad Segeberg; s. 1973 Wiss. Mitarb. u. Gf. (1976) Neue Ges. Hamburg; 1981 Gründung Bodo Fischer Umweltberat.; 1984 Geschäftsf. UBD (Inst. f. Umwelt-, Boden-, Deponie-Analytik GmbH); 1985 Mitgesellsch. ÖKO-DATA (Ges. z. Aufarbeitung v. Umweltdaten). SPD s. 1965.

FISCHER, Carl

Schriftsteller - Münchner Str. 7, 8031 Seefeld (T. 08152 - 75 26) - Geb. 25. Mai 1918 Riesa/Leipzig, ledig - 1937-39 Stud. Philol. Univ. München - 1950-70 Exportleit. u. 1971-83 Werbeleit. Espe GmbH, Fabrik pharm. Präparate, Seefeld - BV: Baudelaire, Les Fleurs du Mal, 1948 u. 54 u. 79; Mallarmé Poésies u. Poemes en Prose u. Igitur, 1957, 69, u. 74, erweitert 1992. Petronius, Satyrikon, 1962 u. 83; Apuleius, D. goldene Esel, 1965 u. 83; Carmina Burana, 1974 u. 79; Catullus, Ged. 1987; François Villon. Sämtl. Werke, 1991 u. a. - Liebh.: Klass. Musik - Spr.: Engl., Franz., Lat., Ital., Griech.

FISCHER, Dieter

Oberfeldwebel a. D., MdL Hessen (s. 1979, CDU) - Jahnstr. 2, 3548 Arolsen - Geb. 25. Juni 1942 - Präs. d. Kyffhäuserbundes, Präsid. Euromil.

FISCHER, Dieter

Dr. rer. pol., Dipl.-Kfm., Dipl.-Volksw., Vors. Union Dt. Bahnhofsbetr., Bonn - Parlerstr. 74, 7000 Stuttgart 1 - Geb. 7. Febr. 1927 - S. 1989 Ehrenvors. Union Dt. Bahnhofsbetr., Bonn.

FISCHER, Dietrich

Dr. jur., Rechtsanwalt, Vors. a.D. Geschäftsltg. Krupp Ind.- u. Stahlbau Duisburg (b. 1982) - Witthausstr. 25, 4330 Mülheim/Ruhr - Geb. 19. Jan. 1927.

FISCHER, Dirk

Bundestagsabgeordneter (s. 1980) - Andreasstr. 33, 2000 Hamburg 60 (T. 040 - 27 32 82, Bonn 0228 - 16 70 31) - Geb. 29. Nov. 1943 Bevensen - Rechtsanwalt - CDU (s. 1976 stv. Landesvors.).

FISCHER, Dora

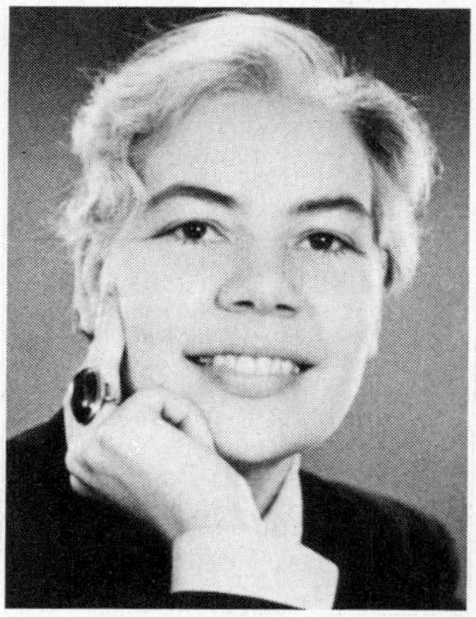

Dr. sc. pol., Prof. f. Geographie FU Berlin - Garystr. 55, 1000 Berlin 33 - Geb. 29. Dez. 1914 Wollstein/Posen - Abit. 1933; 1934-39 Werkstudent Hochsch. f. Politik (HfP) u. Friedr.-Wilh.-Univ. Berlin; Auslandswiss. Fak. (Lehrer: C. Cleinow, Albr. Haushofer) - Dipl.-Bibl. 1937; Dipl. d. HfP 1939; Dr. sc. pol. 1941; Habil. 1972 - 1942-44 Ausb. Kulturfilm-Regie UFA-Babelsbg.; 1954/55 Fulbright-Forschungsstip. Harvard u. Stanford - 1937 Bibliothekar; 1938-40 Archivar/HfP-Eurasisches Seminar; 1940-42 Univ.-Assist. v. Prof. Albr. Haushofer/Auslandswiss. Fak. Geopolit. Inst.; 1942-44 Regie-Assist. UFA; 1944/45 Kriegseinsatz; 1945-51 fr. Schriftst. u. Übers. Dt. Akad. d. Wiss., Math. Forsch.-Inst. sowie Sinn u. Form; 1951-80 FU Berlin, Osteuropa-Inst., Aufbau d. Abt. Landeskunde, Lehre u. Forsch. (Assist., Akad.Rat u. Oberrat, Prof. s. 1971) - Wiss. Berichterstatt. in westl. Fachztschr. üb. Geowiss. in d. SU, üb. aktuelle Probl. d. Wirtsch.-, Verkehrs-, Sozialgeogr., Bevölkerungs- u. Siedlungsgeogr. Serien-Veröff.: Regionale Wirtsch.planung, Regionale Arbeitskräfte-Fragen d. SU; Strukturwandel d. einheimischen Bevölkerung d. Nordens u. Fernen Ostens d. UdSSR während d. Sowjetzeit u.a. - BV: T. E. Lawrence - Einsatz u. Wirkung nomadischer Lebensräume in d. gr. Politik am Beispiel Arabiens, Diss. Masch. 1941; Unter Südsee-Insulanern. D. Leben d. Forschers Mikloucho-Maclay, 2. A. 1956; Elektrizitätswerke u. Hochspannungsleitungen in Ostdeutschl. u. Polen vor u. nach 1945, 1960; Sardinien (m. T. A. v. Borsig u. G. Lilliu), 1977; D. Naturschutzgebiete d. UdSSR (Lage, Flora, Fauna, wiss. Stationen usw.). Umfangr. detaill. Forschungen im Abschluß, Übersicht hierzu veröff., 1981. Mitarb. Bildbd.: v. T. A. v. Borsig Verborgene Kunstformen (1961); Toskana, Unbekannte roman. Kirchen (1973) - Liebh.: Photostud. kulturhist. Wege u. Zentren in versch. Erdteilen; klass. Musik; Zus.-hänge unter d. Strukturen v. Farben, Formen, Klängen - Spr.: Engl., Russ., Poln. - Bek. Vorf.: Dr. H. Ernst F., Kant-Forscher, Vater (1881-1950), Prof. Dr. Walter O. F., Tropenmediziner (1878-1962), Prof. Dr. Kuno F., Philosoph (1824-1907).

FISCHER, Erhard

Dr. rer. nat., o. Prof. f. Physik - Eichendorffstr. 7, 6500 Mainz-Gonsenheim - Geb. 16. Febr. 1929 Wiederau - S. 1962 (Habil.) Lehrtätigk. Univ. Mainz (gegenw. Ord.). Üb. 30 Fachveröff.

FISCHER, Erich
Dr. med., Prof., Chefarzt a.D. Radiolog. Abteilung/Robert-Bosch-Krkhs. (b. 1981) - Obere Burghalde 29, 7250 Leonberg 1 - Geb. 2. Jan. 1922 Ilsfeld b. Heilbronn - Promot. 1952 - S. 1964 (Habil.) Privatdoz. u. apl. Prof. (1970) Univ. Tübingen (Med. Strahlenkd.) - BV: D. occipitale Dysplasie, 1960 (m. Hermann Schmidt); Weichstrahlradiographie an d. Extremitäten. Üb. 140 Einzelarb.

FISCHER, Ernst Otto
Dr. rer. nat., Dr. rer. nat. h. c. mult., Dr. Sc. h. c., o. Prof. f. Anorgan. Chemie - Sohnckestr. 16, 8000 München 71 - Geb. 10. Nov. 1918 München (Vater: Prof. Dr. phil. Karl T. F., Physiker (s. X. Ausg.); Mutter: Valentine, geb. Danzer), ev., led. - TH München (Chemie, Naturwiss.; Promot. 1952) - 1954 Privatdoz. TH München, 1957 ao., 1959 o. Prof. (pers. Ord.) Univ. München, 1964 o. Prof. TH München. Fachveröff. 1957 Chemiepreis Göttinger Akad. d. Wiss., 1959 Alfred-Stock-Gedächtnispreis Ges. Dt. Chemiker; 1973 Nobelpreis (m. Geoffrey Wilkinson Engl.) - Liebh.: Gesch., Kunstgesch. - Spr.: Engl.

FISCHER, Ernst Peter
Dr. rer. nat., Dipl.-Phys., Privatdozent - Sonnenbühlstr. 65, 7750 Konstanz (T. 07531 - 6 13 16) - Geb. 18. Jan. 1947 Wuppertal, ev., verh. s. 1971 m. Renate, geb. Jacobs, 2 Töcht. (Christina, Dorothee) - Physikstud. Köln, Biol.-Stud. Pasadena/USA; Dipl. 1972 Köln; Promot. 1977 Konstanz; Habil. 1987 Konstanz - BV: Licht u. Leben, 1985; D. Welt im Kopf, 1985; Sowohl als auch, 1987; Gene sind anders, 1988; Kritik d. gesunden Menschenverstandes, 1989; E. Abenteuer wird besichtigt, 1990. Herausg.: Max Delbrück, Wahrheit u. Wirklichkeit (auch Übers., 1985); Ztschr. Aus Forsch. u. Med. (1986-88) - Mannheimer Forum (ab 1989) - 1980 Umschau Preis (Bechthold Med.); 1981 Preis Wiss. Ges. Univ. Freiburg - Liebh.: Musik (Querflöte) - Spr.: Engl., Hebr.

FISCHER, Erwin
Bundesanwalt Bundesgerichtshof (s. 1967) - Herrenstr. 45a, 7500 Karlsruhe - Geb. 21. Jan. 1913 - Zul. Bundesanw. BGH.

FISCHER, Erwin

Schriftsteller - Bergfried 20a, 2162 Steinkirchen (T. 04142 - 13 23) - Geb. 15. Okt. 1928 Königsberg/Ostpr., ev., verh. s. 1949 m. Edeltraut, geb. Glomb, S. Michael-Thomas - Volkssch. - 1948-69 Journ. (Redakt., verantw. polit. Redakt., Ressortchef Politik Hamburger Echo, dt. panorama, Quick) - BV: Kameradenessen, 1970; Vertreterbesuch, 1974; Meine Abenteuer m. d Tieren, 1987. Übers. u. a. USA, SU, Brasil., Bulg. - 1974 Intern. Satirikerpreis ALEKO; Goldmed. Sofia 1975 - Liebh.: Sammeln alter Bibeln - Lit.: Intern. Erzähler, Warna (1979).

FISCHER, Ferdinand
I. Bürgermeister - Rathaus, 8633 Rödental/Ofr. - Geb. 5. Juni 1918 Oeslau - stellv. Landrat.

FISCHER, Franz
I. Bürgermeister Stadt Waldsassen - Basilikaplatz 3, 8595 Waldsassen/Opf. - Geb. 25. Mai 1925 Mammersreuth - CSU.

FISCHER, Franz
Dr. phil., em. o. Prof. f. Vor- u. Frühgeschichte Univ. Tübingen (s. 1975) - Hausdorffstr. 91, 5300 Bonn 1 - Geb. 7. Jan. 1925 Pforzheim (Vater: Dr. Wolfgang F., Prof.; Mutter: Charlotte, geb. Waag), ev., verh. s. 1957 m. Dr. Eva-Maria, geb. Bossert, 2 Kd. (Barbara, Wolfgang) - Stud. Univ. Freiburg u. Tübingen; Promot. 1952 Tübingen, Habil. 1962 Tübingen. Zahlr. Fachveröff.

FISCHER, Franz
I. Bürgermeister - Rathaus, 8751 Elsenfeld/Ufr. - Geb. 26. Juni 1941 Elsenfeld - Zul. Verwaltungsamtm. CSU.

FISCHER, Fred
Dr. rer. nat., o. Prof. f. Physik - Schmüllingstr. 52, 4400 Münster/W. - Geb. 13. Mai 1927 Neustadt/Ofr. - Promot. 1954 - S. 1961 (Habil.) Lehrtätigk. Univ. Göttingen (1967 apl. Prof.) u. Münster (1968 Ord. u. Dir. Physikal. Inst.).

FISCHER, Friedrich Andreas
Dr. phil., Prof. f. Allg. Pädagogik - Kelterstr. 36/1, 7120 Bietigheim-Bissingen - Geb. 16. Sept. 1937 Hamburg (Vater: Gustav F., Kaufm. Angest.; Mutter: Hildegard, geb. Schade), ev., verh. s. 1977 m. Elvira, geb. Laule, 2 Kd. (Susanne u. Michael Bally aus 1. Ehe d. Frau) - 1947-55 Gymn. St. Georg Hamburg; 1955-61 Univ. Hamburg u. Erlangen (Dt., Gesch.). Promot. 1966 Hamburg - 1961-64 Schuldst. Hamburg; 1965-70 Mitarb. Inst. f. Polit. u. Wirtsch.; 1970-73 Wiss. Assist. Univ. ebd.; s. 1973 Doz. u. Prof. (1976) PH Ludwigsburg - BV: Studien z. historischen Essay u. z. histor. Porträtkunst, 1968; D. Bildungssystem d. DDR - Entwicklung, Umbruch u. Neugestaltung s. 1989, 1992.

FISCHER, Fritz
Dr. phil., Dr. phil. h.c., D. Litt. h. c., o. Prof. f. Mittl. u. Neuere Gesch. Univ. Hamburg (emerit. 1973) - Anne-Frank-Str. 19a, 2000 Hamburg 55 - Geb. 5. März 1908 Ludwigstadt/Ofr. (Vater: Max F., Eisenbahnoberinsp.; Mutter: geb. Schreider), verh. s. 1942 m. Margarete, geb. Lauth-Volkmann - Univ. Erlangen u. Berlin - 1935 Privatdoz. Univ. Berlin, 1942 ao., 1948 o. Prof. Univ. Hamburg - BV: Griff nach d. Weltmacht d. Kriegszielpolitik d. kaiserl. Dtschl. 1914-18, 1961, 4. A. 1970 (auch engl., franz., ital., japan.); Weltmacht oder Niedergang, 1965 (auch engl.); Krieg d. Illusionen - d. dt. Polit. 1911-14, 1969 2. A. 1970 (auch engl.); D. Erste Weltkrieg u. d. dt. Geschichtsbild, 1977; Bündnis d. Eliten. Z. Kontinuität d. Machtstrukturen in Dtschl. 1871-1945, 1979; Juli 1914: Wir sind nicht hineingeschlittert, 1983; Hitler war kein Betriebsunfall, 1992 - Ehrendoktor Univ. Sussex (1974), East Anglia (1981), Oxford (1983), Univ. Kassel (1988); Korr. Mitgl. British Academy (1984); Mitgl. PEN-Club; Mitgl. Kommiss. f. Gesch. d. pol. Parteien u. d. Parlamentarismus (s. 1953); Ehrenmitgl. American Historical Assoc. (1984) - Lit.: Festschr. z. 65. Geburtstag; Dtschl. in d. Weltpolitik d. 19. u. 20. Jh.s (1973) m. Beitrag üb. Leben u. Werk u. üb. d. F.-Kontroverse; Festschr. z. 70. Geburtstag: Ind. Ges. u. pol. System (1978); Festschr. z. 75. Geburtstag: Dt. Konservatismus im 19. u. 20. Jh. (1983).

FISCHER, Fritz
Dipl.-Kfm., Vorstandsmitglied Krupp Stahl AG (1984ff.) - Alleestr. 165, 4630 Bochum - Geb. 1936.

FISCHER, Gerd
Dr. rer. nat., o. Prof. f. Mathematik - Ziegeleiweg 36, 4000 Düsseldorf 13 - Geb. 3. Juni 1939 Nürnberg (Vater: Josef F., Oberregierungsrat; Mutter: Erna, geb. Burkas), 2 Kd. (Andrea, Xaver) - Prof. Univ. Regensburg, München, Düsseldorf - Gastaufenth. San Diego, Buenos Aires, Minneapolis, Straßburg, Frankfurt, Nizza. 1980/81 Vors. Dt. Mathematiker-Vereinig. - BV: Einf. in d. Algebra (m. R. Sacher), 1974, 2. A. 1978; Lineare Algebra, 1975, 6. A. 1980; Complex Analytic Geometry, 1976; Analytische Geometrie, 1978, 2. A. 1980; Mathematische Modelle, 1986; div. Veröff. in Ztschr.

FISCHER, Gerhard
Abgeordneter - Vahrer Str. 91, 2800 Bremen 44 - S. 1971 Mitgl. Brem. Bürgerschaft. SPD.

FISCHER, Gerhard
Dr. jur., Vorstandsmitglied Südd. Bodencreditbank AG, München - Rungestr. 15, 8000 München 71 - Geb. 6. Nov. 1930.

FISCHER, Gerhard
Dipl.-Ing., Inhaber u. Geschäftsf. Gustav Schade Maschinenfabrik, Dortmund-Schüren - Friegstr. 7, 4600 Dortmund-Kirchhörde - Geb. 26. Mai 1930.

FISCHER, Gert Ernst
Dr., Geschäftsführer Dt.-Südafrikan. Kammer f. Handel u. Industrie/South African-German Chamber of Trade and Industry - Parktown Ext. Napier Road 62, Johannesburg 62.

FISCHER, Günter
Dr. rer. nat., Prof. f. Geophysik, insb. Meteorologie - v.-Liliencron-Str. 8, 2085 Quickborn (T. 3311) - Geb. 17. Sept. 1924 Hamburg, ev., verh. s. 1958 m. Marion, geb. Böttker, 3 Kd. (Carina, Andreas, Jürgen) - Univ. Hamburg. Promot. u. Habil. Hamburg - B. 1966 Privatdoz., dann Prof. Univ. Hamburg. Spez. Arbeitsgeb.: Dynamik d. Atmosphäre. Fachveröff.

FISCHER, Hans
Dr. phil., Prof., Ordinarius f. Physische Geographie u. Länderkunde am Geograph. Inst. Univ. Wien - Kringsweg 2, 5030 Hürth (T. 02233 - 7 76 81); u. Am Modenapark 3, A-1030 Wien (T. 0222 - 713 99 32; dstl.: 0222 - 40103-2778) - Geb. 2. Nov. 1931 Hagenberg/Österr. (Vater: Johann v. Nepomuk F., Gastw.; Mutter: Maria, geb. Leitner), verw., 4 Kd. (Karin, Ursula, Martin, Markus) - Univ. Wien, Promot. 1964 - 1952-59 Lehrer, 1964-73 Univ.assist., 1973-82 Prof. Univ. Köln; s. 1982 Ord. Univ. Wien - BV: Luftbildatlas Österr. (Mitautor), 1969; Reliefgenerationen im Kristallinmassiv, Donauraum, Alpenvorland u. Alpenrand im westl. Niederösterr., 1979. Mithrsg. Geograph. Jahresbericht aus Österreich - Präs. Österr. Geogr. Ges.; Vors. Geomorphol. Kommiss. Österr. Geogr. Ges.

FISCHER, Hans
Dr. phil., o. Prof. f. Völkerkunde, Inst. f. Enthnologie Univ. Hamburg (s. 1967) - Rothenbaumchaussee 64a, 2000 Hamburg 13 - Geb. 14. Dez. 1932 Grottkau - Hermann-Lietz-Sch. Spiekeroog; Univ. Hamburg (Völkerkd.; Promot. 1956) - BV: Schallgeräte in Ozeanien, 1958; Watut, 1963; Studien üb. Seelenvorstell. in Ozeanien, 1965; Negwa - E. Papua-Gruppe im Wandel, 1968; Gabsongkeg '71, 1975; Wampar, 1978; D. Hamburger Südsee-Expedition - Üb. Ethnographie u. Kolonialismus, 1982; Warum Samoa? Touristen u. Tourismus in d. Südsee, 1984; Heilserwartung. Geister, Medien u. Träumer in Neuguinea, 1987. Herausg.: Ethnologie. E. Einf. (1983); Feldforschungen. Ber. z. Einf. in Probl. u. Meth. (1985); Völkerkunde im Nationalsozialismus (1990).

FISCHER, Hans
Dipl.-Volksw., Vorstandsmitglied a. D. Braunschweig-Hannoversche Hypothekenbank, Hannover (b. 1983) - Bergiusstr. 2b, 3300 Braunschweig (T. 0531 - 511405) - Geb. 27. Mai 1921 Berlin (Vater: Hans F., Chemiker; Mutter: Charlotte, geb. Seyfert), ev., verh. s. 1953 m. Annemarie, geb. Steuerwald, 2 Kd. (Martin, Thomas) - Banklehre, Wirtschaftsstud. Dipl.-Volksw. 1953 Göttingen.

FISCHER, Hans
Dr. med., Prof., Abteilungsvorsteher Anat. Inst. Univ. Freiburg (s. 1962) - Pfistergäßle 12, 7819 Denzlingen/Br. (T. 07666 - 25 25) - Geb. 20. Dez. 1914 Dortmund, ev., verh. s. 1944 m. Annemarie, geb. Engel, 2 Kd. (Thomas, Renate) - Gymn. Essen-Bredeney; Stud. Univ. Bonn, München, Freiburg - S. 1955 (Habil.) Lehrtätigk. Freiburg (1961 apl. Prof.). Fachveröff.

FISCHER, Hans Arwed
Dipl.-Ing., Vorstandsmitglied E. Holtzmann & Cie. AG/Holzstoff- u. Papierfabriken - 7561 Weisenbachfabrik/Murgtal - Geb. 16. Juni 1939.

FISCHER, Hans Konrad
Dr.-Ing., Physiker, Prof. f. Physik TH Aachen (s. 1976; apl.) - Am Hierespfädchen 26, 5170 Jülich-Stetternich - Geb. 11. Okt. 1929 Premnitz (Vater: Dr.-Ing. Eugen F., Chemiker; Mutter: Anne, geb. Merkel), ev., verh. s. 1958 m. Gertrud, geb. Rosbach, 5 Kd. (Dietrich, Wolfgang, Ute, Richard, Anne) - TH Stuttgart (Elektrotechnik; 1955 Dipl.-Ing.), Univ. Göttingen u. TH Aachen (Physik; Promot. 1959) - Wiss. Tätigk. KFA Jülich, Univ. Urbana (USA), ILL Grenoble (Frankr.). Spez. Arbeitsgeb.: Festkörperphysik - Spr. Engl., Franz.

FISCHER, Hans-Albert
Industriekaufmann, Inh. u. Geschäftsf. Fischer Elektronik u.a. - Germanenstr. 28, 5880 Lüdenscheid (T. 02351-2 17 03) - Geb. 27. März 1933 Lüdenscheid, ev., verh. s. 1956 m. Ulla, geb. Runde, Sohn Thomas - Berufsschl.; 1947-49 kaufm. Lehre Fa. Assmann & Söhne Lüdenscheid; 1947-68 Assmann & Söhne, Lüdenscheid oHG (zul. Verkaufsleit.); 1969 Gründ. Fischer Elektronik (Inh., Geschäftsf.); 1976 Gründ. Hellwig GmbH (Teilh.); 1977 Gründ. Fischer Metroplast GmbH (Inh., Geschäftsf.); 1984 Gründ. Mayflower Components/Boston (Mitinh., Vice-President); 1984 Gründ. Fischer Oberflächen Technik GmbH (Inh., Geschäftsf.). Zahlr. DGBM auf. d. Geb. Passive Elektron. Bauelemente - Liebh.: Jazzmusik, Skifahren - Spr.: Engl., Franz.

FISCHER, Heinrich
Arbeitsdirektor, Vorstandsmitgl. Adolf Schindling AG, Frankfurt/M. - Sodener Str. 9, 6231 Bad Schwalbach/Ts. - Geb. 17. April 1936 - Arbeitsrichter.

FISCHER, Heinz

Dr. rer. nat., Univ.-Prof. f. Geographie

u. Didaktik d. Geographieunterr. (Physische Geogr., Geoökol., Geogr. Medienkunde, Luftbildwesen u. Länderkunde) - Karthäuserhofweg 6, 5400 Koblenz - Geb. 14. Juli 1931 Göppingen (Vater: Hermann F., Kaufm.; Mutter: Gertrud, geb. Haug), ev., verh. s. 1959 m. Rotraut, geb. Schlumberger, 3 Kd. (Susanne, Rüdiger, Hans-Jörg) - Hohenstaufen-Obersch. Göppingen, Univ. Tübingen (Geogr., Geol., Biol., Chemie), Promot. b. H. v. Wissmann 1956; 1957-58 Stipendiat DFG (Wirtschaftsräuml. Gliederung d. Bundesrep.); 1959-66 höh. Schuldst. (Gymn. Leonberg u. Stuttg.); 1966-71 Ref. f. Landesbeschreib. b. Bundesforschungsanst. f. Landeskd. u. Raumordnung; s. 1971 Ord. Univ. Koblenz/Landau/Abt. Koblenz. Gleichz. Leit. Sonderforsch.ber. GEODOK u. Gutachter f. Landespflege u. Naturschutz. Bücher, Lehrfilme u. Aufs. (u. a. Landeskunde v. Rhpf.; Ostfriesland; Süddtschl.; dazu: Luftbildinterpretation; Geomorphol.; geogr. Methodik u. Didaktik; naturräuml. Gliederung; Geomorphol. Detailkart. (GMK); Ostengland; Geoökologie) - Preisträger d. ZA f. dt. Landeskunde (1960, 1961, 1964); 1984 Fellow of Royal Geographical Society, London. Reserveoffz. Bundeswehr, 1989 Ehrenkreuz in Gold; Mitgl. Ges. f. Wehrkd. - Liebh.: mittelalterl. u. neue Gesch., Schießsport - Spr.: Engl., Franz.

FISCHER, Heinz-Dietrich

Dr. paed., Dr. phil. habil., Prof. f. Publizistik- u. Kommunikationswissenschaft Univ. Bochum/Fak. f. Phil., Päd. u. Publiz. (s. 1974), u. f. Medizinpubliz./Medizinkommunikation in d. Med. Fak. Univ. Bochum (s. 1988) - Äskulapweg 28, 4630 Bochum 1 (T. 0234 - 70 24 59) - Geb. 1. Mai 1937 Blankenstein/Ruhr (Vater: Heinrich F., Kaufm.; Mutter: Gertrud, geb. Skiba), ev., verh. s. 1965 m. Dr. Erika, geb. Schmidt - Realsch.; n. ext. Abit. (West-Berlin) Stud. Publiz., Kommunikationswiss., Politikwiss., Gesch., Öfftl. Recht u. a. Berlin, Zürich, Münster; 2 × Promot. - 1968/69 Visit. Prof. Univ. Columbia (USA), 1969/70 Univ. Köln, s. 1970 Ruhr-Univ. Bochum (Habil. 1972); Prof. f. Publiz. u. Kommunikationswiss. Ruhr-Univ. Bochum (s. 1974). Intern. Vice Pres. f. Germany of the Intern. Foundation f. Biosocial Development and Human Health (USA) - BV: D. gr. Zeitungen, 1966; Parteien u. Presse in Dtschl. s. 1945, 1971, 2. A. 1981; Communicaçao International, 1975 (São Paulo);International and Intercultural Communication, 1976 (New York); D. Presseräte d. Welt, 1976; Rundfunk-Intendanten, 1979; Entertainment - A Cross-Cultural Examination, 1979 (New York); Education in Journalism, 1980; Chefredakteure, 1980; Regierungssprecher, 1981; Handb. d. polit. Presse 1480-1980, 1981; Dt. Kommunikationskontr. d. 15.-20. Jh., 1982; Ausl.-Korresp., 1982; Kritik in Massenmedien, 1983; FS-Moderatoren, 1983; Outstanding Intern. Press Reporting, 1984; Publikumsztschr. in d. BRD, 1985; Kommunikations-Diplomaten im intern. Dialogsystem, 1985; Berlin, Medizin u. Medien, 1986; Pioniere d. Nachkriegspublizistik, 1986; Journalismus üb. Publizistik, 1987; Intern. Reporting, 1987; Beispielhafter Journalismus, 1987; Handb. d. Medizinkommunikation, 1988; D. American Way of Life entlang, 1989; Freie Mitarbeiter in publiz. Berufen, 1989; Grundl. d. Medizinpubliz., 1990; The New York Times Facing World War II, 1990; Publizistikwiss. u. Medizinkommunikation im dt.-spr. Raum, 1990; Social Commentary, 1991; Medienverb. in Dtschl., 1991; Medicin, Media and Morality, 1992; Cultural Criticism, 1992 - Spr.: Engl., Franz., Niederl.

FISCHER, Heinz-Joachim

Dr. phil., Journalist, Italien- u. Vatikan Korresp. d. FAZ - Via Flaminia 497, I-00191 Roma - Geb. 6. Juni 1944 Meseritz/Grenzm., kath., verh. - Human. Gymn. Canisius-Kolleg Berlin; Stud. Kunstgesch., Phil., Theol. Rom, Publiz. u. Polit. Wiss. München; Lic. theol. 1970 u. Promot. 1973 Gregoriana Rom - S.

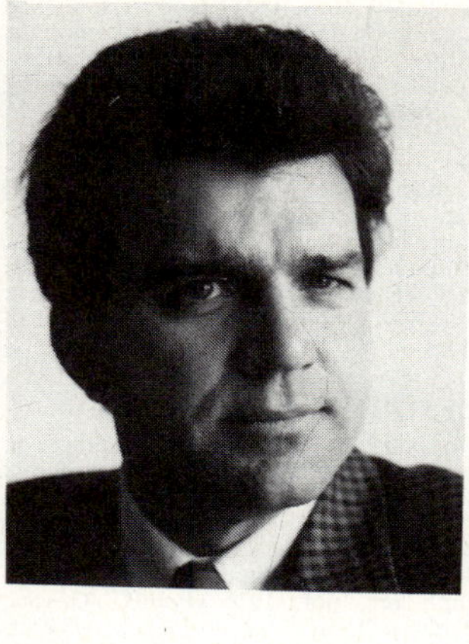

1974 FAZ; 1978ff. wie oben - BV: Kunst-Reiseführer Toskana, 1986; Rom, 1986; Süd-Italien, 1986; Umbrien, 1989; Italien, 1990; D. heilige Kampf. Gesch. u. Gegenwart d. Jesuiten, 1987. Veröff. üb. Theol., kath. Kirche, Italien - Journalisten-Preise: Premio Roma, Premio Goethe.

FISCHER, Helene (Leni)

Konrektorin a. D., Hausfrau, MdB (Landesliste NRW) - Emsdettener Str. 12, 4445 Neuenkirchen (T. 05973 - 36 90) - CDU.

FISCHER, Helmar Harald

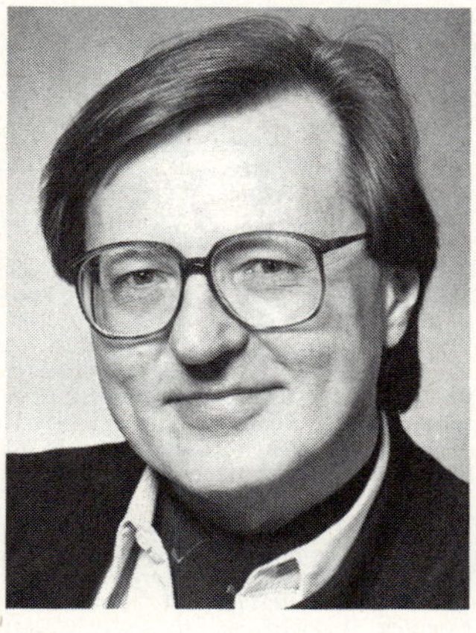

Autor, Filmemacher, Übers., Herausg. - Biggestr. 13, 5000 Köln 41 (T. 0221 - 406 07 30) - 1968-72 Chefdramat. Stadttheater Aachen; 1972-78 Chefdramat., Stellv. d. Generalint., Spielleit. u. Schausp. Staatstheater Braunschweig; 1978/79 Pers. Ref. u. Stellv. d. Generalint. Hess. Staatstheater Wiesbaden; 1979-85 Lektor im S. Fischer Verlag, verantwortl. Dramat. d. Theaterverlags.

FISCHER, Helmut

Dr. jur., Landrat Kr. Garmisch-Partenkirchen (s. 1984) - Olympiastr. 10, 8100 Garmisch/Obb. (T. 8821-5 14 54); priv.: Schmädlgasse 4, 8103 Oberammergau - Geb. 26. Nov. 1932 Oberammergau, kath., verh., 2 Kd. - Zul. Rechtsanw. Garmisch. CSU - Mehrm. Mitwirk. Passionssp. (1970 Christus-Darst.).

FISCHER, Helmut

Dr. med. vet., em. o. Prof. f. Trop. Veterinärmed. u. Direktor Inst. f. Trop. Veterinärmed. Univ. Gießen (1964-84) - Dstl.: Wiss. Zentr. Tropeninst., Hofmannstr. 10, 6300 Giessen; priv.: Dorf-Güller-Str. 18, 6301 Pohlheim 2 - Geb. 9. Sept. 1915 Berlin - 1954-60 o. Prof. f. Tierzucht Univ. Indonesia, Bogor; 1961-64 Ltd. Tierzuchtbeamter Bundesstaat Malaya; 1974/75 Reg. Ber. Landw. Min. Bangkok/Thailand - BV: Erbpathol. d. landw. Haustiere, 1957 (m. Koch u. Schumann); Handb. d. Landw. u. Ernährung in d. Entw.ländern (Beitr.: Wasserbüffel), 1971. Zahlr. Einzelveröff. üb. Fragen d. Tiergesundheit u. tier. Produktion, Zytogenetik, Physiol. u. Pathol. d. Fortpflanzung trop. Nutz- u. Wildtiere - Mitgl. zahlr. nationaler u. intern. wiss. Ges.

FISCHER, Helmut G.

Dr., Dipl.-Kfm., Geschäftsführer Procter & Gamble GmbH., Schwalbach - Dstl: Sulzbacher Str. 40, 6231 Schwalbach (Taunus).

FISCHER, Herbert

Dr. med., Prof. i.R., Dermatologe, Phlebologe - Heinlenstr. 28, 7400 Tübingen-Derendingen (T. 7 84 22) - Geb. 26. Febr. 1919 Brettheim/Württ. (Vater: Friedrich F., Oberlehrer; Mutter: Ernestine, geb. Trump), ev., verh. s. 1943 m. Gisela, geb. Littmann, S. Thomas - Promot. 1943 Berlin; Habil. 1961 Tübingen - S. 1945 Univ. Tübingen (b. 1956 Med., dann Hautklinik; 1967ff. apl. Prof.); 1982-91 Präs. Dt. Ges. f. Phlebol. u. Proktol. - BV: Klinik parasitärer Erkrankungen, 1959 (m. R. Schubert); D. chronisch-venöse Insuffizienz, 1969 (m. H. Schneider). Zahlr. Einzelarb., u. a. in: Klinik d. Gegenw. (auch ital. u. span.) u. im Handb. d. Haut- u. Geschlechtskrankh.

FISCHER, Hermann

Fabrikant, Inh. HESSISCHE OELWERKE A. Fischer u. Sohn, Bad Vilbel, Geschäftsf. HESSOL Tank GmbH ebd., Präs. IHK Friedberg, AR-Vors. Bad Vilbeler Volksbank eG, Bad Vilbel, u. UNITI-Kraftstoff GmbH, Hamburg, stv. Vors. UNITI Bundesverb. mittelständ. Mineralöluntern. ebd., AR VDO Adolf Schindling AG, Schwalbach/Ts., stv. Beiratsvors. f. Hessen, Rhld.-Pfalz, Saar, u. R+V Versich. im Raiffeisen-Volksbankenverb., Frankfurt, Vorst.-Vors. Stiftg. Hess. Jägerhof/Jagdschloß Kranichstein - Friedberger Str. 87-97, 6368 Bad Vilbel - Geb. 17. Nov. 1922 - BVK am Bde. - Liebh.: Jagd.

FISCHER, Hermann

Abteilungspräsident Wehrbereichsverwaltung I - Feldstr. 234, 2300 Kiel 1 - Geb. 28. Jan. 1945.

FISCHER, Hermann

Dr. phil., em. Prof. f. Anglistik - Seybothstr. 54a, 8000 München 90 - Geb. 26. Febr. 1922 Regensburg (Vater: Ernst F., Vizepräs. †; Mutter: Luise, geb. Lang †), kath., verh. s. 1964 m. Eva-Maria, geb. Reinhardt, 2 S. (Sebastian, Benedikt) - Univ. München u. Bristol. Staatsex. (1955) u. Promot. (1957) München - S. 1962 (Habil.) Lehrtätigk. Univ. München (Privatdoz.) u. WH bzw. Univ. Mannheim (1965-87 Ord. u. Inst.dir.). S. 1987 Ehrenvors. d. Ges. f. engl. Romantik - BV: D. romant. Verserzählung in England - Versuch e. Gattungsgesch., 1964, engl. Neubearb.: Romantic Verse Narrative, 1991; Engl. Barockgedichte, 1971 (Engl./Dt.). Herausg. u. Übers.: William Wordsworth, Präludium oder D. Reifen e. Dichtergeistes (1974); D. Grenzgänger (1992) - Liebh.: Musik - Spr.: Engl., Franz.

FISCHER, Hermann

Dr. phil., Prof. f. Dt. Sprache u. Lit. PH Weingarten (s. 1987) - Karl-Kuppinger-Str. 26, 7417 Pfullingen - Geb. 15. Dez. 1932 (Vater: Gustav F., Bürgerm. in Pfullingen) - Doz.; 1972-87 Prof. PH Reutlingen - BV: Volkslied, Schlager, Evergreen, 1965. Herausg.: Pfullingen einst u. jetzt (1982); Schwäb. Handwörterb. (1986, 2. A. 1991); Wie dr Schwob schwätzt. Reiz u. Reichtum d. schwäb. Mundart (1990). Zahlr. Fachaufs.

FISCHER, Hermann

Dr. theol., Prof. f. Systemat. Theologie - Schwarzpappelweg 12, 2000 Hamburg 65 - Geb. 18. Mai 1933 Cuxhaven (Vater: Walter †; Mutter: Lina, geb. Schmidtke), ev., verh. s. 1960 m. Brigitte, geb. Pfeiffer, 4 Kd. (Elisabeth, Dorothea, Andreas, Matthias) - Promot. 1960 Göttingen; Habil. 1964 Mainz - S. 1969 Prof. Univ. Mainz (1971 wiss. Rat u. Prof.) u. Hamburg (1974 o. Prof.). 1981-91 Vizepräs. Ernst-Troeltsch-Ges. - BV: Subjektivität u. Sünde. Kierkegaards Begriff d. Sünde m. ständ. Rücksicht auf Schleiermachers Lehre v. d. Sünde, 1963; Christl. Glaube u. Gesch. Vorauss. u. Folgen d. Theol. Friedrich Gogartens, 1967; D. Christol. d. Paradoxes. Z. Herkunft u. Bedeut. d. Christusverständnisses Sören Kierkegaards, 1970; Systematische Theologie, 1992. Herausg.: Anthropol. als Thema d. Theol. (1978); Paul Tillich. Stud. zu e. Theologie d. Moderne (1989). Mithrsg.: Krit. Gesamtausg. d. Werke Schleiermachers, (1980ff.); Schleiermacher-Archiv, (1985ff.).

FISCHER, Horst

Dr. rer. nat., Dipl.-Phys., Mitglied d. Bereichsvorstandes Siemens AG - Balanstr. 73, 8000 München 80 - Geb. 14. Febr. 1941 Esslingen.

FISCHER, Jens Malte

Dr. phil., Prof. f. Theaterwiss. Univ. München - Kunigundenstr. 50, 8000 München 40 - Geb. 26. Dez. 1943 (Mutter: Anneliese Schlosshauer, Sängerin u. Gesangspäd.), verh. - Stud. Univ. Saarbrücken, München (German., Gesch., Musikwiss.); Promot. 1972 Saarbrücken; Habil. (Neuere Dt. Lit.wiss.) 1978 Siegen, u. (Allg. Lit.wiss.) 1986 Siegen - BV: Karl Kraus. Theater d. Dichtung u. Kulturkonservatismus, 1973; Karl Kraus, 1974; Fin de siècle, 1978; Filmwiss. - Filmgesch., 1983; Oper u. Operntext, 1985; Oper - d. mögliche Kunstwerk, 1991. Herausg.: Psychoanalyt. Lit.interpretation (1980). Mithrsg.: Dt. Literaturgesch. V. d. Aufklärung b. z. Romantik (1981); Phantastik in Lit. u. Kunst (2. A. 1985); Erkundungen. Beitr. zu e. erweit. Literaturbegriff (1987). Üb. 50 Aufs. in Fachztschr. - Spr.: Engl., Franz., Ital.

FISCHER, Johannes

Prof. Hochsch. f. Musik München, Konzertpianist - Neugarten 18, 8210 Prien - Geb. 1936 Leipzig - Vizepräs. d. Beethoven-Ges. München; Interpret Klaviermusik d. 20. Jh. - Herausg. sämtl. Klaviersonaten Beethovens u. d. Münchener Beethoven-Studien; in Edition Peters; zahlr. Veröff. üb. Spezialthemen i. B's. Klavierwerk; Rundf.aufnahmen u. Interviews. Schallplatten. Zahlr. Werkausg.

FISCHER, Joschka

Hessischer Minister f. Umwelt, Energie u. Bundesangelegenheiten u. stv. Min.-präs. - Mainzer Str. 80, 6200 Wiesbaden - Geb. 12. April 1948 Gerabronn - 1985-87 Hess. Min. f. Umwelt u. Energie. S. 1982 Mitgl. d. Grünen; 1983-85 MdB; 1985-87 stv. Mitgl. d. Bundesrates; 1987-91 MdL Hessen, 1987-91 Vors. d. GRÜNEN-Landtagsfraktion; s. April 1991 s. o. - BV: V. grüner Kraft u. Herrlichkeit, 1984.

FISCHER, Jürgen

Dr. phil., Generalsekretär Westd. Rektorenkonfz. i. R. (1954-80) - Lotharstr. 159, 5300 Bonn 1 - Geb. 22. Juli 1923 Bremerhaven (Vater: August F., Schiffsing.; Mutter: Margarethe, geb. Brede), ev., verh. s. 1966 m. Monique, geb. Leandri - Oberrealsch. Bremerhaven; 1946-52 Univ. Göttingen (Gesch., Religionswiss., German.) - 1951-53 Dt. Studentenw. - BV: Oriens - Occidens - Europa/Gesch. d. Europabegriffs, 1957. Üb. 250 Aufs. z. Hochschul- u. Bildungspolitik - Kriegsausz. (EK II u. I); 1968 Palmes Academiques; 1979 Legion d'Honneur; BVK I. Kl. - Liebh.: Gesch., Dichtkunst - Spr.: Franz., Engl.

FISCHER, Jürgen

Leitender Dramaturg d. Schauspiels Staatstheater Wiesbaden (s. 1992) - Hess. Staatstheater, Postf. 32 47, 6200 Wiesbaden - 1970 Chefdramat. Heidelberg, 1972 Bochum, dann Schausp. Frankfurt,

Staatl. Schausp.bühnen Berlin, D'dorfer Schausp.haus., Theater Krefeld/Mönchengladbach - Übersetzer engl.- u. franz.sprach. Theaterautoren (Terson, Livings, Behan, Brenton, Arrabal, Woody Allen, Poliakoff, Sobol u. a.).

FISCHER, Jürgen

Dr. med., Prof., Chefarzt d. Klinik Norderney d. LVA Westfalen - Südwesthörn 12, 2982 Norderney (T. 04932 - 8 14 24) - Geb. 11. Juni 1946 Lilienthal, ev., verh. s. 1976 m. Ulrike Eggers, T. Amélie - Med.stud. 1965-71 Göttingen, Innsbruck, Lübeck; Promot. 1974 Lübeck; Habil. 1982 Freiburg - 1980 Internist u. Pneumol.; 1988 Dir. d. Inst. f. Rehabil.forsch. Norderney; 1991 apl. Prof. Freiburg.

FISCHER, Kai

Schauspielerin - Adalbertstr. 38, 8000 München - Geb. 18. März 1936, led. - Abitur - S. 1955 ca. 120 Film- u. Fernsehrollen, u.a. Angst d. Tormanns b. Elfmeter (1972), Lena Reis (1982), Beate S., Tatorte. Theater (1982): D. Widerspenstigen Zähmung, Helden, Viel Lärm um Nichts.

FISCHER, Karl

Dr. phil. nat. (habil.), o. Prof. f. Kristallographie Univ. Saarbrücken (s. 1964) - Knobelsdorffstr. 24a, 6600 Saarbrücken (T. 3 62 01) - Geb. 4. Juli 1925 Zwickau - Zul. Privatdoz. Univ. Frankfurt.Fachaufs.

FISCHER, Kaspar

Schauspieler, Autor, Zeichner - Tobelweg 26, CH-8706 Feldmeilen (T. 01 - 923 01 73) - Geb. 19. Mai 1938 Zürich, 3 Kd. (Paul, Agnes, Ernst) - Abit. Zürich, Max-Reinhardt-Seminar Wien - 1961-63 Engagement Graz, 1963-67 Kammersp. München - BV: Metamorphose I u. II (Zeichn.); M. Hänsel u. Gretel durch d. Jahr (R.); D. Kellner (Theater); Entlassungen aus d. Hölle (Zeichn.). Mondkuchen u. Fledermäuse (Aufs.); D. Klostermagaziner, R.; Relief u. Schmiertuch (Erz). Stücke: Zirkus (1963); E. Mensch wird gemacht (1968); In Indien (1970); D. Kellner (1972); D. König (1976); Zuschauer im Hirn (1979); Im Himmel (1982); Yuya u. d. Zauberer (1985); D. Inselfisch (1986); D. Omelettenheilige (1988); Pitzl (1989); D. Lebensbaum (1991) - Ausst.: Nationalgalerie Berlin (1978), Strauhof Zürich (1983) - 1981 Dt. Kleinkunstpreis.

FISCHER, Klaus

Schriftsteller - Christophstr. 16, 7570 Baden-Baden - Geb. 30. Juni 1930 Worms, ledig - Stud. Soz. u. Gesch. Univ. Heidelberg, Paris u. München - Rundfunkautor, wiss. Berater d. Fernsehens, zahlr. Hörsp. u. lit. Hörfolgen - BV: Faites votre jeu, 1977; Baden-Baden erzählt, 1985; Russen in Baden-Baden, Ess. 1988; Baden-Baden, Bildbd. 1990 - Spr.: Franz., Ital.

FISCHER, Klaus

Dr. med., Prof., Direktor Ev. Diakonissenanst. Bremen, Präs. Dt. Ges. f. Anästhesiologie u. Intensivmed. (1989/90) - Feldhäuser Str. 42, 2804 Lilienthal (T. 04298 - 14 00) - Geb. 3. Mai 1936 Berlin, ev., verh. s. 1966 m. Dagmar, geb. Urban, 2 Kd. (Claudia, Boris) - Staatsex. in Med. 1961; Promot. 1964 - 1968 Facharzt f. Anästhesie; 1968-78 Oberarzt Abt. Anästh. Univ.-Klin. Kiel; 1978 Chefarzt Ev. Diakonissenanst. Bremen, s. 1980 Ärztl. Dir. ebd. - BV: D. Einfluß v. Anaesthetica auf d. Kontraktionsdynamik d. Herzens, 1979 - 1978 Karl Thomas-Preis Dt. Ges. f. Anästhesie - Spr.: Engl., Franz.

FISCHER, Klaus

Dr. rer. nat., o. Prof. f. Phys. Geographie Univ. Augsburg (s. 1974) - Oberschönenfelder Str. 23 1/2, 8900 Augsburg 28 - Geb. 3. Okt. 1937 Gablonz - Promot. 1962; Habil. 1969 - Zul. Wiss. Rat u. Prof. Bücher u. Aufs.

FISCHER, Klaus

Dr. phil., Prof., Kunsthistoriker - Im Kottsiefen 10, 5330 Königswinter 41 - Geb. 23. Nov. 1919 Zittau - Verh. s. 1957 m. Christa-Maria, geb. Mrasek (Dipl.-Bibl.) - Sohn Daniel - Habil. 1966 Univ. Bonn - S. 1966 Lehrtätigk. Univ. Bonn (1970 Wiss. Rat u. Prof., Seminar f. Oriental. Kunstgesch.) - BV: Caves and temples of the Jains, 1956; Schöpfungen indischer Kunst v. d. frühesten Bauten u. Bildern b. z. mittelalterl. Tempel, 2. A. 1961; Nimruz, Geländebegehungen in Sistan, 1974; Dächer, Decken u. Gewölbe indischer Kultstätten u. Nutzbauten, 1974; Ind. Baukunst islam. Zeit, 1976; Erotik u. Askese in Kult u. Kunst d. Inder, 1979; Architektur d. indischen Subkontinents, 1987 - Lit.: Festschr. f. K. F.: Aus d. Osten d. Alexanderreiches, 1984.

FISCHER, Konrad

Geschäftsf. Gesellsch. Eisen-Fischer GmbH & Co. KG, Eisen, Eisenwaren, Sanitär, Heizungs- u. Bauelemente-Großhandlung, Limburg. Ehrenpräs. IHK Limburg - Laibachstr. 8, 6250 Limburg/Lahn - Geb. 16. Juli 1914 Limburg.

FISCHER, Konrad

Dr. med. (habil.), Prof., Abteilungsdirektor Univ.s-Kinderklinik Hamburg (1969) - Stresemannallee 19b, 2000 Hamburg 54 (T. 560 10 25) - Geb. 2. Okt. 1924 Wandlitz (Vater: Paul F., Lehrer), verh. (Ehefr.: Brigitte) - B. 1966 Privatdoz., dann apl. Prof. Hamburg (Kinderheilkd. u. Immunhämatol.).

FISCHER, Kurt

Vorstandsvorsitzender Stadtsparkasse Hannover - Raschplatz 4, 3000 Hannover 1 (T. 0511 - 346 21 01) - Geb. 23. März 1932 Schlüchtern - Höh. Fachprüf. am Lehrinst. f. d. Sparkassen- u. Kreditwesen - S. 1966 Vorst. Spark. Wuppertal u. Hannover - Spr.: Engl.

FISCHER, von, Kurt

Dr. phil., o. Prof. f. Musikwissenschaft - Laubholzstr. 46, 8703 Erlenbach/Schweiz (T. Zürich 915 32 65) - Geb. 25. April 1913 Bern (Vater: Prof. Dr. Eduard. v. F., Botaniker; Mutter: Hanna, geb. Gruner), protest., verh. s. 1940 m. Esther, geb. Aerni, 2 Kd. (Beat, Catherine) - Gymn., Univ. u. Konservat. Bern (Klavierdipl. 1936). Promot. 1938 Bern; Habil. 1948 Bern - 1938-57 Lehrer Konserv. Bern (Klav., Stilkd.); 1957-79 Ord. Univ. Zürich. 1967 Gastprof. Univ. of Illinois. 1967-72 Präs. Intern. Ges. f. Musikwiss. - BV: Griegs Harmonik, 1938; D. Bezieh. v. Form u. Motiv in Beethovens Instrumentalwerken, 1948 (Repr. 1972); Stud. z. ital. Musik d. Trecento, 1956; D. Variation, 1956 (auch engl.); Arthur Honegger, 1978; Ess. in Musicology, 1989. Herausg.: Krit. Editionen v. Mozarts Klaviervariationen (1961) u. Lassos Passionen (1961), 2 Bde. d. Quellenkatalogs v. Handschr. d. 14. b. 16. Jh. (1972), Polyphonic Music of the 14th-Century - Ital. Sacred Music, 2 Bde. (1976 u. 1987). Hrsg. d. Reihe „Polyphonic Music of the 14th Century". Mithrsg.: Hindemith-Ausg. (1970ff.) - 1968 Corresp. Mitgl. Akad. d. Wiss. u. d. Lit., Mainz; 1974 Corresp. member Brit. Acad.; 1975 Ehrenbürger Certaldo/Ital.; 1979 Korresp. Mitgl. Slowen. Akad. Ljubljana; 1980 Amer. musicolog. Society; 1980 Nägeli-Med. Stadt Zürich; 1987 Ehrenmitgl. Intern. Ges. f. Musikwiss. - Liebh.: Musizieren - Spr.: Franz., Engl., Ital. - Bek. Vorf.: Albrecht v. Haller, Jacob Burckhardt (Urgroßonkel).

FISCHER, Kurt

Dr. phil., Flottillenadmiral, Führungsstab d. Marine - Bundesmin. d. Verteidigung, Hardthöhe, 5300 Bonn 1 - Geb. 17. Jan. 1937.

FISCHER, Kurt Gerhard

Dr. phil., Prof. f. Didaktik d. Gesellschaftswissenschaften Univ. Gießen i. R. (s. 1986) - Via Caravaggio 6, I-57021 Campiglia M.ma (LI) - Geb. 5. Jan. 1928 Leipzig (Vater: Franz F., Lokomotivf.; Mutter: Magdalene, geb. Michael) - Gymn.; Stud. Päd., Phil., Psych. Leipzig u. Frankfurt/M. (Promot. 1952) - 1950-55 Wiss. Assist.; 1955-58 Lehrer; s. 1962 Doz. u. Prof. (1972) - BV: D. Päd. d. Menschenmögl. - Adalbert Stifter, 1962; Einf. in d. polit. Bildung, 3. A. 1973; Zur Sache Bildung - Italien, 1970. Hrsg.: Z. aktuellen Stand d. Theorie u. Didakt. d. Polit. Bi., 4. A. 1980; Schulbücher u. a. - 1964 Österr. Ehrenkreuz f. Kunst u. Wiss. - Spr.: Engl., Ital.

FISCHER, Laurent

Dr. phil., Journalist, Geschäftsführer u. Verleger Nordbayer. Kurier, Bayreuth - Theodor-Schmidt-Str. 17, 8580 Bayreuth (T. 0921 - 29 41 40) - Geb. 8. Aug. 1948 Bayreuth (Vater: Walter F., Chefredakt.; Mutter: Yvonne, geb. du Cailar) - Dipl. rer. pol. 1975 (Politik, Gesch., Publiz.), Promot. 1979 - 1982 Geschäftsf. Druckhaus Bayreuth mbH; 1982 Geschäftsführer u. Verleger Nordbayer. Kurier GmbH u. Co. KG; Vorst.-Mitgl. VBZV - Verb. Bayer. Ztg.verleger, München; Mitgl. d. Delegiertenvers. d. BDZV, d. Arbeitsgr. Journalistenausb. d. BDZV; AR-Mitgl. d. WIGO; Beirat d. Akad. d. Bayer. Presse, d. Versorgungswerks d. Presse, d. Versorgungskasse d. Presse, im Ind.- u. Handelsgremium d. IHK Bayreuth.

FISCHER, Leni,

geb. Lechte

Stv. Direktorin a. D., Hausfrau, MdB (s. 1976) - Emsdettener Str. 12, 4445 Neuenkirchen/Kr. Steinfurt (T. dstl.: 0228 - 16 54 64) - Geb. 18. Juli 1935 Haltern Kr. Recklinghausen, kath., verh., 3 Kd. - N. Abit. Rheine (1955) Univ. Münster (Engl., Franz., Gesch.). Ex. 1959 - Ab 1959 Realschuldst. (1969 Neuenkirchen). Ratsmitgl. Neuenk. (b. 1980). CDU s. 1968 (1975-86 Landesvors. Frauenvereinig. Westf.-Lippe, s. 1987 Landesvors. d. Frauen-Union d. CDU NRW, stv. Bundesvors. Frauen-Union; Mitgl. Landesvorst. Westf.-Lippe, davon stv. Landesvors. 1983-86, seitd. Mitgl. im Landesvorst. Nordrh.-Westf.). S. 1985 Mitgl. d. berat. Vers. d. Europarates u. d. Westeurop. Union; stv. Mitgl. im Aussch. f. Jugend, Familie, Frauen u. Gesundh., Mitgl. im Verteidigungsaussch., im Unteraussch. Menschenrechte u. Humanitäre Hilfe u. s. 1982 Obfrau im Aussch. f. wirtschaftl. Zusammenarb. d. Dt. Bundestages; s. 1982 stv. entw.polit. Sprecherin d. CDU/CSU-Bundestagsfrakt.; Vertreterin d. CDU/CSU-Bundestagsfrakt. im Dt. Komitee f. UNICEF, u. s. 1980 stv. Vors. d. Gruppe d. Frauen d. CDU/CSU-Bundestagsfrakt.

FISCHER, Lothar

Dipl.-Mathematiker, MdB (Wahlkr. 248/Homburg) - Berliner Str. 50, 6650 Homburg (T. 06841 - 7 20 45) - Geb. 21. Juni 1942 Homburg/Saar, ev., verh. - 1956/57 Ausb. Zollagentur; Gymn. (Abit. 1963); Stud. Math. u. Physik; Diplom 1968 - 1968-73 Assist. Math.Inst. Univ. d. Saarlandes; 1969-80 Math. u. Physiklehrer Gymn. - SPD s. 1966 (Juso-AG- Vors., Juso- Unterbez.vors., stv. Stadtverb.vors., Unterbez.vorst.mitgl., 1974-80 Kreistagsmitgl., 1979-80 ehrenamtl. Kreisbeigeordneter, 1981 stv. Unterbez.vors.).

FISCHER, Lothar

M.A., Schriftsteller, Maler, Zeichner, Kunstpädagoge - Schlüterstr. 17, 1000 Berlin 12 (T. 030 - 3122114) - Geb. 24. Dez. 1932 Freital - Stud. 1958-61 PH Berlin, 1961-62 Western Michigan Univ. USA; 1965-79 Beir. f. Bild. Kunst, 1976-83 Fachbereichslt. Bert-Brecht-Bildungszentr. - BV (Monogr.): Max Ernst, 1969; George Grosz, 1976; Heinrich Zille, 1979; Otto Dix - e. Malerleben in Dtschl., 1981; Anita Berber 1918-28 in Berlin, Tanz zw. Rausch u. Tod, 1984 - Kunstr. Surrealismus, Neo-Dada - Spr.: Engl.

FISCHER, Lothar

Dipl.-Kfm., Hauptgeschäftsführer Dt. Fischerei-Verb./Union d. Berufs- u. Sportfischer, Hamburg - Heidekamp 78, 2110 Buchholz/Nordheide - Geb. 4. Jan. 1939.

FISCHER, Ludwig

Dr. phil., Prof. f. Dt. Literaturwissenschaft - Stockkamp 20, 2000 Hamburg 52 - Geb. 28. Mai 1939 Leipzig - Stud. Biol., German., Ev. Theol., Allg. Rhetorik Tübingen, Basel, Zürich - 1968-70 Lektor Univ. Stockholm; 1971-76 Wiss. Assist. TU Berlin; s. 1976 Privatdoz., s. 1978 Ord. Univ. Hamburg - BV: Gebundene Rede, 1968; D. Produktion v. Kopfarbeitern, 1974; D. luth. Pamphlete gegen Thomas Müntzer, 1976; Zeitgenosse Büchner, 1979; Literatur in d. Bundesrep. b. 1967, 1986 - Spr.: Schwed., Engl.

FISCHER, Lutz

Dr. oec. publ., o. Prof. f. Allg. Betriebswirtschaftslehre u. betriebsw. Steuerlehre - Strandweg 98 A, 2000 Hamburg 55 (T. 86 31 84) - Geb. 25. Jan. 1939 Wuppertal (Vater: Alois F.; Mutter: Hildegard, geb. Justus) - Stud. Univ. München (Promot. 1963, Habil. 1968) - B. 1970 Ord. FU Berlin, dann Univ. Hamburg.

FISCHER, Manfred

Pfarrer, geschäftsf. Direktor Ev. Akademie Bad Boll (s. 1988) - Zu erreichen üb. Ev. Akad. Bad Boll, 7325 Bad Boll (T. 07164 - 79-1) - Zul. Dir. Ev. Akad. (s. 1980); vorher Gemeinde- u. Studentenpfarrer Stuttgart-Hohenheim.

FISCHER, Manfred

I. Bürgermeister Stadt Langenzenn - Rathaus, 8506 Langenzenn/Mfr. - Geb. 2. März 1941 Nürnberg - Maschinenbauing. - CSU.

FISCHER, Manfred Frithjof

Dr. phil., Prof., Ltd. Direktor Denkmalschutzamt d. Freien u. Hansestadt Hamburg (s. 1973) - Hamburger Str. 45, 2000 Hamburg 76 - Geb. 12. Febr. 1936 Ohrdruf/Thür. (Vater: Wolfgang F., Ing.; Mutter: Erna, geb. Schlung), ev., verh. s. 1969 m. Dr. Eva-Maria, geb. Krüger - Gymn.; Stud. Kunstgesch., Gesch., Dt. Promot. 1962 Göttingen - B. 1970 I. Assist. Bibliotheca Hertziana Rom, dann Konservator Bayer. Schlösser-Verw. München - BV: Fritz Schumacher, 1977. Div. Facharb. - Liebh.: Italien-Reisen - Spr.: Engl., Ital.

FISCHER, Manfred Th.

Geschäftsführer u. Alleingesellsch. d. Velox Systeme GmbH, gf. Gesellsch. Herbert Zippel Werk GmbH & Co., bde. Dortmund - Bömmerstr. 47, 4630 Bochum 7 - Geb. 24. Okt. 1933 Lünen (Vater: Karl F., Malerm. u. Geschäftsinh.; Mutter: Elisabeth, geb. Scheidgen), kath., verh. s. 1956 m. Annalouise, geb. Schlager, 10 Kd. (Barbara, Regina, Carola, Pia, Jutta, Stephan, Jeanette, Babette, Markus, Henriette) - Volks- u. Handelssch.; kaufm. Lehre; Verwaltungs- u. Wirtschaftsakad., Antioch-College. Dipl.-Wirtsch. - BV: Büroeinricht. in Beisp., 1960; Rationelle Inventur, 1965; Mod. Büromanagem., 1977; Verkaufsförd., in: Marketing-Handb., 1978; Arbeitsplatzgestalt. im Büro, 1979 - Liebh.: Reiten - Spr.: Engl. - Div. Erf.

FISCHER, Marie Louise

Schriftstellerin - Untereck, 8201 Samerberg/Obb. - Geb. 28. Okt. 1922 Düsseldorf (Vater: Friedrich G. F., Kaufm.; Mutter: Marie, geb. Notemann), verw. 1977 (Ehem.: Hans Gustl Kernmayr, Autor; s. XIX. Ausg.), 2 Kd. (Florentina Marina, Andreas Kristian) - Univ. Köln, München, Prag (German., Theaterwiss., Kunstgesch.) - Dramaturgin; Journalistin - BV/R: u. a. Zerfetzte Segel, Silberne Dose, Tödliche Sterne, Ich spüre dich in meinem Blut, Mit e. Fuß im Himmel, Frucht d. Sünde, Frau üb. 30, Rache aus d. Jenseits, Schlaflose Nächte, D. goldene Kalb, Quiz m. d. Tod, Aus 1. Ehe, E. Herz f. mich allein, Adoptivkd. Michaela, Mädchen o. Abitur, Kinderarzt Dr. Vogel, Undine, d. Hexe, E. Frau in d. besten Jahren, Frauenstation, M. d. Augen d. Liebe, D. Ehe d. Dr. Jorg, Frau Dir. Eva Horster, Versuch. in Rom, D. Geschworene, Mütterheim, D. unruh. Mädchen, Flucht aus d. Harem, Damals war ich 17, Rechtsanw. Dr. Thea v. Oslar, Und sowas nennt ihr Liebe, Liebe meines Lebens, D. Weigands/Tetralogie (D. jg. Herr Justus, 1968; D. Mädchen Senta, 1969; D. Ehe d. Senta, R. 1970; Für immer - Senta, 1971), Da wir uns lieben, Bleibt uns die Hoffnung, Alles was uns glücklich macht, Diese heiß ersehnten Jahre, D. Dragonerhaus, D. Rivalin, D. Frauen vom Schloß, Ehebruch, Zu viel Liebe, D. eig. Glück, Mehr als e. Traum, Als wäre nichts geschehen, Kein Vogel singt um Mitternacht, Elbchaussee; 49 Schneider-Jugendb. - Liebh.: Kochen, Tennis, Gobelins, Briefmarken, Skat.

FISCHER, Martin

Dr. rer. pol., Dipl.-Kfm., Geschäftsführer Wavin GmbH., Twist - Fliederstr. 13, 4470 Meppen/W. - Geb. 20. Jan. 1938.

FISCHER, Max

Dr., Rechtsanwalt, Landrat a. D., Staatssekr. a. D., MdL Bayern (s. 1962) - Haidbachstr. 3, 8490 Cham (T. 09971 - 3 21) - Geb. 6. Mai 1927 Cham (Eltern: Bauerseheleute Josef u. Fanny F.), kath., verh. s. 1956 m. Hilde, geb. Müßig, 2 Kd. (Max-Peter, Michaela) - Univ. München u. Heidelberg; Verw.-Akademie Speyer. Gr. jurist. Staatsprüf. - Angest. Bayer. Versich.bank, München; 1959-72 Landrat Cham; zul. Staatssekr. im Min. f. Landesentw. u. Umweltfragen Bayern. CSU s. 1945 - 1971 Bayer. VO. - Liebh.: Sportfliegerei (Höhen- u. Dauerflüge m. Segel- u. Motorflugzeug) - Spr.: Engl., Russ., Lat.

FISCHER, Max

Kaufmann, Geschäftsf. Immobilien Fischer GmbH, Nürnberg, Vizepräs. u. Schatzmeister Bundesverb. Ring Dt. Makler (RDM) - Fliederweg 12, 8500 Nürnberg 30 (T. 0911 - 24 11 11) - Geb. 5. Sept. 1933 Hartmannshof (Vater: Hans F., Werksverw.; Mutter: Babette, geb. Kohl), ev., verh. s. 1975 in 3. Ehe m. Lilo, geb. Winkler, Dipl.-Ing., 2 Kd. (Eva-Maria, Peter Johannes) - Kaufm. Grundstücks- u. Wohnungswirtsch. 1952 IHK Nürnberg - Geschäftsf. Immobilien Fischer u. Fischer Vermögensverw. GmbH, Nürnberg; Generalbevollm. REALITA Wohnungsbau GmbH & Co. KG, ebd.; 1968-83 Vorst.-Mitgl. RDM Landesverb. Bayern; 1982 Vizepräs. u. Schatzm. Bundesverb. Ring Dt. Makler RDM - Spr.: Engl.

FISCHER, Norbert

Dr. jur., Rechtsanwalt, Vorstandsmitgl. a. D. Westdt. Landesbank Girozentrale, Düsseldorf - Amsterdamer Str. 29, 4000 Düsseldorf 30 (T. 0211 - 43 25 65); Auf'm Hennekamp 71 (T. 0211 - 31 04-0) - Geb. 24. Dez. 1927 Breslau, kath., verh. s. 1953 m. Marianne - Stud. Rechtswiss., Promot. 1956 - Präs. DRK-Landesverb. Nordrh., Düsseldorf; Vizepräs. d. DRK, Bonn; AR-Vors. Blutspendedst. in Nordrh.-Westf. - BVK I. Kl.; Ehrenzeichen DRK; Mitgl. Ritterorden v. Heiligen Grab - Rotarier.

FISCHER, Norbert

Dr. phil., o. ö. Prof. (Phil.) Theol. Fak. Paderborn - Kamp 6, 4790 Paderborn - Geb. 4. Nov. 1947, kath., verh. s. 1972 m. Renate, geb. Höbelheinrich, 2 Kd. (Susanne, Tobias) - Stud. Univ. Mainz u. Freiburg; Dipl. (Kath. Theol.) 1971, Staatsex. (German.) 1974, Promot. (Phil.) 1978, Habil. (Phil.) 1985. 1986 Univ.-Prof. f. Phil. Univ. Mainz; 1989 Prof. Cusanus-Inst. Trier - BV: D. Transzendenz in d. Transzendentalphil. Unters. z. speziellen Metaphysik an Kants Kritik d. reinen Vernunft, 1979; Augustins Phil. d. Endlichkeit. Z. systemat. Entfaltung s. Denkens aus d. Gesch. d. Chorismos-Problematik, 1987.

FISCHER, O. W. (Otto Wilhelm)

Prof., Schauspieler u. Regisseur - CH-6992 Vernate b. Lugano - Geb. 1. April 1915 Klosterneuburg/Österr. (Vater: Hofrat Dr. Franz F.; Mutter: Maria, geb. Schörg), verh. m. Anna (Nanny), geb. v. Usell (Schausp.) † 1980 - Univ. (German., Anglistik, Kunstgesch.) u. Reinhardt-Sem. Wien. Ausschl. Wiener Theater. Gastspieltätigk. - BV: Erklär. d. Allhypnostheorie, 1968; Was mich ankommt ..., 1976; Auferstehung in Hollywood, 1986; Engelsknabe war ich keiner - Bühne: u. a. Essex, Herbert Engelmann, Prinz (Emilia Galotti), Oswald, Orsino, Dorfkaplan (Gesang im Feuerofen), Gehirnmediziner (Stunde d. Bewährung, 1970), Bluntschli (Helden, 1971); Film: Bis wir uns wiedersehn, Ich hab' mich so an dich gewöhnt, Cuba Cabana, D. träumende Mund, E. Herz spielt falsch, Solange du da bist, Tageb. e. Verliebten, E. Liebesgesch., Bildnis e. Unbekannten, Ludwig II., Hanussen (u. Regie), Ich suche Dich (u. Regie), Mein Vater, d. Schauspieler, Herrscher o. Krone, El Hakim, Skandal in Ischl, Und nichts als die Wahrheit, Don Vesuvio u. d. Haus d. Strolche, Peter Voß, d. Millionendieb, Helden (1959 Preis d. dt. Filmkritik u. Bundesfilmpreis), Whirlpool (D. schwarze Loreley), Menschen im Hotel, Und das am Montagmorgen, Abschied v. d. Wolken, P. Voß, d. Held d. Tages, Scheidungsgrund: Liebe, M. Himbeergeist geht alles besser, D. Riesenrad (Europa-Preis in Gold 1961 Brüssel), Es muß nicht immer Kaviar sein, Diesmal muß es Kaviar sein, Axel Munthe, d. Arzt v. San Michele, D. Geheimnis d. schwarzen Witwe, Onkel Toms Hütte, El Marques, D. weite Land (1969); Fernsehen: Transplantation (1969), D. Fliege u. d. Frosch (1970), Glas Wasser, Herbst in Lugano (1988) - 1970 Prof.-Titel; 1960 Gold. Verdienstkreuz f. Wiss. u. Kunst Rep. Österr.; 9 Bambipreise, 3 gold., 1 silb. Bundesfilmpr., insges. 42 intern. Preise u. Ausz.; 1980 Komturorden Bundesrep. Deutschl. - Liebh.: Sprachforsch. - Lit.: Herbert Holba, O. W. F. - Phänomen e. schausp. Persönlichkeit (1963).

FISCHER, Otfried

Dr. rer. pol., o. Prof. f. Betriebswirtschaftslehre, Direktor Inst. f. Geld- u. Kapitalverkehr u. Sem. f. Bank- u. Versich.sbetriebslehre Univ. Hamburg (s. 1967) - Kuckucksberg 2, 2073 Lütjensee (T. 04154 - 7384) - Geb. 5. Okt. 1920 (Vater: Otto F., Postbeamt.; Mutter: Frieda, geb. Kiefer), verh. m. Magdalene, geb. Volkers, 2 Kd. (Regine, Jörg) - Zul. Privatdoz. Univ. Frankfurt/M. Fachveröff. - Liebh.: Tennis.

FISCHER, Paul Henning

Dr. jur., Kgl. Dänischer Botschafter Bonn, Leit. Dän. Militärmission Berlin (1980-89) - Strädet 8, Borsholm, DK-3100 Hornbäk - Geb. 24. März 1919 Kopenhagen, ev., verh. s. 1945 m. Jytte, geb. Kalckar, Sohn Allan - Lyceum Alpinum Zuoz/Schweiz (Abit.); Univ. Kopenhagen (jurist. Staatsex. u. Promot.) - S. 1944 Ausw. Dienst, Außenmin. (1961 Staatssekr.), Auslandsposten: Stockholm, Den Haag, 1960 Botsch. Warschau, Bukarest, Sofia, 1971 Botsch. Paris, 1980 Bonn, Chef Dän. Militärmission Berlin. 1981 Mitgl. Intern. Schiedhof Haag; 1988 Richter ad hoc Intern. Gerichtshof Haag; Schatzm. Dannebrogorden - BV: European Coal and Steel Community, 1957 - Zahlr. dän. u. ausl. Orden - Liebh.: Lit. - Spr.: Deutsch, Engl., Franz.

FISCHER, Per

Dr. phil., Honorarprofessor Inst. f. Politikwiss. d. Johannes-Gutenberg-Univ. Mainz, Lehrbeauftr. (ebd.) (s. 1987) - Poppelsdorfer Allee 66, 5300 Bonn 1 - Geb. 3. Jan. 1923 Oslo, verh., 1. Kd. - Stud. Chin., Franz., Rechts- u. Ztg.wiss. Peking, Lausanne, Heidelberg, Wien. Promot. - N. 1945 in Rundf. u. Ztg.wesen tät.; 1951-57 Europarat Straßburg; 1957-60 Versamml. d. WEU Paris; 1960-62 Europ. Parlament Dir. Generalsekretariat; s. 1962 Ausw. Dienst; 1965-68 Dt. Botsch. im Tschad; anschl. Planungsstab AA; 1969ff. Bundeskanzleramt (Vortr. Legationsrat I. Kl. 1970, Ministerialdirig. 1972); 1975-77 Botschafter in Israel, 1984-87 in Peking; 1977/89 Leit. d. Stänḋ. Delegation d. Bundesrep. Dtschl. auf d. 1. KSZE-Folgekonferenz in Belgrad; 1978/79 Ständ. Vertr. d. Bundesrep. Dtschl. b. d. UN-Org. in Genf; 1979-84 Leit. d. Abt. f. Europ. Wirtschaftl. Integration, f. Entwicklungspolitik u. Außenwirtsch.-politik im AA (Min.-Dir. 1979).

FISCHER, Peter

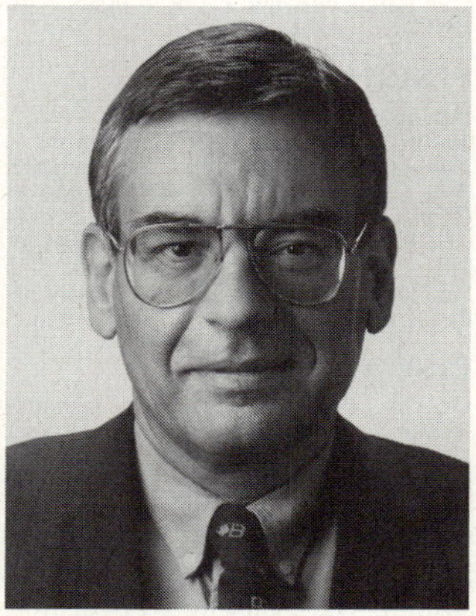

Dr., Niedersächsischer Minister f. Wirtschaft, Technologie u. Verkehr (s. Juni 1990) - Friedrichswall 1, 3000 Hannover 1 (T. 0511 - 120-64 01) - Geb. 10. Juli 1941 Berlin, ev., verh. 3 Kd. - 1961-67 Stud. Volkswirtsch.lehre Univ. Göttingen u. London School of Economics; 1967-69 Forsch.tätigk. Univ. Göttingen u. Buenos Aires/Argent.; - 1969/70 Ausb. als Führungsnachwuchs b. d. Bank f. Gemeinwirtschaft AG, Frankfurt/M. - 1970-74 Leiter Planungsstab im Nieders. Min. f. Wirtsch. u. Verkehr, Hannover, 1974-77 d. Referats Wirtsch.- u. Verkehrspolitik im Nieders. Min. f. Bundesangelegenh., Landesvertretung Bonn, 1978-80 d. Grundsatzreferats Strukturprobleme d. Raumes u. d. Stadt im Bundesmin. f. Raumordnung, Bauwesen u. Städtebau, Bonn; 1980-Juni 90 Stadtrat u. Wirtschaftsdezernent d. Landeshauptstadt Hannover - Spr.: Engl., Span., Schwed.

FISCHER, Peter-Alexander

Dr. med., Prof., Wiss. Rat, Psychiater u. Neurologe - Schleusenweg 2-16, 6000 Frankfurt/M. - Geb. 21. März 1929 - S. 1962 (Habil.) Lehrtätigk. Univ. Hamburg u. Frankfurt (1967 apl. Prof.; Vorsteher Neurol. Abt. Psychiatr. u. Neurol. Klinik). Fachveröff.

FISCHER, Rainer Dietrich

Dr. rer. nat., Prof. f. Anorgan. Chemie Inst. f. Anorg. u. Angew. Chemie Univ. Hamburg - Reeshoop 36, 2070 Ahrensburg - Geb. 13. April 1936 Berlin - Promot. 1961, Habil. 1967 Univ./TU München - 1962/63 Univ. Kopenhagen, 1972-76 Univ. Erlangen-Nürnberg, 1976 o. Prof. Univ. Hamburg; s. 1985 gf. Dir.; 1984/85 Gastprof. C.N.R.-Inst. Padua.

FISCHER, Ralf-Dieter

Rechtsanwalt, Mitgl. Hbg. Bürgersch. (s. 1982) - Babenbrook 8, 2104 Hamburg 92 (T. 702 33 89) - Geb. 12. Mai 1948 Sieverstedt (Vater: Erich-Willi F., Versich.-Kaufm.; Mutter: Edith-Ursula, geb. Rose), verh. s. 1973 m. Lydia, geb. Hornbacher, 2 Töcht. (Brit-Meike, Treeske) - Stud. Rechtswiss. Univ. Hamburg (1. jurist. Staatsex. 1975, Gr. jurist. Staatsprüf. 1977) - 1978-82 Mitgl. Justizdeput. Hbg. CDU (s. 1987 justizpolit. Sprecher d. Fraktion in d. Hbg. Bürgerschaft). S. 1991 Vors. im Rechtsausschuß d. Bürgerschaft - Spr.: Engl., Franz., Lat.

FISCHER, Reinhard

Dipl.-Ing., Techn. Direktor - Amselfeld 33, 8520 Erlangen/Mfr. - Geb. 21. März 1925 - Vorst. Fränk. Licht- u. Kraftversorg. AG., Bamberg.

FISCHER, Richard H.

Journalist, PR- und Film-Berater (Ps. Florian Stichele) - Schwibbogenplatz 2 d, 8900 Augsburg (T. 551304) - Geb. 17. Jan. 1919 Augsburg (Vater: Fritz F., Doz.; Mutter: Anna, geb. Boeck), ev., verh. s. 1975 m. Lorie, geb. Herrmann - Human. Gymn.; Stud. Phil., Volksw. - 1950-54 Redakteur, b. 1956 Public Relations, s. 1956 PR-Ref. IHK f. Augsburg u. Schwaben, 1962-80 Geschäftsf. IHK Augsburg - Zahlr. Veröff. in Büchern u. Ztschr.; Rundf.- u. Filmautor; vorw. popul. Wirtsch.sthemen - 1972 Dt. Kurzfilmpreis - Liebh.: Fotografieren, Kochen - Spr.: Engl., Franz., Ital.

FISCHER, Rudolf

Dr. theol., Prof. f. Ev. Theologie u. ihre Didaktik (Systemat. Theol. u. Religionspäd.) Univ. Bielefeld, Fak. f. Theol., Geogr., Kunst u. Musik - Ronsieksfeld 15, 4800 Bielefeld 1 (T. 05203 - 38 19).

FISCHER, Rudolf

Dr. rer. nat., Prof. f. Geologie u. Paläontol. Univ. Hannover - Feldstr. 39, 3006 Burgwedel - Geb. 6. Nov. 1938 - Promot. 1965; Habil. 1970 - 1972 Univ. Marburg - Bücher u. Aufs.

FISCHER, Rudolf

Staatssekretär im Nieders. Ministerium f. Bundes- u. Europaangelegenheiten (1988-90) - Calenberger Str. 2, 3000 Hannover - Geb. 20. Jan. 1940 Bremen, ev., verh. s. 1967 m. Heidi, geb. Zentner, 2 Kd. (Michael, Friederike) - Abit. 1959; Stud. Rechts- u. Staatswiss. Univ. Marburg u. München; 1. u. 2. jurist. Staatsex. - B. 1989 Rechtsanwalt u. Notar; MdL (stv. Vors. FDP-Nieders. u. stv. Vors. FDP-Frakt. im Rat d. Stadt Buxtehude) - Spr.: Engl.

FISCHER, Rudolf

Dipl.-Kfm., Persönlich haftender Gesellschafter u. Mitgl. Unternehmensleitung Freudenberg & Co. - Postf. 10 03 63, 6940 Weinheim - Geb. 20. Juli 1933 - AR-Vors. elefanten-Schuh GmbH, Kleve.

FISCHER, Siegfried

Dr. rer. pol., Dipl.-Kfm., Geschäftsführer Julius Heywinkel GmbH./Weberei - Gesmolder Str. 51, 4500 Osnabrück; priv. Terrasse 1 - Geb. 12. Okt. 1930.

FISCHER, Siegfried

I. Bürgermeister Stadt Baiersdorf - Rathaus, 8523 Baiersdorf/Mfr. - Geb. 9.Nov. 1935 Oberweißenbach - Zul. Sparkassenamtm. CSU.

FISCHER, Sighart

Dr. rer. nat., o. Prof. f. Theoret. Physik TU München - Hohenbrunner Str. 33a, 8012 Ottobrunn-Riemerling/Obb. - S. 1974 Ord.

FISCHER, Ulf

Dr. jur., Präsident Verwaltungsgericht Münster - Piusallee 38, 4400 Münster - Geb. 1. Okt. 1939 Ilmenau/Thür., ev., verh. m. Ingrid, geb. Reckstädt, 5 Kd. - Stud. Rechtswiss.; 2. jurist. Staatsex. 1967 Düsseldorf, Promot. 1968 Bonn - S. 1967 Verwaltungsrichter Köln; 1974 Richter OVG Münster; 1981 Senatsvors., 1983 Präs. Verwaltungsgericht Münster.

FISCHER, Walter

Dipl.-Ing., Bauunternehmer, Mitinh. Bauunternehmung Bernh. Fischer, Mainz-Kastel - Hechtsheimer Str. 68, 6500 Mainz (T. 06131 - 82682).

FISCHER, Walter
Dipl.-Ing., Prof. f. Elektr. Maschinen u. Antriebe Gesamthochsch. Duisburg - Perkerhof 53, 4030 Ratingen 5.

FISCHER, Walter
Studioleiter WDR Essen - III. Hagen 31, 4300 Essen 1 (T. 0201 - 8 10 80-0); priv.: Franz-Lütgenau-Str. 3, 4600 Dortmund 41 (T. 0231 - 44 32 84) - Geb. 7. Okt. 1927 Soest/W. (Vater: Paul F., Baumeister; Mutter: Maria, geb. Rocks), kath., verh. s. 1959 m. Illa, geb. Kraus, Tochter Andrea - Abit. 1947 Soest; Maurerlehre; Gesellenprüf. 1948; 1948-52 Maurer; 1952 Volont. D. Patriot Lippstadt; s. 1954 Lokal- u. Bezirks-Redakt. Westfalenpost, Hagen; 1961-65 Redakt. Mann in d. Zeit Augsburg; 1965-82 stv. Studioleit. WDR Dortmund, s. 1983 Leit. Essen. S. 1971 AR Bergbau AG Westf. Dortmund (jetzt Ruhrkohle Westf. AG, Dortmund), 1975-78 Mitgl. d. gf. Vorst. Rundfunk-, Fernseh-, Film-Union im DGB.

FISCHER, Walter
Städt. Verwaltungsdirektor, Geschäftsf. Intern. Ges. f. Neue Musik, Sektion BRD - Städt. Saalbau, Bergerstr. 25, 5810 Witten (T. 02302-5 70 85) - Geb. 7. Aug. 1926 Witten (Vater: Otto F.; Mutter: Ida, geb. Sydow), ev., verh. s. 1954 m. Lieselotte, geb. Zielasko - Verw.- u. Wirtsch.akad., Kommunal-Dipl. - Leit. Kulturamt Stadt Witten - BVK a. Bde. - Lit.: Publ. in Fachztschr.

FISCHER, Walther Leonhard
Dr. rer. nat., o. Prof. f. Didaktik d. Mathematik Univ. Erlangen-Nürnberg (s. 1972) - Komotauer Str. 43, 8510 Fürth - Geb. 15. Juli 1930 - Mitgl.: Advisory Board, Centro Superiore di Logica, Bologna; Zentralblatt f. Didaktik d. Mathematik; DMV, GDM, Japan Soc. of Mathematical Education - Spr.: Engl., Lat., Chin.

FISCHER, Werner
Dr. med., Prof. f. Physiol. Chemie Univ. Erlangen-Nürnberg - Rodinger Str. 1, 8500 Nürnberg 30 - Geb. 26. Juni 1930 Nürnberg (Vater: Erhard F., Kaufm.; Mutter: Marie, geb. Matthold), ev., verh. s. 1955 m. Elisabeth, geb. Kirschbaum, 4 Kd. (Claudia, Ulrich, Susanna, Ursula) - Med. Staatsex. 1956; Promot. 1957; Wiss. Assist. 1958; Habil. (Biochemie) 1967; 1972 Akad. Dir. u. apl. Prof.; 1976 Wiss. Rat u. Prof.; 1978 Prof. (Extraord.). Arbeitsgeb.: Neue Phosphoglycolipide, Lipoteichonsäuren u. Makroamphiphile (Struktur, Funktion, Biosynthese) in Gram-positiven Bakterien.

FISCHER, Werner
Schlachter, MdBB (s. 1975) - Hasenbürener Deich 32, 2800 Bremen 10 - Geb. 10. Jan. 1929 Bremen, ev., verh., 1 Kd. - 1944-51 Lehre als Landwirt u. Schlachter (1948) - B. 1956 Verkaufsfahrer, seither selbst. Schlachter (Fleischwarengroßhdl.). CDU s. 1967 (Mitgl. Landesvorst. Bremen).

FISCHER, Werner
Dr. rer. nat., Prof. f. Kristallographie u. Mineral. - Heuberg 10, 3553 Cölbe - Geb. 8. Febr. 1931 Gablonz/Neisse (Vater: Wilhelm F., kaufm. Angest.; Mutter: Maria, geb. Gebert), ev., verh. s. 1961 m. Linde, geb. Gretschel, 3 Kd. (Christiane, Christoph-Martin, Andreas) - 1951-53 TH Stuttgart, 1953-59 Univ. Kiel. Promot. 1959 Kiel; Habil. 1970 Marburg - S. 1971 Prof. Univ. Marburg (1974-78 Lehrstuhlvertr. Univ. Münster) - BV: Space Groups and Lattice Complexes, 1973 (m. a.); International Tables for Crystallography, Vol. A, 1983 (m. a.) - Liebh.: Musik (Keyboard, Akkordeon, Hackbrett), Tischtennis (auch Schiedsrichter) - 1977 Gold. Sportabz. - Spr.: Engl.

FISCHER, Werner
Goldschmiedemeister, Ehrenpräs. Zentralverb. Juwelier-, Gold- u. Silberschmiedehandwerk, stv. Vors. Messe-Beirat Inhorgenta d. Münchener Messe- u. Ausstell.-GmbH - Oststr. 69, 4730 Ahlen - Geb. 13. Jan. 1930 Freiburg/Br. (Eltern: Kaspar (Lehrer) u. Jovita F.), kath., verh. s. 1955 m. Anni, geb. Schwienheer, 2 Söhne (Raphael, Maurus) - Prakt. Lehre; Zeichenakad. Hanau - 1957-72 Obermeister Gold- u. Silberschmiedeinn., heute Ehrenoberm. d. Inn. Münster; 1971-80 Präs. Zentralverb. f. d. Juwelier-, Gold- u. Silberschmiedehandw. d. Bundesrep. Deutschl.; s. 1971 vereidigter Sachverst. Handw.-kammer Münster; AR-Vors. Fortbild.-zentr. d. dt. Juweliere, Gold- u. Silberschmiede, Ahlen - 1979 BVK, Cellini-Med. in Gold, 1982 Marquillier de Saint Eloi de Noyon/Frankr.; 1987 Kurator d. Goldschmiede-Gilde d. hl. Eligius f. d. BRD.

FISCHER, Werner
Dr. Ing., Dr. rer. nat. h. c., em. Prof. f. anorg. Chemie, zul. TU Hannover - Neubergweg 20, 7800 Freiburg - Geb. 21. Aug. 1902 Elberfeld - TH Hannover (Dipl.-Ing. 1925, Promot. 1927) - 1933-44 ao. Prof. Univ. Freiburg; 1944-68 o. Prof. u. Dir. f. anorg. Chemie TU Hannover - 1964 Alfr. Stock-Gedächtnis-Preis; 1966 Ehrendoktor Univ. Gießen.

FISCHER, Wilfried
Dr. phil., Prof., Musikpädagoge - Dahler Heide 26, 4790 Paderborn-Dahl - Geb. 12. Aug. 1938 Kiel (Vater: Horst F., Fregattenkapt.; Mutter: Ingeborg, geb. Schrader), verh. s. 1966 m. Adelheid, geb. Grobeiß, 2 Kd. (Constanze, Sebastian) - Gymn. Heide (Abit. 1957); Musikhochsch. Hamburg (Schulmusik; Staatsex. 1961); Univ. ebd. (Musikwiss., German.; Promot. 1966) - B. 1966 Assist. PH Oldenburg, dann Wiss. Assist., Akad. Rat u. Univ.musikdir. Univ. Tübingen, 1972 Prof. PH Flensburg; 1981 o. Prof. Univ. Köln, s. 1983 o. Prof. Univ. Paderborn - BV: J. S. Bach - Verschollene Solokonzerte in Rekonstruktionen, 1970; Musikunterr. Grundsch. (Mithrsg.), 1976-78; Musikpäd. u. d. Sache Musik (Hrsg.), 1981; Materialien f. d. Musikunterr. in d. Klassen 7 b. 9/10 (Mithrsg.), 1983; Musikpäd. u. Hochschuldidaktik (Hrsg.), 1986; Musikunterr. Grundsch., neue Ausg. (Mithrsg.), 1991; zahlr. Aufs. in musikpäd. Fachztschr. - Liebh.: Musik, Lit., Tennis - Spr.: Engl.

FISCHER, Wilhelm
Dr.-Ing. (habil.), Bundesbahndirektor a. D., apl. Prof. f. Eisenbahnwesen TU München (s. 1961) - Frühlingstr. 20 1/3, 8035 Gauting/Obb. (T. München 8502110) - Geb. 27. Mai 1905 Zweibrücken (Vater: Heinrich F., Reichsbahninsp.; Mutter: Wilhelmine, geb. Franck), ev., verw., T. Lieselotte (Apothekerin) - Zul. Bundesbahndirektion München - Franzius-Plak.

FISCHER, Wilhelm Anton
Dr.-Ing. (habil.), Prof. - Mülheimer Str. 67, 4030 Ratingen (T. 02102 - 26942) - Geb. 28. März 1911 Düsseldorf (Vater: Wilhelm F., Schmiedemstr.; Mutter: Anna, geb. Schräder), kath., verh. s. 1939 m. Cläre, geb. Gräf, T. Edith - Dipl.-Ing. TH Stuttgart 1937, Dr.-Ing. TH Stuttgart 1939, Priv.-Doz. TH Aachen 1960, apl. Prof. TH Aachen 1966 - Wiss. Mitarb. Kaiser-Wilhelm-Inst. f. Eisenforsch., Düsseldorf (1939-46), Ltr. Metallurg. Laboratorien Max-Planck-Inst. f. Eisenforsch., Düsseldorf (1946-73), Ltr. Forschungsst. Feuerfeststoffe u. Keramik MPI f. Eisenforsch. (1973-76) - 60 in- u. ausländ. Patente - BV: Metallurg. Elektrochemie (m.and.), 1975; 190 wiss. Veröff. in in- u. ausl. Fachzeitschr.; 50 Doktor-Söhne - Spr.: Engl., Franz.

FISCHER, Willi (Willibrord)
Dr. jur., Gesellschafter u. Geschäftsf. d. Fischer Automatenvertriebs GmbH, Worms - Weinbietstr. 18, 6520 Worms/Rh. - Geb. 15. Nov. 1920 Mayen/Eifel (Vater: Willi F., Steinsetzm.; Mutter: Katharina, geb. Hennerici), kath., verh. s. 1948 m. Irmgard, geb. Utesch, S. Jörg - Gymn.; Univ. Köln (Rechtswiss.; Promot. 1950) - 1950-53 Angest. (Privatw.); 1953-58 Rechtsschutzsekr.; 1958-63 Amtsbürgerm.; 1963-68 Landrat. 1969-80 MdB. SPD s. 1949 - Liebh.: Jagd.

FISCHER, Winfried
Dipl.-Ing., Geschäftsführer Pegulan Teppichboden GmbH. - Ringstr. 2, 6754 Otterberg/Pf. - Geb. 26. Juni 1927.

FISCHER, Wolfdietrich
Dr. phil., o. Prof. u. Vorst. Inst. f. Außereuropäische Sprachen u. Kulturen Univ. Erlangen-Nürnberg (s. 1964) - Vogelherd 89, 8520 Erlangen - Geb. 25. März 1928 Nürnberg, verh. s. 1961 m. Margarete, geb. Kruse, 2 Kd. - Univ. Erlangen u. München (Semit. Sprachen u. Islamwiss.). Habil. 1963 Münster - Assist. Univ. Frankfurt u. Münster (1963 Privatdoz.); Vors. Rückert-Ges. - BV: D. demonstrativen Bildungen d. neuarab. Dialekte, 1960; Farb- u. Formenbezeichnungen in d. Sprache d. altarab. Dichtung, 1965; Handbuch der Arabischen Dialekte (mit O. Jastrow) 1980. Herausg.: Grundriß d. arab. Philol. (Bd. I. 1982; Bd. III 1991).

FISCHER, Wolfgang
Dr. med. dent., Zahnarzt, Präs. Zahnärztekammer Nordrh. (s. 1975; 1969-75 Vizepräs.) - Graurheindorfer Str. 107, 5300 Bonn 1 - Geb. 29. Juli 1921 Gardelegen (Vater: Hermann F., Beamt.; Mutter: Karoline, geb. Spengler), kath., verh. s. 1950 m. Anne, geb. Schulze, 3 Kd. (Ulrike, Anette, Simone) - Hum. Beethoven-Gymn., Bonn (Abit.); Stud. d. Zahnheilk. Univ. Bonn; Approb. 1949; Promot. 1950 - 1955 (Gründer) -61 Vors. Landesverb. Nordrh. Freier Verb. dt. Zahnärzte. Mitgl. Dt. Ges. f. Zahn-, Mund- u. Kieferkrkh. - Spr.: Engl. - Lions-Club.

FISCHER, Wolfgang
Dr. phil., Prof. f. Experimentalphysik Univ. Marburg (s. 1972) - Rentmeisterstr. 2, 3554 Cappel - Geb. 22. März 1929 - Promot. 1959 - BV: Praktikum d. Physik, 3. A. 1974. Üb. 30 Einzelarb.

FISCHER, Wolfgang
Dr. phil., o. Prof. f. Pädagogik - Zu erreichen üb. Univ. - GH, 4100 Duisburg - Geb. 5. Jan. 1928 Leipzig (Vater: Franz F., Arbeiter; Mutter: Magdalene, geb. Michael) - Univ. Leipzig u. Münster (Päd., Phil., Psych., Ev. Theol.) - 1953-54 Gemeindejugendleit.; 1954-57 Berufsschullehrer; s. 1958 Lehrtätigk. Päd. Hochsch. Wuppertal (zul. Prof.), PH Nürnberg (1963 ao., 1968 o. Prof.; 1967/68 Rektor), Univ. Duisburg (1972 o. Prof.) - BV: Neue Tageb. v. Jugendl., 2. A. 1968; D. jg. Mensch, 2. A. 1967; Paul Natorp - Päd. u. Phil., 2. A. 1985; Was ist Erzieh.?, 1966; Schule u. krit. Päd., 1972; Schule als parapäd. Org., 1978; Unterwegs zu e. skeptisch-transz. krit. Päd., 1989; Päd. Denken v. d. Anfängen b. z. Gegenw. (m. Löwisch), 1989. Herausg.: Einf. in d. päd. Fragestell. (T. I 1961, II 63); Sexualpäd. (T. I 1971, II 1973); Festschr. Päd. SKEPSIS (1988).

FISCHER, Wolfgang
Dr. rer. nat., Prof. f. Mathematik - Riensberger Str. 54, 2800 Bremen - Geb. 17. Aug. 1936 Bremen - Univ. Göttingen, Freiburg/Br., Frankfurt/M., Paris. Promot. 1964 Göttingen; Habil. 1970 Bielefeld - S. 1970 Wiss. Rat u. Prof. Univ. Bielefeld u. Prof. Univ. Bremen (1972) - BV: Differential- u. Integralrechnung II, 3. A. 1978, auch russ. (m. H. Grauert); Funktionentheorie, 5. A. 1988 (m. I. Lieb); Ausgew. Kap. d. Funktionentheorie, 1988 (m. I. Lieb).

FISCHER, Wolfgang Christian
Dr. rer. pol., Prof. f. Ökonomie d. priv. Haushalts, Sprecher Inst. f. Arbeits- u. Konsumforsch. Univ. Bremen (s. 1975) - Oberdorfstr. 14, 5411 Eitelborn/Ww. - Geb. 7. Dez. 1942 Greifswald - Dipl.-Volksw. (1968) u. Promot. (1971) Bonn - Z. Zt. Visiting Prof. James Cook Univ. of North Queensland, Department of Economics, Townsville/Australia - BV: Sozialök. Aspekte d. Entwickl. d. priv. Hausw., 1972; Entwicklung d. priv. Hauswirtsch., 1982. Herausg. d. Beitr. z. Arbeits- u. Konsumforsch. Univ. Bremen.

FISCHER, Wolfgang Georg
Dr. phil., Kunsthistoriker, Schriftst. - Carlton Hill 49, London NW8 OEL - Geb. 1933 Wien (Vater: Heinrich F., Kunsthändler; Mutter: Martha, geb. Hölzl), verh. s. 1961 m. Jutta, geb. Tempfer, 3 Kd. (Flora, Bettina, Toby) - Realgymn. Wien; Stud. (Kunstgesch.) Univ. Wien, Freiburg, Paris - BV: Wohnungen, R. 1970 (engl. 1971, franz. u. poln. 1973); Simplex Simplicius, Bühnensp. 1970; Möblierte Zimmer, 1975 (poln. 1976, engl. 1979); Olbrich mein Odradek, in: Joseph M. Olbrich 1867-1908, Ausstellungskatalog Mathildenhöhe Darmstadt 1983, S. 99-104; The Sugarpeople from Sugarland, Kinderb. 1975; D. letzten Tage d. Theodor Löwenstein, in: Klagenfurter Texte 1982 zum Ingeborg Bachmann-Preis, S. 95-112; D. Leben d. Malers Egon Schiele (1890-1918), Drehb. f. Coprod. ZDF u. ORF; Gustav Klimt u. Emilie Flöge - Aspekte d. neuentdeckt. Nachl. Emilie Flöge in: alte u. moderne kunst, 1983, Nrn. 186/187, 188 u. 190/191; D. Mauer - Monument d. Jahrhunderts (m. Fritz von d. Schulenburg), 1990 - 1970 Charles-Veillon-Preis (f. Wohnungen). 1980 Fernsehpreis Österr. Volksbild. (f. Schiele-Film); 1981 Österr. Ehrenkreuz f. Wiss. u. Kunst - Lit.: Solveig Wagner, D. Romane W. G. F.s, 1979; Eva Pokay-Neidlinger, W. G. F., Versuch e. Porträts, 1981; Olga Dobijanka-Witczakowa, D. Krise d. Sprache u. W.G.F., in: Innsbrucker Beitr. z. Kulturwiss. Germanist. Reihe, Bd. 7, 1982, S. 103-111.

FISCHER, Wolfram
Dr. phil., Dr. rer. pol., o. Prof. f. Wirtschafts- u. Sozialgeschichte Freie Univ. Berlin (s. 1964), Mitgl. Akad. d. Wiss. Berlin (s. 1987), Vors. d. Historischen Kommiss. zu Berlin (s. 1990) - Gelfertstr. 13, 1000 Berlin 33 (T. 831 17 15) - Geb. 9. Mai 1928 Weigelsdorf-Tannenberg/Eulengeb., verh. s. 1956 m. Elisabeth, geb. Nungesser, 4 Kd. (Wolfram, Peter, Elisabeth, Susanne) - Stud. Gesch., Phil., German., Wirtschafts- u. Sozialwiss. Heidelberg, Tübingen, Göttingen, London, Berlin (FU) - 1954 Wiss. Assist.; 1960 Privatdoz. - BV: D. Bildungswelt d. dt. Handwerks, 1955; Handwerksrecht u. -wirtschaft, 1955; D. Fürstentum Hohenlohe im Zeitalter d. Aufklärung, 1958; D. Wirtschaftspolitik Dtschl. 1918-45, 3. A. 1968; D. Staat u. d. Anfänge d. Industrialisierung in Baden, 1962; Unternehmerschaft, Selbstverw. u. Staat, 1964; Herz d. Reviers, 1965; WASAG - D. Gesch. e. Unternehmens - 1891-1966, 1966; Wirtsch. u. Ges. im Zeitalter d. Industrial., 1972; D. Weltwirtschaft im 20. Jh., 1979; Armut in d. Geschichte, 1982; D. Geschichte eines pharmazeutischen Unternehmens, 1992. Herausg.: Quellen z. Gesch. d. dt. Handwerks (1957), Die Soziale Frage (1967), Wirtschafts- u. sozialgeschichtliche Probleme der frühen Industrialisierung (1968), D. industrielle Revolution (1969), Ges. in d. Industriellen Revolution, 1973; Gesch. d. Weltwirtsch. im 20. Jh., 6. Bde. 1973ff.; Sozialgeschichtl. Arbeitsbuch I (1982); Sachzwänge u. Handl.spielräume in d. Wirtsch.- u. Sozialpolitik d. Zwischenkriegszeit (1985); Handb. d. europ. Wirtschafts- u. Sozialgesch. Bd. 5 (1985), Bd. 6 (1987); Quellen u. Forsch. z. Hist. Statistik v. Dtschl. (s. 1986 12 Bde.).

FISCHER-APPELT, Peter
Dr. theol., Dr. h. c., Prof., Präsident Univ. Hamburg (1970-91) - Waldweg 22, 2085 Quickborn-Heide (T. 04106 - 7 12 12) - Geb. 28. Okt. 1932 Berlin (Vater: Hans Fischer-Appelt, Werbeberat. u. Exportkfm.; Mutter: Margret, geb. Appelt), ev., verh. s. 1959 m. Hildegard, geb. Zeller, 3 Kd. (Andreas, Bernhard, Dorothee) - 1942-44 Prinz-Heinrich-Gymn. Berlin; 1945-51 Schub-

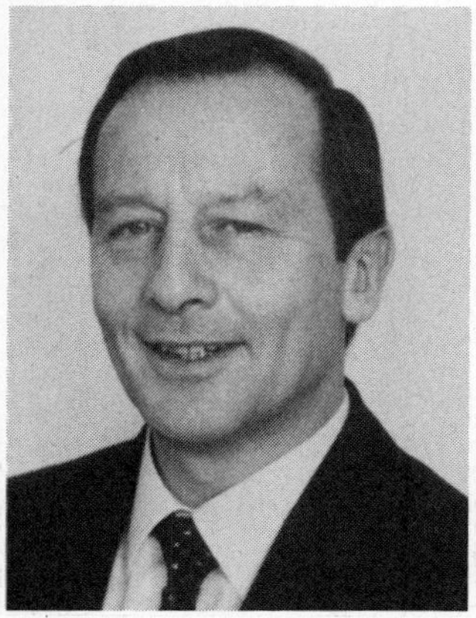

art-Obersch. Aalen (Abit.); 1951-53 kaufm. Lehre William-Prym-Werke Stolberg (Messing- u. Kurzwaren); 1953-59 Stud. Ev. Theol. u. Phil. Univ. Tübingen (5), Heidelberg (3), Bonn (4 Sem.). Theol. Prüf. 1960 u. 65 Düsseldorf; Promot. 1965 Bonn; 1961-70 Wiss. Assist. Univ. Bonn; 1968/69 Vors. Bundesassist.konfz. - 1953-69 kaufm. Tätigk. u. Steuerberat.; dazw. Pfarrdst. - BV: u. a. Metaphysik im Horizont d. Theol. Wilhelm Herrmanns, 1965; The Future of the Univ. as a Res. Institution, 1982. Herausg.: Wilhelm Herrmann, Schr. z. Grundleg. d. Theol. (2 Bde. 1966/67) - Ehrendoktor; Goldene Med. Bulg. Akad. d. Wiss.; Med. Pro Cultura Hungarica - Liebh.: Schach, Ski, Theater, Musik - Spr.: Engl.

FISCHER-BOTHOF, Ernst

Dr. phil. rer. nat., Dipl.-Chem., Inh. A. + E. Fischer, DMB-Apparatebau, bde. Wiesbaden, u. Theo Seulberger, Karlsruhe - Corneliusweg 12, 6200 Wiesbaden (T. 0611 - 52 94 74) - Geb. 21. Dez. 1920 Mainz (Vater: Ernst F.; Mutter: Barbara, geb. Reis), kath., verh. s. 1950 m. Anita, geb. Müller-Bernhardt, 3 Kd. (Cornelia, Nikolaus, Manuel) - Schule La Chataigneraie, Coppet/Schweiz; Stud. Univ. München (Dipl.ex.); Promot. FU Berlin - 1961-70 Handelsrichter LG Mainz; 1970-91 Präs., s. 1991 Ehrenpräs. Bundesverb. Chemiehandel; 1977-79 u. 1989-91 Präs. Fédération Europ. du Commerce Chimique; 1992 BCDTA Diamond Award - 1981 BVK - Liebh.: Phil., Mod. Kunst - Spr.: Franz., Engl. - Rotarier.

FISCHER-DIESKAU, Dietrich

Dr. h. c., Kammersänger, Prof. f. Gesang Musikhochsch. Berlin (s. 1981) - Wohnhaft in Berlin - Geb. 28. Mai 1925 Berlin (Vater: Dr. Albert F.-D., Oberstudiendir. (Straßenbenennung Zehlendorf); Mutter: Dora, geb. Klingelhöffer), ev., verh. I) 1949 m. Irmgard, geb. Poppen, Cellistin (†1963), 3 S. (Mathias, Martin, Manuel), jetzt verh. m. Julia Varady, Sopran. - Schule (Abit. 1943) u. Gesangsausb. Berlin (Prof. H. Weissenborn) - 1943-47 Wehrdst. u. amerik. Gefangensch.; s. 1948 Städt. bzw. Dt. Oper Berlin, Staatsoper Wien u. München (lyr. Bariton). Viele Auslandsgastsp. (auch Übersee) u. Konzertabende. Wiederh. Bayreuther, Salzburger, Edingburgher Festsp. Partien: u.a. Wolfram, Valentin, Jochanaan, Almaviva, Marquis Posa, Dion Giovanni, Falstaff, Mathis d. Maler, Wozzeck, Gregor Mittenhofer (Elegie f. jg. Liebende, 1961), Hans Sachs. Lieder: Schubert, Schumann, Brahms, Wolf, Strauss u.a. - BV: Texte Dt. Lieder, 1968; Auf d. Spuren d. Schubert - Lieder/Werden/Wesen/Wirkung, 1972; Wagner & Nietzsche - d. Mystagoge u. sein Abtrünniger, 1974; Robert Schumann - Wort u. Ton, 1982; Töne sprechen - Worte klingen; z. Gesch. u. Interpretation d. Gesanges, 1985; Nachklang - Ansichten u. Erinner., 1987; Wenn Musik d. Liebe Nahrung ist - Künstlerschicksale im 19. Jh., 1990 - 1950 Musikpreis Stadt Berlin, 1955 u. 66 Ital. Musikpreis (Gold. Orpheus), 1955, 57, 58, 60, 61, 63, 67 Gr. Schallplattenpreis Acad. Paris, wiederholt s. 1960 Edison-Preis (Holl. Schallplattenpr.), 1970 Prix Mondial Montreux, 1967 Preis ital. Schallpl.kritik, 1973 u. 78 Grammy-Preis (USA); 1963 Mozart-Med.; 1970 Electrola-Ehrenring; Ehrenmitgl. Wiener Konzerthaus-Ges. (1962), Royal Acad. of Music London (1970), Kgl. Schwed. Akad. Stockholm (1971); 1956 o. Mitgl. Akad. d. Künste Berlin, 1978 o. Mitgl. Akad. d. Schönen Künste, München. 1958 BVK I. Kl.; 1959 Bayer., 1963 Berliner Kammers., 1978 Ehrendoktor d. Musik, Univ. Oxford, 1979 Rückert-Preis, Schweinfurt;1980 Ehrendoktor Sorbonne Paris u. Univ. Yale; Ernst-v.-Simens-Musikpreis; 1981 Ehrenpräs. Rudolf-Kemper-Ges.; 1984 Mitgl. Orden pour le Mérite f. Wiss. u. Künste; 1985 Mitgl. Bayer. Maximiliansorden; 1986 Gr. BVK u. Dt. Schallplattenpreis; Goldmed. d. brit. Royal Philharmonic Society; 1990 Chevalier de la Legion Honeur, Frankr. - Liebh.: Basteln, Schallplatten (Besitz e. einzigart. Sammlung klass. Musik), Malen - Spr.: Engl., Franz.,Ital. - Bruder Klaus F.-D. - Lit.: Dietrich Fischer-Dieskau - E. Leben f. d. Gesang, Kenneth S. Whitton London 1981, Stuttgart 1984.

FISCHER-DIESKAU, Klaus

Kirchenmusiker, Dirigent und Komponist i. R. - Schützallee 116, 1000 Berlin 37 - Geb. 2. Jan. 1921 Berlin, ev., verh. s. 1945 m. Lore, geb. Schröder, 3 Töcht. (Barbara, Petra, Christin-Annette) - Musikhochsch. Berlin (Dirigenten- u. Kirchenmusikerprüf.) - B. 1955 Doz. Jugendleitersch. Berlin (Wannseeheim), dann Aufnahmeleit. u. Dramat. Dt. Grammophon, s. 1963 Kirchenmusiker, 1985 i. R. S. 1953 (Gründ.) Leit. Hugo-Distler-Chor (Konzerte In- u. Ausl.). Kompos.: Kantate, symphon. Werke, Kammermusik, Chorw., Liedsätze - 1958 Verdienstmed. d. Belg. Ministère de l'Instruction Publique; 1989 VO d. Landes Berlin - Liebh.: Fotogr., Tischlerei, Modellbau - Spr.: Engl. - Eltern s. Dietrich F.-D. (Bruder).

FISCHER-FABIAN, Siegfried

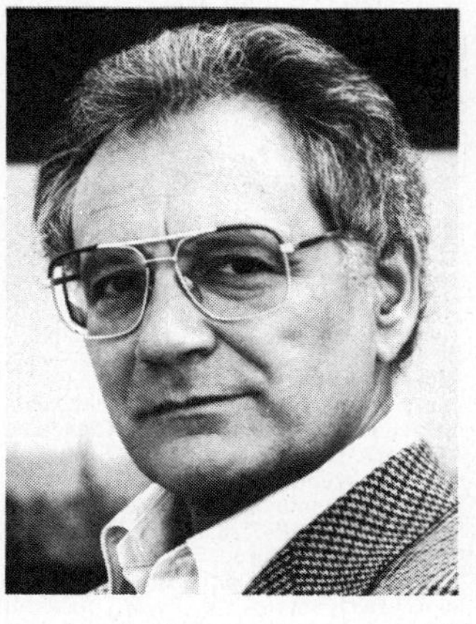

Dr. phil., Schriftsteller - Sonnenhof, 8137 Berg (2)/Starnberger See - Geb. 22. Sept. 1922 Bad Elmen (Vater: Hermann F., Musiker), ev., verh. s. 1950 m. Ursula, geb. Pauling (Großnichte d. zweif. amerik. Nobelpreisträgers Linus P.), 2 Söhne (Thomas, Florian) - Univ. Berlin (Humboldt u. Freie) u. Heidelberg (German., Gesch., Kunstgesch., Theaterwiss.). Promot. FU Berlin - Journalist. Mitarb. Presse u. Rundfunk; Theaterkrit. Schweizer Monatshefte - BV: Mit Eva fing d. Liebe an - E. Kulturgesch. d. Liebe u. Ehe in 11 Stories, 1958 (Taschenb. 1964); Venus m. Herz u. Köpfchen - E. Liebeserklärung an d. Berlinerin, 1959; Müssen Berliner so sein ...? - E. Bekenntnis in Portraits, 1960; Hurra, wir bauen uns e. Haus! - D. Gesch. e. bundesdt. Baufamilie, 1962 (Tb. 1965); Liebe im Schnee - Fast e. Tatsachenbericht, R. 1965, Taschenb. 1968; D. Rätsel in Dir - D. Welt d. Triebe, Träume u. Komplexe, Tb. 1966; Dtschl. kann lachen ... - V. Bayern, Berlinern, Sachsen u. a. Germanen, 1966; Traum ist rings d. Welt - E. Bericht üb. d. Liebe gr. Dichter, 1967; Schätze, Forscher, Abenteurer - Auf Schatzsuche in unserer Zeit, 1972; Europa kann lachen - V. Engländern, Franzosen, Schweizern, Russen u. a. Europiden, 1972; Geliebte Tyrannen - E. Brevier f. alle Katzenfreunde u. solche, d. es werden wollen, 1973; Berlin-Evergreen - Bild e. Stadt in 16 Portraits, Tb. 1973; Aphrodite ist an allem schuld, R. Tb. 1974; D. ersten Deutschen - D. Bericht üb. d. rätselhafte Volk d. Germanen, 1975; D. deutschen Cäsaren - Triumph u. Tragödie d. Kaiser d. Mittelalters, 1977; Preußens Gloria - D. Aufstieg eines Staates, 1979; Preußens Krieg u. Frieden - D. Weg ins dt. Reich, 1981; Vergeßt d. Lachen nicht - D. Humor d. Deutschen, 1982; Herrliche Zeiten - D. Deutschen u. ihr Kaiserreich, 1983; D. Jüngste Tag - D. Deutschen im späten Mittelalter, 1985; D. Macht d. Gewissens - V. Sokrates b. Sophie Scholl, 1987; Um Gott u. Gold - Columbus entdeckt e. neue Welt, 1991. Beitr. in Festschr.: Prinz Louis Ferdinand v. Preußen (1982); D. Fischer-Dieskau (1985); W. Schoenicke (1985) - 1988 Christophorus-Preis d. HUK-Verb. - Liebh.: Blumenzucht, Skilaufen - Spr.: Engl., Franz.

FISCHER-FÜRWENTSCHES, Karl-Heinz

Dr. jur., Fabrikant, Ges. Seidenweberei Fischer-Fürwentsches GmbH & Co. Textilwerk KG, Vorstandsmitgl. Verb. d. Dt. Seiden- u. Samtind., Krefeld, AR-Mitgl. Treuhandgemeinsch. f. Textilind. GmbH, Krefeld/Frankfurt, u. a. - Theodor-Frings-Allee 2, 4060 Viersen 11-Dülken (T. Viersen 4 00 01 u. 48 06 44) - Geb. 29. März 1909 Dülken (Vater: Friedrich Fischer, Fabr.; Mutter: Helene, geb. Fürwentsches), verh. s. 1954 m. Brigitte, geb. Richard, 3 Kd. (Andrea, Bettina, Roland) - Stud. Rechtswiss. u. Volksw. Bonn, Genf, Paris, London, Amsterdam - S. 1934 im Familienuntern. - Spr.: Engl., Franz., Holl. - Mitgl. Lions Club.

FISCHER-LICHTE, Erika,

geb. Lichte

Dr. phil., Prof. f. Theaterwiss. Univ. Mainz (s. 1990) - Basaltweg 7, 6272 Niedernhausen im Taunus - Geb. 25. Juni 1943 Hamburg (Vater: Walter L., Kaufm.; Mutter: Erika, geb. Hanssen), ev.-luth., verh. s. 1967 m. B. Fischer, Sohn Eugen - Klostersch. Hamburg; 1963-69 FU Berlin (German., Slav., Theaterwiss., Phil., Psych., Erziehungswiss.), 1969-71 Univ. Hamburg (Psych. u. Erziehungswiss.). Staatsex. 1969 (Berlin) u. 1972 (Hamburg); Promot. 1972 (Berlin) - B. 1973 Stud.rätin Hamburg, 1973-86 Hochschullehrerin Frankfurt (1978ff. gf. Dir. Inst. f. Dt. Sprache u. Lit. I); 1985 Gastprof. Indiana Univ., Bloomington; s. 1986 Prof. f. Allgem. u. Vergl. Literaturwiss. Univ. Bayreuth. Ab 1982 Vorst.-Mitgl. Dt. Ges. f. Semiotik (1983 Vors.); Mitgl. Wiss. Beirat Intern. Assoc. Semiotics of Performing Arts; 1987 Gründungsmitgl. u. gf. Dir. Inst. f. Weltlit.studien Univ. Bayreuth; Präs. d. Ges. f. Theaterwiss. e.V. - BV: Bedeutung - Probleme e. semiot. Hermeneutik u. Ästhetik, 1979; Semiotik d. Theaters, 3 Bde., 1983; Prinz Friedrich v. Homburg, 1985; Schillers Don Carlos, 1987; Gesch. d. Dramas, 1989; Kleists Michael Kohlhaas 1990; Kurze Geschichte d. dt. Theaters, 1992. Herausg.: D. Drama u. seine Insz. (1985); D. eigene u. d. fremde Theater (1989); Insz. v. Welt (1989); Zwischen Avantgarde u. Postmoderne (1991). Zahlr. Fachaufs. - Liebh.: Lit., Theater, Film - Spr.: Engl., Franz., Span., Russ., Poln.

FISCHER-WEPPLER, Werner

Ehrenvorsitzender Dt. Curlingverb., Vors. Zentralverb. demokrat. Verfolgten-Organisationen in Bayern - Warngauerstr. 31, 8000 München 90 (T. 089 - 692 13 13) - Schatzm. d. Tierschutzvereins München - Ehrenbürger v. Winnipeg/Kanada.

FISCHER-WOLLPERT, Heinz

Dr. phil., Oberstudiendirektor, Dir. Goethe-Gymn. Frankfurt (s. 1953), Lehrbeauftr. f. Interpretation v. Texten zu Gegenwartsfragen Englands u. Amerikas (1960ff.) u. Vors. Wiss. Prüfungsamt (1967ff.) Univ. Frankfurt - Fuchshohl 65, 6000 Frankfurt/M. 50 (T. 52 51 64) - Geb. 15. Aug. 1910 Geisenheim/Rhg. (Vater: Joseph Fischer; Mutter: Maria, geb. Wollpert), kath., verh. s. 1936 m. Maria, geb. Ziegler, 2 Töcht. (Ursula, Barbara) - Gymn. Mainz; Stud. German., Phil., Neue Spr. Univ. Frankfurt, Freiburg, Bonn, Exeter, Paris Marburg, London. Beide Staatsex. (1933 u. 35) - BV: Indien u. Pakistan, 1948; D. englandkundl. Bücherei, 1966. Herausg. v. Schulausg. - Liebh.: Fotogr. - Spr.: Engl., Franz.

FISCHER-ZERNIN, Lars

Dr.-Ing., Dipl.-Kfm., Unternehmer, gf. Gesellsch. Säkaphen GmbH, Brühl (s. 1980) - Lärchenweg 14, 5060 Bensberg (T. 5 29 17) - Geb. 7. Juni 1923 Hamburg, ev., verh. m. Jutta, geb. Mannhardt, 4 Kd. - Stud. Berlin u. Hamburg - U. a. Vors. d. Geschäftsfg. BULL General Electric GmbH, Köln, Vorst.-Mitgl. DEMAG AG, Duisburg (1966), Vors. d. Gfg. Borsig GmbH, Berlin (1970; 1972 AR-Mitgl.); 1975 gf. Ges. Säkaphen GmbH, Gladbeck; 1973 Ges. Monesa GmbH, Düsseldorf; 1966-67 (Mandatsniederleg.) MdL NRW. CDU - Spr.: Engl., Franz., Span.

FISCHERKOESEN, Hermine Dorothée,

geb. Tischler

Filmproduzentin - Hohenstaufenring 44-46, 5000 Köln 1 (T. 23 82 32) - Geb. 9. Febr. 1916 Freising/Obb. (Vater: Maximilian T., Mühlenbes.; Mutter: Ursula, geb. Zeiler) - Gymn. Lausanne (Schweiz) - U. a. Symbolfiguren Schmitz + Schmitzchen, dazu Telebuch - Liebh.: Bibliophilie - Spr.: Franz., Engl.

FISCHLE, Willy H.

Dr. phil., Dipl.-Psych., Analyt. Psychotherapeut (freiberufl.) - Hohenbühlweg 37, 7300 Esslingen (T. 0711 - 37 15 90) - Geb. 2. Okt. 1915 Ulm, verh. s. 1951 m. Dr. Hildegund, geb. Carl, 3 Töcht. (Corinna, Marina, Nicola) - Stud. Univ. Tübingen, Königsberg/Pr. (Phil., Psych., Med. Psych.); Dipl.-Psych. 1947; Promot. (Phil. u. Psych.) 1948 Tübingen (b. Kretschmer/Spranger) - BV: D. Weg z. Mitte (Wandlungssymbole in tib. Thangkas), Bildbd. 1980 (engl. 1982); D. Geheimnis d. Schlange (Deutung e. Symbols), 1983; D. Seinen gibt's d. Herr im Traum (Anleitung z. Verstehen v. Traumsymbolen), 1986 - Liebh.: Symbolik, Buddhismus, Malen, Garten - Spr.: Engl., Franz., Griech., Latein.

FISCHLE-CARL, Hildegund

Dr., Dipl.-Psych., Psychotherapeutin u. Psychoanalytikerin - Hohenbühlweg 37, 7300 Esslingen - Geb. 7. Nov. 1920 Stuttgart, verh. s. 1951 m. Dr. Willy H. Fischle (Autor), 3 Kd. (Corinna, Marina, Nicola) - Stud. Psych. u. Phil. Univ. Wien u. Tübingen (Promot. 1946); Ausb. z. Analytikerin Akad. f. Tiefenpsych. u. Psychotherapie Stuttgart - Lehr- u. Kontrollanalytikerin u. Doz. Mitgl. Dt. Ges. f. Psychotherapie, Psychosomatik u. Tiefenpsych. - BV: Sich selbst begreifen; D. schöne schwere Miteinander; D. Ich in s. Umwelt; Anstiftg. zu Lebenslust u. Lebensfreude; V. Glück d. Zärtlichkeit; Was bin ich wert?; V. Reichtum d. Herzens; Ich u. d. Kind das ich war. Zahlr.

Veröff. in Fachztschr. - Buchpreis Dt. Verb. Ev. Büchereien.

FISCHLER, Helmut
Dr. phil., Prof. f. Didaktik der Physik. Freie Univ. Berlin - Jenaer Str. 18, 1000 Berlin 31.

FISCHMEISTER, Hellmut
Dr. phil., Prof., Direktor Max-Planck-Inst. f. Metallforschung (s. 1981) - Birkendörfle 20, 7000 Stuttgart 1 - Geb. 14. Mai 1927, ev., verh. s. 1954 m. Dr. Ingrid, geb. v. Lapp, 3 Söhne (Georg, Gustav, Clemens) - Stud. Physik Univ. Graz, Promot. 1951 - 1951-56 Univ. Uppsala (Forschung); 1956-64 Telefonges. L.M. Ericsson, Stockholm, Abt.-Leit. Jernkontoret, Stockholm, Forsch.-Dir. Stora Kopparbergs AB, Söderfors; 1965-75 o. Prof. TH Chalmers, Göteborg; 1975-81 o. Prof. Montanuniv., Leoben. 1973-87 Präs. d. Lenkungsausch. d. europ. Forschungsaktionen COST 50, COST 501; s. 1975 Mitgl. schwed. Akad. Ingenieurwiss. (IVA); s. 1981 wiss. Mitgl. Max-Planck-Ges. z. Förd. d. Wiss. - BV: üb. 200 wiss. Veröff. (Ztschr.) - 1969 Ritterkr. d. Kgl. Schwed. Nordstern-Ordens; 1974 Ehrenmitgl. Dansk Metallurgisk Selskab; 1981 Korr. Mitgl. österr. Akad. d. Wiss.; 1983 Membre d'honneur, Soc. Française de Métallurgie; 1985 Plansee-Plak. f. Pulvermetallurgie; 1986 Sir Charles Hatchett-Award; 1987 Roland-Mitsche-Preis; 1987 Fellow American Soc. f. Materials; 1989 Mitgl. Acad. Europaea; 1990 Ehrenmitgl. Swedish Society for Materials Technology; 1990 Emil-Heyn-Gedenkmünze d. Dt. Ges. f. Materialkunde; 1991 Ehrendok d. königl. TH Stockholm (tekn. dr. h. c.), u. 1992 d. TU Graz (Dr. tech. e. h.) - Spr.: Engl., Franz., Schwed.

FISCHOEDER, Georg
Dr. rer. nat., Dipl.-Ing., Dipl.-Wirtschafts-Ing. - Elsternweg 17, 4005 Meerbusch-Ilverich - Geb. 9. Dez. 1935 Essen, verh. s. 1966, 3 Kd. - Spr.: Engl., Franz.

FISENNE, von, Erika

Direktorin Generaldirektion POSTDIENST - Podbielskiallee 75, 1000 Berlin 33 (T. dienstl.: (Ost) 231 54 88) - Geb. 1933 Düsseldorf (Vater: Dipl.-Ing., Postbeamter) - Univ. Hamburg (Rechtswiss.). Gr. jurist. Staatsprüf. 1960 - S. 1962 Postdst., b. 1963 Braunschweig, 1970-85 Leit. Postgiroamt Berlin, 1985 Vizepräs. d. Landespostdirektion, 1990 Bereichsleit. Postdienst, 1991 Geschäftsbereichsleit. Controlling Finanzen.

FISK, Eliot
Prof. f. Gitarre Musikhochschule Köln (s. 1982), Konzertgitarrist - Zu erreichen üb. Musikhochschule, Dagobertstr. 38, 5000 Köln 1 - Geb. 10. Aug. 1954 Philadelphia/USA - 1967-69 Privatunterr. b. William Viola, Philadelphia; 1970-3 Aspen Music School (b. Óscar Ghiglia); 1973 Banff School of Fine Arts (b. Alirio Diaz); 1974-77 Privatunterr. b. A. Segovia; 1976 B.A. Yale Univ.; 1977 M.M. Yale School of Music; 1977-82 Doz. Yale School of Music - Mehrere Langspielpl. (EMI); Konz. USA, Europa, S. Amerika, Asien.

FISSAN (ß), Heinz
Dr.-Ing., Prof. f. Prozeß- u. Aerosolmeßtechnik Univ. Duisburg - Bismarckstr. 90, 4100 Duisburg - Geb. 4. Sept. 1938.

FISSLER, Harald
Dipl.-Ing., VR Fissler AG, Luxemburg; VR-Vors. Vesta AG, Luxemburg; Vors. Geschäftsf. Vesta AG & Co. oHG, Idar-Oberstein, AR-Vors. Fissler GmbH, Idar-Oberstein, Landesbeirat Commerzbank AG, Frankfurt - Hauptstr. 177, 6580 Idar-Oberstein - Geb. 27. Jan. 1925 - Ehrenmitgl. Dt. Forsch.ges. f. Oberflächenbehandl. (DFO).

FISTER, Werner
Dr.-Ing., o. Prof. f. Strömungsmaschinen - 4322 Sprockhövel/W. - Geb. 24. Febr. 1918 - Industrietätig.; s. 1967 Ord. Univ. Bochum. Facharb. - 1953 Borchers-Plak.

FITEK, Erich
Geschäftsführer Lauterberger Blechwarenfabrik - Lessingstr. 15a, 3422 Bad Lauterberg - Geb. 16. Sept. 1919 Brauchitschdorf Krs. Lüben - Ausb. Maschinenbau-Ing. - Geschäftsf. Lauterberger Blechwarenfabrik GmbH, Lauterberger Ges. f. Industrietechnik mbH.

FITTING, Alfred
Dipl.-Ing., Prof. f. Entwerfen TU Berlin (Inst. f. Wohnungsbau u. Stadtteilplanung) - Englerallee 30c, 1000 Berlin 33.

FITTING, Wilfried M.
Dr. med., Prof., Ärztl. Direktor u. Chefarzt Inn. Abt. Ev. Krankenh. Köln a. D. - Tiberiusstr. 3, 5000 Köln-Marienburg - Geb. 31. Dez. 1919 Bonn (Vater: Prof. Dr. phil. nat. Dr. h. c. Johannes F., Botaniker † 1970 (s. XVI. Ausg.); Mutter: Sigrid, geb. Meyer), verh. s. 1957 m. Gisela, geb. Vorster - Univ. Bonn, Straßburg, Tübingen, Promot. 1949; Habil. 1958 - S. 1958 Privatdoz. u. apl. Prof. (1965) Univ. Bonn (Inn. Med.). Gf. Mitgl. Gutachterkommiss. f. Ärztl. Behandlungsfehler d. Ärztekammer Nordrh., Düsseldorf. Fachveröff. (Hämatol., Endokrinol., Jodstoffw. u. a.) - Liebh.: Musik, Lit., mod. Kunst - Rotarier - Spr.: Engl. - Bek. Vorf.: Geheimrat Prof. Dr. jur. Dr. h. c. Hermann F., Ord. d. Rechte Univ. Halle/S. (Großv.).

FITTKAU, Bernd
Dr. phil., Dipl.-Psych., Prof., Dir. d. Päd. Seminar (Päd. Psychol. u. Beratung) - Calswerstr. 73, 3400 Göttingen - Geb. 26. Juni 1942 Hamburg - Promot. 1969 - S. 1975 Prof. Univ. Göttingen. Üb. 50 Facharb.

FITTLER, Robert
Dr. phil., Prof. f. Mathematik FU Berlin - Leistikowstr. 2, 1000 Berlin 19 - Geb. 7. März 1940 (Vater: Rolf Alexaner F., Bankier; Mutter: Maria, geb. Huber), verh. s. 1968 m. Doris Margit, geb. Walter, 2 Kd. (Julia Marianne, Michael Fortunat) - Univ. Zürich (Dipl.-Math. 1964, Promot. 1966) - 1965 wiss. Assist. Univ. Heidelberg; 1967 Assist.-Prof. Rutgers Univ. N.J./USA; 1971 Oberassist. Univ. Zürich; 1972 Prof. TU Berlin; 1973 Prof. FU Berlin.

FITTSCHEN, Klaus
Dr., Prof., 1. Direktor d. Dt. Archäologischen Instituts Athen (s. 1989) - Fidiou 1, GR-10678 Athen (T. 362 02 70) - Geb. 31. Mai 1936 Salzhausen (Vater: Ludwig F., Dipl.-Landw.; Mutter: Hanna, geb. Jaeger), ev. luth., verh. s. 1965 m. Gisela, geb. Badura - Johanneum zu Lüneburg, Stud. Univ. Tübingen, Rom, Athen (Klass. Archäol., Klass. Sprachen, Alte Gesch.), Dr. phil. Tübingen 1964 - 1966-70 Wiss. Assist. u. 1970-76 apl. Prof. Univ. Bochum, 1976-89 o. Prof. Univ. Göttingen - BV: Untersuchungen z. Beginn d. Sagendarstell. b. d. Griechen (Diss.) 1969; Katalog d. antiken Skulpturen in Schloß Erbach, 1977; D. Bildnistypen d. Faustina minor u. d. Fecunditas Augustae, 1982; Katalog d. röm Porträts in d. Capitolinischen Museen u. a. d. kommunalen Samml. d. Stadt Rom, I 1985, III 1983 (m. Paul Zanker); Griech. Porträts, 1988 - Spr.: Engl., Ital., Neugriech.

FITZ, Lisa
Schauspielerin - Postfach, 8333 Hebertsfelden - Geb. 15. Sept. 1951 Zürich/Schweiz (Vater: Walter F., Komponist, s. dort; Mutter: Molly, geb. Raffay, Sängerin), verh. s. 1980 m. Ali Halmatoglu (Rockschlagz.), S. Nepomuk - Schauspiel- (3 J. Ruth v. Zerboni), Gesangs- u. Ballettausb. - Aufg. als Entertainerin. Büne u. Nicht Fisch, nicht Fleisch (Kammersp. München). Fernsehen: D. Nest, D. Wittiber u. a. Akt. Shows: D. heilige Hur, Ladyboss, Geld macht geil - BV: D. heilige Hur, 1988 - 1974 Nürnbg. Trichter; 1985 Schwabinger Kunstpr.; 1987 Ludwig-Thoma-Med. - Liebh.: Lesen, Yoga, Sport - Spr.: Engl., Franz.

FITZ, Veronika
Schauspielerin - 8031 Stockdorf/Obb. - Geb. 1937 Diessen/Ammersee (Vater: Hans F., Schauspieler u. Autor), verh. 1962 m. Willi Anders, Schauspieler († 1971), T. Ariela - Gymn.; Handelssch.; Schauspielausbild. - B. 1977 Mitgl. Münchner Kammersp.; freischaffend u. a.: Volksbühne Berlin, Burgtheater, Schauspielhaus Düsseldorf. Film- u. Fernsehrollen.

FITZ, Walter
Komponist, Schauspieler - Zu erreichen üb. Volkstheater, Brienner Str. 50, 8000 München 2 - Geb. 1921, verh. (Ehefr.: Molly Raffay, Sängerin), T. Lisa (Schausp., s. dort) - Im 2. Weltkrieg 1. Offz. auf e. U-Boot. Komp. v. 400 Schlagern. Gründ. Fitztett (m. Ehefr. Molly u. Bruder Gerd). Vornehml. volkstüml. Rollen (s. Jahren b. Salvatoranstich Strauß-Imitator). CSU.

FITZBAUER, Erich
Prof., Schriftsteller, Kunstmaler - Lange Gasse 14/44, A-1080 Wien - Geb. 13. Mai 1927 Wien, verh. s. 1972 m. Ingeborg, geb. Schmid, T. Brigitte - 1947-52 Stud. German. Univ. Wien (Mag. phil.) - BV: Keiner kennt d. andern, 1968; Windrad, Mond u. magischer Kreis, 1973; Heiter b. Regen, 1976; Zikadenschrei u. Eulenruf, 1977; Auf Suche n. Bolko, 1978; D. reißende Zeit, 1978; Mond im Kl. Bären, 1979; Axl Leskoschek u. s. Buchgraphik, 1979; Botschaften, 1980; D. Auftrag, 1981; Durch Städte u. Landschaften, 1983; Herz auf d. Hand, 1983; Eins in d. andern Spur, 1985; Abschiede, 1985; Wunschzettel, 1985; Durch d. Regenbrille, 1985; N. Macchia u. Meer riecht d. Wind, 1985; Täglich ist Allerseelen, 1986; Santorin - Insel d. tausend Wunder, 1986; Zirkus Welt, 1987; Strahlenfuge, 1987; Auf verdunkelter Bühne, 1987; Klippen, Dolmen u. Calvaires, 1988; Bruder Baum, 1988; D. Zaubertrommel, 1989; Sizilianisches Allegro, 1989; Im Joch d. Leier, 1989; Im Zeichen d. Sonne, 1990; Fenster ins Dunkle, 1990; Scardanelli, 1990; D. Südlicht, 1990; Zw. Stühlen sitzen, 1991; Heimgekehrt aus d. Träumen, 1991; Herr Zyx reist nah, Herr Zyx reist weit, 1992. Herausg. div. Publ. u. üb. üb. Stefan Zweig (1957-90) u. von graphischen Büchern u. Mappenwerken.

FITZER, Erich
Dr. tech., em. o. Prof. u. ehem. Direktor Inst. f. Chem. Technik Univ. Karlsruhe (1962-89) - Haydnplatz 5, 7500 Karlsruhe (T. 84 36 30), Geb. 26. Febr. 1921 Wien (Vater: Christian F., Kfm.; Mutter: Anna, geb. König), ev. A. B., verh. s. 1947 m. Dr. phil. Dorothea, geb. Glaser,

5 Kd. (Irmtraud, Hildegard, Christine, Herta, Gerhard) - Oberrealsch. u. TH Wien (Dipl.-Ing. 1947), Promot. (1948) u. Habil. (1955) Wien - 1956-62 Laborleit. u. Prok. Siemens-Planiawerke AG f. Kohlefabrikate, Meitingen b. Augsburg. Arbeiten auf d. Gebiet v. Hochtemperaturwerkstoffen, bes. MoSi2 u. Graphit (Erfinder - 150 Patente) - BV: Techn. Chemie, 1975 (m. W. Fritz); Monogr. Carbon fibres and their composites, 1985. Üb. 500 Fachveröff. Mitgl. dt., österr. u. amerik. Fachges.; Ehrenvors. Arbeitskreis Kohlenstoff d. D.ker.Ges. - 1952 Krafft-Med. TH Wien; 1977 Skakell-Award d. Americ. Carbon Soc.; 1986 First European Thermophysics Award of the ETPC; 1988 Ehrenmed. Nikolaus Kopernikus Univ. Torum/Polen - Spr.: Engl., Franz.

FIX, Wolfdietrich
Dr.-Ing., Direktor Hauptabteilung Metallurgie, Mannesmannröhren-Werke AG, Mannesmann Forschungsinst., Duisburg, apl. Prof. f. Grundlagen u. Verfahrenstechnik d. Hüttenprozesse TU Clausthal - Ehinger Str. 200, 4100 Duisburg 25.

FLACH, Andreas
Dr. med., Prof., Direktor Abt. f. Kinderchirurgie Chir. Univ.sklinik Tübingen - Haußerstr. 39, 7400 Tübingen (T. 23414) - Geb. 4. Juli 1921 Beyharting/Obb. S. 1961 (Habil.) Privatdoz., apl. u. o. Prof. Tübingen. Zahlr. Fachveröff.

FLACH, Dieter
Dr. phil., Prof. f. Alte Geschichte Univ.-GH Paderborn (s. 1981) - Leopold-Lucas-Str. 55 A, 3550 Marburg/L. - Geb. 15. Mai 1939 Bad Nauheim (Vater: Dr. jur. Erwin F., Amtsgerichtsrat; Mutter: Ria, geb. Wolf), ev., verh. s. 1966 m. Gisela, geb. Leuck, S. Andreas - Univ. Marburg u. Wien. Promot. 1967; Habil. 1970 - 1973-81 Univ. Marburg - BV: D. lit. Verhältnis v. Horaz u. Properz, 1967 (Diss.); Tacitus in d. Tradition d. antiken Geschichtsschreib., 1973 (Habil.sschr.); Einf. in d. röm. Geschichtsschreib., 1985; Römische Agrargesch., 1990; D. sogenannte Laudatio Turiae, 1991.

FLACH, Karl
Fabrikbesitzer, gf. Gesellsch. Karl Flach oHG., versch Afri-Cola-, Bluna- u. Febena-Ges.en - Alter Stammheimer Weg 1, 5000 Köln-Riehl - Geb. 9. Jan. 1905 Bonn. Bereits in jg. Jahren selbst.

FLACH, Uwe E.
Vorstandsmitglied d. DG BANK, Frankfurt (s. 1991) - Zu erreichen üb. DG BANK, Am Platz der Republik, 6000 Frankfurt/M. - Geb. 21. Sept. 1943 Loben/Schlesien, ev., verh., 2 Kd. - 1961 Mittl. Reife u. Höhere Handelssch. Frankfurt/M.; 1961-63 Banklehre Dresdner Bank; 1963-65 Militär. Bundeswehr Leutnant d. R. - 1965-67 Stud. Betriebswirtschafts-Akad., Frankfurt/M.; 1967-70 Dresdner Bank; 1970-1976 Investmentbank Dillon, Read & Company, Inc. New York, Paris u. London; 1974

Vice Pres. d. New Yorker Hauses u. Execut. Vice Pres. d. Dillon, Read Overseas Corp., London; 1976 DG BANK, Frankfurt/M.; zahlr. AR-Mandate - Spr.: Engl., Franz.

FLACH, Werner

Dr. phil., Prof. f. Philosophie - Altes Forsthaus, 8771 Lichtenau - Geb. 25. Juli 1930 Himmelstadt - Promot. 1955; Habil. 1961 - S. 1968 Prof. Univ. Würzburg. Wiss. Veröff.

FLAD, Hans-Dieter

Dr. med., Prof., Direktor Forschungsinst. Borstel, Inst. f. experiment. Biologie u. Medizin (spez.: Immunologie) - Parkallee 1-40, 2061 Borstel - Geb. 15. Febr. 1935 Berlin (Vater: Dr. jur. Wolfgang F., Mutter: Anna-Elisabeth, geb. Albrecht), ev., verh. s. 1964 m. Janine, geb. Vilain - Stud. Med. Heidelberg u. München - Forschungsaufenth. f. Immunologie in USA u. Engl. - Lehrst. f. Immunologie u. Zellbiol. an d. Med. Univ. zu Lübeck - Wiss. Publ. auf d. Gebiet d. klin. u. exper. Immunol. - Liebh.: Klass. Musik, Archäologie - Spr.: Engl., Franz.

FLADE, Gerhard

Dipl.-Ing., Prof. f. Baubetriebs- u. wirtschaftslehre Gesamthochsch. Siegen (Fachbereich Bautechnik) - Königsberger Str. 26, 5910 Kreuztal-Buschhütten.

FLADUNG, Günter

Geschäftsführer Vereinigung d. Wollhandels - Rembertistr. 32, 2800 Bremen 1.

FLÄMIG, Christian

Dr. rer. pol., Hon.-Prof. Univ. Marburg, Direktor E. Merck, Darmstadt - Frankfurter Str. 250, 6100 Darmstadt (T. 06151 - 72 24 24); Im Hausstück 11, 6146 Alsbach/Bergstr. (T. 06257 - 39 12) - Geb. 14. Nov. 1936 Chemnitz - Präsid.-Mitgl. Dt. wiss. Steuerinst. d. Steuerberater u. Steuerbevollmächtigten, Bonn; Beirats-Mitgl. Arbeitsgemeinsch. Dt. Stiftg., Augsburg; Stiftg.-Mitgl. d. Dt. Inst. f. Intern. Päd. Forsch.; ständ. Sachbearb. f. Steuerrecht d. Dt. Hochschulverb.; Mitgl. Wirtschaftsrechtsaussch. d. Verb. d. Chem. Ind., u. Mitgl. Rechtsaussch. d. Bundesverb. d. Pharmazeutischen Ind. - BV: Betriebsbedingte Bewert. u. Gleichbehandl.grundsatz, 1973; D. Auswirk. d. Steuerref. auf d. Kapitalges. in d. BRD, 1974; Gemeindefinanzen u. kommun. Wirtschaftsentw.plan, 1974; Bemessung v. Forschungsleistungen, 1978; Steuerprotest u. Steuerberat., 1979; D. genet. Manipulation d. Menschen, 1985; Steuerrecht als Dauerrecht, 1985. Mithrsg.: Ztschr. Wissenschaftsrecht; Dt. Steuerztg., Handwörterb. d. Steuerrechts, Handb. d. Wissenschaftsrechts.

FLÄMIG, Gerhard

Bürgermeister a. D., Journalist, MdB (1963-80; Wahlkr. Hanau), Mitgl. Europarat (1965-81), Europ. Parlam. (1970-79) - An der Ochsenwiese 4, 6450 Hanau/M. (T. 23859) - Geb. 19. Dez. 1919 Glauchau/Sa. (Vater: Gerhard F., Bankbeamt.; Mutter: Frida, geb. Trömel), ev., verh. s. 1946 m. Margarethe, geb. Franz, 3 Kd. (Wilhelm-Rudolf, Ingeborg, Barbara) - Oberrealsch. (Abit.); POW-Univ. Concordia (USA); Schriftsetzerlehre; 1946-48 Redaktionsausbild. Offenbach - 1948-57 polit. Redakt. Offenbach; 1957-64 hauptamtl. Bürgerm. Stadt Großauheim/M. 1948-57 Stadtverordn. Seligenstadt (1952 Vorsteher); 1965-69 Abg. Berat. Vers. d. Europarates. SPD s. 1946 - Liebh.: Musik - Spr.: Engl., Franz.

FLAGGE, Ingeborg

Dr., Journalistin, Chefredakt. Zeitschr.: D. Architekt - An der Esche 38, 5300 Bonn - Geb. 1. Okt. 1942 Oelde (Vater: Fritz, Kaufm.; Mutter: Hildegard, geb. Pöttker), verh. s. 1967 m. Dr. Otto F. - Stud. Köln, London, Rom (Klass. Archäol., Ägyptol., Alte Gesch.), Promot. 1972 - S. 1972 Chefredakt.: D. Architekt, 1978-83 Geschäftsf. BDA; s. 1984 freiberufl. in PR f. Arch. + Ausstellungen - BV: D. Greif; Architektur im J. 2003 - Utopie d. nahen Zukunft; Architektur in d. Demokratie; Kunstsamml. NRW; Museumsbau; Monographie H. Striffler; Postbauten. Architektur u. Licht. 40 Jahre Architektur in BRD - Liebh.: Schreiben, Archit., Design, Reisen - Spr.: Engl., Franz., Lat., Ital., Griech.

FLAIG, Aki Beate

Geschäftsf. Gesellschafterin Akitours Reisevermittlung GmbH - Schillerstr. 1, 7570 Baden-Baden - Geb. 15. Okt. 1944 Herrnhut (Vater: Dipl.-Ing. Kurt Menzel; Mutter: Eva, geb. Hefter), ev., verh. s. 1967 m. Heiner Flaig - 1964 Journ., SWF Ferns. Baden-Baden; 1968 Reisebürokauffrau; Inh. Akitours - Spr.: Engl., Ital.

FLAMM, Wilhelm

Prof., Hochschullehrer (Kunst) - Urachstr. 51, 7800 Freiburg/Br. - Geb. 2. Nov. 1920 Wittenschwand, kath., verh. s. 1954 m. Edith, geb. Steinhart, 3 T. - Univ. Freiburg (Engl. Gesch., Dt.; Staatsex.); Kunstakad. Karlsruhe (Staatsex.) - B. 1960 Gymnasial-, dann Hochschullehrer (gegenw. Prof. PH Freiburg). Vorwieg. Graph. Arbeiten.

FLAMMER, Ernst Helmuth

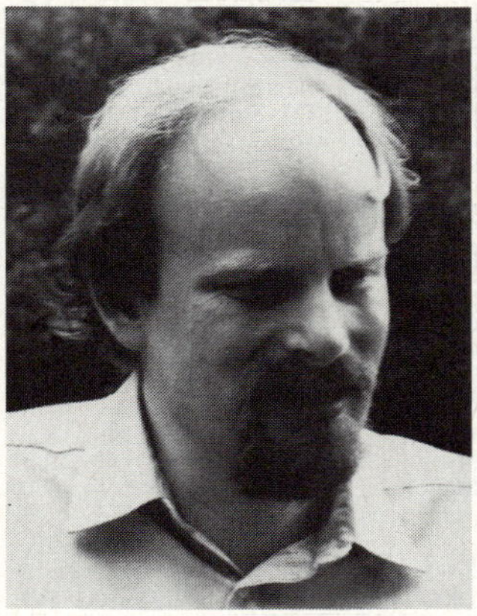

Dr. phil., Komponist, Musikwissenschaftler - Pelzacker 4, 7803 Gundelfingen/Br. - Geb. 15. Jan. 1949, ev., verh. s. 1982 m. Elke, geb. Engelhardt, 2 Kd. (Johannes-Simon, Magdalena Elisabeth) - 1969-72 Stud. Math., 1979-80 Musikwiss., Phil., Kunstgesch. Univ. Freiburg; Musiktheorie u. Komposition Musikhochsch. Freiburg; Promot. 1980 Freiburg - Div. Tätigk. als Lehrbeauftr. versch. Hochsch.; Gastdoz.; 1985-87 künstl. Leit. Ewemblia Musikfestival Mönchengladbach - BV: Politisches Engagement als Kompositorisches Probl. am Beispiel v. Hans W. Henze u. Luigi Nono, 1981; zahlr. Aufsatzveröff. D. Turmbau zu Babel, Orat. 1982; Violinkonzert, 1983; Gethsemani f. gr. Orch., 1985; Klavierkonzert, 1986; weit. Orchesterwerke: 1988/89 Cellokonzert; Durch d. Erde geht ein Riß gegen d. Vergessen, 7 Stücke f. Orchester (1990); umfangr. Orgelwerk, u. a. d. abendfüllende Zyklus superverso (1985-92); 3 Streichquartette, 1977, 82 u. 85; Kammermusik, u. a. Zeitflucht f. Ensemble; Zeitwinde f. Schlagzeugquartett - 1979 Carl Maria v. Weber Preis d. Dresdner Musikfestsp.; 1980 Stip. Heinrich-Strobel-Stiftg. d. SWF; 1981 Valentino-Bucchi-Förderpreis Rom; 1982 Kompositionspreis d. Stadt Stuttgart; 1984 Reinhold-Schneider-Förderpreis d. Stadt Freiburg; 1985 Förderpreis d. Bachakad. Stuttgart; 1986 Preis d. Kunststiftg. Baden-Württ.; 1987 Intern. Goffredo-Petrassi Preis f. Orch. Parma/Ital.; 1988 Arbeitsstip. Cité des Arts in Paris, 1990 Arbeitsstip. im Künstlerhof Schreyahn Niedersachsen.

FLAMMERSFELD, Arnold

Dr. phil., o. Prof. f. Physik - Herzberger Landstr. Nr. 50, 3400 Göttingen (T. 46212) - Geb. 10. Febr. 1913 Berlin, ev. - Univ. Berlin (Promot. 1938). Habil. 1947 Tübingen - 1948 Doz. Univ. Tübingen; 1954 Ord. u. Dir. Physikal. Inst. Univ. Göttingen (1961/62 Rektor) - BV: Isotopenbericht, 1949 (m. J. Mattauch); Atomphysik, 1959 (m. Bechert und Gerthsen) - 1956 o. Mitgl. Akad. d. Wiss., Göttingen - Rotarier.

FLASCH, Kurt

Dr. phil., o. Prof. f. Philosophie m. bes. Berücks. d. Mittelalterl. Phil. Univ. Bochum (s. 1970) - Zum Ruhrblick 7, 4630 Bochum-Stiepel - Geb. 12. März 1930 Mainz - Promot. 1945; Habil. 1969 - Zul. Doz. Univ. Frankfurt/M. Bücher u. Einzelarb.

FLASCHE, Hans

Dr. phil., em. o. Prof. f. Roman. Philologie Hamburg - Humboldtstr. 35, 5300 Bonn - Geb. 25. Nov. 1911 Düsseldorf (Vater: Wilhelm F., Dolmetscher; Mutter: Clara, geb. Klein), kath., verh. s. 1956 m. Cäcilie, geb. Frohn - Bibliotheksrat Univ.bibl. Bonn (b. 1953), 1951 Privatdoz. Univ. Erlangen, 1953 ao. Prof. Univ. Marburg (Dir. Roman. Sem.), 1961 o. Prof. ebd., 1963 o. Prof. Univ. Hamburg (Dir. Roman. Sem. u. Ibero-Amerik. Forschungsinst.), 1962 Dir. Forschungs-Inst. Görresges., Lissabon. Zahlr. Fachveröff., dar. Bücher u. Buchbeitr. - 1968 Komturkreuz span. Orden Isabel la Catolica, 1971 Hispanic Society of America, 1977 Real Academia Española, 1979 Ehrendoktor Univ. Católica Portuguesa - Lit.: Studia Iberica (Festschr. f. H. F. 1973); Aureum Saeculum Hispanum (Festschr. f. H. F. 1983).

FLASHAR, Hellmut

Dr. phil., o. Prof. f. Klass. Philologie Univ. München - Holbeinstr. 16, 8025 Unterhaching - Geb. 3. Dez. 1929 Hamburg, ev., verh. s. 1958 m. Christiane, geb. Eiffert, 2 Söhne (Martin, Christian) - 1948-54 Univ. Berlin u. Tübingen (Griech., Lat., Phil.). Promot. 1954 Tübingen; Habil. 1961 Tübingen - 1961-64 Privatdoz. Univ. Tübingen, 1964-82 Univ. Bochum; 1970-76 Vors. Mommsen-Ges. - BV: D. Dialog Ion als Zeugnis platon. Phil., 1958; Aristoteles - Problemata Physica, 1962; Melancholie u. Melancholiker in d. med. Theorien d. Antike, 1966; Aristoteles-Mirabilia, 1972; Eidola, Ausgew. Kl. Schriften, 1989. Herausg.: Dt. Aristoteles-Ausg. (1968ff.).

FLASSE, Gunther

Dipl.-Kfm., Geschäftsführer Betriebswirtschafts-Akad. - Taunusstr. 54, 6200 Wiesbaden.

FLATH, Fritz

Dr. med., Arzt f. Allgemeinmed., ehem. MdL Bayern (1970-82) - Neuenmuhrer Weg 10, 8823 Muhr a. See (T. 09831 - 40 65) - Geb. 28. Jan. 1917, verh. m. Olga, geb. Schroeder, 3 Kd. (Waltraud, Wolfgang, Winni) - Stud. d. Med. Univ. München, Königsberg, Leipzig, Graz; Promot. 1943 Königsberg - Truppen- u. Lazarettarzt; 2 J. Kriegsgef.; s. 1945 prakt. Arzt u. Geburtshelfer. 1960-90 Gde.- u. Kreisrat Landkr. Weißenburg/Gunzenb., 1963-76 Mitgl. FDP Landesvorst. Bayern; 1978-84 2. Bürgerm. in Muhr - FDP (Ehrenvors. Bez.-Verb. Mfr., Ehrenmitgl. Kr.-Verb. Weißenburg-Gunzenh.) - Silb. Kommunale Verdienstmed.; 1976 Theodor-Heuss-Med.; 1980 Bayer. VO; 1980 BVK I. Kl. - Liebh.: Reisen, Fotogr., Lesen - Spr.: Engl.

FLATH, Hermann

Dr. jur., Generaldirektor Landschaftl. Brandkasse u. Provinzial-Lebensversicherung, bde. Hannover - Jöhrensstr. 1, 3000 Hannover 71 - Geb. 5. April 1925 - AR-Mand., dar. meist Vors.

FLATOW, Curth

Prof. h.c., Schriftsteller, Präs. Dramatiker-Union - Am Hirschsprung 60a, 1000 Berlin 33 - Geb. 9. Jan. 1920 Berlin (Vater: Siegmund F., Humorist), ev. - N. Mittl. Reife kaufm. Lehre - Angest. Konfektion; Arbeits- u. Wehrdienst; nach 1945 Conferencier KdK Berlin, Mitarb. Nürnberger Trichter, Rundfunk (üb. 100 Sendungen RIAS, NWDR Berlin und SFB) und Film. Drehb.: Wenn Männer schwindeln, D. Onkel aus Amerika, Frl. v. Amt, Wie werde ich Filmstar?, E. Mann muß nicht immer schön sein, Liebe, Tanz u. 1000 Schlager, D. einfache Mädchen, D. Pauker, D. Gauner u. d. lb. Gott, Meine Tochter u. ich, Ganovenehre u. a.; Bühnenw.: D. Fenster z. Flur (Berliner Volksst. m. Horst Pillau; UA. 1960 Berlin), Vater e. Tochter (UA. 1965 Berlin), Cyprienne oder Scheiden tut nicht weh (Musik: Gerhard Jussenhoven; UA. 1966 Köln), D. Geld liegt auf d. Bank (UA. 1968 Berlin), D. Mann, d. sich nicht traut (UA. 1973 Berlin, meist gesp. Stück im deutschspr. Raum); Durchreise (UA. 1982 Berlin); Romeo m. grauen Schläfen (UA. 1985 München); Mutter Gräbert macht Theater (UA. 1988 Berlin); Verlängertes Wochenende (UA. 1990 Düsseldorf); Zweite Geige (UA. 1991 Berlin). Fernsehsp.: D. eigenen vier Wände, Schuld sind nur die Frau'n, Gertrud Stranitzki, Ida Rogalski, Preußenkorso, E. Mann f. alle Fälle, Ich heirate e. Familie. Liedertexte zu etwa 30 Filmen - 1984 Gold. Kamera HÖR ZU (f. Fernsehdrehb.: Ich heirate e. Familie); 1985 Telestar; 1992 Prof. h.c. Stadt Berlin - Liebh.: Kochen.

FLATZ, Gebhard

Dr. med., em. Prof. f. Humangenetik Med. Hochschule Hannover - Konstanty-Gutschow-Str. 8, 3000 Hannover 61 - Geb. 14. Aug. 1925 Graz/Österr. (Vater: Dr.-Ing. Emil F.; Mutter: Hanna, geb. Baumgartner), kath., verh. s. 1973 m. Sibylle, geb. Hensen - Univ. Graz, Tübingen, Köln. Promot. 1953 Köln; Habil. 1964 Bonn - 1960-72 Univ.-Kinderklin. Bonn. Emerit. 1990. Zahlr. Facharb. - Liebh.: Bergsteigen - 1971 Gold. Sportabz.; 1987 Dr. med. E. h. Univ. Chiangmai (Thailand) - Spr.: Engl.

FLECHSENHAAR, Günther

Dr. theol., Prof., Theologe - Reinertstr. 17, 3578 Schwalmstadt 1 (T. 2 27 58) - Geb. 10. Mai 1907 Frankfurt/M., ev., verh. - 1932-46 Gemeindepfarrdst.; 1947-70 Prof. Theol. Seminar Friedberg - BV: D. Geschichtsproblem in d. Theol. J. v. Hofmanns, 1935.

FLECHSIG, Karl-Heinz

Dr. phil., o. Prof. f. Pädagogik Univ. Göttingen (s. 1975) - Calsowstr. 73, 3400 Göttingen - B. 1968 Ord. Univ. Konstanz, dann Hamburg.

FLECHTHEIM, Ossip K.

Dr. jur., Dr. phil., o. Prof. f. Wissenschaft v. d. Politik (emerit.) - Rohlfsstr. 18, 1000 Berlin 33 (T. 823 20 51) - Geb. 5. März 1909 Nikolajew (Vater: Hermann F., Buchhändler; Mutter: Olga, geb. Farber), konfessionsl., verh. s. 1942 m. Lili, geb. Faktor, T. Marion Ruth - Hindenburgsch. Düsseldorf; Univ. Freiburg, Paris, Heidelberg (Dr. phil. 1947), Berlin, Köln (Dr. jur. 1934), Genf (Dipl. 1940) - 1931-33 Refer. OLG Düsseldorf, 1939-40 wiss. Hilfsarb. Inst. f. Sozialforsch. Columbia-Univ. New York, 1940-43 Doz. Univ. Atlanta, 1943-46 Doz. u. Prof. Bates College (USA), 1946-47 Sektions- u. Bürochef Amt d. US-Hauptanklägers f. Kriegsverbrechen Berlin, 1947-51 Prof. Colby College (USA), SS. 1951 Gastprof. Bowdoin College (USA), 1952-59 Prof. Dt. Hochsch. f. Politik Berlin, sd. ao. u. o. Prof. (1961) FU ebd. - BV: Hegels Strafrechtstheorie, 2. A. 1975; D. KPD in d. Weimarer Rep., 1948, 3. A. 1986; Politik als Wiss., 1953; D. dt. Parteien s. 1945 - Quellen u. Auszüge, 2. A. 1957; Grundleg. d. Polit. Wiss., 1958; Bund u. Länder, 1959; V. Hegel zu Kelsen, 1963; E. Welt oder keine?, 1964; Weltkommunismus im Wandel, 1965, 2. A. 1977; History and Futurology, 1966; Bolschewismus 1917-67 - V. d. Weltrevolution z. Sowjetimperium, 1967; D. Kampf um die Zukunft- Grundlagen d. Futurologie, 1970, 3. A. 1980; D. polit. Parteien d. BRD, 1973; Zeitgesch. u. Zukunftspolit., 1974; Marxist. Praxis, 1974 (m. Grassi); Ausblick in d. Gegenwart, 1974; Von Marx bis Kolakowski, 1978; Luxemburg z. Einführung; Karl Liebknecht z. Einführung; Ist d. Zukunft noch zu retten?, 1987, Taschenbuchausg. 1990; Marx z. Einführung, 1988; Vergangenheit im Zeugenstand d. Zukunft; Ausschau halten nach e. besseren Welt, 1991. Herausg.: Wiss. von der Politik (1956ff.), Brandherde der Weltpolitik (1962), Dokumente zur parteipolitischen Entwickl. in Dtschl. (9 Bde., 1962ff.), Polit. Texte (1966ff.) Futurum (1968-71), Futurum (Sammelbuch) 1980; Marx heute - Pro u. Contra (1983) - 1973 Mitgl. PEN-Zentrum BRD; 1975 Ehrenmitgl. Ges. f. Zukunftsfragen; 1989 Dr. rer. pol. h. c. - Spr.: Russ., Franz., Engl. - Lit.: Chr. Fenner u. B. Blanke; Systemwandel u. Demokratisierung (Festschr. f. O. K. F. 1975).

FLECK, Hans Günther

Sprecher d. Geschäftsfg. Mauser Werke Oberndorf - 7238 Oberndorf a.N.; priv.: Mangenbergerstr. 261, 5650 Solingen 1 - Geb. 28. Juni 1935 Solingen (Eltern: Karl u. Luise F.), kath., verh. m. Irmlind, geb. Knabe - Abit.; Dipl.-Ing.

FLECK, Hans-Joachim

Bundesrichter i. R. - Str. d. Roten Kreuzes 35, 7500 Karlsruhe 41 - Geb. 30. Jan. 1918 Breslau, kath., verh., 1 Sohn - 1949 LG Aachen, 1955 BGH (wiss. Hilfsarb.), 1958 OLG Köln, 1961 Justizmin. NRW, 1964-84 BGH (Bundesrichter) - BV: Geller/Kleinrahm/Fleck, D. Verfass. d. Ld. NRW, Kommentar, 2. A. 1963. Ges.rechtl. Veröff. (Festschr. u. Ztschr.) - Gr. BVK - Lit.: Festschr. z. 70 Geb. f. H.-J. Fleck (hg. Verlag Walter de Gruyter).

FLECK, Klaus

Dipl.-Ing., Bürgermeister Stadt Schopfheim - Wallstr. 5, 7860 Schopfheim - Geb. 16. Dez. 1941 Karlsruhe (Vater: Albin F., Hauptbrandm.; Mutter: Maria, geb. Stumpf), kath., verh. s. 1967 m. Heidi, geb. Gerlitzer, 2 Kd. (Jürgen, Dagmar) - Dipl.-Ing. 1963 FH Karlsruhe - Stadt- u. Regionalplaner SRL, s. 1979 Bürgerm. - BV: u.a. Entwicklungsplanung Oberhaching; Sozio-ökon. Untersuch. d. Erholungsnutzung d. Rheinaue am Mittleren Oberrh. - 1968 Dt. Vize-Meister im Kanu-Rennsport - Spr.: Engl.

FLECK, Klaus O.

Dr. rer. pol., Dipl.-Kfm., MBA, Sprecher des Vorstandes SÜDZUCKER AG, Mannheim/Ochsenfurt - Fichtestr. 2, 6800 Mannheim - Geb. 11. Febr. 1934 Heidelberg (Vater: Richard F., Oberstud.rat; Mutter: Else, geb. Menzel), verh. m. Barbara, geb. Nicula - Stud. in Dtschl., Engl. u. USA (Fulbright) - Versch. AR- u. Beiratsmand.; Präs. d. Industrie- u. Handelskammer Rhein-Neckar.

FLECK, Werner

Dr. rer. nat., Leiter d. Zentralabteilung Leitstelle f. techn. Koop./Lizenzen/Patente Degussa AG, Frankfurt - Streckerweg 5, 6100 Darmstadt-Eberstadt - Geb. 19. April 1934 Darmstadt, ev., verh. s. 1962 m. Anneliese, geb. Gremm - TH Darmstadt (Stud. Organ. Chemie; 1959 Dipl.-Chem., 1962 Promot.) - Hochschultätigk. TH Darmstadt, Stanford u. Maryland Unv. (USA) - Geschäftsf. Sasil GmbH, Düsseldorf; Mitgl. Konsortialkomit. Ultraform GmbH, Ludwigshafen, Ultraform Company, Mobile (USA) - Ehrenbürger Staat Alabama (USA).

FLECKENSTEIN, Bernhard

Dr. med., Univ.-Prof. Univ. Erlangen-Nürnberg - Haus-Nr. 93, 8551 Schlaifhausen (T. 09199 - 9 31) - Geb. 10. Aug. 1944, verh. s. 1981 m. Ingrid, geb. Müller, 4 Kd. (Annette, Julia, Patricia, Matthias) - 1963-69 Stud. Med. Univ. Freiburg u. Wien; Promot. 1970, Habil. 1975 - 1970-75 wiss. Assist. Univ. Göttingen u. Erlangen; 1976-78 Assoc. Prof. Harvard Medical School; s. 1978 Prof. f. Virologie; Leit. d. Lehrst. f. Klinische u. Molekulare Virologie Univ. Erlangen-Nürnberg; s. 1990 Präs. d. Ges. f. Virologie - Art. in Büchern u. wiss. Ztschr.

FLECKENSTEIN, Franz

Msgr., Direktor i. R. - Peterplatz 8, 8700 Würzburg (T. 0931 - 5 37 34) - Geb. 8. Juni 1922 Würzburg, kath. - Stud. Regensburg u. Würzburg (Theol. u. Musik) - 1950 Priesterweihe, 1953-61 Musikpräfekt am Bischöfl. Knabensem. Kilianeum, 1961-70 Domkapellm. Würzburg, 1970-87 Dir. Fachakad. f. kath. Kirchenmusik u. Musikerziehung (Kirchenmusiksch.), Regensburg.

FLECKENSTEIN, Günter

Dr. rer. pol., Dipl.-Kfm., Vorstandsmitglied Fried. Krupp Hüttenwerke AG., Bochum - Hohe Buchen Nr. 14b, 4300 Essen 1 - Geb. 30. Sept. 1928 - ARsmand.

FLECKENSTEIN, Günther

Intendant Dt. Theater Göttingen - Sonnenstr. 8a, 8034 Unterpfaffenhofen - Geb. 13. Jan. 1925 Mainz (Vater: Philipp F., Verw.dir.), ev. - Realgymn. u. Univ. Mainz (1946 b. 1948 Phil.) - 1949-54 Regieassist. Mainz, dann I. Spiell. Ulm, Gelsenkirchen (1955), Essen (1956), 1957-59 Oberspiell. Münster/W., 1959-66 Spiel- u. Oberspiell. (1961) Landestheater Hannover, seither Int. Dt. Theater Göttingen. 1976-81 Int. Hersfelder Festsp. 1985 als erster Regiss. d. Bundesrep. am Moskauer Akad.- u. Künstlertheater. (Hochhuths Juristen). Insz.: Antigone (Oper v. Orff), D. seidene Schuh (Claudel), D. Seeschlacht (Goering), Egmont (Goethe), Matineen Dt. Teilung (Kurt Morawietz) u. a. Bühnenbearb.: D. Spiel ist aus (Sartre; UA. 1958); Dramatisierung: D. Großtyrann u. d. Gericht (Bergengruen; UA. 1962); D. verlorene Ehre d. Katharina Blum. Fernsehbearb. - 1979 Zuckmayer-Med.; 1982 Ehren-Plak. Bad-Hersfeld; 1984 Ehrenmed. Stadt Göttingen; 1986 Poln. Orden f. kulturelle Verdienste; Nieders. Verdienstkreuz am Bde.; 1990 Ehrenmitgl. d. Dt. Theaters Göttingen - Spr.: Franz., Engl.

FLECKENSTEIN, Heinz (Heinrich)

Dr. theol., Prof. f. Pastoraltheol. (emerit.) - Scheffelstr. 4, 8700 Würzburg (T. 7 91 62) - Geb. 23. Jan. 1907 Öventrop/W. (Vater: Bernhard F., Beamt.; Mutter: geb. Korte), hum. Gymn. Aschaffenburg; Univ. Würzburg (Promot. 1933). Priesterweihe 1931 - Seelsorgetätigk., Studienpräfekt Würzburg, ab 1938 Doz. Univ. Würzburg, b. 1939 Lehrstuhlvertr. v. Moraltheol., s. 1948 o. Prof. Phil.-Theol. Hochsch. Regensburg u. Univ. Würzburg (1953; 1956/57 u. 1967/68 Rektor) - BV: D. Lehre v. d. materiellen Welt b. Albert d. Gr., 1934; Persönlichk. u. Organminderwertigkeiten, 1938; Christl. Deutung u. Ordnung d. menschl. Geschlechtsbezieh., 1946, 2. A. 1952; Gedanken u. Anreg. z. geschlechtl. Erzieh., 1951. Viele Ztschr.aufs. u. Leserart. Schrift.: Zeitschr. Seele (1953-62) - 1965 Bayer. VO.

FLECKENSTEIN, Josef

Dr. phil., Prof., Direktor Max-Planck-Inst. f. Geschichte (s. 1971) - Hermann-Föge-Weg 11, 3400 Göttingen (T. 54021) - Geb. 18. Febr. 1919 Kämmeritz Kr. Querfurt (Vater: Medard F.; Mutter: Luise, geb. Noe), kath., verh. s. 1955 m. Dr. Hildegard, geb. Allendorff, 4 Söhne (Georg, Martin, Winfried, Christoph) - Univ. Leipzig, Halle, Mainz, Freiburg. Promot. (1952) u. Habil. (1958) Freiburg - S. 1958 Lehrtätigk. Univ. Freiburg, Göttingen (1960/61 Lehrstuhlvertr.), Frankfurt/M. (1962 Ord.), Freiburg (1965 Ord.), Göttingen (1973 Honorarprof.). 1968 ff. Kolleg. Leit. Konstanzer Arbeitskr. f. mittelalterl. Gesch., 1976 Senator d. Deutschen Forschungsgemeinsch. - BV: D. Bildungsreform Karl d. Gr., 1953; D. Hofkapelle d. dt. Könige, 2 Bde. 1959/66; Karl d. Gr., 1962 (niederl. 1965); Grundl. u. Beginn d. deutschen Geschichte, 1974. 1968 korr. Mitgl. Monumenta Germaniae historica, München, 1973 ord. Mitgl. d. Akad. d. Wiss., Göttingen - Liebh.: Kunst, Reisen - Spr.: Franz., Engl.

FLECKNER, Joachim

Kaufmann, Präs. Bund Dt. Verkaufsförderer u. -trainer, Meerbusch - Am Honigshuck 11, 4133 Neukirchen-Vluyn.

FLECKNER, Sigurd

Dipl.-Ing., Vorstandsmitglied WTB Walter Thosti Boswau Bauaktiengesellschaft (s. 1972) - Hallberg 41, 4000 Düsseldorf - Geb. 19. Aug. 1925.

FLEGEL, Horst

Dr. med., Landesmedizinaldirektor i. R., apl. Prof. f. Neuropsychiatrie Univ. Düsseldorf, Psychotherapie, Psychoanalyse - Theodor-Körner-Str. 2, 5000 Köln 50.

FLEGEL, Robert

Dr.-Ing., Prof. f. Angew. Mechanik u. Informatik f. Ing. Inst. f. Mechanik u. Regelungstechnik Univ.-GH Siegen (Fachbereich Maschinentechnik) - Am Kornberg 28, 5900 Siegen - Geb. 1. Mai 1938 Trautenau/Sudetenl., verh. s. 1965 m. Margarete, geb. Wagner, 3 Kd. (Andreas, Annegret, Ulrich) - 1958-64 Stud. Math. TH Stuttgart (Dipl., Promot. 1968) - 1969-73 Doz. FH Eßlingen; s. 1973 Univ.-Prof. in Siegen.

FLEHR, Friedrich

Dipl.-Ing., Prof., Dozent Hess. Lehr- u. Forschungsanst. f. Wein-, Obst- u. Gartenbau (Techn. Physik, Maschinen- u. Gerätekd., Gewächsbau u. a.) - 6222 Geisenheim/Rhg..

FLEINER, Wilhelm

Kaufmann, pers. haft. Gesellsch. Karl Fleiner KG., Mannheim, Vizepräs. IHK Mannheim - Stralsunder Weg 14, 6800 Mannheim 42 - Geb. 7. Jan. 1913.

FLEISCHER, Bodo

Dipl.-Ing., Architekt - Kolk 1, 1000 Berlin 20 - Geb. 7. Nov. 1930 Berlin (Vater: Paul F., Beamt.; Mutter: Gertrud, geb. Matulat), ev., verh. s. 1960 m. Erika, geb. Krüger - Obersch. Berlin-Weißensee (Abit. 1949); TU Berlin (Dipl.-Ing. 1955) - 1956-60 Assist. TU Berlin (Lehrstuhl f. Entwerfen u. Baukonstruktionen); s. 1958 freischaff. Arch. U. a. Gemeindezentrum Klosterfelde u. Zuflucht Berlin-Spandau. Mitgl.: AIV (1979-83 Vors.), AKB (1985-88 Vorst.), Beratungsausschuß Kunst am Bau - 1963 Preis Jg. Generation d. Stadt Berlin; Wettbewerbserfolge (I. Preis): SFB-Fernsehstudio Berlin (1960), Volksbildungszentrum Berlin-T'hof (1961), Stadthalle Pforzheim (1963), Ausstell. Partner d. Fortschritts Berlin (1965), Stadttheater Pforzheim, Aktion Farbe im Stadtbild - Spr.: Engl.

FLEISCHER, Georg

Geschäftsführer Coca-Cola Eastern Europe GmbH - Elsaßstr. 29, 4300 Essen 15 - Geb. 25. Okt. 1928.

FLEISCHER, Gundolf

Ehem. Rechtsanwalt, Staatssekretär im Innenmin. Baden-Württ. (s. 1990), MdL Baden-Württ. (Wahlkr. 48, Breisgau) - Dorotheenstr. 6, 7000 Stuttgart 1 - Geb. 22. Juli 1943 Wechselburg - Zul. Staatssekr. im Staats- u. Wirtschaftsmin. Baden-Württ. CDU.

FLEISCHER, Hans

Sanitäringenieur u. Install.Mstr., Oberbürgermeister - Cloppenburger Str. 425, 2900 Oldenburg/O. - Geb. 7. Juli 1906 Pillau/Ostpr. (Vater: Max F., Hotelbes.) - Mittelsch. Königsberg/Pr.; 1923-26 Lehre Installateurhandw. Meisterprüf. 1943 - S. 1932 selbst. (Betrieb f. Rohrleitungsbau u. sanit. Anl.; b. 1945 Königsberg, s. 1947 Oldenburg). S. 1948 Ratsmitgl. u. Obgm. (1956-61 u. wied. gegenw.) Oldenburg. 1963-67 MdL Nieders. Mitbegr. u. 1950-58 ARsvors. Baugenoss. d. Ostvertriebenen Oldenburg. SPD.

FLEISCHER, Helmut

Dr. phil., Prof. f. Philosophie TH Darmstadt (s. 1972) - Stetteritzring 61, 6101 Roßdorf 2 - Geb. 8. Nov. 1927 Unterrodach/Ofr. - Promot. 1955; Habil. 1971 - Zul. Prof. FU Berlin - BV: Marxismus u. Geschichte, 4. A. 1972 (auch ital., span., engl.); Wertphil. in d. Sowjetunion, 1969; Marx u. Engels, 2. A. 1974; Sozialphil. Studien, 1973.

FLEISCHER, Konrad

Dr. med., em. o. Prof. f. Hals-, Nasen- u. Ohrenheilkunde - Wartweg 24, 6300 Gießen (T. 2 34 88) - Geb. 7. Okt. 1920 Eisenach, verh. s. 1948 m. Hertha, geb. Natz †1989, 3 Kd. (Bernhard, Irmgard, Susanne) - S. 1952 Lehrtätigk. Univ. Leipzig, Erfurt (1957-59 Prof. m. Lehrstuhl u. Klinikdir.), Berlin/Humboldt (b. 1961 Prof. m. Lehrstuhl u. Klinikdir.), Hamburg (1963 b. 1970 apl. Prof.), Gießen (ab 1970 Ord. u. Klinikdir.), emerit. 1986. 1963-70 Chefarzt HNOabt. Allg. Krkhs. Hamburg-Heidberg, 1974 Präs. dt. Ges. f. HNO-Heilk., Kopf- u. Halschir., Schriftführer ebd. - BV: HNOheilkd. f. d. Krankenpflegepersonal, 1971; mehrere Handb.beiträge u. zahlr. Einzelarb. (Altersschwerhörigk., Mißbild., Lärmschäden, Mittelohrentzünd.) - Rotarier.

FLEISCHER, Margot

Dr. phil., Univ.-Prof. f. Philosophie Univ.-GH Siegen - Goethestr. 30, 5000 Köln 51 - BV: Hermeneutische Anthropologie - Platon, Aristoteles, Berlin / New York 1976; Wahrheit u. Wahrheitsgrund. Z. Wahrheitsproblem u. zu s. Gesch., Berlin/New York 1984; D. Zeitanalysen in Heideggers Sein u. Zeit. Aporien, Probl. u. e. Ausblick, 1991. Zahlr. Aufs. z. antiken, neuzeitl. u. gegenw. Phil. Herausg.: Edmund Husserl. Analysen z. passiven Synthesis, Husserliana - Gesammelte Werke XI (1966); Philosophen d. 20. Jh. E. Einführung (1990). Mitübers.: Jean-Paul Sartre. Bewußtsein u. Selbsterkenntnis (1973).

FLEISCHER, Michael

Dr. phil., Slavist - 4630 Bochum - Geb. 23. Febr. 1952, verh. - Stud. Polonistik in Polen, Slavistik Univ. Bochum; Promot. 1985, Habil. 1990, bde. Bochum - Priv.-Doz. - Mitgl. Dt. Ges. f. Semiotik - BV: Nomenhäufigkeitsverteilungslisten z. Lyrik v. Paul Celan, 1985; D. poln. Lyrik v. 1945-85, 1986; Hund u. Mensch. E. semiotische Analyse ihrer Kommunikation, 1987; D. populäre Lit. (m. Christian Sappok), 1988; D. sowjetische Semiotik, 1989; D. Evolution d. Literatur u. Kultur, 1989; E. Theorie d. Kabaretts, 1989; Strömungen d. polnischen Gegenwartsliteratur, 1989; Information u. Bedeutung, 1990; D. Semiotik d. Spruches, 1991. Mithrsg. d. semiotischen Ztschr. Znakolog - Spr.: Poln., Russ.

FLEISCHER, Robert

Dr. phil., o. Prof. f. Klass. Archäologie Univ. Mainz (s. 1977) - Hinter der Kapelle 34, 6500 Mainz 1 - Geb. 16. Jan. 1941 Wien (Vater: Dr. phil. Julius F., Kunsthistoriker u. Univ.doz.; Mutter: Rosa, geb. Schwarz), kath., verh., 4 Kd. (Susanne, Martin, Matthias, Andreas) - 1958-63 Univ. Wien (Archäol., Alte Gesch.). Promot. (1963) u. Habil. (1973) Wien - 1963-77 Assist. Österr. Archäol. Inst. Wien - BV: Antike Bronzestatuetten aus Carnuntum, 1966; D. röm. Bronzen aus Österr., 1967; Artemis v. Ephesos u. verw. Kultstatuen aus Anatolien u. Syrien, 1973; D. Klagefrauensarkophag aus Sidon, 1983; Studien z. seleukidischen Kunst I: Herrscherbildnisse, 1991. Zahlr. Aufs. u. Rezens. - 1975 Innitzer-Förderungspreis f. Geisteswiss.; 1989 Kress Lecturer in Ancient Art, Archaeological Inst. of America; Visiting Prof. Bryn Mawr College, USA; Mitgl. Zentraldir. DAI; Associé corresp. étranger Soc. Nationale des Antiquaires de France, Paris - Liebh.: Kultur, Sport - Spr.: Engl., Franz., Ital., Türk., Griech.

FLEISCHER-PETERS, Annette

Dr. med. dent., o. Prof. u. Vorst. Poliklinik f. Kieferorthopädie Univ. Erlangen-Nürnberg (s. 1972) - Burgbergstr. 18, 8520 Erlangen - Geb. 16. April 1929 - Promot. 1955; Habil. 1968 - Üb. 60 Facharb.

FLEISCHHAUER, Carl-August

Dr. jur., Untergeneralsekretär f. Rechtsangelegenh. u. Rechtsber. d. Vereinten Nationen (s. 1983) - UN-Plaza, New York, N.Y. 10017; priv.: 420 E. 54th Str., New York, N.Y. 10022 - Geb. 9. Dez. 1930 Düsseldorf (Vater: Prof. Dr. med. Kurt F., Arzt; Mutter: Leonie, geb. Schneider-Neuenburg), kath., verh. s. 1957 m. Liliane, geb. Sarolea, 2 T. (Daniela, Katharine) - Gymn. Düsseldorf (Abit. 1949); Univ. Heidelberg, Grenoble, Paris, spät. Chicago. Jurist. Staatsex. 1954 (Heidelberg) u. 60 (Stuttgart); Promot. Heidelberg - 1960-62 MPI f. Ausl. öfftl. Recht u. Völkerrecht Heidelberg (Wiss. Ref.); s. 1962 AA Bonn (1972 Leit. Völkerrechtsref.; 1975-83 Völkerrechtsberat.,s. 1976 zusätzl. Leit. Rechtsabt.) - Ausl. Ausz. u. BVK - Liebh.: Mod. Gesch. u. Lit. - Spr.: Engl., Franz., Span., Russ.

FLEISCHHAUER, Dietrich

Dr., Geschäftsführer Dt. Fernsehlotterie GmbH Dt. Hilfswerk/Stiftg. d. bürgerl. Rechts - Harvestehuder Weg 88, 2000 Hamburg 13 - Geb. 4. Dez. 1929 Vacha/Thür.

FLEISCHHAUER, Günter

Dr. phil., Prof. f. Musikgeschichte Martin-Luther-Univ., Halle - La Fontainestr. 29, O-4020 Halle/S. (T. 0345 - 2 21 39) - Geb. 8. Juli 1928 Magdeburg, ev. verh. s. 1976 m. Barbara, geb. Neubauer. Sohn Andreas - Stud. Klass. Philol., Musikerz. u. Musikwiss.; 1947-52 Univ. Halle, Promot. 1959 z. Dr. phil.; Habil. 1979 - 1952-59 Wiss. Assist. Inst. f. Musikerz., 1959-62 Wiss. Mitarb. Inst. f. Musikwiss., 1962-69 Dozent. f. Musikgeschichte; 1969-79 Lektor, 1980-90 Doz. u. s. 1990 Prof. f. Musikgesch. Univ. Halle - BV: Etrurien u. Rom, Musikgeschichte in Bildern, Band II/5, 1964, 2. A. 1978, jap. 1985; ca. 40 Beiträge (u. Herausg.) z. Telemannforsch. - 1991 Telemann-Preis Stadt Magdeburg - Spr.: Engl., Griech., Lat. - Lit.: MGG (Musik in Geschichte u. Gegenwart), Bd. 16, u. The New Grove Dictionary of Music and Musicians, 1980.

FLEISCHHAUER, Helmut

Dr., Vorstandsmitglied Wirtschaftl. Genoss. d. Presse eG - Budenweg 32, 6000 Frankfurt/M. 1.

FLEISCHHAUER, Jörg

Dr. rer. nat., Dipl.-Chem., Dipl.-Phys., Prof., Chemiker - An d. Vorburg 9, 5100 Aachen-Richterich - Geb. 22. Aug. 1939 Dresden - Promot. 1969 - S. 1973 (Habil.) Lehrtätigk. RWTH Aachen (1974 Wiss. Rat u. Prof.; Lehrgeb. Theoret. Chemie).

FLEISCHHAUER, Kurt

Dr. med., Univ.-Prof. f. Anatomie - Herzogsfreudenweg 28, 5300 Bonn 1 (T. 25 24 24) - Geb. 14. Okt. 1929 Düsseldorf, verh. s. 1965 m. Sabine, geb. Waller, 3 Kd. - Promot. (1954) u. Habil. (1960) Kiel - S. 1964 o. Prof. Univ. Hamburg u. Bonn (1968); s. 1985 Rektor Univ. Bonn. Fachveröff. bes. auf d. Gebiet Neuroanatomie.

FLEISCHMANN, Alfons

Dr. theol., o. Prof. f. Moral- u. Pastoraltheologie (em.) - Reichenaustr. 3,

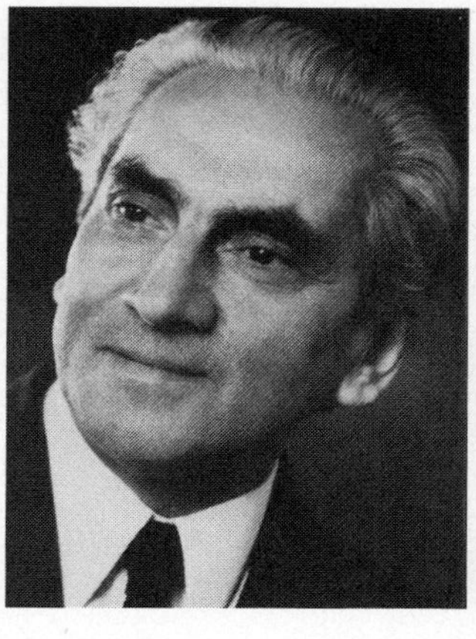

8078 Eichstätt/Bay. (T. 16 08) - Geb. 26. Mai 1907 Lochmühle/Oberrödel (Vater: Johann F., Bauer u. Mühlenbes.; Mutter: Mathilde, geb. Sonntag), kath. - Promot. 1938 München - 1931 Kaplan, 1934 Religionslehrer, 1938 Seminardir., 1941 ao., 1944 o. Prof. Phil.-Theol. Hochsch. Eichstätt. Ämter: Gründ.rektor Kath. Univ. Eichstätt (s. 1972), Ehrenpräs. CV-Akademie, Vors. Kath. Canisiusstiftung Ingolstadt, Mitgl. Landesvorstand CSU - BV: Wilhelm Estius u. s. Stellung z. Bajanismus, 1940; D. Instructio Pastoralis Eystettensis, in: 400 J. Collegium Willibaldinum Eichstätt, 1964; Sinn u. Aufg. e. kirchl.-päd. Hochsch. in : Glaube, Wiss., Erzieh., 1967 - Päpstl. Ehrenprälat, Bayer. Verdienstord., BVK I. Kl., Gr. gold. Ehrenz. d. Rep. Österr., Gold. Sportabz. - Spr.: Franz., Engl., Ital.

FLEISCHMANN, Bernhard

Dr. rer. nat., Prof. f. Allg. Betriebswirtschaftslehre u. ihre Quantitativen Methoden - Reindorfer Weg 9, 2107 Rosengarten 8 - Geb. 20. Sept. 1942 Zweibrücken - Stud. Math. Univ. Saarbrücken, Paris u. Hamburg; Habil. 1975 Univ. Karlsruhe - Ab 1978 o. Prof. Univ. Hamburg.

FLEISCHMANN, Emil

Spielwarenfabrikant (Fa. Emil Fleischmann, Modelleisen- u. Autorennbahnen) - 8500 Nürnberg - Geb. 1907 - Div. Ehrenstell., dar. Vors. Intern. Spielwarenmesse.

FLEISCHMANN, Gerd

Dr. rer. pol., Prof. f. Wirtschaftl. Staatswissenschaften, insb. Verkehrswiss., Univ. Frankfurt/M. (s. 1971) - Königsteiner Str. 18c, 6242 Kronberg/Ts. (T. 06173 - 7 99 65) - Geb. 25. April 1930 Rotterdam (Holl.) - Promot. 1965 Münster - BV: Nationalökonomie u. sozialwiss. Integration, 1968.

FLEISCHMANN, Kurt

Richter am Bundesgerichtshof (s. 1969) - Witzlebenstr. 4-5, 1000 Berlin 19 - Geb. 1923 - LG Düsseldorf (1958 LGrat, 1966 LGdir.); Staatskanzlei Nordrh.-Westf. (1967 Min.rat); Justizmin. Nordrh.-Westf. (1969).

FLEISCHMANN, Ulrich

Dr. phil., Prof. f. Romanistik FU Berlin - Carmerstr. 17, 1000 Berlin 12 (T. 030 - 312 21 27) - Geb. 20. Juni 1938 Rothenburg/o.T. (Vater: Franz F., Studienrat; Mutter: Charlotte, geb. Rebhuhn), kath., verh. s. 1971 m. Verena, geb. Wegge, 2 T. (Jessika, Stephanie) - Promot. 1967 München, Habil. 1980 Berlin - 1970-74 DAAD-Lektor in Nigeria u. England; ab 1980 Prof. Univ. Bayreuth u. FU Berlin - BV: Ideologie u. Wirklichk. in d. Lit. Haitis, 1969; Aspekte d. soz. u. polit. Entw. Haitis; u. a. Fachveröff. - Spr.: Franz., Span., Portugies., Engl.

FLEISSNER, Herbert

Dr. jur., Verleger (F. A. Herbig, Albert Langen-Georg Müller u. a.) - Thomas Wimmerring 11, 8000 München 22 (T. 235008-0) - Geb. 2. Juni 1928 Eger, kath., verh. (Ehefr.: Gisela), 4 Kd. (Brigitte, Michael, Richard, Georg) - Promot 1952 - S. 1952 Verlagswesen - Spr.: Engl.

FLEITMANN, Richard-Theodor

Vorstandsmitglied Verein. Dt. Nickel-Werke AG. vorm. Westf. Nickelwalzwerk Fleitmann, Witte & Co., Schwerte, ARsvors. Hindrichs-Auffermann AG., Wuppertal, VRsmitgl. Berliner Handels-Ges., Berlin/Frankfurt - Karl-Gerharts-Str. 21, 5840 Schwerte/Ruhr (T. 16678) - Spr.: Engl. - Rotarier.

FLEITMANN, Theo

Verlagsdirektor a. D. - Am Bonneshof 26, 4000 Düsseldorf 30 - Geb. 30. Okt. 1918 Eupen/Belg., kath., verh. s. 1952 m. Edelg., geb. Solbach, S. Jürgen - Mittl. Reife - Dr. humoris causa Narren-Ad. Bülken, Ehrenmitgl. div. Organis. u. Vereine, Ehrenvors. Verb. Dt. Afrika Korps, Düsseldorf - Liebh.: Reiten, Kegeln, Prinz Karneval Düsseldorf (1961/62).

FLEMIG, Kurt

Karikaturist - Uhlandstr. 173, 1000 Berlin 15 - Geb. 15. Mai 1909 Leipzig (Vater: Finanzbeamt.), ev., verh. s. 1936 m. Maria Orgas, T. Gisela - Viels. Ausbild. (zul. 1952-54 Meistersch. f. Graphik, Druck, Werbung Berlin) - Bek. Vorf.: Paul F., Arzt u. Dichter (1609-40) - Besitzt eines d. größten Archive v. Karikat. Ab 1938 Mitarb. Berliner Presse (KF). Zahlr. Buchillustr. Rd. 80 000 Karikaturen In- u. Ausl.

FLEMMING, Irene

Dr. med., Prof. f. Plast. Chirurgie im Hals-, Nasen- u. Ohrenbereich - Burgunder Str. 9a, 1000 Berlin 38 - Geb. 12. Juli 1934 Berlin - Promot. 1961 - S. 1971 (Habil.) Lehrtätigk. FU Berlin (Klinikum Steglitz). Üb. 30 Fachveröff.

FLEMMING, Kurt

Dr. med., Prof. - Wilhelm-Beck-Str. 4, 7770 Überlingen/B. (T. 63314) - Geb. 24. Febr. 1920 Körlin/Pom. - S. 1959 (Habil.) Lehrtätigk. Univ. Greifswald u. Freiburg/Br. (1961; 1965 apl. Prof. f. Pharmak. u. Radiobiol.; 1969 Wiss. Rat Radiol. Inst., 1977 Dir. Inst. f. Biophysik u. Strahlenbiol.). Gründ. European Reticulo-Endothelial Society (EURES), Louvain 1972 (Präs. 1973-75). Üb. 130 Fachveröff. - 1966 Hermann-Holthusen-Ring Dt. Röntgen-Ges., 1960 Wahl in Comité Internationale de Photobiologie, Kopenhagen, 1978 Wahl i. New Yorker Akad. d. Wissensch. - BV: The Reticuloendothelial System and Immune Phenomena, 1971; Radioprotection, 1977 - 1968-80 Gold. Sportabz. - Spr.: Engl., Franz., Russ. - Rotarier.

FLEMMING, Peter

Hauptgeschäftsführer Verband d. Kfz.-Gewerbes Baden-Württemberg e.V., Stuttgart - Strohgäustr. 22/2, 7250 Leonberg (T. 07152 - 2 80 89) - Geb. 5. Okt. 1945 Wolfen, ev., verh. - Ehrenamtl. Arbeitsrichter; Mitgl. in Vertr.-versamml. Süddt. Eisen- u. Stahl-BG.

FLENDER, Hans-Walter

Dr.-Ing., Prof., Dozent f. Datenverarbeitung Musikhochsch. Westf.-Lippe/Nordwestdt. Musikakad. - Zu erreichen üb. Musikhochsch., Allee 22, 4930 Detmold 1.

FLENDER, Reinhard David

Dr. phil., Prof. f. Musikgeschichte, Komponist - Hochschule f. Musik u. darst. Kunst, Harvestehuder Weg 12, 2000 Hamburg 13 - Geb. 20. Aug. 1953 Bergneustadt, ev. - Künstl. Reifeprüf. Klavier 1976 Münster; M.A. 1981 Hebrew Univ. Jerusalem; Promot. 1983 Hamburg - S. 1984 Doz., s. 1991 Prof. Hochsch. f. Musik u. Darst. Kunst Hamburg; Leit. Konzert-Musikabt. Peer Musikverlage, Hamburg - BV: Schlüssel z. Musik (m. H. Rauhe), 1986; D. Biblische Sprechgesang, 1988; Structures in Hebrew Psalmody, im Druck; Popmusik (m. H. Rauhe), 1989. Div. Komp. f. Klavier, Instrumentalensemble u. Orchester - 1991 Ausz. auf d. intern. Wiener Kompositionswettbewerb (f. THRENOS II f. Vi solo, 2 Klaviere u. Kammerorch.).

FLENKER, H.

Dr. med., Chefarzt, Prof. f. Allg. Pathologie u. Pathol. Anatomie Univ. Mainz - Zentralkrankenhaus, 2850 Bremerhaven.

FLENSBURG, Ruth

s. Held, Christa

FLESCH, Hans Werner

Schriftsteller u. Journ. - Erfurter Str. 7, 4030 Ratingen (T. 02102-4 13 04) - Geb. 6. Dez. 1926 Oberhausen, verh. m. Edith, geb. Rogowski - Stud. German., Phil. u. Psych. - Buchhändler; Journ. (u.a. Chefredakt. Eifel-Presse u. Guinness Buch d. Rekorde); Geschäftsf. Erb Verlag Düsseldorf - BV: u.a. Magaluf, R. 1977; Nur ernstgemeinte Zuschriften erbeten/Ehe, Freundschaft u. Sex in Inseraten, 1982; Ewig währender Kalender d. Simplicissimus (Auswahl u. Übertrag. in neueres Deutsch), 1982; Jan - fast e. Kneipenmärchen, Erz. 1985; Trinkgeld f. Charon, Ged. 1986; Ratinger Zyklus, Ged. 1987; Lyrik in Ztschr., Ztg. u. im Lit.telefon Düsseldorf.

FLESCH, Reinhard

Dr. med., Ltd. Oberarzt Chirurg. Klinik u. apl. Prof. Univ. Erlangen-Nürnberg (s. 1974) - Rosenweg 6, 8520 Erlangen-Frauenaurach - Zul. Privatdoz.

FLESCH, Roman

Vizepräsident Landeszentralbank in Niedersachsen - Georgspl. 5, 3000 Hannover 1 - Geb. 29. März 1926 Trier, verh. m. Annemarie, geb. Alberg, Sohn Hans-Rudolf - Abit.; Banklehre - 1951-62 LZB Rhld.-Pfalz, s. 1963 LZB Nieders.

FLESCHE, Christian

Generalbevollmächtigten Bankhaus Schneider & Münzing (s. 1972) - Salvatorpl. 2, 8000 München 2 (T. 2391 - 1) - Geb. 21. Juli 1930 Düsseldorf (Vater: Erich F., Kaufm.; Mutter: Anneliese, geb. Boedinghaus), ev., verh. s. 1959 m. Doris, geb. Klein, 2 Söhne (Christian, Felix) - N. Abit. kaufm. Lehre - Zul. Vorstandsmitgl. Allg. Kreditversich. AG., Mainz - Liebh.: Garten, Blumen, Jagd - Spr.: Engl., Franz.

FLESSA, Richard

Dr. jur., Dipl.-Kfm., Vorstandsmitgl. i. R. Bayer. Landesanst. f. Aufbaufinanzierung (LfA) - Königinstr. 15, 8000 München 22 (T. 089 - 21 24-1 Durchw. 4 78); priv. Paul-Keller-Str. 30, 8035 Stockdorf/Obb. - Geb. 11. Juli 1924 Hof/S. (Vater: Heinrich F., Gewerbeoberlehrer; Mutter: Helene, geb. Wolfrum), ev., verh. s. 1956 m. Hedwig, geb. Welzhofer, 2 Kd. - Univ. München (Rechtswiss., Betriebsw.). Jurist. Staatsprüf. 1948 u. 51; Promot. 1949; Dipl.-Kfm. 1950 - B. 1973 Ministerialrat Bayer. Finanzmin., dann Vorstandsmitgl. LfA.

FLESSAU, Kurt-Ingo

Dr. phil., Prof. f. Erziehungswissenschaft Univ. Dortmund (Gesch. d. Erziehung u. Schule, Unterrichtsdid. u. -meth.) - Klever Str. 19, 4600 Dortmund 1 (T. 0231 - 42 16 61) - Geb. 6. Jan. 1937 Flensburg, ev.-luth. - Gymn. Flensburg; Stud. Literaturwiss., Germanist., Erziehungswiss., Psychol., ev. Theol. Univ. Kiel, Tübingen, Bonn, Hamburg, Dortmund. Promot. 1966 Hamburg; 1. Lehramtsex. 1968 Dortmund, Habil. 1973 Dortmund - Wiss.-Assist. 1962-69, Privatdoz. 1969-74, Prof. s. 1974 - BV: D. moralische Roman. Studien z. gesellschaftskritischen Trivialliteratur d. Goethezeit, 1968; Hubert Biernat: Im Mittelpunkt d. Mensch, 1968; Heinrich Zschokke: D. Goldmacherdorf, 1973; Schule d. Diktatur. Lehrpläne u. Schulbücher d. Nationalsozialismus, 1977/79; Lehrpläne z. naturwiss. Unterricht (m. G.-B. Reinert), 1981; Erziehung im Nationalsozialismus (m. E. Nyssen, G. Pätzold), 1987. Filme: Mitarb. an Unterrichtsfilmen, u. a. Risikoschutz durch Versich. (1979), Vermögensbild. durch Investmentsparen (1981), Unternehmen im Wettbewerb (1982) - Liebh.: Mineral., Paläontol., Fotografie, Malerei d. 17.-19. Jh.

FLESSEL, Klaus

Dr. phil., Univ.-Prof. f. Sinologie Univ. Erlangen (s. 1983) - Ringstr. 5, 8531 Lonnerstadt (T. 09193 - 24 58) - Geb. 5. Dez. 1940 Recklinghausen, verh. s. 1973 m. Michiko, geb. Takayanagi, 2 T. (Nana, Sina) - 1961-71 Stud. Univ. Münster u. Tübingen; Promot. 1971, Habil. (Sinol.) 1983 Tübingen - BV: D. Huang-Ho u. d. Hist. Hydrotechnik in China, 1974; u. a.

FLESSNER, Günter

Landwirt, Minister f. Landwirtsch. Schlesw.-Holst. a. D. (1975-88), Präs. Landwirtschaftskammer Schlesw.-Holst., Kiel (s. 1968), MdL SH (s. 1971) u. a. - Himbeersahl, 2321 Kalübbe/Holst. (T. Ascheberg 343) - Geb. 7. Nov. 1930 Tarbek Kr. Segeberg, ev., verh., 3 Kd. - Mittelsch.; Lehrerausbild.; Landw.ssch. Landw.sm. - 1966 ff. Gemeindevertr. Dersau; 1966-71 MdK Plön. CDU s. 1962.

FLESSNER (ß), Hermann

Dr.-Ing., o. Prof. f. Angew. Informatik - Schulenbrooksweg 70, 2050 Hamburg 80 (T. 721 88 91) - Geb. 31. Dez. 1930 Hamburg (Vater: Friedrich F., Bankrat † 1953; Mutter: Erika, geb. Strathmann), ev., verh. s. 1958 m. Ursel, geb. Schulz, 2 Kd. (Marianne, Jan) - 1941-50 Obersch. Hamburg (Reifeprüf.); 1950-52 Zimmererlehre; 1952-57 TH Hannover (Bauing.wesen; Dipl.-Ing.). Promot. 1965 Hannover - 1958-62 Ed. Züblin AG., Duisburg (Statiker u. Konstrukteur); s. 1962 TH bzw. TU Hannover (1967 Abt.svorsteher u. Prof.) u. Univ. Bochum (1968 Wiss. Abt.vorst. u. Prof.; Leit. Abt. Informationsverarb./Inst. f. konstruktiven Ing.bau). 1969/1970 Gastprof. Massachusetts Inst. of Technology Boston (USA), s. 1978 o. Prof. f. Angew. Informatik i. Nat.-Wiss. u. Technik, Univ. Hamburg. Üb. 70 Monographien und Fachaufsätze. Produktion und Regie von Filmen aus dem eigenen Arb.sber. Erf. a. d. Gebiet datenverarb. Geräte u. Entwickl. neuer Meth. d. Informatik (Menutechn.), d. rechnerunterstützten Konstruierens u. s. Anwendung b. d. Berechnung v. Talbrücken, Hochhäusern, d. Schalendaches üb. d. Foyer d. Städt. Bühnen Dortmund (1963), d. Reifenversuchsstrecke m. Steilkurven d. Continental AG. b. Celle (1965), d. Forschungsplattform ‚Nordsee' u. d. Schlußvermessung d. Elbe-Seiten-Kanals (bde. 1974). Forschungsarb. u. Neuentwickl. a. d. Geb. schwerer Meereskonstruktionen (Bohr- u. Produktionsplattformen) - Beirats- u. VR-Mitgl.sch. in Wirtsch. u. Industrie, in Berufsverb., Fachaussch. u. Ausbild.-gremien, dar. Dt. Hochschulverb., VDI (Vors. versch. Aussch.), Ges. f. Informatik, DAAD (1984-87 Vorst.-Mitgl.) - 1989 Konrad-Zuse-Medaille - Liebh.: Segeln, Schwimmen, Musik - Spr.: Engl.

FLICK, Friedrich Karl

Dr. rer. pol., Dipl.-Kfm. - Inselstr. 18, 4000 Düsseldorf 30 (T. 4 38 20) - Geb. 3. Febr. 1927 Berlin (Vater: Drs. h. c. Friedrich F. † 1972 (s. XVI. Ausg.); Mutter: Marie, geb. Schuss † 1966), verh., 2 Töcht. (Alexandra, Elisabeth) - Gymn. (Abit. 1944 Bad Tölz); 1946-51 Stud. Betriebsw.; prakt. Ausb. In- u. Ausl. (auch USA, u. a. Bankwesen) - 1957-85 Friedrich Flick KG, Düsseldorf (ab 1962 als pers. haft. u. gf. Gesellsch.). Mitgl. versch. Aufsichtsräte - 1976 Bayer. VO.

FLICK, Horst

Fernseh-Regisseur - Auguste-Viktoria-Str. 96, 1000 Berlin 33 (T. 030 - 825 30 23) - Geb. 23. Mai 1924 Lennep (Vater: Joseph F., Apoth.; Mutter: Magdalene, geb. Halbach) - Schauspielsch. Bochum - 1946-54 Schausp., s. 1955 Regiss. (vorw. Fernsehsp.) - FS-Spiele: u. a. Hochzeit (E. Canetti), Marija (I.Babel), Maria Morzeck (M. Bieler), Was soll bloß aus Dir werden. Preis d. Feigheit (auch Buch), Tatort, D. Männer vom K 3 - Jacob-Kaiser-Preis.

FLICK, Ursula

Hausfrau, Oberbürgermeisterin Stadt Osnabrück (1985-91), MdL Nieders. (1967-86) - Heinrichstr. 43, 4500 Osnabrück - Geb. 17. Nov. 1924 Osnabrück, verh. 1950 m. Dr. Fritz F. († 1963), 2 Kd. - Mädchengymn. Osnabrück (Abit.); im Kriege DRK-Krankenschw.; Stud. Gesch. u. German. - 1950-55 Mitarb. Bundestagsabg. Kurt Georg Kiesinger. Mitbegr. Ring christl.-demokr. Studenten. CDU - Verdienstkreuz I. Kl. Nieders. VO.; BVK.

FLIEDNER, Dietrich Karl

Dr. phil., Prof. f. Anthropogeographie - Kastanienweg 5, 6676 Mandelbachtal - Geb. 1. Mai 1929 Gütersloh (Vater: Friedrich F., Oberstudiendir.; Mutter: Sophie, geb. Faulhaber), ev., verh. s. 1956 m. Marianne, geb. Koppe, 2 Töcht. (Bettina, Annette) - Abit. 1949, Stud. Univ. Marburg, Promot. 1955, Habil. Göttingen 1968 - 1955-61 Wiss. Mitarb. Nieders. Amt f. Landespl.-Statist.; 1961-62 Wiss. Assist. Geog.Inst. Univ. Göttingen; 1962-68 Wiss. Geschäftsf. Inst. f. Histor. Landesforsch. Univ. Göttingen; 1968-71 Doz. Univ. Göttingen; s. 1971 o. Prof. f. Geograph., Univ. Saarbrücken - BV: Kulturlandsch. Hamme-Wümme, 1970; Vorspan. Siedl., 1974; Kolonisier. New Mexicos d. Spanier, 1975; Physical Space a. Process Theory, 1980; Society in Space and Time, 1981; Umrisse e. Theorie d. Raumes, 1984; D. Entwicklung d. Raumverständnisses in d. Anthropologie in d. letzten hundert Jahren, 1990; Sozialgeographie, 1992 - Spr.: Engl.

FLIEDNER, Theodor M.

Dr. med. (habil.), o. Prof. f. Klin. Physiologie u. Arbeitsmed., Dir. Inst. f. Arbeits- u. Sozialmed. Univ. Ulm, u. Rektor/Präsident Univ. Ulm (s. 1967 Prof., s. 1983 Rektor), u. WHO-Copenhagen u. Genf - Oberer Eselsberg, M 24, niveau 3, 7900 Ulm/D. - Geb. 1. Okt. 1929 Hamburg - Mehrj. Tätigk. EURATOM. Vorst. d. Intern. Inst. f. Wiss. Zusammenarb. e.V., Schloss Reisensburg b. Günzburg. Zahlr. Facharb.

FLIEGEL, Peter

Geschäftsführer Fliegel GmbH, Hildesheim - Hopfengarten 48, 3201 Diekholzen - Geb. 4. April 1939 Kolberg/Ostseebad, ev., verh. s. 1974 m. Renate, geb. Sohl - Stud. an d. Graph. Lehr- u. Versuchsanst. in Wien; Abschluß 1960 - Mitgl. in d. Kommiss. Satztechnik d. Bundesverb. Druck - BV: Partner im Satz, 1987; sowie versch. Fachveröff. - Silberne u. goldene Ehrennadel d. Nieders. Skiverb. - Liebh.: Klass. Musik, Tennis, Skifahren - Spr.: Engl.

FLIEGER, Heinz

Dr. phil., Publizist, Geschäftsf. Vorstandsmitglied Vereinig. zur Förderung d. PR-Forschung, Nürnberg, Vors. Public Relations Akad. - Dachsstr. 33, 6200 Wiesbaden (T. 06122 - 1 31 63) - Geb. 10. Sept. 1923 Wuppertal-Elberfeld - Kaufm. Lehre; Abit. 1941; Stud. d. Phil., Gesch., Soz., Psych., Volkswirtsch. Univ. Frankfurt/M. u. Freiburg/Br.; später PR-Stud. - S. 1955 Inh. Verlag f. dt. Wirtsch.biographien. PR-Unternehmensberat.; Vicepres. CEDET Education, Brüssel, u. Foundation f. PR-Studies, London - BV: Bauen f. d. Zukunft, 1971; D. öffentl. Meinung in d. Staatsphil. von Thomas Hobbes, 1975; Bibliogr. d. dtspr. PR-Lit., 1983; PR-Seminare, 1984; PR als Profession. Herausg.: Stud. z. Theorie u. Praxis,

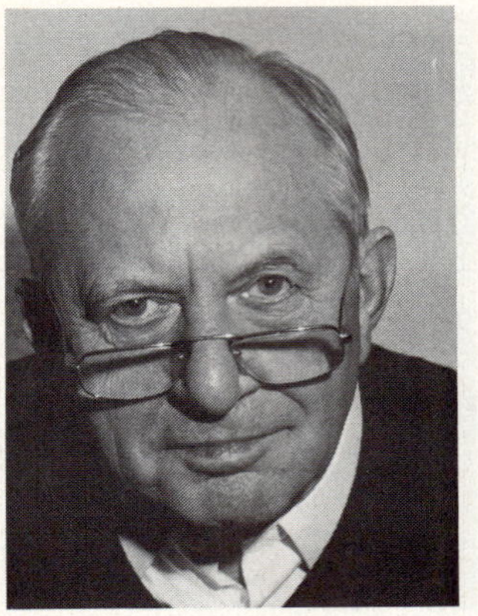

1991; PR-Berater Curriculum, 1992 - Spr.: Franz., Engl.

FLIEGER, Hermann

Dr. rer. pol., Prof., Dipl.-Volksw., Vorstandsvorsitzender Dortmunder Stadtwerke AG, Dortmund (s. 1966), Geschäftsf. Energieberatung GmbH (s. 1966) u. Inst. f. Wasserforsch. GmbH ebd. (s. 1969), Beiratsmitgl. Gelsenwasser AG, Gelsenkirchen (s. 1968), u. Ruhrgas AG, Essen (s. 1972), Vorst.-Vors. Haftpflichtverb. öfftl. Verkehrsbetr., Dortmund (s. 1984) u. Beiratsmitgl. Wirtschaftl. Vereinig. dt. Versorg.untern. AG, Frankfurt (s. 1970) - Crachtstr. 35a, 4600 Dortmund 50 (T. 73 21 87) - Geb. 2. Okt. 1927 Elberfeld (Vater: Robert F.; Mutter: Martha, geb. Rolli), verh. s. 1952 m. Rosemarie, geb. Samland, 3 Kd. (Dr. med. Robert, Martin, Angelika) - Kaufm. Lehre; Verwaltungs- u. Wirtschaftsakad. Wuppertal (bde. Dipl. 1951); 1950-53 Univ. Mainz, Köln, Bonn (Wirtschafts- u. Sozialwiss.; Dipl.-Volksw.); 1956-59 TH Hannover u. Stuttgart (Maschinenbau, Elektrotechn.); 1959-61 TH Stuttgart u. WH Mannheim (Soziol., Psych.). Promot. 1954 - 1947-58 Angest. versch. Firmen u. Steuerberatungs- u. Wirtschaftsprüfungswesen; 1958-60 Dir. Stadtwerke Eßlingen; 1960-66 Oberwerkdir. Stadtwerke Ludwigshafen - BVK 1. Kl., Gr. BVK.

FLIERL, Hans

Diakon, Leit. Außenstelle München Diakon. Werk d. Ev.-Luth. Kirche in Bayern (Landesverb. d. Inneren Mission) - Nördl. Auffahrtallee 14, 8000 München 19.

FLIETHER, Karl Joachim

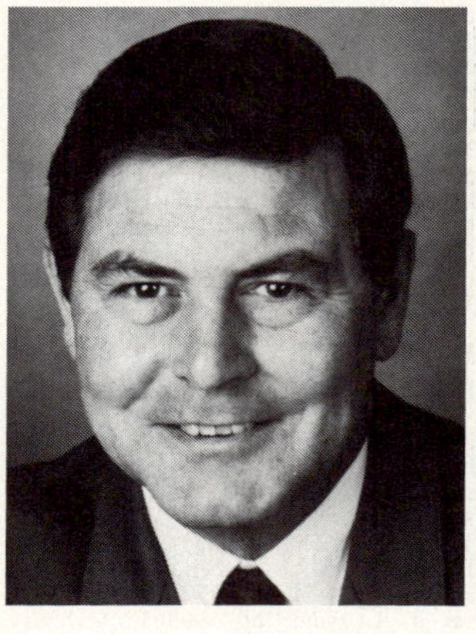

Dipl.-Volksw., Gf. Gesellschafter Karl Fliether GmbH & Co., Präs. d. RAL - Dt. Inst. f. Gütesicherung u. Kennzeichnung - Nevigeser Str. 22, 5620 Velbert 1 (T. 02051 - 20 88-0) - Geb. 7. Sept. 1930 Wuppertal, verh. s. 1957 m. Dr. Ilse Fliether - Dipl.-Volksw. 1954 Freiburg - Vorst.-Vors. Fachverb. Schloß- u. Beschlagind., Vizepräs. Wirtschaftsverb. EBM - 1983 BVK; 1988 BVK I. Kl.

FLIMM, Otto

Präsident ADAC (s. 1989, 1972-89 Vizepräs.) - Zu erreichen üb. ADAC, Am Westpark 8, 8000 München 70 (T. 7 67 60), priv.: Kölnstr. 221-225, 5040 Brühl (T. 02232 - 4 90 66).

FLINDT, Rainer

Dr. rer. nat., Prof. f. Biologie PH Ludwigsburg - Pleidelsheimer Str. 3, 7140 Ludwigsburg-Eglosheim - Zul. Doz.

FLINTROP, Franz

Dr. phil., em. o. Prof. f. Philosophie u. Soziol. Hochschule Hildesheim - Domhof 8, 3200 Hildesheim - 1982 Komturkreuz päpstl. Gregorius-Ordens.

FLISZAR, Fritz

Dr. phil., Geschäftsf. Vorstandsmitgl. Friedrich-Naumann-Stiftg. (s. 1991) - Königswinterer Str. 409, 5330 Königswinter 41 - Geb. 31. Dez. 1941 Niklasdorf (Vater: Viktor F., Arb.; Mutter: Maria, geb. Steiner), konfessionsl., 2 Kd. (Günter, Friederike) - Gymn.; 1961-66 Univ. Graz (Gesch., German., Phil.) - 1966 Redakt. Dt. Univ.-Ztg.; 1966-68 Leit. Polit. Abt. VDS; 1968-70 Polit. Ref. FDP-Bundesgeschäftsst.; 1970-71 Chefredakt. INPUT; 1971/72 Assist. Bundestagsabg. Walter Scheel; 1972/73 Ref. AA/Presse; 1973/74 Pers. Ref. PStS AA; s. 1974 stv. u. FDP-Bundesgf. (1979); 1977-82 Geschäftsf. Inland d. FNSt; 1982-91 Vors. d. Geschäftsfg. d. FNSt. - Liebh.: Reiten, Bergsteigen, Skilaufen - Spr.: Engl.

FLITNER, Andreas

Dr. phil., Prof. f. Pädagogik - Im Rotbad 43, 7400 Tübingen - Geb. 28. Sept. 1922 Jena, ev., verh. s. 1950 m. Sonia, geb. Christ - 1940 Maschinenbaupraktikum; 1941 u. 1945-50 Univ. Hamburg, Heidelberg, Oxford, Basel. Lehrerex. 1950 Hamburg; Promot. 1951 Basel - 1950 Lektor Cambridge (Engl.), 1951 Assist. Tübingen, 1955 Doz., 1956 ao. Prof. Erlangen, 1958 o. Prof. Tübingen; 1967 Visiting Prof. North Western Univ. Evanston/Ill.; 1991 Honorprof. Jena. S. 1984 Vors. d. Akad. f. Bildungsreform, 1990 Akad.gemeinn. Wiss. Erfurt - BV: Erasmus im Urteil s. Nachwelt, 1952; Comenius' große Didaktik, 1954; D. polit. Erzieh. in Dtschl., 1957; Wege z. päd. Anthropol., 1963; Soziol. Jugendforsch., 1963; Brennpunkte gegenwärt. Päd., 1969; Spielen - Lernen, Praxis u. Deut. d. Kinderspiels, 1972; Mißrat. Fortschritt, Pädag. Anmerk. z. Bildungspolitik, 1977; Konrad ... Üb. Erziehg. u. Nichterziehg., 1982; Für d. Leben od. f. d. Schule, päd. u. polit. Essays 1987; Reform d. Erziehung, Impulse d. 20. Jh. 1992. Herausg.: Wilhelm v. Humboldt - Werke (5 Bde. 1960/81; m. K. Giel), Einf. in päd. Sehen u. Denken (Neubearb. 1984; m. H. Scheuerl), Erziehg. in Wiss. u. Praxis (1967ff.); Ztschr. f. Päd. (Geschäftsf. 1969-81); D. Numerus clausus u. s. Folgen (1976); Abiturnormen gefährden d. Schule (1977, m. D. Lenzen); D. Kinderspiel (Neubearb. 1978); Lernen m. Kopf u. Hand (1983, m. P. Fauser u.a.); Dt. Pädagogen d. Gegenwart, Bd. 1 (1984).

FLITNER, Hugbert A. W.

Dr. jur., Senatsdirektor, Ltd. Verwaltungsbeamter Univ. Hamburg (s. 1979) - Moorweidenstr. 18, 2000 Hamburg 13 - Geb. 19. Okt. 1928 Kiel (Vater: Prof. Dr. phil. Dr. theol. h. c. Wilhelm F., Pädagoge (s. XVIII. Ausg.); Mutter: Dr. Elisabeth, geb. Czapski) - Univ. Hamburg, Freiburg/Br., Heidelberg (Rechtswiss.). Gr. jurist. Staatsprüf. 1958; Promot. 1962 - 1963-71 Stiftg. VW Hannover; 1971-75 Vorst. Fritz-Thyssen-Stiftg. Köln; 1975-78 Vorst. Ges. f. Math. u. Datenverarb. Bonn; 1979-91 ltd. Verwaltungsbeamter (Kanzler) Univ. Hamburg; ab 1991 Vorst. Stiftg. FVS, Hamburg - BV: Stiftungsprofile, 1972; Hochschulfinanzierung in d. BRD, 1989.

FLOCKERMANN, Paul Gerhard
Oberfinanzpräsident Oberfinanzdirektion Hannover (s. 1983), Ministerialdir. Bundesfinanzmin. Bonn (s. 1990) (Leit. Abt. IV im Bundesfinanzmin.) - Graurheindorferstr. 108, 5300 Bonn - Geb. 3. Okt. 1928 Wiescherhöfen/Krs. Unna, verh., 3 Kd. - 1949-63 Stud. Rechtswiss. Univ. Mainz, Münster, Freiburg; 1953 1., 1957 2. jurist. Staatsprüf. - 1957 Finanzverw., Oberfinanzdir. Münster, Köln, Hamburg; 1963 Bundesmin. d. Finanzen, zul. Leit. Ref. f. Körpersch.steuer u. Gewerbesteuer - BVK.

FLOECK, Wilfried
Dr. phil., Prof. f. roman. Philologie Univ. Gießen - Phil. Wasserburg-Str. 49, 6500 Mainz 1 - Geb. 25. Aug. 1943 Schlawe/Pomm. - 1962-68 Stud. Roman. u. Gesch. Univ. Heidelberg, Grenoble, Tübingen u. Bonn (Promot. 1968), Habil. 1977 Univ. Göttingen - 1968-73 wiss. Assist. Mainz u. Göttingen (1973-80 Wiss. Oberassist.); 1980 Prof. in Mainz, 1990 Prof. in Gießen - BV: Las Mocedades del Cid v. G. de Castro u. Le Cid v. P. Corneille. E. neuer Vergleich, (Diss.) 1969; Dramentheorien d. 17. Jh., 1973; D. Literarästhetik d. franz. Barock, 1979; A. Adamov, La parodie. La politique des restes, Textausg. u. Materialienbd. (zus. m. N. Becker), 2 Bde., 1986-89; Formen innerliterarischer Rezeption (zus. m. D. Steland u. H. Turk), 1987 (Wolfenbütteler Forsch., 34); Tendenzen d. Gegenwartstheaters, 1988 (Mainzer Forsch. zu Drama u. Theater, 2); Esthétique de la diversité. Pour une histoire du baroque littéraire en France, 1989 (Biblio 17, 43); Zeitgenöss. Theater in Dtschl. u. Frankr., 1989 (Mainzer Forsch. zu Drama u. Theater, 3); Spanisches Theater im 20. Jh., 1990 (Mainzer Forsch. zu Drama u. Theater, 6).

FLÖHL, Rainer
Dr. rer. nat., Leiter Redaktion Natur u. Wissenschaft Frankfurter Allg. Ztg. - Hellerhofstr. 2-4, 6000 Frankfurt 1 - Geb. 14. Jan. 1938 Mannheim - Chemie-Stud. (Dipl.-Chemiker) - Wissenschaftsredakt. - BV: Spitzenforschung in Deutschl.; Genforschung - Fluch od. Segen?.

FLÖRCHINGER, Guido
Assessor, Hauptgeschäftsf. Handwerkskammer d. Pfalz - Am Altenhof 15, 6750 Kaiserslautern - Stud. Rechtswiss.

FLÖRKE, Otto W.
Dr. phil. (habil.), o. Prof. f. Mineralogie u. Kristallogr. Univ. Bochum (s. 1963) - Wagenfeldstr. 11, 5810 Witten 3 (T. 7 75 28) - Geb. 2. Aug. 1926 Gießen - Promot. 1951 Marburg - 1952-59 Max-Planck-Inst. f. Silikatforsch., Würzburg; 1960-63 Privatdoz. ETH Zürich. Fachveröff.

FLOHN, Hermann
Dr. phil. nat., em. o. Prof. f. Meteorologie - Mauerseglerweg 19, 5300 Bonn 1 - Geb. 19. Febr. 1912 Frankfurt/M. (Vater: Jakob F., Stadtamtm.; Mutter: Amalie, geb. Burckhard), ev., verh. s. 1937 m. Elisabeth, geb. Hobe, Tocht. Ingrid - Univ. Frankfurt (Promot. 1934) u. Innsbruck (Geogr., Meteorol., Geol.). Habil. 1941 Würzburg - 1935-45 Reichswetterdst.; 1946-53 Dt. Wetterdst. in d. US-Zone (1947 Leit. Forschungsabt.); 1953-61 apl. Prof. Univ. Würzburg; 1954-61 Dt. Wetterdst. (Leit. FA); s. 1961 Ord. Univ. Bonn, 1977 emerit. - BV: Witterung u. Klima in Mitteleuropa, 2. A. 1954; Probl. d. Klimaänder. in Vergangenh. u. Zukunft, 1985 - 1953 Silb. Karl-Ritter-Med.; 1973 Gr. BVK, 1961 korr. Mitgl. Bayr. Akad. d. Wiss., 1966 Mitgl. Dt. Akad. d. Naturforscher (Leopoldina), Halle/S. (1975-85 Senator), 1971 Mitgl. Rhein.-Westf. Akad. Düsseldorf; 1977 Kon. Ak. Wetensch. Brüssel; 1985 Cothenius-Med.; 1986 31. IMO-Preis World Meteor. Org.; 1990 A. Burkhardt-Preis; Grüne Rosette Europ. Wissenschaft - Spr.: Engl. Franz. - Lit.

Festschr. z. 60. Geb.: Bonner Meteor. Abh. 17 (1974), 609 S.

FLOHR, Friedrich
Dr. rer. nat., Prof. f. Didaktik d. Mathematik - Bühlackerstr. 8, 7801 Vörstetten/Br. - Geb. 20. Febr. 1927 Wolfenbüttel - Promot. 1959 - S. 1974 Wiss. Rat u. Prof. bzw. Prof. Univ. Freiburg - BV: Analysis I und II (m. M. Barner). Mithrsg.: Did. d. Math. (1973 ff.).

FLOHR, Günter
Dr. rer. pol., Vorstandsmitglied Hoesch AG, Dortmund - Eberhardstr. 12, 4600 Dortmund 1 (T. 0231 - 841 27 82) - Geb. 7. Aug. 1930 Nordhorn/Nieders., ev., verh., 3 Kd. - Wirtschaftshochsch. Mannheim (Dipl. 1955, Promot. 1956).

FLOHR, Hans
Dr. med., Prof. f. Neurobiologie Univ. Bremen - Wilhelm-Scharrelmann-Weg 24A, 2862 Worpswede - 1956-62 Stud. Med. u. Psychol. Bonn u. Basel; Promot. 1964; Habil. 1969 - Wiss. Ass. Bonn, Marburg u. Mainz; s. 1971 Prof. f. Physiol. Univ. Bonn; s. 1975 Prof. f. Neurobiol. Univ. Bremen; 1981/82 Dept. of Physiol McGill Univ. Montreal/Canada. Hauptarbeitsgeb.: Neuronale Plastizität - BV: Lesion-induced Neuronal Plasticity in Sensorimotor Systems; Synergetics of the Brain; Post-lesion neural plasticity. Rd. 150 wiss. Fachveröff.

FLOHR, Heiner
Dr. rer. pol., Dipl.-Kfm., o. Prof. f. Politikwissenschaft Univ. Düsseldorf (s. 1980) - Lessingstr. 16, 4044 Kaarst 1 - Geb. 8. Okt. 1933 Branka/CSSR - S. 1966 (Habil.) Lehrtätig. Univ. Köln PH Rhld./Abt. Neuss (Ord.) u. Sozialwiss. Inst. Univ. Düsseldorf.

FLOR, Peter
Dr. phil., o. Prof. f. Mathematik Univ. Graz (s. 1978) - Schützenhofgasse 5/13, A-8010 Graz - Geb. 27. Aug. 1935 Wien - 1953-58 Univ. Wien u. Hamburg (Math., Phys.). Promot. 1960; Habil. 1967 (beides Wien) - 1967-72 Doz. Univ. Wien; 1972-78 Wiss. Rat u. Prof. Univ. Köln. Abh.; s. 1985 Redakt.-Mitgl., s. 1986 Herausg. d. Intern. Mathem. Nachrichten.

FLORA, Peter
Dr., o. Prof. f. Soziologie Univ. Mannheim - Gunterstr. 4, 6940 Weinheim (T. 06201-1 67 44) - Geb. 3. März 1944 Innsbruck, verh. m. Ingrid, geb. Haberler, T. Judith - M. A. 1969 Konstanz, Promot. 1973 ebd., Habil. 1976 Mannheim - S. 1976 Prof., Lehrtätig. Univ. Köln (1976-79), Europ. Hochschulinst. Florenz (1979-82) u. Mannheim (1982ff.) - BV: Modernisierungsforschung, 1974; Quantitative Historical Sociology, 1976; The Development of Welfare States in Europe and Amerika, (Hg.) 1981; State, Economy and Society in Western Europe 1815-1975, 1983 - Spr.: Engl., Franz., Ital.

FLORET, Klaus
Dr. rer. nat., Prof., f. Mathematik Univ. Oldenburg - Univ., FB Mathematik, 2900 Oldenburg - Geb. 22. Sept. 1941 Mannheim - Promot. 1969; Habil 1971 Univ. Kiel - S. 1976 apl. Prof. ebd.; s. 1982 Prof. in Oldenburg - BV: Einf. in d. Theorie d. lokalkonvexen Räume, 1968 (m. Josef Wloka); Weakly Compact Sets, 1980; Maß- u. Integrationstheorie, 1981 - S. 1987 korr. Mitgl. Société Royale des Sciences de Liège, Belgien.

FLOREY, Ernst
Dr. phil., o. Prof. f. Biologie Univ. Konstanz (s. 1969) - Am See 3, 7750 Konstanz (T. 44231) - Geb. 3. April 1927 Salzburg, verh. s. 1952 m. Dr. Elisabeth, 2 Kd. (Ellen, Karen) - Stud. Univ. Salzburg, Wien, Graz; Dr. phil. 1950: Forschungsaufenth. Univ. Göttingen, California Inst. of Technology (1951 u. 52), Univ. Würzburg, Montreal Neurolog. Inst. Canada (1954-56), Assist. Prof., Assoc. Prof., Full Prof. Univ. of Washington, Seattle (1956-69). Autor v. Lehrb.; üb. 100 wiss. Publ.

FLORIAN, Hans-Joachim
Dr. med., Internist, Honorarprof. f. Arbeitsmed. TU München (s. 1975) - Wendelsteinstr. 7, 8023 Grosshesselohe (T. 089 - 79 53 61).

FLORIAN, Walther
Dr. rer. pol., Staatssekretär i. R. - Geb. 20. Nov. 1921 Haidenbach (Österr.) - Stud. Wirtsch.wiss. - Rhein-Main-Bank Frankfurt, Agrarverw. Einfuhr- u. Vorratsstelle f. Getreide- u. Futtermittel, s. 1957 im Bundesmin. f. Ernährung, Landw. u. Forsten (1984-87 Staatssekr.) - 1986 Gr. BVK m. Stern u. Gr. Verdienstkreuz m. Stern Rep. Italien, Gr. Gold. Ehrenz. m. Stern Rep. Österr.

FLORIAN, Winfried
Dr., Staatssekretär Bundespostmin. (1983-91) -Heinrich-von-Stephan-Str. 1, 5300 Bonn 2 (T. 0228 - 1 40) - Zul. Präs. Oberpostdir. Münster. Präs. Bonifatiuswerk d. dt. Katholiken, Paderborn (1986 erneut bestätigt); 1984 Präs. Weltpostkongress Hamburg - 1986 Gr. BVK.

FLORIN, Gerhard
Bergass., Geschäftsführer Fachvereinig. Auslandsbergbau - Zitelmannstr. 9-11, 5300 Bonn 1; priv.: Karl-Finkelnburg-Str. 38, -2 - Geb. 11. Aug. 1932.

FLOROS, Constantin

Dr. phil., Prof. f. Musikwissenschaft - Schlangenkoppel 18, 2000 Hamburg 74 - Geb. 4. Jan. 1930 Saloniki (Griech.) - Dipl. f. Kompos. u. Dirig. 1953 Musikhochsch. Wien; Promot. 1955 Univ. ebd.; Habil. 1961 Univ. Hamburg - S. 1961 Lehrtätig. Univ. Hamburg (1967 apl., 1972 o. Prof. u. stv. Dir. Musikwiss. Inst.). S. 1988 Präs. Gustav Mahler Vereinigung Hamburg - BV: Universale Neumenkunde, 3 Bde. 1970; Gustav Mahler, 2 Bde. 1977; Beethovens Eroica u. Prometheus-Musik, 1978; Mozart-Stud., 1979; Einführung in d. Neumenkunde, 1980; Brahms u. Bruckner, 1980; Johannes Brahms, Sinf. Nr. 2, 1984; Gustav Mahler, Bd. III, 1985; Musik als Botschaft, 1989 - Entzifferung d. paläobyzantin. u. altslav. Neumenschr.

FLOTHMANN, Hartmut
Dipl.-Ing., Geschäftsführer d. Association Europeenne d. Graveurs et des Flexographes (AEGRAFLEX), d. Bundesinnung f. d. Flexografen-Handwerk, d. Bundesinnung f. d. Siebdrucker-Handwerk, alle Wiesbaden - 6200 Wiesbaden.

FLOTHO, Manfred
Präsident d. Oberlandesgerichts Braunschweig (s. 1990) - Henriette-Breymann-Str. 18, 3340 Wolfenbüttel - Geb. 28. Aug. 1936 Schladen/Harz, ev., verh. s. 1962 m. Marianne, geb. Fraß, 2 Kd. (Marc, Inka) - Abit. 1956 Goslar; Jura-stud. 1956-60 Göttingen, 2. jurist.

Staatsex. 1964 Hannover - Richter am Amtsgericht; Vors. Richter am Landgericht Braunschweig; s. 1980 Min.rat; 1986 Min.dirig. im Nieders. Justizmin., u. Präs. d. Landesjustizprüfungsamtes, Hannover.

FLOTO, Jobst-Heinrich
Aufsichtsratsvorsitzender Carl Robert Eckelmann AG, Hamburg - Sonnenberg 30 a, 2106 Bendestorf - Geb. 18. Jan. 1930 - Vors. Vers. Hafen Hamburg (BDI); Beirat Commerzbank AG, Hamburg; Kurat.-Mitgl. Hermann-Ehlers-Stiftg., Kiel.

FLOTTAU, Heiko
Journalist - Zu erreichen üb.: Süddeutsche Zeitung, 8000 München - BV: Hunger in Gottes eigenem Land - Armut in Amerika, 1971; Hörfunk u. Fernsehen heute, 1972.

FLUCK, Bernhard

Oberstudiendirektor, 1. Vors. Dt. Philologenverb. - Auf der Krone 42, 4000 Düsseldorf 31 (T. 0203-74 06 27) - Geb. 16. Jan. 1935 Remscheid, kath., verh. s. 1960 m. Christa Fluck, geb. Reuse, 2 Kd. - 1955-61 Stud. Gesch., German. u. Polit. Wiss. Univ. Köln, Tübingen u. Bonn - S. 1962 höh. Schuldient, 1972-74 Oberstudienrat. Kopernikus-Gymn. Ratingen, s. 1974 Oberstudiendir. Luisen-Gymn. Düsseldorf - 1971-89 Mitgl. Kurat. Päd. Inst. Düsseldorf; 1981-92 Vors. Expertenkommiss. Schule, Bildung u. Wiss. im Dt. Beamtenbund; 1987-91 Mitgl. Dt. UNESCO-Kommiss.; 1980-92 Vorst.-Mitgl. Dt. Beamtenbund; 1968-80 stv. Vors. d. Philologen-Verb. NRW; 1971-80 stv. Bundesvors. Dt. Philologenverb.; 1980-92 Bundesvors. Dt. Philologenverb. - BV: D. sowjetische Schule, 1969; Probleme d. Vorschulerziehung, 1972; Mitbestimmung, 1971; Obrigkeitsstaat u. Probleme d. Demokratisierung im Zweiten Reich, 1971; Soziokulturelle Bedingungen u. polit. Unterricht, 1971; Emanzipation u. soziokulturelle Bedingungen d. Jugend, 1974; Z. Situation d. Ausländerkinder, 1981; D. Aufgabe d. Gymnasiums in e. modernen Industrieges., 1982; Friedenserziehung, 1983; Computer in d. Schule, 1986; Gymnasium: Zukunftschance Allgemeinbildung, 1987; Interaktives Lernen - Lernen der Zukunft, 1987; Bildung u. Verantwortung, 1989.

FLUCK, Ekkehard
Dr. rer. nat., Dr. h. c., Prof. u. Direktor Gmelin-Inst. f. anorganische Chemie d. Max-Planck-Ges., Frankfurt (s. 1979), Hon.-Prof. Univ. Stuttgart (s. 1980) - Bahnhofstr. 9-13, 6900 Heidelberg - Geb. 27. Febr. 1931 Singen/Hohentw. (Eltern: Otto (Blechnermstr.) u. Elise F.), kath. - Dipl.-Chem. 1955, Promot. 1957, Habil. 1962 (alles Heidelberg). 1957-58 Monsanto Chemical Co., St. Louis (USA); 1958-67 Univ. Heidelberg (b. 1962 Assist., dann Doz.); 1968-79 Dir. Inst. f. Anorg. Chemie Univ. Stuttgart (1970-71 Dekan); s. 1973 Mitgl., s. 1987 Präs. Division f. Anorg. Chemie d. Intern. Union

f. Reine u. Angew. Chemie. Spez. Arbeitsgeb.: Phosphorchemie, Kernmagnet. Resonanzspektroskopie, Mößbauer-Spektrosk.; Röntgen-Photoelektronenspektrosk. - BV: D. kernmagnet. Resonanz u. ihre Anwend. in d. Anorgan. Chemie, 1963; Anorgan. Grundpraktikum, 1985; Einf. in d. Theorie d. quantitativen Analyse, 1989; Allg. u. anorgan. Chemie, 1989. Ca. 340 Einzelarb. - 1969 Orden Bernardo O'Higgins (Chile) - Spr.: Engl., Franz., Span.

FLUCK, Winfried

Dr. phil., o. Prof. f. Nordamerikanische Kultur FU Berlin (s. 1989) - Zu erreichen üb. J. F. Kennedy-Inst., Lansstr. 5-9, 1000 Berlin 33 - Geb. 2. April 1944 Blumenfeld/Krs. Konstanz, kath., verh. m. Brigitte, geb. Donicht - Stud. Angl., Amerikan. u. German. FU Berlin, Harvard Univ. u. Univ. of California, Berkeley; Promot. 1972 u. Habil. 1983 FU Berlin - 1969-71 Harkness Fellow; 1972-77 wiss. Assist. FU Berlin; 1977 Fakultätsmitgl. Salzburg Sem. in American. Studies; 1978-83 Assist. Prof. FU Berlin; 1979/80 Visiting Scholar Harvard Univ.; 1980/81 Vis. Scholar Yale Univ.; 1983-89 Prof. Univ. Konstanz; 1987/88 Fellow National Humanities Center, N.C., USA - Veröff. z. Ästhetischen Theorie u. lit.-wiss. Meth.; Populäre Kultur; Theorien amerik. Lit. Zahlr. Publ. z. amerik. Lit. u. z. amerik. Film in dt. u. amerik. Fachztschr. Herausg.: Forms and Functions of History in American Literature; Young Mr. Lincoln.

FLÜCK, Doris

(eigtl. Doris Horisberger) Lyrikerin, Malerin, Verlegerin - Friedhofstr. 8, CH-8801 Thalwil (T. 01-720 77 12) - Geb. 22. Aug. 1937 Burgdorf/Kr. Bern, verh. s. 1963 m. Erwin Horisberger, 2 Söhne (Martin, Beat) - Verwaltungsdipl. 1957; Studienaufenth. in Frankr., Taiwan u. Japan; 1974 2 Sem. Phil. Univ. Bern, 1980-83 Stud. Japanol. Univ. Zürich, 1973-80 Kunstgewerbesch. Bern - Vize-Präs. BSV (Berner Schriftstellerverein); Mitgl. Schweiz. Schriftstellerverb., Intern. Bodensee-Club, Deutsch-schweiz. PEN-Zentrum, Albert-Einstein-Ges. Schweiz u.a. - BV: Lyrik; Jaspiaden, 1976; Kiesel, 1979; Jap. Impress., 1980; Öschtlechi Wysheite, 1983; Sandrose, Lyrik 1986; Beiträge in Anthol. u. Ztg. in Dtschl., Österr., Schweiz, Taiwan u. Japan - Aquarelle auf Seide, Sumi-E (jap. Tuschmalerei), Collagen. S. 1979 Ausst. in Dtschl., Frankr., Österr., Schweden, Japan, Schweiz - 1985 Plesse-Anker f. Mundart; 1984 Ehrenmitgl. H. Hesse-Ges. Sapporo - Liebh.: Japans Kultur, Religion, Phil., Natur - Spr.: Franz., Engl., Japan.

FLUEGEL, Erik

Dr. phil., Prof. f. Paläontologie - Bogenweg 6, 8520 Erlangen - Geb. 6. April 1934 Fürstenfeld/Österr. (Vater: Alois F., Studienrat; Mutter: Maria, geb. Schreiner), ev., verh. s. 1962 (Ehefr.: Dr. Ehrentraud), 3 Kd. (Ursula, Christof, Gerald) - Univ. Graz u. Marburg. Promot. 1957 Graz; Habil. 1962 Wien - S. 1962 (Habil.) Lehrtätigk. Univ. Wien u. TH Darmstadt (1963; 1965 Prof.), o. Prof. (Paläontologie) Univ. Erlangen, 1972; Wiss. Mitgliedsch. Div. Fachveröff., dar. Stromatoporoidea (m. Kahler, 1968), Mikrofazielle Untersuchungsmeth. v. Kalken, 1978 - Spr.: Engl.

FLUEGEL, Hansjürgen

Dr. rer. nat., Prof., Zoologe - Strander Str. 8, 2301 Dänischenhagen - Geb. 19. Dez. 1933 Dresden - Promot. (1959) u. Habil. (1967) - S. 1970 Prof. Univ. Kiel (Abt. f. Meereszoologie/Inst. f. Meereskunde). Üb. 30 Facharb.

FLUEGEL, Heinz

Schriftsteller - Traubinger Str. 18, 8132 Tutzing/Obb. (T. 74 33) - Geb. 16. März 1907 São Paulo/Brasil. (Vater: Karl F., Generalkonsul; Mutter: geb. Sello), ev., verh. s. 1949 m. Waldtraut, geb. v. Reiswitz - Univ. Berlin u. Kiel (Phil.) - Lektor Verlag D. Rabenpresse, Berlin, u. Dt. Akad., München, Schriftl. Hochland, s. 1949 Studienleit. Ev. Akad., Tutzing, 1952-60 Herausg. ECKART - W: u. a. Mythen u. Mysterien, Ged. 1930; Verzauberte Welt, N. 1937; Wölund, Dr. 1938; Albwin u. Rosimund, Trag. 1939; Finn. Reise, 1939, 3. A. 1952; Tragik u. Christentum, Ess. 1940; Geschichte u. Geschicke, Ess. 1946; Mensch u. Menschensohn, Ess. 1947; Zweifel, Schwermut, Genialität, Ess. 1952; Schalom, Dr. 1955; Zw. Gott u. Gottlosigkeit, Ess. 1957; Herausford. durch d. Wort, Ess. 1962; Konturen d. Tragischen - Exemplar. Gestalten d. Weltlit., Ess. 1965; Grenzüberschreitungen, Ess. 1971; Im Schatten d. babylon. Turms, Ess. 1980. Hörsp.: Gestalten d. Passion (1958), Im Vorfeld d. Heils (1960), D. Hahnenschrei (1962), An Gott gescheitert (1967), D. Botschaft d. Partisanen (1969), Un-Zeit-Genossen (1973), Wieder-Holungen (1977), Bekenntnis zum Exodus (1983); Zwischen d. Linien (1987); Im Club v. Jerusalem (1990) - 1960 Lit.preis Stiftg. z. Förd. d. Schrifttums; 1988 BVK. Mitgl. d. PEN.

FLUEGEL, Kurt Alexander

Dr. med., Leiter Fachgeb. Klin. Neurophysiologie Nervenklinik u. apl. Prof. f. Neurol. u. Psych. Univ. Erlangen-Nürnberg (s. 1977) - Hartmannstr. Nr. 105, 8520 Erlangen - Geb. 16. Juni 1936 Leipzig - Promot. 1960; Habil. 1971 - Bücher u. Aufs.

FLÜGGE, Siegfried

Dr. phil., Dr. h. c., em. o. Prof. f. Theoret. Physik - Hermann-Herder-Str. 3, 7800 Freiburg/Br. - Geb. 16. März 1912 Dresden, verh. - TH Dresden u. Univ. Göttingen (Promot. 1933). Habil. 1938 Frankfurt/M. - Assist. Univ. Frankfurt, Leipzig, Kaiser-Wilhelm-Inst. f. Chemie, Berlin, Univ.doz. ebd., ao. Prof. Univ. Königsberg/Pr. u. Göttingen (1945), s. 1947 o. Prof. Univ. Marburg u. Freiburg (1961) - BV: Experimentelle Grundl. d. Wellenmechanik, 1936 (m. Krebs); Kernphysikal. Tabellen, 1942 (m. Mattauch); Rechenmethoden d. Quantentheorie, 2. A. 1952, 3. A. Tb. 1965, 4. A. 1990; Theoret. Optik, 2. A. 1948; Lehrb. d. theoret. Physik, 4 Bde. 1961-67; Practical Quantum Mechanics, 2 Bde. 1971; Wege u. Ziele d. Physik, 1974; Math. Meth. d. Physik, 2 Bde. 1979-80; Rechenmeth. d. Elektrodynamik, 1986. Herausg. Handb. d. Physik (1955ff.) - 1963 Ehrendoktor Univ. Poitiers; 1969 Mitgl. Dt. Akad. d. Naturforscher (Leopoldina), Halle/S.

FLUME, Werner

Dr. jur., Dr. h.c., em. Prof. f. Röm. u. Bürgerl. Recht sow. Steuerrecht - Freier Weg 17, 5300 Bonn-Bad Godesberg (T. 64688) - Geb. 12. Sept. 1908 Kamen/W. - 1947 Privatdoz. Univ. Bonn, 1949 o. Prof. Univ. Göttingen, 1954 Univ. Bonn - BV: Stud. z. Akzessiorität d. röm. Bürgerschaftsstipulationen, 1932; Eigenschaftsirrtum u. Kauf, 1948; D. Rechtsgeschäft, 1965 (Bürgerl. Recht II, Allg. T.); D. Personengesellschaft, 1977 - Mitgl. Akad. d. Wiss. Göttingen, Rhein.-Westf. Akad. d. Wiss. u. British Academy; Bayer. Akad. d. Wiss.; 1982 Ehrendoktor Univ. Regensburg.

FLUSS (ß), Manfred

Studienrat a. D., Dipl.-Mathematiker, Mitgl. Brem. Bürgerschaft (s. 1971) - Georg-Gröning-Str. 102, 2800 Bremen 1 - Geb. 30. Nov. 1943 Forst/Neiße, verh., 2 Kd. - Gymn. (Abit.); Univ. Freiburg/Br. u. Hamburg (Math., Phys.; Dipl.-Math.) - U. a. Studienass. Niedersa. u. Bremen. Mitgl. ARD-Programmbeirat Dt. Fernsehen u. a. Funkt. SPD.

FOCHLER-HAUKE, Gustav

Dr. phil. habil., Prof., Geograph - Adelheidstr. 25c, 8000 München 40 (T. 271 89 24) - Geb. 4. Aug. 1906 Katharain, kath., verh. s. 1936 m. Hildegard (Biologin), 2 Kd. (Hartmut †, Agelinde) - n. Begabtenprüf. Stud. Geowiss. Promot. u. Habil. München - 1936-41 Wiss. Dir. Dt. Akad. München; 1941-46 Soldat; 1941-45 u. 1954-73 apl. Prof. Univ. ebd., 1949-54 Prof. u. zeitw. Dir. Geogr. Inst. Univ. Tucumán. Forschungsreisen Südamerika u. Ostasien. - BV: u. a. D. Mandschurei, 1941; Asia, 3 Bde. 1951/53; Verkehrsgeogr., 1956ff.; D. geteilten Länder - Krisenherde d. Weltpolitik, 1967; D. polit. Erdbild d. Gegenw. - Völker u. Staaten d. Dritten Welt, 1968; D. Machtblöcke d. Ostens/China - Japan - Sowjetunion/Macht u. Wirtschaft zw. Ostsee u. Pazifik, 1970; D. Welt unserer Zeit Bd. I/II, z. T. Bd. III (finn., 1976ff.). Herausg.: Geographie, Fisch.-Lex. 14, 1959ff.; D. Fischer Weltalmanach (1960-82; jährl. bis 200 Ts.), Länder, Völker, Kontinente, 3 Bde., 3. A. 1978. Bearb.: Aktuelle IRO-Landkarte (1954-66); Bearb. IRO Weltw.satlas - Atlas f. Politik u. Zeitgesch. (2 Bde., 1956/66); IRO-Völkerkunde, 1962; IRO-Volkskunde, 1963. Mitherausg.: Biographien zur Zeitgeschichte, 1983ff. Üb. 200 Einzelarb. in dt., franz., engl., ital., finn., jap., korean., holländ., schwed., span. - 1969 Sudentendt. Kulturpreis; Silb. Karl-Ritter-Med.; 1986 BVK am Bde.; 1985ff. korr. Mitgl. zahlr. Wiss. Ges., u.a. in Argent., China u. Korea.

FOCK, Hans Werner

Dr.-Ing., pers. haft. Gesellsch. Beck Druck, Herborn Geschäftsf. Brüder Hartmann, Satz-Rechen-Zentrum Hartmann + Heenemann, bde. Berlin, Satz-Rechen-Zentrum Hoppenstedt GmbH, Darmstadt, u. a. - Waltraudstr. 35, 1000 Berlin 37 (T. 8136015) - Geb. 28. Febr. 1930 Tremsbüttel (Vater: Hans F.; Mutter: Olga, geb. Wagner), ev., verh. s. 1956 m. Annette, geb. Hartmann, 5 Kd. (Walter, Gisela, Theodor, Annemarie, Martin) - Stud. TU München u. Berlin, Mass. Inst. of Technol., Cambridge/USA - Doz. Hochsch. f. Bild. Künste, Berlin. Handelsrichter. ARsmand. In- u. ausl. Patente - Spr.: Engl., Franz.

FOCK, Heinrich

Dr. phil. nat., Prof. f. Biologie (Pflanzenphysiol.) Univ. Kaiserslautern - Voltairestr. 2, 6750 Kaiserslautern.

FOCKE, Katharina,

geb. Friedlaender

Dr. phil., Bundesministerin a. D. - Geb. 8. Okt. 1922 Bonn (Vater: Ernst Friedlaender, Publizist † 1973 (s. XIV. Ausg.); Mutter: Dr. med. Franziska, geb. Schulz † 1982), verh. 1954 m. Dr. Ernst F., Generalsekr. Europa-Union († 1961) - Gymn. Stud. Nationalök., Dt., Engl., Gesch., Polit. Wiss., Staatsrecht Zürich, Hamburg, Oklahoma (USA). Promot. 1954 Hamburg (Diss. üb. e. Thema z. europ. Integration) - Redakt. Monatshefte Merian u. Mitarb. d. Vaters; 1961-69 Geschäftsf. Bildungswerk Europ. Politik; 1969-72 Parlam. Staatssekr. Bundeskanzleramt; 1972-76 Bundesmin. f. Jugend, Familie u. Gesundh., 1966-69 MdL Nordrh.-Westf. (Direktmandat); 1969-80 MdB (Wahlkr. 60/Köln II); 1979-89 Europ. Parlam. SPD s. 1964 - BV: Europa üb. d. Nationen, 1962; Europäer in Frankr., 1965. Übers. aus d. Engl. (u. a. Anthony Powel) - Liebh.: Musik, Segeln, Schwimmen, Gartenarb. - Spr.: Engl., Franz., etwas Ital. - Bek. Vorf.: Martin Luther, Ernst v. Saucken - Bruder: Ernst Friedlaender (s. dort).

FÖDISCH, Hansjörg

Dr. med., o. Prof. f. Kinderpathologie Univ. Bonn (s. 1974) - Auf dem Oelsfeld 45, 5300 Bonn-Bad-Godesberg - Zul. Doz. Univ. Innsbruck.

FÖHR, Horst Joachim

Dr. jur., Vorstandsmitglied Aral AG, Bochum - Wittener Str. 45, 4630 Bochum 1 (T. 0234-315-22 60), priv.: Ahornweg 6, 4630 Bochum 1 - Geb. 6. Febr. 1944 Cochem/Mosel, verh. s. 1985 m. Dr. Ilse, geb. Jakobs - Abit. 1962 (Obersch. Kairo); 1962-64 Stud. Rechtswiss. u. Volksw. Univ. Mainz; 1964-68 Univ. Bonn u. Köln - 1967-71 Jurist. Vorbereitungsdst. OLG Köln; 1972-80 Justitiar IG Bergbau u. Energie, Bochum; s. 1980 Vorst. Aral AG - BV: Arbeitsrecht f. Arbeitn., 1978; Willensbild. in d. Gewerksch., 1974 - Spr.: Engl., Franz.

FÖHRENBACH, Jürgen

Dr. rer. pol., Generalbevollmächtigter Manfred Nemitz Industrieverw., Projektier., Chem. Verfahrenstechnik, Ratingen - Narzissenweg 17, 3559 Battenberg - Geb. 20. Juni 1941, verh. - Dipl.-Volksw., Promot. - Beirats-Mand.

FÖLLINGER, Otto

Dr. rer. nat., Dr.-Ing. E. h., em. o. Prof. f. Regelungs- u. Steuerungssysteme - Eisenlohrstr. 16, 7500 Karlsruhe (T. 81 34 47) - Geb. 10. Okt. 1924 - S. 1965 ao. u. o. Prof. (1967) TH bzw. Univ. Karlsruhe. Emerit. 1990 - BV/Mitverf.: Lineare Übertragungssysteme, D. dynam. Struktur v. Regelkreisen, Methoden d. Schaltalgebra; Regelungstechnik, 7. A. 1992; Nichtlineare Regelungen I, II (6. A. 1990); Lineare Abtastsysteme (4. A. 1990); Laplace- u. Fourier-Transformation (5. A. 1990); Einf. in d. Zustandsbeschreib. dynam. Systeme, 1982; Optimierung dynam. Systeme, 2. A. 1988. Mithrsg.: Methoden d. Regelungstechnik - 1986 Ehrendoktor Elektrotechn. Fak. Ruhr-Univ. Bochum, 1988 Ehrenzeichen VDI.

FÖLLMER, Wilhelm

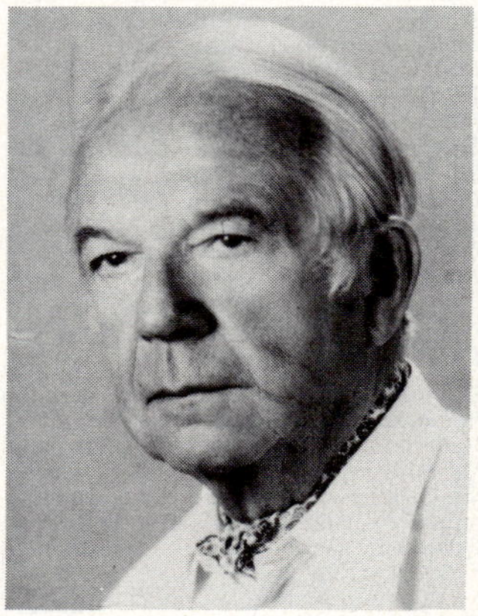

Dr. med., Prof., Gynäkologe - Passatweg 14, 2408 Timmendorfer Strand - Geb. 21. Okt. 1908 Berlin, ev., verh. m. Lenore, geb. Pusch, 3 Kd. - Univ. Berlin, Jena, München, Bonn, Innsbruck, Rostock (Promot. 1932). Habil. 1944 Leipzig - 1934-45 Assist. Robert-Koch-Inst. Berlin, Univ.-Frauenklinik Marburg (1934), Westend-Krkhs. Berlin (1936), Univ.-Frauenklinik Leipzig (1938), dazw. ärztl. Einsatz Marine, 1945 Oberarzt u. kommiss. Chefarzt Städt. Frauenklinik Wiesbaden, 1946-48 Doz. u. Oberarzt Univ.-Frauenklinik Mainz, s. 1948 Doz., Oberarzt (b. 1954) u. apl. Prof. (1951) Univ.-Frauenklinik Frankfurt/M., 1954-68 Generaldir. lib. Gesundheitswesen, Chefgynäk. Prov. Cyrenaika, Ratgeber lib. Gesundheitsmin. (1956) u. Dir. Hebammenlehranst. Tripolis, Leibarzt d. Königin v. Libyen, s. 1969 apl. Prof. Univ. München, 1971-75 Chefarzt d. Frauenabt. d. Kreiskrankenh. Oldenburg/H.; s. 1989 Ltd. Arzt Kurklinik Schloß Warmsdorf. 1972-87 2. Vors. Landesfachaussch. f. Gesundheitspolitik Schlesw.-Holst.; 1981-89 Vizepräs., s. 1989 Consultant Jamaneh Sekt. Bundesrep. Deutschl.; 1985/86 Präs. Lions Club Lübecker Bucht - BV: D. Verhalten d. Ketonkörper währ. Cyklus u. Schwangerschaft, 1950. Handbuchbeitrag: Geburtshilfe u. Gynäk. in d. Tropen u. Subtropen. Üb. 50 Einzelarb., dar. Schwangersch. u. Luftreise. Arbeiten üb. med. Entwicklungshilfe u. -politik - 1968 Mohamed-Ben-Ali-Essanussi-Orden; 1969 BVK I. Kl. - Liebh.: Lit., Segelsport - Spr.: Engl., Franz., Ital.

FÖLSCH, Ulrich Robert

Dr. med., Prof., Direktor Abt. Allg. Innere Med. d. I. Med. Klinik d. Christian-Albrechts-Univ. zu Kiel (s. 1990) - Schittenhelmstr. 12, 2300 Kiel 1 (T. 0431 - 5 97 - 12 71) - Geb. 18. Okt. 1943 Glogau, ev., verh. s. 1971 m. Erika, geb. Huber, 3 Kd. (Mirjam, Melanie, Benjamin) - Stud. Univ. Berlin, Zürich u. Heidelberg; Staatsex. 1968, Promot. 1970 Heidelberg - 1983 apl. Prof. Univ. Göttingen; 1981-85 Sekr. Europ. Pankreas-Club; 1985-86 Präs. Europ. Soc. for Clinical Investigation; s. 1986 Beiratsmitgl. Dt. Ges. f. Gastroenterologie u. Stoffwechselkrankh. - BV: Examensfragen Allg. Pathologie; Medikamentöse Therapie in d. Gastroenterologie; Kliniktaschenb. (m. U. Junge), 1982; Delaying absorption as a therapeutic principle in metabolic diseases (m. W. Creutzfeldt), 1983 - 1979 Theodor-Frerichs-Preis Dt. Ges. f. Innere Med. Wiesbaden.

FÖLSTER, Heinz-Wilhelm

Bauer, MdL Schlesw.-Holst. (s. 1967) - 2356 Aukrug/Holst. (T. 04873 - 313) - Geb. 22. März 1925 Willenscharen/Holst., ev., verh., 4 Kd. - Obersch. (Abit.); landw. Lehrausbild. (Meister) - MdK. CDU.

FÖRDERER, Günter

Dipl.-Kfm., Direktor - An der Rundkapelle 26, 8500 Nürnberg 55 (Altenfurt) (T. Nürnb. 834158) - Geb. 30. Sept. 1922 Leipzig (Vater: Eduard F., Studienrat; Mutter: Paula, geb. Günthel), ev., verh. s. 1960 m. Gisela, geb. Riffel - WH Mannheim (Dipl.-Kfm. 1950) - 1951 Prokurist Weinbrennerei Asbach & Co., Rüdesheim; 1962 Kaufm. Leit. Kakao- u. Schokoladenfabrik PIASTEN GmbH., Forchheim; 1966 Vorstandsmitgl./Geschäftsf. NORIS-STÜCK-JÜCKE-MÖLLER-Spirituosengruppe, Nürnberg, Gesellsch. FÖRDERER-FINANZ GmbH. - Mitgl. Lions-Club Nürnberg-Noris - Spr.: Engl., Franz.

FÖRNBACHER, Helmut

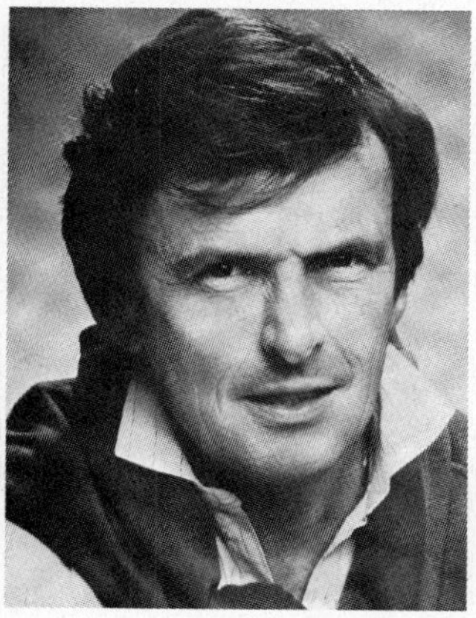

Schauspieler, Regisseur - Spechtweg 8, CH-4103 Bottmingen/Schweiz (T. Basel 35 99 11/61 22 12) - Geb. 26. Jan. 1936 Basel (Vater: Erich F.; Mutter: Martha, geb. Gysin), verh. s. 1975 m. Kristina, geb. Nel, Schauspielerin - Realgymn. u. Handelssch. Basel - Bühnen Basel, Berlin, Hamburg, Bern, München, Köln, Zürich, Aachen, Frankfurt, Mainz, Schleswig u.a. Üb. 25 Film- (u. a. Lampenfieber, Schüsse aus d. Geigenkasten, Steppenwolf, Schonzeit f. Füchse) u. ca. 100 Fernsehrollen (u. a. Nun singen sie wieder, Asmodé, Am grünen Strand d. Spree, Forellenhof, Frei n. Mark Twain, D. Monddiamant, Barfuß i. Park, Drei Schlafzimmer, Marianna Pineda, Ein Fall f. Zwei, Es muß nicht immer Mord sein, Camus, Der Fall). Theaterinsz. Basel, Bonn, Aachen, München u.a. Filmregie: Sommersprossen (1968), Köpfchen in das Wasser (1970), Beiß mich Liebling (1971). Preis d. dt. Filmtheater f. Kurzfilm Fiestas (Regie, Buch u. Prod.) - FS-Regie: u. a. d. Serie Zwischen d. Flügen, Mein Butler u. ich. S. 1980 Leit. d. Helmut Förnbacher Theater Company - Spr.: Engl., Franz., Ital. - Handballer (Junior schweiz. Nationalmannsch.).

FÖRSCHING, Hans

Dr.-Ing., Direktor Inst. f. Aeroelastik d. DLR (Dt. Forsch.anst. f. Luft- u. Raumfahrt), Göttingen (s. 1969), apl. Prof. f. Aeroelastik TU Braunschweig (s. 1975) - Kurt-Schumacherweg 2, 3400 Göttingen - Geb. 15. April 1930 Rastatt - Promot. 1962; Habil. 1968 - BV : Grundl. d. Aeroelastik, 1974. Üb. 60 Einzelarb. - 1966 Hugo-Junkers-Preis.

FÖRSTER, A. Erasmus

Dipl.-Ing., Architekt, Honorarprof. f. Landw. Bauwesen Univ. Bonn (s. 1963) - Riemenschneiderstr. Nr. 1, 5320 Bonn-Bad Godesberg.

FÖRSTER, Hans O. F.

Senatsdirigent i. R., Honorarprof. f. Bau- u. Planungsrecht TU Berlin (1967-80) - Badener Ring 38, 1000 Berlin 42 (T. 786 46 98) - Geb. 31. Jan. 1914 Rüstringen/Oldenbg. (Vater: Hans F., Ministerialrat; Mutter: Karoline, geb. Schmoldt), verh. in 2. Ehe (1952) m. Ilse, geb. Helmert, 2 Kd. (Hans-Frank, Verena) - Gymn. Kiel u. Berlin; Jura-Stud. Berlin u. Leipzig. Jurist. Staatsprüf. 1935 (Dresden) u. 1940 (Berlin) - 1939-43 Kriegseinsatz, 1943-45 Reg.Rat Landratsamt Nauen, 1945-49 Tätigk. Versicherungs- u. Treuhandwesen, 1949-52 Hauptref. Senatsverw. f. Justiz v. Berlin, 1952-77 Generalref. Senatsverw. f. Bau- u. Wohnungswesen ebd. (1964 Senatsdirig.). Parteilos - BV: Bauordnung f. Berlin, 1959 (m. Jaeckel); Bundesbaugesetz - Gr. Kommentar (Loseblattsamml.), 1961ff. (m. Brügelmann u. a.); Bundesbaugesetz - Ausg. f. Berlin, 1963; Bauordnung f. Berlin 1966 m. Hinweisen, 1967 (m. Schmidt); Bauordnung f. Berlin 1966 - Komm., 1968 (m. Grundei u. a.), 2. A. 1972, 3. A. 1980; Baunutzungsverordn., Komment., 3. A. 1978. Div. Einzelarb. - Mitgl. Dt. Akad. f. Städtebau u. Landesplanung, 1968-74 Vors. d. Landesgr. Berlin, 1975-81 gew. Mitgl. d. Präsid. - Liebh.: Kunst, Lit., Gesch.

FÖRSTER, Hansgeorg

Dr.-Ing., Prof. f. Mineralogie, Petrographie u. Erzlagerstättenlehre - Josef-Ponten-Str. 55, 5100 Aachen - Geb. 17. Sept. 1936 Braunschweig - Promot. 1963, Habil. 1969, apl. Prof. 1972 - 1980 Prof. RWTH Aachen. Üb. 60 Facharb.

FÖRSTER, Hans-Peter

Dr. rer. pol., Dipl.-Kfm. Vorstandsmitglied EVS Energie-Versorgung Schwaben AG - Kriegsbergstr. 32, 7000 Stuttgart 1 - Spr.: Engl., Franz.

FÖRSTER, Harald

Dr. med., Prof., f. Angew. Biochemie Univ. Frankfurt (Fachbereich Humanmed.), Leiter Abt. Exper. Anesthesiologie (s. 1980) - Theodor-Stern-Kai 7, 6000 Frankfurt/M.; priv.: Gerauer Str. 20a - Geb. 15. Juli 1937 Berlin (Vater: Alfred F., Ing.; Mutter: Katharina, geb. Bauer), kath., verh. s. 1962 m. Dr. med. Hedwig, geb. Mader, 4 Kd. (Harald, Hans, Hildegard, Hartmann) - Univ. Würzburg u. München. Promot. 1962; Habil. 1970; Prof. 1971 - BV: Stoffwechselkrankheiten, 3. A. 1979; Physiol. Chemie, 2. A. 1979; Pflanzl. Hydrokolloide, 1977; Grundl. d. Ernährung u. Diätetik, 1978; ca. 300 Publ. u. ca. 300 Vortr. - 1972 Erlanger Förderungspreis, 1974 Ferdinand-Bertram-Pr. - Liebh.: Malerei, Phil. - Spr.: Engl.

FÖRSTER, Horst

Dr. rer. nat., Prof. f. Physikal. Chemie - Schenefelder Landstr. 14b, 2000 Hamburg 55 - B. 1977 Doz. (Wiss. Oberrat), dann Prof. Univ. Hamburg.

FÖRSTER, Ingeborg

Dipl.-Kfm., Hausfrau, Mitgl. Brem. Bürgerschaft (s. 1967, CDU) - Helmer 22, 2800 Bremen 33 - Geb. 13. Nov. 1920 Emden, verh. 2 Kd. - Univ. Köln (Wirtschafts- u. Sozialwiss.; Dipl.-Kfm. 1943) - Tätigk. Industrie, Handel, Berufsschulwesen.

FÖRSTER, Johannes

Dr.-Ing., Direktor (AEG-Stromrichterfabrik), Honorarprof. TU Berlin (Stromrichter) - Parkstr. 1, 1000 Berlin 28 (T. 4044286) - Geb. 22. Nov. 1912 - B. 1967 Lehrbeauftr., dann Honorarprof. Etwa 50 Patente. Üb. 30 Fachaufs.

FÖRSTER, Karl-Heinz

Dr. rer. nat., o. Prof. f. Mathematik - Gottfried-von-Cramm-Weg 39, 1000 Berlin 33 - Geb. 9. März 1938 Schwerin/Meckl. - Promot. 1965; Habil. 1970 - S. 1973 Ord. Univ. Oldenburg u. TU Berlin. Aufs.

FOERSTER, Rolf Hellmut

Schriftsteller - Zum Hofgut 1, 7750 Konstanz 21 (Wallhausen) (T. 07533 - 61 99) - Geb. 18. Juni 1927 Karlsruhe (Vater: Dipl.-Ing. Friedrich F.; Mutter: Liselotte, geb. Giehne), verh. s. 1955 m. Iris, geb. Stollberg, S. Wolfgang - Abitur 1944 - S. 1948 Journ., Verlagslektor (1955), Übers. (1957), Buch- u. Rundfunkautor (1963) - BV: D. Idee Europa 1300-1946, 1963 (Taschenbuchaufl. 30 Ts.); D. Geschichte u. d. europ. Politik, 1966; Europa - Gesch. e. polit. Idee, 1967; D. Rolle Berlins im europ. Geistesleben, 1968; D. Leben in d. Gotik, 1969; D. Welt d. Barock, 1970 (Neuaufl. 1977 u. 81); Revolution in Dtschl., 1971; Zwischen Erde u. Unsterblichk., 1980; D. Barock-Schloß, 1981. Herausg.: Emanuel Sieyes, Abh. üb. d. Privilegien (1968). Übers.: A. J. Toynbee, John Steinbeck, Lin Yutang, G. Paloczi-Horvath, S. Radhakrishnan, Liddell Hart, Anais Nin, R. F. Delderfield - 1973 Mitgl. PEN-Zentrum BRD; 1982 Vizepräs. d. Intern. Bodensee-Clubs. 1974 Schubart-Lit.-preis; 1980 Förderpreis Land Bad.-Württ. - Spr.: Engl., Franz.

FÖRSTER, Theodor

Dr. phil. nat., o. Prof. f. Physikal. Chemie u. Elektrochemie - Ramsbachstr. 14, 7000 Stuttgart-Degerloch (T. 762059) - Geb. 15. Mai 1910 Frankfurt/M., ev., verh. m. Martha, geb. Schmölder, 2 Kd. - Klinger-Oberrealsch. u. Univ. Frankfurt (Promot. 1933) - 1933-41 Assist. bzw. Doz. Univ. Posen, 1948-51 Abt.s.leit. Max-Planck-Inst. f. Physikal. Chemie, Göttingen, s. 1951 o. Prof. TH bzw. Univ. Stuttgart, s. 1964 zugl. Honorarprof. LH bzw. Univ. Hohenheim. Arbeitsgeb.: Spektro- u. Photochem., organ. Verbind. - BV: Fluoreszenz organ. Verbind., 1951. Etwa 50 Einzelarb. Mithrsg.: Ztschr. f. Physikal. Chemie/Neue Folge (1954 ff.) - 1963 assoz. Mitgl. Intern. Union f. Reine u. Physikal. Chemie; 1972 Bunsen-Denkmünze d. Dt. Bunsenges. f. Physik. Chemie, 1972 Finsen-Med. d. Comité Intern. de. Photobiol.

FÖRSTER, Wieland

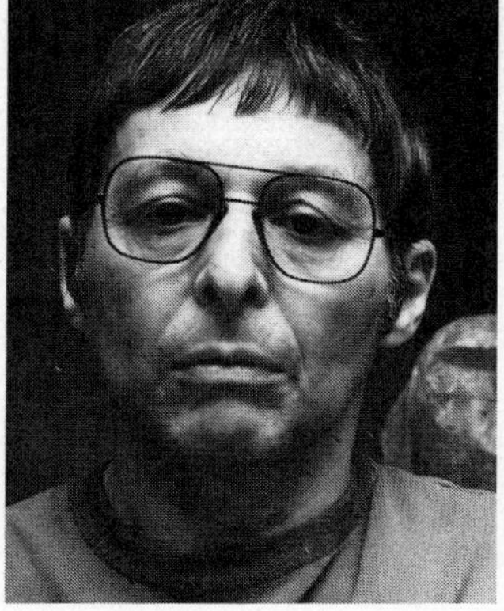

Prof., freier Künstler (Bildhauer, Zeichner, Schriftsteller) - Kollwitzstr. 10 O-1055 Berlin (T. 030 - 281 80 86) - Geb. 12. Febr. 1930 Dresden, verh. s. 1967 m. Angelika, geb. Steglich, 2 Kd. (Dirk, Eva) - 1944-46 u. 1950-53 Lehre u. Tätigk. als Techn. Zeichner; 1953-58 Stud. Bildhauerei Hochsch. f. Bild. Künste Dresden; Dipl.; 1959-61 Meisterschüler an d. Akad. d. Künste Berlin; freischaff. Bildhauer, Zeichner, Schriftsteller; 1974-91 Mitgl. d. Akad. d. Künste Berlin; 1978-90 einer d. Vizepräs. d. A. d. K.; Prof. 1985 - BV: Tunesien, 1974; Rügenlandschaft, 1974; D. versiegelte Tür, 1982; Sieben Tage in Kuks, 1985; Labyrinth, 1988; D. Ungleichen, 1990. Werke: Kopf d. Gelähmten 1964/65 (Nat. Gal. Berlin); Martyrium 1966 (Nat. Gal. Berlin); Passion 1966 (Slg. Ludwig); Große Neeberger Figur 1971-74 (Nat. Gal. Berlin); Großer Trauernder Mann, 1983 (Dresden); Porträtstele Heinrich Böll, 1989 (Stadt Düren) - 1966 Will-Lammert-Preis d. Dt. Akad. d. Künste Berlin; 1974 Käthe-Kollwitz-Pr. d. Ak. d. Künste Berlin - Liebh.: Klass. Musik, Lit. - Lit.: Claude Keisch, W. F., Dresden 1977; Kat. W. F. Berlin Nat. Gal. 1980; Kat. W. F. Wien 1990.

FÖRSTER, Wolfgang

Dr. rer. pol., Dipl.-Kfm., Prof. u. Honorarprof. (emer.), Dir. Sektion f. Betriebsw. Osteuropa-Inst./Freie Univ. Berlin, Vorst.mitgl. Forschungsst. f. gesamtdt. wirtschaftl. u. soz. Fragen, Berlin - Priv.: Berliner Str. 83, 1000 Berlin 37 (T. 8116010) - Geb. 14. März 1912 Bad Kösen/Thür. (Vater: Willy F., Dir.; Mutter: geb. Reinhorst), verh. 1934 m. Eva Meiselbach - Stud. Leipzig, London, Berlin - Wirtsch.; Verw. B. 1951 Lehrbeauftr., dann Honorarprof. FU Berlin (Betriebsw. Osteuropas); 1970 Forsch.-beirat b. Bundesmin. f. innerdt. Bezieh. - BV: Rechn.swesen u. Wirtschaftsordn., 1967; Sozialist. Wirklichk. - Wettbewerb u. Leit., 1974, u. a. Facharb. - Liebh.: Garten - Lit.: Festschr. z. 65. Geb. (Hrsg. Karl C. Thalheim), 1977.

FÖRSTER, Wolfgang

Dr. rer. pol., Prof. f. Statistik Univ. Marburg (s. 1973) - Weinbergstr. 20, 3556 Weimar/L. - Geb. 16. Febr. 1927 Neugersdorf - Univ. Tübingen (Volksw.). Dipl.-Volksw. (1955) u. Promot. (1967) Tübingen - 1956-72 Wiss. Assist. Univ. Tübingen - BV: Zerlegung u. Lösung diskreter ökonom. Prozeßmodelle, 1968.

FÖRSTERLING, Horst-Dieter

Dr. phil., Prof. f. Physikal. Chemie Univ. Marburg - Wilhelm-Roser-Str. 39, 3550 Marburg/L..

FOERSTNER, Rudolf

Dr.-Ing., Prof., Direktor a.D. Inst. f. angew. Geodäsie - Frhr.-v.-Stein-Str. 13, 6232 Bad Soden/Ts. (T. Bad Soden 28161) - Geb. 15. Okt. 1912 Geislingen/Steige, verh. s. 1944 m. Irma, geb. Berg, 2 Söhne (Wolfgang, Lothar) - TH Stuttgart (Geodäsie; Dipl.-Ing. 1935) - 1938-45 Hansa-Luftbild GmbH., 1946-53 Flurbereinigungsamt Besigheim, 1953-77 Inst. f. Angew. Geodäsie Frankfurt. Lehrtätigk. TU Stuttgart (apl. Prof.). Spez. Arbeitsgeb.: Photogrammetrie - Üb. 100 Einzelarb. - Liebh.: Musik - Spr.: Franz., Engl.

FÖRSTNER, Ulrich

Dr. rer. nat., Prof. (C-4) f. Umweltschutztechnik TU Hamburg-Harburg - Stöversweg 6, 2110 Buchholz i.d.N. - Geb. 26. Febr. 1940 Ebingen - Promot. 1967 Tübingen - S. 1971 (Habil.) Privatdoz. u. apl. Prof. (1974) Univ. Heidelberg. 1968-70 Lehrauftr. Univ. Kabul (Afgh.) - BV: Schwermetalle in Flüssen u. Seen als Ausdruck d. Umweltverschmutzung, 1974 (m. G. Müller); Metal Pollution in the Aquatic Environment (m. G. Wittmann, Pretoria/RSA), 2. A. 1981; Metals in the Hydrocycle (m. W. Salomons, Haren/NL) - Üb. 140 Einzelarb.

FÖRTSCH, Otto

Dr. rer. nat., Prof., Observator Geophysikal. Observatorium, Fürstenfeldbruck (s. 1958) - Theodor-Heuss-Str. 16, 8080 Fürstenfeldbruck/Obb. (T. 10856) -

Geb. 24. Sept. 1911 Höfles/Ofr. (Vater: Anton F., Mühlenbesitzer; Mutter: Dorothea, geb. Lechner), kath., verh. s. 1940 m. Clementine, geb. Höfer, 2 Kd. (Regina, Wolfgang) - Univ. Göttingen. Promot. 1938 Göttingen; Habil. 1952 München - S. 1952 Lehrtätigk. Univ. München (1965 apl. Prof. f. Geophysik; 1966 Abt.svorsteher u. Prof.; s. 1976 Ruhest.) - Spr.: Engl.

FÖSTE, Hermann

Dipl.-Volksw., Hauptgeschäftsführer Verb. d. Dt. Zweiradhandels u. Verb. dt. Nähmaschinenhändler - Danziger Str. 1, 4800 Bielefeld 1/W.

FOET, Karl

Dr. med., Prof. f. Hals-Nasen-Ohrenheilkd. u. plast. Operationen - Grüner Weg 2d, 6240 Königstein/Ts. (T. 06174 - 52 86) - Geb. 21. April 1942 Bonn (Vater: Carl F., Arzt f. HNO; Mutter: Johanna, geb. Born-Latour), kath., 2 T. (Christiane, Alexandra) - S. 1981 Prof. Univ. Würzburg; s. 1987 Chefarzt Klinik f. HNO u. plast. Gesichtschir. Klinikum d. Stadt Frankfurt in Frankfurt-Höchst - Zahlr. Veröff. üb. chir. Rehabilität Krebskranker - Liebh.: Gesch., Kunstgesch., Sport.

FOHR, Franz

Dr.-Ing., Dipl.-Kfm., Dipl.-Ing., Gf. Gesellschafter Brauerei Gebr. Fohr, Ransbach - Parkstr. 9, 5412 Ransbach-Baumbach (T. 02623 - 30 21-30 23) - Geb. Ransbach, kath., verh., 2 S. (Frank Wilhelm, Jan Frederik) - Lehre Brauer u. Mälzer; Stud. Rechts- u. Staatswiss.; Stud. Brauereitechnol. (Dipl.-Braumeister, Dipl.-Brauerei-Ing., Dipl.-Ing.). Stud. Wirtschaftswiss. (Dipl.-Kfm). Alleingeschäftsf. u. gesamtvertretungsberecht. Gesellsch. Brauerei Fohr. VR Brauerbd. Hessen-Mittelrhein, Frankfurt; Mitgl. betriebsw. Aussch. Dt. Brauerbd. Bonn.

FOHRBECK, Karla

Dr. rer. pol., Kulturwissenschaftlerin, Kultur- u. Schulreferentin Stadt Nürnberg - Zu erreichen üb. Rathaus, 8500 Nürnberg - Geb. 6. Okt. 1942 Aachen (Vater: Dr. med. Peter F., Arzt; Mutter: Dorothea, geb. Nockemann) - Stud. Anthropol., Soziol., Phil., Politik, Volkswirtsch. Univ. Freiburg, Frankfurt, London u. Paris, Promot., 1970-72 Spiegel-Verlag (Inst. f. Projektstudien), 1975/76 Gastprof. f. Kultursoziol. Univ. Hamburg. 1972-79 Dir. Inst. f. Projektstud., Hamburg, 1979-89 Zentrum f. Kulturforsch., Bonn (zus. m. Dr. Andreas Joh. Wiesand) - BV: Heile Welt u. 3. Welt, 1971; Autorenreport 1972, Künstlerreport 1975; Handb. d. Kulturpreise, 1978 u. 85; Kultur. Öfftl.keit in Bremen, 1981; Kunstförd. im int. Vergleich, 1981; Wir Eingeborenen, 1981 (meist zus. m. A.J. Wiesand); Universität als Heimat?, 1984; Van Totem tot, Lifestyle 1987; Renaissance d. Mäzene?, 1989; Von d. Industrieges. z. Kulturges., 1989. Ausstellungen, Filme, Moderation etc. - 1977 Kulturpreis d. DGB - Liebh.: Beruf, christl. Gemeindearbeit - Spr.: Engl., Franz.

FOHRER, Georg

D. theol., Dr. phil., D.D., D.D., o. Prof. f. Alttestamentl. Wissenschaft - 36, Chabad Rd., Jewish Quarter Old City, Jerusalem (T. 28 79 54) - Geb. 6. Sept. 1915 Krefeld-Uerdingen (Vater: Wilhelm F., Geschäftsm.; Mutter: geb. Kranz), jüd., verh. I) 1948 m. Marianne, geb. Kuhl, 2 Kd. (Eberhard, Irene), II) 1968 Natanja Dorothee, geb. Naegele, 4 Kd. (Judith, Rahel, David, Mirjam) - Realgymn.; Stud. Theol. u. Religionswiss. - 1949 Doz., 1954 apl. Prof. Univ. Marburg, 1954 Ord. Univ. Wien, 1962 Univ. Erlangen-Nürnberg - BV (s. a. XVII. Ausg.): D. Buch Jesaja (Komm.), 3 Bde. 1960/64, 2. A. 1966/67/86, I/II 3. A. 1991; Studien z. Buche Hiob, 1963, 2. erw. A. 1982; D. Buch Hiob (Kommentar), 1963, 2. A. 1989; Überlieferung u. Gesch. d. Exodus, 1964; Einleit. in d. Alte Testament, 3. A. 1979 (engl. 1968, port. 1977); Studien z. alttestamentl. Prophe-

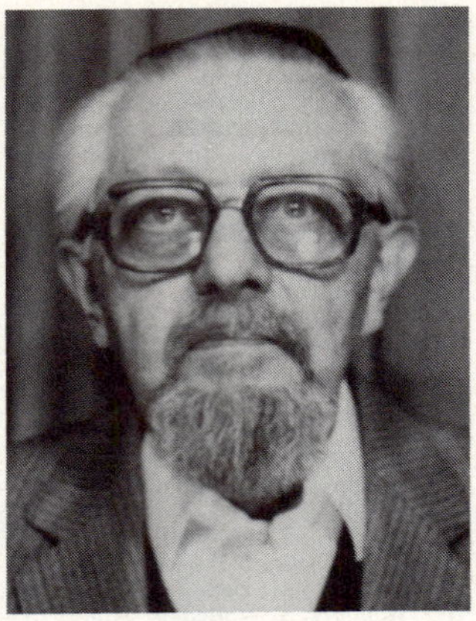

tie, 1967; Studien z. alttestamentl. Theologie u. Gesch., 1969; Gesch. d. israelit. Relig., 1969 (engl. 1972, port. 1982, ital. 1985); D. Alte Testament, 2 Bde. 1969/70, 3. A. 1980; Theolog. Grundstrukt. d. Alten Testaments, 1972 (ital. 1980, port. 1982); (m. W. Foerster, Salut, 1973); Exegese d. AT (m. a.), 5. A. 1989; D. Propheten d. Alten T., B. 1-7 1974-77; Gesch. Israels, 5. A. 1990 (ital. 1980); Glaube u. Leben im Judentum, 1979, 3. A. 1991 (ital. 1984); Stud. z. atl. Texten u. Themen, 1981; V. Werden u. Verstehen d. Alten T.s, 1986; Erzähler u. Propheten im Alten T., 1988 (Taschb., 1989); Stud. z. Alten T., 1991. Herausg.: Ztschr. f. d. alttestamentl. Wiss. (1960-81); Hebräisches u. aramäisches Wörterb. z. Alten Testament (1971, 2. A. 1989) - Ehrendoktor Marburg 1954 (Doctor of Divinity) Univ. Aberdeen (1969) u. Glasgow (1970); Ehrenmitgl. 1966 Ou Testamentiese Werkgemeenskap in Suid-Afrika, 1970 Soc. for Old Testament Study (Großbrit.), 1972 Soc. of Biblical Literature (USA) - Spr.: Lat., Griech., Hebr., Engl., Franz.

FOJUT, Hannelore,

geb. Kopp

Kreispräsidentin d. Arbeiterwohlfahrt Schlesw.-Holst. u. Bundesvorst. AWO - Schönberger Landstr. 107a, 2314 Schönkirchen (T. 04348-74 72) - Geb. 17. Jan. 1929 Hagen, ev., verh. s. 1955 m. Harald F., 2 Kd. (Margit, Dirk).

FOKKEN, Berthold

Dr. jur., Kons., Präsident a. D. - Landschaftspolder 67, 2955 Dollart - Geb. 13. Febr. 1906 Worms (Vater: Jan F.; Mutter: Gerdine, geb. Kray), ev.-ref., verh. s. 1937 m. Catharine, geb. Martens, 4 Kd. - Althoff-Realgymn., Potsdam-Babelsberg; Univ. Berlin (Promot. 1932) - 1931/32 Assist. Univ. Berlin (Prof. Smend u. Triepel), b. 1935 Assist. u. Ref. Kaiser-Wilhelm-Inst. f. Ausl. öfftl. Recht u. Völkerrecht, 1935-45 Reichsluftfahrtmin., 1946-58 Präs. Landeskirchenrat d. Ev.-ref. Kirche in Nordwestdtschl. - BV: D. Zuständigk. d. Arbeitsgerichts, in: Kaskel, D. Arbeitsgerichtsbarkeit, 1928; D. Bezieh. d. Gliedstaaten im Bundesstaatsrecht, 1936; Neues Dt. Reichsrecht - D. Luftverkehrsgesetz (m. Pfundtner u. Neubert), 1938 (d. 3 ersten unt d. b. 1939 geführten Familiennamen: Müller); Kommentar z. Luftschutzges. (m. Darsow u. Nicolaus), 1942; Luftschutzrecht (m. Darsow), 1943; Luth. od. Reformiert? - 1938 DRK-Ehrenz.; 1955 Gr. BVK; 1959 Ehren-, 1966 Rechtsritter Johanniter-Orden - Liebh.: Landw. (90 ha).

FOLDENAUER, Karl

Dr. phil., Prof. f. Deutsche Sprache u. Literatur - Reinhold-Schneider-Str. 104, 7500 Karlsruhe 51 - Geb. 20. Febr. 1928 Ravensburg - Promot. 1958 Tübingen - S. 1968 Doz. u. Prof. (1971) PH Karlsruhe - BV: Werkbuch Lyrik (m. M. Behrendt), 1979; Medien, Sprache u. Lit., 1980. Fachaufs.

FOLKERS, Cay

Dr. rer. pol., Univ.-Prof. f. Finanzwissenschaft Ruhr-Univ. Bochum (s. 1990) - Universitätsstr. 150, 4630 Bochum 1; priv.: Platanenweg 20, 4630 Bochum 1 - Geb. 24. Dez. 1942 Lübeck (Vater: Dr. Karl-Heinz F.; Mutter: Gerda, geb. Matthiessen), verh. s. 1972 m. Dr. Dörte, geb. Rieck - Gymn. Lübeck u. Kiel; FU Berlin (Volksw.; Dipl. 1967). Promot. (1971) u. Habil. (1976) Hamburg - 1967-77 Wiss. Assist. u. Doz. (1971) Univ. Hamburg; 1977-90 Univ.-Prof. f. Finanzwiss. Univ. Hohenheim, Stuttgart - BV: Lineare Programmierung staatl. Aktivität, 1971; Vermögensverteil. u. staatl. Aktivität, 1981; Begrenz. v. Steuern u. Staatsausg. in d. USA, 1983 - Spr.: Engl., Franz.

FOLKERTS, Menso

Dr. phil., Prof. f. Geschichte d. Naturwissenschaften (Gesch. d. Math. in Antike, Mittelalter u. Renaissance) - Haidhauser Str. 1, 8000 München 80 - Geb. 22. Juni 1943 Eschwege (Vater: Johannes F., Studiendir. i. R. †; Mutter: Frieda, geb. Hoffmann), ev.-luth., led. - Stud. Univ. Göttingen (Math./Klass. Philol.); Promot. 1967, Staatsex. 1968 Göttingen, Habil. 1973 TU Berlin - 1969-76 Assist./Assist.prof. TU Berlin, 1976-80 Prof. Univ. Oldenburg, s. 1980 Prof. Univ. München - Effektives Mitgl. d. Acad. Intern. d'Histoire des Sciences; Mitgl. Dt. Akad. d. Naturforscher Leopoldina.

FOLLERT, Bernd

Dr., Prof. f. Produktions- u. Arbeitslehre Univ. Hohenheim (Fachbereich Wirtschafts- u. Sozialwiss.) - Schloß, 7000 Stuttgart 70; priv.: Linzgauweg 5, 7799 Heiligenberg - Geb. 1. Jan. 1921 Duisburg (Vater: Albert F., Obermeister; Mutter: Gertrud, geb. Bode), kath., verh. s. 1944 m. Lisa, geb. Held - Stud. Königsberg, Mannheim, Tübingen. Dipl.-Kfm. 1950 Mannheim; 2. Staatsprüf. f. d. höh. Lehramt an kaufm. Berufs- u. -fachsch. 1954 Stuttgart - 1956 Oberstudienrat; 1960 Doz. Ingenieursch.; 1968 Dir. Ing.sch.; 1971 Gründungsrektor Fachhochsch.; 1975 Univ.prof.; 1984 em. - BV: Kl. Wirtschaftskd., 1960/70; Arbeitslehre, 1980; D. Großgruppenhaushalt, 1986 - Spr.: Engl.

FOLLERT, Wolfgang

Dipl.-Sparkassenbetriebsw., Bankkaufmann, Spark.-Dir. a.D., selbst. Wirtsch.Berat., gf. Gesellsch. Dt. Mailbox Saar-Lor-Lux GmbH, u. SECOM-Ges. f. Electronische Communikations-Systeme mbH, Handelsbevollm. Gesellsch. A & O ComSoft - Ges. f. Kommunikations-Software GmbH, Geschäftsf. CONSETA Baumanagement mbH u. Golfanlage Weiherhof Betriebsges. mbH - Kurt-Schumacher-Allee 104, 6630 Saarlouis (T. 06831 - 8 70 61) - Geb. 22. August 1940 St. Wendel, kath., verh., 2 Kd. (Margit, Frank) - Lehrabschl. Bankkaufm. 1958; 1961/62 Bundeswehr Koblenz/Wetzlar; Sparkassenbetriebsw. 1966 Saarl. Verw.- u. Sparkassensch.; 1970/71 Stud. Allg. Kreditwesen, Volksw., Betriebsw. u. Recht Lehrinst. f. d. kommunale Spark.- u. Kreditwesen (Sparkassenakad.) Bonn; höh. Fachprüf. 1971 (Sparkassenbetriebsw.-Dipl.) - 1956-75 Kreisspark. Saarlouis, zul. Ressortleit. Einlagengesch., Wertpapiergesch., EDV, Zahlungsverkehr, Zweigst.; 1975-86 Vorst.-Mitgl. Stadtspark. Saarlouis zul. Firmenkunden, Org., EDV, Zahlungsverkehr. 1976-85 Beirat Landeszentralbank im Saarl., 1981-86 Beirat Akad. f. Fernstud., Bad Harzburg.

FOLLMANN, Gerhard

Dr. rer. nat., Prof. f. Geobotanik u. Phytotaxonom. Universität Köln - Gyrhofstr. 15, 5000 Köln 41 (T. 0221 - 407 24 76) - Geb. 14. Jan. 1930 Kassel (Vater: Fritz F., Realschull.; Mutter: Grete, geb. Röhl), verh. s. 1957 m. Ingeborg-Ariane, geb. Schrag, 2 Kd. (Brit Ariane, Til Anders) - Obersch., Univ., 1957 Dr. d. Naturwiss. TH Braunschweig. 1959-66 Prof. d. Botanik Univ. Santiago de Chile; 1966-70 Abt.ltr. Botan. Museum Berlin; 1970-82 Dir. Naturkundemus. Ottoneum, Kassel; 1973-82 Prof. d. Botanik Univ. Kassel; 1982ff. Prof. in Köln - BV: Flechten, 1959/68; Flechtenleben, 1960. 350 Fachzeitsch.-Beitr. - 1968 Ehrenmitgl. Chilen. Akad. d. Naturwissensch., 1977 Ehrenmitgl. Akad. d. Wiss. Santa Cruz, Tenerife - Spr.: Engl., Span.

FOLLMANN, Hartmut

Dr. phil., Prof. f. Biochemie Univ. Kassel (s. 1988) - Gemoll 44, 3550 Marburg/L. - Geb. 10. Mai 1936 Kassel - Promot. 1964; Habil. 1972 - 1967-70 USA-Aufenth. (Univ. of Iowa); 1971-87 Univ. Marburg - Üb. 80 Facharb. - BV: Chemie d. Evolution, Chemie f. Biologen.

FOLLNER, Heinz

Dr. rer. nat., Prof. f. Mineralogie u. Kristallogr. TU Clausthal (1978 ff.) - In d. Angerhöfen 42, 3360 Osterode 1/Harz - Geb. 20. April 1938 Haxtum/Ostfriesl. - 1958-63 Univ. Marburg. Promot. (1966) u. Habil. (1971) Clausthal - Fachveröff.

FOLTIN, Hans-Friedrich

Dr. phil., Prof. f. Europ. Ethnologie Univ. Marburg (s. 1972) - Georg-Voigt-Str. 46, 3550 Marburg/L. - Geb. 10. März 1937 Königsberg/Pr. - Promot. 1961 - BV: D. Kopfbedeckungen u. ihre Bezeichnungen im Deutschen, 1961/63; D. Unterhaltungslit. d. DDR, 1970; Arbeitswelt im Fernsehen, 1975; Zwiespältige Zufluchten. Zur Renaissance d. Heimatgefühls, 1981.

FOLZ, Willibald

Dr., Vorstandsmitglied Münchener Hypothekenbank e.G. (1979ff.) - Nußbaumstr. 12, 8000 München 2.

FOLZ-STEINACKER, Sigrid

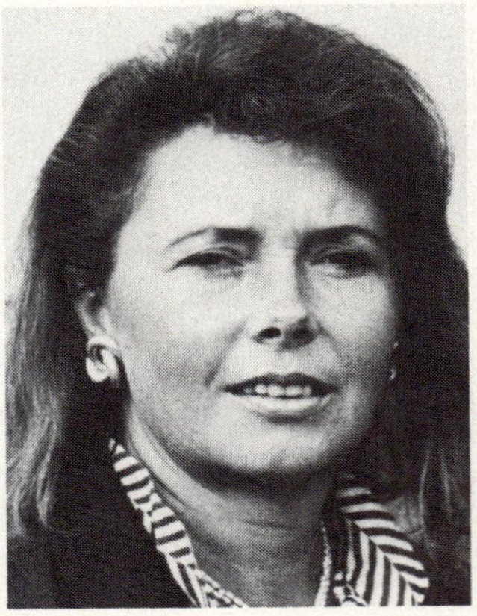

Vorstandsmitgl. d. Eisen AG Lothringen, Stabsstelle d. GF d. Beteiligungsges. Aachener Region mbH, Aachen - Harrierwurp 14, 2880 Brake - Geb. 10. Jan. 1941 Hamburg, ev., verh., 5 Kd. - MdB d. 11. Legislaturperiode.

FONTAINE, Hans-Joachim

Dipl.-Politologe, Leiter d. Staatl. Büchereiamtes f. d. Saarland, Saarbrücken - Bruchwiesenstr. 10, 6630 Saarlouis (T. 06831-6 12 18) - Geb. 25. Aug. 1943 Saarlouis, kath., verh. s. 1971 m. Beate, geb. Johannes, 2 Kd. (René, Yvonne) - Abit.; Stud. Politol. FU Berlin (Dipl.-Ex.) - Ref. in d. polit. Bildung u. Erwachsenenbild. b. überregional. Org. Parteipolit. Funktionen; Mitgl. d. Stadtrates Saarlouis, Frakt.-Vors., Stadtverb.-Vors. - Mitautor d. Saarlandbuches - Liebh.: Musik, Fotogr. - Spr.: Franz.

FONTANIVE, Kurt

Bankdirektor, o. Vorstandsmitgl. Württ. Hypothekenbank - Sonnenuhrweg 58, 7000 Stuttgart 31 (T. 0711 - 86 22 33) - Geb. 7. Okt. 1931, kath., verh. s. 1959 m. Helga, geb. Schmalzried, 3 Töcht.

(Beatrice, Anita, Constanze) - Staatsex. 1955 Stuttgart - Württ. gehob. Verwaltungsdst.; ehrenamtl. Richter am Sozialgericht Stuttgart.

FONTHEIM, Joachim
Generalintendant Krefeld u. Feuchtwangen i. R., Regiss., Schauspieler - Eschenweg 15, 4150 Krefeld - Geb. 3. Mai 1922 Leipzig (Vater: Fritz F., Kaufm.; Mutter: Gertrud, geb. Marquardt), ev.-luth., verh. s. 1954 m. Marianne, geb. Fritz, Sohn Matthias - Stud. Leipzig - Int. Kreuzgangsp. Feuchtwangen - Insz. in Berlin, Frankfurt/M., Köln, Karlsruhe, Hamburg, Essen, Krefeld u. Mönchengladbach, Hersfeld, Wunsiedel, Feuchtwangen; WDR, SBF (Ferns. u. Hörf.) - Ehrenmitgl. Bühnen Krefeld, Mönchengladb. u. Kreuzgangspiele Feuchtwangen; BVK.

FOOKEN, Enno
Dr. phil., Prof. f. Sonderpädagogik Univ. Oldenburg - Kaspersweg 121b, 2900 Oldenburg/O. - Geb. 21. Dez. 1926 Berlin, ev., verh. s. 1955 m. Ute, geb. Wagner, T. Cornelia - Promot. 1965 Mainz - BV: D. geistl. Schulaufsicht u. ihre Kritiker im 18. Jh., 1967; Grundprobleme d. Sozialpäd., 1973; Sprachprobleme d. Pädagogik, 1989 - Lit.: Pädagogik: Theorie u. Menschlichkeit. Festschr. f. E. Fooken z. 60. Geb. (1986, hg. Ammann, Klattenhoff u. Neukäter).

FORBACH, Paul Franz
Ingenieur - Stationsberg 15, 8730 Bad Kissingen - Geb. 22. März 1899 - Gründer u. b. 1967 Inh. Forbach GmbH. & Co. KG., Bad Neustadt/S. - Diesel-Med. in Gold Dt. Erfinder-Verb.; 1969 Bürgerm. Bad Kissingen; 1971 BVK I. Kl. - Paul-u.-Ruth-Forbach-Stiftg. (d. Betrag v. 1 Mill. soll d. Bedürftigenfürsorge u. Jugendpflege zugutekommen).

FORCH, Hubert
Dr. jur., Vorstandssprecher Oldenburgische Landesbank AG, Oldenburg - Butjadinger Str. 59, 2902 Rastede (T. 04402 - 43 34) - Geb. 18. Febr. 1939 Mainz, kath., verh. m. Renate, geb. Werner, 4 Kd. (Peter, Ulrich, Katrin, Nikolaus) - Stud. Rechts- u. Wirtschaftswiss. Univ. Freiburg, Bonn u. Mainz; jurist. Prüf. u. Promot. Mainz - 1965/66 Trainee-Ausb. Großbank; b. 1981 Leitg. versch. Filialen, zul. Frankfurt, s. 1981 Vorst.-Mitgl. Oldenburg. Landesbank.

FORCHERT, Arno
Dr. phil., o. Prof. f. Musikwissenschaft Musikhochsch. Westf.-Lippe/Nordwestd. Musikakad., Detmold, u. Gesamthochsch. Paderborn - Vor d. Eichen 6, 4930 Detmold - Geb. 29. Dez. 1925 Berlin - Promot. 1957; Habil. 1967 - B. 1971 Prof. FU Berlin, dann wie oben - BV: Spätwerk d. Michael Praetorius, 1959; Stud. z. Musikverständnis im frühen 19. Jf., 1967. Herausg.: Werke Johann Hermann Scheins (1974 ff.).

FORCK, Günther
Dr. med., Prof., Wiss. Rat, Direktor d. Poliklinik Allergologie u. Gewerbedermatologie Univ. Münster (s. 1987) - Coesfeldweg 57, 4400 Münster/W. (T. 86 37 79) - Geb. 26. Aug. 1927 Warendorf (Vater: Josef F., RA u. Notar; Mutter: Therese, geb. Busch), kath., verh. s. 1959 m. Sanna, geb. Spribille, 4 Kd. (Ariane, Jerun, Tanja, Silja) - Stud. Med., Dr. med. 1958, Habil. 1968, Wiss. Rat u. Prof. 1970, apl. Prof. 1971. Ltr. Abt. f. Allergologie u. Gewerbedermatol. Univ.-Hautklin. Münster. Üb. 300 Facharb. - Spr.: Engl.

FORELL, Max Michel
Dr. med., Prof., Internist - Geb. 27. Sept. 1916 München (Vater: Dr. med. Alfred F.; Mutter: geb. Oster), kath., verh. s. 1946 m. Gitta, geb. Frey, 2 Töcht. (Christiane, Janina) - Schule (Gymn.) Schloß Salem; Univ. München u. Freiburg/Br. - S. 1954 (Habil.) Privatdoz. u. apl. Prof. (1961) Univ. München. Üb. 90 Fachveröff.

FORGAS, Joseph Paul
Dr. phil., Prof. f. Psychologie Univ. Gießen - Zu erreichen üb.: Universität, Otto-Behaghel-Str. 10/F2, 6300 Gießen (T. 0641 - 702-54 09) - Geb. 16. Mai 1947 Budapest/Ungarn (Vater: Paul F., Beamter; Mutter: Anna, geb. Orszagh), kath., verh. s. 1974 m. Letitia Jane, geb. Carr, Sohn Paul Joseph - Univ. Sydney/Australien B.A. 1973, B.A. (Hons.) first Class 1974; Univ. Oxford (Promot. 1977) - 1977-81 Lecturer Univ. of New South Wales Sydney/Austr.; 1982 Senior Lecturer; ab 1982 Prof. Gießen - BV: Social Episodes: The study of interaction routines, 1979; Social Cognition: Perspectives on everyday understanding, 1981 - 1982 Preis Austral. psych. Ges. - Liebh.: Segelfliegen; sammelt antike Fotoapparate - Spr.: Engl., Franz., Russ., Ungar.

FORK, Günter

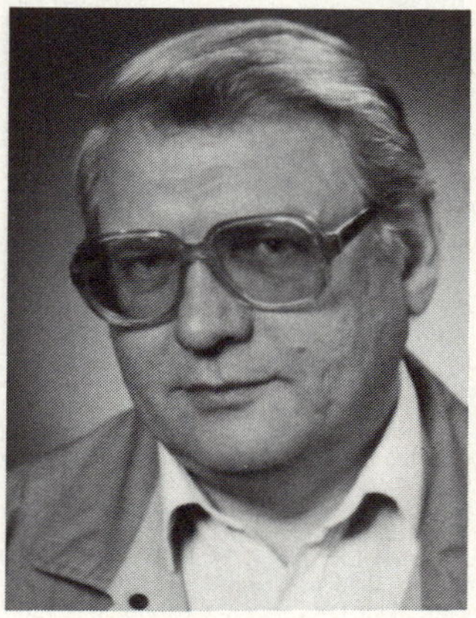

Prof., Komponist u. Dirigent, Prof. f. Tonsatz, Dirigieren, Partiturspiel u. Improvisation Musikhochsch. Köln (s. 1972) u. Univ. (s. 1982) - Auf dem Heckerfeld 7, 5469 Windhagen - Geb. 17. Aug. 1930 Duisburg (Vater: Theodor F., Maurer; Mutter: Josefine, geb. Lankes), kath., verh. s. 1958 m. Gisela, geb. Hensel, 2 Kd. (Claudia, Gerald) - N. Abit. 1950 (Wolfsburg) Musikhochsch. Berlin (Kompos.: Wagner-Régeny; Dirig.: Röttger) - Chorleit. Wolfsburg (s. 1947) u. Dessau (s. 1950); Korrepetitor u. Kapellm. Landestheater Dessau (b. 1959); Doz. Musikakad. Lübeck (b. 1973); Gastdirig. u.a. Hamburger Sinfoniker, Istanbul Sinfonieorch. u. Rundf.; Kompos.: Oper Im Zeichen d. Fische (n. Hans Baumann), Ballett Antigone (n. Sophokles), Bühnenmus., Sinfonie, Orchesterw., Orgelkonzert, Kammermusik, Oratorium Stimme d. Heimat (n. Agnes Miegel), Kantaten, Chorw., Lieder u.a. - BV: Schule d. Partiturspiels, 1980/82; Schule d. Dirigierens, 1983. Fachaufs., CD-Aufnahmen, Rundfunk-Aufn. - Ausz. u. Preise f. Chorltg. u. Kompos.-Liebh.: Lit., Bild. Kunst, Sport - Spr.: Engl.

FORKEL, Hans
Dr. jur., o. Prof. f. Bürgerl. Recht, Handelsrecht, gewerbl. Rechtsschutz u. Urheberrecht Univ. Würzburg (s. 1972) - Rottendorfer Str. 17, 8700 Würzburg (T. 7 78 77) - Geb. 28. April 1936 Coburg (Vater: Dr. Herbert F., RA; Mutter: Irmgard, geb. Wagner), ev., verh. s. 1971 m. Marianne, geb. Häusser - Gymn. Casimirianum, Coburg; Univ. München, Köln, Erlangen; Promot. 1961; Habil. 1970 Erlangen - 1970-72 Doz. Univ. Erlangen - BV: Grundfragen d. Lehre vom privatrechtl. Anwartschaftsrecht, 1962; Immissionsschutz u. Persönlichkeitsrecht, 1968; Gebundene Rechtsübertragungen, Bd. 1, 1976.

FORKER, Armin
Dr. jur. habil., Prof. f. Kriminalistik, Univ. Jena (s. 1976) - Robert-Mayer-Str. 11, O-7050 Leipzig (T. 6 61 63) - Geb. 2. April 1931 Dresden (Vater: Alfred F., Ing.; Mutter: Maria, geb. Säuberlich, Hebamme), verh. s. 1960 m. Dr. med. Brigitte, geb. Gumbrecht, 1 Kd. (Amrit) - Scharnhorst-Heimsch. Dresden (Abit. 1950); Stud. Humboldt-Univ. Berlin; Promot. 1961; Habil. 1967; o. Prof. f. Kriminal. an Univ. Leipzig, Berlin, Jena - BV: Branduntersuchung, 1963; Kraftfahrzeugdelikte, 1965; Reine Bibliothek Histor. Kriminalistik - Arthur-Kanger-Pr. - Spr.: Engl., Russ.

FORKERT, Claus
Einzelhandelskaufmann, Aufsichtsratsvorsitzender Garant AG, Düsseldorf - Hauptstr. 41, 5650 Solingen (T. 0212 - 1 87 55) - Geb. 22. Okt. 1934 Solingen, ev., verh., 2 Kd. (Janine, Andre) - Vors. d. Bundesverb. d. Dt. Schuheinzelhandels, u. d. Einzelhandelsverb. Leverkusen/Solingen; Vizepräs. d. IHK Wuppertal/Remscheid/Solingen; ehrenamtl. Richter b. Landessozialgericht Essen.

FORM, Peter
Dr.-Ing., Univ.-Prof. Elektron. Verkehrssicherung, Sicherung d. Luftverkehrs TU Braunschweig - Im Gettelhagen 126, 3300 Braunschweig - Geb. 15. Jan. 1931 Hamburg - Promot. 1965; Habil. 1976.

FORNDRAN, Erhard
Dr., Prof. TU Braunschweig - Kapellenweg 7, 3155 Edemissen (T. 05373 - 79 54) - Geb. 26. Jan. 1938 Kiel (Vater: Hans-Georg F., Dipl.-Ing.; Mutter: Hedwig, geb. Krisponeit) - Univ. Bonn (Promot. 1967, Habil. 1972) - 1968-71 Wiss. Assist.; 1972 Vors. Förderungskommiss. DGFK; 1972ff. Prof. Neuss, Bochum, Braunschw. - BV: Rüstungskontrolle - Friedenssicher. zw. Abschreck. u. Abrüst., 1970; Probl. d. intern. Abrüst., 1970; Abrüst. u. Friedensforsch., 1971; (m. U. v. Alemann): Methodik d. Politikwiss., 1974, 4. A. 1990; (m. F. Golczewski, D. Riesenberger): Innen- u. Außenpolitik unter nationalsozialist. Bedroh., 1977; (m. H. Hummell, H. Süssmuth): Studiengang Sozialwiss.: Z. Definition e. Faches, 1978; (m. P. Friedrich): Rüstungskontrolle u. Sicherheit in Europa, 1979; Abrüst. u. Rüstungskontrolle, 1981; (m. U. v. Alemann): Interessenvermittl. u. Politik, 1983; (m. G. Krell): Kernwaffen im Ost-West-Vergleich, 1984; D. Stadt- u. Ind.gründ. Wolfsburg u. Salzgitter: Entscheidungsproz. im ns. Herrschaftssystem, 1984; (m. H. J. Schmidt): Konventionelle Rüstung im Ost-West Vergleich, 1986; D. Vereinigten Staaten v. Amerika u. Europa: Erfahrungen u. Perspektiven transatlant. Beziehungen s. d. Ersten Weltkrieg, 1991; Religion u. Politik in e. säkularisierten Welt.

FORNER, Ewald
Dipl.-Ing., Prof. f. Automatisierungstechnik, insb. Meßwerterfass. u. -verarb., Univ.-Gesamthochsch. Wuppertal (Fachbereich Elektrotechnik) - Ehrenhainstr. 44, 5600 Wuppertal 11.

FORSBACH, Edmund
Landwirt, Vors. Arbeitsgem. Dt. Rübenbauerverb., Bonn - Alfons-Keever-Str. 3, 5164 Nörvenich-Pingsheim/Rhld. - Geb. 28. Sept. 1917.

FORSCHNER, Maximilian
Dr. phil., Dr. phil. habil., o. Prof. f. Philosophie Univ. Erlangen-Nürnberg (s. 1985) - Bismarckstr. 1, 8520 Erlangen (T. 09131 - 85-40 09) - Geb. 19. April 1943 Reichling/Obb., verh. s. 1982 m. Dr. Adelheid, geb. Jessen, 2 Söhne (Benedikt, Nikolaus) - Stud. Kath. Theol. Dillingen, Phil. München; Dipl.-Theol. 1967; Promot. 1972; Habil. 1980 - Wiss. Assist. Univ. Augsburg u. Erlangen-Nürnberg; 1982-85 o. Prof. f. Phil. Univ. Osnabrück - BV: Gesetz u. Freiheit. Z. Probl. d. Autonomie b. I. Kant, 1974; Rousseau, 1977; D. Stoische Ethik, 1981; Mensch u. Ges. Grundbegriffe d. Sozialphil., 1989. Aufs. zu Aristoteles, Stoa, Epikur, Kant, Rousseau, Bentham.

FORSSMAN, Bernhard
Dr. phil., Prof. f. Indogermanistik u. Indoiranistik Univ. Erlangen-Nürnberg - Kochstr. 4, 8520 Erlangen (T. Erlangen 85 24 04) - Geb. 29. Nov. 1934 Riga, ev.-luth., verh. s. 1962 m. Ingeborg, geb. Bauer, 3 Kd. - Stud. Univ. Erlangen, München, Zürich; Staatsex. 1957 Erlangen, Promot. 1964 ebd. - S. 1968 ao. Prof. Freiburg/Schweiz, 1972 o. Prof., 1979 Prof. (C 4) Univ. Marburg; s. 1983 Erlangen.

FORSSMAN, Erik
Dr. phil., em. Prof. f. Kunstgeschichte - Johann-v.-Weerth-Str. 4, 7800 Freiburg/Br. - Geb. 27. Dez. 1915 Berlin (Vater: Villehad Henrik F., Ing.; Mutter: Anny, geb. Pasch), ev., verh. s. 1951 m. Monica, geb. Bergström, 3 Kd. (Anne-Charlotte, Tomas, Helena) - Univ. Leipzig u. Göttingen. Promot. 1951; Habil. 1956 - B. 1971 Doz. Univ. Stockholm u. Museumsdir., dann Ord. Univ. Freiburg - BV: Säule u. Ornament, 1956 (Habil.schr.); Dorisch, Jonisch, Korinthisch, 1961 (ital. 1973, span. 1983, portug. 1990); Palladios Lehrgebäude, 1965; Venedig in d. Kunst u. im Kunsturteil d. 19. Jh., 1971; Palazzo da Porto Festa (Corpus Palladianum), 1973; Karl Friedrich Schinkel, Bauwerke u. Baugedanken, 1981; Quattro secoli di vedutismo, 1986 - 1970 Prof.-Titel; 1973 Schwed. Kulturpreis; Mitgl. Akad. Upsala (1965), Stockholm (1974) u. Heidelberg (1972) - Spr.: Engl., Franz., Ital., Schwed.

FORSSMANN, Wolf-Georg
Dr. med., o. Prof. f. experimentelle u. klinische Peptidforschung - Med. Hochsch. Hannover, Feodor-Lynen-Str. 31, 3000 Hannover 61 - Geb. 10. Okt. 1939 Berlin (Vater: Werner F., Prof. Dr. med., Chirurg; Mutter: Dr. med. Elsbeth, geb. Engel), ev., verh. s. 1963 m. Antje, geb. Daldrup (Dr. med.), 3 Kd. (Kristin, Ulf, Jan-Pieter) - Stud. Univ. Mainz, Genf, Köln, Med. Staatsex. 1964, Dr. med. 1965, Priv.-Doz. Univ. Genf 1969. Wiss. Assist. u. Oberassist. Univ. Genf, 1971-89 o. Prof. f. Anatomie Univ. Heidelberg; 1975 Visiting-Prof. Harvard Medical School Boston; 1983 Visiting Research Associate am Karolinska Inst. Stockholm; 1990 Dir. am Nieders. Inst. f. Peptid-Forsch. Hannover - Dr. med. h. c. Univ. Tucuman, Argentinien; Hon.-Prof. Univ. Nacional de Cordoba, Argentinien; Honorary Member, American Assoc. of Anatomists - BV: Grundriß d. Neuroanatomie (m. Ch. Heym), 1975; Peripheral Neuroendocrine Interaction (m. R. E. Coupland), 1978; Techniques in Neuroanatomical Research (m. Ch. Heym), 1981; Functional Morphology of the Endocrine Heart (m. D. W. Scheuermann and J. Alt), 1988 - Spr.: Franz., Engl., Lat., Span. - Bek. Vorf.: Vater, Nobelpreis 1956.

FORSTER, Anton
Dr. rer. nat., Prof., Wiss. Rat Staatl. Forschungsinst. f. Angew. Mineralogie, Regensburg - Harzstr. 3, 8400 Regensburg - Geb. 11. Nov. 1929 - S. 1964 (Habil.) Lehrtätigk. TH bzw. TU München (1971 apl. Prof. f. Mineral. u. Petrogr.). Facharb. - 1963 Hermann-Credner-Preis.

FORSTER, Balduin
Dr. med., em. Prof. f. Rechtsmedizin (Hauptforsch.geb.: Blutalkohol, Todeszeitbestimmung) - Drosselweg 4, 7812 Bad Krozingen/Baden (T. 07633 - 47 76) - Geb. 20. Febr. 1920 - Habil. 1962 Göttingen - S. 1968 Prof. Univ. (apl.) u. Freiburg (1971 o.). 1988 emerit. S. 1989 fr. Mitarb. Inst. f. Rechtsmed. Univ. Freiburg.

FORSTER, Hilmar
Dipl.-Ing., Bundesbahnrat a.D., Geschäftsführer Scharfenbergkupplung GmbH., Salzgitter - Werner-Schrader-Str. 14, 3340 Wolfenbüttel - Geb. 26. Nov. 1924 Hirschau (Vater: August F.; Mutter: Maria, geb. Bösl), kath., verh. s. 1973 m. Hildegard, geb. Fähland, S. Stefan - Oberrealsch. Amberg, TU München (Masch.bau, Elektrotechn.), Dipl. 1949, Gr. Staatsprüf. 1953 - 1951-

FORSTER

63 Dt. Bundesbahn, s. 1963 Ind. - Spr.: Engl., Franz.

FORSTER, John
s. Fernau, Joachim

FORSTER, Karl-Heinz
Dr. rer. pol., Wirtschaftsprüfer u. Steuerber., Vorstandsmitgl. Treuarbeit AG, Frankfurt, Honorarprof. f. Wirtschaftsprüf. Univ. Frankfurt - Bockenheimer Anlage 15, 6000 Frankfurt/M.

FORSTER, Karlheinz
Dr., Oberkreisdirektor - Im Stummenfeld 15, 5900 Siegen/W. - ARsmitgl. Verkehrsbetriebe Westf.-Süd AG., Siegen.

FORSTER, Meinhard Willi
Dr. rer. pol., Vorstand (Finanzen) Metallgesellschaft AG - Reuterweg 14, 6000 Frankfurt/M. 1 (T. 069 - 159 (0)-2953) - Geb. 25. Febr. 1941 Frankfurt/M., ev., verh., 2 Kd - 1962-68 Stud. Volkswirtschaftslehre Hamburg, Berlin u. Frankfurt; Dipl.-Volksw. Frankfurt; Promot. Hamburg - S. 1969 b. d. Metallgesellschaft AG; AR-Vors. Metallbank GmbH, Frankfurt/M., Lehnkering Montan Transport AG, Duisburg, MG Immobilien GmbH, Frankfurt/M.; Stolberger Zink AG, Stolberg; AR Rheinische Zinkges. GmbH, Duisburg. CHEMETALL GMBH, Frankfurt/M., KOLBENSCHMIDT AG, Neckarsulm. Lurgi AG, Frankfurt/M., MG Vermögensverwaltungs-AG, Frankfurt/M., MG Industriebeteiligung AG, Düsseldorf.- Dynamit Nobel AG, Troisdorf; Vice Chairman Metallges. Corp., New York; Mitgl. Teck Corporation, Vancouver; VR Eurasco Zürich AG, Zürich.

FORSTER, Peter
Dr. rer. nat., Akad. Oberrat, apl. Prof. f. Topologie u. Funktionsanalysis Univ. Hannover - Callinstr. Nr. 14, 3000 Hannover - Zul. Doz.

FORSTER, von, Walter
Prof., Komponist - Graf-Rasso-Str. 19, 8082 Wildenroth (T. 08144 - 5 74) - Geb. 15. Juni 1915 Nürnberg-Hammer (Vater: Ernst v. F.; Mutter: Else, geb. Großkopff), ev., verh. s. 1951 m. Gisela, geb. Spatz, T. Friederike - Human. Gymn. Nürnberg (Abit. 1934), 1934-39 Meisterkl. Kompos. u. ev. Kirchenmusik Akad. d. Tonkunst München - 1944-54 Kantor u. Organist Stephanuskirche München, 1946-79 Theorielehrer Hochsch. f. Musik München - BV: Elemente d. homophonen Satzes (theor. T.), 1971; Heutige Praktiken im Harmonielehreunterr. an Musikhochsch. u. Konservat., in: Beitr. z. Musiktheorie d. 19. Jh., 1966 - Kompos.: Orch.-, Chor-, Kammermusikwerke; Solow. f. Klavier, Cembalo, Orgel, Violine, Violoncello; Lieder, Kantaten, Motetten - Lit.: Leipoldt Musikerbiogr.; Intern. Biogr. Centre; u. and. Nachschlagewerke.

FORSTNER, Martin
Dr. phil., Prof. f. Islam. Philologie u. Islamkd. Univ. Mainz - Rietburgstr. 9, 6721 Gommersheim - Geb. 23. Aug. 1940 Nürnberg - Promot. 1968; Habil. 1975.

FORTAK, Heinz
Dr. rer. nat., o. Prof. f. Theoret. Meteorol. - Edithstr. 14, 1000 Berlin 37 (T. 813 14 06) - Geb. 11. Aug. 1926 Berlin, ev., verh., 3 Kd. - 1947-51 Stud. Geophysik u. Meteorol. Berlin (1951 Dipl.-Geophys.). Promot. (1955) u. Habil. (1959) Berlin - S. 1959 Privatdoz. u. Ord. (1962) FU Berlin (Dir. Inst. f. Theoret. Meteorol.) 1960-61 Research Associate Prof. Univ. Miami; 1973-76 Dir. Inst. f. Phys. d. Atmosph. DFVLR, 1977ff. wieder Dir. FU Berlin. Versch. Fachmitgliedsch. - BV: Meteorol. Fachb., 1971-82; üb. 100 Fachveröff. - 1980 Ind. Mitgl. Dt. Akad. d. Naturforscher (Leopoldina); 1987 Ehrenmed. Verein Dt. Ingenieure; 1988 korr. Mitgl. Österr. Akad. d. Wiss., Wien; 1991 ausw. Mitgl. Akad. d. Wiss. zu Göttingen; 1992 C. F. Gauß-Prof. ders. Akad. - Liebh.: wiss. Fliegerei - Spr.: Engl.

FORTE, Dieter
Schriftsteller - Sommergasse 29, CH-4056 Basel (Schweiz) - Geb. 14. Juni 1935 Düsseldorf - Vornehml. Dramen, Fernseh- u. Hörspiele, u. a.: Martin Luther u. Thomas Münzer oder D. Einführung d. Buchhaltung, Theaterst. 1971, Übers. in 11 Sprachen; Jean Henry Dunant oder D. Einf. d. Zivilisation, Theaterst., 1978; Kaspar Hausers Tod, Theaterst., 1979; Fluchtversuche, 4 Fernsehsp., 1980; D. Labyrinth d. Träume o. Wie man d. Kopf v. Körper trennt, Theaterst. 1983; D. Artist im Moment seines Absturzes, Theaterst. 1991; D. endlose Leben, Theaterst. 1991; Hörsp. zuletzt: Sprachspiel, 1980; Schalltoter Raum, 1984; D. eingebildet Gesunden, 1985; Reise-Gesellsch., 1987; D. Muster, R. 1992 - Mitgl. PEN-Zentrum BRD; Stipendien u. Auszeichnungen.

FORTH, Wolfgang

Dr. med., o. Prof., Vorstand Walther-Straub-Inst. f. Pharmakol. u. Toxikol. Univ. München - Nussbaumstr. 26, 8000 München 2 - Geb. 24. Aug. 1932 Mannheim, verh. s. 1959 m. Dagmar, geb. v. Blomberg, 4 Kd. (Caroline, Nikolaus, Dorothee, Tobias) - Karl-Friedrich-Gymn. Mannheim, Abit. 1952; Med.-Stud. Univ. Heidelberg; Staatsex. 1958; Promot. 1958; Habil. (Pharmakol. u. Toxikol.) 1967 Univ. d. Saarlandes - 1974-80 Lehrst. f. Pharmakol. u. Toxikol. Ruhr-Univ. Bochum; s. 1981 Lehrst. f. Pharmakol. u. Toxikol. Univ. München - BV: IEPT Sect. 39 B, Pharmacology of Intestinal Absorption. Mithrsg.: Gastrointestinal Absorption of Drugs (m. W. Rummel, Vol I u. II, 1975); Lehrb. d. allg. u. spez. Pharmakol. u. Toxikol. (m. D. Henschler, W. Rummel 6. A. 1992) - 1966 Claude Bernard-Preis - Spr.: Engl., Griech., Latein.

FORTNAGEL, Peter
Dr. phil. nat., Prof. f. Allg. Mikrobiologie - Papenmoorweg 38d, 2083 Halstenbek - Geb. 13. Juli 1938 - Promot. 1966 - S. 1971 (Habil.) Lehrtätigk. Univ. Bochum (Wiss. Rat u. Prof.) u. Hamburg (1977 o. Prof.).

FOSSEN, Herbert
Vorstand Vereinigte Rumpuswerke AG, Mönchengladbach - Bahner 71, 4050 Mönchengladbach 2 - Geb. 2. März 1929 Mönchengladbach.

FOURNIER, von, Dietrich
Dr. med., Prof., Direktor Abt. Gynäkol. Radiologie Univ. Heidelberg - Voßstr. 9, 6900 Heidelberg (T. 06221 - 5 65 08) - Geb. 9. Dez. 1941 Rettkewitz, ev., verh. s. 1977 m. Eva, geb. Ebermann, 5 Kd. - 1961-63 Med.-Stud. Univ. Hamburg, 1964-67 Heidelberg; Promot. 1967, Habil. 1977 - S. 1982 o. Prof. u. Dir. 1978 NASA, USA/Medical Service; Gründ. u. 1. Präsid. Dt. Ges. f. Thermol. (1978-84) - BV: Natürl. Wachstumsgeschwindigk. d. Brustkrebses, 1980; Neue Konzepte d. Diagnostik u. Therapie d. Mamma-Karzinoms, 1984 (Hrsg. Kubli u. Fournier) - Bek. Vorf.: Chevalier Geräd Fournier d'Albe (Kreuzfahrer, 2. Kreuzzug).

FOX, Helmut

Dr. theol., Univ.-Prof. Univ. Koblenz-Landau (s. 1990), kath. Priester (s. 1956) - Münsterstr. 9, 6740 Landau/Pfalz - Geb. 20. Mai 1930 Trier, kath. - Theol. Fak. Trier 1950-56; Univ. Saarbrücken 1961-64; Lic. theol. 1967; Promot. 1970, Habil. 1976 u. Venia Leg. in Religionspäd. alles Trier - 1956-60 Kaplan, Völkl./Saar; 1960-64 Religionslehrer; 1964-70 Studentenpfarrer Saarbrücken; 1970-74 Religionslehrer Trier; 1974-82 Doz. Kath. FH Mainz; 1982-90 Prof. EWH Rheinl.-Pfalz, insbes. am Sem. f. Kath. Theol.; Lehrauftrag Univ. d. Saarl. - BV: D. Theologie Max Thurians, 1970; Ethik als Alternative zum Religionsunterr., 1977; Ökumene - Hoffnung od. Illusion?, 1974, 2. A. 1977; Kompendium Didaktik - Kath. Religion, 1986 - Liebh.: Wandern, Klass. Musik, Kunst - Spr.: Lat., Griech., Engl., Franz.

FRAAS, Ernst H.
Dr. rer. pol., Hauptgeschäftsführer Handwerkskammer Heilbronn (s. 1958) - Bismarckstr. 58, 7100 Heilbronn/N. (T. 7 74 35) - Geb. 1. März 1928 Künzelsau - 1946-48 Handwerkslehre; 1949-53 Stud. TH Stuttgart u. Univ. Tübingen (1952 Dipl.-Volksw.) - 1953/54 Assist. Präsid. Bund d. Steuerzahler, Stuttgart; 1954-58 Leit. Abt. Gewerbeförd. HK Heilbronn - Spr.: Engl.

FRAAS, Hans-Jürgen
Dr. theol. (habil.), o. Prof. f. Ev. Religionspädagogik u. Didaktik d. Religionsunterr. Univ. München - Ludwigstr. 31 (Rückgebäude), 8000 München 22.

FRACASSO, Ippazio
Bildender Künstler - Detmolder Str. 26, 4800 Bielefeld 1 (T. 0521 - 6 55 41) - Geb. 12. Okt. 1960 Parabita (Ital.), kath., ledig - Kunstschmiede; Modern Dance; Priv. Schauspielsch. - Graph. Gestaltg. v. Verb.ztschr.; zahlr. Ausst.; versch. Ehrenämter - BV: Werkkatalog, 1992; Schizzi e lettere, 1991 - Kunstrichtung: Postavantgardismo Concrescismo - 1986 Preis Istituto Italiano di Cultura Wolfsburg; Werkübersicht Centro d'Arte, Venedig (1992) - Liebh.: Lyrik, klass. Musik - Spr.: Deutsch, Ital., Span.

FRAEDRICH, Anna Maria
Dr. rer. nat., Prof. f. Mathematik u. ihre Didaktik PH Weingarten - Isenbartstr. 13, 7987 Weingarten - Geb. 1. Jan. 1939 Lietzen - Promot. 1965 Braunschweig - Zul. Prof. PH Ludwigsburg.

FRÄNKEN, Norbert
Kaufmann, Vorstandsvors. Stöhr & Co. AG, Mönchengladbach (s. 1986) - Zu erreichen üb. Stöhr & Co., Postf., 4050 Mönchengladbach - Geb. 17. Nov. 1944 - Zul. Olbo Textilwerke GmbH, Solingen.

FRÄNZLE, Otto
Dr. rer. nat., o. Prof. f. Geographie - Moritz-Schreber-Str. 39, 2308 Preetz/Holst. (T. 81288) - Geb. 9. Dez. 1932 Köln (Vater: Martin F.; Mutter: Magdalene, geb. Weber), kath., verh. s. 1959 m. Ursula, geb. Stockdreher, 3 Söhne (Stefan, Martin, Thomas) - Univ. Bonn (Geogr., Geol., Bodenkd.). Promot. 1958; Habil. 1963 - S. 1963 Lehrtätigk. Univ. Bonn (1966 Doz.), TH Aachen (1967 Wiss. Rat u. Prof.), Univ. Kiel (1970 Ord. u. Inst.sdir.); 1964-66 Wiss. Ref. UNESCO Paris. Zahlr. Fachmitgliedsch. - BV: Glaziale u. periglaziale Formbildung im östl. Kastilischen Scheidegebirge (Zentralspanien), 1959; D. pleistozäne Klima- u. Landschaftsentwickl. d. nördl. Po-Ebene im Lichte bodengeogr. Unters., 1965; Geomorphol. d. Umgeb. v. Bonn, 1969; Ökosystemforsch. im Hinblick auf Umweltpolitik u. Entwicklungsplanung, 1978; Aufschlüsselung d. Informationsgehaltes umweltrelevanter, flächenbez. Strukturdaten, 1981; Erfassung v. Ökosystemparametern z. Vorhersage d. Verteilung v. neuen Chemikalien in d. Umwelt, 1982; Modellversuche üb. d. Passage v. Umweltchemikalien u. ihrer Metaboliten durch d. ungesättigte Zone natürlicher Bodenprofile in Laborlysimetern u. im Freiland, 1982; Regional repräsentative Auswahl d. Böden f. e. Umweltprobenbank, 1983; Abschätzung d. Exposition v. Umweltchemikalien: Flächenhafte Verteilung in Geoökosystemen, 1984; Fortschreibung d. OECD-Prüfrichtlinie Adsorption/Desorption, 1987; Darstellung d. Vorhersagemögl. d. Bodenbelastung durch Umweltchemikalien, 1987; Naturwiss.-technische Anforderungen a. d. Sanierung kontaminierter Standorte, 1987; Erhebung u. Auswertung ökologischer Basisinformationen z. Auswahl d. Hauptforschungsräume f. d. Ökosystemprogramm d. Bundesrep. Dtschl., 1987; Grundlagen z. Bewertung d. Belastung u. Belastbarkeit v. Böden als Teilen v. Ökosystemen (m. a.), 1992 - Liebh.: Wandern, Segeln - Spr.: Engl., Franz., Span., Ital.

FRAGSTEIN, von, Conrad

Dr. phil., o. Prof. f. Experimentalphysik (emerit.) - Mecklenburgring 31, 6600 Saarbrücken (T. 812539) - Geb. 18. Sept. 1907 Breslau - Habil. 1943 Breslau - S. 1950 Prof. Univ. Köln (apl.) u. Saarbrücken (1958 o.; 1964/65 Rektor) - BV: Lexikon d. Physik (Mitverf.); ca. 70 fachwiss. Veröff. (meist Optik).

FRAHM, August-Wilhelm

Dr. rer. nat., o. Prof. f. Pharmazeutische Chemie, Dir. Pharmaz. Inst. (s. 1989), Univ. Freiburg - Am Hof 21, 5330 Königswinter-Oberdollendorf - Geb. 7. Okt. 1935 Schleswig - Promot. Pharmaz. Chemie 1964 Univ. Hamburg, Habil. Pharmaz. Chemie 1972 Univ. Bonn - 1975 apl. Prof. Univ. Bonn, 1980 Univ.-Prof. C-3 ebd.; 1989 o. Prof. Univ. Freiburg. Mitgl. GDCh. Ges. f. Arzneipflanzenforsch., DPhG Archiv d. Pharmazie: Herausg.kollegium; Beirat Verb. d. Hochschullehrer an Pharmaz. Inst. d. Bundesrep. Hauptarb.geb.: Asymmetrische Arzneistoffsynthese, Quantitative Strukturwirkungsbeziehungen, Naturstoffchemie afrik. u. asiat. Arzneipflanzen. 60 Publ. auf d. Geb. d. Arzneistofforsch.

FRAHM, Heinz

Dr. med., Prof. f. Inn. Med. - Oelsnerring 40, 2000 Hamburg 52 - Geb. 13. Okt. 1928 Kröpelin/Meckl. - Promot. 1957 Hamburg - S. 1965 (Habil.) Lehrtätigk. Univ. Hamburg (1971 Prof.; gegenw. gf. Dir. II. Med. Klinik) - BV: Antikonzeption, 2. A. 1970 (auch Ital. u. Serbokroat.). Rd. 100 Einzelarb.

FRAHM, Herbert

s. Brandt, Willy

FRAHNERT, Michael

Dipl.-Kfm., Vorstandsmitglied Karlsruher Lebensversich. AG u. Karlsruher Versich. AG - Türkenlouisweg 31, 6903 Neckargemünd - Geb. 18. April 1946, verh., 2 Kd. - Dipl.-Kfm. 1970 Univ. Mannheim.

FRAHNERT, Traute

Prof., Hochschullehrerin - Franz-Vetter-Str. 19, 3500 Kassel - Gegenw. Prof. f. Polytechnik/Arbeitslehre GH Kassel.

FRANCESCHINI, Ernst

Dr., Fabrikant, Geschäftsf. Grafschafter Krautfabrik Josef Schmitz KG., Meckenheim, Vorstandsmitgl. Bundesverb. d. Obst- u. Gemüseverwertungsind., Bonn - Wormersdorfer Str. 22, 5309 Meckenheim - Geb. 20. April 1940 - ARsmand.

FRANCISKOWSKY, Hans Gerhard

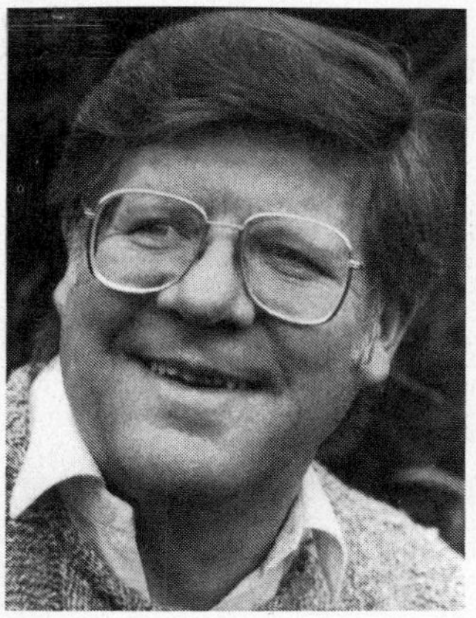

Schriftsteller (Ps. H. G. Francis), Inhaber Francis + Lou Verlag - Stellauer Hauptstr. 6b, 2000 Barsbüttel - Geb. 14. Jan. 1936 Itzehoe (Vater: Hans F., Kaufm.; Mutter: Elisabeth, geb. Jeske), ev., verh. s. 1963 m. Anneliese, geb. Riedel, 2 Kd. (Maren, Martin) - Stud. - Ca. 270 Buchveröff. (Jugendb.), ca. 500 Hörsp., Übers. in Engl., Franz., Span., Dän., Holl., Portug. u. Ital., mehrere Fernsehfilme - Ausz. f. Hörsp.: 6 Platin u. 32 goldene Schallpl. f. 11 Mill. verkaufte Exemplare. Insges. ca. 30 Mill. verkaufte Hörsp.

FRANCK, Burchard

Dr. rer. nat., o. Prof. f. Organ. Chemie - Coesfeldweg 41, 4400 Münster/W. (T. 86 20 07) - Geb. 6. Mai 1926 Hamburg (Vater: Prof. Dr. Walther F.; Mutter: Anna, geb. Schaefer), ev., verh. s. 1958 m. Dr. med. Renate, geb. Kayser, T. Katharina - Univ. Hamburg u. Göttingen (Promot. 1952; Habil. 1959) - S. 1959 Lehrtätigk. Univ. Göttingen, Univ. Kiel (1963 ao., 1966 o. Prof.), Univ. Münster (1968 o. Prof. u. Dir. Inst. Organ. Chem.), 1966 Gastprof. USA (Conn.). Zahlr. Fachveröff., dar. Handbuchbeitr. üb. Struktur, Synthese u. Biosynthese biol. aktiv. Naturstoffe; Alkaloide, Mycotoxine; Biomimetische Synthesen; Isotopentechnik; Superaromatische Porphyrinoide, Porphyrin-glycoside, Intensivfarbstoffe, Photosensibilisatoren f. photomed. Anwendungen; Patente. Mithrsg.: Liebigs Annalen d. Chemie, Heterocycles. - 1971 Med. d. Medical Soc. Sendai Japan (f. neuartige Alkaloid-Synthesen); 1980 Richard-Kuhn-Med. Ges. dt. Chem. (f. Erforsch. d. Biosynthese wicht. Naturst.); 1981 Adolf-Windaus-Med. Univ. Göttingen; Mitgl. Ges. dt. Chemiker Amer. Chem. Ges. u. Chem. Ges. London.

FRANCK, Dierk

Dr. rer. nat., Prof. f. Zoologie - Klabundeweg 27, 2000 Hamburg 67 - S. 1976 Prof. Univ. Hamburg.

FRANCK, Ernst-Ulrich

Dr. rer. nat. e. h., em. o. Prof. f. Physikal. Chemie - Heinrich-Weitz-Str. 21, 7500 Karlsruhe-Durlach (T. 47 29 77) - Geb. 2. Aug. 1920 Hamburg (Vater: Prof. W. F.; Mutter: geb. Schaefer), verh. s. 1952 m. Dr. Elsbeth Sander - Univ. Hamburg u. Göttingen (Promot. 1950; Habil. 1956) - S. 1956 Lehrtätigk. Univ. Göttingen u. TH bzw. Univ. Karlsruhe (1961 Ord. u. Dir. Inst. f. Physikal. Chemie u. Elektrochemie), dazw. 1960 Forschungsaufg. Oak Ridge (USA). Emerit. 1988. 1970 Gastprof. in Berkeley, USA, 1989 MSB Upson Prof. Cornell Univ., USA. Fachmitgliedsch., s. 1970 Mitgl. Senat Dt. Forschungsgemeinsch. - Div. Einzelarb. üb. Chemie u. Phys. unt. hohem Druck - 1955 Dechema-Preis; 1970 Bunsen-Med.; 1979/80 Präs. Dt. Bunsenges. f. Physik. Chemie; 1975 Mitgl. Heidelberger Akad. d. Wiss., 1978 Mitgl. Akad. Dt. Naturforsch. Leopoldina, 1991 Mitgl. Göttinger Akad. d. Wiss.; 1980 P.W. Bridgman Medal for High Pressure Research and Technology; 1988 Touloukian Award d. Amerik. Ass. of Mech. Engineers; 1989 A. G. Werner Med. d. Dt. Mineralogischen Ges. - Spr.: Engl., Franz.

FRANCK, Heinz-Gerhard

Dr. rer. nat., Dr.-Ing. E. h., Dipl.-Chem., Prof., Vorstandsvorsitzer Rütgerswerke AG., Frankfurt; Präs. Verb. d. Chem. Ind., Geschäftsf. Ges. f. Teerverwert. mbH., Duisburg-Meiderich, AR-Vors. Chem. Fabrik Weyl GmbH, Mannheim, Ruberoidwerke AG, Hamburg, Teerbau Ges. f. Straßenbau mbH, Essen, stv. AR-Vors. PAG Presswerk AG., Essen, Phenolchemie GmbH, Gladbeck, VEDAG AG Vereinigte Bauchem. Werke Frankfurt a.M., Vice Chairman of the Board CRM Cresols Ltd., Oldbury (England), stv. Beiratsvors. Verkaufsges. f. Teererzeugn. mbH., Essen, Beiratsmitgl. Joh. Haltermann Bunkeröl KG., Hamburg, Präs. Intern. Straßenteer-Konfz., Essen/Paris, Präs. Verb. d. Chem. Ind. e. V., VCI, Frankfurt, Vors. DECHEMA Dt. Ges. f. chem. Apparatewesen e. V., Frankfurt, stv. Vors. GVC Ges. Verfahrenstechn. u. Chemie-Ing.wesen, Frankfurt, Vors. Fachvereinig. Organ. Chemie, Frankfurt/M. - Auf der Schlicht 14, 6232 Neuenhain/Ts. - Geb. 3. Jan. 1923 - Stud. Chemie - S. 1948 Firmen-Bereich Rütgers. Honorarprof. TH Darmstadt - BV: Steinkohlenteer - Chemie, Technol. u. Verwend., 1968. 81 Patente. Div. wiss. Arb. - Liebh.: Bergsteigen.

FRANCK, Ulrich-Frohwalt

Dr. rer. nat., em. o. Prof. Inst. f. Physikal. Chemie TH Aachen (s. 1962) - Dechant-Pesch-Str. 16, 5374 Hellenthal (T. 02448 - 734) - Geb. 30. Jan. 1915 Leipzig (Vater: Ernst F., Lehrer; Mutter: Theodora, geb. Dietze), ev., verh. s. 1950 m. Lillian, geb. Eliasson - Univ. Leipzig (Chemie) - 1937 Assist. Univ. Leipzig, 1951 Abt.sleit. Max-Planck-Inst. f. Physikal. Chemie, Göttingen, 1954 Privatdoz. Univ. ebd., 1956 ao. Prof. TH Darmstadt. Publ.: u. a. Chlorophyllfluoreszenz u. Kohlensäureassimilation, Elektrochemie d. passiven Eisens. Elektrochem. Modelle z. Nervenleitung, Z. Stabilität v. Elektrodenzuständen, Korrosion passiver Metalle, Chemische Oszillationen, Physikalische Chemie d. Membranen - Spr.: Engl., Dän.

FRANCKE, Hans-Hermann

Dr., o. Prof. Univ. Freiburg i. Br. - Waldweg 8, 2200 Klein-Nordende - Geb. 12. Aug. 1943 Posen (Vater: Hermann F., Kaufm.; Mutter: Lieselotte F.), ev., verh. s. 1969 m. Ursula, geb. Riese - Dipl.-Volksw. 1970 Univ. Hamburg; Promot. 1974 Univ. Freiburg; Habil. 1980 ebd. - 1970-81 wiss. Assist. Univ. Hamburg u. Freiburg; 1981-85 Prof. Univ. Freiburg; 1985-88 Prof. Univ. d. Bundeswehr Hamburg - BV: Bankenliquidität u. Zins als Orientierungsvariable d. Geldpolitik, 1975; Portfolioeffekte öfftl. Kreditnahme, 1981; Banking and Finance in West-Germany, 1985; Zinswirk. d. Staatsverschuld., 1985. Herausg. d. Ztschr. Kredit u. Kapital - Spr.: Engl., Latein.

FRANCKE, Jürgen

Dr., Vorstandsmitglied Nürnberger Hypothekenbank AG - Marienstr. 3, 8500 Nürnberg 1 (T. 202 72 02); priv.: Prinzregentenufer 5, 8500 Nürnberg 20 - Geb. 17. Okt. 1929.

FRANCKE, Klaus

Kaufm. Angestellter, MdB (s. 1976; CDU) - Bundeshaus, 5300 Bonn - Geb. 17. Juli 1936 Hamburg (Vater: Henry F., Gewerbeoberlehrer; Mutter: Gertrud, geb. Oldenburg), ev., verh. s. 1974, 3 Kd. (Nils, Bettina, Peer) - Mittl. Reife - 1966-78 MdHB - Liebh.: Reiten, Musik, Reisen, Wandern - Spr.: Engl.

FRANCKE, Robert

Dr. jur., Univ.-Prof. FB Rechtswiss. Univ. Bremen - Bibliothekstr., 2800 Bremen 33 - Geb. 16. Febr. 1941 - Fachgeb.: Öfftl. Recht, Hochschuldidaktik. Forsch. z. Gesundheitsrecht.

FRANCKE, Werner

Verleger, Inh. Gilles & Francke Verlag - Blumenstr. 67-69, 4100 Duisburg 1 - Geb. 13. Febr. 1923 Duisburg (Vater: Georg F., Kaufm.; Mutter: Hertha, geb. Gilles), kath., verh. s. 1970 m. Barbara, geb. Holz, 2 Kd. (Joachim, Ursula) - Obersch. (Abit.) - Herausg. Neue Lyrik, Orgelmusik, Belletristik, Kulturztschr. - Liebh.: Lit., Kunstgesch., Musik - Spr.: Engl., Franz. - Bek. Vorf.: Georg Francke-Foerster, Schausp. u. Regiss. (Großv.).

FRANCKH, Pierre

Schauspieler - Oberfeldweg 2a, 8091 Springlbach/Obb. - Geb. 1. Mai 1953 Heilbronn/N. (Eltern: Hans-Heinz (Schausp.) u. Ursula F.), verh. s. 1975 - Abit. - Viels. Einsatz. Regiearbeiten.

FRANCO, Jan

s. Weiss, Hansgerhard

FRANDSEN, Dorothea,

geb. Lange

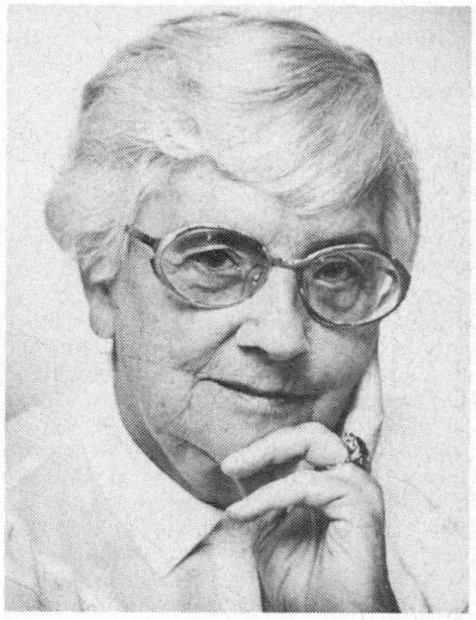

Dr. jur., Volljuristin, Ministerialrätin i. R. - Am Kriegersgraben 20, 5300 Bonn 3 (T. 0228 - 44 32 55) - Geb. 14. Okt. 1909 Dortmund, ev., Kriegerwitwe, 2 Söhne, 5 Enkelkd. - Stud. Rechts- u. Zeitungswiss. Univ. München, Berlin u. Königsberg; Refer. 1933 Königsberg, Dr. jur. 1935 Königsberg, Ass. 1937 Düsseldorf - 1937-44 jurist. Tätigk. in Dortmund u. Posen/Warthegau; ab 1951 in Bonn, Bundesmin. d. Innern (im Referat Kriegsopferfürsorge u. Rehabilitation, ab 1963 Leit. d. Refer. Allgem. Frauenangelegenh.). 1976-82 1. Vors. d. Dt. Akademikerinnenbundes, 1982-88 als Past Pres. Vorst.-Mitgl.; 1980-83 Vorst.-Mitgl. d. Dt. Frauenrates, Bonn - BV: Helene Lange, Niedersächsische Landeszentrale Hannover, 1974; Helene Lange - e. Leben f. d. volle Bürgerrecht d. Frau, 1980 Mitarb.: Frauen in d. Politik - D. Liberalen (1984, m. Funcke); Frauen in Wiss. u. Politik (1986, m. Huffmann u. Kuhn); Handbuch f. Frauenfragen (1988, m. Wisniewski) - 1971 BVK am Bde., 1975 BVK I. Kl. - Liebh.: Frauenfragen, Literatur, Reisen, Garten, früher Sport (Bergsteigen, Skilauf, Segelfliegen) - Spr.: Engl., Franz. - Bek. Vorf.: Helene Lange, berühmte Frauenrechtlerin 1848-1930 (Tante, Kusine d. Vaters) - Lit.: Ursula Salentin: Portrait in Konsens, Vierteljahresztschr. d. Dt. Akademikerinnenbundes, Heft 3 (1989); Sigrid Latka-Jöhring in Frau in Bonn Nr. 432. D. starken Töcht. d. zwanziger Jahre. E. d. ersten Frauenreferentinnen wird 80: Dr. Dorothea Frandsen.

FRANK, Adolf

Dr. med., Prof., ehem. Ltd. Arzt Inn. Abt. Knappschaftskrkhs. - Wieckesweg 27, 4600 Dortmund-Brackel - Geb. 2. Febr. 1913 Göttingen - S. 1949 (Habil.) Privatdoz. u. apl. Prof. Univ. Göttingen (zul. Oberarzt Med. Klinik). Üb. 70 Ztschr.beitr.

FRANK, Albert Konrad

Dr. phil., Geschäftsführer - Schusterstr. 16, 8000 München 71 - Geb. 10. Juni 1940 Regensburg (Vater: Albert F., Beamter; Mutter: Johanna, geb. Lindenthaler), kath., verh. s. 1970 m. Marianne, geb. Conrads, T. Jenny - Human. Gymn., Univ. Frankfurt/M. (Geisteswiss.), Univ. München (Sozialwiss.), 1966 Promot. - 1964 wiss. Assist., 1969 Werbeleiter, 1980 Chefredakt. - BV: Gnostische Anthropol., 1976; Werbung zw. Krise u. Kritik, 1977; Corporate Identity, 1982; Perspektiven d. Marketingkommunikation, 1987; Zukunft d. Werbung - Werbung d. Zukunft, 1988; Perspektiven d. Investitionsgüter Werbung, 1990.

FRANK, Albrecht

Generalkonsul d. Bundesrep. Deutschl. in Zagreb/Jugoslawien i.R. - Geb. 1. Febr. 1925 Speyer (Vater: Wilhelm F., Ob.studiendir.; Mutter: Franziska Christmann), kath., verh. s. 1957 m. Brigitte Kawohl, 2 Kd. - 1946/47 Hochsch. Bamberg, 1947/49 Univ. Erlangen, 1949/52 Univ. München; Staatsex. höh. Lehramt (Klass. Philol.) - 1953-56 Lehramtsass., Studienrat; 1956-59 Attaché in Bonn, Dublin, Marseille; 1959-61 Vizekonsul Konsulat Cleveland/USA; 1961-65 Legationsrat Botschaft Buenos Aires, 1965-70 Bonn; 1970-74 Botschaftsrat Botsch. Mexico, 1974-77 Lagos, 1977-81 Madrid - 1981-84 Generalkonsul in Sevilla/Spanien - 1964 Orden

Libertador General San Martin (Offizierskreuz); 1981 Orden Isabel la Catolica (Komtur) - Spr.: Engl., Span., Franz.

FRANK, Armin Paul

Dr. phil., o. Prof. f. Engl. Phil. (nordamerik. Lit.) Univ. Göttingen (s. 1975) - Humboldtallee 13, 3400 Göttingen (T. 397587) - Geb. 16. Juni 1935 Brünn/Mähren (Vater: Martin F., Lehrer; Mutter: Marianne, geb. Kuczera), kath., verh. s. 1961 m. Mechthild, geb. Knappstein - Stud. Univ. Frankfurt, Heidelberg (Dolmetscherex.), Montpellier, Chicago - 1962-70 Wiss. Assist. (dar. 1965-66 u. 1968-69 Yale-Univ.), 1970-75 o. Prof. Berlin - 1984-87 Fachgutachter d. DFG f. lit.wiss.e Anglistik u. Amerikanistik, s. 1985 Sprecher d. Sonderforsch.ber. Die literar. Übersetzung - BV: D. Hörspiel, 1963; Kenneth Burke, 1969; D. Sehnsucht nach d. unteilbaren Sein, 1973; Z. Aktualität T. S. Eliots, 1975 (m. H. Viebrock); Literaturwissensch. zwischen Extremen, 1977; Das engl. u. am. Hörspiel, 1981; Einführ. in d. brit. u. amerik. Literaturkritik u. -theorie, 1983; T. S. Eliot Criticism and Scholarship in German, 1986; D. lange Schatten kurzer Geschichten, 1989.

FRANK, Benno

s. Kohlenberg, Karl Friedrich

FRANK, Charles

Schriftsteller u. Regisseur - 12, Boulevard Jean Mermoz, Neuilly-sur-Seine (Frankr.) (T. 47 22 18 94) - Geb. 23. Jan. 1910 Berlin, gesch., 2 S. (Christopher, Michael) - Kaiser Wilhelm Gymn. Berlin (Abit.) - Romane (u. a. Carole, 1962). Engl. Bühnenbearb. Intimate Relations (Les Parents Terribles) v. J. Cocteau sow. Buch u. Regie d. gleichnamigen Films; engl. Bühnenbearb. The Egg (L'Oeuf) v. F. Marceau (1958); Hirt d. Wölfin Theater im Karlshof München; Jungfrau m. Kind (Drehb. 1985) - Liebh.: Musik, Malerei - Spr.: Engl., Franz.

FRANK, Ellen

Schauspielerin - Eisenacher Str. 2b, 8000 München 40 - Geb. 9. März 1904 Aurich (Vater: Georg F., Regierungsrat; Mutter: Paula, geb. Heckmann), ev., gesch., T. Evelyn - Tanz- (Mary Wigman) u. Schauspielausbild. (Erwin Piscator), Berlin - S. 1928 m. Unterbrech. (Ehe) Bühnen Berlin (auch Tingeltangel u. Kabarett d. Komiker) u. München. 1963ff. zahlr. Tourneen (dar. 1979/80 Tournee m. UA v. Dürrenmatt D. Panne); 1985/86-1987/88 Gastspielvertrag Münchner Kammersp.; 1989 Weilheimer Theatersommer unter Rudolf Noeltes Regie: Tartuffe (d. Ternelle); 1990 Münchner Kammerspiele, Schlußchor v. Botho Strauss (UA). Film (u. a. Peer Gynt u. So e. Flegel); Fernsehen (u.a. 1982 D. Pfauen v. Friedr. Georg Jünger; 1984 D. Traum d. taubengrauen Schwester, Titelrolle; 1987 Tatort, Gegenspieler; SWF; Derrick; D. Alte; D. Spiel ist aus; Florian (Serie)); Forsthaus Falkenau (Serie); Wüsten (d. Trude N.) - Spr.: Engl.

FRANK, Gerhard

Dr. jur., Rechtsanwalt u. Fachanwalt f. Steuerrecht - Max-Josef-Str. 8, 8000 München 2 (T. 59 40 72); priv.: Nikolaus-Müller-Str. 5, 8033 Planegg (T. 859 91 57) - Geb. 28. Juni 1929, kath., verh. s. 1957 m. Ruth, geb. Wiedenhöft, 3 Töcht. - AR-Vors. Kathreiner AG Poing; AR-Mitgl. Münchner Bank eG, u. Gothaer Allg. Versich. AG, Göttingen; 1972 Präs. Landesjagdverb. Bayern; Vors. Stiftg. Dt. Jagd- u. Fischereimus. München; 1982 Präs. Dt. Jagdschutzverb. Bonn; 1985 Präs. Face (Arge d. Jagdverb. d. EG) Brüssel. 1975-78, 1983-86 u. 1989/90 MdL Bayern - BV: Rechtl. Entw. d. Forstrechte, 1957; Waffengesetz, 1973; Jagdrecht in Bayern, 1987 - Bayer. VO, BVK I. Kl. - Liebh.: List, Gesch., Biol. u. Zool. - Spr.: Engl.

FRANK, Gerhard

Dr. phil., Prof. f. Deutsch (Methodik u. Didaktik) Päd. Hochsch. Heidelberg - Goethestr. 24, 6945 Hirschberg (T. 06201 - 5 11 24) - Geb. 21. Juli 1920 Schopfheim - BV: Deutschstunden in d. Sekundarstufe, 1972 zus. m. Riethmüller; D. Schüler als Leser, zus. m. J. Stephan; Mithrsg. Westermanns Lesebuch, Bd. 5 u. 6; Westermann Texte Deutsch (wtd), Bd. 5-9, Mitarb.

FRANK, Günter

Dr. rer. nat., Prof. f. Mathematik TU Berlin - Martin-Luther-Str. 31, 1000 Berlin 28 - Geb. 28. April 1940 Tauberbischofsheim - 1960-66 Stud. Math. Univ. Karlsruhe (Dipl. 1966, Promot. 1969, Habil. 1972) - 1972-75 Wiss. Rat u. Prof. Univ. Dortmund; 1975-79 o. Prof. Fernuniv. Hagen; 1979-88 Prof. Univ. Dortmund, 1988ff. Prof. TU Berlin.

FRANK, Hanns K.

Dr. rer. nat., Prof. f. angewandte Mikrobiologie - Bundesforschungsanst. f. Ernährung, Engesserstr. 20, 7500 Karlsruhe 1 (T. 0721 - 6 01 14) - Geb. 14. März 1922 Hof (Vater: Johann F., Bankbevollm.; Mutter: Edith, geb. Gutte), verh. s. 1963 m. Ingeborg, geb. Schröder †1984, T. Barbara - Stud. Biol. u. Chem. Physik Univ. München (Staatsex. 1953); Promot. 1954, Habil. 1966 TU München - 1955-60 Pharmaz. Ind. Karlsruhe; 1960-65 Inst. f. Mikrobiol. Süddt. Versuchs- u. Forsch.anst. f. Milchwirtsch. Freising - Weihenstephan; s. 1965 Bundesforsch.anst. f. Ernähr., Karlsruhe; 1976-78 Präs. Senat d. Bundesforsch.anst. Bundesmin. f. Ernähr., Landwirtsch. u. Forsten. - 140 wiss. Veröff. u. Mitarb. an Fachb.- 1982 BVK I.Kl. - Sammelt Pfeifen.

FRANK, Hans

Geschäftsführer Aluminiumwerk Tscheulin GmbH., Teningen - Ziegelhof 22, 7830 Emmendingen/Baden - Geb. 15. Dez. 1926 - Kaufm. Werdegang.

FRANK, Hans

Bürgermeister i. R., Ehrensenator - Stephan-Blattmann-Str. 10, 7743 Furtwangen (T. 07723 - 32 00) - Geb. 7. Okt. 1919 Offenburg, kath., verh. s. 1942, 2 Kd. - 1949/50 Stud. Durham/USA - 1957-77 Bürgerm.; 1964-72 MdL Baden-Württ. - 1972 BVK I. Kl., 1978 Verdienstmed. Land Baden-Württ.

FRANK, Harro

Dr. jur., Vorstandsvorsitzender d. Hamburgischen Wohnungsbau Kreditanstalt - Bebelallee 7, 2000 Hamburg 60 - Geb. 11. Sept. 1941 Hamburg - Liebh.: Musik, Lit. - Spr.: Engl. Franz.

FRANK, Hartmut

Dipl.-Ing., Architekt, Prof. f. Analyse Gebauter Umwelt Hochschule f. Bild. Künste - Lerchenfeld 2, 2000 Hamburg 76 (T. 29 84-32 35 u. 32 36) - Geb. 5. Dez. 1942 Koscian/Pol., verh. m. Carmen Amelia Muñoz, Arch., 3 Töcht. (Matilde, Augusta, Leonora) - 1963-70 Stud. Architektur u. Stadtplan. TU Berlin. 1970-71 wiss. Ang. ETH Zürich u. 1972-76 TU Berlin, s. 1976 Prof. HbK Hamburg, 1987-89 Vizepräs. HbK Hamburg. Veröffentl. z. Planungs- u. Architekturtheorie sowie z. Baugesch. d. 20. Jh.

FRANK, Helmar Gunter

Dr. phil., Dipl.-Math., o. Prof. f. Kybernetische Pädagogik - Kleinenberger Weg 16 A, 4790 Paderborn (T. 6 42 00) - Geb. 19. Febr. 1933 Waiblingen (Vater: Prof. Dr. Manfred F., Geologe (Begründer der Ingenieurgeologie in Deutschland); Mutter: Erna, geb. Glocker), verh. s. 1961 (Eßlingen) m. Brigitte, geb. Böhringer †1990, 2 Kd. (Ines, Tilo), in 2. Ehe s. 1991 m. Dr. Vera Barandovská-F. - Stud. Math., Physik, Phil. Stuttgart (TH), Tübingen (Univ.), Paris (Sorbonne) - 1960-61 Studienass. baden-württ. Schuldst.; 1961-63 wiss. Mitarb. TH Karlsruhe (Inst. f. Nachrichtenverarb. u. -übertrag.); 1963-

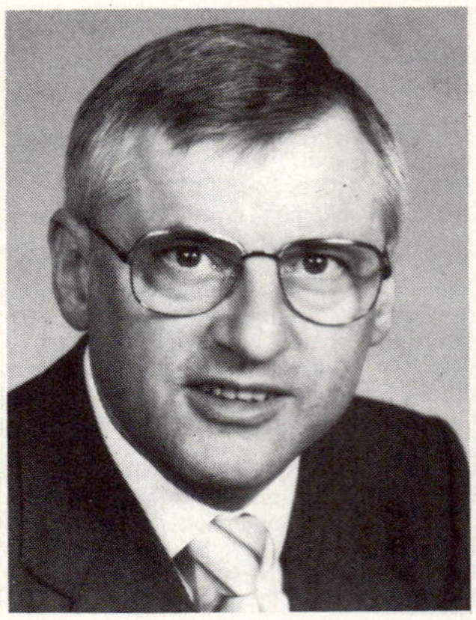

72 ao. u. o. Prof. (1971) Päd. Hochsch. Berlin; s. 1964 Dir. Inst. f. Kybernetik; 1970 (Habil.) - 1984 Privatdoz. Johannes-Kepler-Univ. Linz, s. 1972 Honorarprof. f. Kybernetik Berlin, o. Prof. Univ. Paderborn; 1971-81 Dir. FEoLL-Inst. f. Kybernet. Pädagogik. S. 1964 Vors. bzw. Ehrenpräs. (1970) Intern. Ges. f. Programmierte Instruktion bzw. f. Päd. u. Information, s. 1977 Vorst.mitgl. Assoc. Intern. de Cybernétique, s. 1978 Präs./Ehrenpräs. (1983) Europaklub/Soc. pri Lingvolim-Transpaŝa Europa Interkompreniĝo, s. 1984 Vizepräs. Tutmonda Asocio pri Kibernetiko, Informadiko kaj Sistemiko, s. 1986 Präs. d. Akad. Internacia de la Sciencoj (AIS) San Marino. Leitete 1958 aus Modellvorstell. d. in Dtschl. erstmals durch ihn vertr. Informationspsych. e. Maß f. d. Auffälligkeit ab, an d. er d. n. ihm benannten Maximumeffekt theoret. vorhersagen u. spät. vielf. empir. bestätigen konnte; entwarf versch. Typen v. Lehrautomaten; begr. 1965 d. Theorie d. Formaldidaktiken (rechnererzeugte Lehrprogramme); entw. s. 1976 a. d. Basis d. von ihm eingef. Sprachorientierungsunterrichts eine kyb. Transfertheorie bes. f. d. Fremdsprachpäd.; entw. zus. m. S. Lehrl u. V. Weiß e. informationspsych.-genet. Theorie d. Intelligenz; initiierte d. ersten dt. bildungstechn. Forschungs- u. Entwicklungszentren Paderborn (1970) u. Wiesbaden (1971) sowie d. Akademio Internacia de la Sciencoj San Marino - BV: Grundlagenprobleme d. Informationsästhetik, 1959, 2. A. 1967; Kybernet. Grundl. d. Päd., 1962, 2. A. 1969 (frz. 1966, ital. 1974); Kybernet. Analysen subjektiver Sachverhalte, 1964; Kybernetik u. Phil., 1966, 2. A. 1969 (port. 1970; span. 1974); Einf. in d. kybernet. Päd. 1971, 2. A. 1980 (span. 1976); Vorkurs z. prospektiv. Bildungswiss., 1984 (ILo u. chines., 1986). Herausg. mehrerer Sammelbde. üb. Kybernetik. Schriftl.: Grundlagenstudien aus Kybernetik u. Geisteswiss. (s. 1960) - 1985 Johann-von-Neumann-Verdienstmed. Budapest; 1992 Comenius-Med. Prag - Spr.: ILo (Internacia Lingvo de D-ro Esperanto), Franz., Engl., notdürft. Ital., Span. u. Portug. - Lit.: B. S. Meder/W. F. Schmid (Hrsg.) Kybernet. Päd. Schr., 1958-1972; Helmar Frank u.a., 5 Bd., Schriftensamml. u. Würdig. z. 40. Geb., 1973/74.

FRANK, Helmut

Elektromeister, MdL Hessen (s. 1974) - Dunantring 111, 6230 Frankfurt 80 (T. 344939) - Geb. 22. Juli 1933 - CDU.

FRANK, Helmut

Dr. oec. publ., Dipl.-Kfm., Fabrikant, gf. Gesellsch. Manzinger Papierwerke, München, AR-Vors. Manzinger France, Ensisheim (Frankreich) u. Wamsler GmbH, München, Vorst.-Mitgl. Femotet-Manzinger-Italia, Castrovillari (Italien), Ehrenvors. IPV Industrieverb. Papier- u. Plastikverp., Frankfurt, Präs. Fédération Européenne des fabricants de Sacs en Papier et d'emballage souple (FEDES), Paris, u. a. - Feichthofstr. 145, 8000 München 60 (T. 83 88 79) - Geb. 19. Sept. 1923 Troppau (Vater: Gustav F.; Mutter: Ida, geb. Proksch), verh. m. Birgitta, geb. Manzinger, 4 Kd. (Monika, Anette, Christian, Ursula) - Gymn. Troppau u. Wien; Univ. Wien u. München. Diplomex. (1952) u. Promot. (1953) München - Fachveröff. - BVK am Bde. u. I. Kl.

FRANK, Horst

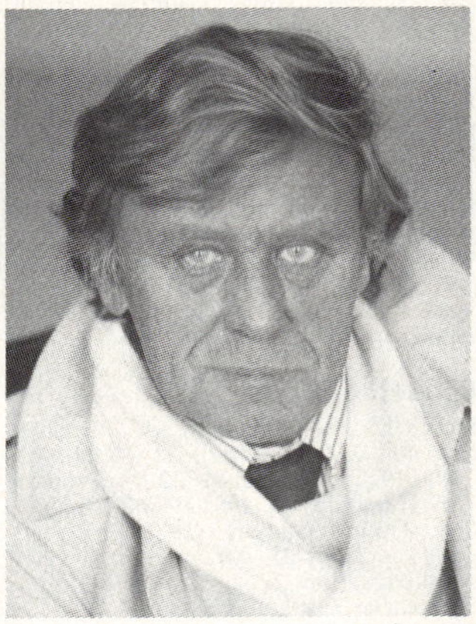

Schauspieler - Zu erreichen üb. Promotionbüro Gerlach, Cansteinstr. 20, 4700 Bielefeld - Geb. 28. Mai 1929 Lübeck (Vater: Bernhard F., Kaufm.; Mutter: Hilma, geb. Gressmann), ev., verh. I) 1950, II) 1964 m. Marion, geb. Gnauk, III) m. Chariklia Baxevanos (Schausp.), T. Désirée, IV) s. 1979 m. Brigitte Kollecker (Schausp.) - Mittelsch.; Lehre als Exportkfm.; Hochsch. f. Musik u. Theater - S. 1950 Bühnen Lübeck, Bonn, Basel, Baden-Baden, Wuppertal u. a. Üb. 500 Film- u. Fernsehrollen - BV: Leben heißt leben, Erinn. 1981; Gedichtband, 1989; Biogr. (in Vorber.) - 1958 Preis d. dt. Filmkritik; 1960 goldene Maske; 1973 Ehrenbürger Stadt Cognac (Südfrankr.); 1990 Ritter d. Ordens Cordon bleu du Saint Esprit gegr. 1579 Heinrich III Fr. - Liebh.: Segelfliegen (Flugscheininh.), chines. Malerei u. Lyrik - Spr.: Engl., Franz., Span., Ital.

FRANK, Horst Joachim

Dr. phil., o. Prof. Päd. Hochsch. Flensburg - Seestr. 28, 2392 Glücksburg/Ostsee - BV: C. R. v. Greiffenberg, 1967; Gesch. d. Deutschunterr., 1973; Handb. d. dt. Strophenformen, 1980; Wie interpretiere ich e. Gedicht?, 1991; Sechzig Semester, 1991.

FRANK, Hubert

Dr. rer. nat., Prof. f. Differentialgeometrie u. rechnergestützte Konstruktion (CAD) - Universität, 4600 Dortmund 50; priv.: Dr.-Abele-Weg 13, 4760 Werl - Geb. 6. Juli 1938 Karlsruhe (Vater: Karl F., Ing.; Mutter: Maria, geb. Derr), kath., verh. s. 1965 m. Helgard, geb. Orth, 2 T. (Julia, Dorothee) - 1959-65 Stud. Math. u. Phys. Karlsruhe (Staatsex.). Promot. 1968 Karlsruhe; Habil. 1976 Freiburg; 1979 Prof. Dortmund - Fachwiss. Aufs. Schriftl.: Mitt. d. Dt. Math.-Vereinig. (1971-79) - Spr.: Engl., Franz.

FRANK, Hubert Konrad

Schriftsteller - Runzstr. 36, 7800 Freiburg/Br. (T. 0761-3 42 93) - Geb. 12. Sept. 1939 Kenzingen/Bad., kath., ledig - Stud. German. u. Angl. - Mitgl. Verb. d. Schriftst. (VS) - BV/Theaterst.: Bauerntheater od. d. Endzeit, 1981; D. Patriarchen, 1982; Zukunftsplanung, 1984; Sterbehilfe, 1986; Lyrik in Anthol., Erz. - Liebh.: Malerei (ausüb.) - Spr.: Engl., Franz.

FRANK, Jürgen

Dr. rer. pol., Prof. f. Wirtschaftswissenschaften Univ. Hannover (s. 1975) - Hanomagstr. 8, 3000 Hannover 91 - Geb. 29. Okt. 1941 (Vater: Franz Xaver, Ingenieur; Mutter Elisabeth, geb. Spies),

S. Tobias - Stud. Sprachen u. Dolmetscher Inst. München; Univ. München, Regensburg; Dipl. Dolm./Übers. 1964, Dipl. Volksw. 1969, Promot. 1974 - BV: Kritische Ökonomie, 1976; Fachveröff. z. Ökon. Analyse v. Institutionen. Mithrsg. Fundamenta Juridica - Spr.: Engl., Franz., Span.

FRANK, Karl Heinz

Dr., Wiss. Direktor, Leit. Wirtschaftsarchiv/Univ.sinst. f. Weltw. - Düsternbrooker Weg 120-22, 2300 Kiel.

FRANK, Karl Otto

Prof., Dozent f. Deutsch Päd. Hochsch. Freiburg/Br. (s. 1958) - Oberbirken, 7801 Stegen/Br. - Geb. 5. Nov. 1922 Nordschwaben (Vater: Eugen F., Hochschullehrer), verh. m. Martha, geb. Roll - Stud. Univ. Basel u. Freiburg - 1950-58 Gym.lehrer; 1958 Doz.; 1965 Prof. - BV: Lesebuch A, 1966-69 (m. U. Heise, R. Maier u.a.); Sprachförderung durch Unterricht, 1977; Sprachunterricht, 1978 (m. K. Abels u. P. Ch. Kern); Werkstatt Sprache, 23 Bde. 1980-89 - 1983 BVK am Bde.

FRANK, Karlhans

Schriftsteller - Büchereck, Rathausplatz 3, 3502 Vellmar - Geb. 25. Mai 1937 Düsseldorf, 2 Töcht. - BV: Stolperstellen, 1968; Willi kalt u. heiß, 1978; Schott. Lieder u. Balladen, 1984; V. d. Magie d. Männlichkeit, 1985; Bäume-Gedichte, 1988; Lieder f. d. Einbauküche, 1988; Eigentlich habe ich ganz andere Pläne gehabt, 1989; Till Eulenspiegel, 1991; u.a. - Mehrere Ausz. - Liebh.: Kunst, Sprachminderheiten, Musik, u.v.a. - Spr.: Lowland-Schottisch.

FRANK, Klaus Ottmar

Dr. rer. pol., Prof. f. Allgem. BWL u. Spez. d. Touristik FH Worms, Ges. DR. Frank Sprachen u. Reisen GmbH, Heppenheim, Inst. f. Btx u. Telematik - Wald-Str. 22c, 6148 Heppenheim (T. 06252 - 20 62) - Geb. 27. Mai 1939 Boxberg (Vater: Dr. Eugen Marcel F., Oberforstmeister; Mutter: Elisabeth, geb. Valnion), kath. - Gymn. (Abit. 1958) Ettlingen/Baden; Stud. Wirtschaftswiss. Köln u. München. Dipl.-Kfm. 1963 Köln; Promot. 1967 - Wiss. Asst. TH Karlsruhe; 1971-75 Gf. ADAC Reise GmbH, München, 1975-78 Gf. GUT-Reisen GmbH u. NUR-GUT-ABC GmbH, Eschborn; s. 1979 Leit. Inst. f. Btx u. Telematik - Liebh.: Segelflug, Skilauf, Numismatik - Spr.: Engl., Franz., Span.

FRANK, Manfred

Gastwirt u. Kaufm., MdL Schlesw.-Holst. - Am Burggraben 1, 2361 Seedorf - Geb. 2. Nov. 1929 Grimmelsberg Kr. Plön, ev., verh., 3 Kd. - Mittl. Reife - 1959 ff. Gemeindevertr. u. Bürgerm. (1962) Segeberg. 1962 ff. MdK; 1963 ff. Kreisrat. Ämter Fremdenverkehr u. Sport (Handball). SPD s. 1959 (1964 Kreisvors. Segeberg) - 1967 Frhr.-v.-Stein-Med.; 1974 BVK; 1971 Feuerwehrenkr. in Silber.

FRANK, Paul

Dr. rer. pol., Staatssekretär a. D., Koordinator Dt.-Franz. Zusammenarb. (1981-82) - Weißtannenweg 20, 7821 Breitnau - Geb. 4. Juli 1918 Hilzingen/Hegau (Vater: Stadtrat u. Zentrumspolitiker), verh. m. Irma, geb. Sutter, 2 Söhne - Gymn. Singen (Abit.); Univ. Freiburg, Zürich, Fribourg (Volksw.; Promot. 1950 m. d. Diss.: D. Neuordnung d. dt. Geldwesens) - Kriegsdst. (zul. Oblt.), Stud., ab 1950 AA Bonn (1968 Leit. Polit. Abt. I, 1970 Staatssekr.); 1974-79 Chef d. Bundespräsidialamtes - BV: Entschlüsselte Botschaft, Erinn. 1981 - E. Diplomat macht Inventur, 1981; D. senile Gesellschaft - Hieb- u. Stichworte, 1984; Cézanne-D. Macht d. Einsamkeit, 1986 - 1972 Gr. ital. Verdienstkreuz, 1973 Gr. BVK - Liebh.: Skilaufen, Segeln, Malen - Spr.: Franz., Engl.

FRANK, Paul Martin

Dr.-Ing., Dipl.-Ing., o. Prof. f. Meß- u. Regelungstechnik Univ.-GH-Duisburg (s. 1976) - Am Steinwerth 4, 4100 Duisburg 29 (T. 0203 - 76 56 46) - Geb. 7. Juli 1934 Heidelberg (Vater: Otto F.; Mutter: Elisabeth, geb. Junkert), ev., verh. s. 1961 m. Hildegard, geb. Faure, 2 Kd. (Stefan, Brigitte) - Stud. d. Elektrotechn. TH Karlsruhe, Dipl. Elektrotechnik 1959, Promot. 1965; Habil. 1973; 1959-66 wiss. Assist.; 1966-72 akad. Rat/Oberrat; 1972-73 Lehrstuhlvertr.; 1973-76 Wiss. Rat u. Prof. Univ. Karlsruhe; 1974-75 Gastprof. Univ. of Washington, Seatle, 1976 Gastprof. IPN Mexico City; 1985 Berat.-Prof. d. Northwestern Polytechn. Univ. Xian, China; s. 1977 Lehrbeauftr. an d. ENSPS d. Univ. Louis Pasteur Straßburg; 1986 Mitbegründer u. Sprecher d. Dt.-Franz. Inst. f. Automation u. Robotik IAR; s. 1988 Leit. Ber. Grundl., Theorie d. VDI/VDE-GMA - BV: Entwurf v. Regelkreisen m. vorgeschriebenem Verhalten, 1974; Pulsfrequenzmodulierte Regelungssysteme, 1975; Empfindlichkeitsanalyse dynamischer Systeme, 1976; Introduction to System Sensitivity Theory, 1978; Entd. v. Instrumentenfehlanz. mittels Zustandsschätzung in techn. Regelungssystemen, 1984; Fault diagnosis in dynamic systems - theory and applications, 1989; 61 Veröff. in Fachztschr.; 110 Kongreßbeiträge; 8 Beiträge zu Buchveröff.; Mithrsg. mehrerer Fachztschr. - 1974 Fulbright- u. VW-Stiftg.-Stip.; 1989 Verdienstmed. d. Univ. Louis Pasteur Straßburg f. Dt.-Franz. Zusammenarb. - Liebh.: Musik, Sport, Schach - Spr.: Engl. - Rotarier.

FRANK, Peter

Designer, Leiter Design Center Stuttgart - Willi-Bleicher-Str. 19, 7000 Stuttgart; priv.: Mühlstr. 19B, 7000 Stuttgart-Feuerbach - Geb. 8. Jan. 1937 Stuttgart (Vater: Dr. Wolfgang F., Volkswirt; Mutter: Ursula, geb. Kietz) - 1959-65 Designstud. Folkwang-Sch. Essen u. Royal College of Art London - U. a. Assist. Folkwang-Sch., Designer Bayer Leverkusen u. Intern. Design-Zentrum Berlin. Sekr. Ausstell. Sehen + Hören - Design + Kommunikation Kunsthalle Köln (1973/74); Gf. Vorst.-Mitgl. Ind.-form u. Leit. Haus Ind.form Essen (1974-82); Dir. Rosenthal AG, Selb (1982-86) - Zahlr. Veröfftl. in Fachztschr. u. Tagesztg. - Spr.: Engl. - Bek. Vorf.: Reinhard v. F., Strafrechtler (Großv.).

FRANK, Peter

Journalist, Leit. Öffentlichkeitsarb. Dt. Lloyd Versich. München - Prof.-Angermaier-Ring 24, 8046 Garching (T. 089 - 320 36 88) - Geb. 17. Dez. 1937, kath., verh. s. 1964 m. Ilse, geb. Munsonius, T. Katrin - Gymn. München; 1956-60 Verlagsausb. - 1979-85 stv. Sprecher Landesgr. Bayern Dt. Public Relationsges., München - BV: 3 Kriminalromane, 1976-82; Friedrich der Große-Anekd., 1982 - Liebh.: Sport, Schreiben, Hist. Biogr. - Spr.: Engl.

FRANK, Rainer

Dr. jur., Prof., Direktor d. Inst. f. ausländ. u. intern. Privatrecht Abt. II, Univ. Freiburg, Inh. d. Lehrstuhls f. dt. u. ausl. bürgerl. Recht u. Handelsrecht - Zu erreichen üb. Europapl. 1, 7800 Freiburg - Geb. 14. Juli 1938, verh., 2 Kd. - Arbeitsgeb.: Bürgerl. Recht, insbes. Familien- u. Erbrecht, Intern. Privat- u. Prozeßrecht, Rechtsvergleichung - Spr.: Engl., Franz. Ital.

FRANK, Reinhold

Ltd. Regierungsdirektor a. D., Bundesvors. Bund d. Strafvollzugsbediensteten Dtschl. - Mettackerweg 6b, 7800 Freiburg/Br.

FRANK, Rudolf

Kursmakler, Vors. Bundesverb. d. Kursmakler an d. dt. Wertpapierbörsen - Zu erreichen üb.: Schauenburgerstr. 15, 2000 Hamburg 1.

FRANK, Rudolf

Dipl.-Ing., Generalbev. Direktor Siemens AG; Leit. Hauptber. Betriebe Untern.ber. Med. Technik d. SAG - Henkestr. 127, 8520 Erlangen - Geb. 19. Mai 1924 Söhle (Vater: Rudolf F., Mutter: Emma, geb. Krug), kath., verh. m. Christine, geb. Schwabenthan, 2 Kd.

FRANK, Ulrich

s. Frank-Planitz, Ulrich

FRANK, Werner

Dr. rer. nat., Dr. med., Prof., Physiolog. Chemiker - Rehhaldenweg 44, 7060 Schorndorf/Württ. - S. Habil. Lehrtätigk. Univ. Tübingen (apl. Prof. f. Physiol. Chem.).

FRANK, Werner

Präsident Deutsches Rotes Kreuz Landesverband Mecklenburg-Vorpommern - Schloßstr. 12, O-2750 Schwerin; Am Rehsprung 1, 2401 Groß Grönau - Geb. 2. April 1928 Schleusingen/Thüringen, verh. s. 1951 m. Gertrud, geb. Scheefe, 2 Kd. (Detlef, Jutta) - 1960 DRK-Ehrenz.; 1970 BVK am Bde., 1991 BVK I. Kl. - Liebh.: Musik, Geschichtslit.

FRANK, Werner A. K.

Dr. rer. pol., Direktor i.R. RWE AG u. RWE Energie AG, Essen 1 - Alfred-Pott-Weg 11, 4300 Essen-Bredeney (T. 71 34 16) - Geb. 16. Aug. 1929, verh., 2 Kd. - TH Karlsruhe - Beirat Starkstrom-Gerätebau GmbH, Regensburg, Carl Scholl KG, Köln-Königsforst, Schmalenbachges. Köln/Berlin; Lehrauftr. Univ. Göttingen.

FRANK, Willy Heinrich

Dr. phil., Vorstandsmitglied Dortmunder Stadtwerke AG., Dortmund - Tiefe Mark 51, 4600 Dortmund 41 - Geb. 2. Juli 1920 - Stud. Chemie (Dipl.).

FRANK, Winfried E.

Malermeister, MdL Saarl. (s. 1970), Präs. Handwerkskammer, Präs. Saarl. Genossenschaftsverb., Präs. d. Interregionalen Handwerksrates im Großraum Saar-Lor-Lux-Rheinl.-Pfalz - Bergstr. 11, 6643 Perl - Geb. 17. Juli 1932 - Mitgl. d. Saarl. Landtags, Präs. d. Handwerkskammer d. Saarl., Präs. d. Saarl. Genossenschaftsverb.

FRANK-PLANITZ, Ulrich

Verleger, Geschäftsf. Dt. Verlags-Anstalt GmbH (s. 1978; 1981 Sprecher) u. Engelhorn Verlag GmbH, bde. Stuttgart - Neckarstr. 121, 7000 Stuttgart 1 (T. 26 31-0) - Geb. 13. April 1936 Planitz/Sa. (Vater: Otto Frank, Kürschnermstr.; Mutter: Elli, geb. Keßler), ev., verh. m. Dr. phil. Karin, geb. v. Maur, Kunsthistorikerin, S. Christian - Univ. Jena, Berlin (Freie), Köln, Bonn (Medizin, Rechts- u. Wirtschaftswissensch.) - 1962-73 Christ u. Welt bzw. Dt. Ztg./Christ u. Welt (1970 Chefredakt.); 1974-77 Dir. Robert Bosch Intern. Beteilig. AG, Zürich - BV: Konrad Adenauer, Biogr., 1975; Republik i. Staufenland, Bad.-.Württ. nach 25 Jahren (zus. m. Theodor Eschenburg), 1977; Gustav Stresemann, Biogr. (m. Th. Eschenburg), 1978; Kleine Geschichten aus Sachsen 1990. - Ehrenritter Johanniter-Orden - Liebh.: Gesch., Architektur - Rotarier.

FRANK-SCHMIDT, Hans-Jürgen

Dr. med., Internist, Präs. Berufsverb. Dt. Internisten - Schillerplatz 4, 6700 Ludwigshafen 25 (T. 0621 - 68 30 80-99) - Geb. 20. April 1926 Berlin - 1945-51 Med.-Stud. Univ. Jena, Ostberlin u. Berlin-West; Promot. 1964 - 1970 Mitgl. Vertreter-Vers. KV u. Kammer Pfalz, Beschwerdeaussch. u. Beschwerdekommiss.; 1985 Vorst.mitgl. KV; 1982 Aussch. Dt. Ges. f. Innere Med.; 1974 Vizepräs. u. 1980 Präs. Berufsverb. Dt. Internisten - BV: Handb. d. Praxis-Rationalis., 1972; Labor-Org., Daten-Verarb., 1976; Rhyth'm round the clock (Langzeit-EKG), 1985. Mitarb. b. zahlr. Bucherschein.; Wiss. Beirat Liste Pharmindex u. Liste Hospitex, Mitherausg. D. Internist - Spr.: Engl.

FRANK von MAUR, Karin

Dr. phil., Hauptkonservatorin (Ps. Karin v. Maur) - Zu erreichen üb. Staatsgalerie, Urbanstr. 35, 7000 Stuttgart 1 (212 50 55) - Geb. 1938 Stuttgart (Vater: Günther v. M., Spediteur; Mutter: Agnes, geb. Weißheimer), ev., verh. s. 1975 m. Ulrich Frank-Planitz (Verleger), S. Christian - Univ. Heidelberg, Mainz, Paris, Tübingen (Roman., German. u. Kunstgesch.), Promot. 1966 Tübingen - 1966-68 Volontärsassist. Staatsgalerie Stuttgart, 1968-69 Ausstellungsleit. Städt. Kunsthalle Nürnberg, s. 1969 Leit. Oskar-Schlemmer-Archiv u. Referentin f. Kunst d. 20. Jh. Staatsgalerie Stuttgart; Mitgl. AICA (Association Intern. des Critiques d'Art) - BV: Franz. Künstler d. 19. Jh. in d. Schr. d. Brüder Goncourt, E. Stud. z. Kunstkritik u. Kunstanschau. v. 1850 b. 1896, 1966; Oskar Schlemmer - D. plast. Werk., 1972 (auch engl.); Oskar Schlemmer, Monogr. u. Oeuvrekatalog, 2 Bde., 1979; V. Klang d. Bilder. D. Musik in d. Kunst d. 20. Jh., 1985; Salvador Dali 1904-89, 1989; zahlr. Aufs. u. Katalogveröff. z. Kunst d. 20. Jh. - Liebh.: Tanztheater, Musik, Lit. - Spr.: Franz., Engl., Ital.

FRANKE, Artur

Direktor, gf. Vorstandsmitgl. Bundesverb. f. d. Selbstschutz/Bundesunmittelbare Körpersch. d. Öfftl. Rechts - Tönneshofweg 4, 5000 Köln 40.

FRANKE, August

Landrat - Wolferhäuserstr. 47, 3501 Haldorf - Geb. 14. Febr. 1920 Haldorf - Volkssch.; Maurerlehre; Fernstud. u. Abendsch.; 1937-40 Staatsbausch. Kassel (Bauing.) - 1940-42 Wehrdst. (verw.); Landesbauernschaft u. LK Kurhessen (1951 Baurat); 1956-61 Geschäftsf. Siedlungsges. Hessische Heimat, Kassel; s. 1961 Landrat Kr. Fritzlar-Homberg. 1954-70 MdL Hessen. SPD.

FRANKE, Dieter

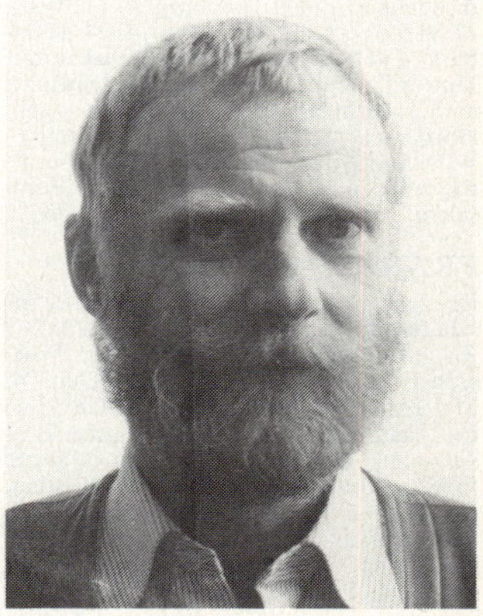

Regisseur, Schausp., Sprecher, Disponent b. Fernsehstudio Berlin Eiswerder GmbH u. Redakt. f. Kabelfernsehen (s. 1986) - Markobrunner Str. 15, 1000 Berlin 33 (T. 030 - 821 46 15) - Geb. 26. Juni 1944 Berlin, ledig - 1964-69 Stud. Volksw. u. Phil. Univ. Tübingen, FU Berlin, München (1968/69); Schauspielunterr. b. Oscar v. Schab u. H. Riekmann, München - Schausp. u. Regiss. Dinkelsbühl (1970), Rottweil, Reutlingen (1971/72), Altstadt Stuttgart; Oberspielleit. (1973), Dramat. Marburg (1974/75); Regiss. u. Schausp. Tribüne Berlin (1977-83) - Insz.: Warten auf Godot (Becket, 1970); Sie legten d. Blumen Handschellen an (Arrabal, 1973) Stuttgart, Maria Magdalena (Hebbel, 1974), versch. Rollen in Hörspielen (BR, SFB) u. FS: zul. Buchhdl. Hoff in Lenz od. d. Freiheit (SWF) u. Förster in Löwenzahn (ZDF); Arb. als Synchronsprecher - Liebh.: Fotogr., Jazz (spielt Trompete) - Spr.: Engl., Span., Franz.

FRANKE, Dietmar

Dipl.-Ing., Bauingenieur (FH), Mitglied d. Landtages Sachsen (s. 1990) - Bamberger Str. 40, O-8027 Dresden (T. 0351 - 71 84 11) - Geb. 30. Mai 1938, ev., verh., s. 1963 m. Gisela, geb. Götze, 2 Kd. (Sylvia, Andreas) - Ing.stud. 1954-57, Ingenieursch. f. Bauwesen Glauchau u. Ind. Schule Görlitz 1964-76, Ing. f. Datenverarbeit. - Bauing. Mitgl. d. 23. Landessynode d. ev. luth. Landeskirche Sachsens.

FRANKE, Dietrich

Dr. med., Prof., Chefarzt Chirurg. Klinik/Krankenhaus Bruchsal - Richard-Wagner-Str. 7, 7520 Bruchsal - S. Habil. Lehrtätigk. Univ. Heidelberg (gegenw. apl. Prof. f. Chir.).

FRANKE, Egon

Bundesminister a.D., MdB - Marienburger Weg 32, 3000 Hannover-Buchholz (T. 0511 - 646 30 66; dstl.: 0228 - 16 31 94) - Geb. 11. April 1913 Hannover (Vater: Gustav F., Musiklehrer; Mutter: geb. Müller), verh. m. Elfriede, geb. Bruns - Volkssch., Tischlerlehre; Kunstgewerbesch. - Tischler, 1935 weg. Vorb. z. Hochverr. zu 2 1/2 J. Zuchthaus verurt., 1943 als bedingt wehrwürd. z. Bewährungseinheit 999 eingezogen, spät. Kriegsgefangensch. SPD s. 1928; 1945 Mitbegr. SPD Hannover; 1947-52 hauptamtl. Mitgl. SPD-Parteivorst.; b. 1970 Bezirksvors. Hannover u. Landesvors. Nieders.; 1964-73 Mitgl. Präs. SPD; 1945-47 Ratsherr Hannover; 1947-51 MdL Nieders.; s. 1951 MdB (Mitgl. Fraktionsvorst.; 1967-69 Vors. Aussch. f. gesamtdt. Fragen); 1969-82 Bundesmin. f. innerdt. Beziehungen - 1979 Großkreuz VO d. Bundesrep. Dtschl. - Liebh.: Segeln, Tischlerarbeiten.

FRANKE, Ernst-Peter

Dipl.-Ing., Prof. f. Metallurgie - Gesamthochsch. Duisburg - Arndtstr. 7, 4320 Hattingen/Ruhr.

FRANKE, Franz-Herbert

Holz- u. Papierkaufm., gf. Gesellschafter Fa. Jacob Jürgensen GmbH - Schöne Aussicht 35, 2000 Hamburg 76 (T. 040 - 22 70 50) - Geb. 19. Aug. 1924 Hamburg (Vater: Ewald F., Holzkaufm.; Mutter: Wilhelmine, geb. Schwarz), kath., verh. s. 1959 m. Gisela, geb. Holzknecht, 2 Kd. (Angelika, Andreas) - Wilhelm-Gymn. (Abit. 1943) Hamburg - Ritterorden v. Heiligen Grabe zu Jerusalem. Rotarier - Spr.: Engl., Schwed.

FRANKE, Günter

Dr. rer. oec., Prof. f. Betriebswirtschaftslehre Univ. Konstanz (s. 1983) - Zu erreichen üb. Univ. Fak. f. Wirtschaftswiss., 7750 Konstanz - Geb. 4. Mai 1944 Wiedenbrück (Vater: Christian F., Kaufm.; Mutter: Helga, geb. Brökelmann), ev., verh. s. 1970 m. Gudrun †1989, geb. Allmann, 2 Kd. (Christian, Cosima) - Stud. Univ. Hamburg u. Saarbrücken; Promot. 1970; Habil. 1975 - 1975-83 Prof. Univ. Gießen; 1971 Gastprof. Pennsylvania State Univ.; Assist.-Prof. Univ. Saarbrücken. 1978 Präs. European Finance Assoc., s. 1990 Gastdoz. Eur. Inst. for Advanded Studies in Management, Brüssel; 1985/87 Gastdozentur in Schanghai - BV: Verschuldungs- u. Ausschüttungspolitik im Licht d. Portefeuille-Theorie, 1971; Stellen- u. Personalbedarfsplanung, 1977; Finanzwirtschaft d. Unternehmens u. Kapitalmarkt, 1990 - Liebh.: Musizieren, Tennis - Spr.: Engl., Franz.

FRANKE, Hans

Dr. med., em. o. Prof. f. Innere Med. - Frühlingstr. 9, 8035 Gauting - Geb. 27. Okt. 1911 Königshütte/OS. (Vater: Dr. Robert F., Schlachthofdir.), ev., verh. s. 1944 m. Dr. med. Waldtraut, geb. Herrmann, 2 Kd. - Obersch. Königshütte u. Landsberg/W.; Univ. Freiburg/Br. (Promot. 1936), Heidelbg., München. Praktikant Pathol. Inst. Freiburg, Assist. Med. Univ.klinik Breslau (3 1/2 J.), 1941 Assist., 1943 Privatdoz., 1944 Oberarzt Med. Univ.klinik Innsbruck, 1948 Vorst.

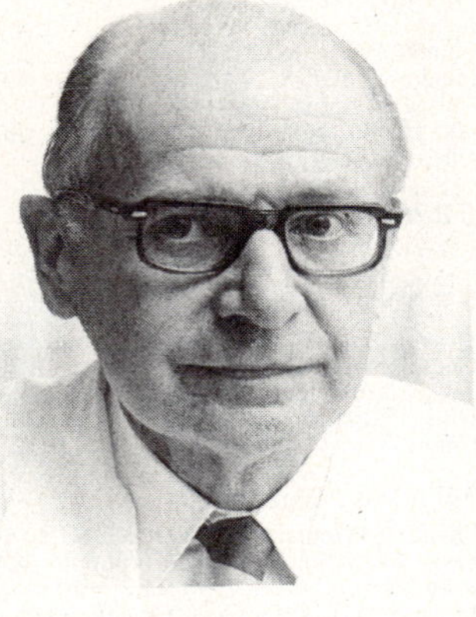

Med. Poliklinik Univ. Würzburg, 1949 apl., 1954 ao., 1956 o. Prof. 1972 Tagungspräs. Dt. Ges. f. Angiologie u. 1975 Dt. Ges. f. Fortschritte a. d. Geb. d. Inneren Med. - Ehrenmitgl. Argent. Ges. f. Fortschr. a. d. Geb. d. Inneren Med., Dt. Ges. f. Innere Med., u. Dt. Ges. f. Herz- u. Kreislaufforsch. - BV: Auf d. Spuren d. Langlebigkeit, 1985; Hoch- u. Höchstbetagte, 1987; Altersantlitz, 1990; Würzburger Lügensteine, 1991. Zahlr. Handbuchart., Monogr. u. 350 Fachveröff., u. a. üb. Toxoplasmose, Karotisinus-Reflex, Altern u. Alter b. Hundertjährigen; 3 Anekdotenbd. üb. d. Univ. Würzburg - BVK Kl. I., Ernst von Bergmann Medaille Dt. Ärzteschaft, Heilmeyer-Med. in Gold - Liebh.: Bergsport, Musik.

FRANKE, Hans

Dipl.-Ing., Geschäftsf. Ges. f. Elektrometallurgie mbH., Düsseldorf - Bockumer Str. 143, 4000 Düsseldorf - Geb. 21. Sept. 1916.

FRANKE, Hansalbert

Dr. jur., Rechtsanwalt, Hauptgeschäftsf. Gesamtverb. d. Leinenind. - Detmolder Str. 30, 4800 Bielefeld; priv.: Auf der Helle 22, 4930 Detmold - Geb. 17. März 1918 - AR-Mand. u. a.

FRANKE, Heinrich

Ing., Präsident d. Bundesanstalt f. Arbeit, Nürnberg (1984ff.) - Regensburger Str. 104, 8500 Nürnberg - Geb. 26. Jan. 1928 Osnabrück (Vater: Arbeiter), kath., verh. (Ehefr.: Helga), 6 Kd. - Volks- u. Hauptsch. (1942 in Österr. abgeschl.); Lehre Flugmotorenschlosser (1943 verungl.); Ing.sch. (durch Kriegseins. unterbr.) - Techniker u. Ing. Siemens. 1955-65 MdL Nieders.; 1965-84 MdB; 1982-84 Parlam. Staatssekr. Bundesmin. f. Arbeit u. Sozialordn. CSU (div. Funktionen).

FRANKE, Herbert

Dr. jur., Dr. phil., em. o. Prof. f. Ostasiat. Kultur- u. Sprachwissenschaft - Fliederstr. 23, 8035 Gauting/Obb. (T. München 850 29 07) - Geb. 27. Sept. 1914 Köln, ev., verh. m. Ruth, geb. Freiin v. Reck, S. Dr. med. Michael - Realgymn. Köln; Univ. ebd. (Promot. 1937 u. 47), Bonn, Berlin. Habil. 1949 Köln - 1949 Privatdoz. Univ. Köln, 1952 o. Prof. Univ. München, 1953 Konsul Dt. Generalkonsulat Hongkong (b. 1954) - BV: Geld u. Wirtschaft in China unt. Mongolenherrschaft, 1949; Forschungsbericht Sinologie, 1953 (Bern); D. chines. Kaiserreich, 1968. Übers.: D. Goldene Truhe (1959) - 1953 Prix Stanislas Julien; 1958 o. Mitgl. Bayer. Akad. d. Wiss.; 1974-80 Vizepräs. DFG; 1980-85 Präs. Bayer. Akad. d. Wiss.; Hon. Fellow Jesus College Cambridge; korr. Mitgl. Österr. Akad. d. Wiss.; Acad. Inscr. et Belles-Lettres, Paris; Hon. Member Royal Irish Acad.; Ehrenmitgl. Dt. Morgenl.-Ges., Société Asiatique Paris - 1978 BVK I. Kl.; 1984 Bayer. VO; 1986 Bayer. Maximiliansorden - Liebh.: Kammermusik, Bücher, Wandern - Lit.: W. Bauer (Hrsg.), Studia Sino-Mongolica, Festschr. f. H. F. 1979 (m. Bibliogr.); Münchner Beitr. z. Völkerkd., Bd. 2 (1990).

FRANKE, Herbert D.

Dr. med., Prof., Direktor Abt. Strahlentherapie Radiol. Univ.-Klinik Hamburg - Hochkamp 25, 2085 Quickborn (T. 04106 - 6 71 31) - Geb. 10. Dez. 1918, verh. m. Ursula, geb. Rüger - S. 1961 (Habil.) Lehrtätigk. Univ. Hamburg (1967 apl. Prof. f. Radiol.). Üb. 150 Fachveröff. - 1984 Ehrenmitgl. Griech. Röntgenges.

FRANKE, Herbert W.

Dr. phil., Prof., Lehrbeauftragter f. Computergrafik/-kunst Univ. München (s. 1973) - Puppling Haus Nr. 40, 8195 Egling (T. 08171 - 1 83 29) - Geb. 14. Mai 1927 Wien - Stud. Physik, Chemie, Psych. u. Phil. Univ. Wien; Promot. 1951 - 1951-56 Siemens Erlangen; s. 1956 fr. Fachpublizist; 1968/69 Sem.-Leit. Univ. Frankfurt; 1979/80 Lehrauftr. Hochsch. f. Gestaltung Bielefeld; s. 1979 Mitbegründer d. ars electronica Linz; 1985 Lehrauftr. Akad. d. Bildenden Künste München. Entd.: Anwend. d. Radiokohlenstoffmethode z. Datierung v. sekundärem Kalk (1951) - Div. Ausst. im In- u. Ausl. - BV: u.a. Phänomen Kunst, 1967; Zone Null, R. 1970; Computergraphik - Computerkunst, 1971; Kunst kontra Technik, Zarathustra kehrt zurück, R. 1977; In d. Höhlen dieser Erde, 1978; Sirius Transit, R. 1979; D. Atome, 1980; D. Moleküle - Mitgl. Dt. Ges. f. Photographie; Mitgl. Künstlerhaus Ges. f. Bild. Künste Österr.; Mitgl. dt. PEN-Club; 1988 Korr. Mitgl. d. Europ. Akad. d. Wiss. d. Künste u. d. Literatur - Liebh.: Höhlenforsch., Science Fiction.

FRANKE, Horst

Rechtsanwalt, Hauptgeschäftsführer Dt. Bauindustrie (s. 1986) - Am Rehsprung 15, 5205 Sankt Augustin (T. 0228 - 22 37 18) - Geb. 20. Febr. 1949 Koblenz, kath., verh. s. 1974 m. Agnès Franke-Dauvergne, geb. Dauvergne, 4 Kd. (Erik, Stephan, Beatrice, Daniel) - Jurastud., 1. u. 2. Staatsex. Mainz; Verwaltungshochsch. Speyer - 1976-78 Bundestagsassist. Bundeswirtschaftsmin. Dr. H. Friderichs; Vorst. Dt. Ges. f. Baurecht, Frankfurt; Präsid.-Mitgl. Inst. f. Dt. u. Intern. Baurecht, Bonn. Lehrbeauftr. f. Baurecht Berg. Univ. Wuppertal - BV: Handb. f. d. Baupraxis (Hrsg.), 1987 - Liebh.: Gesch. d. Altertums, neuere dt. Lit. - Spr.: Engl., Franz.

FRANKE, Horst-Werner

Senator f. Bildung, Wissenschaft u. Kunst Fr. Hansestadt Bremen a. D. - Emil-Trinkler-Str. 27/29, 2800 Bremen 1 (T. 0421 - 23 01 43) - Geb. 7. Juni 1932 Liegnitz (Vater: Fritz F., Lehrer; Mutter: Erna, geb. Hoffmann), ev., verh. s. 1954 m. Doris, geb. Birkhahn, 3 Kd. (Bettina, Julian, Agnete) - 1954-59 Stud. German. u. Gesch. (1. u. 2. Staatsex. f. höh. Lehramt) - 1961-65 Studienrat; 1965-75 MdBB, s. 1975 Senator.

FRANKE, Joachim

Dr. phil., o. Prof. f. Psychologie (insb. Wirtschafts- u. Sozialpsychologie), Mitvorstand Sozialwissenschaftl. Institut Univ. Erlangen-Nürnberg (s. 1968) - Hölderlinweg 7, 8501 Schwaig 2 (T. 0911 - 5 07 45 79) - Geb. 4. Okt. 1926 Swinemünde, ev., verh. s. 1957 m. Charlotte, geb. Zörner, 2 Söhne (Jörg, Ralph) - Zul. Privatdoz. TU Berlin - BV: Ausdruck u. Konvention, 1967; D. Mitarbeiterbeurt., 1968 (m. H. Frech); Psychologie als Hilfsmittel einer personenorientierten Unternehmungsführung, 1976; Lebensqualität in neuen Städten, 1978 (m. F. Böltken, K. Hoffmann u. M. Pfaff); Flurbereinig. u. Erholungslandsch. (m. F. Bauer u. K. Gätschenberger), 1979; Sozialpsychologie d. Betriebes, 1980. Projektorient. Verbundstud. (m. a.), 1981; D. Erlanger Regnitztal als exemplar. Objekt interdiszipl. Regionalplan. (m. K. Poll), 1981; Freizeitverh. älterer Menschen (m. D. Blaschke), 1982; Planungsunterl. u. Bürgerbeteilig. D. Prognostizierbarkeit d. Eindruckswirk. v. Wohnarealen im Planungsstadium (m. F. Bauer u. T. M. Kühlmann), 1985; Klassifikation v. Wohngeb. durch Laien (m. D. Herr), 1987; Mitarbeiter systematisch beurteilen (m. T. M. Kühlmann), 1990; Psychologie f. Wirtsch.wissenschaftler (m. T. M. Kühlmann), 1990. Herausg.: Betriebl. Innovation als interdisziplinäres Probl. (1985).

FRANKE, Jürgen

Dr. rer. pol., Dipl.-Ing., Prof. f. Volkswirtschaftslehre, Industrieökonomik - Schweitzerstr. 11a, 1000 Berlin 37 - Geb. 1. Febr. 1936 - Promot. 1970; Habil. 1974 - S. 1976 Prof. TU Berlin.

FRANKE, Klaus

Senator a.D. - Miquelstr. 75, 1000 Berlin 33 - Geb. 11. April 1923 Berlin, verh., m. Maria, geb. Papesch - Realgymn. Berlin (Abit. 1941) - 1941-45 Kriegsmarine (Ltn. z. See, jetzt Fregattenkapt. d. R.), dann amerik. u. brit. Dienstst. Berlin u. Lüneburg, s. 1956 Notaufnahmelager Mariendorf, Senatskanzlei Berlin (Protokoll), Bezirksamt Steglitz, IHK Berlin. 1958-64 Bezirksverordn. Steglitz (1960 stv. Fraktionsf.); 1968 Mitgl. CDU-Fraktionsvorst.; 1972 Vors. Aussch. f. Bau- u. Wohnungswesen, 1981 Vizepräs., 1983-86 Senator f. Bau- u. Wohnungswesen; 1964-82 Geschäftsf., MdA Berlin. CDU s. 1955; Rotary-Club Berlin-Spandau (1984) - Spr.: Engl.

FRANKE, Kurt F. K.

Dr. phil., Prof. f. Didaktik d. Geschichte FU Berlin - Karlsbader Str. 11d, 1000 Berlin 33 - Geb. 27. Febr. 1929 Braunschweig (Vater: Friedrich F., Fliegerstabsing.; Mutter: Hedwig, geb. Hestner), verh. s. 1954 m. Prof., Dipl.-Psych. Hannelore, geb. Steinhoff - Abit. Banklehre; Stud. PH Braunschweig u. Univ. Göttingen (Gesch., Dt., Päd., Polit. Wiss.). Prüf. 1954 (Volks-), 60 (Realsch.) u. 66 (Polit. Wiss.); 1980 Diss. Polit. Wiss. TU Braunschweig - 1954 Volksschullehrer, 1960 -rektor, 1966 Realschulrektor, 1975 Hochschullehrer, 1970 gf. Vors. Dt. Vereinig. f. polit. Bildung in Nieders. (1980 1. Vors. Berlin, s. 1975 Mitgl. Bundesvorst.) - Herausg.: u.a. Jugend, Politik u. polit. Bildung (1985); Jugend u. Arbeitswelt (1989); Aufs. zur polit. Bildung u. z. Zeitgeschichte.

FRANKE, Lothar

Verbandsgeschäftsf. u. Chefredakteur i. R. - Dollendorfer Str. 8, 5300 Bonn-Bad Godesberg (T. 35 28 86) - Geb. 8. Mai 1917 Görlitz/Schles. (Vater: Hermann F., Stadtinsp.; Mutter: Magdalene, geb. Landeck), ev., verh. in 3. Ehe m. Theodore, geb. Grashof - Gymn. Brieg (Abit. 1936); 1936-37 Redaktionsausbild. Schles. Tagesztg., Breslau - 1947-49 Chefredakt. Ztschr. D. Lichtblick bzw. D. Leuchtturm; s. 1950 Chefredakt. Verbandsorgan D. Fackel u. Hauptgeschäftsf. Verband d. Kriegsbeschädigten, -hinterbliebenen u. Sozialrentner Dtschl.s bzw. Verb. d. Kriegs- u. Wehrdienstopfer, Behinderten u. Sozialrentner Dtschl.s (1965) - BV: D. tapfere Leben - Lebensfragen alleinsteh. Frauen u. Mütter, 1957 - 1958 VdK-Lit.preis (f.: D. tapfere Leben) - Liebh.: Landschaftsmalerei.

FRANKE, Manfred

Dr. med., Ministerialrat, apl. Prof. f. Sozialhygiene u. Gesundheitsfürs. Univ. Bonn (s. 1976) - Friedrichstr. 47, 5300 Bonn - Geb. 26. Juni 1926 Berlin - Promot. 1952 Kiel - S. 1968 (Habil.) Lehrtätigk. Univ. Hamburg u. Bonn - BV: D. gesundheitl. Situation d. Jugend, 1965; Erzogene Gesundheit, 1967; D. med. Probleme d. Gesundheitsbegriffs, 1970; D. Drogenproblem - soz. gesehen, 1974. Üb. 100 Einzelarb.

FRANKE, Martin

Dr. med., Internist, Prof., Direktor Staatl. Rheumakrankenhaus, Baden-

Baden (seit 1967) - Leisberghöhe 20, 7570 Baden-Baden (T. 7464) - Geb. 6. Sept. 1921 Frankfurt/M. (Vater: Martin F., Pfarrer; Mutter: Christine, geb. Lütgert), ev., verh. s. 1946 m. Ute, geb. Mommsen, 3 Kd. (Niels, Christian, Claudia) - Lessing-Gymn. Frankfurt (Abit. 1939); Stud. Frankfurt; Habil. 1971 Tübingen - S. 1971 apl. Prof. Fachmitgl.sch. - Spr.: Franz.

FRANKE, Paul-Gerhard

Dr.-Ing., Dr.-Ing. habil., em. o. Prof. f. Hydraulik u. Gewässerkunde TU München - Arcisstr. 21, 8000 München 2 - Geb. 14. Jan. 1918 Leipzig, verh. m. Dipl.-Phys. Lisa, geb. Hetzel, 3 Kd. - Promot. 1953, Habil. 1954 - 1957-58 UNESCO-Experte u. Gastprof. Univ. Poona (Ind.), s. 1960 ao. bzw. o. Prof. TU München. Emerit. 1986. 1975-86 kollegiale Leit. d. Inst. f. Bauing.wesen V d. TUM. S. 1964 Vorst. d. Versuchsanst. f. Hydr. u. Gew., 1972-81 Sprecher Sonderforsch.bereich 81 d. DFG a. d. TUM; 1972-90 Gemeinderat in Gräfelfing - BV: Abriß d. Hydraulik, 10 Bde., 1970-75; Hydraulik f. Bauing., 1974. Kurzbiographien Hydraulik u. Wasserbau - Persönlichkeiten an d. deutschsprachigen Raum. (m. Autor) 1991. Üb. 150 Einzelarb. - 1981 Johann-Joseph-Ritter-v.-Prechtl-Med. TU Wien; 1987 Silb. Bürgermed. Gemeinde Gräfelfing.

FRANKE, Peter

Dipl.-Ing., Prof. f. Konstruktiven Wasserbau TU Berlin - Löhleinstr. 47c, 1000 Berlin 33.

FRANKE, Peter Robert

Dr. phil., o. Prof. f. Alte Geschichte - Kaiserslauterner Straße 83, 6600 Saarbrücken (T. 6 82 98) - Geb. 2. Nov. 1926 Lüdenscheid (Vater: Dr.-Ing. Eduard F. †; Mutter: Gertrud, geb. Beuge), ev., verh. s. 1954 m. Leonore, geb. Kutzner, 3 Kd. (Sabine, Bettina, Christoph) - Gymn. Berlin, Augsburg (1937-43), Weilheim (1949); 1945-48 Bergmann; 1949-54 Univ. München, Bonn, Erlangen (Gesch., Geogr., Numismatik). Promot. (1954) u. Habil. (1960) Erlangen - 1955-58 Wiss. Mitarb. Staatl. Münzsamml. München; ab 1960 Privatdoz. Univ. Erlangen; 1961-64 Ref. Archäol. Inst. Athen; 1964-66 Wiss. Oberrat u. 1965-67 Doz. Univ. München; s. 1967 o. Prof. u. Inst.dir. Univ. Saarbrücken - BV: Alt-Epirus u. d. Königtum d. Molosser, 1955; D. Fundmünzen d. röm. Zeit in Dtschl., Bd. IV: Rheinhessen, 1960; D. antiken Münzen v. Epirus, 2 Bde. 1961; Röm. Kaiserporträts, 1961, 3. A. 1972; D. griech. Münze, 2. A. 1972 (franz. 1966); Kleinasien z. Römerzeit, 1968 (griech. 1985). Mitarb.: Sylloge Nummorum Graecorum (10 Bde. 1961-76, z. T. 2. A. 1987); D. antiken Münzen d. Samml. Heynen, 1976; Index Sylloge v. Aulock, 1981; Albanien im Altertum, 1983. Herausg.: Side (1988, 2. A. 1989; griech. 1990).

FRANKE, Rudolf

Dr.-Ing., Prof., Oberregierungsbaurat a. D. - Martinstr. 31, 6100 Darmstadt (T. 4 19 07) - Geb. 19. Nov. 1906 Berlin (Vater: Prof. Dr. phil. Rudolf F., Ord. f. Fernmeldetechnik TH Berlin, Initiator d. ersten Lehrstuhls ds. Art (s. X. Ausg.); Mutter: Anna, geb. Werner), ev., verh. s. 1933 m. Christel, geb. v. Lüpke, 3 S. (Hinrich, Burghard, Gunther) - Realgymn. (Lankwitz) u. TH Berlin (Maschinenbau; Dipl.-Ing. 1931). Promot. 1933 Berlin; Habil. 1952 Gießen, umhabil. 1957 Darmstadt - 1933-44 Heereswaffenamt/Motorisierungsabt. (zul. Gruppenleit.); 1944-46 Zahnradfabrik Friedrichshafen; 1948-66 Kurat. d. Technik in d. Landw., Darmstadt Kranichstein (Dir. Schlepperprüffeld.). S. 1952 Lehrtätigk. Univ. Gießen u. TH Darmstadt (1957; 1958-72 Prof. f. Landtechnik). Mitarb.: Automobiltechn. Handb. (Bussien), 13.-18. A. 1935/79 Ackerschlepper, Gesch. d. Landtechnik, 1969 (Franz.), Motoris. d. Feldarbeit, Schlepper, Lehrb. Landtechnik (Eichhorn), 1985, Techn. Grdlg., Schlepper - Korr. Mitgl. Acad. d'Agriculture de France, Paris; VDI Ehrenplak. f. Verdienste um d. Technik u. d. VDI - Spr.: Engl., Franz.

FRANKE, Siegfried

Bereichsvorstand Verkehrstechnik d. Siemens AG, Erlangen - Geb. 16. Febr. 1935 Berlin, verh., 2 Kd. - Abit. u. Siemens-Stammhaus-Lehre m. Abschl. Ind.-Kaufm. - AR-Mitgl. German Cargo Services GmbH, Kelsterbach, DUEWAG AG, Krefeld-Uerdingen.

FRANKE, Walter

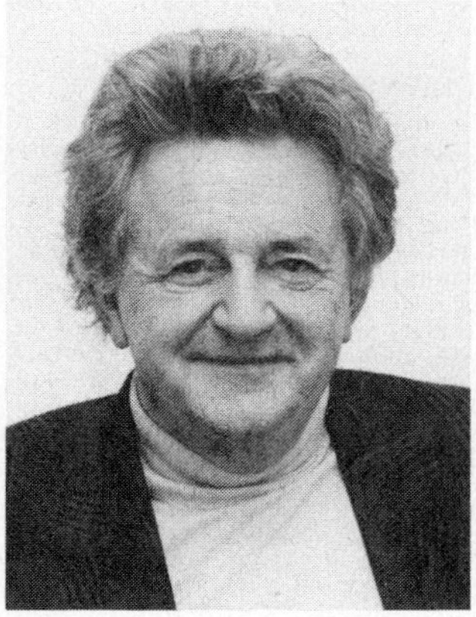

Dr. jur., Prof. Senator a.D., Honorarkonsul d. Königreichs Marokko - Auf den Hornstücken 22, 2800 Bremen (T. 23 74 43) - Geb. 20. Nov. 1926 Bleckenstedt (Vater: Karl F., Rektor; Mutter: Erika, geb. Ohm), ev., verh. m. Ingrid, geb. Heitkamp, 2 S. (Holger, Jens) - Reform-Realgymn. Braunschw.; Univ. Göttingen (Rechts- u. Staatswiss.; Promot. 1955); Hochf. f. Verw.wiss. Speyer, Ass.ex. 1956 - B. 1957 Justizdst. (zul. beauftr. Staatsanw. OLG-Bezirk Braunschweig. 1. Bundesvors. d. Reichsbundes, Bad Godesberg; Präsid.-Mitgl. d. FIMITIC, d. FWS u. d. Volksbundes Dt. Kriegsgräberfürsorge Kassel; Landesvors. d. Volksbundes Dt. Kriegsgräberfürsorge Bremen.

FRANKE, Walter

Dr. rer. nat., Dipl.-Chem., Prof. f. Mineralogie - Takustr. 6, 1000 Berlin 33 - Geb. 18. Aug. 1930 Forst/L. - Promot. 1963 - S. 1970 (Habil.) Lehrtätigk. FU Berlin. Üb. 50 Fachveröff. - 1 Patent Mineralsynth. Schwermetallimmobilisierung Mineralverwitterung.

FRANKE, Werner

Dr. rer. oec., Dipl.-Kfm., Direktor - Dammannweg Nr. 12, 2000 Hamburg-Hochkamp - Geb. 13. Mai 1912 (Vater: Paul F.; Mutter: Klara, geb. Hänsel), verh. m. Lisa, geb. Fischer - U. a. Vorstandsmitgl. Bank f. Gemeinw. (1956), Geschäftsf. Großeinkaufs-Ges. Dt. Konsumgenoss. (1966) u. Neue Heimat Wohnspar-GmbH. (1969). ARsmandate.

FRANKE, Werner W.

Dr. rer. nat., Prof., Gf. Direktor Inst. Zell- u. Tumorbiol. Dt. Krebsforschungszentrum, Prof. f. Zellbiologie Univ. Heidelberg - Landfriedstr. 5, 6900 Heidelberg - 1981 Meyenburg-Preis f. hervorrag. Leist. in d. Krebsforsch.; 1984 Ernst-Jung-Preis f. Med.

FRANKE, Wolfgang

Dr. rer. nat., em. o. Prof. - Oderstr. 43, 5300 Bonn 1 (Ippendorf) - Geb. 19. März 1921 Leipzig (Vater: Curt F., selbst. Kaufm.; Mutter: Friederike, geb. Neimann), ev., verh. s. 1954 (Ehefr.: Elsa), 3 Söhne (Burkhard, Albrecht, Reinhold) - Thomassch. (Gymn.) Leipzig; Gärtnerlehre; Stud. Botanik, Zool., Chemie, Physik (1940-41 Leipzig, 1947-52 Heidelberg). Promot. 1952; Habil. 1957 - S. 1957 Lehrtätigk. Bonn (1963 apl. Prof.; 1964 wiss. Rat u. Prof.; 1968 Leit. Inst. f. Landw. Botanik; 1980 o. Prof.; 1986 emerit.). Spez. Arbeitsgeb.: Pflanzenphysiol., Biol. d. Nutzpflanzen - BV: Nutzpflanzenkunde, Lehrb. 1976, 4. A. 1989 - Liebh.: Pilzkd. - Spr.: Engl.

FRANKE, Wolfgang

Dr. phil., em. o. Prof. f. Sinologie - Dietrich-Schäfer-Weg 12, 1000 Berlin 41 (T. 7 91 83 33) - Geb. 24. Juli 1912 Hamburg (Vater: Prof. Dr. phil. Otto F., Sinologe (s. X. Ausg.); Mutter: Luise, geb. Niebuhr), ev., verh. m. Chünyin, geb. Hu, 2 Kd. - Diplomex. f. Chines. 1932 Berlin; Promot. 1935 Hamburg - 1937-45 Sekr., Wiss. Mitarb. u. Geschäftsf. Dtschl.-Inst. Peking, 1945-46 Doz. Kath. Univ. Fujen ebd., 1946-48 o. Prof. Nat. Szuchuan Univ. u. Research Prof. West China Union Univ., beide Chengtu, 1948-50 o. Prof. National-Univ. Peking, 1950-77 o. Prof. u. Dir. Sem. f. Spr. u. Kultur Chinas Univ. Hamburg - Gastprof. Univ. Kuala Lumpur (1963-66 u. 1978-83), Singapur (1969/70), Peking Normal Univ. (1983), Sun Yatsen Univ. Guangzhou (1984) - BV: Chinas kulturelle Revolution, 1957 (auch schwed.); D. Jh. d. chines. Revolution 1851-1949, 1958; China u. d. Abendl., 1962; Introduction to the Sources of Ming History, 1968, Chinese Epigraphic Materials in Malaysia, 1983/85; Chinese Epigraphic Materials in Indonesia 1, 1988; Sino-Malaysiana. Selected Papers on Ming & Qing History and on the Overseas Chinese in Southeast Asia 1942-1988, 1989. Herausg. China-Handbuch (1974).

FRANKE-GRICKSCH, Ekkehard

Verleger u. Chefredakt. - Untere Burghalde 51, 7250 Leonberg - Geb. 15. Okt. 1933, verh. s. 1964 m. Gisela, geb. Vogel, 2 T. (Sophie, Nicole).

FRANKE-STEHMANN, Wolfgang

Dr. jur., Kanzler Medizin. Hochsch. Hannover - Konstanty-Gutschow-Str. 8, 3000 Hannover 61.

FRANKEMÖLLE, Hubert

Dr. theol., Prof. f. Theologie (Neues Testament) Univ.-GH Paderborn - Helmarshauser Weg 2, 4790 Paderborn (T. 05251 - 6 39 40) - Geb. 10. Jan. 1939 Stadtlohn (Vater: Paul F., Arbeiter; Mutter: Anna, geb. Lanfer), kath., verh. s. 1966 m. Renate, geb. Stieler, 2 Kd. (Anja, Peter) - Stud. Kath. Theol., Altphilol., Päd. u. Phil. (1. Phil. Staatsprüf. 1968, Promot. 1972) - 1972 Akad. Rat, 1979 Prof. - BV: D. Taufverständnis d. Paulus. Taufe, Tod u. Auferstеh. nach Röm. 6, 1970; Jahwe-Bund u. Kirche Christi. Stud. z. Form- u. Traditionsgesch. d. Evangeliums nach Matthäus, 1974, 2. A. 1984; Glaubensbekenntnisse. Z. neutestamentl. Begründ. unseres Credos, 1974 (Übers. engl. u. niederl.); In Gleichnissen Gott erfahren, 1977; Jesus - Anspruch u. Deut., 1979 (Übers. engl. u. ital. 2. A. 1986); Kirche v. unten. Alternative Gden., 1981; Friede u. Schwert. Friedenschaffen n. d. Neuen Testament, 1983; Bibl. Handl.anweis. Beisp. pragmat. Exegese, 1983; 1. u. 2. Petrusbrief, Judasbrief, 1987; Evangelium. Begriff u. Gattung. Ein Forschungsbericht, 1988. D. Brief d. Jakobus, 1992. S. 1982 Herausg. (m. Prof. Dr. F. L. Hossfeld, Bonn) d. Stuttgarter Biblische Beiträge.

FRANKEN, Friedhelm

Chefredakteur - Am Botanischen Garten 16, 5300 Bonn 1 (T. 0228 - 65 32 32) - Geb. 8. März 1943 Waldbröl/Nordrh.-Westf., verh. s. 1965 m. Rita, geb. Achten, S. Andreas - 1962-67 Stud. Phil. u. Politik Univ. Köln u. Bonn - 1967 Lektor; 1970 Redakt. Bulletin d. Bundesreg.; 1972 Planungsref. u. Koordinator f. Öffentlichkeitsarbeit im Bundespresseamt; 1984 Leit. Medienpolitik Bertelsmann AG; Chefredakt. Bertelsmann Briefe; s. 1987 selbst. Management- u. Kommunikationsberater - BV: D. Reden-Berater. Handb. f. Erfolgreiche Reden im Betrieb u. in d. Öffentlichk., 1987; Repräsentanten d. Rep. D. dt. Bundespräsidenten in Reden u. Zeitbildern, 1989 - Liebh.: Lit., Film - Spr.: Engl., Franz.

FRANKEN, Heinrich

Dr. agr., Prof. f. Acker- u. Pflanzenbau Univ. Bonn - Haberstr. 40, 5205 St. Augustin 3.

FRANKEN, Herbert

Dr., jur., Rechtsanwalt - Im Hag 5, 5300 Bonn 2 (T. 34 39 39), dienstl.: Martinplatz 2a, Bonn 1 (T. 65 40 04) - Geb. 23. Aug. 1939 Floßdorf (Vater: Alois F., Lehrer; Mutter: Maria, geb. André), kath., verh. s. 1969 m. Barbara, geb. Richarz, T. Isabella - Gymn. Jülich, Stud. Jura, Gesch., Phil. Bonn, Köln, Innsbruck - 1969-71 Assist. Univ. Bonn, 1971-77 Bundesgeschäftsf. BDLA, s. 1971 Rechtsanw. - BV: Honorarordnung f. Architekten u. Ingenieure; D. Verstaatlichung u. ihre Vereinbark. m. d. EG-Vertrag (Diss.); MDLA-Mitteil. 1971-75.

FRANKENBERG, Peter

Dr. rer. nat., o. Prof. f. Physische Geogr., Geogr. Inst. Univ. Mannheim - Salinenstr. 55, 6702 Bad Dürkheim (T. 06322 - 6 58 43) - Geb. 29. Juni 1947 Bad Honnef - Stud. Gesch., Geogr., Geol. u. Botanik, 1. Staatsex. 1972, Promot. 1976 (Geogr./Botanik), Habil. 1982 - 1977 wiss. Assist. Univ. Bonn u. wiss. Mitarb. Akad. Mainz; 1983 Prof. Eichstätt; 1986 Lehrst. f. Physische Geogr. u. Länderkd. Univ. Mannheim; 1991 Prorektor d. Univ. Mannheim; Sachverst. Kommiss. f. Erdwiss. Forsch. Akad. Mainz - BV: ca. 90 Fachveröff., u.a. Florengeograph. Unters. in d. Sahara, 1978; Tunesien, Länderkd., 1981; Humidität u. Aridität v. Afrika, 1981 (m.a.); Klima u. Ernteertrag in d. BRD, 1984; Vegetat. u. Raum, 1982; Krebsgeographie, 1986; Vegetation Südosttunesien, 1986; Klima- u. Vegetationswandel Westsenegal, 1989. Forschungsschwerp.: Biogeogr. u. Klimatol. - Spr.: Franz., Engl., Lat.

FRANKENBERG und LUDWIGSDORF, von, Ruthard

Bankkfm., pers. haft. Gesellsch. Bankhaus Marcard & Co., Hamburg - Eichenhof, 2000 Hamburg 56 - Geb. 19. März 1914.

FRANKENBERGER, Rudolf

Dr. rer. nat., Ltd. Bibliotheksdirektor, Leit. Univ.-Bibl. Augsburg - Universitätsstr. 22, 8900 Augsburg.

FRANKL, Hermann

Bauunternehmer, Ehrenpräs. Handwerkskammer Lüneburg-Stade, Sitz Lüneburg (s. 1968) - Bergstr. 4, 3118 Bad Bevensen - Geb. 15. Okt. 1917 Hamburg, verh. s. 1946 m. Lissi, geb. Engelhardt, 3 Töcht. (Traute, Birgit, Silke) - Bau-Ing. 1946 Hamburg, Maurermeister 1952, Baumeister 1961 - Spr.: Engl. - Rotarier.

FRANQUÉ, von, Otto

Dr. rer. nat., Geschäftsf. Dt. Kupfer-Institut (s. 1974) - Loschmidtstr. 13, 1000 Berlin 10 - Geb. 16. Nov. 1929 Danzig (Vater: Dr.-Ing. Otto v. F., Bibliotheksdir.; Mutter: Lieselotte, geb. Nicolai), ev., 2 Kd. (Friederike, Otto) - Stud. Physik, Metallkd. Münster, Bonn, Tübingen. Dipl.-Phys. 1956 Tübingen; Promot. 1959 Münster. 1959 Ass. Inst. f. Metallkd. Münster; 1960-73 Kabel- u. Metallwerke Gutehoffnungshütte (vorm. Hackethal), zul. Prok. u. Hauptabt.sleit. Ber. Metallabor, Metallprüffeld, Anwendungstechn.

FRANTZ, Hermann

Gf. Gesellschafter d. Pressluft-Frantz GmbH, Frankfurt/M. - Brunnenstr. 6, 6000 Neu-Isenburg - Geb. 8. Okt. 1944, verh. s. 1972 m. Anne, geb. Bumb, 2 S. (Marc, Patric-Morten).

FRANTZ, Konrad
s. Görgen, Hermann M.

FRANZ, Cornel
Prof. u. Lehrstuhlinh. f. d. integr. Bühnenausb. an d. Hocsch. f. Musik, München (s. 1988), Regisseur - Altensteinstr. 13, 1000 Berlin 33 (T. 030 - 831 41 97) - Geb. 8. Juni 1946 - S. 1988 Prof. u. Lehrstuhlinh. f. d. integr. Bühnenausb. an d. Hochsch. f. Musik München - Insz. u. a. Hamburg. Staatsoper: Euridice Lorentzen (1977, Dt. Erstauff.); Nationaltheater Mannheim: Manon (1978); Ulmer Theater: Cosi fan tutte (1979); Herodes Atticus Theater Athen: Tannhäuser (1981); Nationalth. München: Verkaufte Braut (1981); Hamb. Staatsoper: Il Rey de Harlem (1982, szen. UA); Staatstheater Hannover: Bajazzo (1983); Dt. Oper Berlin: Frl. Julie (1984 UA d. musikal. Neufassung); San Antonio, Texas: Carmen (1984); Kammeroper Wien: Frl. Julie (1985); Dt. Oper Berlin: musique sans sauce (1985/86, Konzeptshow üb. Erik Satie, Zusammenst. u. Texteinricht.); Schauspielhaus Bremen: Tango (1986); Im Rahmen d. 750 J.-Feier, Auftragswerk d. Berliner Festsp.: v. Ludwig u. K.-H. Wahren: Goldelse (1987).

FRANZ, Eckhart Götz
Dr. phil., Prof., Ltd. Archivdirektor Hess. Staatsarchiv Darmstadt (s. 1978) - Ostpreußenstr. 47, 6100 Darmstadt-Eberstadt (T. 06151 - 5 15 45) - Geb. 24. Dez. 1931 Marburg/L. (Vater: Prof. Dr. Günther F., Historiker), ev., verh. s. 1958 m. Birgit, geb. Will, 2 Kd. (Burkhart, Karen) - Stud. d. Gesch., Angl., Amerikanistik Univ. Heidelberg, Portland/Oregon, Freiburg/Br., Köln; 1. Staatsex. u. Promot. 1956 ebd.; Fachausb.: Archivsch. Marburg u. Stage techn. intern. des Archives Paris - 1956-57 wiss. Mitarb. Bundesmin. f. Vertriebene; 1957-71 Archivrefer., -ass. (1959) und -rat (1962) Hess. Staatsarchiv Marburg, 1962ff. Doz. Inst. f. Archivwiss. ebd.; 1971 Archivdir. Darmstadt; 1973ff. Honorarprof. f. Neuere Gesch. u. Landesgesch. TH Darmstadt; 1971ff. Vorst.-Mitgl. Hess. Histor. Kommiss. (1978 Vors.); 1973ff. Vors. Histor. Verein f. Hessen; 1977-85 Vors. Verein dt. Archivare (1971-73 Schriftf.); Intern. Archivat, 1979-84 Sekr. Conférence Intern. de la Table Ronde d. Archives, 1984-88 Sekr. f. Archiventwickl., 1988-92 Vors. Sektion Ausbildung; Dt. Unesco-Kommiss. - BV: D. Amerikabild d. dt. Revolution v. 1848/49, 1958; Kloster Haina, Regesten u. Urkunden, 2 Bde. 1962-70; D. Dt.-Ostafrika-Archiv, 1973; Einf. in d. Archivkd., 1974, 3. A. 1990; Histor. Rückblenden. Darmstädter Festvorträge 1977-88, 1989. Herausg.: Darmstadts Geschichte (1980); Erinnertes. Aufzeichn. d. Großherzogs Ernst Ludwig v. Hessen (1983); Juden als Darmstädter Bürger (1984); In d. Gemeinschaft d. Völker. Dok. aus dt. Archiven (1984, m. Dr. H. Boberach); Friede durch geistige Erneuerung. Fritz v. Unruh u. Großherzog Ernst Ludwig v. Hessen (1987); Italien im Bannkreis Napoleons. D. röm. Gesandtschaftsber. W. v. Humboldts 1803-1809 (m. E. M. Felschow u. U. Hussong 1989); Parlament im Kampf um d. Demokratie. D. Landtag d. Volksstaats Hessen 1919-1933 (m. M. Köhler, 1991); D. Chronik Hessens (1991) - Spr.: Engl., Franz. - Rotarier.

FRANZ, Erich Arthur
Journalist, Schriftst., Textdichter, Komp. - Riesenburgstr. 26, 8000 München 60 (T. 089 - 87 20 24) - Geb. 10. Juli 1922 Breslau, ev. - Zeitungsvolont. - Fr. Journ. u. Schriftst.; 1965-83 Chefredakt. Musikerfachztschr. artist, Düsseldorf - BV: D. dt. Theater - geistige Brücke z. Welt, 1947; B. uns in Breslau, 3. A. 1983; D. 7 Galgen v. Neisse, 1978; Schlesien - meine Heimat, 1982; D. schlesische Heimat im Herzen, 1986; Daheim im Schlesierland, 1987; Auf Wiederseh'n am Oderstrand, 1991. Kassetten: Am schönsten ist's daheim, 1988; Heiteres Schlesien, 1989. Notenalbum: Heimatmelodien, 5 Kompos., 1990.

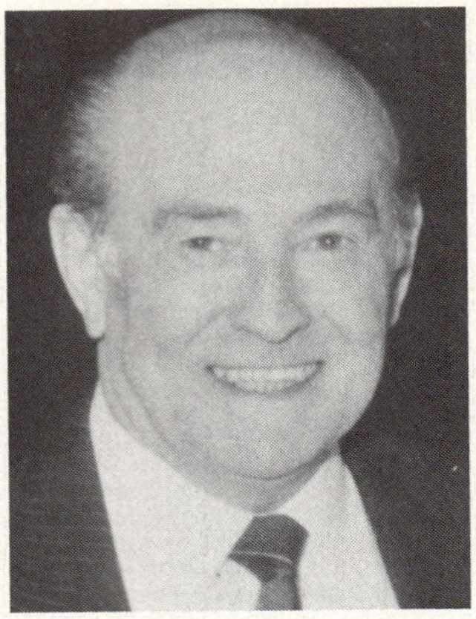

Theater: Und wer heiratet mich?, 1946 - Lit.: Dr. Corinna Cordero, Erich A. Franz, Schreiben als Beruf, Biogr. (1988).

FRANZ, Gerhard
Dr. med., Prof., Chefarzt i. R. Pathol. Inst. Allg. Krankenhaus St. Georg, Hamburg - 2106 Bendestorf (T. 04183 - 6633) - Geb. 24. Sept. 1909 Hamburg (Vater: Wilhelm F., Kapt.; Mutter: Selma, geb. Schwill), ev.-luth., verh. s. 1939 m. Ruth, geb. Lucks, 3 S. (Eberhard, Burkhard, Willy) - Stud. Univ. Hamburg u. Greifswald. Promot. 1935 Hamburg; Habil. 1942 ebd. - S. 1942 Lehrtätigk. Univ. Hamburg (1948 apl. Prof. f. Allg. Pathol. u. Pathol. Anat.). 1950 Gastprof. Univ. Rio de Janeiro. 1952 b. 1962 Lehrstuhlinh. Path. Anat. Univ. Maracaibo/Venezuela. Fachmitgliedsch. (auch Venezuela u. Brasilien). Wiss. Veröff.

FRANZ, Gerhard

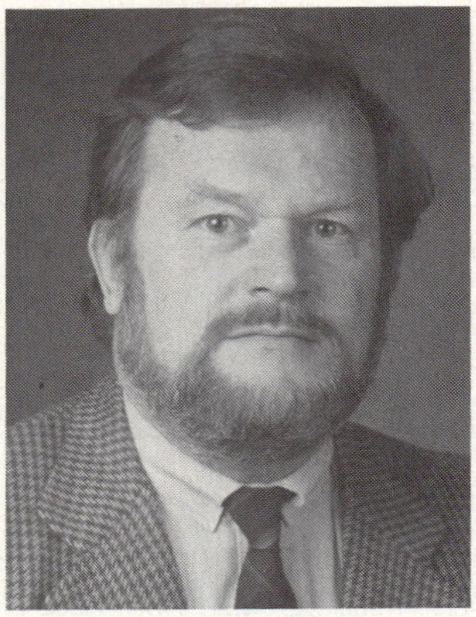

Dr. rer. nat., Prof., Lehrstuhlinh. f. Phamazeut. Biologie Univ. Regensburg - Altdorfer Str. 1a, 8400 Regensburg - Geb. 26. März 1937 Dresden - Pharmaz. Staatsex. 1962 TH Karlsruhe, Promot. 1965 Univ. Fribourg/Schweiz, Habil. 1970 - Prof. Univ. Regensburg (1985-87 Dekan Fak. Chemie/Pharmazie); 1987 Prof. invité Univ. de Grenoble. Stv. Vors. Pharm. Ges. (Bayern); Mitgl. d. BGA Arzneibuch-Komm. Berlin. Forsch.geb.: Biochemie d. Kohlenhydrate, Pharmazeut. Polysaccharide, Immunstimulantien, biol. Antitumorsubstanzen, Phytotherapie - Herausg.: Pharmaceut. Pharmacolog. Letters - Wiss. Mitgl.schaften: Société de Physiologie Végétale, American Society of Pharmacognosy, Ges. Dt. Chemiker, Dt. Pharmazeut. Ges., Soc. of Medicinal Plant Research., 1990 korr. Mitgl. Königl. Belg. Med. Ges.; 1985 Egon-Stahl-Preis; Jap. Krebsmed.

FRANZ, Günther
Dr. phil., em. Univ.-Prof. - Feuerreiterweg 8, 7000 Stuttgart 70 - Geb. 23. Mai 1902 Hamburg, ev., verw., 4 Kd. (Eckhart, Otmar, Gisela, Gunther) - Abit. 1921 Greiz, Promot. 1930 Göttingen, Habil. 1930 Marburg - 1935 ao. Prof. Heidelberg, 1936 o. Prof. Jena, 1941-45 Prof. Straßburg, 1955-70 Prof. Hohenheim - BV: D. Deutsche Bauernkrieg 1933, 12. A. 1977; Geschichte d. dt. Bauernstandes, 1970, 2. A. 1984; Persönlichkeit u. Geschichte (m. Bibliogr.), 1977; D. dt. Bauernkrieg (jap.), 1989 - Mitgl. d. Österr. Akad. d. Wiss., d. Akad. f. Raumforsch. Hannover; Ehrenmitgl. d. Ranke-Ges. u. Ges. f. Agrargesch. - Lit.: O. Hauser: Persönlichkeit u. Geschichte (Aufs. 1977).

FRANZ, Gunther
Dr. theol., Direktor Stadtbibliothek u. Stadtarchiv Trier (s. 1982) - Januarius-Zick-Str. 2, 5500 Trier (T. 0651 - 1 09 92) - Geb. 5. Febr. 1942 Straßburg/Elsaß (Vater: Prof. Dr. Günther F., Historiker; Mutter: Annelise, geb. Eckhardt), ev., verh. s. 1968 m. Margret, geb. Geiger, T. Barbara - Abit. 1961 Stuttgart; Promot. 1969 Tübingen; Prüf. wiss. Bibl. 1971 Köln - 1971 Univ.-Bibl. Tübingen, 1980 Bibl.-Dir., 1982 Ltd. Bibl.-Dir. S. 1983 Schriftleiter Kurtrierisches Jahrb. Lehrbeauftr. Univ. Trier - BV: D. Kirchenleitung in Hohenlohe in d. Jahrzehnten n. d. Reformation, 1971; Huberinus-Rhegius-Holbein, 1973; D. ev. Kirchenordnungen d. 16. Jh., Bd. 15: Württemberg I, 1975; Codex Egberti d. Stadtbibl. Trier, 1983. Herausg.: Armaria Trevirensia. Beitr. z. Trierer Bibl.-gesch. (1985); Friedrich Spee. Dichter, Seelsorger, Bekämpfer d. Hexenwahns (1985, 2. erw. A. 1991); Caspar Olevian. Evang.-ref. Theologe aus Trier (1987); Aufklärung u. Tradition. Kurfürstentum u. Stadt Trier im 18. Jh. (1988); Karolingische Beda-Handschrift aus St. Maximin (1990). Mitautor: Trier in d. Neuzeit. 2000 J. Trier Bd. 3 (1988). Friedrich Spee: Sämtl. Schriften 3. Coutis Criminalis (1992) - Ehrenmitgl. Großherz. Inst. Luxemburg - Liebh.: Bergsteigen, Langstreckenlauf.

FRANZ, H. Gerhard
Dr. phil., o. Prof. f. Kunstgeschichte - Charlottendorfgasse 7, A-8010 Graz/Steierm. (Österr.) - Geb. 19. Jan. 1916 Dresden (Vater: Oswald F., Textilfabr.; Mutter: Hedwig, geb. Wilhelmi), ev., verh. m. Dr. Rosemarie, geb. Berdau (Kunsthist.), 3 Kd. (Roger-Alexander, Rainald-Christoph, Cornelia) - Gymn. z. Hl. Kreuz, Dresden; Univ. München, Berlin (Promot. 1939), Prag, Wien (Kunstgesch., Archäol., Oriental. Gesch.) - 1940 Assist. TH Dresden, 1944 Privatdoz. Univ. Breslau, 1946 Univ. Mainz, 1950 apl. Prof. ebd., 1962 Ord. Univ. Graz. Erforsch. d. vorher weitgeh. unbek. Barockarch. Böhmens; Forsch. üb. Kunst d. islam. Völker u. ihre Einwirk. auf d. mittelalterl. Kunst Europas u. üb. Kunstgesch. Indiens - BV: D. Kirchenbauten d. Christoph Dientzenhofer, 1943; D. dt. Barockbaukunst Mährens, 1943; Stud. z. Barockarch. in Böhmen u. Mähren, 1943; Gotik u. Barock im Werk d. Santin Aichel, 1950; Longuelune u. d. Baukunst d. 18. Jh. in Dresden, 1953; Bauten u. Baumeister d. Barock in Böhmen, 1962; Buddhist. Kunst Indiens, 1965; Hinduist. u. islam. Kunst Indiens, 1967; Niederl. Landschaftsmalerei im Zeitalter d. Manierismus, 1968; Spätromanik u. Frühgotik, in: Kunst d. Welt, 1969; Pagode, Turmtempel, Stupa, 1978; Von Gandhara bis Pagán, 1979; Palast, Moschee u. Wüstenschloss, 1984; V. Baghdad b. Córdoba, 1984; Dientzenhofer u. Hausstätter, 1985; Pöppelmann u. d. Zwinger, 1986; G. Bähr u. d. Frauenkirche, 1988; K. J. Dientzenhofer, 1990; D. alte Indien, 1990; D. Dientzenhofer, 1991. Herausg.: Kunsthist. Jahrb. Graz, Forsch. u. Berichte Inst. f. Kunstgesch. d. Univ. Graz - Liebh.: Garten - Spr.: Lat., Griech., Franz., Engl., Ital., Span., Russ.

FRANZ, Hans-Eduard
Dr. med. (habil.), Internist, apl. Prof. f. Innere Medizin u. Nephrologie Univ. Ulm - Julius-Leber-Weg 4, 7900 Ulm-Donau.

FRANZ, Helmut Jacob
Dr. med., Arzt u. Geschäftsführer - Robert Kochstr., 6685 Schiffweiler (T. 06821 - 6 86 51) - Geb. 1. Mai 1920 Saarbrücken (Vater: August F., Bäckermeister; Mutter: Luise, geb. Hoffmann), ev., verh. s. 1944 m. Katharina, geb. Weinel, 3 Kd. (Renate, Heinrich, Michael) - Abit. Saarbrücken 1939, Med. Staatsex. u. Promot. 1946 Tübingen, 1946-48 Theologiestud. Tübingen - Geschäftsf. Saarstickstoff Fatol GmbH, Vorst. Bundesverb. Pharma-Ind., Vors. L. gr. Saar, Mitgl. Landessynode Rheinl., stv. Mitgl. Kirch.leit. Ev. K. Rheinl., Presbyter u. a. kirchl. Ämt., FS (Wort z. Sonntag), polit. Mand. - BV: Kerygma u. Kunst, theologisch-philosophisch, 1959; Kurt Gerstein, Außenseiter d. Widerstands gegen Hitler, 1962; D. Denken Heideggers u. d. Theolog., 1961 - Liebh.: Theolog., Phil., Musik, Politik - Spr.: Engl., Franz.

FRANZ, Herbert
I. Bürgermeister (b. 1984) - 8052 Moosburg/Isar - Geb. 8. Febr. 1937 München - Zul. Regierungsrat. CSU.

FRANZ, Herbert
Dipl.-Ing. (FH) Mitglied d. Landtages Bayern - Albert-Schweitzer-Str. 1, 8700 Würzburg 25 (T. 0931 - 27 15 19) - Geb. 8. Febr. 1937 München.

FRANZ, Ingomar-Werner

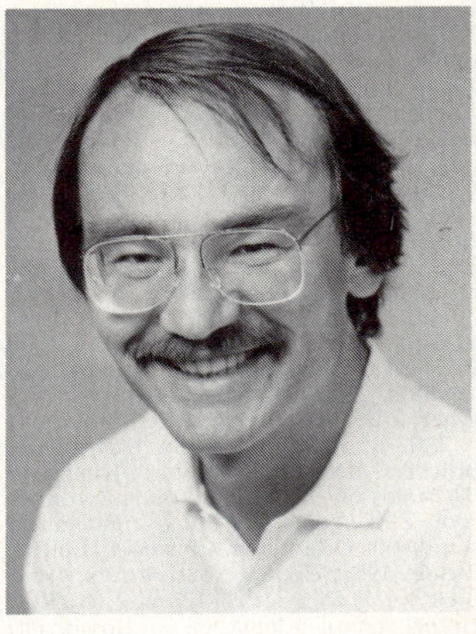

Dr. med., Prof., Arzt, leit. Arzt d. Klinik Wehrawald d. BfA, Todtmoos (s. 1986) - Klinik Wehrawald, 7865 Todtmoos (T. 07674 - 8 00) - Geb. 28. Aug. 1944 Prerow, ev., verh. s. 1976 m. Gabriele, geb. Hein, 3 Kd. (Thorid, Göran, Ragna) - Stud. Humanmed. u. Sportmed. 1967-73 Univ. Berlin; Promot. 1973; Habil. 1981 (Inn. Med.); 1984 Prof. alles Berlin - 1974-78 Facharztausbild. (Inn. Med.) Städt. Krkhs. Berlin-Zehlend., 1978-86 Abt. f. Kardiol. u. Pneumol. Klinikum Charlottenb. d. FU Berlin. Tätigkeitsschwerp.: Hypertonie, Ergometrie, Pharmakotherapie, Linksherzhypertrophie - Mitgl. d. Experten-kommiss. Sportmed. d. Dt. Ges. f. Herz-Kreislaufforsch., Sektion Rehabilitation d. Dt. Ges. f. Sportmed. - BV: D. Belastungsblutdruck b. Hochdruckkranken, 1981; Ergometrie b. Hochdruckkranken - Diagnostische u. therap. Konsequenzen f. d. Praxis, 1982; Ergometrie b. Hochdruck- u. Koronarkranken in d. tägl. Praxis, 1984; Ergometry in Hypertensive Patients, 1985; Training u. Sport z. Prävention u. Rehabilitation in d. technisierten Umwelt, 1985; Beta Rezeptorenblocker in d. Hochdrucktherapie, 1986. Üb. 200 Publ. - 1981 Hufeland-Preis; 1990 Preis d. Therapiewoche Karlsruhe - Liebh.: Sport, Musik - Spr.: Engl., Lat.

FRANZ, Isabelle
Fabrikantin, Geschäftsf. Hydraulika GmbH. - Stübeweg 54, 7800 Freiburg/

Br.; priv.: Fröbelstr. 9, 7809 Denzlingen - Geb. 1. Nov. 1943.

FRANZ, Johannes
Dr. phil., em. Prof. f. berufl. Bildung - Angergasse 13, 8973 Hindelang (T. 28 30) - Geb. 5. Febr. 1921 Edersdorf/Römerstadt (Vater: Johann F., Webmeister; Mutter: Maria, geb. Baum), kath., verh. s. 1950 m. Ilse, geb. Weber, T. Eva-Maria - Obersch. Römerstadt; TH Brünn, Univ. München. Lehrerprüf. 1947 u. 50; Promot. 1957 - 1947-52 Volksschullehrer Unterammergau u. Mittenwald, 1952 b. 1959 Seminar- u. Ausbildungslehrer (1956) Freising. 1959-62 Doz. PH Vechta, 1962-81 ao. u. o. Prof. Univ. Paderborn. Wiss. Berater Ruhrsem. - BV: D. Arb.sl. im Unterr. d. Hauptschule, 1968. Div. Aufs. zu Schulfragen - 1966 Ehrenmitgl. Corporation of Secretaries London - Liebh.: Autosport, Industrie- u. Wirtschaftsanalysen - Spr.: Tschech., Franz.

FRANZ, Jost M.
Dr. rer. nat., Prof., ehem. Direktor Inst. f. Biol. Schädlingsbekämpf./Biol. Bundesanst. f. Land- u. Forstw., Darmstadt (1953-80) - Hildastr. 2, 6200 Wiesbaden (T. 15 36 22) - Geb. 3. April 1915 Dresden (Vater: Prof. Dr. phil. Arthur F., Ord. f. Roman. Philol., zul. Univ. Jena (s. X. Ausg.); Mutter: Helene, geb. Hantzsch), verh. s. 1940 m. Hildegard, geb. Reinhold, 3 Kd. (Gundula, Irmela, Peter) - Gymn. Würzburg u. Königsberg/Pr.; Univ. Königsberg, München, Freiburg/Br. Promot. 1940 Freiburg; Habil. 1958 Darmstadt - 1940-49 Wiss. Angest. Univ. München (Inst. f. Angew. Zool.); 1949-53 Mitarb. Commonwealth Inst. of Biological Control London. S. 1958 Privatdoz., apl. Prof. u. Honorarprof. TH Darmstadt (Angew. Zool.) - BV: Biol. Schädlingsbekämpf., in: Handb. d. Pflanzenkrankh., Bd. VI, 3 Lfg. 2. A. 1961 (S. 1-302); Biol. Schädlingsbekämpf., 3. A. 1982 (m. A. Krieg). Üb. 300 Einzelarb. - 1955 korr. Mitgl. Finn. Entomol. Ges.; 1965 Goldmed. Fondazione Filippo Silvestri, 1966 Heinrich-Cotta-Plak.; 1982 Karl-Escherich-Med.; 1985 Ehrenmitgl. Finn. Pflanzenschutzges. - Liebh.: Schmalfilmen - Spr.: Engl., Franz. - Bek. Vorf.: Ludwig Richter, Maler, 1803-84 (Ururgroßv.).

FRANZ, Klaus-Peter
Dr. rer. pol., Univ.-Prof. f. Betriebswirtschaftslehre Univ. Kaiserslautern (s. 1986) - Pelderweg 5, 6750 Kaiserslautern (T. 0631 - 5 44 10) - Geb. 17. Mai 1945 Reuden/Kr. Zerbst, ev., verh. s. 1982 m. Ursula, geb. Nüttgens, 2 Töcht. (Tanja, Christina) - 1964-69 Stud. Betriebswirtschaftsl. Univ. Köln u. Penn State Univ. (1968); Promot. 1973, Habil. 1985 Aachen - 1982-85 Vertr. e. Prof. Univ. Oldenburg; 1985/86 Prof. Univ. Oldenburg - BV: D. Ausschüttungsentscheidung d. Unternehmung, 1974; Industrielle Kostenrechnung (m. D. Ahlert), 1984 - Spr.: Engl.

FRANZ, Otmar
Dr. rer. pol., Dipl.-Kfm. Vorstandsvorsitzender d. Strabag Bau-AG - Siegburger Str. 241, 5000 Köln 21 (T. 0221 - 824-29 57); Werntgenshof 31, 4330 Mülheim/R. - Geb. 6. Jan. 1935 Marburg (Vater: Günther F., Histor., Univ-Prof.), ev., verh. s. 1961 m. Maren, geb. Passow, 3 Kd. (Markus, Anke, Edgar) - Abit.; kaufm. Lehre; Stud. Rechts- u. Staatswiss. Marburg, Frankfurt, Dipl.-Kfm. 1960; Promot. 1964 Frankfurt - 1966 Dir., 1968 Gf., 1976-90 Vors. d. Geschäftsf. d. Klöckner Industrie-Anlagen GmbH, Duisburg, u. Vorst.-Mitgl. d. Klöckner & Co. AG, Duisburg. Zahlr. in- u. ausl. AR-Mand., dar. Victoria Lebensversich. AG, Berlin, Vorst.-Vors. d. Rationalisierungs-Kurat. d. Dt. Wirtsch. (RKW) e.V., Frankfurt - BV: Bedingungen f. d. Entwickl. ind. Unternehmungen in Ägypten, 1965; Was weiter wirkt, 1971; D. Zukunft d. BRD, 1975; Vom Sinn d. Gesch., 1976; Am Wendepunkt d. europ. Geschichte, 1981; Europas Mitte, 1987; Europäische Währung - e. Utopie?, 1988; Europ. Energie- u. Umweltpolitik, 1988; European Currency in the Making, 1989; D. Ruhrgebiet - Kulturlandschaft in Europa, 1990; Europäische Zentralbank, 1991 - Ehrenmitglied d. Europaparlaments - Liebh.: Politik, Schach - Spr.: Engl., Franz.

FRANZ, Ove
Dipl.-Kfm., Bankier, CDU-Abg. Hamb. Bürgerschaft (s. 1961) - Teilfeld 5, 2000 Hamburg 11 - Geb. 6. März 1936, ev., verh., 3 Söhne - Gymn. Blankenese, Univ. Hamburg - 1959/60 Assist. Wirtschaftsprüfer, 1960/61 Geschäftsf. polit. Verlag, seith. im Bankhaus Wölbern & Co., Hamburg, s. 1974 pers. haft. Ges.; dan. Mitgl. VR u. AR versch. Untern. u. Ges.; Mitgl. CDU-Fraktionsvorst. Landesparlam. (s. 1966).

FRANZ, Peter
Dipl.-Kfm., Hauptgeschäftsführer SPIO, Vorst. Friedrich-Wilhelm-Murnau-Stiftung u. Vorst.-Mitgl. Dt. Inst. f. Filmkunde - Langenbeckstr. 9, 6200 Wiesbaden - Geb. 4. Nov. 1930, verh. 1 Kd. - Stud. Betriebswirtsch.; Dipl. 1954 Univ. Frankfurt.

FRANZ, Siegfried
Komponist - Bauernvogtkoppel 11, 2000 Hamburg 65 (T. 601 56 98) - Geb. 14. Aug. 1913 Mannheim (Vater: Alfred F., Amtsrat; Mutter: Sophie, geb. Faller), gottgl., verh. s. 1943 m. Dora, geb. Reimann, S. Udo - Realgymn. u. Hochsch. f. Musik u. Theater Mannheim (Musiktheorie, Komp., Klav.; Ex. 1938) - 1938 Doz. HfMuT Mannheim; 1941-44 Lehrgangsleit. f. Feierabendgestalt. OKW; s. 1947 freiberufl. Tätigk. Werke f. Orchester, Chor, Klavier, Violine, Orgel; Funkoper: D. schwere Weg; Chansons. Musik zu üb. 250 Hörspielen. Z. zahlr. Film- (Bundesfilmpreisträger: Canaris u. Nachts, wenn d. Teufel kam), Fernseh- (u. a. Serien: Stahlnetz, Dem Täter auf d. Spur, Percy Stuart, Heidi, IOB, Weltenbummler) u. Bühnenmusiken (u. a. Johanna d. Schlachthöfe, D. Balkon, Tartuffe, Charleys Tante, Armer Mörder, Harold v. Mande, D. Arme Vetter Woyzeck) - 1955 Preis f. beste Hörspielmusik, 1959 Karl-Sczuka-Preis (beide SWF).

FRANZ, Walter
Dr. phil., Dr. h.c., em. o. Prof. f. Theoret. Physik - Schreiberstr. Nr. 16, 4400 Münster/W. (T. 81834) - Geb. 8. April 1911 München, verh. m. Maria, geb. Wimmer, 4 Kd. - Theresien-Gymn. u. Univ. München (Promot. 1934). Habil. 1937 Königsberg - 1934 Assist. Univ. München, 1937 Univ. Königsberg, 1939 Doz. (dazw. 1939-45 Wehrdst. u. Ukstellung (1943) f. TH München), 1949 apl. Prof. Univ. Münster, 1959 ao., 1961 o. Prof. Univ. Hamburg, 1962 Univ. Münster (Inst.sdir.). 1967 Gastprof. Univ. of Delaware (USA), emerit. 1979. Wichtigste Arbeiten: Streuung v. Strahlung am magn. Elektron (1938); Theorie d. Farbensehens (1941); Höh. Näherungen z. Kirchhoffschen Beugungstheorie (1949); Kriechwellen d. Theorie d. Beug. (1945-53); Theorie d. Multipolstrahl. (1950); Theorie d. Isolierfestigk. v. Kristallen (1951); Verschieb. opt. Bandkanten im elektr. Feld (1958); Statist. Operator zerfall. Systeme (1964); Quantentheorie (1970) - 1985 Ehrendoktor Univ. Kassel - Liebh.: Kammermusik (Geiger), Schach.

FRANZ, Wolfgang
Dr. rer. nat., o. Prof. f. Mathematik (emerit.) - Melemstr. 6, 6000 Frankfurt/M. (T. 55 48 63) - Geb. 4. Okt. 1905 Magdeburg (Vater: Prof. Dr. phil. Erich F., Oberstudiendir. (s. XV. Ausg.); Mutter: Marie, geb. Grahl), ev., verh. s. 1950 m. Ruth-Ingeborg, geb. v. Vangerow, T. Christine - Univ. Kiel, Berlin, Wien, Halle/S. Promot. 1930 Halle; Habil. 1936 Marburg - S. 1949 o. Prof. u. Inst.sdir. Univ. Frankfurt (1964/65 Rektor). 1966 Vors. Dt. Mathematiker-Vereinig. Spez. Arbeitsgeb.: Math., Topologie - BV: Topologie, I u. II 1960

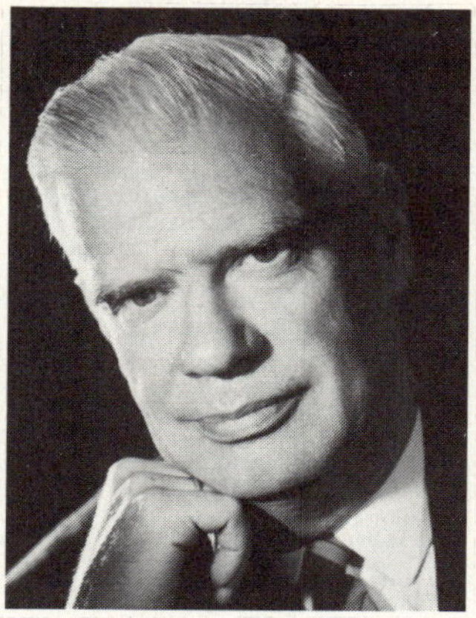

(Samml. Göschen); auch engl., span. - Spr.: Engl., Franz., Ital.

FRANZ, Wolfgang
Dr. rer. pol., o. Prof. f. Volkswirtschaftslehre - Am See 25, 7750 Konstanz 16 (T. 07531 - 4 37 21) - Geb. 7. Jan. 1944 Nassau/Lahn, ev. - Stud. Univ. Mannheim; Promot. 1974, Habil. 1980 (Habil.-Stip. Dt. Forsch.gemeinsch.) Mannheim - 1982/83 Prof. Univ. Konstanz; 1983/84 Prof. Univ. Mainz; 1984-88 Prof. Univ. Stuttgart, s. 1989 Prof. Univ. Konstanz; s. 1985 Lehrbeauftr. wiss. Hochsch. f. Unternehmensführung Koblenz - BV: Youth Unemployment in the Federal Republic of Germany, 1982; Arbeitsmarktökonomik, 1991; zahlr. Aufs. u. a. üb. Arbeitsmarktprobl.

FRANZ-WILLING, Georg

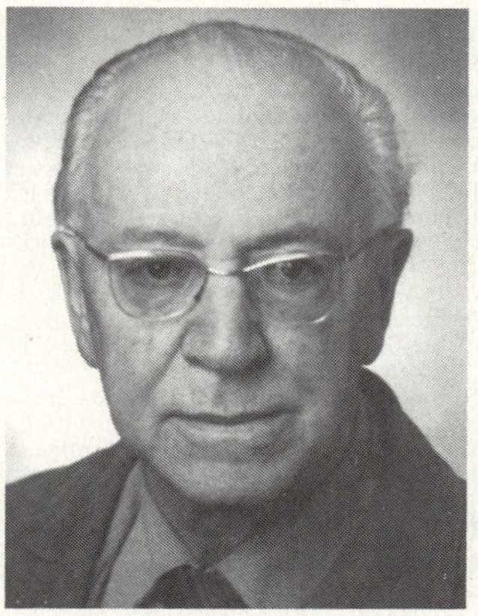

Dr. phil., Historiker - Barbelgängle 41, 7770 Überlingen - Geb. 11. März 1915, kath., verh. s. 1961 m. Hildegard, geb. Suhm, 2 Kd. (Siegfried, Ingeborg) - Abit. Human. Gymn. Rosenheim; Stud. Univ. München; Promot. 1942 - Nach d. Krieg wiss. Mitarb. an versch. Inst., Erzieher Albertinum (Tegernsee); Doz. Offiziersch. d. Marine Flensburg-Mürwik; Wiss. Mitarb. Militärgeschichtl. Forschungsamt Freiburg/Br. - BV: Erzherzog Franz Ferdinand u. d. Pläne z. Reform d. Habsburger Monarchie, 1943; Kulturkampf, 2 Bde. 1954 u. 71; Liberalismus, 1955; D. Krimkrieg, e. Wendepunkt d. europ. Schicksals, in: Gesch. in Wiss. u. Unterr., 1956; Munich. Birthplace and Center of the NSDAP, in: The Journal of Modern Hist., 1957; D. indische Aufstand 1857-59, in: D. Welt als Gesch., 1961; Gesch. d. Bayer. Vatikangesandtschaft, 1965; D. Vorspiel d. chines. Revolution: D. Taiping-Aufstand 1850-64, in: SAECULUM, 1971; Neueste chines. Gesch., 1975; Ursprung u. Frühgesch. d. Hitlerbewegung, 3 Bde. 1974-78; D. 2. Weltkrieg, 1979; Bürgerkrieg in USA 1861-1865, 1980; 1933. D. nationale Erhebung, 1982; D. Reichskanzlei 1933-1945, 1984; Bin ich schuldig? Leben u. Wirken d. Reichsstudentenführers u. Gauleites Dr. Gustav Adolf Scheel 1907-79. E. Biogr., 1987; D. techn. Revolution im 19. Jh. D. Übergang z. industr. Lebensweise, 1988; F. D. Roosevelt, Biogr. 1991; Umerziehung. D. De-Nationalisierung besiegter Völker im 20. Jh., 1991 - 1985 Hutten-Preis - Interessen: Verhaltensforschung, Astronomie - Spr.: Engl., Franz., Span., Ital. - Lit.: u.a. Kürschners Gelehrtenkalender (s. 1950).

FRANZBACH, Martin
Dr. phil., Prof. f. Literatur- u. Sozialgeschichte Spaniens u. Lateinamerikas - Oderfelder Str. 14, 2000 Hamburg 13 - Geb. 29. Nov. 1936 Hamburg - Promot. 1963 Hamburg; Habil. 1972 Bonn - S. 1974 Ord. Univ. Bremen. Bücher u. Aufs.

FRANZEN, Franz
Dr. med., Prof., Internist - Lindenallee 2, 5000 Köln 51 (T. 384352) - Geb. 18. April 1917 Mönchengladbach - B. 1961 Privatdoz., 1968 apl. Prof. Univ. Köln; Chefarzt Inn. Abt. Hl. Geist-Krkhs. - BV: Biologically active Amines found in man, 1969; zahlr. Fachveröff.

FRANZEN, Hermann
Pers. haft. Gesellschafter Fa. Porzellanhaus Hermann Franzen KG - Königsallee 42, 4000 Düsseldorf 1 (T. 0211 - 1 30 78-0) - Geb. 26. Aug. 1940 Düsseldorf (Vater: Dr. Hermann F.; Mutter: Anneliese, geb. Schwellenbach), kath., verh. s. 1982 m. Marietta, geb. Kutzim, 3 Kd. (Hermann, Stephanie, Peter Tobias) - Abit.; 2 J. Fachausb. in Schweiz u. USA - S. 1990 Präs. d. Hauptverb. d. Dt. Einzelhandels, Köln; Vizepräs. IHK Düsseldorf - Spr.: Engl.

FRANZEN, Jürgen
Delegierter d. Dt. Wirtschaft in Taiwan - 4F, No. 350, Min-Sheng East Road, Taipei 10444, R.O.C. (T. 02 - 506 90 28; Telefax 02 - 506 81 82; Telex 2 62 26 Gertrade) - Geb. 10. Dez. 1954 Viersen, kath., verh. s. 1984 m. Sofia, geb. Tseng Wen-Yue - M. A. 1981 Soochow Univ. Taipei - 1981-84 Project Dir. Österr. Handelsdelegation Taipei; 1984-86 stv. Geschäftsf. Dt.-Thailänd. Handelsk. Bangkok; 1986 Delegierter D. Dt. Wirtschaft Taiwan - Liebh.: Chines. Gesch., Phil. - Spr.: Engl., Franz., Chin., Thai.

FRANZEN, Klaus
Vorstandsmitglied a.D. Bremer Landesbank/Staatl. Kreditanst., Oldenburg/Bremen (1976-84); Königl. Schwed. Konsul a. h.(1978-84) - Georg-Gröning-Str. 31, 2800 Bremen (T. 34 42 72) - Geb. 31. Mai 1928 Bremen - Univ. Kiel u. Freiburg (Rechtswiss.). Jurist. Staatsex. 1952 u. 56 - 1956-61 Brem. Finanzverw. (Reg.rat); 1961-72 Bundesfinanzmin. (zul. Min.dirig.); 1972-75 Chef Senatskanzlei Bremen (Staatsrat). SPD s. 1963 - BV: Steuerstrafrecht, 3. A. 1985 (m. Gast u. Samson) - Liebh.: Segeln - Spr.: Engl.

FRANZISKET, Ludwig
Dr. rer. nat., em. Prof. Univ. Münster, Dir. Westf. Museum f. Naturkd. ebd. - Theresiengrund 14, 4400 Münster - Geb. 26. Juni 1917 - Promot. 1950 - S. 1957 Museumsdir. (1970 nebenamtl., nach Emerit. wieder hauptamtl.). Fachveröff.

FRANZIUS, Ludwig
Dr.-Ing., Baudirektor, Leit. Wasser- u. Schiffahrtsamt Stuttgart - Birkenwaldstr. 38, 7000 Stuttgart 1.

FRANZKE, Adolf
Dipl.-Ing., Prof., f. Verkehrswesen u. Math. Gesamthochsch. Paderborn (entpfl.) - Wilhelm-Harmann-Str. 17, 3470 Höxter 1.

FRANZKE, Dietmar
Regierungsamtmann, MdL Bayern (s. 1978) - Salamanderweg 7, 8300 Landshut/Ndb. - Geb. 27. Dez. 1941 Breslau/Schles., verh., 2 Kd. - Realsch. Eggen-

felden (Mittl. Reife); 1963-64 Sozialakad. Dortmund (Abschluß; Prädikat: Sehr gut) - S. Jahren Landesversicherungsanstalt Niederbayern/Oberpfalz. Stadtrat Landshut. SPD s. 1960 (Mitgl. Bezirks- u. Landesaussch.).

FRANZKE, Günther

s. Schwenn, Günther

FRANZKE, Hans-Hermann

Dr.-Ing., o. Prof. TU Berlin - Hochbaumstr. 36, 1000 Berlin-Zehlendorf - Geb. 18. März 1927 Clausthal (Vater: Hermann F., Bergbeamter; Mutter: Agnes, geb. Richter), ev., verh. s. 1952 m. Leonore, geb. Schomer, 3 Kd. (Wolfgang, Klaus, Sigrid) - TU Clausthal (Dipl.-Ing. 1951, Promot. 1957) - 1951-57 wiss. Assist.; 1957-75 Tätig. b. versch. Untern., zul. Geschäftsf.; 1975-77 Prof. FH Köln; ab 1977 o. Prof. TU Berlin. Pat. im u. a. Masch.- u. Anlagenbau - BV: u. a. Masch.- u. Anlagentechnik, 1987 - 1990 Mitgl. Berliner Wiss. Ges., Vorst.-Vors. d. Franzke'schen Stiftg.

FRANZKE, Hermann

Dipl.-Ing., Architekt, Direktor Robert Bosch GmbH - Hainbuchenweg 5, 7000 Stuttgart 70 (T. 0711 - 76 25 16) - Geb. 21. Juni 1930, verh. m. Elisabeth Daey Ouwens, 2 Kd. (Nicholas, Dominique) - 1951-56 Stud. Rhein.-Westf. Techn. Univ.; Dipl. Ing. Arch. - 1956-61 Architekt in Basel (Suter + Suter) u. New York; 1961-65 eigenes Büro m. Prof. H. H. Franzke; s. 1975 Leit. zentr. Abteil. Bauten + Anlagen Bosch GmbH. S. 1992 Beratungsbüro f. Industriebau - Herausg.: Industriebau BOSCH (1991) - Zahlr. Beitr. in Fachztschr. + Büchern üb. Ind.-Bau - Mitgl. Dt. Akad. f. Städtebau + Landesplanung - Ehrungen in Arch.-Wettbew. - Spr.: Engl., Franz.

FRANZKI, Harald

Dr. jur., Präsident d. Oberlandesgerichts a. D. - Leberstr. 47, 3100 Celle - Geb. 27. Okt. 1924 Breslau (Vater: Paul F., Staatsanw.; Mutter: Charlotte, geb. Petrick), ev., verh. s. 1949 m. Ilse, geb. Homann, 2 Söhne (Dietmar, Eike) - Gymn. Berlin; 1942-45 Wehrdst. (zul. Ltn.); 1947-51 TH Stuttgart u. Univ. Göttingen (Rechts- u. Staatswiss.). Gr. jurist. Staatsprüf. 1955 Hannover - S. 1955 Richter nieders. Justizdst. (1958-60 u. 1964-68 Abordnung Nds. Justizmin.); s. 1978 Mitgl., s. 1988 Vors. d. Ständ. Deputation d. Dt. Juristentages, ferner Dt.-niederl. Juristenkonf. - Fachveröff. im Ber. Arzthaftung, Sachverständigenwesen u. Zivilprozeßrecht.

FRANZREB, Benno

Mitglied d. Bereichsvorstands Siemens AG, Sicherungstechnik - Zu erreichen üb. Landshuter Str. 26, 8044 Unterschleißheim - Geb. 18. 05. 1937 Neustadt/Pfalz - Stud. Rechtswiss. 1956-60 Univ. Heidelberg u. Köln, Betriebswirtsch. 1961-63 WH Mannheim; Zweites jurist. Staatsex. 1964 - Spr.: Engl., Franz., Ital., Span.

FRAUENDORF, O. J.

s. Görlitz, Walter

FRAUNBERGER, Friedrich (Fritz)

Dr. rer. nat., Prof., Physiker - Ludwigstr. 16a, 8000 München 22 (T. 280 07 35) - Geb. 26. Febr. 1912 Rotthalmünster - S. 1951 (Habil.) Lehrtätigk. Univ. München (1959 apl., 1965 o. Prof.) Phil.-Theol. Hochsch., jetzt Univ. Bamberg (emerit. 1974) - BV: Illustrierte Gesch. d. Elektrizität, 1985. Div. Einzelarb. üb. Magnetismus u. Metallkunde.

FRAUNHOLZ, Wolfgang

Univ.-Prof., Hochschullehrer f. Mathematik - Pappelweg 2, 5400 Koblenz-Karthause - Geb. 21. Dez. 1931 Augsburg (Vater: Josef F., Bundesbahndir.; Mutter: Elisabeth, geb. Schraut), kath., verh. s. 1958 m. Anneliese, geb. Burkard, 3 Kd. (Lioba, Jutta, Bardo) - Altsprachl. Gymn. Bingen; 1952-58 Univ. Mainz u. Bonn (Math. u. deren Gesch., Phys., Phil., Päd.). Staatsex. 1959 u. 1960 Bonn - 1959-62 Schuldst., 1962-70 Doz. PH Koblenz, s. 1970 ao. u. o. Prof. (1971) Univ. Koblenz-Landau (1972-75 u. 1984-90 Vizepräs., s. 1972 Leit. Inst. f. Mediendidaktik), Lehrbeauftr. Fernuniv. Hagen; Funk- u. Fernsehkollegs Math. - BV: Bücher z. Telekolleg Mathematik - Spr.: Engl., Ital., Franz.

FREDE, Hans-Rainer

Dr. jur., Regierungspräs. i. R., Rechtsanw. u. Notar - Lünertorstr. 4, 2120 Lüneburg (T. 4 86 06) - Geb. 28. Juni 1932 Breslau (Vater: Dr. Günter F.), verh. m. Ursula, geb. Berner - B. 1971 Oberkreisdir. Zellerfeld, dann Regierungspräs. Lüneburg. 1978-82 Mitgl. Niedersächs. Landtag.

FREDEMANN, Rolf

Dr., Kammerdirektor, Geschäftsf. LK Rheinl.-Pfalz - Burgenlandstr. 7, 6550 Bad Kreuznach/N.; priv.: Dienheimer Berg 87.

FREDENHAGEN, Klaus

Dr. rer. nat. (habil.), Prof. f. Theoretische Physik Univ. Hamburg - Hudlemstr. 4A, 2000 Hamburg 72 - Geb. 1. Dez. 1947 Celle - Promot. 1976 Hamburg, Habil. 1981 Freiburg - 1982-87 Heisenberg-Stip. Freiburg, Marseille, Hamburg - 1987 Akad.-Preis f. Physik d. Akad. d. Wiss. Göttingen.

FREDERKING, Gert

Gf. Verleger Franz-Schneider-Verlag, München (s. 1984) - Neumarkter Str. 18, 8000 München 80 - Geb. 1938 - Zul. Verlagsleit. u. Geschäftsf. Wilh. Goldmann Verlag (1977-84).

FREDERSDORF, Hermann

Gewerkschaftsvorsitzender - Johannes-Müller-Str.6, 5400 Koblenz - Geb. 19. März 1924 Buer/W. (Vater: Hermann F., Buchdrucker; Mutter: Louise, geb. Degener), kath., verh. s. 1977 m. Marianne, geb. Leonard, 2 Söhne (Hermann, Michael) - Gymn.; FHS f. Finanzen, Dipl.-Finanzwirt, Steueroberamtsrat - Vors. Dt. Steuergewerksch. (1957-79), Präs. Union d. Finanzpers. in Eur. (1963-80), stv. Vors. DBB (1969-79) u. a. SPD (1952-78); 1979 Gründ. Bürgerpartei (b. 1980 Vors., Rücktr.) - BV: D. Ausbild. d. Steuerbeamten, 2. A. 1968; D. ungerechte Steuersystem d. BRD, 2. A. 1971; D. Partei d. Steuerzahler, 1978 - 1965 Eiserner Steuergroschen Bund d. Steuerzahler - Liebh.: Bücher, Bilder - Bek. Vorf.: Michael v. F., Kammerdiener Friedrich II.

FREEDEN, von, Max H.

Dr. phil., Museumsdirektor i. R., Honorarprof. Univ. Würzburg (s. 1962) - Lortzingstr. 41, 8700 Würzburg (T. 76456) - Geb. 18. Nov. 1913 Bremen (Vater: Max v. F., Kapitän auf gr. Fahrt), ev., verh. s. 1940 m. Eleonore, geb. Hartig, T. Eva - Univ. Würzburg (Promot. 1936) u. München - S. 1939 Konservator, Leit. (1945) u. Dir. (1949-78) Mainfränk. Museum, Würzburg. Mitgliedsch. in Fachgremien. Zahlr. Ausstell. u. Kat. - BV u. Aufs. in Fachztschr. z. fränk. Kunst - 1959 Bayer. VO.; 1972 Ehrenring Stadt Würzburg; 1979 Kulturpreis Stadt Würzburg; 1979 BVK I. Kl.; 1986 Kulturpr. Bayer. Landesstift. - Spr.: Engl. - Rotarier - Bek. Vorf.: Wilhelm v. F., 1868 Gründer Dt. Seewarte (jetzt: Hydrograph. Inst. Hbg.), Großv.

FREEDEN, Willi

Dr. rer. nat., Prof. f. Mathematik Univ. Kaiserslautern (s. 1989) - Friedhofstr. 34, 6751 Trippstadt/Pfalz - Geb. 15. März 1948 Kaldenkirchen, kath., verh. s. 1981 m. Margret, geb. Gehlen, 3 Kd. (Claus Willi, Regina Maria, Clemens Michael) - Prüf. (Phil. u. Päd.) 1970; Dipl. (Math.) 1971; Staatsprüf. (Math. u. Geogr.) 1972; Promot. 1975, Habil. 1979 Aachen - 1982 Res. Assoc. Department of Geodetic Science Ohio State Univ., Columbus; 1983 Lehrauftr. Univ. Bonn; 1984 apl. Prof. RWTH Aachen - Rd. 45 Fachveröff. in d. Reinen, Angew. Math. u. Geodäsie.

FREEMAN, Robert B.

Ph. D., Prof. f. Psychologie Univ. Konstanz (s. 1972) - Am Ufer 7, 7750 Konstanz 18 - Geb. 19. Nov. 1928 New York - U. a. Lehrtätigk. USA. Zahlr. Facharb.

FREERICKS, Wolfgang

Dr. rer. pol. (habil.), Prof. f. Betriebswirtschaftslehre - Falkenstr. 5, 8700 Würzburg-Lengfeld - Geb. 31. Mai 1940 Türkheim - S. 1976 Ord. (Betriebsw. u. Betriebsw.schaftl. Steuerlehre) u. Mitvorst. Betriebsw. Inst. Univ. Würzburg - BV: Mod. Buchführungsverf. u. Grunds.ordnungsm. Buchf., 1967; Bilanzierungsfähigkeit u. -pflicht in Handels- u. Steuerbilanz, 1976; Mitverf.: Grundbegriffe d. Steuerrechts (Bd. II: Steuern v. Einkommen, 1976) u. Kommentar z. Einkommen- u. Körperschaftsteuer (3. A. 1979). Mithrsg.: Steuerwiss. (Schriftenreihe), Steuer u. Studium (Ztschr.); Einkommensteuergesetz, Körperschaftssteuergesetz, Gewerbesteuergesetz, Kommentar (m. Blümich; 13. A. 1989).

FREERKSEN, Enno

Dr. med., Dr. phil., em. o. Prof. f. Exper. Medizin Univ. Kiel, Dir. Forschungsinst. Borstel (s. 1950) - Sterleyer Str. 44, 2410 Mölln/Holst. - Geb. 11. Sept. 1910 Emden, verh. m. Edith, geb. Prussas, 3 Kd. (Edith, Renate, Peter) - Stud. Phil., Naturwiss., Med. - S. 1945 Ord. Kiel (b. 1967 Anat. u. Gesch. d. Med., dann Exper. Med.), emerit. 1978. Fachveröff.

FREESE, Bernhard

Dr. jur., Rechtsanwalt, Generalbevollm. Thyssen Schachtbau GmbH., Mülheim/R. - Wertgasse 28, 4330 Mülheim/R. (T. 381877; 452213) - Geb. 3. April 1923 Bunderhammrich/Ostfr. (Vater: Behrend H. F.; Mutter: Peterke, geb. Post), ev., verh. s. 1961 m. Ingeborg, geb. Takens (Kunsthistor.) - Anwaltslehre; Externe-nabit.; Stud. Univ. Göttingen; Promot. 1957 - Vors. Rechtsaussch., stv. Vors. Ständ. Kaufm. Schiedsgericht u. Mitgl. Steueraussch. IHK Essen - Spr.: Engl., Niederl.

FREESE, Hans-Ludwig

Dr. phil., Dipl.-Psych., Prof. f. Erziehungswissenschaft FU Berlin - Potsdamer Str. 16, 1000 Berlin 45 - Geb. 14. Sept. 1934 - Schwerpunkte d. Lehre u. Forsch.: Empirische päd. Forsch.; Päd.-psychol. Beratung; Philosophieren m. Kindern - Vorst.-Mitgl. d. Dt. Ges. f. d. Hochbegabte Kind u. d. Dt.-Ital. Ges. - Veröff. u.a. zur Unterrichtsforsch., Hochbegabung, Kinderphil.

FREESE, Peter

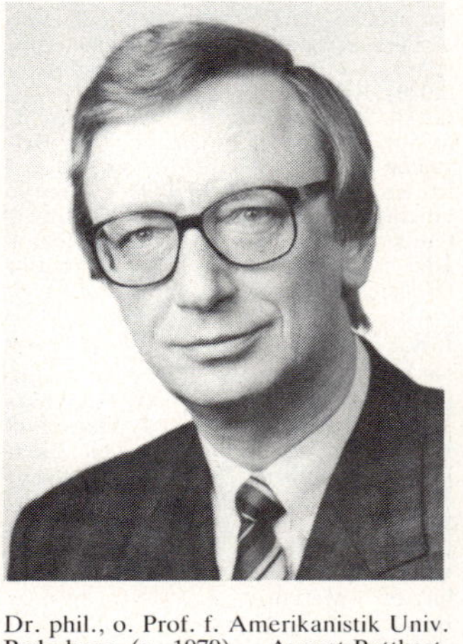

Dr. phil., o. Prof. f. Amerikanistik Univ. Paderborn (s. 1979) - August-Potthast-Weg 8, 4790 Paderborn (T. 05251 - 6 43 99) - Geb. 10. März 1939 Bremen (Vater: Hermann F., Reisender; Mutter: Gertrud, geb. Claußen), ev., verh. s. 1968 m. Marianne, geb. Droese, Tocht. Martina - Gymn. Heide; Univ. Kiel, Heidelberg, Reading (Engl.). Promot. 1970 Kiel (Summa cum laude) - 1967-71 Wiss. Assist. Univ. Kiel; 1971-73 a. o. Prof. PH Kiel; 1973-79 o. Prof. PH Münster; 1978 Gastprof. Leeds/Engl.; s. 1979 o. Prof. Univ Paderborn. Beiratsmitgl. Dt. Ges. f. Amerikastud., Mitgl. Stud.reformkommiss. 7 NRW, 1982/83 Dekan; 1983-87 Prorekt. f. Stud. u. Lehre. 1988 Fellow in Residence Claremont McKenna Coll. u. Gastprof. Illinois State Univ./USA; 1990/91 Vors. d. Paderborner Zentr. f. Kulturwiss.; 1991 Gastprof. Eötvös Lorant Univ. Budapest. 1991ff. Senatsmitgl. S. 1990 Ehrenmitgl. v. Phi Beta Delta - BV: D. Initiationsreise: Stud. z. jugendl. Helden im mod. amerik. Roman, 1971; D. amer. Kurzgesch. nach 1945, 1974. Herausg.: D. amer. Short Story d. Gegenwart: Interpretationen (1976); D. Roman im Englischunterr. d. Sekundarst. II (zus. m. L. Hermes, 1977, 2. A. 1981); D. Short Story im Englischunterr. d. Sekundarst. II (zus. m. H. Groene u. L. Hermes, 1979, 2. A. 1982); Growing up Black in America (1977, 6. A. 1987); Bernard Malamud, The Assistant (1982, 3. A. 1988); Postmodernism in Americ. Lit. A Critical Anthol. (m. M. Pütz, 1984); Religion and Philosophy in the United States of America, 2 Bde. (1986); The American Short Story I: Initiation (1986, 3. A. 1991); Surviving the End: Beyond Apocalypse and Entropy in American Lit. (1988); America: Dream or Nightmare? Reflections on a Composite Image (1990, 2. A. 1991); Germany and German Thought in American Literature and Cultural Criticism (1990); u. a. Reihenhg. v. Texts for English and American Studies (s. 1977); v. Paderborner Univ.reden (s. 1984); v. Arb. z. Amerik. (s. 1986); üb. 130 Aufs. in Ztschr. u. Sammelbd.

FREGE, Karl-Ludwig

Dipl.-Kaufmann, Vors. Fachverb. Elektrokorund- u. Siliziumkarbid-Hersteller, Frankfurt/M. - Laehrstr. 25a, 1000 Berlin 37 - Geb. 27. Okt. 1929 - ARsmand.

FREHSE, Jens

Dr. phil. nat., Prof. f. angew. Mathematik Univ. Bonn (s. 1973) - Adendorf, Am Scheeßberg 14, 5307 Wachtberg - Geb. 28. Okt. 1943 Stettin - Promot. 1968 Frankfurt; Habil. 1970 ebd. - Üb. 60 Arb. z. angew. Analysis.

FREHSEE, Heinz

MdB, MdEP a. D. - Querlandweg 28, 3252 Bad Münder 1 - Geb. 30. Aug. 1916 Stobnitt/Ostpr., verw., 3 Kd. - Abit. 1935 Bromberg/Westpr., Landw.lehre, Landw.-Stud. - 1938 Gutsverw., 1938-45 Wehrdst., Hptm. d. R. d. Fernmeldetruppe, 1945 Landarb., Mitgründer Gewerksch. Gartenbau, Land- u. Forstwirtsch., 1956-59 Vors., 1953-76 MdB, 1972-77 MdEP. Mitbegr. d. Agrarsoz.-politik - Gr. BVK m. Stern; Gr. Nieders. VK; Gold. Ehrenzeichen Ldw. Sozialversich. - Liebh.: Fotogr., Studienreisen - Spr.: Poln., Engl.

FREI, Frederike

(Eigentl. Christine Golling), Schriftstellerin - Gr. Brunnenstr. 96, 2000 Hamburg 50 - Geb. 24. Jan. 1945 Brandenburg/Havel, ev., ledig - Stud. German., Theol., Schausp. - Vorst. Literaturlabor (Gründ.) - BV: Losgelebt, 1976; Ich dich auch, 1984; Roncalli, 1985 - Stip. Stadt Hamburg; Ringelnatz-Publikums-Preis d. Stadt Cuxhaven - Liebh.: Wandern.

FREIBERG, Henning

Prof. f. Kunstpädagogik Hochsch. f. Bild. Kunst Braunschweig (s. 1974), Leiter Arbeitsstelle f. Computergrafik u. Ästhet. Erziehung ebd. (s. 1985) - Zu erreichen üb. HBK-Braunschweig, Johannes-Selenka-Platz 1, 3300 Braunschweig - Geb. 26. Dez. 1937 - Stud. Kunstpäd. HfbK Berlin, 1. u. 2. Staatsex. - S. 1966 Kunstpäd. Berlin, Braunschweig, Wolfsburg. Zahlr. Veröff. z.

Kunst- u. Kulturpäd. m. d. Schwerp.: Neue Technologien in d. Ästhetischen Bildung.

FREIBERGER, Kurt-Udo

Dr. med., Chefarzt f. Anästhesiologie u. operative Intensivmed., Kreiskrkhs. Mechernich GmbH (s. 1973) - Im Steinrausch 31, 5353 Mechernich (T. 02443 - 1 72 85) - Geb. 18. Dez. 1938 Saarbrücken (Vater: Dr. phil. Musikwiss., Rundf.-Sendeleit. †1975), kath., verh. s. 1968 m. Margret, geb. Thelen, 2 Kd. (Anja, Thomas) - Stud. Univ. Bonn; Staatsex. 1967 u. Promot. 1968 Bonn. 1973 Facharzt f. Anästhesiol. (ÄK-NRW) - 1967 Univ.-Klin. Bonn; 1968/69 Elisabeth-Krkhs. Essen; 1970-73 Univ.-Klin. Bonn. 1978 Lehrauftr. f. Anästhesiol. akad. Lehrkrkhs. Mechernich d. Univ. Bonn - Veröff.: 16 med. Publ. u. ca. 25 Vortr. - Liebh.: Musik, Lit., Reisen.

FREIBÜTER, Ludwig

Dr. phil., Ministerialrat a. D. - Kapellenweg 3, 5300 Bonn 2 (T. 0228 - 33 30 59) - Geb. 13. Aug. 1920 Münster, kath., verh. s. 1959 m. Ingeborg, geb. Kleist - Gefangensch. - Stud. Münster; Promot. - Zunächst Erwachsenenbildung; 1958-82 Presse- u. Informationsamt d. Bundesreg. (1961 Ref.-Leit., 1963 stv. Abt.-Leit., 1975 Unterabt.-Leit, Schwerp.: Rundfunk, Medienpolitik, b. 1970 Vertr. d. Bundesreg. im Fernsehrat d. ZDF). Div. ehrenamtl. Tätigk., u. a. 1974-88 Mitgl. Zentralkomit. d. dt. Katholiken (ZdK) (1977-84 Vors. publ. Kommiss. ebd.); 1974-76 u. 1981-90 Präs. u. Vizepräs. d. Kath. Akademikerarbeit Deutschlands (KAD)- 1980 Komturkreuz Gregoriusorden; 1982 BVK I. Kl.; 1990 Komtur m. Stern d. Ritterordens v. Heiligen Grab - Lit.: Zahlr. Veröff. in Ztschr. d. kath. Akademikerverb. u. im Herderverlag.

FREIBURGER, Walter

s. Jens, Walter

FREIDHOF, Gerd

Dr. phil., Prof. f. Slaw. Sprachwissenschaft - Hesselbergstr. 11, 6382 Friedrichsdorf - Geb. 12. Juni 1942 Frankfurt/M. - 1965-71 Stud. Slaw. Philol. u. Indogerman. Sprachwiss. Frankfurt/M., Prag, Moskau. Promot. 1971, Habil. 1978. S. 1975 Lehrtätigk. Univ. Frankfurt, Marburg, wieder Frankfurt (Prof.) - Vergl. sprachl. Studien z. Gennadius-Bibel (1499) u. Ostroger Bibel (1580/81), 1972 (Diss.); Kasus-Grammatik u. lokaler Ausdruck im Russ., 1978 (Habil.schr.).

FREIGER, Stephan Franz

Prof., Hochschullehrer f. Angew. Statistik m. Schwerp. Planung, Org. u. Politik - Am Hahnen 11, 3500 Kassel - Geb. 30. Nov. 1928 Waldeck/Danzig-Westpr. (Vater: Johannes F., Rektor, Lehrer; Mutter: Anna, geb. Weider), verh. s. 1962 m. Hannelore Lydia, geb. Lautenschläger - 1953-59 Univ. Marburg/Lahn (Math., Phys., Psychol.) - 1961-63 Studienrat Gymn. Melsungen, 1963-70 Doz. Päd. Inst. Kassel, 1970/71 Wiss. Ref. Planungsgruppe (Projektgr.) GHS Kassel, 1971/72 Leit. Planungsgr. Univ. Marburg/Lahn, s. 1972 Prof. GHS Kassel. 1973/74 Vors. Bundesassist.konfz. - BV: Wiss. Nachwuchs ohne Zukunft? Bundesassist.konfz./Hochschulentw./ Junge Wissenschaftler heute, 1986; Schuldnerberatung in d. Bundesrep. - Statistische Deskription u. Analyse, 1989.

FREIHEIT, Egon F.

Journalist, Medienberater (vorm. Chefredakteur IMPULSE, RTL plus, QUICK) - Portenlängerstr. 26A, 8022 Grünwald - Geb. 23. Febr. 1944.

FREILÄNDER, Hans

Dipl.-Kfm., Vorstandsmitglied Brown, Boveri & Cie AG. Mannheim (s. 1976) - Suhler Weg 20, 6800 Mannheim 31 - Geb. 8. März 1927 Mannheim - Zul. Geschäftsf. BBC-Hausgeräte GmbH. (b. 1975) - Aufsichts- u. Beiratsmand.; Verbandaufg., u.a. Vors. Landesverb. baden-württ. Ind. (s. 1983) - Spr.: Engl.

FREILING, Claus

Dr. jur., Dipl.-Kfm., Prof., Vorstand Rasselstein AG, Neuwied - Theodor-Heuss-Str. 41, 5414 Vallendar (Rhein) - Geb. 9. April 1929 - Ass.ex.

FREILING, Dieter

Dr. rer. pol., Dipl.-Kfm., FMB Freiling Management Beratung - Höhenblick 2, 6240 Königstein - Geb. 11. März 1930 Frankfurt, ev., verh., 3 Kd. - 1970 Vorst.-Sprecher J. A. Henckels Zwillingswerk AG, Solingen; 1976 Gf. Rich. Klinger GmbH, Idstein; 1985 Gf. Degesch GmbH, Frankfurt; 1989 Vors. d. Geschäftsfg. Accu Sonnenschein GmbH, Büdingen - BV: Budgetier.- u. Controlling-Praxis, 1980 - Spr.: Engl., Franz. - Lit.: Henseling, D. hess. Frilinge, 1968.

FREIMARK, Peter

Dr. phil., Prof., Direktor Inst. f. d. Geschichte d. dt. Juden/Univ. Hamburg (s. 1972) - Sierichstr. 156, 2000 Hamburg 60 - Geb. 25. Okt. 1934 Halberstadt/Harz, verh. s. 1966 m. Annemarie, geb. Schröder, 2 Kd. (Alexander, Susanne) - Promot. 1967 Münster - BV; Hamburger Beiträge z. Gesch. d. dt. Juden (Hrsg.). Bücher u. Aufs.

FREIMUTH, Wolfgang

Dipl.-Kfm., Dr. rer. pol., Vorstandsvorsitzender d. HANOMAG Aktiengesellschaft u. Executive Vice Pres. d. KOMATSU EUROPE INTERN. S.A., Brüssel - Hanomagstr. 9, 3000 Hannover 91 (T. 0511 - 45 09-300); priv.: Passavantstr. 1, 6000 Frankfurt 70 (T. 0611 - 63 85 13) - Geb. 23. März 1940 Duisburg (Vater: Friedrich-August F., Lehrer; Mutter: Edith, geb. Steinemann), ev., verh. s. 1966 m. Alexandra, geb. Lehmann, 3 Kd. (Carola, Alexander, Nicola) - Abit. Herford 1960, Staatsex. Univ. Köln 1964, Promot. 1969 - 1966-68 Univ.assist., 1969-76 Krupp-Konzern (Dir. f. Betriebswirtsch. u. Rechnungswes.), 1976-80 AEG-Telefunken, Leit. d. zentr. Planung, 1980-81 FAUN-Werke, Geschäftsf. f. d. kfm. Ber., s. 1981 Sprecher d. Geschäftsfg. Hanomag GmbH, Hannover, s. 1984 s. o. - BV: Verkehrspolitik vor d. Entscheidung, 1968 (Mitverf.); Z. Frage d. Kontingentierung d. gewerbl. Straßengüterfernverkehrs in e. marktwirtsch. orient. Wirtschaftsordnung, 1968 - Liebh.: Jagd - Spr.: Engl., Franz.

FREISE, Gerda,

geb. Röttger

Dr. rer. nat., em. o. Prof. f. Erziehungswissenschaft unt. bes. Berücks. d. Chemiedidaktik Univ. Hamburg (s. 1974) - von-Ossietzky-Str. 24, 3400 Göttingen - Geb. 29. April 1919 Düsseldorf - Promot. 1947 München - Zul. 1966-74 Doz. u. Prof. (1969) PH Heidelberg. Div. Arb. zu Fragen d. Erz.wiss. u. d. Methodik u. Didaktik d. naturwiss. Unterr., zul. Methodisch-mediales Handeln im Lernbereich Natur in: Enzyklopädie Erziehungswiss. Bd. 4: Methoden u. Medien d. Erziehung u. d. Unterr., 1985; Argumente f. d. Begründung e. Lernbereichs Natur, WPB 39. Heft 3, 1987. Herausg.: Jugend im Nationalsozialismus - Versuch e. krit. Vergegenwärtigung d. Vergangenh., in: W. Klafki Verführung - Distanzierung - Ernüchterung. Kindh. u. Jugend im Nationalsozialismus (1988).

FREISE, Valentin

Dr. rer. nat., Prof. i.R. (Physikal. Chemie) ehem. Inst. f. Physik u. Makromolekulare Chem. Univ. Regensburg - Charlottenburger Str. 19, 3400 Göttingen-Geismar - Geb. 20. Jan. 1918 - Chemische Thermodynamik (BI Mannheim 1969). Fachveröff. S. 1983 Ruhest.

FREISEL, Johannes

Journalist, Schriftst. - Erpeler Str. 22, 5000 Köln 41 (T. 0221 - 44 26 10) - Geb. 24. Okt. 1917 Königsberg, kath., verh. s. 1957 m. Gertrud, geb. Gielen, 2 Töcht. aus 1. Ehe m. Galina, 1 T. aus d. Ehe m. Gertrud G. - Stud. FU Berlin (Kunstgesch., Publiz., Phil.) - Fr. Journ., Redakt. (Tagesspiegel, Berlin; Constanze, Kristall, Hbg.); 1960-82 WDR-Fernsehen, zul. verantw. Redakt. Medizinredakt. (u.a. Dok. üb. Brustamputat., Bewegungstherapie, Spieltherapie f. psych. kranke Kinder, Verh. Neugeborener in ersten Lebensminuten, Notfalldienst, Grippe-Epidemie, Abmagerungsklinik). Kunst: documenta 5, Hannah Höch, Museum u. Werbung u.a.; Satiren (Fernsehen): Krankenhaus v. übermorgen (aua!), Praxis e. niedergelassenen Arztes (Mensch, Doktor!), Psychiatrie (irre!). Reportagen: Bistros in Paris, Pubs in London. Deutsche Welle: Hörbilder (Kunst, hist. dt. Architektur u. Mediziner). 2 Kinderb. - Spr.: Engl., Franz.

FREISING, Dorothea

Prof. f. Didaktik d. Geographie FU Berlin, Fachrichtung Schulgeographie, WE 08 - Grunewaldstr. 35, 1000 Berlin 41.

FREISLEDER, Franz

Schriftsteller, Redakt. Südd. Zeitung - Agilolfinger Str. 22, 8000 München 90 - Geb. 22. Febr. 1931, kath., verh. s. 1955 m. Barbara, geb. Fellner, 4 Kd. (Franz Joseph, Max Emanuel, Johanna, Barbara) - Abit. München; Stud. Zeitungswiss., Theaterwiss., Betriebsw. (abgebr.) - BV: u.a. Bayer. Gschicht' im Gedicht, 1984 - 1981 Tukan-Preis f. Lit. Landeshauptstadt München; 1985 Bayer. Poetentaler; 1987 BVK am Bde. - Liebh.: Amateur-Trabrennfahren - Spr.: Engl.

FREIST, Hans-Georg

Dr.-Ing., Dipl.-Ing., Geschäftsführer u. Mitinh. Gerko-Werke Bielefeld - Im Waldwinkel 10, 4800 Bielefeld 1 - Geb. 29. Aug. 1927, verh., 3 Kd. - Stud. TH Hannover; Dipl. 1953, Promot. 1958.

FREITAG, Alfred

Dipl.-Ing., Vorstandsmitglied Energieversorgung Nordthüringen AG, u. Energieversorgung Ostbayern AG, AR-Mitgl. Regensburger Energie- u. Wasserversorgung AG (REWAG) u. Starkstrom-Gerätebau GmbH, Regensburg-Burgweinting - Prüfeninger Str. 20, 8400 Regensburg - Geb. 01. Dez. 1927.

FREITAG, Armin

Dr. jur., Botschafter d. Bundesrep. Deutschl. in China (s. 1992) - Zu erreichen üb. 5, Dong Zhi Men Wai Dajie Chaoyang District, Peking-100 600 - Geb. 1930 Walkersbrunn/Oberfranken - Jurastud.; Ass.Ex. - Wirtschaftsmin. Bonn; Tätigk. b. d. Vertret. d. Bundesrep. b. d. Europ. Gemeinsch.; 1968 Botschaft Washington; 1972 Referatsleit. Abt. f. Außenwirtschaftspolitik AA, Bonn; 1979-83 Botsch. in Havanna/Kuba; 1983-86 stv. Leit. Abt. f. Ausw. Kulturpolitik, AA; 1986-92 Botsch. im Iran.

FREITAG, Artur

Dipl.-Math., Prof., Hochschullehrer - Neuburger Str. 35, 7512 Rheinstetten 3 - U. a. Doz. u. Prof. f. Didaktik u. Methodik d. Mathematik PH Karlsruhe.

FREITAG, Eberhard

Dr. rer. nat., o. Prof. f. Mathematik Univ. Heidelberg - Seitzstr. 18, 6900 Heidelberg.

FREITAG, Helmut

Dr. rer. nat., Prof. f. Morphologie u. Systematik d. Pflanzen Univ. Kassel - Am Goldgraben 8, 3400 Göttingen - Geb. 8. Sept. 1932 - Zul. Doz. Univ. Göttingen (Botanik).

FREITAG, Lutz

Dipl.-Volksw., Mitglied Bundesvorstand d. DAG, Ressortleit. Sozialpolitik (s. 1991), Mitgl. Hbg. Bürgerschaft (1982-91) - Karl-Muck-Platz 1, 2000 Hamburg 36; priv.: Birkenkoppel 14, Poppenbüttel - Geb. 16. Okt. 1943 Mähr.-Ostrau (Eltern: Karl (Bühnenbildner) u. Edith F.), verh. s. 1968 (Ehefr.: Marion), S. Thorsten - Schule Berlin; 1959-62 Lehre Arbeitsverw. ebd.; 1966-69 Stud. HWP Hamburg - S. 1962 DAG Berlin u. Hamburg (1971 Bundesjugendleit., 1973 Leit. Bildungszentrum Walsrode, 1977 Landesverb.-Leit. DAG-Hamb., s. 1987 Ressortleit. Industrie DAG-Bundesvorst., s. 1991 s.o.

FREITAG, Maria

s. Sebaldt, Maria

FREITAG, Robert

Schauspieler u. Regisseur, Leiter Schauspieltruppe Zürich (Tourneeges. Maria-Becker-Robert-Freitag) - Zollikerstr. 138, 8008 Zürich (T. Zürich 555656) - Geb. 7. April 1916 Wien (Vater: Robinson-Freitag, amerik. Opernsänger), verh. I) m. Maria, geb. Becker (Schausp.), 3 Söhne, II) Maria, geb. Sebaldt (Schausp.), Tochter - Reinhardt-Sem. Wien - Bühnen Zürich, Hamburg, Berlin, München u. a. Salzburger Festsp. u. Wiener Festwochen. Film; Fernsehen.

FREITAG, Ulrich

Dr. rer. nat., o. Prof. f. Kartographie FU Berlin - Arno-Holz-Str. 12, 1000 Berlin 41 - Geb. 9. Dez. 1931 Kolberg/Ostsee (Vater: Max F.; Mutter: Frieda, geb. Schwertfeger), verh. s. 1959 m. Hildegard, geb. Stötzner - Stud. Berlin (1951-55 Humboldt-Univ.; 1958-61 Staatl. Bauakad.) - Zul. Prof. Univ. Gießen - BV: Verkehrskarten, 1966; Semiotik u. Kartogr., 1971. Herausg.: National Resources Atlas of Thailand (1974-84) u. Economic Atlas of Asia (1974-80); Afrika-Kartenwerk (1977-85); Topograph. Atlas Berlin (1987); Study Atlas of Thailand (1991); Kartogr. Konzeptionen (1992).

FREITAG, Walter

Dr. med., Dr. med. dent., Honorarprof. f. Flugmedizin TU Berlin - Hubertusallee 48, 1000 Berlin 33.

FREITAG, Werner

Dr. jur., Bundesrichter i. R. - Erzbergerstr. 76, 7500 Karlsruhe - Geb. 7. Juli 1907 Pforzheim (Vater: Josef F., Postinsp.), kath., verh. s. 1947 m. Leonore, geb. Eisele - Oberrealsch. Heidelberg; Univ. ebd. (Promot. 1933) u. Berlin (Rechtswiss.) - 1935 Gerichtsass.; 1938 Justizrat Notariat Neustadt/Schwarzw.; 1948 Notariat Rastatt; 1950 Landgerichtsrat Baden-Baden; 1954 Oberstaatsanw. Bundesanwaltsch.; 1956-75 Richter Bundesgerichtshof - Liebh.: Reisen - Spr.: Franz., Engl., Span.

FRELLER, Karl

Religionslehrer, MdL Bayern - Nürnberger Str. 23, 8540 Schwabach (T. 09122 - 1 55 55) - Geb. 2. März 1956 Schwabach (Vater: Karl F., Postoberamtsrat; Mutter: Alwine, geb. Geyer), kath., verh. s. 1980 m. Monika, geb. Scheffler, 3 Kd. (Stefan, Birgit, Andreas) - 1973-75 Redaktionsvolont. Schwabacher Tagblatt; m. 19 J. jüngster Redakt. in d. Bundesrep. Deutschl.; 1975-77 Redakt. Schwabacher Tagblatt; 1973-77 theol.-relig.päd. Fernstud. Domschule Würzburg - 1977-82 Religionslehrer Diözese Eichstätt. S. 1978 Stadtrat Schwabach; s. 1982 Bayer. Landtag. S. 1983 Bezirksvors. AK Kulturpolitik d. CSU Mittelfranken. Vorst.-Mitgl. u. schul- u. jugendpolit. Sprecher CSU-Landtagsfrakt. - Liebh.: Fotografie - Spr.: Engl., Lat.

FRENKEL, Gerhard

Dr. med. dent., Dr. med., Prof., Facharzt f. Mund-, Kiefer- u. Gesichtschirurgie - Theod.-Stern-Kai 7, 6000 Frankfurt 70 - Geb. 18. April 1925 - S. 1963 (Habil.) Lehrtätigk. FU Berlin (1969 apl. Prof., 1972 Leit. kieferchirurg. Abt. Univ. Frankfurt/M.). Üb. 80 Fachveröff.

FRENKEN, Hans

Prof. f. Werkpädagogik u. Kunsterzieh. Päd. Hochsch. Vechta - Welper Str. 22, 2848 Vechta/Oldbg..

FRENSEMEYER, Gert

Dipl.-Volksw., Steuerberater (s. 1988), Handelsrichter b. LG Düsseldorf - Saarnberg 91, 4330 Mülheim-Saarn (T. 48 06 10) - Geb. 24. Mai 1920 Rheine (Vater: Wilhelm F., Gewerbeschuldir.; Mutter: Magdalena, geb. Hirkes), kath., verh. m. Irmgard, geb. Steinhäuser, S. Reiner - Realgymn. Volont. Maschinenbau; Stud. Kiel, Freiburg, Münster (Math., Naturwiss., Volkswirtsch., Jura) - 1951-53 Finanzverw. Stadt Münster, 1954-65 Ind.Dir., 1966-74 Konzernabt.-leit., Chefliquidator, 1975-80 Geschäftsf. u. Vors. Geschäftsf. Thyssen Bausysteme GmbH; 1980-87 Geschäftsf. Lindemann-Maschinenfabrik GmbH. S. 1989 Stadtverordn. im Rat d. Stadt Mülheim a. d. Ruhr.

FRENTZEL, Georg

Dr. jur., Vorstandsmitgl. Bayer. Brauerei Schuck-Jaenisch AG. - Pascalstr. 6, 6750 Kaiserlautern - Gr. jurist. Staatsprüf.

FRENZ, Dieter Claus

Vorstandsmitglied Zwirnerei u. Nähfadenfabrik Rhenania AG, Viersen 11 - Im Luftfeld 23, 4000 Düsseldorf - Geb. 23. März 1933.

FRENZ, Helmut

Pfarrer, Generalsekretär amnesty international Bundesrep. Dtschl., Studienleit. Haus am Schüberg (HH), ev. Bildungsstätte f. kirchl. Entwicklungsdste. u. Gemeindearb. (s. 1985) - Lütjenmoor 13, 2000 Norderstedt (T. 040 - 523 84 62) - Geb. 4. Febr. 1933 Allenstein/Ostpr., ev. - Stud. ev. Theol. u. Sport - 1959-70 Ev. Pfarrer, 1970-75 Bischof d. Ev.-Luth. Kirche Chile, s. 1976 Generalsekr. AI in d. BRD; s. 1985 wieder Kirchendst.; s. 1989 Gemeindepastor in d. Schalomgemeinde zu Norderstedt - 1976 Fridtjof-Nanssen-Med.; 1984 Hermann-Kesten-Med. - Spr.: Engl., Span.

FRENZ, Karlgustav

Dr. jur., Wirtschafts- u. Unternehmensberater, Beirat Richard Ludowigs KG, Wülfrath, Pfeilringwerk Müller & Schmidt GmbH & Co. KG, Solingen, Intermag AG, Schaan, Technoflore AG, Vaduz - Oststr. 82, 4000 Düsseldorf 1 (T. 35 08 05) - Geb. 2. Febr. 1915 Mülheim/Ruhr (Vater: Dr.-Ing. e. h. Gustav. F., Generaldir.; Mutter: Katharina, geb. Römer), kath., verh. - Human. Gymn.; Jurist. Stud., 2. Staatsex.; Ass. 1940 - Spr.: Engl., Franz.

FRENZ, Wilhelm

Dr. phil., Prof. f. Didaktik d. Gesellschaftslehre GH Kassel - Wilhelmshöher Str. 9, 3501 Schauenburg.

FRENZEL, Burkhard

Dr. rer. nat., Dr. phil. h. c., o. Prof. f. Botanik - Friedhofstr. 10, 7022 Leinfelden-Echterdingen 3 - Geb. 22. Jan. 1928 Duisburg - S. 1960 (Habil.) Lehrtätigk. TH München u. Univ. Hohenheim (1967 Ord., Dir. Botan. Inst. u. Botan. Garten). Fachveröff. - 1971 Korr. u. 1984 o. Mitgl. Akad. d. Wiss. u. d. Lit. Mainz; 1983 Ehrendoktor Univ. Zürich.

FRENZEL, Elisabeth,

geb. Lüttig-Niese

Dr. phil., Schriftstellerin - Birklinger Str. 7, 8711 Castell/Ufr. u. Drakestr. 41, 1000 Berlin 45 - Geb. 28. Jan. 1915 Naumburg/Saale (Vater: Oswig Lüttig-Niese, Jur.; Mutter: Elisabeth, geb. Niese), ev., verh. s. 1938 m. Dr. Herbert A. F. (s. dort) - Promot. 1938 Univ. Berlin - S. 1951 freie Schriftst.; Mitgl. Kommission f. litwiss. Motiv- u. Themenforsch. d. Akad. d. Wiss. Göttingen (s. 1978) - BV: Daten dt. Dichtung, 26. A. 1991 (m. Herbert A. Frenzel); Stoffe d. Weltlit., 7. A. 1988 (span. 1976); Stoff-, Motiv- u. Symbolforschung, 4. A. 1978; Stoff- u. Motivgesch., 2. A. 1974; Motive d. Weltlit., 4. A. 1992 (span. 1980); V. Inhalt d. Literatur, 1980; Vergilbte Papiere - D. zweihundertjährige Geschichte e. bürgerl. Familie, 1990. Mithrsg.: Federstriche - E. immerwähr. Lit.-Kalender (m. Herbert A. Frenzel, 1987) - Lit.: Elemente d. Literatur - Festschr. z. 65. Geb. f. E. F. (1980).

FRENZEL, Gerhard

Dr. rer. nat., Prof., Mineraloge - Saarstr. 7, 6903 Neckargemünd - Geb. 20. Febr. 1929 Berlin (Vater: Siegfried F., Chemiker; Mutter: Charlotte, geb. Fabel), ev., verh. s. 1954 m. Ingeborg, geb. Weidner, 2 Söhne (Thomas, Matthias) - Univ. Heidelberg. Promot. (1953) u. Habil. (1959) Heidelberg - S. 1959 Lehrtätigk. Univ. Heidelberg, 1970 H3-Professur (Mineral.-Petrogr. Inst.). 1965 Gastprof. USA. Mitgl. Deutsche u. Schweiz. Mineral. Ges. Üb. 50 Fachveröff. - 1962 Mitgl. New York Acad. of Sciences - Liebh.: Briefmarken - Spr.: Engl. (Dolmetscherex.).

FRENZEL, Hans

Geschäftsführer Gottschalk & Co. GmbH u. Frenzel, Gottschalk & Co. GmbH, bde. Kassel - Dachsbergstr. 22, 3500 Kassel-W'höhe (T. Büro: 8077-0) - Geb. 21. März 1907 Sorau/NL., ev., verh. s. 1950 (Ehefr.: Leni) - Kaufm. u. jurist. Ausbild.

FRENZEL, Herbert A.

Dr. phil., Schriftsteller u. Übersetzer - Birklinger Str. 7, 8711 Castell/Ufr.; Drakestr. 41, 1000 Berlin 45 - Geb. 20. Dez. 1908 Berlin (Vater: Alfred F.; Mutter: Hedwig, geb. Eitner), ev., verh. s. 1938 m. Dr. phil. Elisabeth, geb. Lüttig-Niese - Königstädt. Gymn. Berlin; Univ. Königsberg u. Berlin (Lit.wiss., Theaterwiss., Skandinavistik; Promot. 1942) - 1933-34 Verlagslektor, 1934-39 Redakt., 1939-42 Dramat., 1943-45 Wehrdst. u. Gefangensch., s. 1950 fr. Schriftst. Gerichtl. beeid. Dolmetscher, 1951-61 VHSdoz. Schriftf. Ges. Theatergesch. (1951-78) - BV: Daten dt. Dicht., 26. A. 1991 (m. Elisabeth F.); Brandenbg.-pr. Schloßtheater - Spielorte u. -formen v. 17. b. z. 19. Jh., 1959; Thür. Schloßtheater - Beitr. z. Typologie d. Spielorte v. 16. b. z. 19. Jh., 1965; Geschichte d. Theaters 1470-1890, 1984. Übers.: Kamban, Borberg, Lindemann, Bergman, Chorell, Fagerberg, Ingvar Andersson, Maritain, Lewin, Gesell, Bellow u. a. Mithrsg.: Kürschners Biogr. Theater-Handb. (1956); Federstriche - E. immerwähr. Lit.-Kalender (m. Elisabeth F., 1987) - Lit.: Bühnenformen, Bühnenräume, Bühnendekorationen - Festschr. z. 65. Geburtst. f. H. F. (1974).

FRENZEL, Konrad

Dr. rer. nat., Wiss. Oberrat i. R., Honorarprof. f. Kartographie Univ. Frankfurt/M. (s. 1962) - Sodener Waldweg 2, 6232 Bad Soden (Ts.) - Geb. 28. Mai 1902.

FRENZEL, Wolfgang

Dr. med. h.c., Rechtsanwalt, Kurator a.D. Med. Hochschule Hannover - Am Holderbusch 13, 3000 Hannover 51 - Geb. 3. Nov. 1914, ev., verh. s. 1937 m. Elizabeth, geb. Richter, 5 Kd. (Monika, Dagmar, Kirsten, Birgit, Wolfgang) - Jurastud. Univ. Berlin u. München, Ass.-Ex. 1941 Berlin - 1965-75 Mitbegr. u. 1. Kurator Med. Hochsch. Hannover. Veröff. u. Vorträge üb. Modell d. Med. Hochsch. u. mod. Medizinausb. - 1974 Ehrendoktor Med. Hochsch. Hannover; Nieders. Verdienstkreuz I. Kl. - Liebh.: Numismatik, Schriftstellerei - Spr.: Engl., Franz.

FRENZEN, Karl-Heinz

Geschäftsführender Gesellschafter Fa. Melcher + Frenzen Armaturen GmbH & Co. KG, Fabr. f. Gas- u. Wasserarmaturen, Velbert - Birkenstr. 27, 5620 Velbert 1 (T. 02051 - 45 35/36) - Geb. 5. Juni 1936 Krefeld (Vater: Walter F., Kaufm.; Mutter: Elfriede, geb. Brosch), kath., verh. s. 1971 m. Sigrid, geb. Melcher, S. Thomas - Abit. - Ab 1972 Mitgl. Dt. Olymp. Ges.; Gründ.-Initiator e. Zweigst. d. Dt. Olymp. Ges. in Ratingen (1983); Olymp. Ausst. in d. Spark. Velbert (1988) - BV: Verf. zahlr. Sportbuchbeitr., u.a. Unvergessene Barbi Henneberger; Schon immer: Rassenprobleme; Coubertin war dagegen; Deutschl. Sport im Kampf gegen Manipulat.; Rennfahrerschicksale - 50 J. Nürburgring; Verzicht d. Bundesrep. Deutschl. auf Moskau-Olympia; Niemand darf gegen d. Ostwind anlaufen; 11. Olymp. Kongreß - e. Erfolg f. d. Sport; Acht Sekunden. . . u. zweitklassig; Blick in d. olymp. Zukunft; V. d. Göttern erfunden - heute e. olymp. Sportart: Bogenschießen; Hat Olympia noch e. Zukunft?; Olympische Vergangenh. im Kr. Mettmann - Nur wenigen winkte d. Med. als Lohn. Verf. u. Herausg.: Olympische Spiele - Gesch., Regeln u. Einrichtungen - 1982 u. 88 Gold. Ehrennadel Dt. Olymp. Ges. - Liebh.: Filmen, Fotogr., Lit., Konz., Theater, Reisen, Sport (aktiv); Gründer e. priv. Sportmuseums - Spr.: Engl., Latein.

FRERICHS, Heiko

Dr. med. (habil.), Prof., Internist - Eckenbornweg Nr. 10, 3400 Göttingen-Herberhausen - B. 1974 Privatdoz., dann apl. Prof. Univ. Göttingen (gegenw. Oberarzt Med. Klinik).

FRERICK, Günter

Direktor FS-Karton GmbH, Werk Niederrh. Kartonfabrik Neuss - Zu erreichen üb. FS-Karton GmbH, Düsseldorfer Str. 182, 4040 Neuss - Geb. 15. Aug. 1925.

FRERK, Peter

Dr. jur., Vorstandsmitglied Volkswagen AG, Wolfsburg (s. 1971) - Hegebergweg 9, 3180 Wolfsburg 1 - Geb. 13. Sept. 1930 Berlin.

FRERKING, Horst

Dr. med. vet., Prof. Tierärztl. Hochschule Hannover (s. 1977, 1981-83 Rektor), Vorstandsmitgl. Akad. f. Tierärztl. Fortbildung (ATF), Dir. Tiergesundheitsamt Hannover (s. 1985) - Sperberweg 1 A, 3000 Hannover 61 - Geb. 22. Jan. 1934 Hannover.

FRESE, Erich

Dr. rer. pol., Dipl.-Kfm., o. Prof. f. Betriebswirtschaftslehre - In der Heide 10, 5100 Aachen-Richterich - Geb. 7. Sept. 1938 Bremen - Promot. 1966 - S. 1970 (Habil.) Lehrtätigk. Univ. Köln (1972 Wiss. Rat u. Prof.); TH Aachen (1973-86 Ord. u. Dir. Inst. f. Wirtschaftswiss.); Univ. Köln (1986 Ord. u. Dir. Organisationssem.) - BV: Kontrolle u. Unternehmungsführung, 1968; Grundlagen d. Organisation, 1988; Unternehmungsführung, 1987; Organisationstheorie, 1992; Handwörterbuch d. Organisation, 1992.

FRESE, Hermann

Dipl.-Volksw., Präs. Einzelhandelsverband Südbaden, Vizepräs. IHK Südl. Oberrh., Freiburg - Adelhauserstr. 12, 7800 Freiburg (T. 0761-3 14 78-79) - Geb. 27. Febr. 1936 Freiburg, verh. s. 1965, 3 Kd. (Philipp, Isabel, Annabelle) - Human. Abit.; Stud. Volksw. Univ. Freiburg.

FRESE, Knut

Dr. med. vet., Prof. f. Allg. u. Spez. Patholog. Anatomie u. Histol. Univ. Gießen - Waldstr. 7, 6301 Fernwald 2.

FRESEN, Otto

Dr. med., Prof., Pathologe - Horster Allee 12-22, 4010 Hilden - Geb. 26. Mai 1912 Stralsund - S. 1945 Doz. u. Prof. (1951) Med. Akad. bzw. Univ. Düsseldorf. Gründer u. Leit. collegium musicum. 1961 Patholog. Inst. Hannover; Gründungsmitgl. Med. Hochsch. Hannover. 150 Veröffentl. u. a.: Tuberkulose: Virchows Arch. 317, 1950; RES: Verh. dt. Ges. Path., 1953; Hdb. ges. Haemat. 1, 1957; Ronald Press New York 1960; Lymphogranulomatose: Erg. inn. Med., 9. A. 1958; Morbus Boeck: Erg. Tbc. 14. A. 1958; Begutachtung d. Blutkrankheiten, 1959; Haemopoese: Erg. Path. 40, 1960; Intern. Orgeltage Düsseldorf 1970-79 m. 15 Schallplatten (TELDEC).

FRESENIUS, Wilhelm

Dr. rer. nat., Chemiker, Honorarprof. f. Analytische Chemie Univ. Mainz, Rektor Fachhochsch. Fresenius, Wiesbaden - Im Maisel 14, 6204 Taunusstein 4 - Geb. 17. Juli 1913 Berlin (Vater: Dr. Ludwig F.; Mutter: Beate, geb. v. Rosencrantz), verh. 1941 m. Irmela, geb. v. Bernus - Univ. Frankfurt/M., München, Heidelberg, Göttingen - 1940-45 Assist. Univ. Frankfurt; 1945 Leit. Chem. Labor. Fresenius, Wiesbaden, 1974-81 Vorst. Ges. Dt. Chemiker. Vors. d. Gesellsch.-Aussch. d. Fresenius-Holding GmbH & Co. KG. Fachveröff. Herausg.: Fresenius Journal of Analytical Chemistry - 1973 Bürgermed. in Gold Stadt Wiesbaden, Gold. Ehrennadel Dt. Genossenschaftsverb., Kronenkreuz in Gold Diakon. Werk d. Ev. Kirche in Hessen u. Nassau; 1977 Carl-Duisberg-Plak. d. Ges. Dt. Chemiker, 1978 Ehrenplak. Gold d. Stadt Wiesbaden; 1980 BVK I. Kl.; 1985 Ehrenbürger Stadt Wiesbaden; 1986 Ehrenbrief Hess. Min.-Präs.; 1986 Ehrenmitgl. Japan. Ges. f. Anal. Chemie - Liebh.: Theater, Lesen - Spr.: Engl., Franz., Schwed. - Rotarier.

FRESLE, Franz

Dr. rer. nat., Prof. f. Geographie Univ. Köln (1971-88) - Karlstr. 57, 7800 Freiburg/Br. - Geb. 13. Aug. 1926 Freiburg/Br. - Promot. 1969.

FREUDENBERG, Dieter

Mitglied d. Gesellschafterausschusses d. Freudenberg & Co. - Höhnerweg 2-4, 6940 Weinheim/Bergstr. (T. 06201 - 80-42 34) - Geb. 20. Febr. 1926 Weinheim (Vater: Otto F.), verh. m. Evamaria, geb. Habich - Zahlr. Ämter (Aussch.); Mitgl. Gde-Rat Stadt Weinheim u. Kreistag Rhein-Neckar-Kr. - Rotarier.

FREUDENBERG, Günter

Dr. phil., o. Prof. f. Philosophie Univ. Osnabrück - Zeppelinstr. 25, 4500 Osnabrück (T. 41717) - Geb. 16. Sept. 1923.

FREUDENBERG, Hermann

Vorsitzender Gesellsch.aussch. Freudenberg & Co. - Höhnerweg 4, 6940 Weinheim/Bergstr. (T. 8 02 33) - Geb. 18. Aug. 1924 Berlin (Vater: Adolf F., Pfarrer), verh. m. Dr. Gisela, geb. Dumur (Biologin), 4 Kd. - N. Schule (Schweiz) Gerberlehre u. Chemiestud. - S. 1950 Familienuntern. - Vizepräs. IHK Rhein-Neckar; Vorst. Stifterverb. f. d. Dt. Wiss., Essen - Spr.: Franz., Engl. - Bek. Vorf.: Carl F., Firmengründ. (Urgroßv.) - Rotarier.

FREUDENBERG, Nikolaus

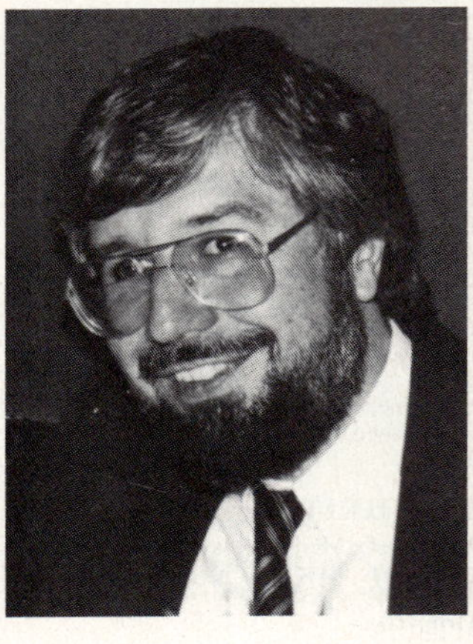

Dr. med., Prof., Arzt f. Pathologie - Albertstr. 19, 7800 Freiburg/Br. (T. 0761 - 203 31 23) - Geb. 20. April 1944 Königsberg (Vater: Dr. med. Hermann A.; Mutter: Dr. med. Fred-Marie, geb. Embacher), verh. s. 1991 m. Brigitte Plessow, 3 Kd. (Peter Ch., Michael S.,

Christina Henrike, Stieftochter) - Albrecht-Altdorfer-Gymn. Regensburg; Stud. Univ. Erlangen, Frankfurt/M.; Promot. 1971 Frankfurt; Habil. 1977 Freiburg - 1970-72 Assist. Pathol. Inst. Frankfurt-Hoechst; 1972-77 wiss. Assist. Anatom. u. Pathol. Inst. Freiburg; 1984 Prof. Freiburg, 1992 Studiendekan. Hauptforschungsrichtungen: Schock, Tumoren, Zellerneuerung - BV: Zytopathologie, 1980 (ital. 1981, span. 1982, Studienausg. 1988); Pathologie, 1980, 2. A. 1988; The vascular endothelial system (m. K.H. Riese u. M.A. Freudenberg), 1983.

FREUDENBERG, Reinhart

Dr. jur., pers. haft. Gesellsch. Freudenberg & Co., Weinheim/Bergstr. - Heiligenbergstr. 4, 6900 Heidelberg - Geb. 22. Juli 1932 Berlin (Vater: Adolf F., Pfarrer), verh. m. Annegret, geb. Bartholomé - Vorst.-Vors. Ges. f. Unternehmensgesch.; versch. AR.

FREUDENBERG, Rudolf

Dr. phil., Prof. f. Dt. Philologie - Freiherr-v.-Stein-Str. 7, 3551 Wehrda - Geb. 22. Dez. 1929 München - S. 1965 Doz. u. Prof. Univ. Marburg.

FREUDENBERGER, Hermann

Journalist, Kolumnist, Schriftst. - Im Asemwald 22/14, 7000 Stuttgart 70 (T. 0711 - 72 13 80) - Geb. 21. Febr. 1922 Ulm, verh. - 1970-86 Kolumnist Knitz d. Stuttgarter Nachrichten - Veröff.: Hörsp.: Requiem in Weiß, 1966; Hinter d. Spiegeln, 1967; u.a. Fernsehsp.: Meerschweinchengesch., 1968; Bärenfang in Hinterwang, 1969; Romeo u. Julia m. Blasmusik, 1971. BV: Schwabenreport, 1976; Stuttgart-Führer, 1977; Rahmlokomotive, 1977; Kochen wie d. Schwaben, 1978 (m.a.); Stuttgart f. Kinder, 1978; Typisch Stuttgart, 1982; Gastl. Stuttgart, 1985 (m.a.); Knitz-Vorleseb., 1988; Schwabenreport (II.), 1988; Großmutters Stuttgart-Gesch., 1990; Freundschaften sind wie Gärten, 1991.

FREUDENBERGER, Klaus

Direktor Dresdner Bank AG, Frankfurt/M. - Am Salzpfad 21, 6382 Friedrichsdorf (T. 06007 - 83 35) - Geb. 14. Sept. 1937 Friedberg.

FREUDENFELD, Burghard

Direktor Inst. d. dt. Wirtschaft (1971-83), Honorarprof. f. Polit. Wiss. Univ. München (s. 1970) - Friedrich Schmidt-Str. 11-13, 5000 Köln 41 - Geb. 21. Mai 1918 Berlin (Vater: Paul F., Richter; Mutter: Maria Carola, geb. v. Zielinski), ev. - Human. Gymn.; Univ. - 1952-58 Redaktionsmitgl. Süddt. Ztg.; 1954-62 Lehrbeauftr. Hochsch. f. polit. Wiss., München; 1958-62 polit. Redakt. BR; 1962-70 Chefredakt. u. Leit. Hauptabt. Politik u. Wirtsch., Stv. d. Dir. Stud.-programm BR - BV: Israel - Experiment e. nation. Wiedergeburt, 2. A. 1961; Dt. Existenz - Entwurf u. Wirklichk., 1964; Existenzprobleme d. Entw.sländer, 1961; D. preuß. Lebensgefühl, in: Preußen - Porträt e. polit. Kultur, 1968; Dtschl.s Außenpolit. gegenüber Israel im Zeichen d. Prior. v. Wiedergutmachungsakten, in: Dtschl. Außenpolit. s. 1950, 1965; Über d. Widerstand, in: Schr. d. Akad. f. Polit. Bild., Tutzing. Herausg.: Entw.-länder - E. Einf. in ihre Probl., 1961; Völkerkunde - Einf. in ihre Probl., 1960; Chemie heute - Wege u. Ergebn. d. Forsch., 1960; Vergangene Gegenw., in Adenauer u. d. Folgen, 1965 - Mitgl. Dt. UNESCO-Kommiss., Ges. f. Auslandskunde - Spr.: Engl. - Rotarier.

FREUDENREICH, Dorothea

Dr. phil., Dipl.-Psych., Prof. f. Psychologie - Bodelschwinghstr. 34/3, 7410 Reutlingen - Geb. 21. April 1930 Zainingen, ev. - Univ. Freiburg/Br. (Psych., Soziol.). promot. 1964 - Lehrerin; 1964-66 Klin. Psych.; s. 1966 Doz. u. Prof. (1971) PH Heidelberg (1987) - BV: Rollenspiel in Vorschule u. Kindergarten, 5. A. 1981 (m. a.); Kooperation - Lernen durch Rollensp., 1977; D. Plansp. in d. soz. u. päd. Praxis, 1979; Lit.verstehen durch Rollenspiel, 1983 (m. Sperth); Gruppendynamik u. Schule, 1986.

FREUDENSTEIN, Reinhold

Dr. phil., Prof. f. Erziehungswissenschaft - Am Weinberg 72, 3556 Weimar/Lahn 1 - Geb. 25. Jan. 1931 Bad Hersfeld (Vater: Erich F., Kirchenrat; Mutter: Elly, geb. Müller), ev., verh. s. 1959 m. Margarete, geb. Lohmann, 2 S. (Thomas, Matthias) - Univ. Bonn, Wien, Marburg. Promot. 1956 - 1959 Ass. Prof. USA; 1961 Schuldst. Hessen; 1967 Doz., 1972 Prof. Univ. Marburg - BV: Unterrichtsmittel Sprachlabor, 1969 (auch jap.); Unser Kind lernt fremde Sprachen, 1974. Zahlr. Einzelarb. Übers. v. 10 Fachb. Herausg.: Praxis d. neusprachl. Unterr. (s. 1972); 6 Monogr. z. mod. Fremdsprachenunterricht - Liebh.: Klass. Musik, Kochen - Spr.: Engl.

FREUEN, Helmut

Oberstadtdirektor - Schlenderhanstr. 11, 4050 Mönchengladbach - Geb. 2. Sept. 1932 Rheydt (Vater: Johann F., Bundesbahnbeamt.; Mutter: Elisabeth, geb. Jansen), kath., verh. s. 1960 m. Anneliese, geb. Adam, 2 Kd. (Veronika, Christian) - Gymn. Rheydt-Odenkirchen; Univ. Köln (Rechts- u. Staatswiss.). Jurist. Staatsex. 1957 u. 61 - 1961-62 Dt. Bank AG; 1962-64 Bundesmin. f. wirtschaftl. Zusammenarb.; 1964-74 Stadtverw. Rheydt (b. 1968 Oberrechtsrat, dann -stadtdir.); s. 1975 Oberstadtdir. Mönchengladbach. Div. Mandate. 1970 CDU - Liebh.: Musik, Sport - Spr.: Engl.

FREUND, Bodo

Dr. phil., Prof. f. Kulturgeographie Univ. Frankfurt/M. (s. 1973) - Ferdinand-Brütt-Weg 3, 6242 Kronberg - Geb. 12. Mai 1941 Frankfurt/M. - Promot. 1968, Habil. 1984 Marburg - BV: u. a. Portugal, 1979; Strukturwandel d. Landwirtsch. unt. städt. Einflüssen, 1985. Mithrsg.: Rhein-Main-Forsch. (1974ff.); Spanien-/Portugal-Inform.

FREUND, Bruno

Dipl.-Ing., Leiter d. Hauptabt. Produktion Siemens AG - Geb. 15. Juni 1933 Kirchmöser/Havel, verh., 4 Kd. - Fertigungstechnik u. Werzeugmasch. 1958 TU Berlin - 1989 Vors. d. REFA-Landesverb. Bayern; 1989 stv. Vors. d. REFA Bundesverb.

FREUND, Eckhard

Dr.-Ing., o. Prof. f. Automatisierung u. Robotertechnologie u. Leiter Inst. f. Roboterforschung Univ. Dortmund (s. 1985) - Postf. 50 05 00, 4600 Dortmund 50 - Geb. 28. Febr. 1940 Düsseldorf (Vater: Dipl.-Ing. Karl F.; Mutter: Margret, geb. Meya), ev., verh. m. Dr. Brigitte, geb. Keudel, 2 Kd. (Viviane, Ariane) - 1959-65 Stud. Elektrotechnik TH Braunschweig u. Darmstadt; Promot. 1968 TU Berlin - 1972-76 Gastprof. Department of Aerospace Engineering Univ. of Southern Calif. Los Angeles; 1978-84 o. Prof. f. Automatisierungs- u. Informationstechnik Fernuniv. Hagen; 1983 Gastprof. Electrical Engineering Department Univ. of Southern Calif. L.A., sow. wiss. Berat. v. Robotics u. Autonomous Systems, Jet Propulsion Labor. NASA, Pasadena - BV: Zeitvariable Mehrgrößensysteme, 1971; Regelungssysteme, 1981; Regelungssysteme im Zustandsraum, 1986, 2. A. 1987. Mithrsg.: Intern. Journal of Robotics Res.; Journal of Robotic Systems; Intern. Journal of Control - Theory and Advanced Technology; Intern. Journal of Artificial Intelligence.

FREUND, Friedemann

Dr. phil. - NASA Ames Research Center, MS 239-4, Mountain View, CA 94035, USA - Geb. 18. Juli 1933 Wetzlar, verh. s. 1961 m. Dr. Hisako Matsubara, Kyoto, S. Minoru - Reifeprüf. Collège Calvin Genf 1953, Univ. Marburg, Promot. 1959, Pennsylvania State Univ. 1960-62; Habil. 1967 Univ. Göttingen, Doz. u. 1970-87 Prof. f. Mineral. Univ. Köln; s. 1989 Prof. f. Physik, San Jose State U. 1985-87 National Research Council; s. 1986 Senior Scientist SETI Inst. - Arb. üb. Protonenleitung, Oberflächen v. u. Defekte in Mineralen, Entstehung d. Lebens - Spr.: Franz., Engl.

FREUND, Gisela

Dr. phil., em. Prof. f. Ur- u. Frühgeschichte - Am Ruhstein 51, 8520 Buckenhof/Mfr. (T. Erlangen 5 17 89) - Geb. 30. Nov. 1920 Solingen (Vater: Richard F.; Mutter: Hedwig, geb. Merten) - Univ. Greifswald, Breslau, Prag (Dt.) - S. 1950 (Habil.) Lehrtätigk. Univ. Erlangen-Nürnberg (1957 apl. Prof.), Erlangen-Nürnberg (1969 o. Prof.) - BV: D. paläolith. u. mesolith. Kulturentwickl. in Böhmen u. Mähren (m. Lothar Zotz); D. Blattspitzen d. Paläolithikums in Europa, 1952; D. ältere u. mittlere Steinzeit in Bayern, 1964; D. mittelpaläolith. Geröllgeräteind. aus d. Umgeb. v. Kronach in Oberfranken, 1973 (m. Lothar Zotz); D. Paläolithikum im Donaubogen südl. Regensburg, 1977; D. Paläolithikum d. Obernederhöhle, 1987. Herausg.: Steinzeitfragen d. Alten u. Neuen Welt - Festschr. f. Lothar Zotz (1960), Quartär-Bibliothek; Mithrsg.: Quartär/Jb. f. Erforsch. d. Eiszeitalters u. d. Steinzeit - 1971 o. Mitgl. DAI.

FREUND, Hanns Egon

Dr. jur., Rechtsanwalt, Hauptgeschäftsf. Landesverb. d. Bayer. Industrie - Maximilianspl. 8/II, 8000 München 2 - Geb. 13. Sept. 1931 - 1981 Bayer. VO.

FREUND, Hans-Joachim

Dr. med., o. Prof. f. Neurologie Univ. Düsseldorf (s. 1977) - Am Adels 11, 4030 Ratingen 6 - Geb. 17. Aug. 1935 Neukirchen/Moers - Promot. 1963; Habil. 1967 - Apl. Prof. Univ. Freiburg; 1977 o. Ö. Prof. Neurologie Düsseldorf. Zahlr. Facharb.

FREUND, Hans-Joachim

Dr. rer. nat., Prof. Univ. Bochum, Lehrstuhl f. Physikal. Chemie I (s. 1987) - Blankensteinerstr. 282, 4630 Bochum 1 - Geb. 4. März 1951 Solingen, ev., verh. s. 1977 m. Susanne, geb. Herfurth, 3 Kd. (Julia, Martin, Sebastian) - 1969-75 Stud. Chemie u. Physik Univ. Köln; 1973-77 Studienstiftg. d. Dt. Volkes; Dipl. 1975; Promot. 1978; Habil. 1983 - 1979-81 Univ. of Pennsylvania; 1983 Brookhaven Nat. Lab.; 1983-87 Prof. Univ. Erlangen-Nürnberg; 1990 Univ. of California. 1984 u. 85 General Electric R & D - Üb. 100 Fachpubl. - Spr.: Engl.

FREUND, J. Hellmut

Lektor im S. Fischer Verlag, Frankfurt - Am Tiergarten 44, 6000 Frankfurt/M. (T. 44 62 12) - Geb. 12. Sept. 1919 Berlin - 1939-60 Uruguay (u. a. Rundfunkredakt., -komment., Krit. Feuilletonredakt.). S. 1960 b. S. Fischer.

FREUND, Petra

s. Schürmann, Petra

FREUND, Ulrich

Prof., Hochschullehrer - Mönchebergstr. 50, 3500 Kassel - Gegenw. Prof. f. Öffl. Recht, Privatrecht u. Rechtspolitik GH Kassel.

FREUND, Werner

Dr. oec. publ., Geschäftsführer SIGRI GmbH - Werner-v.-Siemens-Str. 18, 8901 Meitingen (T. 08271 - 83-2 02) - Geb. 20. März 1932, verh., 3 Kd.

FREUND, Wilfried

Dipl.-Volksw., Geschäftsf. Dt. Raiffeisen-Warenzentrale GmbH., Frankfurt/M. - Fasanenstr. 32, 6233 Kelkheim/Ts. - Geb. 23. Juni 1932.

FREUND, Winfried

Dr. phil., Prof. f. Neuere Dt. Literatur Univ. Paderborn - Kantinenweg 44, 4794 Hövelhof-Staumühle (T. 05257 - 37 67) - Geb. 15. Jan. 1938 Dortmund (Vater: August F., Mutter: Anna, geb. Große), verh. s. 1959 m. Walburga, geb. Spork, Sohn Wieland - Abit. 1958; Stud. German. u. Angl. (1. Staatsex. 1963, 2. Staatsex. f. höh. Schulen 1966, Promot. 1971, Habil. 1975) - 1966-1973 Studienrat/Oberstudienrat Gymn., ab 1973 Hochschuldienst, ab 1979 Prof. Ab 1981 wiss. Beirat schwäb. Beitr. z. Lit. u. Geistesgesch. Ab 1981 Schriftf. Grabbe-Ges. - BV: D. dt. Verssatire im Zeitalter d. Barock, 1972; D. dt. Kriminalnov., 1975; D. Bürgerkom. Carl Sternheims, 1976; Chamisso: Peter Schlemihl - Geld u. Geist, 1980; D. dt. Ballade, 1978; D. lit. Parodie, 1981; D. zeitgen. Kinder- u. Jugendb., 1980; Müde bin ich geh' zur Ruh - Leben u. Werk d. Luise Hensel, 1984; Theodor Storm. D. Schimmelreiter. Glanz u. Elend d. Bürgers, 1984; Rübbelken. Lit. Nörgeleien, 1985; D. herbe Duft v. spätem Laub, Ged. 1986; Theodor Storm, 1987; D. dt.spr. Kinder- u. Jugendb. d. Gegenwart, 1987; Friedrich Wilhelm Weber u. d. Lit. in Südostwestf. D. lit. Profil e. Region, 1989; Dt. Lyrik, 1990; Literarische Phantastik, 1990. Herausg.: Phantast. Gesch. (1979); D. Macht d. Geldes, Nov. (1980); Dt. Balladen (1982); Storm: Auf d. Staatshof, Bulemanns Haus (1983); Droste-Hülshoff: D. Judenbuche (1983); Storm: Z. Chronik v. Grieshuus (1985); Wibbelt: Aphorismen (1986); Im kleinen Schatten d. Machandelbaums - Westf. Ged. (1985); Grabbes Gegenentwürfe. Neue Deutungen s. Dramen (1986); Storm: D. Schimmelreiter (1986); Friedrich Wilhelm Weber-Jahrb. (1987); Dt. Komödien, (1988); Weber: Goliath (1989); Bibl. westf. Dichtung (s. 1985). Mithrsg.: Spiegel im dunklen Wort (1982); Grabbe-Jahrb. (1982/83/84/85/86); Dt. Prosa-Parodien (1988) - Liebh.: Hist. Arch., Malerei v. d. Renaiss. b. z. Romantik, Opern, Gesch. - Spr.: Engl.

FREUND-MÖLBERT, Elisabeth R. G.

Dr. med., Prof. f. Zellbiologie - Kirchenhölzle 37a, 7800 Freiburg/Br. (T. 3 21 38) - Geb. 31. März 1926 Basel/Schweiz (Vater: Karl-Friedrich M., Pfarrer; Mutter: Elisabeth, geb. Pflüger), ev., verh. s. 1968, S. Andreas - S. 1961 (Habil.) Privatdoz., Wiss. Rätin (1962; Pathol. Inst.), apl. Prof. (1967) Inst. f. Biologie II Univ. Freiburg/Br. im Max-Planck-Inst. f. Immunbiologie. 1966 Associated Prof. Kansas State Univ., Manhattan (USA). 1988 Beirätin Naturwiss. Initiative; 1989 Stadträtin d. Stadt Freiburg/Br. Veröff. z. Feinstrukturforsch., Enzymhistochemie, molekulare Biol. Fachmitgliedsch., darunt. Schweiz. Ges. f. Optik, Soc. Franc. Elektron Microscopie, American Soc. of Histochemistry - 1962 Arthur-Weber-Preis.

FREUNDL, Günter

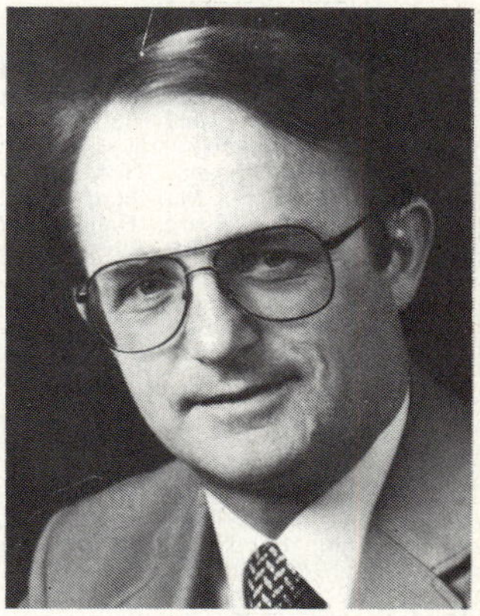

Dr. med. habil., Prof., Chefarzt Frauenklinik Düsseldorf-Benrath - Frauenklinik Städt. Krkhs. Düsseldorf-Benrath, Urdenbacher Allee 83, 4000 Düsseldorf 13 (T. 0211 - 997-12 41) - Geb. 30. Mai 1938 Illertissen (Vater: Ludwig F.,

Lohnbuchh.; Mutter: Berta, geb. Rau), kath., verh. s. 1969 m. Ulrike Schöler, 3 Kd. (Christian, Tanja, Susanne) - 1959-65 Med.-Stud. Univ. Würzburg; Promot. 1965, Habil. 1981 - Gynäkol., Privatdoz.; 1973-77 Medical Superint. Maternity Hospital Jos/Nigeria; s. 1982 Chefarzt s.o. - BV: Impulszytophotometr. Unters. v. Spermatozoen im Zervikalschleim, 1983; Urogenitale Fehl- u. Mißbild., in: Käser et al. Lehrb. d. Gynäkol. u. Geburtshilfe, 1984 - Liebh.: Klavier- u. Orgelmusik - Spr.: Engl., Franz., Haussa - Lit.: Jahrb. d. Univ. Düsseldorf (1983).

FREUNDLIEB, Wilhelm

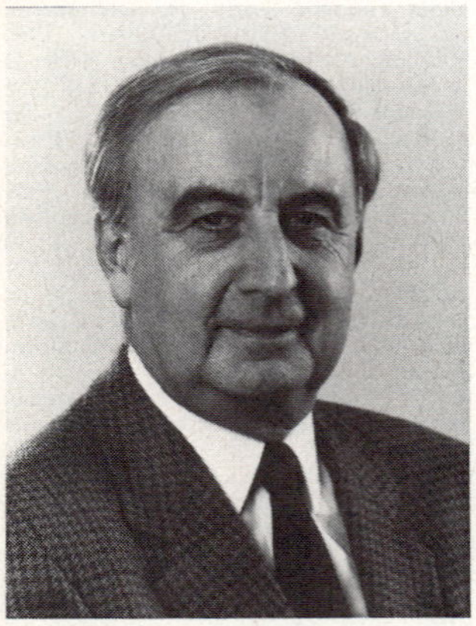

Vorstandsmitglied d. Deutschen Bundespost TELEKOM f. d. Bereich Personal, Tarif-, u. Sozialangelegenheiten, Recht - Zu erreichen üb. Generaldirektion Telekom, Godesberger Allee 115-117, 5300 Bonn 1 (T. 0228 - 1 81-70 00) - Geb. 9. Nov. 1930 Dortmund - Abit. 1950 Dortmund; Gr. Staatsprüf. Jura 1958 Düsseldorf - 1958 Eintritt in d. höh. Postdienst; 1978 Präs. Oberpostdir. Bremen; 1983-89 Personalabt.-Leiter b. Bundesmin. für d. Post- u. Fernmeldewesen, bzw. Post u. Telekommunikation (Ministerialdir.) - 1986 BVK I. Kl.

FREUNDT, Helmut

Botschafter d. Bundesrep. Deutschl. in Luanda/Angola, Afrika - Av. 4 de Fevereiro, 120, Luanda/Angola, Afrika - Geb. 28. März 1931 Zagreb - 1952-56 Stud. Rechtswiss. u. Volksw. 1. jurist. Staatsprüf. - S. 1958 Auswärt. Dienst; 1961-68 Botschaften Bagdad, Abidjan, Bujumbura, Kigali, Dakar; 1968-71 Botschaft Washington; 1971 Generalkonsul Kuwait, 1973 Botsch. ebd., gleichz. Vereinigte Arab. Emirate, Bahrein, Katar, Oman u. Monrovia /Liberia.

FREUNDT, Klaus J.

Dr. med., Prof., Wiss. Rat, Pharmakologe u. Toxikologe - Pfalzring 125, 6704 Mutterstadt/Pfalz - Geb. 20. Dez. 1931 Mannheim (Vater: Kurt F.; Mutter: Emmy, geb. Gohr), ev., verh. s. 1973 m. Elke, geb. Heisterhagen, T. Miriam - Univ. Heidelberg, München, Kiel. Promot. 1957 Heidelberg; Habil. 1972 Würzburg - S. 1975 Wiss. Rat u. Prof. Fak. f. klin. Med. Mannheim d. Univ. Heidelberg (gegenw. außerd. apl. Prof.). 1972 ff. Mitgl. Kommiss. z. Prüfung gesundheitsschädl. Arbeitsstoffe/DFG. Üb. 150 Facharb. - Spr.: Engl., Franz.

FREY, Bernhard

Fabrikant (Loden-Frey) - Osterweidstr. 10, 8000 München 23 - Geb. 1936 (?) - 1979 Münchener Modepreis - Vater: Dr. h. c. Georg F., Fabr., bek. Käfer-Sammler † 1976 (s. XVIII. Ausg.).

FREY, Bruno S.

Dr. rer. pol., o. Prof. Univ. Zürich (s. 1977) - Kleinstr. 15, CH-8008 Zürich (T. 01 - 251 63 23) - Geb. 4. Mai 1941 Basel (Vater: Leo F., Kaufm.; Mutter: Julia, geb. Bach), kath., gesch. - Realgymn. u. Univ. Basel; Promot. 1965; Habil. 1969 - 1970-77 o. Prof. Univ. Konstanz - BV: Umweltökonomie, 1972, 2. A. 1985; Mod. Polit. Ökonomie, 1977; Modern Political Economy, 1978 (auch jap., franz. u. port.); Theorie demokrat. Wirtschaftspolitik, 1981 (auch jap., span. u. port.); Democratic Economic Policy, 1983; Intern. Political Economy, 1984; Intern. Polit. Ökonomie, 1985 (auch jap., ital. u. chines.); Schattenwirtsch., 1984; D. heimliche Wirtsch., 1986; Muses and Markets. Explorations in the Economics of the Arts, 1989 (auch franz., dt., ital. u. jap.); Ökonomie ist Sozialwiss., 1990; Economics as a Scima of Human Behaviour, 1992 - 1975 Genossenschaftspreis Univ. Basel - Spr.: Engl., Franz., Span., Ital.

FREY, Christofer

Dr. theol., Prof. f. System. Theol. (Schwerpunkt: Ethik) Univ. Bochum - Hebelerweg 7, 4600 Dortmund 72 - Geb. 7. April 1938 Reichenbach/Schles. (Vater: Heinrich F., Textiling.; Mutter: Elisabeth, geb. Schröder), ev., verh. s. 1965 m. Gunhild, geb. Wagener, 3 Kd. - Gymn. Rheine u. Gronau/W.; Kirchl. Hochsch. Berlin; Univ. Berlin, Tübingen, Göttingen, Heidelberg, McCormick Theol. Sem. Chicago, Sorbonne u. Inst. Catholique Paris. 1964 u. 1967 1. u. 2. Theol. Examen; Promot. (1967) u. Habil. (1972) Heidelberg - Ab 1967 Kirchl. Dst.; 1968 Studentenpfr. u. Wiss. Assist. PH Reutlingen; 1969-78 Wiss. Assist., Doz. u. apl. Prof. Univ. Heidelberg; 1978-81 Prof. Univ. Erlangen; s. 1981 Univ. Bochum - BV: Mysterium d. Kirche - Öffnung z. Welt, 1969; Reflexion u. Zeit, 1974; Dogmatik, Studienb. 1977; Anthropologie, Arbeitsb. 1979; Karl Barth, 1988; Ethik d. Protestantismus, 1989; Theolog. Ethik, 1990 - Spr.: Engl., Franz.

FREY, Dieter

Dr. phil., Dipl.-Psych., Prof. f. Psychologie u. Institutsdir. Univ. Kiel (s. 1979) - Seeblick 5, 2300 Kiel (T. 0431 - 33 54 16) - Geb. 27. Juni 1946 Röt/Württ. (Vater: Wilhelm F., Bürgerm.; Mutter: Hedwig F.), ev. - Stud. Psych. u. Soziol. Hamburg u. Mannheim, Dipl. 1970, Promot. 1973, Habil. 1978 (alles Mannheim) - 1975-78 Univ. Mannheim (stv. Sprecher Sonderforschungsbereich 24); 1988/89 Theodor-Heuss-Prof. an der New School for Social Research in New York. Gutachter d. Dt. Forsch.gemeinsch.; Vors. d. Theodor-Heuss-Kommiss. - BV: Informationssuche u. -vermeidung bei Entscheidungen, 1981; Sozialpsych. E. Handb. in Schlüsselbegriffen (zus. m. S. Greif), 1983; Theorien d. Sozialpsych. (3 Bde., zus m. M. Irle); D. Theorie d. kognitiven Dissonanz, 1979; Lehrb. d. Angewandten Psychologie (zus. m. Graf Hoyos u. D. Stahlberg). Herausg. u. Mithrsg. mehrer Ztschr. d. Psychologie. Üb. 120 wiss. Aufs. in dt. u. amerik. Fachztschr. - Liebh.: Tennis, Fußball, Wandern - Spr.: Engl., Franz.

FREY, Dieter

Oberforstrat, Vors. Verb. freiberufl. Forstsachverständiger - Speyerer Str. 10, 8900 Augsburg - Geb. 4. Aug. 1933 Augsburg, kath. - 1955-60 Stud. Univ. München (Forstwiss.; Dipl.-Forstwirt).

FREY, Engelbert

Dr. jur., Landgerichtspräsident - Landgericht, 7900 Ulm/D. - Geb. 9. Mai 1911 - S. 1967 Präs. LG Ulm.

FREY, Gerhard

Dr. rer. nat., o. Prof. f. Philosophie u. Wissenschaftstheorie Univ. Innsbruck (s. 1968) - Bienerstr. 2, A-6020 Innsbruck/Tirol (Österr.) - Geb. 19. Okt. 1915 Wien (Vater: Prof. Dr. techn., Dr. phil., Dr. techn. h. c. Dagobert F., Kunsthistoriker † 1962 (s. XIV. Ausg.); Mutter: Anna, geb. Magierowska), kath., verh. s. 1943 m. Erika, geb. König, 3 Kd. (Bettina, Christian, Susanne) - Univ. Breslau (Promot. 1943) u. Göttingen (Math., Physik, Phil.). Habil. 1951 - 1951-68 Doz. u. apl. Prof. (1958) TH Stuttgart - BV: Gedanken zu e. universalen Phil., 1948; Gesetz u. Entwickl. in d. Natur, 1959; Sprache - Ausdruck d. Bewußtseins, 1965; Erkenntnis d. Wirklichkeit - D. phil. Folgerungen d. modernen Naturwiss., 1965; D. Mathematisierung unserer Welt, 1967 (span. 1972); Einf. in d. phil. Grundl. d. Math., 1968; Phil. u. Wiss. - E. Methodenlehre, 1970, 2. A. 1987; Theorie d. Bewußtseins, 1980; V. d. Wiss. z. Kunst. Ausgewählte Schriften v. Gerhard Frey (Hrsg. Josef Zelger), 1989. Herausg.: MM A. Menne. Exempla Logica (1974); Dagobert Frey, Bausteine z. e. Philosophie d. Kunst (1976); B. Juhos, Selected Papers in Epistemology and Physics (1976); Berichte d. XII. Dt. Kongr. f. Phil. (1982). Mithrsg.: Philosophia Naturalis, Theory and Decision - Ztschr. f. allg. Wissenschaftstheorie, Ztschr. f. Wiss.forsch. - 1986 Großes Ehrenzeichen f. Verd. um d. Rep. Österreich - Lit.: Spr. u. Erkenntnis, Festschr. f. G. F. z. 60. Geb. (1976).

FREY, Gerhard

Dipl.-Kfm., Dr. oec. publ., Vorstandsmitglied Stinnes AG - Waldfrieden 1, 4300 Essen-Bredeney - Geb. 11. Sept. 1930, verh., 1 Kd. - Stud. Heidelberg, Frankfurt, Paris, München; Dipl.-Kfm. München 1953; Promot. 1955 Staatswirtsch. Fak. München.

FREY, Gerhard Michael

Dr. rer. pol., Zeitungsverleger, Herausg. Dt. National-Ztg., Deutsche Wochen-Zeitung, Bundesvors. Dt. Volksunion (DVU) - Paosostr. 2, 8000 München 60 (T. 834 70 07) - Geb. 18. Febr. 1933 Cham/Opf. (Vater: Adalbert F., Großkfm.; Mutter: Frida, geb. Biber) - Univ. München (Rechts-) u. Graz (Staatswiss.) - S. Jahren Verleger - Liebh.: Angeln, Briefmarken, Schießen.

FREY, Hans

Studienrat, MdL Nordrh.-Westf. - Klosterstr. 21, 4650 Gelsenkirchen - Geb. 24. Dez. 1949 Gelsenkirchen, verh. s. 1976 m. Celia, geb. Pfister, 2 S. (Stefan, Ingo) - Abit., Stud. German. u. Sozialwiss., Staatsex., Lehramt Gymn. - MdL NRW, Mitgl. SPD (Landesvorst. NW, Fraktionsvorst.), Vors. d. Landtagsaussch. f. Schule u. Weiterbildung.

FREY, Hans-Hasso

Dr. med. vet., Prof. (C4) f. Pharmakologie u. Toxikologie - Angerburger Allee 41, 1000 Berlin 19 (T. 3055027) - Geb. 21. Sept. 1927 Leipzig (Vater: Richard F., Fregattenkapt. a. D.; Mutter: Ina, geb. Rothmann), ev., verh. s. 1955 m. Anni, geb. Meyer, Sohn Matthias - Tierärztl. Hochsch. Hannover. (Promot. 1951) u. Habil. (1958) Hannover - 1953-61 Pharmak. Inst. Univ. Hamburg (1953-56) u. TiäH Hannover (1956; 1958 Privatdoz., 1964 apl. Prof.); 1961-69 Leo Pharmaceutical Products Ballerup/Dänem. (Leit. Pharmak. Abt.); s. 1969 Freie Univ. Berlin (Fachber. Veterinärmed.). Arbeitsgeb.: Pharmak. d. zentralen u. peripheren Nervensystems, Arzneimittelstoffw. - 1980 Alfred Hauptmann-Preis d. Dt. Sektion d. Liga gegen d. Epilepsie - Spr.: Dän., Engl.

FREY, Herbert

Fabrikant, Mitinh. Münchener Lodenfabrik Johann Georg Frey, München, Vors. Verein d. Südbayer. Textilind. ebd. - Osterwaldstr. 10, 8000 München 40 - Geb. 1. Okt. 1928 München - Vater: s. Bernhard F. (Bruder).

FREY, Herbert

Dipl.-Kfm., Dipl.-Hdl., Hon.-Prof. Univ. Stuttgart, Leiter Betriebswirtsch. Inst. d. Westd. Bauindustrie i.R. - Hösel-Sinkesbruch 44, 4030 Ratingen 6 - Geb. 16. Jan. 1920 Teschen - Leit. Aussch. Bauwirtsch. Dt. Ges. f. Betriebsw. (Schmalenbach-Ges.).

FREY, Hubert

Dipl.-Volksw., Bankdirektor, Geschäftsf. MKB Mittelrhein. Bank GmbH u. MMV Leasing GmbH, beide Koblenz - Friedrich-Ebert-Ring 53, 5400 Koblenz - Geb. 25. Aug. 1921.

FREY, Karl

Regierungsdirektor a. D., MdL Nordrh.-Westf. (s. 1966) - Gr. Forststr. 152, 5162 Niederzier-Hambach (T. 529) - Geb. 6. Okt. 1928 Altenburg/Rhld., verh., 4 Kd. - Gymn.; Univ. Bonn u. Köln (Rechts- u. Staatswiss.). Gr. jurist. Staatsprüf. 1960 - 1964-68 Rechtsrat u. I. Beigeordn. (1965) Stadt Jülich; s. 1968 Oberregierungsrat u. Reg.s-dir. Bundesverteidigungsmin. 1964 ff. Ratsmitgl. u. Bürgerm. Gde. Hambach. CDU s. 1960 (1963-65 Ortsvors. Hambach; s. 1965 Mitgl. Kreisvorst. Jülich).

FREY, Karl Franz

Dr. phil., Dipl.-Psych., o. Prof. Eidgen. Techn. Hochsch. Zürich (s. 1988) - Rämistr. 101, CH-8092 Zürich - Geb. 1. Febr. 1942 Merenschwand/Schweiz, kath., verh. s. 1966 m. Dr. Angela Frey-Eiling, 2 Töcht. (Nora, Melanie) - Stud. Leuven u. Münster (Psychol., Päd., Biol., Theol.). Promot. 1968 - 1971-88 o. Prof. u. gf. Dir. Inst. f. Pädagogik d. Naturwiss., Kiel - 1978-85 Chairman of the Editorial Board of the European Journal of Science Education - Rd. 30 Buchveröff., Beteilig. an Lehrplanreformen u. Schulplanung, Experte f. UNO, UNESCO, OECD, Europarat.

FREY, Karl Josef

Ph. D., M. A., Prof. f. Psychologie PH Heidelberg - Zeppelinstr. 12, 6900 Heidelberg.

FREY, Kurt Walter

Dr. med. (habil.), em. Prof., Vorsteher Zentrale Röntgenabtl. Poliklinik Univ. München - Elisabethstr. 48, 8000 München 40 (T. 272 54 47) - Geb. 6. Dez. 1926 - B. 1966 Privatdoz., dann apl. Prof. Univ. München (Röntgenol. u. Strahlenheilkd.).

FREY, Otto-Herman

Dr. phil., Prof. f. Vor- u. Frühgeschichte - Schückingstr. 11, 3550 Marburg/L. - Geb. 1. Sept. 1929 Berlin (Vater: Dr. Herman-Walther F., Ministerialrat †; Mutter: Marie, geb. Richter †), ev., verh. s. 1959 m. Dr. Lore, geb. Asche, 3 Kd. (Corinna, Meline, Alexander) - N. Abit. 1949 (als Schulfremder) Stud. Vor- u. Frühgesch. Freiburg/Br. Promot. 1957 Freiburg; Habil. 1964 Marburg - S. 1970 Ord. Univ. Hamburg u. Marburg (1976) - BV: u. a. D. Entsteh. d. Situlenkunst, 1969; E. Nekropole d. frühen Eisenzeit bei Santa Maria d'Anglona, 1991.

FREY, Thomas

Dr. rer. pol., Dipl.-Kfm., Vorstandsmitglied Graphitwerk Kropfmühl AG - Schwanthaler Str. 22, 8000 München 2.

FREY, Walter

Oberbürgermeister a. D., Fabrikant, Mitinh. Fa. Windgassen & Hindrichs, Remscheid - Brüder Str. 53, 5630 Remscheid (T. 43696) - Geb. 15. Jan. 1909 Lugau/Sa., (Vater: Eugen F., Bürgerm.; Mutter: Hulda, geb. Küttner), verh. s. 1938 m. Luise, geb. Körschgen - Techniker u. Ing. Dresden, Osnabrück, Krefeld, Remscheid (zul. Betriebsleit.), 1948-61 Oberbürgerm. Remscheid. 1954-58 MdL NRW. SPD.

FREY, Winfried

Dr. phil., Prof. f. Dt. Philologie Univ. Frankfurt/M. (s. 1972) - Robert-Schuman-Ring 4, 6239 Kriftel/Ts. - Geb. 10. Nov. 1940 Bruchsal - Promot. 1970 - BV: Textkrit. Unters. z. Ottes Eraclius, 1970. Mithrsg.: Wernher d. Gartenaere: Helmbrecht, Mittelhochd. Text u. Übertragung, 1972; Einf. in d. dt. Lit. d. 12. b. 16. Jh., 3 Bde., 1979ff; Otte, Eraclius, 1983. S. 1982 zahlr. Abh. üb. d. Antijudaismus in d. dt. Literatur d. Mittelalters.

FREY, Wolfgang

Dr. rer. nat., Prof. f. Botanik FU Berlin, Inst. f. System. Botanik u. Pflanzengeogr. - Altensteinstr. 6, 1000 Berlin 33; priv.: Potsdamer Str. 21, 1000 Berlin 45 - Geb. 14. Aug. 1942 Rechberghausen

(Vater: Wilhelm F., Bundesbahnhauptsekr.; Mutter: Paula, geb. Rau), verh. s. 1969 m. Hildegard, geb. Oehler, 2 T. (Karin, Birgit) - 1962-69 Univ. Tübingen (Bot., Zool., Physiol. Chem.). Promot. 1969 - 1969 Wiss. Assist.; 1977 Doz.; 1978 Prof. - BV (Mitverf.): Beitr. z. Biologie d. nied. Pflanzen, 1977; Vegetation u. Flora d. Zentralen Hindukus, 1978; Beitr. z. Umweltgesch. d. Vord. Orients, 1981; Moosflora, 1983, 2. A. 1987, 3. A. 1992; Vegetation u. Flora im mittleren Saudi-Arabien, 1985; Bibliography of the geobotanical literature on South West Asia, 1986; Vegetation im Vorderen Orient, 1989; Conspectus Bryophytorum Orientalis et Arabicae, 1991. Herausg. Beih. Tübinger Atlas Vorderer Orient. Mithrsg. Nova Hedwigia.

FREY, Wolfgang
Dr.-Ing., Prof. f. Meßtechnik u. Datenübertragung im Studiengang Medizin. Informatik Univ. Heidelberg/Fachhochsch. Heilbronn - Max-Planck-Str. 39, 7100 Heilbronn/N. - Geb. 13. März 1938.

FREYBE, Günter
Dr. jur., Ass., Hauptgeschäftsf. a. D. Handwerkskammer Ostwestfalen-Lippe zu Bielefeld - Rietmacherweg 23, 4800 Bielefeld 12 - Geb. 1. Jan. 1913 Stettin (Vater: Carl F., Fleischerm.; Mutter: Elfriede, geb. Fuhr), ev., verh. s. 1939 m. Gertraut, geb. Grüneberg, 4 Kd. (Doris, Karl-Hermann, Brita, Claudia) - Stud. Univ. Marburg, Gießen, Berlin - BV: D. Gesellenprüfung, 22. A. 1982 - Handwerkszeichen in Gold (Zentralverb. d. Handwerks) - BVK I. Kl.

FREYBERG, Burkhard
M.A., Abteilungsleiter Öffentlichkeitsarb. SWF Baden-Baden - Maria-Viktoria-Str. 19, 7570 Baden-Baden - Geb. 21. Nov. 1949 Trier, kath. - Hum. Gymn. Trier (Abit. 1969); Stud. Publiz., Politikwiss. u. Kunstgesch. Univ. Mainz u. Trier; M.A. 1974 - 1974 Pressest. Staatskanzlei Rhld.-Pfalz; 1975 pers. Ref. Wirtschaftsmin. ebd.; 1978 stv. Geschäftsf. Wirtschaftsförderungsges. Rhld.-Pfalz; 1982 Abt.-Leit. Öffentlichkeitsarbeit Südwestf. Baden-Baden; Mitgl. ARD-Design-Team SWF-Funkausstellungsbeauftr. - BV: Rheinl.-Pfalz - E. Portrait, 1981.

FREYBERG, Rolf J.
Dr. jur., Rechtsanwalt, Vorstandsmitglied BGAG-Beteiligungsges. f. Gemeinwirtsch. AG - Theaterpl. 2, 6000 Frankfurt/M.; priv.: An den Drei Brunnen 14, 6000 Frankfurt 50 - Geb. 8. Jan. 1943 Kassel, ev., verh. m. Birgit F., 2 Töcht. (Stefanie, Antje) - 1963-68 Stud. Univ. Frankfurt (Rechtswiss. u. Betriebswirtsch.); 1. jurist. Staatsex. 1968; 2. jurist. Staatsex. 1972; Promot. 1971, alle Frankfurt - 1972 Bank f. Gemeinwirtsch. AG, Frankfurt (Rechtsabt.), 1974 Vorst.-Sekr., 1976 Prokura); 1977 BGAG, Frankf. (1980 Dir., 1982 o. Vorst.-Mitgl., Arbeitsdir.); AR-Mitgl. Metallges. AG, Frankf., u. Degussa AG; div. Mand. in d. gemeinwirtsch. Untern.gr.

FREYBERG, Freiherr von, Ulrich
Dr., Aufsichtsratsvorsitzender Alcan Deutschl. GmbH, Eschborn, AR Blohm & Voss AG, VR BHF-Bank, Mitgl. Rechnungshof souver. Malteserorden, Rom; selbst. Forstwirt in Allmendingen (Württ.) - Zu erreichen üb. Alcan Deutschl. GmbH, Kölner Str. 8, 6236 Eschborn - Geb. 6. März 1924 - 1969-80 Vors. d. Geschäftsf. Alcan Aluminiumw., Frankfurt; 1980-87 Mitgl. Geschäftsltg. Alcan Aluminium (Europe) S.A., Genf.

FREYBERG-EISENBERG, Freiherr von, Georg
Dipl.-Landwirt, Dipl.-Forstwirt, MdL Bayern (1970-82) - 8871 Haldenwang b. Burgau - Geb. 1926.

FREYBERGER, Hellmuth
Dr. med., Prof. f. Psychosomatik Med. Hochsch. Hannover - Zu erreichen üb. Med. Hochsch., Konstanty-Gutschow-Str. 4, 3000 Hannover 61 (T. 0511 - 532-31 90 dienstl.; 55 74 43 priv.) - Geb. 15. Okt. 1923, ev., verh. s. 1956 m. Brigitte, geb. Poy, 2 S. (Harald, Axel) - Med.-Stud. Univ. Düsseldorf (Staatsex. u. Promot. 1952), Habil. 1965 Univ. Hamburg - Abteilungsleit. u. gf. Vors. Zentrum Psych. Med. Hochsch. Hannover. Redakt. Ztschr. Advances in Psychosomatic Med. u. Psychotherapy and Psychosomatics - BV: Psychotherapeutic interventions in life-threatening illness, 1980; Consultation Liaison throughout the world, 1982 - Liebh.: Fernöstl. Kultur.

FREYBERGER, Roland
Produktionsdirektor WDR Köln - Zu erreichen üb. Westdt. Rundfunk, Appellhofplatz 1, 5000 Köln 1 - Geb. 3. Febr. 1933 Freising - Zul. Leit. Hauptabt. Planung u. Herstellung.

FREYE, Hans-Albrecht

Dr., Prof., Staatssekretär f. Wissenschaft u. Forschung im Min. f. Wiss. u. Forsch. Sachsen-Anhalt, Magdeburg (s. 1990) - Senffstr. 22a, 4050 Halle/S. (T. 046 - 3 60 80) - Geb. 28. Jan. 1923 Aschersleben, ev., verh. s. 1950 m. Dr. Hedwig, geb. Zumpfe - Stud. Biol. u. Chemie Halle; Promot. 1954; Habil. 1958 Martin-Luther-Univ. Halle - 1959-88 Dir. d. Inst. f. Biol. an d. Med. Fak. d. MLU Halle - BV: Zoologie, 9. A. 1991; Humanökologie, 3. A. 1986; Übers. Ecologia Umana, Idelien Napoli, 1987; Humangenetik, 6. A. 1990; Spur d. Gene, 1980 - 1971 Mitgl. d. Dt. Akad. f. Naturforscher; 1986 Korr. Mitgl. Akad. d. Wiss. u. d. Lit. zu Mainz, s. 1980 Generalsekretär - Liebh.: Philatelie, Musik - Spr.: Engl., Franz. - Lit.: Horst Scheufler: Prof. Dr. H.-A. Freye - 65 J., Wiss. z. Univ. Halle XXXVI (1987).

FREYH, Brigitte,
geb. Mayer
Kuratorin Dt. Stiftung f. intern. Entwickl. - Im Wingert 12a, 6370 Oberursel/Ts. - Geb. 25. April 1924 Ahrensdorf, Sohn Thomas - Stud. Gesch. u. German. - 1956-61 Stadtverordn. Frankfurt; 1959 b. 1962 Geschäftsf. Walter-Kolb-Stift., Frankf.; 1961-72 MdB; 1969-72 Parlam. Staatssekr. Bundesmin. f. wirtschaftl. Zusammenarb., Bonn; 1966 ff. Mitgl. Dt. UNESCO-Kommiss.

FREYHOFF, Ulrich
Dr. phil., em. Univ.-Prof. f. Allg. Didaktik u. Schulpädagogik Univ. Dortmund - Trapphofstr. 94, 4600 Dortmund 41 - Geb. 20. Aug. 1923 Oranienburg, ev., verh. m. Ute, geb. Janensch, 3 Söhne - 1947-49 Päd. Ak. Old. i. O., Lehrer in Leer/Ostfr., Univ. Göttgn. 1952-57, Promot. 1957, PH Oldenburg in O. 1958-61, Doz.; s. 1961 Prof. PH Dortmund, 1971-73 Rektor PH Ruhr, 1970-75 Leit. Forsch.gruppe zur wiss. Begleit. d. Gesamtschulversuchs NW an d. PH Ruhr, 1975-81 stv. Vors. d. Gem. Komm. f. Stud. Reform NW, 1980-82 Prorektor f. Forsch., Lehre u. Stud. Univ. Dortmund - BV: Seeräuber in Ostfriesland, 1952 (mehrere Aufl.); D. gebildete Mensch u. d. innere Schulreform, 1963; div. Aufs. Mithrsg.: Bagel Leseb. f. 2.-10. Schulj. (1966ff.); Lernendes Spielen - Spielendes Lernen (m. H. Frommenberger u. W. Spies, 1976). Dortmunder Beiträge z. Päd. (ab 1991) - BVK am Bde.

FREYHOLD, von, Michaela
Dr. phil., Prof. f. Empir. Analysen v. Entwicklungsprozessen in d. 3. Welt Univ. Bremen, Rückertstr.27, 2800 Bremen.

FREYMANN, Hans-Rudolf
Kaufmann, Vorstandsmitgl. Saarbergwerke AG, Saarbrücken, AR-Vors. Saarberg Öl u. Handel GmbH, Beiratsvors. Kohlbecher & Co. GmbH, Saarbrücken, u. a. - Nussbergstr. 5, 6600 Saarbrücken - Geb. 2. Aug. 1930 Mülheim/Ruhr (Vater: Hans F., Direktor; Mutter: Irma, geb. Schmits), ev., verh. s. 1959 m. Marianne, geb. Klumpe, 2 Kd. (Stephanie, Peter) - Spr.: Franz., Engl., Ital.

FREYNIK, Karlheinz
Autor, Regisseur u. Produzent - Zu erreichen üb. Sparta-Film, Bogotastr. 10, 1000 Berlin 37 - Geb. 25. Juli 1947 Hamburg (Eltern: Karl (Kaufm.) u. Elisabeth F.), 2 Kd. - 1964-68 Musiker; 1968-71 Musikprod.; s. 1971 freischaff. - BV: Minutengesch., 1981. Theaterst.: D. lange Weg d. Entenhausen (1978) u. Rimini (1983). Üb. 250 Drehb. f. Film u. TV. Regie: D. Ersatzmann, Peter u. Atze, D. Wolpertinger Wochenschau (Kinderserien), Neues aus Transkastanien (Satire-Serie) - Adolf-Grimme-Preis, Bambi in Gold, Gold. Kamera - Spr.: Engl. - 1968 Dt. Rudermeister im Doppel-Zweier.

FREYTAG, Götz
Dr. med. (habil.), Wiss. Rat u. Prof., apl. Prof. f. Allg. Pathologie u. Pathol. Anatomie Univ. Münster - Ossenkampstiege 39, 4400 Münster/W. - Zul. Privatdoz. Univ. Hamburg.

FREYTAG, Hans Ludwig
Dr. rer. pol., Prof. f. Statistik u. Empir. Sozialforschung Univ. Oldenburg (s. 1974) - Eichenkamp 1-3, 2907 Huntlosen/O. - Geb. 1934, verh., 5 Kd. - Promot. 1964 Heidelberg, Habil. 1971 ebd. - B. 1974 Geschäftsf. HIS-GmbH. 1982-86 Landtagsabg. Nieders. (CDU).

FREYTAG, Hans-Joachim
Geschäftsführer Rickertsen Produktionsges. mbH., Reinbek, Vors. Warenverein d. Hbg. Börse, Hamburg - Unter d. Eichen 13, 2081 Ellerbek Kr. Pinneberg - Geb. 26. Aug. 1935.

FREYTAG, Hartmut
Dr. phil., Prof. f. Dt. Philologie m. Berücks. d. Mittellat. Philol. - Kückallee 14, 2057 Reinbek - S. 1977 Ord. Univ. Hamburg (gf. Dir. German. Sem.).

FREYTAG, Wiebke
Dr. phil., Prof. f. Ältere Dt. Literaturwissenschaft Univ. Hamburg (s. 1977) - Kückallee 14, 2057 Reinbek.

FREYTAG gen. LÖRINGHOFF, Baron von, Bruno
Dr. phil., Prof. Philosoph - Brunsstr. 31, 7400 Tübingen (T. 2 47 73) - Geb. 11. Juni 1912 Bilderlingshof/Livland (Vater: Eugen v. F., Landw.; Mutter: Marie, geb. v. Manteuffel-Szoege), ev., verh. s 1942 m. Renate, geb. Kauter, 2 Töcht. (Bettina, Benita) - Gymn. Greifswald; Univ. ebd. (Promot. 1936) - München (Math., Physik, Chemie, Musikwiss., Phil.). Habil. 1944 Freiburg/Br. - 1948 Doz., 1955 apl. Prof., 1978 C3-Prof. Univ. Tübingen (s. 1978 i.R.). Rekonstruktion d. ältesten Rechenmaschine (Wilhelm Schickard, Tübingen, 1923) - BV: D. onotol. Grundl. d. Math., 1937; Gedanken z. Phil. d. Math., 1948 (engl. 1951); Logik, ihr System u. ihr Verhältnis z. Logistik, 5. A. 1972; Logik II - Definitionstheorie u. Kalkülwechsel, 1967; Werb. f. Phil., 1973; Neues Syst. d. Logik, symbolisch-symmetr. Rekonstruktion u. operative Anwend. d. aristotel. Ansatzes, 1985; Z. Gegenwart u. Zukunft d. Tübinger Logik, 1990. Herausg.: Logique de Port Royal, I. 1965, II. 1967 - Spr.: Engl., Franz.

FRIAUF, Karl Heinrich

Dr. jur., LL. M., o. Prof. f. Staats-, Verwaltungs-, Finanz- u. Steuerrecht Univ. Köln (s. 1966) - Eichenhainallee 17, 5060 Bergisch-Gladbach 1 (T. 02204 - 6 19 84) - Geb. 31. Juli 1931, verh. m. Ingrid, geb. Konopatzki, 3 Kd. (Heike, Ekkehart, Volkmar) - Habil. 1965 Marbg. - Dir. Inst. f. Staatsrecht Univ. Köln; Dir. Inst. f. Wohnungsrecht u. Wohnungswirtsch. Univ. Köln - BV: D. Staatenvertret. in supranation. Gemeinsch., 1960; Verfassungsrechtl. Grenzen d. Wirtschaftslenk. u. Sozialgestalt. d. Steuergesetze, 1966; D. Staatshaushaltsplan im Spannungsfeld von Parlam. u. Reg., 1968; Gemeindl. Ausgleichsansprüche b. Hochschulbau, 1972; Verfassungsrechtl. Probleme d. Reform d. Systems zur Finanzierung d. berufl. Bildung, 1974; Rechtl. Probleme d. Neuordnung d. Bildungswesens im Sekundarbereich, 1975; D. Abgrenzung d. Gesetzgebungskompetenzen im Bereich d. berufl. Bildung, 1975; Rechtsfragen d. Kreisumlage, 1980; Gleichberechtig. d. Frau als Verfassungsauftrag, 1981; Grundrechtsprobl. b. d. Durchführung u. Maßn. z. Gleichberechtig., 1981; Steuergleichh. am Wohnungsmarkt, 1985; Polizei- u. Ordnungsrecht, in: Besonderes Verw.recht (9. A. 1992, hrsg. v. I. v. Münch); Kommentar z. Gewerbeordnung, 1988ff.; Steuerrecht u. Verfassungsrecht, 1989; Europarecht u. Grundgesetz (gem. m. R. Scholz), 1990; D. apothekenrechtliche Verbot d. Fremd- u. Mehrbesitzes.

FRICK, Dieter
Dr.-Ing., o. Prof. f. Städtebau u. Siedlungswesen TU Berlin (s. 1973) - Luitpoldstr. 4, 1000 Berlin 30 - Geb. 9. Juni 1933 Gießen - U. a. Candilis/Josic/Woods, Paris. S. 1980 Mitgl. dt. Akad. f. Städtebau u. Landesplan. Bücher u. Einzelarb.

FRICK, Ewald
Dr. med., Prof. f. Neurologie u. Psychiatrie (s. 1963), Extraord. Neurol. Univ.-Klinik München - Tristanstr. 13, 8000 München 40 - T. 36 52 15) - Geb. 20. Nov. 1919 - S. 1956 (Habil.) Lehrtätig. Univ. München. Forschungsgeb.: Multi-

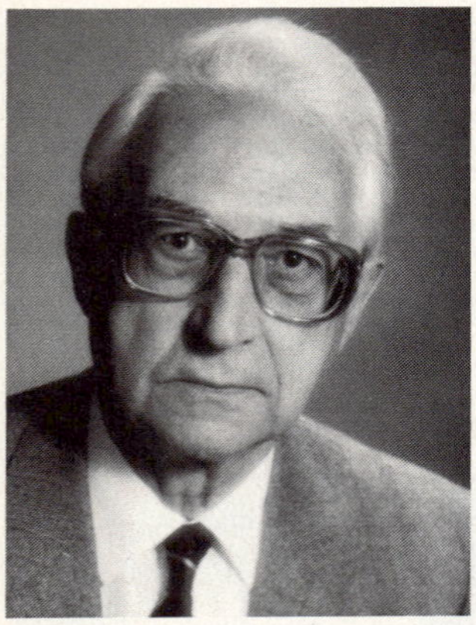

ple Sklerose u. entzündl. Nervenkrankh. Üb. 150 Facharb.

FRICK, Hans

Dr. med., em. o. Prof. f. Anatomie - Stöcklstr. 5, 8000 München 60 (T. 811 43 89) - Geb. 5. Nov. 1921 - S. 1953 (Habil.) Lehrtätigk. Univ. Frankfurt/M. (1959 apl., 1962 ao., 1963 o. Prof.) u. München (1967-88 o. Prof.; Vorst. Anat. Anstalt) - BV: Repetitorium anatomicum, 12. A. 1972 (m. D. Starck); Vergleich. Anatomie d. Wirbeltiere, Nachdr. 5. A. 1991 (Übers. u. dt. Bearb. v. The vertebrate body v. A. S. Romer u. T. S. Parsons); Taschenlehrb. d. ges. Anatomie, Bd. 1 u. 2 (gemeins. m. H. Leonhardt u. D. Starck), 4. A. 1992; Wolf-Heideggers Atlas d. Human-Anatomie (gemeins. m. B. Kummer u. R. Putz), 4. A. 1990. Div. Einzelarb.

FRICK, Hans

Schriftsteller - Morgensternstr. 36, 6000 Frankfurt am Main - Geb. 3. Aug. 1930 Frankfurt, verh. s. 1969 m. Karin, geb. Klinge - BV: Vorzeichen II, 1963; Auszüge aus Breinitzer, Breinitzer oder d. andere Schuld, 1965; D. Plan d. Stefan Kaminsky, 1967; D. Verhör, 1969; Henri, 1970; Mulligans Rückkehr, 1972; Tageb. e. Entzieh., 1973; Dannys Traum, 1975; D. blaue Stunde, 1977; Breinitzer, 1979; Vor d. Verabschiedung e. Gesetzes, 1979; D. Flucht nach Casablanca, 1980. Übersetz. in Norwegen, Schweden, Dänemark, DDR, Polen u. Ungarn. Filme u. Hörspiele - Mitgl. PEN-Zentrum BRD.

FRICK, Heinrich

Dr. jur., Sparkassendirektor - Am Brill 1, 2800 Bremen - Geb. 21. März 1932 - Vorstandsmitgl. D. Sparkasse in Bremen; Stift. Bremer Sparerdank; Präs. d. Verb. d. Dt. Freien Öffentl. Sparkassen; AR- u. VR-Mand. - BV: D. Staatsaufsicht ü. d. kommun. Spark., 1962.

FRICK, Helmut

Dipl.-Ing., Prof. f. Werkzeugmaschinen, Vorrichtungen u. Fertigungstechnik Gesamthochsch. Paderborn (Fachbereich Maschinentechnik II/Meschede) - Waldenburger Str. 12, 5778 Meschede.

FRICK, Klaus Dieter

Geschäftsführer INDEX-Werke GmbH & Co. KG, Hahn & Tessky - Postf. 2 49, 7300 Esslingen - Geb. 1940, verh. m. Dr. Gerda, geb. Forstmeyer - Stud. Rechtswiss. - Div. AR- u. Beiratsmand.

FRICKE, Burkhard

Dr. phil. nat., Prof. f. Theoret. Physik Univ. Kassel (s. 1974) - Jugendheimstr. 8b, 3500 Kassel - Stud. Darmstadt; Promot. u. Habil. Frankfurt - Post Doc Northwestern Univ. Evanston, Ill./USA. Arbeitsgeb.: Theoret. Atom- u. Molekülphysik.

FRICKE, Christian-A.

Dr. jur., Hauptgeschäftsführer Oldenburgische Industrie- u. Handelskammer - Moslestr. 6, Postf. 25 45, 2900 Oldenburg/O. - Geb. 23. April 1943, verh., 2 Kd.

FRICKE, Gerhard

Dr. rer. nat., o. Prof. f. Experimentelle Kernphysik (Fachgeb.: Atomkernladungsverteilung, hochenerget. Elektronenstreuung, Unters. müonischer Atome) - Saarstr. 21, 6500 Mainz - Geb. 25. Okt. 1921 - Habil. 1963 Darmstadt - S. 1964 o. Prof. (1967) Univ. Mainz. Facharb.

FRICKE, Gerhard

Dr. rer. pol., Hauptgeschäftsführer IHK Bremerhaven - Bürgerm.-Smidt-Str. 71, 2850 Bremerhaven (T. 0471-41 64 65) - Geb. 26. Dez. 1935 Hamburg, verh. s. 1960 m. Janina, geb. Schumacher, Sohn Harald - 1955-57 Außenhandelslehre Hamburg; Stud. Wirtschaftswiss. Univ. Hamburg u. Basel; Promot. 1965 Univ. Basel - 1974-81 Geschäftsf. Cuxhaven - IHK Stade - Liebh.: Amateurfotogr., Kakteenkd., Philatelie - Spr.: Engl.

FRICKE, Günter

Dr., Dipl.-Kfm., Geschäftsführer Fricke & Nacke Feinblechpackungen u. Graph. Kunstanst. Pohle, bde. Braunschweig, Vorst.smitgl. Verb. Metallverpackungen, Düsseldorf - 3301 Schapen - Geb. 30. Juni 1927.

FRICKE, Hans

Dr.-Ing., Prof., Leiter i.R. Abt. Fernmelde- u. Hochfrequenztechnik in d. Verkehrssicherung, Wiss. Beirat IVV Ingenieurges. f. Verkehrsplan. u. Verkehrssicher. GmbH, Braunschweig - Breite Str. 25-26, 3300 Braunschweig; priv.: Kl. Breite 37, 3340 Wolfenbüttel (T. 7 23 75) - Geb. 12. Okt. 1913 Wolfenbüttel - B. 1962 Baurat u. Abt.leit. Ing.sch. Wolfenbüttel; s. 1951 Privatdoz., apl. Prof. (1958), Wiss. Rat u. Prof. (1962), Abt.vorst. u. Prof. (1963) TH bzw. TU Braunschweig. Patente üb. elektron. Eisenbahnsicherungssysteme - BV: Grundl. d. Elektrotechnik (m. Moeller); Grundl. d. elektr. Nachrichtenübertragung (m. Lamberts u. Patzelt). Mithrsg. u. Verf.: Leitf. d. Elektrotechnik; Verkehrssicherung (m. K. Pierick). Zahlr. Einzelarb.

FRICKE, Jobst P.

Dr. phil., Prof. f. Akustik Univ. Köln - Wüllnerstr. 115, 5000 Köln 41 - Geb. 5. Sept. 1930 Bielefeld, ev., verh. s. 1966 m. Dipl.-Psych. Karin, geb. Schumacher, 2 Kd. - 1952-59 Stud. Musikwissensch., Phys., Psychol. u. Phonetik in Göttingen, Berlin, Köln; Promot. 1959, Dr. phil. Köln; Habil. 1969 Köln. 1970 Prof. u. Ltr. Abt. Musikal. Akustik, s. 1972 Lehrbeauftr. f. Akustik u. Musikpsychol. Musikhochsch. Köln. 1979 u. 80 Vertr. in Göttingen - BV: Über subjekt. Differenztöne höchster hörbarer Töne u. d. angrenzend. Ultraschalls i. musikal. Hören (Diss.), 1960. Herausg.: D. Sprache d. Musik (1989).

FRICKE, Jochen

Dr. rer. nat., Prof. f. Exper. Physik Univ. Würzburg (s. 1975) - Gieshügeler Str. 63, 8708 Gerbrunn/Ufr. - Redakt.: Physik in unserer Zeit - BV: Energie - ein Lehrbuch (zus. m. W. L. Borst), 1981, 2. A. 1984; Schall u. Schallschutz (zus. m. L.M. Moser, H. Scheurer, G. Schubert), 1983; Aerogels, 1986 - 1990 Med. f. naturwiss. Publizistik d. Dt. Physikal. Ges.

FRICKE, Karl

Geschäftsführer Bekleidungshaus Jonas Fricke GmbH & Co. KG, Wolfhagen - Schützebergerstr. 38-40, 3549 Wolfhagen (T. 05692 - 22 28) - Geb. 18. März 1925 Nothfelden, ev., verh. s. 1952 m. Lucie, geb. Trinter, 2 Töcht. (Ellen, Ruth) - Kaufm. Ausb. - Vorst. Einzelhandelsverb. Hessen-Nord. Handelsrichter; s. 1990 Finanzrichter Hess. Finanzgericht - 1980 BVK; Ehrenbrief Land Hessen - Spr.: Engl.

FRICKE, Karl Wilhelm

Journalist, Leit. Ost-West-Abt. Deutschlandfunk (s. 1974) - Dransdorfer Str. 32, 5000 Köln 51 (T. 0221 - 37 21 92) - Geb. 3. Sept. 1929 Hoym/Anhalt (Vater: Karl F., Lehrer; Mutter: Edith, geb. Dittmar), ev.-luth., verh. s. 1959 m. Friedelind, geb. Möhring, 2 Kd. (Karl Friedrich, Julia) - 1949-53 Stud. Hochsch. f. Arbeit, Politik u. Wirtsch. Wilhelmshaven u. Dt. Hochsch. f. Politik Berlin - 1953-55 fr. Journ.; 1955-59 polit. Haft in d. DDR; 1959-69 fr. Journ. f. Ztg. u. Hörf.; s. 1970 Redakt. Dtschl.-funk; 1974-86 Leit. Ost-West-Redakt.; s. 1987 Leit. Ost-West-Abt. - BV: Warten auf Gerechtigkeit, 1971; Politik u. Justiz in d. DDR, Bericht u. Dok., 1979; D. DDR-Staatssicherheit, 1982; Opposition u. Widerstand in d. DDR, 1984; MfS intern, 1991 - 1983 Ernst-Reuter-Preis Bundesmin. f. innerd. Beziehungen; 1985 Jakob-Kaiser-Pr. - Liebh.: Dt. Klassik, Schach - Spr.: Engl.

FRICKE, Klaus

Dr. rer. nat., o. Prof. f. Astronomie u. Astrophysik Univ. Göttingen (s. 1977) - Geismarlandstr. 11, 3400 Göttingen - Zul. Doz. Göttingen.

FRICKE, Manfred

Dr.-Ing., Prof. f. Flugführung u. Luftverkehr, Präsident TU Berlin (1985ff.) - Temmeweg 6a, 1000 Berlin 22 - Geb. 1936 Hainichen/Sa., verh., 2 Söhne - Stud., Promot. u. Habil. TU Berlin.

FRICKE, Marianne

Buchhändlerin, Inh. Buchhandl. Steuber Wolfenbüttel, 1. Vors. Landesverb. d. Buchhändler u. Verleger Niedersachsen (b. 1991) - Am Alten Tore 5, 3340 Wolfenbüttel - Geb. 22. Jan. 1944, ledig - Buchhändlerlehre; Abendstud. Polit. Wiss. u. Soziol. TU Hannover - Vorst.-Mitgl. Börsenverein d. Dt. Buchhandels.

FRICKE, Peter

Staatsschauspieler, Regisseur - Harthauserstr. 83, 8000 München 90 (T. 089 - 64 41 56) - Geb. 26. Aug. 1939 Berlin, ev., verh. s. 1964 - Gymn. (Abit.), Stud. German. Falckenbergsch. - Insz.: Bühnen Düsseldorf u. Hannover - Zahlr. Rollen im FS u. Theater (München, Frankfurt, Zürich, Wien, Berlin, D'dorf, Hamburg, Köln).

FRICKE, Reiner

Dr. phil., Dipl.-Psych., Prof. f. Pädagogik u. Pädagog. Psych. TU Braunschweig - Adolf-Bingel-Str. 23, 3300 Braunschweig - Geb. 16. Juli 1940 Wesermünde (Vater: Prof. Dr. Arnold F., Hochschullehrer †1986; Mutter: Inga F.), verh. s. 1965 m. Prof. Astrid, geb. Wilke, 2 Kd. (Gerald, Maila) - Dipl.-Psych. 1967 Hamburg, Promot. 1971 Braunschweig - 1972 Wiss. Rat u. Prof. TU Braunschweig; 1978 Prof. in Hannover; s. 1985 Prof. TU Braunschweig - BV: Üb. Meßmod. in d. Schulleistungsdiagnostik, 1972; Kriteriumsorient. Leistungsmess., 1974; Einf. in d. Metaanalyse, 1985; Psychologie f. d. Erwachsenenbildung/Weiterbildung (zus. m. Sarges), 1986.

FRICKE, Reinhard

Dr. med., Prof., Arzt f. Inn. Medizin, Rheumatologie u. Physikalische Therapie, Chefarzt Klinik f. Rheumatol. St. Josef-Stift, Sendenhorst - Nienkampstr. 25, 4415 Sendenhorst - Geb. 22. Juni 1931 Bremen (Vater: Herbert F., Kaufm.; Mutter: Irmgard, geb. Vietor), ev., verh. s. 1955 m. Waltraut, geb. Wicke, 3 Kd. (Cornelia, Juliane, Leonhard) - Stud. Göttingen; Promot. 1957; Habil. 1970, apl. Prof. 1974 Med. Hochsch. Hannover - 1975 Chefarzt Weserbergland-Klinik, Höxter, 1980ff. Chefarzt Klinik f. Rheumatol., Sendenhorst, 1975-88 apl. Prof. f. Physikal. Therapie u. Inn. Med. Univ. Ulm, 1988ff. apl. Prof. Inn. Med. Wilhelms Univ. Münster - BV: Connective Tissues - Biochemistry and Pathophysiology - R. Fricke u. F. Hartmann, 1974 - 1985 Ehrenmitgl. Österr. Ges. f. Physikal. Med. u. Rehabilitation, 1986 Poln. Ges. f. Balneologie, 1990 Dt. Ges. f. Physiotherapie; 1991 BVK am Bde. - Spr.: Engl.

FRICKE, Werner

Dr. rer. nat., o. Prof. f. Geographie - Landfriedstr. 2, 6900 Heidelberg - Geb. 18. Mai 1927 Altentreptow - Promot. 1958; Habil. 1967 - 1967 Privatdoz. Univ. Frankfurt/M.; 1969 Wiss. Rat u. Prof. Univ. Marburg; 1971 Ord. Univ. Heidelberg. 1975 Korr. Mitgl. Akad. f. Raumforsch. u. Landesplanung Hannover. Mitherausg.: Heidelberger Geogr. Arbeiten - BV: u. a. Cattle husbandry in Nigeria. A Study of its ecological conditions and social-geographical differentations. Üb. 100 Einzelarb.

FRICKE, Werner

Dr., Vorstandsmitglied Victoria Holding AG, Victoria Lebensversich. AG, Victoria Versich. AG, Victoria Rückversich. AG, alle Berlin, u. Victoria International AG f. Beteiligungen, Düsseldorf - Victoriapl. 1, 4000 Düsseldorf 1 - Stv. AR-Vors. Victoria Krankenversich. AG, Düsseldorf, AR-Mitgl. DAS Dt. Automobil Schutz Allgem. Rechtsschutzversich. AG, München; Vorsorge Lebensversich. AG, Berlin.

FRICKER, Alfons

Dr. agr., Prof., ehem. ltd. Direktor Inst. f. Lebensmittelchemie/Bundesforschungsanst. f. Ernährung, Karlsruhe (s. 1966) - Ringelberghohl 12, 7500 Karlsruhe 41 (T. Karlsruhe 46 29 11) - Geb. 8. Sept. 1924 Leupolz, kath., verh. s. 1955, 3 Kd. - Univ. München, Innsbruck, Tübingen (Dipl.-Chem. 1951). Promot. (1955) u. Habil. (1961) Hohenheim - S. 1961 Lehrtätigk. LH Hohenheim (Doz. f. Milchwirtsch. u. Gärungswesen), Univ. Mainz (1964; Priv.doz. f. Ernährungswiss.) u. Karlsruhe (1968 apl. Prof.). Zahlr. Fachveröff.

FRICKER, Francois

Dr. phil., Prof. f. Mathematik Univ. Gießen (s. 1973) - Arndtstr. 2, 6300 Gießen; priv.: Unterer Heuberg 25, CH-4001 Basel (Schweiz) - Geb. 26. Sept. 1939 Basel - Promot. (1967) u. Habil. (1971) Basel - Fachveröff.

FRICKER, Robert

Dr. phil., em. Prof. f. Anglistik - CH-3145 Oberscherli (Schweiz) - Geb. 10. März 1914 Basel, ev. - Univ. Basel, Zürich, Leipzig, London (Anglist., German., Roman.) - 1950 Privatdoz. Univ. Heidelberg, 1955 Ord. Univ. Saarbrücken, 1961 Univ. Bern - BV: u. a. Kontrast u. Polarität in d. Charakterbildern Shakespeares, 1951; D. moderne engl. Roman, 2. A. 1966; D. mod. engl. Drama, 2. A. 1974; D. ältere engl. Schauspiel, Bd. I, 1975; II, 1982; III, 1987 - Liebh.: Alpinismus.

FRICSAY, Andras Kali Son

Regisseur, Schauspieler - Schlüterstr. 77, 2000 Hamburg 13 (T. 040 - 45 55 58) - Geb. 2. April 1942 (Vater: Ferenc F.), led. - Max-Reinhardt-Sem. Berlin - Regisseur: Schauspiel, Oper; Schauspieler: Theater, Film, TV; z. Zt. Oberspielleiter Theater am Goetheplatz, Bremen - Oper: Cosi fan tutte, D. Liebe zu d. 3 Orangen; Insz.: Kabale u. Liebe, D. Räuber, Hamlet, Was Ihr wollt, Riesen v. Berge; Film: Spinnennetz v. Bernhard Wicki; u.a. Serien.

FRIDERICHS, Hans

Dr. rer. pol., Vorstandssprecher a.D. Dresdner Bank AG, Bundesminister a.D. - Kappelhofgasse 2, 6500 Mainz - Geb. 16. Okt. 1931 Wittlich (Vater: Dr. med. Paul F., Arzt; Mutter: Klara, geb. Neuwinger), kath., verh. s. 1959 m. Erika, geb. Wilhelm, 2 Töcht. (Karin, Ruth) - Neuspr. Gymn. (Abitur 1950); Univ. Marburg, Graz, Mainz (Rechts- u. Staatswiss.). Jurist. Staatsprüf. 1954 u. 59; Promot. 1957 - 1959-63 Geschäftsf. IHK Mainz; 1963-69 stv. u. FDP-Bundesgf. (1964); 1969-72 Staatssekr. Min. f. Landw., Weinbau u. Umweltschutz

Rhld.-Pfalz. 1965-69 MdB; 1972-77 Bundesminister f. Wirtschaft; 1978-85 Vorst.-Sprecher Dresdner Bank AG (Rücktr.). Div. Ehrenämter, dar. stv. Präs. Dt. Ges. f. Photogr.; AR-Vors. Firmengr. Pott-Racke-Dujardin, Sektkellerei Christian Adalberg Kupferberg & Cie., SMH-Uhren u. Mikroelektronik GmbH Bad Soden, co op AG, Frankfurt, Airbus Ind., Toulouse, Dt. Bundespost POSTBANK, Bonn; Mitgl. d. Untern.-rates Schott Glaswerke Mainz. Mitgl.sch. in Führungsgremien mehr. Vereinig. - BV: Mut z. Markt, Wirtschaftspolitik ohne Illusionen, 1974.

FRIDRICH, Bernd-Dieter

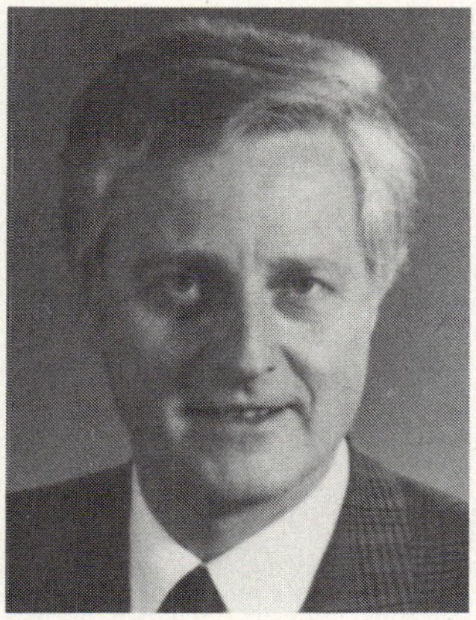

Political Consultant, Berater f. Public Relations u. Kommunikationsfragen, Univ.-Lehrbeauftr. f. Publizistik/Public Relations u. Wissenschaftsjournalismus, Fachreferent im Generalsekretariat d. Volkswagen AG u. Redenkoordinator d. Vorst.-Vors., Wolfsburg, Gesellsch. bdf communication Ltd., London; Postfach 10 07 63, 3180 Wolfsburg 1 (T. 05361 - 1 77 70, Fax: 05361 - 1 76 83) - Geb. 6. März 1943 Posen (Vater: Dipl.-Ing. Karl F., Arch.; Mutter: Ursel, geb. Schmidt) - Human. Gymn. Koblenz (Abit. 1963); Stud. Rechts- u. Wirtschaftswiss., Politol., Neuere Gesch. u. Kommunikationsforsch. Univ. Bonn, Lausanne, Berlin, Köln, Düsseldorf, Washington, D.C. - Fr. Journ. Tages- u. Wochenztg./Ztschr. u. in d. überparteil. polit. Bildungsarb. (s. 1967); Ref. Öffentlichkeitsarb. Rhein. Akad. Köln; Assist. Dt. Bundestag (1972-80) u. Europ. Parlam. (1981-82); Leit. Kontaktstelle f. Innovations- u. Technologieberat. (KIT) Univ. Kaiserslautern (1988-91) - BV: Naturstoff Wasser, 1976; Auto u. Umwelt, 1980. Herausg. u. Chefredakt. buch + bett / rent + jet. Zahlr. sprachwiss. u. sozial-, entw.- u. umweltpolit. Aufs. in Fachztschr. - Mitgl. Dt. Ges. f. Publizistik- u. Kommunikationswiss. (DGfPuK), Arbeitsgem. f. Umweltfragen (AGU), Féd. Int. des Rédacteurs en Chef (FIREC), Féd. Int. des Journ. et Ecrivains du Tourisme (FIJET), Techn.-Lit. Ges. (TELI), Ehrenmitgl. Intern. Trade Assoc. of the Republic of China (Taipei/Taiwan) - 1977 BVM-Med. Bundesverb. Dt. Markt- u. Sozialforscher; 1982 Umwelt-Ehrenbrief Stiftg.-Komitee z. Verleih. d. Umweltschutzmed., Bonn; 1983 Umweltmed. Bayer. Staatsmin. f. Landesentw. u. Umweltfragen, München - Interessen: Bildungsreisen, ethnol. Studien, Rassen- u. Minderheitenprobl., Medien- u. Kommunikationsforsch. - Spr.: Franz., Engl., Span., Niederl., Russ., Chines.; Latein, Altgriech.

FRIEBE, Ingeborg

Präsidentin d. Landtags (s. 1990), MdL Nordrh.-Westf. (s. 1975), Bürgermeister - Geschw.-Scholl-Str. 90, 4019 Monheim-Baumberg (T. 02173 - 6 22 66) - Geb. 20. April 1931 - SPD.

FRIEBE, Werner

B:Bürgerschaftsabgeordneter (s. 1970) - Teutonenweg 49, 2000 Hamburg 61 (T. 5514131) - CDU.

FRIEBEL, Hans

Dr. med., Prof., Pharmakologe - Uferstr. 42, 6900 Heidelberg - Geb. 23. April 1913 Berlin (Vater: Friedrich-W. F., Bankkaufmann; Mutter: Emma, geb. Gerdts), ev., verh. s. 1944 m. Dr. Gisela, geb. Borner, 3 Kd. (Heide, Matthias, Peter-Andreas) - Stud. Pharmazie u. Med. Aprob. als Apotheker (1938) u. Arzt (1947); Facharzt f. Pharmak. (1970) - S. 1952 (Habil.) Lehrtätigk. Univ. Bonn (1957 apl. Prof.) u. Heidelberg (1964); 1963-67 Forschungsleit. u. Dir. pharmaz. Ind.; 1968-77 Abteilungsltr. u. Berater WHO; 1978-81 Vors. d. Arzneim.-Kommiss. Zahlr. Fachmitgliedsch. Üb. 100 wiss. Veröff. - Fermat-Med. Akad. d. Wiss. Toulouse; Ernst-v.-Bergmann-Plak. u.a. - Spr.: Engl.

FRIEBEL, Rudolf

Dr., Hauptgeschäftsführer i.R. Rhein.-Westf. Auslandsges. - Heinr.-Sträter-Str. 35, 4600 Dortmund 50.

FRIEBERTSHÄUSER, Hans

Dr. phil., Prof. f. Dt. Philologie Univ. Marburg - Freiherr-v.-Stein-Str. 44, 3551 Wehrda.

FRIED, Pankraz

Dr. phil., o. Prof. f. bayer. u. schwäb. Landesgeschichte Univ. Augsburg (s. 1980) - Paarstr. 6, 8901 Heinrichshofen Post Egling/Paar - Geb. 12. Juli 1931 Wabern/Obb. (Vater: Pankraz F., Landw., Arb.; Mutter: Ernestine, geb. Welz), kath., verh. s. 1958 m. Anne, geb. Bals, 3 Kd. (Birgit, Claudia, Wolfgang) - Gymn. St. Stephan Augsburg; Univ. München. Promot. 1960 München; Habil. 1972 Regensburg - 1959-69 Wiss. Angest. Bayer. Akad. d. Wiss. München; 1969-71 Wiss. Assist. Univ. München; 1972 b. 1974 Konservator Bayer. Landesamt f. Denkmalpflege München; 1972-74 Privatdoz. Univ. Regensburg; s. 1974 Priv.-Doz. u. apl. Prof. f. mittelalterl. u. neuere Gesch. Univ. Augsburg - BV: D. Staufer in Ostschwaben u. am Lechrain, 1977; Probleme u. Meth. d. Landesgesch., 1978; Augsburger Beitr. z. Landesgesch. (1), 1979; Konrad v. Scheyern u. d. Anfänge d. Hauses Wittelsbach, 1980 - 1977 Mitgl. Kommiss. f. Bayer. Landesgesch./Bayer. Akad. d. Wiss., 1979 Vors. Schwäb. Forschungsgem. Augsburg - Spr.: Engl., Franz., Ital.

FRIED, Vilém

Dr. phil., o. Prof. f. Anglistik m. Schwerp. Linguistik Univ.-GHS Duisburg - Heinrich-Lersch-Str. 26, 4100 Duisburg 1.

FRIEDBERG, Klaus Dietrich

Dr. med., Prof., Pharmakologe u. Toxikologe - Weinbietstr. 1, 6703 Limburgerhof - Geb. 31. Jan. 1925 Berlin - S. 1960 (Habil.) Lehrtätigk. Univ. Göttingen, s. 1973 o. Prof. u. Dir. Inst. f. Pharmak. u. Toxik. d. Fak. f. klin. Med. Mannheim d. Univ. Heidelberg.

FRIEDBERG, Volker

Dr. med., o. Prof. f. Geburtshilfe u. Gynäkologie - Am Fort Josef 10, 6500 Mainz - Geb. 5. Juli 1921 Stuttgart (Vater: Herbert F., Arzt; Mutter: Maria, geb. Spath), verh. 1946 m. Dr. Anneliese, geb. Kräuter - Promot. 1945; Habil. 1954 - S. 1954 Privatdoz., apl. (1960) u. o. Prof. (1966) Univ. Mainz; 1960-66 Chefarzt Städt. Frauenklinik Saarbrücken. Üb. 80 Fachveröff., darunt. größere Arbeiten: D. Nierenfunktion u. d. Wasserhaushalt in d. Schwangersch. u. D. Wasser- u. Elektrolythaushalt b. Operationen. Mithrsg.: Gynäk. u. Geburtsh. (3 Bde.) - 1959 Preis Dt. Elektrolytges.

FRIEDBERGER, Franz

Kanzler d. Univ. München - Geschw.-Scholl-Pl. 1, 8000 München 22.

FRIEDBURG, Dieter

Dr. med., Prof., Direktor Augenklinik Städt. Krankenanst. Krefeld - Carl-Schurz-Str. 9, 4150 Krefeld - S. 1971 Prof. u. Oberarzt Augenklinik Univ. Düsseldorf, s. 1981 Dir. Krefeld.

FRIEDBURG, Helmut

Dr. rer. nat., em. o. Prof. f. Höchstfrequenztechnik u. Elektronik - Almenweg 5, 7517 Waldbronn 1 (T. 07243 - 6 18 96) - Geb. 3. Okt. 1913 Hbg.-Altona (Vater: Victor F., Bankgeschäftsinh.; Mutter: Theodora, geb. Ploog), ev., verh. s. 1948 m. Eva, geb. Haendel, 3 Kd. (Hartmut, Irmgard, Gudrun) - Lichtwarksch. Hamburg; Univ. Göttingen (Physik; Promot. 1951), Habil. 1958 Heidelberg - 1951 b. 1958 wiss. Assist. Univ. Göttingen u. Heidelberg (1954); s. 1959 ao. u. o. Prof. (1964) TH bzw. Univ. Karlsruhe.

FRIEDE, Gerhard

Journalist, Verleger, Geschäftsf. (Ps. Gerd Talis) - Dreikönigstr. 2, 6900 Heidelberg 1 (T. 06221-1 37 04) - Geb. 19. Febr. 1934 Heidelberg, ev., verh. s. 1961 m. Usrula, geb. Knecht, Sohn Thomas - Human. Gymn., Stud. Musik- u. Zeitungswiss. Univ. Heidelberg, russ.-orth. Theol. Univ. Paris - Tätigk. an Tagesztg. (Heidelberg, Stuttgart), Südd. Rundf., ZDF; 1972 Gründg. Pan-Verlag - BV: Stunde d. Pan, 1972. Übers. Gard (1970); u.a. - Interesse: Vorurteilsforschung - Spr.: Engl., Span.

FRIEDE, Reinhard L.

Dr. med., Prof. f. Neuropathologie Univ. Göttingen - Univ., Robert-Koch-Str. 40, 3400 Göttingen - Geb. 12. Mai 1926 Jägerndorf/CSSR (Vater: Dr. Reinhard F., Augenarzt, Doz.; Mutter: Hilde, geb. Rösner), verh. s. 1953 m. Editha, geb. Franzen, 2 Söhne (Reinhard, Gerd) - Univ. Wien (Promot. 1951); 1961 License Univ. Indiana, 1963 Michigan, 1966 Ohio, Am. Board Pathol. (Dipl. 1963) - 1981 Univ. Göttingen; 1975-81 Prof. Univ. Zürich; 1965-75 Prof. Univ. Cleveland/USA; 1960-65 Prof. Univ. Michigan/Ann Arbor; 1957-59 Aero Med. Lab. Ohio; 1953-57 Neurochir. Klinik Freiburg; 1953 Neurol. Inst. Wien - 3 Fachb. in engl. Spr. (1961-89) - Spr.: Engl.

FRIEDEBOLD, Günter

Dr. med., o. Prof., u. Direktor Orthopäd. Klinik u. Poliklinik (Oskar-Helene-Heim) Freie Univ. Berlin (s. 1969) - Joachimsthaler Str. 21, 1000 Berlin 15 (T. 883 22 17) - Geb. 17. Sept. 1920 Magdeburg (Vater: Willi F., Bücherrevisor; Mutter: Luzie, geb. Kaiser), ev., verh. s. 1946 m. Ursula, geb. Bode, 2 Kd. (Detlef, Brigitte) - Wilhelm-Raabe-Sch. Magdeburg; Univ. Halle (1939/40), Rostock (1940), Berlin (1941), Göttingen (1943-45) - 1960-69 Chefarzt Chir.-Orthop. Abt. Städt. Krkhs. Britz; Lehrtätigk. FU Berlin (1966 apl., 1969 o. Prof.), 1969-71 Präs. Dt. Ges. f. Plastische u. Wiederherstell.schirurgie; 1971-72 Präs. Dt. Ges. f. Orthop. u. Traumatol.; 1972-73 Präs. d. Dt. Ges. f. Unfallheilkunde, Versich.-, Versorg.- u. Verkehrsmed.; s. 1970 Fellow American College of Surgeons. Spez. Arbeitsgeb.: Klin. Physiologie d. Skelettmuskels, Fragen d. Trainings in d. Orthop. u. d. künstl. Gelenkersatzes. Div. Fachmitgliedsch., dar. Soc. Intern. de Chir. Orthop. et de Traumatol. - BV: Verletzungen d. Knochen u. Gelenke, m. A. N. Witt, in: Klin. Chir. f. d. Praxis, 1962; Muscle and Bone as a functional unit, in: F. L. Strand, Modern Physiology, 1965; Beschwerden n. Amputationen, in: H. E. Grewe/B. Sachsse, D. operierte Kranke, 1969; Kreuzschmerz, in: Martius, G., Diff. Diagnose in Geburtshilfe u. Gynäk., 1987; Kreuzschmerzen, in: Martius, G., Therapie in Geburtshilfe u. Gynäk., 1988. Zahlr. Ztschr.aufs. - Ehrenmitgl. Ges. f. Orthop. u. Traumatol. v. Ecuador; s. 1979 Mitgl. Dt. Akad. d. Naturforscher Leopoldina; 1980 Ehrenmitgl. Thai Orth. Assoc.; 1983 Ehrenmitgl. Soc. Française de Chir. Orthopédique et Traumatol. (S.O.F.C.O.T.), Dt. Ges. f. plast. u. Wiederherstellungschir., Dt. Ges. f. Unfallchir., Dt. Ges. f. Orthopädie u. Traumatologie; Gr. BVK; Dieffenbachbüste; Lexerpreis - Liebh.: Lit., Kunstgesch., Malerei, Theater - Spr.: Engl., Franz.

FRIEDEBURG, von, Ludwig

Dr. phil. (habil.), Dipl.-Psych., zul. Kultusmin. v. Hessen (1969-74) - Einsiedlerstr. 8, 6000 Frankfurt/M. (T. 57 96 30) - Geb. 21. Mai 1924 Wilhelmshaven - Schulen Berlin u. Kiel; Univ. Kiel u. Freiburg (Math., Physik, Phil., Psych., Soziol.). Promot. 1952; Habil. 1960 - S. 1962 Ord. Prof. Univ. Berlin (Freie) u. Frankfurt (1966); s. 1966 Dir. Inst. f. Sozialforsch. Frankfurt/M. 1970-74 MdL - BV: D. Umfrage in d. Intimsphäre, 1953; Soziol. d. Betriebsklimas, 1963. Herausg.: Jugend in d. mod. Ges. (1964); Bildungsreform in Deutschland (1989) - Eltern s. Friedrich v. F. (Bruder).

FRIEDEL, Lothar

Dr., Geschäftsführer Jos. Hellenthal GmbH./Bauunternehmen - Poststr. 18, 6670 St. Ingbert/Saar - Geb. 2. Febr. 1932.

FRIEDEMANN, Peter

Dr., Vorstandsmitglied Augsburger Kammgarn-Spinnerei AG (1982ff.) - Schäfflerbachstr. 26, 8900 Augsburg.

FRIEDENBERG, Christian Jürgen

Dipl.-Volksw., stv. Chefredakteur u. Leit. Wirtschafts-Redakt. Allg. Zeitung Mainz (Ps. Hartmut Welfert) - Große Bleiche 44-50, 6500 Mainz 1 - Geb. 16. Febr. 1934 Lodz, ev. - Abit. 1954; 1954-56 Redaktionsvolont.; 1956-61 Stud. Volksw. FU Berlin - 1961-62 Redakt. Tagesspiegel Berlin; 1962-64 Leit. Wirtschaftsredakt. VDI-Nachr. Düsseldorf, s. 1966 Allg. Ztg. Mainz (m. Wiesbadener Tagblatt).

FRIEDENSBURG, Ferdinand

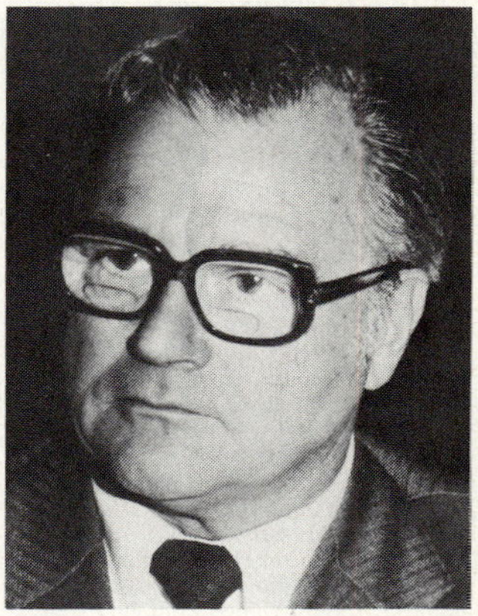

Dr. jur., Botschafter a.D., Wirtschaftsjurist, Vorst.-Mitgl. versch. in- u. ausl. Ges. - Villa Berlin, 7800 Freiburg-Munzingen (T. 07664 - 20 80) - Geb. 15. Nov. 1917 Bern/Schweiz (Vater: Prof. Dr. phil. Drs. h. c. Ferdinand F. † 1972 (s. XVI. Ausg.); Mutter: Nelly, geb. Schilling † 1975), ev., verh. s. 1943 m. Gesine, geb. Bengen, 3 Kd. - Univ. Berlin, Lausanne, Greifswald, Freiburg/Br. Diplomat.-Konsular. Staatsprüf. 1950 Speyer - 1944-49 Synd. Breslau, Freiburg, Berlin, 1949/50 Bundeswirtschaftsmin., dann AA Bonn, 1956-60 Konsul Detroit, 1960-64 Botschafter Madagaskar, 1964-66 I. Botschaftsrat Carácas, seither Wirtschaftsjurist. Prädikant d. ev. Landeskirche Baden, Präs. dt.-madegass. Ges.; 1973 Oberstltn. d. R. - 1960 Ehrenbürger Detroit; 1966 Ehrengefr. franz. Armee; 1975 Johanniter; BVK I. Kl. sow. hohe ausl. Orden - Liebh.: Jagd, Skilauf, Gartenarb. - 1958

Gold. Sportabz. - Spr.: Franz., Engl., Span. - Bek. Vorf.: Prof. Ferdinand F., Numismatiker (Großv.); Ferdinand F., Oberbürgerm. Breslau (Urgroßv.).

FRIEDERICH, Hugo-Constantin

Dr. med., o. Prof. f. Dermatologie u. Venerol. - Rotenberg 11a, 3550 Marburg/L. (T. 28 29 04) - Geb. 1. Juni 1922 Schöntal/Jagst - Promot. 1945 Berlin; Habil. 1956 Tübingen - S. 1956 Lehrtätigk. Univ. Tübingen (1962 apl. Prof.; Oberarzt Hautklinik) u. Marburg (1970 o. Prof.; Dir. Dermatol. Klinik). Zahlr. Fachveröff.

FRIEDERICH, Klaus-Peter

Geschäftsführer Renn-Klub Frankfurt - Schwarzwaldstr. 125, 6000 Frankfurt/M. 71; priv.: 71, Egelsbacher Str. 1 - Geb. 23. März 1941 Frankfurt-M. (Vater: Karl F.; Mutter: Elisabeth, geb. Müller), kath., verh. s. 1963 (Ehefr.: Renate), 2 S. (Andreas, Patrick) - Hochschulstud. - Liebh.: Galopp- u. Radsport.

FRIEDERICI, Lothar

Dr. med., Prof., Internist, ehem. Chefarzt Kreiskrkhs. Waldbröl - 5220 Waldbröl/Rhld. - Geb. 29. Okt. 1918 Leipzig (Vater: Wilhelm F., Kaufm.; Mutter: Margarete, geb. Lensch), ev., verh. s. 1947 m. Elisabeth, geb. Mannherz, 2 Töcht. (Dr. rer. nat. Donata, Prof. Dr. phil. Angela) - Helmholtz-Gymn. Leipzig, Humboldt-Gymn. Köln (1931-37); Univ. Köln u. Göttingen (Med.). Promot. 1943; Habil. 1957 - 1952-64 I. Med. Univ.klinik Mainz (1957 Privatdoz., 1963 apl. Prof.). Spez. Arbeitsgeb.: Hämatologie - BV: D. Erythozyt, 1958 - Spr.: Engl., Franz.

FRIEDHOFF, Karl Theodor

Dr. med. vet., Direktor (Inst. f. Parasitologie) u. Prof. f. Parasitol. Tierärztl. Hochsch. Hannover (s. 1970) - Anecampstr. 12c, 3000 Hannover 72 - Geb. 5. Juni 1932 Beckum - Promot (1959) u. Habil. (1969) Tierärztl. Hochsch. Hannover - Üb. 70 Fachaufs.

FRIEDL, Alois

Dipl.-Ing., Ministerialdirigent i. R. Oberste Baubehörde, München, 1984 i.R., Honorarprof. f. Straßenbau TU ebd. (1972ff.) - Destouchesstr. 26, 8000 München 40 - Geb. 1919 - zul. Ministerialdir. - 1981 Bayer. VO.

FRIEDL, Hans H.

Dr. ès sciences économiques, Vorstandsmitglied Bayerische Hypotheken- und Wechsel-Bank AG - Theatinerstr. 11, 8000 München 2 - Geb. 28. März 1932 Wien - VR-Vors. Hypobank Intern. S.A., Luxemburg, Hypo Mergers & Acquisitions Beratungs GmbH, München; VR-Mitgl. Marceau Investissements S.A., Paris; AR-Vors. Salzburger Kredit- u. Wechsel-Bank AG, Salzburg; stv. AR-Vors. Sonnen-Bassermann Werke GmbH, Seesen; AR AKA Ausfuhrkredit-Ges. mbH, Frankfurt, Gervais Danone AG, München, WASAG-Chemie AG, Essen, Banco Popular Espanol, Madrid; AR-Mitgl. Bank f. Kärnten u. Steiermark AG, Klagenfurt, Liebherr-Holding GmbH, Biberach; Beirat Privatdiskont AG, Frankfurt - Ehrenpräs. Dt.-Franz. Ges., Frankfurt.

FRIEDL, Helmut

Diplom-Landwirt, Vors. Bundesverb. Dt. Kartoffelbrenner, München, u. a. - Vockestr. 97, 8013 Haar/Obb. - Geb. 4. Jan. 1933.

FRIEDL, Herwig

Dr. phil. habil., Prof. f. Amerikanistik - Angelweg 12, 6900 Heidelberg (T. 06221 - 4 95 13) - Geb. 7. Febr. 1944 Ziegenhals/Oberschl. (Vater: Herbert F., Techniker; Mutter: Käthe, geb. Vogel), verh. s. 1972 m. Dr. Bettina, geb. Liedtke - 1954-64 Gymn. Heilbronn; 1634-67 Univ. Heidelberg (Anglist., German., Phil.), 1967/68 Cornell Univ. USA (Amerikanistik), Promot. 1970, Habil. 1979 - 1970-79 Wiss. Assist. Heidelberg, 1979 Priv.Doz., 1982 ff. Prof. - BV: Funktion d. Bildlichk. in krit. u. theoret. Schriften v. Henry James, 1972; Essays - Spr.: Engl., Franz., Lat.

FRIEDLAENDER, Ernst

Geschäftsführer u. pers. haft. Ges. William Prym KG., Stolberg, Geschäftsf. u. Teilh. E. A. Brandt & Co., Edelstahlgroßhdl., Bremen - Im Schluh 12, 2862 Worpswede (T. 1520) - Geb. 27. Jan. 1927 Berlin (Vater: Ernst F., Publizist (s. XIV. Ausg.); Mutter: Dr. med. Franziska, geb. Schulz), ev., verh. s. 1954 m. Barbara, geb. Grube, 3 Kd. - Stud. Rechtswiss. I. jurist. Staatsex. - B. 1974 Vorst. Agfa-Gevaert, Leverkusen - Spr.: Ital., Engl., Franz. - Schwester: Dr. phil. Katharina Focke (s. dort).

FRIEDLAND, Klaus

Dr. phil., Prof., Historiker f. nordeurop. Sozial- u. Wirtschaftsgeschichte, Hanse - Kreienholt 1, 2305 Heikendorf/Kiel - Geb. 28. Juni 1920 Erfurt (Vater: Max F., Kaufmann; Mutter: Margarethe, geb. Duffing), ev., verh. s. 1952 m. Eva, geb. Stelling, 2 Kd. (Kathrin, Tilman) - 1940 Marinesch. Flensburg-Mürwik, 1945-53 Univ. Kiel, Oxford, Bern (Alte Spr., Gesch.) - 1953-61 Stud.rat, 1965 Univ.-lehrer. 1985 Präs. Intern. Seefahrtsgesch. Komm. - BV: D. Hanse, 1954; Finnland, Partner d. Hanse, 1965; Bergen, Handelszentr. d. Spätmittelalters, 1971; Stadt u. Land in d. Gesch. d. Ostseeraumes, 1973; Emergence of Anglo-German Trade Partnership, 1976; Schiff u. Besatzung, 1980; Gilde u. Korporation, 1984; Dänische u. norwegische Wirtsch.- u. Sozialgesch., 1986. Herausg.: Lübeck, Hanse, Nordeuropa (1979). Fachveröff. - Spr.: Engl., Franz., Ital., Schwed.

FRIEDMANN, Anneliese,

geb. Schuller

Verlegerin, Herausg. Abendztg. (s. 1969), Gesellsch. Südd. Verlag GmbH - Sendlinger Str. 79, 8000 München 2 (T. Büro: 2 37 70) - Geb. 30. Mai Kirchseeon/Obb., verh. 1951 m. Werner F., Verleger †1969 (s. XV. Ausg.), 3 Kd. (Johannes, Anemone, Florentine) - 1960-70 stern-Kolumnistin (Sibylle).

FRIEDMANN, Bernhard

Dr. rer. pol., Dipl.-Volksw., Präsid.-Mitgl. d. Europ. Rechnungshofes (s. Dez. 1989), MdB (1976-90; Wahlkr. 177) - Europastr. 31, 7583 Ottersweier (T. 2 29 48) - Geb. 8. April 1932 Ottersweier (Vater: Josef F., Gf.; Mutter: Josefine, geb. Hipp), kath., verh. s. 1961 m. Hildgund, geb. Valentiner, 3 Kd. (Ulrike, Volker, Heike) - Stud. d. Wirtsch.wiss. Univ. Freiburg/Br. - B. 1970 Min.rat Bundespostmin., 1970-74 Gf. fr. Wirtsch., 1974-76 Abt.präs. Oberpostdir. Karlsruhe - BVK I. Kl. - Spr.: Engl., Franz.

FRIEDMANN, Friedrich Georg

Dr. phil., o. Prof. f. Nordamerik. Kulturgeschichte u. Vorst. Amerika-Inst. Univ. München (s. 1960) - Hans-Leipelt-Str. 12, 8000 München 23 (T. 32 60 69) - Geb. 14. März 1912, verh. 2 Kd. (John, Miriam) - Zul. Prof. Wells College Aurora New York.

FRIEDMANN, Gerhard

Dr. med., o. Prof. f. Klin. Radiologie - Mommsenstr. 113, 5000 Köln (T. 436728) - Geb. 16. Mai 1925 Amberg/Opf., verh. m. Beatrice, geb. Wirtz - S. 1961 (Habil.) Lehrtätigk. Univ. Köln (1967 Ord.). Üb. 100 Fachveröff.

FRIEDMANN, Herbert

Schriftsteller - Jahnstr. 127, 6100 Darmstadt (T. 06151 - 42 13 62) - Geb. 15. Febr. 1951 Groß-Gerau, verh. s. 1972 m. Brigitte, geb. Kromat - 1967-70 Kaufm. Lehre - BV: Kalle Durchblick, 1980; Herbst-Blues, 1984; Mensch, Mücke, 1984; D. Rockstar, 1986; Paula Bohnenstange, 1989; E. Himmel ohne Gitter, 1989. Theater: D. Insel d. Fliegengottes (frei n. W. Golding), 1988; Caspar H., 1990; Blechblumenpiraten u. Miesmolche, 1990; Bäume f. d. Tropenwald, 1992; Was will den der hier?, 1992 - 1983 Hans-im-Glück-Preis; 1985 Ausz. Lyrik-Wettb. Folkwang Stadt Essen; 1986 Drehbuch-Stip. d. Berliner Senats; 1988 Stip. d. Stuttgarter Schriftstellerhauses; 1990 Stip. d. Hess. Min. f. Wiss. u. Kunst; Stip. d. Dramatiker-Werkstatt Wolfenbüttel; 1992 Arbeitsstip. d. Krefelder Kinder- u. Jugendtheaterzentrums (KRESCH).

FRIEDMANN, Rolf

Vizepräs. Oberlandesgericht Düsseldorf a.D. - Ilexweg 9, 4034 Düsseldorf-Angermund (T. 74 06 59) - Geb. 9. April 1920 Hagen/Westf. (Vater: Gustav F., Reichsbahnbeamter; Mutter: Hedwig, geb. Brückner), ev., verh. s. 1944 m. Hella, geb. v. Zelewski, S. Wolfgang - Dreikönigsch. Dresden (Reifeprüf. 1939), Univ. Kiel (Refer.ex. 1949, Ass.ex. 1952) - 1968 Senatspräs. OLG Düsseldorf, s. 1980 Vizepräs. OLG Düsseldorf, AR ARAG Allg. Rechtssch.-Vers.-AG.

FRIEDRICH, Albert

Fabrikant (Papierfabrik Albert Friedrich, Miltenberg/Kettwig/Düren/Hannover) - Heiligenhauser Str. 45, 4307 Kettwig/Ruhr - Geb. 29. Okt. 1909.

FRIEDRICH, Anita

Autorin (Ps. Anne Alexander, Dinah Kayser) - Kantstr. 2, 7152 Aspach 1 - Geb. 4. März 1947 - BV: Hallo, ich bin Jordana; An e. Freitagabend; u.a. 1974 Ausz. d. Erz.: Was geht es uns an Städt. Bildungsw. Oberhausen - Liebh.: Archäol., Reisen, Lit., Musik, Kunst.

FRIEDRICH, Erich

Geschäftsführer Frankfurter Societäts-Druckerei GmbH., Frankfurt (T. 75011) - Letzter Hasenpfad 99, 6000 Frankfurt/M. - Geb. 8. Juni 1922 Frankfurt/M., kath., verh. s. 1948 m. Maria, geb. Schäfer, 5 Kd. (Martin, Claudia, Thomas, Roland, Achim).

FRIEDRICH, Gerhard

Dr. jur., Rechtsanwalt, Bundestagsabgeordneter (s. 1987; Wahlkr. 228 Erlangen) - Enggleis 14, 8520 Erlangen - Geb. 10. März 1948 Gunzenhausen, kath., verh. s. 1975 m. Gisela, geb. Barth, 2 S. (Alexander, Daniel) - 1. u. 2. jurist. Staatsex. Erlangen, Promot. 1978 ebd.

FRIEDRICH, Götz

Prof., Generalintendant Dt. Oper Berlin (1981ff.) u. Intend. Theater d. Westens (1984ff.) - Richard-Wagner-Str. 10, 1000 Berlin 10 - Geb. 1930, verh. in 3. Ehe s. 1979 m. Karan Armstrong (amerik. Sopranistin), 2 S. - Schüler v. Prof. Walter Felsenstein (Inter./Kom. Oper Berlin) - B. 1972 DDR, dann Bundesrep. - Zahlr. Insz. - 1982 schwed. Verdienstmed. Litteris et artibus u. Drottningholm-Ehrenz., 1986 BVK.

FRIEDRICH, Günther

Dr. rer. nat., o. Prof., Direktor Inst. f. Mineral.- u. Lagerstättenlehre (s. 1975) u. leit. Abt. f. Angew. Lagerstättenlehre TH Aachen (s. 1967) - Orthstr. 6, 5100 Aachen-Laurensberg (T. Aachen 1 28 08) - Geb. 15. April 1929 Stuttgart (Vater: Karl F., u. a. Verw.dir. Südwestfunk, Baden-Baden, † 1953; Mutter: Käthe, geb. Reeg), ev., verh. s. 1967 m. Helga, geb. Rolfes, 2 Söhne (Bernd, Peter) - Realgymn. Stuttgart-Bad Cannstatt u. Michelstadt; TH Stuttgart (1949-51). Promot. 1954 Univ. Heidelberg; Habil. 1962 TH Aachen - 1955-62 Assist. TH Aachen (Mineral. Inst.); 1963-65 Research Associate Univ. of Missouri, Rolla, u. of California, Berkeley, s. 1964 Consultant Explorationsgeochemie u. Erzlagerstätten, s. 1966 Doz. u. Prof. (1968) TH Aachen. Stv. AR-Vors. Frank AG, Dillenburg. Spez. Arbeitsgeb.: Lagerstättenforsch. - Spr.: Engl., Span.

FRIEDRICH, Hannes

Dr. phil., Prof., Abteilungsleiter Abt. f. Med. Soziologie Univ. Göttingen (s. 1975) - Schillerstr. 48, 3400 Göttingen.

FRIEDRICH, Hans Joachim

Vorsitzender Bundesverb. d. Juweliere Schmuck- u. Uhrenfachgeschäfte, Königstein/Ts. - Katterbachstr. 51, 5060 Bergisch-Gladbach 2 - Geb. 15. Juli 1926.

FRIEDRICH, Hansjürgen

Dr. jur., Rechtsanwalt, gf. Gesellsch. Starkfried GmbH, Mainz - Kanzlei: Hintere Bleiche 61, 6500 Mainz 1 (T. 06131 - 2 92 56) - Geb. 28. März 1957 Mainz (Vater: Carl F., Kaufm.; Mutter: Dr. Margret, geb. Avenarius-Herborn), verh. s. 1961, 2 Kd. - 1955-58 Stud. Rechtswiss. Univ. München, 1959-61 Stud. Betriebswirtsch. Univ. Mainz u. München - Gf. Gesellsch. Starkfried GmbH. AR Autohaus am Mainzer Ring GmbH u. DGS Diesel- u. Getriebeservice GmbH; Vors. Fachverb. Nahrungsmittel-Ind. Rheinhessen.

FRIEDRICH, Heinz

Verleger, gf. Gesellsch. Dt. Taschenbuch-Verlag, München (1961-90) - Maréesstr. 6, 8000 München 19 (T. 17 16 24) - Geb. 14. Febr. 1922 Roßdorf Kr. Darmstadt (Vater: Ludwig F., Bahnbeamter; Mutter: Philippine, geb. Ammann), ev., verh. s. 1946 m. Maria, geb. Maser, 2 Töcht. (Ulrike, Ute-Sabine) - Gymn. Darmstadt; 1947 Feuilletonchef Wochenztg. D. Epoche; 1949-56 Abt.leit. Nachtstudio/Feature Hess. Rundfunk; 1956-59 Cheflektor Fischer-Bücherei; 1959 b. 1961 Programmdir. Radio Bremen; Stiftungsrat Ernst v. Siemens-Stiftg. (Vors.); Kurat. Ludwig Klages-Stiftg., Kurat. Volkshochsch. München, Kurat. Friedrich-Baur-Stiftg.; Beirat Langenscheidt KG; Mitgl. Goethe-, Hölderlin- u. Schiller-Ges. (3) - W: Deine Söhne, Europa - Kriegsgefangenenlyrik, 1947 (Mitverf.); D. Straße Nirgendwo, Dr. 1948; Bänkelsang d. Zeit, Ged. 1948; D. Inschrift, Kurzprosa 1951; Almanach d. Gruppe 47, 1962 (Mitverf.); Lebend. Wissen (Rundfunkvortr.), 2 Bde. 1952/54 (Herausg.); Schwierigkeiten b. Versuch, d. Wahrheit zu schreiben, 1964 (Herausg.); Tier u. Mensch, 1968 (Herausg.); Im Narrenschiff d. Zeitgeistes, 1972; Kulturkatastrophe, 1979; Sisyphos, Ged. 1982; Kulturverfall u. Umweltkrise, 1982; Aufräumarbeiten, 1987; Mein Dorf, 1987. Herausg. versch. Anthologien - 1983ff. Präs. Bayer. Akad. d. Schönen Künste; Mitgl. Dt.-Schweiz. PEN-Zentrum; 1980 Bayer. VO.; 1982 Perthes-Med. Dt. Buchhandel; 1982 Johann Heinr.-Merck Ehrung Stadt Darmstadt; 1983 BVK; 1986 Med. In honorem fautoris in Gold (Volkshochsch. München); 1987 Med. München leuchtet in Gold; 1987 Österr. Ehrenkreuz f. Kunst u. Wiss. I. Kl.; 1987 Ehrenmitgl. Bayer. Verleger- u. Buchhändler-Verb.; 1987 Ehrendoktorwürde Univ. Regensburg, Fak. f. Sprach- u. Lit.wiss.; 1988 Gr. BVK; 1989 Kulturpreis d. Bayer. Landesstiftg.; 1991 Silb. Mozart-Med. d. int. Stiftg. Mozarteum, Salzburg; Hon.-Prof. Ludwig Maximilian Univ. München - Liebh.: Klass. Musik.

FRIEDRICH, Herbert

Gf. Gesellschafter Rudolf Friedrich KG, Geschäftsf. Rudolf Friedrich GmbH, bde. Stuttgart - Kesselstr. 41, 7000 Stuttgart 60 (T. 0711 - 42 10 13) - Geb. 4. Mai 1928 Morchenstern/Kr. Grablonz/N., kath., verh. s. 1957 m. Waltraud, geb. Bücheler, 2 Kd. (Brigitta, Rudolf) - Ausb. Maschinenbau, Buchbinder, Kaufm.

FRIEDRICH, Hermann

Dr. phil., Prof., Direktor i. R. Übersee-Museum Bremen (1962-70) - Zu erreichen üb. Brauhausstr. 41b, 3200 Hildesheim - Geb. 5. Juni 1906 Essen, ev., verh. s. 1931 m. Anneliese, geb. Riemann, 7 Kd. - Univ. Bonn, Marburg, Forstl. Hochsch. Tharandt - 1935-51

Privatdoz. u. ao. Prof. (1944) f. Zool. Univ. Kiel; b. 1962 Dir. Inst. f. Meeresforsch., Bremerhaven-G.

FRIEDRICH, Hilmar
Dr. rer. nat. (habil.), o. Prof. f. Pharmaz. Biologie u. Phytochemie - Potstiege 38, 4400 Münster/W. (T. 48031) - Geb. 15. Febr. 1920 Leipzig - Promot. (1953) u. Habil. (1957) Halle - S. 1966 Prof. Univ. Hamburg u. Münster (1968; Dir. Inst. f. Pharmaz. Biologie u. Phytochemie). 1965 ff. Vors. Dt. Ges. f. Arzneipflanzenforsch. Fachveröff.

FRIEDRICH, Horst
Dr. rer. pol., Dipl.-Volksw., o. Prof. f. Wirtschaftswissensch. u. Didaktik d. Wirtschaftslehre Univ. Köln (s. 1975) - Gronewaldstr. 2, 5000 Köln 41 - 1955-59 Univ. Göttingen u. Hamburg (Volksw.; Dipl. 1959). Promot. 1967 Hamburg - 1960-73 Wiss. Assist. u. Rat Univ. Hamburg; 1974-75 Wiss. Rat u. Prof. PH Ruhr/Abt. Hagen - BV: Geldversorgung, Preisniveau u. reales Wirtschaftswachstum b. alternat. Grundprinzipien d. geldwirtschaftl. Ordnung, 1967; Globalsteuerung, Wettbewerbspolitik u. Investitionslenkung, 1978; Planspiel-Ges.wirtschaftl. Stabilität u. Gruppeninteressen, 1979; Berufswahlunterr. Sekundarstufe I, 1980; Wirtschaftswandel u. Wirtschaftspolitik (Hg.), 1981; Arbeitslosigk.kontrovers, 1982; Grundkonzeptionen d. Stabilisierungspolitik, 1983; Stabilisierungspolitik, 2. A. 1986; Evaluation v. Berufswahlvorbereitung, 1987; Arbeitslosigkeit, 2. A. 1990; Berufsorientierung am Gymnasium, 1990.

FRIEDRICH, Ingo

Dr. rer. pol., ltd. Angestellter, MdEP, Vizepräs. Intern. PAN-EUROPA-Union, Präs. d. interfrakt. Arbeitsgruppe Mittelstand, Sprecher d. CSU im Europ. Parlam. - Albert-Schweitzer-Str. 61, 8820 Gunzenhausen/Mfr. - Geb. 24. Jan. 1942 - CSU.

FRIEDRICH, Jörg
Dr. rer. nat., Prof. f. Kernphysik Univ. Mainz (s. 1978) - Am Keltenlager 43, 6500 Mainz 21 - Geb. 30. Jan. 1940 Kiel (Vater: Prof. Dr. Hermann F., Meeresbiologe; Mutter: Anneliese, geb. Riemann), ev., verh. s. 1965 m. Hanne, geb. Orth, 2 Kd. (Jan, Kai) - Wilhelm-Raabe-Sch. Bremerhaven; Univ. Kiel, München, Mainz (Physik; Dipl. 1966). Promot. (1970) u. Habil. (1977) Mainz - Zul. Hochschuldoz. - Spr.: Engl., Franz.

FRIEDRICH, Karl-Heinz
Dipl.-Ing., Prof. f. Nachrichtentechnik, insb. -übertrag., Gesamthochsch. Wuppertal (Fachbereich Elektrotechnik) - Talsperrenstr. 87e, 5600 Wuppertal 21.

FRIEDRICH, Karlheinz
Dipl.-Ing., Unternehmer, Vors. Fachvereinig. Chem. Bürobedarf - Am Klostergarten 3, 6500 Mainz.

FRIEDRICH, Klaus
Dr. rer. nat., Prof. f. Organ. Chemie - Albertstr. 21, 7800 Freiburg/Br. - Geb. 4. April 1933 Schopfheim - Stud. Chemie. Promot. 1964; Habil. 1972 - S. 1972 Prof. Univ. Freiburg. Fachaufs.

FRIEDRICH, Leo(nhard)
Dr. phil., o. Prof. f. Systemat. Pädagogik Univ. Düsseldorf (s. 1980) - Espenstr. 109, 4040 Neuss 21 - Geb. 4. Okt. 1930 Rimhorn/Odenw. (Vater: Johannes F., Postangest.; Mutter: Barbara, geb. Kempf), ev., verh. s. 1955 m. Hannelore, geb. Bodenstein, 3 T. (Cornelia, Uta, Christina-Marie) - Schule Michelstadt (Abit.); 1952-55 PI Darmstadt; 1955-58 Univ. Frankfurt/M., 1961-64 Univ. Gießen; 1965-68 Univ. Marburg. Staatsprüf. 1955 u. 60; Promot. 1970 Marburg - 1955-61 Lehrer Frankf. Liebfrauen- u. Taunusheimsch., 1961-72 Päd. Mitarb., Prof. (1972) Univ. Gießen, o. Prof. f. Allg. Päd. PH Rheinland Abt. Neuss (1972-80) - BV: Eigentum u. Erziehung bei Pestalozzi, 1972; Mithrsg.: Theorie d. Schule - Konzepte u. Kritik, 1974; Schulmodelle, 1974; Zeugnisnoten u. Numerus Clausus, 1975. Zahlr. Aufs., Schwerp. Pestalozziforsch. u. Theorie d. Lehrers.

FRIEDRICH, Manfred
Dr. rer. pol., Prof. - Konrad-Adenauer-Str. 16, 3400 Göttingen - Geb. 7. Jan. 1933 Crimmitschau (Vater: Dr. Wolfgang F., kaufm. Direktor; Mutter: Gertraud. geb. Bennewitz), verh. in 2. Ehe m. Prof. Dr. Margret, geb. Fischer (s. dort) - Stud. Univ. Berlin (Freie) u. Frankfurt/M. (Volksw., Politikwiss.). Promot. 1958 - 1960-66 wiss. Assist. (m. Lehrauftr.) Univ. Frankfurt; s. 1966 Prof. Lüneburg (Polit. Wiss.); s. 1973 Prof. Univ. Göttingen; 1974 Hon. Prof. Hamburg - Mehr. Buchveröff., zahlr. Abhandl. in wiss. Ztschr., Handb., Sammelw., Edit. - Bek. Vorf.: Apianus Bienewitz.

FRIEDRICH, Margret (Margarete),
geb. Fischer

Dr. phil., Prof. f. Religionspädagogik - Konrad-Adenauer-Str. 16, 3400 Göttingen - Verh. m. Prof. Dr. Manfred F. (s. dort) - BV u. a.: D. innere Differenzierung d. Unterrichts in d. Volksschule, 11. A. 1975; Biogr. u. Religion - Porträts im Generationenvergleich, 1992.

FRIEDRICH, Maria,
geb. Maser

Verlegerin d. dtv junior-Reihe im Dt. Taschenbuch Verlag, München (1970-90) - Maréesstr. 6, 8000 München 19 (T. 17 16 24) - Geb. 4. Juli 1922, verh. s. 1946 m. Heinz F., Verleger, 2 Töcht. (Ulrike, Sabine) - Stud. German., Gesch., Theaterwiss. Univ. München; Schauspielsch. München - 1942-44 Regieu. Dramaturgieassist. Theater Stadt Göttingen; ab 1945 freiberufl. Tätigk. b. Rundf. u. Ztg.; s. 1970 Herausg. Kinderu. Jugendbuchreihe dtv junior; Herausg. mehrerer Anthol.: u.a. Spanische Liebensgesch. (1966); Unheimliche Gesch. v. gestern (1979); Sonderbare Gesch. v. heute (1979), Hinter d. Ofen zu lesen (1980 u. 1987), dtv junior Leseb. (1981) - 1985-88 Vors. Arbeitsgem. v. Jugendb.verlegern in d. BRD. S. 1986 Lehrauftr. Akad. d. Bild. Künste, München z. Thema Bild u. Buch (Buchillustration Bilderb., Kinderb., Sachb.), erweiterter Lehrauftrag ab 1992 - 1987 BVK am Bde.; 1989 Volkacher Taler d. Dt. Akad. f. Kinder- u. Jugendlit., Volkach; 1991 Bayer. VO. - Liebh.: Theater, Musik, Garten, Gesch. - Spr.: Engl., Franz.

FRIEDRICH, Mario
Beigeordneter Stadt Essen (Rechts- u. Wirtschaftsdezern.), Geschäftsf. AMGE Ausstellungs- u. Messeges. mbH. ebd. - Halbe Höhe 1, 4300 Essen - Geb. 23. März 1925.

FRIEDRICH, Peter Joachim
Dr. rer. pol., Dipl.-Volksw., Prof. f. Finanzwiss. Univ. d. Bundeswehr München (s. 1988) - Unterbiberger Str. 22a, 8000 München 83 (T. 670 18 42, Fax 670 18 42) - Geb. 3. März 1938 Düsseldorf (Vater: Joachim F., Kaufm.; Mutter: Berta, geb. Bayer), ev., 3 Kd. (Susanne, Holger, Roland) - Stud. d. Volkswirtsch. Univ. Münster; Promot. (1968) u. Habil. (1973) ebd. - 1968-74 Univ. Münster (wiss. Assist.; 1970 Akad. Rat; 1974 Doz.; 1974 o. Prof. f. Finanzwiss. an d. Univ.-GH Siegen, 1978 Univ. Bamberg). Fachmitgl.sch. - BV: Volkswirtschl. Investitionskriterien f. Gemeindeunternehmen, 1969; Untersuchung üb. d. Nutzen kommunaler Wirtsch.förderungsmaßnahmen, 1970; Standorttheorie f. öfftl. Verwaltungen, 1976; Mitautor Verwaltungsökonomie I (1976); Mithrsg. Schriften zur öffentl. Verwaltung u. öffentl. Wirtschaft - Spr.: Engl., Span.

FRIEDRICH, Roland O.
Dr. jur., Rechtsanwalt, Geschäftsf. Fachverb. Außenwerbung - Ginnheimer Landstr. 11, 6000 Frankfurt/M. - Geb. 7. Nov. 1940 Durmersheim - Stud. Rechtswiss. Jurist. Staatsprüf. 1966 (Heidelberg) u. 70 (Stuttgart); Promot. 1970 (Heidelberg) - 1970 RA; 1972 Verbandsgf. - Spr.: Engl., Franz.

FRIEDRICH, Rudolf

Bundesbahnbeamter a.D., MdL Hessen (s. 1974) - Wartburgstr. 78, 6230 Frankfurt/M. 80 - Geb. 2. Juni 1936 Neudek/Sudetenl. (Vater: Rudolf F., Postbeamter; Mutter: Emma, geb. Gold), kath., verh. s. 1962 m. Erika, geb. Ortmann, 2 Kd. (Johannes, Ulrike) - CDU. S. 1985 Landesvors. d. Ackermann-Gemeinde, Vizepräs. d. Bundesvers. d. Sudetent. Landsmannsch. (s. 1984), Vors. Stadtbezirksverb. Nordend, Kreisvorst. Ffm; Landesvorst. von BdV, Sudet. Landsmannschaft u. Paneuropa-Union (Landesvorst.); Verkehrspol. Sprecher d. CDU-Landtagsfraktion (s. 1983 Mitgl. im Fraktionsvorst.); Landesvors. u. stv. Bundesvors. Union d. Vertriebenen u. Flüchtl.; Vors. Landtags-Aussch. Heimatvertrieb u. Wiedergutmachung; Familiare d. Dt. Ordens - 1962 Silb. Ehrenkr. Bd. Kath. Jugend Dtschl.; 1979 Ehrenz. Sudetendt. Landsmannsch.; 1980 Römerplak. Stadt Frankfurt/M.; 1982 Gold. Ehrennadel BdV; 1985 Römerplak. in Silber; 1986 Abraham Sauer Verdienstmed. in Silber d. VdK; 1986 BVK; 1987 Ehrenbrief Land Hessen; 1988 Gr. Ehrenzeichen d. SL; 1990 Silb. Ehrennadel d. Verkehrswacht.

FRIEDRICH, Rudolf W.
Dr.-Ing., em. o. Prof. u. Direktor Inst. f. Therm. Strömungsmaschinen TH bzw. Univ. Karlsruhe (1965-77) - Elbinger Str. 24b, 7500 Karlsruhe (T. 682319) - Geb. 26. Sept. 1909 Waldenburg/Schles. (Vater: Adolf F., Rektor; Mutter: Maria, geb. Ansorge), ev., verh. s. 1936 m. Ruth, geb. Proell, 3 Söhne (Wolfgang, Eberhard, Helmut) - Gymn. Wohlau; TH Breslau u. Hannover (Allg. Maschinenbau; Dipl.-Ing. 1933). Promot. 1949 Hannover - 1933-64 Junkers Flugzeugbau Dessau (1933), Junkers Motorenwerk Magdeburg (1936), Heinkel-Werke Rostock (1939), Turbinenfabrik Brückner, Kanis & Co., Dresden (1941), Siemens-Schuckertwerke Mülheim/Ruhr (1948; Aufbau u. Leitg. Entwickl. v. Industrie-Gasturbinen). Mitgl. VDI, Wiss. Ges. f. Luft- u. Raumfahrt, Ges. Dt. Naturforscher u. Ärzte - BV: Gasturbinen m. Gleichdruckverbrennung, 1949 - Liebh.: Musik.

FRIEDRICH, Walther
Dr. jur., Präsident a. D. - Hildastr. 2, 6200 Wiesbaden (T. 0611 - 15 37 45) - Geb. 19. Nov. 1904 Erbach/Odenw. (Vater: Walther F., Jurist; Mutter: Hedwig, geb. Baur), ev., verh. s. 1933 m. Ilse, geb. Best, 2 Söhne - Univ. Tübingen u. Leipzig (Promot. 1931) - Dezern. Reichsbahndir. Dresden, Münster, Stettin, Frankfurt/O. u. Hauptwagenamt DR Berlin, 1945 Leit. Hauptwagenamt Dt. Bundesbahn (Vors. Güterwagenverkehrsaussch. u. DB-Vertr. Intern. Güterwagenverb.; Mitbegr. Europ. Güterwagengem. - EUROP-Pool), 1956-68 Leit. Eisenbahnabt. Bundesverkehrsmin. (Ministerialdirig.), 1968-69 Präs. DB-Hauptprüfungsamt - 1970 Gr. BVK m. Stern - Liebh.: Musik (Violoncello), Fotogr.

FRIEDRICH, Wilhelm
Dr.-Ing., Dipl.-Chem., Prof. f. Physiolog. Chemie - Brandheide 2, 2000 Hamburg 65 - Geb. 23. Dez. 1913 Warschau - Promot. 1947 Graz - S. 1963 Lehrtätig. Univ. Hamburg (1971 Prof.). Fachveröff. (Vitamine u. Antibiotica).

FRIEDRICH, Wolf-Hartmut
Dr. phil., o. Prof. f. Klass. Philologie (emerit. 1972) - Thomas-Mann-Str. 13, 3400 Göttingen - Geb. 25. März 1907 Frankfurt/O., ev., verh. - Univ. München, Leipzig, Kiel, Göttingen, Freiburg (Klass. Philol.) - Mitarb. Thesaurus linguae latinae, München, 1935 Lektor Univ. Köln, 1937 Assist., 1938 Privatdoz. Univ. Hamburg, 1941 ao. Prof. Univ. Rostock (1941-46 Wehrdst. u. Gefangensch.), 1946 Lehrstuhlvertr. Univ. Hamburg, 1948 o. Prof. Univ. Göttingen - BV: Senecas dramat. Technik, 1933; Euripides u. Diphilos, 1953; Verwundung u. Tod in d. Ilias, 1956; Vorbild u. Neugestalt., 1967 - 1956 Mitgl. Akad. d. Wiss. Göttingen - Liebh.: Musizieren.

FRIEDRICHS, Günter
Dr. rer. pol., Gewerkschaftssekretär, Leit. Abt. Automation b. Vorst. IG Metall (s. 1960-83) - Beethovenstr. 49, 6070 Langen (T. 06103 - 72316) - Geb. 10. April 1928 Erfurt, verh. s. 1958 m. Erika, geb. Adam, 2 Kd. (Alma, Jakob) - Stv. Vors. RKW (1972-83); Mitgl. AR Brown, Boveri & Cie AG (s. 1978); SPD s. 1952 - BV: Verkaufswerb. - ihre Technik, psych. u. Ökonomie, 1958. Herausg.: Techn. Fortschr. in Dtschl. u. d. USA, 1963; Automation, Risiko u. Chance, 2 Bde. 1965; Computer u. Angestellte, 2 Bde. 1968; Qualität d. Lebens, 10 Bde. (Reihe) 1972-74; Microelectronics and Society - A report to the Club of Rome (m. A. Schaff), 1982 - Spr.: Engl.

FRIEDRICHS, Hanns Joachim
Freier Publizist - Abteistr. 22, 2000 Hamburg 13 - Geb. 15. März 1927, ev. - Zul. Chefredakteur ARD-Tagesthemen, davor Redakt. u. Reporter.

FRIEDRICHS, Hans-Adolf
Dr. rer. nat., Prof., Mettalurge - Kopernikusstr. 16, 5100 Aachen; priv.: Hackhausen 1, 5650 Solingen 11 - B. 1973 Privatdoz., dann apl. Prof. TH Aachen (gegenw. Doz. Lehrgeb. Theoret. Metallurgie).

FRIEDRICHS, Hans-Joachim
Dr. jur., Univ.-Prof. f. Bürgerl. Recht, Kinder- u. Jugendhilferecht Univ.-GH Siegen - Hembach 11, 5902 Netphen 3.

FRIEDRICHS, Herbert

Dr. rer. nat., Dipl.-Holzw., Hauptgeschäftsführer Arbeitsgemeinschaft Holz. Geschäftsf. Studiengemeinsch. Holzleimbau u. Holzwirtschaftl. Verlag - Füllenbachstr. 6, 4000 Düsseldorf 30 - Geb. 2. Jan. 1931.

FRIEDRICHS, Jürgen

Dr. phil., Prof., f. Soziologie Univ. Köln, Forschungsinst. f. Soziologie - Greinstr. 2, 5000 Köln 41 (T. 0221 - 470 24 09) - Geb. 2. Nov. 1938 Berlin (Vater: Erich F., Großhandelskaufm.; Mutter: Greta F., geb. Krenckel), verh., 1 Kd. - 1957-61 Kaufm., 1961-68 Stud. Univ. Berlin u. Hamburg, Promot. 1968 Hamburg - S. 1974 Prof. f. Soziol. - BV: Werte u. soz. Handeln, 1968; Meth. empir. Sozialforsch., 1973, 10. A. 1982; Stadtanalyse, 1977; Spatial Disparities and Social Behaviour, 1982; Stadtentw. in West- u. Osteuropa, 1985; The Changing Downtown, 1987; Soziologische Stadtforschung, 1988 - Liebh.: Musik, Tennis - Spr.: Engl., Franz.

FRIEDRICHS, Karl August

Dr. jur., Kanzler d. Universität Passau (s. 1977) - Dr.-Hans-Kapfinger-Str. 22, 8390 Passau; priv.: Grosse Klingergasse 5 - Geb. 2. Jan. 1936 Berlin (Vater: Adolf F., Bankdir.; Mutter: Helene, geb. Lohmar), ev., verh. in 2. Ehe (1975) m. Helene, geb. Köppler, 2 Kd. (Konstantin, Sophie) - Gymn. Bad Hersfeld u. Mülheim/Ruhr (Abit. 1956); Univ. Erlangen u. München (Rechtswiss.). Staatsprüf. 1961 u. 1965 - 1966-74 Wiss. Assist. u. Akad. Rat Univ. Köln; 1974-77 stv. Kanzler d. Univ. Bayreuth - Liebh.: Musik (bes. Klav.), bild. Kunst - Spr.: Engl.

FRIEDRICHS, Niels G.

Geschäftsführer Dt.-Amerikan. Handelskammer Chicago - Zu erreichen üb. 104 S. Michigan Ave, Suite 600, Chicago, Il. 60603-5978/USA - Geb. 22. Dez. 1929 Lübeck (Vater: Peter F., Kaufm.; Mutter: Gertrud, geb. Hahn), ev., verh. s. 1957 m. Ilona, geb. Grund, 2 Kd. (Kirsten, Dirk) - Gymn. Katharineum, Lübeck, Schriftsetzerl. - Verlagskfm., s. 1958 USA (1963 Geschäftsf.). Mitgl. Chicago Assoc. of Comm. a. Ind. u. Intern. Trade Club Chicago Athletic Assoc., Arbeitsgem. Dt. Auslandshandelskammer - 1980 BVK; 1988 BVK I. Kl.

FRIEDRICHSEN, Hans

Dr. rer. nat., Prof., Geochemiker - Falkenweg 55, 7400 Tübingen 1 - Doz. Univ. Marburg; gegenw. Wiss. Rat u. Prof. Univ. Tübingen (Abt. Geochemie/Minerol.-Petrogr. Inst.).

FRIEDRICHSEN, Uwe

Schauspieler, Regisseur, Lehrbeauftr. f. Spielpäd. FH Kiel (s. 1988) - Stover Elbdeich 2, 2090 Drage (T. 04176 - 4 23) - Geb. 27. Mai 1934 Altona/Elbe, verh. s. 1988 m. Nathalie, geb. Emery (Schausp.), T. Fenna - Lehre (Import-Exportkfm.) - Schauspiel (zun. Autodidakt, dann Schüler v. Gustaf Gründgens). Theater, Film, Fernsehen, Rundfunk, Synchron, Chanson, Hörb., Schallpl., Konzertante Rezitation (u.a. m. Karajan, Mehta, Boulez, etc.) - Inszeniert u.a. D. Geburtstagsfeier, Georg Dandin, Mein Freund Harvey. Unzählige Rollen verschiedensten Charakters in Theater, Film, FS - Insel-Preis; kl. Hersfeld-Preis, gr. Hersfeld-Preis; Silberne Maske; 1988 Hörspielpreis d. Kriegsblinden - Liebh.: Antiquitäten, Malerei, Garten, Lit., Musik - Spr.: Engl., Niederd.

FRIELING, Heinrich

Dr. phil., Leiter Inst. f. Farbenpsychologie - 8215 Marquartstein/Obb. (T. 08641 - 83 11) - Geb. 27. Dez. 1910 Chemnitz-Sa. (Vater: Rudolf F., Pastor; Mutter: geb. Sohm), ev., verh. s. 1935 m. Käte, geb. Bornemann, 2 Kd. - Univ. Königsberg, Göttingen, München. Promot. 1935 - 1937-41 Lektor u. Redakt., 1941-45 Erzieher u. Lehrer (Stu-

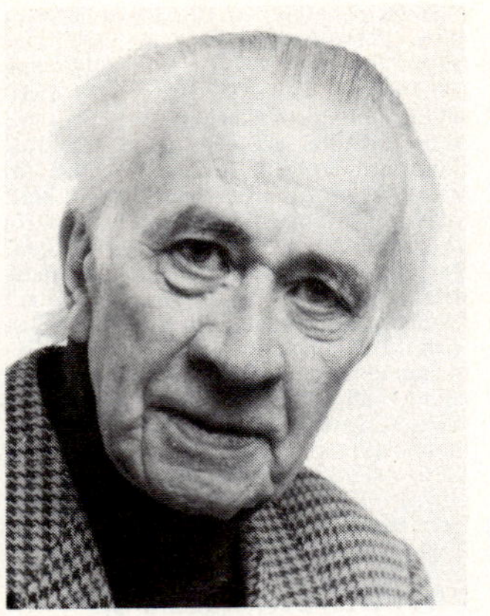

dienrat), dann Kunstmaler, Schriftst. u. Psychologe, s. 1949 (Gründ.) Leit. ob. Inst. Dozent Werbefachl. Akad. München (1954ff.) u. Dt. Film- u. Fernsehakad. Berlin (1968ff.), Präs. Intern. Assoc. Colour Consultants (1958-88). Farbberater-Seminare. Theoret. Grundleg. prakt. Farbenpsych. f. Raumgestalt. u. Therap., Farbgestalt. zahlr. Industriewerke, Schulen, Krankenhäuser usw.; Einzelausstell. als Maler - BV: u. a. Sprache d. Farben, 1939; Was ist d. Mensch?, 1946; D. Leben, 1948; Mysterium d. Liebe, 1948; Mensch - Farbe - Raum, 1954 (auch engl., ital., russ., tschech.); Farbdynamik u. psych. Raumgestalt., 1954; D. Frieling-Test, 1960; Gesetz d. Farbe, 1968; Farbe im Raum, 1974; Licht u. Farbe am Arbeitsplatz, 1982 - A.-Weidenmüller-Plak. f. Förd. d. Werbenachwuchses - Liebh.: Ornithologie (mehrere Bücher verfaßt) - Großv. ms.: Geheimrat Prof. Rudolf Sohm, Kirchenrechtler, Ritter Pour le merite.

FRIELING, Wilhelm Ruprecht

Verleger, Geschäftsführender Gesellschafter Verlag Frieling & Partner GmbH, Berlin - Liliencronstr. 8, 1000 Berlin 41 (T. 030 - 795 50 75) - Geb. 29. Mai 1952 Bielefeld, verh. m. Barbara, geb. Frohberg - Fotograf; Redakteur; Stud. Publizistik u. Jura in Berlin - Vors. Fachverb. Berliner Direktwerbung FBDW e.V.; Stifter d. Lit.preises Goldenes Wort; Gründ. d. Lit.-Telefon Berlin - BV: Welt-Literatur heute, 1982; E. anderes Leben wagen, 1984; Deutsche Dörfer neu entdeckt, 1985; Guter Rat v. A-Z, 1987; Autor sucht Verleger - D. direkte Weg z. eigenen Buch, 1987; Flüsse u. Seen in Deutschland, 1988; Wörterbuch d. Verlagssprache, 1990; Wie schreibe ich meine Erinnerungen?, 1991. Herausg. v. regelmäßig erschein. Jahrb.: Anthologie Buchwelt, Ly-La-Lyrik, Wahre Wunder, Im Regenbogenland, Frieling Theater-Jahrbuch - 1982 Ehrenmed. d. Stadt Bukarest - Liebh.: Musik, Kunst, Weltreisen - Spr.: Engl., Franz., Ital.

FRIELINGSDORF, Karl

Dr. theol., Prof., Priester u. Jesuit - Offenbacher Landstr. 224, 6000 Frankfurt/M. 70 - Geb. 23. Febr. 1933, kath., ledig - Abit. 1952; 1956-59 Stud. Phil. Univ. München, 1960-64 Theol. Univ. Frankfurt, 1965-68 Psych. Studien Paris u. München; Promot. 1969 Trier; Habil. 1972 Frankfurt - Prof. f. Pastoralpsych. u. Religionspäd.; Aus- u. Fortbildung v. Beratern u. pastor. Supervis - BV: Gottesverständnis, 1973; Lernen in Gruppen, 1974; Seelsorge als Sorge um Menschen, 1976; Entscheidung aus Glauben, 1978; Befreiende Erfahrungen in Positano, 1984; V. Überleben z. Leben, 1989; Ganz u. Heil, 1990 - Liebh.: Klass. Musik, Jazz, Leibl. Gestalten - Spr.: Engl., Franz., Latein.

FRIEMERT, Manfred

Dr. phil., Prof. f. Designgeschichte Hochsch. f. Bild. Künste Hamburg - Grindelhof 17, 2000 Hamburg 13 - Geb. 27. Mai 1947 - 1966-72 Design-Stud. Stuttgart u. Braunschweig (Dipl.); 1972-76 Stud. Phil., Publiz. u. Volksw. FU Berlin; Promot. 1977 Bremen - BV: Produktionsästhetik im Faschismus, 1978; Z. Dt. Werkbund, 1975; D. gläserne Arche, 1984.

FRIEMOND, Hans

Dr. phil., Journalist, Programmgruppenleit. Kultur u. Wiss. WDR, Köln - Zu erreichen üb.: WDR, Appellhofplatz 1, 5000 Köln - Geb. 28. Jan. 1937 Völklingen, verh. s. 1964, 2 Kd. - 1956-58 Univ. Trier, 1958-63 Saarbrücken (Phil., Soziol., Theol.); Promot. 1963 - 1963-69 SFB; s. 1969 WDR. Journ. Arb. üb. Bildungspolitik f. Ztschr. u. Rundfunkanst. - Liebh.: Oper.

FRIES, Eberhard

Dr. paed., o. Prof. f. Didaktik d. Chemie Univ. Frankfurt/M./Abt. f. Erziehungswiss. (s. 1965) - Meisenstr. 20, 6078 Neu-Isenburg.

FRIES, Erika,

s. Beyfuss, Erika

FRIES, Hans-Peter

Dipl.-Kfm., Univ.-Prof. f. Betriebswirtschaftslehre, insb. Industriebetriebslehre u. wirtschaftswesentl. Teile d. Privatrechts, Univ.-GH Siegen (s. 1974) - Haffweg 11, 5900 Siegen - Geb. 13. Dez. 1940 Siegen (Vater: Alfred F., Kaufm.; Mutter: Gertrud, geb. Schmidt), vd., verh. m. Eva, geb. Kesting, 2 Kd. - Städt. Gymn. Siegen; Univ. Marburg u. Köln (Betriebsw.; Dipl. 1965) - 1966-71 ltd. Positionen in Industrie u. Marktforsch.; 1971-74 Baurat Ingenieursch. - BV: Betriebsw.lehre d. Ind.betriebes; Betriebl. Rechnungswesen (Co-Autor) - Liebh.: Klass. Musik, Fotogr. - Spr.: Engl.

FRIES, Heinrich

Dr. theol., o. Prof. f. Fundamentaltheologie - Friedenheimer Str. 151, 8000 München 21 - Geb. 31. Dez. 1911 Mannheim (Vater: Joseph F.; Mutter: Cäcilie, geb. Binnig), kath. - Univ. Tübingen. Priesterweihe 1936; Habil. 1946 - S. 1950 Ord. Univ. Tübingen u. München (1958; Vorst. Sem. f. Fundamentaltheol., Dir. Inst. f. Ökumen. Theol.) - BV: D. Religionsphil. Newmans, 1948; Newman-Stud., 12 Folgen 1948-88; D. kath. Religionsphil. d. Gegenw., 1949; Ist d. Glaube e. Verrat am Menschen?, 1950; Nihilismus, 1951 (auch span.); Zw. Gestern u. Morgen, 1952; D. Kirche als Anwalt d. Menschen, 1954; Bultmann, Barth und die kath. Theol., 1955 (auch span. u. engl.); J. H. Newman's Weg z. Kirche, 1956; Tod u. Leben, 1956; J. H. Newman, Christentum u. Wiss., 1957; Kirche als Ereignis, 1958; Antwort an Asmussen, 1958 (auch franz.); D. Beitrag d. Theol. z. Una Sancta, 1959; Glauben u. Wissen, 1960 (auch holl. u. span.); Kirche u. Überlieferung, 1960 (m. Joh. Betz; auch franz.); D. Gespräch m. d. ev. Christen, 1960 (auch franz.); Einsicht u. Glaube, 1962 (m. J. Ratzinger); Aspekte d. Kirche, 1963 (auch holl., engl., franz., span.); Ärgernis u. Widerspruch, 1965 (auch ital. u. span.); Wort u. Sakrament, 1966; Wir und d. Andern, 1966 (auch span. u. ital.); Wegbereiter u. Wege, 1968; Herausgeforderter Glaube, 1968 (auch ital., engl., franz., span.); Gott ist tot?, 1968; Glaube u. Kirche a. d. Prüfstand, 1970; Ein Glaube, eine Taufe - getrennt beim Abendmahl?, 1971; V. d. Partnerschaft Gottes, 1975; Glaube u. Kirche als Angebot, 1976; Ökumene statt Konfessionen?, 1977; V. d. Lebenskraft d. Glaubens, 1979; Glaube u. Kirche im ausgeh. 20. Jh., 1979; Hoffnung, d. den Menschen heilt, 1980; Dienst am Glauben, 1981; Einig. d. Kirchen reale Möglichk., 1983 (m. K. Rahner, span., engl., ital.); Kam Jesus nicht zu allen?, 1984 (auch span., franz.); Fundamentaltheologie, 1985 (ital., span.); Damit d. Welt glaube, 1987; Streiten um d. eine Kirche (m. O. H. Pesch), 1988; Leiden an d. Kirche, 1989; Es bleibt d. Hoffnung, 1991; Abschied von Gott?, 1991. Herausg.: Handb. theol. Grundbegriffe (1962/63; auch franz., span., ital., engl., portugies.); Beitr. z. Ökumen. Theol. (1967ff.); Christl. Leben heute (1968ff.); Klassiker d. Theol. (m. G. Kretschmar, 1981/82); D. Ringen um d. Einheit d. Christen (1985) - BVK I. Kl. - Lit.: Begegnung. Beiträge z. e. Hermeneutik d. Theol. Gesprächs, hrsg. von M. Seckler, O. H. Pesch, J. Brosseder, W. Pannenberg (Festschr. z. 60. Geb.) 1972; Auf Wegen d. Versöhn. Hrsg. v. P. Neuner u. F. Wolfinger (Festschr. z. 70. Geb.), 1982. In Verantwortung f. d. Glauben, hg. v. P. Neuna u. H. Wagna (Festschr. z. 80. Geb.) 1992.

FRIESE, Heinrich

Geschäftsführer Dt.-Chilen. Industrie- u. Handelskammer - Ahumada 131, Santiago de Chile - Geb. 26. April 1939 Lügde/Westf. - Stud. Rechtswiss. Univ. Bonn u. Berlin - 1968 Referendarstage b. d. Dt. HK f. Spanien, Madrid; 1971 Nachwuchskraft d. DIHT, Ausb. b. d. IHK Köln; 1971 Dt. HK f. Spanien, Madrid; 1974 Dt.-Chil. IHK Santiago de Chile.

FRIESE, Wilhelm

Dr. phil., Prof. f. Nord. Philologie - Sindelfinger Str. 79, 7400 Tübingen 1 (T. 4 55 51) - Geb. 27. Mai 1924 Heiligenstadt/Eichsfeld (Vater: Oskar, Bahnbeamt.; Mutter: Maria, geb. Gaßmann), kath., verw. s. 1979, 3 Kd. (Heinrich-Thomas, Maria, Birgitta) - Gymnasium; Studium der German., Nordistik, Anglistik Univ. Jena, Berlin; Promot. 1955 Greifswald; Habil. 1966 Tübingen - S. 1966 Leit. Nord. Abt. Univ. Tübingen. Mitgl. Intern. Assoc. of Scandinavian Studies u. Wiss. Arbeitsgemein. Norden - Dtschl. Schweizer. Ges. f. skandinav. Studien - BV: Nord. Barockdichtung, 1968; Nord. Lit. im 20. Jahrh., 1971; Ibsen auf d. dt. Bühne, 1976; Strindberg u. d. deutschsprach. Länder, 1979; Neuere skandinav. Lit., 1986; Am Ende d. Welt. Skandinav. Lit. d. frühen Neuzeit, 1989. Mithrsg.: Skandinavistik; Scandinavica. Facharb. u. Übers. (dän., isländ.) - Spr.: Engl., skandinav. Spr.

FRIESEL, Uwe

Schriftsteller u. Übersetzer - Eppendorfer Landstr. 102, 2000 Hamburg 20 (T. 040 - 47 69 25) - Geb. 10. Febr. 1939 Braunschweig - BV: u. a. Linien in d. Zeit, Ged. 1963; Sonnenflecke, R. 1965; Am falschen Ort, Erz. 1978; Blankenhorn I u. II, Kriminalhörsp. NDR, 1980; Sein erster fr. Fall, R. 1983, 2. A. 1985; Lauenburg Connection, Erz. 1983; Spiegel verkehrt, R. 1984; Aufrecht flußabwärts, Ged. aus 20 J., 1984; D. Ewige an Rom, Erz. 1985; Im Schatten d. Löwen, R. 1987, 2. A. 1989; D. gelbe Gift, R. 1988. Herausg.: Noch ist Dtschl. nicht verloren, dt. Freiheitslyrik d. 19. Jh. (3. A., 1980); Kindheitsgesch. (1979). Übers.: Volpone v. Ben Jonson (UA 1971 Fr. Volksbühne Berlin, 1972 Thalia Hbg.); Fahles Feuer, R. 1968; Ada, R. 1974; Sieh doch d. Harlekins, R. 1979 (alle v. Vladimir Nabokov); D. verwaiste Swimmingpool, Erz. 1987; Spring doch!, Erz. 1990 (bde. v. John Updike); Trummi kaputt, Kinderb. 1973 (dän. 1977); Auf Anhieb Mord, Erz. 1975 (tschech. u. russ. 1980); Jeden Tag Spaghetti, Jugend-R. 1983 - 1968/69 Rompreis Villa Massimo; 1979 Stadtteilschreiber v. Eppendorf; 1986 Gr. Nieders. Kunststip.; Mitgl. PEN Dtschl.; Vors. VS in d. IG Medien.

FRIESENECKER, Friedrich

Dipl.-Ing., Vorstandsmitglied Main-Kraftwerke AG u. Lahnkraftw. AG, Geschäftsf. Rheingau Elektrizitätsw. GmbH, Eltville - Auf der Platt 27, 6246 Glashütten (T. 06174 - 6 13 15) - Geb. 8. April 1932 Burghausen/Salzach - AR-Vors. Energieversorg. Bad Ems GmbH.

FRIESER, Heinz

Vorstandsmitglied Dt. Bundesbahn - Sudetenring 182, 6072 Dreieich - Geb. 4.

Mai 1921 Lübeck - 1959-82 stv. Bundesvors. Gewerksch. d. Eisenb. Dtschlds.; 1979 ff. stv. AR-Vors. Dt. Beamtenversich. Wiesbaden; 1980-82 Vizepräs. VR Dt. Bundesbahn; 1979-82 Vizepräs. Koord.-Aussch. b. d. EG Brüssel.

FRIESS (ß), Konrad

Verwaltungsangestellter, I. Bürgermeister Kleinostheim - Pestalozzistr. 9, 8752 Kleinostheim/Ufr. (T. 06027-81 01) - Geb. 24. Jan. 1934 Volkersbrunn - CSU.

FRIIS, Robert R.

Ph. D., Privatdozent und Gruppenleiter Inst. f. Klin.-exper. Tumorforsch. Univ. Bern - Tiefenonstr. 120, CH-3004 Bern - Geb. 14. April 1942 Miami/USA (Vater: Robert R., Ing.; Mutter: Joyce, geb. van Osdell), ev., verh. s. 1970 m. Christel, geb. Allgaier, 2 Kd. (Kirsten, Daniel) - Univ. Miami u. Chicago (Mikrobiol.) - 1978 Wilhelm-Warner-Preis; Mitgl. European Molecular Biology Organization - Spr.: Engl., Dt.

FRIK, Martin

Dr.-Ing., o. Prof. f. Techn. Mechanik Universität Duisburg - Krähenweg 32, 4132 Kamp-Lintfort.

FRIK, Wolfgang

Dr. med., em. o. Prof. f. Röntgenologie u. Strahlenheilkd. TH Aachen/Med. Fak. (s. 1966) - Mittelstr. 45, 5100 Aachen (T. Aachen 1 27 59) - Geb. 14. Aug. 1918 Berlin (Vater: Prof. Dr. med. Karl F., Radiologe (s. X. Ausg.); Mutter: Erna, geb. Schultze), ev., verh. s. 1948 m. Dorothea, geb. Hendrischke, 2 Kd. (Dr. med. vet. Rüdiger, Dipl.-Ing. agr. Christiane Camp) - Gymn. Berlin; Univ. ebd., München, Hamburg. Med. Approb. 1941 Berlin; Promot. 1949 Hamburg; Habil. 1957 Erlangen - 1941-45 Militärarzt; 1945-52 internist. u. radiol. Tätigk. versch. Lübecker Krkhs.; 1952/53 Leit. Röntgenabt. Med. Poliklinik Univ. Würzburg; 1953-66 Leit. Röntgenabt. Med. Klinik u. Poliklinik Univ. Erlangen-Nürnberg (1957 Privatdoz., 1963 apl. Prof.); 1966-84 Dir. Abt. Radiol., Klinikum Aachen. Vors. Bayer. Röntgenges. (1966), Vereinig. Dt. Strahlenschutzärzte (1967), Rhein.-Westf. Röntgenges. (1971-73), Dt. Röntgenges. (1975-79), Vors. Normenaussch. Radiol. im DIN (1981-87) - BV: Detailerkennbarkeit u. Dosis b. d. Röntgendurchleucht., 1959; Röntgenanatomie f. ärztl. Hilfspersonal, 1959, 3. A. 1988 (m. U. Goering); Hartstrahltechnik, 1961; Mitarb. Lehrb. d. Röntgendiagnostik, 6. A. 1965, 7. A. 1990; Handb. d. Med. Radiol. 1968/69; D. kranke Magen, 1970; Klin. Gastroenterologie, 2. A. 1984; Alimentary Tract Roentgenology, 1974; Computed Tomography of the Gastrointestinal Tract, 1986. Übers.; Shirakabe, H.: Frühkarzinom d. Magens (1969); Maruyama, M.: Röntgendiagnostik d. Kolons (1981) - 1957 Holthusen-Ring; 1959 Schleussner-Preis; Ehrenmitgl.: 1965 Zentralamerik. Radiologenges., 1969 Belg. Ges. f. Gastroenterol., 1978 Belg. Ges. f. Radiologie, 1981 Ungar. Radiologenges., 1984 Rhein.-Westf. Röntgenges. (s. 1988 Ehrenvors.), 1988 Dt. Röntgen-Ges., 1989 Vereinig. Dt. Strahlenschutzärzte; 1970 Ehrenmed. Univ. Lüttich; 1982 Albers-Schönberg-Med. Dt. Röntgen-Ges.; 1984 BVK I. Kl.; 1987 Beuth-Gedenkmed. d. DIN; 1989 Boris-Rajewski-Med. Europ. Radiologenges. - Spr.: Engl., Franz., Span.

FRIMMER, Max

Dr. med., em. Prof. f. Pharmakologie u. Toxikol. - Sandfeld 28, 6300 Gießen (T. 7024950) - Geb. 5. Mai 1921 Augsburg (Vater: Ludwig F., Beamter; Mutter: Anna, geb. Brucklacher), kath., verh. m. Dr. med. Irmingard, geb. Weindel, 2 Kd. - 1942-48 Univ. Berlin, Prag, Erlangen - S. 1959 (Habil.) Lehrtätigk. Tübingen u. Gießen (1961; 1964 Ord.). Emerit. 1988. Mitgl. Dt. Pharmak. Ges. u. Dt. Ges. f. Biol. Chemie - BV: Pharmak. u. Toxikol. - Lehrb. f. Studierende d. Veterinärmed., 3 A.; Biolog. Grundlagen pharmakol. Wirkungen - Lehrb. f. Stud. d. Pharmazie u. Chemie, 1969. Zahlr. Einzelarb. üb. Experimentelle Hepatol., Membranol., biochem. Pharmakol. - Dr.-Fritz-Merck-Preis; 1973 Claude Bernard Med. Univ. Montreal - Spr.: Engl.

FRINGELI, Dieter

Dr. phil., Schriftsteller - Bärenfelserstr. 35, CH-4057 Basel (T. 061 - 692 04 57); In de Bost 23, 2000 Hamburg 55 (T. 86 22 54) - Geb. 17. Juli 1942 Basel (Vater: Dr. phil. h. c. Albin F., Schriftst.; Mutter: Rosa, geb. Häner), 3 Kd. (Christoph, Rainer, Bettina) - Univ. Basel u. Fribourg, Promot. 1967 - Lehrauftr. ETH Zürich, Univ. Lausanne, Feuilleton-Redakt. Basler Ztg., freier Schriftst., Mitgl. PEN-Zentr. BRD - BV: Zwischen d. Orten, Ged. 1965; Was auf d. Hand lag, Ged. 1968; Das Nahe suchen, Ged. 1969; Die Optik d. Trauer/ Alexander Xaver Gwerder - Wesen u. Wirken, Essay, 1970; Das Wort reden, Ged. 1971; Mach keini Schprüch/Mundart-Lyrik d. 20. Jahrh., Anthol. 1972, 2. A. 1981; Gut zum Druck/Lit. d. dt. Schweiz s. 1964, Anthol. 1972; Dichter im Abseits/Schweiz. Autoren v. Glauser b. Hohl, Essays 1974; V. Spitteler zu Muschg/Lit. d. dt. Schweiz s. 1900, Essay 1975; Nachdenken mit u. üb. Friedrich Dürrenmatt, Gespräch 1977; haltla/Basel u. s. Autoren, Anthol. 1978; Ich bin nicht mehr zählbar, Ged. 1978; Albin Fringeli-Leseb., Anthol. 1979; Ohnmachtwechsel, Ged. 1981; Mein Feuilleton, Ess. 1982; Wohnhaft in Basel, Anthol., 1988; wortwund, Ged. 1988; Dichter im Einsatz, Ess. 1991; grenzlust, e. lesged., 1991; unter mir gesagt, Ged. 1991. Herausg.: Siegfried Lang: Blätterstatt (1989) - 1969 Förderpr. Kanton Solothurn; 1971 Kunstpr. Lions Club; 1974 Preis Schweiz. Schiller-Stiftg.; 1975 Werkpr. Kanton Solothurn - Liebh.: Musik, Fußball - Lit.: Karl Krolow, Was auf d. Hand lag, 1968; Werner Weber, Forderungen, 1970; Elsbeth Pulver, Die deutschspr. Lit. d. Schweiz s. 1945, 1974; Franz Lennartz, Dt. Schriftst. d. Gegenwart, 1978; Manfred Bosch, Krit. Lexikon z. dt.spr. Gegenwartslit., 1978/ 1990; Silvio Blatter, Fischer Almanach d. Lit.krit. 1978/79, 1980.

FRISCH, Alfred

Journalist, Auslandkorresp. in Frankreich f. Tageszeitungen u. Rundfunksender - 49, rue de la Victoire, F-75009 Paris (T. 1-48744662) - Geb. 7. Juli 1913 Heidelberg, kath., verh. s. 1944 m. Eva Liliane, geb. Staub, T. Monique - Abit. Heidelberg; 1. jurist. Ex. Lyon (licence en droit) - S. 1946 Korresp. f. Politik u. Wirtsch., gleichz. Chefredakt. Ztschr. Dokumente (1967-69); Mitherausg. Ztschr.: Les Problémes de l'Europe (Rom, 1958-77) - BV: Großmacht Technol., 1955 - 1960 Ritter d. franz. Ehrenlegion; 1978 BVK I. Kl. - Interessen: Gesch. u. Soziol. - Spr.: Engl., Franz.

FRISCH, Anton

Dipl.-Volksw., Vorstandssprecher Neue Rechtsschutz Versicherungsges. AG - Augustaanlage 25, 6800 Mannheim 1 (T. 0621 - 420 41 00); priv.: Meininger Weg 21, Mannheim 31 - Geb. 4. Nov. 1930.

FRISCH, Bertram

Dr. rer. nat., Dipl.-Ing., Prof. f. Werkstoffkd. u. Werkstofftechnol. - Eulenweg 4, 6602 Saarbrücken-Dudweiler (T. 06897 - 76 11 59) - Geb. 23. April 1931 Dudweiler (Vater: Alfons F., Dipl.-Ing.; Mutter: Melanie, geb. Karst), kath., verh. s. 1956 m. Gisela, geb. Schwarz, 2 Kd. (Barbara, Arnulf) - Dipl.-Ing. 1956 Rhein.Westf. TH Aachen, Promot. 1958 Univ. Saarl., Habil. 1964 Univ. Saarl. - S. 1964 Hochschullehrer - 75 Veröff. in wiss. Ztschr. - Spr.: Engl., Franz.

FRISCH, Karin

s. unt. Reichert, Hans Ulrich

FRISCH, Martin

Vorstand Vereinigte Filzfabriken AG., Giengen - Kettelerweg 3, 7928 Giengen/ Brenz - Geb. 3. Jan. 1923 Ellefeld/ Vogtl. (Vater: Martin F., Schuhmacherm.; Mutter: Elisabeth, geb. Göckeritz), ev., verh. s. 1952 m Rosemarie, geb. Jahnke, S. Gerd-Norbert - Gymn. (Abit.); kaufm. Lehre.

FRISCH, Mechtild

Malerin - Roßstr. 5, 5000 Köln 30 - Geb. 22. April 1943 Karlsbad - Vornehml. plast.-farb. Form - 1979 Villa Romana Preis, Florenz; 1982 Bremer Kunstpreis (Böttcherstr.); 1989 Kunstpreis Glockengasse, Köln.

FRISCH, von, Otto

Dr. rer. nat., Zoologe, Direktor d. Staatlichen Naturhistorischen Museums, u. apl. Prof. f. Zool. TU Braunschweig - Pockelsstr. 10a, 3300 Braunschweig - Geb. 13. Dez. 1929 München (Vater: Prof. Dr. phil. Drs. h. c. Karl v. F., Zoologe, s. lfd. Ausg.) - Promot. 1956; Habil. 1965 - Facharb.

FRISCH, Peter

Dr. jur., Vizepräsident d. Bundesamtes f. Verfassungsschutz (s. 1987) - Postf. 10 20 50, 5000 Köln 1 (T. 0221 - 79 20) - Geb. 21. April 1935 Reichenbach/ Schles., ev., verh. m. Monika, geb. Geinert, 2 Kd. (Thomas, Annemarie) - Lehre als Versicherungskaufm.; Nichtschülerreifeprüf. 1957 Hannover; 1958-62 Jura-Stud. Univ. Berlin, Tübingen, Göttingen; 1. jurist. Staatsex. 1963 Celle, 2. jurist. Staatsex. 1968 Düsseldorf, Promot. 1972 Univ. Bonn - 1963-69 Assist. Univ. Bonn; 1969 Bundesverwaltungsamt Köln; 1970 Bundesinnenmin.; 1975 Nieders. Innenmin. - BV: Extremistenbeschluß, 4. A. 1977.

FRISCH, Theodor

Landrat Kr. Beckum - Clemens-August-Str. 9, 4722 Ennigerloh/W. - Geb. 18. Nov. 1913 Ennigerloh.

FRISCH, Wolfgang

Dr. jur., o. Prof. f. Straf-, -prozeßrecht u. Rechtstheorie Univ. Mannheim (s. 1976) - Im Vogelskorb 16 , 6803 Edingen/ N. - Geb. 16. Mai 1943 Wernsdorf/CSSR (Vater: Alfred F., Kaufm.; Mutter: Emilie, geb. Schubert), kath., verh. s. 1968 m. Karin, geb. Rommel, 2 T. (Cornelia, Annette) - 1962-66 Univ. Erlangen (Rechtswiss.) - Zul. Wiss. Rat u. Prof. Univ. Bonn - BV: Revisionsrechtl. Probleme d. Strafzumessung, 1971; Prognoseentsch. im Strafrecht, 1983; Vorsatz u. Risiko, 1983. Mitherausg.: Festschr. f. H. J. Bruns (1978) - Liebh.: Musik.

FRISCH, Wolfgang

Dr. phil., o. Univ.-Prof., Lehrstuhl f. Allg. Geologie, Univ. Tübingen - Torstr. 50, 7400 Tübingen 5; u. Inst. f. Geol. u. Paläontol., Sigwartstr. 10, 7400 Tübingen - Geb. 19. Dez. 1943 Wien, verh. s. 1970 m. Herta, geb. Vorlik, 2 Kd. (Gero, Anton) - 1961-67 Stud. Geol. Univ. Wien; Promot. 1967, Habil. 1973 Univ. Leoben - 1968 Univ.-Assist. Univ. Leoben; 1974 Univ.-Doz. Univ. Wien; 1978 Vertr. Lehrst. f. Geol. TU München; 1980 ao. Prof. Univ. Wien; 1981 o. Prof. Univ. Tübingen - BV: Plattentektonik, 1986 - 1984 korr. Mitgl. Österr. Akad. d. Wiss. - Liebh.: Bergsteigen, Musik - Spr.: Engl. - Bek. Vorf.: Karl v. Frisch (Großonkel), Franz Exner (Ururgroßv.).

FRISCHAT, Günther

Dr. rer. nat., Dipl.-Phys., Prof. f. Glas u. Keramik TU Clausthal (s. 1974) - Einersberger Blick 24, 3392 Clausthal-Zellerfeld - Geb. 18. Juli 1937 Treufelde/ Ostpr. - Promot. 1965; Habil. 1970 - 1965-71 Wiss. Mitarb. MPI f. Silikatforsch. Würzburg. Viele Fachaufs.

FRISCHBIER, Hans-Joachim

Dr. med., Prof. f. Gynäkologie, Geburtshilfe u. Gynäk. Radiologie - Klövensteenweg 64, 2000 Hamburg 56 - Geb. 20. Juli 1932 Berlin (Eltern: Dr. Adolf (Oberstvet. a. D.) u. Emilie F.), ev., verh. s. 1959 (Ehefr.: Ingeborg), 2 Kd. (Angela, Michael) - Univ. Hamburg (Med. Staatsex. 1957). Promot. 1958 - S. 1968 (Habil.) Lehrtätigk. Univ. Hamburg (1970 Prof. u. Dir. Abt. f. Gynäk. Radiol./Frauenklin.); Vizepräs. d. Intern. Ges. f. Senologie (Brusterkrankungen) - BV: Frühdiagnostik d. Mammakarzinoms, 1977; Erkrankungen d. weibl. Brustdrüse, 1982. Üb. 250 Einzelarb. - Ehrenmitgl. d. griech. Krebsges. - Liebh.: Musik, Lit., Reiten, Segeln - Spr.: Engl., Franz.

FRISCHMUTH, Barbara

Schriftstellerin - Kübeckgasse 16-22, A-1030 Wien - Zahlr. Bücher, zul. D. Ferienfamilie (R. 1981) u. D. Frau im Mond (R. 1982); Traumgrenze, Erz. 1983.

FRISCHMUTH, Felicitas

Schriftstellerin - Am Symposion 1, Postf. 14 70, 6690 St. Wendel (T. 06851 - 22 59) - Geb. 2. Okt. 1930 Berlin, kath., verh. s. 1958 m. Leo Kornbrust, Bildhauer - Stud. Musik, klass. Philol. u. Phil. - BV: Papiertraum, Ged. 1977; An d. Rand d. Bekannten, 1982; D. kleinen Erschütterungen, 1982; Weit v. Mozart entfernt, 1985; Nach e. Seite fliegt mein Herz heraus, Ged. 1986; D. schwere Körper am Trapez, 1987; Alle Flammen sind besetzt, Ged. 1987; Landzunge, Ged. 1990 - 1982 Kunstpreis d. Saarl.; 1984 Förderungspreis z. Andreas- Gryphius-Preis - Spr.: Engl., Franz., Portug.

FRISÉ, Adolf

Dr. phil., Dr. phil. h. c. mult., Prof., Schriftsteller - Am Zollstock 24, 6380 Bad Homburg v. d. H. (T. 4 22 63) - Geb. 29. Mai 1910 Euskirchen/Rhld. (Vater: Adolf Wilhelm F., Hotelier, † 1910; Mutter: Nelly, geb. Kolck, † 1954), kath., verh. s. 1957 m. Maria, geb. v. Loesch - Stud. German., Phil., Kunstgesch. Promot. 1932 Heidelberg - Fr. Schriftst.; 1946-50 Redakt. (Politik, Feuill.); 1956-75 Leit. Abt. Abendstudio/ Feature u. Hauptabt. Kulturelles Wort (1962ff.) Hess. Rundfunk - BV: D. Reise ins Ausland - Aufzeichnungen, 1948; Carl J. Burckhardt - Im Dienste d. Humanität, 1950; Reise-Journal, 1967; Plädoyer f. Robert Musil - Hinweise u. Essays 1931-1980, 1980, erweit. Neuausg. 1987; Nachts, Katharinas Gast, Andreas (Stücke, 1985/86); D. Beginn d. Vergangenheit, R. 1990. Herausg.: Robert Musil - Ges. Werke I-III (1952-57), Definitionen - Ess. z. Lit. (1963), V. Geist d. Zeit - Rundfunkkommentare (1966), Robert Musil - Tagebücher I/II (Neuausg. 1976/77), Ges. Werke 1-9, I/II (Neuausg. 1978), Briefe 1901-1942 (1981), Robert Musil-Lesebuch: Versuche, einen anderen Menschen zu finden (1991), Wege zu Musil. E. Auswahl aus seinen Texten (1992) - 1958 Mitgl. Dt. PEN-Zentrum d. Bundesrep.; 1977 Dt. Schillerges.; 1979 Intern. Robert Musil-Ges. (Ehrenpräs.); 1974 Österr. Berufstitel Prof.; 1982 Ehrendoktor phil. Fak. Univ. Klagenfurt, 1991 Univ. Marburg; BVK I. Kl.

FRISÉ, Maria

Journalistin (Feuill., Lit.-Kritik, Soz. Rep.) - Am Zollstock 24, 6380 Bad Homburg v. d. H. (T. 4 22 63) - Geb. 1. Jan. 1926 Breslau (Vater: Konrad von Loesch, Landwirt; Mutter: Ingeborg, geb. Gräfin Zedlitz), verh. in 2. E. s. 1957 m. Prof. Dr. Adolf F. (Schriftst. s. d.), 3 Kd. aus 1. Ehe (Constantin, Hubertus, Jürgen Stahlberg) - Abit. 1944 - S. 1956 journ. u. schriftst. Arb. f. Ztg. Funk u. Verlag, 1968 ff. Redakt. i. Feuill. Frankf. Allg. Ztg. - BV: Hühnertag, Erz. 1966; div. Erz. u. Rep. in Anthol. u. Schulb.; Erbarmen m. d. Männern - Gedanken z. Thema Männer, Frauen u. Fam., 1983; Auskünfte über d. Leben zu zweit, 1985; Montagsmänner u. a. Frauengeschichten, 1986; E. schlesische Kindheit, 1990 - Mitgl. PEN-Zentrum BRD - 1950 Reiterabz., 1968 Gold. Sportabz. - Spr.: Engl., Franz.

FRISEE, Dieter

Dr. jur., Managing Partner Heidrick and Struggles Intern., Inc. - Geb. 29. Sept. 1940 Baden b. Wien.

FRISIUS, Rudolf
Dr. phil., Prof. f. Didaktik u. Methodik d. Musikunterrichts PH Karlsruhe - Eisenlohrstr. 41, 7500 Karlsruhe - Geb. 24. Okt. 1941 - Zul. Doz. Facharb.

FRISTER, Albrecht

1. Bürgermeister, stv. Landesvors. d. Bayer. Gemeindetages - Rathaus, 8501 Schwarzenbruck/Mfr. - Geb. 12. Jan. 1933 Schwarzenbruck - Zul. Diplomverwaltungswirt (FH). SPD.

FRITSCH, Andreas
Prof. f. Didaktik d. lat. Sprache u. Lit. FU Berlin - Wundtstr. 46, 1000 Berlin 19 (T. 030 - 321 77 46) - Geb. 2. Sept. 1941 Guhrau/Schles. (Vater: Arthur F., Journalist; Mutter: Margarete, geb. Anger), verh. s 1965 m. Irene, geb. Thater, 2 Kd. (Claudia, Konstantin) - N. Abitur 1960 Stud. Münster u. Berlin; Staatsprüf. 1964 u. 66 - Schuldienst, ab 1969 PH Berlin, 1972 Prof., ab 1980 FU Berlin; 1980-86 gf. Dir. Inst. f. Sprach- u. Lit.didaktik; 1989 gf. Dir. Zentralinst. f. Fachdidaktiken - BV: Lateinsprechen im Unterr. - Gesch., Probleme, Möglichk., 1990. Zahlr. Beiträge zu Fach- u. Verbandsztschr.; 1991 Schriftleit. d. Mitteilungsblattes d. Dt. Altphilologenverb. - Mitgl. Societas Latina Univ. Saarbrücken.

FRITSCH, Bruno
Dr. rer. pol., o. Prof. Eidgenöss. TH Zürich (s. 1965) - Aussichtsstr. 13, CH-8704 Herrliberg (T. 915 12 29) - Geb. 24. Juli 1926 Prag (Vater: Josef F.; Mutter: Rosa, geb. Novak), verh. s. 1953 m. Jadwiga, geb. Przybyl, 2 Kd. (Martin, Caroline) - Stud. Univ. Basel u. Harvard; Promot. 1952 u. Habil. 1958 Basel - 1958 Dir. Forsch.szentrum Basel, 1959 o. Prof. Univ. Karlsruhe u. 1963 Heidelberg; 1971-80 Präs. Schweizer. Vereinig. f. Zukunftsforsch. - BV: Bildung: Luxus o. Überlebenschance, 1971; Wachstumsbegrenzung als Machtinstrument, 1973 (engl. u. holl. 1975); Wir werden überleben, 1981; D. Prinzip Offenheit, 1985; Mensch - Umwelt - Wissen, 1990 - Liebh.: Segelflug - Spr.: Engl., Tschech.

FRITSCH, Frank
Dr. rer. nat., Prof. f. Physik u. Angew. Math. Gesamthochsch. Paderborn (Fachbereich Nachrichtentechnik/Meschede) - Josef-Künsting-Str. 3, 5778 Meschede.

FRITSCH, Günther
Bereichsvorstand Automatisierungstechnik Siemens AG - Gleiwitzer Str. 555, 8500 Nürnberg (T. 0911 - 895 42 51) - Geb. 13. Nov. 1934 Lindau - Lehre Industriekaufm.

FRITSCH, Horst
Dr. med., Prof., Ltd. Arzt Inn. Abt., Kreiskrankenhs. Weinheim - Röntgenstr. 1, 6940 Weinheim/Bergstr. - Geb. 24. Febr. 1933 Darmstadt - Promot. 1961 - S. 1970 (Habil.) apl. Prof. (1973) Univ. Heidelberg (Inn. Med.).

FRITSCH, Johannes
Prof., Komponist, Gründ. u. Leit. d. Kölner Feedback-Studios - Genter Str. 23, 5000 Köln 1 (T. 0221-52 77 63) - Geb. 27. Juli 1941 Bensheim - 1961-65 Stud. Köln (Univ. u. Musikhochsch.) - S. 1964 Konzerttätigk.; s. 1971 Doz. Darmstadt u. Köln; s. 1984 Prof. f. Kompos. Köln. Zahlr. Kompos. aller Gattungen - Div. Preise u. Ausz. (Biennale, Paris, Förderpreise NRW u. Stadt Köln, Villa Massimo, u.a.).

FRITSCH, Rudolf
Dr. med. vet., Prof. i. R. Univ. Gießen, ehem. Leiter Chir. Veterinärklinik, Tierarzt - Pappelstr. 42, 8014 Neubiberg - Geb. 25. April 1928 München (Vater: Florian F.; Mutter: Anna F.), kath., verh. s. 1957 m. Edith, geb. Leibl, 5 Kd. (Christoph, Elisabeth, Stephan, Ulrich, Andreas) - Med.-Stud. Univ. München (Approb. 1953, Promot. 1954, Habil. 1963) - 1963 Privatdoz. u. apl. Prof. München; 1980-92 C4-Prof. Univ. Gießen, Leit. Chir. Veterinärklinik - BV: D. Narkose d. Tiere (m. Westhues), 1961 (auch engl. u. jap.); Sonographie b. Klt. (m. Gerwing), 1992 - Liebh.: Musik - Spr.: Engl., Franz.

FRITSCH, Thomas

Schauspieler - Zu erreichen üb. Agentur Doris Mattes, Merzstr. 14e, 8000 München 80; Büro Catja Appelt, 8301 Volkenschwand - Geb. 16. Jan. 1944 Dresden (Vater: Willy Fritsch; Mutter: Dinah Grace), led. - Mittl. Reife 1960; Staatl. Hochsch. Hamburg (b. Eduard Marks) 1960-62; Statisterie Schausp.haus Hamburg b. Hamlet (Gründgens) 1960/61; Bundeswehr 1964-66 - Filmrollen: Julia, du bist zauberhaft; D. schwarzweißrote Himmelbett, 1962; Onkel Toms Hütte, 1964; D. hab' ich v. Papa gelernt, 1964; D. letzte Ritt nach Santa Cruz; D. große Liebesspiel, bde. 1967-70. Theater: Städt. Bühne Heidelberg (Marchbanks) in Candida (1963); (Richard) in O'Neills O Wildnis (1964); Fritz Remond Theater Frankfurt: Cherie v. Colette (1964); ab 1970: Ernst Deutsch Theater Hamburg: Rosenkranz u. Güldenstern; Tschau (Kom.) München, Köln; Schmetterlinge sind frei (Kom.) München, Köln, Düsseldorf; Städt. Bühnen Münster: Schau heimwärts Engel; Kom. Bonn-Bad Godesberg: Süßer Vogel Jugend; Theater in d. Josefstadt Wien: D. Schwan, Christinas Heimreise; Kom. im Marquard Stuttgart: D. Regenmacher, D. Todesfalle, Revanche; Theater am Dom Köln: Barfuß im Park, Ich höre so gern d. Amseln singen, Ankomme Dienstag - Fall nicht in Ohnmacht; Berliner Kom.: D. Hit, Halbe Wahrheiten, Frühling im September; Theater am Dom Köln: D. Ausreißer. Tourneen: Monpti; Einladung ins Schloß; D. Lügner u. d. Nonne; Charleys Tante; Halbe Wahrheiten; Tschau; Köm. im Dunkeln; Frühling im September; Mein Freund Harvey (1988). FS-Rollen v. 1967-70 in: D. Hupe (Serie), Fedeau, D. Katze im Sack (Serie), Drei sind e. zuviel, sow. ab 1970 Hauptrollen in Folgen v.: D. Kommissar, Derrick, D. Alte, Tatort, Fall f. zwei, Rivalen d. Rennbahn. Auftritte in Unterhaltungssendungen, eigenen Unterhaltungssendung Meine Melodie. Dreharb. FS-Serie Platz u. Sieg (1987-88). 14 LP, 39 Single-Platten - Bambi - Liebh.: Musik, Insel Mykonos, Tiere (Hund u. Pferd) - Spr.: Engl.

FRITSCH, Ulrich
Dr., gf. Vorstandsmitglied Dt. Aktieninst. e. V. u. 1. Vors. d. Wirtschaftspublizistischen Vereinigung, Düsseldorf - Berliner Allee 4, 4000 Düsseldorf - BV: Belegschaftsaktien, 1976; Mehr Untern. an d. Börse, 1978; Wirtschaft auf e. Blick, 1980; D. Eigenkapitallücke, 1981; Aktienförder. Intern., 1983; So wird man Aktionär, 1985; D. neue Dimension, 1986; D. Buch d. Börseneinführung, 1987; Vor u. hinter d. Kulissen d. Börse, 1988.

FRITSCH, Walter
Landrat Kr. Deggendorf (s. 1972) - Dr.-Leicht-Str. Nr. 5, 8360 Deggendorf/Ndb. (T. 2629) - Geb. 10. Juni 1922 Bernried/Ndb. (Vater: Josef F.; Mutter: Karolina, geb. Machl), kath., verh., 2 Kd. (Hella, Walter) - Obersch. (Obersekundarreife) 1938-41 Arbeitsamt Deggendorf; Wehrdst. u. Gefangensch. (3 1/2 J.); Kreisvors. Verb. d. Kriegsbeschädigten, hinterbliebenen u. Sozialrentner Dtschl.s, 1952 ff. Mitgl. Stadtrat Deggendorf (Fraktionsf.); 1961-72 MdB (1969 stv. Vors. Petitionsaussch.). SPD (u. a. Unterbezirksvors.) - 1972 BVK I. Kl.

FRITSCH-ALBERT, Wolfgang
Vorstandsvorsitzender Westfalen Aktiengesellschaft - Industrieweg 43-63, 4400 Münster - Geb. 16. Nov. 1946.

FRITSCH-PUKASS, Gisela
Schauspielerin (Ps. Gisela Fritsch) - Prinz-Handjery-Str. 68, 1000 Berlin 37 (T. 030 - 815 81 18) - Geb. 24. Nov. 1946 Berlin (Vater: Otto F., Triebwagenführer; Mutter: Frieda, geb. Apelt), ev., verh. s. 1964 m. Joachim Pukaß, T. Melanie - Fritz-Kirchhoff-Schule Berlin f. Schausp.; staatl. Abschl. - Rollen: Bühne: u.a. in Miniaturen, D. Lampenschirm; FS: Pauline in Kubinke, Wie im Leben. Sprecherin f. Linda Evans (Denver Clan u. a.).

FRITSCHE, Heinz Rudolf

Rundfunkjournalist - Am Augustinerberg 1/716, 8918 Diessen am Ammersee (T. 08807 - 7 07 16) - Geb. 8. Sept. 1912 Breslau (Vater: Carl Heinrich F., Lehrer; Mutter: Erna, geb. Rosemann), ev., verh. s 1943 (Belgrad) m. Gisela, geb. Blum, T. Ursula - Oberrealsch. u. Univ. Breslau (German., Gesch., Musikwiss. Kunstgesch., Phil.). Staatsex. 1935 - 1935-45 Reichssender Breslau (zul. Leit. Pressedst.); 1940-45 Wehrdst. (u. a. 1942-44 Programmleit. Soldatensender Belgrad); 1946-49 Hohz. Landestheater Sigmaringen (Dramat. u. Intendantenstellv.); 1949-55 fr. Journ. Presse u. Rundfunk; 1955-76 Südd. Rundfunk (ltd. Redakt. Zeitfunk, Leit. Abendschau, Pressechef, Leit. Studio Ulm). Div. Funktionen - BV: Schlesien-Wegweiser, 1985, 2. A. 1991 - 1954 Gold. Ehrennadel Landsmannsch. Schles.; 1984 BVK I. Kl.; 1986 Schlesierkreuz; 1987 Stauferfermed.; 1991 Pro-arte Med. d. Künstlergilde; 1991 Landesmed. f. besond. Verdienste um d. Heimat Baden-Württ. - Liebh.: Rundfunk- u. Kulturgesch. - Spr.: Engl., Franz.

FRITSCHE, Klaus
Dr. rer. pol., Vorstandsmitglied (Personal) SEL AG, Arbeitsdir. - Lessingstr. 5, 7141 Beilstein (T. 07062-86 11) - Geb. 7. Jan. 1936 Berlin, verh. s. 1964 m. Gerhild, geb. Klein, 2 Kd. (Kathrin, Karsten) - Stud. 1957-62 Univ. Berlin; Dipl.-Kaufm. 1962; Promot. 1967 Univ. Berlin - Ehrenamtl. Richter am Arbeitsgericht Stuttgart - Liebh.: Fotografieren.

FRITSCHE, Lothar
Dr. rer. nat., o. Prof. f. Theoret. Physik TU - Zu erreichen üb. TU, 3392 Clausthal-Zellerfeld - Geb. 23. Juni 1929 Halle/S. (Vater: Erich F., Angest.; Mutter: Gertrud, geb. Weinholz), ev., verh. s. 1952 m. Christel, geb. Kandler, Lebensmittelchem. - Univ. Halle (Physik; Dipl. 1951). Promot. 1958 Stuttgart; Habil. 1966 Karlsruhe - S. 1970 Ord. Üb. 60 Facharb. - Liebh.: Sprache als Kunst - Spr.: Engl.

FRITSCHE, Peter
Dr., Geschäftsführer Bundesverb. Dt. Versandhandel e. V. (s. 1971) - Albert-Schweitzer-Str. 15b, 6072 Dreieich (T. 06103 - 84127) - Geb. 5. Febr. 1931 Leipzig (Vater: Alfred F., Rechtsanw.; Mutter: Herta, geb. Menzler), verh. s. 1962 m. Gudrun, geb. Mosny, 2 Kd. (Claudia, Bettina) - Jurist. Staatsex. (1954 Erlangen, 1958 Düsseldorf) - 1959-64 Hoffmann's Stärkefabriken AG.; 1964-66 Daimler Benz AG.; 1966-71 Ind.verb. Körperpflege- und Waschmittel e. V. - Spr.: Engl., Franz.

FRITSCHE, Wolfgang

Dr. rer. nat., Dipl.-Chem., Hauptgeschäftsführer Ges. Dt. Chemiker i. R. (1972-91), Geschäftsf. Dt. Zentralaussch. f. Chemie (s. 1972), Geschäftsf. Arbeitsgemeinsch. d. Prof. f. Chemie an Univ. u. Techn. Hochsch. d. BRD (1969-90) - Ober den Birken 13, 6233 Kelkheim-Ruppertshain (T. 06174 - 6 20 33) - Geb. 11. März 1928 Dortmund (Vater: Gerhard F., Beamter; Mutter: Marie, geb. Jäger), ev., verh. s. 1955 m. Gerti, geb. Gassen, 2 Kd. (Sabine, Johann-Gerhard) - Promot. 1954 Bonn (Prof. Dr. O. Schmitz-Du Mont) - 1955-60 Ind.tätigk.; s. 1960 Ges. Dt. Chemiker; b. 1965 Wiss. Mitarb., b. 1967 stv.-, b. 1971 Gf.). 1976-88 Generalsekr. d. Föd. Europ. Chem. Ges., ab 1989 Chairman des Council d. Föderation Europ. Chem. Ges., Ges. Österr. Chemiker, Thailänd.

Chem. Ges., Wirtschaftsbeirat VCh-Verlagsges. m.b.H., Weinheim, Mitgl. Nat. Komitee Weltenergiekonfz. f. d. Bundesrep. Deutschl., Honorary Fellow Royal Soc. of Chemistry London, Fellow Inst. of Chemistry of Ireland auf Lebenszeit - 1985 Verdienstmed. Föderation Europ. Chem. Ges.; 1987 Lavoisier-Med. Soc. Francaise de Chimie; 1990 Goldmed. d. Föderation Bulg. Techn.-Wiss. Vereine; 1991 Carl-Duisberg-Plak. d. Ges. Dt. Chemiker; 1992 Hanus-Medaille d. Tschechosl. Chem. Gesellschaft - Liebh.: Malerei, Modelleisenbahnen, Weinkultur - Spr.: Engl.

FRITZ, Bernhard

Dr.-Ing., o. Prof. f. Baustatik (emerit.) - Steinlesweg 3a, 7500 Karlsruhe-Rüppurr (T. 405501) - Geb. 11. März 1907 Mannheim - Promot. u. Habil. Karlsruhe - 1937-72 Lehrtätigk. TH bzw. Univ. Karlsruhe (1939 ao., 1953 o. Prof.; Dir. Inst. f. Baustatik). Facharb.

FRITZ, Berthold Friedrich

Pianist u. Cembalist - Friedrichstr. 36, 7500 Karlsruhe 41 (T. 0721 - 48 32 34) - Geb. 4. Juli 1947 Heidelberg (Vater: Karl F., Pfarrer; Mutter: Käthe, geb. Helfert), ev., verh. s. 1969 m. Teruko, geb. Matsushima, 2 Kd. (Kenji, Angelika) - Abit. 1966; 1966-67 Univ. Heidelberg; 1967-68 Texas Lutheran College, USA; 1968-69 Musikhochsch. Heidelberg; 1969-75 Musikhochsch. Karlsruhe; Musiklehrerex. u. künstler. Reifeprüf. - S. 1972 Doz. f. Klavier u. Kammermusik Bad. Konservat. Karlsruhe; s. 1988 Lehrauftr. Musikhochsch. Frankfurt/M. - Konzertreisen Europa, Japan u. USA; zahlr. Rundf.- u. Schallpl.aufn. - Mitgl. d. Sonatori-Ensembles; Gründer u. Vorst.-Mitgl. Karlsruher Kammermusikfreunde e.V.; Mitgl. nat. u. internat. Jurys - Spr.: Engl.

FRITZ, Dietrich

Dr. rer. hort., Dipl.-Ing. agr., em. o. Prof. f. Gemüsebau - Lintnerstr. 14, 8050 Freising/Obb. (T. 34 81) - Geb. 11. Jan. 1923 Stuttgart (Vater: Paul F., Bürgerm.; Mutter: Elisabeth, geb. Dengler), ev., verh. s. 1951 m. Brigitte, geb. Bräuninger, 3 Kd. (Thomas, Anne, Susanne) - Schule Rottweil (Kriegsabit. 1940); 1946-47 Lehre; 1947-48 LH Hohenheim; 1948-50 Gartenbauhochsch. Sarstedt - B. 1955 Assist. TH Hannover, dann Prof. u. Inst.leit. Hess. Lehr- u. Forschungsanst. f. Wein-, Obst- u. Gartenbau Geisenheim, 1961-90 o. Prof. u. Inhaber d. Lehrstuhles f. Gemüsebau Fak. f. Landw. u. Gartenbau (Weihenstephan) TU München. 1978-82 Präs. Intern. Soc. for Hort. Sci. (ISHS) u. a. - BV: Gemüsebau (9. Aufl.). Div. Fachveröff. u. Mitverf. bzw. -herausg. b. BV - Sprengel-Liebig-Med. in Gold. d. VDLUFA; Gold. Verdienstmed. ZVG; BVK u.a. - Spr. Engl.

FRITZ, Gerhard

Dr. rer. nat., Dr. rer. nat. h. c., em. o. Prof. f. Anorgan. Chemie - Heinrich-Weitz-Str. 29, 7500 Karlsruhe-Durlach (T. 472728) - Geb. 14. Dez. 1919 Mittelhofen - S. 1959 Prof. Univ. Münster (apl.), Gießen (1962 o.), TH bzw. Univ. Karlsruhe (1965 o.). Fachveröff. - 1966 Frederic-Stanley-Kipping-Preis (American Chemical Soc.); 1967 Lavoisier-Med. (Soc. Chimique de France); 1970 Alfred-Stock-Gedächtnispreis d. GDCh; 1972 Akad. d. Naturforscher Leopoldina; 1978 Dt. Akad. d. Wiss. Heidelberg.

FRITZ, Gerhard

Dr. rer. nat., Vorstandsmitglied Bayer AG. (s. 1973) - 5090 Leverkusen-Bayerwerk - Geb. 1925 - Zul. techn. Leit. Sparte Kunststoffe u. Lack Bayer.

FRITZ, Gernot

Dr. iur., Leiter Unterabteilung Internationale Sozialpolitik in Bundesmin. f. Arbeit u. Sozialordnung - Geb. 20. Nov. 1952 Bonn, verh. 2 Söhne (Folker, Kilian) - Stud. Rechtswiss. u. polit. Wiss. Bonn; Promot. - 1974-76 AStA-Vors. Univ. Bonn, 1989-91 Pressesprecher d. Bundespräs. - BV: Teilung v. Bundesgesetzen, 1981; Zw. Karitas u. Karies - Norbert Blüm u. s. Ministerium, 1988.

FRITZ, Hans

Dr. rer. nat., Chemiker, Honorarprof. f. Steriochemie (s. 1977) - Zu erreichen üb.: Univ. (Chem. Laboratorium), 7800 Freiburg/Br..

FRITZ, Heinz P.

Dr. rer. nat., o. Prof. f. Anorgan. Chemie u. Mitvorst. Anorgan.-Chem. Labor. TU München (s. 1968) - Königsberger Str. 17, 8046 Garching (T. 320 14 96) - Geb. 9. Mai 1930 Wilkinsburg (USA) - S. 1962 (Habil.) Lehrtätigk. München. Etwa 200 Fachveröff.

FRITZ, Herbert

Dipl.-Volksw., Mitglied Unternehmensleitg. Vorwerk & Co. - Mühlenweg 17-37, 5600 Wuppertal 2 - Geb. 4. Juli 1931.

FRITZ, Horst

Dr. phil., Prof. f. Allgemeine u. Vergleichende Literaturwiss. Univ. Mainz - Alicestr. 19, 6501 Budenheim.

FRITZ, Johann Michael

Dr. phil., Univ.-Prof. - Unter der Schanz 4, 6900 Heidelberg - Geb. 30. Jan. 1936 Essen - Univ. Freiburg, Berlin, Wien (Kunstgesch., Klass. u. christl. Archäol.), Promot. 1962 Freiburg, Habil. 1983 Freiburg. 1962-68 Rhein. Landesmuseum Bonn; 1968-83 Badisches Landesmuseum Karlsruhe; s. 1983 Univ. Heidelberg - BV: Gestochene Bilder, Köln 1966; Goldschmiedekunst d. Gotik in Mitteleuropa, München 1982 - O. Mitgl. Kommiss. f. geschichtl. Landeskd. in Baden-Württ.

FRITZ, Karl

I. Bürgermeister - Rathaus, 8963 Waltenhofen/Schw. - Geb. 28. Febr. 1926 Kempten/Allg. - 1. Vors. d. Gemeindetages Kreisverb. Oberallgäu.

FRITZ, Karl-Walter

Versicherungskaufmann, Prokurist DBV Versicherungen, Allg. Versich. d. Commerzbank+Partner AG sowie Quelle Versich. AG, AR-Mitgl. Dt. Beamten-Versich.-AG, Wiesbaden/Berlin (1965-85) - Bornhofenweg 3, 6200 Wiesbaden (T. 40 46 46) - Geb. 27. Dez. 1931 Wiesbaden (Vater: Karl F., Oberförster a. D.; Mutter: Elly, geb. Seibel), ev., verh. s 1953 m. Helga, geb. Englert, 3 Töcht. (Jutta, Claudia, Petra) - Realgymn.; Höh. Handelssch.; Versich.slehre - 1960-64 Stadtverordn., 1964-66 Ehrenamtl. Stadtrat (Magistratsmitgl.) Wiesbaden; 1965-69 MdB. SPD s. 1953 (1962-69 Unterbezirksvors.) - Liebh.: Skilaufen (1950 2. Wiesbadener Skijugendm.) - Spr.: Engl.

FRITZ, Rüdiger

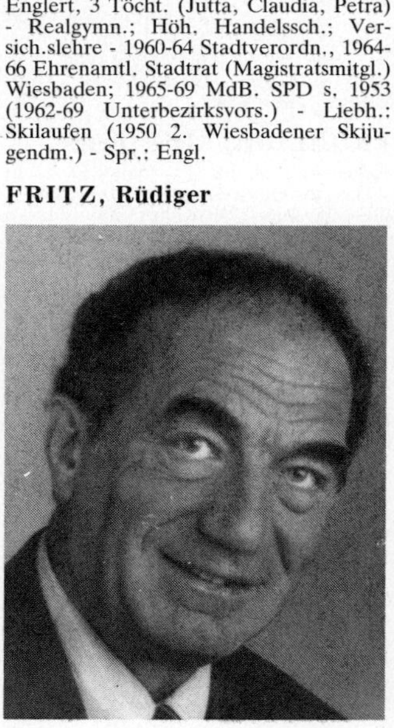

Dr. med., Hautarzt, Präsident Berufsverb. Dt. Dermatologen (s. 1986), Ärztekammer Westf.-Lippe (s. 1989) - Brackeler Hellweg 133, 4600 Dortmund 12 (T. 0231 - 26 70 66 od. 20 29 62) - Geb. 9. Juni 1933 Dortmund, verh. s. 1962 m. Gisela, geb. Rompe, 4 Kd. (Andrea-Maria, Stefanie, Julia, Wolf-Rüdiger) - Stud. Univ. Münster u. Bonn; Med. Staatsex. u. Promot. 1961 Bonn; Weiterbildg. in Bonn u. Dortmund - Niedergel. Hautarzt. S. 1973 Präs. Akad. Fußball-Club Dortmund - Liebh.: Reisen, Segeln, Jagen, Fußball.

FRITZ, Volkmar

Dr., Univ.-Prof. f. Altes Testament u. Biblische Archäologie Univ. Gießen - Kapuzinerstr. 18, 6500 Mainz (T. 22 01 58) - Geb. 12. Febr. 1938 Düren, ev., gesch., 4 Kd. (Navah, Naomi, Miriam, Jonathan) - Promot. 1968; Habil. 1973 - BV: Israel in d. Wüste, 1970; Tempel u. Zelt, 1977; Ergebnisse d. Ausgrab. auf d. Hirbet el-Mšāš, 1983; Einf. in d. bibl. Archäologie, 1985; Kinneret. Ergebnisse d. Ausgrabungen auf d. Tell el-'Orēme am See Gennesaret, 1990; D. Stadt im alten Israel, 1990.

FRITZ, Walter Helmut

Schriftsteller - Kolberger Str. 2a, 7500 Karlsruhe-Waldstadt (T. 68 33 46) - Geb. 26. Aug. 1929 Karlsruhe (Vater: Karl F., Arch.; Mutter: Hedwig, geb. Kappler), ev. - Univ. Heidelberg (Lit., Phil., Neuere Spr.) - BV (z. T. in Übers.): Achtsam sein, Ged. 1956; Bild u. Zeichen, Ged. 1958; Veränderte Jahre, Ged. 1963; Umwege, Erz. 1964; Zwischenbemerkungen, Aufz. 1965; Abweichung, R. 1965; D. Zuverlässigkeit d. Unruhe, Ged. 1966; Bemerkungen zu e. Gegend, Aufz. 1969; D. Verwechslung, R. 1970; Aus d. Nähe, Ged. 1972; D. Beschaffenheit solcher Tage, R. 1972; Bev. uns Hören u. Sehen vergeht, R. 1975; Schwier. Überfahrt, Ged. 1976; Sehnsucht, Ged. 1978; Gesammelte Ged., 1979; Wunschtraum Alptraum, Ged. 1981; Werkzeuge d. Freiheit, Ged. 1983; Cornelias Traum u. andere Aufzeichn., 1985; Immer einfacher, immer schwieriger, Ged. 1987; Zeit d. Sehens, Prosa 1989; D. Schlüssel sind vertauscht, Ged. 1992. Bühnenst.: D. Besucher (1971). Hörsp. - 1960 Lit.pr. Karlsruhe; 1962 Förderpr. Bayer. Akad. d. Sch. Künste; 1963 Villa-Massimo-Stip.; 1966 Heine-Taler (Lyrikpreis Hoffmann & Campe Verlag); 1973 Preis Kulturkreis im Bundesverb. d. dt. Ind.; 1986 Stuttgarter Lit.preis; 1992 Georg-Trakl-Preis; o. Mitgl. Akad. d. Wiss. u. d. Lit. Mainz, Bayer. Akad. d. Schönen Künste, München, Dt. Akad. f. Sprache u. Dicht., Darmstadt; Mitgl. PEN-Zentrum BRD - Spr.: Engl., Franz.

FRITZ, Wilhelm

Dr. jur., Vorstandsvorsitzer Agrippina-Vers. AG (1974-90) - Georg-Brauchle-Ring 93, 8000 München 50 - Geb. 22. März 1927 Würzburg, verh. (Ehefr.: Eleonore), T. Sandra - Stud. Würzburg - B. 1973 Vorst.-Mitgl. Allianz-Versich. AG Berlin/München; AR-Vors. Agrippina Rechtsschutzversich. AG, Bayer. Rundfunkwerbung GmbH, München; stv. AR-Vors. Münchner Olympiapark GmbH, München; AR-Mitgl. Agrippina Lebensversich. AG, Hoffmann la Roche AG & Co. AG; Beiratsmitgl. Bayer. Landesbank AG; Präs. d. Bayer. Landes-Sportverb., München; Vors. d. Rundfunkrates d. Bayer. Rundfunk, München - BV: Dienste leisten m. Gewinn, 1981.

FRITZ, Wolfgang

Betriebswirt grad., Sprecher d. Geschäftsführung Junghans Uhren GmbH, Schramberg - Fichtenweg 27, 7230 Schramberg (T. 07422 - 5 45 52) - Geb. 21. Sept. 1946 Mainz, ev., verh. m. Ellen, geb. Ullrich, S. Rouven - Berufsaufbauschule, Höh. Wirtsch.fachschule (Betr. grad.) - Marketing-Assist., Produktmanager, Marketingmanager, Divisions Manager (Sales-Marketing), Marketing-Dir. (Sales u. Marketing f. alle Produktgruppen), Marketing Geschäftsf., Hauptgeschäftsf. Black & Decker, Idstein - Liebh.: Tennis, Handball, Ski - Spr.: Engl.

FRITZE, Eugen

Dr. med., em. o. Prof., Chefarzt Med. Univ. Klinik (s. 1958) Berufsgenossenschaftl. Krankenanst. Bergmannsheil - Löwenzahnweg 38, 4630 Bochum (T. 79 12 84) - Geb. 18. Febr. 1913 Dortmund (Vater: Paul F., Kaufm.; Mutter: Else, geb. Wallraff), ev., verh. s. 1941 m. Ilse, geb. Feist, 3 Kd. (Dieter, Helga, Jürgen) - Stud. Marburg, München, Düsseldorf. Med. Staatsex. u. Promot. 1937 - S. 1950 (Habil.) Lehrtätigk. Univ. Göttingen (1955 apl. Prof.) u. Bochum; b. 1958 Oberarzt Med. Univ.klinik u. Leit. -poliklinik Göttingen; Mitgl. Ges. f. Fortschritte auf d. Gebiet d. Inneren Medizin. Spez. Arbeitsgeb.: Arbeits- u. Leistungsmed., Immunol., Kardiol., Rheumatol., med. Dokumentation. Zahlr. Fachveröff. - Ehrenmitgl. Rhein.-Westf. Ges. f. Innere Medizin u. d. Dt. Ges. f. Innere Medizin - Liebh.: Sport, Zeitgesch., Musik - Gold. Sportabz.; BVK - Spr.: Engl., Franz.

FRITZE, Klaus

Dr. rer. nat., Chefredakteur d. Astronomischen Nachrichten (s. 1978) - Kopernikusstr. 54, O-1590 Potsdam (T. 033 - 76 22 02) - Geb. 15. März 1936 Nowawes, verh. s. 1990 m. Astrid, geb. Linke, 2 Töcht. (Kerstin, Katrin) - Stud. Math. u. Astronomie Univ. Berlin; 1961 Dipl.; Promot. 1971 Akad. d. Wiss. Berlin - S. 1961 wiss. Mitarb. an d. Sternwarte Babelsberg - BV: D. Halleysche Komet im Jahre 1910, 1985 - Spr.: Engl.

FRITZE, Kornelius

Dipl.-Kfm., Vorstandsmitglied Adler Versicherungs-Ges. (3), Berlin - Am Rosenanger 36, 1000 Berlin 28 (T. 4016396) - Geb. 25. Sept. 1927 Lingen/Ems.

FRITZE, Ottokar

s. Nerth, Hans

FRITZE, Ulrich

Dr. jur., Rechtsanwalt u. Notar, Fachautor - Corneliusstr. 9, 6000 Frankfurt 1 (T. 069 - 75 60 40) - Geb. 2. März 1926 Kyritz (Vater: Erich F., Sparkassendir.; Mutter: Wanda, geb. Duske), ev., verh. s. 1953 m. Irmgard, geb. Kunz, T. Andrea - Univ. Frankfurt (Promot. 1953); 2. jurist. Staatsprüf. 1955 - S. 1957 RA in Frankfurt, s. 1965 auch Notar. Zahlr. Veröff. (auch Urteilsbespr.) in Fachztschr. - Liebh.: Phil., Theater, Musik, Golf - Spr.: Engl., Franz.

FRITZE, Wolfgang H.

Dr. phil., Prof., Friedrich.-Meinecke-Inst. Freie Univ. Berlin - Kaiserswerther Str. 2, 1000 Berlin 33 (T. 831 23 88) - Geb. 16. April 1916 Naumburg/S. (Vater: Dr. jur. Oskar F., Richter Pr. Kammergericht; Mutter: Martha, geb. Pfeiffer), ev., verh. I) 1950 m. Anne-Christel, geb. Cramer, II) 1957 Maria-Elisabeth, geb. Becker, T. Maria-Elisabeth - Gymn.; Univ. Tübingen, Wien, Berlin, Marburg (Gesch., slav. Philol.). Promot. 1952 Marburg; Habil. 1959 Berlin (FU) - S. 1959 Privatdoz. u. apl. Prof. (1965) FU Berlin (Mittelalterl. Gesch.). Mitgl. Kommiss. f. Altertumskunde Mittel- u. Nordeuropas d. Akad. d. Wiss. Göttingen; J. G. Herder-Forschungsrat; Berliner Wiss. Ges. - BV: Papst u. Frankenkönig, 1973; Germania Slavica I/II, 1980/81 (Hrsg.); Frühzeit zwischen Ostsee u. Donau, 1982; D. Entstehungsgeschichte Berlins als Gründungsstadt. E. Problemdiskussion, 1991 - Bek. Vorf.: Gerhard Mercator (Geograph).

FRITZEN, Theo

Journalist - Zehlendorfer Str. 34, 5800 Hagen/W. (T. 2 36 80) - Geb. 19. Nov. 1913 Coesfeld/W. - Ab 1933 Journ., 1939-45 Wehrdst. (Luftw.), 1946-58 Chef v. Dienst u. Chefredakt. (1951) Westfalenpost, 1958-61 Ressortleit. Wirtsch. u. stv. Chefredakt. Westf. Nachr. u. Chefredakt. Zeno-Ztg. 1962-66 Pressechef Landesreg. NRW, Presseabt. Westf. L. Landwirtschaftsverb. Münster, Kommentator u.a. Westfalen-Blatt Lw. Wochenblatt - Liebh.: Tennis, Tanzsport, Musik.

FRITZSCH, Harald

Dr. rer. nat., o. Prof. f. Physik - Möwestr. 55a, 8000 München 82 - Geb. 10. Febr. 1943 Zwickau/Sa. (Vater: Erich F., Baumeister; Mutter: Marianne, geb. Demmler), ev., verh. s. 1971 m. Brigitte, geb. Goralski, 2 Söhne (Oliver, Patrick) - Gymn. Zwickau, Stud. Leipzig (Dipl.), Promot. TU München 1971 - 1972-76 Forsch. California Inst. of Technology, USA; 1977-78 Univ. Wuppertal, 1978-80 Univ. Bern, s. 1980 Univ. München, Max-Planck-Inst. - 1983-86 Wiss. Rat DESY-Hamburg; s. 1992 Beirat d. Ministers f. Wiss. u. Kultur, München; s. 1989 Kurat. Dt. Museum - Entd.: Zahlr. Arb. auf d. Gebiet d. Elementarteilchenphysik - BV: Quarks-Urstoff unserer Welt, 1981; V. Urknall z. Zerfall, 1983; E. Formel verändert d. Welt, 1989; Flucht aus Leipzig, 1990 - Spr.: Engl., Russ., Franz.

FRITZSCHE, Albrecht (Ali)

Generalkonsul Johannesburg (s. 1988) - P. O. Box 4551, ZA-2000 Johannesburg (T. 0027/11 - 725-15 19) - Geb. 1. Okt. 1946 Braunschweig (Vater: Rechtsanw. Dr. Robert Fritzsche; Mutter: Irmgard, geb. Claus), verh. s. 1973 m. Marianne, geb. Lemke, Lehrerin, 3 Kd. (Carolin, Benjamin, Kai Fridolin) - Jurastud. in Innsbruck u. Saarbrücken; 1. jurist. Staatsprüf. 1973; Gerichtsrefer. in Kiel; 2. jurist. Staatsprüf. 1976 (Ass. Jur.) - S. 1978 Ausw. Dienst, 1980-81 Kuala Lumpur, 1981-88 Ausw. Amt (Abt. Abrüstung u. Rüstungskontrolle, Rechtsabt., Zentralabt., Polit. Abt. 2); Major d. R. (Lw) - Liebh.: Reisen, Lesen, Sport (insb. Handball, Ski) - Spr.: Engl., Franz.

FRITZSCHE, Ekkehard

Dipl.-Ing., Geschäftsführer Normenaussch.-Anstrichstoffe u. ähnl. Beschichtungsst., Pigmente u. Füllst. im DIN - Burggrafenstr. 6, 1000 Berlin 30.

FRITZSCHE, Elmar

Dipl.-Ing., Vorstandsmitglied Seebeckwerft AG (s. 1972) - Postfach 101240, 2850 Bremerhaven - Geb. 1934.

FRITZSCHE, Hans

Dr.-Ing., Vorstandsmitglied i. R. Stolberger Zink AG., Stolberg - Im Brockenfeld 10, 5100 Aachen - Geb. 7. Aug. 1911 Allstedt/Thür. - Spr.: Engl., Franz., Ital. - Rotarier.

FRITZSCHE, Karl

Dr. med. vet., Prof., Direktor Landesveterinärunters.samt f. Rhld.-Pfalz (b. 1971) - Jahnstr. 85c, 5414 Vallendar - Geb. 20. Dez. 1906 Ottendorf/Sa. (Vater: Oskar F., Lehrer; Mutter: Käthe, geb. Teichmann), verh. 1934 m. Käthe, geb. Heintze - Promot. 1930; Habil. 1953 - B. 1939 Vet.dst. Breslau, 1940-45 Kriegsteiln. (Vet.offz.), s. 1946 wie oben. S. 1953 Privatdoz. u. apl. Prof. (1956) Univ. Gießen (Spez. Pathol. u. Therapie d. Geflügelkrankh.) - BV: Lehrb. d. Geflügelkrankh., 1962 (auch franz. u. span.) - 1964 Ehrenteller Bund Dt. Rassegeflügelzüchter (1. Ausz. ds. Art); 1967 Ludwig-Schunk-Preis Univ. Gießen; 1971 Ehrendoktor Tierärztl. Hochsch. Hannover; 1977 Ehrenmitgl. d. Deutsch. Vet. Med. Gesellsch. u. Ehrenz. (v. Osterborg-Med.) d. Deutsch. Tierärzteschaft - Spr.: Engl., Franz.

FRITZSCHE, Klaus Jürgen

Chef v. Dienst D. WELT (s. 1973) - Zu erreichen üb. D. WELT, Godesberger Allee 99, 5300 Bonn 2 (T. 0228 - 30 41) - Geb. 9. Nov. 1941 Kempten, ev., verh. s. 1967 m. Manuela, geb. Scherz, 2 Kd. (Bettina, Maurice) - Stud. German. u. Roman. Univ. München.

FRÖBA, Klaus

Schriftsteller (Ps. Andreas Anatol, Matthias Martin) - Lambertweg 9, 5308 Rheinbach (T. 02226 - 47 94) - Geb. 9. Okt. 1934 Ostritz/Oberlausitz, verh. s. 1959 m. Gudrun F., 2 Töcht. (Brigitte, Gabriele) - BV: E. Traum namens Nadine; D. Vermächtnis d. Ramón Amador; Nach e. lasterhaften Leben; D. Schlußstrich; Briefe an Hortenbach; Kinderaugen; Tinglers letzter Fall; Wölfe in Blinding; Kaltes Geld; Jasmins Millionen; Mandelküßchen. FS: 6 Folgen Büro, Büro; 4 Folgen Jolly Joker; SF-Serie Projekt Aphrodite. Übers.: Herr, leite mich in deiner Gerechtigkeit; D. Tabu d. Totengeister; Tiefer Grund; D. Nacht d. Skinwalkers; D. Ehre d. Väter; D. Wind d. Bösen; Sliver - 1981 BVK - Liebh.: Reisen, Mythologien - Spr.: Engl.

FROEBE, Hans A. (Albrecht)

Dr. rer. nat., Prof. - Eckenbergerstr. 83, 5100 Aachen - Geb. 3. Okt. 1931 Stuttgart (Vater: Karl F., Kunsterzieher; Mutter: Annemarie, geb. Ricke) - Univ. Mainz, Göttingen, Mainz (Biol., Chem., Phys., Geogr.; Staatsex. 1961). Promot. 1964 Mainz; Habil. 1972 Aachen - S. 1974 Prof. TH Aachen (Leit. Wiss. Einricht. Morphol. d. Pflanzen/Botan. Inst.) - BV: D. Infloreszenzen d. Hydrocotyloideen, 1979 - Interessen: Wissenschafts-, Sprachtheorie, Ästhetik - Spr.: Engl., Franz., Span.

FRÖHLER, Ludwig

Dr. jur., o. Prof. f. Öfftl. Recht - Wolfauerstr. 80, A-4045 Linz/Donau (Österr.) - Geb. 28. April 1920 Rohrstetten/Ndb. (Vater: Kaspar F., Kaufm.; Mutter: Rosa, geb. Bartl), kath., verh. m. Lydia, geb. Zinnegger, 2 Kd. - Gymn. Straubing; Univ. Innsbruck u. München. Promot. 1947 München; Habil. 1956 Erlangen - U. a. Reg.dir. Bayer. Wirtschafts- u. Verkehrsmin. u. Oberverw.-gerichtsrat Bayer. VGH; s. 1959 Ord. Hochsch. f. Wirtschafts- u. Sozialwiss. Nürnberg bzw. Univ. Erlangen-Nürnberg (1961) u. Johannes Kepler-Univ. Linz (1965-67 Gründungsrektor) - BV: Europ. Kartellrecht, 1962; D. Einwirkung d. Länderverfass. auf Staatsverträge zw. Bundesländern, 1964; Werbefernsehen u. Pressefreiheit, 1965; D. Recht am eingericht. u. ausgeübt. Gewerbebetr., 1972; Körperschaften d. öfftl. Rechts u. Interessenvertr., 1974 (m. Oberndorfer); Recht u. Org. d. Kommunalwirtsch., 1974 (m. Oberndorfer); Bodenordn. u. Eigentumsgarantie, 1975 (m. Oberdorfer); Verwaltungsgerichtsord., 9. A. 1960-88 (m. Eyermann); Handwerksord., Komm., 3. A. 1953-73 (m. Eyermann, Honig); Gewerbeord., Komm., 12. A. 1973 (m. Eyermann, Landmann, Rohmer); D. Planwertausgleich als Instrument d. Bodenordnung, 1976 (m. Oberndorfer); Gewerbebetr. u. heranrück. Wohnbebauung - vorbeug. Rechtsschutz f. d. latenten Störer, 1977 (m. Kormann); Rechtsprobl. grenzüberschreit. Raumplanung, 1977 (m. Oberndorfer, Zehetner); Komm. z. Gewerbeordnung, 1978 (m. Kormann); Positivplanung u. Eigentumsrecht, 1979 (m. Oberndorfer); Raumordn. u. Gewerberecht, 1979 (m. Oberndorfer); Rechtsschutzprobl. b. grenzüberschreit. Umweltbeeinträcht., Bd. 1 u. 2, 1979 (m. Zehetner); Österr. Raumordnungsrecht, 1986.

FRÖHLICH, Andreas D.

Dr., Prof. Päd. Hochschule Heidelberg - Wolfsangel 10, 6750 Kaiserslautern (T. 0631 - 1 63 42) - Geb. 30. Nov. 1946 Mannheim, kath., verh. s. 1970 m. Wiltrud Loch, Kunsthistorikerin, 3 Kd. (Larissa, Hannes, Jonas) - Stud. Päd. Psych. in Saarbrücken, Kaiserslautern, Mainz u. Köln; Promot. 1986 Köln (Heilpäd. Psych.) - Lehrer f. körperbeh. Kinder, Abt.-Leiter Rehabilitationszentrum Landstuhl/Pfalz - Therapie f. schwerstbehinderte Menschen Basale Stimulation - BV: Wahrnehmungsstörungen u. Wahrnehmungsförderung, 7. A. 1992; Sprache u. Kommunikation körperbeh. Kinder, 1989 (übers. z. T. in franz., isländ., finn., norw. u. span.; Lernmöglichkeiten, 1989; Basale Stimulation, 1991. Herausg.: Handbuch d. Sonderpädagogik Bd. 12 (1991) - Liebh.: Bildhauerei - Spr.: Engl., Franz.

FRÖHLICH, Claudi

s. Fröhlich, Klaus-Dieter

FRÖHLICH, Dietmar

Dr. phil. nat., Prof., Lehrstuhlinh. f. Exper. Physik II Univ. Dortmund (s. 1970) - Hessenbank 4, 4600 Dortmund 50 - Geb. 5. März 1936 Angerburg/Ostpr. (Vater: Werner F., Katasterdir.; Mutter: Roselmarie, geb. Konze), ev., verh. s. 1963 m. Ellen, geb. Ney, 4 Kd. (Michael, Cornelia, Andreas, Katja) - Stud. Phys. Marburg (1956-57) u. Frankfurt/M. (1957-61). Promot. (1963) u. Habil. (1968) Frankfurt - 1964-66 Cornell Univ./USA; 1966-70 Univ. Frankfurt (zul. Oberassist.). Üb. 90 Facharb. - Spr.: Engl.

FRÖHLICH, Friedrich Karl

Angestellter, MdL Bayern (s. 1966) - Dohlenweg 4, 8900 Augsburg (T. 41894) - Geb. 14. März 1930 Stettin, verh., 4 Kd. - Oberrealsch. (Mittl. Reife); 2 J. Hochbaupraktikum; 2 J. kaufm. Ausbild. - S. 1953 Angest. Stadtwerke Augsburg. S. 1960 Mitgl. Stadtrat Augsburg. Zeitw. Vors. Jungsozialisten u. Falken. SPD s. 1950 (1964 Vors. Unterbez. Augsburg u. Mitgl. Bezirksvorst. Südbay.).

FRÖHLICH, Helmut

Senator a. D. - Wienhauser Str. 2, 2800 Bremen 20 - Geb. 16. Juni 1929 Großbrück Kr. Breslau, ev., verh., 2 Kd. - Volkssch.: 1943-45 Mechaniker-, 1947-50 Fernmeldelehre; 1954-56 Akad. f. Wirtschaft u. Politik Hamburg - 1950-54 Fernmeldehandwerker u. Lehrlingsausbilder Dt. Bundespost; 1957-71 Sekr. Dt. Postgewerksch./Bezirksverw. Bremen; 1971-83 Innensenator Bremen. 1967-71 Mitgl. Brem. Bürgerschaft. SPD s. 1953.

FRÖHLICH, Helmut

Bankdirektor - Zu erreichen üb.: Deutsch-Südamerikanische Bank, 2000 Hamburg - S. 1978 stv. bzw. o. Vorstandsmitgl. (1981) DSB.

FRÖHLICH, Karl-Heinz

Dr. rer. pol., Geschäftsführer Energieversorgungs- u. Verkehrsges. mbH Aachen, Vorst.-Vors. d. Aachener Straßenbahn u. Energieversorgungs-AG, Vors. Rat d. Aachener Verkehrsverb., alle Aachen - Neuköllner Str. 1, priv: Arthur-Kampf-Str. 5, 5100 Aachen (T. Büro 168 82 00; priv.: 0241 - 6 24 37) - Geb. 24. Jan. Immerath (Vater: Hermann F.; Mutter: Frieda, geb. Tielke), ev., verh. s. 1962 m. Margot, geb. Pennartz - Liebh.: Klass. Musik, Golf, Bridge - Lions-Club.

FRÖHLICH, Klaus-Dieter

Regisseur u. Autor (Ps. Claudi Fröhlich) - Theodor-Heuss-Ring 14, 5000 Köln 1 - Geb. 18. Juni 1940 Köln (Vater: Martin F., Buchhändler; Mutter: Luise, geb. Hindrichs), ev., verh. - Stud. Theaterwiss., German., Psych. - Regiss. b. ARD u. ZDF. Drehb. z. FS-Shows. BV: Engel in Weiss, D. zweite Testament, 2 Fotoromane f. FS. Insz. v. Otto-Shows, Plattenküche, Reinhard-Mey-Shows, Donnerlippchen, So Isses (ARD), NASE VORN, u.v.a. Neue Spezialisierung: Computertechnik, Computergraphik, Computer-Art. - Liebh.: Fotografie, Surfen - Spr.: Engl., Franz.

FRÖHLICH, Rainer

I. Bürgermeister (s. 1972) - Rathaus, 8721 Stadtlauringen/Ufr. - Geb. 24. Juni 1943 Berlin - Vors. Wasserzweckverb. Stadtlauringer-Gruppe, Wasser- u. Bodenverb., d. Körperschaft Ellertshausen, d. Pfründestiftg. Friedrichsheim, d. Freiwilligen Feuerwehr Stadtlauringen; stv. Vors. Abwasserzweckverb. Obere Lauer.

FRÖHLICH, Roswitha,

geb. Schmölder

Autorin, Redakt. Süddt. Rundf., Studio Heidelberg - Schützenstr. 27, 6800 Mannheim 51 (T. 0621 - 79 31 00) - Geb. 13. Juni 1924 Berlin, ev., verh. m. Dr. Felix F., HNO-Arzt, 2 Kd. - Stud. (German., Kunst) Univ. Frankf./M. u. Berlin - BV: u. a. Probezeit, 1976; Ich u. meine Mutter, 1980 u. 89; Meiner Schwestern Angst u. Mut, 1982; Johanna Spyri, Biogr. 1987. Zahlr. Kinderb. Libretto z. Schuloper Rat d. Eule (Musik Hanno Haag). Hörsp., Funkerz. u. a. - Preis d. Freilichtbühnen BRD - Lit.: Lex. d. Kinder u. Jugendlit.; Frauen im Blickpunkt u. a.

FRÖHLICH, Werner

Dr. rer. nat., Prof. f. Mathematik u. Statistik, insb. f. Wirtschaftswiss. Univ.-GH Siegen - Irisweg 2, 5900 Siegen - Geb. 1940 Gleiwitz/OS.

FRÖHLICH, Werner D.

Dr. phil., o. Prof. f. Allg. Experimentelle Psychologie u. Psychophysiologie, gf. Leit. psych. Inst. Johannes-Gutenberg-Univ. - Postf. 3980, 6500 Mainz 1 (T. 06131 - 39 22 50); priv.: Göttelmannstr. 41 (T. 06131 - 83 97 77) - Geb. 10. Jan. 1931 Wien (Vater: Friedrich F., kaufm. Dir. i. R.; Mutter: Katharina, geb. Loehner), verh. s. 1962 m. Birgit, geb. Schröder, 2 Kd. (Daniel, Rafael) - Matura Wien 1950, Sozialakad. Stadt Wien 1950, Diplom 1952; Univ. Wien (Psychologie, Med., Romanistik, Soziol., Angew. Math.), Univ. Bonn (Psychologie, Phil., Soziologie), dort Promot. 1957; Habil f. d. ges. Gebiet d. Psychol. Bonn 1965. Forschungsassist. (1957-60), Wiss. Assist. (1960-65), Privatdoz. (1966), o. Prof. u. Ltr. Psycholog. Sem. Dt. Sporthochsch. Köln (1967-68); o. Prof. u. Dir. Psycholog. Inst. Univ. Mainz (1968ff.); Dekan FB Sozialwiss. (1973-75; 1977 b. 79); s. 1977 Chefredakt. Archiv f. Psych. Mitgl. zahlr. wiss. Ges., dar. Dt. Ges. f. Psychol. (s. 1958), Int. Biometric Soc. (s. 1961), Dtsch. Ges. f. Gerontologie (s. 1967), American Psychological Assoc. (affil. member; s. 1969, New York Academy of Sciences) - BV: Forschungsstatistik (7. A. 1972); Die Macht der Signale, 1971; Wörterbuch zur Psychologie (15. A. 1983); Angst: Gefahrensignale u. ihre psych. Bedeutung, 1982; Psychophysiol. d. Aufmerksamkeit, 1985 - Liebh. u. Interessen: Musik, Malerei - Spr.: Engl., Franz., Ital.

FRÖHLING, Ernst

Vorsitzender Bundesvereinigung d. Fahrlehrerverb. - 3116 Bienenbüttel (T. 05823 - 70 11).

FRÖHLINGS, Johannes

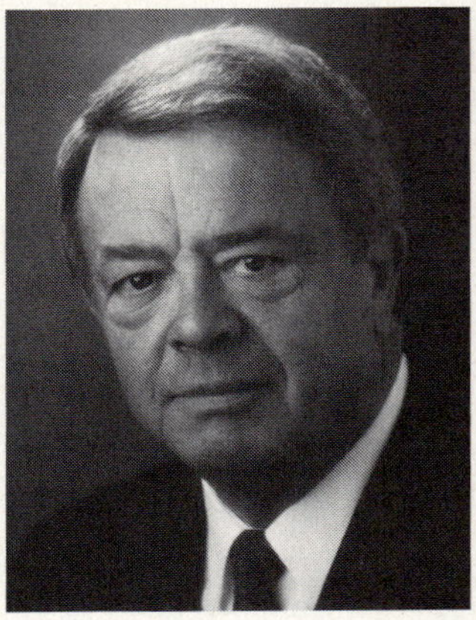

Dipl.-Kfm., Präsident, Verbandsvorsteher, Rhein. Sparkassen- u. Giroverb. - Kirchfeldstr. 60, 4000 Düsseldorf (T. 389 22 00); Südstr. 6, 4044 Kaarst 1 - Geb. 7. Okt. 1931 Köln.

FRÖHNER, Hans-Jochen

Kaufm. Angestelllter, MdA Berlin (s. 1967, SPD) - Albrechtstr. 108, 1000 Berlin 42 (T. 7518430) - Geb. 11. Nov. 1935 Berlin - Schule u. höh. Wirtschaftssch.

Berlin; kaufm. Lehre ebd. (Filmtheaterbranche) - S. 1960 Angest. Berliner Kraft- u. Licht (Bewag)-AG.

FRÖLING, Heinz

Gesellschafter Fa. Fröling GmbH & Co. Kessel-Apparatebau, Overath - Im Drosselhain 19, 5060 Bergisch Gladbach 2 (T. 02202 - 5 16 44) - Geb. 27. Mai 1917 Berg. Gladb., kath., verh. s. 1943 m. Luise, geb. Langel, 2 Kd. (Monika, Heiner) - Gymn. (Abit. 1936); TU Berlin (5 Sem. Wirtschaftswiss.) - N. Kriegsende Fröling GmbH & Co Kessel-Apparatebau, Vorst. VDZ, Präsid.-Mitgl. EBM, Ehrenpräs. Fachverb. Stahlblechverarb. - Mitgl. Lions Club; Gr. BVK; Altbürgermeister u. Ehrenbürger Stadt Bergisch Gladbach - Liebh.: Sport (Golf) - - Spr.: Engl., Franz.

FRÖMMING, Hans

Trabrennfahrer - An d. Alster 36, 2000 Hamburg 1 - Geb. 28. Juni 1910 Berlin (Vater: Schrittmacher b. Radrennen; Mutter: Schauspielerin u. Sängerin), verh. m. Ingeborg, geb. Falk - Volkssch. - Bereits 1926 als Lehrling erster Sieg; stellte 1937 m. 246 Siegen e. neuen Jahresweltrekord auf; bisher 5555 Siege, 15 Derbysiege, 3 Siege im Prix d'Amerique, Paris (Größtes Trabrennen d. Welt) - BV: 5000 Trabrennsiege - E. Leben im Sulky, 1969 - 1952 Gold. Band d. Sportpresse; 1972 Gr. BVK.

FRÖMMING, Karl-Heinz

Dr. rer. nat., Prof., Pharmazeut - Ritterhufen 24, 1000 Berlin 37 (T. 815 83 93) - Geb. 16. Aug. 1925 Königsberg/Pr. (Vater: Richard F., Amtsrat; Mutter: Frieda, geb. Büttner), ev., verh. s. 1955 m. Margarete, geb. Liebig, 2 Kd. (Verena, Peter Markus) - Promot. (1954) u. Habil. (1960) Freie Univ. Berlin - S. 1960 Priv.doz., 1964 apl. Prof., 1970 Visiting Prof. Univ. of Florida, 1972 o. Prof. FU Berlin (Pharmaz. Technol.). 1985-91 Vors. Verb. d. Prof. pharmaz. Hochschulinst. in d. BRD - BV: Pharmaz. Technol. (m. K. H. Bauer, C. Führer), 2. A. 1989 - 1991 BVK am Bde. - Spr.: Engl.

FRÖMTER, Eberhard

Dr. med., Arzt, Prof. f. Physiologie Univ. Frankfurt (Fachgeb. Ionentransport durch Zellmembranen) - Zentrum f. Physiol., J. W. Goethe Univ., Theodor-Stern-Kai 7, 6000 Frankfurt 70 (T. 069 - 63016093) - Geb. 11. Juli 1935 Goldberg/Schles. - Promot. 1961 München; Habil. 1970 Frankfurt - 1967-82 Mitarb. MPI f. Biophysik Frankfurt. Üb. 100 Facharb. - 1976 Feldberg Preis, Cambridge/England; 1983 H.W. Smith Preis, Washington/USA.

FRÖSCHEN, Petra Anita

Diplomübersetzerin, Vizepräs. d. Bundesverb. d. Dolmetscher u. Übers. (BDÜ) - Carl-Benz-Str. 1, 6831 Plankstadt (T. 06202 - 1 51 42) - Geb. 4. Jan. 1948 Auerbach i. Vogtl. - Stud. Med. (Physikum); Inst. f. angewandte Sprachen Univ. Heidelberg - S. 1974 Verantw. f. Sprachendienst ICI Pharma, Plankstadt; Mitgl. d. Institute of Translation and Interpreting (MITI), London - Zuständig f. d. Mitteilungsblatt BDÜ im Bundesvorst. (MDÜ) - 1989 silb. Ehrennadel d. BDÜ - Spr.: Engl., Span.

FRÖSCHER, Walter Eberhard

Dr. med., Prof., Medizinaldirektor, Ltd. Arzt Neurol. Abt. Psychiatr. Landeskrhs. Weissenau (Abt. Psych. I d. Univ. Ulm) - Zu erreichen üb. Psychiatr. Landeskrkhs. Weissenau, 7980 Ravensburg - Geb. 14. März 1941 Biberach an d. Riß, ev., verh. s. 1967 m. Dr. med. Mathilde, geb. Huerkamp, 3 Söhne (Rolf, Hans-Jörg, Felix) - Med.-Stud. Univ. Tübingen u. Bonn; Staatsex. 1967 Tübingen; Promot. 1967; Habil. 1978 Bonn - 1973 Arzt f. Neurol. u. Psych. Bonn; 1969-85 Univ.-Nervenkl. Bonn; s. 1985 Ravensburg-Weissenau. 1984 3-monatiger Gastaufenth. Johns Hopkins Hospital, Baltimore - BV: Therapie d. Status epilepticus, 1976 (engl. 1979); Medikamentöse Therapie d. Epilepsien unter Kontrolle d. Antiepileptika-Serumspiegel (Co-Autoren: M. Eichelbaum, R. Gugler, G. Hildenbrand), 1980. Herausg.: Lehrb. d. Neurologie (1990). Mithrsg.: Tolerance to beneficial and adverse effects of antiepileptic drugs (Co-Eds.: H.-H. Frey, W. P. Koella, H. Meinardi, 1986); Psychische Störungen b. Epilepsie (Co-Ed.: A. A. Möller, 1992) - Liebh.: Gesch., Politik - Spr.: Engl., Franz.

FRÖSCHLE, Ernst

Dr. rer. nat., em. Prof. f. Techn. Elektronik Univ.-GH Siegen (1978-88) - Mendelssohnstr. 36, 7000 Stuttgart 75 - Geb. 9. Sept. 1923 Stuttgart (Vater: Ernst F., Regierungsrat; Mutter: Gertrud, geb. Gwinner), ev., verh. s. 1959 m. Elisabeth, geb. Mayer, 2 Töcht. (Sabine, Barbara) - Dillmann-Obersch. u. TH Stuttgart (Phys.; Prof. Seiler u. Fues). Dipl.-Phys. 1951; Promot. 1956; Habil. 1966 - Zul. Wiss. Rat u. Prof. TH Aachen. Emerit. 1988. Üb. 20 Facharb. - Spr.: Engl.

FROESE, Leonhard

Dr. phil., em. Prof. u. Leiter Forschungsstelle f. vergl. Erziehungswiss. Univ. Marburg (s. 1961; 1969-70 Rektor Univ.) - Spiegelslustweg 13, 3550 Marburg/Lahn - Geb. 9. Febr. 1924 Einlage/Cortica (Vater: Peter F., Ing., zul. Betriebsleit.; Mutter: Elisabeth, geb. Unger), ev.-menn., verh. s. 1975 m. Renate, geb. Apel, 4 Kd. (Eva-Maria, Ulrike, Frank, Cordula) - Univ. Breslau 1944, Göttingen 1946; Promot. 1949 b. H. Nohl, Basel, Habil. 1957 FU Berlin - 1950-55 Assist. Erziehungswiss. Sem. Univ. Hamburg; 1955/56 Doz. Päd. Inst. ebd. (Polit. Bildung); 1956/57 Gastdoz. Osteuropa-Inst. FU Berlin; 1958/59 Privatdoz. Univ. Hamburg; 1959/60 ao. Prof. Univ. Münster. 1971 Mitgl. Enquête-Kommiss. Ausw. Kulturpolitik Bundestag - BV: Dt. Schulgesetzgebung, 1953, 2. A. 1968; Ideengeschichtl. Triebkräfte d. russ. u. sowjet. Päd., 2. A. 1963; Erziehung u. Bildung, 2. A. 1967; Ausgew. Stud. z. Vergl. Erziehungswiss., 1983. Herausg.: D. Bildungswettstreit zw. West u. Ost (1961), Aktuelle Bildungskritik u. -reform in d. USA (1968), Was soll aus Deutschland werden? - Neue Aspekte z. Dtschl.politik (1968), Bildungspolitik u. -reform (1969); Zur Diskussion: D. politische Pestalozzi (1971); Zehn Gebote f. Erwachsene, Texte f. d. Umgang m. Kindern (1979); Deutschlandisierung d. Sicherheitsrisikos od. Deutschl. u. Sicherheitspolitk d. Ausgleichs (1984); Hochsch. u. Ges. Beitr. aus d. Marburger Zeit (1989) - 1985 BVK I. Kl. - Spr.: Engl., Slaw. Spr.

FRÖSSLER, Herbert

Dr. med., Prof. f. Radiologie Univ. Münster, Oberstarzt, Leit. Röntgenabt. Bundeswehrzentralkrankenh. Koblenz - Burgpfad 6, 5400 Koblenz 31 - Geb. 23. Okt. 1941 Wipperfürth (Vater: Hans F., Beamter; Mutter: Elisabeth, geb. Heinzen), kath., verh. s. 1969 m. Dr. Barbara, geb. Boenecke, 2 T. (Alexandra, Friederike) - med. Staatsex. 1968, Promot. 1969, Approb. 1970 - 1975 Facharzt f. Radiol.; 1975 Priv.-Doz.; 1979 apl. Prof.; 1980 Leit. Röntgenabt. Bundeswehrzentralkrkhs. Koblenz - Liebh.: Numismatik - 1982 gold. Sportabz., 1982 gold. Soldaten-Leistungsabz. - Spr.: Engl., Franz.

FRÖWIS, Walter

Dr., Generalkonsul d. Bundesrep. Dtschl. in Lüttich/Belgien (s. 1989) - Av. Rogier 7 A, B-4000 Liège - Geb. 11. Mai 1928 München (Vater: Walter F., Chemiker; Mutter: Ria, geb. Holzapfel), kath., verh. s. 1954 m. Gerda, geb. Hofmann, T. Ute - 1948-52 Stud. Rechtsu. Wirtschaftswiss. Univ. Innsbruck u. Wien, Reed College, USA - S. 1953 im Auswärt. Dienst, 1969-74 Botschafter in Kigali, anschl. im AA; 1977-79 Botschafter in Kampala; 1980-84 Generalkonsul in Karachi; 1984-89 Botschaft Bangkok - 1969 BVK; 1974 Gr. Verdienstkr. m. Stern d. Rep. Ruanda; 1989 Gr. Verdienstkr. m. Stern d. Königreiches Thailand - Spr.: Engl., Franz. - Bek. Vorf.: Univ.-Prof. Dr. Joseph Froewis, Wien (Onkel).

FROHBERG, Günter

Dr., Prof., Metallphysik (Diffusion, Gitterfehler, Mikrogravitation) TU Berlin - Hardenbergstr. 36, Sekr. PN 2-3, 1000 Berlin 12 (T. 31 42 26 65) - Geb. 17. Okt. 1935 Berlin - BV: Elektro- u. Thermotransport in Metallen, J. Ambrosius Barth, 1973; Materials Science in Space (Kap. 5, 17), 1986 - TEXUS u. MASER-Projektwiss. ESA - Planungsgruppe DARA - Spr.: Engl., Franz.

FROHBERG, Günther

Dr. jur., Prof., Rechtsanwalt - Wildenbruchstr. 103, 4000 Düsseldorf-Oberkassel - Geb. 6. Febr. 1921 Dresden - Promot. 1954 - S. 1976 Honorarprof. TH Aachen (Grundzüge d. Rechtswiss. f. Geodäten u. Rechtsfragen d. Umweltschutzes). Mitverf. f. Kommantaren.

FROHBERG, Martin Georg

Dr.-Ing., o. Prof. f. Metallurgie - Hölderlinstr. 13, 1000 Berlin 19 (T. dstl.: 31 42 23 53) - Geb. 17. Aug. 1929 Bochum (Vater: Dr. Georg F., Oberstudienrat; Mutter: Erna, geb. Beisheim) - Stud. TH Aachen (Dipl.-Ing. Gießereiwesen 1953; Dipl.-Ing. Eisenhüttenkd. 1954). Promot. (1957) u. Habil. (1961) Aachen - B. 1963 Doz. TH Aachen, 1964 Ord. TU Berlin. Spez. Arbeitsgeb.: Physikal.-chem. Grundl. d. Metallurgie - BV: Thermodynamik f. Metallurgen u. Werkstofftechniker, 1981; zahlr. in- u. ausl. Fachveröff. - 1975 Palmes Académiques - Spr.: Engl., Franz. - Rotarier.

FROHMANN, Clemens

Regisseur, Autor u. Kameramann - Sybelstr. 63, 1000 Berlin 12 (T. 030 - 883 64 34; Telefax 030 - 8 81 15 55) - Geb. 14. Okt. 1950 Berlin.

FROHMÜLLER, Hubert G. W.

Dr. med. MS, FACS, o. Prof. und Direktor Urolog. Univ.-Klinik Würzburg - Walther-v.-d.-Vogelweide-Str. 41, 8700 Würzburg (T. 8 44 33) - Geb. 13. Mai 1928 Würzburg-Heidingsfeld (Vater: Wilhelm F., Mutter: Emma, geb. Spachmann), kath., verh. s. 1967 m. Ingeborg, geb. Schlegel, 3 Kd. (Christiane, Stefan, Ivo) - 1946-52 Stud. d. Med. Univ. Würzburg, 1954-55 Internship, Paterson, N. J./USA - 1958-63 Fellow in Urology Mayo Clinic, Rochester, Minn./USA; 1971 o. Prof. d. Urologie Univ. Würzburg. 1963 M. S. (Master of Science) Univ. of Minnesota, Minneapolis/USA - 1953 Dt. Hochschulmeister Rudern (Vierer m. St.) - 1969 Fellow Americ. College of Surgeons; 1969 korr. Mitgl. Americ. Urolog. Assoc.; 1975 korr. Mitgl. Americ. Assoc. of Genito-Urinary Surgeons; 1981 korr. Mitgl. Colégio Brasileiro de Cirurgiões; 1986 korr. Mitgl. La Sociedad Ecuatoriana de Urologia; 1989 korr. Mitgl. Societa Italiana di Urologia; 1991 korr. Mitgl. Nederlande Vereinigung voor Urologie; 1992 Mitgl. Finnish Urological Club; 1971-72 Präs. Dt. Ges. f. Endoskopie; 1980-84 Präs. Bayer. Urologenvereinig.; 1985-86 Präs. Dt. Ges. f. Urologie; 1989 Chairman Residency Review Commitee d. European Board of Urology; 1988 Ehrenmitgl. Österr. Ges. f. Urologie, Bayer. Urologenvereinig., Berufsverb. d. Dt. Urologen - Spr.: Engl.

FROHN, Joachim

Dr. rer. pol., Prof. f. Statistik u. Ökonometrie Univ. Bielefeld - Lessingstr. 38, 4800 Bielefeld 1 - Geb. 27. Aug. 1941 - Promot. (1969) u. Habil. (1972) FU Berlin - S. 1974 Ord. Bielefeld. 1975-83 Vors. Aussch. f. Empirische Wirtschaftsforsch. u. Angew. Ökonometrie d. Dt. Stat. Ges.; 1981 o. Mitgl. Intern. Stat. Inst. (ISI); s. 1984 Vorst.-Mitgl. Dt. Statistischen Ges. 1984/85 Gastprof. Univ. of East Asia, Macau - BV: Unters. z. CES-Produktionsfunktion, 1970; D. techn. Fortschr. in d. Industrie, 1973 (m. a.); Grundausbild. in Ökonometrie, 1980; D. ökonometr. Programmsystem EPS (m. and.), 1982; An econometric model for the world market price of sugar, 1984; E. disaggregiertes ökonometrisches Modell f. d. BRD z. Erfassung ökonomischer Wirkungen umweltpolit. Maßnahmen (m. and.), 1989.

FROHN, Peter

Dr. jur., Geschäftsführer Fachvereinig. Krawatten- u. Schalindustrie u. Unternehmerschaft d. Bekleidungsind. am linken Niederrhein - Ostwall 227, 4150 Krefeld (T. 29847); priv.: Jentgesallee 44 - Geb. 28. März 1931 Dessau (Vater: Paul F., Finanzpräs.), verh. m. Sigrid, geb. Greis - Liebh.: Schach, Briefm.

FROHNE, Dietrich

Dr. rer. nat., Prof. f. Pharmakognosie, insb. Biochemie d. Heilpflanzen - Prof.-Anschütz-Str. 66, 2300 Kiel - Geb. 27. Mai 1929 Magdeburg - Promot. 1960; Habil. 1965 - S. 1970 Prof. Univ. Kiel - BV: Anat.-Mikrochem. Drogenanalyse - Leitf., 3. A. 1985; Systematik d. Pflanzenreichs (m. U. Jensen), 4. A. 1992; Giftpflanzen, e. Handb. (m. H. J. Pfänder), 3. A. 1987; A Colour Atlas of Poisonous Plants (m. H. J. Pfänder), 1984; Heilpflanzenlex. f. Ärzte u. Apoth., Bearb. d. 5. A. v. Braun. Üb. 65 Einzelarb. - 1969 Willmar-Schwabe-Preis.

FROHNE, Heinrich

Dr.-Ing., o. Prof. f. Grundl. d. Elektrotechnik u. elektr. Meßtechnik Univ. Hannover (s. 1968) - Christian-Flemes-Weg 11, 3000 Hannover 51 - Geb. 21. Jan. 1928 Paderborn/W.

FROHNE, Wilhelm

Dipl.-Ing., Prof. f. Grundlagen d. Gestaltung u. Innenausbau Gesamthochsch. Paderborn (Fachbereich Architektur/Denkmalpflege/Höxter) - Bahnhofstr. 116, 4420 Coesfeld.

FROMEN, Wolfgang

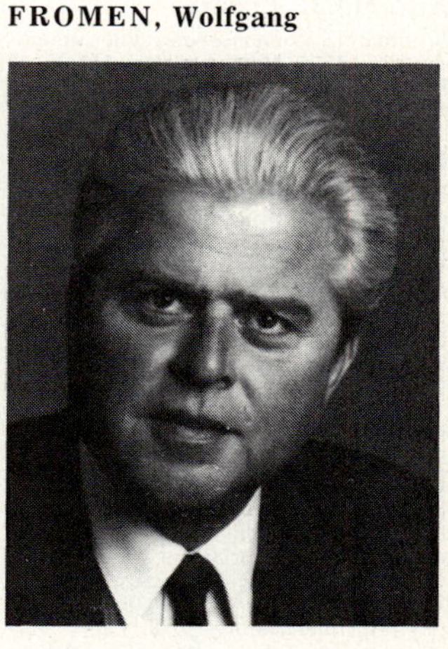

Dr. oec. publ., Dipl.-Kfm., Rechtsanwalt - Angerhof 8, 4030 Ratingen 1 - Geb. 10. Dez. 1930 - Vorst.-Mitgl. (Personal) Stora Feldmühle AG, Düsseldorf, u. (Personal) Feldmühle Nobel AG, Düsseldorf; Vors. Vereinig. d. Arbeitg.verb. d. Dt. Papierind., Bonn, u. Arbeitg.-verb. d. Rhein.-Westf. Papiererzeugenden Ind., Düsseldorf; Mitgl. Präsid. u. Vorst. Verb. Dt. Papierfabriken, Bonn; Bundessozialrichter.

FROMM, Gerhard

Dr. med., Prof., Abteilungsdirektor Lehranst. d. Hygien. Inst. d. Freien u. Hansestadt Hamburg - Chrysanderstr. 87a, 2050 Hamburg 80 (T. 7215239) - Geb. 27. Jan. 1922 Sande (Vater: Hermann F., Ing.; Mutter: Martha, geb. Meydag), verh. m. Annemarie, geb. Schele - Promot. 1948; Habil. 1961 - B. 1967 Privatdoz., dann apl. Prof. Univ. Hamburg (Hygiene u. Med. Mikrobiol.).

FROMM, Hans

Dr. phil., Dr. phil. h. c., em. o. Prof. f. Dt. Philologie u. Finnougristik - Rosegerstr. 35a, 8012 Ottobrunn/Obb. - Geb. 26. Mai 1919 Berlin (Vater: Rudolf. F., Rektor; Mutter: Luise, geb. Hennig), ev., verh. s. 1974 m. Beatrice, geb. Müller-Hansen, T. Dr. Dorothea Diemer - 1946-52 Leit. Bibliogr. Arbeitsst. Tübingen, 1952-57 Lektor u. Prof. Univ. Turku (Finnl.), s. 1958 Privatdoz., ao. (1960) u. o. Prof. (1963) Univ. München - BV: Bibliogr. dt. Übers. aus d. Franz., 6 Bde. 1950/53, Neuaufl. 1981; Dt. Balladen, 11. A. 1991; Unters. z. Marienleben d. Priesters Wernher, 1955; Finn. Elementarb., 2 Bde. 1956; Germanist. Bibliogr. s. 1945 - Theorie u. Kritik, 1960; D. dt. Minnesang, 2 Bde., 1972 u. 1985; Kalevala, 2 Bde., 1967 (Übers. u. Kommentar); Konrad v. Fußesbrunnen, krit. Ausg., 1973; Finn. Grammatik, 1982; Esseitä Kalevalasta, 1987; Arbeiten z. dt. Lit. d. Mittelalters (1989; m. Bibliogr.); Heinr. v. Veldeke (1992; Ed. m. Komm.) - 1968 u. 1985 Finn. Orden; 1984 BVK I. Kl.; 1971 o. Mitgl. Bayer. Akad. d. Wiss.; 1979 korr. Mitgl. Finn. Akad. d. Wiss.; korr. Mitgl. Akad. Göttingen 1992; 1990 Mitgl. Suomen Akatemia.

FROMM, Hartmut

Dr. med., Prof., Chefarzt Neurochirurgische Klinik Stadtkrkhs. Offenbach, Honorarprof. f. Neurochir. Univ. Frankfurt/M. - Starkenburgring 66, 6050 Offenbach/M. (T. 069 - 80 65 38 81).

FROMM, Heinz

Direktor Hessisches Landesamt f. Verfassungsschutz - Postfach 39 05, 6200 Wiesbaden 1 (T. 0611 - 72 00).

FROMM, Hermann

Dipl.-Ing., em. Prof. f. Elementiertes Bauen u. Baukonstruktion Univ.-GH Wuppertal (Fachbereich Architektur-Innenarchitektur) - Lante 12, 5600 Wuppertal 2.

FROMME, Eckart

Kaufmann, Vorstandsvors. Dt. Steinindustrie AG. - Nibelungenstr. 111, 6147 Lautertal-Reichenbach/Odenw.; priv.: 6145 Lindenfels.

FROMME, Friedrich Karl

Dr. phil., Journalist, Redakteur FAZ (Innenpolitik, Koordination) - Schepp-Allee 84, 6100 Darmstadt - Geb. 10. Juni 1930 Dresden (Vater: Prof. Dr. med. Albert F., Chirurg; Mutter: Dr. Helene, geb. Boeker), ev., verh. m. Dr. Traute F., geb. Kirsten - Human. Gymn., Stud. Physik, Mathematik, dann Politikwiss., Öfftl. Recht Univ. Berlin, Tübingen - 1957-62 Wiss. Assist. u. Lehrbeauftr. Univ. Tübingen, Promot. 1957 - 1962-64 Leit. Abt. Politik SDR Stuttgart; s. 1964 Redakt. FAZ, 1968-73 Bonner Korresp. FAZ, s. 1974 verantw. Redakt. f. Innenpolit. u. Koordination FAZ - BV: V. d. Weimarer Verfassung z. Bonner Grundgesetz, 2. A. 1962; Gesetzgeb. im Widerstreit, 2. A. 1979; D. Parlamentarier - e. freier Beruf?, 1978. Zahlr. Veröff. in Fachztschr. - 1991 Gr. BVK. - Spr.: Engl. - Bek. Vorf.: Geheimrat Prof. Dr. Carl F., Theoret. Physiker Gießen, Gründer Stadttheater Gießen (Großv.); Prof. Dr. med. Albert F., Chirurg Dresden, 1943-48 Präs. Dt. Ges. f. Chirurgie (Vater).

FROMMEL, Christoph Luitpold

Dr. phil., Hon.-Prof. Univ. Bonn, Direktor der Bibliotheca Hertziana (Max-Planck-Institut) - Via Gregoriana 28, 00187 Rom/Italien - Geb. 25. Sept. 1933 Heidelberg - Promot. 1959; Habil. 1968 - BV: D. Farnesina u. Peruzzis architekton. Frühwerk, 1961; Baldassare Peruzzi als Maler u. Zeichner, 1968; D. röm. Palastbau d. Hochrenaissance, 1973; Michelangelo u. Tommaso Cavalieri, 1978; Raffaello architetto (m. S. Ray u. M. Tafuri), 1984 (dt. 1987); Giulio Romano (m. a.), 1989. Mithrsg.: Röm. Jahrb. d. Bibl. Hertziana, Röm. Forsch. d. Bibl. Hertziana, Röm. Stud. d. Bibl. Hertziana - Mitgl. Accad. di S. Luca. British Acad. - Spr.: Engl., Franz., Ital.

FROMMER, Werner

Dr., Prof., Bayer AG (Leiter Fachber. Biotechnol. in d. Zentr. Forschung) - Claudiusweg 17, 5600 Wuppertal 1 (T. 71 46 36) - Geb. 22. Juli 1929 Esslingen (Vater: Ludwig F., Kaufm.; Mutter: Emilie, geb. Bühler), verh. s. 1957 m. Brunhilde, geb. Schlotter, 3 Kd. (Susanne, Barbara, Götz) - Stud. d. Biol. u. Mikrobiol. Univ. Tübingen u. Göttingen - S. 1956 Bayer AG; s. 1972 Lehrbeauftr. u. Honorarprof. (1975) TH Aachen. S. 1979 Vors. Arbeitsaussch. Sicherheit in Biotechnol. d. Dechema - 1985 Achema-Plak. in Titan; 1987 Otto-Bayer-Med. - Spr.: Engl.

FROMMHOLD, Hermann

Dr. med., o. Prof. f. Strahlentherapie, Vorstand Univ.-Klinik f. Strahlentherapie Innsbruck - Starkenbühel 303, A-6073 Sistrans (T. 05222 - 7 82 77) - Geb. 25. Mai 1939 Leisnig/Sachs. - Med.Stud. Berlin u. Tübingen; Promot. 1965 FU Berlin; 1966-70 Fachausb. z. Radiologen; Habil. 1973 - 1966 Arzt; 1971 Facharzt f. Radiol. Univ.-Klinik Bonn; 1973 Oberarzt; 1977 apl. Prof. Univ. Bonn; 1979 Wiss. Rat u. Prof.; s. 1980 o. Prof. Univ. Innsbruck, 1985 Klinik-Vorst. s. o. 220 Publ. m. Schwerp. diagnost. Ultraschall u. Radioonkol. Wiss. Beirat Ztschr.: Ultraschall in d. Med., Laryngol.-Rhinol.-Otol., Radiol., Frontiers in European Radiol., Strahlentherapie. Mitgliedsch.: Dt., Österr. u. Schweiz. Röntgenges., Ehrenmitgl. d. Ges. f. Med. Radiol. d. DDR, Member of the European College of Angiography, Member of the European Assoc. of Univ. Radiologists, Active Member of the intern. Soc. of Lymphology, Dt. u. Österr. Ges. f. Ultraschall in d. Med., ÖGRO, ESTRO, Vizepräs. Österr. Röntgenges.

FROMMHOLD, Walter

Dr. med., Dr. h.c. mult., o. Prof. f. Med. Strahlenkunde - Im Rotbad 23, 7400 Tübingen (T. 6 32 33) - Geb. 28. Aug. 1921 Geringswalde/Sa. (Vater: Arno F., Lehrer; Mutter: Welly, geb. Thalheim), verh. s. 1951 m. Gabriele, geb. Körner, 2 Kd. (Anke, Uwe) - Univ. Berlin u. Würzburg (Med. Staatsex. 1944). Promot. (1945; Friedrich-Wilhelms-U.) u. Habil. (1955; Freie U.) Berlin - S. 1955 Lehrtätigk. FU Berlin (1962 apl. Prof.; 5 J. Oberarzt Strahleninst.) u. Univ. Tübingen (1968 o. Prof. u. Dir. Radiol. Klinik). Emerit. 1988. 1956-68 Chefarzt Strahlenabt. Auguste-Viktoria-Krkhs. Berlin. 1957 Teaching Fellow (Radiology) Harvard College Boston/USA (1/2 J.). Üb. 135 Veröff. z. Röntgendiagnostik, Strahlentherapie u. Nuklearmed. Mithrsg.: Fortschr. auf d. Gebiet d. Röntgenstrahlen u. d. Nuklearmed., Lehrb. d. Röntgendiagnostik. Herausg.: Röntgen - wie, wann?, Klin.-radiolog. Seminar - 1981 Ehrendoktor Univ. Bordeaux, 1985 Univ. Pécs/Ungarn, 1986 Poznán/Polen; 1985 Röntgen-Med. Stadt Würzburg; 1988 BVK I. Kl.; Mitgl. Dt. Akad. d. Naturforscher Leopoldina; Ehrenmitgl. 16 nationaler Radiol. Ges.

FROMMHOLZ, Rüdiger

Dr. phil., Prof. f. dt. Sprache u. Lit. u. ihre Didaktik Univ. Bielefeld (s. 1980) - Pappelweg 1a, 4905 Spenge (T. 05225 - 68 55) - Geb. 10. Mai 1925 Spenge (Vater: Walter F., Fabrikant; Mutter: Margarethe, geb. Bowé), ev., verh. m. Karin, geb. Herrmann, 4 Töcht. - Stud. Phil., Päd., Theol., Lit.-, Musik- u. Zeitungswiss. Univ. Bonn, Heidelberg, Berlin, München, Kirchl. Hochsch. Bethel; Promot. 1954, 1. u. 2. Staatsex. (Lehramt) - 1957 Lehrer; 1967 Hochschuldst.; 1977 Prof. PH Westf.-Lippe, Abt. Bielefeld - BV: Wirkungen d. Sprache u. Dichtung, 1972; Unterrichtspraktische Übungen im Rahmen d. Lehrerbild., 1973, 3. A. 1979; Bibliogr. Deutschunterr. (m. D. Boueke u. a.), 1973, 4. A. 1984; D. Bild im Religionsunterr., 1974; Theodor Storm: Erzählungen, 1988. Mehr als 80 lit.-wiss. u. lit.-didakt. Fachveröff. - Liebh.: Musik, Wandern - Spr.: Engl., Franz., Latein, Griech., Hebr. - Lit.: F. Kienecker, P. Wolfersdorf (Hrsg.): Dichtung, Wissensch., Unterr. Festschr. z. 60. Geb. (1986).

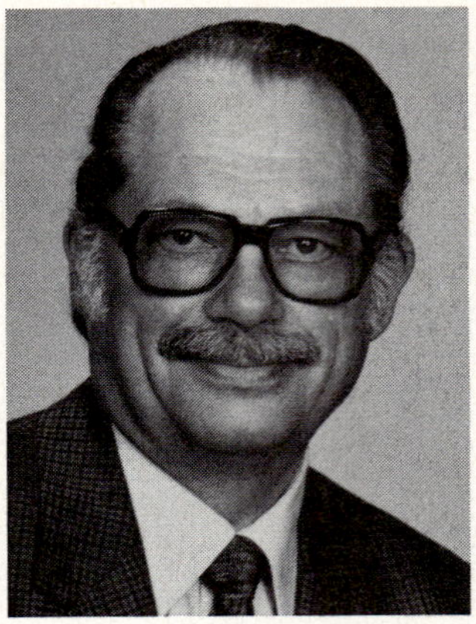

FROMMKNECHT, Heinrich

Dipl.-Betriebsw., Vorstandsvorsitzender Signal Krankenversich. aG, Signal Unfallversich. aG, Signal Lebensversich. AG, AR-Vors. DEUFINANZ Finanzberatungs-, beteiligungs- u. Vermittlungs-AG u. Dortmunder Volksbank eG - Sigurdweg 5, 4600 Dortmund-Lücklemberg - Geb. 8. Mai 1932 - 1984-90 Vors. Verb. d. priv. Krankenversich., Köln; AR Dt. Bau- u. Bodenbank AG, Berlin/Frankfurt-M., Iduna Bauspark. AG, Hamburg, Iduna Verein. Lebensversich. aG f. Handw., Handel u. Gewerbe, Hamburg; stv. AR-Vors. Investmenttrust d. Schweizerischen Bankges. Intrag Dtschl. GmbH, Frankfurt; Vizepräs. IHK Dortmund - 1983 BVK I. Kl., 1991 Gr. BVK.

FRONING, Heide

Dr. phil., Prof. f. Archäologie Univ. Marburg (s. 1991) - Friedrich-Ebert-Str. 20a, 8706 Höchberg (T. 0931 - 4 83 79) - Geb. 12. Okt. 1943 Schweinfurt, ev., verh. m. Dr. Hubertus F. - Studium Univ. Tübingen (Leibniz-Kolleg) u. Würzburg; Promot. 1970; Habil. 1979; apl. Prof. 1985 Würzburg - BV: Dithyrambos u. Vasenmalerei in Athen, 1971; Marmorschmuckreliefs m. Griech. Mythen im 1. Jh. v. Chr., 1981; Griech. u. italische Vasen Museum Folkwang Essen, 1982; Werke d. Antike im M.-v.-W.-Museum d. Univ. Würzburg, 1983. Mithrsg.: Beitr. z. Archäologie - Spr.: Engl., Ital., Griech., Latein.

FRORATH, Günter

Schriftsteller u. Journ. - Unter Käster 9, 5000 Köln 1 (T. 0221-247797) - Geb. 21. Juni 1946, ledig - Stud. kath. Theol. - Funkautor (Feature, Hörsp., Kabarett) - BV: Limerick teutsch (m. Georg Bungter), 1969; D. geit zu weit, 1973; Archipoeta, 1981; Vagantenbeichte; u.a. (Neuübertr. m. Georg Bungter). Mithrsg. mehrerer Anthol.

FROSCHAUER, Hermann

Generalstaatsanwalt b. Oberlandesgericht München - Zu erreichen üb. Nymphenburger Str. 16, 8000 München 35 (T. 089 - 52 04-45 00) - Geb. 20. Okt. 1936 Nürnberg, kath., verh. s. 1961 m. Hildegund, geb. Woll, T. Stefanie - Abit. 1954, Stud. Rechtswiss. Univ. München, 2. jurist. Staatsex. 1962 - 1989 Gr. Tiroler Adlerorden; 1990 Gr. Gold. Ehrenz. d. Rep. Österr.; 1990 BVK I. Kl.

FROSCHMAIER, Franz

Dr. jur., Minister f. Wirtschaft, Technik u. Verkehr Schlesw.-Holst. (1988-92) - Düsternbrooker Weg 94, 2300 Kiel - Geb. 29. Juli 1930 Bamberg, verh., 2 Kd. - 1949-52 Stud. Rechtswiss. Univ. München, beide jurist. Staatsex. (1952 u. 56), Promot. 1958 Univ. Köln - 1954-58 wiss. Assist. München; ab 1958 versch. Tätigk. EG-Kommiss., u.a., langj. Kabinettschef Haferkamps (EG-Vizepräs.); zul. Generaldir. Kommiss. d. EG f. Information, Kommunikation u. Kultur.

FROST, Dietrich

Dr.-Ing., Prof., Leiter Abt. f. Strahlenphysik Rudolf-Virchow-Krkhs., Berlin - Von-Wettstein-Str. 12, 1000 Berlin 33 (T. 832 78 81) - Geb. 5. März 1923 Neidenburg/Ostpr. (Vater: Dr. jur. Berthold F., Bürgerm.; Mutter: Eva, geb. Koch), ev., verh. m. Lore, geb. Haupt, T. Brigitte - Victoria-Gymn. Potsdam; TU Berlin (Physik) - S. 1964 (Habil.) Lehrtätigk. TU Berlin (apl. Prof.) u. FU, Arbeitsgem. Med. Physik. S. 1988 i. R. - BV: Prakt. Strahlenschutz, 1960; Heim/Schumacher/Frost, Radioaktive Isotope in d. Chirurgie, 1961; Oeser/Schumacher/Ernst/Frost, Atlas d. Szintigraphie, 1968. Zahlr. Einzelveröff. u. Pat. - 1988 BVK I. Kl. - Spr.: Engl.

FROST, Hans

Dr. med., Prof., Internist, Arzt - Hubertusweg 36, 8013 Haar - Am Jagdfeld (T. 089 - 46 71 09) - Geb. 13. Jan. 1928 Körnitz/Schles., kath., verh. s. 1957 m. Ursula, geb. Delling, 4 Kd. (Petra, Markus, Robert, Karoline) - Stud. Univ. München, Heidelberg, Hamburg; Promot. 1958; Habil. 1970 - 1976 Univ.-Prof. - BV: Arterielle Verschlußkrankheiten, 1974 - 1970 Max Ratschow Preis.

FROST, Herbert

Dr. jur. utr., Prof. f. Kirchenrecht, Allg. Staatslehre u. Rechtsphil. Univ. Köln - Kringsweg 24, 5000 Köln 41 (Lindenthal) (T. 0221 - 41 25 40) - Geb. 10. Aug. 1921 Kiel (Vater: Arnold F., Filmkaufm.; Mutter: Annita, geb. Billström), ev., verh. s. 1959 m. Elisabeth, geb. Krey - 1932-39 Kieler Gelehrtenschule (altspr.), Abit. 1939; 1942-50 Stud. Rechts- u. Wirtschaftswiss. Univ. Kiel, Köln u. Amsterdam (unterbr. d. Wehrdienst); Staatsprüf. 1951; Promot. 1954; Habil. 1968 - 1952-53 Hilfsref. Wiss. Abt. Dt. Bundestag; 1954-68 Univ.-Assist.; s. 1970 Prof. in Köln. S. 1973 Mitgl. Synode d. EKD - BV: D. Kirchenkr. d. Ev. Kirche im Rheinl., 1958; Strukturprobl. ev. Kirchenverfass., 1972 - Spr.: Engl., Franz., Niederl.

FROTSCHER, Werner

Dr. jur., o. Prof. f. Öfftl. Recht Univ. Marburg (FB Rechtswiss.), Richter am Hess. Verw.gerichtshof - Habichtstalgasse 32, 3550 Marburg - Geb. 20. Sept. 1937 Kiel - Habil. 1974 Kiel - Zul. Prof. Univ. Hohenheim/Stuttgart (FB Wirtsch.- u. Sozialwiss.) - BV: Regierung als Rechtsbegriff, 1975; Wirtschaftsverfassungs- u. Wirtschaftsverw.-Recht, 1988.

FROTZ, August Hubert

D. Dr., Weihbischof i. R. - Marzellenstr. 32, 5000 Köln 1 - Geb. 1903 - B. 1983 (Rücktr.) Weihbischof Erzdiözese Köln.

FROTZ, Max-Josef

Vorstandsmitglied Gerling-Konzern Standard-Versicherungs-AG, Gerling-Konzern Zentrale Verwaltungs-AG, bde. Köln - Am Mühlenbusch 47, 5657 Haan/Rhld. - Geb. 13. Nov. 1929 Erkrath, kath., verh. s. 1961 m. Elisabeth, geb. Groß, 2 Kd.

FROWEIN, Dietrich-Kurt

Dipl.-Kfm., Vorstandsmitglied Commerzbank AG - Neue Mainzer Str. 32-36, 6000 Frankfurt/M. (T. 1362-1) - Geb. 5. Aug. 1937 Kassel - AR-Mandate.

FROWEIN, Heinz

Dr. jur., Rechtsanwalt, Bürgermeister a. D. (zeitw. Oberbgm.) - Hofaue 95, 5600 Wuppertal-Elberfeld (T. 44 10 21); priv.: Moltkestr. 71 (T. 3 29 60) - Geb. 12. Mai 1905 Elberfeld (Vater: Richard F., RA; Mutter: Ada, geb. Cohnitz), ev., verh. s. 1931 m. Margret, geb. Hüser, 2 Söhne (Wolfgang, Hans-Jasper) - Gymn.; Univ.

München, Berlin, Bonn (Promot. 1927). Gr. jurist. Staatsprüf. 1930 - Seit 1930 Anwaltspraxis Wuppertal - Gr. BVK m. Stern, Gold. Ehrenring d. Stadt Wuppertal - Liebh.: Dt. illustrierte Pressedrucke d. 20. Jh. - Spr.: Engl., Franz. - Rotarier (Clubaltpräs. Wuppertal) - 3 Vorf. Bürgerm. Elberfeld: Onkel: Abraham F., Präs. Intern. Handelskammer.

FROWEIN, Jochen Abraham

Dr. jur., Dr. h. c., M.C.L., o. Prof. f. Öfftl. Recht, Völker- u. Staatsrecht - Berliner Str. 48, 6900 Heidelberg (T. Heidelberg 48 22 58) - Geb. 8. Juni 1934 Berlin - S. 1967 (Habil.) Lehrtätig. Univ. Bonn, Bochum (1967 Ord.), Bielefeld (1969 Ord.), Prof. Univ. Heidelberg (1981, Dir. Max-Planck-Inst. f. ausl. öfftl. Recht u. Völkerrecht). 1972-75 Mitgl. Wiss.rat u. s. 1973 Europ. Menschenrechtskommiss.; 1977-80 Vizepräs. Dt. Forschungsgemeinschaft. Fachveröff. - Spr.: Engl., Franz. - Rotarier.

FROWEIN, Werner

Fabrikant (Frobana Maschinenfabrik, Wuppertal-B.), Vors. Fachgem. Maschinen f. d. Schuh- u. Lederind. - Vorstandsmitgl. VDMA Frankfurt/M. - Windhukstr. 80, 5600 Wuppertal-Barmen - Geb. 3. Sept. 1911 London (Vater: Carl F., Fabr.; Mutter: Hedwig, geb. Sporbeck), verh. 1945 m. Else, geb. Ratheiser - Mitgl. Lions-Club.

FRUCHT-SCHÄFER, Günther

Dr. rer. pol., Vorstandsmitglied VEBA OEL AG - Alexander-v.-Humboldt-Str., 4650 Gelsenkirchen 2.

FRÜH, Isidor

Dr. agr., Landwirt, Vors. Bundesverb. d. Dt. Klein- u. Obstbrenner, MdEP (s. 1973) - Oberdorfstr. 33, 7591 Sasbach - Geb. 13. April 1922 Sasbach b. Achern, kath., verh., 5 Kd. - Realsch. u. Gymn.; 1941-47 Kriegsdst. u. Gefangensch.; landw. Ausbild.; LH Hohenheim (Promot. 1958) -1952ff. Leit. Heim VHS Bad Waldsee/Landesbauernverb. Württ.- Hoh. 1969-80 MdB CDU s. 1956 (div. Funkt.).

FRÜHAUF, Martin

Rechtsanwalt, Vorstandsmitgl. Hoechst AG - Zu erreichen üb. Hoechst AG, Postf. 80 03 20, 6230 Frankfurt/M. 80 - Geb. 21. Mai 1933 Offenbach/M. - VR Gerling-Konzern u. Helaba, Kurat.- Mitgl. Max-Planck-Inst. f. ausl. u. intern. Patent-, Urheber- u. Wettbewerbsrecht, AR Wacker Chemie - Spr.: Engl., Franz.

FRÜHSCHÜTZ, Werner

I. Bürgermeister Markt Murnau - Hauserberg 32, 8110 Murnau/Staffelsee - Geb. 12. Jan. 1938 Oberammergau - Zul. Oberamtsrat. CSU.

FRÜHSORGE, Gotthardt

Dr. phil., Direktor d. Bundesakademie f. kulturelle Bildung e.V., Wolfenbüttel (s. 1992) - Fischerstr. 21, 3340 Wolfenbüttel (T. 05331 - 17 45) - Geb. 11. Sept. 1936 Hannover, lt., ledig - Promot. 1970 (summa cum laude) Heidelberg; Habil. 1986 Braunschweig - 1979 Privatdoz. Univ. Heidelberg, s. 1981 TU Braunschweig; 1979-92 Leit. Abt. f. d. Erforschung d. 18. Jh. im Forschungsber. d. Herzog August Bibl., Wolfenbüttel - 1979-82 Sekr. d. Dt. Ges. f. d. Erforsch. d. 18. Jh. - BV: D. polit. Körper, 1974. Herausg. Neudruck (u. Kommentar): Julius Bernhard v. Rohr: Einleitung z. Ceremoniel-Wiss. Der Privat-Personen. Berlin 1728, 1990 - Liebh.: alte Fürstenpostkarten.

FRÜHWALD, Arno

Dr. rer. nat., Prof. f. Mechan. Verfahrenstechnik d. Holzes Univ. Hamburg (s. 1977) - Nachtigallenweg Nr. 5, 2057 Reinbek.

FRÜHWALD, Rudolf

Dr., Präsident Bundesbahn-Sozialamt - Karlstr. 4-6, 6000 Frankfurt/M.; priv.: Nachtigallenstr. 47, 6078 Neu-Isenburg - Geb. 22. Mai 1931 - Versch. Mandate.

FRÜHWALD, Wolfgang

Dr. phil., Univ.-Prof. Univ. München (s. 1974) - Dt. Forschungsgem. Kennedyallee 40, 5300 Bonn 2 (T. 0228 - 885-22 22) - Geb. 2. Aug. 1935 Augsburg, kath., verh. s. 1958 m. Viktoria, geb. Schwarzkopf, 5 Kd. (Johannes, Stefan, Maria, Barbara, Michael) - 1954-58 Stud. German., Gesch., Geogr. u. Phil. Univ. u. TH München; Staatsex. (Dt., Gesch., Geogr.) 1958; Promot. 1961; Habil. f. Neuere Dt. Lit.gesch. 1969 - 1970-74 o. Prof. Trier. 1982-87 Mitgl. Wiss.rat; 1986 Mitgl. d. Senats u. d. Hauptaussch. d. Dt. Forschungsgem.; 1989 Prorektor Univ. München; 1992 Präs. d. Dt. Forschungsgem. - BV: D. St. Georgener Prediger, 1963; Clemens Brentano: Briefe an Emilie Lindner, 1969; Ruhe u. Ordnung. Lit.spr.-Spr. d. polit. Werbung, 1976; Eichendorff-Chronik, 1977; D. Spätwerk Clemens Brentanos, 1977; D. Fall Toller, 1979; Ged. d. Romantik, 1984; D. Deutschen u. ihr Vaterland, 1990; Geisteswiss. heute, 1991 - 1991 korr. Mitgl. Akad. d. Wiss. zu Göttingen; Ehrenmitgl. d. amerik. Germanistenverb.

FRÜNGEL, Frank

Dr.-Ing., Dipl.-Ing., Physiker - Herwigredder 105a, 2000 Hamburg 56; Käshaldenstr. 7, CH-8052 Zürich - Geb. 7. Mai 1916 Graudenz (Vater: Bruno F., Vermessungsing.; Mutter: Maria, geb. Geyer), ev., verh. s. 1940 m. Ursula, geb. Zielke, 3 Kd. (Dietlind, Sigrid, Uta) - Stud. TH Danzig; Promot. 1944 ebd. - Zahlr. Fachmitgl.sch. Ca. 300 Patente - BV: Impulstechnik (engl. Vol. I u. II 1965, Vol. III 1976, Vol. IV Sparks and Lasers, 1980). Üb. 150 Fachveröff. - 1968 duPont Goldmed. of Society of Motion Picture and Television Engineers (SMPTE); Award Royal Photographic Soc. - Spr.: Engl.

FRÜNGEL, Walter

Dipl.-Kfm., Sparkassendirektor - Platzhofstr. 1, 5650 Solingen (T. 286203; Büro: 286200) - S. 1971 Vorstandsvors. Stadt-Spark. Solingen - Spr.: Engl. - Rotarier.

FRUETH, Manfred

Rechtsanw., Geschäftsführer i. R. Bayer. Bankenverb. (b. 1985) - Limesstr. 86, 8000 München 60 (T. 87 66 80) - Geb. 3. Dez. 1919.

FRUHMANN, Günter

Dr. med., Ordinarius (s. 1975), Vorstand Inst. u. Poliklinik f. Arbeitsmed. Univ. München. Leit. Pneumologie Abt. Med. Klinik I Klinikum Großhadern d. Univ. München - Am Brombeerschlag 44, 8000 München 70 - Geb. 12. Dez. 1927 - 1963 Habil., 1969 apl. Prof. f. inn. Med., Arb.med., Lungen- u. Bronchialheilkd., Allergologie, Sozialmed.

FRUHSTORFER, Heinrich

Dr. med., Prof. f. Physiologie Univ. Marburg - Hof Rhoda 6, 3559 Hatzfeld/Eder.

FRYDRYCH, Roman

Dr. rer. nat., Prof. f. Anorgan. Chemie - Nickisch-Rosenegk-Str. 10, 1000 Berlin 38 - Geb. 7. Jan. 1930 Saaz - Promot. 1960; Habil. 1969 - S. 1971 Prof. FU Berlin. Div. Facharb.

FTHENAKIS, Wassilios Emanuel

Dr. rer. nat., Dr. phil., Dr. rer. nat. habil., Prof. f. angewandte Entwicklungspsychologie u. Familienforsch. Univ. Augsburg (s. 1987) - Maria-Theresia-Str. 9, 8000 München 80 (T. 089 - 470 44 44) - Geb. 2. Nov. 1937 Kilkis (Griechenland), verh. s. 1973 m. Katharina, geb. Zouraris (Rechtsanw.), 2 Söhne (Alexander, Philippe) - Lehrerex. 1958 in Griechenland; 1963-67 Stud. Anthropologie u. Humangenetik Univ. München; Promot. 1967 München; 1963-68 Stud. Psychol. Univ. München; Dipl. (Psychol.) 1968; Promot. 1971 München; Habil. 1986 - S. 1987 Prof. Univ. Augsburg. Dir. d. Staatsinst. f. Frühpädagogik u. Familienforsch., München; 1982-90 Leit. d. Kommiss. Pädagogik d. frühen Kindheit d. Dt. Ges. f. Erzieh.wiss.; Sachverst. b. Bundesverfassungsgericht f. familienrechtl. Fragen. Mitgl. in nationalen u. intern. wiss. Gesellschaften - BV: Ehescheidung, 1982; Väter, 1985 - Spr.: Dt., Engl., Franz., Griech.

FUCHS, Alexander

Dr.-Ing., Direktor - Leibnizstr. 14, 6800 Mannheim - Geb. 17. Dez. 1907 - U. a. Vorstandsmitgl. Enziger-Union-Werke AG., Mannheim.

FUCHS, Andreas

Dr. jur., Staatsrat, Chef der Senatskanzlei d. Freien Hansestadt Bremen - Rathaus, 2800 Bremen (T. 0421 - 361-26 62) - Geb. 2. Dez. 1936 Altenburg, verh. - 1956-60 Jura-Stud. München u. Würzburg, Promot. 1963 Würzburg - Zul. Senatsdir. d. Senators f. Finanzen d. Fr. Hansestadt Bremen - Liebh.: Musik, bild. Kunst - Spr.: Engl.

FUCHS, Anke,
geb. Nevermann

Bundesministerin a. D., MdB (s. 1980) - Bundeshaus, 5300 Bonn 1 - Geb. 5. Juli 1937 Hamburg (Vater: Dr. jur. Paul Nevermann), verh., 2 Kd. - Stud. d. Rechtswiss. Univ. Hamburg u. Innsbruck; 1. u. 2. jur. Staatsex. 1960 u. 64 Hamburg - 1964-76 Gewerkschaftstätig. (Ref. Landesbez. Nordmark; 1968 Bez.sekr. IG Metall Hamburg; 1971 gf. Vorst.-Mitgl. Frankfurt). S. 1977 beamtete Staatssekr.; s. 1980 MdB f. d. Wahlkr. Köln-Süd u. parlam. Staatssekr. b. Bundesmin. f. Arbeit u. Soziales; 1982 (b. Okt.) Bundesmin. f. Jugend, Fam. u. Gesundh.; 1983-87 stv. Fraktionsvors. u. Vors. AK Sozialpolitik, 1987-91 Bundesgeschäftsf. d. SPD. AR-Mitgl. Klöckner-Werke AG u. Ruhrkohle AG. SPD s. 1956. (B. 1971 in Hamburg Mitgl. Landesvorst. SPD u. d. Bürgersch. S. 1979 Mitgl. Parteivorst., 1986-91 Präsid.-Mitgl.).

FUCHS, Anton

Schriftsteller - Kumpfgasse 24, A-9020 Klagenfurt (T. 0463 - 59 73 84) - Geb. 29. Jan. 1920 Wien (Vater: Thomas F., Beamter; Mutter: Helene, geb. Smith), konfessionslos, verh. in 2. Ehe s. 1975 m. Lotte, geb. Jerabek, 2 Töcht. (Elisabeth, Judith) - Gymn. u. Univ. Wien (7 Sem. Med., 3 Phil.) - Div. Berufe (1957-73 Angest. Intern. Atombehörde, Wien) - BV: Deserteur, holl. 1958 (unt. Ps. Thomas Elten; nicht im dt. Original erschienen; nachgedr. Wien R. 1968); Imaginäre Berichte, Erz. 1974; Flaschenpost, Erz. 1985; Deserteur, 1987; Bouteille à la Mer, Erz. 1988; Spuren, Erz. 1989 - 1967 Förd.preis Wiener Kunstfonds, 1968 u. 1974 Theodor-Körner-Preis, 1977 Förd.preis d. Friedr. Schiller-Stift., 1978 Titel Prof., 1989 Preis d. Europ. Autorengemeinsch. Kogge; Mitgl. PEN-Club u. Kärntn. Schriftst. Verband Kogge - Spr.: Engl., Ital.

FUCHS, Boris

Dipl.-Ing., Research Director u. Deputy Managing Director IFRA, Int. Assoc. for Newspaper and Media Technol., Darmstadt - Herderstr. 37, 6710 Frankenthal (T. 06233 - 2 72 87) - Geb. 9. Okt. 1933 Rybinsk/Wolga (Vater: Paul F., Obering.; Mutter: Johanna, geb. Adler), ev., verh. 1959 m. Ingemar, geb. Wieduwilt, 2 Kd. (Stefanie, Jörg Urs) - Neusprachl. Gymn. (Abit. 1953) Frankenthal. 1958 Dipl.-Ing. TH Darmstadt - Chairman IARIGAI (Intern. Assoc. of Research Institutes in Graphic Arts) - Versch. Patente f. Druckmasch. - Zahlr. Artikel in Fachzeitschr. d. polygraf. Ind. - Spr.: Engl., Franz.

FUCHS, Christoph

Dr. med., Prof., Hauptgeschäftsführer d. Bundesärztekammer - Henriette-Lott-Weg 11, 5030 Hürth (T. 02233 - 1 51 54) - Geb. 4. Febr. 1945 Wiedenbrück, kath., verh. s. 1972 m. Dr. med. Christiane, geb. Westberg, 3 Kd. (Thomas, Nina, Andrea) - 1964 Abit. Berg. Gladbach; 1964-69 Med.stud. Köln u. Wien; Promot. 1970; Habil. 1975 f. Physiol. u. 1981 f. Innere Med. Univ. Göttingen; 1984-90 Ministerialdirig. u. Leit. d. Gesundh.abt. Min. f. Umwelt u. Gesundh.; Mitgl. d. Akad. d. Wiss. u. d. Lit. in Mainz; Mitgl. d. Bundesgesundheitsrates - BV: Möglichkeiten u. Grenzen d. Forschung an Embryonen, 1990 - Spr.: Engl., Franz.

FUCHS, Eckart

Dr. rer. nat., Dipl.-Chem., Prof. f. Molekulare Genetik Univ. Heidelberg - Blütenweg 15, 6905 Schriesheim (T. 06221-56 32 64) - Geb. 30. April 1936 Siegen, verh. m. Dr. med. Carin, geb. Feeser, 2 S. (Martin, Wilm).

FUCHS, Eduard

Geschäftsf. Turbon-Tunzini Klimatechnik GmbH. - Carl-Diem-Weg, 5060 Berg. Gladbach; priv.: Rommerscheider Str. 129 - Geb. 11. Aug. 1930 Hackenberg (Vater: Georg F., Schmied; Mutter: Amalie), kath., verh. s. 1960 (Ehefr.: Gabriele), 2 Kd. (Christoph, Mattias) - Ing.Stud. München - Liebh.: Golf - Spr.: Engl., Franz.

FUCHS, Erich

Dipl.-Sportl., Prof. f. Leibeserziehung einschl. Didaktik Erziehungswiss. Hochsch. Rheinl.-Pfalz/Abt. Landau - Kieferbergstr. 25, 6750 Kaiserslautern.

FUCHS, Erich E.

Dr. med., Internist, Allergologie, apl. Prof. f. Inn. Medizin Univ. Düsseldorf (s. 1976) - Pfitznerstr. 5, 6200 Wiesbaden - Geb. 20. Dez. 1921 Göttingen (Vater: Prof. Dr. jur. Wilhelm F. †; Mutter: Hella, geb. Tiemann †), ev., verh. s. 1946 m. Margret, geb. Jähne, 3 Söhne (Thomas, Andreas, Werner) - Gymn. Göttingen; Univ. Königsberg, Freiburg,

Wien. (Med.) Promot. 1945 Göttingen; Habil. 1972 Düsseldorf - B. 1970 ltd. Arzt Asthmaklinik Bad Lippspringe, 1970-86 Dt. Klinik f. Diagnostik Wiesbaden (Fachber. Allergologie). 1978-87 Vors. Dt. Ges. f. Allergie- u. Immunitätsforsch. - BV: Asthma bronchiale i. d. Gewerbemed., 1973. Mithrsg.: Fachb. u. a. Manuale allergologicum (m. K. H. Schulz), 1987/88 u. Ztschr. (Allergologie) - 1985 Dr. Karl-Heyer-Preis; 1986 Ernst-von-Bergmann-Plak.; 1988 H. H. Salter Clinical Award; 1990 Karl-Hansen-Med.; 1991 korr. Mitgl. Rhein.-Westf. Akad. d. Wiss., Düsseldorf; Allergie-Staffel-Preis; BVK am Bde.

FUCHS, Franz
Malermeister u. Restaurator, Präs. Handwerkskammer f. Unterfranken, Präsid.-Mitgl. d. Bayer. Senat - Rennwegerring 3, 8700 Würzburg - Geb. 19. Jan. 1924 - 1982 Bayer. VO; 1985 BVK I. Kl; 1988 Bayer. Verfassungsmed. in Silber; 1991 Bayer. Staatsmed. f. bes. Verdienste um d. bayer. Wirtschaft.

FUCHS, Gerhard
Dr. phil., o. Prof. f. Geographie u. ihre Didaktik Univ./GH Paderborn - Casum 54, 4807 Borgholzhausen - Geb. 13. Juli 1939.

FUCHS, Günter
Dr. rer. nat., Dipl.-Geol., Prof., Hauptkonservator Landessammlungen f. Naturkunde, Karlsruhe - Renchstr. 9, 7517 Waldbronn 1/Baden (T. 07243-61564) - Geb. 31. Juli 1935 - Promot. 1965 Frankfurt/M. - S. 1970 (Habil.) Lehrtätigk. Univ. Heidelberg/Fak. f. Geowiss. (gegenw. apl. Prof.). Zahlr. Facharb. - Spr.: Engl., Franz.

FUCHS, Günter
Dipl.-Kfm., Direktor, kaufm. Leiter Stadtwerke Neumünster - Amselweg 12, 2350 Neumünster 8 - Geb. 31. Dez. 1930.

FUCHS, Günter
Dr. med., Prof., Oberarzt Chirurg. Univ.sklinik Göttingen - Kreiskrankenhaus, 2910 Westerstede - Geb. 1. Aug. 1925 Demmin/Pom. - S. 1963 (Habil.) Privatdoz. u. apl. Prof. (1968) Göttingen. Etwa 50 Fachveröff.

FUCHS, Günter Georg
Dr. med., Dr. rer. nat., em. o. Prof. f. Med. Statistik u. Dokumentation Freie Univ. Berlin/Med. Fak. - Wohnstift Augustinum, Appt. 914, Sterleyer Str. 44, 2410 Mölln (T. 04542 - 81 29 14) - Geb. 8. Juli 1920 Berlin (Vater: Erich F., Archit.; Mutter: Alma, geb. Bösel), ev., verh. s. 1957 m. Ursula, geb. Rode, 2 Töcht. (Gabriele, Angelika) - Stud. Med. u. Naturwiss. Ärztl. Approb. 1944; Facharzt f. Inn. Med. 1960; Habil. 1964; Facharzt f. Laboratoriumsdiagnostik 1965 (alles Berlin); emerit. 1985 - 1938-54 Wehrmacht u. sowjet. Kriegsgefangensch.; 1954-67 Städt. Krankenhaus Neukölln (b. 1961 Assistenzarzt Inn. Abt., dann Leit. Chem. Inst.) - BV: Mathematik für Mediziner u. Biologen,

1969, 2. A. 1979 (Heidelberger Taschenb. Nr. 54); Krankenhaus-Informationssysteme, 1972 (m. G. Wagner); Med. Forsch.- u. Ausbild.stätte d. Univ. Regensburg, I-III 1971-73 - Spr.: Engl., Franz.

FUCHS, Heinz R.
Dr. phil., Prof., Direktor a. D. Städt. Kunsthalle Mannheim - B7;5, 6800 Mannheim (T. 0621 - 2 51 96) - Geb. 17. Mai 1917 Vaihingen/Enz.

FUCHS, Heinz S.

Dr. med., Prof., Generalstabsarzt d. Luftwaffe a. D., Facharzt Inn., Lungenkrankh., Arbeitsmed., Sportmed., Flugmed., Honorarprof. f. Luft- u. Raumfahrtmed. Justus-Liebig-Univ. Gießen, Berater d. Bundesmin. f. Forsch. u. Technol. (BMFT), Bonn (GA.WW.04) - Zietenstr. 24, 5300 Bonn-Bad Godesberg (T. 36 21 00) - Geb. 12. Sept. 1917 Plauen/Vogtl. (Vater: Theodor F., Kaufm.; Mutter: Marie-Louise, geb. Egloff), ev., verh. s. 1943 m. Elisabeth, geb. v. Horacek - Stud. d. Med. Univ. Berlin u. Wien; Approbation u. Promot. 1942; 1942-45 Luftwaffenarzt; 1946-49 Facharztausbild.; 1949-56 Oberarzt, 1956-58 Chefarzt Tuberkulose-Krkhs. Bassum. 1958-77 Bundeswehr (1968-72 Der Generalarzt d. Luftw.; 1972-77 Amtschef Sanitätsamt. d. Bw.). Präs. Dt. Ges. f. Luft- u. Raumfahrtmed. (DGLRM), München (1974-78) u. Space Medicine Branch, Aerospace Medical Assoc., Washington, D.C. (1977-78); Vorst.-Mitgl. Dt. Ges. f. Luft- u. Raumfahrt (DGLR), Berlin; Kurat.-Mitgl. d. Hermann-Oberth-Ges., Bremen; Ratsmitgl. Intern. Akad. f. Luft- u. Raumfahrtmed., Paris, Frankfreich; Mitgl. Intern. Akad. f. Astronautik, Paris, Intern. Acad. of Chest Physicians, Chicago, IL, Acad. Cosmologica Nova, München-Wien-Luzern, New York Acad. of Sciences, New York, NY, USA, Chinese Acad. of Space Research, Beijing, VR China; Ehrenmitgl. Accad. di Storia dell'Arte Sanitaria u. Acad. Italian. di Patologia Ambientale e di Ecologia, Rom; Fellow zahlr. intern. wiss. Ges.; Gastprof. Med. Fak. Univ. Xi'an (Shaanxi) u. Henry N. Bethune Memorial Univ. Chang Chun (Jilin), VR China - Üb. 90 wiss. Veröff. einschl. Lehrbuchbeitr. (in dt., eng., ital., portug., chines., arab.) - Gr. BVK; DRK-Ehrenz.; Offz.kreuz Legion of Merit (USA); Komtur- u. Großoffz.kreuz VO. Ital.; Ehrennmed. franz. Luftw.; Großkreuz m. Stern u. Schulterbd. Luftfahrt-VO, Spanien; Großoffz., Star of South Africa, Rep. Südafrika - Theodore C. Lyster Award (ASMA, Washington, D.C.) 1976; AGARD Award (A) (NATO-AGARD, Paris), 1977; Jeffries Medical Research Award (AIAA, New York, N.Y.) 1978; Melbourne W. Boynton Award (AAS, Washington, D.C.) 1978; Hubertus Strughold Award (ASMA, Washington, D.C.) 1981; Hubertus-Strughold-Preis (DGLRM, München) 1989 - Ehrengalerie d. National Aviation & Space Museum, Washington, D.C., 1974, 1982 Mitgl. Interscientific

Commission of Life Sciences COSPAR (Committee on Space Research), Intern. Council of Scientific Unions (ICSU) d. UN, 1986 Ehrenmitgl. medizin. luft- u. raumfahrtmed. u. astronautischer Ges.: Rep. Südafrika, Canada, Rep. of China, VR China, Philippinen, Italien, Korea, Lateinamerika, VR China - Spr.: Engl., Ital.

FUCHS, Helmut
Dr. rer. pol., Dipl.-Kfm., Geschäftsführer Primagas GmbH. - Hüttenallee 83, 4150 Krefeld - Geb. 21. März 1933 Vallendar, verh. s. 1957 m. Wilrun, geb. Zimmermann - Dipl.-Kfm. 1957 - Geschäftsf. u. mehr. div. AR- u. Beiratsmand.

FUCHS, Joachim
Dr. rer. nat., Prof. f. Anorgan. Chemie FU Berlin (s. 1969) - Nassauische Str. 64, 1000 Berlin 31 - Geb. 10. April 1924 Berlin - Promot. 1960; Habil. 1967 - BV: Allg. u. Anorg. Chemie, 1972 (m. W. Freiwald). Üb. 70 Aufs.

FUCHS, Jockel
Oberbürgermeister a.D., Vors. Fernsehrat ZDF (s. 1976) - Oechsnerstr. 3, 6500 Mainz (T. 12 20 00) - Geb. 11. Dez. 1919 Hargesheim bei Bad Kreuznach (Vater: Peter F., Vorarbeiter), ev., verh. s. 1951 m. Hannelore, geb. Schlitzer, 2 Söhne (Holger, Hans-Joachim) - Gymn. (Abit.) - 1938-47 Arbeits-, Wehrdst. (zul. Ltn. Luftw.) u. franz. Gefangensch.; 1948-65 D. Freiheit, Mainz (Redaktionsvolontär, 1950 Bezirks-, 1955 polit. Redakt., 1958 Chefredakt.); 1955-74 MdL Rhld.-Pfalz; 1965-87 Oberbürgerm. Mainz. SPD (u. a. 1966-69 Vors. Rhld.-Pf. u. 1962-73 Mitgl. Bundesvorst.) - 1969 BVK I. Kl., 1971 Ehrendoktor Chung-ang-Univ. Seoul/ Südkorea, Ehrenbürger d. Städte Dijon (Burgund), Zagreb (Kroatien) u. Watford (Engl.) 1973 Gr. Silb. Ehrenz. m. Stern Rep. Österr., 1974 Gr. BVK, 1974 Leibniz-Med. Akad. d. Wiss. u. Lit. Mainz, 1979 Gr. BVK m. Stern, 1987 Schulterband dazu - Rotarier.

FUCHS, Karl-Heinz
Bundesrichter Bundesgerichtshof (s. 1970) - Herrenstr. 45a, 7500 Karlsruhe - Geb. 1. Juni 1926 - Zul. LGsdir. Stuttgart.

FUCHS, Karl-Ulrich
Rechtsanw., Aufsichtsrat ARAG Allg. Rechtsschutz Versich. - Brehmstr. 110, 4000 Düsseldorf; priv.: Thomas-Mann-Str. 7 - Geb. 9. März 1913 Querfurt - S. 1953 ARAG.

FUCHS, Katrin
Bundestagsabgeordnete (s. 1983; Landesliste NRW) - Bundeshaus, 5300 Bonn 1 - SPD.

FUCHS, Klaus
Dr. med., Prof., Chirurg - Spreeweg 35, 4800 Bielefeld 11 - 1973 Privatdoz., dann apl. Prof. Univ. Göttingen (gegenw. Chefarzt Chir. Klin. Städt. Krankenanst. Bielefeld-Rosenhöhe).

FUCHS, Konrad
Dr. phil., Prof. f. Neuere Geschichte, Geschichtl. Landeskunde u. Sozial- u. Wirtschaftsgesch. Univ. Mainz (s. 1971) - Ebersheimerweg 38a, 6500 Mainz (T. 5 31 34) - Geb. 11. Jan. 1928 Gebhardshain/Siegerland (Vater: Karl F., Bahnbeamter; Mutter: Magdalena, geb. Wolf), kath., verh. s. 1969 m. Dr. phil. Rosemarie, geb. Pott, S. Michael - Stud. d. Gesch., Phil., Angl., Vor- u. Frühgesch. Univ. Mainz u. Leeds/Engl.; Promot. 1954; Teacher's Certificate of Educat. 1955 London - 1956-70 Höh. Schuldst., 1968 Privatdoz., 1975-77 Dekan. Mitgl. d. Histor. Kommiss. f. Nassau u. Schlesien, d. J.G.-Herder-Forschungsrates u. d. Walther-Rathenau-Gesell. - BV: u. a. Schlesiens Industrie, 1968; V. Dirigismus zum Liberalismus, 1970; dtv-Wörterbuch z. Gesch. 2 Bde., 8. A. 1992; Engl. Nacherzählungen

I, 5. A. 1976 u. II, 5. A. 1979; D. Erschließung d. Siegerlandes durch d. Eisenbahn 1840-1917, 1974; Siegerländer Unternehmer d. 19. Jh. u. ihr Werk, 1979; Wirtschaftsgesch. Oberschlesiens 1871-1945, 2. A. 1991; Gesch. d. Verbandsgde Gebhardshain 1815-1970, 1982 Lebensbilder vergessener Mainzer Persönlichkeiten, 1984; Beiträge z. Wirtschafts- und Sozialgeschichte Schlesiens, 1985; Aus Wirtschaft u. Gesellschaft, 1990; E. Konzern aus Sachsen, 1990; Gestalten u. Ereignisse aus Schlesiens Wirtschaft u. Politik, 1992. 270 Aufs., auch fremdsprachl., in wiss. Ztschr. - 1989 Georg-Dehio-Preis; 1990 Stinnes-Preis - Liebh.: Philatelie - Spr.: Engl., Franz.

FUCHS, Manfred
Dr., Dipl.-Kfm., Vorstandsvorsitzender Fuchs Petrolub AG Oel + Chemie - Friesenheimer Str. 17, 6800 Mannheim 1.

FUCHS, Manfred
Dr. rer. pol., Stadtdirektor u. Stadtkämmerer a. D., Vorst.-Mitgl. Gemeinn. Wohnungsges. f. Aachen AG, Geschäftsf. Energieversorgungs- u. Verkehrsges. mbH, u. GEGRA Gewerbegrundstücksges. mbH, alle Aachen - Am Chorusberg 13, 5100 Aachen (T. 6 52 62) - Geb. 28. Aug. 1927 Elberfeld (Vater: Erich F., Einzelhändler; Mutter: Emmi, geb. Riegels), verh. s. 1957 m. Doris, geb. Mylenbusch, 3 Kd. (Gabriela, Stefan, Angelika) - Univ. Köln (Wirtschafts- u. Sozialwiss.; Dipl.-Volksw. 1953); Verwaltungs- u. Wirtschaftsakad. Wuppertal (Dipl. 1952). Promot. 1956 - S. 1946 Stadtverw. Wuppertal u. Aachen (1960 Beigeordn. f. Sozialwesen, 1967 I. Beigeordn. u. Stadtkämmerer) - BV: Probleme d. Wirtschaftsstils v. Lebensgemeinschaften, 1957; Betriebsabrechn. in öfftl. Einrichtungen, 1970; Sozialhilfe u. Kriegsopferfürsorge, 1963; Kommunales Haushaltswesen, 1975.

FUCHS, Michael

Dr. rer. nat., Kaufmann, Präsident d. Bundesverb. Groß- u. Außenhandels (s. 1992) - Rübenacher Str. 105, 5400 Koblenz (T. 0261 - 27 04-0) - Geb. 6. Febr. 1949 Koblenz, kath., verh. s. 1974 m. Hilde, geb. Caratiola, 2 Töcht. (Nina, Nora) - Abit. 1967 Koblenz; Stud. Pharmazie Erlangen u. Bonn; Approbat. z. Apotheker 1973; Promot. 1976 - 1978/79 Wehrdienst (Sanit.offz./O.stabsapoth.); 1980 Gründ. d. Fa. Impex u. Impex Electronic GmbH; 1982 Eintr. in d. BJU; 1984 Gründ. d. Fa. Impex in Honkong, 1987 Präs.-Mitgl. d. ASU; 1983 Wahl in d. Bundesvorst. d. BJU; 1987-88 Bundesvors. d. BJU; 1986 Vors. d. Arb.geberverb. Großhandel Rheinland-Pfalz, 1987 Vorst.-Mitgl. d. BDA; s. 1989 Präs.-Mitgl. d. BGA; s. 1990 Stadtrat Koblenz - Liebh.: Wirtsch.- u. Sozialpolitik, Jagd - Spr.: Engl., Franz., Ital.

FUCHS, Ottmar
Dr. theol., Dr. habil., o. Prof. f. Pasto-

raltheol. u. Kerygmatik Univ. Bamberg - An der Universität 2, 8600 Bamberg - Geb. 6. Mai 1945 Buch (Vater: Johann F., Pflegevorsteher †1987; Mutter: Anna, geb. Baier), kath. - BV: Sprechen in Gegensätzen, 1978; D. lebendige Predigt, 1978; D. Klage als Gebet, 1982; V. Gott predigen, 1984; Prophet. Kraft d. Jugend?, 1986; Kirche-Kabel-Kapital, 1989; Dabeibleiben od. Weggehen, 1989; Heilen u. Befreien, 1990; Zw. Wahrhaftigkeit u. Macht, 1990. Herausg.: Theol. u. Handeln (1984); D. Fremden (1988).

FUCHS, Otto

Dr. phil., Chemiker, Honorarprof. f. Physikal. Chemie Univ. Mainz (s. 1967) - Lessingstr. 24, 6238 Hofheim/Ts. - Geb. 26. März 1905 Haardt/Weinstr. - 1935-70 IG Farbenindustrie AG. bzw. Farbwerke Hoechst AG. Fachveröff.

FUCHS, Peter

Prof., Dozent f. Musik, Didaktik u. Methodik d. Musikunterrichts Päd. Hochsch. Karlsruhe - Kantstr. 1, 7552 Durmersheim (T. 07245 - 3807).

FUCHS, Peter

Dr. phil., Prof. f. Völkerkunde (s. 1978) - Klopstockstr. 6, 3400 Göttingen - Geb. 2. Dez. 1928 Wien - Promot. 1954 - S. 1968 (Habil.) Privatdoz. u. Prof. (1972) Univ. Göttingen (Inst. u. Samml. f. Völkerkd.) - BV: D. Völker d. Südost-Sahara, 1961; Tschad, 1966; Kult u. Autorität - D. Religion d. Hadjerai, 1970; Sudan, 1977; D. Brot d. Wüste, 1983; Fachi. Sahara-Stadt d. Kanuri, 1989. Zahlr. Einzelarb. u. Filme.

FUCHS, Peter Paul

Dipl.-Ing., Gf. Gesellschafter Martin Fuchs GmbH + Co., Zirndorf - Heimgartenstr. 16, 8502 Zirndorf (T. 0911-6 00 15) - Geb. 8. Mai 1939, verh. s. 1972 m. Uta, geb. Wondrak, Sohn Martin - Dipl.-Ing. 1964 FHS München - Deleg. Verb. Dt. Spielwarenind. - Spr.: Engl., Franz., Ital., Span.

FUCHS, Rainer

Dr. rer. nat. (habil.), em. o. Prof. u. Direktor Inst. f. Psych. u. Erzieh.wiss. TU München - Feldafinger Str. 15b, 8134 Pöcking - Geb. 20. Okt. 1915 Straßburg - Zul. Prof. Päd. Hochsch. Kiel. Fachveröff.

FUCHS, Sibylle

Prof., Konzertsängerin u. Gesangspädagogin - Graf-Stauffenberg-Str. 24, 6600 Saarbrücken 3 (T. 0681 - 813945) - Geb. 8. Sept. 1921 Wollmatingen b. Konstanz/B. (Vater: Dr. Otto F., Prof. f. Chem. Technologie; Mutter: Hedwig, geb. Haug), ev., led. - 1940-43 Musikhochsch. Frankfurt/M. - Konzerttätigk. In- u. Ausl.; Gesangspäd. Konservat. Mainz (1943-46) u. Musikhochsch. Saarbrücken (s. 1952). Interpretin zeitgenöss. Werke (Ur- u. Erstauff. H. Reutter, H. Hessenberg, P. Hindemith, H. W. Henze, H. Heiß, H. Herrmann, E. Krenek, H. Konietzny u. a.) - Spr.: Franz., Engl.

FUCHS, Traugott

Dr. med. (habil.), Dr. rer. pol., Prof., Chefarzt (Internist) - Elisabethenstift, 6100 Darmstadt - Gegenw. apl. Prof. Univ. Heidelberg (Inn. Med.).

FUCHS, Ursula,
geb. Sievert

Kinderbuchautorin - Herderstr. 18, 6100 Darmstadt - Geb. 6. April 1933 Münster, kath., verh., 3 S. (Matthias, Thomas, Björn [Pflegekind]) - Höh. Handelssch. Münster - Mitarb. Westf. Nachrichten, Münster - BV: u.a. Emma od. D. unruhige Zeit, 1979 (übers. Japan., Holl., Finn., Dän.); D. kleine grüne Drache, 1979 (übers. Japan., Dän., Span.); Wiebke u. Paul, 1982; D. kleine grüne Drache in d. Schule, 1986; Charlotte, einfach nur Charlotte, 1986; D. kleine grüne Drache am Meer, 1988; Steine hüpfen übers Wasser, 1988; Sonntag ist Tina-Sonntag, 1988; E. Schmusemaschine f. Jule, 1989; Karoline u. d. alte Haus, 1989; Friederike od. kleine Wolke hinterm Regenbogen, 1990; D. gr. Buch v. kleinen Drachen, 1990 - 1980 Dt. Jugendbuchpreis (f. Emma od. d. unruhige Zeit); Auswahlliste dt. Jugendbuchpreis u. 1983 Silb. Feder (f. Wiebke u. Paul) - Liebh.: Kinder, klass. Musik.

FUCHS, Victor

Unternehmer (Brüder Fuchs, Hannover), Vors. Fachgruppe Medizinmechanik Verb. d. Dt. Feinmechan. u. Opt. Industrie, Präs. Europ. Branchenkomit. Eurom - Empelder Str. 96, 3000 Hannover-Badenstedt.

FUCHS, Walther Peter

Dr. phil., em. o. Prof. f. Mittlere u. Neuere Geschichte - Nachtigallenweg 6, 8520 Erlangen (T. 4 12 30) - Geb. 13. März 1905 Remscheid-Lüttringhausen (Vater: Peter F., Diakon; Mutter: Ida, geb. Mertins), ev., verh. s. 1931 m. Marianne, geb. Krämer, 3 Kd. - Univ. Tübingen, Marburg (Promot. 1931), Göttingen (Gesch., Dt. Lit., Theol.) - Assist., 1936 Privatdoz. Univ. Heidelberg, 1942 apl. Prof., 1947 Archivleit., 1949 Leit. Collegium Academicum, ebd., 1952 ao., 1957 o. Prof. TH Karlsruhe, 1962 o. Prof. Univ. Erlangen-Nürnberg. 1952 Honorarprof. Univ. Heidelberg - BV: D. dt. Mittelstaaten u. d. Bundesreform, 1934; Akten z. Gesch. d. Bauernkrieges in Mitteldtschl., 1942; Leopold v. Ranke, D. Briefwerk, 1949; Student. Wohnheime u. Gemeinschaftshäuser in Westdtschl., 1951; D. Zeitalter d. Reformation, in: Gebhardt, Handb. d. Dt. Gesch. II, 1955, 2. A. 1970, Taschenb. 1973. Herausg.: Leopold v. Ranke - Aus Werk u. Nachlaß (I 1964, II 1969, III 1973, IV 1975); D. röm. Päpste in d. letzten vier Jahrhunderten, 2. Bde. Taschenb. (1986). Staat u. Kirche im Wandel (1966), Großherzog Friedr. I. v. Bad. u. d. Reichspolit. 1871-1907 (I 1968, II 1974, III u. IV 1980); Nachdenken über Gesch. (hg. G. Berg u. V. Dotterweich 1980) - Mitgl. Kommiss. f. gesch. Landeskd. Baden-Württ. (1955) u. Histor. Kommiss. b. d. Bayer. Akad. d. Wiss. (1965).

FUCHS, Werner

Dr. rer. pol., Direktor, Mitgl. d. Geschäftsleit. der Zürich Versicherungen Deutschland - Zürich-Haus am Opernplatz, 6000 Frankfurt (T. 069 - 71 15 20 16) - Geb. 21. Dez. 1938 Hannover (Vater: Alfred F., Kaufm.; Mutter: Else, geb. Helde), ev., verh. s. 1964 m. Karin, geb. Schilling, T. Martina - Dipl.-Kfm., Promot. Univ. Göttingen - Liebh.: Lit., Reiten - Spr.: Engl.

FUCHS, Werner

Dr. phil. (habil.), o. Prof. f. Archäologie - Dompl. Nr. 20-22, 4400 Münster/W. (T. 0251 - 83 45 81) - Geb. 27. Sept. 1927 - 1959-62 Ref. Dt. Archäol. Inst. Rom u. 1962-66 Ref. Dt. Archäol. Inst. Athen; s. 1963 Doz. u. Prof. Univ. Tübingen (1969 apl.) u. Münster (1972 o.) - BV: u. a. D. Vorbilder d. neuattischen Reliefs, 1959; D. Skulptur d. Griechen, 1969 - o. Mitgl. DAI Berlin.

FUCHSBERGER, Joachim

Schauspieler, Moderator, Vertr. d. Kinderhilfswerks d. UN (UNICEF) in d. BRD (1984) - Hubertusstr. 62, 8022 Grünwald/Obb. - Geb. 11. März 1927 Stuttgart (Vater: Wilhelm F., Vertr. f. Linotype-Setzmasch.; Mutter: Emma, geb. Stengel), ev., verh. I) 1950 m. Gitta Lind (Sängerin), II) 1954 m. Gundula, geb. Korte (Schausp.), S. Thomas - S. 1946 u. a. Verlagsangest., Rundfunksprecher, Conférencier, Textdichter u. Schausp. (1954). Eröffnungs- u. Abschlußconférence Olymp. Spiele 1972 München. Liedertexte; BV: Erinnerungen an e. Krankheit, 1978 - Filme: 08/15 (3 T.), D. Lied v. Kaprun, D. letzte Mann, Symphonie in Gold, Lumpazi vagabundus, D. Zwillinge v. Zillertal, D. grünen Teufel v. Monte Cassino, D. feuerrote Baronesse, D. zornigen jg. Männer, Wallace-F., Ich habe sie gut gekannt, Commandos (Ital.), The Unnatural (Ital.), D. Mädchen v. Hongkong, D. fliegende Klassenzimmer, u. a. Fernsehreihe: Nur nicht nervös werden, D. Tod läuft hinterher (3 T.), 11 Uhr 20 (3 T.) u. Show: D. heiße Draht, Spiel m. mir, Auf los geht's los, Heut' abend (ARD-Talkschow, 1980ff., 1990 300. Send.). Neue Sendereihe: Ja od. Nein (1990) - 1961 Gold. Bildschirm, 3 x Intern. Filmband in Silber Italien (f.: Ich habe sie gut gekannt), 1970; 1969 u. 1982 Gold. Bambi; 1979 Bayer. VO; 1982 Gold. Kamera; 1983 z. 100. Mal BR-Fernsehen/III. Progr.: Heut' abend - Liebh.: Motor- u. Segelfliegen, Fußball, Schmalfilmen, Gartenarb. - 1943 3. Judo-Meisterschaft d. Rhld. im Halbschwergewicht (Düsseldorf) - 1983 BVK; 1983 Pfeifenraucher d. J. - Spr.: Engl., Franz.

FUCHSHUBER, Annegert

Freischaffende Illustratorin - Breitwiesenstr. 40A, 8900 Augsburg 21 - Geb. 6. Mai 1940 Magdeburg, kath., verh., 3 Kd. - Abit.; Werkkunstsch. - Veröff. v. Kinderb. u. Bilderb. in 13 Spr. - 1984 Dt. Jugendlit.-Preis; Österr. Staatspreis Illustration.

FUCHSSTEINER, Benno

Dr. rer. nat., o. Prof. f. Mathematik - Obernheideweg 19, 4791 Paderborn-Elsen - Geb. 14. Juni 1941 Berlin (Vater: Wilhelm F., Ing.; Mutter: Luise, geb. Limpens), verh. s. 1966 m. Helga, geb. Steffan, S. Felix - Abit. 1961; Dipl.-Phys. 1965; Promot. 1967 (alles Darmstadt) - S. 1969 Prof. TH Darmstadt u. GH Paderborn (1973 Ord.). Herausg. v. Sammelw. Üb. 100 Facharb. - Liebh.: Tennis - Spr.: Engl., Franz.

FUCKNER, Helmuth

Dr. rer. nat., Prof., em. Ordinarius für Didaktik der Geographie Univ. Erlangen-Nürnberg (s. 1973) - Welsweg 5, 8520 Erlangen - Geb. 21. Febr. 1915 - BV: Erdgeschichte u. Landschaftskunde Frankens, 2. A. 1962.

FUDICKAR, Eberhard

Dipl.-Kfm., Geschäftsf. PWA-Kunststoff GmbH., Redenfelden (s. 1973) - Memeler Str. 22, 8201 Raubling/Obb. - Geb. 27. Juli 1938 Vater: Dr. med. Gustav. F., Chirurg; Mutter: Hildegard, geb. Platte), ev., verh. m. Gisela, geb. Obenaus, 4 Kd. (Antje, Ilske, Silke, Axel) - Gymn. (Abit. 1958); Bundesw. (1960 Oblt. d. R.); Univ. Würzburg (Dipl. 1964) - Zul. Vertriebsleit. Alcan-Folien GmbH. 1979ff. Präs. EFPA - Liebh.: Phil., Gesch. - Spr.: Engl., Franz., Span.

FUDICKAR, Wolf-Dieter

Kaufmann, Geschäftsf. Fudickar & Simmer GmbH, Wuppertal - Viktoriastr. 67, 5600 Wuppertal 1 (T. 0202 - 30 23 55) - Geb. 14. Dez. 1913 Elberfeld (Vater: Eduard Albert F.; Mutter: Adele, geb. Laubeck), ev., verh. s. 1944 m. Marie-Luise, geb. Kruse, 4 Kd. (Marion, Gabriele, Sybille, Dietrich) - Stud. 1934/35 Univ. Nottingham, 1935/36 Univ. Genf - Geschäftsf. Fudickar & Simmer GmbH - BVK.

FÜCHTBAUER, Hans

Dr. rer. nat., em. Prof. f. Geologie, bes. Sedimentgeol. - Kemnader Str. 349b, 4630 Bochum (T. 79 19 69) - Geb. 3. Aug. 1921 Tübingen (Vater: Prof. Dr. phil., Ord. f. Experimentalphysik Univ. Rostock u. Bonn (s. XIII. Ausg.); Mutter: Erika, geb. Blank), verh. s. 1952 m. Christa, geb. Harm, 2 Töcht. (Maria, Annette) - Univ. Göttingen, Bonn, Zürich, Promot. 1949 Göttingen (Min.); Habil. 1965 Tübingen (Mineral.) - 1949-67 Mineraloge Gewerksch. Elwerath/Erdölw. Hannover; 1965-67 Privatdoz. Univ. Tübingen; s. 1967 Ord. Univ. Bochum (emerit. 1987) - BV: Sediment-Petrologie, 1969, Neubearb. 1988 - 1981 Ehrenmitgl. Soc. Econ. Pal. Min. (USA); 1984 Hans-Stille-Med.; 1990 Gustav-Steinmann-Med.; Mitgl. Leopoldina - Bek. Vorf.: Georg Simon Ohm, Physiker. 1789-1854 (vs.).

FÜGER, Wilhelm Friedrich

Dr. phil., o. Prof. f. engl. Philol. Freie Univ. Berlin (s. 1973) - Dahlemer Weg 92A, 1000 Berlin 37 (T. 817 86 60) - Geb. 7. Febr. 1936 Bodenbach (Vater: Wilhelm F., Kaufm.; Mutter: Angela, geb. Fritsche), kath., verh. s. 1967 m. Dr. med. Nevenka, 2 Kd. (Bernhard, Andrea) - Stud. d. Angl., Amerikan., Roman. Univ. München; Promot. 1963; Habil. 1970 - Zun. Höh. Schuldst., 1968 Stip. Dt. Forsch.gemeinschaft. Zahlr. Fachveröff. - Liebh.: Flugsport - Spr.: Engl., Franz. - Lit.: Kürschners Dt. Gelehrtenkalender, Th. Finkenstaedt: Neuer Anglistenspiegel (1983); Manfred Scheler: Berliner Angl. in Vergangenh. u. Gegenwart (1987).

FÜHR, Fritz

Dr. agr., Prof. f. Radioagronomie Univ. Bonn, Direktor Inst. f. Radioagronomie KFA Jülich GmbH - Weissdornweg 7, 5170 Jülich (T. 02461 - 23 59) - Geb. 23. Juli 1934, ev., verh. s. 1966 m. Gisela, geb. Thieheuer, 4 Kd. (Friederike, Arndt, Hartmut, Annette) - Landwirtschaftslehre; Stud. Landwirtsch. TU Berlin u. Univ. Bonn; Promot. (Agrikulturchemie) Bonn - 1980 Prof. f. Radioagronomie Univ. Bonn; Dir. Inst. f. Radioagronomie KFA Jülich GmbH - Liebh.: Musik (Klassik u. Jazz), Sport (Tennis, Prellball, Wandern, Schwimmen) - Spr.: Engl.

FÜHRBÖTER, Alfred

Dr.-Ing., o. Prof. f. Hydromechanik u. Küstenwasserbau TU Braunschweig (s. 1971) - Joseph-Fraunhofer-Str. 35, 3300 Braunschweig - Geb. 26. März 1931 Hamburg (Vater: Alfred F., Obering.; Mutter: Mira, geb. Schmidt), ev., verh. s. 1967 m. Annedore, geb. Asbrand, 4 Kd. (Uta, Maike, Anne Katrin, Jens Fred) - Winckelmann-Sch. Stendal (Abit.); TU Berlin u. Hannover (Dipl.-Ing.). Promot. (1961) u. Habil. (1966) Hannover - 1957-71 Wiss. Mitarb. Assist., Obering., Privatdoz. TU Hannover - BV: Üb. d. Förderung v. Sand-Wasser-Gemischen in Rohrleitungen, 1961; D. Druckschlag durch Brecher auf Deichböschungen, 1966; Änderungen d. Wahrscheinlichk. v. Extremsturmfluten, 1976. Üb. 90 Veröff. - Spr.: Engl.

FÜHRER, Artur K.

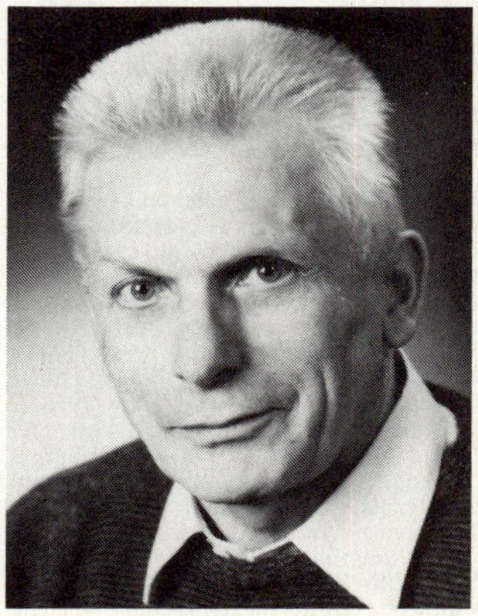

Schriftsteller, Künstler - In der Schanze 65, 4250 Bottrop (T. 02041 - 2 39 20) - Geb. 12. Okt. 1929 Großensee/Thür., verh. s. 1956 m. Renate, geb. Assmann, 2 Kd. (Volker, Ina) - Abit. 1949; Stud. Univ. Halle, Kassel u. Köln - 1968 Gründ. u. Leit. Dt. Haiku-Zentrale; 1968-70 Gründ. u. Leit. 1. Lit.büro Ruhrgebiet (Bottrop); s. 1968 Leit. Galerie 7 u. artothek bottrop; 1970 Vors. Künstlervereinig. Bottrop - BV: haiku, Lyrikbd. 1970; gogo 50225, cod. Texte 1974; bin bei dir, Lyrikbd. 1979; doppelpunkt, Ged. u. Prosa 1985; Schausp. Abschied, 1988 (Autor); Karibu Kilimanjaro, Exped.bericht 1990; Ich fliege ins All, Prosa 1992. Hörstück: Freitag d. 13. (WDR u. NDR), Mitarb. an FS-Send. (WDR, HR, ZDF, SAT1, RTL plus). S. 1954 Darst. in Kurz- u. Kinofilmen (u.a. Stadtrand). Kunstausst. im In- u. Ausl. - 1974 Objekt-Stip. (Folkwang) Mona-Lisa-Pr. Duisburg (zus. m. Hans Stilett); 1979 Goldmünze d. Stadt Bottrop f. Lit.förd.; 1987 1. Kulturpr. f. Kunst- u.d Lit.förd.; 1990 BVK am Bde.; 1992 1. Lyrikpreis - Liebh.: Fallschirmspringen, Drachenflug, Ballonfahrt, Bergwandern - Spr.: Engl., Russ., Kiswahili (Suaheli).

FÜHRER, Claus

Dr. phil. nat., Prof. TU Braunschweig - Tulpenweg Nr. 30, 3300 Braunschweig - Geb. 31. Jan. 1926 Hamburg (Vater: Hans F., Ing.; Mutter: Elsa, geb. Fuhrmann), ev., verh. s. 1952 m. Elinor, geb. Remy, 2 Kd. (Claus, Lore-Maria) - Stud. d. Pharmazie; Promot. 1957; Habil. 1965 Frankfurt - Fachmitgl.sch. - Spr.: Engl., Schwed.

FÜHRER, Erwin

Dr. phil., Prof. f. Forstentomologie u. Forstschutz - Balderichgasse 22, A-1170 Wien - B. 1973 Privatdoz., dann apl. Prof. Univ. Göttingen. Vorst. Inst. f. Forstentomol. u. Forstschutz Univ. f. Bodenkultur Wien.

FÜHRER, Hansjakob

Dipl.-Ing., Architekt, Prof. f. Entwerfen u. industrialisiertes Bauen sowie Planung v. Industriebauten TH Darmstadt - Wittmannstr. 29, 6100 Darmstadt (T. 16 32 37).

FÜHRER, Helmut K. E.

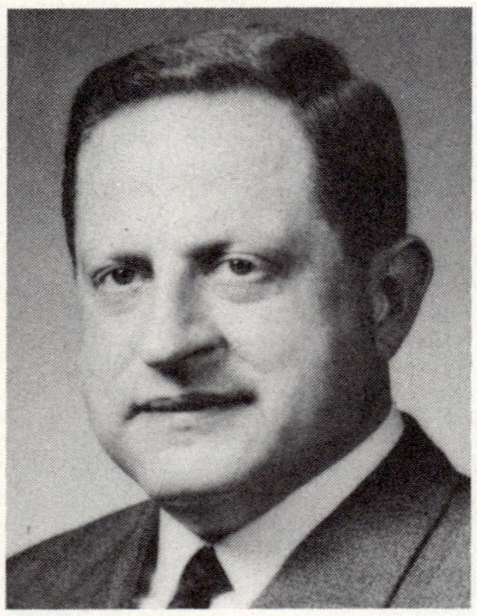

Freischaffender Parfumeur-Créateur, Geruchs- u. Geschmacksexperte - Hohenzollernring 33, 2000 Hamburg 50 - Geb. 15. Juni 1927 Suhl/Thür. (Vater: Karl F.; Mutter: Antonie, geb. Fischer), ev., verh. s. 1968 m. Helga, geb. Hanfft, S. Philipp Marcel Helmut - Abit. (1944); Praktikum Grasse, Paris, Nyon, Genève - S. 1952 Parfumeur-Créateur (1968-72 Chefparf. Dragoco & Co.), Schöpfer bek. Duftwässer (u. a. Hamburger Wasser/Eau de Hambourg - entstand aus 98 versch. Gewürzölen, Tinkturen u. Infusionen), Berat., Gutachten, Rezepte f. Parfümerien u. Körperpflegemittel - BV: LES NEZ - D. richtige NASE f. d. sinnlichen Düfte dieser Welt, 1992. Üb. 1000 Fachveröff. (Parfümerie, Riechstoffe-Kosmetik, Essen u. Geschmackstoffe) - Liebh.: Reiten, Polo, Golf.

FÜLBERTH-SPERLING, Georg

Dr. phil., Prof. f. Politikwissenschaft - Friedrich-Naumann-Str. 20, 3550 Marburg/L. - Geb. 25. Sept. 1939 Darmstadt (Vater: Georg F., Schreiner; Mutter: Anna, geb. Zipp), verh. m. Urte Sperling, 2 Kd. (Jochen, Maruta) - 1959-65 Univ. Frankfurt/M. (German., Gesch.), 1965-66 FU Berlin u. Univ. Marburg (Soziol., Polit.). Staatsex. 1964; Promot. 1970 - S. 1972 Prof. Univ. Marburg - BV: Proletar. Partei u. bürgerl. Lit., 1972; D. dt. Sozialdemokr. 1890-1933, 1974 (m. Jürgen Harrer); Gesch. d. BRD in Quellen u. Dok., 1982; Leitfaden durch d. Gesch. d. BRD, 1983; Konzeption u. Praxis sozialdemokr. Kommunalpolitik 1918-33, 1984; D. Beziehungen zw. SPD u. KPD in d. Kommunalpolitik d. Weimarer Periode 1918/19 b. 1933, 1985; KPD u. DKP 1945-1990. Zwei kommunistische Parteien in d. vierten Periode kapitalist. Entw., 1990; Sieben Anstrengungen, d. vorläufigen Endsieg d. Kapitalismus zu begreifen, 1991. Mithrsg.: Gesch. d. dt. Gewerkschaftsbeweg. (2. A. 1978) - Spr.: Engl., Franz., Ital., Lat., Russ.

FÜLDNER, Eckart

Dr. phil. nat., Prof. f. Geographie PH Ludwigsburg - Pädag. Hochsch., Postf., 7140 Ludwigsburg - Geb. 25. Juli 1937 Dortmund, ev., verh. s. 1963 - Univ. Frankfurt/M. Beide Staatsex. f. d. höh. Lehramt - Zul. Assist. Frankfurt u. Doz. Reutlingen - BV: Agrargeogr. Unters. in d. Ebene v. Thenaloniki, 1967. Schulbuchautor: Unser Planet, Erdkunde u. Unsere Erde - Spr.: Engl.

FÜLGRAFF, Barbara

Dr. phil., Prof. f. Sozialwiss. m. Schwerp. Weiterbildung Univ. Oldenburg (s. 1972) - Ammerländer Heerstr. 114-118, 2900 Oldenburg - Geb. 1935 Berlin - Promot. 1963 - 1963-72 Wiss. Ass. u. Akad. Rat f. Soziol. Univ. Frankf. - BV u. a.: Fernsehen u. Familie, 1965; Lernen im Alter, 1976; Vorbereitung auf d. Alter, 2. A. 1981; Alter als Thema d. eig. Biographie, 1980, Neuaufl. 1992; Neue Mitarbeiter in d. Weiterbildung, 1981; Mädchenbücher aus 3 Jh., 1983; Beruf u. Studium, 1986 (m.a.); Frauen um 60, 1989. Beitr. in Sammelbänden u. Ztschr. zur Medienforschung, wiss. Weiterbild., Professionalisierung, soz. Gerontologie.

FÜLGRAFF, Georges

Dr. med., Prof. f. Pharmakologie u. Toxikologie - Sybelstr. 6, 1000 Berlin 12 (T. 030 - 323 82 25) - Geb. 14. Juli 1933 Straßburg - Med. Staatsex. u. Promot. 1959 Freiburg; Wiss. Assist. in Freiburg u. New York; Habil. 1968 Freiburg - 1969 Wiss.-Rat u. Prof. RWTH Aachen; 1972 o. Prof. Univ. Frankfurt; 1974 Präs. Bundesgesundheitsamt Berlin; 1980 Staatssekr. d. BMJFG in Bonn; s. 1982 freiberufl. wiss. Berater f. Umwelt- u. Gesundheitspolitik; Sachverst.rat f. Umweltfragen, Enquete-Kommiss. d. Dt. Bundestages - BV: Pharmakotherapie-Klin. Pharmakologie, 8. A. 1992; Lebensmittel-Toxikologie, 1989; Arzneitherapie - Was gibt es Neues, 2. A. 1989; Wissenschaft in d. Verantwortung, 1990; Handbuch d. Umweltmedizin 1992 - Spr.: Engl., Franz.

FÜLLEBORN, Ulrich

Dr. phil., em. o. Prof. f. Neuere dt. Literaturgeschichte - Loewenichstr. 11, 8520 Erlangen (T. 2 43 99) - Geb. 21. April 1920 Ritschenwalde/Prov. Posen (Vater: Otto F., Rentmeister; Mutter: Elisabeth, geb. Karnath), ev., verh. s. 1952 m. Liselotte, geb. Krenz - Reform-Realgymn. Brandenburg/H.; Univ. Berlin u. Hamburg (German., Phil., Angl., Roman.). Promot. (1958) u. Habil. (1964) Hamburg - S. 1964 Lehrtätigk. Univ. Hamburg (Doz.) u. Erlangen-Nürnberg (1965 o. Prof. u. Mitvorst. Dt. Sem.; emerit. 1988) - BV: D. Strukturproblem d. späten Lyrik Rilkes, 2. A. 1973; D. dramat. Geschehen im Werk Franz Grillparzers, 1966; D. barocke Grundspannung Zeit-Ewigkeit in d. Trauersp. Lohensteins, 1969; D. dt. Prosaged., 1970. Herausg.: Adolf Beck, Forschung u. Deutung - Ausgew. Aufs. z. Lit. (1966); Dt. Prosaged. d. 20. Jh. (Textsamml., m. K.-P. Dencker, 1976); Studien z. Dt. Lit. Festschr. f. Adolf Beck (m. J. Krogoll, 1979); Materialien z. Rainer Maria Rilkes Duineser Elegien, Bd. 1-3 Selbstzeugn., Forschungsgesch., Rezeptionsgesch. (m. M. Engel, 1980 u. 82); Dt. Prosaged. v. 18. Jh. b. z. letzten Jahrhundertwende (Textsamml., m. K. Engelmann, 1985); D. neuzeitl. Ich in d. Lit. d. 18. u. 19. Jh. z. Dialektik d. Moderne. E. intern. Symposion (m. M. Engel, 1988). Div. Einzelarb. - 1974 Grillparzer-Ring - Spr.: Engl., Franz. - Lit.: Z. Geschichtlichkeit d. Moderne, Festschr. f. U. F. (1982); Studien z. Lit. d. Frührealismus, Festschr. f. U. F. (1991).

FÜLLKRUG, Armin

Oberlandesgerichtsrat a. D., Vizepräs. i. R. d. Ev. Kirche v. Kurhessen-Waldeck - 3500 Kassel-W'höhe - Geb. 13. Dez. 1914 Bad Homburg v. d. H., ev., verh. s. 1947 m. Lieselotte, geb. Hübner, 3 Kd. (Hans-Jürgen, Gabriele Füllkrug-Barner, Cornelia Füllkrug-Weitzel) - B. 1960 hess. Justizd. (zul. OLG Frankfurt/M.); 1962 Stänď. Mitarb. d. Ztschr. f. Ev. Kirchenrecht; 1969-84 Vors. Kurat. d. Inst. f. Kirchenbau u. mod. kirchl. Kunst d. Ev. Kirche in Deutschl. an d. Univ. Marburg; 1973-85 Vorst.-Vors. Rehabilitationszentrum d. Diakonie, Hess. Lichtenau; 1979 Lerhauftr. f. Kirchenrecht Univ. Marburg, Fachbereich f. Ev. Theol. - BV: Hans v. Sodens kirchenrechtl. Werk, 1965; Artikel Kirche u. Staat in Fahlbusch: Taschenlex. f. Relig. u. Theol. (TRT), 2. A. 1984. Mithrsg.: Samml. Staat u. Kirche Hessen, Rheinl.-Pfalz, Saarl. (1970); Kirche u. Staat. Rechtstexte f. Stud. u. Praxis, 1984 - 1973 Ehrenz. Johanniter-Unfallhilfe. 1973 BVK I. Kl., 1979 Symposion f. Armin Füllkrug Autonomie d. Kirche. 1980 gr. BVK. 1975 u. 1979 Gold. Sportabz. (5x). Lit.: Wiss. Besprechung d. Symp. in Ztschr. f. Ev. Kirchenrecht. 1984, Heft 4.

FÜNFER, Ewald

Dr. rer. nat., Dr.-Ing. e. h., Wiss. Mitgl. d. Max-Planck-Ges. u. em. Direktor a. Max-Planck-Inst. f. Plasmaphysik, Garching - Gerstäckerstr. 43, 8000 München 82 (T. 430 80 31) - Geb. 14. Okt. 1908 Heidenheim/Brenz, verh. s. 1940 m. Anny, geb. Enderlein, 3 T. (Jutta, Christine, Gabriele) - S. 1953 (habil.) Lehrtätigk. TH München (1960 ao. Prof.) - BV: Zählrohre u. Szintillationszähler, 1953 (m. H. Neuert); Ergebnisse d. exakten Naturwiss. - Plasmaphysik, 1962 (m. G. Lehner).

FÜNFGELD, Ernst Walter

Dr. med., Ltd. Medizinaldirektor i. R., Chefarzt d. Schloßbergklinik Wittgenstein, Spezialklinik f. MS- u. Parkinsonkranke, 5928 Bad Laasphe, Prof. f. Psychiatrie u. Neurologie a. d. Univ. d. Saarlandes, Honorarprof. f. Psych. Univ. Marburg - Weintrautstr. 10, 3550 Marburg/L. - Geb. 14. Aug. 1922 Freiburg/Br. - S. 1964 (Habil.) Lehrtätigk.

FÜNFGELD, Hermann

Intendant d. Südd. Rundfunks, Stuttgart - Neckarstr. 230, 7000 Stuttgart 1 (T. 0711 - 288 20 00) - Geb. 2. Jan. 1931 Mannheim, verh. - 1951-56 Stud. d. Rechts- u. Staatswiss. Freiburg u. München, Dipl.-Volkswirt.

FÜNFSTÜCK, Wolfgang

I. Bürgermeister - Rathaus, 8588 Weidenberg/Ofr. - Geb. 16. Mai 1944 Puletschnei - Zul. Regierungsamtm. Fr. Wählergem. (FWG).

FÜRCHTENICHT-BOENING, Walter

Vorstandsmitgl. ARAL AG. - Wittener Str. 45, 4630 Bochum; priv.: Josephinenstr. 22 - Geb. 14. Dez. 1912 Bremen - S. 1960 stv. u. o. Vorstandsmitgl. ARAL.

FÜRER, Arthur

Dr., Dr. h. c., Rechtsanwalt - Chemin des Roches, CH-1803 Chardonne - Geb. 18. Dez. 1920 Gossau/St. Gallen (Vater: Carl F.; Mutter: Clara, geb. Staub), kath., verh. s. 1951 m. Bea, geb. Hofer, S. Amdo - Gymn. Feldkirch (Österr.); Univ. Fribourg, Bern u. St. Gallen (Promot. Staats- u. Rechtswiss.); Rechtsanw. im Kanton St. Gallen; 1944-46 Anwaltstätigk. in e. Wirtschaftsverb., 1947-54 Rechtskonsulent u. Dir.sekr. Georg Fischer AG, Schaffhausen; s. 1954 Nestlé S.A. in Vevey (1969-75 Generaldir. Finanzabt., 1975-82 VR-Deleg., 1982-84 Präs.). Zahlr. Ehrenämter - 1976 Ehrendoktor Univ. Guadalajara/Mexiko - Spr.: Deutsch, Engl., Franz., Ital., Span.

FÜRER, Gotthard

Dipl.-Ing., Präsident Oberbergamt Clausthal-Zellerfeld f. Länder Niedersachsen, Scheswig-Holst., Bremen, Hamburg u. Berlin - Hindenburgpl. 9, 3392 Clausthal-Zellerfeld - Geb. 15. Aug. 1927 Breslau - Hochschulstud. Bergakad. Clausthal u. Univ. Köln; Ass. d. Bergfachs. Mitgl. Nieders. Akad. d. Geowiss., Lehrauftr. TU Clausthal u. a. Ämter.

FÜRNKRANZ, Otmar Friedrich

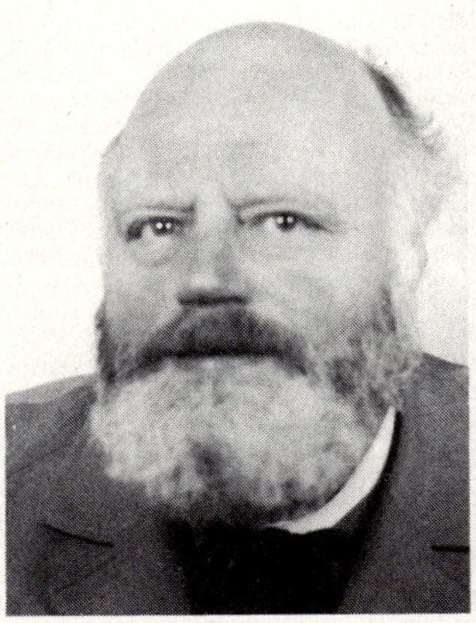

Opernchorsänger, Dichter, Autor, Schriftst., Publizist, Formkünstler, Versstilist, Sprachvirtuose - Kleine Rosengasse 1, 8630 Coburg - Geb. 13. Dez. 1931, ev., verh. s. 1966 m. Margarete Johanna, geb. Perner - Oberrealsch. Frankfurt; Knabeninst. Dr. Lucius Forsthaus b. Echzell; Aufbausch. Friedberg; Priv. Gesangsausb. - Opernchorsänger: 1964-65 Städtebundtheater Hof, 1965-66 Landestheater Detmold, 1966-69 Städt. Bühnen Lübeck, 1970-71 Stadttheater Hildesheim, 1971-72 Theater Osnabrück, 1972-74 Theater Ulm, 1974-75 Landestheater Flensburg, 1975-78 Theater Coburg - BV: u. a. D. trojanische Pferd, 1981; Träume e. Einsamen, 1982; Wünsche u. Ziele; M. hoher, idealistischer Auffassung v. Reinheit u. Würde d. Poesie, schärfster Gegner v. Willkür u. Formlosigkeit eintretend f. d. Gedankenideale d. dt. Spätromantik, aber auch in d. Sprachstilistik d. Ära e. neuen dt. Neoklassizismus vertretend. Polit. Tendenzdichter; in Vorb. folgende Lyr., epische u. dramat. Werke: D. blaue Blume d. dt. Spätromantik, m. d. seltensten Lyrik- u. Metrikarten, Marius u. Sulla, gr. hist. Drama in 5 Akten, Heinz u. Elisabeth, Lyr.-epische Brieferz. - Spez. Arbeitsgeb.: u. a. strenge Versmaße v. antiken Oden, Renaissancesonetten m. ital. u. span. Endecasillabo, sow. romanische Versformen, wie Strambottos, Rispetti, Villancicos m. span. Estribillo, Artemenors, Artemayors, Sizilianen, Madrigale, Liras, Kanzonen, Rondelle, Ritornelle, Huitains, Villanellen, Villoten, sow. auch orientalische Versformen, wie Ghasele, Rubais, sow. auch jap. Versformen, wie Tankas, Haikus, Hokkus, engl. Versformen, wie Rhymeroyals, Burnsstanzas, Roundels usw., ferner auch Balladen, Romanzen, Hymnen, Elegien, Dithyramben, Epigramme, Gelegenheitsged., polit. nat. Ged., Cantos, Kantaten, Heroiden, Xenien, Invektive usw. Insges. 60-70 Versformen.

FÜRNROHR, Walter

Dr. phil., o. Prof. f. Didaktik d. Geschichte - Lärchenstr. 19, 8035 Gauting/Obb. - Geb. 31. Dez. 1925 Regensburg - Promot. 1952 Erlangen - S. 1971 Ord. Univ. Erlangen-Nürnberg. 1971-75 Vors. Konfz. f. Geschichtsdidaktik; 1980-90 Vors. Intern. Ges. f. Geschichtsdidaktik - BV: D. Immerwährende Reichstag zu Regensburg, 1963; Kurbaierns Gesandte auf d. Immerw. Reichstag, 1971; Ansätze e. problemorientiert. Gesch.didaktik, 1978; 200 J. Abitur - Bayer. Gymnasialgesch. E. Ausstellungskatalog (zus. m. Schraudolph), 1988. Herausg. u. Mitautor: Gesch.didakt. Stud. in d. Univ. (1972); Gesch.didakt. u. Curriculumentwickl. I (1974); Gesch.didakt. im intern. Vergleich (1979); (zus. m. Kirchhoff) Ansätze empir. Forsch. im Bereich d. Gesch.didakt. (1976); Afrika im Gesch.unterr. europ. Länder (1982); D. Welt d. Islams im Gesch.unterr. d. Europäer (1984); Wesenszüge Europas: Historische Genese u. weltweite Ausstrahlung unter geschichtsdidaktischem Aspekt (1989).

FÜRNTRATT-KLOEP, Ernst

Dr. phil., o. Prof. f. Psychologie RWTH Aachen, Päd. Fak. (s. 1972) - Grünenbäumchen 32, 5060 Bergisch-Gladbach - Geb. 10. März 1938 München (Vater: Maximilian F., Kaufm.; Mutter: Ida, geb. Kortschak), verh. s. 1980 m. Marion Kloep, geb. Kloep, 3 Kd. (Kai, Anja-Michaela, John) - IV. Bundesrealgymn. Graz; Univ. Graz u. Wien (Psych., Zool.; Prof. Weinhandl u. Reisinger). Promot. 1961 Graz - 1964-68 Wiss. Assist. Univ. Gießen; 1968-72 Lektor Univ. Uppsala - BV: Angst u. instrumentelle Aggression, 1974; Motivation schul. Lernens, 1976; Zwang u. Repression im Schulunterr., 1976; Lernprinzip Erfolg, 2 Bde. (zus. m. Chr. Möller), 1982 - Liebh.: Musik, Satire, Skisport - Spr.: Engl., Schwed.

FÜRSEN, E. J.

Dr. jur., Rechtsanwalt, Honorarkonsul d. Niederlande f. d. Kreise Rendsburg-Eckernförde, Dithmarschen u. Stadt Kiel - Konsulat: Hollesenstr. 21, 2370 Rendsburg; Kanzlei: Dr. Fürsen & Kaminski, Rendsburger Str. 30, 2374 Fockbek/Rendsburg (T. 04331 - 6 10 65); priv.: Kattsheide 2-6, 2375 Jevenstedt/Rendsburg - Geb. 16. Febr. 1942 Stettin (Vater: Ernst Joachim F., Offz.; Mutter: Margot Entz-v. Zerssen), ev., verh. s. 1971 m. Angelica, geb. Stahlberg, 3 Kd. (Nicolaus, Cay, Antoinette) - Banklehre; Stud. Rechtswiss. Staatsprüf. 1970 u. 74; Promot. 1973 - IMEDE (PED-15/1978) Bank- u. Wirtschaftstätigk. (1980-82 Geschäftsf.) - BV: D. Hardesvogt im Herzogtum Schleswig. Herausg.: Mitt. d. Canal-Vereins - Liebh.: Gesch. - Spr.: Engl., Franz., Niederl.

FÜRST, Ansgar

Dr. phil., Chefredakteur Badische Zeitung Freiburg - Birkenweg 27, 7800 Freiburg (T. 0761 - 40 87 80) - Geb. 10. Febr. 1930 Heidelberg, kath., verh. s. 1959 m. Helga, geb. Laug, 3 Kd. (Urs Christoph, Bettina, Götz Tobias) - Stud. Univ. Freiburg u. Heidelberg (Soziol., Neuere Gesch., Staatslehre, Päd.); Promot. 1957 Heidelberg - 1961 Theodor-Wolff-Preis - Spr.: Engl., Franz.

FÜRST, Carl Gerold

Dr. jur., Prof. f. Kirchenrecht u. Kirchl. Rechtsgesch. Univ. Freiburg - Kartäuserstr. 35, 7800 Freiburg (T. 2 38 75; dstl. 203 20 25) - Geb. 17. Febr. 1933 Wien (Vater: Rudolf F., Verleger; Mutter: Margareta, geb. Baborek), kath., verh. s. 1962 m. Edeltraut, geb. Pflügl, 4 Kd. (Carl Gerold, Johannes Christoph, Christine Maria, Georg Rudolf) - Gymn. Wien; 1951-60 Stud. Phil., Theol. u. Jura Univ. Wien, Innsbruck u. Rom; Promot. 1960 Wien, Habil. 1966 Salzburg - 1961-65 Univ.-Assist. Innsbruck; 1965-71 Assist. Salzburg (1970 ap. Prof.); 1971 o. Prof. Freiburg; 1978 Konsultor d. Päpstl. Kommiss. f. d. Revision d. Ostkirchenrechts; 1983 Generalsekr. Ges. f. d. Recht d. Ostkirchen; 1991 Konsultor d. Päpstl. Rates z. Interpretation d. Gesetzestexte; 1991 Präs. d. Ges. f. d. Recht d. Ostkirchen - BV: Cardinalis. Prolegomena zu e. Rechtsgesch. d. röm. Kardinalskolleg., 1967; Ehe als Stand u. als Prozeß, (m. W.-J. Rewers) 1976; Canones-Synopse z. Codex Iuris Canonici u. Codex Canonum Ecclesiarum Orientalium, 1992 - 1967 Kardinal-Innitzer-Preis; 1969 Ritter d. O. v. Hl. Grab - Liebh.: Musik, Archäol., Philatelie - Spr.: Engl., Franz., Ital., Neugriech.

FÜRST, Elisabeth

Schriftstellerin - Bucherstr. 74, 8500 Nürnberg - Geb. 25. Dez. 1904 Nürnberg (Vater: Adolf F., Oberlehrer; Mutter: Margarete, geb. Geyer), ev. - Lehrerseminar Nürnberg/Erlangen (Stud. roman. Spr.) - 42 J. Lehrtätigk. (zul. Oberlehrerin), Mitgl. u. a. VFS, Max-Dauthenday-Ges. - BV/Ged.: Gesicht e. Landschaft (1963/77), Heimat Europa (1963), Land d. Silberdistel (1966); Vers.-R.: Auf Seide geschrieben - Aus dem Leben des Malers und Dichters Kiu (1965). Sprechoratorien: Die heilige Woche - Passion, Ostern, 1967; Leben u. Tod d. Soldaten Kama - aus e. Nachlaß, 1968. Mundart: Nürnberger Weihnacht, Laien- u. Hörsp. 1954, 71, 76; Da lachst di scheckat, Ged. 1963; G'schichten aus'm Alltag, 1965; D. lustige Fremdenführer, 1965; Döi Weihnachtsgschicht, 1973; Heilige Zeit (Advent - Dreikönig), 1978; Ged. u. Prosa: Das Bauernjahr, 1978; Allmächt, etz su wos!, 1978; Spiel: Eppelein v. Gailingen, 1973; D. Spiel v. hl. Sebaldus, 1979. Beitr. in 15 Anthol., 120 Ged.-Vertonungen; Tonband-Kassetten m. z. Zt. 68 Kunstliedern, 1981 - Lyrik-Preis: Rose aus Zinn; Mundartehrg: Hans Sachs-Taler m. Meisterbrief.

FÜRST, Heinrich

Schauspieler u. Regisseur - Varnhagenstr. 38, 4000 Düsseldorf (T. 343334) - Geb. 9. Dez. 1906 Ludwigshafen/Rh., kath., verh. m. Helene, geb. Weiser, 2 Söhne (Manfred, Thomas) - Univ. Würzburg, Berlin, München (Rechtswiss.). Refer.ex. - S. 1932 Bühnen Würzburg, München (Kammersp.), Erfurt, Stettin, Berlin (Schiller-Theat.), Hamburg (Staatl. Schauspielhs.) u. Düsseldorf (1941, Städt. Bühnen). Rollen: u. a. Mephisto, Othello, Wallenstein, Philipp, Geßler, Burleigh, Herodes, Aegist, Götz (Sartre). Rundfunk u. Fernsehen - Liebh.: Filmen u. Fotografieren.

FÜRST, Manfred

Dr. phil. nat., Univ.-Prof. Inst. f. Geowiss., Joh. Gutenberg-Univ., Mainz - Becherweg 21, 6500 Mainz; priv.: Marktpl. 11, 8605 Hallstadt - Geb. 25. Nov. 1925 Hallstadt - Promot. 1954; Habil. 1963 - 1970 Wiss. Rat u. Prof., 1974 Prof. u. Abtlg.-Vorst. Lehrveranstalt.: Angewandte Geologie. Emerit.

FÜRST, Peter

MD, Ph.D., Dr. med., Prof. f. Biochemie u. Ernährungswiss. Univ. Hohenheim/Stuttgart - Planckstr. 119, 7000 Stuttgart 1 - Geb. 17. April 1936 Budapest (Vater: János F., Agrarökonom; Mutter: Erzsébet, geb. Jakab), kath. - Schulen Budapest (Abit. 1954); 1948-55 Stud. Konservat. Budapest, Ex. Gesch. d. Musik, Harmonielehre u. Kompos. 1955; 1954-56 Med.-Stud. Univ. Budapest; nach Emigr. aus Ungarn u. polit. Asyl in Österr. 1957-67 Stud. Med., Chemie u. Biochemie in Stockholm, 1967-69 Karolinska Inst. Stockholm, Approb., Promot. 1969, Facharztanerk. 1971, Habil. 1972 - 1967-72 Assist. Arzt u. wiss. Assist. Stockholm; 1972-81 Dir. Metabol. Forsch.labor St. Eriks Krankenhaus Stockholm; 1981ff. Prof.-C4 u. gf. Dir. Inst. f. Biol. Chemie u. Ernährungswiss. Univ. Hohenheim/Stuttgart. Beratertätigk.; ab 1976 Gastprof. f. klin. Biochemie Columbia Univ., New York - Entd.: Histidin, e. essent. Aminosäure b. Urämie - BV: Rd. 350 Veröff. üb. Protein- u. Aminosäuren-Stoffwechsel, Toxizität b. d. Urämie, sowie biochemische Methodik - 1983 Lett. Bergami; 1984 Lect. Wretlind; 1987 Am. Coll. Nutr. Award; 1988 Konrad-Lang-Preis; 1990 Ehrenmitgl. d. Ung. Ges. f. Klin. Ernähr. - Liebh.: Klass. Musik, bild. Kunst - Spr.: Ungar., Schwed., Engl., Russ.

FÜRST, Ursula

Illustratorin - Preyergasse 20, CH-8001 Zürich - Geb. 14. Febr. 1947 - Kunstgewerbesch. Zürich - Illustratorin v. Kinderb. u. Bildergesch. S. 1983 Comics f. versch. Ztschr.: Tages Anzeiger Magazin, Strapazin. D. Ballade v. d. Typhoid Mary. E. Comic nach e. Roman v. Jürg Federspiel, 1990 - BV: u.a. D. Baum, d. Vogel u. d. Junge, 1975; André Deutsch, 1975; Riesen haben kurze Beine, 1976; Windjo, 1981 - 1984 IBBY; Ehrendipl. d. Hans Christian Andersen Pr.; 1985 Comicausz. Klamauk; 1986 Comics d. Monats Karussell DRS.

FÜRSTENAU, Justus

Dr. phil., Hauptgeschäftsführer Verb. Dt. Maschinen- u. Anlagenbau (VDMA) a.D., Geschäftsf. Impulsstiftg. f. d. Maschinenbau, d. Anlagenbau u. d. Informationstechnik - Lyoner Str. 18, 6000 Frankfurt/M. 71 - Geb. 17. März 1929 Berlin.

FÜRSTENAU, Peter

Dr. phil., Psychoanalytiker u. Unternehmensberater, Honorarprof. Univ. Gießen (s. 1975) - Grafenberger Allee 365, 4000 Düsseldorf (T. 66 17 14) - Geb. 20. Mai 1930 Berlin (Vater: Dr. med. et phil. Georg F., Nervenarzt; Mutter: Rose, geb. Miodowski) - Stud. d. Phil., Soziol., Klass. Philol. Univ. Berlin, Frankfurt; Psychoanalyt. Ausb. Berlin u. Gießen - 1960-62 Doz. PH Berlin; 1969-73 Privatdoz., Prof. u. Abt.-vorst. Univ. Gießen; s. 1973 Leit. d. priv. Inst. f. angew. Psychoanalyse. Mitgl. Dt. Psychoanalyt. Vereinig. u. Dt. Ges. f. Soziologie - BV: Soziologie d. Kindheit, 4. A. Heidelberg 1973; Zur Theorie psychoanal. Praxis, Stuttgart 1979; Entwicklungsförderung durch Therapie, München 1992. Herausg.: D. psychoanalyt. Beitrag z. Erziehungswiss., Darmstadt 1974 - Liebh.: Bild. Kunst, Tanz - Spr.: Engl.

FÜRSTENBERG, von, Benedikt

Wäsche- u. Bekleidungsfabrikant - Postf. 380, 7320 Göppingen/Württ. - Geb. 1911.

FÜRSTENBERG, Friedrich

Dr. rer. pol., Dr. h. c., Univ.-Prof. f. Soziologie Univ. Bonn - Adenauerallee 98a, 5300 Bonn 1 - Geb. 22. April 1930 Berlin, ev., verh. s. 1958 m. Christa, geb. Kupfer, 2 Kd. (Martin, Anita) - Univ. Tübingen (Phil., Wirtschaftswiss.). Promot. 1953 Tübingen; Habil. 1962 Erlangen - Forschungsaufenth. Ithaca/USA (1953-54 Cornell Univ.) u. London (1956-57 School of Economics); 1959-61 Leit. Ausbildungsabt. Daimler-Benz AG; s. 1963 Ord. Bergakad. (TH) Clausthal, Univ. Linz (1966), Univ. Bochum (1981), s. 1986 Univ. Bonn. 1983-86 Präs. Intern. Ind. Relations Assoc. S. 1988 Vorst.-Mitgl. d. Arbeitsgemeinschaft Sozialwiss.licher Institute - BV: Probleme d. Lohnstruktur, 1958; Industriesoziol. I, 2. A. 1966; Wirtschaftssoziol., 2. A. 1970 (auch span. u. japan.); Das Aufstiegsproblem in d. mod. Ges., 2. A. 1969; Religionssoziol., 2. A. 1970; Grundfragen d. Betriebssoziol., 1964; D. Sozialstruktur d. Bundesrep. Dtschl., 6. A. 1978 (auch chines.); D. Soziallage d. Chemie-Arbeiter, 1968; Soziol., 3. A. 1978; Japan. Unternehmensführ., 2. A. 1981 (auch engl.); Ind.soziol. II 1974 u. III 1975; Ind. Arbeitsbeziehungen, 1975; Konzeption e. interdisz. organis. Arbeitswissenschaft, 1976; Soziale Unternehmenspolitik, 1977; Einf. in d. Arbeitssoziol., 1977; Structure and Strategy in Industrial Relations, 1991 - o. Mitgl. Accad. Mediterranea delle Scienze; 1991 Ehrendoktor - Spr.: Engl., Franz. - Lit.: Festschr.: B. Scheuringer (Hrsg.), Wertorientierung u. Zweckrationalität, Bibliogr. (1990).

FÜRSTENBERG, Heinz-Siegbert

Dr. med., Prof., Chirurg - Greifswalder Weg 31, 6800 Mannheim 31 - Geb. 4. März 1926 Berlin - Promot. 1957; Habil. 1967 - Gegenw. apl. Prof. f. Chir. Univ. Heidelberg. Zahlr. Vortr. u. Aufs.

Fürst zu FÜRSTENBERG, Joachim Egon

Kaufm., Inh. Holzindustrie Fürst zu Fürstenberg KG, Hüfingen, Gesellsch. Autohaus Freiburg GmbH u. Autohaus Fürstenberg GmbH, Baden-Baden, Kompl. Fürstl. Fürstenberg. Brauerei KG ebd. - Schloß, 7710 Donaueschingen - Geb. 28. Juni 1923 Schloß Grund/Tschechosl. (Vater: Max Egon Prinz zu Fürstenberg; Mutter: Wilhelmine Gräfin v. Schönburg-Glauchau), verh. 1947 m. Paula Gräfin zu Königsegg-Aulendorf, 6 Kd. - Chef d. Hauses Fürstenberg.

FUESS, Rainer

Direktor, Vorstandsmitglied Benteler AG - Residenzstr. 1, 4790 Paderborn.

FÜSSL, Karl Heinz

Komponist, Musikwissenschafter, o. Hochschulprof. (Ord. f. Formanalyse) Musikhochsch. Wien (s. 1985) - Pettenkofengasse 4, A-1030 Wien - Geb. 21. März 1924 Jablonec (ČSSR), kath., verh. s. 1950 m. Liliane, geb. Wagner, T. Susanne - Stud. Musikhochsch. Berlin b. 1942, Musikhochsch. (damals Akad.) Wien 1946-50; Komposition u. Theorie zunächst im Selbststud.; Stud. in Berlin b. K. F. Noetel u. Hugo Distler (Chorltg.), in Wien b. A. Uhl, H. Swarowsky (Dirigieren), priv. b. d. Schönberg-Schülern Erwin Ratz u. Josef Polnauer (Formanalyse) - 1950 Bühnenkomponist, Mitarb. d. Haydnforschers H. C. R. Landon; 1953-56 Musikkritiker; ab 1955 Mitarb. Neue Mozart Ausg.; s. 1958 Tätigk. im Musikverlag Universal Edition Wien; ab 1974 Leit. Gustav-Mahler-Gesamtausg.; ab 1974 Lehrer f. Formanalyse Musikhochsch. Wien - Publ. u.a. Mahler G.A.: VIII. Symphonie; NMA: Streichquartette, Divertimenti; Wiener Urtext Edition: Mozart, Klaviersonaten; Haydn: Tänze f. Klavier; Beethoven: 4-händige Klaviermusik - Opern: Dybuk, Celestina, Kain. Ballett: D. Maske. Orchestermusik u. Kammermusik, Motetten u. Kantaten, Orgelmusik. Lieder: Hölderlin-Liederb. (7 Hefte), Brecht-Liederb. (2 Hefte), Dialogue in praise of the Owl and the Cuckoo (nach Shakespeare), Concerto rapsodico n. G. M. Hopkins; Suspirium ad amorem (n. engl. Anon. u. Beaumont), Cantiunculae amoris (nach Ovidius u. Petronius) u.a. - 1970 Österr. Staatspr.; 1975 Würdigungspreis f. Musik; 1976 Preis d. Stadt Wien; 1990 Österr. Ehrenz. f. Wiss. u. Kunst - Liebh.: Lit., neue Physik, Tiefenpsychologie - Spr.: Engl.

FUGGER von GLÖTT, Graf, Albert

Rechtsanwalt, Land- u. Forstwirt, Chef d. Hauses Fugger-Glött - Fuggerei 56, 8900 Augsburg - Geb. 12. Nov. 1932 München - Mitgl. Bezirkstag v. Schwaben u. MdK Unterallgäu; Vors. Senior d. Fürstl. u. Gräfl. Fugger'schen Familienseniorates; 1. Vors. d. Vereins z. Erhaltung privater Baudenkmäler u. sonstiger Kulturgüter in Bayern e.V; Mitgl. d. Beirats d. Bundesverb. Dt. Stiftungen e.V.

FUGMANN-HEESING, Annette

Dr. jur., Hessische Ministerin d. Finanzen - Friedrich-Ebert-Allee 8, 6200 Wiesbaden (T. 0611 - 32-24 61) - Geb. 6. Jan. 1955 Petershagen, verh. m. Christoph H., 2 Töcht. (Frauke, Britta) - Abit.; Stud. Rechtswiss.; Promot. 1983 Bielefeld - AR-Vors. Flughafen Frankfurt/M. AG, Freilichtmuseum Hessenpark GmbH; Gemeinn. Wohnungsges. mbH Hessen; AR-Mitgl. Messe Frankfurt GmbH, Preußen-Elektra Hannover.

FUHLISCH, Günter

Dirigent, Komponist, Arrangeur - Goldröschenweg 8, 2000 Hamburg 65 (T. 040 - 536 18 37) - Geb. 1. Sept. 1921 Cottbus (Vater: Erich F., Eisenbahninsp.; Mutter: Helene, geb. Libera), verh. in 2. Ehe (1966) m. Margot, geb. Wulfes), 3 Kd. (Michael, Annette, Andreas) - Musikhochsch. (Konservat.) Leipzig - S. 1950 NDR Hamburg. S. 1986 Doz. Hambg. Konservatorium (Fächer: Klassik, Popularmusik u. Big-Band), Doz. Hochsch. f. Musik, Hambg. (Fach: Posaune [Jazz]). Unterhaltungsmusik. Schlager: D. alte Seemann kann nachts nicht schlafen u. a. - BV: Neue Schule f. Zugposaune - Liebh.: Modelleisenb. - Spr.: Engl.

FUHLROTT, Rolf M.

Dr.-Ing., Bibliotheksbauberater, Bibliotheksdirektor a. D. Univ. Karlsruhe - Berliner Str. 9a, 7500 Karlsruhe 21 (T. 0721 - 7 42 00) - Geb. 19. Aug. 1934 Itzehoe - Gymn. Köln; Stud. Bauwesen u. Verkehrsplan. Univ. Karlsruhe; Dipl. 1961, Fachprüf. 1971, Promot. (Arch.) 1975 - S. 1972 Mitgl. Baukommiss. Dt. Bibliotheksinst., s. 1977 Bibl.dir. Univ. Karlsruhe - BV: Informationsbedarf u. Informationsgewohnh. v. Ingenieurwiss., 1971; Deutschsprachige Arch.-Ztschr., 1975; Speicherbibl., 1982, Bau- u. Nutzungsplanung v. Wiss. Bibl., 1988. Herausg.: Inneneinricht. v. Bibl. (1978); V. Bauen neuerer Bibl. (1979); Bibliotheksbau heute (1981); Ztschr. ABI-Technik (1981 ff.); Bibliotheksneubauten in d. Bundesrep. Deutschl. (1983); zahlr. Fachveröff. - Spr.: Engl. - Bek. Vorf.: Prof. Dr. Johann Carl Fuhlrott (1804-1877), Entd. d. Neandertalers.

FUHR, Ernst

Dr. jur., Prof., Justitiar Zweites Dt. Fernsehen (1962-90), Rechtsanwalt, Medienrechtlicher Berater d. Landesreg. v. Thüringen - Am Viktorstift 31, 6500 Mainz - Geb. 12. Febr. 1925 Bad Kreuznach/Nahe (Vater: Ernst F., Kaufm.; Mutter: Anna, geb. Fuhr), kath., verw. s. 1990, 2 Kd. (Mario, Marina) - Gymn. Bad Kreuznach (Abit. 1943); 1946-49 Univ. Mainz (Rechts- u. Staatswiss.). Gr. jurist. Staatsprüf. 1952; Jur. Promot. 1952 (Mainz, Rechts- u. Staatswiss.) - 1958-62 Landesreg. Rhld.-Pfalz (zul. ORR Landesvertr. Bonn); 2. Vors. d. Presse-Club e.V., Mainz; Wissenschaftl. Beirat d. Ztschr. f. Urheber- u. Medienrecht - Mitgl. Intern. Presse- (IPI) u. Rundfunk-Inst. (IIC) u. a. AR-Mitgl.sch. - Ztw. Lehrbeauftr. Univ. Dortmund u. Univ. Mainz - BV u. a.: D. Recht d. Fernsehens auf freie Berichterst. (1976); Komm. z. ZDF-Staatsvertr. (Hrsg. u. Mitverf., 1985); Ordnung u. Konflikt als Strukturelemente e. föderalen Rundfunkorg. (1986); D. medientechnol. Wandel als Gestaltungsaufgabe d. Rundfunkrechts (1987); sow. weit. Artikel - BVK am Bde, BVK I. Kl. - Spr.: Engl.

FUHR, Klaus-Joachim

Dr. med. dent., Prof., Direktor poliklin. Prothet./Univ.klinik f. Zahn-, Mund- u. Kieferkrankh. Mainz - Augustusplatz 2, 6500 Mainz (T. 17 30 20) - Geb. 16. April 1929 Bammental (Vater: Dr. Max F., Zahnarzt; Mutter: Anne, geb. Lenz), ev., verh. s. 1963 m. Gabriele, geb. Peiper, 3 Kd. (Oliver, Corinna, Caroline) - Gymn. Wiesbaden; Univ. Mainz (Zahnheilkd.; Staatsex. 1954). Promot. (1954) u. Habil. (1965) Mainz - 1968 Abteilungsvorsteher u. Prof. Univ. Saarbrücken; 1971 Ord. Univ. Mainz; 1974-76 Dekan, 1979 u. 1991-94 gf. Dir. Div. Fachmitgliedsch.

FUHRHOP, Hans-Jürgen

Landwirt, MdL Nieders. (s. 1970, CDU) - Uelzener Str. 1, 3141 Melbeck (T. Embsen 223).

FUHRHOP, Jürgen-Hinrich

Dr. rer. nat., Prof. f. Bioorgan. Chemie - Bayerische Str. 2, 1000 Berlin 15 - Geb. 4. Febr. 1940 Berlin - Promot. 1966 u. Habil. 1973 TU Braunschweig, 1978 Prof. f. Organ. Chemie FU Berlin; Sprecher Sonderforsch.bereich 312 Gerichtete Membranprozesse, Dekan FB Chemie, Membran- u. Porphyrinchemie (u.a. Am. Chem. Soc., Angew. Chemie) - BV: Laboratory Methods in Porphyrin Chemistry (m. K. M. Smith), 1975; Bioorganische Chemie, 1981; Organic Synthesis, VCH (m. G. Penslin), 1983; Chemie f. Mediziner plus Arbeitsbuch, VCH (m. U. Liman), 1989.

FUHRIG, Reiner

Dr. med. vet., Tierarzt, Aufsichtsratsvors. Volksbank Seligenstadt (s. 1975) - Am Breitenbach 3, 6453 Seligenstadt (T. 06182-2 36 64) - Geb. 30. Dez. 1937 Wiesbaden (Vater: Alfred F., Apotheker; Mutter: Wilhelma), ev., verh. s. 1967 m. Helga, geb. Schuldner, Tierärztin, S. Steffen - Abit. 1958, Univ. Gießen b. 1964, Promot. 1967 - Spr.: Engl. - Präs. Lionsclub Seligenstadt (1983/84).

FUHRMANN, Clemens

Bürgermeister Stadt Duisburg - Prinz-Albrecht-Str. 61, 4100 Duisburg 1 - Geb. 20. Jan. 1928 Essen, kath., verw., 3 Kd. - Kaufm. - BVK I. u. II. Kl.; Ehrenring Stadt Duisburg.

FUHRMANN, Ernst

Dr.-Ing., Prof. TU Wien, Vorstandsvorsitzer i. R. Porsche AG (1971-80) - Seilergasse 2, A-1010 Wien - Geb. 21. Okt. 1918 Wien - AR Voest Alpine AG, Linz, AR-Mitgl. Böhler AG, Düsseldorf (Vors.); Chem. Werke Hüls, Marl - 1980 Gr. BVK.

FUHRMANN, Günter Fred

Dr. med., Prof. f. Molekulare Pharmakologie d. Membrantransportes Univ. Marburg, Inst. f. Pharmakol. u. Toxikol. - Karl-von-Frisch-Str., 3550 Marburg (Lahn) - Geb. 7. Nov. 1932.

FUHRMANN, Helmut

Dr. phil., Prof. f. Germanistik GH Kassel (s. 1972) - Hainbuchenstr. 44, 3500 Kassel - Geb. 1. März 1929 Braunschweig - Promot. 1956 - Zul. Doz. Univ. Lund (Schweden) - BV: D. dt.sprach. Drama s. 1945, Gesamtdarstell. u. Einzelinterpret. (zus. mit W. Buddecke), 1981; Phil. Texte im Lit.unterricht, 1985.

FUHRMANN, Horst

Dr. phil., Prof., Historiker, Präs. Monumenta Germaniae Historica, München (s. 1971) - Sonnenwinkel 10, 8031 Steinebach/Wörthsee - Geb. 22. Juni 1926 Kreuzburg/Schl. - S. 1962 Ord. f. Gesch. Univ. Tübingen u. Regensburg (1971); Dr. h. c. (Tübingen, Bologna). Zahlr. Veröff. - Div. Mitgliedsch - 1981 Preis Cultori di Roma; 1986 Orden Pour le mérite; 1988 Gr. BVK m. Stern; 1989 Oberschlesischer Kulturpreis; 1990 Bayer. VO; Preis v. Ascoli Piceno.

FUHRMANN, Jürgen

Dr. rer. nat., Prof. f. Physikal. Chemie TU Clausthal (s. 1986) - Zu erreichen üb. Inst. f. Physik/Chemie, Arnold-Sommerfeldstr. 4, 3392 Clausthal-Zellerfeld (T. 05323 - 72-22 05) - Geb. 18. Juli 1937 Dortmund (Vater: Dr. rer. nat. Ernst-Adolf F., Physiker; Mutter: Elsbeth, geb. Jörgens), ev., verh. s. 1961 m. Ursula, geb. Schmidt, 2 Kd. (Axel, Birgit) - Abit. Wuppertal; Dipl.-Phys. Aachen. Promot. (1967) u. Habil. (1971) Clausthal - 1971-74 Doz TU Clausthal, 1974-86 Prof. f. Physik/Chemie Univ. Kaiserslautern, s. Okt. 1986 TU Clausthal. Spez. Polymere - BV: Übungsaufg. z. Math. f. Chemiker, 1976 (m. H. G. Zachmann) - Spr.: Engl.

FUHRMANN, Jürgen

M.A., Dramaturg, Regiss., Theaterpäd., Journ., Schausp. - Marktplatz 1, 3440 Eschwege (T. 05651 - 61 52 + 030 - 65 78 78) - Geb. 21. Sept. 1953 Kassel,

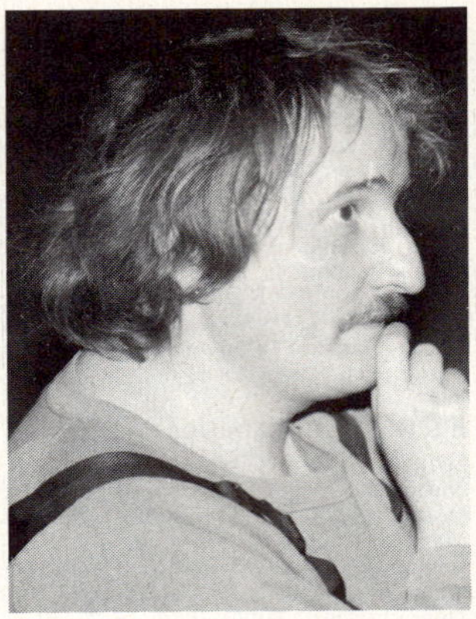

ev., ledig, Pflegekd. - Stud. Theaterwiss., Publiz., Gesch. (nebenher Päd., Musik u. Schauspielunterr.) - Freisch. (stets Jugendkulturarbeit, auch m. jugendlichen Strafgefangenen); 1979-82 ltd. Dramat. Schloßtheater Celle; s. 1984 Leit. Kinder- u. Jugendtheater Kreuz & Quer in Berlin; 1987 Gründung Jugendtheater Profisorium, Ahnatal; s. 1988 Kulturarbeit im Werra-Meißner-Kreis; s. 1990 Gründer u. Leit. d. Minipolitan - Eschweges kleine Schaubühne; 1988 Referenten- u. Beratungsfunktionen - Zahlr. Insz., Rollen, u.a. Regie: Rick Cluchey, D. Käfig (1983 Ballhaus Naunystr.). Insz.: D. Sieger v. Peter Heusch (UA Ballhaus). Eig. Stück: Weißt du wohin? u. Märchenoper Zwerg Nase (UA 1985 Hebbeltheater Berlin), Stücke: 1988 Vermummt, UA The Show must go on u. 1989 Endstation Provinz?. Bearb. Candide n. Voltaire. Derzeit in Arbeit: eigene Fassung d. Freischütz f. Reaktivierung d. Eschweger Freilichtbühne. 1992 Insz. e. Musicalrevue üb. M. Dietrich in einer v. d. Künstlerin autorisierten Fassung. Autor v. Drehb., Theaterst., Libretti, Revuen - Liebh.: Theater, Musik, Lit., Politik - Spr.: Engl., Franz., Russ.

FUHRMANN, Karl

Dr. med., Prof., Chefarzt i. R. Geburtshilfl.-Gynäk. Abt. Ev. Krankenhs. Herne (s. 1962) - Hohenrodstr. 2, 4690 Herne/W. (T. 50712) - Geb. 29. Juli 1919 Wuppertal, ev., verh. s. 1950 m. Dr. Ursula, geb. Baumm, 2 Kd. (Cornelia, Hans-Christian) - Apl. Prof. Ruhr-Univ. Bochum.

FUHRMANN, Manfred

Dr. phil., em. o. Prof. f. Lat. Philologie - Auf dem Stein 40, 7770 Überlingen/B. - Geb. 23. Juni 1925 Detmold (Vater: Arzt), verh. s. 1954 m. Eva, geb. Mezger - Univ. Freiburg/Br. u. Leiden (Niederl.). Promot. (1953) u. Habil. (1959) Freiburg - S. 1959 Lehrtätigk. Univ. Freiburg/Br. (Privatdoz.), Kiel (1962 Ord.), Konstanz (1966 Ord.). Emerit. 1990 - BV: D. systemat. Lehrb. - E. Beitr. z. Gesch. d. Wiss. in d. Antike, 1960; D. Antike u. ihre Vermittler, 1969; Einführ. in d. antike Dichtungstheorie, 1973; Alte Sprachen in d. Krise? - Analysen u. Progr., 1976; Brechungen - Stud. z. antik-europ. Bildungstradition, 1982; D. antike Rhetorik, 3. A. 1990; Cicero, Biogr. 3. A. 1991. Herausg.: Anaximenis Ars rhetorica, 1966; Terror u. Spiel - Probleme d. Mythenrezeption, 1971; Röm. Lit. (Neues Handb. d. Lit.wiss. 3), 1974; Wieland. Übers. d. Horaz, 1986. Übers.: Cicero, Sämtl. Reden, 7 Bde., 1970-82 - 1990 Übersetzerpreis d. Dt. Akad. f. Sprache u. Dichtung; Mitgl. Heidelberger Akad. d. Wiss.; Koninkl. Nederlandse Akad. v. Wetenschappen.

FUHRMANN, Otto

Dr. jur., Ltd. Ministerialrat a. D., AR-Vors. Hinterbliebenenkasse AG., Karlsruhe; AR-Mitgl. DEBEKA Krankenversich., Koblenz; Beirat Commerzbank Düsseldorf u. Beamtenheimstättenwerk Hameln (vorher stv. Vorst.-Mitgl.) - San Remo Str. 6, 4000 Düsseldorf-Oberkassel - Geb. 3. Mai 1911 Düsseldorf - Ehrenvors. Beamtenbund NW; 1971 Gr. BVK.

FUHRMANN, Peter

Dr.-Ing., Architekt, Univ.-Prof. f. Grundlagen d. Bauplanung TH Aachen (s. 1976) - Ahornstr. 72, 5100 Aachen - Geb. 30. Nov. 1938 - 1983/84 Leit. d. Fachabt. f. Architektur, s. 1987 Konventsmitgl. - Fachgeb.: Gebäudelehre, Archit. AKNW.

FUHRMANN, Walter

Dr. med., Univ.-Prof. u. Direktor Inst. f. Humangenetik Univ. Gießen (s. 1967) - Am Schlangenzahl 14, 6300 Gießen (T. 0641 - 702-41 45) - Geb. 12. Sept. 1924 Berlin (Vater: Wilhelm F.; Mutter: Melanie, geb. Giersdorff), kath., verh. s. 1958 m. Dr. med. Annemarie, geb. Rieger, 3 Kd. (Jörg, Angela, Karen) - 1946-51 Humboldt- u. Freie Univ. Berlin (Med.). Promot. 1951 u. Habil. 1961 FU Berlin - 1961-67 Lehrtätigk. FU Berlin u. Univ. Heidelberg (1964) - BV: Taschenb. d. Allg. u. klin. Humangenetik, 1965; Genet. Familienberat., 3. A. 1982 (m. F. Vogel, auch engl., span., ital., jap., portug. u. poln.); Genetik, Mod. Med. u. Zukunft d. Menschen, 1970. Handb.-kapitel u. zahlr. weitere Fachaufs. - Spr.: Engl.

FUHS, Walter

Dr. rer. nat., Prof. f. Experimentalphysik Univ. Marburg - Sonnenhang 12, 3550 Marbach/L..

FUKAI, Hirofumi

Prof., Solo-Violist - Auf der Heide 68 A, 2000 Hamburg 65 - Geb. 10. Febr. 1942 Saitama/Japan (Vater: Sohei, Export-Kaufm.; Mutter: Hiro, Pianistin), verh. s. 1969 m. Ruth, 2 Kd. (Kenzo, Akihiro) - Toho-Musikhochsch. Tokyo, Juilliard-School New York, Musikakad. Basel - Konzert-Solist; Prof. Musikhochsch. Hamburg - Urauff. Bratschen-Konz. v. Henze, Suter, demn. Udo Zimmermann. Schallplatten: DGG, Decca, Emi, Wergo, musica viva Camerata.

FULDE, Peter

Dr., Prof., Physiker, Direktor Max-Planck-Inst. f. Festkörperforschung - Heisenbergstr. 1, 7000 Stuttgart 80 (T. 0711 - 68 60-5 80) - Geb. 6. April 1936 Breslau, verh. s. 1965 m. Inge F., T. Eva - Physikstud.; Dipl. 1960 Hamburg; Promot. Univ. of Maryland (USA); Habil. Frankf./M. - S. 1974 Hon.-Prof. TH Darmstadt; 1985 Dr. h. c. Univ. Frankf.

FULDNER, Dietrich

Dr. rer. nat., Prof. f. Zoologie - Valentin-Becker-Str. 12, 8700 Würzburg - B. 1978 Privatdoz., dann Prof. Univ. Würzburg.

FUNCK, Hans Jürgen

Freier Fachjournalist Foto- u. Reprografie - Grevenbroicher Str. 79, 4150 Krefeld 1 - Geb. 20. Mai 1923 Königsberg/Pr. (Vater: Hans F., Pharmakfm. †; Mutter: Ilse, geb. Wichmann †), ev., verh. s. 1958 m. Helga, geb. Kück, 2 Kd. (Kai, Svenja) - N. Abit. Bayer. Staatslehranst. f. Photogr. (Ex.) - Tätigk. Leitz, Wetzlar, Kodak, Stuttgart, u. Agfa-Gevaert, Leverkusen. Spezialist f. Foto bzw. Reprofoto u. Mikrofilm. Mitgl. DGPh - Liebh.: Fotogr. - Spr.: Engl., Franz.

FUNCK, Rolf

Dr. rer. pol., o. Prof. f. Volkswirtschaftslehre - Blumentorstr. 21, 7500 Karlsruhe 41 (T. 60 83 071) - Geb. 7. Febr. 1930 Soltau (Vater: Gustav F., Reg.amtmann †; Mutter: Gertrud, geb. Mohneke †), ev., verh. I) 1952-79 m. Elsa, geb. Bönkemeyer †, II) s. 1981 m. Ingrid, geb. Borchers, 5 Kd. (Rolf-Dieter, Gisela, Ronald, Martin Laquay, Stefan Laquay) - Banklehre; Univ. Köln u. Münster (Volksw.lehre; Dipl.-Volksw. 1955). Promot. (1957) u. Habil. (1962) Münster - S. 1964 Ord. u. Inst.leit. Univ.

Karlsruhe. 1967/68 Gastprof. Univ. of North Carolina u. 1971 State Univ. of New York - Mitgl. Wissensch. Beirat Bundesverkehrsmin.; VicePres. Regional Science Assoc. (1981/82), 1. Vors. Ges. f. Regionalforsch. (1982-86), Pres. Regional Science Assoc. (1988/89) - BV: Verkehr u. volksw. Gesamtrechnung, 1961; Möglichkeiten d. Kraftfahrzeugbesteuerung u. ihre verkehrsw. Konsequenzen, 1967; Prioritäten f. d. Ausbau d. Hamburger Schnellbahnnetzes, 1975; Space-Structure-Economy: A Tribute to August Lösch (m. A. Kuklinski), 1986; Infrastructure and the Space Economy, Ess. in Honor of Rolf Funck (hg. K. Peschel), 1990 - 1980 Fellow of World Acad. for Art and Science - Spr.: Engl.

FUNCKE, Heinz Peter

Dipl.-Ing., Ber. Ing. VBI, Inh. Ingenieurberatung Funcke, Vors. Landesverb. NRW d. Verb. Berat. Ing., Präsid.-Mitgl. d. Bundesingenieurkammer, Sprecher d. Kontaktkreises Bau NRW, öff. best. u. vereid. Sachverst. f. Bauschäden - Halbe Höhe 59, 4300 Essen 1 - Geb. 5. Febr. 1925, ev., verh. m. Barbara, geb. Feindt - Univ. Hamburg (Math., Physik), TH Karlsruhe (Bauing.-Wesen, Dipl.-Ing). Industriebauten im In- u. Ausl., Schulbauten, Verwalt., Krankenh., Kaufh., Gemeindezentren. Gutachten.

FUNCKE, Liselotte

Dipl.-Kfm., Politikerin, Beauftragte d. Bundesreg. f. Ausländerfragen a. D. - Stadtgartenallee 1, 5800 Hagen/W. (T. 02331 - 33 90 55) - Geb. 20. Juli 1918 Hagen (Vater: Oscar F., Fabrikant (s. XIV. Ausg.); Mutter: Bertha, geb. Osthaus), ev., led. - Reform-Realgymn. Hagen; Kaufm. Lehranst. Dortmund; Stud. Betriebsw. Berlin - 3 J. Assist. Wirtschaftsprüfer Wuppertal-E.; 1944-69 Angest. Fa. Funcke & Hueck, Hagen (1956 Prok.). 1950-61 MdL NRW; 1961-79 MdB (1969-79 Vizepräs.); 1979/80 Min. f. Wirtsch. u. Verk. NRW; 1981-91 Beauftragte d. Bundesreg. f. Ausländerfragen. FDP s. 1946 (1947-50 u. 1953-84 Mitgl. Landesvorst., 1958-68 Vors. Landesfrauensch., 1959-62 Vors. Landeskulturaussch., 1964-84 Mitgl. Bundesvorst., 1968 Beis. Präsid.; 1977-82 stv. Bundesvors.) - 1972 Silb. Steuerschraube; 1975 Wolfgang-Doering-Med.; 1973 Gr. BVK, 1975 Stern u. Schulterbd. dazu; 1984 Theodor-Heuß-Med., Moses-Mendelssohn-Preis Berlin u. Ehrendoktor Univ. Bursa/Türkei (Wirtschafts- u. Verw.wiss. Fak.) - Bek. Vorf.: Karl Ernst Osthaus (Onkel).

FUNHOFF, Jörg

Prof. f. Didaktik d. Ästhet. Erziehung HdK Berlin (FB 11) - Perelsplatz 10, 1000 Berlin 41 - Geb. 13. Juni 1942 Berlin - U. a. Prof. f. Didaktik d. Bild. Kunst PH Berlin - BV: Massenzeichenware - D. gesellschaftl. u. ideolog. Funktion d. Comics, 1975 (m. Drechsel u. Hoffmann).

FUNK, Franz

Dr. med., Prof., apl. Prof. am Klinikum Mannheim d. Univ. Heidelberg - Freiheitspl. 7, 6800 Mannheim-Almenhof - Geb. 21. Aug. 1929 - Promot. 1955 - S. 1970 (Habil.) Lehrtätigk. (1973 apl. Prof. f. Neurol. Univ. Heidelberg) - BV: Polyneuropathie u. Lebererkrankung, 1973. Üb. 50 Einzelarb.

FUNK, Gernot

Dr.-Ing., Prof. f. Elektr. Energieversorgung - Suerser Weg 15, 3007 Gehrden - Geb. 26. Dez. 1924 Gießen (Vater: Julius F., Kaufm.; Mutter: Maria, geb. Willing), ev., verh. s. 1951 (Ehefr.: Sophie), 2 T. (Susanne, Annette) - 1935-42 Realgymn. Gießen; 1946-50 TH Darmstadt (Elektrotechnik). Promot. 1964 Aachen - 1950-72 Elektroing. AEG-Telefunken; s. 1972 Ord. TU bzw. Univ. Hannover - BV: D. Kurzschluß im Drehstromnetz, 1962; Kurzschlußstromberechnung, 1974 (span. 1976); Symmetrische Komponenten, 1976 . Zahlr. Fachaufs. - Spr.: Engl.

FUNK, Günter

Bezirksbürgermeister v. Berlin-Kreuzberg - Alte Jakobstr. 15, 1000 Berlin 61 (T. 25 88-33 00) - Geb. 18. Juni 1928 Berlin-Kreuzberg, ev., verh. s. 1950 m. Susanna, geb. Bahr, 2 Kd. (Sabine, Andreas) - 1947 Beamter Bez.-Amt Kreuzberg; 1962 Senatsverw. f. Finanzen; 1970 Bez.-Amt Tempelhof; s. 1971 Bezirksstadtrat (Leit. Abt. Finanzen Kreuzberg). S. 1963 Bez.verordn.; s. 1967 Fraktionsvors. CDU.

FUNK, Hanns

Chefredakteur SCHWÄBISCHE ZEITUNG - Schillerstr. 22/1, 7970 Leutkirch - Geb. 8. Okt. 1939 Stuttgart, kath. - Stud. 1959-64 Politik- u. Zeitungswiss., Gesch. u. Engl. München u. Tübingen; 1959 neben d. Stud. Volontariat b. Dt. Volksblatt - 1966-68 Redakt. b. d. Schwäb. Donauztg., Ulm; 1969-71 Leit. d. Redakt.büros d. Stuttgarter Ztg., Ulm; 1972-78 stv. Ressortleit. Baden-Württ. u. Landespolitik b. d. Stuttg. Ztg.; 1979-81 Redakt. in d. Redakt. Landespolitik d. Südd. Rundf.; 1983-86 Sendeleit. Fernsehen, Beauftragt. d. ARD u. Koordinator f. Südwest3; s. 1986 Leiter d. neugeschaffenen Programmber., Baden-Württ.; 1986-88 stv. Chefredakt. Fernsehen d. Südd. Rundf. - Spr.: Engl.

FUNK, Joachim

Dr., Vorstandsmitglied Mannesmann AG, Düsseldorf - Mannesmann-Ufer 2, 4000 Düsseldorf 1 (T. 0211 - 82 0-0).

FUNK, Karl

Dr. phil. nat., Physiker, Gesellschafter Leuchtstoffwerk GmbH, Heidelberg - Konstanzer Str. 53, 6900 Heidelberg (T. 06221 - 30 31 42) - Geb. 2. Juli 1914 Heidelberg (Vater: Karl F., Bahnbeamt.; Mutter: Elise, geb. Scholl), kath., verw. - Promot. 1940 Heidelberg - Vorst. Fachverb. Lichtwerbung (s. 1970), Normenaussch. Lichttechn. im DNA (s. 1974), Dt. Physikal. Ges., Lichttechn. Ges. Mehrf. Patentinh. auf d. Leuchtstoffsektor - BV: G. Gut: Handbuch d. Lichtwerbung (Mitautor); Römpp Chemie Lexikon (Ref.: Leuchtstoffe) - Liebh.: Sport (Vizepräsident Bad. Tennisverb.), Musik - Spr.: Engl., Franz.

FUNK, Richard

Dipl.-Ing., Vorstandsmitgl. Freiburger Energie- u. Wasserversorgungs-AG., Geschäftsf. Energieversorg. Oberbaden GmbH., Breisach, Geschäftsf. Stadtwerke Freiburg GmbH. - Tullastr. 61, 7800 Freiburg/Br.; priv.: Kirchenhölzle 25 - Geb. 8. April 1930.

FUNK, Robert

Dr. rer. pol., Dipl.-Kfm., Ing. (grad.), Prof. f. Bibliotheksbetriebswirtschaftslehre, -statistik, Informationsvermittlg. u. Neue Medien FU Berlin (Fachber.: Kommunikationswiss.) - Kurländer Allee 16, 1000 Berlin 19 - Lehrbeauftr. TFH (Techn. Fachhochsch. Berlin). Schatzmeister d. Dt. Ges. f. Dokumentation e.V. (DGD), Vereinigung f. Informationswiss. u. -praxis. Ca. 50 Veröff. z. obengen. Bereichen.

FUNKE, Alex (Alexander)

Pfarrer, Leiter v. Bodelschwinghsche Anstalten, Bethel (1969-79) - 4813 Bethel/Westf. - Geb. 10. März 1914 Lome/Togo (Vater: Emil F., Missionar; Mutter: Dora, geb. Tegtmeyer), ev., verh. s. 1947 m. Dr. med. Marianne, geb. Scheele, 3 Söhne (Christoph, Reinold, Johannes Gerrit) - Stud. Theol. Bethel, Halle, Berlin, Tübingen, Jena - 1947-50 Studentenpfr.; 1950-55 Gemeindepfr. Witten/Ruhr; 1955-64 Leit. Volksmissionar. Amt Ev. Kirche v. Westf., Witten/Ruhr; 1965-68 Ephorus Predigersem. EKW, Soest - BV: Galaterbrief (Komm.); Gemeinde im Aufbruch. Handbuch- u. Ztschr.beitr. - Spr.: Engl.

FUNKE, Carl

Präsident d. Landesverbandes d. Einzelhandels Westfalen-Lippe, Vors. Einzelhandelsverb. Bochum, Präsidialratsmitgl. d. Hauptgem. d. dt. Einzelhandels, stv. Beiratsmitgl. Landeszentralbank, Mitgl. Vollvers. u. stv. Vors. Einzelhandelsaussch. IHK Bochum, Beiratsmitgl. Iduna-Vers., Wirtschaftsaussch. d. Stadt Bochum - Markgrafenstr. 4, 4630 Bochum - Geb. 1. Nov. 1906 Bochum (Vater: Carl F., Kaufm.; Mutter: Elisabeth, geb. Jesper), kath., verh. s. 1936 m. Marie-Louise, geb. Schröder, S. Carl-Rüdiger - N. Abit. Stud. Freiburg, Paris, Berlin, Köln - 1981 BVK I. Kl., Handelsrichter a. D. - Liebh.: Golf, Reisen - Spr.: Engl., Franz.

FUNKE, Edmund Heinrich

Dr. phil., Prof. f. Lernbehindertenpädagogik PH Heidelberg (s. 1973) - Semmelsgasse 8, 6900 Heidelberg (T. 06221 - 16 68 63) - Geb. 17. Juni 1940 Dorsten (Vater: Aloys F. †; Mutter: Ida, geb. Grewe), verh. s. 1985 m. Mária, geb. Rácz, 3 Kd. (Simon Arpád, Ines Raissa, Vera Julia) - Gymn. Petrinum Dorsten, Stud. Univ. Münster, Gießen, Marburg (1961-68), Volks-, Real- u. Sonderschullehrer. 1965-66 u. 1968-72 Lehrer; Promot. Dr. phil.; 1972-73 Fachhochschull. GHK, s. 1973 Prof. PH Heidelberg, 1977-78 u. 1985-87 Leit. u. 1979-83 stv. Leit. Fachber. VI PH Heidelberg - BV: Grundschulzeugnisse u. Sonderschulbedürftigk., 1972; Lernbehind. u. Kriminalität, 1979; Sein-Erkennen-Handeln, 1981; Soziale Leitbilder polizeilichen Handelns, 1991 - Liebh.: Malerei, Sozial- u. Wirtschaftspolitik - Spr.: Engl., Franz. - Lit.: Kürschners Dt. Gelehrten-Kalender, 1976.

FUNKE, Friedrich W.

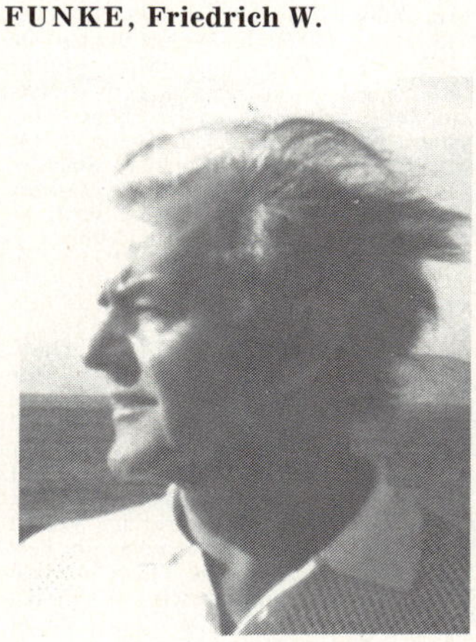

Dr. phil., Univ.-Prof., Völkerkundler - Haus Heidgen, 5206 Seelscheid Bez. Köln - Geb. 21. Juni 1921 Essen (Vater: Friedrich F.; Mutter: Marta, geb. Kühn) - Stud. Rechtswiss., Phil., Gesch., Völkerkd. Promot. u. Habil. Köln - B. 1950 Rautenstrauch-Joest-Museum Köln (Leit.), dann Sem. f. Völkerkd. Univ. Köln (1962 Prof.). Bücher u. Aufs. üb. kulturgesch. u. polit. Probleme Asiens, Forschungsexped.: Indonesien, China, Thailand, Vietnam, Ceylon, Indien, Nepal (Himalaya-Exp. 1965, 75, 81).

FUNKE, Gerhard

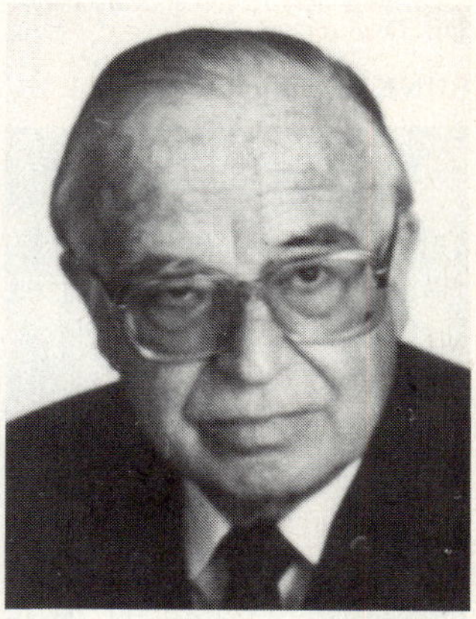

Dr. phil., o. Prof. f. Philosophie - Viktoriastr. 5, 7520 Bruchsal - Geb. 21. Mai 1914 Leopoldshall/Anh. (Vater: Emil F., Amtmann † 1959; Mutter: Gertrud, geb. Fritze), ev., verh. s. 1943 m. Dr. med. Ursula, geb. Sowa (Augenärztin), T. Angela - Goethesch. Dessau; Univ. Bonn, Jena, Freiburg/Br., Paris (Phil., Psych., Dt. Gesch., Roman.). Promot. 1938; Habil. 1947 - 1938/39 Lektor Sorbonne u. Ecole Normale Supérieure Paris; 1947-58 Privatdoz. u. apl. Prof. (1953) Univ. Bonn; s. 1958 Ord. Univ. Saarbrücken u. Mainz (1959; Dir. Phil. Sem. I; 1965/66 Rektor). Gastprof. USA (1953, 63 u. 77), Peru (1954), Venezuela (1957, 59, 61), Japan (1964 u. 65); Indien (1969), Argentinien (1972), VR China (1981/87). 1965ff. Vizepräs. Soc. Européenne de Culture; 1972ff. Vors. Kant-Ges.; 1972ff. Mitgl. Inst. International de Phil., Paris; Mitgl. Akad. d. Wissenschaften u. d. Literatur, Mainz, 1975ff.; Span. Akad. d. Wiss., 1987ff.; 1990 Wiener Akad. d. Wiss. - BV: D. Möglichkeitsbegriff in Leibnizens System, 1938; Maine de Biran, 1947; Ravaissons Abh. üb. d. Gewohnheit, 1954; Z. tranz. Phänomenol., 1957; Investigaciones fenomenologico-trascendentales, 1957 (Lima); Gewohnheit, 1958, 2. A. 1961; D. Aufklärung, 1963; Phänomenologie - Metaphysik oder Methode?, 1966, 3. A. 1978; Gutenberg, 1968; Globus intellectualis, fr. Wiss. u. Phil., 1972; Von d. Aktualität Kants, 1979; Abdankung d. Bewußtseinsphil.?, 1990; Z. Signatur d. Gegenwart, 1990. Herausg.: Konkrete Vernunft - Festschr. f. Erich Rothacker (1958); Mainzer phil. Forschungen (1966, bisher 35 Bde.); Conscientia-Studien z. Bewußtseinsphil. (1967, bisher 17 Bde.); Studien u. Materialien z. Gesch. d. Phil. (1972); Kant-Studien (1969ff.); Akten d. IV., V., VI./VII. Intern. Kant-Kongresses (1974, 81, 85, 90). Übers.: Henri Wallon, Principes d'une psychologie appliquée, 1948; Festschrift bewußt sein (z. 60. Geburtstag 1974); Perspektiven transz. Reflexion. Festschr. Gerhard Funke (z. 75. Geburtstag 1989). 1955 Prof. h. c. Univ. Lima. 1969 Ruf Univ. Bonn (abgelehnt) - Liebh.: Schach, Malen - Spr.: Span., Franz. (bei beiden Dolmetscherex.), Engl.

FUNKE, Hans

Dipl.-Volksw., Diplomat - Gartenstr. 44, 5303 Bornheim-Hersel - Geb. 16. Mai 1925, kath., verh. s. 1953 m. Christine, geb. Drude, 4 Kd. (Dipl.-Volksw. Jeannette, Dipl.-Kfm. Johannes, Dipl.-Kauffrau Pia, Michael) - Univ. Grenoble, Brüssel, Bonn; Dipl. 1954 - Handlungsbevollm. Hoesch AG; s. 1961 Ausw. Amt; Botsch.; Leiter Wirtschaftsdst. Lomé, Tripolis, Algier, Manila; Wirtsch.-Ref. Paris, Rom; Generalkonsul i.R. - Grand Offz. Ordre du Mono; Grand Offz. Ordre p. l. Merites (F); EK 2; 1988 Orden Ufficiale Rep. d'Italia - Liebh.: Orgelmusik, Agronomie - Spr.: Engl., Franz., Ital. - Bek. Vorf.: Prof. Dr. H. J. Simon, Ägyptologe Univ. Palermo (Großonkel) - Lit.: Länderbeschreibung Togo, Afrikaverein Bonn.

FUNKE, Hans-Günter

Dr. phil., Prof. Romanische Philologie/ Literaturwiss. Univ. Regensburg - Holzwiesenweg 11, 8400 Regensburg - Geb. 1. Febr. 1940 Berlin, ev., verh. s. 1970 m. Adelheid, geb. Goebell, 2 Kd. (Dorothea, Philipp) - Abit. 1959; FU Berlin, Paris: Sorbonne u. E. N. S. (Ecole Normale Supérieure), (Roman., Gesch.); I. Staatsex. 1965, Promot. 1970, Habil. 1979 FU Berlin. 1979 Prof. FU Berlin, 1983 Univ. Regensburg; 1981 Univ. Bielefeld/ZiF (Zentrum f. interdisz. Forschung: Funktionsgeschichte lit. Utopien) - BV: Crébillon fils als Moralist u. Gesellschaftskritiker, 1972; Studien z. Reiseutopie d. Frühaufklärung: Fontenelles Histoire des Ajaoiens (m. Texted.), 1982; Utopie/Utopiste (Begriffsgesch.), 1991 - Straßburg-Preis d. Stiftg.

F.V.S. Hamburg (Univ. de Starsbourg) - Spr.: Engl., Franz., Ital.

FUNKE, Hermann

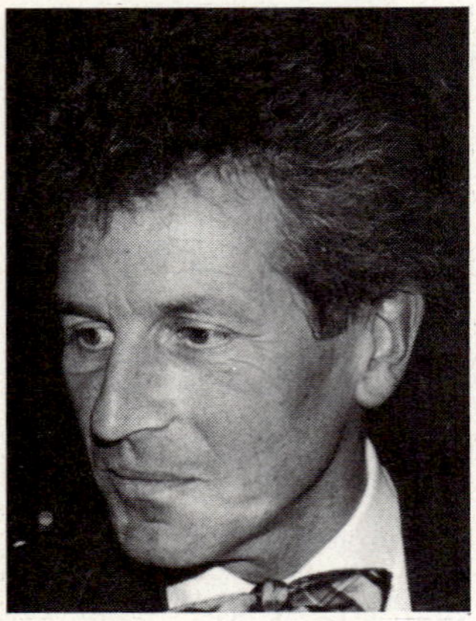

Dr. phil., o. Prof. f. Klass. Philologie Univ. Mannheim (s. 1977) - Bergstr. 23, 6900 Heidelberg 1 - Geb. 20. Jan. 1938 Köln - Promot. 1962; Harvard Research Fellow 1971/72; Habil. 1974 - Stadtrat (1980-84); 1983 Gastprof. Todai-Univ. Tokio; 1990-92 Gastprof. Humboldt-Univ. Berlin - BV: D. sog. trag. Schuld, 1963; Homer u. s. Leser in d. Antike, 1977; Allegorie u. Dichtererklärung, 1974; Worte u. Widerworte. Aphorismen, 1985; Utopie u. Tradition, 1987; zahlr. Beiträge z. Verkehrspolitik u. Umweltschutz.

FUNKE, Karl-Heinz

Studienrat a. D., Dipl.-Hdl., Landwirt, Bürgermeister d. Stadt Varel (s. 1981), Nieders. Minister f. Ernährung, Landwirtschaft u. Forsten (s. 1990), MdL Niedersachsen - Calenberger Str. 2, 3000 Hannover - Geb. 29. April 1946, ev., verh. s. 1982 m. Petra, geb. Timm, 3 Kd. (Theile, Gesche, Greta) - Volkssch.; Lehre; Abit. auf d. zweiten Bildungsweg; Stud. Wirtschaftswiss., German., Gesch. u. Politik Univ. Hamburg; 1. Staatsex. 1972, 2. Staatsex. 1974 - B. 1978 Tätigk. an d. Berufsbild. Schulen in Varel; s. 1978 MdL Nieders., s. 1972 Kreistagsabgeordn. Kreistag Friesland. Versch. ehrenamtl. Ämter u. Mitgliedsch. - Liebh.: Lit., Gesch., Jagd - Spr.: Engl.

FUNKE, Karl-Heinz

Dipl.-Ing., selbst. Unternehmer Funke Wärmeaustauscher Apparatebau GmbH., Gronau (s. 1974) - Birkenstr. 3, 3212 Gronau (T. 05182-21 58) - Geb. 12. April 1930 Röllinghausen, ev., verh. s. 1958 m. Helgard, geb. Kahle, 2 Kd. (Peter, Katrin) - Lehre; Stud. Maschinenbau Hannover - Produktionsleit. Wabco Westinghouse Hannover/Gronau. Pat. u. Gebrauchsmuster auf d. Geb. d. Wärmetechnik - Spr.: Engl.

FUNKE, Klaus

Dr. rer. nat., Prof. u. Direktor Inst. f. Physikal. Chemie Univ. Münster - Weierstraßweg 15, 4400 Münster (T. 0251 - 86 47 57) - Geb. 16. Dez. 1944 Schreiberhau/Riesengeb. (Vater: Dr. Siegfried F., Chemiker; Mutter: Lotte, geb. Störmer), ev., verh. s. 1970 m. Margit, geb. Schubert, 2 Tócht. (Kirsten, Cornelia) - Univ. Göttingen (Dipl. Physik 1968, Promot. 1970, Habil. 1976) - 1979-85 Prof. f. Physikal. Chemie Hannover (1981-83 Dekan FB Chemie), s. 1985 Prof. in Münster - 1980 Walter-Schottky-Preis Dt. Physikal. Ges.

FUNKE, Michael

Regisseur Staatsschauspiel Dresden - Zu erreichen üb. Staatsschauspiel Dresden, Ostraallee 1, O-8010 Dresden (T. 02 - 4 84 20) - Geb. 15. März 1959 Berlin - Dipl.-Theaterwiss. - Insz. u.a.: Kabale u. Liebe, Frühlings Erwachen, E. Sommernachtstraum, Familie Schroffenstein, Strategie e. Schweins, D. Jüdin von Toledo.

FUNKE, Paul

Dr.-Ing., o. Prof. u. Direktor Inst. f. Verformungskunde u. Walzwerkswesen Bergakad. bzw. TU Clausthal (s. 1963; gegenw. Rektor) - Adolf-Ey-Str. Nr. 1b, 3392 Clausthal-Zellerfeld (T. 1554) - Geb. 5. Febr. 1930 Düsseldorf.

FUNKE, Peter

Dr. phil., Univ.-Prof. - Hufschmiedeweg 8, 4800 Bielefeld 1 (T. 0521 - 10 16 57) - Geb. 2. Nov. 1927 Dresden (Vater: Dipl.-Ing. Walter F.; Mutter: Elisabeth, geb. Funke-Peißker), verh. s. 1961 m. Gertrud, geb. Westen - 1952-58 Stud. Angl., Gesch., Päd., Phil. Hamburg u. London. Promot. 1959 - 1961/62 Studienass.; 1962/63 Wiss. Assist.; 1963-65 Studienrat im Hochschuldst.; s. 1965 ao. u. o. Prof. (1966), Dekan u. Prorektor (1970-72) Päd. Hochsch. Westf.-Lippe/ Abt. Bielefeld (Engl. Spr. u. Lit. u. ihre Didaktik), s. 1980 Fak. f. Ling. u. Lit.-wiss., Univ. Bielefeld - BV: Oscar Wilde, Monogr., 12. A. 1989 (1972 auch span.), Bearb. (dt. Übers.): Oscar Wildes Briefe, 1969; Curricular Aspects of American Stud. at Secondary Schools in Europe, 1978; Approaches to Teaching American Stud., 1980; Understanding the USA - A Cross-Cultural Perspective, 1989.

FUNKE, Rainer

Rechtsanwalt, Landesschatzmeister FDP Hamburg (s. 1978), MdB (1980-83 u. s. 1987), Parlam. Staatssekr. b. Bundesmin. d. Justiz (s. 1991) - Radenwisch 70, 2000 Hamburg 61 (T. 040 - 550 95 33) - Geb. 18. Nov. 1940 Berlin-W'dorf (Vater: Dr. Heinz F., Wirtschafts-Jurist; Mutter: Käthe, geb. Grünert), ev., verh. s. 1968 m. Jutta, geb. Ringhand, 2 Söhne (Christian, Marcus) - Human. Gymn. (Abit. 1960), Jurastud., Gr. jurist. Staatsex. 1969 - Fraktionsvors. FDP Bezirksvers. Hamburg-Elmsbüttel; 1986 Bez.frakt. Hamburg-Elmsbüttel (Frakt.-Vors.) - Spr.: Engl.

FUNKE, Werner

Dr. rer. nat., o. Prof. f. Zoologie Univ., Ulm (s. 1975) - Abt. Ökologie u. Morphologie d. Tiere - Albert Einstein-Allee 11, Univ., 7900 Ulm/Donau - Geb. 27. März 1931 Reichenbach/V. - Promot. 1956 Mainz; Habil. 1966 Göttingen - Zul. Prof. Univ. Göttingen. Fachveröff. in: Ethologie (bes. Symmetrie im Verhalten); Meeresbiol. (Anpassungen im Felslitoral); Terr. Ökologie (Tiere in Wäldern, Waldschadensforsch., Bioindikatoren) - S. 1989 Präs. Dt. Ges. f. allg. u. angew. Entomologie (DGaaE).

FUNKE-WIENEKE, Jürgen

Dr., Prof. f. Sportwiss. Univ. Hamburg - Wilhelm-Reinecke-Str. 25, 2120 Lüneburg - Geb. 17. Febr. 1944 Chemnitz (Vater: Eberhard F., Kaufm.; Mutter: Helene, geb. Köhler), ev., verh., 3 Kd. (Robert, Friederike, Felix) - 1963-69 FU Berlin (Staatsex.); 1973-78 Projektstud. Bielefeld; Promot. - 1969-73 Wiss. Assist. FU Berlin; 1973-80 Akad. Rat Laborschule Bielefeld; s. 1980 Hamburg - BV: Curriculumrevision im Schulsport, 1979; Körpererziehung, Sport u. Spiel in d. Bielefelder Laborschule, 1974. Herausg.: Sportunterr. als Körpererfahrung (1983). Mithrsg. d. Sportpäd. Zahlr. Beitr. in Fachztschr., krit. Schriften z. Leistungssport - Liebh.: Sport, klass. Musik, Gärtnern - 1960-70 mehrf. Berliner Jugend- u. Seniorenmeister im Kunstturnen - Spr.: Engl., Franz.

FUNKEN, Michael

Geschäftsführer, Vors. Ring dt. Siedler - Hammerweg 102, 4050 Mönchengladbach (T. 51423) - Geb. 25. Dez. 1922 Mönchengladbach, verh., 5 Kd. - Volkssch.; Eisenbahnfachsch.; Textilingenieursch.; Fernstud. Betriebsw.; Textillehre - Arbeits- u. Militäreins.; Bundesbahndst.; Textilwerkm.; Angest. u. Geschäftsf. Wohnungsw. 1968 b. 1970 stv. Vors. Ring dt. Siedler. 1954 ff. Ratsmitgl. Mönchengladbach (1969 Fraktionsf.). 1970-75 MdL Nordrh.-Westf. CDU s. 1947.

FUNNEN, Hans Ulrich

Dipl.-Kfm., Unternehmensberater u. Dozent (1971-1991), Vorstandsmitglied Schwab Versand AG, Hanau - Ronneburgstr. 4, 6451 Neuberg 1 (T. 06183 - 7 31 70, Telefax 06183 - 7 33 80) - Geb. 13. Sept. 1933 Ulm, verh. - 1961 Wirtsch.prüf. Toronto/Kanada, 1961 San Francisco/USA - Spr.: Engl.

FURCK, Carl-Ludwig

Dr. phil., o. Prof. f. Erziehungswiss. (s. 1973) - Wieddüp 7, 2000 Hamburg 61 (T. 58 85 36) - Geb. 3. Nov. 1923 Frankfurt/ M. (Vater: Theodor F., Kaufm.; Mutter: Luise, geb. Beyer), ev., verh. m. Dr. Elke, geb. Peters, 4 Töcht. (Carola, Anne, Anke, Valeska) - Univ. Frankfurt u. Göttingen (Erziehungswiss.). Promot. 1952, Habil. 1961 - 1952 Assist. Univ. Marburg (Päd. Sem.), 1959 Wiss. Rat FU Berlin (Erziehungswiss. Inst.), 1961 ao. Prof. Univ. Hamburg, 1965 o. Prof. FU Berlin u. Leit. Päd. Zentrum Berlin (1970 zurückgetr.); Comenius Inst. (Münster) Vorst.-Mitgl. (1962-89) - BV: D. Bildungsbegriff d. jg. Hegel, 1953; D. päd. Problem d. Leistung in d. Schule, 5. A. 1974; Aufg. d. Erziehung im Bereich d. Familie, 1964; D. unzeitgemäße Gymnasium, 1965; D. Leistungsbild d. Jugend in Schule u. Beruf, 1965; D. einphasige Lehrerbildung an d. Univ. Oldenburg, 1981; Fernunterricht f. dt. Kinder im Ausland, 1984/85; Revision d. Lehrerbildung, 1986. Mitarb.: Studien z. Lage u. Entwickl. Westberlins (1968), Materialien z. Bericht z. Lage d. Nation (1971). Mithrsg. Z. f. Päd.; Handb. d. dt. Bildungsgesch.

FURGER, Franz

Dr. phil., Dr. theol., Univ.-Prof. Westf. Wilh. Univ. Münster (s. 1987), Dir. Inst. f. Christl. Sozialwiss. - Martinikirchhof 11, 4400 Münster (T. 0251 - 5 71 61) - Geb. 22. Febr. 1935 Vals (GR-Schweiz), kath. - Promot. (Dr. phil. u. Dr. theol.) 1958 u. 1964 Rom - 1964-67 Studienrat, Luzern; 1967-87 o. Prof. f. Ethik u. Moraltheol. Theol Fakultät Luzern - BV: Was Ethik begründet, 1984; Ethik d. Lebensbereiche, 1985; Einf. in d. Moraltheol., 1988; Weltgestaltung aus Glauben, 1989; Christl. Sozialethik, 1991; Moral oder Kapital?, 1992 - Liebh.: Reisen, Wintersport - Spr.: Engl., Franz., Ital., Span.

FURIAN, Martin

Dipl.-Pol., Prof. f. Medien- u. Sexualpädagogik FH f. Sozialwesen Esslingen - Kirchheimer Str. 33, 7302 Ostfildern 1 (Ruit) (T. 0711 - 44 49 31) - Geb. 27. Aug. 1932, verh. s. 1958 m. Barbara, geb. Scholz, S. Thimm - Höh. Fachsch. f. Sozialpäd. Dortmund; Sozialpäd. (grad.); FU Berlin (Polit. Wiss., Neuere Gesch., Erwachsenenbild.); Dipl. 1963 - 1970-80 Vors. Aktion Jugendschutz Baden-Württ.; 1973-77 Rektor FH f. Sozialwesen Esslingen; 1975-83 Mitgl. Rundfunkrat SDR; 1980/81 Mitgl. Expertenkommiss. Neue Medien Baden-Württ.; gegenw. Fachbereichsleit. FB Sozialpäd. FH f. Sozialwesen Esslingen; stv. Vorst.-Mitgl. Landesanst. f. Kommunikation Baden-Württ. - BV: Sexualerziehung kontrovers (Hrsg. u. Coautor), 1978; Television total - Leben u. erziehen an d. Schwelle zu e. neuen Medienwelt (Hrsg. u. Autor), 1981; Praxis d. Elternarbeit in Kindergarten, Hort, Heim u. Schule (Hrsg. u. Coautor), 1982; Praxis d. Fernseherziehung in Kindergarten, Hort, Heim u. Familie, 4. A. 1984; Sexualerziehung in Familien, in: Handb. d. Sexualpäd. (hg. v. Kluge), Bd. II, 1984; D. Buch v. Liebhaben, Kinderb. 5. A. 1988; D. Buch v. Lieben u. Geliebt werden, Jugendb. 1989 - Liebh.: Tiffany-Glaskunst, Kinder- u. Jugendlit.

FURKEL, Rüdiger

Dr., Staatssekretär im Finanzmin. Saarbrücken a.D. - Meißenwies 15, 6600 Saarbrücken - Geb. 24. Juni 1939, verh., 2 Kd. - Früher Steuerberater u. Rechtsanwalt.

FURLER, Adolf

Sportjournalist - Zu erreichen üb.: WDR, 5000 Köln 1 - S. Jahren Moderator ARD-Sportschau. Viele Fernsehübertrag. In- u. Ausl., bes. Pferderennen.

FURLER, Klaus

Dipl.-Kfm., Vorstandsmitglied Papierfabrik August Koehler AG Oberkirch - Sonnhalde 5, 7602 Oberkirch (T. 07802-8 11 52) - Verh., 2 Kd. - Spr.: Franz., Engl.

FURRER, Reinhard

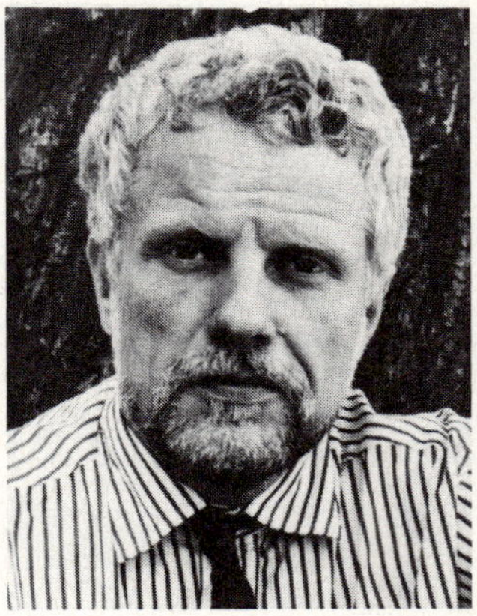

Dr., o. Prof. f. Weltraumwissenschaften FU Berlin (s. 1987), Wissenschafts-Astronaut Dt. Forschungsanstalt f. Luft- u. Raumfahrt, Geschäftsf. d. WIB Weltrauminst. Berlin GmbH - Zu erreichen üb. WIB GmbH, Lassenstr. 11-15, 1000 Berlin 33 - Geb. 25. Nov. 1940 Wörgl, ledig - Physikstud. Univ. Kiel u. Berlin; Dipl. 1969, Promot. 1972, Habil. 1979 - 1979-81 Gastwissensch. Univ. of Chicago, Argonne National Laboratory. Div. Mitgliedsch. Weltraumflug 30. Okt.-7. Nov. 1985 - BV: Fliegen d. sind Augenblicke wie diese, 1985; Unser Weg ins All, 1985; D. nächste Mond wird anders sein, 1987. Zahlr. Fachveröff. - Med. d. Niederl. Akad. d. Wiss.; Hermann-Oberth-Med.; BVK I. Kl.; Korresp. Mitgl. (e. h.) Dt. Ges. f. Luft- u. Raumfahrt - Liebh.: Fliegen, Tauchen - Spr.: Engl.

FURRER, Ulrich

Prof. Musikhochsch. Freiburg, Dirig. u. Pianist - Alemannenhof 7, 7815 Kirchzarten - Geb. 1. April 1942 Bern (Schweiz) (Vater: Walter F., Dirig. u. Komp.; Mutter: Liane, geb. Schapiro), verh. s. 1970 m. Gertraud, geb. Kovač, 4 Kd. (Walter, Susanne, Peter, Ulrich) - Abit. Bern; Musikstud. Univ. Bern u. Stuttgart; Lehrdipl. f. Klavier u. Orgel - 1964-71 Kapellmstr. Graz, 1971-73 Aachen, 1973-78 Stuttgart, 1978-84 Hannover; s. 1984 Prof. Musikhochsch. Freiburg (musikal. Leit. Opernsch.) - BV: D. Korrepetitor. Handb. 1992.

FURTAK, Robert K.

Dr. rer. pol., Dipl.-Dolm., Prof. f. Politikwissenschaft Univ. Koblenz-Landau/ Abt. Landau (s. 1971) - Ringstr. 9, 7801 Stegen - Geb. 26. Juli 1930 Pilsen (Vater: Dipl.-Ing. Franz F.; Mutter: Maria, geb. Richter), verh. s. 1961 m. Helga, geb. Biedermann, 2 S. (Felix, Florian) - Dipl.-Dolm. 1956 Heidelberg; 1. jurist. Staatsprüf. 1961 ebd.; Promot. 1965 Aachen - Tätigk. Univ. Heidelberg (1958-67 Lektor f. Russ. u. Sowjetkd.), Univ. Freiburg (1967-71 Akad. Rat) - BV: Kuba u. d. Weltkommunismus, 1967; Revolutionspartei u. polit. Stabilität in México, 1969 (auch span.); Jugoslawien/Politik, Ges., Wirtsch., 1975; D. polit. Systeme d. sozialist. Staaten, 1979; Lateinamerika u. d. Bewegung d. Blockfreien, 1980; Polit. Lexikon Europa, 2 Bde., 1981; The Political Systems of the Socialist States, 1986; Elections in Socialist States, 1990 - Liebh.: Klass. Musik, Tennis, Skilanglauf - Spr.: Engl. Span., Russ., Tschech.

FURTH, Peter
Dr. phil., o. Prof. f. Sozialphilosophie, Inst. f. Phil. Freie Univ. Berlin - Bayerische Str. 2, 1000 Berlin 15.

FUSCH, Klaus
Vorstandsvorsitzender Körting Hannover AG u. d. Fachabt. Wärmeerzeugung d. Thermo Prozess Technik im VDMA (Verein Dt.-Maschinenbau-Anstalten) - Badenstedter Str. 56, 3000 Hannover-Linden - Geb. 22. Aug. 1932 München.

FUSENIG, Norbert, Eugen
Dr. med., Prof. - Am Pferchelhang 32, 6900 Heidelberg (T. 06221 - 80 16 32) - Geb. 3. Febr. 1939 Trier (Vater: Matthias F., Rektor; Mutter: Rosa, geb. Schmitz), kath., verh. s. 1969 m. Renate, geb. Greif, 3 Kd. (Andrea, Steffen, Christian) - Med.Stud. Univ. Bonn, Innsbruck, Freiburg, Staatsex. 1964, Promot. 1967 Freiburg; Habil. 1976 Heidelberg; Prof. 1978 - 1965-67 Med. Assist., 1967-70 Wiss. Assist., 1971-79 Arb.Gr. Leit., 1979 Abt.Leit. DKFZ-Heidelberg - BV: Div. Veröff. in Ztschr. u. Büchern s. 1965 (exp. Krebsforsch. u. Zellbiolog.) - Spr: Engl., Franz.

FUSENIG, Othmar
Bankkaufmann, Betriebsw., Leitung Fiat-Kreditbank - Uhlandstr. 5, 7101 Untereisesheim - Geb. 6. Aug. 1938 Trier, kath., verh. s. 1964, T. Sabine - Lehre, Stud. VWA Trier, Dipl. 1969 - Spr.: Engl., Franz., Lat.

FUSSENEGGER, Gertrud
Dr. phil., Prof., Schriftstellerin - Mayrhansenstr. 17/22, A-4060 Leonding/Österr. (T. Linz/D. 67 43 55) - Geb. 8. Mai 1912 Pilsen, kath., verh. m. Alois Dorn (Bildh. u. Maler) - Univ. Innsbruck u. München (Gesch., Kunstgesch., Phil.). 1975-80 Redakt. Lit.ztschr. Die Rampe - BV: u. a. D. Pulvermühle, R. 1968; Bibelgesch. 1972; Widerstand geg. Wetterhähne, Ged. 1974; E. langen Stromes Reise, Ess. 1976; D. große Obelisk, Ess. 1978; E. Spiegelbild m. Feuersäule, Lebensber. 1979; Maria Theresia, Hist. Biogr. 1980; Pilatus, D. 1982; Echolot, Ess. 1982; Sie waren Zeitgenossen, R. 1983; Gegenruf, Ged. 1986; Nur e. Regenbogen, Erz. 1987; D. Brüder v. Lasawa, R. 1988; D. Goldschatz aus Böhmen, Erz. 1989; D. Leute v. Falbeson, R. 1990; Herrscherinnen, Hist. Monogr. 1991 - 1953 Stifter-Preis; 1956 Oldenbg. Dramenpr.; 1961 Ostdt. Literaturpr. Künstlergilde Esslingen; 1969 Joh.-Peter-Hebel-Pr.; 1972 Dr. Kulturpreis Sudetendt. Landsmannsch.; 1979 Humboldt-Plak.; 1979 W.A.-Mozart-Preis; 1981 Ehrenzeichen f. Wiss. u. Kunst Rep. Österr.; 1984 BVK I. Kl.; 1987 Staatspr. f. Kinderbuch. Mitgl. PEN-Club.

FUSSMANN (ß), Klaus
Prof., Maler - Grainauer Str. 19, 1000 Berlin 30 - Ölbilder u. Gouachen - 1972 Kunstpreis Bremer Böttcherstr. (f.: Portrait Hella K., v. 9. März 1972); 1980 Darmstädter Kunstpreis.

G

GAA, Lothar
Dr. jur., Rechtsanwalt, Landtagspräsident Baden-Württ. (1980-82) - Collinistr. 26, 6830 Schwetzingen (T. 1 00 46) - Geb. 30. März 1931 Plankstadt Kr. Mannheim, verh., 2 Kd. - Realgymn. Schwetzingen; Univ. Heidelberg u. Freiburg (Rechtswiss., Betriebsw.). Ass.ex. 1959; Promot. 1960 - S. 1960 RA. 1965-80 Gemeinderat Schwetzingen;
1968-84 MdL Baden-Württ. 1956-65 Landesvors. Jg. Union Nordbaden.

GAAR, Franz Xaver
Dr. phil., ao. Prof. f. Fundamentaltheologie Phil.-Theol. Hochsch. Regensburg (s. 1962) - Pfauengasse 3, 8400 Regensburg - Kath.

GAASCH, Uwe

Architektur-Photograph (freiberufl.) u. Rocksänger (Band u. Studio) - Judenstr. 13, 8600 Bamberg (T. 0951 - 5 35 99) - Geb. 23. Dez. 1949 Scheßlitz/Ofr., ev., verh. s. 1986 m. Ingrid Wintergerst (Dipl.-Sozialwirt) - Realsch. u. Lehre Bamberg; Dokumentarische Aufnahmen ausschl. im Kunsthistor. Bereich (Schlösser, Kirchen, Klöster, Bürgerhäuser) f. Restaurierungen u. Veröff. in wiss. Büchern; Tätigk. bundesweit - Studiosänger b. versch. Plattenprod., 1979 Plattenaufn. m. d. Band SKIN Köln u. m. d. Band Schweinsohrselection in Bamberg; Aufn. m. d. Bamberger Oratorienchor - Liebh.: Tiere (Tierschutz), Wandern - Spr.: Engl.

GABEL, Gernot Uwe
Dr., Bibliotheksdirektor Univ.- u. Stadtbibl. Köln - Jülichstr. 7, 5030 Hürth-Efferen - Geb. 3. Nov. 1941 Gotenhafen/Danzig (Vater: Gerhart G., Offz.; Mutter: Paula, geb. Freese), verh. s. 1968 m. Gisela, geb. Jahns - 1966-72 FU Berlin, Rice Univ. Houston, Univ. of North Carolina; Promot. 1971; Visit. Assist. Prof. 1972 Univ. of North Carolina - 1979 Höherer Bibl.dst.; 1985 Lehrbeauftr. Univ. Köln. Inh. d. 1973 gegr. Gabel-Verlags, Hamburg, s. 1981 Köln, s. 1989 Hürth - BV: Drama u. Theater d. dt. Barock, 1974; Diss. in English and American Lit., 1977; Nietzsche-Bibliogr., 1978; Theses on Germany, 1979; Hegel-Bibliogr., 1980; Kant-Bibliogr., 1980; La Littérature Francaise, 1981; Leibniz-Bibliogr., 1983; Répertoire Bibliogr., 1984; Canadian Lit., 1984; Fichte-Bibliogr., 1985; Schleiermacher-Bibliogr., 1986; Wittgenstein-Bibliogr., 1988; Schopenhauer-Bibliogr., 1988; Kant: Index to Theses, 1989, D. dt.sprachige Literatur, 1990; Biblio et Franco, 1991. Herausg.: Bibliogr. z. Phil. (s. 1978) - Spr.: Engl., Franz.

GABEL, Julius
Bankdirektor, Vorstandsvors. Volksbank Alzey eG (s. 1967) - Ernst-Reuter-Str. 14, 6508 Alzey (T. 06731-4 93 77 u. 77 45) - Geb. 10. Mai 1926 Obergimpern/Bad Rappenau, kath., verh. m. Carola, geb. Funke, 3 T. (Andrea, Claudia, Beatrix) - Abitur; Luftwaffenhelfer; Soldat; russ. Gefangenschaft; Rechtspfleger-, Bankkaufm.- u. Steuerbevollmachtigtenausb. Landesbauspark. Karlsruhe, Girozentrale Mannheim, DGHYP Hamburg, SGZ-Bank Karlsruhe - 1957 Vorst.-Vors. Voba Mengen/Württ.; Gründung d. Voba Sigmaringen, Präsid.-Mitgl. IHK Mainz, Verbandsratsmitgl. Genossenschaftsverb. Frankfurt, u.v.m. - DGRV-Med. in Gold, Verdienstmed. d. IHK, Paul Harris Fellow - Interessen: Menschen führen, Planen, Bauen, Organisieren, Wandern - Spr.: Engl.

GABEL, Wolfgang
Schriftsteller - Albert-Schweitzer-Str. 25, 8706 Höchberg (T. 0931 - 40 01 40) - Geb. 22. Okt. 1942 Königsberg/Pr., verh. s. 1975 m. Claudia, geb. Lüdenbach, 2 Kd. (Bastian, Jenifer) - Stud. Publiz. München; Rundfunkausb. - Mitarb. in lit. Ges. - BV: u.a. Orte außerhalb, 1972; Fix u. fertig, 1978; Immer zusammen frühstücken, 1978; D. Anfang v. Ende: Aufstieg d. Familie Kohlbrenner, 1976. Ab nach draußen; Einfach in d. Arm nehmen, Hoffnungsloser Fall; insges. 20 Romane, Hörsp., FS-Filme u. Lit.kritiken - 1976 Bödecker-Pr.; 1978 DGB- u. VS-Preis; 1976/78 Ausw. Jugendbuchpr.; 1981 Staatl. Bayer. Lit.pr.; 1985 Penthouse-Creative-Cup - Liebh.: Kinder - Lit.: Lexikon d. Jugendlit., Krit. Lexikon Zeitgen. Autoren.

GABELE, Paul
Dr. phil., Prof. f. Erziehungs- u. Gesellschaftswiss. Univ. Bremen - Am Reiterfeld 2, 2878 Wildeshausen-Voßberg (Tel. 04431 - 34 98).

GABELMANN, Hanns
Dr. phil., Univ.-Prof., Archäologe - Fridtjof-Nansen-Str. 4, 5300 Bonn-Poppelsdorf - Geb. 26. Dez. 1936 Stuttgart (Vater: Nestor G., Kaufm.; Mutter: Helene, geb. Molliné), vd., verh. s. 1964 m. Katerina, geb. Meletakou - Univ. Marburg, Athen, Heidelberg - Promot. 1963 Marburg; Habil. 1971 Bonn - S. 1973 apl. Prof. u. Wiss. Rat u. Prof. (1976) Univ. Bonn - BV: Stud. z. frühgriechischen Löwenbild, 1965; D. Werkstattgr. d. oberital. Sarkophage, 1973; Römische Grabbauten d. frühen Kaiserzeit, 1979; Antike Audienz- u. Tribunalszenen, 1984 - Spr.: Engl., Franz., Neugriech., Ital.

GABISCH, Günter
Dr. rer. pol., Univ.-Prof. Univ. Göttingen (s. 1982) - Galgenbergstr. 12, 3414 Hardegsen (T. 05505 - 24 25) - Geb. 21. Juni 1943, verh. s. 1969 m. Ingrid, geb. Lucke, 2 Kd. (Carsten, Angela) - M.A. (Economics) 1965 Washington State Univ., Pullman, Wash., USA, Promot. 1968, Habil. 1974, bde. Bonn - 1975 Prof., o. Prof., Univ.-Prof. Münster; 1975-82 Hagen - BV: Wachstumstheorie (m. W. Krelle), 1972; Außenhandel u. Wirtschaftswachstum, 1976; Business Cycle Theory (m. H.-W. Lorenz), 1987, 2. A. 1989 - Spr.: Engl., Franz.

GABKA, Joachim
Dr. med., Dr. med. dent., Prof., Chirurg (Plast. Gesichtschir., spez. Lippen-Kiefer-Gaumenspalten) - Mohrunger Allee 2, 1000 Berlin 19 (T. 030 - 304 70 70) - Geb. 25. Febr. 1926 - S. 1956 (Habil.) Lehrtätigk. Berlin (gegenw. apl. Prof. FU/Kieferchir.) - BV: Hasenscharten u. Wolfsrachen; Injektions- u. Infusionstechnik; Operationskurs; Komplikationen u. Fehler. Mithrsg. Handb. f. plastische Chirurgie, Mitautor Plastic Surgery. Üb. 170 Einzelarb.

GABLENTZ, von der, Otto
Botschafter d. Bundesrep. Deutschl. in Tel Aviv/Israel - 3 Daniel Frisch St., Tel Aviv 64731 - Geb. 9. Okt. 1930 Berlin (Vater: Otto Heinrich v.d.G., Prof.; Mutter: Hilde, geb. Zietlow), ev., verh. s. 1965 m. Christa, geb. Gerke, 5 Kd. (Georg, Alexandra, Jessica, Johanna, Julia) - Univ. Berlin u. Freiburg (Jura); Europakolleg, Brügge; St. Antony's, Oxford; Harvard (Politol. u. Soziol.) - S. 1959 Ausw. Dienst: Australien (1961-64), London (1967-72); 1973-78 Referatsleit. Europ. polit. Einigung; 1978-82 Bundeskanzleramt; 1981 Abt.leit. Außen- u. Verteidigungspolitik; 1983-90 Botschafter Niederl., s. 1990 Israel - Spr.: Engl., Franz., Niederl.

GABLER, Hans Walter
Dr. phil., Prof. f. Literaturwiss. u. Editionswiss. - Orffstr. 21, 8000 München 19 (T. 089 - 168 91 93) - Geb. 21. Jan. 1938
Saalfeld/S. (Vater: Hans G., techn. Kaufm.; Mutter: Sofie, geb. Mende), ev., verh. s. 1968 m. Dr. med. Elisabeth, geb. Sandberger, 2 Kd. (Georg Sebastian, Anna Elisabeth) - Gymn. Offenbach; Univ. Frankf., München, Saarbr., Uppsala, Cambridge, Charlottesville (Anglistik, German.), Staatsex. - 1966-68 Verw. Shakespeare-Forsch., 1970-81 wiss. Assist. München; 1975 Gastdoz. Univ. of Virginia (Charlottesville, Va.) - BV: General Editor: James Joyce Gesamtausg.: Ulysses, 1984; Mitherausg. James Joyce Archive, 63 Bde., (1977-1979); wiss. Arb. z. Shakespeare, Milton, Joyce - 1968-70 Harkness Fellow of the Commonwealth Fund, New York - Liebh.: Musik - Spr.: Engl., Schwed.

GABLER, Hartmut
Dr. phil., Dipl.-Psych., Dipl.-Sportlehrer, o. Prof., Sportwissenschaftler - Falkenweg 42, 7400 Tübingen 1 - Univ. Tübingen.

GABLER, Ulrich
Dipl.-Ing., Honorarprof. Univ. Hamburg/Inst. f. Schiffbau (s. 1963) - Albert-Einstein-Str. 21, 2400 Lübeck (T. 3 23 72) - Geb. 1. Okt. 1913 Berlin (Vater: K. G., Oberstudiendir.; Mutter: Elisabeth, geb. Rüthning), ev., verh. s. 1942 m. Irmgard, geb. Ruhstrat - Gymn. Oldenburg, TH Berlin (Schiffbau; Diplom-Hauptprüf. 1938) - AR-Mitgl. Technikzentrum Lübeck - BV: Submarine Design, 1986; Unterseebootbau, 1987 - 1974 BVK am Bde.; 1979 Ehrenz. VDI; 1984 Goldene Denkmünze d. Schiffbautechn. Ges.

GABOR, Joachim
Fabrikant, gf. Gesellsch. Gabor GmbH - Marienberger Str. 31, 8200 Rosenheim/Obb.

GABRIEL, Erhard
Dr. rer. nat., Honorarprof. f. Wirtschafts- u. Sozialgeographie Univ. Köln (s. 1974), Leit. Inst. f. Angew. Wirtschaftsgeogr. (s. 1979) - Carstenseck 5, 2070 Ahrensburg (T. 04102 - 5 29 34) - Geb. 27. Jan. 1920 Gr. Stein/OS, verh. s. 1953 m. Marianne, geb. Körten, 2 S. (Bernd, Hans-Erhard) - Abit. 1938 Königsberg (Pr.), Univ. Hamburg (Promot.) - 1952 Lehrauftr. Wirtsch.geogr. Univ. Köln (s. 1970); 1954-57 Exportkaufm., 1957-85 Dt. Texaco AG (vorm. DEA) - Üb. 50 Fachveröff., dar. Nahost-Artikel in Westermann Lexikon d. Geogr., 1959-67, u. Meyers Kontinente u. Meere, 1974, The Dubai Handbook, 1987; Afrika Transparent, 1990 - Spr.: Engl., Franz.

GABRIEL, Eugen
Dr. phil., Prof. f. German. Philologie - Joh. v. Weerthstr. 11, 7800 Freiburg/Br. - Geb. 3. Febr. 1937 Dornbirn (Österr.) - Promot. (1960) u. Habil. (1969) Wien - S. 1969 Wiss. Rat u. Prof. bzw. Prof. Univ. Freiburg. Fachveröff.

GABRIEL, Hans-Jürgen

Bildender Künstler, Vorstandsmitgl.

Verein Berliner Künstler (s. 1985) - Tübinger Str. 1, 1000 Berlin 31 (T. 030 - 853 29 01) - Geb. 22. Aug. 1952 Berlin, verh., 3 Kd. (Jan, Lorna, Jonas) - 1972-77 Stud. Hochschule d. Künste Berlin; 1977/78 Stud. Paris - BV: Kunstflieger, 1977; Narrative Bilder, 1980; Botschaften kühler Poesie, 1984. Publ. in versch. Kunstkatalogen. Kunstricht.: Narrativer Realismus. Viele Ausst. im In- u. Ausl. - Spr.: Engl., Franz.

GABRIEL, Hellwart

Dipl.-Politologe, Presse-Referent, MdA Berlin (s. 1975) - Wilhelmstr. 145, 1000 Berlin 20 - Geb. 1. Febr. 1939 Glatz/Schles. - CDU.

GABRIEL, Helmut

Dr. rer. nat., o. Prof. f. Theoret. Physik - Arnimallee 14, 1000 Berlin 33 - Geb. 27. Sept. 1933 Reichenbach/Schl. - Promot. (1960) u. Habil. (1966) Braunschweig - S. 1969 Prof. FU Berlin; 1975-86 Sprecher Sonderforschungsbereich Hyperfeinwechselwirkungen; 1980-82 FU-Vizepräs. f. Naturwiss. u. Forschung; 1988 Mitgl. d. Wissenschaftsrats.

GABRIEL, Lothar

Dr., Dipl.-Volksw., Geschäftsführer Bundesverb. d. Zigarrenind. u. Dt. Zigarren-Inst. - Körnerstr. Nr. 18, 5300 Bonn-Bad Godesberg.

GABRIEL, Peter

Maler, Journalist - Mittelstr. 18a, 2000 Norderstedt (T. 040 - 529 34 10) - Geb. 20. Dez. 1941 Magdeburg, gläubiger Christ, gesch., 2 Töcht. (Claudia, Susanne) - Schriftsetzer-Lehre; Stud. d. Volkswirtsch. an d. Hochsch. f. Wirtsch. u. Polit. Hamburg; Dipl. 1966 - 1969-88 Personalref. im Axel Springer Verlag, Hamburg - S. 1987 freier Maler u. Journalist (Monotypie, Collagen) - Oppositionsbewegung DDR (Teilnahme an Demonstrationen u. Aktionen) - Beschäftig. m. Malerei erstmals während e. Alkoholentwöhnungstherapie in Bremen (1987) - Ausstellungen: 1988 Ev. Akad., Hamburg: Und vergib uns unsere Schuld; 1989 Ev. Akad., Bad Segeberg (zus. m. d. Kieler Maler Wilfried Kähler); 1990 St. Petri-Kirche, Lübeck (zus. m. d. Kieler Maler Erhard Rimek): Mauer-Bruch - Bilder wider das Vergessen; 1990/91 d. gleiche Ausstell. in d. Rostocker Marienkirche; Div. kl. Einzelausstell. u. Teilnahme an Gemeinsch.ausst. u. a. Meldorfer Culturpreis 1990 - Mitgl. Berufsverb. bild. Künstler, Hamburg, Bundesverb. bild. Künstler, Landesverb. Schleswig-Holst. - Liebh.: Politik, Kunst, Kultur, Klass. Musik, Oldtime Jazz, alte Bücher - Spr. Engl.

GABRIEL, Siegfried

Dr. jur., o. Prof. f. Wirtschaftl. Staatswissenschaften - Forstweg 32, 2300 Kiel (T. 8 43 73) - Geb. 17. Okt. 1907 Graz/Steierm. - 1934 Doz. Univ. Graz; 1940 ao. Prof. Univ. Jena; 1955 o. Prof. Univ. Kiel. Div. Publ.

GABRISCH, Rudolf

Dipl.-Volksw., Dipl.-Dolm., Geschäftsführer Georg-Agricola-Ges. (s. 1982) - Dresdner Str. 15, 4005 Meerbusch-Osterath - Geb. 24. April 1932 Brünn, kath., verh. s. 1960 m. Reingard, geb. Staffen - Dipl.-Dolm. 1957 Mainz; Dipl.-Volksw. 1961 München - S. 1985 Gf. Wirtschaftsvereinig. Metalle, Düsseldorf.

GABSTEIGER, Günter

Dipl.-Soz.-Päd. (FH), MdL Bayern (s. 1986; Stimmkr. Fürth-Land) - Obere Leitenstr. 10, 8501 Cadolzburg (T. 09103 - 7 22) - Geb. 23. Dez. 1942 Nürnberg, kath., verh., T. Daniela - Volks- u. Berufssch.; Lehre als Stahlformenbauer; Gesellenprüf.; 1962-66 Stud. Sozialpäd. München u. Berlin; Dipl.-Soz.-Päd. (FH) - 1966 Kreisvors. JU Berlin Tiergarten; 1970-75 Kreisvors. JU Fürth-Land; s. 1972 Kreistag Landkr. Fürth; 1974-86 Mitgl. Bezirkstag v. Mittelfranken. CSU - Liebh.: Bergtouren.

GACA, Adalbert-Hans

Prof. Dr. med., Chefurologe Stiftung Dt. Klinik f. Diagnostik, Wiesbaden (s. 1970) u. Klinik Am Sonnenberg Wiesbaden - Leibnizstr. 18 a, 6200 Wiesbaden - Geb. 21. Febr. 1925 Schneidemühl - Univ. Göttingen, Freiburg/Br., Saarbrücken - S. 1964 (Habil.) Lehrtätigk. Univ. Freiburg/Br. (1970 apl. Prof. f. Urol. u. Chir.). Üb. 190 Aufs. - Fachwiss. Ausz. u. Filmspr.

GACKSTATTER, Fritz

Dr. rer. nat., Dipl.-Math., Prof. FU Berlin - I. Math. Inst. FU Berlin, Arnimallee 3, 1000 Berlin 33 - Geb. 20. Nov. 1941 Unterteschau/Sudetenland, verh. s. 1983 m. Dipl.-Math. Barbara, geb. Müller, 3 Kd. (Stephanie, Christoph, Thomas) - Promot. 1969 Univ. Würzburg, Habil. 1975 TU Berlin - 1979 apl. Prof. RWTH Aachen; s. 1979 FU Berlin. 1980 Gast-Prof. Univ. São Paulo/Brasil.

GADAMER, Hans-Georg

Dr. phil., o. Prof. f. Philosophie (emerit. 1968) - Büchsenackerhang 53, 6900 Heidelberg - Geb. 11. Febr. 1900 Marburg/L. - Stud. German., Gesch., Kunstgesch. u. Phil.; Promot. 1922 (b. Natorp), Habil. 1929 (b. Martin Heidegger) - Prof. Marburg, Leipzig, Frankfurt/M., Heidelberg (Nachf. Jaspers) - Gesammelte Werke, 10 Bde., 1985. Zahlr. Veröff. - Mitgl. Sächs. u. Heidelberger Akad. d. Wiss., Darmstädter Akad. f. Sprache u. Dicht., Akad. d. Wiss. in Athen, Akad. in Rom, Budapester Akad. d. Wiss., Akad. Brüssel, Turin, 1971 Mitgl. Orden pour le Merite f. Wiss. u. Künste; 1971 Reuchlin-Preis Stadt Pforzheim u. Hegelpreis Stadt Stuttgart; 1972 Gr. BVK m. Stern; Honory Member of the American Acad. of Arts and Sciences in Boston; 1986 Jaspers-Preis Univ. Heidelberg; 1987 Martin-Schleyer-Preis.

GADATSCH, Hannelore

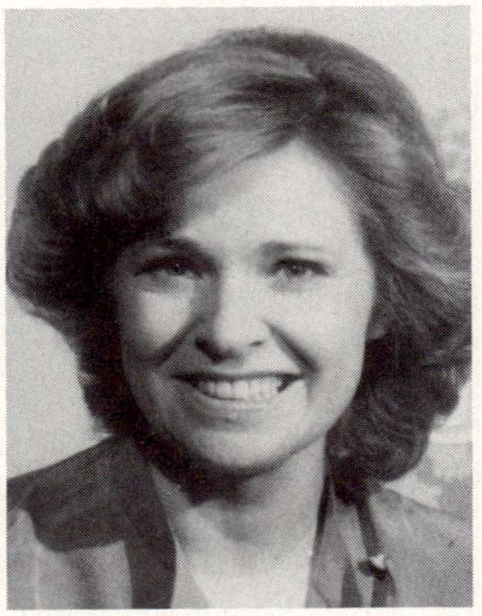

Fernseh-Journalistin - Zu erreichen üb. Südwestfunk, Hans-Bredow-Str. 6, 7570 Baden-Baden - Geb. 1941, verh. s. 1965 m. Claus Jürgen G. (Redakt.-Leit. Fernsehen-Aktuell SWF), 2 Söhne - 1963 Saarl. Rundf.; s. 1966 SWF (s. 1977 Mitgl. Redakt. Report), 1984-85 Moderatorin Send. Tagesthemen; s. 1988 EINS PLUS, Kabel- u. Satellitenfernsehen d. ARD, Moderatorin u. Leit. v. Sonder- u. Schwerpunktsendungen u. Pluspunkte - 1978 1. Preis d. Bundesarbeitsgem. d. Freien Wohlfahrtsverb. (f. Report-Beitr. D. Fall Eigenmann - d. Gesch. e. Kunstfehlers); 1984 Journalistenpreis Entwicklungspolitik (f. Report-Bericht üb. Dürrekatastrophe in Äthiopien) u. 1987 (f. Report-Bericht üb. Zwangsumsiedlungen in Äthiopien).

GADDUM, Johann-Wilhelm

Dipl.-Kfm., Landesminister a.D., Direktoriumsmitgl. Dt. Bundesbank (s. 1986) - Wilhelm-Epstein-Str. 14, 6000 Frankfurt/M. - Geb. 18. Juni 1930 Berlin, ev., verh., 4 Kd. - Gymn.; kaufm. Lehre; 1951-54 Univ. Köln (Wirtschafts- u. Sozialwiss.; Diplomprüf. 1954) - S. 1955 Geschäftsf. u. Inh. (1967) Mineralölgroßhdl. (Familienuntern.); 1985/86 Präs. Landeszentralbank Rhld.-Pfalz. S. 1956 Stadtratsmitgl. (1960 Fraktionsvors.); 1963-83 MdL Rhld.-Pfalz; 1971-81 Staatsmin. d. Finanzen; 1981-85 Min. f. Bundesangelegenh. Rhld.-Pfalz. CDU s. 1956 - 1970 Gr. BVK.

GADEK, Klaus

Dr.-Ing., Dipl.-Ing., Geschäftsführer Constructa GmbH, München - Weiherackerweg 11, 8525 Marloffstein - Geb. 29. April 1926 - Hon.-Prof. Univ. Hannover.

GADIEL, Hans-Erich

Dipl.-Ing., Prof. f. Stahlbau u. Statik Gesamthochschule Paderborn (Fachbereich Bautechnik/Höxter) - Richard-Arntz-Str. 14, 3470 Höxter.

GÄB, Hans Wilhelm

Aufsichtsratsmitglied d. Adam Opel AG, Rüsselsheim, Vice President General Motors Europa, Zürich - Geb. 31. März 1936 - Ehem. Chefredakt. Auto-Ztg. Köln; 1975-81 Vorst.-Mitgl. Fordwerke AG Köln, 1982-86 Adam Opel AG; Präs. Dt. Tischtennis-Bund (ehem. TT-Nationalspieler); stv. Vors. Dt. Sport-Hilfe; Präsid.-Mitgl. Nationales Olymp. Komitee.

GAEBE, Wolf

Dr. rer. pol., Prof. f. Wirtschaftsgeographie Univ. Mannheim (s. 1978) - Schloß, 6800 Mannheim - Zul. Doz. GH Duisburg.

GÄDEKE, Roland

Dr. med., ehem. Prof. Univ.-Kinderklinik Freiburg - Bötzenstr. 41, 7813 Staufen/Br. (T. 54 10) - Geb. 2. April 1919 Heilbronn/N. (Vater: Dr. jur. Waldemar G.; Mutter: Eleonore, geb. Krause), ev., verh. s. 1952 m. Luitgard, geb. Göckel, 5 Töcht. (Nora, Catharina, Dorothea, Verena, Sibylle) - Univ. München, Königsberg, Innsbruck, Freiburg. Facharztausbild. (bis 1950 Pathol., dann Pädiatrie) - S. 1956 (Habil.) Lehrtätigk. Univ. Freiburg (1962 Prof.) - BV: D. inapparente Virusinfektion u. ihre Bedeut. f. d. Klinik, 1957; D. Unfall im Kindesalter, 1962; Diagnost. u. therapeut. Techniken i. d. Pädiatrie, 1972; 1976, 1980 (Übers. Jap., Span.), 1990; Drogenabhängigkeit b. Kindern u. Jugendl., 1973. Handbuch- u. Ztschr.beitr. - Ernst v. Bergmann-Med. Dt. Ärztesch.; 1980 BVK I. Kl.; Albert-Schweitzer-Medaille 1989 - Spr.: Engl., Franz.

GÄDIGK, Günter

Dipl.-Ing., Geschäftsführer Hermann Kolb Maschinenfabrik GmbH. - Hospeltstr. 37-41, 5000 Köln 30.

GAEDTKE, Joachim

Rechtsanwalt, Vorstandsmitgl. Pelikan AG Hannover (b. 1987) - Habichtshorststr. 12D, 3000 Hannover 51 - Geb. 14. Mai 1923 Stettin, verh. s. 1955 m. Carla, geb. Ritter, 3 Kd. (Sybille, Dagmar, Oliver).

GÄFGEN, Gérard

Dr. rer. pol., em. Univ.-Prof., Ord. f. Volkswirtschaftslehre - Abendbergweg 7, 7750 Konstanz-Litzelstetten/B. (T. 4 41 27) - Geb. 26. Febr. 1925 Luxemburg (Vater: Franz G., Fabrikant; Mutter: Dr. Agnes, geb. Theisen, Ärztin), kath., verh. s. 1958 m. Dr. Brigitte, geb. Geyer, T. Danielle - Gymn.; Stud. Volksw.lehre u. Soziol. Promot. (1955) u. Habil. (1961) Köln - S. 1962 Ord. TH Karlsruhe, Univ. Hamburg (1965) u. Konstanz (1969) - BV: Theorie d. wirtschaftl. Entscheidung, 1963; 3. A. 1974; Grundl. d. Wirtschaftspolitik, 1966; Gesundheitsökonomie: Grundlagen u. Anwendungen, 1990 - 1970 Ernenn. z. Mitgl. d. Wiss. Beirats Bundesmin. f. Wirtsch. - Spr.: Franz., Engl. - Rotarier.

GÄFGEN, Peter M.

Dr. sc. techn., Dipl.-Ing.-Chem. ETH, Inhaber PMG Holding AG, Lachen, Inh. ASSAG, Laupen, alle Schweiz - Schübelstr. 13, CH-8700 Küsnacht (T. 01 - 910 49 19) - Geb. 5. Juni 1932.

GAEHTGENS, Thomas W.

Dr. phil. (habil.), Prof., Kunsthistoriker FU Berlin - Peter-Lenné-Str. 20, 1000 Berlin 33 - B. 1979 apl. Prof. Univ. Göttingen (Lehrgeb. Mittlere u. Neuere Kunstgesch.), Prof. FU Berlin.

GÄNSHIRT, Heinz

Dr. med., o. Prof. f. Neurologie (s. 1965) - Am Zapfenberg 18, 6900 Heidelberg - Geb. 26. Sept. 1919 - Promot. 1944 - S. 1956 (Habil.) Lehrtätigk. Düsseldorf, Bochum u. Heidelberg (gegenw. em. Dir. Neurol. Univ.klinik).

GAENSLEN, Heinz-Friedrich

Dr. rer. pol., Dipl.-Kfm., pers. haft. Gesellsch. Gaenslen & Völter, Metzingen - Emil-Mörsch-Weg 47, 7430 Metzingen (T. 16 51 16) - Geb. 10. Juni 1930 Metzingen (Vater: Hermann G., Fabrikant; Mutter: Elisabeth, geb. Dilcher), ev., verh. s. 1963 m. Margret, geb. Pützer, 4 Kd. (Hermann-Dietrich, Christoph-Emanuel, Rüdiger Friedemann, Annedore) - AR Haus am Berg GmbH, Bad Urach; Beirat C. F. Ploucquet, Heidenheim; Stift.rat Gustav-Werner-Stiftg., Reutlingen. Kreisrat CDU - BVK I. Kl. - Liebh.: Musik, Malerei.

GÄNSSBAUER (ß), Helmut

Hauptgeschäftsführer Dt. Gewerbeverb. im Bund d. Selbständigen, Landesverb. Bayern - Schwanthalerstr. 110, Postf. 20 06 02, 8000 München 2.

GAENSSLER, Peter

Dr. rer. nat., o. Prof. f. Math. Univ. Bochum (1972 b. 1978); s. 1978 o. Prof. f. Math. Stochastik Univ. München -Eichenstr. 29a, 8139 Bernried/Stbg. See - Geb. 9. Febr. 1937 Oehringen/Württ. (Vater: Ernst G., Kaufm.; Mutter: Berta, geb. Hubele), ev., verh. s. 1964 m. Ingrid, geb. Bemmann - Stud. d. Math. Univ. Heidelberg u. München; Promot. 1966 Heidelberg; Habil. 1971 Köln - 1963-66 wiss. Assist. Inst. f. angew. Math., Univ. Heidelberg u. Lehrbeauftr. Alfred-Weber-Inst., ebd., 1967-71 wiss. Assist. Math. Inst. Univ. Köln, dzw. 1970 Lektor u. Abt.sleit. Oersted-Inst. Univ. Kopenhagen, Fachmitgl.sch., u. a. Bernoulli Soc. - BV: Wahrscheinlichkeitstheorie, 1977 (m. W. Stute) - Liebh.: Kunst - Spr.: Engl.

GAERTE, Felix O.

Dr. jur., dt. Generalkonsul in Istanbul - Inönü Cad. 16-18, Istanbul (T. 45 07 05/8) - Geb. 2. Juni 1918 Birnbaum/Posen, verh. m. Helga, geb. Siegert, 2 Kd. - Gymn. Basel u. Potsdam; Rechtsstud. Univ. Genf, Königsberg/Pr. u. Berlin; Refer. 1941 Kammergericht Berlin (anschl. Kriegsdienst als Fallschirmjäger), Promot. 1948, Ass.-Ex. 1949 OLG Tübingen - Reg.Rat Staatskanzlei Tübingen; 1950 Ausw. Dienst, Mitgl. Dt. Verhandl.delegation z. Deutschl.vertrag; 1952-54 Gesandtschaftsrat London; 1954-57 stv. Generalkonsul Nairobi; 1957-61 Legationsrat AA Bonn (Rechtsabt.); 1961-64 stv. Generalkonsul Bombay; 1964-66 stv. Leit. Arbeitseinh. AA f. Abrüst. u. Rüstungskontrolle; 1966-72 Generalkonsul Melbourne; 1972-78 Zivilrechtsref.leit. AA; s. 1978 Generalkonsul Istanbul - 1968 BVK - Spr.: Engl., Franz., Ital., Russ.

GÄRTEL, Wilhelm

Dr., Direktor u. Professor i.R., ehem. Leit. Inst. f. Pflanzenschutz i. Weinbau Biolog. Bundesanstalt f. Land- u. Forstw. - Hubertusweg 2, 5550 Bernkastel-Kues/Mosel (T. 06531 - 31 84) - Geb. 17. Nov. 1920 Satulmare/Rum. - Ehrenpräs. Intern. Amt f. Rebe u. Wein, Paris - Spr.: Engl., Franz., Span., Rum.

GÄRTNER, Claus Theo
Schauspieler, Regiss. - Uhlandstr. 46, 1000 Berlin - Geb. 19. April 1943 Berlin, S. Oliver - Staatl. Hochsch. f. Musik u. Theater, Hannover (Prof. H. G. v. Klöden) - Üb. 80 Filme (Kino u. Fernsehen, u.a. FS-Serie E. Fall f. Zwei), üb. 40 Theaterinsz. u. Rollen - Dt. Filmpreis in Gold (Bundesfilmpr.).

GAERTNER, von, Franz-Günther
Kaufmann, Mitinh. Maklergruppe Jauch & Hübner, Hamburg, Vors. Verein dt. Versicherungsmakler ebd. - Süllbergterrasse 42, 2000 Hamburg 11 - Geb. 5. Sept. 1928.

GÄRTNER, Hans
Dr. phil., Prof. f. Grundschulpädagogik u. -didaktik Kath. Univ. Eichstätt - Brüder-Grimm-Str. 14, 8261 Polling - Geb. 8. Juli 1939 Reichenberg/Böhmen, kath., verh. m. Ursula, geb. Lehmann, T. Katharina - Erst- u. Zweitstud. München, Promot. 1970. S. 1980 Univ.-Prof. - Spezialgebiet: Lesepädagogik, Kinderliteratur im Vor- u. Grundschulalter - Autor u. Herausg. zahlr. päd.-didakt. Fachpubl., Kinderbücher.

GÄRTNER, Hans
Dr. phil., Prof. f. Klass. Philologie Univ. Regensburg - v.-d.-Tann-Str. 36, 8400 Regensburg - Geb. 26. April 1934 - Studium Göttingen, Promot. 1960 Göttingen, Habil. 1970 Regensburg.

GÄRTNER, Hans
Dr.-Ing., Geschäftsführer Ernst Reime GmbH & Co. KG, (Spez.fabr. f. Präzis.Gewindeschneidwerkz.) Nürnberg - Postf. 3842, 8500 Nürnberg 1.

GÄRTNER, Hans Armin
Dr. phil., Prof. f. Klass. Philologie Univ. Heidelberg (s. 1978) - Kurpfalzstr. 6, 6945 Hirschberg-Leutershausen - Geb. 30. Juni 1930 Aue/Sa. - Promot. 1959; Habil. 1971.

GÄRTNER, Hartmut
I. Bürgermeister - Rathaus, 8903 Bobingen/Schw. - Geb. 17. Nov. 1936 Dillingen/D. - Zul. Oberreg.srat. SPD.

GÄRTNER, Heinz
Dr. phil., Prof. f. Allg. Pädagogik PH Reutlingen - Im Felgenbächle 5, 7410 Reutlingen 11.

GÄRTNER, Helmut
Dr. rer. nat., Prof. f. Experimental-Physik GH Kassel - Kohlenstr. 63, 3500 Kassel - Geb. 23. März 1932 Darmstadt - Promot. (1962) u. Habil. (1966) Darmstadt - Zul. Doz. TH Darmstadt - BV: Ferromagnet. Resonanz in dünnen Schichten, 1968.

GÄRTNER, Henriette
s. Knörr-Gärtner, Henriette

GÄRTNER, Horst
Dr. med., o. Prof. f. Mikrobiologie u. Hygiene - Forstweg 1, 2300 Kiel - Geb. 15. Aug. 1911 Lichtentanne/Sa. (Vater: Alexander G., Ing.; Mutter: Marie, geb. Kampmann), ev., verh. s. 1942 m. Christina, geb. Marquardt, 3 Kd. - Realgymn. Duisburg-Ruhrort; Univ. Göttingen, Marburg, Berlin, Münster (Promot.) - 1938 Assist., 1942 Doz., 1948 apl. Prof. Univ. Münster, 1951 o. Prof. u. Inst.Dir. Univ. Saarbrücken, 1957 Univ. Kiel (Dir. Hyg. Inst. u. Med.U.Amt). Emerit. 1979. Zahlr. Fachveröff. - Liebh.: Ornithol., Botanik.

GÄRTNER, Karl
Dipl.-Ing., Unternehmensberater - Am Kruppsee 12, 4100 Duisburg 14 - Geb. 25. Aug. 1921.

GÄRTNER, Klaus
Dr. med. vet., Prof. f. Versuchstierkunde - Karl-Wiechert-Allee 9, 3000 Hannover 61 - Geb. 7. April 1927 Prina/Sa. - Promot. 1953 Berlin; Habil. 1966 Frankfurt - Abt.-Vorst. u. Prof. 1970 Med. Hochsch. Hannover, 1976 u. Honorarprof. Tierärztl. Hochsch. Üb. 100 Facharb. (vgl. Pathophysiol., Versuchstierkd., Populationsbiol.).

GÄRTNER, Klaus
Dipl.-Polit., Staatssekretär Finanzmin. Schlesw.-Holst. (s. 1988) - Düsternbrooker Weg 64, 2300 Kiel - Geb. 10. Jan. 1945 Obersontheim Kr. Schwäb. Hall, verh., 1 Kd. - N. Abit. (1965 Saarbrücken) Univ. Saarbr. u. Berlin/FU (Polit. Wiss.). Dipl.prüf. 1971 - 1969-70 Hauptgeschäftsf. FDP Saar; 1971-76 Angest. Min. f. Wirtsch., Mittelst. u. Verk. NRW. FDP s. 1968 (u. a. Schatzm. Bezirksverb. Düsseldorf).

GÄRTNER, Otto
Dr. phil., Redakteur, Schriftst. - Löberstr. 3, 6300 Gießen (T. 0641 - 7 44 60) - Geb. 10. Jan. 1923 Gießen, ev., verh. s. 1945 m. Irmgard, geb. Adam - Univ. Marburg (German., Phil., Gesch. u. Archäol.); Staatsex. 1950, Promot. 1951 - 1958-88 Ressortleit. Feuill. Gießener Allg. 1977 Präs. Dt.-Griech. Ges. Wiesbaden - BV: Baedekers Allianz-Reisef. Griechenl., 1981; Baedekers Allianz-Reisef. Athen, 1982; Baedekers Allianz-Reisef. Israel, 1982; Baedekers Allianz-Reisef. Mittelmeer (Mitverf.); dtv-Merian-Reiseführer Kreta (Mitverf.), 1985; Kloster Arnsburg in d. Wetterau, s. Gesch., s. Bauten, 1989; Baedekers Allianz-Reisef. Sizilien, 1991 - Spr: Engl., Neugriech. - Lit.: H. Bitsch, Gießen-Report I u. II, 1967, 1975.

GÄRTNER, Rudolf
Dr. jur., Prof. f. Bürgerl. Recht, Privatversicherungs-, Handels- u. Wirtschaftsrecht FU Berlin - Salzunger Pfad 3, 1000 Berlin 45.

GÄRTNER, Rudolf
Dr.-Ing., em. Prof. TU Berlin, Inst. f. Hochspannungstechnik u. Starkstrom-Anlagen - Auguste-Viktoria-Str. 31, 1000 Berlin 33 - Geb. 19. Sept. 1913 Aussig/Böhmen.

GÄRTNER, Walter
Dr. med., Prof., Direktor Inst. f. Physikal. Therapie - Städt. Krankenanstalten, 6700 Ludwigshafen/Rh. - Geb. 5. April 1925 Heidelberg - Promot. 1952 Heidelberg; Habil. 1966 Freiburg/Br. - S. 1972 apl. Prof. f. Physikal. Med. u. Angew. Physiol. Univ. Freiburg. Aufs.

GAFFRON, Hans-Joachim
Dr. rer. pol., Geschäftsführer Krupp Reederei Duisburg - Haraldstr. 13, 4300 Essen - Geb. 4. Okt. 1933, ev., verh. s. 1969 m. Barbara, geb. Nagel, 3 Kd. (Marcus, Christian, Kristina) - Lehre Speditionskaufm.; Stud. Volksw. u. Verkehrswiss. Univ. Köln, Münster u. Antwerpen; Dipl.-Volksw. u. Promot. 1962 Köln - Vorst. Bundesverb. d. dt. Binnenschiffahrt u. Arbeitgeberverb. d. dt. Binnenschiffahrt; Mitgl. Frachtenaussch. Rheinschiffahrt - BV: Antwerpen u. s. Hinterland, 1963; Entw. d. Schubschiffahrt, 1960 - Ehrenpräs. German. Wanderverein.

GAFNER, Fritz
Schriftsteller, Pfarrer, Dir. Ev. Kindergärtnerinnensem. Zürich (s. 1976) - Weineggstr. 28, CH-8008 Zürich (T. 01-53 84 63) - Geb. 4. Jan. 1930 Stein/Rh., ev., verh. s. 1954 m. Elisabeth, geb. Freiberger, 2 Kd. (Brigitta, Bertold) - Matura Typus B 1949 Schaffhausen; 1949-52 Stud. Bern; Sekundarlehrerdipl.; 1962-67 Theologiestud. Zürich - 1952-62 Unterr.tätig.k. Sekundarsch. u. Gymn. Bern u. Zürich; 1967-76 Pfarrer Stadtkirche Winterthur - BV: Eugen, Prosa 1971; Kinder- u. Hausmärchen aus d. Schweiz, 1977; D. Holzapfelbaum, Ged. 1979; Kaiser, König, Lumpenhund, Gesch. aus d. Mittelalter, 1987; D. erwachsene Kind, Aufs. 1987; Arnold Hütteners gläubiger Unglaube, R. 1990 - 1968 Ehrengabe Kanton Zürich; 1970 Conrad-Ferdinand-Meyer-Pr.; 1981 1. Preis Dramenwettbewerb Stadt St. Gallen.

GAGEL, Alexander
Dr., Vorsitzender Richter am Bundessozialgericht - 3500 Kassel - Geb. 12. Febr. 1933 Leipzig, verh. m. Barbara, geb. Graf, 3 Kd. (Regine, Martin, Katrin) - Stud. Rechtswiss. Univ. Göttingen, Berlin; Promot. 1964 Heidelberg - 1963 Richter, 1970-74 Dir. Sozialgericht Wiesbaden; s. 1974 Richter am Bundessozialgericht; s. 1991 Vors. Richter; daneb. ehrenamtl. Tätigk. u. Lehrtätigk. in d. jurist. Fortbildung u. z. Förd. d. Rechtsunterrichts an Schulen; 1973-87 Mitgl. d. Programmkonfz. d. Dt. Richterakad. Wissenschaftlich tätig auf d. Gebiet d. Sozialrechts m. d. Schwerpunkten: Arbeitsförderungsrecht, Beitragsrecht, Verwaltungsverfahren u. Grenzbeziehungen zu anderen Rechtsgebieten insbes. Arbeitsrecht u. Konkursrecht - BV: u. a. Beendigung v. Arbeitsverhältnissen - sozial- u. steuerrechtliche Konsequenzen, 1992; Kommentar z. Arbeitsförderungsgesetz, 2. A. 1989 - Liebh.: Radwandern - Spr.: Engl., Norweg. - Bek. Vorf.: Geheimer Bergrat Prof. Dr. Curt Gagel, Preuß. Geologische Landesanstalt Berlin (Großv.), Konsul Alexander Georg Moslé, Bremen/Leipzig/Tokio/Washington (Großv.).

GAGEL, Ernst
Dr., Versicherungsdirektor - Wendelsteinstr. 52, 6200 Wiesbaden-Dotzheim - Geb. 17. Sept. 1914 Neuburg/D. - S. 1969 stv. u. o. Vorstandsmitgl. (1970) Dt. Beamten-Versich.

GAGEL, Walter
Dr. phil., o. Prof. a.D. f. Polit. Bildung TU Braunschweig - Thorn-Prikker-Str. 15, 5800 Hagen 1 (T. 02331 - 5 19 73) - Geb. 17. Dez. 1926 Arnsberg (Vater: Georg G., Prof. u. Dipl.-Ing.; Mutter: Marie, geb. Krug), verh. I) 1954-79 Margrit, geb. Cremer; II) s. 1982 m. Hilde, geb. Albert, 3 Kd. (Reinhard, Irene, Roland) - 1949-55 Univ. Köln; Staatsex. u. Promot. 1955 - 1955-63 Gymnasiallehrer Köln; 1963-74 Oberschulrat Landesinst. f. schulpäd. Bild. Düsseldorf; 1975 o. Prof. TU Braunschweig (FB Erziehungswiss.), 1987 emerit. S. 1966 Mitherausg. Ztschr. Gegenwartskd. u. s. 1967 Herausg. Ztschr.: Polit. Bild. - BV: D. Wahlrechtsfrage in d. Gesch. d. dt. lib. Parteien 1848-1918, 1958; Politik - Didaktik - Unterricht. E. Einf. in didakt. Konzeptionen d. polit. Unterrichts, 2. A. 1981; Einf. in d. Didaktik d. polit. Unterrichts. Studienb. polit. Didaktik I, 1983; Unterrichtsplanung: Politik/Sozialkd. Studienb. polit. Didaktik II, 1986.

GAGERN, Freiherr von, Axel
Dr. phil., Ethnologe - Gessenberg 1, 8221 Waging (T. 49 44) - Zul. Dir. Rautenstrauch-Joest-Mus. f. Völkerkd., Köln. Forschung: Basale Anthropol.

GAGNÉR, Sten
Dr. jur. (habil.), o. Prof. f. German. u. vergl. Rechtsgeschichte u. Bürgerl. Recht sowie Vorst. Inst. f. Bayer. u. dt. Rechtsgesch. Univ. München (s. 1964) - Fürstenstr. 22, 8000 München 2 (T. 28 57 67) - Geb. 3. März 1921 Uppsala (Schweden).

GAHL, Horst
Dr. rer. nat., Prof. f. Didaktik d. Biologie Univ. Frankfurt/M. - Beethovenstr. 27, 6301 Leihgestern.

GAHLEN, Bernhard
Dr., o. Prof. f. Makroökonomie Univ. Augsburg (s. 1970) - Memminger Str. 6-14, 8900 Augsburg - Zul. Wiss. Assist. Univ. Münster (Inst. f. Industriewiss. Forsch.).

GAHLEN, Walter
Dr. med., o. Prof. f. Dermatologie - Humboldtstr. 19c, 4000 Düsseldorf - Geb. 21. Juli 1908 - S. 1944 (Habil.) Lehrtätigk. Med. Akad. bzw. Univ. Düsseldorf (1951 apl. Prof.) u. TH Aachen/Med. Fak. (1965 Ord.). Etwa 100 Fachaufs. Würdig. z. 60. Geburtstag (Ztschr. D. Hautarzt 19, H. 7, 1968).

GAHR, Michael
Schauspieler - Germaniastr. 33, 8000 München 40 - Geb. 27. Dez. 1939 Berlin - Vornehml. Kino- u. Fernsehrollen: E. Spot od. Fast e. Karriere (Dir. Strack), D. Männerquartett, Helga u. d. Nordlichter (Hubert Hummel), Hermann Göring in: The Great Escape (Warner Bros.), Vater Wegmus in: D. Mädchen u. d. Stadt, Dr. Tobias Wilms in: Man spricht deutsch, Max Krauerhase in: Vertrauen gegen Vertrauen, Herr Schmitz in: D. schnelle Gerdi, OB Reuter in: E. Stadt wehrt sich, Alois Brunner in: Radiostation, Bethge in: Moselbrück, 2. Hauptrolle im Oskar nominierten Film: D. schreckliche Mädchen.

GAIER, Dieter
Dr. rer. nat., Ph. D., o. Prof. f. Angew. Mathematik - Am Alten Friedhof 28, 6300 Gießen (T. 4 75 30) - Geb. 12. Mai 1928 Stuttgart (Vater: Albert G., Oberstudienrat; Mutter: Maria, geb. Hausch), ev. - Stud. Math. TH Stuttgart (Dr. rer. nat. 1952) u. Univ. of Rochester/USA (Ph. D. 1951) - 1951 Assist., 1955 Doz. TH Stuttgart, 1959 ao., 1962 o. Prof. Univ. Gießen (Mitdir. Math. Inst.) - BV: Konstr. Meth. d. konf. Abbildung, 1964; Vorl. üb. Approximation im Komplexen, 1980 (chin. 1985, russ. 1986, engl. 1987); Neuere Erg. d. Funktionentheorie (Mitautor), 1986. Zahlr. Fachveröff. - Spr.: Engl.

GAIER, Ulrich
Dr. phil., o. Prof. f. Literaturwissenschaft Univ. Konstanz (s. 1968) - Haydnstr. 17, 7750 Konstanz/B. (T. 6 28 02) - Geb. 18. Juni 1935 Stuttgart - Zeitw. USA - BV: D. gesetzl. Kalkül. Hölderlins Dichtungslehre, 1962; Stud. zu Sebastian Brants Narrenschiff, 1966; Satire Stud. zu Neidhart, Wittenwiler, Brant u. z. sat. Schreibart, 1967; Krumme Regel. Novalis' Konstruktionslehre d. schaffenden Geistes u. ihre Tradition, 1970; Form u. Information - Funktionen sprachl. Klangmittel, 1971; Germanisten ohne Zukunft? Empfehlungen z. Erhöhung d. berufl. Flexibilität germanist. Studienabsolventen, 1978; Johann Gottfried Herder: Frühe Schriften 1764-72, 1985; System d. Handelns. E. rekonstruktive Handlungswiss., 1986; Herders Sprachphil. u. Erkenntniskritik, 1988; Goethes Faustdichtungen. E. Komment., Bd. 1, Urfaust, 1989; J. G. Herder: Volkslieder, Übertragungen, Dichtungen, 1990.

GAIL, Adalbert
Dr. phil., Prof. f. Ind. Kunstgeschichte FU Berlin (s. 1974) - Südendstr. 13, 1000 Berlin 41 - Geb. 11. Aug. 1941 - Promot. 1968 - Facharb.

GAIL, Hermann
Schriftsteller - Fuchsthallerg. 15/3, A-1090 Wien - Geb. 8. Sept. 1939 Pöggstall/NÖ., kath. - Verleger David-Presse - BV: Gitter, R.; Prater, R.; Liaisons, Erz.; u.a. - Zahlr. Literaturpreise.

GAISENKERSTING, Josef
Kaufmann, Leiter Boss-Druck u. Verlag, Kleve - Büro: Geefacker 63, 4190 Kleve; priv.: Sonnenstr. 3, 4192 Kalkar-Grieth - Geb. 28. April 1938 Bottrop (Vater: Josef G., Kaufm.; Mutter: Johanna, geb. Borkes), kath. - 2. Bildungsweg.

GAISER, Dietmar
Journalist - Zu erreichen üb. BR, Rundfunkpl. 1, 8000 München 2 - Leit. d. Redaktion Bürgersendung.

GAISER, Herbert
Dipl.-Ing., Dipl.-Wirtschaftsing., Geschäftsführer Alfred Kunz GmbH & Co., München - Bavariaring 26, 8000 München 2 (T. 5 14 60) - Geb. 29. Febr. 1932 München (Vater: Otto G., Dipl.-

Ing.; Mutter: Karolina, geb. Fadinger), kath., verh. s. 1959 m. Marianne, geb. Dieterich, 3 Kd. (Markus, Nicole, Odile) - Schulen München; Stud. TH München (Dipl.-Ing. 1956, Dipl.-Wirtsch.-Ing. 1957) - 1957-65 Bauleiter Fa. Kunz; 1966-72 Niederlass.leit. Mannheim; s. 1973 Geschäftsf. Mehrere Patente. Veröff.: Vorträge Betontag 1979 - Liebh.: Berg- u. Skisport, mod. Kunst, Fotogr. - Spr.: Engl.

GAJEK, Bernhard

Dr. phil., o. Prof. f. Neuere dt. Literaturwissensch. Univ. Regensburg (s. 1971) - von-Kleist-Str. 24, 8411 Lappersdorf (T. 0941 - 8 16 20) - Geb. 19. März 1929 Offenburg/B. (Vater: Curt G., Kaufm.; Mutter: Franziska, geb. Spinner), kath., verh. s. 1960 m. Enid, geb. Kaul, 4 Kd. (Hartwig, Oliver, Esther, Laurian) - Stud. Univ. Freiburg, Hamburg, München; Promot. 1958 ebd.; Habil. 1969 Heidelberg - 1962-66 Kustos Fr. dt. Hochstift, Frankfurt/M., 1969-71 Doz. Univ. Heidelberg - BV: Goethes Leben u. Werk in Daten u. Bildern, 1966; Homo poeta - Z. Kontinuität d. Problematik b. Cl. Brentano, 1971. Herausg.: Cl. Brentano, Werke, 1968 u. 1978; Cl. u. Chr. Brentanos Bibliotheken, 1974; Geist u. Zeichen. Fs. Arthur Henkel, 1977; Acta d. Intern. Hamann-Colloquiums, 1979ff.; C. Brentano, D. bittere Leiden, 1980; L. Thoma, Werke, 1983ff.

GAL, Tomas

Dr. rer. nat., Dr. rer. pol., Prof. f. Unternehmensforschung TH Aachen (1971-91), o. Prof. f. Operations Research u. Mathematik f. Wirtschaftswiss. Fernuniv. Hagen (1977-91) - Emsterstr. 92A, 5800 Hagen (T. 5 38 62) - Geb. 11. Juli 1926 Zilina/CSFR, verh. I) s. 1949 m. Dagmar, geb. Svobodova (†1983), 2 Kd. (Jan, Jitka), II) s. 1986 m. Gisela, geb. Pajonk - Stud. d. Physikal. Chemie Univ. Prag; Promot. 1953 u. 1967; Habil. 1969 Prag - 1951-54 Assist. Forschungsinst. f. Milch u. Milchprodukte u. F.-Inst. f. Kreislaufkrankh., 1954-69 Lehrstuhl f. Math. u. f. Operation Research (1964) Landw. Hochsch. Prag; 1969/70 Gastprof. Univ. Löwen/Belg. emerit. 1991 - In- u. ausl. Fachmitgl.sch. - BV: u. a. Betriebl. Entscheidungsprobleme, Sensitivitätsanalyse u. parametrische Programmierung, de Gruyter 1973; Sensitivity Analyses Parametric Programming and Related Topics, McGraw Hill 1979; Planungs- u. Entsch.techn., de Gruyter 1981. Üb. 100 wiss. Veröff. In- u. Ausl. Übersetzertätigk., Mitgl. versch. intern. Komit., Gutachter f. intern. wiss. Ztschr. u. Organisationen, 2. BNSF-USA - Liebh.: Kunst - Spr.: Tschech., Ungar., Russ., Engl., Slowak.

GALIA, Tadeusz

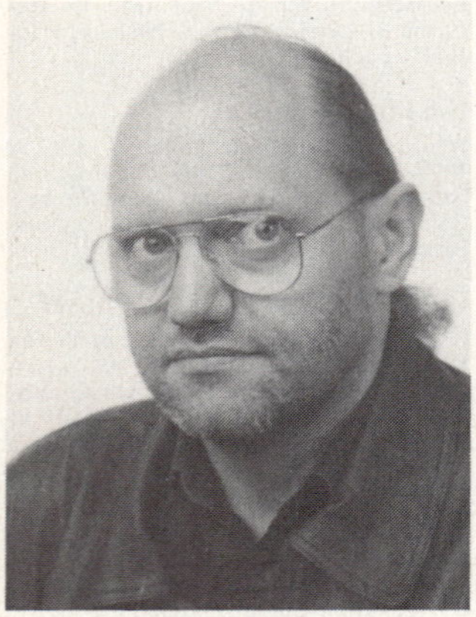

Magister d. Kunst, Schauspieler, Künstlerischer Leiter d. Polnischen Theaters, Kiel - Düppelstr. 61, 2300 Kiel 1 (T. 0431 - 80 40 99) - Geb. 5. März 1949 Breslau, kath., led., T. Natalia - 1971 Stud. Staatl. Hochsch. f. Film, Fernsehen u. Theater Lodz - Schauspieler im Theater Breslau u. Opeln; Doz. an d. Staatl. Hochsch. f. Theater in Breslau - Rollen in: Dämonen, Dostojewskij; Antigone, Sophokles; Orestie, Aischylos; Die Schuster, Witkacy; Weise Ehe, Rozewicz; u. v. a. mehr - Mitwirkung in ca. 40 Filmen, u. a. Olympiade 1940 sowie in d. TV-Serie Mision; Regie u. Bühnenbild - 1975 Iglica-Ehrung f. d. bekanntesten Schauspieler; 1991 Hebbelpreis - Liebh.: Naturfotogr.; Fahrrad; Handwerken - Spr.: Poln., Deutsch.

GALINSKY, Hans

Dr. phil., o. Prof. f. Anglistik (spez. Amerikanistik) - Alfred-Mumbächer-Str. 32, 6500 Mainz-Bretzenheim (T. 3 42 79) - Geb. 12. Mai 1909 Breslau (Vater: Paul G., Postinsp.; Mutter: Maria, geb. Nahler), kath., verh. I) 1936 m. Dr. phil. Edith, geb. Margenburg (†1946), II) 1949 m. Ilse, geb. Freeb, 4 Kd. (Michael, Gotthard, Teresa, Christoph) - Elisabeth-Gymn. Breslau; Univ. ebd. (Promot. 1932) u. Heidelberg, King's College London - 1932 Austauschlehrer London, 1933 Assist. Univ. London, 1934 Univ. Manchester, 1935 Univ. Berlin, 1938 Doz., 1942 o. Prof. Univ. Straßburg (s. 1944), 1950 Lehrbeauftr. Univ. Tübingen, Studienass., 1952 -rat ebd., ao., 1953 o. Prof. Univ. Mainz, emerit. 1977. 1955 Gastprof. Univ. of Minnesota u. Michigan. Stv. Vors. Dt. Ges. f. Amerikastudien (1965 wiedergew.), 1970 Gastprof. Univ. of California u. Illinois u. 1971, 1975 u. 1979 Univ. of Calif. - BV: (1932-61 s. XVIII. Ausg.): Amerikanism. d. dt. Gegenw.sspr., 1963, 3. A. 1975 (m. B. Carstensen); T. S. Eliots Murder in the Cathedral im Unterr. d. Oberstufe, 1964; Naturae Cursus, 1968; Amerika u. Europa, 1968; Wegbereiter amerik. Lyrik: E. Dickinson u. W. C. Williams, 1968; Zwei Klassiker d. amerik. Kurzgesch. (m. K. Lubbers), 1971, 2. A. 1978; Amerik.-dt. Sprach- u. Lit.-beziehungen, 1972; Regionalism. u. Einheitsstreben in d. Vereinigt. Staaten, 1972; D. Amerik. Englisch, 1979, 2. A. 1985; Amerik. Gesch.bewußtsein, 1983. Herausg.: Mainzer Stud. z. Amerikanistik; Mithrsg.: Leb. Sprachen, 1959-75 - Amerikastudien - Distinguished Senior Scholar Award (Fulbright), 1966, Ehrenmitgl. „Ovidianum", Bukarest, 1971 - Liebh.: Theater (Dramen), Schwimmen, Übers. engl. Lit., amerik. Lit. - Spr.: Engl., Franz., Ital. - Lit.: Festschr. Lit. u. Sprache d. Vereinigt. Staaten, hg. H. Helmcke u. a. (1969); The Transit of Civilization from Europe to America, hg. W. Herget u. a. (1986).

GALL, Christian

Dr. med. vet., Prof., Ordinarius, Inst. f. Tierproduktion in d. Tropen u. Subtropen Univ. Hohenheim - Garbenstr. 17, 7000 Stuttgart 70 (T. 459 31 70) - Geb. 1. Juli 1927 Berlin (Vater: Franz G., Generallt.; Mutter: Gabriele, geb. Boetticher), verh. s. 1966 m. Hannelore, geb. Bersch, Oberstudienrätin, 2 Söhne (Franz, Johannes) - Abit. 1944 Lötzen/Ostpr., nach landw. Tätigk. (1946-49), 1949-54 Stud. Naturw. Univ. Tübingen u. Tiermed. Univ. München; Promot. 1954, Habil. - 1964-75 Priv.doz. (s. 1972 Prof.) Univ. München, 1969-71 Gastprof. Monterrey/Mexiko, 1972-75 Animal Prod. Officer F.A.O. d. UNO in Rom, 1975-82 Dir. Inst. f. Tierzucht u. Vererb.forsch. Tierärztl. Hochsch. Hannover, s. 1982 Univ. Hohenheim - BV: Ziegenzucht, Lehrb. 1982. Herausg.: Goat Production (Monogr. 1981) - Korr. Mitgl. d. Franz. Akad. d. Landwirtsch.wiss.

GALL, Franz Paul

Dr. med., o. Prof. u. Vorst. Chirurg. Klinik m. Poliklin. Univ. Erlangen-Nürnberg (s. 1977) - Sperberstr. 48, 8521 Fürth (T. 0911 - 78 03 03).

GALL, Günter

Dr. phil., Ltd. Museumsdirektor a. D. - Heinrich-Heine-Str. 37, 6050 Offenbach/M. (T. 85 42 45) - Geb. 23. Juli 1924 Berlin, verh. s. 1953 m. Alice, geb. Fürst, 2 Söhne (Stefan, Sebastian) - Univ. Kiel u. München (Kunstgesch., Archäol., Vor- u. Frühgesch.; Promot. 1952) - S. 1952 Direktionsassist., Kustos u. Dir. (1959-89) Dt. Ledermuseum - BV: Leder im europ. Kunsthandwerk, 1965 - Spr.: Engl. - Rotarier - Vater: Prof. Dr. phil. Ernst G., Kunsthistoriker (Gotik) †1958.

GALL, Lothar

Dr. phil., o. Prof. f. Neuere Geschichte - Rosselstr. 7, 6200 Wiesbaden - Geb. 3. Dez. 1936 Lötzen/Ostpr., ev., verh. m. Claudia, geb. Eder, 2 Kd. (Tobias, Franziska) - Gymn. Salem/B.; Univ. München u. Mainz (Gesch., Roman., German.). Promot. 1960 München; Habil. 1967 Köln - 1965 Assist. Univ. Köln, 1967 Doz. ebd., 1968 Ord. Univ. Prof. Gießen, 1972 FU Berlin, 1975 Univ. Frankfurt. Spez. Arbeitsgeb.: Geschichte des 19. und 20. Jahrhundert, Bürgertum u. Liberalismus - BV: Benjamin Constant - S. polit. Ideenwelt u. d. dt. Vormärz, 1963; D. Liberalismus als regierende Partei, 1968; Bismarck. D. weiße Revolutionär, 1980; Europa auf d. Weg in d. Moderne 1850-90, 1984; Bürgertum in Deutschland, 1989; Bismarck. E. Lebensbild, 1991. Herausg.: D. Bismarck-Problem in d. Geschichtsschreib. n. 1945 (1971); Liberalismus (1980); Bismarck - D. gr. Reden (1981); D. europ. Liberalismus. Texte z. s. Entw., 4 Bde. (1982); D. großen Deutschen unserer Epoche (1985); Stadt u. Bürgertum im 19. Jh. (1990); Historische Ztschr. - Mitgl. d. Bayer. Akad. d. Wiss., d. Histor. Kommission b. d. Bayer. Akad. d. Wiss., d. Histor. Kommiss. zu Berlin u. d. Kommiss. f. Gesch. d. Parlamentarismus u. d. polit. Parteien Bonn; Mitgl. Fernsehrat d. ZDF; 1968 Preis Wolf-Erich-Kellner-Gedächtnisstiftg.; 1987 Leibniz-Preis Dt. Forschungsgemeinsch.; 1990 Herb. Quandt-Medienpreis; 1987 Gr. BVK.

GALLAND, Adolf

Generallt. a. D., Industrieberater - Eifelweg 26, 5480 Remagen 2 - Geb. 19. März 1912 Westerholt, s. 1984 in 3. Ehe verh. m. Heidi, geb. Horn, 2 Kd. (Andreas Hubertus, Alexandra Isabelle - Abit. 1932, Verkehrsfliegersch. 1934. 1934-45 Offz. Luftw. (Staffelf. Legion Condor); 1944 Gen.ltn. Kommodore Jagdgeschw. Nr. 26, Kdr. Jagdverb. 44, 104 Luftsiege Westfront; 1945-47 amerik. Gefangensch.; 1948-55 Ber. Argent. Luftwaffe; s. 1955 selb. Ber. Luft- u. Raumfahrtind., Bonn - BV: D. Ersten u. d. Letzten, 1953 (GA. etwa 2 Mill.; 14 Übers.) - 1942 Brillanten z. Eichenlaub m. Schwertern z. Ritterkr. - Liebh.: Flug-, Schieß- u. Jagdsport - Spr.: Span., Engl.

GALLAS, Helga

Dr. phil., Prof. f. Literaturwissenschaft Univ. Bremen - Franziusstr. 7, 2800 Bremen - Geb. 1940 - Abit. 1958 (DDR); Promot. 1969 (FU Berlin) - Zul. Wiss. Assist. Univ. Hamburg - BV: Marxist. Literaturtheorie, 1971 (auch span. u. ital.); Strukturalismus als interpretatives Verfahren, 1977; D. Textbegehren d. Michael Kohlhaas. D. Spr. d. Unbewußten u. d. Sinn d. Lit., 1981 - Spr.: Franz., Engl., Portug.

GALLE, Hans-Karl

Dr. phil. nat., Direktor Institut f. d. Wiss. Film Göttingen (s. 1976) - Nonnenstieg 72, 3400 Göttingen (T. 0551 - 20 20; Telex: 09 6 691; Telefax 0551 - 20 22 00) - Geb. 25. Nov. 1933 Giersdorf/Schles., kath., verh. s. 1964 m. Karin, geb. Günther, 2 S. (Hans-Günther, Franz-Bernd) - Realgymn., Univ. Frankfurt/M., Marburg (Naturwiss.), Promot. 1964. B. 1976 Ref. Inst. f. d. Wiss. Film, Göttingen - Herausg.: Encyclopaedia Cinematographica - Spr.: Engl.

GALLE, Rolf

Dr., Dipl.-Kfm., Geschäftsführer Hilger u. Kern GmbH, Mannheim - Spraulache 32, 6835 Brühl - Geb. 15. Jan. 1931 - Beirat Stahlbau Schäfer GmbH, Ludwigshafen/Rh.

GALLE, Ullrich

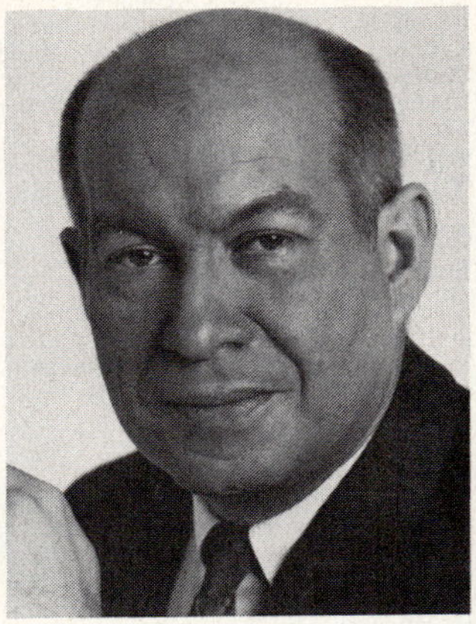

Staatsminister, Min. f. Arbeit, Soziales, Familie u. Gesundheit d. Landes Rheinland-Pfalz - Bauhofstr. 9, 6500 Mainz 1 (T. 06131 - 16-23 53) - Geb. 11. Juli 1948 Watenstedt/Salzgitter, verh. s. 1970 m. Heidemarie E., 2 Kd. (Katharina, Sebastian) - Gymn. Salzgitter-Lebenstedt, Abit. 1967; Stud. Rechtswiss. Göttingen u. Mainz - Versch. Tätigk. in Privatwirtsch. u. Öffentl. Dienst (u. a. Kommunalverw., DBP), s. 1973 hauptamtl. Gewerksch.sekretär ÖTV, zul. Vors. Gewerksch. ÖTV Rheinland-Pfalz - Mithrsg.: Energie-Dokumentation Rheinland-Pfalz, 1989 - Liebh.: Frankreich, Joggen, Kochen - Spr.: Engl., Franz.

GALLENKAMP, Hans-Georg

Konsul a. D. - Osnabrücker Str. 7, 4542 Tecklenburg - Ehrenpräs. IHK Osnabrück-Emsland; Vorst. Dt./Niederl. Ges.; Beirat Deutsche Bank - 1976 Gr. BVK; 1986 Gr. VK d. Landes Nieders.; 1989 Commandeur d. Ordens v. Oranje-Nassau.

GALLER, Heinz Peter

Dr. rer. pol., Univ.-Prof. Wirtschaftswissenschaftl. Fak. Ingolstadt d. Kath. Univ. Eichstätt (s. 1991) - Wilhelm Leuschner Str. 19, 6057 Dietzenbach - Geb. 8. Nov. 1948 Stephanskirchen/Obb., verh. s. 1971 m. Teresa, geb. Ripoll, 2 Kd. (Jessica, Olaf) - Univ. Frankfurt (Volkswirtschaftsl.); Dipl. 1971, Promot. 1975, Habil. (Volkswirtsch.) 1981, bde. Frankfurt - 1977-81 Doz. Univ. Frankfurt; 1981-90 Univ.-Prof. Univ. Bielefeld; 1991 Univ. Frankfurt. 1983/84 Mitgl. Wissenschaftskolleg zu Berlin - BV: Optimale Wirtschaftspolitik m. Nichtlinearen Ökonometrischen Modellen, 1976; Alternativen d. Rentenreform '84 (Mitautor u. Hrsg.), 1981; Mikrosimulation in d. Steuerpolitik (Mitautor), 1992 - Spr.: Engl., Franz., Span.

GALLINER, Peter

Verleger, Direktor Intern. Press Institute (s. 1975) - Untere Zäune 15, CH-8001 Zürich - Geb. 19. Sept. 1920 Berlin (Vater: Dr. Moritz G., Rechtsanw.; Mutter: Hedwig Isaac), jüd., verh. in 1. Ehe m. Edith Goldschmidt, T. Nicola; s. 1990 in 2. Ehe m. Helga, geb. Stenschke - 1942-45 Reuters, 1945-61 Financial Times (Ausl.), bde. London, 1961-64 Vors. d. Geschäftsf. Ullstein GmbH., Berlin, 1967-71 Vice Chairman u. Managing Dir. British Printing Corp. Publishing Group, London; s. 1972 Chairman Peter Galliner Associates, London - 1961 BVK I. Kl.; Ecomienda,

Orden de Isabel la Catolica, Spanien; 1990 Gr. BVK.

GALLIST, Dieter

Vorstandsmitglied Deutsche Bundespost Telekom - Godesberger Allee 117, 5300 Bonn 2 (T. 0228 - 1 81-50 00) - Geb. 27. Jan. 1937 Augsburg, kath., verh. s. 1970 m. Dr. Helga G., 2 Kd. (Barbara, Maximilian) - Stud. Physik 1957-66 TU München (Dipl.-Phys.) - 1966-81 NCR Augsburg; 1981/82 Grundig AG, Fürth; 1982-90 Bauknecht GmbH Stuttgart; s. 1990 Dt. Bundespost Telekom Bonn - Liebh.: Tennis, Schach - Spr.: Engl., Franz., Ital.

GALLMANN, Rolf

Dr. rer. pol., Dipl.-Volksw., em. Prof. Hochschullehrer - Eichendorffweg 11, 5860 Iserlohn 7 - Geb. 6. Juli 1921 Köln (Vater: Christian G., Reichsbahnamtm. † 1942, Mutter: Maria, geb. Hollender † 1964), verh. s. 1947 m. Agnes, geb. Selbach, T. Vera Maria - Univ. Bonn: 1948 Dipl., 1952 Promot. - 1958ff. Prok. im Hoesch-Bereich, 1964ff. Vorst.-Mitgl. Hoesch Rothe Erde-Schmiedag AG, 1972ff. Hochschullehrer; Sanierung, Gründung u. Betreuung div. Unternehmen - Liebh.: Reitsport, histor. u. kult. Reisen.

GALLMEIER, Walter M.

Dr. med., Prof., Vorstand 5. Med. Klinik u. Inst. f. Med. Onkologie u. Hämatologie Klinikum Nürnberg - Flurstr. 17, 8500 Nürnberg 90 (T. 0911 - 398 - 30 51) - Geb. 29. Juni 1937, verh. Ärztl. Dir. Klinikum Nürnberg. Wiss. Veröff. u. Buchbeitr. aus d. Onkol. u. Hämatol. (neue Krebsmedikamente, Medikamentöse Krebstherapie u. Probl. ärztl. Ethik u. Psychoonkol.)

GALLOWAY, David

Ph. D., Prof. f. Amerikastudien Univ. Bochum (s. 1972) - Engl. Seminar, Ruhr-Univ., 4630 Bochum 1; priv.: Schloßstr. 3, 5600 Wuppertal 2 - Geb. 5. Mai 1937 Memphis/USA (Vater: James H., Rechtsanw.; Mutter: Dorothy, geb. Snipes), verw. 1981, 1 Kd. (Gantt Perkins) - B. A. 1959 (Gesch., Lit.) u. Ph. D. 1962 (Engl.) USA - 1964-72 Prof. Sussex (Engl.), Hamburg, Cleveland. 1977-78 Museumsdir. Teheran (Iran). Gastprof. Dublin, Kuweit, Riyahd, Kairo. Ausstellungsleit. artware u. D. Sommer Atelier. Redakt.: Art in America u. ARTnews - Fachb., Biogr. (Edward Lewis Wallant) The Absurd Hero; Calamus: Anthologie u. R. (Melody Jones, A Family Album, Lamaar Ransom: Private Eye, Tamsen). FS/ENB: Porträt d. Bildh. Eva Niestrath-Berger (Regie) - Mitgl. The Sloane Club (London); Harvard Club (Düsseldorf); Fellow of the Royal Soc. of Art (London) - Spr.: Engl., Franz., Dt.

GALLUS, Georg

Landwirt, Parlam. Staatssekretär (s. 1976), MdB (s. 1970) - Wasserbergweg 2, 7323 Hattenhofen/Württ. (T. 07164 - 37 77) - Geb. 6. Juli 1927 Hattenhofen (Vater: Georg G., Landw.; Mutter: Marie, geb. Höfer), ev., verh. s. 1955 m. Ruth, geb. Hack, 5 Kd. (Rosemarie, Georg, Ruth, Ulrich, Irmgard) - Volkssch. Hattenhofen; landw. Lehre; Landw.schule Göppingen; Ingenieursch. f. Landbau Nürtingen (Agraring.). FDP s. 1953, Mitgl. d. Präsid. u. d. Bundesvorst. d. FDP, d. Landesvorst. d. FDP Baden-Württ.

GALLUS, Heinz

Dr.-Ing., Univ.-Prof. u. Dir. Inst. f. Strahlantriebe u. Turboarbeitsmasch., RWTH Aachen (s. 1982) - In d. Schönauer Aue 3, 5100 Aachen-Richterich - S. 1970 TH Aachen (Lehrgeb. Sonderprobleme d. Flugzeugantriebe u. Turboarbeitsmaschinen).

GALLWITZ, Jörn

Dr. jur., Hauptgeschäftsführer Dt.-Schwed. Handelskammer - Strandpromenaden 55, S-191 70 Sollentuna (Schweden) - Geb. 21. Dez. 1941 Ungarn (Vater: Journ., Mutter: Helly, geb. Schenk), ev., verh. s. 1965 m. Ewa, geb. Wijkmark, 2 Kd. (Kerstin, Ola) - 1963-68 Stud. Rechtswiss. Univ. Göttingen, Promot. 1970; 1975-78 Stud. d. schwed. Rechtswiss. Univ. Stockholm - 1970 Ref. Dt.-Schwed. Handelskammer; 1976 Leit. Rechtsabt. ebd., 1978 Hauptgeschäftsf. S. 1980 Lehrtätigk. Univ. Linköping (f. Außenwirtsch.) - BV: D. Konzentration im schwed. landwirtsch. Genoss.wesen aus rechtl. Sicht (Diss.), 1970; D. schwed. Niederlassungsrecht unter bes. Berücksicht. d. Gewerberechts, 1981 - Liebh.: Tennis - Spr.: Schwed., Engl.

GALLWITZ, Klaus

Dr. phil., Prof., Direktor Städelsches Kunstinstitut (s. 1974) - Dürerstr. 2, 6000 Frankfurt a. M. (T. 605 09 80) - Geb. 14. Sept. 1930 (Vater: Hans G.; Mutter: Ruth, geb. Klaus), ev., verh. m. Dr Esther, geb. Uebelmesser, S. Dr. Baptist - Stud. Kunstgesch., Archäol., Gesch. - Zul. Leit. Staatl. Kunsthalle Baden-Baden - Fachveröff. - BVK - Spr.: Engl.

GALONSKA, Horst

Dipl.-Ing., Geschäftsführer Fachverb. Schaltgeräte, Schaltanlagen Industriesteuergungen ZVEI (s. 1972) - Arnsteiner Str. 9, 6000 Frankfurt/M. - Geb. 8. Aug. 1935 Berlin - Stud. TH Darmstadt; Dipl.ex. 1963.

GALPERIN, Hans

Dr. jur., Prof., Präsident a. D. - Hornerstr. 103, 2800 Bremen (T. 7 24 48) - Geb. 15. Dez. 1900 Bachmut, kath., verh. s. 1929 m. Fanny, geb. Walther, 3 Kd. - Oberrealsch. Bremen; Univ. Göttingen (Promot. 1923) u. München. Ass.ex. 1926 Hamburg - 1927-53 Rechtsanw. Bremen; 1953-65 Präs. Landesarbeitsgericht ebd. 1952 Honorarprof. Hochsch. f. Sozialwiss. Wilhelmshaven-Rüstersiel (b. Auflös.). Univ. Göttingen (1962; Arbeitsrecht) - BV: Kommentar d. Betriebsverfassungsgesetz, m. W. Siebert (†) 1952, 5. A. 1975 (m. M. Löwisch); D. BetrVG 1972 - Leitfaden f. d. Praxis, 1972.

GALSTERER, Hartmut

Dr. phil., o. Prof. f. Alte Geschichte - Mainzer Str. 45, 5000 Köln 1 - Geb. 27. April 1939 Hannover, verh. m. Dr. Brigitte, geb. Kröll - I. Staatsex. 1964 Erlangen, Promot. 1968 ebd., Habil. 1974 Köln - 1977ff. Prof. FU Berlin, 1985ff. RWTH Aachen, 1992 Rhein. Friedrich Wilhelms-Univ. Bonn - O. Mitgl. Dt. Archäol. Inst. - BV: D. röm. Städtewesen auf d. iber. Halbinsel, 1971; Verw. u. Herrsch. im röm. Italien, 1977.

GAMBER, Gerhard

Dr. jur., Landrat - Winzerstr. 18, 7600 Offenburg-Fessenbach (T. 80 52 72) - Geb. 3. Okt. 1927 Oberkirch, kath., verh. s. 1954 m. Ilse, geb. Koch, 4 Kd. (Dieter, Edith, Ruth, Monika) - 1947-51 Univ. Freiburg. Gr. jurist. Staatsprüf. 1955 - B. 1970 Landesreg. Stuttgart (zul. Ministerialrat), dann Landrat Kr. Offenburg, s. 1973 Ortenaukr.). CDU s. 1953 - Liebh.: Ski, Angeln, Briefm. - Spr.: Engl.

GAMER-WALLERT, Ingrid

Dr. phil., Prof., Ägyptologin - Iglerslohstaffel 13, 7400 Tübingen 1 - Geb. 3. Febr. 1936 Lyck/Ostpr. (Vater: Dr. Kurt Wallert; Mutter: Traute, geb. Zielinski), ev., verh. s. 1969 m. Prof. Dr. phil. Gustav Gamer, T. Daphne - 1955-60 Stud. Ägyptol. München u. Paris. Promot. 1961 München - S. 1968 (Habil.) Lehrtätigk. Univ. Tübingen (1974 apl. Prof. f. Ägyptol. u. Doz. Ägypt. Inst.) - BV: D. Palmen im alten Ägypten, 1962; D. verzierte Löffel, s. Formengesch. u. Verwend. im Alten Ägypten, 1967; Fische u. Fischkulte im Alten Ägypten, 1970; Ägypt. u. ägyptis. Funde v. d. iber. Halbinsel, 1979; Der Löwentempel v. Naqca (Sudan), 1983 - Korr. Mitgl. DAI - Spr.: Franz., Engl., Span., Ital.

GAMILLSCHEG, Franz

Dr. jur., o. Prof. f. Bürgerl. Recht, Arbeits- u. Intern. Privatrecht Univ. Göttingen (s. 1958) - Ernst-Curtius-Weg 2, 3400 Göttingen (T. 5 86 80) - Geb. 3. Mai 1924 Hall/Tirol - Habil. 1956 Tübingen - BV: Intern. Arbeitsrecht, 1959; Arbeitsrecht, 5. A. 1979; Int. Eherecht, 1973; (Hrsg.) Int. Gedächtnisschr. in mem. Sir Otto Kahn-Freund, 1980.

GAMM, Hans-Jochen

Dr. phil., Prof. f. Allg. Pädagogik - Pankratiusstr. 2, 6100 Darmstadt (T. 16 28 07) - Geb. 22. Jan. 1925 Jörnstorf (Vater: Paul; Mutter: Olga, geb. Schulz) - Univ. Rostock u. Hamburg (Päd., Psych., Theol., Phil., Gesch.) - 1953-59 Lehrer; 1959-61 Dozent Päd. Inst. Univ. Hamburg; 1961-67 Prof. Päd. Hochsch. Oldenburg (1965/66 Rektor); s. 1967 Prof. TH Darmstadt - BV: Judentumskunde, 1959, D. braune Kult, 1962; Führung und Verführung, 1964; D. Flüsterwitz im III. Reich, 1966; Sachkunde z. Bibl. Gesch., 1965; Anthropol. Unters. z. Vaterrolle, 1965; Päd. Studien z. Problem d. Judenfeindsch., 1966; Aggression u. Friedensfähigk. in Dtschl., 1968; Krit. Schule, 1970; D. Elend d. spätbürgerl. Päd., 1972; Einführung i. d. Studium d. Erziehungswiss., 1974; Umgang mit sich selbst, 1977; Allgem. Pädagogik, 1979; D. Judentum, 1979; D. päd. Erbe Goethes, 1980; Materialistisches Denken u. päd. Handeln, 1983; Päd. Ethik, 1988; Pädagogik u. Poesie, 1991.

GAMM, Freiherr von, Otto-Friedrich

Dr. jur., apl. Prof. Univ. Heidelberg, Bundesrichter - Bruckmannstr. 15, 8000 München 19 - Geb. 30. Nov. 1923, ev., verh. i. 2. Ehe s. 1968 m. Dr. jur. Eva, geb. Neeb, RA - B. 1970 LG München I (Dir.), dann BGH Karlsruhe (BR); Vorsitzender Richter (1978) - BV: Veröff. u. a. Kommentar z. Warenzeichengesetz 1965, z. Geschmacksmustergesetz 2. A. 1989, z. Urheberrechtsgesetz 1968, z. Wettbewerbsrecht 1975, 2. A. 1981, z. wettbewerbsrechtl. Nebengesetzen 1977, z. Kartellrecht 1979; Wettbewerbsrecht 5. A. 1987, ferner m. Dr. Eva v. G. Kartellrecht d. EWG, 2. A. 1969, Persönlichkeits- u. Ehrverletzung durch Massenmedien 1969.

GAMS, Konrad Walter

Dr. phil., Prof., Botaniker (Wiss. Mitarb. Centraalbureau voor Schimmelcultures, Baarn) - Corn. Dopperlaan 18, NL-3741 Baarn (Ndl.) - Geb. 9. Aug. 1934 Zürich (Vater: Prof. Dr. Helmut G., Botaniker †; Mutter: Dr. Margarete, geb. Schima), kath., verh. s. 1972 (Ehefr.: S. A. Luinge), 2 T. (Hedwig, Mechthild) - Gymn. Innsbruck; Univ. Innsbruck (1953-55 u. 1956-59) u. Zürich (1955-56; Biol.). Promot. 1960 Innsbruck - 1960-61 Stip. Univ. Liverpool; 1961-67 Wiss. Mitarb. Biol. Bundesanst./Inst. Kiel; s. 1967 wie oben. S. 1972 (Habil.) Lehrtätig. TH Aachen (1975 apl. Prof. f. Botanik m. bes. Berücks. d. Mykologie u. Bodenbiol.) - BV: Mikroorganismen in d. Wurzelregion v. Weizen, 1967; Cephalosporiumartige u. Simmelpilze, 1971; Mitverf.: Pilze aus Agrarböden, 1970 (auch engl.); Chloridium and some other dematiaceous Hyphomycetes growing on decaying wood, 1976; Compendium of Soil Fungi, 1980. Mithrsg.: Soilborne Plant Pathogens, 1979 - Liebh.: Musik - Spr.: Holl., Engl., Franz., Ital., Span.

GAMST, Jens

Dr. rer. nat., Prof. f. Mathematik m. Schwerp. Theorie d. Dynam. Systeme Univ. Bremen - Kreftingstr. 8, 2800 Bremen 1.

GANDENBERGER, Otto

Dr. rer. pol., Prof. - Finkenstr. 4a, 8011 Neukeferloh - Geb. 1. April 1929, verh. m. Renate, 3 Töcht. (Barbara, Sabine, Susanne) - Dipl.-Volksw. 1954 Frankfurt; Promot. 1961 Mainz; Habil. 1967 Mainz - Univ.-Prof. München; Mitgl. Wiss. Beirat b. Bundesmin. d. Finanzen - BV: D. Finanzmonopol, 1968; Z. Messung d. konjunkturellen Wirkungen öffl. Haushalte, 1973; Einkommensabhängige staatl. Transfers, 1989 - Spr.: Engl., Franz.

GANDL, Josef

Dr. rer. nat., Prof. f. Geologie u. Paläontol. Univ. Würzburg (s. 1978) - An d. Mühltannen 19, 8700 Würzburg.

GANGEL, Hans

Verwaltungsleiter Städt. Bühnen Münster - Im Hain 73, 4400 Münster (T. 02501 - 38 68) - Geb. 24. Okt. 1934 Bremen (Vater: Georg G.; Mutter: Käthe, geb. Reichenbach), ev., verh. s. 1962 m. Almuth, geb. Lülf, T. Stephanie - Ausb. z. Dipl.-Kommunalbeamten - 1972 Kämmerer Amt St. Mauritz; 1977 Leit. Haush.- u. Finanzplan. Stadt Münster; 1980 Städt. Bühnen Münster.

GANNS, Harald

Botschafter d. Bundesrep. Dtschl. in Niamey/Niger - Zu erreichen üb. Botsch. d. BRD, BP 626, Niamey/Niger - Geb. 13. Aug. 1935 Bonn (Vater: Ernst G.; Mutter: Anita, geb. Kuhs), verh. s. 1979 in 2. Ehe m. Maria Carmen, geb. Glesiasmaellas, 4 Kd. (Achim, Ingo, Eva, Guido) - Staatsex. German., Angl. u. Gesch., Gr. Dipl./Kons. Abschl.prüf. AA - 1960-63 Angest. World-Univ. Service, Dt. Komitee (zul. Generalsekr.); 1963-65 Überseevertr. Westafrika Verb. Dt. Studentensch.; 1965 ff. Ausw. Dienst - Liebh.: Afrikan. Fragen, Sport, Musik (insb. Jazz) - Spr.: Engl., Franz., Span.

GANOCZY, Alexandre

Dr. theol., Prof., Theologe - Simon-Breu-Str. 11b, 8700 Würzburg - Geb. 12. Dez. 1928 Budapest, kath. - S. 1971 Kath. Univ. Paris, dann Univ. Münster (Wiss. Rat u. Prof.), s. 1972 Univ. Würzburg (Ord. f. Dogmatik). Fachveröff., auch Bücher - S. 1982 Dr. h. c. Univ. Genf.

GANS, Oskar

Dr. sc. agr., o. Prof. f. Intern. Wirtschafts- u. Entw.- Politik Univ. Heidelberg - Am Pferchelhang 2/2, 6900 Heidelberg (T. 06221 - 80 41 91) - Geb. 26. Mai 1943 Göttingen - 1962-70 Stud. Wirtsch.wiss. Frankfurt/M. u. Göttingen, Dipl.Volksw. 1967; 1968-70 Stud. Agraröк. Göttingen, Promot. 1970 Göttingen, Res. Ass. Berkeley 1971, Habil. VWL u. Agrarpolitik Bonn 1975 - 1975/76 Berat. iran. Ind.min. Teheran, 1977-80 Gastprof. Göttingen, 1980 o. Prof. f. VWL Heidelberg, 1981 Dir. Forsch.st. f. Intern. Agrar- u. Wirtschaftsentw. e.V. Heidelberg - BV: Wachstumsmodelle f. wirtsch. unterentwick. Länder, 1970; Wirtsch.wachstum, Einkommensverteil. u. inters. Faktormobilität, 1972; Integr. Entwickl.planung, 1975 (m. and.); Beitr. z. Analyse v. Welthandelsstrukt., 1976; Einf. in d. Volkswirtsch.lehre, 1978-91 (9 A., m. and.); Handb. d. volkswirtschaftl. Beratung, 1990 - Spr.: Engl., Span.

GANSÄUER, Jürgen

Kaufmann, MdL Nieders. (s. 1974) - Eichstr. 23, 3014 Laatzen 1 (T. Hannover 86 56 80) - CDU.

GANSÄUER, Karl Friedrich

Dr. rer. pol., Generalkonsul d. Bundesrep. Deutschl. in Barcelona/Spanien (s. 1988) - Paseo de Gracia 111, Apdo. 389, E-08008 Barcelona/Spanien - Human. Gymn. Waldbröl (Abit. 1953); 1953-58 Stud. Wirtsch.wiss. Univ. Köln; Dipl.-Hdl. 1957, Dipl.-Volksw. 1958, Promot. 1961 - 1958-63 wiss. Assist. Univ. Köln; 1963 höh. Ausw. Dst. Bundesrep. Deutschl.; 1964 Attaché Dt. Botsch. Tunis; 1966-69 1. Sekr. Ständ. Vertr. d. Bundesrep. Deutschl. b. d. OECD Paris; 1969-71 Ständ. Vertr. d. Botsch. d. Bundesrep. Deutschl. Mogadischu/Somalia; 1975-78 Botsch.rat (Leit. Wirtsch.abt. Botsch. Teheran); 1978-80 stv. Referatsleit. AA; 1981-83 beurl. als Ref. f. Außen- u. Deutschl.politik d. FDP-Bundestagsfrakt.; 1983-85 Leit. Parlaments- u. Kabinettsref. Ausw. Amt, Bonn; b. 1988 Botsch. in Haiti.

GANSCHOW, Gerhard

Dr. phil., em. o. Prof. u. Vorst. Inst. f. Finnougristik Univ. München (1965-89) - Harzstr. 3b, 8034 Germering/Oberbayern (T. München 84 43 85) - Geb. 5. Dez. 1923 Berlin (Vater: Ernst G., Geschäftsf.; Mutter: Anna, geb. Völker), ev., verh. s. 1954 m. Erika, geb. Wüstling - 1948-52 Humboldt-Univ. Berlin (Phil., Finn-ugr. Sprachwiss., ungar. Sprache u. Lit.). Staatsex. 1952; Promot. 1956 - 1945-48 Lehrer Berlin, dann Stud., 1956-61 Assist. u. Oberassist. (1961) Dt. Akad. d. Wiss. zu Berlin, s. 1965 ao. u. o. Prof. (1970) Univ. München. 1980 Gastprof. Univ. Turku/Finnl. Emerit. 1989 - Begründer d. Aszendenztheorie in d. finnisch-ugrischen Sprachgeschichte - BV: D. Verbalbildung im Ostjakischen. 1965. Hrsg.: Veröff. d. Finnisch-Ugrischen Sem. a. d. Univ. München (1973ff.); Finnisch-Ugrische Bibliothek (1974ff.). Mithrsg.: Ural-Altaische Jahrb. (1965/66); Bibliogr. d. uralischen Sprachwiss. 1830-1970 (1974-86) - 1965 korr. Mitgl. Finn.-Ugr. Ges. Helsinki; 1975 Mitgl. d. Exek.-Komm. d. intern. Ges. f. Ung. Philologie Budapest.

GANSEL, Norbert

Assessor, MdB (s. 1972; Wahlkr. 5/Kiel), Mitgl. d. Parteivorstandes d. SPD u. d. Vorstands d. SPD-Bundestagsfraktion - Am Dorfplatz 32, 2300 Kiel-Meimersdorf 14 - Geb. 5. Aug. 1940 Kiel (Vater: Hannes G., Berufssoldat; Mutter: Else, geb. Dürr), verh. s. 1969 m. Lesley, geb. Nicholson, T. Anna - 1951-60 Hebbel-Sch. (Gymn.) Kiel; 1960-62 Bundesmarine (zul. Ltn. z. See d. R.); 1962-69 Univ. Kiel (Gesch., Wiss. d. Politik, Rechts- u. Staatswiss.). Jurist. Staatsprüf. 1969 u. 73 (m. Präd.). S. 1968 Mitgl. Parteirat SPD (1986-91 Vors.). 1969-70 stv. Bundesvors. Jungsozialisten. 1991 stv. Vors. d. SPD-Bundestagsfraktion (zuständig f. Außen- u. Sicherheitspolitik, Europapolitik, Entwicklungsländer) SPD s. 1965 - BV/Hrausg.: Überwindet d. Kapitalismus oder Was wollen d. Jungsozialisten? (1971, rororo-aktuell) - Liebh.: Bücher, Windsurfen, Sportschießen (1958 Dt. Jugendm.) - Spr.: Engl., Franz.

GANSER, Karl

Dr. rer. nat. (habil.), Prof., Direktor Bundesforschungsanstalt f. Landeskunde u. Raumordnung, Bonn, apl. Prof. f. Geographie TU München (s. 1975; vorh. Privatdoz.) - Postf. 130, 5300 Bonn-Bad Godesberg - Geb. 15. Sept. 1937 Mindelheim/Schw.

GANSNER, Hans Peter

Lic. Phil. I, Schriftsteller - Mattenstr. 35, CH-4000 Basel - Geb. 20. März 1953 Chur/Schweiz, led. - Stud. German., Roman., Kunstwiss., Phil. Univ. Basel, Film- u. Theaterwiss. Univ. Aix-en-Provence - Autor, Übers., Reporter - BV: Abgebrochenes Leben, R.; Desperado, R.; D. Stunde zw. Hund u. Wolf, R. 1991; Trotz allem, Ged.; D. fr. Tag, Erz. Dramen: In guter Ges.; D. Mythenfabrik; E. Poeten-Nest; Bornhauser, 1991. Hörspiele: Generalprobe; Premiere; Feuerprobe - Spr.: Engl., Franz., Ital., Span., Schweizer-Dt.

GANSS (ß), Hans-Jürgen

Dr. jur., Senator E. h. - Vogelsangweg 26, 7505 Ettlingen (T. 1 52 09) - Geb. 9. Jan. 1926 Goch (Vater: Albert G., Brauereidir.; Mutter: Erna, geb. Harff), ev., verh. s. 1965 m. Heidi, geb. Herrmann, T. Kristina - Gymn. (Abit.); Stud. d. Rechtswiss. - Spr.: Engl.

GANSSAUGE (ß), Eberhard

Dr. phil., Prof. f. Experimentalphysik Univ. Marburg - Eichenweg 6, 3556 Niederweimar.

GANTEN, Detlev

Dr. med., Prof. f. Exper. Medizin Univ. Heidelberg, Facharzt f. Pharmakol., wiss. Dir. Dt. Inst. f. Bluthochdruckforsch. - Im Neuenheimer Feld 366, 6900 Heidelberg - Med.-Stud. Univ. Würzburg, Montpellier, Tübingen; Ph.D. McGill Univ. Montreal.

GANTENBRINK, Heinrich

Bildhauer u. Goldschmiedemeister, Designer - Hennenbusch, 5750 Menden - Geb. 13. Mai 1921 Menden, verh. s. 1943 m. Grete-Maria, geb. Böhm - Pers. haft. Gesellsch. u. Geschäftsf. BEGA Gantenbrink-Leuchten oHG, Menden.

GANTER, Bernhard

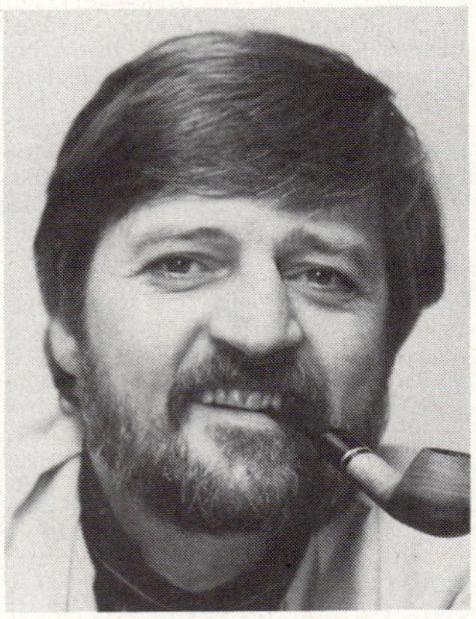

Schriftsteller - Finkenweg 7, 8057 Dietersheim - Geb. 1. Mai 1944 Ferchensee b. Wasserburg/Inn, verh. s. 1970 m. Henriette, geb. Schmeck, 2 Kd. (Manuela, Kay-Lars) - Ausb. z. Chiroprakt.; abgebr. Germanist. Schule - Tätigk. als Journ., Drehbuchautor - BV: Anke, Fantasy Gesch. 1979; D. Duell, 1984; D. Rad v. meinem Haus, 1987; D. vierte apokalypt. Reiter, 1988; Morgen ist e. anderer Tag, Kurzgesch. Samml. 1989; Vom Fressen u. v. Sterben (m. Werner Schlierf), 1992. Herausg.: Wider den Haß (1992); Fix u. Foxi, Comic s. 1972; Bussi-Bär, Märchen 1973; Bayer. FS-Leo, Serie 1984. Gründer d. Charta 90 Prominenten-Anthol. gegen Rassismus im Rahmen d. Vereinten Europa (1992) - Mitgl. d. intern. PEN Clubs - Liebh.: Botanik

GANTER, Martin

Dr., Prof. f. Physik PH Esslingen - Talstr. 150, 7300 Esslingen/N. - Zul. Doz.

GANTZEL, Klaus-Jürgen

Dr. rer. pol., Dipl.-Kfm., Prof. f. Polit. Wissenschaft - Koppel 106, 2000 Hamburg 1 - Geb. 21. Febr. 1934 Köln - Stud. Wirtschaftswiss. u. Polit. Wiss. Köln (1954-61 u. 1963-64) u. Mannheim (1964 b. 1970). Dipl.-Kfm. 1958, Promot. 1961 Köln, Habil. 1970 Mannheim - S. 1970 Lehrtätigk. Univ. Frankfurt (1972-76 Honorarprof.) u. Hamburg (1975 Ord.) - BV: Wesen u. Begriff d. mittelständ. Unternehmung, 1962; System u. Akteur - Beitr. z. vergl. Kriegsursachenforsch., 1972. Herausg.: Konflikt - Eskalation - Krise (1972), Intern. Bezieh. als System (1973), Herrschaft u. Befreiung in d. Weltges. (1975) - Spr.: Engl., Ital.

GANTZER, Peter Paul

Dr. jur., Prof., Notar, MdL Bayern (s. 1978, SPD) - Wieselweg 25, 8013 Haar/Obb. - Geb. 20. Nov. 1938 Breslau/Schles. - N. Abitur (1959) Wehrpfl. (Oberst d. R.); 1960-65 Univ. München (Rechtswiss.) - 1965-69 Rechtsrefer.; 1969 Notarass. München; s. 1972 Notar ebd. Honorarprof. f. Bürgerl. Recht u. Grundbuchrecht. Verf. v. Fachb. u. Abh.

GANZ, Clemens

Prof., Dozent f. Orgel u. Orgelimprovisation Musikhochschule Köln, Domorganist d. Kölner Domes (s. 1985) - Bornschlade 33, 5204 Lohmar 21 - Geb. 18. Jan. 1935, verh. s. 1962 m. Irmina, geb. Nicolay, 2 Kd. (Monika, Andreas).

GANZ, Horst

Dr. med., Hals-Nasen-Ohrenarzt, Honorarprof. Univ. Marburg (s. 1974) - Universitätsstr. 34, 3550 Marburg/L. - Geb. 25. Mai 1931 Berlin (Vater: Dipl.-Ing. Gustav G.; Mutter: Charlotte, geb. Lachmann), ev., verh. s. 1980 m. Marianne, geb. Denk, 3 Söhne (Michael, Oliver, Christoph) - Gymn.; Stud. Humanmed. Promot. Heidelberg (1955) u. Habil. (1964) - 1965-74 Oberarzt Univ.-Klinik Marburg (1969 Prof.); seith. eig. Praxis - BV: Z. Atmungs- u. Stimmfunktion d. Kehlkopfes, 1967; HNO-Heilk. in d. Praxis, 1981; HNO-Heilkd. (Tropon), 3. A. 1986; Lehrb. HNO m. Repetitorium, 1990. Üb. 100 Einzelarb. Herausg.: Almanach HNO-Erkrank.; Mithrsg.: HNO-Praxis Heute - 1988/89 Fr. Hofmann-Preis u. Med. - Liebh.: Sportfliegerei (PPL) - Spr.: Engl. - Bek. Vorf.: Abraham G., Budapest, 1820-67 (Gründer Danubius-Schiffbauges.).

GANZ, Johannes

Berufsschuldirektor, MdB (s. 1983; Wahlr. 247/St. Wendel) - Im Gründchen 17, 6690 St. Wendel - Geb. 5. Juni 1932 Eiweiler - 1975 MdL Saarland. CDU.

GANZEL, Hans

Dipl.-Ing., Geschäftsführer Singer-Werke GmbH., Karlsruhe - Stolper Str. 7, 7500 Karlsruhe-Waldstadt - Geb. 8. Aug. 1909.

GANZER, Klaus

Dr. theol., o. Prof. f. Kirchengeschichte d. Mittelalters u. d. Neuzeit Univ. Würzburg (s. 1972) - St.-Benedikt-Str. 6, 8700 Würzburg - Geb. 2. Febr. 1932, kath.

GANZER, Uwe

Dr.-Ing., Prof., Selbständiger Unternehmensberater (s. 1992) - Geb. 28. Nov. 1938 Berlin - Promot. 1968; Habil. 1970 - 1970-86 Prof. f. Luftfahrzeugbau u. Aerodynamik TU Berlin; 1986-90 Entw.- Leit. MBB Transport u. Verkehrsflugzeuge; 1990-91 Geschäftsf. Vorentwicklung u. Technologie Dt. Airbus GmbH.

GANZHORN, Karl

Dr. rer. nat., Dr.-Ing. E.h., Geschäftsf. i.R., Honorarprof. f. Struktur digitaler Datenverarbeitungs-Systeme Univ. Karlsruhe (s. 1964) - Gluckstr. 1, 7032 Sindelfingen/Württ. - Geb. 25. April 1921, ev., verh. - TH Stuttgart (Diplom-Phys. 1951, Promot. 1952) - S. 1952 IBM Deutschland; 1958 Leit. Entwickl., 1960 Prokurist u. Dir. IBM-Laboratorien, 1963 stv. Geschäftsf., 1964 Dir. IBM Laboratorien Dtschl./Österr./Schweden, 1967 Geschäftsf. IBM Dtschl., 1969-71 Präs. Dt. Physik. Ges., 1973 Dir. f. Wiss. u. Techn. IBM Europa, 1977 Ehrendoktor Univ. Stuttgart, 1978-87 Mitgl. Wissenschaftsrat d. Bundesrep. Dtschl.; 1982 Gr. BVK u. Ehrensenator TU München; 1987 Fellow IEEE; s. 1987 Mitgl. d. Advis. Committee for Science & Technology for Development b. d. Vereinten Nationen, New York - Spr.: Engl., Franz.

GARBE, Burckhard

Dr. phil., Germanist, Akad. Oberrat Univ. Göttingen, Schriftst. - Reinhäuser Landstr. 105, 3400 Göttingen (T. 0551 - 7 34 63) - Geb. 29. Juli 1941 Berlin-Charlottenburg - 1974 Mitgl. Verb. Dt. Schriftst. (VS) Nieders., 1977 Lyrik-Workshop Göttingen, 1980 Fr.-Böddecker-Kreis, 1986 Segeberger Kreis, 1987 Fördererkreis dt. Schriftst. in Nieders. u. Bremen e.V. (Vors.), 1991 D. Kogge - BV: Schriftst. Arbeitsgeb.: Experiment. Lyrik, visuelle Texte, Aphorismus, Kinderb., Jugendb., Märchenumerz., Parodie/Satire, Kurzprosa, Roman, Theaterstücke, literar. Stadtbeschreibungen, germanist. Publikat., u.a.: ansichtssachen, visuelle texte 1973; Exper. Texte im Sprachunterricht 1976/85; Ich habe e. Meise, Bilderbuchstrophen 1980/81, Tb. 1983; Max-u.-Moritz-Kommentar, Wissensch.parodie, 1982; sta(a)tus quo. ansichten z. lage, visuelle texte u. collagen (m. Gisela Garbe), 1982; D. ungestiefelte Kater, Grimms Märchen umerzählt 1985; Frau Milch wird sauer, Kinderb., 1986; Otto Risotto, Kinderb., 1987; D. Autoschlange, Bilderb., 1987; Im Kaufhaus Kaufrausch, Bilderb., 1992; D. Kuh auf Rädern, Kinderb. 1992. Herausg.: Konkrete poesie, linguistik u. sprachunterricht (1987). Mithrsg.: TANDEM. Schriftst.-Duos aus Nieders. u. Sachsen-Anhalt lesen in Schulen in Sachsen-Anhalt u. Nieders. (1991) - 1975 Econ-Jubil.-Wettb.; 1984 Hamburger Lit.preis f. Kurzprosa; 1987 Förderpreis f. Kurzprosa d. Stadt Siegburg; 1988 Joachim-Ringelnatz-Pr. f. Lyrik; 1989 Stadtschreiber Soltau; 1991 Nieders. Künstlerstip. f. Literatur.

GARBE, Charlotte,

geb. Nimtz

Hausfrau, MdL Nieders. - Meinbrexer Str. 7, 3471 Lauenförde (T. 05273 - 77 32) - Geb. 24. März 1929 Eisenach (Vater: Emil Nimtz, Musiker; Mutter: Elsa Ida, geb. Mieth), ev., verh. s. 1952 m. Gerhard G., S. Ingo - S. 1968 Widerst. gegen Erricht. v. Atomkraftw., Bürgerinitiativ-Mitbegr., Vorst.-Mitgl. Bundesverb. Bürgerinitiativen; 1982-86 MdL Nieders., 1986-87 Kreistagsabgeordn. Landkr. Holzminden, s. 1987 Bundestagsabgeordn. Wahlkreis Friesland-Wilhelmshaven, Frakt. D. Grünen.

GARBE, Herbert

Dr. phil., Direktor Nieders. Bildungszentrum f. Blinde, Hannover (s. 1963) - Bleekstr. 22, 3000 Hannover-Kirchrode - Geb. 9. Sept. 1918 Berlin (Vater: Alfred G., Bäckerm.; Mutter: Margarete, geb. Kuhnert), ev., verh. s. 1945 m. Regina, geb. Penner, 4 Kd. (Bernd, Heide, Bärbel, Bodo) - Jahn-Oberrealsch. Berlin (Friedrichshain); Hochsch. f. Lehrerbild. Kiel; Univ. Köln u. Göttingen (Päd., Psych., Math., Phil.). Promot.

1959 - 1939-45 Kriegsdst. (zul. Hptm. d. R. Panzeraufklärungsabt.); 1945-62 Volksschul- u. Blindenlehrer (1949); 1962-63 Dozent Inst. z. Ausbild. v. Lehrern f. Hör-, Sprach- u. Sehgeschädigtensch. Heidelberg, 1968-81 Neuorgan. u. Neubau Nieders. Landesblindensch., 1981 Ruhestand. Vors. Verb. dt. Blindenlehrer; Schriftl. D. Blindenfreund (Ztschr. f. d. Blindenbildungswesen) - BV: Grundlinien e. Theorie d. Blindenpäd., 1959; Rehabilition d. Blinden u. hochgrad. Sehbehinderten, 1961 - Kriegsausz.: Beide EK, Dt. Kreuz in Gold, gold. Nahkampfspange, gold. Verwund.abz. - BVK 1. Kl. - Liebh.: Naturwiss. - Spr.: Engl., Franz.

GARBE, Karl

Publizist, Herausg. Ztschr. Esprit (1969-83), Hrsg. u. Chefred. Ztschr. mdb - Magazin d. Bundeshauptstadt (s. 1979), Kabinett - Journal d. Regierungsregion (s. 1991) - Erzbergerufer 14, 5300 Bonn (T. 65 38 54) - Geb. 22. April 1927 Bochum (Vater: Karl G., Redakteur, pr. Landtagsabg.; Mutter: Gertrud, geb. Lang), ev., verh. s. 1950 m. Christel, geb. Pyttel, 2 Töcht. (Carola, Cornelia) - Realsch. Witten-Annen; Höh. Handelssch. Dortmund; Verw.sch. Hagen - 1945-49 Verw.angest. u. Kommunalbeamter; 1950-61 Redakt. SPD-Vorst. (Demokr. Gemeinde, Klarer Kurs, eilt, bonner depesche); ab 1962 Leit. Öffentlichkeitsarb. SPD. VR-Mitgl. u. Vors. Aussch. f. Unterhalt. ZDF. Gf. Gesellsch. Fernsehprod.ges. TELECOM (s. 1975) - BV: Akazien f. Oberprima, Satiren, 1962; Lexikon f. Ignoranten, Bildsat. 1963; Damals u. anderswo, Ged. 1964; Soldbuch, R. 1965; Südliche Wochen, 1961; Schräge Vögel, Sat. Ged. 1963; Linkssätze, 1965; Alle drücken ihr d. Daumen, Sat. 1965; Jedem Alter seine Native, Sat. 1965; Drum prüfe, wer sich ewig bindet, Foto-Sat. 1967; Animalische Party, Foto-Sat. 1968; Diesseits, jenseits, halberwegen, Lyr. 1968; Bonner Schwatzkästlein, Sat. 1976; Die Macht ist nicht zum Schlafen da, Sat. 1977; Schindluder u. and. Treiben, Sat. 1978; Unterwegs nach Pipapo, Ged. 1979; Knallkörper, Sat. 1981; Hrsg.: Bonn-Journal (1969), Bonner Bilderbuch (1984), Neues Bonner Bilderbuch (1987), Bad Honnefer Bilderbuch (1989); Bonner Rheinseiten (1990) - 1987 Jacques Offenbachpreis d. Freien Volksbühne - Liebh.: Fotogr., Zeichnen, Malen - Bek. Vorf.: Hermann G., Dir. Mitteld. Braunkohlensyndikat, Mitgl. Verfassungsgeb. pr. Landesvers. u. Pr. Staatsrat (Großv.), Karl G., Abg. d. preuß. Landtages, Chefred. Bochumer Volksblatt, Reichsbannerführer v. Ruhrgau (Vater).

GARBE, Otfried

Dipl.-Volksw., Auswärtiges Amt, Referat Südl. Afrika (s. 1989) - Zu erreichen üb. Auswärtiges Amt, 5300 Bonn - Geb. 1. Sept. 1943 Lauenburg/Pom. - Stud. Volkswirtschaft Univ. Tübingen u. Paris - Rundfunk-Journ.; s. 1973 Ausw. Dienst (Kulturref. Generalkonsulat New York, Dt. Botsch. Prag); 1984-86 Außenwirtschaftsabt. Ausw. Amt (zust. f. Energiefragen); 1986-89 Botsch. d. Bundesrep. Deutschl. in Bangui/Zentralafrikanische Rep.

GARBE-EMDEN, Friedrich

Dr.-Ing., Dipl.-Ing., Geschäftsf. Ed. Dyckerhoff GmbH, Neustadt a. Rbge. - Nienburger Str. 28a, 3057 Neustadt (T. 05032 - 39 40) - Geb. 20. Dez. 1926 Leer (Vater: Friedrich G., Beamter; Mutter: Dorothee, geb. Wente), ev., verh. s. 1984 m. Ursula, geb. Eick, 2 Kd. (Kristina, Joachim) - Stud. TH Hannover; Promot. 1959 - Vorst. Güteschutzgemeinsch. Hartschaum, Frankfurt/M. - Spr.: Engl. - Rotarier.

GARBER, Heinz

Dr. phil., Programmdirektor Fernsehen (s. 1986) Saarl. Rundfunk - Geibelstr. 1, 6600 Saarbrücken - Geb. 11. Juni 1928 Marl/W., kath., verh., 2 Söhne (Stefan, Patrick) - Stud. d. Gesch., Lit., Phil. Univ. Freiburg/Br.; Promot. 1953 - 1953-63 Redakt. Südwestfunk (Abt. Schulf.); 1963-72 Abt.leit. Schul-, Jugend- u. Kinderfunk, 1972 Hauptabt.leit. Kulturelles Wort, s. 1974 Programmdir. Hörfunk, Saarl. Rundf. Verf. zahlr. Hörfunk- u. Fernsehsend.; Schallpl.; D. III. Reich in Dokumenten.

GARBER, Klaus

Dr., Prof. f. Literaturtheorie u. Geschichte d. Neueren Literatur Univ. Osnabrück - Bismarckstr. 44, 4500 Osnabrück (T. 0541 - 43 38 68) - Geb. 3. Juli 1937 Hamburg (Vater: Dr. Kurt G., Biologe; Mutter: Helga, geb. Dircks), verh. s. 1964 m. Irmhild, geb. Schmitt, 2 Kd. (Sven Andres, Mareike) - 1956-69 Stud. German., Theol., Phil. u. Politikwiss. Univ. Bern, Hamburg, Göttingen u. Bonn; Promot. 1970, Staatsex. f. d. Lehramt an Gymn. 1971 - 1971-74 Forsch.- bzw. Habil.-Stip. Dt. Forsch.-gemeinsch.; s. 1975 o. Prof. f. Literaturtheorie u. Gesch. d. neueren Lit. Univ. Osnabrück. 1981/82 Mitgl. Utopie-Forsch.gr. Zentrum f. Interdisz. Forsch. Univ. Bielefeld, 1986/87 Akad.-Stip. d. Stiftg. Volkswagenwerk; 1976-89 Vorst. Intern. Wolfenbüttler Arbeitskr. f. Barockforsch.; 1990 Sprecher d. Intern. Arbeitskreises Stadt u. Literatur - BV: D. locus amoenus u. d. locus terribilis. Bild u. Funktion d. Natur in d. dt. Schäfer- u. Landlebendicht. d. 17. Jh., 1974; Martin Opitz - d. Vater d. dt. Dicht. E. krit. Studie z. Wissenschaftsgesch. d. German., 1976; Rezeption u. Rettung. Drei Studien zu Walter Benjamin, 1987; Zum Bilde Walter Benjamins, 1992. Herausg.: Europ. Bukolik u. Georgik (1976); Staat, Hof u. Ges. in d. Lit. d. 17. Jh. (1982); Zw. Renaissance u. Aufklärung (1988, m. Wilfried Kürschner); Nation u. Lit. im Europa d. Frühen Neuzeit (1989); Sigmund v. Birken. Ges. Werke; Frühe Neuzeit; Studien u. Dok. z. dt. Lit. im europ. Kontext; Europäische Kultur-Studien. Literatur-Musik-Kunst im historischen Kontext.

GARBERS, Friedrich

Vortragender Legationsrat I. Kl., Leit. Ref. f. intern. Verkehrspolitik im AA. Sprecher d. Bundesreg. in d. Berat.-gruppe f. d. Berlin-Luftverkehr - Sonnenrain 48, 5205 St. Augustin (T. 02241 - 33 35 56) - Geb. 9. März 1932 Brakel/Kr. Höxter, ev., verh. s. 1960 m. Waltraud, geb. Hering, 3 Kd. - Akad. gepr. Übers. 1953, Dipl.-Dolm. 1954 Germersheim - 1963 Gerichtsass. OLG Stuttgart, 1963 Wiss. Assist. Inst. f. ausl. u. intern. Priv.- u. Wirtsch.recht Univ. Heidelberg, 1964-65 Presseattaché Generalkonsulat Mailand, 1967-71 Konsul I. Kl. Handelsvertr. Helsinki, 1974-77 Ständ. Vertr. Botsch. Nairobi, 1977-81 Ref.leit. Intern. Personal AA, 1981-88 Leit. Wirtsch.dienst Botsch. Rom - BV: Börsenmakler, Banken u. Nominees, 1961 - 1971 Ritter I. Kl. d. weißen Rose Finnlands, 1982 Ital. Komturkreuz - Liebh.: Lit., Theol.

GARBRECHT, Günther

Dr.-Ing., Dr. sc. h.c., em. o. Prof. f. Wasserwirtschaft, -bau u. Kulturtechnik TU Braunschweig (1971-87) - Drosselweg 15, 3301 Lagesbüttel.

GARBSCH, Kurt

Dr. rer. nat., Versicherungsdirektor - Theodor-Heuss-Ring 11, 5000 Köln - Geb. 5. Okt. 1920 - B. 1973 stv., dann o. Vorstandsmitgl. Köln. Rückversich.s-Ges. (Ressort: Leben).

GARDAIN, Hans-Joachim

Rechtsanwalt, Stellvertretender Bezirksbürgermeister und Bezirksstadtrat, Leit. Abt. Bauwesen BA Reinickendorf 1971-89, MdA v. Berlin (s. 1989) - Brienzer Str. 38, 1000 Berlin 51 (T. 412 50 52) - 1954-59 FU Berlin (Rechtswiss.) - AOK, Senatsverw. f. Arbeit u. Soziales u. f. Kunst u. Wiss., Landesverw.amt, Polizeiverw. (zul. Reg.dir.), alles Berlin. SPD s. 1965.

GARDE, Klaus

Dr. rer. pol., Dipl.-Kfm., Versicherungsdirektor - Wiesenstr. 4, 6601 Schafbrücke (T. Saarbrücken 5005-220) - Geb. 8. Okt. 1931 Wuppertal (Vater: Otto G., Generaldir. (s. dort); Mutter: Anneliese, geb. Sachser), vd., verh. s. 1957 m. Helga, geb. Schopp, 2 Söhne (Sven, Jörg) - Univ. Köln (Dipl.-Kfm. 1955, Promot. 1957) - S. 1961 Vorst.-Vors. UAP Intern. Versich. AG - Spr.: Engl., Franz.

GARDOS, Alice,

geb. Schwarz

(früher Kempe, Alice) Schiftstellerin u. Journ. - 32 Wedgwood Ave, Haifa, Mt. Carmel (Israel) (T. üb.: 61 73), P.O.B. 3142, Isr., 38 131 Chedera - Geb. 31. Aug. 1916 Wien (Vater: Emanuel Schwarz; Mutter: Margarete, geb. Freistadt), jüd., verw. - Realgymn. u. Univ. Bratislava (4 Sem. Med.) - N. Auswanderung n. d. damal. Palästina (1940) Gelegenheitsarb., Sekr. (Brit. Militärverw.), Schriftst. u. Redakt. dt.-sprach. Tagesztg. Jedioth Hayom (1959), Jedioth Chadaschoth (1962) u. Chadaschoth Israel (1974), Feuilletonchef Ass. Editor (s. 1975) - BV: Novellen, 1947; Operation Goliath, R. hebr. 1954; Schiff ohne Anker, R. 1960; Die Abrechnung, R. 1961; Versuchung in Nazareth, R. 1963; Joel u. Jael, Kd.-R. 1963; Entscheid. im Jordantal, R. 1965; Frauen in Israel, (Ess.) 1979; Paradies mit kl. Fehlern, Ess., ersch. 1982; Heimat ist anderswo - Anthol. deutschspr. Schriftst. aus Israel (Hrsg.), 1983; Hügel d. Frühlings (Hrsg.), Anthol. 1984 - 1982 BVK I. Kl. - 1964 Mitgl. PEN-Club - Liebh.: Lit., Malerei, oriental. Kunsthandwerk - Spr.: Hebr., Engl., Franz. - Bek. Vorf.: Heinrich Heine (ms.).

GAREIS, Balthasar

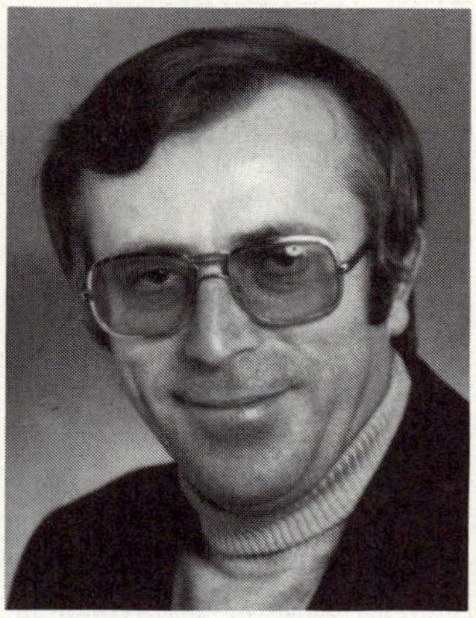

Dr. phil., Prof. f. Psychologie u. Pastoraltheol. Theol. Fak. Univ. Fulda - Einhardstr. 27, 6400 Fulda (T. 0661 - 56 01) - Geb. 25. Mai 1929 Birnbaum/Bay., kath., ledig - Stud. Theol. u. Psych.; Promot. 1971 - 10 J. hauptamtl. Gefängnisseelsorger; s. 1975 o. Prof. f. Psych. u. Pastoraltheol. Fulda; Hon.prof. Univ. Osaka/Japan - BV: Gefängniskarrieren, 1974; Frühkindheit u. Jugendkriminalität, 1974; Psychagogik im Strafvollzug, 1971; Schuld u. Gewissen b. jugendl. Rechtsbrechern, 1976; Straffällige Jugendliche, 1980; Ehe du heiratest, 1990; Ehebarometer, 1990 - 1981 Geistl. Rat; 1984 Monsignore; 1991 BVK am Bde. - Liebh.: Privatpilot - Spr.: Engl.

GAREISS, Werner

Stadtdirektor, stv. ARsvors. Konsumgenoss. Essen eGmbH. - Im Wilmkesfeld 16, 4250 Bottrop - Geb. 15. Nov. 1911 Erlau/Thür. (Vater: Johann G., Schmied).

GARI, Manfred

Dr. rer. nat., Physiker, apl. Prof. f. Theoret. Physik Univ. Bochum - Am Dornbusch 20, 4630 Bochum - Geb. 28. Juli 1938 Heidelberg (Vater: Friedrich G., Transportunternn.; Mutter: Elise, geb. Krauß), ev., verh. s. 1968 m. Gudrun, geb. Schmidt, 2 Kd. (Michael, Nicole) - Univ. Tübingen (1961-63) u. Mainz (1964-69). Promot. 1969 Mainz; Habil. 1973 Bochum - S. 1975 Doz. Bochum. Üb. 50 Fachveröff. - Liebh.: Musik, Sport - Spr.: Franz., Engl.

GARLEFF, Karsten

Dr. rer. nat. (habil.), Prof. f. Phys. Geographie Univ. Bamberg (s. 1978) - Am Kranen 12, 8600 Bamberg; priv.: Buchenstr. 4, 8602 Pödeldorf - Geb. 18. Nov. 1934 Halle/S. (Vater: Dipl.-Ing. Julius G.; Mutter: Frieda, geb. Stegemann), ev., verh. s. 1968 m. Birgit, geb. Gummer, 2 Kd. (Anemone, Jens) - Gymn. Hannover, TH Hannover, Univ. Tübingen, Mainz, Kiel, Göttingen - Zul. Privatdoz. Univ. Göttingen. Fachveröff. - Spr.: Engl., Span.

GARLICHS, Ariane

Dr. rer. soc., Prof. f. Erziehungswissenschaft GH Kassel (s. 1973) - Uhlenhorststr. 18, 3500 Kassel - Geb. 3. März 1936 Oldenburg/O. - Promot. 1972 Konstanz - BV: Präferenzen f. Lernziele d. Elementarerzieh., 1972; Didaktik offener Curricula (m. and.), 1974. Herausg.: Kinder leben m. Märchen (1988). Mithrsg.: Erfahrungsoffener Unterr. (1978); Unterrichtet wird auch morgen noch (1982); Alltag im offenen Unterr. (1990).

GARLOFF, H.

Dr. rer. nat., Vorstandsmitgl. (Forsch. u. Entw.) d. HAG GF AG, Bremen - Nibelungenring 67, 2200 Elmshorn/Holst. (T. 04121 - 7 21 55) - Geb. 23. April 1931 - Stud. Chemie (Dipl.).

GARNATZ, Eberhard

Ass., Hauptgeschäftsführer Industrie- u. Handelskammer Köln - Unter Sachsenhausen 10-26, 5000 Köln 1, Postf. 108015 - Geb. 31. Okt. 1934 - AR-Mitgl. Messe- u. Ausstell.-GmbH Köln, Stadtwerke Köln GmbH, Häfen Köln GmbH, Ratsmitgl. Stadt Köln, stv. Leit. Verw.- u. Wirtsch.-Akad. Köln.

GARNJOST, Joachim

Dr. rer. pol., Vorstandsvorsitzender Mannesmann Anlagenbau AG Düsseldorf - Cäcilienstr. 3, 4044 Kaarst 2 - zul. Geschäftsf. Franz Kirchfeld GmbH & Co. KG - Geb. 21. Mai 1931.

GARSCHA, Karsten

Dr. phil., Prof. f. Roman. Philologie Univ. Frankfurt (s. 1972) - Bertha-von-Suttner-Ring 26a, 6000 Frankfurt/M. - Geb. 16. März 1938 Großenhain - Promot. 1970 - BV: Hardy als Barockdramatiker, 1971; Einf. in d. Lateinamerika-Stud. am Beisp. Peru (m. H. G. Klein), 1979; D. Dichter ist kein verlorener Stein. Über Pablo Neruda, 1981; Afrikanische Schriftst. im Gespräch (m. D. Riemenschneider), 1983 (franz.: Auteurs africains, vous avez la parole, 1986); Pablo Neruda, D. lyrische Werk, 3 Bde., 1984-86. Mitbegr. Ztschr. Iberoamericana. Lateinamerika - Spanien - Portugal, (1977ff. 3 Hefte j.) - Chevalier dans L'ordre des Palmes académiques, 1981 (Officier, 1991).

GARSOFFKY, Heinz

Vorstandsvorsitzender Horten AG - Am Seestern 1, 4000 Düsseldorf.

GARSTKA, Hansjürgen

Dr., Berliner Datenschutzbeauftragter (s. 1989) - Hildegardstr. 29/30, 1000 Berlin 31 - Geb. 11. Mai 1947 - Promot. Dr. phil. (Politikwiss.) 1972 München; Dr. jur. 1982 Hamburg - 1971-73 wiss. Mitarb. Univ. Regensburg; 1974-79 Assist.-prof. f. Rechtstheorie u. Rechtsinformatik FU Berlin; 1979-89 Vertreter d. DSB - BV: Regelkreismodelle d. Rechts, 1983; Verwaltungsinformatik, Textb. 1980.

GARTMANN, Heinz

Dr. med. (habil.), Prof., Dermatologe - Lutherstr. 7, 5000 Köln 40 (T. Köln 50 85 82) - Geb. 27. Okt. 1918 Wilhelmshaven

(Vater: Felix G., Kapitän z. See (gef.); Mutter: Marie, geb. Schöne), ev., verh. s. 1950 m. Jutta, geb. Wünscher, 2 Söhne (Jürgen, Uwe) - Königin-Carola-Gymn. Leipzig; 1939-44 Univ. Kiel, Hamburg (1940), Leipzig (1941) - 1944 b. 1945 Sanitätsoffz. Heer; s. 1945 Stadtkrkhs. St. Jakob Leipzig, Univ.shautklinik ebd., Städt. Hautklin. Mannheim (1960), Univ.sklin. Heidelberg (1961; 1964 apl. Prof.) u. Köln (1966 Wiss. Rat u. Prof.). Zahlr. Facharb., darunt. Buchbeitr. - Spr.: Lat., Griech., Engl.

GARTNER, Werner J.

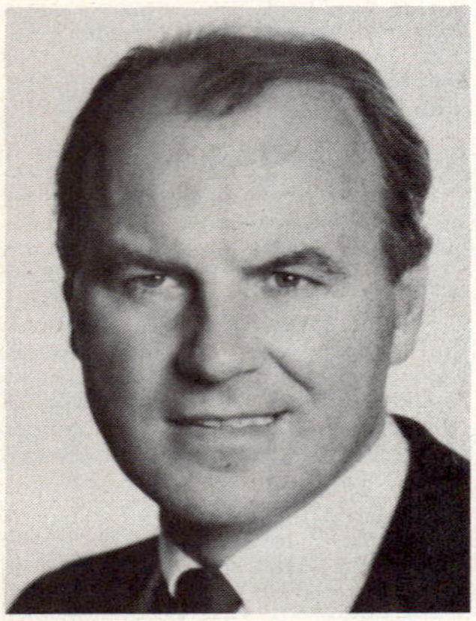

Dr., Dipl.-Betriebsw., Bankkaufm., Vorstandsmitglied Raulino AG, München (s. 1985) - Wehrlestr. 13, 8000 München 80 (T. 089 - 98 91 45) - Geb. 27. Sept. 1945 Iffezheim, verh. s. 1981 m. Renate, geb. Aich - 1965-67 Lehre Bankkaufm. Commerzbank Karlsruhe; 1967-72 Stud. Betriebsw. - 1968-69 Schweiz. Bankverein Genf (Devisen- u. Börsenhandel); 1972-75 Soc. Gén. Als. de Banque, Strasbourg, Paris, Köln; 1975-81 Dt. Bank Düsseldorf (zul. Dir.); 1981-84 Geschäftsf. Großanlagen Leasing GmbH Mainz. 1979-81 Vorst.-Vors. Wirtschaftsjunioren Düsseldorf; 1981-85 Bundesvorst. u. Schatzm. Wirtschaftsjunioren Dtschl., Bonn; 1983 Wirtsch.- u. Finanzaussch. DIHT Bonn u. Steuer- u. Finanzaussch. IHK Mainz. CSU (1985 Wirtschaftsbeirat). Veröff.: Leasing f. d. Mittelstand; Leasing - Finanzierungsinstrument b. Kraftwerken; D. wirtschaftl. Bedeutung d. Außenhandelsfinanzierung - Liebh.: Lit., Tennis, Ski - Spr.: Engl., Franz.

GAS, Bruno

Dr. rer. pol., Dipl.-Kfm., Versicherungsdirektor - Peperfeldstr. 35, 3000 Hannover - Vorst. Mecklenburgische Versich.-Ges. aG. u. Meckl. Leben Versich.-AG., beide Hannover.

GASCH, Bernd

Dr. phil., Dipl.-Psych. Univ. Dortmund - Bolland 58, 4717 Nordkirchen (T. 02596 - 27 69) - Geb. 5. Febr. 1941 Karlsbad/Tschech. (Vater: Werner G., Oberíng.; Mutter: Anna-Maria, geb. Soltis), kath., verh. in 1. Ehe 1968 m. Elisabeth, geb. Neuner, in 2. Ehe s. 1991 m. Angela, 2 Kd. aus 1. Ehe (Simon, Julia) - 1960-65 Stud. Rechtswiss. u. Psych. Univ. Erlangen u. Hamburg (Dipl.-Psych. 1965, Promot. 1970) - 1966 wiss. Assist. Univ. Erlangen-Nürnberg; 1972 freiber. Tätigk. Team f. Psych. Management; 1973 Leit. Hochschuldidakt. Zentr. Univ. Augsburg; 1977 Leit. Zentr. Forschungsgr. Juristenausb. Mannheim; 1978 Univ. Canberra/Austr.; s. 1979 Prof. f. Psych. Univ. Dortmund; 1984/85 Forschungsaufenthalt Univ. Wollongong/Australia; 1992 Forsch.aufenthalt Univ. Bocconi Mailand/Ital.; 1987 Dekan FB 14 - Sozialwiss. - Univ. Dortmund; Prorektor d. Univ. Dortmund - BV: Erfolg im Psych.-stud., 1971; Ausb. d. Ausbilder, 1976; Musikdidakt. - e. krit. Dialog (m. W. Reckziegel), 1979; Wie behandle ich meinen Chef? (m. U. Hess), 1976; Berufsaufg. u. Berufsfelder d. Psych., 1979 (auch als FS-Film); Psych. in d. DDR, 1984 - Liebh.: Jazzpiano - Spr.: Engl.

GASCH, Robert

Dr.-Ing., Prof. f. Konstruktionsberechnung (Inst. f. Luft- u. Raumfahrt) TU Berlin (s. 1971) - Taunusstr. 2, 1000 Berlin 41 - Geb. 28. Aug. 1936 Offenbach/M. - Promot. 1967; Habil. 1970 - BV: Einf. in d. Rotordynamik, 1975 (m. Herbert Pfützner; Japan. Übers. 1978, Tschech. Übers. 1980); Strukturdynamik Bd. I, 1987, Bd. II, 1989 (m. K. Knothe). Herausg.: Windkraftanlagen (1991).

GASCHE, Heinz-Günther

Pfarrer, Hauptgeschäftsf. Diakon. Werk in Hessen u. Nassau - Ederstr. 12, 6000 Frankfurt/M. 90.

GASCHER, Otto

1. Bürgermeister Stadt Schierling/Opf. (s. 1984), Bezirksrat - Ganghoferstr. 7, 8306 Schierling - Geb. 10. März 1943.

GASCHÜTZ, Wolfgang

Dr. rer. nat., em. o. Prof. f. Mathematik - Projensdorfer Str. 229, 2300 Kiel-Wik (T. 33 14 44) - Geb. 11. Juni 1920 Carlshof/Oderbr. (Vater: Rudolf G., Kaufm.), ev., verh. s. 1943 m. Gudrun, geb. Strasser, 3 Kd. (Götz, Sabine, Cordula) - Univ. Kiel (Math., Physik, Gesch.; Promot. 1949) - S. 1953 Doz., apl. (1959) u. o. Prof. (1963) Univ. Kiel - Spr.: Franz., Engl.

GASDE, Wilhelm

Ltd. Regierungsdirektor, Leit. Beschaffungsst. Bundesinnenmin. - Villemombler Str. 78, 5300 Bonn-Duisdorf.

GAŠPAROVIĆ, Nebojša

Dr.-Ing., o. Prof. f. Luftfahrttriebwerke TU Berlin - Nußhäherstr. 45c, 1000 Berlin 27.

GASPARRI, Christiane

s. Binder-Gasper, Christiane

GASPER, Dieter

Schriftsteller - Moritzstr. 8, 6500 Mainz (T. 06131-8 11 55) - Geb. 12. Juni 1925, verh. s. 1973 m. Dr. Ursula Gasper-Deck, ZDF-Redakt. - Med.-Stud. (abgebr.) - 1954-57 Rundfunkredakt.; 1958-62 Werbefilm-Regiss. - BV: Opa Schanghai, Kinderb. 1964 (ausgez. im Wettb.: D. schönsten dt. Bücher); D. halbe Herr Peng, Kinderb. 1963. Fernsehspiele: Gold f. Monte Vasall (1967, auch in Holland, Schweiz, Österr. u. Ungarn gesendet); Besuch v. drüben (1982); u.v.a. Theaterstücke: Karriere zu zweit (1980); D. doppelte Bürgermeister (1986) u.a. - Lit.: In: Spiele (1970); rd. 190 Zeitungsart.

GASPERI, Mario

Dr. Ing., Präsident Ital. Handelskammer f. Deutschland - Bockenheimer Landstr. 51-53, 6000 Frankfurt/M. Priv.: Gerhardshainer Str. 14, 6240 Königstein 2 - Geb. 21. Juni 1907 Caldonazzo (Trient), kath., verh. s. 1942 m. Ingola, geb. v. Alvensleben, 2 Kd. (Elena, Dipl.-Ing. Maurizio) - Abit. 1925 Rovereto (Trient), Stud. TH Turin, Promot. 1925-31; 1931-33 TH Berlin, 1935 ETH Zürich - B. 1947 Oberst (ital. Luftwaffe), 1947-67 Berat. Ing., 1967-78 Geschäftsf. DEA Digital Electronic Automation Frankfurt; stv. AR-Präs. Locafit GmbH, Frankfurt/M. - Spr.: Deutsch, Ital., Franz.

GASPERS, Hans

Dr., Geschäftsführer Vereinig. Dt. Flanschenfabriken - Mörikestr. 4, 4040 Neuss 1 - Geb. 13. April 1923.

GASS (ß), Ludwig

Dipl.-Ing., Prof. f. Bauproduktion u. Statik GH Kassel - Hasserodtstr. 27, 3500 Kassel (T. 88 33 02-0502).

GASSDORF, Rudolf

Geschäftsführer, Mitglied Bremer Bürgerschaft/Landtag (s. 1967) - Lüssumer Kamp 32, 2820 Bremen 71 (T. 60 05 92) - Geb. 9. Okt. 1933 Blumenthal, kath., verh., 3 Kd. - Abit. u. Höh. Handelsschl. Bremen - S. 1954 Bremer Schiffahrtswesen; s.1970 Leit. d. dt. Niederlass. d. argent. Privatreederei CIAMAR S.A. - CDU; Sprecher d. Deputation f. Häfen, Schiffahrt u. Außenhandel.

GASSEN, Hans Günter

Dr. rer. nat., Prof. f. Biochemie TH Darmstadt (s. 1973) - Siemensstr. 8, 6100 Darmstadt - Geb. 11. April 1938 Nieder-Weisel - Promot. 1965; Habil. 1972 - Zul. Doz. Univ. Münster. Fachveröff.

GASSER, Heinz

Dr., Vorstandsmitglied EUROPA Sachversicherung AG., Köln - Zu erreichen üb. Europa Versich., Piusstr. 137, 5300 Bonn 41.

GASSER, Theodor

Dr. rer. nat., Prof. f. Biostatistik Univ. Heidelberg, Leit. Abt. Biostatistik am Zentralinst. f. Seelische Gesundheit, Mannheim, Leit. d. Forschungsgr. Statist. Anwend. im SFB 123 d. Univ. Heidelberg - Rohrbacherstr. 39, 6900 Heidelberg (T.06221 - 2 69 87) - Geb. 9. Mai 1941 Zürich, verh. s. 1988, 4 Söhne (Benno, Valentin, Jonas, Clemens) - Stud. ETH Zürich (Math. u. Physik); Dipl. 1968, Assist. Princeton Univ.; Promot. 1972 ETH Zürich, Habil. 1975 - Wiss. Arb. üb. math. Statistik, Computing, Elektroenzephalographie, Wachstum u. Entw. d. Menschen.

GASSERT, Herbert

Dr.-Ing., Senator E. h., Aufsichtsratsmitglied ABB (s. 1988) - Ulmenstr. 9, 6945 Hirschberg/Bergstr. - Geb. 12. Febr. 1929 Stuttgart (Vater: Eugen G., Bäckerm.; Mutter: Frida, geb. Philipp), ev., verh. s. 1961 m. Inge, geb. Hasse, 3 Kd. (Tilman, Wolfram, Karin) - Gymn. u. TH Stuttgart (Maschinenbau; Dipl. 1955, Promot. 1964) - S. 1963 BBC Mannheim (1976 stv., 1979 o. Vorst.-Mitgl., 1980-87 Vorst.-Vors.); AR-Mitgl. ABB-Mannheim; AR-Vors. Hennigsdorfer Stahl GmbH; Vors. Dt. Verb. techn.-wiss. Vereine, Kommiss. Reinhaltung d. Luft im VDI u. DIN - 1983 Ehrensenator Univ. Stuttgart, u. 1988 Univ. Mannheim - Spr.: Engl.

GASSNER, Anton

Dipl.-Braumeister, Bürgermeister Gars am Inn - 8091 Au a. Inn, Nr. 45 (T. 08073 - 16 55) - Geb. 3. Aug. 1925 Au a. Inn (Vater: Johann Baptist G.; Mutter: Anna, geb. Steiner), kath., verh. s. 1959 m. Martha, geb. Hackenberg, 3 Kd. (Johannes, Ursula, Hubert) - Dipl.-Braumeister 1952 TH Weihenstephan - 1. Bürgerm., Kreisrat, Kreisjagdberater.

GASSNER, Edmund

Dr.-Ing., Regierungs- u. Baurat a. D., em. o. Prof. f. Städtebau u. Siedlungswesen - Saalestr. 18, 5300 Bonn 1 - Geb. 10. März 1908 Mainz (Vater: Dr. jur. Fritz G., RA; Mutter: Agnes, geb. Zimmermann), kath., verh s. 1938 m. Hildegard, geb. Feigel, 2 Kd. - Gymn. Mainz; TH Darmstadt (Bauing.wesen, Städtebau, Sozialwiss.; Dipl.-Ing. 1933) - Ab 1934 Hochschulassist., 1939-40 Bauleit. Bergmannssiedl. linker Niederrh. u. Hilfsref. Reichsst. f. Raumordnung, 1940-41 Wehrdst., ab 1942 Sachbearb. f. wasserwirtschaftl. Aufg. Generalinspekteur f. d. dt. Straßenwesen, 1945 Ref. f. Verkehrswesen, 1946 f. Städtebau, soz. Wohnungsbau u. Bezirksplanung b. Reg.präs. Darmstadt, s. 1951 ao. u. o. Prof. (1954) Univ. Bonn (1959/60 Dekan, 1966/67 Rektor) - BV: Städtebau auf d. Lande, 2. A. 1972; Bebauung von Hang- u. Hügelgelände, 1972; Städtebauliche Kalkulation, 1972; Aufschließ. städtebaulicher Entwicklungsflächen, 1972; Gesch. d. Städtebaus I, 2. A. 1981; Stadtbild u. Rheinlandsch., 1972; Aufschl. b. Sanierungs- u. Entwicklungsaufg. 1973; D. Eltviller Burg, städtebauliches Denkmal am Rhein, 2. A. 1985; D. Erschließung im Städtebau. Wandl., Probl., Perspektiven, 1990; Geschichtl. Entwicklung u. Bedeutung d. Kleingartenwesens im Städtebau, 1987; D. techn. Infrastruktur in d. Bauleitplanung, 2. A. 1992; Gesch. d. Kleinsiedlungswesens, 1992. 192 Beitr. in Handb. u. Zeitschr. - Herausg.: Schriftenr. Materialiensamml. Städtebau. Mithrsg.: Vermessungswesen u. Raumordnung - 1959 Mitgl. Dt. Akad. f. Städtebau u. Landesplanung; 1969 Akad. f. Raumforsch. u. Landesplanung; 1981 Gründ.-Mitgl. Dt. Akad. d. Forsch. u. Planung im ländl. Raum; 1982 Ehrenmitgl. Österr. Ges. f. Raumforsch. u. Raumplanung, u. 1989 Abt. Städtebau u. Landesplanung Yildiz-Univ. Istanbul; 1961 Officier Ord. Palmes académiques; 1970 Komturkr. VO Luxemburg; 1970 Commandeur Ord. Palmes académiques; 1973 BVK I. Kl.; 1982 Gr. BVK - Liebh.: Musik, Zeichnen - Spr.: Engl., Franz. - Lit.: Festschr. (1968, 1973, 1978, 1993).

GASSNER, Gerd

Dr.-Ing., Geschäftsführer Diehl GmbH & Co. - Stephanstr. 49, 8500 Nürnberg 30 - Vors. d. Geschäftsfg. Diehl Flensburg GmbH; div. AR- u. VR-Mandate.

GAST, Reiner

Dr.-Ing., Hon.-Prof. Univ. Erlangen-Nürnberg f. Baustoffe u. Bindemittel, 1. Vors. Verb. d. Materialprüfungsämter - Tillystr. 2, 8500 Nürnberg - Geb. 20. Juni 1941, verh. - Stud. Bauing.-Wesen; Dipl.-Ing.; Promot. 1975 Hannover - Direkt.-Mitgl. LGA (Landesgewerbeanstalt Bayern) Nürnberg Techn. Dir.

GAST, Theodor

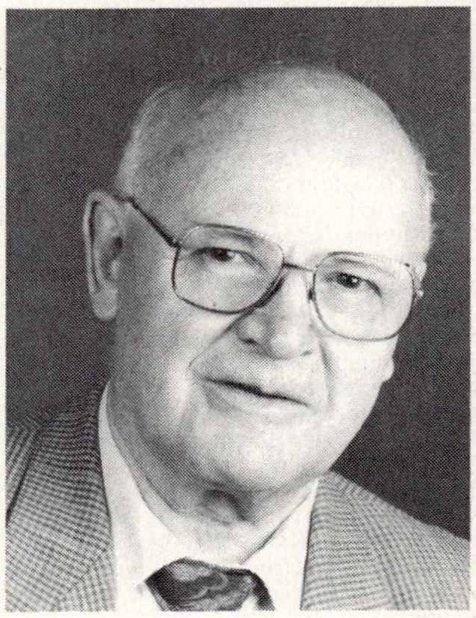

Dr.-Ing., em. o. Prof. f. Meß- u. Regelungstechnik - Bergstr. 1, 1000 Berlin 39 (T. 805 19 05) - Geb. 26. Juni 1916 Darmstadt (Vater: Dr. med. Erich G., prakt Arzt; Mutter: Irene, geb. Koehler, Lehrerin), verh. s. 1949 m. Dr. rer. nat. Erika, geb. Alpers, 7 Kd. (Dieter, Reinhard, Vera, Helmut, Ursula, Hella, Wilfried) - Oberrealsch. Heppenheim/Bergstr.; TH Darmstadt (Dipl.-Ing. 1939, Promot. 1942). Habil. 1944 Darmstadt - B. 1943 Assist. TH Darmstadt, dann in ltd. Stellung am Vorläufer d. Dt. Kunststoff-Inst. TH Darmstadt, 1946-49 Obering. TH Darmstadt (1947 Privatdoz.), anschl. freiberufl. Tätigk., 1951 stv. Dir. Inst. f. techn. Physik (b. 1952), 1952-57 Diätendoz. (1953 apl. Prof.) TH Darmstadt, 1957-60 Leit. Labor. Staubphysik u. Meßtechnik Bergwerksges. Walsum, 1960-64 stv. Vorst.-Mitgl. Sartorius-Werke Göttingen u. apl. Prof. Bergakad. Clausthal, Venia legendi Physik, Univ. Göttingen, 1964-84 Ord. TU Berlin. Erf.: Elektr. Mikro-, Staub- u. Schwebewaage. Mitautor: Handb. d. Betriebskontrolle, Kohlrausch/Prakt. Physik, Wolf/Physikal. Grundl. d. Kunststoffprüf. Landolt-Börnstein/Physikal.-chem. Tabellen (m. d. Ehefr.), Profos, Hdbch. d. Industr. Meßtechnik, Dubbel, Taschenbuch f. d. Maschinenbau - DECHEMA-Preis Max-Buchner-Forschungsstiftg. - Liebh.: Musik (Violine, Klavier), Fotogr., Feinmechanik - Spr.: Engl., Franz. - Großv. Ernst

Reinhard G., Gymnasialprof. u. Schriftst. (Ps.: Ernst Reinhard).

GAST, Wolfgang
Dr. phil., Prof. f. Didaktik d. Dt. Sprache u. Lit. Univ. Gießen (s. 1974) Arbeitsgebiet 'Medien' - Amselweg 3, 6301 Heuchelheim - Geb. 4. Aug. 1942 Sorau (Vater: Otto G., Geschäftsf.; Mutter: Else, geb. Reimers), verh. s. 1968 m. Ute, geb. Marquardsen, 2 Kd. (Jan, Johanna) - Herder-Sch. Rendsburg (Abit. 1961); Univ. Kiel u. Heidelberg (German., Angl., Gesch.). Staatsex. (1968) u. Promot. (1971) Heidelberg - Zul. Wiss. Assist. PH Esslingen - BV: D. histor. Roman im 19. Jh., 1971; Polit. Lyrik, 1973; Parodie, 1975. Üb. 20 Einzelarb.

GASTINGER, Wilhelm
Obersteuerrat, MdL, Vors. Aussch. f. Fragen d. öffentl. Dienstes i. Bayer. Landtag - Höllbachstr. 9, 8400 Regensburg - Geb. 1929 - CSU.

GASTMEYER, Karl Heinz
Dipl.-Ing., Prof. f. Straßenbau u. Vermessungskunde GH Kassel - Tannenkuppenstr. 17, 3500 Kassel.

GATHEN, von zur, Heinz
Generalleutnant, Stv. Befehlshaber Alliierte Streitkräfte Ostseezugänge (DepCOMBALTAP), HG Baltap, DK 7470 Karup J. Dänemark.

GATTERMANN, Günter
Dr. phil., Prof., Ltd. Bibliotheksdirektor Univ.bibl. Düsseldorf (s. 1970) - Universitätsstr. 1, 4000 Düsseldorf (T. 311 20 30); priv.: Corellistr. 47 - Geb. 6. Mai 1929 Aßlar b. Wetzlar/L., ev., verh., 3 Kd. - Univ. Frankfurt/M. (Gesch., Lat., Engl., Politik). Promot. 1956; bde. Staatsex. 1957 - 1957-61 Bibl.rat Stadt- u. Univ.bibl. Frankfurt/M.; 1961-70 Bibl.-dir. BA bzw. TU Clausthal. 1962ff. Lehrbeauftr. BA bzw. TU Clausthal; 1971ff. Doz. Bibl.-Lehrinst. Köln. 1970 Lehrbeauftr., 1975ff. Hon.-Prof. f. Bibl.wiss. Univ. Düsseldorf - Spr.: Engl. - Rotarier.

GATTERMANN, Hans H.
Rechtsanwalt u. Notar, MdB (8. Wahlp.) - Strüningweg 11, 4600 Dortmund 41 - Geb. 24. Dez. 1931 Dortmund, ev., verh. - Neusprachl. Gymn. Dortmund (Abit. 1953); Univ. Marburg u. Berlin (Rechts- u. Staatswiss.). Staatsprüf. 1957 (Frankfurt) u. 61 (Düsseldorf) - Anwaltspraxis Dortmund. Ratsmitgl. D'mund (1975 Fraktionsvors.). FDP s. 1967 (u. a. Bezirksvors. Ruhr).

GATTNER, Heinrich
Dr. med. habil., Prof., Diätendoz. f. Arbeits- u. Gewerbemed. Med. Univ.-klinik Freiburg - Auf der Breite 19, 7811 Ihringen a.K. (T. 51 02) - Geb. 27. Juni 1908 Domb/OS. - S. 1958 (Habil.) Lehrtätigk. Univ. Halle u. Freiburg (1967 apl. Prof. f. Inn. Med.) - BV: D. Bedeutung d. Lungenpunktion f. d. Erkennung u. Erforschung v. Staublungenerkrankungen, 1958. Zahlr. Einzelarb.

GATTOW, Gerhard
Dr. rer. nat., o. Prof. f. Anorgan. Chemie - An der Lehnsweide 45, 6506 Nackenheim (T. 06135 - 13 28) - Geb. 6. Febr. 1926 Berlin (Vater: Hans G., Kriminalinsp.; Mutter: Charlotte, geb. Viehöfer), ev., verh. s. 1954 m. Helga, geb. Clodius, 2 Töcht. (Susanne, Kerstin) - Obersch. Berlin (b. 1944); 1944-46 Wehrdst. u. Kriegsgefangensch.; n. Abitur (1947 Northeim) 1948-53 Univ. Göttingen (Dipl.-Chem. 1953). Promot. (1956) u. Habil. (1960) Göttingen - S. 1954 Univ. Göttingen (1959 Wissensch. Oberassist., 1961 Privatdoz.) u. Mainz (1966 ao. Prof., 1967 pers. Ord., 1969 o. Prof. u. Inst.-Dir.). Entd. bzw. Erf.: Chalkogenocarbonate, -metallate, Isolierung d. Kohlensäure. Üb. 360 Fachveröff. - 1958 Friedrich-Wöhler-Preis - Liebh.: Lit. - Spr.: Engl.

GATZ, Erwin
Dr. theol., Prof., Rektor Campo Santo Teutonico, gf. Direktor d. Römischen Inst. d. Görres-Ges. Honorarprof. f. mittl. u. neuere Kirchengeschichte Univ. Bonn (s. 1980) - Via della Sagrestia 17, I-00120 Città del Vaticano - Geb. 4. Mai 1933 Aachen, kath. - Spez. Arbeitsgeb.: Kirchengesch. Mitteleuropas s. 1648. Zahlr. Monogr. u. Zeitschriftenaufs.

GATZEMEIER, Matthias
Dr. phil., Prof., Philosoph - Rehmannstr. 2, 5100 Aachen - Geb. 10. Febr. 1937 Haselünne (Vater: Johannes G., Lehrer; Mutter: Elisabeth, geb. Jansen), verh. s. 1965 m. Elisabeth, geb. Peters, S. Felix - Promot. 1967 Münster - S. 1973 (Habil.) Lehrtätigk. Univ. Konstanz u. TH Aachen (1975 Prof.; Lehrgeb. Prakt. Phil.) - BV: D. Naturphil. d. Straton v. Lampsakos, 1970; Theol. als Wiss., 2 Bde. 1974/75. Herausg.: Aachener Schriften z. Wiss.theorie, Logik u. Sprachphil. (Bd. 1ff. 1987ff.); Aachener Analysen z. Ethik (Bd. 1ff. 1992ff.); Verantwortung in Wiss. u. Technik (1989).

GAUBE, Johann
Dr.-Ing., Prof. Inst. f. Chem. Technologie TH Darmstadt - Petersenstr. 20, 6100 Darmstadt.

GAUCH, Gert
Dipl.-Ing., Präsident Tennisclub Luitpoldpark München - Adelheidstr. 22, 8000 München 40 (T. 089 - 271 61 61) - Geb. 17. Juli 1933 Kaiserslautern, verh. m. Ingrid, S. Christian-Peter - Stud. Univ. München; Prüfing. f. Baustatik - Bearb. Projekte: u. a. Nationaltheater München, Hypohochhaus München, Flughafen MUC 2 - Sport: 4 J. Landessportwart Bayern, 2 J. Bundessportwart Dt. Tennisbund.

GAUCH, Siegfried
Dr. phil., Oberstudienrat, Schriftsteller - Erlenweg 9, 6500 Mainz 42 - Geb. 9. März 1945 Offenbach am Glan (Vater: Dr. med. Hermann G., Oberfeldarzt; Mutter: Gertrud, geb. Cappel), ev., verh. m. Heide, geb. Bauer - Gymnasiallehrer, b. 1987 Lehrbeauftr. Fachhochsch. Mainz u. Univ. Gießen, s. 1991 Ref. im Min. f. Bildung u. Kultur Rheinl.-Pfalz - BV: Scherenschnitte 1968; Schibbolet, 1974; 2. A. 1975; Identifikationen, 1975; Mitt-Teilungen, 1976; Lern-Behinderung, 1977; Vaterspuren, 1979, TB 1982, Neuausg. 1990, (Ital. Univ. Turin 1991); Wunschtage, 1983; Friedrich Joseph Emerich - Ein dt. Jakobiner, 1986; Buchstabenzeit, 1987; Zweiter Hand, 1987; Peter Jordan - D. Leyenschul v. 1533, 1987. Herausg.: Goethes Foto (1992); V. Verschwinden d. Gegenwart (1992); u.a. Filme: D. Labyrinth d. Väter (ZDF, 1980); Doppelwertigkeiten (ZDF, 1987/89 u.a.) - 1976 Förderpreis Südwestfunk, 1977 Pfalzpreis f. Lit., 1979 Förderpreis Land Rhld.-Pfalz.

GAUER, Wilhelm
Dr. rer. pol., Dipl.-Kfm., Vorstandsmitglied Deutscher Lloyd Lebensversich. AG (1964-81), u. Dt. Lloyd-Versich.s-AG. (1968-81), beide München - Rochusstr. 14, 8031 Stockdorf/Obb. (T. München 857 29 72) - Geb. 9. Mai 1916 St. Magdalen (Vater: G., Herrenbekleidungsfabr.; Mutter: Emilie, geb. Busch), ev., verh. s. 1943 m. Marianne, geb. Vallender, S. Klaus, Dr. rer. pol., Dipl.-Kfm. - Gymn.; Stud. Betriebsw. Dipl.-Kfm. (1948) u. Promot. (1950) Köln - BV: D. Versich.smakler u. s. Stellung in d. Versich.sw., 1951.

GAUF, Heinrich
Generalstaatsanwalt in Zweibrücken (1976-91), Generalstaatsanwalt in Koblenz (s. Aug. 91) - Karmeliterstr. 14, 5400 Koblenz - Geb. 10. Juli 1934.

GAUGER, Hans-Martin
Dr. phil., o. Prof. f. Roman. Philologie Univ. Freiburg (s. 1970) - Wildtalstr. 61, 7800 Freiburg (T. 55 25 05) - Geb. 19. Juni 1935 Freudenstadt (Vater: Rudolf G.), verh. m. Carmen, geb. Rodríguez - Franz. Gymn. Tübingen, Konstanz; Univ. Tübingen, Leicester, Paris, Madrid (Roman., Dt., Engl. Philol., Phil.). Promot. (1960) u. Habil. (1968) Tübingen. Facharb., lit. Arb. - 1981 Mitgl. u. 1984-90 Vizepräs. Dt. Akad. f. Sprache u. Dicht., Darmstadt; 1981/82 Fellow Wiss.kolleg Berlin; 1984 Preis Henning-Kaufmann-Stiftg. z. Pflege d. Reinheit d. dt. Sprache (1. Träger).

GAUGER, Rudolf
Vorstandsmitglied Stuttgarter Bäckermühlen AG., Esslingen - Ulmer Str. 7, 7310 Plochingen/Württ. - Geb. 5. Juli 1925.

GAUGER, Wilhelm
Dr. phil., Prof. f. Englische Literaturwiss. - Schopenhauerstr. 7, 1000 Berlin 38 - Geb. 13. Juli 1932 Wuppertal (Vater: Paul G., Justizoberinsp.; Mutter: Helene, geb. Steeger), ev., verh. s. 1964 m. Christel, geb. Kaiser, 2 Kd. (Barbara, Jochen) - Gymn. Wuppertal (Abit. 1953); Univ. Köln (Staatsex. 1959); Ass. 1962 - Promot. (1965) u. Habil. (1971) Berlin (FU) - S. 1962 FU Berlin (1966 Akad. Rat; 1971 Prof.) - BV: Wandlungsmotive in Rudyard Kiplings Prosawerk, 1975; Y - Paranormale Welt, Wirklichk. u. Lit., 1980 - Liebh.: Kunst, Psych., Parapsych., Zool. - Spr.: Engl., Franz. - Bek. Vorf.: Joseph G., Pfarrer u. Publizist (Großv.).

GAUGLER, Eduard
Dr. oec. publ., Dres. h.c., Prof. f. Allg. Betriebswirtschaftslehre, Personalwesen u. Arbeitswiss. - Universität (Schloß), 6800 Mannheim - Geb. 23. Juni 1928 Stuttgart, verh. s. 1954 m. Helene, geb. Fäustle, 4 Kd. - Seit 1967 Ord. Univ. Regensburg u. Mannheim (1972), 1973-76 Rektor Univ. Mannheim; 1981/82 Vors. Verb. d. Hochschullehrer f. Betriebswirtsch. e.V.; 1989-91 Gründungsdekan d. Wirtsch.wissenschaftl. Fak. Ingolstadt d. Kath. Univ. Eichstätt; s. 1991 Dir. d. Inst. f. Mittelstandsforsch. d. Univ. Mannheim - Zahlr. Fachveröff., auch Bücher - 1991 Bayer. VO; 1991 Komturkreuz d. Gregorius-Ordens.

GAUGUSCH-DJAMBAZIAN, Christine
Solotänzerin - Himmelpfortgasse 7/1/32, A-1010 Wien - Geb. 4. März 1951 Wien, kath., verh. s. 1980 m. Eduard Djambazian - Ballettsch. Wiener Staatsoper - 1966 Engagem. Wiener Staatsoper, s. 1982 Solotänzerin. 1988 Ballettfestival Cuba - Ballette/Hauptrollen (Wien): Hotel Sacher (1974); E. Faschingsschwank aus Wien (1977); Don Juan (1978); Sylvia (1979; Nußknacker (1979); Giselle (1980); Dornröschen (1980 m. Nurejew); Romeo u. Julia (1982 m. Cranko); Daphnis u. Cloe (1983); La Fille Mal Gardée (1986 Ashton); E. Sommernachtstraum (1987 Neumeier). Filme: Peter u. d. Wolf, Faschingsschwank. Gastsp.: Bratislava (Giselle) u. Mannheim (Nussknacker, Romeo u. Julia) - Spr.: Engl.

GAUL, H. Michael
Dr., Vorstand Preussen Elektra AG, u. VEBA AG - Tresckowstr. 5, 3000 Hannover 91 - Geb. 2. März 1942 Düsseldorf.

GAUL, Hans Friedhelm
Dr. jur., o. Prof. f. Zivil- u. -prozeßrecht Univ. Bonn (s. 1966) - Wiesenweg 2, 5300 Bonn - Geb. 19. Nov. 1927 Bicken - Habil. Bonn - Fachveröff.

GAUL, Lothar
Dipl.-Ing., Dr., Univ-Prof., Leit. Inst. f. Mechanik Univ. d. Bundeswehr Hamburg - Holstenhofweg 85, 2000 Hamburg 70 (T. 040 - 65 41 27 34) - Geb. 17. Nov. 1946, ev., verh. s. 1975 m. Ulrike, geb. Reiners, 2 Söhne (Jan Hendrik, Claas Christoffer) - Werkzeugmacher 1966; Maschinenbauing. 1969 Wilhelmshaven; Schweißfaching. 1969 Berlin; Stud. Univ. Hannover (Stud. Stiftg. d. Dt. Volkes), Dipl.-Ing. 1973; Promot.

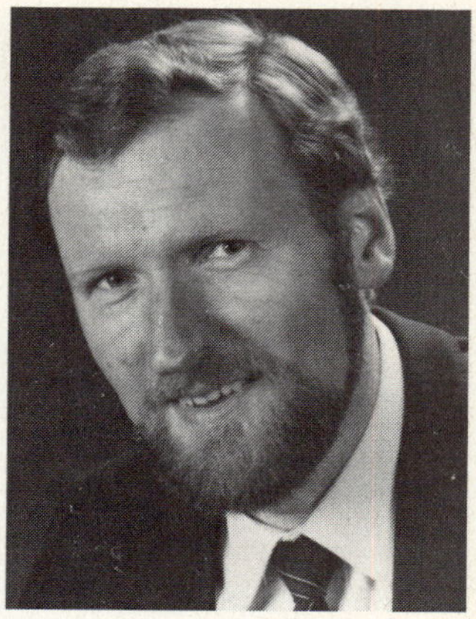

1976; Habil. 1980 - 1978 Obering. Univ. Hannover; 1981 o. Prof. Univ. Bundeswehr Hamburg; 1985 Ruf Univ. Bochum; 1991 Dekan FB Maschinenbau - Rd. 100 Fachveröff. üb. Kontinuumsmechanik, Maschinendynamik, Biomechanik, Gesch. d. Mechanik bes. z. Thema Struktur-Baugrund-Wechselwirkung, Dämpfung, Fügestellendynamik - 1985 Ehrenring d. VDI - Liebh.: Technikgesch., Sport, Gitarrespiel - Spr.: Engl., Franz.

GAULAND, Alexander
Dr., Staatssekretär a.D., Chef d. hess. Staatskanzlei a.D. Generalbevollmächtigter d. Frankfurter Allgemeine Zeitung GmbH f. d. Märkische Verlags- u. Druck-Ges. mbH, Potsdam (s. 1991) - Friedrich-Engels-Str. 24, O-1561 Potsdam (T. 030 - 8 01 20 70); priv.: - Georg-Spreyer-Str. 9, 6000 Frankfurt a. M. 90 (T. 069 - 70 12 90) - Geb. 20. Febr. 1941 Chemnitz, ev., verh. s. 1968 m. Leonore, geb. Erdsiek, T. Dorothea - 1959 Abit. Karl-Marx-Stadt; 1. jurist. Staatsprüf. 1966, 2. jurist. Staatsprüf. 1971, Promot. Dr. jur. 1970 - 1972 Presse- u. Inform.amt d. Bundesregierung; 1974/75 Generalkonsulat Edingburgh; 1977 CDU/CSU-Frakt. d. Dt. Bundestages; 1977 Leit. d. Büros d. OB d. Stadt Frankfurt; 1986 Bundesmin. f. Umwelt, Naturschutz u. Reaktorsicherheit; 1987-91 Staatssekr. u. Chef d. Staatskanzlei.

GAULY, Heribert
Dr. theol., Prof. f. Pastoraltheologie Univ. Mainz - Schinnergraben 94, 6500 Mainz 42 - Geb. 19. Okt. 1928 Worms/Rh., kath.

GAUMER, Walter
Dr. rer. nat., em. o. Prof. f. Didaktik d. Physik Univ. Gießen/Fachbereich Physik (1963-79) - Holbeinring 4, 6300 Gießen (T. 5 18 23) - Geb. 2. Aug. 1914 Berlin - 1956-63 Doz. u. Prof. (1962) Päd. Hochsch. Hannover. Emerit. 1979.

GAUS, Günter
Publizist - Bahnsenallee 74, 2057 Reinbek - Geb. 23. Nov. 1929 Braunschweig (Eltern: Kaufmann Willi u. Hedwig G.), ev., verh. s. 1955 m. Erika, geb. Butzengeiger, T. Bettina - Oberrealsch. Braunschweig (Abit.); Stud. d. Gesch. u. German. Univ. München - 1953-65 journ. Tätigk. Tages- u. Wochenztg., Fernseh-Interviews Zur Person; 1965-69 Programmdir. SWF, 1969-73 Chefredakt. D. Spiegel; 1973 Staatssekr. Bundeskanzleramt, 1974-81 Leit. d. Ständ. Vertretung d. BRD b. d. DDR; 1981 Senator f. Wiss. u. Forsch. Berlin (zurückgetr.) - BV: Zur Person, 2 Bde.; Bonn ohne Reg., 1965; Gespräche m. Herbert Wehner, 1966; Wo Deutschland liegt, 1983; D. Welt d. Westdt., 1986; Dtschl. im Juni, 1988; Wendewut, 1990; Zur Person, 1990; Porträts in Frage u. Antwort, 1991. Herausg.: Zur Wahl gestellt - 1964 Adolf-Grimme-Preis in Bronze u. 1965 in Silber; 1987 Pol. Buch d. Jahres d. Friedr.-Ebert-Stiftg.; 1988 Bes. Eh-

rung d. Adolf-Grimme-Preis; 1991 Dt. Kritikerpreis (f. FS).

GAUS, Wilhelm
Dr. phil., Prof. f. Biometrie u. medizinische Dokumentation Univ. Ulm (Fak. f. Theoret. Medizin), Schule f. Medizin. Dokumentation - Schwabstr. 13, 7900 Ulm.

GAUSS (ß), Fritz
Dr.-Ing. (habil.), em. o. Prof. u. Direktor Inst. f. Kraftfahrwesen TH bzw. TU Hannover (s. 1966) - Oelschlägerstr. 2, 7000 Stuttgart 75 - Geb. 7. Mai 1913 Bietigheim/Württ. (Vater: Friedrich G.), verh. m. Ingeborg, geb. Doerr, 3 Kd. - Stud. TH Stuttgart (1931 b. 1936); Promot. 1942, Habil. 1954 - Zul. apl. Prof. TH Stuttgart (Abt.-Vorst. Forschungsinst. f. Kraftfahrwesen u. Fahrzeugmotoren). Facharb.

GAUSS (ß), Karl
Dipl.-Ing., Stadtdirektor - Wassenaarseweg 279, Den Haag/NL (T. 28 14 08) - Geb. 7. März 1910 Rotterdam, verh. s. 1935 m. Gertrud, geb. Keilbach, jetzt verw. - TH Stuttgart (Bauing.wesen.) - 1932-45 Industrietätig. In- u. Ausl.; s. 1945 Stadtverw. Stuttgart - Spr.: Holl., Franz.

GAUSS, Ulrich
Dr. jur., Oberbürgermeister Stadt Waiblingen - Oberer Rosberg 30, 7050 Waiblingen (T. 07151 - 2 11 95) - Geb. 17. Mai 1932 Stuttgart (Vater: Heinrich G., Staatsanw.; Mutter: Elisabeth, geb. Mandry), ev., verh. s. 1964 m. Barbara, geb. Knall, 3 Kd. (Nikolai, Moritz, Friederike) - Gymn. Stuttgart; Stud. d. Rechtswiss. Univ. Tübingen, Heidelberg, Bonn u. Berkeley/Calif. - 1961-69 Richter u. Staatsanw.; s. 1970 Oberbürgerm.

GAUTIER, Fritz
Dr. rer. nat., Dipl.-Chem., Mitgl. Europ. Parlament (1980-87), MdB (ab 11. Wahlp.) - Kleine Schützenstr. 4, 3150 Peine - Geb. 17. Jan. 1950 - SPD.

GAUWEILER, Peter
Dr., jur., Bayer. Staatsminister f. Landesentwicklung u. Umweltfragen (s. 1990) - Rosenkavalierplatz 2, 8000 München 81 (T. 089 – 9 21 41) - Geb. 22. Juni 1949 München, verh. - Stud. Rechtswiss. München u. Berlin; Promot. 1978 u. Rechtsanwalt 1972-82 ehrenamtl. Stadtrat Stadt München; 1982-86 berufsmäßiger Stadtrat u. Leit. Kreisverw.ref.; 1986-90 Staatssekr. Bayer. Staatsmin. d. Innern.

GAWLICK, Günter
Dr. phil., o. Prof. f. Phil. Univ. Bochum (s. 1969) - Wacholderstr. 21, 5810 Witten (T. 34 07) - Geb. 1. März 1930 Königsberg/Pr. (Vater: Friedrich Wilhelm G., Verw.sangest.; Mutter: Alexandra, geb. Klosz), verh. s. 1962 m. Renate, geb. Lorentzen, 4 Kd. (Thomas, Ursula, Joachim, Matthias) - Stud. Univ. Freiburg/Br., Kiel, Manchester; Promot. 1956 Kiel; Habil. 1963 Gießen - 1965-69 Privatdoz. Div. Herausg. u. Übersetz. - BV: Bibliophilie - Spr.: Engl., Franz.

GAWRILOFF, Saschko Siegfried
Prof., Violinist, Leiter e. Meisterklasse f. Violine Hochsch. f. Musik, Köln - Zu erreichen üb. Hochsch. f. Musik, Postfl., 5000 Köln - Geb. 20. Okt. 1929 Leipzig (Vater: Jordan G., Musiker), ev., verh. s. 1951 m. Renate, geb. Diele, 2 S. (Michael, Matthias) - 1959 II. Preis Intern. Violinfest. Genua; 1959 Kulturförd.preis Stadt Nürnberg - Spr.: Bulg., Engl.

GAYLER, Wolfgang
Dirigent, stv. Generalmusikdir. Bühnen Nürnberg - Beethovenstr. 16, 8500 Nürnberg 20 - Geb. 19. Dez. 1934 Stuttgart (Vater: Dr. Viktor G., Zahnarzt; Mutter: Herta, geb. Werner), ev., verh. s. 1958 m. Lelia, geb. Doflein, 4 Kd. (Anselm, Lukas, Sebastian, Barbara) - 1945-54 Gymn. Reutlingen; 1954 TH u. Musikhochsch. Stuttgart; 1955 Musikhochsch. u. Univ. Freiburg/Br. (Staatsex. f. künstler. Lehrf.), Stip. Studienstiftg. d. Dt. Volkes - Pianist; Repetitor in Freiburg; 1965 Städt. Bühnen Nürnberg 1977ff. stv. GMD ebd. 1984 Gastdirig. Hbg. Staatsoper - Veröff.: Nono, Intolleranza (Franz. Erstauff. Nancy, 1971); Walter Jens/Konnadis, D. Ausbruch (UA Bayreuth 1975, intern. Jugendfestsp.); Jörg Zink/Werner Jacob, Tempus Dei - des Menschen Zeit (UA Nürnberg 1979); Peter Handke/Walter Zimmermann, Üb. d. Dörfer (UA Nürnberg 1988) - 1954 Kranichsteiner Musikpreis (f. Pianisten); 1975 Richard-Wagner-Med. Stadt Bayreuth.

GAYMANN, Theodor
Geschäftsführer Industrieanlagen-Betriebsges. mbH., Ottobrunn, Honorarprof. f. Versuchstechnik im Flugzeugbau TU München (1976 ff.) - Uhdestr. 18, 8000 München 71.

GEBAUER, Adolf

Komponist, Geiger, 1. Geiger Sinfonieorch. Wuppertal (s. 1980) - Brahmsstr. 7, 5600 Wuppertal 2 (T. 0202 - 62 49 42) - Geb. 14. Mai 1941 Bachorzyn, Polen, ev., verh. s. 1968 m. Jiřina, geb. Badová (Geigerin, Sängerin), 2 Kd. (Peter, Simone) - Violinstud. m. Abschlußex. 1955-62 Konservat. Prag; Violinstud. (Dipl., Promot.) 1962-68 Akad. d. Musikkünste in Prag; Komposition (Dipl., Promot.) 1975-79 Akad. d. Musikkünste Prag - 1965-68 Konzertm. Prager Kammersolisten, 1968-70 1. Geiger Amsterdamer Philharmonie, 1970-72 Sinfonieorch. Wuppertal; 1972-80 Rundfunksinfonieorch. Prag - Solistische Auftritte als Geiger m. div. Sinfonie-Orch. u. Rezitale (Rundfunk, FS) in europ. Ld. (Belgien, Luxemb., Jugosl., Österr., Schweiz, Tschechosl. u.a., sow. Kanada u. Sowjetunion). Kompositionen: (Uraufführungen u.a.): Divertimento f. Streicher 1978 (Prag) Musici de Praga; Trio f. Klarinette u. Klavier Prager Rundf.; Konzert f. Violine u. Orch. 1979 (Prag) Janáček-Philharm.; 5 Episoden f. Harfe solo 1988 (Weltharfenkongreß Wien); Streichquartett op 33 - C-B-B - 5 Sätze zu 5 Bildern d. Malers C.B. Bloemertz 1989 Wuppertal - 1 Preis f. d. beste Interpretation zeitgenöss. Musik Prag (als Geiger); Mitgl. dt. Komponistenverb.; Beste Komposition d. J. Violinkonzert Prag (als Komponist) - Liebh.: Numismatik - Spr.: Russ., Tschech., Poln. - Lit.: Zahlr. Art., Rezens. in div. Ztschr.

GEBAUER, Alfred
Dr. med., Prof., Internist u. Röntgenologe - Seedammweg 52, 6380 Bad Homburg v.d.H. (T. dstl.: Frankfurt/M. 61 00 11) - Geb. 17. Juli 1909 Gleiwitz/OS. (Vater: Josef G., Juwelier; Mutter: geb. Fuchs), kath., verh. s. 1938 m. Maria, geb. Baumert, 4 Kd. (Maria, Barbara, Albrecht, Dietrich) - Gymn.; Univ. Marburg, Innsbruck, Breslau - 1935 b. 1936 u. 1938-45 Assist. Med. Univ.sklinik Breslau, Doz. 1936-37 Pharmak. Inst. Königsberg/Pr., s. 1945 Oberarzt u. Leit. Röntgenabt. Med. Univ.sklin. Erlangen (1949 Privatdoz.) u. Frankfurt (1953; 1956 apl. Prof.) - BV: D. transversale Schichtverfahren, 1955; D. Röntgenschichtbild, 1959; D. diagnost. Pneumoperitoneum, 1959; D. Röntgenfernsehen, 1965 - 1950 Dr.-Adolf-Schleussner-Preis Dt. Röntgen-Ges. - Liebh.: Musik, Fotogr. - Spr.: Engl., Franz.

GEBAUER, Gerhard
Dr., Oberbürgermeister - Buchenweg 16, 7730 Villingen-Schwenningen (T. 07720 - 39 82 01 u. 07721 - 8 22 01) - Geb. 15. Dez. 1926 - SPD - Rotarier.

GEBAUER, Gunter
Dr. phil., Univ.-Prof. f. Sportwissenschaft, Privatdoz. f. Philosophie FU Berlin (s. 1978) - Joachim-Friedrich-Str. 56, 1000 Berlin 31 - Geb. 23. Jan. 1944 Timmendorfer Strand (Vater: Helmut G., Mutter: Christel, geb. Thomsen), ev., verh. s 1970 m. Hélène, geb. Dupourqué, 2 Söhne (Laurent, Henri) - Arbeitsgeb.: Histor. Anthropol., Sprachtheorie, Ästhetik - BV: Wortgebrauch - Sprachbedeutung, 1971; D. Einzelne u. s. ges. Wissen, 1981. Mitverf.: Wien, Kundmanngasse 19. Bauplaner., morphol. u. phil. Aspekte d. Wittgenstein-Hauses, 1982; Histor. Anthropologie (m. a.), 1989; Mimesis. Kultur-Kunst-Ges. (m. Ch. Wulf), 1992. Herausg.: D. Laokoon-Projekt. Pläne e. semiotischen Ästhetik, (1984); Sport-Eros-Tod (m. G. Hortleder, 1986); Körper- u. Einbildungskraft. Z. Inszenierung d. Helden im Sport (1988).

GEBAUER, Hans-Joachim
Inspekteur d. Bereitschaftspolizeien a. D. - Zu erreichen üb. DVW/AJF, Am Pannacker 2, 5309 Meckenheim (T. 02225 - 8 84-0) - Geb. 19. Nov. 1926, ev., verh. s. 1961 m. Ingrid, geb. Boensmann, 3 Kd. (Jeanette, Britta, Joachim) - 1941-45 Marinesch. u. Kriegsmarine (U-Bootwaffe); 1946 Eintritt in d. Polizei Nordrh.-Westf.; Polizeiführungsakad. (ehem. Polizeiinst.) Münster-Hiltrup; I. Fachprüf. 1954, II. Fachprüf. 1961, III. Fachprüf. 1968 - 1955-64 Kraftfahrsachbearb. b. Regierungspräs. Arnsberg u. Aachen; 1964-68 Einsatzref. Innenmin. NRW; 1968-78 Schutzbereichsleit. u. stv. Schutzpolizei Bonn; 1978-83 Leit. Führungsstab f. bes. Lagen im Bundesinnenmin. (Leit. Führungs- u. Lagezentrale); s. 1983 Inspekteur d. Bereitschaftspolizeien a. D. Herausg./Mitherausg. Polizeifachztschr.: Bereitschaftspolizei heute, D. Polizei 1972 Hausmed. 1. Kl. d. Königs d. Belgier; 1973 Gr. Ehrenzeichen d. Rep. Österr.; 1974 Orden Rep. Rumänien; 1976 Verdienstorden Rep. Ägypten; 1978 Komturkreuz Orden d. Infanten Dom Henrique; 1983 BVK I. Kl.

GEBAUHR, Werner
Dr. rer. nat., Prof. f. Radiochemie u. Analyt. Chemie - Rudelsweiherstr. 39, 8520 Erlangen - Geb. 17. Okt. 1920 Königsberg/Pr. - S. 1960 (Habil.) Lehrtätigk. Univ. Mainz u. Erlangen-Nürnberg (1967 apl. Prof.) u. Radiochemie u. Analyt. Chemie). Fachveröff.

GEBEHENNE, Walter
Geschäftsführer Hagener Versorgungs- u. Verkehrsges. mbH., Vorstandsmitgl. Stadtwerke Hagen AG. u. Hagener Straßenbahn AG., alle Hagen - Salmuthstr. 19b, 5800 Hagen 8/W. - Geb. 29. April 1926.

GEBEL, Änne
Abgeordnete - Bauvereinsstr. 9, 2820 Bremen 71 - S. 1971 Mitgl. Brem. Bürgerschaft. SPD.

GEBELEIN, Helmut
Dr. rer. nat., Prof. f. Didaktik d. Chemie Univ. Gießen (s. 1972) - Mozartstr. 1, 6301 Staufenberg - Geb. 29. Jan. 1940 Stuttgart (Vater: Dr. phil. Hans G., Oberbaurat a. D.; Mutter: Julia, geb. Fick) - Univ. Frankfurt/M., Paris, Tel Aviv. Promot. 1969 Frankfurt (Theoret. Chemie) - BV: Alchemie, 1991.

GEBERT, Ernst
I. Bürgermeister (s. 1978) - Rathaus, 8859 Rennertshofen/Obb. - Geb. 12. April 1950 Rennertshofen.

GEBERT, Gerfried
Dr. med. (habil.), Prof. f. Physiologie Univ. Ulm (apl.) - Rüsselsheimer Allee 22, 6500 Mainz 43.

GEBESSLER (ß), August
Dr. Präsident Landesdenkmalamt Baden-Württ. - Eugenstr. 3, 7000 Stuttgart 1.

GEBESSLER (ß), Friedrich
I. Bürgermeister - Rathaus, 8359 Ortenburg/Ndb. - Geb. 7. März 1920 Ortenburg - Druckereibes.

GEBHARD, Helmut
Dr.-Ing. (habil.), Architekt BDA, o. Prof. u. Vorst. Inst. f. Städtbau u. Raumplanung TU München (s. 1967) - Graubündnerstr. 19, 8000 München 71 (T. 75 37 07) - Geb. 17. Nov. 1926 Dürrwangen (Eltern: Max u. Maria G.), verh. s. 1954 m. Marianne, geb. Ensmann - Arch.

GEBHARD, Ludwig

Maler, Bildhauer u. Graphiker - Riemerschmidtr. 61, 8000 München 45 - Geb. 14. Aug. 1933 Tiefenbach, kath., verh. s. 1983 m. Konradine Maria, geb. Gröber - Stud. Akad. d. bild. Künste München (Abschl.-Dipl.) - Üb. 100 Ausst. im In- u. Ausl. Ankauf d. Arb. v. zahlr. europ. u. außereurop. Privatsamml. u. Mus.; Arb. in öfftl. Besitz in Kunstsamml. in Augsburg, Basel, Gabrovo, Madrid, Marbach, München, Neuchâtel, Provo, Regensburg, Rio de Janeiro, Stuttgart, Salzburg, Tel Aviv, Wien - 1964 Prix d'Europe de Peinture d'Ostende; u.a. Kunstpreise auf intern. Ausst. - Spr.: Engl., Franz. - Lit.: Rd. 30 Einzelpubl. z. Malerei u. Graphik v. L.G.

GEBHARD, Rollo
Filmemacher (Weltumsegler) - Holz-Ost 39, 8182 Bad Wiessee - Geb. 7. Juli 1921 Salzburg (Vater: Arthur G.; Mutter: Marie, geb. v. Carlowitz), ev. - Abit.; Stud.: 1945-65 Schauspieler; 1951-72 Kaufm.; 1967-70 u. 1975-79 Weltumsegelungen allein - BV: E. Mann u. s. Boot, 1980; Seefieber, 1983; Leinen Los!, 1985; Mein Pazifik, 1989 - Fernsehfilme: Ich segelte allein um die Welt, Inseln im Pazifik, Unter Segeln um d. Welt, Z. Insel d. Meuterer - 1970 Gold. Med. Kreuzerabt. u. Gold. Med. Garmisch; Ritter v. Halt-Med.; 1983 BVK am Bde. - Spr.: Engl., Franz.

GEBHARD, Torsten
Dr. rer. techn., Generalkonservator i. R., Honorarprof. f. Volkskunde Univ. München (s. 1962) - Am Rain 14, 8024 Deisenhofen - Geb. 12. März 1909 Siegburg/Rhld., verh. - (Ehefr.: Gabriele) - Maximilians-Gymn. - TH München (Promot. b. Prof. Hans Karlinger) - S. 1936 Bayer. Landesamt f. Denkmals-

pflege (1963 Generalkonserv.) - BV: Möbelmalerei in Altbayern, 1937; D. Bauernhof in Bay., 3. A. 1981; Kachelöfen, 4. A. 1981; Landleben in Bayern, 1986. Div. Einzelveröff. - 1971 Bayer. VO.; 1990 BVK I. Kl.

GEBHARD, Walter

Dr. phil., Prof. f. Neuere dt. Literaturgesch. u. Deutschdidaktik Univ. Bayreuth (s. 1980) - Mebartweg 8, 8580 Bayreuth - Geb. 27. Mai 1936 - Stud. German., Gesch., Erdk., Philos., Malerei, Violine; Promot. 1965, Habil. 1979 - BV: Oskar Loerkes Poetologie, 1969; Nietzsches Totalismus, 1983; D. Zusammenhang d. Dinge, 1984. Herausg.: Nietzsche: Perspektivität u. Tiefe (1982); Strukturen d. Negativität (1984); Nietzsche, Sämtl. Werke, Kröner-TA; Willen z. Macht u. Mythen d. Narziß (1989); Licht. Religiöse u. Literarische Gebrauchsformen (1990) - Liebh.: Sammler jap. Holzschnitte, östl. Malerei, Graphik, Aquarellmalerei.

GEBHARDT, Christoph Heinrich

Dr. med., Prof. f. Chirurgie, Vorstand d. Zentrums f. Chirurgie, Klinikum Nürnberg - Flurstr. 17, 8500 Nürnberg - Geb. 25. März 1943 Hamm (Vater: Erich G., Pastor; Mutter: Anneliese, geb. Hegemann), ev., verh. s. 1974 m. Gisela, geb. Segeth, 2 Kd. (Michael, Claudia) - 1963-69 Med.-Stud. Univ. Köln, Clermont-Ferrand u. Düsseldorf; Staatsex. 1969, Promot. 1969, Habil. 1979 - 1970-84 Assist. u. Oberarzt (Univ. Düsseldorf, Krkhs. St. Josef Wuppertal, Univ. Erlangen); s. 1984 Chefarzt - BV: Chir. d. exokrinen Pankreas, 1984 - Liebh.: Bergwandern - Spr.: Engl., Franz.

GEBHARDT, Fred

Volkshochschuldirektor a. D., MdL Hessen (s. 1978, Wahlkr. 35/Ffm. IV) - Kurzröderstr. 28, 6000 Frankfurt/M. 50 - Geb. 27. Febr. 1928 Bayreuth - Volks- u. Aufbausch. Berlin - 1947-58 LVA Württ. u. Versorgungsverw. Stuttgart, dann Landesarbeitsgem. Hessen Arbeit u. Leben (Geschäftsf.), s. 1960 VHS Ffm. (1969 Leit.). Studienaufenth. USA, Osteuropa, Israel. SPD s. 1945 (stv. Vors. d. SPD-Landtagsfraktion).

GEBHARDT, J. O. L.

Geschäftsführer Conoco Mineraloel GmbH., Hamburg - Elbdeich 39, 2091 Drage/Elbe - Geb. 12. Juni 1926.

GEBHARDT, Jürgen

Dr. phil., o. Prof. f. Polit. Wissenschaft - Schloßpl. Nr. 4, 8520 Erlangen - S. 1971 Ord. Univ. Bochum u. Erlangen-Nürnberg (1978).

GEBHARDT, Karl-Heinz

Dr. med., Internist, Vors. Dt. Zentralverein Homöopath. Ärzte - Zu erreichen üb.: Bahnhofpl. 8, 7500 Karlsruhe.

GEBHARDT, Kurt

Elektromonteur, Altbürgermeister u. Abgeordn. i. R. - Johannesstr. 1, 8671 Röslau/Ofr. - Geb. 25. Nov. 1929 Oberröslau (Vater: Max G., Schlosser; Mutter: Gretl, geb. Zauß), verh. m. Renate Hollering (Wunsiedel), 3 Kd. - 1935-44 Volkssch. Oberröslau; 1944-45 Militäreins. u. Gefangensch.; 1946 b. 1949 Elektroinstallateurlehre Röslau - Ab 1950 Tätigk. Bayer. Elektricitäts-Lieferungsges. Bayreuth/Bezirksst. Röslau (Freileitungsmonteur u. b. 1966 Installateur). 10 J. Mitgl. Gemeinderat Oberröslau; 1966ff. ehrenamtl. I. Bgm. neugebild. Gde. Röslau. 1966ff. MdK Wunsiedel. Parteiämter (u. a. Vors. Kreisverb. Fichtelgeb.). 1978-86 MdL Bayern - Liebh.: Volksmusik, Bergwandern, Eisstockschießen.

GEBHARDT, Kurt

Dr. jur., Oberbürgermeister a. D., Präsident DRK-Landesverb. Baden-Württ. - Nägelestr. 8A, 7000 Stuttgart-Degerloch - Geb. 24. Juli 1923 Perouse, Kr. Böblingen.

GEBHARDT, Manfred

Dipl.-Ing., Oberbranddirektor i. R., Mühlenstr. 67, 2057 Wentorf (T. 040 - 7 20 92 29) - Geb. 19. Juli 1931 Berlin-Spandau (Vater: Fritz G., kaufm. Angest.; Mutter: Else, geb. Grönke), ev., verh. s. 1958 m. Jutta, geb. Münch, 3 Kd. (Hagen, Henning, Birgit) - Stud. Bauing.wesen TU Berlin - 1960-61 stv. Leit. Berufsfeuerwehr W'tal, 1962-68 Leit. Berufsfeuerwehr Kiel, 1968-91 Leit. Feuerwehr Hamburg; Ehrenvors. VFDB; Ehrenmitgl. CTJF - Spr.: Engl.

GEBHARDT, Wolfgang

Dr. med., Prof., Chefarzt Med. Abt. Städt. Krankenanstalten Goslar (s. 1968) - Marienbader Weg Nr. 42, 3380 Goslar/Harz (T. 2 13 43) - Geb. 2. Juni 1924 Schlotheim (Vater: Arno G., Rektor i. R.; Mutter: Emilie, geb. Schwarz), ev., verh. s. 1958 m. Elke, geb. Flügge, 3 Kd. (Heike, Volker, Ingo) - B. 1942 Schule (Abitur); 1949-55 Stud. Med. - 1955-68 Städt. Krkhs. Fulda, Med. Univ.sklinik Zürich, Univ.s-Strahlenklinik Marburg, Physiol. Inst. Frankfurt, Med. Univ.sklinik Freiburg (1967 Oberarzt). S. 1964 (Habil.) Privatdoz. u. apl. Prof. Univ. Freiburg. Spez. Arbeitsgeb.: Herz u. Kreislauf - BV: Z. Dynamik d. gesunden u. kranken Herzens, 1967; Koronarinsuffizienz, 1967. Etwa 100 Einzelarb. - 1963 Fraenkel-, 1966 Homburg-Preis - Spr.: Engl.

GEBHARDT, Wolfgang

Dr. rer. nat., Prof. f. Physik - Utastr. 16c, 8400 Regensburg - Geb. 22. April 1930 Leipzig - Promot. 1961; Habil. 1966 - S. 1970 Ord. Univ. Regensburg. Facharb.

GEBHARDT-EULER, Manfred

Betriebswirt, gf. Gesellsch. Brauerei Gebr. Euler, Wetzlar, Geschäftsf. Getränkedst. Lahntal Gebr. Euler, Vors. Brau-Ring Kooperationsges. u. Landesverb. Verb. mittelst. Priv.brauereien Hessen - Garbenheimer Str. 20, 6330 Wetzlar - Geb. 18. Aug. 1938 Scheidt/Saar, ev., verh. in 2. Ehe (in 1. 1976 verw.) s. 1978 m. Renate, geb. Kißler, 3 Kd. (Alfred, Victoria, Alexander) - Fachhochsch. f. Betriebsw. Saarbrücken - Vors. Unabh. Wählergemeinsch. Wetzlar-Block, stv. Vors. Bürgerverein Wetzlar v. 1823, Vors. Wetzlarer Verkehrsverein, Stadtrat im Magistrat Stadt Wetzlar - 1983 BVK; 1985 Ehrenbürger US-Staat Kansas - Liebh.: Golf, Wandern, Ski - Spr: Franz., Engl.

GEBHART, Erich

Dr. rer. nat., Prof. f. Humangenetik u. Cytogenetik Univ. Erlangen - Rennesstr. 15A, 8520 Erlangen (T. 09131 - 5 73 54) - Geb. 19. April 1942 Regensburg (Vater: Emil G.; Mutter: Else, geb. Hornauer), kath., verh. s. 1967 m. Brigitte, geb. Gundel, T. Sylvia - 1961-67 Stud. Biol. Univ. München (Promot. 1967); Habil. 1972 Erlangen - 1967 Wiss. Assist. Univ. Erlangen; 1978 apl. Prof.; s. 1980 Prof. auf Lebenszeit - BV: Chem. Mutagenese, 1977; Tumorzytogenetik, 1989; Beitr. z. Monogr. u. Handb., zahlr. Fachpubl.

GECK, Martin

Dr. phil., o. Prof. f. Musikwissenschaft Univ. Dortmund (s. 1976) - Stockumer Bruch 66a, 5810 Witten - Geb. 19. März 1936 Witten/R. - Promot. 1962 Kiel - Zul. Privatdoz. Dortmund - BV: D. Vokalmusik Dietrich Buxtehudes u. d. frühe Pietismus, 1965; Die Wiederentd. der Matthäuspassion, 1967; Nicolaus Bruhns - Leben u. Werk, 1968; Bach-Interpretationen, 1969; D. Bildn. Richard Wagners, 1970; Dt. Oratorien 1800-40, 1971; Musiktherapie als Problem d. Ges., 1973 (auch schwed. u. dän.); Banjo Musik 5/6, 1978; Banjo Musik 7-10, 1979; Banjo Liederbuch u. Banjo Musikbegleiter, 1982; Studienreihe Musik, 1981; Musikdidaktik in d. Bundesrep. Deutschl. s. 1970, 1984; R. Wagner — Werkverzeichnis, 1986; Singt u. spielt 1986; Beethovens „Eroica", 1989; Bachs Johannespassion, 1991; Geschichte d. dt. Musik im 19. Jh., 1992. Herausg: Musik im Ruhrgeb. (s. 1983). Mithrsg.: Nicolaus Bruhns, Sämtl. Orgelwerke (1968); Richard-Wagner-Gesamtausg. (1970); Musiklehrw. Sequenzen (1976).

GECKELER, Horst

Dr. phil., o. Prof. f. Roman. Sprachwissenschaft Univ. Münster (s. 1974) - Westring 10, 4409 Havixbeck 1 (T. 02507 - 76 07) - Geb. 4. Okt. 1935 Sulz/N. (Vater: Ernst G., Rektor a. D.; Mutter: Hedwig, geb. Beilharz), ev., verh. s. 1964 m. Armelle, geb. Pilven, 3 Kd. (Tilmann, Eleonor, Alba) - Stud. Univ. Tübingen, Paris, Leicester, Perugia, Siena, Santander (Roman., Angl., Gesch.). Promot. 1969; Habil. 1973 - 1970-71 Gastprof. Univ. Mérida/Venez. u. 1972 Pamplona/Sp. - BV: Z. Wortfelddiskussion, 1971; Strukturelle Semantik u. Wortfeldtheor., 1971 (auch span., ital); Struktur. Semantik d. Franz., 1973; Trends in Structural Semantics (m. E. Coseriu), 1981; Einf. in d. ital. Sprachwiss. (m. D. Kattenbusch), 1987; Einf. in d. span. Sprachwiss. (m. W. Dietrich), 1990. Herausg.: Struktur. Bedeutungslehre (1978). Mithrsg.: Logos Semantikos, 5 Bde, Festschr. f. E. Coseriu (1981); Grammatik u. Wortbildung romanischer Sprachen (1987); Ztschr. IBEROROMANIA - Spr.: Engl., Franz., Span., Ital.

GEDAMKE, Jürgen

Dipl.-Volksw., Geschäftsführer Verb. Gaststätten- u. Hotelgewerbe Lippe - Leopoldstr. 38, 4930 Detmold; priv.: Gleimstr. 6, 4920 Lemgo - Geb. 10. Okt. 1943.

GEDIGA-GLOMBITZA, Roswitha

Pianistin, Prof. Hochschule f. Musik Köln - Grimmelshausenstr. 23, 5000 Köln 50 - Stud. in Warschau, Köln u. New York (Juillard).

GEDIGK, Peter

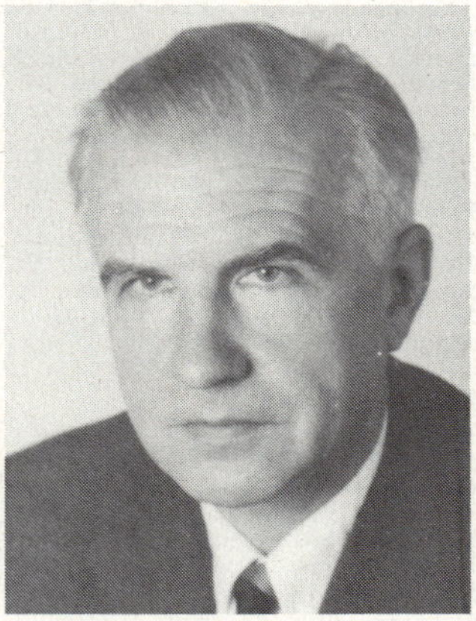

Dr. med., em. o. Prof. f. Allg. Pathologie u. Pathol. Anatomie - Fasanenweg 22, 5300 Bonn - Geb. 2. Jan. 1920 Bromberg (Vater: Dr. Wilhelm G., zul. Ministerialrat), ev., verh. s. 1943 m. Christel, geb. Schmidt, 3 Kd. (Hans-Ulrich, Dorothea, Michael) - Franz. Gymn. Berlin; Univ. ebd., Jena, München, Innsbruck - 1946-49 Assist. Med. Univ.-klinik Tübingen, 1950 Leit. Chem. Labor. Med. Univ.klin. Marburg, 1950-61 Assist. Pathol. Inst. ebd. u. Bonn (1955 Privatdoz., 1961 apl. Prof.), s. 1961 o. Prof. u. Dir. Pathol. Inst. Univ. Marburg u. Bonn (1968). 1976 Präs. Intern. Akad. f. Pathol., Washington (USA); Präs. Intern. Council of Societies of Pathology, Washington (USA). Div. Fachveröff. (Chemie u. Physiol. d. Bilirubin, Morphol. d. Eisenstoffw. Fremdkörperreaktionen, Pigmente, Marburg-Virus- u. Vinylchlorid-Krankh.). Mithrsg.: Lehrb. der Allg. Pathol. u. Patholog. Anatomie (33. A., m. M. Eder) - 1969 Ehrenmitgl. Span. Pathol. Ges., 1972 Korr. Mitgl. Argentin. Ges. f. Gastroenterol. - Spr.: Franz., Engl.

GEERDS, Friedrich M. J.

Dr. jur., em. o. Prof. f. Kriminologie, Kriminalistik, Straf- u. -prozeßrecht - Schulberg 1, 6256 Villmar-Langhecke (T. 06474 - 15 63) - Geb. 29. Aug. 1925 Lübeck (Vater: Friedrich G.; Mutter: Marie-Luise, geb. Howe), ev., verh. s. 1961 m. Hergart, geb. Voß, 2 Söhne (Hinrich, Detlev) - Mariensch. u. Katharineum Lübeck; Univ. Kiel. Promot. (1953) u. Habil. (1959) Kiel - 1959 Privatdoz. Univ. Kiel; 1964 Ord. Univ. Frankfurt (Dir. Inst. f. Kriminol.) - BV: Einwillig. u. Einverständnis d. Verletzten, 1953 (Diss.); Gnade, Recht u. Kriminalpolitik, 1960 (Kieler Antrittsvorles.); Z. Lehre v. d. Konkurrenz im Strafrecht, 1961 (Habil.schr.); Üb. d. Unrechtsgehalt d. Bestechungsdelikte u. s. Konsequenzen f. Rechtsprech. u. Gesetzgeb., 1961; D. Kriminalität als soziale u. wiss. Problematik, 1965 (Frankf. Antrittsvorl.); Straftaten geg. d. Person u. Sittlichkeitsdelikte in rechtsvergleich. Sicht (m. G. Simson), 1969; Einzelner u. Staatsgewalt im geltend. Strafrecht, 1969; Vernehmungstechnik, 5. A. 1976; Groß-Geerds. Handb. d. Kriminalistik, 10. A., Bd. I u. II, 1977 u. 78; Kriminalistik, 1980; Sachbeschädigungen, 1983; Übungen im Strafprozeßrecht, 1989; Versicherungsmißbrauch, 1991; Kriminelle Stilblüten, 1991. Etwa 140 weit. Einzelveröff. Herausg.: Kriminalwiss. Abh., Forsch.reihe Kriminalwiss., Wirtsch.krimin., Recht, Kriminol., Kriminalist., Archiv für Kriminologie - Spr.: Engl.

GEERK, Frank

Schriftsteller - Friedensgasse 13, CH-4056 Basel (T. 26 97 30) - Geb. 17. Jan. 1946 Kiel, ev., verh. s. 1988 m. Nicola, geb. Tessmar, 2 Söhne (Jan, Lenz) - Stud. Phil. u. Psych. - 1980 Gastprof. f. dt. Lit. Univ. Austin/Texas - BV: Gewitterbäume, R. 1968; Kneipenlieder, Ged. 1974; Notwehr, Ged. 1975; Zorn u. Zärtlichkeit, Ged. 1981; Vergiß nicht, d. Liebe zu töten, Liebesgesch. 1982; Handb. f. Lebenswillige, Ged. 1983; Herz d. Überlebenden, R. 1984; Lob d. Menschen, Ged. 1986; D. Ende d. grünen Traums, R. 1988; D. Räumung, e. Bericht, 1988; D. Rosen d. Diktators, R. 1990; Paracelsus, Arzt unserer Zeit, Leben, Werk u. Wirkungsgeschichte d. Theophrastus v. Hohenheim, 1992. Theaterst.: Schwärmer, 1976; Senfbäder sollen noch helfen, 1978; König Hohn, 1978; Komödie d. Macht, 1979; E. fast unglaubliche Geschichte, 1980; D. Reichstagsbrand, 1983; D. Huhn, 1987; D. Genetiker, 1989; Boris üb. alles, 1991; Paracelsus, 1991 - Liebh.: Radsport - Spr.: Engl., Franz.

GEERKEN, Hartmut

Autor, Filmemacher, Musiker, Dozent Goethe-Inst. (s. 1966) - Wartaweil 25, 8036 Herrsching - Geb. 15. Jan. 1939 Stuttgart, verh., 3 Kd. - Stud. Oriental. Univ. Tübingen u. Istanbul - 1966-72 Goethe-Inst. Kairo, 1972-79 Kabul, 1979-83 Athen - BV: Obduktionsprotokoll, 1975; Ovale Landschaft, 1976; Sprünge n. Rosa hin, 1981; Holunder, 1984; Mappa, 1988; Kant, 1988; Motte Motte Motte, 1990. Mithrsg.: Frühe Texte d. Moderne (s. 1976) - 1984 Münchner Literaturjahr; 1986 Schubart-Lit.-Preis; 1989 Karl-Sczuka-Preis d. Südwestfunks f. Hörspiel als Radiokunst - Liebh.: Mykol. - Spr.: Engl., Franz., Türk., Arab.

GEERLINGS, Wilhelm

Dr., Prof. - Neustr. 11, 4630 Bochum - Geb. 28. Nov. 1941 Essen, kath. - Stud. Theol., Phil. u. Gesch.; Promot. 1977, Habil. 1980 - 1976 wiss. Assist., 1981 Prof. Mitherausg. Augustinus-Lexikon. - BV: Christus exemplum, 1978; Quellen geistl. Lebens, 1980. Mithrsg.: Fontes Christiani (Quellen-Edition).

GEERS, Volker J.

Dr., Hörgeräteakustiker-Meister,

Rechtsanwalt, Mitinh. Firmen Hörgeräte Geers m. 67 Filialen im Ost- u. Westdeutschland, Akustimed GmbH u. Dortmunder Otoplastic GmbH - Westenhellweg 68, 4600 Dortmund 1 - Geb. 5. Juli 1946 - Vors. ASU, Arbeitsgem. Selbst. Untern. Bonn; Kurat.-Vors. GEERS-Stiftg. im Stifterverb. f. d. Dt. Wiss. Essen.

GEEST, Ingrid,

geb. Reimer

Personalberaterin - Sarenweg 130, 2000 Hamburg 65 (T. 607 05 02) - Geb. 10. März 1930 Rendsburg (Vater: Hugo R., Lehrer; Mutter: Gertrud, geb. Wackerhagen), ev., verw. (Ehe 1953-67 m. Dipl.-Psych. Hans G. †), 3 Kd. (Gudrun, Manfred, Brigitte) - Stud. d. Psych., Lit.- u. Kunstwiss., Phi. (Prof. Heidegger), Soziol. (Prof. Schelski u. Darendorf) Univ. Hamburg u. Freiburg - S. 1958 selbst. Vortrags- u. Seminartätigk. Spez. Arb.sgeb.: Psych. Analysen, Unternehmensberatung in allen Personalfragen, Karriereanalysen - Liebh.: Musik,-fernöstl. Kultur - Spr.: Engl.

GEFAHRT, Josef

Dr.-Ing., Prof., Fachhochsch. - Panger Str. 8, 8200 Rosenheim-Aising (T. 6 68 35) - Geb. 22. Sept. 1916 Traunstein/Obb. (Vater: Josef G., Justizobersekr.; Mutter: Antonie, geb. Jehl), kath., in Ehegemeinsch. m. Berta, geb. Hochwind, T. Antonia - Stud. TH München u. Aachen (Elektrotechnik). Dipl.-Ing. 1943 Aachen; Promot. 1961 München - 1943-45 Flugfunkforsch. Oberpfaffenhofen (Radartechnik); 1945-50 eig. Ing.-büro; 1950-64 Doz. u. 1965-71 Oberbaudir. Staatl. Ing.sch. f. Holztechnik Rosenheim; 1971 Gründungspräs. Fachhochsch. Rosenheim; s. 1972 Prof. Fachgeb.: Elektrotechnik, Erwärmen m. Hochfrequenz - Spez. Arb.sgeb.: Holztrockn., -verleim. (Lamelleneffekt, publ. 1963) u. Spänevorwärm. m. Hochfrequenz - BV: Einf. in d. Theorie d. Ausbreit. elektromagnet. Wellen in Leitungen u. Hohlkabeln, 1950 (m. Dr. Bomke); Hochfrequenzerhitz. im Holz, 1962 - 1986 BVK am Bde. - Spr.: Engl, Franz.

GEFE, Ludwig

Landrat a. D., Landwirt - 2844 Hüde - Zul. Landrat Kr. Diepholz - 1969 BVK I. Kl.

GEFFKEN, Detlef

Dr. rer. nat. habil., Univ.-Prof. Univ. Hamburg (s. 1989) - Lenhartzstr. 13, 2000 Hamburg 20 - Geb. 17. April 1943 Rostock - Promot. (Pharm. Chemie), Habil. 1982, bde. Braunschweig - Prof. TU Braunschweig u. Univ. Bonn - Orginalarb. auf d. Gebiet heterocyclischer Bindungssysteme, Themen z. Chemie u. Biol. d. Hydroxamsäuren.

GEGENHEIMER, Willi

Pfarrer, Akademiedirektor, Theol. Leit. Ev. Ind.- u. Sozialarb. in Baden - Blumenstr. 1, 7500 Karlsruhe (T. 14 74 51; priv.: 2 47 11) - Geb. 2. Juli 1911 Ittersbach (Vater: Heinrich G., Förster; Mutter: Luise, geb. Mohr), ev., verh. s. 1939 m. Erna, geb. Bendler, T. Petra - 1931-37 Stud. Ev. Theol. u. Phil. Theol.ex. 1936 u. 37 - Ab 1937 Vikar Karlsruhe u. Heidelberg (1939; 1943 z. Pfr. ernannt), 1940-49 Wehrdst. u. sowjet. Gefangensch., 1950-56 Gemeindepfr., dann Männerpfr. Bad. Landeskirche, s. 1960 Studienleiter u. 1967 Direktor Ev. Akad. Baden - Liebh.: Wandern.

GEGINAT, Eckart

Dr. jur., Vorstandsmitglied Hamburger Sparkasse, Hamburg 11 - Adolphsplatz/Gr. Burstah, 2000 Hamburg 11 - Geb. 24. Okt. 1931 - Gr. jurist. Staatsprüf. - AR-Mand. u. a.

GEGINAT, Hartwig

Dr. rer. pol., Aufsichtsrat Stora Feldmühle AG, Aufsichtsrat Feldmühle Nobel AG, bde. Düsseldorf - Postf. 10 10 14 4000 Düsseldorf 1 (T. 0211 - 58 10) - Geb. 13. Nov. 1932 Insterburg/Ostpr., verh. s. 1958 m. Hannelore, geb. Hartl, 3 Kd. (Markus, Isabel, Valerie) - Abit. 1953 Hagen; 1953-56 Stud. Betriebsw. Univ. Heidelberg u. Köln (Promot. 1959) - AR Horten AG, Düsseldorf, Victoria-Lebensversich.-AG, Düsseldorf, UCB Transpac S.A., Belgien, HVN Handels- u. Verwaltungsges. Nicolaus GmbH & Co. Beteiligungs oHG, Gröbenzell; VR BHF Bank, Frankfurt, Chairman CEPI (Confederation of European Paper Industries), Brüssel; Präsid.-Mitgl. u. Vorst. VDP - Verb. Dt. Papierfabriken, Bonn; Kurat.-Mitgl. Dt. Sporthilfe; Beirat Felix Schoeller jr. Feinpapierfabrik, Osnabrück - Liebh.: Golf, Gartengestaltung - Spr.: Engl., Franz., Niederl., Span. - Rotarier.

GEH, Hans-Peter

Dr. phil., Direktor Württ. Landesbibliothek - Konrad-Adenauer-Str. 8, 7000 Stuttgart (T. 212 54 24) - Geb. 11. Febr. 1934 - Präs. d. European Foundation for Library Cooperation; Ehrenpräs. d. Int. Federation of Library Assoc. and. Inst.

GEHL, Hermann Franz

Dipl.-Ing., Worksdirector, Vorstandsmitglied d. Delta Steel Co. Warri, Nigeria, Leiter d. Techn. Assistenz Chief Technical Adviser - Friemersheimer Str. 17, 4100 Duisburg 14 (T. 4 89 75) - Geb. 11. Sept. 1927 Kastel/S. (Vater: Josef G., Lehrer; Mutter: Anna, geb. Müller), kath., verh. s. 1961 m. Helga, geb. Peters, 2 Kd. (Thomas, Martin) - Stud. Maschinenbau TH Aachen - S. 1959 Ind.tätigk. (Betriebsing., -abt.leit. u. -leit., -chef, -dir., s. 1976 Mitgl. Gf.) - Liebh.: Segeln - Spr.: Engl.

GEHLEN, von, Günter

Dr. rer. nat., Prof. f. Physik Univ. Bonn (s. 1971) - Spreestr. 2, 5300 Bonn-Ippendorf - Geb. 27. Sept. 1933 Kiel - Promot. 1962; Habil. 1967 Heidelberg.

GEHLEN, von, Kurt

Dr. rer. nat., Prof. u. geschf. Direktor Inst. f. Petrologie, Geochemie u. Lagerstättenkunde Univ. Frankfurt/M. (s. 1966) - Am Lindenbaum 8, 6240 Königstein 4 (T. 06174 - 47 81) - Geb. 9. Febr. 1927 Kiel (Vater: Erich G., Kaufm.; Mutter: Gretel, geb. Hucke), ev., verh. s. 1956 m. Gabriele, geb. v. Roeder, 3 Söhne (Hans, Wolfgang, Ulrich) - Obersch. Kiel; Univ. München, Freiburg, Göttingen (Mineral., Geol., Chemie). Promot. 1952 Freiburg; Habil. 1960 Erlangen - 1962-66 Doz. Univ. Erlangen-Nürnberg. Fachmitgliedsch. Üb. 50 Fachveröff. - 1960 V.-M.-Goldschmidt-Preis - Spr.: Engl.

GEHLEN, Walter

Dr. med., Prof., Chefarzt - Eichenweg 3, 5810 Witten 4 (T. 02302 - 3 27 78) - Geb. 30. Mai 1939 Geilenkirchen, kath., verh. s. 1965 m. Marga, geb. Schwering, 2 T. (Annette, Dagmar) - Stud. Univ. Köln; Staatsex. 1966, Promot. 1967, Habil. 1975 - 1979 Chefarzt u. apl. Prof.; s. 1984 o. Prof. Ruhruniv. Bochum; s. 1991 Dekan d. Med. Fak. Ruhruniv. Bochum. Vorst.-Mitgl. Ortsvereinig. Bochum d. Landesvorst. u. d. Ärztl. Beirat Dt. Multiple-Sklerose-Ges. - Spr.: Engl., Franz.

GEHLER, Matthias

Beratertätigkeit b. Rundfunkbeauftragten - Otto-Grotewohl-Str. 18B, O-1080 Berlin - Geb. 4. Aug. 1954, verh., 2 Kd. aus 1. Ehe (Sara, Martin) - Theologiestud. 1975-80 m. Praktikum in Werder b. Potsdam, 1980-82 im dortigen Gemeindedienst, 1982-87 Sekr. u. Abt.leit. b. d. Adventisten in Berlin, 1987-90 Redakt. f. Innenpolitik im Verlag Neue Zeit (Kirche tangierende Sachthemen); ab Febr. 1990 Persönl. Mitarb. d. CDU-Ost Generalsekr.; 1990/91 Staatssekr. u. Regierungssprecher d. DDR. Neben d. Arbeit als Journalist ab 1987 als Liedermacher m. ca. 50 Konzerten im Jahr in d. DDR aufgetreten (Gesang, Gitarre, eigene Texte human., phil. u. satirischer Art) - Spr.: hauptsächlich d. alten Sprachen (Th.Studium).

GEHLHOFF, Walter

Dr. med., Diplomat - Zu erreichen üb. Ausw. Amt, Adenauerallee 99-103, 5300 Bonn - Geb. 6. Mai 1922 Berlin, verh. s. 1949 m. Dr. Eva, geb. Biegel, 3 Kd. - Stud. Med. (1940-42, 1946-48), Phil., Soziol., Nationalök. (1949-50). Promot. 1952 - S. 1951 Ausw. Dienst (Auslandsposten: Kairo, Beirut, Teheran; 1969 Min.dirig.; 1970 2. Polit. Dir. Bonn; 1971-74 Botschafter b. d. Vereinten Nationen); 1974-77 Staatssekr. AA., Bonn; 1977-84 Botschafter b. Heiligen Stuhl Rom; 1984-85 Sonderbeauftr. f. d. dt.-brit. Zusammenarb.; 1985-89 Mitgl. d. Exekutivrats d. UNESCO; s. 1986 Mitgl. Kurat. Dt.-Brit. Stiftg. - Liebh.: Musik, Ornithologie, Astronomie - Spr.: Franz., Engl., Ital.

GEHLHOFF-CLAES, Astrid

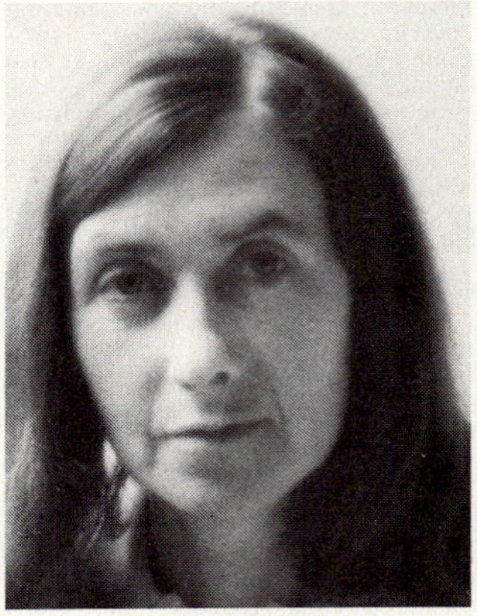

Dr. phil., Schriftstellerin (Künstlername zeitw. Astrid Claes) - Kaiser-Friedrich-Ring 29, 4000 Düsseldorf 11 (T. 0211 - 55 59 25) - Geb. 6. Jan. 1928, kath., verh. s. 1957 m. Joachim G., 2 Töcht. (Undine, Rachel) - Stud. German.; Promot. 1953 Köln - 1975-88 Begründ. u. 1. Vors. Verein M. Worten unterwegs, Schriftst. arbeiten m. Inhaftierten - BV: D. Mannequin, Ged. 1956; Meine Stimme mein Schiff, Ged. 1962; Didos Tod, Schausp. 1964; Erdbeereis, Erz. 1980; Gegen Abend e. Orangenbaum, Ged. 1983; Abschied v. d. Macht, R. 1987; Nachruf auf e. Papagei, Ged. 1989; Einen Baum umarmen. Briefwechsel m. e. Inhaftierten, 1991. Übers.: W. H. Auden: D. Wanderer (Ged. 1955); James Joyce: Am Strand v. Fontana (Ged. 1957); Henry James: Tageb. e. Schriftst. (1965); Goffredo Parise: D. Chef (R. 1966 u. 88) - 1962 Förderungspreis z. Hauptmann-Preis Berlin; 1964 Förderungspreis d. Stadt Köln u. 1965 d. Stadt Düsseldorf; 1985 Stip. Dt. Lit.fonds; 1986 BVK I. Kl.; 1990 VO Land Nordrh.-Westf. - Spr.: Engl., Ital.

GEHR, Helmut

Dipl.-Betriebswirt, Komplementär u. Geschäftsf. Gehr Kunststoffwerk, Mannheim - Dessauer Str. 5, 6830 Schwetzingen - Geb. 12. Juni 1949, verh. s. 1973 m. Ingrid Gehr-Winkler, 2 Kd. (Sebastian, Annette) - Lehre Industriekaufm., Betriebswirtschaftsstud. - Leitg. Gehr-Firmengr. in Westdeutschl. u. USA - Spr.: Engl.

GEHRE, Ulrich

Dr. phil., Feuilletonredakteur, Chefredakt. D. Glocke, Oelde - Zur Axt 36, 4740 Oelde 1 (T. 02522 - 7 30) - Geb. 3. Aug. 1924 Bevensen (Vater: Paul G., Reg.-Oberinsp.; Mutter: Martha, geb. Cordts), ev., verh. s. 1954 m. Ursula, geb. Knollmann, 2 S. (Michael, Stefan) - 1930-41 Obersch. (Abit.); 1945-50 Stud. German. (Theaterwiss.), Kunstgesch., Volkskd. (Promot. 1951) - 1951-52 Feuilletonredakt. Westfalen-Blatt, Bielefeld; s. 1953 Feuilletonredakt. D. Glocke, Oelde (s. 1984 Chefredakt.). S. 1974 Vorst. Westf. Heimatbund - BV: D. dt. Theaterpublikum d. 16. Jh., 1950; Wilhelm Busch u. d. Wein, 1960; Oelde - wie es wurde, was es ist, 1968; Teutoburger Wald, 1970, 2. A. 1980; Stromberg - e. Stadtporträt, 1972; Alte u. neue Kunst in Oelde, 1973; D. Spiel auf d. Stufen, 1975 - 1984 Gold. Ehrenmed. Österr. Fremdenverkehrsverb.; 1987 BVK am Bde.; 1990 Gold. Ehrenzeichen d. Landes Salzburg - Spr.: Engl., Franz.

GEHRHARDT, Heinz

Dr. rer. pol., Generaldirektor i. R., AR-Ehrenvors. Alte Leipziger Vers.Gruppe - Weingärtenstr. 12, 6370 Oberursel/Taunus - Geb. 12. Mai 1905 Kriebitzsch/Thür., ev., verh. m. Gisela, geb. Krause, 3 Kd. Oberrealsch.; kaufm. Lehre Kohlenbergbau; Hochsch. für Wirtsch.- und Sozialwiss., Nürnberg (Dipl.-Kfm. 1926). Promot. 1930 Univ. Frankfurt/M. - S. 1929 Alte Leipziger (1955 Vorst.-Vors.). Präs. Verb. d. Lebensversich.untern. (1957-62 u. 1965-70); Vizepräs. IHK Frankfurt (1960-79); AR-Mand. - 1968 Gr. BVK; 1980 Gr. BVK m. Stern.

GEHRICKE, Klaus-Peter

DGB-Landesbezirksvorsitzender DGB-Landesbez. Nordmark - Besenbinderhof 60, 2000 Hamburg 1 (T. 040 - 285 82 01) - Geb. 1. Febr. 1939 Hamburg - AR-Mitgl. Hamburg-Messe u. Congress GmbH, Hamburger Beteiligungsges.

GEHRIG, Gerhard

Dr. rer. pol., Prof. f. Ökonometrie Univ. Frankfurt/M. - Rat-Jung-Str. 15, 8133 Feldafing.

GEHRIG, Ulrich

Ltd. Direktor Kestner-Museum Hannover - Zu erreichen üb. Kestner-Museum, Trammplatz 3, 3000 Hannover 1 (T. 0511 - 168 27 43) - Geb. 28. Dez. 1932 Magdeburg - Promot. 1963 Univ. Hamburg - 1963/64 Assist. Univ. Hamburg; 1964-81 Oberkustos Antikenmus. SMPK Berlin.

GEHRING, Friedrich

Dr. phil. nat., Prof. f. Exper. Zahnheilkunde - Tannenstr. 1a, 8702 Rottendorf/Ufr. - Geb. 7. März 1926 Wallmersbach, ev., verh. s. 1958 m. Lore, geb. Müller, 2 S. (Udo, Jürgen) - Univ. Erlangen (Chemie, Biol., Geogr.; Staatsex. 1951). Promot. 1953 Erlangen; Habil. 1970 Würzburg - 1954 Biol. Bundesanst. f. Land- u. Forstw., Braunschweig; 1961 Bundesforschungsanst. f. Fischerei, Hamburg; 1965 Univ. Würzburg/Fachber. Med. (1978 Prof.). Spez. Zahnärztl. Mikrobiol. - BV: Extrazelluläre Polysaccharide bild. Streptokokken aus Zahnplaques u. ihre Bezieh. z. Zahnkaries, 1972. Üb. 120 Aufs.

GEHRING, Ulrich

Dr. rer. nat., Univ.-Prof. f. Biochemie Univ. Heidelberg - Im Neuenheimer Feld 234, 6900 Heidelberg.

GEHRING, Walter

Dr. jur., Stadtdirektor a. D., Geschäftsführer Stuttgarter Messe- u. Kongress-GmbH - Am Kochenhof 16, Postfach 990, 7000 Stuttgart 1 - Geb. 29. Juli 1937 Freiburg, kath., verh. s. 1965 m. Ingeborg, geb. Müller-Scheessel, 2 T. (Babett, Gitta) - 2. jurist. Staatsprüf. 1965, Promot. 1963 - Spr.: Engl., Franz.

GEHRING, Wilhelm

Dr. med. vet., Prof. f. Physiologie u. Pathol. d. Fortpflanz. Univ. Gießen - Tannenweg 14, 6301 Großen-Linden - Lehrtätigk. Univ. Nairobi (Kenya).

GEHRKE, Hans-Joachim

Dr. phil., Univ.-Prof. u. Direktor Sem. f. Alte Gesch. Univ. Freiburg (s. 1987) - Sundgauallee 72, 7800 Freiburg (T. 0761 - 8 46 52) - Geb. 28. Okt 1945 Salzgitter-Lebenstedt (Vater: Hans G., Oberamtsrat; Mutter: Grete, geb. Jürgens), ev., verh. s. 1969 m. Gudrun, geb. Hascher, 3 Töcht. (Katja, Christina, Silvia) - 1967-73 Stud. Univ. Göttingen (Gesch., Klass.

Philol.); Promot. 1973 Göttingen, Habil. 1982 Göttingen - 1974-82 wiss. Assist. Univ. Göttingen; 1982-84 Prof. Univ. Würzburg; 1984-87 Prof. FU Berlin - BV: Phokion, 1976; Stasis, 1985; Jenseits v. Athen u. Sparta, 1986; Gesch. d. Hellenismus, 1990. Fachveröff. - Spr.: Engl., Franz., Lat., Griech., Ital.

GEHRKE, Helmut

Dr. theol., Direktor Ev. Akademie Hofgeismar Schlößchen Schönburg - Postfach 12 05, 3520 Hofgeismar - Geb. 16. Febr. 1932 Sensburg/Ostpr., verh. s. 1961 m. Helga, geb. Linnenkohl, 4 Kd. (Miriam, Sören, Ricarda, Manuel) - 1948-57 Betriebselektriker; 1951-57 Abendgymn.; Stud. Univ. Marburg u. Göttingen (Theol., Phil.); Promot. 1977 Basel - 1962-64 Vikariat Kassel; 1964-70 Gemeindepfarrer Wellerode b. Kassel; 1971-76 Stud.leit. an d. Ev. Akad. Bad Boll; 1977-90 Dekan Kirchenkreis Eschwege; Mitgl. d. Landessynode, Theol. Kammer.

GEHRMANN, Günther

Dr. med., Prof., Chefarzt Med. Klinik Städt. Krankenanstalten Wuppertal - Sanderstr. 182, 5600 Wuppertal - Geb. 27. Febr. 1925 - S. 1963 (Habil.) Lehrtätigk. Univ. Düsseldorf (1967 apl. Prof. f. Inn. Med.). Fachveröff.

GEHRMANN, Robert

Dr. rer. pol., Prof. f. Volkswirtschaftslehre, insb. Planung u. Org., Gesamthochschule Wuppertal - Am Hofacker 15, 5090 Leverkusen 31.

GEHRTS, Barbara

Dr. phil., Lehrerin i. R., Schriftst. - Oberer Wald 8, 7844 Neuenburg 1 - Geb. 5. Juni 1930 Duisburg, ledig - Promot. 1958 Univ. Freiburg, Staatsex. f. d. Lehramt 1975 PH - 1958-74 freiberufl. Schriftst.; ab 1975 Lehrerin an e. Sondersch. f. Lernbehinderte Müllheim/Bad. - BV: V. d. Romanik b. Picasso, 1968; D. Wettlauf zw. Esel u. Auto, 1972; D. Höhle im Steinbruch, 1973; Wasser, Schilf u. Vogelfisch, 1974; Nie wieder e. Wort davon?, 1975 (auch holl., engl., franz., span., jap. 1989) - Spr.: Engl.

GEIB, Ekkehard

Dr. jur., Staatssekr a. D., Honorarprof. f. Beamten- u. Steuerrecht u. Steuerpolit. Univ. Kiel (s. 1968) - Manrade 30, 2300 Kiel-Wik - Geb. 21. Nov. 1909 Berlin (Vater: Carl G., Geh. Regierungsrat. zul. Statist. Reichsamt Berlin; Mutter: Marie Luise, geb. Buddee), ev., verh. s. 1936 m. Astrid, geb. Möller, 3 Kd. (Antje, Swantje, Ekkehard) - Univ. Berlin, Paris, Kiel (Rechtswiss., Volksw.: Promot. 1932). Ass.ex. 1936 Berlin - 1939 Landrat Sudetenl., dann fr. Wirtschaft (zul. Prokurist), s. 1950 schleswholst. Landesreg. (Kultus-, Innenmin. u. Staatskanzlei, 1956-62 Innen- (Abt.sleit.), seither Finanzmin. (Amtschef: Min.dir., Staatssekr.). ARs- u. VRsmandate - BV: Landesbeamtenrecht Schlesw.-Holst., 1956 - Gr. BVK 1971 - Liebh.: Musik (spielt Violine) - Spr.: Franz., Engl.

GEIBEL, Kurt

Dr. rer. nat., Prof. Inst. f. Organ. Chemie Univ. Erlangen-Nürnberg - Lohestr. 32, 8521 Heßdorf (T. 09135 - 84 51) - Geb. 26. Jan. 1931 Stuttgart-Bad Cannstatt (Vater: Otto G., Baumstr.; Mutter: Luise, geb. Battran), verh. s. 1958 m. Apothekerin Edith, geb. Stoll, 2 Kd. (Magnus, Beatrice) - Stud. Erlangen, Promot. 1963, Habil. 1970 - 1972 Univ.-Doz., 1974 Wiss. Rat, 1976 apl. Prof., s. 1978 Extraord., 1981-83 Dekan d. Nat. Fak. II (Biologie u. Chemie), s. 1986 Vizepräs. Univ. Erlangen-Nürnberg, s. 1990 Prorektor ebd. - Mitautor Evolution. 21 Fachveröff.

GEICK, Reinhart

Dr. phil. nat., Prof. f. Physik - Schlehenweg 6, 8702 Rottendorf (T. 09302-24 04) - Geb. 28. Nov. 1928 Hamburg (Vater: Reinhart G., Oberzollinsp.; Mutter: Klara, geb. Busecke), ev., verh. s. 1953 m. Gesina, geb. Ernst, 2 S. (Heiko, Uwe) - Stud. Physik. Promot. 1961 Frankfurt/M.; Habil. 1968 Freiburg/Br. - S. 1971 Abt.vorst. u. Prof., apl. Prof. (1972) u. Prof. (1978) Univ. Würzburg. Spez. Arbeitsgeb.: FIR u. mm Wellen-Spektroskopie u. Festkörperphysik. 95 Fachpubl.

•**GEIDEL, Hans**

Dr. rer. nat., Akad. Direktor a.D., Honorarprof. f. Statistik Univ. Hohenheim - Geb. 17. Mai 1926 Hameln/Weser (Vater: Arno G., Kaufm.; Mutter: Else, geb. Kurth), ev., verh. s. 1952 m. Brigitte, geb. Sommer, 2 Töcht. (Monika, Karin) - Abit. 1944; Staatsex. 1951 (Hannover); Promot. 1956 (Gießen) - 1951 Bundessortenamt, Rethmar; 1958 BULL-Lochkartenmaschinen, Hannover; 1961 FAL, Braunschweig; 1963 Univ. Hohenheim - BV: Math. f. Agrarwiss.ler u. Biologen, 1970; D. Landw.-techn. Assist., 1978 (m. Schuster). Mithrsg.: Biometrie u. Informatik in Med. u. Biol. (Ztschr.); Agrarinformatik (Buchreihe).

GEIDEL, Herbert

Brauereidirektor, Aufsichtsratsmitgl. F.W. Woolworth Co. GmbH Frankfurt/M. - Germesheimer Str. 14, 8000 München 90 - Geb. 3. Mai 1927 Werdau, ev., verh. s. 1958 m. Sophie, geb. Orthuber, 2 Kd. (Regina, Herbert) - Höhere Schule (Abit.); Brauer-, Mälzer-, Banklehre; TH München/Fak. f. Brauwesen (Dipl.-Braum.).

GEIER, Michael

Botschafter d. Bundesrep. Deutschl. in Burkina Faso (Obervolta) - Zu erreichen üb. Dt. Botschaft Ouagadougou, Postf. 1500, 5300 Bonn - Geb. 13. Aug. 1944 Paderborn, verh. s. 1979 m. Julia, geb. Pentagna (Brasilianerin), 3 Kd. (Carolina, Victoria, Anton) - Stud. Rechtswiss. Univ. Bonn, Kiel u. Freiburg (bde. jurist. Staatsprüf.).

GEIERHOS, August

Kaufmann, gf. Gesellsch. Geierhos & Heyck GmbH./Baumaschinen u. -gerätegroßhandel - Woferlstr. 7, 8000 München 83 - Geb. 22. Nov. 1920.

GEIERSBERGER, Erich

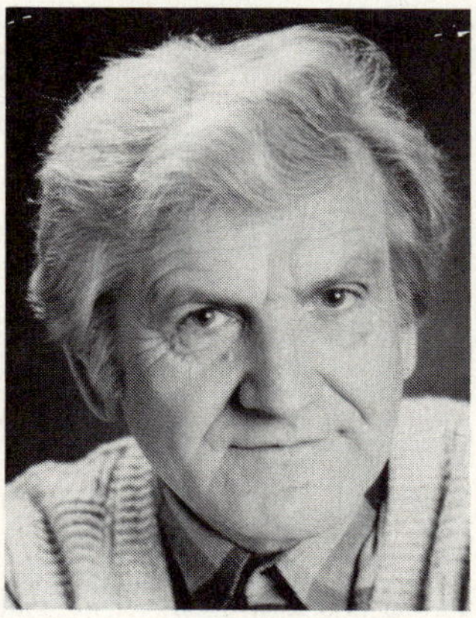

Dr. agr., Redakteur, agrarpolit. Kommentator Dt. Fernsehen/ARD (1964-91) - Berg 7, 8051 Kranzberg/Obb. (T. 08166 - 4 47) - Geb. 17. Mai 1926 Taubenbach (Vater: Josef G., Hauptlehrer; Mutter: Therese, geb. Leeb), kath., verh. s. 1954 m. Dr. Anna, geb. Fügel †1981; s. 1988 m. Maria, geb. Schuhbauer, 2 Töcht. (Doris, Ruth) - 1948-51 Stud. Landw. Weihenstephan (Dipl.-Ing. agr.). Promotion 1954 - 1953-54 Landwirtschaftsberat. Brückenau; 1954-55 Landw.ass. Bayer. Staatsmin. f. Ernährung, Landw. u. Forsten, München; 1956-59 Pressechef Bayer. Warenvermittl. landw. Genoss. AG, München; 1959-91 Landfunkleit. Bayer. Rundfunk, München (1964ff. zusätzl. Leit. Abt. Unser Land im Bayerischen Fernsehen). Initiator Maschinenringe (Partnerschaft z. Auslast. v. Landmaschinen in Privatbesitz); Erstgründ. 1958, 1992 verbreitet in vier Erdteilen, s. 1977 Vors. Bayer. Journalisten-Verb. - BV: Teil Sünden wider d. Boden, in: Sünden wid. d. Natur (auch ital.); Bayer. Agrargesch.; Mobilmachung d. Landw. - d. Maschinenbank; T. D. Landw., in: 20 Jahre danach; D. Neue Weg (auch jap.); Rettet d. Land (auch jap.); Die dritte Bauernbefreiung (auch jap.) - Liebh.: Tennis - Spr.: Engl.

GEIFRIG, Werner

Dr. phil., Autor, Regisseur, Redakteur d. Arbeitsgemeinschaft Behinderte in d. Medien, München (s. 1989) - 8000 München 40 - Geb. 9. April 1939, S. Tobias - Stud. Literaturwiss. u. Psychol.; Promot. 1968 München - 1975-79 Dramaturg am Theater d. Jugend, München; fr. Autor u. Regiss. S. 1982 Mitbegründer, Autor u. Regiss. d. Münchner Crüppel Cabarets - BV: Stifte m. Köpfen; Bravo, Girl!; Hit Show live; Abgestempelt; Nach Madagaskar. Herausg.: D. Münchener Crüppel Cabaret präsentiert: Neues aus Rollywood. S. 1982 7 Insz. d. Münchner Crüppel Cabarets; zahlr. Insz. befreundeter Autorenkollegen an Münchner Privattheatern - 1985 Jugendtheaterpreis Land Baden-Württ.; 1986 Schwabinger Kunstpreis m. d. Münchner Crüppel Cabaret f. darstellende Kunst; 1990 Ehrenmed. d. Sowj. Fonds Barmherzigkeit u. Gesundh. u. d. Medical Journal f. d. künstler. Qualität d. Moskau-Gastspiele d. Münchner Crüppel Cabarets - Spr.: Engl., Ital.

GEIGER, Albert

Gf. Gesellschafter Geiger Plastic GmbH u. Reckziegel Formenbau GmbH, Chairman Geiger Plastics USA - Maximilianshöhe 13, 8100 Garmisch-Partenkirchen (T. 08821 - 70 30) - Geb. 27. Sept. 1939 Göggingen, verh., 1 Kd. - Stud. Maschinenbau.

GEIGER, Carl

Dr. rer. nat., Prof. f. Mathematik - Garleff-Bindt-Weg 7, 2000 Hamburg 65 - Geb. 12. Nov. 1939 - S. 1977 Prof. Inst. f. Angew. Math. Univ. Hamburg. Fachaufs.

GEIGER, Erich

Regisseur, Schriftst., Chefredakt. Glöss Verlag Hamburg - Lübscher Landweg 8, 2204 Steinburg (T. 04824-531) - Geb. 12. Jan. 1924 Karlsruhe, verh. s. 1986 m. Edelgard, geb. Menn, 2 Kd. (Gabriele, Romain) - Abit.; Theaterakad. u. Musikhochsch. Karlsruhe - 1946-49 Theater am Schiffbauerdamm Berlin u. 1950-53 Komische Oper Berlin; 1953/54 Chefregiss. Krefeld, 1955-65 Chefregiss., später Operndir. Staatsoper Dresden (daneb. ltd. Regiss. Dt. Fernsehfunk Berlin-Adlershof); 1966-68 Operndir. Münster; 1969-74 Chefdramat. u. Regiss. Ullstein AV Studio Hamburg - BV: u.a. Lord York, 1979; Spaß in Weiß, 1980; D. ist zum Wiehern, 1981; Traumhaus, 1982; Abenteuer Weltgesch., 1983; D. ist Spitze (zus. m. Hans Rosenthal), 1983; Tiere in Pension, 1990. Bearb. u. Übers.: Dt. Erstauff. Lucius Sulla v. W. A. Mozart (Dresden 1955); Nabucco als Freiheitsoper (Dresden 1961, Krakau 1962, verboten 1965) - 1961 Kunstpreis DDR - Liebh.: Tiere, Musik, Reisen - Spr.: Ital., Franz.

GEIGER, Folkwin

Dr. rer. nat., Prof. f. Geographie - Alte Str. 71, 7802 Merzhausen/Freiburg - Geb. 1. April 1938 Stuttgart, verh. m. Erika, geb. Schnaithmann, S. Michael - Mörike-Gymn. Ludwigsburg; n. Industrietätigk. Univ. Stud. Geogr., Phys., Chem., Phil. Stuttgart. Staatsex. 1965 u. 70; Promot. 1970 - S. 1974 Doz. u. Prof. (1977) PH Freiburg/Brsg. - BV: D. Aridität in Südostspanien, 1970 (v. DAAD geförd. Diss., auch span.); Einf. in die Wetterkarte, 1978; Obj. u. Meth. d. Geogr., 1982 - Div. Aufsätze auf d. Geb. Geographiedidaktik, Verkehrsplanung, Landschaftsgürtel, Südschwarzwald, Spanien.

GEIGER, Franz

Schriftsteller - Cuvilliéstr. 1a, 8000 München 80 (T. 98 17 04) - Geb. 3. April 1921 München (Vater: Raymund G., Maler; Mutter: geb. Kloiber), verh. s. 1968 m. Uta, geb. Berlet (Übers.) - Univ. (Theaterwiss., Lit.-, Kunstgesch., Ztg.swiss.) - U. a. Dramat. Bayer. Staatstheater - BV: Zauber in Zelluloid (Filmhandb.). Bühnenübers. u. Bearb.: Anouilh (Gesamtw.) u. a. Div. Drehb., darunt. Lola Montez. Zahlr. Fernsehsp., u. a. Madame Curie, Ende e. Dienstfahrt, Sabina Englender. Mehrere Bühnenw., u. a. Gute Nacht, Adam u. D. Baumschule.

GEIGER, Hannsludwig

Schriftsteller - Villastr. 12, 6101 Seeheim/Bergstr. (T. Jugenheim 8 13 07) - Geb. 27. Aug. 1902 Stettin, ev., verh. s. 1941 m. Maria, geb. Rusche, 4 Kd. - Gymn.; Univ. Berlin u. Greifswald (German., Gesch.) - 1929 Chefredakt. Greifswalder Ztg.; 1933 Herausg. Reichsbote (1936 verboten); illeg. Pressearb. Bekenn. Kirche; 1941 Kulturredakt. DAZ; n. Kriegsende Verlagsleit. u. fr. Publizist München; 1952-67 Herausg. Ev. Literaturbeob.; 1954 b. 1968 Mitgl. Lit. Leitung Dt. Buchgemeinschaft, Darmstadt. 1956-74 Mitgl. Syn. Ev. Kirche Hessen-Nassau; 1965-74 Präses Dekanatssyn. Zwingenberg; s. 1967 Vors. Ev. Presseverb. Hessen-Nassau - W: Des Kirchenstreites Ende, 1935; Pommersche Heimat, 1941; Es war um d. Jh.wende, lit. Ess. 1953; E. Mensch wie Hiob, Geistl. Spiel, 1959; Pommern - unvergessene Heimat, 3. A. 1962; Literaturkritik u. Essays. Zahlr. Herausg., darunt. Werke v. Günther, Möser, Claudius (auch Briefe an Andres), Büchner, Hölderlin, Fontane, Mörike, Stifter, Hebbel, E. T. A. Hoffmann; D. Buch Hoffnung, Anthol. 1975 - 1972 BVK I. Kl.

GEIGER, Hartmut

Dr. med., Prof., Ltd. Arzt - Kinderklinik, 7170 Schwäb. Hall/Württ.; priv.: Büchelhalde 29, -Gailenkirchen - Geb. 29. Aug. 1935 Schwäb. Gmünd, ev., verh. s. 1963 m. Sibylle, geb. Neuffer †1983, 2 Töcht. (Susanne, Dorothea) - S. Habil. Lehrtätigk. Univ. Heidelberg (gegenw. apl. Prof. f. Kinderheilkd.).

GEIGER, Hartwig Heinrich

Dr. sc. agr., o. Prof. f. Populationsgenetik Univ Hohenheim (s. 1972; 1975-77 Dekan) - Hundersinger Str. 49, 7000 Stuttgart 70 (T. 45 44 92) - Geb. 8. Mai 1939 Hamburg - Stud. Univ. Hohenheim, Kiel; Dipl.ex. 1963 Kiel; Promot. 1967 Hohenheim - 1963-72 wiss. Mitarb. Inst. f. Pflanzenzücht. u. Landessaatzuchtanst. Hohenheim; s. 1985 Sprecher d. Forsch.-schwerpunktes Biotechnol. u. Pflanzenzüchtung - In- u. ausl. Fachmitgl.sch. - Spr.: Engl.

GEIGER, Helmut

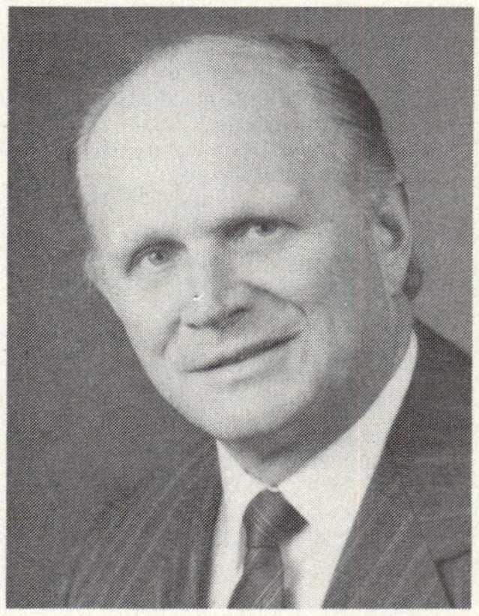

Dr. h.c., Dipl.-Volksw., Präsident Dt. Sparkassen- u. Giroverband (s. 1972) - Simrockstr. 4, 5300 Bonn 1 (T. 0228 - 20 42 10) - Geb. 12. Juni 1928 Nürnberg, kath. - 1949-54 Univ Erlangen u. FU Berlin (Rechtswiss., Volksw.) - Wiss. Angest. Dt. Bundestag; Anwaltsass. Bonn; 1959-66 Geschäftsf. Geschäftsst. Öfftl. Bausparkassen; 1966-72 Hauptgf. Dt. Spark.- u. Giroverb.; 1985 Vorst.-Vors. Dt. Krebshilfe (Nachfolger v. Mildred Scheel) - BV: Herausford. f. Stabilität u. Fortschr., 1974; Bankpolitik, 1975; Gespräche über Geld, 1986 - Ehrendoktor Univ. Köln (Fak. f. Wirtschafts- u. Sozialwiss.) - Spr.: Engl., Franz.

GEIGER, Klaus

Dr. med., o. Prof. f. Anästhesiologie Univ. Freiburg (s. 1986) - Schlangenweg 6, 7800 Freiburg im Br. (T. 0761 - 3 96 36) - Geb. 19. Nov. 1940 Bamberg (Vater: Willi G., Richter BVG; Mutter: Maria, geb. Eller), kath., verh. s. 1970 m. Verena, geb. Aebi, 2 S. (Michael, Daniel) - Abitur 1960 Karlsruhe; Univ. Tübingen (Med. Staatsex. 1966, Promot. 1967, Approb. 1968); 1968-73 Facharztausb. Basel; Habil. 1979 - 1973-77 Oberarzt Beth Israel Hospital, Boston/USA; 1977-78 Doz. Harvard Med. School, Boston/USA; 1977-86 Oberarzt Inst. f. Anästhesiol. u. Wiederbeleb. Fak. f. Klin. Med. Mannheim Univ. Heidelberg, s. 1981 Prof. - 1976 Mitgl. Amer. Ges. f. Anästhesiol., 1980 Mitgl. Intern. Anästh.-Forsch.-Ges. - BV: European Advances in Intensive Care, 1983 (in engl.) - Mitgl. New York Akad. d. Wiss. - Spr.: Engl.

GEIGER, Klaus

Dr. jur., Vorstandsmitglied Bayer. Hypotheken- u. Wechsel-Bank AG - Theatinerstr. 11, 8000 München 2 - Geb. 13. Nov. 1932 München - S. 1983 stv. Vorst.-Mitgl., s. 1986 o. Vorst.-Mitgl.

GEIGER, Klaus-Dieter

Rechtsanwalt, Bankdirektor - Im Hain 10, 6233 Kalkheim/Ts. - Geb. 24. März 1927 - Berliner Handels- u. Frankfurter Bank, Frankfurt/M. - Berlin.

GEIGER, Kurt

Dr. jur., Ministerialdirektor a. D. - Heideäcker 23, 7022 Leinfelden-E. 1 - Geb. 4. Sept. 1914 Stuttgart (Vater: Eugen G., Bankier), ev., verh. m. Lore, geb. Pfeifle, 2 Kd. - Karls-Gymn. Stuttgart; Univ. Tübingen (Promot. 1941) u. Berlin (Rechtswiss.). Gr. jurist. Staatsprüf. 1946 Stuttgart - 1941-46 Wehrdst. u. Gefangensch.; Reg.- u. Oberreg.rat Innenmin. Württ.-Hoh. (Personalref.); Leit. Staatl. Verw.sch. Haigerloch; ab 1950 Landrat Kr. Tuttlingen; 1962-78 Min.dir. Innenmin. Baden-Württ. (Vertr. d. Min.). 1958-62 MdL BW. CDU, 1977-87 Präs. d. Landesverb. Baden-Württ. d. Deutschen Roten Kreuzes, s. 1987 Ehrenpräs.

GEIGER, Ludwig

I. Bürgermeister a. D. - Rathaus, 8399 Fürstenzell/Ndb. - Geb. 5. März 1919 Plattling - Zul. Amtsrat. CSU.

GEIGER, Martin

Dr., I. Bürgermeister - Rathaus, 8090 Wasserburg/Inn.; priv.: Mozartstr. 78 - Geb. 10. April 1937 Balingen/Württ. - Zul. Regierungsrat.

GEIGER, Michael

Vorstandsmitglied Friedrich Deckel AG. - Pinganserstr. 150, 8000 München 70 - Dipl.-Ing. (FH)

GEIGER, Michaela,

geb. Rall

Bildtechnikerin, Parlam. Staatssekr. b. Bundesmin. f. Wirtschaftl. Zusammenarbeit (s. 1991), MdB (s. 1980; Wahlkr. 212 Weilheim) - Bundeshaus NH 1330, 5300 Bonn 1; priv.: Loisachstr. 21, 8110 Murnau.

GEIGER, Otto

Fabrikant (Otto Geiger, Ebersbach), Vors. Fachvereinig. Bauzeug f. elektr. Leitungen, Stuttgart - 7333 Ebersbach/Fils.

GEIGER, Rudolf

Dr. jur., Dr. jur. habil., apl. Prof., Richter am OLG München (s. 1982) - Waldstr. 38, 8034 Germering (T. 089-84 52 62) - Geb. 17. Nov. 1937 Wasserburg/Inn, kath., verh. s. 1965 m. Marianne, geb. Reiffenschneider, 2 Kd. (Nikola, Michael) - Stud. 1956-60 Univ. München, Promot. 1963 u. Habil. 1978 Univ. München (Völkerrecht, Europarecht). 1984 apl. Prof. Univ. München - BV: D. Kaschmirfrage im Lichte d. Völkerrechts, 1970; D. völkerrechtl. Beschränkung d. Vertragsschlußfähigkeit v. Staaten, 1979; Grundgesetz u. Völkerrecht, 1985 - Spr.: Engl, Franz.

GEIGER, Rupprecht

Prof., Maler - Muttenthalerstr. 28, 8000 München 71 (T. 79 49 48) - Geb. 26. Jan. 1908 (Vater: Willi G.; Mutter: Clara, geb. Weiß), verh. (Ehefr. Monika), 2 Kd. - Langj. Lehrtätigk. Kunstakad. D'dorf (Prof.) - 1970 o. Mitgl. Akad. d. Künste Berlin; 1979 Ehrenmitgl. d. Kunstakad. Düsseldorf; 1983 Mitgl. d. Akad. d. schönen Künste München; div. Preise.

GEIGER, Walter

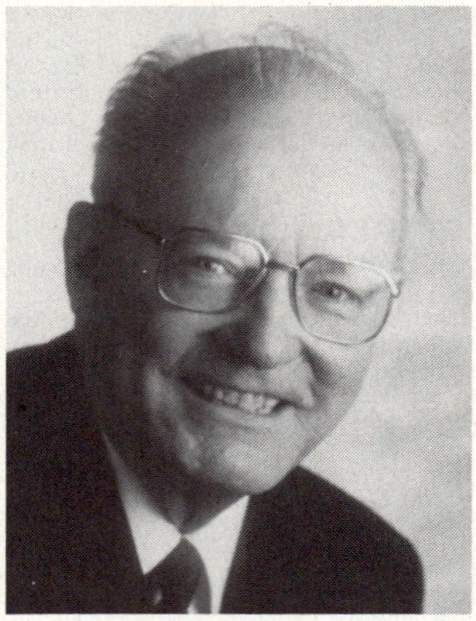

Dr.-Ing., Prof. f. Qualitätslehre Univ. Hannover, Berat. Ing. - Perlschneiderstr. 18, 8000 München 60 (T. 089 - 820 34 56) - Geb. 17. Nov. 1921 Darmstadt (Vater: Rudolf G., Univ.-Prof.; Mutter: Irmgard, geb. Klippel), ev.-luth., verh. s. 1977 in 2. Ehe m. Siegrun Weigel, 4 Kd. (Horst, Ingrid, Wolfgang, Ruth) - Univ. München (Dipl.-Ing. 1954, Promot. 1961) - B. 1981 Ind., zul. in ltd. Posit.; 1972-88 Univ. Hannover (Qualitätslehre) - BV: Qualitätslehre, 1986 - 1980 Gold. DIN-Ehrennadel - Liebh.: Klavierspielen.

GEIGER, Walter

Dr. rer. pol., Dipl.-Volksw., stv. Geschäftsführer Dt. Sparkassen- u. Giroverb., Bonn - Behringstr. 26, 5300 Bonn 2 - Geb. 30. März 1929 Stuttgart, ev., verh. s. 1952 m. Hanne, geb. Mangold, 2 Kd. (Angelika, Thomas) - Banklehre; Stud. (Volksw.); Dipl. 1954, Promot. 1956 Heidelberg - 1956-59 Bundeswirtschaftsmin.; 1959-61 Berliner Bank (volksw. Abt.); 1961-64 Konzentrations-Enquete; ab 1964 Dt. Sparkassen- u. Giroverb. S. 1965 Mitgl. Beirat Bundes-Schufa, Wiesbaden.

GEIGER, Willi

Dr. jur., Bundesverfassungsrichter a. D., Honorarprof. f. Verfassungsgerichtsbarkeit u. Verw.recht Hochsch. f. Verw.wiss., Speyer/Rh. (s. 1953) - Kantstr. 5, 7500 Karlsruhe (T. 3 06 66) - Geb. 22. Mai 1909 Neustadt/Weinstr., kath. - Kriegsdst. (Oberfähnrich) u. Gefangensch. - U. a. Präs. OLG Bamberg, Senatspräs. BGH u. Richter BVerfG, beide Karlsruhe - BV: Gewissen - Ideologie - Widerstand - Nonkonformismus / Grundfragen d. Rechts, 4 Vortr. 1962. Mithrsg.: Festschr. f. Gebhard Müller (70. Geburtstag) - 1984 Bayer. Verfassungsmed. in Silber.

GEIGER-NIETSCH, Gisela

Richterin am Bundessozialgericht - Im Hain 10, 6233 Kelkheim/Ts. (T. 06195 - 22 78) - Geb. 21. Febr. 1927 Dresden (Vater: Walter N., Lehrer; Mutter: Maria, geb. Schweds), ev., verh. s. 1954 m. Klaus-Dieter G. - Abit. 1946; Univ. Leipzig, FU Berlin (Jura) - Staatsex. 1950 u. 54 Kammergericht Berlin - 1954-55 Rechtsanwältin; 1955-61 Richterin SG Berlin; 1961-66 Reg.s- u. Oberreg.srätin Hess. Sozialmin.; 1966-75 Richterin SG Frankfurt/M. u. Hess. LSG - Liebh.: Reitsport (aktiv) - Spr.: Engl.

GEIL, Rudolf

Minister d. Innern Rhld.-Pfalz a. D., MdL (s. 1971; 1973 stv., 1976 Fraktionsvors.) - Falknersteig 6, 5420 Lahnstein (T. 29 47) - Geb. 25. April 1937 Lahnstein, kath., verh., 2 Kd. - Gymn. (Abit. 1957); Univ. Bonn u. Frankfurt/M. (Wirtschaftspäd.). Dipl.-Hdl. - 1961-71 Schuldst. 1964-78 Stadtratsmitgl. Lahnstein (1965 Fraktionsf.); 1969-87 MdK Rhein-Lahn; 1981-85 Min. f. Soziales, Gesundheit u. Umwelt; 1985-87 Min. f. Wirtschaft u. Verkehr. CDU s. 1960 (1971 Kreisvors., 1980-92 Bezirksvors.).

GEILEN, Gerd

Dr. jur. (habil.), o. Prof. f. Straf- u. -prozeßrecht Ruhr-Univ. Bochum (s. 1964) - Virchowstr. 48, 4630 Bochum - Geb. 10. Aug. 1931 Mönchengladbach - 1963-64 Privatdoz. Univ. Bonn - BV: D. Tatbestand d. Parlamentsnötigung, 1957; Einwilligung u. ärztl. Aufklärungspflicht, 1963; Euthanasie u. Selbstbestimmung, 1975; Aktienstrafrecht, 1984.

GEILER, Dieter

Dipl.-Ing., Geschäftsführer Otto Geiler GmbH & Co. KG, Heizung-Lüftung - Dessaustr. 1a, 3300 Braunschweig (T. 0531 - 6 22 12) - Geb. 28. Nov. 1935 Braunschweig, verh. s. 1964 m. Ilse, geb. Krack, 2 Kd. (Henning, Silke) - Abit. 1956; Stud. Maschinenbau TU Braunschweig, 1962 Dipl. Ing. - S. 1989 Präs. d. Handwerkskammer Braunschweig; s. 1990 Präsid.-Mitgl. d. Zentralverb. d. Dt. Handwerks, Bonn; Vors. d. ZDH-Hauptaussch. Umweltpolitik - 1977-85 Intern. Schiedsrichter Basketball - BVK am Bde. - Spr.: Engl.

GEILING, Heinz

Werbeberater BDW, gf. Gesellsch. GNS Geiling & Neigenfind Werbeagentur GmbH - Breite Str. 2, Postf. 27, 7000 Stuttgart 1 (T. 0711 - 22 12 78) - Geb. 9. März 1924 Stuttgart, verh. s. 1950 m. Ursula, geb. Winkel, 2 Kd. (Barbara, Thomas) - Gymn.; kaufm. Lehre - Präsidiumsmitgl. ZAW, Vorstandsmitgl. WDW.

GEIMER, Alfred

Dr. rer. pol., Dipl.-Kfm., Vorstandsmitglied Gebr. Stollwerck AG., Köln (s. 1960) - Adolf-Menzel-Str. Nr. 9, 5038 Rodenkirchen (T. Köln 30 33 75).

GEIMER, Franz Josef

Dipl.-Kaufm., Vorstandsmitglied Gothaer Versicherungsgesellschaften Köln - Stadtwaldgürtel 60, 5000 Köln 41 - Geb. 24. Juli 1935 Köln, kath., verh. s. 1961 m. Ellen, geb. Fuchs, 2 Töcht. (Judith, Rebekka) - Abit.; Stud. Wirtsch.wiss. Univ. Köln (Dipl. 1959) - S. 1960 Tätigk. in d. Versich.wirtsch., Schwerp.: EDV, Betriebsorg., betriebswirtsch. Planung - Liebh.: Musik, Tennis, Golf.

GEIMER, Karl

Lehrer, MdL Rhld.-Pfalz (s. 1975) - Industriestr. 3, 6794 Brücken - Geb. 14. Febr. 1943 - CDU.

GEINITZ, Wolfgang

Dr. med., Prof., Wiss. Berater Springer-Verlag i.R. - Blumenthalstr. 41, 6900 Heidelberg (T. 06221 - 40 15 74) - Geb. 20. Mai 1917 Hagen/W. (Vater: Dr. med. Hans G., Psychoanalytiker; Mutter: Friederike, geb. Kistemann), ev., verh. s. 1944 m. Tamara, geb. Gütschow †, 2 Kd. (Ursula, Musikpäd.; Hans Christian, Dipl.biol.) - Stud. Univ. Bonn, Göttingen, München, Freiburg (Med. Staatsex. 1943). Habil. 1956 Düsseldorf - Assist. Elisabeth-Krkhs. Bonn (1946-49) u. Med. Akad. D'dorf, Physiol.-Chem. Inst. (1950-59); s. 1956 Privatdoz. u. apl. Prof. (1963) MA bzw. Univ. D'dorf (Physiol. u. klin. Chemie); 1961-81 wiss. Berater Springer-Verlag Berlin/Heidelberg/New York. Mitbegründ. Georg-Groddeck-Ges. - Liebh.: Schach, Hans-Prinzhorn-Forschung.

GEIPEL, Horst

Realschullehrer a. D., MdL Hessen (s. 1974) - Kiefernweg 6, 6360 Friedberg (T. 26 93) - Geb. 8. Nov. 1923 - CDU.

GEIPEL, Robert

Dr. phil., Prof. - Hangstr. 44, 8035 Gauting - Geb. 1. Febr. 1929 Karlsbad (Vater: Georg G., Kammermusiker; Mutter: Julie, geb. Müller), ev., verh. s. 1955 m. Erika, geb. Deinet, 2 Töcht. (Daniela, Dorothea) - 1948-52 Univ. Frankfurt/M. (Geogr., German., Soziol.; Promot. 1952) - 1952 Ref. Bundesanstalt f. Landeskunde, 1953-63 Gymnasiallehrer Hessen (zul. Oberstudienrat), s. 1963 ao. u. o. Prof. (1966) Univ. Frankfurt/Abt. f. Erziehungswiss. Div. Funktionen; 1969 o. Prof. f. Angew. Geographie TU München, korr. Mitgl. Akad. f. Raumf. u. Landespl.; s. 1982 wiss. Leit. Bayer. Staatsinst. f. Hochschulforsch. u. -plan. (nebenamtl.) - BV: Erdkunde - Sozialgeogr. - Sozialkd., 1960; Sozialräuml. Strukturen d. Bildungswesens, 1965; Bildungsplanung u. Raumordnung, 1968; Ind.geographie, 1969; Friaul - Sozialgeogr. Aspekte e. Erdbebenkatastrophe, 1977 (Ital. 1979, Engl. 1982 übers.); Long-term Consequences of Disasters, 1991 - Spr.: Engl., Ital., Schwed.

GEIPEL, Siegfried

Dipl.-Ing., Prof. f. Techn. Wärmelehre u. Kältetechnik Gesamthochschule Paderborn (Fachbereich Maschinentechnik II/Meschede) - Waldenburger Str. 12, 5778 Meschede.

GEIS, Heinz-Günter

Dr. rer. pol., Prof. f. Bank- u. Finanzwirtschaft - Möllerpfad 9, 1000 Berlin 37 - Geb. 11. März 1936 Tübingen - Promot. 1966; Habil. 1971 - S. 1971 Prof. FU Berlin - BV: D. Geld- u. Banksysteme d. Staaten Westafrikas, 1967; Struktur d. Bankwesens in Frankr., 2. A. 1971; ...in Belg., 1969; D. entwicklungspolit. Wirksamkeit v. Entwicklungsbanken; Fallstud. in Südostasien, 1972; Aus- u. Fortbild. f. d. Development Banking, 1978; Meßkonzepte d. Kapitalbedarfs u. d. Absorptionsfähigkeit v. Entwicklungsländern, 1983; Absorptionsprobl. d. Entwicklungsländer als Defekte d. öfftl. Entwicklungszusammenarbeit, 1983; Finanzierungskonzepte f. d. Selbsthilfebereich, 1990.

GEIS, Manfred

Geschäftsführer SPD-Bezirk Pfalz - Maximilianstr. 31, 6730 Neustadt/Weinstr. - Geb. 27. Dez. 1949.

GEISBE, Heinrich

Dr. med., Prof., Chefarzt Chirurg. Klinik Reutlingen (s. 1977) - Kreiskrankenhaus, 7410 Reutlingen - Geb. 21. Febr. 1935 Eisleben/Thür. - Promot. 1958; Habil. 1967 - S. 1973 apl. Prof. f. Chir. Univ. Tübingen (zeitw. I. Oberarzt Chir. Klin.). Facharb.

GEISEL, Alfred

Dr. jur., I. Staatsanwalt a. D., MdL Baden-Württ. (s. 1972), 1. stv. Präs. d. Landtags (s. 1980) - Am Rosengarten 20, 7090 Ellwangen/Jagst - Geb. 23. Juni 1931 Tübingen, ev., verh., 4 Kd. - Gymn. Reutlingen; Univ. Tübingen u. Bonn (Rechtswiss.). Ass.ex. 1959; Promot. 1960 - S. 1961 LG Ellwangen (Richter, 1968 I. Staatsanw.). 1968 ff. Mitgl. Gemeinderat Ellwangen; 1971 ff. Kreisrat Ostalbkreis. SPD s. 1965.

GEISEL, Eva
s. Bornemann, Eva

GEISEL, Gerwin
Choreograph, Ballettmeister Detmold (s. 1982) - Plantagenweg 134, 4930 Detmold (T. 05231-6 91 21) - Geb. 24. März 1941 Offenbach, verh. m. Teresa del Cerro - Solotänzer u.a. in Wiesbaden, Mannheim, Buenos Aires, Tel Aviv; 1976-78 Ballettm. Münster - Insz.: De temps en temps (UA 1976 Münster); Memento vivere (1980 Dom Lübeck); D. gold. Netz (1981 Musiktage Hitzacker); Salome (1985 Detmold) - Spr.: Engl., Franz., Span.

GEISELER, Wolfgang
Dr. phil., Prof., Musikwissenschaftler - Karolinger Platz 7a, 1000 Berlin 19 - Geb. 15. März 1914 Berlin (Vater: Friedrich G., Kaufm.; Mutter: Elsa, geb. Brust), verh. 1971 s. Liselotte, geb. Franke - Gymn.; Univ. u. Klindworth-Scharwenka-Konservat., alle Berlin - 1947-80 Mitarb. RIAS Berlin (1952 Leit. Hauptabt. Musik); 1958-63 zugl. Leit. Hauptabt. Musik SFB. S. 1947 Lehrbeauftr., Prof. (1961) u. Honorarprof. (1967) Musikhochsch. Berlin (Akustik u. Tonmeisterausbild.).

GEISENHOFER, Franz Xaver
Angestellter, MdB (s. 1967, CDU/CSU) - Jahnstr. 50, 8000 München 5 (T. 26 43 62) - Geb. 30. Aug. 1914 Herschenhofen/Obb. (Vater: Anton G.), kath., verh. m. Maria, geb. Schmitt, 4 Kd. - Volkssch.; Wirtschafts- u. Verw.akad. (1 Sem.), Staatl. Kurzschriftlehrerprüf. 1950 - Arbeiter, ab 1935 akt. Wehr-, 1939-45 Kriegsdst. (Sanitäter), s. 1945 Angest. Bayer. Rotes Kreuz (u. a. Leit. Nachforschungsdst.). 1968ff. 2. Vizepräs. Dt. UNESCO-Kommiss. 1969ff. Präsidiumsmitgl. Europa-Union Dtschl. Landessozialrichter u. a. CSU s. 1953 - 1971 BVK; Rotkreuzausz. - 1967 und 68 Gold. Sportabz.

GEISER, Christoph
Journalist, Schriftst. - Ländteweg 1, CH-3005 Bern (Schweiz) - Geb. 3. Aug. 1949 Basel (Schweiz) - BV/Ged.: Bessere Zeiten (1968), Warnung f. Tiefflieger (1974); Erz.: Hier steht alles unt. Denkmalschutz (1972), Zimmer m. Frühstück (1975); Disziplinen-Vorgesch. (1982); R.: Grünsee (1978), Brachland (1980); Wüstenfahrt (1984); D. geheime Fieber (1987). Hörsp. u. a. - Div. Buchpreise, dar. Schweiz. Schiller-Stiftg. u. Stadt Bern (mehrm.), 1984 Baseler Lit.preis (1. Träger).

GEISER, Martin
Postbeamter, MdL Bayern (s. 1962) - Remboldstr. Nr. 5, 8950 Kaufbeuren/Allgäu (T. 29 59) - Geb. 29. Okt. 1925 Kaufbeuren (Vater: Michael G., Arbeiter; Mutter: Maria, geb. Lochbrunner); verh. s. 1947 - Volkssch. Kaufbeuren; Flieger-Techn. Vorsch. Eisenach (Flugzeugmotorenbau); 1956-57 Akad. d. Arbeit Frankfurt/M. (Sozialwiss.) - Kriegsdst. (Jagdgeschw. Schlageter); s. 1947 Postverw. Kaufbeuren (1957 Beamter). Mitgl. Stadtrat Kaufbeuren. SPD - 1973 Bayer. VO.

GEISLER, Erika
Dr. med., Prof., Psychiaterin u. Neurologin - Zu erreichen üb.: Josef-Schneider-Str. 5, 8700 Würzburg - Geb. 20. Juni 1914 Coburg (Vater: Gustav G.; Mutter: Nanny, geb. Böhm) - Univ. Halle u. Berlin - S. 1959 (Habil.) Lehrtätigk. Univ. Würzburg (1965 apl. Prof.) - BV: D. sexuell mißbrauchte Kind, 1959. Fachveröff.

GEISLER, Gerhard
Dr. agr., Prof. Inst. f. Pflanzenbau u. Pflanzenzücht. Univ. Kiel - Univ., Olshausenstr. 40, 2300 Kiel 1 - Geb. 30. Aug. 1927 Berlin (Vater: Wilhelm G.; Mutter: Charlotte, geb. Puzicha), 4 Kd. - 1946-50 Stud. Landwirtsch. Berlin (Dipl.-Landw.) u. 1951/52 Weihenstephan (Promot.), Landw. 1954 Landw.Ass. - 1952-59 Rebenzücht.; 1959-64 CSIRO (Austr.); 1964 Doz. Hohenheim u. Prof. Univ. Kiel; 1972/73 Rektor Univ. Kiel; 1974/75 u. 1975/76 Dekan Agrarw. Fak. - BV: Pflanzenbau in Stichworten, Bd. I u. II, 1972/73; Pflanzenbau, 1980, 2. A. 1988; Ertragsbild., 1981; Ertragsphysiologie, 1983; Farbatlas landw. Kulturpflanzen.

GEISLER, Günther
Dr. rer. pol., Vorstand Stahlwerke Peine-Salzgitter AG - Zu erreichen üb. Stahlw. Peine-Salzgitter AG, Postf. 41 11 80, 3320 Salzgitter 41 - Geb. 26. Juni 1938 - Stv. Vors. Arbeitgeberverb. f. d. bayer. Erzbergbau- u. Hüttenbetriebe, München; Lehrbeauftr. Sozialakad. Dortmund; Geschäftsf. Eisenw. Ges. Maximilianhütte mbH, Sulzbach-Rosenberg; ab 1979 Vorstandsmitgl. Stahlwerke Peine-Salzgitter AG. AR Salzgitter Wohnungs-AG.

GEISLER, Hans
Dr. rer. nat., Dipl.-Chemiker, Sächs. Staatsminister f. Soziales, Gesundheit u. Familie (s. 1990) - Albertstr. 10, O-8060 Dresden (T. 051 - 59 90-0) - Geb. 22. März 1940 Laubau, ev., verh. s. 1966, 4 Kd. - 1958-60 Färberlehre in Löbau; 1960-65 Chemiestud. TU Dresden, Dipl. 1965; Promot. 1970 Dresden - 1969-76 Laborleiter SHB Leipzig; 1976-90 Laborleiter Diakonissenkrankenh. Dresden; 1975-87 Präsid.-Mitgl. d. Ev. Kirchentages in d. DDR; s. 1990 Kurat.-Mitgl. d. Dt. Ges.; Dez. 1989 - Aug. 1990 Koordinierungsaussch. u. Vorst.-Mitgl. d. DA Ostsachs./Dresden; Dez. 1989 - März 1990 Mitgl. d. Runden Tisches d. Bezirks Dresden f. d. DA; März-Okt. 1990 Mitgl. d. Volkskammer (CDU/DA-Fraktion); Mai-Okt. 1990 Parlamentar. Staatssekr. im Min. f. Familie u. Frauen; s. Okt. 1990 Mitgl. d. CDU-Bundesvorst. u. MdB (CDU/CSU-Fraktion); Okt.-Dez. 1990 Mitgl. d. Fraktionsvorst. d. CDU/CSU-Bundestagsfraktion; s. Nov. 1990 Präs. d. Sächs. Landesvereinig. f. Gesundh.förderung; s. 1991 stv. Vors. d. Ev. Arbeitskreises d. CDU - Liebh.: Barockmusik, Lit. d. 20. Jh., Malerei d. Expressionismus.

GEISLER, Linus

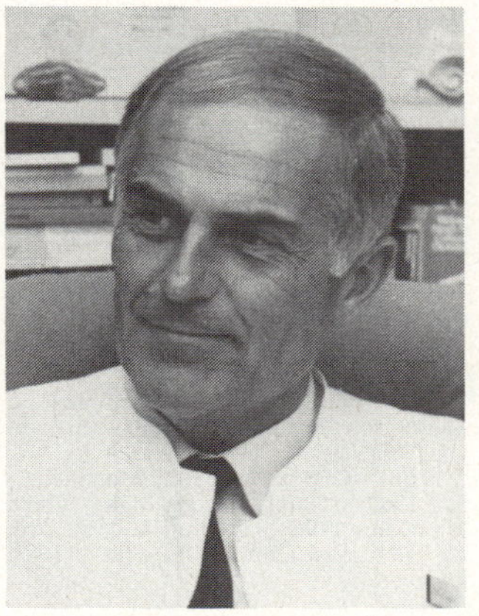

Dr. med., Chefarzt (Internist), apl. Prof. f. Inn. Medizin Univ. Bonn - St.-Barbara-Hospital, Barbarastr. 1, 4390 Gladbeck - Geb. 7. Okt. 1934 Vyskovce, kath. - Promot. 1959; Habil. 1970 - 1971 apl. Prof., 1973 Wiss. Rat u. Prof. Univ. Bonn; 1976 Chefarzt Inn. Abt. Gladbeck. Spez. Herz- u. Lungenerkrank.; 1. Ehrenvors. Dt. Liga z. Bekämpfung d. Atemwegserkrankungen - BV: Hyperkapnie, 1972 (m. H.-D. Rost); Inn. Med., 2 Bde. 13. A. 1990; Arzt u. Patient - Begegnung im Gespräch, 2. A. 1989. 170 Fachpubl.

GEISLER, Peter
Dr. med., Chefarzt Chir. Abt. u. Ärztl. Direktor Städt. Krkhs. Moabit (s. 1968) - Turmstr. 21, 1000 Berlin 21 (T. 35 01 81); priv.: Kastanienallee 34, Berlin 19 (T. 302 58 40) - Promot. Berlin; Habil. Bonn - Zul. Oberarzt Chir. Univ.sklinik Bonn.

GEISMANN, Hermann-Josef
Architekt BDA, Bürgermeister Amt Hemer (1969 b. 1974), MdL Nordrh.-Westf. (s. 1970) - Bembergstr. 12, 5870 Hemer (T. 1 05 12) - Geb. 1. Aug. 1930 Hemer, verh., 3 Kd. - Obersch.; Maurerlehre; Fachsch. (Ing.ex. Hochbau) - S. 1958 freischaff. - Mitgl. JU s. 1948, CDU s. 1955.

GEISMAR, Günter
Dr. rer. nat., Prof. f. Anorgan. Chemie Gesamthochschule Duisburg (s. 1977) - Rather Str. 30, 4150 Krefeld-Traar - Geb. 27. Nov. 1939 Köln (Vater: Hans G., Kaufm.; Mutter: Elisabeth, geb. Hennemann), kath., verh. s. 1971 m. Elisabeth, geb. Kluth - Gymn. u. Univ. Köln (Mineral., Geochem.; Dipl. 1967). Promot. 1969 Köln - 1970-76 ltd. Angest. Bayer AG Verf. z. Herstell. v. Te-halt. Cd-Pigmenten u. v. Fenalt. Spinell- u. Korundfarbkörpern - Liebh.: Wassersport - Spr.: Engl., Franz., Ital.

GEISPERGER, Fritz
Oberbürgermeister v. Straubing (s. 1990) - 8440 Straubing - Geb. 26. Juni 1931 Straubing, kath., verh., 7 Kd. - Lehramtsprüf. 1954 Grundsch., 1956 Schwerhörigen-, Sprachheil- u. Gehörlosensch. - Gehörlosenlehrer in Straubing. Stud.reisen in d. USA - Veröff., Vortr. u. Vorlesungen üb. d. Verwendung d. Fingeralphabets u. d. Lesen b. Gehörlosen, u.a. in Northhampton, Mass, USA u. Stockholm. SPD. Ab 1966 Stadtrat Straubing, Frakt.-Vors. d. SPD-Stadtratsfrakt. (1972-74); 18 J. Leit. d. Städt. Volkshochsch. Straubing; b. 1983 2. Vors. d. Bezirksarb.gemeinsch. niederbayer. Volkshochsch.; 1974-90 MdL Bayern; 1978-86 SPD-Agrarsprecher u. stv. Vors. d. Aussch. f. Ernährung, Landwirtsch. u. Forsten; 1986-90 stv. Vors. d. SPD Landtagsfrakt.; 1986-90 Vertreter im Ältestenrat d. Bayer. Landtags; s. 1986 Landesbeauftr. f. d. Bezieh. SPD u. kath. Kirche; Mitgl. SPD-Landesvorst. Ab 1978 Kreisvors. d. Arbeiterwohlfahrt Straubing-Bogen u. s. 1987 Mitgl. Bezirksvorst. d. Arbeiterwohlfahrt Niederbay./Oberpfalz - Dr. Vaux Doctor Medaille Gallaudet College, Washington; Bayer. VO.; BVK I. Kl.; Gold. Bürgermed. Stadt Straubing; Verfassungsmed. in Silber; Kommunale Verdienstmed. in Bronze.

GEISS (ß), Dieter
Dipl.-Ing., Bibliotheksdirektor, Lehrbeauftragter Univ. Dortmund - Mittelstr. 33, 4620 Castrop-Rauxel - Geb. 30. Juli 1938 Essen (Vater: Kurt G., Diakon; Mutter: Elfriede, geb. Weber), ev., verh. s. 1962 m. Käte, geb. Krüger, 4 T. (Ulrike, Antje, Christina, Heidi) - Stud. TU Clausthal-Zellerfeld (Bergbau); Ass. d. Bergf. 1968 - 1968 wiss. Angest. UB Dortmund; 1977 Bibl.-Dir.; 1980 Lehrbeauftr.; Dezern. UB Dortmund; DGD - Fachgremienarb. Patentdokumentation; BMFT-Projektarb. (IuD Programm) - Fachveröff. zu Fragen d. Patentdokumentation - Spr.: Engl., Franz., Span.

GEISS, Imanuel
Dr. phil., Dipl.-Dolm., Prof. f. Neuere Geschichte Univ. Bremen - Mommsenstr. 46, 2800 Bremen 1 - Geb. 9. Febr. 1931 Frankfurt (Vater: Jakob G., Monteur; Mutter: Lina, geb. Heimbächer), ev., verh. s. 1958 m. Elisabeth, geb. Gerhardt, 2 Söhne (Jochen, Dieter) - Dolmetscher-Inst. Germersheim (Engl.), Stud. d. Gesch., Angl., Pol. Univ. München, Hamburg; Promot. 1959; Habil. 1968 - BV: Poln. Grenzstreifen 1914-18, 1960 (poln. 1964); Juli 1914, 1964 (engl. 1967); Panafrikanismus, 1968 (engl. 1974); German Foreign Policy 1871-1914, 1976; D. Dt. Reich u. d. Vorgesch d. I. Weltkr., 1978; D. Dt. Reich d. I. Weltkr., 1978; D. Berliner Kongreß, 1878, 1979; Geschichte griffbereit, 6 Bde. 1979-83; Gesch. im Überblick, 1986; Gesch. d. Rassismus, 1988; D. lange Weg in d. Katastrophe, 1990 - Spr.: Engl., Franz.

GEISS, Karlmann
Präsident Oberlandesgericht Stuttgart - Ulrichstr. 10, 7000 Stuttgart 1 - Mitgl. Staatsgerichtshof f. d. Land Baden-Württ.

GEISSENDÖRFER (ß), Hans W.
Autor, Regisseur u. Produzent - Kurfürstenstr. 31, 8000 München 40 - Geb. 6. April 1941 Augsburg, verh. s. 1978 - Zahlr. Drehb. u. Insz. f. Film u. FS u.a.: Jonathan, Sternsteinhof, D. Wildente, D. gläserne Zelle, Theodor Chindler, D. Zauberberg; Prod. d. FS-Serie: Lindenstraße - Lit.: D. Filme v. H. W. Geißendörfer; D. Zauberberg - E. Film v. H. W. Geißendörfer.

GEISSER (ß), Hans
Dr. jur., Generalstaatsanwalt a.D. - Wetzelstr. 21, 8600 Bamberg - Geb. 12. Mai 1921 - BVK I. Kl.

GEISSLER (ß), Christian
Schriftsteller - Aaltuikerei 180, 2955 Dollart - Geb. 25. Dez. 1928 Hamburg - 1960-64 Redakt. Werkhefte kath. Laien - BV: Anfrage, R. 1960; Kalte Zeiten, Erz. 1965; Ende d. Anfrage, Textsammlg. 1967; D. Brot m. d. Feile, R. 1973; Wird Zeit, daß wir leben, R. 1976; Im Vorfeld e. Schußverletz., Ged. 1980; spiel auf ungeheuer, Ged. 1983; kamalatta, R. 1988; dissonanzen d. klärung, flugschrift, 1990, winterdeutsch, flugschrift, 1992. Fernsehsp.: Anfrage, Schlachtvieh, Wilhelmsburger Freitag, Widersprüche, Altersgenossen u. a. Hör- u. Fernsehsp., s. 1970 Dokumentarfilme. Mithrsg.: Lit.ztschr. Kürbiskern (1965-68). 1960 Preis f. d. beste antifaschistische Buch d. Tageszeitg. Giornale del popolo; 1964 Literaturpreis Libera Stampa Ztschr. Questo e Altro (Mailand); 1972 u. 1973 Adolf-Grimme-Preis; 1974 Fernsehpreis d. Arbeiterwohlfahrt; 1970-76 Mitgl. PEN-Zentrum BRD; 1988 Hamburger Autorenpreis.

GEISSLER (ß), Clemens
Dr.-Ing., Dr. phil. h. c., Prof. u. Geschäftsf. Inst. f. Entwicklungsplanung u. Strukturforsch. GmbH, Univ. Hannover - Grotefendstr. 2, 3000 Hannover 1 (T. 160 32 15); priv.: Hartliebweg 3, 3012 Langenhagen - Geb. 11. Mai 1931 Heydekrug/Opr. (Vater: Paul G.; Mutter: Lucia), kath., verh. s. 1962 m. Ingrid, geb. Kullik, 3 Töcht. (Elisabeth, Hildegard, Dorothea) - Maurerlehre; Stud. Staatl. Ing.sch. f. d. Bauwesen, Münster (Ing.ex. 1954) u. TU Hannover (Arch.); Promot. 1965; Habil. 1967 - Wiss. Assist. (1962) - Mitgl. Wiss. Beirat f. Familienfragen d. Bundesmin. f. Jugend, Familie, Frauen u. Gesundh.; Fachmitgl.sch.; Gutachtertätigk. Zahlr. Fachveröff. - 1989 Ehrenpromot. Univ. Hildesheim.

GEISSLER (ß), Dietmar
Dr. rer. nat., Prof. I. Inst. f. Theoret. Physik Univ. Hamburg (entpfl.) - Schanzenberg 4, 2000 Hamburg 63 (T. 50 64 62) - Geb. 11. Juni 1925 Leipzig (Vater: Karl G., Lehrer; Mutter: Anneliese, geb. Heinicke), verh. m. Lisa, geb. Gerber, 2 T. (Birgitt, Ute) - 1947-51 Univ. Leipzig. Promot. (1955) u. Habil. (1959) Leipzig - S. 1959 Lehrtätigk. Leipzig u. Hamburg (1961; 1967 Prof.). Fachveröff.

GEISSLER, Eberhardt
Dr. rer. oec., Mitglied d. Vorstandes d. Staatsbank Berlin; Vorsitzender d. Aufsichtsrates d. Berliner Stadtbank AG - Zu erreichen üb. Staatsbank Berlin, Charlottenstr. 33/33a, O-1086 Berlin - Geb. 23. Mai 1930 Dresden, verh., 4 Kd. - Abit.; Stud. 1949-53 Univ. Leipzig u. Hochsch. f. Ökonomie Berlin; Dipl.-wirtsch. 1953; Promot. 1961 - 1953-54 Finanzökonom; 1954/55 wiss. Assist.; 1955-89 Leiter d. volkswirtsch. Abt., Dir. u. stv. Präs. d. Staatsbank d. DDR; 1990 Vizepräs. u. Präs. d. Staatsbank d.

DDR;1975-89 Leiter d. Arbeitsgr. Mikroelektronik d. Staatsbanken d. Mitgl.-länder d. RGW - 1987 Nationalpreis d. DDR f. Wiss. u. Technik - Liebh.: Musik - Spr.: Engl.

GEISSLER (ß), Erich E.

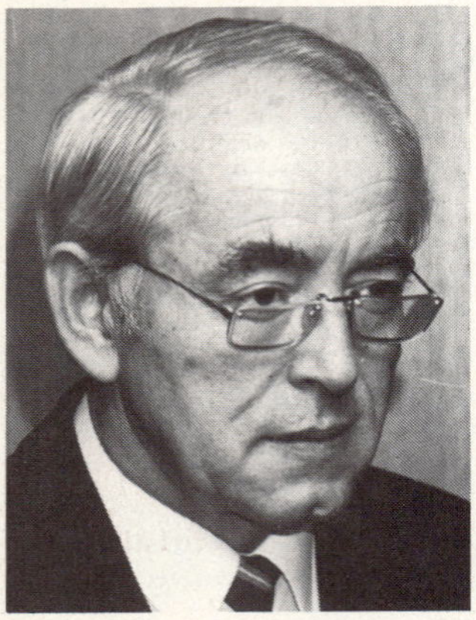

Dr. phil., o. Prof. u. Dir. Inst. f. Erziehungswissenschaft Univ. Bonn - Am Kottenforst 67, 5300 Bonn 1 - Geb. 13. Sept. 1928 Obergeorgental, kath., verh. s. 1954 (Ehefr.: Rita), 3 Kd. (Christine, Barbara, Andreas) - Stud. Univ. Darmstadt u. Frankfurt (Päd., Politol., Theol., Phil.; Promot., Habil.) - 1952-61 Lehrer; Prof. f. System. u. Histor. Päd. i. Rhld.-Pfalz; o. Prof. f. System. Päd. PH Berlin; Hon.-Prof. FU Berlin; s. 1970 Univ. Bonn; Gastprofessuren in d. USA, Japan (mehrmals), Polen; Vortragsreisen in sehr viele Länder; S. Anf. 1991 Gründungsdekan d. FB. Erziehungswiss. d. Univ. Leipzig - BV: D. Gedanke d. Jugend, 1963; Erziehungsmittel, 6. A. 1981 (auch in rumän.); Fördern u. Auslesen, 2. A. 1968 (m. a.); De Magistro, 1967; Hausaufgaben-Hausarbeiten, 3. A. 1980 (m. a.); Herbarts Lehre v. erziehenden Unterricht, 1970; Allgem.bild. in e. fr. Ges., 1970; Analyse d. Unterr., 5. A. 1981; Hausaufgabe (m.a.), 1982; Erzieh. zu neuen Tugenden, 1984; Allgem. Didaktik, 2. A. 1984; D. Schule. Theorien, Modelle, Kritik, 1984; Welche Farbe hat d. Zukunft?, 1986; Verantwortete Politische Bildung, 1988; Bildung f. d. Alter - Bildung im Alter, 1990. Zahlr. Beiträge zu aktuellen Fragen d. Schul- u. Bildungspolitik - 1990 BVK - Rotarier (1972).

GEISSLER (ß), Heiner

Dr. jur., MdB (1965-67 u. s. 1980), Bundesminister a. D., Generalsekr. CDU (1977-89); stv. Vors. d. CDU/CSU-Bundestagsfraktion (s. 1991 - Konrad-Adenauer-Haus, 5300 Bonn 1 - Geb. 3. März 1930 Oberndorf/N. (Vater: Heinrich G., Oberregierungsrat; Mutter: Maria, geb. Buck), kath., verh. s. 1962 m. Susanne, geb. Thunack, 3 Söhne (Dominik, Michael, Nikolai) - Univ. München u. Tübingen (Phil., Rechtswiss.). Gr. jurist. Staatsprüf. - 1962-65 pers. Ref. baden-württ. Arbeitsmin.; 1965-67 MdB; 1967-77 Min. f. Soziales, Gesundheit u. Sport Rhld.-Pfalz (MdL s. 1971); 1982-85 Bundesmin. f. Jugend, Familie u. Gesundh. CDU; s. 1989 Mitgl. d. Präsid. d. CDU. 1970-82 u. s. 1987 Mitgl. d. Fernsehrates d. ZDF - BV: D. Recht d. Kriegsdienstverweigerung n. Art. 4 III GG, 1960; Inflation - unvermeidbar?, 1966; Neue Soziale Frage - Zahlen, Daten, Fakten, 1975; Krankenversicherungsbudget 1974, 1976; Die neue soziale Frage, 1976; Verwaltete Bürger - Gesellschaft in Fesseln, 1978; Der Weg in die Gewalt, 1977; Recht sichert die Freiheit, 1978; Verw. Bürger - Ges. in Fesseln, 1978; Grundwerte d. Politik, 1979; Zukunftschancen d. Jugend, 1979; Optionen auf e. lebensw. Zukunft, 1979; Sport - Geschäft o. Illusionen?, 1980; Mut z. Alternative, 1981; Abschied v. d. Männerges., 1986; Zugluft - Politik in stürmischer Zeit, 1990 - 1970 BVK; 1983 Bergverlagspreis Dt. Alpenverein - Liebh.: Musik, Bergsteigen - Spr.: Engl., Franz.

GEISSLER, Heinrich Wilhelm

Dr. med. vet., em. o. Prof. f. Geflügelkrankheiten u. Hygiene in d. Geflügelhaltung - Niederfeldtstr. 5, 6300 Gießen-Wieseck (T. 5 16 50) - Geb. 7. Juli 1914 Mühlheim/M. (Vater: Wilhelm G.), verh. m. Wiltraud, geb. Beppler - S. 1954 (Habil.) Privatdoz., apl. (1961) u. o. Prof. (1967) Univ. Gießen. Facharb.

GEISSLER (ß), Joachim

s. Geißler-Kasmekat, Joachim

GEISSLER, Rainer

Dr. phil., Prof. f. Soziologie Univ.-GH Siegen - Zu erreichen üb. Univ.-GH Siegen, FB 1 (Soziol.), Postf. 10 12 40, 5900 Siegen - Geb. 8. Mai 1939 Thum/Erzgeb. (Vater: Johannes G., Realschullehrer; Mutter: Hilde, geb. Hönig), ev., verh. s. 1969 m. Christa, geb. Meinel, T. Nicole - 1960-68 Stud. Kiel, Freiburg, Pau u. Basel (Promot. 1971) - 1967 Gymn.lehrer Kiel; 1975-81 Prof. Hochsch. d. Bundeswehr Hamburg; s. 1981 Prof. Univ. Siegen - BV: Massenmedien, Basiskommunik. u. Demokr., 1973; Junge Deutsche u. Hitler, 1981; Soz. Schichtung u. Lebenschancen, 1987; Wissenschaft u. Nationalsozialismus, 1988; D. Politisierung d. Menschen, 1992; Deutsche Sozialstruktur im Wandel, 1992 - Spr.: Engl., Franz., Span.

GEISSLER (ß), Rolf

Dr. phil., o. Prof. f. Neuere Dt. Literaturwissenschaft Univ./GH Duisburg - Unkeler Str. 15, 5000 Köln 41 - Geb. 31. Mai 1927 Zeitz, verh. m. Jutta, geb. Kästner - BV: Z. Interpretation d. modernen Dramas, 1978; Möglichkeiten d. mod. dt. Romans, 7. A. 1979; Dekadenz u. Heroismus. Zeitroman u. völk. Literaturkritik, 1964; Prolegomena z. e. Theorie d. Literaturdidaktik, 1970. Zeigen u. Erkennen. Aufs. zur Lit. von Goethe bis Jonke, 1979; Arbeit am Literarischen Kanon, 1982; E. Dichter d. letzten Dinge. Grillparzer heute, 1987.

GEISSLER, Thorsten

Rechtsanwalt, Mitglied d. Landtages v. Schleswig-Holst. (s. 1987), stv. Vors. d. CDU-Fraktion (s. 1992) - Hundestr. 79, 2400 Lübeck (T. 0451 - 70 53 47) - Geb. 16. Okt. 1959 Bad Schwartau, ev. - Stud. 1979-84 Rechtswiss. u. Polit. Wiss. an d. CAU Kiel; anschl. Referend.; 2. jurist. Staatsex. - 1982-88 Mitgl. d. Lübecker Bürgerschaft - Spr.: Engl., Franz., Dän.

GEISSLER (ß), Ursula

Dr. agr., Prof. f. Botanik Inst. f. Systemat. Botanik u. Pflanzengeogr. FU Berlin (s. 1969) - Altensteinstr. 6, 1000 Berlin 33 (T. 838 - 31 46) - Geb. 30. Jan. 1931 Leipzig - Leit. Arbeitsgr. Algen u. Hydrobiol. Arb.geb.: Taxonomie, Feinstruktur, Verbreitung u. Ökologie v. Algen. Mithrsg. d. Nova Hedwigia, Ztschr. f. Kryptogamenkunde.

GEISSLER-KASMEKAT, Joachim

Dr. phil., Prof., Akademiedirektor a. D., Maler - Wilhelmstr. 7, 6900 Heidelberg 1 (T. 06221 - 2 41 68) u. Schloß-Torhaus, 7540 Neuenbürg (T. 07082 - 57 39) - Geb. 29. Okt. 1919 Berlin (Vater: Ernst Geißler, Fabrikant; Mutter: Elisabeth, geb. Kasmekat), verh. s. 1967 m. Annette-Cornelia, geb. Petermann - Gymn. Berlin (Graues Kloster); Kunstschule Bernstein; Akademie Karlsruhe u. Mannheim (Malerei, Graphik); 1955-58 Univ. Heidelberg (Kunstgesch.). Promot. 1963 - Maler; Doz. f. Kunstgesch. u. Ästhetik Freie Akad. Mannheim; 1964-68 Leit. Fr. Akad. u. Dir. Werkkunstsch. Mannheim. Begr. psychorealist. Malerei; Einzelausstell. Bremen, Heidelberg, Kaiserslautern, Heilbronn, Düren, Würzburg, Karlsruhe, Wolfsburg - BV: D. Malerei d. Psychorealismus u. ihre künstler. Prinzipien, 1964; Gedanken z. Problem d. Wirklichen in d. zeitgenöss. Kunst, 1965; Üb. sog. reine u. angew. Kunst, 1965; Wilhelm Trübner als Kunsttheoretiker, 1967; Malerei, d. vergessene Handwerk, 1985; D. Graphiker Wolf Magin, 1988. Zahlr. Kritiken u. Aufs. - Med. Stadt Toulon, 1980 BVK - Lit.: u. a. H. Scharschuch: D. Ausst. d. Malers G.-K. i. d. Bremer Kunsthalle, 1966; G. Birk: D. Maler J. G.-K., 1969; Georg Schirr: D. Symbolismus G.-K.s; G. R. Ferner: Vita est somnium, 1974; M. Tripps: J. G.-K. - e. Maler d. Psychorealismus, 1975; Ders.: Eine Bildersprache des Unbewußten, d. Maler G.-K., 1978; K. Neufert: G.-K. bewusste Symbolsprache d. Unbewussten, 1980; D. Golücke: Weltinnenraum, 1981.

GEISSNER, Hellmut

Dr. phil., Univ.-Prof. - Am Gutleuthaus 27, 6740 Landau - Geb. 7. März 1926 Darmstadt - Stud. Univ. Frankfurt, Sprecherzieher (DGSS) 1949; Promot. 1955 - 1964-71 1. Vors. Dt. Ges. f. Sprechwiss. u. Sprecherziehung, s. 1965 Beirat ebd.; s. 1982 wiss. Beirat Hernstein-Inst. Wien; s. 1985 Inst. f. Dt. Sprache Mannheim - BV: Schallplattenanalysen - Gesprochene Dichtung, 1965; Rede in d. Öffentlichkeit, 1969; Sprechwiss., 2. A. 1988; Rhetorik u. Politische Bildung, 3. A. 1986; Sprecherziehung, 2. A. 1986; mündlich: schriftlich! Sprechwissenschaftl. Analysen, 1988; Vor Lautsprecher u. Mattscheibe. Medienkritische Arbeiten, 1991 - Lit.: Slembek, E. (Hrsg.), Miteinander Sprechen u. Handeln, Festschr. f. H. G. (1986).

GEIST, Gabi

Schauspielerin - Donnersbergerstr. 30, 8000 München 19 (T. 089 - 13 27 87) - Geb. 10. Nov., 2 Töcht. (Petra, Silke) - Schauspielerin - Rollen u. a. in: Faust, 1987; D. Theatermacher, 1988; John Gabriel Borkmann, 1989; Auf verlorenem Posten, 1990; D. blaue Boll, 1991; alles Kammerspiele München - Spr.: Engl.

GEIST, Gerhard

Glasermeister, Inh. Geist-Fensterfabriken, Heubach u. Berlin, Geist-Kunststoffverarb. GmbH, Geico-Immobilien-BNN-Bauträger GmbH, Geico Fenster AG, Schweiz - Sudetenstr. 52, 7072 Heubach - Geb. 9. Juli 1930 Murrhardt, ev., verh., 4 Kd. (Gustav, Ulrich, Christiane, Susanne) - Ehrenobermeist. Glaserinnung - Liebh.: Reiten - Spr.: Engl., Franz.

GEIST, Manfred August

Journalist, Chefredakteur WELT am SONNTAG - Rothenbaumchaussee 7, 2000 Hamburg 13 - Geb. 23. Sept. 1939 Harheim, kath., verh., 2 Kd. - Dipl.-Soziol. - Spr.: Engl., Franz.

GEIST, Manfred Norbert

Dr. rer. pol., Dipl.-Kfm., Prof. Inst. f. Marketing Univ. Mannheim - Mittlerer Gaisbergweg 3, 6900 Heidelberg (T. 2 33 88) - Geb. 6. Mai 1926 Mannheim - S. 1962 (Habil.) Lehrtätigk. Univ. Mannheim (1969 apl. Prof. u. 1980 Ord. f. Betriebsw.lehre). Emerit. 1988. Fachveröff.

GEIST, Reinhold

Steuerberater - Seestr. 45, 7000 Stuttgart 1 (T. 0711 - 29 15 00) - Geb. 20. Juli 1921 Stuttgart, ev., verh. s. 1956 m. Renate, geb. Worring, 4 Kd. (Gerold, Brigitte, Volkmar, Ekkehard) - Aufsichtsratmitglied Bürgschaftsbank Baden-Württ. GmbH - BV: Umsatzsteuergesetz-Kommentar, (m. Bunjes) 3. A. 1990; Besteuerung d. Architekten u. Ingenieure, 1987. Mitarb. Großkommentar z. USt Rau/Dürrwächter/Flick/Geist.

GEITNER, Otto

Techn. Direktor, Geschäftsführer Universal Maschinenfabrik Dr. Rudolf Schieber GmbH., Westhausen - Im Steinbrüchle 4, 7085 Bopfingen/Württ. - Geb. 16. Juli 1926 - Ing.

GELBE, Horst

Dr.-Ing., o. Prof. f. Apparate- u. Anlagentechnik TU Berlin (Inst. f. Prozeß- u. Anlagentechnik) - Stölpchenweg 16 A, 1000 Berlin 39 (T. 030 - 805 37 23).

GELBE-HAUSSEN, Eberhard

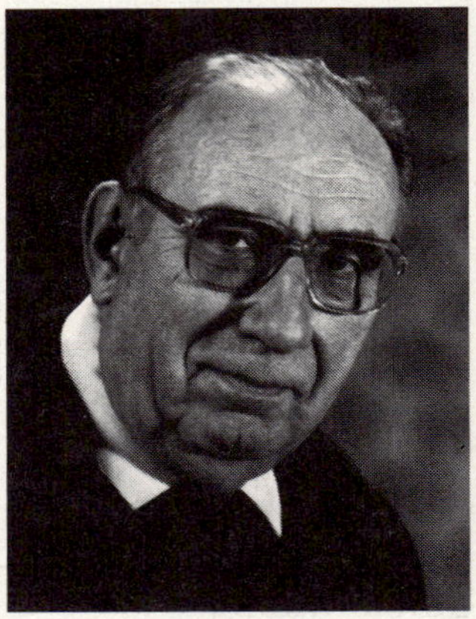

Fr. Journalist (Spez. Arbeitsgebiet: Vereinte Nationen, Sicherheit) - 58, Chemin Ami-Argand, CH-1290 Versoix (T. 022 - 755 26 26) - Geb. 6. Jan. 1921 Leipzig, kath., verh. s. 1947 m. Annerose, geb. Ritter, S. Norbert - Jurastud. Leipzig; 1980-84 Theologiestud. f. Laien TKL Zürich - Fr. Journ.; Redakt. Südd. Rundfunk, Stuttgart (u. a. Berichterstatter üb. d. Asienkonfz. Genf (1954) u. d. Außenministerkonfz. Berlin (1954) u. Genf (1955 u. 59); 1961-75 Genfer Korresp. dt. Rundfunkanstalten (ARD) f. Hörfunk, 1964-70 auch Fernsehen, s. 1975 Ltd. Informationsbeamter (Senior Inform. Officer) Vereinte Nationen, s. 1980 fr. Journ., s. 1985 Vorst.-Mitgl. d. Sektion Schweiz in d. Intern. Ges. f. Menschenrechte, Mitgl. d. Schweizerisch. Ges. f. Außenpolitik, s. 1985 Mitgl. Gemischt Ökumen. Kommiss. d. Kantons Genf - 1968 DRK-Ehrenz.; Ehrenz. d. Reservistenverb. d. Dt. Bundeswehr; Silberne Ehrennadel d. Dt. Journalisten-Verb. - Spr.: Engl., Franz.

GELBHAAR, Anni

Autorin - Im Geyer 18, 6290 Weilburg (T. 06471-22 76) - Geb. 23. Jan. 1921 Weilburg, ev., verh. s. 1946 m. Klaus G., Maler, Graphiker u. Illustrator, T. Dr. Margund (Kunsthist.) - BV: Lachmeia u. d. weiße Elefant; Jussuf in d. falschen Haut; D. falsche Programm; Tina gewinnt; Übers. in 6 Spr. Viele Arb. üb. Probl. d. Ausländer - Liebh.: Reisen, Schwimmen, Schnorcheln, exquisites Essen, Lesen - Spr.: Franz., Engl.

GELBKE, Heinz-Peter

Dr. med., Dr. rer. nat., Prof., Abteilungsdirektor Abt. Toxikologie BASF-AG, Ludwigshafen/Rh. - Uhlandweg 4, 6715 Lambsheim - Geb. 5. Aug. 1943 Leipzig, verh. - Abit. 1962; Stud. Chemie u. Med.; Dipl. (Chemie) 1971, Promot. (Dr. rer. nat.) 1973, Approb. 1975, Promot. (Dr. med.) 1976, Habil. (forens. Toxikologie) 1978 Heidelberg - 1977 BASF AG; s. 1981 Abteilungsdir. Abt. Toxikologie; 1985 apl. Prof. Univ. Heidelberg; 1991 Honorarprof. Univ. Karlsruhe - 1973 Marius-Tausk-Förderpreis Dt. Ges. f. Endokrinologie; 1976 Fakultätspreis Ges. d. Freunde u. Förderer Med. Hochsch. Lübeck - Spr.: Engl., Franz.

GELDBACH, Manfred

Dr. jur., Fabrikant, gf. Gesellsch. Wilhelm Geldbach, Rohrleitungs- u. Flanschenwerk, Gelsenkirchen - Eschfeldstr. 11, 4650 Gelsenkirchen - Geb. 27. Dez. 1936 - Handelsrichter LG Essen; Beirat Arbeitg.verb.; Mitgl. Vollvers. IHK Münster.

GELDER, Ludwig
Dipl.-Volksw., Handelskammersyndikus i.R. - Johannes-Böse-Weg 23, 2000 Hamburg 62 (T. 520 34 14) - Geb. 25. Febr. 1926 Berlin (Vater: Hermann G., Apothekenbes.; Mutter: Magda, geb. v. d. Bach-Zelewski), ev., verh. s. 1954 m. Renate, geb. Gerstenberg, 2 Kd. (Dr. phil., Dr. theol. Katrin, Dr. rer. nat. Till) - FU Berlin (Dipl.-Volksw. 1953) - 1952-63 Wirtschaftsjourn., s. 1963 Handelskammer Hamburg - Spr.: Engl.

GELDERMANN, Hermann
Dr. sc. agr., Abteilungsvorsteher (Inst. f. Tierzucht u. Vererbungsforsch.) u. Prof. f. Haustiergenetik Tierärztl. Hochschule Hannover (s. 1977) - Celler Str. 13, 3002 Wedemark 11 - Zul. Privatdoz.

GELDERN, v., Reiner
Geschäftsführender Gesellschafter fmb Führungs- u. Managementberatung - Schönerstr. 7, 8782 Karlstadt.

GELDERN, von, Wolfgang
Dr. phil., Rechtsanwalt u. Notar, Parlam. Staatssekr. Bundesmin. f. Ernährung, Landwirtsch. u. Forsten (1983-91), MdB (s. 1976; Wahlkr. 24) - 5300 Bonn 1 HT 16 20 - Geb. 4. Nov. 1944 Dorum (Vater: Bernhard v. G.; Mutter: Ingeburg, geb. Rüdiger), ev., verh. s. 1969 m. Hilde, geb. Harms; Tochter Gloria - Hum. Gymnasium Cuxhaven (Abit. 1964); Stud. d. Geschichte, Rechtswiss. Univ. Freiburg/Br., Göttingen, Hannover; CDU-Kreisvors. - BV: Wilhelm Oechelhäuser als Unternehmer, Wirtschafts- u. Sozialpolitiker, 1971; CDU u. Umweltparteien, in: Der grüne Protest, 1978; Soz. Marktwirtsch., in: Wie geht es weiter?, 1980; Polit. Perspektiven o. Utopie, 1980 - Spr.: Engl., Franz., Niederl., Afrikaans.

GELDERN-CRISPENDORF, von, Günther
Dr. sc. nat., em. Prof. f. Wirtschafts- u. Verkehrsgeographie - Hüfferstr. 56, 4400 Münster (T. 0251 - 8 13 02) - Geb. 4. Dez. 1898 Magdeburg (Vater: Georg H. G., Generallst.; Mutter: Melanie, geb. v. Brozowski), ev., verh. s. 1950 m. Martha, geb. Bussmann, S. Dietrich - Ab 1919 Stud. Univ. Jena, Leipzig u. Halle (Promot. 1929); 1924-28 Bankelehre; Habil. 1933 TH Breslau - Bankbeamter in Halle; 1929-33 Assist. TH Breslau; 1933-45 Doz. u. Prof. ebd.; 1949-67 Prof. Univ. Münster - BV: Kulturgeogr. d. Frankenwaldes, 1930; D. dt. Ind.gebiete, 1933; D. wirtschaftsgeogr. Struktur d. Landwirtsch. Schlesiens, 1934; D. Landkr. Paderborn, 1953.

GELDMACHER, Erwin Helmut

Geschäftsführer Verwaltungsrat Comunicon AG, Intern. Communications Consultants, Niedertüfen/Schweiz - Hauptstr. 111, CH-9052 Niedertüfen - Geb. 20. Juni 1923, verh. s. 1955 m. Dr. Elisabeth, geb. Klösges, 4 Kd. (Wolf, Britta, Bernd, Karin) - Stud. Betriebsw. Univ. Köln u. Frankfurt - 1950-52 Geschäftsf. Zeit im Ton - Reportagedienst Köln; 1952-72 Gf. Tonstudio Frankfurt GmbH Frankfurt; 1956-68 Inh. Commercial-Film GmbH Frankfurt; 1956-72 E. H. Geldmacher Markenberat. Bad Homburg; 1968-72 Inh. Commercial Consultants GmbH, Bad Homburg; s. 1983 Gastprof., s. 1988 Hon.-Prof. Fachber. Kommunikation HdK Berlin. Entw. GER Markenführungssystem, Produktinnovationen im Ber. d. Markenart.ind. - Div. Veröff. in Fachztschr. Creative Gestalt. auf d. Geb. Film, Funk, Fernsehen; Gestalt. v. wirtsch. Lehr- u. Informationsfilmen - Liebh.: klass. Musik, alte Bücher - Spr.: Engl., Franz.

GELDMACHER, Henner
Kaufmann, Vorstandsvorsitzender Krupp Lonrho GmbH, Essen, Vorst.-Mitgl. Ostasiatischer Verein, Hamburg, Afrika-Verein Hamburg (auch Präsid.-Mitgl.), AR Krupp Maschinentechnik GmbH, Essen, AR-Mitgl. Krupp Polysius AG, Neubeckum, Beiratsvors. Hansa-Rohstoffverwertung GmbH, Düsseldorf, Beiratsmitgl. Dt. Bundesbahn, Frankfurt, Dr. Tigges GmbH & Co. KG, Hamburg, u. ASIKOS Strahlmittel GmbH, Dinslaken; Vors. d. Ost- u. Mitteleuropa Verein e.V., Hamburg, u. d. Gesellschafterausssch. NESTRANS Logistik GmbH, Essen - Redtenbacherstr. 12, 4300 Essen-Bedeney (T. 0201 - 41 32 20) - Geb. 12. Febr. 1932 Köln (Vater: Hanns G., Kaufm.; Mutter: Liselotte, geb. Hager), ev., verh. s. 1960 m. Gertrud, 2 Kd. (Jan, Tim) - Gymn.; Höh. Handelssch.; Handelsbl. Ind.kfm. m. Abschl.; Dipl. a. d. Alliance Francaise Paris - Liebh.: Jagd, Golf - Spr.: Engl., Franz.

GELDMACHER, Jürgen
Dr. med., Chirurg, apl. Prof. f. Handchir. Univ. Erlangen-Nürnberg (s. 1973) - Sperlingstr. 36, 8520 Erlangen - Geb. 30. Dez. 1929 Köln (Vater: Dr. med. Max G., Chirurg; Mutter: Ruth, geb. Hoemann), ev., verh. s. 1957 m. Erika, geb. Praceius, 2 T. (Stephanie, Constanze) - Karls-Gymn. u. Vereinigte Obersch. Heilbronn/N.; Univ. Köln, Bonn, München, Heidelberg. Staatsex. u. Promot. 1955 - S. 1959 Chir. Klin. Erlangen (Leit. Abt. f. Handchir. u. Plast. Chir.); Zahlr. Publ., auch Buchbeitr.; Lehrb.: Sehnenchirurgie, 1991 - Spr.: Engl.

GELDMACHER-v. MALLINCKRODT, Marika
Dr. med., Dr. phil. nat., Wiss. Rätin, ao. Prof. f. Gerichtsmed. Chemie Univ. Erlangen-Nürnberg (s. 1971) - Schlehenstr. 20, 8520 Erlangen - Geb. 28. April 1923 - BV: D. forens. Nachweis d. Systoxgruppe, 1967. Etwa 120 Einzelarb.

GELDSETZER, Lutz
Dr. phil., Univ.-Prof., Leit. Forschungsabt. f. Wissenschaftstheorie am Phil. Inst. Heinrich-Heine-Univ. Düsseldorf - Cheruskerstr. 99a, 4000 Düsseldorf 11 - Geb. 28. Febr. 1937 Minden/W. (Vater: Dr. med. vet. Paul G.; Mutter: Magda, geb. Eckel), ev., verh. s. 1961 m. Ute, geb. Machwirth, 2 Kd. (Felix, Annette) - Gymn. Alzey; Univ. Mainz u. Paris (Sorbonne). Promot. 1961 Mainz; Habil. 1967 Düsseldorf - S. 1969 apl. Prof., 1971 Abteil.-Vorst. u. Prof., s. 1980 Prof. Düsseldorf - BV: D. Ideenlehre Jakob Wegelins, 1963; D. Phil. d. Phil.gesch. im 19. Jh., 1968; Philosophengalerie, 1968; Allg. Bücher- u. Institutionenkd. f. d. Phil.stud.; 1971; Logik, 1987; Chines.-dt. Lex. d. chines. Phil. (m. Hong), 2 Bde. 1987-91. Zahlr. Einzelarb. Herausg.: Instr. Phil. (1965ff.). Mithrsg.: Ztschr. f. Allg. Wiss.theorie (1970ff.) J. F. Fries, S.W. - Spr.: Franz., Engl., Chin., Jap., Russ.

GELENG, Klaus
Prof. f. Lat. Sprache u. Lit. u. ihre Didaktik FU Berlin - Clayallee 341a, 1000 Berlin 37 (T. 801 44 85) - Geb. 2. März 1924 Berlin (Vater: Rolf G., OStud.dir. †; Mutter: Käthe, geb. Sotscheck), verh. s. 1959 m. Dr. Ingrelde, geb. Karwehl.

GELFERT, Ernst-Otto
Assessor, Geschäftsf. Deutsch-Norwegische Handelskammer - Drammensveien 40, N-0255 Oslo 2 - Geb. 7. Jan. 1936 Herford/W., ev., verh. s. 1960 m. Gotlinde, geb. Selke, 2 Kd. (Boris, Hella) - Univ. Göttingen, Saarbrücken, Kiel. Gr. jurist. Staatsprüf. Hamburg - 1965 Gf. Auslandshandelsk. La Paz, 1969 Gf. IHK Caracas, s. 1965 Gf. d. dt. Auslandshandelskammern Bolivien, Venezuela; Leit. Außenwirtsch. d. IHK Augsburg; Referent im Dt. Industrie- u. Handelstag - Spr.: Span., Engl., Franz., Ital., Arab.

GELFERT, Hans-Dieter
Dr. phil., Prof. f. Engl. Sprache u. Lit. FU Berlin - Eilertstr. 7, 1000 Berlin 37 - Geb. 2. Jan. 1937 Großenborau/Niederschl., verh., 2 Kd. - BV: D. Symbolik im Romanwerk v. Charles Dickens, 1974; Wie interpretiert man e. Ged.?, 1990; Wie interpretiert man ein Drama?, 1992; Wie interpretiert man e. Roman?, 1993 (im Druck); Aufs. u. Ged. in Ztschr. u. Ztg.

GELHAUS, Hermann
Dr. phil., Prof. f. Germanist. Linguistik Univ. Trier - Am Reischelbach 20, 5501 Föhren/Trier - Geb. 31. Okt. 1934 Bösel/O. - Promot. 1964 Basel - S. 1971 (Habil.) Lehrtätig. (1972 Trier). Facharb.

GELLER, Heinz-Friedrich
Dr. med. (habil.), Prof., Chefarzt Geburtshilfl.-Gynäk. Abteilung/Krankenhaus Alfeld - Osianderweg 1, 3220 Alfeld/Leine - Geb. 18. Juni 1926 - S. 1962 (Habil.) Lehrtätig. Univ. Göttingen (1970 apl. Prof. f. Geburtsh. u. Frauenheilkd.).

GELLERSEN, Otto
Malermeister, MdL Nieders. (s. 1974) - Winsener Str. 7, 2125 Salzhausen (T. 04172 - 2 75) - CDU.

GELLERT, Horst
Vorstandsmitglied Deutsche Bundespost TELEKOM, Bonn - Geb. 20. Okt. 1939 Koblenz, kath., verh. m. Karin, geb. Henker - Liebh.: Mod. Malerei, Musik, Sport, Kochen - Spr.: Engl., Franz.

GELLNER, Elmar
Rechtsanwalt, Hauptgeschäftsf. Bundesrechtsanwaltskammer/Körperschaft. d. öffstl. Rechts- Joachimstr. 1, 5300 Bonn 1 - Geb. 22. Nov. 1934 - Hauptschriftleit. d. BRAK-Mitteilungen. Zahlr. berufsrechtl. Publ. - Mitgl. u.a. d. Union Intern. des Avocats, d. dt.-franz. Verbindungsaussch. Bundesrechtsanwaltskammer/Barreau de Paris; BVK am Bde.

GELSHORN, Theodor
Vorstandsmitglied Peter Rehme Familienstiftg. (s. 1979), Geschäftsf. Gesellsch. Rehme & Renz GmbH, Braunschweig - Hohenfriedberger Str. 7, 4600 Dortmund (T. 0231 - 43 01 22) - Geb. 9. Sept. 1927 Lingen/Ems (Vater: Heirich G., Kaufm.; Mutter: Else, geb. Rehme), kath., verh. s. 1955 m. Gerda, geb. Dilz, 3 Söhne (Thomas, Christoph, Stephan) - Abit. 1947 Lingen; kaufm. Lehre - 1953 Klöwer & Wiegmann KG - Spr.: Engl.

GEMEINHARDT, Ottmar
I. Bürgermeister (s. 1978) - Rathaus, 8671 Geroldsgrün/Ofr. - Geb. 11. Febr. 1921 Geroldsgrün - Bäckerm. CSU.

GEMEINHARDT, Wolfgang
Dipl.-Ing., Leiter Bereich Einkauf Dt. Bundesbahn - Friedrich-Ebert-Anlage 43-45, 6000 Frankfurt/M. 11 - Geb. 26. Okt. 1939 Berlin, verh., 2 Kd. - Stud. Elektrotechnik TU Berlin u. TU Karlsruhe - S. 1967 Deutsche Bundesbahn Hamburg, Hannover, Frankfurt; u.a. Werkdir., wiss. Mitarb., Ref. f. Investitions-Controlling.

GEMMECKE, Rudolf

Fernsehredakteur, stv. Hauptabt.leit. b. SWF Mainz - Amselstr. 4, 6501 Zornheim b. Mainz - Geb. 15. Aug. 1934 Köln, kath. nicht verh. s. 1957 m. Inge, geb. Häusler, Sohn Ralf-Andreas - Gymn., Stud. Gesch., Volontariat - 1952-60 Bildjourn. u. Report.; 1961-65 Leit. Redakt. d. Rheinischen Post u. Kölner Stadt-Anzeiger; s. 1965 Ltd. Redakt. u. Abt.leit. SWF-Fernsehen Mainz - BV: Im Schatten d. Blauen Wunders v. Dresden, 1989 - VO d. Staates Luxemburg - Liebh.: Musik, Wandern im Gebirge, Irish Setter - Spr.: Engl., Franz.

GEMMERN, van, Ewald
Spediteur - Bengerpfad 8, 4150 Krefeld (T. 02151 - 56 09 34) - Geb. 10. Juli 1926 Krefeld, ev., verh. s. 1961 m. Anja, geb. Grosse, 2 Kd. (Caroline, Artur) - Ausb. z. Speditionskaufm. - Gf. Gesellsch. Ewald van Gemmern GmbH & Co. KG, Intern. Spedition, van Gemmern Möbelspedition GmbH & Co. KG, van Gemmern Volumentransport GmbH & Co. KG, CAN-CARGO Transport GmbH van Gemmern France S.A.R.L. Halluin, Frankr., Can-Spedition GmbH; gf. Gesellsch. Spedition Ewald van Gemmern GmbH, Bremervörde, CAN-LUX S.A.R.L., Luxemburg; van Gemmern & Kelm Speditions GmbH, Jeserig/Brandenburg; AR-Vors. Dt. Möbeltransport GmbH, Hattersheim; Vors. Fachvereinig. Möbelspedition Nordrh., Düsseldorf; stv. Vors. Verb. f. d. Verkehrsgewerbe Nordrh., Düsseldorf; stv. Vors. Arbeitsgem. Möbeltransport GmbH, Hattersheim; Präsidialmitgl. BDG Bundesverb. d. Dt. Güterkraftverkehrs, Frankfurt; VR BAG Bundesanst. f. d. Güterfernverkehr, Köln; Altpräs. Rotary-Club Krefeld-Greiffenhorst - 1978 BVK; 1986 BVK I. Kl.

GEMMINGEN, Freiherr von, Gustav
Diplom-Landwirt, Bürgermeister, MdB (1967-69) - Dorfstr. 25, 6927 Bad Rappenau-Treschklingen (T. 07268 - 2 24) - FDP.

GEMPER, Bodo B.
Dr. rer. pol., Prof. f. Volkswirtschaftslehre u. Finanzwiss. Univ. GH Siegen (1973ff.) - Luisenstr. 11, Grissenbach, 5902 Netphen 3 (T. 02737 - 47 74) - Geb. 30. Jan. 1936 Jena/Thür. (Vater: Paul G., Bankkfm.; Mutter: Verena, geb. Lüer), ev., verh. s. 1977 m. Brigitte, geb. Nauth - Univ. Leipzig, Frankfurt/M., Würzburg, Bern (Phil., Rechts- u. Wirtschaftswiss.). Lic. rer. pol. (1965) u. Promot. (1970) Bern - BV: D. Vermögensteuer im Rahmen d. mod. allg. Einkommensteuer, 1971. Herausg.: Marktw. u. soz. Verantw. (1973), Gewinn u. Verlust (1976), Stabilität im Wandel/Festschr. f. Prof. Bruno Gleitze (1978), Energieversorg. (1981), Religion u. Verantwort. (1982), Protektionismus in d. Weltwirtsch. (1984); Industrial Policy (1985); Industriestruktur u. Politik (1987); Gewerkschaftspolitik u. Arbeit-

nehmerinteresse (1988); The International Trend Towards Indicative Targeting (1988); Symbiose o. Konflikt? Föderalismus - Demokratie - Marktwirtsch. (1989); Intern. Koordination u. Kooperation. Stille Diplomatie, Polit. Dialog, Innovativer Wettbewerb (1990); Finanzierung d. Zukunftsaufgaben (1991) - Zahlr. Einzelarb. - Liebh.: Zeichnen - Spr.: Engl.

GEMPT, Olaf
Dr. rer. pol., Vorstandsmitglied adidas Sportschuhfabriken Adi Dassler Stiftung & Co. KG, Herzogenaurach - Adi-Dassler-Str.2, 8522 Herzogenaurach - Geb. 4. Okt. 1938.

GEMSA, Diethard
Dr. med., Prof. f. Immunologie - Inst. f. Immunol., Med. Zentrum f. Hygiene, Univ. Marburg - Robert-Koch-Str. 17, 3550 Marburg, (T. 06421 - 28 53 07) - Geb. 9. Aug. 1937 Berlin (Vater: Dr. Hans G., Chemiker; Mutter: Hedwig, geb. Reinhard), kath., verh. s. 1968 m. Inken, geb. Fischer, 3 Kd. (Ulrich, Friederike, Charlotte) - Med.-Stud. Berlin u. Freiburg, Staatsex. u. Promot. 1964 - 1967 Immunolog. Forsch. Seattle (USA), 1970-73 San Francisco, 1974-82 Heidelberg, 1983-84 Hannover, s. 1985 in Marburg. Editor-in-Chief intern. Journal Immunobiology - Herausg. d. Lehrbuchs Immunologie (zus. m. R. Kalden u. K. Resch). Üb. 160 wiss. Arb. in intern. Ztschr. - Spr.: Engl., Franz., Lat.

GEMSJÄGER, Werner
Dr. rer. pol., Vizepräsident Landesarbeitsamt Hessen - Saonestr. 2-4, 6000 Frankfurt 71; priv.: Berliner Str. 5, 6116 Eppertshausen (T. 3 25 55) - Geb. 25. Mai 1930 Memmingen (Vater: Otto G. †1931; Mutter: Anna-Maria, geb. Heckel †), kath., verh. s. 1956 m. Irene, geb. Kretschmer, 2 Kd. (Bernd, Verena Yvonne) - 1. u. 2. jur. Staatsprüf. - 1966-67 Dir. Dt. Kommiss. Spanien, 1967-71 stv. Dir. Intern. Centre f. Adv. Techn. a. Voc. Training d. ILO, Turin; Geschäftsf. Bundesarbeitsgem. f. Rehabilitation - BV: Arbeits- u. Berufsförderung von Behinderten, 2. A. 1988 - Spr.: Engl., Franz., Ital., Span.

GEMÜNDEN, Hans Georg
Dr. habil., o. Univ.-Prof. Univ. Karlsruhe - Enzianweg 10, 7313 Stutensee 1 (T. 07244 - 98 11) - Geb. 16. Juli 1949 Ingelheim/Rh., verh. s. 1973 m. Erica Inez, geb. Hempel, 3 Kd. (Claudia Manuela, Cornelia Isabel, Christian Carl Jörg) - Stud. Betriebsw.; Dipl.-Kfm. 1973, Promot. 1979, Habil. 1986 - 1973-79 Univ. Saarbrücken, 1979-87 Univ. Kiel, s. 1988 Univ. Karlsruhe - BV: Innovationsmarketing, 1981; Entscheidungen d. Geschäftsführung, 1983; Informationsverhalten u. Effizienz, 1986. Mithrsg. Intern. Journ. of Research in Marketing - 1979 Martin-Preis d. Univ. Saarbrücken - Liebh.: Fahrradfahren, Schwimmen, Hunde - Spr.: Engl., Franz., Span.

GEMÜSCHLIEFF, Dietmar
Dipl.-Kfm., Geschäftsführer Karlsruher Kongreß- u. Ausstellungs-GmbH, Postf. 1208, Festplatz 3/9, 7500 Karlsruhe 1 - Rittnertstr. 50, 7500 Karlsruhe-Durlach (T. 4 37 45) - Geb. 20. Jan. 1931 - Spr.: Engl., Franz. - Rotarier.

GENDRISCH, Klaus
I. Bürgermeister Stadt Creußen - Rathaus, 8587 Creußen/Ofr. - Geb. 21. Nov. 1931 Spittelstein - Zul. Konrektor. SPD (Frakt.-Vors. d. SPD im Kreistag).

GENÉE, Ekkart
Dr. med., apl. Prof. f. Augenheilkd. Univ. Göttingen (s. 1978), Inh. e. Privataugenklinik Braunschweig - Bohlweg 39/40, 3300 Braunschweig (T. 0531 - 1 62 97) - Geb. 2. Dez. 1936 Königsberg/Pr. - Promot. 1962 Heidelberg; Habil. 1972 Erlangen - 1978 Univ. Erlangen-Nürnberg - Üb. 70 Facharb. Erstbeschreiber d. Genée-Wiedemann-Syndroms.

GENEST, Gudrun
Schauspielerin (Mitglied Städt. Bühnen Berlin) - Charlottenbrunner Straße 4, 1000 Berlin 33 (T. 823 31 29) - Geb. Braunschweig (aufgewachsen Berlin), verw. 1961 (Ehem.: Aribert Wäscher, Schausp.; s. XIII. Ausg.) - S. 1931 Bühnen Berlin (Staatstheater, 1945 Schloßpark-Theater, 1951 Schiller-Theater) u. Köln (1933-42 Städt. Bühnen). Vornehml. Charakterrollen.

GENGE, Harald
Dipl.-Ökonom, Gf. Gesellschafter W. Vershoven Stahlbau GmbH, Borken, Vershoven GmbH & Co. KG, Essen - Am Wünnesberg 17, 4300 Essen 1 (T. 0201 - 71 20 68) - Geb. 13. April 1953 Essen, ev., ledig - Stud. Betriebsw. Univ. GH Essen (Dipl. 1976) - Liebh.: Fechten, Golf, Tauchen - Spr.: Engl.

GENRICH, Albert
Dr. jur., Direktor Arbeitsamt Nordhorn - Max-Reger-Str. 5, 4460 Nordhorn (T. 05921 - 54 39) - Geb. 12. Okt. 1937 Hannover (Vater: Dr. phil. Albert G., Prähistoriker, s. dort), verh. s. 1961 m. Renate, geb. Schulze, T. Meike - Stud. Rechtswiss. Berlin, München u. Göttingen (2. jurist. Staatsprüf. 1967), Promot. 1970 Hamburg - Spr.: Engl.

GENRICH, Albert
Dr. phil., Museumsdirektor i.R., Prähistoriker - Albert-Schweitzer-Str. 20, 3061 Beckedorf/Nds. (T. 05725 - 15 14) - Geb. 19. Jan. 1912 Spandau/Berlin (Vater: Albert G., Rektor; Mutter: Mathilde, geb. Voß), ev., verh. s. 1937 m. Karoline, geb. Fock, 3 Kd. (Albert, Inke, Silke) - Univ. Berlin, Würzburg, Kiel (Prähistorie, Gesch., Anthropol.). Promot. 1937 - 1936-77 Landesmus. Hannover (1964 Kustos, 1974 Dir.). Ehrenvors. Arbeitsgem. f. Sachsenforsch. - BV: Formenkreise u. Stammesgruppen in Schlesw.-Holst., 1954; D. gemischtbelegte Friedhof v. Dörverden, 1963; ... b. Liebenau, 1972; D. Altsachsen, 1981. Div. Einzelarb. - 1975 Ehrenmitgl. Soc. Anthropol. London - Lit.: Studien z. Sachsenforsch. (I 1977; Festschr.).

GENSCHEL, Helmut
Dr. phil., Prof. f. Geschichte u. Polit. Bildung PH Karlsruhe - Schwarzwaldstr. 14a, 7517 Waldbronn-Reichenbach - Geb. 27. Febr. 1928 Berlin, ev., verh. s. 1961 m. Susanne, geb. Deul, 4 Kd. - Stud. Gesch., Dt., Polit. Bild. (PH u. Univ.). Promot. 1962 - S. 1949 Volksschul-, Gymnasial- (1962) u. Hochschullehrer (1967) - BV: D. Verdräng. d. Juden aus d. Wirtsch. im III. Reich, 1966; China in polit.-histor. Unterr., in: China auf d. Weg z. Gr. Harmonie, 1974; Länderbericht BW, in: Polit.-gesellschaftl. Unterr. in d. Bundesrep., 1978; Polit. Erziehung d. Gesch.unterr., 1980.

GENSCHER, Hans-Dietrich
Dr. h. c., Bundesaußenminister (b. 1992, zurückgetreten), MdB (s. 1965), Präs. NATO-Rat (1984/85), Präs. Europarat (s. 1984) - Auswärtiges Amt, 5300 Bonn (T. 1 71); 5307 Wachtberg-Pech/Rh. - Geb. 21. März 1927 Reideburg/Saalekr. (Vater: Kurt G., Syndikus; Mutter: Hilda, geb. Kreime †1988), ev., verh. I) 1958 m. Luise, geb. Schweitzer, T. Martina, II) 1969 Barbara, geb. Schmidt - Univ. Halle u. Leipzig (Rechtswiss.). I. jurist. Staatsex. 1949 Leipzig, II. 1954 Hamburg - Ab 1954 Rechtsanw.; 1957-65 Geschäftsf. FDP-Bundestagsfraktion; 1962-64 Bundesgf. FDP; 1965-69 parlamentar. Gf. FDP-Bundestagsfraktion; 1969-74 Bundesinnenmin.; s. 1974 Bundesaußenmin. u. Stellv. d. Bundeskanzlers. Zahlr. Ehrenfunktionen. 1946-52 LDP (Ost); s. 1952 FDP (1968-74 stv. Bundesvors., 1974-85 Bundesvors., 1985 Rücktr. v. Parteivorsitz) - BV: Bundestagsreden, 1972; Dt. Außenpolitik, 1977; Dt. Außenpolitik - Ausgw. Grundsatzreden 1975-80, 1981. Herausg.: Nach vorn gedacht - Perspektiven dt. Außenpolitik (1986) - Liebh.: Lesen - 1973 Gr. BVK, 1975 Stern u. Schulterbd. dazu; 1975 Kreuz d. Südens Rep. Brasilien; 1975 Ehrenmeister Dt. Handwerkskammer Münster; 1976 Wolfgang-Döring-Med.; 1977 Ehrendoktor Univ. Madras; 1982 Alexander-Rüstow-Plak.; 1978 Orden wider d. tier. Ernst (AKV); 1982 Karl-Valentin-Orden (Narhalla) München; 1983 German-American-Tricentenmial-Med.; 1986 Ehrendoktor Univ. Salamanca, Spanien; 1987 Ehrenstaatsbürger v. Costa Rica; 1988 Ehrendoktor Hochsch. f. polit. Wiss., Athen, 1988 Korea Univ., Seoul, 1988 Eötvös-Lorand-Univ., Budapest - Spr.: Engl. - Fs.: Eine Woche mit H. D. G. (ZDF 22. Jan. 1980).

GENSCHOW, Fritz
Schauspieler, Regisseur, Autor, Theaterdirektor, Filmproduzent (Ps. Onkel Tobias) - Kyllmannstr. 14, 1000 Berlin 39 (T. 030 - 805 10 53) - Geb. 15. Mai 1905 Berlin (Vater: Heinrich G.; Mutter: Auguste, geb. Engelhardt), ev., verh. m. Rita, geb. Nowottnick, 3 Kd. (Peer, Gabriel, Marina, s. dort) - Stud. Reichersche Hochsch. Berlin - Schausp. in UFA-Filmprod., Theaterschausp., 1. Engag. in Halle u. Berlin; 1948-64 Theater d. Schulen, 24 J. Onkel Tobias v. Rias Berlin - BV: u. a. Fritz u. Franz als Wochenschaureporter; zahlr. Drehb. u. Kinderb. - Regiss. u. Prod. zahlr. Filme u. FS-Spiele. Begründ. d. 1. Dt. Kinder-Theaters; Int. Freilichtbühne Berlin - Div. Filmpreise in Dtschl. u. Ausl. (USA, Spanien usw.)

GENSCHOW, Gabriel
M.A., Dozent, Regiss., Produz., Kameramann - Kyllmannstr. 14, 1000 Berlin 39 - Geb. in Berlin (Vater: Fritz G., Regiss., Schausp., Autor, Prod., Theaterleit.; Mutter: Rita, geb. Nowottnick, s. dort), kath., ledig - Abit.; Stud. German. u. Phil. FU Berlin (Ex.: M.A., Diss. in Arb.); Ausb. in allen Ber. d. Films - Inh. u. Geschäftsf. Fritz Genschow-Film GmbH; Doz. Lessing-Hochsch. u. FU Berlin - BV: Erfahrungen - Filme: D. Nase, Puppenfilm nach Gogol; div. Synchronregie u. Hörsp. - Spr.: Engl., Franz., Span., Latein - Bek. Vorf.: Fritz G., Onkel Tobias Regiss.; Schausp. (Vater), v. Rias.

GENSCHOW, Marina
Schauspielerin, Produzentin, Tänzerin - Kyllmannstr. 14, 1000 Berlin 39 (T. 030 - 805 10 53) - Geb. in Berlin (Vater: Fritz G., Regiss., Schausp., Autor, Theaterleit., s. dort; Mutter: Rita, geb. Nowottnick, Schausp.), kath. - Abit.; Stud. German. u. Theaterwiss. FU Berlin; Schausp. u. Ballettausb. - Gesellsch. u. Geschäftsf. Fritz Genschow-Film GmbH - Erste Rollen als Kind; s. 1973 FS, Film, Theater, Synchronis., Rundf. - Brüder: Peer u. Gabriel G., Regiss.

GENSCHOW, Rita,
geb. Nowottnick
Regisseurin, Schausp., Produz. (Ps. Rita-Maria Nowottnick-Genschow) - Kyllmannstr. 14, 1000 Berlin 39 (T. 030 - 805 10 53) - Geb. in Berlin (Vater: Arthur N., Arch.; Mutter: Maria, geb. Mrowiensky), kath., verh. m. Fritz G., Regiss., Produz., Schausp., s. dort), 3 Kd. (Marina, Gabriel, Peer †) - Gymn.; Schauspielsch. Lydia Sierck - Inh. u. Geschäftsf. RN-Filmprod.; Mitarb. Fritz Genschow-Film (Brüder Grimm Theater) - Filme: Schneeweißchen u. Rosenrot; zahlr. Märchenfilme u. FS-Filme - Mitarb. an div. Film- u. Bühneninsz. - Rollen: Sommernachtstraum, Peer Gynt, Wintermärchen, u. a. (Bühne) - Spr.: Franz., Engl.

GENSER, Hugo
Dr. rer. nat., Prof., Geologe - Hartmann von-Aue-Str. 5, 7801 Au b. Freiburg i. Br. - Geb. 21. März 1932 Freiberg - S. 1964 (Habil.) Lehrtätigk. Univ. Freiburg (1971ff. apl. Prof. bzw. Prof.), 1972-74 Univ. Curitiba/Brasilien.

GENSICHEN, Hans-Werner
D., em. o. Prof. f. Religionsgeschichte u. Missionswiss. - Eckenerstr. 1, 6900 Heidelberg (T. 48 09 35) - Geb. 10. März 1915 Lintorf (Vater: H.-E. G., Pastor; Mutter: Elisabeth, geb. Heintze), verh. 1968 m. Dr. med. E. Anneliese, geb. Rudert - Univ. Leipzig, Königsberg, Tübingen, Göttingen. Habil. 1950 Göttingen - Doz. Univ. Göttingen u. Hamburg; 1952-57 Prof. Theol. Hochsch. Tranquebar u. Madras (Ind.); s. 1957 Ord. Univ. Heidelberg; 1983 emerit. 1965-91. Vors. Dt. Ges. f. Missionswiss.; 1972-74 Präs. Intern. Vereinig. f. Missionswiss. (Neugründ.) - BV: D. Taufproblem in d. Mission, 1951; The Elements of Ecumenism, 1954; Damnamus, 1955; D. Kirche v. Südindien, 1957; Missionsgesch. d. neueren Zeit, 1961; Living Mission, 1966; Glaube f. d. Welt, 1971; Weltreligionen u. Weltfriede, 1985 - 1958 Theol. Ehrendoktor Univ. Hamburg.

GENSKE, Rudolf
Ministerialdirektor im Bundesmin. f. Ernährung, Landw. u. Forsten, Leit. Abt. Allg. EG-Agrarpolitik, Intern. Agrarpolitik, Fischereipolitik - Geb. 21. Febr. 1930, verh. - 1. jurist. Staatsex. 1954, 2. jurist. Staatsex. 1959 - 1973-82 Leit. Unterabt. Grundsätzl. Angelegenh. d. Marktes.

GENTH, Hendrik
Dr. jur., Kuratoriumsmitglied d. Berufsakad. Schleswig-Holstein, Kiel, Vorst.-Mitgl. Bundessozialwerk d. Pommern, Lübeck-Travemünde Vorst.-Vors. d. Kieler Doctores Iuris e.V., stv. Vors. Stiftungsrat d. Stiftung Pommern, Kiel, Mitgl. Bundesvorst. DPWV, Frankf./M., stv. Vorst.-Vors. DPWV, Landesverb. Schlesw.-Holst., Kiel - Niemannsweg 90, 2300 Kiel 1 - Geb. 3. Jan. 1920 Stolp (Vater: RR a. D. Dr. Paul G., Landw.), verh. s. 1948 m. Annemarie, geb. Gareis, 3 Kd. - Zul. Gesamtverb. d. dt. Steinkohlenbergbaus u. Unternehmensverb. Ruhrbergbau (Leit. Abt. Wirtschaftspolitik), Hauptgf. IHK zu Kiel.

GENTH, Klaus Reinhard
Dr. med., Prof. f. Innere Medizin Univ. Heidelberg (s. 1983) - Domitianstr. 18, 6802 Ladenburg - Geb. 31. Mai 1944 Genthin (Vater: Walter G., Ing.; Mutter: Elli, geb. Barrall), ev., verh. s. 1978 m. Ute, geb. Lasch, 2 Kd. (Matthias, Claudia) - 1965-71 Stud. Med.Univ. Berlin; 1971-79 Facharztausb. f. Inn. Med. Gießen; 1975-77 Forschungsstip. Houston/USA; Promot. 1971, Habil. 1978 - Privatdoz. Univ. Heidelberg; 1979 Oberarzt Klinikum Mannheim; 1983 Zusatzbez. Cardiol. 82 Publ. in Fachztschr. u. Buchbeitr. - Spr.: Russ., Engl., Lat.

GENTNER, Fritz
Oberlehrer, MdL Bayern (s. 1958) - Kellerberg 2, 8570 Pegnitz/Ofr. (T. 23 74) - Geb. 15. Mai 1915 Pegnitz (Vater: Hans G., Landw., MdL), ev., verh., 3 Kd. - Lehrerbildungsanst. Bayreuth - Volksschuldst.; 1939-47 Wehrm. (Luftnachr.; 1942 Ltn. d. R.) u. sowjet. Gefangensch. (1944). 1956 ff. MdK Pegnitz (Fraktionsvors.). SPD - 1968 Bayer. VO.

GENTNER, Wolf-Dieter
Redakteur, Sport-Ressort-Leit. Reutlinger General-Anzeiger - Herderstr. 30, 7410 Reutlingen (T. 07121 - 29 01 31) - Geb. 22. Sept. 1936 Pforzheim (Vater: Kurt G., Forstmeister; Mutter: Elsbeth, geb. Wetzel), kath., verh. s. 1967 m. Walburga, geb. Langer - Abit. 1956 - Redakt.; Sport-Ressortleit. Heidenheimer Ztg. (1959-61) u. Allg. Ztg. Freiburg (1961-63); 1963-65 Leit. Regionalztg. AZ Neckar-Echo, Heilbronn; 1965-67 Leit. Verbindungsredakt. Allg. Ztg. Mannheim; 1967-73 Sport-Ressortleit. Tages-Anzeiger Regensburg; 1973-76 Nachrichtenredakt. Mittelbayer. Ztg. Regensburg; s. 1976 Sport-Ressortleit. Reutlinger General-Anzeiger - Liebh.: Musik, Karikaturenzeichnen - Spr.: Engl., Franz.

GENTSCH, Horst
Dr. rer. nat., em. o. Prof. f. Physikali-

sche Chemie, Heterogene Katalyse, inerte Ultrahochvakuum-Meßgeräte; Rektor 1983 Univ. Essen GH - Universitätsstr. 5-7, 4300 Essen 1 (T. 0201 - 183-3071) - Geb. 14. Jan. 1924 Kl. Tauschwitz/Thür., verh. s. 1959 m. Verena, geb. Grundmann, 3 Söhne (Andreas, Stefan, Dietmar) - Gymn. Döbeln/Sa.; 1942 Wehrdst. Luftwaffe; nach russ. Gefangensch. 1954-58 Stud. Chemie, TU Hannover, Promot. 1961, Habil. 1963. Abt.vorst. u. Prof. 1970, o. Prof. Essen 1978. Zahlr. Veröff. - Liebh.: Skisport, Segelfliegen, Windsurfen.

GENUIT, Heinrich

Dr. med., Prof., Pharmakologe - Viktoriapl. 12, 4700 Hamm/W. (T. 3 20) - Geb. 14. Juni 1910 Hamm - S. 1941 (Habil.) Lehrtätigk. Univ. Münster (1955 apl. Prof.). Facharb.

GENZ, Herbert

Dr. med., Prof., Leiter Inst. f. Sozialhygiene u. öfftl. Gesundheitswesen FU Berlin (s. 1967) - Salzbrunner Str. 25, 1000 Berlin 33 (T. 823 88 62) - Geb. 30. Dez. 1920 Nürnberg, verh. s. 1945 m. Ingeborg, geb. Schönert, 2. S. (Thomas, Kai-Stephan) - S. 1959 (Habil.) Lehrtätigk. FU Berlin (Oberarzt Univ.s-Kinderkl. 1952-67, 1966 apl. Prof. f. Gesundheitsfürsorge) - BV: D. sozialhyg. Bedeutung d. Toxoplasmose, 1960. Mitarb. Handb. d. Kinderheilkd., Berlin-Heidelberg 1966; Soz.-pädiatr. Lehrb. f. Studierende u. Ärzte, München 1979; Pädiatrie in Praxis u. Klinik, Stuttgart 1979. Zahlr. Einzelarb.

GENZMER, Harald

Prof., Komponist - Eisensteinstr. 10, 8000 München 80 (T. 98 04 84) - Geb. 9. Febr. 1909 Blumenthal (Vater: Prof. Dr. jur., Dr. phil. h. c. Felix G., 1920-45 Ord. Univ. Rostock, Marburg, Tübingen, u. a. Edda-Übers. †1959 (s. XIII. Ausg.); Mutter: Helene, geb. Foß), ev., verh. s. 1949 m. Gisela, geb. Klein - Musikhochsch. Berlin - S. 1946 Prof. Musikhochsch. Freiburg/Br. u. München. Kompos.: 3 Sinfonien, Konzerte f. Klavier, Orgel, Violine, Bratsche, Cello, Flöte, 2 Klarinetten, Doppelkonzert f. Cello u. Kontrabass, Kammerorch. Werke, Kammermusik, Chorwerke, elektron. Kompos. - O. Mitgl. Bayer. Akad. d. Schönen Künste (1962) u. Akad. d. Künste Berlin (1964) - Liebh.: Astronomie, Graphik - Onkel: Erich G. †1970 (s. XVI. Ausg.).

GEORG, Edgar

Dipl.-Ing., Fabrikant, Inh. Edgar Georg Fahrzeugbau/Maschinenbau/Gesenkschmiede, Neitersen - Auf der Seelshardt 10, 5231 Neitersen/Westerw. - Geb. 18. Febr. 1929 - Vors. Vereinig. d. Eisen- u. Metallind. Rhld.-Rheinhessen, Koblenz; b. 1986 Vors. Landesvereinig. Rhld.-Pfälz. Unternehmerverb., Mainz; Vors. AR u. Gesellsch.aussch. Eisenwerk Brühl GmbH, Brühl u. A. Friedr. Flender GmbH & Co KG, Bocholt; AR-Vors. Lemmerz-Werke KGaA, Königswinter.

GEORG, Otto

Generaldirektor, Al Arabi Establishment f. Europa, Gesellsch. BIW (Beratungsges. f. Intern. Wirtsch.) Wiesbaden u. Zürich - BIW, Gustav-Freytag-Str. 1, 6200 Wiesbaden; priv.: Nicolaistr. 24 - Geb. 13. Juni 1920 - Stud. Rechtswiss. Gr. jurist. Staatsprüf. - Zul. Ministerialrat. Gesellsch. Interconsulting GmbH, Bonn; GGS, Finanz- u. Wirtschaftsleasing, Wiesbaden, u. GFI (Ges. f. Investitionen u. Leasing) Walluf; Div. Mand.

GEORGE, Götz

Schauspieler - Kleiststraße 5, 1000 Berlin 37 (T. 84 79 40) - Geb. 23. Juli 1938 Berlin (Vater: Heinrich G., Schausp., 1938-45 Int. Schiller-Theater Berlin †1945 (s. X. Ausg.); Mutter: Berta, geb. Drews, Schausp. †1987 (s. XXV. Ausg.), verh. 1966-76 (gesch.) m. Loni Friedl (Schausp.), Tocht. - S. 1959 bühnentätig (u. a. Orest (Fliegen), Eugen (D. Herrenhaus), Troilus (Troilus u. Cressiola). Film: Fastnachtsbeichte, Kirmes, Jacqueline, Abwärts (Hauptr.) u. a. Fernsehen: u. a. E. Jahr ohne Sonntag (Reihe, 1971), Tatort (Kommissar Schimanski) - 1960 Bundesfilmpreis, 1961 Dt. Kritikerpreis, 1962 Bambi - Liebh.: Malerei, Sport - Spr.: Engl.

GEORGE, Hans-Joachim

Senatsrat a. D. - Karwendelstr. 30a, 1000 Berlin 45 (T. 833 49 89) - Geb. 12. März 1926 Delitzsch (Vater: Karl G.; Mutter: Else, geb. Schrumpf), ev., verh. s. 1968 in 2. Ehe m. Viktoria, geb. Meyer, Tocht. Bettina - Obersch. Akt. Offz.; Stud. Rechts- u. Staatswiss., Betriebs- u. Volksw.

GEORGE, Siegfried

Dr. phil., Prof. f. Didaktik d. Gesellschaftswissenschaften - Kattenbachstr. 116, 6301 Krofdorf-Gleiberg - Geb. 13. Sept. 1933 Kainzen/Schles. - Promot. 1962 Frankfurt/M. - S. 1968 Lehrtätigk. Univ. Gießen (1973 Prof.). 1962-64 USA-Aufenth. - BV: Einf. in d. Curriculumplanung d. polit. Unterr., 1972.

GEORGI, Christian

Vorstandsmitglied Bremer Woll-Kämmerei, Bremen-Blumenthal - Borchshöhe 59, 2822 Schwanewede-Leuchtenburg - Geb. 26. April 1931 - Dipl.-Wirtschaftsing.

GEORGI, Friedrich

Drs. med. vet. h. c., Verlagsbuchhändler, Kompl. Paul Parey Verlagsbuchh., Berlin/Hamburg - Seelbuschring 9-17, 1000 Berlin 42 (T. 030 - 707 84 -0; Telefax 030 - 707 84 199) u. Spitalerstr. 12, 2000 Hamburg 1 (T. 3 39 69-0); priv.: Griegstr. 37, 1000 Berlin 33 (T. 826 48 10) - Geb. 2. Juli 1917 Berlin (Vater: Rudolf G., Verlagsbuchh.; Mutter: Wilhelmine, geb. Kehrer) - U. a. Generalstabsoffz. (Luftw.); s. 1947 Parey. Vorsteher Börsenverein d. Dt. Buchhandels (1965-68), Sprecher Arbeitskr. 20. Juli 1944 - 1967 Ehrendoktor Univ. Zürich u. 1977 FU Berlin; Ehrensenator Univ. Gießen u. Veterinärmed. Univ. Wien; 1975 BVK I. Kl., 1987 Gr. BVK.

GEORGI, Hanspeter

Dr., Dipl.-Volkswirt, Hauptgeschäftsführer d. IHK Saarland - Franz-Josef-Röder-Str. 9, 6600 Saarbrücken (T. 0681 - 95 20-0) - Geb. 17. Aug. 1942 Berlin, ev., verh. m. Ingrid, geb. Vögele, 4 Kd. (Dominik, Tobias, Laura, Simon) - Stud. Volkswirtsch.lehre Berlin, Saarbrücken, Münster; Promot. 1969 Münster; AR-Mitgl. Hafenbetriebe Saarland GmbH u. d. Parkhausgesellsch. Saarbrücken mbH - Spr.: Engl., Franz.

GEORGI, Max

Dr. med. (habil.), o. Prof. f. Medizin. Strahlenkunde Univ. Heidelberg - Am Gonsenheimer Spieß Nr. 16, 6500 Mainz - Zul. Doz. Univ. Mainz.

GEORGI, Peter

Dr. med., Prof. f. Nuklearmedizin - Karlstr. 50, 6909 Walldorf - Geb. 21. Juni 1932 Kirchhain/NL. - S. 1969 (Habil.) Lehrtätigk. Univ. Heidelberg (1973 Wiss. Rat u. Prof. Nuklearmed. Inst./Dt. Krebsforschungszentrum) - BV: u. a. Nuklearmed., 1972 (m. Lorenz u. Schenck).

GEORGII, Axel

Dr. med., o. Prof. f. Allg. Pathologie u. Pathol. Anatomie - Hauptstr. 6, 3004 Isernhagen (T. 05139 - 8 73 74) - Geb. 2. Aug. 1927 (Vater: Dr. med. Sigfrid G., Frauenarzt, Mutter: Addy-Marie, geb. Zitzlaff), verh. m. Monika, geb. Kroner, Sohn Florian - S. 1960 (Habil.) Lehrtätigk. Univ. München (1965 apl. Prof., 1967 Abt.vorsteher u. Prof.) Med. Hochsch. Hannover (1968 Ord. u. Dir. Pathol. Inst.). Spez. Arbeitsgeb.: Krebsforsch. u. Haematopathol.; 1973 Krebspreis Med. Hochsch. Hannover; 1987 Wilhelm-Warner-Preis f. Krebsforsch. - Spr.: Engl.

GEORGII, Hans-Walter

Dr. phil. nat., o. Prof. f. Physik d. Atmosphäre - 6370 Oberursel 4 - Geb. 3. Nov. 1924 Frankfurt/M. (Vater: Prof. Dr. phil. Dr.-Ing. E. h. Walter G., Astrophysiker †1968 (s. XV. Ausg.); Mutter: Johanna, geb. Philgus), ev., verh. s. 1953 m. Irmgard, geb. Kohlemann, S. Sebastian - Univ. München u. Frankfurt/M. Promot. (1955) u. Habil. (1959) Frankfurt - 1960 Doz. Univ. Frankfurt; 1964 apl. Prof. Univ. Münster; 1965 Ord. u. Inst.dir. Univ. Frankfurt. 1966 Mitgl. Bundesgesundheitsrat, Mitgl. Hess. Beirat f. Umwelt, Mitgl. Wiss. Ges. Joh. Wolfg. Goethe-Univ. 1985-87 Präs. Dt. Meteorol. Ges. - Üb. 100 Fachveröff. Mithrsg.: Meteorol. Rundschau; Hrsg.: Deposition of Atm. Pollutants (1982); Chemistry of the Unpollutedand Polluted Troposphere (1982); Atmospheric Pollutants in Forest Areas (1986) - 1985 Mitgl. Dt. Akad. d. Naturforscher Leopoldina; 1986 Kolkwitz-Med.

GEPPERT, Hans J.

Journalist, Redakt. NDR (Ps. Rainer Grodzki) - 2104 Hamburg 92 - Geb. 14. Febr. 1942 Breslau (Vater: Wilhelm G., Lehrer; Mutter: Hildegard, geb. Grodzki), ev., 2 T. (Meike, Katja) - Stud. ev. Theol., Phil. u. Gesch. - 1969 ff. Pastor u. Redakt. Dt. Allg. Sonntagsblatt, ab 1971 ltd. Redakt. ebd.; s. 1985 NDR.- BV: Wir Gotteskinder, 1972; Götter m. beschränkter Haftung, 1985; Wie hieß d. Freundin d. Herrn Jesus, 1985. Veröff. in Anthol. Drehb. f. Fernsehfilme - 1981 Journ.-Preis Bundesarbeitsgem. fr. Wohlfahrtspflege; 1984 Weimer-Journ.-Preis.

GEPPERT, Klaus

Dr. jur., o. Prof. f. Straf-, -prozeßrecht u. -vollzug FU Berlin u. Richter am Kammergericht - Wichernstr. 17, 1000 Berlin 33.

GEPPERT, Maria-Pia

Dr. phil., o. Prof. f. Med. Biometrie - Eduard-Spranger-Str. 61, 7400 Tübingen (T. 6 17 20) - Geb. 28. Mai 1907 Breslau (Vater: August G., Lehrer; Mutter: Ernesta, geb. Belardi), kath., led. - Univ. Breslau (Promot. 1932), Gießen, Rom (Promot. 1936). Habil. 1942 Gießen - 1940-64 Leit. Statist. Abt. Kerckhoff-Inst. Bad Nauheim; 1943-64 Privatdoz. u. apl. Prof. (1951) f. Bio- u. math. Statistik Univ. Frankfurt/M.; s. 1964 ao. u. o. Prof. (1966) Univ. Tübingen (Dir. Inst. f. Med. Biometrie); 1976 emer. Div. Fachveröff. Herausg.: Biometr. Ztschr. (1959-69) - 1965 Ehrenmitgl. Dt. Region Biometric Soc.; 1951 o. Mitgl. Intern. Statist. Inst. - Liebh.: Musik.

GEPRÄGS, Ernst

Landwirtschaftsmeister, Präs. Landesbauernverband in Baden-Württ. e.V., Stuttgart, AR-Vors. Genoss. Zentralbank AG., Stuttgart u. Nordd. Hagelvers., Gießen, Vizepräs. d. Dt. Bauernverbandes e.V. - Reutlinger Str. 2, 7425 Hohenstein-Bernloch - Geb. 18. Juni 1929.

GERAMB, von, Heinrich Viktor

Dr. phil., Prof. f. Theoret. Physik - Im Teich 5, 2150 Buxtehude-Ovelgönne - Geb. 5. Juni 1938 Graz - Promot. 1967 Wien - S. 1973 (Habil.) Lehrtätigk. Univ. Bonn u. Hamburg (1976 Prof.; gegenw. Sprecher Fachber. Physik). Üb. 50 Facharb.

GERATHS, Armin

Dr. phil., Prof. f. Neuere engl. u. amerikan. Lit. Techn. Univ. Berlin (s. WS 1984/85) - Bismarckstr. 4, 1000 Berlin 12 (T. 030 - 342 02 22) - Geb. 23. Mai 1938 Köln (Vater: Heinrich G., kaufm. Angest.; Mutter: Elisabeth, geb. Bigott) - Stud. Univ. Köln; Promot. 1971 Konstanz - 1964-73 wiss. Assist. Univ. Köln u. Konstanz (1967), dzw. (1969-71) Lektor Univ. Bristol/Bath; 1973-84 Prof. in Gießen; 1984 Visiting Prof. Univ. of Wisconsin/Milwaukee (USA); Fachmitgl.sch. - BV: Epigonale Romantik, 1975 - Spr.: Engl., Franz.

GERBER, Fritz

Vorstandsmitglied Kolb & Schüle AG. - Postfach 13 51, 7312 Kirchheim/Teck - Geb. 24. Dez. 1932.

GERBER, Günter

Prof. Dr.-Ing., Institut f. Elektr. Masch. TU Berlin - Klenzepfad 40, 1000 Berlin 51 (T. 030 - 496 39 18) - Geb. 12. Mai 1927 Berlin, ev., verh. s. 1960, 3 Kd. - Dipl.-Ing. 1951, Berechnungsing. b. 1957, Obering. b. 1971, Dr.-Ing. 1965; Habil. 1970, s. 1989 pens. - BV: Verluste i. d. Wicklungen elektr. Maschinen unter Berücks. d. Skineffektes, Berlin 1972; Elektr. Maschinen, Berlin/Stuttgart 1980 - Liebh.: Tennis, Ski, Wasserski, Theater.

GERBER, Hermann

Dr. theol. - Auf der Steinkaut 8, 6380 Bad Homburg (T. 06172 - 4 66 26) - Geb. 4. Febr. 1910 Brüssel/Belg. (Vater: Wilhelm G., Pfarrer), ev., verh. s. 1940 m. Aniva, geb. Heider, 2 Kd. (Beate, Andreas) - Univ. Bonn, Basel, Marburg, Chicago, Gießen. Promot. 1947 Bonn - 1946-58 Pfarrer Altweilnau Kr. Usingen u. Königstein/Ts. (1950); s. 1958 OKR Darmstadt; s. 1960 Filmbeauftr. EKD - BV: Monatslieder d. Kirche, 1957; Zuspruch am Morgen, 1961; Problematik d. religiösen Films, 1962; Pia Desideria, 1963; Koordinaten - Maßstäbe ev. Filmarb., 1965; Christus im Film, 1967; Kurat. jg. dt. Film, 1978; Singe, Christenh., 1981 (hrsg.) - 1987 BVK - Spr.: Engl.

GERBER, Hermann

Dr., Dr., Prof., Musikpädagoge, Musikwissenschaftler, Sprechwissenschaftler - Jacobsgärten 6, 6490 Schlüchtern (T. 06661 - 42 56) - Geb. 16. April 1934 Berlin (Vater: Hermann, Regiss.; Mutter: Anni, Sängerin), ev., verh. s. 1974 m. Ursula, geb. Wagner, 3 Kd. (Christiane, Antje, Jens-Jörg) - Stud.: Theaterhochsch. Leipzig, Musikhochsch. Weimar (Dipl.), Luther-Univ. Halle (Dipl.), Humboldt-Univ. Berlin, Schiller-Univ. Jena (Opern- u. Konzertgesang, Gesangspäd., Sprecherziehung, Phonetik, Stimm- u. Sprachheilkunde, Rhetorik, Stimmphysiol.); Promot. 1974 (Sprechwiss./Experimentalphonetik), Promot. 1977 (Musikwiss.) - 1960-82 Hochschullehrer Musikhochsch. Weimar (Gesang, Methodik d. Unterr., Lehrpraxis Gesang, Stimmphysiol., Stimm- u. Sprachheilkunde, Gesch. d. Gesangspäd. u. d. Kunstgesanges); 1966-74 Fachberat. f. Musiksch. in Thüringen; 1970-82 Leit. Fachrichtung Gesangspäd. Musikhochsch. Weimar; 1979-82 Leit. Zentrale Fachgr. f. Lehrprogr. Gesangswiss. u. Methodik/Lehrpraxis Gesang in d. DDR; 1975-80 Vors. Diplomkommiss. Musikhochsch. Weimar; Künstl. Tätigk. als Opernsolist (Nationaltheater Weimar), Konzertsänger u. Rezitator; Vorträge auf gesangswiss., sprechwiss. u. phoniatrischen Fachtagungen; s. 1985 Prof. f. Gesang Hochsch. f. Musik u. Darstellende Kunst Frankfurt/M. - BV: Jeder kann singen (m. Wichmann), 1964; Unters. z. frequenzabhängigen Zusammenhang zw. Dynamik u. Ösophagusdruck b. ausgebild. u. unausgebild. Sprechstimmen, 1974; Aussagewert d. Voxfunktiographie b. qualitativer Anwendung (m. Siegert), 1975; Unters. z. Entw. d. Technik d. Kunstgesanges, 1977 - Zahlr. Schüler sind Musikpädagogen an Hoch- u. Musikschulen, auch Preisträger v. bekannten Gesangswettbewerben.

GERBER, Peter

Dr.-Ing., Direktor u. Präsidiumsmitglied Verein Dt. Ingenieure - Graf-Recke-Str. 84, 4000 Düsseldorf - Geb. 30. April 1936.

GERBER, Wolf-Dieter

Dr., Univ.-Prof. Univ. Kiel - Ritzebeker Weg 64, 2300 Klausdorf (T. 0431 - 7 93 60) - Geb. 25. März 1949 Neunkirchen/Saar, verh. m. Heidi, geb. Siegler, 2 Kd. (Christina, Jana) - Stud. Psych., Päd.; Dipl. 1976, Promot. 1978, Habil. 1984 - S. 1987 Dir. Abt. Med. Psych. Univ. Kiel; 1. Vizepräs. Dt. Migräneges. - 1987 Förderpreis f. Schmerzforsch. u. Schmerztherapie.

GERBERICH, Claus W.

Dr. rer. pol., Dipl.-Kfm., Prof. Dr. Gerberich & Partner Intern. Unternehmensberater, Vorsitzender d. Geschäftsführung STAFF-Leuchten GmbH - Zielstr. 6, 6800 Mannheim 1; u. Grevenmarsch 176, 4920 Lemgo - Geb. 23. März 1946 Heidelberg, ev., verh. s. 1982 m. Nadine, geb. Geurts - Stud. Betriebsw. u. Maschinenbau, Dipl.-Kfm. 1971, Promot. 1976 Univ. Mannheim - Mitarb. BASF AG (Finanzen u. strateg. Planung); PWA AG (Dir. Konzernber. Planung u. Controlling); PIMS Associates (Leit. Deutschl.-Niederl.); Geschäftsf. Schöller Lebensmittel GmbH & Co. KG Nürnberg; Geschäftsf. Adidas Herzogenaurach; Mitgl. d. Geschäftsleitung Battelle-Europe Frankfurt-Genf (Ressort Finanzen u. Controlling) - BV: Alternat. d. Forschungs- u. Entwicklungspolitik e. Unternehmens, 1976; Aktive strateg. Unternehmensplanung, 1981; Controlling - Probleme in multinationalen Untern., 1987; u.a. Veröff. - Lionsmitgl. - Liebh.: Theater, Konz., Tennis - Spr.: Engl., Franz., Niederl., Ital., Span.

GERBERSHAGEN, Hans-Ulrich

Dr. med., Prof. f. Anästhesiologie Univ. Mainz - Kakteenweg 6, 6500 Mainz 21.

GERBERSHAGEN, Paul

Dr. rer. nat., em. Univ.-Prof. Univ. Koblenz-Landau - Röderstr. 16, 6520 Worms/Rh.

GERCHOW, Joachim

Dr. med. (habil.), em. Prof. d. Rechtsmed. Univ. Frankfurt (s. 1962) - Kennedyallee 104, 6000 Frankfurt/M. - Geb. 26. Juni 1921 Mirow/Mecklenb. - 1954-62 Privatdoz. u. apl. Prof. (1959) Univ. Kiel - BV: D. ärztl.-forens. Beurt. v. Kindesmörderinnen, 1957; Alkohol - Alkoholismus, Lexikon 1980 (gem. m. B. Heberle). Zahlr. Einzelveröff. - 1964 Ehrenmitgl. Asociacion Espanola de Medicos Forensis; 1983 Ehrenmitgl. Dt. Ges. f. Rechtsmed.; 1977 Widmark-Preis, 1981 IAATM-Medaille; 1982 Lothar-Danner-Med. in Silber Bund gegen Alkohol im Straßenverkehr; 1987 BVK I. Kl.; 1987 Senator-Lothar-Danner-Med. in Gold; 1990 Ehrenplak. in Silber d. Landesärztekammer Hessen.

GERCKEN, Günther

Dr. med., Univ.-Prof. f. Biochemie - Kuckucksberg 25, 2073 Lütjensee - Geb. 19. März 1931 Gladbeck - Promot. 1956; Habil. 1965 - S. 1956 Univ. Köln u. Hamburg (1963; 1970 Univ.-Prof. FB. Chemie, Inst. f. Biochemie u. Lebensmittelchemie.

GERCKENS, Franz Josef

Dr., Vizepräsident OLG a. D., Honorarprof. f. Bürgerl. Recht u. Agrarrecht Univ. Bonn/Landw. Fak. (s. 1976) - Gillesweg 10, 5303 Bornheim-Hersel.

GERCKENS, Pierre

Dr. rer. pol., Dipl.-Kfm., Geschäftsführer Verlagsgruppe Georg von Holtzbrinck Stuttgart, Deleg. d. Aufsichtsrates Verlagsgr. Handelsblatt - Kasernenstr. 67, 4000 Düsseldorf 1 (T. 0211 - 8 38 80) - Geb. 24. Juli 1938 - Kaufm. Lehre; Univ. Köln (Dipl.-Kfm. 1966; Promot. 1969). Studienaufenth. USA (Columbia, Princeton) - S. 1968 Handelsblatt GmbH - Spr.: Engl, Franz.

GERDAU, Erich

Dr. rer. nat., Prof. f. Experimentalphysik Univ. Hamburg (s. 1971) - Luruper Chaussee 149, 2000 Hamburg 50.

GERHAHER, Franz

Dr. rer. comm., Dipl.-Kfm., Unternehmer, Kompl. Gebr. Gerhaher & Co, Straubing; gf. Gesellsch. EFKO Feinkost-Konserven GmbH & Co, Arnstorf, Dachziegelwerk Möding GmbH & Co. KG, Landau, EROLIT GmbH Gerhaher & Co, Straubing, u. Parametron EDV GmbH & Co. Software KG, Straubing - Stadtgraben 20, 8440 Straubing (T. 09421 - 2 20 78 u. 2 20 79) - Geb. 13. April 1933 Straubing (Vater: Max G., Bankier †1965; Mutter: Irmgard, geb. Engelen), kath., verh. s. 1962 m. Elisabeth, geb. Koller, 3 Kd. (Florian, Eleonore, Christian) - Gymn. Straubing; Lehre Bankhs. J. Gerhaher; Hochsch. Regensburg, Univ. Hamburg u. München, Hochsch. f. Welthandel Wien (Betriebsw.). Dipl.-Kfm. 1956 München; Promot. 1959 Wien - Vizepräs. IHK f. Niederbayern; AR-Vors. Volksheim-Baugen. e.G., Straubing, Diözesanvermögensverw. d. Diözese Regensburg - BV: D. Stellung d. Bankgewerbes in d. niederbayer. Wirtschaft, 1959 (Diss.) - BVK am Bde. - Bruder: Max G. (s. dort).

GERHAHER, Max

Dipl.-Ing., Fabrikant, Kompl. Gebr. Gerhaher & Co, Straubing; gf. Gesellsch. Dachziegelwerk Möding GmbH & Co. KG, Landau, EFKO Feinkost-Konserven GmbH & Co., Arnstorf, Erolit GmbH Gerhaher & Co., Straubing, Parametron EDV GmbH & Co. Software KG, Straubing - Dr.-Aicher-Str. 3, 8380 Landau/Isar (T. 09951 - 81 22); berufl.: Frühlingstr. 2, 8380 Landau (T. 09951 - 70 17) - Geb. 26. Juni 1937 Straubing (Vater: Max G., Bankier †1965; Mutter: Irmgard, geb. Engelen), kath., verh. s. 1970 m. Christiane, geb. Hindelang, 3 Kd. (Johannes, Ulrich, Katrin) - Oberrealsch. Straubing; Lehre Bankhaus Josef Gerhaher; TH München (Allg. Masch.bau), Dipl.-Ing. 1961 - Mitgl. Vollversamml. d. IHK f. Niederbayern - Bruder: Dr. Franz G. (s. dort).

GERHARD, Edmund

Dr.-Ing., Univ.-Prof. u. Leiter Fachgeb. f. Elektromechan. Konstruktion Univ.-Gesamthochschule Duisburg - Bismarckstr. 81, 4100 Duisburg 1; priv.: Josef-Brocker-Dyk 45, 4150 Krefeld 1 - Geb. 30. Okt. 1937 Hähnlein/Bergstr. - Gastprof. an d. TU Wien, Leit. d. Abt. Mikrosensorik u. Mikroakterik im Inst. f. Mechatronik, Moers. BV: Entwickeln u. Konstruieren m. System, 1979 u. 88; Baureihenentw., 1984; CAE b. d. Baureihenentw., 1987.

GERHARD, Hans

s. Weiß, Hansgerhard

GERHARD, Helmut

Unternehmer, Vorstandsmitgl. VEM, Koblenz - Im Schloßsteinchen 31, 5241 Weitefeld - Geb. 21. Juni 1929 Voorburg/Niederl., ev., verh. s. 1956 m. Lieselotte, geb. Schnittger, 4 S. (Jan, Till, Alexander, Alpay) - Stud. Spr., Maschinenbau, Betriebsw. Univ. Mainz/Germersheim, Hannover, Köln; Dipl.-Kfm. 1954 Univ. Köln; Ausb. in versch. ausl. Betrieben (USA, GB, Belg.) - Berufstätig. in dt., brit., amerikan., belg. Betrieben; Gf. Gesellsch.: s. 1962 Westerwälder Eisenwerk Gerhard GmbH, Gerhard KG, Westaco GmbH, Gerhard Engineering GmbH. VR TÜV Rheinl. - Zahlr. Pat. in d. Ber. Transporttanks u. Containertechn. - Div. Fachart. - Liebh.: Alte Landkarten, Sozio-Linguistik, Tennis - Spr.: Engl., Niederl., Franz. - Rotarier.

GERHARD, Karl-Heinz

Dipl.-Volksw., ehem. Hauptgeschäftsführer Bundessteuerberaterkammer, Bonn (s. 1964), Beiratsmitgl. Dt. Anwalt- u. Notarversich. (s. 1953), Generalsekr. d. Confederation Fiscale Europeenne d'honneur - Weilimdorfer Str. 103, 7000 Stuttgart 30 - Geb. 15. März 1922 Stuttgart (Vater: Heinrich G., Bezirksdir.; Mutter: Elsa, geb. Benz), verh. I) 1947 m. Anita, geb. Bleibaum, 2 Kd., II) 1959 Helga, geb. Hahn, 3 Kd. - Realgymn. Stuttgart; Univ. Heidelberg (1941/42), Frankfurt/M. (1942/43), TH Stuttgart (1946-49; Diplomprüf.) - Werkstudent; Wehrdst. u. Gefangensch.; gf. Sekr. Kammer d. Wirtschaftsprüfer, vereid. Bücherrevisoren u. Steuerberater Württ.-Baden, Gf. Bundesverb. d. vereid. Buchprüfer u. Arbeitsgem. fr. Berufe Baden-Württ. - BV: Textausg. Wirtschaftsprüferordnung, 1961; Steuerberatungsgesetz, 1961 - 1984 BVK am Bde.; 1989 Medaille du Mérite Européen - Liebh.: Geschichte, Literatur, Plakate - Spr.: Franz.

GERHARDS, Fritzdieter

Dr., Intendant d. Schloßfestspiele Ettlingen - Nauweg 18, 6740 Landau 13 (T. 06341 - 3 02 22) - Geb. 2. Febr. 1935 Wuppertal, verh., 2 Kd. - Abit.; Stud. Wien (Promot. 1960) - Regiss. u. Chefdramat. in Wien, Linz, Berlin, Göttingen, Luzern, Oberhausen, Essen u. Köln; 1978-91 Intendant in Oberhausen - üb. 100 Insz. im In- u. Ausl. (Lissabon, Madrid, Zürich, Wien, Berlin), u.a. Insz. d. Rings v. R. Wagner in Madrid u. Catania; Kurzopern in Oberhausen.

GERHARDS, Hans J.

Dr. rer. pol., Dipl.-Kfm., Geschäftsführer Dt. Schlafwagen- u. Speisewagen-GmbH., Frankfurt - Auf dem Gleichen 7, 6000 Frankfurt/M.-Nied. - Geb. 6. April 1921.

GERHARDT, Almut

Dr. rer. nat., o. Prof. f. Biologie u. ihre Didaktik PH Westfalen-Lippe/Abt. Bielefeld - Hobergerfeld 31, 4800 Bielefeld 1.

GERHARDT, Claus

Dr. rer. nat., Wiss. Rat, Prof. f. Mathematik Univ. Heidelberg - Im Neuenheimer Feld 294, 6900 Heidelberg.

GERHARDT, Dietrich

Dr. phil., o. Prof. f. Slavistik (emerit.) - Husumer Str. 13, 2000 Hamburg 20 - Geb. 11. Febr. 1911 Breslau (Vater: Prof. Dr. med. et phil. Ulrich G., zul. Ord. f. Anat. u. Physiol. Univ. Halle/S. (s. X. Ausg.); Mutter: Renate, geb. Zitelmann), ev., verh. I.) s. 1938 m. Susanna, geb. Pfeiffer, II.) s. 1983 m. Walburga, geb. Kreft, 6 Kd. (Ludwig, Christoph, Annette, Matthias, Ulrich, Laura) - Magdalenen-Gymn. Breslau, Stadtgymn. Halle; Univ. Halle (Promot. 1939) u. Breslau - 1940 wiss. Hilfsarb. Kaiser-Wilhelm-Inst. für Phonometrie, Braunschweig, 1946 Lehrbeauftr. Univ. Erlangen, 1948 ao., 1958 o. Prof. Univ. Münster, 1959 Univ. Hamburg, emer. 1977. 1968-72 Präs. Joachim-Jungius-Ges. d. Wiss. - Lit.: Festschr. 1971 u. 1976.

GERHARDT, Eberhard

Dr. agr., Prof., Inst. f. Agrarpolitk Univ. Gießen - Ringallee 83, 6300 Gießen (T. 3 22 81) - Geb. 19. Okt. 1910 Krobitz/Thür. (Vater: Oskar G., Landw.; Mutter: Anna, geb. Turnau), ev., verh. s. 1941 m. Magda, geb. Kirsch, S. Henning - Univ. Breslau 1934-39 (Landw., Nationalök.), Promot. 1939, 1946-48 Univ. Jena, 1949-55 Univ. Rostock, s. 1955 Habil. f. landw. Betriebslehre, Flucht, i.W.s. S. 1958 Habil. f. Agrarpolitik Univ. Gießen, 1963 Diätendoz., 1965 Prof. - BV: Thünens Tellower Buchführung, 2 Bde. 1964; D. Standort d. Forstw. im Wettbew. um d. Raum, 1969; Thünens Beitr. z. forstwirtschaftl. Standorttheorie, 1977; Z. Gesch. d. Agrarwissensch. a. d. Univ. Gießen, 1977. Üb. 50 Einzelarb. Mithrsg.: Thünen, D. isolierte Staat in Bezieh. auf Landw. u. Nationalök. (1966); Agrarw. u. -politik (1969).

GERHARDT, Hans-Jochem

Hotel-Kaufmann, Vorstand Steigenberger Hotels AG, Frankfurt am Main (s. 1971) - Geb. 25. Juli 1930 Swinemünde (Vater: Johannes G., Bankdir.; Mutter: Gertrud, geb. Wessel), verh. s. 1971 m. Gabriele, geb. Kolb, T. Edith - Gymn.; Lehre Hotel- u. Gaststättenkfm. - 1953-56 Dir. Assist. Hess. Staatsbäder, Bad Nauheim; 1957-62 Dir. Kurhotel Bad Schwalbach; 1963-67 Dir. Ferienhotels Land Hessen, Bad Nauheim; 1967-70 Dir. Mövenpick Dtschl., Ludwigsburg.

GERHARDT, Kurt

Dr. jur., Hon.-Prof., Hauptgeschäftsführer Landkreistag Bad.-Württ. (s. 1980) - Sonnenbühl 51, 7000 Stuttgart 70 (T. 76 27 96) - Geb. 25. Jan. 1931 Stuttgart (Vater: Erwin G., Präs.; Mutter: Alwine, geb. Burger), kath., verh. s. 1962 m. Mechtilde, geb. Wiech, S. Andreas - 1950-1955 Stud. Rechtswiss. Univ. Tübingen u. München (Staatsex. 1955 u. 1959), Promot. 1958 - 1962-1980 stv. Hptgeschäftsf. Landkreistag Bad.-Württ. - BV: Landesbeamtenrecht, 1966; Kommentar z. Straßengesetz, 1967; D. kommun. Finanzausgleich, 1968; Verw.-kostenrecht, 1971; Umweltschutzrecht, 1973; Praxis d. Abfallbeseitigung (Handb.) 1980; D. Recht d. Landkr., 1983; Baden-Württemberg heute, 1988 - Liebh.: Gesch. - Spr.: Engl., Franz.

GERHARDT, Ludwig

Dr. phil., Prof. f. Afrikan. Sprachen u. Kulturen - Am Forstteich 8a, 2000 Norderstedt - Geb. 1. Nov. 1938 Halle/S. (Vater: Prof. Dr. Dietrich G.; Mutter: Susanne, geb. Pfeiffer), ev., verh. s. 1969 m. Renate, geb. Windszus, 2 Kd. (Johannes, Anna Katharina) - 1960-67 Stud. Afrikanistik Hamburg; Promot. 1967, Habil. 1974 - S. 1975 Prof. Univ. Hamburg.

GERHARDT, Marlis

Dr. phil., Rundfunkredakteurin - Wittlingerstr. 20, 7000 Stuttgart 30 - Geb. 22. Mai 1940 Stuttgart, verh. s. 1963 m. Albert G. - Abit. 1960 Stuttgart; Stud. Phil., Literaturwiss., Soz. Univ. München u. Stuttgart; Promot. 1968; Volont. SDR - S. 1975 Redakt. Chefredakt. Kultur SDR, Stuttgart - BV: Kein bürgerl. Stern, nichts, nichts konnte mich je beschwichtigen, Ess. z. Kränk. d. Frau, 1982; Jeder Wunsch wird Frivolität genannt, 1983; Stimmen u. Rhythmen, Weibl. Ästhetik u. Avantgarde, 1986. Herausg.: Dt. Essays (1987); E. jeder machte s. Frau aus mir wie er sie liebte u. verlangte - E. Briefwechsel (1987). Aufs. im Kursbuch, Rundfunksend., Publ. in Ztschr. - Spr.: Engl., Franz.

GERHARDT, Renate

Selbständige Verlegerin, Übers., Ausstellungsmacherin - Jenaer Str. 7, 1000 Berlin 31 (T. 030 - 213 77 96) - Geb. 14. April 1926 Berlin, verw., 2 Söhne (Titus Maria, Ezra Maria) - Stud. Philol. (dt., engl., franz.) Univ. Freiburg u. Heidelberg - Mithrsg.: Fragmente: Blätter f. Freunde 1948-51, Fragmente. Intern. Revue f. mod. Dichtung. 1951/52, Fragmente (Taschenbuchreihe 1948-54). Übers.: Ged. u. Ess. v. T. S. Eliot, Ezra Pound, Gertrude Stein, W. C. Williams, Charles Olson, Robert Creeley, Aimé Césaire, Sédar Senghor, Henri Michaux, René Char, Antonin Artaud, Saint John Perse, Basil Bunting, Henry Miller, alle in: Fragmente, 1948-54; Alfred Jarry: Ubu Roi, Ubu Enchaîné, Ubu dans La Butte u.d.T.: König Ubu, 1948; Antonin Artaud: D. Theater u. sein Double, 1948; Um mit d. Gottesurteil Schluß zu machen, 1954; Henry Miller: Remember to Remember, Ausz. u.d.T.: E. Weihnachtsabend in d. Villa Seurat, 1960; Jean-Paul Sartre: Les Sequestrés d'Altona u.d.T.: D. Eingeschlossenen, 1960; Henry Miller: Ganz wild auf Harry; Virginia Woolf: E. Zimmer f. mich allein, 1976; Gail Holst: Rembetika, Musik e. griech. Subkultur, 1978; Erica Jong: Rette sich, wer kann, 1978. Mitübers.: Henry Miller: Wendekreis d. Krebses, 1953; Vladimir Nabokov: Gelächter im Dunkel, 1962; Frühling in Fialta, Erz.; Alfred Jarry: D. Supermann, 1969; Paolo Freire: D. Meth. Paolo Freire; Gordon Cullen: Townscape, d. Vokabular of. Stadt, 1991; Henry Miller: Murder the Murderer, offener Brief an Fred Perlès, 1991 - Spr.: Engl., Franz.

GERHARDT, Ulrich

Dr. phil. nat., Prof. f. Physik - Mammolshainer Weg 8, 6240 Königstein/Ts. - Geb. 6. März 1935 Kassel - Promot. 1965

- S. 1971 (Habil.) Lehrtätigk. Univ. Frankfurt/M. (1972 Prof.). USA-Aufenth. Üb. 30 Facharb.

GERHARDT, Ulrich

Regisseur - Helmstedter Str. 12A, 1000 Berlin 31 (T. 030 - 853 52 33) - B. 1981 RIAS Berlin, b. 1986 SFB.

GERHARDT, Uta

Dr. rer. soc., o. Prof. f. Medizinische Soziologie Justus Liebig Univ. Giessen - Klinikum - Friedrichstr. 24, 6300 Gießen (T. 0641 - 702 24 95) - Geb. 1938 Zella-Mehlis, gesch., T. Agnes - Stud. Univ. Frankfurt u. Berlin (Soziol., Psychol., Gesch., Phil.; Studienstiftg. d. Dt. Volkes) - 1973-74 Univ. Calif., 1974-79 Univ. London, 1986 Univ. Wisconsin; 1988/91/92 Harvard Univ.; s. 1972 Konzil Dt. Ges. f. Soziol., 1980-84 Vorst. Dt. Ges. f. Soziol., 1986ff. Sprecher Sektion Medizinsoziol. Dt. Ges. f. Soziol., 1981-83 Vors. Dt. Ges. f. Med. Soziol., 1983-89 Sprecher d. Bundesrep. Dtschl. Europ. Ges. f. Med. Soziol., 1990ff. Executive Council Europ. Ges. f. Med. Sozial.; 1990-91 Vors. BMFT Sachverst.aussch. "Querschnittsfragen d. Alternsforschung" - BV: Hochsch. in d. Demokr., Monogr. 1965 (m.a.); Rollenanalyse als Krit. Soziol., Monogr. 1971; Herausg.: Stress and Stigma, (m. M.E.J. Wadsworth, 1985); Patientenkarrieren, Monogr. (1986); Frauensituation (m. Y. Schütze, 1988); Ideas About Illness, Monogr. (1989); Gesellschaft u. Gesundheit (1991); Jahrb. Med. Soziol. (1981-85 m.a.) - Spr.: Engl., Franz., Span.

GERHARDT, Walter

Dr. jur., Univ.-Prof. f. Bürgerl. Recht u. Zivilprozeßrecht Univ. Bonn (s. 1972) - Quellenweg 20, 5330 Königswinter 41 (T. 2 30 77) - Geb. 18. Okt. 1934 Düsseldorf (Vater: G. Rudolf, Dipl.-Ing.; Mutter: Anne, geb. Ernst), ev., verh. s. 1964 m. Sybille, geb. Bach, 2 Kd. (Joachim, Urte) - Stud. d. Rechtswiss. Univ. Tübingen, Berlin (Freie), Göttingen - S. 1968 Doz. u. apl. Prof. Univ. Göttingen; Mitgl. Kommiss. z. Reform d. Insolvenzrechts - BV: Befreiungsanspruch, 1966; Gläubigeranfechtung, 1969; Zivilprozeßrecht, Fälle u. Lösungen, 4. A. 1987; Vollstreckungsrecht, 2. A. 1982; Mobiliarsachenrecht, 3. A. 1992; Dassler-Schiffhauer-Gerhardt-Muth, Komm. z. ZVG, 12. A. 1991; Immobiliarsachenrecht, 2. A. 1989; Grundbegriff d. Vollstreckungs- u. Insolvenzrechts, 1985. Zahlr. Fachveröff. u. Festschr.beitr. - BVK I. Kl. - Spr.: Engl.

GERHARDT, Walter

Dr., Botschaftsrat, Wirtschaftsref. Botschaft d. BRD in Indien - 6, Shantipath Chanakyapuri, New Delhi 110021.

GERHARDTS, Max Dieter

Dr. rer. nat., o. Prof. f. Mathematik Univ. Osnabrück (Fachber. Math./Phil.) - Immermannstr. 24, 5000 Köln 41 - Geb. 5. Sept. 1932 Remscheid (Vater: Max G., Kfm. u. Fabr.; Mutter: Charlotte, geb. Thiel), led. - Leibniz-Gymn. Remscheid; Stud. Reine u. angew. Math., Informatik, Phys., Chem., Med. Köln, Bonn, London, Reading (England); 1. u. 2. Staatsex. 1958, Promot. 1960 (Dr. rer nat.) - 1961 Ass. Köln, 1964 Doz. Wuppertal, 1967 ao. Prof. Bremen, 1968 o. Prof. Bremen, 1970 o. Prof. Osnabrück, 1973 Gastprof. London, Forschungsauftr. Univ. London 1973-75, 1977 Math. Berater Med. Univ.klinik Köln, 1978-80 Forschungsauftr. Univ. Köln - Zahlr. Facharb. ü. Mengenlehre, Algebra, Verbandstheorie (Spez. Schrägverbände), Biometrie, publ. i. Ungarn, BRD, Japan, England, Schweiz - BV: Verbandstheorie I, Stuttg. 1972; II Stuttg. 1975; Lehrbuch d. Mathematik, Braunschweig 1976; Zwischenbilanz, Freiburg 1978 - Mitgl. Dt. Mathematiker-Vereinig., Dt. Biometrische Ges., Dt. Roentgen-Ges., The International Biometric Soc., Dt. Hochschulverb., Ges. f. med. Dokumentation u. Statistik, Ges. Dt. Naturforscher u. Ärzte - Spr.: Engl., Franz.

GERHARTZ, Heinrich

Dr. med., Prof., Internist - Teutonenstr. 16, 1000 Berlin 38 (T. 803 60 31) - Geb. 21. Juli 1919 Bonn (Vater: Prof. Dr. med. et phil. Heinrich G., Internist u. Neurologe (s. X. Ausg.); Mutter: Dr. med Elisabeth, geb. Reinicke), ev., verh., 6 Kd. (Sigrid, Ulrich, Helmut, Karin, Antje, Ingo) - Gymn.; Univ. Berlin, Innsbruck, Freiburg, Wien, Med. Psych. Promot. 1943 Berlin - 1945-50 Humboldt- (zul. Oberassist. Pathol. Inst./Charite. S. 1950 Freie Univ. Berlin, Leit. Hämatolog.-onkolog. Abt.; 1958 Privatdoz., 1964 apl. Prof. - Üb. 400 Facharb. (Blutkrankh., bösart. Geschwülste, Chemotherapie) - EK I u. Verwundetenabz. - Gold. Sportabz. - Spr.: Engl.

GERHARTZ, Johannes Günter, S. J.

Dr. jur. can., o. Prof. f. Kirchenrecht - Via S. Nicola da Tolentino 13, 00187 Roma, Italien (T. 67 01 4) - Geb. 7. Nov. 1926 Hamburg (Vater: Balthasar, kaufm. Angest.; Mutter: Elisabeth, geb. Lanser), kath. - Oberrealsch. Hamburg; Hochsch. f. Phil. München (Phil.; Liz. 1954), Phil.-Theol. Hochsch. St. Georgen Frankfurt (Theol.; Liz. 1959), Univ. Gregoriana Rom (Kirchenrecht; Promot. 1965) - S. 1948 Ges. Jesu; s. 1958 Priester - S. 1965 Doz., ao. (1967) u. o. Prof. (1970) PhThH St. Georgen - 1970-72 Rektor; 1972-81 Provinzial d. Norddeutsch. Provinz S.J., Köln; 1982-87 Assist. d. Generals d. Ges. Jesu; 1983-92 Generalsekr. d. Ges. Jesu; s. 1992 Rektor Collegio Germanico Ungar (Rom) - BV: Insuper promitto - D. feierl. Sondergelübde kath. Orden, 1966; Z. Thema Ehescheidung, 1970; Unauflöslichkeit d. Ehe u. kirchl. Ehescheidung, 1971 (auch franz.; beide zus. m. and.); D. rechtl. Ordnung d. Mischehen, 1971 - BVK I. Kl. - Spr.: Engl., Franz., Ital., Latein.

GERHOLD, Karl

Dr. rer. pol., Chef d. Staatskanzlei Sachsen-Anhalt (1990-92) - Hegelstr. 42, O-3010 Magdeburg (T. 050 - 19 00-112) - Geb. 30. Dez. 1950 Altenhusungen, ev., verh. s. 1985 m. Heidelinde, geb. Fink, 3 Töcht. (Tanja, Franziska, Alena) - Stud. Wirtschafts-Sozialwiss. Univ. Göttingen; Dipl. Volkswirt 1975; Promot. 1984 Göttingen - 1986 Leiter d. Intendanz NDR; 1986-88 Geschäftsf. CDU-Fraktion im Nieders. Landtag; 1989/90 Leiter d. Zentralabt. Nieders. Innenmin.; 1990 Landesbeauftragter Nieders. f. Sachsen-Anhalt - BV: D. Bedeutung d. Angebotswachstums f. d. Geldwertentwicklung, 1982 - Spr.; Engl.

GERICKE, Dietmar

Dr. med., Prof. - Thalkirchner Str. 68, 8000 München 2 - Geb. 2. Mai 1922 Berlin (Vater: August G., Landforstm.; Mutter: Hildegard, geb. Dittmar), ev., verh. s. 1945 m. Sigrid, geb. Hartmann, 2 Söhne (Dirk-Steffen, Hubertus) - Promot. 1946 Halle/S.; Habil. 1970 Frankfurt/M. - 1946-50 Assist.arzt Univ. Halle/S., Köln, Bonn; s. 1950 Hoechst AG (Betriebsassist. u. -führer; 1960-79 Leit. Labor f. Krebsforsch.). In- u. ausl. Fachmitgl.sch. Üb. 200 Fachveröff., Handb.- u. Buchbeitr. - Liebh.: Neuere Gesch. - 1940 Reiterabz.; 1959 Gold. Sportabz. - Spr.: Engl.

GERICKE, Reinhard

Dipl.-Volksw., Verwaltungsforscher, Sachbuchautor, Lehrbeauftr. FU Berlin, stv. Vors. d. Sozialdem. Gemeinsch. f. Kommunalpolitik (SGK) Berlin, Geschäftsf. d. gemeinn. Stiftg. Inst. f. Soz.-Demokratie, Leit. d. August-Bebel-Inst. - Müllerstr. 163, 1000 Berlin 65 - Geb. 6. Aug. 1939 Berlin (Vater: Franz G., Beamter; Mutter: Gerda, geb. Stolley), 3 Kd. (Nikola, Pamela, Karolin) - Stud. FU Berlin - 1975-81 Bez.stadtrat f. Volksbildung Berlin-Kreuzberg. SPD (1967-75 Bezirksverordn. Kreuzberg; 1971-75 stv. Fraktionsvors.) - BV: Leitfaden z. Ausländerarbeit in Berlin, 1983, 2. A. 1985; D. Bezirksverordnetenvers. v. Berlin (West), 1986/87; Hilfe z. Selbsthilfe durch Trägermodelle b. d. Altbauerneuerung, Forschungsber. 1986 - Spr.: Engl., Franz, Latein.

GERICKE, Walter

Generalmajor d. Bundeswehr a. D. - Altenburger Str. 50, 6320 Alsfeld/Hessen (T. 06631-23 60) - Geb. 23. Dez. 1907 Bilderlahe, ev., verh. s. 1938 m. Ruth, geb. Kolb, 2 Kd. (Hans Dietrich, Christine) - Abit. Berlin; Stud. Rechtswiss. u. Gerichtsmed.; 1929 Eintritt Schutzpolizei, 1935 als Oberlt. u. Kompanieführer Übernahme Luftwaffe (Fallschirmjäger) - 1944 Beförderung z. Oberst u. Kdr. II. Fjg. Div.; 1945-47 brit. Gefangenschaft; dan. Geschäftsf. in e. Textilkaufhaus; Überparteiliche kommunale Tätigk., 1952 Stadtrat Kreisstadt Alsfeld f. Wirtsch. u. Verkehr, Vors. gemeinn. Bau- u. Siedlungsgem. Alsfeld u.a., Bundesvors. Verb. ehem. Fallschirmjäger u. Schriftleit. d. Ztschr. D. Fallschirmjäger; 1956 Übern. als Oberst in d. Bundeswehr z. Aufstellung e. Fallschirmjägertruppe; b. 1962 Kommandeur d. Luftlandesch. d. Bundeswehr; 1961 Brigadegeneral; 1963 Generalmajor; 1962-65 Kommandeur d. 1. LL-Div. d. Bundeswehr - Zahlr. Bücher üb. Ausbild. u. Kriegseinsätze d. Fallschirmtruppe: Soldaten fallen v. Himmel, 1940; Fallschirmjäger hier u. da, 1941; V. Malemes b. Chania, 1943; Da gibt es kein zurück, 1955; Fallschirmsportspringen, Lehr- u. Handbuch 1962; Hurra wir springen, Ausbild. an d. LL-Schule, 1967; Dort oben auf d. Burglachberg, Bildb. 1976; Altenstädter Notizen - 30 J. LL Schule, 1986 - 1941 Ritterkreuz EK, 1944 Eichenlaub zum RK, Inh. d. silb. Adenauer Med., Gr. BVK d. VO, Gold. Daedalusmed. dt. Aeroclub, Gold. Ehrenmed. Stadt Schongau u. Berufung in d. Gr. Rat d. Stadt, Ehrenring Gemeinde Altenstadt, Silb. Ehrennadel Stadt Alsfeld, Gold. Ehrennadel bayer. Luftsportverb., dt. Aeroclubs u. Verb. d. Reservisten d. Bundeswehr - Liebh.: Militärgesch., Luftsport - Spr.: Engl.

GERIGK, Horst-Jürgen

Dr. phil., Prof. f. Russ. Literatur u. Allg. Lit.wiss. Slaw. Inst. Univ. Heidelberg - Schulgasse 6, 6900 Heidelberg - Geb. 10. Nov. 1937 Berlin, verh. s. 1968 m. Dr. phil. Gabriele, geb. Selge, 4 Söhne (Ernst Robert, Sebastian, Erasmus, Arthur) - Promot. 1964, Habil. 1971, apl. Prof. (1974), Prof. (1979) Univ. Heidelberg - BV: Versuch üb. Dostojewskijs Jüngling, München 1965; Entwurf e. Theorie d. lit. Gebildes, Berlin u. New York, 1975; Unterwegs z. Interpretation, 1989; D. Mensch als Affe in d. dt., franz., russ., engl. u. amerik. Lit. d. 19. u. 20 Jh., 1989; D. Sache d. Dichtung, dargest. an Shakespeares Hamlet, Hölderlins Abendphantasie u. Dostojewskijs Schuld u. Sühne, 1991 - Karl-Friedrichs-Med. f. Preisschrift Philosoph. Fak. Univ. Heidelberg 1963.

GERIGK-GROHT, Silke

Volksschullehrerin a. D., MdL Nordrh.-Westf. (s. 1975) - Harkortstr. 3, 5804 Herdecke/Ruhr (T. 02330 - 48 60) - Geb. 25. Mai 1948 - FDP.

GERINGAS, David

Prof., Musiker, Violoncellist - Weg beim Jäger 151, 2000 Hamburg 61 - Geb. 29. Juli 1946 Vilnius, verh. m. Tatjana Schatz - Ausb. Tschaikowsky-Konservat. Moskau, 1963-73 (Kl. M. Rostropowitsch) - Konz. in aller Welt, 1983 Debut Salzburger Festspiele - 1977 Prof. Hamb. Musikhochsch.; 1980 Prof. Lübecker Musikhochsch. 1981 Mitgl. Akad. d. Fr. Künste Hamburg - 1970 I. Preis u. Goldmed. Tschaikowsky-Wettb. Moskau; 1980 I. Preis Granada Intern. Festival; 1989 Grand Prix du Disque Intern.

GERINGER, Karl-Theodor

Dr. theol., Lic. iur. can., o. Prof. f. Kirchenrecht, insb. Eherecht, Prozeß- u. Strafrecht sow. Staatskirchenrecht Univ. München - Zu erreichen üb. Kath.-Theol. Fak. d. Univ., Geschwister-Scholl-Pl. 1, 8000 München 22 - Geb. 13. April 1937 - B. 1986 Univ. Passau.

GERISCH, Herbert

Direktor, Vorstandsvors. BIG-Heimbau eG (s. 1955), Gf. Gesellsch. BIG Bau-Investitions-Ges. mbH. (s. 1973), bde. Kiel - Hauptstr. 1, 2350 Neumünster - Geb. 15. April 1922 Strohkirchen/Meckl. (Vater: Robert G., Bauer; Mutter: Frieda, geb. Meibohm), verh. s. 1948 m. Gertrud, geb. Plath, 2 Töcht. (Delia, Gabriele) - Realgymn. Ludwigslust (Abit. 1940) - Berufsoffz. - CDU. AR-, VR- u. Beirats-Mand. DRK-Kreisvors. - Kriegsausz., Frhr.-v.-Stein-Med., BVK, Gold. Sportabz. - Liebh.: Jagd - Spr.: Engl.

GERISCH, Peter

Journalist - Fichtenstr. 12, 6370 Oberursel 4 - Geb. 27. Febr. 1931 Den Haag (Niederl.) - Stud. Publiz., German., Kunstgesch., Georgr. Berlin (FU), Sioux Falls/USA (Augustana College), Frankfurt/M. (Univ.) - S. 1956 freiberufl. Reisejourn. (u. a. FAZ) - BV: Gondel, Gas u. weiße Wolken, 1958; Schalom, Schalom - E. Deutscher besucht Israel, 1966. Div. Grieben-Reisef., Frankfurt 1969, D. schönsten Kreuzfahrten 1974, Entd. am Schienenstrang, 1987 - 1965 Cavaliere ital. Orden Al Merito; 1968 burgenl. Ehrenz. 1969 Theodor-Wolff-Preis (f. d. Lokalglossen: Wetterbericht, Zugauskünfte, 1968).

GERKAN, von, Meinhard

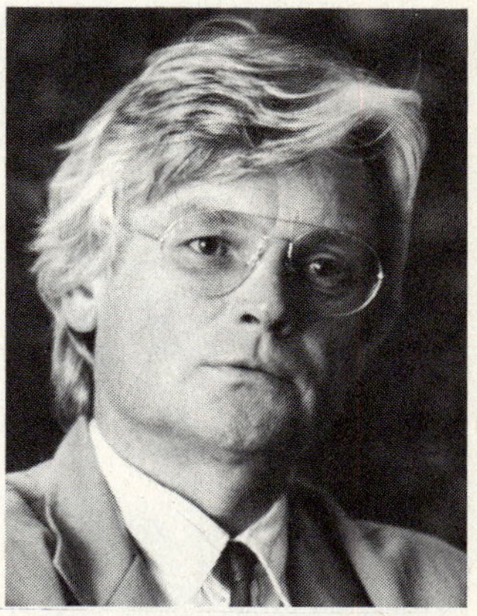

Dipl.-Ing., o. Prof. f. Inst. f. Baugestaltung A TU Braunschweig (s. 1974) - Pockelsstr. 4, 3300 Braunschweig; priv.: Am Hirschpark 3, 2000 Hamburg 55 - S. 1965 freischaff. Architekt in Sozietät m. Volkwin Marg, s. 1974 weit. 4 Partner. Mehr als 80 realisierte Bauvorhaben, u.a. Flughafengebäude Berlin-Tegel, Stuttgart, Algier; Hochschulsportforum, Kiel; Intern. Sportzentr. Luxemburg; Hauptverw. Dt. Shell AG, Hamburg; Hauptverw. Aral AG, Bochum; Hauptverw. Otto-Versand, Hamburg; Bürozentrum DAL, Mainz; Hauptverw. Dt. Lufthansa, Hamburg; Oberpostdir. Braunschweig; Max-Planck-Inst. Lindau-Harz; Betriebswerkst. u. Energiezentrale, Berlin-Tegel; Psychiatr. Kliniken in Ricklingen; Rheumaklinik Bad-Meinberg; Stadthalle Bielefeld; Festhalle Taima/Saudi-Arabien; Hanse-Viertel, Hamburg; Kontorhaus Hohe Bleichen, Hamburg; Marktarkaden Bad-Schwartau; Grindelallee 100, Hamburg; Hillmannresidenz, Bremen; Moorbek-Roundeel, Norderstedt; Europ. Patentamt, München; Innenmin. Kiel; Bundesumweltmin., Bonn; Renaissance-Hotel Ramada, Hamburg; Plaza-Hotel, Bremen; Sheraton-Hotel, Ankara; Justiz-Verw., Flensburg; Amtsgericht, Braunschweig; Moscheen in Taima u. Sulayyil, Saudi-Arabien; Gewerbe- u. Industriebauten, Berlin-Tegel; Parkhäuser in Hamburg, Poststr., u. OPD-Braunschweig; Hillmanngarage, Bremen; Stadtbahnhaltestelle, Bielefeld; div. Wohnbauten in Saudi-Arabien; Energiesparhaus Intern. Bauausst. Berlin; 6 Stadthäuser, Intern. Bauausst. Berlin - BV: Architektur 1966-78, GMP, 1978; Architektur 1978-83, GMP, 1983; Architektur 1983-88, GMP, 1988; D. Verantw. d. Arch., 1984; Alltagsarchitektur, Gestalt u. Ungestalt, 1987. Zahlr. Publ. in nat. u. intern. Fachztschr. sow. reg. u. überreg. Tagesztg., Wochenztschr. - Mitgl. Akad. d. Künste, s. 1972; mehr als 200 Wettbewerbspreise b. nat. u. intern. Wettbew., dar. 68 erste Preise; zahlr. Ausz. f. vorbildl. Arch.

GERKE, Ernst-Otto

Dr. phil., Prof. f. Linguistik d. Deutschen - Hallerstr. 5b, 2000 Hamburg 13 - (Vater: Ernst G., kfm. Angest.; Mutter: Anita, geb. Warncke), verh. m. Galina, geb. Lasarew - B. 1977 Doz., dann Prof. Univ. Hamburg. Hauptarb.geb.: Methodologie u. Gesch. d. Sprachwiss. - BV: D. Essay a. Kunstform b. Hugo v. Hofmannsthal, 1970.

GERKE, Friedrich

Kaufmann, Mitinh. Friedrich Gerke Samengroßhandl. Gartencenter Lippstadt, Ehrenpräs. Verb. Dt. Samenkaufleute u. Pflanzenzüchter - Lipperoder Str. 3, 4780 Lippstadt/W. (T. 5 93 60) - Geb. 29. Aug. 1915 Lippstadt (Vater: Heinrich G., Kaufmann; Mutter: Christine, geb. Poettgen), kath., verh. s. 1945 m. Mathilde, geb. Fritz, 5 Töcht. (Christiane, Elisabeth, Ursula, Susanne, Friederike) - Abitur - 1969 BVK I. Kl. - Liebh.: Philatelie, Sport - Gold. Sportabz. - Spr.: Engl., Franz. - Rotarier.

GERKE, Hans-Willi

Rechtsanwalt, Bürgermeister Stadt Viersen a. D. - Ahornweg 6, 4060 Viersen 11 (T. 5 18 38) - Geb. 19. Aug. 1928 Mülheim/R., kath., verh. s. 1955 m. Elisabeth, geb. Kamp, 2 Kd. (Christoph, Martina) - BVK I. Kl.

GERKE, Karl

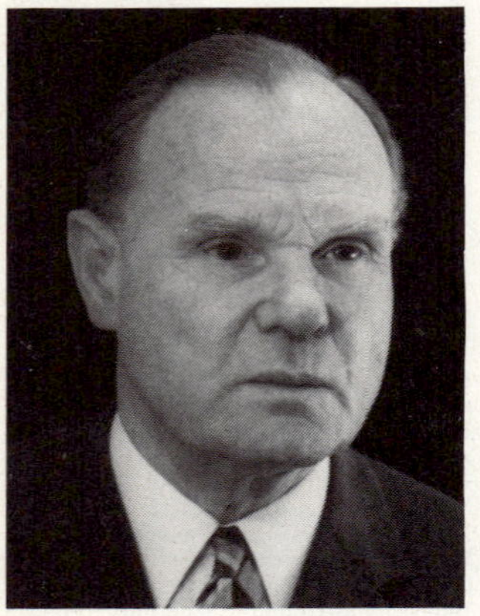

Dr.-Ing., em. o. Prof. für Geodäsie - Spitzwegstr. 19, 3300 Braunschweig (T. 33 86 83) - Geb. 10. Aug. 1904 Braunschweig (Vater: Karl G.; Mutter: Marie, geb. Ehlers), ev.-luth., verh. s. 1935 m. Ruth, geb. Decker, 3 Töcht. (Bärbel, Eva, Dorothea) - TH Braunschweig (Dipl.-Ing. 1932) u. Berlin. Promot. 1947; Habil. 1952 - 1935-38 (Assist.) u. n. 1945 TH Braunschweig (1946 Obering., 1952 Privatdoz., 1957 apl. Prof. f. Geodäsie), ab 1938 Regierungsbaurat Berlin, 1957-62 Oberreg.vermessungsrat u. Reg.dir. (1962) Inst. f. Angew. Geodäsie, II. Abt. Dt. Geodät. Forschungsinst. Frankfurt/M., anschl. Ord. u. Inst.dir. TH bzw. TU Braunschweig (1966-68 Rektor). Mitgl. Dt. Geodät. Kommiss./ Bayer. Akad. d. Wiss. (1967-72 Präs.) u. Dt. Union f. Geodäsie u. Geophysik (1968-73 Präs.) - Br. Wissenschaftl. Gesellschaft (1971-77 Präs.) - Lions Club Br. (1972-73 Präs.) - Liebh.: Sport, Kunst, Philatelie, Archivforsch. - Spr.: Engl., Franz.

GERKE, Wolfgang

Dr. rer. pol., o. Prof. f. Betriebswirtschaftslehre u. Bankbetriebslehre Univ. Mannheim - Weinstr. 104, 6730 Neustadt - Geb. 3. Febr. 1944 Cuxhaven, ev., verh. - Abit. 1965 Karlsruhe; Dipl.-Kfm. 1970 Saarbrücken; Promot. 1972 Frankfurt/M.; Habil. 1977 - 1978 o. Prof. Univ. Passau, 1981 Univ. Mannheim (Schrifttum z. Geld-, Bank- u. Börsenwesen) - Spr.: Engl., Franz.

GERKEN, Hartmut

Dr. med., Prof., Klinikdirektor, Städt. Kinderklinik Oldenburg - Cloppenburger Str. 363, 2900 Oldenburg/O. - Geb. 11. Sept. 1934 Hildesheim - Promot. 1961 - S. 1972 (Habil.), apl. Prof. f. Kinderheilkd. (1977) Univ. Kiel u. (1988) Univ. Göttingen (nach Umhabil.) Vorst.-Mitgl. d. Diakon. Werkes d. Oldenb. Landeskirche. Fachveröff. - Spr.: Engl., Franz.

GERKEN, Horst

Dr.-Ing., Prof. f. Planungstechnik Univ. Hannover (Fachbereich Architektur) - Gerlachstr. 26, 3000 Hannover 1.

GERKEN, Johann H.

Reeder (Oeltrans Befrachtungsges. mbH & Co., Beteiligungsges. Oeltrans mbH, Vegoel Schiffahrts-GmbH, alle Hamburg) - Katharinenstr. 33, 2000 Hamburg 11 (T. 040 - 36 28 04); priv.: Friedrichstr. 31, 2110 Buchholz - Geb. 6. Sept. 1932 Osterholz-Scharmbeck (Eltern: Hinrich u. Rebekka G.), verh. m. Renate, geb. Coorssen, 3 S. (Thomas, Andreas, Stefan) - Div. Ehrenämter - Liebh.: Malerei, Kunstgesch., Tennis.

GERL, Andreas

Dr. jur., Rechtsanwalt, MdA Berlin (s. 1973) - Gelfertstr. 38, 1000 Berlin 33 - Geb. 11. Nov. 1943 Fürstenwalde, verh. - SPD.

GERL-FALKOVITZ, Hanna-Barbara

(Autorenname: Gerl) Dr. phil. habil., Prof. f. Philosophie an d. PH Weingarten (s. 1989) - Farinellistr. 10, 8000 München 40 (T. 089 - 300 22 63) - Geb. 23. Nov. 1945 Oberwappenöst/Oberpf., kath., verh. s. 1986 m. Dipl.-Ing. Yury Falkovitz - 1970 Promot., 1979 Habil. Univ. München - 1975-84 Studienleiterin auf Burg Rothenfels/M.; 1980-89 Priv.doz. f. Phil. München - BV: Rhetorik b. Lorenzo Valla, 1970; Philologie b. Leonardo Bruni, 1981; Romano Guardini, 3. A. 1987; D. bek. Unbekannte. Frauen-Bilder, 2. A. 1989; Einführung in d. Philosophie d. Renaissance, 1988; Edith Stein, 1991; Wider d. Geistlose im Zeitgeist, 1992; Zwischen zwei Feuern, 1992 - Spr.: Lat., Ital., Franz., Engl.

GERLACH, Alexander

Dr.-Ing. habil., Dr.-Ing., Prof. f. Verkehrswegebau - Quantelholz 14, 3000 Hannover - Geb. 7. Jan. 1933 München - Promot. 1967; Habil. 1971 - S. 1978 Prof. Univ. Hannover. 1989 Partner Ingenieurgem. f. Straßen- u. Verkehrswesen, Hannover u. Wuppertal. Facharb., auch Bücher.

GERLACH, Dieter

Dr. med., Prof. f. Rechtsmedizin - Inst. f. Rechtsmedizin Univ. Münster, 4400 Münster (T. 0251 - 83 51 51) - Geb. 7. Juni 1935 Duisburg, ev., verh. s. 1961 m. Heiderose, geb. Goerigk, 4 Kd. (Verena, Martin, Ilka, Edda) - Altsprachl. Gymn. Minden; Stud. German. u. Med. Münster u. Gießen; Med. u. Psych. Münster, Habil. 1976 - 1965 Wiss. Assist. Rechtsmed. Münster, 1969 Akad. Rat Heidelberg, 1979 Prof. f. Rechtsmed. Münster; 1983-90 Dekan d. Med. Fak. ebd.

GERLACH, Eckard

Dr. rer. nat., Prof., Physiker - Walhorner Str. 1a, 5100 Aachen - B. 1973 Privatdoz. Univ. Würzburg, dann Wiss. Rat u. Prof. TH Aachen.

GERLACH, Eckehart

Dr. med., o. Prof. u. Vorstand Physiol. Inst. Univ. München (Herz- u. Zellphysiol.) - Pettenkoferstr. 12, 8000 München 2 (T. 089 - 5996-388) - Geb. 2. April 1927 Göttingen (Vater: Walter G., Oberstudiendirektor; Mutter: Elisabeth, geb. Küch), verh. 1954 m. Dr. med. Ingrid, geb. Bues † 1977, 3 Kd. (Imke, Evelin, Tilman), wiederverh. s. 1981 m. Christine, geb. Günther - Univ. Göttingen u. Heidelberg. Promot. 1953; Habil. 1960 - Doz. u. wissenschaftl. Rat Univ. Freiburg (1960-66), apl. Prof. (1966), o. Prof. u. Vorst. Abt. Physiol. Med. Fak. TH Aachen (1966-74), o. Prof. u. Vorst. Physiol. Inst. Univ. München (s. 1974). 1990 Präs. d. Erich-Frank-Ges. e.V. München z. Förd. d. deutsch-türkischen Beziehungen in d. Med. - Fachveröff. Mitherausg. v. Kongreßber. u. Fachzeitschr. - 1980 Paul Morawitz-Preis d. Dt. Ges. f. Herz- u. Kreislaufforschung; 1991 Ehrenmitgl. Physiol. Ges. d. Türkei - Spr.: Engl.

GERLACH, Hans

Dr.-Ing., stellv. Aufsichtsratsvorsitzender der Gerlach-Werke GmbH. - 6650 Homburg/Saar - Geb. 1. Aug. 1924.

GERLACH, Harald

Schriftsteller - Curie-Str. 14, O-5091 Erfurt - Geb. 7. März 1940 Bunzlau/Schlesien - BV: D. Graupenhaus, 1976; Mauerstücke, 1980; Spiele, 1982; Gehversuche, 1985; Jungfernhaut, 1987; Abschied v. Arkadien, 1988; Folgen d. Lust, 1990; Einschlüsse. Aufbrüche, 1991, u.a. - 1985 Fürnberg-Preis; 1990 Intern. Hörspielpreis von terre des hommes.

GERLACH, Horst-Henning

Dr.-Ing., Prof. Fabrikorganisation - Rodenbusch 22, 4030 Ratingen 5 - Geb. 28. Jan. 1928 Königsberg/Pr., ev., verh. - 1950-54 TH Hannover (Maschinenbau; Dipl.-Ing. 1954, Promot. 1961) - 1961-72 DEMAG AG., Duisburg; s. 1972 Univ. Dortmund (Wiss. Rat u. Prof. bzw. Ord.) - 1976 VDI-Ehrenplak.

GERLACH, Johann Wilhelm

Dr. jur., Prof. f. Bürgerl. Recht, Handels- u. Zivilprozeßrecht FU Berlin - Riemeisterstr. 24, 1000 Berlin 37 - BV: D. Untervollmacht, 1967; D. Haftungsordnung d. §§25, 28, 130 HGB, 1976; Radikalenfrage u. Privatrecht, 1978; Kommentierung d. §§ 13 ff. AGB-Ges., Münchener Kommentar, Bd. 1 1978 - Spr.: Franz., Span., Engl.

GERLACH, Knut

Dr. rer. pol., Prof. f. Polit. Wirtschaftslehre u. Arbeitsökonomie Univ. Hannover - Liepmannstr. 9b, 3000 Hannover 91 - Geb. 1. Sept. 1940 Groß-Zeißig/Schles. (Vater: Karl G., Lehrer; Mutter: Hanna, geb. Krzyzek) - Univ. Göttingen u. Montpellier - Zul. Wiss. Assist. Regensburg - BV: D. Entwicklungsbeitrag v. Bildungsinvestitionen, 1969; Grundl. d. Regionalök. (m. Buttler u. Liepmann), 1977; Arbeitsmarktstrukt. u. -prozesse (m. Biehler u. a.), 1981; Effizienzlohntheorie, Individualeinkommen u. Arbeitsplatzwechsel (m. O. Hübler), 1989 - Spr.: Engl., Span., Franz.

GERLACH, Rolf

Dr., Wirtschaftsjurist, Unternehmerberater u. Psychotherapeut - Steiermarkstr. 10, 8000 München 60 (T. 089 - 56 66 60) - Geb. 7. Sept. 1919 Leipzig (Vater: Hermann G., Synd.; Mutter: Frieda, geb. Sonntag), ev., verh. s. 1942 m. Waldtraut, geb. Goeden, 2 Kd. (Carola †, Reinhart †) - 1940 Kriegsch. Potsdam, 1944 Hptm. - 1947 Vorstandsmitgl. Union-Bau-AG; 1949 Generalsekr. Reichsverb. Dt. Volkswirte; 1949 Vors. Vereinig. Wirtsch.jur. in d. BRD; 1950 Beirat d. Dt. Anwalt- u. Notar-Versich., Hamburg; 1958 Mitgl. Geschäftsltg. Thiering KG, Stuttgart; 1961 Verw.dir. Henri Fayol Stiftg., Straßburg-Kehl, 1972 Dir. d. Arbeitswiss. Inst. d. GbP, München; 1967 Hon.-Prof. Hochsch. f. Soz.wiss. Chur - BV: Zulässige Betriebsvereinbarungen, 1963; D. Grenzen d. Ausgabenpolitik d. Gemeinden n. dt. u. österr. Recht, 1965; D. immanenten Grenzen d. Meinungsfreiheit, 1967; Soldatenbeförderungen, 1969; Personalplanung u. -org. im mittelständ. Betrieb, 1972; Rechtsfragen d. Verkaufs.Material z. Fortb. industr. Verkaufsleit. im RKW, 1972; Wirtschaftsjurist, 1976/83/87 - 1968 Ehrenmitgl. Chefsekr.innen-Bund u. 1974 Dt. Syndici-Verb.; 1975 Vereinig. d. Wirtschaftsjuristen in d. BRD - Liebh.: Segeln, Bergwandern, Filmen - Spr.: Engl., Franz., Serbokroat.

GERLACH, Sebastian A.

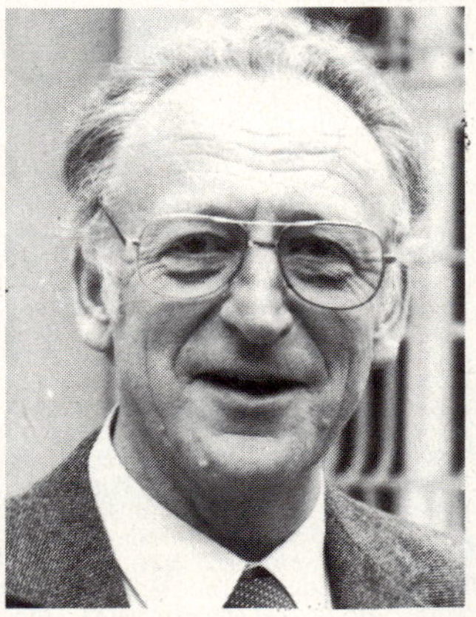

Dr. rer. nat., em. Prof. Inst. f. Meereskunde Univ. Kiel (1981-91) - Stubenrauchstr. 14, 2312 Mönkeberg (T. 0431 - 23 17 24) - Geb. 17. Jan. 1929 Berlin (Vater: Dr. Richard G., Schriftst.; Mutter: Bertha, geb. Graef), ev., verh. s. 1960 m. Dr. Christine, geb. Hempel, 3 Kd. (Cornelia, Erasmus, Julia) - Univ. Kiel (Zool., Botanik, Geol.). Promot. (1951) u. Habil. (1956) Kiel - S. 1956 Lehrtätigk. Univ. Kiel (Privatdoz.) u. Hamburg (1961 Diätendoz., 1963 apl. Prof. f. Zool.). Gastforscher Univ. Pisa (1952) u. Sao Paulo (1954), 1964-74 u. 1977-81 Dir. Inst. f. Meeresforsch. Bremerhaven, Prof. f. Meeresbiologie Univ. Kopenhagen (1975-76); 1981-91 Prof. f. Benthosökol. u. Dir. Abt. Meeresbotanik Inst. f. Meereskunde Univ. Kiel - BV: Meeresverschmutzung, 1976; Marine Pollution, 1981 (russ. Übers. 1985); Stickstoff Phosphor Deutsche Bucht u. Kieler Bucht, 1990 (engl. Übers. 1990). Fachveröff. - Spr.: Engl. - Rotarier.

GERLACH, Siegfried

Dr. phil., Prof. f. Geographie PH Ludwigsburg (s. 1987) - Reichenaustr. 12, 7410 Reutlingen - Geb. 1. März 1930 - B. 1987 Prof. PH Reutlingen - BV: D. Warenhaus in Deutschland. Seine Entwicklung b. z. Ersten Weltkrieg in historisch-geographischer Sicht, 1988; Grands magasins. Pariser Warenhäuser im 19. u. 20. Jh. (Fotogr. v. Dieter Sawatzki), 1989; D. dt. Stadt d. Absolutismus im Spiegel barocker Veduten u. zeitgenössischer Pläne, 1990; Gaudi-Führer d. Barcelona (Fotogr. Martin Thomas), 1991.

GERLACH, Ulrich

Dr. med., o. Prof. f. Innere Medizin, insb. Stoffwechselkrankh. u. Gastroenterologie, em. Dir. Med. Univ.-Klinik u. Poliklinik, Dir. im Inst. f. Arterioskleroseforsch. Univ. Münster - Saarbrücker Str. 99, 4400 Münster/W.

GERLACH, Walter

Dr.-Ing., Präsident Bundesbahndirektion Nürnberg a.D. - Münchener Str. 12, 8031 Gilching-Argelsried - Geb. 15. Juni 1914.

GERLACH, Willi

Dr. phil. nat., o. Prof. f. Halbleitertechnik TU Berlin (gf. Dir. Inst. f. Werkstoffe d. Elektrotechnik) - Am Hirschsprung 7, 1000 Berlin 33.

GERLICH, Alois

Dr. phil., o. Prof. f. Geschichte - Fritz-Philippi-Str. 13, 6200 Wiesbaden - Geb. 24. Sept. 1925 Mainz (Vater: Anton G., Lehrer; Mutter: Maria, geb. Richardt), kath., verh. s. 1953 m. Ursula, geb. Hlubek, T. Ursula - Univ. Heidelberg u.

Mainz (Gesch., German., Phil., Theol.). Promot. (1948) u. Habil. (1959) Mainz - S. 1959 Lehrtätigk. Univ. Mainz (1965 apl. Prof.; 1969 Honorarprof.) u. Phil.-Theol. Hochsch. Bamberg (1965 ao. Prof.). 1973 o. Prof. Univ. Mainz, Mitgl. Histor. Kommiss. Nassau (1960), Hessen Darmstadt (1965), Ges. f. Fränk. Gesch. (1966), Ges. Rhein. Gesch.skde. (1970), Histor. Kommiss. Hessen, Marburg (1975), Kommiss. Saarländ. Landesgesch. (1975) - BV: Habsburg-Luxemburg-Wittelsbach im Kampf um d. dt. Königskrone, 1960; Studien z. Landfriedenspolitik König Rudolfs v. Habsburg, 1963; Rhein. Kurfürsten u. dt. Königtum im Interregnum, 1969; Interterrit. Systembildungen, 1975; Frühes Weistumsrecht, 1977; D. Hist. Sem. d. Univ. Mainz, 1980; D. rhein. Pfalzgrafschaft in d. frühen Wittelsbacherzeit, 1980. Mithrsg.: Geschichtl. Landeskd. (1963 ff.) - Spr.: Lat., Franz., Engl.

GERLICH, Wolfgang

Dipl.-Volksw., Prof. f. Unternehmensführung u. Org., Datenverarb. u. Firmenfinanz. Gesamthochschule Paderborn (Fachbereich Maschinentechnik II/ Meschede) - Unterer Handweiser 10, 5778 Meschede.

GERLING, Walter

Konsul, Versicherungskaufmann - Kapellenstr. 6, 5489 Aremberg - Geb. 24. Okt. 1918 Köln, 4 Kd. - 1939-45 Wehrdst. - Liebh.: Jagd, Reiten, Sportschießen, Fliegen - Chevalier Ordre de la Couronne - Mitgl. Lions Intern. - Eltern s. Hans G. (Bruder).

GERLOFF, Johannes

Dr. rer. nat., Prof., Direktor Botan. Garten u. Bot. Museum - Königin-Luise-Str. 6-8, 1000 Berlin 33 - Geb. 26. Febr. 1915 - Promot. 1940 Berlin - S. 1966 verantw. Tätigk. Bot. Mus. Bücher (Mitverf.) u. Einzelarb.

GERMAN, Rüdiger

Dr. rer. nat., Prof. - Lieschingstr. 2, 7400 Tübingen (T. 6 15 62) - Geb. 26. Jan. 1926 Göppingen (Vater: Dr. Wilhelm G., Oberstudiendir. a. D.; Mutter: Myrtha, geb. Spohn), gesch., 3 Kd. - S. 1960 (Habil.) Lehrtätigk. Univ. Tübingen (apl. Prof. f. Geol.). Spez. Arbeitsgeb.: Quartärforsch. u. Landschaftspflege. Ca. 110 Fachaufs. - 1972-81 Leit. d. Bezirksstelle f. Naturschutz u. Landschaftspflege Reg.bez. Tübingen - BV: Studienbuch Geologie, 2. A. 1975; Einführ. in d. Geologie, 1979, 80, 85, 88; Naturschutz u. Landschaftspflege, 1982 - Liebh.: Familiengesch., Wandern.

GERMANN, Klaus

Dr. rer. nat., Dipl.-Geol., Prof. f. Lagerstättenforsch. TU Berlin - Am Postfenn 3, 1000 Berlin 19 - Geb. 23. März 1938 - 1972-88 Prof. f. Angew. Geologie FU Berlin.

GERMANN, Klaus

Dr., Rechtsanwalt, Geschäftsf. Zentralverb. d. Dt. Pfandkreditgewerbes - Zu erreichen üb. Zentralverb. d. Dt. Pfandkreditgewerbes, Hopfauerstr. 61, 7000 Stuttgart 80.

GERMAR, Manfred

Dipl.-Kfm., Bezirksleiter d. Westd. Lotterie GmbH & Co., Köln, Beiratsmitgl. Kölner Bank v. 1867, pers. Mitgl. NOK u. Gutachter-Aussch. Stiftg. Dt. Sporthilfe., Präsident ASV Köln - An d. Wallburg 33, 5060 Bergisch Gladbach 1 - Geb. 10. März 1935 - Bek. Leichtathlet (Sprinter).

GERMER, Erich

Dr. phil., Univ.-Prof. f. Englisch Univ. Koblenz-Landau, Abt. Landau - Slevogtstr. 28, 6741 Leinsweiler/Pf. - Geb. 11. März 1924 Stargard/Pom. (Vater: August G., Schlosser; Mutter: Julie, geb. Rompel), ev., verh. s. 1946 m. Gisela, geb. Timm, T. Iris - Lehrerprüf. 1947 u. 1950 Dortmund; Realschullehrerprüf. 1951 ebd.; Wiss. (1955) u. Päd. Prüf. f. d. Lehramt an höh. Schulen 1956 Münster; Promot. 1963 ebd. - 1947-65 Schuldst. (zul. Studienrat Westf.); 1965-72 Doz. PH Nürnberg; s. 1972 Ord. EWH Rhld.-Pf. (heute Univ. Koblenz-Landau) - BV: D. Aussprache im Englischunterr., 3. A. 1975; Didaktik d. engl.Ausspr., 1980; Großbritannien entdecken. Kulturgeschichtl. Stätten in England, Wales u. Schottland, 1989; London. Geschichte u. kulturgeschichtl. Stätten d. britischen Hauptstadt, 1992 - Spr.: Engl.

GERMER, Henning

Dr. rer. nat., Präsident i.R. Wiss. Landesprüfungsamt Berlin - Am Heidehof 26, 1000 Berlin 37 (T. 801 43 91) - Geb. 24. Sept. 1925 Braunschweig (Vater: Georg G., Kammermusiker; Mutter: Ellen, geb. Westenhoff), ev., verh. s. 1955 m. Christa, geb. Ulbrich, 4 Kd. (Martin, Uta, Roland, Renate) - Gymn. Martino-Katharineum; TH Braunschweig (Math., Phys., Chem., Phil., Päd.), 1. Staatsprüf. f. d. Lehramt an Höh. Schulen 1952 Göttingen, Promot. 1955 Würzburg - 1952 Wiss. Assist. Univ. Würzburg; 1957 Reg.srat Berlin, 1962 Oberreg.srat, 1963 Reg.sdir., 1969 Oberschulrat, s. 1975 Ltd. Oberschulrat u. Leit. Wiss. Landesprüfungsamt Berlin u. Staatl. Prüfungsamt f. Übers. u. Dolmetscher, Sekr. Staatswiss. Ges. zu Berlin v. 1883. Beitr. z. Didaktik d. Math., 1973.

GERMER, Rudolf

Dr. phil., Prof. f. Engl. Philologie Univ. Köln - Am Serviesberg 13, 5000 Köln 41 (Müngersdorf; T. 49 33 48) - Geb. 17. Aug. 1927 Freiburg/Br. (Vater: Emil G., Kaufm.; Mutter: Margarete, geb. Würz), kath., verh., 1 Tochter - Zuvor Univ. Tübingen.

GERMER, Wolfdietrich

Dr. med., Prof., Chefarzt i. R. (Internist) - Bitterstr. 7b, 1000 Berlin 33 (T. 831 17 20) - Geb. 16. Aug. 1911 Magdeburg (Vater: Dr. med. Paul G.), ev., verh. in 2. Ehe (1956) m. Dr. phil. Barbara, geb. Heier, 3 Kd. (Ulrike, Stefan, Christoph) - Univ. Berlin, Innsbruck, München (Promot. 1936). D. T. M. H. 1939 London - Assist. Prof. Schittenhelm (München), Auler (Berlin), Volhard (Frankfurt/M.), Ibañez (Las Palmas), Knorr (Würzburg), Bennhold (Tübingen), Downie (Liverpool), 1950-51 Stip. British Council, 1952-58 Oberarzt Med. Univ.klinik Tübingen, 1954 Chefarzt Innere Abt. DRK-Hospital f. Korea, 1958-76 Chefarzt Innere Abt. Städt. Wenckebach-Krkhs. Berlin-T'hof. S. 1949 (Habil.) Lehrtätigk. Univ. Tübingen (1955 apl. Prof.) u. FU Berlin (1958 apl. Prof.). 1958-78 Dt. Vertr. Weltkinderhilfswerk; 1972-89 Geschäftsf. Kongreß-Ges. f. ärztl. Fortbildg., Berlin - BV: Viruserkrank. d. Menschen, 1954 (auch span.); D. Opisthorchiasis, 1962 (Jena); Anaphylaxie u. Allergie, 1965; Infektiöse u. invasive Erkrank., 1966, 70, 73, 76, 77, 82, 87; Herpes zoster, 1981; Impfstoffe u. Seren, 1973, 81; Therapie d. Infektionskrankheiten, 1976; Taschenb. d. Infektionskrankheiten, 1978, 82, 87 - 1972 Gr. BVK; Ehrenz. d. DRK - Liebh.: Bild. Kunst - Spr.: Engl.

GERMERDONK, Rolf

Dr.-Ing., Univ.-Prof. f. Verfahrenstechnik/Chemieingenieurwesen Univ. Kaiserslautern - Im Grundbirngarten 7, 6750 Kaiserslautern 32 - Geb. 19. Mai 1927.

GERMERSHAUSEN, Raimund

Dr.-Ing., Vorsitzender d. Geschäftsfg. Rheinmetall GmbH, Düsseldorf, Vorstandsmitgl. Rheinmetall Berlin AG - Zu erreichen üb. Rheinmetall GmbH, Postf., 4000 Düsseldorf - Geb. 26. Juni 1935 Braunschweig (Vater: André G., Architekt; Mutter: Erika, geb. Behrens), kath., verh. s. 1962 m. Bergit, geb. Herrmann, 2 Söhne (Thomas, Matthias) - Gymn. Braunschweig; 1955-59 TU ebd. (Dipl.-Phys.), 1960-63 Hochsch.assist. TU Clausthal (Promot. 1962) - S. 1963 Rheinmetall, Düsseldorf. Patente u. Veröff. - Spr.: Engl., Franz.

GERNDT, Fritz

Geschäftsführer Industrie- u. Handelskammer d. Saarlandes - Franz-Josef-Röder-Str. 9, 6600 Saarbrücken 1; priv.: Am Osterberg 3, 6682 Ottweiler 1 - Geb. 14. Sept. 1938 Finsterwalde/NL. (Vater: Hans G., Kaufm.; Mutter: Charlotte, geb. Sieler), ev., verh. s. 1965 m. Helga, geb. Strobel, 3 Kd. (Ulrich, Evelyn, Friederike) - Goethe-Obersch. Finsterwalde; Univ. Berlin (Humboldt) u. Saarbrücken - Rundfunkvolontär, Wirtschaftsredakt., Handelskammer-Ref., 1974ff. Gf. - Liebh.: Jagd - Spr.: Russ., Franz.

GERNDT, Helge

Dr. phil., Prof. f. Volkskunde - Gräfelfinger Str. 95a, 8000 München 70 (T. 71 86 66) - Geb. 16. Sept. 1939 Dresden, verh., 1 Kd. - Stud. Kiel u. Wien - 1980 Ord. f. Dt. u. vergl. Volkskunde Univ. München - 1987 1. Vors. d. Dt. Ges. f. Volkskunde - BV: Fliegender Holländer u. Klabautermann, 1971; Vierbergelauf. Gegenwart u. Gesch. e. Kärntner Brauchs, 1973; Kultur als Forschungsfeld. Üb. volkskundl. Denken u. Arbeiten, 1981, 2. A. 1986; Studienskript Volkskunde. E. Handreichung f. Studierende, 1990. Herausg.: Volkskunde u. Nationalsozialismus (1987); Stereotypvorstellungen im Alltagsleben (1988); Fach u. Begriff „Volkskunde" in d. Diskussion (1988).

GERNER, Berthold

Dr. phil., Prof. f. Allg. Pädagogik - Metzstr. 53, 7410 Reutlingen 1 - Geb. 18. Aug. 1922 Karlsruhe (Vater: Ignaz G., Bahnbeamter; Mutter: Anna, geb. Kipple), kath., verh. s. 1946 m. Anneliese, geb. Walzenbach, 5 Kd. (Marianne, Brigitte, Hildegard, Elisabeth, Martin) - Lehramtsprüf. f. Volkssch. 1946 Karlsruhe; Promot. (Päd.) 1967 Würzburg - 1946-68 Volks- u. Realschullehrer; 1968-87 Doz. u. Prof. (1971) PH Reutlingen (aufgelöst) - BV: Otto Willmann im Alter, 1968; D. Lehrer - Verhalten u. Wirkung, 4. A. 1974; Einf. in d. Päd. Anthropol., 1974 (jap. 1975), 2. A. 1986; Lit. üb. d. Lehrer, 1975; Selbstverständnis v. Lehrern, 1976; Lehrer sein heute, 1981; Schulalltag verändern!, 1982; Pathol. d. Erziehung, 1984; Guardinis Bildungslehre, 1985. Div. Herausg.

GERNERT, Dieter

Dr. rer. nat., Dr. oec. habil., Prof. f. Angew. Informatik - Hardenbergstr. 24, 8000 München 50 (089 - 140 19 10) - Geb. 1938 Nürnberg - Dipl.-Math. 1965, Dipl.-Phys. 1968, Promot. 1972 u. 1975 - S. 1975 Priv.-Doz., s. 1978 Prof. TU München - BV: Einführung in d. Datenverarbeitung f. Juristen, 1974; Benutzernahe Programmiersprachen, 1976. 50 Aufs. in Fachztschr. Mithrsg. d. Ztschr. Cognitive Systems.

GERNERT, Wolfgang

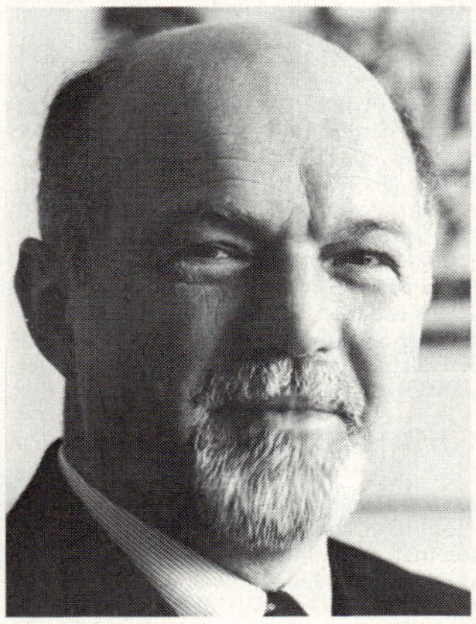

Dr. phil., Dr. paed., Landesrat b. Landschaftsverb. Westf.-Lippe (Leiter Landesjugendamt, s. 1989), Honorarprof. d. Westf. Wilhelms-Univ. Münster - Irisweg 23, 4700 Hamm 5 (T. 02381 - 6 07 08) - Geb. 12. Juni 1937 Halle/S. (Vater: Johann G., Werkm.; Mutter: Cäcilia, geb. Herkenrath), kath., verh. s. 1962 m. Marie-Luise, geb. Gehrke, 3 Kd. (Stefan, Martin, Christiane) - 1962-77 Stud. Dortmund, Paderborn, Bochum (Päd., Soz.wiss. u. a.; Dipl. 1973 Paderborn u. 1977 Bochum; Promot. 1979 Paderborn, 1984 Duisburg) - 1962 Sozialarb. Dortmund, 1963 Stadtjugendpfleger, 1970 Jugendamtsleit., 1972 Lehrer sozialpäd. Fachsch., 1981-89 Prof. f. Sozialverw. u. -plan. Univ.-GH Essen. Vors. Bundesarbeitsgem. Aktion Jugendschutz (Mainz) - BV: Jugendhilfe, 3. A. 1978; Verw. Jugend, 2. A. 1981; Jugendschutz u. Erzieh. z. Mündigk., 1985; Kommentar z. Gesetz z. Schutze d. Jugend in d. Öffentlichk. (m. M. Stoffers), 1985; Jugend in Paderborn (m. M. Stoffers), 1987; Kommunale Sozialverwaltung u. Sozialpolitik, 1990; Herausg.: Sozialarb. auf d. Prüfstand (1988), Freie u. öffentl. Jugenhilfe - Einführung in d. KJHG (1990). Einführung in d. GTK (1992).

GERNHARDT, Robert

Zeichner u. Autor - Telemannstr. 15, 6000 Frankfurt (T. 72 76 56) - Geb. 13. Dez. 1937 Reval/Estland - Stud. Malerei u. German. Stuttgart u. Berlin - BV: Wörtersee, Ged. 1981; Ich Ich Ich, R. 1982; Glück Glanz Ruhm, 1983; Letzte Ölung, Sat. 1984; Hier spricht d. Dichter, Bildged. 1985; D. Toscana-Therapie, Schausp. 1986; Kippfigur, Erz. 1986; Es gibt kein richtiges Leben im valschen, Humoresken 1987; Körper in Cafés, Ged. 1987; Innen u. Außen, Bildbd. 1988; Gedanken z. Gedicht, 1990; Lug und Trug, Erz. 1991 - 1983 Dt. Jugendbuchpreis (m. Almut Gernhardt), 1987 Kritikerpreis; 1991 Stadtschreiber von Bergen Enkheim.

GERNHUBER, Joachim

Dr. jur., em. o. Prof. f. Dt. Rechtsgeschichte, Bürgerl. Recht u. Handelsrecht - Im Schönblick 2, 7400 Tübingen (T. 6 12 05) - Geb. 18. Juli 1923 Ksiasz (Vater: Emil G., Geistl.; Mutter: Margarethe, geb. Prengel), ev., verh. s. 1948 m. Annemarie, geb. Theißen, 2 Töcht. (Maria, Barbara) - Schulpforta; Univ. Jena u. Straßburg. Jurist. Staatsex. 1944 (I., Jena) u. 48 (II., Frankfurt/M.). Promot. 1947 Jena; Habil. 1951 Bonn - S. 1955 Ord. Univ. Kiel u. Tübingen (1959) - BV: D. Landfriedensbeweg. in Dtschl. b. z. Mainzer Reichslandfrieden v. 1235, 1952; Lehrb. d. Familienrechts, 1964, 3. A. 1980; Bürgerliches Recht, 1976, 3. A. 1991; Neues Familienrecht, 1977; Eherecht u. Ehetypen, 1981; D. Erfüll. u. ihre Surrogate, 1983; D. Schuldverhältnis, 1989.

GERÖ, Stephen

Dr. phil., o. Prof. d. Sprachen u. Kulturen d. Christl. Orients Univ. Tübingen - Münzgasse 30, 7400 Tübingen (T. 07071 - 29 26 76) - Geb. 23. Sept. 1943 Budapest/Ungarn - Promot. 1972 Harvard/USA - 1973-80 Prof. Brown Univ./USA, s. 1980 Univ. Tübingen. Spez. Arbeitsgeb.: Christl. Orient - BV: Byzantine Iconoclasm during the Reign of Leo III, 1973; Byzantine Iconoclasm during the Reign of Constantine V, 1977; Barsauma of Nisibis, 1981.

GEROK, Wolfgang

Dr. med., o. Prof. u. Mitdirektor Med. Univ.-Klinik Freiburg - Hugstetter Str. 55, 7800 Freiburg/Br. (T. 270 34 03) - Geb. 27. März 1926 Tübingen - Univ. Freiburg u. Tübingen; (Med. Staatsex. 1950). Promot. 1950 Tübingen; Habil. 1960 Marburg - S. 1961 Lehrtätigk. Univ. Marburg, Mainz (apl. Prof.), Freiburg (1968 Ord. f. Inn. Med.). Fachaufs.

GEROLD, Volkmar

Dr. rer. nat., Prof., Metallphysiker, Wiss. Mitgl. Max-Planck-Ges. (s. 1966) - Klingenäcker 13, 7303 Neuhausen/Fildern - Geb. 23. Aug. 1922 Hermsdorf/

Thür. (Vater: Dr. phil. Erich G., Physiker; Mutter: Hildegard, geb. Hommel). ev., verh. s. 1949 m. Lieselore, geb. Nolte, 2 Kd. (Arne, Silke) - Oberrealsch. Dortmund; TH Stuttgart (Physik). Promot. (1953) u. Habil. (1958) Stuttgart - 1953-64 wiss. Mitarb. u.Abt.sleit. (1958) Max-Planck-Inst. f. Metallforsch.. Stuttgart; 1962-63 Gastprof. Univ. of Florida, Gainesville; s. 1968 o. Prof. f. Metallkunde Univ. Stuttgart - 1962 Masing-Gedächtnispreis Dt. Ges. f. Metallkd. - Liebh.: Klaviersp. - Spr.: Engl.

GEROPP, Dieter

Dr.-Ing., o. Prof. f. Strömungstechnik. Inst. f. Fluid- u. Thermodynamik Univ.-GH Siegen (Fachbereich Maschinentechnik), Prodekan (1985), Dekan FB Maschinentechnik Univ. Siegen (1986 u. 87) - Am Marienhain 10, 5901 Wilnsdorf/Obersdorf - Geb. 9. Aug. 1932 Landau/Pf. - Promot. (1963) u. Habil. (1971) Karlsruhe - Zul. apl. Prof. u. Wiss. Rat Univ. Karlsruhe.

GERRIETS, Dierk

Dr. med. vet., Fachtierarzt f. Kleintiere, Inh. Priv. Tierklinik f. Kleintiere u. Ferienheim Hund u. Katze, Berlin - Morgensternstr. 16, 1000 Berlin 45 - Geb. 7. Juni 1949 Berlin (Vater: Prof. Dr. Dr. med. vet. habil. Edzard G., ehem. Dir. Inst. u. Klinik f. Geflügelkrankheiten d. Humboldt-Univ. Berlin; Mutter: Dr. med. vet. Ruth, Fachtierärztin f. Kleintiere, Berufspolit.), ev., verh. m. Sabine, geb. Praedel, Tierärztin, 2 T. (Wiebke, Imke) - Tannenberg-Gymn.; 1970-75 Stud. FU Berlin (Vet.med.); Promot. 1984 - Unters. am Wanderfalken im Rahmen e. Artenschutzprojektes; Vorst.-Mitgl. Dt. Falkenorden Berlin. 31 Fachveröff. - Liebh.: Jagd, Falknerei - Spr.: Engl., Franz. - Bek. Vorf.: Min.-Dirig. o. Prof. Dr. phil., Dr. agr. h. c., Dr. med. vet. h. c. Jan G., 1. Ord. f. Geflügelzucht u. Kleintierkunde (Großv.).

GERRIETS, Edzard

Dr. Dr. med. vet. habil., Prof., ehem. Dir. Inst. u. Klinik f. Geflügelkrankheiten d. Humboldt-Univ. Berlin sowie Forschungsabtlg. f. Geflügelkrankheiten Damsdorf, Kr. Brandenburg - Moorsumer Str. 21, 2948 Schortens 3 - Geb. 3. Dez. 1920 (Vater: Dr. phil. Dr. agr. h. c. Dr. med. vet. h. c. Jan G., o. Prof. Min.Dirig.), verh. m. Dr. Ruth, geb. Neuling, Fachtierärztin f. Kleintiere, 2 S. (Dr. med. vet. Dierk, Dr. med. dent. Folkert) - Obersch. Berlin, Heeres-Vet. Akad. Hannover, Tierärztl. Hochsch. Hannover, Vet.-med. Fak. Univ. Berlin. Promot. 1950, Habil. 1959 - Lehrtätigk. Humboldt- u. Freie Univ. Berlin - BV: Geflügelkrankh., 2. A. 1962 (m. K. Fritzsche; auch franz. u. span.). Mitarb. in Hygiene d. Haustiere, 2. A. 1957; Kapitel in Hdlex. d. Tierärztl. Praxis, 1961 (auch engl.); Besamung d. Geflügels in D. künstl. Besamung b. d. Haustieren, 1963. Etwa 100 Veröff.

GERRIETS, Ruth Susanna,
geb. Neuling

Dr. med. vet., Fachtierärztin f. Kleintiere - Moorsumer Str. 21, 2948 Schortens 3 - Geb. 24. Mai 1924 Berlin (Vater: Paul Neuling, Inh. Mineralölraffinerie u. Chem. Fabrik), ev., verh. s. 1948 m. Prof. Dr. Dr. med. vet. habil. Edzard Gerriets, 2 S. (Dr. med. vet. Dierk, Dr. med. dent. Folkert) - Hansasch. Berlin; 1942-44 Stud. Chemie Friedr.-Wilh.-Univ. Berlin; 1946-50 Stud. Vet.-Med.; Promot. 1965 Berlin - Ehem. Vors. Landesverb. Berlin im Bundesverb. prakt. Tierärzte; Vizepräs. Tierärztekammer Berlin; Vorst.-Mitgl. Verb. Fr. Berufe Berlin; z.Z. Vorst.-Mitgl. Akad. f. tierärztl. Fortb. (ATF) - Liebh.: Berufspolitik, Seereisen - Spr.: Engl., Franz.

GERRITZ, Eugen

Dr. phil., Landtagsabgeordneter - Gertrud-Icks-Weg 15, 4150 Krefeld (T. 02151 - 3 68 05) - Geb. 25. Febr. 1935 Bitburg (Vater: Wilhelm G., Lehrer; Mutter:

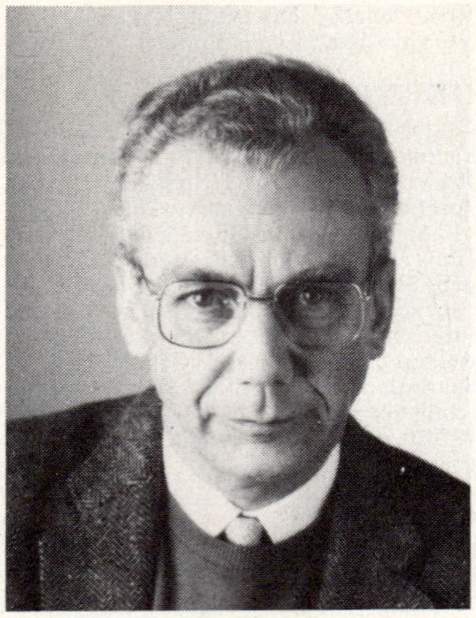

Carola, geb. Muth), kath., verh. s. 1962 m. Helmi, geb. Franken, 2 Kd. (Gereon, Helen) - Univ. Freiburg, München, Bonn (Deutsch, Gesch., Kunstgesch.), Promot. Freiburg 1964 - S. 1980 MdL Nordrh.-Westf. (Spez. Arbeitsgeb.: Kulturpolitik). Mitgl. d. Rates d. Stadt Krefeld - BV: Troia sive Xantum (Diss.), 1964 - Spr.: Engl.

GERRITZEN, Johan G.

Versicherungsdirektor - Halenreihe 40, 2000 Hamburg 67 - Vorstandsvors. Transatlantische Rück/Sach/Leben.

GERRITZEN, Lothar

Dr. rer. nat., o. Prof. f. Mathematik Univ. Bochum (s. 1976) - Gropiusweg 41, 4630 Bochum 1 - Geb. 25. Aug. 1941 Nürnberg - Promot. 1966 Göttingen - Zul. Prof. Univ. Münster. Fachveröff.

GERSDORFF, von, Dagmar

Dr. phil., Schriftstellerin - Kirchblick 10, 1000 Berlin 38 (T. 030 - 801 11 64) - Geb. 19. März 1938 Trier, ev., verh. m. Prof. Dr. Bernhard v. G., 3 Kd. - Stud. German. u. Kunstgesch. - BV: Thomas Mann u. E.T.A. Hoffmann, 1978; Lebe d. Liebe u. liebe d. Leben - D. Briefw. v. Clemens v. Brentano u. Sophie Mereau, 1982; Dich zu lieben kann ich nicht verlernen - D. Leben d. Sophie Brentano-Mereau, 1984; Kinderbildnisse aus vier Jahrtausenden, Text-Bildbd., 1986, 2. A. 1989; Liebespaare u. Eheleute in d. Kunst, Text-Bildbd., 1988; Marie Luise Kaschnitz. Biographie, 1992. Sechs Kinderb.; Beiträge in Schulb. u. Anthol. (1970-91) - 1975 Auswahlliste z. Dt. Jugendbuchpreis; 1985 u. 88 Kulturpreise Rheinl.-Pfalz - Spr.: Engl., Franz.

GERSMANN, Wolfgang

Geschäftsführer DSM Kunstharze GmbH/Chem. Fabrik - 4470 Meppen/Nds. - Geb. 18. Jan. 1935 - Präs. SV Meppen 1912.

GERSMEYER, Ernst F.

Dr. med., Prof., Chefarzt Med. Klinik Kreiskrkhs. Herford (s. 1967) - Im Bramschenkamp 10, 4900 Herford/W. (T. 814 64) - Geb. 5. Jan. 1923 Krefeld (Vater: Fritz G., Sparkassendir.; Mutter: Paula, geb. Schröder), ev., verh. s. 1955 m. Dr. med. Gudrun, geb. Seiffert, 2. Söhne (Rolf, Horst) - Univ. Wien, Bonn, Mainz. Promot. (1950) u. Habil. (1960) Mainz - S. 1960 Lehrtätigk. Univ. Mainz (gegenw. apl. Prof. f. Inn. Med.). 1962-63 Gastprof. Univ. of Mississippi - BV: D. Kreislaufkollaps, 1961; Schock- u. Kollapsfibel, 1970; Schock u. hypotone Kreislaufstörungen, 1978 - Liebh.: Herpetologie - Spr.: Engl.

GERSONDE, Klaus

Dr. med., Prof. Univ. d. Saarlandes, Leiter d. Fachrichtung Medizintechnik in Homburg/Saar (s. 1987), u. d. Fraunhofer-Inst. f. zerstörungsfreie Prüfverfahren (Hauptabt. Medizintechnik) - Preusweg 69, 5100 Aachen - Geb. 20. Mai 1934 Stolp/Pommern (Vater: Konrad G., Mutter: Margarete, geb. Löwe v. Kiedrowski), ev.-luth., verh. s. 1961 m. Dr. med. dent. Uta, geb. Rayher, 3 Kd. (Ulrike, Ulf, Mathias) - Hermann-Tast-Gymn. Husum; 1955-63 Univ. Kiel (Med. u. Chemie, Promot. 1963) - 1964-72 wiss. Assist. Inst. f. physiol. Chemie u. Physikochemie (Prof. Netter) Univ. Kiel; 1973-86 Prof. RWTH Aachen, Abt. Physiol. Chemie (Leit. Fachgeb. Physikal. Chemie d. Proteine); s. 1987 Mitgl. d. Leit. d. Fraunhofer-Inst. f. zerstörungsfreie Prüfverfahren (zugl. Leit. Hauptabt. Medizintechnik) St. Ingbert. 4 Patente. Erf.: Einschleus. v. Arzneimitteln in rote Blutzellen, Erythrox-System z. Mess. v. Sauerstoff-Bindungseigensch. roter Blutzellen. Üb. 213 Facharb. (Struktur-Funktionsbezieh. v. Sauerstoffbindenden u. -aktivierenden Proteinen sowie Eisen-Schwefel-Cluster-Proteinen; Sauerstoff-Transport roter Blutzellen; gewebe-analyt. Kernspintomographie; in vivo NMR-Spektroskopie) - Liebh.: Musik (Violine), Geschichtswiss. - Spr.: Engl.

GERSS (ß), Wolfgang

Dr. rer. pol., Dipl.-Volksw., Hon.-Prof., Dozent f. Soziol. Univ. Duisburg (s. 1974) - Eifelstr. 14, 5628 Heiligenhaus - Geb. 14. Aug. 1941 Anklam, verh. s. 1967 m. Jutta, geb. v. Braunschweig, 3 Kd. (Cordula, Veronika, Joachim) - Abit. 1961 Gymn. Wermelskirchen; Stud. Volkswirtsch.lehre Univ. Köln (Dipl. 1966); Promot. 1971 Bonn. S. 1984 Prof. Univ. Duisburg - Vors. Landschaftsbeirat b. Umweltmin. Nordrh.-Westf. - BV: Struktur u. Entwickl. d. Handwerks, 1971; Lohnstatistik in Dtschl., 1977; Klausuraufgaben z. Statistik, 1981/88; Elementare Stichprobenmodelle, 1987 - Liebh.: Ornithol. - Spr.: Engl., Franz.

GERSTEIN, Ludwig

Bergwerksdirektor, MdB (8., 9., 10. u. 11. Wahlp.; b. 1990), energiepolit. Sprecher CDU/CSU-Bundestagsfrakt. - Stilkingweg 30, 4600 Dortmund 15 - Geb. 11. Jan. 1928 Rotterdam/Ndl. (Vater: Johann Daniel G.; Mutter: Ilse, geb. Koechling), ev., verh. s. 1956 m. Barbara, geb. Maiweg, S. Dietrich - Gymn. Dortmund; 1948-49 Univ. Freiburg/Br., 1949-52 TH Aachen. Dipl.-Ing. (Fachricht. Bergbau) u. Ass. d. Bergfachs - 1953-54 Südafrika (Vermessungsing.); s. 1956 Dortmunder Bergbau AG (1966 Leit. Schachtanl. Hansa) u. Ruhrkohle AG (1969; 1976 Hauptabteilungsleit., 1980 Prok.); Geschäftsf. Montan-Consulting GmbH im Verbund d. Untern.gr. Ruhrkohle AG; Vors. d. Ges. f. Strukturpolitik im Ruhrgebiet e.V., 1969-77 Ratsmitgl. Dortmund. CDU s. 1968 (Vors. d. CDU Bundesfachaussch. Energie) - BVK I. Kl. - Liebh.: Jagd - Spr.: Engl.

GERSTEN, Klaus

Dr.-Ing. (habil.), o. Prof. f. Strömungslehre Univ. Bochum (seit 1964) - Hofleite 15, 4630 Bochum (T. 43 33 88) - Geb. 22. Aug. 1929 Glogau - 1960-64 Privatdoz. TH Braunschweig. Vorlesungstätigk. USA (1963/64, 1973), Indien (1969), Brasilien (1974) u. Japan (1975).

GERSTENBERG, Eckard

Dr. med., Prof., Chefarzt Strahlenabt./Städt. Auguste-Viktoria-Krkhs., Berlin 41 (s. 1979) - Stallupöner Allee 42, 1000 Berlin 19 (T. 305 63 72) - Geb. 25. Febr. 1932 - Stud. Göttingen, Hamburg, Heidelberg 1950-56. Promot. 1957; Habil. 1969 Berlin - Prof. f. Radiol. FU Berlin.

GERSTENBERGER, Erhard S.

Dr. theol., Prof. f. Altes Testament - Lahntor 3, 3550 Marburg - Geb. 20. Juni 1932 Rheinhausen, ev., verh. m. Rita, geb. Buttgereit, 3 Kd. (Björn, Dennis, Debora) - Promot. 1962 Bonn; Habil 1971 Heidelberg - 1961-64 Doz. f. Altes Testament Yale Univ.; 1965-75 Pfarrer in Essen; 1975-81 Doz. f. Altes Testament Sao Leopoldo, Brasilien; 1981-85 Prof. Gießen; s. 1985 Marburg - BV: Wesen u. Herkunft d. apodiktischen Rechts, 1965; Leiden im Alten Testament, 1977 (Übers. Portug., Engl., Jap.); D. bittende Mensch, 1980; Frau u. Mann, 1980 (Übers. Portug., Engl., Ital.); Deus no Antigo Testamento, 1981; Jahwe - e. patriarchaler Gott?, 1988; The Psalms, 1988 - Ehrenmitgl. Inst. f. Antiquity and Christianity, Claremont, Calif.

GERSTENBERGER, Heide,
geb. Johannsen

Dr. disc. pol., Prof. f. Theorie d. Bürgerl. Gesellschaft u. d. Staates - Besselstr. 76, 2800 Bremen - Geb. 21. Juli 1940 - Promot. 1969; Habil. 1972 - S. 1974 Prof. Univ. Bremen - BV: D. revolutionäre Konservatismus, 1969; Z. polit. Ökonomie d. bürgerl. Ges. - D. histor. Bedingungen ihrer Konstitution in d. USA, 1974; Normalität od. Normalisierung (m. Dorothea Schmidt), 1988; D. subjektlose Gewalt. Theorie d. Entstehung bürgerl. Staatsgewalt, 1990. Mithrsg.: Beitr. z. Sozialgesch. Bremens. Zahlr. Aufs. z. Staats- u. Ges.theorie.

GERSTENECKER, Carl-Erhard

Dr.-Ing., Prof. f. Exper. Methoden d. Astronom. u. Physikal. Geodäsie TH Darmstadt - Olbrichweg 19, 6100 Darmstadt.

GERSTENHAUER, Armin

Dr. rer. nat., Prof. f. Geographie - Schlehdornweg 16, 5657 Haan/Rhld. (T. 72 96) - Geb. 21. Sept. 1926 Wilhelmshaven - S. 1965 (Habil.) Lehrtätigk. Univ. Frankfurt, Bonn (1967 Abts.vorsteher u. Prof.), Düsseldorf (1968 Ord.). Fachveröff.

GERSTENMAIER, Walther

Fabrikant, Inh. Harzer Papierfabrik Gerstenmaier & Sievers GmbH. & Co. KG., Rhumspringe, gf. Gesellsch. Veredlungs-Wirtschaft GmbH., Stuttgart/Berlin/Hamburg/München - Alemanenstr. 14, 7312 Kirchheim/Teck - Geb. 17. Jan. 1914.

GERSTER, Florian

Beratender Diplom-Psychologe, Minister f. Bundesangelegenheiten u. Europa Rheinl.-Pfalz (s. 1991), MdB (s. 1987; Wahlkr. 155), MdL Rheinl.-Pfalz (1977-87) - Wisserstr. 28, 6520 Worms 24 - Geb. 7. Mai 1949 Worms - Abit. 1968 Worms; Dipl. 1975 Univ. Mannheim; Reserveoffz. Bundeswehr - SPD (Vors. d. SPD-Bezirks Rheinhessen; stv. Landesvors. d. SPD Rheinl.-Pfalz; Mitgl. Parteirat d. SPD).

GERSTER, Hans-Dieter

Prof. f. Mathematik u. ihre Didaktik PH Freiburg - Habichtweg 31, 7800 Freiburg/Br.

GERSTER, Johannes

Regierungsdirektor, MdB (1972-76 u. s. Juli 1977) - Fischtorplatz 22, 6500 Mainz 1 (T. 22 79 62) - Geb. 2. Jan. 1941 Mainz (Vater: Gottfried G., Generalagent Versicherungswesen; Mutter: Elisabeth, geb. Köllner), kath., verh. s. 1968 m. Regina, geb. Linden, 3 Kd. (Thomas, Maria, Anna) - Gymn. u. Univ. Mainz, Freiburg, Bonn (Volljurist), Staatsex. 1967 u. 70 - 1970 u. 1976 Innenmin. Rhld.-Pf.; 1971 Landratsamt Mainz-Bingen. CDU s. 1960. Vors. CDU-Landesgr. Rhld.-Pfalz/Saarl. im Dt. Bundestag; 2. Vors. CDU Rheinhessen/Pf.; innenpolit. Sprecher CDU/CSU-Bundestagsfrakt.; VR-Vors. Dt. Welle; Präs. THW-Helfervereinig. - Liebh.: Musik, Sport - Spr.: Franz.

GERSTINGER, Heinz

Dr. phil., Prof., Dramaturg, Schriftst. - Autokaderstr. 5/25, A-1210 Wien (Österr.) - Geb. 13. Okt. 1919 Wien (Vater: Univ.-Prof. Dr. phil. Hans G., Vorst. Handschriften- u. Papyrussamml. Nationalbibl. Wien (s. X. Ausg.); Mutter: Paula, geb. Soeding), kath., verh. in 2. Ehe (1963) m. Erika, geb. Santner, 2 Töcht. (Linde, Claudia) - Univ. Wien (Phil.) - U. a. Chefdramat. u. Regiss.

Graz, Augsburg, Wien (Burg, Volkstheat.) - BV: u. a. Theater u. Religion, 1970; Wildgans als Dramatiker, 1981. Calderón, Lope de Vega, 1968/69, ins Engl. übers., Strindbergs Ehe m. Frida Uhl, 1987, Hans Krendlesberger, Ulrich v. Liechtenstein Biogr. u.a. - 1978 Prof. h. c. - Liebh.: Fotogr. - Spr.: Engl.

GERSTL, Friedrich

Landrat a. D., MdB (1972-87) - Landrichterstr. 5, 8390 Passau-Hals - Geb. 16. Mai 1923 Außernzell/Ndb., verh., 3 Kd. - Berufs- u. Eisenbahnfachsch. (2 J. Anlerner Reichsbahn) - 1942-45 Kriegsdst. (zul. Uffz.) u. amerik. Gefangensch.; 1945-60 Bundesbahngehilfe u. -beamter; 1960-64 Geschäftsf. Gewerksch. d. Eisenb. Dtschl./Ortsverw. Passau; 1964-70 Landrat Kr. Passau; s. 1971 Gf. u. Gesellsch. Nibelungen Wohnbau-GmbH, Passau-H. 1952-64 Gemeinderat u. I. Bürgerm. (1955; ehrenamtl.); s. 1984 Stadtrat. SPD s. 1955 (1968 Mitgl. Landesvorst. Bay.) - BVK I. Kl.; Bayer. VO; Bürgermed.; Ehrenring Stadt Passau.

GERSTL, Max

Bauer, MdL Bayern (s. 1966) - 8359 Aicha/Ndb. (T. 08543 - 6 74) - Geb. 29. Dez. 1921 Walchsing/Ndb. (Vater: Max G., Land- u. Gastw.; Mutter: Mathilde, geb. Zacher), kath., verh., 3 Kd. - Volkssch.; Metzgerhandw. u. landw. Ausbild. (elterl. Anwesen). Meisterprüf. als Metzger 1947 - 1941-45 Wehrdst.; s. 1950 Bauer Aicha (60 Tagwerk). S. 1956 Mitgl. Gemeinderat u. Bürgerm. (1960) Beutelsbach; MdK Vilshofen. CSU.

GERSTNER, Hermann

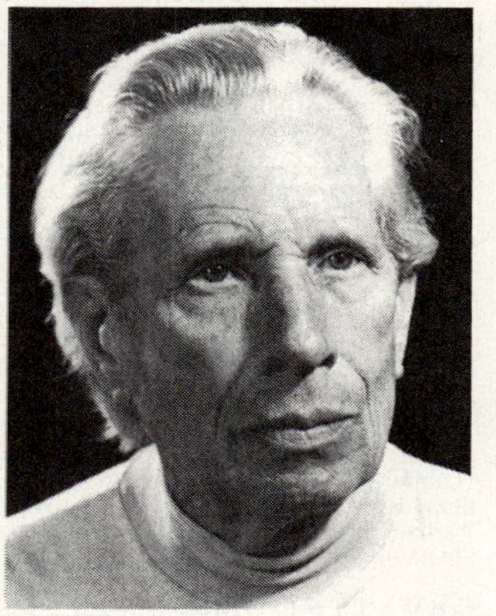

Dr. phil., Oberbibliotheksrat i.R., Schriftsteller - Adalbert-Stifter-Str. 3, 8022 Grünwald/Obb. (T. München 641 52 00) - Geb. 6. Jan. 1903 Würzburg (Vater: Michael G., Architekt; Mutter: geb. Flössa), kath., verh. s. 1935 m. Dr. Ingeborg, geb. Ruegenberg, 2 Kd. - Univ. Würzburg u. München - 1927-31 höh. Lehramt, dann wiss. Bibliotheksdst. Präs. Max-Dauthendey-Ges. - BV (1926-63 s. XVIII. Ausg.): D. Auge d. Herrn, Legenden 1963; Du fragst mich, was ich liebe, Ged. 1963; Camille Desmoulins, R. 1966; Lorenzo entdeckt d. Etrusker, Erz. 1966; Ludwig Maria Grignion von Montfort, Biogr. 1966; Vor Anker, R. 1967; Gondelfahrt, Erz. 1968; Franz u. Klara v. Assisi, Biogr. 1968; Charles de Foucauld, Biogr. 1969; Überfall auf Mallorca, R. 1969; Musikanten spielen unt. jedem Himmel, R. 1969; Theresia v. Avila, Biogr. 1970; Leben u. Werk d. Brüder Grimm, Biogr. 1970; Bibl. Legenden, Erz. 1971; Thomas Becket, Biogr. 1972; Eugen Schumacher, Begegnungen u. Erlebnisse m. d. großen Tierfreund, hrsg. 1973; D. Mädchen Martinique, R. 1973; Brüder Grimm i. Selbstzeugnissen u. Bilddokumenten, Biogr. 1973; Franz Xaver, Biogr. 1974; Kolibri flieg nicht fort, R. 1974; Edith Stein, Biogr. 1975; Abenteuer in d. Lagune, R. 1975; Kurs Karibische See, R. 1976; Weltreise heute, Buch einer Kreuzfahrt, 1977; Die Mutigen, Biogr. 1978; Am Kaminfeuer, Erz. 1979; D. Heilige Siebengestirn, Biogr. 1980; Kreuzfahrt zu neuen Zielen, Reiseb. 1981; Nordhimmel, Reiseb. 1984; Max Dauthendey. Sieben Meere nahmen mich auf, Lebensbild 1987; Vaterhaus adieu, R. 1988 - 1962 Dauthendey-Plak. in Silber, 1968 in Gold; 1968 Gold. Siegel Stadt Würzburg; 1983 Ehrenmitgl. Frankenbd.

GERSTNER, Roland

Dipl.-Kfm., Staatssekretär m. Kabinettsrang Min. f. Ernährung, Landw., Umwelt u. Forsten Baden-Württ. (s. 1984), MdL (s. 1963) - Karlsruher Str. 2, 7550 Rastatt (T. 3 24 59) - Geb. 23. April 1931 Baden-Baden (Vater: Josef G., Ing.; Mutter: Hedwig, geb. Hofmann), kath., verh. s. 1965 m. Maria, geb. Hotz, 3 Kd. (Christian, Wolfgang, Birgit) - Gymn. Rastatt; WH Mannheim (Betriebsw.; Diplomprüf. 1956) - 1956-68 Angest. Wohnungsw., anschl. Parlam. Geschäftsf., Gf. Kommunale Sanierungsges. Karlsruhe. 1962ff. Mitgl. Stadtrat Rastatt; zul. Staatssekr. m. Kabinettsrang Staatsmin. Baden-Württ. CDU s. 1956 (1960ff. Kreisvors. Rastatt u. Mitgl. Landesvorst. BW) - Liebh.: Fußball, Tennis - Spr.: Franz., Engl.

GERSTNER, Rudolf Erhard

Dr. oec., Dipl.-Kfm., Geschäftsführer Farina Gegenüber, Köln (s. 1961), Beirat Ind.verb. Körperpflege u. Waschmittel, Frankfurt - Am Lehnshof 16, 5603 Overath-Immekeppel - Geb. 9. Nov. 1923 München (Vater: Franz G., Kaufm.; Mutter: Berta, geb. Brenner), kath., verh. s. 1958 m. Dr. phil. Elisabeth, geb. Kleinpaß, 3 Kd. (Mirjam, Susanne, Daniel) - Wittelsbacher Gymn. (Abit. 1942) München. Dipl.-Kfm. 1948; Promot. 1954 München - 1948-54 fr. Mitarb. BR; b. 1957 fr. Mitarb. Wirtschaftsprüf.sges.; b. 1960 Kaufm. Leit. Kunststoff-Ind. - Liebh.: Klass. Phil., Musik (Geige, Bratsche), Tennis, Schwimmen - Spr.: Franz., Engl., Ital.

GERSTUNG, Fritz

Dr. rer. pol., Dipl.-Kfm., Dipl.-Volksw., Vorstandsmitglied Nürnberger Bund Großeinkauf eG Essen - Zu erreichen üb. Nürnberger Bund, Schürmannstr. 30, 4300 Essen 1 - Geb. 23. Okt. 1947 - Dipl.-Kfm. 1974, Dipl.-Volksw. 1974 u. Promot. 1977 Univ. Köln - S. 1977 Nürnberger Bund Großeinkauf eG Essen (s. 1981 Vorst.-Mitgl.) - BV: D. Servicepolitik als Instrument d. Handelsmarketing, 1978.

GERTH, Ernst

Dr. oec., Dipl.-Kfm., o. Prof. f. Betriebswirtschaft Univ. Göttingen (s. 1974), Direktor Seminar f. Handwerkswesen Univ. Göttingen (s. 1980) - Friedrichstr. 1, 3400 Göttingen (T. 4 26 21) - Geb. 25. Sept. 1926 Würzburg (Vater: Dr. Georg G., Kaufm.; Mutter: Maria, geb. Leinecker), ev., verh. s. 1962 m. Winnifred, geb. Ritter, T. Stephanie - Realgymn.; kaufm. Lehre; Stud. d. Betriebswirtsch.sl. Univ. Würzburg, Erlangen-Nürnberg; Dipl.ex. 1949; Promot. 1950; Habil. 1964 - 1950-59 prakt. kaufm. Tätigk., 1959-73 TU Braunschweig (1966 apl. Prof.) - BV: D. Bedeutung d. Verbrauchsnutzens f. d. Absatz, 1965; Betriebswirtschaftl. Absatz- u. Marktforschg., 1970; Zwischenbetriebl. Kooperation, 1971. Herausg.: Priv. Vermögensbildung, 4 Bde. (1974 u. 75), Grundriß Mod. Marketings, 14 Bde. (1974-77) - Liebh.: Segeln, Tennis - Spr.: Engl., Franz., Port.

GERTH, Hans-Joachim

Dr. med., Prof. - Erlenweg 22, 7400 Tübingen - Geb. 30. Okt. 1927 Arnstadt/Thür. (Vater: Rudolf G., Steuerrat; Mutter: Margarete, geb. Pöcker), ev., verh. s. 1963 m. Camilla, geb. Meier, 3 Kd. (Lutz, Anke, Felix) - Stud. Göttingen; Promot. 1954 ebd.; Habil. 1969 Tübingen - 1954-58 Assist. am Bethesda Hospital Cincinnati u. Fellow of the National Foundation, The Children's Hosp. Res. Found., Cincinnati, U.S.A., 1959 Stipendiat D.F.G. Viral and Rickettsial Disease Lab. Calif. State Dept. of Public Health, Berkeley, Cal., U.S.A. - 1959-72 Wiss. u. Oberassist. Hygiene-Inst. Univ. Tübingen, s. 1972 Wiss. Rat u. Prof. u. 1973ff. Leit., s. 1976 Dir. Abt. f. Med. Virol. u. Epidemiol. d. Viruskrankh. - BV: Beitr. in D. Infektionskrankh. d. Menschen, 1969 (Hrsg. Grumbach, Bonin); Pathophysiol., 1972 u. 1981 (Hrsg. H. E. Bock); Enzyklopädie Naturwiss. u. Technik, 1979-81; Hygiene u. Infektionen im Krankenhaus, 1983 (Hrsg. E. Thofern, K. Botzenhart).

GERTH, Klaus

Dr. phil., Univ.-Prof., Hochschullehrer - 3006 Burgwedel-Thönse - Geb. 3. Okt. 1926 Köslin/Pommern - PH Hannover; Univ. Bristol, Göttingen, Tübingen (German., Angl., Phil.). I. Lehrerprüf. 1950, Päd. Prüf. f. d. Lehramt an höh. Schulen 1957 (Hannover); Staatsex. 1955, Promot. 1956 (Göttingen) - Wehrdst. u. amerik. Kriegsgefangensch. (1944-46 Dolmetscher); 1950/51 Volksschullehrer; 1955-57 Studienrefer. u. -ass.; s. 1957 Doz. u. Prof. (1962) Päd. Hochsch. Hannover (Lehrstuhl f. Dt. Sprache u. Lit. u. ihre Didaktik). 1959-70 Lehrbeauftragter TH bzw. TU Hannover (Dt. Lit. und Spr.), ab 1978 Univ. Hannover, Emerit. 1992. 1964ff. stv. Vors. Goethe-Gesellschaft Hannover - BV: Studien zu Gerstenbergs Poetik, 1960; D. Arbeit mit dem Lesebuch, 4. A. 1971; Beitr. z. lit. Unterricht, 2. Bde. 1969/71; Kommentare u. Meth. Inszenierungen (1973ff. u. 1979ff. 6 Bde.); Elemente d. Erzählens, 5. A. 1992. Herausg.: Lesebuch 65 (1965), Leseb. 65 f. Realsch. (1967/68). Hör- u. Fernsehsp., TS-Texte f. d. Sekundarstufe (1973ff.); Neufass. 1979ff.), Zs. Praxis Deutsch (1973ff.), Beiträge z. e. neuen Didaktik (1970ff.), Deutschunterr. konkret (1982ff.) - Spr.: Engl.

GERTH, Wilfried

Dr.-Ing., Prof. f. Regelungstechnik Univ. Hannover (Fachbereich Elektrotechnik) - Schillingswinkel 12, 3005 Hemmingen.

GERTHEINRICH, Gerhard

Industriemeister, Bürgermeister Stadt Beckum (s. 1984) - Wilhelm-Busch-Str. 16, 4720 Beckum (T. 02525 - 77 21) - Geb. 25. Okt. 1930, kath., verh. s. 1953 m. Ingeborg, geb. Sauer - Schlosserlehre Fa. Baltte, Neubeckum; Meisterbrief IHK Düsseldorf; stv. AR-Vors. Fa. Dyckerhoff, Beckum.

GERTIS, Karl

Dr.-Ing. habil., Dr. sc. techn. h. c., Prof. - Brauneckstr. 22, 8150 Holzkirchen 1 - Geb. 23. Okt. 1938 München (Eltern: Karl u. Rosa G.) - Stud. TU München (Dipl. 1963), Promot. 1968 Univ. Stuttgart, Habil. 1972 ebd. - Ord. 1977 Univ. Essen, 1984 Ord. Konstrukt. Bauphysik Univ. Stuttgart; 1984 Mitgl. d. Leit. d. Fraunhofer-Inst. f. Bauphysik; 1990 Dir. d. Fraunhofer-Inst. f. Bauphysik - 1989 Ehrendoktor TU Prag - Spr.: Engl., Franz., Ital.

GERTLER, André

Prof., Konzertgeiger - 28, Avenue d'Overhem, B-1180 Brüssel - Geb. 26. Juli 1907 Budapest (Vater: Adolf G.; Mutter: Frida, geb. Berger) - Franz-Liszt-Akad. Budapest - Konzerttätigk.; 1954-59 Prof. Musikhochsch. Köln; s. 1964 Prof. Musikhochsch. Hannover; Prof. am Conservatoire Royal de Musique, Brüssel. Gründ. d. Konzertarbeitswochen in Goslar u. d. Intern. Musikakad. f. Junge Solisten (IMAS) in Wolfenbüttel. Freund u. Mitarb. v. Bela Bartok - Zahlr. ausländ. Auszeichn. - 1967 Gr. Schallplattenpreis Acad. Charles Cros, Paris (f. Interpretation sämtl. Violonwerke Béla Bartóks) - BVK I. Kl.

GERULL, Heinz

Beamter i. R., Vorsitzender d. Kurt-Schumacher-Kreises Berlin e.V. - Heinsrodter Str. 35, 1000 Berlin 45 (T. 030 - 772 58 43) - Geb. 10. Dez. 1920 (Vater: Gustav G., Beamter †; Mutter: Erna, geb. Ristow †) - Internatsausb., Obersch. (Abit.) - 1944-48 sowjet. Kriegsgefangensch.; 1950 Kidnapping d. Sowjets in Ostberlin; 25 Jahre Zwangsarbeit d. Fernurteil; Ende 1955 Repatriierung aus d. Polargebiet. 29 Jahre Funktionär d. SPD, Austr. wegen Ostpolitik d. Partei. Leitende Tätigk. in d Berliner Verwaltung; 1961-86 Gründer u. Präs. d. Deutsch-Chin. Ges. Berlin-Taipei e.V. - Spr.: Engl., Franz., Russ.

GERWALD, Josef M.

Programmdirektor Dt. Welle - Raderberggürtel 50, 5000 Köln 51 - Geb. 1932 in Oberschles. - 1962-75 Korresp. u. Polit. Redakt. Dtschl.-Funk; 1981-82 Leit. Öfftlk.-Arbeit AEG. FDP (1975-81 Parteisprecher).

GERZ, Alfons

Prof., Chef d. Sport-Imformations-Dienstes - Haus der Medien, Hammfelddamm 10, 4040 Neuss - Geb. 16. Mai 1913 Düsseldorf - Gründer u. langj. Chefredakt., jetzt gf. Gesellsch. (Mehrheitsgesellsch.); Mitgl. Wiss. Beirat d. Dt. Sportbundes - Hon.-Prof. Dt. Sporthochsch. Köln; Leit. Inst. f. Sportpubl. Dt. Sporthochsch. Köln; Vorst.-Mitgl. Alfons-Gerz-Ges. Publiz. Medien u. Sport, Neuss - BVK I. Kl.; Gr. BVK.

GERZ, Jochen

Bildender Künstler - 4, Rue René Villermé, F-75011 Paris - Geb. 4. April 1940 Berlin - Autodidakt - BV: D. Schwierigkeit d. Zentaurs b. v. Pferd steigen, 1976; Exit/D. Dachau-Projekt, 1978; Le Grand Amour, 1980; Texte, 1985 - Zahlr. Ausst., 7. Biennale Venedig (dt. Pavillon), 1976; Documenta 6, Kassel 1977; Biennale Sidney, 1978; Rosc Dublin, 1980; 1945-85: Kunst in d. BRD, Nationalgalerie Berlin, 1985; Documenta 8, Kassel 1987; Intern. Retrospektive: Kunstsammlung NRW, Düsseldorf; Museum Mod. Kunst, Wien; Fondation Cartier, Paris; Musée d'Art Moderne, Saint-Etienne; Kunsthalle Hamburg (1988-90). Kunst im öffentl. Raum: Mahnmal gegen Faschismus, Hamburg-Harburg, 1986; Mahnmal gegen Rassismus, Saarbrücken, 1992 - 1990 Bremer Roland-Preis.

GESCHE, Helga

Dr. phil., Prof. Univ. Giessen - Bommersheimer Weg 3, 6380 Bad Homburg - Geb. 8. Juli 1942 Dessau (Vater: Dipl.-Ing. Werner G.; Mutter: Gertrud, geb. Zschommler), ev. - 1967/72 Promot./Habil. Alte Geschichte - 1967-69 Teiln. Grabungskampagnen Alt-Paphos/Cypern. Mitgl. Kommiss. f. Alte Gesch. u. Epigraphik u. Dt. Archäol. Inst. - BV: D. Vergottung Caesars, 1967; Caesar (Wiss. Buchges.), 1976; Rom - Welteroberer u. Weltorganisator, 1981. Herausg.: Frankfurter Althistor. Stud. (1970 ff.), Lit.überblicke d. griech. Numismatik (1971 ff.). Fachveröff. - Spr.: Engl., Franz.

GESCHKA, Ottilia Maria,

geb. Bördner

Staatssekretärin a. D., Bevollmächtigte d. Hess. Landesregierung f. Frauenangelegenheiten (1987-91), MdL Hessen (1970-87) - Stifterstr. 2, 6100 Darmstadt-Arheiligen - Geb. 27. Dez. 1939 Selters-Haintchen (Vater: Hubert Bördner, Stukkateur; Mutter: Maria, geb. Wiegand), kath., verh. s. 1963 m. Dr. Horst G., 2 Kd. (Ralf, Silke) - Haupt- u. Krankenpflegefachsch. (Ex. als Kinderkrankenpfl.) - 10 J. Stadtkrkhs. Zell/Mosel u. Univ.klinik Mainz. 1968-71 Gemeindevertr. Rüsselsheim-Bauschheim, 1977-78 Nauheim; 1972-78 MdK Groß-Gerau (stv. Fraktionsvors.). CDU s. 1968.

GESCHKE, Günter

Dr. phil., Chefkorrespondent Dt. Allg. Sonntagsblatt - Ahrensfelder Weg 35, 2070 Ahrensburg - Geb. 19. Juni 1931, verh. m. Brigitte Wilmer-Geschke, 3 S. (Jan, Sven, Hai) - Stud. Univ. Münster, Köln u. Hamburg; Promot. 1959 Univ.

Hamburg - 1961-62 Serien-Redakt. Welt am Sonntag; 1972-78 Bonner Koresp. Dt. Allg. Sonntagsblatt; 1986-3/92 Chefredakt. ebd. - BV: D. dt. Frankreichpolitik 1940, 1960 - Spr.: Engl., Franz.

GESELL, Willy
Prof., Dozent f. Gesang Musikhochschule Köln - Jülicher Str. 19, 4040 Neuss/Rh.

GESER, Hans
Dr., Prof., Soziologe - Holgasstr. 35, CH-8634 Hombrechtikon - Geb. 26. März 1947 Rapperswil, Schweiz (Vater: Hans J., Konstrukteur; Mutter: Pia, geb. Hälg), kath., verh. s. 1975 m. Agathe, geb. Gasser, 2 Kd. (Rebekka, Silvan) - Ausb. Zürich (Promot. 1975) - S. 1983 Prof. Univ. Heidelberg; 1986 Prof. Univ. Zürich - BV: Bevölkerungsgröße u. Staatsorganisation, 1981; Strukturformen u. Funktionsleistungen soz. Systeme, 1983; Kommunales Regieren u. Verwalten, 1987 - Spr.: Engl.

GESQUIÈRE-PEITZ, Marietta
Dr. phil., Schriftstellerin, Journ. - Riedern 231/2, 8176 Waakirchen (T. 08021-71 47) - Geb. 11. Aug. 1933 München, kath., verh. m. 1972 m. Jean Gesquière, 2 Kd. (Jung-Jae, Jung-A) - Promot. 1957 München - BV: u.a. Diese geringen Tage; D. Risiko e. Christ zu sein; V. d. Freude e. Christ zu sein; Grün wie lieb ich Dich grün; Gotteszahl u. Tageseinmaleins; D. bunte Wirrnis d. Dinge; V. einem d. auszog; Rufus - Ballade v. Zwischenmenschen; E. Teppich f. Shiva; D. Hoffnung d. Völker; Andambocham od. D. mühselige Ehre Gottes - Spr.: Engl., Franz., Span.

GESSEL, Wilhelm

Dr. theol., Prof. f. Alte Kirchengeschichte, Patrologie u. Christl. Archäologie, Univ. Augsburg (s. 1979) - Gerh.-Hauptmann-Str. 19, 8905 Mering - Geb. 28. Febr. 1933 München (Vater: Wilhelm G. †; Mutter: Anna, geb. Höfelmeier †), kath. - Gymn. u. Univ. München (Kath. Theol.). Promot. 1965; Habil. 1974 - 1958 Kaplan; 1961 Wiss. Assist.; 1974 Privatdoz. (alles München) - BV: Eucharist. Gemeinschaft b. Augustinus, 1966; Theol. d. Gebets in ‚De oratione' v. Origenes, 1975; Monumentale Spuren d. Christentums im röm. Nordafrika, 1981. 90 wiss. Beiträge u. Lexikonartikel. Div. Herausg. - 1979 Päpstl. Ausz. (Msgr.); 1982 Ehrenmed. München leuchtet; 1989 Päpstl. Ausz. (Ehrenprälat) - Spr.: Engl., Franz., Ital.

GESSENDORF, Mechthild, verh. Weil
Sängerin (Künstlern. Gessendorf) - Nordlehne 1, 8630 Coburg (T. 09561 - 9 08 04) - Verh. m. Ernö W. (Intendant Landestheater Coburg) - Sängerin: Bayer. Staatsoper München, Hamburgische Staatsoper, Dt. Oper Berlin, Wiener Staatsoper, Covent Garden London, Grand Operà Paris, Scala Milano, Metropolitan New York, Monte Carlo, Liceu Barcelona, Lissabon, Köln, Düsseldorf. Festspiele: Salzburg, Savonlinna, Bregenz, Aix en Provence, Edingburgh - Rollen (Sopran): Marschallin (Rosenkavalier) MET, München; Ariadne (Ariadne) Aix; Elsa (Lohengrin); Sieglinde (Walküre); Senta (D. fliegende Holländer) Wien u. Mailand; Jenufa (Jenufa); Kaiserin (Frau ohne Schatten). Tannhäuser (Elisabeth) London.

GESSLER, Georg
Kaufmann, Vors. Stuttgarter Waren- u. Produktenbörse, Stuttgart - Syrlinstr. 37, 7900 Ulm/Donau - Geb. 29. Dez. 1917.

GESSNER, Hans Heinrich
Rechtsanwalt, Verbandsanwalt, Vorstandsvors. Raiffeisenverb. Kurhessen, Kassel - Königsberger Str. 9, 3501 Schauenburg - Geb. 24. April 1934 Homberg, ev., verh. s. 1964 m. Helge, geb. Lieske, 2 T. (Beate, Ursula) - Einzelhandelskaufm.; Stud. Rechts- u. Staatswiss. Marburg; Refer.-Ex. 1963 Marburg, Ass.-Ex. 1967 Hessen - AR-Vors. Raiffeisen-Zentralbk. Hessen AG, Raiffeisen-Warenzentrale Hesselland GmbH, Kurhess. Molkereizentrale eG, alle Kassel, u. Tarifkommiss. Arbeitgeberverb. Dt. Volksbk. u. Raiffeisenbk., Bonn.

GESSNER (ß), Manfred
Dr., Dipl.-Polit., Angestellter, MdB (s. 1969; Wahlkr. 75/Düsseldorf II) - Franz-Leuninger-Str. 13, 4040 Neuss 1 (T. 02101 - 47 13 03) - Geb. 30. Nov. 1931 - Vizepräsid. Parlam. Vers. Westeurop. Union (WEU).

GESSNER, Peter
Dr. rer. nat., Prof., Vorstandsmitglied u. Chefmathematiker Allianz Lebensversicherungs-AG., Berlin/München - Bischoffstr. 14, 7000 Stuttgart 80 - 1978 Carl-Friedrich-Med. Univ. Karlsruhe.

GESTER, Friedrich-Wilhelm
Dr. phil., Prof., Wiss. Rat u. Prof. f. Engl. Philologie Univ. Bonn/Phil. Fak. (s. 1972) - Kohlbergstr. 19a, 5300 Bonn-Holzlar.

GESTER, Heinz
Dr. jur., Rechtsanwalt, Justitiar DGB, Düsseldorf (s. 1969), AR-Mitgl. Gebr. Böhler & Co. AG. ebd. (s. 1968), stv. AR-Vors. Bayer AG, Leverkusen (s. 1984), u. Treuarbeit AG, Frankf./M. (s. 1977) - Im Geesterfeld 29, 4000 Düsseldorf - Geb. 6. Jan. 1930 - Univ. Köln. Gr. jurist. Staatsprüf. 1957 - S. 1959 DGB. Stv. Mitgl. Verfassungsgerichtshof Nordrh.-Westf. - 1984 BVK I. Kl. Liebh.: Tennis.

GESTER, Martin
Dr. rer. pol., Dipl.-Kfm., Auslandskorrespondent - Rua Almirante Guillobel 26/304 ZC-20 Lagoa, Rio de Janeiro (Brasilien) - Geb. 5. April 1933 Letzlingen/Altmark (Vater: Johannes G., Pfarrer; Mutter: Charlotte, geb. Paeszler), ev. - Schule Nienburg/Weser (Abit. 1952); Univ. Köln (Betriebsw.; Promot. 1962) - B. 1967 Wirtschafts- (WELT/Ruhrgeb.), dann Südamerikakoresp. (WELT, 1970ff. FAZ) - Spr.: Engl., Franz., Portugies., Span.

GESTRICH, Christof Georg
Dr. theol., o. Prof. f. systemat. Theologie - Bülowstr. 6, 1000 Berlin 37 (Zehlendorf) (T. 030 - 801 86 82) - Geb. 26. Febr. 1940 Ravensburg (Vater: Wolfram G.; Mutter: Dr. med. Gerda, geb. Wintterlin), ev., verh. s. 1965 m. Dr. med. Almuth, geb. Heck, 4 Kd. - 1959-65 Stud. ev. Theol. Zürich u. Tübingen. Promot. 1967 Zürich; Habil. 1974 Tübingen - B. 1974 Wiss. Assist.; 1974-79 Pfarrer u. Privatdoz.; s. 1979 Kirchl. Hochsch. Berlin (1983-89 Dir. Inst. f. Relig.soziol. u. Gemeindeaufbau, 1984-86 Rektor. 1982-84 Mitgl. d. Synode u. d. Kirchenltg. d. Ev. Kirche in Berlin-Brandenburg (Berlin West) - BV: Zwingli als Theologe. Glaube u. Geist b. Zürcher Reformator, 1967; Neuzeitl. Denken u. d. Spaltung d. dialekt. Theol., 1977; D. Wiederkehr d. Glanzes in d. Welt. D. christl. Lehre v. d. Sünde u. ihrer Vergebung, 1989. Mithrsg.: Berliner Theol. Ztschr. (s. 1984) - Spr.: Engl., Franz.

GESTRICH, Helmut
Dr. jur., Landrat Landkr. Bernkastel-Wittlich - Birkenweg 9, 5550 Bernkastel-Kues (T. 06531 - 65 40) - Geb. 2. Febr. 1931 - Vors. Kulturausch. Dt. Landkreistag u. Cusanus-Ges.

GESTRICH, Wolfgang
Dr.-Ing. (habil.), Prof., Techn. Chemiker - Götenweg 11, 1000 Berlin 20 - Assistenzprof. u. apl. Prof. TU Berlin (Techn. Chemie).

GETHKE, Frank
Prokurist Dt. Film- u. Fernsehakad. Berlin GmbH - Pommernallee 1, 1000 Berlin 19.

GEUCKLER, Karlheinz
Dr.-Ing., Eisenbahndirektor - Dreieichring 25, 6070 Langen/Hessen - Geb. 15. Aug. 1926 - Geschäftsf. u.a. Dt. Eisenbahn-Ges. mbH, Frankfurt/M., Württembergische Eisenbahn-Ges. mbH, Stuttgart, Farge-Vegesacker Eisenbahn GmbH, u. Industriebahn-Ges. mbH, Frankfurt/M.; Vorst.-Mitgl. Rinteln-Stadthagener Eisenbahn AG, u. Teutoburger Wald-Eisenbahn AG, bde. Frankfurt/M.

GEUENICH, Dieter
Dr. phil., M.A., o. Prof. f. Gesch. d. Mittelalters Univ. Duisburg - Schwarzwaldstr. 56, 7819 Denzlingen (T. 07666 - 28 60) - Geb. 17. Febr. 1943 Honnef/Rhein, verh. s. 1969 m. Irene, geb. Hildebrand, 3 Kd. (Brigitta, Christian, Martina) - Stud. Gesch., German., Theol. u. Phil.; Staatsex. u. Magister 1969 Bonn; Promot. 1972 Münster; Habil. 1981 Freiburg - Wiss. Ang. SFB Mittelalterforsch. Münster; wiss. Assist.; Privat-Doz.; 1983 Univ.-Prof. Freiburg; 1987/88 Gastdoz. am Dt. Histor. Inst. Rom; s. 1988 o. Prof. Univ. Duisburg - BV: Prümer Personennamen in Überlieferungen v. St. Gallen, Reichenau, Remiremont u. Prüm, 1971; D. Personennamen d. Klostergemeinschaft v. Fulda im früheren Mittelalter, 1976; D. Verbrüderungsbuch d. Abtei Reichenau (m. J. Autenrieth u. K. Schmid), 1979; D. Altarplatte v. Reichenau-Niederzell (m. R. Neumüllers-Klauser u. K. Schmid), 1983; D. Martyrolog-Necrolog v. St. Emmeram zu Regensburg (m. E. Freise u. J. Wollasch), 1986; Person u. Gemeinschaft im Mittelalter. Fs. Karl Schmid (m. G. Althoff, O.G. Oexle u. J. Wollasch), 1988 - 1976 Preis d. Wiss. Ges. an d. Univ. Freiburg; 1976 Preis d. Henning-Kaufmann-Stiftg.

GEUENICH, Michael
Mitglied d. Geschäftsführenden Bundesvorstands d. Deutschen Gewerkschaftsbundes (s. 1985) - B. 1985 Vors. DGB-Landesbez. Nordrhein-Westf.

GEUENS, Herman F. J.
Dr. med. (spez. innere Med. u. Nephrologie), Vorstand Kali-Chemie AG, Hannover - Zu erreichen üb. Kali-Chemie, Hans-Böckler-Allee 20, 3000 Hannover 1 - Dir. Solvay & Cie S.A., Brüssel; Member Executive Board Duphar B.V. Amsterdam; AR LTM S.A., Suresnes, Frankr.; Comité Dir. (Chairman) Duphar & Cie, Belg.; VR-Mitgl. Unione Chimica Medicamenti - Difme - S.P.A. Grugliasco/Italien. Chairman Board Duphar Ltd., Engl.; Duphar-Interfran Ltd., India, Kali-Duphar K.K., Tokyo/Japan, Board Kalipharma Inc., Elizabeth, N.J./USA, Kali-Chemie Ricerca Farmaceutica SpA, Turin/Italien - Ausz. Lauréat exper. Med.

GEULEN, Dieter
Dr. phil., Prof. f. Erziehungswiss. FU Berlin (s. 1980) - Cosimapl. 1, 1000 Berlin 41 - Geb. 19. Jan. 1938 Aachen - Promot. 1965 - BV: D. vergesellschaftete Subjekt - Z. Grundleg. d. Sozialisationstheorie, 1977.

GEULEN, Hans
Dr. phil., Prof., Literaturhistoriker - Nienborgweg 21, 4400 Münster/W. - Geb. 23. März 1932 - Promot. 1962 - S. 1971 (Habil.) Lehrtätigk. Univ. Münster (1972 apl. Prof. f. Neuere dt. Lit.wiss.; 1973 Wiss. Rat u. Prof. Germanist. Inst.) - BV: Max Frischs Homo Faber, 1965; Erzählkunst d. frühen Neuzeit, 1975.

GEUS, Armin
Dr. rer. nat., Prof. f. Geschichte d. Medizin u. Biologie Univ. Marburg (FB Humanmed.) - Hirschberg 5, 3550 Marburg 1; Bunsenstr. 2, 3550 Marburg/L. - Geb. 10. April 1937 Staffelstein - Promot. 1964 - S. 1973 Prof. Marburg; 1. Vors. d. Ges. z. Gründ. u. Förd. e. Museums f. d. Geschichte d. Biol. - BV: D. Zoologie in Erlangen, 1969; D. Gregarinida d. land- u. süßwasserbewohnenden Arthopoden Mitteleuropas, 1969; Indices naturwiss. med. Periodica. Bd. 1: D. Naturforscher, 1971, Bd. 2: D. tiermed. Ztschr. d. 18. Jh., 1981; Ectypa Planatarum, 1981; Krankheit u. Kranksein in d. Gegenwartskunst, 1985; Ectypa Graminum, 1985; Aus d. Gesch. d. Kopfproblems, 1985; Johannes Ranke (1836-1916), Physiol., Anthropol. u. Prähistoriker, 1986; Gesch. u. Praxis d. phytohormonalen Kontrazeption, 1987; Zehn J. Basilisken-Presse Marburg 1976-86, 1987; Wilhelm Peter Mensinga: Facultative Sterilität, 1987; Blutplättchen. D. Gesch. ihrer Erforsch., 1988; Physiognomia arborum. Zeichn. v. Hans-Georg Rauch m. Texten v. Armin Geus u. Friedhelm Lach, 1989; D. Magenbürste. M. e. Vorwort v. H. Rohde, 1989; Dt. Zool. Ges. 1890-1990. Dokumentation u. Gesch. (m. H. Querner), 1990. Div. Herausg. u. a.: Schriften z. Wissenschaftsgesch. (ab 1976); Marburger Schriften zur Gesch. d. Med. (ab 1981); Kleinverlage in Hessen (1986).

GEUSS (ß), Herbert
Dr. phil. (habil.), Dipl.-Psych., Prof. f. Psychologie Univ. Osnabrück, Abt. Vechta - Eichenweg 7, 4593 Emstek-Höltinghausen - Geb. 3. Aug. 1947 Hofheim/T., kath., verh. s. 1983 m. Christel Siepmann-Geuß - Dipl. Psych. 1973 Univ. Frankfurt, Promot. 1975 Univ. Frankfurt, Habil. 1978 Univ. Hamburg - 1985-87 Univ. Verwaltungskomiss. Univ.-Abt. Vechta - BV: Verhaltenstechnol. od. selbstbestimmtes Handeln, 1980.

GEVATTER, Hans-Jürgen
Dr.-Ing., Honorarprof. f. Bauelemente d. Steuerungs- u. Regelungstechnik, TU Braunschweig (s. 1972), Univ.-Prof. FB 11, Fachgeb. Feingerätetechnik TU Berlin (s. 1985) - Rummer Weg 11, 6900 Heidelberg (T. 47 11 76).

GEWALT, Wolfgang

Dr. rer. nat., Zoodirektor - Mülheimer

Str. 273, 4100 Duisburg (T. 33 35 63) - Geb. 28. Okt. 1928 Berlin (Vater: Dr. med. Kurt G., Facharzt f. Haut- u. Harnorgane; Mutter: Veronika, geb. Walke), ev., verh. s. 1959 m. Studienass. Ilse, geb. Wittkopf, T. Anja - Franz. Gymn., Humboldt- u. Freie Univ. Berlin (Zool., Botanik, Chemie). Staatsex. f. d. höh. Lehramt 1956; Promot. 1959 - B. 1966 I. Wiss. Assist. Zool. Garten Berlin, dann Dir. Zool. Garten Duisburg. Div. Fachmitgliedsch. - BV: D. gr. Trappen, 1954; D. Eichhörnchen, 1956; D. Großtrappe, 1959; Heute geh'n wir in d. Zoo, 1963; Bakala, 1964; Löwen vor d. 2. Frühstück, 1965; Tiere f. Dich. u. f. mich, 1968; Haltung u. Zucht v. Park- u. Ziergeflügel, 1971/84; Mein buntes Paradies, 1973; D. Weißwal, 1976; Auf d. Spuren d. Wale, 1986 - Liebh.: Jagd, Tierfotogr. - Spr.: Franz., Engl. - Rotarier.

GEWECKE, Michael
Dr. rer. nat., Prof. f. Zoologie Univ. Hamburg (s. 1982) - Weidenstr. 6, 2080 Pinneberg - Geb. 2. Juli 1938 Hannover - Promot. 1966 München; Habil. 1971 Düsseldorf - BV: Antennen u. Stirnhaare d. Wanderheuschrecke; Luftströmungssinnesorgane im Dienste d. Flugsteuerung, 1971; Insect Locomotion, 1985.

GEWEHR, Wolf
Dr. phil., Prof. f. Dt. Sprache u. Literatur u. ihre Didaktik (Schwerp. Linguistik) Univ. Münster - Bogenstr. 12, 4542 Tecklenburg - Geb. 12. Febr. 1939.

GEY, Wolfgang
Dr. rer. nat., o. Prof. u. Direktor Inst. f. Techn. Physik u. Hochmagnetfeld-Anlage TU Braunschweig (s. 1974) - Friedrich-Löffler-Weg 64, 3300 Braunschweig.

GEYER, Albert
Geschäftsführer Verwaltungsges. Geyer mbH., Christian Geyer, Geyer KG., Geyer-Schaltanlagen, Wohnbauges. Geyer mbH. - Bauträgerges. Geyer mbH. - Geranienstraße 9, 8500 Nürnberg (T. 64 40 86) - Geb. 18. März 1929 Nürnberg (Vater: Hans G., Fabrikant; Mutter: Paula, geb. Mutscher), ev., verh. s. 1960 m. Hertha, geb. Köllisch, 4 Kd. (Sabine, Barbara, Christian, Susanne) - Stud. d. Rechtswiss. - Vorstandsmitgl. ZVEI, Frankfurt/M. (Vors. Fachabt. Zähler- u. Verteilungstafeln, Hausanschlußkästen; 1983 Leit. Landestst. Bayern). Div. Fachmitgl.sch. ARs- u. Beiratsmand. - Spr.: Engl. - Rotarier.

GEYER, Angelika
Dr. phil., Prof. f. Klassische Archäologie an d. Univ. Bamberg (s. 1991) - Zu erreichen üb. Univ. Bamberg, Am Kranen 12, 8600 Bamberg - Geb. 8. Febr. 1948 Werneck, kath., ledig - Abit. 1967; Staatsex. f. Lehramt an Gymn. (Lat., German.), 1973; Promot. 1976 Würzburg; Habil. 1988 Regensburg - 1991 Korresp. Mitgl. d. Dt. Archäol. Inst. - BV: D. Problem d. Realitätsbezuges in d. dionysischen Bildkunst d. Kaiserzeit, 1977; D. Genese narrativer Buchillustration, 1989 - 1977 Preis d. Unterfränk. Gedenkjahrstiftg. f. Wiss.

GEYER, Anton
Generalvikar Bistum Passau (s. 1968) - Residenzpl. 8, 8390 Passau (T. 39 32 11) - Geb. 1918.

GEYER, Christoph
Dipl.-Ing., Techn. Geschäftsführer Geyer-Video GmbH Hamburg/Berlin u. Geyer-Werke GmbH Berlin/München - Geb. 16. Dez. 1937, verh. s. 1971 m. Karen, geb. Gaebler, Apoth., T. Irmela - Human. Gymn. Schule Schloß Salem; Stud. Physik TU Berlin - 1984 Kalmus-Goldmed. SMPTE/USA.

GEYER, Dietmar
Marketing-Berater f. Unternehmer (PS. Carsten Feeser) - Ludwig-Thoma-Str. 18, 3004 Isernhagen 1 - Geb. 18. Juli 1946 Bückeburg, verh. s. 1966 m. Kristina, geb. Feeser, 2 Söhne (Carsten, Timm) - Kaufm. Lehre - Werbekaufm., Verlagslektor, Produkt-Manager. 1991 Geyer & Bauer Marketingberatung f. Unternehmer GmbH - BV: Erfinde m. Erfindern, 1973; Forsche m. Forschern, 1974; Spiel + Wissen, 1975; Entdecke m. Entdeckern, 1989; Schreibgeräte sammeln, 1989 - Sammelt Schreibgeräte.

GEYER, Dietrich
Dr. phil., o. Prof. f. Osteurop. Geschichte - Sonnenstr. 3, 7400 Tübingen (T. 6 57 12) - Geb. 14. Dez. 1928 Cossengrün - Habil. 1960 Tübingen - S. 1962 Ord. Univ. Frankfurt/M. u. Tübingen. Fachveröff - 1983 o. Mitgl. Heidelbg. Akad. d. Wiss.

GEYER, Eduard
I. Bürgermeister - Rathaus, 8980 Oberstdorf/Allg. - Geb. 19. Sept. 1935 Bamberg - Zul. Oberreg.srat.

GEYER, Edward H.
Dr. rer. nat., Prof. f. Astronomie Univ. Bonn (s. 1970) - Observatorium Hoher List, 5568 Daun - Geb. 15. März 1930 Passau (Vater: Willibald G., Schulrat; Mutter: Therese, geb. Schneider), kath., verh. s. 1958 m. Asja, geb. Fischer, 2 Kd. (Berenike, Frank) - Oberrealsch. Passau; 1950-55 Univ. München (Dipl.-Phys.). Promot. 1961 München; Habil. 1968 Bonn - 1957-62 Wiss. Assist. Bamberg u. Heidelberg; 1962-64 Dir. Boyden-Observ. Bloemfontein (Südafrika); s. 1964 Hauptobservator u. Leit. Observ. Hoher List (Univ. Bonn), Mitgl. American Astronomical Soc. Astronom. Ges., Dt. Physik. Ges., American Optical Soc. Üb. 170 Fachveröff. - 1990 Asteroiden Nr. 4380 Geyer (d. Intern. Astron. Union); 1992 Oskar v. Miller-Plak. - Spr.: Engl. - Rotarier.

GEYER, Egbert
Dr. phil., Prof. f. Zoologie, Parasitol. u. Protozool. Univ. Marburg - Spiegelslustweg 8, 3550 Marburg/L.

GEYER, Erhard

Dipl.-Finanzwirt, Bundesvorsitzender Dt. Steuer-Gewerkschaft - In der Raste 14, 5300 Bonn 1 (T. 0228 - 23 90 96) - Geb. 1. Jan. 1939, ev., verh. s. 1960 m. Helga, geb. Herchet, 2 Söhne (Achim, Frank) - FH f. Finanzen RLP, Edenkoben/Pfalz - Bundesvorst.-Mitgl. Dt. Beamtenbund.

GEYER, Helmut
Dr. rer. nat., Prof. f. Klin. Chemie u. Biochemie (s. 1978) - Universität (Med. Fak.), 7800 Freiburg/Br.

GEYER, Lothar
Kaufmann, Präs. Bundesverb. d. Tabakwaren-Einzelhandels - Zu erreichen üb.: Sachsenring 89, 5000 Köln 1.

GEYER, Manfred
Bankbetriebswirt (ADG), Bankdirektor, Vorstandsmitgl. Gewerbebank Ansbach eG, Raiffeisen- u. Volksbank - Hermann-Löns-Weg 20, 8814 Lichtenau (T. 09827 - 64 89) - Geb. 5. März 1952 Wernsbach, ev., verh. m. Frieda, geb. Barthel, 2. S. (Dietmar, Berthold) - 1969-72 Lehre Bankkaufm.; 1975-77 Bankakad. Frankfurt/M.; 1980/81 Akad. Dt. Genoss. Montabaur - Schatzmeister Gustav-Adolf-Werk Bayern.

GEYER, Otto Franz
Dr. rer. nat., Prof., Geolog.-Paläontol. Inst. Univ. Stuttgart - Peter-Cornelius-Str. 29, 7410 Reutlingen (T. 1 74 11) - Geb. 18. Mai 1924 Bergreichenstein - Stud. Geol. - S. 1960 (Habil.) Lehrtätigk. TH bzw. Univ. Stuttgart (Prof. f. Geol. u. Paläontol.) - BV: D. Schwäb. Jura. 1962 (m. Manfred Gwinner); Beitr. Stratigr. Paläontol. Ostspanien I-VIII, 1963/75 (m. and.); D. präkretaz. Mesozoikum v. Kolumbien, 1973; Grundz. d. Stratigraphie u. Fazieskunde, 2 Bde., 1973/77; Schwäb. Alb u. Vorland, 3. A. 1984 (m. Manfred Gwinner); Geol. v. Baden-Württ., 3. A. 1986 (m. dems.); Südalpen zw. Judikarien u. Piave, 1990. Üb. 90 Einzelarb.

GEYER, Wulf-Dieter
Dr. rer. nat., o. Prof. u. Mitvorst. Mathemat. Inst. Univ. Erlangen-Nürnberg (s. 1972) - Tennenloherstr. 17, 8520 Buckenhof - Geb. 14. März 1939 Berlin (Vater: Eberhard G., Oberstudiendir.; Mutter: Ursula, geb. Dannenfeldt), ev., verh. s. 1965 m. Margret, geb. Frauer, 4 Kd. (Christoph, Helmut, Barbara, Markus) - Ev. Gymn. Berlin; Stud. Berlin u. Tübingen - Assist. Univ. Tübingen u. Heidelberg.

GEYER(-KIEFL), Helen
Dr. phil., Musikwissenschaftlerin Universität Regensburg (s. 1985) - Waldstr. 22b, 8411 Zeitlarn/Neuhof (T. 09402 - 52 82) - Geb. 1. Aug. 1953 Werneck/Bay., kath., gesch. - 1973-82 Stud. Musikwiss., German., Patristik, christl. Archäol., Kirchengesch., Klavier u. Promot. (beides Univ. Würzburg); 1977 Stip. DAAD, Forsch.aufenth. Wien; 1978 Forsch.-aufenth. Venedig; 1979-80 Studienaufenth. in Ital. u. Wien; 1983 Doz. Univ. Palermo; 1983-85 Forschungsaufenth. Venedig; 1987 Gründ. u. Leit. d. Arbeitsgruppe f. musikal. Quellenforsch. Ost- u. Mitteleuropas - Studien z. Musikgesch. d. Neuzeit, gem. m. Prof. M. Bristiger, Warschau; 1988/89 Doz. Musikhochsch. Frankfurt; 1989/90 Gastprof. Univ. Posen u. Humboldt-Stip. Wien am IWM - BV: D. heroisch-komische Oper 1770-1820, 2 Bde. 1987; Edit.: Baldassare Galuppi: L'Inimico delle donne, 3 Bde. 1986; Ferdinando Bertoni: Balthassare, 1992; Cherubini, zahlr. Aufsätze, u. a. zuletzt: Werkausgabe Sterbeszene im Oratorium d. 18. Jh. i. Dr. (1989); D. venezianischen Frauenkoservatorien u. ihre actiones sacrae - E. Spiegel eigenen Selbstverständnisses im nachmetastasianischen Spannungsfeld, in: Regensb. Univ.reihe, 1991; Tritonus-Grenzstein d. Jenseits, in: Festschr. M. Bristiger, i. Dr. (1991); biograph. Art. im Dizionare universale della musica e dei musicisti üb. F. Aspelmayr, K. Ditters v. Dittersdorf, A. F. J. Eberl, J. E. Eberlin, u. a. m. - Vorbereit. f. histor. Aufführ. v. Oratorien u. Opern d. 18. Jh. (Anfossi, Bertoni, Cherubini) - 1970 2. Preis Klavierwettbew. Jugend musiziert - Liebh.: Bergsteigen, Fotogr., mod. Kunst - Spr.: Ital., Engl., Franz., Lat., Poln.

GEYER, Johann Georg
Prof., Maler - Gartenstr. 86, 6000 Frankfurt/M. (T. 62 19 72) - Geb. 21. Aug. 1921 Hannover (Vater: Paul G.; Mutter: Justine, geb. Vandenhirz) - S. 1963 Prof. Kunsthochsch. Braunschweig u. Frankfurt (1966).

GEYSER, Maria
Vorsitzende Richterin i.R. - Menzingerstr. 1, 8000 München 19 - Geb. 6. Nov. 1912 - Zul. Bundessozialgericht Kassel.

GHAUSSY, A. Ghanie
Dr. rer. pol., Univ.-Prof. f. Volkswirtschaftslehre, insb. Wirtschaftspolitik Univ. d. Bundeswehr Hamburg (s. 1979) - Auf dem Brink 35, 2056 Glinde (T. 040 - 711 23 10) - Geb. 8. Sept. 1932 Kabul/Afghanistan, verh., 6 Kd. - Dipl.-Volksw. 1957 Univ. Hamburg, Promot. 1959 Univ. Hamburg, Habil. 1964 Univ. Bern - 1964-74 Prof. f. Economics Kabul Univ. Fac. of Economics, 1974-76 Forsch.aufenthalt USA, 1976-79 Prof. Univ. Hamburg; 1965-71 Mitgl. High Economic Council mehrerer afghan. Regierungen, 1966-74 Pres. Afghan National Bank Kabul - BV: D. Genossenschaftswesen in d. Entw.ländern, 1964; D. Wirtschaftsdenken im Islam, 1986 - 1960/61 Alexander-v.-Humboldt-Stip.; 1964 Dreijahrespreis d. Intern. Genossenschaftsbundes f. Habil.schr.; 1968 Eisenhower Exchange Fellow USA; BVK I. Kl. - Spr.: Engl., Franz., Arab., Pers., Paschtu - Bek. Vorf.: General Ghaussuddin - Lit.: L. Adamec: Who is who of Afghanistan? (1975).

GHECZY, Zsolt
Assessor, Hauptgeschäftsführer d. Industrie- u. Handelskammer Wiesbaden - Alwinenstr. 6, 6200 Wiesbaden - Geb. 27. April 1934 Budapest, kath., 2 Kd. (Sabine, Viktoria) - Abit.; 1. u. 2. jurist. Staatsex. - Doz. an. d. FH Wiesbaden, FB Wirtsch. - Liebh.: Tennis, Lesen - Spr.: Engl. Ungar.

GIANNETTI, Stefano

Solotänzer, Choreograph - Zu erreichen üb. Deutsche Oper Berlin, Richard-Wagner-Str. 10, 1000 Berlin 10 - Geb. 20. Jan. 1965 Rom, led. - 1980 Accademia Nazionale di Danza, Rom; 1982 Conservatoire National de Paris b. Yvette Chauviré; Centre International de Danse b. Rosella Hightower, Cannes - Engagements: Hamburger Ballett, Baseler Ballett, London Festival Ballett, Ballett d. Deutschen Oper Berlin - Choreographien: Concerto, 1983; Glinka Divertissement, 1985; Meditation, Narcisse, Laci darem la mano, 1987; Interludio, la Valse, 1991; The Stone Flower, 1982; Hommage an Mozart, 1991; Zwillinge, 1992. Rollen u.a.: Nußknacker (Span. Tanz, Nußknacker Prinz); A Winged (Leading role); D. Feuervogel (Titelrolle); Romeo u. Julia (Thybalt, Mercutio, Romeo, Benvolio); Variation 1 (Leading role); Coppelia (Franz); Ring um d. Ring (Jung-Siegfried); Apollo (Titelrolle); Lieder e. fahrenden Gesellen; Les Intermittences du Coeur (Herzflimmern), Rolle: Morel - Premier Prix du Conservatoire; 1981 nominiert f. Bordighera Preis f. Choreographie - Liebh.: Choreographie, Oper - Spr.: Ital., Franz., Engl., Dt.

GIBIAN, Heinz
Dr.-Ing., Generalsekretär der Ges. Deutsch. Naturforsch. u. Ärzte (1990), Schering AG., Berlin, Honorarprof. f. Biochemie FU Berlin (s. 1970) - Bergstr. 20, 1000 Berlin 39 (T. 805 33 50).

GIBTNER, Horst
Dipl.-Ing., Mitglied des Deutschen

Bundestages (s. 1990) - Berliner Büro, Fennstr. 16, O-1190 Berlin - Geb. 23. Aug. 1940.

GIDION, Jürgen
Dr. phil., Hon.-Prof. phil. Fak. Univ. Göttingen, Studiendirektor, Fachseminarleit. - Brüder-Grimm-Allee 26, 3400 Göttingen (T. 4 38 05) - Geb. 1. Jan. 1928 Hannover (Vater: Heinrich G., Syndikus; Mutter: Bertha, geb. Studtmann), ev., verh. s. 1957 m. Dr. Heidi, geb. Poremba, T. Anne - 1948-57 Univ. Göttingen, Tübingen (Deutsch, Phil., Engl., Gesch.); 1. u. 2. Staatsex., Promot. - 1959-63 Gymnasiallehrer, Assist.-Prof. Wabash College/USA; Fachleit. Staatl. Stud.-Sem. Göttingen; 1980 Prof. in Göttingen. Herausg.: Neue Samml. - Ztschr. f. Päd. - BV: Praxis d. Deutschunterr. (m. Hans Paul Bahrdt), 1972 - Spr.: Engl., Franz. - Bek. Vorf.: Prof. Paul Kluckhohn (Großonkel).

GIDO, Edgar
Dipl.-Kfm., Geschäftsführer Messe Frankfurt GmbH (1981ff.) - Ludwig-Erhard-Anlage 1, 6000 Frankfurt/M. 1.

GIEBEL, Ewald jun.
Fabrikant, Gf. Gesellsch. Ewald Giebel KG, Iserlohn, Becker, Cramer & Römer GmbH & Co., Hagen, FHG Flachstahlhandel GmbH & Co. KG, Rosenthal, Ewald Giebel-Luxemburg GmbH, Dudelange/Luxemb. - Lichtenböcken 39, 5800 Hagen 1-Berchum - Geb. 4. Aug. 1938, ev., verh. m. Marianne, geb. Ellerfeld, 3 Kd. (Sabine, Walter-Christian, Stefanie) - Kaufm. Ausb. im In- u. Ausl. - Spr.: Franz., Engl.

GIEBEL, Max
Dr. med., Prof., Chefarzt I. Chirurg. Klinik -Stadtkrankenhaus, 3500 Kassel (T. 8 00 21) - B. 1959 Privatdoz., dann apl. Prof. Univ. Hamburg (Chir.).

GIEBEL, Ortwin
Dr. med., Chefarzt, Prof. f. Anästhesiologie RWTH Aachen (apl.; s. 1974) - Ludwig-Weber-Str. 15, 4050 Mönchengladbach - Geb. 21. Febr. 1926 - Promot. (1956) u. Habil. (1968) Hamburg - S. 1968 Chefarzt Abt. f. Anästhesie u. Intensivmed./Ev. Krkhs. Bethesda, Mönchengladbach. Zahlreiche Facharb., auch Buchbeitr. - 1968 Karl-Thomas-Preis.

GIEBEL, Werner
Dr. phil. nat. (habil.), Dipl.-Biologe, Leiter Biochem. Forschungslabor Univ.-HNO-Klinik Tübingen - Jahnstr. 24, 7409 Dusslingen (T. 07072 - 33 15) - Geb. 2. Juni 1941 Kreibitz/Sud., kath., verh. s. 1969 m. Ulrike, geb. Nowak, 3 Kd. (Simon, Daniel, Eva) - Stud. Biol. u. Chemie; Dipl. 1967, Promot. 1969, Habil. f. experimentelle Otorhinolaryngol. 1985 - S. 1971 experiment. Grundlagenforsch. z. Biochemie u. Biol. d. Innenohres - Liebh.: Gesch., Kulturgesch., Lit., Sport - Spr.: Engl., Franz., Schwed.

GIEBELER, Gerd
Dr. rer. pol., Prof. f. Betriebswirtschaftslehre, insb. Produktionsw. u. Personalwesen, Univ. Gesamthochschule Siegen - Arbachstr. 64, 5908 Neunkirchen.

GIEBLER-KATTENESCH, von, Kleopatra
Tiefbauarchitektin, Jongleur (Manipulatrice), Künstlername Kleo - Dudweilerstr. 23, 6601 Scheidt - Geb. 11. April 1939 Lemwerder, ledig - Stud. Arch. (Tiefbau) Bremen, Ethologie (Verhaltensforsch.) m. Sondergeb. Homologie Münster; Magister als Olfaktorist u. Makrosomat; Ausb. z. Balljongleur - Öfftl. Auftritte b. div. Anlässen, insbes. Open Air; versch. Jongliertricks, Performance-Artistin. Vorführungen zun. im Nordd. Raum, später auch in Süddtschl.; s. 1988 Auftritte im Ausl., insbes. Open Air auf gr. Freiplätzen (z.B. Flugplätzen), Performances - 1982 Ehrenpreis d. Deutschen Makrosomat. Ges.; 1988 Performance-Med. am Bde. - Liebh.: Ballspiele, Schwimmsport, Leichtathletik, aktives u. passives Kajolieren.

GIEDING, Heinz
Prof., Hochschullehrer - Max-Wolf-Str. 1, 6900 Heidelberg (T. 4 52 82) - U. a. Prof. Päd. Hochsch. Heidelberg (Grundschuldidaktik).

GIEHM, Joachim
Dr. phil., Literatur- u. Theaterwissenschaftler - Gustav-Adolf-Str. 32, O-2300 Stralsund (T. 0821 - 39 05 63) - Geb. 12. Dez. 1947 Greifswald, verh. s. 1969 m. Dr. med. Elke, geb. Deichsler, 2 Kd. (Kerstin, Thomas) - Stud. Theaterwiss.; Promot. 1987 Berlin (a. d. Gebiet d. Lit.wiss.) - Buch- u. Theaterrezensionen; Publ. z. Theatergeschichte Stralsunds.

GIEHRING, Heinz
Dr. jur., Prof. f. Strafrecht - Jungfrauenthal 20, 2000 Hamburg 13 - S. 1974 Prof. Univ. Hamburg.

GIEHRL, Hans E.
Dr. phil., Prof., Lehrstuhlinh. f. Didaktik d. Dt. Sprache u. Literatur Univ. Regensburg - Arzfeldstr. 3, 8411 Eilsbrunn/Opf. - Geb. 29. Febr. 1928 - BV: D. junge Leser, 1968; Volksmärchen u. Tiefenpsych., 1970; D. Vaterbild im Kinder- u. Jugendb., 1980; zahlr. Schulb., Fachaufs. u. Jugendb.

GIELEN, Michael
Prof. f. Dirigieren Morzarteum Salzburg (s. 1987) - Kapuzinerstr. 3, 7570 Baden-Baden - Geb. 20. Juli 1927 Dresden (Vater: Josef G., Chefregiss. Sächs. Staatsoper; Mutter: Rose, geb. Steuermann), verh. m. Helga, geb. Augsten, 2 Kd. (Claudia, Lucas) - Musikausbild. (Klav., Kompos.) - S. 1960 Chefdirig. Stockholm, Brüssel, Den Haag; 1977-87 Generalmusikdir. u. Operndir. Städt. Bühnen Frankfurt/M.; 1980-86 Chefdirig. Cincinnati Symph. Orch.; ab 1986 Chefdirig. Sinfonie-Orch. Südwestf. Baden-Baden - 1984 Hess. Kulturpreis; 1986 Theodor-W.-Adorno-Preis Stadt Frankfurt/M.

GIELEN, Wolfgang
Dipl.-Kfm., Geschäftsführer u. Gesellschafter Gielen Industriebeteiligungsges. mbH & Co. KG, Köln, Geschäftsf. ESE Elektroschaltgeräte Eisenach GmbH, u. GINO Gielen + Nothnagel GmbH Elektrotechnische Fabrik, Bonn - Am Hermannshof 7, 5000 Köln 50 - Geb. 1. Juli 1929.

GIENANTH, Freiherr von, Ulrich
Dipl.-Ing., Dipl.-Volksw., Gesandtschaftsrat a. D. - 6719 Eisenberg - Geb. 6. Juni 1907 Berlin (Vater: Carl v. G., Industrieller; Mutter: Freda, geb. v. Varnbüler), ev., verh. s. 1941 m. Karin, geb. v. Vietinghoff, Tocht. Marion - TH u. Univ. München, Johns Hopkins Univ. Baltimore (USA) - 1935-45 Ausw. Dienst, 1950-72 Geschäftsf., dann AR-Vors. Gebr. Gienath Eisenberg GmbH.

GIENCKE, Ernst
Dr.-Ing., o. Prof. f. Strukturmechanik Techn. Univ. Berlin (s. 1963) - Dubrowstr. 19, 1000 Berlin 37 (T. 801 45 37) - Geb. 6. April 1925 Brudersdorf Kr. Malchin (Vater: Ernst G., Förster; Mutter: Margarethe, geb. Bruhn), verh. s. 1952 m. Margarethe, geb. Reichenbächer - TH Darmstadt (Dipl.-Ing. 1953). Promot. (1958) u. Habil. (1959) Darmstadt - 1959-62 Doz. TH Darmstadt.

GIENGER, Karl
Dr.-Ing., Vors. Tarifgemeinsch. TÜV, Essen - Randstr. 4, 7920 Heidenheim/Brenz - Geb. 20. Dez. 1919.

GIENGER, Walter
Rechtsanwalt, Hauptgeschäftsführer Arbeitgeberverband d. Deutschen Glasindustrie e.V. - Josephspitalstr. 15, 8000 München 2 - Geb. 19. Febr. 1928.

GIENOW, Herbert
Dr. jur., General Delegate u. Sprecher d. Dt. Gruppe GEC Alsthom N.V., Essen, AR-Vors. Filmfabrik Wolfen AG, Altmark Industrie GmbH, AR-Mitgl. Albingia Versich. AG, Hamburg, EVT Energie- u. Verfahrenstechnik GmbH, Stuttgart, Klöckner-Werke AG, Duisburg, Walther & Cie. AG, Köln, Vors. d. Bez.beirats d. Deutsche Bank AG, Essen - Am Adels 7, 4030 Ratingen 6 u. Charlotte-Niese-Str. 17, 2000 Hamburg 52 - Geb. 13. März 1926 Hamburg (Vater: Günther G.; Mutter: Margarethe, geb. Binder), verh. m. Imina, geb. Brons, 2 Kd. (Hendrik, Jessica) - Abit. 1944, Stud. d. Rechtswiss., Promot. 1952, gr. jurist. Staatsprüf. 1953. 1954 Rechtsanw.; 1961 Wirtsch.-Prüfer - 1954 Prok. Dt. Warentreuhand AG, Hamburg; 1959 Vorst.-Mitgl. Dt. Warentr. AG, Hamburg, 1962 d. Klöckner-Werke AG; 1974-91 Vorst.-Vors. Klöckner Werke AG - Mitgl. Hamburg-Alster Lions Club, Übersee-Club Hamburg; Confrérie d. Chevalier du Tastevin, Nuits St. Georges/Burgund - Liebh.: Bücher, Jagd, Zinnfiguren.

GIER, Albert
Dr., Univ.-Prof. f. Romanische Philol. Univ Bamberg (s. 1988) - Mönchhofstr. 17, 6900 Heidelberg - Geb. 16. Jan. 1953 Aachen, ledig - Promot. 1977 Univ. Bonn; Habil. (Roman. Philol.) 1984 Univ. Heidelberg - 1976/77 wiss. Angest. Univ. Bonn, 1977-85 wiss. Angest. Univ. Heidelberg, 1985-88 Prof. Univ. Heidelberg - BV: D. Sünder als Beispiel, 1977; Fabliaux, ausgew. übers. u. komment. 1985; D. Skeptiker im Gespräch m. d. Leser, 1985; Les formes narratives brèves en Espagne et au Portugal (m. John Esten Keller), 1985; Chrétien de Troyes, Erec u. Enide (Übers. u. hg.), 1987; D. letzten Monate d. Königs, Louis XVI in Aufz. seiner Diener u. Bewacher (Übers. u. hg. m. Chris E. Paschold), 1989; D. Scharfrichter, D. Tagebuch d. Charles-Henri Sanson aus d. Zeit d. Schreckens 1793/94 (Übers. u. hg. M. Chris E. Paschold), 1989; D. Franz. Revolution. E. Lesebuch m. zeitgen. Berichten u. Dokumenten (m. Chris E. Paschold), 1989; Altfranzösische Liebesgesch. (Übers. u. m. Erläuterungen hg. M. Chris E. Paschold), 1992. Aufs. in Fachztschr., Sammelbde. u. Tageszt. - Liebh.: Oper, Bodybuilding, Tennis.

GIERDEN, Karlheinz
Dr. jur., Vorstandsvorsitzender Kölner Bank v. 1867 eG Volksbank Köln i. R. (1979-90) - Neuenhöfer Allee 41, 5000 Köln 41 - Geb. 7. Aug. 1926 - AR- u. VR-Mand. - Präs. d. Genossensch.-verb. Rheinl.

GIERE, Wolfgang
Dr. med., Prof (H 4) f. Dokumentation u. Datenverarb. Univ. Frankfurt/Fachbereich Humanmed. (s. 1976) - Theodor-Stern-Kai 7, 6000 Frankfurt/M. - Geb. 3. Febr. 1936 Königsberg (Vater: Dr. iur. Gustav G., Stadtkämmerer a. D.; Mutter: Margarethe, geb. Schade), ev., verh. s. 1964 m. Elke, geb. Engelmann, 4 Kd. (Philipp, Peter, Katharina, Johannes) - Univ. Tübingen, München, Montpellier, Marseille. Promot. 1966 Tübingen - U. a. Wiss. Assist. Robert-Bosch-Krkhs. Stuttgart (1968) u. Leit. Rechenzentrum Dt. Klinik f. Diagnostik Wiesbaden (1969). Einf. d. Datenverarb. in d. ärztl. Praxis (1972), Dokumentations- u. Informationsverbesserung f. d. Arzt (1975), Befunddokum. u. Arztbriefschreib. in Krankenanst. (1979), Korresp. Mitgl. Dt. Ges. f. Allg.med., Certifikat „Med. Informatik" Ges. f. Informatik u. Dt. Ges. f. Med.-Dokument., Informatik u. Statistik, Fellow Am. Ass. Med. Statistics and Informatics - BV: Otto Loewi - E. Lebensbild in Dokum., 1968; Computereins. in d. Med., 1971 (m. R. Pirtkien); BAIK-Befunddokumentation u. Arztbriefschreibung im Krankenhaus, 1986 - Liebh.: Musik, Segeln - Spr.: Lat., Griech., Engl., Franz.

GIERENSTEIN, Karl-Heinz
Verwaltungsamtmann a. D., MdB (s. 1965, CDU/CSU-Fraktion) - Apianstr. 13, 8070 Ingolstadt/Donau (T. 7 25 40) - Geb. 4. Sept. 1920 Engers, kath., verh., Sohn - Gymn. (Abitur); n. 1945 Bayer. Verw.ssch. - 1940-45 Luftw. (Einsatz Kampfgeschw.; zul. Ltn.); ab 1951 Beamter Ingolstadt. 1956 ff. Mitgl. Stadtrat. 1955-60 Kreisvors. Jg. Union. CSU s. 1953.

GIERER, Alfred
Dr., Prof., Biophysiker, Direktor am Max-Planck-Inst. f. Entwicklungsbiol. Tübingen - Eduard-Sprangerstr. 5, 7400 Tübingen (T. 07071 - 60 14 10) - Geb. 15. April 1929 Berlin, ev., verh. m. Dr. Lucia, geb. Jentsch, 2 Söhne (Martin, Stephan) - 1946-53 Stud. Physik Göttingen; Promot. 1953, Habil. (Biophysik) 1958; 1965 apl. Prof. Tübingen - 1953/54 Fulbright Fellow Mass. Inst. of Technol. Cambridge, USA; 1954-60 wiss. Mitarb. MPI f. Virusforsch.; s. 1960 Leit. Molekularbiol. Abt., s. 1965 Dir. am Max-Planck-Inst. f. Virusforsch./Entwicklungsbiol. Tübingen. 1968-74 Mitgl. d. Senats d. Dt. Forsch.gem., 1972-84 Mitgl. d. Senats d. Max-Planck-Ges.; s. 1964 Mitgl. d. Dt. Akad. d. Naturforscher Leopoldina - BV: D. Physik, d. Leben u. d. Seele, 1985; D. gedachte Natur, 1991. Wiss. Arb. üb. Infektiosität u. Mutation d. Nukleinsäure d. Tabakmosaikvirus; Mechanismus d. Proteinsynthese; Entwicklungsbiol. (biol. Struktur- u. Gestaltbildung, Entw. d. Nervensystems), wissenschaftsphilosophische Fragen.

GIERHAKE, Friedrich Wilhelm
Dr. med., Prof. f. Chirurgie Univ. Gießen (s. 1971) - Bertha-von-Suttner-Weg 7, 6300 Gießen - Geb. 30. Aug. 1923 Gelsenkirchen - Promot. 1951 Bonn; Habil. 1969 Gießen - BV: Postoperative Wundheilungsstörungen, 1970. Zahlr. Einzelarb.

GIERICH, Peter
Kaufm. Angestellter, MdA Berlin (s. 1975) - 1000 Berlin 19 - Geb. 27. April 1936 Berlin, verh., 1 Kd. - Schule (Mittl. Reife 1953) u. Schule f. künstler. Schaufenstergestalt. Berlin (Abschl. 1955); Volontär Werbezentrum Netz Berlin - 1955-57 Schaufenstergestalter; 1957-61 Leit Dekorationsabt.; 1961 b. 1970 selbst. Werbegest.; ab 1970 kaufm. Angest. Großhdl. Bezirksverordn. Wedding (1971 ff. Fraktionsf.). CDU s. 1967.

GIERIG, Timm
Galerist, Verleger - Stettenstr. 29, 6000 Frankfurt/M. 1 (T. 069 - 28 71 11) - Geb. 16. Febr. 1942 Frankfurt/M., kath., verh. s. 1968 m. Lieselotte, geb. Wegner, 2 Söhne (Timo, Rauno) - S. 1965 Selbst. Galerie u. Verlagsgründ.

GIERING, Oswald
Dr. rer. nat., o. Prof. f. Geometrie TU München (s. 1972) - Johann-Strauß-Str. 30, 8011 Vaterstetten/Obb. - Geb. 31. Mai 1933 Dornstetten - Promot. 1962; Habil. 1968 Stuttgart - 1968-72 Lehrtätigk. Univ. Stuttgart, TU München u. Univ. Karlsruhe; WS 1989/90 Akademie-Stip. d. VW-Stiftg. - BV: Vorlesungen üb. höh. Geometrie, 1982; Konstruktive Ing.geometrie (m. H. Seybold), 3. A. 1987. Facharb. in Fachztschr. - Spr.: Engl., Franz.

GIERINGER, Wolfgang
Dr. jur., Aufsichtsratsvorsitzender u. Vors. d. Gesellschafteraussch. d. Steinbeis Holding GmbH, Brannenburg/Inn - Priv.: 8210 Prien/Chiemsee - Geb. 21. Febr. 1925 - Div. Mandate.

GIERKE, von, Gerhart
Dr. rer. nat., Dipl.-Physiker, Direktor u. Abt.sleiter Max-Planck-Inst. f. Plasmaphysik, Garching (s. 1969) - Aresingerstr. 20, 8087 Türkenfeld (T. 08193 -86 31) - Geb. 14. Jan. 1922 Karlsruhe (Vater: Dr. med. Edgar G.; Mutter: Julie, geb. Braun), ev., verh. s. 1945 m. Irmgard, geb. Lorenz, 2 Kd. (Henning, Ursula) -

GIERKE, Max
Produzent, Inhaber Elan-Film Television - Rüdesheimer Str. 11, 8000 München 21 - Geb. 4. Febr. 1917 Danzig, verh. m. Christiane, geb. Kähne - 1400 Filme - Ausz. u. gold. Dipl. In- u. Ausl.; BVK; Bayer. VO; Gold. Löwe Rep. Senegal; Honorarkonsul f. Bayern im Senegal - Liebh.: Tennis, Golf.

GIERKE, von, Rolf
Bankdirektor, Vice President Mellon Bank N. A. i. R. - Reinhold-Schneider-Str. 134, 7500 Karlsruhe 51 - Geb. 5. Jan. 1915 Karlsruhe (Vater: Prof. Dr. med. Edgar v. G.; Mutter: Julie, geb. Braun), ev., verh. s. 1945 m. Hildegard, geb. Jordan, 4 Kd. (Cornelie, Sabine, Christoph, Klaus) - Human. Gymn. (Abit.) Karlsruhe; Banklehre. B. 1972 Gf. Gesellsch. Gebr. Röchling Bank, Saarbrücken - Spr.: Engl., Franz. - Bek. Vorf.: Edgar. v. G., Mediziner, von Gierke'sche Krankh. (Vater); Otto v. G., Rechtsgelehrter (Großv.).

GIERKE, Wolfgang
Assessor, Hauptgeschäftsführer Groß- u. Außenhandelsverb. Nieders., Berufs- u. Arbeitgeberverb. ebd. u. a. - Georgswall 12, 3000 Hannover 1 - Stud. Rechtswiss.

GIERLICHS, Hanns
Rechtsanwalt - Am Falkenberg 12, 5090 Leverkusen 31 (T. Opladen 3 12 04) - Geb. 13. März 1907 Arnsberg/W. - 1934-72 IG Farbenindustrie AG. bzw. Farbenfabriken Bayer AG. bzw. Bayer AG. (1958 Finanzdir.; 1963 Vorstandsmitgl.) - Spr.: Engl., Franz. - Rotarier.

GIERLOFF-EMDEN, Hans Günter
Dr. rer. nat., o. Prof. u. Vorst. Lehrstuhl f. Geographie u. Geograph. Fernerkundung Inst. f. Geogr. Univ. München (s. 1965) - Luisenstr. 37, 8000 München 2 (T. 52 03 - 322) - Geb. 22. Mai 1923 Wilhelmshaven (Vater: Richard G.-E., Marine-Ing.; Mutter: Maria, geb. Andersson), verh. s. 1958 m. Lieselotte, geb. Grube - Univ. Hamburg (1945-50; Geogr., Math., Biol., Ozeanographie). Promot. (1950) u. Habil. (1958) Hamburg - 1958-65 Privatdoz. u. apl. Prof. (1963) Univ. Hamburg. Gastprof. Univ. Berkeley (1961) u. Louisiana (1964) - BV: Mexiko - E. Landeskd., 1968; Einf. in d. Luftbildauswert., 1968; Geographie d. Meeres, Lehrb. f. Allg. Geogr. 1979.

GIERNOTH, Peter
Hauptgeschäftsführer Gesamtverb. d. Dt. Maschen-Ind. e.V. (s. 1983) - Olgastr. 77, 7000 Stuttgart - Geb. 26. Mai 1943 - Zul. Dir. Dt.-Brasil. Inst. f. Aus- u. Weiterbild., São Paulo; 1979-83 Hauptgeschäftsf. Dt.-Brasil. IHK, São Paulo.

GIERS, Joachim
Dr. theol., o. Prof. f. Christl. Sozialehre u. Allgemeine Religionssoziologie Universität München - Veterinärstr. 2, 8000 München 22 - Geb. 4. Juni 1911 Berlin, kath. - S. 1953 Lehrtätig. Phil.-Theol. Studium Erfurt (1955 Ord.) u. Univ. München (1963) - BV: Gerechtigkeit u. Liebe - D. Grundpfeiler gesellschaftl. Ordnung in d. Gedankenwelt d. Kardinals Cajetan, 1941; D. Gerechtigkeitslehre d. jg. Suarez, 1958. Fachveröff. in Ztschr. u. Sammelwerken.

GIERS, Walter
Bildender Künstler u. Komponist - Badmauer 14, 7070 Schwäbisch-Gmünd (T. 07171 - 6 11 75) - Geb. 10. Mai 1937 Mannweiler/Pfalz, verh. m. Petra Ertle, S. Viktor - Industrie Designer, Dipl. 1963 - Freischaff. Künstler, lehrend an d. Hochsch. f. Gestaltung Karlsruhe - BV: Walter Giers/Elektronik Art, 1987; unzähl. Veröff. in intern. Ztschr., Büchern, TV u. Rundfunk - Erste Ausstell. 1968, Erf. d. Kunstrichtung Elektronik Art.

GIERS, Werner
Chefredakteur u. Mitherausg. Münchner Merkur, München - Alois-Johannes-Lippl-Str. 16A, 8032 Gräfelfing (T. 089-854 40 98) - Geb. 14. Nov. 1928 Hamm/W., kath., verh. s. 1952 m. Ingeborg, geb. Hogenkamp, 3 Kd. - Div. Veröff. - Rotarier.

GIERSCH, Herbert
Dr. rer. pol., Drs. h. c., em. Prof. f. Volkswirtschaftslehre (insb. Wirtschaftspolitik) - Preußerstr. 17, 2300 Kiel - Geb. 11. Mai 1921 Reichenbach/Eulengeb. (Vater: Hermann G.; Mutter: geb. Kleinert), ev., verh. s. 1949 m. Dr. Friederike, geb. Koppelmann, 3 Kd. (Volker, Wolfgang, Cornelia) - Stud. Breslau, Kiel, Münster - 1950-53 Privatdoz. Univ. Münster; 1955-69 Ord. Univ. Saarbrücken; 1969-89 Ord. Univ. Kiel u. Präs. Inst. f. Weltw., Kiel; 1962/63 u. 1977/78 Gastprof. Yale Univ. (USA) - Mitgl. Wiss. Beirat Bundeswirtschaftsmin. (1961ff.) u. Bundesmin. f. wirtsch. Zusammenarbeit (1963-71); Sachverständigenrat z. Begutacht. d. gesamtwirtsch. Entw. (1964-70); dt. Forum f. Entwicklungspol. (1970-73); Vors. Arbeitsgem. dt. wirtschaftsw. Forschungsinst. (1970-82); Mitgl. Council in Executive Comittee d. Intern. Economic Assoc. (1971-83), Schatzm. (1974-83), Ehrenpräs. (s. 1983); Präs. Mont Pèlerin Soc. (1986-88) - BV: Allg. Wirtschaftspolitik, Bd. 1, 1960, Bd. 2, 1977; D. Ausgleich d. Kriegslasten v. Standpunkt soz. Gerechtigkeit, 1948; Europ. Wirtsch.integr. u. Währungsvereinig., 1973; Growth, cycles and exchange rates. The experience of West Germany, 1970; Im Brennpunkt: Wirtschaftspolitik, 1978. Div. Herausg., dar. Wie es zu schaffen ist - Agenda f. d. Wirtschaftspolitik (1983), Zahlr. Fachaufs. - 1971 Hon. Fellow London School of Economics; 1976 Hon. Member American Economic Assoc.; 1977 Ehrendoktor Univ. Erlangen-Nürnberg; 1977/78 Dean Acheson Visit. Prof. Yale Univ./USA; 1977 Gr. BVK, 1989 Stern dazu; Paolo Baffi Intern. Prize for Economics; 1983 Ludwig-Erhard-Preis f. Wirtsch.-Publiz., Corresp. Fellow d. British Academy, London; Ehrendoktor Univ. Basel; 1987 Foreign Member Swedish Acad. of Engineering Sciences, Stockholm.

GIERSCHNER, Karlheinz Walter
Dr.-Ing., Dipl.-Ing., Prof. f. Lebensmitteltechnol. Univ. Hohenheim (s. 1966) - Schwalbenstr. 17, 7024 Filderstadt 4 - Geb. 17. März 1930 Hindenburg/OS (Eltern: Martin u. Elisabeth G.), ev., verh. s. 1962 m. Barbara, geb. Ludwinski, 2 Kd. (Kerstin, Johannes) - Stud. TU Berlin (Dipl.-Ing. 1959) - 1959-66 Inst. f. Gemüseverwertung TU Berlin. 1985 Gastprof. Univ. Peking, 1986 Univ. Ismailia u. a. ausl. Univ. Fachmitgl.sch.; Herausg.: Monogr.reihe Fruchtsäfte u. a. Fruchterzeugnisse (3 Bde. b. 1973). Üb. 195 Beitr. in in- u. ausl. wiss. Fachztschr. - Liebh.: Lit., Musik, Gesch. - Spr.: Engl.

GIERSE, Franz Josef
Dr.-Ing., o. Prof. f. Konstruktions- u. Getriebetechnik Univ./GH Siegen (Fachbereich Maschinentechnik) - Sonnenwinkel 13, 5900 Siegen.

GIERSTER, Hans
Generalmusikdirektor - Hallerwiese 4, 8500 Nürnberg - Geb. 12. Jan. 1925 München (Eltern: Hans (Pädagoge, u. a. Dir. Münchner Kindl-Heim †1967) u. Therese G.), verh. (Ehefr.: Gertrud) - Musikhochsch. München u. Mozarteum Salzburg (Prof. Clemens Krauß) - U. a. Staatsoper München (z. Z. ständ. Dirigent). Festsp. München u. Edinburgh. Gastsp. Wien, London, Mexico-City u. a. - 1972 Bayer. VO.

GIERTZ, Hubert
Dr. med., Prof., Pharmakologe u. Toxikologe, ehem. Leiter Biol. Forschung, Grünenthal GmbH (s. 1977) - Finkenhag 24, 5100 Aachen-Orsbach - Geb. 7. April 1923 Bielefeld (Vater: Dr. Egon G., Regierungsdir.; Mutter: Mathilde, geb. Oebbeke), verh. 1951 m. Inge, geb. Siebert - Promot. 1948; Habil. 1959 - S. 1959 Lehrtätig. Med. Akad. Düsseldorf, Univ. Freiburg u. RWTH Aachen (1962 Wiss. Rat; 1965 apl. Prof.). Div. Fachaufs.

GIES, Heinz
Dr. phil., em. o. Prof. f. Allg. Didaktik u. Schulpädagogik (Schwerp. Medienpäd. u. Unterrichtstechnol.) Univ. Münster (s. 1974) - Bredenwinkel 30, 4403 Senden/W. - Geb. 11. Nov. 1920 Lüdenscheid - Promot. 1965; Habil. 1973 - Zul. Wiss. Rat u. Prof. TH Aachen - BV: D. Krise d. Anschauung, 1965; Schulfernsehen u. Schule, 1973; Fernsehen u. Erwachsenenbild., 1974.

GIES, Helmut
Dr. jur., Aufsichtsratsvorsitzender AMB Aachener u. Münchener Beteiligungs-AG - Münchener Allee 9, 5100 Aachen - Geb. 23. Jan. 1929 Mönchengladbach, verh. - In- u. ausl. AR- u. Beirats-Mand. u. AR-Vors. Aachener u. Münchener Versich. AG, Aachener u. Münchener Lebensversich.-AG, Aachener Rückversich. Ges. AG, Badenia Bausparkasse AG, Central Krankenversich.-AG, Thuringia Versich.-AG, Volksfürsorge Holding AG, Volksfürsorge Dt. Lebensversich. AG, Volksfürsorge Dt. Sachversich. AG.

GIES, Horst
Dr. phil., Prof. f. Didaktik d. Geschichte FU Berlin (s. 1980) - Wachtelstr. 18, 1000 Berlin 33 - Geb. 19. Sept. 1938 Koblenz, verh. s. 1966 m. Margot, geb. Seter, 3 Kd. (Marcus, Camilla, Niclas) - Stud. Frankfurt/M. u. München (Gesch., German., Polit. Wiss.). Promot. 1965 Frankfurt - B. 1970 Gymnasiallehrer, dann Doz. PH Westf.-Lippe/Abt. Münster, s. 1973 Prof. PH Berlin - BV: Zeitgesch. im Unterr. - E. didakt. Grundriß z. Gesch. im 20. Jh., 1976; Repetitorium Fachdidaktik Gesch., 1981; Bibliographie z. Didaktik d. Geschichtsunterrichts, 1983; Geschichtslehrerausbildg. in d. Bundesrep. Dtschl., 1985.

GIES, Norbert
Fabrikant, Vors. Bundesverb. d. Dt. Bürsten- u. Pinselind., Präs. d. europ. Verb. d. Bürsten- u. Pinselind. (FEJBP), Brüssel, Mitinh. d. Fa. Van Gülpen u. Suntz, Emmerich - Zu erreichen üb. Adelheidstr. 23, 6200 Wiesbaden; priv.: Großer Wall 66, 4240 Emmerich/Rhein.

GIES, Theodor
Dr. phil. nat., Prof. f. Didaktik d. Biologie Univ. Frankfurt/M. (s. 1973) - Sackstr. 8, 6251 Niederselters - Geb. 28. Nov. 1934 Kassel - Promot. 1972 - BV: Vegetation u. Ökol. d. Schwarzen Moores (Rhön) unt. bes. Berücks. d. Kationengehaltes, 1972.

GIESBRECHT, Peter
Dr. rer. nat., Prof., Direktor Abt. Cytologie Robert-Koch-Inst./Bundesgesundheitsamt, Berlin 65 (s. 1968) - Boumannstr. 32, 1000 Berlin 28 - Geb. 31. Jan. 1930 Königsberg - Promot. 1957 Bonn; Habil. 1966 Berlin - 1971ff. apl. Prof. FU Berlin (Allg. Biologie). Üb. 100 Einzelarb. - 1987 Aronson-Preis f. exper. Therapie.

GIESDER, Manfred
Gesandter - Zu erreichen üb. Ausw. Amt, Adenauer-Allee 99-108, 5300 Bonn 1 - Zul. Botsch. d. Bundesrep. Deutschl. in Kopenhagen.

GIESE, Bernd
Dr. rer. nat., Prof. f. Org. Chemie Univ. Basel - Unterm Schellenberg 81, CH-4125 Riehen - Geb. 2. Juni 1940 Hamburg - Promot. 1969 Univ. München, Habil. 1976 Univ. Freiburg - 1978-88 TH Darmstadt, s. 1989 Univ. Basel. 1980 Gastprof. IBM/San Jose (USA), 1984 Univ. St. Andrews/Schottl., 1986 Tongji-Univ. Shanghai/China - Monogr.: Radicals in Organic Synthesis. Mithrsg. Fachztschr. Rev. Chem. Int., Synlett. Veröff. üb. Reaktionsmechanismen u. Synthesen d. Org. Chemie in intern. Ztschr. (s. 1967) - 1976 Karl-Winnacker-Stip.; 1977 Carl Duisberg Preis; 1987 Leibniz-Preis Dt. Forschungsgemeinsch. (DFG); 1988 Merck-Schuchardt-Preis.

Verleger, Geschäftsführender Gesellschafter d. Büro f. Publizistik u. Werbung - St.-Vither-Str. 27, 5100 Aachen (T. 0241 - 6 16 00) - Geb. 11. Juni 1947, verh., 2 Kd.

GIESE, Ernst
Dr. rer. nat., Prof. f. Wirtschaftsgeographie Univ. Gießen (s. 1973), gf. Dir. Zentrum f. reg. Entwicklungsforsch. (s. 1982) - Waldstr. 55, 6301 Linden-Leihgestern - Geb. 7. Nov. 1938 München - Promot. 1965; Habil. 1971 - Zul. Wiss. Rat u. Prof. Univ. Münster. Mitherausg.: Geogr. Ztschr. Schr. d. Zentr. f. reg. Entwicklungsforsch., Gießener Geogr. Schr.

GIESE, Klaus-Gotthard
Dipl.-Ing., Prof. f. Datenverarbeitung u. Bauelemente Gesamthochschule Paderborn (Fachbereich Elektr. Energietechnik/Soest) - Gotlandweg Nr. 42, 4770 Soest.

GIESE, Peter
Dr. rer. nat., Dipl.-Geol., o. Prof. f. Geophysik - Patschkauer Weg 23, 1000 Berlin 33 - Geb. 6. Aug. 1931 Berlin - Promot. 1956 München; Habil. 1966 Berlin - S. 1970 Ord. FU Berlin.

GIESE, Reiner
Oberamtsrat, Leit. d. Protokolls Abgeordnetenhaus v. Berlin (b. 1985), ehem. MdA - 1000 Berlin 44 - Geb. 3. Dez. 1944 Schloß Wallwitz Kr. Guben - Realsch. u. Verw.lehre Berlin (Senator f. Inneres) - N. Laufbahnprüf. Verw. Abgeordnetenhaus Berlin (1967-68 u. 1969 ff.) u. AA Bonn (1968-69). SPD 1964-84 (div. Funkt.).

GIESE, Werner
Dr. med. vet., Dipl.-Phys., Prof. f. Med. Physik - Ebelingstr. 41, 3000 Hannover 51 - Geb. 19. Sept. 1936 - S. 1971 (Habil.) Tierärztl. Hochsch. Hannover (1975 Wiss. Rat u. Prof.), 1978 Prof., Leit. d. Fachgeb. Med. Physik d. TH Hannover.

GIESECKE, Hermann
Dr. phil., Prof. f. Pädagogik u. Sozialpäd. Univ. Göttingen - Kramberg 10, 3406 Bovenden-Lenglern - Geb. 9. Aug.

1932 Duisburg - BV: Didaktik d. Polit. Bildung, 1965; Einf. in d. Päd., 1969; D. Jugendarb., 1971; Methodik d. polit. Unterr., 1973; Bildungsreform u. Emanzipation, 1973; V. Wandervogel b. z. Hitlerjugend, 1981; Leben nach d. Arbeit, 1983; D. Ende d. Erzieh., 1985; Päd. als Beruf, 1987; D. Zweitfamilie, 1987. Herausg.: Freizeit- u. Konsumerziehung (1968); Mithrsg.: neue sammlung.

GIESECKE, Jürgen

Dr.-Ing., Prof., Ord. f. Wasserbau u. Wasserwirtschaft sow. Institutsdir. Univ. Stuttgart (s. 1972) - Seifertstr. 12, 7016 Gerlingen/Württ. (T. 07156 - 2 65 87) - Geb. 18. Sept. 1932 Konstanz/B. (Vater: Rudolf G., Dir.; Mutter: Elisabeth, geb. Zürcher), kath., verh. s. 1957 m. Traudl, geb. Müller, 3 Kd. (Ute, Heike, Tobias) - Stud. Bauing.wesen. Promot. 1960; Habil. 1965 (beides Stuttgart) - 1955-67 Assist. u. Obering. TU Stuttgart; 1968-71 Geschäftsf. Dorsch-Consult Ing.-GmbH, München; 1986-90 Präs. Dt. Verb. f. Wasserwirtsch. u. Kulturbau (DVWK), Bonn; s. 1990 Rektor d. Univ. Stuttgart. Etwa 130 Facharb. - Spr.: Engl., Franz.

GIESEKE, Wilhelm

Dr. agr., Bereichsleiter Sen. Exp. Service GmbH, Bonn - Geb. 1930 Berlin, ev., verh. (s. 1961), 4 Kd. - Landwirtsch.Ausb.; Univ., Dipl. 1956; Promot. 1959 - 1959-70 Abt.-Leit. Dt. Bauernverb., 1970-82 Hauptgeschäftsf. Bundesvereinig. d. Dt. Ernährungsind., 1983-86 Geschäftsf. Kienbaum Intern. Chefberatung, 1986-91 Partner MPS-Personalberat. s. 1987 Vorst. Sen. Exp. Service e.V. - Spr.: Engl., Franz.

GIESEKING, Frank

Dr. rer. nat., Dipl.-Phys., Astronom, Fachautor - Observatorium Hoher List, 5568 Daun (T. 06592 - 21 50) - Geb. 6. Jan. 1944 Bad Wildungen (Vater: Helmut G., Arzt; Mutter: Ruth, geb. Bongardt), ev., verh. s. 1971 m. Liane, geb. Lewalder, 2 T. (Julia, Bianca) - Dipl.-Phys. 1969, Promot. 1973, Habil. 1979 (Astronomie), alles Univ. Bonn - S. 1973 wiss. Assist.; s. 1979 Privatdoz. 46 wiss. Publ. üb. Astronomie - Liebh.: Fotografie, Musik - Spr.: Engl.

GIESEKING, Rotraud

Dr. med., Prof., Pathologin - Langenstr. 46, 4400 Münster/W. - s. 1964 (Habil.) Lehrtätig. Univ. Münster (1969 apl. Prof.; 1970 Wiss. Rätin u. Prof.). Facharb.

GIESEKUS, Hans Walter

Dr. rer. nat., em. Prof., Lehrstuhlinh. f. Strömungsmechanik Univ. Dortmund (1970-87) - Peter-Florenz-Weddigen-Str. 10, 4600 Dortmund 1 - Geb. 4. Jan. 1922 Hückeswagen (Vater: Walter G., Kaufm.; Mutter: Emmy, geb. Langenberg), ev. (freikirchl.), verh. s. 1955 m. Hanna, geb. Hoppe, 6 Kd. - Univ. Göttingen (Dipl.-Phys. 1948). Promot. 1950 Göttingen; Habil. 1965 Darmstadt - 1950-70 Wiss. Mitarb. Bayer AG, Leverkusen. 1962-70 Lehrbeauftr. u. Privatdoz. (1965) TH Darmstadt - BV: Erkenntnis d. Wirklichen, 1954; Kann d. Wiss. d. Glauben ersetzen?, 1976. Herausg., Fachaufs. (üb. 60), Filme (5). Schriftl.: Rheologica Acta (1975-88) - 1990 Goldmed. d. Brit. Rheologischen Ges.

GIESEL, Harald Bernhard

Dr. rer. oec., Prof., Geschäftsführendes Vorstandsmitglied u. Hauptgeschäftsführer Gesamtverb. d. dt. Steinkohlebergbaus, Essen, Unternehmensverb. Ruhrbergbau, Essen (s. 1990), Hauptgf. Wirtschaftsvereinigung Bergbau, Bonn (s. 1991) - Semperstr. 24, 4300 Essen-Süd (T. 18 05-402) - Geb. 19. Mai 1939 Ulm (Vater: Bernhard G.; Mutter: Anna, geb. Mang), kath., verh. s. 1966 m. Christa, geb. Hasselkuss - Stud. Univ. Freiburg/Br.; Promot. Univ. Bochum - S. 1990 Hon.Prof. Univ. Bochum - BV: Unternehmungswachstum u. Wettbewerb, 1975; Mithrsg.: D. kl. Energielex. (2. A. 1982) - Spr.: Engl., Franz. - Lions-Club.

GIESEL, Joachim

Fotograf u. Photodesigner, ehem. 1. Vors. d. Centralverb. Deutscher Photographen - Zu erreichen üb. Plathnerstr. 9, 3000 Hannover (T. 0511 - 81 78 88; Fax 81 23 59).

GIESEL, Klaus

Geschäftsführer Hansen Coal Maishofen-Dechantshofen 288 - A-5700 Zell am See/ Österr. - (Vater: Hermann G.), verh. m. Christiane, geb. Kimmelkamp, 3 Kd. (Kai, Anke, Heike).

GIESEL, Manfred-Gerhard

Verleger, gf. Gesellschafter Giesel GmbH, München, Hotel-Gut Giesel GmbH & Co. KG, Vors. Verb. d. Ztschr.-Verlage Nieders.-Bremen (s. 1981); Geschäftsf. Medienges. Nieders. mbH; Vorst.-Mitgl. Verb. Dt. Ztschr.-Verleger, Bonn - Zu erreichen üb. Hotel-Gut Giesel GmbH & Co. KG, Feuerschwendt, 8391 Neukirchen v.W. - Geb. 31. Juli 1921 Breslau - 1945-46 NDR (Leit. Sendereihe D. gute Buch; 1946-49 dpd, später dpa); Beauftr. f. Schlesw.-Holst.; 1946-49 Chefredakt. Norddt. Zt. in Hamburg; 1949-53 Chefredakt. u. Verlagsleit. Ost-West-Kurier Bremen; 1954-66 Hannov. Presse (Ressortleit. Wirtsch.), Mitarb. ausw. Zt. - 4 Buchveröff.

GIESEL, Rainer B.

Dipl.-Volksw., MdA Berlin (s. 1975) - Cicerostr. 57, 1000 Berlin 31 - Geb. 11. Aug. 1942 Potsdam, verh., 2 Kd. - Leit. Hermann-Ehlers-Akad., Berlin (1988 Vorst.). 1981 ff. Vors. Europa-Union. CDU.

GIESELER, Walter

Dr. phil., o. Prof. f. Musik u. ihre Didaktik Univ. Köln (s. 1970) - Am Sternbusch 8, 4194 Bedburg-Hau - Geb. 3. Okt. 1919 Hannover (Vater: Josef G.; Mutter: Anna, geb. Otto), kath., verh. s. 1950 m. Irmgard, geb. Blumenfeld, 3 Kd. (Gerhard, Stefan, Anne) - Gymn.; Univ. Göttingen u. Köln; Musikhochsch. Köln. Promot. 1949 Göttingen, Habil. 1970 Köln. Emerit. 1985 - BV: Harmonik b. Johannes Brahms, 1949 (Diss.); Musikerzieh. in d. USA, 1969; Grundriß d. Musikdidaktik, 1973; Kompos. im 20. Jh., 1975; Krit. Stichw. z. Musikunterr., 1978; Instrumentation in d. Musik d. 20. Jahrhunderts, 1985 - Kompos.: Tragos f. Sopr. u. Orch., Konz. f. Viol. u. Streichorch., Zürcher Konz. f. Cemb. u. Str.orch., Sinf. Essay, D. Maske/Ball f. gr. Orch., Song f. 8 Solost. u. Gr. Orch., Plain-Song f. Orch., Rituali concertanti f. Cello solo u. Orch., Konzert f. Viola u. Orch., Il Cantico del Sole di Francesco d'Assisi f. Soli, Chor u. Orch., Triade, Horntrio; Canti Toccati f. Klavier; Drei Impressionen f. Klav.; Nachklang f. Klav.; concordia - discors f. 2 Klav.; Unio mystica, orat. Gesänge f. 3 Soli, Chor u. Orch. - 1956 Robert-Schumann-Preis Stadt Düsseldorf - Spr.: Engl., Ital., Neugriech.

GIESELMANN, Helmut

B. A., M. B. A., Generalbevollmächtigter Continental AG, Hannover - Alter Postweg 4, 3006 Burgwedel 1 - Geb. 7. April 1943 Braunschweig, ev., verh., 2 Kd. - Univ. Saarbrücken (1965-67), Southern Oregon College (1967-68; B. A.), Columbia Univ. New York (1968-70; M.B.A.) - 1970 Unternehmensberater McKinsey & Co., Cleveland/Düsseldorf; 1974 all. Geschäftsf. Bruynzeel Türen-Fabrik GmbH., Eichenzell; s. 1980 Vors. Geschäftsf. Dt. Goodyear GmbH, Köln - Spr.: Engl.

GIESEMANN, Gerhard

Dr. phil., Prof. f. Slavistik - Paul-Hutten-Ring 31, 6301 Pohlheim 5 (T. 06403 - 6 38 02) - Geb. 14. Juli 1937 Zwickau (Vater: Theodor G., Pfarrer; Mutter: Berne, geb. Lütgert), ev., verh. s. 1966 m. Edith, geb. Dobeler, 2 Kd. (Christine, Jens) - Stud. Slavistik u. German. Univ. Frankfurt, Promot. 1969, Habil. 1979, 1980 Prof. f. Slavische Lit.wiss. Univ. Gießen - BV: Kotzebue in Rußland, 1971 (Diss.); Z. Entwickl. d. slovenischen Nationaltheaters, 1975; Merzljakov, Kratkoe načertanie teorii izjaščnoj slovesnosti, 1977; D. Parodieverständnis in sowj. Zeit, 1983; D. Strukturierung d. russ.lit. Romanze im 18. Jh., 1985; Novejši pogledi na slovensko književnost, 1991. Herausg.: (Slav.) d. Ztschr. Kritikon Litterarum (s. 1972) - 1989 korr. Mitgl. d. Sloven. Akad. d. Wiss. u. Künste.

GIESEN, Dieter

Dr. jur., M. A. status (Oxon.), o. Prof. f. Bürgerl. Recht u. Rechtsvergleichung Freie Univ. Berlin Fachbereich Rechtswiss. - Boltzmannstr. 3, 1000 Berlin 33; priv.: Ihnestr. 38 (T. 831 23 31) - Geb. 20. Nov. 1936 Dessau (Vater: Josef G. †; Mutter: Anna, geb. Weck †), kath., verh. s. 1966 m. Dr. med. Angelika, geb. Cottmann, 4 Töcht. (Katrin, Cornelia Maria, Christiane, Barbara) - Human. Gymn. Euskirchen (Abit. 1956); Stud. d. Rechtswiss. Univ. Bonn, Freiburg/Br.; Refer. - 1960, Ass.ex. 1966; Promot. 1962 (Bonn), Habil. 1970 (Bochum) - 1966-72 Ruhr-Univ. Bochum (Assist., Privatdoz., Wiss. Rat u. Prof.), s. 1973 FU Berlin (1977 Ruf Univ. Konstanz, 1988 Ruf Univ. Graz, abgelehnt), 1973 o. Prof. u. Mitdir. Inst. f. Intern. u. Ausl. Recht u. Rvglg., s. 1987 Leit. des Arbeitsber. f. Dt. u. Intern. Arzthaftungsrecht d. FU, 1974-80 Mitgl. Enquêtekommiss. Frau u. Ges. Dt. Bundestag; 1973-91 Mitgl. u. Ratsmitglied, 1975-77 Vizepräs., 1977-79 Präs. Intern. Ges. f. Familienr. 1976ff. Vis. Fellow of Pembroke College, Oxford, 1978ff. Visiting Prof., Univ. of Illinois (USA), Melbourne, Monash Univ. (Austral.) u. Auckland (Neuseel.). Mhg. Jnl of Contemporary Health Law & Policy (Washington), Americ. Jnl of Law & Med. (Boston), Medical Law Review (Oxford) - BV: D. künstl. Insemination als eth. u. rechtl. Problem, 1962; Aktuelle Probl. e. Reform d. Scheidungsrechts, 1971; Grundlagen u. Entwickl. d. engl. Eherechts, 1973; Z. Problematik d. Einführ. e. Familiengerichtsbark. in d. Bundesrep. Dtschl., 1975; D. zivilrechtl. Haftung d. Arztes bei neuen Behandlungsmeth. u. Experimenten, 1976 (auch engl. u. franz.); Ehe, Familie u. Erwerbsleben, 1977; Kindesmißhandlung?, 1979; Arzthaft.recht (auch engl.), 1981; Wandlungen d. Arzthaftungsrechts, 2. A. 1984; Intern. Med. Malpractice Law, 1988; Arzthaftungsrecht. D. zivilrechtl. Haftung aus med. Behandlung in d. Bundesrep. Dtschl., Österr. u. d. Schweiz, 1990; BGB-Allgemeiner Teil: Rechtsgeschäftslehre, 1991 - Liebh.: Klass. Musik, Gesch., Wandern - Spr.: Engl. - The Athenaeum; United Oxford & Cambridge Univ. Club (London).

GIESEN, Günter

Präsident Aktionsgemeinschaft Christ-Gesellschaft-Staat (s. 1987) - Bleiberger Str. 178, 5100 Aachen (T. 0241 - 45 23 89) - Geb. 15. Juli 1928 (Vater: Johannes G., Expedient; Mutter: Käthe, geb. Lerch), kath., verh. m. Trude Johnen, 4 Töcht. (Maria, Hildegard, Rita, Monika) - Gymn.; Dt. Inst. f. wiss. Päd. Münster, Rundfunksch., Doz. f. Andragogik an d. bischöfl. Akad. Aachen, Diozesenleit. d. soz. Sem. im Bistum Aachen, Chefredakt. D. Überblick (monatl. Ersch.). Autor zahlr. Broschüren zu gesellschaftspolitischen Fragen. Ständige Mitarb. b. Ztg. u. Ztschr. - Liebh.: Wandern, Lesen (polit. Biogr. u. Memoiren) - Spr.: Engl.

GIESEN, Heinrich

Dr. rer. nat., Prof. f. Päd. Psychologie Univ. Frankfurt - Biedenkopfweg 71, 6000 Frankfurt/M. 90.

GIESEN, Heinrich

Dr.-Ing., Prof. f. Informatik - Ostring 60, 5401 Emmelshausen - Geb. 1. Juli 1938 Duisburg (Vater: Heinrich G., Realschullehrer; Mutter: Gertrud, geb. Giesen), ev., led. - Leibniz-Gymn. Hamborn; TU Karlsruhe (Maschinenbau), Dipl. 1969). Promot. 1971 Berlin - 1970-73 Abteilungsleit. Rechenzentrum Berlin; 1973-78 Wiss. Rat u. Prof. Kaiserslautern; s. 1978 Prof. Koblenz - Spr.: Engl.

GIESEN, Hermann

Dipl.-Ing., Direktor u. Prok. i.R. Mannesmann AG, Hüttenwerke - Wallstr. 9, 4100 Duisburg 1 - Geb. 11. Sept. 1913, verh. s. 1937 m. Hilde, geb. Hellmann - Mitgl. versch. Aussch.; Gutachterl. Tätigk. (Entw.-hilfe) - 1972 BVK; 1974 Gold. Ehrennadel IHK Duisburg; 1974 Orden Korean. Reg. (f. Verd. um d. Korean. Ind.).

GIESEN, Hermann

Dr., Geschäftsführer Dt. Bundeswehr-Verb. - Südstr. 123, 5300 Bonn-Bad Godesberg 1.

GIESEN, Peter

Rektor, MdL Nordrh.-Westf. (1958-83), VR-Mitgl. WDR (1984ff.; vorher 1965ff.

Rundfunkratsmitgl.) - Garzweiler Landstr. 46, 4053 Jülich 4 (T. Otzenrath 42 09) - Geb. 8. Aug. 1921 Viersen, kath., verh., 3 Kd. - Gymn.; Päd. Akad. Aachen - S. 1947 Schuldst. (1951 Hauptlehrer). S. 1955 Kommunalpolitiker. CDU. Bürgerm. s. 1961, s. 1976 in Jüchen.

GIESEN, Rudolf

Dr. rer. pol., Kaufmann, gf. Gesellsch. Barnängen Deutschland GmbH., Frechen, Geschäftsf. DOM Samen-Fehlemann Co., Kevelaer - Mohnweg 27, 5022 Junkersdorf/Rhld. - Geb. 23. Juni 1935.

GIESENFELD, Günter

Dr. phil., Prof. f. Neuere Dt. Literatur u. Medienwissenschaft Univ. Marburg (s. 1973) - Frankfurter Str. 64, 3550 Marburg/L. - Geb. 20. Juli 1938 - Promot. 1969 Marburg - Facharb. u. Rezens.; Spiel- u. Dok.filme; Veröff. z. Gesch. Indochinas.

GIESING, Dieter

Oberspielleiter - Kirchenallee 39, 2000 Hamburg 1 - Geb. 1934 Memel - Mitarb. Schweikarts u. Piscators; s. 1968 Oberspiell. Kammersp. München u. Schauspielhaus Hamburg (1972). Insz.: Tango, Wirklich schade um Fred, Tageb. e. Wahnsinnigen, Rosenkrantz u. Güldenstein u. a. - 1967 Förderungspreis Stadt München.

GIESKE, Friedhelm

Dr. jur., Vorstandsvorsitzender RWE Aktiengesellschaft, Essen - Kruppstr. 5, 4300 Essen 1 (Tel. 0201 - 185-0).

GIESKES, Hanna

Dr. rer. pol., Ltd. Redakteurin D. WELT, Bonn - Zu erreichen üb. D. WELT, Wirtschaftsredakt., Godesberger Allee 99, 5300 Bonn 2 (T. 0228 - 30 42 52) - Geb. 27. Febr. 1941 Wernigerode, ev., verh. s. 1976 m. Dipl.-Phys. Ekkehart Grünberg - Stud. Volksw.; Ex. 1964 Marburg, Promot. 1972 ebd.; 1969 Volont. Hess. Allg., Kassel - Interessen: Wettbewerbspolitik, Handel, Werbung - Liebh.: Musik, Lit., Kochen - Spr.: Engl., Franz.

GIESLER, Hans-Bernd

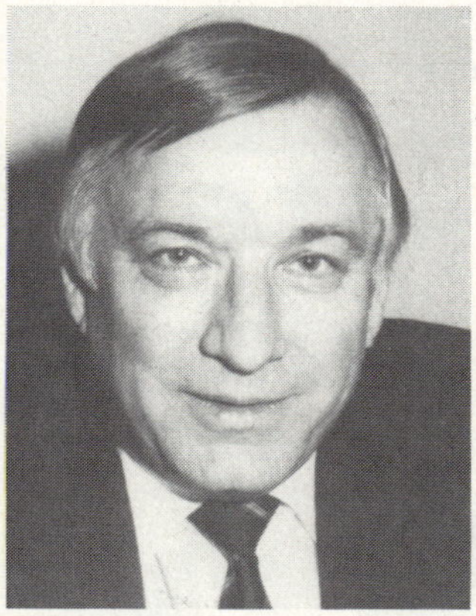

Rechtsanwalt, gf. Vorstandsmitgl. Ostasiatischer Verein, Hamburg, u. Australien-Neuseeland-Südpazifik-Verein, ebd.; Vorst.-Vors. Deutsch-Japanische Ges. zu Bremen, Bremen; Vorst.: Dt.-Koreanische Ges., Dt.-Indonesische Ges., Allgem. Hamburger Presseclub, alle Hamburg; Ehrenvors. Dt.-Japanische Ges., Hamburg, Chefredakt. Ostasien Telegramm - Neuer Jungfernstieg 21, 2000 Hamburg 36 (T. 040 - 34 04 15); priv. Inselstr. 30, 2000 Hamburg 60 (T. 040 - 51 38 21) - Geb. 9. Februar 1929 - Herausg.: D. Wirtschaft Japans (1971).

GIESLER, Walter

Dr. jur., Ass., Hauptgeschäftsführer Industrie- u. Handelskammer Kassel (s. 1980) - Kaupertweg 1, 3500 Kassel (T. 78 91-233 u. dstl.: 78 91-213) - Geb. 9. Mai 1930 Berlin (Vater: Alfred G., Min.-rat; Mutter: Karoline, geb. Boedicker), ev., verh. s. 1970 in 2. Ehe m. Sigrid, geb. Damp, 3 Kd. (Beate, Irene, Stephan) - Human. Gymn. Berlin u. Naumburg/S., Realgymn. Melsungen (Abit.); Jurastud. Univ. Frankfurt/M. u. Freiburg; 1. jur. Staatsprüf. 1954, gr. Staatsprüf. 1958 Frankfurt/M., Promot. 1962 Univ. Mainz - Liebh.: Wandern, Sport (Volleyball, Tennis), Theater, Briefmarken - Spr.: Engl.

GIESSEN, Hans

Rechtsanwalt, Geschäftsf. Saarberg-Fernwärme GmbH. - Sulzbachstr. 26, 6600 Saarbrücken 3.

GIETZELT, Manfred

Dr.-Ing., Prof. Univ. Hannover - Westermannweg 33, 3000 Hannover 21 - Geb. 24. April 1936 Hamburg (Vater: Kurt G.; Mutter: Hertha, geb. Auerbach), ev., verh. s. 1962 m. Helga, geb. Thien, T. Antje - Gymn. Hamburg, Abit.; 1955-58 Lehre Masch.schlosser; (Dipl. Masch.bau 1962 TH Hannover, Promot. 1967, Habil. 1974) - 1968-75 Obering.; 1975-78 Univ.-Doz.; ab 1978 Prof. Univ. Hannover - BV: Handb. f. Schiffsbetriebstechnik, 1970-82; Hamburg auf d. Weg in d. Jahr 2000, (m. a.) 1970; Handb. d. Werften, (m. a.) 1984 - 1976 Silbermed. Inst. of Marine Engineers London - Liebh.: Phil. - Spr.: Engl., Franz., techn. Russ.

GIFFHORN, Hans

Dr. phil., Prof. f. Erziehungswiss. Univ. Göttingen - Keplerstr. 3A, 3400 Göttingen (T. 0551 - 4 69 53) - Geb. 21. Dez. 1942 Berlin (Vater: Dietrich G., RA; Mutter: Margret, geb. Lohmann), verh. s. 1988 m. Petra, geb. Engelmann - Staatsex. f. Lehramt an Gymn. (Kunst/Werken, Engl.) 1969 u. 71; Promot. (Päd., Kunstgesch., Phil.) 1973 Univ. Göttingen - 1971 Wiss. Assist., 1973 Doz., s. 1980 Prof. Erziehungswiss. Univ. Göttingen - BV: Kritik d. Kunstpäd., 1972 (erw. Neuaufl. 1979); Modeverhalten, 1974; Argumente, Streitschr.. Materialien z. Veränd. d. Kunstpäd.. 1976; Kunst - Visuelle Kommunik. - Design, 1978; Polit. Erz. im ästh. Bereich. 1971; Ibiza - e. unbekanntes Naturparadies, 1991 - Spr.: Engl., Span.

GIL, Alberto

Dr., Prof. f. Spanische Sprach- u. Literaturwiss. FH Köln - Adenauerallee 129. 5300 Bonn 1 (T. 0228 - 21 39 72) - Geb. 3. Juli 1952, kath. - Klass. Philol. u. Hispanistik (Ex.); Promot. 1979 Köln - Vorst.-Mitgl. Lindenthal-Inst. Köln (Interdisziplinäre Studien) - BV: D. Chorlieder in Senecas Tragödien, 1979; Physis u. Fiktion, 1984; Wirtschaftsspanisch, 1989; Kommentierte Übersetzungen Dt.-Span., 1988; Fundamentos - Intensivkurs Spanisch, 1989; Übungen z. vergleichenden Grammatik Dt.-Span., 1990 - Spr.: Franz., Ital., Span., Portug.

GILBERT, Gerhard

Dr. phil., Dipl.-Phys., o. Prof. f. Didaktik d. Mathematik Päd. Hochsch. Ruhr/Abt. Hagen - Max-Planck-Str. 113, 5800 Hagen/Wf.

GILBERT, Martin

Dr. rer. pol., Dipl.-Ing. (FH), Geschäftsführer J. Kirchgässer, Mannheim (s. 1968) - Branichstr. 14, 6905 Schriesheim (T. 0621 - 81 70 41) - Geb. 18. Okt. 1928 Heidelberg (Vater: Ernst G., Pfarrer; Mutter: Martha, geb. Pfeifer), ev., verh. s. 1964 m. Margit, geb. Lorenz, 2 Kd. (Tolon, Alexandra) - Mechanikerlehre; Stud. (Maschinenbau) Fachhochsch. Karlsruhe, anschl. Univ.stud.; Promot. 1959 - S. 1960 Ind.tätigk. (1963 Abt.sleit.; 1966 stv. Gf.). Fachmitgl.sch.

GILCH, Helmut

Techn. Direktor Sauter-Cumulus GmbH - Hans-Bunte-Str. 15, 7800 Freiburg/Br.; priv.: Salzburger Weg 13 - Geb. 25. März 1928 Rheinfelden/Baden, verh. s. 1956 m. Eleonore, 2 Kd. (Christian, Carolyn) - VDI; VDE; Fachhochsch. Frankfurt/M., Dipl.-Ing. - 1952 Konstrukteur Waggonbau Schindler; 1955 Entwicklungsing. Sauter AG; 1966 Geschäftsf. Cumulus-Werke GmbH; 1983 Doz. f. Marketing; 1986 Vorst. (HKG)-VDMA - Liebh.: Laser-, Elektroakupunktur u. - Diagn.; Kochen (Brudersch. Marmite) - Maître u. Chef de Chuchi - Bek. Vorf.: v. Gilch, d. Graue (1262).

GILGES, Konrad

Fliesenleger, MdB (Wahlkr. 61/Köln III) - Leyendeckerstr. 4a, 5000 Köln 30 (T. 0221 - 59 17 09) - SPD.

GILL, Arnon

Dr. phil. habil., Dr. rer. pol., Prof. f. Wiss. Politik u. osteuropäische Geschichte Esslingen/Stuttgart - Im Holdertal, 7632 Friesenheim 1 - B. 1957 Wirtschafts-, dann Hochschultätigk. - BVK I. Kl.; zahlr. ausl. Ausz.

GILLAR, Jaroslav

Regisseur u. Autor - Witikonerstr. 231, CH-8053 Zürich - Geb. 9. März 1942 Jaromer - Karls-Univ. Prag (Theaterwiss.) - U. a. Regisseur u. Schauspielgruppenleit. (Theater am Geländer Prag). Div. Fernsehfilme. Drehb. u. Theaterst. Zahlr. Inszenierungen in Bern, Zürich, St. Gallen, Hamburg, Saarbrücken, Helsinki, Prag, Wien. Teiln. bek. Festivals - 1968 CSSR-Staatspreis (f. d. Insz.: Tageb. e. Wahnsinnigen v. N. Gogol); Mitgl. PEN-Club - Lebt s. 1974 m. s. Familie in d. Schweiz.

GILLE, Hans Werner

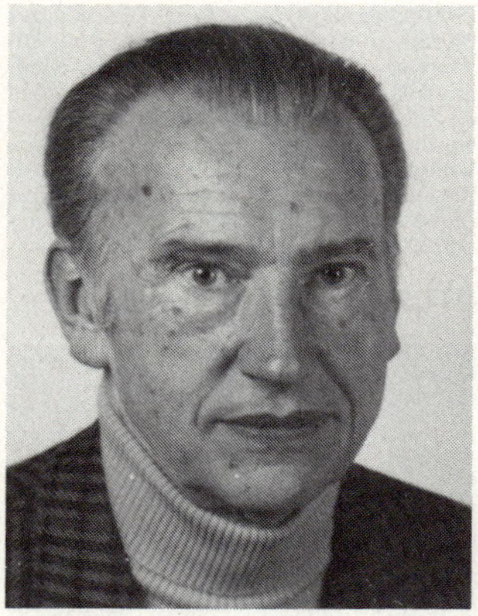

Dr. phil., Autor, Historiker - Fafnerstr. 32, 8000 München (T. 089 - 17 02 89) - Geb. 18. Mai 1928 Glogau/Schles. (Vater: Adolf G., Bankkfm.; Mutter: Charlotte, geb. Seidel), ev., verh. s. 1966 m. Eva, geb. Korte - Promot. 1964 Univ. München - BV: Nation heute, 4. A. 1977; Katholiken gegen Rom, 1969; Politik, Staat u. Nation in d. Dritten Welt, 3. A. 1976; Play Bluff, R. 1971; D. Antlitz Chinas. Porträt e. Weltmacht, 1976 (übers. in Schwed. u. Holl.); Sibirien. Land aus Eis u. Tränen. Schatzkammer d. Sowjetunion, 1978; Australien. E. Kontinent im Aufbruch, 1981; Drei Fragen zu Deutschl. (Anthologie), 1985; D. Nahe Osten. Europas fremde Nachbarn, 1988; Ich suchte Abels Grab, Erz. 1990. Zahlr. Ztschr.-Veröff. u. Rundf.-send.

GILLE, Klaus-Wilhelm

Dipl.-Agraringenieur Tierproduktion/Ökonomie, Staatssekretär Ministerium f. Ernährung, Landwirtschaft u. Forsten Sachsen-Anhalt (s. 1991) - Dorfstr. 34, O-3591 Arensberg (T. Bismark 09328 - 818) - Geb. 6. Febr. 1948 Arensberg, ev., verh. s. 1970 m. Brigitte, geb. Dertz, 3 Töcht. (Barbara, Daniela, Claudia) - 1964-67 Lehre Rinderzucht m. Abit. im VEG Beetzendorf; 1967/68 Landwirtsch.stud. an d. Martin-Luther-Univ. Halle/Wittenberg u. 1968-72 Karl-Marx-Univ. Leipzig; 1977 Postgrad. Stud. in Meißen Hochsch. f. LPG - 1979-90 Techn. Leiter LPG Pflanzenprod. Bismarck; 1990 Umweltbeauftr. im Min. f. Abrüstung u. Verteidigung d. DDR - Liebh.: Hist. Lit., Pferdezucht u. -sport.

GILLER, Walter

Schauspieler - Via Tamporiva 26, CH-6976 Castagnola b. Lugano (Schweiz) - Geb. 23. Aug. 1927 Recklinghausen (Vater: Dr. Walter G., Kinderarzt; Mutter: geb. Röver), verh. s. 1956 m. Nadja, geb. Tiller (Schausp.), 2 Kd. (Natascha, Jean) - Schauspielausbild. - Zahlr. Filme, dar.: Primanerinnen, 3 Mann auf e. Pferd, Liebe auf krummen Beinen, Bobby Dodd greift ein, Rosen f. d. Staatsanw., Geliebte Hochstaplerin, Zwei unter Millionen, D. Dreigroschenoper (Bettler Filch), Schloß Gripsholm (Tucholsky), Begegnung in Salzburg, DK-Killer, Vergiß nicht, deine Frau zu küssen, Klassenkeile, D. Weihnachtsmann kommt nicht nur im Dezember, D. Herren m. d. weißen Weste, D. Feuerzangenbowle. Fernsehen: Gold v. Montevasall, Jonas oder D. Künstler b. d. Arbeit, No, no Nanette. Insz.: D. schöne Galathee (Salzburg) - BV: Lust. Geschichten - Natascha u. Jean, 1967 - 1960 Bundesfilmpreis/Filmband in Silber (Rosen f. d. Staatsanw.), 1962 Preis d. Dt. Filmkritik u. Bundesfilmpreis/Filmband in Gold (Zwei unt. Millionen).

GILLERT, Karl-Ernst

Dr. med., Prof., Leit. Dir. u. Prof. (Bundesgesundheitsamt) - Drakestraße 10, 1000 Berlin 45 (Tel. 833 10 11) - Geb. 13. Nov. 1920 Berlin (Vater: Prof. Dr. med. Ernst G., Facharzt; Mutter: Gertrud, geb. Beyer), ev., verh. m. Ingrid, geb. Melzer, 6 Kd. (Margret, Ulrike, Joachim, Dorothea, Georg, Cordelia) - Schiller-Gymn. Berlin; Stud. Med. Berlin, Innsbruck, Straßburg, Danzig (Promot. 1944) - B. 1949 Hyg.-Inst. Humboldt-Univ. Berlin (O), dann Robert Koch-Inst. (Abt.Leit.). S. 1962 (Habil.) Lehrtätigk. FU Berlin (1967 apl. Prof. f. Med. Mikrobiol.). Spez. Arbeitsgeb.: Immunol. Fachveröff. - Spr.: Engl., Franz.

GILLES, Brigitte

Dr. phil., Dipl.-Psych., o. Prof. f. Psychologie RWTH Aachen, FB 7 - Nizza-Allee 5, 5100 Aachen.

GILLES, Peter

Dr. jur., o. Prof. f. Privatrecht, Verfahrensrecht u. Rechtsvergleichung, Mitdirektor Inst. f. Rechtsvergleichung Univ. Frankfurt (s. 1979) - Senckenberganlage 31, 6000 Frankfurt/M. (T. 798/39 44) - Geb. 6. Febr. 1938 Frankfurt/M. - 1. u. 2. Staatsex. 1962 u. 1966; Promot. 1965; Habil. 1971 - 1972-75 Prof. f. Bürgerl. Recht, Zivilprozeßr., allg. Verfahrensrecht u. Verfahrenstheorie Univ. Frankfurt - 1975-79 o. Prof. f. Zivil- u. Verfahrensrecht Univ. Hannover - BV: Wiederaufnahmeverfahren, 1965; Rechtsmittel i. Zivilprozeß, 1972; Gewerbsmäßige Ehevermittlung, 1977; Optisches Zivilprozeßrecht, 1977; Humane Justiz, 1977; D. Recht d. Direktmarketing, 1982; Juristenausbild. u. Zivilverfahrensrecht, 1983; Effektivität d. Rechtsschutzes u. verfassungsmäßige Ordn, 1983; Theorie u. Praxis im Zivilprozeßrecht, 1984; Rechtsmittel im Zivilprozeß unter bes. Berücksichtig. d. Beruf., 1985; Eheanbahn. u. Partnervermittl., 1985; Effiziente Rechtsverfolgung, 1987; Handb. d. Unterrichtsrechts, 1988; Aufgaben v. Prozeßeinrichtungen in d. Bundesrep. Dtschl. (Japan), 1988; Verbraucherrechtsentw. in d. Bundesrep. Dtschl. (Japan), 1989; Anwaltsberuf u. Richterberuf in d. heutigen Gesellschaft, 1991; Ziviljustiz u. Rechtsmittelproblematik, 1992; Herausg.: Forum Rechtswiss. (s. 1979); Zahlr. weitere Veröff. in in- u. ausl. Fachztschr.; Buchbeitr.

GILLES, Sibylla

Staatsschauspielerin - Steinrückweg 5, 1000 Berlin 33 (T. 030 - 821 32 38) - Geb. 8. Febr. 1930 Köln (Vater: Bartholomäus G., Maler, Dürerpreisträger) - Schillertheater Berlin.

GILLESSEN, Günther
Dr. Dr. phil., o. Prof. Univ. Mainz (s. 1978), Journalist f. Außenpolitik Frankfurter Allgemeine Zeitung - Zu erreichen üb. Hellerhofstr. 2-4, 6000 Frankfurt - Geb. 23. Okt. 1928 Freiburg/Br. (Eltern: Dr. med. Peter u. Aenne G.), verh. s. 1965 m. Suzanne, geb. Freiin v. Recum - Stud. Gesch., Öffentl. Recht. Promot. 1955 Freiburg u. 1958 Oxford (Engl.) - 1968-74 Beirat Innere Führ. d. Bundeswehr - Entd.: Thomas-Beckett-Effekt - BV: Lord Palmerston u. d. Einig. Dtschl., 1961; Sieben Argumente f. Europa 1976 (1978); Über Südafrika: Ständestaat, Rassenstaat, Gottesstaat? 1978; Auf verlorenem Posten, D. Frankf. Ztg. im Dritten Reich, 1987/1988 - 1963 Otto-Wels-Preis d. SPD; 1974 BVK.

GILLICH, Karl-Horst
Dr. med., Chefarzt (Internist), apl. Prof. f. Inn. Medizin Med. Hochschule Hannover (s. 1974) - Kreiskrankenhaus, 3170 Gifhorn; priv.: Calberlaher Damm 13b - Zul. Privatdoz. MH Hannover.

GILLIES, Peter
Dr. rer. pol., Dipl.-Kfm., Journalist, Chefredakteur im Axel Springer Verlag, Wirtschaftspolit. Kolumnist - Zu erreichen üb. DIE WELT, Godesberger Allee 99, 5300 Bonn 2 - Geb. 29. Mai 1939 Berlin - Abit.; Bankkfm.; Stud. Betriebswirtsch., Promot. 1989 - Redakt. u. Korresp. in Hamburg, Berlin u. Bonn; 1985-88 Chefredakt. DIE WELT - BV: u.a. Arbeitslos, Report aus e. Tabuzone (zus. m. Elisabeth Noelle-Neumann), 1987 - 1973/74 Theodor-Wolff-Preis; 1981 Josef-Humar-Pr.; 1983 Ludwig-Erhard-Pr. f. Wirtschaftspubliz.; 1987 BVK; 1990 Wilhelm-von-Humboldt-Plak.; 1990 Karl-Bräuer-Preis.

GILLISSEN, Günther
Dr. med., Dr. rer. nat., em. o. Prof. u. Vorst. Inst. f. Med. Mikrobiologie TH Aachen (s. 1966) - An der Weingasse 7, 5100 Aachen - Geb. 6. Okt. 1917 Stuttgart (Vater: Dr. med. Joseph G., Facharzt f. Chir. u. Gynäk.), kath., gesch., 2 Kd. (Adrian, Annette) - Eberhard-Ludwigs-Gymn. Stuttgart; Stud. Med. u. Naturwiss. Heidelberg, Würzburg, Jena, Danzig. Promot. 1943 Jena u. Straßburg; Habil. 1952 Mainz - 1947-49 Intern. Forschungsinst. Paris (Maitre de recherche); 1949-66 Univ. Mainz (Oberarzt Hygiene-Inst.; 1952 Doz., 1958 apl., 1961 ao. Prof. u. Inst.-Vorst., Aachen, 1974-77 Dekan Med. Fak. Aachen, 1977-79 Prorektor TH Aachen, 1978-81 Präs. Dt. Ges. f. Allergie- u. Immunforsch. (1981-84 Vizepräs.) - BV: Üb. 250 Veröff. in intern. wiss. Fachztschr. - Mitgl. bei: Dt. Ges. f. Hyg. u. Mikrobiol., Ges. f. Immunol., Soc. de Chimie biol., Soc. franc. d'Immunol., Soc franc. de Microbiol., Dt. Ges. f. Naturforsch. u. Ärzte, Europ. Academy of Allergology, Europ. Reticuloendothelial Soc., Wiss. Ges. f. Umweltschutz, Intern. Immunopharmacol., Dt.-Brasil. Ges. f. Med., Interasma, Am. Soc. Microbiol.; Ehrenmitgl. Ges. f. Allergologie u. Klin. Immunol. d. Tchecheslowakei.

GILLJOHANN, Fritz
Dipl.-Chem., Prof. f. Chemie Gesamthochschule Paderborn (Fachbereich Elektr. Energietechnik/Soest) - Engelbertstr. 25, 5760 Neheim-Hüsten.

GILLMANN, Helmut
Dr. med., Prof., ehem. Direktor Med. Klinik Städt. Krankenanstalten Ludwigshafen - Schwetzinger Str. 26, 6703 Limburgerhof - Geb. 10. Juni 1919 Essen, ev., verh. s. 1955 m. Marion, geb. Müller, 2 Töcht. (Barbara, Dagmar) - Univ. Berlin, Wien, Würzburg. Approb. 1943 Würzburg - S. 1952 (Habil.) Lehrtätig. Med. Akad. Düsseldorf (1958 apl. Prof.) u. Univ. Heidelberg (apl. Prof.). Lehrb. üb. Cardiol. Innere Med., Physikal. Therapie. Zahlr. Einzelarb. - Korr. Mitgl. Schweizer Kardiol. Ges. (1954) u. New York Acad. of Sciences (1956), Ehrenmitgl. Dt. Ges. f. Innere Med. (1986) - Liebh.: Klass. Musik, Zeichnen,

Fotogr. - Spr.: Engl., Franz., Afrikaans - Bek. Vorf.: Johann Peter Hebel u. Friedrich Spielhagen (ms.).

GILLNER, Robert
Schriftsteller, Übersetzer - Jaiserstr. 31a, 8023 Pullach/Isartal - Geb. 11. März 1924 Chemnitz/Sa. - Univ. München u. London (Theaterwiss., Literaturgesch.) - Vornehml. Übers. engl. Bühnenw. v. Shakespeare b. Wilde. BV/Anthol.: Shakespeare for Lovers (1978).

GILLY, Wilhelm
Dr. phil., Museumsdirektor (Ps.: Wilhelm Gilly de Montaut) - Junkerstr. 27, 2900 Oldenburg/O. - BV: Oldenburger Pferde, 1964; Festung u. Garnison Oldenburg, 1980 - 1982 Verdienst-Med. Stadt Tokyo-Meguro - Bek. Vorf.: David Gilly, königl. preuß. Geheimer Oberbaurat (1748-1808); Friedr. G., Insp. am königl. preuß. Hofbaudepartm. u. Prof. Berliner Bauakad. (1772-1800); Graf Jaques-Laurent G., kaiserl. franz. Generallt. (1769-1829).

GILMORE, Gail Varina

Opersängerin, Mezzo-Sopran - Bockenheimer Anlage 21, 6000 Frankfurt/M. - Geb. 21. Sept. 1951 Washington, D.C./USA - Stud. Xavier Univ. New Orleans (B. Mus. Ed. 1972), Indiana Univ. Bloomington (Master of Mus. 1974) - Repertoire u.a.: Trojaner (Cassandra); Herzog Blaubart (Judith); Carmen (Carmen) u.a. m. J. Carreras; Orfeo ed Euridice (Orfeo); Cavalleria Rusticana (Santuzza), Penthesilea (Penthesilea); Ariadne auf Naxos (Komponist); Der Rosenkavalier (Octavian); Aida (Amneris); Macbeth (Lady); Il Trovatore (Azucena); Don Carlos (Eboli); Tannhäuser (Venus); Rienzi (Adriano); Parsifal (Kundry) u.a. m. P. Hofmann, Lohengrin (Ortrud). Konzerte u.a.: Alto Rhapsody (Brahms); Stabat Mater (Rossini); Gurre Lieder (Schoenberg); Requiem (Verdi). Theater u.a.: Oper am Rhein, Düsseldorf; Theatro la Fenice, Venezia; Arena di Verona; Opernhaus Frankfurt; Houston Opera, Texas; Metropolitan Opera, New York; Opernhaus Zürich; Bolshoi Theatre, Moscow - Spr.: Deutsch, Engl., Ital.

GILOI, Wolfgang
Dr.-Ing., o. Prof. f. Techn. Informatik TU Berlin - Adjunct Prof. of Comp. Science Univ. of Calif. at Los Angeles, Dir. GMD-Forsch.zentr. f. innovative Rechnersysteme u. -technologie (FIRST) - Hardenbergpl. 2, 1000 Berlin 12 - Mitgl. Akad. d. Wiss. zu Berlin.

GILOW, Peter E.
Beiratsvorsitzender Elkamet Lahn-Kunststoff-GmbH, Biedenkopf; stv. Beiratsvors. Gerolsteiner Sprudel - Kronberger Str. 53, 6240 Königstein/Ts. 2 (T. 06174 - 38 10) - Geb. 13. März 1918 Weißwasser/Schles., verh. m. Gisela, geb. von Kuenheim.

GILSON, Wilhelm
Dr.-Ing., Vorstandsmitglied i.R. Main-Kraftwerke AG, Frankfurt/M.-Höchst - Wiesbadener Str. 69, 6240 Königstein/Ts. - Geb. 16. Febr. 1916 - Beirat: Lahnkraftwerke AG, Limburg u. Energieversorg. Bad Ems GmbH.

GIMBORN, von, Carl Hans
Unternehmer, Vors. Fachgem. Prüfmaschinen/VDMA - Zu erreichen üb. Lyoner Str. 18, 6000 Frankfurt/M. 71.

GIMM, Martin
Dr. phil., o. Prof., Direktor Ostasiatisches Inst. Univ. Köln - Sonnenweg 17c, 5064 Rösrath (T. 0221 - 470 29 48) - Geb. 25. Mai 1930 Waltershausen (Vater: Walter G.; Mutter: Hildegard, geb. Kutzschbach), gesch., T. Valeska - Univ. Jena, Leipzig, Berlin, Taipei, Köln; Promot. 1964, Habil. 1969 - 1963 Assist.-Prof. National Chengchi-Univ., 1970 o. Prof. Univ. Köln (Sinologie, Manjuristik) - Bücher u. Aufs. üb. chines. Lit., Gesch., Theater-, Musik- u. Kulturgesch., Religion, Manjuristik - Spr.: Engl., Franz., Russ., Chines., Japan., Manjur. - Lit.: Kürschners Dt. Gelehrtenkalender 1986.

GIMMLER, Hartmut
Dr. rer. nat., Prof. Univ. Würzburg - Auf d. Röthe 8, 8700 Würzburg - Geb. 30. Juli 1940 Hellendorf (Vater: Gerhard G., Dipl.-Ing.; Mutter: Leni, geb. Dieckhoff), ev., verh. s. 1969 m. Dr. Gerlinde, geb. Müller), 2 Söhne (Christian, Carsten) - Stud. Biol. u. Chemie Univ. Kiel u. Würzburg (Promot. 1967). Habil. 1973 Düsseldorf - 1978 Univ.-Prof. Würzburg. Mitgl. d. Würzburger Stadtrates - Ca. 100 Art. in pflanzenphysiol. Ztschr. - Spr.: Engl.

GIMPLE, Max
Dr., Landrat Kr. Rosenheim (s. 1984) - Landratsamt, 8200 Rosenheim/Obb. - Geb. 20. Aug. 1940 München - CSU.

GINKO, Helmut
Handwerksmeister, ehem. Vors. Bundesinnungs-Verb. f. Orthopädie-Technik, Essen, Oberm. Innung f. Orthop.-Techn., Düsseldorf. u. a. - Melchiorstr. 42, 4030 Ratingen 4 - Geb. 19. Dez. 1922 - BVK I. Kl.

GINTZEL, Kurt
Dr. jur., Direktor Bereitschafts-Polizei Land Nordrh.-Westf. a. D., stv. Vors. Gewerksch. d. Polizei (1970-79) - Sperberweg 17, 4403 Senden/W. - Geb. 8. Mai 1927 Wansen/Schles. - Stud. Rechtsu. Staatsex. (Staatsex. u. Promot.) - BV: Demonstrations- u. Versammlungsfreiheit, 10. A. 1991 (M. Dietel u.a. Michael Kniesel); D. polit. Versammlung, 2. A. 1971; Allg. Polizei- u. Verw.recht f. NW, 11. A. 1984.

GIORDANO, Ralph
Dr. phil. h.c., Fernsehautor u. Schriftst. - Berndorffstr. 4, 5000 Köln 51 (T. 0221 - 376 18 10) - Geb. 23. März 1923 - Gelehrtensch. Johanneum Hamburg-Winterhude - Fernsehdok. m. Schwerp. in d.

Dritten Welt; Lesungen aus eig. Werken; Vortr. üb. eig. Erfahr. im Dritten Reich (Rasseverfolgter) u. Lehren daraus, publiz. Arb. - BV: D. Bertinis, 1982 (Übers. Dän., Schwed., Norw., Finn., Franz.), auch als Fernsehserie; D. Spur-Report. aus e. gefährdeten Welt, 1984 (20j. Bilanz d. Fernseharb.); D. zweite Schuld od. v. d. Last Deutscher zu sein, 1987; Wenn Hitler d. Krieg gewonnen hätte, 1989; An d. Brandherden d. Welt - E. Fernsehmann berichtet, 1990; Israel, um Himmelswillen, Israel, 1991 - Grimme-Preis; Journalistenpreise f. FS-Dok.; BVK I. Kl. - Liebh.: Dampfmaschinen - Lit.: Zahlr. Schr. z. FS-Arb. u. z. Lit.

GIOVANNINI, Marco
Dr. med., Arzt, Geschäftsf. Byk Gulden Lomberg, Konstanz - Sierenmoosstr. 10, 7750 Konstanz - Geb. 12. Sept. 1922, kath., verh. m. Adrienne, geb. Hartmann, 2 Kd. (Rita, Rico) - Abit. Düsseldorf; Stud. Univ. Innsbruck; Promot. 1949; 1955-57 Stud. Pharm. Univ. Innsbruck; Dt. Nostrifikation 1962 - Leit. pharm. Abt. Fa. Biochemie, Ges. mbH Kundl/Tirol; Exportleitg. Fa. Mack, Illertissen; Geschäftsf. Fa. Roland, Essen; Geschäftsf. Pharm. Fa. Byk Gulden Lomberg Chem. Fabrik; gf. Gesellsch. Phamag AG, Kreuzlingen-Konstanz/Schweiz.

GIPP, Wolfgang

Bürgermeister Stadt Boppard am Rhein - Kiefernweg 4, 5407 Boppard am Rhein (T. 06742 - 30 54) - Geb. 20. Febr. 1944 Boppard, kath., verh. s. 1970 m. Rosemarie, geb. Meier, 2 Töcht. (Melanie, Sandra) - Handelssch., Verw.sch., Verw.- u. Wirtsch.akad.; Akad. f. Fernstud. Bad Harzburg - 1971-77 Organisationsref.; 1977-82 Doz. FH öff. Verw.; 1982-87 Dezern. b. Gemeinde- u. Städtebund Rheinl.-Pfalz - BV: Friedhofs- u. Bestattungsrecht Rheinl.-Pfalz (m. Werther), 1984; Verwaltungsbetriebslehre (m. Jänisch), 1985; ORGA-Praxis Rheinl.-Pfalz (m. Jänisch), 1986; A - Z f.

d. kommunalen Alltag (m. Dahm), 1987; Staats- u. Verwaltungsrecht f. Rheinl.-Pfalz (in: Ley/Prümm), 1990.

GIPPER, Helmut

Dr. phil., Prof. f. Allg. Sprachwissenschaft - Hamsens Busch 33, 4400 Münster-Wolbeck - Geb. 9. Aug. 1919 Düren - S. 1961 (Habil.) Lehrtätigk. Univ. Bonn (1963 Doz., 1967 apl. Prof., 1970 Wiss. Abt.svorsteher u. Prof.) u. Münster (1972 Ord.). 1967 u. 69 Gastprof. Univ. of Durham, New Hampshire (USA). Emerit. 1984 - BV: Bausteine z. Sprachinhaltsforsch., 2. A. 1969; Gibt es e. sprachl. Relativitätsprinzip?, 1972; Denken ohne Sprache?, 2. A. 1978. Herausg.: Kinder unterwegs zur Sprache (1985); Das Sprachapriori (1987) - 1971 o. Mitgl. Kgl.-Schwed. Ges. d. Wiss., Upsala - Lit.: E. Bülow, P. Schmitter: Integrale Linguistik. Festschr. f. H. G., 1979; G. Heintz, P. Schmitter: Collectanea Philologica. Festschr. f. H. G., 2 Bde. 1985.

GIPPER, Otto

Rechtsanwalt, Vorstandsmitgl. Raiffeisen-Zentralbank Kurhessen AG., Geschäftsf. Raiffeisen-Warenzentrale Hessenland GmbH. u. Raiffeisenverb. Kurhessen e. V., alle Kassel - Elbinger Str. 6, 3582 Felsberg-Gensungen - Geb. 10. Febr. 1919.

GIRARDET, Klaus Martin

Dr. phil. habil., M. A., Prof. f. Alte Geschichte Univ. Saarbrücken - Spitalstr. 2a, 6604 Brebach-Fechingen (T. 0681 - 87 34 67) - Geb. 18. Okt. 1940 Koblenz (Vater: Rolf G., ev. Pfarrer; Mutter: Ilse, geb. Manz), verh. s. 1980 in 2. Ehe m. Marlene, geb. Eiden, S. Martin - 1959-62 Kfm. Lehre (Verkauf); 1962-66 Inst. d. 2. Bildungsweges z. Erlang. d. Hochschulreife (Abit. 1966); 1966-69 Stud. Univ. Bonn (Alte, Mittelalterl. u. Neuere Gesch., Ev. Theol.); Magisterex. 1969, Promot. 1972; 1972-79 wiss. Assist. Univ. Trier (Habil. 1979); 1980 Privatdoz. (Lehrstuhlvertr. Univ. Tübingen), 1980 Prof. Univ. Saarbrücken - BV: Kaisergericht u. Bischofsgericht, 1975; D. Ordn. d. Welt, 1983. Zahlr. Aufs. z. Röm. Rep., Prinzipat u. Spätantike - Bek. Vorf.: Wilhelm G., Kommerzienrat (Bruder d. Urgroßv.).

GIRARDET, Paul

Dr. rer. soc. oec., Verleger, Präs. Dt. Zeitschriftenverleger/VDZ (b. 1983) - Schmachtenbergstr. 162, 4300 Essen 18-Kettwig (T. 02054-47 29) - Geb. 31. Okt. 1938 (Vater: Herbert G., Verleger †; Mutter: Ingrid, geb. Hoffmann), ev., verh. s. 1968 m. Eva-Marie, geb. Hackl, 6 Kd. - Dipl.-Kfm. Univ. Erlangen-Nürnberg; Promot. Hochsch. f. Sozial- u. Wirtschaftswiss. Linz - S. 1972 pers. haft. Gesellsch. Familienuntern. u. Mitgl. Präsidialrat d. ZAW. Verb. d. Schulbuchverlage - Rotarier.

GIRARDET, Wilhelm

Dr. jur. - Graf-Bernadotte-Str. 71, 4300 Essen (T. 41 27 14) - Geb. 29. Okt. 1902 Zürich (Vater: Wilhelm G. †, Verleger; Mutter: Gertrud †, geb. Wiebe), ev., verh. s. 1933 m. Dorothee, geb. Paxmann, 4 Kd. - Univ. Tübingen u. Marburg - S. 1931 W. Girardet Graph. Betriebe u. Verlag, Essen (1949-77 pers. haft. Gesellsch.) - 1969 Gr. BVK - Liebh.: Jagd - Rotarier - Bek. Vorf.: Kommerzienrat Wilhelm G., 1865 Firmengründer †1918 (Großv.) - Bruder: Herbert G. †1972 (s. XVI. Ausg.).

GIRGENSOHN, Hans

Dr. med., Prof., Direktor Inst. f. Pathologie I Bundesknappschaft a. D., Essen (1958-75) - Bergiselstr. 32, 7800 Freiburg - Geb. 28. Aug. 1909 Dorpat - S. 1942 (Habil.) Lehrtätigk. Univ. Leipzig u. Göttingen (1951; 1956 apl. Prof. f. Allg. Pathol. u. pathol. Anat.). Div. Fachaufs., u. a. Hungertod in Stalingrad. Path. Anatomie d. Gefangenschaftskrankh.

GIRGENSOHN, Jürgen

Landesminister a.D., MdL Nordrh.-Westf. (s. 1966) - Gartenplatz 1-2, 4618 Kamen/W. - Geb. 21. Aug. 1924 Kassel, verh., 2 Kd. - Gymn. Kassel; Arbeits- u. Wehrdst.; Päd. Hochsch. Dortmund. Realschullehrerprüf. - Volks-, Realschullehrer, stv. Realschuldir., 1970-83 (Rücktr.) Kultusmin. NRW. 1959-70 stv. u. Landrat (1964) Kr. Unna. 1956ff. MdK Unna. SPD s. 1950 (1956-64 Kreisvors.).

GIRKE, Horst

Dr.-Ing., Geschäftsführer d. Gebr. Röchling KG u. d. Röchling Ind. Verw. GmbH - Richard-Wagner-Str. 9, 6800 Mannheim 1 (T. 0621 - 440 22 30) - Geb. 19. Febr. 1934 Bitterfeld, ev., verh. s. 1961 m. Ute, geb. Krempel, 2 Kd. - Stud. Nachrichtentechnik TU Stuttgart - 1960-83 Siemens AG.

GIRKE, Wolfgang

Dr. med., Prof., Leiter Abt. f. Neurologie, Psychiatr. u. Neurol. Poliklinik/Psych. u. Neur. Klin. FU Berlin - Kurländer Allee 22, 1000 Berlin 19.

GIRMINDL, Ernst

Landrat Landkreis Cham (s. 1972) - Landratsamt, 8490 Cham/Opf. - U.a. 1967-72 Landrat Kr. Roding. CSU - 1985 BVK I. Kl., 1990 Bayer. VO.

GIRNAU, Günter

Dr.-Ing., Prof., Hauptgeschäftsführer u. geschäftsf. Mitgl. Präs. Verb. Dt. Verkehrsunternehmen (VDV) - Kameketr. 37-39, 5000 Köln 1 - Geb. 10. Aug. 1934 (Vater: Norbert G.; Mutter: Josefine, geb. Hermanns), kath., verh. m. Ingeborg, geb. Henkel, S. Markus - 1976ff. Verbandsdir.; Präs. STUVA, Köln; AR Wibera, Düsseldorf; Beirat Dt. Bundesbahn, Frankfurt.

GIRNDT, Helmut

Dr. phil., Prof. f. Philosophie Univ. Duisburg (s. 1973) - Dorfstr. 9, 4000 Düsseldorf 12 - Geb. 13. Mai 1934 Frankfurt/M. - Promot. 1965 München - Bücher u. Aufs.

GIRNDT, Joachim

Dr. med., Prof., Arzt f. Innere Med., Chefarzt Nephrologische Abt. St. Vincenz-Krkhs. Limburg/Lahn (s. 1984) - Zu erreichen üb. St. Vincenz-Krkhs., Auf dem Schafsberg, 6250 Limburg/Lahn; priv.: Auf der Unterheide 44, 6250 Limburg/Lahn - Geb. 13. Okt. 1938, ev., verh. s. 1964 m. Elke, geb. Krack, 2 Kd. (Matthias, Susanne) - 1958-63 Stud. Med. Univ. Göttingen; Promot. 1964, Approb. 1965, Habil. 1977 - 1965-68 Max-Planck-Inst. f. Experimentelle Med. Göttingen; 1970-84 Med. Univ.-Klinik Göttingen; s. 1981 apl. Prof. f. Inn. Med. Univ. Göttingen; s. 1986 Hon.-Prof. f. Inn. Med. Univ. Gießen - BV: Hypertonie u. Hypotonie in d. Schwangerschaft, 1987; Nieren u. Hochdruckkrankheiten b. Diabetikern, 1988; Risikofaktoren f. d. Herz-Kreislaufsystem, 1989; Nieren u. Hochdruckkrankheiten, 1990; Praxis d. Hochdruckkrankheiten, 1990. Üb. 200 wiss. Abhandl. u. Buchbeitr. auf d. Gebiet d. Nieren- u. Hochdruckkrankheiten.

GIRNUS, Wolfgang

Dr. phil., Dipl.-Lehrer, Wissenschaftshistoriker, MdA Berlin (s. 1991) - Seefelder Str. 46, O-1092 Berlin (T. 030 - 975 72 49) - Geb. 4. Mai 1949 Berlin (Vater: Prof. Wilhelm G., Kulturpolitiker), verh. s. 1986 m. Gudrun, geb. Stolle, 2 Kd. (Michael, Claudia) - Masch.bauer 1967; Abit. 1967; Stud. 1967-72 TU Dresden; Dipl.-Lehrer 1972 TU Dresden; Promot. 1982 Akad. d. Wiss. - 1972-91 Wiss.hist., Akad. d. Wiss., Berlin; 1990 Mitgl. SVV Berlin - Ca. 80 wiss. Veröff., Wissenschaft in Berlin, 1987 (Autorenkollektiv) - Liebh.: Bergwandern, Lesen - Spr.: Engl., Russ.

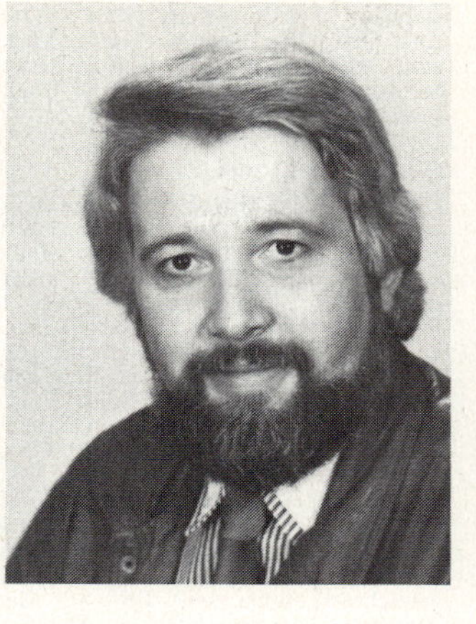

GIROCK, Reinhard

Vorstand Papierfabrik Weissenstein AG, Pforzheim - Hirsauerstr. 233, 7530 Pforzheim - Geb. 27. Juli 1934 Spremberg/NL - Beirat Fa. Wanfried-Druck.

GIRZ, Alexander

Spielwarenfabrikant, Mitinh. Fa. Girz oHG., Nürnberg - Virchowstr. 9, 8500 Nürnberg - Geb. 2. Juni 1902 Bischofsheim/Rhön, kath., verh. s. 1936 m. Herta, geb. Gruber, S. Peter - Ludwigs-Oberrealsch. München - Funktionen Fachverb. - 1970 BVK I. Kl.

GISI, Paul

Lyriker, Philosoph - St. Georgenstr. 36, CH-9000 St. Gallen - Geb. 1949 Basel - 1970 Lehrer; verschiedene Berufe, Auslandsaufenth.; s. 1976 Korrektor in St. Gallen; Gründ. u. Inh. Edition Lucrezia Borgia - BV: Gegen d. Zeit u. zw. unendl. Gewittern, Ged. 1970; Ich bin Du, Ged. 1971; Vorbei ist Nacht/Winterl. Ahnen, Ged. 1971; Tropfworte, Ged. 1972; Odonata, Ged. 1972; Tageb. aus d. Provence, 1971; Rote Schwanentrilogie u.a., Ged. 1972; Eisblume am Fenster d. Liebe, Ged. 1972; Werkhauptprobe acht, Ged., Erz., Aufs. 1972; Mein Resadagrün, Ged. 1973; Finsternisse od. Gott küsste d. Teufel, E. Passion 1973; Flamme, Ged. 1973; Irrgang durchs Raumlose, Ged. 1973; Wenn dich d. Hauch d. Wunders trifft, Üb. d. Schweizer Lyrikerinnen Erica Maria Dürrenberger, Gerda Seemann u. Sonja Passera, 1973; Am Puls d. Menschen, Ged. 1974; Wort u. Leben, Sätze 1977; Kleine Provenzalin, Ged. 1977; Isotope e. Sehnsucht, Ged. 1978; Kohlensäure, Ged. (m. Rolf Moser), 1978; Im Sternbild Kassiopeia, Ged. 1979; Maß u. Leidenschaft, Sätze 1979; Wenn d. Paranoia d. Menschheit siegt, Ged. 1979; Im eiskalten Weltraum, Ged. 1979; Akkorde d. Lachmöwe, Ged. (m. Frottage-Kreidezeichn. v. Edelbert Bregy) 1979; In d. Milchstraße d. Worte, Ged. 1980; Sternbilder d. Liebe, Ged. 1980; Verwandl., Texte (m. Zeichn. v. E. Bregy), 1980; Zw. Apathie u. Begeister., Sätze 1980; Aline, Ged. 1981; Position, Exposé 1981; Glockenmantel d. Nacht, Ged. 1982; Fragmente e. alten Kapitäns, Ged. 1982; D. zärtl. Wahn, Ged. (Holzschn. v. Gerhard S. Schürch), 1983; E. Handvoll Nichts, Sätze 1983; D. grünäugige Laternenfisch, Ged. (Zeichn. v. E. Bregy) 1983; Brief an Achaz, Prosa 1984; Milchstraßenlaterne, Ged. (Bilder v. Walter Fuchs) 1984; Schwarze Löcher, Ged. (Zeichn. v. Heinz Fuhrer) 1984; Fieberflammen, Ged. 1984; Höhle d. Spinne, Ged. 1984; Hitzerisse d. Angst, Ged. 1985; Tribunal vor d. Nichts, Ged. 1985; Sturzwogen nach Mitternacht, Ged. 1985; Schimmel aus Wahn, Sätze 1985; Windzunge, Haikus 1986; In d. Augen gongt d. Zeit, Ged. 1986; D. weinrote Languste schweigt, Liebesged. 1986; Magie u. Farce, Ged. 1986; Deine Zunge tropft in meinen Mund, Liebesged. 1987; Lichtrisse d. Liebe, Ged. 1987; Selbstbildnisse, Ged. 1987; D. Unvernunft d. Troubadours, Ged. 1988; Shi Zuzhao od. Im Spinnennetz d. Spiralgalaxie, Liebesged. 1988; Verwüstungen, Ged. 1988; Notizen e. Amöbe, Sätze 1988; Pestilenziarium, Ged. 1988; Du Gott, Ged. (Myst. Metaphern) 1989; Bogenstrich, Ged. (m. Zeichn. v. W. Fuchs) 1989; Blutalgenbrand, Ged. 1989; D. alte Weinrote Zackenbarsch, Paroxysmen 1989; M. d. Farben d. Zunge, Ged. 1989; Abstürze, Sätze 1990; D. Schritte d. Feuers, Ged. 1990; Daswasserdesschweigeflusses, Lyr. Gleichnisse 1990; Im Schatten d. Täuschung, Ged. (m. Zeichn. v. Rainer Kälin) 1990; Nachtbrand, Lyr. Gleichnisse 1990; Dubrennenderatemdu, Lyr. Gleichnisse 1991; Wir stürzen ins Aufflammende nieder, Lyr. Gleichnisse (m. Zeichn. v. Edelbert Bregg), 1991; Feuerwimpern, Ged. 1991; Betrachtungen e. Wurms, 1992; Sturzwellen d. Untergangs, Sätze 1992; Ich der Ozeanograph deines kleinen Körpers, Ged. 1992 - S. 1972 Mitgl. Schweiz. Schriftstellerverb. SSV, s. 1987 Mitgl. Intern. PEN-Club.

GISSEL, Hans

Dr.-Ing., Berater Daimler-Benz AG - Zu erreichen üb. AEG Aktiengesellschaft, Theodor-Stern-Kai 1, 6000 Frankfurt/M. 70. Ab 1993 Präs. d. Intern. Elektrotechn. Kommission (IEC) Genf.

GISSEL, Henning

Schauspieler - Landauer Str. 12, 1000 Berlin 33 (T. 030 - 821 26 63) - Geb. 23. Juli 1942 Berlin, verh. s. 1973 - 1962-65 Schauspielsch. v. Else Bongers, Berlin - S. 1967 üb. 200 Rollen in Fernsehspielen u. Serien; Theaterverpflichtungen in Berlin (Tribüne), Stuttgart, Kassel, Ingolstadt sowie Theatertourneen.

GISSLER-WEBER, Richard

Dr. phil., Geschäftsführer Gissler & Pass GmbH, Jülich - Heinsberger Str. 24, 5170 Jülich/Rhld. (T. 02461 - 68 40) - Geb. 24. Mai 1929 - Spr.: Engl., Span. - Rotarier.

GISY, Friedrich-Hans

Kaufmann - Karl-Herbster-Str. 2, 7850 Lörrach (T. 07621 - 4 66 56) - Geb. 7. Aug. 1914 Zürich, kath., verh. s. 1939 m. Liese-Lotte, geb. Herzog - Abit. Singen/Hoh. - Vizepräs. Bad. Sportbund u. Bad. Leichtathl.-Verb.; Präsid.-Mitgl. Landesportverb. Baden-Württ.; Mitgl. Schlichtungsaussch. DSB - 1972 BVK; 1986 BVK I. Kl. - Liebh.: Filmen, Briefmarken.

GITTER, Wolfgang

Dr. jur., o. Prof. f. Zivil-, Arbeits- u. Sozialrecht Univ. Bayreuth - Gontardstr. 32, 8580 Bayreuth - Geb. 30. Mai 1930 Oelsnitz/V. (Vater: Otto G., Kaufm.; Mutter: Hanna, geb. Lange), ev., verh. s. 1960 m. Dr. Gertrud, geb. Wolfangel, T. Stefanie - Stud. d. Rechts- u. Wirtsch.swiss. - 1968 Doz. Tübingen; 1971 Wiss. Rat Freiburg; 1971 o. Prof. Bochum u. 1977 Bayreuth - BV: Schadensausgleich im Arbeitsunfallrecht, 1969; Liquidationsrecht d. ltd. Krankenhausärzte, 1975; Lehrb. d. Sozialrechts, 3. A. 1992; Arbeitsrecht, 1991; Gebrauchsüberlassungsverträge, 1988 - Spr.: Engl., Russ.

GITTERMANN, Horst

Dr. jur., Direktor i.R. - Zu erreichen üb. DKV, Aachener Str. 300, 5000 Köln 41 - Geb. 23. Mai 1922 Berlin - B. 1986 Vorst. Dt. Krankenversich. AG, Köln. VR dkv-Internat., Brüssel; stv. AR-Vors. SANA Kliniken GmbH, München; Geschäftsf. Gemeda Ges. f. med. Datenerfass. u. Auswertung mbH., Köln; Vors. Rechtsaussch. Verb. priv. Krankenversich., Köln.

GITZINGER, Siegfried

Dipl.-Volksw., Bankdirektor, Vorstandsvors. Volksbank Karlsruhe eG - Am Marktplatz, 7500 Karlsruhe 1 (T. 0721 - 6 09 70) - Geb. 27. Mai 1928.

GIUDICE, Henry M.
Kaufmann, Vors. d. Geschäftsfg. Neu-Europa, Hitec + Biotec Ges. f. Innovationen mbH & Co KG, Berlin - Teplitzerstr. 7, 1000 Berlin 33 - Zul. Vors. d. Geschäftsfg. Brinkmann Holding GmbH, Berlin, u. Martin Brinkmann AG, Bremen.

GIUDICE, Liliane
Dramaturgin (Theater, Film), Übers. - Rotenbachtalstr. 27, 7570 Baden-Baden (T. 07221 - 2 23 42) - Geb. 29. Juli 1913 Paris, ev., verh. 1951-65, verw. - Abit., Stud. Theaterwiss. Univ. Köln - BV: Bücher z. Lebenshilfe u.a. Ohne meinen Mann, 10. A. 1971 (3 Übers.); D. Abenteuer e. Christ zu sein, 1972; D. Kraft d. Schwachen, 1979; Erz. u.a. Oft ist es nur ein kleines Zeichen, 1981 (in Blindenschr.); Späte Begegnungen, 1982 (in Großdruck 1989); Nerz nach innen, 1983; D. Rose sprengte d. Stein, 1985 (in Blindenschr.); Weggefährten, 1986; D. rote Ballon, Ich bekenne Neugier - Liebh.: Bild. Kunst, Theater - Spr.: Franz., Engl., Span.

GIULINI, Udo
Dr. jur., Fabrikant i. R. - Neuenheimer Landstr. 18a, 6900 Heidelberg (T. 4 62 79) - Geb. 12. Febr. 1918 Hamburg (Vater: Renzo G., Fabr.; Mutter: Ilse, geb. Walz †), ev., verh. s. 1950 m. Rita, geb. v. Campe, 5 Kd. (Monika, Hanno, Maria-Elena, Carola, Domenico) - Univ. Heidelberg (Rechtswiss.; Promot. 1954) - 1955-79 Familienuntern. 1965-72 MdB. Diverse Ehrenstellungen u. Mandate, 1974 b. 1979 Präs. IHK Pfalz Ludwigshafen, CDU (1965 ff. Mitgl. Wirtschaftsrat) - 1972 BVK I. Kl. - Liebh.: Tennis, Schwimmen - Gold. Sportabz. - Spr.: Engl., Franz., Russ. - Rotarier - Bek. Vorf.: August Clemm, Reichsrat bayer. Krone, Mitbegr. BASF Ludwigshafen (Urgroßv.); Prof. Dr. jur. Ernst Walz, 1913-38 Oberbürgerm. Heidelberg (Großv.).

GIURANNA, Bruno
Prof. f. Viola Hochsch. d. Künste Berlin - Zu erreichen üb. Hochsch. d. Künste, Fasanenstr. 1, 1000 Berlin 12.

GIUSTINIANI, Vito R.
Dr. phil., Prof. (emerit.) Univ. Freiburg - Johanniterstr. 9, 7800 Freiburg (T. 2 28 66) - Geb. 25. Juni 1916 Lucca/Ital. (Vater: Francesco G., akt. Offz.; Mutter: Giovanna, geb. Dell'Osso), kath., verh. s. 1945 m. Doris, geb. Ziegler, 2 Kd. (Giovanna, Franco) - Univ. Pisa u. Bonn - S. 1941 Univ. Freiburg (Lektor, 1955 Privatdoz., 1962 Wiss. Rat, 1965 apl. Prof., 1969 Abt.vorst.). Gastprof. Columbia Univ. New York (1958) u. Univ. Toronto (1967 b. 1968) - BV: Alamanno Rinuccini, 1964; Il testo della Nencia e della Beca secondo le piu antiche stampe, 1976; Neulat. Dichtung in Italien 1850-1950, 1979; Adam v. Rotweils Dt.-Ital. Sprachführer v. J. 1477, Tübingen, Narr, 1987; Zahlr. Aufs. in Fachztschr. - Spr.: Lat., Altgriech., Ital., Franz., Span., Engl. - Bek. Vorf.: Prof. Vito G., Jurist, Bari/Ital. (Großv.).

GIZA, Holger
Dipl.-Kfm., Vorstandsmitglied Hermes Kreditversich. AG (s. 1987) - Friedensallee 254, 2000 Hamburg 50 - Geb. 28. Nov. 1940 Hamburg, verh. s. 1967, 2 Kd. - Gymn.; Stud. Betriebsw.; Dipl. 1965 Univ. Hamburg - 1966-82 IBM Intern. Büromaschinenges. (versch. Tätigk. im In- u. Ausl., zul. Leit. Vertrieb Region Norddtschl.); Hamburger Intern. Rückversich. AG (1982-86 Vorst.-Mitgl., s. 1984 -Vors.) - Liebh.: Sport, Musik, Lit., Theater - Spr.: Engl., Franz.

GLAAB, Richard
Dipl.-Braumeister, pers. haft. Gesellschafter u. Geschäftsf. Glaabsbräu KG, Seligenstadt - Giselastr. 21, 6453 Seligenstadt (T. 06182-2 16 33 priv., 30 55 dstl.) - Geb. 4. Okt. 1935 Seligenstadt, kath., verh. m. Gertrud, geb. Auberger, 2 Kd. (Veronika, Robert) - Brauer-Mälzer-Lehre; TH München/Weihenstephan; Dipl.-Braumeist. 1958 - Vollvers. IHK Offenbach; Stadtrat u. Magistrat Seligenstadt - Liebh.: Berge, Schwimmen, Fotogr. - Spr.: Engl., Franz.

GLAAP, Albert-Reiner
Dr. phil., Univ.-Prof. f. Engl. Sprache u. ihre Didaktik Univ. Düsseldorf (s. 1980), Honorary Officer of the Order of the British Empire OBE (s. 1991) - Lerchenweg 16, 4030 Ratingen - Geb. 1. Sept. 1929 Wuppertal (Vater: Gerhard G., Musikdir.; Mutter: Elisabeth, geb. Keup), kath., verh. s. 1963 m. Rita, geb. Mittelmann, S. Oliver - Stud. Engl., Lat., Phil. Köln u. London. Beide Staatsex.; Promot. 1955 - 1956-71 Gymnasiallehrer (dazw. 1961-62 USA); 1971-73 Dir. PI Düsseldorf. Mitgl. Staatl. Prüfungsämter Düsseldorf/Wuppertal/ (Engl.) - BV: English Texts Compared, 2. A. 1977; Annotierte Ausg. v.: Ted Whitehead, Alpha Beta, 1978; v.: Alan Ayckbourn, Absurd Person Singular, 1981; v.: Brian Clark, Whose Life is it Anyway?, 1982; v.: Alan Ayckbourn, Confusions, 1982; v.: Willy Russell, Educating Rita, 1984; Introducing the Essay, 1985; v.: Brian Clark, Can you hear me at the back?, 1987; v.: Sam Shepard, True West, 1988; Henry Beissel, Inook and the Sun, 1988; Willy Russell, Blood Brothers, 1990; Willy Russell, Shirley Valentine, 1992. D. engl. Drama s. 1970, 1979. Dt. Übers. v. Brian Clark: The Petition (Offener Brief) (m. J. Probert-Gromüller), 1986; Hopping to Byzantium (Byzanz in Sicht) (m. J. Probert-Gromüller), 1989; v. Roger Hall: Fifty-Fifty (Fifty-Fifty) (m. J. Probert-Gromüller), 1991. Herausg.: Schriftenreihe: D. Fremdsprachl. Unterr. (1980-87, zus. m. Herbert Christ); Alan Ayckbourn. Denkwürdiges u. Merkwürdiges z. 50. Geb. (1989); Anglistik heute. Perspektiven f. d. Lehrerfortbildung (1990); Literatur im Fremdsprachenunterricht - Fremdsprache im Lit.unterr. (1990, zus. m. Dietmar Fricke). Herausg. TAGS (Lit. Texte f. d. Englischunterr.; s. 1980). Mithrsg.: TRANSFER (Düsseld. Materialien z. Literaturübersetzung; s. 1989). Üb. 160 Fachaufs. Beitr. in Programmheften dt.spr. Theater - Liebh.: Fußball - Spr.: Engl., Lat.

GLADIGOW, Burkhard
Dr. phil., Prof. f. Klass. Philologie u. Allg. Religionswiss. Univ. Tübingen - Heiligenwaldstr. 23, 7407 Rottenburg 21 (T. 07472 - 86 08) - Geb. 8. Nov. 1939 Berlin (Vater: Wilhelm G., Mittelsch.rektor; Mutter: Hedwig, geb. Heidemann), ev., verh. s. 1972 m. Gerlinde, geb. Jahn, S. Christian - BV: Sophia u. Kosmos, 1965; Religion u. Moral, 1976; Staat u. Religion, 1981 - Liebh.: Segeln.

GLÄSER, Fritz
Dr. rer. pol., Vorstandsmitglied a. D. RHENAG Rhein. Energie AG, Köln - Florastr. 49, 5000 Köln-Nippes - Geb. 18. Dez. 1917 - AR-Mitgl. versch. Energieversorgungsuntern.; Ehrenmitgl. Präs. Bundesverb. d. dt. Gas- u. Wasserwirtsch., Bonn; Präs. Fördererges. Energiewirtsch. Inst. Univ. Köln; Präs. Frontinus-Ges., Köln; Vors. d. Kommiss. Energiepolitik d. Wirtschaftsrat d. CDU e.V., Bonn - Gr. BVK; Verdienstkreuz in Gold d. Volksrep. Polen.

GLÄSER, Heinz
Dr., Präsident Bundesamt für Wehrtechnik und Beschaffung (s. 1984) - Konrad-Adenauer-Ufer 2-6, 5400 Koblenz - Zul. Bundesverteidigungsmin. (Rüstungsabt.).

GLAESER, Karl-Christian
Geschäftsführer Ernst Peiniger GmbH./ Unternehmen f. Bautenschutz - Am Funkturm 2, 4300 Essen 1; priv.: Am Arenzberg 24, 5090 Leverkusen 1 - Geb. 22. Mai 1930 - Ing.

GLÄTZNER, Helmut
Dr. med., Prof. f. Frauenheilkunde u. Geburtsh. Univ. Frankfurt - Paul-Ehrlich-Str. 46, 6000 Frankfurt/M.

GLAGOW, Rudolf
Dipl.-Ing., Prof., Hochschullehrer, MdA Berlin (s. 1971) - Kurfürstenstr. 4, 1000 Berlin 42 (T. 706 14 91) - Geb. 12. Febr. 1929 Berlin, verh., 2 Kd. - N. Abitur Zimmererlehre; Stud. Bauwesen u. Wirtschaftswiss. - Assist. TU Berlin; Bauleit.; Doz. Staatl. Ing.-Akad.; Prof. Techn. Fachhochsch. ebd. 1967 b. 1971 Bezirksverordn. Tempelhof. SPD s. 1963. Zahlr. Fachveröff., dar. auch in Handb.

GLAHE, Werner
Dr. rer. pol., Volkswirtschaftler, apl. Prof. f. Allg. Volksw.lehre TU Clausthal - Luchsweg 16, 3388 Bad Harzburg 1 - Doz. Univ. Innsbruck.

GLAS, Uschi
Schauspielerin - Zu erreichen üb.: Agentur Alexander, Lamontstr. 9, 8000 München 80 - Geb. 1944, verh. m. Bernd Tewaag, 3 Kd. - Film (Debüt: Zur Sache, Schätzchen, 1967), Fernsehen, FS-Serie: Unsere schönsten Jahre, Theater.

GLASENAPP, von, Franz-Georg
Dr. phil., Prof., Musikwissenschaftler - Geibelstr. 5, 3000 Hannover - Geb. 15. Mai 1910 Halle/S., ev., verh. - Univ. Halle; Musikhochsch. Berlin. Promot. 1936 (Diss.: Georg Simon Löhlein - 1725-81) - Freischaffend Berlin; Wehrdst.; s. 1946 Kapell. u. Bühnenkomp. Landestheater Halle, Prof. Musikhochsch. ebd. (1949), Fachberat. Musikverlag Hofmeister, Leipzig, Prof. Musik- u. Theaterhochsch. Hannover (1960) - BV: Varia/ Rara/Curiosa/Musikdarstell. Mittelalter, Göttingen 1971. Bühnen- u. Kammermusik, Neuausg.: Altfranz. Bläserkammer- u. Militärmusik, Klavierfugen G. F. Händels; Volksliedbearb.

GLASER, Günther
Dr. phil., Dipl.-Ing., em. o. Prof., ehem. Direktor Inst. f. Uhrentechnik u. Feinmechanik Univ. Stuttgart (b. 1981) - Greutterstr. 42, 7000 Stuttgart-Weilimdorf - Geb. 25. April 1912 (Vater: Prof. Dr. Robert G.; Mutter: Hedwig, geb. Scholder), ev., verh. I) 1939 m. Hilde, geb. Rücker (†), II) 1964 Rose, geb. Hornberger, 2 Töcht. (Dr. med. Barbara, verehel. Eberle; Susanne, verehel. Witt) - Gymn. Esslingen; TH Stuttgart, Univ. Göttingen. Promot. 1936; Dipl.-Ing. 1938 - Tätigk. Bosch (1938-45) u. Junghans (1952-63), emerit. 1979. Spez. Arbeitsgeb.: Chronometrie, Kurzzeitmess., Uhrentechnik - BV: Quarzuhrentechnik, Lehrb. 1979; Lex. d. Uhrentechnik, 1974; Handb. d. Chronometrie u. Uhrentechnik, ab 1974 - Spr.: Engl., Franz.

GLASER, Hans-Georg
Ass. jur., Bundesbahnoberrat, Vors. Dt. Finn. Ges. Baden-Württ. (s. 1981) - Hildebrandstr. 22, 7000 Stuttgart 1 - Geb. 19. Sept. 1948 Stuttgart, ev., verh. m. Merja Stenberg-Glaser, geb. Stenberg, T. Meri-Lena - Stud. Rechtswiss. Univ. Tübingen.

GLASER, Hermann
Dr. phil., Hon.-Prof. TU Berlin, Leiter Schul- u. Kulturdezernat Stadtverw. Nürnberg (1964-90), Mitgl. PEN Zentrum BRD, Vors. d. Dt. Werkbundes - Eschenweg 5, 8501 Roßtal/Mfr. (T. 09127 - 3 09, Fax 96 98) - Geb. 28. Aug. 1928 Nürnberg (Vater: Otto G., Oberstudiendir.; Mutter: Hermine, geb. Hüllß), ev., verh. s. 1952 m. Erika, geb. Bayer, 3 Kd. (Ernst, Ulrich, Alicia) - Stud. German., Angl., Gesch., Phil. Staatsex. u. Promot. 1952 - 1953-64 höh. Schuldst. SPD - BV: u. a. Kl. Gesch. d. mod. Weltlit., 1956 (5. A. unt. d. Titel: Weltlit. d. Gegenw.); Kl. Kulturgesch. d. Gegenw., 1959 (auch span. u. finn.); Wege d. dt. Lit., 1961, Neuf. 1989; D. III. Reich - Idee u. Wirklichkeit, 1961 (jap. 1963); Agnes Bernauer - Dichtung u. Wirklichkeit, 1964; Spießer-Ideologie - V. d. Zerstörung d. dt. Geistes, 1964, NA. 1979 (auch engl.); Eros in d. Politik - E. sozialpathol. Unters., 1967; Kleinstadt-Ideologie - Zw. Furchenglück u. Sphärenflug, 1969; Radikalität u. Scheinradikalität, 1970; D. öfftl. Deutsch, 1972; Jenseits v. Parkinson, e. kybern. Modell f. Verw. u. Wirtsch., 1972; D. Gartenzwerg i. d. Boutique, Provinzialismus heute, 1973; Weshalb heißt d. Bett nicht Bild?, 1973; D. Wiedergewinnung d. Ästhetischen, 1974; Sexualität u. Aggression, Taschenb. 1975; Sigmund Freuds zwanzigstes Jahrh., Seelenbilder e. Epoche, 1976; Bundesrepublik, Lesebuch, 1978; Lit. d. 20. Jahrh. in Motiven, 2 Bde., 1978 ff.; Fluchtpunkt Jahrhundertwende, 1979; Industriekultur in Nürnberg (Hrsg.), 1980; Maschinenwelt u. Alltagsleben, 1980; Soviel Anfang war nie, 1981; Spurensuche. Dt. Familienprosa, 1981 (1987); E. dt. Bilderb., 1982; Im Packeis d. Unbehagens, 1982; Bürgerrecht Kultur, 1983; V. d. Kultur d. Leute, 1983; Kultur d. Wilhelminischen Zeit, 1984; Dt. Eisenbahn. Bilder aus ihrer Gesch., (m. N. Neudecker) 1984; Kulturgesch. d. Bundesrep. Deutschl. Bd. 1: Zw. Kapitulation u. Währungsreform, 1985, Bd. 2: Zw. Grundgesetz u. Gr. Koalition, 1986, Bd. 3: Zw. Protest u. Anpassung, 1989, als Taschenbusch 1990; D. Automobil. E. Kulturgesch. in Bildern, 1986; D. Verschwinden d. Arbeit. D. Chancen d. neuen Tätigkeitsges., 1988; Die Post in ihrer Zeit. E. Kulturgeschichte menschl. Kommunikation, 1990.

GLASER, Horst Albert

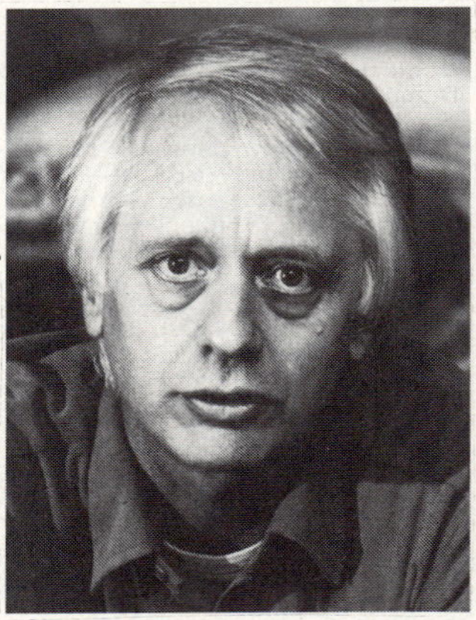

Dr. phil., Prof. f. Allg. u. Vergleich. Literaturwiss. Univ.-GH Essen - Ziegelheide 89, 4152 Kempen 1 (T. 02152 - 51 88 77) - Geb. 28. Jan. 1935 Frankfurt/M. - Univ. Frankfurt/M. (Lit.wiss., Phil. u. Soz.; Promot. 1964) - S. 1974 o. Prof., 1982/83 u. 1989 Prof. a contratto an der Univ. Pisa (Italien), 1991 Gastprof. an d. Univ. Amsterdam, 1992 Gastprof. an d. Univ. Jena (Komm. Dir. d. Inst. f. Germanistische Literaturwiss.). S. 1980 Herausg. Buchreihe Dt. Lit. - E. Sozialgesch. (10 Bde.); s. 1986 Herausg. Buchreihe Akten Intern. Kongresse auf d. Gebieten d. Lit., Wiss. u. Ästhetik - Lions-Club.

GLASER, Hubert
Dr. phil., o. Prof. f. Didaktik d. Geschichte - Am Hochrain 2, 8050 Freising-Hohenbachern/Obb. (T. 08161 - 1 36 60) - Geb. 23. Dez. 1928 Schweinfurt (Vater: Friedrich G., Chefredakt.; Mutter: Maria, geb. Kleis), kath., verh. s. 1960 m. Edeltraud, geb. Bergmiller, T. Sabine - 1948-53 Univ. München (Gesch., German.) - 1954-59 Wiss. Assist. Univ. München (Histor. Sem.); 1960-61 Studienrat Ludwigs-Gymn. München; s. 1962 Prof. (1964 o.) Päd. Hochsch. Essen bzw. Ruhr/Abt. Essen (1967-69 Rektor), PH München (1971), Univ. München (Erziehungswissensch. Fak., Phil. Fak. f. Gesch.- u. Kunstwiss., s. 1977), 1974-75 Dekan, 1978-81 komm. Leiter Haus d. Bayer. Geschichte. Spez. Arbeitsgeb.: Geistesgesch. d. Mittelalters u. d. Neuzeit, Didaktik d. Gesch., insbes. Auswahl- und Visualisierungsprobleme.

GLASER, H. S. Robert
Prof. f. Biologie Univ. Gießen - Gutenbergstr. 24, 6300 Gießen - (Vater: Bruno G.; Mutter: Gertrud, geb. Haendel), led. - Stud. Zoologie. Ph. D. 1960 Berkeley - Lecturer Berkeley, San Diego, Riverside, San Francisco, Nairobi. Fr. Mitarb. Inst. f. Weltkunde in Bildung u. Forsch. (WBF), Hamburg. Mitgl. Wiss. Beirat Gorilla Foundation, Woodside, Calif. Entd.: Funktion d. dritten Auges u. Pinealkomplexes v. Sauriern als aktivitätsregulierender solar Strahlendosimeter (Science) - Liebh.: Malereien v. Menschenaffen (besitzt üb. 1100; 1978 Ausstell. Frankfurt/M.: Wurzeln d. Kunst?) - Spr.: Engl.

GLASER von ROMAN, Renate
Ernährungsberaterin DGE, 1. Vors. Verb. Dt. Diätassist. (1986-90) - Postf. 83 04, 4000 Düsseldorf 1; 6501 Klein-Winternheim/Mainz - Geb. 4. Juli 1925 Würzburg, kath., verh. s. 1966 m. Walter-Martin G., S. Matthias - 1949 staatl. anerk. Diätassist.; 1957 Ernährungsberaterin DGE - 1950-53 Diätleit. Kurhaus u. Sanatorium Bühlerhöhe; 1954-57 Leit. Haupt- u. Diätküche d. Med. Klinik Univ. Marburg; 1958-75 Ernährungsspezialistin im Beratungsdienst f. Landw. u. Hausw. v. Rhld.-Pfalz; 1976-85 Ernährungsspezialistin im Min. f. Landw., Weinbau u. Forsten Rhld.-Pfalz - BV: Kochen v. Grundrezepten, 1971; Gefrierkochbuch, 6. A. 1975.

GLASL, Heinrich Georg
Dr. rer. nat., Prof. f. Pharm. Biologie Univ. Münster - Hittorfstr. 56, 4400 Münster (T. 0251 - 83 33 78) - Geb. 9. Dez. 1940 München (Vater: Rudolf G., Apotheker; Mutter: Karoline, geb. Ertl), kath. - Ab 1963 Pharmazie-Stud. Univ. München (Staatsex. 1967, Promot. 1970), Habil. 1978 Univ. Hamburg - 1976-78 Prof. Univ. Hamburg; 1978-84 Prof. Univ. Frankfurt/M.; s. 1984 Prof. Univ. Münster. Veröff. in Fachztschr. üb. Analytik arzneilich verwend. Drogen, Isolier. u. Aufklär. neuer Naturstoffe - Liebh.: Musik - Spr.: Engl.

GLASTETTER, Werner
Dr. rer. pol., Prof. f. Volkswirtschaftslehre (Wirtschaftspolitik) Univ. Bielefeld - Im Bergsiek 35, 4800 Bielefeld 15 - 1979-81 Mitgl. Sachverständigenrat z. Begutacht. d. wirtschaftl. Entwickl.

GLATFELD, Martin
Dr. rer. nat., Univ.-Prof. Fak. f. Mathematik Univ. Bielefeld - Hainteichstr. 17, 4800 Bielefeld 1 - BV: Zahlr. math. u. fachdidakt. Veröff. in Büch. u. Ztschr.

GLATZ, Manfred
Gf. Gesellschafter Galanterie GmbH, Unternehmensberater - Sonnenhalde 29, 7333 Ebersbach 3 (T. 07163 - 62 24) - Geb. 26. Aug. 1926 Stuttgart, verh. - Abit. - Verkaufstätigk. Unilever u. Glücksklee; 1965-75 Verkaufsdir. Rosenthal AG; s. 1975 s.o.

GLATZEL, Hans
Dr. med., Prof., em. Leiter d. klinisch-physiol. Abt. d. Max-Planck-Inst. f. Ernährungsphysiol. - Müggenbuscher Weg 5, 2401 Groß Grönau/Lübeck (T. 04509 - 16 33) - Geb. 22. Aug. 1902 Göppingen/Württ., ev., verh. in 1. Ehe m. Matilde, geb. Fecht, 3 Kd. (Regina, Enno, Johann); in 2. Ehe m. Marianne Handtmann, 2 Kd. (Sabine, Martina) - Med.-Stud. Tübingen, Königsberg, Wien, Berlin; Staatsex. 1926 Berlin, Promot. 1929 Hamburg, Habil. 1936 Göttingen - 1942 a.o. Prof. Kiel; Oberarzt Med. Univ.klinik Kiel, Leit. klinisch-physiol. Abt. MPI f. Ernährungsphysiol. Dortmund - BV: Nahrung u. Ernährung, 1939/56/84; Krankenernährung, 1953; Diätetik d. arteriellen Hypertension, 1959; D. Gewürze, 1967; D. gesunde u. d. kranke Mensch, 1970; D. Ernährung in d. technischen Welt, 1970; Verhaltensphysiol. d. Ernährung, 1973; Tabulae Diaeteticae, 1973; Ernährung u. Ernährungskrankh., 1976; Sinn u. Unsinn in d. Diätetik, 1978; Wege u. Irrwege mod. Ernährung, 1982; Sinn u. Unsinn d. Vitamine, 1987. Beitr. in 2 Aufl. v. Handb. Innere Med. u. Handb. d. Allg. Pathologie - Spr.: Engl., Franz. - Bek. Vorf.: Heinrich Landerer, Begründ. Christophsbad Göppingen (Urgroßv.).

GLATZEL, Johann
Dr. med., Psychiater, Prof. Univ. Mainz - Zu erreichen üb. Univ. Mainz, 6500 Mainz - Geb. 15. April 1938 Göttingen (Vater: Dr. med. Hans G., Internist (s. XVI. Ausg.); Mutter: Mathilde, geb. Fecht) - Abit. 1957 Flensburg; Staatsex. 1963 Berlin - BV: Endogene Depressionen, 1973, 2. A. 1982 (span. 1984); Gestaltwandel psychiatr. Krankheitsbilder, 1973; Antipsychiatrie, 1975; D. psych. Abnorme, 1976; Angewandte Psychiatrie, 1976; Allg. Psychopathologie, 1978; Psychiatrie im Grundriß, 1979; Spez. Psychopathol., 1981; Handwörterb. d. Psychiatrie, 1983, 2. A. 1991 (span. 1989); Forensische Psychiatrie, 1985; Mord u. Totschlag, 1987; Melancholie u. Wahnsinn, 1990 - Liebh.: Jüd. Geistesgesch., Beatologie - Spr.: Engl.

GLATZEL, Norbert
Dr. theol., Dipl.-Soz., Prof. f. Christl. Gesellschaftslehre Univ. Freiburg (s. 1989) - Schauinslandstr. 26b, 7800 Freiburg - Geb. 3. Febr. 1937 Ziegenhals/OS. (Vater: Max G., Inspektor; Mutter: Martha, geb. Berger), kath. - led. - Gymn. Regensburg; Phil.-Theol. Hochsch. Regensburg (Theol.; Abschl. 1962), Univ. Münster (Dipl.-Soz. 1970) u. Augsburg (Promot. 1975) - 1976-89 Prof. f. Christl. Soziallehre u. Allg. Religionssoziol. Univ. Bamberg - BV: Gemeindebildung u. -struktur, 1976.

GLATZEL, Wolfgang
Dr. jur., ehem. Vorstandsvorsitzender Contigas Dt. Energie-AG - CH-6622 Ronco s.A. La Ginestra - Geb. 2. Juni 1909 Sulzbach/Opf., verh. 1943 m. Anne-Lise, geb. Kleemann - Univ. Göttingen, München, Berlin. Beide jurist. Staatsprüf. Berlin; Promot. Göttingen - Ehrensenator Heinrich-Heine-Univ. Düsseldorf; Komtur m. Stern Silvester-Orden; Gr. BVK m. Stern; Bayer. VO; Gold. Ehrenplak. IHK Düsseldorf; Ehrenmitgl. Vollvers. IHK Düsseldorf; Ehrenpräs. d. Ges. v. Freunden u. Förderern d. Heinrich-Heine-Univ. Düsseldorf - Liebh.: Sportl. Betätigung, geist. Interessen.

GLAUBITT, Dieter
Dr. med., Arzt f. Nuklearmedizin (s. 1977) u. Arzt f. Innere Medizin (s. 1967) - An den Höfen 3, 2105 Seevetal 2 - Stud. Med. Univ. Hamburg; Promot. 1958, Habil. 1968 Univ. Hamburg - 1969-75 Prof. FU Berlin; s. 1974 apl. Prof. f. Nuklearmed. Univ. Düsseldorf - Zahlr. wiss. Veröff. in in- u. ausländ. Ztschr., vor allem auf d. Gebiet d. Nuklearmed. - Mitgl. in- u. ausländ. wissenschaftl. Ges. - Spr.: Engl., Franz.

GLAUERDT, Jochen Otto
Kaufmann (Großhandel m. Rohrverbind.teilen), Ratsherr div. Fachverb. (s. 1972) - Nolteweg 2, Birkenhof, 3004 Isernhagen, (T. 05511 - 73 48 75) - Geb. 22. Aug. 1935 Düsseldorf (Vater: Wilhelm G., Vers.kfm.; Mutter: Liselotte, geb. Stüdemann), ev., verh. s. 1960 m. Brigitte, geb. Mayer, 3 Kd. (Andreas, Caroline, Daniela) - Schule Schloß Salem (Abit.); Stud. Betriebsw. Lausanne; prakt. Lehre - Kaufm. Angest.; Geschäftsf. Stahlflanschen KG.; 1961-67 Vorst. Bundesverb. Jung. Untern., 1968-73 Arbeitsgem. Selbst. Untern.; 1964-72 Juniorenkr. IHK Hannover - Erf.: Lösb. Spezialverbind. - 1953 Königl. griech. Verdienst-Med.; Gold. ADAC u. DMV Sportabz. - Spr.: Engl., Franz.

GLAUNER, Hans-Joachim
Dr., Prof. f. Agrarökonomie u. Raumplanung GH Kassel - Wartebergweg 37, 3430 Witzenhausen 1.

GLAZIK, Josef, M.S.C.
Dr. theol., o. Prof. f. Missionswissenschaft i. R. - Johanniterstr. 6, 4400 Münster/W. (T. 3 02 76) - Geb. 1. Febr. 1913 Haspe/W. (Vater: Josef G., Fabrikarb.; Mutter: Berta, geb. Milek), kath. - Promot. (1953) u. Habil. (1958) Münster - 1958 Doz. Univ. Münster; 1959 ao. Prof. Univ. Würzburg; 1961 o. Prof. Univ. Münster - BV: D. russ.-orthodoxe Heidenmission s. Peter d. Gr., 1954; D. Islammission d. russ.-orthodox. Kirche, 1959. Herausg.: 50 J. kath. Missionswiss. in Münster/W. (1961) - Peritus 2. Vatikan. Konzil (1964); Konsultor Sekretariat f. Nichtchristen (1967). Festschr.: Denn ich bin bei euch (1978); Mission - d. stets größere Auftrag (1979).

GLEBE, Günther
Dr. phil. nat., Wiss. Rat, Prof. f. Geographie Univ. Düsseldorf (s. 1975) - Wäschlackerweg 22, 4000 Düsseldorf 1.

GLEEDE, Edmund
Regisseur, Dramaturg, Ballettdirektor, Operndirektor - Würmtalstr. 25, 8000 München 70 (T. 089 - 714 94 81) - Geb. 16. März 1944 Lüneburg (Vater: E. G., Kaufmann; Mutter: Adelheid, geb. v. Hinüber) - Stud. Theater- u. Musikwiss., Kunstgesch. 1965-70 Univ. München - Regieassist. v. Ulrich Melchinger Staatstheater Kassel. Erste Insz.: Pariser Leben (Kassel 1975), Parsifal (Wuppertal 1976), D. Waffenschmied (Braunschweig 1978), Fidelio (Berliner Sommerfestsp. 1979), D. Großherzogin v. Gerolstein (Dt. Oper Berlin 1980), D. Zauberflöte (Hof 1985), D. Zigeunerbaron (Hof 1986), Eugen Onegin (Augsburg 1987), La Cage aux Folles (Münster 1987), They're Playing our Song (Salzburg 1988), D. Pantöffelchen d. Zarin (Augsburg 1988), D. Vetter aus Dingsda (Kaiserslautern 1989); My Fair Lady (Passau 1989), The Rink (Kassel 1990), Rocky Horror Show (Erstauff. Halle 1990), Die Lustige Witwe (Halle 1990), Hänsel und Gretel (Halle 1990), Don Giovanni (Halle 1991), Max und Moritz (Halle 1991); Orpheus in d. Unterwelt (Opernhaus Nürnberg 1991). S. 1990 Operndir. u. Chefregiss. am Musiktheater Halle im Theater d. Friedens. Als Ballettdramat. Zusammenarb. m. John Neumeier in Frankfurt, Pina Bausch in Wuppertal, Heinz Spoerli in Basel u. Wien, Gert Reinholm u. Valéry Panov in Berlin. 1980-84 Ballettdir. d. Bayer. Staatsoper München - Zahlr. Aufs. üb. Theater u. Ballett in Fonoforum, D. Dt. Bühne, Opernwelt, Musik u. Theater, Ballettjournal - D. Tanzarchiv, Ballett Intern, Ballett-Jahrb. Friedrich-Verlag Velber, Ballett-Jahrb. Orell + Füssli-Verlag Zürich, Pipers Enzyklopädie d. Musiktheaters. Autor e. Komödie m. Musik Notre Dame de Bayreuth (UA P.P.P.-Musiktheater, Bayreuth 1986).

GLEES, Paul
Dr. med., D. Phil., M.A., o. Prof. u. Dir. Inst. f. Histologie u. Neuroanatomie Univ. Göttingen (1960-78), Res. Assoc. Dept. Anatomy, Cambridge - Geb. 23. Febr. 1909 Köln - Zul. Univ. Oxford (Exp. Neurol. einschl. Verhaltsforsch. Publik. 270) - BV: Neuroglia, Morphology and Function, 1955; Physiol. u. Morphol. d. Nervensystems, 1957; Exp. Neurol., 1961. Mitverf. u. -hrsg.: Neurochir. b. Säuglingen, Kindern u. Jugendl. (1968), D. menschl. Gehirn, 2. A. u. Ital. Ausg. (1968/70), Gehirnpraktikum (1976), Lipofuscin in neuronal ageing and diseases (1976), The Human brain (1983/84). Mithrsg.: Proceedings Neurochirurgie, jährl. - Ausw. wiss. Mitgl. Max-Planck-Inst. f. Hirnforsch., IBRO.

GLEICH, von, Albrecht
Dr. rer. pol., Vorstandsvorsitzender u. gf. Direktor Institut f. Iberoamerika-Kunde - Alsterglacis 8, 2000 Hamburg 36 (T. 040 - 41 47 82-01; Fax 040 - 45 79 60).

GLEICH, Walter A.
Unternehmensberater, u. a. Aufsichtsratsmitglied Hamburger Stahlwerke GmbH, Geschäftsf. Ulrich H. Köhn GmbH - Asia Haus, Ost-West-Str. 49, 2000 Hamburg 11 - Geb. 4. Nov. 1924 Hamburg.

GLEICHAUF, Robert
Finanzminister a. D. Baden-Württemberg (1953-68), Fraktionsgeschäftsführer CDU - Keplerstr. 20, 7238 Oberndorf a.N.-1 (T. 22 41) - Geb. 4. April 1914 Oberndorf a.N. (Vater: Arbeiter), kath., verh., 11 Kd. - Mechanikerlehre; 1928-49 Mechaniker u. Werkm. Mauser-Werke (1946-49 Betriebsr.vors.), dazw. 2 1/2 J. Soldat, s. 1949 Arb.vermittler Arb.amt Rottweil, 1968-80 Finanzmin. Baden-Württ., zeitw. stv. Bürgerm. Oberndorf a.N., 1952-53 Mitgl. verfass.geb. Landesvers. Baden-Württ.

GLEICHENSTEIN, Freiherr von, Maximilian
Dr., Rechtsanwalt - Neuer Wall 46, 2000 Hamburg 36; priv.: Leinpfad 5, Hamburg 60 - Geb. 5. Jan. 1926 - AR-Mandate.

GLEICHMANN, Peter
Dr.-Ing., Prof. f. Soziologie Univ. Hannover - Westermannweg 21, 3000 Hannover-Marienwerder.

GLEICHMANN, Ulrich
Dr. med., Internist, apl. Prof. f. Inn. Med. Univ. Düsseldorf - Gollwitzer-Meier-Institut, 4970 Bad Oeynhausen.

GLEISSBERG, Wolfgang
Dr. phil., Dr. rer. nat. h. c., Prof., Astronom - Buchenweg 12, 6370 Oberursel 4 (T. Bad Homburg v.d.H. 3 74 59) - Geb. 26. Dez. 1903 Breslau (Vater: Carl G., Kaufm.; Mutter: Erna, geb. Wollstein), ev., verh. s. 1934 m. Charlotte, geb. Michael, T. Ingrid - Elisabeth-Gymn. Breslau; Univ. Berlin u. Breslau (Math., Astronomie, Physik; Promot. 1930) - 1926-33 Assist. Univ. Breslau (Math. Sem.; 1927 Sternwarte), s. 1933 wiss. Mitarb. (Observatorium), Prof. (1948) u. Ord. (1954) Univ. Istanbul (1948 Dir. Observat.), s. 1958 Honorarprof. u. Dir. Astronom. Inst. (1960 b. 1977) Univ. Frankfurt/M., 1959-62 Lehrauftr. Univ. Mainz, 1965-66 Gastprof. Univ. Ankara. Entd.: 80j. Sonnenfleckenzyklus - BV: D. Häufigkeit d. Sonnenflecken, Bd. II d. Samml. Scientia Astronomica, 1952 - Ca. 170 Veröff. in Fachztschr. - Ehrenmitgl. Physik. Verein Frankfurt/M. 1974; Dr. h. c. Univ. Istanbul 1981 - Spr.: Türk., Engl.

GLEISSNER, Alfred
Dr. theol., Prof. Univ. München - Inhausen 9, 8048 Haimhausen - Geb. 23. Nov. 1929 Weiden/Opf. (Vater: Gustav G., Stud.-Prof.; Mutter: Elisabeth, geb. Schmeller), kath., ledig - 1949-59 Stud. Phil. u. Theol. Univ. Rom (Promot. 1959) - S. 1973 o. Prof. Univ. München - BV: Mithrsg. u. Mitverf.: Maßstäbe 7, 1980; Maßstäbe 8, 1982; Maßstäbe 9, 1983; Maßstäbe 10, 1988. Herausg.: Entscheidungen 10 (1981); Entscheidungen 11 (1983); Entscheidungen 12 (1987).

GLEISSNER (ß), Gerhard
Dipl.-Ing., Generaldirektor Siemens AG - Bogenweg 28 A, 8520 Erlangen (T. 09131 - 5 26 50) - Geb. 9. März 1931 Nürnberg, kath., verh., 3 S. - S. 1956 Siemens AG; s. 1986 Leit. Ber. Grundstoffind. - Liebh.: Bergsteigen, Ski, Schwimmen, Schach, Malen - Spr.: Engl.

GLEITER, Herbert
Dr. rer. nat., Dipl.-Ing., o. Prof. f. Metallphysik u. Werkstofftechnol., Dir. Inst. f. Neue Materialien GmbH, Saarbrücken - Daimlerstr. 29, 6600 Saarbrücken - Geb. 13. Okt. 1938 Stuttgart (Vater: Rudolf G., Bankkfm.; Mutter: Hedwig, geb. Mayer), ev., verh. s. 1971 m. Erika, S. Ulrich - Univ. Stuttgart, Dipl.-Ing. 1965, Promot. (Physik) Univ. Stuttgart 1966, Habil. 1970 - 1968-70 Res. Fellow Harvard Univ., 1970 Visit. Prof., MIT, 1971 Prof. Univ. Bochum, 1972 o. Prof. Univ. Saarbrücken, 1979

GLEITER, Rolf
Dr. rer. nat., Prof. f. Organ. Chemie Univ. Heidelberg, Inst. f. Organ. Chemie - Im Neuenheimer Feld 270, 6900 Heidelberg - Stud. Chemie TH Stuttgart; Dr. rer. nat. 1964, Princeton Univ. 1966, Cornell Univ. 1967/68, Univ. Basel 1969-73; Habil 1972 - 1973 o. Prof. f. Theoret. Organ. Chem. TH Darmstadt, 1979 o. Prof. f. Organ. Chemie Univ. Heidelberg. Gastprof. an versch. Univ. in USA, Japan u. Europa - 1972 Preis d. Schweiz. Chem. Ges. (m. Werner Med.); 1991 Max Planck - Forsch.preis, 1991 o. Mitgl. d. Heidelberger Akad. d. Wiss.

Beruf. Univ. Hamburg-Harburg, 1982 ETH Zürich. S. 1986 Dir. Inst. f. Neue Materialien GmbH - BV: Grain Boundaries, Pergamon Press 1972 (russ. Übers. 1974); Nanokristalline Materialien, Pergamon Press 1990; ca. 200 wiss. Publ. üb. Themen d. Metallphysik, Polymerphysik, Elektronenmikroskopie, Neue Materialien - 1972 Masing Preis Dt. Ges. f. Metallkd., 1977 Alcoa Lecturer, Univ. South Calif., 1980 Karl-Schurz-Preis, Univ. of Wisconsin, 1981 Krengel-Prof., Technion Haifa, 1988 Leibniz-Preis d. Dt. Forschungsgemeinsch. (DFG); 1990 wiss. Mitgl. d. Inst. f. Festkörperphysik d. Chines. Akad. d. Wiss. u. d. Inst. f. Hochdruckforsch. d. Poln. Akad. d. Wiss.; 1990 Mitgl. d. Pres. Council d. Univ. of Illinois, Urbana, USA; 1991 VO. d. Saarlandes; 1991 Armco Distinguished Lecturer of Northwestern Univ. Chicago - Spr.: Engl.

GLEITZE, Alfred

Bezirksbürgermeister a. D. - Badensche Str. 6 (T. 854 57 05) - Geb. 1. Jan. 1934 Berlin, verh. s. 1960 m. Christa, geb. Beich, 2 Kd. (Angelika, Andreas) - Schule Berlin (Abitur 1954); Univ. Berlin/Freie u. Univ. Freiburg/Br. (mehrere Sem. Rechts- u. Wirtsch.wiss.) - 1959-64 Leit. Pressest. Kreuzberg, anschl. hauptamtl. Landesgeschäftsf. D. Falken (1963-69 Vors.), s. 1969 Bezirksstadtrat f. Jugend u. Sport u. -bürgerm. (1971), 1975 Bezirksstadtrat f. Finanzen u. Wirtsch. Schöneberg, 1963ff. Bezirksverordn. Sch'berg, 1965-69 u. s. 1989 Bezirksverordnetenvorsteher. Vors. Verein Spreewaldfreunde, stv. Vors. Förderverein Museum f. Verkehr u. Technik, stv. Vors. Comenius-Club. SPD s. 1954 - Bek. Vorf.: Prof. Dr. Bruno Gleitze (Vater).

GLEMNITZ, Reinhard
Schauspieler - Taubenbergstr. 6a, 8151 Warngau (T. 08021 - 5 33) - Geb. 27. Nov. 1930 Breslau, verh. s. 1956 m. Lydia, geb. Blum, 2 Töcht. (Tatjana, Constanze) - Otto-Falckenberg-Schauspielsch. 1946/47 München - Wuppertaler Bühnen, Bayer. Staatsschauspiel, Kl. Komödie München. Musical: Evita (Peron) Theater an d. Wien, Theater d. Westens u. Dt. Theater München; s. 1948 Rundfunk, 1955 Synchronisation, s. 1960 FS - Rollen in: D. Kommissar (98 Folgen), Schöne Ferien, Millionenbauer,

Traumschiff, u.a. - 1970-72 u. 1975 Gold. Bambi.

GLEMSER, Oskar
Dr.-Ing., Dr. Ing. e. h., Dr. h. c., o. Prof. f. Anorgan. Chemie - Richard-Zsigmondy-Weg 10, 3400 Göttingen (T. 5 78 14) - Geb. 12. Nov. 1911 Stuttgart (Vater: Karl G., Kaufmann), ev., verh. s. 1938 m. Ida-Marie, geb. Greiner, 2 Kd. - TH Stuttgart (Dipl. 1934) - 1939 Obering., 1941 Doz., 1948 apl. Prof. TH Aachen, 1952 o. Prof. Univ. Göttingen, 1969-73 Pres. Division of Inorganic Chemistry, 1973 Member of Bureau Intern. Union of Pure and Applied Chemistry, 1977 Präs. dt. Chemiker - Zahlr. Fachveröff., dar. Handbuchbeitr. - Mitgl. Akad. d. Wiss. Göttingen (o.; 1963/64, 1965/66, 1967/68 Präs.) u. Dt. Akad. d. Naturforscher (Leopoldina) Halle/S. (1962); 1970 Liebig-Gedenkmünze Ges. Dt. Chemiker; 1972 Silbermed. Univ. Helsinki; 1986 Moissan-Med. der Soc. Chimie de France; 1988 Ehrenmitgl. Ges. Dt. Chemiker; 1991 Mitgl. New York Acad. of Science; Korr. Mitgl. Österr. Akad. d. Wiss.; Centro superiore di Logica e Scienze comparata, Bologna.

GLESKE, Leonhard
Dr. rer. pol, Dr. rer. pol. h. c., Prof., Mitglied Direktorium u. Zentralbankrat Dt. Bundesbank i.R. - Kaiser Friedrich Promenade 151, 6380 Bad Homburg - Geb. 18. Sept. 1921 Bromberg - Stud. Volksw. - Stv. AR-Vors. d. Bank of Tokyo (Deutschland) AG, Frankfurt; AR-Mitgl. d. BDO Dt. Warentreuhand-Aktienges., Hamburg; VR-Mitgl. d. Bank f. Intern. Zahlungsausgleich in Basel, u. d. Berliner Handels- u. Frankfurter Bank, Frankfurt; Beiratsmitgl. d. Morgan Guaranty GmbH, Frankfurt - 1985 Ehrendoktor Univ. Münster/W., Honorarprof. Univ. Mannheim.

GLESNER, Werner
Stv. Intendant u. Techn. Direktor Saarländischer Rundfunk - Funkhaus Halberg, 6600 Saarbrücken - Vors. d. VDE-Bezirks Saar - BVK; Komturkreuz d. Hl. Sylvester; Chevalier dans l'Ordre National du Mérite.

GLIEM, Hans
Präsident Landeszentralbank im Saarland, Saarbrücken (s. 1981), Mitgl. Zentralbankrat Dt. Bundesbank - Hahnenstr. 80, 6601 Riegelsberg - Geb. 6. Dez. 1923 Wiesbaden - Zul. Vorstandsmitgl. Landesbank u. Girozentrale Saar. Zahlr. ARsmandate (z. T. Vors.).

GLIEMEROTH, Georg
Dr. agr., o. Prof. f. Acker- u. Pflanzenbau - Eckstenstr. 7, 7000 Stuttgart-Birkach (T. 25 34 80) - Geb. 2. Nov. 1907 Kassel (Vater: Landw.) - Promot. u. Habil. Göttingen (1946 apl. Prof.) u. LH Hohenheim (1963 Ord. u. Inst.sdir.). Zahlr. Fachveröff.

GLIESE, Robert
Dipl.-Ing., Prof. f. Bautechnik, insb. Holzbau u. Baustofflehre, Berg. Univ. Gesamthochschule Wuppertal (Fachbereich Bautechnik) - Domagkweg 84, 5600 Wuppertal 1.

GLINSKI, von, Kurt
Vorstandsmitglied Braunschweig. Landes-Brand-Versicherungsanstalt - Wolfenbütteler Str. Nr. 86, 3300 Braunschweig; priv.: Im Gettelhagen 74.

GLINZ, Hans

Dr. phil., em. o. Prof. f. Dt. Philologie - Buckstr. 29, CH-8820 Wädenswil - Geb. 1. Dez. 1913 St. Gallen (Schweiz), ev., verh. m. Elly, geb. Schumacher, 3 Kd. - Univ. Zürich, Lausanne, Paris (Dt., Franz., Gesch., Phil.). Promot. 1946; Habil. 1949 - 1936-56 Sekundarlehrer Zürich, ab 1949 Privatdoz. Univ. ebd., 1957-65 Prof. Päd. Hochsch. Kettwig, seither Ord. u. Dir. German. Inst. TH Aachen - BV: Geschichte u. Kritik d. Lehre v. d. Satzgliedern in d. dt. Grammatik, 1947; D. innere Form d. Deutschen, 1952, 6. A. 1973; D. dt. Satz, 1957, 7. A. 1974; Ansätze zu e. Sprachtheorie, 1962; Ling. Grundbegriffe u. Methodenüberblick, 1970, 5. A. 1974; Dt. Gramm. I, II, 1970, 1971; Textanalyse u. Verstehenstheorie I, 1973, 2. A. 1977; Textanalyse u. Verstehenstheorie II, 1978; Entwickl. v. Schulbüchern, gem. m. E. Gl. ("Schweizer Sprachbuch", 2-9, 1972-80) - 1962 Duden-Preis Mannheim - Lit.: Laudatio v. H. Sitta, m. Literaturliste in Deutschunterricht, Jg. 40, 6/88, S. 100-105 (1988).

GLINZ, Hans-Karl
Dr.-Ing., Fabrikant - Hauptstr. 123, 5620 Velbert-Langenberg - S. 1937 Leitg. Familienuntern. Schmidt, Kranz & Co. GmbH. (n. 1945). Vornehml. Bergbaumaschinen, Höchstdruckhydraulik, Lastenaufnahmemittel, Absaug- u. Entstaubungsgeräte.

GLITSCH, Helfried
Dr. med., Prof. f. Muskelphysiologie Univ. Bochum/Abt. f. Biol. (s. 1973) - Auf d. Pfade 30b, 4630 Bochum-Linden - Geb. 2. Sept. 1937 Berlin (Vater: Günther G., Pfarrer; Mutter: Margarete, geb. Rahlfs), ev., verh. s. 1963 m. Hanne, geb. Will, 3 Kd. (Johannes, Verena, Angela) - Gymn.; Univ. Heidelberg (Med. Staatsex.). Promot. 1963 Heidelberg Habil. 1971 Bochum - Fachaufs. - Liebh.: Malerei, Kunstgesch. - Spr.: Franz., Engl.

GLITTENBERG, Karin
s. STOCK, Karin

GLITZ, Hubert
Dipl. agr., Direktor i. R. der Herzog v. Croy'schen Hauptverwaltung, Dülmen - Brokweg 30, 4408 Dülmen/W. (T. 02594 - 69 99) - Geb. 13. Nov. 1911 - Vorst. Limobo SA. Hasselt/Belg.; Gesellsch. Kalksandsteinwerk Ilmgau GmbH. & Co. KG. Langenbruck/Bay., Gesellsch.

ADN-Automatendienst Nord GmbH & Co, Hamburg; Ehrenvors. Landesfischereiverb. Westf.-Lippe - BVK - Rotarier.

GLOCK, Erich
Dr. rer. nat., Dipl.-Math., Univ.-Prof. (Mathematiker) Geometrische Strukturen - Faule Breite 54, 3360 Osterode (T. 05522 - 7 41 44) - Geb. 2. Juni 1929 Reutlingen (Vater: Karl G., Maschinentechn.; Mutter: Frieda, geb. Nagel), ref., verh. s. 1966 m. Ursula Glock-Menger, geb. Menger, Rechtsanwältin u. Notarin, T. Birgit - Stud. d. Math. 1949-56 Univ. Tübingen b. H. Kneser u. G. Pickert. Dipl. 1956, Promot. 1962 (bde. Univ. Tübingen), Habil. 1969 (Univ. Gießen). S. 1957 Wiss. Assist. TH Braunschweig, MFI Oberwolfach, TH Stuttgart, Univ. Gießen. 1969 Akad. Rat, 1971 Prof. Univ. Gießen, 1971 Abt.vorst. u. Prof., 1978 Prof. TU Clausthal, i. R. 1992. Veröffentl. in Fachztschr. - Liebh.: Ornithologie, Botanik - Spr.: Engl., Franz.

GLODEK, Peter
Dr. sc. agr., o. Prof., Lehrstuhl Haustiergenetik, Inst. f. Tierzucht u. Haustiergenetik/Univ. Göttingen (s. 1972) - Steinweg 9, 3402 Dransfeld (T. 0551 - 39 56 01).

GLÖCKEL, Hans
Dr. phil., Dipl.-Psych., o. Prof. f. Schulpädagogik Univ. Erlangen-Nürnberg (s. 1971) - Siebenbürger Str. 47, 8500 Nürnberg - Geb. 24. Mai 1928 Nürnberg (Vater: Johann G., Lehrer; Mutter: Emilie, geb. Ulmer), ev., verh. s. 1959 m. Gudrun, geb. Uebelein, 3 Töcht. (Christine, Irene, Renate) - Abit. Lehrerausbild.; Stud. Psych., Päd., Gesch., Phil. Dipl.-Psych. (1958) u. Promot. (1963) Erlangen - B. 1963 Volks-, dann Hochschullehrer - BV: Volkstüml. Bildung? - Versuch e. Klärung, 1964; Schreiben lernen - Schreiben lehren, 3. A. 1976; Geschichtsunterr., 2. A. 1979; Beiträge zu einer realistischen Schulpädagogik, 1981; V. Unterricht: Lehrb. d. Allg. Didaktik, 2. A. 1992 - Spr.: Engl., Franz., Lat., Russ.

GLÖCKL, Ludwig
I. Bürgermeister (s. 1978) - Rathaus, 8016 Feldkirchen/b. Mü. - SPD.

GLÖCKLE, Walter
Dr. rer. nat., Wiss. Rat, Prof. f. Theoret. Physik Univ. Bochum - Bergstr. 155/57, 4630 Bochum.

GLÖCKNER, Wolfgang
Dr. rer. nat., Univ.-Prof. f. Didaktik d. Chemie FU Berlin - Föhrenweg 5, 8589 Bindlach - Im Dol 15, 1000 Berlin 33 - Geb. 4. Aug. 1927 Breslau (Vater: Erich G., Modellschreinerm.; Mutter: Frieda, geb. Hoffmann †), kath., verh. s. 1958 m. Gertrud, geb. Franz, 2 S. (Harald, Jürgen) - Schule Bamberg (Abit. 1947); Univ. Würzburg (Chemie). Staatsex. 1951 u. 52; Promot. 1955) - BV: u. a. Exper. Schulchemie, 10 Bde. 1969-79; dto. Studienausg., 9 Bde. 1978ff. Herausg.: Praxis d. Naturwiss. Chemie (1963ff.) u. Schriftenr. Chemie (1965ff.) - Liebh.: Geol., Mineral. - Spr.: Engl.

GLOEDE, Otto
Dipl.-Ing., Prof. f. Bauwirtschafts- u. betriebslehre - Keplerweg 1, 5600 Wuppertal 1 (T. 0202 - 42 74 13).

GLOGER, Gottfried
Justizamtmann, stv. Vorsitzender Bayer. Beamtenbund - Ostlandstr. 10a, 8501 Cadolzburg/Mfr. - Geb. 16. Mai 1927 - Bundesehrenvors. Dt. Justizgewerkschaft - BVK I. Kl.

GLOGGENGIESSER (ß), Fritz
Dr. rer. nat., Pharmaziedirektor, Vors. Bundesverb. d. Apotheker in öffntl. Dienst (1981-90) - Brittingstr. 7B, 8400 Regensburg - Geb. 26. Juli 1930 Lindau, ev., verh.

GLOGNER, Peter
Dr. med. (habil.), Prof., Chefarzt (Innere Abteilung) - Städt. Krankenhaus, 3320 Salzgitter-Lebenstedt - S. 1974 apl. Prof. f. Inn. Med. Univ. Freiburg/Br., Umhabil. 1983 Med. Hochsch. Hannover. S. 1987 Mitgl. d. Kammervers. d. Ärztekammer Niedersachsen.

GLOGOWSKI, Gerhard
Dipl.-Volksw., Nieders. Minister d. Innern (s. 1990), Oberbürgermeister, MdL - Weserstr. 29a, 3300 Braunschweig - Geb. 11. Febr. 1943 Hannover (Vater: Walter G., Kraftfahrer), verh. s. 1967, 3 Kd. (Robert, Achim, Julia) - Volkssch.; Lehre; Hochsch. f. Wirtschaft u. Politik.

GLOMB, Georg Peter
Dr. jur., Rechtsanwalt, Vorstandsmitgl. Nassauische Sparkasse, Wiesbaden (s. 1983) - Zu erreichen üb. Nassauische Sparkasse, Postf., 6200 Wiesbaden - Geb. 28. April 1940 Breslau (Vater: Dr. med. Georg G., Facharzt; Mutter: Alice, geb. Blasig), kath., verh. s. 1963 m. Christa, geb. Gliwitzky - Abit. Wiesbaden 1960, Wehrdst. 1960/61, 1. Staatsprüf. Mainz 1966, Promot. 1969, 2. Staatsprüf. 1971 - S. 1972 Banktätigk., s. 1975 Bankdir. - Hptm. d. Reserve - BV: Finanzierung d. Factoring, 1969 - Liebh.: Gesch. - Spr.: Engl.

GLOMBIG, Eugen

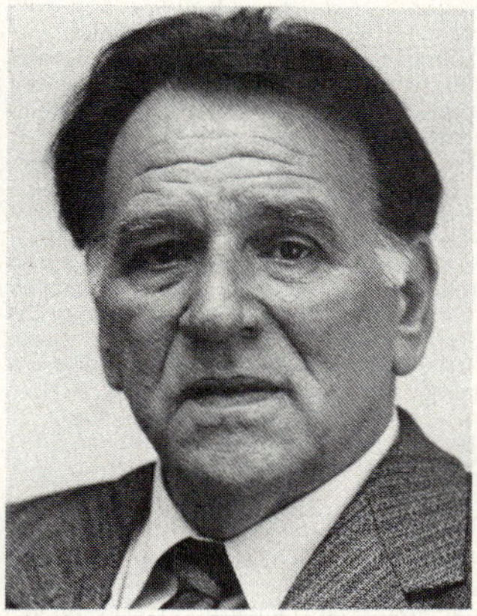

Angestellter, Beauftragter f. Bürgerangelegenheiten Schlesw.-Holst. (s. 1988) - Muhliusstr. 64, 2300 Kiel 1 (T. 55 49 73) - Geb. 23. Jan. 1924 Hamburg, verh., 1 Kd. - Orthop. Heil- u. Lehranst. Alten Eichen (im 2. Lebensj. an spinaler Kinderlähmung erkrankt) u. Höh. Handelssch. Hamburg (Mittlere Reife); Lehre Hamburg-Münchner Ersatzkasse - Ab 1943 Ltd. Angest. Hbg.-Münch. Ersatzk. Stuttgart u. München, n. Kriegsende Einwohner- u. Paßamt Hamburg, Briefprüfer Brit. Militärreg., 1948-68 Ref. f. Sozialpolitik Bundesvorst. Reichsbd. d. Kriegs- u. Zivilbeschädigten. 1957-62 Mitgl. Hbg. Bürgerschaft; 1962-87 MdB. Vorst. SPD-Bundestagsfraktion, Vors. BT-Aussch. f. Arbeit u. Sozialordnung. SPD. 1968-91 Bundesbeauftr. f. d. Durchführung d. Wahlen in d. Sozialversich. S. 1988 Bürgerbeauftr. f. soz. Angelegenheiten d. Landes Schleswig-Holst. u. Landesbeauftr. f. Behinderte - 1982 Rehabilitationspreis Reichsbd. d. Kriegsopfer.

GLOMBITZA, Karl-Werner
Dr. rer. nat., Prof., Apotheker, Prof. f. Pharmazeut. Biologie - Paul-Langen-Str. 13, 5300 Bonn-Holzlar - Geb. 16. Dez. 1933 Kassel (Vater: Dr. Werner G., Apoth.; Mutter: Maja, geb. Decossée, Lehrerin), kath., verh. s. 1960 m. Elfriede, geb. Salchert, 2 Söhne (Gereon, Bernhard) - Kaiser-Karls-Gymn. Aachen; TH Aachen u. Univ. Tübingen u. Bonn (Pharmazie; Prüf. 1958). Promot. 1960 Aachen; Habil. 1968 Bonn - S. 1972 apl. u. o. Prof. (1974), 1983/84 u. 1986/87 Dekan Univ. Bonn (Math.-Naturwiss. Fak.). 1991 Vors. d. Verb. d. Professoren an Pharmazeutischen Hochschulinst. Üb. 100 Facharb. - Spr.: Engl.

GLOOR, Kurt
Filmemacher (1969ff. eig. Produktion) - Spiegelgasse 27, CH-8001 Zürich/Schweiz (T. 01 - 261 87 66) - Geb. 8. Nov. 1942 Zürich (Vater: Kurt G., Versicherungskaufm.; Mutter: Irma, geb. Surbeck), verh. s. 1966 m. Verena, geb. Christen, T. Corina - Grafikerlehre; Kunstgewerbesch. (beides Zürich) - Dokumentarfilme: D. Landschaftsgärtner (1969); EX (1970); D. grünen Kinder (1971). Spielf.: D. plötzl. Einsamkeit d. Konrad Steiner (1975); D. Chinese (1978); D. Erfinder (1980); Mann ohne Gedächtnis (1983) - Zahlr. Ausz. an intern. Filmfestivals, u.a. Berlin, Chicago, Cadiz, Halifax, San Sebastian, Strasbourg.

GLOOR, Max
Dr. med., Prof. f. Dermatologie u. Venerol. Univ. Heidelberg - Hans-Baldung-Grien-Weg 13, 7500 Karlsruhe 31.

GLORIA, Hans-Günther
Dr.-Ing., Bergass., Mitglied d. Geschäftsführung d. Wirtschaftsvereinig. Bergbau; Geschäftsführer Unternehmensverb. Eisenerzbergbau - Zitelmannstr. 9-11, 5300 Bonn; priv.: Hennesenbergstr. 52, 5303 Bornheim-Brenig - Geb. 22. Nov. 1931.

GLOS, Michael
Müllermeister, MdB (s. 1976; Wahlkr. 236) - Stolzmühle, 8718 Prichenstadt-Brünnau - Geb. 14. Dez. 1944 Brünnau/Bay. (Vater: Michael G., Mühlenbesitzer; Mutter: Ida, geb. Schmitt), kath., verh. s. 1968 m. Ilse, geb. Fuchs, 2 Söhne (Michael, Alexander) - Realsch.; Müllerlehre; Meisterdipl. - S. Eintritt in d. Berufsleben väterl. Betrieb, 1968 Geschäftsübernahme; Vorst.-Vors. Unterfränk. Überlandzentrale, stv. Vors. d. CDU/CSU-Bundestagsfraktion; VR-Mitgl. Deutsche Ausgleichsbank; Mitgl. Kreistag Kitzingen.

GLOSSMANN, Hartmut
Dr. med., Arzt f. Pharmakologie - Margeritenweg 4, 6301 Heuchelheim.

GLOTH, Michael H.
Kabarettist, Rezitator, Schauspieler - Breiter Weg 8, 3410 Northeim 1 (T. 05551 - 18 92) - Geb. 22. 05. 1955, ev., ledig - Veröff.: 14 Lit.-Kassetten (u.a. Kästner, Ringelnatz, Heine), Gesamtaufl. üb. 250.000 Exempl. - Fernsehhauptrolle in Heines Harzreise; rd. 800 Lesungen m. d. Programm Sachen z. Lachen.

GLOTZ, Peter
Dr. phil., MdB, Bundesgeschäftsf. SPD (1981-87) - Ollenhauerstr. 1, 5300 Bonn 1 - Geb. 6. März 1939 Eger/Böhmen (Vater: Versich.-Angest.) - Realgymn. Bayreuth u. Hannover; Univ. München u. Wien (Zeitungswiss., Phil., German., Soziol.), Promot. 1968 - S. 1964 wiss. Mitarb. Inst. f. Ztg.wiss./Univ. München (1965ff. Lehrbeauftr. f. Medienpolitik). Geschäftsf. e. Beratungsfirma f. Kommunikationsfragen. 1970-72 (Mandatsniederleg.) MdL Bayern, s. 1972 MdB, 1976-77 Parlam. Staatssekr. Bundesminist. f. Bildung u. Wissensch., 1977-81 Senator f. Wiss. u. Forsch. Berlin; 1980 Präs. Ständ. Konfz. d. Kultusmin. d. Länder. SPD s. 1961 (1981-91 Vors. Landesverb. Berlin, 1987 Vors. SPD-Bez. Südbayern) - BV: Versäumte Lektionen (m. W. Langenbucher), D. mißachtete Leser (m. dems.), Presse-Reform u. Fernsehstreit (m. O. B. Roegele), D. Weg d. Sozialdemokratie (1975), D. Innenausstattung d. Macht - Polit. Tageb. 1976-78, 1979; D. Beweglichk. d. Tankers, 1982; Student heute, 1982; D. Arbeit d. Zuspitz. Üb. d. Org. e. regierungsfähigen Linken, 1984; Manifest f. e. Neue Europ. Linke, 1985; Kampagne in Deutschl. (Polit. Tageb. 1981-83), 1986 - 1986 Gr. BVK.

GLUBRECHT, Hellmut
Dr.-Ing., em. Prof. f. Biophysik Univ. Hannover, Vors. d. Wiss. Beirats d. Inst. f. Solarenergieforsch., Hameln-Emmerthal - Sokelantstr. 5, 3000 Hannover (T. 0511 - 358 50 23), priv.: Suerser Weg 29, 3015 Wennigsen/D. 1 (T. 05103 - 4 71) - Geb. 9. Juli 1917 (Vater: Rudolf G †; Mutter: Eva, geb. Reiners †), ev.-luth., verh. 1940-45 m. Annaliese, geb. Guckeisen †, s. 1958 m. Jutta, geb. Garbe, 4 Kd. (Michael, Hanna, Tania, Matthias) - Univ. Hannover, Dipl.-Phys. 1939, Prom. 1943, Habil. 1951 - S. 1952 Lehrbeauftr. Tierärztl. Hochsch. Hannover. 1957 apl. Prof. TH Hannover, 1959 o. Prof. u. Dir. Inst. f. Strahlenbiologie TU Hannover - S. 1968 Dir. Inst. f. Strahlenbotanik d. Ges. f. Strahlen- u. Umweltforschung mbH, München (GSF) - 1973-77 stv. Generaldir. Intern. Atombehörde (IAEA), Wien. S. 1977 Hannover u. GSF München (wie oben); s. 1985 Gründungsbeauftr. u. Beirats-Vors. Inst. f. Solarenergieforsch., Hameln-Emmerthal - BV: Indikatoraktivierungsmethode, 1976. Fachveröff. - Oskar-Mahr-Preis Verein dt. Wissenschaftler 1973, BVK I. Kl.; 1984 Korean. VO (Order of Civil Merit Moran Medal) u. Niedersächs. Verdienstkr. I. Kl.; 1986 Niedersachsen-Preis - Liebh.: Musik, Philosophie - Spr.: Engl. - Rotarier.

GLÜCK, Alfons
Dr. phil., Prof. f. Neuere Dt. Literatur Univ. Marburg - Birkenweg 124, 3553 Wetter-Mellnau.

GLÜCK, Alois
Fachjournalist, Fraktionsvors. CSU (s. 1988), Staatssekretär Bayer. Staatsministerium f. Landesentw. u. Umweltfragen (1986-88), MdL Bayern (s. 1970) - Maximilianeum, 8000 München 85; priv.: Hörzing 23, 8221 Traunwalchen - Geb. 1940 Chiemgau (Vater: Landwirt) - Landw.-Schule - 10 J. Leit. elterl. Hof; 1964-71 Landessekr. Kath. Landjugendbewegung in Bayern, s. 1967 Fachjourn. (Agrar, Umwelt, ländl. Raum). S. 1970 MdL Bayern (CSU) - BV: D. Grundstück d. 60 Mill., 1973; Mehr Bauland ist möglich, 1981; Anpacken statt Aussteigen, 1982; Um d. Zukunft d. Landwirtsch., 1987; Den Fortschritt gestalten - d. Leben schützen, 1988. Herausg.: Ökonomie u. Ökologie in d. soz. Marktwirtsch. (1983); D. Land hat Zukunft (1990).

GLÜCK, Gebhard
Dr., Oberstudiendirektor a. D., Bayer. Staatsminister f. Arbeit, Familie u. Sozialordn. (s. 1988), MdL Bayern (s. 1970) - Haibach 31, 8390 Passau/Ndb. (T. 0851 - 22 25) - Geb. 1930 - 1984-87 Staatssekretär Bayer. Arbeits- u. Sozialmin.; 1987/88 Staatssekr. Bayer. Kultusmin. CSU.

GLÜCK, Gerhard
Dr. phil., M. A., Univ.-Prof. f. Allg. Didaktik u. Schulpäd. Univ. Köln - Luisenstr. 186, 4050 Mönchengladbach 1; dstl.: Sem. f. Schulpäd. Univ. Köln, Gronewaldstr. 2 (T. 0221 - 49 09 od. 49 02) - Geb. 4. Sept. 1941 Ulm/D. (Vater: Kurt G., Schlosserm./Betriebsleit. †1972; Mutter: Maria, geb. Fischer, Kindergärtn. †1943), verh. I.) 1968-80 m. Barbara (Bärbel), geb. Wieczorek †, II.) s. 1987 m. Heidi Steltemeier-Glück - Kepler-Gymn. Ulm (Abit. 1960); 1960-62 PI Esslingen (I. Dienstprüf. 1962); 1965-69 Univ. Tübingen (Päd., Psych., Päd., Math.; M. A. 1969). Promot. 1970 Tübingen - 1962-65 Volksschullehrer; 1969-76 Assist.; 1973-75 DFG-Stip.; 1976 Ord. PH Rheinl./Abt. Neuss. 1977 Gastprof. Univ. Calgary (Kanada); 1980-88 RWTH Aachen; s. 1988 Univ. Köln - BV: Rechenleistung u. -fehler, 1970; D. Generalisierung v. Erfahrungen - D. GDT-Verf., 1987; Mitverf.: Rechentest f. 2. Kl., 1972 (m. Hirzel); Anfängerstud. in Math., 1975 (m. Fischer u. Schmid); Heiße Eisen in d. Sexualerzieh. (m. Scholten u. Strötges), 1990. Arbeiten z. Sexualpäd. u. Jugendsexualität - Liebh.: Musik u. Tanz - Spr.: Engl.

GLÜCK, Hans-Gerd

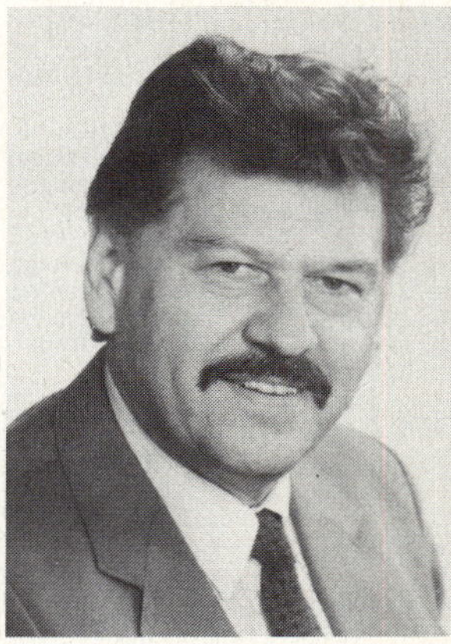

Dr. rer. oec., Dipl.-Ökonom, Mitglied d. Landtages Sachsen-Anhalt (s. 1990) - Jeßnitzer Str. 2, O-4415 Zörbig (T. 55 16) - Geb. 10. Jan. 1934 Halle/S., verh. s. 1960 m. Renate, geb. Deter, 2 Söhne (Marco, Steffen) - 1951 Zimmerer; 1962 Zimmermstr.; 1966 Bauing.; 1971 Dipl.-Ökonom; 1983 Promot. MLU Halle-Wittenberg - 1964-90 Vors. e. Baugenossensch.; 1990 Mitgl. d. Volkskammer d. DDR - 1958, 1975-78, 1980, 1982-84 DDR-Mannsch.meister Tennis; 1980 DDR-Sen.meister - Liebh.: Klavier spielen, Sammler v. Miniaturbüchern (5 selbst hg.).

GLÜCK, Heinz
Apotheker, Mitgl. d. Transparenzkommission - Jacobystr. 31, 6000 Frankfurt/M. 60.

GLÜCK, Moshe
Dr., Physiker (Wiss. Mitarb. Inst. f. Physik), Prof. f. Theoret. Physik - Univ. Dortmund, Abt. Physik, 4600 Dortmund 50.

GLÜCK, Wolfgang
Regisseur - Wittgensteinstr. 133, A-1238 Wien (T. 88 55 89) - Geb. 25. Sept. 1929 Wien (Vater: Dr. Franz G., Museumsdir.; Mutter: Hilde, geb. Jäger), ev. A. B., verh. 1962-67 m. Christiane, geb. Hörbiger (Schausp.), jetzt m. Claudia, geb. Sorbas (Schausp.), 2 Kd. (Judith, Anna) - Gymn. Wien; Univ. ebd. u. Zürich (5 Sem. Theaterwiss., German., Phil.); 1948-53 Regieassist. Burgtheater Wien - S. 1953 Regiss. Bühne (u. a. Wien, Zürich, Berlin, Hamburg, München, Frankfurt, Darmstadt usw.). Film u. Fernsehen (7 Spiel- u. üb. 40 lange, 200 kurze Fernsehfilme), a. Oper u. Operette, s. 1970 Ltg. Regiesem. Theaterwiss. Inst. Univ. Wien u. Dramat. Werkstatt Int. Sommerakad. Salzburg - Spr.: Engl. - Bek. Vorf.: Hofrat Gustav G., Kunsthistoriker (Groß-); Franz v. Schönthan, Theaterdichter (Urgroßv.) - 1976 Adolf-Grimme-Preis in Silb.

GLÜCK, Wolfgang
Rechtsanwalt, Vorstandsmitgl. Karlsruher Rechtsschutz AG - In den Weppen 4a, 6741 Bornheim - Geb. 21. Nov. 1925 Speyer, kath., verh. s. 1956 m. Liselotte, geb. Feldbaum, 2 Kd. (Ferdinand, Margret) - Zul. Vorst. Bad.-Württ. Bank AG. Div. AR-Mand.

GLÜCKER, Hans Norbert
Dr. rer. pol., Kaufm. Geschäftsführer Deutsche Verlags-Anstalt GmbH, Stuttgart (s. 1982) - Rüderner Str. 24, 7300 Esslingen (T. 32 65 42) - Geb. 14. Nov. 1932 Stuttgart (Vater: Emil G., Kunstmaler; Mutter: Berta, geb. Schmauk), ev., verh. s. 1966 m. Ute, geb. Schroer, 2 Töcht. (Henrike, Heike) - Wirtsch.gymn. (Abit. 1953); kaufm. Lehre Salamander AG; Univ. Mannheim. Dipl.-Kfm.; Promot. 1962 - 1972-74 Robert Bosch GmbH (kaufm. Leit. e. Geschäftsbereichs); s. 1981 Robert-Bosch-Stiftg. (Geschäftsf.).

GLÜCKLICH, Hans-Joachim
Dr., Prof. f. Fachdidaktik Alter Sprachen Univ. Heidelberg (s. 1982) - Myliusstr. 25a, 6000 Frankfurt/M. - Geb. 24. Jan. 1941 Frankfurt/M. - Stud. Heidelberg u. Rom, Staatsex. 1965, Promot. 1966 - 1972 Fachleit. Staatl. Studiensem. Mainz - BV: Lateinunterr. Didaktik u. Methodik, 1978; Spr. u. Leserlenkung in Caesars Bellum Helveticum, 1985; Lateinische Lit., heute wirkend, 1987. Herausg. d. Reihen Exempla. Latein. Texte u. Consilia. Lehrerkommentare. Zahlr. Aufs. in Fachzeitschr., Grammatiken, Lehrb. - Liebh.: Klass. Musik - Spr.: Engl., Ital., Franz.

GLUNZ, Martin
Finanzvorstand Glunz AG - Glunz Dorf, 4700 Hamm 1 - Geb. 5. Febr. 1949, verh., 4 Kd. - Stud. Rechtswiss. u. Betriebswirtsch.

GLUP, Gerhard
Landwirt, Nieders. Landesminister a. D. - Calenbergerstr. 2, 3000 Hannover (T. 19 01) u. 2908 Thüle/Oldenburg (T. Friesoythe 2 65) - Geb. 28. Jan. 1920 Thüle (Vater: Georg G.; Mutter: Johanna, geb. Meyer-Hemmelbühren), kath., verh. s. 1956 m. Leny, geb. Hummert, 6 Kd. - Fachausb. - 1967ff. MdL Nieders.; 1976-86 Minister f. Ernährung, Landwirtsch. u. Forsten. CDU (u. a. Vors. Landesverb. Oldenburg).

GMELCH, Ludwig
I. Bürgermeister - Rathaus, 8501 Allersberg/Mfr. - Geb. 30. Aug. 1928 Dennenlohe - Zul. Bilanzbuchh. CSU.

GMELIN, Eberhard
Dr., apl. Prof., Physiker, Leit. Abt. Tieftemperatur Max Planck Inst., Stuttgart (s. 1971) - Geb. 26. Juli 1937 - Promot. 1968 Grenoble (Docteur-ès-sciences Physiques); Habil. 1969 Würzburg - Wiss. Tätigk. Grenoble u. Würzburg. S. 1969 Privatdoz. u. apl. Prof. (1976) Univ. Würzburg (Exper. Physik). Arbeitsgeb.: Kryotechn. u. Kalorimetrie. Üb. 160 Facharb., Buchbeiträge.

GMINDER, Rolf
Dr., Dipl. rer. oec. et soc., Vorstand Kolbenschmidt AG - Karl-Schmidt-Str., 7107 Neckarsulm - Geb. 17. Aug. 1941 Reutlingen, verh., 3 Kd. - Lehrauftrag BWL, Führungslehre, Harvard Business School AMP - Vors. Dt. ökol. Vereinigung, Stiftg. Gminder; AR-Mitgl. Zahnradfabrik Friedrichshafen AG; öfftl. bestellter u. vereidigter Sachverst. f. Waffen u. Munition - Div. Anmeldungen Waffentechnik - Fachaufs. üb. Ballistik - Spr.: Engl., Franz.

GMÜR, Rudolf

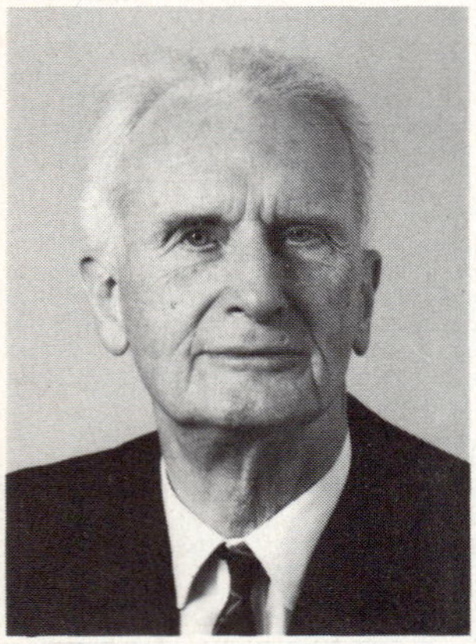

Dr. jur., em. o. Prof. f. Dt. Rechtsgeschichte u. Bürgerl. Recht - Sonnenbergstr. 3, CH-3013 Bern (T. 42 31 79) - Geb. 28. Juli 1913 Bern (Vater: Prof. Dr. jur. Max G., Ord. f. Dt. u. Schweiz. Rechtsgesch. u. Privatrecht Univ. Bern †1923; Mutter: geb. Fischer), ev., verh. s. 1945 m. Silvia, geb. Vinassa - Univ. Bern, Zürich, Jena, Paris - Gerichts- u. Anwaltspraxis; 1951 Privatdoz. Univ. Bern; 1957 Ord. Univ. Münster, 1978 emerit. - BV: D. Abgrenz. d. Fischereiregals v. d. priv. Fischenzen im Kanton Bern, 1949; Der Zehnt im alten Bern, 1954; D. Schweiz. ZGB verglichen m. d. dt. BGB, 1965; Grundriß d. deutsch. Rechtsgesch., 1978, 4. A. 1987; Rechtswirkungsdenken in d. Privatrechtsgesch., 1981.

GNÄDINGER, Fritz-Joachim
Staatsanwalt a. D., MdB (1969-75) - Mainaustr. 40, 7750 Konstanz/B. (T. 6 34 90) - Geb. 18. April 1938 Konstanz (Vater: Dr. Fritz G., Gymnasialprof.; Mutter: Renate, geb. Stader), kath., verh. s. 1968 m. Ingrid, geb. Tapken - Humboldt-Gymn. Konstanz; Univ. Freiburg u. Bonn (Rechtswiss.). I. u. II. jurist. Staatsex. - Zul. Staatsanw. Konstanz. SPD s. 1957 - Liebh.: Malerei, mod. Lit. - Spr.: Franz., Engl. - Vetter: Karl G.

GNÄDINGER, Karl
Dr. theol., h. c., Weihbischof Erzdiözese Freiburg - Herrenstr. 35, 7800 Freiburg/Br. (T. 21 88) - Geb. 5. Nov. 1905 Bohlingen, kath. - Gymn.; Univ. Freiburg (Theol.); Priestersem. St. Peter - 1930-60 Vikar u. Pfarrer; s. 1960 Titularbischof v. Celerina u. Weihbischof v. Freiburg - 1975 Silb. Brotteller Dt. Caritasverb.; 1976 Verdienstmed. Bad.-Württ.

GNAM, Andrea
Dr. phil., Literaturwissenschaftlerin, Schriftst. - Rittnertstr. 14, 7500 Karlsruhe 41 (T. 0721 - 4 21 05) - Geb. 16. Nov. 1959 Karlsruhe (Vater: Günther Gnam; Mutter: Gertrud, geb. Neumaier), verh. s. 1983 m. Hero Cramer-Gnam, 1 Kd. (Freya Solveig) - Stud. Lit.wiss., Gesch. u. Kunstgesch.; Promot. 1989 - Mitgl. VS - BV: Ich wohne in zwei Städten, 1980; D. Kalender hat August befohlen, 1983; Positionen d. Wunschökonomie; D. ästhetische Textmodell Alexander Kluges u. seine phil. Voraussetzungen, 1989 - 1983 Reisestip. AA.

GNANN, Gerhard
Dipl.-Kfm., Geschäftsführer Gnann, Bopfingen (s. 1969) - Alte Neresheimer Str. 28, 7085 Bopfingen (T. 07362 - 72 88) - Geb. 18. Nov. 1939 Stuttgart, ev., verh. s. 1970 m. Gisela, geb. Tiedmann, 2 Kd. (Hans-Georg, Cornelia) - Stud. Betriebsw. Univ. Mannheim u. Würzburg; Dipl. 1969 - Spr.: Engl., Franz.

GNATH, Karl
Bankier - Max-Reger-Str. 12, 6000 Frankfurt/M. (T. 63 50 57) - Geb. 2. Nov. 1906 Berlin - Zwei Beiratsmand. - Spr.: Engl., Franz. - Rotarier.

GNATZY, Werner
Dr. rer. nat., Prof. f. Zoologie Univ. Frankfurt - Siesmayerstr. 70, 6000 Frankfurt/M.

GNAUCK, Reinhard
Dr. med., Gastroenterologe - Aukammallee 33, 6200 Wiesbaden (T. 0611 - 57 72 44) - Geb. 24. Nov. 1935 Breslau (Vater: Dipl.-Hdl. Gerhard G.; Mutter: Elisabeth, geb. Richter), ev., verh. s. 1964 m. Maria, geb. Filipowicz, 2 S. (Gerhard, Witold) - Univ. Leipzig u. Freiburg/Br. (Med. Staatsex. 1962); Fachausbild. USA - S. 1970 Dt. Klinik f. Diagnostik Wiesbaden. Zahlr. Veröff. - Spr.: Engl. - Führte d. Suchtest auf Dickdarmkrebs in Europa ein.

GNEUSS, Helmut
Dr. phil., o. Prof. f. Engl. Philologie - Schellingstr. Nr. 3, 8000 München 40 (T. 21 80 23 69) - Geb. 29. Okt. 1927 Berlin, ev. - Obersch. u. FU Berlin (Promot. 1953) - 1953-55 Forschungsstip. Univ. Cambridge (Engl.); 1955-56 Lektor Univ. Durham (Engl.); 1956-62 Lehrbeauftr., Assist. u. Akad. Rat FU Berlin; 1962-65 Akad. Rat Univ. Heidelberg, s. 1965 ao. u. o. Prof. (1968) Univ. München - BV: Lehnbildungen u. -bedeut. im Altenglischen, 1955; Hymnar und Hymnen im engl. Mittelalter, 1968. Herausg.: Anglia/Ztschr. f. Engl. Philol., u. Anglo-Saxon England - Mitgl. Bayer. Akad. d. Wissensch., Korr. Mitgl. British Acad., Vizepräs. Henry Bradshaw Society.

GNEUSS, Walter Christian
Dr. phil., Journalist - Abendrothsweg 65, 2000 Hamburg 20 (T. 48 20 25) - Geb. 29. April 1924 Burkau/Sa. (Vater: Walter G., Bankangest.; Mutter: Wally, geb. Markert), ev., verh. s. 1971 in 3. Ehe m. Angela, geb. Alves - Abit. 1943; 1943-48 Stud. German., Gesch. u. Kunstgesch. Univ. Würzburg; Promot. 1948 - 1956 Redakt. NDR; 1968 Geschäftsf. 3. Hörfunkprogr. d. NDR; 1970-87 Leit. Hauptabt. Wort - BV: Um d. Einklang v. Theorie u. Praxis. Eduard Bernstein u. d. Revisionismus, 1957; D. späte Tieck als Zeitkritiker, 1971; Theodor Lessing, 1971 - Spr.: Engl., Franz., Ital.

GNICHTEL, Horst
Dr. rer. nat., Prof. f. Organ. Chemie FU Berlin (s. 1971) - Lörracher Str. 5c, 1000 Berlin 46 - Geb. 18. März 1923 Rathenow - Promot. 1958; Habil. 1970 - Prof. FU Berlin. Fachveröff.

GNIECH, Gisla
Dr. phil., Dipl.-Psych., Prof. f. Psychologie (Schwerp.: Exper. Verfahren, Sozialpsych. u. Allg. Psych.) Univ. Bremen (s. 1973) - Pagentorner Str. 50, 2800 Bremen - Geb. 9. Juli 1937 Hamburg (Vater: Ferdinand Gniech, Bankdir.; Mutter: Else, geb. Schmiede) - Gymn. f. Mädchen Altona (Abit. 1958); Univ. Hamburg (Dipl.-Psych. 1964). Promot. Mannheim 1969 - BV: Störeffekte in psych. Experimenten, 1976 (auch ital.).

GNIESMER, Friedrich
Geschäftsführer i. R. Gewerksch. d. Polizei (1969-86) - Nordfeld 12, 3257 Springe 2 - Geb. 4. Febr. 1921 Hannover (Vater: Friedrich G., Schneiderm.; Mutter: Erna, geb. Gosewisch), ev., verh. s. 1946 m. Gertrud, geb. Uekermann, 2 S. (Fredi, Udo) - Oberrealsch. (Abit. 1939) - Polizeibeamter. 1970-84 Generalsekr. UISP - Spr.: Engl., Franz.

GNILKA, Christian
Dr. phil. (habil.), o. Prof. f. Klass. Philologie Univ. Münster, Dir. Inst. f. Altertumskunde - Dompl. 20-22, 4400 Münster/W. (T. 83 45 61) - Geb. 20. Dez. 1936 Langseifersdorf/Schles. (Vater: Fridolin G., Arzt; Mutter: Margarete, geb. Schneider), kath., verh. s. 1963 m. Dagmar, geb. Rolf, 2 Kd. (Marion, Marei) - Stud. Klass. Philol. Bonn, München, Rom; Promot. 1962 Bonn; Habil 1970 ebd. - 1971 apl. Prof. Bonn; 1972 o. Prof. Münster (Dir. Inst. f. Altertumskd.) - BV: Stud. z. Psychomachie d. Prudentius, 1963; Aetas Spiritalis - D. Überwind. d. natürl. Altersstufen als Ideal frühchristl. Lebens, 1972; Chrêsis - D. Meth. d. Kirchenväter im Umgang m. d. antiken Kultur I, 1984.

GNILKA, Joachim
Dr. theol., o. Prof. f. Neutestamentl. Exegese - Geschw.-Scholl-Platz 1, 8000 München 22 (T. 33 42 64) - Geb. 8. Dez. 1928 Leobschütz/Schles. (Vater: Paul G., Kaufm.; Mutter: Elisabeth, geb. Harmada), kath. - 1947-53 Stud. Phil. u. Theol. Eichstätt u. Würzburg, 1956-58 Exegese u. altoriental. Sprachen Rom. Promot. (1955) u. Habil. (1959) Würzburg - S. 1959 Lehrtätigk. Würzburg (Privatdoz.), Münster (1962-75 Ord. b. 1963 f. Bibl. Zeitgesch., d. f. Neutestamentl. Exegese) München (1975) - BV: D. Verstockung Israels, 1961; Kommentar z. Philipperbrief, 1968; Jesus Christus n. frühen Zeugen, 1970; Z. Epheserbrief, 1971; Z. Markusevangelium, 1978; Z. Kolosserbrief, 1980; Z. Philemonbrief, 1982; Z. Johannesevangelium, 1983; Z. Matthäusevangelium, 1986; Neutest.

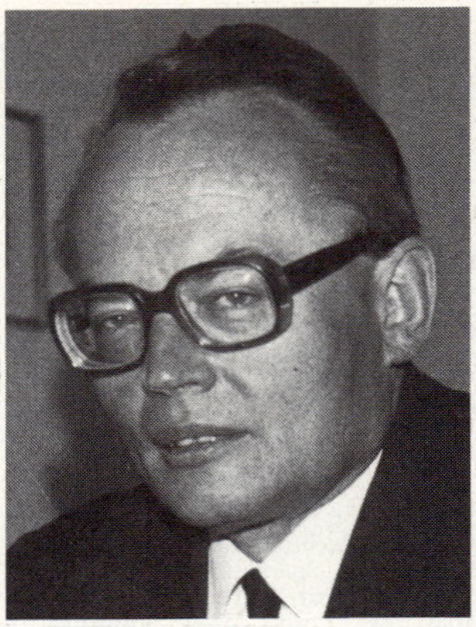

Theologie, 1989; Jesus v. Nazaret - Botschaft u. Geschichte. Herausg.: Neutestamentl. Abh./Neue Folge (1965ff.) - 1972 Mitgl. d. Päpstl. Bibelkommiss., 1986 Mitgl. Internat. Theologen-Kommiss.

GOBRECHT, Heinrich
Dr.-Ing., o. Prof. f. Physik (emerit.) - Rheinbabenallee 17a, 1000 Berlin 33 (T. 824 32 52) - Geb. 20. Juli 1909 Bremen (Eltern: Heinrich u. Karoline G.), ev., verh. s. 1938 m. Christa, geb. Schubbe, 3 Söhne (Klaus, Jürgen, Jens) - Realgymn. Bremen; TH Hannover, Univ. Göttingen, Marburg, TH Dresden (Diplomprüf. 1935, Promot. 1937). Habil. 1939 Dresden - Ab 1935 Assist. TH Dresden, 1938-45 Leit. Fernsehabt. Loewe Radio AG. (Opta-Radio), Berlin, nach Kriegsende Bürgerm. Stadt Oberlungwitz, 1946-47 Leit. Abt. Elektronenröhrenentwickl. Siemens-Radio, Arnstadt/Thür., s. 1948 ao. u. o. Prof. (1952) TU Berlin (Dir. II. Physikal. Inst.). Spez. Arbeitsgeb.: Lumineszenz, Festkörperphysik. Fachwiss. Ztschr.aufs. Neubearb.: Bergmann/Schaefer, Lehrb. d. Experimentalphysik - 1945 Mitbegr. LPD Sachsen - Spr.: Engl., Franz.

GOBRECHT, Horst
Senator a. D., Steuerberater (selbständig) - Rathaus, 2000 Hamburg 1 - Geb. 19. Nov. 1936 Hamburg (Vater: Otto G., selbst. Kaufm.; Mutter: Irmgard, geb. Feßel), verh. s. 1962 m. Jutta, geb. Geertz - Obersch.; Finanzausbild. - Zun. Steuerbeamter, dann Steuerberat. 1976-84 MdB (1979 Obmann SPD-Bundestagsfrakt., Finanzaussch.); 1984-87 Senator d. Finanzen, 1988-91 f. Bundes- u. Europaangelegenheiten; s. 1991 Mitgl. d. Bürgerschaft (Landtag). SPD (s. 1959; 1965-67 stv. Landesvors. Hbg. Jungsozialisten; 1972-78 Kreisvors. Altona; 1974-78 u. 1984-91 Mitgl. Landesvorst.) - Liebh.: Musik (ausübend), Lit., Fremdspr., Reisen - Spr.: Engl., Franz., Ital.

GOBRECHT von WELSPERG, Wolfgang
Präsident Intern. Komitee Tiroler Freiheit, Schriftsteller, Maler - Haus Walfried in Viermünden, 3558 Frankenberg/Eder; u. Postf. 1972, 8220 Traunstein (T. 0861 - 6 94 38) - Geb. 16. Okt. 1901 München-Schwabing (Vater: Offz.; Mutter: Bärbel, geb. Nathusius-Roeder v. Diersburg), verh. s. 1987 m. Waltraut Gobrecht - Abit.; Stud. Phil., Förster- u. Fachlehrerex., Journ., Buchhändler, Bühnenleit., Schausp., Doz. (Theaterwiss.), Kulturref. u. Volkstumsarb. - Mitgl. im Ältestenrat d. Nationalvers. d. Länder d. Dt. Ostens; Obmann Kr. konservat. Künstler - BV: u. a. Irdische Unsterblichk.; D. Schillerdeutsche; Thannhäuserleg.; Freiheit f. Tirol; Kampf f. Recht u. Volkstum, Tb.; Im Herzen tragen wir (3 Sonderdr., Auszüge); Reden an Zeitgenossen, Neuaufl.; Freiheitsdichter Max v. Schenckendorff; Bleib wie Du bist (a. d. Briefwechsel); Eh noch die letzte Nacht, 1985; Schwe-

dische Novelle, 1987; Im Herzen tragen wir, Gesamtlyrik 1988. Übers.: Shakespeare, Jul. Caesar - Kriegsausz., Gr. Gold. Europamed. f. Kunst u. Wiss., Tiroler Kampfadler, Leonardo da Vinci-Kreuz. Ehrenmitgliedsch. Schillerbund, Pegnes. Blumenorden (1644), Romant. Kreis (Nordheide) - Spr.: Franz., Engl., Ital., Schwed. - Bek. Vorf.: Karl Immermann, Wieland, Nathusius (Schwed.); Wolfdietrich v. Raitnau (Erzb. Salzb.); Max v. Fichard (Großv., Maler u. Radierer, Schwarzw.) - Lit.: Karl Schopf, Künstler u. Kämpfer; Dr. Fritz Stüber, E. Dichter kämpft f. Südtirol; Kürschner Lit.-Kal.

GOCHT, Werner

Dr. rer. nat., Dr. rer. pol., Dipl.-Geol., Prof. f. Intern. techn. u. wirtsch. Zusammenarbeit - Rotbendenstr. 9, 5100 Aachen - Geb. 26. Juni 1937 Chemnitz/Sa. (Vater: Hans G., Regierungsbaum.; Mutter: Johanna, geb. Müller), ev., verh. s. 1967 - Goethe-Gymn. Berlin; FU Berlin (1956-61 Geol., 1964-68 Wirtschaftswiss.). Promot. (1963 u. 68) u. Habil. (1970) Berlin - S. 1962 Wiss. Assist., Oberassist. (1968) u. Prof. (1970) FU Berlin, 1980 o. Prof. RWTH Aachen - BV: D. metall. Rohstoff Zinn, 1969; Wirtschaftsgeol., 1978 u. 83; Intern. Mineral Economics, 1988. Üb. 80 Aufs. Herausg.: D. Energie-Handb. (1970, 76, 79, 81); Handb. d. Metallmärkte (1974 u. 85); Energie-Taschenb. (1979 u. 84); Solar Energy Applications (1987) - 1990 Ehrenprof. d. Beijing Univ. for Science and Technology, China - Spr.: Engl.

GOCKEL, Heinz

Dr., Prof. Univ. Bamberg - Wildensorgerstr. 42, 8600 Bamberg (T. 0951 - 5 75 91) - Geb. 23. Sept. 1941 Worbis - Univ. Münster (Staatsex. 1968, Promot. 1971, Habil. 1979) - BV: Individualisiertes Sprechen, 1973; Max Frisch-Gantenbein, 1976, 2. A. 1979; Mythos u. Poesie, 1981; Max Frisch - Drama u. Dramaturgie, 1989. Herausg.: Friedrich Heinrich Jacobi, Briefwechsel - Mitgl. d. Bayer. Akad. d. Wiss.

GOCKEL, Rudolf

Oberstudienrat, Bürgermeister Rüthen - Triftweg 5, 4784 Rüthen (T. 02952 - 7 87) - Geb. 12. Jan. 1937 Rüthen (Vater: Engelbert G., Kaufm.; Mutter: Maria, geb. Ising), kath., verh. s. 1967 m. Mechthild, geb. Schulte-Hötte, 3 Kd. (Ines, Henning, Ricarda) - Abit. 1957 Rüthen; Univ. Münster (Ex. 1964 u. 1967) - 1961/62 Assist. Chesterfield, 1964/65 Assist. St. Albans/Engl.; s. 1964 Lehrer am Gymn. f. Engl. u. Latein; s. 1979 Bürgerm. - Liebh.: Musik (Organist s. 1955), Reiten - Spr.: Engl., Franz., Latein.

GOCKELL, Berthold

Dr.-Ing., o. Prof. f. Techn. Ausbau TU Braunschweig - Pockelsstr. 14, 3300 Braunschweig (T. 391 35 55).

GODEFROID, Hans A.

Dr. rer. pol., Dipl.-Kfm., Geschäftsführer Krone GmbH., Berlin (s. 1971), Krone Ges. mbH. Trumau (Nied.-Österr.) - v.-Luck-Str. 8, 1000 Berlin 38 (T. 803 55 32) - Geb. 9. Nov. 1917 Aachen (Vater: Jean G., Kaufm.; Mutter: Claire, geb. Hülsewig), kath., verh. s. 1944 m. Ursula, geb. Jacob-Steinorth, 3 Kd. (Peter, Christoph, Annette) - Aloisius-Kolleg Bad Godesberg, Hindenburg-Oberrealsch. Aachen; kaufm. Lehre Berlin; WH Berlin - 1947-68 Spinnstofffabrik Zehlendorf AG., Berlin (1951ff. Vorst.-Mitgl., jetzt AR-Mitgl.); 1968-70 Salzgitter AG., Salzgitter-Drütte (Vorst.-Mitgl.). Vorst.-Mitgl. Ges. f. Finanzwiss. u. Unternehmensfg., Chairman Intern. Assoc. of Financial Executives Institutes, Zürich - Spr.: Engl., Franz., Ital.

GODT, Herbert

Dr. med. dent., Prof. f. Zahn-, Mund- u. Kieferheilk., Fachzahnarzt f. Kieferorthopädie - Auf dem Feld 16, 2390 Flensburg - Geb. 29. Jan. 1929 Bredstedt/Nordfriesl., ev., verh. s. 1959 m. Irene, geb. Bruer, 3 Kd. (Birgitta, Dietmar, Arnim) - Promot. 1956 Kiel - S. 1970 (Habil.) Lehrtätigk. Univ. Kiel (1974 apl. Prof.). Üb. 40 Fachveröff. - Liebh.: Sport - 1969 Gold. Sportabz.

GÖB, Albert

Dr. med., Prof., Oberarzt Orthopäd. Univ.-Poliklinik München - Pettenkoferstr. 8a, 8000 München 15 (T. 5 99 41) - Geb. 23. März 1918 München - Promot. u. Habil. München - S. 1961 Privatdoz. u. apl. Prof. (1968) München (Orthop.). Facharb. - 1972 Bayer. VO.

GÖB, Rüdiger

Dr. jur., Prof., Ministerialdirektor a. D. - Haidaer Str. 1, 5308 Rheinbach - Geb. 16. Aug. 1928, kath., verh., 4 Kd. - 1960-65 Hauptgeschäftsf. Dt. Gemeindetag; 1965-69 Min.-Dir. Bundesinnenmin.; 1970/71 Bundesgeschäftsf. CDU; 1975-87 Beigeordn. Köln; Hon.-Prof. Univ. Köln; Schriftleit. Kommunale Steuer-Ztschr.

GOEBBELS, Heiner

Komponist u. Musiker - Kettenhofweg 113, 6000 Frankfurt/M. (T. 069 - 74 94 54) - Geb. 17. Aug. 1952 Neustadt/Weinstr. - Dipl.-Soziol. Univ. Frankfurt; Musikstud. Frankfurt m. Staatsex. - Mitbegr.: Sog. linksradikales Blasorch., Improvisations-Duo Goebbels/Harth, Avantgard-Rock-Gruppe Cassiber; Theater- u. Filmmusiken, Hörstücke, zahlr. Konz. u. Schallpl. - Werke: u. a. Berlin Q-Damm, 1981; Verkommenes Ufer/D. Befreiung d. Prometheus; Frankfurt/Peking (m. Harth); V. Sprengen d. Gartens; 4 Fäuste f. Hanns Eisler; Indianer f. Morgn; Cassiber: Beauty and the Beast, Man or Monkey; Duck and Cover - 1981 u. 85 Jahrespreis dt. Schallplattenkritik; Karl Szcuka-Preis SWF; Hörspielpreis d. Kriegsblinden.

GÖBEL, Dieter

Dr. phil., Journalist, Schriftst. - 7570 Baden-Baden - Geb. 4. April 1928 Berlin, verh. s. 1954 m. Ingrid, geb. Henseler, 2 Kd. (Wendelin, Susanne) - Promot. 1956 Heidelberg - 1968-73 Chefredakt. Fernsehen SWF; 1973-77 Hörfunkdir. SWF Baden-Baden; 1984-89 Berater Neue Medien d. Verlagsgruppe Georg v. Holtzbrinck - BV: Ist Westdeutschl. zu verteidigen?, 1966; Vanessa od. D. Lust d. Macht, 1981; D. Abenteuer d. Denkens, 1982/89 - Mitgl. Auswahlkommiss. Studienstiftg. d. dt. Volkes.

GÖBEL, Dieter

Vorstandsmitglied Münchener Rückversicherungs-Ges. - Königinstr. 107, 8000 München 40 - Geb. 17. Jan. 1936 - VR Allianz Pace Assicurazioni e Riassicurazioni S. p. A., Mailand.

GÖBEL, Gabriele M.,

geb. Beuel

Schriftstellerin - Karl-Finkelnburg-Str. 23, 5300 Bonn 2 (T. 0228 - 36 11 83) - Geb. 2. Sept. 1945 Würzburg, verh. m. Dipl.-Ing. Klaus Göbel, 2 Kd. (Florian, Nicola) - Gymn.; Stud. Roman. Univ. Köln u. Stud. Kunstgesch. Univ. Bonn - Hörspiel- (vorwieg. SFB), Kinder- u. Jugendbuchautorin, Verfasserin v. Erz. - BV: Tage in Bigoudien, 1981; Turmalins Traumfarben, 1984; Amanda od. d. Hunger n. Verwandlung, 1985; Einer wie d. Zwinz, 1985; D. Wettlauf m. d. Wolke, 1986; Weisser, weiser Isidor, 1987; Maximilian Butterfly, 1987; Lorna Doone, R. 1988; Lila Löwenzahn, 1990; D. Schneekugelkönigin, 1991; Kopfhoch-Geschichten, 1992; Bis nächsten Sommer, Maurice, 1992 - 1979 Joseph-Dietzgen-Lit.preis; 1981 Georg-Mackensen-Lit.preis; 1987 Journalisten-Preis d. Ausländerbeauftr. d. Senats v. Berlin.

GOEBEL, Hans Hilmar

Dr. med., Prof., Leiter Abt. f. Neuropathologie Univ.-Klinikum Mainz - Elsa-Brändströmstr. 6, 6500 Mainz - Geb. 27. Mai 1937 Breslau, verh. m. Sibylle, geb. Klostermann, 3 Kd. (Stephan, Andrea, Philipp) - Stud. Med. Univ. Bonn, Heidelberg, Berlin; Staatsex. 1962 FU Berlin; Promot. 1963 Berlin; Dt. Approb. 1964; US-Approb. 1971 - 1968-73 Ausbild. in USA (New York, Indianapolis); Fellow of Neuropathology; Assist. Prof. of Pathol. (Neuropathol.); 1973-83 Oberarzt in Göttingen - 1986 Moore Award (The American Assoc. of Neuropathol.) Minneapolis.

GOEBEL, Hans-Rolf

Sprecher d. Freien Demokratischen Partei (s. Okt. 1988) - Münzstr. 10, 5303 Bornheim-Sechtem (T. 02227 - 8 00 42) - Geb. 12. Juni 1957 Hamburg, ev., verh. s. 1983 m. Barbara, geb. Doll, T. Miriam - Stud. Anglistik u. Hispanistik (Staatsex. 1984) Univ. Bonn, Manchester, Salamanca - Danach Arb. als fr. Journ.; 1985-88 stv. FDP-Sprecher - BV: Bonner Zitatenschatz, 1984 - Liebh.: Klass. Musik (spez. Oper), Sport - Spr.: Engl., Franz., Span.

GÖBEL, Heinz

Dr., Landrat a. D. - Händelstr. 12, 7750 Konstanz (T. 8 62 00) - Geb. 31. Aug. 1921 Heidelberg (Vater: Hermann G.; Mutter: Anna, geb. Grimm), kath.– verh. s. 1959 m. Ursula, geb. Kunzelmann, 2 Kd. (Markus, Andrea) - Hebel-Obersch. Schwetzingen; Univ. Frankfurt/M. u. Heidelberg - 1953-55 Reg.sass. Landratsamt Tübingen, 1955-63 Reg.s- u. Oberreg.srat Innenmin. Baden-Württ.; 1963-66 Reg.sdir. Landratsamt Konstanz; 1966-68 Reg.sdir. Innenmin. BW; s. 1968 Landrat Kr. Konstanz - Spr.: Franz.

GOEBEL, Heinz

Hauptgeschäftsführer Milch-Union Hocheifel eG, Pronsfeld - Im alten Weg 20, 5541 Pronsfeld - Geb. 12. Jan. 1927, kath., verh., 4 Kd. (Leonhard, Bettina, Oliver, Kerstin) - Mitgl. Rhein. Warenbörse Köln; AR VRM, Krefeld; Vorst. MILAG, Mainz - BVK - Liebh.: Politik, Musik - Spr.: Engl., Poln.

GOEBEL, Ingeborg

Autorin - Schillerstr. 45, 8230 Bad Reichenhall (T. 08651 - 18 38) - Geb. 19. Mai 1916 Lüdenscheid (Vater: Studienrat; Mutter: Borghild, geb. Engvoldsen), ev., ledig - Stud. - Ehem. Doz. Goethe-Inst. - BV: Songs & Chansons, 1972; Respektlose Lieder (m. a.), 1970; D. Narrenspur, Ged; Figuren d. Untergangs drehn, 1991 (Ged. u. Chansons). Übers.: Odd Nansen, V. Tag zu Tag (1949). Texte auf Schallpl.; Texte im Rundfunk - Mitgl. Salzburger Schriftstellervereinig. PODIUM 70 - Spr.: Engl., Franz., Norw.

GÖBEL, Karl

Agrar-Ing., Geschäftsführer, MdL Baden-Württ. (Wahlkr. 64, Ulm) - Höhenblick 59, 7900 Ulm (T. 07305 - 53 84) - Geb. 5. Okt. 1936 Hütting/Bayern - CDU.

GÖBEL, Karl-Detlev

Dr. jur., Rechtsanwalt, Stadtdirektor Hilden - Rathaus, 4010 Hilden (T. 02103 - 7 24 00) - Geb. 24. Aug. 1938 Dortmund - Abit. Düsseldorf, s. 1958 Stud. (Jura, Volkswirtsch., Theol., Kunstgesch.) Köln u. Bonn, 1. jur. Staatsex. 1963, Stip. Straßburg u. Lissabon (intern. u. europ. Recht) 1964/65, 2. jur. Staatsex. 1968 - 1968-74 Rechtsanwalt D'dorf, s. 1974 Stadtdir. Hilden.

GÖBEL, Klaus

Dipl. Ing., Architekt, Vorstandsvorsitzender Arbeitsgemeinschaft Umweltverträgliches Bauprodukt e.V. München - Schriftleit. Ziegelindustrie-Intern. Bonn-Wiesbaden; Fachschriftsteller (freiberuflich) - Karl-Finkelnburg-Str. 23, 5300 Bonn 2 - Geb. 8. Jan. 1924.

GOEBEL, Klaus Wilhelm

Dr. phil., Prof. f. Neuere Geschichte Univ. Dortmund - Mühlenfeld 42, 5600 Wuppertal-Ronsdorf (T. 0202 - 46 27 17) - Geb. 24. April 1934, ev., verh. s. 1966 m. Barbara, geb. Behrendt,

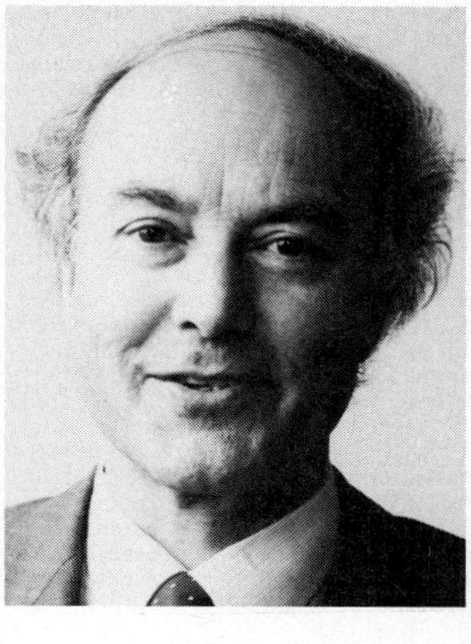

4 Söhne (Klaus Christoph, Daniel Matthias, Karl Tobias, David Christian Andreas) - 1954-56 Päd. Akad. Wuppertal; 1959-61 Realschullehrerausb. (nebenberufl.) Essen; 1960-65 Stud. Gesch., Politik, German., Päd., Volkskd. (nebenberufl.) Bonn; Promot. (Verfassungs-, Sozial- u. Wirtschaftsgesch.) 1965 Bonn - 1956-63 Volksschullehrer; 1963-70 Realschullehrer; 1970-80 Assist., Akad. Rat u. Oberrat PH Dortmund, s. 1977 Prof.; s. 1980 Univ. Dortmund. 1965-72 Synode Kirchenkreis Barmen; 1975-89 Mitgl. Rat d. Stadt Wuppertal u. Mitgl. Landschaftsversamml. Rheinland (Vors. Kulturaussch.); ehrenamtl. Vorst.-Tätigk. - BV: Homburgische Zuwanderung n. Wuppertal, 1963; Wuppertal - heimliche Hauptstadt v. Waldeck, 1964; Zuwanderung zw. Reformation u. Franzosenzeit, 1966; Hermann Enters, 1969; Aufstand d. Bürger, 1974; Sämtl. Dörpfeld-Briefe, 1976; Gesch. d. Stadt Wuppertal, 1977; Von Eller b. Dürselen, 1981; Wuppertal in d. Zeit d. NS, 1984; Luther in d. Schule, 1985; Über allem d. Partei, 1987; Unter Hakenkreuz u. Bombenhagel, 1989; Historische Schauplätze in Wuppertal, Solingen u. Remscheid, 1990; zahlr. Aufs. S. 1949 publ. Tätigk. (u. a. WDR, F.A.Z.) - 1974-89 Wiss. Beirat Wettbewerb Dt. Gesch. u. d. Preis d. Bundespräs.; 1977 Steeger-Stip. Landschaftsverb. Rheinl., Krefeld; 1979 BVK; 1988 Crecelius-Med. Berg. Geschichtsverein.

GOEBEL, Michael

Dr., Sprecher d. Vorstandes d. Touristik Union Intern. GmbH & Co KG (s. 1990) - Karl-Wiechert-Allee 23, 3000 Hannover 61.

GÖBEL, Rüdiger Gotthard

Dr. phil. nat., Prof. f. Mathematik Univ. Essen GH - Schliepershang 13, 4300 Essen 15 (T. 0201 - 48 48 48) - Geb. 27. Dez. 1940 Fürstenwalde/Spree (Vater: Gotthard G., Ing.; Mutter: Ruth, geb. Peschel), ev., verh. s. 1969 m. Dr. Heidi, geb. Drexler, T. Ines Dorothea - Abit. Schlüchtern 1961; Stud. Univ. Frankf. (Math., Phys.), Dipl. Math. 1966, Promot. 1967, Habil. Math./Physik 1973 Univ. Würzburg - 1967-69 u. 1971-73 wiss. Assist. Physik Univ. Würzburg, 1969-71 visit. Prof. Univ. Texas Austin/USA, 1973/74 Priv.-Doz. Univ. Würzburg, s. 1974 Prof. Univ. Essen, 1982 visit. Prof. New Mexico State University, Las Cruces, New Mexico/USA, 1983/84 Visit. Prof. Hebrew Univ. Jerusalem/Israel, 1988 visit. Prof. Univ. of Arizona, Tucson, Baylor Univ. Texas - BV: Üb. 80 Publ. in intern. mathem. u. physik. Ztschr. Proceedings Abelian Groups (Hrsg.), 1981/83/84/86/88/90, Forum Mathematicum, Communications in Algebra (Hrsg.), Buchreihe: Algebra, Logic and Applications (Hrsg.) - Liebh.: Ski, Tennis - Spr.: Engl., Russ.

GOEBEL, Werner

Dr. rer. nat., Prof. f. Mikrobiologie - Ravensburgstr. 2B, 8707 Veitshöchheim - Geb. 19. Sept. 1939 Laurahütte/OS., verh. m. Heidrun, geb. Eichler - Promot.

1965 Tübingen; Habil. 1971 Hohenheim - 1973 Wiss. Rat u. Prof. TU Braunschweig; 1974 o. Prof. Univ. Würzburg (Mitvorst. Inst. f. Genetik u. Mikrobiol.). Üb. 200 Facharb. - 1983 Robert-Koch-Preis.

GOEBEL-SCHILLING, Gerhard
Dr. phil., Prof. f. Romanistik Univ. Frankfurt/M. (s. 1981) - Kirberger Str. 39, 6251 Kaltenholzhausen - Geb. 20. Juli 1932 Berlin (Vater: Wilhelm, Steuerberater; Mutter: Christel, geb. Müller), verh. s. 1981 m. Silke Schilling - Stud. Ev. Theol., (1952-55), Roman. u. Angl. (1955-62) Berlin (Staatsex. 1962). Promot. (1965) u. Habil. (1970) Berlin - Zul. Prof. FU Berlin - BV: u. a. Poeta faber - Erdichtete Architektur in d. ital., span. u. franz. Literatur d. Renaissance u. d. Barock, 1971; La Littérature entre l'engagement et le jeu, 1988 - Spr.: Franz., Ital., Engl.

GOEBELS, Dieter
Rechtsanwalt, Hauptgeschäftsführer Handwerksk. Rhein-Main - Bockenheimer Landstr. 21 (T. 069 - 710001-0); priv.: Schönbornstr. 10, 6000 Frankfurt/M. 50 (T. 069 - 51 20 45) - Geb. 6. Dez. 1931 Frankfurt/M. (Vater: Carl K.; Mutter: Elisabeth, geb. Wolf), verh. m. Ingeborg, geb. Maass - Zul. Geschäftsf. Hauptverb. d. Dt. Bauind.

GÖBELS, Hubert
Prof., Hochschullehrer - Unterer Pustenberg 23, 4300 Essen-Werden - Gegenw. o. Prof. f. Allg. Didaktik Päd. Hochsch. Ruhr/Abt. Essen - 1972 Christian-Felix-Weiße-Preis Dt. Jugendschriftenwerk.

GOEBELS, Paul
I. Bürgermeister - Rathaus, 8740 Neustadt/S. - Geb. 30. Juli 1918 Mettmann - Zul. Bezirksstellenleit. CSU.

GOECKE, Claus
Dr. med. (habil.), Prof. Gynaekologe, Chefarzt Frauenklinik Luisenhospital Aachen (s. 1972) - Preusweg 106, 5100 Aachen - Geb. 17. April 1931 (Vater: Dipl.-Ing. Max G.; Mutter: Inge, geb. Janssen), ev., verh. s. 1961 m. Dr. Hannelore, geb. Jütte, 6 Kd. (Anja, Nina, Silja, Tamme, Inga, Lars) - Stud. Univ. Marburg, Freiburg, Frankfurt; Fachausbildg. USA, Berlin, Helsinki, Würzburg - Zun. Oberarzt Univ.-Frauenklinik Würzburg - BV: Kationentransport in d. Schwangerschaft u. unt. d. Geburt, 1968; Gynaekologie, 1972 (span. 1974); Gesch. d. Univ.sfrauenklinik Würzburg, 1973; Geburtshilfe, 1974 (span. 1976); Dokumentation u. elektr. Verarb. geburtsh. Daten, 1976 - Mitarb. in zahlr. in- u. ausl. Fachgremien - Spr.: Engl.

GOEDDE, H. Werner
Dr. rer. nat., o. Prof. f. Humangenetik - Butenfeld 32, 2000 Hamburg 54 - Geb. 9. Juli 1927 Lippstadt/W. (Vater: Heinrich G.; Mutter: Maria, geb. Storck), kath., verh. s. 1959 m. Gisela, geb. Schweins - Gymn.; Stud. Naturwiss., spez. Chemie. Dipl.-Chem. 1954 München; Promot. 1957 Hamburg; Habil. 1963 Freiburg - S. 1963 Lehrtätigk. Univ. Freiburg/Br. u. Hamburg (1966 Ord., 1967 Inst.-Dir.). Div. Fachmitgliedsch. (auch Ausl.) - BV: Pseudocholinesterasen (m. Doenicke u. Altland), 1967; Ethnic Differences in Reactions to Drugs and Xenobiotics (m. Werner Kalow u. D. P. Agarwal) in Clinical and Biological Res. Alan R. Liss, 1986; Genetics and Alcoholism (m. D. P. Agarwal) in Clinical and Biological Res. Alan R. Liss, 1987; Alcoholism: Biomedical and Genetic Aspects (m. D. P. Agarwal), 1981; Alcohol Metabolism, Alcohol Intolerance and Alcoholism (m. D. P. Agarwal), 1989; Hungarian Populations Ethnic aspects, environmental influences and disease spectrum (m. E. Czeizel u. H. G. Benkmann), 1990. Zahlr. Handbuch- u. Ztschr.beitr.

GÖDDE, Stefan
Dr. med., Prof., Chefarzt Urolog. Klinik Johannes-Hospital, Duisburg-Hamborn (s. 1970) - Herrenwiese 97, 4100 Duisburg 11 (T. 59 26 41) - Geb. 20. Jan. 1930 Wadersloh/Westf. (Vater: Bernhard G., Landw.; Mutter: Elisabeth, geb. Schlautmann), kath., verh. s. 1962 m. Dr. Beate, geb. Baumanns - Naturwiss. Gymn. Mönchengladbach (Abit. 1951); Stud. Univ. Bonn, München, Innsbruck; Promot. 1958 u. Habil. 1970 Bonn - S. 1967 Facharzt f. Urologie, s. 1976 apl. Prof. Univ. Bonn. Fachmitgl.sch. - Liebh.: Gesch. d. Med., Jagd - Spr.: Engl.

GOEDDE, Werner
s. Goedde, Heinz Werner

GÖDDEN, Hans E.
Dipl.-Kfm., Geschäftsführer Du Pont de Nemours (Deutschland) GmbH - Hans-Böckler-Str. 33, 4000 Düsseldorf 30 - Geb. 7. Dez. 1940.

GOEDECKE, Wolfgang
Dr. jur., Ministerialrat a. D. - Nietzschestr. 29, 6800 Mannheim (T. 41 62 75) - Geb. 19. Sept. 1912 Brieg/Schles. (Vater: Paul G., Bürgerm.; Mutter: Margarete, geb. Lichey), verw. s. 1981 - Univ. Marburg, Berlin, Halle. Gr. jurist. Staatsprüf., sodann Ministerialdienst. Bundesmin. f. wirtschaftl. Zusammenarbeit (1952 Min.Rat), Bonn, ehem. Vorstandsvors., 1979-87 AR-Mitgl. Rheinische Hypothekenbank AG - Publ. üb. Realkredit, insb. Hypothekenbanken - 1977 Gr. BVK; Ehrensenator u. Inhaber d. Univ. Medaille in Gold d. Univ. Mannheim - Spr.: Engl. - Rotarier.

GÖDERSMANN, Ernst-Walter
Dipl.-Volksw., Vorstandsmitglied Gerling-Konzern Allg. Versicherungs-AG. (s. 1976) - Adolf-Menzel-Str. 12, 5000 Köln 50 (T. 35 43 12) - Geb. 2. Nov. 1920 Lüdenscheid (Vater: Walter G., Kaufm.; Mutter: Luise, geb. Herder), ev., verh. s. 1950 m. Hedwig, geb. Kröhle, 2 Kd. (Ralf, Ellen) - Dipl.ex. 1950 - 1951-54 väterl. Betrieb; 1954-56 Allianz; s. 1956 Gerling-Konzern (1968 stv. Vorst.-Mitgl.).

GÖDTEL, Reiner

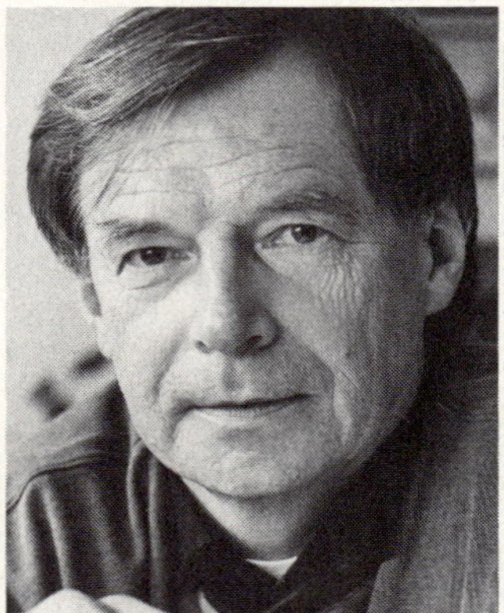

Dr. med., Frauenarzt, Psychotherapeut, Schriftsteller, Medizin- u. Kulturjournalist - Sonnenkranz, 6798 Kusel (T. 06381 - 88 60 u. 06381 - 37 34) - Geb. 31. Okt. 1938 Neustadt/Weinstr., ev., verh., Sohn Markus - Stud. Med. u. Psych. Univ. Mainz u. Heidelberg; Promot. 1965 Mainz (üb. Psychosen im Wochenbett) - Vorst.-Mitgl. Verb. Dt. Schriftst. Rhld.-Pfalz, Bundesdeleg.; ständiger Mitarb. v. med. Fachztschr., u.a. Dt. Ärzteblatt, Sexualmed., Ärzteztg.; Chefredakt. v. Gynäkologie im Brennpunkt - BV: Seel. Störungen im Wochenbett, 1979; D. linke Auge v. Horus d. Mond, 1979; Vermeintl. Aussicht, 1979; Augentäuschungen, 1980; Leih mir Dein Ohr, gr. Häuptling, 1984; D. liebe Gott flickt e. Fischernetz in Palermo, 1985; D. lange Weg dahin, 1990; Suchtklopfen, 1991; Sexualität u. Gewalt, 1992. Herausg. d. lit. Reihe Punkt im Quadrat - 1985 Lit.-preis Bundesärztekammer; 1986 Hafiziyeh Lit.preis in Gold; 1989 Lyrischer Oktober - Lit.: Kurt Neufert, R. G., phantasievoller Schöpfer neuer Sprachbilder (1981).

GOEDTKE, Karlheinz
Bildhauer - Zu den Ziegelwiesen 38, 2411 Alt Mölln Kr. Lauenburg - Geb. 15. April 1915 Oberschlesien - Gymn. Breslau; 1931-36 Werkkunstsch. Stettin; 1936-38 Arbeits- u. Wehrdienst; 1938-40 Hochsch. f. Bild. Künste in Berlin; 1940-45 Kriegsdst. als Offz. u. Verwundung im Endkampf Berlin; 1945-50 Ratzeburg; 1958 Atelierhaus in Alt-Mölln; seitd. üb. 20 Einzelausstell. - 1954 Cornelius-Preis Stadt Düsseldorf (Förderpreis); 1977 Lovis-Corinth-Preis-Träger; 1984 Peter-Paul-Rubens-Med. Antwerpen; 1985 Mitgl. d. Inst. de Documentation et d'Etudes Européennes in Brüssel u. Prof. des Beaux Arts; Kulturpr. Oberschlesien Land Nordrh.-Westf.; Schlesw.-Holst.-Med.; 1988 Kulturpreis Schlesien Land Nieders.; 1990 pro-arte Med. d. Künstlergilde Eßlingen; Stadt-Plak. Stadt Mölln - Zahlr. Bronzen in d. Öffentlichk. d. Länder Schlesw.-Holst., Nieders., Rhld.-Pfalz.

GÖGLER, Eberhard
Dr. med., Prof., ehem. Chefarzt Chirurg. Abt. Kreiskrkhs. Schwetzingen (1974-85) - Zeppelinstr. 39, 6900 Heidelberg - Geb. 28. Sept. 1920 Stuttgart (Vater: Hermann G., Staatssekretär; Mutter: Rosa G.), kath., verh. s. 1958 m. Iris, geb. Oesterle, 4 Kd. (Rodrigo, Silvia, Wolfgang-Peter, Benedikt) - S. 1964 (Habil.) Privatdoz. u. apl. Prof. Univ. Heidelberg (Chir.) - BV: Unfallopfer im Straßenverkehr, 1962. Div. Einzelarb. (Allg. Chir., Klammernähte, Erstversorgung, Rettungswesen, Verkehrsmed. u. Biomechanik, Med. Dok.

GÖGLER, Max
Dr. jur., Regierungspräsident - Engelfriedshalde 91, 7400 Tübingen (T. 07071-6 49 88) - Geb. 25. Jan. 1932 Baienfurt (Eltern: Leonhard u. Maria G.), kath., verh. s. 1961 m. Rita, geb. Felder, 2 S. (Christoph, Alexander) - Stud. Rechtswiss. Univ. München u. Tübingen (Promot. 1958) - 1967-75 Landrat Sigmaringen, s. 1975 Regierungspräs. Tübingen - Spr.: Engl., Franz.

GÖHDE, Wolfgang
Dr. rer. nat., Univ.-Prof. Klinik u. Poliklinik f. Radiotherapie u. Radioonkologie d. Westf. Wilhelms-Univ. Münster - Heller 26, 4405 Nottuln - Habil. 1973 - Zahlr. Erf. u. Patente f. d. automat. Zellenanalyse: Flow Cytometry.

GÖHLER, Gerhard
Dr. phil., Prof. f. Theorie u. Grundlagen d. Politik FU Berlin (s. 1978) - Zeisigweg 7, 1000 Berlin 45 - Geb. 18. Febr. 1941 Breslau (Vater: Karl G., Superintendent; Mutter: Käthe, geb. Kiefer), ev., verh. s. 1965 m. Christa, geb. Garling, 2 Kd. (Andreas, Kirsten) - Stud. Phil., Politik, Gesch. Promot. (1971) u. Habil. (1976) Berlin - BV: u. a. Hegel, Frühe polit. Systeme, 1974; Polit. Theorie, 1978; Reduktion d. Dialektik durch Marx, 1980; Grundfragen d. Theorie polit. Institutionen, 1987; Polit. Institutionen im gesellsch. Umbruch, 1990; D. Rationalität polit. Inst., 1990; Politikwiss. in Berlin n. 1945, 1992.

GÖHLER, Max
Ehrenvors. Dt. Mälzerbund (s. 1962; vorher Vors.), Ehrenmitgl. Braugerstenstelle Rhld.-Pfalz - Ludolf-Krehl-Str. 16a, 6900 Heidelberg (T. 41 37 89) - Geb. 11. Jan. 1905 Berlin (Vater: Arthur G., Dir.; Mutter: Hedwig, geb. Haase), verh. s. 1930 m. Lisel, geb. Sonnewald - Univ. Berlin - Spr.: Engl., Franz.

GÖHLER, Rudi
I. Bürgermeister (s. 1978) - Rathaus, 8751 Mömlingen/Ufr. - Geb. 1. Juli 1932 Mömlingen - Techn. Abteilungsleit. CSU.

GÖHLICH, Horst
Dr.-Ing., o. Prof. f. Landtechnik u. Baumasch. TU Berlin (s. 1966) - Lindenstr. 13a, 1000 Berlin 39 (T. 805 13 89) - Geb. 18. Okt. 1926 Missen/NL. (Vater: Bruno G., Landwirt; Mutter: Frieda, geb. Jenchen), ev., verh. s. 1957 m. Ingeborg, geb. Donder, S. Ralph-Dietmar - Obersch. Cottbus; TU Berlin (Maschinenbau; Dipl.-Ing. 1953). Habil. 1963 Göttingen - 1953-60 Wiss. Assist. Univ. Göttingen; 1960-61 Gastforscher USA; 1963-66 Abt.sleit. Maschinenfabrik Gebr. Welger, Wolfenbüttel - Spr.: Engl.

GÖHNER, Hartmut
Dr. rer. nat., Prof. f. Mathematik PH Heidelberg - Tannenweg 30, 6909 Walldorf.

GOEHNER, Reinhard
Dr., Parlamentarischer Staatssekretär b. Bundesminister d. Justiz, MdB (s. 1983; Landesliste NRW) - Bundeshaus, 5300 Bonn 1 - CDU.

GÖHR, Hermann
Dr. phil. nat., Extraord. a. Inst. f. Physikal. u. Theor. Chemie Univ. Erlangen-Nürnberg (Physikal. Chem., Elektrochem.) - Reichswaldstr. 32a, 8520 Erlangen (T. 3 16 64) - Geb. 17. Jan. 1928, verh. s. 1953 m. Martha, geb. Schnappauf, 3 Kd. - Stud. Phys.; Promot. 1957 - S. 1964 (Habil.) - BV: Thermodynam. Elektrochemie, 1962 (m. E. Lange). Zahlr. Fachaufs.

GÖHRE, Frank
Buchhändler, Verlagskaufm., Schriftst. - Sartoriusstr. 30, 2000 Hamburg 20 (T. 040 - 491 85 15) - Geb. 16. Dez. 1943, ledig - BV: Schnelles Geld, 1979; Außen vor, 1981; Im Palast d. Träume, 1983; Abwärts, 1984; D. Schrei d. Schmetterlings, 1986; Zeitgenosse Glauser, 1988; D. Tod d. Samurai, 1989; Peter Strohm, 1989; Tiefe Spuren, 1989; Letzte Station vor Einbruch d. Dunkelheit, 1990; D. Tanz d. Skorpions, 1991; Frühstück m. Marlowe, 1991. Drehb.: Abwärts (1984); Einzelhaft (1988); Finale am Rothenbaum (1990); Hard Days, Hard Nights (1990).

GÖHREN, Horst
Dr.-Ing. E. h., Geschäftsführer HURTH Maschinen u. Werkzeuge GmbH - Moosacherstr. 36, 8000 München 40 - Geb. 1. Juli 1930.

GÖHRING, Clauspeter
Dr. rer. pol., Vorstandsvorsitzer Hansa-Metallwerke AG. (1981ff., vorher Vorstandsmitgl.) - Sigmaringer Str. 107, 7000 Stuttgart 80 - Geb. 9. Jan. 1936 - Koreanischer Generalkonsul; VR-Mitgl. Fa. KWC, Schweiz, versch. regionale Industriegremien, Fachgr.vorst. NE-Armaturen im VDMA, Beirat Normenaussch. Armaturen im DIN, ish-Messebeirat.

GÖHRING, Heinz
Dr. phil., Dipl.-Dolmetscher, Prof., Leiter Forschungs- u. Dokumentationszentrum f. Interkulturelle Kommunikation, Fachbereich Angew. Sprachwiss. Univ. Mainz/Germersheim - Glacisstr. 6, 6728 Germersheim - Geb. 31. Juli 1935 Sangerhausen/Thür. (Vater: Dipl.-Ing. Erhard G., Reg.sdir.; Mutter: Hildegard, geb. Scherler), 2 Kd. (Ina, Kora) Stud. Dolm.-Inst. u. Inst. f. Soz. u. Ethnol. Univ. Heidelberg - 1959-66 freiberufl. Konfz.-Dolmetscher, bes. auf Reg.sebene, 1966-71 Wiss. Assist. Univ. Heidelberg, 1971 ff. Univ. Mainz - BV: ba-Luba - Studia Ethnol. 1, 1970. Herausg.: J. Gumperz - Spr., lokale Kultur u. soz. Identität (1975) - 1959 Ritterkr. span. Orden Isabel la Catolica; 1960 Komturkr. Ord. d. Sonne v. Peru; 1961 Offz.skr. Orden de Mayo al Mérito

(Argent.); 1964 Ritterkr. VO v. Chile - Spr.: Span., Engl., Franz.

GÖHRINGER, Adolf G.
Assessor, Hauptgeschäftsführer Handwerkskammer Freiburg/Br. (s. 1953) - Markenhofstr. 75, 7815 Burg b. Kirchzarten (T. Büro: Freiburg 3 14 11) - Geb. 3. Juni 1922.

GÖHRINGER, Hans
Dr., Hauptgeschäftsführer IHK Südl. Oberrh., Hauptgeschäftsst. Lahr - Bergstr. 66, 7630 Lahr/Schwarzw. (T. 2 20 73) - Geb. 16. Jan. 1916 - S. 1950 IHK Lahr (1968 Hgf.).

GÖHRINGER, Hans K.
Dr. rer. pol., Dipl.-Kfm., Aufsichtsratmitglied Gerling Konzern, Köln - Titiseestr. 14, 6800 Mannheim (T. 81 22 58) - Geb. 22. April 1913 Pforzheim - AR Welt-Versicherungs-Pool AG, Köln, Stiftg. Orthopäd. Univ.klinik Heidelberg; Beirats-Mitgl. Südwest Dresdner Bank AG; Vors. Ges. d. Freunde d. Univ. Mannheim u. berat. Aussch. d. Univ.; Vors. Museumsverein f. Techn. u. Arb. e.V., Mannheim; Ehrenpräs. IHK Rhein-Neckar, Mannheim - 1969 Ehrensenator Univ. Mannheim; 1976 Gr. BVK - Liebh.: Tennis, Musik - Spr.: Engl. - Rotarier.

GOEHRMANN, Klaus E.
Dr., Dr. h.c., Prof., Konsul E. h., Vorstandsvorsitzer Dt. Messe AG (1984ff.) - Messegelände, 3000 Hannover 82 (T. 0511 - 8 90) - Geb. 1938 - Zul. Sprecher d. Geschäftsfg. Geha-Werke GmbH., Hannover.

GÖHRUM, Gisela
Prof., Hochschullehrerin - Hespelerstr. 22, 7070 Schwäb. Gmünd-Kleindeinbach - U. a. Prof. f. Engl. PH Schwäb. Gmünd.

GOEKE, Fritz
Dr. rer. pol., Dipl.-Kfm., Wirtschaftsberater - Makler f. Industrieimmobilien - Wohnh. in Arnsberg - Vorst. Vereinig. d. dt. Zentralheizungsw., Düsseldorf; Beirat Unternehmensverb. Südöstl. Westf., Arnsberg.

GOEKE, Klaus
Dr., o. Prof. f. theoretische Physik Univ. Bochum (s. 1988) - Zu erreichen üb. Inst. f. Theoretische Physik II, Ruhr-Univ. Bochum, 4630 Bochum 1 (T. 0234 - 7 00-37 07) - Geb. 16. Jan. 1944, kath., verh. m. Oberstudienrätin Anne, geb. Kraume, 2 Kd. (Astrid, Jens) - Stud. Physik Univ. Tübingen u. Freiburg; Dipl. 1968 Freiburg, Promot. 1972 Münster, Habil. 1977 Bonn - 1968-72 wiss. Assist. Münster; 1971-81 Wissenschaftler KFA Jülich, 1981-88 Abt.leit. KFA Jülich, 1985 Univ.-Prof. Univ. Bonn - BV: Time dependent Hartree-Fock and beyond (Hrsg.), 1982. Üb. 100 Publ. in intern. Fachztschr. - Liebh.: Klass. Musik, Schallplatten, Bücher - Spr.: Engl.

GÖLITZ, Friedrich
Geschäftsführer Hebezeugfabrik Heinrich de Fries GmbH. (1981ff.) - Altenberger Str. 8, 5600 Wuppertal-Elberfeld.

GÖLLER, Andreas
I. Bürgermeister - Rathaus, 8606 Hirschaid/Ofr. - Geb. 29. Jan. 1928 Hirschaid - Versicherungskfm. CSU.

GÖLLER, Frank
Dr., Vorstandsmitglied AdvoCard Rechtsschutzversicherung AG - Heidenkampsweg 81, 2000 Hamburg 1.

GÖLLER, Heinrich
I. Bürgermeister Stadt Scheßlitz - Rathaus, 8604 Scheßlitz/Ofr. - Geb. 7. Febr. 1920 Bamberg - Rechtsanw. CSU.

GÖLLER, Karl Heinz
Dr. phil., Prof. f. Engl. Philol., Ehrenpräsident Mediävistenverb. (s. 1989) - Weingartenstr. 13, 8400 Regensburg - Geb. 13. Mai 1924 Neheim-Hüsten (Vater: Christoph G., Bahnbetriebsleiter; Mutter: Elisabeth, geb. Schäfer), kath., verh. s. 1986 m. Jutta, geb. Schrödl, T. Barbara - Stud. Univ. Bonn; Promot. 1955, Staatsex. (Engl., Deutsch) 1956; Habil. 1962 - S. 1962 (Habil.) Lehrtätigk. Univ. Bonn, Göttingen (1963 Ord.), Regensburg (1967 Ord.). 1983 Präs. Mediävistenverb. - BV: König Arthur in d. engl. Lit. d. späten Mittelalters, 1963; Gesch. d. Altengl. Lit., 1971; Romance u. Novel, 1972; D. Regensburger Dollingerlied, 1980. Herausg.: D. engl. Lyrik - V. d. Renaissance b. z. Gegenw. (2 Bde. 1968); Epochen d. engl. Lyrik (1970); D. amerik. Kurzgesch. (1972); D. engl. Kurzgesch. (1973); The Alliterative Morte Arthure: a Reassessment (1981); Spätmittelalterl. Artuslit. (1984); Crossroads of Medieval Civilization: The City of Regensburg and its Intellectual Milieu (1984); Kongreßakten z. 1. Sympos. d. Mediävistenverb. (1986); Regensburger Arbeiten z. Angl. u. Amerik. (36 Bde.); Studienr. Engl. (26 Bde.) - Spr.: Engl., Lat., Franz.

GÖLLER, Manfred
Hauptgeschäftsführer Verb. d. Filmverleiher - Langenbeckstr. 9, 6200 Wiesbaden (T. 0611 - 1 40 50; Telefax 0611 - 14 05 12).

GÖLLNER, Theodor
Dr. phil., o. Prof., Musikhistoriker - Zu erreichen üb.: Geschwister-Scholl-Platz 1, Univ. München, 8000 München 22 - Geb. 25. Nov. 1929 Bielefeld (Vater: Friedrich G., Geschäftsf.; Mutter: Paula, geb. Brinkmann), ev., verh. s. 1959 m. Marie-Louise, geb. Martinez, 2 Kd. (Katharina, Philipp) - Ratsgymn. Bielefeld. Promot. 1957 Heidelberg; Habil. 1967 München - 1958 Lehrbeauftr., 1962 Wiss. Assist., 1967 Doz. Univ. München; 1968 Assoc. Prof., 1971 Full Prof. Univ. of California, Santa Barbara; 1973 o. Prof. u. Vorst. Inst. f. Musikwiss. Univ. München; 1976 Mitgl. d. musikhist. Kom. d. Bayer. Akad. d. Wiss., 1982 o. Mitgl. Bayer. Akad. d. Wiss. - BV: Formen früher Mehrstimmigkeit, 1961; D. mehrstimm. liturg. Lesungen, 2 Bde. 1969; D. Sieben Worte am Kreuz b. Schütz u. Haydn, 1986. Herausg.: Münchner Veröffentl. z. Musikgesch., s. 1977; Münchner Editionen z. Musikgesch., s. 1979.

GÖLLNITZ, Heinz
Dr. rer. nat., Dipl. math., Mitgl. Geschäftsltg. Fa. Buck Chem.-Techn. Werke, Entwicklungszentrum (s. 1986) - Pestalozzistraße 29, 8012 Ottobrunn (T. 60 29 37) - Geb. 6. Juni 1935 Chemnitz (Vater: Willy G., Stud.rat; Mutter: Johanna, geb. Just), ev., verh. s. 1960 m. Hildegard, geb. Wenzel, 2 Söhne (Bernd, Ralf) - 1953-60 Stud. Jena, Göttingen (Promot. 1964) - 1960 AVA, Göttingen, 1964-65 stv. Leit. Abt. f. Aeroelastizität. 1965 MPI f. Physik u. Astrophysik; 1969-75 Messerschmitt Bölkow Blohm GmbH, Leiter Unternehmensbereich Raumfahrt; b. 1985 Geschäftsf. HILTI. Entwicklungsges.; 1989 Techn. Leitg. BERU, KFZ Elektrik, Ludwigsburg - Spr.: Engl., Russ.

GÖLTER, Georg
Dr. phil., Staatsminister a. D. - Landtag Rheinland-Pfalz, 6500 Mainz (T. 06131-208 482) - Geb. 22. Dez. 1938 - 1981-91 Kultusmin. Land Rheinl.-Pfalz, vorh. Min. f. Soziales, Gesundheit u. Umwelt (s. 1977), MdB (1969-77). CDU.

GÖLTNER, Ewald
Dr. med., Prof., Direktor Städt. Frauenklinik/Lehrkrkhs. Fulda - Ignaz-Komp-Str. 69, 6400 Fulda - Geb. 3. Okt. 1929 Prag - B. 1968 Privatdoz., dann apl. Prof. Univ. Würzburg (Geburtsh. u. Frauenheilkd.).

GÖLZ, Eva,
geb. Witte
Gf. Gesellschafterin Ewald Witte & Co - Postf. 101210, 5620 Velbert 1 - Geb. 4. Juni 1939, ev., verh. m. Gerhard Gölz, 5 Kd. (Ute, Rainer, Heide, Bernhard, Doris) - Abit. Velbert; Stud. Betriebsw. München, Innsbruck u. Köln.

GÖLZ, Hans
Vorstandsmitglied i. R. Cassella Farbwerke Mainkur AG., Frankfurt (1966-73) - Hammannstr. 6, 6000 Frankfurt/M. - Geb. 24. Juni 1908 Frankfurt/M. - Hohe Schule (Abit.); kaufm. Lehre - B. 1942 IG Farben, dann Wehrdst. u. Kriegsgefangensch., spät. Cassella (1952 Prok., 1965 Dir.).

GÖLZ, Walter
Dr. phil. (habil.), Prof. f. Philosophie PH Ludwigsburg, apl. Prof. Univ. Tübingen - Panoramastr. 26, 7400 Tübingen 7 - Geb. 26. Jan. 1930 Tuttlingen - Promot. 1958; Habil. 1968 - S. 1970 Prof. - BV: Dasein u. Raum, 1970; Begründungsprobl. d. prakt. Phil., 1978.

GOENECHEA, Sabino

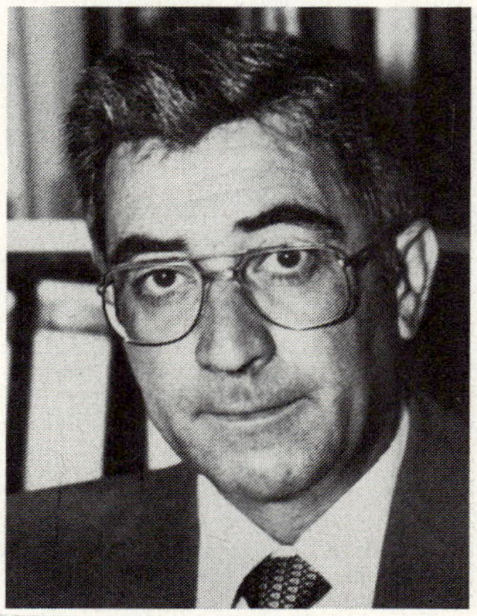

Dr. rer. nat., Dipl.-Chem., Prof. f. Forens. Toxikologie Univ. Bonn/Med. Fak. (s. 1973) - Buchfinkenweg 38, 5300 Bonn-Duisdorf (T. 0228 - 62 62 80) - Geb. 5. Nov. 1932 Bilbao/Span. (Vater: Pedro Josè G.; Mutter: Jesusa, geb. Toraño), kath., verh. s. 1970 m. Hiltrud, geb. Hoogen, 3 Kd. (Lander, Jon, Eneko) - 1950-56 Chemiestud. Madrid u. 1959-64 Bonn. Mehr als 80 Publ. (Arzneimittel-, Giftanalyse, Biotransformation v. Medikamenten).

GÖNNENWEIN, Wolfgang
Prof., Generalintendant Württ. Staatstheater (ab 1985), Dirig., künstler. Leit. Ludwigsburger Festspiele - Im Schönblick 15, 7307 Aichwald-Aichelberg - Geb. 29. Jan. 1933 Schwäbisch-Hall, verh. m. Ilse, geb. Eppler, 2 S. (Stefan, Johannes).

GÖNNER, Eberhard
Dr., Prof., Präsident Landesarchivdirektion Baden-Württ. a. D. - Tailfingerstr. 39, 7000 Stuttgart 80 - Geb. 10. Dez. 1919 Neckarhausen/Horb (Vater: Franz G.; Mutter: Hedwig, geb. Probst), verh. s. 1959 m. Eva-Maria, geb. Breucha, Volkswirtin, 2 Kd. (Andrea, Jörg) - Stud. Gesch., German., Franz.; Promot. 1950 Tübingen - 1952-84 staatl. Archivdst. Baden-Württ. - Veröff. üb. Landesgesch. Baden-Württ., Heraldik, Sphragistik.

GOENNER, Hubert
Dr. rer. nat. (habil.), Univ.-Prof., Physiker - Zu erreichen üb. Univ. Göttingen, Inst. f. Theoret. Physik, Bunsenstr. 9, 3400 Göttingen - Habil. 1973, apl. Prof. 1977, Univ.-Prof. 1978 - Spez.geb.: Relativistische Gravitationstheorien, Kosmologie - Liebh.: Geschichte d. Physik - Spr. Engl., Franz.

GÖPEL, Wolfgang
Dr. rer. nat., Dipl.-Phys., Prof., Direktor Institut f. Physikal. u. Theoret. Chemie Univ. Tübingen - Hainbuchenweg 29, 7400 Tübingen (T. 07071 - 6 57 89) - Geb. 31. Okt. 1943 Weimar/Thür., verh. s. 1968 m. Kristiane, geb. Oberdieck, 4 Kd. (Annika, Siri, Tobias, Ulrike) - 1963-69 Stud. Physik TH Hannover; Promot. 1971 (Physik. Chemie), Habil. 1975 (Physikal. Chemie) TU Hannover - 1975-79 Prof. f. Physikal. Chemie TU Hannover; Gastprof. Univ. Nat. de la Plata (Argentinien), IBM Yorktown Heights (USA), Xerox Palo Alto Res. Center (USA); 1981-83 Dir. Center for Submicron Analysis; Full Prof. of Physics, Montana State Univ. USA; s. 1983 Prof. f. Physikal. Chemie u. Leit. Inst. f. Physikal. u. Theoret. Chemie. Arbeitsgeb.: Physikal. Chemie, Spektroskopie u. atomistische Grundl. d. molekularen Mikroelektronik, chem. Sensorik u. heterog. Katalyse.

GOEPFERT, Günter
Schriftsteller, Chefredakt. Kulturzeitschrift Bayerland, München (b. 1989) - Becherstr. 1, 8000 München 21 (T. 089 - 58 76 34) - Geb. 21. Sept. 1919 München, kath., verh. s. 1958 m. Gertrud, geb. Simon - 1933-36 Ausb. Verlagskaufm. b. Langen-Müller, München - BV: D. Schicksal d. Lena Christ, 1971, 81 u. 89; Münchner Weihnacht, 1973; Münchner Miniaturen, 1976; Karl Stieler, Leben u. Werk, 1985; I nimms wias kimmt, 1986; Wenn d. Kerzen brennen, 1987, Franz v. Pocci, 1988; Franz v. Kobell, Ausgew. Werke, 1991. Herausg. zahlr. Editionen - 1976 Bayer. Poetentaler.

GÖPFERT, Herbert
Dr. med., Dr. phil., o. Prof. f. Angew. Physiologie - Alemannenstr. 35, 7801 Wittnau/Br. (T. Freiburg-40 31 82) - Geb. 19. Dez. 1909 Iserlohn/W. (Vater: August G., Fabrikdir. chem. Industrie; Mutter: Maria, geb. Plümpe), kath., verh. s. 1953 m. Dr. Carmen, geb. Howind, 2 Kd. (Bernhard, Vera) - Realgymn. Iserlohn; Physik- u. Med.stud. Freiburg/Br., Kiel, Bonn (Promot. 1935 u. 38) - 1935-38 Physiol. Forsch. Bonn; 1938-40 Klin. Tätigk. Bonn, Frankfurt/M., Leipzig; 1944-50 Oberarzt Herzforschungs-Inst. Bad Nauheim; 1950-57 Oberarzt, Privatdoz. u. apl. Prof. f. Physiol. (1956) Univ. Heidelberg; s. 1958 apl., ao. (1961) u. o. Prof. (1966) Univ. Freiburg (Dir. Inst. f. Balneol. u. Klimaphysiol.). Spez. Arbeitsgeb.: Physikal. Med., Balneologie u. Klimaphysiol. Fachmitgliedsch. Üb. 150 wiss. Aufs. Mitverf.: Landois-Rosemann, Lehrb. d. Physiol. d. Menschen (28. A.); Handb. d. Dermatol. u. Venerol.; J. Grober, Klin. Lehrb. d. Physikal. Therapie (5. A.); Handb. d. Physikal. Therapie (Bd. III); Lehrb. d. Physikal. Med. u. Rehabilitation (m. H. Drexel, V. R. Ott u. a., 1986). Beitr. in: Reallexikon d. Med. u. ihrer Grenzgeb., Brockhaus-Enzyklopädie, Gesundheitsbrockhaus, 1982 - Spr.: Engl., Franz., Ital. - Rotarier.

GÖPFERT, Herbert G.
Dr. phil., Prof., Verlagsbuchhändler, Honorarprof. f. Buch- u. Verlagswesen, Editionskunde u. lit. Kritik Univ. München (s. 1964) - Südstr. 17, 8035 Stockdorf/Obb. (T. München 857 28 23) - Geb. 22. Sept. 1907 Stützerbach/Thür. - Gymn.; Univ. Jena, Berlin, Wien, Greifswald (Dt., Gesch., Kunstgesch., Phil.) - B. 1964 Verlagsleit. - Mitgl. Histor. Kommiss. Börsenverein Dt. Buchhandel (1966) u. Wiss. Senat Lessing-Akad., s. 1975 Kuratorium Arb.kr. f. Gesch. d. Buchwesens, bde. Wolfenb. - BV: Paul Ernst u. d. Tragödie, 1932; Traktat üb. d. Lesen, 1952; Vom Autor z. Leser, 1977. Herausg. (mehrere Aufl.): Mörikes Sämtl. Werke (1954), Friedrich Schiller, Werke in 3 Bdn. (1966); Lessing, Werke in 3 Bdn. (1982); Canetti lesen (1977); Buch u. Leser (1977); Lessings Bild in d. Gesch. (1981). Mithrsg.: Schillers Sämtl. Werke (1957/59); Lesen u. Leben (1975); Lessing, Werke in 8 Bdn. (1970/79); Buch- u. Verlagswesen im 18. u. 19. Jh. (1977); Goethes Sämtl. Werke (1985ff.) - PEN-Zentrum BRD; 1986 W.-Hausenstein-Med. Bayer. Akad. d. Schönen Künste - Lit.: Buchhdl.- u. Lit.-Festschr. (1982).

GÖPFERT, Norbert
Dipl.-Ing., Prof. f. Statik d. Hochbaukonstruktionen Univ. Kaiserslautern - Lixheimer Str. 16, 6750 Kaiserslautern 31.

GÖPFRICH, Peter
Dr. jur., Hauptgeschäftsführer Deutsch-Arabische Handelskammer in Ägypten - 3, Abu El-Feda Street, Kairo-Zamalek (T. 3413-6 62/4) - Geb. 4. März 1950 Saarbrücken, verh. s. 1971 m. Sidar, geb. Khazan, 2 Kd. (Isabel, Manuel) - Jur. Ass.-Ex. 1978; Promot. 1982 Univ. Heidelberg - Geschäftsf. Dt.-Ägypt. Vereinig. f. wirtschaftl. u. soziale Entwicklung - BV: Gesellschafts-Investitions- u. Niederlassungsrecht in Ägypten, 1983; Commercial Agency Law in Egypt, 2. A. 1984 - Spr.: Eng., Franz., Ital., Arab.

GOEPPER, Roger
Dr. phil., Prof., Direktor Museum f. Ostasiat. Kunst, Köln (s. 1966) - Stadtwaldgürtel 44, 5000 Köln 41 (T. 44 47 82) - Geb. 9. März 1925 Pforzheim - 1956-66 Museumstätigk. München u. Berlin (1959). S. 1966 Lehrtätigk. Univ. Köln (Ostasiat. Kunst). Div. Facharb.

GOEPPERT, Sebastian
Dr. med., Prof. f. Med. Psychologie - Stefan-Meier-Str. 17, 7800 Freiburg/Br. - Geb. 20. Febr. 1942 Auggen/Baden, vd., verh. s. 1968 m. Dr. phil. Herma, geb. Frank (Doz. unt. Goeppert-Frank), 3 Kd. (Aline, Noëmi, Benjamin) - Gymn. Stuttgart; Univ. Tübingen (Med., Biol. Studienstiftg. d. Dt. Volkes). Promot. 1968 Tübingen; Habil. 1974 Gießen - U. a. Krankenhaustätigk. (Oberarzt); s. 1973 Prof. Univ. Freiburg - BV: Grundkurs Psychoanalyse, 1976; Med. Psych., 1979; Mitverf.: Sprache u. Psychoanal., 1973; Redeverhalten u. Neurose, 1975, Picasso Kat. illustr. Bücher, 1983; Picassos Minotauromachie, 1986 - Liebh.: Mod. Kunst (spez. Picasso-Graphik) - Spr.: Engl., Franz. - Bek. Vorf.: Prof. Dr. Heinrich Robert G., Botaniker Breslau (Urgroßv.).

GÖPPINGER, Hans
Dr. med., Dr. jur., Dr. h. c., em. o. Prof. u. Direktor Inst. f. Kriminologie Univ. Tübingen (s. 1962) - Corrensstr. 34, 7400 Tübingen - Geb. 11. April 1919 Stuttgart, ev., verh. m. Dr. Eva-Maria, geb. Diener, 2 Kd. (Hanns-Ulrich, Annette) - Univ. Tübingen, Freiburg, Göttingen, Heidelberg. Habil. 1960 Bonn - U. a. Oberarzt - BV: D. gegenw. Situation d. Kriminol., 1964; Strafe und Verbrechen, 1965; Kriminol. (Lehrb.) 1971, 4. A. 1980; Praxis d. Begutacht., 1974; D. Täter in s. sozialen Bezügen, 1983; Angew. Kriminol., 1985; Angew. Kriminologie u. Strafrecht, 1986; Life Style and Criminality, 1987; Angew. Kriminologie - Intern., 1988. Herausg. bzw. Mithrsg.: Arzt und Recht; Handb. d. forens. Psychiatrie; Beiträge z. empirisch. Kriminol.; Kriminol. u. Strafrechtspraxis; Forensia. Div. Einzelveröff. auf arztrechtl., forens.-psychiatr. u. kriminol. Gebiet. Mehr. Publ. in versch. Sprachen übers. sowie Veröff. im Ausl. - Zahlr. Ehrungen u. Auszeichnungen im In- u. Ausl.; Gr. BVK - Festschr., Festgabe.

GÖPPL, Hermann
Dr. rer. pol., Dipl.-Kfm., o. Prof. f. Betriebswirtschaftl. Univ. Karlsruhe (s. 1969; 1971/73 Dekan) - Str. d. Roten Kreuzes 100, 7500 Karlsruhe - Geb. 3. Juli 1937 München - Stud. Univ. Köln (Dipl.ex. 1960); Promot. 1963; Habil. 1968 Aachen - BV: Einführung in d. Betriebswirtschaftslehre, 1976, 2. A. 1983; Allg. Betriebswirtschaftslehre, Bd. 1 u. 2, 1976/77, 3. A. 1986; Proceedings Geld, Banken u. Versich., 1981/83/85 (Hrgs. m. R. Henn). Mitherausg.: Hain Ökonomie, Quantitative Meth. d. Unternehmensplanung - Spr.: Engl., Franz.

GÖRCKE, Hans-Helmuth
Dr. jur., Generalstaatsanwalt a. D. - Prinzregentenstr. 89, 1000 Berlin 31 (T. 854 18 66) - Geb. 4. Dez. 1902 Brandenburg/H. (Vater: Prof. Dr. phil. Max G., Studienrat, 1907-12 nationalliberaler Reichstagsabgeordneter †1946 (siehe X. Ausgabe); Mutter: Luise, geb. Müller), ev., verh. s. 1932 m. Meta, geb. Jeserich, 1 Kd. - Gymn. Brandenburg; Stud. Rechts- u. Staatswiss. Promot. 1926 Kiel (Diss.; Hegemonie u. Partikularismus im neuen dt. Verfassungsrecht) - S. 1927 Berliner Justizdst. (Gerichtsass., 1929 Staatsanw., 1936 I. Staatsanw. KG. 1939 Ober-, 1956 Generalstaatsanw. LG, 1960 i. W.); Wehrdst. (zul. Hptm. d. R.; 1942 schwer verwundet) - EK II u. I, Verwundeten- u. Inf.-Sturmabz. - Bek. Vorf.: Dr. Johann G., Generalstabschirurg u. Chef d. pr. Mil.med.wesens, Gründer d. Friedrich-Wilhelm-Inst. (Pepiniere) Berlin (1713-58).

GOERDELER, Joachim
Dr. rer. nat., Prof., Chemiker - Annaweg 9, 5300 Bonn 1 - Geb. 12. Sept. 1912 Magdeburg (Vater: Dr. med. Gustav G.; Mutter: Rose, geb. Müller), verh. 1940 m. Oda, geb. Oehlrich - Univ. Marburg u. Tübingen, TH Danzig, Univ. Leipzig. Promot. 1940; Habil. 1952 - S. 1952 Doz. u. apl. Prof. (1959) Univ. Bonn (Abt.s-vorsteher Chem.Inst.). Üb. 100 Fachveröff.

GOERDELER, Ulrich
Rechtsanwalt u. Notar - Allerstr. 5a, 3170 Gifhorn (T. 34 61) - Geb. 13. April 1913 Solingen (Vater: Dr. jur. Carl G., Oberbürgerm. Leipzig, Widerstandskämpfer (s. X. Ausg.); 1945 hingerichtet; Mutter: Anneliese, geb. Ulrich), verh. s. 1940, 5 Kd. - Stadtgymn. Königsberg/Pr.; 1931-35 Univ. Marburg, Halle/S., Leipzig (Rechts- u. Staatswiss.). Gr. jurist. Staatsprüf. - S. 1942 RA Stettin u. Gifhorn (1946; auch Not.); 1942-44 Wehrdst.; 1944-45 9 Mon. Haft (weg. Verdachts d. Mittäterschaft am Attentat auf Hitler). 1961-68 MdK Gifhorn sowie Beigeordn. u. CDU-Frakt.-Vors. Stadt Gifhorn; 1963-74 MdL Nieders.; 1964-76 Vors. CDU-Bez. Verb. Lüneburg, seith. dessen Ehrenvors. Ab 1980 Deleg. d. Ld.-Verb. Hann. im CDU-Bundesaussch. - Ehrenz. d. DRK.

GOERDT, Wilhelm
Dr. phil., o. Prof. f. Philosophie - Burchardstr. 10, 4400 Münster/W. (T. 3 57 43) - Geb. 9. Dez. 1921 Bochum - Univ. Münster (Phil., Slaw., Gesch.). Promot. (1960) u. Habil. (1966) Münster - S. 1966 Lehrtätigk. Univ. Münster (1967 Doz., 1969 Wiss. Rat u. Prof.) u. Bochum (1971 Ord.) u. Münster (1974 Ord.). Emerit. 1987. Fachveröff., auch Bücher (russ. u. sowjet. Philosophie).

GÖRES, Jörn
Dr. phil., Prof., Museumsdirektor, Leit. Goethe-Museum (Anton- u. Katharina-Kippenberg-Stiftg.) - Jacobi-Str. 2, 4000 Düsseldorf (T. 899 62 64) - Geb. 4. Aug. 1931 Bangkattan/Sum. (Vater: Heinrich G., Tabakpflanzer) - Stud. d. Phil. u. Philol. Bonn, Heidelberg; Promot. 1957 - Goethe-Museum D'dorf (1958 Kustos, 1966 Dir.), 1981 Hon.-Prof. Univ. D'dorf - BV: u. a. Abriß dt. Lit.gesch. in Tabellen, 1963 (m. F. Schmitt); Goethes Verhältnis z. Topik, 1964; Goethes Werk in Daten u. Bildern, 1966 (m. B. Gajek); Goethes Leben in Bilddok., 1981. Zahlr. Fachveröff. - 1989 Gold. Joh. Wolfg. v. Goethe-Med. d. Stiftg. F.V.S. zu Hamburg - Liebh.: Ski, Schwimmen.

GÖRG, Manfred
Dr. theol., Dr. phil., Prof. f. Alttestamentl. Wissenschaften - Jenaer Str. 4, 8000 München 50 - Geb. 8. Sept. 1938 Berlin-Blankenfelde (Vater: Dr. Rudolf G.; Mutter: Maria, geb. Schulte) - Promot. 1965 u. 74; Habil. 1972 - 1974 apl. Prof. Univ. Bochum; 1975 Ord. Univ. Bamberg, s. 1985 Ord. Univ. München. Bücher u. Aufs.

GÖRGEMANNS, Herwig
Dr. phil., Prof. f. Klass. Philologie - Werderpl. 8, 6900 Heidelberg (T. 40 12 37) - Geb. 2. Sept. 1931 Alpen, Kr. Moers (Vater: Paul G., Lehrer; Mutter: Karola, geb. v. Zwehl), kath. - Promot. 1959 Würzburg; Habil. 1965 Heidelberg - S. 1971 Ord. Univ. Heidelberg. Facharb.

GOERGEN, Hans
Dr.-Ing., o. Prof. u. Direktor Inst. f. Bergbaukunde TH Aachen (s. 1966) - Severinusstr. 8, 5023 Weiden (T. Frechen 7 52 66).

GÖRGEN, Hermann M.

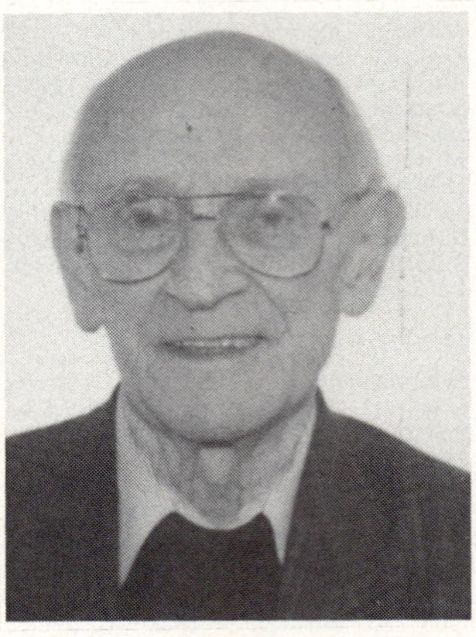

Dr. phil., Drs. h. c., Prof., Generaldirektor a. D., Honorarprof. Univ. Santa Maria u. Juiz de Fora (Brasil), Präs. Dt.-Brasil. Ges. (s. 1960) u. Lateinamerika-Zentrum Bonn (s. 1962) - Rochusweg 47, 5300 Bonn - Geb. 23. Dez. 1908 Wallerfangen/Saar, kath., led. - Gymn. Saarlouis; Univ. Bonn (Promot. 1933 m. Summa cum laude) - 1933 Assist. Prof. Friedrich Wilhelm Foerster, 1935 Assist. Forschungsinstitut für dt. Geistesgesch., Salzburg (Ernennung z. Prof. an d. 1938 zu eröffnenden Phil. Fak. d. Kath. Univ. Salzburg), 1938 Emigration, 1950 Prof. Univ. Juiz de Fora (Volksw. Fak.), 1955 Generaldir. Saarl. Rundfunk, 1957 MdB (IV. Wahlp.; CSU) - BV: F. W. Foerster - Leben u. wiss. Entwicklung b. z. J. 1904, Österr. u. d. Reichsidee (m. Julius Wolf u. Konrad Heilig), D. österr. Frage historisch gesehen (Sonderdruck aus d. v. Thomas Mann hg. Ztschr. Maß u. Wert), Entwicklungsländer in d. Entscheid., Dt. Außenpolitik in Lateinamerika, D. kulturpolit. Bedeut. d. Film- u. Fernsehforsch., Brasilien. Übers.: D. bask. Problem, 7 Monate u. 7 Tage in Franco-Spanien (beide unter Ps. Maximilian Helffert), Chiang-Kai-Shek - Reden aus Krieg u. Frieden (Ps. Konrad Frantz); Brasilien, Länderskizze 1970; Brasilien, Landschaft, Polit. Org., Gesch. Bd. I, 1971; D. lateinamerik. Kirche im Wandel, in: Unwandelbares im Wandel der Zeit, Bd. II, 1977 (Bras. 1979). Herausg.: Dt.-Brasilian. Hefte, 2spr. Zweimonatsztschr. (s. 1961) - Ehrendoktor Univ. Paraná Ceará (Brasil.); Ehrenbürger Rio de Janeiro, Saõ Paulo, Curitiba, Juiz de Fora, Londrina, Nova Lima, Espirito Santo (Bundesstaat), Conselheiro Lafayette, Guarani, d. Bundesst. Minas Gerais, Guanabara, Paraná, Ceará; Komtur Kreuz d. Südens (Brasil.); Großoffz. d. Ordens f. Verd. u. d. Erzieh. Brasil.; 1969 Gr. BVK, 1990 Stern dazu; Großoffz. d. Ordens Rio Branco; Ritter d. Ordens v. Hl. Gregorius; Großoffz. d. Ordens Kreuz d. Südens; 1988 Großoffz. d. Ordens Cruzeiro do Sul (Brasilien) - Spr.: Franz., Engl., Span., Portug.

GOERGEN, Josef
Dr. theol., Ehrendomherr, Prälat i.R., Honorarprof. f. Staatskirchenrecht u. Kanon. Recht (Jurist. Fak.) u. Lehrbeauftr. f. Kath. Religionslehre (Inst. f. Berufsfachkd.) Univ. Saarbrücken, Mitgl. Wiss. u. Päd. Prüfungsamt f. d. Lehramt d. Höh. Dienstes an Gewerbe- u. berufsbild. Schulen d. Saarl. u. a. - Hohe Wacht 15 a, 6600 Saarbrücken (T. 58 12 56) - Geb. 14. Jan. 1904 Saarlouis (Eltern: Johannes (Architekt) u. Margarete G.), kath. - Gymn. Saarlouis; Phil.-Theologische Hochschule Trier u. Eichstätt, Univ. München u. Bonn - Pfarrer Saarbrücken u. St. Michael; s. 1968 Regionaldekan Stadt u. Kreis Saarbrücken. GVP; CDU - BV: Des Hl. Albertus Magnus Lehre v. Vorseh. u. Fatum, 1932; 100 J. Pfarrkirche u. -gde. Ensdorf, 1968; Hofbräuhaus Saarbrücken im alten u. im neuen Schloßbereich, 1980. Zahlr. Aufs. - 1968 Domkapitular h.c.; 1963 Ehrenbürger Ensdorf; 1954 Offz. Orden Palmes Académiques; 1977 Saarl. VO - Liebh.: Bild. Kunst - Spr.: Franz.

GÖRGEN, Kurt
Geschäftführer Hacoba-Textilmaschinen GmbH. & Co. KG., Wuppertal - Herzkamper Str. 76, 5600 Wuppertal 2 - Geb. 16. Mai 1933.

GÖRGENS, Egon
Dr. rer. pol., o. Prof. f. Volkswirtschaftslehre - Geranienstr. 16, 8581 Eckersdorf/Ofr. - Geb. 23. April 1941 Büderich - Promot (1968) u. Habil. (1973) Erlangen-Nürnberg - S. 1975 Ord. TU Berlin u. Univ. Bayreuth - BV: Wettbewerb u. Wirtschaftswachstum, 1969; Wandlungen d. industriellen Produktionsstruktur im wirtschaftl. Wachstum, 1975; Beschäftigungspolitik, 1981; Entwicklungshilfe u. Ordnungspolitik, 1983.

GÖRGENS, Friedhelm
Journalist, Pressesprecher CARE Deutschland (s. 1992) - Wesselstr. 12, 5300 Bonn 1 (T. 0228 - 69 20 30); u. Hauptstr. 22a, 4018 Langenfeld - Geb. 5. Nov. 1948 (Vater: Johann G., Bundesbahnb.; Mutter: Magdalene, geb. Steffens), verh. m. Anna-Maria, geb. Beumer) - Abit. 1967; Stud. Univ. Köln (Gesch., German., Polit. Wiss.) - Kreisvors. Junge Union Rhein-Wupper (1972-74), Pressespr. CDU Rheinl. (1977-83), Sprecher v. CDU-Präsid. u. Landtagsfrakt. NRW (1983-86). Leitg. Redaktion Deutschland-Union-Dienst, CDU Bonn (1987-91). S. 1989 Bürgermeister (ehrenamtl.) d. Stadt Langenfeld/Rhld.

GÖRING, Michael C. (Christian)

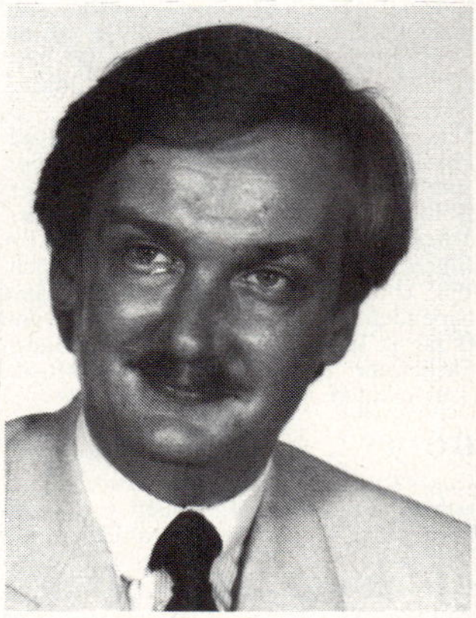

Dr. h.c., Direktor - Adolfsallee 25, 6200 Wiesbaden (T. 0611 - 30 27 80) - Geb. 7. Juni 1949 Wiesbaden (Vater: Albrecht J., Kaufm.; Mutter: Susanne, geb. Lühr), verh. in 2. Ehe (1982) m. Marina, geb. Meister, S. Christian - Ausbild.: Biochemie (Univ. Mainz), Werbung (Melbourne School of Arts), Welthandel (Akad. f. Welthdl. Frankfurt), Journalistik (Christl. Presse-Akad. Nürnberg) - Gegenw. Inh. creaktiv 80 (Werbe-, PR-, Schulungsag. u. a.) u. Chefredakt. gnp/ general news press (beides Wiesbaden). Mitgl. Maison Internationale des Intellectuels (M.I.D.I.), Paris, Intern. Fed.of Journalists, Brüssel, Akad. M.I.D.I., Paris, The Grand Council of The Confederation of Chivalry, Sydney, BDW

(Dt. Kommunikationsverb.), Bonn, Marketing Club, Frankfurt, cpa Evang. Medien Akad., IHK Wiesbaden, CDU u.a. Org. - 1979 Ritter d. Schlaraffia u. Friend of the Jamaican Government, 1982 Senator United World Authority New York; Ehrenbürger u. Ehrenkonsul Aeterna Lucina (Australien); 1986 Knight of Humanity The Sovereign World Order of the White Cross; 1986 Ordre de la Milice du Saint Sepulcre; 1986 Großkreuz The Sovereign World Order of the White Cross; weit. hohe intern. Ausz. - Liebh.: Musik, Golf - Spr.: Latein, Engl., Franz.

GÖRITZ, Dietmar

Dr. rer. nat., Wiss. Rat, Prof. f. Physik Univ. Regensburg - Auf der Platte 7, 8400 Regensburg.

GOERKE, Heinz

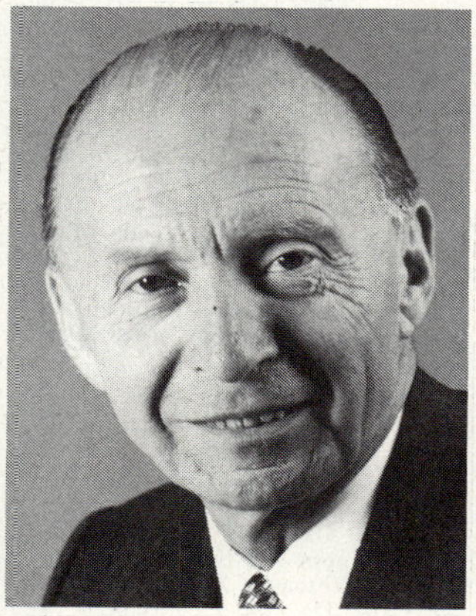

Dr. med., Dr. h.c. mult., Prof., em. Ord. f. Geschichte d. Med. Univ. München, Oberstarzt d.R. a.D. - Strähuberstr. 11, 8000 München 71 (T. 089 - 79 55 48) - Geb. 13. Dez. 1917 Allenstein/Ostpr., ev., verh. s. 1942 m. Dr. med. dent Ilse, geb. Schumacher, T. Dr. Birgitta Goerke-Vogel (Apothekerin) - Gymn. Potsdam; Univ. Berlin u. Jena; Promot. (1943) u. Habil. (1960) FU Berlin - 1950 Arzt f. inn. Krankheiten, 1955 Arzt f. Röntgenol. u. Strahlenheilk.; 1945-50 ärztl. Praxis u. Krankenhaus-Tätigk. Potsdam, dann Berlin; 1952-57 Studienaufenth. Schweden; 1957-62 Ltd. Arzt AOK Beobachtungskrkhs. Berlin; 1962-69 o. Prof. FU ebd.; 1967-69 Ärztl. Dir. Klinikum Steglitz; 1969-86 o. Prof. Univ. München; 1970-82 Ärztl. Dir. Klinikum Großhadern. 1966 Präs. XX. Intern. Kongreß f. Gesch. d. Med. Berlin; 1971-87 Mitgl. Aussch. Med. Wiss. Rat; s. 1971 Vors. Ges. Freunde u. Förd. d. Deutschen Medizinhist. Museum Ingolstadt; 1973 Gründ. d. Dt. Medizinhist. Museum Ingolstadt; 1984-90 Präs. Erich-Frank-Ges. - BV: D. dt.-schwed. Bezieh. in d. Med. d. 18 Jh., 1958; Kurze Übersichtstabelle z. Gesch. d. Med., 7. A. 1960 (m. P. Diepgen); Selbstzeugnisse Berliner Ärzte 1965, 2. A. 1983; Carl v. Linné, 1966, 2. A. 1989 (engl. Übers. 1973); 75 J. Dt. Röntgenges., 1980; Arzt u. Heilkd., 1984, 2. A. 1987 (span. Übers. 1986); Bauchsitus, anatom. Abb. aus 5 Jh., 1985; Brustorgane, anatom. Abb. aus 5 Jh., 1986; Med. u. Techn., 1988 - 1964 Gold. Sportabz.; 1967 Ehrendoktor Univ. Lund (Schweden), 1982 Univ. Istanbul; 1966 Rocha-Lima-Med.; 1982 Sudhoff-Plak., Paul-Schürmann-Med.; 1984 BVK I. Kl.; 1986 Bayer. VO; 1988 Süheyl Ünver-Med.; 1990 Kgl. Schwed. Akad. d. Wiss.; Gr. BVK; Ehrenmitgl. zahlr. in- u. ausl. Fachges. - Spr.: Engl., Franz., Schwed. - Lit.: Med. Diagnostik in Gesch. u. Gegenw. Festschr. z. 60 Geb. (1978); Juliane Wilmanns, Bibliogr. d. Veröff. v. H. G. (1982); 50 Jahre Inst. f. Gesch. d. Med. d. Univ. München (1989) - Rotarier.

GÖRKE, Winfried

Dr.-Ing., Prof. f. Informatik Univ. Karlsruhe - Inst. f. Rechnerentwurf u. Fehlertoleranz, Univ., Postf. 6980, 7500 Karlsruhe 1 - Geb. 24. Juni 1933 Berlin, ev., verh. s. 1970 m. Barbara, geb. Döge, 2 Kd. - Dipl. 1959 TH Darmstadt, M.S.E.E. 1959 Purdue Univ., USA, Promot. 1965 TH Karlsruhe, Habil. 1968 Univ. Karlsruhe - S. 1960 Wiss. Mitarb.; 1971 Forschungsgr.leit.; s. 1972 o. Prof. - BV: Zuverlässigkeitsprobl. elektron. Schaltungen, 1969; Fehlerdiagnose digitaler Schalt., 1973; Mikrorechner, 1978, 2. A. 1980; Fehlertolerante Rechensysteme, 1989 - Spr.: Engl., Franz., Russ.

GÖRLACH, Manfred

Dr. phil., Prof. f. Anglistik Univ. Köln (s. 1984) - Bertolt-Brecht-Str. 116, 5042 Erftstadt-Liblar (T. 02235-4 29 36) - Geb. 12. Juli 1937, ev., verh. s. 1971 m. Mechthild, geb. Pohlmann, 2 S. (Tobias, Benjamin) - Stud. Angl., Lat., Indogerman. FU Berlin, Univ. Durham, Heidelberg, Oxford; Promot. 1970 Heidelberg - 1967-84 Wiss. Assist. u. Akad. Rat/Oberrat Univ. Heidelberg - BV: The South English Legendary, Gilte Legende and Golden Legend, 1972; The Textual Tradition of the South English Legendary, 1974; Einf. in d. engl. Sprachgesch., 1974, 2. A. 1982; An East Midland Revision of the South English Legendary, 1976; Einf. ins Frühneuenglische, 1978; The gestes of Mak and Morris, 1981; u.a. Herausg.: English as a World Language (1982); Middle English Texts (s. 1975); Varieties of English around the World (s. 1980); English World-Wide (Ztschr., s. 1980); Max u. Moritz in dt. Dialekten, Mittelhochdt. u. Jiddisch (1982); Max u. Moritz polyglott (1982); Plisch u. Plum in dt. Dialekten (1984); Max u. Moritz in English Dialects and Creoles (1986). Versch. Aufs. u. Veröff. - Liebh.: Wilhelm Busch - Spr.: Engl., Franz., Lat. u.a.

GÖRLACH, Willi

Studienrat, Minister a. D., MdL Hessen (b. 1989), MdEP (s. 1989) - Oberpforte 2, 6309 Butzbach-Griedel - Geb. 27. Dez. 1940 Butzbach, verh., 3 Kd. - Mittelsch.; Mechanikerl.; Hessen-Kolleg; Stud. Berufs- u. Wirtsch.päd., Maschinenbau. Beide Staatsex. - U. a. Studienrat Kreisberufssch. Nord Butzbach. 1968ff. MdK; 1974-78 Hess. Min. f. Landwirtsch. u. Umwelt, 1978-80 f. Landwirtsch., Forsten u. Umwelt, 1980-87 Min. f. Landwirtsch. u. Forsten u. Bevollm. b. Bund Hessen. SPD (1980-88 Vors. Bez. Hessen-Süd, Mitgl. Parteirat).

GÖRLER, Woldemar

Dr. phil., Prof. f. Klass. Philologie - Beethovenstr. 28, 6901 Bammental (T. 06223 - 53 61) - Geb. 4. Okt. 1933 - Promot. 1962 Berlin (FU); Habil. 1970 Heidelberg - S. 1973 apl. Prof. Univ. Heidelberg, s. 1979 o. Prof. Univ. d. Saarl. - BV: Unters. zu Ciceros Phil., 1974.

GÖRLICH, Ernst

Dr. rer. nat., Prof. f. Mathematik TH Aachen (s. 1973) - Gut Kalkofen, 5100 Aachen - Geb. 14. Jan. 1940 Mechernich - Promot. 1967; Habil. 1971 - Mithrsg. „Functional Analysis and Approximation", 1981 - 45 Fachaufs.

GOERLICH, Franz K.

Dr. rer. nat., Geologe, 1. stv. Vors. Bundesverb. Dt. Geologen e. V. (s. 1989) - Ahrstr. 45, 5300 Bonn (T. 0228 - 30 22 63) - Geb. 26. Juni 1922 Frankfurt/M., kath., verh. s. 1954, 2 Kd. (Bodo, Petra) - Dipl.-Geol. 1952 Frankfurt; Promot. 1953 Frankfurt - Erdölgeologe, Explorationsleit., Prokurist, Ref.leit. Dt. Forsch.gemeinschaft; Geschäftsf. Alfred-Wegener-Stiftg. - Ca. 35 Publ. üb. Geol./Paläontol., Wiss.politik f. d. Geowiss. - Gold. A. G. Werner-Med.; Ehrenmitgl. Dt. Geol. Ges. - BVK I. Kl.; 1991 Alfred-Wegener-Med. in Silber - Liebh.: Kunst, Tischlerei - Spr.: Engl., Franz., Span., Türk., Poln.

GÖRLITZ, Axel

Dr. jur., Prof. f. Politikwissenschaft Univ. Stuttgart - Zu erreichen üb. Inst. f. Politikwiss., Keplerstr. 17, 7000 Stuttgart 1 - Geb. 20. Aug. 1935 Dresden (Vater: Willy G., Versicherungskfm.; Mutter: Felizitas, geb. Rank), ev., verh. in 2. Ehe (1978) m. Evelyn, geb. Friedrich, S. Marius - Stud. Rechtswiss. Beide jurist. Staatsprüf. Promot. (1965) u. Habil. (1971; Politikwiss.) Frankfurt/M. - BV: u. a. Verwaltungsgerichtsbarkeit in Dtschl., 1970; Politikwiss. Propädeutik, 1972 u. 1983; Polit. Funktionen d. Rechts, 1976; Rechtspolitologie, 1985; Politische Steuerung 1989, 1990 - Spr.: Engl., Franz.

GÖRLITZ, Dieter

Oberbürgermeister Stadt Deggendorf (s. 1983) - Neues Rathaus, Franz-Josef-Strauß-Str. 3, 8360 Deggendorf (T. 0991 - 2 96 01 00) - 1974-83 Mitgl. Bayer. Landtag. CSU.

GÖRLITZ, Dietmar

Dr. phil. habil., Dipl.-Psych., Prof. f. Psychologie TU Berlin (s. 1975), PD FU Berlin (s. 1985) - Enzianstr. 2, 1000 Berlin 45 - Geb. 4. Juli 1937 Pr.-Eylau - Promot. 1970 - Zul. Assistenzprof. - BV: Ergebnisse u. Probleme d. ausdruckspsych. Sprechstimmforsch., 1972; Perspectives on attribution research and theory, 1980; Kindl. Erklärungsmuster. Entwicklungspsych. Beitr. z. Attributionsforsch., Bd. 1, 1983. Mithrsg.: Bielefelder Symposium üb. Attribution (1978); Umwelt u. Alltag in d. Psych. (1981); Curiosity, imagination, and play. On the development of spontaneous cognitive and motivational processes (1987); Forschungsprojekte zu entwicklungspsychol. Stadtforschung (ab 1989) u. psychol. Bildanalyse (1990).

GÖRLITZER, Klaus

Dr. rer. nat. habil., Prof. f. Pharmazeut. Chemie TU Braunschweig (s. 1985) - Waterloostr. 15, 3300 Braunschweig - Geb. 29. Juli 1940 Guben, ev., verh. s. 1968 m. Jutta, geb. Kreikenbom, S. Jochen - Stud. FU Berlin; Promot. 1968; Habil. 1976. 1977-85 Prof. FU Berlin.

GÖRNER, Peter

Dr. rer. nat., o. Prof. f. Biologie (Neurophysiol.) Univ. Bielefeld (s. 1973) - Leiblstr. 7, 4800 Bielefeld 1 - Geb. 24. Sept. 1929 Stettin (Vater: Albert G., Offz. (gef.); Mutter: Ilse, geb. Saunier †), ev., verh. s. 1968 m. Dr. Ursula, geb. Seelemann, 2 T. (Anke, Gela) - Univ. Würzburg u. München (Zool.). Promot. 1957 München (Diss. b. Prof. Karl v. Frisch); Habil. 1966 Berlin (FU) - B. 1962 Univ. Utrecht, dann FU Berlin (1968 Wiss. Rat).

GÖRNERT, Hans

Oberbürgermeister Stadt Gießen a. D., Rechtsanwalt - Johannesstr. 16, 6300 Gießen - Geb. 3. Mai 1934 Wetzlar (Vater: Paul G., Ing.; Mutter: Luise, geb. Theiss), ev., verh. s. 1984 m. Sibylle, geb. Gerhardt, 3 Kd. (Babett, Ulrike, Stefan) - Goethesch. Wetzlar, Univ. Heidelberg u. Marburg, 1. u. 2. jurist. Staatsex. 1959 - 1963-77 Richter, 1977-79 Oberbürgerm. Stadt Lahn, 1979-85 OB Gießen - Liebh.: Musik, Kunstgesch. - Spr.: Engl.

GÖRNERT, Hans-Dieter

Dipl.-Ing., Prof. f. Wasserversorgung u. Abwassertechnik Gesamthochschule Siegen (Fachbereich Bautechnik) - Gerhart-Hauptmann-Weg 11, 5900 Siegen 21.

GÖRRES, Albert

Dr. med., Dr. phil., o. Prof. f. Psychotherapie u. Med. Psychol. - Alte Münchner Str. 45a, 8043 Unterföhring - (Vater: Dr. Karl G., Rechtsanw.; Mutter: Maria, geb. Spahn), verh. s. 1950 m. Silvia, geb. Volkart, 7 Kd. - S. 1955 (Habil.) Lehrtätigk. Univ. Mainz (1961 apl., 1962 ao. Prof.) u. München (1966 o. Prof. u. Inst.-Vorst., 1973 Med. Fak. TU München) - BV: Methode u. Erfahrungen d. Psychoanalyse, 1958, 2. A. 1961, 5. A. (Taschenb.) 1973 (auch engl., ital., span., portugies., amerik. Übers.); An d. Grenzen d. Psychoanalyse, 1968; D. Kranke - Ärgernis d. Leistungsges., 1971 (m. a.); Kennt d. Psychologie d. Menschen?, 1978, 2. A. 1986 (Taschenb.); D. Böse. Wege zu s. Bewältigung in Psychotherapie u. Christentum, 1982, 5. A. 1989 (Taschenb.) (ital. Übers. 1989); Kennt d. Relig. d. Menschen? Erfahr. zw. Psych. u. Glauben, 1983, 2. A. 1984 (Taschenb.); Psychol. Bemerkungen über d. Erbsünde u. ihre Folgen. In: C. Schönborn u. a.: Z. kirchlichen Erbsündenlehre, 1991. Herausg.: Tiefenpsych. Deutung d. Glaubens. Anfragen an Eugen Drewermann (1988, m. W. Kasper). Mithrsg.: Denkschr. DFG: Ärztl. Psychotherapie u. -somat. Med. (1964); Intern. Kath. Ztschr. (1972ff.); Ztschr. f. Klin. Psych. u. Psychotherapie. Üb. 50 Beitr. Handb. u. Fachorgane.

GÖRRES, Franz

Dipl.-Ing., Dr. techn., Prof. f. Straßenwesen u. Verkehrsplanung Univ.-Gesamthochschule Paderborn (Fachbereich Bautechnik/Höxter) - Beberstr. 19, 3470 Höxter 1.

GÖRRES, Tilman

Gf. Gesellschafter IPR & O Beratungsges. f. Kommunikation mbH - Stresemannstr. 163, 2000 Hamburg 50 (T. 040 - 43 17 50) - Geb. 29. Sept. 1940 Königsberg/Pr., ev. - 1980-87 Vorst. Ges. Public Relations Agenturen (GPRA), Hamburg; Mitgl. GPRA-Schiedsstelle f. Public Relations, Bonn.

GOERTTLER, Klaus

Dr. med., o. Prof. f. Exper. u. Vergl. Pathologie, Direktor Inst. Vergl. Exper. Path. Univ. Heidelberg, Inst. Exper. Path. Dt. Krebsforschungszentrum Heidelberg - Im Neuenheimer Feld 220, 6900 Heidelberg (T. 06221 - 56 26 33).

GOERTZ, Hans-Jürgen

Dr. theol., Prof. f. Sozial- u. Wirtschaftsgesch. Univ. Hamburg - Wilhelms Allee 15, 2000 Hamburg 55 (T. 040 - 86 26 21) - Geb. 16. April 1937 Fronza/Westpr. (Vater: Gerhard G., landw. Administrator; Mutter: Ruth, geb. Kuttig), mennonit., verh. s. 1967 m. Ilse, geb. Groenekamp, T. Janneke - Stud. Theol., Phil., Gesch.; Promot. 1964 Univ. Göttingen - 1963-64 Vikar; 1964-69 Pastor Mennonitengde. Hamburg-Altona; 1969-1972 Wiss. Assist. Ökumen. Inst. Univ. Heidelberg; 1974-1982 Wiss. Oberrat Univ. Hamburg; s. 1982 Prof. Inst. f. Sozial- u. Wirtschaftsgesch. Univ. Hamburg; 1986 Gastprof. Univ. Bern - BV: Inn. u. äuß. Ordn. in d. Theol. Thomas Müntzers, 1967; D. Täufer. Gesch. u. Deut., 1980, 2. A. 1988; Geist u. Wirklichk. E. Studie z. Pneumatol. Erich Schaeders, 1980; Pfaffenhaß u. groß Geschrei. D. reformatorischen Bewegungen in Deutschl. 1517-29, 1987; Thomas Müntzer. Mystiker, Apokalyptiker, Revolutionär, 1989; Religiöse Bewegungen in d. Frühen Neuzeit, 1992. Herausg.: D. Mennoniten. Kirchen d. Welt, Bd. 8 (1971); Umstrittenes Täufertum 1525-1975. Neue Forsch. (1975, 2. A. 1977); Radikale Reformatoren. 21 biogr. Skizzen v. Thomas Müntzer b. Paracelsus (1978, engl. Übers. 1982); Thomas Müntzer. Wege d. Forsch. (m. a., 1978); Alles gehört allen. D. Experiment Gütergemeinschaft v. 16. Jh. b. heute, (1984) - 1972-74 Habil.-Stip. Dt. Forsch.gemeinsch.

GOERTZ, Heinrich

Schriftsteller, Maler - Försterweg 2, 3262 Auetal-Borstel (T. 05753 - 43 60) - Geb. 15. Mai 1911 Duisburg, verh. s. 1973 m. Angela, geb. Wilkening - 1929-31 Folkwangsch. Essen (Bühnenbild u. Regie) - 1945-47 Bühnenbildner u. Regiss. Dt. Theater Berlin; 1947-61 Regiss. Ostberliner Volksbühne; 1965/66 Chefdramat. Westberliner Volksbühne, 1967-70 Staatsschauspiel Hannover; s. 1970 fr. Maler u. Schriftst. - BV: Johannes Geisterseher, R. 1942; Erwin Piscator, 1974; Hieronymus Bosch, 1977; Gustaf Gründgens, 1982; Lachen u. Heulen, R. 1982.; Arnold Leissler, 1984; Friedrich

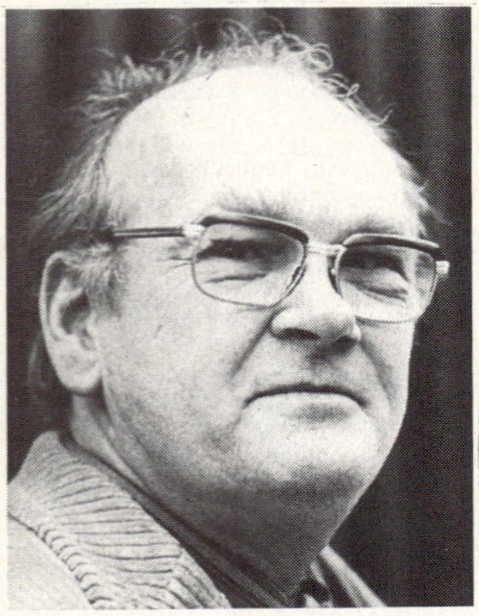

Dürrenmatt, 1987. Ca. 50 Insz., u.a. 1946 Peter Kiewe am Berliner Dt. Theater. Kunstrichtung: Phantast. Realismus - 1983 Nieders. Künstlerstip. - Liebh.: Fotogr. - Spr.: Engl., Franz. - Lit.: Zahlr. Aufs. u. Erz. in Ztg., Ztschr. u. Anthol.

GÖRTZ, Herbert

Dirigent, 1. Kapellmeister u. Stellv. d. Generalmusikdir. Städt. Bühnen Münster - Zur Wiese, 9, 4400 Münster-Albachten - Geb. 14. Nov. 1955 Aachen, kath., verh. m. Florence, geb. Brasche - Stud. Dirig., Kirchenmusik, Klavier, Musiktheorie Aachen, Köln u. Salzburg - GMD-Assist. Bonn; Kapellm. Oberhausen u. Braunschweig. Konz. in England, Frankr., Ital., Belg., Niederl. u. Polen - Dirig. Musikwerke: d'Albert, Tiefland; Rossini, La Cenerentola; Offenbach, La Grande Duchesse de Gerolstein; Ruppert, U. Pippa tanzt (UA); u.a. (1985 Saatstheater Braunschweig) - Liebh.: Lit., Malerei - Spr.: Engl., Franz., Lat., Griech.

GÖRTZ-STRÖMSDÖRFER, Heide

Professorin Hochschule d. Künste Berlin (s. 1990) - Schönburgstr. 11, 1000 Berlin 42 (T. 030 - 751 52 57) - Geb. 9. Okt. 1949 Cuxhaven, verh. s. 1974 m. Hermann Görtz †1990, S. Daniel - Klavierpäd. s. 1969, Pianistenausb. b. Conrad Hansen, Dipl. 1974, Konzertex. 1977, alles Musikhochsch. Hamburg - 1974-80 Lehrtätigk. Musikhochsch. Hamburg; 1980-82 Musikhochsch. Köln - Konzerte im In- u. Ausland; Kammermusik - Interessen: Arbeitsschwerpunkt: Forsch. z. Bedeutung v. Kinästhesie im Klavierspiel - Spr.: Engl.

GOERTZEN, Friedrich

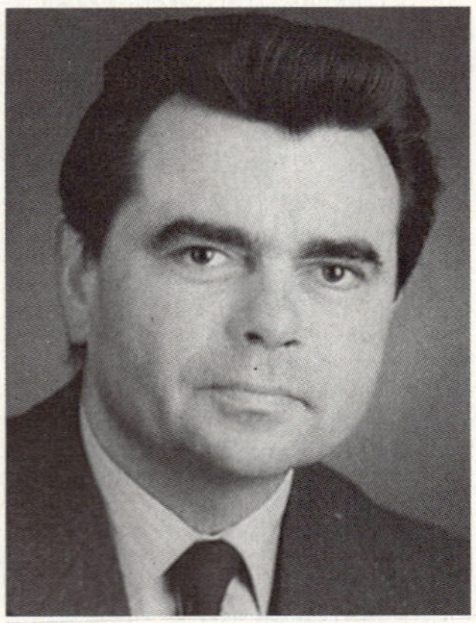

Industriekaufm., Geschäftsführer, Vorstandsmitgl. Baugewerbsinnung - Pfeilstr. 31a, 4200 Oberhausen 11 (T. 0208 - 67 27 20) - Geb. 19. Mai 1935 Oberhausen, kath., verh. s. 1960 m. Gertrud, geb. Steck, Sohn Ralf - 1950-53 Lehre Industriekaufm. - Vors. d. betriebsw. Aussch. Baugewerbeverb. Nordrh., Düsseldorf; Mitgl. Vertretervers. (Selbstverwaltungsorgan) d. Allg. Ortskrankenkasse f. d. Stadt Oberhausen; Beauftr. f. Öffentlichkeitsarb. d. Baugewerksinnung Oberhausen; Vertrauensmann d. BEK. Ehrenamtl. Richter b. AG Oberhausen - Liebh.: Schwimmen, Wandern, Tennis, Langlauf.

GOERZ, Günter

Dr. med. (habil.), Dermatologe, apl. Prof. f. Dermatol. u. Venerol. Univ. Düsseldorf (s. 1974) - Punghausstr. 26, 4010 Hilden/Rhld. - Geb. 3. Okt. 1934 Halle/S. - Promot. 1960 - U. a. Oberarzt u. Privatdoz. Düsseldorf. Üb. 50 Facharb.

GOES, Albrecht

Pfarrer, Schriftst. - Im langen Hau 5, 7000 Stuttgart-Rohr (T. 74 91 03) - Geb. 22. März 1908 Langenbeutingen/Württ. (Vater: Eberhard G., Pfr.; Mutter: geb. Panzerbieter), ev., verh. s. 1933 m. Elisabeth, geb. Schneider, 3 Kd. - Stud. Theol. - W.: D. Hirte, Ged. 1934; D. Hirtin, Sp. 1934; Heimat ist gut, Ged. 1935; D. Roggenfuhre, Sp. 1936; Lob d. Lebens, Erz. 1936; Vergebung, Sp. 1937; Über d. Gespräch, Ess. 1938; D. Zaungast, Sp. 1938; Mörike, Biogr. 1938; Begegnungen, Erz. 1939; D. Nachbar, Ged. 1940; D. guten Gefährten, Ess. 1942; Schwäb. Herzensreise, Erz. 1946; D. Weg z. Stall, Sp. 1946; D. Herberge, Ged. 1947; Rede auf Hermann Hesse, 1947; D. Mensch v. unterwegs, Sp. 1948; V. Mensch zu Mensch, Ess. 1949; Unruh. Nacht, Erz. 1950 (üb. 150 Ts. (1958 verfilmt); Übers. Engl., USA, Schwed., Norw., Dänem., Frankr., Türk., Span., Jap., Finnl., Polen, Tschechosl., Holl., Ital., Ung.). Gedichte, 1930-50, 1950; Unsere letzte Stunde, Ess. 1951; Vertrauen in d. Wort, 1954; D. Brandopfer, Erz. 1954 (üb. 150 Ts.; 10 Übers.); Erfüllter Augenblick, Ausw. 1955; Ruf u. Echo, Ess. 1956; Worte z. Sonntag, Ess. 1956; Genesis, 1957; Hagar am Brunnen, Pred. 1958; St. Galler Spiel, 1959; Worte z. Fest, 1959; Stunden m. Bach, 1959; Goethes Mutter, Rede 1960; Wagnis d. Versöhnung, Ess. 1960; Ravenna, Ess. 1960; Aber im Winde d. Wort - Prosa u. Verse aus 20 J., 1963; D. Löffelchen, Erz. 1965; Im Weitergehen, Ess. 1966; D. Knecht macht keinen Lärm, Pred. 1968; Kanzelholz, Pred. 1971; Tagwerk, Prosa u. Verse, 1976; Lichtschatten Du, Ged. 1979 - 1953 Lessing-Preis Stadt Hamburg, 1962 Heinrich-Stahl-Preis Jüd. Gemeinde Berlin; o. Mitgl. Dt. Akad. f. Sprache u. Dicht. u. Akad. d. Künste Berlin; Mitgl. PEN-Zentrum BRD; 1958 Willibald-Pirckheimer-Med.; 1959 Gr. BVK; 1974 Dr. h. c. Theol. Fak. Univ. Mainz, 1978 Buber-Rosenzweig-Medaille - Lit.: Rudolf Wentorf, A. G. - An vielen Tischen zu Gast (1968); Diss. USA u. Belg.

GÖSCHEL, Joachim

Dr., phil., Prof. f. Deutsche Philologie u. Phonetik Univ. Marburg (s. 1971) - Sommerstr. 24, 3550 Marburg/L. - Geb. 22. Dez. 1931 Regis-Breitingen/Sa. - Promot. 1961 Leipzig; Habil. 1970 Marburg - 1969ff. Leit. Abt. Phonetik; 1987ff. Dir. d. Dt. Sprachatlas, Marburg - BV: u. a. Strukturelle u. instrumentalphon. Unters. z. gesprochenen Sprache, 1973. Hrsg.: Ztschr. f. Dialektologie u. Linguistik (1972 ff.).

GÖSELE, Karl

Dr.-Ing., Prof., Akustiker - Grundstr. 32, 7022 Leinfelden-Echterdingen 3 - Geb. 24. Juli 1912 Stuttgart (Vater: Michael G., Schreiner; Mutter: Katharina, geb. Kipf), ev., verh. s. 1945 m. Marta, geb. Jung, 4 Kd. - TH Stuttgart (Physik). Promot. 1939; Habil. 1942 - S. 1939 Forschungsanst. Graf Zeppelin, Bauforschungsanst. TH, 1959 apl. Prof., Dir. Fraunhofer-Inst. f. Bauphysik, Stuttgart (b. 1977). Üb. 140 Veröff., vornehml. Bauakustik.

GOESER, Hanns

Dr. jur., Vorstandsmitglied i.R. (s. 1983) Württ. Bank, Stuttgart - Rottannenweg 8, 7000 Stuttgart (T. 24 08 33) - AR-Mandate (z. T. Vors.) u. a. - Spr.: Engl. - Rotarier.

GÖSS, Martin

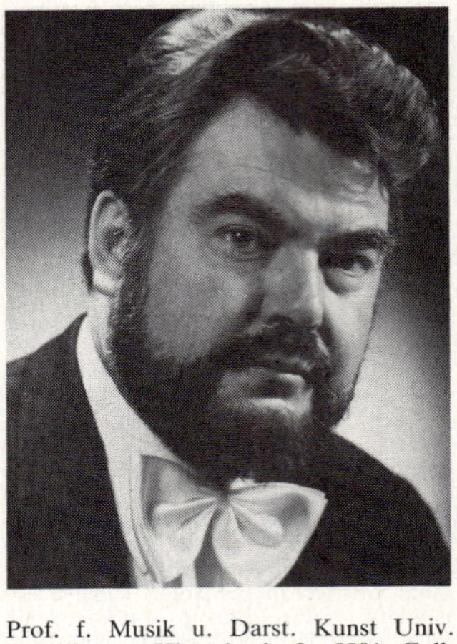

Prof. f. Musik u. Darst. Kunst Univ. Frankfurt - Hirtenbuck 2, 8801 Gallmersgarten (T. 09843 - 16 11) - Geb. 9. Mai 1936 Gallmersgarten - 1953-57 Bayer. Staatskonservat. Würzburg, Staatsex. 1957 - 1957 Theater Würzburg; 1958 Städt. Bühnen Freiburg/Br.; 1959 Staatsoper Hannover; 1967 R.S.O. Frankfurt; 1976 Hochsch. f. Musik Frankfurt; s. 1977 Hochsch. f. Musik Würzburg; s. 1969 Mitgl. Bayreuther Festsp. - BV: Orchesterstudien f. Posaune, 1984 - 1991 Rotarier.

GÖSSEL, Karl Heinz

Dr., Prof. f. Straf- u. Strafprozeßrecht Univ. Erlangen (s. 1975), Richter Bayer. Oberstes Landgericht (s. 1992) - Niobestr. 27, 8000 München 82 - Geb. 16. Okt. 1932 Rheinhausen/Nrh. (Vater: Otto G., Revisor; Mutter: Grete, geb. Küppersbusch), ev., verh. s. 1961 m. Annemarie, geb. Kayser, 2 Kd. (Jasper, Jan) - Kaufm. Lehre; Stud. d. Rechtswiss. Univ. Köln u. München; Habil. 1972 - 1966/67 Staatsanwalt Bayer. Staatsmin. d. Justiz. 1980/81 Dekan Jurist. Fak. Univ. Erlangen - BV: Wertungsprobleme d. Begriffe d. finalen Handlung, 1966; Üb. d. Bedeutung d. Irrtums im Strafrecht, Bd. I 1974; Strafverfahrensrecht I, 1977; Strafrecht Bes. Teil Bd. 1 1987; Fälle u. Lösungen z. Strafrecht, 6. A. 1992, Strafrecht Allg. Teil, Teilbd. 2, 7. A. 1989 (m. Maurach u. Zipf); Strafverfahrensrecht II. 1979; Komment. z. §§ 359-373a, 407-444 StPO (v. Löwe-Rosenberg, m. a.); zahlr. Aufs. u. Beiträge in Fachzeitschr. u. Festschriften - 1981 Ehrenmitgl. Rechtswiss. Fak. Univ. Santiago de Chile - Spr.: Engl., Span.

GÖSSLER, Fritz

Dr. phil. Geschäftführer i. R. Anschütz & Co., Kiel (b. 1973) - Bismarckallee 38, 2300 Kiel (T. 3 21 11) - Geb. 8. Okt. 1908 Teschendorf/Meckl. (Vater: Ernst G., Lehrer; Mutter: Margarete, geb. Schulz), verh. s. 1935 m. Lotte, geb. Seelig - Univ. Jena, Kiel, Rostock (Math., Physik; Promot. 1932) - 1935 b. 1952 Carl Zeiss, Jena u. Oberkochen; 1953-72 Zeiss Ikon AG., Stuttgart (b. 1970 Vorstandsmitgl., dann -vors.). Funktionen: Vorstandsmitgl. Verb. d. dt. photogr. Ind. u. Univ.sges. Kiel, ARsmitgl. Berliner Bank AG., VRsmitgl. Inst. f. Weltwirtsch. Kiel - 1967 Gold. Linse; 1969 BVK I. Kl. - Spr.: Engl., Franz. - Rotarier.

GÖSSMANN, Elisabeth,

geb. Placke

Dr. theol., Dr. theol. h.c., Prof., Theologin - Sollner Str. 57, 8000 München 71 u. Miyamae 5-8-9, 168 Suginamiku/Tokyo (Japan) - Geb. 21. Juni 1928 Osnabrück (Vater: Heinrich Placke, Oberzollrat; Mutter: Caecilie, geb. Mensing), kath., verh. s. 1954 m. Prof. Dr. Wilhelm G., Pädagoge (s. dort), 2 Kd. (Debora, Hilaria) - Univ. Münster u. München (Theol., Phil., German.; Staatsex. 1952). Promot. 1954, Habil. 1978, Ehrendoktor Univ. Graz 1985 - S. 1955 (m. Unterbr.) Doz. u. Prof. Seishin Univ. Tokyo (Ord.); s. 1990 Hon.-Prof. Seishin-Univ.; apl. Prof. Univ. München. Div. Fachmitgliedsch. - BV: D. Verkündig. an Maria im dogmat. Verständnis d. Mittelalters, 1957 (Diss.); D. Frau u. ihr Auftrag, 2. A. 1965; D. Bild d. Frau heute, 2. A. 1967; Metaphysik u. Heilsgesch. - E. theol. Unters. d. Summa Halensis, 1964; Religiöse Herkunft - Profane Zukunft? - D. Christentum in Japan, 1965; Glaube u. Gotteserkenntnis im Mittelalter, 1971; Antiqui u. Moderni i. Mittelalter - Eine geschichtl. Standortbestimmung, 1974; D. streitbaren Schwestern. Was will d. Feminist. Theol.?, 1981; Textedition: Robert Kilwardby, Quaestiones in L. III Sententiarum, T. 1: Christol., 1982. Herausg. s. 1984: Archiv f. phil.- u. theol.-geschichtl. Frauenforsch. München (iudicium), auf 10 Bde. berechn.; Japan - ein Land der Frauen? (1991) - Mithrsg.: Theol. Fragen heute (m. M. Schmaus, 1964ff.); Was ist Theol.? (m. E. Neuhäusler, 1966); D. Gold im Wachs (m. G. Zobel, 1988); Maria üb. allen Frauen oder f. alle Frauen? (m. D. R. Bauer, 1989); Wörterbuch d. Feministischen Theologie (m. 5 Theologinnen, 1991) - Liebh.: Jap. Kunst, Schwimmen - Spr.: Engl., Franz., Jap.

GÖSSMANN, Wilhelm

Dr. phil., Prof., f. Didaktik d. Dt. Spr. u. Lit. Univ. Düsseldorf - Graf-Recke-Str. 160, 4000 Düsseldorf (T. 63 31 04) - Geb. 20. Okt. 1926 Langenstraße/W. (Vater: Anton G., Bauer; Mutter: Maria, geb. Witthaut), kath., verh. s. 1954 m. Prof. Dr. theol. Elisabeth, geb. Placke (s. unt. Elisabeth G.), 2 Kd. (Debora, Hilaria) - Univ. Münster (German., Theol., Phil.; Staatsex. 1952). Promot. 1955 München - 1955-60 Doz. Sophia u. Tokyo Univ. (Jap.); 1962-68 Doz. Päd. Hochsch. Weingarten; 1968-80 o. Prof. PH Rheinland/Abt. Neuss, s. 1980 o. Prof. Univ. Düsseldorf (Didaktik d. dt. Sprache u. Lit.). 1973-83 Vors. d. Heine-Ges. Mitgl. Droste-, Spee-, Dt.-Jap. Ges. - BV: D. Schuldproblem im Werk Annette v. Droste-Hülshoffs, 1956 (Diss.); Deutsche Kulturgesch. im Grundriß, Lehrb. 6. A. 1992; Doitsu Bungako no Seishin, Ess. 1960 (jap.: Tokyo); Meditationstexte, Lyrik 1965; Sakrale Sprache, Ess. 1965; Wörter suchen Gott, Lyr. 1968; Sentenzen, Lyrik, 1970; Glaubwürdigkeit i. Sprachgebrauch, Wissenschaftl. Abhandl., 1970; Geständnisse - Heine i. Bewußtsein heutiger Autoren (Hrsg.), 1972; Lit. Gebrauchstexte, protestieren - nachdenken, didakt. Texte, 2. A. 1974; D. Gottesrevolution. D. Reden d. Jesus von Nazaret, Übers. 1974; Politische Dichtung im Unterricht: Dtschl. - E. Wintermärchen, Fachb. 1974; Literarisier. - e. Lernziel d. Deutschunterr., Wiss. Abh., 1974; Ihr aber werdet lachen, Gloss. 1976; Sätze statt Aufs. Schriftl. Arb. auf d. Primarstufe, Fachb. 4. A. 1991; Umbau - Land u. Leute, Lit., Inspektion 1978; Heine im Deutschunterr. (Hrsg.), Fachb. 1978; Schülermanuskr. Schriftl. Arb. auf d. Sekundarstufe I, Fachb. 1979; D. Kunst, Blumen zu stecken, Essay 1980; Relig.: d. Menschenleben, Lit. Wiedergabe bibl. Erfahr., 1981; Im Gewohnten erschrecken, Beifahrergespr. u.a. Prosatexte, 1982; D. späte Heine 1848-1856. Lit., Politik, Relig. (Hrsg.), 1982; Lernen ist verrückt - od. Schule lebenslänglich? Lit. Inspektion, 1984; Voller Knospen d. Baum - Weihnachten, Lyrik, Prosa 1984; Annette v. Droste-Hülshoff, Ich u. Spiegelbild, Z. Verständnis d. Dichterin u. ihres Werkes, 1985; Noch summt v. d. Botschaft d. Welt, Gedanken u. Meditationen, 1986; Glücklichpreisungen, D. Bergpredigt meditieren, 1986; Wohnrecht unter d. Himmel, Ged. 1986; Heinrich Heine, Deutschl. E. Wintermärchen, Text u. Materialien, 1986; Theorie u. Praxis d. Schreibens, Wege zu e. neuen Schreibkultur, 1987; Hier ist gut sein, Bilder e. Landschaft, Lyrik, Prosa 1988; Kulturchristentum. D. Verquickung v. Relig. u. Lit. in d. dt. Geistesgesch., 1990; Heinrich Heine im Spannungsfeld v. Lit. u. Wiss. (Hrsg), Symposium (1990); Welch ein Buch! D. Bibel als Weltlit., 1991. - Liebh.: Blumenstecken (Ikebana) - Spr.: Engl., Jap. - Lit.: Literatur, Verständnis u. Vermittlung. Anthol. f. W. G. z. 65. Geb. (hg. v. J. A. Kruse, M. Salmen, K.-H. Roth, 1991).

GÖSSNER, Wolfgang

Dr. med., o. Prof. f. Allg. Pathologie u. Pathol. Anatomie - Oberföhringer Str. 127, 8000 München 81 - Geb. 29. Okt. 1919 Leipzig - S. 1959 (Habil.) Lehrtätigk. Univ. Tübingen (1963 apl. Prof.) u. TU München (1969 Ord.).

GÖSSWALD, Karl

Dr. phil., o. Prof. f. Zoologie (emerit. 1974) - Königsbergerstr. 1, 8700 Würzburg - Geb. 26. Jan. 1907 Würzburg (Vater: Max G.; Mutter: Margarete, geb. Geyer), verh. s. 1937 m. Johanna, geb. Traumann, 2 Kd. (Karl Josef, Barbara Maria) - Gymn. u. Univ. Würzburg. Promot. (1931; m. Univ.preis) u. Habil. (1947) Würzburg - Assist. Univ. München u. Staatl. Lehr- u. Versuchsanstalt f. Obst-, Wein- u. Gartenbau, Neustadt/Weinstr., 1935 wiss. Angest., spät. Dienststellenleit. Biol. Reichsanst., Berlin, 1942 Reg.rat u. Abt.leit. Versuchsanst. f. Waldwirtsch., Eberswalde, 1947 Privatdoz., 1948 ao., 1966 o. Prof. Univ. Würzburg (Vorst. Inst. f. Angew. Zool.). Leit. Amtl. Prüfst. f. Werkstoff-Schädlinge. Mitgl. Wiss. Rat Intern. Ges. f. Nahrungs- u. Vitalstoff-Forsch. - BV: Aculeata, in: Sorauer, Handb. d. Pflanzenkrankh., 1949; D. rote Waldameise, Bedeut., Nutzen u. Zucht in d. Forstw., 1951; Unsere Ameisen, Bd. I u. II, 1954; Org. u. Leben d. Ameisen, 1985; D. Waldameise, Grundl. Biol., Ökol. u. Verhalten, Bd. 1 1989. 275 wiss. Veröff. Mithrsg.: Ztschr. f. Angew. Zool., Insectes sociaux, Intern. Journal of Bioclimatology and Biometeorology, Waldhygiene - 1966 Zander-Med. in Gold; 1966 Ehrenvorst. Dt. Sektion Intern. Union z. Stud. d. soz. Insekten; 1967 Mitgl. Ind. Akad. f. Zool.; 1970 Medaglia d'Oro al merito silvano, 1971; Ehrennadel in Gold d. Bayer. Imker-Vereinigung e. V.; 1971 Leit. Ameisenschutzwarte Würzburg; Ehrenpräs. Verein z. Förd. d. Ameisenschutzwarte Würzburg e. V.; 1979 Ausl. Mitgl. Finnisch. Nat.Schutzverein Loumais-Hämeen; 1979 Ehrenbrief Imkerverb. Rhld.; 1979 Umweltmed. Bayer. St.M.-L.U.; 1981 BVK; 1981 Ehrenmitgl. Dtspr. Sekt. Intern. Union z. Stud. Soz. Insekten; Ehrenmitgl. Europ. Ges. f. Säugetierschutz; 1985 BVK I. Kl.

GOETERS, Cornelius

Geschichtsforscher u. Volkskundler - Wickrathberg-Haus Laufs, 4050 Mönchengladbach 4 - Geb. 18. Febr. 1921 Bonn (Vater: Prof. Dr. D. Wilhelm G., Kirchenhistoriker Univ. Bonn u. Münster, Ehrendoktor Univ. Utrecht (Niederl.), †1953) - 1981 Benedikt-Preis Stadt Mönchengladbach.

GOETERS, J. F. Gerhard

Dr. theol., o. Prof. f. Kirchengeschichte - Niebuhrstr. 25, 5300 Bonn - Geb. 1. April 1926 Bonn, ev. - Stud. Ev. Theol. Bonn, Göttingen, Tübingen, Zürich. Promot. Zürich 1957, Habil. Bonn 1963 - 1964 Doz. Univ. Bonn; 1967 Ord. Univ. Münster; 1970 Ord. Univ. Bonn. Emerit. 1991. 1959 Mitgl. Ges. Rhein. Geschichtskunde; 1968 Mitgl. Histor. Kommiss. Westfalens - BV: Ludwig Hätzer, Spiritualist u. Antitrinitaner, 1957; D. Beschlüsse d. Weseler Konvents, 1968; D. ev. Kirchenordn. d. Kurpfalz, 1969; D. Akten d. Synode z. Emden, 1971. Div. Einzelarb.

GOETHE, Friedrich W.

Dr. phil. nat., vorm. Direktor Inst. f. Vogelforsch./Vogelwarte Helgoland, Wilhelmshaven - Kirchreihe 19B, 2940 Wilhelmshaven (T. 3 26 54) - Geb. 30. Juni 1911 Kiel (Vater: Walter G., Seeoffz.; Mutter: Maria, geb. Staehelin), ev., verh. s. 1936 m. Elisabeth, geb. Peters, 3 Kd. (Bernhart, Swanhild, Burkhart) - Oberrealsch. Detmold; Univ. Freiburg/Br., Basel, Münster/W. (Zool., Botanik, Geogr.). Promot. 1936 - 1936-38 Assist. Forschungsst. Dt. Wild Werbellinsee, dann wiss. Mitarb. Biol. Labor. UFA-Kulturfilmherstell., 1939-45 Wehrdst., 1946 b. 1951 Assist. Lipp. Landesmuseum Detmold, seither Assist. u. Dir. (1958-76) Inst. f. Vogelforsch. W'haven. 1946-48 apl. Doz. Päd. Akad. Detmold (Biol.). Mitgl. in- u. ausl. Fachges. - BV: D. Vogelinsel Mellum, 1939; Vogelwelt d. Teutobg. Waldgebietes, 1948; D. Silbermöwe, 1956; Verhalten d. Musteliden, in: Handb. d. Zool., 1964 - Liebh.: Tier in Kunst u. Folklore - Spr.: Engl., Franz. - Rotarier - Bek. Vorf.: Rudolf Konst. G., Dir. Lehr- u. Forschungsanstalt f. Obst-, Wein- u. Gartenbau Geisenheim (1843-1911).

GOETHE, Hans-Georg

Dipl.-Berging., Vorstand i.R. Dt. Texaco AG - Schefflerweg 16a, 2000 Hamburg 52 (T. 040 - 880 39 61) - Geb. 15. März 1917 Breslau, ev., verh., 2 Kd. - AR-Mitgl. RWE-DEA AG.

GÖTHERT, Manfred

Dr. med., Prof. f. Pharmakologie u. Toxikologie, Arzt f. Pharmakol., Dir. Inst. Pharmakol., Toxikol. Univ. Bonn - Reuterstr. 2b, 5300 Bonn 1 - Geb. 12. Dez. 1939 Braunschweig (Vater: Dr. rer. nat. Rudolf G., Physiker; Mutter: Luise, geb. Freise), ev., verh. s. 1966 m. Irmgard, geb. Scheibler, 3 S. (Joachim, Wolfram, Martin) - Stud. Univ. Hamburg, Freiburg, Innsbruck, Wien, Göttingen; Promot. 1965 Göttingen; Habil. 1971 Hamburg - 1978 Prof. Univ.-Klinik Essen, 1985 Prof. Univ. Bonn - BV: D. Sekretionsleistung d. Nebennierenmarks unt. d. Einfluß v. Narkotika u. Muskelrelaxantien, 1972. Mithrsg.: Naunyn-Schmiedeberg's Arch. Pharmacol. (s. 1987). 123 Ztschr.-Veröff. u. ca. 27 Buchbeitr. üb. Themen d. Neuro- u. Herz-Kreislaufpharmakol. - 1975 Martini-Preis - Spr.: Engl., Franz.

GOETSCH, Paul

Dr. phil., o. Prof. f. Engl. Philologie Univ. Freiburg (s. 1971) - Stegmatten 4, 7809 Denzlingen - BV: D. engl. Romankonzeption 1880-1910 (Heidelberg 1967); Hrsg.: D. amerik. Drama (Düsseldorf 1974).

GOETTE, Gerhard

Dr. rer. pol., Aufsichtsrat Industriekreditbank AG, Düsseldorf, u. Bausparkasse Wüstenrot, Ludwigsburg - Palmengartenstr. 5-9, 6000 Frankfurt/M. (T. 74 31-0) - Geb. 23. Sept. 1926 - Vorst.-Mitgl. Kreditanstalt f. Wiederaufbau; VR Dt. Genossenschaftsbank, bde. Frankfurt/M.

GÖTTE, Klaus

Dr. jur., Vorstandsvorsitzer MAN Aktiengesellschaft - Ungererstr. 69, 8000 München 40 (T. 089 - 36 09 80) - Geb. 22. April 1932 Diepholz, verh., 3 Kd. - 1955-68 Bankhaus C. G. Trinkaus, Düsseldorf; 1968-72 Dir. u. Leit. d. Finanzabt. Fried. Krupp GmbH, Essen; Mitgl. d. Geschäftsleitg. Fried. Krupp Maschinen- u. Stahlbau, Rheinhausen; 1972-80 Vorst.-Mitgl. Allianz Versich. AG, München, Allianz Lebensversich. AG, Stuttgart; 1980-82 pers. haft. Gesellsch.; stv. Vors. Geschäftsf. Friedrich Flick Industrieverw. KGaA, Düsseldorf.

GÖTTE, Klaus

Schauspieler, Regiss., Sprecher - Am Fürstengrab 3, 6751 Rodenbach (T. 06374 - 15 41) - Geb. 16. Juni 1936 Hannover - Stud. Kunstgesch., Archäol., Theaterwiss.; Promot. 1966 - 1970-74 Chefdramat. u. Regiss. Pfalztheater Kaiserslautern; seither fr. Schausp. u. Sprecher (Theater, Film, Funk, Fernsehen).

GÖTTE, Martin

Prof., Hochschullehrer - Breite Str. 1, 7070 Schwäb. Gmünd - Geb. 24. März 1928 Essen/W. (Vater: Josef G., Postbeamter; Mutter: Anna, geb. Hesse), kath., verh. s. 1960 m. Annegret, geb. Schütten †1982, 4 Kd. (Stephanie, Michael, Markus, Dorothee) - 1949-55 Univ. Göttingen (Psych., Soziol., Päd., Phil.). Dipl.-Psych. 1955; Promot. 1959 - S. 1966 Doz. u. Prof. (1970) PH Schwäb. Gmünd (Päd. Psych.) - BV: u. a. Erwachsenenbild. auf d. Lande, 1961; Betriebsklima, 1962; Strafbedürfnis, -provokation e. erzieher. Handeln, 1965 - Liebh.: Biol. Gartenbau - Spr.: Engl.

GÖTTE, Rose

geb. Wennberg

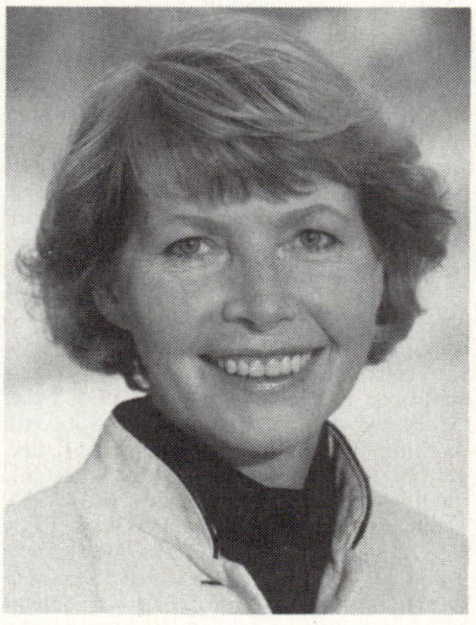

Dr. phil., Wissenschaftlerin (Päd. f. Vorschulerzieh.), Ministerin f. Bildung u. Kultur (s. 1991) - Am Fürstengrab 3, 6751 Rodenbach - Geb. 21. März 1938, ev., verh. s. 1961 m. Dr. Klaus G., 3 Kd. - BV: Sprache u. Spiel im Kindergarten, 7. A. 1991; Alzheimer - was tun?, 1991; u. a. - SPD. 1979-87 MdL Rhld.-Pfalz, 1987-91 MdB - Spr.: Engl., Franz., Lat.

GÖTTFRIED, Bartholomäus

I. Bürgermeister (s. 1978) - Rathaus, 8165 Fischbachau/Obb.; priv.: Kirchpl. 5 - Geb. 10. Sept. 1926 Fischbachau - Zul. Versicherungskfm.

GÖTTGENS, Helmut

Vorsitzender d. Geschäftsführungen d. RNA Automation Ltd., Birmingham u. Vibrant S.A., Barcelona - Grachtstr. 9, 5100 Aachen (T. 0241 - 52 64 17) - Geb. 27. Aug. 1929, kath., verh. s. 1956 m. Paula, geb. Schartmann, 4 Kd. (Reinhold, Michael, Gebhard, Norbert) - Prok. Rhein-Nadel GmbH, Aachen - Spr.: Engl.

GÖTTING, Fritz Klaus-Jürgen

Dr. rer. nat., Prof. f. Zoologie Univ. Gießen (1973/74 u. 1985/86 Dekan Fachber. Biol.) - Bergstr. 14, 6301 Fernwald 1 (T. 06404 - 28 44) - Geb. 7. Juni 1936 Dresden (Vater: Fritz G., Biol.; Mutter: Helene, geb. Schierz), verh. s. 1966 m. Sigrid, geb. Schlaack, 2 Kd. (Rolf Ekkehard, Ingrid Ulrike) - Stud. d. Biol. Univ. Halle, Frankfurt/M., Gießen; Promot. 1961 - BV: Malakozoologie. Grundriß d. Weichtierkd., 1974; Meeresbiol., 1982/88. Rd. 70 Publ. üb. Fisch-Oogenese u. Mollusken.

GOETTING, Hans

Dr. phil., o. Prof. f. Histor. Hilfswissenschaften u. Direktor Diplomat. App. u. Sem. f. Mittlere u. neuere Gesch. Univ. Göttingen (em. 1976) - Waitzweg 7, 3400 Göttingen - Geb. 21. Jan. 1911 Posen - Archivdst. Breslau, Hannover, Wolfenbüttel - BV: Nieders. u. Schlesien in ihren geschichtl. Beziehungen, 1956; D. Vizedominatsrechnungen d. Domstifts St. Blasii zu Braunschweig 1299-1450, 1958 (m. H. Kleinau); D. Reichsstift Gandersheim (Germania Sacra NF 7), 1973; D. Klöster Brunshausen, Clus usw. (Germania Sacra NF 8), 1974; D. Hildesheimer Bischöfe v. 815-1221 (1227) (Germania Sacra NF 20), 1984. Viele Einzelarb. - Mitgl. Braunschweig. Wiss. Ges., Comité Internat. de Diplomatique u. a.

GÖTTLICH, Karlhans

Dr. agr., Prof., Moorforscher - Fürst-Friedrich-Str. Nr. 14, 7480 Sigmaringen - Geb. 9. Nov. 1914 Tetschen/Elbe - Promot. 1950; Habil. 1964 - S. 1956 Lehrtätigk. Univ. Hohenheim (1971 apl. Prof. f. Angew. Boden-, insb. Moorkunde) - BV: Ergebnisse u. Ziele bodenkundl. Studien in Moor u. Anmoor, 1965; (Hrsg.) Moor- u. Torfkunde, 3. A. 1990 (ital. u. engl. A. in Druck). Üb. 70 wiss. Veröff. Moorkarte v. Bad.-Württ., 13 Bl. - 1979 BVK a.Bde.; 1983 C. A. Weber-Med.

GÖTTLICHER, Siegfried

Dr. rer. nat., Prof. f. Strukturforschung - Goethestr. 13, 6105 Ober-Ramstadt - Geb. 21. Dez. 1929 - S. 1967 (Habil.) Lehrtätigk. TH Darmstadt (gegenw. Ord.).

GÖTTSCHE, Helmut

Dr. phil., Prof., Wiss. Rat Inst. f. Medizin. Informatik u. Biomathematik/Univ. Münster (Lehrbefugnis: Programmier- u. Betriebssysteme in d. Med.) - Schöppingenweg 30, 4400 Münster/W.

GÖTTSCHING, Christian

Dr. med., Prof., Ministerialdirigent, Leit. Abt. Gesundheitswesen Baden-Württ. Min. f. Arbeit, Gesundheit u. Sozialordnung, Stuttgart - Eichrodtstr. 10, 7800 Freiburg/Br. - Geb. 30. April 1920 - Promot. 1947 - B. 1975 Lehrbeauftr., dann Honorarprof. Univ. Freiburg. Fachgeb. Sozialmed. u. Pneumol. Aufs. - 1958, 62, 65 Franz-Redeker-, 1970 Curt-Adam-Preis.

GÖTZ, Alfred H.

Dipl.-Kfm., Vorstandsmitgl. Stuttgarter Hofbräu AG - Hugo-Eckener-Str. 11, 7000 Stuttgart 1 (T. 48 49 30) - Geb. 19. Febr. 1930 Rückersdorf/Mfr. (Vater: Franz G., Fuhruntern.; Mutter: Christel, geb. Gerstacker), verw. - Oberrealsch., Abit.; Stud. Betriebswirtsch., Hochsch. f. Soz.wiss. Nürnberg, Univ. Erlangen; Dipl.-Kfm. 1953/54 - Vizepräs. Bad.-Württ. Brauerbund e.V., Vorst.-Mitgl. Landesverb. Bad.-Württ. Industrie; AR-Mand. - Mitgl. Lions-Club; 1987 BVK - Spr.: Engl.

GÖTZ, Bernd

Dr. phil., Prof. f. Allg. Pädagogik PH Reutlingen (s. 1973) - Friedrich-Ebert-Str. 30, 7407 Rottenburg 1 - Geb. 21. Jan. 1940 Schwenningen/N. - Promot. 1969 Tübingen - Fachveröff.

GÖTZ, Dieter

Dr. phil., o. Prof. f. Angewandte Sprachwissenschaft (Anglistik) Univ. Augsburg (s. 1981) u. Leit. d. Sprachenzentrums Univ. Augsburg - Dornierweg 2, 8901 Diedorf/Lettenbach - Geb. 14. Febr. 1942 Ansbach, verh. m. Gudrun, geb. Schmitt, 2 Kd. - Promot. 1971 - BV: u. a. z. Kontrastiven Linguistik, Stilistik, Lexikographie, Konversationsanalyse.

GÖTZ, Eberhard

Dr. med. habil., apl. Prof. f. Anaesthes., Direktor Institut f. Anesthesiologie Städt. Kliniken Darmstadt - Grafenstr. 9, 6100 Darmstadt.

GÖTZ, Eicke

Dr. jur. utr., Rechtsanwalt, MdB (s. 1980) - 8038 Gröbenzell/Obb. - Geb. 29. Nov. 1939 Berlin (Vater: Erich G., Leit. Min.rat a. D.; Mutter: Käthe, geb. Hornburg), kath., verh. s. 1965 m. Jutta, geb. Weiguny, Zahnärztin, 2 Kd. (Nicola, Torsten) - Univ. Tübingen u. Würzburg (Jura), Gr. jur. Staatsprüf. 1968. 1969-71 Reg.rat Wehrber.verw. VI, 1972-80 1. Bürgerm. Gröbenzell (17.000

Einw.); Stv. CSU-Frakt.vors. Kreistag Fürstenfeldbruck; Stv. Vors. Abwasserverb. Ampergruppe; AR Raiffeisenbank Olching.

GÖTZ, Franz

Dr. phil., Studienrat a. D., MdL Bayern (s. 1978, SPD) - Gartengasse 10, 8070 Ingolstadt - Geb. 16. Sept. 1945 Ingolstadt, kath., verh. - Gymn. Ingolstadt; Stud. Saarbrücken, Trier, München; Ausbild. f. d. höh. Lehramt an berufsbild. Schulen f. Bauwesen u. Arbeitswiss. Ingenieurex. f. allg. Ing.bau (1968) u. Baubetriebsw. (1970); Staatsex. 1973 u. 75 - 2 J. Tätigk. Bauind.; s. 1975 Studienrat Ingolstadt (Gewerbl. Berufssch.). 1978ff. Stadtrat Ingolstadt (Fraktionsvors); Kreisvors. Arbeiterwohlfahrt; Vors. SPD-Ingolstadt.

GÖTZ, Hans Herbert

Dr. rer. pol., Wirtschaftskorrespondent - Lotzestr. 13, 1000 Berlin 45 (T. 811 31 15) - Geb. 29. Jan. 1921 Düsseldorf (Eltern: Carl (Bankdir.) u. Cäcilie G.), ev., verh., 4 Kd. (Christine, Martin, aus 1., Stephan, Bastian aus 2. Ehe) - Promot. 1949 Freiburg/Br. - S. 1949 FAZ (b. 1953 Frankfurt/M., dann Bonn, s. 1963 Brüssel; Korresp. f. Fragen d. Gemeins. Marktes/EWG. S. 1975 in West-Berlin; als Korresp. d. F.A.Z. auch i. d. DDR akkreditiert. Reisen Europa, Nord-, Südamerika, Afrika, Neuseeland, Australien, Polen u. Sowjetunion - BV: Europ. Agrarpolitik auf neuen Wegen, 1959 (auch franz., ital., holl.); Weil alle besser leben wollen - Porträt d. dt. Wirtschaftspolitik, 1963; Manager zw. Marx u. Markt. Generaldirektoren in d. DDR, 1988; Honecker - u. was dann? 40 Jahre DDR, 1989 - 1964 Cortina-Ulisse- / Europ. Buchpreis f. Wirtschaftspubliz.; 1980 Ludwig-Erhard-Pr.

GÖTZ, Hans Michael

Dr. med., Dr. med. h. c., o. Prof. u. Dir. a.D. Klinik u. Poliklinik f. Hautkrankh. (Univ. Essen) - Hufelandstr. 55, 4300 Essen - Geb. 24. Jan. 1915 Halle/S., verh. m. Maria, geb. Rohde - Univ.-Hautklinik Essen, Univ.s-Hautkliniken Hamburg u. München (1951 Privatdoz., 1957 apl. Prof.); 1961 Gründ. Dt. Mykolog. Ges. Essen; s. 1963 Univ. Essen-Gesamthochschule. Altpräs. Dt. Dermatol. Ges. Zahlr. Fachveröff. - Ehrenmitgl. zahlr. Dermatol. Ges.; 1966 Silb. Verdienstmedaille Univ. Bratislava, 1974 Alfred-Marchionini-Medaille in Gold; Mitgl. Akad. Leopoldina/Halle, Med. Akad. Rom, Med. Akad. Buenos Aires.

GÖTZ, Heinrich

Dr. jur., Vorstandsmitglied Metallgesellschaft AG, Frankfurt - Reuterweg 14, 6000 Frankfurt 1 (T. 0611 - 159 26 28) - Geb. 24. Okt. 1930 Berlin, verh., 3 Kd. - Stud. d. Rechtswissensch. Frankfurt u. Erlangen. AR-Vors. MG Vermögensverwaltungs-AG, Grillo-Werke AG, Norddeutsche Affinerie AG; AR-Mitgl. Hertie Waren- u. Kaufhaus GmbH, Kolbenschmidt AG, Lurgi, Metallbank GmbH. Herausg. Ztschr. Juristische Schulung - Spr.: Engl.

GÖTZ, Herbert

Dipl.-Volksw., Geschäftsführer Maschinenfabrik Stromag GmbH, Unna - Wiesenanger 8, 4750 Unna/W. - Geb. 22. Juli 1929.

GOETZ, Horst

Dr. rer. nat., Prof. f. Theoret. Organ. Chemie TU Berlin - Gardeschützenweg 66, 1000 Berlin 45 (T. 834 69 71) - Geb. 23. April 1928 Berlin - Stud. Chemie; Promot. 1958, Habil. 1962 Berlin - S. 1962 Lehr- u. Forschungstätigk. TU Berlin; beamteter Doz.; s. 1967 apl. Prof., s. 1969 Prof. Fachaufs. in versch. Spr.

GÖTZ, Karl Georg

Dr. rer nat., Direktor MPI f. Biolog. Kybernetik, Tübingen (s. 1968), Honorarprof. f. Biol. Kybernetik Univ. Tübingen (s. 1974) - Ferdinand-Christian-Baur-Str. 15, 7400 Tübingen 1 - Geb. 24. Dez. 1930 Berlin (Vater: Karl G., Dir.; Mutter: Johanna, geb. Jansen), ev., verh. s. 1962 m. Ulrike, geb. Raichle, 4 Kd. (Martha, Simon, Johanna, Esther) - 1941-50 Gymn. Berlin (Zhldf.); 1951-58 Univ. Göttingen (Hauptf. Physik; Dipl. 1957). Promot. 1961 (Physikal. Chemie) - 1956-61 MPI f. Phys. Chem., Göttingen (K. F. Bonhoeffer); 1961-68 MPI f. Biol., Tübingen (W. E. Reichardt). 1969-71 Vors. Ges. f. phys. Biol. - 1983 korr. Mitgl. Akad. d. Wiss. Mainz - Spr.: Engl.

GÖTZ, Karl Otto

Maler, Prof. Kunstakademie Düsseldorf - Zul. Gartenstr. 40, 4000 Düsseldorf - Geb. 22. Febr. 1914 Aachen - Kunstgewerbesch. Aachen, Kunstakad. Dresden - Mitbegr. d. Tachismus.

GÖTZ, Lothar

Dipl.-Ing., Prof., Architekt - Handschuhsheimer Landstr. 16, 6900 Heidelberg (T. 4 39 80) - Geb. 11. Juli 1925 Karlsruhe (Vater: Dipl.-Ing. Karl G., Arch.; Mutter: Leonie, geb. Heiser), kath., verh. s. 1950 m. Hannelore, geb. Grab, 2 Kd. (Matthias, Magdalena) - Goethe-Realgymn. u. TH Karlsruhe (Diplomprüf. 1950 m. Ausz.) - 1950-53 Leit. Bauabt. f. Südwestdtschl. BP Benzin u. Petroleum AG., Mannheim; 1954-61 Assist. TH Karlsruhe (Prof. Eiermann); s. 1955 fr. Arch.; s. 1963 o. Prof. f. Baustofflehre, Bauphysik, Techn. Ausbau u. Entwerfen TH bzw. Univ. Stuttgart, 1964/65 Leit. d. Abt. Arch., 1967/69 Dekan Fak. f. Bauwesen, 1971/73 Dekan Fak. f. Baukonstruktion, 1981-83 Dekan Fak. f. Arch. u. Stadtplan., 1963-68 Vors. Dt. Werkbund Baden-Württemberg, ab 1971 Mitgl. Bauforschungsrat Bundesmin. f. Raumordnung, Bauwesen + Städtebau. Versch. Bauleitplan. u. Ortskernsanier.; Wichtigste Bauten: Wiesbaden, Tankstelle am Hbf.; Heidelberg, Fleischer EVG-Kath. Kirchenzentrum - Boxberg - Univ. - Schwesternwohnheime u. Sem.gebäude; Bruchsal, Schloßkirche Innenausbau; Schriesheim, Bildungszentrum; Illingen, Ortszentrum u. Feuerwehrgerätehaus; Buchen, Altenwohnungen; Bopfingen, Kauf- u. Freizeitzentrum; Östringen, Rathaus; Alzenau, Rathaus.

GÖTZ, Peter

Dr., Mitglied Stiftungsrat Thorhauer-Stiftg. - Weilburger Weg 4, 6232 Bad Soden (Ts.) - Geb. 24. Okt. 1930 - Zul. pers. haft. Gesellsch. Bankhaus Trinkaus & Burkhardt, Düsseldorf, AR- u. Beiratsmand., dar. -vors.; Beiratsvors. Merkur Thorhauer GmbH & Co. KG, Ffm.; Vorst.-Mitgl. Landesversicherungsanstalt Hessen, Ffm., AR-Mitgl. F.W. Woolworth Co. GmbH.

GÖTZ, Rainer

Dr. phil., Prof. f. Physik u. ihre Didaktik Päd. Hochsch. Freiburg - Reinhold-Schneider-Str. 14, 7800 Freiburg/Br. - Geb. 22. Aug. 1930 Aussig/Elbe, verh. m. Mag. Pharm. Inge, geb. Küng, 5 Kd. (Susanne, Clemens, Johannes, Elisabeth, Monika) - Stud. 1951-59 Univ. Tübingen u. Innsbruck; Staatsex. f. d. Lehramt 1957, 61; Promot. 1959 - Schuldst.; 1967 Prof. PH Freiburg; 1967-70 Prorektor; 1979 Gastprof. Jordanhill-College of Education, Glasgow. 1984-90 Sprecher d. Vorst. d. Ges. f. Didaktik d. Chemie u. Physik (GDCP) - Facharb. Physik-Bücher f. d. Sekundarstufe I, 1969/76/79/84; Gf. Herausg.: Handbuch d. Physikunterr., Sekundarbereich I, 7 Bde. (ab 1986).

GÖTZ, Theo

Oberstudiendirektor, MdL Baden-Württ. (1976-88, Wahlkr. 61/Hechingen-Münsingen) - Drosselweg 25, 7417 Pfullingen - Geb. 6. Dez. 1930 Weingarten, kath., verh., 2 Kd. - Stud. Tübingen u. München (Gesch., Geogr., Lat., Franz.) - 10 J. Lehrer Progymn. Pfullingen; 4 J. parlam. Berat. Landtagsfrakt. CDU; 1973-76 Dir. Landeszentr. f. Polit. Bildung BW; s. 1976 Leit. Gymn. Pfullingen. Mitgl. Gemeinderat (1965ff.) u. Kreistag (1971ff.). CDU s. 1962 (div. Funktionen). S. 1987 Vors. Landesgr. Baden-Württ. d. DOG. S. 1971 versch. Funkt. im Landessportbund - Liebh.: Sport, Musik.

GÖTZ, Volkmar

Dr. jur. (habil.), o. Prof. f. Öfftl. Recht Univ. Göttingen - Geismarlandstraße 17 a, 3400 Göttingen (T. 4 31 19) - Geb. 28. Nov. 1934 Plauen/Vogtl. - B. 1967 Univ. Frankfurt/M. (Privatdoz.), dann Univ. Göttingen (Ord.). Fachveröff., auch Bücher.

GÖTZ-KOTTMANN, Josef

Dipl.-Ing. (FH), Präsident Handwerkskammer Ulm - Bahnhofstr. 18, 7933 Schelklingen/Württ. - Geb. 24. Jan. 1927 - Stadtrat. AR-Mand. - 1992 Gr. BVK.

GOETZBERGER, Adolf

Dr., Physiker, Honorarprof. f. Phys. Univ. Freiburg (s. 1971) - Friedhofstr. 13, 7802 Merzhausen/Br. - U.a. Leit. Fraunhofer Inst. f. Solare Energiesysteme Freiburg - 1983 Ebers-Preis amerik. Verb. IEEE (1. Deutscher).

GOETZE, Dieter

Dr. phil., Prof. f. Soziologie Univ. Regensburg - Maffeistr. 1, 8400 Regensburg - Geb. 29. Okt. 1942.

GOETZE, Hans-Helmut

Dr. rer. nat., Dipl.-Chem., Geschäftsf. Conoco Mineralöl GmbH., Hamburg - Seestr. 19, 2000 Hamburg 52 - Geb. 27. Aug. 1925 - ARsmand.

GÖTZE, Heinz

Dr. phil., Dr. med. h. c. mult., Verleger, Mitinh. Springer-Verlag KG, Berlin/Heidelberg/New York/London/Paris/Tokyo/Hong Kong/Barcelona, J. F. Bergmann-Verlag München, Lange u. Springer, wissensch. Buchh. Berlin - Ludolf-Krehl-Str. 41, 6900 Heidelberg (T. 06221 - 47 07 17) - Geb. 8. Aug. 1912 - 1964ff. Präs. Springer-Verlag New York Inc., New York (Begr.), Präs. Springer-Verlag Tokyo, Birkhäuser Verlag Basel u. Boston. AR-Mitgl. Univ.druckerei H. Stürtz AG, Würzburg, VR Freihofer AG, Zürich - 1972 Ehrendoktor Univ. Heidelberg, Erlangen-Nürnberg, 1990 Univ. Dresden, 1985 Tongji Med. Univ. Wuhan (VR China); 1983 Gr. BVK - Spr.: Engl., Franz., Ital. - Rotarier.

GÖTZE, Lutz

Dr. phil., Prof. f. Deutsch als Fremdspr. Univ. d. Saarlandes Saarbrücken - Am Ländtbogen 14a, 8036 Herrsching (T. 08152 - 55 38) - Geb. 27. Sept. 1943 Neu-Schleffin/Pommern (Vater: Heinz-Georg G., Studienrat; Mutter: Martha, geb. Hupe), verh. s. 1988 m. Prof. Dr. Gabriele Pommerin-G. - 1961-66 Stud. German., Niederlandistik u. Angl. Univ. Leipzig; Dipl.-German. 1966 ebd., Promot. 1978 Univ. Freiburg - 1968-81 Goethe-Inst. München; 1967-68 Doz. f. Deutsch in Guinea - BV: Valenzstrukturen dt. Verben u. Adjektive, 1979; Deutsch als Fremdsprache - Situation e. Faches, 1987; Knaurs Grammatik. Sprachsystem u. Sprachgebrauch, 1988 - Liebh.: Musik, Lit. - Spr.: Engl., Franz., Russ., Niederl.

GÖTZE, Paul

Dr. med., Prof. Psychiatr. Univ.-Klink Hamburg, Facharzt f. Psychiatrie, Neurol., Psychoanalytiker, gf. Direktor d. Psychiatrischen Univ.klinik Hamburg - Stauffenbergstr. 11, 2000 Hamburg 55 - Geb. 19. Sept. 1942 Hamburg - Stud. Univ. Hamburg (Promot. 1971, Habil. 1978) - S. 1982 Prof.

GÖTZE, Rolf

Fabrikant u. Landwirt - Gestüt Schlüsselberg, 7145 Markgröningen-Taalhausen - Geb. 14. Juli 1928 Bischofswerda/Sa., verh. s. 1965 m. Inge, geb. Tegetthoff, S. Peter - Lehre z. Gestütsfachmann - Erfolge im Pferdesport - Interessen: Pferdezucht, Landwirtsch. - Spr.: Engl.

GÖTZE, Udo

Dr. med. vet., Prof., Ltd. Veterinärdirektor - Waldsängerpfad 10, 1000 Berlin 38 - Geb. 8. Aug. 1932 Königs Wusterhausen - Promot. 1959 Berlin - S. 1971 (Habil.) Lehrtätigk. FU Berlin (gegenw. apl. Prof. f. Lebensmittel-, Milch- u. Fleischhyg.). Fachveröff.

GÖTZE, Wolfgang

Dr. rer. nat., o. Prof. f. Theoret. Physik TU München (s. 1970) - Biberweg 29, 8011 Neubaldham (T. 08106 - 65 33) - Geb. 11. Juli 1937 Fürstenwalde/Spree (Vater: Albert G., Beamter; Mutter: Magdalena, geb. Koldewey), ev., verh. s. 1968 m. Jana, geb. Cerna, T. Eva - Stud. Humboldt- u. Freie Univ. Berlin u. TU München; Promot. 1963.

GÖTZE, Wolfgang Eberhard

Dr. med., Dr. med. dent., Prof., Ltd. Oberarzt Universitätsklinik f. Zahn-, Mund- u. Kieferkrankh. Hamburg (s. 1972) - Brookring 28, 2358 Kaltenkirchen/SH - B. 1973 Privatdoz., dann Prof. Hamburg (ZMKheilkd. unt. bes. Berücks. d.Zahnerhalt.).

GOETZE, Wulf F. H.

Dipl.-Wirtschaftsing., Vorstandsmitglied Goetze AG, Burscheid - Zu erreichen üb. Goetze AG, 5093 Burscheid; priv.: Rosenkranz 24, 5093 Burscheid - Geb. 23. Jan. 1944 Darmstad, ev., verh. s. 1980 m. Beatrice, geb. Fehling, 2 Kd. (John, Laura) - 1964-71 Stud. TH Aachen u. TU Karlsruhe - Stv. AR-Vors. Goetze Friedberg GmbH, Friedberg; Dir. Goetze France SA, Garennes sur Eure; Alternate Dir. Goetze (India) Ltd., New Delhi/Indien; Alternate Dir. Escorts Ltd., New Delhi/Indien - Silb. Lorbeerblatt - Liebh.: Golf, Jagd, Segeln - Spr.: Engl., Franz.

GÖTZKY, Martin

Dr. rer. nat., Prof., Mathematiker - Steinstr. 27, 2300 Kiel - B. 1976 Doz., dann Prof. Univ. Kiel (Math.).

GOEUDEVERT, Daniel

Vorstandsmitglied Volkswagen AG - Zu erreichen üb. Postfach, 3180 Wolfsburg 1 - Geb. 1942 Frankreich - Stud. Lit. - 1963-65 Hochschullehrer; 1965-74 Ltd. Tätigk. Citroën (1969 Verkaufsdir., ab 1971 Generaldir. v. Citroën Schweiz, 1974 Vorst.-Mitgl. Citroën Dtschl., Köln); 1975-78 Renault (1975 Generaldir. Dt. Renault AG; 1978 Export-Dir. Europa-Konzernzentr. Paris); 1981-89 Vorst.-Vors. Ford Werke AG, Köln; s. Sept. 1989 Vorst.-Mitgl. Volkswagen AG; s. Jan. 1991 Vors. d. Markenvorst. Volkswagen - Liebh.: Lesen.

GÖZ, Siegfried

Einzelhandelskaufmann, Vizepräs. Hauptverb. d. Dt. Lebensmittel-Einzelhandels, Bonn, Präs. IKOFA-Arbeitskr. Stuttgart, u. Einzelhandels-Verb. Baden-Württ., Stuttgart, Vors. Verb. d. Lebensmittel-Einzelhandels Baden-Württ., Stuttgart - Brommerstr. 2, 7000 Stuttgart 80 - Geb. 24. Sept. 1928, ev., verh. m. Helga, 2 Kd. - Abit.; Ausb. z. Einzelhandelskfm.

GÖZ, Volker

Dr. jur., stv. Hauptgeschäftsführer IHK Stuttgart i. R. - Alexanderstr. 137, 7000 Stuttgart 1 (T. 60 56 89) - Geb. 22. Jan. 1910 - Spr.: Engl., Franz. - Rotarier.

GOEZ, Werner

Dr. phil., o. Prof. f. Mittlere u. neuere Geschichte sow. geschichtl. Hilfswiss. - Kochstr. 4, 8520 Erlangen - Geb. 13. Juli 1929 Frankfurt/M. - Promot. (1954) u. Habil. (1961) Frankfurt - S. 1964 Ord. Univ. Würzburg u. Erlangen-Nürnberg (1969). Fachveröff.

GOGALLA, Fritz

Dipl.-Kameralist, Mitglied im Bundesvorst. d. Arbeiter-Samariter-Bundes Deutschl. e.V., Köln - Schuldorffstr. 8, 2000 Hamburg 80 - Geb. 10. Febr. 1928 Berlin - Verw.ass.; b. 1961 Reg.rat Finanzverw.; b. 1967 Bürgerm. in Hessen; b. 1971 im Management e. gr. Automobilfabrik; 1971-76 in e. Druck- u. Verlagshaus in Hamburg. Steuerberater; Dozent f. Staatsbürgerkunde/Politik; b. 1988 Landesvors. d. Arbeiter-Samariter-Bundes, Hamburg.

GOGARTEN, Robert K.
Vorstandsmitglied d. Westfalenbank AG, Bochum/Düsseldorf - Huestr. 21-25, 4630 Bochum 1 - Geb. 19. Dez. 1943 Ittenbach/Königswinter - VR Westfalenbank International S.A., Luxemburg; AR Sero AG Berlin/Nottuln.

GOGG, Dieter
Schriftsteller u. Komp. - Grillparzerstr. 27/II, A-8010 Graz (T. 0316-319305) - Geb. 15. April 1938 Leoben, verh. s. 1972 m. Helga, geb. Spener, 2 Kd. (Moritz, Sibylle) - Ex. Bundesrealgymn. Klagenfurt 1956; Klavierausb. (Prof. Herbert Harum), Kompositionslehre (Prof. Rupert Doppelbauer), Bühnenregie f. Kabarett u. Chansontechnik (Gerhard Bronner), Rundf.-Aufnahmeltg. (ORF, Graz) - 1958 Mitbegr. Kabarett D. Würfel, Graz (s. 1961 Wien); b. 1966 Kabarettautor u. Komp., Glossist f. d. Ztg. Neues Österr., Wien; s. 1966 Rundfunkautor u. Regiss. Graz; s. 1986 öffentl. Auftritte als Kabarettist. FS-Drehbucharb. (u.a. f. F. Muliar u. V. Torriani); unter d. Ps. Amanda Klachl tägl. Kurzglosse in d. Grazer Kleinen Zeitung; Hörsp., Ess., Chansons, Sat. (u.a. Nur wer d. Fernsehen kennt ..., 1982) - Autor u. Regie: D. Kabarett als Wille u. Vorstellung, dramat. Ess., Grazer Schauspielhaus, 1978 - Liebh.: Oper, Kochen, Wein - Spr.: Engl., Slowen., Lat. - Lit.: Div. Kabarettanthol.

GOGOLIN, Peter Hermann
Schriftsteller - Wohn. in Hamburg - Geb. 3. Jan. 1950 Holstendorf/Kr. Eutin, ev., verh. s. 1972 m. Almut Hinsch, 3 Kd. (Bert, Eva-Marie, Lennart) - Lehre Industriekaufm. Dortmund; Stud. Med. Univ. Hamburg - BV: Seelenlähmung, R. 1981; Auf d. Balustrade-schwebend, Lyr. 1982; Sophia selbdritt, Erz. 1985; Kinder d. Bosheit, R. 1986; D. Faden, Erz. 1986; Wir haben e. Licht, Erz. 1988. Spielfilmdrehb.: Unwelt (1984); D. weiße Straße (1984); POL (1985) - Mitgl. im Verb. Dt. Schriftsteller (VS); 1989 Preis d. Dt. Akad. Rom, Villa Massimo.

GOHLKE, Reiner
Dr.-Ing., Dipl.-Ing., Vorstandsvorsitzer Dt. Bundesbahn - Friedrich-Ebert-Anlage 43-45, 6000 Frankfurt 11 (T. 069 - 265-61 00) - Geb. 29. Juli 1934 Beuthen/Oberschles. (Vater: Herbert G., Dipl.-Ing.; Mutter: Maria G.), ev., verw., 3 Kd. (Frank, Oliver, Iris) - Stud. TH Aachen (Eisenhüttenkd.), Dipl.-Ing. 1960, Dipl.-Wirtschaftsing. 1964, Promot. 1965 - B. 1982 Geschäftsf. IBM Dtschl.; s. 1982 Vorst.-Vors. DB. VR-Präs. Eurofima, Basel; AR-Vors. Schenker & Co. GmbH, Frankfurt, u. Transkontinent Holding AG, Wil (Schweiz); AR-Mitgl. Preussag AG, Hannover, DEVK, Köln, u. Dt. BP AG, Hamburg; Beirat Dresdner Bank AG, Frankfurt, Allianz-Versich. AG, München, u. Hapag-Lloyd AG, Hamburg - Spr.: Engl.

GOLDAMMER, Kurt
Dr. phil., Prof., Religionswissenschaftler - An d. Winneburg 1, 3572 Amöneburg 1 Kr. Marburg/L. - Geb. 20. Jan. 1916 Berlin (Vater: Arthur G.; Mutter: Anna, geb. Matowska), ev., verh. s. 1945 m. Inge, geb. Rodewald, 4 Kd. - Grund- u. Kreuzsch. Dresden; Univ. Leipzig (Theol. Staatsex. 1940), Marburg (Promot. 1939), Tübingen, Zürich (Theol., Phil., Religionswiss.) - 1940 Pfarrvikar Landesverein f. Innere Mission Dresden, 1941 Forschungsauftr. Dt. Forschungsgem., n. Kriegsende stv. Pfarrer Marburg, 1946 Doz., 1947 Univ.sprof. ebd. (Religionsgesch. u. Geschichte d. religiösen Kunst) - Vors. Paracelsus-Kommiss. f. d. Gesamtausg. d. W. Theoprasts v. Hohenheim; Präs. Intern. Paraselsus-Ges.; 1978 Leit. Mitgl. Humboldt-Ges.;

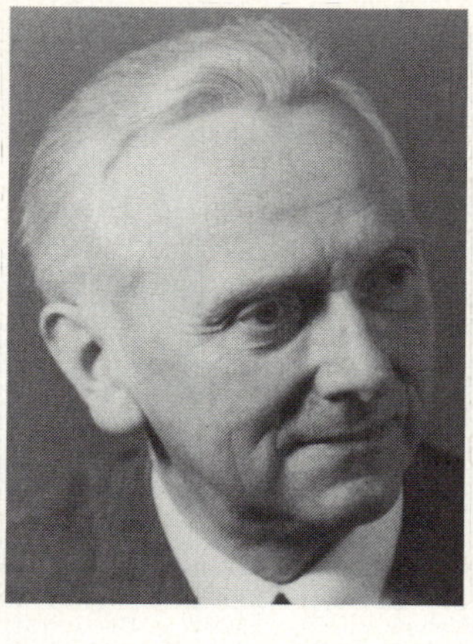

1986 Ehrenvors. Dt. Vereinigung f. Religionsgesch. - BV: u. a. D. eucharist. Epiklese in d. mittelalterl. abendl. Frömmigkeit, 1941; Novalis u. d. Welt d. Ostens, 1948; Paracelsus, Natur u. Offenbarung, 1953; D. Formenwelt d. Religiösen, 1960; Kultsymbolik d. Protestantismus, 2 Bde. 1960/67; D. Mythos v. Ost u. West, 1962; Religionen, Religion u. christl. Offenbarung, 1965; Scholastik - Kirchl. Kunst i. Mittelalt., 1969 (m. M. A. Schmidt); Paracelsus i. d. deutsch. Romantik, 1979; Paracelsus in neuen Horizonten (Ges. Aufs.), 1986; D. göttl. Magier u. d. Magierin Natur, 1991. Herausg.: u. a. Paracelsus, Sozialeth. u. - polit. Schr. (1952), (Auswahlausg.); Paracelsus, Theol. u. religionswiss. Schr. (1955ff.); Bertholets Wörterb. d. Religionen (5. A. 1992); Kosmosophie (1962ff.); Paracelsus, D. Buch d. Erkenntnis (1964); Friedrich Heiler, D. Religionen d. Menschheit (5. A. 1991) - 1954 Paracelsus-Ring Stadt Villach; 1972 Mitgl. Akad. d. Wiss. u. Lit. Mainz; 1976 Ehrenmitgl. Schweiz. Paracelsus-Ges.; 1976 Paracelsus-Ring Salzburg; 1976 Gr. Gold. Ehrenz. f. Verdienste u. d. Rep. Österreich; 1980 Gold. Ehrenz. Land Salzburg; 1986 Ehrenring Stadt Villach, BVK - Liebh.: Musik, bild. Kunst, Fotogr. - Lit.: Paracelsus - Werk u. Wirkung, Festgabe f. K. G. (1975).

GOLDBERG, Werner
Erster Vorsitzender BVN Berlin, Heimatverein W'dorf u. Dt. Rundfunk-Museum - Franzensbader Str. 4, 1000 Berlin 33 (T. 826 35 74) - Geb. 9. Febr. 1919 Berlin (Vater: Albert G., Bankdir.; Mutter: Elfriede, geb. Christ), verh. s. 1959 m. Gertrud, geb. Hartmann, 3 Kd. (Hans-Werner, Christian, Gabriele) - Grunewald-Gymn. u. kaufm. Lehre Berlin (Sport- u. Lederbekleidungsind.); REFA-Ausbild. - B. 1945 Angest. Lehrfa., dazw. 1938-40 Arbeits- u. Wehrdst., n. Kriegsende Tätigk. Kommunalverw., Städt. Bühnen (1946; 1947 Verw.dir. u. stv. Int.) u. Sender Freies Berlin (1955). 1954-58 Bezirksverordn. Wilmersdorf, 1958-79 MdA. Div. Mitgliedsch., CDU - 1973 BVK am Bde., 1979 BVK I. Kl.; 1985 Verl. d. Ehrenbez. Stadtältester v. Berlin - Liebh.: Tennis (Gründungsmitgl. Grunewald Tennis-Club) - Spr.: Engl. - Großv.: Julius G., Kgl. serbischer Generalkonsul (Königsberg/Pr.).

GOLDBERGER, Kurt
Autor u. Regisseur, Geschäftsführer Goldberger Film GmbH - Klabundstr. 7, 8000 München 83 (T. 089 - 67 62 67) - Geb. 8. Sept. 1919 Troppau/CSSR (Vater: Ernst G., Unternehmer; Mutter: Rosa, geb. Bermann), verh. s. 1949, T. Susanne - Gymn. Troppau; Univ. Exeter (Engl.). B.Sc. - S. 1942 wiss. Filme, Film- u. Fernsehdokumentarf. (im II. Weltkr. Frontkorresp. u. Kameram. b. d. westl. Alliierten); b. 1968 Filmtätigk. Prag; in d. Bundesrep. Dtschl. vorwieg. Fernsehfeatures zu sozialpolit. u. -päd. Themen - Hauptpreise Venedig (Silb. Löwe), Karlsbad, Padua u. a. - Liebh.: Fotogr., Amateurfunk (DL 5 MDB) - Spr.: Tschech., Franz., Engl.

GOLDBRUNNER, Josef
Dr. theol., Dr. phil., em. Prof. f. Pastoraltheol. - Gröbenseeweg 4, 8124 Seeshaupt - Geb. 25. Juli 1910 München, kath. - S. 1958 Prof. Päd. Hochsch. Berlin (Kath. Theol.), Peter-Wust-Hochsch. Saarbrücken (Religionspsych.), Univ. Regensburg (1968 Ord. f. Prakt. Theol.) - BV: Individuation, 3. A. 1973; Realisation, 1966; Seelsorge - eine vergessene Aufgabe, 3. A. 1974; Die Lebensalter u. d. Glaubenkönnen, 1973; Zeit f. Gespräche, 1975; Einladung zum Fest, 1978; Unterwegs - wohin? 1979; Kleine Lebenslehre d. Person, 1980; V. d. Ges. z. Gemeinsch., 1981; Not u. Hilfe, 1982; Bibelkurs, 3 Bde., 1983-84 (franz. u. ital. Übers.); Seelsorge - e. attraktive Aufgabe, 1990, 2. A. 1991.

GOLDKAMP, Hermann Christian
Dr., Geschäftsführer Azetylenfabrik Hagen GmbH. - Alexanderstr. 18, 5800 Hagen/W.

GOLDMANN, Albrecht
Dr. rer. nat., o. Prof. f. Experimentalphysik Univ. Kassel (s. 1987) - Rasenallee 25 D, 3500 Kassel - Geb. 25. März 1938 Limburg/Lahn - TH Darmstadt (Physik; Dipl.). Promot. Darmstadt; Habil. Berlin (FU) - Zul. Prof. Univ. Duisburg (1977-87).

GOLDMANN, Rudolf A.
Schriftsteller (Ps. Tobias Türmer) - Düsseldorfer Str. 5, 1000 Berlin 15 (T. 030-883 53 45) - Geb. 5. März 1952 Marl/W., verh. s. 1983 m. Helga, geb. Eperiesi-Beck - Sozialpäd. (Grad.) 1977 Dortmund; Stud. Psych. FU Berlin - Vorstandsmitgl. Neuer Landesverb. Berlin im Fr. Dt. Autorenverb. (FDA) - BV: Nur e. Lächeln, 1976; An-sichten aus meiner Welt, 1976; Lichtorgel, 1978; komische gefühle, 1979; Jenseits v. Diesseits Spuren finden u. Spuren hinterlassen, 1982; Theo Pahn, 1983; D. Träumer d. Sonne ist e. Sonnen-Träumer, 1984; D. aus d. Sonne kamen, 1985. Herausg.: Gila Philipp-Kullmann, Wir begegnen uns (1986); Videofilm: Im Zeichen d. Rose - Audio-Visuelle-Poesie d. Geistes (1986).

GOLDMANN, Rüdiger
Oberstudienrat a.D., MdL Nordrh.-Westf. - Paul-Löbe-Str. 54, 4000 Düsseldorf - Geb. 28. Dez. 1941 Gablonz/Neiße (Sudetenland), ev., verh. s. 1974 m. Regina, geb. Blankenburg, 2 Kd. (Susanne, Johannes) - Abit.; Stud. Gesch., Deutsch, Engl. Univ. Köln u. Berlin; Staatsex. Höh. Lehramt 1968 Köln - 1975-85 Rat Stadt Düsseldorf, Vors. d. Sozialwerks d. dt. Vertriebenen (SWV-NRW), stv. Vors. d. Bundes d. Vertriebenen (BdV-NRW). CDU (stv. Bundesvors. Ost- u. Mitteldt. Vereinig. NRW) - BV: D. sudetendt. Frage auf d. Pariser Friedenskonfz. 1919, 1971 - 1984 Gold. Ehrenring Stadt Düsseldorf - Liebh.: Malerei, dt. Kultur in Ostmitteleuropa.

GOLDSCHMID, Helmut
Dipl.-Ing., Techn. Direktor INDEX-Werke KG Hahn & Tessky; Geschäftsf. INDEX-Verw. GmbH, Esslingen - Rüderner Str. 41, 7300 Esslingen-Neckarhalde - Geb. 5. April 1930 Hedelfingen/Stuttgart (Vater: Traugott G., Glaserm.; Mutter: Marie, geb. Böpple), ev., verh. s. 1958 m. Waltraud, geb. Mugele, 2 S. (Matthias, Thomas) - TH Stuttgart - 1957-69 Produktionsleit. Werkzeugmaschinenbau, 1969-79 Techn. Geschf. Hüller-Hille, Ludwigsburg; s.1979 Index-Werke. - Spr.: Engl.

GOLDSCHMIDT, Dietrich
Dr. rer. pol., Dipl.-Ing., Prof., Soziologe - Vogelsang 4, 1000 Berlin 33 (T. 831 29 45) - Geb. 4. Nov. 1914 Freiburg/Br. (Vater: Dr. phil. Hans G., Historiker), ev., verh. s. 1945 m. Ursula, geb. Theune, 5 Kd. (Johannes, Christopher, Martina, Susanne, Dorothea) - Dipl.-Ing. (Maschinenbau u. Betriebswiss.) TH Berlin; Promot. (Volksw. u. Soziol.) 1953 Göttingen - 1939-44 Ind.tätigk., 1945-46 Assist. Univ. Göttingen, 1946-49 Mithrsg. Göttinger bzw. Dt. Univ.ztg., 1949-50 Fellowship Brit. Council Univ. Birmingham, 1951-56 wied. Assist. Göttingen, 1956-63 Doz. u. Prof. (1958) Päd. Hochsch. Berlin, 1963-82 Dir. MPI f. Bildungsforsch. u. Honorarprof. FU ebd., 1986-90 Vors. d. Aktion Sühnezeichen/Friedensdienste. 1960-82 Studienreisen Israel, Großbrit., Japan, USA, Ostafrika, Schweden, Lateinamerika, Frankr., Indien; 1973-74 Gastprof. Yale Univ./USA - BV: Stahl u. Staat. E. wirtsch.soz. Unters. z. brit. Nationalisier.exp., 1956; Sozialis. u. Kompensat. Erzhg., 1969; D. Errichtung e. Ing.-Fakult. a. d. Univ. Dar-es-Salaam u. Mitwirkung d. BRD, 1970 (m. K. W. Bieger u. W. Kreuser); V. d. Ingenieurschulen z. d. Fachhochsch., 1974 (m. S. Hübner-Funk); Academic Power, 1978 (m. J. H. Van de Graaff). Mitautor: Max Planck Inst. for Human Development and Education: Between Elite and Mass Education - Education in the Federal Republic of Germany, 1983. Herausg./Mithrsg.: Probleme d. Religionssoziol. (1962), D. ungekündigte Bund - Neue Begegnungen v. Juden u. christl. Gemeinde (1962), D. nationalsozialist. Gewaltverbrechen - Gesch. u. Gericht (1964), Ges. u. Erziehung (10 Bde. 1967-69), Konsequenzen - oder Thesen, Analysen u. Dokumente z. Dtschl.politik (1969), Social Science Research on Higher Education and Universities, Annotated Bibliogr. and Trend Report (3 Bde., 1970ff.), Pfarrer i. d. Großstadt, Stud. u. Materialien (3 Bde., 1969-73), Demokratisierung u. Mitwirkung i. Bildungswesen Schwedens u. d. BRD (6 Bde., 1973ff.), Technologie in Entwicklungsländ. (1978), Alternative Schulen (1979), D. Dritte Welt als Gegenstand erzieh.wiss. Forsch. Interdiszipl. Stud. üb. d. Stand d. Wiss. Ber., Bespr., Bibliogr. (1981), Soziale Struktur u. Vernunft. Jean Piagets Modell entwickelten Denkens in d. Diskuss. kulturvergl. Forsch. (1984, m. T. Schöfthaler); Leiden an d. Unerlöstheit d. Welt. Robert Raphael Geis 1906-72. Briefe, Reden, Aufs. (1984); Forschungsgegenstand Hochsch. Überblick üb. wiss. Studien s. Gründ. d. Bundesrep. Deutschl. (1984, m. U. Teichler u. W. D. Webler); Frieden m. d. Sowjetunion - e. unerledigte Aufgabe (1989); D. gesellschaftl. Herausforderung d. Univ. - historische Analysen, intern. Vergleiche, globale Perspektiven (1991) - Spr.: Engl., Franz.

GOLDSCHMIT, Werner
Dipl.-Ing., Oberregierungsbaudirektor i.R. - Erlenweg 2, 7500 Karlsruhe 51 (T. 0721 - 88 01-272) - Geb. 1. April 1912 Karlsruhe (Vater: Bruno G., ev. Pfarrer; Mutter: Leonie, geb. Rothenacker), ev., verh. s. 1939 m. Gerda, geb. Hohmann, 2 T. (Inge, Gudrun) - 1931-37 TH Karlsruhe (Maschinenwesen u.a.) - 12 J. Industrietätigk., 28 J. Leit. Landesgewerbeamt - BV: 8 Jahrz. Staatl. Gewerbeförderung in Baden, 1952. Mitarb. Buchreihe Heimat u. Arbeit; 25 J. Schriftleit. Ztschr. Werkkunst u. a.; 25 J. Rezens. v. Kunstbüchern, Fachaufs. Kunsthandwerk - 1975 Senator e.h. Univ. Karlsruhe, Ehrenmitgl. versch. Vereine, Inh. d. Verdienstmedaille d. Landes Baden-Württemberg - Liebh.: Kunsthandw., Theater, Malerei, Lit. - Spr.: Franz., Engl. - Bek. Vorf.: G., Hofrat, MdL, Autor v. Büchern z. Geschichte u. Politik (Großvater).

GOLDSTEIN, Bernd
Dr. rer. nat., Dipl.-Math., o. Prof. f. Statistik u. Ökonometrie Gesamthochschule Siegen - Ferndorfer Str. 17, 5910 Kreuztal.

GOLDT, Heinz
Dipl.-Ing., Geschäftsführer DEUTAG ASPHALTTECHNIK GMBH - Siegburger Str. 229, 5000 Köln 21 - Geb. 15. Mai 1928 - Fachämter.

GOLENHOFEN, Klaus
Dr. med., Univ.-Prof. f. Physiologie

Univ. Marburg - Calvinstr. 15, 3550 Marburg/L. (T. 2 16 61) - Geb. 19. Okt. 1929 Breslau - S. 1960 (Habil.) Privatdoz. Lehrtätigk. Marburg - BV: Kl. Physiol., Bd. 1 1981, Bd. 2 1982; Originalprüfungsfragen m. Komment.: GK 1-Physiol., 1985, NA 1986, NA 1987; NA 1988, NA 1989, NA 1990, NA 1991; üb. 200 Fachveröff.

GOLIASCH, Herbert
Journalist, MdL, Fraktionsvorsitzender d. CDU im Sächsischen Landtag - Arndtstr. 76, O-7030 Leipzig - Geb. 11. Jan. 1938 Beuthen /OS, Kirche Jesu Christi d. HLT, verh. in 2. Ehe s. 1982 m. Astrid, geb. Steinbach, 4 Kd. (Uta, Thomas, Yvonne, Denise) - Abit.; Fernstud. Fachsch. f. Journalistik Leipzig - Dir. d. Kunstverlages H. C. Schmiedicke, Leipzig.

GOLITSCHEK Edler von ELBWART, Manfred
Dr. rer. nat., Prof. f. Mathematik - Schulweg 5a, 8708 Gerbrunn/Ufr. - Geb. 7. Aug. 1943 Reichenberg/Sudetenl. - B. 1978 Wiss. Rat u. Prof., dann Prof. Univ. Würzburg.

GOLL, Gerhard
Staatsrat, stv. Vorstandsvorsitzender Landeskreditbank Baden Württemberg - Schellingstr. 15, 7000 Stuttgart 1.

GOLL, Heinz
Gewerkschaftssekretär, MdL Baden-Württ. (Wahlkr. 32, Rastatt) - Karlstr. 8a, 7560 Gaggenau-Bad Rotenfels (T. 07225 - 10 10) - Geb. 26. Okt. 1938 Rastatt - SPD.

GOLL, Klaus Rainer
Schriftsteller, Realschullehrer in Lübeck - Tüschenbeker Weg 11, 2401 Groß Sarau - Geb. 2. Juli 1945 Lübeck (Vater: Max Wilhelm G., Drehermeister; Mutter: Hedwig, geb. Skottke), ev., verh. s 1975 m. Lina, geb. Schmidt, 2 Töcht. (Katharina, Sarah) - Stud. Päd. - German., Theol., Phil. Univ. Kiel; Staatsex. 1970-73 - 1980 Gründung u. sd. 1. Vors. Lübecker Autorenkreis u. s. Freunde; 1987 Vorst.-Mitgl. Schriftst. in Schlesw.-Holst. - BV: Windstunden- u. andere Texte, Ged. 1973; Flugbahnen, Ged. u. Prosa 1980; Sonnenlandschaften, Ged. 1983. Herausg.: Treffpunkt 1, Anthol. (1986); Treffpunkt 2 (1989) - 1974 Gold. Federkiel f. Lyrik; 1977 Kurzprosapreis; 1985 Kulturpr. Stiftg. Hzgt. Lauenburg; 1986 Heinrich-Mann-Plak. - Liebh.: Musik, Malerei - Spr.: Engl., Span., Schwed. - Lit.: H. Wetzel: Klaus R. Goll - Portrait in Pommern H. 1/88; R. Zschacke: Nachwort in K. R. Goll Flugbahnen; M. Diercks: D. Wort muß Raum werden - zu Ged. v. Klaus R. Goll; Peter Møller: Klaus Rainer Goll - Lyrikübersetzung u. Portrait in Hvedekorn (hg. v. Poul Borum).

GOLL, Ralf M.
Dipl.-Ing., Geschäftsführender Gesellsch. Ansin, Goll & Braunsberger Gesellschaft für Kommunikation u. Markentechnik mbH - Freiherr-vom-Stein-Str. 27, 6000 Frankfurt/M. 1 (T. 069 - 72 54 54); priv.: Heidweg 7, 6380 Bad Homburg - Geb. 16. Sept. 1938.

GOLL, Ulrich
Dr. jur., Prof., MdL Baden-Württ., stv. Vors. FDP-Fraktion (rechts- u. hochschulpolit. Sprecher) - Alemannenweg 3, 7777 Salem - Geb. 2. Mai 1950 Überlingen/See.

GOLLASCH, Kurt
Dipl.-Brauing., Vorstandsmitglied Brauerei Iserlohn AG., Iserlohn - Grünertalstr. 53a, 5860 Iserlohn - Geb. 1. Juni 1908 Laurahütte/OS.

GOLLENIA, Gerd J.
Dr. rer. pol., Dipl.-Kfm., Geschäftsführender Gesellschafter I.T.C. Immobilien Team Consulting GmbH, Hamburg -

Parkaue 16, 2070 Ahrensburg (T. 04102-5 95 70) - Geb. 5. Aug. 1940 Oppeln, kath., verh. s. 1966 m. Maria, geb. Roller - 2 Kd. (Mirjam, Lars) - Human. Gymn. Augsburg; Stud. b. 1963 Univ. München u. ab 1968 Köln - Liebh.: Musik, Malerei, Golf, Tennis.

GOLLER, Hermann
Dr. med., Prof. f. Veterinäranatomie (Lehrst. II) Univ. Gießen - Mozartstr. 6, 6301 Linden-Leihgestern.

GOLLER, Max
I. Bürgermeister Stadt Weismain - Rathaus, 8628 Weismain/Ofr. - Geb. 18. Juni 1929 Oberlangheim - Zul. Posthauptsekr. CSU.

GOLLERS, Rolf
Dr. rer. pol., Dipl.-Kfm., Prof. f. Betriebswirtschaftslehre, insb. Bilanzen, Finanzen, Steuern u. Operations Research, Gesamthochschule Paderborn - Nordberg 51, 4791 Lichtenau.

GOLLERT, Klaus

Dr. med., Arzt, Sozialminister d. Landes Mecklenburg-Vorpommern (s. 1990), MdL - Tannenkampweg 106, O-2220 Wolgast (T. 0826 - 32 37) - Geb. 11. Juni 1938 Greifswald, verh. s 1967 m. Dr. Renate, geb. Groß, 2 Kd. (Knut, Antje) - 1957-63 Med.stud. E.-M.-Arndt-Univ. Greifswald; 1963 Approb.; Promot. 1963; 1968 Anerkenn. Facharzt f. Chir. 1964-70 Stationsarzt Kreiskrankenh.; 1970-85 Chefarzt Poliklinik; 1985-87 Dir. d. med. Einricht.; 1988-90 Kreisgutachter (alles Wolgast); stv. - Kreisarzt - Liebh.: bild. Kunst; Lit. - Spr.: Russ., Engl.

GOLLHARDT, Heinz
Dr. phil., Verleger, Geschäftsf. u. Mitgesellsch. vgs verlagsgesellschaft mbH. & Co. KG., Köln (s. 1971); Vorstandsmitgl. Landesverb. d. Buchhandlungen u. Verlage NRW, Mitgl. d. Wissenschaftspressekonfz., Bonn, u. d. Motovun Group Assoc. (intern. Verlegervereinig.) - Hömel 26, 5223 Nümbrecht - Geb. 3. März 1935 Magdeburg (Vater: Dr. phil. Walter G., Studienrat †; Mutter: Liselotte, geb. Huschenbett †) - Verlagslehre; Stud. German., Soziol., Phil. Promot. 1965 Göttingen - 1965-66 Redakt. NDR; 1966-71 Redakt./Prok. Fischer Taschenbuchverlag - Spr.: Engl.

GOLLING, Ernst
Dr. rer. nat., Prof. f. elektrische Meßtechnik, Physiker - Platenstr. 28, 8520 Erlangen - Geb. 21. Okt. 1919 Wolnzach, kath., verh. s 1944 m. Gertrud, geb. Zeiger, 3 S. (Felix-Rainer, Winfried, Markus) - TH München, Dipl. Phys. 1947, Promot. 1950 - B. 1950 wiss. Assist. TH München, b. 1965 Ind.-Forschung, s. 1980 Hon.-Prof. Univ. Erlangen, s. 1976 Vorst.-Mitgl. Europ. Ges. f. Ing.-Ausbild., s. 1983 Präs. Europ. Verb. Nationaler Ing.-Vereine (FEANI), Kurat. d. Ecole Nationale Supérieure Univ. Straßburg, Mitgl. Stud.reformkommiss. Elektrotechnik d. BRD - 1985

Helmut-Volz-Med. d. Techn. Fak. d. Univ. Erlangen-Nürnberg - Spr.: Engl.

GOLLINGER, Hildegard
Dr. theol., Prof. f. Kath. Theologie PH Heidelberg (s. 1970) - Reinhard-Booz-Str. 15, 7802 Merzhausen/Br. - Geb. 8. Aug. 1941 Karlsruhe (Vater: Johann G., Schlosser; Mutter: Maria, geb. Kailitz), kath. - Fichte-Gymn. Karlsruhe; 1960-65 Univ. Freiburg u. Tübingen (Kath. Theol., Klass. Philol., Gesch.). Promot. 1968 Freiburg - Zul. Doz. - BV: D. ‚Gr. Zeichen' v. Apokalypse 12, 1971; Kirche in d. Bewährung, 1973. Mithrsg.: Neue Schulbibel - Lehrerkommentar (4. A. 1982); Dem Frieden nachjagen (1991) - Preis Theol. Fa./Univ. Freiburg (Studienj. 1964/65) - Liebh.: Theater, Sport - Spr.: Engl., Franz.

GOLLNICK, Heinz
Dr. sc. pol. (habil.), o. Prof. f. Volksw.slehre u. Statistik u. Dir. Inst. f. Statistik u. Ökonometrie Univ. Hamburg (s. 1962) - Auf den Wöörden 36, 2000 Hamburg 67 (T. 603 88 93) - BV: Einf. in d. Ökonometrie, 1969; Dynamic Structure of Household Expenditures in the Feder. Republ. of Germ. 1955-75, 1975 - Mitgl. Intern. Statist. Inst., Den Haag.

GOLLNICK, Jonny
Ltd. Magistratsdirektor, MdA Berlin (s. 1971) - Glockenblumenweg 48, 1000 Berlin 47 (Tel. 661 94 52) - Geb. 26. Jan. 1933 Berlin, verh., 2 Kd. - 1953-57 FU Berlin (Rechts- u. Staatswiss.). Jurist. Staatsprüf. 1958 u. 62 - S. 1962 Berliner Verwaltung (1969 ff. Leit. Neuköllner Rechtsamt). SPD s. 1966.

GOLLOCH, Alfred
Dr. rer. nat., Prof. - Schönauer Bach 21, 5100 Aachen - Leit. d. Fachgeb. Instrumentelle Analytik, Univ. Duisburg. Spezielgeb.: Angew. Atomspektroskopie, Entw. neuer analyt. Meth. u. Meßgeräte, Analytik anorg. Materialien, Umweltanalytik.

GOLLWITZER, Heinz
Dr. phil., em. o. Prof. f. Neuere u. Neueste Geschichte - Sckellstr. 2, 8000 München 80 - Geb. 30. Jan. 1917 Nürnberg (Vater: Erhard G., Lehrer; Mutter: geb. Nordgauer), ev., verh. s. 1945 m. Elisabeth, geb. Hoellerer - Theresien-Gymn. u. Univ. München. Promot. u. Habil. München - Mitarb. Histor. Kommiss. Bayer. Akad. d. Wiss., München, 1950-57 Privatdoz. u. apl. Prof. (1956) Univ. München, s. 1957 o. Prof. Univ. Münster - BV: Europabild u. Europagedanke, 1951; D. Standesherren 1957; D. Gelbe Gefahr, 1962; Europe in the age of imperialism 1880-1914, 1969; Geschichte d. weltpolit. Denkens I, 1972, II, 1982; Europ. Bauernparteien i. 20. Jhdt., 1977; Dt. Reichstagsakten (Maximiliansreihe), Bd. VI, 1979; Ludwig I. v. Bayern, 1986 - 1957 o. Mitgl. Hist. Komm. f. Westf; 1968 Mitgl. Histor. Kommission Bayer. Akad. d. Wiss., 1979 o. Mitgl. Rhein.-Westf. Akad. d. Wiss., 1985 Korr. Mitgl. Bayer. Akad. d. Wiss.

GOLLWITZER, Helmut
Dr. theol., Drs. h. c., o. Prof. f. Theologie - Nebingerstr. 11, 1000 Berlin 33 - Geb. 29. Dez. 1908 Pappenheim/Bay. (Vater: Wilhelm G., Pfarrer; Mutter: Barbara, geb. Löffler), ev., verh. s. 1951 m. Brigitte, geb. Freudenberg †1986 - St.-Anna-Gymn. Augsburg; Univ. München, Erlangen, Jena, Bonn. Promot. 1937 Basel - Ab 1939 Ref. Leitg. Bekenn. Kirche Thüringen u. Preußen, 1938-40 Pfarrer Berlin-Dahlem, 1940-50 Wehrdst. u. sowjet. Gefangensch., s. 1950 Ord. Univ. Bonn u. FU Berin (1957) - BV: Coena Domini, D. altluth. Abendmahlslehre in ihrer Auseinandersetzung m. d. Calvinismus, 1937; Wir dürfen hören, Pred. 1940; Jesu Tod u. Auferstehung, 1941; 2. A. 1951; D. Freude Gottes, 1941; Und führen, wohin du nicht willst, 1951 (GA. etwa 300 Ts.; auch engl., franz., ital., holl., dän., schwed., jap.); Israel u. wir, 1958; Forderungen d. Freiheit, 1962 (4 A.); D.

marxist. Religionskritik u. d. christl. Glaube, 1962 (2 A.); D. Existenz Gottes im Bekenntnis d. Glaubens, 1963 (5 A.); Denken u. Glauben, 1965 (m. Wilhelm Weischedel); V. d. Stellvertretung Gottes, 1967; Vietnam, Israel u. d. Christenheit, 1967; Zuspruch u. Anspruch, 1968; Krummes Holz - Aufrechter Gang / Z. Frage n. d. Sinn d. Lebens, 1970 (10. A.); D. kapitalist. Revolution, 1974; Forderungen d. Umkehr, 1976; Befreiung z. Solidarität, 1978. Herausg.: Du hast mich heimgesucht b. Nacht - Abschiedsbr. u. Aufz. d. Widerst. 1933-45 (m. Käthe Kuhn u. Reinhold Schneider), ...und leben wir, ...und vergib uns unsere Schuld - E. histor. Dokument, 1945-48 u. a. - Theol. Ehrendoktor Univ. Heidelberg (1954), Glasgow (1956), Aberdeen (1966); 1973 Buber-Rosenzweig-Med., Carl v. Ossietzky-Medaille 1973; 1972 Mitgl. PEN-Zentrum BRD - Bruder: Gerhard G. †1973 (s. XVI. Ausg.).

GOLLWITZER, Josef
s. Hammerschmid, Josef

GOLOMBEK, Michael
Geschäftsführer Arbeiterwohlfahrt/ Landesverb. Hamburg - Rothenbaumchaussee 44, 2000 Hamburg 13; priv.: Heidberg 16, 2000 Hamburg 60 - Geb. 18. Juli 1941 Hamburg (Eltern: Michael (Architekt) u. Charlotte G.) - Ausbild. Maschinenschlosser (1962), Industriekfm. (1970), Betriebsw./grad. (1974) - Spr.: Engl.

GOLSONG, Heribert

Dr. jur., Dr. jur. h. c., Rechtsberater, Honorarprof. f. Recht d. Intern. Organisationen, Intern. Rechtsangleich. u. -vereinheitlich. Univ. Heidelberg - 7300 Oak Lane Chevy Chase, MD., 20815 USA - Geb. 23. Okt. 1927 Oberhausen (Vater: Dr. med. Willibald G., Arzt; Mutter: Paula, geb. Friesenhahn), kath., verh. s. 1954 m. Christine, geb. Vanneste, 3 Kd. (Dominik, Thomas, Anne-Sophie) - 1946-50 Univ. Köln, Würzburg (1947), Bonn (1948; Rechtswiss.) - S. 1963 Europ. Gerichtshof (Kanzler) u. Europarat (1965 Leit. Rechts-, 1977 Menschenrechtsabt.), 1979-83 Vizepräs. u. Chefsyndikus Weltbank;Generalsekr. ICSID Schiedszentrum; 1983 Rechtsberater Anwaltskanzlei Fulbright & Jaworski, Washington D. C. - BV: D. Rechtsschutzsystem d. Europ. Menschenrechtskonvention, 1958; Intern. Kommentar z. Europ. Menschenrechtskonvention, 1986 - Komturkreuz m. Stern Fürstl.-Liechtenstein. VO.; Kommandeur Kgl.-Norweg. St. Olav-Orden; Kommandeur Kgl. Belg. Leopold II-Orden; Gr. Gold. Ehrenz. d. Rep. Österr.; BVK; Schiedsrichter Amer. Arbtr. Assoc. u. Schiedszentrum Weltbank - Spr.: Franz., Engl.

GOLTZ, Graf von der, Hans
Aufsichtsratsvorsitzender Delton AG - Seedammweg 55, 6380 Bad Homburg v.d.H. - Geb. 22. Sept. 1926 Stettin (Vater: Rüdiger Graf v. d. G., Rechts-

anw.; Mutter: Astrid, geb. Hjort), ev., verh. s. 1950 m. Luitgard, geb. Gräfin zu Solms-Laubach, 3 Kd. (Hans-Albrecht, Astrid, Jörg-Michael) - Univ. München (Rechtswiss.). Große jurist. Staatsprüf. - 1951-56 Dt. Kreditsich. K.G./Tredefina; 1956-59 Intern. Finance Corp.; 1959-71 Klöckner & Co.; s. 1971 Varta AG, s. 1977 Altana AG, AR-Mand. - Spr.: Engl.

GOLÜCKE, Karl-Friedrich

Dr.-Ing., Vorstandsvorsitzender d. O & K Orenstein & Koppel AG - Karl-Funke-Str. 30, 4600 Dortmund 1 - Geb. 25. April 1930 Magdeburg (Vater: Dr. Ing. E.h. Karl G., Vorst. Klöckner-Humboldt-Deutz AG † 1892), verh. m. Marga, geb. Jacobs - TH Aachen (Dipl.-Ing. 1955). Promot. 1957 Clausthal.

GOMBEL, Heinrich

Dr. phil., Bankdirektor, Geschäftsf. WKV Waren-Kredit-Bank GmbH., München 2 - Agnesstr. 42, 8000 München 13 (T. 37 95 15) - Geb. 9. Febr. 1908 Duisburg.

GOMMEL, Günther

Dipl.-Kfm., Bankdirektor i. R. - Raiffeisenstr. 48, 7750 Konstanz-Litzelstetten - Geb. 19. Sept. 1917 Stuttgart.

GOMOLKA, Alfred

Dr. sc. nat., Lehrer, Dipl.-Geograph, Ministerpräsident Mecklenburg-Vorpommern a. D., Präs. d. Dt. Bundesrates (s. 1991) - Schloßstr. 2-4, O-2750 Schwerin (T. 5 71 90) - Geb. 21. Juli 1942 Breslau, kath., verh. s. 1963 m. Maria, geb. Schöpf, 4 Kd. (Wolfram, Stephan, Christine, Johannes) - 1960-64 Lehrerstud. Univ. Greifswald, Dipl.-Prüf. Geogr. 1965; s. 1967 Forsch.arb. Geogr., Geomorphol.; Promot. 1971; Promot. B 1988 - 1964/65 Lehrer in Sollstedt; 1965 Assist. am Geograph. Inst. Univ. Greifswald; 1979-83 Stadtrat f. Umweltschutz. u. Wasserwirtsch. b. Rat in Greifswald; 1983/84 Stadtrat Wohnungspolitik; 1989 Doz. f. phys. Geogr. 1960-68 CDU, 1971 Wiedereintr. (1974-84 Mitgl. d. Kreisvorst. u. Kreissekretariats d. CDU Greifswald; 1990 Kreisvors. u. Spitzenkandidat f. d. Volkskammer, Volkskammerabg., Spitzenkandidat d. CDU f. d. Landtagswahlen).

GOMPF, Gundi

Dr. phil., Prof. f. Didaktik d. Engl. Sprache Univ. Frankfurt/M. - Frankfurter Str. 14, 6087 Worfelden.

GOMPF, Ludwig

Dr. phil., Univ.-Prof. i. R. Mittellateinische Philologie Köln - Rommerscheider Höhe 7, 5060 Bergisch Gladbach 2 - Geb. 28. Jan. 1924 Auerbach (Vater: Wilhelm G.; Mutter: Helene, geb. Krämer), kath., verw. - 1950-55 Stud. Lat., Griech., Archäol.; Staatsex. u. Promot. 1960; Habil. 1970 - 1955-63 Schuldst.; s. 1963 Univ. Köln; 1971 apl. Prof.; 1972 Studienprof.; 1982 Prof. - BV: D. Leipziger Ordo artium, 1966; Joseph Iscanus: Werke u. Briefe, 1970; D. Ecbasis captivi u. ihr Publikum, 1973; Ysengrimus u. d. Gereonssäule 1988; D. sogenannte Blutsäule in St. Gereon, 1989 - Spr.: Lat., Griech., Engl., Franz.

GOMPPER, Rudolf

Dr. rer. nat., o. Prof. f. Organ. Chemie - Thadd.-Eck-Str. 34, 8000 München 60 (T. 811 31 30) - Geb. 12. Febr. 1926 Stuttgart - Promot. 1953; Habil. 1958 - 1964 apl. Prof. TH Stuttgart, 1965 ao., 1968 o. Prof. Univ. München. Üb. 70 Fachaufs.

GOMRINGER, Eugen

Schriftsteller, Prof. f. Ästhetik Kunstakademie Düsseldorf, Intendant Intern. Forum f. Gestaltung IFG Ulm - Wurlitz 22, 8673 Rehau/Bay. - Geb. 20. Jan. 1925 Bolivien (Vater: Eugen G., Landw.; Mutter: Delicia, geb. Rodriguez), verh. in 2. Ehe m. Nortrud, geb. Ottenhausen, 6 Kd. (René, Stefan, Clemens, Tilman, Peter aus 1. Ehe; Nora-Eugenie aus 2. Ehe) - U. a. Sekr. Max Bills (Hochsch. f. Gest. Ulm), Geschäftsf. Schweiz. Werkbund, s. 1967 Kulturbeauftr. d. Rosenthal AG. Selb - BV/Ged.: Konstellationen, 1953, 1960, 1964; D. Stundenbuch, 1965; Worte sind Schatten (Konstellationen 1951-68, 1969; Konstell. - Ideogramme - Stundenbuch, 1977; Inversion u. Oeffnung, 1989. Herausg.: konkrete poesie - deutschspr. autoren (Anthol. 1972), Monograph. üb. Josef Albers, Graeser, Lohse, Stankowski, Fruhtrunk, 81 Identitäten (1981); Z. Sache d. Konkreten, gesammelte Schriften, Reden u. Manifeste (1985) - 1971 Mitgl. Akad. d. Künste Berlin, PEN - Lit.: Dieter Kessler, Unters. z. Konkreten Dicht. (Diss., 1976); Peter Demetz, E.G. u. d. Entwickl. d. Konkreten Poesie (1981); Michael Zeller, D. strenge Form u. d. Mystik d. Rationalität - z. Werke von E.G. (1982); Cornelius Schnauber, D. Träume - m. Ged. (1989) - Rotarier.

GONDOLATSCH, Friedrich

Dr. phil., Prof., Astronom - Hans-Thoma-Str. 45, 6900 Heidelberg - Geb. 3. Juni 1904 Görlitz/Schles. (Vater: Max G., Lehrer, Musikhistoriker; Mutter: Katharina, geb. Fellbaum), ev., verh. s. 1937 m. Margarete, geb. Fabricius - Univ. Leipzig, München, Berlin (Astronomie, Math., Phys.; Promot. 1929). Habil. 1938 Berlin - 1939 Observator Astronom. Rechen-Inst. Berlin; 1945 Abt.leit. Astronom. Rechen-Inst. Heidelberg. S. 1969 im Ruhestand. 1943 Privatdoz. Univ. Berlin, 1950 Univ. Heidelberg, 1955 apl. Prof. - BV: Lehrb. d. Stellarstatistik (m. E. v. d. Pahlen), 1937; Erdrotation, Mondbeweg. u. d. Zeitproblem d. Astronomie, 1953; Studienb. Astronomie (m. G. Groschopf u. O. Zimmermann), I/II, 1978, 1979; Astronomie-Grundkurs (m. S. Steinacker u. O. Zimmermann), 1990. Herausg.: Apparent Places of Fundamental Stars (1960-72, jährl.; m. W. Fricke u. T. Lederle) - Mitgl. Intern. Astronom. Union, Astronom. Ges. (1953-59 Schriftf.), American Astronomical Soc., American Assoc. for the Advancement of Science - Spr.: Engl.

GONSER, Ulrich

Dr. rer. nat., Prof. f. Physik - Am Brunnen 4, 6650 Homburg (T. 06841 - 28 45) - Geb. 10. Dez. 1922 Münster (Vater: Gustav G., Landesoberbaurat; Mutter: Adele, geb. Elmendorf), ev., verh. s. 1953 m. Wilhelmine, geb. Oefele, 2 Kd. (Thomas, Ursel Verena) - Univ. Münster, Dipl. 1950, Promot. 1953, 1954-57 Univ. Illinois/USA, 1957-60 Jülich-Aachen (habil.), 1960-69 Abteilungsleiter Science Center/USA, Univ. Saarl., Prof. - BV: Mössbauer Spectroscopy I u. II, 1975 u. 1981 (chin. u. russ. übers.); Amorphous Metals, 1981; Microscopic Methods in Metals, 1986. Herausg.: Materials Science, Springer; Il Nuovo Dimento D; ICAME. Über 400 Arbeit. in wiss. Ztschr. - Ehrenprof. Univ. Nanjing u. Suzhou; Ehrenmitgl. Dt. Ges. f. Materialkunde; Mitgl. Dt. Physikal. Ges., American Phys. Society (Fellow), New York Academy of Sciences - Spr.: Engl.

GONSIOR, Bernhard

Dr. rer. nat., Prof. f. Experimentalphysik Univ. Bochum - Harpener Hellweg 301, 4630 Bochum.

GONTER, Norbert

Bankkaufm., Sparkassendirektor Bezirkssparkasse Gießen - Prinzenweg 8, 6308 Butzbach - Geb. 18. Mai 1944 Schalkau/Thür., ev., verh., 1 Kd. - Banklehre; Stud. Jura (1. Ex. 1971, 2. Ex. 1974) - S. 1980 Bezirkssparkasse Gießen - Mitautor: D. Realkredit d. Sparkassen, 1978.

GOODMAN, Alfred

Dr. phil., Komponist, Musikschriftsteller - Bodenstedt Str. 31, 8000 München 60 - Geb. 1. März 1920 Berlin (Vater: Oskar Guttmann, Musikschriftsteller; Mutter: Paula, geb. Joseph), verh. in 2. Ehe (1966) m. Renate, geb. Rössig, Sohn Ronald - 1938 Konservatorium Berlin; 1948-53 Columbia College u. Univ. New York (B.S.; M.A.); Promot. 1972 TU Berlin - 1940-1961 USA (eingebürgert 1943); 1955 Mitarb. Westminster Records New York, 1956 Lehrer f. Kontrapunkt u. Kompos. Henry Street Settlement, 1956-60 Komp. f. Movietone, New York, 1957 Musikkrit. Aufbau ebd.; s. 1961 München (fr. Mitarb. Bayer. Rundfunk, 1965 Organisator Konzerte: Dt.-Amerik. Zeitgen. Musik), 1968-69 Daad Stip. Berlin. S. 1971 Musikabt. Bayer. R. (Lektorat), s. 1976 Doz. Hochsch. f. Musik, München. Zahlr. Kompos., dar. 3 Opern, 2 Sinfonien, UNO-Kantate, Orchester-, Kammermusik-, Orgelw., Lieder, Chöre, Fernsehmusiken - BV: Musik im Blut - Amerik. Musik, 1968; Musik v. A b. Z, Musiklexikon 1970; D. Amerik. Schüler Franz Liszt's (Diss.), 1972; Sachwörterb. d. Musik, 1982 - 1981 Ehrengabe Johann Wenzel Stannitz-Preis, 1991 BVK am Bde. - Liebh.: Bücher, Wandern - Spr.: Engl.

GOOS, Gerhard

Dr. rer. nat., Dipl.-Math., o. Prof. f. Informatik Univ. Karlsruhe (s. 1970), Vorst.-Mitgl. Ges. f. Math. u. Datenverarbeitung mbH (1986-91) - Friedrich-Naumann-Str. 4, 7500 Karlsruhe - Geb. 6. Aug. 1937 Nürnberg, ev., verh. s. 1964 m. Gisela, geb. Holland, 3 Kd. - Stud. d. Math. Univ. Erlangen u. Berlin (Techn.); Promot. 1965 - Wiss. Assist. Erlangen u. TU München - BV: Informatik, 2 Bde. 3. A. 1982/83 (m. F. L. Bauer; auch russ., poln., kroat.); Compiler Construction, 1984 - Spr.: Engl., Franz.

GOOSE, Dieter

Dr. jur., Vorstandsmitglied DSL Bank Deutsche Siedlungs- u. Landesrentenbank - Kennedyallee 62-70, 5300 Bonn 2 (T. 0228 - 88 95 10) - Geb. 1. April 1939 Hamm.

GOOSMANN, Paul

Prof. f. Gemeinschaftskunde Päd. Hochschule d. Fr. Hansestadt Bremen - Zum Fichtenhof 2a, 2820 Bremen-St. Magnus (T. 66 39 46).

GOOSSENS, Franz

Dr. rer. pol., Dipl.-Volksw., berat. Volks- u. Betriebswirt - 8911 Thaining (T. 08194 - 2 49) - Geb. 14. Dez. 1921 Mönchengladbach (Vater: Hugo G., Betriebsdir.; Mutter: geb. Hocks), kath., verh. s. 1955 m. Edith, geb. Grauel, 1 Kd. - Promot. 1948 München - Lehrbeauftr. Hochsch. f. Wirtschafts- u. Sozialwiss. Nürnberg (1952-58) u. Univ. München (1968-71); Gründer u. Leit. ABM-Arbeitskreis f. Betriebsführung, München (1952-90). 1949-73 Mithrsg. u. Schriftl. Ztschr. Personal - Mensch u. Arbeit im Betrieb - BV (insg. 30; z. T. b. 10 A.): Personalleiter-Handb., Erfolgreiche Konferenzltg. u. Verhandlungsfhg., Wie baue u. finanziere ich mein Haus?, D. Chef u. s. ltd. Mitarb., Moderne Personalorganisation, Management-Techniken, Was Führungskräfte von Betriebswirtsch. und von Volkswirtsch. wissen müssen, Was die Frauen d. Führungskr. wissen müssen - Liebh.: Sportschießen, Schach, weltw. Reisen.

GOOSSENS, Jan

Dr. phil., Dr. h. c., o. Prof. f. Niederl. u. Niederdt. Philologie u. Direktor Niederl. Seminar u. Niederdt. Abt. d. German. Inst. Univ. Münster (s. 1969) - Gartenstr. 20, 4400 Münster/W. - Geb. 19. Febr. 1930 Genk/Belg. (Vater: Michael G.; Mutter: Maria, geb. Lenaerts), verh. s. 1956 m. Magda, geb. Vanmaele, 4 Kd. (Dirk, Bart, Gert, Greetje) - 1951-55 Univ. Löwen/Belg. (Dt. u. niederl. Philol.) - 1955-60 Gymnasiallehrer Hasselt/Belg.; 1960-61 Lehrer Höh. Lehrersem. ebd.; 1962-65 Dozent Univ. Marburg; Prof. Univ. Löwen - BV: D. niederl. Strukturgeogr., 1965 (Amsterdam); Strukturelle Sprachgeogr., 1969 (Heidelberg); Histor. Phonologie d. Niederl., 1974 (Tübingen); Deutsche Dialektologie, 1977; Reynaerts Historie - Reynke de Vos (hg. m. Kommentar), 1983 (Darmstadt); D. Reynaert-Ikonographie, 1983 (Darmstadt); Sprachatlas d. nördl. Rheinlands u. d. südöstl. Niederlands, 1988. Bearb.: Robert Bruch, Luxembg. Sprachatlas, 1963 (Marburg) - Gr. BVK - Spr.: Niederl., Engl., Franz.

GOOSSENS, Nico

Dr. med., Prof., Internist (Spezialist f. Thrombose-Embolie, Herzinfarkt, Gefäßerkrank.) - Simmernstr. 11, 8000 München 40 (T. 39 92 14) - Geb. 17. Juli 1911 Ludwigsburg/Württ. (Vater: Dr. jur. Walter G.), ev., verh. 1) 1938 m. Dr. Juliane, geb. Wendelstadt (†1954), 3 Töcht., 2) 1974 m. Frauke, geb. Aulike - Realgymn. Schondorf (Internat); Univ. München. Promot. (1936) u. Habil. (1955) München - S. 1955 Privatdoz. u. apl. Prof. (1962) Univ. München (Wiss. Mitarb. Med. Poliklinik; Leit. Hämostaseologie - BV: Antikoagulantien-Fibel, 1957 (dt., span.; m. Gastpar). Mithrsg.: Klinik u. Therapie d. Nebenwirkungen, 1960, 1973, 1984 - Liebh.: Musik (Klavier), Tennis, Ski - Spr.: Engl.

GOPPEL, Thomas Johannes

Dr. phil., Staatsminister im Bayer. Staatsmin. f. Bundes- u. Europaangelegenh. - St. Ulrichstr. 14, 8911 Eresing (T. Wiss.-Min. 089 - 2 18 61) - Geb. 30. April 1947 Aschaffenburg (Vater: Alfons G., Bayer. Ministerpräs. a. D., MdEP; Mutter: Gertrud, geb. Wittenbrink), kath., verh. s. 1973 m. Claudia, geb. Schaffranek - 1970ff. Stud. Lehramt an Volkssch., Examen 1973; 1972ff. Stud. Päd. Phil. Salzburg, Promot. 1982 Salzburg - S. 1972 Vors. Aktionskreis Wirtsch., Politik, Wiss.; s. 1971 Doz. f. Rhetorik, s. 1974 f. Verhandl.technik, 1975-78 Vors. Kolping-Bildungswerk München; s. 1981 Vors. BRK Landsberg; s. 1985 VDA-Landesvors. Bayern. CSU (s. 1976 Bezirksvorst. Oberbayern, s. 1983 Kreisvorst. Landsberg); s. 1982 stv. Landesvors. CSU-Arbeitskr. Kulturpolitik - BV: Föderalismus - Bauprinzip e. freiheitl. Grundordnung in Europa (Hrsg.) 1978; Techn. Fortschritt u. Marktwirtsch. (Hrsg.) 1983; Kontinuität u. Wandel - Perspektiven bayer. Wissenschaftspolitik, 1991 - Ehrennadel Kochverein Bavaria; 1980 Silb. Ehrenz. BRK; 1983 Gold. Ehrenz. BRK; 1983 Rudolf-Egerer-Preis d. bayer. Handels; 1989 BVK am Bde.; 1990 Comtur des Gregorius Magnus Ordens; 1991 Bayer. VO. - Spr.: Franz.

GORDESCH, Johannes

Dr. phil., Prof. f. Statistik/Informatik FU Berlin (s. 1974) - Spechtstr. 15, 1000 Berlin 33 (T. 030 - 832 46 85) - Geb. 13. Juni 1938 Klagenfurt, kath., verh. s. 1964 m. Gertraud, geb. Tandl, 2 Kd. (Eveline, Robert) - Dr. phil. Graz 1965, Univ.-Doz. Wien 1973 - BV: Multivariate Verfahren, 1972; zahlr. Einzelveröff. - 1972 Kardinal-Innitzer-Preis - Liebh.: Musik, Botanik - Spr.: Engl., Franz., Lat.

GORDZ, August

Monsignore, Leiter Arbeitsstelle f. Frauenseelsorge d. Dt. Bischofskonfz. - Prinz-Georg-Str. 44, 4000 Düsseldorf 30 - Generalpräses d. Kath. Frauengem. Dtschl. - Zentralverb. e.V.

GORENFLO, Rudolf

Dr. rer. nat., Dipl.-Math., o. Prof. Freie Univ. Berlin (s. 1973) - Berchtesgadener Str. 15, 1000 Berlin 62 (T. 782 32 16) - Geb. 31. Juli 1930 Friedrichstal üb. Karlsruhe (Vater: Oskar G., Landw.; Mutter: Meta, geb. Herlan) - Realgymn. (Abit. 1950); Stud. TH Karlsruhe; Promot. 1960 ebd.; Habil. 1970 Aachen - 1957-61 wiss. Assist. TH Karlsruhe; 1961 b. 1962 Standard-Elektrik-Lorenz, Stuttgart; 1962-70 Max-Planck-Inst. f. Plasma-Phys., Garching; 1970-73 Doz. TH Aachen. Fachmitgl.sch. - Spr.: Engl., Franz., Ital.

GORENFLOS, Walter

Dr., Chefinspekteur des Auswärtigen Amtes (s. 1988) - Postf. 11 48, 5300 Bonn

1 - Geb. 20. Aug. 1928 Bötzingen/Kr. Freiburg, ev., verh. s. 1956 m. Irene, geb. Meister, 3 Kd. - 1948-54 Stud. Theol., Phil. u. Jura in Basel, Erlangen, USA, Heidelberg, 1954 Refer., 1957 Dr. iur., 1958 Gerichtsass. - 1959 Eintritt in d. Ausw. Dienst, Verwend. in Thailand, Zentrale Bonn, Obervolta, 1978 Min.-Dirig., 1980 Min.-Dir. Leit. Abt. Dritte Welt, 1984-87 Botsch. in Brasilien.

GORGAS, Karin

Dr. rer. nat., Wiss. Rätin, Prof. f. Anatomie Univ. Heidelberg - Bachstr. 20, 6900 Heidelberg.

GORKI, Hans Friedrich

Dr. phil., em. Univ.-Prof. f. Geographie u. ihre Didaktik Univ. Dortmund (s. 1970) - Postf. 50 05 00, 4600 Dortmund 50 - Geb. 16. Dez. 1922 Hannover - Promot. 1955 Münster - Spez. Arb.geb.: Kulturgeogr., Themat. Kartogr.

GORLAS, Johannes

Chemie-Ing., Gewerkschafter, Vors. DGB Essen (s. 1982), MdL Nordrh.-Westf. (s. 1975) - Auf'm Gartenstück 66, 4300 Essen 1 - Geb. 31. Jan. 1934 - SPD.

GORMSEN, Erdmann

Dr. phil., Prof. - An der Schanze 20, 6500 Mainz - Geb. 8. Okt. 1929 Königsfeld (Vater: Harald G.; Mutter: Marieliese, geb. Erdmann), ev. Brüdergem., verh., 2 Kd. - Stud. Mainz, Heidelberg; Promot. ebd - 1966-69 UNESCO, Paris (Departm. f. Environm. Sc.), 1969-70 Doz. Heidelberg, s. 1971 o. Prof. u. Dir. geogr. Inst. Univ. Mainz. 1973-84 Chairman Int. Geogr. Union Workg. Gr. Marketplace Exchange Systems. Fachmitgl.sch., Fachveröff. - 1986 Mexikan. VO Aguila Azteca - Spr.: Engl., Span., Franz.

GORNY, Peter H.

Dr.-Ing., Dipl.-Ing., Prof. f. Angew. Informatik Univ. Oldenburg (s. 1974) Fachber. Informatik - Postfach 2503, 2900 Oldenburg (T. 798 29 01) - Geb. 14. Juni 1935 Berlin (Vater: Hein G., Fotogr.; Mutter: Ruth, geb. Lessing) - Stud. TH Hannover; Promot. 1973 Bochum - 1964-67 wiss. Mitarb. Inst. f. Massivbau TH Hannover; 1967-74 Assist. Inst. f. konstrukt. Ing.bau Univ. Bochum; 1988 Gastaufenthalt Univ. of California, Berkeley. 1971-72 Gründungsaussch. Univ. Osnabrück. 1982-84 Vizepräs. Univ. Oldenburg; s. 1991 Dekan d. FB Informatik Univ. Oldenburg. 1978-85 Sprecher Fachgruppe Interaktive Systeme GI. S. 1984 Vorst.-Mitgl. ACM German Chapter. Fachmitgl.sch. GI, ACM, IEEE Computer Soc. - BV: Dateneingabespr. u. Datenorg., 1973; Interaktive grafische Datenverarb., 1984. Herausg.: Readings on Cognitive Ergonomics (1984); Visualization Programming (1987); Visualization in Human-Computer-Interaction (1990); Informatik u. Schule (1991) - Bek. Vorf.: Theodor Lessing, Phil. (Großv.).

GORSCHENEK, Günter

Dr. phil., Direktor Kath. Akademie Hamburg (s. 1976) - Herrengraben 4, 2000 Hamburg 11; priv.: Engl. Planke 1 - Geb. 8. Dez. 1942 Brüx (Vater: Josef G., Verwaltungsbeamter; Mutter: Ludmilla, geb. Bumba), kath., verh. s. 1971 m. Dr. Margareta, geb. Rucktäschel, T. Nicola Maria - Journalist. Ausbild.; Univ. Münster u. München (Rechtswiss., Gesch., Zeitungswiss.). Promot. 1970 München - Ab 1968 Redakt.; 1971-75 Studienleit. Kath. Akad. Bayern.; s. 1987 Lehrbeauftr. f. Erwachsenenbild. Univ. Hamburg, FB Erziehungswiss.; s. 1987 Generalsekr. Inst. f. Interdisziplinäre Kultur- u. Medienforsch., Hamburg (IKM). Herausg.: Katholiken u. ihre Kirche (1976), Grundwerte in Staat u. Ges. (1977); V. Zeit u. Erinnerung (1980, m. Margareta Gorschenek); Genforschung - Fortschritt in Verantwortung (1987, m. H. Kutz-Bauer); Offene Wunden - Brennende Fragen (1989, m. S. Reimers) - Liebh.: Lit., Filme, Reisen, Kochen - Spr.: Engl., Franz.

GORVIN, Joana Maria

Schauspielerin - Klosterneuburg (Österr.) - Geb. 30. Sept. Hermannstadt/Rumänien (Vater: Karl Glückselig, Musikdir.; Mutter: Maria, geb. Popescu), ev., verh. s. 1971 m. Dr. jur. Maximilian Bauer (Großkfm.) - Gymn. Hermannstadt (Bakkalaureat (Abitur); Schauspielsch. Pr. Staatstheater Berlin - S. 1941 bühnentätig (u. a. Mitgl. Preuß. Staatstheater Berlin, Städt. Bühnen Düsseldorf, Schauspielhaus Hamburg). Bek. Bühnenrollen: Minna v. Barnhelm, Dame Kobold, Gretchen, Aode, Sabina, Helena, Maria Magdalena, Nora, Maria Stuart, 3 x Elektra (Sartre, Giraudoux, O'Neill), Viola, Rosalinde, Ophelia, Isabella, Rhodope, Antigone, Eboli, Alice, Blanche, Orsina, Judith (Hebbel), Johanna auf d. Scheiterhaufen. Film: D. Apfel ist ab (Lilith), Tragödie e. Leidenschaft (Ljuba). Rundfunk: u. a. Dr. Schiwago (Larissa); Fernsehen: D. Zauberberg, Katzenspiel, Haus d. Frauen, Phaedra, Gen-Isolierung SWF 1987 - Übers.: Jon Luca Caragiale, E. verlorener Brief, Kom. 1943 - BV: D. Theater d. dt. Regiss. Jürgen Fehling (m. Gerhard Ahrens), 1985 - 1956 o. Mitgl. Akad. d. darstell. Künste Frankfurt; 1957 Berliner Kunstpreis; Ehrenmitgl. d. neuen fr. Akad. Hamburg; 1974 BVK I. Kl.; 1979 Mitgl. Akad. d. Künste Berlin - Liebh.: Reisen, Lit., Musik - Spr.: Rumän., Franz., Engl.

GOSCHMANN, Klaus

Dipl.-Volksw., Redaktionsdirektor m + a Verlag f. Messen, Ausstellungen u. Kongresse, Geschäftsf. Techn.-Lit. Ges. (TELI) - Paß 31, 6144 Zwingenberg - Geb. 14. März 1938, verh., 2 Kd. (Elke, Jan) - Stud. Volksw. Univ. Marburg - 1968-77 Leit. Presseabt. ZVEI Frankfurt; Geschäftsf. AUMA Köln - Spr.: Engl., Franz.

GOSEBRUCH, Martin

Dr. phil., o. Prof. f. Kunstgeschichte - Gieselerwall Nr. 4, 3300 Braunschweig (T. 4 92 21) - Geb. 20. Juni 1919 Essen (Vater: Dr. Ernst G., Museumsdir.; Mutter: Dora, geb. Bischoff), verh. s. 1948 m. Ina-Marie, geb. Körner, 3 Kd. (Thomas, Esther, Isabel) - Promot. 1950 München; Habil. 1958 Freiburg - 1952 Kunsthalle Hamburg (Assist.), 1954 Bibliotheca Hertziana Rom (b. 1955), 1958 Univ. Freiburg (Privatdoz., 1954 apl. Prof.), 1965 TH, jetzt TU Braunschweig (Ord.); 1970 Distinguished Visiting Prof., Univ. Pennsylvania. Mitgl. Braunschw. Wiss. Ges. (Vors. Kl. f. Geisteswiss.) - BV: Nolde - Aquarelle u. Zeichnungen, 1957; Donatello - Reiterdenkmal d. Gattamelata, 1958; Giotto u. d. Entwickl. d. neuzeitl. Kunstbewußtseins, 1962; Methodik d. Kunstwiss., 1970; D. Braunschw. Dom u. s. Bildwerke, 1980.

GOSEPATH, Jochen

Dr. med. (habil.), Prof., Chefarzt HNO-Klinik Mutterhaus d. Borromäerinnen, Trier - Auf d. Redoute Nr. 28, 5500 Trier-Kernscheid (T. 3 49 68) - Geb. 22. Dez. 1931 Herten/Westf. (Vater: Dr. Ewald, Facharzt; Mutter: Grete, geb. Bergermann), kath., verh. s. 1962 m. Elke, geb. Bihler, 2 Kd. (Katrin, Jan) - Stud. Univ. Freiburg, Marburg, Kiel, Paris, München; Habil. 1966 Mainz - S. 1970 apl. Prof. f. HNO-Heilkunde Univ. Mainz - BV: Atlas d. Schädeltomografie, 1973 (m. K. Reisner; auch engl.) - Spr.: Engl., Franz.

GOSEWITZ, Ludwig

Schriftsteller, Kunstglasbläser, Astrologe - St.-Anna-Platz 6, 8000 München 22 - Geb. 20. Jan. 1936 Naumburg/S., ev., gesch., 3 Kd. (Aino, Valentin, Anna-Isabell) - Abit. 1957 Darmstadt; 1957-65 Stud. German., Gesch. u. Phil. Univ. Frankfurt u. Marburg; 1971ff. Ausb. u. Weiterbild. als Glasbläser Fachsch. Zwiesel u. Pilchuck Glass-School/USA; 1964 Stud. Astrol. - S. 1965 fr. Künstler u. Schriftst. Arb. auf visuellem Geb. - BV: u.a. Ges. Texte, 1976; Ges. Werke 1960-80 u. Neues Glas, 1980; Von hier aus, 1984 - 1974 Will-Grohmann-Preis Akad. d. Künste Berlin; 1988 Prof. f. Glas Akad. d. Bildenden Künste, München - Spr.: Engl., Schwed., Russ.

GOSLAR, Hans Günter

Dr. med., em. o. Prof. f. Anatomie (Lehrstuhl II) Heinr. Heine Univ. - Kantstr. 31, 4005 Meerbusch 1 (T. 02132 - 7 32 75) - Geb. 28. Dez. 1918 Köln (Vater: Julio G., Musikdir.; Mutter: Christine, geb. Waimann), ev., verh. s. 1947 m. Hilde, geb. Fortmann †1990, T. Ingeborg - Univ. Bonn (Chemie) u. Köln (Med.). Promot. 1951 Köln; Habil. 1962 Tübingen - S. 1960 Lehrtätigk. Univ. Tübingen, Bonn (1965 apl.; 1966 Wiss. Rat Anat. Inst.), Düsseldorf (1971 Ord. u. Dir. Anat. Inst.). Arbeitsgeb.: Neuroendokrinol., Thymusforsch., Histochemie endokr. Organe u. Reprod.organe sowie d. Verhornungsvorgänge b. Reptilien. Fachmitgliedsch., dar. Anatom. Ges., Ges. f. Histochemie, Ges. f. Biol. Chem., Dt. Ges. f. Endokrinol. - Liebh.: Barock- u. klass. Musik - Spr.: Engl., Franz. - Mitgl. Lions Intern., Landesarzt d. Johanniter-Unfallhilfe NRW; Rechtsritter Johanniter-Orden; BVK am Bde.; Ernst-Bergmann-Plak.; Johannes-Weyer Med.; Rameau d'or du Mouvement culturel Europeen, JUH-Ehrenzeichen.

GOSLAR, Heinz-Jürgen

Prof., Regisseur, Schauspieler, Hochschullehrer - Schloßplatz 7, 8051 Graz/Österr. - Geb. 26. März 1927 Oldenburg/O. (Vater: Heinz G., Kaufm.; Mutter: Grete, geb. Krapf), verh. s. 1983 m. Martina, geb. Venturini, 3 Kd. (Isabel, Niklas, Jascha) - Gymn.; Univ. Köln (Phil., Theaterwiss.) - S. 1948 Schausp. (1948-58 Bühnen Krefeld, Bonn, Köln, Baden-Baden, Hamburg, München). Film- (Wir Wunderkinder, D. letzte Zeuge, Fegefeuer u. a.) u. Fernsehrollen (u. a. Trojan. Krieg, Herbert Engelmann, Figaros Hochzeit, Es ist soweit, D. Mitschuldigen, Medea, D. Besuch). Regie/Film: u. a. D. Mädchen u. d. Staatsanw., Liebling - ich muß dich erschießen, 90 Minuten n. Mitternacht, No Gold for a dead Diver, Listen to my story, Whispering Death, Slavers (auch Produzent). Regie/Fernsehen: Romeo und Jeanette, Fast e. Poet, D. Kreidekreis, D. 5. Kolonne, Kriminalmuseum, Mexikan. Revolution, Briefe n. Luzern, Wo liegt Jena?, Geliebtes Scheusal, D. Alte- u. Derrick-Folgen, D. Erbe d. Guldenburgs, Maria Magdalena u. a. Regie/Theater: Fast e. Poet, Auf u. davon, Leonce u. Lena, Woyzeck, Maria Magdalena, Egmont - 1959, 1960 u. 61 Gold. Bildschirm als Schausp.; 1963 1. Preis Filmfestsp. Sao Paulo als Regiss.

GOSLAR, Jürgen

s. Goslar, Heinz-Jürgen

GOSS (ß), Irene

Sekretärin, MdL Rheinland-Pfalz (s. 1979) - Distelbergerweg 2, 5406 Winningen - Geb. 25. Mai 1928 - SPD.

GOSSE, Peter

Schriftsteller, Dozent am Literatur-Inst. Leipzig - Mockauer Str. 118, O-7025 Leipzig (T. 231 15 96) - Geb. 6. Okt. 1938 Leipzig, verh. s. 1967, 2 Kd. (Andreas, Tomas) - Ing.-Dipl. 1962 Moskau - 1988 Gastprof. USA - BV: (insbes. Ged.) u.a. Erwachsene Mitte, 1986; Poesiealbum, 1988; Standwaage, 1990 - 1985 Heinrich-Heine-Preis; 1991 Heinrich-Mann-Preis - Spr.: Russ.

GOSSELCK, Jürgen

Dr. phil. nat., Prof., Lehrstuhlinh. f. Organ. Chemie GH Kassel - Heinrich-Plett-Str. 40, 3500 Kassel; priv.: Gullringen 12, 6312 Laubach-Wetterfeld.

GOSSEN, Manfred

Dipl.-Ing., Vorsitzender d. Geschäftsfg. Pipeline Engineering, Essen - Hufstr. 31, 4223 Voerde 2 (T. 02855-63 62) - Geb. 16. Okt. 1937, kath., verh. s. 1963 m. Helene Irene Tengs, 3 Kd. (Anke, Sabine, Martin) - Stud. TH Aachen (Bergbau; Dipl. 1963) - Spr.: Engl., Span.

GOSSMANN (ß), Hans-Heinrich

Dr. med., Ltd. Arzt Innere Abt./Stadtkrkhs. Siegen, Honorarprof. Univ. Marburg - Vinckestr. 8, 5900 Siegen.

GOSTISCHA, Emil

Dr. phil., o. Prof. f. Psychologie Univ. Osnabrück (emerit. s. 1975) - An der Alten Schmiede 7, 4500 Osnabrück - Geb. 1. Okt. 1909 Schleswig (Vater: Josef G. Bahnmeister; Mutter: Louise, geb. Schmidt), ev., verh. m. Ingrid, geb. Burlage, 7 Kd. (Dörthe †, Thomas, Georg, Ruth, Dieter, Carola, Ulrike) - Stud. Kiel u. Hamburg (1934-39). Wiss. Ass. Univ. Göttingen (ab 1939), Volkssch.praxis (1945-48), Lehrauftr. Psych. PH Göttingen (1946-51), Dozent PH Celle, Osnabrück. Prof. s. 1961, o. Prof. s. 1972 Univ. Osnabrück s. Gründung. Hauptarb.gebiete: Lehrerbildg., Psych. d. Sprache, d. Motorik, d. Wahrnehmung, Psychopathologie.

GOSTOMSKY, Dieter

Prof., Hochschullehrer - Brunnenstr. 6, 5000 Köln 51 - Geb. 27. April 1937 Potsdam (Vater: Walter G., Verwaltungsbeamter) - Schulen Potsdam, Sylt, Hamburg, Bochum; Musikhochsch. (Schulmus., Kompos.; Lehrer: Klussmann u. Jarnach) u. Univ. Hamburg (German., Literaturwiss.) - 1970-71 Doz. Konservat. Hamburg u. Assist. Musikhochsch. ebd.; s. 1971 Doz. u. Prof. (1974) Musikhochsch. Köln.

GOSZTONYI, Georg (György)

Dr. med., Prof. f. Neuropathologie FU Berlin (s. 1984) - Grenzburgstr. 5, 1000 Berlin 41 (T. 030 - 792 34 37) - Geb. 30. März 1932 Budapest, kath., verh. s. 1962 m. Eva Kerpel-Fronius, 2 Söhne (Kristof, Andreas) - Stud. Med. Budapest; Promot. 1956, Habil. 1979 Budapest, Facharztprüf. f. Neurol. 1962, Psychiatrie 1968, Neuropathol. 1980 - 1956-68 wiss. Assist. Med. Univ. Pécs; 1965-66 Wellcome Fellow London; 1968-80 Oberarzt Med. Univ. Budapest; 1980-84 Gast FU Berlin; 1978-82 Vizepräs. Intern. Ges. f. Neuropathol. Üb. 100 wiss. Veröff. bes. zu Viruskrankheiten d. Nervensystems - 1978 Karl-Schaffer-Erinnerungsmed. - Spr.: Engl., Franz., Ungar., Latein.

GOTH, Günther G.

Diplomrechtspfleger, Leiter des Vorstandsbereichs Personal der Siemens Nixdorf Informationssysteme AG - Fürstenallee 7, 4790 Paderborn (T. 05251 - 8-0); Otto-Hahn-Ring 6, 8000 München 83 (T. 089 - 636-01) - Geb. 1944 Weidendorf.

GOTHE, Fried

Dr. rer. pol., Dipl.-Kfm., Wirtschaftsprüfer, gf. Gesellsch. Gothentreuhand KG Wirtschaftsprüfungsges. Dr. H. Gothe, Dr. F. Gothe, Dr. M. Gothe - Am Alten Stadtpark 35, 4630 Bochum - Vorst.-Vors. d. Ges. d. Freunde d. Ruhr-Univ. Bochum; Mitgl. Hauptfachaussch. Inst. d. Wirtschaftsprüfer, Vollvers. IHK Bochum, Steueraussch. IHK Bochum, u. Haushaltsaussch. IHK Bochum; div. Firmenbeir.

GOTSCHY, Hans-Heinz

Senator E. h., Gesellschafter Fa. Heinrich Strunz, Lamiluxwerk, Rehau - Sieberstraße 5, 8000 München 80 (T. 22 28 77-79 u. 98 40 68) - Geb. 23. Febr. 1922 (Eltern †), r.-kath., verh. s. 1960 m. Lieselotte, geb. Fischer - Jurist. Stud. Univ. München. Präs. Hauptverb. d. Dt. Holz- u. Kunststoffverarb. Ind., Wiesbaden; Präs. CEI Bois (Verb. d. Europ. Holzind.), Brüssel; Vorst.-Mitgl. Verb. d. Bayer. Holzind. u. Kunststoffverarbeitung, München; Vorst.-Vors. Holz-Berufsgenoss., Landesverb. Bayern d. Berufsgenoss.; Vors. Kurat. d. FH Rosenheim - BV: Dt. Möbelind. 1945-70, Fachb. u. Kompendium, 1971 - BVK I.

GOTT, Karel

Sänger, Komponist - Nad Bertramkou 18, 15000 Praha 5, ČSSR (T. 00422 - 54 55 44) - Geb. 14. Juli 1939 Plzeň/ČSSR, ledig, T. Dominika - Konservat. d. Musik in Prag (b. Prof. Konstantin Karenin, Tenor - Schallplattenaufnahmen, Konzert-, Fernseh- u. Rundfunkauftritte, 2 Spielfilme m. Hauptrollen, 1 Dokumentarfilm; ca. 100 LP's; üb. 20 LP's in UdSSR, DDR, Polen, Bulgarien, Spanien, Japan, USA - 93 Ehrungen u. Preise in ČSSR, BRD, DDR, UdSSR, Polen, Belgien, Frankr., Grossbrit., Luxemb., Japan u. Brasil. u.a.: 1977 Verdienter Künstler d. ČSSR; 1985 Nationalkünstler d. ČSSR; 1 Platinschallpl. u. 8 Gold. Schallpl. (Dt. Grammophon Ges. Polydor Hamburg), 1 Platinschallpl. u. 9 Gold. Schallpl. (Supraphon Praha), 1 Gold. u. 5 Silb. Schallpl. (Artia Praha), 20 Gold. Nachtigallen (Trophäen f. d. beliebtesten Pop-Interpreten d. Jahres in d. ČSSR), Gold. Mikrofon, Stuttgart, u.a. - Liebh.: Malerei, hist. Lit., schnelle Autos - Spr.: Engl., Deutsch, Russ. - Lit.: Rikám to písni Karel Gott, Prag (1968); Karel Gott - Musik uns. Zeit (1981).

GOTTBERG, von, Rasmus
Produzent u. Regisseur - Schoenaich-Carolath-Str. 7, 2000 Hamburg 52 - Geb. 19. Juli 1932.

GOTTESBÜREN, Hermann
Dr. med., Ltd. Arzt Innere Abt. St.-Marien-Hospital, Lünen Honorarprof. Univ. Marburg - 4670 Lünen.

GOTTFRIED, Günter
Dipl.-Ing., Ministerialrat, Honorarprof. f. Datenverarbeitungsanlagen im Verkehr Univ. Hannover, Direktor Zentralstelle f. Betriebs- u. Datenverarb./Dt. Bundesbahn, Frankfurt/M. - Südring 91, 6500 Mainz-Bretzenheim.

GOTTHARD, Werner
Dr., Prof. f. Biologie PH Ludwigsburg (s. 1984) - Heumadener Str. 90, 7302 Ostfildern 4 - Geb. 12. April 1930 - Promot. 1963 - 1970-84 PH Esslingen; s. 1984 PH Ludwigsburg - BV: D. Küchenschelle im Ries, 1965; Pflanze, Tier u. Mensch, 1968 (m. Hager); Menschenkunde, 1970. Versch. naturkundl. Beitr. in Ortschroniken; Biologieb. f. Hauptschulen (m. and.), 1986 u. 1988; versch. Aufs. z. Didaktik d. Biologieunterrichts - Beirat Ges. f. Naturkunde Württemberg; Mitgl. Gilderats d. Lehrergilde; 1. Vors. Förderverein f. lernbehind. Kinder Ostfildern.

GOTTHARDT, Hartwig
Dr. med., prakt. Arzt (s. 1954), Mitgl. Hbg. Bürgerschaft (1966-75, SPD), Deputierter Gesundheitsbehörde (s. 1966) - Schüsslerweg 10d, 2100 Hamburg 90 (T. 77 47 36) - Geb. 1. Aug. 1921 Harburg/Elbe (Vater: Friedrich G., Rektor; Mutter: Hedwig, geb. Begemann), ev., verh. s. 1949 m. Annemarie, geb. Kähler, 3 Söhne (Walther, Arik, Christian) - Univ. Berlin, Würzburg, Hamburg, Göttingen (Med., Psych.). Med. Staatsex. 1946 Göttingen; Promot. 1952 Hamburg - 1947 b. 1954 Assistenzarzt Hamburg - Liebh.: Auslandsreisen, Sport - Spr.: Engl., Franz.

GOTTHOLD, Jürgen
Dr. jur., Dipl.-Volksw., Prof. f. Ökonomische Analyse v. Recht Univ. Bremen (z. Zt. beurl.), Stadtrat Marburg - Bismarckstr. 12, 3550 Marburg (T. 20 12 04) - Geb. 20. Mai 1943 Berlin (Vater: Dr. jur. Friedrich G., Richter; Mutter: Dr. med. Ilse, geb. Loewenheim) - 1962-67 Stud. Rechtswiss. Univ. Berlin, Marburg, Aix en Provence; 1967-70 Stud. Volksw. in Marburg - 1971-1973 Bundeskartellamt, Berlin; 1973 Ref. f. Stadtentw. Marburg; s. 1978 Prof. in Bremen; s. 1985 Stadtrat Marburg - BV: Wirtsch. Entw. u. Verfassungsrecht, 1975; Macht u. Wettb. in d. Wirtsch., 1975; Stadtentw. zw. Krise u. Plan., 1978.

GOTTINGER, Hans
Dipl.-Ing., Direktor REICHARDT-BRÄU Josef Neumayer oHG., Landshut - Annaberg 15, 8300 Landshut/Ndb. (T. 2 20 83).

GOTTLIEB, Franz Josef
Regisseur, Autor - Spitzsteinstr. 3, 8213 Aschau/Chiemgau (T. 08052 - 21 98) - Geb. 1. Nov. 1930 (Vater: Franz G., Transportuntern.; Mutter: Josefa, geb. Krappinger), verh. s. 1974 m. Elisabeth, geb. Krogh, 2 T. (Viktoria, Andrea) - Gymn.; Akad. f. Musik u. darst. Kunst, Wien; Regiedipl. 1953 - 1959-60 Dramat. Sascha Film, Wien; 1961-63 Chefdramat. Constantin Film, München; 1964-65 Prod.chef Nora Film, München; fr. Regisseur u. Autor - 38 Drehbücher f. Kinofilme; 46 Kinofilme (dar.: D. gelbe Schlange, D. schwarze Abt, D. Phantom v. Soho, Saison in Salzburg, Durchs wilde Kurdistan, Klassenkeile, Lady Dracula, Popcorn u. Himbeereis, Frech wie Oskar, Zärtliche Chaoten, Stein d. Todes). FS: Wolken üb. Kaprun, D. 5. Jahreszeit, Nachtärzte, Mandara, Ravioli, Kneipp, Nordlichter, D. Landarzt, Kartoffel m. Stippe, E. Schloß am Wörthersee (Serien); div. Shows, Fernsehsp. u. Theaterinszen. - 1962 Sascha Kolowrat Pokal (Regie), 1968 Gold. Leinwand, 1979 Silberner Otto, 1990 Filmpreis d. Stadt Kapfenberg - Liebh.: Bücher, Parapsych., Antiquitäten, Galaktische Phil. - Spr.: Engl., Ital., Span.

GOTTLIEB, Gunther
Dr. phil., Prof. f. Alte Geschichte Univ. Augsburg (s. 1975) - Tulpenweg 10, 8904 Friedberg - Geb. 3. Febr. 1935 Hanau/M. - Promot. 1962; Habil. 1971 - Zul. Doz. Univ. Heidelberg. Bücher u. Aufs.

GOTTLIEB, Sigmund

Journalist, stellv. Chefredakteur BR, Fernsehen (s. 1991) - Zu erreichen üb. BR, München, Freimann - Geb. 21. Okt. 1951, ev., verh. s. 1981 m. Gisela, geb. Jänsch, 2 Kd. (Natascha, Frank) - Stud. Gesch., German., Polit. Wiss., Staatsex. 1977 - 1985-88 ZDF-Korresp. Bonn; 1988-91 stellv. Leit. u. Moderator Heute-Journal - Liebh.: Reisen u. Literatur - Spr.: Engl., Franz., Ital.

GOTTMANN, Günther
Prof., Direktor Museum f. Verkehr u. Technik Berlin - Trebbiner Str. 9, 1000 Berlin 61 - Geb. 30. Mai 1931 - Stud. Phil., Theol., Päd., Gesch.

GOTTSCHALCH, Wilfried
Dr. rer. pol., Prof. f. theoretische Andragologie, Ord. Univ. Amsterdam (s. 1979) - Graaf Florislaan 52, NL 1405 BW Bussum - Geb. 18. Jan. 1929 Dresden - N. Kriegsdienstverpfl. (1944, Industrie) u. Wehrdst. (1945) Buchhändlerlehre; Abitur 1949; Freie Univ. Berlin (Sozial- u. Wirtschaftswiss.; Dipl.-Polit. 1958; Promot. 1961 - B. 1951 (Flucht) Lehrer DDR, dann Notstandsangest. West-Berlin, währ. Stud. Ausbildungsleit., 1958-63 Assist. FU Berlin (Inst. f. Polit. Wiss.). 1963-71 Doz. u. Prof. PH Berlin (Didaktik d. Politik u. Soziol.), b. 1979 Ord. Univ. Bremen, 1979 ff. Lehrtätigkeit Amsterdam - BV: Strukturveränderungen d. Ges. u. polit. Handelns in d. Lehre v. Rudolf Hilferding, 1961 (Übers. japan.); Parlamentarismus u. Rätedemokr., 1968; Soziales Lernen u. polit. Bildung, 1969; Ideengesch. d. Sozialismus in Deutschl, 1969 (i. ders. Karrenberg, Stegmann. Geschichte der sozial. Ideen in Deutschland); Z. Soziol. d. polit. Bild., 1970; Sozialisat.forsch. Materialien, Probleme, Kritik (m. Neumann-Schönwetter, Soukup), 1971 (Übers. dän. u. schwed.); Beding. u. Chancen polit. Sozialisat., 1972; Schülerkrisen, 1977; Vatermutterkind, Dt. Familienleben zwischen Kulturomantik u. soz. Revolution, 1979; Aufrechter Gang u. Entfremdung. Pamphlet üb. Autonomie, 1984; Geschlechterneid, 1984; Sozialisation. Theoret. Annäherungen u. Gegenwartsprobl., 1985; Sociol. van het zelf, (niederl. Übers. v. Sozialisation) 1985; Narziß u. Ödipus, 1988; Wahrnehmen, Verstehen, Helfen, 1988; D. Große bleibt groß nicht und klein nicht d. Kleine. Polit. Sozialisation in Dtschl., 1990; Soziologie d. Selbst. Einführung in d. Sozialisations Forsch.

GOTTSCHALCK, Claus
Handelsvertreter, Vizepräs. IHK Hildesheim - Brehmstr. 17, 3200 Hildesheim (T. 3 51 74).

GOTTSCHALDT, Matthias
Dr. med., Prof., Neurologe, Ärztl. Direktor Psychosomat. Fachklinik Hornberg (Oberbergklinik) (s. 1988) - Oberberg 1, 7746 Hornberg - Geb. 10. Dez. 1939 Berlin (Vater: Prof. Dr. Kurt G., s. XVIII. Ausg.; Mutter: Yuki, geb. de Lalande), verh. s. 1964 m. Ingeborg, geb. Sperber, T. Susanne - Promot. 1965 - Nach Habil. (1974) Priv.doz.; 1975 Chefarzt Neurolog. Klinik Herford, 1984 Psychosomat. Fachklinik Bad Salzuflen. Fachmitgl.sch. - BV: Polygr. Untersuchungen d. Nachtschlafes epilept. Kinder, 1975 - Liebh.: Jagd, Flugsport - Spr.: Engl.

GOTTSCHALK, Diethard
Publizist - Büro: Lennéstr. 42, Postf. 14 23, 5300 Bonn 1 (T. 0228 - 21 36 00) - Geb. 9. März 1944 Graudenz/Westpr. (Vater: Dr. jur. Klaus G., Justitiar †), kath., ledig - Sprachstud. (Franz., Engl., Ital. u. Russ.) - Hörspielautor (SWF/WDR); 1965-66 Assist. v. Prof. Richard Graf Coudenhove-Kalergi (Begr. Paneuropa-Beweg.); s. 1966 Präs. Dt.-Franz. Arbeitskr.; 1967/68 maßgebl. beteil. am Eintritt Großbrit. in d. EG u. 1975-78 Gründ. EDU; 1973-75 ständ. Mitarb. Wochenztg. Rhein. Merkur u. verantw. Redakt. d. Beilagen. Herausg. Ztschr. Europa Heute; 1980-83 1. Vors. Fr. Dt. Autorenverb. NRW; s. 1983 Präs. Ges. unabhäng. Künstler u. Publiz., s. 1985 Vergabe v. Förderpreisen in d. Sparten Bildende Kunst, Musik u. Lit. - Zahlr. Veröff. - Liebh.: Europ. Kunst d. 18. Jh. - Bek. Vorf.: General Charles-François du Perier Dumouriez, 1792 Außen- u. Kriegsmin. Frankr. (Urgroßonkel), Kathinka v. Kardorff-Oheimb, MdR 1920-24 (Urgroßtante).

GOTTSCHALK, Dietrich Helmut

Dipl.-Volksw., Unternehmer - Meichelbeckstr. 15, 8000 München 90 (T. 089 - 64 84 00) - Geb. 28. Sept. 1938 München (Vater: Paul G., Untern.; Mutter: Esther), ev., ledig - Kaufmannsgehilfenprüf. 1960; Stud. Volksw. München (Dipl.-Volksw.) - Gf. Gesellsch. Asphaltbau GmbH, Landshut, Intern. Ind.Büro (IIB) GmbH, München, Industra Consult GmbH, München, I.I.B. Industrie-Immob. Büro GmbH, München. Mitgl. Export-Club Bayern, BJU, ASU u.a. - Erf./Gebrauchsmuster: gelochter Heftstreifen, selbstklebend, zum Abheften v. Dokumenten, Prospekten, Zeichnungen, Fotos, Karten, selbstklebendes u. wieder abnehmbares Einmerk- u. Lesezeichen, Tresora Sicherheits-Handtasche, usw. - Liebh.: Oldtimer-Autos, Tennis, Skilaufen, Golf - Spr.: Engl., Franz.

GOTTSCHALK, Eckhard
Dr. jur., Vorstandsmitglied IKB Deutsche Industriebank - Karl-Theodor-Str. 6, 4000 Düsseldorf 1; priv.: Am Steinacker 8, 4005 Meerbusch 1-Strümp - Geb. 7. Okt. 1935.

GOTTSCHALK, Gerhard
Dr. rer. nat., Dipl.-Chem., Prof. f. Mikrobiologie Univ. Göttingen - Grisebachstr. 8, 3400 Göttingen (T. 39 78 81) - Geb. 27. März 1935 Schwedt/Oder (Vater: Gerhard G., Angest.; Mutter: Irmgard, geb. Ploetz), ev. luth., verh. s. 1960 m. Ellen-M., geb. Hrabowski, 3 Kd. (Urda, Stephen, Eckart) - Univ. Berlin, Göttingen (Dipl. 1959, Prom. 1963), 1964-66 Dept. of Biochemistry, Univ. of Calif. Berkeley (Assist.), 1967-69 Inst. f. Mikrobiol. Göttingen (Oberassist.), 1970 o. Prof. ebd., 1972 Dept. of Bacteriology, Univ. of Calif. Davis (visiting Prof.), 1975 Rektor Univ. Göttingen; 1978 Gastprof. Univ. Calif., Berkeley/USA, 1980 Vizepräs. Univ. Göttingen. 1979-81 Präs. Dt. Ges. f. Hygiene u. Mikrobiol.; 1987 Sprecher BMFT-Forschungsschwerpunkt Grundl. d. Bioprozeßtechnik - Spez. Arbeitsgeb.: Stoffwechsel d. Bakterien - BV: Bacterial Metabolism, 2. A. 1986; Biotechnologie, 1986. Zahlr. Einzelarb. - Spr.: Engl.

GOTTSCHALK, Hanns
Dr. phil., Prof., Schriftsteller - Greilstr. 1, A-4020 Linz/Donau (Österr.) (T. 276 97 14) - Geb. 21. Juli 1909 Lenschütz/Oberschl., kath., verh. m. Eva, geb. Koch - Stud. Univ. Wien u. Breslau - Begr. u. Leit. Lit. Sem. (Esslingen/Neckar) (b. 1978); hier auch Begr. u. Mithrsg. d. Schriftenreihe d. Künstlergilde (s. 1957) - BV: Der Fremde im Dorf, R. 1940 u. 1949; D. Gnadenstunde, Erz. 1945; Meister Dominus, R. 1946; Fährmann Gottes, R. 1947; Tag d.

Reife, N. 1949; Bad Haller Impressionen, Dicht. 1952; Es rauscht e. Strom, R. 1952; D. Lied von d. Glocke, Film 1952; Am Herzen d. Schöpfung, Ged. 1953; D. Sohn, N. 1954; Begegnungen, 1956; D. Weiche, N. 1956; Den Müttern, 1957; Denk ich an euch, ihr stillen Freunde, Ess. 1958; D. Weg nach Petropowka, N. 1959; Horizonte, Ged. 1960; Stundenb. d. Freude, Aphor. 1961; Urlaub in d. Ewigkeit, N. 1961; D. Brief an d. Mutter, 1962 (bibliophile Ausg.); Und üb. uns d. Himmel, Erz. u. Ess. 1963; Dein d. Zauber u. Glanz ds. Welt, Ged. 1965; Bühnenst.: Einer muß bleiben (Sch., 1964), Welt in d. Windlaterne, Ges. N. 1969; Zeit ohne Zifferblatt (m. Hörspiel „Holüber"), 1970; Eulen vor d. Spiegel, Heit. Erz. 1972; Zeit f. e. Vers, Ged. 1972; D. Schelmenged., 1974; Bildwechsel, Ged. 1978; Kontrapunkte, Ged. 1980; Libretto Michelangelo, 1981; Unser d. Wort, Ged. 1984; Guten Morgen, Abendland, Gedanken u. Ged. 1989. In nahezu alle Kultursprachen übersetzt Gottschalks berühmt gewordener Brief Ich sah Dresden sterben - Herausg. u. Mitherausg. zahlr. Anthologien - Ausz. u. a.: Ostd. Erzählerpreis, Schles. Lit.preis, Förderungspreis Österr. Kulturring, Dramatikerpreis (1965), Funkerzählerpreis (1973), Österr. Ehrenkr. f. Wiss. u. Kunst (1976), Andreas-Gryphius-Preis (1978), Ehrenvors. Sekt. Lit. (s. 1980) u. Ehrenmitgl. Künstlergilde (s. 1981), Pro-Arte-Med. (1984), Kultur-Med. d. Stifter- u. Brucknerstadt Linz (1990), Ehrenmitgl. Autorenkreis (1992) - Lit. zu H. G.: Dr. K. Vancsa, H. G. (Monatshefte f. Weltlit. 3. 1954), Gilbert Socard, D. Dichter H. G. (Documents 4, 1956), Prof. A. Fischer-Colbrie, H. G. (Zeitgenöss. Schrifttum, Bd. 4, 1957), Arno Lubos, Linien und Deutungen (München 1963); Kindermann-Dietrich, Lexikon f. Weltliteratur (Wien); Zeittheater-Autoren (Theater-Rundschau, Bonn 1964); Biograph. Lexikon (Ausg. 1957 u. 1968); Leben u. Werk H. Gottschalks (Kult. Bericht 1969); Dr. Wolfgang Schwarz, An H. G. geschrieben (Nachw. z. Zeit o. Zifferblatt 1970); H. G. (Kulturspiegel, Würzburg 1974); Ernst Günther Bleisch, Der Lyriker H. G. (Nachw. zu Die Schelmengedichte, Dortmund 1974); H. G. in Persönlichkeiten Europas (Luzern 1975); Dr. Wolfgang Schwarz, Der Wortkünstler H. G. (in Bildwechsel 1978); Adalbert Schmidt, D. Dichter Hanns Gottschalk (Kult. Bericht F. 15/ 1979 u. Nachw. z. Kontrapunkte, 1980; Andreas-Gryphius-Pr. f. H. G. (Unser d. Wort, München 1984); R. Tauber, Hanns Gottschalk - Suchen u. Erkennen (Kult. Bericht 15/1984); Oskar Kreibich, Porträts aus unserer Zeit (München 1986, OG 89/Bonn); H. Salfinger, Zeugnis f. d. Unzerstörbarkeit d. Geistes (Kult. Bericht 15/1989); Adalbert Schmidt, Credo verbum (Lesezeichen ORF 21.07.1989).

GOTTSCHALK, Helmut

Bankdirektor Volksbank Herrenberg - Monbachstr. 104, 7263 Bad Liebenzell-Monakam (T. 07052-12 47) - Geb. 24. Juli 1951, ev., verh. m. Renate, geb. Gärtner, 2 S. (Frank, Ralf).

GOTTSCHALK, Thomas

Lehrer, Redakteur, Fernsehmoderator - 8084 Inning/Ammersee - Zu erreichen üb. ZDF, Postf. 40 40, Essenheimer Landstr., 6500 Mainz-Lerchenberg - Geb. 1950 Bamberg, verh. - Stud. Deutsch, Gesch.; bde. Lehrerprüf. - Münchner Merkur (als Stip. Inst. z. Förder. d. publiz. Nachwuchses); 1976ff. Redakt. Bayer. Rundf.; 1986 Koordinator Welle B 3 Bayer. Rundf. Moderator FS-Send.: Szene, Telespiele, Na sowas (s. 1982, ZDF), Wetten daß... (s. 1987, ZDF) - 1986 Gold. Kamera Hörzu.

GOTTSCHALK, Werner

Dr. rer. nat., o. Prof. u. em. Dir. Inst. f. Genetik Univ. Bonn (s. 1965) - Zum Wingertsberg 15, 5300 Bonn 1 - Geb. 15. Mai 1920 Marienberg (Vater: Max G.; Mutter: Elsa, geb. Neubauer), ev., verh. s. 1950 m. Annemarie, geb. Schneider, 3 Töcht. (Roswitha, Dagmar, Barbara) - Univ. Freiburg (Botanik, Zool., Chemie). Promot. 1950 Freiburg; Habil. 1953 Gießen - 1950-64 Assistenten- u. Dozententätigk. Univ. Freiburg, Gießen, Göttingen, Bonn, 1957/58 Teiln. 2. Intern. Genzentren-Exped. Südamerika - BV: D. Wirkung mutierter Gene auf d. Morphol. u. Funktion pflanzl. Organe, 1964; D. Bedeutung v. Genmutationen f. d. Evolution d. Pflanzen, 1971; Mutationen - Mechanismen d. Evolution, 1974; D. Bedeutung d. Polyploidie f. d. Evolution d. Pflanzen, 1976; Allgem. Genetik, 1978, 84 u. 89 (jap. Ausg. 1980, span. Ausg. 1984). Zahlr. Einzelveröff. - Liebh.: Kunstgeschichtl. Reisen - Spr.: Engl.

GOTTSCHLING, Erhard

Dr. rer. nat. (habil.), o. Prof. f. Mathematik - Bebelstr. 22, 6500 Mainz-Bretzenheim (T. 3 43 65) - Geb. 15. Okt. 1932 Lodz - S. 1967 Prof. Univ. Berlin/ Freie (apl.) u. Mainz (1970 Ord.). 1968/ 69 Gast New York Univ. Fachveröff.

GOTTSTEIN, Klaus

Dr. rer. nat., Prof., em. Dir. Forschungsstelle Gottstein in d. Max-Planck-Ges., em. Wiss. Mitgl. Max-Planck-Inst. f. Physik, München - Meisenweg 1, 8033 Krailling/Obb. (T. München 857 13 59) - Geb. 25. Jan. 1924 Stettin (Vater: Dr. jur. Kurd G., Fabrikdir.; Mutter: Christel, geb. Schallehn), ev., verh. s. 1956 m. Karin, geb. Pätzold, 4 Kd. (Michael, Peter, Oliver, Barbara) - Gymn.; Laborausbild.; Stud. Physik Berlin, London, Göttingen - Wiss. Aufgaben Bristol (1950-51), Göttingen (1951-58), Berkeley (1956-57), München (1958 ff.; 1961 ff. Wiss. Mitgl., Abt.leit u. Dir.mitgl. MPI). 1971-74 Wiss.attaché Botsch. Washington; 1979-80 Exekutivsekr. Wiss. Forum d. Konfz. üb. Sicherheit u. Zus.arb. in Europa. 1960 (Habil.) - 1989 Lehrtätigk. Univ. München (1967 apl. Prof. f. Physik). S. 1989 Vorst.-Vors. Arbeitskreis Kultur u. Entw. u. s. 1990. Vorst.-Vors. Ges. f. intern. Entwicklung München. Mitgl. Dt. u. Europ. Physikal. Ges., American Physical Soc., Vereinig. Dt. Wiss.ler., Dt. Unesco-Kommiss. Society for intern. Development. Fachveröff. - Spr.: Engl.

GOTTSTEIN, Ulrich

Dr. med., Prof., Chefarzt Med. Klinik Bürgerhospital, Frankfurt (1971-91) - Ludwig-Tieck-Str. 14, 6000 Frankfurt (T. 52 50 53) - Geb. 28. Nov. 1926 Stettin (Vater: Dr. jur. Kurd G., Dir. u. Vorst.-Mitgl. Papierind.; Mutter: Christel, geb. Schallehn), ev., verh. s. 1954 m. Dr. med. Monika, geb. Bauer (Vater: Prof. Dr. med., Drs. h. c. Karl Heinrich B., s. XVII. Ausg.), 6 Kd. (Martina, Joachim, Annette, Ute, Sabine, Anselm) - Arndt-Gymn. Berlin. Staatsex. u. Promot. 1952 Heidelberg, Habil. 1960 München - 1966ff. Prof. f. Innere Med. Univ. Kiel, 1971 Prof. Univ. Frankfurt. 1972/73 Präs., dann Vorst.-Mitgl. Dt. Ges. f. Angiologie; s. 1972 Fortbildungsbeauftr. Ärztekammer Frankfurt; s. 1980 Mitgl. Arzneimittelkommiss. Bundesärztekammer; s. 1982 Gründ.- u. Vorst.-Mitgl. Intern. Ärztebewegung z. Verhütung e. Atomkriegs (IPPNW), Bundesd. Sektion; s. 1989 Vizepräs. d. IPPNW-Weltorganisation - BV: D. Hirnkreislauf unt. d. Einfluß vasoaktiver Substanzen, 1962; Coronarinsuffizienz-periphere Durchblutungsstörungen, 1973. Lehrbuchbeitr. Üb. 125 wiss. Fachveröff. (auch engl., franz.) - 1973 Senckenberg-Preis f. beste wiss. Arbeit; 1980 Ernst-v.-Bergmann Verdienst-Plak. Bundesärztekammer; 1991 Dr. Richard Hammer-Verdienstmed. d. Landesärztekammer Hessen - Spr.: Engl. - Bek. Vorf.: Dr. phil. Leo G., Gründer Feldmühle Papier- u. Zellstoffabriken AG. (Großv.); Prof. Dr. Adolf G., 1919-23 Leit. preuß. Medizinalwesen (Großonkel).

GOTTWALD, Björn A.

Dr. rer. nat., Prof. f. Physikal. Chemie (Ps. Urs Sjöstedt) - In d. Weihermatten 6a, 7800 Freiburg-Zähringen (T. 0761 - 55 12 20) - Geb. 22. Sept. 1937 Berlin (Vater: Dr. Alfons G.; Mutter: Clara, geb. Sjöstedt), ev., verh. s. 1965 m. Dagmar, geb. Kersten, 2 Kd. (Birgit, Kristian) - Dipl.-Phys. 1962 Bonn; Promot. (1965) u. Habil. (1973) Hannover. - S. 1973 Wiss. Rat u. Prof. (1978) Univ. Freiburg. Fachaufs. - Liebh.: Psychoakustik, Motorradfahren - Spr.: Schwed., Engl., Franz.

GOTTWALD, Christoph

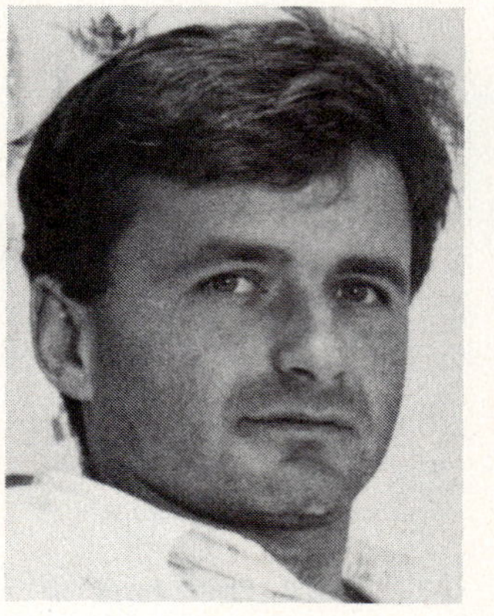

M.A., Buch- u. TV-Autor - Christinastr. 54 a, 5000 Köln 60 - Geb. 11. Okt. 1954, led., T. (Maxi) Marie-Charlotte Maximiliane - M.A. German., Soziol., Phil. 1983 Univ. Köln (b. C.O. Conrady) - Drehbuchautor f. (u.a.) Regina-Ziegler-Filmprod., Berlin, Fritz-Wagner-Film, Berlin, Bavaria, München, Phönix-Film, Berlin, Studio Hamburg, Rhewes Film, Köln, Gerhard Schmidt Films & Scripts, Köln - BV: Tödlicher Klüngel, Köln-Krimi 1984; Lebenslänglich Pizza, Köln-Krimi 1986; Versteinerungen, Lyrik 1980; Köln - en vogue, Ess. 1989 - 1987 Starlight (Preis d. Vorabendprogramme d. ARD) - Liebh.: Sport.

GOTTWALD, Peter

Dr. jur., o. Prof. f. Bürgerl. Recht, Verfahrensrecht u. Intern. Privatrecht Univ. Regensburg (s. 1983) - Karl-Stieler-Str. 31, 8400 Regensburg - Geb. 1944 Breslau, kath. - 1963-68 Stud. Rechtswiss. München u. Berlin. Gr. jurist. Staatsprüf. 1971 München. Promot. (1974) u. Habil. (1977) Erlangen - 1977 o. Prof. Bayreuth; 1981-89 Richter OLG - BV: D. Revisionsinstanz als Tatsacheninstanz, 1975; Schadenszurechnung u. Schadensschätzung, 1979; Insolvenzrechtshandb., 1990; Mitverfasser d. Münchener Kommentare z. BGB (2. A. 1985) u. z. ZPO (1992) - Spr.: Engl.

GOTTWALD, Peter

Dr. med., Dr. rer. soz., Prof. f. Psychologie Univ. Oldenburg - Birkenweg 3, 2900 Oldenburg/O.

GOTTWALDT, Wolfgang

Bundesanwalt b. Bundesgerichtshof (s. 1967) - Herrenstr. 45a, 7500 Karlsruhe - Geb. 14. Nov. 1920 - Zul. Ministerialrat Bundesjustizmin.

GOTTZMANN, Carola L.

Dr. phil., o. Univ.-Prof. Univ. Leipzig (s. 1992) - Schillerstr. 6, PF 46, O-7010 Leipzig - Geb. 8. Febr. 1943 Altlandsberg (Mark Brandenburg), ev. - Staatsex. 1971; Promot. 1973; Habil. 1977 - 1973 Assist., 1979 full-prof. Univ. Cairo. 1983 apl. Prof. u. AR Univ. Heidelberg - BV: D. Alte Atlilied, 1973; D. Njáls saga, 1982; Brüder Grimm - Hammerstein, 1985; Deutsche Artusdichtung, Bd. 1 1986, 2. A. 1988; Heldendichtung d. 13. Jh., 1987; Artusdichtung, 1989.

GOTZEN, Reinhard

Dr. med., Prof. f. Innere Medizin FU Berlin (Med. Klinik u. Poliklinik) Klinikum Steglitz - Terrassenstr. 55, 1000 Berlin 38 (T. 802 22 44) - Geb. 28. Okt. 1933 Langenberg/Rhld. - Med.-Stud. Univ. Bonn u. Freiburg im Br. (Med. Staatsex.) - BV: Hoher Blutdruck, 1979; Diagnostik u. Therapie rheumatischer Erkrankungen, 1985; Indir. 24-Std.-Blutdruckmessung, 1989; Blood Pressure Measurements, 1990; Hoher Blutdruck, 1991; üb. 100 Fachveröff.

GOUDOEVER, van, Jan

Dr. theol., Prof. f. Theologie Univ.-GH Duisburg, Pfarrer (b. 1990) - Van IJsselsteinlaan 28, NL-1181 PV Amstelveen (T. 020 - 6 45 52 19) - Geb. 18. April 1925 Utrecht/Niederl. - Theol.-Stud. Leiden; Promot. 1959 - Pfarrer in Amsterdam; Honorarprof. Duisburg. Sekr. Stiftg. Compendia rerum judaicarum ad novum testamentum; Präs. Stiftg. Bibliotheca Unitariorum - BV: Biblical Calendars 1959 u. 61; Fêtes et Calendriers bibliques, 1967 - Offz.Orden Oranje Nassau - Spr.: Engl., Deutsch, Franz., Niederl. (Mutterspr.).

GOUGALOFF, Peter

Kammersänger, Opernsänger Dt. Oper Berlin (s. 1973) - Spandauer Str. 41, 1000 Berlin 20 (T. 030-366 23 12) - Geb. 11. Dez. 1929 Velingrad (Vater: Georgi G., Hufschmied; Mutter: Anka, geb. Kostadinova), orth., verh. s. 1960 m. Ulrike, geb. Hofmann, S. Roberto - 1949-53 Hochsch. Sofia; Dipl. u. Staatsex. - 1953-60 Doz. Staatl. Univ. Sofia; 1960-63 1. Tenor Staatsoper Berlin; 1963-73 1. Tenor Staats-Theater Braunschweig; 1976-85 Verpfl. Staatsoper Wien; ab 1985 Verpfl. Staatsoper Stuttgart. Filme: Aida, Butterfly. Gesamtrundfunkaufn.: La Favorita, Stabat Mater - Dvorák, Psalmus Ungaricus. Schallpl.: Aida, Pique Dame - Liebh.: Sport (Schwimmen, Reiten), Fotogr. - 1959 Meister mod. Fünfkampf u. Landesmeist. VRB - Spr.: Russ., Deutsch, Franz.

GOY, Sebastian

Schriftsteller - Buzallee 24, 8918 Dießen/ Ammersee - Geb. 14. Sept. 1943 Stuttgart - Pädagogikstud. - 1969-73 Lehrer; 1981-84 Dramat. Hörspielabt. d. SFB; fr. Schriftst. (hauptsächl. Hörspielautor) - BV: Jurtenwind, 1985. Mehrere Theaterst., dar. Neonlicht, Kinderfest, Feindberührung, Mondbassin; FS-Spiele u. Kinderb. Üb. 25 Hörsp., u.a. Ziziba (1968), Tageb. e. Landlebens (1980).

GOYKE, Ernst

Journalist, Chefredakteur a.D. - Am Hähnchen 15, 5300 Bonn 3 (T. 48 28 57) - Geb. 12. Febr. 1924 Gladbeck (Vater: Ernst G., Schlosser; Mutter: Wilhelmine, geb. Jentsch), ev., verh. s. 1967 m. Helga, geb. Eller, S. Boris - 1946 Stud. Rechts- u. Staatswiss. Frankfurt, 1950 Stud. Journ. Columbia (USA) - 1951-76 Bonner Korresp. u. a. Abendpost, D. Spiegel; 1977 Ltd. Redakt. D. Parlament, Bonn - BV: u. a. D. 100 v. Bonn, 1972 u. 1976; Hans Friderichs - Staranwalt d. Marktwirtsch., 1976; Parlaments-ABC (D. Lexibonn), 1982 - Liebh.: Malen, Kochen - Spr.: Engl., Niederl.

de GRAAF, Tonnie

Musiklehrer, Komponist - Linnenkämper Str. 18, 3457 Stadtoldendorf - Geb. 13. Sept. 1926 Nijmegen/Holl. (Vater: Hendrik de G., Musiklehrer; Mutter: Martha, geb. Dörger), ev., verh. s. 1947 m. Dorothee, geb. Wedemeyer, 2 T. (Dorothea, Barbara †1972) - Musikstud. in Halberstadt u. Braunschweig - Kompos.: Orch.musik, Klavierkonz., 12 Klaviersonaten, 76 Lieder, 40 Klavierst., 15 Improvis. f. Klavier. Veröff.: LP v. 6 Sonaten, Rundf.send. im In- u. Ausl., Konz. - Liebh.: Zeichnen, Lit. - Spr.: Holländ.

GRAAFEN, Richard

Dr. rer. nat., Univ.-Prof., Geographie - Olper Str. 64, 5413 Bendorf-Sayn (T. 02622 - 1 58 58) - Geb. 6. März 1920 Eschweiler - S. 1960 Dozent u. Prof. Univ. Koblenz, 1967-69 Rektor - BV: Die Aus- und Abwanderung aus der Eifel = Bd. 127 d. Forsch. z. dt. Landeskunde, Godesberg 1961; Die Bevölkerung im Kreise Neuwied u. in der Koblenz-Neuwieder Talweitung = Bd. 171 d. Forsch. z. dt. Landeskunde, 1969; Die Bevölkerung im Westerwald, Bd. 3 d. Beitr. z. Landespflege in Rhld.-Pfalz, Oppenheim 1975.

GRABBE, Karl H.

Dipl.-Ing., Honorar-Generalkonsul d. Türkei, Geschäftsführer d. Interhomes GmbH - Postfach 61 02 24, 2800 Bremen (T. 0421 - 84 11 10) - Geb. 23. März 1936 Oldenburg, verh. s. 1963 m. Mâdelet, geb. Reyal, T. Yasemin - Maurer, Baumeister; Dipl.-Ing. (Bremen) - 2. Vors. LV Nieders. Bundesverb. freier Wohnungsunternehmen, 1. Vors. Bremen; member Urban Land Institute; honorary member Lambda Alpha intern.; honorary member Rotary Club Eminenü, Istanbul; Vorst. Borda, Bremen Overseas Research and Development Assoc. - Viele Veröff. in Fachztschr. - Spr.: Engl., Türk.

GRABENSEE, Bernd

Dr. med., Wiss. Rat, Oberarzt Med. Klinik, Prof. f. Inn. Med. Univ. Düsseldorf (s. 1977) - Hinsbeckerstr. 13, 4000 Düsseldorf 11.

GRABER, Hans

Dipl. Ing. (FH), Gesellschafter u. Geschäftsf. der RMB-Rülzheimer Maschinenbau GmbH - Kuhardter Str. 37, 6729 Rülzheim/Pf.; priv.: Schubertring 34 (T. 07272 - 10 41) - Geb. 18. März 1936.

GRABER, Otto

Dr. jur., Großkaufmann, gf. Gesellsch. Wilhelm Gienger GmbH, München (s. 1948) - Wilhelmshöhenstr. 32, 8130 Starnberg/Obb. - Geb. 16. Aug. 1914 Wien (Vater: Ernst G., Oberrechnungsrat; Mutter: Friedericke, geb. Sickenberg), verh. s. 1940 m. Margarete, geb. Raabe, 5 Kd. (Ingrid, Helmut, Elke, Walter, Susanne) - Realgymn. Mödling; Univ. Wien (Rechtswiss.; Promot. 1938) - 1939-45 Hauptgeschäfsf. Fachgr. Edelstahl; 1952-59 Vorst. Metallw. Plansee AG - Liebh.: Klass. Musik - Spr.: Engl.

GRABERT, Hellmut

Dr. rer. nat., Prof. f. Geologie, Leitender Direktor Geol. Landesamt NRW - Haselbuschweg 5, 4150 Krefeld (T. 02151 - 3 59 12) - Geb. 26. April 1920 Berlin (Vater: Reinhold G., Handelsschuldir.; Mutter: Karoline, geb. Kammerer), ev., verh. s. 1951 m. Dr. Gisela, geb. Schlichting, 2 Kd. (Iris, Karsten-Ingo) - Stud. Univ. Berlin u. Bonn, Promot. 1948 Univ. Berlin - S. 1974 Hon.-Prof. Univ. Köln. 130 wiss. Arb. z. Geol. Nordrh.-Westf., Brasiliens (spez. Amazoniens), Spaniens, d. Türkei (Lagerstätten), Oberbergisches Land - Spr.: Engl., Portugies.

GRABERT, Horst

Dipl.-Ing., Botschafter a. D. - Amselstr. 5a, 1000 Berlin 33 - Geb. 12. Dez. 1927, Berlin, ev., verh. s. 1954 m. Katharina, geb. Jahncke, 2 Kd. (Martin, Cordula) - Obersch. Berlin; Bauzeichnerlehre; TU Berlin (Bauing.wesen), Dipl.-Ing. 1951; Bauass. 1954 - 1952-72 Berliner Verw. (1956-67 Senatsverw. f. Bau- u. Wohnungswesen, b. 1963 Bau-, dann Senatsdir.); 1967-69 Senatskanzlei (Chef); 1969-72 Senatsverw. f. Bundesangelegenh. (Senator u. Bevollm. b. Bund). 1971-72 Mand.niederleg.; MdA; (1972-74 Staatssekr. (Chef Bundeskanzleramt); 1974-79 Botschafter in Wien; 1979-84 Botsch. in Belgrad; 1984-87 Botsch. in Dublin. SPD (zeitw. Kreisvors. Steglitz u. Mitgl. Landesvorst.).

GRABES, Herbert

Dr. phil., o. Prof. f. Neuere Engl. u. Amerik. Literatur (Lehrstuhl III) Univ. Gießen (s. 1970) - Sonnenstr. 37, 6301 Biebertal 1 (T. 06409 - 77 17) - Geb. 8. Juni 1936 - BV: Speculum, Mirror u. Looking-Glass (1973), Erf. Biogr.: D. engl. Romane Vlad. Nabokovs (1975); D. amerik. Drama d. Gegenwart (1976); Fiktion, Imitation, Ästhetik (1981); The Mutable Glass, (1982); D. engl. Pamphlet I (1990). Herausg.: Elizabethan Sonnet Sequences (1970); Text-Leser-Bedeutung (1977); Lit. in Film u. Fernsehen (1980); Anglistentag 1980 Giessen (1981); REAL (1982ff.). Mithrsg.: Methodenprobl. d. Literaturinterpretat. (1981).

GRABHORN, Gerd

Dipl.-Kfm., Geschäftsführer Messer Griesheim GmbH., Frankfurt - Gustav-Freytag-Str. 13, 6000 Frankfurt/M. - Geb. 22. Okt. 1926.

GRABITZ, Eberhard

Dr. jur., o. Prof. f. Öffentl. Recht, Europarecht, polit. Wissenschaft FU Berlin - Cosimapl. 2, 1000 Berlin 41 (T. 852 21 36) - Geb. 30. Sept. 1934 Cottbus (Vater: Walter G.; Mutter: Emilie, geb. Weinrank), ev., T. Nicola - Stud. Berlin, Hamburg; Promot. 1966; Habil. 1973, bde. Hamburg. Dir. Inst. f. Völkerrecht, Europarecht u. ausl. öffentliches Recht FU Berlin - BV: Gemeinschaftsrecht bricht nation. Recht, 1966; Europ. Bürgerrecht, 1970; Freiheit u. Verfassungsrecht, 1976; Europa-Wahlrecht, 1977; Kommentar z. EWG-Vertrag, 1984ff. - Spr.: Engl., Franz.

GRABITZ-GNIECH, Gisla

s. Gniech, Gisla

GRABKA, Anna

Ballett-Tänzerin, Erste Solistin d. Hamburger Balletts - Quellenweg 13, 2000 Hamburg 26 - Geb. 4 März 1961 Szczecin/Polen, kath., verh. s. 1985 - 1971-80 Staatl. Ballettsch. in Warschau; Dipl.; Stud. Musikakad. in Warschau: Methodik d. klass. Tanzes u. Choreographie - 1980-85 Engagement am Ballett d. Warschauer Oper; 1982 Solistin; 1985 erste Solistin; 1985 Engagem. Hamburger Ballett; 1986 Solistin; 1987 Erste Solistin - Wichtige Hauptrollen d. klass. u. mod. Ballettrepertoires: Odette/Odile, Aurora, Giselle; Rollenkreationen in John-Neumeier-Balletten: Aase (Peer Gynt), Soli in Fünfte Sinfonie v. Gustav Mahler u. Fenster zu Mozart - 1982 2. Preis im Poln. Ballettwettbewerb - Liebh.: Kunst, Musik, Film, Lesen, Esoterik.

GRABOW, Lutz

Dr. med., Chefarzt Zentrale Abt. f. Anaesthesiologie u. Intensivmed. Ev. u. Johanniter Krankenanstalten Duisburg-Nord/Oberhausen, Honorarprof. f. Anaestesiol. Univ. Gießen (s. 1974) - Fahrner Str. 135, 4100 Duisburg 11 - Geb. 15. Nov. 1933 Berlin - Promot. 1958 Freiburg; Habil. 1970 Gießen - 1971 ff. Prof. Gießen, s. 1978 apl. Prof. Univ. Düsseldorf. Europ. Acad. Anaesthesiol. Int. Soc. Study of Pain Streßforsch., Trendanalyse Intensivbehandlung, Chaostheorie. Zahlr. Beiträge in Fachztschr., 5 Bücher.

GRABOWSKI, Rainer

Stv. Chefredakteur Zeitschr. Heim u. Welt - Rintelner Str. 12, 3060 Bückeburg (T. 05722 - 56 00) - Geb. 13. Sept. 1943 Waldenburg/Schles., verh. s. 1963 m. Renate, geb. Kelling, 2 Kd. (Roger, Janine) - 1963-70 Leit. Regionalausg. Schaumburg Hannov. Presse; 1970-75 Leit. BILD-Redakt. Nord - Liebh.: Malerei, Fotografie, Musik, Hochseesegeln.

GRAČANIN, Zlatko

Dr. agr., Prof. f. Allg. Landschaftsökologie u. geogr. Regionen Deutschlands - Wiesenstr. 124, 7830 Emmendingen.

GRADEL, Jürgen

Textiling., Konsul a. D. (b. 1986), Techn. Gesamtleitung PENN-SEDE-SPA, SA, Barcelona, Spanien (s. 1991) - Paseo Olabarria, 43, E-08190 Sant Cugat del Valles, Barcelona (T. 3 - 589 43 97) - Geb. 7. März 1935 Stuttgart (Vater: Ulrich G., Webereidir. i. R.; Mutter: Dr.-Ing. Hertha-Else, geb. Krauss), ev., verh. s. 1970 m. Ruth, geb. Schipper, 2 Kd. (Christopher, Nicholas) - Obersch.; Schlosserlehre; Stud. Textiltechnikum Reutlingen - 1960-63 Laborleit. F. H. Hammersen AG.; 1963-70 DuPont Dtschl. GmbH. (Technik, Marketing Fasern); 1970-86 Geschäftsf. Elastic Knitting (NI) Ltd.; 1976-86 Honorarkonsul d. Bundesrep. Dtschl. f. Nordirland - 1987 BVK I. Kl. - Liebh.: Golf, Tennis - Spr.: Engl., Span.

GRADENWITZ, Peter

Dr. phil., Musikwissenschaftler, Honorarprof. Univ. Freiburg/Br. (s. 1980) - P.O.B. 6011, Tel Aviv (Israel) 61060 (T. 03 - 44 86 97) - Geb. 24. Jan. 1910 Berlin (Vater: Felix G.; Mutter: Charlotte, geb. Mendel), jüd., verh. I) 1933 m. Rosi, geb. Wolfsohn (†1965), 2 Kd. (David †1963; Judith), II) 1967 Ursula, geb. Mayer-Reinach - Realgymn.; Univ. Freiburg, Berlin, Prag. Promot. 1936 - 1968-77 Doz. Univ. Tel Aviv (Israel). Mitarb. Musikztschr. Dtsch., Schweiz, Engl., Österr., Italien, USA, Israel; Rundfunksend. zu Fragen neuer Musik östl. Mittelmeerraum; 1949-82 Begr. u. Leit. Verlag Israeli Music Publications Ltd. Tel Aviv. 1965 b. 1967 Vors. Israel. Musikwiss. Ges. - BV: Johann Stamitz, Biogr. Prag/Wien 1936; The Music of Israel, New York 1949 span./Buenos Aires 1949; Music and Musicians in Israel, Tel Aviv, 3. A. 1978; D. Musikgesch. Israels, 1961; Wege z. Musik d. Zeit, 1974; Musik zw. Orient u. Okzident, 1977; D. Heilige Land in Augenzeugenberichten, 1984; Johann Stamitz, Leben, Umwelt, Werk, 1985; Leonard Bernstein, 1984, 2. A. 1990 (auch engl., span., japan., hebr.); Kl. Kulturgesch. d. Klaviermusik, 1986; Arnold Schönbergs 4. Streichquartett, 1986; Literatur u. Musik in geselligem Kreise, 1991. Herausg.: Musikgesch. u. Konzertführer (5 Bde.; hebr.); D. schönsten jiddischen Liebeslieder (1988) - Kompos.: Symphony of Variations, Serenade f. Sologeige u. kl. Orch., Kammermusik. Div. Bearb. - 1971 Salzburger Kritikpreis (f.: Lukas-Passion); 1978 Verdienstzeichen in Gold Land Salzburg; Frank-Pelleg-Preis d. Stadt Haifa f. Lebenswerk - Spr.: Engl., Franz., Hebr. - Bek. Vorf. ms.: Prof. Dr. med. Emanuel M., Psychiater, Berlin (Großv.), Prof. Otto Gradenwitz, Rechtsgelehrter, Heidelberg (Onkel).

GRADMANN, Dietrich

Dr. rer. nat., Univ.-Prof. f. Pflanzenphysiologie Göttingen (s. 1984) - Herzberger Landstr. 26, 3400 Göttingen (T. 0551 - 5 86 28) - Geb. 3. Juni 1940 Ravensburg, verh. m. Dr. Waltraud, geb. Rebel, 4 T. (Hedwig, Sofie, Ute, Rena) - Stud. Univ. Tübingen, Kiel (Biol., Physik, Chemie); 1. Staatsex. 1967, 2. Staatsex. 1968; Promot. 1970; Habil. 1976, alles Tübingen - 1970/71 post-doc Sherbrooke Canada; 1971/72 Yale-Univ. USA; 1972-78 Assist. Tübingen; 1979-83 Heisenberg-Stip.; 1979 Gast-Prof. Yale Univ.; 1980-83 MPI f. Biochem. Martinsried u. Lehrbef. TU München. AR-Mitgl. Datax AG, Stuttgart - Ca. 50 Aufs. in intern. Fachztschr. üb. Pflanzenphysiol., Biophysik, Membranbiol. Spezialgeb.: Elektrophysiol. an Pflanzen - Liebh.: Musik, als Kontrabassist (u. Bratscher) in Konzerten unter Künstlern. Gandhi - Spr.: Engl. - Bek. Vorf.: Robert Gradmann (Großv.).

GRADMANN, Ulrich

Dr. phil., Prof. f. Physik TU Claustahl - Am Rollberg 9, 3392 Claustahl-Zellerfeld - Geb. 16. Juni 1931 Erlangen - Promot. 1957; Habil. 1966 - Zul. Prof. Univ. Marburg - BV: Grundl. d. Atomphysik, 1971 (m. H. Wolter). Einzelarb. üb. Festkörperphysik, Ferromagnetismus, Oberflächenphysik.

GRAEBE, Jan E.

Ph. D., Univ.-Prof., Botaniker - Brüder-Grimm-Allee 1, 3400 Göttingen - Geb. 30. Sept. 1930 Malmö (Schweden) - Promot. USA - B. 1974 Doz., dann Prof. Univ. Göttingen (Lehrst. f. Pflanzenphysiol.). Spez. Arb.geb.: Hormonphysiologie.

GRÄBENITZ, Horst

Dr. paed., Prof. f. Allg. Pädagogik Univ.. Bonn (s. 1980) - Kapuzinerstr. 5, 7570 Baden-Baden - Geb. 14. Febr. 1923 Sprottau - Promot. 1955 - S. 1966 Lehrtätigk. PH Ruhr u. Rhld. - Kunsthist. Forsch.: s. Gräbenitz-Triptychon Museum voor schone Kunsten Gent, Gräbenitz-Stundenb. d. Jean Colombe, Wallr.-Rich.-Museum Köln - BV: Bücher, Aufs., Lexikon-Art.

GRÄBER, Friedrich (Fritz)

Dr. jur., Vors. Richter am Bundesfinanzhof, München (s. 1974) - Soldauer Str. 30, 8000 München 81 (T. 93 21 07) - Geb. 20. April 1915 Sürth b. Köln (Vater: Wilhelm G., Photochemiker; Mutter: Margarethe, geb. Harz), kath., verh. s. 1942 m. Anneliese, geb. Haas, 2 Kd. (Elmar, Ernst) - Realgymn. Köln; 1934-38 Univ. München u. Köln - 1938-47 Wehrdst. u. Kriegsgefangensch.; 1948-63 Justizdst. (1954 OLGsrat; zeitw. als Ref. z. Justizmin. v. NRW abgeordnet), 1963 Bundesrichter - BV: Kommentar z. Jugendwohlfahrtsgesetz, 1954, 2. A. 1963; 2. Finanzgerichtsordnung, 1977 - 1983 Gr. BVK - Liebh.: Musik, Photogr., Bergwandern - Spr.: Engl.

GRAEBER, Heinz

Geschäftsführer Drescher GmbH, Drescher Geschäftsdrucke GmbH - 7255 Rutesheim - S. üb. 20 Jahren f. d. Vertrieb zuständig.

GRAEBER, Otto

Gewerkschaftssekretär, MdL Nieders. (SPD) - Behrensener Str. 30, 3413 Moringen-Behrensen.

GRAEBNER, Wolfgang J. L.

Dr. rer. pol., Dipl.-Kfm., Geschäftsinhaber Berliner Handels- u. Frankfurter Bank, Frankfurt - Geb. 20. Febr. 1936 Hamburg, verh. m. Eva, geb. Gamba - Stud. Univ. Köln u. München - AR- u. VR-Mand.; Vorst.-Mitgl. Frankfurter Wertpapierbörse - BV: D. Wirkungsgrenzen d. amerikan. Notenbankpolitik, 1966; Direkte Kontrollen als Mittel d. Geldpolitik, 1966 - Spr.: Engl., Franz.

GRÄDER, Hanskarl

Dr., Vorstandsmitglied Weber & Otto AG./Buntweberei - Bayreuther Str. 6, 8550 Forchheim/Ofr.; priv. Langgasse 6 - Geb. 28. März 1924 - Vizepräs. IHK f. Oberfranken, Bayreuth; Vorst. Verb. d. nordbayer. Textilind., Hof.

GRAEF, Martin A.

Dr. rer. nat., Leiter d. Bereichs Informatik, Kommunikation u. EDV d. Württemberg. Gebäudebrandversich., Stuttgart, Honorarprof. Univ. Tübingen - Erlenweg 16, 7400 Tübingen 1 - Geb. 25. Aug. 1933 Elbing/Ostpr. (Vater: Karl G., Studienrat; Mutter: Erika, geb. Hoppe), ev., verh. s. 1961 m. Karla, geb. Lattmann, 3 Kd. (Hubertus, Lorenz, Carola) - Univ. Halle/S. u. Göttingen (Physik) - BV: Datenverarb. im Realzeitbetrieb, 2. A. 1972 (m. R. Greiller u. G. Hecht); Org. u. Betrieb v. Rechenzentren, 2. A. 1982 (m. Greiller). Herausg.: 350 J. Rechenmaschinen (1973), Datenerfass. in Verw. u. Wiss. (1980) - Nikolaus-Kopernikus-Med. Univ. Thorn/Polen - Liebh.: Querflöte, Bergsteigen, Fotogr. - Spr.: Engl., Russ., Lat.

GRAEF, Volkmar

Dr. rer. nat., Prof. f. Klin. Chemie (Schwerp. Steroidchemie) Univ. Gießen (Bereich Humanmed.) - Am Drosselschlag 3, 6301 Heuchelheim 1 - Geb. 6. Nov. 1931 Elbing/Ostpr. (Vater: Karl G., Studienrat; Mutter: Erika, geb. Hoppe), ev., verh. s. 1967 m. Margot, geb. Bingel - Stud. Chemie (Dipl.). Promot. 1962 Göttingen; Habil. 1971 Gießen - Üb. 140 Facharb. - Spr.: Engl. - Bek. Vorf.: Johannes Kromayer (1576-1643), thür. Schulreformer, Verf. d. 1. dt. Schulgrammatik.

GRÄF, Walter

Dr. med., Dr. med. dent., o. Prof. f. Hygiene u. Med. Mikrobiol. - Saranstr. 11, 8520 Erlangen - Geb. 6. Juli 1929 Nürnberg (Vater: Förster), verh. s. 1956

m. Else, geb. Wüstendorfer - S. 1961 (Habil.) Lehrtätigk. Erlangen bzw. Nürnberg (1967 apl. Prof., 1968 Abt.-Vorst. u. Prof., 1971 Ord. u. Inst.-Vorst.). Facharb.

GRAEF, Walter

Fabrikant, pers. haft. Gesellsch. FIT-Gummiwerke Edmund Graef KG (1951-86) - Dielmannstr. 3, 6000 Frankfurt (T. 069-61 01 90) - Geb. 27. Febr. 1926 Ammerhöfe, ev., verh. s. 1951 m. Brigitte, geb. Schäfer, 3 Kd. (Henrike, Ursula, Peter) - Marineoffiziersanw., 1948 Schreinergeselle; Lehre Ind.kaufm. - Richter Landesarbeitsgericht Frankfurt - 1985 Ehrenbrief Land Hessen - Liebh.: Segeln, Hunde, klass. Musik.

GRÄF, Wolf-Dieter

Dr. jur., Vorstand AVAG Assekuranz Vermittlungs-AG, Beiratsvors. Assekuranz Vermittlungsges. mbH u. Omnia GmbH & Co. KG, Inh. Fa. Hermann Gräf & Co., Vermögens- u. Grundstücksverw.-Ges. - Clarenbachstr. 239, 5000 Köln 41 - Geb. 16. Nov. 1922, ev., verh. m. Sigrid, geb. Lindenbrink, T. Antje - Abit.; Jurastud. (Staatsex. u. Promot. 1952) - Beirat Alte Leipziger Versich.-AG, Vollvers.-Mitgl. IHK Köln, Vors. Arbeitsgem. Schadenverhüt. IHK, Handelsrichter LG Köln - 1984 BVK.

GRAEFE, Hans-Joachim

Dipl.-Ing., Prof. f. Konstruktionstechnik, insb. -lehre, Gesamthochschule Wuppertal (Fachbereich Maschinentechnik) - Hermann-Löns-Str. 13, 5630 Remscheid.

GRAEFE zu BARINGDORF, Friedrich-Wilhelm

Mitglied d. Europa-Parlaments (s. 1984) - Wohnh. in Spenge; zu erreichen üb. Europ. Parlam., Europazentrum, Kirchberg, Postf. 16 01, Luxemburg (T. 00352 - 4 30 01) - DIE GRÜNEN.

GRÄFEN, Hubert

Dr. rer. nat., Dr.-Ing. E. h., Direktor a. D. d. Bayer AG, Leverkusen (1970-88), apl. Prof. f. Metallkundl. Schadensforschung u. Korrosion TU Hannover - Ursulastr. 9, 5010 Bergheim 8 - Geb. 26. Jan. 1926 Hohenlimburg (Vater: Hubert G., Betriebsleit.; Mutter: Elisabeth, geb. Kathstede), kath., verh. s. 1952 m. Charlotte, geb. Klein, T. Karin - Gymn. Hohenlimburg; Univ. Köln, TH Aachen, TU Stuttgart (Chemie, Metallkd.). Dipl.-Chem. 1954 Aachen; Promot. 1962 Stuttgart; Habil. 1970 Hannover - 1954-70 BASF Ludwigshafen; s. 1984 Lehrbeauftr. TU München u. TU Clausthal - BV: Kl. Stahlkd. f. d. Chemieapparatebau, 1978; D. Praxis d. Korrosionsschutzes, 1981 (m. a.). Herausg.: Lexikon Werkstoff Technik (1991). Buchbeitr. u. Aufs. (üb. 200) - 1975 DIN-Ehrennadel; 1976 ACHEMA-Plak.; 1984 Karl Wellinger Med. d. VDI; 1986 Beuth-Denkmünze d. DIN; 1989 Dr.-Ing. E. h. TU Clausthal.

GRÄFER, Horst

Dr. rer. oec., Dipl.-Kfm., Prof. f. Betriebswirtschaftslehre, insb. Bilanzen, Finanzen u. Steuern, Gesamthochschule Paderborn - August-Niemöller-Weg 2, 4830 Gütersloh.

GRAEFF, Heinz

Bezirksstadtrat, Leit. Abt. Sozialwesen BA Schöneberg (s. 1971) - Bogotastr. 19, 1000 Berlin 37 (T. 802 92 32) - Geb. 15. April 1916 Berlin - N. Mittl. Reife kaufm. Lehre Export - Arbeits-, Wehrdst., sowjet. Gefangensch. (1945), n. Rückkehr AOK. 1958 ff. ARsmitgl. Wohnungsgenoss. Berlin-Süd. 1967 ff. Bezirksverordn. (zul. stv. Fraktionsf.). SPD s. 1949.

GRAEFF, Roman

Dr. rer. nat., Dipl.-Chem. - Am Buchenhang 5, 5068 Odenthal-Eikamp - Geb. 26. Nov. 1929 Köln (Eltern: Dr. Max (Fabrikant) u. Thea G.), ev., verh. m. Marita, geb. Rosarius.

GRÄSEL, Friedrich

Prof., Bildhauer - Wirmerstr. 23, 4630 Bochum - Geb. 26. Mai 1927 Bochum, verh. m. Monika M. J., geb. Disse, 3 S. (Titus, Fabian, Philipp) - 1972: 36. Biennale Venedig, bundesdt. Beitrag f. Bildhauerei - 1970 Conrad-v.-Soest-Preis/ Westf. Kunstpreis; 1982 JUNIOR-Preis f. Kunst im öfftl. Raum in d. BRD.

GRAESER, Andreas

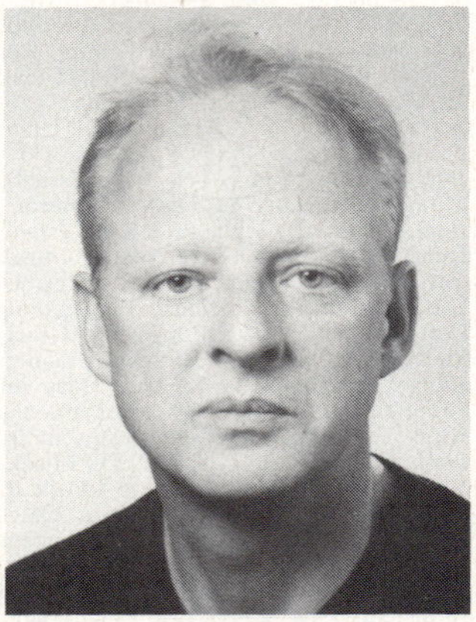

Dr. phil., Ph. D., o. Prof. f. Philosophie (s. 1979), (Mit-)Direktor Phil. Inst. Univ. Bern - Wasserwerkgasse 33, CH-3011 Bern (T. 031 - 22 65 91) - Geb. 7 Nov. 1942 Greiz/Thüringen, ev., verh. m. Eva Maria, geb. Isele (Germanistin), T. Isabella - Stud. in Gießen; Promot. 1967 Bern, Frankfurt a. M., Princeton, N. J. (M.A. 1969, Ph.D. 1970), Member of the Inst. for Advanced Study, Princeton, N. J. 1974, Lehrstuhlvertr. Univ. Zürich 1978/79 - 1983-85 Gastprof. Univ. Fribourg; 1984/85 Dekan Phil.hist. Fak.; 1986 Visiting Prof. Univ. of Texas at Austin, 1989 Columbia Univ., N.Y.; 1990 Gastdoz. Univ. Basel; 1990/91 Gastprof. Univ. Fribourg; 1991 Gastdoz. Phil. Inst. d. Theol. Fak. Luzern - BV: Plotinus and the Stoics, 1972; Gesch. d. Phil., Bd. 2 1983, 2. erw. A. 1992; Komment. z. Einleit. v. Hegels Phänomenologie d. Geistes, 1988; Phil. Erkenntnis u. begriffl. Darstellung, 1989; Interpretationen zu Hauptwerken d. antiken Phil., 1992. Herausg.: Mathematics and Metaphysics in Aristotle (1987). Mithrsg.: Berner Reihe philosophischer Studien.

GRAESER, Wolfgang Rudolf

Dipl.-Ing., Sprecher d. Vorstandes d. Aktiengesellschaft f. chemische Industrie, Saarlouis (s. 1991) - Parkweg 6, 3250 Hameln 5 (T. 05151 - 6 52 72) - Geb. 19. Juni 1928 Ortelsburg/Opr. (Vater: Dipl.-Ing. Max G., Kr.baurat; Mutter: Hedwig, geb. Brzoska), ev., verh. s. 1956 m. Ruth-Christa, geb. Rubruck, 2 Kd. (Wolf-Peter, Bettina) - Stud. TU Berlin - 1956-71 Betriebsing. u. Werksdir. (1962) Eternit AG., Heidelberg; 1971-78 General Manager Asbestos Corp. GmbH, Nordenham; 1978-80 Vice Pres Europ. Operations Asbestos Corp. Ltd, Montreal; 1980-91 Vors. d. Geschäftsfg. Rigips GmbH, Düsseldorf - Liebh.: Ski, Jagd, impressionist. Malerei, Golf - Spr.: Engl. - Rotarier.

GRÄSSER (ß), Erich

Dr. theol. (habil.), o. Prof. f. Neues Testament Univ. Bonn (s. 1979) - Akazienweg 25, 5810 Witten-Bommern (T. 3 02 55) - Geb. 23. Okt. 1927 Schwalbach/S. - Doz. Univ. Marburg, 1965-79 o. Prof. Ruhr-Univ. Bochum. Facharbeiten.

GRAESSLIN, Dieter

Dr. rer. nat., Prof., Chemiker - Martinistr. 52, Abt. f. Endokrinologie Univ.-Frauenklinik, 2000 Hamburg 20 (T. 040 - 468 35 19) - Geb. 15. März 1937.

GRÄSSMANN, Adolf

Dr. med., Prof. f. Biochemie - Am Hirschsprung Nr. 48b, 1000 Berlin 33 - Geb. 20. April 1938 Bad Kissingen - Promot. 1968; Habil. 1970 - S. 1970 Lehrtätigk. FU Berlin. Üb. 40 Fachveröff. - 1975 Johann-Georg-Zimmermann-Preis f. Krebsforsch.

GRÄTER, Carlheinz

Dr. phil., Schriftsteller - Eichendorffstr. 21, 6990 Bad Mergentheim - Geb. 4. Aug. 1937 Bad Mergentheim - Stud. Gesch. Univ. Würzburg, Heidelberg, Göttingen - Main-Post-Redakt. Würzburg; s. 1972 fr. Journ. u. Schriftst. - BV: Mörike in Franken, 1974; D. Bauernkrieg in Franken, 1975; V. d. Tauber z. Main, 2. A. 1981; D. Neckar, 1977; Odenwald u. Bergstraße, 1982; Im grünen Licht Hohenlohes, 1984; Hohenlohe. Bilder e. alten Landes, 1984; D. Main, 1985; D. Kelter harrt d. Weines, 1986; Götz v. Berlichingen, 1986; Trauben im Unterland, 1986; Ulrich v. Hutten, 1988; D. Fulda, 1989; Frankens Reben im Portrait; Fränkische Flora, 1992; u.v.a.m.

GRAETER, Michael

Journalist - Sendlinger Str. 31-33, 8000 München 2 (T. 089 - 28 28 28) - Geb. 29. Juli 1943 Oberbayern (Vater: Wilhelm G., Postbeamter; Mutter: Helma, geb. Haarhaus), led. - Augsburger Allgemeine, Münchner Abendztg. (dar. 3 J. Pariser Korresp.), BILD/Bundesausg. (1984ff. Gesellschaftskolumnist). Besitzer Cafe Extrablatt, Kino Cadillac, Kino Veranda, alles München. Herausg.: Leute u. Wer ist was in München - Sportl. Betätig.: Schwimmen, Tennis.

GRÄTZ, Reinhard

Keramikingenieur, Vorsitzender WDR-Rundfunkrat (s. 1985), MdL Nordrh.-Westf. (s. 1970) - Am Langen Bruch 25, 5600 Wuppertal 1 - Geb. 11. Febr. 1940 Wüstegiersdorf Kr. Waldenburg - Volkssch.; Ofensetzer- u. Fliesenlegerlehre (Bundesbester Berufswettkampf Handwerksjugend); 1959-62 Ingenieursch. f. Keramik - 1964-80 Tätigk. Forschungsinst. Essen (Abt.-Leit.). 1969ff. Stadtverordn. Wuppertal. 1975-85 Vors. Landtags-Aussch. f. Schule u. Weiterbild.; 1981-85 WDR-Verwaltungsrat. SPD s. 1957 (s. 1975 Mitgl. SPD-Landesvorst., 1980-85 stv. Vors. SPD-Landtagsfrakt., 1985-1990 parl. Geschäftsf. SPD-Landtagsfraktion, s. 1990 Vors. Hauptausschuß).

GRÄVE, Günter

Dr. jur., Dipl.-Kfm., Prof. f. Betriebswirtschaftslehre, insb. Finanz- u. Rechnungswesen sow. Investition, Universität (Gesamthochschule) Duisburg - Hügelstr. 15, 4130 Moers 1.

GRAEVENITZ, von, Hartwig

Dipl.-Ing., Vorsitzender d. Verbandes Sozialberatung dt. Bürger im Ausland e.V. (VSdB) - Colmantstr. 22, 5300 Bonn 1; priv.: Albertus-Magnus-Str. 33, 5300 Bonn 2 - Geb. 3. Juni 1924.

GRAF, Adolf

Dr., Staatssekretär Ministerium f. Wirtschaft, Mittelstand u. Verkehr v. Nordrh.-Westf. - Am Ginsterberg 11, 4000 Düsseldorf 1.

GRAF, Engelbert

Dr. rer. nat., em. o. Prof. f. Pharmazie - Philosophenweg 18, 7400 Tübingen (T. 6 17 00) - Geb. 15. Juni 1922 Steinheim/M. (Vater: Engelbert G., Prokurist; Mutter: Ida, geb. Kämmerer), kath., verh. s. 1960 m. Dr. Ingeborg, geb. Steiff - 1942-45 Univ. Frankfurt/M. u. Jena (Pharmazie). Promot. (1950) u. Habil. (1956) Würzburg - 1945-47 Apotheker; 1948-59 Assist. u. Privatdoz. (1957) Univ. Würzburg; s. 1960 ao. u. o. Prof. Univ. Tübingen. Strukturaufklärungen organ. Naturstoffe. 23 Mitt. Studies on the Direct Compression of Pharmaceuticals; Vors. Analytik-Aussch.. HAB-Komm. d. BGA. 6 Fachmitgliedsch. (auch USA) - BV: Gadamers Lehrb. d. chem. Toxikologie u. Anleit. z. Ausmittelung v. Giften, 3. A. 1966 (m. R. Preuss); Propädeut. Arzneiformenlehre, 1976 (m. H. Hamacher). S. 1972 Schriftl.: Pharmazie in uns. Zeit - 1959 Carl-Mannich-Forschungsstip.; 1987 Hermann Thoms-Med.; Gold. Pro honore des Dt. ZV hom. Ärzte - Liebh.: Basteln, Garten, Dackel - Gold. Sportabz. - Spr.: Engl., Franz., Ital.

GRAF, Ferdinand

Dr. phil., Prof. f. Allg. Pädagogik - Rosenweg 4, 7815 Kirchzarten/Br. - Geb. 17. Juni 1931 Hüfingen - Promot. 1967 - S. 1970 Lehrtätigk. PH Freiburg (1972 Prof.). Leiter Eugen-Fink-Archiv; 1. Vors. Kunstverein Kirchzarten. Fachb. u. Einzelarb. üb. Gesch. d. Erziehung u. Bildung. Üb. 100 Fernsehbeitr. z. Thema Lernmethoden u. Medien.

GRAF, Franz Xaver

Dr.-Ing., Prof., Präsident Bayer. Landesvermessungsamt - Lohensteinstr. 12, 8000 München 60 (T. 56 72 92) - Zul. Ministerialrat. S. 1955 (Habil.) Lehrtätigk. TH München (1962 apl. Prof. f. Landvermessung, Kataster- u. Planungswesen).

GRAF, Gerd

I. Bürgermeister - Rathaus, 8770 Lohr/ M. - Geb. 1. Juli 1930 Würzburg (Eltern: Erich, Stadtrechtsrat † u. Alice G. †), kath., verh. s. 1958 m. Christel, geb. Debes, 3 Kd. (Ursula, Wolfgang, Thomas) - Gymn.; Stud. Rechtswiss. Beide jurist. Staatsprüf. - 1958 b. 1964 Regierungsrat (Staatsdst.); s. 1964 I. Bgm. Lohr. 1966 ff. Kreisrat - Liebh.: Musik - 1970 Gold. Sportabz. - Spr.: Engl., Ital.

GRAF, Gerd

Journalist, Ressortleiter Sport Wetzlarer Neue Zeitung - Lilienweg 8, 6336 Solms 1 (T. 06442 - 13 81) - Geb. 13. Juni 1928 Bad Marienberg (Vater: Otto G.; Mutter: Hedwig, geb. Ferger), ev., verh. s. 1978 in 2. Ehe m. Marlies, geb. Heiland, T. Katrin - S. 1976 Präs. Hess. Amateur-Box-Verb. - Spr.: Engl.

GRAF, Günter

Dr. rer. nat., Dipl.-Phys., Prof. f. Experimentalphysik u. Math. f. Chemiker u. Ing. Gesamthochschule Siegen - Frankfurter Str. 7, 5900 Siegen 1.

GRAF, Hans-Wolff

Finanz- u. Vermögensberater u. -verwalter - Asgardstr. 15, 8000 München 81 (T. 089 - 98 24 23) - Geb. 18. März 1950 München (Vater: Peter W. G., Arch.; Mutter: Ingeborg Hägele, geb. Wolff), verh. s. 1978 in 2. Ehe m. Ruth, geb. Traxl, S. Christian-Wolff - 1973-77 Univ. München (Angl., Wirtschaftswiss. u. Sport [Lehramt f. Gymn.], Psych.), Dipl. Wirtschaftsakad. Absolv. Magnolia-School in Anaheim/Calif. - S. 1972 selbst. Finanz- u. Verm.berater, s. 1977 auch Verm.verw.; 1985 Gründer, Vorst. u. Alleinaktionär d. Erste Finanz- u. Vermögensberater AG in Deutschland; 1988 Gründer u. Vorst. d. Anthropos e.V. - f. d. Kinder dieser Welt, 1988 d. Dt. Bundesverb. f. Steuer-, Finanz- u. Sozialpolitik (DBSFS) e.V.; 1988 Gründer u. Gf. d. Anthropos - Audio, Film u. Fernsehprod. GmbH - BV: Schau dir selbst beim Denken zu, 1988; Spielregeln, 1990. Herausg. d. DBSFS - Report (6x jährl.). S. 1980 rd. 200 Art. u. Skripte, z. B. Plädoyer f. e. neues Steuer- u. Wirtschaftssystem in d. BRD, Plädoyer f. e. neuen Begriff v. Arbeit, Visio 2020 u.v.m. - Liebh.: Sport, Musik, Lit., antike Bücher u. Landkarten - Spr.: Engl., Franz., Latein - Bek. Vorf.: Grafen v. Theuern u. Thaer (Dt. Adelsgeschlechter, dir. Linie).

GRAF, Herbert Paul Robert

Wirtschaftsprüfer, 1. Direktor Stadtwerke Lübeck - Elsässer Str. 54, 2400 Lübeck 1 (T. 6 81 41) - Geb. 17. Dez. 1915 Hamburg, verh. s. 1951 m. Ilse, geb. Barkewitz, T. Beatrice-Babette -

Vorstandsmitgl. Bundesverb. d. dt. Gas- u. Wasserwirtsch. u. -vors. Landesgruppe Schlesw.-Holst./Hamburg; Vorst.smitgl. Verb. kommunaler Unternehmen u. stv. -vors. Landesgr. S.-H. - Liebh.: Fotogr., Filmen - Spr.: Engl., Franz.

GRAF, Horst

Diplom-Volksw., Geschäftsf. Fachverband Buchherstell. u. Druckverarb. (s. 1973) u. Verband Dt. Buchbindereien f. Verlag u. Ind. - Jessenstr. 4, 2000 Hamburg 50 (T. 040 - 38 17 17); priv.: Am Gehölz 11, 2115 Buchholz 5 - Geb. 24. Febr. 1939 Soltau - Stud. Volksw. Univ. Hamburg u. Göttingen (Dipl. 1968) - 1968-71 Dir.assist. Ind.; s. 1971 Geschäftsf. Wirtschaftsverb. - Spr.: Engl.

GRAF, Jürgen

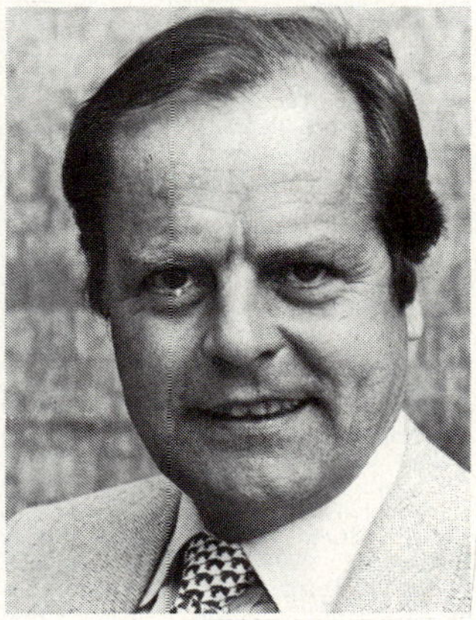

Journalist - Am Hirschsprung 59, 1000 Berlin 33 (T. 832 60 06) - Geb. 29. Dez. 1927 Berlin, verh., 2 Kd. (Christian, Daniela) - Üb. 600 Fernsehsend. - BV: Berlin, 1961 (engl., franz., span., schwed.) - 1966/67, 1974/75 u. 1981/82 Präs. Lions Intern. Club Berlin; Vors. Journalisten-Club Berlin (1981 wiedergew.); 1974/75 BVK I. Kl.; Gold. Sportabz.; US Meritorious Honor Award; Dt. Weinprs. f. Journ.; Dt. Philol. Prs. f. Fernsehen; Gr. Ehrenzeichen f. d. Verdienste um d. Rep. Österreich; Mitgl. Rundfunkrat d. SFB - Spr.: Engl.

GRAF, Klaus-Dieter

Dr. rer. nat., o. Prof. f. Kybernetik (Informatik) - Kurstr. 5, 1000 Berlin 38 - Geb. 13. Okt. 1936 Chemnitz/Sa. (Vater: Rudolf G., Techn. Kaufmann; Mutter: Lotte, geb. Hauenschild), verh. s. 1967 m. Julia, geb. Paul - Univ. Erlangen, Berlin (FU), München, Tübingen, Illinois (Math.). Promot. 1966 Mainz - S. 1971 Ord. PH Rheinld. u. Berlin (1975), s. 1980 Prof. FU Berlin - BV: Informatik - E. Einf. in Grundl. u. Meth., Lehrb. 1981. Herausg.: Computer in d. Schule (1985); Computer in d. Schule 2 (1988); Computer in d. Schule 3 (1990) - Spr.: Engl., Franz.

GRAF, Maxl (Maximilian)

Schauspieler - Am Moosgraben 14, 8919 Utting/Ammersee - Geb. 25. Sept. 1933 München (Vater: Maximilian G.; Mutter: Erna, geb. Walter), kath., verh. s. 1961 m. Olga, geb. Mayr, 2 Kd. (Maximilian, Christine) - Oberrealsch.; Schauspiel-, Gesangs- u. Tanzausbild. - Bes. Volksstücke (Komödienstadel). Fernsehen: D. selts. bzw. unsterbl. Methoden d. Franz Josef Wanninger (2 Krimiserien) u. a. - Liebh.: Bergsteigen, Musik - Spr.: Engl. - 1963 Münchner Faschingsprinz.

GRAF, Steffi

Tennisprofi, Wimbledonsiegerin 1988, 1989, 1991 u. 1992 (1988 auch Doppel m. Gabriela Sabatini), Intern. Dt. Meisterin - Wohnh. in 6831 Brühl/b. Mannheim u. Marbella/Spanien - Geb. 14. Juni 1969 Brühl, ledig - Gewinnerin b. Jugendturnieren; erste gr. Erfolge s. 1982 (Profi); 1986 Gewinnerin v. 4 Intern. Grand-Prix-Turnieren, Sieg üb. Martina Navratilova b. d. Intern. Dt. Tennismeistersch. in Berlin, 1987 Siegerin Paris, 1987 2. Wimbledon, 1988 u. 89 Siegerin Intern. Dt. Meistersch. Berlin, 1988 u. 90 Melbourne (Australian Open); 1989 Paris (French Open), 1988 Goldmed. Olympische Spiele; 1992 Federation Cup - Liebh.: Musik (Bruce Springsteen), Krimis, Hund (Boxer) Ben.

GRAF, Ulrich

Dr. jur., Senator a. D., Mitgl. Brem. Bürgerschaft (1951-75) - Auf der Heidwende 11, 2862 Worpswede - Geb. 17. Dez. 1912 Nakel/Netze (Vater: Paul G., Beamter; Mutter: Agnes, geb. Raykowski), verh. s. 1970 m. Helga, geb. Oetjen - Univ. Berlin u. Erlangen - AEG; 1939-45 Wehrdst.; Handwerkskammer Bremen (Hauptgeschäftsf.); 1959-71 Senator f. Justiz, Verfass u. Kirchl. Angelegenh. (Senator; weg. Hochschulpolitik zurückgetr.). Präs. Carl-Schurz-Ges., Vors. d. Stiftung Worpswede, Mitgl. Club zu Bremen e. V., alles Bremen. FDP (1968-74 Vors. Landesverb. Bremen).

GRAFF, Otto

Dr. rer. nat., Honorarprof. f. Landw. Mikrobiol. m. bes. Berücks. d. Bodenbiol. Univ. Gießen (s. 1973) - Karl-Sprengel-Str. 10, 3300 Braunschweig - Geb. 17. Aug. 1917 Berlin - Promot. 1950; Habil. 1963 - BV: Unsere Regenwürmer, 1983. Etwa 70 Einzelarb.

GRAFSTRÖM, Åke

Dr. phil., Prof. f. Roman. Philologie Univ. Heidelberg - Goethestr. 10, 6900 Heidelberg - Geb. 24. Dez. 1917 Stockholm - Promot. Uppsala - S. 1972 Heidelberg. Facharb.

GRAGES, Erich

Dr. jur, Vorstandsmitglied i. R. Dt. Texaco AG., Hamburg - Potosistr. 23, 2000 Hamburg 55 - Geb. 2. Febr. 1909 Frankfurt/M. (Vater: Ferdinand G.; Mutter: Erna, geb. Riese), ev., verh. s. 1946 m. Anneliese, geb. Werbeck, 2 Kd. - Univ. Lausanne, München, Frankfurt. Ass.ex. - S. 1935 DEA bzw. Texaco (1946 Vorst.) - 1970 Gr. BVK - Spr.: Engl., Franz.

GRAHE, Konrad

Prof., Dozent f. Viola u. Kammermusik Musikhochschule Ruhr/Folkwang-Hochsch. - Umstr. 88, 4300 Essen 16.

GRAHL, Friedrich-Wilhelm

Dr. rer. pol., Akad. Oberrat, Dozent Univ. Bochum, Geschäftsf. Grahl GmbH, Sitzmöbelfabrik, Steyerberg/Voigtei, Präs. Grahl intern. inc. Coldwater Mrch. 49036, USA, President and C.E.O Grahl Industries, Inc. Coldwater, Michigan 49036 - Heidehaus, 3074 Steyerberg/Voigtei (T. 05769 - 2 59) - Geb. 13. Aug. 1923 Gehlenbeck (Vater: Wilhelm G., Fabrikant; Mutter: Luise, geb. Fründ), ev., verh. s. 1950 m. Elisabeth, geb. Cornelius, 2 Kd. (Jutta, Christian) - Stud. d. Wirtsch.wiss. Univ. Mainz, Münster, Marburg; Promot. Mainz - Refa-Lehrer; Mitgl. Betriebswirtschl. Aussch. BDI - BV: Kostenrechn. f. d. Praktiker, 1961; Prakt. Betriebswirtschaftslehre, 1962 - Liebh.: Sportflieger, Geschäftsflieger m. Berufspilotenlizenz - Spr.: Engl. - Lions-Club.

GRAHL, Klaus

Dr.-Ing., Wiss. Rat, Prof. f. Kolben- u. Strömungsmaschinen Gesamthochschule Duisburg - Fischelnerweg 14, 4056 Schwalmtal 1.

GRAHMANN, Hans

Dr. med., Prof., Ltd. Oberarzt - Jütlandring 105, 2300 Kiel 1 - Geb. 23. Jan. 1922 Leipzig - S. 1960 Privatdoz. u. apl. Prof. f. Psychiatrie u. Neurol. (1966) Univ. Kiel (1969 Ltd. Oberarzt; gegenw. Stv. Leit. Abt. Psych./Zentrum Nervenheilkd.).

GRAICHEN, Hans-Georg

Dr. jur., Steuerberater, Honorargeneralkonsul d. Republik Mali - Valentinskamp 88, Berolina-Haus, 2000 Hamburg 36 (T. 34 11 50) - Geb. 12. Aug. 1919 Hamburg, verh. s. 1973 m. Dipl.-Volksw. Gisela-Ute, geb. Müller.

GRAMATKE, Eckart

Dipl.-Volksw., Geschäftsführer SOWA-N Modellbahn GmbH, Barsinghausen - Baltenweg 4, 3013 Barsinghausen - Geb. 17. April 1936.

GRAMBERG, Michael

Dr. phil., Journalist, Westdeutscher Rundfunk Köln - Zu erreichen üb. WDR, Appellhofplatz 1, 5000 Köln 1 - Geb. 9. Jan. 1942 - Stud. Literaturwiss.; Promot. 1969 Köln - S. 1968 Mitarb. im Fernsehen d. WDR; 1979-82 Kulturkorresp. ARD-Studio Paris; 1985-89 WDR-Korresp. Studio Paris - BV: Begleitb. zu Fernsehsendereihen: Studienführer, 1971. Herausg.: Wortwechsel (1975).

GRAMBOW, Rüdiger

Dipl.-Ing., Revisionsleiter, Präs. Bund Dt. Zupfmusiker (s. 1978) - Breslauer Ring 9 B, 6382 Friedrichsdorf 4 (T. 06172 - 7 83 09) - Geb. 23. März 1946 Waibstadt/Sinsh. - 1963-65 Lehre Elektromechaniker; 1967-67 Odenwaldsch. Oberhambach (Abit.); 1968-75 Stud. z. Wirtschaftsing. TU Berlin - 1976-79 Mitarb. Wirtschaftsprüfungsges.; 1980-83 Revisor in Ind.-Untern.; s. 1983 Revisionsleit. Stadtwerke Frankfurt. 1969-78 Mitgl. Musikleitg. Bund Dt. Zupfmusiker, s. 1978 Präs.; Fachjourn. f. Laienmusikwesen; Interessenvertr. im Dt. Musikrat; s. 1985 Schriftleit. Zupfmusikmagazin; Org.-Leit. Intern. Zupfmusiktage (1974 Berlin, 1978 Bonn, 1982 Mannheim); Initiator intern. Kontakte im Ber. Zupfmusik - S. 1981 Ehrenmitgl. Japan Mandolin Union - Liebh.: Ausgleichssport, eig. Musizieren als Mandolinist in Kammerensembles u. Zupforch.

GRAMKE, Jürgen

Dr. jur., Prof., Verbandsdirektor d. Kommunalverb. Ruhrgebiet - Frauenstein 115, 4300 Essen (T. 0201 - 48 04 20) - Geb. 12. Okt. 1939 Schlochau, ev., verh. m. Lieselotte, geb. Meyer, 3 T. (Vivika, Kristina, Katja) - 1964 jurist. Staatsex., 1968 Promot. Univ. Kiel; früherer Stadtdir. Altena; 1970-78 (gleichz. Vors. Verbandsvers. KDVZ Hellweg-Sauerland, Verbandsvorst. WBV Mark u. a.); Gründ. Märkische Kulturinitiative (Märkische Stipendien f. Lit., f. Musik u. Bildende Kunst); s. 1978 Verbandsdir.; s. 1981 gleichz. Vors. Verein Pro Ruhrgebiet; Koordinator d. Initiativkr. Ruhrgebiet; Mitgl. d. Hauptaussch. d. Dt. Städtetages, d. Dt. Städte- u. Gemeindebundes, d. Dt. Landkreistages; langjähr. berat. Mitgl. d. Bund-Länder-Kommiss. f. Bildungsplanung u. Wissenschaftsförd.; mehrere VR-Mandate. Honorarprof. f. Regionalwiss. u. Kommunalwiss. Univ. Bochum - BV: Praktizierte Bürgernähe, 3. A. 1982 - BVK - Liebh.: Wandern, Reisen - Spr.: Engl.

GRAML, Karl

Prof., Ordinarius f. Musikerziehung Univ. Augsburg (s. 1973) - St.-Anna-Str. 19, 8913 Schondorf/Ammersee - Geb. 23. Juli 1920 München - Stud. Musikhochsch. München. Emerit. - Fachveröff., u. a. D. Einstell. z. Musik u. z. Musikunterr., 1982 (m. W. Reckziegel).

GRAMLICH, Fritz

Dr. med., Prof., Chefarzt I. med. Abt. Univ.-Klinikum Rudolf Virchow d. FU Berlin, Standort Wedding (s. 1969) - Von-Wettstein-Str. 7, 1000 Berlin 33 - Zul. Oberarzt Med. Univ.klinik Mainz. Privatdoz. Univ. Mainz; apl. Prof. FU Berlin. Facharb.

GRAMLICH, Heinrich

Prof., Hochschullehrer i. R. - Rauhalde 20, 7770 Überlingen/B. - Zul. Prof. f. Schulpäd. PH Lörrach.

GRAMLICH, Horst

Dr. rer. oec., Dipl.-Finanzwirt, Oberbürgermeister Potsdam (s. 1990) - Friedrich-Ebert-Str. 79-81, O-1560 Potsdam - Geb. 31. März 1938 Antonufka/Ukr., ev., 2 Kd. (Daniel, Katharina) Lehre Bankkfm.; Fachsch.; Hochsch.; Promot. 1972 - Verw.mitarb. Bezirk Potsdam; Hochsch.lehrer Akad. f. Staat u. Recht - Liebh.: Gartenarbeit.

GRAMLICH, Wolfgang

Geschäftsführer Dorndorf Schuhfabrik, Zweibrücken - Am Hirschberg 4, 6782 Rodalben/Pf. - Geb. 18. Mai 1939 Frankfurt/M., ev., verh. s. 1968 (Ehefr.: Agnes).

GRAMM, Hans-Joachim

Landesarbeitsgerichtspräsident a. D., Vors. Tarifschiedsgericht f. d. dt. Seeschiffahrt, Hamburg (1964-71) - Kieler Str. 5, 2300 Kronshagen (T. Kiel 50 24 76) - Geb. 29. Jan. 1908 Kiel (Vater: Adolf G., Kaufm.; Mutter: Bertha, geb. Lage), ev., verh. s. 1939 (Berlin) m. Hertha, geb. Witte, 2 Söhne (Joachim, Hans) - Gr. jurist. Staatsprüf. - 1948-50 Leit. Hauptabt. Arbeit Min. f. Arbeit, Wirtschaft u. Verkehr Schlesw.-Holst., Kiel; 1950-73 Präs. LAG Schlesw.-Holst. ebd. BV: Kommentar z. Schlesw.-Holst. Betriebsrätegesetz. Zahlr. Fachaufs. - Gr. BVK - Spr.: Engl., Franz.

GRAMM, Reinhard

Militärgeneraldekan, Leiter Ev. Kirchenamt f. d. Bundeswehr i. R. (b. Jan. 1992) - Julius-Leber-Str. 66, 5309 Meckenheim - Geb. 13. Mai 1929 Schollene/Rathenow (Vater: Bernhard G., Pfarrer; Mutter: Nora, geb. Laubmeyer, ev., verh. s. 1956 m. Liesel, geb. Stroh, 2 Kd. (Christof, Cordula) - 1948-53 Univ. Marburg u. Tübingen (Theol.) - 1956 Vikar Dt.-Ev. Kirchentag, Frankfurt/M.; 1957-65 Gemeindepfr. Flörsheim/M.; s. 1966 Militärseels. (Standortpfr. Mainz, 1972 stv. Wehrbereichsdekan IV, 1973 wie oben) - BV: Frieden zw. Waffen - Kl. Typologie d. Soldatenpfr. im Spiegel lit. Texte, 1975; Ernstfall Frieden, 1980; Bilder u. Texte aus d. Soldatenseelsorge 1550-1945, 1983; De officio - Zu d. ethischen Herausford. d. Offizierberufs, 1985; Streitkräfte im Wandel, 1989 - Liebh.: Mod. Lit. u. Zeitgesch.

GRAMMEL, Siegfried

Dipl.-Kfm., Vorstandsvorsitzender AEG-TELEFUNKEN Hausgeräte AG. (s. 1977) - Muggenhofer Str. 135, 8500 Nürnberg - Geb. 12. März 1931 Worms (Vater: Max G.), verh. m. Lore, geb. Essig - S. 1970 Vorst. Standard Elektrik Lorenz AG. (SEL).

GRAMS-WEHDEKING, Alma Luise

Dipl.-Bibliothekarin, Schriftst. - Münchner Str. 11, 8036 Breitbrunn/Ammersee (T. 08152 - 64 04); Reichenaustr. 17, 8000 München 60 (T. 089 - 83 79 75) - Geb. in Bremen, ev., verw. - Univ. Leipzig (Ex.) u. Hamburg (Prakt. Universitätsbibl., Stadtbibl.); Dipl. 1933 Berlin - 1933-49 Bibl. Senat Berlin - BV: D. Haus an d. Weide, 1962, 1963; Worpswede um d. Jahrhundertwende, 1978, 1981; Caroline v. Humboldt u. ihre Zeit, 1980; D. Malerin Elfriede Mäckel, 1980 - Liebh.: Musik, Gesang, Malen - Spr.: Engl., Franz., Lat. - Bek. Vorf.: Malcom Mac Gregor (Ur-Ur-Großv.) - Lit.: Kürschners Dt. Literaturkalender 1984; Dictionary of Intern. Biography Vol. 18, 1984.

GRAMSS, Eike

Generalintendant, Regiss., Direktor Stadttheater Bern (ab Aug. 1991) - Stadttheater, Nägeligasse 1, CH-3000 Bern 7 - Geb. 2. Jan. 1942 Twistringen (Vater: Franz G., Chefredakt.; Mutter: Erika, geb. Schröder), verh. s. 1974 in 2. Ehe m. Brigitta, geb. Ober-Bloibaum, 3 Kd. (Sebastian, Julia, Franziska) - Gymn.; Hochsch. f. Musik u. Theater Hamburg - Regiss. Augsburg, Bonn, Basel, Bern, Graz, Darmstadt, London,

Karlsruhe, Berlin u. Düsseldorf. Rd. 100 Schausp.- u. Operninsz. - Spr.: Engl.

GRANDERATH, Franz-Joseph

Publizist u. Bevollmächtigter d. Dt. Verkehrswacht, Geschäftsführender Herausgeber Verkehrswacht-Magazin sicher unterwegs - Zu erreichen üb. Hochkreuzallee 76/78, 5300 Bonn 2 - Geb. 18. März 1932 Neuss, kath., verh., 3 Kd. (Christian-Benedikt, Anna-Katharina, Sebastian-Constantin) - Abit.; Grafische Hochsch.; Volont. b. Presse u. Fernsehen - Red. u. Reporter b. Tagesu. Wochenztg. im In- u. Ausland; Fernsehkommentator, Mitbegründer Wochenztg. Publik; Leit. Öffentlichkeitsarb. b. DVR u. DVW; Projektleit. staatl. Auftr. in PR-Agenturen; Berat. f. Öffentlichkeitsarb. u. a. auch in Fachgremien d. Bundesreg. Autor FS-Serie „D. 7. Sinn" - BV: Kinderbücher - Theodor-Heuss-Preis (Publik-Team); Christopherus-Preis - Liebh.: Natur, Reisen, Jagen, klass. Musik - Spr.: Engl.

GRANDI, Hans

Ing., Direktor - Irlenfelder Weg 39, 5070 Berg. Gladbach - Geb. 26. Sept. 1907 - 1931-72 Ford (1960 Vorstandsmitgl. Köln; 1969 Vizepräs. Dearnborn/USA).

GRANDIN, Friedrich-Hans

Dr.-Ing., Vorstandsmitglied Mannesmann S.A. Belo Horizonte/Brasilien - Caixa Postal 2153, 30000 Belo Horizonte - Geb. 11. Nov. 1936 Beuthen/OS.

GRANETZNY, Rainer

I. Bürgermeister - Rathaus, 8901 Diedorf/Schw. - Geb. 23. März 1936 Beuthen/OS. - Zul. Revisionsamtm. CSU.

GRANNIS, Oliver

Ph. D., o. Prof. f. Engl. Sprache Univ. Osnabrück - Driverstr. 27, 2841 Fladderlohausen - Zul. Wiss. Rat u. Prof. Univ. Tübingen.

GRANOW, Dietrich

Vortr. Legationsrat 1. Kl., AA Bonn, Leit. d. Arbeitsstabs 504: Antarktis-Konferenzen u. besondere Völkerrechtsgebiete (Seerecht, Luft- u. Weltraumrecht u.a.) - 5300 Bonn 1 (T. 0228 - 17 25 18) - Geb. 15. Sept. 1933 Bagdad/Irak - 1961-64 Richter in Frankfurt/M., Offenbach/M. u. Darmstadt. Auslandsposten in Amsterdam, Tokio, Tel Aviv; Generalkonsul in Alexandria (Ägypten); ständ. Vertr. Botschaft Den Haag/NL; zul. Generalkonsul d. Bundesrep. Deutschl. in Miami/USA.

GRANSER, Günther

Senator h.c., Kommerzialrat, Geschäftsführer Alpen Adria Wirtschaftsförderungs-Ges., Gf. Gesellsch. ICR GmbH - Romanstr. 18, 8000 München 19 (T. 089 - 13 11 11) - Geb. 6. April 1944 Gmunden, kath. - Welthandelsstud. - Herausg. Alpen-Adria Journal; Generalrepräsent. Autonomen Hafenverw. v. Triest - Gr. Ehrenz. Rep. Österr., Commendatore Italien; Bayer. VO; 1986 Gr. BVK, 1988 Stern dazu; Malteser-Orden - Spr.: Engl., Ital.

GRANSOW, Volker

Dr. phil., Visit. Prof. Univ. of California - Dept. of German, Univ. of California, Berkeley, CA 94720, USA - Geb. 29. April 1945 Karlshoefen, verh. m. Ingrid, geb. Schipper, 2 Kd. (Katinka, Ditte) - Stud. Politol., Soziol. u. Publiz., Promot. 1974 u. Habil. 1980 FU Berlin - 1980-86 Doz. Fak. f. Soziol. Univ. Bielefeld - BV: Kulturpolitik in d. DDR, 1975; Kommunismusforsch., 1980; Mikroelektronik u. Freizeit, 1982; D. autistische Walkman, 1985.

GRANZ, Marianne

Oberstudienrätin, MdL Saarland (s. 1975), Ministerin f. Bildung u. Sport (s. 1990) - Hohenzollernstr. 60, 6600 Saarbrücken 6 - Geb. 1942 Berlin - SPD.

GRANZER, Friedrich

Dr. phil. nat., Prof. f. Physik Univ. Frankfurt/M. - Mühlstr. 32, 6070 Langen/Hessen - Geb. 25. April 1926 Nesselsdorf (Vater: Bruno G., Ingenieur; Mutter: Margarethe, geb. Sonntag), kath., verh. s. 1955 m. Ruth, geb. Wagner, 2 Kd. (Wolfgang, Monika) - Dipl.-Phys. 1957, Promot. 1960, Habil. 1970 (alles Frankfurt) - U. a. Leit. Abt. f. Wiss. Photogr. Univ. Frankfurt. Vors. Sektion Wiss. u. Techn./DGPH. Mithrsg.: Proceedings of the 9th Intern. Conf. Solid State Nuclear Detectors (1976); Progr. Basic Principles Imaging Systems (1987) - Liebh.: Reisen, Tennis - Spr.: Tschech., Franz., Engl.).

GRANZIN, Martin

Dr. phil., Stadtarchivar i.R. - Fuchshaller Weg 10, 3360 Osterode - Geb. 19. Mai 1905 Torgau/Elbe, ev., verh. s. 1936 m. Gerda, geb. Fischbeck, 2 Töcht. (Ingrid, Heike) - Gymn. Torgau; Stud. Gesch. u. German. Kiel, Berlin u. Halle/S.; Promot. 1930 - Archivar in Torgau, Mühlberg/Elbe, Parchim; 1936 Stadtarchivar Stade; 1937 Staatsarchiv Hannover; 1953-70 Stadtarchivar u. Museumsleit. Osterode/Harz - Veröff.: Z. Torgauer Geschichtsschreib., 1930; D. Amtsb. d. Stader Goldschmiede, 1938; D. Osteroder Handwerk, 1966; D. Torgauer Rat 1359-1820, 1980; u.v.m. - Ehrenvors. d. Heimat- u. Geschichtsvereins Osterode - Interessen: Rechtsgesch., Landes- u. Kunstgesch. - Spr.: Lat., Griech., Engl. - Lit.: Heimatblätter f. d. Südwestl. Harzrand, 1975.

GRANZOW, Hermann

Dr. phil., Präsident d. Rechnungshofs d. Freien u. Hansestadt Hamburg - Gänsemarkt 36, 2000 Hamburg 36 (T. 35 98 771) - Geb. 1935 Danzig, verh. - Stud. German., Slaw., Psych., Leipzig. Promot. 1959 Bonn (Prof. Benno v. Wiese) - Staatsdst. Bonn (b. 1973 Bundeskanzleramt, dann 1978-82 Staatssekr. Bundesmin. f. Bild. u. Wiss.). Bis. 1991 Staatsrat Behörde f. Schule, Jugend u. Berufsbildung Fr. u. Hansestadt Hamburg.

GRASER, Fritz

Dr. med., Prof., Chefarzt Städt. Kinderklinik Wiesbaden - Sooderstr, 21, 6200 Wiesbaden-Sonnenberg - Geb. 16. Juni 1921 - S. 1953 (Habil.) Lehrtätigk. Univ. Mainz (1959 apl. Prof.) - BV: Üb. d. Kreislauf im frühen Kindesalter, 1953; Erworb. Herzkrankh. im Kindesalter, 1964. Üb. 100 Einzelarb.

GRASHOFF, Eberhard

Leiter d. Presse u. Informationsamtes d. Landesreg. Brandenburg - Berlin - Geb. 11. Febr. 1928 Berlin, verh. s. 1956 m. Ingeborg Grashoff-Helimann, 3 Kd. - Univ. Berlin, Freie Univ. Berlin, Gesch., German., Publiz. (1947-53) - 1952-69 Redakt., Chef v. Dienst; 1970-72 Chefredakt. Telegraf u. Nachtdepesche; 1975-76 Geschäftsf. e. Werbeges.; 1977-80 Presseref. b. Bundesbevollm. Berlin; 1980-90 Sprecher d. Ständig. Vertret. d. Bundesrep. Deutschl. b. d. DDR - Ehrenamtl. Tätigk.: Vors. d. Wannseeheims f. Jugendarbeit e.V.; Vors. Baumpaten f. Wassermuseum e.V.; stv. Vors. Schloss Trebnitz Bildungszentrum e.V.; Kurat.-Mitgl. Radio 100,6 - Spr.: Engl.

GRASMAIER, Fritz

Dr. oec.-publ., Dipl.-Kfm., Stv. Vorsitzender d. Vorst. Bayer. Landesbank Girozentrale - Brienner Str. 20, 8000 München 2 - Geb. 7. Juli 1923 - VR: Bayern-Versicherung, Öffentl. Lebensversicherungsanst., München.

GRASMANN, Günther

Dr. jur., Dr. h.c. (caen), Prof. f. Bürgerl. Recht u. Dt., Ausl. u. Intern. Arbeitsrecht, Hon.-Prof. Univ. College of Wales (Aberystwyth) - Rothweg 36, 8700 Würzburg - Geb. 7. Sept. 1931, verh. m. Ingrid, geb. Vitzthum, 4 Kd. (Till, Nicole, Marc, Florent) - Promot. (1955) u. Habil. (1969) München - S. 1973 Ord. Univ. Würzburg (Mitvorst. Inst. f. Wirtschafts- u. Steuerrecht) - BV: System d. Intern. Gesellschaftsrechts, 1970; Recht d. bewegl. Sachen, 1971; D. Familienrecht, 1972; Einf. in d. großen Rechtssysteme d. Gegenwart (Rechtsvergleichung), 2. A. 1988.

GRASMANN, Hans-Heribert

Rechtsanwalt, Stadtrat, pers. haft. Gesellsch. Ulmer Münster Brauerei, Inh. Grasmann KG, Gf. Fruttika Schwäb. Getränke-Industrie GmbH & Co. KG - Magirusstr. 46, 7900 Ulm/D. (T. 3 93-0); priv.: Königstr. 15 - Geb. 31. Aug. 1933 - AR: Bankhs. H. Aufhäuser, München; Ulmer Wohnungs- u. Siedlungsges. mbH, Ulm - Spr.: Engl., Franz. - Rotarier.

GRASMEHER, Friedrich

Dr. jur., Hauptgeschäftsführer IHK Hanau-Gelnhausen-Schlüchtern - Am Pedro-Jung-Park 14, 6450 Hanau/M. 1 - Geb. 9. Mai 1929 - Ass.ex.

GRASMÜCK, Ernst-Ludwig

Dr., Univ.-Prof. Univ. Bamberg - An der Universität 2, 8600 Bamberg - Geb. 18. Jan. 1933 Mülheim-Kärlich (Vater: Dr. med. Ludwig G.; Mutter: Else, geb. Doetsch), kath. - Stud. Gesch., German., Phil. u. Theol. Univ. Bonn u. a. (Studienstiftg. d. Dt. Volkes); Staatsex., Promot. 1959 Bonn - Assist. Univ. Bochum; Prof. Univ. Osnabrück; 1981 o. Prof. Univ. Bamberg - BV: Coercitio, Staat u. Kirche im Donatistenstreit, 1964; Exilium, Unters. z. Verbannung in d. Antike, 1978 - Mehrere Spr.

GRASS, Günter

Dr. h. c., Graphiker, Schriftsteller - Niedstr. 13, 1000 Berlin 41 - Geb. 16. Okt. 1927 Danzig (Vater: Kolonialwarenhdl.; Mutter: kaschub. Abstammung), kath. (1974 ausgetr.), verh. s. 1954 (Ehefr.: Anna Margareta (Anne), Schweizerin), 4 Kd. (Franz, Raoul (Zwill.), Laura, Bruno) - Gymn.; 1945-46 Wehrdst. (b. Kriegsende verwundet) u. amerik. Gefangensch.; Land- u. Kalibergarb.; Steinmetzlehre; Kunststud. Düsseldorf (1949 ff.) u. Berlin (1953); s. 1956 Graph. u. Schriftst. Paris u. Berlin (1960). 1971ff. Kolumnist Südd. Ztg. (Polit. Tageb.). Mitgl. Rundfunkrat SFB. SPD s. 1982 - BV (z. T. übers.): D. Vorzüge d. Windhühner, Ged. u. Graph. 1955; D. Blechtrommel, R. 1959 (GA. 1,7 Mill.; verfilmt 1978); Gleisdreieck, Ged. u. Graph. 1960; Katz u. Maus, N. 1961 (verfilmt 1966); Hundejahre, R. 1963; Ausgefragt, Ged. 1967; Üb. d. Selbstverständliche - Polit. Schriften, 1968; Örtlich betäubt, R. 1969; Theaterspiele, 1970; Ges. Gedichte, 1971; Aus d. Tageb. e. Schnecke, Kindergesch. 1972; Mariazuehren/Hommageamarie/Inmarypraise, 1973; Liebe geprüft, Ged. u. Graph. 1974; D. Bürger u. s. Stimme, 1975; D. Butt, 1977; D. Treffen in Telgte, Erz. 1979; Kopfgeburten oder D. Deutschen sterben aus, 1980; Widerstand lernen - Polit. Gegenreden 1980-83, 1984. Bühnenst.: Hochwasser (1956), Noch 10 Min. bis Buffalo (1958), Onkel, Onkel (1958), D. bösen Köche (1961), D. Plebejer proben den Aufstand (1966; Fernsehen 1969), Die bösen Köche (1967), Davor (1969; Fernsehen) - 1955 Lyrikpreis Süddeutscher Rundfunk; 1959 Preis Gruppe 47; 1960 Literaturpreis Verband d. dt. Kritiker; 1962 Franz. Literaturpreis; 1965 Georg-Büchner-Preis; 1968 Berliner-Fontane-Preis; 1969 Theodor-Heuss-Preis; 1968 Carl-v.-Ossietzky-Med.; 1977 Mondello-Ehrung Palermo; 1978 Intern. Vioreggio-Preis u. Alexander-Majkowski-Med.; 1982 Intern. Feltrinelli-Preis; 1965 Ehrendoktor Kenyon College u. 1976 Harvard Univ./USA; s. 1963 o. Mitgl. Akad. d. Künste Berlin (1983-86 Präs.); 1970 Mitgl. Amerik. Akad. f. Kunst u. Wiss. Boston; Mitgl. PEN-Zentrum BRD - Liebh.: Kochen - Lit.: Kurt Lothar Tank, G. G., 1965; Wilhelm Johannes Schwarz, D. Erzähler G. G., 1969; Gert Loschütz, G. G. in d. Kritik, 1968; Theodor Wieser, G. G., 1969; Heinz Ludwig Arnold/Franz Josef Görtz, G. - Dokumente z. polit. Wirkung, 1971; Fernsehsend./ARD (7. Sept. 1972): Du sollst d. graue Farbe lieben (G.-Porträt).

GRASS (ß), Hans

Dr. theol., Dr. theol. h. c., o. Prof. f. Systemat. Theologie u. Sozialethik - Erfurter Str. 11, 3550 Marburg/L. (T. 4 67 67) - Geb. 25. Jan. 1909 Brandenburg/H. (Vater: August G., Betriebsleit.; Mutter: geb. Hinze), ev., verh. s. 1940 m. Ingrid, geb. Boerl, 4 Kd. - Univ. Göttingen, Marburg, Tübingen, Berlin (Theol.). Promot. (1939) u. Habil. (1949) Erlangen - 1949 Privatdoz. Univ. Erlangen, 1955 ao., 1957 o. Prof. Univ. Marburg, - 1957 Ehrendoktor Erlangen. Emerit. 1977 - BV: D. Abendmahlslehre b. Luther u. Calvin, 1940, 2. A. 1954; D. kath. Lehre v. Schrift u. Tradition, 1954; Ostergeschehen u. -berichte, 1956, 4. A. 1970; D. ev. Lehre v. Abendmahl, 1960; Theologie u. Kritik, Aufs. 1969; Chr. Glaubenslehre I u. II, 1973, 1974; Einführung i. d. Theologie, 1978; Heute m. d. Gesangbuch beten, 1980; Aus Theologie u. Kirche, Aufs. 1988; Traktat üb. Mariologie, 1991.

GRASS, Werner

Dr.-Ing., Prof. f. Informatik Univ. Passau - Anton-Sickenberger-Str. 8, 8390 Passau - Geb. 12. Okt. 1943 Colmar (Vater: Richard G., Sparkassendir.; Mutter: Regine, geb. Adam), kath, verh. s. 1974 m. Verena, geb. Kirsch, 2 Kd. (Steffen, Annette) - Dipl.-Ing. Elektrotechnik 1968 TH Karlsruhe, Promot. 1972 ebd. - 1968-74 Wiss. Assist. Inst. f. Nachrichtenverarb. Univ. Karlsruhe; 1973-74 Studienjahr im IBM-Laborat. Böblingen; 1975-79 Wiss. Angest. Forsch.gr. Technol. Grundl. d. Informatik Karlsruhe; 1979-85 Prof. Univ. Hamburg; s. 1985 Prof. Univ. Passau; LS f. Informatik; s. 1991 Sprecher d. GI-FB 3 Techn. Informatik u. Architektur v. Rechensystemen - BV: Steuerwerke - Entw. v. Schaltw. m. Festwertspeichern, 1978 - Spr.: Engl.

GRASSBERGER, Peter

Dr. phil., Prof. f. Theoret. Physik Univ.-GH Wuppertal - Wicküler Treppe 7, 5600 Wuppertal 1 - Geb. 17. Mai 1940 Wien - Ca. 120 Veröff. üb. Hochenergiephysik, Statist. Mechanik, Dynamische Systeme.

GRASSER, Emil

Dr.-Ing., Univ.-Prof. (Massivbau) TU München, Prüfing. f. Baustatik - Schrämelstr. 33, 8000 München 60 (T. 089 - 83 01 49) - Geb. 19. Sept. 1927 Schesslitz (Vater: Hans G., Brauereibesitzer, Landwirt; Mutter: Margareta, geb. Müller), kath., verh. s. 1956 m. Anneli, geb. Borchert, 2 T. (Brigitte, Renate) - Aufbausch. Bamberg (Abit. 1947); 1947-48 Phil.-Theol. Hochsch. Bamberg, 1949-54 TH München, Dipl.-Ing. 1954, Promot. 1968, Habil. 1972 - 1954-56 Ing.bürotätigk. (Konstr., Statik), 1956-62 Wiss. Assist. Lehrst. Massivbau (b. Prof. Hubert Rüsch), 1962-72 Wiss. Mitarb. Materialprüf.amt f. d. Bauwesen TH München, 1972-78 Abts.vorst. Lehrst. Massivbau TU München, s. 1978 Prof. Inst. f. Bauing.-Wesen III, Fachgeb. Massivbau, Mitgl. Dt. Ausssch. Stahlbeton, Mitgl. Comité Euro-Intern. du Béton (CEB, s. 1968) u.v.a. - BV: Bemessung d. Stahlbetonbauteile f. Biegung m. Längskraft, Schub u. Torsion, Betonkalender, s. 1971; Bemessungstafeln f. Stahlbetonquerschnitte (zus. m. Dr. Diethelm Linse), 1972 (Übers. Griech.), 2. A. 1984 (auch engl. u. span. übers.); Bemessung v. Beton- u. Stahlbetonbauteilen, T. I: Biegung mit Längskraft, Schub, Torsion, Heft 220, Schr.reihe DAfStB, 1. A. 1972, 2. A. 1979 (Übers. Span. u. Engl.); Hilfsmittel z. Berechnung d. Schnittgrößen u. Formänd. v. Stahlbetontragwerken (zus. m. Dr. Thielen), Heft 240 Schr.reihe DAfStb, 1. A. 1976, 2. A. 1978, 3. A. 1991 (Übers. Span.); rd. 60 Veröff. - Liebh.: Ski, Bergst., Schwimmen, Musik - Spr.: Engl.

GRASSHOFF (ß), Hans W.
Dr.-Ing., Vorstandsvorsitzender Hoesch Stahl AG, Dortmund (s. 1986) - Zu erreichen üb. Hoesch Stahl AG, Rheinische Str. 173, 4600 Dortmund 1.

GRASSHOFF (ß), Heinz
Dr.-Ing., Prof. a.D. f. Bautechnik, insb. Bodenmechanik u. Grundbau, Univ. GH Wuppertal (Fachbereich Bautechnik) - Waller Ring 89, 2800 Bremen 1 - Geb. 22. April 1915 Bremervörde (Vater: Werner G., akt. Offz. (zul. Oberstlt.); Mutter: Adele, geb. Otten), ev., verh. s. 1949 m. Margrit, geb. Winterhoff, 2 T. (Antje, Heinke) - Stud. Bauing.wesen (TH) - Ing.-Offz., Wiss. Mitarb. TH Berlin, Leit. Dezern. f. Baustatik Bauaufsichtsamt Bremen, Doz. Bau- u. Ing.sch. ebd., Doz. Staatl. Ing.sch. f. Bauwesen Wuppertal - BV: Kl. Baugrundlehre, 2. A. 1963 (m. Loos); D. steife Bauwerk auf nachgieb. Untergrund, 1966; Einflußlinien f. Flächengründ., 1978; üb. 50 Einzelarb. - Liebh.: Architekturfotogr. - Spr.: Engl.

GRASSL (ß), Georg
Malermeister, Altbürgermeister, MdL Bayern (1978-86) - Hinterseerstr. 3, 8243 Ramsau/Obb. - Geb. 27. Mai 1926 Ramsau (Vater: Sebastian G. (s. 1945 vermißt); Mutter: Elise, geb. Grill), verh. m. Martina, geb. Willeitner, 4 Kd. - 1944 Einberuf. z. Wehrm.; Volks- u. Obersch. Ramsau bzw. Berchtesgaden; 1945-48 Malerhandw. Meisterprüf. 1955 - 1957ff. stv. Oberm. Maler-Innung Bad Reichenhall; 1960ff. Gemeinderat Ramsau; 1972-84 MdK Berchtesgaden.

GRASSL, Hartmut
Dr. rer. nat., Dipl.-Phys., Prof. f. Allgem. Meteorologie Univ. Hamburg - Klosterallee 53, 2000 Hamburg 13 - Geb. 18. März 1940 Salzberg/Berchtesgaden (Vater: Friedrich G., Zimmermann; Mutter: Gerda, geb. Volland), ev., verh. s. 1966 m. Renate, geb. Schwarz, T. Sibylle - Univ. München (Dipl.-Physik 1966, Promot. 1970); Habil. 1978 Univ. Hamburg - 1966-81 Wiss. Tätigk. Univ. München, Mainz u. Max-Planck-Inst f. Meteorol. Hamburg; 1981-84 Prof. Univ. Kiel; s. 1985 Prof. Univ. Hamburg; 1984-88 GKSS-Forschungszentr., Geesthacht; s. 1989 Dir. am Max-Planck-Inst. f. Meteorologie in Hamburg - Liebh.: Alpiner Skilauf, wiss. Expeditionen - Spr.: Engl., Franz.

GRASSMANN, Günther
Prof., Maler u. Graphiker - Feichtetstr. 14, 8134 Pöcking (T. 08157 - 74 33) - Geb. 14. Okt. 1900 München (Vater: Karl G., Arzt; Mutter: Auguste, geb. Rothmund), verh. m. Luise, geb. Planck - Tafelbild, Graphik, Wandmalerei.

GRASSMANN (ß), Peter H.
Dr.-Ing., Dipl.-Physiker, Mitglied d. Bereichsvorst. Medizintechnik Siemens AG - Henkestr. 127, 8520 Erlangen (T. 09131 - 84-20 57) - Geb. 21. Nov. 1939 München, kath., verh. s. 1967 m. Irene, geb. Brunner, 2 Söhne (Oliver, Alexander) - Dipl.-Physiker 1964 TU München, Promot. 1966, Postgrad. Fellow 1967 Mass. Inst. of Technol., Boston - Leitg. Geschäftsgeb. Bildgebende Systeme (Röntgenanlagen, CT, Kernspintomographie, Nuklearmed.) - Spr.: Engl., Franz. - Bek. Vorf.: Dr. Wolfgang Graßmann, Leit. Max Planck-Inst. f. Eiweißforsch. München.

GRASSMANN (ß), Siegfried
Dr. phil., Oberstudiendirektor, Vors. Verb. d. Geschichtslehrer Dtschl. (1972-80) - Eschenweg 100, 2075 Ammersbek - Geb. 30. Mai 1935 Wilhelmshaven - 1954-59 FU Berlin u. Univ. Tübingen (Gesch., Dt., Politik) - BV: Hugo Preuß u. d. dt. Selbstverw., 1964; Zeitaufnahme (Schulgesch.b.), 1978ff.

GRASZYNSKI, Kai
Dr. rer. nat., Prof. f. Zoologie (Stoffwechselphysiol.) FU Berlin (s. 1971) - Schreberstr. 8a, 1000 Berlin 37 - Geb. 23. Sept. 1934 Berlin (Vater: Kurt G., Bankangest.; Mutter: Rita, geb. Klundt), ev., verh. s. 1965 m. Renate, geb. Zeglin, 2 Kd. (Antje, Jens) - Promot. (1963) u. Habil. (1970) Berlin (FU) - Fachaufs. - Liebh.: Naturschutz, Ornithol. - Spr.: Engl., Franz.

GRATHOFF, Dirk
Ph.D., Prof. f. Dt. Literaturgesch. u. Literatursoziologie Univ. Oldenburg - Blumenstr. 51, 2900 Oldenburg (T. 0441 - 77 68 31) - Geb. 19. April 1946 Stadthagen (Eltern: Hilde u. Hans G., Gärtner) - Gymn. Hamburg (Abit. 1965); Stud. FU Berlin u. Indiana Univ., USA; M.A. 1970 Indiana Univ., Promot. 1972 ebd., Habil. 1981 Univ. Gießen - 1973-80 Doz Univ. Gießen; 1981-85 Gastprof. in Freiburg, München, Oldenburg, 1989 Adelaide, Australien, 1990 Berlin/DDR, 1990 Graz; s. 1985 Oldenburg - BV: D. Zensurkonflikte d. Berliner Abendblätter, 1972; Gießener Arb. z. Neueren Dt. Lit., s. 1982. Studien z. Ästhetik u. Lit.-gesch. d. Kunstperiode, 1985; Heinrich v. Kleist. Studien zu Werk u. Wirkung, 1989; Carl v. Ossielzky, Leseb. 1989; Kulturwissenschaftliche Studien z. dt. Lit., 1989ff.; Aufs. z. Kleist, Lenz, Goethe, Schiller, Brecht, Grass.

GRATHOFF, Erich
Dr., Verbandsdirektor, Geschäftsf. Fremdenverkehrsverb. u. Bäderarbeitsgem. Rhld.-Pfalz i. R., Vorstandsmitgl. VDKF - Heinrich Fendelstr. 1, 6250 Limburg a. d. Lahn (T. 06431 - 84 31) - Geb. 4. Aug. 1914 Gladbeck/W. - Gymn. Schulpforta; Stud. Gesch., Staatslehre, Volksw., Ztg.wiss.

GRATHOFF, Richard
Ph. D., o. Prof. f. Allg. Soziologie Univ. Bielefeld - Postfach, 4800 Bielefeld - Geb. 30. Aug. 1934 Unna (Vater: Hans G., Gärtnerm.; Mutter: Hilde, geb. Engelke), ev., verh. s. 1961 m. Ruth, geb. Blessman, 2 Söhne (Philip, Georg) - Univ. Heidelberg u. Göttingen sow. New School for Social Research New York Ph. D. 1969 u. Habil. 1975 Univ. Konstanz - BV: The Structure of Social Inconsistencies, 1970 (Den Haag); Milieu u. Lebenswelt, 1989. Zahlr. Einzelarb.

GRAU, Detlev
Dipl-Ing., Geschäftsf. Planungsgemeinschaft Darmstadt - Mühltal-Waldhof, 6100 Darmstadt - Geb. 20. Dez. 1942 Plochingen (Vater: Ernst G., Ziviling.; Mutter: Hedwig, geb. Steireif), verh. m. Mechthild, geb. Gebhardt - TU Braunschweig u. Darmstadt - Zun. Bauführer Scheid-Straßenbau GmbH., Limburg/Lahn, s. 1970 eig. Planungsbüro (m. Friedrich Cordes). Spez. Arb.sgeb.: Planung, Konstruktion u. Bauausführung Größerer Ind.anlagen, städt. Verkehrsplanung (u. a. Frankfurter U-Bahn), Altstadtsanierung - Liebh.: Kochen - Spr.: Engl.

GRAU, Gerhard K.
Dr. techn., o. Prof. u. Direktor Inst. f. Hochfrequenztechnik u. Quantenelektronik Univ. Karlsruhe (s. 1967) - Am Rüppurrer Schloß 5/6115, 7500 Karlsruhe 51 (T. 0721 - 88 54 04) - Geb. 26. Aug. 1933 Wien - TH Wien (Dipl.-Ing.). Promot. u. Habil. Wien - BV: Laser, 1969 (m. a.); Quantenelektronik, 1978; Optische Nachrichtentechnik, 2. A. u. chin. Übers. 1986. Rd. 50 Fachaufs. - 1961 Krafft-Med. TH Wien, 1965 Preis NTG.

GRAU, Uwe
Dr. rer. nat., Prof., Psychologe, Dir. Inst. f. Psychologie Univ. Kiel, Lehrst. f. Päd. Psychologie - Gravensteiner Str. 6a, 2300 Kiel - Geb. 6. Dez. 1934 - S. 1977 Prof. Univ. Kiel. Mitgl. Dt. Ges. f. Psych., Bund Dt. Psychologen, Intern. Assoc. of Applied Psychology, Intern. School Psych. Assoc. Arb.-Schwerp.: Theorie u. Praxis d. system. Beratung in versch. Kontexten. S. 1984 Entw. d. Kieler Beratungsmodells f. Individuen in Leit.funktionen in komplexen Systemen (Untern., Org. im Leistungssport, psychosoz. Institutionen, Bild.ber.).

GRAUE, Eugen Dietrich
Dr. jur., Dr. phil., LL. M., Oberlandesgerichtsrat, o. Prof. f. Bürgerl. Recht, Intern. Privatrecht u. Rechtsvergl. Univ. Kiel (s. 1964) - Düppelstr. 62, 2300 Kiel - Geb. 22. Okt. 1922 Bremen - 1946-52 Univ. Heidelberg u. München (Rechtswiss., Gesch., Neugriech. u. Südslaw. Philol.). Promot. (1949 jur.; 1952 phil.) u. Habil. (1962) München; LL. M. (1952) Michigan - 1952-57 Rechtsabt. VDMA; 1956-64 Rechtsanw.; 1962-63 Privatdoz. Univ. München. Bücher; Ztschr.aufs.

GRAUERT, Borwin
Dr. phil. nat., o. Prof. f. Geochemie Univ. Münster (Dir. Inst. f. Mineral.) - Gronauweg 49, 4400 Münster/W.

GRAUERT, Hans (Johannes)
Dr. rer. nat., o. Prof. f. Mathematik - Ewaldstr. 67, 3400 Göttingen (T. 4 15 80) - Geb. 8. Febr. 1930 Haren/Ems (Vater: Clemens G., Kaufm.; Mutter: geb. Jüngerhans), kath., verh. s. 1956 m. Marieluise, geb. Meyer, 2 Kd. (Ulrike, Matthias) - Gymn. Meppen; Univ. Mainz, Münster/W., Zürich, Princeton/USA (Math.). Promot. (1954) u. Habil. (1957) Münster - 1957 Privatdoz. Münster; 1959 Ord. Univ. Göttingen - o. Mitgl. Akad. d. Wiss. Göttingen; Mitgl. Akad. d. Wiss. u. d. Lit. Mainz; Dt. Akad. d. Naturforscher Leopoldina Halle; Accad. Mediterranea Catania; Academia European London; Bayer. Akad. d. Wiss. München; Dr. rer. nat. h. c. in Bayreuth, Bochum, Bonn; 1991 v. Staudt-Preis Erlangen - Spr.: Engl.

GRAUHEDING, Erich
Dr., Präsident Landes-Kirchenamt Ev.-Luth. Landeskirche Schleswig-Holstein - Am Engelsee 16, 6720 Speyer.

GRAUL, Emil Heinz
Dr. med., Dr. rer. nat., o. Prof. f. Strahlenkunde, Direktor u. Lehrstuhlinh. Inst. f. Environtol. u. Nuklearmed. Univ. Marburg (s. 1964) - Pilgrimstein 2, 3550 Marburg/L. (T. 28 29 66) - Geb. 29. Dez. 1920 Zeitz b. Merseburg - S. 1951 (Habil.) Lehrtätigk. Univ. Münster u. Marburg (1957 apl., 1964 o. Prof.; Dir. Inst. f. Strahlenbiol. u. Isotopenforsch.); Dir. Department of Environmentel Sciences; Dir. Poliklinik f. Nuklearmed., Bad Wildungen, s. 1969 Dir. Medicef-Inst., Marburg, President of MEDICEF Intern. (Intern. Center for Environmental Sciences and Future Research) Miami, Florida, USA. Spez. Arb.geb.: Biophys. Arb.- u. Nuklearmed., Envirol.; 1956-58, 1960 u. 1982/83 Gastprof. USA, 1965ff. Präsident Dt. Ges. f. Luft- u. Raumfahrtmed.; 1968ff. Vizepräs. Dt. Akad. f. Nuklearmed. (Neugründ.); 1968ff. Vors. Dt. Arbeitsgem. f. Nuklearmed. (Neugründ.); s. 1987 Dir. of American Inst. of Medical Climatology, Washington/USA - BV: Dermopanfibel - D. Röntgenstrahl. in d. Dermatol., 1955 (auch engl., franz., span.); D. Strahlensyndrom - Radioakt. Verseuch., 1957; Kl. ABC d. Nuklearmed., 1958 (m. L. Rausch); Weltraummed. - D. Mensch in d. Zerreißrobe, 1970; D. unbewältigte Zukunft, 1971 (m. H. W. Franke). Herausg.: Medicenale-Berichtsbde. (Medizin u. Grenzgebiete, Bd. I-XX); Mensch u. Umwelt (Environtologie), Bd. II (Künstl. Umweltfaktoren); Herausg. u. Autor d. Direct Information Environmental Sciences and Future Research Medicef-Inst. Miama/USA. Mithrsg.: Handb. d. Praxisrationalisierung (1972); viele Handbuchbeitr.; Chefredakt. u. Redakt. wiss. Ztschr., u. a. Nuccompact, Dt. Ärztebl., diagnostik - Ehrenvors. u. Korr. Mitgl. zahlr. Ges. im In- u. Ausl.; 1972 Paul-Martini-Preis; 1973 Komturkreuz ital. VO.; 1980 Ehrenmed. DRK; BVK I. Kl.; 1969 Präs. Intern. Center f. Med.; 1979 Präs. MEDICEF/USA (insges. 1500 wiss. Einzelarb. u. 37 Bücher); 1981 Zertifikat Med. Informatiker d. GMDS u. Ges. f. Informatik, Bonn, Köln; 1982 Wiss. Beiratsmitgl. IIDP (Inst. f. Interdisziplinäre Denkschulung u. Publikation, Hannover; 1983 Team Achievement Award d. ESA/NASA Paris, Washington; 1984 Präs. Intern. Ges. f. präv. Med. u. Umwelthygiene, Bad Nauheim; 1985 Fellow of Intern. Acad. of Cytology, Quebec; 1986 Poster-Preis Intern. Congress of Pharmacol., Stockholm.

GRAUL, Heinz
s. Graul, Emil Heinz

GRAUMANN, Carl-Friedrich
Dr. phil. (habil.), o. em. Prof. Psych. Inst. Univ. Heidelberg - Erlenweg 12, 6921 Waldwimmersbach (T. 4 00 54) - Geb. 31. März 1923 Köln - S. 1959 Lehrtätigk. Univ. Bonn u. Heidelberg, New School for Social Research New York - BV: Grundl. e. Phänomenologie u. Psych. d. Perspektivität, 1960; Denken, 1965; Motivation, 1969. Herausg.: Handb. d. Psych. Sozialpsych. 1969, 1972; Psych. im Nationalsozialismus, 1985; Phänomenol.-psych. Forsch., 1960ff.; Kurt-Lewin-Werkausg., 1981ff. Mithrsg.: Karl Bühlers Axiomatik (1984); Language processing in social context (1989); Ökolog. Psych. (Handb. 1990); Sinn u. Erfahrung (1991).

GRAUMANN, Ernst
Regierungspräsident in Detmold - Leopoldstr. 15, 4930 Detmold (T. 7 11); priv.: Brahmsstr. 13 - Geb. 7. Okt. 1913 - Spr.: Engl., Franz. - Rotarier.

GRAUMANN, Günter
Dr. rer. nat., Prof. f. Mathematik u. Didaktik d. Math. (Geometrieunterr., Sachrechnen, Gesch. d. Math.unterr., Math. u. Friedenserz., Grundl. d. Didaktik d. Math., Lehrerausb.) - Deciusstr. 41, 4800 Bielefeld 1 - Geb. 27. Mai 1941 Hamburg - 1961-67 Stud. Math. u. Physik Univ. Hamburg, 1. Staatsex. f. d. Lehramt an höh. Schulen 1967, 2. Staatsex.1969, Promot. 1969 - 1969/70 Ass.-Prof. f. Math. Florida/USA, 1970-74 Akad. Rat PH Hannover, s. 1974 Prof. in Bielefeld.

GRAUMANN, Karl-Heinz
Institutsdirektor, Prof. em. - Am Moritzwinkel 6, 3000 Hannover (T. 762 21 96) - Geb. 13. Febr. 1908 Northeim (Vater: Karl G., Lehrer; Mutter: Anna, geb. Conradi), ev., verh. s. 1955 m. Ingrid, geb. Hackel, 2 Kd. (Elke, Axel) - Gymn.; Stud. Philol., Dt., Leibeserzieh., Gesch. Staatsex. 1933; Ass.prüf. 1935 - B. 1936 Schul-, dann Hochschuldst. (1949ff. Dir. Inst. f. Leibesüb. d. Wiss. Hochsch. Hannover) - Liebh.: Segel- u. Motorflug.

GRAUMANN, Walther
Dr. med., em. o. Prof. f. Anatomie - Stauffenbergstr. 84, 7400 Tübingen 1 (T. 5 23 60) - Geb. 14. Dez. 1915 Frankfurt/M. - Promot. (1945) u. Habil. (1952) Göttingen - S. 1952 Lehrtätigk. Univ. Göttingen (1957 apl. Prof.), Gießen (1961 ao. Prof.), Tübingen (1962 o. Prof. u. Inst.dir.), Vizepräs. Univ. Tübingen 1979-83 - BV: Erg. d. Polysaccharidhistochemie, 1964; Anatomie programmiert, 4 Bde. 1971ff.; Taschenb. d. Anatomie, Bd. II, 1972ff. Mithrsg.: Handb. d. Histochemie, 26 Bde. (1958ff.), Progr. Histo-Cytochemistry, 26 Bde. (1970ff.).

GRAUNKE, Kurt
Dirigent, Komponist, Begründer u. künstlerischer Leiter Symphonie-Orchester Graunke (Bayer. Symphonie-Orch.) (b. 1989) - Wilhelm-Mayr-Str. 15, 8000 München 21 (T. 56 25 63) - Geb. 20. Sept. 1915 Stettin, ev., verh. s. 1942 m. Helene, geb. Tusel, 2 Töcht. (Geraldine, Gabriele) - Musikhochsch. Berlin u. Wien - Gastdirig.: Berliner Phil. Orch., Bamberger Symphoniker, Hess. Staatskapelle, Münchner Philharmoniker, Wiener Symphoniker, Radio-Symphonie-Orch. Berlin u. Frankfurt/M. u. a. Kompos.: Dramat. Vorspiel No. 1 u. 2 1940/44), Symphon. Walzer, Konzert. Tango, „Air" f. Harfe u. Orch., Per-

petuum mobile u. virtuose Stücke f. Violine; Kompos. u. Schallpl. (SEDINA): Violin-Konzert, Symphonie Nr. 1 i. E-Dur D. Heimat (1969), Symph. Nr. 2 (1972), Streichquartett (1974), Symph. Nr. 3 (1976), Symph. Nr. 4 (1977), Symph. Nr. 5 (1981), Symph. Nr. 6 (1982), Symph. Nr. 7 (1983), Symph. Nr. 8 (1985) - 1972 BVK I. Kl.; 1975 Med. München leuchtet in Silber u. 1985 in Gold; 1983 Silbermed. Dt. Komp.-Verb.; 1985 Bayer. VO; 1981, 82, 84, 85, 86, 87, 88, 89 Radsport Weltcup St. Johann; Goldene Ehrennadel R.C.Amor München; Goldene Ehrennadel Eis- u. Rollschuh-Club München - Lit.: K. G. - D. Gesch. s. Entwickl. (v. Reinhard Hoffmann, 1952), Symphonie-Orch. Graunke (Dr. Heinz Pringsheim, 1958), 25 J. Symph.-Orch. Graunke (Antonio Mingotti, Claus R. Schuhmann, 1972), 40 J. Symph.-Orch. Graunke (1985).

GRAUP, Friedrich-Carl

Dipl.-Ing., Vorstandsvorsitzender d. MWM-Motorenwerke Mannheim AG - Geb. 1938 - Zul. Vorst. Hapag-Lloyd AG, Hamburg, u. VDO Adolf Schindling AG, Schwalbach/Ts.

GRAUVOGL, Anton

Dr. med. vet., Prof., Fachtierarzt f. Zuchthygiene u. Besamung, Landwirtschaftsdirektor - Fasanenweg 12a, 8011 Forstinning b. München (T. 08121 - 4 13 00) - Geb. 18. Mai 1931 Coburg, kath., verh. s. 1960 m. Gabriele, geb. Fröhlich, 2 Söhne (Gregor, Michael) - Tierärztl. Approb. München; Promot. Univ. Berlin; 2 J. Assist. tierärztl. Fak. München - Tätigk. b. bayer. Schweinegesundheitsdienst; Kreistierarztex.; Tierzuchtleiterprüf.; 1970-81 Zuchtleit. Verb. schwäb. Schweinezüchter; 1982 Leit. Sachgeb. Verhalten landwirtschaftl. Nutztiere Bayer. Ld.anstalt f. Tierzucht, Grub, u. Hon.-Prof. Univ. Hohenheim (Vorlesungsgeb. Angewandte Verhaltenskunde). Mitgl. Bonner Sachverst.-gruppen f. Tierschutz.

GRAVERT, Anke

Hausfrau, MdL Schlesw.-Holst. (Wahlkr. 14/Rendsburg Ost) - Hasselkamp 90, 2300 Kronshagen - Geb. 22. Mai 1935 Nordstrand - CDU.

GRAVERT, Hans Otto

Dr. agr., Prof., Direktor Inst. f. Milcherzeug./Bundesanstalt f. Milchforsch., Kiel (s. 1967) - Hasselkamp 90, 2300 Kronshagen (T. Kiel 58 99 60) - Geb. 28. Mai 1928 Itzehoe (Vater: Otto G., Landw.; Mutter: Anna, geb. Hahn), ev., verh. s. 1957 m. Anke, geb. Martens, 2 Kd. (Christian, Gönna) - Kaiser-Karl-Sch. Itzehoe; Univ. Kiel, Upsala (Schweden), Ames (USA) - 1956-57 Assist., Oberassist. (1962), Wiss. Rat u. Prof. (1966) Inst. f. Tierzucht u. -halt./Univ. Kiel. Spez. Arbeitsgeb.: Rinderzucht - BV: Grundl. d. Haustiergenetik u. Tierzücht., 1966 (m. Johannsson u. Rendel); Einführung in d. Züchtung, Fütterung u. Haltung Landwirtschaftl. Nutztiere (m. Waßmuth u. Weniger), 1979; Dairy Cattle Production, 1987; D. Milch, 1983 - Liebh.: Reitsport - Spr.: Engl., Schwed.

GRAWE, Joachim

Dr., Prof., Hauptgeschäftsführer Vereinig. Dt. Elektrizitätswerke (VDEW) - Stresemannallee 23, 6000 Frankfurt/M. 70.

GRAWERT, Gerald

Dr. rer. nat., Prof. f. Theoret. Physik Univ. Marburg, Fachbereich Physik (s. 1965) - Renthof 6, 3550 Marburg - Geb. 2. Jan. 1930 Berlin (Vater: Franz G., Polizeibeamter; Mutter: Walli, geb. Jaab), ev., verh. s. 1956 m. Erika, geb. Boettcher, 3 Söhne (Arne, Henning, Thilo) - 1948-52 Humboldt- u. Freie Univ. Berlin (Dipl.-Phys.). Promot. 1955 Berlin (FU); Habil. 1961 Frankfurt/M. - 1961-62 Privatdoz. Univ. Heidelberg; 1962-65 ao. Prof. FU Berlin - BV: Quantenmechanik, 3 Bde. 1969 ff. Zahlr. Fachaufs.

GRAWERT, Rolf

Dr. jur., o. Prof. f. Öfftl. Recht u. Verfassungsgesch. Univ. Bochum (s. 1974) - Aloysiusstr. 28, 4630 Bochum - Geb. 21. Nov. 1936 Berlin - 1990 Prorektor Univ. Bochum; Gründungsdekan d. Jurist. Fak. d. Univ. Potsdam.

GREBE, Hans

Dr. med., Prof., Arzt - Am Goßberg 2, 3558 Frankenberg/Eder (T. 2 16 36) - Geb. 25. Aug. 1913 Frankfurt/M. (Vater: Peter G., zul. Rektor), ev., verh. s. 1938 m. Irmgard, geb. Hartmann, 3 Kd. (Roland, Gisela, Wolfgang) - Abitur (1931), Promot. (1937, Summa cum laude), Habil. (1942) Frankfurt - 1942 Doz. Univ. Berlin; 1944 Ord. Univ. Rostock; 1952 Lehrbeauftr. Univ. Marburg (Humangenetik). 1957-60 Präs. Dt. Sportärztebund, Präs. Ärztekomm. AIBA u. a. Rot. Gov: 1976-77. 20 BV; etwa 350 Fachveröff., darunt. d. Monogr. Chondrodysplasie u. Zwergwuchs (erschienen 1955 u. 60 Rom) sowie d. Schr. D. biol. Grundl. d. sportl. Leistungsfähigkeit u. Sport als Hobby (in Weltlit. Grebe-Syndrom) - Neben Kriegsausz. (mehrf. verwundet) 1956 Gregor-Mendel-Plak.; 1958 DRK-Ehrenz.; 1973 BVK I. Kl. - Liebh.: Kunst, Lit., Sport - Spr.: Engl., Franz. - Rotarier.

GREBE, Reinhard

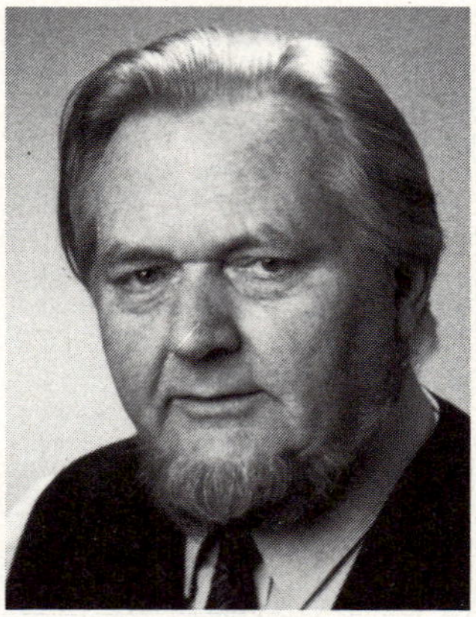

Dipl.-Ing., Prof. TU München, Landschaftsarchitekt, Leit. Büro f. Landschafts- u. Ortsplanung Nürnberg - Lange Zeile 8, 8500 Nürnberg 90 (T. 0911 - 37 99 80) - Geb. 25. Dez. 1928 Helmighausen/Waldeck, ev., verh. s. 1958 m. Ursel, geb. Thiele, 4 Kd. (Klaus-Martin, Holger, Christiane, Michael) - Gärtnerlehre; 1952-57 Stud. Landschaftsplan. u. Städtebau TU Hannover (Dipl.) - 1958-62 Mitarb. Planungsbüro, Nürnberg; Ref. f. Landschaftsplan. Zentralverb. Dt. Gartenbau, Bonn; Geschäftsf. Arbeitsgem. f. Garten- u. Landschaftskultur; s. 1966 eig. Büro f. Landschaftsplan. Nürnberg. Mitgl. Dt. Rat f. Landespflege, Präsid.-Mitgl. Dt. Gartenbauges. u. Oberster Naturschutzbeirat Bayern. Landschaftspläne in Bonn, Köln, Frankfurt, Mainz, Ludwigshafen, Erlangen, Straubing, Rosenheim, Halle, Jena - BV: Bauen im Garten, 1963; Gemeinde u. Landsch., 1967; 50 Ideen f. d. Garten, 1973 (auch holl.); Leben in d. Stadt, 1982 (auch jap.); Main Donau Kanal Altmühltal, 1989 - 1972 Horst-Köhler-Preis Dt. Gartenbauges. - Liebh.: Musik (Chor, Posaune), Landeskd. - Spr.: Engl.

GREBE, Siegfried Franz

Dr. med., Prof. u. Leiter Abt. Nuklearmed. Univ. Gießen (s. 1967 u. 81), Leit. nuklearmed. Labor d. Kerckhoff-Klinik - Spezialklinik f. Herz- u. Kreislauferkrank. - Benecke Str. 4-6, 6350 Bad Nauheim; u. Friedrichstr. 25 u. 27, 6300 Gießen-Lahn - Geb. 8. Jan. 1925 Frankfurt/M. (Vater: Edmund G., Beamter; Mutter: Hedwig, geb. Lehmann), ev., verh. s. 1956 m. Dr. Gisela, geb. Johnen, 2 Söhne (Dr. Stefan, Mathias) - Stud. d. Med., Physik, Math. Univ. Breslau, Frankfurt; Promot. 1951; Habil. 1969 - 1974 Gastprof. Univ. Südkalifornien, Los Angeles. Emerit. 1990. Weiter Leit. Abt. Nuklear Med. in d. Kerckhoff-Klinik (Einrichtung d. Max-Planck-Ges.), Bad Nauheim. In- u. ausl. Fachmitgl.sch. Üb. 521 wiss. Veröff. - Liebh.: Segeln, Golf - Spr.: Engl., Franz.

GREBE, Wilhelm

Prof., Dr.-Ing., Flughafendirektor, Technischer Geschäftsf. Flughafen Hannover-Langenhagen GmbH - 3000 Hannover 42 - Geb. 26. Jan. 1933 - Spr.: Engl. - Rotarier.

GREBEL, Dieter

Dr. rer. nat., Prof. f. Biologie Erziehungswiss. Hochschule Rheinland-Pfalz/Abt. Koblenz - Jahnstr. 8, 5419 Dierdorf - Geb. 28. Sept. 1932 Altenkirchen - Promot. 1972 - S. 1973 Prof. Mitherausg.: Technik d. Experimentalchemie (1972 ff.). Zahlr. Zeitschr.aufsätze z. experimentellen Schulbiologie.

GREBING, Helga

Dr. phil., o. Prof. f. vergl. Geschichte d. intern. Arbeiterbewegung u. Leiterin Inst. z. Erforschung d. europ. Arbeiterbewegung Univ. Bochum - Frans Hals-Str. 24, 4630 Bochum 1 - Geb. 27. Febr. 1930 Berlin (Vater: Franz G., Maurer; Mutter: Martha, geb. Schoen) - Handelssch., Begabten-Abit., Stud. Humboldt-Univ. u. FU Berlin (Gesch., Phil., Germ.). Promot. 1952; Habil. 1970 - 1953-59 Lektor u. Redakt., 1960-69 pol. Bildungsarb., 1970-72 Univ. Frankfurt (1971 Prof.), 1972-88 Univ. Göttingen - BV: Gesch. d. dt. Arb.bewegung, 1966 (engl. 1969, neugriech. 1982); Konservative gegen d. Demokratie, 1971; Linksgleich Rechtsradikalismus - e. falsche Gleichung, 1971; Aktuelle Theorien üb. Faschismus u. Konservatismus, 1974; Der Revisionismus - von Bernstein bis zum Prager Frühling, 1977; Deutsche Arbeiterbew. b. 1914, 1985; D. dt. Sonderweg in Europa, 1986; Flüchtlinge u. Parteien in Niedersachsen, 1990. Herausg.: Fritz Sternberg: F. d. Zukunft d. Sozialismus (1981); Lehrst. in Solidarität. Briefe u. Biogr. dt. Sozialisten 1945-49 (1983); Entscheidung f. d. SPD (1984) - 1991 VO. d. Landes Nordrh.-Westf.

GREEFF, Kurt

Dr. med., Prof. f. Pharmakologie u. Toxikol. - Brinckmannstr. 29, 4000 Düsseldorf - Geb. 12. Juni 1920 Wülfrath/Rhld. (Eltern: Willi (Landgerichtsrat) u. Johanna G.), ev., verh. s. 1960 m. Sabine, geb. Thauer - Univ. Halle/S., Innsbruck, München - S. 1953 (Habil.) Lehrtätig. Univ. Frankfurt/M. (1958 apl. Prof.) u. Med. Akad. bzw. Univ. Düsseldorf (1960 Ord. u. em. Dir. Pharmakol. Inst.). Div. Facharb., vorwiegend betreffend d. Pharmak. d. vegetativen Nervensystems u. Herz-Kreislauf.

GREENSTON, Stephen

Solotänzer - Melonenstr. 47, 7000 Stuttgart 75 (T. 0711 - 47 20 75) - Geb. 9. Dez. Alexandria/USA (Vater: Justin G., Kaufm.; Mutter: Hilarie G.), ledig - St. Paul's School; Banff School of Fine Arts; The American Univ. Washington (Bachelor's Degree) - Ballett Washington u. in Kanada; Solotänzer Ballett Württ. Staatstheater Stuttgart. Veröff. u. Musikw. (10 Ballette) - Liebh.: Garten, Windsurfen - Spr.: Engl., Deutsch, Franz.

GREES, Hermann

Dr. phil. (Geograph. Inst.), Prof. f. Kultur- u. Sozialgeogr. Univ. Tübingen (s. 1974) - Falkenweg 74, 7400 Tübingen 1 - Geb. 15. Juni 1925 Ulm - Promot. 1961; Habil. 1974 - BV: Ländl. Unterschichten u. ländl. Siedlung in Ostschwaben, 1975. Herausg. u. Einzelarb. bes. z. regionalen Geogr. Baden-Württ.

GREFE, Ernst H.

Dr. phil., Prof. f. Didaktik d. Geschichte (Sekundarstufe I) Univ. Frankfurt/M. - Bremthaler Str. Nr. 51, 6201 Wiesbaden-Naurod.

GREFKES, Dirk

Dipl.-Kfm., gf. Gesellschafter Aug. Schwan GmbH & Co. (Zubehör f. Textilmaschinen, Transportbänder, Arbeitsschutz), Viersen, Vors. Wirtschaftsverb. Industrieller Körperschutz, u. Wirtschaftsverb. Industrieleder-Erzeugnisse e.V. - Mevissenstr. 15, 5000 Köln 1 - Geb. 28. Sept. 1941.

GREGOR, Manfred

Journalist, Schriftst. - Jahnstr. 29, 8170 Bad Tölz/Obb. - Geb. 7. März 1929 Tailfingen/Württ., kath., verh. s. 1952 m. Franziska, geb. Staab, S. Frank - Obersch. Bad Tölz; Univ. München (Theaterwiss., Phil., Gesch., Ztg.swiss.) - S. 1954 Außenredakt. Münchener Merkur (1954 Tegernsee, 1957 Miesbach, 1960 Bad Tölz) - BV (bis zu 17 Übers.): D. Brücke, 1958 (verfilmt); D. Urteil, 1960 (verfilmt unt. d. Titel: Stadt ohne Mitleid); D. Straße, 1961 - 1981 BVK - Liebh.: Filmen, Fotogr. - Spr.: Engl.

GREGOR, Ulrich

Film- u. Fernsehkritiker, Herausg. Ztschr. Kinemathek (m. Ehefr.) - Eichkatzweg 34, 1000 Berlin 19 (T. 302 80 10) - Geb. 18. Sept. 1932 Hamburg (Vater: Gerhard G., Organist; Mutter: Agnes, geb. Stavenhagen), verh. s. 1960 m. Erika, geb. Steinhoff, T. Christine u. Milena - Univ. Hamburg, Paris, Berlin (Roman., Publiz.) - S. 1963 Vors. Freunde d. Dt. Kinemathek, 1966 Doz. Dt. Film- u. Fernsehakad. (Filmgesch.), s. 1971 Leit. d. Intern. Forums d. Jung. Films u. (s. 1980) Intern. Filmfestsp. Berlin - BV: Gesch. d. Films, 1962 (m. Enno Patalas); Gesch. d. mod. Films, 1965 (m. dems.); Wie sie filmen, 1966. Herausg.: D. sowjet. Film d. 30er J. (1966; m. Friedrich Hitzer), D. amerik. Film d. 30er J. (1968), Jean Renoir (1970), Geschichte d. Films ab 1960 (1978) - Spr.: Engl., Franz., Ital.

GREGORIG, Romano

Dr. sc. techn., emerit. o. Prof. u. ehem. Direktor Inst. f. Wärmeübertragung Techn. Univ. Berlin (s. 1963) - Königstr. 25, 1000 Berlin 39 (T. 805 12 69) - Geb. 11. April 1908 Triest - 1929 Dipl.-Masch.-Ing. ETH Zürich, 1943 Dipl.-Elektr.-Ing. TH Mailand, Habil. ETH Zürich, Lehrtätigk. Zürich u. Belo Horizonte (Brasil.) - BV: Wärmeaustauscher, 1959, 2. erw. A. 1973 (auch franz. u. span.). Div. Fachaufs. u. Erf. - 1960 Prof. h. c. Brasilian. Bundesuniv. Belo Horizonte.

GREGULL, Georg

Sozialarbeiter, Geschäftsführer Caritasverb. Remscheid, MdL Nordrh.-Westf. - Hohenbirker Str. 49, 5630 Remscheid 1 (T. 02191 - 8 03 79) - Geb. 16. Jan. 1932 Reichenberg/Ostpr., kath., verh. s. 1959 m. Martha, geb. Sickert, 4 Kd. (Andreas, Maria, Bernadette, Elisabeth) - Betonbauer; 1957-59 Sozialarbeiter grad. Köln - Landtagsabgeordneter, CDU-Fraktionsvors. (s. 1977); 1970-80 CDU-Kreisvors. - 1981 Bürgermed. Stadt Remscheid; 1983 BVK - Liebh.: Politik, Sport, Skat, Briefmarken.

GREHN, Josef

Dr. phil., Honorarprof. Univ. Gießen (s. 1968; Angew. Mikroskopie u. Biol. Mikrotechnik) - Johanneshof 15, 6330 Wetzlar (T. 2 35 27) - Geb. 5. Jan. 1908 Schweinfurt, verh. s. 1936 m. Lore, geb. Ullmann, 4 Kd. - Promot. 1931 Würzburg; Habil. 1961 Gießen - 1931 Univ.-sassist.; 1934 Doz. Hochsch. f. Lehrerbild.; 1949 Forschungsleit. Bundesanst.; 1954 Abt.sleit. Leitz (b. 1974).

GREIF, Eduard

Verleger - Kienbergweg 7, CH-4450 Sissach/Schweiz (T. Basel: 0041 - 2 61 73 80) - Geb. 1. Jan. 1935 Basel (Vater: Emil G., Kaufm.; Mutter: Rosa, geb. Keller), protest., verh. s. 1959 m. Theres, geb. Degen, 3 Kd. (Andreas, Stefan, Sandora) - Mittelsch.; kfm. Lehre

Großhandel (Lebensm.) - 1957-79 Inh. Verlag (Anzeigenbl.) u. Druckerei Basel; 1980-86 Verleger Hamburg (Hbg. Morgenpost). AR-Mandat (Präs.) - Liebh.: Numismatik, Segeln - Spr.: Franz., Engl., Ital. - Pionier f. neuzeitl. Anzeigenbl. (Synthese: Tagesztg. u. Anzeigenbl. = Anzeigen-Ztg. m. Vollredakt.).

GREIF, Siegfried

Dr. phil., Dipl.-Psych., Prof. f. Psychologie Univ. Osnabrück - 4500 Osnabrück - Geb. 8. Aug. 1943 Wurzen - Promot. 1972, Habil. 1976 - S. 1968 Wiss. Tätigk. FU Berlin, Univ. Osnabrück - BV: Gruppenintelligenztest, 1972; Diskussionstraining, 1976; Industrielle Psychopathologie (m. M. Frese u. N. Semmer), 1978; Kognitionspsych. d. Depression (m. M. Hautzinger), 1981; Konzepte d. Organisationspsychologie, 1983; Sozialpsych. (m. D. Frey), 1983; Arbeits- u. Org.psychologie. Intern. Handb. (m. H. Holling u. N. Nicholson), 1989; Psychischer Streß am Arbeitsplatz (m. E. Bamberg u. N. Semmer), 1991.

GREIFENSTEIN, Karl

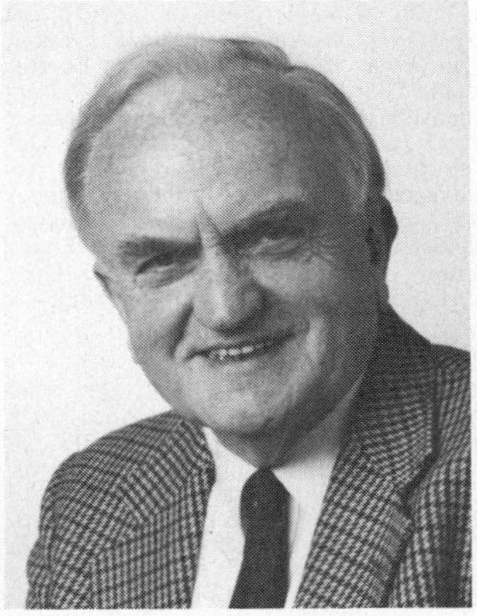

Dr. phil., Verbandsdirektor i. R. Volkshochschulverb. Rheinl.-Pfalz - Hermann-Berndes-Str. 10, 6507 Ingelheim (T. 06132 - 4 02 52) - Geb. 31. März 1919 Mannheim (Vater: Martin G., Kapitän; Mutter: Johanna, geb. Ingenkamp), ev., verh. s. 1957 m. Hedi, geb. Duven - Univ. Heidelberg (Promot. 1950) - 1946-89 Ref., Seminarleit. - BV: Insel-Gesänge, Ged. 1969; Geborgte Augenblicke, Ged. 1975; Jahres-Rufe, Epigramme 1983, 2. A. 1991; Wir fahren vorüber, Ged. 1984; Aber wohin?, Kurzgesch. 1985; Spanischer Fächer, Ged. 1988; Kelter d. Zeit, Ged. 1992; Was nun?, Kurzgesch. 1992 - 1973 u. 77 Ehrennadel u. Ehrenz. Freundschaftskr. Rheinl.-Pfalz/Burgund; 1980 BVK a. Bde.; 1982 Verdienstukunde Kunstuniv. Salsomaggiore; 1982 u. 1987 Ehrengaben (Plak.) Burg Greifenstein; 1986 Silberne Peter-Coryllis-Nadel; 1987 A.G.Bartels-Gedächtnis-Ehrung; 1989 Lit.preis d. Heimatfreunde am Mittelrhein - Liebh.: Farblichtbilder-Vorträge - Spr.: Franz.

GREIFF, Christoph

Berufsschulpädagoge, MdL Hessen (s. 1976) - Benzstr. 5, 6840 Lampertheim - Geb. 4. Juli 1947 Eickelborn, verh. - Stud. Sozialwiss., Theol., Religionspäd. Univ. Mainz, Frankfurt, Düsseldorf - 1970-76 Lehrtätigk. Berufssch. Lampertheim. CDU s. 1971.

GREIFF, Nikola

Kauffrau, MdA Berlin (s. 1975) - Westendallee 98a, 1000 Berlin 19 - Geb. 6. Dez. 1926 Berlin - CDU.

GREIFFENBERGER, Heinz

Gf. Gesellschafter J.N. Eberle & Cie. GmbH, Augsburg (s. 1981), ABM Adam Baumüller GmbH, Marktredwitz (s. 1983) - Dstl.: Eberlestr. 28, 8900 Augsburg, priv.: Dr.-Pollmann-Str. 13, 8656 Thurnau (T. 09228 - 18 78) - Geb. 28. Nov. 1937 Königsberg, ev., verh. s. 1963 m. Gerlinde, geb. Böhm, 2 Kd. (Stefan, Claus) - 1963-69 Alleingf. u. Gesellsch. TRANSONIC Elektr. Handelsges. mbH., Hamburg; 1970 Rosenthal AG Generalbevollm.; 1971-80 Vorst.-Sprecher Rosenthal Technik AG; Mitgl. Kurat. betriebsw. Forschungszentr. Univ. Bayreuth; Vors. d. Industrieaussch. d. IHK Augsburg-Vollversamml; Vorst.-Mitgl. VBM Verein d. Bay. Metallind., Bezirk Schwaben - Spr.: Engl. - Rotarier.

GREILING, Helmut

Dr. med., Dr. rer. nat., o. Prof. f. Klin. Chemie - In der Heide 11, 5100 Aachen - Geb. 11. April 1928 Chemnitz - Promot. 1955 u. 61 - S. 1969 (Habil.) Lehrtätigk. TH Aachen/Med. Fak. (1972 Prof., 1978 Ord./Vorst. Abt. Klin. Chemie u. Pathobiochemie, Klin.-Chem. Zentrallabor.). BV: Üb. 250 Buchbeitr. u. Fachaufs. S. 1980 Präs. Dt. Ges. f. Klin. Chemie.

GREILING, Lothar

Dr. rer. nat. (habil.), Wiss. Rat u. Prof., apl. Prof. f. Geologie u. Paläontol. Univ. Heidelberg - Schützenhausstr. 41, 6903 Neckargemünd.

GREIM, Helmut

Dr. med., Prof., Leiter Institut f. Toxikologie/Ges. f. Strahlen- u. Umweltforsch. mbH. (s. 1975) - Ingolstädter Landstr. 1, 8042 Neuherberg/Obb. - Geb. 9. Mai 1935 Berlin - Promot. 1965; Habil. 1970 - S. 1975 apl. Prof. Univ. Tübingen u. TU München (1976; Pharmak. u. Toxikol.). 1970-73 Mount Sinai School of Medicine New York. S. 1987 Direktor Inst. f. Toxikologie u. Umwelthygiene TU München. 1991-93 Vors. d. Dt. Ges. f. Pharmakologie u. Toxikologie. Üb. 100 Facharb. - 1974 Heinz-Kalk-Preis.

GREIN, Armin

Landrat Main-Spessart-Kr. (s. 1984) - Landratsamt Karlstadt/Ufr. - priv.: Jägerstr. 1, 8772 Marktheidenfeld/Ufr. - Geb. 21. April 1939 Aschaffenburg (Vater: Albert G.; Mutter: Anna, geb. Schnellbach), kath., verh. s. 1966 m. Martha, geb. Dannhäuser, 3 Kd. (Gunter, Gesine, Eva) - Gymn. Miltenberg; Lehrerausbild. Ex. 1961 - Lehrer u. I. Bürgerm. (b. 1984) Marktheidenfeld. FW (1978ff. Vors. Bay.).

GREINACHER, Ekkehard

Dr. rer. nat., Beratung Reststoffe u. Abfall, Hannover - Geb. 8. Okt. 1927 Freiburg/Br. (Vater: Prof. Dr. Anton G. †; Mutter: Hanni, geb. Fischer), kath., verh. m. Liselotte, geb. Wehner - Stud. Chemie - 1968-82 Vorst. Th. Goldschmidt, AG, Essen; Vorst.-Mitgl. Preussag AG, Hannover (Untern.ber. Metall; 1982-86). Lehrbeauftr. Inst. f. Anorg. Chemie Univ. Hannover - Rotarier - Bruder: Norbert G.

GREINACHER, Norbert

Dr. theol., o. Prof. f. Prakt. Theologie - Ahornweg 4, 7400 Tübingen (T. 6 30 91) - Geb. 26. April 1931 Freiburg/Br., kath., led. - Univ. Freiburg u. Paris (Theol.). Promot. 1956 Freiburg; Habil. 1966 Wien - 1956-58 Kaplan Baden-Baden, 1958-63 Leit. Pastoralsoziol. Inst. Essen, 1963-64 Pfarrer Badenweiler, 1964-66 Assist. Wien, 1966-69 Doz. PH Reutlingen u. Univ. Münster (1967), s. 1969 Wiss. Rat u. Prof. u. Ord. (1971) Univ. Tübingen. SPD - BV: Soziol. d. Pfarrei, 1955; Familiengruppen, 1957; D. Frohbotschaft Christi im Reiche d. Arbeit, 1959; Priestergemeinsch., 1960; D. dt. Priesterfrage, 1961; Zugehörigkeit z. Kirche, 1964; Regionalplanung in d. Kirche, 1965; D. Kirche in d. städt. Ges., 1966; Bilanz d. dt. Katholizismus, 1966; D. Funktion d. Theol. in Kirche u. Ges. 1969; Crkne strukture prd sutrasnijicom, Zagreb 1970; Die Gemeinde, Mainz 1970; Ehe in d. Diskussion, Freiburg 1970; In Sachen Synode, Düsseldorf 1970; 2000 Briefe a. d. Synode, Mainz 1971; Angst in d. Kirche verstehen u. überwinden, Mainz 1972; Christl. Rechtfertig. - gesellschaftl. Gerechtigkeit, Zürich 1973; Prakt. Theologie heute, München 1974; Einf. in d. Prakt. Theologie, München 1976; Gelassene Leidenschaft, Zürich 1977; Freie Kirche in fr. Gesellsch., Zürich 1977; Vor einem neuen polit. Katholizismus?, Frankfurt 1978; Gemeindepraxis, 1979; Kirche d. Armen, 1980; D. Fall Küng, 1980; Freiheitsrechte f. Christen?, 1980; Christsein a. Beruf, 1981; Leidenschaft f. d. Welt, 1981; Im Angesicht meiner Feinde - Mahl d. Friedens, 1982; Frauen in d. Männerkirche, 1982; El Salvador - Massaker im Namen d. Freiheit, 1982; D. Konflikt um d. Theol. d. Befreiung, 1985; Kath. Kirche - wohin?, 1986 (m. H. Küng, Hrsg.); Umkehr u. Neubeginn, 1986; Menschlich leben, 1986; D. Schrei nach Gerechtigkeit, 1986; Leidenschaft f. d. Armen, 1990. Herausg.: Herausforderung im Hinterhof (1986). Mithrsg.: Concilium; Diakonia; Theol. Quartalschrift; Journal of Empirical Theology; Neue Gesellschaft - Frankfurter Hefte - Liebh.: Skifahren - Spr.: Engl., Franz. - Eltern s. Ekkehard G. (Bruder).

GREINER, Albert J.

Dr. h. c., Geschäftsf. Gesellschafter Albert Greiner GmbH - Mauerkircherstr. 7, 8000 München 80 - Geb. 4. Juli 1933 Odessa - Gf. Gesellsch. Granimar Verona S.r.L., Pescantina/Italien; VR-Mitgl. A. W. Faber-Castell, Stein b. Nürnberg - Lehrbeauftr. U.F.U. München.

GREINER, Harry M.

Senator, Dr.-Ing., Prof., Direktor - Hugo-Eberhardt-Weg 1, 6050 Offenbach/M. - Geb. 23. Jan. 1926 Mellenbach, verh. m. Waltraud, geb. Keßler - AR-Vors. Ex-Cell-O Holding AG.

GREINER, Josef

I. Bürgermeister - Rathaus, 8437 Freystadt/Opf. - Geb. 16. Jan. 1925 Freystadt - Zul. Verwaltungsbeamter. CSU.

GREINER, Norbert

Dr. phil., Prof. f. Übersetzungswiss. (Anglistik/Amerikanistik) Univ. Heidelberg - Paul Lincke Weg 6, 6906 Leimen-St. Ilgen (T. 06224 - 5 08 00) - Geb. 16. Nov. 1948 Empelde/Hannover, kath., verh. s. 1971 m. Christine, geb. Kunz, 3 T. (Hannah, Ellen, Anthea) - TU Hannover, Univ. Trier; Magister 1972, Promot. 1975, Habil. 1982 Trier - 1982/83 Priv.-Doz. Trier; 1983 Prof. Univ. Heidelberg; 1989-91 Dekan d. Neuphilol. Fak. - BV: Idealism u. Realism im Frühwerk G. B. Shaws, 1977; Einf. ins Drama, 1980; Studien z. Much Ado About Nothing, 1983; William Shakespeare. Much Ado About Nothing - Viel Lärm um nichts. Engl.-dt. Studienausg., 1989.

GREINER, Peter

Schriftsteller - Zu erreichen üb.: Suhrkamp-Verlag, Lindenstr. 29-35, 6000 Frankfurt/M. - BV: Orfeus, Biogr. 1977. Volksst.: Kiez (1974), Roll over Beethoven (1977), Türk. Halbmond (1977), Fast e. Prolet (1978) - 1981 Mülheimer Dramatikerpreis.

GREINER, Peter Georg

Dr. phil., Prof. f. Sinologie Univ. Freiburg/Br. - Steingasse 32, 7801 Schallstadt-Wolfenweiler (T. 07664 - 64 39) - Geb. 17. Juli 1940 Münster (Vater: Johannes G., Postbetriebsinsp.; Mutter: Ella Marie Louise, geb. Sprenger), ev., verh. s. 1968 m. Helgard, geb. Egner - Univ. Bochum, Promot. 1970; Habil. 1979 Univ. Freiburg - 1970-73 Wiss. Angest. Univ. Bochum; 1974-80 Lektor f. Chines. Univ. Freiburg, 1979-80 Privatdoz. f. Sinol., 1980 Prof. ebd. - BV: D. Brokatuniform-Brigade d. Ming-Zeit, 1975; Thronbesteig. u. Thronfolge im China d. Ming, 1977; D. Polizei- u. Justizbehörden d. Ming (im Druck, ersch. 1983). Herausg. d. Reihe: Freiburger Fernöstl. Forsch. (ersch. s. 1982) - Liebh.: Rechtsgesch., Verw.gesch., Gesch. d. Schiffahrt u. d. Schiffsbaus - Spr.: Chines., Japan., Engl., Franz., Russ.

GREINER, Ulrich

Journalist, Ressortleiter Feuilleton D. ZEIT - Husumer Str. 9, 2000 Hamburg 20 (T. 040 - 328 02 60) - Geb. 19. Sept. 1945 Offenbach (Vater: Harald G., Arch.; Mutter: Helene, geb. Degen) - Staatsex. German., Phil. u. Politik 1970 - 1970-80 Feuill. F.A.Z.; s. 1980 Feuill. D. ZEIT; s. 1986 Ressortleit. Feuill. DIE ZEIT - BV: Üb. Wolfgang Koeppen (Hrsg.), 1976; D. Tod d. Nachsommers. Aufs., Krit., Porträts z. österr. Gegenwartslit., 1979; D. Stand d. Dinge. Kulturkrit. Glossen u. Essays, 1987.

GREINER, Walter

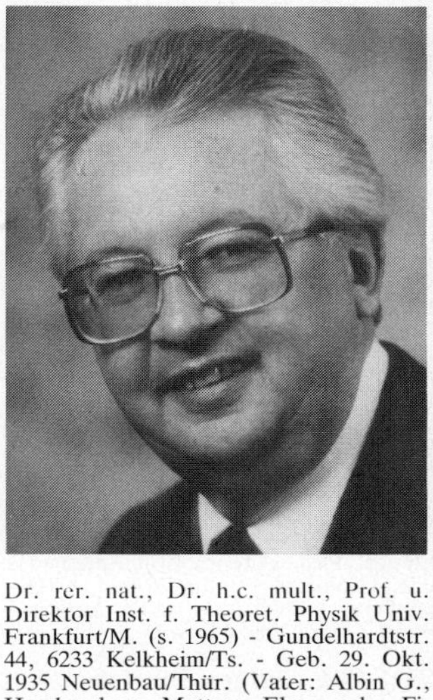

Dr. rer. nat., Dr. h.c. mult., Prof. u. Direktor Inst. f. Theoret. Physik Univ. Frankfurt/M. (s. 1965) - Gundelhardtstr. 44, 6233 Kelkheim/Ts. - Geb. 29. Okt. 1935 Neuenbau/Thür. (Vater: Albin G., Handwerker; Mutter: Elsa, geb. Fischer), ev., verh. s. 1960 m. Bärbel, geb. Chun, 2 Söhne (Martin, Carsten) - Externes Abitur 1956; Dipl.-Phys. 1960 Darmstadt; Promot. 1961 Freiburg/Br. - 1962-64 Assistant Prof. Univ. of Maryland, s. 1965 o. Prof. Univ. Frankfurt/M., Gastprof. National Bureau of Standards, Washington (1965), Univ. Melbourne (1966), Univ. of Virginia (1967/68), Univ. Berkeley (1972, 1974), Yale Univ. (1973, 1975, 1980), Adjunct Prof. Vanderbilt Univ.-Oak Ridge Nat. Lab. (s. 1978). S. 1976 ständ. wiss. Berater Ges. f. Schwerionenforschung (GSI) Darmstadt; 1973 Mitgl. Sachverständ.kr. Naturwiss. Grundlagenforsch. im BMFT; s. 1985 Honary Editor Journal of Physics G. Spez. Arbeitsgeb.: Theoret. Kernphysik, Feldtheorie, Theoret. Schwerionenphysik. BV mit J. Eisenberg: Nuclear Theory (Vol. 1: Nuclear Models, Vol. 2: Excitation Mechanism of Nuclei, Vol. 3: Microscopic Theory of the Nucleus, 1972, übers. ins Russ. (Publ. Atomizdat, 1975); Vorlesungen über Theoret. Physik Bd. 1-10 (s. 1972 b. z. 5 A.); Dynamics of Heavy-Ion Collisions (m. N. Cindro u. R. A. Ricci), 1981; Quantum Electrodynamics of Strong Fields (m. B. Müller u. J. Rafelski), 1985 - 1974 Max-Born-Preis (Inst. of Physics/London), 1982 Otto-Hahn-Preis, Frankfurt; 1982 Gold. Buch Stadt Frankfurt/M.; 1982 Ehrendoktor Univ. Johannesburg; 1987 Fellow of the Royal Soc. of Arts (FRSA) London; 1991 Ehrendoktor Univ. Tel Aviv u. d. Univ. L. Pasteur Strasbourg, 1992 d. Univ. Bucharest - Spr.: Engl.

GREINER, Wilhelm

Chefredakteur Schwarzwälder Boten, Oberndorf - Lochenweg 14, 7238 Oberndorf/N. (T. 07423 - 43 43) - Geb. 8. Aug. 1927 Heidenheim-Schnaitheim, verh., 2 T. (Doris, Susanne) - Theodor-Wolff-Preis - Spr.: Engl.

GREINERT, Karl

Dipl.-Kfm., Geschäftsführer Filzfabrik

Fulda GmbH. & Co. - Frankfurter Str. 62, 6400 Fulda - Geb. 21. April 1928.

GREISLER, Peter

Generaldirektor, Vorstandsvors. Debeka Krankenversicherungsverein aG, Lebensversich.verein aG, Allg. Versich. AG, stv. AR-Vors. d. Debeka Bausparkasse AG, alle Koblenz; Vorst.-Vors. Verb. d. priv. Krankenversich., Köln - Poststr. 8, 5401 Münstermaifeld-Küttig - Geb. 16. Okt. 1936 Bendorf/Rh. (Eltern: Peter (Versicherungsangest.) u. Maria G.), kath., verh. s. 1959 m. Christine, geb. Schiwy, 2 Kd. (Peter, Beate) - Schule; Lehre - Versicherungskfm. - 1989 BVK am Bde. - Liebh.: Lesen, Tennis.

GREISNER, Walter

Dr. jur., Rechtsanwalt, Vorstand D. Stempel AG., Franfurt/M. - Burgenblick 3, 6240 Königstein 2 (T. 06174 - 32 11) - Geb. 23. Aug. 1928 Essen - Spr.: Engl. - Rotarier.

GREISS, Franz

Dr. rer. pol. h.c., Direktor i. R. - Werthmannstr. 5, 5000 Köln 41 (T. 0221 - 43 44 68) - Geb. 22. April 1905 Köln (Vater: Wilhelm G., Schneiderm.; Mutter: Christine, geb. Pitzler), kath., verh. s. 1933 m. Elisabeth, geb. Mertmann, 3 T. (Marie-Therese, Christa Elisabeth, Barbara) - Handelsrealsch. Köln - 1945-70 Geschäftsf. Glanzstoff Köln GmbH. 1947-58 Präs. IHK Köln; 1949-65 Vors. Bund kathol. Untern. (1974 Ehrenvors.); 1964-67 Präs. Union Rhein. IHK Straßburg - BV: Wirtschaftswachstum u. soz. Entw., 1965; Sozialethik u. Soziallehre in betriebl. Praxis, 1982 - 1955 Ehrensenator Univ. Köln; 1965 Ehrendoktor Univ. Köln; 1965 Komtur m. Stern d. Sylvesterordens; 1969 Gr. BVK; 1970 Gold. Ehrenz. Rep. Österr.; 1970 Ehrenpräs. IHK Köln u. Union Rhein. IHK, Straßburg; 1986 VO. Land Nordrh.-Westf. - Spr.: Engl., Franz.

GREITE, Jürgen-Hinrich

Dr. Dr. med. habil., Prof., Arzt f. Augenheilkunde, Chefarzt d. Augenabt. Städt. Krankenhaus, München-Harlaching (s. 1983) - Fafnerstr. 35, 8000 München 19 - Geb. 29. Juni 1936 Berlin (Vater: Dr. Dr. Walter G.; Mutter: Gertraut, geb. Hofstetter), verh. s. 1968 m. Evelyn, geb. Lang, 2 Kd. (Andreas, Dorothea) - Stud. Univ. Göttingen u. München (med. Staatsex. u. Promot. 1963), Habil. 1975 - 1975-83 Oberarzt Univ.-Augenklinik München. Zahlr. wiss. Veröff. - 1976 Max-Ratschow-Preis - Spr.: Engl., Franz.

GREITE, Willi

Ltd. Ministerialrat a.D., Ehrenpräs. Dt. Turner-Bund, Frankfurt/M. u. a. - 3165 Hänigsen - Geb. 1911 - Zul. Nds. Kultusmin., Hannover - S. Jugend auf sportverbunden.

GREIVE, Artur

Dr. phil., o. Prof. f. Romanische Philologie Univ. Köln - Im Rehefeld 4, 5205 St. Augustin 1 (T. 02241 - 33 15 60) - Geb. 25. April 1936 Aachen (Vater: Bernhard G., Studiendir.; Mutter: Dr. Hildegard, geb. Jansen), kath., verh. s. 1962 m. Erika, 3 Kd. (Jörg, Claudia, Annette) - Gymn.; Univ. Köln, Freiburg, Bonn, 1. Staatsex. Bonn; Promot. 1961; Habil. Bonn 1968. 1970 o. Prof. u. Dir. Romanisch. Sem. Univ. Köln; 1983-85 Dekan Phil. Fak. 1988-92 Senator Univ. Köln - BV: Franz. part, partie, parti. Wort- u. Bedeutungsgesch., 1961; Etymolog. Unters. z. franz. h aspiré, 1970; Neufranz. Satzfragen im Kontext, 1974; Romanica Europaea et Americana, 1980 - Liebh.: Musik, Sport - Spr.: Franz., Ital., Span., Engl.

GRELL, Dieter

Dr. jur. - Colonia-Allee 10-20, 5000 Köln 80 - S. 1972 Vorstandsmitgl. Colonia Versich. AG.

GRELL, Heinz

Dr. jur., Bundesrichter BGH - Herrenstr. 45, 7500 Karlsruhe - Geb. 22. Jan. 1914.

GRELL, Helmut

Bezirksstadtrat a. D., Geschäftsführer Arbeiterwohlfahrt d. Stadt Berlin e. V. (s. 1971) - Dreysestr. 21/22, 1000 Berlin 21 (T. 35 49 81) - Geb. 21. Sept. 1922 Berlin (Vater: Max G., Zuschneider, zul. Vors. Gewerksch. Textil u. Bekleid. Berlin †1951; Mutter: Elsbeth, geb. Hesver), verh. s. 1953 m. Maria-Theresia, geb. Klein-Menzel - Obersch. Berlin (Abit. 1941) - 1950-63 Verw.angest. VAB, Beamter LVA (1953) u. Bundesversich.anstalt f. Angest. (1954; zul. Amtm.), 1965-71 Bezirksstadtrat f. Sozialwesen Tiergarten (alles Berlin). 1955-65 Bezirksverordn. u. -verordnetenvorsteher (1963) Tiergarten. SPD s. 1950.

GRELL, Karl G.

Dr. rer. nat., o. Prof. f. Zoologie (emerit. 1980) - Friedlandstr. 27, 7407 Rottenburg a. N. - Geb. 28. Dez. 1912 Burg/Wupper (Vater: Gottlieb G.; Mutter: geb. Metzmacher), verh. s. 1939 m. Gertrud, geb. Schöttler, 2 Kd. - Obersch. Bad Kreuznach; Univ. Jena u. Bonn; 1938-51 wiss. Assist. Zool. Inst. Bonn; 1951 b. 1957 Assist. u. wiss. Mitgl. Planck-Inst. f. Biol., Tübingen (Abt. M. Hartmann); s. 1957 Ord. u. Inst.dir. Univ. Tübingen. Emerit. 1980 - BV: Protozoologie, 1956, 2. A. 1968 (engl. A. 1973).

GRELLERT, Volker

Dr. jur., Rechtsanwalt - Partner GKR-Unternehmensberatung GmbH, Rossertstr. 15, 6000 Frankfurt/M. (T. 069 - 724 14 14); priv.: Wolfsgangstr. 87, 6000 Frankfurt/M. (T. 069 - 597 02 34) - Geb. 12. Aug. 1935 Gummersbach (Vater: Heinrich G., Dipl.-Volksw.; Mutter: Lucie, geb. Wildfang) - Human. Abit.; Stud. Rechtswiss. Bonn. Staatsex. 1959 u. 1965; Promot. 1963 - Beirat Frankfurter Sparkasse, VdV GFBA, Mdv OBS; gf. Herausg. Ztschr. Wissenschaftsrecht, -verwalt., -förd. - BV: Versch. Bücher u. Aufs. ü. öfftl. Recht u. betriebl. Personalwesen.

GREMMEL, Helmut

Dr. med., o. Prof. u. Direktor Radiolog. Klinik u. Zentrum f. Interdisziplinäre Fächer Univ. Kiel - Arnold-Heller-Str. 9, 2300 Kiel (T. 597/41 00) - Geb. 7. Juli 1920 Moringen/Hann. - Habil. 1960 Düsseldorf - 200 Fachveröff., dar. Bücher u. Handbuchbeitr.

GRENSEMANN, Hermann

Dr. phil., Prof. f. Geschichte d. Medizin Univ. Hamburg/Fachber. Med. (s. 1972; stv. Institutsdir.) - Eschenweg 15, 2359 Henstedt/Ulzburg/SH - Zul. Wiss. Rat u. Prof.

GRENZEBACH, Rudolf

Gf. Gesellschafter Grenzebach Maschinenbau GmbH, Bäumenheim-Hamlar - Albanusstr. 1-5, 8854 Bäumenheim-Hamlar (T. 0906 - 9 82-0) - Geb. 8. Juli 1930 Hamlar (Eltern: Josef u. Amalie G.), kath., verh. s. 1963 m. Maria, geb. Netzer, 3 Töcht. (Karin, Uta, Sonja) - Fernstud. Christiani-Inst. - VR u. AR mehr. Firmen u. Banken. Ca. 25 Eigenpatente - 1981 BVK a. Bde. - Liebh.: Fliegen, Jagen - Spr.: Engl.

GRENZER, Walter

s. König, Josef Walter

GRESCHAT, Hans-Jürgen

Dr. theol., Prof. f. Religionsgeschichte Univ. Marburg (s. 1972) - Sybelstr. 12, 3550 Marburg/L. - Geb. 3. März 1927 Insterburg/Ostpr. - Promot. 1966; Habil 1971 - Zeitw. Lehrtätigk. Univ. Naukka (Nigeria) u. Dunedin (Neuseeland) - BV: Kitawala - Ursprung, Ausbreit. u. Religion d. Watch Tower-Beweg. in Zentralafrika, 1967; Westafrik. Propheten, 1974; Mana u. Tapu - D. Religion d. Maoris auf Neuseeland, 1980; D. Religion d. Buddhisten, 1981. Herausg. u. Einzelarb.

GRESCHAT, Martin

Dr. theol., Prof. f. Kirchengeschichte u. Kirchl. Zeitgeschichte Univ. Gießen (s. 1980) - Magdalenenstr. 3, 4400 Münster/W. - Geb. 29. Sept. 1934, ev. - Promot. (1964) u. Habil. (1969) Münster - 1972-80 Wiss. Rat u. Prof. Univ. Münster - Bücher u. Aufs.

GRESHAKE, Gisbert

Lic. theol., Lic. phil., Dr. theol., Univ.-Prof. f. Dogmatik u. Ökum. Theol. - Peterbergstr. 36, 7800 Freiburg; u. Pfarrgrund 40, A-3282 St. Georgen a. d. Leys 90 - Geb. 10. Okt. 1933 Recklinghausen, kath., ledig - Univ. Münster, Rom (Phil., Theol., Kirchenmusik); Lic. phil. 1957 Rom, Lic. theol. 1961 Rom, Promot. 1969 Münster, Habil. (Dogm. Theol. u. Dogmengesch.) 1972 Tübingen - 1961-69 Seelsorger an versch. Orten d. Diözese Münster; 1969-72 wiss. Assist. Münster u. Tübingen; 1972 apl. Prof. Tübingen; 1974-85 o. Univ.-Prof. Wien; 1985 Univ.-Prof. Freiburg i. Br.; 1978-82 Dekan Kath. theol. Fak. Wien (samt Pro- u. Prädekanatszeit) - BV: Historie wird Gesch., 1963; Auferstehung d. Toten, 1969; Gnade als konkrete Freiheit, 1972; Naherwartung - Auferstehung - Unsterblichkeit (m. G. Lohfink), 1975, 5. A. 1986; Stärker als d. Tod, 1976, 11. A. 1991 (Übers. in ca. 10 Spr.); Geschenkte Freiheit, 1977, 3. A. 1986 (ital. u. korean. Übers.); D. Preis d. Liebe, 1978, 7. A. 1988 (Übers. in ca. 8 Spr.); Priestersein, 1982, 4. A. 1985 (Übers. in ca. 8 Spr.); Gottes Heil - Glück d. Menschen, 1983; Resurrectio mortuorum (m. J. Kremer), 1986; Erlöst in e. unerlösten Welt?, 1987; Tod - u. dann?, 1988; Die Wüste bestehen, 1979, 4. A. 1990. Herausg.: Zur Frage d. Bischofsernennungen in d. röm.-kath. Kirche (1991) - Liebh.: Musizieren u. Wüstenaufenthalte - Spr.: Engl., Franz., Ital., Griech., Hebr., Latein.

GRESHAKE, Kurt

Dipl.-Kfm., Vorstandsmitglied Klöckner & Co AG, Duisburg - Florastr. 6, 4020 Mettmann-Metzkausen - Geb. 26. Nov. 1935 Münster, verh., 1 Kd. - Bankkaufm.; Stud. Betriebsw. Univ. Münster u. München; Dipl. 1962 - Beiratsmitgl. Allg. Kreditversich. AG Mainz, Dt.-Südamerik. Bank AG Hamburg, Deutsche Bank AG, Region Essen; Vorst.-Mitgl. KCB Beteiligungs-AG, Duisburg u. GEFIU Ges. f. Finanzwirtsch. in d. Unternehmensführung e.V., Frankfurt; AR-Vors. Klöckner & Co. Financial Services B.V., Den Haag.

GRESKY, Wolfgang

Dr. phil., Oberstudienrat i. R., Schriftsteller - Am Weißen Stein 11, 3400 Göttingen (T. 4 24 35) - Geb. 7. Okt. 1907 Sondershausen/Thür. (Vater: Hermann G., Prof.; Mutter: Elli, geb. Trautmann), ev., verh. s. 1935 m. Hilde, geb. Mohr, 4 Kd. (Dieter, Barbara, Ulrich, Reinhard) - Gymn. Sondershausen; Stud. d. German., Gesch., Religion Univ. Heidelberg, Wien, Marburg, Jena; Promot. 1931; 1. u. 2. Staatsex. 1932 u. 34 - 1934-71 Höh. Schuldst. (Hermann Lietz-Sch. Haubinda; Marienau, Wunstorf, Max-Planck-Gymn. Göttingen) (unterbr. d. Krieg u. Gefang.sch. 1939-49); 1970-83 Vors. Arbeitsgem. südnieders. Heimatfreunde; Mitgl. Gauß-, Lichtenberg-, W.-Busch- u. Grimm-Ges. - BV u. a.: D. Thüringische Archidiakonat Jechaburg, 1932; Z. Gesch. d. Glockentales b. Steffisburg, Bd. 1-3 1965-67; D. Göttinger Aufruhr v. 1831, 1968; Harzreise d. Grafen Stolberg, 1969; Heinrich v. Kleist u. d. Harz, 1970; Wilhelm-Busch-Stätten aus Südnieders., 1972; D. Volksversammlung auf d. Plesse 1848, 1973; Männer d. Freiheitsbewegung in Südnieders., 1974; Johann Wolf in Göttingen, 1976; Johann Wolf, d. Vater d. Eichsfeldischen Geschichtsschr., 1977; Carl Friedrich Gauß u. d. Brocken, 1977; Einige Göttinger Haller-Notizen, Z. 200. Todestage A. v. Hallers, 1977; Zwei Briefe d. Berner Prof. J. G. Tralles an G. Chr. Lichtenberg, 1978; Beckhaus Thun, Schweizer Dok. zu norddt. Quellenfunden, 1978; Jena in alten Ansichtskarten, 1979; Dok. z. Schicksal d. Göttinger Sieben, 1980; D. Reichsgraf J. L. v. Wallmoden-Gimborn u. s. Schlößchen im Georgengarten, 1982; E. Göttingen-Schilder. v. 1799, e. Brief d. Schweizer Studenten Gottlieb v. Greyerz, 1982; D. Stadt Sulzbach ehrt Otto Volger, d. Revolutionär v. d. Plesse, 1983; Bilder d. Osteroder Freiheitskämpfers Dr. König in d. Hambacher Ausst. v. 1982, 1983; E. Göttinger Dichterkrönung v. 1738, S. H. Zäunemann (1714-1740), 1984; D. Stammb. d. Gothaer Stadtkantors Schade (Beitr. z. Musikgesch.), 1985; D. Göttinger Schillerbild (E. Kuithan), 1986; A. v. Hallers Familie in Kirchenbüchern, Gelegenheitsged. u. Briefe, 1987; Johanna u. Adele Schopenhauer, 2 Stammbuchblätter (1829), 1987; Plessebeleuchtung z. Univ.jubiläum, 1987; E. Wanderung z. Napf (Schweiz 1852), 1987; D. Burg Plesse u. d. Göttinger Univ., 1988; D. Fahrten d. Göttinger Geschichtsvereins in d. DDR 1974-87, 1988; D. Gauß-Stein v. Salzgitter-Lichtenberg, 1989; Harzreise Göttinger Studenten aus d. Schweiz, 1989. Mitarb.: Romanführer Bd. 11-16 (1960-77), Handb. d. Histor. Stätten Bd. 9 Thür. (1968), Gymn. Thür. (1972), Tümmler-Festschr. (1977 u. 1981); E. Stadt verändert ihr Gesicht (Lit.gesch. Kapitel, 1987). 1969-81 Redakt. Thür., Landeskdl. Bl. - 1977 Verdienstkr. a. Bde. d. nieders. Verdienstord.; 1981 Ehrenmitgl. Göttinger Geschichtsverein; 1983 Ehrenvors. Arbeitsgem. südnieders. Heimatfreunde; 1987 Gold. Ehrennadel d. Bundeslandsmannschaft Thür. - Spr.: Engl., Franz. - Lit.: Verz. d. Veröff. z. 75. Geb. d. Göttinger Geschichtsverein (1982).

GRESMANN, Hans

Journalist - Geiselgasteigstr. 28, 8000 München 90 - Geb. 25. April 1928 Hamburg - 1957-70 polit. Redakt. d. Wochenztg. D. Zeit; 1981-85 Chefredakt. Fernsehen b. Südwestfunk; 1986-90 USA-Korresp. d. SWF-Hörfunks u. d. Deutschlandfunks m. Sitz in Washington.

GRESSER, Albert

Dr. med. (habil.), Prof., Chefarzt (Chirurg) - Krankenhaus d. Barmherz. Brüder, 8400 Regensburg - B. 1976 Privatdoz., dann apl. Prof. TU München (Chir.). Lehrbeauftr. Univ. Regensburg.

GRESSNER, Axel

Dr. med., Prof., Arzt f. Labormed., Klin. Chemiker (DGKC), Lehrstuhlinh. u. Leit. Abt. f. Klin. Chemie u. Zentrallabor Univ. Marburg - Zu erreichen üb. Abt. Klin. Chemie, Univ. Marburg, Baldinger Str. 1, 3550 Marburg - Med.-Stud. Univ. Freiburg u. Marburg; Ausb. Biochemie Univ. Heidelberg, Univ. of Chicago, Klin. Chemie u. Labormed. RWTH Aachen; 1984 Lehrst. f. Klin. Chemie Univ. Marburg. Hauptforschungsgeb.: Mol. u. zell. Pathobiochemie, d. Organ (Leber-)fibrosen, Wert. klin. chem. Unters., Analytik v. Bgw-parametern - Herausg. (m. Greiling): Lehrb. d. Klin. Chemie u. Pathobiochemie.

GRETEN, Ernst

Dipl.-Ing., Fabrikant, gf. Gesellsch. Bison-Werke Bähre & Greten GmbH. & Co. KG. - 3257 Springe/Deister - Geb. 20. Dez. 1907 - N. 1945 Firmengründ. U. a. Komplette Span- u. Faserplatten-Anlagen.

GRETEN, Heiner

Dr. med., Prof. f. Innere Medizin, Direktor Med. Kernklinik u. Poliklinik, Univ.Krkhs. Eppendorf - Martinistr. 52, 2000 Hamburg - Geb. 15. Mai 1939 Bremen - Promot. 1963 - S. 1971 (Habil.) Privatdoz. u. apl. Prof. (1974) Univ. Heidelberg (1973 Bereichsleit. Stoffw./Klin. Inst. f. Herzinfarktforsch.). Stipendiat (1967) u. Gastprof. (1972) USA. Zahlr. Facharb. - 1972 Heinrich-Wieland-Preis.

GRETHLEIN, Gerhard

Dr. iur., Senator, Oberkirchenrat i. R.,

Oberstaatsanwalt a. D. - Steinforststr. 36, 8520 Erlangen (T. 09131 - 4 84 52) - Geb. 21. Dez. 1924, ev., verh. s. 1950 m. Irene, geb. Kruczkowski, 2 Söhne (Thomas Johannes, Christian Oskar) - 1. u. 2. jurist. Staatsex. 1949 Erlangen u. 1952 München; Promot. 1954 Erlangen - 1952-67 Staatsanwalt, Amtsgerichtsrat, Erster Staatsanwalt, Oberstaatsanwalt; 1967-86 Oberkirchenrat in München; s. 1987 Mitgl. bayer. Senat - BV: Kommentar z. Jugendgerichtsgesetz, 1959 (s. 4. A. fortgef. v. Brunner, z. Zt. 8. A.). Mithrsg. d. Reihe IUS ECCLESIASTICUM (1968-89) - 1981 Bayer. VO.

GRETZINGER, Axel

Dr. jur., Versicherungsdirektor - Lindemannallee 38, 3000 Hannover - Geb. 13. Nov. 1942 - Assessorex. - Vorst. Meckl. Rechtsschutz-Versich.-AG.

GREUEL, Edmund

Dr. med. vet., Prof. f. Tierhygiene u. Geflügelkrankheiten - An den Eichen 47, 5300 Bonn 1 (Tel. 25 22 64) - B. 1967 Privatdoz., dann apl. Prof. u. Wiss. Rat, s. 1980 Prof. Univ. Bonn (Landw. Fak.).

GREUEL, Hans

Dr. med., Prof. f. Med. Strahlenkunde Univ. Düsseldorf (s. 1971), Leiter Röntgen- u. Strahlenabt. Frauenklinik - Hohegrabenweg 99a, 4005 Meerbusch 1 - Geb. 15. Mai 1922 Wismar/Meckl. (Vater: Bruno G., Stud.Rat; Mutter: Helene), ev. luth., verh. s. 1949 m. Hilde, geb. Stutzinger, S. Dr. med. Hans - Human. Gymn., Univ. Tübingen, Heidelberg, Danzig (Akad.) u. Düsseldorf. Promot. 1948, Habil. 1967 - BV: Stereo Röntgen Bildmessung in Geburtsh. u. Gynäk., 1968. Zahlr. Fachaufs.

GREUÈL, Willkit

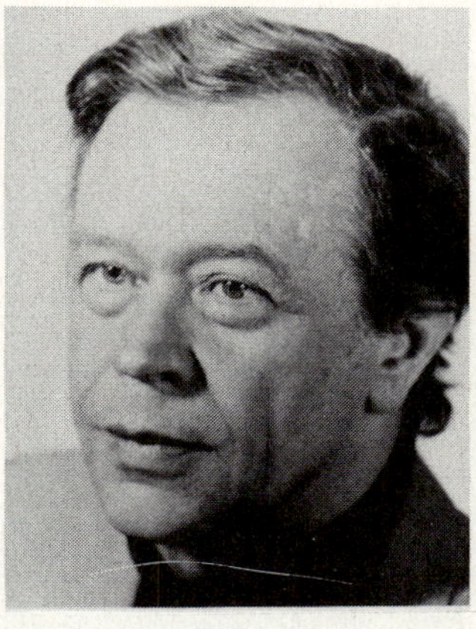

Staatsschauspieler u. Regiss. - Feldmannstr. 46, 6600 Saarbrücken (T. 0681 - 5 59 68) - Geb. 15. März Köln, verh. m. Margot, geb. Sips - Gymn. Köln (Abit. 1937); Stud. Univ. Köln, Paris, Hamburg (Jura, German., Theaterwiss. u. Spr.) - Schausp. u. Regiss. (u.a. Köln, Stendal, Berlin, Hamburg, Dresden, Krefeld, Solingen, Regensburg, Linz/Donau, Saarbrücken, Karlsruhe, Luxemburg); Auslandsgastsp.: Schweiz (Basel), Frankr. (Paris), Luxemburg, Dänemark (Aarhus), Österr. (Wien, Salzburg, Klagenfurt), UdSSR (Tbilissi-Georgien) Georg. Nationaltheater (Rustaweli Theater, Nathan), Mardschanischwili Theater (Besuch d. alten Dame, Lehrer); Funk, Film, Ferns. u. Synchron (Intern. Film Union Remagen, Marcadet-Studio Paris); 1979-81 Schauspieldir. Staatstheater Saarbrücken u. Leit. Int. Saarl. Staatstheater. S. 1975 Lehrauftr. f. Schausp. Staatl. Musikhochsch. Saarbrücken, 1985 Ehrenmitgl. Saarl. Staatstheater, 1986 Staatsschauspieler. Auslandsstudienreisen nach USA, Canada, Russl. (Moskau, Leningrad, Alma Ata, Nowosibirsk, Taschkent, Samarkand, Tbilissi u.a.), alle Staaten Europas - Spr.: Franz., Ital., Lat., Griech.

GREULICH, Helmut

Landesminister, MdL Nieders. (s. 1963; zeitw. stv. Vors. SPD-Fraktion) - Planetenring 12, 3011 Garbsen (T. Seelze 7 14 83; Amt: Hannover 19 01) - Geb. 17. Jan. 1923 Hannover - Volkssch.; Werkzeugmechanikerlehre - Ab Lehre HANOMAG, dazw. 1940-45 Wehrdst. (Marine), 1956-63 Senator, Ober- (1959) u. Bürgerm. (1961) Stadt Hameln, 1963-70 hauptamtl. Vorstandsmitgl. u. Vors. (1966) DGB-Landesbez. Nieders./Bremen, seither nds. Min. f. Wirtschaft u. Öfftl. Arbeiten u. 1975 ff. f. Soz. SPD s. 1946 (Mitgl. Bezirksvorst. u. Landesaussch.).

GREUNER, Albrecht

Dr. jur., Verleger i.R. - Robert-Bosch-Str. 14a, 7000 Stuttgart (T. 07 11 - 2 57 19 01) - Geb. 9. Juni 1925 Leipzig (Vater: Dr. jur. Georg G., RA Bundesgerichtshof †; Mutter: Andrea, geb. Hillig), ev., verh. s. 1957 m. Beatrix, geb. v. Oldershausen, 3 Kd. (Felix, Franziska, Antonie) - Buchhändlerlehre; Stud. Univ. Heidelberg u. Köln; Promot. 1958 ebd. - 1959-63 RA.; 1975-87 Vors. Urheber- u. Verlagsrechtsaussch. Börsenverein Dt. Buchhdl. - Spr.: Engl. - Rotarier, Handelsrichter.

GREUNER, Claus

Verlagskaufmann, Vorstandsmitgl. Bibliographisches Institut & F.A. Brockhaus AG - Dudenstr. 6, 6800 Mannheim - Geb. 22. Nov. 1930.

GREUTER, Werner

Dr., Ltd. Direktor Botan. Garten u. Botan. Museum Berlin-Dahlem, Prof. f. Systemat. Botanik FU ebd. - Königin-Luise-Str. 6-8, 1000 Berlin 33; priv.: Engleralle 24b - Geb. 27. Febr. 1938 Genua/Ital. (Vater: Dr. med. Werner G., Internist; Mutter: Dr. jur. Luise, geb. Briner), 3 Kd. (Veronika, Joh. Jakob, Franziska) - 1956-65 Univ. Zürich - 1965-78 Kustos Conservat. botanique Genf; 1972-74 Wiss. Dir. Naturhist. Mus. Kifisia (Griech.). Div. Publ. (auch Herausg.) - Entd. u. Erstbeschreib. neuer Pflanzenarten, u. a. Griech.

GREVE, Annette

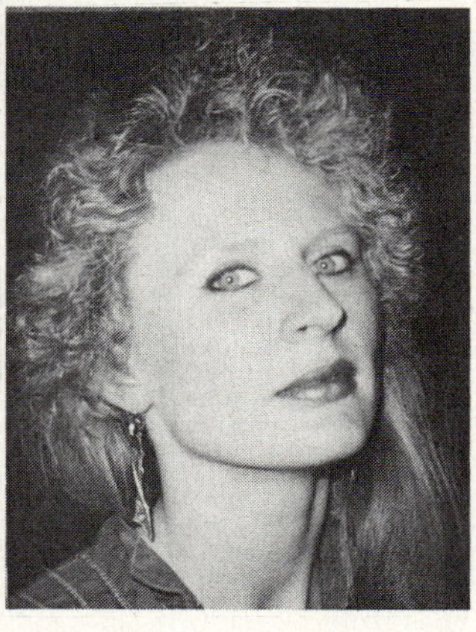

Schauspielerin, stv. Leiterin d. Badischen Kammerschauspiele - Geyer-zu-Lauf-Str. 26, 7830 Emmendingen (T. 07641 - 32 72) - Geb. 8. Mai 1962 Bonn (Vater: Ernst August G., Dipl.-Ing. u. Architekt; Mutter: Albertine, geb. Sievers), led. - Priv. Ballett-, Gesangs- u. Schauspielausb. in Köln u. Nürnberg; Stud. Theaterwiss., Polit. Wiss. u. Lit.wiss. Univ. Erlangen-Nürnberg - Regiss. u. Darstell. in theater aktuell, Boulevardtheater, Klass. Kindertheater, Erot. Theater - Liebh.: Theater in allen Bereichen, Reisen, Gesch. d. Kleidung/Schuhe - Spr.: Engl., Lat.

GREVE, Rolf

Vorsitzender Verband Schleswig-Holsteinischer Haus-, Wohnungs- u. Grundeigentümer, Kiel, Vizepräs. Zentralverband Deutscher Haus-, Wohnungs- u. Grundeigentümer, Düsseldorf - Sophienblatt 3, 2300 Kiel.

GREVE, Werner

Dr. med., Prof., Chefarzt Psychiatr. Abt./Schloßpark-Klinik, Berlin 19 - Riemeisterstr. 16, 1000 Berlin 37 - Geb. 21. Juli 1928 Essen - Promot. 1955 - S. 1969 (Habil.) Privatdoz. u. apl. Prof. FU Berlin (Psych.). Facharb.

GREVEN, Herbert

Dr. med., Prof., ehem. Direktor HNO-Klinik d. Städt. Krankenanst. Krefeld - Gartenstr. 37, 4000 Düsseldorf 30 - Geb. 7. Nov. 1912 Düsseldorf (Vater: Heinrich G., Architekt), kath., verh. s. 1951 m. Brigitte, geb. Deichmann, S. Dr. med. Christoph - Prinz-Georg-Gymn. Düsseldorf; Stud. Freiburg/Br., München, Düsseldorf (Promot. 1938) - 1939-43 Assistenzarzt Hals-Nasen-Ohrenklinik Med. Akad. Düsseldorf, 1943-45 Oberarzt HNOklinik Essen, 1945-54 Oberarzt MA (jetzt Univ.) Düsseldorf (1949 Privatdoz., 1955 apl. Prof.), gegenw. Dir. HNOklinik Städt. Krankenanstalten Krefeld. Zahlr. wiss. Veröff. - Ehrenmitgl. Dt. Ges. f. d. Ästhet. Med. u. ihre Grenzgeb.; korr. Mitgl. Soc. Francaise d'Oto-Rhino Laryngologie (1953).

GREVEN, Joachim

Dr. med., Prof., Pharmakologe u. Toxikologe - Brunssumstr. 20, 5100 Aachen - B. 1978 Privatdoz., dann Prof. TH Aachen/Med. Fak.

GREVEN, Kurt

Dr. med., em. Prof. f. Allg. u. Zellphysiologie - Teplitz-Schönauer-Str. 5, 6000 Frankfurt/M. (T. 63 26 88) - Geb. 15. Dez. 1911 Köln (Vater: Fritz G., Drucker u. Verleger), o. Bekenntnis, verh. s. 1949 m. Margarethe, geb. Kasteleiner, T. Ursula - Gymn. Köln (Kreuzgasse); Univ. Tübingen, Königsberg, Wien, München (Promot. 1937), Habil. 1942 Frankfurt/M. - S. 1942 Privatdoz., apl. (1950) u. o. Prof. (1967) Univ. Frankfurt, 1960 Austauschprof. Univ. Chicago, 1977 emerit. Üb. 50 Fachveröff.

GREVEN, Michael Th.

M.A., Dr. phil. (habil.), Prof. f. Politikwiss. u. Soziologie Univ. Marburg (1978-91), Prof. f. Politikwiss. TH Darmstadt (s. 1991) - Zu erreichen üb. Inst. f. Politikwiss., Residenzschloß, 6100 Darmstadt - Geb. 7. März 1947 Hamburg - Stud. Univ. Bonn, Köln (Politische Wiss., Phil., German.); Promot. 1973 Bonn, Habil. (Politikwiss u. Pol. Soziol.) - 1973-77 wiss. Assist. Soziol. Univ.-GH Paderborn. 1973-77 u. 1979ff. Vorst.- u. Beiratsmitgl. Dt. Vereinigung f. Pol. Wiss; 1980ff. Gründungs- u. Vorst.-Mitgl. Komit. f. Grundrechte u. Demokratie; s. 1983 Mitgl. Bundesstudienreformkommiss. d. KMK - BV: Systemtheorie u. Gesellschaftsanalyse, 1974; Parteien u. politische Herrschaft, 1977; Ess. on History and Policy of Science, 1982; Parteimitglieder, 1987 - Liebh.: Bürgerrechtspolitik, Segeln.

GREVERUS, Ina-Maria

Dr. phil., Prof. f. Kulturanthropologie u. Europ. Ethnol. - Kirchstr. 4, 6335 Lahnau-Atzbach/Hessen - Geb. 16. Aug. 1929 Zwickau/Sa. - Promot. 1956; Habil. 1970 - S. 1971 Prof. Univ. Gießen u. Frankfurt/M. (1974) - BV: Skandinav. Balladen d. Mittelalters, 1963; D. territoriale Mensch, 1972; Tourismus. E. kritisches Bilderb. (Mitautor), 1978; Kultur u. Alltagswelt. E. Einf. in Fragen d. Kulturanthropol., 1978; Auf d. Suche nach Heimat, 1979; D. hessische Dorf, (m. a.) 1982; Heimat Bergen-Enkheim. Lokale Identität am Rande d. Großstadt, (m. a.) 1982; Naif. Alltagsästhetik od. ästhetisierter Alltag, (m. a.) 1984; Ökologie, Provinz, Regionalismus, (m. a.) 1984; Sizilien - d. Menschen, d. Land u. d. Staat (m.a.), 1986; Neues Zeitalter od. Verkehrte Welt. Anthropol. als Kritik, 1990. Spirituelle Wege u. Orte. Unters. z. New Age im urbanen Raum (m. a.), 1990. Herausg.: Denkmalräume-Lebensräume (1976); Versuche, d. Zivilisation zu entkommen (1983). Mithrsg.: Notizen. Schriftreihe d. Inst. f. Kulturanthropologie u. Europ. Ethnol. (1974ff.); Anthropological Journal on European Cultures (1990ff.). Zahlr. Einzelarb. - Lit.: Kultur anthropologisch. E. Festschrift f. Ina-Maria Greverus (m. Schriftenverzeichnis), 1989.

GREWE, Hellmut

Dr. jur., Rechtsanwalt, Versicherungsdirektor i. R. - Blumenau 155, 2000 Hamburg 76 (T. 20 36 20) - Geb. 8. Okt. 1927 - 1972-82 Vorst.-Mitgl. Albingia Lebensversich.-AG, Hamburg; Vorst.-Mitgl. Heerlein-Zindler-Stiftg., Hamburg; Vorst.-Mitgl. u. Geschäftsf. Carl-Christiansen Gedächtnis-Stiftg., Hamburg; Kurat.-Mitgl. Hartwig-Hesse-Stiftg., Hamburg.

GREWE, Wilhelm G.

Dr. jur., Dr. h. c., Prof., Botschafter a.D. - Zul. 5300 Bonn - Geb. 16. Okt. 1911 Hamburg (Vater: Wilhelm G., Kaufm.; Mutter: geb. Schultz), verh. in 2. Ehe (1958) m. Gerty, geb. Winter, 2 Kd. sowie Töchter aus 1. Ehe m. Dr. Marianne, geb. Partsch) - Stud. Rechtswiss. Promot. (1936 Hamburg), 1939 Ass.ex. - 1941 Doz., 1943 ao. Prof. Univ. Berlin, 1945 Univ. Göttingen, 1947 o. Prof. Universität Freiburg (Staats-, Verw.s- u. Völkerrecht), 1955 Ministerialdir. AA Bonn (Leit. Polit. Abt.), 1958 Botschafter USA, 1962 NATO Brüssel, 1971 Tokio; 1974 zugl. Botschafter Mongolische Volksrepublik (s. 1976 i.R.) - BV: E. Besatzungsstatut f. Dtschl., 1948; Dt. Außenpolitik d. Nachkriegszeit, 1960; Spiel d. Kräfte in d. Weltpolitik, 1970; Rückblenden 1976-51, 1979; Epochen d. Völkerrechtsgeschichte, 1984 - Mitgl. Intern. Schiedsgerichtshof Den Haag.

GREWEL, Hans

Dr. theol., Prof. f. Ev. Theologie Univ. Dortmund (s. 1973) - Bittermarkstr. 27, 4600 Dortmund 50 - Geb. 27. Nov. 1940 Düsseldorf - Promot. 1967 Marburg; Habil. 1972 Dortmund - BV: Mosegesch., 1971; Didakt. Grundleg. u. Modelle f. e. zeitgem. Religionsunterr., 1972; Christentum - was ist das? E. Elementarb., 1980; Brennende Fragen christl. Ethik, 1988; Recht auf Leben: drängende Fragen christl. Ethik, 1990.

GREWEN, Johanna

Dr.-Ing., Prof. f. Metallkunde TU Clausthal (apl.) - Bergstr. 31, 5205 St. Augustin/Sieg 1 - Geb. 11. Juli 1927 Innsbruck - Promot. 1954; Habil. 1965 - BV: Texturen metall. Werkstoffe, 1962 (m. G. Wassermann). Zahlr. Fachaufs.

GREWENIG, Leo

Prof., Kunstmaler - Lessingstr. 4, 6140 Bensheim (T. 06251 - 7 31 82 od. 7 39 76) - Geb. 16. Juni 1898 Heusweiler/Saar - 1921-23 Kunstakad. Kassel, 1924-25 am Bauhaus in Weimar, 1928-31 Kunstsch. Berlin-Schöneberg - Werke: Abstrakte Malerei - 1973 Prof.-Titel (Saarland); 1977 BVK.

GREWING, Michael

Dr. rer. nat. (habil.), o. Prof. f. Astronomie u. Institutsdir. Univ. Tübingen - Max-Planck-Str. 30, 7413 Gomaringen - Geb. 5. März 1940 Hamburg, verh. s. 1965 m. Karin, geb. Killinger, 3 Kd. (Andreas, Katrin, Christian) - Stud. Astron., Physik u. Math. 1959-65 Univ. Hamburg. Promot. 1965 Hamburg, Habil. 1969, apl. Prof. 1970-76, Wiss. Rat u. Prof. (1981-82 Dekan Fak. f. Physik Univ. Tübingen). 1965-66 Wiss. Mitarb. Hamburger Sternwarte, 1966-68 Wiss. Assist., b. 1970 Oberassist. Inst. f. Astrophysik u. extraterr. Forsch. Univ. Bonn, 1969-75 Vorstandsmitgl. Astron. Ges. (s. 1984 Vors.), 1972-77 Sprecher d. Sonderforsch.ber. Radioastron., 1972-80 Fachgutachter DFG. Mitgl. zahlr. in- u. ausl. wiss. Beratungsgremien. Üb. 90 Facharb., Tagungsbeitr.; Mitherausg. Astronomy and Astrophysics (s. 1981). Übersetz.: Galaxien v. R. J. Tayler v. Engl. ins Deutsche.

GRIASCH, Claus
Geschäftsführer Dt. Wasserski-Verb. - Biedenkopfer Weg 61, 6000 Frankfurt/M. 94.

GRIBKOWSKY, Hellmut
Dr., Dipl.-Volksw., Vorstand Haake-Beck Brauerei AG, Bremen - Simon-Hermann-Post-Weg 11, 2800 Bremen 33 - Geb. 20. April 1923 - Zuv. Vorst.smitgl. Hemelinger Aktien-Brauerei.

GRIEBEL, Martha
Dr. phil., Prof. f. Systemat. Pädagogik u. Gesch. d. Päd. PH Karlsruhe - Dragonerstr. 9, 7500 Karlsruhe.

GRIEFAHN, Monika
Dipl.-Soziol., Niedersächsische Umweltministerin (s. 1990) - Archivstr. 2, 3000 Hannover 1 - Geb. 3. Okt. 1954, ev., verh. s. 1986 m. Dr. Michael Braungart (Chem. EPEA-Umweltinst.), 2 Kd. (Jonas, Nora Sophie) - Dipl.-Soziol., Stud. Math. u. Franz. - 1979-81 Bildungsref. CVJM, 1980 Aufbau Greenpeace in d. BRD (Geschäftsf.), 1983-90 einzige Frau im intern. Vorst. von Greenpeace (5-köpfig) - BV: Greenpeace; Wir kämpfen f. e. Welt, in d. wir leben können, 1983; Ohne Wasser geht es nicht, 1984 - Liebh.: Musik, Natur, Faulenzen - Spr.: Engl. Franz.

GRIEGER, Günter
Dr. rer. nat., Experimentalphysiker, Mitglied Direktorium u. Wiss. Leitung Max-Planck-Inst. f. Plasmaphysik, Garching b. München - Am Mühlbach 28, 8046 Garching - Geb. 26. Febr. 1931 Berlin, ev., verh. s. 1960 m. Ursula, geb. Dreissig, T. Martina - Promot. 1959 Univ. München - Wiss. Mitglied Max-Planck-Ges. - Spr.: Engl.

GRIEME, Horst Joachim
Dipl.-Kfm., Vorstandsmitglied Allg. Kreditversich. AG, Mainz - Georgsweg 38, 6229 Schlangenbad-Georgenborn (T. 06129-89 67) - Geb. 23. Okt. 1942 Hoya, verh. s. 1966 m. Erika Anna, geb. Nickel, 2 Kd. (Carsten, Celia) - Stud. Betriebsw. Univ. Hamburg - Spr.: Engl., Franz.

GRIEPHAN, Hans-Joachim
Geschäftsführer Bonnservice Werbe & Beratungsdienste GmbH, Herausg. Wirtschaftsinformationsbriefe Informationen aus Politik u. Wirtsch. u. Wehrdst. (Bonnkontakt Verlag GmbH) - Ubierstr. 71, 5300 Bonn 2 (T. 0228 - 35 77 44, Telefax 0228 - 35 64 03) - Geb. 26. Sept. 1937 Malchin/Meckl. - S. 1988 Präs. d. Fritz-Reuter-Ges. Neubrandenburg. Sammelt Fritz-Reuter-Lit. (eig. Archiv).

GRIES, Ekkehard
Jurist, Innenminister a. D. Land Hessen (1976-82), MdB (s. 1987) - Friedrich-Ebert-Anlage 12, 6200 Wiesbaden (T.06121 - 35 35 00) - Geb. 16. Sept. 1936 Eichenberg b. Witzhausen (Vater: Otto G., Mutter: Ella, geb. Biervirth), kath., verh. m. Lieselotte, geb. Hopfe, 2 S. (Markus, Michael) - Abit. Göttingen, Jura-Stud. Göttingen, 1. Staatsex. OLG Celle, 2. Staatsex. OLG Frankfurt 1965. 1965-66 b. Reg.präs. Kassel, 1966-71 Hauptamtl. Stadtrat Oberursel, 1971-75 Abt.leit. (Min.Dirig.) Hess. Min. f. Wirtsch. u. Technik, 1975-76 Staatssekr. ebd., 1976-82 Hess. Minister d. Innern, s. 1982 Rechtsanw. 1986 Mitgl. Kreistag Hochtaunuskr. - Spr.: Engl., Franz., Span.

GRIES, Friedrich-Arnold
Dr. med., o. Prof. u. Lehrstuhlinh. f. Innere Medizin (Diabetologie) Univ. Düsseldorf (s. 1973), Dir. Diabetesforsch. Inst. - Zonser Str. 3, 4040 Neuss/Rh. - Secretary, European Assoc. for the Study of Obesity; Vice-Pres. for Euro-Asia, Intern. Assoc. for the Study of Obesity - 1988 Paul-Langerhans-Med. d. Dt. Diabetesges.

GRIES, Gerhard
Rechtsanwalt, Hauptgeschäftsf. Markenverb. - Schöne Aussicht 59, 6200 Wiesbaden (T. 52 20 71) - Geb. 20. Nov. 1926 - Vorst.smitgl. Ges. zur Erforschung d. Markenwesens, Wiesbaden, div. Fachverb.smitgliedsch. Herausg. Ztschr. Markenartikel.

GRIES, Günter
Dr. med., Prof., Internist - Lamontstr. 1, 8000 München 80 - S. Habil. apl. Prof. f. Inn. Med.

GRIES, Werner
Dr., Ministerialdirektor, Leiter d. Abt. Informations- u. Produktionstechnik, Arbeitsbedingungen, neue Technologien d. Bundesmin. f. Forsch. u. Technol., Bonn - Plittersdorfer Str. 122, 5300 Bonn 2 (T. 0228 - 35 68 86) - Geb. 28. Sept. 1940, kath., verh. s. 1967 m. Margot, geb. Müller, 2 Töcht. (Jasmin Susann, Christin Isabell) - Stud. Physik Mainz u. Heidelberg; Dipl.-Physiker Heidelberg; Stud. Volksw. Mannheim, Promot. 1970 Mannheim - 1971-78 wiss. Assist. CDU/CSU Fraktion Bonn; 1978-83 Abt.leit. Dt. Ges. f. Wiederaufarb. v. Kernbrennstoffen (DWV); s. 1983 Bundesministerium f. Forsch. u. Technol.; b. 1988 Pressesprecher, dann Leit. Leitungsstab u. Unterabt. Lebenswiss.; AR-Vors. Ges. f. Umweltforsch. (GSF) München; AR-Mitgl. Gemeinsame Forsch.stelle d. EG; AR-Vors. GMD Bonn - BV: Ausb., Forsch. u. Wirtsch.wachstum, 1971; Forsch.politik u. Wirtsch. in d. Bundesrep., 1973 - Spr.: Engl., Franz.

GRIESCHE, Detlef
Wiss. Univ.-Mitarbeiter, MdBB - Osnabrücker Str. 25, 2800 Bremen - Geb. 8. Febr. 1942 Salzgitter (Vater: Hans G., Kunstmaler; Mutter: Elisabeth, geb. Hamel), verh. s. 1975 m. Heike, geb. Pundsack, S. Mirco Ole Gordon - 1958-67 Handw.geselle; 1967-72 Stud. German. u. Politik; s. 1972 wiss. Mitarb. Univ. Bremen - 1970-72 Mitgl. Gründungssenat Univ. Bremen; 1977-81 Bundesvorst. Wiss. u. Forsch. ÖTV. SPD (s. 1979 Mitgl. Unterbez.vorst. Bremen-Ost; s. 1982 Mitgl. Brem. Bürgersch.) - BV: D. Bremer Hochschulreform u. d. Presse, 1974; Lage, Bewußtsein u. Int. d. Arbeitn. im unmittelb. öffentl. Dienst, 2 Bde. 1976; Gewerkschaftl. Bildungsarb. u. Interessenvertr. im betriebl. Alltag, (m. and.) 1980 - Spr.: Engl., Franz.

GRIESE, Friedrich-Wilhelm
Dr.-Ing., em. Prof. TU Clausthal (s. 1967), Geschäftsf. Ingenieurbüro f. Anlagentechnik - Bremerstieg 15, 3392 Clausthal-Zellerfeld (T. 16 33) - Geb. 1. Jan. 1914 Oberbrügge/W. (Vater: Friedrich Wilhelm G., Reichsbahnbeamter; Mutter: Maria, geb. Langenbach), verh. in 2. Ehe (1962) m. Ingeborg, geb. Poser, 5 Kd. - TH Hannover (Allg. Maschinenbau; Dipl.-Ing. 1938). Promot. 1943 Aachen - Betriebsleit. Kreiselgeräte GmbH, Berlin; Direktionsassist. DEMAG AG, Duisburg; Leit. Maschinenst. Verein Dt. Eisenhüttenleute, Düsseldorf; Betriebsdir. Röchling'sche Eisen- u. Stahlwerke GmbH, Völklingen. Div. Mitgliedsch. Facharb. - Ehrenring VDI (1953) u. Dt. Verb. f. Schweißtechnik (1954).

GRIESE, Walter
Dr. rer. pol., Dipl.-Kfm., Vorstandsvorsitzer Flachglas AG (1976-81) - Zeißbogen 81, 4300 Essen-Bredeney - Geb. 3. März 1914 (Vater: Wilhelm G., Kaufm.; Mutter: Wilhelmine, geb. Splittmann), verh. m. Liselotte, geb. Hartmann - B. 1982 Vorst.-Mitgl. Dahlbusch Verwaltungs-AG; AR-Mitgl. Flachglas AG, u. Gelsenwasser AG.

GRIESEL, Heinz
Dr. rer. nat., Univ.-Prof. - Zeisigweg 6, 3507 Baunatal 2 - Geb. 4. März 1931 Duisburg (Vater: Paul G., Werkmeister), ev., verh. s. 1970 m. Ursula, geb. Holland-Letz - Gymn.; Univ. Tübingen u. Münster (Math., Physik, Logik, Phil.; Promot. 1957) - 1958-67 Höh. Schuldst. Dortmund, Lüdenscheid, Hagen; s. 1967 Prof. Päd. Hochsch. Hannover (Didaktik d. Math.). 1960-68 Lehrbeauftr. Univ. Münster, s. 1971 Prof. Univ. Gesamthochsch. Kassel (Math., insb. Didaktik d. Math.), 1975-79 Vors. Ges. f. Didaktik d. Math. - BV: Herausg. u. Mitautor d. math. Unterr.werke Math. heute, Welt d. Math., Math. f. Kinder u. Informatik heute; Analysis I, 1968; Analysis II, 1971; D. Neue Math. f. Lehrer u. Studenten, Bd. 1/1971, Bd. 2/1973, Bd. 3/1974. Zahlr. Einzelarb. - Spr.: Engl.

GRIESER, Dietmar
Prof. h.c., Journalist, Schriftst. - Dannebergplatz 20, A-1030 Wien III (Österr.) - Geb. 9. März 1934 Hannover - BV (1973-91): V. Schloß Gripsholm z. River Kwai, Schauplätze österr. Dichtung, Schaupl. d. Weltlit., Piroschka, Sorbas & Co., Irdische Götter, Musen leben länger, Goethe in Hessen, Glückl. Erben, Historische Straßen in Europa, Mit den Brüdern Grimm durch Hessen, In deinem Sinne, Alte Häuser - große Namen, D. kleinen Helden, E. Liebe in Wien, Im Tiergarten d. Weltliteratur, Köpfe - 1987 Eichendorff-Lit.preis, 1991 Donauland-Sachbuchpreis.

GRIESER, Helmut
Dr. phil., Univ.-Prof. f. Mittlere u. Neuere Geschichte - Flehmer Str. 11, 2427 Malente-Gremsmühlen - Geb. 11. Juni 1941 Altenburg/Thür. - Promot. 1969; Habil. 1978 - Univ. Kiel; Vorles.: Gesch. d. Neuzeit u. neuesten Zeit. Div. Bücher u. Aufs.

GRIESHABER, Bruno
Fabrikant, gf. Gesellschafter VEGA Grieshaber GmbH & Co., Erzeugung u. Vertrieb elektron. Füllstandsanzeigen, Schiltach/Schwarzwald, Grieshaber Verwaltungsges. mbH, Wolfach, Grieshaber Grundbesitz GmbH, Grieshaber Holding GmbH - Allgeirhof, 7620 Wolfach-Übelbach (T. 07834 - 2 62) - Geb. 16. Sept. 1919 Triberg (Vater: Bruno G., Fabrikant; Mutter: Amalie, geb. Burger), kath., verh. s. 1965 in 2. Ehe m. Margarete, geb. Wickersheimer, 2 Söhne (Jürgen-Heiko, Frank-Michael) - BVK; Prix de Promotion Intern. de l'Industrie; Wirtschaftsmed. f. herausragende Verdienste um d. Wirtschaft Baden-Württ.

GRIESINGER, Annemarie,
geb. Roemer
Ministerin a.D., Vors. d. Bundesvereinig. Lebenshilfe f. geistig Behinderte e.V., Marburg (1984ff.) - Gartenstr. 29, 7145 Markgröningen (T. 07145 - 52 57) - Geb. 21. April 1924 Markgröningen (Vater: Prof. Dr. Hermann Roemer, Theologe u. Historiker, Mitbegr. d. CDU Ludwigsburg), ev., verh. s. 1953 m. Prof. Dr. phil. Dipl.-Volksw. Heinrich G. (Ausbildungsleiter Robert Bosch GmbH u. Lehrbeauftr. Univ. Stuttgart) - Schule (Abit. 1942), Haushaltungs- u. Soz. Frauensch. - Berufsberat.; ab 1956 Kreisfürs. Ludwigsburg. 1964-72 MdB (1969 stv. Vors. CDU/CSU-Fraktion), s. 1976 MdL Baden-Württ.; 1972-80 Min. f. Arbeit, Gesundh. u. Sozialordn. Baden-Württ.; 1980-84 Min. f. Bundesangelegenh. u. Europabeauftr. d. Landesreg. 1956-59 Vorst.-Mitgl. Jg. Union Nordwürtt. CDU (u. a. Vors. Kreisfrauen-, Mitgl. Landesfrauenvereinig., 1958 3. stv. Landesvors. Nordwürtt.). 1980-90 u. a. Präs.-Mitgl. d. EU Dtschl. u. Landesvors. d. Europa-Union v. Baden-Württ., Präs.-Mitgl. DRK - 1966 Gold. Sportabz. (1967 wiederh.); Gr. BVK; Schirmherrin d. Rheuma-Liga Baden-Württ.

GRIESS-NEGA, Torsten
Kaufmann, Vors. d. Geschäftsltg. Griess-Nega'sche Vermögensverw. GmbH & Co. Beteilig. KG - Frankfurter Str 70, 6350 Bad Nauheim (T. 06032 - 8 09 20) - Geb. 9. Juli 1941 Hamburg (Vater: Paul G.-N., Kaufm.) - Univ. Hamburg, Kiel, Fontainebleau, London (Dipl.-Volksw. 1968, M.B.A. 1971) - 1974 Vorst.-Mitgl. Kurat. d. Dt. Wirtsch. f. d. Europ. Inst. f. Untern.führung, Fontainebleau; 1985 VR Univ. Koblenz; Beir.- u. AR-Mand. - Spr.: Engl., Franz., Span.

GRIESSEIER, Helmut
Dr. phil., Dipl.-Meteorol., Prof. f. Theoret. Meteorologie u. Ozeanographie - Mariendorfer Damm Nr. 102, 1000 Berlin 42 - Geb. 2. Juli 1920 Graz (Österr.), kath., verh. s. 1943 m. Gerda, geb. Pliske - Promot. 1949 Graz; Habil. 1962 Berlin (Humboldt) - S. 1962 Lehrtätigk. Univ. Mainz u. FU Berlin (1968; 1969 Wiss. Rat u. Prof., 1971 Prof.). Üb. 100 Fachaufs. - Liebh.: Archäol., Bergsteigen - Spr.: Engl., Russ.

GRIESSER, Gerd
Dr. med., o. Prof., Präsident Christian-Albrechts-Univ. Kiel (1979-85) - Barstenkamp 51, 2300 Kiel-Rammsee (T. 65 03 10) - Geb. 31. Juli 1918 Stuttgart, verh. s. 1942 m. Gisela, geb. Breuer - Univ. Berlin u. Tübingen. Kreiskrkhs. Illertissen (1945ff.) u. Chirurg. Univ.-Klinik Tübingen (1951ff.), em. o. Prof. f. Mediz. Statistik u. Dokumentation d. Univ. Kiel (1960ff.). Geschäftsf. ITK Informationstechnol. Kiel GmbH, 1968-85 Vors. Schleswig-Holst. Krebsges., Vors. Landesgesundheitsbeirat - Wes. Veröffentl.: Maßgeb. Arbeiten zu medizinischer Informatik, insbes. Informationssyteme. Automatisierung im klin. Laboratorium, 1967. Realization of Data Protection in Health Information Systems, 1980; Data Protection in Health Information Systems-Considerations and Guideliues, 1983; Data Protection in Health Information Systems - Where do we stand?, 1983 - Spr.: Engl.

GRIESSMANN (ß), Heinrich
Dr. med., Prof., Chirurg u. Urologe i. R. - Marienstr. 19, 2350 Neumünster/Holst. (T. 04321 - 4 74 74) - Geb. 17. Sept. 1909 Königs-Wusterhausen b. Berlin (Vater: Dr.-Ing. Dr.-Ing. E. h. Arno G., langj. Vorstandsmitgl. Krupp-Werke, Ehrensenator TH Braunschweig, -mitgl. VDI (1876-1953); Mutter: geb. Seiler), ev., verh. s. 1934 m. Ruth, geb. Möbes †, i. 2. Ehe s. 1978 m. Hildegard, geb. Krey, 3 Kd. - Univ. Marburg, München, Leipzig (Promot. 1933) - 1935 Assist. Univ. Leipzig (Pathol. u. Physiol. Inst.), 1936 Chir. Univ.-Klin. Gießen, 1939 Kiel, Oberarzt, 1942 Doz., 1947 apl. Prof. ebd., 1950 Chefarzt Chir. Abt. Städt. Krkhs. Neumünster. Üb. 150 fachwiss. Veröff. - Liebh.: Jagd - Spr.: Engl. - Rotarier.

GRIFFITHS, Hilary

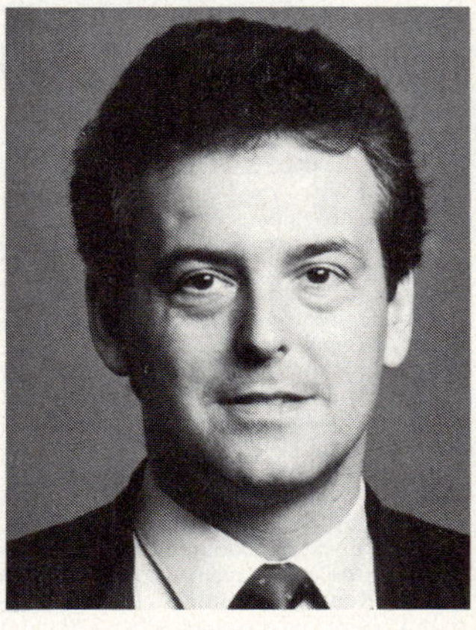

Generalmusikdirektor d. Stadt Regensburg (ab 1993) - Graf-Adolf-Str. 28, 5000 Köln 80 (T. 0221 - 620 18 60) - Geb. 18. März 1949 Leamington Spa, England, anglik., verh. s. 1978 m. Andrea, geb. Andonian, 2 Söhne (Jason Christopher, Ian Alexander) - King's College School, Cambridge, Uppingham School, Trinity College, Oxford (Promot. Math.; Master of Arts with honours 1969); 1971-73

Royal Acad. of Music (Dipl.); 1974-75 London Opera Centre (Dipl.), 1975-76 Conservat. G. Verdi, Mailand (Dipl.) - 1969 Gründer u. Dirig. Oxford & Cambridge Philharmonic Orch., 1970 Gründ. d. London Viennese Orch. u. d. Alessandro Consorts, 1986 Gründ. Kölner Symphoniker. 1976-90 Dirigent u. Kapellm. Oper d. Stadt Köln; 1990-92 Musikdir. Theater Oberhausen - Veröff.: La verità in cimento v. Vivaldi (Hrsg., 1981); Lulu (Ballett), 1990. Uraufführungen v.: D. Gauklermärchen (Konzelmann/Ende), Lulu (Rota/Griffiths). Dirig. Festspiele: San Remo 1976, Barga 1976, Edinburgh 1981, Camden (London) 1983, Schwetzingen, 1986, Abbotsbury 1991, Europ.-Mozart-Festspiel, Prag 1991, Eutin 1991/92, NRW Tage d. neuen Musiktheaters 1992. Gastdir. Dt. Oper am Rhein (1983-89), Opera de Colombia (1986), Antwerpen (1988), Opera North, Engl. (1990), Orquesta Sinfonica de Colombia (Bogotá) (ab 1987), BBC Sinf.-Orch. Wales (1989), Rotterdam Philharmonic (1990), Norwegische Oper, Oslo (1991), Isländische Oper, Reykjavik (1991), Smetana Theater, Prag (1991/92). Send. b. BBC, ITV u. WDR - Liebh.: Tennis, Squash, Katzen, Gesang - Spr.: Engl., Ital., Franz., Span.

GRIGORIEFF, Rolf Dieter

Dr. phil. nat., o. Prof. f. Mathematik - Groener Str. 6, 1000 Berlin 20 - Geb. 7. Okt. 1938 Berlin - Promot. (1967) u. Habil. (1970) Frankfurt/M. - S. 1970 Prof. TH Darmstadt u. TU Berlin (1971), Berufungen an die Univ. Erlangen u. Nijmegen abgelehnt - BV: Numerik gewöhnl. Differentialgleich. I + II, 1972 u. 1977; Hrsg. v. 2 Kongreßber., 1978 u. 1980. Zahlr. Veröff. in wiss. Ztschr.

GRIGOROWITSCH, Lucian

Journalist, Schriftst., Komp., Rundfunkredakteur (i. R.) (Ps. Werner Anrod) - Asbacher Str. 98, 5460 Linz-Rhein (T. 02644 - 22 16) - Geb. 30. Juli 1924 Vatra-Dornei (Rumänien), orth., verh. m. Christiane, geb. Neukirch, 2 Töcht. (Eva-Alexandra, aus 1. Ehe Lucia-Maria) - Stud. Jura, Volkswirtsch. Bukarest; Staatsex. Jura u. Volkswirtsch.; Musikstud. (Kompos. u. Musikwiss.) in Czernowitz u. Wien - Kriegsteiln.; 1948-50 Tätigk. im rumän. Außenhandelsdienst; 1950-58 div. Tätigk. u.a. im polit. Untergrund; 1958-64 polit. Haft (Rumän.); 1970-87 geh. Redakt. Dt. Welle (Köln); Mitarb. u.a. Rhein. Merkur, D. Weltwoche, Frankf. Hefte, Ztschr. f. Politik; Mitgl. DJV, Vereinig. Europ. Journal. (dt. Sektion), Exil-PEN-Club dt.sprach. Autoren; s. 1970 GEMA - BV: Kulturelle Integration im Ostblock, Sachb. 1975; Aus d. Tageb. d. Levy Levitzky, R. 1981; Übers.: Paul Goma, D. rote Messe (aus d. Rumän.), 1984. Zahlr. musikal. Urauff. in Rumänien, Polen, d. DDR u. d. Bundesrep. Dtschl. 3 Symphon. Tänze, Transitions 1-3 (Klavier), 3 modale Variationen f. Violine u. Klavier - 1967 Gold. Med. Kompos.-Wettbewerb - Liebh.: Musik, Lit. - Spr.: Rumän., Franz., Ital. - Lit.: Kreis d. Freunde (Dülmen), Siegburger Pegasus, Kürschners Lit.Kalender, Frank-Altmann: Lex. d. Tonkünstler.

GRIGULL, Ulrich

Dr.-Ing., Dr.-Ing. E.h., Prof. f. Techn. Thermodynamik, Altpräsident TU München - Heinrich-Vogl-Str. 1, 8000 München-Solln (T. 79 65 57) - Geb. 12. März 1912 Gallingen/Ostpr. (Vater: Wilhelm G., Pfarrer; Mutter: Anna, geb. Wormit), ev., verh. s. 1937 m. Lydia, geb. Freiheit, 2 Töcht. (Barbara, Andrea) - Stadtgymn. Königsberg/Pr.; TH Danzig (Maschinenbau; Dipl.-Ing 1936). Promot. 1943 Braunschweig - 1937-42 Forschungsanstalt f. Luftfahrt, Braunschweig; 1942-45 Kriegsmarine; 1945-53 berat. Ing. u. Mitarb. versch. Firmen; 1953-60 Farbenfabriken Bayer AG, Leverkusen; s. 1960 Ord. u. Institutsdir. TU München (1972-75 Rektor; 1975-80 Präs.); Präs. Intern. Assoc. for the Properties of Steam (1977-79 u. 1986-88), Assembly for Intern. Heat Transfer Conf. (1970-74 u. 1982-86), u. Intern. Centre for Heat and Mass Transfer (1986-90) - BV: D. Grundgesetze d. Wärmeübertragung, 3. A. 1963 (m. Gröber u. Erk; russ. 1958, engl. 1961, jap. 1963, span. 1966) Nachdruck 1991; Temperaturausgleich in einfachen Körpern, 1964; Techn. Thermodynamik, 1966, 3. A. 1977 (türk. 1970) Nachdruck 1991; Wärmeleitung, 1979 (m. Sandner; engl. 1984), 2. A. 1990; Properties of Water and Steam, 4. A. 1989 (griech. 1987); Steam Tables in SI-Units (Student's Tables), 1981 (dt.-engl.), 3. A. 1990 (m. J. Straub u. P. Schiebener) - 1974 Max Jakob Award Tokio; 1977 Bayer. VO.; 1978 Carl-Friedrich-Gauss-Med.; 1979 Arnold-Eucken-Med.; 1975 o. Mitgl. Bayer. Akad. d. Wiss.; 1978 Korr. Mitgl. Braunschweig. Wiss. Ges.; 1982 A. V. Luikow-Med.; 1984 Bayerischer Maximiliansorden; 1985 Dechema-Med.; 1988 Honorary Fellow Intern. Assoc. for the Properties of Steam - Spr.: Engl.

GRILL, Harald

Schriftsteller - Nr. 312, 8411 Wald/Oberpf. - Geb. 20. Juli 1951 Hengersberg - BV: u.a. Einfach leben, Ged. 1982; Gute Luft, auch wenn's stinkt, Kinderb. 1983; Findling unterm Herz, bairische Ged. 1988; Wenn d. Krawugerl kommt, bairische Gesch. 1989; Da kräht kein Hahn nach Dir, Kinderb. 1990; D. Schatz auf d. Hochhausinsel, Erz. 1990; Wenn du fort bist, Ged. 1991. Theaterst.: Dem Hans sei Ganshaut - wo d. Liebe hinfällt (1985); Hörsp.: Alice u. Pinocchio (1992) - 1983 Kulturförderpr. Stadt Regensburg; 1988 Würzburger Lit.preis; 1992 Friedrich-Baur-Preis - PEN-CLUB, VS, NGL.

GRILL, Kurt-Dieter

Ing. grad., Bauoberinspektor a. D., MdL Nieders. (s. 1974) - Breese in der Marsch 2, 3138 Dannenberg 3, od. Postf. 1245, 3138 Dannenberg - CDU.

GRILL, Wolf

Dr. jur., Rechtsanwalt, Syndikus Bundesverb. öfftl. bestellter u. vereid. Sachverständiger - Leopoldstr. 19, 8000 München 40.

GRILLMEIER, Alois

Dr. theol., o. Prof. f. Dogmatik u. Dogmengesch. (emerit.) - Offenbacher Landstr. 224, 6000 Frankfurt/M. (T. 6 06 10) - Geb. 1. Jan. 1910 Pechbrunn (Vater: Joseph G., Landw.; Mutter: Maria, geb. Weidner), kath. - 1920-29 Gymn.; 1929-31 Noviziat S. J.; 1931-34 Berchmannskolleg Pullach/Obb. (Phil.); 1934-38 Stud. Theol. Valkenburg (Holl.) u. Frankfurt; 1939-40 Rom. Promot. 1942 Freiburg/Br. - S. 1948 o. Prof. Theol. Fak. S. J. Büren u. Theol. Fak. S. J. Frankfurt/M. - Phil. Theol. Hochsch. St. Georgen (1950) - BV: D. Logos am Kreuz, 1956; Christ in Christian Tradition, 1965, 2. A. 1975 (m. franz. Übers. d. 1. A.) (London & Oxford); dt. Neubearb.: Jesus d. Christus im Glauben d. Kirche Bd. I (Freiburg 1979; zugl. ital. Übers., Brescia 1981), 3. A. 1990; Bd. II/1, 1986 (engl. Übers. 1987, franz. Übers. 1990); Bd. II/2, 1989; Bd. II/4, 1990; Wandernde Kirche u. werdende Welt, 1968; Ermeneutica moderna e cristologia antica, 1973; Mit ihm und in ihm. Christol. Forsch. u. Perspekt., 1975, 2. A. 1978. Herausg.: D. Konzil v. Chalkedon (3 Bde. 1951/54; 5. A. 1979, m. H. Bacht) - 1977 Dr. theol. h. c. Kath. Theol. Fachber. Univ. Mainz; 1990 Dr. theol. h. c. Kath.-Theol. Fak. Univ. Bamberg - Spr.: Engl., Franz., Ital.

GRILLO, Gabriela Dagmar

Freie Journalistin, Dressurreiterin u. Olympiateilnehmerin - Großenbaumer Str. 250, 4330 Mülheim (T. 0208 - 48 66 37) - Geb. 19. Aug. 1952 Duisburg (Vater: Herbert G., Kaufm.; Mutter: Marita, geb. Withofer), ev., ledig - Abit. Gymn. Duisburg; Stud. Musikwiss., German. u. Theaterwiss. Univ. Köln - 1979-83 Jugendwart Reit- u. Fahrverein am Uhlenhorst, Mülheim; s. 1980 ständ. Mitarb. Fachztschr.: Reiten u. Fahren; ab 1981 Vorst. Fachgr. Dressur im Dt. Reiter- u. Fahrerverb. (DRFV), s. 1985 Mitgl. im DOKR (Dt. Olympiade-Komitee f. Reiterei), s. 1985 fr. Mitarb. f. L'Année Hippique, s. 1988 Präs. Intern. Dressage Riders Club, Mitgl. im Dressage World Cup Committee - BV: 60 Worte Reiterdeutsch, 1979 - 1971 Gold. Dt. Reiter-Abz. Kl. I; 1976 Sportehrenplak. Stadt Mülheim u. Duisburg; Silb. Lorbeerblatt; FN-Ehrenzeichen in Gold m. Olymp. Ringen; Gold. Ehrennadel Trakehnerverb.; Gold. Leistungsnadel Verb. d. Reit- u. Fahrvereine Rheinl.; Gold. Nadel des St. Georg Reitclub Salzburg; 1980 FN-Ehrenzeichen Sonderst. Gold (Festival d. Dressurreiter) u. Sportplak. Land NRW; 1981 Freiherr v.-Schrötter-Wohnsdorf Gedächtnis-Plak. (Trakehner-Verb.); 1983 Ehrenpokal Westd. Sportpresse - Liebh.: Musik, Lit., Kunst, Naturwiss. - Dt. Dressurderby: 1977 1. Platz Ultimo, 1978 2. m. Wilhelm Tell, 1980 1. m. Ultimo. Dt. Meistersch.: 1977 1. m. Ultimo, 1978 3. m. Ultimo, 1979 1. m. Ultimo, 1980 1. m. Galapagos, 1981 1. m. Galapagos, 1982 1. m. Galapagos, 1983 1. mit Grandison, 1984 3. m. Grandison; rhein. Mannsch. 1979 1. Pl., 1980 3., 1981 2. u. 1982 1., alle m. Galapagos, 1983 3. Pl. m. Grandison. Europameisterschaft: 1977 St. Gallen 4. m. Ultimo (1. Mannsch.), 1979 Aarhus 8. m. Ultimo (1. Mannsch.), 1981 Laxenburg 3. m. Galapagos (1. Mannsch.). Festival d. Dressurreiter: 1980 Goodwood 5. m. Ultimo. Weltmeistersch.: 1978 Goodwood 10. m. Ultimo (1. Mannsch.), 1982 Lausanne 4. m. Galapagos (1. Mannsch.). Olymp. Spiele: 1976 Montreal 4. m. Ultimo (1. Mannsch., Goldmed.). S. 1986 Mitgl. im Dressage World Cup Committee Fédération Equestre Intern. (FEI) - Spr.: Engl., Franz. - Bek. Vorf.: Herbert G. (Vater), Wilhelm G. (Urgroßv.), Friedrich G. (Urgroßonkel) - Lit.: Jasper Nissen, Pferde, Reiter, Fahrer, Züchter (1979).

GRIMEISEN, Gerhard

Dr. rer. nat., Prof., Math. Inst. Univ. Stuttgart - Jahnstr. 28/1, 7022 Leinfelden-Echterdingen 3 (T. 79 65 26) - Geb. 24. Mai 1921 Außig (Vater: Erich G., Elektromeister; Mutter: Maria, geb. Morawek), verh. s. 1955 m. Antonie, geb. Winkler, 2 Töcht. (Maria-Martha, Renate) - 1946-53 Univ. Greifswald, Heidelberg, Erlangen (Dipl.-Math.). Promot. (1959) u. Habil. (1963) Stuttgart - 1955-58 Allianz Lebensversich.-AG., Stuttgart (Versich.math.); s. 1958 TH bzw. Univ. ebd. (1961 Wiss. Rat; 1963 Privatdoz., 1969 apl. Prof., 1978 Prof.). Gast Univ. of Florida (1964/65) u. Colorado (1969/70). 1967 (SS.) Lehrstuhlvertr. Univ. Tübingen - 1981 Memorial Plaque of Bernard Bolzano - Liebh.: Fotogr., Filmen - Spr.: Engl., Franz.

GRIMM, Albrecht

Dipl.-Ing., Vermessungs-Ass., Prof. f. Prakt. Geodäsie u. Photogrammetrie Univ. Siegen (Fachbereich Bauing.wesen) - Nassauische Str. 15, 5912 Hilchenbach/Westf. (T. 02733 - 46 00) - Veröff. z. Gesch. d. Photogrammetrie in Dtschl., Einsatz v. Minicomputern in d. Photogrammetrie u. Präzisions-Flugführung f. Special Missions.

GRIMM, Christoph

Präsident d. Landtags Rheinland-Pfalz (s. 1991) - Fritz-v.-Wille-Str. 76, 5500 Trier - Geb. 12. Aug. 1943 Frankfurt/M., verh., 3 Kd. - Abit.; Stud. Politik u. Rechtswiss. Univ. Bochum, Bonn, Trier; 1. u. 2. Staatsex. - B. 1979 Richter (AG u. LG Trier); s. 1981 Rechtsanwalt in Trier - S. 1968 SPD-Mitgl.; 1974 Mitgl. Stadtrat Trier; 1979 MdL Rhld.-Pfalz (b. 1991 Rechtspolit. Sprecher d. SPD-Landtagsfrakt., stv. Vors. IPR-Kommiss.(11. WP), Mitgl. Rechtsaussch. (9.-11. WP, stv. Mitgl. 12. WP), Vors. Enquete-Kommiss. Arbeit in d. Industrieges. - Folgen langfristiger Arbeitslosigkeit (11. WP), Mitgl. Aussch. f. Europafragen (12. WP)); 1980 Mitgl. SPD-Parteirat; 1990 Vors. SPD-Bezirksverb. Rheinland-Hessen-Nassau; s. 1991 Präs. d. Landtags - 1980 AR TBV AG Trier; Beirats-Vors. Mieterverein f. d. Regierungsbezirk Trier; Mitgl. Arbeiterwohlfahrt, Arbeiter-Samariter-Bund, Club Aktiv, Lebenshilfe e.V., Ges. Bildende Kunst e.V., Trier, Jazz-Club, Trier, Kuratorium Univ. Trier, IG Metall, mehrere Sportvereine.

GRIMM, Claus

Dr. jur., Vizepräsident Bundesfinanzhof München (s. 1986) - Waldstr. 6a, 8032 Gräfelfing (T. 85 52 34) - Geb. 9. Okt. 1923 - Kriegsdst. (Seeoffz.) - 1957 wiss. Mitarb. Bundesfinanzhof, 1962 Richter FG München, 1969 Bundesrichter, 1981 Vorsitzender Richter Bundesfinanzhof.

GRIMM, Dieter

Dr. jur., LL.M. (Harvard), Bundesverfassungsrichter (s. 1987), Univ.-Prof. f. öffentl. Recht Univ. Bielefeld (s. 1979) - Schlossbezirk 3, 7500 Karlsruhe - Geb. 11. Mai 1937 Kassel, kath. - Stud. d. Rechtswiss. u. Politikwiss. Univ. Frankfurt, Freiburg, Berlin, Paris u. Harvard; bde. jurist. Staatsex.; LL.M. 1965 Harvard, Promot. 1970 Frankfurt, Habil. 1979 ebd. - 1967-79 wiss. Ref. Max-Planck-Inst. f. europ. Rechtsgesch. Frankfurt - BV: Solidarität als Rechtsprinzip, 1973; Rechtswiss. u. Nachbarwiss., 2 Bde., 2. A. 1976; Einf. in d. Öffentliche Recht, 1985; Einf. in d. Recht, 2. A. 1991; Nordrh.-westf. Staats- u. Verwaltungsrecht (m. H.J. Papier), 1986; Recht u. Staat d. bürgerl. Ges., 1987; Deutsche Verfassungsgesch., Bd. I, 1988; D. Zukunft d. Verfassung, 1991.

GRIMM, Gerhard

Prof., Hochschullehrer - Richard-Wagner-Str. 14, 7410 Reutlingen - Geb. 10. Juli 1927 Grünsfeld/Baden (Vater: Karl G., Rektor; Mutter: Barbara, geb. Fluhr), kath., verh. in 2. Ehe (1964) m. Margarete, geb. Pichowiak, 5 Kd. (Cornelia, Bettina, Petra, Peter, Sabine) - Karl-Friedrich-Gymn. Mannheim; Kunstakad. u. Univ. Karlsruhe - S. 1962 Doz. PH Reutlingen (Kunstpäd.). Holzschnitte u. Buchgraphik - BV: D. Maler Otto Laible, 1970; D. Maler Wim van Dijk, Bd. 8 Schriftenr. d. Museumsges. Ettlingen 1976; D. Malerin Heidrun Maurer, Bd. 9 Schriftenr. d. Museumsges. Ettlingen 1977; Felix Hoffmann - d. graph. Werk, 1978; D. Maler Ernst Odefey, 1980; Gudrun Krüger - Plastik, Graphik, 1982; Gabriele Sieber - Malerei u. Graphik, 1982; D. Laible-Schule, 1982; Farbe u. Malen, in: Handb. d. Ästhet. Erz. (hrsg. A. v. Criegern), 1982; E. Besuch b. Klausz Herzer, in: Katalog Klaus Herzer, 1982; D. Maler Franz Heinrich Gref, 1983; Gunther Vogel - graph. Malereien, 1983; D. Maler Fritz Sprandel, 1983; D. Malerin Gude Schaal, Katalog 1985. Herausg.: Ernst Piepenschneider - Zeichnungen (1977) - Lit.: Harwalik, G. G. - Zeichner Maler Holzschneider (1991).

GRIMM, Günther

Dr. phil., Prof. f. Klass. Archäologie Univ. Trier - Auf der Lai 13, 5501 Gusterath.

GRIMM, Gunter E.

Dr. phil., Univ.-Prof. f. Neuere dt. Lit. Univ. Würzburg (s. 1988) - Gertraud-Rostosky-Str. 41A, 8700 Würzburg - Geb. 21. April 1945 Bad Wurzach, verh. s. 1973 m. Rosemarie, geb. Schukraft, 2 Kd. (Oliver, Sonia) - Stud. German., Gesch., Politik; Staatsex. 1969/70, Promot. 1970, Habil. 1981 Tübingen. 1983-88 Prof. Univ. Tübingen. Gastprof. Bielefeld, St. Louis/Missouri, Gießen - BV: D. Hiob-Dichtung Karl Wolfskehls, 1972; Rezeptionsgesch. Grundlegung e. Theorie. Mit Analysen u. Bibliogr., 1977; Lit. u. Gelehrtentum in Deutschl. Unters. z. Wandel ihres Verhältnisses v. Humanismus b. z. Frühaufklärung, 1983. Mitautor: Lessing. Epoche - Werk - Wirkung. (1975, 5. A. 1987); E. Gefühl v. freierem Leben. Dt. Dichter in Italien (1990). Herausg.: Lit. u. Leser, Theorien u. Modelle z. Rezeption lit. Werke (1975); Satiren d. Aufklärung. Texte z.

Satire u. Satirentheorie (1975, 2. A. 1979); Theodor Storm. Ged. u. Texte z. Lyriktheorie (1978); Justinus Kerner. Ausgew. Werke (1981); Gotthold Ephraim Lessing: Sämtl. Ged. (1987); Ged. u. Interpretationen. Dt. Balladen (1988); Italien-Dichtung, 2 Bde. (1988). Mithrsg.: Im Zeichen Hiobs. Jüd. Schriftsteller u. dt. Lit. im 20. Jh. (1985, 2. A. 1986); Apokalypse. Weltuntergangsvisionen in d. Lit. d. 20. Jh. (1986); Deutsche Dichter. Leben - Werk - Wirkung, 8 Bde. (1988/90); Sturz der Götter? Vaterbilder in Lit., Medien u. Kultur d. 20. Jh. (1989); Metamorphosen d. Dichters. D. Selbstverständnis dt. Schriftsteller von d. Aufklärung bis z. Gegenwart (1992); Johann Gottfried Herder, Werke, Bd. 2: Schr. z. Ästhetik u. Lit. 1767-81 (1992) - Liebh.: Kunst, Musik, Film, Theater, Reisen - Spr.: Engl., Franz., Ital., Latein.

GRIMM, Hubert Georg

Dr. phil., Prof. FH Karlsruhe (s. 1978) - Moltkestr. 4, 7500 Karlsruhe 1 (T. 0721 - 16 93 33) - Geb. 11. Juli 1946 Ellenberg, kath., verh. s. 1974 m. Christine, geb. Tholus, 2 Kd. (Matthias, Marlies) - 1967-73 Univ. Regensburg (Psych.); Promot. 1978 München - 1975-79 Redakt.; Mitgl. Herausgeberbeirat Ztschr. f. Verkehrssicherheit - BV: Evaluation v. Lehrgangsunterlagen z. Industriemeisterqualifikation, 1984; Grundzüge d. Mitarbeiterführung u. d. Managements, 4. A. 1989; Wahrnehmungsbedingungen u. sicheres Verhalten im Straßenverkehr, 1988; D. Gestaltung d. Benutzerschnittstelle b. interaktiven Systemen, 1988 - Liebh.: Wissenschaftstheorie - Spr.: Engl.

GRIMM, Joachim

Dr. rer. pol., Dipl.-Hdl., Prof. f. Allg. Betriebswirtschaftslehre u. Produktionsw. Gesamthochschule Siegen - Jung-Stilling-Str. 11, 5905 Freudenberg.

GRIMM, Jürgen

Dr. phil., o. Prof. f. Roman. Philologie - Althausweg 109, 4400 Münster/W. - Geb. 17. Dez. 1934 - Promot. (1964) u. Habil. (1971) Freiburg/Br. - S. 1974 Ord. Univ. Münster (Dir. Roman. Sem.). Bücher zum franz. Theater (Avantgarde-Theater, Vitrac, Molière); z. franz. Lit. d. 17. Jh. (Molière, La Fontaine), d. 20. Jh. (Apollinaire), z. Literaturgeschichtsschreib. u. literaturwiss. Methodenlehre (Einf.). Herausg.: Franz. Literaturgesch. (1989).

GRIMM, Paul F. K.

Bundesgeschäftsführer Dt. Polizeigewerkschaft - Karl-Schurz-Str. 97, 7320 Göppingen (T. 07161 - 7 35 17 od. 7 93 82) - Geb. 3. März 1938 Schwaigern, ev., verh. s. 1967 m. Christa, geb. Scharke, 3 Kd. (Alexander, Ursula, Bernhard) - Handw.lehre, Polizeibeamter (1952-86) - Leit. Bundesgeschäftsstelle d. DPolG; Mitgl. Tarifkommiss. d. Tarifgemeinsch. f. Angest. im ö. D., Tarifbeauftr. - Liebh.: Obst- u. Gartenbau, Kleintierzucht - Lit.: Polizeispiegel u. Spiegel Nr. 8/85, Neue Revue (1988).

GRIMM, Reinhold

Dr. phil., Dr. h.c., Prof. of German and Comparative Literature Univ. of California-Riverside (s. 1990) - 6315 Glen Aire Avenue, Riverside, CA 92506 (USA) (T. 714 - 789-14 36) - Geb. 21. Mai 1931 Nürnberg, verh. s. 1954 m. Anneliese Elisabeth, geb. Schmidt, T. Ruth Sabine - 1951-56 Stud. Univ. Erlangen-Nürnberg, 1952-53 Univ. of Colorado; Promot. 1956 Erlangen - 1957-61 Lehrtätigk. Univ. Erlangen-Nürnberg, 1961-67 Univ. Frankfurt, 1967-80 Univ. of Wisconsin-Madison (Alexander Hohlfeld Prof. of German), 1980-90 Univ. of Wisconsin-Madison (Vilas Research Prof. of Comparative Literature and German) - BV: Bertolt Brecht: D. Struktur s. Werkes, 1959, 6. A. 1972; Strukturen: Ess. z. dt. Lit., 1963; Nach d. Naturalismus: Ess. z. mod. Dramatik, 1978; V. d. Armut u. v. Regen: Rilkes Antwort auf d. soziale Frage, 1981 (ital. Übers. 1982); Texturen: Ess. u. a. zu Hans Magnus Enzensberger, 1984; Love, Lust and Rebellion: New Approaches to Georg Büchner, 1985; Echo and Disguise: Studies in German and Comparative Lit., 1989. Ein iberischer Gegenentwurf?, Antonio Buero Vallejo, Brecht u. d. moderne Welttheater, 1991 - 1964 Förderungspreis Stadt Nürnberg; 1969 u. 1970 Guggenheim Fellow; 1974/75 Präs. American Assoc. of Teachers of German; 1988 Hilldale Award; 1990 Hilliard Scholar in the Humanities - Mitgl. PEN-Club - Spr.: Engl., Franz., Ital., Span.

GRIMM, Reinhold R.

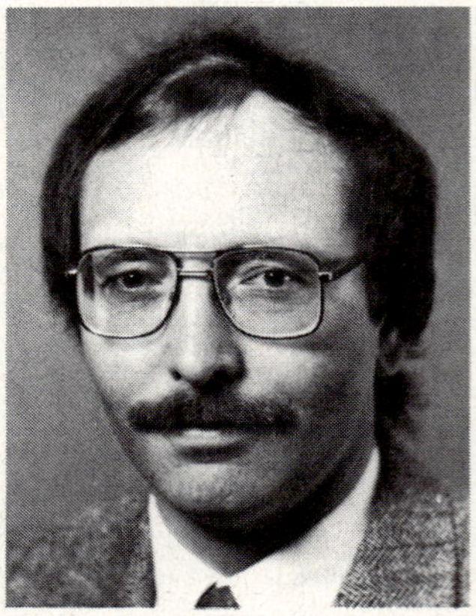

Dr. phil., Prof. f. Allg. u. roman. Literaturwiss. (Romanistik) Univ. Hannover - Eichendorffstr. 1, 3014 Laatzen (T. 0511 - 86 45 63) - Geb. 20. Dez. 1942 Rottweil (Vater: Karl G., Kaufm.; Mutter: Elsa, geb. Springer), verh. s. 1979 m. Renate, geb. Schrodi - 1953-62 Gymn. Rottweil; 1962-67 Univ. Tübingen, Heidelberg (Ev. Theol., German., Phil., Gesch.), 1967-71 Paris (Sorbonne); Staatsex. 1967, Promot. 1971, Habil. 1979 Konstanz - 1972-80 Wiss. Assist. Univ. Konstanz; 1980 Lehrstuhlvertr. Univ. Bochum; 1982 Lehrst. f. Romanistik Hannover. 1981-85 stv. Vors. Dt. Romanistenverb. - BV: Paradisus coelestis - Paradisus terrestris. Z. Auslegungsgesch. d. Paradieses im Abendl. b. um 1200, 1977; Schöpfung u. Sündenfall in d. altfranz. Genesisdicht. d. Evrat, 1976; Grundriß d. roman. Lit. d. Mittelalters, Bd. IV/1, 1978, Bd. IV/2, 1984. Herausg.: Klass. Texte d. roman. Mittelalters; Mimesis - Unters. z. roman. Lit. d. Neuzeit - 1986 Palmes académiques (Chevalier).

GRIMM, Rolf

Bürgermeister Calden - Lindenstr. 4, 3527 Calden - Verb.svorst. Wasserverb. Wilhelmsthal in Calden.

GRIMME, Ernst Günther

Dr. phil., Prof., Direktor i. R. Städt. Museen Aachen - Giselastr. 9, 5100 Aachen - Geb. 14. Jan. 1926 Aachen (Vater: Prof. Dr. Gustav G., Studienrat; Mutter: Luise, geb. Schümmer), kath., verh. s. 1957 m. Dr. Gisela, geb. Welsch †1987, 2 Kd. (Maria, Adrian) - Promot. 1954 - 1951 Doz., 1958 Museumsassist., 1961 -kustos, 1967 -dir.; s. 1983 Lehrauftrag RWTH Aachen; s. 1988 Hon.-Prof. d. RWTH Aachen - BV: Aachener Goldschmiedekunst im Mittelalter, 1957; Europ. Malerei im MA, 1963; Dt. Madonnen, 1966; Unsere Lb. Frau, 1968; Kunst aus 3 Jahrtausenden - D. Aachener Suermondt-Mus., 1968; Goldschmiedekunst im MA, 1972; D. Aachener Domschatz, 1972; Pieter Bruegel, 1973; Jan Vermeer van Delft, 1974 (auch franz. u. niederl.); D. Gesch. d. abendl. Buchmalerei, 1980; D. Evangeliar Kaiser Ottos III. im Aachener Domschatz, 1984; D. Evangelistar v. Groß Sankt Martin. Div. Kataloge u. Kunstreisef. Belgien (11. A. 1990) - 1986 BVK am Bde. - Liebh.: Klass. Musik - Spr.: Franz., Engl. - Bek. Vorf.: Friedrich Wilhelm G., sauerl. Dichter (Großv.).

GRIMME, L. Horst

Dr. rer. nat. habil., Prof. f. Stoffwechselphysiologie/Phytopharmakologie Univ. Bremen, Gen.-Sekr. Verb. Dt. Biologen (VDBiol), Sekr. d. Europ. Biologenverb. (ECBA) - Bruchwettern 6a, 2800 Bremen-Borgfeld.

GRIMMEL, Eckhard

Dr. rer. nat., Univ.-Prof. - Isestr. 143, 2000 Hamburg 13 - Geb. 25. Okt. 1941 Bevensen - Stud. 1961-68, Promot. 1971. 1968-70 höh. Schuld., s. 1970 Univ. Hamburg (b. 1977 Doz., dann Prof.) - BV: Aufs. z. Glazialmorphologie Norddtl. (s. 1968); Aufs. üb. geowiss. Probl. d. Endlagerung radioaktiver u. anderer Abfälle (s. 1978); Aufs. üb. Erdbebengefährdung v. Atomkraftwerken (s. 1982); Erdkunde-Schulb. (s. 1973).

GRIMMER, Frauke

Dr. phil. habil., Privatdozentin Musikpädagogik - Westfalenstr. 2, 3500 Kassel (T. 0561 - 3 69 02) - Geb. 15. Nov. 1941 Aussig/Elbe, verh. m. Prof. Dr. Klaus G., 2 Söhne (Achim, Bernhard) - Schulmusikstud. m. German. u. Phil. 1961-66 Köln; Solistisches Stud. Klavier b. Prof. Leopolder; Dipl. künstl. Reifeprüf. 1970 Frankfurt; 2. Staatsex. 1975; Promot. 1983; Habil. 1991 Kassel - Doz. an d. Univ.; Stip. d. Fritz Thyssen Stift. - BV: Ansatz musikpädagogischer Biographieforschung, Wege u. Umwege z. Musik, Klavierausbildung u. Lebensgeschichte, 1991 - Liebh.: Malerei, Phil. - Spr.: Engl., Franz., Lat. - Bek. Vorf.: Georg Kulenkampff, Geiger (Großonkel).

GRIMMER, Gernot

Dr. rer. nat., Prof. - Zu erreichen üb. Biochem. Inst. f. Umweltcarcinogene, Lurup 4, 2070 Ahrensburg-Großhansdorf (T. 04102 - 6 21 55); priv.: Bebelallee 30, 2000 Hamburg 60 (T. 51 61 50) - Geb. 7. Febr. 1924 Außig/Elbe (Vater: Adolf G.; Mutter: Maria, geb. Krug), verh. m. Gertrud, geb. Riedel - Promot. u. Habil. Hamburg - S. 1959 Lehrtätigk. Univ. Hamburg (1969 apl. Prof. f. Biochemie). 250 Fachveröff., 2 Fachb. - 1991 Polycycic Aromatic Hydrocarbon Award.

GRIMMER, Klaus

Dr., Ass. jur., Dipl.-Volksw., Univ.-Prof. Politikwiss. u. Öfftl. Recht - Gesamthochschule-Univ., 3500 Kassel - Geb. 9. Dez. 1934 - 1972 Doz. TH Darmstadt, dann Prof. GH-Univ. Kassel, Co-Leiter Forschungsgr. Verwaltungsautom., Mitgl. mehrerer wiss. Vereinig. - BV: D. Rechtsfiguren e. Normativität d. Faktischen, 1971; Verwaltungsautomation (m. and.), 1974; Rechtsfragen d. Weiterbild., d. Information u. d. Bildungsstatist. (m. and.), 1974; Bürgerl. Staat u. polit. Legitimation, 1976; Demokratie u. Grundrechte, 1980; D. automatisierte Verw. (m.a.), 1981; Schulrecht, Schulverwalt. u. Unterr. (m.a), 1983; Verfassungsentw. in d. dt. Ländern 1815-1918, Dok. 1984; Formulare im Verwaltungsverfahren (m.a.), 1986; Informationstechnik in öfftl. Verwaltungen, 1986; Verwaltungsreform d. Nutzung d. Informations- u. Kommunikationstechnik, 1990; Veröfftl. d. Forschungsgr. Verwaltungsautomation, 1975ff. Herausg.: u.a. Arbeit d. Arbeitsvermittler u. ihre Veränderung durch Informationstechnol. (1987); Informatisierung wenig strukturierter Verwaltungsaufgaben (1988). Zahlr. Handb. Beitr. u. Aufs. in Ztschr. z. Verfassungs- u. Verwaltungspolitik, Verwaltungsinformatik, Rechtspolitologie.

GRIMMING, Jürgen

Dipl.-Verwaltungswirt, Geschäftsführer d. Journalisten-Verb. Berlin - Fasanenstr. 62, 1000 Berlin 15 - Geb. 23. April 1938 Berlin.

GRIMPE, Wolfgang

Verbandsgeschäftsführer - Bussardhorst 11, 3008 Garbsen 1 (T. 05137 - 7 42 76) - Geb. 16. Juni 1932 Seelze - Gf. Landesverb. d. Buchhändler u. Verleger in Nieders., Hannover. CDU - Liebh.: Lit., Numismatik - Spr.: Engl., Franz., Span.

GRIND, van de, Willem A.

Prof., Physiologe - Arnimallee 22 (Inst. f. Physiol.), 1000 Berlin 33; priv.: Treilerstr. 89, NL-1503 Zaandam - 1975-82 Hochschullehrer f. Physiologie FU Berlin, s. 1982 f. Neuro-Informatik Univ. Amsterdam, s. 1987 f. Vergleichende Physiologie Univ. Utrecht - BV: Handb. Sensory Physiol., Bd. VII/3 A: Temporal transfer properties of the afferent visual system (m. O.-J. Grüsser u. H.-U. Lunkenheimer). Herausg. Limits in Perception. 80 Fachveröff. z. Thema Räumliches Sehen.

GRIPP, Hans

Amtsgerichtspräsident a. D. - Zu erreichen üb.: Turmstr. 91, 1000 Berlin 21 - Geb. 11. März 1922 Kr. Steinburg (SH) - Vor u. n. Kriegsdst. Stud. Rechtswiss. Hamburg u. Göttingen - 1952-83 Richteramt (1969 Vizepräs. KG Berlin, 1977 Präs. AG ebd.).

GRITZ, Klaus

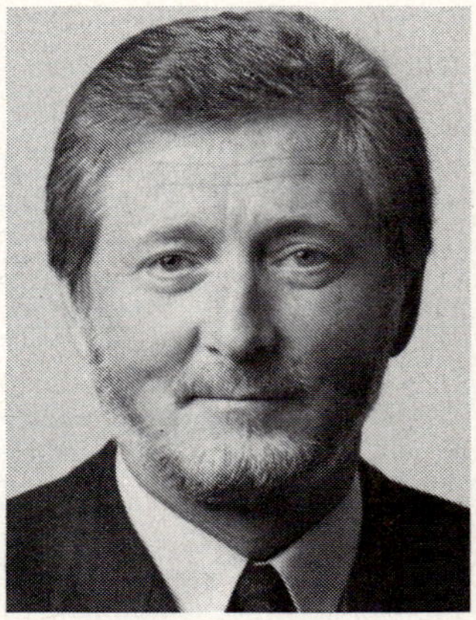

Dr. med., Kinderarzt - Erikastr. 166, 2000 Hamburg 20 (T. 040 - 58 77 88) - Geb. 29. April 1936 Hindenburg (Oberschlesien), kath., verh. s. 1961 m. Brigitte, geb. Gnielka, 4 Kd. (Antje, Jan, Stefanie, Daniel) - 1953-59 Beamter im mittl. Postdienst, 1956-59 Abendgymn. Hannover, Abit.; Stud. Med. u. Zahnmed. Hamburg; Staatsex. u. Promot. 1966 - Weiterbildung z. Facharzt f. Kinderheilkunde; 1972-75 Oberarzt in Hamburg; ab 1975 niedergelassener Kinderarzt. S. 1983 Landesverbandsvors. Hamburg d. Bundesverb. d. Kinderärzte Deutschlands; s. 1985 Chefredakt. D. Kindergesundheit, 1991 Schriftleitung D. Kinderarzt - BV: Julia geht zum Arzt, 1982 - Spr.: Engl.

GROB, Günter

Hauptgeschäftsführer Württ. Landessportbund - Goethestr. 11, 7000 Stuttgart (T. 29 21 55); priv.: Mozartweg 6, 7400 Tübingen - Geb. 12. Mai 1929 Heilbronn/N. (Vater: Josef G.), verh. m. Irmgard, geb. Feucht - Kommunalbeamter, zul. Stadtoberinsp. Tübingen.

GROB, Karl

Dr. rer. nat., Prof. f. Physik PH Ludwigsburg - Stuttgarter Str. 117, 7250 Leonberg/Württ. - Geb. 22. Juni 1935.

GROBBINK, Gerd

Kaufmann, Geschäftsf. ICL Deutschland International Computers GmbH, Nürnberg - Rennbahnstr. 49, 8500 Nürnberg-Reichelsdorf - Geb. 12. Juli 1927.

GROBE, Rolf

Dr. phil., Leiter Goethe-Inst. i. R. - Bergweg 13, 5414 Vallendar - Geb. 26. Aug. 1923 Magdeburg (Vater: Robert G., Großhändler; Mutter: Helene, geb. Gloede), verh. s. 1955 m. Ilse, geb. Scherer - Stud. Altorient. Sprachen u.

Vorderasiat. Archäol. FU Berlin; Promot. 1952 - S. 1958 Goethe-Inst. (1958-61 Doz. Kairo, danach Leit.: 1961-64 Amman/Jordanien, 1964-67 Dhaka/Bangladesh, 1967-78 Rabat/Marokko, 1978-84 Damaskus/Syrien, 1985-88 Lyon/Frankreich) - 1988 BVK - Spr.: Engl., Franz., Arab.

GROBE-HAGEL, Karl
Dr. phil., Redakteur, Schriftsteller - Zu erreichen üb. Frankfurter Rundschau, Postf. 10 06 60, Gr. Eschenheimer Str. 16/18, 6000 Frankfurt 1 (T. 0611 - 219 94 53) - Geb. 4. Nov. 1936 Bremen (Vater: Karl G., Tapezierer; Mutter: Hildegard, geb. Meyer) - 1956-61 Stud. Gesch., Politik u. Slavist. Univ. Hamburg (Promot. 1980) - 1962 Assist. VHS Hustedt, Kr. Celle, 1963 Redakt. Hamburger Echo, 1965 Vorwärts, 1968 Frankf. Rundschau - BV: Chinas Weg nach Westen, Analyse d. chines. Außenpolitik, 1981; V. Westen lernen - Chinese bleiben, analyt. Report., 1982; Vietnam! Vietnam? (m. A. Buro), 1984; China, polit. Reiseb. 1987; Rußlands Dritte Welt, 1991; Beitr. z. zahlr. Sammelw., ab 1970 - Spr.: Engl., Franz., Russ., Span., Chines.

GROBECKER, Claus
Senator f. Finanzen Fr. Hansestadt Bremen a.D. - Contrescarpe 67, 2800 Bremen 1 (T. 0421 - 3 61-23 98) - Geb. 5. April 1935 Bremen, verh., 2 Kd. - Buchdruckerlehre - 1965-83 Vors. IG Druck u. Papier Bez. Bremen; 1970-83 Bundestagsabg.; 1982 Parlam. Staatssekr. Min. f. Jugend, Fam. u. Gesundh.; 1983-85 Senator f. Arbeit; s. 1985 s. o.

GROBECKER, Horst
Dr. med., Prof., Lehrstuhlinh. f. Pharmakologie - Universitätsstr. 31, 8400 Regensburg.

GROCHE, Gottfried
Dr.-Ing., Vorstandsmitglied i.R. Stuttgarter Straßenbahnen AG., Stuttgart, Handelsrichter Landgericht Stuttgart - Banholzweg 10, 7022 Leinfelden-Echterdingen (T. 0711-75 12 26) - Geb. 6. April 1914 Vallendar - Kurshandb. f. d. Öffftl. Personen-Nahverkehr (1980) - Ehrenmitgl. Union Intern. Transport Publics; Ehrenvors. Intern. Stadtbahnausch.

GRODE, H. P.
Dipl.-Ing., Geschäftsführer Normenausschüsse Akustik, Lärmminderung u. Schwingungstechnik im DIN u. VDI sow. Gewinde, Länge u. Gestalt, Waagenbau im DIN Dt. Inst. f. Normung e. V. - Burggrafenstr. 6, 1000 Berlin 30 - Geb. 12. Dez. 1941.

GRODZKI, Rainer
s. Geppert, Hans J.

GROEBE, Hans
Dr. jur. - Rehkopfweg 20, 6100 Darmstadt (T. Büro: 06151 - 4 13 73) - Geb. 29. Sept. 1916 Breslau, verh., 2 Kd. - Univ. Freiburg, Kiel, Graz; Promot. 1947 - Div. AR-Mand. - Gr. BVK, Bayer. VO - Liebh.: Wandern, Skilaufen - Spr.: Engl., Franz. - Rotarier.

GRÖBE, Volker
Leiter d. Akademie för uns kölsche Sproch, der einzigen deutschen Mundartakademie (s. 1983) - Hermeskeiler Str. 16, 5000 Köln 41 (T. 0221 - 430 19 70) - Geb. 18. Febr. 1947 Halberstadt/Harz, kath., verh. s. 1969 m. Claudia, geb. Nies, 2 Söhne (Tobias, Sebastian) - Betriebsschlosserlehre; Masch.bau-Techniker; Abendgymn.; Stud. Univ. Köln (Germanistik, Phil., Theol., Geogr.) Staatssex. - 1976-83 Lehrer an d. gymnasialen Oberstufe - BV: Lindenthal, 1987; Spetze Zung - fründlijje Wööt, 1988; Schnörkellos - Kölner Wirklichkeiten, 1989; Durch de Zäng jetrocke, 1990; Uns kölsche Sproch, 1990; Straßen u. Plätze in Lindenthal, 1991; Loß mer jet laache, 1992; u.v.a.m.; Ged. u. Erz. in zahlr. Anthol.; zahlr. Lieder, die überwiegend

als Chorwerke f. Schallplatten u.ä. produziert worden sind. Herausg. v. Mundartpubl. - Bronzene Eule f. d. Bestseller d. Jahres 1989 d. Bibliotheca Coloniensis (meistverkauftes Buch in Köln: Lindenthal) - Interessen: dt. Mundarten - Lit.: Meisenberg, Arlt (1989): Kölner (v. Adenauer b. Zeltinger); Verlag d. Mayerschen Buchhandlung Köln.

GROEBEL, Jo

Dr. phil., Prof., Ordinarius f. d. Psychologie d. Massenkommunikation u. Public Relations Univ. Utrecht (Niederlande) - An den drei Brunnen 36, 6000 Frankfurt 50 (T. 069 - 52 01 13) - Geb. 11. Nov. 1950 Jülich, kath. (Vater: Gerhard G., Mutter: Marie-Lusie, geb. Krumbach), verh. s. 1991 m. Heike, genannt Maurer, geb. Hoffmann, T. Stefanie - Abit. 1969; Stud. d. Psychol. TH Aachen; Dipl.-Psychol. 1974 Aachen; Promot. 1981 Aachen - 1974-79 Forschungsassist. RWTH Aachen; 1980-83 Wiss. Mitarb. DFG-Senatskommiss; 1983-91 Akad. Oberrat Univ. Landau. 1987 Gastprof. Univ. California, Los Angeles (UCLA). - Vorst. div. wiss. Vereinigungen; UNO-Repräsentant ISRA; Gastaufenth. - Projekte Univ. Cambridge, Harvard, Stanford - BV: Mensch u. Medien (m. Grewe-Partsch), 1987; Empirische Medien Psychol. (m. P. Winterhoff-Spurk), 1989; Terrorism (m. Goldstein), 1989; Aggression and war (m. R. Hinde), 1989; Cooperation and Prosocial Behaviour (m. R. Hinde), 1991. Herausg.: ARD-Forschungsdienst (s. 1987). Mithrsg.: Medienpsychol. Ztschr. f. Individual- u. Massenkommunikation - Outstanding Contributions Award, International Council of Psychologists, Tokio 1990 - Inter.: Thomas Mann - Erstausgaben; Avantgarde-Kunst; Vintage-Photography - Spr.: Engl., Niederl.

GROEBEL, Wilhelm
Dr. rer. nat. (habil.), Direktor Chem. Landesuntersuchungsamt Nordrh.-Westf., Münster, apl. Prof. f. Lebensmittelchemie Univ. ebd. - Mierendorffstr. 34, 4400 Münster/W. - Zul. Privatdoz. TH Aachen.

von der GROEBEN, Carl-Alexander
Kurdirektor i.R., Vorstandsmitglied AG Bad Neuenahr (s. 1971), Dir. Spielbank Bad Neuenahr GmbH & Co. KG - Felix-Rütten-Str. 3, 5483 Bad Neuenahr-Ahrweiler (T. 02641 - 22 41) - Geb. 24. März 1917 - Kurat.-Mitgl. RAL; 1. Vors. Gütegemeinschaft Diätverpflegung.

von der GROEBEN, Hans
Dr. rer. pol. h. c., Mitglied Kommission d. Europ. Gemeinschaften (1958-70) - Eichendorffweg 43, 5308 Rheinbach - Geb. 14. Mai 1907 Langheim (Vater: Georg v. d. G.; Mutter: Eva, geb. v. Mirbach), ev. - Univ. Berlin, Bonn, Göttingen (Rechtswiss., Volksw.). Gr. jurist. Staatsprüf. - Oberreg.rat Reichsernährungsmin.; Reg.dir. nieders. Finanzmin.; Min.dirig. Bundeswirtschaftsmin.; Mitgl. d. Europa-Union, List-Ges. d. Ges. f. Ausw. Politik. CDU - BV: Europa - Plan u. Wirklichkeit; D. Europ. Gemeinschaft zwischen Föderation u. Nationalstaat, 1977; D. Erweiter. d. Europ. Gemeinsch. durch Beitritt d. Länder Griechenl., Spanien u. Portugal, 1979. Aufbaujahre d. Europ. Gemeinsch., 1982. Herausg.: D. Kommentar z. EWG-Vertrag (1991) u. kr. Bericht üb. Ziele u. Methoden der Europäischen Integration (1972) u. über Möglichkeiten u. Grenzen einer Europäischen Union (1976-79); Legitimationsprobleme d. Europ. Gemeinsch. (1987); D. Europ. Gemeinsch. u. d. Herausford. uns. Zeit, 1987 - 1967 Ehrendoktor Univ. Frankfurt/M., 1967 Gr. BVK m. Stern u. Schulterband; 1987 Prix Jean Monnet u. a. - Liebh.: Phil., Gesch., Soziol., Musik - Lit.: Theo M. Loch, D. Neun v. Brüssel; Klaus Otto Nass, E. Europa-Politik m. langem Atem (1982); Festschr. f. H. v. d. G.: E. Ordnungspolitik f. Europa (1987); Beate Neuss, H. v. d. G. in: Europa m. d. linken Hand (1988); Heinrich Schneider Erfahrung u. Theorie: H. v. d. G. Beitr. z. Integrationslehre.

GRÖBEN, Hans-Joachim
Rechtsanwalt - Nansenring 36, 6000 Frankfurt/M. (T. 265 - 61 05) - Geb. 19. Jan. 1928 Allenstein/Ostpr., verh. s. 1954, 2 Kd. - Jurist. Staatsprüf. 1953 u. 1957 - 1957 Richter u. Eintritt in d. höh. nichttechn. Dienst d. DB; 1973 Leit. Abt. Personal u. Verw. Hauptverw. DB; 1982-87 Vorst.-Mitgl. (Ressort Finanz, Recht u. Einkauf); stv. AR-Vors. Dt. Eisenbahn-Versich., Köln; AR-Mitgl. Dt. Verkehrs-Kredit-Bank AG, Frankfurt/M. - BV: Taschenb. d. Eisenbahngesetze - Liebh.: Geschichte, Wirtsch., Sport - Spr.: Engl.

GROEBEN, Norbert
Dr. phil. habil. habil., Dipl.-Psych. M.A., Prof. f. Allg. Psychologie - Finkenstr. 4, 6901 Gaiberg (T. 06223 - 4 60 52) - Geb. 19. April 1944 Ratibor/OS (Vater: Georg G., Stud.dir.; Mutter: Katharina, geb. Kloska), ledig - Stud. Psychol., German., Soziol., Phil., Theol. Univ. Mainz, Wien, Münster; Dipl.-Psych. 1967, Promot. 1971, M.A. 1972, Habil. (Psych.) 1972, Habil. (Allg.Lit. wiss.) 1982 - 1968-72 Wiss. Assist. Münster; s. 1973 Univ.-Prof. f. Psych., Univ. Heidelberg - BV: Lit.psych., 1972; Kriterien psych. Forsch., 1975; Argumente f. e. Psych. d. reflexiven Subjekts, 1977; Verständlichk. u. Unterr.texten, 1978; Rezeptionsforsch. als emp. Lit.wiss., 1980; Leserpsych.: Textverständnis - Textverständlichk., 1982; D. Heidelb. Struktur-Lege-Technik, 1984; Produktion u. Rezeption u. Ironie, Bd. I., 1984, Bd. II., 1985; Handeln, Tun, Verhalten als Einheiten e. verstehend-erklärenden Psychol., 1986; Dialog-Konsens-Meth. z. Rekonstruktion Subj. Theorien, 1988; Leserpsych.: Lesemotivation - Lektürewirk., 1988; D. Forschungsprogramm Subj. Theorien, 1988; Metaanalysen f. Textwirkungsforsch., 1989; Über d. Er-

findung/en d. Radik. Konstruktivism., 1991.

GRÖBL, Wolfgang
Parlam. Staatssekretär Bundesmin. f. Verkehr (s. 1991) - Robert-Schuman-Platz 1, 5300 Bonn 2 - Geb. 12. März 1941 Erfurt - Stud. an d. Forstwiss. Fak. Univ. München (Dipl.-Forstwirt) - Staatsdst. (zul. Oberregierungsrat). 1972-87 Landrat Kr. Miesbach (CSU/Fr. Wählergem.); Parlam. Staatssekr. Bundesmin. f. Umwelt, Naturschutz u. Reaktorsicherheit (1987-91) - 1985 BVK.

GRÖGER, Herbert
Geschäftsführer a.D. Metzeler Schaum GmbH, Memmingen - Zimmermannstr. 5, 8941 Buxheim/Schw. - Geb. 12. Jan. 1923 - Lehrbeauftr. FH Kempten, Redakteur Grafschafter Bote.

GRÖHLER, Harald
Schriftsteller - Siebengebirgsallee 17, 5000 Köln 41 u. Göhrener Str. 12, O-1058 Berlin (T. 0221 - 44 57 51) - Geb. 13. Okt. 1938 Herischdorf/Schles. - BV: Wir sind nicht aus Amerika, R. 1969; Geschichten m. Kindern u. ohne, 1981; Rot, Roman 1984; D. verdoppelte Diesseits, Ged. u. Erzählged., 1991. Herausg. v. Gazette Lit.-ztschr. (s. 1992). Bühnenst./Dr.: Wir scheitern an uns selbst (1971), Im Spiegel (1975). Mitverf. f. Prosa u. Lyrik - Div. Ausz. (Stip. u. Förderpr.); 1986 Lit.-Patenschaft f. Lit.-Förderpreis Bergkamen; 4. Preis im Deutschl.polit. Lit.wettbewerb d. Min. f. gesamtdt. Fragen d. Landes Nieders.; 1991 BVK.

GROELING-MÜLLER, von, Georg
Dipl.-Hdl., Schulleiter i. R. - Louis-Seegelken-Str. 90, 2820 Bremen 77 (T. 63 06 64) - Geb. 15. April 1927 Carolinenhof/Ostpr., ev., verh. m. Dr. med. vet. Sabine, geb. Meier, 2 Kd. (Jörg, Jella) - FDP (Verb. liberaler Akademiker); Bundesarbeitsgemeinsch. d. Leiter an Schulen f. d. berufliche Bildung Behinderter - BALS e.V.

GRÖLL, Johannes
Dr. phil., Prof. f. Pädagogik Univ. Bielefeld - Universitätsstr. 25, 4800 Bielefeld 1; priv.: An den Gehren 43b, 4800 Bielefeld 1.

GRÖLLER, Max
Direktor, Vorstandsmitglied Dt. Automobil Schutz Allg. Rechtsschutz Versich.-AG - Prinzregentenstr. 14, 8000 München 22 - Geb. 25. Dez. 1934 München.

GRÖMMER, Helmut
Schriftsteller - Fabriciusstr. 71, 2000 Hamburg 33 - Geb. 23. März 1912 Eisenach/Thür., ev., verh. s. 1934 m. Erna, geb. Requardt, 2 Kd. (Rolf, Steffi) - Reform-Realgymn. Eisenach - 1930-33 Eisenacher Tagespost, 1933-34 Sächs. Kurier, 1934-36 Sangerhäuser Ztg., 1936-39 Köln. Ztg., dann Wehrdst., ab 1948 Constanze-Verlag (Chefredakt.) - BV/Jugendb.: Jetzt wird's spannend, 1951; Junge n. Haiti gesucht, 1952; D. Hund m. d. halben Ohr, 1953; Gr. Hokus - kl. Pokus, 1955; Jenni u. d. Mann im Schrank, 1970 (Hörsp. 1971); Jenni u. d. kl. Zirkus, 1971; D. lustige Spielebuch, 1976; Kritzelspiele, 1978; 15 neue Brettspiele, 1979; Flotte Rentner, Sat. 1986; Endlich siebzig! Satire 1989; Küß mich, Geschenkb. 1992; Kriminalrom.: Detektiv ist nichts für mich, 2/3 Liebe - 1/3 Gift, 1966, D. heimliche Gast, 1982. Lustsp.: E. Fall aus lauter Liebe (u. a. 1968 Komödie Stuttgart; ZDF); Männer im Schrank, Einakter 1983; Tonio ist da, Einakter 1988 - 1965 Edgar-Wallace-Preis W. Goldmann-Verlag.

GRÖNEMEYER, Dietrich
Dr. med., Priv.-Doz., Radiologe, Chefarzt u. Direktor d. Inst. f. Diagnostische u. Interventionelle Radiologie d. Univ. Witten/Herdecke (m. Dr. Seibel), Gesellsch. u. gf. Beirat: EFMT-Entwickl.

u. Forsch.zentrum f. Mikrotherapie GmbH, Bochum - Schulstr. 10, 4300 Mülheim a. d. Ruhr - Geb. 12. Nov. 1952 (Vater: Dr. Dipl.-Ing. Wilhelm G.; Mutter: Hella Karin, geb. von Hunnius), verh. s. 1977 m. Christa, geb. Enste, 3 Kd. (Till, Friederike, Charlotta) - Stud. d. Medizin, Physik, Sinologie; Promot. 1981 Univ. Kiel; Habil. 1990 Univ. Witten/Herdecke - Erf.: Schmerzpunkt-Suchgerät, Therapie-Armband - BV: Interventionelle Computertomographie (m. Seibel), 1989; Interventional Computed Tomography (m. Seibel), 1990 - 1987 u. 88 IF-Preis Hannover Messe f. Med. Techn. Geräte - Spr.: Engl., Franz., Chin.

GRÖNEMEYER, Heinz-Georg

Erster Stellvertreter d. Präsidenten IHK f. Essen, Mülheim a. d. Ruhr, Oberhausen zu Essen (s. 1986) - Thiemannstr. 52, 4300 Essen 18 - Geb. 8. April 1930 Wilhelmshaven - 1969 stv. dann 1971 o. Vorst.-Mitgl.

GRÖNEMEYER, Herbert

Schauspieler, Sänger - Zu erreichen üb. ZBF Agentur, 8000 München (T. 089 - 35 50 81); priv.: Händelstr. 35, 5000 Köln 41 - Geb. 1957 - Wurde v. Peter Zadek (damaliger Int. Schauspielhs. Bochum) f. Beatles-Musical entdeckt - Rollen: u. a. Leutnant Werner in: D. Boot (Film u. FS-Dreiteiler). Musik: Rock- u. Pop-Musik, sozialkritische Themen; Debut m. d. Lied: Männer (1,5 Mio. verkaufte Platten); weit. LP: 4630 Bochum, Sprünge. Deutschl.-Tourneen.

GRÖNER, Helmut

Dr. rer. pol., o. Prof. f. Volkswirtschaftslehre - Fraunhoferstr. 44, 8580 Bayreuth - Geb. 12. Okt. 1930 Neuwied - 1951-54 Augenoptikerlehre; 1954-58 Stud. Volksw. Promot. (1963) u. Habil. (1971) Bonn - S. 1971 Ord. PH Rhld./Abt. Bonn, Univ. Duisburg (1973), Univ. Bayreuth (1977) - BV: Zölle u. Terms of Trade, 1963; D. Ordnung d. dt. Elektrizitätsw., 1975. Mithrsg.: Intern. Wirtschaftsordnung (1978, m. Schüller). Zahlr. Aufs.

GROENER, Walter

Dr., Botschafter d. Bundesrep. Deutschl. in Paraguay - Jose Berges 1003-1007, Casilla de Correo 471, Asuncion/Paraguay - Zul. Generalkonsul Karachi/Pakistan.

GROENEVELD, Karl-Ontjes

Dr. phil. nat., Prof. f. Kern- u. Atomphysik Univ. Frankfurt - August-Euler-Str. 6, 6000 Frankfurt/M. 90 - Geb. 26. Febr. 1935 Heidelberg (Vater: Dr. rer. pol. Hermann G., Dipl.-Ing.; Mutter: Elisabeth, geb. Strangmeier), verh. s. 1967 m. Dagmar, geb. Eggert, 2 Kd. (Wolfgang, Saskia) - Gymn. (Abit. 1954); Univ. Heidelberg (Dipl.-Phys. 1961), Univ. Frankfurt (Promot. 1966) - 1968-71 Assist. in USA; s. 1972 Prof. Univ. Frankfurt. Gastprof. in USA, Schweden, Argentinien, Dänemark, Ungarn, Frankreich - BV: Molecular Ions; Forward Electron Ejection Sekundärelektronen. Rd. 220 Publ. üb. Kern- u. Atomphysik - Liebh.: Musik, Kunst, Gesch., Lit. - Spr.: Engl., Franz., Latein, Griech.

GROENEWALD, Horst

Dipl.-Kfm., Prof. Allg. Betriebswirtschaftslehre u. Personalwesen Univ. GH Siegen - Zum Bernstein 22, 5900 Siegen-Weidenau - Geb. 10. Juni 1940 Rheinhausen (Vater: Franz G.; Mutter: Thea, geb. Convent) kath., veh. s. 1968 m. Ulrike, geb. Bertram, 2 Kd. (Michael, Katja) - Univ. Frankfurt/M. u. Köln (Wirtschaftswiss.) - S. 1972 Hochschullehrer Siegen. 1977 Lehrbeauftr. Europ. Wirtschaftshochschule - Liebh.: Malerei - Spr.: Engl.

GROENEWOLD, Gabriele

Dr. phil., Dramaturgin, Schriftst. (Ps. Gabriele Grimpe) - Lange Reihe 94, 2000 Hamburg 1 (T. 040 - 24 65 62) - Geb. 5. März 1947, T. Julia Grimpe - 1966 Max Reinhard Sem. Berlin (Schausp.); 1969 Stud. Phil. u. Sozialwiss. Univ. Bremen; Dipl.-Sozialw. 1977, Promot. 1981 - 1967-69 Schausp.; 1977 Akad. Tutor Univ. Bremen; 1978/79 Psychiatr. Klinik LaBorde; 1981-86 Dramat. Dt. Schauspielhs. Hamburg, u. a. m. Niels Peter Rudolph, Barbara Bilabel, Ernst Wendt, Wilfried Minks - BV: u.a. Ich u. kein Ende (Ödipus u. d. Sphinx) - Lit.: Erich Fried (NDR) stellt vor, Ged. v. Gabriele Grimpe.

GROENEWOLD, Kurt

Rechtsanwalt, Gesellsch. Rosenhof Grundstücksverw. GmbH, Attica Verlag, Europ. Verlagsanstalt GmbH - Am Weiher 12, 2000 Hamburg 20 (T. 040 - 491 66 29; Büro: 040 - 49 29 15) - Geb. 3. April 1937 Hamburg, 2 Kd. (Charlotte, Cornelius) - 1973-75 Vorst. Arbeitsgem. Strafverteidiger; 1979-81 Vorst. Rep. Anwaltsverein; 1982 Gründ. Ztschr.: Strafverteidiger. S. 1989 Vors. Intern. Erich-Fried-Ges. f. Literatur u. Sprache in Wien. Lehraufträge Fb Politologie Univ. Hamburg - BV: BHG-Urteil im Blinkfüer-Prozess, in: Brokmeier, Kapitalismus u. Pressefreiheit, 1970; Croissant, Groenewold, Schily u.a. - Polit. Verteidig., 1976; Staatsschutz u. Berufsverbote (m. Enzenzberger u.a.), 1976; Angeklagt als Verteidiger, 1978, u. weit. Veröffentl. zu Civil Liberties, Polit. Prozesse, Hungerstreik etc.

GROENEWOLD, Sabine,
geb. Horl

Dr. phil., Verlegerin u. Geschäftsführerin Europäische Verlagsanstalt, Hamburg - Parkallee 2, 2000 Hamburg 13 - Geb. 18. Okt. 1940 - Promot. 1969 (Hispanistik, Lateinamerikanistik) - 1969-88 Lehrtätigk. an d. State Univ. of New York at Stony Brook/USA, Hamburg, Kassel - Vors. d. Margarethe Steffin-Stiftg., Hamburg - BV: Leidenschaften u. Affekte im dramat. Werk Tirso de Molinas, 1970; D. Essay als literarische Gattung in Lateinamerika. E. Bibliographie, 1980; zahlr. Einzelveröff. z. span. u. lateinamerikan. Lit. - Mitgl. Dt. Hispanistenverband (DHV), Associación Intern. de Hispanistas (AIH), Instituto Intern. de Literatura Iberoamericana (IILI, Pittsburgh), Latin American Jewish Studies Ass. (LAJSA), World Union of Jewish Studies, Centro de Estudios de Literaturas y Civilizaciones del Rio de la Plata (CELCIRP), Carl Justi-Vereinig., Arb.gemeinsch. Dt. Lateinamerika Forsch. (ADLAF, Vorst. 1986-88).

GRÖNIG, Hans

Dr. rer. nat., Prof., Physiker - An der Höhe 21, 5101 Walheim Kr. Aachen (T. 02408 - 86 83) - Geb. 10. Febr. 1931 Rheydt (Vater: Fritz G., Oberstudienrat; Mutter: Elly, geb. Leisel), ev., verh. s. 1960 m. Ingeborg, geb. Mustert - TH Aachen (Dipl.-Phys. 1956). Promot. 1960; Habil. 1967 - S. 1967 Lehrtätigk. TH Aachen (1968 Wiss. Rat u. Prof. Inst. f. Allg. Mechanik). 1961-62 Research Fellow California Inst. of Technology, Pasadena. Bes. Arbeitsgeb.: Stoßwellenphysik, Hochtemperatur-Gasdynamik. Facharb. - Spr.: Engl.

GROENKE, Lutz

Dipl.-Ing., Geschäftsführer Normenausschuß Informationsverarbeitungssysteme (s. 1974) - Burggrafenstr. 4-10, 1000 Berlin 30 - Geb. 4. Nov. 1934 Berlin (Vater: Paul G., Ing.; Mutter: Elsa, geb. Bohn), verh. s. 1961 m. Christa, geb. Hackbarth, T. Stefanie - TU Berlin (Maschinenbau; Dipl. 1960) - 1962-68 Entwicklungsing. Luftfahrt BRD/USA; 1968-73 Prok. Dt. Industrieanlagen GmbH. (Berlin). Facharb., u. a. Informationsverarb./DIN-Taschenbücher.

GROENKE, Ulrich

Dr. phil., o. Prof. u. Direktor Inst. f. Nord. Philologie Univ. Köln (s. 1967) - Albert-Kindle-Str. 3, 5000 Köln 40 (T. 02234 - 7 85 95) - Geb. 9. Juni 1924 Danzig - Mehrj. Lehrtätigk. USA. Facharb. - Spr.: Engl., Finnisch, Skand. Sprachen.

GRÖPL, Erhard

Dr., Oberfinanzpräsident, Leit. OFD München - Sophienstr. 6, 8000 München 2.

GROEPPER, Horst

Botschafter a. D. - Stirzenhofstr. 9, 5300 Bonn-Bad Godesberg (T. 36 42 12) - Geb. 17. Juni 1909 Kiel (Vater: Hermann G., akt. Offz., gef. Aug. 1914; Mutter: Maria, geb. Inhoffen), kath., verh. s. 1944 m. Tamina, geb. Jantzen (entstammt e. alten Bremer Kaufmannsu. Senatorenfam.), 3 Kd. (Hermann-Michael, Maria-Tamina, Peter) - Univ. Tübingen, Bonn, Münster/W. Gr. jurist. Staatsprüf. 1934 - B. 1938 Justizdst., dann AA Berlin (1939-41 Moskau; zul. Legationsrat Protokollabt. Berlin), 1944-45 Wehrdst. (Gefr.) u. amerik./brit. Gefangenschaft, später Jurist fr. Wirtschaft, 1947-53 Anwaltspraxis Münster, seither AA Bonn (Konsul I. Kl. Genf, Botschaftsrat Wien, 1956 Botschaftsrat I. Kl. Moskau, 1961 stv. Leit. Ostabt. Bonn (als Min.dir.), 1962 Botschafter Moskau, 1966 Ankara, 1968 Leit. Rechtsabt. Bonn, 1972-73 Botsch. Dublin). Mitarb.: Erman, Kommentar z. BGB - 1964 Gr. BVK m. Stern - Liebh.: Bücher (vor allem franz. Klassiker u. russ. Lit.), Theater, Kunst - Spr.: Franz., Russ., Engl.

GRÖTSCHEL, Martin

Dr., Prof. f. Angewandte Mathematik an d. TU Berlin u. Vizepräs. d. Konrad-Zuse-Zentrums f. Informationstechnik Berlin - Gotenstr. 17, 8901 Stadtbergen (T. 0821 - 43 34 76) - Geb. 10. Sept. 1948 Schwelm, kath., verh. s. 1976 m. Iris, geb. Biesewinkel, 3 Töcht. (Andrea, Bettina, Claudia) - Stud. Math. Ruhr-Univ. Bochum; Dipl. 1973; Promot. 1977 Univ. Bonn, Habil. 1981 ebd. - 1982-91 Prof. Univ. Augsburg; s. 1991 Prof. TU Berlin; 1980 Honorable Mention b. Lanchester Preis (Operations Res. Soc. of America); 1982 Fulkerson-Preis (Americ. Math. Soc. u. Math. Programming Soc.); 1984 IBM-Preis (The Inst. of Management Science); 1990 Karl Heinz Beckurts-Preis (K.H. Beckurts-Stiftg.); 1991 Dantzig-Preis (Soc. of Industrial and Applied Mathematics and Math. Programming Soc.)

GRÖTTRUP, Hendrik

Dr. jur., Oberstadtdirektor Salzgitter - Kalkrosenweg 7, 3320 Salzgitter 1 (T. 05341 - 5 85 07) - Geb. 25. Febr. 1935 Wittmund (Vater: Jakobus G., Kaufm.; Mutter: Sophie, geb. Abels), ev., verh. s. 1965 m. Frauke, geb. Becker, 2 Kd. (Silke, Jan) - 1955-59 Jurastud. Univ. Freiburg u. Göttingen - 1965-70 Dt. Inst. f. Urbanistik, Berlin; 1970-72 Senatsverw. Finanzen Berlin; 1972-80 Stadtkämmerer Salzgitter, dann Oberstadtdir. - BV: D. kommunale Leistungsverw., 2. A. 1976.

GRÖTZBACH, Erwin

Dr. rer. nat., o. Prof. f. Kulturgeographie Kath. Univ. Eichstätt - Alpspitzstr. 10, 8133 Feldafing - Geb. 11. April 1933 Markt-Wekelsdorf (Sudetenland), kath. - Stud. Geogr. u. Wirtsch.wiss. Univ. München, Promot. 1962 b. Prof. Dr. H. Louis. Habil. 1970 Univ. d. Saarl. 1970/71 Univ.-Doz. Erlangen, 1971-79 Lehrst. f. Kulturgeogr. u. Dir. Geogr. Inst. TU Hannover - BV: Freizeit u. Erhol. als Probl. d. vergleich. Kulturgeogr., 1981; Afghanistan (wiss. Länderkunde), 1990; u.a.

GRÖTZEBACH, Dietmar

Dr.-Ing., Prof. f. Einf. in d. Entwerfen u. Baukonstruktion TU Berlin - Kirchweg 25, 1000 Berlin 38.

GROFFMANN, Karl Josef

Dr. phil., Dipl.-Psych., o. Prof. Univ. Mannheim (s. 1963) - Am Hang 1, 6943 Birkenau (T. 06209 - 709) - Geb. 27. Mai 1926 Saarbrücken - Zul. Doz. Univ. Freiburg. Fachveröff.

GROH, Adam

Dr., Domkapitular, Vors. Caritasverb. f. d. Diözese Mainz - Holzhofstr. 8, 6500 Mainz (T. 2 42 47).

GROH, Dieter

Dr. phil., o. Prof. f. Neuere Geschichte Univ. Konstanz, Historiker - Zumsteinstr. 11, 7750 Konstanz (T. 6 27 64) - Geb. 28. Dez. 1932 Frankfurt/M., ev., verh. s. 1955 m. Dr. phil. Ruth, geb. Remmert, 2 Kd. (Götz, Robert) - Stud. d. Rechtswiss., Gesch., Slavist., Phil. Univ. Heidelberg, Paris - 1970-74 Doz. u. apl. Prof. Univ. Heidelberg, s. 1974 o. Prof. Spez.gebiet: Sozialgesch.; s. 1979 Directeur d'études associé, EHESS u. MSH, Paris; s. 1988 ständ. Gastprof. Hochsch. f. Sozialwiss., St. Gallen - BV: Rußland u. d. Selbstverständnis Europas, 1961, Neudr. 1988; Negat. Integration u. revolutionärer Attentismus, 1973; Weltbild u. Naturaneignung (zus. m. R. Groh), 1991; Vaterlandslose Gesellen? Sozialdemokratie u. Nation 1860-1990 (zus. m. P. Brandt), 1992; Anthropol. Dimensionen d. Geschichte, 1992 - Zahlr. Aufs. in- u. ausl. Fachzeitschr.; Mitarb. Funk u. Presse.

GROH, Franz

Dr. jur., Rechtsanwalt, Sonderbevollm. d. Vorst. UNITI Bundesverb. mittelständischer Mineralölunternehmen e. V. u. UNITI-Kraftstoff GmbH. - Buchtstr. 10, 2000 Hamburg 76 (T. 040 - 227 00 30) - Geb. 9. Nov. 1920 Hamburg.

GROH, Hansjoachim

Dr. phil. nat., Dipl.-Math., Prof. TH Darmstadt (s. 1975) - Schloßgartenstr. 7, 6100 Darmstadt (T. 16-29 60) - Geb. 8. Aug. 1943 Leipzig (Vater: Dr. phil. Hans G.; Mutter: Charlotte, geb. Dürrbeck), ev., verh. s. 1974 m. Dr. phil. Gudrun, geb. Schädel, 2 Kd. (Joachim, Renate) - Stud. d. Math. Univ. Frankfurt; Dipl.ex. 1966; Promot. 1967; Habil. 1972 Aachen - 1967-71 Assist. Prof. Univ. of Florida, Kansas State Univ. u. Lakehead Univ.; 1971-73 Stip. Dt. Forschungsgemeinsch.; 1972/73 wied. Lakehead Univ. (Prof.); 1973-75 Prof. Gesamthochsch. Kassel.

GROH, Helmut

Dr. rer. nat., Dipl.-Math., Prof. - Römerstr. 9, 6680 St. Ingbert (T. 06894 - 69 04) - Geb. 23. März 1931 St. Ingbert (Vater: Josef G., Lehrer; Mutter: Elisabeth, geb. Karman), kath., verh. s. 1956 m. Marianne, geb. Potdevin, 3 Töcht. (Elisabeth, Ursula, Birgit) - Univ. Saarl. - 1973-77 Rektor FH d. Saarl., 1975-77 Ber. Hoh. Behörde EG Hochsch.partnersch., 1975-77 Zus. m. Präs. Univ. Metz Vors. Arb.aussch. f. d. Erricht. Dt.-Franz. Hochsch.inst. f. Technik u. Wirtsch., 1979-87 Präs. Hochschullehrerbd., 1988 Gründer u. Dir. d. Inst. f. Umweltinformatik (IUI) an d. FH; 1992 Rektor d. Hochsch. f. Technik u. Wirtsch. (HTW) d. Saarlandes - BV: (m. a.) Digitaltechnik, 1966; Netzplantechn., 1971 u. 1982; Digitaltechnik im Medienverb., 1975; Simulationstraining, 1979; CADOS-Schul., 1983 - 1986 BVK I. Kl.; 1992 Chevalier dans l'Ordre des Palmes Acadimiques.

GROH, Klaus

Dr. phil., D. lit. h. c., Kunstpädagoge, Kunstkritiker, Lehrbeauftr. Univ. Oldenburg, Dir. Micro Hall Art Center, Klein Scharrel - Heidedamm 6, Postf. 1206, 2905 Edewecht (T. 04486 - 26 97) - Geb. 9. Febr. 1936 Nysa (Polen), verh., 2 Kd. (Arne, Malte) - Päd. Staatsex. (versch. Lehrämter); Promot. 1976 Univ. Oldenburg - S. 1969 Org. zahlr. Ausst. z. aktuellen Kunst im In- u. Ausl.(USA, Polen, DDR, Frankreich, Japan, Mexiko) - BV: Aktuelle Kunst in Osteuropa, 1972; Visuell-Konkret, 1973; Kunst u. Soziol., 1977; Dada heute, 1979; Poesie in Polen, 1979; Installationen, 1983; Landsch. in d. Schachtel, 1984; The Collage, 1985; Untergrundkunst in Lateinamerika u. in noch sozialistischen Ländern, 1990; D. Bedeutung d. Mail Art in Osteuropa heute, 1991. Üb. 300 Einzelausst. u. Ausst.beteilig., u.a.

Teiln. an d. Biennalen in Venedig, Krakow, Sao Paulo, Paris. Gründ. Art Archiv Groh (rd. 25.000 Künstlermemorabiles) - 1990 Gründ. u. Leitg. d. musikalisch-lit. Kleinkunstbühne Literaturium in Klein Scharrel - 1985 Kunstpr. Orangerie Putbus/Rügen; 1987 Ikarusmed. d. Black Panel World Foundation; Mitgl. M.I.D.I.-Paris (Maison Intern. des Intellectuelle), u. Consejo cultural Mundial; Jurymitgl. / Mexico/Mexico; Ehrendoktor d. Lit. Univ. Aeterna Lucina, Manly, Sydney/Austral. - Liebh.: Blechspielzeug, Pseudobriefmarken, experimentelle Musik - Spr.: Engl.

GROH, Kurt

Dr. rer. oec., Dipl.-Ing., Vorstandssprecher Energieversorgung Ostbayern AG - Prüfeninger Str. 20, 8400 Regensburg - Geb. 6. Jan. 1930 Ludwigshafen/Rh. (Vater: Gustav G., Rektor i. R.), kath., verh. m. Helga, geb. Hornung, 2 Kd. - TH Karlsruhe, Univ. Innsbruck - 1959-72 Bayernwerk AG München. Stv. AR-Vors. Regensburger Energie- u. Wasserversorg. AG; AR-Mitgl. d. Ostthüringer Energieversorgung AG, Jena - Spr.: Engl. - Liebh.: Golf, Segeln - Rotarier.

GROHER, Wolfgang

Dr. med., Prof., Orthopäde, Chefarzt d. Osterberg-Klinik, Bad Gandersheim - Dr.-Heinrich-Jasper-Str. 4, 3353 Bad Gandersheim - Geb. 7. Dez. 1933 Breslau - Promot. 1960 Berlin (FU) - S. 1974 (Habil.) Lehrtätigk. FU Berlin (gegenw. apl. Prof.) - BV: Spondylolyse u. -listhesis als erworbener Spätzustand nach ständig einwirkenden Mikrotraumen bei Sportlern, 1975; Sportliche Belastungsfähigk. d. Haltungs- u. Bewegungsapparates. Üb. 100 Einzelarb. - 1974 Carl-Diem-Plak.

GROHMANN, Dieter

Voritzender d. Geschäftsführung TEHALIT GmbH, Heltersberg - Schwarzbachstr. 43a, 6751 Heltersberg/Pf. - Geb. 13. April 1937 Pirmasens, 2 Kd.

GROHMANN, Heinz

Dr. rer. pol., em. Prof. f. Statistik Univ. Frankfurt - Hauburgsteinweg 27, 6242 Kronberg 2 (T. 06173 - 6 13 93) - Geb. 21. Febr. 1921 Dresden, ev., verh. s. 1949 m. Martha, geb. Freitag, S. Andreas - Promot. 1963, Habil. 1970 - 1970-87 o. Prof. Univ. Frankfurt/M.; 1973-80 Schriftleit. Allg. Statist. Archiv; 1975-81 Sachverst. u. Mitgl. d. Wiss.-Gr. f. d. Sozialbeirat; 1979-84 Projektleit. Sonderforschungsber. 3 Univ. Frankfurt u. Mannheim; s. 1984 Vors. Dt. Statist. Ges. - BV: D. Entw. e. Bevölkerungsmod. z. Beurteilung d. Finanzierung d. dynam. Rente, 1965; Rentenversich. u. Bevölkerungsprognosen, 1980; D. gesetzl. Rentenversich. im demograph. Wandel, Gutachten f. d. Sozialbeirat, 1984 - Lit.: Wirtschafts- u. Sozialstatistik - Empir. Grundl. polit. Entsch., Festschr. (1986).

GROHME, Sigrid

Dr. med., Prof., Chefärztin Pathol. Abt./St.-Gertraudenkrkhs., Berlin 31 - Am Wildgatter 29, 1000 Berlin 39 - Geb. 13. Sept. 1928 Reichenberg/Böhmen - Promot. (1963) u. Habil. (1972) Berlin - S. 1972 Prof. FU Berlin (Allg. Pathol. u. Spez. Pathol. Anat.). Üb. 30 Facharb.

GROHN, Hans Werner

Dr. phil., Direktor Nieders. Landesmuseum, Hannover (s. 1975) - Bonner Str. 7, 3000 Hannover (T. 88 13 17) - Geb. 12. März 1929 Hagen/Wf. (Vater: Prof. Hans G., Chem.; Mutter: Hertha, geb. Grün), verh. s. 1958 m. Dr. Ursel, geb. Schönrock - Stud. d. Kunstgesch. u. Archäol. Univ. Greifswald, Berlin; Promot. 1952 - Assist. u. Kustos Staatl. Museen Berlin; Oberkustos u. Abt.dir. Hamburger Kunsthalle - BV: Piero della Francesca. Fresken in S. Francesco in Arezzo, 1961; L'opera pitt. completa di Hans Holbein il Giov., 1971 (dt. 1972, franz. 1987). Herausg.: Niederdt. Beiträge z. Kunstgesch. (s. 1976) - Liebh.: Oper, Konzert, Theater - Spr.: Ital., Engl. - Rotarier.

GROHS, Erhard

Dipl.-Ing., Vorstandsvorsitzender Dt. Carbone AG, Frankfurt/M., AR-Mitgl. Fa. Ferraz Lyon - Fuchstanzstr. 36, 6370 Oberursel 6 - Geb. 12. Juni 1929.

GROHS, Gerhard

Dr. iur. utr., Dipl.-Soz., Univ.-Prof. Univ. Mainz - Am Jungstück 42 A, 6500 Mainz 43 (T. 06131 - 8 61 08) - Geb. 24. Juni 1929, ev., verh. s. 1961 m. Dr. phil. Elisabeth, geb. Beringer, 2 Kd. - Stud. Rechtswiss. u. Soziol.; Promot. 1959 Heidelberg, Dipl. 1961 Berlin, Habil. 1966 Berlin - 1965/66 Gastprof. Univ. Leicester/Engl., 1966/67 Priv.-Doz. Berlin; 1967-69 Seniorlecturer Univ. Dar-es-Salaam/Tanzania; 1969-75 Prof. Berlin; s. 1975 o. Prof. Mainz; 1984/85 Theodor-Heuss-Prof. New School of Social Research, New York. Vors. Kurat. Ev. Studiengem. (FEST) Heidelberg; Mitgl. Entw.kommiss. d. Weltkirchenrats Genf; 1989-92 Beiratsmitgl. Lit. u. Wiss. Goethe-Inst.; stv. Vors. Kammer f. kirchl. Entw.dst. d. EKD; 1991-93 Vors. VN. d. Afrikanisten in Deutschland - BV: Stufen Afrikan. Emanzipation, 1967; Soziol. d. Dekolonisation (m. B. Tibi), 1973; Kulturelle Identität im Wandel (m. J. Schwerdtfeger u.a.), 1980; State and the Church in Angola (m. G. Czernik), 1983; Kriegsdienstverweigerung in Südafrika, in: C. Lienemann-Perrin (Hg.), Politische Legitimität in Südafrika, 1988; Formen kulturellen Protests in Afrika südl. d. Sahara in: K. H. Kohl (Hg.), D. Vielfalt d. Kulturen, 1990; Kirche in d. Welt - Kirche d. Laien (m. G. Czell, Hg.), 1990 - Spr.: Engl., Franz., Portug., Ital.

GROISSMEIER, Michael

Dipl.-Verwaltungswirt, Verwaltungsoberamtsrat, Lyriker - Buchkastr. 8, 8060 Dachau (T. 08131-8 21 70) - Geb. 21. Febr. 1935 München, kath., verh. s. 1964 m. Margit, geb. Winkler, T. Andrea - Human. Gymn.; Bayer. Verwaltungssch.; Verw.- u. Wirtschaftsakad. München (Dipl.) - Leit. Sozialverwaltg. Landkr. Dachau; Schriftst. - BV: u.a. Bestraf. f. Atemzüge, 1981; Haiku, 1982 (übers. jap., engl.); Schnee auf d. Zunge, 1983; Dem Rauch mißtrauen, 1984; Treibeis, 1985; Haiku, 1985; Mit d. Erdkugel am Fuß, 1988; D. Zögling, R. 1991 - 1984 Bürgermed. Kreisstadt Dachau; 1986 Ehrengabe d. Stiftg. z. Förd. d. Schrifttums; 1988/89 Ehrengast d. Villa Massimo/Rom - Liebh.: Musik, Lit. - Spr.: Engl., Griech., Latein.

GROLL, Freiherr von, Götz

Leiter d. Verbindungsstelle d. Dt. Gesellschaft f. Auswärtige Politik in Berlin (s. 1991) - Ernst-Reuter-Platz 10, 1000 Berlin 10; Holzlarerstr. 6, 5205 St. Augustin 2 - Geb. 6. Juni 1926 Berlin, ev., verh., 3 Töcht. - 1946-53 Stud. Slawistik, Anglistik, Amerikanistik, Phil., Volksw., Gesch. u. Staatsrecht Univ. Berlin u. Paris (als Werkstud.) - S. 1953 Ausw. Dienst: Auslandsp. in Sydney/Canberra u. Stockholm; 1963-66 NATO Paris; 1966-70 Handelsvertr. Sofia; 1971-77 Ref.-Leit. f. Fragen d. Allg. Ost-West-Bezieh. im AA; 1972-75 Teiln. an KSZE-Konfz. Helsinki u. Genf (Gesandter u. stv. Deleg.-Leit.); 1977 Deleg.-Leit. KSZE-Folgetreffen Belgrad; 1977-80 Dir. Abt. Wirtschaftsanalyse Wirtschaftskommiss. d. Vereinten Nationen (ECE) Genf; 1981-85 Gesandter, Leit. Polit. Abt. d. Botschaft Paris; 1985-90 Leit. Gesch.ber. Ausw. Angelegenh. b. Bevollm. d. Bundesreg. in Berlin. Mitgl. Dt. Ges. f. Osteuropa-Kd. - 1977 BVK I. Kl. - Liebh.: Musik (Klavier), Sport (Reiten, Tennis) - Spr.: Engl., Franz., Russ., Schwed., Bulgar., Span.

GROLL, Horst

Dr.-Ing., Prof. f. Mikrowellentechnik - Untertaxetweg 120, 8035 Gauting/Obb. (T. München 850 34 48) - Geb. 25. Juli 1924 München (Vater: Prof. Dr. med. Hermann G., Pathologe; Mutter: Alice, geb. Grimm), kath., verh. s. 1960 m. Tilly, geb. Pösl, S. Alexander - Promot (1951) u. Habil (1959) München - S. 1959 Privatdoz. u. apl. Prof. (1965) TU München 1976 Lehrstuhl f. Mikrowellentechnik) - BV: Radar, 1962 (m. H. H. Meinke); Mikrowellen-Meßtechnik, 1969 - Spr.: Engl., Franz., Ital.

GROLMAN, von, Tassilo

Industrie-Designer - Füllerstr. 4, 6370 Oberursel - Geb. 23. Dez. 1942 Iserlohn, ev., verh., 2 Töcht. - Stud. Ind.-Design GHS Kassel - Tätigk. Architekturbüro u. Werbeagenturen (TBWA u. Lürzer Conrad Frankfurt); s. 1975 selbständ. 1984 Lehrauftr. f. Verpackungs-Design FH Darmstadt. Aufgabengeb.: Ind.-Design, Arch.-Design u. Verpack.-Design - 1986 Dt. Werkbund; 1989 Gründungsmitgl. u. Präs. DDC (Dt. Designer Club); Mitgl. ADC Art Directors Club Dtschl. - Liebh.: Segeln, Kochen.

GROMNICA-IHLE, Erika

Dr. sc. med., Prof., Chefärztin d. Rheumaklinik Berlin-Buch (s. 1988) - Zepernicker Str. 1, O-1115 Berlin - Geb. 6. Febr. 1940 Pretzschendorf, verh. m. Michael Gromnica, geb. Rönsch, 2 Kd. (Torsten, Judith) - Stud. Humboldt-Univ. Berlin; Promot. A 1964; Promot. B 1983 - Mehrere Buchkapitel, üb. 100 wissenschaftl. Publikationen.

GRONE, Friedrich W. E.

Dipl.-Ing., Bergass., Direktor, Vorstandsmitgl. Stadtwerke Hagen AG (s. 1971) - Toblacher Str. 8, 4600 Dortmund 50 (T. 0231-73 13 07) - Geb. 6. Juni 1936 Bückeburg, ev., verh. s. 1965 m. Gunda, geb. Stuhlmann - 2 Kd. (Silke, Frank) - Gymn. (Abit. 1957); Stud. TH Aachen u. TU Berlin; Dipl. 1964; Ass.-Ex. 1967. Fachveröff. - Spr.: Engl., Franz.

GRONEMEYER, Horst

Dr. phil., Prof., Bibliotheksdirektor, Leit. Staats- u. Univ.bibl. Hamburg - V.-Melle-Park 3, 2000 Hamburg 13.

GRONEN, Peter

Fabrikant, Mitinh. Rhein. Wollwerke A. Gronen & Co., Monschau - Schloßkehr 8, 5108 Monschau - Geb. 6. Dez. 1914 - Zeitw. Vors. Verb. Dt. Streichgarnspinner, Düsseldorf.

GRONENBERG, Hans-Konrad

Vorstandsmitglied EOS-ISAR Lebensversicherungs-AG. i.R. - Franz-Joseph-Str. 39, 8000 München - Geb. 1. Dez. 1922 - Dipl.-Math.

GRONOSTAY, Uwe

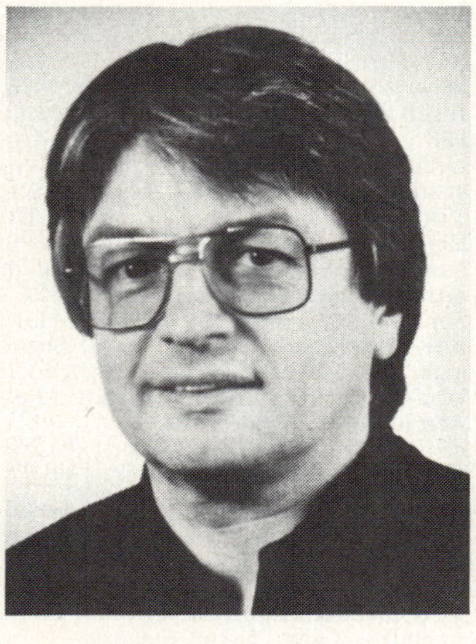

O. Professor f. CHORLEITUNG an d. Hochschule d. Künste Berlin, FB 7 - Fasanenstr. 1B, 1000 Berlin 12 - Dirigent d. Philharmonischen Chores Berlin u. Artistic Director v. Nederlands Kamerkoor, Amsterdam; s. 1992 auch Principal Guest Conductor of the Danish National Radio Choir København.

GRONWALD, Detlef

Dr.-Ing., Prof. f. Lehrorientierte Fachwiss. Elektrotechnik u. deren Didaktik Univ. Bremen - 2141 Sandbostel 62.

GRONWALD, Rochus Richard

Dr.-Ing., Dipl.-Ing., Geschäftsführer Gebr. Wackenhut GmbH, Nagold, Karosserie- u. Fahrzeug-Werke (s. 1986) - Hagenauer Str. 7, 6740 Landau (T. 3 23 46) - Geb. 5. Sept. 1934 Liegnitz (Vater: Karl G., Min.-Rat a. D.; Mutter: Dorothea, geb. Steckel), ev., verh. s. 1963 m. Elke, geb. Ludewig, 3 Kd. (Christian, Martin, Katrin) - Stud. TH Aachen Maschinenbau, Schweißtechnik, Promot. 1965 ebd. - S. 1965 Ind.tätigk. - Spr.: Engl. - Lions Club.

GROOT, de, Eugenius

Dr., Prof. f. Physik Univ. Bielefeld (s. 1978) - Hesskamp 2, 4904 Enger - Geb. 26. Mai 1940 Eindhoven, verh. s. 1977 m. E. J. Atkinson, T. Saskia - Promot. (Theoret. Physik) 1971 Utrecht; Habil. (Theoret. Physik) 1978 Bielefeld - 1966-71 wiss. Assist. Zeeman-Laborat. Univ. Amsterdam; 1971-73 Royal Soc. Fellowship Dept. of Theoretical Physics Univ. Oxford; 1973-74 wiss. Assist. Inst. v. Theoret. Physica Utrecht; 1974-76 Senior Fellow CERN Genf; 1977 Max-Planck-Inst. f. Physik u. Astrophysik München; 1985 Gastprof. Inst. v. Theoret. Physica Utrecht - Liebh.: Tennis, Schach, Bridge - Spr.: Engl., Franz., Holl.

GROOTE, Hans

Dipl.-Kfm., Geschäftsführer Brambles Holdings Deutschland GmbH, Düsseldorf - Am Feldbrand 6, 4005 Meerbusch 1 - Geb. 19. Okt. 1927 - Stv. AR-Vors. Kontinentale Öl Transport A.G., Berlin-Wilmersdorf; AR-Vors. EVA Eisenbahn-Verkehrsmittel-Ges. mbH, Düsseldorf, u. Eisenbahn-Verkehrsmittel-AG f. Transp. u. Lagerung, Düsseldorf.

GROOTHOFF, Hans-Hermann

Dr. phil., Dr. phil. h. c., em. Prof. f. Pädagogik - Sander Höhe 11, 5060 Bergisch Gladbach 2 (T. 3 52 33) - Geb. 11. Sept. 1915 Lüneburg (Vater: Dr. med. dent. Johann G., Zahnarzt), ev., verh. s. 1943 m. Margret, geb. Ohlemann, 2 Kd. (Christa, Peter) - Univ. Freiburg/Br., Hamburg, Kiel (Phil., Päd., Gesch., German.; Promot. 1951) - 1948-53 Mitarb. Univ. Kiel, 1954-55 Forschungsstip., 1955-60 Lehrauftr. f. Phil. u. Päd. Musikhochsch. Hannover, 1956-59 Doz. Päd. Hochsch. Lüneburg, 1959-62 Prof. Päd. Hochsch. Hannover, seither o. Prof. Univ. Köln - BV: D. Berufsschule, 1959 (m. H. Abel). Herausg. bzw. Mithrsg.: Päd. Lexikon, 1961; Kant - Ausgew. Schriften z. Päd. u. ihre Begründ., 1963, u. a. Editionen; D. Fischer-Lex. Päd., 1964; Neues Päd. Lex. 1971; Funktionen u. Rolle d. Erziehers, 1972; Einführ. in d. Erziehungswiss., 1975; Erwachsenenbild. u. Ind.ges., 1976; Wilhelm Dilthey, 1981; Ges. Abhandlungen 1957-85, 1985; D. Krise d. allgemeinbildenden Schule, 1989 - Ehrendoktor.

GROOTHOFF, Klaus

Dipl.-Ing., Vorstandsmitglied Gerresheimer Glas AG, Düsseldorf, Geschäftsf. Bramlage GmbH, Lohne - Heyestr., 4000 Düsseldorf-Gerresheim; priv.: Ahornweg 3, 6200 Wiesbaden - Geb. 3. Okt. 1921 Chorzow/OS. - Zul. Geschäftsl. Jenaer Glaswerke Schott & Gen., Mainz - Mitgl. DGG Frankfurt, Rotary Club Mainz.

GROPP, Axel

Dipl.-Kfm., Beirat Lenser Kunstoffpreßwerk, Senden, Hoesch Metall- u. Kunstoffwerk, Düren, Pferdmenges-Vermögensverw., Sanierung u. Abwicklung Treuhandanstalt Berlin, KWO AG

Berlin-Köpenick, AR-Vors. Groschopp & Co., Viersen - Geb. 13. Febr. 1937.

GROPP, Hans

Dr. med. (habil.), Prof., Chefarzt Chirurg. Klinik - Diakonie-Krankenhaus, 7800 Freiburg/Br. - S. 1972 apl. Prof. f. Chir. Univ. Freiburg.

GROSCH, Ernst

Dr. rer. nat., Vorstandsmitglied Feldmühle Nobel AG, Düsseldorf - Zu erreichen üb. Dynamit Nobel AG, Postf. 12 61, 5210 Troisdorf - Geb. 29. Okt. 1928 Coburg - Stud. Chemie (Dipl.-Chem.).

GROSCH, Heinz

Dr. theol., Prof. f. Ev. Theologie PH Esslingen (1972 ff.) u. Schwäbisch Gmünd (1982) - Beethovenstr. 38, 7307 Aichwald-Aichschieß - Geb. 26. April 1930 - Promot. Bern - S. 1968 Hochschullehrer. Bücher u. Aufs. in Ztschr., Lexika u. Sammelbd.

GROSCH, Johann

Dr.-Ing., Prof. f. Werkstofftechnik TU Berlin - Str. d. 17. Juni 135, 1000 Berlin 12.

GROSCH, Robert F.

Dipl.-Ing., Prof., Flughafendirektor - Rüsternallee 33, 1000 Berlin 19 (T. 304 35 23, Büro: 41 01 22 00 Tegel/ 690 96 10 Tempelhof) - Geb. 6. Febr. 1931 Halle/S. - Stud. Bauingenieurwesen. S. 1964 Berliner Flughafen-GmbH (b. 1969 Prok., dann Techn. Dir.) - Spr.: Engl., Franz. - Rotarier.

GROSCH, Werner Joachim

Dr.-Ing., Prof., stv. Direktor Dt. Forschungsanstalt f. Lebensmittelchemie (eingetr. 1969) - Lichtenbergstr. 4, 8046 Garching/Obb. - Geb. 21. Jan. 1934 Berlin - Promot. 1964 Berlin (TU) - S. 1969 (Habil.) Lehrtätigk. (1974 apl. Prof. f. Lebensmittelchemie TU München). Üb. 170 Facharb. - Normann-Med. d. Dt. Ges. f. Fettwiss.

GROSCHE, Hildegard

Verlegerin, Übersetzerin u. Herausg. (ung. Literatur) - Im Asemwald 32, 7000 Stuttgart 70 (T. 0711 - 72 43 25) - S. 1977 Präs. Freundeskr. z. intern. Förder.lit. u. wiss. Übers. - 1981 Andreas-Gryphius-Preis; BVK; 1983 Gold. VO d. VR Ungarn; 1985 Literaturpreis Déry-Stiftg.; 1986 Ehrengabe Kulturkr. Bundesverb. d. Dt. Ind.; Verdienstmed. Land Baden-Württ.; 1991 Fahnenorden d. Republik Ungarn.

GROSER, Manfred

Dr. rer. soc., Dipl.-Volkswirt, Prof. f. Politikwissenschaft Univ. Bamberg (s. 1983) - Hahnbergblick 29, 8615 Melkendorf b. Bamberg - Geb. 11. Aug. 1944 Lauingen (Vater: Rudolf G.; Mutter: Rosa, geb. Bauer), kath., verh. s. 1978 m. Ingrid, geb. Klinkert - 1963-67 Stud. Wirtschaftswiss. Univ. Innsbruck, Dipl.-Volksw. 1967; 1969-70 Stud. Industrial Relations London School of Economics, M.Sc. 1970; 1970-77 Stud. Sozialwiss. Univ. Bochum, Promot. 1977 - 1970-77 Wiss. Angest. Univ. Bochum; 1978-80 Planungsgruppe d. CDU-Bundesgeschäftsst. Bonn; 1980-83 Wissenschaftszentr. Berlin - BV: Ökonom. Theorie d. polit. Wettb. (m. Ph. Herder-Dorneich), 1977; Grundlagen d. Tauschtheorie d. Verb., 1979; D. Neue Soz. Frage (m. W. W. Veiders), 1979. Herausg.: Beiträge z. Sozialen Ordnungspolitik (1988) - 1978 Preis d. Ruhr-Univ. - Liebh.: Oper, Theater, Musik - Spr.: Engl., Ital.

GROSS (ß), Carl S.

Dr. jur., Vorstandsmitglied Oldbg. Landesbank AG, Oldenburg (s. 1968; 1981ff. Vorst.-Vors.) i. R. - Pestrupsweg 20, 2900 Oldenburg/O. (T. 5 44 76) - Geb. 19. Juni 1928 Höchst/M. (Vater: Dr. Carl R. G., Syndikus; Mutter: Anna, geb. Westenberger), kath., verh. s. 1955 m. Eva, geb. Horn, 3 Kd. (Thomas, Andreas, Susanne) - Gymnasium; Bankausbildung; Stud. Rechtswiss. As-s.ex. 1953; Promot. 1954 (Diss.: Völkerrecht u. Außenpolitik n. d. Bonner Grundgesetz) - 1953-68 Dt. Bank AG (1960-68 Filialdir. Ludwigshafen) - Liebh.: Genealogie, Sport.

GROSS (ß), Christian

Karikaturist (Künstern. Kriki) - Großbeerenstr. 66, 1000 Berlin 61 - Geb. 9. Febr. 1950 Lamstadt/Nieders., led. - Lehrerstaatsex. - Redakt. b. rAd ab!, Grober Unfug, Berliner Verallgemeinerte, Schmutz u. Schund, Skandal, Lemuren sow. Tätigk. als Cartoonist, Collagist u. Copy-Artist - BV: D. Ärmelkanal ist voller Ärmel, 1979; Idiotikon, 1986; D. Berg ruft, 1986; D. Collagenb., 1987; Sei kein Frosch, 1988.

GROSS (ß), Dieter

Dipl.-Ing., Prof. f. Techn. Mechanik Gesamthochschule Wuppertal (Fachbereich Maschinentechnik) - Elsenbornstr. 8, 5800 Hagen.

GROSS (ß), Dietmar

Dr.-Ing., Prof. f. Mechanik TH Darmstadt (s. 1976) - Kl. Ring 17, 6104 Seeheim-Jugenheim 1/Bergstr. - Geb. 4. März 1941 Wels/Österr. (Vater: Dr. med. W. G., Arzt; Mutter: Hermine, geb. Schulyok), verh. s. 1965 m. Dr. Heide, geb. Wiemer, 1 Kd. - Gymn.; Univ. Rostock (Angew. Mechanik; Dipl. 1965). Promot. 1968; Habil. 1974; 1965 Wiss. Mitarb., 1968 Oberassist., 1974 Privatdoz. - Lehrbücher der Mechanik - Spr.: Engl.

GROSS (ß), Eberhard

Dr. phil., o. Prof. u. Direktor Seminar f. Soziologie d. Erziehung Univ. Gießen (s. 1963) - Häuser Born 10, 6300 Gießen (T. 0641 - 4 58 99) - Geb. 27. Dez. 1912 Erfurt, ev., verh. s. 1948 m. Fanny, geb. Biedermann, 2 Kd. (Marion, Stephan) - Stud. d. Soziol., Psychol., Gesch., Päd. Univ. Göttingen; Promot. 1957 - Zun. Schuldst.; 1959-60 Dt. Inst. f. intern. pädagog. Forschung; 1960-63 Päd. Inst. Weilburg; 1968ff. Stadtrat u. Dezern. f. Jugend- u. Bildungsfragen Stadt Gießen. Mitgl. Ges. z. Förd. päd. Forschung, Frankfurt/M. u. Dt. Ges. f. Soziol. - BV: Erziehung u. Ges. im Werk Adolf Diesterwegs, 1966; Geld in Kinderhänden, 1966 (auch ital.); Raumordnung u. Bildungsplanung, 1968 (m. a.); Specht, Probleme d. Curriculumforschung, 1969 (m. a.); Wehle, Päd. aktuell, 1973 (m. a.); Einf. in d. Bildungssoziologie, 1975; Sommer, Berufsbildung zw. Päd. u. Politik, 1976 (m. a.); Fernstudium im Medienverbund, 1976 (m. a.); Soziologie, Sozialpsychologie u. Psychoanalyse d. Schule, 1979. Mitarb.: Lexikon d. Päd., 1970; Bundesrepublik (Frankf. Hefte, Sdh.), 1976; Familie (Hrsg. Fischer), 1976; Herder, Wörterb. d Päd., 1977; Jugend zw. Resignation u. Revolte, 1981; Auf d. Schwelle zw. Soziol. u. Psychiatrie (Hrsg.), 1981; Grenzpfähle - Grenzfälle, 1984; In memoriam Foucault, 1985; Jugendsoziol. Erz. 1985; Interkulturelle Päd. vor kränkender Sozialisation (Interkult. Päd.), 1986; Aufbruch u. Resignation e. Bildungssoziol. Lebensbilder, 1986; Identität u. Sprache, 1987; Dt. Einheit in e. multikulturellen Ges., 1990; Autonomie d. Wiss. - e. Ritual auf d. Suche nach seinem Gegenstand, 1991 - Spr.: Engl., Franz., Lat., Griech. - Lit.: Intern. Soz.lexikon; Wörterb. d. Soziologie; Kürschners Gelehrtenkalender; who's who in Europe Belgique; who's who in the World, 1980/81.

GROSS, Engelbert

Dr. theol., Univ.-Prof. f. Religionspädagogik u. Didaktik d. Religionslehre Univ. Eichstätt - Kilian-Leib-Str. 17, 8078 Eichstätt/Bayern - Geb. 22. Dez. 1938 Gladbach/Krs. Düren - Stud. Bonn, Freiburg, Graz, Köln; Staatsex. f. d. Lehramt an Gymn. Bonn; Mag. theol. u. Promot. 1978 Graz - Unterr. u. Lehrtätigk. in Schule u. Hochsch.; pastorale Tätigk.; Lehrerfortb.; Vors. d. Ges. f. Jenaplan-Päd. in Deutschland.; Leit. d. Forsch.projekts Sittlich-religiöse Erziehung u. Entwicklung d. Kindes d. Univ. Eichstätt. Arbeitsgeb.: Didaktik d. relig. Unterweis. - BV: Kindergebetb., relig. Lyrik, Meditationstexte, Lieder, u.a.: Mein Kirchbuch, 13. A. (übers. in skand. Spr., ins Span., ins Ung.); Mein Drei-Zeiten-Buch; D. Stein erweichen möchte ich können; Wohin soll ich leben?; In bibl. Symbolen beten; Wenn Staat u. Kirche Schule machen; M. Schülern neu z. Sache kommen: Unterr. als Spurensicherung; Wenn in deiner Wüste sich d. Himmel auftut - Gott, d. wie d. Bärin ist; Religionsunterr. auf d. Suche; Freies Arbeiten in weiterführenden Schulen - Liebh.: Kulturen d. Länder, Relig. d. Völker, Dichtung, Fotogr.

GROSS, Georg G.

Dr. rer. nat., Prof. f. Pflanzenphysiologie Univ. Ulm - Meinradweg 12, 7900 Ulm-Unterweiler.

GROSS, Gisela

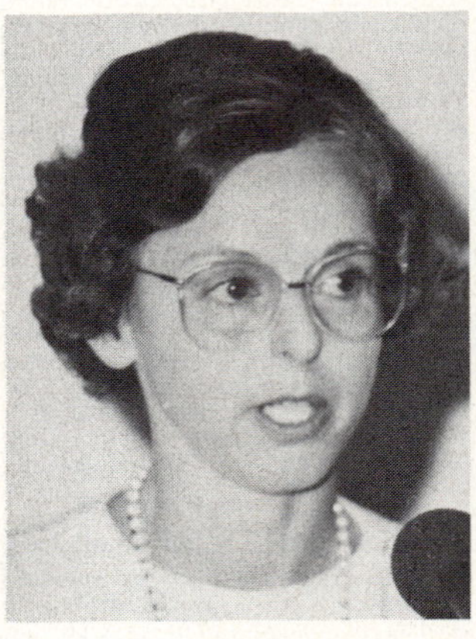

Dr. med., Univ.-Prof. d. Univ. Bonn, Leiterin Bereich Verlaufspsychiatrie (s. 1973) - Geb. 15. Febr. 1936 Breslau - Abit. 1956; Med.stud. in Mainz, Marburg, Frankfurt/M., Heidelberg; Staatsex. 1961 Heidelberg; Promot. 1962; nach Weiterbild.zt. Univ. Heidelberg, Köln, Bonn; OÄ f. Psych. u. Neurologie; Habil. 1974 Ulm; s. 1978 kommiss. Dir. Psych. u. Neurolog. Klinik Univ. Lübeck u. 1987/88 d. Psych. Univ.-Klinik Bonn - BV: ca. 180 wiss. Arb.; 10 Bücher u. a. über Wahn; Bonner Instrument z. Erfassung v. Basisymptomen - 1986 Kurt Schneider Wiss.preis; Editorial Board Schizophrenia Research; Neurologie, Psychiatry, Brain Research; u.a. Honorary member of Soc. Biolog. Psychiatry of Paraguay and Brasil; Visiting Prof. Fed. Univ. of Minas Gerais in Belo Horizonte/Brasil - Spr.: Engl., Span., Franz.

GROSS, Hans J.

Dr. rer. nat., o. Prof. f. Biochemie u. Institutsvorstand Univ. Würzburg - Zu erreichen üb. Inst. f. Biochemie d. Univ. Würzburg, Biozentrum, Am Hubland, 8700 Würzburg - 1983 Carus-Med. Dt. Akad. d. Naturforscher Leopoldina; 1984 Carus-Preis Stadt Schweinfurt; 1985 J.K. Parnas-Preis d. Poln. Biochemischen Ges.

GROSS (ß), Heinrich

Dr. theol., em. o. Prof. f. Altes Testament Univ. Regensburg (1968-84) - Agnesstr. 13, 8400 Regensburg (T. 2 21 45) - Geb. 13. Sept. 1916 Bonn (Vater: Michael G.; Mutter: Anna, geb. Pung), kath. - Phil.-Theol. Hochsch. Trier u. Univ. Bonn (Promot. 1951); Bibelinst. Rom (Lic. bibl. 1953) - 1948-49 Subdir. Konvikt Linz/Rh.; 1949-51 Rektor St. Anna Remagen; 1953-68 Doz., ao. (1955) u. o. Prof. (1957) Theol. Fak. Trier. Emerit. 1984 - BV: Weltherrschaft als religiöse Idee im Alten Testam., 1953 (Diss.); D. Idee d. ew. u. allg. Weltfriedens im Alten Orient u. im Alten Testam., 1956 (Habil.schr.); D. Engel in d. Hl. Schrift, 1961; Kl. Bibelkd. z. Alten Testam., 1967; Tobit, Judit, Ester in: Echter-Bibel, 4. A. 1970; Kernfragen d. Alt. Testam., 1977; D. Buch d. Psalmen, 2 Bde. 1978/80; Ijob, Klagelieder in: Neue Echter Bibel, 1986; Tobit-Judit, 1988. Mitarb.: Kath. Schulbibel u. a. Üb. 75 Ztschr.aufs. - Mitgl. Soc. of Biblical Literature and Exegesis/USA - Spr.: Franz., Engl., Ital.

GROSS (ß), Heinz

Dipl.-Ing., Vorstandsmitglied Hoesch Rohr AG., Hamm - Reichsmarkstr. 142, 4600 Dortmund - Geb. 20. Febr. 1922.

GROSS, Hermann

Dr. rer. pol., em. o. Prof. f. Wirtschaft u. Ges. Südosteuropas - Sonnwendstr. 26, 8035 Gauting/Obb. (T. München 850 10 57) - Geb. 23. Jan. 1903 Kronstadt-Brasov (Eltern: Julius (Gymnasialdirektor) u. Marie G.), ev., verh. s. 1949 m. Gertrud, geb. Hagemann, 2 Kd. - HH (Dipl.-Kfm. 1924) u. Univ. Leipzig (Dipl.-Volksw. 1925). Promot. (1927) u. Habil. (1938) Leipzig - 1938-71 Lehrtätigk. Univ. Leipzig, Hochsch. f. Welthandel u. Univ. Wien (1939; 1943-45 apl. Prof.) Univ. Kiel (1949; 1957 Wiss. Rat u. Prof.) u. München (1962 Ord.); 1939-45 Leit. Volksw. Abt. IG Farbenind., Zweigst. Wien. Zahlr. Veröff. üb. Außenhandelsfragen, Industriew., Wiss.finanzierung, wirtschaftl. u. polit. Probleme Südosteuropas u. d. Nahen Ostens - Jireček-Med. Gold d. Südosteuropa-Ges. München (1972), Kulturpreis 1974 d. Landsmannschaft. d. Siebenbürger Sachs. in Dtschl. u. Österr.; 1978 BVK am Bde., 1984 BVK I. Kl.

GROSS, Jan

Dr. med., o. Prof. f. Psychiatrie, Ärztl. Direktor Psychiatrie u. Nervenklinik, Hamburg (s. 1971) - Martinistr. 52, 2000 Hamburg 20.

GROSS, Johannes

Dr. h.c., Journalist, Vorst. Gruner & Jahr AG & Co. (s. 1983), Herausg. Wirtschaftszeitschr. Capital, Hrsg. Zeitschr. Impulse - Eupener Str. 70, 5000 Köln 41 (T. Köln 490 82 13) - Geb. 6. Mai 1932 Neunkhausen (Vater: Albert G., Kaufm.; Mutter: Martha, geb. Giehl), luth., verh. s. 1961 m. Elisabeth, geb. Gotthardt, 2 Kd. (Julia, Daniel) - Gymn.; Stud. Phil. u. Rechtswiss. I. jurist. Staatsprüf. 1954 Marburg - 1959 Bonner Korresp. Dt. Ztg., 1961 Ressortchef Politik ebd., 1962 Leit. Polit. Abt. u. stv. Dir. Aktuelles Programm Dtschl.funk, 1968 Chefredakt. u. stv. Int. Dt. Welle, 1974ff. Chefredakt. Capital u. 1980 Hrsg. Capital u. Impulse; 1977-84 Moderator ZDF-Send.: D. Bonner Runde; s. 1971 fr. Mitarb. FAZ (Leitart., Glossen, Berichte). Im Frühjahr 1991 entwickelt für das Abonnenten-FS: Premiere (wöchentl. 30-Minuten-Sendung unter d. Titel Tacheles, im Wechsel mit Dr. Theo Sommer, s. 1991) - BV: Lauter Nachworte, 1965; D. Deutschen, 1967; Absagen an d. Zukunft, 1970; Unsere Letzten Jahre, 1980; Notizbuch, 1985; Phoenix in Asche, 1989; D. neue Notizbuch, 1990 - 1980 Ehrendoktor of Letters Univ. Florida; 1983 Bambi Bild + Funk; 1986 Ludwig-Erhard-Preis f. Wirtschaftspubliz.; 1972 Mitgl. PEN-Zentrum BRD (1977 Austr.); Mitgl. PEN-Zentrum deutschspr. Schweiz.

GROSS, Josef

Vorstandsvorsitzer Vereinigte Haftpflicht Versicherung VaG. (1981 ff.) - Constantinstr. 40, 3000 Hannover 1.

GROSS, Joseph

Dipl.-Kfm., Landrat a. D., Vors. Landeswohlfahrtsverb. Baden, VRsvors. Stiftg. Frauenalb, -mitgl. Verwaltungs- u. Wirtschaftsakad. Baden, ARsmitgl. Albtal-Verkehrs-Ges. mbH. (alles Karlsruhe) - Hansjakobstr. 11, 7500 Karlsruhe (T. 2 79 81) - Geb. 29. Okt. 1909 Karlsruhe, verh. s. 1938 m. Pia, geb. Zeitler, 3 Kd. (dav. 2 S.) - S. 1946 Landrat Kr. Karlsruhe (Sitz Dt. Atomforschungszentrum) - Spr.: Franz., Ital. - Rotarier.

GROSS (ß), Karl
Geschäftsführer Menk Apparatebau GmbH. - 5439 Bad Marienberg/Westerw. - Geb. 13. Mai 1936.

GROSS (ß), Konrad
Dr. phil., Prof. f. Engl. Philologie, insb. Amerikanistik u. Kanadistik, Univ. Kiel (s. 1978) - Hasseerstr. 73, 2300 Kiel - Geb. 23. Juli 1940 Ahrensberg (Vater: Franz G., Landwirt; Mutter: Maria, geb. Vahlkampf), kath., verh. s. 1974 m. Janet, geb. Middleton, 3 Kd. (Brian, Kevin, Vanessa) - Abit. 1961, Staatsex. 1968 (Angl. u. Politik) Univ. Marburg; Promot. 1970 Univ. Köln; Habil. 1977 Freiburg - 1972/73 Canada Council Fellowship, Univ. of British Columbia, Vancouver. S. 1978 Prof. Univ. Kiel; 1984-87 Vors. Ges. f. Kanada-Stud.; 1991 Northern Telecom five Continents Award f. Kanada-Studien - BV: Arbeit als lit. Problem, 1982. Herausg.: D. engl. soz. Roman im 19. Jh. (1977); Engl. Lit. of the Dominions (m. W. Klooß, 1981); Voices from Distant Lands (m. W. Klooß, 1983); Grundl. z. Lit. in engl. Spr.: Kanada (m. W. Pache, 1987); Probing Canad. Culture (m. P. Easingwood, W. Klooß, 1991).

GROSS (ß), Michael
Viermaliger Schwimmweltmeister, dreimaliger Olympiasieger - Paul-Ehrlich-Str. 6, 6000 Frankfurt/M. (T. 069 - 63 68 58) - 1982, 83, 84 u. 88 Sportler d. Jahres; 1985 u. 86 2. Platz Sportler d. Jahres.

GROSS (ß), Philipp
Dr. med., Prof. f. Chirurgie Univ. Frankfurt - Happelstr. 7, 6900 Heidelberg.

GROSS (ß), Rötger
Rechtsanwalt u. Notar, Fachanwalt f. Sozial- u. Verwaltungsrecht - Fichtestr. 21, 3000 Hannover - Geb. 22. April 1933 Hildburghausen/Thür. (Vater: Erwin G. Pastor; Mutter: Josepha, geb. Hauck), verh. s. 1963 m. Eleonore Groß-Ekowski, geb. Ekowski, S. Felix - Gymn. Hamburg; Univ. Hamburg u. Heidelberg (Rechtswiss.), Hochsch. f. Verw.wiss. Speyer. Ass.ex. 1960 - 1961-64 Hbg. Verw.; 1964/72 Stadtdirektor Hameln; 1972/74 MdB; 1974/78 MdL Niedersachsen; 1974/76 u. 1977/78 Nieders. Minister d. Innern u. Stellv. d. Ministerpräs., Mitgl. d. Bundesrats; 1968/78 Landesvors. d. F.D.P. Nieders.; 1970/78 Mitgl. d. Bundesvorst. d. F.D.P.; Vors. AG Soz.recht im Dt. Anwaltverein - 1977 Gr. BVK - H. R. Schneider: Gefragt: Rötger Gross - Spr.: Engl.

GROSS, Rudolf
Dr. med., Prof. u. em. Direktor Med. Univ.klinik Köln (1964-83) - Auf d. Römerberg 40, 5000 Köln 41 (T. 478 44 00) - Geb. 1. Okt. 1917 Stuttgart (Vater: Johannes G.; Mutter: Anna, geb. Kucher), kath., verh. s. 1953 m. Anneliese, geb. Stein, 3 Töcht. (Eva, Annette, Susanne) - Eberhard-Ludwigs-Gymn. Stuttgart; Univ. Freiburg/Br., München, Straßburg. Promot. 1944 - 1944-46 Lazarette u. Kriegsgefangenenlaz.; 1946-50 Med. Univ.klinik Tübingen; 1950-51 u. ab 1952 Med. Univ.klinik Marburg (Oberarzt; 1954 Doz., 1960 apl. Prof.), dazw. 1951-52 Krebsforschungs-Inst. Heidelberg - BV: Thromboembol. Erkrank., 2. A. 1960 (auch span. u. ital.); Lehrb. d. Inn. Med., 1966, 7. A. 1987 (auch span. u. ital.); Med. Diagnostik - Grundlagen u. Praxis, 1969; 1000 Merksätze f. Inn. Med., 2. A. 1978; Klin. Ontologie, (m. Schmidt) 1985; D. Arzt im Notfalldienst, (m. Heller) 1985. Etwa 550 Fachztschr.- u. Handbuchbeitr., vornehml. Hämatol. u. Tumortherapie - 1969 Wilhelm-Warner-Preis, 1973 Mitgl. Dt. Akad. d. Naturforscher (Leopoldina), 1981 Dr.-Emil-Salzer-Preis (f. Arb. z. Chemotherapie d. Krebses), Österr. Akad. d. Wiss.; zahlr. Ehrenmitgliedsch. in- u. ausl. Ges. - Spr.: Engl.

GROSS, Thomas
Dr. phil., Leiter Abteilung Presse- u. Öffentlichkeitsarbeit Bundesvereinigung Deutsche Arbeitgeberverb. - Winzerstr. 94 b, 5300 Bonn - Geb. 20. Jan. 1946, verh., 2 Kd.

GROSS, Ulrich Michael
Dr. med., Prof. f. Allg. Pathologie u. Spez. Pathol. Anat. FU Berlin - Gelfertstr. 17, 1000 Berlin 33.

GROSS (ß), Walter
Arbeiter, MdBB (1967-71 u. 1975 ff.) - Gröpelinger Heerstr. 60/62, 2800 Bremen 21 - Geb. 21. Febr. 1928 Stettin, ev., verh., 3 Kd. - Mittelsch. - Nach Praktikum Reichsbahn Kriegst., n. 1945 US-Besatzungsmacht u. versch. Firmen, s. 1954 Bremer Lagerhaus-Ges. (1965 ff. Betriebsrat). SPD s. 1957.

GROSS (ß), Walter Carl
Dr. theol. habil., Lic. bibl., o. Prof. f. Altes Testament Tübingen (s. 1980) - Mallestr. 24, 7400 Tübingen - Geb. 30. Juni 1941 Würzburg (Vater: Prof. Dr. Walter Hatto G.; Mutter: Annelise, geb. Tumma), kath. - Pontificia Univ. Gregoriana, Rom; Promot. 1973; Habil. 1975 - Zun. Univ. München (wiss. Assist., Doz.), s. 1975 Univ. Mainz, s. 1980 Univ Tübingen - BV: Bileam, 1974; Verbform u. Funktion. wayyiqtol f. d. Gegenwart?, 1976; D. Pendenskonstruktion im Bibl. Hebräisch, 1987 - Liebh.: Musizieren - Spr: Engl., Franz., Ital.

GROSS (ß), Werner
Dr. med., Prof., Ärztl. Direktor d. Klinikums d. J. W. Goethe-Univ. - Zu erreichen üb. Gustav-Embden-Zentrum d. Biol. Chemie, Dieburger Str. 39, 6000 Frankfurt-Fechenheim (T. 41 28 55) - Geb. 17. Febr. 1938 Darmstadt (Vater: Dr. Philipp G., Ministerialrat a. D.; Mutter: Alice, geb. Treusch), ev., verh. s. 1963 m. Dr. Ursula, geb. Fischer, 3 Kd. (Michael, Elke, Peter) - Stud. d. Med. Frankfurt/M., Gießen; Promot. 1963; Habil. 1970 - Mitgl. Ges. f. Biol. Chemie, Dt. Physiol. Ges., N.Y. Acad. Sci, AAAS - BV: Biolog. Membranen, 1975 (m. W. Hülsen, K. Ring). Beitr. Encyclopaedia Britannica; Coautor „Pathobiochemie", 1978; Physiol. Chemie, 1989 - Spr.: Engl.

GROSS, Willi
Dr. iur. utr., Prof., Präsident Hochschullehrerbund (HLB) - Wingertsbergweg 1, 6380 Bad Homburg v.d.H. (T. 06172 - 4 75 50) - Geb. 16. Febr. 1935 Frankfurt/M., verh. m. Dr. iur. Gunhild, geb. Kühne, 2 Kd. - 1957-60 Stud. Rechtswiss.; 1. Staatsex. 1960, Gr. jurist. Staatsprüf. 1964/65; Promot. 1963 - Staatsanwalt, Richter, Bayer. Staatsmin. d. Justiz (1965/66), Bundesjustizmin. (1968/69), Prof. f. Bürgerl. Recht, Handelsrecht u. Arbeitsrecht - BV: Lehrb. Bürgerl. Recht (Allg. Teil), Bürgerl. Recht (Schuldrecht), Handelsrecht, Arbeitsrecht (2 Bde.), Arbeitsvertragsrecht.

GROSS, Wolff
Dr. med., Prof. f. Innere Medizin - Steubenstr. 7, 8700 Würzburg - Geb. 10. April 1926 Kolberg - S. 1965 (Habil.) Lehrtätigk. Univ. Würzburg (1971 apl. Prof., 1978 Prof.). Spezialgeb. Stoffwechsel.

GROSSBACH, Ulrich
Dr. rer. nat., o. Prof. f. Entwicklungsphysiologie - Berliner Str. 28, 3400 Göttingen - Geb. 6. März 1936 - Promot. 1969 - S. 1972 (Habil.) Lehrtätigk. Univ. Hohenheim, München u. Göttingen (1976 Ord.). 1967-71 Wiss. Assist. Max-Planck-Inst. f. Biol. Tübingen, 1971 u. 73 Arbeitsgruppenleit. MPI f. Biol. Tübingen, 1973-76 MPI f. Biochem. München. Fachaufs.

GROSSE, Dieter
Dipl.-Ing., Vorstandsmitglied Hannoversche Portland-Cementfabrik AG. - Portlandstr. 30, 3000 Hannover 61 (Misburg) - Geb. 14. Dez. 1917.

GROSSE, Eduard
Dr. rer. pol., M. A., Verleger, gf. Gesellsch. Grosse-Verlag GmbH, GFK Kongress Management Berlin, Grosse & Partner GmbH, Schamoni Medien GmbH Hessen - Clausewitzstr. 4, 1000 Berlin 12 - Geb. 1. Juli 1928 Berlin (Vater: Eduard G., Verleger; Mutter: Hildegard, geb. Drude), verh. in 2. Ehe (1966) m. Angelika, geb. Bestehorn, 4 Kd. (Patricia, Barbara, Douglas, Vanessa) - M. A. 1951 Univ. of Minnesota (USA); Promot. 1956 FU Berlin - S. 1960 Dir. J. Walter Thompson GmbH., Foote, Cone & Belding GmbH. (1965), 1973-82 Vorst.-Vors. FCB Int'l. Inc., Chicago/USA, Frankfurt/M. Spez. Aufgabengeb.: Verlagswesen, American Chamber of Commerce in Germany, Werbung. FDP - BV: 100 J. Europ. Werbung, 1980 - BVK am Bd. - Spr.: Engl.

GROSSE, Hagen B.
Vorstandsmitgl. AEG-Telefunken AG., Frankfurt/Berlin (1977-80) - Theodor-Stern-Kai 1, 6000 Frankfurt/M. - Geb. 13. Okt. 1928 Berlin - Zul. Gf. Teroson-Werke GmbH., Heidelberg.

GROSSE (ß), Hansdieter
Dr.-Ing., Prof. f. Geodät. Meßtechnik TH Darmstadt - Röntgenstr. 4, 6114 Groß-Umstadt.

GROSSE, Karl-Heinz
Dr., Geschäftsführer Eduscho GmbH. & Co. KG. - Lloydstr. 4, 2800 Bremen 1 - Geb. 30. April 1932.

GROSSE, Peter
Dr. rer. nat., o. Prof. f. Experimentalphysik - Zevenster Weg 2, NL-6291 CD Vaals - Geb. 30. März 1932 - Promot. 1965; Habil. 1969 - S. 1969 Univ. Würzburg (Wiss. Abteilungsvorst. u. Prof.) u. TH Aachen (1970 Ord. u. Inst.-Dir.); 1981 Vors. Fachaussch. Halbleiterphysik Dt. Physik. Ges.; 1986 Sprecher d. Arbeitskr. Festkörperphysik Dt. Physik. Ges.; 1986 Vors. Wiss. Beirat d. Inst. Festkörperforsch. d. KFA Jülich - BV: D. Festkörpereigensch. v. Tellur, 1969; Fr. Elektronen in Festkörpern, 1979; Physik, Einführung f. Ingenieure, 1989, 2. A. 1990. Herausg.: The Physics of Selenium and Tellnium (1979); Festkörperprobleme - Advances in Solid State Physics, Vol. 22-27 (1982-87). Üb. 92 Facharb.

GROSSE, Siegfried
Dr. phil., Prof. f. German. Philologie Ruhruniv. Bochum - Unterfeldstr. 13, 4630 Bochum-Stiepel (T. 79 18 42) - Geb. 22. Okt. 1924 Grimma/Sa. (Vater: Eduard G., Studienrat; Mutter: Margarete, geb. Ackermann), ev., verh. s. 1959 m. Barbara, geb. Müller-Lobeck, 3 Kd. (Max, Katharina, Hans) - Fürstensch. St. Augustin Grimma; Univ. Freiburg (1. Staatsex. Dt., Engl., Lat., Phil. 1952). Promot. (1952), 2. Staatsex. (1954) u. Habil. (1963) Freiburg - 1963 Privatdoz. Univ. Freiburg; 1964 Ord. Univ. Bochum, 1972-73 Rektor Ruhruniv.; 1974-79 Leit. wiss. Sekr. f. d. Studienreform NRW; 1986 Hon.-Prof. Tongji-Univ. Shanghai; Mitgl. Ständ. Kommiss. Schule/Hochsch. u. Grundsatzfragen im Stud. u. Prüfungswesen Westd. Rektorenkonfz. (b. 1987). S. 1987 Präs. Inst. f. dt. Sprache, Mannheim. Spez. Arbeitsgeb.: Lit. d. Mittelalters, Gesch. d. dt. Sprache, dt. Gegenwartsspr. Zahlr. Veröff. - Spr.: Engl.

GROSSE, Wolfgang
Weihbischof v. Essen u. Titularbischof v. Lamasba - Zwölfling 16, 4300 Essen (T. 2 20 41) - Geb. 23. April 1928 - U. a. Sekr. Bischof Hengsbach (5 J.).

GROSSE-BOES (ß), Josef
Dipl.-Ing., Prof. f. Tragwerkslehre u. Ingenieurhochbau Gesamthochschule Wuppertal (Fachbereich Architektur) - Deutschenordensweg 13, 5030 Hürth-Hermülheim.

GROSSE-BROCKHOFF, Hans-Heinrich
Stadtdirektor v. Neuss (s. 1985) - Dürerstr. 7, 4040 Neuss 1 - Geb. 2. Okt. 1949 (Vater: Prof. Dr. med. Franz G.-B., Intern.; Mutter: Maria, geb. Lenz), kath., verh. m. Dr. phil. Annelen, geb. Knüpfer, 2 Söhne (Jan Simon, Tobias) - Stud. Rechtswiss. u. Gesch. - 1979 Rechtsrat z.A. Stadt Düsseldorf; 1981 Kulturamtsleit. Stadt Neuss, 1984 Kulturdezern.; VR-Vors. Spark. Neuss, AR-Vors. Neusser Gemeinn. Bauverein AG; VR-Vors. Städt. Kliniken Neuss - Lukaskrankenhaus - GmbH; Vorst.-Vors. Rhein. Landestheater Neuss e.V.; Vors. Verkehrsverein Neuss e.V.; Präs. d. Verb. Dt. Oratorien- u. Kammerchöre (VDOK); s. 1992 Kulturdezernent d. Stadt Düsseldorf.

GROSSE-DARTMANN (ß), Clemens
Vorsitzender Arbeiterwohlfahrt Bezirksverb. Weser-Ems - Klingenbergstr. 73, 2900 Oldenburg.

GROSSE-OETRINGHAUS (ß), Hans-Martin
Dr. päd., Dipl.-Päd., Kinder- u. Jugendbuchautor - Im Siepen 13, 4100 Duisburg 1 (T. 0203 - 73 43 95) - Geb. 16. Febr. 1948 Klagebach, 2 Söhne (Jan Jonas, Lukas David) - Lehrerstud., Dipl.-Päd; Tätigk. als Dipl.-Päd. in e. Obdachlosensiedlung 1973-74; Promot. (Schulsystem d. Schwarzen in Südafrika) 1977 - 1978/79 wiss. Mitarb. Dt. Inst. f. Wiss.-Päd.; f. zehn J. Lehrauftr. Päd. d. 3. Welt Univ. Münster; s. 1984 Medienpäd. b. d. Kinderhilfsorg. terre des hommes Osnabrück. Zahlr. Arb.- u. Stud.aufenthalte im Ausland (dav. 10 in Afrika, 2 in Lat.amerika, 3 in Asien) - BV: D. Geheimnis d. roten Maschine; Im Rachen d. Tigers; Kein Platz f. Tränen; Kinderhände; Knoten v. Kinderhand; Makoko; Nini u. Pailat; Noxolos Geheimnis; Partisanen in e. vergessenen Land; Wird Feuer ausbrechen; Wenn Leila Wasser holt; Unter d. Füßen d. Glut; Pancho u. d. kl. Menschen; D. Reis ist wie d. Himmel; Jogan haut ab; D. kleine Elefant; D. Schönheit ist schon zu sehen; Bildung zw. Apartheid u. Widerstand; Jeder e. Lehrer - jeder e. Schüler; Blätter v. unten; Erzieh. u. Bildung in Südafrika; Cecilia u. d. Zauberstein; Nakosi - Mädchen in d. Dritten Welt; Liens großer Traum; United Kids - Spiele- u. Aktionsbuch Dritte Welt; Trompo - D. geheimnisvolle Kreisel; Kreiselgeschichten. Zahlr. Wiss. Aufs. u. Beitr. in Anthol. u. Lex.

GROSSE-RUYKEN, Franz-Joseph
Dr. med., Augenarzt, Präs. Landesärztekammer Baden-Württ. (s. 1983) - Waldhofstr. 52, 7800 Freiburg (T. 0761-2 38 93 od. 6 49 47) - Geb. 24. März 1929 Duisburg, kath., verh., 3 Kd. (Steffen, Anette, Katrin) - Stud. Med. u. Psych. Univ. Köln u. Freiburg; Promot. 1957 Freiburg - 1968-84 CDU-Stadtrat Freiburg; Mitgl. Regionalverb. Südl. Oberrhein; Lehrbeauftr. FH Aalen, Abt. Optik (Anatomie u. Pathol. d. Auges). CDU (Kreisvorst. Freiburg) - BV: Gesundheitspolitik, 1985 (m. and.). Stv. Schriftleit. Ärzteblatt Baden-Württ. - 1981 Ritter v. Hl. Grab; 1982 BVK - Spr.: Engl., Franz.

GROSSE-SUCHSDORF, Ulrich
Dipl.-Ing., Architekt, Honorarprof. f. Bauordnungs- u. Vergabewesen Univ. Hannover/Fachbereich Architektur (s. 1978) - Friedrich-Hebbel-Str. 5, 3007 Gehrden - Geb. 8. März 1923 Philippstal (Vater: Walter S., Bergmann; Mutter: Louci, geb. Schöle), ev., verh. s. 1953 m. Helga, geb. Umbach, 2 T. (Jutta, Sybille) - Gymn. Berlin (Nikolassee); TU Hannover (Dipl. 1953) - Ltd. Baudirektor a.D. Bauten: Robert-Koch-Krkhs. Gehrden, Schulzentrum Barsinghausen,

Landw. Berufssch. Hannover u. a. - Spr.: Engl., Franz.

GROSSEKETTLER, Heinz

Dr. rer. pol., o. Prof. f. Volkswirtschaftslehre Univ. Münster (Dir. Inst. f. Wirtschafts- u. Sozialwissenschaften, Inst. f. Finanzwiss. u. Inst. f. Genossenschaftswesen) - Siebenstücken 108, 4403 Senden/W. (T. 02597 - 86 06 u. 0251 - 83 28 71) - Geb. 6. April 1939 Istanbul (Vater: Johannes G., Exportkaufm.; Mutter: Elisabeth, geb. Vigano), verh. s. 1964 m. Elke, geb. Böttcher, Sohn Ulrich - Abit. 1959; 1959-63 Marine (Offz. a.Z.), heute Fregattenkpt. d. R.; 1963-68 Stud. Volksw. Univ. Mainz, Dipl.-Volksw. 1968, Promot. 1972 u. Habil. 1975 Univ. Mainz - 1975 Univ. Münster (o. Prof.) - 1979 BwH Hamburg (Ablehn.); 1979 Dir. Inst. f. Finanzw. Univ. Münster; 1989 Mitgl. d. Wiss. Beirats b. Bundesmin. d. Finanzen. Zahlr. Veröff. in Sammelbd. u. Fachztschr. Lehrb. üb. Preis- u. Wettbewerbstheorie (zus. m. M. Borchert), 1985.

GROSSER, Alfred

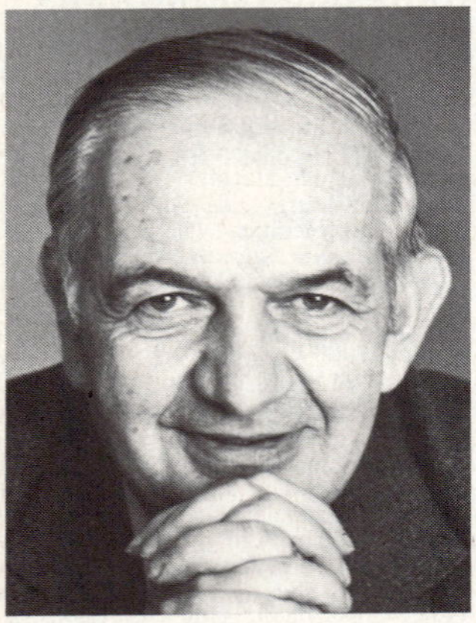

Dr. phil., Prof. Inst. d'études politiques Univ. Paris, Forschungs- u. Studiendir. Fondation nationale des Sciences politiques (s. 1956) - 8 rue Dupleix, F-75015 Paris (T. 43 06 41 82) - Geb. 1. Febr. 1925 Frankfurt (Vater: Prof. Dr. med. Paul G. (emigr. 1933, †1934); Mutter: Lily, geb. Rosenthal, naturalisiert 1937 Frankr.), verh. s. 1959 m. Anne-Marie, geb. Jourcin, 4 Söhne (Jean, Pierre, Marc, Paul) - Gymn. Saint Germain en Laye; Univ. Aix en Provence u. Paris - 1947-50 Pensionär Thiers-Stiftg., Paris; 1950-51 stv. Dir. Unesco-Büro in Dtschl.; 1951-55 Assist. Sorbonne; Polit. Kolumnist: 1955-65 u. s. 1984 La Croix, s. 1965 Le Monde, s. 1972 Ouest-France. 1948-67 Mitbegr. Generalsekr. Franz. Kommittee f. d. Austausch m. d. neuen Dtschl., Herausg.: Ztschr. Allemagne; 1955-68 ständ. Gastprof. Bologna Center (Italien) d. School of advanced intern. Studies, the Johns Hopkins Univ.; 1964-65 Gastprof. Stanford Univ. (Kalifornien); 1970-73 Vize-Präs. Intern. political science assoc.; 1982ff. Präs. CIRAC (Centre d'information et de recherche sur l'Allemagne Contemporaine) u. 1986ff. EUROCREATION - BV: u. a. La Politique en France, 1964, 1984 (m. F. Goguel; dt. 1980); Au nom de quoi? Fondements d'une morale politique, 1969 (ital. 1972, dt. 1969, Neuausg. In wessen Namen? Werte u. Wirklichk. in d. Politik, 1973, TB 1976); L'Allemagne de notre temps, 1970, erweiterte Ausg., 1978 (dt. 1970, engl. 1971, Neuausg. Gesch. Dtschl.s s. 1945, 1979); L'Explication politique, 1972 (dt. Politik erklären, 1973, Taschenb. 1975); Gegen d. Strom, 1975 (Taschenb. 1976); La passion de comprendre, 1977; Les Occidentaux, Les pays d'Europe et les Etat Unis depuis la guerre, 1978 (Deutsch: Das Bündnis 1978, Amerk. 1980), TB 1982; Versuchte Beeinflussung, 1981, TB 1983; D. schmale Grat d. Freiheit, 1981, TB 1984; Affaires extérieures, 1985 (D. Frankreich u. seine Außenpolitik 1986, Taschenb. 1989); L'Allemagne en Occident, 1985 (D. Deutschland im Westen, 1985, Taschenb. 1988); Mit Deutschen streiten, 1987; Vernunft u. Gewalt. D. franz. Revolution u. d. dt. Grundgesetz heute, 1989; D. Kanzler, 1989; Le crime et la mémoire, 1989; (Deutsch: Ermordung der Menschheit, 1990) - 1975 Goethe-Med. Goethe Inst.; 1975 Gr. BVK, 1985 Stern dazu; Friedenspreis Dt. Buchhdl.; 1977 Theodor-Heuss-Medaille; 1982 Paul Henri Spaak-Preis, Brüssel; 1989 Officier Légion d'Honneur; 1986 Goethe-Plakette d. Stadt Frankfurt/M.; 1987 Scharfe Klinge Solingen.

GROSSER, Christoph

s. Groszer, Christoph

GROSSER, Helmut

Techn. Direktor Nationaltheater - 8000 München 2 - 1979ff. Präs. OISTAT/Intern. Vereinig. d. Bühnen-, Kostümbildner, Theaterarchitekten u. -techniker. Chefredakteur.

GROSSER, Hermann

Dipl.-Ing., Vorstand i. R. Kommunikations Industrie AG Nürnberg (b. 1983) - Hauffstr. 8, 8500 Nürnberg - Geb. 25. Jan. 1917.

GROSSER, Manfred

Dr. phil., o. Prof. f. Trainingswiss. u. Bewegungslehre TU München - Priv.: Simon-Breu-Str. 42, 8700 Würzburg - Geb. 24. Aug. 1938.

GROSSER (ß), Wolf-Dietrich

Dipl. Ing. (FH), Mitglied d. Landtages - Erlenweg 6, 8042 Oberschleißheim (T. 089 - 315 15 95) - Geb. 27. Dez. 1927 Kreuzburg/OS., verh. m. Hannelore, geb. Buchert - FDP.

GROSSFELD (ß), Bernhard

Dr. jur., LL. M., Prof. f. Bürgerl. Recht, Handels- u. Wirtschaftsrecht, Rechtsvergl. u. Intern. Privatrecht, Univ. Münster - Von-Manger-Str. 16, 4400 Münster (T. 0251 - 3 50 14) - Geb. 30. Dez. 1933 Bentheim (Vater: Hermann G., Kaufm.; Mutter: Elisabeth, geb. Rotthege), kath., verh. s. 1964 m. Maria, geb. Hettlage, 6 Kd. (Ursula, Hildegard, Johannes, Adelheid, Angela, Maria) - Stud. In- u. Ausl. (Yale) - Mitgl. NRW-Akad. d. Wiss. - BV: D. Privatstrafe, 1961; Aktienges., Unternehmenskonzentration u. Kleinaktionär, 1968; Management and Control of Marketable Share Companies, 1973; Basisges. im Intern. Steuerrecht, 1974; Rechtsprobleme multinat. Untern., 1975; Intern. Ges.recht, 1980; Unternehmensbewert., 1982; Rechtsvergl., 1984; Intern. Untern.recht, 1986; Bilanzrecht 1990 - Spr.: Engl., Franz., Span. - Rotarier.

GROSSGEBAUER (ß), Klaus

Dr. med., Prof. f. Hygiene, Med. Mikrobiol. u. Virol. - Memlingstr. 14, 1000 Berlin 45 - Geb. 24. Dez. 1931 Merseburg/S. - S. 1966 Lehrtätigk. FU Berlin (Inst. f. Med. Mikrobiol.).

GROSSKLAUS (ß), Dieter

Dr. med. vet., Dr. med. vet. h. c., Prof., Präsident Bundesgesundheitsamt (s. 1985) - Löhleinstr. 23, 1000 Berlin 33 - Geb. 3. März 1930 Mühlhausen/Thür. (Vater: Oskar G., Tierarzt; Mutter: Gertrud, geb. Hammer), ev., verh. s. 1960 m. Barbara, geb. Wünsch, 2 Kd. (Heike, Uta) - Promot. 1955 - 1972-85 Ltd. Dir. Inst. f. Veterinärmed. (Robert von Ostertag-Inst.) Bundesgesundheitsamt, 1975-86 Leit. FAO/WHO Forschungs- u. Ausb.-Zentrum. 1970ff. Lehrbeauftr. FU Berlin (Fleischhyg. im Intern. Recht); 1971ff. Honorarprof. TU Berlin (Fleischtechnol.) - BV: Dt. Fleischhygienerecht, 1979 (m. a.); Geflügelfleischhygiene, 1979 - Präs. Weltkongress Lebensmittelvergiftungen, 1981 Weltvereinig. Lebensmittelhygieniker, 1985 komm. Präs. Bundesgesundheitsamt Berlin - Honorary Member of the American Vet. Epidemiology Society, 1979 Max Eyth-Plak. in Silber; 1982 BVK; 1986 Robert v. Ostertag-Med.; 1986 Ehrendoktor Univ. Budapest - Spr.: Engl. - Chaine des Rotisseurs, Lions Club, Ges. Nat. u. Heilkd., Berl. Wiss. Ges.

GROSSKLAUS, Peter E.

Chefredakteur w&v werben & verkaufen, d. Wochenzeitung d. Marketing-Kommunikation, Europa Fachpresse Verlag GmbH - Thomas-Dehler-Str. 27, 8000 München 83 - Geb. 27. Nov. 1941 Langenhagen/Hannover, verh. 1 Kd. - Lehre; Werbefachsch., CEDEP-Programm (Insead), Fontainebleau - 1966-70 Werbeleit. Rosenthal, 1970-80 Marketingleit. L' Oréal.

GROSSKURTH, H. J.

Lehrer, Schriftsteller - Auf dem Schilderskopf 16, 6440 Bebra (T. 06622 - 72 82) - Geb. 13. April 1949 Bebra (Vater: Erich G.; Mutter: Elisabeth, geb. Fey), ev., verh. s. 1982 in 2. Ehe m. Beate, geb. Bickel, 2 Kd. (Hendrik Klaus, Saskia) - 1968-72 Haupt- u. Realschullehrerstud. Univ. Gießen (1. Staatsex. 1972, 2. Ex. 1974 Rotenburg/F.); 1968-72 Stud. Bild. Kunst - S. 1977 Autorentätigk. S. 1981 Mitgl. Kreisverb.-Vorst. Gewerksch. Erzieh. u. Wiss. (GEW) - BV: u. a. E. liebes Wort, Geburtstags-TB, 1981; Filigran zernagt, Ged. 1981; In all d. J., Ged. 1983; ANSCHLÄGE, Prosa u. Lyrik 1989; Irgendwann, Ged. 1989. Herausg.: Mod. Lyrik - mal skurril, Anthol. (1977); Gratwanderung - Lyrik d. achtziger J. (Anthol. zus. m. Dr. C. H. Kurz, 1983); In all d. Jahren, Lyrik m. Linolschnitten v. Eric van d. Wal (1983); Inseln im Alltag, Ged.-Anthol. (2. A. 1986); Inseln im Alltag, Lyrikanthol. (1986) - Zwei Lit.-Ausz.; 1988 3. Preisträger b. intern. HAFIZ-Lit.preis - Liebh.: Sport, Musik, Lit. - Spr.: Engl., Lat - Lit.: Versch. Art. üb. H. J. G. in Nachschlagew.

GROSSKURTH (ß), Klaus Peter

Dr.-Ing., Univ.-Prof. f. Baustoffkunde u. Stahlbetonbau, Kunststoffe im Bauwesen TU Braunschweig (s. 1977) - Siedlerweg 26, 3300 Braunschweig (T. 0531 - 7 40 58, dstl.).

GROSSMANN (ß), B.

Dr., Geschäftsführer Dt. Industrie- u. Handelskammer in Japan - Akasaka Tokyu Building, Tokyo - Geb. 30. Dez. 1929.

GROSSMANN (ß), Dieter

Dr. phil., Kunsthistoriker - Heinrich-Heine-Str. 20b, 3550 Marburg (T. 06421 - 2 32 98) - Geb. 5. Aug. 1921 Marienwerder (Vater: Hermann G., Oberlandesgerichtspräs. †; Mutter: Erna, geb. Friedrichs †), verh. s. 1945 m. Hilde, geb. Krauße, S. G. Ulrich (Dir. Mus. f. Weserrenaiss., Schloß Brake) - 1947-52 Univ. Marburg, Göttingen, München, Paris; Promot. 1952 - 1952-59 Assist. Kunstgesch. Sem. Marburg; 1959-61 Forsch.-Stip.; 1961-63 Leit. Inventaris. Kunstdenkm. Nieders.; 1963-86 Ref. f. Kunstwiss. u. Leiter d. Bildarchivs J. G. Herder-Inst. Marburg; s. 1986 Ruhestand; 1951ff. Doz. VHS Marburg; 1976ff. Lehrbeauftr. Archivschule Marburg; 1980ff. Kunstgesch. Inst. Marburg; 1987 Kunstgesch. Inst. Trier - BV: D. Abteikirche z. Hersfeld, 1955; Alsfeld, 2. A. 1976; Reclams Kunstführer Hessen, 6. A. 1987; Ausstellungskat. Schöne Madonnen, 1965; Stabat mater, 1970 - Spr.: Franz. - Bek. Vorf.: Johann Mathesius (12. Generat.).

GROSSMANN (ß), Friedrich

Dr. agr., o. Prof. f. Phytopathologie u. Pflanzenschutz - Tiefer Weg 63, 7000 Stuttgart 70 - Geb. 16. März 1927 Stg.-Untertürkheim (Vater: Friedrich G., Kaufm.; Mutter: Hedwig, geb. Sautter), verh. s. 1955 m. Dr. Hannelore, geb. Müller, 2 Söhne (Georg, Martin) - 1937-44 Wilhelms-Obersch. Stuttgart; 1947-53 LH Hohenheim (Dipl.-Landw.). Promot. 1953; Habil. 1962 - S. 1962 Lehrtätigk. Univ. Göttingen, Gießen (1963 Ord. u. Inst.-Dir.), Hohenheim (1970 Ord.). 1978-83 Präs. Intern. Society for Plant Pathology - Schriftl. Ztschr. f. Pflanzenkrankh. u. -schutz (1973-88). Zahlr. Fachveröff. - 1963 Dr.-Fritz-Merck-Preis; 1979 Adventurers in Agricult. Science Award of Distinction, Washington; 1990 BVK; 1990 Otto-Appel-Denkmünze - Spr.: Engl.

GROSSMANN (ß), G. Ulrich

Dr., Kunsthistoriker, Museumsdirektor Weserrenaissance-Museum Schloß Brake b. Lemgo - Am Lindenhaus 8, 4920 Lemgo (T. 05261 - 20 75) - Geb. 29. Nov. 1953 Marburg, 2 Töcht. (Katharina, Friederike) - 1973-79 Univ. Marburg u. Würzburg; Promot. 1980 Marburg - 1980-86 Westf. Freilichtmuseum Detmold; s. 1986 Museumsdir. s. o.; Vors. d. intern. Arbeitskr. f. Hausforsch. (2. Vors. s. 1982, 1. s. 1988); s. 1991 Vors. d. Wiss. Beirats Dt. Burgenvereinigung. 1990 Gründer d. Inst.projektes Architektur-, Kunst- u. Kulturgesch. in Nord- u. Westdtschl. - BV: D. Fachwerkbau, 1986. Mitarb. an Reclams Kunstführer s. 1978 u. Du Mont Kunstreiseführer s. 1983; Renaissance entlang d. Weser, 1989; Adelshöfe in Westfalen, 1989. Herausg. d. Schr. d. Weserrenaissance-Museum Schloß Brake, Jahrb. f. Hausforsch., Vierteljahresschr. Architektur, Kunst u. Kultur in Nord- u. Westdeutschl. (AKK) (ab 1990).

GROSSMANN, Helmut

Dr. jur., Ministerialdirigent a.D. - Eigenheimstr. 9, 6200 Wiesbaden (T. 06121 - 54 17 93) - Geb. 17. Jan. 1916 Berlin (Vater: Prof. Dr. Hellmuth G.; Mutter: Else, geb. Veit), ev., verh. m. Käte, geb. Hensel, 2 Kd. (Henriette, Detlef) - 1957-67 Oberstadtdir. Castrop-Rauxel; zul. Ministerialdirig. Min. f. Wirtsch., Mittelstand u. Verkehr v. Nordrh.-Westf., Düsseldorf - BVK I. Kl.

GROSSMANN (ß), Josef

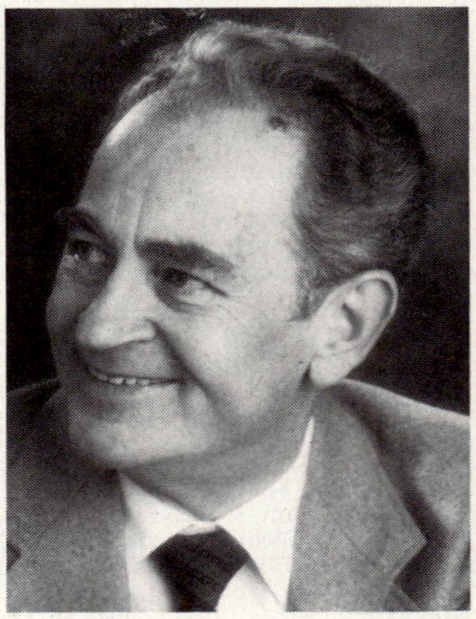

Dr. jur. utr., Landrat a.D., Präsident DRK-Landesverband Badisches Rotes Kreuz (s. 1975), Vors. Präsidialrat d. DRK (s. 1985) - Honaustr. 13, 7580 Bühl/Baden - Geb. 28. März 1926 Baden-Baden (Vater: Julius G., Zimmermeister; Mutter: Elisabeth, geb. Krieg), verh. I) s. 1955 m. Elisabeth, geb. Lusch († 1976); II) s. 1978 m. Ruth, geb. Purfürst, 6 Kd. (Jörg-Matthias, Margrit-Thomas, Katrin, Stefan, Christine) - Human. Gymn.; Stud. Rechtswiss.; Jurist. Staatsprüf. 1951 Freiburg u. 1955 Stuttgart, Promot. 1954 Freiburg - 1956-73 Stv. u. Landrat (1971); 1974-79 Geschäftsf.; 1979-85 stv. Vors. Präsidialrat d. DRK - 1973 Feuerwehrverdienstmed., 1973 DRK-Ehrenz.; 1976 Officier d'Education civique; 1982 BVK I. Kl.; 1988 Verdienstmed. Baden-Württ.; 1988 Officier de L'Ordre Pro merito Melitensi; 1988 Ehrenz. JUH; 1991 Verdienstmed. Großherzogin Luise, Ritter vom Hl. Grab, UV.

GROSSMANN (ß), Jürgen

Dipl.-Kfm., Geschäftsführer Eden-Waren GmbH, Bad Soden/Ts. - Wiesbadener Weg 3, 6232 Bad Soden - Geb. 19. Mai 1943 Oranienburg-Eden - Vorstandsmitgl. Bundesverb. diätet. Lebensmittelind., Bad Homburg v.d.H. u. Verb. d. Reformwaren-Hersteller (VRH), ebd.; Vors. Kurat. Eden-Stift. z. Förderung naturnaher Lebenshaltung u. Gesundheitspflege, Bad Soden; VR Absatzförderungsges. f. Reformwaren (AfR), Bad Homburg v.d.H.

GROSSMANN (ß), Klaus Erwin

Dr. phil. (Ph. D.), Dr. habil., Diplom-Psychologe, o. Prof. f. Psychologie Univ. Regensburg (s. 1978) - Burgunderstr. 9, 8400 Regensburg - Geb. 13. April 1935 Leipzig (Vater: Erwin G., Major a. D.; Mutter: Marianne, geb. Beilicke), verh. s. 1961 m. Dr. phil. Karin, geb. Mailandt, Dipl.-Psychologin, 2 Kd. (Carol-May, Gerald) - Abit. 1955, Kaufm. Lehre 1957, Dipl.-Psych. 1961 (alles Hamburg); Ph. D. (Dr. phil.) Univ. Arkansas 1965, Dr. habil. Univ. Freiburg 1971. 1970-78 o. Prof. PH Westf.-Lippe, Bielefeld; 1985/86 Visiting Scientist, Natl. Inst. Child Health & Human Development, Bethesda, MD, USA; 1988 Research & Clinical Center for Child Development, Hokkaido Univ., Sapporo, Japan - BV: Entwicklung d. Lernfähigkeit i. d. sozialen Umwelt (Hrsg.), 1977 - Arb.gebiet: Emotionale Entwicklung - Liebh.: Wandern, Radfahren, Musik - Spr.: Engl., Franz. (z. Verst.).

GROSSMANN (ß), Paul Bernhard

Dr. rer. pol., Dipl.-Volksw., Geschäftsführer Dt. IHK in Japan (s. 1972) - Wakamatsu-cho 23-16, Shinjuku-ku, 162 Tokyo/Japan, (T. Tokyo 3232-9068) - Geb. 30. Dez. 1929 Hamburg (Vater: Paul G., Maschinist; Mutter: Elisabeth, geb. Oehl), verh. s. 1955 m. Hannelore, geb. Müller, S. Claudius - Stud. d. Wirtsch.wiss. u. chines. Spr. Univ. Hamburg; Promot. 1960 - 1954-59 wiss. Assist. Inst. f. Außenhandel u. Überseewirtsch. Univ. Hamburg; 1960-63 Leit. Dt. Kulturinst. Tokio; 1963-72 Dir. Inst. f. Asienkd. Hamburg. Gründungsmitgl. Dt. Ges. f. Ostasienkd. - BV: D. wirtschl. Entwickl. d. Volksrep. China, 1960; D. Asienkd. in d. USA, 1966. Herausg.: Southeast Asia in the Modern World (1972) - 1990 BVK I. Kl. - Liebh.: Musik, Lit., Arch., Bergsteigen - Spr.: Engl., Chinesisch.

GROSSMANN (ß), Ruprecht

Dr. jur., Prof., Präsident Landessozialgericht Bremen - Contrescarpe 32, 2800 Bremen.

GROSSMANN (ß), Siegfried

Dr. rer. nat., o. Prof. f. Theoret. Physik - Cölber Weg 18, 3551 Lahntal-Goßfelden (T. 06423 - 75 78) - Geb. 28. Febr. 1930 Quednau (Vater: Karl G.), verh. m. Marga, geb. Trippler, 3 Kd. (Christian, Marianne, Peter) - Habil. Berlin - 1962 Privatdoz. FU Berlin; 1963 Konservator TH München; 1963 ao., 1966 o. Prof. Univ. Marburg (Lehrstuhl V; Inst.dir.). Spez. Arbeitsgeb.: Statist. Physik, Festkörperphysik, Mathem. Physik, Nichtlineare Dynamik, Hydrodynamik, Turbulenz - BV: Funktionalanalysis im Hinblick auf d. Anwend. in d. Physik, 4. A. 1988; Math. Einführungskurs f. d. Physik, 6. A. 1991; Fachaufs. - Mitgl. Acad. Europaea.

GROSSMANN (ß), Walter

Landtagsabgeordneter - Untere Brunnengasse 2, 8620 Lichtenfels/Ofr. - Geb. 8. Dez. 1927, led. - Volkssch.; Elektroinstallateurlehre; n. Kriegsdst. Handelssch. - Mitarb. von Landtags- (Dr. Max Jüngling, Waldtraut Budschuh, Herbert Hoffmann) u. Bundestagsabg. (Max Spörl, Karl Theodor Frhr. zu Guttenberg, Lorenz Niegel), 1960 ff. Stadtrat Lichtenfels, 1966ff. Kreisrat ebd.; 1970ff. Bezirksrat Oberfranken; 1978ff. MdL Bayern. CSU.

GROSSPETER, Carl-Ludwig

Fabrikant, Vors. d. Beir. d. Quarzwerke GmbH., Frechen, u. d. Grosspeter Lindemann Verwaltungsges. - Am Römerhof 6, 5000 Köln 40 - Geb. 3. Okt. 1913 Großkönigsdorf - 1949-73 Vors., dann Ehrenvors. Fachverb. Steinzeugind., Köln - 1966 Ehrensenator TH Darmstadt.

GROSSPETER, Horst

Dipl.-Kfm., Geschäftsführer Quarzwerke GmbH., Frechen, u. a. - Donauweg 23, 5000 Köln 40 - Geb. 1. März 1940 - ARsmand.

GROSZER, Christoph

Direktor Opernhaus Zürich (1986-91) - Geb. 1. Okt. 1926 Hamburg, ev. - Gymn. (Abitur); Schauspielsch. Dt. Theater Berlin - Schausp. u. Regiss. Berlin, Oberspiell. Stadttheater Bern, 1964-67 Int. Landestheater Tübingen, dann Dir. Stadttheater St. Gallen (1972-78). Generalint. Staatstheater Braunschweig; 1978-86 Int. Wiesbaden. Zahlr. Insz., dar. Ur- u. dt. Erstauff. 1963 Mitwirk. Salzburger Festsp.

GROTE, Andreas

Dr., Leiter Inst. f. Museumskunde Staatl. Museen Preußischer Kulturbesitz - In der Halde 1, 1000 Berlin 33.

GROTE, Joachim

Dipl.-Volksw., Geschäftsführer Bundesverb. mittelständischer Privatbrauereien e.V. - Postf. 14 01 55, Heilsbachstr. 20, 5300 Bonn-Duisdorf (T. 0228 - 64 12 39).

GROTE, Jürgen

Dr. med., Dr. rer. nat., Prof. Direktor Physiol. Inst. I Univ. Bonn - Am Eselsweg 44, 6500 Mainz - Geb. 21. Febr. 1936 Schwerin/Meckl., verh. s. 1965 m. Dr. Margrit, geb. Bock, 2 Kd. - Univ. Marburg u. Kiel (Med., Biol.). Promot. 1962 u. 64 - Spez. Arbeitsgeb.: Kreislauf u. Atmung.

GROTE, Werner

Dr. med., o. Prof. f. Humangenetik Univ. Kiel (s. 1975) - Schmalholt 10, 2301 Achterwehr - Geb. 17. April 1938 Schwerin/Meckl. - Promot. 1965; Habil. 1971 - Zul. Wiss. Rat u Prof. Univ. Düsseldorf.

GROTE, Wilhelm

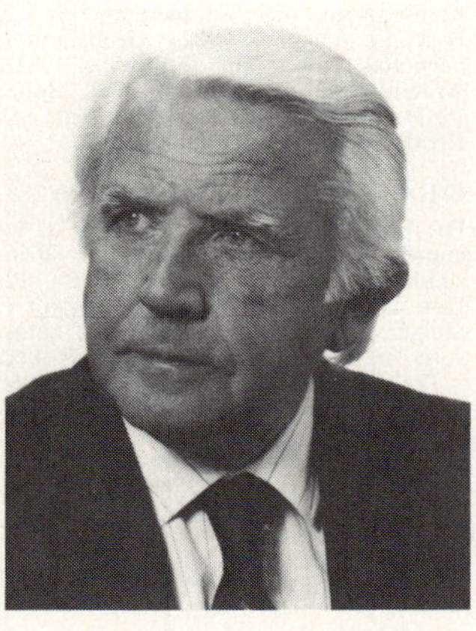

Dr. med., Prof., em. Direktor Neurochir. Klinik/Klinikum Essen - Henckelstr. 25, 4300 Essen-Holsterhausen (T. 0201 - 73 48 77) - Geb. 27. Sept. 1923 Gummersbach - S. 1960 (Habil.) Hochschultätigk. (1963 Doz., 1966 apl., 1968 o. Prof.); 1968-90 Neurochir. Univ.-Klinik Essen. Üb. 240 wiss. Arb. u. Buchbeitr. - Liebh.: Golf, Jagen - Rotarier.

GROTEMEYER, Karl-Peter

Dr. rer. nat., Prof. f. Mathematik - Graf-v.-Galen-Str. 9, 4800 Bielefeld (T. 10 29 71) - Geb. 8. Sept. 1927 Osnabrück (Vater: Karl G., Hauptlehrer; Mutter: geb. Plieth), ev., verh. s. 1952 m. Sigrid, geb. Klinge, 2 Kd. (Jürgen, Grid) - Bessel-Obersch. Minden/W.; Univ. Göttingen (Math., Physik, Astronomie; Promot. 1951). Habil. 1954 Freiburg/Br. - 1952-53 Stip. Dt. Forschungsgem.; 1954-58 Assist. u. Oberassist. TU Berlin (Privatdoz.); 1958 o. Prof. u. Dir. Math. Inst. FU Berlin; Rufe: Braunschweig (1962), Münster u. Köln (1963), München (1967), Mannheim (1968), s. 1969 o. Prof., 1970-92 Rektor Univ. Bielefeld. S. 1960 Vorst.-Mitgl. Dt. Mathematiker-Vereinig.; s. 1968 Mitgl. Wiss.rat; s. 1969 Vors. Wiss. Beirat Math. Forschungsinst. Oberwolfach; 1971 Vizepräs. d. Westd. Rektorenkonf., Mitgl. d. Beratenden Aussch. f. Forschungspolitik d. Bundesregierung - BV: Unters. zur Flächentheorie im Großen, 1954; Flächenverbiegung, 1957 (m. N. W. Elfimow u. E. Rembs); Analyt. Geometrie, 1958 (Samml. Göschen, Bd. 65/65a); Deformabilita della superficie in grande e in piccolo, Rom 1958 (m. E. Rembs); Topologie, 1969; Lineare Algebra, 1970. Div. Einzelarb. Mithrsg.: Studia Math., Klett-Studienbücher, Math.-Phys. Semesterber., Zentralblatt Rotarier - 1983 BVK I. Kl. - Spr.: Engl. - Rotarier.

GROTEN, Erwin

Dr.-Ing., Prof. f. Astronom. Geodäsie u. Satellitengeod. TH Darmstadt (s. 1970) - Meißnerweg 64, 6100 Darmstadt 14 - Geb. 28. Juni 1935 St. Wendel/Saar (Vater: Curt G., Amtsgerichtsrat; Mutter: Leni, geb. Bier), kath., verh. s. 1963 m. Silke, geb. Feßler, 2 Kd. (Michael, Sabine) - TU München (Dipl.-Ing. u. Promot.) - 1963-64 Ohio State Univ. (USA); 1965-70 TU München (1966 Doz.) - BV: Physical Geodesy, 2 Bde. 1978/79. Etwa 100 Einzelarb. - Spr.: Engl., Franz.

GROTEN, Karl-Josef

Gesellschafter ORBIS-WERK Groten GmbH + Co. KG, FOLKON Kunststoff-Produkte, TOBIT Hard- u. Software, GIMPEX Groten GmbH Organisation u. Berat., GROTEN Handels-Ges. mbH + Co. KG, alle Ahaus - (T. 02561 - 4 22 36; priv. 15 96) - Geb. 3. Okt. 1932 Solingen, kath., verh. s. 1958 m. Evamaria, geb. Brunsbach, 4 Kd. (Sabine, Annette, Tobias, Bettina) - Ausb. Werkzeugmacher u. Kaufm. - Vors. Vertretervers. d. AOK Kr. Borken; Vorst.-Mitgl. St. Marien-Krankenhaus GmbH, Ahaus. Erf.: Patente u. Gebrauchsmuster v. Handwerkzeugen, Hochdruck-Rohrverbindungen u. Kunstst.prod. - Spr.: Engl.

GROTH, Claus

Dipl.-Kfm., Vors. d. Geschäftsfg. Düsseldorfer Messegesellschaft mbH - NOWEA - (s. 1984) - Geb. 1936 - 1979-83 Vorst.-Vors. Dt. Messe- u. Ausst.-AG, Hannover.

GROTH, Georg

Dr. phil., Univ.-Prof. f. Wirtschaft/Arbeitslehre TU Berlin - Rothenburgstr. 41, 1000 Berlin 41 - Geb. 28. Juni 1937 Kremerbruch (Vater: Karl G., Schmiedem.; Mutter: Anna, geb. Rudnick), ev., verh. in 2. Ehe (1978) m. Gisela, geb. Grolms, 2 Kd. (Karin, Achim) - Formerausbild.; Gewerbelehrerstud.; Univ. Hamburg. Promot. Münster - BV: Arbeitslehre - Fachdidaktik zw. Bildungspolitik u. Päd., 1977; Arbeitslehre 5-10, 1983; Probl. d. Unterr.planung im Lernber. Arb.lehre, 1987 - Liebh.: Mineralien - Spr.: Engl.

GROTH, Günther

Dr. phil., Prof. f. Erziehungswissenschaft (Lehrstuhl III) Univ. Mannheim (s. 1978) - Karl-Ladenburg-Str. 52, 6800 Mannheim 25 (T. 0621-41 33 97) - Geb. 11. März 1934 Pampow/Krs. Schwerin - Promot. 1966/67 Univ. Hamburg, Habil. 1975/76 Univ. Kiel - S. 1976 Doz. Kiel, s. 1978 o. Prof. Univ. Mannheim - BV: Arnold Ruges Phil. unter bes. Berücks. s. Ästhetik. E. Beitr. z. Wirkungsgesch. Hegels, 1967; Sinn u. Unsinn d. Leistungsprinzips in d. Erzieh., 1976; D. päd. Dimension im Werke v. Karl Marx, 1978; Horizonte d. Erzieh., 1981.

GROTH, Hellmut

Hotelier, Ehrenpräs. Gastronom. Akademie Deutschl. - Jägerndorfer Zeile 40, 1000 Berlin 45 - Geb. 12. Febr. 1926 Chemnitz (Vater: Dr. jur. Eckart G.; Mutter: Margarethe, geb. Heinze), ev., verh. s. 1956 m. Johanna, geb. Plank, 8 Kd. (Susanne, Barbara, Ursula, Klaus, Peter, Sabine, Christian, Florian) - Leit. Ausb.zentr. f. d. Hotel- u. Gaststättengewerbe Berlin; allein. Geschäftsf. Hotel Kurfürstendamm am Adenauerpl. GmbH - Ehrenpräs. Gastronom. Akad. Dtschl. - Liebh.: Wein, klass. Musik, Gartengestalt. - Spr.: Engl., Franz., Latein - Bek. Vorf.: Prof. Dr. Ernst-Johannes G., Altphilol.; Kommerzienrat Franz Heinze, Bankier, (Großväter).

GROTH, Karsten

Dr. jur., Hauptgeschäftsführer Dt. Transport-Versicherungs-Verband (s. 1969) - Rödingsmarkt 16, 2000 Hamburg 11; priv.: Hochallee 119, 13 - Geb. 28. Jan. 1929 Hamburg (Vater: Carl G., Kaufm.; Mutter: Emmy, geb. Gloy), ev., verh. s. 1959 m. Yvonne, geb. Lievenbrück, 2 T. (Andrea, Nina) - 1949-54 Univ. Frankfurt/M. u. Hamburg (Rechtswiss.). Promot. 1956 Hamburg - Spr.: Engl.

GROTH, Klaus

Dr.-Ing., Prof. h. c., Univ.-Prof. Inst. f. Kolbenmaschinen Univ. Hannover (s. 1967) - Schaftrift 18, 3003 Ronnenberg OT Benthe (T. 05108 - 84 94) - Geb. 8. Dez. 1923 Dömitz/Meckl. (Vater: Günther G., Baumeister; Mutter: Jenny, geb. Pläne), 2 Söhne (Jens Peter, Uwe) - Stip. Studienstiftg. d. Dt. Volkes, Dipl.-Ing. 1950, Promot. 1953, Habil. 1958 - 1941-45 Ing.-Offz. Marine (Oblt.); 1943-45 Ltd. Ing. e. U-Bootes; 1965 Prok. MAN Augsburg; s. 1967 Prof. TU Hannover; 1969-71 Leit. Abt. Maschinenbau; 1974 Dekan Fak. f. Masch.wesen. 1971/72 u. 1976/78 Senatsmitgl. S. 1969 Mitgl. wiss. Rat d. AIF; s. 1972 Vertrauensdoz. d. Studienstiftg.; 1980-91 wiss. Beirat Inst. f. Mot. Bau Prof. Huber, München; s. 1982 wiss. techn. Beirat German. Lloyd, Hbg. 1982 Gastprof. T.H. Troutheim, 1982 Techn. Univ. Zhenjiang (China), 1991 CARS, Peking; - BV: Taschenb.: Grundzg. d. Kolbenmasch.Baus, Bd. I-III 1971-82. Herausg.: Brennstoffe f. Dieselmotoren heute u. morgen (1989); üb. 50 wiss. Veröff. in Fachztschr. - 1977 Mitgl. Brswg. Wiss. Ges., 1979 Ehrenplak. VDI.; 1991 Ehrenprof. CARS (China Academy of Railway Science, Peking); 1991 Gastprof. auf Lebenszeit TU Zhenjiang.

GROTH, Klaus J.

Chefredakteur Lübecker Nachrichten - Goldberg 39, 2400 Lübeck (T. 0451 - 59 38 21) - Geb. 8. Nov. 1941 Swinemünde, verh. s. 1969 m. Gisela - Ausb. z. Buchhändler - Spr.: Engl.

GROTH, Klaus-Martin

Dr. rer. pol., Rechtsanwalt, Staatssekretär a.D. - Fintelmannstr. 15, 1000 Berlin 39 - Verh., 2 Kd. - Promot. Otto-Suhr-Inst. f. Polit. Wiss. Berlin - 10 J. Verw.richter Berlin; Grundsatzref. Hess. Umweltmin.; Umweltdezern. Hannover, Senatsverw. f. Stadtentwickl. u. Umweltschutz Berlin.

GROTH, Rudolf

Bankier i. R. - Hofrat-Beisele-Str. 24, 8132 Tutzing - Geb. 28. Nov. 1909 Stuttgart (Vater: Dr. rer. pol. Otto G., Zeitungswiss.ler (s. XIV. Ausg.); Mutter: Marie, geb. Hörlin), verh. in 2. Ehe (1957) m. Dorothea, geb. v. Basse, 3 T. (Angelika, Cordula, Constanze) - Univ. München, Genf, Berlin. Dipl.-Volksw.; Gerichtsass. - U. a. Bayer. Staats- u. Bayer. Vereinsbank (1949-54 Vor-

GROTH

standsmitgl.); s. 1954 pers. haft. Gesellsch. bzw. Kommanditist u. VR-Mitgl. (b. 1974) Bankhaus C. G. Trinkaus. Düsseldorf, bzw. n. Fusion (1972) Trinkaus + Burkhardt, Düsseldorf/Essen - 1970 Ehrensenator Univ. Düsseldorf - Liebh.: Musik, Kunstgesch., Golf, Spr. (Engl. u. Franz.) - Bek. Vorf.: Dr. Paul v. Groth, Kristallograph u. Mineral. (Großv.) - Mitgl. Lions-Club.

GROTH, Volker
Dipl.-Ing., Direktor Hoechst AG, Geschäftsber. Fasern u. Faservorprodukte - Hoechst AG, 6230 Frankfurt/M.-Höchst; priv.: Am Schillberg 33, 6204 Taunusstein 2 - Geb. 2. Mai 1936 - Stud. Maschinenbau u. Verfahrenstechnik TU Stuttgart (Dipl. 1960).

GROTHAUS, Hans
Dr. phil., Prof. f. Ev. Religionslehre u. Methodik d. Religionsunterr. PH Flensburg (s. 1969) - Norderlück 28, 2390 Flensburg 10 - Geb. 12. Juli 1927 Posen (Vater: Heinrich G., Pfarrer; Mutter: Amaranth, geb. Meister), ev., verh. s. 1954 m. Ursula, geb. Wiedenmann, 3 Kd. (Uta, Regine, Hans-Christoph) - Hittorf-Obersch. Recklinghausen (Abit. 1947); Stud. Wuppertal (1948-50), Göttingen (1951), Austin/USA (1951), Münster (1952-54), Hamburg (1956-58) - 1959-63 Pfarrer Horstmar; 1963-69 Doz. Münster. Vors. Kuratorium Goßner-Mission. Mitverf.: Botschaft u. Glaube, Zur Bibel, Gr. Fremde Religionen - Spr.: Engl.

GROTHE, Hans
Stv. Chefredakteur Ztschr. ELTERN (s. 1970) - Zu erreichen üb.: Verlag Gruner + Jahr, Neherstr. 9, 8000 München 80 (T. 415 25 61).

GROTHE, Heinz
Journalist, Schriftst. - Mansfelder Str. 48, 1000 Berlin 31 (T. 030 - 87 96 57) - Geb. 24. März 1912 Berlin, ev., verh. in 2. Ehe (1944) m. Dr. med. Ingrid, geb. Franck (†1966), 4 Kd. - Reform-Realgymn. u. Univ. Berlin (Zeitungs- u. Theaterwiss., German., Kunstgesch.) - 1934-40 Redakt., Dramat. u. Korresp. Berlin, 1940-50 Wehrmacht u. sowjet. Gefangensch., dann Theaterkritiker u. Kulturkorresp. westd. u. ausl. Ztg. Berlin, Dramaturg SFB/Fernsehen (1954) u. UFA (Sonderprod.; 1960), ab 1961 Berlin-Korresp. ausw. Ztg., 1963-64 Chefredakt. Welt u. Wir, seither Kritiker f. Theater, Lit., bild. Kunst, Film u. Fernsehen - BV: u. a. Klabund, Leben u. Werk e. Poeten, 1933; Jg. Bildhauer uns. Zeit, Ess. 1940; Arno Breker, 1943; Hans Meid, 1944; Rote Korallen, N. 1951; Anekdote - Zusammenfass. Erstdarstell. d. Themas, 1971, 2. A. 1984. Zahlr. Herausg., dar.: D. liebste Gedicht (Lyrik-Anthol. 1939), Pegasus auf Reisen (Prosa-Sammelbd. 1942), Gelebtes Leben, D. Herzgeschenk (Geburtstagsgaben f. H. Franck 1950 u. 1954). D. Sanduhr (Nachlaßbd. f. Kurt Kluge (1966), D. neue Narrenschiff (Anekdotensamml. 1968), Kurt Kluge: Leben u. Werk, (1980), Gloria Viktoria (Anekd. a. Preußens gr. Zeit), (1981), Auf gute Geschäfte! (Wirtsch.anekd. m. Ursula Drechsler 1983), Bitte zu Tisch (m. U. Drechsler) (Anekd. üb. Essen u. Trinken 1988/89), Liebe, Lust u. Leidensch. (Anekd. 1989). Dok.-Film: Berlin - üb. d. Tag hinaus (1963/64) - Liebh.: Anekdotensammler.

GROTHE, Peter
Dipl.-Ing., Oberstudiendirektor, Vorsitzender Bundesverb. d. Lehrer an berufl. Schulen (s. 1984) - Ringstr. 124, 6101 Roßdorf (T. 06154 - 95 55) - Geb. 20. Nov. 1939 Berlin, ev., verh. s. 1964 m. Karin, geb. Kempe, T. Christina - Lehre Bohrwerksdreher 1957 Berlin; Ing.stud. Maschinenbau 1961 Berlin; Stud. Lehramt an berufl. Schulen (Metalltechnik, Betriebswirtschaft); 1. Staatsprüf. 1964 Berlin, 2. Staatsprüf. 1966 Darmstadt - S. 1972 Leit. Gewerbl.-techn. Schulen Stadt Offenbach; s. 1984 Vizepräs. Dt. Lehrerverb. - 1986 Ehrenbrief Ld. Hessen, 1990 BVK am Bde.- Liebh.: Schmalfilm, Musik - Spr.: Engl.

GROTHUM, Brigitte
Schauspielerin - Cimbernstr. 22, 1000 Berlin 38 (T. 803 47 55) - Geb. 26. Febr. Dessau (Vater: Fritz G., Ingenieur; Mutter: Margarete, geb. Autenrieth), ev., verh. I) m. Carl-August Bünte (Leit. Berliner Symphon. Orch.), II) Prof. Dr. med. Manfred Weigert (Orthopäde), 2 Kd. (Debora, Tobias) - Ricarda-Huch-Sch. (Abit.) u. Schauspielausbild. Berlin (Marlise Ludwig, Herma Clement) - S. 1956 Bühnentätig. (Berlin, Hamburg, Zürich). Film (u. a. D. Wunder d. Malachias) u. Fernsehen (D. Strohhalm, Romeo u. Julia, Hexenjagd, Lied d. Taube, D. Gelehrten Frauen, E. Mann namens Harry Brent u. a.) - Liebh.: Musik (Klavier), Reiten, Tennis, Judo - Spr.: Ital., Engl. - Bek. Vorf.: Hans Grade, erster dt. Flugzeugkonstrukteur (vs.).

GROTHUSEN, Klaus-Detlev
Dr. phil., Dr. h. c., o. Prof. f. Moderne osteurop. Geschichte - v.-Melle-Park 6, 2000 Hamburg 13 (T. 4 12 31) - Geb. 29. Okt. 1928 Nieder-Weisel (Vater: Dr. med. Gerhard G., Arzt; Mutter: Nancy, geb. Feddersen), kath., verh. s. 1959 m. Ute, geb. Stalmann, 2 Kd. (Andreas, Inge) - Gymn. Göttingen, Univ. Göttingen u. Kiel (Gesch.) - S. 1965 (Habil.) Lehrtätig. Univ. Gießen (1967 Wiss. Rat u. Prof.) u. Hamburg (1969 Ord.). Vizepräs. Südosteuropa-Ges.; Vicepräs. Association Internationale d'Etudes du Sud-Est-Européen; Mitgl. Dt. UNESCO-Kommiss. - BV: D. Entwickl. d. Wiss. Bibliotheken Jugoslaviens s. 1945, 1958; D. Histor. Rechtsschule Rußlands, 1962; Entsteh. u. Gesch. Zagrebs b. z. Ausgang d. 14. Jh., 1968. Herausg.: D. Stadt in Südosteuropa, Strukt. u. Gesch. (1968); D. wirtsch. u. soz. Entw. Südosteuropas im 19. Jh. (1969); Moskau contra Mao - Sowjet. Materialien (1971); Ergebnisse u. Pläne d. Südosteuropa-Forsch. in d. BRD u. Österr. (1972); Ehthnogenese u. Staatsbildung in Südosteuropa (1974); Südosteuropa-Handb. Bd. 1 (1975), Bd. 2 (1977), Bd. 3 (1980), Bd. 4 (1985), Bd. 5 (1987), Bd. 6 (1989), Bd. 7 (1992); Südosteuropa u. Südosteuropa-Forsch. (1976); D. Türkei in Europa (1979); Südosteuropaforsch. in BRD u. in Österr. (1979); Reden u. Schriften Titos in vier Bänden, Bd. I (1984); D. Scurla-Bericht (1987, Türk. Ausg. 1992).

GROTKAMP, Günther
Rechtsanwalt, gf. Gesellschafter Zeitungsgruppe WAZ E. Brost & J. Funke GmbH & Co. KG, Essen, Geschäftsf. Verlag Welt am Sonnabend GmbH, Düsseldorf - Zu erreichen üb.: WAZ, Friedrichstr. 34, 4300 Essen 1 - Verh. m. Petra Wilcke (T. d. Ruhr-Zeitungskönigs Jakob Funke) - S. 1964 WAZ-Manager.

GROTKAMP, Rudolf
Dr.-Ing., Direktor - Bahrenbergring 4, 4300 Essen-Heisingen (T. 46 06 19) - Geb. 19. Febr. 1916 Essen, verh. m. Magda, geb. Görtzen - TH Aachen (Promot. 1940) - S. 1950 PAG Preßwerk AG., Essen-Bergeborbeck (b. 1971 stv., dann o. Vorstandsmitgl.), s. 1980 i. R.

GROTKOP, Wilhelm
Bauing., Bauunternehmer, Vors. Verb. industrieller Bauunternehmungen d. Unterweser-Emsgebietes, Bremen (1959-72) - Delbrückstr. 15, 2800 Bremen (T. Büro: 34 80 43) - Geb. 7. April 1912.

GROTTHUSS, von, Gero
Geschäftsführer American Express Bank GmbH., Frankfurt/M. - Kronberger Str. 53, 6240 Königstein/Ts. - Geb. 3. Mai 1929.

GROTTIAN, Peter

Dr., Prof. f. Politikwissenschaft FU Berlin - Düppelstr. 14, 1000 Berlin 37 (T. 030 - 801 68 76 od. 77 92-210) - Geb. 27. Mai 1942 Wuppertal - Stud. Sozialwiss. Promot. 1973 - S. 1979 Prof. FU Berlin (Zentralinst. f. Sozialwiss. Forsch.), s. 1985 Teilzeit-Prof. Arbeitsgeb.: Staatl. Planung, Ministerialbürokratie, Finanz-, Haushalts- u. Steuerpolitik; Arbeitsmarktpolitik öffentl., halböffentl. Dst., Selbsthilfe- u. Alternativsektor; Entw. d. Selbsthilfe- u. Alternativsektors; Neue soziale Bewegungen; Neuere Entw. d. Sozialstaats; Ansätze z. Veränderung geschlechtsspezifischer Macht- u. Arbeitsteilung; Experimentierende Lehr- u. Lernformen - BV: Strukturprobleme staatl. Planung, 1974. Herausg.: Handl.spielräume d. Staatsadministration (m. A. Murswieck, 1974), Polit. Folgen reduzierten Wachstums (1980), Ohne Zweifel f. d. Staat (m. B. Blanke, T. Blanke, J. Brückner, G. Frankenberg, H. Holdmann, W.-D. Narr, H. Schmidt, 1982), Großstadt u. neue soz. Beweg. (m. W. Nelles, 1983), Arbeit schaffen - jetzt! (m. M. Bolle, 1983); D. Wohlfahrtswende (m. F. Krotz, G. Lütke, H. Pfarr, 1988).

GROTZFELD, Heinz Hugo
Dr. phil., Prof. f. semit. Philol. u. Islamwiss. Univ. Münster (s. 1975) - Prinzipalmarkt 38, 4400 Münster - Geb. 12. Dez. 1933 Quierschied (Vater: Hugo G., Steiger; Mutter: Ida, geb. Woll), kath., verh. m. Sophia, geb. Schwab, S. Robert - Promot. 1961 Münster; Habil. 1968 Stockholm u. Münster - 1968-75 Prof. Stockholm u. Gastprof. Amerik. Univ. Beirut (1974) - BV: Laut- u. Formenl. d. damaszen. Arab., 1964; Syr.arab. Grammatik, 1965; D. Bad im arab. Mittelalter, 1970 - 1973 Offz. Nordsternorden (Schweden) - Spr.: Arab., Engl., Franz., Schwed.

GRUBE, Franzjosef
Buchdruckereibesitzer, Bürgermeister (s. 1958) - Wienbrede 17, 4712 Werne/Lippe (T. 30 56) - Geb. 20. April 1912 Werne (Vater: Franz G., selbst. Buchdruckermeister; Mutter: Johanna, geb. Overbeck), kath., verh. s. 1938 m. Anne, geb. Brümmer, 2 Kd. (Manfred, Marlies) - Buchdruckerhandw. (Meisterprüf.) - CDU - Liebh.: Schwimmen - Goldsportabz., 1977 Dr. Christian-Eberle-Med. d. Spark.-Org. Westf.-Lippe; 1973 BVK am Bde.; 1983 BVK I. Kl., 1984 Ehrenbürg. Stadt Werne.

GRUBE, Hans H.
Dr., Geschäftsführer Oerlikon Schweißtechnik GmbH., Eisenberg, Vors. Fachverb. 9-Elektroschweißgeräte im Zentralverb. d. Elektrotechn. Ind. (ZVEI), Frankfurt/M. - Königsberger Str. 12, 6056 Heusenstamm - Geb. 13. Jan. 1935.

GRUBEL, Gerwin
Dr. med., Prof., Arzt f. Neurochirurgie Univ.-Krankenhaus Hamburg - Klotzenmoor 40, 2000 Hamburg - Geb. 25. März 1934 Lübeck, verh. s. 1962 m. Sigrid, geb. Waas, 3 Kd. (Hartmut, Anke, Holger) - Stud. Med. (Marburg, Freiburg, Innsbruck, Hamburg); Staatsex. 1959 Hbg.; Promot. 1961; Habil. 1974 - 1984 Prof. f. Neurochir. - Div. Buchbeitr. - Liebh.: Musik, Kunst.

GRUBEN, Gottfried
Dr.-Ing., o. Prof. u. Vorst. Inst. f. Bauforschung u. -gesch. TH München (s. 1966) - Am Mühlbergschlössl 6, 8130 Starnberg/Obb. (T. 61 88) - Geb. 21. Juni 1929 Genua (Eltern: Werner u. Elisabeth G.), verh. s. 1959 m. Dorothea, geb. Hotz) - Zul. Dt. Archäol. Inst. - BV: u. a. D. Tempel d. Griechen, 1966.

GRUBER, Edmund

Fernseh-Journalist, Intendant Deutschlandfunk (s. 1988) - Roonstr. 5, 5000 Köln 50 - Geb. 5. Sept. 1936 München (Vater: Leo G., Kaufm.; Maria, geb. Neumeier), kath., verh. s. 1960 (Ehefr.: Marille), 2 Kd. (Gregor, Barbara) - Univ. München (Volksw.) - Nahost-(1967-73, ARD), London- (1973-78, ARD) u. Washington-Korresp. (1978-81, ZDF); 1981-88 Erster Chefredakt. ARD-Aktuell (Tagesschau, Tagesthemen, Wochenspiegel) - Liebh.: Musik (Mozart) - Spr.: Engl., Franz., Ital.

GRUBER, Ferry
Kammersänger, Tenor, Mitgl. Bayer. Staatsoper München - Planeggerstr. 8, 8032 Gräfelfing - Geb. 28. Sept. 1926 Wien, verh., 2 Kd. - Musikakad. Wien - Operndebut 1950 Luzern/Schweiz (Tamino/Zauberflöte) - Gast Bregenzer u. Salzburger Festsp.; Opernbühnen: Staats- u. Volksoper Wien, Vancouver/Kan., Kopenhagen, Straßburg, Köln, Düsseldorf, Essen, Frankfurt, Hamburg, Hannover, Komische Oper Berlin, Amsterdam, Florence Maggio Neapel, Zürich. Bedeut. Rollen: Lionel (Martha), Peter Ivanov (Zar u. Zimmermann), Don Ottavio (Don Giovanni), Pinkerton (Butterfly), Lenski (Eugen Onegin), Herzog v. Mantua (Rigoletto), Alfred (La Traviata), Walther v. d. Vogelweide (Tannhäuser) - 1962 Bayer. Kammersänger.

GRUBER, Franz
Geschäftsführer i. R., MdL Bayern (s. 1970) - Blumfeldtstr. 5, 8491 Chammün-

ster/Opf. (T. 09971 - 37 75) - Geb. 1935 - U. a. Gf. BBV Cham. CSU - 1980 Bayer. VO.

GRUBER, Gerhard

Dr. theol., Domdekan Erzbistum München u. Freising - Rochusstr. 5, 8000 München 2 (T. 21 37-213/215) - Geb. 1. Juli 1928 Prien/Chiemsee (Vater: Vinzenz G., Rektor; Mutter: Antonie, geb. Friedrich), kath. - Gymn. München; Stud. Phil. u. Theol. Freising u. Rom. Promot. 1956 Rom - S. 1956 kirchl. Dienst München (1962 Erzbischöfl. Sekr., 1966 Ordinariatsrat, 1968-90 Generalvikar, 1988 Domdekan) - BV: ZOE, Wesen, Stufen u. Mitteilung d. wahren Lebens bei Origenes, 1962 (Diss.) - Apostolischer Protonotar; 1980 Bayer. VO - Spr.: Ital., Engl.

GRUBER, Gernot

Dr. phil., Prof., Musikwissenschaftler - Robert-Stolz-Str. 12, 8011 Vaterstetten/Obb. - Geb. 17. Nov. 1939 Bruck/Mur (Österr.) - Promot. 1964; Habil. 1973 - Tätigk. Univ. Graz u. Wien sow. Musikhochsch. München (Prof.) - BV: u.a. Mozart u. d. Nachwelt, 1985; Mozart verstehen - ein Versuch, 1990.

GRUBER, Joachim

Dr. phil., Prof. f. Klass. Philologie Univ. München (s. 1990) - Haselhofstr. 37, 8520 Erlangen - Geb. 17. Juni 1937 - Promot. 1961; Habil. 1974 - Bücher u. Aufs. Mithrsg.: Lexikon d. Mittelalters (1975 ff.).

GRUBER, Jürgen

Dr.-Ing., Prof. f. Psycholog. u. Physiolog. Akustik TU Berlin - Hochwildpfad 20, 1000 Berlin 37 - Zul. Assistenzprof.

GRUBER, Kurt

Dipl.-Kfm., Geschäftsführer Wilkinson Sword GmbH. (s. 1962) - Bunsenweg 7, 5650 Solingen - Geb. 3. März 1931 Nürnberg.

GRUBER, L. Fritz

Prof., Publizist, Buch- u. Fernsehautor - Paulistr. 10, 5000 Köln-Braunsfeld (T. 49 42 49) - Geb. 7. Juni 1908 (Vater: Wilhelm G., Kaufm.; Mutter: Alice, geb. Keller), kath., verh. in 2. Ehe (1959) m. Renate, geb. Busch, T. Bettina - Realgymn., Werkkunstsch. u. Univ. Köln - S. 1927 Journ., Verleger (1930), Auslandskorrespondent (1933). Inhaber phototechnischer u. -graphischer Betriebe (1939), Leit. photokina-Bilderschauen 1950-80, Ehrenpräs. Dt. Ges. f. Photogr. - BV: D. Adenauer-Bildbd., 1956; Antlitz d. Ruhmes, 1960 (auch engl.); Portraits v. Man Ray, 1963 (auch franz.); Gr. Photographen unseres Jh., 1964; Antlitz d. Schönheit, 1965 (auch engl.) - 1963 DRK-Ehrenz.; Gold. Löwen-Plak. Photo-Biennale Venedig; 1966 Progress-Med. Royal Photographic Soc. of Great Britain (u. Honorary Fellow), 1968 David-Octavius-Hill-Med. Ges. Dt. Lichtbildner, 1968 BVK I. Kl., 1970 Kulturpreis Dt. Ges. f. Photogr., 1983 Gr. BVK u. a. - Sammelt Photographien d. XX. Jh. - Spr.: Engl., Franz.

GRUBER, Martin

Geschäftsführer Benckiser Holding GmbH, Ludwigshafen/Rh. - Furtwänglerstr. 6, 6900 Heidelberg - Geb. 16. Nov. 1930 Spraitbach/Württ. (Vater: Gustav G., Lehrer; Mutter: Ruth, geb. Weismann), ev., verh. s. 1957 m. Renate, geb. Melchior, 4 Kd. (Bettina, Florian, Stefanie, Tilmann) - N. Mittl. Reife 1947-50 kaufm. Ausbild. Textilind. - B. 1953 Textilind., dann Außenhdl. Hamburg, s. 1963 Benckiser (s. 1967 stv., 1969 Geschäftsf., 1976 stv., 1976 Hgf.). 1977ff. AR-Vors. Joh. A. Benckiser GmbH, Ludwigshafen/Rh. - Spr.: Engl., Franz.

GRUBER, Reinhard P.

Mag. theol., Schriftsteller - Wald 60, A-8510 Stainz - Geb. 20. Jan. 1947 Fohnsdorf - Matura; Stud. Theol. Wien; Magister 1973 - 1961-65 Skirennläufer u. Faustballsp.; 1967/68 Mönch Schottenstift Wien; 1973-77 Journ. Graz; s. 1977 fr. Schriftst. - BV: Alles üb. Windmühlen, 1971; Aus d. Leben Hödlmosers, 1973; Im Namen d. Vaters, 1979; Heimwärts einwärts, 1980; D. grüne Madonna, 1982; V. Dach d. Welt, 1987; D. Schilcher-ABC, 1988; Nie wieder Arbeit, 1989; Bei den schönsten Frauen d. Welt, 1990. Theaterst.: Steirischer Jugendm. Abfahrtslauf (1963), Endlich Ruhe (1983), Nietzsche in Goa (1984), Heimatlos (1985), Lebzeug (1988), D. hinnige Sohn u. d. Publikum (1989), Aus d. Leben d. Vampire (1991) - 1975 3. Platz österr. Journ.meistersch. Schladming; 1971 Lit.pr. österr. Hochschülerschaft Wien; 1982 Lit.pr. Land Steiermark - Liebh.: Reisen, Kreuzworträtsel, Phil., Musik - Spr.: Altgriech., Lat., Engl., Hebr.

GRUBER, Utta

Dr. rer. pol., o. Prof. f. Nationalökonomie u. Finanzwissenschaft - Eichenstr. 11, 8021 Großdingharting - Geb. 16. März 1924 - S. 1955 (Habil.) Lehrtätigk. Univ. München (1963 apl. Prof.), Bochum (1965 Ord. f. Sozialpolitik), München (1968 wie oben). Fachaufs.

GRUBER, Walter

Dr., Generalsekretär i. R. (DRK-Landesverb. Baden-Württ.), Kaindlstr. 66, 7000 Stuttgart 80 (T. 68 16 01) - 1972 BVK I. Kl.

GRUBISIC, Vatroslav V.

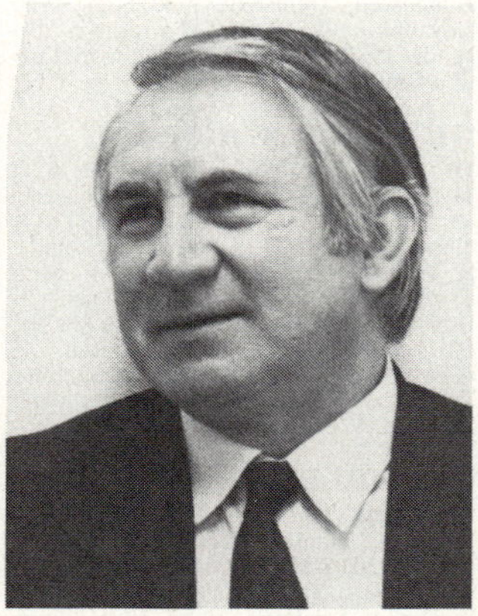

Dr.-Ing., Prof., Leiter d. Forschungsabt. d. Fraunhofer-Inst. f. Betriebsfestigkeit Darmstadt - Zum Stetteritz 1, 6107 Reinheim 4 (T. 06162 - 21 36) - Geb. 17. Jan. 1933 Solin/Dalmatien, verh. s. 1971 m. Suncica, geb. Dvornik, 2 Kd. (Sara, Marko) - Stud. Maschinenbau TU Zagreb; Dipl. 1958, Promot. 1970 TU München - 1960/61 Berechnungs-Ing. AEG-Fabrik Essen; 1961-70 wiss. Mitarb. Fraunhofer-Inst. f. Betriebsfestigkeit (LBF) Darmstadt; s. 1970 Leit. d. Forschungsabt. Spannungsanalyse u. Festigkeitsbeurteilung; 1978-86 stv. Dir. d. Inst. Hon.-Prof. TU Split - Mehrere Patente üb. Simulationseinricht. z. Lebensdauernachweis v. Konstruktionen u. Systemen, Verf. u. Meth. z. Optimierung v. Konstruktionen - Mitarb.: Betriebsfestigkeit, 1986 - 1986 Fraunhofer-Preis f. angew. Forsch. (f. Verf. u. Simulationseinrichtung z. Lebensdauernachweis v. Fahrzeugrädern) - Liebh.: Alt-Gesch., Alt-Münzen - Spr.: Engl., Kroato-Serb., Ital., Russ.

GRUBITZSCH, Helga

Dr. phil., Prof. Univ. Paderborn - Warburger Str. 100, 4790 Paderborn - Geb. 4. Juni 1943 Berlin - Abit. 1962; 1962-70 Stud. Roman., Latein. Philol. u. Psych. (Promot. 1970) - 1970-71 Lehrerin in Oldenburg; 1971-79 Assist.-Prof. Univ. Bremen; 1979-83 Prof.; 1983-88 Doz. f. Lit. u. Sozialgesch. d. Frau; s. 1988 Prof. f. Literaturwiss. u. hist. Frauenforsch. an d. Univ.-GH Paderborn - BV: Unterrichtspraxis im Projektstud., 1975; D. Verwend. d. Mythol. in Giambattista Marinos Adone, 1973; Materialien z. Kritik d. Feuill.-Romans. D. Geheimnisse v. Paris v. Eugène Sue in d. europ. Kritik, 1977; Projekt Franz.unterricht, 1979 (m. J. Kramer, R. Schneewolf, Hrsg.); Freiheit f. d. Frauen - Freiheit f. d. Volk! Sozialist. Frauen in Frankr., 1830-1848, 1980 (m. L. Lagpacan); Grenzgängerinnen. Revolutionäre Frauen im 18. u. 19. Jh (m. H. Cyrus, E. Haarbusch, Hrsg.), 1985; Théroigne de Méricourt: Aufz. aus d. Gefangenschaft, Übers. u. Nachwort (m. R. Bockholt), 1989; D. Amazone d. Freiheit. Théroigne de Méricourt (m. R. Bockholt), 1991 - 1970 Preis Phil. Fak. Univ. Mainz f. Diss. - Spr.: Franz., Ital., Engl., Span., Latein, Griech.

GRUBITZSCH, Siegfried Eckhard

Dr. rer. nat., Dipl.-Psych., Prof. Psychologie Univ. Oldenburg (s. 1975) - Bürgerbuschweg 47, 2900 Oldenburg (T. 6 49 79) - Geb. 29. Juli 1940 Mühlhausen (Vater: Max G., Kaufm.; Mutter: Gerda, geb. Jödick) - Stud. d. Psychol., Betriebswirtsch., Politikwiss., Päd., Zool.; Promot. 1972 Braunschweig - 1967-72 wiss. Assist. PH Oldenburg; 1972-75 Prof. f. Päd. Psychol. PH Weingarten, s. 1975 Prof. f. Psych., Schwerpkt. Psych. Diagnostik; Leit. d. Test- u. gutachtenpsychol. Beschwerdeu. Beratungsst. Oldenburg (gegr. 1985). Fachmitgl.sch. - BV: Kritik d. Päd. Psychologie, 1975. Herausg.: Ztschr. Psychologie u. Ges. (1977ff.); Testtheorie - Testpraxis (völlig neu überarb. 1991); Handbuch psycholog. Grundbegriffe, 1981; Psychologie - e. Grundkurs, 1986; Kinder u. Jugendl. im Schnittpunkt psychosozialer Beurteilungsprozesse, 1989 - Spr.: Engl.

GRUBMÜLLER, Klaus

Dr. phil., o. Prof. f. Dt. Literatur d. Mittelalters u. Dt. Sprache Univ. Münster (Dir. Germanist. Inst.) - Kleistiege 3, 4417 Altenberge/W.

GRUDINSKI, Ulrich

FAZ-Korrespondent London - Zu erreichen üb. FAZ, Postf. 2901, 6000 Frankfurt/M. - U. a. dpa-Korresp. Mittelost u. Südostasien (1964), FAZ-Korresp. Hongkong (1969) u. Peking (1972).

GRÜB, Willy

Programmchef a.D. - 7016 Gerlingen üb. Stuttgart (T. 07156 - 2 54 41) - Geb. 29. Febr. 1912 Schopfheim (Vater: Karl G.; Mutter: geb. Grossmann), ev., verh. in 2. Ehe (1949) m. Annemarie, geb. Weil, 3 Kd. (Stefan, Michael, Evelyne) - Konservat. Basel, Univ. ebd. u. Freiburg - Dramat., Spiell. u. stv. Int. versch. Bühnen, n. Kriegsende kommiss. Leit. Theater Baden-Baden, 1947 Chefdramat. u. Spiell. Städt. Bühnen Freiburg u. Düsseldorf (1953) u. Südd. Rundfunk (1954). Ehem. künstler. Beirat Schwetzinger Festsp. - BV: Mit Familienanschluß, R. 1964; Wunderl. Alltag, 1965. Bühnenst.: D. Brüder Salcher (Sch.), D. Disziplinarfall Larsen (Kom.), Zw. Stuttgart u. München (Schwank), Bagatellen (Kom.), D. Rappelkopf (Kom. n. Goldoni), Stefan m. d. langen Nase (Msp.), Rapunzel u. d. Zaubermühle (Msp.), Romant. Zeiten (Lsp.). Hör- u. Fernsehsp.; Features - 1971 Gold. Verdienstmed. Stadt Schwetzingen (20jähr. Bestehen d. Festsp.); 1978 Silb. Blatt d. Dramat.-Union.

GRÜBEL, Ilona

Dipl.-Psych., Schauspielerin - Geb. 23. Sept. 1950 München (Vater: Johann G., Amtsrat i.R.; Mutter: Hildegard, geb. Blickhahn) - Univ. München, Dipl.-Psych. 1976 - S. 1965 als Schausp. m. Arb. f. d. FS; u.a. in d. Serien Goldene Zeiten I + II, Schwarzwaldklinik, In bester Gesellschaft. Hauptrolle in d. 20 Teiler: Goldene Zeiten (SWF). Arbeit m. Arthur Penn an TARGET (amerik. Kinofilm) - 1968 Bundesfilmpreis f.: Paarungen (Judith) - Spr.: Engl., Franz.

GRÜBEL, Rainer

Dr. phil., Prof. f. Slavistik Univ. Utrecht/Niederl. - H. de Keijserstraat 40, NL-3583 TK Utrecht - Geb. 26. Dez. 1942 Leipzig (Vater: Dr. med. Walter G., Internist; Mutter: Dorothea, geb. Fülbier), verh. m. Waltraut, geb. Stecklum, 2 T. (Nadine, Tamara) - 1975 Lehrauftr. Univ. Göttingen; 1976-80 Wiss. Mitarb. Univ. Utrecht; 1980-82 Prof. Univ. Oldenburg; s. 1982 Ord. f. slav. Lit.wiss. Univ. Utrecht - BV: Russ. Konstruktivismus. Künstler. Konzept., lit. Theorie u. kultur. Kontext, 1981 - Spr.: Engl., Niederl., Russ., Serbokroat.

GRÜBER, Katrin

Dr., Mitglied d. Landtages Nordrhein-Westfalen - Zu erreichen üb. Landtag, Platz des Landtags, 4000 Düsseldorf 1 - Geb. 20. Nov. 1957 Frankfurt/M., verh. - Stud. Biologie u. Chemie (Lehramt); Promot. Biologie - Spr.: Engl., Franz. - Bek. Vorf.: Probst Heinrich Grüber (Großvater).

GRÜBER, Wilhelm

Präsident SV Waldhof Mannheim - Bergstr. 9-11, 6945 Hieschberg - Geb. 30. März 1948 Heidelberg, ev., verh. m. Maria, geb. Binder, T. Sabine - Ausb. z. Großhandelskaufm. - S. 1974 Präsid.-Mitgl. u. s. 1977 Präs. Fußball-Bundesliga-Verein SV Waldhof Mannheim - Verdienstmed. Bad. Fußballverb.; Ehrenmitgl. SV Waldhof - Liebh.: Landwirtschaft, Arch. - Spr.: Engl.

GRÜBLER, Ekkehard

o. Prof. f. Bühnenbild u. Kostüm Akad. d. Bild. Künste München - Irmgardstr. 5a, 8000 München 71 (T. 089-79 22 31) - Geb. 29. Jan. 1928, ev., verh. s. 1955 m. Brigitte Hoch, Malerin - Hochsch. f. Bild. Künste Berlin, FU Berlin, Yale Univ., Conn./USA - Assist. v. Caspar Neher. Bühnenbildner, Kostümbildner u. Regiss.; o. Prof.; o. Mitgl. Bayer. Akad. d. Schönen Künste, Mitgl. Dt. Werkbd. - Arb. f. Oper, Schausp., Ballett u. FS, u.a. in Berlin, Buenos Aires, Brüssel, Chicago, Düsseldorf, Frankfurt, Genf, Hamburg, Hannover, Köln, London, München, Stuttgart, Wien, Zürich. Festsp. Berlin, Bregenz, Recklinghausen, Salzburg, Schwetzingen, Wiesbaden - Harvard Stip. Leopoldscron - Spr.: Engl., Span.

GRÜBMEYER, Werner

Ltd. Regierungsschuldirektor a. D., MdL Nieders. (CDU) - Quellenweg 9, 3424 St. Andreasberg.

GRUEHN, Reginald

Dr. rer. nat., Prof. f. Anorgan. Chemie Univ. Giessen (s. 1971) - Am Mühlacker 35, 6302 Lich - Geb. 6. Okt. 1929 Dorpat (Vater: Werner G., Univ.-Prof.; Mutter: Amata, geb. v. Schilling), ev., verh. s. 1958 m. Brigitte, geb. Beil, 2 Kd. (Silke, Dietwald) - Promot. 1962; Habil. 1969 - Zul. Wiss. Rat u. Prof. Univ. Münster. Üb. 180 Facharb.

GRÜN, Karl

Wirtschaftsjournalist - 15 Boulderol Road, Stamford, Ct 06903, USA - Geb. 15. Jan. 1933 Köln - Gymn. Schweinfurt u. Würzburg, Norwich Academy in Connecticut, USA, Univ. Würzburg u. Marburg (Dipl.-Volksw. Würzburg 1956), Zeitungsvolontariat Main-Post - 1957-68 dpa Korresp. Nordbayern, 1958-68 Redakt. F.A.Z., 1968-70 Ressortltg. Wirtschaft, Publik., 1970-72 Red. f. bes. Aufgaben ZDF, 1972-79 Londoner Wirtschaftskorresp. Die Welt u. Börsen-Zeitung, 1979-82 Korresp. f. Wirtschaftswoche u. Neue Zürcher Ztg.; 1982-86 Korresp. f. Intern. Reports u. Neue Zürcher Ztg.; s. 1986 Korresp. f. Börsen-Ztg. u. Neue Zürcher Ztg. - BV: Finanzplatz London, 1974 - Spr: Engl., Franz.

GRÜN, Kurt

Unternehmer, pers. haft. Gesellsch. Hansen-Rum-Kontor August Grün & Co., Flensburg, AR-Vors. Herm. G. Dethleffsen GmbH & Co., Ehrenpräs.

Bundesverb. d. Dt. Spirituosenind., Bonn - Fördeblick 17, 2390 Flensburg - Geb. 1. Aug. 1929 - Liebh.: Reiten (Präs. Flensbg. Reit- u. Fahrverein v. 1924).

GRÜN, von der, Max

Schriftsteller - Bremsstr. 40, 4600 Dortmund-Lanstrop - Geb. 25. Mai 1926 Bayreuth, 2 Kd. - Volks- u. Handelssch.; Maurerlehre; kaufm. Lehre Porzellanind. - Kriegsdst. (Fallschirmj.); amerik. Gefangensch. (1944; 2 1/2 J. USA); Bauwirtsch.; Bergbau. 1983/84 Gastprof. GH/Univ. Paderborn - BV: Wir tragen e. Licht durch d. Nacht, Ged. 1961 (Anthol.); Weggefährten, Erz. 1962 (Anthol.); Männer in zweifacher Macht, R. 1962; Irrlicht u. Feuer, R. 1963 (Film Dt. Fernsehfunk); Dichtung u. Arbeit, Erz. 1964 (Anthol.); Feierabend, 1968 (m. Hans Dieter Schwarze); Zwei Briefe an Pospichiel, R. 1968 (Fernsehsp.); Urlaub am Plattensee, 1970; Stenogramme, Erz. 1972; Am Tresen geh'n d. Lichter aus, Erz. 1972; Stellenweise Glatteis, R. 1973 (verfilmt); Leben im gelobten Land, 1975; Wenn d. tote Rabe vom Baum fällt, 1976; Reisen in d. Gegenwart, 1976; Vorstadtkrokodile, Kinderb. 1976 (verfilmt); Wie war das eigentlich? Kindheit u. Jugend im III. Reich, Jugendroman 1979; Springflut, R. 1990. Reportagen: Unterwegs in Deutschland, 1979; Flächenbrand, R. 1979 (verfilmt 1980); Etwas außerhalb d. Legalität, Erz. 1980; Klassengespräche, Aufs. 1981; Späte Liebe, Nov. 1982. Fernsehsp.: Feierabend, 1968; Schichtwechsel, 1968; Aufstiegschancen, 1972; Menschen in Deutschl., 1973; Leben im gelobten Land, 1975; Späte Liebe, 1978. Bühnenst.: Notstand (Sch., 1968). Libretto zu d. Oper Brot u. Spiele (1989). Mithrsg.: Aus d. Welt d. Arbeit - Almanach d. Gruppe 61 u. ihrer Gäste (1967) - Mitgl. Dt. PEN-Zentrum Ost u. West (1967 b. Umwandl. in PEN-Zentrum DDR ausgetr.), D. Kogge (1968), PEN-Zentrum BRD (1970) - 1966 Gold. Lorbeer DFF. Gr. Kulturpr. Stadt Nürnberg, 1974; Wilhelmine-Lübke-Pr. f. Späte Liebe, 1978; Festival Prag: Pr. d. Prager Fernsehzusch., 1978 f. Film Vorstadtkrokodile, 1981 Anette v. Droste-Hülshoff-Preis, 1982 Eiserner Reinoldus, Dortmund, 1985 Gerrit-Engelke-Lit.-Preis Stadt Hannover.

GRÜN, Norbert

Dr. rer. nat., Prof. f. Theoret. Physik Univ. Gießen - Espenstr. 8, 6303 Langgöns.

GRUENAGEL, Hans Helmut

Dr. med., Prof., Chefarzt Chirurg. Abt. Evangel. Krankenh. Düsseldorf - Kirchfeldstr. 40, 4000 Düsseldorf - Geb. 26. Mai 1928 Kaiserslautern (Vater: Dr. Friedrich G., Pfarrer; Mutter: Erika, geb. Mentzel), ev., verh. s. 1956 m. Waldtraut, geb. Pfannmüller, 2 Kd. (Annette, Elisabeth) - Stud. Mainz, Heidelberg, Bonn, Genf - Spez. Arb.-geb.: allg. Chirurgie u. Unfallchir. Fachmitgl.sch. - BV: Intrathorakale Milzverlagerung b. Portaler Hypertension, 1969 - Liebh.: Musik, Kunst, Segeln - Spr.: Engl., Franz. - Rotarier.

GRÜNBECK, Josef

Geschäftsf. Gesellschafter Fa. Grünbeck Wasseraufbereitung GmbH, MdB (s. 1983; mittelstands- u. wohnungspolit. Sprecher FDP-Bundestagsfraktion, stv. Mitgl. Umwelt- u. Forsch.aussch.) - Johann-Schedel-Str. 11, 8884 Höchstädt/Donau - Geb. 17. Sept. 1925 Haan/Sudetenl. - Wirtschaftsobersch. Teplitz (Abit. 1942) - 1942-45 Wehrdst. (Bayer. Gebirgsjäger, zul. Ltn.); s. 1949 selbst. (gegenw. 300 Mitarb., zzgl. 100 Mitarb. im Außendst. S. 1966 Stadtrat (Höchstädt) u. Kreisrat (Dillingen; 1978-82 MdL Bayern; dann MdB. 1968 Einf. d. Mitbestimmung); 1988 4. Stufe d. Mitbestimmungs- u. Vermögensbildungsmodells. FDP - 1984 Sudetend. Unternehmenspreis; 1986 Preis f. d. soz. Wandel (AGP); 1987 Preis f. unternehm. Kreativität u. soz. Innovationen (Europ. Mittelstandsvereinig.).

GRÜNBERG, Wolfgang

Dr. theol., Prof. f. Prakt. Theologie m. Schwerp. Religionspäd. Univ. Hamburg, Leiter Arbeitsst. Kirche u. Stadt - Sedanstr. 19, 2000 Hamburg 13; priv.: Tannenhügel 3b, 2104 Hamburg 92 - Geb. 10. Aug. 1940 Swinemünde, ev., verh. - Stud. Theol. Tübingen, Heidelberg, Hamburg u. Berlin; Promot. 1971 - 1965-69 wiss. Assist. f. Prakt. Theol. b. Prof. D. Martin Fischer Kirchl. Hochsch. Berlin; Vikar. Berlin u. St. Louis/USA - BV: Homiletik u. Rhetorik. Z. Frage e. sachgemäßen Verhältnisbest., 1973; div. Aufs. z. Katechismusproblematik (PTh 1981/6; PTh 1984/9; ZfP 1985/4; Art. Katechismus I/2 TRE Bd. XVII; weit. Aufs. z. Stadt-Kirche Problematik (PTh 1990/3) etc.; Herausg.: Siegmund-Schultze, Friedrich: Friedenskirche, Kaffeeklappe u. d. Ökumenische Vision: Texte 1910-1969 (1990). Mithrsg. d. Reihe Kirche in d. Stadt (1991ff.) Bd. 1: Erinnern u. Gedenken, Bd. 2: Religion als Wahrheit u. als Ware.

GRÜNDEL, Johannes

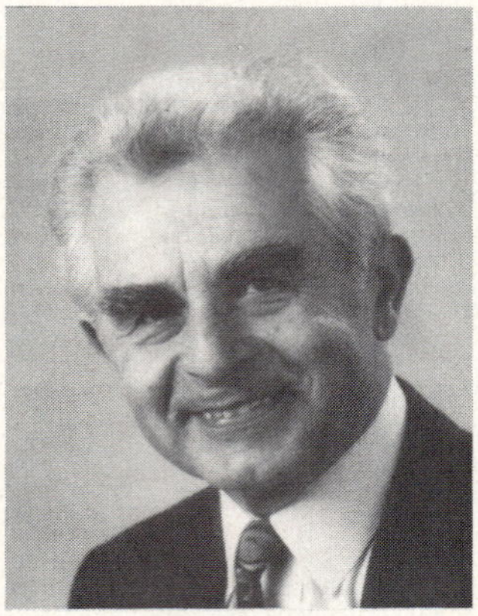

Dr. theol., o. Prof. f. Moraltheologie u. Vorst. Moraltheol. Sem. Univ. München (s. 1968) - Ortsstr. 1, 8050 Freising-Hohenbachern/Obb. (T. 1 33 43) - Geb. 13. Mai 1929 Ullersdorf/Schles. (Vater: Paul G., Bauer; Mutter: Anna, geb. Klein), kath. - Phil.-Theol. Hochsch. Königstein u. Univ. München (Phil., Psych., Theol.). Promot. (1959) u. Habil. (1966) München. Priesterweihe 1952 Limburg - Zul. ao. Prof. Phil.-Theol. Hochsch. Freising - BV: D. Lehre v. d. Umständen d. menschl. Handlung im Mittelalter, 1963; Wandelbares u. Unwandelb. in d. Moraltheol., 2. A. 1971 (auch franz. u. ital.); Ethik ohne Normen?, 1970; Aktuelle Themen d. Moraltheol., 1971 (auch ital. u. portug.); Entfalt. d. kindl. Gewissens, 3. A. 1978 (auch ital. u. span.); D. Lehre d. Radulfus Ardens v. d. Tugenden d. Verstandes a. d. Hintergrund s. Seelenlehre, 1976; D. Zehn Gebote in d. Erziehung, 3. A. 1979 (auch poln., portug.); Die Zukunft d. christl. Ehe, 2. A. 1979; Wie prüfe ich mich selbst?, 6. A. 1981 (auch ungar.); Normen im Wandel, 2. A. 1984; Gesundheit u. Krankheit als Gabe u. Aufgabe, 1984; D. Erde - unserer Sorge anvertraut, 1984; Schuld u. Versöhnung, 2. A. 1989. Herausg.: AIDS - Herausforderung an Ges. u. Moral (2. A. 1988); D. Gewissen - subjektive Willkür od. oberste Norm?, 1990; Leben aus christl. Verantwortung. E. Grundkurs d. Moral (3 Bde), 1991-1992 - 1981 gold. Sportabz. - Liebh.: Musik - Spr.: Engl., Ital.

GRÜNDER, Hans-Dieter

Dr. med. vet., Prof. f. Innere Krankheiten d. Wiederkäuer Univ. Gießen - Alte Mühle 1, 6349 Greifenstein 2 - Geb. 28. April 1931 Breslau (Vater: Werner G., Univ.sprof.; Mutter: Margarete, geb. Förster), ev., verh. s. 1961 (Ehefr.: Anneliese), 2 Kd. (Angelika, Bernhard) - Tierärztl. Hochsch. Hannover. Promot. 1956; Habil. 1970 - TiäH Hannover (Klin. f. Rinderkrankh.), 1975 Prof. f. Innere Krankh. d. Wiederkäuer d. Univ. Gießen - BV (Mitverf.): D. klin. Unters. d. Rindes; Krankh. d. Rindes. Üb. 80 Einzelarb.

GRÜNDER, Horst

Dr. phil., Prof. f. Neuere u. Neueste Gesch. Univ. Münster - Propsteistr. 26, 4400 Münster (T. 0251 - 39 25 01) - Geb. 7. Febr. 1939 Teplitz-Schönau, kath., verh. s. 1968 m. Mechthild, geb. Reuber, 2 Kd. (Annkatrin, Carsten) - 1960-67 Stud. Univ. Würzburg, Münster (German., Gesch., Päd., Psych., Phil.); Promot. 1973; Habil. 1981 - 1982 Prof. - BV: Walter Simons, d. Ökumene u. d. Ev. Soz.Krongr. E. Beitr. z. Gesch. d. polit. Protestantismus im 20. Jh., 1974; Walter Simons als Staatsmann, Jurist u. Kirchenpolitiker, 1975; D. moderne Imperialismus, 1980, 5. A. 1987; Christl. Mission u. deutscher Imperialismus. E. polit. Gesch. in Beziehungen während d. dt. Kolonialzeit (1884-1914) unter bes. Berücks. Afrikas u. Chinas, 1982; D. Deutsche Reich als Kolonialmacht, 1984; Gesch. d. dt. Kolonien, 2. A. 1991; Welteroberung u. Christentum. E. Handbuch z. Geschichte d. Neuzeit, 1992; Beitr. u. Veröff. in Büchern u. Ztschr. - 1974 Wolf-Erich-Kellner-Preis.

GRÜNDER, Irene

Dr. phil., Vortrag. Legationsrätin I. Kl. - E.T.A.-Hoffmann-Str. 5, 5300 Bonn - Geb. 28. Jan. 1934 Dobrau/Schles., ledig - Stud. (Gesch., Engl.) Univ. München, Wien u. Tübingen; 1. u. 2. Staatsprüf. f. d. Höh. Lehramt; Promot. 1960 - S. 1965 Ausw. Amt, u. a. an d. Botsch. d. Bundesrep. Deutschl. in Brüssel, Prag, Lissabon, 1984-87 Botschafterin in Burundi, 1987-90 Generalkonsulin in Curitiba/Brasilien.

GRÜNDER, Karlfried

Dr. phil., Prof. f. Gesch. d. Phil. u. d. Geisteswissenschaften - Spanische Allee 43, 1000 Berlin 38 (T. 030 - 802 87 01) - Geb. 23. April 1928 Marklissa/Schles. - S. 1966 (Habil.) Lehrtätigk. Univ. Münster (1967 Abt.vorsteher u. Prof.) u. Bochum (1970 Ord.); FU Berlin (1979) - BV: Reflexion d. Kontinuitäten. Z. Gesch.denken d. letzten Jahrzehnte, 1982; u.a. Fachveröff. - 1971 korr. Mitgl. Akad. d. Wiss. u. d. Lit., Mainz.

GRÜNDLER, Gerhard E.

Journalist, Direktor d. NDR-Landesfunkhaus Hamburg (s. 1981) - Blumenstr. 50, 2000 Hamburg 60 (T. 040 - 48 98 33) - Geb. 21. März 1930 Sachsenberg b. Schwerin - Abit. Max-Planck-Obersch. Kiel; Stud. Univ. Kiel (Rechts- u. Staatswiss.), Indiana Univ., Bloomington, USA (Journalismus); 1. jurist. Prüf. 1956 - Volont. Schlesw.-Holst. Volks-Ztg., Kiel; 1958-63 Redakt. u. Korresp. D. Welt; 1963-71 Redakt. u. innenpolit. Ressortleit. Stern; 1971-76 Chefredakt. Vorwärts; 1976-79 Stern-Reporter; 1979-81 Bonner Korresp. WDR-Hörf. - BV: D. Gericht d. Sieger (m. A. v. Manikowsky), 1967 - Liebh.: Lit.

GRÜNDLER, Martin

Prof., Dozent f. Gesang Staatl. Hochsch. f. Musik u. Darstell. Kunst Frankfurt/M. (s. 1957) - Gartenstr. 12, 6243 Falkenstein/Ts. (T. 06174 - 2 17 37) - Geb. 4. Dez. 1918 Oberroßbach, ev., verh. s. 1953 m. Charlott-Luise, geb. Dettmar, 4 Kd. (Johannes, Matthias, Bettina, Susanne) - Stud. Kirchenmusik u. Gesang - S. 1941 Konzertsänger (Auftr. In- u. Ausl., auch USA).

GRÜNEBERG, Jürgen

Dipl.-Ing., Prof. f. Antriebstechnik Gesamthochschule Paderborn (Fachbereich Elektr. Energietechnik/Soest) - Oelmüllerweg 55, 4770 Soest.

GRÜNEBERG, Otto-Hermann

Kaufmann, Generalbevollm., Mitgl. d. Bereichsvorst. Siemens AG, Bereich Daten- u. Informationstechnik (s. 1989) - Zu erreichen üb. Siemens AG, Otto-Hahn-Ring 6, 8000 München 83 - Geb. 1. Jan. 1933 Bremen (Vater: Hermann G., Lehrer; Mutter: Grete, geb. Libbe), ev., verh. s. 1958 m. Lore, geb. Steinmeyer, 2 Töcht. (Julia, Uta) - Abit. 1952; Kaufm.-Gehilfenprüf. 1955 - 1955-67 u. 1974ff. Siemens AG (1974-79 kfm. ZN-Vorst., 1981ff. Generalbevollm.); 1968-73 Kfm. Geschäftsf. Olympia-Bauges. - 1973 BVK I. Kl.

GRÜNEKLEE, Dieter

Dr. med., apl. Prof. f. Inn. Med. Univ. Münster, Chefarzt d. Inn. Abt. u. Leit. Arzt d. Johannisstiftes, Paderborn - Am Glockenbusch 28, 4790 Paderborn-Elsen.

GRÜNER, Dietmar

Geschäftsführer Venture-Capital-Ges. d. Dt. Bank Berlin AG, Berliner Ind.bank AG u. Ind.kreditbank AG - Dt. Ind.-bank (Gründ. 1983) - Meinekestr. 7, 1000 Berlin 15 - Geb. 26. Febr. 1940 - U.a. Geschäftsf. VC Ges. f. Innovation mbH Berlin, Finanzrichter u.a.

GRÜNER, Hans

Dr. jur. utr. Landessozialgerichtspräsident a.D. - In den Rödern 1, 6100 Darmstadt-Eberstadt - Geb. 7. März 1917 Hof/Saale, ev., verh., 1 Sohn - Stud. (Prom. 1951) Sozialrecht Univ. Erlangen - S. 1954 Richter in der Sozialgerichtsbarkeit - BV: Kommentare z. Sozialrecht, insbes. z. Sozialgesetzbuch - Gr. BVK - Lit.: Festschr. z. 65. Geb. Beiträge zum Sozialrecht.

GRÜNER, Martin

Parlam. Staatssekretär a.D., MdB (s. 1969; FDP) - Zu erreichen üb. Bundeshaus, 5300 Bonn 1 (T. 16-30 74); priv.: Am Paradiesberg 1, 7230 Schramberg/Württ. (T. 39 24) - Geb. 19. Juli 1929 Stuttgart - Stud. Rechtswiss. Gr. jurist. Staatsprüf. - Rechtsanw.; Geschäftsf. Verb. d. Schwarzwälder Uhrenind.; 1968-72 Hauptgf. Verb. d. dt. Uhrenind. - 1976 BVK I. Kl., 1978 Gr. BVK - Rotarier.

GRÜNER, Oskar

Dr. med., o. Prof. f. Gerichtl. u. Soziale Medizin - Arnold-Heller-Str. 12, 2300 Kiel (T. 59 71) - Geb. 24. März 1919 - S. 1956 (Habil.) Lehrtätigk. Univ. Frankfurt/M. (1961 apl. Prof.), Gießen (1964 Ord. u. Inst.dir.), Kiel (1971 Ord. u. Inst.dir.). Facharb.

GRÜNERT, Adolf

Dr. med., Dr. rer. nat., Dipl.-Chem., Prof., Ärztl. Direktor Inst. f. Klinische Chemie, Klinikum d. Univ. Ulm - Tokajerweg 22, 7900 Ulm/Donau - Geb. 27. Febr. 1938 Neuleiningen/Pf. - Promot. 1969 (r. n.) u. 74 (m.) - Üb. 150 Facharb.

GRÜNEWALD, Armin

Dr. sc. pol., Dipl.-Volksw., Leiter Abt. Auslandshandelskammern DIHT (s. 1981) - T. dstl.: Bonn 10 41 - Geb. 28. Dez. 1930 Löwenberg (Vater: Dr. med. Edgar G., Arzt; Mutter: Elisabeth, geb. Hoffmann), ev., verh. s. 1956 m. Ulla-Lena, geb. Hoffmann, 2 Kd. - Univ. Kiel (Inst. f. Weltw.) - 1957-73 Stuttgarter Ztg. (1961 Wirtschaftskorresp. Bonn, 1972 Leit. Bonner Redaktion), 1973-80 stv. Sprecher d. Bundesreg. Spez. Arbeitsgeb.: Wirtschafts-, Währungs-, Aussenhandels- u. Finanzpolitik. S. 1982 Vors. Verein Schumannhaus Bonn - 1975 Commandeur de l'Ordre national du Mérite, 1980 BVK 1. Kl.; 1981 Officier de la Légion d'Honneur - Liebh.: Musik - Spr.: Franz., Engl., Span.

GRÜNEWALD, Dietrich

Dr. phil. habil., Univ.-Prof. Dortmund, Fach Kunst - Grünberger Str. 47, 6301 Reiskirchen 1 (T. 06408 - 6 13 69) - Geb. 14. Dez. 1947, ev., verh. s. 1978 m. Ruth, geb. Galesky, 4 Kd. (Tanja, Alexander, Gregor, Jasmin) - Stud. Univ. Gießen (Lehramt Kunst u. Deutsch); 2. Lehrerex., Promot. 1976, Habil. (Kunst) 1980 Dortmund - 1987-91 Bundesvors. Bund Dt. Kunsterzieher - BV: Karikatur im Unterr., 1979; Comics-

Kitsch od. Kunst, 1982; Wie Kinder Comics lesen, 1984, V. Umgang m. Comics, 1991. Mithrsg.: Kunst + Unterricht - Grafiker (Serigraphie).

GRÜNEWALD, Hans I.

Rabbiner Israelit. Kultusgemeinde München (1963-82), Vorst.-Mitgl. europ. Rabbinerkonfz. (s. 1961) u. deren Europa Koordinator (s. 1983) - 36 Monarch Court, Lyttelton Rd., London N2 (T. 004481 – 455 08 11) - Geb. 15. März 1914 Frankfurt/M. (Eltern: Edmund u. Julie G.), verh. 1940-87 m. Martha, geb. Nebenzahl †, s. 1988 m. Margot, geb. Jedwab - Gymn. Frankfurt; Stud. Rabbiner Hamburg, Schlesw.-Holst. u. Nieders. - BV: D. Lehre Israels - Bemerkungen, Erklärungen u. Hinweise zu d. wöchentl. Lesungen d. Juden aus d. Thora, 1970; Einblicke in d. Bibel. Talmud u. gelebtes Judentum, 1989.

GRÜNEWALD, Hans-Günter
Dr. rer. pol., Dipl.-Kfm., Mitglied d. Geschäftsfg. Henkel KGaA, Düsseldorf - Postfach 1100, 4000 Düsseldorf 1 - Geb. 27. März 1933 Berlin.

GRÜNEWALD, Helmut
Dr. rer. nat., Prof. Univ. Bonn, Chemiker - Barlachstr. 4, 6908 Wiesloch - Geb. 16. Febr. 1930 Berlin - Dipl.-Chem. 1955 Univ. Freiburg, Promot. 1958 ebd.

GRÜNEWALD, Herbert
Dr. rer. nat., Prof. - Zu erreichen üb. Bayerwald, 5090 Leverkusen - Geb. 6. Sept. 1921 Weinheim, verh. m. Ilse, geb. Cramer, 4 Kd. - Stud. Univ. Frankfurt/ M. u. Heidelberg (Chemie) - Langj. Bayer (Vorst.- u. AR-Vors.), Hon.-Prof. Univ. Bonn.

GRÜNEWALD, Joachim

Dr. jur., Rechtsanwalt, Oberkreisdirektor a.D., Parlam. Staatssekretär b. Bundesminister d. Finanzen (s. 1991), MdB (s. 1987) - In der weiten Schlüppe,

5960 Olpe (T. 02761 - 17 00) - Geb. 21. Nov. 1933 Kirchhundem (Vater: Julius G., Fabrikant; Mutter: Elisabeth, geb. Boden), kath., verh. m. Irmgard, geb. Zimmermann, 4 Kd. (Christopher, Markus, Stephanie, Susanne) - Abit.; Stud. Rechtswiss., 2. jurist. Staatsprüf. - Beirat Westf. Ferngas AG Dortmund u. Westd. Landesbank Düsseldorf u. Münster; Vors. d. Gesellsch.vers. Kommunal-Verlags-GmbH, Bonn, Gebr. Grünewald GmbH & Co. KG, Gebr. Grünewald Verwaltungs-GmbH, beide Kirchhundem, stv. AR-Vors. d. Treuarbeit AG Frankfurt.

GRÜNEWALD, Wilhard
Dr. phil., Prof. f. Wiss. Politik u. Gemeinschaftskd. PH Schwäb. Gemünd (s. 1969) - Uhlandstr. 42, 7075 Mutlangen/ Württ. - Geb. 1. Jan. 1927 Friedberg/ Hessen - Gymn. Friedberg; Lehrerausbild.; Univ. Frankfurt/M. (Gesch., Dt., Phil., Päd.). Promot. 1961 - 1946-62 Volks- u. Realschullehrer; 1962-70 Doz. PH Bayreuth - BV: u. a. D. fränk.-dt. Kaisertum d. Mittelalters in d. Auffass. engl. Geschichtsschreiber (800-1273), 1961 (Diss.); D. Münchener Ministerpräsidentenkonfz. 1947, 1972 - Spr.: Engl.

GRÜNFELD, Werner
Dr. phil., o. Prof. f. Allg. Didaktik u. Schulpäd. Univ. Köln - Marienwerder Str. 13, 5090 Leverkusen 1.

GRÜNHAGEN, Joachim

Schriftsteller (Lyriker) - Roseggerstr. 11, 3000 Hannover 1 (T. 80 16 71) - Geb. 27. Juni 1928 Braunschweig (Vater: Heinz G.; Mutter: Elisabeth G.), ev., verh. 1956-83 m. Hannelore G., S. Andreas - Oberschule, 1944-45 Luftwaffenhelfer; 1945-49 fr. Schriftst.; 1951-52 Arbeiter; 1952-61 Straßenbahnschaffner in München; 1961-68 kaufm. Tätigk.; 1969 Stadtverw. Hannover (Fremdenverkehrsamt, 1975-91 Kulturamt); u.a. 1975/76 Org. Woche d. Autoren; 1976-79 Org. Autoren im Aegi, Schulkonz., Ausst. S. 1945 literarisch tätig, 1953 Gründungsmitgl. Klub Langer Menschen (gegr. 1953 in München, zus. mit Felix Schleicher, Fritz Eberhart u. Werner Schaffner), Hann. Künstlerverein, Dt.-Ital.-Kulturges., Dt. Haiku-Ges., 1970-74 Schriftltg. d. Ztschr. f. Heimat u. Kultur Nieders., 1984 Gründung der Gruppe POESIE - BV: Zeiternte, Ged. 1974; Gesichter, Ged. (m. Zeichn. v. W. Ritzenhofen) 1976; D. rote Küchenwaage, Erz. 1979; Sandmohn, Ged. (Holzschnitte v. Heinz Stein) 1979; Tagesthemen, Ged. 1979; Andante, Ged. (Holzschnitte v. Heinz Stein) 1981; Die e. Wind durchblättert, Ged. 1981; D. Reiter v. Holzer Berg, Erz. 1982; Himml. Klänge, Ged. 1982; Xylos-Kalender '83, Ged. 1982; Calabrische Impressionen, Ged. 1985, 2. A. 1986; Lang bleiben nur d. Wege, Tanka 1988, 2. A. 1988/89; Kostbare Augenblicke (m. Kay Bölke), Ged. 1992/93; Tagernte, Tanka 1991; Windwärts geworfen (m. Carl Heinz Kurz), 1992. S. 1984 Herausg. v. Poesie-Postkarten, Faltblättern u. Plakaten - Prosa-Preis Junge Dichtung Nieders.; 1985 Adolf Georg Bartels-Gedächtnis-Ehrung; 1991 Haiku-Preis z. Eulenwinkel - Liebh.: Japan. Versformen, Astronomie, Ornithol., Botanik, Zeichnen, Raumfahrt, klass. Musik - Spr.: Engl. - Lit.: Aufn. in üb. 100 Anthol., Ztg., Ztschr. Auch auf Schallplatte Lyrik Hannover (als Mitautor) u.a.; D. Heiko Postma, in: niedersachsen lit., Bd. 3: D. Lokalsensibilist, 1983. Vertonung v. Ged. u. Zyklen: Tonnie de Graaf (1946-70) u. Gerhard Kohlenberg.

GRÜNHAGEN, Wilhelm
Dr. phil., I. Direktor Dt. Archäol. Inst. Abt. Madrid i.R. - Geb. 20. Dez. 1915 Hameln/Weser - S. 1953 (Habil.) Privatdoz. u. apl. Prof. (1964); s. 1980 Honorarprof. Univ. Erlangen-Nürnberg (Klass. Archäol.) - BV: u. a. D. Schatzfund u. Gold Münzen, 1953; Gesch. d. Abt. Madrid d. Dt. Archäol. Just., 1979 - Mitgl. DAI/ZD; korr. Mitgl. Real Acad. de La Historia Madrid u. a.; 1980 Gr. BVK.

GRÜNING, Uwe
Dr. Ing., freiberuflicher Schriftsteller (s. 1982), MdL Sachsen - Plauensche Str. 44, O-9800 Reichenbach - Geb. 16. Jan. 1942 Pabianice, ev., verh. - BV: Lyrik: Fahrtmorgen im Dezember, 1977; Spiegelungen, 1982; Im Umkreis d. Feuer, 1984; Innehaltend an e. Morgen, 1988. Prosa: Hinter Gomorrha, 1981; Laubgehölz im November, 1983; Moorrauch, 1985; D. Vierstromland hinter Eden, 1988; Goethes Garten am Stern (zus. m. Jürgen Pietsch), 1989.

GRÜNINGER, Werner
Dr. rer. nat., Prof. f. Biologie PH Weingarten - Friedrich-Ebert-Str. 46, 7410 Reutlingen - Geb. 12. Dez. 1931 Reutlingen - Promot. 1965 - BV: Rezente Kalktuffbild. im Bereich d. Uracher Wasserfälle, 1965; Biologieunterr. im Zoolog. Garten, 1973; D. beiden Geschlechter, 1973; Wege in d. Biologie, 1979; Flechten u. Luftqualität, 1979; Flechten u. Luftqualität in Reutlingen, 1989.

GRÜNMANDL, Otto
Schriftsteller - Zu err. üb.: ORF-Studio Rennweg, Tirol-Innsbruck - Geb. 1924 Tirol - BV: D. Ministerium f. Sprichwörter, R. 1970; Meinungsforschung im Gebirge, 1973. Zahlr. Hörsp. - 1970 Österr. Staatspreis f. Literatur (f. d. Hörsp.: Rochade).

GRUENTER, Rainer
Dr. phil., Dr. h. c., o. Prof. f. Dt. Literaturgesch. - Bergische Univ./GH, 5600 Wuppertal 1 - Neubrücker Mühle, 4048 Grevenbroich 5 Kapellen/Erft - Geb. 10. Juni 1918 Düsseldorf - Promot. 1949 Köln; s. 1949 Lehrtätigk. London (King's College), Köln; Habil. 1956 Berlin, Heidelberg - 1960 Ord. FU Berlin; 1965 Univ. Mannheim (Dekan 1966/67, Rektor 1968/69); s. 1972 Gründungsrektor Berg. Univ./GHS Wuppertal; Leiter Arbeitsst. Achtzehntes Jhd. (Berg. Univ./GHS Wuppertal) - Mitgl. Dt. Ges. f. d. Erforsch. d. 18. Jhd.s/Wolfenbüttel, d. Société Francaise d'Etude du Dix-huitième Siècle u. d. PEN-Zentrum Bundesrep. Deutschland - BV: Gotfrid v. Straßburg, Lit. u. Kulturgesch. d. Jahrhundertw. Hrsg.: O. Wilde (1970), E. v. Keyserling (1973), Ges. Feuilletons „Abschiede", Euphorion. Beitr. z. Geschichte d. Lit. u. Kunst d. 18. Jhd.s - Spr.: Engl., Franz.

GRÜNTZIG, Johannes
Dr. med. (habil.), Prof. f. Augenheilkunde, Oberarzt Univ.-Augenklinik Düsseldorf - Bittweg 117, 4000 Düsseldorf 1 (T. 0211 – 33 03 22) - Geb. 24. Dez. 1937 Dresden, ev., verh. s. 1977 m. Dr. med. Birgitta, geb. Lange, 2 Kd. (Alexander, Patricia) - Thomas-Gymn. Leipzig; Univ. Heidelberg - Med. Staatsex. 1962, Promot. 1963); Stud. Nationalökonomie, Epidemiologie Univ. Nac. de Mexico; Inst. f. Epidem. Hannover; Habil. 1978 - S. 1970 Univ.-Augenkl. Düsseldorf (1975 Oberarzt, Lehrtätigk., 1982 Prof.) - Mitgl. Society of Geographical Ophthalmology, s. 1973 Mitgl. Executive Committee; Intern. Agency for the Prevention of Blindness - BV: Parasitology in Focus: Facts and Trends, 1987; D. Schädelbruch, 1987 (m.a.); Lymphangiology, 1983 (m.a.); D. Lymphgefäßsystems d. Auges, 1982; H.J. Küchle, Aktuelle Ophthalmol., 1976. Wiss. Film Loa loa (1975; auch engl., franz., span.). Üb. 90 Fachveröff. - Spr.: Span., Engl. - Bruder: Prof. Dr. Andreas G., Kardiologe, (1939-85).

GRÜNWALD, Gerald
Dr. jur., o. Prof. f. Straf- u. -prozeßrecht Univ. Bonn (s. 1963; 1970/71 Rektor) - Auf den Heidgen 43, 5300 Bonn-Ippendorf (T. 28 33 83) - Geb. 5. Sept. 1929 Prag (Vater: Prof. Dr. Alois G., Kunsthist.; Mutter: Elsa, geb. Menzel), verh. s. 1956 m. Frauke, geb. Richter, 2 Söhne (Frank, Robin) - 1951-55 Univ. Göttingen (Rechtswiss.). Promot. (1957) u. Habil. (1963) Göttingen; Ass.ex. 1960; Dr. iur. h.c. Hannover 1989 - BV: D. Teilrechtskraft im Strafverfahren, 1964 - 1971/72 Präs. Westd. Rektorenkonfz., 1974-81 Präs. Dt. Studentenwerk - 1978 Fritz-Bauer-Pr.

GRÜTER, Hans
Dr. med., Univ.-Prof. (Inst. f. Med. Physik) - Bonhoefferstr. 8, 4407 Emsdetten/W. - Geb. 30. Juni 1927 Altenburg/Thür. - Promot. 1956; Habil. 1969 - S. 1971 apl. Prof. Univ. Münster. Üb. 50 Facharb.

GRÜTER, Karl
Gewerkschaftssekretär, MdL Nordrh.-Westf. (s. 1970) - Fasanenweg 24, 4441 Riesenbeck/W. (T. 05454 - 3 39) - Geb. 29. Aug. 1920 Riesenbeck, verh., 1 Kd. - Volkssch.; Maschinenschlosserlehre 1939-45 Kriegsdst., 1945-47 Schlosser, 1947 Gewerkschaftstätigk. (Geschäftsf. IG Bau-Steine-Erden Solingen-Remscheid, 1958 DGB Kr. Tecklenburg). 1961 ff. Bürgerm. Riesenbeck.

GRÜTER, Werner
Dr. med., Prof., Neurologe u. Psychiater - Amselstr. 11, CH-4104 Oberwil (Schweiz) (T. Basel 401 24 01) - Geb. 19. Dez. 1919 Essen (Vater: Friedrich G., Konstrukteur; Mutter: Luise, geb. Jaeger), ev., verh. s. 1945 m. Ingeborg, geb. Wellmann, 2 Kd. (Carla, Meinhard) - Schule Essen; Univ. Marburg (Med.). Promot. (1948) u. Habil. (1961) Marburg - 1948-63 Univ.-Nervenklinik Marburg; 1963-68 Anstalten Hepheta, Treysa (Ltd. Arzt); 1968-81 CIBA-GEIGY AG., Basel. S. 1961 Univ. Marburg (1967 apl. Prof. f. Neurol. u. Psych.). Spez. Arbeitsgeb.: Cerebrale Stoffwechselstörungen, Neuroradiol., Neuropsychopharmakotherapie. Fachmitgliedsch. - BV: D. Bedeut. d. Phenylalaninstoffwechsels f. d. Hirnfunktionen, 1960 (Habil.schr.); Angeborene Stoffwechselstörungen u. Schwachsinn, 1963; Leben im Meer, 1990. Mitverf.: Bowman, Mental Retardation, 1960; Lyman, Phenylektonuria, 1963; Hartmann/Manokow, Therapie d. Nervenkrankh., 1969; Kielholz, Entspannung, 1970; Asuni, Depression in the African, 1975; Kielholz, Betablocker u. Zentralnervensystem, 1978; Lehmann, Mod. Probl. d. Pharm.psych., 1982. Zahlr. Einzelarb. - Liebh.: Gerätetauchen, Unterwasserfotogr., Meeresbiol. (dar. zahlr. Publ.) - Spr.: Engl., Franz.

GRÜTTER, Wolf-Dieter
Dipl.-Kfm., gf. Gesellschafter Druckerei Grütter GmbH & Co. KG, Druck- u. Displaywerk Ronnenberg GmbH & Co. KG u. Verlagsges. Grütter GmbH & Co. KG - Lägenfeldstr. 8, 3003 Ronnenberg - Geb. 11. Mai 1944 - Vors. d. Wirtschaftspolit. Ausschus. Bundesverb. Druck. Honorarkonsul Islands.

GRÜTTERS, Peter
Dr., Dipl.-Volksw., Alleingeschäftsführer Ferngas Salzgitter GmbH, Salzgitter,

AR-Mitgl. Landesgasversorgung Niedersachsen AG, Sarstedt - Wiedehagen 85, 4400 Münster - Geb. 7. Mai 1929.

GRÜTTNER, Rolf

Dr. med., Prof., f. Kinderheilkunde (unter bes. Berücksichtig. v. Stoffwechselkrankh. u. Ernähr. d. Kindes (s. 1975) - Reye 11, 2000 Hamburg 65 (T. 607 04 74) - Geb. 5. Mai 1923 Hamburg (Vater: Georg G.), verh. m. Dr. med. Gunda, geb. Ruhkopf - B. 1967 Privatdoz., dann apl. Prof. Hamburg (Kinderheilkunde u. Klin. Chemie).

GRÜTZ, Archibald

Dr.-Ing., Geschäftsführer vde-verlag gmbh - Zu erreichen üb. vde-verlag, Merianstr. 29, 6050 Offenbach (T. 069 - 84 00 06 11) u. vde-verlag gmbh, Bismarckstr. 33, 1000 Berlin 12 - Geb. 5. Juli 1943 Haan - TH Aachen (Dipl.-Ing. 1968, Promot. 1971) - 1974 Geschäftsf. Energietechn. Ges. im VDE, 1980 VDE-Verlag GmbH, Berlin u. Offenbach - BV: Jahrb. Elektrotechnik, 1982, 83, 84, 85, 86, 87 u. 88 - Borchers-Plak. TH Aachen - Spr.: Engl., Franz., Ital.

GRÜTZEMACHER, Karl-Wilhelm

Dipl.-Ing., Ges. INDESTA-Elektronik GmbH, Leit. Intern. Submarine Document Centre, Deisenhofen - Auf dem Kyberg 9, 8024 Deisenhofen (T. 089 - 613 22 24, Fax 089 - 613 40 99.

GRÜTZMACHER, Curt

Dr. phil., Prof. Hochsch. d. Künste Berlin - Westendallee 55, 1000 Berlin 19 (T. 030 - 304 40 14) - Geb. 6. Juni 1928, ev. - Stud. Phil.-theol. Hochsch. Regensburg, Univ. München (German., Kunstgesch., Phil., Psych., Musikwiss.); Promot. 1961 - BV: Novalis u. Ph. O. Runge, 1964; Bobrowski-Bibliogr., 1974; E.T.A. Hoffmann - Bibliogr., 1980; M.C. Jullian - Metamorphosen, 1982; Symbol - Form - Bedeutung, 1986. Herausg.: Novalis (1963); Liebeslyrik d. dt. Barock (1965); Kleist (1967); Athenäum (2. Bde., 1969); Nicolai (1972); Zwergenkabinett (1981); Amici, D. Ansichten Roms (1983); Bousquet, Malerei d. Manierismus (1985); Hocke, Welt als Labyrinth (1987); Achat Drucke (1988ff.); Rudolf Schlichter, Autobiogr. 2 Bde. (1992); Beitr. in Kindlers Lit.-Lex. (1958ff.), Beitr. Lexikon literaturtheoret. Werke (1992).

GRÜTZMACHER, Hans-Friedrich

Dr. rer. nat., Prof. f. Chemie Univ. Bielefeld (s. 1973) - Schultenstr. 24, 4802 Halle/W. - Geb. 4. April 1932 Hamburg (Vater: Friedrich G., Studienrat; Mutter: Helene, geb. Rietz), ev., verh. s. 1958 m. Sigrid, geb. Schroeder, 4 Kd. (Hansjörg, Detlev, Volker, Heike) - Matthias-Claudius-Gymn. Hamburg (Abit. 1950); 1950-57 Univ. Göttingen u. Hamburg (Chemie; Dipl.). Promot. (1959) u. Habil. (1965) Hamburg - 1975-79 Prorektor Univ. Bielefeld. Üb. 180 Facharb. - Spr.: Engl.

GRÜTZMACHER, Jutta

Prof. f. Didaktik d. Dt. Sprache u. Lit. FU Berlin - Uhlandstr. 43/44, 1000 Berlin 15 - Geb. 2. Mai 1931 Berlin - S. 1965 PH Berlin (s. 1980 FU Berlin). Fachveröff.

GRÜTZMACHER, Martin

Dr. phil., Prof., Physiker - Sulzbacher Str. 36, 3300 Braunschweig (T. 5 22 88) - Geb. 10. Nov. 1901 Heidelberg (Vater: Prof. Dr. theol. Dr. phil. Georg G., Ord. f. Kirchengesch. Univ. Münster; Mutter: Gisela, geb. Cuntz), ev., verh. s. 1931 m. Gertrud, geb. Schilling, 1 Kd. - Univ. Münster u. TH Danzig - 1925-34 Reichspostzentralamt Berlin, 1934-66 Physikal-Techn. Reichsanstalt Berlin bzw. Physikal.-Techn. Bundesanstalt Braunschweig (1948 ff. Dir. u. Leit. Abt. V/Akustik). S. 1948 Honorarprof. TH bzw. TU Braunschweig (Physik) - 1967 DIN-Ehrenring DNA - Bek. Vorf.: Geheimrat Prof. Dr. phil. Richard G., Ord. f. Phil. Univ. Erlangen (Onkel).

GRÜTZNER, Anton

Dr. med., Prof., ehem. Chefarzt Psychiatr.-Neurol. Klinik - Städt. Kliniken, 6200 Wiesbaden - Geb. 15. März 1919 Dt.-Gabel - S. 1959 (Habil.) Lehrtätigk. Univ. Gießen u. Mainz; 1969 apl. Prof. f. Neurol. u. Psych. Fachveröff. Nervenfacharzt in fr. Praxis.

GRÜTZNER, Peter

Dr. med., Direktor Augenklinik/Städt. Kliniken, Darmstadt (1974-90), Honorarprof. f. Augenheilkd. Univ. Frankfurt/M. - Strohweg 55, 6100 Darmstadt - Geb. 16. März 1925 Breslau (Vater: Alfons G., Kaufm.; Mutter: Marianne, geb. Wagner), ev., verh. s. 1955 m. Helga, geb. Koennecke, 6 Kd. (Eckhardt, Almut, Ute, Arnt, Bernd, Christian) - Med. Staatsex. 1953 Düsseldorf; Promot. 1955 Tübingen; Habil. 1965 Heidelberg - 1970-74 apl. Prof. u. Abt.leit. Univ.-Augenklinik Freiburg (Orthoptik/Pleoptik). Facharb. bes. üb. Farbensinn - Spr.: Engl., Franz.

GRUHL, Herbert

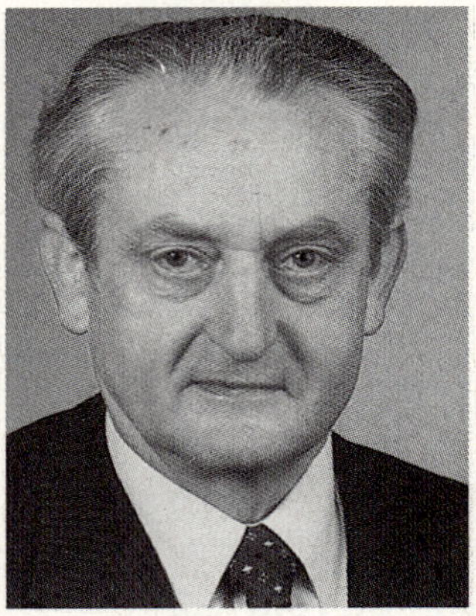

Dr. phil., Angestellter, MdB (1969-80) - Weidenweg 13, 3013 Barsinghausen/Nieders. (T. 13 33) - Geb. 22. Okt. 1921 Gnaschwitz/OL. (Vater: Max G.), verh. m. Marianne, geb. Kießlich, 4 Kd. - Volkssch.; landw. Lehre u. Fachsch.; Selbstunterr.; 1941-45 Soldat; n. Reifeprüf. (Externer) Univ. Berlin (Humboldt, Freie; Gesch., German., Phil.); kaufm. Ausbild. - Organisationsberat.; kaufm. Angest. CDU; 1978-82 Vors. Grüne Aktion Zukunft, 1982-89 Ökol. Demokr. Partei - BV: E. Planet wird geplündert. D. Schreckensbilanz uns. Politik, 21. A. 1984; D. ird. Gleichgewicht - Ökol. unseres Daseins, 1982; Glücklich werden d. sein... Zeugnisse ökolog. Weltsicht aus 4 Jahrt. (Hrsg.), 1984; D. atomare Selbstmord, 1986; Überleben ist alles, Autobiogr. 1987; Himmelfahrt ins Nichts - D. geplünderte Planet vor d. Ende, 1992.

GRUHL, Wolfgang Günter

Dr.-Ing., Prof., Direktor i. R. - Michaelplatz 4, 5300 Bonn 2 (T. 35 74 93) - Geb. 29. April 1919 Wetter/Ruhr, konfessionsl., verh. in 2. Ehe m. Ursula, geb. Zimmermann, 3 Kd. - Diplomprüfung 1943 TH Aachen, Promot. 1948 Bergakad. Clausthal - S. 1940 Metallhütte Mark AG, Hamburg (1944 Techn. Dir.), Stahlwerk Mark, Köln (1955 Geschäftsf.), Vereinigte Leichtmetall-Werke GmbH, Bonn, Ver. Aluminium-Werke AG ebd. (1964 Dir. Leichtmetall-Forschungsinst.). S. 1948 Bergakad. Clausthal (Assist., 1950 Privatdoz.) u. TH Aachen (1952; 1958 apl. Prof. f. Metallkd.). Facharb., ca. 160 wiss. Veröff. u. Patente - 1986 Ehrenmitgl. Dt. Ges. f. Materialkunde.

GRUHLE, Hans-Dieter

Dr.-Ing., Prof. f. Grundbau u. Bodenmechanik Univ.-GH Siegen (Fachbereich Bauingenieurwesen) - Schloßblick 83, 5900 Siegen - Geb. 3. Okt. 1925 Grimma - Stud. TU Berlin, Diplom 1953; Promot. 1981 Univ. Stuttgart - Forsch.-Schwerpunkt: Probleme d. Erddruckes.

GRUHN, Wilfried

Dr. phil., Prof. f. Musikpädagogik, Leit. Schulmusikabt. Staatl. Hochsch. f. Musik, Freiburg - Lärchenstr. 5, 7801 Buchenbach - Geb. 15. Okt. 1939 Königsberg - Stud. Schulmusik, Musikwiss., German., Psych., Univ. Mainz (Promot. 1967) - 1967 höh. Schuldst.; 1974 Prof. f. Musikdidaktik Essen; 1978 Leit. Schulmusikabt. Staatl. Hochsch. f. Musik Freiburg. Arb. z. Musikgesch. d. 18. Jh., z. Neuen Musik, z. Meth. u. Didaktik d. Musikunterr. - BV: D. Instrumentat. in d. Orch.werken v. Richard Strauss, 1968; Musikspr., Sprachmusik, Textverton., 1978; Sprachcharakter d. Musik, 1978, 2. A. 1980; Reflexionen üb. Musik heute, 1981; Wege d. Lehrens im Fach Musik, 1983 (m. W. Wittenbruch); Musik in unserer Zeit, 1984; Musikalische Bildung u. Kultur, 1987; Wahrnehmen u. Verstehen, 1989; Stil u. Stilwandel in d. Musik, 1989; Wahrnehmen Lernen Verstehen, 1991. Mithrsg.: Ztschr. f. Musikpäd. (ZfMP); Musik u. Unterricht (s. 1990); Hochschuldok. zu Musikwiss. u. Musikpäd. d. Musikhochsch. Freiburg.

GRULER, Hans

Dr. rer. nat., Prof. f. Physik Univ. Ulm - Brucknerweg 4, 7901 Beimerstetten - Geb. 11. Nov. 1940 Winnenden, kath., verh. s. 1966 m. Mechthild, geb. Meier, 2 Töcht. (Franziska, Christine) - 1958-61 Lehre als Elektromechaniker, 1962-69 Physikstud. Tübingen u. Freiburg, Diplom 1968, Promot. 1972, Habil. 1975 - 1973-74 Harvard Univ., s. 1974 Univ. Ulm, 1976 Prof. Abt. Biophysik, 1981-82 Forsch.aufenth. Paris (Collège de France u. Hôpital de Bicêtre), s. 1983 Mitgl. Fak. f. theor. Med. Univ. Ulm. Forsch.-schwerp.: 1968-78 Physik d. Flüssigkristalle, s. 1974 Biophysik (Problemkr. physikal. Aspekte d. Krankheit, u. a. eitrige u. nichteitrige Entzünd., Zellbewegung) - 1983 Merckle Forsch.preis Univ. Ulm.

GRUMBRECHT, Claus

Dr. med., Prof., Frauenarzt - Beethovenstr. 15, 6800 Mannheim 1 - Geb. 28. Nov. 1934 Freiburg/Br. - Promot. 1963 Freiburg; Habil. 1973 Mannheim - 1972 ff. Ltd. Oberarzt Frauenklin. Mannheim. Gegenw. apl. Prof. Univ. Heidelberg (Geburtsh. u. Gynäk.). Üb. 30 Facharb.

GRUNAU, Joachim

Dr. rer. pol., Prof. - Birkenweg 13, 3556 Niederweimar (T. 06421 - 7 82 77) - Geb. 15. März 1920 Elbing/Ostpr. - S. 1950 (Habil.) Privatdoz. u. apl. Prof. f. Wirtschaftl. Staatswiss. (1957) Univ. Marburg. Buchveröff. (Grundfragen d. Geldwesens, Arbeitslosigk. u. Vollbeschäftig.) u. a.

GRUND, Siegfried

Dr. med. vet., Prof. f. Mikrobiologie FU Berlin (Fachricht. Elektronenmikroskopie) - Jungernheideweg 35, 1000 Berlin 13.

GRUNDEI, Albrecht

Prof., Vorsitzender Richter Oberverwaltungsgericht Berlin (s. 1976), Honorarprof. TU Berlin (Bau- u. Planungsrecht) - Quermatenweg 18, 1000 Berlin 37 (T. 813 43 15) - Geb. 14. April 1922 - S. 1957 Richter Berliner VGbarkeit (1959 OVGrat) - BV: Mitverf. Kommentare z. Bauordng., 1966, 71, 79 u. 85. Mitgl. Dt. Akad. f. Städtebau München; Vors. Mietschlichtungsst. Berlin.

GRUNDHEBER, Franz

Kammersänger, Opernsänger - Grotsahl 30, 2000 Hamburg 56 - Geb. 27. Sept. 1939, kath., verh. m. Angelika, Kunst- u. Deutschlehrerin, 4 Kd. (Florian, Julia, Nina, Alexandra) - Abit. 1959; b. 1962 Offz. auf Zeit; Stud. Hamburg u. Bloomington/USA; Gesangsstud. b. Margret Harshaw - 1966 Engagem. Hamburg. Staatsoper (Rolf Liebermann); Gastverträge u.a. m. Metropolitan Opera New York, Covent Garden Londen, Wiener Staatsoper, Staatsoper München, Grand Opera Paris, Salzburger Festsp. - Hauptrollen: Nabucco, Macbeth, Jago, Amonasro, Mandryka, Amfortas, Jochanaan, Wozzek, Scarpia, Barak, Orest. Macbeth-Premiere 1984 Paris, Wozzek-Premiere Wiener Staatsoper Abado 1987 - 1970 Oberdörfer-Preis; 1986 Kammersänger-Titel Senat Hamburg; 1989 Grand Prix du Disque Prix George Thill (f. d. Rolle d. Wozzek auf Schallplatte, DGG) - Liebh.: Kochen, Tiere - Spr.: Engl., Franz., Latein, Ital.

GRUNDIG, Edgar

Staatsrat a.D. - Blumenthalstr. 12, 2800 Bremen 1 - Geb. 17. Mai 1915.

GRUNDKÖTTER, Hans

Kaufmann, Präs. Dt. Vieh- u. Fleischhandelsbund, Bonn - Hauptstr. 4, 4722 Ennigerloh/W.

GRUNDLER, Erwin

Dr. med., Prof., ehem. Chefarzt Städt. Kinderklinik Stuttgart - Urbanstr. 139, 7300 Esslingen - Geb. 15. Sept. 1912 Radolfzell/Bodensee - S. 1949 Doz. u. apl. Prof. (1956) Univ. Tübingen (zul. Oberarzt Kinderklinik) - BV: Kinderheilkunde (m. Seige). Beitr. Mumps im Handb. d. Kinderheilkd.; Beitr. Vitamin-A-Hypo- u. Hypervita-Minose u. C-Hypo-Vitaminose in Pharmakotherapie im Kindesalter (hg. v. P. Schweier, München). Zahlr. Einzelarb.

GRUNDMANN, Ekkehard

Dr. med., em. o. Prof. f. Allg. Pathologie u. Pathol. Anatomie - Röschweg 20, 4400 Münster/W. (T. 2 58 84) - Geb. 28. Sept. 1921 Eibenstock (Vater: Fritz G., Oberstudiendir.; Mutter: Frieda, geb. Schmidt), ev., verh. s. 1949 m. Frauke, geb. Dosse, 3 Kd. (Bernhard, Gesine, Katharina) - Realgymn. Schneeberg/Erzgeb.; Univ. Freiburg/Br. u. Wien. Promot. u. Habil. Freiburg - B. 1963 Abt.svorst. Inst. f. Exper. Pathol. Farbenfabriken Bayer AG., Wuppertal; s. 1958 Lehrtätigk. Univ. Freiburg (1950ff. Assist. Pathol. Inst.; 1963 apl. Prof.). u. Münster/W. (1965; 1971 Ord. u. Inst.-dir.) - BV: Allg. Cytologie, 1964 (auch engl. u. span.); Early Gastric Cancer, 1974; Spez. Pathol. Bd. 1 u. 2, 1974/75, 1979 u. 1986; Allg. Pathol., 1976, 1979, 1982, 1984, 1986, 1988, 1989. Mehrere Bücher üb. Themen d. Krebsforsch. Zahlr. Einzelarb. - 1967 Ehrenmitgl. Span. Ges. f. Pathol. Anatomie; 1969 Ital. Staatspreis f. Gesundh.; 1970 Vors. Ges. Bek. Krebskrht. NRW, 1980 Ehrenvors.; 1977 Ehrenmitgl. Am. Assoc. Pathol.; 1978 Mitgl. Rhein.-Westf. Akad. d. Wiss.; 1978 Vors. Dtsch. Ges. Path.; 1980 Ehrenmitgl. Ungar. Ges. f. Path.; 1981 Ehrenmitgl. Chilen. Ges. f. Path.; 1985 Ehrenmed. Univ. Campinas/Sao Paolo; 1985 Präs. Dt. Krebsges.; 1987 Vizepräs. Expertenkommitté Krebs d. EG; 1987 Leopoldina; 1987 Gr. BVK; 1992 Ehrenmitgl. Europ. Soc. Path. - Rotarier.

GRUNDMANN, Gerhard

Dr. med., Prof., Obermedizinaldirektor i.R., Chefarzt Chir. Klinik - Stadtkrankenhaus, 6050 Offenbach/M. - Geb. 29. März 1916 Berlin - S. 1953 (Habil.) Lehrtätigk. Univ. Tübingen (1959 apl. Prof. f. Chir.) u. Univ. Frankfurt (1968 apl. Prof. f. Chirurgie, 1974 Honorarprof.) - BV: Chir. d. Kopfes, 1953. Lehrbuchbeitr. u. a. - 1954 v.-Langenbeck-Preis.

GRUNDMANN, Harry

Dr.-Ing., o. Prof. f. Baumechanik TU München - Tassilostr. 1, 8121 Wielenbach/Obb. - Geb. 1. April 1938 - Promot. 1965; Habil. 1969 - S. 1974 Ord.

GRUNENBERG, Nina

Journalistin, stv. Chefredakteurin Die Zeit - Bellevue 49, 2000 Hamburg 60 (T. 279 85 14) - Geb. 7. Okt. 1936 Dresden (Vater: Valentin G.; Mutter: Dorothea, geb. Eichwald), kath., verh. m. Reimar Lüst - Mittlere Reife; Buchhändlerlehre - S. 1958 Journ. - BV: D. Journalisten, Reportagen-Samml. 1967; Schweden-Report, 1973 (Mitaut.); Japan-Report, 1981 (Mitaut.); Reise ins andere Dtschl., 1986 (Mitaut.); Die Chefs, 1990 - 1964 Kurt-Magnus-Preis ARD; 1973 Theodor-Wolff-Preis; 1990 Quandt-Medienpreis; s. 1972 PEN - Spr.: Engl., Franz.

GRUNER, Alfred

Steuerberater - Waisenhausgasse 65, 5000 Köln 1 - Geb. 15. Aug. 1914 - Stv. Vors. Dt. Steuerberaterversich., Bonn; AR-Vors. Baugalast Gemeinn. Baugenoss., Köln.

GRUNER, Gert

Geschäftsführer, Mitgl. Abgeordnetenhaus von Berlin (s. 1979) - Zu erreichen üb.: SPD-Fraktion, Rathaus Schöneberg, 1000 Berlin 62.

GRUNER, Wolfgang

Kabarettist (Berliner Kabarett D. Stachelschweine) - Westendallee 57, 1000 Berlin 19 - Geb. 1926, verh. 1968 m. Eva, geb. Maeske - BV: Schnauze m. Herz, 1977 - 1980 BVK - Liebh.: Fußball.

GRUNERT, Eberhard

Dr. med. vet., Dr. h.c., o. Prof., Vorsteher d. Klinik f. Geburtshilfe u. Gynäk. d. Rindes Tierärztl. Hochsch. Hannover - Siegelweg 61, 3000 Hannover (T. 83 69 95) - Geb. 14. Okt. 1930 Sehma/Erzgeb. - S. 1963 (Habil.) Lehrtätigk. TiHo Hannover (1963 Doz., 1967 Wiss. Rat u. Prof., 1970 Abt.vorst. u. Prof., 1976 o. Prof.). Vors. Dt. Veterinärmed. Ges. - Ehrenmitgl. Vereinig. f. Veterinärmed., São Paulo.

GRUNERT, Werner

Angestellter, MdL Baden-Württ. (s. 1976) - Osloer Str. 7, 7030 Böblingen - Geb. 8. Okt. 1920 Breslau, verh., 3 Kd. - Elektrikerlehre; 1939 Dienstverpflicht., 1940-50 Militär u. Kriegsgefangensch. S. 1950 Elektron. Datenverarb. (EDV); Techniker in Hamburg, Kiel u. Köln; Techn. Leit. in Augsburg; Beauftr. f. Personalwesen IBM Deutschl. Mitgl. Koordinierungsaussch. Liedermacher. Arbeitsgemeinsch. Liedermacherinnen u. Liedermacher aus d. Bundesrep. Deutschl. u. West-Berlin; 1. Vors. AG-Song Böblingen (Arbeitsgem. f. Liedermacher, Theater u. Lit.). 1932 Mitgl. Rote Falken. SPD s. 1950 (1970 Vors. Kreisvorst. u. s. 1971 Stadtrat u. Vorst.-Mitgl. Böblinger VHS). Mitgl. IG Metall.

GRUNEWALD, Ingeborg

Regisseurin, Autorin - Schützenweg 2, 8021 Strasslach (T. 08170 - 5 53) - Geb. 16. Okt. Dresden - Internat England, Human. Gymn. Dresden (Abit.), Schauspielunterr. m. Abschlußex. Staatstheater Dresden; Dolmetscherinst. Heidelberg (Engl.); Stud. German. u. Theaterwiss. Univ. München, dazw. 1 Jahr USA-Engagements als Schausp.: Staatstheater München, Dresden, Hamburg - Theaterrollen u.a. Lady Milford, Aimee, Gräfin Orsina, Ich brauche Dich; Mitarb. in Dramaturgie - Gedichte, Kurzgeschichten; Regisseurin u. Autorin zahlr. Kino- u. Fernsehfilme; dt. Fassungen v. Geschl. Gesellschaft (Sartre), Von Mäusen u. Menschen, Baby Doll, Odd Man Out, Lost Weekend, Schmutzige Hände, Madame Rosa, Part du Feu, L'Africain, Blinde Wut (Fury), Liebe Unbekannte etc., auch engl. u. amerik. Filmfassungen - Dt. Synchronstimme v. Greta Garbo, Katherine Hepburn, Marlene Dietrich, Barbara Stanwyck, Bette Davis, Edw. Feuillere etc. - Liebh.: Malen, Fotogr., Schreiben, Reisen - Spr.: Lat., Altgriech., Neugriech., Engl., Franz., Ital., Span.

GRUNOW, Dieter

Dr. rer. soc., Univ.-Prof. f. Verwaltungswiss. Univ. Duisburg (s. 1986) - Zu erreichen üb. Univ. Duisburg, 4100 Duisburg - Geb. 20. Nov. 1944 Papitz, verh. s. 1976 m. Dr. Vera, geb. Lutter, S. Sebastian - 1966-71 Stud. Sozialwiss. Univ. Tübingen, Jackson/USA, Münster, Bielefeld; Dipl.-Soziol. 1971; Promot. 1975; Habil. 1983 Bielefeld - S. 1971 Mitarbeiter u. s. 1980 Leit. Projektgr. Verwaltung u. Publikum Univ. Bielefeld; 1980/81 Gastprof. Univ. Kassel; 1984-86 Prof. f. Verw.-Ökonomie; s. 1986 Direktoriumsmitgl. RISP, Duisburg - BV: Personalbeurteilung, 1976; Alltagskontakte m. d. Verwaltung, 1978; Welfare or Bureaucracy, 1980; Bürokratisierung u. Debürokratisierung im Wohlfahrtsstaat, 1982; Persuasive Programme als Steuerungsinstrument im Wohlfahrtsstaat, 1983; Gesundheitsselbsthilfe im Alltag, 1983; Bürgernahe Verwaltung, 1986.

GRUNSKY, Wolfgang

Dr. jur., o. Prof. f. Bürgerl. Recht, Arbeitsrecht u. Zivilprozeßrecht Univ. Bielefeld (s. 1974), davor (1967-74) Univ. Gießen - Ludwig-Lepper-Str. 21, 4800 Bielefeld - Geb. 19. Jan. 1936 Berlin, verh. s. 1961 (Ehefr.: Adelheid), 3 Kd. (Joachim, Martin, Christine) - Schule u. Univ. Mainz (Rechtswiss.). Promot. (1963) u. Habil. (1967) Tübingen - 1962-67 Wiss. Assist. Univ. Tübingen - BV: Veräußerung d. streitbefangenen Sache, 1968; Aktuelle Probleme z. Begriff d. Vermögensschadens, 1968; Grundl. d. Verfahrensrechts, 2. A. 1974; Italienisches Familienrecht, 2. A. 1978; Arbeitsgerichtsgesetz, 5. A. 1987. Mitarb.: Stein/Jonas, ZPO, 20. A. 1976ff.; Münchener Kommentar BGB, 2. A. 1984ff. - Spr.: Engl., Ital.

GRUNST, Friedrich-Wilhelm

Ltd. Senatsrat a. D., Vors. Initiative Schutz vor Kriminalität (s. 1989) - Bibersteig 8c, 1000 Berlin 33 (T. 030 - 826 31 82) - Geb. 21. Juli 1926 Rastenburg/Ostpr. - 1968-87 Leit. Abt. öfftl. Sicherheit u. Ordnung Berlin; 1986/87 Kurat.-Vors. Polizei-Führungsakad. Münster/Westf. - BVK I. Kl.; Croix d'Officier de l'Ordre Pro Merito Melitensi des Souv. Malteserordens; Croix d. chevalier dans l'Ordre national du merite de la Repl. Français; Feuerw.- u. Kat. Schutz Ehrenz. d. Sonderstufe d. Landes Berlin; Dt. Feuerw. Ehrenz. in Gold; Ehrenz. am Bde. d. Johanniterunfallhilfe; Gold. Verdienstz. d. DLRG; Silb. Samariter Ehrenz. d. ASB; Gold. Ehrenz. d. THW.

GRUNTZ, George

Komponist - Zu erreichen üb. Euromusik, Blumenstr. 24, CH-4106 Therwil/Basel - Geb. 1932 Basel - Pianist, Komp. u. Arrangeur, 1970 musikal. Dir. Züricher Schauspielhaus, 1972 künstler. Leit. Berliner Jazztage.

GRUNWALD, Franz

Direktor i. R. - Schwogenstr. 128, 4050 Mönchengladbach - Geb. 8. Aug. 1908 Konitz/Westpr. (Vater: Andreas G.), verh. m. Ursula, geb. Schmidts - AR- u. Beiratsmand.

GRUNWALD, Henning

Schriftsteller - Graf-Moltke-Str. 53, 2800 Bremen 1 (T. 0421 - 34 66 14) - Geb. 9. Jan. 1942 Bremen - Altes Gymn. Bremen; Stud. Lit., Phil. u. Kunstgesch. - BV: Neue Beschreibung d. Eingeborenen, Prosa 1978; D. Versager, R. 1979; D. Wort hat d. Ichkönig, Lyrik 1981; D. Narr wirds schon reimen, Lyrik 1982. Herausg.: V. Essen u. Trinken, Lit. Anthol. (1978) - 1983 Förderpr. Akad. d. Künste Berlin - Spr.: Engl., Franz.

GRUNZE, Heinz

Dr. med. (habil.), Prof. Med. Fak. RHTW Aachen - Zu erreichen üb. RHTW Aachen, 5100 Aachen - Geb. 18. Juli 1919 Berlin, ev., verh. s. 1946, 3 Söhne (Michael, Martin, Heinz) - Univ. Berlin, Wien, Königsberg, Freiburg - S. 1957 Privatdoz. u. apl. Prof. (1964) FU Berlin (b. 1966 Oberarzt II. Med. Klinik/Städt. Krkhs. Westend) - BV: Klin. Zytologie d. Thoraxkrankh., 1955 (Handb. f. Inn. Med.); Diagnostik d. Geschwulstkrankh., 1962; Lehrb. d. klin. Zytol., 1974 - Spr.: Engl., Franz.

GRUPE, Ommo

Dr. phil., Prof., Direktor Inst. f. Sportwissenschaft Univ. Tübingen - Falkenweg 17, 7400 Tübingen - Geb. 4. Nov. 1930 Warsingsfehn - Promot. 1957 Münster; Habil. 1967 Tübingen - DSB-Vizepräs., Dir.vors. Bundesinst. f. Sportwiss. - BV: Leibesübungen u. Erzieh., 1959, 2. A. 1964 (ital. 1964); Studien z. päd. Theorie d. Leibeserzieh., 1965, 2. A. 1968; Leibl. Erzieh. in e. gewandelten Schule, 1967; Sport u. Leibeserzieh., 1967 (m. H. Plessner u. H. E. Bock); The Scientific View of Sport, 1972 (m. H. Baitsch u. a.); Sport in the Modern World - Chances a. Problems, 1973; Grundl. d. Sportpäd. Anthropol.-didakt. Unters. 1969, 3. A. 1985; Sport - Theorie in d. gymn. Oberst. (Hrsg.), 3 Bde. 1980-81, Beweg., Spiel u. Leist. im Sport. Grundthemen d. Sportanthropol., 1982; Sport als Kultur, 1987. Herausg.: Reihe Sportwiss. u. Zs. Sportwiss.; Kulturgut oder Körperkult? Sport u. Sportwiss. im Wandel (1990). Zahlr. Einzelveröff. - 1953 August-Bier-Plak., 1969 Carl-Diem-Plak., 1975 Philip-Noel-Baker Research Prize.

GRUPE, Paulheinz

Chefredakteur Westdeutsche Zeitung Düsseldorf - Parkstr. 17, 4050 Mönchengladbach 1 (T. 02161 -1 59 41) - Geb. 23. Juni 1930 Mönchengladbach, verh., 3 Kd. (Bettina, Dirk, Jasmin) - Abit. - Liebh.: Fotogr. - Spr.: Engl.

GRUPEN, Claus

Dr. rer. nat., Prof. f. Physik Univ.-GH Siegen - Jahnstr. 10, 5900 Siegen - Geb. 19. Sept. 1941 Timmendorfer Strand (Vater: Alfred G., Mechanikerm.; Mutter: Mimi, geb. Wienroth), verh. s. 1969 m. Heidemarie, geb. Frensche, 2 Kd. (Cornelius, Camilla) - Staatsex. Math. u. Physik 1966, Promot. Physik 1970 Univ. Kiel; Habil. 1975 Univ.-GH Siegen - 1978 apl. Prof., s. 1980 Univ.-GH Siegen (1981 u. 92 Dekan). 1971 Visiting Fellow of the Royal Soc. Univ. of Durham, Engl.; 1981 u. 85 Gastprof. Univ. of Tokyo/Japan; 1990 Gastwiss. Europ. Kernforschungszentrum CERN, Genf - BV: Spark Chambers (m. O. C. Allkofer u. W. D. Dau), 1969 - Liebh.: Schach, Jazz - Spr.: Engl.

GRUPP, Alexander

Dr. jur., Konsul, Fabrikant, Hauptgesellsch. u. all. Geschäftsf. TUBEX GmbH. (Tuben- u. Metallwarenfabrik), Rangendingen, Mitgesellsch. Grupp & Sohn (Leder- u. Handschuhfabriken), Donzdorf - 7322 Donzdorf/Württ. (Vater: Fabrikant) - S. jg. Jahren väterl. Untern. Grupp & Sohn. Div. Ehrenstell., dar. Vors. Fachverb. Tuben, Dosen u. Fließpreßteile u. Vizepräs. European Tubes Assoc. 1962-69 - 1967 Honorarkonsul d. Rep. Österr. f. Baden-Württ. (Sitz Stuttgart); 1971 BVK I. Kl.; 1977 Gr. BVK; österr. Gr. Silb. Ehrenzeichen; 1987 Gr. Gold. Ehrenz. Republ. Österreich.

GRUPP, Franz

Dr. jur., Konsul, Fabrikant - Parkweg 5-11, 7453 Burladingen/Hoh. - Geb. 12. Dez. 1905 Donzdorf/Württ., Sohn Wolfgang, Dipl.-Kfm., jetzt Inh. TRIGEMA - Gr. junist. Staatsprüf. - Langj. pers. haft. Gesellsch. TRIGEMA Gebr. Mayer KG, Burladingen - Konsul Rep. Tschad f. Baden-Württ.; 1970 BVK I. Kl.

GRUPP, Wolfgang

Dipl.-Kfm., allein. Geschäftsführer u. Inh. Trigema GmbH & Co. KG, Burladingen - Postf. 100, 7453 Burladingen - Geb. 4. April 1942 (Vater: Dr. Franz G., Konsul, Fabrikant, s. dort).

GRUPPE, Werner

Dr. rer. hort. (habil.), o. Prof. f. Obstbau - Finkenbusch 4, 6301 Großen-Linden (T. 06403 - 53 66) - Geb. 24. Nov. 1920 - B. 1963 Privatdoz. TH Hannover (Fak. f. Gartenbau u. Landeskultur), dann ao. u. o. Prof. (1966) Univ. Gießen (Dir. Inst. f. Obstbau). Mithrsg.: Grundl. u. Fortschr. in Garten- u. Weinbau (1962 ff.). Fachaufs.

GRUS, Paul

Präsident Verwaltungsgericht Düsseldorf (s. 1973) - Bastionstr. 39, 4000 Düsseldorf 1 - Geb. 19. Sept. 1930 Ringenberg/Ndrh. (Vater: Hermann G., Prokurist; Mutter: Elisabeth, geb. Jütten), kath., verh. s. 1960 m. Gisela, geb. Klöckner - Gymn. Bocholt/W. (Abit. 1951); 1951-54 Univ. Marburg u. Köln (Rechts- u. Staatswiss.) - 1955 Refer., 1959 Finanz-, 1961 Regierungsass., 1962 -rat, 1963 VGsrat, 1970 -dir.

GRUSCHKE, Dieter

Richter a.D., MdL Saarland - An der Ronnhoed 2, 6630 Saarlouis (T. 06831 - 6 13 12) - Geb. 4. Dez. 1939 Düsseldorf, kath., verh. s. 1971 m. Marlies, geb. Maurer, 3 T. (Stefanie, Nicole, Esther) - Jurastud. Univ. München u. Saarbrücken; Refer. Berlin u. Saarbrücken; jurist. Ex. 1963 u. 1966 - 1967-85 Richter u. Staatsanwalt. S. 1985 MdL. SPD - Liebh.: Reisen, Sport, Musik - Spr.: Franz., Engl.

GRUSKA, Günter

Prof. f. Didaktik d. Musik HdK Berlin - Ostburger Weg 36a, 1000 Berlin 47 - Geb. 30. März 1928 Schneidemühl - Projektleit. Modellvers. Unterr.mod. Musik u. Tanz an e. Gesamtschule (1978-82, Schulj. 1982/83 übern. durch Land Berlin); Dokument. z. Mod.vers. Spez. Arb.geb.: Entw. v. Unterr.mod. im Fach Musik.

GRUSS, Peter

Dr. rer. nat., Molekularbiologe, Direktor Abt. Molekulare Zellbiologie am Max-Planck-Inst. f. biophysikal. Chemie Göttingen (s. 1986) - Am Faßberg, 3400 Göttingen (T. 0551 - 20 13 61) - Geb. 28. Juni 1949 Alsfeld/Hessen, ev., verh. s. 1972 m. Karin, geb. Gömpel, 2 Kd. (Daniel, Julia) - 1968-74 Biologiestud. Darmstadt; Dipl. 1973 Darmstadt; Promot. 1977 Heidelberg - 1977/78 Assist. Inst. f. Virusforschung, DKFZ Heidelberg; 1978-80 Postdoct. Fellow, Labor. of Molecular Virology, NIH, Bethesda/USA; 1980/81 Expert Consultant; 1981/82 Visiting Scientist; 1982-86 Prof. Inst. f. Mikrobiol. Univ. Heidelberg; 1983-86 Mitgl. Direkt. d. Zentrums f. Molekulare Biol. Univ. Heidelberg (ZMBH). S. 1990 Hon.-Prof. Univ. Göttingen - Wiss. Publ. auf d. Gebiet d. Genkontrolle - 1983 Robert-Koch-Förderpreis d. Stadt Clausthal-Zellerfeld; 1992 Feldberg-Preis - Spr.: Engl.

GRUTSCHUS, Hans

Rechtsanwalt, Vorstandsmitgl. Deutscher Ring Versich.sges. (3), Hamburg 11 - Dahlengrund 8a, 2100 Hamburg 90 (T. 760 25 70) - Geb. 14. Aug. 1928 Güldenboden Kr. Elbing.

GRZESCHIK, Karl-Heinz

Dr. rer. nat. (habil.), Prof. Med. Zentrum f. Humangenetik Abt. f. Allg. Humangenetik - Bahnhofstr. 7, 3550 Marburg.

GRZIMEK, Günther

O. Prof. TU München (s. 1972) - Lohbachstr. 3, 8308 Pfeffenhausen - 1947-60 Gartenamtsleiter Ulm; 1960-65 Grünflächenplanung f. Darmstadt, Ludwigsburg, Aschaffenburg; 1965-72 Inh. Lehrstuhl f. Landschaftskultur Hochschule f. bild. Künste Kassel; 1972 Lehrst. f. Landschaftsarch. TU München. Gestaltung Olympia-Park, München - 1969 o. Mitgl. Akad. d. Schönen Künste; Mitgl. Dt. Akad. f. Städtebau u. Landesplan.; 1973 Ludw.-v.-Sckell-Ring - Onkel: Bernhard G; Bruder: Bildhauer Waldemar G.

GSCHEIDLINGER, Günter

Geschäftsführer Dt. Bob- u. Schlittensportverb. (s. 1970) - Zu erreichen üb.

Dt. Bob- u. Schlittensportverb., An der Schießstätte 6, 8240 Berchtesgaden - Geb. 16. Aug. 1938 Passau (Vater: Max G., Geschäftsf.; Mutter: Maria, geb. Mayerhofer), kath., verh. s. 1964 m. Ingeburg, geb. Janku - Volkssch.: Krankenkassenlehre - 9 J. Geschäftsstellenleit. BEK - Liebh.: Sport, Natur, Reisen - Spr.: Engl.

GSCHNITZER, Fritz

Dr. phil. (habil.), Prof. Seminar f. Alte Geschichte Univ. Heidelberg (s. 1962) - Am Blumenstrich 26, 6903 Neckargemünd - Geb. 6. Jan. 1929 Innsbruck - 1957-62 Doz. Univ. Innsbruck, o. Mitgl. Heidelberger Akad. d. Wiss. (s. 1975) - BV: Abhängige Orte im griech. Altertum, 1958; Politarches, Proxenos, Prytanis: Beiträge zum griech. Staatsrecht, 1974; Stud. z. griech. Terminol. d. Sklaverei II, 1976; Griech. Sozialgesch. v. d. mykenischen b. z. Ausgang d. klass. Zeit, 1981.

GSCHWIND, Martin

Dr. med., Dr. jur., Prof., Wiss. Rat - Leimenstr. 78, CH-4051 Basel - Geb. 22. Nov. 1919 Riehen (Schweiz) - S. 1967 Lehrtätigk. Univ. Mainz u. Göttingen (1973; Kriminologie, Kriminalpsychopathologie u. Sozialtherapie) - BV: Veränderungen d. Chronognosie im Alter, 1947; D. Sterilisation v. Menschen n. schweizer. Recht, 1950; D. eth.-moral. Funktion in kriminol. Sicht, 1967; D. Wertfunktion d. Menschen, 1968; D. Beurteilung psychiatrischer Gutachten im Strafprozess, 1982; Kriminalpsychopathologie, 1987.

GSCHWINDT, Erich

Referent b. Unternehmer- u. Fortbildungssem. - Hüttenfeldstr. 7, 7080 Aalen/Württ. (T. 07361-6 84 10) - Geb. 7. Mai 1913 Dettingen/Erms, verh. - Öfftl. best. u. vereid. Sachverst.; Sozialrichter; Ehrenpräs. BDBA; Akad.-Beirat DBA - BVK; versch. Ausz. v. Verkehr, Wirtsch. u. Ind.

GUADAGNA, Ingeborg,

geb. Plappert

Schriftstellerin - Via del Renaio 13, I-50061 Girone-Fiesole (Florenz) (T. 69 09 77) - Geb. 23. März 1914 Heidenheim/Brenz (Vater: Wilhelm Plappert, Fabrikant; Mutter: Julie, geb. Barthelmess), kath., verh. s. 1937 m. Prof. Dr. Aristide G. †1985, 2 Kd. (Federico, Claudio) - Realgymn. Heidenheim; Univ. Tübingen u. München (Gesch., Ital. Kunstgesch.) - BV u. a.: Auf Korsika, 1963/76/81; Sardinien, 1967/79/84/93 u. Sizilien 1973/81/92 (Schroeder-Führer); Toskana u. Umbrien, 1975/80; I cugini Buonaparte e altre visite, Erz. 1985; Übers. Schwabenland-Dichterland, 1972, v. Bonaventura Tecchi. Überarb. Sizilien v. E. Peterich, 1972/74; Korsika, 1990; in Vorb.: Morgenrot üb. Sizilien, R. Mitarb. schweiz., dt. u. ital. Ztg. u. Ztschr. (kl. Erz. u. Feuill.); Merian-Hefte; Radioles. u. Vortr. (meist ital.); Texte zu Dokumentarfilmen - 1977-91 zahlr. ital. Lit.-preise f. Kurzgesch. - Spr.: Deutsch (Mutterspr.), Ital., Franz., Span. - Urgroßm. ms. entstammt d. Familie Hölderlin aus Nürtingen.

GUARNIERI, Antonio

Prof., Chemiker - Feldstr. 94, 2300 Kiel 1 - Doz. Univ. Padua (Ital.); 1972ff. Prof. Univ. Kiel (Physikal. Chemie).

GUBERAN, Dieter

Dr. oec., Fabrikant, gf. Gesellsch. URACA Pumpenfabrik GmbH. & Co. KG., Urach, Vors. Fachgem. Ölhydraulik u. Pneumatik/VDMA, Frankfurt/M. - Kälberburren 7, 7417 Urach/Württ. - Geb. 22. Juli 1926.

GUCKENBERGER, Gerhard

Dr. agr., Dipl.-Ing. agr., Generalsekretär d. Fraktion d. Europäischen Volkspartei im Europäischen Parlament (s. 1968) - 97-113, Rue Belliard, B-1040 Brüssel (T. 00322 - 284 26 01) - GEb.

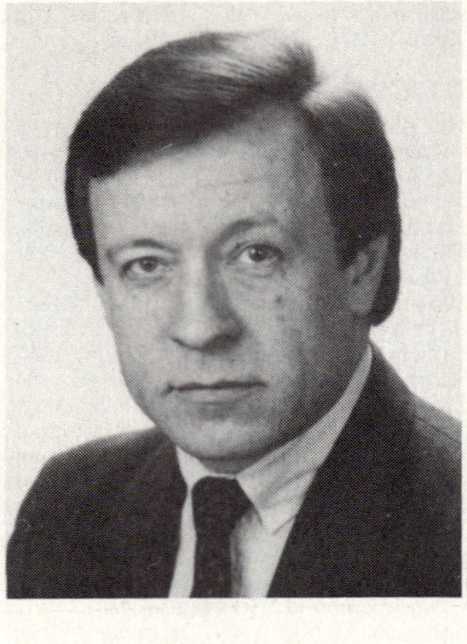

19. Mai 1941 Brünn, ev., led. - Stud. Landwirtsch.; Dipl.-Ing. agr. 1964; Promot. 1972 (beides TH München) - 1964-66 Inst. f. Agrarpolitik, TH München; 1966-68 IFO-Inst. f. Wirtsch.-forsch., München - Spr.: Franz., Engl., Ital., Niederl.

GUCKES, Horst

Dr. jur., Rechtsanwalt u. Notar - Uhlandstr. 13, 7400 Tübingen (T. 07071 - 3 40 41) - Geb. 28. Mai 1919 Frankfurt/M. (Vater: Emil G., Bankdir.; Mutter: Kläre, geb. Gastpar), verh. s. 1947 m. Gertrud, geb. Immler, T. Bettina - Univ. Frankfurt/M. u. Tübingen (Promot.) - AR: ab 1975 stv. Vors. Rhön-Park-Hotel Hausen; 1975 Vors. Verein Baden-Württ. Anwaltsnotare; 1977 1. Vizepräs. Vereinig. f. Europ. Recht u. Europ. Schiedsgerichtsbarkeit, Straßburg - 1979 BVK am Bde.; 1979 silb. Univ.-Med. Univ. Tübingen; 1987 BVK I. Kl. - Liebh.: Jagd - Spr.: Franz., Span.

GUDDEN, Helmut

Dr. phil. nat., Dipl.-Geol., Ltd. Regierungsdirektor Bayer. Geol. Landesamt - Feilitzschstr. 22, 8000 München 40 - Geb. 20. Juni 1924 Göttingen, ev., verh. s. 1950 m. Ilse, geb. Lüddeke, 3 Kd. - Dipl.-Geol. 1950, Promot. 1952 Univ. Erlangen - 1950ff. Bayer. Geol. Landesamt. Zahlr. Fachpubl., spez. angew. Geol.

GUDENAU, Heinrich-Wilhelm

Dr.-Ing., Dipl.-Wirtschaftsing., Univ.-Prof. - Melatenerstr. 103, 5100 Aachen - Geb. 29. Juni 1936 Wanne-Eickel (Eltern: Heinrich (Geschäftsf.) u. Maria-Luise G.), ev. - TH Aachen. Dipl.-Ing., Dipl.-Wirtschaftsing., Promot., Habil. - S. 1971 (Habil.) Privatdoz., apl. Prof. f. Hüttenmänn. Verfahrenstechnik (1978) u. Eisenherstellung (1983) TH Aachen (Obering. Inst. f. Eisenhüttenkd.). Gastprof. Japan, Ind., Brasil. Bücher (Mitverf.) u. Aufs. - 1967 Borchers-Plak.; 1984 Ehrenprof. N. O. Univ. Shenjang, China; 1985 Ehrenprof. Univ. f. Stahl u. Eisen, Bejing, China - Spr.: Engl., Franz.

GUDERIAN, Claudia

M.A., Journalistin u. Autorin - Lübecker Str. 34, 4600 Dortmund 1 (T. 0231 - 52 43 63) - Geb. 4. März 1952, verh., 2 Kd. (Linda, Janus) - Stud. Angl., Politikwiss. Gießen; M.A. 1977, 2. Staatsex. f. d. Lehramt an Gymn. - Nachrichtenredakt. b. Gießener Anzeiger; s. 1984 fr. Autorin b. Rundf. u. Verlagen - BV: Tabu - Gesch. e. Jungen aus Neu-Mexiko, 1987; Ich bin Ihre Tochter, 1989; Teddygeschichten, 1992. Sachb., Erz.; Hörspiele: Elternsuche (Rias 1986), Ich bin Ihre Tochter (Dt. Welle 1987), Unter anderen Umständen (Dt. Welle 1988), Tabu (WDR 1989), Falsche Paarung (Radio Bremen 1989), Christa (Dt. Welle 1989), Mord im Frachtraum (DW 1992) - 1985 C. Bertelsmann-Lit.preis f. Romanmanuskript Kinderheimlich.

GUDERIAN, Dietmar

Dipl.-Math., Prof. f. Mathematik PH Freiburg/Br. - Talhauserstr. 15, 7801 Ebringen BV: Zweiseitige Schranken f. d. Lös. parabol. Ranowertprobl. erster Art. Dt. Luft- u. Raumfahrt-Forsch.ber. 73-113, 1973; Spielen - Rechnen - Selber Denken, Schulb. f. Math. d. Grundsch. (Hrsg.), 1979 ff.

GUDEWILL, Kurt

Dr. phil., Prof., Musikwissenschaftler - Karolinenweg 15, 2300 Kiel (T. 56 75 47) - Geb. 3. Febr. 1911 Itzehoe/Holst. - Univ. Berlin u. Hamburg. Promot. 1935; Habil. 1944 - S. 1945 Doz. u. apl. Prof. (1952) Univ. Kiel (1960 Wiss. Rat u. Prof. Musikwiss. Inst.). 1976-88 Präs. Intern. Heinrich-Schütz-Ges. (Kassel). Div. Publ., darunt.: D. sprachl. Urbild b. Heinrich Schütz (1936), Georg Forster, Frische dt. Liedlein (T. I, 1942; T. II, 1969; T. III, 1976, T. IV, 1987), D. Erbe dt. Musik, Bd. 20, Bd. 60, Bd. 61, Bd. 62, Dt. Volkslieder in mehrst. Kompos. aus d. Zeit v. ca. 1450 b. ca. 1630, in: Handbuch d. Volksliedes, Bd. II (1975) - Lit.: Vorw. u. b. 1977 vollst. Bibliogr., in: Beitr. z. Musikgesch. Nordeuropas. K. G. z. 65. Geb., hrsg. v. Uwe Haensel, 1978.

GUDIAN, Gunter

Dr. jur., Prof. f. Dt. Rechtsgeschichte u. Bürgerl. Recht Univ. Mainz (s. 1974) - Schöfferstr. 12, 6501 Nieder-Olm - Geb. 3. Sept. 1932 Berlin - Promot. 1961; Habil. 1967 - 1964-67 Wiss. Mitarb. MPI f. Europ. Rechtsgesch. Frankfurt/M.; 1968/69 Doz. Univ. ebd.; 1969-74 Ord. Univ. Köln. Bücher u. Fachaufs.

GUDJONS, Herbert

Dr. phil., Prof. - Heidbergwinkel 4a, 2359 Henstedt-Ulzburg 3 - Geb. 3. Sept. 1940 - Stud. Univ. Göttingen, Hamburg (Erziehungswiss., Psychol., Theol., Soziol.) - Univ.-Prof. Hamburg; Schriftleit. Ztschr. PÄDAGOGIK - BV: Spielbuch Interaktionserziehung, 1992; Auf meinen Spuren, 1986; Handlungsorientiert Lehren u. Lernen, 3. neubearb. u. erw. A. 1992.

GUDLADT, Erwin

Dipl.-Ing., Vorsitzender d. GF Vulkan Kocks GmbH, Bremen u. Wilhelmshaven - Oldebrüggestr. 21, 2940 Wilhelmshaven (T. 04421 - 20 04-0; Fax 04421 - 20 02 11); Lindenstr. 110, 2820 Bremen 70 (T. 0421 - 66 01-0; Fax 04421 - 66 01-4 00) - Geb. 1931 - Vorst.-Mitgl. Dt. Industrie-Werke AG, Berlin u. zul. Vorst. Peine AG (1973ff.); Geschäftsleitg. Krupp Industrietechn. GmbH, Kranbau Wilhelmshaven; AR-Mitgl. Schweriner Maschinenbau GmbH, KGW, Schwerin.

GÜCKELHORN, Herwig

Dr. oec. publ., Dipl.-Kfm., Vorstandsmitglied Gerling-Konzern Vertriebs-AG u. Gerling-Konzern Rechtsschutz Versich.-AG, Köln, AR Gerling-Konzern Zentr. Verwaltungs-AG - Postf. 10 08 08, 5000 Köln 1 (T. 0221 - 144 73 00) - Geb. 4. Juni 1930 Olmitz, kath. - Spr.: Engl., Franz.

GÜDE, Jürgen

Dipl.-Kfm., Sparkassendirektor - Thüringer Str. 81, 6100 Darmstadt-Eberstadt - Geb. 13. Juli 1939 - Vorst. Stadt- u. Kreisspark. Darmstadt.

GÜLCH, Rainer Wolfgang

Dr. rer. nat., Prof. f. Humanphysiologie Univ. Tübingen - Buchsteigstr. 34, 7406 Mössingen (T. 07473 - 2 23 00) - Geb. 29. April 1943 Königsberg (Vater: Gerhard G.; Mutter: Elfriede, geb. Steinmayer), ev., verh. s. 1978 m. Dr. med. Margitta G.

GÜLDNER, Walter

Dr. rer. pol., Dipl.-Kfm., Direktor Inst. f. Strukturforschung u. Planung GmbH, Bad Homburg (s. 1967), Honorarprof. f. Probleme d. Wirtschaftsplanung LH bzw. Univ. Hohenheim (s. 1964) - Heinr.-v.-Kleist-Str. 12, 6380 Bad Homburg v.d.H. - Geb. 10. Mai 1929 Aschaffenburg (Vater: Werner G., Ing.; Mutter: Olga, geb. Göppner), kath., verh. s. 1956 m. Helga, geb. Bronstert, 2 Söhne (Ulrich, Martin) - Realgymn. Aschaffenburg; Ausbild. Güldner Motorenwerke ebd.; Univ. Frankfurt/M. u. Cambridge (Wirtschaftswiss.). Dipl.-Kfm. 1956; Promot. 1959 - 1959-67 Wiss. Mitarb., Abt.- u. Hauptabt.leit. Battelle-Inst., Frankfurt/M. 1965 Gast Ohio State Univ., Columbus (USA). 1968ff. AR-Mitgl. Berlin-Consult GmbH, u. Rodeco, Hydroplan; gf. Gesellsch. GOPA; u. a. Zahlr. Veröff. zu Methoden d. Industrieplanung - 1963 Stern v. Äthiopien (Offz.rang), 1979 BVK - Liebh.: Fahrtensegeln, Reiten - Spr.: Engl., Franz. - Bek. Vorf.: Kommerzienrat Dr.-Ing. E. h. Hugo Güldner (Güldner Motorenw.).

GÜLICHER, Gottfried

Fernsehjournalist u. Regiss. - Lortzingpl. 1, 5000 Köln 41 (T. 40 56 11) - Geb. 11. April 1915 Altena/W. (Vater: Friedrich G., Gastw.; Mutter: Anna, geb. Schoppmann), ev., verh. s. 1938 m. Paula, geb. Schröder, 3 Kd. (Dieter, Herdis, Michael) - Realgymn. Altena; Univ. Köln - S. 1937 (1945-52 interniert) Rundfunktätigk.: v. 1937-45 b. RS Köln u. Deutschlandsender Berlin,; 1952-61 b. WDR als Sprecher, Redakt. u. Regiss.; Fernsehtätigk.: 3 Feuilletons So etwas gibt es noch f. WDR (ARD), Eins davon n. d. Urteil v. neun Fachjourn. e. d. besten Sendungen d. Jahres 1958; 1961-84 SWF-Fernsehen; Magazinbeitr. u. üb. 50 m. Dieter Menninger (s. dort) prod. sozialkrit. Send., dar.: Kein Platz f. alte Leute, Wer hilft uns morgen?, Inflation - Gerücht o. Gefahr?, D. Antibabypille, Ausverkauf d. Natur?, Essen wir uns krank?, Gemüse ohne Gift?, Versagen d. Väter?, Zeitkrankh. Angst, Pension m. 55?, Kehrtwende - Landwirtschaft ohne Gift?, Marsch in d. Monotonie - BV (m. D. Menninger): Essen wir uns krank? 1971, Wechseljahre im Beruf, 1972; Belügt uns nicht, 1978. S. 1984 freier Autor - 1965 Ehrenvolle Anerkenn. d. Ad. Grimme-Preises, 1970 Ferns.-Preis d. Arbeiterwohlfahrt, 1972 Wilhelmine-Lübke-Preis, 1973 Michael-Pfaff-Plakette, 1973 Silberne Steuerschraube, 1980 Umweltschutzplak.; 1984 Silb. Ähre im intern. Agrarfilm-Wettbewerb - Lit.: u.a. Mühlbauer, Ungeschminkte Prominenz (1964), Heyen/Kahlenberg, Südwestfunk, Vier Jahrzehnte Rundfunk im Südwesten (1986).

GÜLICHER, Herbert

Dr. rer. pol., o. Prof. f. Statistik u. Ökonometrie - v.-Ossietzky-Str. 21, 4400 Münster/W. (T. 7 51 13) - Geb. 29. Okt. 1930, verh. m. Roswitha, geb. Weckermann, 3 Töcht. (Kirsten, Alexandra, Daniela) - S. 1962 Doz. u. Ord. (1963) Univ. Münster (Dir. Inst. f. Wirtschafts- u. Sozialwiss. u. Inst. f. Ökonometrie u. Wirtschaftsstat., 1970-75 Prorektor, 1975 Aussch. f. Hochschulstatistik, 1976-79 Wissenschaftsrat, 1985 Statist. Beirat). Fachveröff.

GÜLKE, Peter

Dr. phil. habil., Dirigent u. Musikwissenschaftler, Generalmusikdir. Wuppertal - Am Buschhäuschen 50, 5600 Wuppertal 1 - Geb. 29. April 1934 Weimar, verh. s. 1960 m. Dorothea, geb. Heuschober, T. Karoline - Stud. Violoncello, Musikwiss., German. Weimar, Jena, Leipzig; Promot. 1958 Leipzig, Habil 1985 TU Berlin - S. 1959 Dramaturg u. Kapellm. in Rudolstadt; 1964-76 Chefdirig. in Stendal, Potsdam, Stralsund; 1976 Kapellm. Staatsoper Dresden, Doz. Musikhochsch. Dresden; 1981 GMD Weimar, 1986 GMD Wuppertal - BV: u.a. Mönche - Bürger - Minnesänger, 1975; Schriftbild d. mehrstimmigen Musik, 1974; Grétry, Memoiren, 1974; Rousseau, Musik u. Spr., 1985; Brahms Bruckner, 1989; Schubert u. s. Zeit, 1991. Plattenaufnahmen u.a.: Schubert, Sinfon. Fragmente; Streichorch.w. d. Neuen Wiener Schule; Werke v. Tadeusz Baird - Bek. Vorf.: Christian August

Vulpius (Ur-urgroßv.) - Lit.: Herder-Lexikon d. Musik; Seeger, Musiklexikon.

GÜLKER, Eugen
Dr.-Ing., Prof. Univ. Dortmund - Am Brennbusch 14, 4600 Dortmund 1 (T. 0231 - 59 31 79) - Geb. 25. Dez. 1930 Dortmund, kath., verh., 2 Kd. - Abit. 1952 Unna; Dipl.-Ing. 1958 TH Braunschweig; Promot. 1974 RWTH Aachen - 1958-60 Max-Planck-Inst. Göttingen; 1961-62 Mirobo GmbH Dortmund; ab 1962 Hoesch Stahl AG (b. 1984 Betriebsleit. Fluid-/Tribotechnik; ab 1985 Leit. Abt. Ing.Service d. Techn. Dienste. S. 1975 Vorles. Univ. Dortmund, s. 1983 Honorarprof. (Lehrgeb.: Instandhalt. v. Masch.-Anl.); Vorst.-Vors. Tribol. Ber. Ges.; Vorst.-Mitgl. Ges. f. Tribologie; s. 1977 Gutachter f. d. BMFT. Zahlr. Veröff. u. Vortr. üb. Tribol. u. Instandhalt.

GÜLLENSTERN, Eleonore
Oberbürgermeisterin v. Mülheim an d. Ruhr - Ruhrstr. 32, 4330 Mülheim an d. Ruhr - Geb. 1929 München - S. 1964 Ratsmitgl., Bürger- (1979) u. Oberbgm. Mülheim an d. Ruhr (1982). SPD.

GÜLPEN, Alfred
Dipl.-Ing., Fabrikant, Inh. Anton Momm GmbH., Würselen - Auf dem Gewann 18, 5102 Würselen/Rheinland (T. Büro: Würselen 27 67) - Geb. 4. April 1921 Würselen (Vater: Wilhelm G.).

GÜLZOW, Hans-Jürgen
Dr. med. dent., Prof. f. Zahnerhaltungskunde u. Prävent. Zahnheilkd. - Martinistr. 52, 2000 Hamburg 20 - Geb. 12. Aug. 1935 Hamburg - Promot. 1959 Hamburg; Habil. 1967 Erlangen -S. 1977 Prof. Univ. Erlangen (apl.) u. Hamburg (1978 o.) - Univ. Kiel (apl.) u. Hamburg (1978 o.) - S. 1977 Ord. u. Abt.dir. Klin. f. ZMK-krankh.). 1988-92 1. Vors. d. Dt. Ges. f. Zahnerhaltung (DGZ) - BV: Vergl. biochem. Unters. üb. d. Abbau d. Sorbit durch Mikroorganismen d. Mundhöhle, 1968. Üb. 110 Aufs. - 1967 Miller-Preis Dt. Ges. f. ZMKheilkd.

GÜLZOW, Henneke
Dr. theol., Prof. f. Kirchen- u. Dogmengeschichte - Von-Hutten-Str. 2, 2000 Hamburg 50 - Geb. 14. Febr. 1938 Langfuhr/Danzig, ev. - S. 1974 Prof. Univ. Kiel (apl.) u. Hamburg (1978 o.) - BV: Christentum u. Sklaverei i. d. ersten drei Jahrh., Monographie 1969; Cyprian u. Novatian, Monogr. 1975 - Div. wiss. Artikel - Liebh.: Ausbild. f. Gesang: Meisterklasse Erna Berger, Oratorien- u. Liedsänger - Spr.: Hebr., Aramäisch, Kopt., Griech., Lat., Engl., Dän. - Bek. Vorf.: Prof. Dr. med. Martin Gülzow (Onkel).

GÜMBEL, Dietrich
Dr. rer. nat., Biologe, Inh. Bio-Kosmetik Dr. Gümbel - Kurallee 8, 7758 Meersburg/B. (T. 07532 - 50 30) - Geb. 16. Okt. 1943 Königsberg/Pr. (Vater: Joachim G., Offz.; Mutter: Ingeborg, geb. Schmidt), verh. s. 1979 m. Barbara,

geb. Dürr - Abit. 1964 Marburg; Staatsex. f. d. höh. Lehramt 1972 Bonn; Promot. 1975 Gießen - 1972-75 MPI f. Limnol. Schlitz/Hessen; 1975-79 freischaff. Künstler; 1980 Gründg. Fa. Bio-Kosmetik Dr. G. u. Bio-Kosmetiksch. m. Ehefrau. Spezialgeb.: Hautpflege z. med. Gesundheitsvorsorge, Ganzheitsmed., Hauttherapie m. Heilkräuter-Essenzen. Begr. d. Heilkräuter-Essenz-Therapie Dr. rer. nat. Gümbel, e. ganzheitsmed. Behandl.meth. - BV: Div. Kunst-Ged. Bücher m. Zeichn., 1976, 1977 u. 1984; Ganzheitsmed. Hauttherapie m. Heilkräuter-Essenzen, 1984, 2. erw. A. 1986; D. ökol. Bedeutung v. Heilkräuter-Essenzen f. d. biolog. Landbau, 1987; Ztschr. Hologramm 1987; Wie neugeboren m. Heilkräuter-Essenzen, 1990 - Liebh.: Kunst, Relig.gesch., Psych., Geisteswiss. - Spr.: Engl.

GÜNDISCH, Jürgen
Dr. jur., LL.M., Rechtsanwalt, Mitgl. Hbg. Bürgerschaft (1961-74, CDU) - Achter Lüttmoor 35, 2000 Hamburg 56 (T. 81 52 11) - Geb. 26. Febr. 1929 Dresden (aufgew. Budapest; Vater: RA), ev., verh. m. Erdmute, geb. Berger (Malerin), 4 Kd. - B. 1944 (Flucht) Dt. Realgymn. Budapest; Abitur 1947 Ulm/D.; Univ. München u. Tübingen (Rechtswiss.): 1952/53 Harvard Law School (USA). Ass.ex. 1956 - Richter Hamburg. Verfassungsgericht.

GÜNNEWIG, Gerhard
Hotelier u. Gastronom, Ehrenpräs. Landesverb. Gaststätten- u. Hotelgewerbe Nordrh.-Westf., Düsseldorf; Präs. Intern. Hotelier-Vereinig. Wien-Köln - Harkortstr. 15, 4000 Düsseldorf - Geb. 5. Mai 1905 Bochum - Landessozialrichter. Div. Mandate.

GÜNNEWIG, Gerhard-Wilhelm
Hotelkaufmann, Mitgl. d. Firmenleitg. Günnewig Hotels & Restaurants - Vossenackerstr. 31, 4040 Neuss - Geb. 19. Sept. 1930 Bochum (Vater: Gerhard G., Hotelier; Mutter: Elisabeth, geb. Weindorf), verh. s. 1959 m. Susanne, geb. Füllenbach, 2 S. (Thomas, Stefan) - École Hotelière Lausanne/Schweiz (Dipl.-Betriebswirt d. Hotelerie) - Stv. Vors. Kreisgr. Hotelfachgr.-Vors. Düsseldorf-Neuss; Mitgl. d. Prüfungskommiss. Hotelkaufl. IHK Düsseldorf, Sozialricht. D'dorf - 1979 Gold. Ehrennadel IHK; 1980 Gold. Ehrennadel Hotel- u. Gaststättenverb. - Liebh.: Jagd, Segelsport - Spr.: Engl., Franz., Ital.

GÜNTER, Horst
Prof., Opern- u. Konzertsänger - Unterer Heimbachweg 5, 7801 Au b. Freiburg (T. 0761/40 32 96) - Geb. 23. Mai 1913 Leipzig, ev., verh. s. 1938 - Thomassch. Leipzig; Univ. ebd., Innsbruck, Bologna - S. 1938 Konzert- u. Operns. (1941 Staatstheater Schwerin, 1949 Stadttheater Göttingen, 1951 Hbg. u. 1959 Bayr. Staatsoper); 1959-78 Prof. f. Gesang Musikakad. Detmold u. Freiburg, s. 1978 Prof. f. Gesang University of Southern California, Los Angeles, USA. U. v. a. Papageno u. Barbier; Fernsehen: Zarhält regelmäß. Kurse a. amerik. Univ. u. in Japan, Schweden, Holland und Frankreich; Im Sept. jeden Jahres Sem. f. Gesanglehrer: Rendsburger Woche - Sammelt Bücher üb. d. menschl. Stimme - Spr.: Engl., Ital., Franz.

GÜNTER, Roland

Dr. phil. habil., Prof., Hochschullehrer - Werrastr. 1, 4200 Oberhausen 12 (Eisenheim) (T. 0208 - 66 98 68) - Geb. 21. April 1936, verh. m. Janne, 2 Töcht. (Tine, Gitte) - Altspr. Gymn.; Stud. Kunstgesch., Phil., Gesch. Univ. Münster, München, Istanbul, Rom; Promot. 1965 München; Habil. 1986 Hamburg - 1965-70 Landesdenkmalamt Rhld.; 1970/71 Planungsteam Quickborn; s. 1971 FH Bielefeld; s. 1986 Priv.-Doz. Univ. Hamburg; 1977/78 Advanced Studies Wassenaar/Leiden; Rettung v. hist. Altstädten, Arbeitersiedlungen u. Fabriken. Kulturpolitiker - BV: Rettet Eisenheim, 1972; Fotografie als Waffe, 1977, 2. A. 1982; Spanische Treppe Rom, 1978; Ruhrgebiet im Film, 1978; Kultur-Katalog, 1979; Amsterdam, 1982; Toskana, 1985, Urbino, 1988, Rimini/Ravenna, 1988; Amsterdam - Sprache d. Bilderwelt, 1991; Kulturelle Stadtutopien, 1992 - 1978 Kulturpreis d. Kulturpolit. Ges.; s. 1988 korr. Mitgl. d. Akad. der Wiss. Lucca - Spr.: Engl., Franz., Ital., Span., Holl.

GÜNTHER, Arnold
Dipl.-Kfm., Vorstandsmitglied Honeywell Holding AG - Kaiserleistr. 39, 6050 Offenbach/M. - Geb. 8. Juli 1938 Heiligenstadt/Eichsfeld, verh., 2 Kd. - Dipl.-Kfm. Univ. Mannheim - Vice Pres. & General Manager Central & Eastern Europe d. Honeywell Europe S.A., Brüssel - Spr.: Engl., Russ.

GÜNTHER, Christian
Dr., Wiss. Rat, Prof. f. Physik Univ. Bonn (s. 1972) - Drosselstr. 4, 5300 Bonn-Beuel.

GÜNTHER, Eberhard
Dr. jur., Prof., Präs. a. D. Bundeskartellamt (1958-76) - Taunushöhe 19, 6233 Kelkheim/Ts (T. 06195 - 26 13) - Geb. 25. Dez. 1911 Bad Freienwalde/O. (Vater: Landgerichtspräs. Cottbus), ev., verh. s. 1942 m. Edelgard, geb. Wujetz, 2 Kd. - Univ. München, Freiburg/Br. (Promot. 1938), Kiel, Berlin. Ass.ex. 1938-46 Mitgl. Geschäftsfg. Stickstoff-Syndikat GmbH, Berlin, dazw. 1939-45 Wehrdst., 1948-58 Leit. Referat Kartelle u. Monopole Bundeswirtschaftsmin., Bonn (Ministerialrat). S. 1962 Lehrbeauftr. u. Honorarprof. (1969) TU Berlin (Kartellrecht) u. s. 1978 Hon.Prof. Univ. Freiburg, Gastprof. Univ. Philadelphia, Berkeley u. Georgetown Univ. Wash. D. C. (USA), Keio Univ. Tokio - BV: Wege z. europ. Wettbewerbsordnung, 1967; Probleme d. Fusionskontrolle, 1970. Mithrsg.: Wirtsch. u. Wettbewerb; verf.: Dt. Kartellgesetz - 1965 Commandador Orden del Merito Civil

(Span.); 1968 Gold. Zuckerhut IKOFA (München); 1969 BVK I. Kl.; 1972 Alexander-Rüstow-Plak.; 1973 Gr. BVK, 1976 Stern dazu; 1982 Hermann-Lindrath-Pr.: Liebh.: Theater, Segelsport - Spr.: Engl., Franz., Span.

GÜNTHER, F. Robert
Geschäftsf. Barmer Ersatzkasse - Richard-Strauß-Allee 14a, 5600 Wuppertal-Barmen - Geb. 3. Juni 1906.

GÜNTHER, Friedrich
Versicherungsdirektor - Johann-Sebastian-Bach-Str. 43, 8013 Haar/Obb. - Geb. 26. Aug. 1931 - Vorst. Münchener Verein-Gruppe.

GÜNTHER, Fritz-Werner
Dr. med., Chefarzt Kinderklinik Wuppertal (s. 1958) - Schwartnerstr. 1, 5600 Wuppertal-B. - Geb. 1. Juli 1916 Hannover (Vater: Prof. Friedrich G., Oberstudiendir.; Mutter: Clara, geb. Herzog), ev., verh. s 1942 m. Margot, geb. Piepho, 4 Söhne (Karl-Werner, Wolfgang, Martin, Christoph) - Univ. Köln, Tübingen, Königsberg, Hamburg, Würzburg, Göttingen (Promot. 1941) - B. 1945 Truppenarzt, dann klin. Tätigk. Div. Facharb. - Liebh.: Lit. - Spr.: Franz. - Bek. Vorf.: Rudolf Herzog, Schriftst. (u. a. D. Wiskottens).

GÜNTHER, Götz
Dr. med., Prof. f. Allg. Pathologie u. Pathol. Anat. Univ. Mainz, Chefarzt Städt. Krankenanstalten/Krankenhausstr. 2, 6580 Idar-Oberstein - Geb. 2. Mai 1939 (Vater: Prof. Dr. med. Oswin G., Immunologe) - Promot. (1964) u. Habil. (1972) Frankfurt/M. - 1965-73 Pathol. Frankfurt; s. 1973 Chefarzt Idar-Oberstein. Spez. Leber- u. Nebennierenrindenregeneration. Fachveröff. - 1965 Carl-Oelemann-Preis Landesärztekammer Hessen.

GÜNTHER, Hans
Dr. rer. pol., Dipl.-Kfm., Hauptgeschäftsführer Bundesverb. dt. Banken, Köln (s. 1961) - Geb. 10. Juli 1921 Dresden, ev., verh. s. 1954 m. Stefanie, geb. Leppla, 2 Kd. (Hubertus, Alice) - Dipl.-Kfm. (1954) u. Promot. (1955) Frankfurt/M. - Industrie- u. Banktätigk. BV: Bankbetriebslehre, 1961 (m. Kalversam).

GÜNTHER, Hans
Dipl.-Ing., Direktor i.R., Senior Adviser d. VIK f. d. neuen Bundesländer - Mannheimer Str. 36, 6703 Limburgerhof - Geb. 15. Okt. 1926 Nienburg (Vater: Franz G., Elektrom.; Mutter: Hilda, geb. Butzmann), ev., verh. s. 1952 m. Maria, geb. Kuhne, 3 Kd. (Katharina, Carolin, Johannes) - Karls-Gymn. Bernburg; TU Berlin (Dipl. 1951) - S. 1972 wie oben.

GÜNTHER, Hans-Ludwig
Dr. jur., o. Prof. f. Strafrecht u. Strafprozeßrecht Univ. Tübingen - Ursrainer Ring 105, 7400 Tübingen - Geb. 25. Febr. 1949 Bochum - 1. jurist. Staatsex. 1972 OLG Hamm, Promot. 1975 Bochum, 2. jurist. Staatsex. 1976 Düsseldorf; Habil. 1981 Trier - 1981-84 Prof. in Bonn, s. 1984 o. Prof. in Tübingen, s. 1990 auch Richter am OLG Stuttgart - BV: Verurt. im Strafproz. trotz subsumtionsrelevanter Tatsachenzweifel, 1976; Strafrechtswidrigkeit u. Strafunrechtsausschluß, 1983. Mithrsg.: Fortpflanzungsmedizin u. Humangenetik - Strafrechtl. Schranken? (1987, 2. A. 1991, jap. Ausg. 1991); Embryonenschutzgesetz, Kommentar (1992).

GÜNTHER, Hans-Ulrich
Dr., Dipl.-Kfm., Geschäftsführer - Zu erreichen ob. Deilmann-Montan GmbH, Osterberg 8, 4444 Bad Bentheim(T. 05922-7 78 22) - Geb. 15. April 1941 Essen, ev., verh. s. 1967, 2 Töcht. (Inga-Kristin, Britta-Katrin) - Stud. 1960-65 Wirtsch.wiss. Münster u. Hamburg, Dipl. 1965 Münster; Promot. 1969 Göttingen - 1981-91 Vorst.-Mitgl. C. Deil-

mann AG; AR Braunschweigische Maschinenbauanstalt AG, Braunschweig, Klasmann-Deilmann GmbH, Geeste Pecos Energy Corp., Dallas, USA; Landesbeir. d. Commerzbank AG, Düsseldorf; Verwalt.rat Nähr-Engel GmbH, Darmstadt - Liebh.: Golf, Tennis - Spr.: Engl., Franz., Holl. - Lit.: Leit. Männer u. Frauen d. Wirtschaft.

GÜNTHER, Harald

Dr. rer. nat., o. Prof. f. Organ. Chemie (Lehrst. II) Universität GH Siegen - Zur Alten Burg 31, 5900 Siegen 21 - Geb. 8. Juli 1935 Halle/S. - Promot. 1961 Heidelberg; Habil. 1968 Köln - Zul. Wiss. Rat u. Prof. Univ. Köln - BV: NMR-Spektroskopie - E. Einf., 3. Aufl. 1992 (engl. Ausg. 1980, poln. Ausg. 1983, russ. Ausg. 1984). Üb. 175 Einzelarb. - 1973 Chemie-Preis Akad. d. Wiss. Göttingen.

GÜNTHER, Harry

Dr., Vorstandsmitglied Westf. Zellstoff-AG. Alphalint, Wildshausen (s. 1970) - Kaiserwiese 11, 5777 Freienohl/Sauerl. - Geb. 9. Jan. 1927 - Dipl.-Forstw.; Dipl.-Kfm.

GÜNTHER, Hartmut

Dr., Prof., Dozent f. Bibl. Theol. Luth. Theol. Hochschule Oberursel (zeitw. Rektor) - Altkönigstr. 150, 6370 Oberursel/Ts.

GÜNTHER, Heinz

Verleger (Hestia, Diana u. Neff-Verlag), Schriftst. (Ps.: Heinz G. Konsalik) - Elisabethenhof, 5340 Aegidienberg b. Bad Honnef/Rh. (T. H. 31 46) - Geb. 28. Mai 1921 Köln (Vater: Arno G., Versicherungsdir.; Mutter: Wanda, geb. Konsalik), ev., verh. s. 1948 m. Elsbeth, geb. Langenbach, 2 Kd. (Almut, Dagmar) - Gymn. Köln; Univ. Köln, München, Wien (Theaterwiss., German., Lit.-gesch.) - 1946-48 Leit. Dramaturgie Liberator-Verlag; 1950 stv. Chefredakt. Lustige Illustr. - BV/R. (GA. üb. 72 Mill.; z. T. b. zu mehr als 36 Übers.); Wir sind nur Menschen (1953), Morgen ist auch noch e. Tag (1953), Viele Mütter heißen Anita (1953), D. Arzt v. Stalingrad (1956; A. etwa 3 Mill.; verfilmt), Ein Mensch wie du (1956), D. Lied d. Schwarzen Berge (1957), Sie fielen v. Himmel (1957; verfilmt), Schicksal aus 2. Hand (1958), Strafbatl. 999 (1959; verfilmt), D. rostende Ruhm (1959), D. Rollbahn (1959), D. Himmel üb. Kasakstan (1960), Ich beantrage Todesstrafe (1960), Frontheater (1961), Dr. med. Erika Werner (1961), D. letzte Gefangene (1961), Natascha (1962), D. geschenkte Gesicht (1963), D. Herz d. 6. Armee (1964), Liebesnächte in d. Taiga (1966; verfilmt), D. Tochter d. Teufels (1967), Liebe auf heißem Sand (1968), Bluthochzeit in Prag (1969), Liebe am Don (1970), D. Wüstendoktor (1971), Heiß wie d. Steppenwind (1971), D. Drohung (1972), Ein Sommer mit Danica (1973), Wer stirbt schon gerne unter Palmen, 1-2 (1972-73), Haie an Bord (1976), Engel d. Vergessenen (1976), D. Verdammten d. Taiga (1977), Im Tal d. bittersüssen Träume (1977), Eine glückliche Ehe (1978), Das Doppelspiel (1978), Sie waren Zehn (1979), Wie e. Hauch v. Zauberblüten (1981), Frauenbataillon (1982), Heimaturlaub (1983), E. Kreuz in Sibirien (1983), D. strahlenden Hände (1984), Promenadendeck (1985), Sibir. Roulette (1986), D. gold. Meer (1987), D. Bernsteinzimmer (1988), Tal ohne Sonne (1989). B. Ende 1989 sind 137 Bücher erschienen. Herausg.: Stalingrad (Bildband, 1968) - Liebh.: Opern, Reisen, Völkerkulturen, ostasiatische Kunst, Hunde und Pferde - Letzter Sproß e. uralten sächs. Rittergeschlechts, d. Freiherren v. Günther Rittern zu Augustusberg (bek. durch d. Affäre v. Prinz Lieschen z. Z. August d. Starken; Adel wurde im Wilhelmin. Zeitalter abgelegt).

GÜNTHER, Helmut W.

Gesellschafter u. Beiratsmitglied Bischof + Klein Verpackungswerke - Rahestr. 45, 4540 Lengerich/W.; priv.: Buchenstr. 7 - Geb. 15. Juni 1922.

GÜNTHER, Henning

Dr. phil., Prof. f. Allg. Didaktik u. Schulpäd. Univ. Köln - Farnweg 19, 5204 Lohmar - Geb. 27. März 1942, 3 Töcht. (Ulrike, Dorit, Evelyn) - Promot. Köln; Habil. Münster (PH) - BV: Hermann Cohen, 1972; Auf d. Weg zu e. neuen Schule, 1974; Walter Benjamin, 1974; D. Großstadt, 1976; Grundlegung e. bejah. Erziehung - D. Gewalt d. Verneinung, 1978; Alarm um d. Familie, 1979; Buthelezi - schwarze Befreiung in Südafrika, 1981; Was uns dt. Schulbücher sagen - empir. Analyse, 1982; Neue Werte - empir. Jugendunters., 1982; Freud, 1987; Kritik d. offenen Schule, 1988.

GÜNTHER, Herbert

Freier Schriftsteller - Vor dem Ellershagen 5, 3403 Friedland 1 - Geb. 14. Juni 1947, verh. m. Ulli, geb. Kunzmann, S. David - Buchhandelslehre - Leit. e. Kinder- u. Jugendbuchhandl. Göttingen; Lektor - BV: u.a. Onkel Philipp schweigt, 1974; Unter Freunden, 1976; Vermutungen üb. e. argloses Leben, 1982; D. Geburtstag d. Indianers, 1989; Ole u. Okan, 1990; D. Versteckspieler - D. Lebensgesch. d. Wilhelm Busch, 1991; D. Köchin d. Königs, 1991; Herbert Günthers erzählt wie ein Fernsehfilm ensteht, 1992. Übers. aus d. Engl. 5 Drehb. f. d. Kinderfilmserie: Neues aus Uhlenbusch u. Bettkantengeschichten (ZDF) - Liebh.: Tischtennis, Wandern, Reisen - Spr.: Engl.

GÜNTHER, Herbert

Dr. jur., Minister des Innern u. f. Europaangelegenheiten Hessen (s. 1991), MdL Hessen (Vizepräs. 1987-91) - Friedrich-Ebert-Allee 12, 6200 Wiesbaden - Geb. 13. März 1929 (Eltern: Sebastian u. Lina G.), ev., verh. m. Hertha, geb. Kranz, 2 Kd. (Barbara, Ulrich) - Landrat Untertaunuskr. u. Kassel; 1973 Präs. d. Hess. Landkreistages u. Vizepräs. d. Dt. Landkreistages; 1974-87 Hess. Min. d. Justiz; 1974-87 u. s. 1991 Mitgl. d. Bundesrates. AR-Mand. - SPD (1987ff. Vors. Bez. Hessen-Nord).

GÜNTHER, Horst

Parlam. Staatssekretär b. Bundesmin. f. Arbeit u. Sozialordnung (s. 1991), MdB (s. 1980) - Insterburger Weg 53, 4100 Duisburg 26 - Geb. 17. Juli 1939 Rheinhausen, ev., verh., 2 Kd. - 1954-57 Ausb. Ind.kaufm. - 1957-60 kaufm. Angest. Fried. Krupp-Hüttenwerk AG, Rheinhausen; 1960-71 Gewerksch.sekr. DAG (Geschäftsf.), Duisburg; 1971-77 Ressortleit. Tarif- u. Betriebspolitik DAG Nordrh.-Westf., 1977-82 Landesverb.leit. ebd. 1975-77 Gesamtbetriebsratsvors. DAG. 8 J. Sozialrichter Duisburg. CDU s. 1962.

GÜNTHER, Horst

Dr. med., Dr. med. dent., Prof., Facharzt f. Mund-, Kiefer- u. Gesichtschirurgie - Colonnaden 9, 2000 Hamburg 36 (T. 34 24 39) - Geb. 24. März 1926 - S. 1962 (Habil.) Lehrtätigk. Univ. Hamburg (1968 apl. Prof.). Fachveröff.

GÜNTHER, Horst

Dipl.-Ing., Freiberufl. Industrieberater - Leuchtenbirkener Weg 38, 5272 Wipperfürth - Geb. 19. Jan. 1923 - Zul. Vorst.smitgl. Felten & Guilleaume Carlswerk AG., Köln.

GUENTHER, Joachim

Dr. rer. pol., Dipl.-Kfm., Vorstandsmitglied i. R. Agrippina Rückversicherung AG., Köln (s. 1963) - Stumpf 9, 5204 Lohmar 21 (T. 02205 - 45 22) - Geb. 22. Juni 1922 Reutlingen (Vater: Fritz G., Oberregierungsrat; Mutter: Elsa, geb. Canabaeus), ev., verh. s. 1961 m. Erika, geb. Walther, S. Hans-Joachim - Dipl.-Kfm. (1949) u. Promot. (1957) Hamburg - S. 1951 Rückversich. - Liebh.: Fotogr., Kunst - Spr.: Engl., Franz., Span., Ital.

GÜNTHER, Joachim

Parlam. Staatssekretär b. Bundesminister f. Raumordnung, Bauwesen u. Städtebau (s. 1991) - Gartenstr. 33, O-9901 Theuma/Vogtl. - Geb. 22. Okt. 1948, verh. m. Monika, geb. Kruber, 3 Kd. (Beatrix, Doreen, Patrick) - Fachschulabschl. Maschinenbaukonstrukteur; Dipl. (Wirtsch.recht) - S. 1971 Mitgl. d. LDPD, 1990 Mitgl. d. gesamtdt. FDP Präsid. u. Landesvors. FDP Sachsen - Liebh.: Reisen, Surfen.

GÜNTHER, Karl-Heinz

Dr. phil., Prof. f. Allg. Pädagogik PH Ludwigsburg - Gerokweg 5, 7030 Böblingen/Württ..

GÜNTHER, Klaus

Dr. rer. nat., Prof. f. Mathematik PH Freiburg - Am Birkenhof 13, 7815 Kirchzarten/Br.

GÜNTHER, Klaus

Dipl.-Kfm., Vorstand BFM Unternehmensbeteiligungsges. f. d. Mittelstand AG - Barer Str. 9, 8000 München 2 - Geb. Juni 1948 Lengerich - Dipl.-Prüf. f. Kaufleute 1971 Univ. Hamburg - Vors. d. Förderkreis Umwelt future e.V.; Präsid.-Mitgl. d. Arbeitsgemeinschaft Selbständiger Unternehmer (ASU).

GÜNTHER, Klaus-Dietrich

Dr. med. vet. (habil.), o. Prof. u. Dir. Inst. f. Tierpsychol. u. Tierernährung, Vizepräsident Univ. Göttingen (1981-83), Vors. d. Ges. f. Ernährungsphysiologie d. Haustiere (1979-83) - Senderstr. 23, 3400 Göttingen (T. 2 11 02) - Geb. 21. Juni 1926 Berlin (Vater: Kurt G., Beamter; Mutter: Friedel, geb. Buchholz), ev., verh. s. 1957 m. Christa, geb. Eilers, 3 Kd. (Frank, Susan, Annette) - 1977-78 Dekan Landwirtschaftl. Fak. Univ. Göttingen. 1977-85 Fachgutachter d. Dt. Forsch.gem. Herausg. u. Mitarb. in mehreren wiss. Ztschr. Forschungsschwerp.: Ernährungsphysiol. u. Biotechnol. d. Ernährung. Üb. 600 Publ. - 1970 Henneberg-Lehmann-Pr. - Spr.: Engl., Franz.

GÜNTHER, Knut

Kunsthändler, Geschäftsführer Dynamik-Hausverwaltungs-Gesellschaft m.b.H. (s. 1979), u. K. G. Kunsthandels-GmbH (s. 1990) - Auf d. Körnerwiese 19-21, 6000 Frankfurt 1 (T. 55 09 39) - Geb. 19. Febr. 1943 Cottbus (Vater: Dr.-Ing. Wolfgang G.; Mutter: Maria Anna W., geb. Ferger), ev., verh. s. 1989 m. Manon, geb. Mohammady - Gymn. Heidelberg u. Oberursel (Abit. 1963); Stud. Masch.bau u. Wirtsch.ing. Darmstadt, Kunstgesch. Frankfurt - S. 1963 Kunsthandel u. Immobilienmakler, s. 1968 intern. Kunsth., Belief. v. Museen; 1971 Niederlass. London, 1972 Paris (m. Galerie); s. 1972 Kunst- u. Weinversteigerungen; s. 1974 öfftl. best. u. vereid. Sachverst. f. Möbel u. Kunstgew. m. Schwerp. 19. u. 20. Jh.; s. 1975 öfftl. best. u. vereid. Versteigerer; 1978-85 Mitgl. Künstl. Beir. d. Staatl. Porzellanmanufaktur Berlin (KPM); s. 1988 Vors. d. Vereins z. Förderung d. Tafelkultur, Frankfurt/M.; s. 1989 President of KGE Enterprises, Inc., Atlanta; s. 1990 stv. Vors. d. Intern. Akad. d. Gastronomie e.V.; Partner in CK Properties, Inc. Atlanta; President of G-L Real Estate, Inc., Atlanta, s. 1991 President of MKKG Real Estate, Inc. - BV: Rudolf Alexander Agricola, 1971; 1900 - Objekte d. Jahrhundertwende, 1971; Les artistes décorateurs des Années 20 et 30, Emile-Jacques Ruhlmann et quelques autres, 1973; Clemens Pasch, 1987 - Spr.: Franz., Engl.

GÜNTHER, Michael

Autor u. Regisseur - Geb. 16. Juli 1935 Berlin (Vater: Johannes G., Komp.; Mutter: Lucie, geb. Brucks), verh. s. 1964 m. Ilse, geb. Kiewiet, T. Stefanie - Rd. 90 Theater- u. TV-Insz.; Filme: D. Pfingstausflug, Paulchen, Frau Juliane Winkler, Danziger Mission, Zuhaus in fremden Betten, Weichselkirschen, D. zerbrochene Haus, Ein seltsames Paar; Serien: Lukas + Sohn, Hotel Paradies, Lindenstraße, Diese Drombuschs, D. Auge Gottes - Spr.: Engl., Franz., Dän.

GÜNTHER, Monika

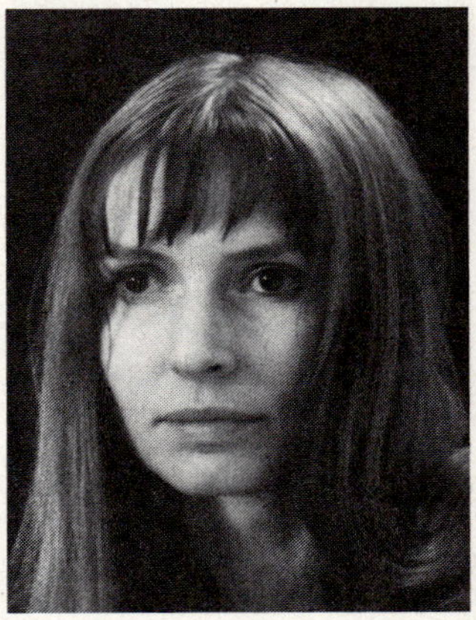

Malerin u. Performerin - Eduard-Lucas-Str. 26a, 4300 Essen 1 - Geb. 20 Febr. 1944 Bad Hersfeld - Stud. staatl. Kunstakad. 1966-71 Düsseldorf (b. Gerhard Hoehme Meisterschülerin) - 1971 Fulbright Stip.; 1990 Grillo Theater Essen, künstlerische Gestaltung d. nördl. Foyerumganges; 1991 TRANSFER Stip. Rostock; 1991/92 Stip. Künstlerdorf Schöppingen - Ausst. u. Ausst.beteiligungen u.a.: 1987 Museum Folkwang Essen Im Auftrag; 1988 Galerie d'Theeboom Amstardam (Einzelausst.), Städt. Galerie Schloß Oberhausen Biennale an d. Ruhr 88; 1989 Städt. Galerie im Museum Folkwang Das Pferd im Mond Malerei (Einzelausst.); 1991 Städt. Karl-Ernst-Osthaus-Museum Hagen Open Box - e. Ausst. zur Erweiterung d. Museumsbegriffs, Museum Folkwang Kabinett u. Städt. Galerie Rückblende, Städt. Galerie Oberhausen u. Kunsthalle Rostock TRANSFER. Performances u.a.: 1985 Videoperformance Folkwang '85 Essen (Im Fluß); 1987 Kunstamt Tempelhof Berlin (Vitale Sphäre), Kunstraum Wuppertal (Over all); 1990 Städt. Museum Leverkusen Schloß Morsbroich (Studiogalerie) (Im Zoo - Fragmente); 1991 Museum Bochum Menagerie b. Nacht (im Rahmen d. Ausst. GeistesGegenwart); 1992 Kunsthalle Rostock Stück f. Stück (im Rahmen v. TRANSFER) - Liebh.: Lit. - Spr.: Engl., Franz.

GÜNTHER, Otmar

Arbeitsdirektor, Vorstandsmitglied Krupp Stahl AG. - Alleestr. 165, 4630 Bochum - Geb. 28. Okt. 1930.

GÜNTHER, Ralph

s. Meyer, Günther

GÜNTHER, Reimar

Kaufmann, gf. Gesellsch. Lünemann & Co. KG. (Eisengroßhdl.), Göttingen, Vizepräs. IHK Hannover-Hildesheim, Hannover - Kurze Geismarstr. Nr. 16, 3400 Göttingen - Geb. 7. Nov. 1931.

GÜNTHER, Reinhard

Prof. h. c. (São Luis, Brasilien), Dr. iur. h.c. Davidson Coll., Dipl.-Volksw., Verwaltungsjurist, Kanzler d. Univ. Würzburg i. R., stv. Vorst.-Vors. Stiftg. Kath. Univ. Eichstätt, Ehrenmitgl. d. Juristischen Fak. d. Pontificia Univ. Catolica de Chile - Sieboldstr. 3, 8700 Würzburg (T. 0931 - 8 19 70) - Geb. 31. März 1927 Saaz (Vater: Gustav G., Kaufm.; Mutter: Anna, geb. Steinbrecher), kath., verh. s. 1950 m. Paula, geb. Pichler, 3 Kd. (Ulrike, Friederike, Bernhard) - BVK am Bd.; BVK I. Kl.; Landkreismed. in Gold Landkr. Neu-

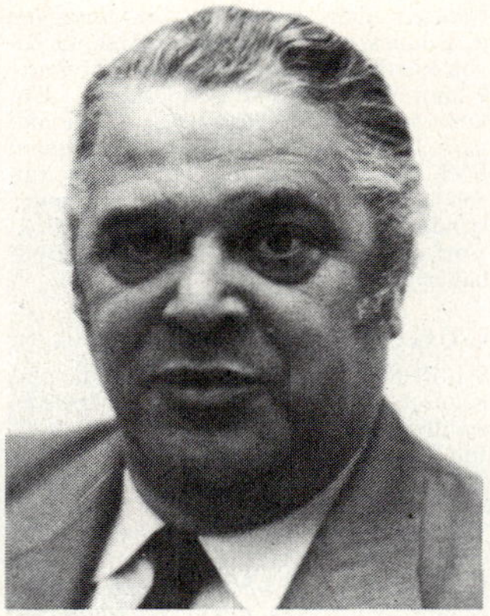

stadt/Aisch; Gold. Stadtsiegel Stadt Würzburg - Spr.: Engl.

GÜNTHER, Renate
Dr. phil., Prof. f. Musik einschl. Didaktik Erziehungswiss. Hochschule Rheinland-Pfalz/Abt. Landau - Leibnizstr. 1, 6750 Kaiserslautern.

GÜNTHER, Rolf W.
Dr. med., Prof., Direktor Abt. Radiologische Diagnostik Klinikum RWTH Aachen - 5100 Aachen - Geb. 24. Febr. 1943 - Staatsex. 1968; Promot. 1968 Heidelberg - BV: Ultraschalldiagnostik, 1986; Interventionelle Radiologie, 1988; Jahrbuch Radiologie 1991, 1992. Mithrsg.: Fortschritte Röntgenstrahlen, Cardiovascular and Interventional Radiology - 1980 Alken-Preis.

GÜNTHER, Theodor
Dr. med., Prof. f. Biochemie u. Klin. Chemie FU Berlin (Inst. f. Molekularbiol. u. Biochem.) - Waldhüterpfad 63, 1000 Berlin 37 - Geb. 14. Juni 1930 Hedersleben/Thür. - Promot. 1956 - S. 1966 (Habil.) Lehrtätigk. Berlin (1969 Prof.). Üb. 100 Facharb. - 1966 Karl-Thomas-Preis.

GÜNTHER, Ulrich
Dr. phil., o. Prof. f. Musikpädagogik - Husbrok 4, 2900 Oldenburg/O. (T. 6 19 81) - Geb. 19. Sept. 1923 Magdeburg - Gymn.; Päd. Hochsch. Celle; 1. u. 2. Lehrerprüf. (1948 u. 51) Univ. Frankfurt/M. u. Erlangen-Nürnberg; Musikhochsch. Frankfurt; 1. u. 2. Staatsex. f. d. höh. Lehramt 1957/58 Frankfurt; Promot. 1967 Erlangen - 1948-61 Volks-, Berufssch. u. Gymn.; s. 1961 Doz./Prof. PH/Univ. Oldenburg (Lehrstuhl f. Musikpäd.); 1991 emerit. - BV: Z. Bedeut. d. Instruments in Musikerzieh. u. -unterr., 1964; ...über alles in d. Welt? - Stud. z. Geschichte u. Didaktik d. dt. Nationalhymne, 1966; D. Schulmusikerzieh. v. d. Kestenberg-Reform b. z. Ende d. III. Reiches, 1967; Musik in d. Kollegsch., 1984; Grundbildung SP Kunst/Musik/Gestaltung - Kollegschule, 1989. Mithrsg.: Sequenzen - Musik Sekundarstufe I (1971ff.); Musiklehrerausb. an d. Univ. (1974); Musikunterr. auf d. Grundst. (1974); Wiener Instrumentalschulen (1976ff.); Musikunterr. in d. Sekundarstufe II - Beitr. z. Musikdidaktik (1979); Musikmachen im Klassenunterr. (1984); Musikunterr. 1-6 (1982); Musikunterr. 5-11 (1983); Lehrerfortbildung u. Lehrerweiterbildung f. d. Musikunterricht, 1990; Schülerbild-Lehrerbild-Musiklehrerausb., 1992 - Lit.: F. Ritzel u. W. M. Stroh, Musikpäd. Konzeptionen u. Schulalltag. Versuch e. kritischen Bilanz d. 70er Jahre, hg. aus Anlaß d. 60. Geburtstags v. U. G. (1984).

GÜNTHER, Ursula
Dr. phil. (habil.), Prof., Musikwissenschaftlerin - Rohnsterrassen 12, 3400 Göttingen - B. 1976 Privatdoz., dann apl. Prof. Univ. Göttingen (Musikwiss. Inst.).

GÜNTHER, Wilhelm
Dr. rer. nat., o. Prof. f. Theoret. Mechanik - Hauptstr. 114c, 7500 Karlsruhe-Rintheim (T. 6 10 93) - Geb. 21. Aug. 1910 Aurich/Ostfriesl. (Vater: Max G., Malermeister), ev., verh. s. 1948 m. Christa, geb. Ackenhausen, S. Edzard - Gymn. Ulricianum Aurich; Univ. Tübingen u. Kiel, TH Braunschweig (Promot. 1946). Habil. 1952 - 1938-45 Berechnungsing. Flugzeugind.; 1946-61 Assist., Doz. (1953) u. apl. Prof. (1958) TH Braunschweig; s. 1961 ao. u. o. Prof. (1962) TH Karlsruhe - BV: Torsionstheorie, 1958 (m. C. Weber).

GÜNTHER-KONSALIK, Heinz
s. Günther, Heinz

GÜNTNER, Bruno
Diplomat, Energie- u. Rohstoffreferent Botschaft d. Bundesrep. Deutschl. in London i.R. (b. Juli 1984) - 23 Belgrave Square, London, SWI, Großbrit.

GÜNTSCH, Fritz-Rudolf
Dr.-Ing., Prof., Ministerialdirektor i.R. - 7053 Kernen i. R. - Geb. 1925 Berlin - 1947-54 Stud. Theoret. Physik Berlin u. Karlsruhe; Dipl. u. Promot. TU Berlin - 1943-46 Luftwaffe/Kriegsgefangensch.; 1954-58 Rechenzentrumsleit. u. Lehrbeauftr. TU Berlin; 1958-69 AEG-Telefunken, zul. Leit. Fachgeb. Großrechenanl.; 1969-71 Min.dirig. u. Leit. Unterabt. Wehrforsch. Bundesmin. d. Verteidig.; 1971 Min.dir. u. Leit. Abt. Luftfahrtforsch., Raumfahrtforsch. u. -technik Bundesmin. f. Bild. u. Wiss., b. 1990 Leit. Abt. 4 Inform. u. Prod.techniken, Arbeitsbeding. neue Technol.; 1982 Hon.-Prof. Fak. f. Informatik Univ. Karlsruhe - Ehrenbürger v. Huntsville, Alabama, USA; Eisernes Kreuz II; Verwundetenabz. schwarz; Gr. BVK; Offizier d. Nationalen Franz. VO.

GÜNTZER, Ulrich
Dr. rer. nat., Prof. f. Informatik - Eschenrieder Str. 50a, 8031 Gröbenzell/Obb. - Geb. 14. Febr. 1941 Trier/M. - Promot. 1966; Habil. 1970 - Univ. Göttingen, Münster, Berlin (FU), TU München, s. 1990 Tübingen. USA-Aufenth. - Facharb., Bücher.

GÜNZEL, Klaus Wilhelm
Dipl.-Kaufm., Ltd. Geschäftsführer d. Industrie- u. Handelskammer zu Dortmund - Märkische Str. 120, 4600 Dortmund 1 - Geb. 23. Dez. 1938 Berlin, ev., verh., 2 Kd. - Stud. Philol. u. Wirtsch.wiss. Sorbonne/Paris u. Westf. Wilhelms-Univ./Münster; Dipl.-Kaufm. - Geschäftsf. Technol. Zentr. Dortmund GmbH - Spr.: Engl., Franz.

GÜNZLER, Claus
Dr. phil., Prof. f. Philosophie - Freiburger Str. 7, 7517 Waldbronn 1 - Geb. 2. Juni 1937 Dortmund (Vater: Wilhelm G., Ingenieur/Kaufm.; Mutter: Irma, geb. Schacht), ev., verh. s. 1963 m. Helga, geb. Lötzsch, 2 Töcht. (Stefanie, Nicola) - Tricoronatum Köln (Abit. 1957); 1957-63 Univ. Köln, Wien, Freiburg/Br. (Phil., German., Päd.). Promot. 1964 Freiburg - S. 1967 Doz. u. Prof. (1970) PH Karlsruhe (1970-74 Prorektor); s. 1984 Dir. Hodegetisches Inst.; 1988 1. Vors. Dt. Hilfsverein f. d. Albert-Schweitzer-Spital Lambarene; 1989 Mitgl. Comité Directeur u. 1991 Vizepräs. Intern. Albert-Schweitzer-Ges. (AISL); 1991 Mitgl. Intern. Stiftungsrat Schweitzer-Hospital Lambaréné (FISL) - BV: Anthropolog. u. eth. Dimensionen d. Schule, 1976; Erziehen z. ethischen Verantwort. (zus. m. G. M. Teutsch) 1980; Bildung u. Erz. im Denken Goethes, 1981; Ethik u. Erziehung, 1988; A. Schweitzer heute - Brennpunkte seines Denkens (zus. m. E. Gräßer), 1990. Üb. 60 Einzelarb.

GÜNZLER, Eberhard
Dr. rer. nat., Prof. f. Biologie FH Nürtingen (s. 1984) - Zeppelinstr. 6A, 7000 Stuttgart 1 - B. 1984 Prof. f. Biol. PH Esslingen.

GÜNZLER, Hans
Dr. rer. nat., o. Prof. f. Mathematik - Birkenweg 26, 2300 Melsdorf/Post Kiel 1 (T. 04340 - 89 05) - Geb. 21. Mai 1930 Fürth/Bay. - S. 1962 (Habil.) Lehrtätigk. Göttingen (1969 Wiss. Rat u. Prof.) u. Kiel (1971 Ord.). Fachaufs.

GÜRS, Karl
Dr. phil. nat., Physiker, Honorarprof. Univ. Frankfurt/M. (s. 1972) - Weißdornweg 23, 6236 Eschborn 2/Ts. - Geb. 5. Nov. 1927 Frankfurt/M. (Vater: Karl G.; Mutter: Katherina, geb. Bernhardt), ev., verh. s. 1960 m. Ursula, geb. Preuschen, 4 Kd. (Inge, Karl, Irmgard, Ursula) - Goethe-Gymn. (Abit. 1949) u. Univ. Frankfurt (Physik; Dipl. 1954 b. Prof. Hund). Promot. (1959) u. Habil. (1965) Frankfurt - S. 1960 Siemens AG, München (Laborleit. f. Festkörperlaserentwickl.) u. Battelle-Inst., Frankfurt, Leit. Wiss. Berat. S. 1986 selbst., div. Berat., Vertragsforsch. - BV: Laser-Grundl., Eigensch. u. Anwend. in Wiss. u. Technik, 1970. Üb. 60 Publ. (auch Buchbeitr.) - Liebh.: Sammeln u. Präparieren v. Fossilien - Spr.: Engl. - Div. Erf. (Patente: Auskoppelmodulation, Fernanalyse, Isotopentrennung durch Laser, versch. Lasersysteme).

GÜRT, Elisabeth,
geb. Balcarek
Schriftstellerin - Schaumburgergasse 16, A-1040 Wien (Österr.) (T. 654 84 85) - Geb. 18. Mai 1917 Wien (Vater: Emil Balcarek, Staatsbeamter; Mutter: Wilhelmine, geb. Mihowsky, Lehrerin), kath., gesch. - Höh. Schule (Abitur); Sprachstud. - B. 1938 wiss. Sekr. dann Lehrerin, s. 1942 fr. Schriftst. - BV: E. Frau f. 3 Tage, R. 1941 (verfilmt Ufa); E. Leben f. Heimo, R. 1946; Besuch aus Wien, R. 1947; Es gehört dir nichts, R. 1947; Licht, d. nie vergeht, R. 1948; E. Boot treibt dahin, R. 1948; Liebling, benimm dich!, Plaud. 1949; In 3 Wochen kommt mein Mann, R. 1950; Fremdling Mann, R. 1951; E. Mädchen ohne Bedeutung, R. 1952; ...bis daß der Tod euch scheidet, R. 1953; E. Stern namens Julia, R. 1956; Meine Herren, man könnte weinen, Pl. 1958; Aber, aber, meine Damen, Pl. 1959; Reise auf geteilte Rechnung, R. 1959; Wer wirft den ersten Stein?, R. 1960; Kein Mann f. alle Tage, R. 1961; Es hätte ja sein können, R. 1962; Du mußt warten lernen, R. 1964; D. Sprung üb. d. Schatten, R. 1966; Irgendwann am Sonntag, R. 1969; Gib mir d. Hand, R. 1971; Solange du bei mir bist, R. 1971; Damals in Positano, R. 1973; Franziska, R. 1975; Entscheidung auf Ischia, R. 1976; U. plötzlich wie e. Fremder, R. 1977; Lieben Sie Alpenrosen?, R. 1978; Was jetzt, Cornelia?, R. 1979; Verzaubert v. Tuju, R. 1980; Vierzig Jahre u. e. Sommer, R. 1981; Denkst du noch an Korfu?, R. 1982; Du bist kein Kind mehr, Gundula!, Jugend-R. 1983; Hinter weißen Türen, R. 1984; Erwachsen wirst du über Nacht, Jugend-R. 1984; Manchmal träum ich v. Venedig, R. 1985; Lutschbonbons & Liebeskummer, Jugend-R. 1986; Komm doch mit nach Ischia, R. 1987; Wo warst du damals, Mutter?, R. 1989; E. aufregender Sommer, Jugend-R. 1990; Es war alles ganz anders, R. 1992 - 1982 Silb. Ehrenz. f. Verd. um d. Rep. Österr. - Liebh.: Sport, insb. Schwimmen u. Skilauf, Wandern, Reisen - Spr.: Engl., Franz.

GÜRTELER, Richard
Bäckermeister, MdL Bayern (s. 1975) - Marktplatz 3, 8019 Glonn (T. 08093 - 4 81) - Geb. 1936 - 1984 bayer. Med. f. bes. Verdienste um d. kommunale Selbstverw. - CSU.

GÜRTLER, Oswald
Dr. rer. nat., Dr. sc., Prof. f. Angew. Chemie Univ.-GH Duisburg (s. 1978) - Baerler Str. 128, 4134 Rheinberg 4 - Geb. 27. Dez. 1928 Prohn (Vater: Franz G.; Mutter: Maria, geb. Würl), verh. s. 1950 m. Elisabeth, geb. Krause, 1 Kd. (Kerstin) - Obersch.; Chemielaborausbild.; Stud. Chemie. Dipl.-Chem. (1961), Promot. 1965 u. 74 (alles Leipzig) - 1961 Wiss. Assist., 1965 Oberassist., 1970 Doz. Übers. aus d. Tschech. (Fachlit.) - Liebh.: Altertumsgesch., Musik (Opern, Symphonien), Sport - Spr.: Tschech., Engl.

GÜRTNER, Thomas
Dr. med., Chefarzt Abt. f. Anaesthesiologie u. Intensivpflege BG-Unfallkrkhs., Frankfurt, Honorarprof. f. Anaesthes. Univ. ebd. - Friedberger Landstr. 430, 6000 Frankfurt/M.

GÜRTZSCH, Rolf
Dipl.-Ing. oec., Meister f. chem. Produktion, Geschäftsführer Leipziger Arzneimittelwerk GmbH (s. 1990) - Klasingstr. 22, O-7050 Leipzig - Geb. 27. Jan. 1951, verh. s. 1973 m. Marga, geb. Skrey, T. Sandra - Chemiefacharbeiter Chemiewerk Coswig/Anhalt 1969; Meister f. chem. Prod. Hydrierwerk Zeitz 1978; Dipl.-Ing. oec. TH Leuna-Merseburg 1984 - Facharbeiter/Meister im Chemiewerk Bad Köstritz; Assistenz-Jenapharm anschl. Dir. im Leipziger Arzneimittelwerk, s. 1989 Betriebsdir.

GÜSA, E. W.
s. Sabetzki, Günther

GUESMER, Carl
Schriftsteller (Lyriker) - Postf. 70 11 05, 3550 Marburg 7 - Geb. 14. Mai 1929 Kirch-Grambow/Meckl. (Vater: Johannes G., Propst; Mutter: Irmgard, geb. Dahms), ev.-luth., led. - 1951-91 Bibliothekar in Marburg, s. 1991 i.R. - BV/Ged.: Frühling d. Augenblicks, 1954; Ereignis u. Einsamkeit, 1955; V. Minuten beschattet, 1957; Alltag in Zirrusschrift, 1960; Zeitverwehung, 1965; Dächerherbst, 1970; Abziehendes Tief, Ged. 1974; Auswahl 1949-79, Ged. 1979; Z. Ferne aufspielen, Ged. 1985; Im abgetragenen Sommer, Ged. 1992; Geschehen u. Landschaft, Prosa 1967 - Fördergabe d. Lessing-Preis d. Freien u. Hansestadt Hamburg 1962; Andreas-Gryphius-Förderungspreis 1976 - Liebh.: Kammermusik (Rundf., Schallpl.), Reisen.

GÜTERMANN, Alex P.
Fabrikant, gf. Gesellsch. Gütermann & Co., Gutach, Präs. Verb. d. Baden-Württ. Textilind., Stuttgart (1982ff.) - 7809 Gutach/Br. - Geb. 2. Okt. 1928.

GÜTERMANN, Horst R.
Gütermann & Co., Nähfadenfabriken Gutach - Herrenweg 2, 7809 Gutach/Br. (T. Waldkirch 2 11) - Geb. 19. Juni 1922 Freiburg/Br. (Vater: Senator h. c. Richard C. G., Fabr. †; Mutter: Hertha, geb. Lahmann †), verh. m. Dagmar, geb. Reinhard - Spr.: Engl., Franz. - Rotarier.

GÜTERMANN, Peter
Dr. oec. publ., Fabrikant, pers. haft. Gesellschafter u. Geschäftsführer Gütermann & Co. - Landstr. 1, 7809 Gutach/Br. - Geb. 17. Dez. 1933 - VRPräs. Interfina AG, Zürich, Gütermann & Co. AG, Zürich.

GÜTH, Volker
Dr. med. (habil.), Wiss. Rat u. Prof. Orthopäd. Klinik, apl. Prof. f. Physiologie Univ. Münster (vorher Privatdoz.) - Große Helkamp 11, 4400 Münster/W.

GÜTHLEIN, Herbert
Rechtsanwalt, MdL Bayern (1970-75) - Frutolfstr. 29, 8600 Bamberg/Ofr. (T. 6 17 59) - Geb. 1935 - SPD.

GÜTING, Klaus Rainer
Dr., Prof. f. Didaktik d. Mathematik - Mittelbeune 24, 6453 Seligenstadt (T. 2 23 16) - Geb. 7. Nov. 1935 Berlin (Vater: Hans Fr., Buchhdl.; Mutter: Hildegard, geb. Kroh), Kirche d. Nazareners, verh. s. 1966 m. Dorothea, geb. Fischer, 4 Kd. (Matthias, Damaris, Thomas, Debora) - Stud. Theol. u.

Math. Münster, Mainz; Promot. 1962 Univ. Michigan - 1962/63 Assist. Prof. Wheaton Coll., 1963-65 u. 1965-69 Lect. Univ. East Africa, dazw. Wiss. Assist. Univ. Stuttgart, 1969-74 Sen. Lect. u. Reader Univ. Zambia, s. 1975 Prof. f. Didaktik d. Math. Univ. Frankfurt. Mitgr. Fr. Christl. Schulen Frankfurt/M. (s. 1980 Vors.) u. Hanau (s. 1985) - BV: Einführung in Pascal, 2. A. 1986 - Spr.: Engl., Franz.

GÜTLICH, Philipp

Dr.-Ing., o. Prof. f. Anorgan. u. Analyt. Chemie Univ. Mainz (s. 1975) - Georg-Büchner-Str. 9, 6101 Roßdorf 1/Kr. Darmstadt - Geb. 5. Aug. 1934 Rüsselsheim (Vater: Philipp G., Landw.; Mutter: Eva, geb. Rabenstein), ev., verh. s. 1969 m. Angelika, geb. Stoeck, 2 Kd. (Katja, Daniel) - Gymn. Rüsselsheim; TH Darmstadt (Chemie; Dipl. 1961). Promot. 1963; Habil. 1969 (beides Darmstadt) - 1972-75 Prof. TH Darmstadt - BV: Mössbauer Spectroscopy and Transition Metal Chemistry, 1978 (m. Link u. Trautwein); ca. 190 Veröff. üb. Spektroskopie an Übergangsmetallkomplexen - Liebh.: Musik, Sport.

GÜTSCHOW, Gerhard

Dipl.-Ing., Prof., Vorstandsmitglied Germanischer Lloyd, Hamburg - Vorsetzen 32, 2000 Hamburg 11; priv.: Schulstr. 8, 2057 Reinbek - Geb. 8. Febr. 1931 Stettin - Stud. Schiffsmasch.bau TH Hannover - S. 1985 Vorstandsmitgl. Germanischer Lloyd, Hamburg - Honorarprof. Univ. Hannover.

GÜTT, Friedel

Dr. jur., Staatsrat a.D., Präsident d. Hamburger Sportbundes u. d. Hamburger Fußballverbandes - Schäferkampsallee 1, 2000 Hamburg 36 - Geb. 18. Jan. 1933 Hamburg (Vater: Arthur G. Staatssekr. †1948), verh. s. 1990 m. Ingeborg, geb. Backhaus, 3 Kd. (Beate, Corinna, Wolfgang) - Jurastud. Freiburg, Göttingen, Hamburg, Abschl. 1963. Promot. 1966 Hamburg - 1975-82 Staatsrat im Senat d. FHH Gesundh.- u. Sozialressort; 1982-92 Vorst.-Mitgl. d. Bavaria-St. Pauli-Brauerei; s. 1987 Mitgl. d. NDR-Rundfunkrates - Ehrennadel Dt. Fußballbund - Liebh.: Sportschießen, Kochen, Skat - Spr.: Engl., Poln.

GÜTT, Jürgen

Schriftsteller - Hohenstaufenstr. 5, 8000 München 40 (T. 39 92 87) - Geb. 1926, verh. (Ehefr.: Ursula) - Viele Hör- (üb. 50) u. Fernsehsp. (etwa 30), Theaterstücke - Eltern s. Dieter G. (Bruder).

GÜTTER, Ernst

Bankkaufm. i.R., Schriftsteller u. Journalist, Redakteur, ehem. Skisportpressechef - Landwehrstr. 12a, 8000 München 2 (T. 089 - 59 12 57) - Geb. 4. Dez. 1928 Oberlohma, verh. - 1943 Handelsakad. Eger; 1949 Verlegerfachsch. u. priv. Handelssch. München. 1966-70 Präsid.-Mitgl. Dt. Skiverb.; stv. Vors. Bayer. Autorenvereinig. L/AEK-Lit. München; Mitgl. div. Autorenverb. - BV: Hohe Nacht, 1961; Pistengrantler, 1962 u. 65; V. d. Großstadt ins Skigeb., 1968; Mauern, 1978; Siegburger Pegasus, 1982; Erde u. Menschen, 1982; Gauke's Jahrb., 1981; Autoren stellen sich vor, 1983; Lebenszeichen 84, 1984; Erdwogen, 1986; Grantlerg'schichten, 1986; Lichtraum u. Erde, 1987; D. Bergbahn, 1988. Mitarb. div. Literaturztschr. u. Ztg. - 1949/50 Mitgl. d. Meisterturnriege MTV 79 München - 1970 Ehrenurkunde Bayer. Skiverb., Lit. Ehrengaben OB Regenburg u. RSGI - Liebh.: Skifahren, Bergsteigen, Segeln, Lit., Musik, Malerei, Phil. - Spr.: Engl. - Lit.: Kürschners Dt. Lit.-Kalender 1989; Taschenlex. z. Bayer. Gegenwartslit. München u. weiterer Fachlex.

GÜTTGEMANNS, Erhardt

Dr., Prof. (C 3) f. Neues Testament, Linguistik u. Semiotik Univ. Bonn - Dechant-Kreiten-Str. 8, 5309 Meckenheim (T. 02225 - 76 45) - Geb. 6. März 1935 (Vater: Georg G., Metallarbeiter; Mutter: Anna, geb. Paulußen), ev., verh. s. 1981 m. Zsófia Eva, geb. Török - Univ. Göttingen, Bonn; Promot. 1963, Habil. 1970 - 1972 Gründ. d. linguistischen Theol. in Deutschland, 1978 Beirat d. DGS - 7 Bücher, 60 Aufsätze üb. Linguistik/Semiotik u. Theologie - Liebh.: Fotografie, Zaubern - Spr.: Engl., Franz.

GÜTTICH, Helmut

Dr. med., Prof., Hals-, Nasen- u. Ohrenarzt - Frühlingstr. 22c, 8035 Gauting/Obb. - Geb. 14. März 1921 Berlin (Vater: Prof. Dr. med. Alfred G., zul. Ord. f. HNOheilkd. Univ. Köln (s. X. Ausg.); Mutter: Elfriede, geb. Erxleben), ev., verh. s. 1954 m. Mauth, geb. Fiedler, 3 Kd. (Ulrich, Gudrun, Götz) - S. 1962 (Habil.) Lehrtätig. Univ. München (1968 apl. Prof. f. HNOheilkd.). Oberstabsarzt d. R. d. Luftw. a. D. - BV: Antigermanismus, 1986; D. andere Lucrezia Borgia, 1987; Aids, 1988; 2 Generationen erlebten dt. Medizingeschichte, in Dt. Annalen 1988, Krummstab u. Kronen (im Druck). Üb. 90 Fachveröff. - 1963 Albert-Krecke-Preis (Otogener Schwindel) - Spr.: Engl., Franz.

GÜTTLER, Rainer Carl

Geschäftsführer Dt. Ges. f. Europ. Erziehung - Priv.: Haidfeldstr. 1, 8156 Otterfing (T. 08024 - 29 61); dstl.: Nymphenburger Str. 42, 8000 München 2 (T. 089 - 18 10 58) - Geb. 27. Sept. 1944 Wismar (Vater: Theodor G., Oberstltn. a. D.; Mutter: Brunhilde, geb. Wahrmann), kath., verh. s 1972 m. Gabriele, geb. Wagner - Univ. München, Berlin u. Innsbruck (Jura, Polit. Wiss.) - 1970-77 außerschul. Jugendarbeit; 1972-77 Lehrauftr.; 1977-84 Hauptgeschäftsf. Kath. Bundesarbeitsgem. f. Erwachsenenbild. (KBE) - BV: Kath. EB in d. Bundesrep. Deutschl., 1984. Herausg.: Grundlagen d. Weiterbildung - Recht Loseblattsamml.; Grundlagen d. Weiterbildung - Ztschr. 2monatl. - Mitgl. Kurat. d. Theodor-Heuss-Preis-Stiftg. - Liebh.: Philatelie, Musik, Familiengesch. - Spr.: Engl., Ital.

GUGEL, Ernst

Dr. mont., Dipl.-Ing., Leiter Forschungsinst. d. Cremer-Gruppe, Honorarprof. f. Keramik Ruhruniversität Bochum - Lauterburgstr. 47a, 8633 Rödental.

GUGEL, von, Fabius

Maler, Graphiker - Maria-Theresia-Str. 25, 8000 München 80 (T. 089-98 26 80) - Geb. 13. Sept. 1910 Worms - Ausb. Akad. Rom, München - Tätig. als Bühnenausstatter in Rom, Salzburg, Darmstadt, Wien, Berlin, Düsseldorf, Hamburg, Frankfurt, u.a.; Mitarb. a. Porzellanfabrik, Selb - BV: Aschenbrödel, 1960; Trionfi, 1964; Lob d. Verzweifl., Lyrik 1984 - Ausmalung Palazzo Cicogna, Venedig - Schwabinger Kunstpreis - Lit.: H. Hofstätter du Mont, Fabius v. Gugel - D. graph. Werk; Hocke, Manierismus; Hocke, Neomanierismus; Marie Luise Kaschnitz, Baron Fabius Gugel.

GUGGENBERGER, Vinzenz

Weihbischof in Regensburg (s. 1972) - Niedermünstergasse 1, 8400 Regensburg (T. 5 69 90) - Geb. 21. März 1929 Osterham-Hofkirchen - Phil.-Theol. Hochsch. Regensburg. Priesterw. 1953 - Zul. Dompfarrer Regensburg - Dompropst.

GUGGENBICHLER, Otto

Dr. phil., Geograph, freischaffender Autor u. Journalist, Hauptabteilungsleit. i. R Bayer. Rundfunk Kultur u. Zeit (FS), Abteilungsleit. i. R Land u. Leute (Hörfunk) - Schwaighofstr. 14, 8180 Tegernsee (T. 08022 - 13 63) - Geb. 30. Mai 1924 Tegernsee, kath., verh. m. Dr. med. Hertha, 2 Kd. (Dr. med. Stephan, Barbara, Innenarchitektin) - Dr. phil.; Geograph - Zun. mehrere J. Ltd. Redakt.; 1968-71 Leit. ARD-Studio Rom; Fernsehredakt. u. Regiss. s. d. Anfängen d. Bundesrep. - BV: Buch üb. d. Jachenau Landkreis Tölz; Aufs.; ca. 50 Filme - Filmpreise speziell f. landeskundl. Dokumentationen (Schwerp.: Nationalparks); Cavalliere Ufficiale, Rep. Italia; BVK am Bde. - Liebh.: Bergbesteigungen in 5 Erdteilen; Volks- u. Siedlungskunde - Spr.: Engl., Franz., Ital. - Bek. Vorf.: Meinrad Guggenbichler, Bildhauer (1649-1723).

GUGGENMOS, Josef

Schriftsteller (Erz., Lyrik, Theater, Kinderb.) - Am Staffel 21, 8951 Irsee b. Kaufbeuren (T. 08341 - 37 55) - Geb. 2. Juli 1922 Irsee/Allgäu (Vater: Ignaz G., Pfleger; Mutter: Theresia, geb. Maierhauser), kath., verh. (Ehefr.: Therese), 3 Töcht. (Ruth, Vera, Bettina) - Stym. St. Ottilien; Stud. German., Kunstgesch., Indologie - 1953-56 Verlagslektor Neuere BV: Was denkt d. Maus am Donnerstag?, Kinderged. 7. A. 1975; Gugummer geht üb. d. See, Ged. 1968; E. Elefant marschiert d. Land, Kinderb. 1968; Gorilla, ärgere dich nicht, Ged. 2. A. 1972; Theater, Theater - Einakter 1974; D. Geistersschloß, Ged. 1974; Es las e. Bär e. Buch im Bett, 1978; Das & Dies, 1980; Wenn Riesen niesen, 1980; Wer braucht tausend Schuhe?, 1980; D. Bär auf d. Berg, 1981; Sonne, Mond u. Luftballon, 1984; Oh, Verzeihung! sagte d. Ameise, 1990 - 1968 Prämie z. Dt. Jugendbuchpreis u. Ehrenliste z. Europ. Jugendbuchpreis Citta di Caorle; 1975 Ehrengabe Bayer. Akad. d. Schönen Künste; 1980 Europ. Jugendbuchpreis „Provincia di Trento"; 1980 Preis d. Akad. Amriswil; Mitgl. PEN-Zentrum BRD; 1983 Bayer. VO; 1984 Friedrich-Bödecker-Preis - Liebh.: Entomologie, Ornithol., Modellieren - Spr.: Engl. - Lit.: Peter Härtling, Palmström grüßt Anna Blume (1961); H.-J. Kliewer, Elemente u. Formen d. Lyrik (1974); Dino Larese: J. G. (1980); Kurt Franz, Josef Guggenmos u. d. Kinderged., Handb. d. Lit. in Bayern - Rotarier.

GUGLIELMI, Johannes

Dr. rer. nat., Prof. f. Physiol. Chemie u. Biochemie Univ. Tübingen - Eichenweg 5, 7400 Tübingen 1.

GUHL, Ortwin

Dipl.-Volksw., Vorstandssprecher Kreissparkasse Tuttlingen - Zu erreichen üb. Kreissparkasse Tuttlingen, Postf. 120, 7200 Tuttlingen (T. 07461-70 02 15) - Geb. 21. Okt. 1942 (Vater: Paul Guhl, Steuerberat.), kath., verh. s. 1975 m. Brigitte, geb. Schoder, 2 Kd. (Thomas, Kristina) - Human. Gymn. Rottweil; Stud. Theol. u. Volksw. Univ. Tübingen; Dipl. 1967; 1967/68 Volont. Dt. Bank Stuttgart - 1968-69 Treuarb. Frankfurt; 1969-72 Württ. Sparkassen- u. Giroverb. Stuttgart; 1972-83 Abt.leit. Landeskreditbank Baden-Württ.

GUHRT, Joachim

Pfarrer, Generalsekr. Reformierter Bund (1973-90) - Klapperstiege 13, 4444 Bad Bentheim - Geb. 23. Nov. 1925 Kl.-Ziethen/Potsdam, ev., verh.

GUITTON, Helga

Funk- u. Fernseh-Moderatorin - Zu erreichen üb. Radio Luxemburg, Luxemburg 1002 - Geb. 18. Dez. Königsberg/Ostpr. (Vater: Herbert Schwender; Mutter: Gisela, geb. Penner); ev., gesch., Tochter - 1955-63 Ausb. in Tanz, Schausp., Spr. - 1958-60 Balletttänzerin Theater Heidelberg, 1960-62 FS-Sprecherin b. SR, s. 1964 RTL-Rundf.-Moderatorin, s. 1973 FS-Moderat. Zahlr. Eurovisionssend., Midem-Festival in Cannes, Aktuelle Schaubude (NDR, Red. u. Mod.), 1979-80 Liederzirkus (ZDF) - Liebh.: Mod. Jazztanz, Wasserski, Tischtennis, Einkaufen, Golf - Spr.: Franz., Engl., Ital.

GULDAGER, Reinhardt

Dr.-Ing., Regierungsbaudirektor a. D., o. Prof. f. Entwicklungsplanung u. Siedlungswesen TU Braunschweig (s. 1973) - Busch 5, 2246 Hennstedt.

GULDAN, Ernst
Dr. phil., Bibl. Leiter a. d. Bibliotheca Hertziana (Max-Planck-Institut), Rom - Via Gregoriana 28, I-00187 Roma (T. 679 33 68) - Geb. 30. Dez. 1927 Prag - Promot. Univ. Göttingen 1954. Forschungsstipendiat am Zentralinst. f. Kunstgesch. München 1954-56, wiss. Assist. am Kunstgeschichtl. Seminar Univ. Göttingen 1956-63, wiss. Bibliothekar Bibliotheca Hertziana (MPI) Rom s. 1964, Leiter d. Bibl. s. 1977 - BV: Eva u. Maria. Eine Antithese als Bildmotiv, 1966; Wolfgang Andreas Heindl, 1970; Aufsätze in dt., österr., ital. u. frz. Fachzeitschriften; Rezensionen; Vorträge. Herausg.: Beiträge z. Kunstgeschichte (Festschrift H. R. Rosemann) 1960; Kataloge d. Bibliotheca Hertziana in Rom, 57 Bde. (s. 1985).

GULLMANN, Erich
Dipl.-Volksw., Vorstandsmitglied i. R. Ackermann-Göggingen AG - Fuggerstr. 9, 8901 Leitershofen - Geb. 4. Dez. 1921 Bonn, ev.-luth., verh. s. 1954 m. Margarethe, geb. Strobel, 2 Töcht. (Monika, Marion).

GULLOTTA, Filippo
Dr. med., o. Prof. f. Neuropathologie Univ. Münster (1983ff.) - Augustinusstr. 34, 5300 Bonn 1 - Geb. 4. Febr. 1931 Catania/Ital. (Vater: Giovanni G., Chirurg; Mutter: Adelaide, geb. Borato), verh. m. Helmtrud, geb. Goeken, 3. S. (Giovanni, Giorgio, Giulio) - Habil. 1966 - 1958 Stip. Alex. v. Humboldt-Stiftg. Inst. f. Neuropath. Bonn; 1961-63 Max Planck Inst. f. Psychiatrie München; 1963-82 Inst. f. Neuropath. Univ. Bonn; ab 1983 Münster. Forsch.schwerpunkte: Hirntumore, Muskelkrankh., Mißbildungen u. degener. Erkrank. d. Nervensystems - BV: D. sog. Medulloblastom, 1967. Zahlr. Aufs. in Lehrb. d. Pathol., Neuropathol., Neurochir. Üb. 250 Einzelarb. - Mitgl. in zahlr. in- u. ausl. Fachges. - Spr.: Ital., Deutsch, Engl.

GULYA, János
Dr. phil., o. Prof. f. Finn.-Ugr. Philologie Univ. Göttingen (s. 1977) - Am Ebelhof 17, 3400 Göttingen.

GUMBRECHT, Alfons
Generalsekretär Dt. Touring Automobil Club e. V. - Elisabethstr. 30, 8000 München 13 (T. 37 65 81); priv.: Lipowskistr. 14, 25 (T. 77 57 00).

GUMBRECHT, Hans Ulrich
Dr. phil., Prof. of Romance Lit. in the Departm. of Comparative Lit. Stanford Univ., Calif./USA (1989ff.) - Dept. of Comparative Literature, Stanford Univ., Building 40, Stanford, CA 94305/2087, USA - Geb. 15. Juni 1948 Würzburg (Vater: Dr. med. Hanns G., Chefarzt i.R. (Urologe); Mutter: Dr. Thea Bender), verh. m. Ulrike, geb. Loch, 4 Kd. (Marco, Sara, Christopher Vincent, Laura Teresa) - Schule Würzburg (Abit. 1967); Stud. (Stip. Stiftg. Maximilianeum) München, Regensburg, Salamanca, Pavia, Konstanz. Promot. (1971) u. Habil. (1974) Konstanz - O. Prof. Univ. Bochum (1976-82), Univ. Siegen (1983-89), Rufe Univ. California/Berkeley (1983), Univ. Frankfurt (1987), Hochsch. St. Gallen (1988); Gastprof. Rio de Janeiro (1977 u. 1982), Berkeley/Calif. (1980 u. 1983), Paris (1982); s. 1982 Directeur d'études associé an Ecole d. Hautes Etudes en Sciences Sociales, Paris; Univ. Barcelona (1986); Ungarische Akad. d. Wiss. (1987); Université de Montréal, Universidad de Buenos Aires (1988), Univ. Aarhus (1991); 1981-83 stv. Vors. Dt. Romanistenverb.; 1987-89 Sprecher d. lit.- u. kommunikationswiss. Graduiertenkollegs an d. Univ. Siegen; 1987ff. Mitarb. d. Seite Geisteswiss. Frankfurter Allgemeine Zeitung; 1989ff. Beiratsmitgl. Kulturwiss.lichen Inst. d. Landes Nordrh.-Westf.; 1990ff. Chairperson Comparative Literature Stanford; 1991ff. Advisory Board Stanford Humanities Center - BV: Funktionswandel u. Rezeption, 1971; Zola im histor. Kontext, 1977; Funktionen parlam. Rhetorik in d. Franz. Revolution, 1978; Eine Geschichte d. span. Literatur, 1990; Making Sense in Life and Literature. Herausg.: Grundriß d. roman. Literaturen d. Mittelalters (1975ff.); Stanford Literature Review (1991ff.), New Studies in Medieval Culture (1992); Honoré de Balzac (m. K. Stierle/R. Warning, 1980); Sozialgesch. d. Aufklär. in Frankr. (m. R. Reichardt/T. Schleich, 1981); D. Diskurs d. Lit.- u. Sprachhistorie (m. B. Cerquiglini, 1983); Epochenschwellen u. Epochenstrukt. im Diskurs d. Lit. u. Sprachhistorie (m. U. Link-Heer, 1985); Stil (m. K. L. Pfeiffer, 1986); Materialität d. Kommunikation (m. K. L. Pfeiffer, 1988); Paradoxien, Dissonanzen, Zusammenbrüche (m. K. L. Pfeiffer, 1991); Postmoderne-globale Differenz (m. R. Weimann, 1991) - Liebh.: Sport (passiv) - Spr.: Engl., Franz., Span., Ital., Portug., Arab., Latein.

GUMLICH, Gertrud
Dr. med., Internistin, Mitglied d. Kirchenleitung d. Ev. Kirche Berlin-Brandenburg - Triberger Str. 3, 1000 Berlin 33 (T. 030 - 821 33 50) - Geb. 29. Jan. 1930 Hamburg, ev., verh. s. 1972 m. Prof. Hans-Eckhart G., Sohn Matthias (aus 1. Ehe) - 1954-60 Stud. Med. Univ. Hamburg u. München; Staatsex. 1960 Hamburg, Promot. 1961 ebd. - Vorstandsmitgl. Ev. Akademikersch., Landesverb. Berlin (s. 1976); Mitgl. Regional-Synode Ev. Kirche Berlin-Brandenburg (s. 1979); Mitgl. EKD-Synode (s. 1985) - Liebh.: Musik, Malerei, Fotogr.

GUMLICH, Hans-Eckhart
Dr.-Ing., o. Prof. i. Inst. f. Festkörperphysik TU Berlin - Tribergerstr. 3, 1000 Berlin 33 (T. 821 33 50) - Geb. 10. März 1926 Markersdorf (Vater: Walther G., Pfarrer; Mutter: Elisabeth, geb. Kruspi), ev., verh. s. 1972 m. Gertrud, geb. Ahringsmann - Promot. (1958) u. Habil. (1968) TU Berlin - 1959-62 u. wied. 1963-69 Fritz-Haber-Inst. (MPG), Berlin; 1962/63 Univ. of. Delaware/USA; s. 1969 Hochschullehrer TU - BV: D. Energietransport in d. Elektrolumineszenz u. Elektrophotolumineszenz v. II-VI-Verbindungen, 1970; Phosphore d. ZnS-Gruppe, 1970 (m. N. Riehl; in: Einf. in d. Lumineszenz) - Spr.: Engl., Franz. - Bek. Vorf.: Physiker Ernst G. (Magnetismus), Großv.

GUMM, Horst
Dipl.-Kfm., Generalbevollmächtigter Gelsenwasser AG, Gelsenkirchen, Sprecher d. Geschäftsfg. Niederrh. Gas- u. Wasserwerke GmbH, Duisburg, Geschäftsf. Vereinigte Gas- u. Wasserversorgung GmbH, Rheda-Wiedenbrück - Hünxer Heide 36, 4224 Hünxe - Geb. 6. Dez. 1930.

GUMMER, Michael
Dr. med., Arzt, Fachjournalist, Schriftst. - Kruckenburgstr. 4, 8000 München 70 - Geb. 14. Dez. 1956 München, kath., verh. s. 1984 m. Karin, geb. Kortschack, 2 Kd. (Ernst Wenzel, Elisa Jorinde) - Abit. 1976 Human. Gymn.; Stud. German., klass. Phil. u. Med. München - BV: Anfangs sucht' ich drinnen u. fand, 1981; Münchner Erfahrungen, 1982; D. Abschied in uns, 1982; Lyrischer Oktober, 1985; Eigentlich Einsam, 1985; D. Jahreszeiten, 1991. Mitautor Lit.ztschr. Zwischenbereiche (1981-84); Üb. d. Abenteuer e. Lit.ztschr. zu machen (1987). Mithrsg. Lit.ztschr. Rind u. Schlegel (1977-92) - 1982 III. Preis München leuchtet - leuchtet München? (VDS Bayern) - Liebh.: Musik (Klavier), ital. Lit. - Spr.: Ital., Engl.

GUMP, Johann
Dr. rer. comm., Dipl.-Kfm. - Auf d. Weinberg 7, 3501 Ahnatal-H. - Geb. 10. Dez. 1934 Nürnberg (Vater: Friedrich G., Fleischerm.; Mutter: Rosa, geb. Bäuerlein), ev., verh. s. 1961 m. Marit-Anita, geb. Hensel, 2 Kd. (Götz, Christian) - Realgymn. u. Wirtschafts-Oberrealsch. Nürnberg (Abit. 1954); 1952-54 Fleischerlehre b. Vater; 1954-59 Hochsch. f. Wirtschafts- u. Sozialwiss. ebd., Univ. Hamburg u. München (Dipl.-Kfm. 1959), 1959-60 Hochsch. f. Welthandel Wien (Promot. 1960) - 1960-65 Treuverkehr AG WP, Bielefeld, Frankfurt; 1963-65 Geschf. CEBU Centralbuch.ges. mbH Berlin-Charlottenburg, 1963-65 Geschf. kommiss. Ampex Europa GmbH Frankfurt, 1965-88 Vorst.-Vors. HAFEKA eG Kassel, 1969-88 Geschf. Fortan u. Fleischerdienst GmbH Kassel, s. 1970 gf. Vorst.-Mitgl. Häuteverb. Hessen e. V., 1971-85 VR Verb. Dt. Häuteverwertungen e. V. Essen, Bamberg, Inter. Gem. f. Lederforsch. u. Häuteschädenbekämpf. Frankfurt-Hoechst, 1971-85 Vorst.-Mitgl. Bundesverb. Dt. Talg- u. Schmalzind. e. V. Bonn, s. 1974 e.a. Richter Hess. Finanzgericht Kassel, 1976-85 Vizepräs. AEVP Association Europèenne des Ventes Publiques de Cuirs et Peaux bruts Paris, AR Zentrag eG Frankfurt, 1976-88 stv. VR-Vors. Schlachthof Kassel GmbH & Co., Verwaltungs-KG, 1977-82 VR CURA Treukapital GmbH Frankfurt, s. 1978 AR Raiffeisenbank Kurhessen e. G. Kassel, 1980-85 Vizepräs. Verb. Dt. Häuteverwert. e. V. Bamberg - BV: D. betriebsw. Beratung im Handwerk als Maßnahme d. Gewerbeförd. unt. bes. Berücks. d. Fleischerhandw., 1960 (Diss.) - Liebh.: Klass. Musik, Phil., Bergwandern, Schwimmen - Spr.: Engl., Franz.

GUNDEL, Dieter
Dipl.-Verwaltungswirt (FH), I. Bürgermeister Stadt Leutershausen - Rathaus, 8811 Leutershausen/Mfr. - Geb. 14. Okt. 1940 Würzburg - Zul. Stadtoberinsp.

GUNDEL, Hans Georg
Dr. phil., em. Prof. f. Alte Geschichte - Am Alten Friedhof 20, 6300 Gießen (T. 4 74 15) - Geb. 20. Okt. 1912 Gießen (Vater: Prof. Dr. phil. Wilhelm G., Klass. Philologe †1945 (s. X. Ausg.); Mutter: Johanna, geb. Zimmermann †1962), ev., verh. s. 1943 m. Lore, geb. Bill, 2 Töcht. (Konstanze, Ingrid) - Univ. Gießen, Bonn, München, Marburg (Gesch., Klass. Philol., Altertumswiss.; Promot. 1937) - B. 1940 Assist. Thes. ling. Lat. München, dann Wehrdst. (zul. Oblt. d. R.), 1945-48 Privatgel., 1948-68 höh. Schuldst. Gießen (Oberstudienrat), s. 1953 Lehrbeauftr., Honorarprof. (1962) u. Ord. (1968) Univ. Gießen - BV: Unters. z. Taktik u. Strategie d. Germanen, 1937; Wilhelm Gundel z. Gedächtnis, 1947; Sternglaube, -religion u. -orakel, 1959; V. d. Urzeit b. z. Ende d. Absolutismus, 1963; Astrologumena - D. astrolog. Literatur in d. Antike u. ihre Geschichte, 1966; Weltbild u. Astrologie in d. griech. Zauberpapyri, 1968; Zodiakos, 1972; Stud. b. Gesch., 1974 (m. a.); D. alten Statuten d. Gießener Univ., 1977; D. ältest. Statuten d. Gieß. Med. Fak., 1979; Rektorenliste d. Univ. Gießen 1605-1971, 1979; D. alte Orient u. d. griech. Antike, 1981; Statuta Academiae Marpurgensis deinde Gissensis de anno 1629, 1982; Gießener Gelehrte in d. ersten Hälfte d. 20. Jh., 2 Bde. (m.a.), 1982; Die Siegel d. Univ. Gießen, 1983; Editionen Gieß. Papyri n. 1945, 1984. Zahlr. Einzelarb. - Mitgl. Assoc. Intern. de Papyrologues u. Hess. Hist. Kommiss. (Darmstadt u. Marburg); Korr. Mitgl. Dt. Archäol. Inst.; 1982 Gesch.preis Univ. Gießen - Lit.: W. Bietz, Verzeichn. d. Schriften von H. G. G., 1977, II (1977-87), 1987.

GUNDELACH, Volkmar G.
Prof., Dipl.-Physiker, Privatier - Graf-Stauffenberg-Ring 32, 6380 Bad Homburg v.d.H. - Geb. 13. Juli 1923 Münster/Westf., verh. - Lehrbeauftr. f. Meßtechnik Techn. Fak. Univ. Erlangen-Nürnberg - Spr.: Engl., Franz.

GUNDERMANN, Hans P.
Dr. jur., Sonderbevollmächtiger d. Treuhandanstalt f. d. Energiewirtschaft (s. 1990) - Alexanderplatz 6, O-1026 Berlin (Tel. 030 - 3 90 71-259/260) - Geb. 30. Nov. 1930 - B. 1986 Vorst.-Mitgl. Mobil Oil AG, Hamburg u. s. 1988 DEUTAG Deutsche Tiefbohr AG, Bad Bentheim.

GUNDERMANN, Iselin
Wissenschaftliche Direktorin im Geheimen Staatsarchiv Preuß. Kulturbesitz, Berlin - 1000 Berlin 33 - Geb. 28. Mai 1935, ev. - Stud. Univ. Berlin, Bonn, Innsbruck u. Göttingen (Geschichtswiss., German.); Staatsex. 1961; Promot. 1963 Bonn; Inst.-Prüf. 1973 Bibliothekarlehr-Inst. Köln - 1964 Wiss. Mitarb. im Hist. Seminar d. Univ. Bonn, 1969 Wiss. Assist., 1969 Akad. Rätin, 1973 Akad. Oberrätin, 1983 Wiss. Oberrätin im Geheimen Staatsarchiv Berlin, 1990 Wiss. Direktorin - BV: Herzogin Dorothea v. Preußen, 1965; Untersuchungen z. Gebetbüchlein d. Herzogin Dorothea v. Preußen, 1966; D. ev. General-Kirchen- u. Schulvisitationen in Ost- u. Westpreußen 1853-1944, 1970. Div. Aufs. z. preußischen Geschichte. Ausstellungskatalog Kaiser Friedrich III (1988) - 1964 Fakultätspreis Univ. Bonn; 1974 Dehio-Preis; 1990 Freiherr-vom-Stein-Preis.

GUNDERMANN, Karl-Dietrich
Dr. rer. nat., em. Univ.-Prof. f. Organ. Chemie, Direktor Organ.-Chem. Inst. Bergakad. bzw. TU Clausthal (1964-88; 1974-80 Rektor) - Birckenbachstr. 2, 3392 Clausthal-Zellerfeld (T. 24 64) - Geb. 20. Febr. 1922 Breslau (Vater: Fritz G., Generalsekr.), kath., verh. 1947-83 m. Elisabeth, geb. Rottmann †, 4 Kd. (Elisabeth, Maria-Eva, Thomas, Andreas), s. 1984 verh. m. Josefa Rottmann-G. - Univ. Berlin (Dipl.-Chem. 1941) u. Münster (Promot. 1948) - 1949-64 Assist., Oberassist. (1953) u. Kustos Organ.-Chem. Inst. Univ. Münster (1954 Privatdoz., 1960 apl., 1962 ao. Prof.) - Liebh.: Kakteen - Spr.: Engl., Franz. - Rotarier.

GUNDERMANN, Knut-Olaf
Dr. med., o. Prof. u. Direktor Inst. Hygiene u. Umweltmedizin Univ. Kiel - Brunswiker Str. 4, 2300 Kiel 1 (T. 597 32 70) - Geb. 22. Okt. 1933 Magdeburg (Vater: Werner G., Beamter; Mutter: Charlotte, geb. Bohne), ev., verh. s. 1964 m. Karin, geb. Möller - Univ. Hamburg, Innsbruck, Kiel (Staatsex.). Promot. 1958 u. Habil. (Hyg. u. Sozialhyg.) 1969. 1974 apl. Prof. Univ. Kiel, 1976-80 o. Prof. u. Leit. Inst. f. allg. Hygiene FU Berlin, 1977-81 Vors. Sekt. Hygiene Dt. Ges. f. Hygiene u. Mikrobiol., 1987-89 Vizepräs. - Zahlr. Facharb.; Herausg.: Lehrbuch d. Hygiene. Mithrsg. ZBL Hyg. - Spr. Engl.

GUNDL, Hans
Dipl.-Kfm., Vorstandsvorsitzer Gemeinn. Bayer. Wohnungsges. AG., München (b. 1981, Ruhest.) - Stengelstr. 25, 8000 München 23 (T. 39 34 37) - Geb. 20. Febr. 1917.

GUNDLACH, Friedrich W.
Dr.-Ing., o. Prof. f. Hochfrequenztechnik - Klopstockstr. 6, 1000 Berlin 37 (T. 801 74 16) - Geb. 2. Febr. 1912 Berlin (Vater: Georg G.; Mutter: geb. Thomas), verh. s. 1941 m. Käte, geb. Pigors - TH Berlin. Promot. Berlin; Habil. Karlsruhe - Fast 10 J. Industrietätigk. (Pintsch, Berlin); s. 1949 o. Prof. TH Darmstadt u. TU Berlin (1954; 1965-67 Rektor). 1960-62 Vors. VDE; 1964-66 Mitgl. Wiss.rat - BV: Grundl. d. Hochfrequenztechnik, 1949. Mithrsg.: Taschenb. d. Hochfrequenztechnik, 1956, 62 u. 68. Üb. 50 Einzelarb. - 1976 Ehrenring VDE, 1979 Siemens-Stephan-Gedenkplatte, 1987 Ehrensenator TU Berlin, 1988 Beuth-Denkmünze DIN.

GUNDLACH, Gerd
Dr. rer. nat., o. Prof. f. Biochemie (Lehrstuhl II) Univ. Gießen (s. 1971) - Finkenweg 15, 6301 Leihgestern (T. dstl.: Gießen 702 40 91) - Geb. 7. Aug. 1930 - Habil. 1965 Würzburg - Zul. Abt.svorsteher u. Prof. Univ. Saarbrücken (Klin.-Chem. Abt./Urolog. Klinik Homburg). Facharb.

GUNDLACH, Heinrich
Landrat a. D. - Im Rosengärtle 10, 7500 Karlsruhe-Durlach (T. 0721 - 4 29 04) - Geb. 2. Dez. 1908 Berlin (Vater: Ludwig G., Justizrat; Mutter: Käthe, geb. Koffka), ev., verh. s. 1934 m. Ilse, geb. Schuster, 3 Kd. (Heinz-Ludwig, Werner, Irene) - Schiller-Gymn. Berlin-Lichterfelde; Univ. Marburg u. Berlin (Rechts- u. Staatswiss.). Gr. jurist. Staatsprüf. - U. a. Justitiar Mannesmannröhren-Werke, Hauptabt.sleit. Reichsvereinig. Kohle Berlin. Kriegsdst., 1945-52 Landrat Königshofen i. Grabfeld, Ufr., danach Mitgl. d. Geschäftsf. Raab Karcher GmbH Karlsruhe/Essen, Landesbeirat Gerling-Konzern, Kurat. Haus d. Kunst. München.

GUNDLACH, Karl-Bernhard
Dr. rer. nat., Prof. f. Mathematik Univ. Marburg (s. 1973) - Berliner Str. 12, 3576 Rauschenberg (T. 10 33) - Geb. 4. Jan. 1926 - S. 1958 (Habil.) Lehrtätigk. Univ. Göttingen, Münster (1964 apl. Prof.). Tucson (Arizona, USA), Tata Institute of Fundamental Research Bombay (Indien), Univ. Marburg.

GUNDLACH, Werner
Bereichsleiter DG BANK - Röderweg 13, 6240 Königstein (T. 06174 - 46 54) - Geb. 6. Mai 1931 Hannover (Vater: Albert G., Bäckermeister; Mutter: Auguste, geb. Beulshausen), ev., verh. s. 1958 m. Eva, geb. Böhm, 3 Söhne (Günter, Ronald, Axel) - Abit.; Werbekfm.; Univ. Frankfurt (Betriebsw.) - Liebh.: Klass. Musik, Samml. mod. Grafiken - Spr.: Engl., Franz.

GUNDLACH, Willi
Dr. phil., Prof., Hochschullehrer - Markusstr. 13, 4600 Dortmund-Syburg - U. a. o. Prof. f. Musik u. ihre Didaktik, Univ. Dortmund.

GUNKEL, Karl
Dipl.-Kfm., Verbands-Geschäftsführer - Ernteweg 35, 5442 Mendig (T. 02654 - 25 10) - Geb. 7. Sept. 1948 Horb - Geschäftsf. Verb. Rhein. Sägewerke, Dt. Holzschutzverb. f. großtechn. Imprägnierung.

GUNKEL, Peter
Dr., Geschäftsführer Zentralverb. d. Augenoptiker - Stresemannstr. 12, 4000 Düsseldorf - Geb. 13. Mai 1928.

GUNKEL, Rudolf
Bezirksverordneten-Vorsteher von Berlin-Reinickendorf (1975-79), Leiter Abt. f. Sozialwesen BA Reinickendorf (1971-75) - Mescheder Weg 17, 1000 Berlin 27 - Geb. 22. Nov. 1915 Berlin, verh., 3 Kd. - Volkssch.; Schriftsetzerlehre - Zul. Korrektor. 1950-54 u. 1979-81 Bezirksverordn. Reinickendorf; 1954-71 MdA Berlin. CDU s. 1947 (1965-74 Kreisvors. R'dorf).

GUNNESSON, Uwe
Dipl.-Hdl., Oberstudienrat a. D., MdL Schlesw.-Holst. - Leuscherstr. 3, 2390 Flensburg - Geb. 10. Mai 1935 Flensburg - Doz. f. Verkehrspolitik FH Hamburg. SPD - BVK.

GUNSCH, Elmar
Rundfunk- u. Fernsehjournalist - Schlehenweg 19, 6000 Frankfurt/M. 50 (T. 069 - 54 54 87, Fax 069 - 54 31 10) - Geb. 14. Jan. 1931, gesch., T. Katja - German.-Stud. Univ. Erlangen, Stud. Theaterwiss. Wien - Tätigk. b. Theater, Rundf., Fernsehen - BV: Donnerwetter, 1984; Horch was kommt von draußen rein, 1989 - Spr.: Engl.

GUNSELMANN, Winfried
Dr. rer. nat., apl. Prof. f. Med. Statistik u. Dokumentation - Zu erreichen üb. Bayer AG, Aprather Weg, 5600 Wuppertal 1 - Geb. 31. März 1944 Bamberg, kath., verh. m. Dr. Ursula, geb. Felkel, 3 Kd. - Stud. Univ. Erlangen-Nürnberg, Oberlin College, Ohio, USA; Promot. (Math.) 1973; Habil. (Med. Statistik u. Dokumentation) 1979 - Inst. f. Biometrie Bayer AG Wuppertal - 1980 Paul-Martini-Preis (m. Forscherteam d. Univ. Oxford).

GUNSSER (ß), Walter

Dr. rer. nat., Prof. f. Physikal. Chemie - Am Häg 2, 2082 Moorrege/Holst. - Geb. 13. Dez. 1927 Oberriexingen/Württ. (Vater: Wilhelm G., Mechaniker; Mutter: Julie, geb. Grotz), ev., verh. s. 1955 m. Lore, geb. Könninger, 4 Kd. (Cornelia, Susanne, Klaus-Jochen, Christoph) - Gymn. Vaihingen u. Ludwigsburg; Univ. Tübingen (Phys., Chem.). Dipl. 1953 Stuttgart; Promot. 1958 Tübingen; Habil. 1965 Hamburg.

GUNTERMANN, Ernst
Unternehmer, Vors. Arbeitsgem. Schieferind., Koblenz - Wehrscheid 17, 5948 Fredeburg - Geb. 18. Febr. 1933.

GUNTERMANN, Hans
Dr.-Ing., Geschäftsführer Elektro-Thermit GmbH., Essen u. Berlin (2 Firmen) - Augenerstr. Nr. 94, 4300 Essen 14 - Geb. 1. Jan. 1927.

GUNTERMANN, Willi H.
Dr. jur., Rechtsanwalt u. Notar, Geschäftsf. Getreide- u. Produktenbörse Dortmund - Papenkamp 78, 4600 Dortmund - Geb. 20. Mai 1927.

GUNZERT, Gerhard
Dr. rer. nat., Prof., Direktor - Nonnenweg 19, 3380 Goslar/Harz (T. 2 68 22) - Geb. 31. Aug. 1920 Berlin (Vater: Theodor G., Jurist, u. a. Vortr. Legationsrat Ausw. Amt; Mutter: Elisabeth, geb. Wille), ev. - Univ. u. Bergakad. Berlin (Geologie, Bergbau) - 1947-56 Reg.geologe Hessen; s. 1956 Chefgeologe Preussag AG, Hannnover, u. Dir. (Geschäftsber. Bergbau) Preussag AG, Metall, Goslar. S. 1958 (Habil.) Privatdoz. u. apl. Prof. (1965) Marburg (Geol.). Fachveröff. - Spr.: Engl., Franz. - Bek. Vorf.: Prof. Dr. phil. Jakob Wille, Historiker, Heidelberg.

GUPTA, Derek
Ph. D. (Lond.) F.R.C.Path (Eng.), Wiss. Rat, Dir. Abt. f. Laboratoriumsdiagnostik v. Hormon- u. Stoffwechselstörungen/Kinderklinik Univ. Tübingen - Lange Gasse 6, 7400 Tübingen 1 - Geb. 1. Febr. 1928 Kalkutta/Ind. (Vater: Jagat Ranjan G., Politiker; Mutter: Uma, geb. Sen), verh. s. 1979 m. Dr. Bhakti Datta - B. Sc. 1948 (Kalkutta), M. Sc. 1965 u. Ph. D./Med. 1968 (London) - 1948-53 Doz. Univ. Kalkutta; 1953-58 Biochemiker Univ. Med. College, Kalkutta; 1958-69 Doz. London; s. 1971 Privatdoz. u. Prof. (1973) Tübingen - BV: Hypothalamic Hormones, 1975 u. 78; Radioimmunoassay of Steroid Hormones, 1975; Erkrank. d. Nebennierenrinde, 1977; Hormone im Kindesalter, 1979; Pubertät, 1984; Endokrinologie d. Kindh. u. Adoleszenz, 1984; Paediatric Neuroendocrinol., 1984; Neuroendocrinology of Hormone-Transmitter Interactions, 1985; The Pineal Gland during Development, 1986; The Pineal Gland and Cancer, 1987; Neuroendocrinology: New Frontiers, 1990. Herausg.: Neuroendocrinolgogy Letters u. v. 12 weit. intern. Journalen - 1977 Men of Achievement (Schild); 1977 Mitgl. Royal Soc. of Medicine, Royal College of Pathologists.

GURATZSCH, Dankwart
Dr. phil., Korrespondent D. WELT in Frankfurt/M. - Zu erreichen üb. D. WELT, Westendstr. 8, 6000 Frankfurt/M. 1 (T. 069 - 71 73 11) - Geb. 14. Juni 1939 Dresden (Vater: Curt G., Lehrer, Politiker, Schriftst.; Mutter: Margarete, geb. Männchen), ev. - Internatssch. d. Dresdner Kreuzchors; Stud. Univ. Marburg, München u. Hamburg; Promot 1971 - Korresp. D. WELT f. Städtebau/Arch. - BV: Macht durch Org., 1974; Baumlos in d. Zukunft, 1984; D. Neue Berlin, 1987 - 1976 Journalistenpreis Dt. Nationalkomitee f. Denkmalschutz; 1980 Dt. Preis f. Denkmalschutz; 1986 Literaturpr. Dt. Arch.- u. Ing.-Verb. - Bruder: Herwig G., Dir. d. Wilh.-Busch-Mus. Hannover.

GURATZSCH, Herwig
Dr. phil., Direktor Wilhelm-Busch-Museum (s. 1978) - Georgengarten 1, 3000 Hannover 1 (T. 71 40 76) - Geb. 21. Mai 1944 Dresden (Vater: Curt G., Studienrat; Mutter: Margarete, geb. Männchen), ev., verh. s. 1971 m. Gudrun, geb. Helwig, 2 Kd. (Saskia, Constantin) - Kreuzschorsschule Dresden; Stud. Theol. (Staatsex. 1967 Rostock), Kunstgesch. (Promot. 1976 München) - BV: D. gr. Zeit d. niederl. Malerei, 1979; D. Auferweck. d. Lazarus in d. niederl. Kunst v. 1400 b. 1700 (2 Bd.), 1981; Wilhelm Busch, Lebenszeugnisse, 1987. S. 1978 Redakt. Wilh.-Busch-Jahrbuch, Ausst.-Kataloge Wilh.-Busch-Museum: u. a. Bild als Waffe, James Gillray, Loriot, Käthe Kollwitz, Von Callot bis Loriot, Karikatur. Herausg.: Busch-Faksimiles: u.a. Balduin Bählamm (1980); Brannenburger Skizzenb. (1982) - Johanniter-Orden.

GURLAND, Harro
Dr., Rechtsanwalt, Seniorpartner GURLAND & LAMBSDORFF, Köln/Frankfurt/Berlin/Leipzig - Eugen-Langen-Str. 12, 5000 Köln 51 (T. 0221 - 37 50 95) - Geb. 4. Aug. 1931 Stuttgart, verh. m. Arlette Perrin, T. Myriam - Univ. Tübingen u. Paris, Doktor d. Rechte 1960 Tübingen - Wirtsch.berat, national u. intern. tätig. Anwalt, Mitbegr. u. Ehrenpräs. d. Intern. Vereinig. Junger Anwälte (AIJA 1962), d. Europ. Anwaltsvereinig. (AEA 1986, Vorst.-Mitgl.), Mitbegr. LEGALLIANCE, d. Europ. Wirtschaftl. Interessenvereinig. v. GURLAND & LAMBSDORFF m. 7 wirtsch.berat. Anwaltskanzleien in Europa; AR-Mitgl. KaliChemie AG/Hannover, Solvay Deutschland GmbH/Hannover u. Deutsche Solvay-Werke/Solingen; Vize-Präs. d. Société Internationale d'Histoire de la Profession d'Avocats u. VR-Mitgl. Fédération Européenne des Consultants en Franchises et Partenariat - Ritter d. Ehrenlegion, d. Ordre du Mérite National u. d. Palmes Académiques (Frankreich) - Liebh.: Lit., Dressur-Reiten u. klass. Musik - Spr.: Engl., Franz.

GUSCHALL, Hans-Joachim
Dr. jur., Rechtsanwalt, Aufsichtsratsvorsitzender Getreideheberges. mbH, u. Hamburger Getreide Lagerhaus AG, bde. Hamburg - Am Rehwinkel 3, 2050 Börnsen.

GUSEK, Wilfried
Dr. med., Prof. - Nienstedtener Str. 44, 2000 Hamburg 52 - Geb. 14. Nov. 1928 Gelsenkirchen, ev. verh. s. 1957 m. Dr. med. Charlotte-Luise, geb. Sanden, 2 T. (Gabriele, Ulrike) - Med. Staatsex. 1955 - S. 1960 (Habil.) Lehrtätigk. Univ. Hamburg (1966 apl. Prof. f. Allg. Pathol. u. Pathol. Anat.), s. 1971 Univ. Heidelberg. Mitgl. mehr. Fachges., F.R.S. - BV: Submikroskop. Unters. z. Feinstruktur aktiver Bindegewebszellen, 1962 - Div. Einzelarb. - 1964 Dr.-Martini-Preis - Spr.: Engl.

GUSHURST, Egon
Verbandspräsident, Wirtschaftsprüfer Badischer Genossenschaftsverb., Bad.-Württ. - Windener Weg 9, 7573 Sinzheim (T. 07221 - 8 39 44) - Geb. 20. Juni 1930 Baden-Baden, kath., verh. s. 1962 m. Margit, geb. Joas, 4 Kd. - Wirtschaftsprüferex. - Spez. Aufgabengeb.: Genoss.-Wesen.

GUSKI, Rainer
Dr., Prof. f. Kognitions- u. Umweltpsychologie Univ. Bochum (s. 1982) - Postf. 10 21 48, 4630 Bochum 1 - Zun. Wiss. Angest. Physikal.-Techn. Bundesanstalt Braunschweig; zul. Prof. TU Berlin - BV: Deutsche Briefe üb. Ausländer, 1986; Lärm - e. psych. Sachb., 1987; Wahrnehmung, 1989.

GUSS, Kurt

Dr. paed., Dr. phil. habil., Dipl.-Psych., Prof. f. Psychologie u. Soziologie FHB Mannheim - Höhe 330, 3532 Bühne (T. 05643 - 83 44) - Geb. 14. Nov. 1943 Sondershausen (Vater: Kurt G., Lehrer u. Doktorand; Mutter: Gisela, geb. Wichmann), verh. s. 1970 m. Ursula, geb. Verleger, Verlegerin - Dipl.-Psych. 1968; 1. Lehramtsprüf. 1970; Promot. Psychol. 1972 (alles Münster); Habil. Psychol. 1981 Duisburg; Promot. Päd. 1988 Dortmund; s. 1988 stud. jur. - 1970-80 Wiss. Assist.; s. 1983 Prof. - Gründ.-präs. d. Ges. f. Gestalttheorie u. ihre Anwendungen e.V. - BV: Psychologie als Erziehungswissenschaft, 1975; Gestalttheorie u. Erzieh., 1975; Gestalttheorie u. Fachdidaktik, 1975; Lohn u. Strafe, 1979; Gestalttheorie u. Sozialarbeit, 1979; D. Mensch im Mittelpunkt d. Militärökonomie, 1987; Krieg als Gestalt - Psychologie u. Pädagogik b. Carl v. Clausewitz, 1990; D. Psychoprüfung in Frage u. Antwort, 1990; Psychologie - Wege in e. Wissenschaft, 1990; Rubins Becher - d. schönsten Psychologie-Motive, 1990.

GUSSMANN (ß), Werner
Geschäftsführer Arbeiterwohlfahrt/Bezirksverb. Hessen-Süd - Am Aufstieg 11, 6242 Kronberg/Ts.

GUSSONE, Hans-Achim
Dr. rer. nat., Prof., ehem. Leiter Niedersächs. Forstl. Versuchsanstalt Göttingen - v.-Bar-Str. 43, 3400 Göttingen - Geb. 7. Jan. 1926 Schneidemühl (Vater: Hans G., Oberlandforstmstr.; Mutter: Hilde, geb. Siewert), ev., verh. s. 1953 m. Cecilie, geb. Treuenfels, 3 Kd. (Maximilian, Hans-Eberhard, Franziska) - Gymn. Templin, Bad Freienwalde, Montabaur; Forststud. Freiburg, Göttingen; Promot. 1962 Freiburg; Habil. 1972 Göttingen, apl. Prof. Univ. Göttingen 1976. 1953 Ruhr-Stickstoff AG (Forstl. Forsch.stelle); 1971 Kurat. Waldarbeit u. Forsttechnik (Chem. techn. Abt.), 1976-91 Niedersächs. Forstl. Versuchsanst. - BV: Faustzahlen f. Düngung im Walde, 1964; Waldbau auf ökol. Grundl., 2 Bd. (m. E. Röhrig), 6. A. 1990; Kapitel-Autor in H. Kramer: Waldwachstumslehre, 1988; H. Schmidt-

Vogt: Die Fichte, Bd. II/3, 1991. Üb. 80 Veröff. Herausg.: Forst u. Holz.

GUSTAS, Aldona
s. Holmsten, Aldona

GUTBROD, Anton
Dipl.-Ing. FH Hochbau, Gesellschafter-Geschäftsführer d. Firmen Gutbrod. Kieswerk Berglern u. Isarkies - Werkstr. 2, 8059 Berglern (T. 08762 - 90 11, Fax 08762 - 90 14) - Geb. 23. Juli 1929 Kempten (Vater: Anton G., Tiefbauing.; Mutter: Katharina, geb. Lex), kath., S. Jörg - Stud. Oskar v. Miller Polytechnikum München - Liebh.: Tennis, Segeln, Wasserski - Spr.: Engl.

GUTBROD, Jürgen
Dr. phil., Verleger, Geschäftsf. W. Kohlhammer GmbH., Verlag/Druckerei. Stuttgart, u. a. - Brunnenwiesen 30, 7000 Stuttgart-Riedenberg - Geb. 14. Febr. 1935.

GUTBROD, Rolf
Dipl.-Ing., Prof., Architekt - Ebereschenallee 27, 1000 Berlin 19 (T. 304 90 55) u. Schoderstr. 10, 7000 Stuttgart 1 (T. 25 22 92) - Geb. 13. Sept. 1910 Stuttgart (Vater: Dr. med. Theodor G., Internist; Mutter: Eugenie, geb. Wizemann), ev., gesch., 3 Töcht., wieder verh. m. Karin, geb. Schwenda - Fr. Waldorfsch. Stuttgart; Th Berlin u. Stuttgart - Oberreg.sbaurat; s. 1953 ao. u. o. Prof. (1961) TH u. Univ. Stuttgart (Innenraumgestalt.); 1978 Übergabe d. Büros an d. Arch. Henning, Kendel, Riede, jetzt Berater. Wohn-, Geschäftshäuser (u. a. IHK Stuttgart u. m. Prof. Gutbier), IBM u. Dorlandhaus Berlin), Industriebauten (Porsche), Univ.forum Köln, Liederhalle (erster asymmetr. Konzertsaal; m. Prof. Abel) u. Funk- u. Fernsehstudio Stuttgart (Villa Berg; m. Prof. Witzemann u. Weber), Dt. Pavillon Weltausstell. Montreal 1967 (m. Prof. Frei Otto); Planung d. Staatl. Museen Berlin, Reg.-bauten Saudi-Arab., Konfz. Zentrum Mecca (beid. m. Prof. Frei Otto) - Wiederh. I. Preise b. Wettbew.; 1967 Auguste-Perret-Preis Union Intern. des Architects Prag; 1972 Gr. BVK m. Stern; 1980 Aga-Khan-Preis Lahore; 1983 Berliner Kunstpreis; o. Mitgl. Akad. d. Künste Berlin (1971 stv. Dir. Abt. Baukunst); 1971 Mitgl. Orden Pour le Mérite f. Wiss. u. Künste; Mitgl. Anthroposoph. Ges.; 1983 Gr. Berliner Kunstpreis - Rotarier.

GUTBROD, Wolfgang
Geschäftsführer i. R. Gutbrod-Werke GmbH - Rotenbühlerweg 72, 6600 Saarbrücken 3 (T. 0681 / 37 12 55) - Geb. 10. Okt. 1925 Stuttgart, verh. m. Lisalex, geb. Gräfin Strachwitz - Spr.: Engl., Franz. - Rotarier - Bruder: Walter G.

GUTEKUNST, Dieter
Dr. jur., Prof., Ministerialdirigent, Leit. Abt. Wohnungsbau bayer. Innenmin. München - Spitzstr. 11a, 8034 Germering (T. 089 - 84 37 99) - Geb. 22. April 1934 Dessau, ev., verh. s. 1961 m. Sibylle, geb. Petzsch-Kunze, 2 Söhne (Christian, Alexander) - 1953-59 Stud. Rechtswiss. u. Promot. Univ. Würzburg - Hon.-Prof. f. Wohnungsw. TU München. VR-Mitgl. Bayer. Landesbank Girozentrale; AR-Mitgl. dreier Wohnungsuntern. - BV: Kommentare z. Wohngeldgesetz u. z. Modernisierungs- u. Energieeinsparungsgesetz - Liebh.: Musik, Malerei - Spr.: Engl., Franz.

GUTENSOHN, Wolf
Dr. rer. nat., Prof. f. Anthropol. u. Humangenetik Univ. München - Lohengrinstr. 34, 8034 Germering (T. 089- 59 96-621) - Geb. 1. Sept. 1937 Fürstenfeldbruck, verh. s. 1965 m. Christina, geb. Pagany, Sohn Michael - Chemiestud. Univ. München (Dipl. 1964, Promot. 1968, Habil. 1980) - 1971- 72 Visiting Fellow Inst. of Health, Bethesda, Md. (USA); s. 1982 Professur f.

Biochem. Humangenetik in München - 1957-64 Stip. Maximilianeum, München.

GUTER, Josef

Direktor Kreisvolkshochschule Diepholz (s. 1973), Volksbildungswerk. MdBB (1975-79), Leit. Akad. f. Kunst u. Kulturgesch. Bremen - Prager Str. 31, 2800 Bremen (T. 23 01 52) - Geb. 7. Sept. 1929 Vöhringen (Vater: Josef G., Fabrikarb.; Mutter: Auguste, geb. Link), kath., verh. s. 1959 m. Magdalena, geb. Rossmanek, T. Eva - Stud. d. Geisteswiss.; 1. u. 2. Lehrerprüfg. f. Grund-, Haupt- u. Realsch. - Vors. Arb.kr. Schule u. Politik, Bremen - BV: Gesch. u. Ziele d. EWG (m. a.), 1967; Automation (m. a.), 1968; Päd. in Utopia, 1968; Chines. Märchen, 1973; Märchen aus Sibirien, 1978; Kaukasische Märchen, 1980; Verwünscht, verzaubert u. verhext, 1980; Geraubt, gefesselt u. befreit. Räubermärchen a. aller Welt, 1981; M. Tamburin u. Flöten - Chines. Scherenschnitte u. Ged., 1985; D. schöne Buch chin. Märchen, 1986; D. Prinz, der d. Froschmädchen heiratete, Brevier d. Weltmärchen 1988; D. schöne Buch d. ägyptischen Weisheit, 1988; Es ist leicht, f. gestern klug zu sein, D. Brevier d. fernöstl. Weisheit, 1989; Mit d. ganzen Kraft d. Herzens, D. Brevier d. Liebe, Verehrung u. Zuneigung, 1990; D. Leben wird vorwärts gelebt u. rückwärts verstanden. M. Literatur durchs Jahr, 1990 - 1966 1. Preistr. Georg-Michael-Pfaff-Stiftg.; 1969 Ausz. d. Stiftg. Mitarb. - Spr.: Engl.

GUTFLEISCH, Herbert
Handwerksmeister, Präs. Handwerkskammer Mannheim - Zu erreichen üb.: B1 1-2, 6800 Mannheim (T. 180 02 11; priv.: 79 23 06).

GUTH, Fredi
Drogist, Geschäftsführender Gesellschafter DCB Werbe- u. Vertriebsgesellschaft mbH, Solingen u. Königsdorf, Inh. MPC-Consult Agentur, Solingen - Zu erreichen üb.: Klosterhof, 5020 Königsdorf (T. 02234 - 6 18 20); u. Schneekoppenweg 13, 5650 Solingen 1 (T. 0212 - 1 80 33) - Geb. 15. Nov. 1932 - Zahlr. Mand.- u. Ehrenämter.

GUTH, Klaus
Dr. phil., Prof. f. Volkskd. u. Hist. Landeskd. - Am Kranen 12, 8600 Bamberg (Fak. Gesch.- u. Geowiss.) - Geb. 3. Aug. 1934 Bamberg (Vater: Max G., Lehrer; Mutter: Theresia, geb. Löhr), kath. - Stud. Lehramt f. Gymn.; Promot. 1963 Würzburg, Habil. 1977 Bamberg; Stud. Univ. München, Würzburg, Lille, London, Bamberg - 1964-70 Höh. Schuldienst; 1970-73 OSt.-Rat u. Assist.; 1973-80 Doz., 1980 Prof. in Bamberg - Mitgl. versch. wiss. Ges. - BV: Guibert v. Nogent, 1970; Oberfranken im HochMA, 1973; Kirche u. Religion im Spät-MA u. z. Beginn d. Neuzeit in Oberfranken, 1979; Johannes v. Salisbury, 1978; D. Heiligen im christl. Brauchtum, 1983; Volkskultur in d. frühmittelalterl. Kontaktzone zw. Islam u. Christentum,

1984; Konfession u. Relig. in Oberfranken, 1984; Geschichtl. Abriß d. marian. Wallfahrtsbeweg. im deutschspr. Raum, 1984; Alltag u. Fest, 1985; Lebendige Volkskultur, 2. A. 1985; Landjudentum in Franken, 1986; D. Heiligen Heinrich u. Kunigunde, 1986; Alltagsgeschichte u. Alltagskultur in Bayern (zus. m. W. Protzner), 1987; Jüd. Landgemeinden in Oberfranken (1800-1942), 1988; Migration in u. aus Franken im 19. Jh., 1988; Kulturkontakte zw. Deutschen u. Slawen nach Thielmar v. Merseburg, 1988; D. dreifache Schriftsinn, 1989; Sitte, Ritus, Brauch, 1989; Lebensformen u. Sachkultur, 1989; Jüdisches Schulwesen auf d. Land (1804-70), 1990; Volkskultur d. Alltags?, 1990; Konfessionsgeschichte in Franken 1555-1955. Politik, Religion, Kultur, 1990.

GUTH, Manfred E. F.
Dr. jur., Bankier, Rechtsanwalt u. Fachanwalt f. Steuerrecht - Meyerhofstr. 1, 2000 Hamburg 52 - Geb. 6. Nov. 1939 Hamburg, ev., verh. - Promot. 1968 Univ. München - Mitinh. CTB-BANK Thielert & Rolf KG, Essen - BV: D. Eingriffsbefugnisse d. Bankenaufsicht gegenüb. d. Geschäftsbanken, 1968 (2. A. 1969).

GUTH, Wilfried
Dr. rer. pol., Aufsichtsratsmitglied d. Deutschen Bank AG, stv. Vors. d. Aufsichtsrates Allianz-AG u. DEG, Ges. Henkel KGaA u. Robert Bosch Industrietreuhand KG - Taunusanlage 12, 6000 Frankfurt/M. 1 - Geb. 8. Juli 1919 Erlangen

GUTHARDT, Helmut
Bankdirektor, Vorstandsvorsitzender DG BANK Deutsche Genossenschaftsbank (s. 1981) - Am Platz der Republik, 6000 Frankfurt/M. (T. 74 47 01) - Geb. 8. Juni 1934 Breuna (Hessen) - Im Bankgewerbe s. 1951, Vorst.-Vors. Raiffeisen-Zentralkasse Kurhessen eGmbH, Kassel (1965-70); Vorst. DG BANK (s. 1970) - AR-Vors. AGAB Aktiengesellschaft f. Anlagen und Beteiligungen, Frankfurt/M., Dt. Genossenschafts-Hypothekenbank AG, Hamburg/Berlin, DG Agropartners Absatzberatungs- u. Projekt GmbH, Frankfurt, DG Diskontbank AG, Frankfurt/M., DG Finance Company B.V., Amsterdam, Ev. Kreditgenossensch. eG, Kassel, Vereinigte Kunstmühlen AG, Ergolding; stv. AR-Vors. Fröhlich Bauuntern. AG, Felsberg-Gensungen, Oelmühle Hamburg AG, Hamburg; AR Bausparkasse Schwäbisch Hall AG, Schwäbisch Hall, Otto AG f. Beteilig., Hamburg, R+V Allg. Versich. AG, Wiesbaden, SAT 1-Satellitenfernsehen GmbH, Mainz, Süddt. Zucker-AG, Mannheim/Ochsenfurt, Süddt. Zuckerrübenverwert. Genoss. eG, Stuttgart, Thyssen Stahl AG, Duisburg, VEBA AG, Düsseldorf, Zuckerfabrik Franken GmbH, Ochsenfurt; VR-Vors. DG BANK Luxembourg S.A., Luxemburg; VR BHF-BANK Berliner Handels- u. Frankfurter Bank, Frankfurt, Kreditanst. f. Wiederaufbau, Frankfurt/M., Landwirtsch. Rentenbank, Frankfurt/M., Liquiditäts-Konsortialbank GmbH, Frankfurt/M.

GUTHEIL, Hermann
Dr. med., Kinderarzt-Kardiologie, Prof., ehem. Leiter Kardiol. Abt. Kinderklinik Univ. Erlangen-Nürnberg - Zanderstr. 15, 8520 Erlangen.

GUTHER, Max
Dr.-Ing. E.h., Architekt u. Stadtplaner BDA, SRL, Prof. emerit. Technische Hochschule Darmstadt (1954-74) - Geb. 12. Febr. 1909 Neu-Ulm, ev., verh. m. Hildegunt, geb. Mayer, 4 Kd. - Dipl. TH Stuttgart - 1934-45 selbst. Hamburg u. Schwerin, 1945-47 Stadtbaurat Wismar, 1947-54 Stadtbaudir. u. Beig. Ulm - Mitgl. Dt. Akad. f. Städtebau u. Landesplanung, Akad. d. Künste Berlin (1971) u. Dt. Werkbund Intern. Ges. d. Stadt-, Regional-, Landesplaner - Städtebaul. Planungen u. Beratungen f. viele Städte - Äthiop. Menelik-Orden; Gr. BVK; u.a.

GUTHKE, Frank

I. Regisseur ZDF - Frundsbergerstr. 7, 8022 Grünwald - Geb. in Leipzig - Städt. Konservat. u. FU Berlin - S. 1962 1. Regiss. ZDF; zus. freisch. - Insz. u.a.: Totenfloß, Physiker, Achterloo; Ferns.: D. Krähenbaum, D. Dienstagmann, Schnee d. Anden, Noch Zweifel, Herr Verteidiger - Liebh.: Musik - Spr.: Engl.

GUTHMÜLLER, Hans-Bodo
Dr. phil., o. Prof. f. Roman. Philologie Univ. Marburg - Weintrautstr. 24, 3550 Marburg/L. - Geb. 27. April 1937 Wiera/Treysa - Stud. Marburg, München, Caen, Urbino, Rom. Promot. 1964; Habil. 1972 - 1974-78 Dir. d. Studienzentrum Venedig; 1981 Gastprof. Tours, 1988 Gastprof. Venedig - BV: D. Aufbau d. Metamorphoseos Vulgare, 1964; D. Rezeption Mussets im Second Empire, 1973; Ovidio Metamorphoseos Vulgare, 1981; Musset, Dramen 1981; Buck, Studia humanitatis, (Hrsg.) 1981; Sand, Sie u. Er, 1982; Libro e Basilica, 1982; La Città italiana del Rinascimento, (Hrsg.) 1984; Studien z. antiken Mythol. in d. ital. Renaissance, 1986; Fausto da Longiano, Dialogo del modo di tradurre (1556), krit. Ausg. u. Studie, 1991 - 1963 Preis Univ. Marburg; 1983 Palmes académiques.

GUTHOFER, Wilhelm
Vorstandsmitglied Vereinigte Dt. Nickel-Werke AG. - Rosenweg 15, 5840 Schwerte/Ruhr; priv.: Rembrandtweg 25 - Geb. 28. Jan. 1930.

GUTIERREZ-GIRARDOT, Rafael
Dr. phil., Prof., Ordinarius f. Hispanistik Univ. Bonn/Phil. Fak. (s. 1970) - Rheinaustr. 142, 5300 Beuel/Rh. - Geb. 5. Mai 1928.

GUTJAHR, Lilli,
geb. Schuch
Komplementär Fa. Adolf Schuch KG., Lichttechn. Spezialfabrik, Worms - Am Kirschberg 10, 6520 Worms 24 - Geb. 10. Nov. 1920 Worms (Vater: Kurt Schuch, Fabrikant; Mutter: Liesel, geb. Günther), ev., verh. s. 1950 m. Karl G., 2 Kd. (Otto, Lilli).

GUTKNECHT, Christoph
Dr. phil., Prof. f. Engl. Philologie u. Linguistik - Baumweg 18, 2000 Hamburg 60 - Geb. 24. März 1939 - Promot. 1965 - S. 1972 Wiss. Rat u. Prof. u. o. Prof. (1976) Univ. Hamburg. Herausg. u. Übers.

GUTMANN, Gernot
Dr. rer. pol., o. Prof. f. Volkswirtschaftslehre - Albertus-Magnus-Platz, 5000 Köln 41 (T. 470 44 10) - Geb. 26. Nov. 1929 Freiburg/Breisgau (Vater: Franz G., Elektromeister; Mutter: Hilde, geb. Hug), kath., verh. s. 1958 m. Ursula, geb. Legenhausen, 3 Kd. (Michael, Patrizia, Monika) - Oberrealsch. u. Univ. Freiburg (Dipl.-Volksw. 1954). Promot. 1956 Freiburg; Habil. 1963 Marburg - S.

GUTMANN, Hermann
Journalist u. Schriftst. (Ps. Fabian Lith) - Luisental 21, 2800 Bremen 33 (T. 0421 - 23 32 43) - Geb. 4. Okt. 1930 Bremerhaven, verh. s. 1955 m. Marie Louise, geb. Hübner, S. Dominik - Kaufm. Lehre; 1954-56 journ. Volont. Hannover - 1957-74 Weser-Kurier, Bremen (zul. verantw. Lokalredakt.); 1974-84 Ztschr. essen & trinken (verantw. Reiseredakt.); s. 1985 fr. Journ. u. Schriftst. - Glossen in Funk u. FS (Radio Bremen) - BV: Mehrere Bremen-Bücher; So schön ist unser Land - Nieders.; Romantische Reise durch Deutschl.; Land an Nord- u. Ostsee; Veröff. üb. dt. Wein. Unterhaltung: Hat's geschmeckt?, 1988; Ehegeschichten, 1989; Paß auf, daß Du Dich nicht bekleckerst, 1990; Kohl u. Pinkel, 1990; Roland mit de spitzen Kuee, 1991; Schaumburger Land, 1991.

GUTMANN, Stefan
Dr., Hauptgeschäftsführer Bad. Landwirtschaftl. Hauptverb. - Friedrichstr. 41, 7800 Freiburg i.Br. - Dipl.-Ing. agr. Univ. Hohenheim.

GUTSCHE, Horst
Dr. med., Prof., Chefarzt a. D. - Stubenrauchstr. 18, 1000 Berlin 37 - Geb. 8. Jan. 1925 Berlin - Promot. (1951, Humboldt) u. Habil. (1971, FU) Berlin. Üb. 100 Facharb.

GUTSCHE, Klaus-Jürgen
Dr. phil., Prof. f. Sportpädagogik TU Braunschweig - Schopenhauerstr. 9, 1000 Berlin 38 - BV: Z. Gegenw. Problematik d. Sportpäd., 1975; Strukturen im Hochschulsport (m. H. Binnewies), 1976; Aktionsformen i.m.Curriculum d. Hochschulsports (m. S. Köris), 1978; Hochschulsport f. alle (m. H.-J. Schulke), 1979; Berufsschulsport - kein Sport f. alle, 1984; Ellen-Cleve-Schule - E. Beitr. z. Zeitgesch. d. Gymnastik, 1984; Gymnastik - E. Beitrag z. Bewegungskultur unserer Ges. (m. H. J. Medau), 1989.

GUTSCHOW, Harald
Prof. i. R. f. Didaktik d. Engl. Sprache u. Lit. FU Berlin - Nassauische Str. 56, 1000 Berlin 31 - Geb. 2. Dez. 1927.

GUTTENBERGER, Jürgen
Dipl.-Verwaltungswirt, Arbeitsberater, MdL Nordrh.-Westf. - Nelkenweg 1, 5657 Haan 2 (T. 02104 - 6 01 61) - Geb. 18. Juni 1941 Krakau/Polen - Realsch., mittl. Reife 1958; Lacklaborant 1961, 1969-70 Verw.ausbild., 2. Verw.prüf. 1962 Gewerksch.sekr. DGB, 1964 Ref. SPD, s. 1971 Tätigk. Bundesanst. f. Arbeit, s. 1979 Leit. Abt. f. gewerbl. Berufe Arbeitsamt Bochum - SPD s. 1961, s. 1958 Mitgl. versch. DGB-Gewerksch., Mitgl. Rat Stadt Hilden (T. 02103/41172), 1974-80 Mitgl. Rat Stadt Haan, 1975-89 MdK Mettmann, 1980-90 MdL NRW.

GUTTING, Ernst Josef
Weihbischof u. Dompropst, Bischofsvikar f. d. Seelsorge - Gr. Greifengasse 11, 6720 Speyer (T. 10 23 45) - Geb. 30. Jan. 1919 Ludwigshafen/Rh. (Vater: Richard G., Gewerksch.sekr.; Mutter: Maria, geb. Schnetzer), kath. - Gymn. - Theol. u. Phil. Würzburg, Eichstätt, Tübingen; Kaplan 1949-56, Diözesanjugendseelsorger 1956-59, Diözesankaplan d. CAJ 1956-66, Gen.-Präses Kath. Frauengem. u. Leit. Bischofshauptst. f. Frauenseelsorge 1968-72, Weihbischof u. Bischofsvik. s. 1971, Dompropst s. 1974 - BV: Nur d. Liebe zählt, 1. A. 1965.

GUTTING, Hugo
Geschäftsführer Arbeiterwohlfahrt/Bezirksverb. Pfalz - Maximilianstr. 31, 6730 Neustadt.

GUTTKE, Werner
Geschäftsführer Köllisch-Plastic GmbH. - Kunigundenstr. 75, 8500 Nürnberg; priv.: Schmiedebergerstr. 5 - Geb. 7. Juli 1919.

GUTTMANN, Alfred
s. Goodman, Alfred G.

GUTZ, Herbert
Dr. rer. nat., o. Prof. f. Genetik TU Braunschweig (s. 1976) - Am Meinefeld 4, 3300 Braunschweig - Geb. 16. Juni 1928 Berlin (Vater: Karl G., Spediteur; Mutter: Helene, geb. Grühn), ev., verh. s. 1953 m. Martha, geb. Sandrock, 4 Kd. (Cornelia, Angelika, Helga, Reinhard) - FU Berlin (Botanik; Prof. Drawert). Promot. (1955; FU) u. Habil. (1963; TU) Berlin - 1959 Stip. DFG Univ. Zürich; 1965-69 Assist. bzw. Assoc. Prof. Southwest Center for Advanced Studies, Dallas (USA); 1969-76 Assoc. Prof. Univ. of Texas, ebd.; 1983 Gastprof. f. Genetik Univ. Kopenhagen. Spez.: Hefegenetik. Üb. 50 Facharb. - Liebh.: Politik, Photogr. - Spr.: Engl.

GUTZSCHHAHN, Uwe-Michael
Dr. phil., Lektor, Schriftst. - Nr. Ib, 7996 Schwarzenbach (T. 07542 - 2 11 98) - Geb. 31. Jan. 1952 Langenberg/Rhld. - Stud. German., Angl. Ruhr-Univ. Bochum, Promot. 1978 - Journ., Verlagslektor - BV: Windgedichte, 1978; Miriam od. im Abstieg der Schönheit, Nov. 1979; Fahrradklingel, Ged. 1979; Prosa u. Lyrik Christoph Meckels, Diss. u. Bibliogr. 1980; D. Leichtsein verlieren, Ged. 1982; In d. Hitze des Mittags, Ged. 1982; D. Paradiese in unsren Köpfen, Ged. ab 15, 1983 (Hrsg.); Grüner Himmel, Ged. 1986; Landunter, Ged.-Zykl. 1987; Zack - fang den Hut!, Kinderb. 1989; Stufen, Ged.-Zyklus 1990; D. Möwenzeichen, Kinderb. 1992. Übers.: Brian Patten, D. Elefant u. d. Blume, Kinderb. 1985; Brian Patten, D. gestohlene Orange, Ged.-Auswahl 1987; Brian Patten, Springende Maus, Kinderb. 1987; Ted Hughes, D. Eisenmann, Kinderb. 1987; Pearl S. Buck, Frau Star 1988; Ted Hughes, Der Rüssel 1991; Roald Dahl, D. Pastor v. Nibbleswick 1992, alle Titel aus d. Engl. - 1979 Förderungspreis Land NRW; 1982 Preis d. 2. NRW-Autorentreffens; 1984 Würzburger Lit.preis - Spr.: Engl., Ital.

GUZZONI, Ute
Dr. phil., Prof. f. Philosophie - Hildastr. 56, 7800 Freiburg/Br. - Geb. 2. Nov. 1934 Greifswald - Promot. 1961; Habil. 1969 - S. 1969 Doz. u. Prof. (1976) Univ. Freiburg. Facharb.

GWINNER, Manfred P.
Dr. rer. nat., Dipl.-Geol., Prof. f. Geologie - Gundelsheimer Str. 3, 7100 Heilbronn/N. (T. 7 74 73) - Geb. 24. Juni 1926 Stuttgart, verh. (Ehefr.: Isolde), 2 Söhne (Albrecht, Gerald) - TH Stuttgart (Dipl.-Geol.). Promot. u. Habil. Stuttgart - S. 1961 Doz. u. apl., s. 1975 o. Prof. Univ. Stuttgart, dazw. Univ. Mannheim - BV: D. Schwäb. Jura, 1962 (m. Geyer); Geol. v. Baden-Württ., 4. A. 1991 (m. dems.); Geometr. Grundl. d. Geol., 1965; Geol. d. Alpen, 2. A. 1978; Nordwürtt., 1971 (m. Bachmann); Geol. Führer Stuttgart, 1976 (m. Hinkelbein); Upper Jurassic of SW-Germany, 1976; Einführ. i. d. Geologie, 1979; D. Schwäb. Alb u. ihr Vorland, 3. A. 1984 - 1972 Korr. Mitgl. Österr. Geol. Ges. - Spr.: Engl.

GYSEL, Gottfried
Dipl.-Ing., Vorstandsmitgl. Rheinkraftwerk Säckingen AG. - Murger Weg 1, 7880 Säckingen/Baden - Geb. 25. Jan. 1911.

H

HAACK, Dieter
Dr. jur., Bundesminister a.D., MdB (s. 1969; Wahlkreis 228/Erlangen; 1971-72 Vors. SPD-Landesgruppe Bayern) - Loewenichstr. 19, 8520 Erlangen (T. 2 21 59; Amt: Bonn 60 21) - Geb. 9. Juni 1934 Karlsruhe (Vater: Dr. Albrecht H., Chemiker; Mutter: Irmgard, geb. Faber), ev., verh. s. 1959 m. Ursula, geb. Dostert, 4 Kd. (Katrin, Dorothee, Matthias, Manuel) - Gymn.; Stud. Rechtswiss. Promot. 1961 Erlangen - 1962-63 bayer. Staatsdst. (Reg.sass.); 1963-69 Bundesmin. f. gesamtdt. Fragen (1966 ff. Ref. Min.büro Wehner; zul. Reg.dir.); 1978-82 Bundesmin. f. Raumordn. u. Städtebau. SPD s. 1961 - 1981 Bayer. VO.

HAACK, Dietmar
Dr. phil., o. Prof. f. Anglistik m. Schwerp. Amerikanistik GH Duisburg - Falkstr. 129, 4100 Duisburg 1.

HAACK, Karl-Hermann

Apotheker, Mitglied d. Deutschen Bundestages (s. 1987) - Mittelstr. 5, 4923 Extertal (T. 05262 - 31 09) - Geb. 17. Febr. 1940 Extertal-Bösingfeld, ev., verh. s. 1967 m. Brigitte, geb. Such, 2 Kd. (Jochen, Ulrieke) - Abit. 1961 (Engelbert-Kämpfer-Gymn., Lemgo); Praktikum 1961-63 Hirsch-Apoth., Oerlinghausen; Stud. 1964-67 Pharmazie FU Berlin, Stud. 1967-69 Gesch., Politik, Soziol. FU Berlin - 1965/66 Vors. Fachverb. Pharmazie Verb. Dt. Studentensch.; 1967 intern. Verwaltungsprakt.; 1969-71 Tätigk. b. Bundesverb. Pharmazeut. Industr. Frankfurt; 1971 Übern. elterl. Apoth. Extertal-Bösingfeld - 1968 Eintr. SPD; 1972-88 Vors. SPD-Ortsverein Bösingfeld; 1973-87 Mitgl. Kreistag Lippe m. Tätigk.schwerpunkt Kommunal-, Jugend-, Sozial- u. Gesundheitspolit.; 1978-84 Vors. Jugendwohlfahrtaussch.; 1984-87 Vors. Krankenhausaussch.; s. 1975 Mitgl. d. Rates d. Gemeinde Extertal; s. 1979 Bürgermeister Gemeinde Extertal; 1978-87 Mitgl. Landschaftsverb. Westf.-Lippe.

HAACK, Wolfgang
Dr. phil. nat., Dr. phil. h. c., Dr. rer. nat. h. c., o. Prof. f. Mathematik (emerit. s. 1968) - Koenigsallee 55b, 1000 Berlin 33 (T. 826 32 26) - Geb. 24. April 1902 Gotha (Vater: Prof. Dr. Hermann H., Geograph; Mutter: geb. König), verh. s. 1936 m. Dr. Marianne, geb. Blumentritt †1985 - Promot. 1926 Jena; Habil. 1929 TH Danzig - 1938 ao., 1940 o. Prof. TH Karlsruhe, 1944 TH, 1949 TU Berlin (Dir. Inst. f. Math. u. Mech.), 1950-68 Hon.-Prof. FU Univ. Dir. (1959) Sektor Math. Hahn-Meitner-Inst. f.

Kernforsch. ebd. Erf.: Geschoßformen kleinsten Widerstandes (1941), Automation Flugsicherungsdst. durch Computer (1964) - 1961/62 Vors. Dt. Mathematiker-Vereinig. - BV: Differentialgeometrie, 2. T. 1948/49; Darstellende Geometrie, 3 T. 1954/57; Elementare Differentialgeometrie, 1955; Vorles. üb. Partielle u. Pfaffsche Differentialgleichungen, 1969, engl. 1972 (m. W. Wendland) - Ehrendoktor Univ. Jyväskylä (1975) u. FU Berlin (1982); 1983 BVK I. Kl. - Lit.: In honor of Prof. Dr. W. H. (Applic. Analysis 2, 1972); z. 80 Geb. v. W. H. (in: Math. Meth. in the Appl., 1982).

HAACKE, Johannes
Dr. rer. pol., Dipl.-Kfm., Geschäftsleitung Allcaps GmbH, Backnang - Marderweg 4, 7268 Gechingen (T. 07056 - 30 98) - Geb. 22. Okt. 1929.

HAACKE, Wilmont
Dr. phil. habil., o. Prof. f. Publizistik (emerit.) - Ludwig-Beck-Str. 5, 3400 Göttingen - Geb. 4. März 1911 Montjoie (Vater: Hermann H., Studienrat; Mutter: Elfriede, geb. Eisenträger), ev., verh. in 2. Ehe (1963) m. Ruth, geb. Usselmann, 3 Kd. (Felicitas a. 1. E., Percy, Eva) - Univ. Göttingen, Berlin (Promot. 1937), Wien, Prag. Habil. 1942 Prag - 1936-39 Feuilletonredakteur Berliner Tageblatt, Korrespondent European Herald, 1939-42 Assistent Institut für Zeitungswissensch. Univ. Wien, 1942-46 Dir. Inst. f. Ztg.wiss. Univ. Freiburg/Br., 1946-47 Leit. d. Pressest. u. Pressereferat. Univ. Mainz, 1947-49 Verlagsdir., dann Assist. Inst. f. Publizistik (b. 1953) u. 1953-63 Lehrbeauftr. f. Pressegesch. Universität Münster, s. 1953 Doz., apl. Prof. (1955) u. Leit. Inst. f. Publizistik Hochsch. f. Sozialwiss. Wilhelmshaven (b. Auflös.), 1963-72 Ord. u. Inst.-Dir. Univ. Göttingen. 1951-67 Vertr. d. Bundes b. Arbeits- u. Hauptaussch. Freiw. Filmkontrolle - BV: Notizbuch d. Herzens, Feuill. 1941; D. Jugendliebe, N. 1943; Handb. d. Feuilletons, 3 Bde. 1951/53; D. Zeitschrift - Schr. d. Zeit, 1961; Aspekte u. Probleme d. Filmkritik, 1962; Publizistik - Elemente u. Probleme, 1962; D. polit. Ztschr., I 1968, II 1982; Erscheinung u. Begriff d. polit. Ztschr., 1968; Publizistik u. Ges., 1970. Herausg.: D. Luftschaukel (Feuill.-Anthol., 1939), D. Ringelspiel (Wiener Feuill.-Anthol., 1940), Einer bläst d. Hirtenflöte (Feuill.-Auswahl v. Victor Auburtin, 1941), Schalmei (Nachlaßausw. v. V. Auburtin, 1948), Federleichtes (Neue Feuill.-Ausw. v. V. Auburtin) 1953, Facsimile Querschnitt durch d. „Querschnitt" (m. A. v. Baeyer) 1968. Mithrsg.: Ztschr. Publizistik, Vierteljahreshefte f. Kommunikationsforsch. (s. 1956), Verlagspraxis (1964-71) - Liebh.: Reisen - Spr.: Franz., Engl. - Bek. Vorf.: Johann Caspar H., Theaterdir., Lehrer d. Neuberin (Karoline Neuber), Lit.: Festschr. f. W. H. Publizist. als Gesellschaftswissensch. (1973), Publizistik 1961, 6. Jg. Heft 2; 1971, 16. Jg. Heft 1; 1981, 26. Jg. Heft 1; 1991, 36. Jg. Heft 1.

HAACKE, Wolfhart

Dr. rer. nat., Prof. f. Mathematik GH Paderborn - Tannenweg 11, 4790 Paderborn/W. - Geb. 23. Mai 1919 Berlin - Stud. Math. Promot. 1951 - Tätigk. TH Braunschweig u. Ingenieursch. Dortmund. Facharb.

HAACKER, Klaus

Dr. theol., Prof. f. Neues Testament Kirchl. Hochschule Wuppertal - Missionsstr. 1b, 5600 Wuppertal 2 - Geb. 26. Aug. 1942 Wiesbaden (Vater: Bernhard H., Bäckerm.; Mutter: Erna, geb. Dreßler), ev., verh. s. 1964 m. Dorothea, geb. Damrath, 2 S. (Markus, Christoph) - 1961-67 Stud. Ev. Theol.; Ex. 1967 Heidelberg, Promot. 1970 Mainz - 1970-74 Inst. Judaicum Tübingen; ab 1974 Lehrst. Neues Testament Wuppertal. S. 1970 Mithrsg.: Theol. Beiträge - BV: D. Stiftg. d. Heils. Unters. z. johanneischen Theol., (Diss.) 1972; D. Autorität d. Hl. Schrift, 1972 (finn. Übers. 1975); Neutestamentl. Wiss. E. Einf. in Fragestell. u. Meth., 1981, 2. A. 1985; Aus d. Freiheit leben. Kleinere Paulusbriefe I: Galater - Thessalonicher - Philemon (Bibelausleg. f. d. Praxis Bd. 23), 1982; Wege d. Wortes. Apostelgesch. (Bibelausl. f. d. Praxis Bd. 20); 1984; Grüße an Orpheus, Ged. 1986; Hebraica Veritas. D. hebr. Grundlage d. bibl. Theol. als exeg. u. syst. Aufgabe, 1989.

ten HAAF, Wilm

Regisseur - Savitsstr. 45, 8000 München 61 (T. 93 23 07) - Geb. 24. Febr. 1915 Emmerich/Rh., kath., verh. s. 1955 m. Czita, geb. Schneider - Gymn.; Stud. German. u. Theaterwiss. - 1950-52 Oberspiell. Radio Saarbrücken; 1952-56 OSpL Bayer. Rundfunk (Fernsehen); s. 1962 Fernsehberat d. Int. Saarl. Rundfunk. Üb. 120 gr. Produktionen, dar. Gaslicht, Mariana Pineda, Judith, Ostern, Wölfe u. Schafe. FS: D. Geisterbehörde, Alberta u. Alice od. D. Unterwerf. (1981). Bühneninsz.: Bernarda Albas Haus, D. Troubadour, Nacht in Venedig u. v. a.

HAAG, Ansgar

Regisseur - Schnurgasse 25, 7118 Künzelsau - Geb. 5. Juli 1955, kath., led. - Stud. Theaterwiss., Psych., Amerikanist. Univ. München, Dramatic Art Inst., Berkeley CA, USA - Hörsp. (Autor) Hess. Rundf., Frankfurt, ORF Studio Graz, 1980/83. S. 1979 Insz. Bonn, Darmstadt, Krefeld-Mönchengladbach, Ulm, Leningrad, UdSSR, Schauspielhaus Zürich. S. 1986 Spielleit. Staatstheater Darmstadt. S. 1989 Oberspielleiter Salzburger Landestheater - Spr.: Engl.

HAAG, Ernst

Dr. theol., Lic. bibl., o. Prof. f. Alttestamentl. Exegese - Sickingenstr. 35, 5500 Trier/Mosel (T. 4 20 09) - Geb. 6. Febr. 1932 Trier, kath. - S. 1963 Lehrtätigk. Theol. Fak. Trier (1968 Ord.) - BV: Studien z. Buche Judith, 1963; D. Mensch am Anfang, 1970; D. Buch Jeremia I, 1973; II, 1977; D. Errett. Daniels aus d. Löwengrube. Untersuch. z. Ursprung d. bibl. Danieltradition, 1983; V. Sabbat z. Sonntag, 1991.

HAAG, Gerhard

Dr. rer. pol., Dipl.-Ing., Wirtschaftsingenieur - Plattenwaldallee 125, 7150 Backnang (T. 07191 - 6 53 10) - Geb. 24. Juni 1920 Gräfenhainichen (Vater: Carl H., Betriebsleit.; Mutter: Emmy, geb. Koch), ev., verh. s. 1946 m. Marianne, geb. Schmortte, 2 S. (Helmut, Ulrich) - TU Berlin (Dipl.-Ing. 1947, Promot. 1958) - Generalbevollm. AEG i. R.; 1972-84 Vorst.-Mitgl. ZVEI - BV: Theorie d. Materialdisposition (Diss.) - 1984 Goldene Ehrenplak. ZVEI; 1986 BVK am Bde. - Spr.: Engl., Franz.

HAAG, Helmut

Journalist, SDR-Studioleiter Karlsruhe i.R., Dozent am IFM/Journalistenschule Bruchsal - Schwarzwaldstr. 8, 7501 Marxzell-Burbach (T. 07248 - 18 66) - Geb. 29. März 1922 Karlsruhe/Bd. - Rotarier.

HAAG, Helmut

Dipl.-Physiker, Direktor, Vertriebsleiter Nachrichtenbereich AEG KABEL AG - 4050 Mönchengladbach 2 - Geb. 17. Jan. 1948 Berlin, ev., verh. s. 1974 m. Susanne, geb. Kucera, 2 Töcht. (Melanie, Daniela) - Stud. TU Stuttgart, Dipl.-Physik 1975 - Üb. 20 Patente auf d. Gebiet d. Kabeltechnik - Zahlr. Veröff. im In- u. Ausl. üb. Nachrichtenkabeltechnik, insb. Lichtwellenleiter-Luftkabel - Liebh.: Ski, Tennis - Spr.: Engl., Franz.

HAAG, Herbert

Dr. theol., o. Prof. f. Alttestamentl. Theologie - Haldenstr. 26, 6006 Luzern/Schweiz - Geb. 11. Febr. 1915 Singen/Hohentw. (Vater: Reinhold H.; Mutter: Stephanie, geb. Kälin), kath. - Stud. Phil., Theol., Oriental. Rom (1934-39), Paris (1939-41), Fribourg (1941-42). Promot. 1942 Fribourg; Lic. f. Bibelwiss. 1947 Rom - S. 1948 o. Prof. Theol. Fak. Luzern u. Univ. Tübingen (1960). 1964-73 Vors. Kath. Bibelwerk Stuttgart - BV: D. Handschriftenfunde in d. Wüste Juda, 2. A. 1966; Bibl. Schöpfungslehre u. kirchl. Erbsündenlehre, 4. A. 1968 (auch engl., ital., span.); Abschied v. Teufel, 8. A. 1990 (auch franz., ital., niederl., span.); V. alten zum neuen Pascha, 1971 (auch ital., span.); D. Land d. Bibel 1976, 3. A. 1989; D. Buch d. Bundes. Aufs. z. Bibel u. zu ihrer Welt, 1980; D. Gottesknecht bei Deutero-Jesaja, 1985; Mein Weg mit d. Kirche, 1991 - Herausg.: Bibel-Lexikon (2. A. 1968; auch engl., ital., span.); Bibl. Wörterb. (1971; auch span.); Teufelsglaube (1974, 2. A. 1980; auch ital., span.); Vor d. Bösen ratlos? (2. A. 1989); Wenn er mich doch küßte. D. Hohe Lied d. Liebe (1983, 2. A. 1985); Stört nicht die Liebe (1986, 3. A. 1989 u. 1990) (bde. m. K. Elliger). Mithrsg.: Theol. Quartalschrift (1960ff.); Ursprung u. Wesen d. Menschen (1968) - Spr.: Engl., Franz., Ital., Niederl., Span., Hebr., Arab., Pers.

HAAG, Karl-Heinz

Dr. phil. (habil.), Prof., Philosoph - Königsteiner Str. 64, 6230 Frankfurt/M.-Höchst - Geb. 17. Okt. 1924 Höchst/M. - S. 1956 Lehrtätigk. Univ. Frankfurt (1962 apl. Prof.) - BV: u. a. Kritik d. neueren Ontologie, 1960; D. Lehre v. Sein in d. mod. Phil., 1963; Phil. Idealismus, 1967; D. Fortschr. d. Phil., 1984.

HAAG, Klaus

Schriftsteller (Ps. Nikolas Holland), Sprachkorresp., Übers., Dolmetscher, Philologe - Zu erreichen üb. Postfach 11 12, 6823 Neulußheim/Baden (T. 06205-3 21 39) - Geb. 13. Dez. 1954 Neulußheim/Baden, led. - Stud. Übers. u. Dolm., German., Ling. u. Phil. Univ. Heidelberg - Mitgl. Verb. Dt. Schriftst. u. div. literar. Vereinig.; Theaterarb. in fr. Theatergr. (u.a. 1981 Hrsg. u. Mitverf. d. Revue Manche habens Mühsam) - BV: Lebendig oder tot ..., Erz. 1978; D. Existenz d. Herrn Wussnik, Gesch. 1980; D. erste Grad d. Freiheit, R. 1985. Herausg.: D. Beerdigung v. P.A. Kropotkin in Moskau (zweispr. Bildbd., 1988); D. tausendköpfige Drache. Herrschaftssystem u. Protesttradition in d. Geschichte Chinas (1991) - 1980 u. 1982 Mannheimer Lit.pr. - Liebh.: Büchersammeln, Lesen, Gesch., Reisen - Spr.: Engl., Span. - Lit.: D. M. Graef: K. Haag, e. kreativer Schnellschreiber in: Künstlerporträt Rhld.-Pfalz, Kürschners Dt. Lit.kalender (s. 1981), Autoren in Baden-Württ. (s. 1991).

HAAG, Rudolf

Dr. rer. nat., Dr. h.c., o. Prof. II. Inst. f. Theoret. Phys. Univ. Hamburg (s. 1966) - Oeltingsallee 20, 2080 Pinneberg (T. 6 22 44) - Geb. 17. Aug. 1922 Tübingen (Vater: Albert H., Studienrat; Mutter: Anna, geb. Schaich; Schriftst. s. unt. Anna Haag), ev., verh. s. 1948 m. Kaethe, geb. Fues, 4 Kd. (Albert, Friedrich, Elisabeth, Ulrich) - TH Stuttgart (1946-48), Univ. München (1948-51; Physik). Promot. (1951) u. Habil. (1954) München - 1951-54 Assist., 1954-56 Doz. Univ. München. Gastprof. Princeton Univ. (1957-59), Univ. Marseille (1959-60), Univ. of Illinois (1960-66). Spez. Arbeitsgeb.: Theorie d. Elementarteilchen, Grundl. d. Quantenphysik. Üb. 30 Fachaufs. - 1970 Max-Planck-Med. Dt. Physikal. Ges.; 1979 Ehrendoktor Univ. Aix-Marseille - Spr.: Engl., Franz.

HAAGE, Bernhard Dietrich

Dr. phil. habil., Dr. med. habil., Priv.-Doz., Akad. Oberrat, Schriftst. - V.-Berlichingen-Str. 15, 6990 Bad Mergentheim - Geb. 5. Okt. 1942 Olmütz/Mähren (Vater: Walter H., Gymnasialprof.; Mutter: Utha, geb. Weiser), kath.. verh. s. 1969 m. Gudrun, geb. Enger - 1961-69 Univ. Heidelberg, Berlin (FU), London, München. Promot. 1968. Staatsex. 1969, beides Heidelberg, Habil. (med.) 1988 Univ. Würzburg, Habil. (phil.) 1990 Univ. Mannheim - B. 1974 Kath. Univ. Nijmegen, dann Univ. Mannheim - BV: D. Traktat v. dreierlei Wesen d. Menschen, 1968 (Diss.); D. Arzneib. d. Erhart Hesel, 1972; D. Kunstbüchl. d. Alchemisten Caspar Hartung v. Hoff, 1975; V. d. Minnenden Seele, 1983; Heidelbg. Schicksalsb.. 1981; Sternzeichen aus e. alten Schicksalsb., 1982; Wolframs Parzival als Gegenstand medizinhistor. Forsch., 1988 - Spr.: Lat., Engl., Niederl., Franz.

HAAGER, Karl

Dr. jur., Bundesverfassungsrichter - Schloßbezirk 3, 7500 Karlsruhe - Geb. 25. Febr. 1911 Mannheim - Univ. Heidelberg - S. 1955 BGH u. BVG (1962). 1939-45 Wehrdst. (zul. Oblt.).

HAAGMANN, Hans Günter

Leit. Direktor d. Staatl. Zentralstelle f. Fernunterricht d. Länder d. Bundesrep. Deutschl. (ZFU) a. D., Köln - Petersbergstr. 12, 5307 Wachtberg-Liessem (T. 0228 - 34 36 71) - Verh. s. 1949 m. Helga, geb. Bernhard, S. Holger - Gymn.; Stud. Phil., Staatsex. 1948; Referf.; Ass. - Doz. VHS; Lehrbeauftr.; Gymnasiallehrer; Ministerref. Kultusmin. NW; stv. Abteilungsleit. Kultusministerkonf.; Geschf. ZFU; s. 1977 leit. Dir. ZFU; 1956-60 Mitgl. Rundfunkrat WDR; s. 1973 Mitgl. in Bund-Länder Bildungsgrem., in europ. Bildungsgrem.; 1987 Gen.Sekr. Interparlam. Ges. Bildungsmedien, Bonn - BV: Form, Text d. Ratgeber f. Fernunterr., jährl. s. 1977; D. dt. Fernsch., 1968; Z. Didaktik d. Fernunterr., 1970; Bildungschance Fernunterr., 1974; Fernunterr., Stufen z. berufl. Erfolg, 1978; Info-Buch i. A. d. AA üb. berufl. Weiterbild. Deutscher u. Deutschsprech. im Ausland, 1989 - EK I u. II; 1974 Goldmed. f. Verd. um d. Fernlehrwesen d. AkF; 1979 BVK; 1983 Ehrenkr. f. Wiss. u. Kunst 1. Kl. d. Rep. Österr.; 1987 BVK I. Kl. - Spr.: Engl., Franz. - Lit.: u.a. Handb. d. Erwachsenenbild., 1978; Schule u. Unterr., 1981; D. Gr. Bertelsmann Lexikothek u. Wege zu Wissen u. Bildung, 1984.

HAAK, Dieter

Dr. jur., Landesminister a. D., MdL (1975-80 Fraktionsvors. SPD) - Wildestr. 22, 5800 Hagen/W. (T. 5 31 80) - Geb. 18. März 1938 Breckerfeld/W., verh., 3 Kd. - Gymn.; Stud. Rechts- u. Staatswiss. Beide jurist. Staatsprüf. - S. 1968 Staatsdst. NRW (zul. 1980ff. Min. f. Bundesangelegenh., 1984-85 Justizminister NRW). 1969ff. Ratsherr Hagen. SPD s. 1962 (1984 Vorst.-Mitgl.).

HAAK, Friedhelm Erich

Dr. rer. pol., Geschäftsführer Verlagsges. Madsack GmbH & Co. (Hannoversche Allgemeine Zeitung, Neue Presse, Göttinger Tageblatt) - Zeppelinstr. 1, 3000 Hannover 1 - Geb. 11. Nov. 1945 Boekzetelerfehn/Ostfriesl., verh. s. 1983 m. Renate, geb. Hilterhaus - Stud. Betriebsw. TU u. FU Berlin, Dipl.-Kfm.; Stud. pol. Wiss. FU Berlin, Dr. rer. pol. 1974; Stud. Publiz. FU Berlin u. UC Berkeley/USA - Div. Fachveröff. im Bereich Informationswiss. - Spr.: Engl., Franz., Span.

HAAKE, Manfred

Dr., Prof. f. Pharmazeut. Chemie Univ. Marburg - Vogelsbergstr. 33, 3550 Marburg.

HAAN, Jürgen

Dr. med., Wiss. Rat, Prof. f. Pharmakologie u. pathol. Physiol. TU Braunschweig (s. 1972) - Schulstr., 3171 Wedesbüttel.

HAAR, Ernst

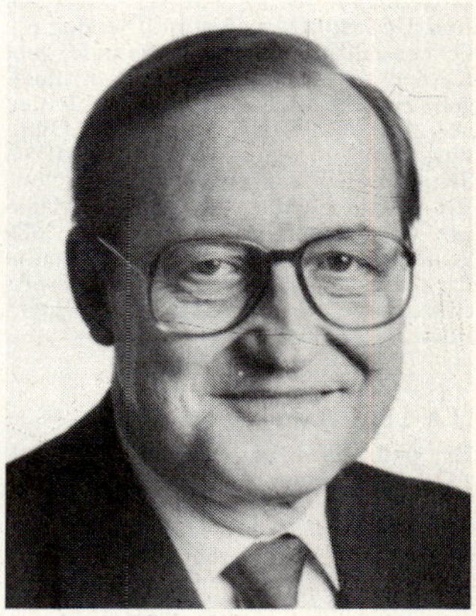

Parlam. Staatssekretär a. D., MdB (1965-90), Mitgl. Reg.kommission Bahn - Kurt-Moosdorf-Str. 68, 6368 Bad Vilbel - Geb. 26. Jan. 1925 Stuttgart - 1979-88 Vors. d. GdED; 1982-90 Vizepräs. d. VR d. DB; s. 1989 Federführg. im Hilfsfonds Russland - 1986 Gr. BVK m. Stern - Liebh.: Musik, Philatelie.

HAAR, Richard

Hauptgeschäftsführer Arbeiterwohlfahrt/Bundesverb. - Oppelner Str. 130, 5300 Bonn - Geb. 30. Juni 1929.

HAARBECK, Ako

D. Dr. theol., Landessuperintendent (Bischof) Lipp. Landeskirche (s. 1980) - Gutenbergstr. 18, 4930 Detmold/Lippe (T. Büro: 05231 - 7 40 30/74 03 11) - Geb. 20. Jan. 1932 Hoerstgen/Krs. Moers, ev.-ref., verh. s. 1961 m. Hildegard, geb. Weber, 3 Kd. (Christoph, Kathrin, Tilman) - Stud. Theol.; Promot. 1961 - Pfarrer, 1971 Superint., 1981-86 Vors. EKD-Jugendkammer; s. 1985 Mitgl. Rat d. Ev. Kirche in Deutschl. (EKD); s. 1987 Vors. Dt. Bibelges., Stuttgart - BV: Ludwig Hofacker u. d. Frage nach d. erwecklichen Predigt, 1960; jährl. Bibelwochenheft f. d. Gemeinde, s. 1969; Reden v. Glauben, 1989.

HAAREN, van, Kurt

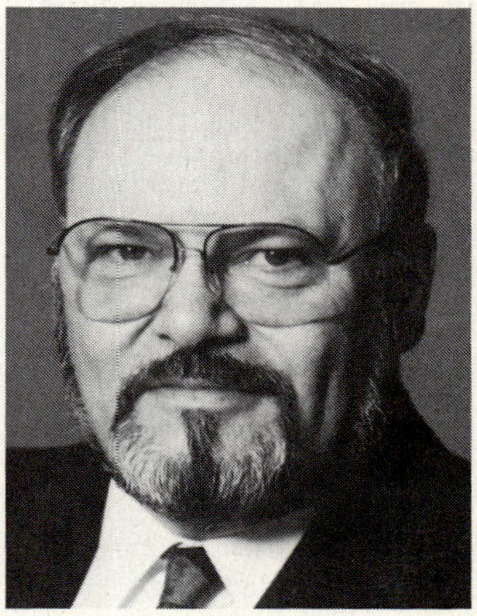

Vorsitzender Dt. Postgewerkschaft/DPG (1982ff.) - Rhonestr. 2, 6000 Frankfurt/M. 71 - Geb. 1938 Emmerich/Rh. (Vater: Betriebsschlosser) - Volkssch. - Postdst., Sozialarbeiterex. - S. 1982 Mitgl. d. Weltvorst. d. IPTT; s. 1983 Vors. d.

Europavorst. d. Intern. d. Personals d. Post-, Telefon- u. Telegraphenbetr. (IPTT); b. 1989 stv. VR-Vors. DBP; s. 1989 stv. AR-Vors. DBP-Unternehmen Postdienst. Zul. Bezirksvors. Bremen/Weser-Ems DPG. SPD s. 1963.

HAARER, Dietrich
Dr. rer. nat., Prof. f. Exper. Physik Univ. Bayreuth - Hangweg 30, 8580 Bayreuth (T. 0921 - 9 32 99) - Geb. 23. Juni 1938 Stuttgart (Vater: Theodor H., Gymnasiallehrer; Mutter: Mathilde, geb. Kayßer), ev., verh. s. 1966 m. Arnhild, geb. Beduhn, 3 Kd. (Franziska, Johannes, Stefanie) - Univ. Stuttgart; Dipl.-Phys. 1966, Promot. 1969, 1970-80 IBM, San Jose/USA (postdoctoral fellow, Res., Staff member, Res. Group Manager u. Departm.-Manager) - S. 1980 Prof., Lehrst. f. Exp. Phys. in Bayreuth. Pat. im Ber. d. opt. Informationsspeicher. Veröff. in engl. Spr. - Spr.: Engl., Franz.

HAARMANN, Dieter
Dr. phil., Prof. f. Didaktik d. Grundschule - Severusstr. 60, 6000 Frankfurt/M. 50 - Geb. 5. April 1926 - Promot. 1969 Frankfurt - S. 1970 Studienrat u. Prof. (1972) Univ. Frankfurt (Fachbereich Erziehungswiss.). Fachveröff.

HAARMANN, Ulrich
Dr. phil., B. A., Prof. f. Orientalistik - Universität, 7800 Freiburg/Br. - Geb. 22. Sept. 1942 Stuttgart - B. A. 1965 Princeton; Promot. 1969 u. Habil. 1972 Freiburg - B. 1971 DAI Kairo, dann Univ. Freiburg (1976 Prof.). Gastprof. Univ. Kairo, McGill Montréal u. Los Angeles, 1978-80 Dir. Orient-Inst. Dt. Morgenländ. Ges. Beirut; 1987 Mitgl. Inst. for Advanced Study Princeton. Fachveröff. - 1971 Preis Freibg. Wiss. Ges., 1980 Gold. Med. libanes. Kulturmin.

HAARS, Karl-Heinz
Dipl.-Kaufmann - Eichenkamp 18, 3300 Braunschweig - Geb. 14. Sept. 1939, verh. m. Elke, geb. Endres - Vorst.-Mitgl. DUEWAG AG, Krefeld.

HAAS, Axel
Dr., Gf. Gesellschafter Erzquell Brauerei Bielstein Haas u. Co. KG u. Erzquell Brauerei Siegtal Haas u. Co. KG - 5276 Wiehl-Bielstein - Geb. 30. Mai 1945 - Stud. Betriebsw. (Ex. 1972), Promot. 1974.

HAAS, Erwin
Dr. med., Prof., Direktor d. Klinik f. HNO-Krankh. u. Plast. Gesichtschir. - St. Vincentius-Krankenhaus, 7500 Karlsruhe - Geb. 18. Sept. 1923 Mainz, kath., verh. s. 1953 m. Dr. med. dent. Gerda, geb. Baur (Zahnärztin) - S. Habil. Lehrtätigk. Univ. Mainz (1965 apl. Prof. f. HNOheilkd.). Spez. plast. Gesichts- u. Halschir. Mitarb.: Handb. d. plast. Chir. (1968), Hb. d. Lokalanästhesie (1973), Hb. d. HNO-Heilkunde (1976).

HAAS, Franz Josef
Rechtsanwalt u. Notar, Fachanwalt f. Steuerrecht, Vors. Arbeitsgem. d. Fachanwälte f. Steuerrecht u. Vorst.-Vors. Dt. Anwaltsinst., bde. Bochum - Brüderstr. 2, 4630 Bochum.

HAAS, de, Friederike
Parlamentarische Staatssekretärin f. Gleichstellung v. Frau u. Mann, MdL - Bautzner Str. 74, O-8060 Dresden - Geb. 16. Aug. 1944 Bielata/Kr. Pirna, ev., verh. m. Dr. med. F.-E. de H., 4 Kd. (Cornelius, Franziska, Veronika, Konstantin) - 1963 Abit. Dresden; 1965

Säuglings- u. Kinderkrankenschw. Ev. Paul-Gerhardt-Stift, Wittenberg.

HAAS, Gerhard
Dr. rer. nat., Dipl.-Phys., Prokurist i. R., ehem. Vors. Normenaussch. Informationsverarb./DIN, Berlin (1972-81) - Behnkeweg 35, 2085 Quickborn - Geb. 27. Jan. 1920 Troppau/Schles. (Vater: Dr. med. August H., Arzt; Mutter: Angela, geb. Lichnofsky), verh. s. 1953 m. Gertrud, geb. Lauschmann - TH Brünn, Univ. Kiel (Dipl. 1950, Promot. 1952) - 1956-61 Techn.-wiss. Berat. Valvo GmbH, Hamburg; 1961-81 Prok. Philips GmbH u. Leit. Abt. Datenverarb./Forschungslabor. Hamburg - BV: Grundl. u. Bauelemente elektron. Rechenmaschinen, 1961 (engl., franz., span.) - 1975 DIN-Ehrennadel - Liebh.: Natur- u. Tierphotogr., Zeitgesch., Anthropol. - Zahlr. Erf. auf elektron. u. elektromech. Gebiet.

HAAS, Gerhard
Dr. phil., Prof. f. Dt. Sprache u. Lit. PH Heidelberg (s. 1987) - Friedrich-List-Str. 31, 7408 Kusterdingen - Geb. 12. April 1929 Weiden/N. - Promot. 1966 - S. 1970 Prof. PH Reutlingen - Bücher u. Aufs. zu Essay, Jugend-Lit. u. Lit.didaktik, Phantastik. Mithrsg. d. Ztschr. Praxis Deutsch.

HAAS, Gottfried
Dr., Botschaftsrat, Wirschaftsref. Botschaft d. BRD in Singapur - Orchard Road 545,, Singapore 9.

HAAS, Hans
Dr. med., Honorarprofessor Univ. Heidelberg (s. 1966) - Ettlinger Str. 10, 7506 Bad Herrenalb (T. 07083 - 42 76) - Geb. 23. Jan. 1907 Kleve, kath., verw., 2 Kd. (Brigitte, Rainer) - Promot. Düsseldorf; Doz. 1942 Leipzig, 1946 Prof. Bonn - Entd.: Arzneimittel: Ispotin, Akineton u.a. - BV: Spiegel d. Arznei, 1956; Ursprung, Gesch. u. Idee d. Arzneimitteklkd., 1980; Parabeln d. Kräutermed. 1989; Arzneipflanzenkunde, 1991 - Spr.: Engl.

HAAS, Hans-Dieter
Dr. phil., Prof. f. Wirtschaftsgeographie - Zirler Str. 1, 8038 Gröbenzell (T. 08142 - 77 46) - Geb. 4. Okt. 1943 Wirsitz - Abit. 1963; Univ. Tübingen, Promot. 1969, Habil. 1976 - 1969 Wiss. Assist., 1972 Akad. Rat, 1976 Priv. Doz., 1979 Prof. Univ. München - BV: Junge Ind.ansiedl. im n.ö. Bad.-Württ., 1970; Wirtsch.sgeogr. Faktoren i. Gebiet d. Stadt Esslingen, 1972; D. Industrialisierungsbestr. auf d. Westind. Inseln, 1976 - 1977 Jubil.smed. Univ. Tübingen. - Engl., Franz.

HAAS, Hans-Georg
Dr. phil., Dr. med., o. Prof. f. Physiologie u. Institutsdir. (II) Univ. Bonn (s. 1972) - Nußallee 11, 5300 Bonn; priv.: Büchsenacker 11, 6904 Ziegelhausen - Zul. Privatdoz. Univ. Heidelberg.

HAAS, Helmut
Dr., Geschäftsführer Geschäftsbauten GmbH - Königstr. 4, 7000 Stuttgart 1; priv.: Friedrich-Siller-Str. 20, 7041 Kornwestheim/Württ. - Geb. 21. Okt. 1929.

HAAS, Herbert
Dr. phil. nat., Ltd. Bibliotheksdirektor a. D. - Zul. 6900 Heidelberg 1 - Geb. 11. Juli 1910 Bruchsal (Vater: Jakob H., Oberpostinsp.; Mutter: Ottilie, geb. Bulling), ev., verh. s. 1940 m. Thea, geb. Kämpf, T. Heide - Oberrealsch. Bruchsal; 1929-33 Univ. Heidelberg (Naturwiss.). Promot. 1933 (Mineral.), s. 1935 Univ.Biblioth. Heidelberg, 1937-38 Bayer. Staatsb. München, 1966-75 Univ.B. Mannheim (Ltd.Dir.) - Ztschr.beitr.

HAAS, Hermann Josef
Dr. rer. nat., Prof. f. Medizinische Biochemie Univ. d. Saarlandes - In der Dell 4, 6650 Homburg/Saar - Geb. 31. März 1929 Heidelberg (Vater: Dr. Anton H., Prof.; Mutter: Hildegard, geb. Freundgen), kath., verh. s. 1964 m. Anneliese, geb. Schmitz - Dipl.-Chemiker 1956, Promot. 1958, Habil. 1964 f. Physiol. Chemie; 1958 Wiss. Mitarb. Max-Planck-Inst. Heidelberg; 1970 Prof. Univ. d. Saarl. (1979-81 Dekan) - Spr.: Engl.

HAAS, Jean Peter
Dr. med., Prof., Arzt f. Radiologie u. Nuklearmedizin, Chefarzt Radiologisches Inst. Städt. Kliniken - Pacelliallee 4, 6400 Fulda - Geb. 22. März 1932 Mainz - Lehrtätigk. Univ. Mainz (Prof. f. Radiol.).

HAAS, Karl
I. Bürgermeister (s. 1978) - Rathaus, 8343 Triftern/Ndb. - Geb. 2. März 1922 Neckargemünd - Kaufm.

HAAS, Karl-Friedrich
Elektromeister, Präs. Zentralverb. d. Dt. Elektrohandwerks, Frankfurt/M., Vors. Fachverb. Elektrotechnik Hessen ebd. - Hauptstr. 17, 6301 Fernwald 1 Kr. Gießen - Geb. 7. April 1921 - 1981 BVK am Bde., 1987 BVK. I. Kl.

HAAS, Ludwig

Schauspieler - Margeritenstr. 50, 8190 Wolfratshausen (T. 08171 - 2 92 85) - Geb. 16. April 1933 Eutin, gesch. - Staatl. Hochsch. f. Musik u. Theater Hamburg; Dipl. 1953 - Alle wesentl. Charakterrollen an vielen dt. Bühnen; Dr. Dressler in TV-Serie Die Lindenstraße - Spr.: Engl., Franz., Span.

HAAS, Manfred
Stv. Vorstandsvorsitzender d. Sparkassen-Versich. Lebensversich. AG u. Allg. Versich. AG - Löwentorstr. 65, 7000 Stuttgart 50; priv.: Danziger Str. 26, 7076 Waldstetten - Geb. 27. Juli 1940.

HAAS, Otto
Ministerialrat, Präs. d. Bayer. Akad. d. Werbung - Geb. 24. Juni 1920 - Seitnerstr. 29 , 8023 Pullach/Isartal.

HAAS, Rainer
Dr. med., Prof., Kinderarzt (Krebsspezialist) - Lindwurmstr. 4, 8000 München 2 - Geb. 29. Sept. 1936 Leipzig, verh. (Ehefr.: Brigitte, Psychotherapeutin), 3 S. (Hans-Peter, Stefan, Tilmann) - Promot. 1962; Habil. 1970 (Klin. Physiologie) u. 75 (Pädiatrie) - S. 1976 Prof. Univ. München - Liebh.: Sport (Tennis, Squash, Surfen), Wandern, Radfahren - 1971 Wiss.preis Stadt Ulm, 1976 Arthur-Pappenheim-Preis Dt. Ges. f. Hämatologie.

HAAS, Roland
Dr. phil., Direktion Variete Stuttgart u. Stuttgarter Hofkonzerte (s. 1988), Abt.-Leitg. Kulturamt d. Stadt, Öffentlichkeitsarbeit (s. 1989) - Zu erreichen üb. Kulturamt d. Stadt Stuttgart, Eichstr. 9, 7000 Stuttgart 10 (T. 0711 - 216 77 77) - Geb. 4. April 1949 Frankfurt/M., ev., T. Sarah Issaia - Staatsex. f. höh. Lehramt u. Promot. 1974-76 Univ. Frankfurt/M. - 1978-80 Organisationsleit. u. Dramat. Nationalth. Mannheim; 1983 Organisationsleit. u. künstler. Leit. Wiblinger Festsp., Ulm; 1984/85 Leit. Freiburger Theaterfestival; 1982-85 Ref. d. Int. Freiburger Theater; 1985-88 Staatstheater Stuttgart, Schauspiel. Gründ. Theaterztg. in Ulm (1981) u. Freiburg (1983) - BV: Lesend wird sich d. Bürger s. Welt bewußt, 1977; Lehrerjahrb. 1977; Theater lesen, sehen, spielen, 1987. Opernlibretto: Hunger u. Durst (n. Ionescu, UA 1986 Freiburg) - Opern- u. Konzertfestival Ulm (1983); Multimediales Schulprojekt Theater Stuttgart (1986) - 1983 Med. Stadt Ulm - Spr.: Engl.

HAAS, Rudolf
Dr. phil., o. Prof. f. Engl. Philologie (m. bes. Berücks. d. Sprache u. Kultur Nordamerikas) - Moorbirkenkamp 2a, 2000 Hamburg 64 (T. 526 29 31) - Geb. 5. Febr. 1922 Bad Cannstatt - S. 1958 (Habil.) Privatdoz., ao. (1959) u. o. Prof. (1961) Univ. Hamburg (Dir. Sem. f. Engl. Spr. u. Kultur). S. 1966 Mitgl. Wiss.srat - BV: Wege z. engl. Lyrik in Wiss. u. Unterr., 1962; Anglistikstud. u. Englischunterr., 1963; Amerik. Literaturgesch., 1972 ff. Div. Einzelarb.

HAAS, Sandra Ingrid
Komponistin, Texterin u. Sängerin - Utrechter Str. 2, 5024 Pulheim-Stommeln - Geb. 25. Mai 1950 Volkmarsen/Kassel, ledig - Ausb. Gesang u. Gitarre - Repräsent. d. Bundesrep. als Komp. u. Sängerin b. Agustin-Lara-Worldfestival Mexico City, 6. Song Olympiade Athen, Worldsongfestival Seoul, Korea u. Intern. Song-Festival Vina del Mar/Chile. Komp. u. prod. m. Claudio Szenkar unt. d. Ps. Song-Team im eig. Studio. Film-, Fs.- u. Schallplattenmusik. 3 Langspielpl. u. 11 Singles. Zahlr. Auftr. in Funk u. Fs., u.a. Hauptrolle in: Wintermärchen (v. Heinrich Heine, WDR) - Liebh.: Fotogr., Sportschießen, Katzen, Hunde, Lit. - Spr.: Engl. Ital.

HAAS, Walter
Dr.-Ing., Prof. f. Baugeschichte TH Darmstadt (s. 1978) - El Lissitzkystr. 1, 6100 Darmstadt; priv.: Wilramstr. 33, 8000 München 80 - Geb. 4. Okt. 1928 Nürnberg (Vater: Dr. med. Hermann H., prakt. Arzt; Mutter: Hedwig, geb. Rhodius), ev., verh. s. 1957 m. Elfriede, geb. Merz, 3 Kd. (Ulrich, Christine, Rudolf) - Gymn. Nürnberg; 1948-55 TH Stuttgart (Arch.). Dipl.-Ing. (1955) u. Regierungsbaum. (1958) Stuttgart; Promot. 1966 Braunschweig 1958-61 Fr. Mitarb. Landesamt f. Denkmalpflege Rhld.-Pf. Speyer; 1961-78 Ref. f. Bauforsch. Bayer. Landesamt f. Denkmalpfl. München - BV: D. Dom zu Speyer, 3 Bde. 1972 (m. H.-E. Kubach); D. Bamberger Dom, 1973; Romanik in Bayern, 1985 (m. U. Pfistermeister).

HAAS, Walter
Geschäftsführer - Karl-Koch-Str. 3, 4500 Osnabrück (T. 5 19 46) - Geb. 9. Jan.

1920 Osnabrück, verh. s. 1946 m. Else, geb. Nitschke, S. Ralf – Höh. Schule (durch Tod d. Vaters nur b. 1934); Schlosserlehre – Ab. 1938 Maschinenschlosser Klöcknerwerke Osnabrück; 1942-45 Wehrdst.; 1947-54 Angest. Krankenkassenwesen; 1954-63 Kreisgeschäftsf. Arbeiterwohlfahrt Osnabrück; s. 1963 Gf. Bauwesen (Ing.büro) ebd. S. 1946 Ratsmitgl. Osnabrück (1953 Fraktionsvors.). 1959-74 MdL Nieders. (1970-74 Vizepräs.). SPD (Mitgl. Parteirat u. 1968-74 stv. Bezirksvors.).

HAAS, Walter
Dr., Prof., o. Prof. f. germanische Philologie Univ. Freiburg/Schweiz - Stalden 12, CH-1700 Freiburg (T. 037 – 23 15 80) - Geb. 14. Sept. 1942 Kriens/LU (Schweiz), kath., verh. s. 1968 m. Annemarie, geb. Lötscher, T. Anna - Primarlehrpat. 1963 (Hitzkirch); Promot. 1971 (Univ. Freiburg-Schweiz); Habil. 1978 (Univ. Freiburg-Schweiz) - 1963-64 Grundschullehrer; 1971-78 Assis. Univ. Freiburg/Schweiz; 1974-76 Lehrauftr. Univ. Bern; 1978-80 Wiss. Beamter Bundeskanzlei Bern; 1979-80 Lehrauftr. ETH Zürich; 1980-81 Lehrauftr. Univ. Freiburg/Breisg.; 1980-83 Mitarb. Sprachatlas d. dt. Schweiz; 1983-86 Prof. f. germ. Phil., Dir. dt. Sprachatlas I. Philipps-Univ. Marburg - BV: Franz Alois Schumachers Isaac, 1975; Sprachwandel u. Sprachgeogr., 1978; D. Wörterb. d. schweizerdt. Spr., 1981; D. viersprachige Schweiz (Teile I). 1982; Fünf Komödien d. 16. Jh. (zus. m. M. Stern), 1989; Jacob Grimm u. d. dt. Mundarten, 1990 - Spr.: Franz., Ital., Engl., Niederl.

HAAS, Waltraut
Schauspielerin – Künilbergasse 45, A-1130 Wien - Geb. 9. Juni Wien, ev., verh. 1966 m. Erwin Strahl (Schausp.), S. Markus – Volks-, Haupt-, Mode- u. Schauspielsch. - Bühne, Film, Fernsehen. Vornehml. Theatergastsp. Üb. 70 Filme, dar.: Hofrat Geiger, 1. April 2000, Die D. Mädchen f. Pfarrhaus, D. Lied v. Kaprun, Licht d. Liebe, Stimme d. Sehnsucht, D. Bettelstudent, Lumpazivagabundus, Weißes Rößl, Saison in Salzburg, Hochzeitsnacht im Paradies, Mariandl - 1959 Sympathiepreis Filmfestival Mar del Plata (Perle d. Atlantik); Goldenes Ehrenz. d. Stadt Wien - Liebh.: Musik - Spr.: Engl.

HAAS, Werner
Dr.-Ing., Generalbevollm. Direktor u. Mitgl. d. Bereichsvorst. Med. Technik Siemens AG – Henkestr. 127, Postf. 32 60, 8520 Erlangen (T. 09131 - 8 40).

HAASE, Georg
Geschäftsführer Vorwerk & Co. Elektrowerke KG – Mühlenweg 17, 5600 Wuppertal 2 (T. 0202 - 5 64-0, Fax 5 64-13 01) - Geb. 18. Okt. 1941.

HAASE, Gottfried
Rektor, MdL Baden-Württ. (s. 1964) - Schulstr. 16, 7251 Heimsheim (T. Weil d. Stadt 3 12 49) - Geb. 20. Aug. 1923 Dürröhrsdorf/Sa., ev., verh., 4 Kd. - Obersch. Pirna (Reifeprüf. 1942); 1947-48 Päd. Inst. Stuttgart. Beide Prüf. f. d. Lehramt an Volkssch. - 1942-45 Wehrdst. (mehrm., z. T. schwer verwundet); s. 1945 Volksschullehrer u. Rektor (1960) Heimsheim. MdK Leonberg (1959). SPD s. 1946 (1962-68 Kreisvors.).

HAASE, Günter
Dr. rer. nat., Dr. phil. nat. habil., em. o. Prof., Dep. Chemie TU München (s. 1970) – Sommerfeld 4, 8024 Oberhaching/Obb. (T. München 613 33 03) - Geb. 23. Juli 1918 Gelsenkirchen, ev., verh. m. Elisabeth Haase-Scholl, S. Dr. phil. Wolfgang Haase – Studium Physik. Promot. 1941; Habil. 1944 - 1948-70 Lehrtätig. Univ. Frankfurt (1954 apl. Prof. f. Angew. Physik; 1961 Leit. Abt. f. Wiss. Photogr./Inst. f. Angew. Physik; 1963 Wiss. Rat u. Prof.) - BV: Lehrb. d. Physik f. Mediziner, 5. A. 1978; D. Grundl. d. photogr. Prozesse m. Silber-

halogeniden, 3 Bde. 1968ff. Zahlr. Fachaufs.

HAASE, Günter
Dr. med. dent., Zahnarzt, Honorarprof. f. Zahnärztl. Prothetik FU Berlin - Viktoriastr. 9a, 1000 Berlin 42.

HAASE, Günther
Dr. jur., Rechtsanwalt, Präs. u. Generalsekr. World Assoc. for Element-Building and Prefabrication (WAEP) – Schlüterstr. 6, 2000 Hamburg 13 (T. 45 18 75) - Geb. 17. Mai 1929 - BV: Kunstraub u. Kunstschutz, e. Dokumentation; Landesbauverordn. u. Musterbauordn. Zahlr. Veröff.

HAASE, Hans-Herbert

Dr. sc. med., Prof., Arzt, Apotheker. Institutsdirektor Hyg.-Inst. d. M.-Luther-Univ. Halle-Wittenberg, MdL Sachsen-Anhalt (s. 1990) – Willi-Riegel-Str. 7, O-4057 Halle-Lettin - Geb. 21. März 1927 Halle/S., ev., verh. s. 1955 m. Christa, geb. Peter, 3 Kd. (Elisabeth, Peter, Barbara) - Abit. - Apoth.lehre u. Stud. Pharm. u. Med. M.-Luther-Univ. Halle-Wittenberg. Promot. 1956; Habil. 1976; Doz. 1976; o. Prof. 1981 - Vors. FDP-Frakt. d. Landtages Sachsen-A. - BV: Prophylaxe, 1982; Lehrbuch Kommunalhygiene, 4. u. 5. A. 1985 u. 88 - Ehrenmed. d. Dt. Ges. f. Hygiene; Goldmed. d. Poln. Hyg.-Ges. - Liebh.: Hygiene, Botanik, Politik - Spr.: Engl.

HAASE, Hans-Joachim

Dr. med. (habil.), Dr. phil., Prof., chem. Ärztl. Direktor Pfalzklinik Landeck, Nervenfacharzt – Untere Hofwiese 6, 6749 Klingenmünster 1 - Geb. 12. Juli 1922 Berlin (Vater: Dr. med. Alfons H., Arzt; Mutter: Ida. geb. Siegel), ev., verh. m. Waltraut, geb. Archut †, 2 Kd. (Thomas, Monika) – Stud. Med. u. Psych. S. 1958 Privatdoz. u. apl. Prof. (1964) Univ. Düsseldorf. S. 1973 Aufbau bürgernaher Psychiatrie m. Patenschaftsaktionen f. Langzeitkranke u. ehrenamtl. Laienhilfe f. psychotisch Kran-

ke; 1986 Gründ. e. Liga f. psychotisch Kranke in d. BRD - BV: Amnest. Psychosyndrome, 1959; The Action of Neuroleptic Drugs, 2. A. 1976 (m. P. A. J. Janssen); Therapie m. Psychopharmaka, 5. A. 1982; D. Alkoholkranke in Klinik u. Praxis, 1974; D. Behandl. d. Psychosen d. schizophrenen u. manischdepressiven Formenkr., 1976; Depressionen, 1976, Depressive Verstimmungen, 1980; Die unter sich selbst leiden, 2. A. 1988. Zahlr. Fachveröff. - 1982 BVK; 1988 VO. Rhld.-Pfalz.

HAASE, Heinz
Vorstandsmitglied Niedersachsen Versicherungs-AG., Hamburg - Kortenwisch 9, 2000 Hamburg 65 - Geb. 6. Nov. 1924.

HAASE, Henning
Dr. phil., Prof. f. Psych. Univ. Frankfurt/M. – Hedwig-Dransfeld-Str. 16, 6000 Frankfurt (T. 77 66 05) - Geb. 21. Sept. 1939 Mülheim/R. (Vater: Alfred H., Ing.; Mutter: Anneliese, geb. Wiescher), verh. s. 1966 m. Gisela, geb. Schürmann, T. Nicola – Stud. d. Psych.; Promot. 1969 - BV: Psych. Tests im Bildungswesen, 1972; Psych. Probl. Personbeschr., 1977; Tests im Bildungswesen, 1978; Handb. d. angew. Psych., Bd. III (m. Molt) 1981; Kinder, Medien u. Werbung, 1981; Trainingswissenschaften, Bd. I (Mitverf.) 1982; Fortschr. d. Marktpsych., 1983 - Liebh.: Mod. Graphik, antike Möbel - Spr.: Engl.

HAASE, Herwig Erhard

Prof., Senator f. Verkehr u. Betriebe (s. 1991), MdA Berlin (s. 1983) – Hohenzollernstr. 14 B, 1000 Berlin 49 (T. 21 22 23 00) - Geb. 15. Jan. 1945 Hohensalza/Westpr. (Vater: Dr. med. Erhard H., Arzt; Mutter: Ella, geb. Broneske), ev., verh. s. 1966 m. Christa, geb. Kränow, 2 Töcht. (Kathrin, Kristin) - Abit. 1964; Dipl.-Volksw. 1969, Promot. Dr. rer. pol. 1976, Habil. 1987 FU Berlin - 1990 Prof. f. Volkswirtsch.lehre an der Europ. Wirtsch.hochsch. Berlin (z. Zt. beurlaubt). CDU. Ca. 50 Facharb., u. a. Hauptsteuern im sozialistischen Wirtschaftssystem, 1980; Development Trends in the GDR Economy during the 1980s, 1980; D. Wirtschaftssyst. d. DDR, E. Einf., 2. A. 1990 - Liebh.: Sport, Schach, Theater.

HAASE, Horst
Rechtsanwalt, MdB (s. 1972; Wahlkr. 229/Fürth) – Schmerlstr. 18, 8510 Fürth/Bay. (T. 77 01 78) - Geb. 26. Okt. 1933 Königsberg/Pr. (Eltern: Artur (Sparkassendir.) und Elsa H.), ev., verh. - Obersch.; Abit. 2 1/2 J. später; Stud. Sozialwiss. u. Jura (Staatsex.) - 1962-72 MdL Bayern (zul. stv. Fraktionsvors.). 1961 ff. Vors. Arbeitsgem. jg. Sozialdemokr. Franken. Mitgl. Wirtsch.-saussch. Dt. Bundestag. SPD (Mitgl. Bezirksvorst. Franken, Landesschatzmeister).

HAASE, Joachim
Dr. med., o. Prof. f. Physiologie u. Institutsdir. Univ. Düsseldorf - Schillerstr.

13, 4006 Erkrath 2 - Geb. 31. Okt. 1924 Liegnitz/Schl. - Wiss. Mitarb. MPG Göttingen, Nobel-Inst. Stockholm, MPI f. Exp. Med. Göttingen; s. 1962 (Habil.) Lehrtätig. Univ. Göttingen (1968 apl. Prof.) u. D'dorf (1972 Ord.). Facharb.

HAASE, Lothar
Dipl.-Volksw., Verwaltungsoberrat a. D., MdB (1961-83), Oberst d. Res. d. BW., Mitgl. Europ. Rechnungshof – 29, Rue Aldringen, Luxemburg; Hunrodstr. 48, 3500 Kassel-W'höhe (T. 3 44 50) - Geb. 30. Aug. 1923 Kassel, ev., verh. s. 1956 m. Dr. Erika, geb. Büscher, S. Joachim - Oberrealsch.; 1948-52 Univ. Marburg (Volksw.) - 1942-48 Wehrdst. (Panzerjäger) u. engl. Gefangensch. (Ägypt.); 1953-61 Bundesanst. f. Arb./Zentr.st. f. Arb.vermittl. Frankfurt; 1956-60 Mitgl. Kreistag Kassel-Land; 1961-83 MdB (1961-83 Mitgl., 1981-83 Vors. Haushaltsaussch.); s. 1983 Mitgl. Europ. Rechnungshof Luxemburg - CDU (s. 1948; s. 1962 Bezirksvors. Nordhessen) – Gr. BVK; 1981 Bayer. VO - Spr.: Engl.

HAASE, Manfred
Kaufm. Geschäftsführer Vereinigte Kunststoffwerke GmbH, Staufen, Vorstand Gütegemeinschaft kalandrierte PVC-Hart-Folien f. Verpackungszwecke e.V., Mitgl. Vollversammlung der IHK Südlicher Oberrhein, Hauptstelle Freiburg - Strenzleweg 22, 7813 Staufen - Geb. 2. Nov. 1918.

HAASE, Richard
Dr. jur., Amtsgerichtsdirektor a. D., Honorarprof. f. Bürgerl. Recht Univ. Hohenheim (s. 1971), u. f. Keilschriftrecht Univ. Tübingen (s. 1987), Dozent VWA Stuttgart (s. 1969) – Heinrich-Längerer-Str. 32, 7250 Leonberg/Württ. - Geb. 8. Juli 1921 Rausenbruck/Mähren - S. 1950 Richter - BV: Einf. i. d. Stud. keilschriftl. Rechtsquellen, 1965; Grundlagen u. -formen d. Rechts, 8. A. 1989 (m. R. Keller). Herausg.: Bürgerl. Gesetzb./Textausg. (3. A. 1980), D. keilschriftl. Rechtssamml. in dt. Fass. (2. A. 1979), Texte z. hethit. Recht (1984). Bespr. v. BGH-Entsch., Beiträge z. altorient. Recht in in- u. ausl. Ztschr.

HAASE, Rolf
Dr. phil., o. Prof. f. Physikal. Chemie (Lehrstuhl II) – Melatener Str. 107, 5100 Aachen (T. 8 48 82) - Geb. 10. Aug. 1918 Berlin, verh. 1948 m. Dr. phil. Lieselotte, geb. Moß (Dipl.-Chemikerin) - S. 1951 (Habil.) Lehrtätig. Univ. Marburg u. TH Aachen (1957 apl., 1964 ao., 1968 o. Prof.) - BV: Thermodynamik d. Mischphasen, 1956; Thermodynamik d. irreversiblen Prozesse, 1963 (engl. 1969); Solid-Liquid Equilibrium, 1969 (m. H. Schönert); Thermodynamik, 1972; Elektrochemie, I 1972; Transportvorgänge, 1973. Zahlr. Einzelarb. - 1958 Nernst-Preis.

HAASE, Wolfgang
Dr. rer. nat., Prof. f. Physikal. Chemie TH Darmstadt (s. 1971) – Im Trappengrund 72, 6107 Reinheim 1 - Geb. 25. Okt. 1936 Reinholdshain/Glauchau, verh. s. 1963 m. Dr. Ingeburg, geb. Karer, 2 Kd. (Ingram, Berit) - Fach- u. Hochschulstud. Magdeburg (Ing. Chem.), Jena (Dipl.Chem., Dr. rer. nat.) u. Marburg (Habil.).

HAASE, Yorck Alexander
Dr. phil., Ltd. Bibliotheksdirektor Hess. Landes- u. Hochschulbibliothek (s. 1977) - Schloß, 6100 Darmstadt; priv.: Woogstr. 18, 6109 Mühltal 4 - Geb. 20. Febr. 1934 Frankfurt/M. (Vater: Franz H., Bankkfm.; Mutter: Gertrud, geb. Demuth), ev., verh. s. 1965 m. Vera, geb. Ohlenmacher – Lessing-Gymn. Frankfurt (Abit. 1954); 1955-61 Univ. ebd. u. Wien (Theaterwiss., Kunstgesch.) - Verlagsredakt. u. Bibliotheksrefer.; 1966-67 Bibliotheksass. Dt. Bibl. Frankfurt; 1967-77 stv. Dir. Herzog-August-Bibl. Wolfenbüttel; 1985-87 Vors. Verein Dt. Bibl. - Mithrsg. v. Bibliothek u. Wissenschaft - Spr.: Engl.

HAASEN, Peter
Dr. rer. nat., o. Prof. f. Metallphysik - Tannenweg 18, 3400 Göttingen-Geismar (T. 79 21 13) - Geb. 21. Juli 1927 Gotha (Vater: Dr. Herbert H., Jurist; Mutter: geb. Samwer), ev., verh. s. 1958 m. Barbara, geb. Kulp, 3 Töcht. (Christine, Elisabeth, Dorothea) - Univ. Göttingen (Physik; Promot. 1953) u. 1954-56 Chicago (Metallphysik) - 1956-58 wiss. Mitarb. Max-Planck-Inst. f. Metallforsch.; s. 1959 Ord. u. Dir. Inst. f. Metallphysik Univ. Göttingen. 1971 Gastprof. Univ. Philadelphia; 1978 Gastprof. Univ. Paris-N., 1984 W. Schottky Prof. Stanford Univ. 1966ff. Senatsmitgl. Dt. Forschungsgem.; 1968ff. ausw. Wiss. Mitgl. MPI f. Metallforsch., 1966 O. Mitglied, 1982 Präs. Akad. d. Wiss. Göttingen, 1981 ausw. Mitgl. US Natl. Acad. Engineering Washington, 1987 Mitgl. Akad. Leopoldina Halle/S. Fachveröff. Mithrsg.: Ztschr. f. Metallkd. (1963 ff.), Acta Metallurgica (1964ff.), Physikal. Metallkd. (1974/1978 engl. u. 1981 japan. Übers.) - Spr.: Engl., Franz.

HAASIS, Heinrich
Präsident Württ. Sparkassen- u. Giroverband, Stuttgart, MdL Baden-Württ. (s. 1976; Wahlkr. 63, Balingen) - Asterstr. 11, 7457 Bisingen (T. 0711 - 1 27-71) - Geb. 21 April 1945 Balingen-Streichen - 1981-91 Landrat Zollernalbkr.; S. 1991 Präs. WSGV; stv. Vors. CDU-Frakt. Landtag Baden-Württ.

HAASIS, Hellmut G.

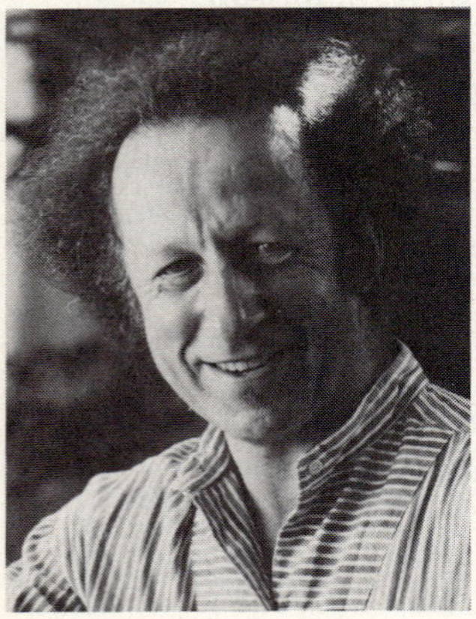

Schriftsteller, Märchenclown - Tannenstr. 17, 7410 Reutlingen-Betzingen - Geb. 7. Jan. 1942 Mühlacker/Enz, verh. s. 1980 m. Gerlinde, geb. Hummel, 2 Kd. (Flora Vera, Simon Benjamin) - Stud. 1961-66 ev. Theol., Gesch., Politik, Soziol. - BV: Spuren d. Besiegten, 1984; Morgenröte d. Republik, 1984; Gebt d. Freiheit Flügel, 1988; Em Chrischdian sei Leich, 1989; Walter G. Krivitsky: Ich war Stalins Agent, 1990; D. unheimliche Stadt, 1992 - 1990 Thaddäus-Troll-Preis - Inter.: Mini-Verlag D. FREIHEITSBAUM f. Ausgrabung verschollener Freiheitslit.; Galerie UNTERM FREIHEITSBAUM - Spr.: Engl., Ital., Franz.

HAASS, Elmar
Dipl.-Volksw., Redakteur, Leiter Presse u. Öfftl.keitsarbeit Hauptverw. Dt. Bundesbahn - Dstl.: Friedrich-Ebert-Anlage 43-45, 6000 Frankfurt/M. (T. 069 - 265 62 04); priv.: Heinrich-Heine-Str. 8, 6360 Friedberg 5 (T. 06031 - 1 38 54) - Geb. 10. Febr. 1937 Düsseldorf - Stud. Volksw. Univ. Köln, Dipl. 1961 - 1961-67 Geschäftsf. Bundesverb.; 1967-72 Redakt. Handelsblatt; 1972ff. Dt. Bundesbahn - Spr.: Engl., Franz.

HAASSENGIER (ß), Dieter
Staatssekretär im Nieders. Kultusministerium (1989/90) - Leonidengasse 15, 3008 Garbsen 1 (T. 05137 - 7 15 68) - Jurist. CDU (1968-76 u. 1981-82 Generalsekr. Nieders.; 1970-76 MdL); 1986-88 Staatssekr. im Nieders. Min. d. Innern.

HAASTERT, Winfried
Vorstandsmitglied Thyssen Industrie AG (1984ff.) - Am Thyssenhaus 1, 4300 Essen 1 - Zul. Vorst. Thyssen-Henschel, Kassel.

HABBE, Karl-Albert
Dr. rer. nat., Prof., Institut f. Geographie Univ. Erlangen-Nürnberg - Kochstr. 4, 8520 Erlangen.

HABBE, Rainer
Dipl.-Kfm., Geschäftsführer Papierfabrik Meldorf GmbH., Meldorf - Dorfstr. 24, 2223 Nindorf - Geb. 24. März 1943.

HABBEL, Wolfgang R.
Dr. jur., Aufsichtsratsmitglied AUDI AG, Ingolstadt, Gerresheimer Glas AG, Düsseldorf-Gerresheim, Triumph-Adler, Nürnberg, Digital Equipment GmbH, Maynard, USA, Dt. Sport-Marketing GmbH, Frankfurt, Präs. IHK London, Dt. Stiftg. Denkmalschutz, Bonn, Präsid.-Mitgl. Landesverb. Bayer. Ind., München, Kurat.-Mitgl. Landesverb. Bayern d. Stifterverb. f. d. Dt. Wiss, Essen, Dt. Museum, München, Senior Executive Dir. Russell Reynolds Assoc., Inc., Frankfurt/London/New York - Höhenstr. 5, 8068 Pfaffenhofen - Geb. 25. März 1924 - B. 1969 Personal Export-Ltg. Ford-Werke AG, Köln, Ford Europa, London, dann gf. Gesellsch. C. H. Boehringer Sohn, Ingelheim. Kurat.-Mitgl. Dt. Sporthilfe, Frankfurt - 1982 Bayer. VO; 1984 Staatsmed. f. bes. Verdienste um die bayer. Wirtsch.; 1984 Manager d. J. Industriemagazin; Ehrensenator Univ. Bayreuth; 1987 BVK I. Kl.

HABECK, Dietrich
Dr. med. Prof., Neurologe u. Psychiater - Schelmenstiege 23, 4400 Münster/W. (T. 02534 - 13 53) - Geb. 6. März 1925 Stettin - Promot. (1956) u. Habil. (1967) Münster - S. 1971 apl. Prof. u. Prof. Univ. Münster, 1977/78 u. 1978/79 Dekan Med. Fak., 1979/80 u. 1980/81 Prodekan; Gf. Dir. Inst. f. Ausb. u. Studienangelegenh. d. Med. Fak.; s. 1980 Vors. Ges. f. Med. Ausb. (Dt. Sektion d. Assoc. f. Medical Education in Europe). Zahlr. Facharb. - Spr.: Engl., Franz.

HABECK, Fritz
Dr. iur., Prof., Schriftsteller - Grillparzerstr. 6, A-2500 Baden b. Wien (T. 02252 - 8 62 58) - Geb. 8. Sept. 1916, verh. s. 1951 m. Gerda, geb. Vilsmeier, 4 Kd. (Wolfgang, Gwen, Rowena, Tilman) - Stud. Univ. Wien, Promot. 1950 - 1937-46 Soldat; 1946-48 Regie-Assist., Dramat.; 1953-55 Generalsekr. Österr. Schriftstellerverb.; 1953-77 Lektor, Leit. Abt. Lit. Österr. Rundf., Studio Wien; 1978-80 Präs. Österr. PEN-Club - BV: D. Scholar v. linken Galgen, 1941; D. Ritt a. d. Tiger, 1958; D. Piber, 1965; D. schwarze Mantel meines Vaters, 1976; u.v.m. - 1949 Goethe Reise Stip. Stadt Wien; 1952 Förderungspreis (Österr. Staatspr.) u. Förderungspr. Stadt Wien; 1963 u. 67 Jugendbuchpr. Österr.; 1969 Prof.-Titel; 1973 Adalbert Stifter Pr.; 1975 Kulturpr. Stadt Baden u. Gold. Ehrenz. Stadt Wien; 1977 Ehrenkreuz f. Kunst u. Wiss. I. Kl.; 1982 Pr. d. Stadt Wien; u.v.m. - Interesse: Gesch. - Spr.: Engl., Franz. - Lit.: Lennartz, Dt. Dichtung d. Gegenw.; F. Knily, Dt. Lautsprecher; W. Jambor, Österreichbild unserer zeitgenöss. Lit.; W. Kraus in Lit. u. Kritik, 1982.

HABECK-TROPFKE, Hans-Hermann
Dipl.-Ing., Univ.-Prof. f. Siedlungswasserwirtschaft, Müll- u. Abfalltechnik i.R. - BV: Abwasserbiologie (m. Dr. rer. nat. Lieselotte Habeck-Tropfke), 2. A. 1991; Müll- u. Abfalltechnik, 1985.

HABEDANK, Manfred
Dr. med., Prof., Arzt f. Kinderheilkunde u. Med. Genetik - Birkengrund 11, 5100 Aachen - Geb. 1. April 1929 Leipzig (Vater Richard H., Ledergroßhändler u. Gerberoberm.; Mutter: Johanna, geb. Geßler), ev., verh. s. 1955 m. Christine, geb. Rölz, 2 Kd. (Georg, Beate) - 1939-46 König-Albert-Gymn. Leipzig; 1949-55 FU Berlin. Promot. 1956 - S. 1973 (Habil.) Lehrtätigk. TH Aachen/Med. Fak. (1976 Prof.; Leit. Lehrgeb. Klin. Cytogenetik) - BV: Humangenetik - Kurzlehrb. u. Komment. z. neuen Gegenstandskatalog, 1978 (m. J. Faust) 2. A. 1981. Zahlr. Aufs. dt. u. engl. Fachpresse - Spr.: Engl.

HABEL, Reinhardt
Dr. phil., Prof. f. Neuere Dt. Literatur Univ. Marburg (s. 1972) - Hasenkampweg 25d, 5810 Witten (Ruhr) - Geb. 12. April 1928 Stuttgart (Vater: Walter H., Kaufm.; Mutter: Ria, geb. Wefels), verh. s. 1958 m. Inge, geb. Gittermann, 2 Söhne (Wolfram, Robert) - Friedrich-Eugens-Gymn. Stuttgart (Abit. 1947); Univ. Tübingen u. Freiburg/Br. (German., Gesch., Phil.; Staatsex. 1953, Promot. 1956) - Zul. Akad. Rat Univ. Marburg. Spez. Dt. Lit. v. 18. b. 20. Jh. - BV: Joseph Görres - Stud. üb. d. Zusammenhang v. Natur, Gesch. u. Mythos, 1960. Herausg.: Goethe, Schr. z. Farbenlehre (1959/63); Editionsleit.: Christian-Morgenstern-Gesamtausg. (1987ff.) - Spr.: Engl., Lat., Griech.

HABENICHT, Walter
Dr. rer. pol., Prof., Ordinarius f. Industriebetriebslehre Univ. Hohenheim (s. 1986) - Zeppelinstr. 13, 7014 Kornwestheim (T. 07154 - 37 63) - Geb. 29. März 1946, ev., verh. s. 1968 m. Christa, geb. Bruns, 2 Kd. (Stefanie, Tina) - Abitur 1966; Stud. 1968-73 Univ. Göttingen, Dipl.-Hdl. 1973; Promot. 1976 Göttingen; Habil. 1984 Stuttgart - 1973-77 Wiss. Angest. Univ. Göttingen, 1978-86 Akad. Rat Univ. Stuttgart - BV: Ausgew. Enum.-Strat. z. Lösg. ganzz. lin. Opt.-Probl., 1976; Interakt. Lös.-Verf. f. diskr. Vektoropt.-Prob., 1984.

HABER, Wolfgang
Dr. rer. nat., Dr. agr. h. c., o. Prof. f. Landschaftsökologie TU München (s. 1966) - Untergartelsh. Weg 10, 8050 Freising/Obb. (T. 08167 - 4 78) - Geb. 13. Sept. 1925 Datteln/W. - 1981-90 Mitgl. Rat v. Sachverst. f. Umweltfragen d. Bundesreg.; Kustos Landesmuseum f. Naturkd. Münster/W. Fachveröff. - 1973 Bayer. VO; 1986 BVK I. Kl.

HABERBERGER, Hanni
I. Bürgermeister Stadt Auerbach (s. 1978) - Rathaus, 8572 Auerbach/Opf. - Geb. 22. März 1928 Auerbach - Zul. Justizamtsrat. CSU.

HABEREY, Florian
Dr.-Ing., Leiter Arbeitsgruppe Magnet. Oxidwerkstoffe/Lehrst. f. Werkst. d. Elektrotechnik, Prof. f. Werkst. u. Bauelem. d. Elektrot. Univ. Bochum - Markstr. 264, 4630 Bochum.

HABERICH, Franz-Josef
Dr. med., o. Prof. f. Angew. Physiologie - Frankfurter Str. 39, 3550 Marburg/L. - Geb. 20. Sept. 1925 Köln - S. 1957 (Habil.) Lehrtätigk. Univ. Berlin/Freie (1966 apl. Prof.; zul. Wiss. Rat u. stv. Dir. Physiol. Inst.) u. Marburg (1969 o. Prof. u. Inst.sdir.). Facharb.

HABERKORN, Axel
Dr. rer. nat., Prof., Zoologe, Leit. Labor. f. Protozool./Bayer AG (s. 1963), Schriftf. u. Schatzm. Dt. Tropenmed. Ges. (1973-91) - Fuhlrottstr. 99, 5600 Wuppertal 1 - Geb. 19. Okt. 1933 Gießen (Vater: Carl H., Bankbeamt.; Mutter: Hildegard, geb. v. Lemmers-Danforth), ev., verh. s. 1961 m. Ursula, geb. Schulz, 2 Töcht. (Ulrike, Ute) - Dipl.-Biol. 1961; Promot. 1963 (beides Hamburg) - 1980ff. Lehrauftr. Univ. Bonn. Üb. 70 Fachveröff. (Ztschr./Handb.) - Spr.: Lat., Altgriech., Engl. - Entdeckte Lampit(R) - erstes kausalwirk. Mittel z. Behandl. d. südamerik. Chagas-Krankh.

HABERKORN, Horst
Geschäftsführer Thomas Fischer GmbH. & Co. KG. (Herrenartikel), Krefeld - Beethovenstr. 49, 5657 Haan/Rhld. - Geb. 16. Mai 1916 - Kaufm. Werdegang.

HABERKORN, Karl
Dipl.-Verw.-Wirt, Landrat d. Landkreises Tirschenreuth (s. 1991) - Zu erreichen üb.: Landratsamt, Mähringer Str. 7, 8593 Tirschenreuth (T. 09631 - 8 81) - Geb. 2. März 1941 Mitterteich - Freie Wähler.

HABERL, Fritz
Konsul a. h. d. Republik Philippinen, Dipl.-Kfm., Kraftfahrzeugmeister, Vizepräs. CECRA (europ. Kfz.-Gewerbeverb.), Präsid.-Mitgl. ZDH (Zentralverb. d. Dt. Handwerks), persönl. haft. Gesellsch. MAHAG Vertriebs-Zentrum Haberl KG, AR-Vors. d. Firmengruppe MAHAG, d. Nürnberger Versich., Garanta u. Techno - Schleibinger Str. 12-16, 8000 München 80; priv.: Wartaweil 39 1/2, 8036 Herrsching am Ammersee - Geb. 2. Jan. 1933, verh. m. Ute, geb. Täubner, 4 Kd.

HABERLAND, Detlef
Dr. phil., Literatur- u. Reisehistoriker - Prinz-Albert-Str. 4, 5300 Bonn 1 - Geb. 25. Febr. 1953 Teltow/Potsdam, ev., verh. m. Dr. phil. Irene, geb. Clasen, 2 Kd. (Monica, Friedrich) - Gymn. Bonn; Hermann Lietz-Schule Schloß Buchenau, Bieberstein; Stud. German., Span., Reise- u. Geographiegesch. Univ. Bonn u. Univ. Zürich; Promot. 1985 - 1981-85 Präsid.-Mitgl. IBERO-Club Bonn, s. 1991 Vorst.-Mitgl. d. Humboldt-Ges. f. Wiss., Kunst u. Bildung e.V. - Herausg. u. Komm.: Seligmann Hirsch (1987, Ferdinand v. Saar); Moskowitische u. Persische Reise (1986, Adam Olearius). Herausg.: Ferdinand v. Saar 1833-1906, Ausstellungskatalog (1983; erw. A. 1984); Ferdinand v. Saar u. d. Judentum (1983); D. Blaue Kammerherr (1987, W. v. Niebelschütz); Wolf v. Niebelschütz z. 30. Todestag m. e. Bibliogr. seiner Schriften in: Philobiblon (1990); Ich aber will das Maß nicht tauschen. D. Lyrik Wolf v. Niebelschütz, in: Juni (H. 1/1990); Engelbert Kaempfer. Leben, Werk, Wirkung, in: 800 Lemgo. Aspekte d. Stadtgesch. (hg. v. P. Johanek u. H. Stöwer, 1990); V. Lemgo nach Japan. D. ungewöhnl. Leben d. Engelbert Kaempfer 1651-1716 (1990); Engelbert Kaempfer - Arzt, Reisender u. Entdecker Japans, in: Kulturvermittler zw. Japan u. Deutschl. Biogr. Skizzen aus vier Jh. (hg. v. japan. Kulturinst. Köln (1990). Mitarb.: Bertelsmann Lit.lex., Alexander v. Humboldt-Studienausg. (1987ff.). Div. Rezens. - Spr.: Engl., Span., Franz.

HABERLAND, Georg
Jurist, I. Bürgermeister Stadt Zwiesel (1971-89), Geschäftsf. d. Ges. z. Altlastensanierung in Bayern mbH (s. 1990) - Dstl.: Steinstr. 54, 8000 München 80; priv.: Kreuzbuche 4, 8372 Zwiesel - Geb. 29. Juli 1934 - Jurist. Staatsex. 1959 u. 65 - Wirtsch., Straßenbauämter Landshut u. Deggendorf sow. Landratsamt Deggendorf (Regierungsrat) - BVK am Bde.

HABERLAND, Gert L.
Dr. med., Dr. med. h. c., Prof. f. Pharmakologie - August-Jung-Weg 12, 5600 Wuppertal-Elberfeld 1 (T. 72 16 30) - Geb. 15. Juni 1928 Uerdingen (Vater: Prof. Dr. phil. Dr. h. c. Ulrich H., Chemiker, zul. Vorst.-Vors. Farbenfabr. Bayer (s. XIII. Ausg.); Mutter: Ilse, geb. Koennecke), ev., verh. s. 1957 m. Karin, geb. Herbst, 3 Töcht. (Ulrike, Betina, Nadine) - Stud. Bonn, Freiburg/Br., Rochester (USA) - S. 1963 (Habil.) Lehrtätigk. Univ. Bonn (1968 apl. Prof. f. Pharmak. u. Toxikol.). Fachveröff. - 1975 Ehrendoktor Univ. München; Mitgl. New York Acad. of Sciences u. Akad. d. Wiss. u. d. Lit. Mainz (1972; korr.) - Spr.: Engl.

HABERLAND, Karlheinz
Prof., Regisseur, Vizedir. Volksoper Wien i.R. (s. 1990) (Ps. Henryk Roberts) - Sieveringerstr. 190, A-1190 Wien (T. 44 34 10) - Geb. 28. Dez. 1924 Bielsko/Polen, ev., verh. s. 1953 m. Ellinor, geb.

Halman (ehem. Konzertsängerin) - Schauspielschule Horak-Konservat./Wien - Regie-Assist. Wiener Staatsoper, Abschlußpr. als Regiss. in Wien - 1950-56 Regiss. Volksoper Wien; 1956-59 Chefdisponent Dt. Oper am Rhein; 1959-63 Stv. Intend. Städt. Bühnen Köln; 1963-68 Generalintend. Vereinig. Bühnen Graz; 1961-74 Operndir. Frankfurt; 1974-81 Intend. Landestheater Salzburg; 1981-85 Dir. Dt. Theater München - BV: Theaterstücke Später Besuch u. Konflikt, Mitternachtswalzer, E. Mädchen schwebt vorüber ... Mann im Zwielicht, Österr. Bühnenverl. Kaiser & Co - Insz. Festspiele: Mörbisch, Bregenz, Salzburg, Versailles, u.v.m.; Regie bei 8 Fernsehfilmen; Doz. Musikhochsch. Köln; Meisterkurse Mozarteum Salzburg - Verleih. Prof.-Titel in Österr. f. Verd. um d. Nachwuchsförder. b. österr. Theater; Gold. Verdienstzeichen Land Salzburg (beides 1981) - Spr.: Poln., Engl.

HABERLANDER, Franz

I. Bürgermeister Stadt Traunreut (s. 1978) - Arberweg 6, 8225 Traunreut/Obb. - Geb. 6. Nov. 1915 Teisendorf - Optiker.

HABERLANDT, Walter F.

Dr. med., Prof., Abt. f. Klin. Genetik/Inst. f. Anthropologie u. Humangenetik Univ. Tübingen - Wiesengrund 5, 7403 Ammerbuch 1 (T. 07073 - 64 59) - Geb. 21. Febr. 1921 Innsbruck (Vater: Prof. Dr. med. Ludwig H., Physiologe; Mutter: Therese, geb. Brem), ev., verh. s. 1964 m. Jutta, geb. Solarek, 4 Kd. (Kirsten, Solveig, Dagmar, Herdis) - Univ. Wien u. Innsbruck (Med. Staatsex. 1945). Promot. 1945 Innsbruck - S. 1960 (Habil.) Lehrtätigk. Univ. Münster, Med. Akad. Düsseldorf (1960), Universität Tübingen (1964; apl. Prof., 1968 Abteilungsvorst.). Fachmitgliedschaften - BV: Amyotroph, Lateralsklerose, 1964. Zahlr. Einzelarb. - Liebh.: Musik, Sport, Briefmarken - Spr.: Engl., Franz., Ital., Span. - Bek. Vorf.: Prof. Dr. phil. Gottlieb H., Botaniker; Prof. Dr. phil. Valentin Haecker, Zoologe.

HABERMANN, Ernst

Dr. med., Prof. f. Pharmakologie - Waldstr. 45, 6307 Linden (T. 06403 - 6 12 02) - Geb. 31. Juli 1926 Gössenheim (Vater: Dr. Alfred H.), verh. m. Dr. Christa, geb. Wagner - S. 1955 (Habil.) Lehrtätigk. Univ. Würzburg (1962 apl. Prof.) u. Gießen (1966 Ord.).

HABERMANN, Günther

Dr. med., Prof., Hals-Nasen-Ohrenarzt - Beethovenstr. 7, 6232 Bad Soden/Ts. - Geb. 29. Dez. 1913 Berlin (Vater: Dr. phil. Paul H., Oberstudiendir.; Mutter: Clara, geb. Zetler), ev., verh. s. 1943 m. Marianne, geb. Jungblut, 2 Töcht. (Helga, Ursula) - Gymn. u. Univ. Berlin. Promot. 1938 Berlin; Habil. 1954 Leipzig - B. 1950 Oberarzt Univ.-HNO-Klinik Leipzig, dann Chefarzt Städt. HNO-Klin. Karl-Marx-Stadt (Chemnitz), 1958-80 fachärztl. Praxis u. Chefarzt Frankfurt. Doz. Univ. Berlin/Humboldt (1954ff.) u. Frankfurt (1961ff.); gegenw. Honorarprof.) - BV: D. Physiologie u. Phonetik d. lauthaften Lachens - Unters. z. Ausdruck im Stimmklang u. z. Bildung d. Stimmlaute, 1955 (Leipzig); Stimme u. Sprache, Einführung in ihre Physiologie und Hygiene, 1978, 2. A. 1986. Üb. 80 Einzelarb. z. Stimm- u. Sprachheilkd., so Funktionelle Stimmstörungen u. ihre Behandlung (Kongreßber. 1980) - Spr.: Engl.

HABERMANN, Michael

Dipl.-Sozialarb., Persönl. Referent d. Saarl. Sozialministerin - Saarbrücker Str. 2, 6680 Neunkirchen - Geb. 24. Febr. 1955 Elversberg/Kr. Neunkirchen, ev., gesch., 3 Kd. (Christian, Verena, Henning) - Fachobersch. f. Wirtsch., Neunkirchen, Fachhochsch. f. Sozialarbeit, Saarbrücken, Dipl.-Sozialarb. - Partnerschafts- u. Sexualberater Jugendämter d. Städte Saarbrücken u. Neunkirchen, b. pro familia, b. Diakon. Werk an d. Saar; Wissenschaftl. Mitarb. SPD-Landtagsfraktion Saarbrücken; Referatsleit. f. Familien- u. Kinderpolitik im Saarl. Sozialmin.

HABERMANN, Willi

Gymnasialprof. i. R., VHS-Leit. a.D., Schriftst. - Schwabstr. 11, 6990 Bad Mergentheim (T. 07931 - 26 62) - Geb. 12. Febr. 1922 Neu-Ulm, kath., verh. s. 1952 m. Lydia, geb. Pelfrène, verw. s. 1980, 3 Kd. (Christoph, Michaela, Birgit) - Stud. German., Franz., Gesch. u. Phil. Univ. München, (Staatsex. 1949) - 1952-82 Lehrer am Gymn.; 1963-75 Leit. VHS Bad Mergentheim - BV: Wia der Hond heißt, 1979; S Leba bisch Lompadock du, 1983; Du bist mein Freund, Psalmen schwäb. gebetet, 1982/83; Ich bin m. dir. Neue Psalmen auf schwäb., 1985; In Anthol.: Schnittlinien, Z. 70. Geb. Grieshabers, 1979; Psalmen v. Express. b. z. Gegenwart, 1978; Das Huhu, 1979; Zwingli u. d. Fernsehbild, 1986 (m. Preis ausgez. v. d. Vereinig. f. Ev. Publiz.); Fisch ohne Netz, Ged. hochd. u. schwäb. 1988; Bloß falsch naglangt, Ged. schwäb. 1988; Alles Seifenblasen - D. Prediger Salomo, schwäb. 1989; D. Hohelied schwäbisch gesungen, 1992 - Liebh.: Theol., Menschen, Völker, Lyrik - Spr.: Lat., Griech., Franz., Schwäb.

HABERMAS, Jürgen

Dr. phil., Prof. f. Philosophie Univ. Frankfurt (s. 1983) - 6000 Frankfurt/M. - Geb. 18. Juni 1929 Düsseldorf, ev., verh. s. 1955 m. Ute, geb. Wesselhoeft, 3 Kd. (Tilmann, Rebekka, Judith) - Univ. Göttingen, Zürich, Bonn; Promot. 1954 Bonn; Habil. 1961 Marburg - 1961 ao. Prof. f. Phil. Univ. Heidelberg; 1964 o. Prof. f. Phil. u. Soziol. Univ. Frankfurt/M.; 1971-80 Dir. Max-Planck-Inst. z. Erforsch. d. Lebensbedingungen d. wiss. techn. Welt, u. 1980/81 MPI f. Sozialwiss., bde. Starnberg; 1983 Ausw. wiss. Mitgl. MPI f. psychol. Forsch., München. S. 1967 Gastprof. Graduate Faculty New School for Social Research, N.Y., Inst. for the Humanities, Wesleyan Univ., Univ. of California, St. Barbara, Haverford-College, Univ. of Pensylvania, Philadelphia, Univ. of California, Berkeley, Collège de France, Paris. Zahlr. Buchveröff. - 1974 Hegel-Preis Stuttgart, 1976 Sigmund-Freud-Preis, 1980 Adorno-Preis Frankfurt/M., 1985 Geschwister Scholl-Preis Stadt München, u. Wilhelm-Leuschner-Med. Land Hessen, 1986 Leibniz Preis Dt. Forschungsgemeinsch., 1987 Sonning Preis Univ. Kopenhagen; Mitgl. Dt. Akad. f. Sprache u. Dicht., Darmstadt, Honorary Member of the Acad. of Arts and Sciences, Cambridge, Mass./USA; Ehrendoktor d. New School for Social Research, New York, d. Univ. Jerusalem, Hamburg, Buenos Aires, Utrecht u. d. Northwestern Univ., Evanston.

HABERMEHL, Adolf

Dr. rer. nat., Dipl.-Phys., Prof. f. Med. Physik (Bereich Humanmed.) Univ. Marburg (s. 1972) - Zum Lahnberg 44, 3550 Marburg - Geb. 30. April 1933 Willofs (Vater: Heinrich H., Landw.; Mutter: Elisabeth, geb. Schaub), ev., verh. s. 1962 m. Inge, geb. Dunst, 2 S. (Uwe, Dirk) - Realgymn. Lauterbach; Univ. Marburg. Promot. 1968; Habil. 1970 - BV: Computer in d. Nuklearmed., 1969; Computersysteme in d. Med., 1973 - 1972 Paul-Martini-Preis; 1986 Agfa-Preis f. bildgeb. Verf. - Spr.: Engl., Franz. - Patent z. Computertomogr.

HABERMEHL, Gerhard

Dr. rer. nat., o. Prof. f. Allg. u. Organ. Chemie Tierärztl. Hochschule Hannover, Direktor Chem. Inst. - Eichhörnchensteg 18, 3000 Hannover 51 (T. 0511 - 65 23 43) - Geb. 19. Febr. 1931 Seligenstadt (Vater: Georg H., Architekt; Mutter: Emmy, geb. Fischer), kath., verh. s. 1961 m. Irmentrud, geb. Hefner, 2 Kd. (Georg, Karin) - Max-Planck-Gymn. Groß-Umstadt; TH Darmstadt (Dipl.-Chem. 1957). Promot. (1960) u. Habil. (1964) Darmstadt - BV: Röntgenstrukturanalyse organ. Verbindungen, 1973; Gifttiere u. ihre Waffen, 4. A. 1987 (engl. 1981); Mitteleurop. Giftpflanzen u. ihre Wirkstoffe, 1985. Üb. 150 Einzelarb. - Spr.: Engl., Franz., Schwed., Portug., Jap. - Bek. Vorf.: Erasmus Habermel, Hofinstrumentenmacher Rudolphs II. (†1606 Prag).

HABERMEHL, Karl-Heinz

Dr. med. vet., o. Prof. f. Veterinäranatomie - Waldgirmeser Str. 19, 6335 Lahnau 3/Atzbach - Geb. 28. Mai 1921 Friedberg, verh. s. 1946 m. Gertrud. A. M., geb. Künnemann, 2 Kd. (Doris, Lehrerin, Klaus, Jurist) - S. 1953 (Habil.) Lehrtätigk. Univ. Gießen (1960 apl. Prof.) u. Zürich (1968 Ord.), s. 1972 Univ. Giessen (4-Prof.), 1978-82 Präs. Europ. Ver. Vet.-Anat. (EVVA). 1986 Dr. med. vet. h.c. Univ. München - Zahlr. Fachveröff. Trilogie üb. Altersbeurteilung b. Tieren.

HABERMEHL, Karl-Otto

Dr. med., o. Prof. f. Klin. u. Exper. Virologie, Direktor Inst. f. Klin. u. Exper. Virologie FU Berlin - Meisenstr. 10, 1000 Berlin 33 - Geb. 31. Jan. 1927 - S. 1964 (Habil.) Lehrtätigk. FU Berlin - Vors. Berliner Med. Gesellschaft, Vorst.-Mitgl. u. Schatzm. Dt. Vereinig. z. Bekämpfung d. Viruskrankh., Vors. Kuratorium Kuhn Stiftg. im Stifterverb. f. d. Dt. Wissenschaft, 2. Vors. Dt. Nationalkomit. f. d. Intern. Unions of the Biological and of the Microbiological Soc., Vors. Sekt. Chemotherapie d. Viruskrankheiten d. Paul Ehrlich Ges.; Mitgl. Nationaler AIDS-Beirat d. Bundesrep. Dtschl. Zahlr. Publ. in Klin. u. theoret. Virologie - Diploma con special honor Univ. Buenos Aires, Ernst-v.-Bergmann-Plak., Verdienstmed. FU Berlin.

HABERSTOCK, Lothar

Dr. rer. oec., Dipl.-Kfm., o. Prof. f. Betriebswirtschaftslehre Univ. Hamburg - Agnesstr. 60, 2000 Hamburg 60 - Geb. 5. Aug. 1940 - Prof. Univ. Saarbrücken, dann Duisburg.

HABETHA, Klaus

Dr. rer. nat., o. Prof. f. Mathematik TH Aachen (s. 1975) - Hangstr. 35, 5100 Aachen - Geb. 14. Febr. 1932 Berlin (Vater: Hugo H., Amtsrat a. D.; Mutter: Katharina, geb. Sauer), ev., verh. s. 1962 m. Jutta, geb. Treuchel, 2 Kd. - Stud. Math., Physik, Chemie Frankfurt/M. u. Berlin. Promot. u. Habil. Berlin - S. 1962 Lehrtätigk. TU Berlin (1967 apl. Prof.) u. Univ. Dortmund (1969 Ord.). 1967/68 Gastprof. TH Göteborg; 1984-87 Prorektor, 1987 Rektor RWTH Aachen. 1966-69 Vorstandsmitgl. Berliner Math. Ges. S. 1982 Mitherausg. Fachztschr. Complex Variables. Spez. Arbeitsgeb.: Funktionentheorie, partielle Differentialgleich. Fachaufs. - Spr.: Engl., Schwed.

HABICH, Johannes

Dr. phil., Landeskonservator - Landesamt f. Denkmalpflege Schleswig-Holstein, Schloß, 2300 Kiel - Geb. 8. Dez. 1934 Danzig.

HABICHT, Christian

Dr. phil., Prof. f. Alte Geschichte - 273 Western Way, Princeton, New Jersey 08540 (T. 924 - 85 20) - Geb. 23. Febr. 1926 Dortmund - 1957 Privatdoz. Univ. Hamburg; 1961 Ord. Univ. Marburg, 1965 Univ. Heidelberg, 1973 The Institute for Advanced Study, Princeton, N. J. - BV: Gottmenschentum u. griech. Städte, 1956 (2. A. 1970); Altertümer v. Pergamon VIII 3: D. Inschriften d. Asklepieions, 1969; 2. Makkabäerbuch, 1976 (Jüd. Schriften aus hellenist.-röm. Zeit I 3); Untersuchungen zur polit. Gesch. Athens im 3. Jh. v. Chr., 1979; Stud. z. Gesch. Athens in hellen. Zeit, 1982; Pausanias' Guide to Ancient Greece, 1985; Cicero d. Politiker, 1990 - Mitgl.: 1961 Dt. Archäol. Inst., 1970 Heidelberger Akad., 1972 österr. Archäol. Inst., 1983 Americ. Phil. Soc., 1991 Reuchlin-Preis Stadt Pforzheim.

HABICHT, Werner

Dr. phil., o. Prof. f. Anglistik - Universität, Inst. f. Engl. Philologie, Am Hubland, 8700 Würzburg - Geb. 29. Jan. 1930 Schweinfurt - 1949-57 Univ. München, Baltimore (Johns Hopkins), Paris (Angl., Roman., Phil.). Promot. (1957) u. Habil. (1965) München - 1957-60 FU Berlin (Wiss. Assist.); 1960-66 Univ. München (Wiss. Assist.; 1965 Privatdoz.); 1966-70 Univ. Heidelberg (Ord.); 1970-78 Univ. Bonn (Ord.); s. 1978 Univ. Würzburg (Ord.). Gastprof. Univ. of Texas, Austin (1981), Univ. of Colorado, Boulder (1987), Ohio State Univ., Columbus (1988). 1976-88 Präs., 1988ff. Vize-Präs. Dt. Shakespeare Ges. (West); 1983ff. o. Mitgl. Akad. d. Wiss. u. d. Lit., Mainz - BV: D. Gebärde in engl. Dichtungen d. Mittelalters, 1959; Studien z. Dramenform vor Shakespeare, 1968. Herausg.: Engl. and American Stud. im German (1969-83.); Jahrb. Dt. Shakespeare Ges. West (1981ff.). Mithrsg.: Engl.-dt. Studienausg. d. Dramen Shakespeares (1976ff.); Literatur-Brockhaus (3 Bde., 1988); Images of Shakespeare (1988). Zahlr. Aufs. üb. engl. Literatur u. Dramatik in Ztschr. u. Sammelbänden - Spr.: Engl., Franz., Ital.

HABIG, Helmut

Dr. jur., Vorstandsmitglied Westfalia Separator AG. - Werner-Habig-Str. 1, 4740 Oelde 1.

HABIG, Hubert Josef

Autor, Regisseur Städtische Bühnen Heidelberg - Heinrich-Lanz-Str. 33, 6800 Mannheim - Geb. 22. Febr. 1952 - BV (Stücke): Helden-Leben, Schlamassel, Schlußphase, Ödipus 2000, Machtprobe, D. arme Heinrich, Fern v. Augenblick - Insz. u. a.: Barbaren, D. war d. Hirbel, Burning Love, Ödipus 2000, Rattenjagd, Inak, Katzelmacher, u.a.

HABIG, Wolfgang

Dipl.-Kfm., Vorstandsvorsitzer Westfalia Separator AG., Separatoren, Dekanter, Melkmaschinen - Postf. 3720, 4740 Oelde 1 - Geb. 16. Sept. 1939.

HABIGHORST, Ludwig-Volker

Dr. med., Prof., Radiologe, Chefarzt Städt. Krankenhaus Kemperhof, Koblenz (s. 1973) - Kurt-Schumacher-Str. 2a, 5400 Koblenz - Geb. 7. Dez. 1935 Ahrweiler (Vater: Dr. med. Georg H., Arzt; Mutter: Maria, geb. Kraemer), kath., verh. s. 1960 m. Brigitte, geb. Buri - 1954-59 Univ. Bonn, Würzburg, Wien, München, Mainz - S. 1970 (Habil.) Lehrtätigk. Univ. Mainz (Prof. f. Klin. Radiol.).

HABSBURG-LOTHRINGEN, von, Otto

Dr., Schriftsteller, Präs. Paneuropa-Union (s. 1973; 1957ff. Vizepräs.), Abg. Europa-Parlament (s. 1979) - Hindenburgstr. 15, 8134 Pöcking Kr. Starnberg - Geb. 20. Nov. 1912 Reichenau/Österr. (Vater: Erzherzog Karl, Kaiser v. Österr. u. König v. Ung.; Mutter: Zita, geb. Prinzessin v. Bourbon-Parma), kath., verh. s. 1951 m. Regina, geb. Prinzessin v. Sachsen-Meiningen, 7 Kd. (Andrea, Monika, Michaela, Gabriela, Walburga, Karl, Georg) - Univ. Löwen/Belg. (1935 Dr. d. Polit. u. Soz. Wiss.) - Intern. Pressetätigk. u. Vortr. 27 Bücher (7 Übers.), zul. Europa - Garant d. Freiheit, D. Reichsidee - Gesch. u. Zukunft e. übernat. Ordnung; Macht jenseits d. Marktes; Zurück z. Mitte - Zahlr. Ehrungen, dar. Großkr. Päpstl. Gregorius-Orden m. Band u. Stern, Bayer. VO., Europ. Karls-Pr., Robert-Schuman-Goldmed., Konrad-Adenauer-Pr.; div. Mitgliedsch. - Spr.: Engl., Franz., Ung., Span. u.a. - CSU s. 1982.

HABSBURG-LOTHRINGEN, von, Walburga

Dr. jur., Redakteurin, Informationsbeauftr. d. Sultanates v. Oman f. Europa - Hindenburgstr. 15, 8134 Pöcking (T. 08157 - 70 15) - Geb. 5. Okt. 1958 Berg b. Starnberg (Vater: Otto v. H.-L., Schriftst. u. Abgeordn.; Mutter: Regina, Prinzessin v. Sachsen-Meiningen), kath. -

1968-77 Gymn. Tutzing; 1977-82 Univ. Salzburg (Promot. 1982); 1983 Redakteursausb. National Journalism Center (Washington, D.C.) - S. 1983 Reader's Digest. S. 1979 Vors. Brüsewitz-Zentr.; s. 1983 Assist. Europaparlam. - 1983 Ehrenbürgerin Dallas - Liebh. u. Interessen: Gesch., klass. Musik, Reiten, Europ. Einig. - Spr.: Franz., Engl., Span. - Bek. Vorf.: Kaiser Karl u. Kaiserin Zita v. Österr. (Großeltern), u. a.

HABSCHEID, Walther

Dr. jur., Dr. jur. h. c. mult., em. o. Prof. f. Zivilprozeßrecht u. Rechtsvergl. d. Univ. Genf u. Zürich - Schneehalde 44, 8990 Lindau (B); priv.: Chalet Mon Refuge, Blattenholz, CH-9658 Wildhaus - Geb. 6. April 1924 Wittlich/Rhld. - 1955 Privatdoz. Univ. Bonn, 1957 Univ. Münster, 1958 ao., 1961-86 o. Prof. Univ. Genf u. Würzburg (1967/68 Dekan Jur. Fakultät; 1968/69 Rektor Univ. u. gleichz. Vors. Bayer. Rektorenkonferenz); 1982/83 Vors. Konferenz d. Dekane d. Jurist. Fak. Bundesrep. Deutschl.; s. 1987 Vizepräs. Verw.gericht Bank f. Intern. Zahlungsausgleich/Basel - BV: Wiederholung d. abgewiesenen Heimtrennungsklage, 1953; D. Streitgegenstand im Zivilprozeß und im Streitverf. d. Freiw. Gerichtsbarkeit, 1956; Neues Familienrecht, 2 Bde. 1957/58 (m. Klaus Meyer); Freiw. Gerichtsbark., 7. A. 1983; Les systèmes de procédure civile, 1968; D. Immunität ausl. Staaten nach Völkerrecht u. dt. Zivilprozeßrecht, 1968 (m. Wilfried Schaumann); Territoriale Grenzen d. staatl. Rechtsetzung, 1973 (m. Walter Rudolf); Droit judic. privé suisse, 2. A. 1981; Introduzione al diritto processale civile comparato, 1985; Schweiz. Zivilprozeß- u. Gerichtsorganisationsrecht, 2. A. 1990 - 1972 Gen.Sekr. Inst. intern. de droit procédural; 1982 Ehrenmitgl. Jap. Ges. f. Zivilprozeßrecht, 1989 Ital. Ges. f. Zivilprozeßrecht; Ehrendoktor Univ. Caen u. Demokritos-Univ. Thrazien; Ehrenvors. Wiss. Vereinig. f. Intern. Verf.R.; 1984 Inst. belge de droit judiciaire; 1986 Korr. Mitgl. Accad. Peloritana dei Pericolanti/Messina; 1973 Bayer. VO; 1984 BVK I. Kl.; 1985 Officier dans l'ordre des Palmes Acad.; 1989 o. Mitgl. Acad. Europea, Cambridge; 1991 o. Mitgl. Acad. Europea Scientiarum et Artium, Salzburg - Spr.: Engl., Franz., Ital. - Lit.: Festschr. f. Walther J. Habscheid z. 65 Geb. (Gieseking, Bielefeld, 1989)

HACH, Wolfgang

Dr. med., Prof. f. Angiologie Univ. Gießen, Chefarzt - Tacitusstr. 66, 6000 Frankfurt (T. 069 - 57 32 71) - Geb. 15. Juni 1930 Berlin (Vater: Walter H., Kaufm.; Mutter: Margarete, geb. Schade), ev., verh. s. 1953 m. Helga, geb. Höbel, 3 Kd. (Viola, Marion, Volker) - Stud. Univ. Berlin (Ex. 1954, Promot. 1955, Habil. 1980) - 1962 Arzt f. Chir.; 1969 Arzt f. Inn. Med.; 1982 Prof., 1969-75 Ltd. Arzt DRK-Krankenhs. am Zoo, Frankfurt; s. 1975 Dir. William-Harvey-Klinik Bad Nauheim - BV: Phlebographie d. Bein- u. Beckenvenen, 1969, 1977, 1985; Spez. Diagnostik d. primären Varikose, 1981; D. Krampfaderkrankh., 1986; Kongreßber., Buchbeitr., üb. 200 wiss. Veröff. - 1981 Erich-Krieg-Preis Dt. Ges. f. Phlebol. u. Proktol.; 1989 Ernst von Bergmann-Plak. d. BÄK; 1991 Präs. Dt. Ges. f. Phlebol. - Liebh.: Fotografie; Medizingesch. - Spr.: Engl., Russ.

HACHENBERG, Otto

Dr. rer. nat. (habil.), o. Prof. f. Radioastronomie Univ. Bonn (s. 1964) - Brüsseler Str. 25, 5300 Bonn - Geb. 25. Juni 1911 Anhausen/Rhld., ev. - Univ. Göttingen u. Berlin (Physik, Astronomie) - U. a. 10 J. Dir. Heinrich-Hertz-Inst. Berlin (Adlershof), s. 1969 Dir. Max Planck-Inst. f. Radioastron. Bonn (Bau d. 100 m-Radioteleskops Effelsberg). Div. Facharb. - Mitgl. Dt. Akad. d. Wiss., Berlin (1961) korr. u. Akad. d. Wiss. u. d. Lit., Mainz (1966).

HACHFELD, Eckart

Dr. jur., Journalist, Schriftst. (Satire) - Traubinger Str. 19, 8132 Tutzing/Obb. (T. 08158 - 85 75) - Geb. 9. Okt. 1910 Mörchingen/Lothr. - Neben zahlr. Drehb. f. Film u. Fernsehen sow. Hörsp. div. Bücher, dar. Amadeus geht durchs Land (1957), Kuckuckseier (1964), Eulenspiegeleien (1965), D. ganze Wahrheit üb. d. Ehe (1965), Bienenstiche (1967), Museum d. dt. Seele (1969), Üb. d. Umgang m. Journalisten (1973) - 1980 Mitgl. Dt. PEN-Zentrum (BRD).

HACHMANN, Rolf

Dr. phil., em. o. Prof. u. Direktor Inst. f. Vor- u. Frühgesch. Univ. Saarbrücken (s. 1959) - Neuwieser Weg 1, 6603 Sulzbach-Neuweiler (T. 06897 - 28 80) - Geb. 19. Juni 1917 - Habil. 1956 Hamburg - BV: Bericht üb. d. Ergebn. d. Ausgrab. in Kamid el-Loz (Libanon) i. d. J. 1963 u. 64 (m. A. Kuschke), 1966; D. Goten u. Skandinavien, 1969; Vademecum d. Grabung Kamid el-Loz, 1969; Ber. üb. d. Ergebn. d. Ausgrab. in Kamid el-Loz 1966 u. 1967, 1970; Kamid el-Loz - Kumidi (m. D. O. Edzard, P. Maiberger u. G. Mansfeld), 1970; D. Germanen, 1971; Verz. d. vor- u. frühgeschichtl. Bibliogr., 1971 (m. G. Gerlach); Ber. üb. d. Ergebn. d. Ausgrab. in Kamid el-Loz 1968-70, 1980; Ber. üb. d. Ergebn. d. Ausgrab. in Kamid el-Loz 1971-74, 1982; Frühe Phöniker im Libanon. 20 Jahre dt. Ausgrab. in Kamid el-Loz, 1983; Ausgew. Bibliogr. z. Vorgesch. v. Mitteleuropa, 1984; Ber. üb. d. Ergebn. d. Ausgrab. in Kamid el-Loz 1977-81, 1986.

HACHMANN, Udo

Dr. jur., Stadtdirektor Uelzen - Rehwiese 24, 3110 Uelzen 1 (T. 0581 - 63 54) - Geb. 4. Jan. 1939 Warendorf - Stud. Münster, Lausanne, Berlin u. Paris; Ass.ex. 1967; 1970 Ecole Nationale d'Administration, Paris - 1968-70 Rechtsabt. Fa. Pfaff, Kaiserslautern; s. 1971 Stadtrat; s. 1973 Stadtdir. Stadt Uelzen - BV: Kommunalverfass. in Frankr. (Diss. 1968).

HACHMEISTER, Wilhelm

Dipl.-Kfm., Unternehmensberater, pers. haft. Gesellsch. u. Geschäftsf. Hachmeister & Co. KG Essen, u. a. - Schützenstr. 27, 4970 Bad Oeynhausen (T. priv.: 05731 - 90 13; dstl.: 84 92) - Geb. 20. Nov. 1907 Bad Oeynhausen (Vater: Wilhelm H., Landw.; Mutter: Paula, geb. Oppermann), ev., verh. s. 1951 m. Martha, geb. Gremm - Großhandelslehre; Stud. Betriebswirtsch. Univ. Königsberg (Dipl.-Kfm. 1933) - 1937 Vorst.-Mitgl. Prüfungsverb.; 1949 Unternehmensberater; 1951 Verleger, Inh. Max-Verlag; b. heute Ges. db Dienstleistungsges. f. Bekleidungshäuser GmbH & Co KG, ZR Zentralregulierungsges. mbH & Co KG Bad Oeynhausen-Gohfeld - BV: D. Nachkriegsbilanz, 1948; DM-Eröffnungsbilanz, 1949/50.

HACK, Hubert

Dr. jur. can., em. Prof. f. Kirchenrecht - Hinterburg 4a, 6400 Fulda (T. 8 72 83) - Geb. 1. Jan. 1917 (Vater: Johannes H., Konrektor; Mutter: Anna, geb. Weber), kath. - Gymn. Fulda; 1936-48 (m. Kriegsunterbr.) Phil.-Theol. Hochsch. Fulda (Phil., Theol.), 1950-53 Univ. Rom/Gregoriana (Kirchenrecht), 1953-54 Univ. München (Kirchenr.). Promot. 1955 München - 1948-50 Kaplan; ab 1955 Ass.; s. 1961 Doz. u. o. Prof. (1963-83) PhThH/Theol. Fak. Fulda. 1955ff. Defensor Bischöfl. Diözesangericht Fulda; 1977 Ordinariatsrat - BV: D. Rechtsstreit zw. d. Fürstbischof v. Würzburg u. d. Fürstabt v. Fulda an d. röm. Kurie um d. geistl. Hoheit im Gebiet d. Stifts Fulda (1688-1717), 1956 (Diss.) - 1979 Päpstl. Ehrenprälat; 1983 Ehrendomkapitular.

HACKBEIL, Werner

Dr., Vorstandsvorsitzender ARAG Allg. Versicherungs-AG, Düsseldorf - Hans-Sachs-Str. 56, 4000 Düsseldorf 1 - Geb. 8. Aug. 1928.

HACKE, Friedrich

Dipl.-Landw., Geschäftsführer Verb. d. kartoffelverarb. Industrie, Sekr. Arbeitsgem. d. Dt. Kartoffelstärke-Ind., Generalsekr Union Européenne des Industries de la Pomme de Terre pour l'Alimentation Humaine - 5201 Oberpleis-Frohnhard (T. 20 28) - Geb. 19. Juli 1906.

HACKEL, Wolfgang

Dr. rer. pol., gf. Gesellschafter Versorgungs- u. Betreuungs GmbH, Berlin. Inh. VBG curamus KG - Zu erreichen üb. VBG curamus KG, Hohenzollerndamm 99, 1000 Berlin 33 (T. 030 - 823 40 93) - Geb. 27. Nov. 1942 Oberliebich/Sdl. (Vater: Emil H., Drogist; Mutter: Berta, geb. Löbel), kath., verh., 2 Kd. (Oliver, Sabrina) - Abit. 1963; Stud. Polit. Wiss. u. Volkswirtsch. FU Berlin - 1975 MdA Berlin; 1980 MdB; 1986 MdEP. CDU - Spr.: Engl.

HACKENBERG, Lutz

Designer, Gf. Vorstandsmitgl. Allianz dt. Designer (AGD) - Güldenstr. 10, 3300 Braunschweig (T. 0531 - 1 67 57, Telefax 0531 - 1 69 89) - Beirat Künstlersozialkasse, VR-Mitgl. Verwertungsges. Bild-Kunst, Vors. Sozialwerk d. Verwertungsges. Bild-Kunst - BV: Berufswirtschaftl. Kompendium f. Grafik-Designer, 1982.

HACKENBRACHT, Kurt

Dr. jur., Dipl.-Volksw. - Beethovenstr. 1, 6200 Wiesbaden - Geb. 8. Aug. 1935 Wuppertal, verh. s. 1968 m. Lore, geb. Jösting, Sohn Claus - Univ. Tübingen, Göttingen u. Bonn; Promot. 1964 Bonn - Beirat Haftpflichtverb. d. Dt. Ind., Hannover - BV: Preisdiskriminierung u. Wirtschaftsverfass., Diss. 1964 - Spr.: Engl., Franz., Niederl.

HACKENBROCH, Wolfgang

Dr., Dipl.-Phys., o. Prof. f. Math. Univ. Regensburg (s. 1974) - Kornweg 28, 8400 Regensburg - Geb. 18. April 1937 Köln (Vater: Prof. Dr. Matthias H., s. dort; Mutter: Ida, geb. Martini), kath., verh. s. 1965 m. Elisabeth, geb. Ehring, 6 Kd. - Hum. Gymn. Köln; Stud. Univ. Köln, Zürich, Saarbrücken - 1969-70 Gastprof. USA; 1971-74 Abt.svorst. u. Prof. Univ. Saarbrücken, s. 1974 o. Prof. Univ. Regensburg.

HACKENSPIEL, Leopold

I. Bürgermeister Stadt Cham (s. 1984) - Rathaus, 8490 Cham/Opf. - FW.

HACKER, Hans

Dr. med., Prof. - Thorwaldsenpl. 4, 6000 Frankfurt 70 - Geb. 2. Nov. 1930 Hannover (Vater: Hans H., Kaufm.; Mutter: Martha, geb. Hagen), ev., verh. s. 1957 m. Dr. Inge H., 2 Kd. (Konstanze, Katharina) - Stud. Freiburg/Br., Paris, München; Promot. 1956 ebd.; Habil. 1969 Frankfurt - Assist.arzt München, Harvard, Freiburg, s. 1964 Leit. neuroradiol. Abt. Klinikum Univ. Frankfurt, s. 1971 Prof. ebd. Fachmitgl.sch. Zahlr. Fachveröff. - Liebh.: Musik, Kunst - Spr.: Engl., Franz., Ital. - Rotarier.

HACKER, Hans-Friedrich

I. Bürgermeister - Rathaus, 8656 Thurnau/Ofr. - Geb. 24. März 1919 Felkendorf - Architekt.

HACKERT, Klaus

Unternehmer, Stadtrat, Präs. Handwerkskammer Heilbronn, Verwaltungsrat Südd. Rundfunk - Allee 76, 7100 Heilbronn/N. - Geb. 10. Febr. 1938 Heilbronn - AR-Mitgl. Südwestd. Salzwerke AG, Heilbronn - 1983 BVK.

HACKETHAL, Joachim

Schauspieler, Schriftst. - Preysingstr. 26, 8000 München 80 (T. 448 43 24) - Geb. 7. Nov. 1928 Gotha (Vater: Paul H., Sped.kfm.; Mutter: Carola, geb. Cresto dei Manfreddi), verh. m. d. Autorin Carlamaria Heim †1984 - Zahlr. Fernsehsp. u. Spielfilme (u. a. Blechtrommel). Autor Münchner Lach- u. Schießges., Kom(m)mödchen, Machtwächter, D. Amnestierten - Verb. Dt. Schriftst. im Mediengew., VR-Mitgl. Verwertungsges. Wort, Beirat Künstlersozialk. SPD (Abg. Bez.tag Oberbay.) - 1975 Dt. Kleinkunstpreis.

HACKETHAL, Julius

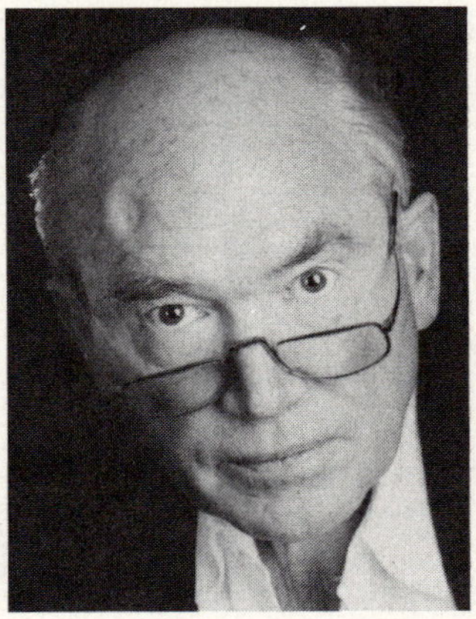

Dr. med., Prof., Chirurg, Regiearzt PARK-KLINIK JULIUS HACKETHAL im GUT SPRENG - EUBIOS-PRAXISKLINIK f. Ganzheitsmed. u. Ausgew. Chirurgie m. Tagesklinik, EUBIOS-Akad. u. Gesundheits-Gutspark - 8201 Riedering/Chiemgau-Seealpen - Geb. 6. Nov. 1921, verh. in 2. Ehe (1984) m. Waltraud Li Assmann - Promot. 1945; Habil. 1955; 1956-64 Oberarzt Chir. Univ. Klinik Erlangen-Nürnberg; 1965-74 Chefarzt Städt. Krkhs. Lauenburg; 1974-79 Praxisklinik f. Chir. in Lauenburg m. Bettenstation in d. Diana-Klinik Bad Bevensen ; 1980-84 Praxis m. OP-Abt. in Aschau u. Regiearzt Privatklin. Chiemseewinkl, Bernau am Chiemsee; 1980-88 Regiearzt EUBIOS-ZENTRUM AM CHIEMSEE, s. 1989 Regiearzt d. EUBIOS-ZENTRUM IM GUT SPRENG, Riedering-Spreng - BV: Sudeck-Syndrom, 1958; Bündel-Nagelung, 1961; Auf Messers Schneide, 1976; Nachoperation, 1977; Sprechstunde, 1978; Keine Angst v. Krebs, 1978; Krankenhaus, 1979; Operation - Ja o. Nein?, 1980; Humanes Sterben, 1988; D. Meineid d. Hippokrates, 1992. Zahlr. Einzelarb.

HACKL, Georg

Rennschlittensportler - Ramsauerstr. 100, 8240 Berchtesgaden - Geb. 9. Sept. 1966 Berchtesgaden, kath., ledig - Mittl. Reife; Bau u. Kunstschlossergeselle - 1985 Europajuniorenm.; 1987 Vizeweltm.; 1988 Europam. u. Silbmed. Olymp. Spiele Calgary - Spr.: Engl.

HACKL, Maximilian

Dr. jur., Aufsichtsratsvorsitzender Bayerische Vereinsbank AG, München - Geb. 20. Dez. 1924.

HACKMANN, Werner

Senator f. Inneres Hamburg (s. 1988) - Zu erreichen üb. Rathaus, 2000 Hamburg 1 (T. 36 81-1) - Zul. Staatsrat Senatsbeh. f. Inneres u. Staatsarchiv Hamburg, u. Senatsamt f. d. Verw.dst. u. Justizbehörde.

HACKSTEIN, Rolf

Dr.-Ing., em. o. Prof., Direktor Inst. f. Arbeitswissenschaft, gf. Vorstandsmitgl. Forschungsinst. f. Rationalisierung TH Aachen (1967-90) - Preusweg 56, 5100 Aachen (T. 7 27 81) - Geb. 27. Juni 1925 Stolberg (Vater: Alfred, Schulrektor; Mutter: Anny, geb. Kehren), kath., verh. s. 1952 m. Margret, geb. Dammer, 2 Töcht. (Susanne, Sabine) - Dt. Obersch. Rom (Abit.), Stud. TH Aachen (Masch.bau), Dipl. 1952, Promot. 1955. 1955-64 Geschäftsf. Verb. Textilind. Westf., 1964-67 Dir. Buderus AG - BV: Arbeitswiss. im Umriß, 2 Bde., 1977; Produktionsplan. u. -steuer., 1984, 2. A. 1989; Einf. in d. techn. Ablauforg., 1985, 2. A. 1988. Üb. 400 Ztschr.beitr.- Silb. u. gold. Ehrennadel Verb. f. Arbeitsstud. u. Betriebsorg.; Ehrenvors. d. Wiss. Ges. f. Arbeits- u. Betriebsorg. - Spr.: Ital., Franz., Engl., Span.

HADDING, Ulrich

Dr. med., Prof. f. Med. Mikrobiologie - Am Bärenkamp 7, 4000 Düsseldorf 13 - Geb. 10. Jan. 1937 Kassel - Promot. 1963, Habil. 1971 - 1988 Dir. Inst. f. Med. Mikrobiol. u. Virologie d. Univ. Düsseldorf. Üb. 100 Aufs.

HADELER, Hans-Friedrich

Dipl.-Kfm., Geschäftsführer Rank-Xerox-GmbH - priv.: Brend'amourstr. 30, 4000 Düsseldorf (T. 58 86 67) - Geb. 23. März 1943 Bonn (Vater: Stephan H., Architekt; Mutter: Franziska, geb. Bohr), kath., led. - Dipl.-Kfm. Univ. Münster, Dipl.-Mark. Inst. of Marketing, London England; Harvard PMD Boston, USA. 1967-68 Rank Xerox GmbH Düsseldorf, 1968-72 Rank Xerox Ltd., London, Marketing Controller, 1972-75 Xerox Corporate Offices Stamford, Mgr. Intern. Financial Planning, 1975-78 Gf. Xerox do Brazil, Rio de Janeiro.

HADELER, Karl-Peter

Dr., Prof. - Auf der Morgenstelle 10, 7400 Tübingen - Geb. 16. Okt. 1936 Hamburg, verh., 2 Kd. - Stud. Hamburg - S. 1971 o. Prof. f. Math. u. Biomath. Univ. Tübingen.

HADER, Kurt

Stadtrat (s. 1984) - Rathaus, 8670 Hof/S. - 1966-84 II. Bgm. - SPD - 1984 BVK (abgelehnt).

HADEWIG, Bernd

Studienleiter Friedr.-Naumann-Stiftg. u. Lehrer Waldorfsch. Eckernförde - Flensburger Str. 95, 2330 Eckernförde - Geb. 2. Juli 1946 Wedel, ev., verh., 4 Kd. - Gymn.; Stud. Theol. u. Päd. Hamburg u. Kiel - 1973-75 Mitarb. Bundestagsabg. Uwe Ronneburger; 1975-83 MdL Schlesw.-Holst. Ämter Jungdemokr. (1972-74 Landesvors. SH). FDP s. 1967 (1974ff. Mitgl. Landesvorst.; 1983ff. Pressesprecher f. SH).

HADLOK, Rainer

Dr. med. vet., Prof. f. Tierärztl. Lebensmittelkunde u. Fleischhyg. Univ. Gießen - Dresdener Str. 32, 6301 Biebertal 1.

HÄBER, Jürgen

Dipl.-Forstwirt, Dipl.-Holzwirt, Geschäftsführer Verb. d. Dt. Holzwerkstoffind., Gießen - Eichendorffstr. 11, 6350 Bad Nauheim (T. 06032-8 21 22) - Geb. 7. Sept. 1928 Dresden, verh., T. Sabine - Stud. Forstwirtsch. (Dipl. 1953); Stud. Holzwirtsch. (Dipl. 1957) - Geschäftsf. Arbeitskr. Buche, Gießen.

HAEBERLE, Karl Erich

Unternehmensberater (s. 1961; eig. Fa. f. Marketing) - Helene-Christaller-Weg 7, 6104 Seeheim-Jugenheim - Geb. 28. Juni 1924 Stuttgart - Realgymn.; kaufm., werbl., künstler. u. naturwiss. Ausbild. Fach- u. Hochsch. - Industrietätigk. (zul. ltd.) - BV: Phänomen Nachfrage, 1963; Erfolg auf Messen u. Ausstell., Handb. 2. A. 1967; Zehntausend Jahre Waage - Aus d. Entwicklungsgesch. d. Wägetechnik, 1967; Stuttgart u. d. Elektrizität, 1983.

HÄBERLE, Peter

Dr. jur., o. Prof. f. Öfftl. Recht, Rechtsphil. u. Kirchenrecht, ständ. Gastprof. f. Rechtsphilosophie in St. Gallen - Postfach 10 12 51, 8580 Bayreuth - Geb. 13. Mai 1934 Göppingen (Vater: Dr. med. Hugo H.; Mutter: Ursula, geb. Riebensahm), ev. - Univ. Tübingen, Bonn, Freiburg/Br., Montpellier. Promot. (1961) u. Habil. (1969) Freiburg - S. 1969 Ord. Univ. Marburg, Augsburg (1976) u. Bayreuth (1981). 1991/92 Gastprof. in Rom; 1992/93 Fellow am Wiss.kolleg in Berlin - BV: u. a. Wesensgehaltgarantie d. Art. 19 Abs. 2 GG, 3. A. 1983; Öfftl. Interesse als jurist. Problem, 1970; Verfassung als öfftl. Prozeß, 1978; Kommentierte Verfassungsrechtsprechung, 1979; Kulturpolitik in d. Stadt - e. Verfassungsauftrag, 1979; Verfassung d. Pluralismus, 1980; Kulturverfassungsrecht im Bundesstaat, 1980; Klassikertexte im Verfassungsleben, 1981; Erziehungsziele u. Orientierungswerte im Verfassungsstaat, 1981; Rezensierte Verfassungsrechtswiss., 1982; D. Grundgesetz d. Literaten, 1983; Verfassungsschutz d. Familie, 1984; Feiertagsgarantien als kulturelle Identitätselemente d. Verfassungsstaates, 1987; D. Menschenbild im Verfassungsstaat, 1988; D. Sonntag als Verfassungsprinzip, 1988. Herausg.: Verfassungsgerichtsbarkeit (1976); Kulturstaatlichk. u. Kulturverfassungsrecht (1982); s. 1983 Herausg. d. Jahrbuchs d. Öfftl. Rechts.

HÄBERLE, Siegfried

Dr. rer. nat., o. Prof. u. Direktor Inst. f. Waldarbeit u. Forstmaschinenkd. Univ. Göttingen (s. 1967) - Tilsiter Str. 3, 3406 Bovenden (T. Göttingen 8 28 09) - Geb. 16. Nov. 1929 Mühlacker/Württ. - Habil. 1965 Freiburg/Br. - Facharb.

HAEBERLIN, Hans Ulrich

Dr. jur., Assessor, Dir. u. Prok. Wintershall AG, Celle/Kassel, u. Kali und Salz AG, Kassel; Geschäftsf. Erdöl-Raffinerie Franken GmbH, Vorst. Orthopäd. Klinik Hess.-Lichtenau - Am Mühlenkopf 8, 3513 Spiekershausen - Geb. 4. Nov. 1926 - Mitgl. Lions-Club, Kassel.

HAEBERLIN, Urs Robert

Dr. phil., o. Prof. u. Direktor Heilpäd. Institut Univ. Freiburg/Schweiz - Kleinschönberg 28, CH-1700 Freiburg - Geb. 8. Dez. 1937 Zürich, ev., verh. s. 1961 m. Magdalena, geb. Weber, S. Matthias - Stud. u. Promot. Univ. Zürich 1967, Habil. Univ. Tübingen 1975, 1960-67 Sonderschullehrer, 1968-73 Forsch.assist. Univ. Konstanz, 1974-77 Univ. Tübingen, 1977-79 Prof. Univ. Heidelberg - BV: D. Phantasie i. Erziehung u. Heilerzieh., Bern/Stuttgart 1968; Schulreform - zwischen Praxis, Politik u. Wissenschaft, Weinheim 1971; Wortschatz u. Sozialstruktur, Zürich/Köln 1974; Identitätskrisen, Bern/Stuttgart 1978; Allgem. Heilpädagogik, 1985; D. Menschenbild f. d. Heilpäd., 1985; Integration in d. Schulklasse, 1989; D. Integration v. Lernbehinderten, 1990; Zusammenarbeit. Wie Lehrpersonen Kooperation zw. Regel- u. Sonderpäd. in integrativen Kindergärten u. Schulklassen erfahren, 1992.

HÄCKER, Fritz

Generaldirektor, Vorstandsvors. Ges. f. Spinnerei u. Weberei, Ettlingen - Bismarckstr. 18, 7505 Ettlingen/Baden - Geb. 9. Juli 1920 Osnabrück.

HAECKER, Hans-Joachim

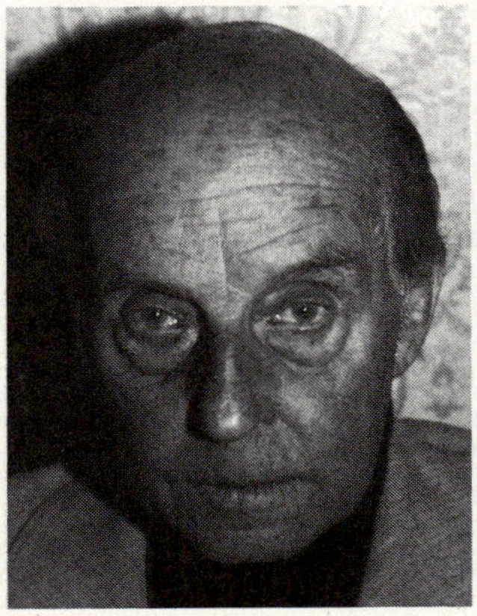

Schriftsteller, Oberstudienrat i. R. - Krasseltweg 34, 3000 Hannover 51 (T. 0511 - 604 52 40) - Geb. 25. März 1910 Königsberg/Pr. (Vater: Artur H., Eichungsoberinsp.; Mutter: Margarete, geb. Garske), ev., verh. s. 1938 m. Irmtraut, geb. Krause, verw. s. 1976, 4 Kd. (Jörg, Dörte, Antje, Andreas); s. 1980 Lebensgefährtin Eva Schulz - 1929-34 Universitäten Königsberg, Berlin, München (Phil., German., Anglistik) - BV: Hiob, Mysteriensp. 1937; Segler geg. Westen, Columbus-Dr. 1941; D. Insel Leben, Ged. 1943; Teppich d. Gesichte. Ged. 1947; D. Tod d. Odysseus, Trag. 1948; Dreht euch nicht um, 3 Dr. 1962; Gesetzt den Fall, V. 1967; Insonderheit. V. 1968; Werke Michelangelos, Ged. 1975; Lautloser Alarm, Ged. 1977; D. Traum v. Traume d. Lazarus, Essay 1978; Nicht i. Hause - nicht a. d. Straße. Dr. 1978; Begegnung Haecker/Buchwald, Ged. 1978; Registriert im XX. Jh.. Ged. 1980; Gekauft auf d. Trödelmarkt. Erz. 1980; Im Spiegel, Ged. 1981; Friedrich Meckseper, Monogr. 1982; Limericks 1983; Existentialismus d. Distanz. Aufs. 1984; Ged., 1985; Renaissance-Fantasien v. August Ohm, 1986; ... muß neu durchdacht werden, Ess. 1986; Rauchzeichen, Erz. 1990; Ged. zu Rosemarie Würth: Farb- u. Bleistiftzeichnungen, Radierungen, 1990. Bühnenstücke: D. Stadt, Segler gegen Westen, D. Tod d. Odysseus, David vor Saul, D. Öl d. Lampen, Nicht im Hause - nicht auf d. Straße (auch franz.), Piavara, Dreht euch nicht um (11 Übers.), Gedenktag, D. Briefträger kommt, D. Tür - Näheres üb. d. Tod Agamemnons, Löschung e. Registers. Hörsp. - 1961 Gerhart-Hauptmann-Preis; 1979 Nieders. Künstlerstip.; 1983 Mölle-Preis (Schweden); 1989 Kogge-Ehrenring - Liebh.: Kunst, Archäol. - Lit.: Franz Lennartz, Dt. Schriftst. d. Gegenw.; Gerhard Reuter, D. Dramatiker H.-J. H., in: Volksbühnenspiegel Jg. 9; Heinz Beckmann, H.-J. H., in: Zeitwende/Neue Furche Jg. 34; Carl Heinz Kurz: Diagonalen (Leben u. Werk d. H.-J. H.), 1977, u. Schriftstellerskizzen, 1977; K. O. Buchner: Laudatio auf H.-J. H., im Protokoll e. Ehrung, 1980; Heiko Postma: H.-J. H. in: Profile/Impulse, 1981.

HÄCKER, Hartmut

Dr. phil., Univ.-Prof. f. Psychologie Univ. Wuppertal - Theodor-Heuss-Str. 91, 5600 Wuppertal 1 - Geb. 24. Juli 1938 Bräunisheim (Vater: Otto H., Pastor; Mutter: Frida, geb. Bohn), ev., verh. s. 1964 m. Imke, geb. Peise, Dipl-Psych.; Staatsprüf. f. d. Lehramt 1962; Dipl.-Psych. 1965 (Tübingen) - S. 1978 Prof. - BV: Einf. in d. Psych., 1977 - Spr.: Engl.

HÄDECKE, Wolfgang

Lehrer, Schriftsteller - Melanchtonstr. 34, 4800 Bielefeld - Geb. 22. April 1929 Weißenfels/S., verh. s. 1955 m. Susanne, geb. Zimmermann - Stud. German. u. Angl. - Schuldienst - BV: Uns steh'n d. Fragen auf, Ged. 1958; Leucht-spur im Schnee, Ged. 1963; D. Steine v. Kidron - Aufz. aus Ägypten, d. Libanon, Jordanien u. Israel, 1970; E. Rußlandreise, 1974; D. Leute v. Gomorrha, R. 1977. Bühnenst.: D. Brüder (Dr., 1960). Essays. Buch- u. Theaterkritik - 1965 Förderpreis Nordrh.-Westf.; 1972 Mitgl. PEN-Zentrum BRD - Spr.: Engl.

HÄDER, Donat-Peter

Dr. rer. nat., Prof. f. Botanik Univ. Erlangen (s. 1988) - Neue Straße 9, 8521 Möhrendorf (T. 09131 - 4 87 30) - Geb. 27. Juni 1944 Prenzlau, ev., verh. s. 1975 m. Dr. Maria, geb. Kettenhofen - Stud. 1964-69 Univ. Marburg; Promot. 1973; Habil. 1979 (Biologie, Anglistik) - 1969-79 Wiss. Assist.; 1979-88 Priv.-Doz.; 1978-79 Research Assoc. Michigan State Univ. USA - 3 Bücher gesch., 2 B. übers., 2 B. edit. 160 Publ. - Inter.: Weltraumbiol., Mikroorganismen, Umweltprobl. (Ozonschicht), Photo- u.

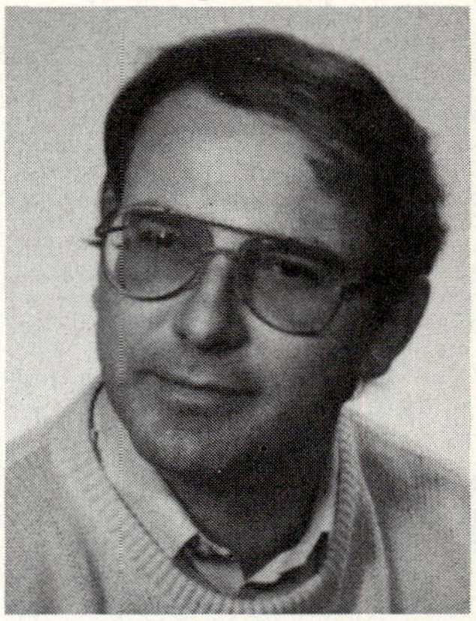

Bewegungsphysiol., Elektronik, Computer - Spr.: Engl., Franz., Ital.

HÄDICKE, Franz-Hubert

Dipl.-Volksw., Hauptgeschäftsführer i. R. IHK Hannover/Hildesheim - Saarbrückener Str. 22, 3000 Hannover (T. 0511 - 52 98 68) - Geb. 19. Nov. 1919 Hannover (Vater: Franz H., Fabrikdir.; Mutter: Hanna, geb. Schmidtchen), ev., verh. s. 1951 m. Käte, geb. Wohltmann), 3 Kd. (Hans-Uwe, Wolf-Diethard, Cornelia-Christine) - Gymn. Hannover; Stud. Rechtswiss. u. Volksw. Hannover, Königsberg, Göttingen (Dipl.-Volksw. 1948) - S. 1945 IHK Hannover (b. 1970 stv., dann Hgf.). Div. Ehrenstell., dar. Vorst.-Vors. Wirtschaftswiss. Ges. z. Stud. Nieders. u. E-Kuratoriumsvors. Leibniz-Akad., beide Hannover - 1964 Ritter belg. Kronenorden; 1967 Hans-Buchholz-Med.; 1973 BVK I. Kl.; 1985 Gr. BVK.

HÄDLER, Christian

Dr. rer. pol., Dipl.-Kfm., Mitherausgeber u. Verlagsgeschäftsf. - Grabenstr. 31a, 1000 Berlin 45 - Geb. 9. Juni 1934 Asch (Vater: Ernst H., Kaufm.; Mutter: Anna, geb. Voit), ev., verh. s. 1959 m. Monika, geb. Wende, 2 Söhne (Mathias, Carsten) - 1954-58 Stud. Journalistik u. Wirtschaftswiss. (Dipl.-Kfm.). Promot. 1960 Erlangen/Nürnberg - S. 1964 Prok. u. 1968 Geschäftsf. Verlag D. Tagesspiegel, Berlin, 1963 Geschäftsf. Graph. Werkstätten GmbH, Berlin, 1984 Geschäftsf. Mercator Druckerei GmbH, Berlin, Pressestiftg. Tagesspiegel gGmbH, 1991 Info Radio 101, Berlin, 1991 Geschäftsf. u. Herausg. Potsdamer Neueste Nachrichten. 1975ff. Handelsrichter LG Berlin, Board-Member of IFRA u. IPI.

HAEDRICH, Günther

Dr. rer. pol., Dipl.-Kfm., Prof. f. Marketing Freie Univ. Berlin (s. 1972) - Wissmannstr. 19, 1000 Berlin 33 (T. 892 93 06) - Geb. 21. Juli 1934 Berlin (Vater: Gerd H., Kaufm.; Mutter: Margarete, geb. Arndt), ev., verh. s. 1961 m. Ilse-Ingrid, geb. Pirente, 2 Kd. (Doris, Holger) - Abit. 1953; Kaufm.sgehilfenprüf. 1955; Dipl. 1959 u. Promot. 1961 Berlin - 1961-63 Leit. Abt. Marktforsch. Scherk, Berlin; 1963-67 Geschäftsf. Dorland-Werbeagentur, ebd.; 1967-70 Mitgl. Geschäftsltg. Euroadvertising GmbH., Düsseldorf; 1970-72 Mitglied Geschäftsleitung Roland Berger & Partner, München - BV: D. Interviewereinfluß in d. demoskop. Marktforsch., 1964; Werbung als Marketinginstrument, 1976. Herausg.: Schriftenr. Marketing-Management (1976 ff.) - Spr.: Engl., Franz.

HAEDRICH, Heinz

Dr. jur., Ministerialdirigent im Bundeskanzleramt a. D., Rechtsanwalt (s. 1985) - Theodor-Heuss-Str. 2, 5300 Bonn 2 - Geb. 3. Okt. 1920, verh. m. Helga, geb. Nienhaus, 2 Töcht. (Blanche, Sandra) - Stud. Rechtswiss. u. Volksw.; Gr. jurist. Staatsprüf. 1949 München; Promot. 1952 Köln - 1949 Bayer. Staatsmin. d. Justiz;

1950-52 Bundesmin. d. Justiz (Mitgl. dt. Delegat. b. d. Verhandl. z. Gründ d. Eur. Gem.); 1952-68 Ausw. Amt; 1952-54 Konsul Nairobi; 1955-58 Ref.-Leiter Pol. Abt. Ausw. Amt; 1958-65 Botschaftsrat I. Kl. Botsch. Europ. Gem.; 1965-68 Planungsstab Ausw. Amt; 1968-85 Bundeskanzleramt - BV: Europ. Atomverträge, 1966; Kommentar Atomgesetz, 1986. Mitautor: Strupp-Schlochauer, Wörterb. d. Völkerrechts, 1960; Hallstein-Schlochauer, Festschr. C. F. Ophüls, 1965; Groeben-Boeckh-Thiesing, Kommentar EWG-Vertrag, 1974 - Gr. BVK; Mitgl. Assoc. Intern. du Droit Nucléaire - Intern. Nuclear Law Assoc. - Spr.: Engl., Franz., Span.

HÄDRICH, Rolf

Regisseur - Jenfelder Allee 90, 2000 Hamburg 70 (T. 413 62 54); u. Orgevaux, CH-1833 Les Avants - Geb. 24. April 1931 Zwickau/Sa. (Vater: Arno H., Kaufm.; Mutter: Elisabeth Soellner), 2 x gesch., 2 Kd. (Stephan, Ariane) - Obersch. Eisenberg; 1949-54 Univ. Jena, Berlin, Hamburg (Theaterwiss., Gesch.) - S. 1956 Oberspiell. FS HR u. NDR. Bühne: D. 10. Mann, D. kl. Herr Nagel, 10 Min. b. Buffalo, Kataki, Gr. Wut d. Philipp Hotz; Wölfe u. Schafe, Kur in Bad Wiessee, Tod eines Handlungsreisenden. Film: Verspätung in Marienborn, Among the Cinders, 1984. Fernsehen: Brennpunkt, Dr. Murkes gesammeltes Schweigen, Nachruf auf Jürgen Trahnke, Schlaf d. Gerechten, Friedhöfe, D. Schlinge, Warten auf Godot, D. Revolution entläßt ihre Kinder, Von Menschen und Mäusen, Karol, Grenzziehung, Heydrich in Prag, Zuchthaus, Haben, Stimme hinter d. Vorhang, Graf Oederland, Biografie, Mord in Frankfurt, Kraft d. Gesetzes, Unser Sohn Nicki, Alma Mater, Kennen Sie Georg Linke?, Erinnerung an e. Sommer in Berlin, D. Fischkonzert (2 T., 1973), D. Stechlin 1974 (3-teilig); Mach's gut, Florian, 1978; D. wiedergefund. Paradies, 1979 (3-teilig); Nirgendwo ist Poenichen, 1978 (7-teilig); Bergpredigt, 1983 (ARD); U. er nahm mich bei d. Hand, 1984; Backfischliebe, 1985; Friedenspolka, 1987; Langusten, 1988 - BV: Mord in Frankfurt, 1970 (auch USA); Grabinschriften, Ged. 1972. Lyrik in: Jg. Lyrik (1958), Lyrik aus ds. Zeit (1961 u. 64), Blätter u. Bilder (1963), Ohne Visum (1964), Hand- u. Fußnoten - 1961 Lyrikpreis SR, 1964 Grand Prix Eurovision Cannes, Jacob-Kaiser-Preis Berlin, Preis f. Freiheit u. Gerechtigkeit Berlin, Filmpreis Stadt Zürich, Bundesfilmpreis (f.: Verspät. in Marienborn), 1965 Silb. Taube V. Festival Monte Carlo, 1968 Preis V. Intern. Fernseh-Festival Prag, Regiepreis Dt. Akad. d. Darstell. Künste (Mord in Frankfurt), 1969 Adolf-Grimme-Preis in Gold, 1974 Adolf-Grimme-Preis in Silber Dt. Volkshochschul-Verb. u. Gold. Kamera Hörzu (Mord in Frankfurt); 1980 Ritter d. Falkenordens Island; Akad. d. darstell. Künste, Frankfurt, Akad. d. Künste, Berlin, Freie Akad. d. Künste, Hamburg; PEN-Club Liechtenstein - Spr.: Engl., Franz.

HÄFELE, Carl Heinz

Dipl.-Ing., Fabrikant, Handelsrichter LG Mönchengladbach - Bergstr. 83, 4050 Mönchengladbach - Geb. 1. Dez. 1914 - B. 1985 Geschäftsf. u. pers. haft. Gesellsch. d. Rhein. Armaturen- u. Maschinenfabrik Albert Sempell KG, AR-Vors. d. Sempell AG.

HÄFELE, Hans Georg

Dr. rer. nat., Univ.-Prof., Lehrstuhlinh. f. Exper. Physik - Walther-v.-d.-Vogelweide-Str. 49, 8700 Würzburg - Geb. 30. Okt. 1928 Biberach/Riß, verh. s. 1955 m. Inge Witta, geb. Möchel, Apothekerin - Stud. Physik. Promot. 1956, Habil. 1971 - Lehrtätigk. Univ. Würzburg (1972 Prof. u. Mitvorst. Physikal. Inst.). Zahlr. Publ. üb. Festkörper-Spektroskopie, Laser u. nichtlineare optische Effekte in Halbleitern.

HÄFELE, Hansjörg

Dr. jur., Rechtsanwalt, Parlam. Staats-

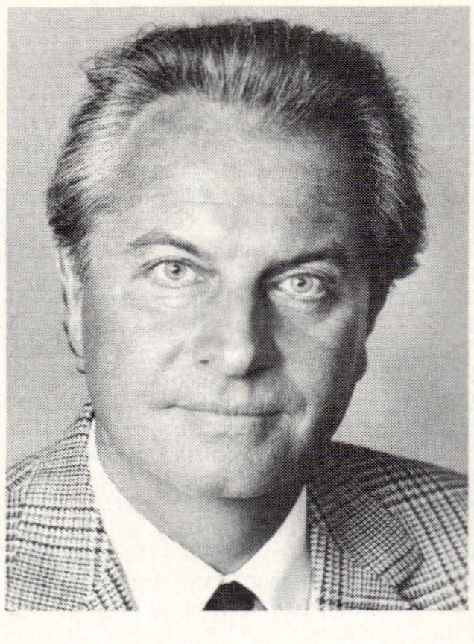

sekr. Bundesmin. d. Finanzen a. D. (1982-89), MdB (1965-90; Wahlkr. 190/ Schwarzwald-Baar) - Bauschengasse 17, 7737 Bad Dürrheim/Schwarzw. - Geb. 6. März 1932 Uttenweiler Kr. Biberach (Vater: Michael H., Gymnasialoberlehrer; Mutter: Maria, geb. Neurohr), kath., verh. s. 1964 m. Ingeborg, geb. Stein - Hum. Gymn. Wangen; Univ. Tübingen (Rechtswiss., Volks.), Hochsch. f. Verw.wiss. Speyer - 1961-65 Innenverw. Baden-Württ. CDU s. 1961; 1978-82 Finanzpol. Sprecher CDU/CSU-Bundestagsfraktion - BV: Reform d. Parlamentarismus, in: Die Zukunft d. CDU, 1968 Bürokratisierung d. Parlaments?, in: D. Bundestag v. innen gesehen, 1969; D. Staat hat sich übernommen, 1976; D. überforderte Staat u. d. Finanzpolitik, in: Schlankheitskur f. d. Staat, 1979 - Liebh.: Waldlauf, Golf, Schwimmen, Wandern - Spr.: Franz., Engl. - Rotarier. - Lit.: Heinzgünter Klein, gefragt: Hansjörg Häfele, 1976; Walter Henkels, Bonner Köpfe, 1981; FAZ: Schwäbischer Hitzkopf, Okt. 1981; FAZ: Abschied v. d. Politik, April 1989.

HÄFELE, Wolf

Dr. rer. nat., Physiker, Wiss. Direktor d. Forschungszentrums Rossendorf/Dresden (s. 1991), Honorarprof. f. Reaktortechnik TU Karlsruhe (s. 1964), u. f. Energietechnik TU Wien (s. 1975) - Zwinglistr. 35, 5650 Solingen 1 - Geb. 15. April 1927 Freiburg/Br. (Vater: Walter H., Pfarrer; Mutter: Luise, geb. Ullrich), ev., 3 Kd. (Walter, Elisabeth, Hermann) - 1946-50 TH München (Dipl.-Phys. 1950), Promot. 1955 Göttingen. 1953-55 Max-Planck-Inst. f. Physik Göttingen, dann Kernforschungszentr. Karlsruhe (1960-73 Ltr. Projekt Schneller Brüter u. Dir. Inst. f. Angew. Reaktorphysik). Intern. Inst. for Applied Systems Analysis Laxbg.-Wien (1973-81); Deputy Dir. d. Inst. (1974-81); 1981-90 Vorst.-Vors. KFA Jülich. Foreign Member of the U.S. National Academy of Engineering, u. Ausw. Mitgl. d. Schwed. Akad. d. Ing.-wissensch, 1988 Ausw. Mitgl. d. Sowj. Akad. d. Wiss., u. d. Finn. Akad. d. Techn. Wiss., Fellow of American Nuclear Society u. Mitgl. d. Kerntechn. Ges., 1972 Ritter franz. Orden Palmes academiques; 1982 BVK I. Kl., 1990 Gr. BVK; 1983 Österr. Ehrenkreuz I. Kl. - Spr.: Engl.

HAEFELIN, Trude

Schauspielerin - Faganenstr. 8, 8152 Vagen (T. 08062 - 21 50) - Geb. 1. Juli 1919 Passau, kath., verh. m. Jürgen Scheller (Schausp.), 1 Kd. aus früh. Ehe - Falckenberg-Schule München - Zahlr. Bühnen, u. a. Berlin. Heidelberger Festspr. Kabatt; Film - Ehrenbürgerin Heidelberg - Liebh.: Musik - Spr.: Engl., Franz.

HÄFELINGER, Günter

Dr., Dipl.-Chem., Prof. f. theor. organ. Chemie - Auf der Burg 7, 7400 Tübingen (T. 07071 - 8 78 92) - Geb. 23. Mai 1937 Freiburg/Br. (Vater: Friedrich Ernst H., Zolloberinsp.; Mutter: Anna, geb. Weßbecher), verh. s. 1963 m. Brigitte, geb. Weis, 2 Söhne (Michael, Steffen) - Realgymn. Karlsruhe (Abit. 1957); 1957-62 TH Karlsruhe (Dipl. 1962); Univ. München u. Tübingen; Promot. 1965, Berkeley Post-Doc. 1967, Habil. 1970 Tübingen - 1965-70 Wiss. Assist., 1973 apl. Prof.; 1975 Wiss. Rat u. Prof.. S. 1981 Prof. (C3). Mehrere Fachbücher u. Veröff. - Spr.: Engl., Franz. - Bek. Vorf.: Prof. Dr. Ernst Kriech (Univ. Heidelberg).

HAEFFNER, Gerd

Dr., Prof. - Kaulbachstr. 32, 8000 München 22 - Geb. 6. Juli 1941 Nürnberg - Stud. Phil. u. Theol. Pullach, München, Lyon u. Tübingen; Lic. phil. 1966, Dr. phil. 1971, Lic. theol. 1984 - Gast-Prof. in Québec (Canada), Paris, Tokyo u. Kinshasa (Zaire). 1978 Prof. f. Phil. Anthropol., Gesch.phil. u. Gesch. d. Phil. Hochsch. f. Phil. München, 1982-88 dort Rektor - BV: Heideggers Begriff d. Metaphysik, 2. A. 1981; Phil. Anthropol., 2. A. 1989. Zahlr. Aufs.

HÄFNER, Gerald

MdB, Lehrer u. Sozialforscher, Rechtspolit. Sprecher d. GRÜNEN im Bundestag, Mitgl. u. Obmann im Rechts- u. Geschäftsordnungsaussch. - Zu erreichen üb. Bundeshaus, 5300 Bonn (T. 0228 - 16 91 77) - Geb. 3. Nov. 1956, ledig - Stud. Sozialwiss. Univ. Bochum u. Waldorfpäd. Inst. f. Waldorfpäd. Witten/ Ruhr; Dipl. 1984 - 1979/80 Kreisvors. d. Grünen in München; 1980/81 Landesgeschäftsf. u. Pressesprecher d. bayer. Grünen; 1984-87 wiss. Tätigk. Inst. f. Sozialforsch. Achberg; Vorst.-Mitgl. bzw. Mitbegr. u. Sprecher Aktion Volksentscheid, Volksentscheid gegen Atomanlagen, sow. Europ. Initiative f. Direkte Demokratie - Liebh.: Natur, Kunst, Politik, Menschen - Spr.: Engl., Franz.

HÄFNER, Heinz

Dr. med., Dr. phil., Dr. h. c., o. Prof. f. Psychiatrie u. Neurologie - Am Büchsenackerhang 27, 6900 Heidelberg-Ziegelhausen (T. 80 20 80) - Geb. 20. Mai 1926 München (Vater: Heinrich H., Kaufmann; Mutter: Elisabeth, geb. Gerner), kath., verh. m. Dr. Wiltrud, geb. Ranabauer, 4 Kd. (Gilbert, Gerald, Constantin, Sibylle) - Univ. München (Medizin, Psych., Phil.; Promotion 1950 u. 51) - S. 1960 (Habil.) Lehrtätigk. Univ. Heidelberg (1965 apl. Prof.; 1968 Ord. u. Dir. Sozialpsychiatr. Klinik/Klinikum Mannheim), 1971-78 Sprecher Sonderforsch.bereich 116-Psych. Epidemiologie, 1971-75 stv. Vors. Sachverständ.-Kommiss. Psychiatrie Bundesreg., 1975ff. Dir. Zentralinst. f. Seel. Gesundh. u. Dir. Psychiatr. Klinik ZISG, 1975-83 Mitgl. d. Med. Aussch. d. Wiss.-rats (1980-83 Vors.), 1977-83 Beruf. durch d. Bundespräs. als Mitgl. d. Wiss.-rats, 1979-83 Vors. Wissenschaftl. Kommission d. Wiss.rats; 1976-80 Mitgl. d. European Advisory Committee for Medical Research d. WHO; 1984ff. Consultant d. WHO f. Mental Health; Mitgl. Intern. Advisory Bd. WHO-Collab. Ctr. f. Research in Functional Psychoses, Nagasaki, Collab. Ctr. f. Res. u. Train. in Mental Health, Aarhus (DK) u. d. WHO-Collab. Ctr. f. Research and Training in Mental Health, Italien (Rom, Mailand, Neapel u. Verona). Honorary Consultant d. Schizophrenia Research Foundation of India, Madras - BV: Schulderleben u. Gewissen, 1956 (auch ital. u. span.); Psychopathen, 1961; Psychiatrie d. Verfolgten, 1964 (m. v. Baeyer u. Kisker); Gewalttaten Geistesgestörter, 1973 (m. W. Böker, auch engl.); Psych. Epidemiologie, 1978; Estimating Needs f. Mental Health Care, 1979; Forsch. f. d. seel. Gesundheit, 1982; Psych. Gesundh. im Alter, 1986; Mental Health in the Elderly, 1986 (m. Moschel u. Sartorius); Search for the Causes of Schizophrenia, 1987 (m. Gattaz u. Janzarik); Search for the Causes of Schizophrenia II, 1990 (m. Gattaz); Psychiatrie - E. Lesebuch f. Fortgeschrittene, 1991. Zahlr. Einzelarb. - 1966 Preis Michael-Stiftg. (f. Forsch. z. Myoklonusepilepsie), 1973 Hermann-Simon-Preis (f. Gewalttaten Geistesgestörter); 1982 BVK I. Kl.; 1986 Erik Strömgren Med.; Mitgl. d. Dt. Akad. d. Naturforscher Leopoldina u. d. Heidelberger Akad. d. Wiss.; Ehrenmitgl. Foundation f. Psychiatr. Research in Finnland; Vorst.-Mitgl. Internat. Ges. f. Psychiatr. Epid.; Mitgl. Exekutivkomit. d. Arbeitsgem. Europ. Psychiater (AEP); Ehrenmitgl. Portug. Ges. f. Psychiatr. Epid.; Ehrendoktor Univ. Helsinki u. Univ. Konstanz; Hon. Member American Psychopathol. Assoc. - Spr.: Engl.

HAEFNER, Klaus

Dr. rer. nat., Univ.-Prof. f. Angew. Informatik - Im Alten Hofe 6, 2863 Ritterhude - Geb. 6. Juli 1936 - Promot. 1965 Berlin (FU); Habil. (Genetik) 1969 Freiburg/Br. - S. 1972 Prof. Univ. Bremen - BV: D. große Bruder - Chancen u. Gefahren f. e. Informierte Ges., 1980; D. neue Bildungskrise - Herausforderung d. Informationstechn. an Bild. u. Ausbild., 1982; Mensch u. Computer im J. 2000 - Ökonomie u. Politik f. e. human computerisierte Ges., 1984; Denkschrift z. 100j. Jubiläum d. Automobils; D. vollautomat. Automobil, 1985; Denkzeuge, 1987; Denkschrift Verkehr 2000; ca. 200 Einzelarb.

HÄFNER, Peter

Dr. rer. nat., Prof. f. Biologie PH Heidelberg - Güldensteinstr. 43, 7100 Heilbronn-Sontheim.

HAEFS, Gisbert Jakob

Schriftsteller u. Übers. - Petersbergstr. 4, 5300 Bonn 2 - Geb. 9. Jan. 1950 Wachtendonk/Niederrh. - Staatsex. 1976 Bonn (Span. u. Engl.) - BV: Mord am Millionenhügel, 1981; Und oben sitzt e. Rabe, 1983; D. Doppelgrab in d. Provence, 1984; Mörder & Marder, 1985; Barakuda-Tetralogie, 1986/92; D. Triumvirat u. a. kriminelle Gesch., 1987; Kipling-Companion, 1987; D. Schattenschneise, 1989; Hannibal - D. Roman Karthagos, 1989; Freudige Ereignisse, Erz. 1990. Übers. bzw. Herausg.: Jorge Luis Borges, 5 Bde. 1981-83; J. L. Borges/A. Bioy Casares, 2 Bde. Gemeins. Werke 1983/85; A. Conan Doyle, 3 Bde. 1984; Ambrose Bierce, D. Teufels Wörterb. 1986; Horrorgesch., 1988; Jorge Luis Borges, D. letzte Reise d. Odysseus, 1987; Rudyard Kipling, Werke, bish. 9 Bde. 1987/92; Lichtenberg, Sudelbrevier, 1988; Mark Twain, Tom Sawyers Abenteuer, 1989; Juan Goytisolo, Landschaften nach d. Schlacht, 1990; Camilo José Cela, Neunter u. letzer Wermut, 1990; Rudyard Kipling, Reisebriefe aus Japan, 1990; J. L. Borges, Lesen ist denken m. fremdem Gehirn, 1990; Borges, Werke in 20 Bänden, 1991ff. LP: Skurrile Gesänge, eig. Chansons (1982). Ferner Hörspiele, Funkfeatures etc.

HÄGE, Martin

Bürgermeister Aidlingen - Lilienstr. 11, 7031 Aidlingen (T. 07034 - 88 22) - Geb. 3. April 1935 Göttingen (Vater: Martin H., Landw.; Mutter: Margarete, geb. Schall), ev., verh. s. 1962 m. Hedwig, geb. Hauff, 2 Töcht. (Cornelia, Alexandra) - Dipl.-Verwaltungswirt (FH).

HÄGELE, Albert

Fabrikdirektor (Fa. W. Stohrer Maschinenfabrik, Leonberg), Vizepräs. IHK Ludwigsburg - Lisztstr. 17, 7250 Leonberg/Württ. (T. 2 94).

HÄGELE, Gerhard

Dr. rer. nat., Prof. - Kerschensteinerweg 13, 4010 Hilden - Geb. 14. April 1938 Mannheim - Promot. 1969 Aachen - S. 1972 (Habil.) Lehrtätigk. Heinrich-Heine-Univ. Düsseldorf (Anorgan. Chemie, NMR, Analytik). Fachaufs., Monographie.

HAEGELE, Karl Eugen

Oberbürgermeister Gr. Kreisstadt Horb a. N. - Landhausstr. 18, 7240 Horb (T. 07451 - 20 66) - Geb. 19. Juli 1922, kath., verw., 4 Kd., verh. in 2. Ehe s. 1981 - Gymn. Göppingen; höh. Verw.sch. (Dipl. engl. Sprache 1948, Staatsex.

1950) - 1950-55 Bürgerm. Gden. Reichenbach u. Winzingen; 1955-80 Bürgerm. Stadt Horb, s. 1981 Oberbürgerm. Gr. Kreisstadt Horb, s. 1959 MdK (stv. Vors.); s. 1960 VR Kreisspark.; s. 1965 Gewährsverb.abg.; s. 1969 Vorst.-Mitgl. Spark.- u. Giroverb., AR-Vors. Bauges. Horb, u. a. Ämter - 1968 BVK, 1980 Dr. Johann-Christian Eberle-Med., 1980 Verdienstmed. Gemeindetag; 1982 Bürgermed. Stadt Horb z. 60. Geburtstag - Spr.: Engl., Franz.

HAEGELE, Rudolf

Prof., Maler - Silcherstr. 1, 7148 Remseck 3, Hochberg a. N. - Geb. 21. April 1926 (Vater: Rudolf H.; Mutter: Helene, geb. Seyboldt), kath., verh. m. Ilse, geb. Gabriel, T. Dagmar - 1946-51 Kunstakad. Stuttgart (dazw. 1949 Paris) - S. 1965 Doz. u. Prof. (1967). Werke in- u. ausl. Besitz. Kunstakad. Stuttgart - 1952 Kunstpreis d. Jugend.

HAEGERT, Lutz

Dr. rer. pol., o. Prof. f. Betriebswirtschaftslehre Univ. Augsburg (s. 1971) - Am Ährenfeld 1, 8935 Fischach/Schw. - Geb. 3. April 1936 Berlin (Vater: Georg H., Kaufm.; Mutter: Margarete, geb. Tietzmann), ev. - Promot. 1963 Berlin (FU); Habil. 1970 Mannheim - Steuerberat. Fachveröff. - Spr.: Engl., Franz.

HAEHSER, Karl

Parlam. Staatssekretär a.D., MdB (1965-87), Vors. SPD Unterbez. Trier (1967-86) - Klausenerstr. 10, 5500 Trier/Mosel (T. 3 17 63) - Geb. 31. März 1928 Bendorf-Sayn/Rh., ev., verh. s. 1949 m. Anita, geb. Schmidt, 2 Töcht. (Karla, Ute) - Volkssch. Bendorf-Sayn; 1942-45 Lehrerbildungsanstalt Sinzig - S. 1947 Angest. SPD Unterbez. Koblenz, Bezirksjugendsekr. SPD Rhld./Hessen-Nassau (1949) u. Gf. SPD Reg.bez. Trier (1950). 1955-65 MdL Rhld.-Pfalz; 1965-87 MdB; 1974-82 Parlam. Staatssekr. Bundesmin. d. Finanzen. 1960-69 Stadtratsmitgl. Trier. Bezirks- (Rhld.-Hessen-Nass.; 1960-64) u. Landesvors. Jungsozialisten (Rhld.-Pfalz; 1962-64). 1964-67 Mitgl. Rundfunkrat SWF; 1970-74 Mitgl. VR Dt. Bundesbahn; 1973-83 AR Salzgitter AG (ab. 1974 Vors.); s. 1977 Mitgl. Verwaltungsrat d. Deutschen Welle, (s. 1986 stv. Vors.) - Gr. BVK m. Stern; Gr. gold. Ehrenzeichen d. Rep. Österreich.

HÄMER, Hardt-Waltherr

Architekt, Prof. Hochschule der Künste Berlin - Bismarckstr. 67, 1000 Berlin 12 (T. 341 50 82) - 1971-73 Wiss. Geschäftsf. Inst. Wohnen u. Umwelt, Darmstadt - 1967 Kunstpreis Stadt Ingolstadt (f. d. Stadttheater); 1979 Dt. Architekturpreis; 1970 o. Mitgl. Akad. d. Künste Berlin.

HÄMMERLEIN, Hans

Dr. jur., Prof., Rechtsanwalt, Vors. Bundesverb. Priv. Wohnungsunternehmen, Bonn (1974-85), Lehrbeauftr. Univ. Köln (s. 1972) - Curtiusstr. 16, 4006 Erkrath 2/Rhld. - Geb. 25. Febr. 1923 Berlin, ev., verh., T. Petra - Gr. jurist. Staatsprüf. - 1952-72 Ministerialbeamter (zul. Ltd. Min.rat); 1972-85 Gf. Entwicklungsges. Hochdahl mbH - BV: Öffentlichkeit u. Verw., 1966; D. verw. Wohnungspolitik, 1968; Gemeinn. Wohnungsuntern.-Intern., 1972; D. untern. Wohnungswirtsch., 1988. Herausg.: Beamtenspiegel (1965) - Spr.: Franz., Engl.

HÄMMERLIN, Günther

Dr. rer. nat., o. Prof. f. Angew. Mathematik u. Vorst. Math. Inst. Univ. München (s. 1965) - Geb. 1928 Karlsruhe - TH Karlsruhe, Univ. Freiburg; Promot. 1954; Habil. 1961 - Zul. Doz. Univ. Freiburg. Fachveröff. - BV: Numerische Mathematik I, B. I. Hochschultaschenb. 1970, 2. A. 1978; Numerische Mathematik (zus. m. K.-H. Hoffmann), 1989, 2. A. 1991; Numerical Mathematics, 1991 - 1978 Soc. Onor. Accad. Naz. Sci. Lett. Arti di Modena.

HÄNDEL, Wolfgang

Dr. rer. pol., Aufsichtsratsvorsitzender Spezialtechnik Dresden AG, u. Sächsisches Serumwerk GmbH - Vornhäger Str. 66, 3060 Stadthagen - Geb. 27. Okt. 1939 Stuttgart, verh. s. 1966, 3 Kd. - Dipl.-Kfm. (1964) u. Promot. (1968) Köln - Präsid. Dt. Schutzvereinig. f. Wertpapierbesitz, Düsseldorf; Beirat Frigoscandia GmbH - BV: D. wirtschaftl. Leistung als Bestimmungsfaktor d. Marktstellung v. Betrieben, 1969 - Spr.: Engl., Schwed.

HÄNDLER, Torsten

1. Solotänzer an d. Deutschen Staatsoper Berlin - Wallstr. 66, O-1020 Berlin - Geb. 18. Mai 1961, verh., 1 Kd. - Stud. Staatl. Ballettsch. Berlin; Staatsex.; 2 Jahre Zusatzstud. Kiew/Sowjetunion - Spartacus (Seregi); Spartacus; Don Juan und Faust; Titelrollen: Romeo und Julia (Romeo); Widerspenstige Zähmung (Cranko); Petrucchio; Undine (Vamos); Palemon; Schwanensee (Prinz, Rotbart); Nußknacker (Prinz); Dornröschen (Carabosse); Hoffmanns Erzählungen (Schilling); Hoffmann; Balanchin-Repertoire; Carmen (Don Jose) - Preisträger nationaler Ballettwettbewerbe, Kritikerpreis d. Berliner Zeitung - Spr.: Russ.

HÄNDLER, Wolfgang

Dr. rer. nat., Dres. h.c., em. o. Prof. f. Mathematische Maschinen u. Datenverarbeitung (Informatik) - Sachsenstr. 1, 8520 Erlangen (T. 09131 - 3 85 97) - Geb. 11. Dez. 1920 Potsdam (Vater: Bruno H.), verh. s. 1950 m. Hanna, geb. Röhrig, 2 Kd. - S. 1962 (Habil.) Lehrtätigk. Univ. Saarbrücken (Privatdoz.), TH Hannover (1963 ao. Prof.), Univ. Erlangen-Nürnberg (1966 o. Prof. u. Inst.-vorst., 1986 emerit.) - BV: Rechnerarchitektur (m. Prof. Dr. A. Bode), 2 Bde. Üb. 100 Fachveröff. - 1982 BVK I. Kl.; 1991 Ehrendoktor Univ. Karlsruhe u. Univ. Novosibirsk, Rep. Rußland.

HAENDLY, Wolfgang

Dr. phil., Prof., Dompropst, Ordinariatsrat im Bischöfl. Ordinariat Berlin - Johann-Georg-Str. 8, 1000 Berlin 31 (T. 892 48 08) - Geb. 6. Juli 1911 Berlin, kath. - Leibniz-Gymn. Berlin; Stud. Freiburg/Br. u. Rom (Gregoriana). Promot. 1932; Lic. Theol. 1936.

HÄNEL, Gottfried

Dr. Prof. f. Meteorologie Univ. Frankfurt/M. - Mecklenburger Str. 41, 6231 Schwalbach/Ts.

HÄNFLING, Georg

1. Bürgermeister (s. 1956), berufsm. 1. Bürgerm. (s. 1972) - Rathaus, 8501 Eckental/Mfr. - Geb. 3. Nov. 1926 Mitteldorf - Vorst.-Vors. Raiffeisenbank Eschenau. CSU.

HAENISCH, Günther

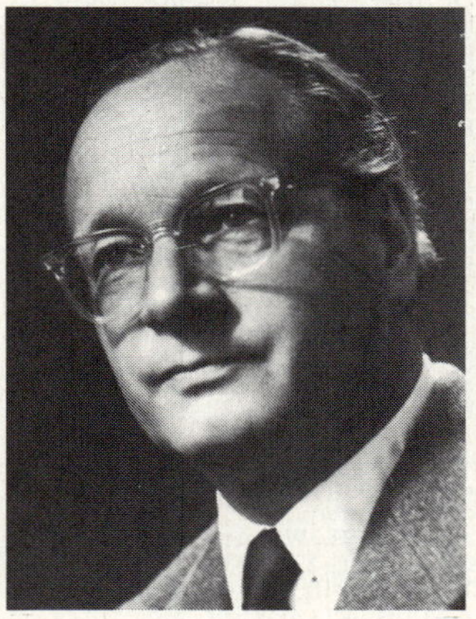

Dr. med., Prof., Chirurg u. Urologe - Schwarzbuchenweg 15, 2000 Hamburg 65 (T. 040 - 536 21 12) - Geb. 30. März 1907 Hamburg (Vater: Prof. Dr. med. Fedor H., Röntgenologe, Chefarzt †; Mutter: Gertrud, geb. Stapenhorst †), ev., verh. s. 1948 m. Hildegard, geb. Völckers, 3 Kd. (Rolf, Hildegard, Fedor) - Johanneum Hamburg, Abit. 1925; 1925-30 Med.-Stud. Freiburg, München, Hbg., Staatsex. 1930, Approb. 1932, Promot. 1934 Hbg. - Schiffsarzt, Sanitätsoffz. im Krieg, Gefangensch., 1948-60 Chirurg. - Univ.-Klin., AK Heidberg, AK St. Georg, Hbg., 1960-72 Chefarzt 1. Chir. Abt. AK Barmbek - Zahlr. wiss. Aufs., Leitart., med. u. berufspol. Veröff. (Zeichen: GH) - Div. Ehrenämter, u.a. 1953-55 Vors. Marburger Bund (LV Hbg.), 1954-86 Vorst. Ärztekammer Hbg., Aussch.-Vors. Bundesärztekammer, 1970-79 Vors. Hbg. Verb.leit. Krkhs.-Ärzte. 1973-90 Vizepräs. Verb.leit. Krkhs.-Ärzte Deutschl., 1980-89 Vors. Ethik-Kommiss. Ärztekammer Hamburg, s. 1978 Vors. VR Versorg.-werk ebd., s. 1979 Schriftl.: Arzt u. Krkhs.; Kriegsausz., 1977 Paracelsus-Med. d. Dt. Ärztesch. - Liebh.: Reisen, Fotogr., Sammeln Althamb. Stiche - Spr.: Engl.

HAENSCH, Günther

Dr. phil., em. o. Prof. f. angew. Sprachwissenschaft (Romanistik) u. Leit. Sprachenzentrum Univ. Augsburg (1973-91) - Ulrich-Hofmaier-Str. 39, 8900 Augsburg - Geb. 22. April 1923 München (Vater: Ernst H., Kfm.; Mutter: Kunigunde, geb. Nüßl), ev., verh. m. Marina, geb. Duenas, 5 Kd. (Isabel, Stefan, Beatrix, Florian, Rafael) - Univ. Genf, Barcelona, München (Roman., Gesch.). Promot. (1954) u. Habil. (1967) München - U. a. Chefdolmetscher Hohe Behörde d. Montanunion, Dir. Sprachen- u. Dolmetscherinst. München, Vorst. Sem. f. Roman. Sprachen u. Auslandskd. Univ. Erlangen-Nürnberg - BV: u. a. Las hablas de la Alta Ribagorza, 1962 (Zaragoza); Le francais tel qu'on le parle (m. J. Marot), 5. A. 1979; Español Vivo (m. M. Puy Costa), 8. A. 1977; Klett Wörterb. Span./Dt. u. Dt./Span. (m. J. M. Dominguez), 2. A. 1980; Franz.-Dt. Wirtschaftsterminologie (m. Y. Desportes), 1992; Span.-Dt. Wirtschaftsterminologie (m. F. López-Casero), 1992; Wörterb. d. Intern. Beziehungen u. d. Politik - Dt./Engl./Franz./Span., 2. A. 1975; Wörterb. d. Landw. - Dt./Franz./Engl./Span. (m. G. Haberkamp), 5. A. 1987; Dt.-Franz. Verwaltungsspr., 1965; España contemporánea, 1991 - Handb. d. Auslandskd.: Spanien, 3 Bde., 1975; Wörterb. d. Biologie (m. G. Haberkamp), 2. A. 1980; La Lexicografía. De la lingüística teórica a la lexicografía prática, 1983 (Madrid, m. Ettinger, Wolf, Werner); Frankreich (m. H. J. Tümmers), 1991; Handwörterbuch Span.-Dt. (m. Langenscheidt); Kl. Frankr.lexikon (m. P. Fischer), 2. A. 1987; Kl. Span.-Lexikon (m. G. Haberkamp de Antón), 1989. Herausg.: Lebende Sprachen (s. 1980). Mithrsg.: Ztschr. Lebende Sprachen (1956-63), Idioma (1964-69) - 1965 Ehrenmitgl. Cervantes-Ges., Madrid; 1969 korr. Mitgl. Real Acad. Española ebd., 1983 Acad. Chilena de la Lengua u. Acad. Norteamericana de la Lengua Española; 1984 korr. Mitgl. Acad. Porteña del Lunfardo; 1986 korr. Mitgl. Acad. Boliviana de la Lengua, 1989 Acad de Ciencias, Rep. Dominicana; 1989 Prof. Hon. d. Univ. Católica Madre y Maestra, Rep. Dominicana; BVK; Isabel la Católica (span. Orden) - Liebh.: Jagd, Reisen, Musik - Spr.: Engl., Franz., Span., Katalan., Ital.

HÄNSCH, Klaus

Dr. phil., Dipl.-Pol., Redakteur, MdEP (s. 1979) - Sperberweg 12, 4006 Erkrath - Geb. 15. Dez. 1938 Sprottau (Vater: Willi H., Schlosser; Mutter: Erna, geb. Sander), ev., verh. s. 1969 m. Ilse, geb. Hoof - Oberrealsch.; Stud. Betriebsw., Soziol., Gesch., Politol. Köln, Paris, Berlin (Dipl. 1965, Promot. 1969) - 1965 Lehrauftr. FU Berlin; 1968/69 Chefredakt.; s. 1969 Mitarb. Min.-Präs. NRW, 1970/76 Presseref. u. 1977/79 Fachref. Min. f. Wiss. u. Forsch. NRW; s. 1976 Lehrauftr. Univ. Duisburg - BV: Frankr. zw. Ost u. West. D. Reaktion auf d. Ausbruch d. Ost-West-Konflikts 1946-48, 1972 - 1973 Straßburg-Preis Stiftg. F.V.S. - Spr.: Franz., Engl.

HAENSCH, Rudolf

Dr. med., Univ.-Prof. f. Dermatologie u. Venerol. Univ. Düsseldorf (s. 1971) - Schillerstr. 52, 4050 Mönchengladbach - Geb. 10. Dez. 1921 Dresden (Vater: Rudolf H., Bankdir.), ev., verh. s. 1958 (Ehefr.: Dr. Sieglinde), 3 S. (Rudolf, Wolfgang, Carl-Albrecht) - Staatsgymn. Dresden-Neustadt; Univ. Leipzig, Berlin, Königsberg/Pr., Münster/W. (Med.). Promot. 1948; Habil. 1968 - S. 1965 Hautklinik D'dorf (Oberarzt). Zahlr. Fachveröff. - Spr.: Engl., Franz.

HÄNSCH, Theodor Wolfgang

Dr. rer. nat., Prof. f. Physik Univ. München, Direktor am Max-Planck-Inst. f. Quantenoptik Garching - Barerstr. 62, 8000 München 40 - Geb. 30. Okt. 1941 Heidelberg, kath. - Stud. Univ. Heidelberg; Promot. 1969 - 1972-75 Assoc. Prof. Stanford Univ., USA; 1975-86 Full Prof. - Entw. schmalbandiger abstimmb. Farbstofflaser; Methoden d. Dopplerfreien Laserspektroskopie - Üb. 100 Veröff. in wiss. Ztschr. - Nat. u. intern. Preise u. Ausz.

HÄNSEL, Otto

Aufsichtsratsmitglied d. Klöckner Hänsel GmbH, Hannover - Richard-Wagner-Str. 8, 3000 Hannover 1 (T. 0511 - 62 99 06) - Geb. 1. Dez. 1918 Leipzig, ev., verh. s. 1943 m. Christa, geb. Unger, 2 Kd. (Dr. med. Dagmar, Dr.-Ing. Ralf-Otto) - Mitgl. d. Hauptvorst. d. Verb. Dt. Maschinen- u. Anlagenbau; Vors. d. VDMA-Fachgemeinsch. Nahrungsmittelmasch. u. Verpackungsmasch.; Ehrenpräs. d. INTERPACK Düsseldorf; Ehrenvors. d. Landesverb. d. Metallindustriellen Niedersachsens e.V.; Vizepräs. d. Unternehmerverb. Niedersachsens e.V., versch. Beiräte - BVK I. Kl. - Liebh.: Golf, Segeln - Spr.: Engl., Franz.

HÄNSEL, Rudolf

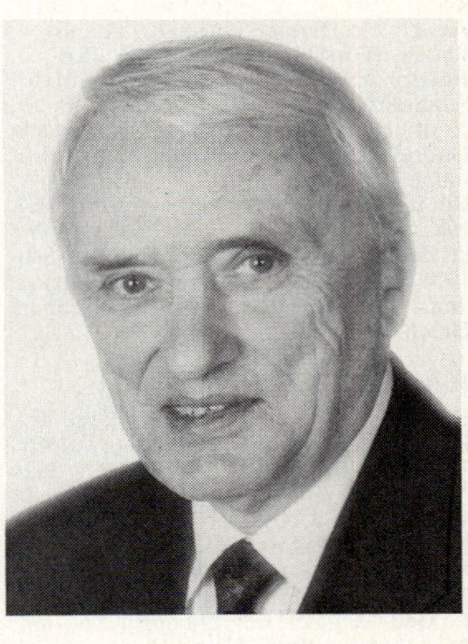

Dr. rer. nat., o. Prof. f. Pharmakognosie - Westpreußenstr. 71, 8000 München 81 (T. 93 93 26) - Geb. 5. Jan. 1920 Zinnwald/Böhmen (Vater: Wenzel H., Kaufm.; Mutter: Maria, geb. Rudolf), kath., verh. s. 1947 m. Margarete, geb. Hölzlmeyer, 3 Kd. (Klaus-Dieter, Birgit, Ruth-Margit) - Gymn. Teplitz-Schönau; 1943-47 Univ. Wien u. München (Pharmazie; Promot. 1950) - 1948-56 Assist. u. Privatdoz. (1954) Univ. München, dann ao. u. o. Prof. (1963) FU Berlin - BV: Lehrb. d. Pharmakognosie, 4. A. 1988 (m. E. Steinegger); Phytopharmaka, 2. A. 1991. Mithrsg.: Hagers Handbuch d. Pharmazeutischen Praxis (5. A. ab 1991). Zahlr. Fachveröff. - Spr.: Engl., Tschech., Span.

HÄNSLER, Eberhard

Dr.-Ing., Prof. f. Theorie d. Signale TH Darmstadt - Erbacher Str. 56d, 6100 Darmstadt - Mitgl. Informationstechn. Ges. (ITG) u. Kommiss. C (Signale u.

Syst.) U.R.S.I. Veröff. in Fachztschr. - BV: Grundl. d. Theorie statist. Signale, 1983; Statistische Signale: Grundlagen u. Anwendungen, 1991 - Spr.: Engl.

HAENTJES, Werner

Musikdirektor Schauspielhaus Köln, Komponist - Paul-Humburg-Str. 62, 5000 Köln 60 - Geb. 16. Dez. 1923 Bocholt (Vater: Cornelius H.; Mutter: Elisabeth, geb. Sauerwald), kath., verh. s. 1953 m. Hanni, geb. Höck, 3 Kd. (Cornelia, Thomas, Stephan) - Hochsch. f. Musik, Köln - Musikal. Leit. an versch. Bühnen - Kompos. v. Fernseh- u. Bühnenopern, Orch.- u. Bühnenwerken.

HAENTZSCHEL, Georg

Komponist - Warneckstr. 6, 1000 Berlin 31 (T. 823 54 87) - Geb. 23. Dez. 1907 Berlin - Realsch. u. Stern'sches Konservat., Berlin - Orchester- u. Kammermusik; Filmmusiker.

HÄNTZSCHEL, Günter

Dr. phil. habil., Univ.-Prof. f. Neuere deutsche Literaturgeschichte - Von-Erckert-Str. 40, 8000 München 82 (T. 089 - 430 19 95) - Geb. 10. Aug. 1939 Göttingen (Vater: Dr. Ludwig H., Buchhändl.; Mutter: Ilse, geb. Strecker), ev., verh. s. 1967 m. Dr. Hiltrud, geb. Schlotke, 3 Kd. (Jörg, Heike, Olaf) - Human. Gymn. Hann., Buchhändl.-Lehre, Stud. German., Roman. Göttingen, Freiburg, Heidelberg, Besançon, München, Promot. München 1967 - 1959-61 Buchhändler; 1968-75 wiss. Assist., 1976/77 Privatdoz., 1978-80 Universitätsdoz., s. 1980 Prof.; 1985 Gastprof. Univ. Minnesota, Minneapolis/USA. 1988 am Central Inst. for English and Foreign Languages in Hyderabad/Indien; 1990 Max Kade Distinguished Visiting Prof. at the Pennsylvania State Univ., State College, Pennsylvania. S. 1990 Präs. d. Friedrich-Hebbel-Ges. - BV: Trad. u. Originalit. Allegor. Darst. im Werk Annette v. Droste-Hülshoffs, 1968; Johann Heinrich Voß. S. Homer-Übers. als sprachschöpfer. Leist., 1977; Heinrich Heine, sämtl. Schriften. Bd. 2: Reisebilder, 1969, 2. A. 1976; Nikolaus Lenau. Annette v. Droste-Hülshoff. August v. Platen. Forschungsber. In: Z. Lit. d. Restaur.epoche 1815-1848, 1970; Mehr. Studien z. Sozialgesch. d. Lyrik d. 19. Jh. z. dt. Lit. v. Barock b. z. Gegenwart; Gabriele Wohmann; Bildg. u. Kultur bürgerl. Frauen 1850-1918, 1986; G. A. Bürger. Sämtl. Werke (m. Hiltrud H.), 1987; G. A. Bürger, 1988; Bibliographie d. deutschsprachigen Lyrikanthol. 1840-1914, 2 Bde. 1991 - Zahlr. Editionen u. Aufs. in Fachztschr. - Lit.: Kürschners Gelehrten-Kalender 1980 u. 1987.

HÄNZE, Siegfried

Dr. med., Prof., ehem. Chefarzt Ev. Krankenhaus Bonn, Internist - Waldstr. 104, 5300 Bonn 2 - Geb. 5. März 1926 Nordhausen, verh. m. Leonore, geb. Wagemann, 4 Kd. - Humanist. Gymn. Nordhausen; Stud. Halle, Clausthal u. Mainz. Med. Staatsex. u. Promot. 1952; Habil. 1961 - 1952-70 Med. Poliklinik u. I. Med. Klinik Univ. Mainz (1967 apl. Prof.), dann Prof. Univ. Bonn; 1970ff. Chefarzt Med. Abt. Ev. Krankenhaus Bonn - Publ. üb. Nephrol., Mineralstoffwechsel, Endokrinol., Hypertonol., Kreislauferkrankg. u. klin. Pharmakol.

HÄRDER, Theo

Dr.-Ing., Prof. f. Informatik (Datenverwaltungssysteme) Univ. Kaiserslautern (Fachbereich Informatik) - Kettelerstr. 26, 6750 Kaiserslautern.

HAERDTER, Michael

Dr. phil., Leiter Künstlerhaus Bethanien, Berlin - Knesebeckstr. 33, 1000 Berlin 12 (T. 883 57 56) - Geb. 3. Dez. 1934 Darmstadt (Vater: Dr. phil. Robert H., Journ. (s. dort); Mutter: Magdalena, geb. Rebentisch), verh. s. 1974 in 2. Ehe m. Sumie, geb. Kawai, 3 Kd. (Florian, Miyabi, Hanna) - H.-v.-Gagern-Gymn. Frankfurt; Stud. Roman. u. Theaterwiss. Paris, Tübingen, München, Wien. Promot. 1963 Wien - 1958-59 Regieassist. Schauspielhaus Zürich; 1965-68 Dramat. Schiller- u. Schloßparktheater Berlin; 1969-71 Präsidialsekr. Akad. d. Künste Berlin - BV: Samuel Beckett inszeniert D. Endspiel, in: Materialien zu Becketts Endspiel, 1968; D. Rebellion d. Körpers-Butoh, 1986 - Spr.: Engl., Franz.

HAERDTER, Robert

Dr. phil., Journalist - Markelstr. 50, 7000 Stuttgart (T. 65 35 59) - Geb. 25. Mai 1907 Mannheim, ev., verh. 1933 m. Magdalena, geb. Rebentisch (†1966), 2 Kd. - Oberrealsch. Konstanz; Univ. Berlin, Wien, Heidelberg (Gesch., Soziol., Promot.) - 1933-34 Redakt. Voss. Ztg., Berlin dann lit. Assist. Dt. Buchgem. ebd., 1936-43 Redakt. Frankfurter Ztg., 1944-45 Wehrdst. u. amerik. Kriegsgefangensch., 1945-58 Mithrsg. Gegenwart, Freiburg/Br. u. Frankfurt/M., 1959-65 Chefredakt. Stuttgarter Ztg.; s. 1966 Redakt. Stuttg. Nachr. - BV: D. Schuß auf d. See, N. 1942; Bodensee-Wanderung, 1949; Span. Capriccio, 1957; Tageb. Europa, 1967; Signale u. Stationen, 1974; Schauplatz Europa, 1981 - Dt. Journalistenpreis 1965, Theodor-Wolff-Preis 1967; 1970 Mitgl. PEN-Zentrum BRD.

HÄRDTLE, Hans-Günther

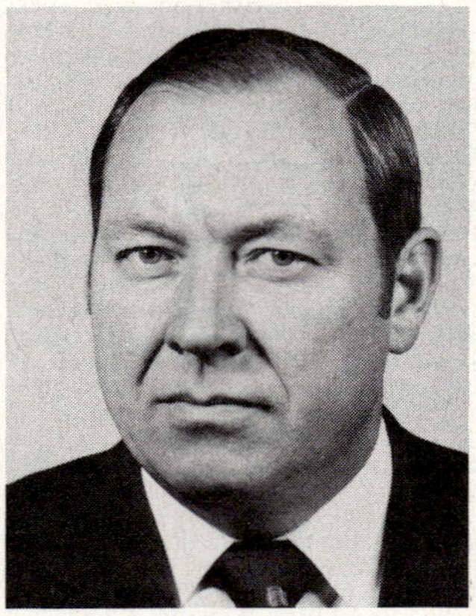

Masch.-Bau-Ing., Kaufmann, Vulkaniseur-Meister, gf. Gesellschafter Härdtle Reifen GmbH Ulm, Komplementär Hans Härdtle KG Ulm - Blaubeurer Str. 68, 7900 Ulm-Donau - Geb. 14. März 1928 Ulm, verh. s. 1962 m. Christine, geb. Zollmann, 3 Kd. (Nicole, Petra, Hans Alexander) - 1945-60 berufl. Aufenth. in Afrika, Asien, Europa. 1969 Vulkaniseur-Obermeister Württ.; 1988 Landesinnungsmeister Baden-Württ.; 1975 Präs. Zentralverb. Dt. Vulkaniseur-Handw.; 1980 Ehrenpräs.; 1977 Präs. RAL-Güteschutzgem. Reifenerneuerung, Stuttgart; 1982 Vors. intern. Techn. Komitee BiPAVER Zürich; 1984 Vors. Fachverb. Reifenhandel u. Technik Baden-Württ. 1988 Öfftl. best. u. vereid. Gerichtssachverst. f. Reifen u. Vulkaniseur-Handw. S. 1975 Handelsrichter LG Ulm - BVK I. Kl.

HAERING, Manfred

Dr. med., Prof., Chefarzt, Ärztl. Direktor - Rolander Weg 7, 4000 Düsseldorf (T. 62 47 25) - Geb. 13. Aug. 1932 Liebau, kath., verh. s. 1966 m. Dr. med. Erika, geb. Poths, 2 Kd. (Caroline, Stephan) - Stud. Univ. Freiburg, München, Gießen, Köln, D'dorf - Chefarzt u. Ärztl. Direktor Frauenklinik St. Vinzenz-Krankenh., D'dorf, apl. Prof. Univ. D'dorf. Mitgl. Dt. Ges. f. Gynäkol. u. Geburtshilfe. Zahlr. Wiss. Arb. üb. Rh- u. ABO-Inkompatibilität, operative Gynäkol. - Liebh.: Golf, Ski - Spr.: Engl.

HÄRING, Rudolf

Dr. med., Prof. f. Chirurgie - Im Dol 66, 1000 Berlin 33 - Geb. 3. Nov. 1928 Urmitz/Rh. - Promot. 1956 Bonn - S. 1966 (Habil.) Lehrtätigk. FU Berlin (1969 Prof.); Abt.Leit. f. Allg., Gefäß- u. Thoraxchir., gf. Dir. Chir. Klinik u. Po-

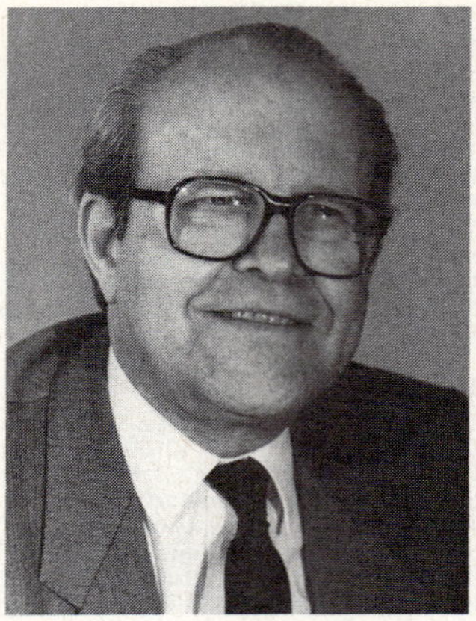

liklinik. S. 1990 1. Vors. d. Kongreßges. f. Ärztl. Fortbildung Berlin - BV: zahlr. Büch., u. a. Tierexper. Unters. z. Ersatz d. chir. Naht durch Klebstoff, 1966. Ca. 350 Einzelarb. u. Vortr. - 1985 Präs. d. Dt. Ges. f. Angiologie, 1990 Präs. d. Dt. Ges. f. Chir.; Korr. Mitgl. Österr. Ges. f. Chir. u. Griech. Ges. f. Chir.

HÄRLE, Franz

Dr. med., Dr. med. dent., Prof. f. Mund-, Kiefer- u. Gesichtschirurgie - Zu erreichen üb. Klinik f. Mund-, Kiefer- u. Gesichtschirurgie, Arnold Hellerstr. 16, 2300 Kiel (T. 597-28 20), priv.: Reventlouallee 5, 2300 Kiel (T. 56 41 40) - Geb. 17. Juli 1937 Berlin (Vater: Dr. Franz H. Arzt; Mutter: Dr. Liesel, geb. Hepp, Zahnärztin), kath., verh. s. 1964 m. Liesel, geb. v. Werder, OSt.rätin, 3 Kd. (Philipp, Christoph, Josefine) - Gymn.; 1957-64 Univ. Berlin, Tübingen, Wien, München, Freiburg (Med. u. Med.dent.) - 1966 wiss. Assist. Klinik Freiburg, 1970 Oberarzt, 1971 Doz., 1978 Prof. - Entd.: 1974 Visierosteotomie z. plast. Aufbau d. atrophierten Unterkiefers - BV: D. Zeitwahl d. Osteoplastik b. Lippen-Kiefer-Gaumenspalten, 1972; Atlas d. präprothetischen Operationen, 1989 - 1971 Wassmundpreis Dt. Ges. f. Mund-Kiefer-Gesichtchir. - Spr.: Engl., Franz.

HÄRLE, Josef

Dr. phil., Prof. f. Geographie u. Geoökologie PH Weingarten - Sonnenrain 11/3, 7988 Wangen (T. 07522 - 64 80); dstl.: Kirchplatz 2 (PH), 7987 Weingarten - Geb. 8. Juli 1937 Otterswang (Vater: Josef H., Landw.; Mutter: Hilda, geb. Lang), kath., verh. s. 1967 m. Marianne, geb. Holderbach, 2 Kd. (Herwör-Hildeg., Sigrun-Ruth) - BV: Energiegeographie. Facharb.: Umweltdidaktik, Landschaftsschutz - Spr.: Franz., Engl.

HÄRLE, Wilfried

Dr. theol., Prof. f. Systemat. Theologie u. Gesch. d. Theol. Univ. Marburg (Fachbereich Ev. Theol.) - Tirpitzstr. 1, 3570 Stadtallendorf/Hessen - Geb. 6. Sept. 1941 Heilbronn/N. (Vater: Otto H., Pastor; Mutter: Hedwig, geb. Reidt), ev., verh. s. 1964 m. Elisabeth, geb. Pillmeier, 3 Kd. (Uta, Michael, Tobias) - Gymn. Hof/S. u. Nürnberg; 1961-65 Univ. Heidelberg u. Erlangen (Theol.). Promot. 1969 Bochum; Habil. 1973 Kiel - S. 1978 Hochschullehrer - BV: D. Theol. d. ‚frühen' Karl Barth in ihrem Verhältnis z. Theol. Martin Luthers, 1969 (Diss.); Sein u. Gnade, 1975; D. Frage nach Gott, 1978; Rechtfertigung (m. E. Herms), 1980; System. Philosophie, 2. A. 1987; Lehrfreiheit u. Lehrbeanstandung (m. H. Leipold), 2 Bde. 1985; Ausstieg aus d. Kernenergie? Einstieg in d. Verantwortung!, 1986; Theologenlexikon (m. H. Wagner), 1987; Kirche u. Gesellschaft, 1989; Marburger Jahrbuch Theologie I-III (m. R. Preul), 1987-90; Zum Beispiel Golfkrieg, 1991.

HÄRLIN, Benedikt

Journalist, MdEP (s. 1984) - Potsdamer Str. 96, 1000 Berlin 30; u. Europ. Parlam., Europazentrum, Kirchberg, Postf. 16 01, Luxemburg (T. 00352 - 4 30 01) - D. Grünen.

HAERTEL, Kurt

Dr. jur., Dr. oec. h. c., Dr. jur. h. c., Präsident a. D. Dt. Patentamt, München - Mühlaustr. 1a, 8913 Schondorf - Geb. 26. Sept. 1910 Berlin, ev., verh. s. 1959 m. Renate, geb. Kreusler, 4 Kd. - Univ. Berlin (Rechtswiss.). Gr. jurist. Staatsprüf. 1937 - 1949-63 Bundesjustizmin. (1961 Ministerialdirig. u. Leit. Zentralabt.) - 1973 Bayer. VO.; Luxemburg. VO.; Ehrenpräs. d. Verwaltungsr. d. Europ. Patentorg.; 1977 Gr. Verdienstkreuz m. Stern d. Bundesrep. Dtschld., Gr. silb. Ehrenz. m. Stern d. Rep. Österr.; 1979 Komturkreuz königl.-schwed. Nordsternorden.

HÄRTEL, Roland

Lehrer, Staatssekretär im Min. f. Umwelt Rheinl.-Pfalz (s. 1991), MdL Rheinl.-Pfalz (s. 1979) - Eugen-Jäger-Str. 65, 6720 Speyer/Rh., - Geb. 12. Nov. 1944 - SPD.

HÄRTER, Georg

Dr. med., Prof., Arzt f. Allgemeinmedizin - Mozartstr. 18, 6838 Reilingen (T. 06205 - 72 83 u. 73 33) - Geb. 29. Aug. 1927 SNH-Waldangelloch, verh. s. 1959 m. Gisela, geb. Erbe, T. Denise - 1947-52 Stud.; Ex. 1952; Promot. 1952; b. 1958 Weiterbildung z. Facharzt f. Allg.-med. - S. 1958 niedergelassen als Arzt f. Allg.med., Sportmed.; s. 1966 Arzt f. Arbeitsmed.; s. 1970 Lehrbeauftr. f. Allg.med. d. Univ. HD Klinikum Mannheim. S. 1977 Mitgl. d. Transparenzkommis. b. BGA Berlin u. d. Arzneimittelkommiss. b. d. Bundesärztekammer. S. 1981 Präsid.-Mitgl., s. 1986 Präs. d. Dt. Ges. f. Allg.med. - S. 1966 Verfasser v. üb. 120 Publ., u.a. Lehrbuchkapitel: Allgemeinmed. - Familienmed. u. Lehrb. d. Allgemeinmed.: Hausarzt u. Patient - 1986 Hippokrates-Med. - Liebh.: Klass. Musik - Spr.: Engl.

HÄRTHE, Dieter

Kaufmann, Hauptgeschäftsführer Bundesverb. mittelständ. Wirtsch. (BVMW) (s. 1984), Präs. Verband d. Selbständigen u. Gewerbetreibenden - Birlinghovener Str. 13a, 5300 Bonn 3 (T. 0228 - 48 43 71 priv.; 0228 - 21 83 38 Büro) - Geb. 29. Nov. 1948 Waldbröl (Vater: Alfred H., Autosattlerm.; Mutter: Marta, geb. Windhausen), ev.-freikirchl., verh. m. Marlies, geb. Barion, 3 Kd. (Marc, Constantin, Catherin Désirée) - 1963-66 Lehre Autosattler; 1970-72 kaufm. Lehre; 1973/74 Grundwehrdienst - S. 1975 Präs. Verb. d. Selbst.; 1977-82 Präs. Inst. f. Betriebsberat., Wirtschaftsförd. u. -forsch. (s. 1982 Dir.); 1980-84 Vorst. Dt. Inst. f. Untern.-Berat.; Vorst. Intern. Ges. f. Politik, Frieden- u. Umweltforsch.; Vors. Verb. Selbst. u. Gewerbetreibender (VSG); 1986-88 VR Dt. Stiftg. z. Förd. d. Gesundh.; s. 1989 VR-Vors. Deutsch-Ung. Wirtschaftsvereinigung e.V., Bonn/Budapest, Deutsch-Poln. Wirtschaftsvereinigung e.V. Bonn/Warschau - Herausg. Monatszeitschr.: erfolgreich selbständig (s. 1977) - Liebh.: Kunst - Spr.: Engl.

HÄRTL, Manfred

Kaufmann, gf. Gesellsch. Unifleisch GmbH & Co. KG, Erlangen - Platenstr. 6, 8520 Erlangen (T. 09131 - 2 42 89) - Geb. 22. Febr. 1940 Erlangen (Vater: Arno H., Kaufm.; Mutter: Gunda, geb. Wirth), kath., verh. s. 1966 m. Christine, geb. Kalchschmidt, 2 Söhne (Günter, Wolfgang) - 1946-60 Schule u. Berufsausb. - S. 1966 Gf. Gesellsch. Unifleisch GmbH & Co. KG, Erlangen; s. 1986 Vors. Groß- u. Außenhandel m. Vieh u. Fleisch (1974-86 Vorst.-Mitgl. das.); AR-Mitgl. Fleischergenoss. Erlangen; 1978 Mitgl. Ind.- u. Handelsgremium Erlangen, Vors. Bundesverb. Versandschlachtereien, Mitgl. Viehzählungsaussch. Bundesmin. f. Ernährung, Landw. u. Forsten, Mitgl. Fachbeirat Bundesanst. f. landw. Marktordn., Frankfurt, Vorst.-Mitgl. Europ. Union d.

Versandschlachter, AR-Vors. Fleischergenoss. Erlangen, AR-Mitgl. (1981 stv. Vors.) Vereinigte Tierversich. Ges. AG, Wiesbaden; s. 1989 VR-Mitgl. Absatzförderungsfond d. Dt. Land-, Forst- u. Ernährungswirtsch. - Spr.: Engl.

HÄRTLING, Peter

Schriftsteller u. Journalist - Finkenweg 1, 6082 Mörfelden-Walldorf (T. 06105 - 61 09) - Geb. 13. Nov. 1933 Chemnitz/Sa. (Vater: Rudolf H., Rechtsanw.; Mutter: Erika, geb. Häntzschel), ev., verh. m. Mechthild, geb. Maier, 4 Kd. (Fabian, Friederike, Clemens, Sophie) - Mittl. Reife - Ab 1952 Journ., u. a. Dt. Ztg., Mithrsg. D. Monat (1964ff.), 1967-73 Cheflektor u. Verlagsleit. Fischer - BV: Poeme und Songs, 1953; Yamins Stationen, Ged. 1955; In Zeilen zuhaus, Ess. 1957; Unter d. Brunnen, Ged. 1958; Im Schein d. Kometen, R. 1959; Palmström grüßt Anna Blume, Ess. u. Anthol. 1961; Spielgeist - Spielgeist, Ged. 1962; Niembsch oder D. Stillstand, R. 1964; Vergessene Bücher, Ess. u. Anthol. 1966; Janek oder D. Explosion, R. 1966; D. Familienfest oder D. Ende d. Geschichte, R. 1969; ...und d. ist d. ganze Familie - Tageslläufe m. Kindern, 1970; E. Abend, e. Nacht, e. Morgen, Erz. 1971; Zwettl - Nachprüf. e. Erinner., R. 1973; Eine Frau, R. 1974; Oma, Erz. 1975; Hölderlin, R. 1976; Anreden, Ged. 1977; Hubert oder Die Rückkehr nach Casablanca, R. 1978; Nachgetragene Liebe, R. 1980; Lit. als Widerstand, Ess. 1981; Vorwarnung, Ged. 1983; D. Windrad, R. 1983; Felix Guttmann, R. 1985; Krücke, Erz. 1986; Brief an meine Kinder, 1986; D. Mörsinger Pappel, Ged. 1987; Waiblingers Augen, R. 1987; D. Wanderer, R. 1988; D. Gedichte, 1953-88; Briefe von drinnen u. draußen, Ged. 1989; Fränze, Erz. 1989; Herzwand, R. 1990; Zw. Untergang u. Aufbruch, Ess. 1990; Noten z. Musik, Ess. 1990; Mit Clara sind wir sechs, Erz. 1991; Schubert, R. 1992. Bühnenstücke: Gilles (1970). Herausg.: D. Väter - Berichte u. Gesch. (1968) Otto Flake, Hortense oder D. Rückkehr n. Baden-Baden (1970), Leporello fällt aus d. Rolle (1971) - 1964 Literaturpreis Verb. d. Dt. Kritiker, 1967 Preis d. franz. Lit.kritiker, 1971 Gerhart-Hauptmann-Preis (f.: Gilles), 1973 Schubart-Preis d. Stadt Aalen; 1965 Ehrengabe Kulturkr. d. BDI; 1976 Dt. Jugendb.-Preis; 1977/78 Stadtschreiber v. Bergen-Enkheim; 1978 Wilhelmine-Lübke-Pr. (f.: Oma); 1984 Poetik-Doz. Univ. Frankfurt; 1987 Hermann-Sinsheimer-Pr. Freinsheim; 1987 Hölderlin-Pr. Bad Homburg; Andreas-Gryphius-Preis d. Künstlergilde Esslingen; 1966 Mitgl. PEN-Zentrum BRD; o. Mitgl. Akad. d. Wiss. u. d. Lit., Mainz, u. Akad. d. Künste, Berlin; 1982 Mitgl. Dt. Akad. f. Sprache u. Dicht., Darmstadt; 1983 Stiftg. Namenspreis f. Kinderlit.; 1988 Ehrensenator Univ. Tübingen.

HÄRTWIG, Dieter

Dr. phil. habil., Prof., Dipl.-Musikwissenschaftler, Chefdramaturg u. stv. Künstlerischer Leiter Dresdner Philharmonie - Neubühlauer Str. 19, O-8051 Dresden (T. 37 72 53) - Geb. 18. Juli 1934 Dresden, ev., verh. s. 1960 m. Dipl.-Musikwiss. Urte, geb. Petzoldt, S. Daniel - 1954-59 Stud. Musikwiss., Dipl.; Promot. Dr. phil 1963; Habil. 1970 (alles Univ. Leipzig) - 1959/60 Musikdramaturg am Mecklenburg. Staatstheater Schwerin, 1960-65 Landesbühnen Sachsen, Dresden; s. 1965 Chefdramat. u. stv. Künstl. Leit. d. Dresdner Philharm.; 1960-91 Lehrbeauftr. f. Musikgesch. an d. Dresdner Musikhochsch., 1980 Hon.-Doz., 1984 Hon.-Prof. - BV: D. Opernkomponist Rudolf Wagner-Régeny, 1965; Fidelio F. Finke. Leben u. Werk, 1970; D. Dresdner Philharmonie - E. Chronik d. Orchesters 1870-1970, 1970; Für Sie porträtiert: Kurt Masur, 1976; D. Dresdner Philharmonie, 2. A. 1989; Carl Maria v. Weber, 2. A. 1989 - 1974 Kunstpr. d. Stadt Dresden; 1975 Smetana-Med. (ČSFR) - Liebh.: Musik, Bücher, Natur, Reisen - Spr.: Engl., Russ. - Lit.: The New Grove Dictionary of Music and Musicians, London 1980; H. Seeger, Musiklex., 1981; Int. Who's Who in Music, 1978; M 66 (D. Musik in Geschichte u. Gegenwart), Bd. XVI, 1979; Baker's Biograph. Dictionary of Musicians, 1984; Kürschners Dt. Gelehrten-Kalender, 1991, u. a.

HÄRZSCHEL, Kurt

Staatssekretär a.D. - Belchenstr. 10, 7860 Schopfheim/Baden (T. 07622 - 84 87) - Geb. 8. Juni 1924 Groß-Mangersdorf/OS., ev., verh., 3 Kd. - Volkssch.; Betriebsschlosserlehre - B. 1963 Maschinenschlosser Industrie (1956ff. Betriebsratsvors.); s. 1966 Sozialsekr. Ev. Landeskirche Baden. 1941-48 Kriegsdst. u. engl. -gefangensch. (1944). 1965ff. Mitgl. Stadtrat Schopfheim; 1963-65 u. 1967-76 MdB; zul. Staatssekr. Min. f. Arbeit, Gesundh. u. Sozialordn. Baden-Württ. (b. 1984). CDU s. 1956.

HAESE, Günter

Bildhauer - Sittarder Str. 5, 4000 Düsseldorf - Geb. 18. Febr. 1924 Kiel (Vater: Max H., Masch.-Schloss.; Mutter: Emma, geb. Krüger), ev., verh. 1950-73, verw., S. Günter-Georg - 1950-57 Staatl. Kunstakad. Düsseldorf - 1966 1. Preis David E. Bright-Foundation auf d. 33. Biennale, Venedig; 1967 Cornelius-Preis Stadt Düsseldorf; 1967 Preis d. Solomon R. Guggenheim-Foundation, New York; 1978 Kunstpreis Land Schlesw.-Holst.; 1980 Besucherpreis Triennale Fellbach; 1981 Kunstpreis d. Künstler, Düsseldorf.

HÄSEMEYER, Ludwig

Dr. jur., o. Prof. f. Bürgerl. Recht u. Zivilprozeßrecht Univ. Heidelberg - Bergstr. 79, 6900 Heidelberg.

HAESEN, Wilfried

Dr. jur., Staatssekretär a. D., Direktor d. Beteiligungsgesellschaft f. Gemeinwirtschaft AG, Ffm. - Aurikelweg 5b, 6380 Bad Homburg v.d.H. - Geb. 1. Jan. 1943 Berlin, verh. m. Irina Gerybadze-Haesen, 4 Kd. - 1973-89 Bundesreg. (BMZ, BMFT, BMF, zul. Min.-Dirig.); 1989-91 Staatssekr. in d. Senatsverw. f. Bundes- u. Europaangelegenh. d. Ld. Berlin.

HAESKE, Horst

Dr. rer. nat., Dipl.-Physiker - Im Schmidtstück 4, 6233 Kelkheim 3 (T. 06174 - 6 31 22) - Geb. 27. Mai 1925 Breslau, verh. m. Gisela, geb. Werner, 2 Töcht. (Bettina, Eva Alexandra) - Dipl. Physik 1952, Promot. 1955, bd. Univ. Göttingen - 1962 Leit. Abt. Akustik, 1968 Leit. Hptabt. Informatik, 1974-85 gf. Vorst.-Mitgl. Battelle-Inst., Frankf., 1976-85 zusätzl. Vice Pres. Battelle Memorial Inst. Columbus, Ohio/USA; Mb. div. Kurat. u. Komit.

HÄSLER, Alfred Adolf

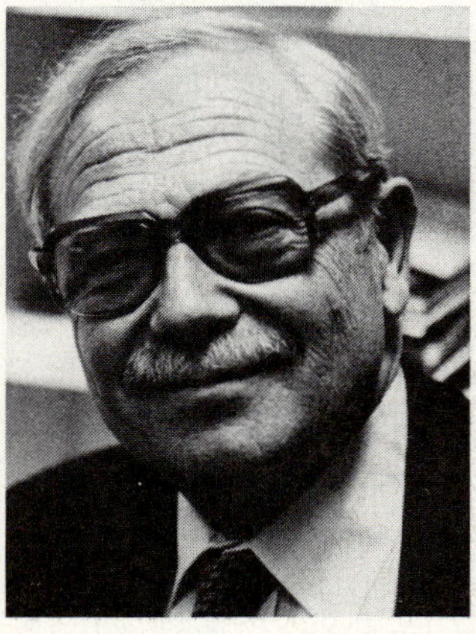

Dr. theol. h. c., Publizist, Schriftsteller - Buchzelgstr. 59, CH-8053 Zürich (T. 53 87 59) - Geb. 19. März 1921 Wilderswil (Vater: Johannes H., Landw.; Mutter: Margerita, geb. Wyss), ref., verh. s. 1948 m. Zofia, geb. Pawliszewska, T. Johanna - 1958-77 Redakt. D. Tat, Zürich; 1964-85 Ex Libris, Zürich; 1977-84 D. Weltwoche, Zürich. Freier Mitarb. b. Radio u. FS DRS - BV: D. Boot ist voll (Schweiz. Flüchtlingspolitik 1933-1945), 1967; Schulnot im Wohlstandsstaat (24 Gespräche), 1967; Knie. Gesch. e. Circus-Dynastie, 1968; D. Aufstand d. Söhne (D. Schweiz u. ihre Unruhigen), 1969; Leben m. d. Hass (21 Gespräche), 1969; Zw. Gut u. Böse, 1971; Mensch ohne Umwelt?, 1972; Gott ohne Kirche? (13 Gespräche), 1975; D. Ende d. Revolte, 1968 u. d. J. danach, 1976; D. Weizenkönig v. Tanganjika (Leben u. Werk d. Schweizer Pioniers August Künzler), 1979; Gotthard - Als d. Technik Weltgesch. schrieb, 1982; Stark f. d. Schwachen (Gesch. d. Schweizer. Beobachters), 1982; Außenseiter-Innenseiter. Porträts aus d. Schweiz, 1983; Emil Zbindens Holzschnitte d. Gotthelf-Ausg. d. Büchergilde Gutenberg, 1984; D. Abenteuer Migros. D. 60 J. junge Idee, 1985; Berner Oberland-Gesch. u. Gesch., 1986; D. älteren Brüder - Juden u. Christen gestern u. heute, 1986; Hans Erni. Lebendige Zeitgenossenschaft, 1987; Durch-Sicht. Texte u. Gespräche aus 20 J., 1987; Gesang d. Buckelwale - nur noch im All? Visionen u. Sachverstand, 1991; Spiegelungen d. Schöpfung. D. Maler Martin Peter Flück 1992; D. Welt d. Malers Paul Stauffenegger (Stauffi), 1992; Adele Duttweiler: E. bedeutende Frau an d. Seite e. bedeutenden Mannes, 1992 - Beitr. in Büchern: Hans Erni: Olymp-Art, 1991; Wagnis Schweiz (Hg. Wolfgang v. Wartburg) 12 Texte; A. A. Häsler: Asylpolitik gestern - heute - morgen; Pestalozzi - ja, aber ..., 1991; Große Schweizer u. Schweizerinnen, 100 Porträts (Hg. Erwin Jaeckle u. Eduard Stäuble); A. A. Häsler: Louis Favre, Hermann Greulich, Else Züblin-Spiller, Fritz Wartenweiler, Regina Kägi-Fuchsmann, Gertrud Kurz, F. T. Wahlen; Mein Weg durch diese Zeit; A. A. Häsler: In Sichtweite des letzten Ufers (Hg. Hans Schaffner); Redefreiheit - E. Begriff. 12 Texte; A. A. Häsler: Am liebsten Jein; Bücher, nur Bücher. Versch. Texte v. Autoren; A. A. Häsler: Lesen u. Leben; Bäume d. Kindheit. Texte versch. Autoren; A. A. Häsler: Unser Birnbaum. Übers. ins Franz., Engl., Span., Japan., Ital. - Honorary fellow Hebr. Univ. Jerusalem; 1992 Fischhof-Preis gegen Rassismus u. Antisemitismus; Mitgl. Thomas Mann-, Erich Fromm-, Manès Sperber Ges. u. d. Schweiz. Schriftsteller-Verb.

HÄSSELBARTH, Ulrich

Dr., Prof., Chemiker, Abteilungsleiter Inst. f. Wasser-, Boden- u. Lufthygiene d. Bundesgesundheitsamtes - Corrensplatz 1, 1000 Berlin 33 - Geb. 23. Juni 1928 Berlin, verh. s. 1962 m. Dr. Barbara, geb. Krause, S. Alexander - Dipl.-Chem. 1955, Promot. 1958 FU Berlin - Forschungsarb. a. d. Geb. d. Trinkwasserversorg. u. d. Bäderhygiene - Interesse: Polit. u. Soz. Gesch. - Spr.: Engl., Franz.

HÄSSLER, Achim

Dipl.-Phys., Fachphysiker f. Mikroprozessortechnik, MdL Thüringen (s. 1990) - Naumannstr. 14, O-6900 Jena - Geb. 7. Juli 1953 Colditz, verh. - Abit.; Ausbild. Agrotechn.; 1975-80 Physikstud. TU Dresden; 1983-85 Stud. Mikroprozessortechn. TH Chemnitz - 1980-88 wiss.-techn. Mitarb. Forsch.zentr. Carl-Zeiss, Jena, s. 1988 Friedrich-Schiller-Univ. Jena, Bereich Med., Arbeitsgr. Med. Informatik - Liebh.: Pferdesport.

HÄSSLER (ß), Thomas

Nationalspieler, Fußballweltmeister 1990 in Italien, Spieler b. Juventus Turin/Ital. (ab Saison 1990/91), vorher 1. FC Köln.

HAESSNER (ß), Frank

Dr. rer. nat., o. Prof. u. Institutsdirektor (Werkstoffwiss.) TU Braunschweig - Julius-Leber-Str. 46, 3300 Braunschweig - Geb. 6. Jan. 1927 Königsberg/Pr. (Vater: Siegfried H., Landw. Rat; Mutter: Erna, geb. Struppeck), ev., verh. s. 1953 m. Dr. med. Elisabeth, geb. Gerdts, 2 Kd. (Silke, Joachim) - Stud. d. Physik, physikal. Chemie, Werkstoffkd. Univ. Göttingen; Promot. 1953 - 1953-57 wiss. Assist. ebd.; 1957-73 Max-Planck-Inst. f. Metallforsch. Stuttgart (zul. Abt.Leit.) - BV: Recrystallization of metallic materials, Fachb. 1971 u. 1978 - Liebh.: Tennis, alte Teppiche u. Uhren - Spr.: Engl.

HÄTTICH, Manfred

Dr. rer. pol., Prof. f. Politikwissenschaft Univ. München, Direktor Akad. f. Polit. Bildung, Tutzing (s. 1970) - Buchensee, 8132 Tutzing/Obb. (T. 13 56) - Geb. 12. Okt. 1925 Owingen - Habil. 1965 Freiburg - 1967-70 Ord. Univ. Mainz (Politikwiss.) - BV: Lehrb. d. Politikwiss., 3 Bde. 1969/70; Deutschland - eine zu späte Nation, 1990 - 1984 Bayer. VO.

HAEUFLER, Wolfgang William

Dr. phil., Oberstudienrat i. R. - Stettiner Str. 10, 6340 Dillenburg (T. 02771 - 69 09) - Geb. 9. Aug. 1922 (Vater: Prof. Dr. Ludwig H.), kath., verh. s. 1945 m. Christel, geb. Hoefner, 4 Kd. (Bärbel, Eckehard, Mechthild, Winfried) - Volkssch. Dittersbach; Human. Gymn.; Stud. German., Gesch., Politik, Volkskunde, Kinder- u. Jugendpsych.; Promot. 1955 Marburg (Diss. Zeitkritik u. polit. Satire in d. Werken E.T.A. Hoffmanns); 1. Staatsex. 1956, 2. Staatsex. 1958 - 1941-46 Kriegsd. u. Gefangenschaft (schwere Kriegsbeschädigung); 1947 u. 48 Mitgründer VdK u. BVD in Hessen; Gründer d. HC. Andersen-Kreises (Förd. d. Verständnisses zw. Deutschen u. Dänen, Jugend- u. Lehreraustausch); s. 1969 Mitgl. Prüfungs-Aussch. Krankenpflegeschule Dillenburg (Psych.) - BV u. Vortragsreihen: Friedr. v. Gentz u. d. ideolog. Unterbau d. Restauration, 1951; Wohnungselend u. Jugendkriminalität, 1962; H. C. Andersen u. d. Deutschl. v. heute, 1973; Polit. Romantik - romant. Politik, 1979; Faust - Sage, Wirkl., Dichtung, Idee, 1982; Brauchen Kinder Märchen?, 1982; Gewalt u. Politik in d. Weimarer Republ., 1987; Über d. Ironie u. ihre Wirkung, 1987; Erlittene Wirklichkeit (üb. d. oberschles. Expressionisten Bruno Schmialek), 1988 - 1973 Ehrenbrief Ld. Hessen; 1975 BVK; 1982 Ehrenkr.-Beigeordn. - Liebh.: Numismatik, Heimat-Land-Gesch. (Schles./Hessen) - Spr.: Engl., Franz., Lat., Griech.

HAEUPLER, Henning

Dr. rer. nat., Prof. Arbeitsgr. Geobotanik Univ. Bochum (s. 1983) - Paracelsusweg 24, 4630 Bochum - Geb. 3. Dez. 1939, ev., verh. m. Ilse, geb. Dopheide (Lehrerin), T. Alexandra - Stud. Univ. Göttingen; Promot. u. Habil. Göttingen - Vertr. e. Prof. in Gießen; 2. Vors. d. floristisch soziol. Arbeitsgemeinsch. - BV: Atlas z. Flora v. Südnieders., 1976; D. Harz in Farbe, 1978; D. Weserbergland u. s. Pflanzenwelt, 1983; Mallorca in Farbe, 1983 (m. Ilse H., auch in holl.); Evenness als Ausdruck d. Vielfalt in d. Vegetation, 1982; Führer z. Flora von Mallorca (m. Straka u. Orell), 1987, in mehreren Spr.; Atlas d. Farn- und Blütenpflanzen d. BRD (m. Schönfelder), 1988, 2. A. 1989; Herausg. d. Floristischen Rundbriefe (s. 1967). Zahlr. Einzelveröff. in Fachztschr.

HÄUPLER, Karl

Wirtschaftsing., Geschäftsführer Süd-Eisen Häupler GmbH. (Eisengroßhandel), Häupler-Wenker GmbH - Augsburger Str. 90, 8832 Weißenburg/Bay. - Geb. 6. Jan. 1944 - Vors. Ind.- u. Handelsgrem. Weissenburg.

HÄUSER, Karl

Dr. rer. pol., em. o. Prof. f. Wirtschaftl. Staatswissenschaften - Dettweiler Str. 5, 6242 Kronberg/Ts. (T. 7 94 83) - Geb. 21. Okt. 1920 Obermühle (Vater: Wilhelm H., Sägewerkbes.), ev., verh. s. 1955 m. Jutta, geb. Jootzer, S. Christoph - Univ. München u. Frankfurt/M., Promot. 1950 - 1948-50 wiss. Mitarb. Bank dt. Länder Frankfurt, 1951 Financial Consultant US High Commission Berlin, 1952-58 Assist. u. Privatdoz. (1956) Univ. Frankfurt, dazw. 1953-54 Rockefeller-Stip. ECE Genf, s. 1958 Ord. Univ. Kiel u. Frankfurt (1962);

Leit. Inst. f. Kapitalmarktforsch.; Mitgl. Wiss. Beirat Bundesfinanzmin. - BV: D. dt. Wirtsch. s. 1870 (m. G. Stolper) Volksw.slehre - Mitgl. Verein f. Sozialpolitik, Am. Ec. Ass. - Friedrich-List-Ges. - Spr.: Engl.

HÄUSLER, Ulf

Dr., Prof., Präsident Bundesbahndirektion Stuttgart - Heilbronner Str. 7, 7000 Stuttgart 1.

HÄUSSER (ß), Erich

Dr. jur., Präsident Dt. Patentamt (s. 1976) - Hofbuchetstr. 8, 8130 Starnberg - Geb. 9. Juni 1930 Markt Taschendorf/Steigerw. (Vater: Otto H., Lehrer; Mutter: Paula, geb. Vogt), ev., verh. s. 1963 m. Lieselotte, geb. Fuchs, 3 Kd. (Erich, Katja, Thomas) - 1957-58 RA; 1958-63 Bayer. Justiz- u. 1963-65 Bundesjustizmin.; 1965-72 Richter Bundespatentgericht; 1972-75 Bundesrichter BGH, 1982 Vorstandsvors. Dt. Inst. f. Erfindungswesen - BV: Einsicht in Patenterteilungsakten, 1974 - Liebh.: Ski, Tennis, Bergsteigen, Hobby-Schreiner - Spr.: Engl.

HÄUSSER, Hermann

Dr., Geschäftsführer Polycarbona Chemie GmbH., Homberg - Buschstr. 55, 4130 Rheinkamp-Utfort - Geb. 13. Aug. 1911 - Stud. Chemie.

HÄUSSER, Robert

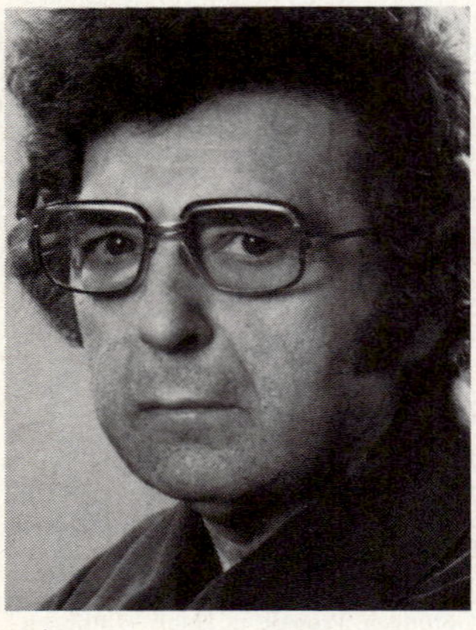

Prof. f. Fotografie - Ladenburger Str. 23, 6800 Mannheim 31 (T. 0621 - 73 38 59) - Geb. 8. Nov. 1924 Stuttgart (Vater: Beamter), ev., verh. s. 1946 m. Elfriede, geb. Meyer, T. Regine - Ausbild. als Bildjourn. u. Fotogr. Dipl. Kunstsch. Weimar - Bildautor v. üb. 30 Bildbänden; üb. 10 000 Einzelaufn. in Ztschr. u. Magaz. Zahlr. Ausstell. in Museen u. Gal. Werke in zahlr. öfftl. Museen d. In- u. Auslandes. Bühnenbild: So e. Liebe (Pavel Kohut)/Luzerner Festwochen - Goldmed. Venedig, Schiller-Plak. Mannheim, Kunstpreis Nordhorn, I. Preis Dt. Städtetag, Hill-Med. Ges. Dt. Lichtbildner GDL, BVK I. Kl. - Liebh.: Mod. Kunst (Samml.) - Spr.: Franz., Engl. - Mitgl. GDL, DGPH, DKB, dwb, Akad. d. Künste Mannheim - 2 Fernsehfilme üb. R. Häusser.

HÄUSSERMANN, Dieter

Dr. rer. pol., Dipl.-Kfm., Vorstandsmitglied - Hirtenstr. 5, 7120 Bietigheim-Bissingen - Geb. 8. Jan. 1938 - Vorst. DLW AG Diversifikationsprodukte, Personal- u. Sozialwesen, Bietigheim-B.

HÄUSSERMANN, Hartmut

Dr. rer. pol., Prof. f. Stadt- u. Regionalsoziologie Univ. Bremen - Bremer Str. 14, 2800 Bremen 1 (T. 7 55 17) - Geb. 6. Juli 1943 - 1964-70 Stud. Soziol., Phil., Politol. u. Volksw. FU Berlin; Promot. 1975 - 1976-1978 Prof. f. Planungs- u. Verw.soziol. Univ. Kassel; s. 1978 Univ. Bremen.

HAEUSSERMANN, Walter

Dr.-Ing., Raketenforscher - 1607 Sandlin Ave. S. E., Huntsville, Ala./USA (T. 536 - 56 15) - Geb. 2. März 1914 Künzelsau/Württ. (Vater: Otto H., Kaufm.; Mutter: Margarete Henn), ev., verh. s. 1940 m. Ruth Knos - TH Stuttgart u. Darmstadt (Elektrotechnik; Dipl.-Ing. 1938, Promot. (Math. u. Physik) 1944 - 1937-39 Assist. TH Darmstadt, 1939-42 Versuchsing. Heeresversuchsanst. Peenemünde, 1942-47 wiss. Mitarb. TH Darmstadt (Inst. f. techn. Physik), 1948-50 Entwicklungsing. Guided Missile Research and Development Fort Bliss, 1950-54 Abt.leit. Guidance and Control Laboratory Operations Div. Huntsville, 1954-60 Dir. Guid. and Contr. Labor. Army Ballistic Missile Agency, b. 1969 Dir. Guid. u. Contr. Labor. George C. Marshall Space Flight Center ebd. Führung d. Entwickl. v. Raketensteuerungen, insb. f. d. ersten Explorer-Satelliten u. Saturn Träger-Raketen; s. 1963 Prof. electr. engineering, Auburn Univ. of Alabama. 1969-72 Dir. Central Systems engineering, 1972-75 Ass. Dir. for Science, 1975-78 Office of Engineering, retired 1978 von NASA, s. 1978 Berat. Tätigk. a. d. Geb. Steuerungs- u. Regelungstechn. Verschiedene Patente über Lagesteuerung v. Raumflugkörpern - Award Department of the Army Exceptional Civilian Service, 1963 NASA awards Outstanding Leadership; 1969 Exceptional Service Medal; Inst. f. Navigation Superior Achievement Award; Fellow American Inst. f. Aeronautics and Astronautics (AIAA); Fellow American Astronaut. Soc. (AAS); Mitgl. Inst. f. Navigation; 1985 Verdienstmed. Baden-Württ.; 1988 Wernher-von-Braun Ausz. d. Dt. Ges. f. Luft- & Raumfahrt - Liebh.: Fotogr., Basteln - Spr.: Engl.

HÄUSSLER, Georg

Dr. med. (habil.), Chefarzt Neurochir. Abt. Allg. Krkhs. Heidberg, apl. Prof. f. Neurochir. Univ. Hamburg (S. 1952) - Haynstr. 9, 2000 Hamburg 20 (T. 48 11 76) - Facharb.

HÄUSSLER, Gerhard

Dr., Prof., Hauptgeschäftsführer Industrie- u. Handelskammer Nordschwarzwald - Dr.-Brandenburg-Str. 6, 7530 Pforzheim.

HÄUSSLER, Gerhart

Musiker, Musiklehrer, Komp. (Ps. Jerry Larguito Romanini) - Waldstr. 15, 8011 Vaterstetten (T. 08106-3 22 31) - Geb. 10. Juni 1932 Hongkong, ev., gesch. - Luitpold-Oberrealsch. (Abit. 1950); Münchner Orchestervorsch., Staatl. Hochsch. f. Musik in München, Schulmusiker. Karr.: Conservatorio Nal de Colombia, Kammermus., 1964 Solobratscher d. Phil. Orch. Bad Wiessee, 1966 Geiger in Bad Nauheim, 1970 Stv. Solo-Bratscher zu Hof, 1971 stv. Stehgeiger in Bad Bocklet - 1983 Ehren-Diplom d. Accad. Italia - Liebh.: Klavier, Domino, Schach (Chesumian Isžikoff) - Spr.: Engl., Franz., Span.

HÄUSSLER (ß), Reinhard

Dr. phil., Prof. f. Klass. Philologie (apl. 1976; C 3: 1980) - Preußenstr. 14, 4030 Ratingen 6 - Geb. 3. Mai 1927 Stuttgart (Vater: Dr. Max H., Studiendir. †; Mutter: Johanna, geb. Schempp †), ev. - Eberhard-Ludwigs-Gymn. Stuttgart; Stud. Univ. Tübingen u. Freiburg/Br.; Promot. (1961) u. Habil. (1971) Freiburg - S. 1972 Lehrtätigk. Univ. Freiburg, s. 1973 Univ. Düsseldorf - BV: Tacitus u. d. histor. Bewußtsein, 1965; D. hist. Epos d. Griechen u. Römer bis Vergil, 1976; D. hist. Epos v. Lucan bis Silius u. s. Theorie, 1978 - Liebh.: Musik, Bild. Künste, Wandern - Spr.: Franz.

HÄUSSLING, Angelus Albert

Dr. theol., Prof., Benediktiner d. Abtei Maria Laach - Abtei, 5471 Maria Laach - Geb. 19. April 1932 Lambrecht, Pfalz, kath. - Promot. 1965 Salzburg - Prof. Phil.-Theol. Hochsch. Benedikbeuern - Herausg. d. Archiv f. Liturgiewiss.

HÄUSSLING (ß), Ansgar

Dr. phil., Dipl.-Phys., Prof. f. Physik u. ihre Didaktik Erziehungswiss. Hochschule Rheinland-Pfalz/Abt. Worms - Hemsbergerweg 16, 6140 Bensheim-Zell.

HÄUSSLING (ß), Josef M.

Dr. phil., Prof. f. Rechtswissenschaft (Jugendrecht/Kriminologie/Rechtsphilosophie) u. Rektor (1983-87) Berg. Univ.-GH Wuppertal - Rennbaumer Str. 43, 5600 Wuppertal 12 (T. 0202 - 40 24 53), u. 95, Bd. Saint-Michel c/o Fourneau, 75005 Paris (T. (1) 43269692) - Geb. 7. Nov. 1923 Lambrecht (Vater: Dr. Aloys H.; Mutter: Maria, geb. Schlosser), kath., verh. s. 1967 m. Hortense, geb. Fourneau, Malerin, 4 Töcht. (Magdalena, Judith, Sibylle, Séraphine) - Human. Gymn.; Univ. (Phil.; O. F. Bollnow; Martin Heidegger); Promot. 1952, Wesen d. Versprechens; Stud. d. Rechtswiss. Univ. Würzburg, 1. u. 2. jurist. Staatsex. 1959-62 wiss. Ass. u. akad. Rat Univ. Würzbg. - S. 1978 Assoc.-Prof. Univ. Paris (II Sorbonne); 1974-77 Dekan FB 1 Univ.-GH Wuppertal; s. 1979 Dir. Intern Dok.- u. Stud.-Zentrum f. Jugendkonflikte; Berichterst. f. Kriminol. im Europarat. 1989 wiss. Geschäftsf. Präsid. Univ. Witten/Herdecke - BV: Einf. in d. strafrechtl. u. strafproz. Denken, 1969; Wuppertaler Beitr. z. Straffälligenpädagogik, Prophylaxe u. Rehabilitation, 3 Bde. 1975 (m. G. Deimling); Jugendrecht in d. DDR u. BRD, 1976; D. Denken d. Todes. Phil. Todesauffassungen u. deren anthropol.-problemgeschichtl. Interpretation f. Suizid u. Euthanasie, 1976; Jugendkonflikte - Kriminol. Forschung u. Analysen aus 9 Ländern, 1981 (m. M Brusten u. P. Malinowski); Polit. Criminelle des pays de l'Est et des pays occidentaux, 1979; le jugement par défart en République Fédérale d'Allemagne, 1980; Strukturbedingungen alternativer ökonomischer Projekte (m. Häußling/Schliebe), 1990; D. Täter zw. Strafrecht u. Kriminologie. Vom Erkenntnisinteresse typol. Denkens in Norm- u. Tatsachenwiss., 1991 - Spr.: Franz., Engl., Ital.

HAFENBERG, Bernd Dieter

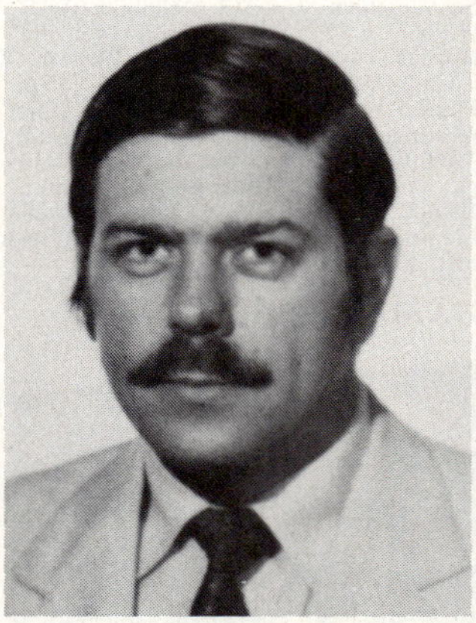

Amtsrat, Oberstleutnant d. Res. - Hyazinthenfeld 1, 5210 Troisdorf 13 - Geb. 11. Juli 1940 Berlin (Vater: Fritz H., Beamter a. D.; Mutter: Käthe, geb. Graumann), ev.-lt., verh. m. Annerose H., 3 Kd. - Gymn. (b. 1960); b. 1962 Offz.ausb.; b. 1965 Beamtenausb.- Ausw. Dienst; 1970-75 Dt. Botsch. Amman/Jordanien (Wirtsch.), 1975-79 Botsch. Santiago de Chile (Kultur), 1979-81 Generalkonsulat Barcelona, 1981-85 Botsch. Managua/Nicaragua (Verw., Rechts- u. Konsularangelegenh.), 1985-90 Botsch. Bogotá/Kolumbien (Wirtsch.), 1991 Botsch. Kuwait - 1975 Jordan. Orden m. Stern; 1980 Ehrenritterkreuz Johanniterorden; 1986 Komturkreuz O'Higgins, Chile; 1990 Großkreuz Boyacá, Kolumbien; 1990 VO d. kol. Roten Kreuzes - Liebh.: Gesch., Verteidigungspolitik, Völkerkd., Reisen - Jäger u. Sportschütze (Teilnahme an intern. Wettbew.) - Spr.: Engl., Span., Franz.

HAFENBRACK, Hans

Pfarrer, Chefredakt. Ev. Pressedienst/epd (1981ff.) - Westerbachstr. 33-35, 6000 Frankfurt/M. (T. 069 - 7 89 72-0) - Geb. 1936 - B. 1978 Pfr. Württ., dann Redakt. epd.

HAFER, Xaver

Dr.-Ing., em. Univ.-Prof. f. Flugtechnik - Heinrich-v.-Kleist-Str. 8, 6101 Roßdorf 1 - Geb. 6. Okt. 1915 Hannover - S. 1966 Ord. TH Darmstadt. BV: Flugleistungen, 2. erw. A. 1986; Flugmechanik, 1980; Senkrechtstarttechnik, 1982 - 1984 Ehrenmitgl. Dt. Ges. f. Luft- u. Raumfahrt (DGLR).

HAFERKAMP, Günter

Dr. med., apl. Prof. f. Neurologie Med. Hochschule Hannover - Aachener Str. 13, 3000 Hannover 1 - Geb. 2. Jan. 1937 Worms (Vater: Dr. Hans H., Arzt †; Mutter: Charlotte, geb. Brenner), ev., verh. s. 1962 m. Marianne, geb. Strabel, 2 Kd. (Susanne, Hans-Peter) - Schloßgymn. Mainz; Univ. Tübingen, Mainz, Göttingen, München, Würzburg (Med.). Staatsex. 1961; Arzt f. Neurologie 1971. Promot. 1962; Habil. 1976 - 1972-80 gf. Oberarzt Neurol. Univ.Klin. Mainz, s. 1980 Chefarzt Neurol. Klinik Henriettenstiftg. Hannover - Liebh.: Fotogr. - Spr.: Engl., Franz.

HAFERKAMP, Hans Hermann

Dt. Botschafter a.D. - Geb. 15. Mai 1926 Duisburg, verh. - Abit. 1944; Stud. Bonn, Oxford (Jura, Philol.); Staatsex. höh. Lehramt - 1952 Ausw. Amt; Auslandstätigk. Karibik (1970-74), Togo (1976-78). Ref.leit. f. West- u. Zentralafrika im AA. Ständ. Vertr. d. Botsch. in Kopenhagen. 1985-91 Botschafter in Island - Teiln. an zahlr. intern. Seminaren. Vortr. üb. alle Geb. d. Ausw. Dienstes, insb. üb. Kultur u. Technik in ihrer Bedeutung f. d. Außenpolitik.

HAFERKAMP, Heinz

Dr.-Ing., Dipl.-Ing., Prof., Direktor d. Inst. f. Werkstoffkunde Univ. Hannover - Tiefes Moor 32, 3008 Garbsen 1 (T. 05137 - 1 06 55) - Geb. 30. Jan. 1933 Duisburg-Meiderich (Vater: Heinrich H., Ing.; Mutter: Else, geb. Buschmann), ev., verh. s. 1960 m. Charlotte, geb. Lakemacher (Realschullehrerin), S. Rolf - Stud. Allg. Maschinenbau TH Hannover; Dipl.ex. 1960; Promot. 1963; Habil. 1966 - 1966-68 Obering. u. Hauptabt.-leiter Luitpoldhütte AG, Amberg, 1969-81 Dir. d. Forschung u. Entwicklung d. Salzgitter AG. Sachverst. Inst. f. Bautechn. Berlin, Gutachter Dt. Forschungsgem., Kurat. Fraunhofer-Inst. f. Werkstoffmech.; Vorst.-Mitgl. RKW; AR mehrerer Ind.untern., VDI, Ges. d. Freunde d. Herzog-August-Bibl. u. Michael-Pretorius-Ges.; Sachverst. d. BMFT; Mitgl. RSK., Vors. VMPA - BV: Glasfaserverstärkte Kunststoffe, VDI-Taschenb. 1971; Antennenverkleidungen aus Polyurethan-Hartschaumstoffen, 1973. Üb. 150 Fachveröff. - 1983 BVK; 1987 Ehrenmed. VDI; 1989 BVK I. Kl. - Liebh.: Golf - Spr.: Engl. - Rotarier.

HAFERKAMP, Wilhelm

Dipl.-Volksw., Vizepräsident Kommission d. Europ. Gemeinschaften (s. 1970) - 200 Rue de la Loi, Brüssel; priv.: Rodenwaldstr. 14, 4033 Hösel b. Düsseldorf - Geb. 1. Juli 1923 Duisburg (Vater: Hermann H., Chemotechniker), ev., verh. s. 1951 m. Ursula, geb. Bartz - 1946-49 Univ. Köln (Wirtschafts- u. Sozialwiss.) - 1957-62 Vors. DGB-Landesbez. Nordrh.-Westf.; 1962-67 Vorstandsmitgl. DGB (Leit. Hauptabt. Wirtschaftspolitik); 1967-70 Mitgl. Europ. Kommission, b. 1984 EG-Kommissar; 1958-66 u. zeitw. 1967 MdL NRW (b. 1963 stv. Vors. SPD-Fraktion) - Liebh.: Musik, Sport.

HAFERKORN, Hans J.

Dr. phil., Prof. f. Erziehungswissenschaft (Schwerp. Gesch. d. Erzieh.) Univ.

Bremen - Simon-Hermann-Post-Weg 25, 2800 Bremen 33.

HAFERLAND, Friedrich

Dr.-Ing., em. o. Prof., Architekt - Distelkamp 25, 3000 Hannover 91 - Geb. 4. Mai 1924 Antendorf - Stud. TH Hannover; Promot. 1964, Habil. 1969 - 1967-73 Wiss. Rat u. Prof. f. Baustoffkd. u. Bauphysik TU Hannover; 1973-86 o. Prof. f. Baukonstruktion TU Delft/Nl. - Forsch. u. Veröff. üb. Bauphysik, Bauschäden u. baukonstr. Entw. (Patente).

HAFERLAND, Hans-Ulrich

Dipl.-Ing. (FH), Unternehmensberater, Vors. Verwaltungsrat Ytong Zürich AG - Freihamer Str. 22, 8032 Gräfelfing/Obb. (T. München 85 26 44) - Geb. 3. Febr. 1929.

HAFERLAND, Peter

Chefredakteur BILDWOCHE - Axel-Springer-Verlag, Kaiser-Wilhelm-Str. 6, 2000 Hamburg 36 (T. 040 - 34 72 38 31); priv.: Am Heidberg 27, 2105 Seevetal 3 - Geb. 5. Jan. 1940 Cottbus, verh., 3 Kd. - Ehem. Chefredakt. FÜR SIE, Chr. BELLA, u. Kochen + genießen - CDU-Abg. Gemeinderat Seevetal; Vorst. Musikschule Seevetal.

HAFFNER, Sebastian

(eigtl. Raimund Pretzel) Publizist - Ehrenbergstr. 33, 1000 Berlin 33 - Geb. 27. Dez. 1907 Berlin, verh. s. 1982 m. Christa, geb. Rotzoll (Journ.) - Stud. Rechtswiss. - U. a. Mitarb. Voss. Ztg.; 1938 n. Engl. emigr.; in London f. die dt.sprach. Zeitung u. d. Observer tät. Zahlr. Bücher, dar. zul. Anmerkungen zu Hitler u. Preußen ohne Legende - 1978 Heinrich-Heine-Preis Düsseldorf; 1983 Wurzacher Lit.preis.

HAFFNER, Steffen

Journalist, verantw. Sportredakt. Frankfurter Allg. Zeitung - Zu erreichen üb. F.A.Z., Postf. 10 08 08, 6000 Frankfurt/M. 1 - Geb. 28. Dez. 1940 Liegnitz/Schles., verh., 2 Kd. - Schule Friedberg (Abit.); Militärdst. Koblenz (Panzereinh.); Stud. German. u. Soziol. Frankfurt (n. abgeschl.) - S. 1963 F.A.Z.-Sport (1980 wie oben). Berichte v. viel. gr. Sportereign. (1978 f. e. Aufs. üb. Wimbledon v. Verb. Dt. Sportpresse ausgez.); 1989 Sportjournalist d. Jahres - Liebh.: Radfahren, Tennis, Skiwandern.

HAFFNER, Willibald

Dr. rer. nat., Prof. f. Geographie Univ. Gießen - Tulpenweg 6, 6301 Linden-Leihgestern 1 - Stud. Geogr., Biol., Chem.; Promot. 1963 Bonn, Habil. 1973 Aachen - Prof. f. Geogr. am FB Geowiss. u. Tropenzentrum d. Univ. Gießen.

HAFINK, Arthur

s. Fink, Arthur-Hermann

HAFKE, Volker

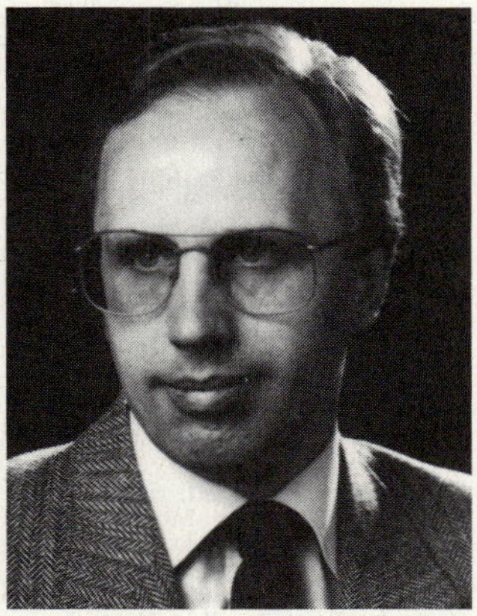

Rechtsanwalt, Pers. Referent d. Intendanten DLF (s. 1988), Leiter d. Intendanz (1988) - Schlehdornweg 3, 5000 Köln 40 - Geb. 27. Nov. 1946 Bad Bramstedt (Vater: Hans-Adalbert H., Kaufm.; Mutter: Martel, geb. Kotzan), kath., verh. s. 1972 m. Gerlinde, geb. Hergott, T. Simone Renée - Abit. 1966; Jura-Stud. Univ. Köln u. Bonn (Refer.-Ex. 1972, 2. Staatsex. 1974) - 1975 Rechtsanw.; s. 1976 Westd. Rundf.: b. 1980 Gruppenleit. Personalabt., 1981-88 Pers. Ref. d. Chefredakt. Fernsehen WDR. Oberlt. d. R. (Presseoffz.) - Spr.: Engl., Franz.

HAFNER, Anton

Dipl.-Kfm., Bankier, Mitinh. Bankhaus Anton Hafner, Augsburg, AR-Mitgl. Eichbaum-Brauereien AG., Mannheim - Maximilianstr. 29, 8900 Augsburg - Geb. 30. Nov. 1941 Augsburg.

HAFNER, German

Dr. phil., Prof., Klass. Archäologe - Am Eselsweg 66, 6500 Mainz-Bretzenheim (T. 3 49 45) - Geb. 3. März 1911 Wilhelmshaven, verh. - S. 1951 (Habil.) Privatdoz., apl. Prof., Wiss. Rat u. Prof. Univ. Mainz. Spez. Arbeitsgeb.: Etrusk. u. röm. Kunst - BV: u. a. Viergespanne in Vorderansicht, 1938; Corpus Vasorum Antiquorum, 2 Bde. 1951/52; Späthellenist. Bildnisplastik, 1954; Judicium Orestis, 1958; Gesch. d. griech. Kunst, 1961; Ein Apollon-Kopf, 1962; Kreta u. Hellas, 1968 (auch engl., franz., ital., sloven.); D. Bildnis d. Quintus Ennius, 1968; Athen u. Rom, 1969 (auch engl., franz., ital., holl., sloven., serbo-kroat.); Sternstunden d. Archäologen, 1978; Tatort Antike, 1979; Prominente d. Antike, 1981 (auch russ. u. litauisch); Als Kunst Geschichte machte, 1983.

HAFNER, Klaus

Dr. phil. (habil.), Dipl.-Chem., o. Prof. f. Organ. Chemie - Steinbergweg 32A, 6100 Darmstadt (T. 4 44 63) - Geb. 10. Dez. 1927 Potsdam, ev. - Univ. Marburg (Chemie) - 1951-55 Wiss. Assist. Max-Planck-Inst. f. Kohlenforsch. Mülheim/Ruhr; 1956-61 Doz. Univ. Marburg; 1962-64 ao. Prof. Univ. München; s. 1965 o. Prof. TH Darmstadt. Mitgl. mehrerer Fachges. Hrsg. v. Liebigs Annalen d. Chemie u. Mithrsg. and. wiss. Journ. Üb. 150 wiss. Veröff. in Fachztschr. - 1980 Adolf-v.-Baeyer-Denkmünze Ges. Dt. Chemiker, Carus-Med. Dt. Akad. d. Naturforsch. Leopoldina, Carus-Preis Stadt Schweinfurt; 1986 Mitgl. Dt. Akad. d. Naturforscher Leopoldina - Spr.: Engl. - Rotarier.

HAFNER, Lutz

Dr. rer. nat., Prof. f. Biologie (Botanik) TU Berlin - Krusauer Str. 80, 1000 Berlin 49 - Geb. 7. Nov. 1942 Berlin - Askan. Gymn. u. FU Berlin (Biol., Chem., Geogr.) - B. 1975 Gymnasial-, dann Hochschullehrer - BV: Einf. in d. Organ. Chemie, 1974; Biochemie, 1980; Mitverf.: Genetik, 1977, Neubearb. 1984 (m. Hoff); Ökologie, 1978, Neubearb. 1986 (m. Philipp); Grundl. d. organischen Chemie, 1986 (m. Jäckel). Übers.: Grundl. d. Zellbiol., 1980 (Stephenson)

HAFNER, Stefan

Dr. rer. nat., Prof. f. Kristallographie u. Mineral. Univ. Marburg - Zur Klause 41, 3550 Marburg/L.

HAFT, Fritjof

Dr. jur. habil., o. Prof. f. Strafrecht, Strafprozeßrecht, Rechtsphil., Rechtsinformatik - Wilhelmstr. 7, 7400 Tübingen 1 (T. 07071 - 29 25 53) - Geb. 18. Sept. 1940 Berlin, ev., verh. s. 1968 m. Brigitte, geb. Vogt, 2 S. (Klaus, Ralf) - Jurastud., Ass., Habil. - o. Prof. Univ. Tübingen - BV: Strafrecht - Allg. T., 4. A. 1990, Bes. T. 4. A. 1991; Jurist. Rhetorik, 4. A. 1990 (jap. Übers. 1992); Einf. in d. Rechtsinformatik, 1977 (niederl. Übers. 1980); Einf. in d. jurist. Lernen, 5. A. 1991; Strukturdenken, 2. A. 1992; Aus d. Waagschale d. Justitia, 4. A. 1991; Erfolgreich verhandeln, 1992.

HAFTENDORN, Helga

Dr. phil., Univ.-Prof. f. Polit. Wissenschaft unt. bes. Berücks. d. Theorie, Empirie u. Geschichte d. ausw. u. intern. Politik - Ihnestr. 21/22, 1000 Berlin 33 - Geb. 9. Sept. 1933 Erfurt - Promot. 1960 Frankfurt/M.; Habil. 1973 Hamburg - S. 1973 Ord. Hochsch. d. Bundeswehr Hamburg u. FU Berlin. 1978/79 Konrad Adenauer Lehrst., Georgetown Univ. Washington, D.C.; 1982/83 Visit. Prof., Stanford Univ.; 1988 Visit. Fellow, Harvard Univ., USA; 1989 Jean Monnet Lehrstuhl, Europ. Hochschulinst. Florenz - BV: Militärhilfe u. Rüstungsexporte d. BRD, 1971; Abrüstungs- u. Entspannungspolitik zw. Sicherheitsbefriedigung u. Friedenssicherung, 1974; Verwaltete Außenpolitik. Sicherh.- u. entspann.polit. Entscheid. in Bonn, 1978; Security and Detente: Conflicting Priorities in German Foreign Policy, 1985; Sicherh. u. Entspann. Z. Außenpolitik d. BRD 1955-1982, 1986; Sicherh. u. Stabilität. Außenbezieh. d. Bundesrep. zw. Ölkrise u. NATO-Doppelbeschluß, 1986; E. schwierige Partnerschaft. BRD u. USA im Atlant. Bündnis, 1986; D. Rekonstruktion amerik. Stärke. Sicherh.- u. Rüstungskontrollpolitik d. USA während d. Reagan-Administration, 1988. Mithrsg. Dokumente z. Auswärtigen Politik d. Bundesrep. Deutschl. (s. 1990) - 1986 Wissenschaftspreis d. Dt. Bundeswehrverb.; 1989-91 Präs. d. Intern. Studies Assoc.

HAGE, Volker

Dr., Journalist, verantw. Redakt. f. Lit. DIE ZEIT - Zu erreichen üb. Die Zeit, Pressehaus, 2000 Hamburg 1 - Geb. 9. Sept. 1949 Hamburg, verh. s. 1985 m. Jeanette, geb. Stickler, T. Laura - Promot. - BV: D. Wiederkehr d. Erzählers, 1982; Max Frisch, 1983; Alles erfunden, 1988; Schriftproben, 1990.

HAGE, Wolfgang

Dr. theol., Prof. f. Kirchengeschichte u. Ostkirchengesch. Univ. Marburg (s. 1981) - In der Gemoll 40, 3550 Marburg (T. 06421 - 3 37 62) - Geb. 5. Nov. 1935 Römhild/Thür. (Vater: Ewald H., Pfarrer; Mutter: Gertrud, geb. Scheller), ev., verh. s. 1967 m. Edda, geb. Ziegler, 2 Kd. (Carsten, Andrea) - Stud. Univ. Bonn, Tübingen, Münster; Promot. (1964) u. Habil. (1970) Marburg - 1960 Redakt.assist. Bucer-Edition, Münster; 1962 wiss. Assist. Univ. Marburg (1965 m. Lehrauftr.; 1972 Prof.); 1975 Prof. Univ. Göttingen - D. syr.-jakobit. Kirche in frühislam. Zeit, 1966; Syriac Christianity in the East, 1988. Buchbeitr. - Spr.: Engl., Franz.

HAGEDORN, Günter

Dr. phil., Dipl.-Sportl., Prof. f. Sportwiss. (Lernen u. Bewegung), Univ.-GH Paderborn - Warburger Str. 100, 4790 Paderborn (T. 05251 - 60 31 38) - Geb. 3. Nov. 1932 Essen - Stud. 1953-56 DSHS Köln (Sport), 1953-61 Köln u. Heidelberg (German., Päd., Phil., Psych., Soziol.); Promot. 1966 - 1961/62 Wiss. Ass. Ältere Germanistik; 1962-68 Höherer Schuldienst; Dozent; 1968-74 Prof. DSHS Köln, 1974-85 Univ. Bremen, s. 1985 Univ.-GH Paderborn - Forsch.schwerp.: Trainingswiss., Spielforsch., Programmierung. Mithrsg. v. Reihen; zahlr. fachwiss. Publ. (Aufs., Monogr.), u. a. Spielen (1987). Videofilme u. a. Kinder-Spielwelt, Trainer - E. soziale Rolle - Lit.: Erz., Aphorismen, Satiren, Romane, Essays, Theaterst. - 1989 Gladbecker Satirepreis.

HAGEDORN, Herbert

Dr. rer. nat., Prof., Abt.vorsteher Botan. Inst. Univ. Münster (1970) - Besselweg 5, 4400 Münster/W. (T. 86 27 72) - Geb. 26. März 1922 Osnabrück, ev., verh. s. 1954 m. Iris, geb. Czabainsky, 1 Kd. - Stud. Biol., Chemie, Physik - S. 1961 (Habil.) Lehrtätigk. Münster (Allg. Botanik u. bes. Berücks. d. Mikrobiol.). Mitgl. Dt. Botan. Ges., Dt. Bodenkundl. Ges., Ges. f. Hygiene u. Mikrobiol. Üb. 50 Fachaufs.

HAGEDORN, Horst

Dr. rer. nat., Prof. f. Geographie - Allerseeweg 23, 8706 Höchberg/Ufr. - S. 1971 Ord. u. Mitvorst. Inst. f. Geogr. Univ. Würzburg.

HAGEDORN, Jürgen

Prof., Dr. rer. nat. (habil.), Prof. am Geograph. Inst. Univ. Göttingen (s. 1972) - Jupiterweg 1, 3400 Göttingen-Roringen (T. 0551 - 2 13 23) - Geb. 10. März 1933 Hankensbüttel, Kr. Gifhorn (Vater: Ernst H., Bankangest.; Mutter: Dorothea, geb. Schulze), ev., verh. s. 1965 m. Ingeborg, geb. Carl, Tocht. Sibylle - 1952-58 Geogr., Math., Physik TH Hannover, Univ. Göttingen. Staatsex. 1958; Promot. 1963; Habil. 1968 - Veröff.: Geomorphol. d. Uelzener Beckens (Gött. Geogr. Abh. 31, 1964), Beitr. z. Quartärmorphol. Griech. Hochgebirge (ebd. 50, 1969) - Mitgl. Akad. d. Wiss. Göttingen.

HAGEDORN, Paulus J.

Dipl.-Ing., Geschäftsführer Fahrleitungsbau GmbH. - Wolbeckstr. 19, 4300 Essen 12.

HAGEDORN, Peter Bernd

Dr., Prof. Inst. f. Mechanik TH Darmstadt (s. 1974) - Haydnweg 12, 6104 Seeheim-Jugenheim (T. 06257 - 8 28 33) - Geb. 15. April 1941 Berlin (Vater: Rolf H., Dipl.-Ing.; Mutter: Rosemarie, geb. Fingerhut), kath., verh. s. 1965 m. Gabriele, geb. Zyturus, 3 Kd. (Christian, Michael, Monica) - Stud. (Maschinenbau) Escola Politecnica da Univ. de Sao Paulo/Bras.; Promot. ebd.; Habil. 1972 Karlsruhe - 1973/74 Forschungsaufenthalt Stanford Univ./USA; 1985 Russel Severance Springer Visit. Prof. Univ. of California, Berkeley/USA; 1990 Gastprof. Univ. Pierre et Marie Curie, Paris. Spez. Arbeitsgeb.: Dynamik, Schwingungslehre - BV: Nichtlineare Schwingungen, 1978 (engl. Übers. 1981, 2. A. 1988, portug. Übers. 1984); Diff. Games a. Applications, Fachb. 1977; Vibrations and Impedances of Rectangular plates with free Boundaries (m. Kelkel u. Wallaschek), 1986; Techn. Schwingungslehre (m. Otterbein), 1987, Bd. 2 1989; Aufgabensammlung Techn. Mechanik, 1988; Techn. Mechanik, Bd. 1 (Statik) 1989, Bd. 2 (Festigkeitslehre) 1990; Bd. 3 (Dynamik) 1990. Ca. 100 wiss. Veröff. in versch. Fachzeitschr. - Liebh.: Reisen, Wandern, Fotogr. - Spr.: Portug., Engl.

HAGEDORN, Werner Clemens

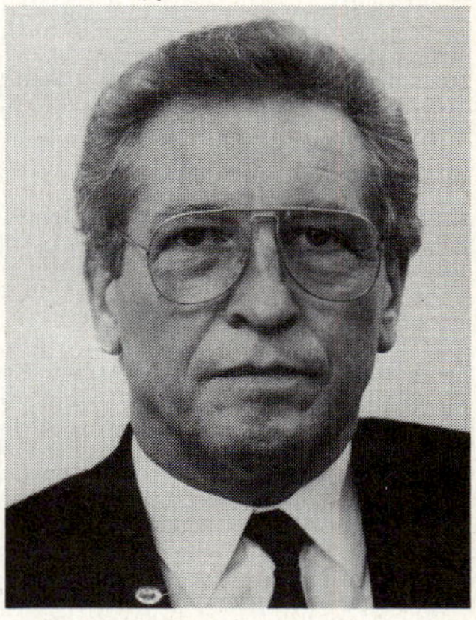

Steueramtsrat a.D., Bundesvors. Dt. Beamtenbund DBB (s. 1987) - Zu erreichen üb. Dt. Beamtenbund, Dreizehnmorgenweg 36, 5300 Bonn 2 (T. 0228 - 81 11 01; Telefax: 0228 811-171) - Geb. 1. Sept. 1929 Remscheid (Vater: Hermann H., Schneiderm.; Mutter: Elisabeth, geb. Spiegel), kath., verh. s. 1954 m. Christel, geb. Manns, 4 Kd. (Monika, Klaus, Barbara, Regina) - Gymn. Remscheid-Lennep - 1969 stv. Bundesvors. DStG, 1975 Bundesvorst. DBB, 1979 Bundesvors. DStG, 1987 Bundesvors. DBB - BVK I. Kl.; Gold. Sportabz. - Spr.: Engl.

HAGEMANN, Gerd
Dr. rer. nat., Leit. Arbeitsbereich Exper. Radiologie, Prof. f. Exper. Radiol. Med. Hochschule Hannover (s. 1975) - Feldstr. 21, 3006 Burgwedel 1 - Geb. 5. Juli 1926 - Stud. Physik.

HAGEMANN, Heinrich
Ing., Gastwirt, Kreispräsident, MdL Schlesw.-Holst. (s. 1975, Wahlkr. 41/ Lauenburg-O) - 2411 Hollenbek - Geb. 22. Juli 1921 Hollenbek, ev., verh., 3 Kd. - Obersekundarreife 1937; Facharbeiterprüf. als Metallflugzeugbauer; 1943 Ing. f. Luftfahrttechnik - B. 1944 Betriebsing. Dornierwerke Wismar, dann Kriegsdst. u. -gefangensch., ab 1947 Betonwarenhersteller, 1962 Übern. väterl. Gastw. 1955 ff. Gemeindevertr., stv. u. Bürgerm. (1959) Hollenbek; 1963 ff. MdK Herzogt. Lauenburg; 1974 ff. Kreispräs. CDU s. 1955.

HAGEMANN, Josef
Kaufmann, Vors. Bundesverb. Dt. Leder- u. Schuhbedarfsgroßhändler, Koblenz - Schmittstr. 6, 6530 Bingen 1 (T. 06721 - 1 49 81) - Geb. 19. April 1918 Bingen (Vater: Anton H., Kaufm.; Mutter: Wilhelmine, geb. Blank), kath., verh. s. 1960 m. Annemarie, geb. Klees, 2 Kd. (Stefan, Beatrix) - Realsch.; Lehre Einzelhandelskaufm. - S. 1956 Mitgl. Vollvers. IHK Mainz - Spr.: Engl.

HAGEMANN, Ludwig
Dr. theol. habil., o. Univ.-Prof. f. Systematische Theologie u. Religionsgeschichte Univ. Mannheim - Zu erreichen üb. Inst. f. Ökumenische Theologie, L 13, 17, 6800 Mannheim (T. 0621 - 2 92-0); priv.: Neubergstr. 27, 8702 Kürnach - Geb. 28. Dez. 1947 Niederlangen/Ems, kath., led. - Stud. Phil., Theol., Religionswiss. Univ. Frankfurt, Tübingen, Münster, Beirut, Kairo u. Tunis; Promot. 1975 Münster; Habil. 1982 Trier - BV: D. Kur'än in Verständnis u. Kritik b. Nikolaus von Kues, 1976; Christentum - F. d. Gespräch m. Muslimen, 3. A. 1986; Christentum u. Islam zw. Konfrontation u. Begegnung, 2. A. 1990; Nicolai de Cusa Cribratio Alkorani (Op. omnia VIII), 1986; Christentum u. Christen im Denken zeitgen. Muslime, 1986 (m. A. Th. Khoury); Thomas v. Aquin - De rationibus fidei, 1987 (m. R. Glei); Nicolai de Cusa Sichtung des Korans, Bde. 1/2, 1989-90; Ihr alle aber seid Brüder. Festschr. f. A. Th. Khoury (m. E. Pulsfort), 1990, 2. A. 1991; Was glauben Christen? D. Grundaussagen e. Weltreligion, 1991; Maria, d. Mutter Jesu, in Bibel u. Koran (m. E. Pulsfort), 1992. Mithrsg. d. Corpus Islamo-Christianum u. d. Religionswiss. Stud.; Schriftleit. d. Series Latina - Spr.: Lat., Engl., Franz., Griech., Arabisch.

HAGEMANN, Wilhelm
Dr. phil., Prof. f. Medienpäd./Berufspäd. Univ.-GH Paderborn (s. 1980) - Am Jordanpark 35, 4792 Bad Lippspringe (T. 05252 - 61 42) - Geb. 13. Febr. 1939 Vörden (Westf.) (Vater: Otto H., Tischler; Mutter: Franziska, geb. Schmereim), kath., verh. s. 1972 m. Rita, geb. de Longe, 3 Kd. (Heidrun, Martin, Mechthild) - 1. Staatsex. 1966, Promot. 1972, 2. Staatsex. 1973 - 1954-58 Schlosser; 1966-72 Hochschulassist.; 1973-80 Tätigk. in e. Forschungsinst. - BV: Einf. in d. Mediendidaktik, 1978; Unterrichtsplan. u. Medienerstell., 1979; Medienpäd., 1979; Kognition u. Moralität in polit. Lernproz., 1982; Lehren u. lernen im Politikunterr., 1985 (z. T. m. a.) - Spr.: Engl.

HAGEMANN, Wolfgang
Dr. rer. nat., Prof., Botaniker - Werderpl. 11a, 6900 Heidelberg - Geb. 30. Sept. 1929 Wiesbaden - Promot. 1957 Mainz; Habil. 1962 Saarbrücken - S. 1964 Prof. Univ. Heidelberg (Wiss. Rat u. Prof.; 1970 apl. Prof.). Facharb.: Vergleichende Morphologie d. Pflanzen.

HAGEMEIER, Rainer Georg
Vorstandsmitglied Mitteldt. Hartstein-Ind. AG - Mainzer Landstr. 27-31, 6000 Frankfurt/M. 1 - Geb. 30. April 1945, verh., 2 Kd. - Stud. Rechtswiss.; Ass. - Vors. Fachvereinig. Natursteine Hessen; Präsid. Dt. Asphalt Verb.; Beirat Arbeitg.verb. Steine u. Erden Hessen; Arbeitg.vertr. Steinbruchsberufsgenoss.

HAGEMEIER, Reinhard
Verwaltungsratsvors. Mitteld. Hartstein-Ind. Holding GmbH, Frankfurt/M. - Brunnenstr. 7, 6480 Wächtersbach (T. 06053 - 6 51) - Geb. 21. Dez. 1914 Dorndorf/Rh., ev., verh. s. 1943 m. Hildegard, geb. Backe, 3 Söhne (Rainer-Georg, Christian, Achim) - Abitur - Div. Ehrenstell., dar. Ehrenvors. Fachvereinig. Natursteine Hessen u. Vorst. Bundesverb. Natursteine Bonn - Liebh.: Jagd, Tennis (Ehrenvors. Rot-Weiß Wächtersbach) - Spr.: Engl., Franz. - Rotarier - Eltern s. Heinrich-Georg H. (Bruder).

HAGEMEISTER, Ursula
Dr. phil., Prof. f. Erziehungswissenschaft (Geistigbehindertenpäd.) Univ. Hamburg (s. 1972) - Bahnhofstr. 17, 2083 Halstenbek.

HAGEN, Dieter
Dipl.-Kfm., Gf. Gesellsch. Franz Barth Wollweberei, Hof (s. 1960) - Röntgenstr. 38, 8670 Hof/S. (T. 09281-20 91) - Geb. 14. Sept. 1935 Hof (Vater: Dr. Robert H., Landgerichtsdir.; Mutter: Margot, geb. Eichler), ev., verh. s. 1970 m. Hannelore, geb. Dehn, 2 Kd. (Barbara, Hans Christian) - Abit. 1954 Hof; 1954-58 Stud. Betriebsw. Univ. München u. Erlangen-Nürnberg; Dipl. 1958 Nürnberg. AR Volksbank Hof; Vorstandsmitgl. Verb. nordbayer. Textilind. Handelsrichter LG Hof - Liebh.: Tennis, Segeln - Spr.: Engl.

HAGEN, Egon
Dr. rer. pol., ehem. Vorstandsmitglied Otto Versand, Hamburg - Sarenweg 62, 2000 Hamburg 65 - AR Otto Versand, Hamburg; Gesellsch. Unternehmensgruppe Intercar Hamburg, Gladbeck, Dresden.

HAGEN, Eva-Maria
Schauspielerin, Sängerin - Zu erreichen üb. ZBF-Hamburg, Tonndorfer Hauptstr. 98, 2000 Hamburg 70 - Geb. 19. Okt. 1934, langj. Lebensgefährte: Wolf Biermann, T. Nina - Schauspielstud. in Ost- u. West-Berlin (vor Mauerbau) - Film-, Theater- u. Fernsehstar in d. DDR; 1977 wegen Berufsverbot u. Aberkennung d. Staatsbürgerschaft Übersiedlung in d. BRD - Senkrechtstart durch d. Defa-Komödie: Vergeßt mir meine Traudel nicht; Gorki's Feinde (Theater); Eliza Doolittle (My Fair Lady). Ca. 50 Film- u. TV-Filme. In d. BRD u.a.: Gibby West Germany; Heimkehr nach Deutschland. Neue Karriere als Liedersängerin, 4 LP's - Liebh.: Malen m. Ölfarbe.

HAGEN, von, Friedrich
Dr. phil., o. Prof. f. Zoologie, Humanbiologie u. Didaktik d. Biologie Univ. Duisburg - Amselweg 30, 5628 Heiligenhaus - Geb. 8. Juli 1911 Bochum.

HAGEN, von, Heinrich-Otto
Dr. rer. nat., Prof. f. Zoologie, Evolution d. Tiere u. Biol. d. Menschen Univ. Marburg - Höhenweg 39, 3550 Marburg/L. - Geb. 15. Febr. 1933 - Promot. 1962 Univ. Münster, Habil 1971 Univ. Karlsruhe - Hauptforsch.obj. Krebse u. Säugetiere.

HAGEN, Horst
Dr. jur., apl. Prof. Univ. Kiel, Vors. Richter Bundesgerichtshof Karlsruhe - Zu erreichen üb. BGH, Herrenstr. 45a, 7500 Karlsruhe 1 - Geb. 5. Jan. 1934 Oppeln/OS (Vater: Hans H.; Mutter: Gertrud, geb. Neumann), kath., verh. s. 1961 m. Christine, geb. Seeger, 3 Kd. (Peter, Nuschin, Viola) - 1953-56 Jurastud. Univ. Kiel; Refer.ex. 1957 Schleswig, Promot. 1958 Kiel, Ass.ex. 1961 Hamburg, Habil. 1970 Kiel - 1961 Ass. Staatsanwaltsch. Lübeck; 1965 Landgerichtsrat Kiel; 1970 Privatdoz. Kiel; 1973 Richter OLG Schleswig; 1974 apl. Prof. Kiel, s. 1975 Bundesrichter Karlsruhe; 1988 Vors. Richter am BGH - BV: D. Drittschadensliquidation im Wandel d. Rechtsdogmatik, (Habil.-Schr.) 1970; weit. Fachb., zahlr. Fachaufs. - Liebh.: Phil., Politik, klass. Musik, Schach, Skilauf, Tennis, Tanzen - Spr.: Engl., Franz., Latein.

HAGEN, Jens
Schriftsteller - Mainzer Str. 23, 5000 Köln 1 (T. 0221 - 31 28 84) - Geb. 12. März 1944 Steinhöring - Abit.; Stud. Phil., Theaterwiss., German. Univ. Köln (o. Abschl.) - Früher freiberufl. Journalist, Mitarb. v. Ztg., Ztschr., Funk u. FS, heute freiberufl. Schriftsteller, Arbeiten auch f. Funk u. FS, VS-Mitgl. - BV: Was wollt ihr denn, ihr lebt ja noch (m. G. Wallfraff), 1973; D. Tag, an d. Oma wegen Beleidigung d. Nationalmannschaft verhaftet wurde, 1980 u. 85; Manchmal, da packt's dich einfach, 1980; Zeit-Gedichte, 1984; div. Hörspiele, Kriminalhörspiele u.a. Good bye, GI - E. Song für Frank (m. G. Wollschon), 1975; Brunx, 1983; Siebenrübens neuer Fall, 1984; Tarzan wird naß (m. G. Wollschon), 1985; Wegelagerer, 1987; D. Belohnung, 1990; Total real, 1990; Fernsehdrehbücher - 1980 Förderstip. f. Literatur d. Stadt Köln, u. 1990 (f. Hörspiel d. Monats) - Liebh.: Bild. Kunst, Spaziergehen - Spr.: Engl.

HAGEN, Jochen
Pharma-Kaufmann, Geschäftsführender Gesellschafter - Wilhelmstr. 38, 4500 Osnabrück (T. 0541 - 6 72 54) - Geb. 29. Aug. 1934, ev., verh. s. 1958 m. Gisela, geb. Stemmann, 2 Söhne (Thomas, Klaus-Sönke) - Ratsgymn.; Höh. Handelssch.; Lehre; Volont. in Österr. - Liebh.: Reitsport, Segelsport.

HAGEN, Karl
Dr. rer. pol., Dipl.-Kfm., Prof. f. Revision u. Treuhandwesen GH Siegen - Goerdelerstr. 7, 5900 Siegen 1.

HAGEN, Kurt
Dr. rer. pol., Vorstandsmitglied Schwäb. Zellstoff AG., Ehingen - Am Ramminger 9, 7930 Ehingen/D. - Geb. 17. April 1924.

HAGEN, Manfred
Dr. phil., Univ.-Prof. f. neuere u. russ. Gesch. Univ. Göttingen - Albert-Einstein-Str. 11, 3400 Göttingen (T. 0551 - 5 85 11) - Geb. 2. April 1934 Dresden, ev., verh. s. 1961 m. Dr. Brigitte, geb. Leonhardi - Stud. Univ. Halle u. Göttingen; Staatsex. 1959 u. 1961; Promot. 1962 Göttingen; Habil. 1980 - 1959-68 Gymnasien, s. 1968 im Hochschuldst., Beteiligung an vielen Versuchen d. Schul- u. Hochschulreform - BV: D. Entfaltung polit. Öffentlichkeit in Rußland 1906-1914, 1982; Film-, Foto- u. Tonquellen z. 17. Juni 1953 in Berlin, 1992. Spez. Arbeitsgeb.: Vorbolschewist. Rußland, Dtschl. n. 1945, Filmquellenedition - Liebh.: Musik, Fotografie - Spr.: Engl., Russ.

HAGEN, Peter
Dipl.-Ing., Prof. f. Schiffs- u. Meerestechnik GH Duisburg - Ludwig-Richter-Ring 88, 4130 Moers 1.

HAGEN, Ulrich
Dr. rer. nat., Dr. med., em. Prof. f. Strahlenbiologie Univ. München - Karwinskistr. 64, 8000 München 60 (T. 8 11 64 20) - Geb. 21. Febr. 1925 - S. 1961 (Habil.) Lehrtätigk. Univ. Freiburg, Karlsruhe u. München (1968 apl. Prof., 1983 Hon.-Prof.), 1979-90 Dir. Inst. f. Strahlenbiologie, GSF-Forschungszentrum, Neuherberg. Üb. 170 wiss. Veröff.

HAGEN-GROLL, Walter
O. Prof. Hochsch. Mozarteum, Chordirektor d. Salzburger Festspiele (1965-88) - Mirabellplatz 1, A-5020 Salzburg - Geb. 15. April 1927 Chemnitz/Sa. (Vater: Alfred H.-G., Apotheker; Mutter: Margarete, geb. Wenzel), ev., verh. s. 1952 m. Renate, geb. Offenhäußer, 2 Töcht. (Bettina, Regine) - Oberrealsch. Chemnitz; Klavier- u. Orgelunterr. Eugen Richter (Organistenzeugnis Ev. Landeskirche Sachsen); 1947-52 Musikhochsch. Stuttgart (Musiklehrer- u. Dirigentendiplom) - 1952-57 Solorepetitor u. stv. Chordir. Württ. Staatsoper Stuttgart; 1957-61 Chordir. u. Kapellm. Städt. Bühnen Heidelberg; 1961-84 Chordir. Dt. Oper Berlin; 1984-86 Chordir. Wiener Staatsoper; 1971-75 künstler. Leit. New. Philharmonia Chorus, London; Schöpfer Berliner Chorstil. Schallpl. - BV: D. Jahreszeiten von Haydn; Praxis d. Chorprobe, 1975 - 1966 Dt. Kritikerpreis; 1975 Titel: Prof.; 1976 Nomin.: Grammy; 1980 BVK; 1981 Gold. Verdienstz. Land Salzburg; 1984 BVK I. Kl. - Liebh.: Literatur - Spr.: Engl., Franz., Ital.

HAGENAU, Heinz
Kammersänger, Opernsänger Oper Frankfurt - Staufenstr. 24, 6239 Eppstein/Ts. - Geb. 22. Juli 1929 Hamburg, ev., verh. s. 1953 m. Lisa, geb. Krönert, 2 Kd. (Margrit, Rudolf) - Maurerlehre Hamburg, gleichz. Gesangsstud. (b. 1956) - Ab 1956 Opernsänger in Hamburg, Flensburg, Lübeck, Mainz, s. 1963 Frankfurt. S. 1965 Landesvors. Genoss. Dt. Bühnen-Angehör. (GDBA) f. Hessen-Rhein-Pfalz-Saarl.; 1977-85 Stadtverordn. Heusenstamm; VR- u AR-Mand. SPD - Partien: Alle gr. seriösen Spielbaßpartien, u.a. Frankfurt, München, Hamburg, Berlin, Mannheim, London, Wien, Barcelona, Buenos Aires, Amsterdam, Parma, Bologna, Venedig, Athen, Nizza - 1963 Richard-Wagner-Med.; 1979 BVK; Gr. Gold. Ehrenzeichen GDBA - Interessen: Ges.- u. Sozialpolitik, Musik, Malen - Spr.: Engl.

HAGENBÜCHLE, Roland
Dr. phil. habil., Prof. f. Amerikanistik Kath. Univ. Eichstätt - Clara-Staiger-Str. 73b, 8078 Eichstätt - Geb. 13. Okt. 1932 Homburg/Schweiz (Vater: Ferdinand H., Obergerichtspräs. Kanton Thurgau), kath., verh. s. 1964 m. Dr. phil. Helen, geb. Imfeld - Univ. Zürich, Cambridge u. Yale; Promot. 1967, Habil. 1975 (bd. Univ. Zürich) - 1974 Gastprof. Univ. Göttingen, 1975 FU Berlin, 1976 Univ. Bern, 1976-80 Wiss. Rat u. Prof. Univ.-Gesamthochsch. Wuppertal, 1980ff. Kath. Univ. Eichstätt - BV: Sündenfall u. Wahlfreiheit in Miltons Paradise Lost, 1967; Emily Dickinson: Wagnis d. Selbstbegeg., Habil.-Schr. 1975, 1987. Herausg.: Poetic Knowledge: Circumference and Centre (1980; m. Joseph T. Swann); American Transcendentalism: in Amerikastudien/American Studies, 28, no. 1, (1983; m. Herwig Friedl); American Poetry between Tradition and Modernism: 1865-1914 (1984); Poetry and Epistemology: Turning Points in the History of Poetic Knowledge (1986; m. Laura Skandera); Poetry and the Fine Arts (1989; m. Jacqueline S. Ollier); Phänomenologie d. Paradoxen (1992; m. Paul Geyer). Zahlr. Publ. in dt., schweiz., österr., poln., u. amerik. Sammelbänden, Zeitschr. u. Zeitungen - Liebh.: Musik, Bergwanderungen - Spr.: Engl., Franz., Ital.

HAGENER, Caesar
Dr. phil., o. Prof. f. Erziehungswissenschaft (Didaktik, Geschichte u. Politik) Univ. Hamburg (Fachbereich Erziehungswiss.) - Stockflethweg 126, 2000 Hamburg 62 (T. 527 05 93) - Zul. Päd. Inst. Univ. Hamburg.

HAGENI, Alfred
Schriftsteller - Katzenpfuhl 10, 6750 Kaiserslautern 27 - Geb. 8. Febr. 1917, kath., verh. m. Gertrud, geb. Wagner - Stud. German. Univ. München - BV: Alles f. Schneeblume; D. Paxton-Boys; Ich will nach Indien - Christoph Columbus; Herren üb. Wind u. Meer; Segel am Horizont; Karavellen Kurs West; Zauber d. Ferne; Gefangen im Dschungel; Gefährliche Fracht; D. Raub d. China-

baumes; Aufstand am Rio Negro; Im Namen d. Menschlichk.; In Kanadas Wildnis; D. Riesenadler; u.a., alle 1955-88 - Ausz. durch d. Dt. Akad. f. Kinder- u. Jugendlit. - Spr.: Engl. Franz.

HAGENLOCHER, Horst
Dr. med. vet., Tierarzt, Präsident Europ. Union (Brüssel), Bundesverb. prakt. Tierärzte, Frankfurt u. Europ. Tierärzteföderation - 7241 Eutingen/Württ. - Geb. 12. April 1924 - Versch. EG-Aussch. Chefredakt. Ztschr. D. prakt. Tierarzt - Zahlr. Veröff. - Gr. BVK.

HAGENMAIER, Hanspaul
Ph. D., Prof., Chemiker - Liegnitzer Str. 8, 7400 Tübingen 1 - Geb. 31. Dez. 1934 Geislingen/Steige - Promot. 1965 New York (Cornell); Habil. 1969 Tübingen - S. 1973 apl. Prof. u. Wiss. Rat u. Prof. Univ. Tübingen. Üb. 50 Facharb.

HAGENMÜLLER, Karl-Friedrich

Dr. rer. pol., Prof. - Hardtbergweg 9, 6240 Königstein - Geb. 9. Jan. 1917 Naila/Oberfr. - 1936 Abitur, n. Wehr- u. Kriegsdienst (b. 1945) Stud. Betriebswirtschaftsl. Univ. München, 1947 Dipl.-Kfm., 1948 Promot., 1950 Habil - 1952 ao. Prof., 1953 o. Prof. u. Dir. Seminar f. Bankbetriebslehre, Univ., Dir. Inst. f. Genossenschaftswesen, Dir. Forschungsinst. f. Handwerkswirtsch., alle Frankfurt/M.; 1966 Honorarprof. Univ. Frankfurt/M. 1959-60 Dresdner Bank AG, Düsseldorf, 1964-65 Dresdner Bank AG, Frankfurt, 1966 stv. Vorst.-Mitgl. Dresdner Bank AG, Frankfurt/M., 1967-82 o. Vorst.-Mitgl., Gesellsch. u. Beiratsvors. MERO Dr. Ing. Max Mengeringhausen KG f. Plan. u. Entwickl., Würzburg, Beiratsvors. MERO-Werke, Würzburg, Gesellsch. u. Beiratsvors. AL Aviation Leasing GmbH, Düsseldorf; AR-Vors. Curator Internationale Revisions- u. Treuhand AG, Ffm.; AR-Vors. Wünsche AG, Hamburg, Nord-Finanz-Bank AG, Bremen, NF Leasing GmbH, Bremen; VR-Vors. AML-Leasing GmbH, Hamburg - BV: D. Bankbetrieb (3 Bde.), Bankbetriebslehre i. programmierter Form, Leasing-Handbuch, Der Bankbetrieb (Hagenmüller/Diepen) - 1982 Ehrenplak. d. IHK Frankfurt/M.; 1989 BVK I. Kl.; Bayer. VO - Liebh.: Jagd, Bergsteigen, Musik - Spr.: Engl. - Lit.: D. Bankbetrieb zw. Theorie u. Praxis, Festschr. z. 60. Geburtstag. (Herausg.: Prof. Dr. Süchting).

HAGER, Achim
Dr. rer. nat., o. Prof. f. Allg. Botanik u. Pflanzenphysiologie - Auf d. Morgenstelle 1 (Inst. f. Biol. I), 7400 Tübingen - Geb. 9. März 1928 Naila, ev., verh. s. 1969 m. Bärbel, geb. Bauer, 2 Kd. (Ulrike, Martin) - Stud. Biol. Chemie, Geogr. Promot. (1956) u. Habil. (1962) München - S. 1962 Lehrtätigk. Univ. München (1969 apl. Prof.), Münster (1970 Ord., Dir. Botan. Inst. u. Bot. Garten) u. Tübingen (s. 1975). Zahlr. Veröff. üb. Pflanzenphysiol. u. Biochemie.

HAGER, Christof
I. Bürgermeister (s. 1978) - Rathaus, 8671 Weißenstadt/Ofr. - Geb. 25. Nov. 1920 Weißenstadt - Betriebsleiter.

HAGER, Erich Dieter

Dr. med., Dr. rer. nat., Dipl.-Phys., Chefarzt BioMed-Klinik - Tischberger Str. 5 + 8, 6748 Bad Bergzabern (T. 06343 - 7 05-0); priv.: Hauptstr. 13, 6749 Lauterschwan - Geb. 15. Jan. 1947 Karlsruhe (Vater: Ewald H., Goldschmied; Mutter: Elfriede, geb. Kunzmann), ev., verh. s. 1970 m. Anita, geb. Hager, 3 Kd. (Marsha, Jonas, Simon) - 1967-74 Stud. Physik TU Berlin (Dipl. 1974; Promot. 1977 in Biol.); 1974-80 Stud. Med. FU Berlin, Univ. Göttingen u. Oxford (Promot. in Medizin 1980) - 1980-87 Dir. med.-wiss. Abt., Prokurist Fa. Cytobiol. Lab.; Chefarzt Fachklinik f. angew. Immunol. u. Biomed. Vizepräs. Ges. f. Biol. Krebsabwehr; stv. Vors. Dt. Ges. f. Onkol.; Vors. Kooperation Organotherapeutika - BV: Handb. d. Organotherapie, 1983; Biomodulation u. Biotherapie d. Krebses, 1986, 87 (Bd. I, II); Thymusforsch. u. Thymustherapie, 1986; Hauptschriftleit. Dt. Ztschr. f. Onkologie - Liebh.: Segeln, Ski - Spr.: Engl., Franz.

HAGER, Günter

Dr. med., Univ.-Prof. f. Augenheilkunde - Wendersstr. 9, 4000 Düsseldorf 30 - Geb. 24. Nov. 1923 Pretzier/Altm. (Vater: Johannes H., Mühlenbes.; Mutter: Emma, geb. Ramm), ev., verh. s. 1964 m. Dr. med. Barbara, geb. Mehlan, 2 Kd. (Annette, Günter Dirk) - Jahn-Gymn. Salzwedel; Univ. Berlin, Würzburg, Rostock (Med. Staatsex. u. Promot. 1950) - S. 1958 (Habil.) Lehrtätigk. Univ. Rostock (Oberarzt; 1963 Prof.), Berlin (1966 Ord. u. Dir. Augenklin./ Charité), Bochum (1980 Ord. u. Lehrstuhlinh.). Üb. 120 Fachveröff., darunt.: Axenfeld-Pau Lehrb. u. Atlas d. Augenheilkd. (12. A. 1980 u. 13. A. 1992), H. J. Küchle Aktuelle Ophthalmol. (1976); E. Fritze D. ärztl. Begutachtung (1982, 3. neubearb. A. 1991), E. Fritze/ H. Viefhues D. ärztl. Gutachten (1984) - Spr.: Engl. Franz.

HAGER, Günter
Dr. jur., o. Prof. f. Bürgerliches Recht, Handelsrecht, Rechtsvergleichung u. Intern. Privatrecht, Gf. Direktor Inst. f. Privatrechtsvergleichung Univ. Marburg - Friedrich-Naumann-Str. 19, 3550 Marburg (T. 06421 - 1 21 15) - Geb. 16. Sept. 1943 Abtsee b. Laufen/Oberbay., ev., verh. s. 1988 m. Bettina, geb. Kolberg, S. Philipp - Stud. Rechtswiss. Univ. Münche u. Freiburg; 1. jurist. Staatsex. 1968 Freiburg, 2. jurist. Staatsex. 1979 Stuttgart; Promot. 1974 Univ. Freiburg, Habil. 1978 Univ. Freiburg - 1985/86 Dekan FB Rechtswiss. Univ. Marburg. Arb.geb.: Schuldrecht, insb. Vertrags- u. Haftungsrecht (Umwelt-, Produkthaftung) sow. Intern. Privatrecht - BV: D. Rechtsbehelfe d. Verkäufers wegen Nichtabnahme d. Ware nach amerik., dt. u. Haager Einheitlichem Kaufrecht, 1975; D. Gefahrtragung b. Kauf - E. rechtsvergleichende Untersuchung, 1982.

HAGER, Heinz
Oberstadtdirektor - Ruhrstr. 32, 4330 Mülheim/Ruhr; priv.: Sternstr. 36 - Geb. 21. Febr. 1927 - ARsmand. (Vors.).

HAGER, Horst
Sozialarbeiter, MdL Schlesw.-Holstein (s. 1975) - Aschhooptwiete 25, 2080 Pinneberg - Geb. 9. Jan. 1933 Heidelberg, verh., 4 Kd. - Volkssch.; Tischlerlehre; 2. Bildungsweg z. Sozialarb. Staatsex. 1958 - 3 J. Tischler; gegenw. Leit. Heilpäd. Kinderheim d. Arbeiterwohlfahrt Pinneberg. 1966 ff. Ratsherr Pinneberg; 1971 ff. MdK Pinneberg. SPD s. 1953 (1965 ff. Vors. Ortsverein; 1974 ff. stv. Kreisvors.).

HAGER, Josef
Verbandspräsident i. R. - Ensheimer Str. 147, 6670 St. Ingbert - Geb. 15. Juni 1916 - U. a. Landrat Kr. St. Ingbert; zul. Vors. Sparkassen- u. Giroverb. Saar, VR-Vors. Landesbank Saar Girozentrale (b. 1981).

HAGER, Leopold
Generalmusikdirektor, Leit. Mozarteum-Orchester (s. 1968). Ab 1981 Chefdirigent Radio Luxemburg - Mozarteum, Salzburg (Österr.) - Geb. 1935 - 1965-69 GMD Freiburg/Br. Gastdirig. Staatsoper Wien u. München.

HAGER, Thorolf
Dr. med., Dr. med. habil., Prof., Chirurg, Chefarzt allgemeinchir. Abt. Kreiskrankenhaus Kronach - Friesener Str. 41, 8640 Kronach - Geb. 8. Dez. 1942, kath., verh., 2 Töcht. (Alexandra, Helen) - Abit.; Stud. Univ. Erlangen; med. Staatsex. u. Promot. 1971, Habil. 1982 - Mitgl. Dt. Ges. f. Chir., Dt. Ges. f. Endoskopie, Amerikan. Ges. f. Dickdarmchir., Pan American medical Assoc., Intern. Ges. Univ.-Dickdarmchirurgen. Mehrere Buchveröff. u. Originalarb. üb. Erkrank. d. Dickdarms u. Krebschir. - Liebh.: Flugsport - Spr.: Engl., Franz.

HAGIN, Karl Heinz
Dr. phil., Schriftsteller, ehem. Abteilungsleiter f. Kulturpolitik b. DGB-Bundesvorstand, Leot. Recklinghausen (b. 1976) - Clarenbachstr. 6, 4040 Neuss (T. 02101 - 54 27 55) - Geb. 25. Nov. 1914 Magdeburg (Vater: Karl H., Opernsänger; Mutter: Viktoria, geb. Bradbury), ev., verh. s. 1946 m. Ruth, geb. Feller, S. Karl-Heinz - Realgymn. Liegnitz; Univ. Breslau u. Berlin. Staatsex. (1939) u. Promot. (1940) Berlin - 1935-40 Schausp., Dramat., Regiss. Liegnitz, Breslau, Berlin, Frontbühnen; 1940-45 Soldat; 1945-49 Studienrat; s. 1949 Tätigk. DGB (Kreis Miltenberg, 1951 Kr. Nürnberg, 1966 Bundesvorst.; 1966-76 Leit. Ruhrfestsp. Recklinghausen. Spez. Arbeitsgeb.: Theater, Lit.- Medien - 1976 BVK I. Kl. - Liebh.: Musik, Sport (Jugendschwimmeister) - Spr.: Engl., Franz. - Bek. Vorf.: Heinrich H., Regiss. u. Theaterdir.; Charles Bradbury, Artist.

HAGMANN, Reinhard
Dr., Journalist, Vors. Landesverb. d. Haus- u. Grundeigentümer v. Rheinland-Pfalz - Zu erreichen üb.: Lütticher Str. 1-3, 5000 Köln 1.

HAGMÜLLER, Peter
Dr. phil., Dipl.-Hdl., Univ.-Prof. Univ. Hohenheim - Albert-ten-Brink-Str. 24, 7703 Rielasingen 1 - Geb. 13. Nov. 1942 Berlin (Vater: August-Wilhelm H., Wirtschaftsprüfer; Mutter: Anita, geb. Schleyen), verh. m. Ingeborg, geb. Scheerer, 2 Kd. (Holger, Helen) - Univ. Mannheim u. London (Wirtschaftswiss., Erziehungswiss., Angl.); Dipl.-Hdl. 1968, Promot. 1972) - 1968-70 wiss. Assist. PH Freiburg; 1970-73 Akad. Oberrat Schuldez. Stadt Mannheim; 1973-74 Doz. u. Prof. PH Heidelberg; 1974-88 Prof. Berufspäd. Hochsch. Esslingen; s. 1988 Univ.-Prof. Univ. Hohenheim; Lehrbeauftr. Univ. Düsseldorf (1972/73) u. Univ. Konstanz (1973/74) - BV: Versuchsbegleitende Forsch. an Gesamtsch., 1973; Berufsreife: Merkmale u. Instrumente z. ihrer Unters., 1975; Empir. Forschungsmeth., 1979; Einf. in d. Unterrichtsvorb., 1980; Erziehungsziele heute, 1983; Meth. u. Techniken d. Lernens, 1985; Gruenschnabels Umweltallerlei, 1990 - Spr.: Engl., Franz., Ital.

HAGN, Herbert

Dr. rer. nat., Prof., Geologe u. Paläontologe - Försterweg 1, 8034 Germering (T. 089 - 84 38 27) - Geb. 9. Juni 1927 München (Vater: Hans H., Feinmech.Mstr., Mutter: Anny, geb. Angerer), r.-kath., verh. s. 1957 m. Emmy, geb. Mayer, 3 Kd. (Hans, Barbara, Irmengard) - Univ. München, Dipl.-Geologe 1950, Dr. rer. nat. u. Promot. 1952, Habil. 1955 - S. 1962 apl. Prof. Univ. München - BV: Fazies u. Mikrofauna d. Gesteine d. Bayer. Alpen, Leiden 1955; Altbayer. Töpfer. Keramikfunde v. 15. b. 19. Jh. Prähist. Staatssamml. München, 1990; Siegsdorf im Chiemgau. Erdgeschichte u. Urwelt (zus. m. R. Darga u. R. Schmid), 1992. üb. 158 Publ., vor allem Alpengeologie, Mikropaläontologie u. Keramik - 1991 Anerkennungspreis d. Bayer. Volksstiftg. f. Keramikforsch.; 1992 Ehrenmed. d. Gemeinde Siegsdorf - Liebh.: Volkskunde, Keramik, alte Bücher - Spr.: Kenntn. in Engl., Ital., Russ.

HAHL, Willy
Dr., Dipl.-Kfm., Vorsitzender d. Geschäftsfg. Fürstliche Brauerei Thurn u. Taxis Regensburg GmbH, Fürstliche Brauerei Thurn u. Taxis Schierling - Regerstr. 4, 8400 Regensburg - Geb. 20. März 1930.

HAHLBROCK, Karl-Heinz
Dr. med., Prof., Hals-Nasen-Ohren-Arzt

Koblenz - Rheinau 6, 5400 Koblenz-Oberwerth (T. 3 33 13) - Geb. 1917 Hameln/Weser, ev., verh. m. Ruth, geb. Alfes, 2 Kd. - Univ. Freiburg/Br., München, Bonn, Göttingen. Med. Staatsex. 1944; Habil. 1956 - S. 1956 Privatdoz. u. apl. Prof. (1962) Univ. Freiburg. Mitgl. Dt. Audiol. Arbeitsgem. u. Intern. Audiol. Ges. - BV: Sprachaudiometrie, 1957 u. 1970. Zahlr. Einzelarb. - 1965 Haymann-Preis Ges. Dt. HNOärzte, 1979 gold. Ehrennadel Dt. Grünes Kreuz. 1980 Alexander Graham-Bell-Med. Fördergem. Gutes Hören.

HAHLWEG, Dietmar

Dr., Oberbürgermeister - Bogenweg 4, 8520 Erlangen - Geb. 31. Dez. 1934 Jagdschütz/Schles. - AR-Vors. Gemeinn. Wohnungsbauges. Stadt Erlangen, u. Erlanger Stadtwerke AG; Vors. Verein Naherholungsgeb. um Erlangen, Umweltausschutz b. Dt. Städtetag u. Wirtschafts- u. Verkehrsaussch. b. Bayer. Städtetag, derz. Vors. Planungsverb. d. Industrieregion Mittelfranken.

HAHMANN, Paul F.

Dipl.-Volksw., Geschäftsführer Glaswerk Schuller GmbH. - Faserweg 1, 6890 Wertheim/M.; priv.: Untere Leberklinge 24 - Geb. 8. März 1938.

HAHN, Alois

Dr. phil., Prof. f. Soziologie Univ. Trier (s. 1974) - Wintersdorfer Berg 1, 5501 Ralingen - Geb. 1941 - Stud. Freiburg u. Frankfurt (Soziol., Ethnol., Philos., Nationalökonomie); Promot. 1967 Frankfurt; Habil. 1973 Tübingen - 1967-71 Wiss. Assist. f. Soziologie; dan. Doz. u. Prof. f. Soziol. u. Politik PH Esslingen; s. 1974 Prof. Univ. Trier. Arbeitsschwerp.: Familien-, Religions- u. Kultursoziol. - 1987 Dir. d'Etudes assoc. Ecole Pratique d. Hautes Etudes Paris, 1987/88 Dir. d'Edtudes assoc. Ecole des Hautes etudes en Sciences Soc. Paris - BV: Einstellungen z. Tod u. ihre soz. Bedingheit (m. H. Braun), 1968; Wiss. v. d. Ges., 1973; Systeme d. Bedeutungswissens - Prolegomena zu e. Soziol. d. Geisteswiss., 1973; Religion u. d. Verlust d Sinngebung, 1974; Soziol. d. Paradiesvorstellungen (m. H.A. Schubert/H. J. Siewert), 1976; Gemeindesoziol., 1979; D. ersten Jahre junger Ehen (m. R. Eckert u. M. Wolf), 1989. Herausg.: Selbstthematisierung u. Selbstzeugnis: Bekenntnis u. Geständnis (1987; m. Hahn/Kapp). Zahlr. Beiträge, u. a. in d. Kölner Ztschr. f. Soziol. u. Sozialpsych.

HAHN, Annely

Schriftstellerin (Ps. Viola Larsen) - Kelterbergstr. 4, 7562 Gernsbach (T. 07224-16 02) - Geb. 14. Febr. 1926, ev., verw., Tochter Jasmin - Gymn., Staatl. Theaterakad. (Schauspiel) - Freiberufl. Roman- u. Funk-Autorin - BV: Unterhaltungsromane, Taschenb., Funk Sketche, Quiz - Liebh.: Reisen, Filmen - Spr.: Franz.

HAHN, Artur

Dr. phil., Wiss. Rat, Prof. f. Theorie d. Werkstoffe u. Bauelemente d. Elektrotechnik Univ. Bochum - Ruhrhöhe 45, 5810 Witten 3.

HAHN, Carl Horst

Dr. rer. pol., Vorstandsvorsitzender Volkswagen AG, Ehrensenator Techn. Univ. Carolo Wilhelmina, Braunschweig - Postfach, 31 80 Wolfsburg 1 - Geb. 1. Juli 1926 Chemnitz/Sa. (Vater: Dr.-Ing. Carl H.), verh. m. Marisa, geb. Traina - AR-Vors. Audi AG, Ingolstadt u. Gerling-Konzern Spez. Kreditversich.-AG, Köln; stv. AR-Vors. Aktienges. f. Industrie u. Verkehrswesen, Frankfurt/M.; AR Gerling-Konzern Allg. Versich.-AG, Köln, GERLING KONZERN Versich.-Beteilig.-AG, Thyssen AG, Dt. Messe- u. Ausst.-AG, Hannover, Commerzbank AG, Wilhelm Karmann GmbH, Osnabrück, Erste Allg. Versich., Wien; Mitgl. Außenwirtschaftsbeirat b. Bundesminist. f. Wirtschaft, Bonn, Intern. Beirat Salk Inst., La Jolla, Calif.; Vorst.-Mitgl. Stifterverb. d. Dt. Wiss.; Kurat.-Mitgl.

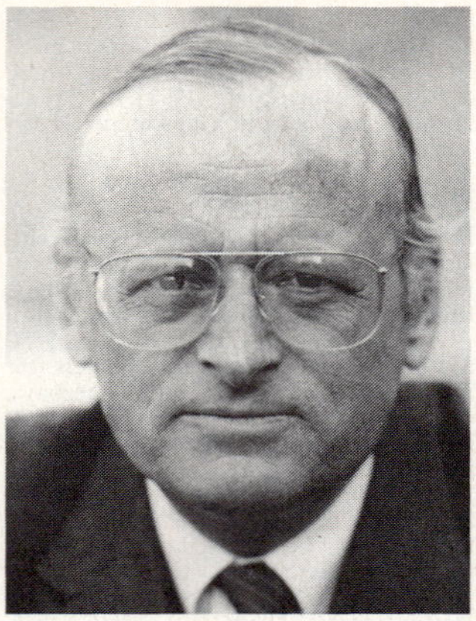

Stiftg. Volkswagenwerk; Mitgl. Präsid. u. Vizepräs. d. VDA u. d. BDI; VR Dt. Automobilges. mbH, Hannover; Mitgl. Board of Dir. CCMC - Comité des Constructeurs d'Automobiles du Marché Commun - 1986 Landesmed. Nieders.; Senator Stiftg. Nieders.; Ehrendoktor rer. pol. Göttingen.

HAHN, Dietger

Dr. rer. pol., o. Prof. f. Betriebswirtschaftslehre Univ. Gießen (s. 1968) - Licher Str. 62, 6300 Gießen (T. 702 51 70) u. TU Berlin, Hardenbergstr. 4-5, 1000 Berlin 12 (T. 31 42 28 46) - Spez. Arbeitsgeb.: Ind.betriebslehre, Unternehmensplan. - BV: Planungs- u. Kontrollrechn., 1985. Herausg.: Strategische Unternehmungsplanung - Strategische Unternehmensführung (1990).

HAHN, Ferdinand

Dr. theol., o. Prof. f. Neues Testament - Schellingstr. 3, 8000 München 40 - Geb. 18. Jan. 1926 Kaiserslautern, ev. - 1947-53 Univ. Mainz, Göttingen, Heidelberg. Promot. (1961) u. Habil. (1963) Heidelberg - S. 1964 Ord. Univ. Kiel, Mainz (1968) u. München (1976) - BV: Christolog. Hoheitstitel, 1963, 4. A. 1974 (engl. 1969); D. Verständnis d. Mission im NT, 1963, 2. A. 1965 (engl. 1965); D. Prozeß Jesu n. d. Johannes-Evangelium - Ev.-kath. Kommentar z. Neuen Testament, 1970 (Zürich); D. urchristl. Gottesdienst, 1970 (ital. 1972, engl. 1973); Mainzer Predigten, 1972; Methodolog. Überleg. z. Rückfrage nach Jesus, 1974; Kirchl. Amt u. ökumen. Verständ., 1975; Einheit d. Kirche u. Kirchengemeinsch. in neutest. Sicht, 1979; Formgesch. d. Evangeliums, 1985; D. Erzähler d. Evangeliums, 1985; Exeget. Beitr. z. ökumen. Gespräch, 1986. Fachaufs. Hrsg.: Krit.-exeget. Kommentar üb. d. NT; Mithrsg.: Wiss. Monogr. z. AT u. NT, Bibl.-Theol. Studien. Div. Fachztschr.

HAHN, Gerhard

Dr. phil., Prof., Lehrstuhlinh. f. Dt. Philologie (Mediävistik) Univ. Regensburg (s. 1974) - Gandershoferstr. 19, 8403 Bad Abbach/Ndb. - Geb. 22. Dez. 1933 Asch/Böhmen - Promot. 1961; Habil. 1971 - BV: u. a. D. Einheit d. Ackermann aus Böhmen, 1963; Martin Luther - D. geistl. Lieder, 1967; Evangelium als lit. Anweisung, 1981; Walther von d. Vogelweide, 1986.

HAHN, Gerhard

Dr. rer. nat., Prof. f. Paläontologie Univ. Marburg - Berliner Str. 31, 3576 Rauschenberg - Geb. 28. Jan. 1933, verh. s. 1960 m. Dr. rer. nat. Renate, geb. Kardell, Paläontologin - Dipl. 1959; Promot. 1962; Habil. 1965 - S. 1962 Assist. f. Geol. u. Paläontol. FU Berlin; 1969 apl. Prof., 1969 Wiss. Rat u. Prof., 1971 ao. Prof. FU Berlin; 1973 o. Prof. f. Paläontol. Univ. Marburg - S. 1979 Mitgl. Intern. Kommiss. f. Zoolog. Nomenklatur; Mitgl. d. dt. Subkommiss. f. Karbonstratigraphie. Mithrsg.: Geologica et Palaeontologica (s. 1981). Hauptarbeitsgeb.: Karbon- u. Permtrilobiten, Mesozoische Säugetiere - S. 1988 korr. Mitgl. d. Senckenberg. Naturforsch. Ges.

HAHN, Hans Georg

Dr. rer. nat. habil., o. Prof. f. Techn. Mechanik Univ. Kaiserslautern - An d. Sommerhalde 30, 6750 Kaiserslautern 27 - Geb. 5. Aug. 1929 Augsburg - Lehrtätigk. TU München - BV: Meth. d. finiten Elemente in d. Festigkeitslehre, 1975, 2. A. 1982; Bruchmechanik, 1976; Elastizitätstheorie, 1985; Techn. Mechanik, 1990.

HAHN, Hans Hermann

Dr., Dipl.-Ing., o. Prof. u. Institutsdirektor Univ. Karlsruhe (s. 1969) - Kastellstr. 12, 7500 Karlsruhe (T. 4 17 55) - Geb. 2. Aug. 1940 Immenstadt (Vater: Rudolf H., Offz. †; Mutter: Brigitte, geb. Hosemann), ev., verh. s. 1974 m. Nancy, geb. Wilde, 2 S. (Hans Hermann jr., Christopher Samuel Field) - Stud. TH München u. Harvard Univ. (M. S. 1965, Ph. D. 1968) - 1968-69 Lecturer Harvard. In- u. ausl. Fachmitgliedsch. - BV: Anwendung d. Operations Res. in d. Siedlungswasserwirtsch., Bd. I u. II 1972/74; Umweltschutz i. Wasserbau, 1976; Wasserversorgung und Abwasserableitung in Entwicklungsländern, 1982 - Gordon McKay Fellowship (Harvard) Hon.Mb. of Delta Omega - Liebh.: Ski, Jagd- u. Geländeritt, Hausmusik - Spr.: Engl., Franz.

HAHN, Hans-Otto

Pfarrer, Direktor Diakonisches Werk d. EKD/Brot f. d. Welt - Stafflenbergstr. 76, 7000 Stuttgart 1 (T. 0711 - 21 59-0) - 1984 Ehrendoktor Thiel College Greenville (USA), u. 1992 Acad. of Ecumenical Indian Theology, Madras; 1988 BVK I. Kl.

HAHN, Harro H.

Dr. rer. nat., Prof. f. Theoret. Physik TU Braunschweig (s. 1969) - Voßstr. 34, 3000 Hannover - Geb. 2. Aug. 1932 Mülheim/Ruhr - Stud. Univ. Göttingen u. Vancouver; B. C.; Promot. u. Habil. RWTH Aachen - 1957-69 Wiss. Mitarb. KFA Jülich; 1967/68 Oak Ridge National Lab., USA; 1980/81 C.E.N. Saclay, Frankr. - Fachveröff. zu Theorie kondensierter Materie, Computational Physics - Liebh.: Musik, Sprachen.

HAHN, Harry

Dr.-Ing., o. Prof. f. Anorgan. u. Analyt. Chemie (s. 1980 emerit.) - Brunnenwiesen 64, 7000 Stuttgart 75 - Geb. 30. Jan. 1915 Lodz/Polen (Vater: Emil H., Mutter: Elfriede, geb. Klehr), ev., verh. s. 1946 m. Hildegunde, geb. Hösl, 3 Kd. (Adelheid, Klaus, Susanne) - Dt. Gymn. Lodz; TH Danzig (Chemie; Promot. 1939). Habil. 1945 Heidelberg - 1946 Privatdoz. Univ. Heidelberg, 1952 apl. Prof. Univ. Kiel, 1957 Wiss. Rat, 1959 ao. Prof. Univ. Würzburg, 1963 o. Prof. LH, j. Univ. Hohenheim (Inst. f. Chemie; Oberleit. Landesanst. f. landw. Chemie. 1964 Honorarprof. TH, jetzt Univ. Stuttgart. Üb. 100 Fachveröff. - Spr.: Poln., Russ., Engl.

HAHN, Heinz W.

Dr.-Ing., Deputy Chairman IVECO, Executive Vice President IVECO (s. 1981) - Schillerstr. 2, 7900 Ulm; priv.: Ginsterweg 31, 7910 Neu-Ulm/Pfuhl - Geb. 13. Febr. 1929 - TH Darmstadt u. Karlsruhe - 1961-69 Chefkonstrukteur Hanomag-Henschel, Hannover; 1970-74 Vorst.-Mitgl. Klöckner-Humboldt-Deutz AG., Köln; 1975-81Vorst.-Vors. Magirus Deutz AG, Mitgl. gf. Aussch. IVECO.

HAHN, Hellmuth

Dr., Ehrensenator d. Univ. Tübingen, Erster Dir. Landesversicherungsanst. Württ. a. D. - Zeppelinstr. 20, 7056 Weinstadt - Geb. 23. Sept. 1922 Weinstadt - Stud. d. Rechts-, Volks- u. Betriebswirtschaft.

HAHN, Helmut

Dr., em. o. Prof. f. Sozial- u. Wirtschaftsgeographie - Universität, 5300 Bonn - Geb. 15. Sept. 1921 Boppard/Rh. - S. 1956 (Habil.) Privatdoz., ao. (1961) u. o. Prof. (1965); Univ. Bonn - BV: D. dt. Weinbaugebiete, 1956; D. Erholungsgebiete d. Bundesrep., 1958; D. Stadt Kabul, 2 Bde. 1964/65; Hist. Wirtschaftskarte d. Rheinl. um 1820, 1973; Sozialökonomische Struktur u. Wahlverhalten in Essen, 1985.

HAHN, Helmut

Dr. med., o. Prof. f. Medizin. Mikrobiologie FU Berlin - Tietzenweg 78, 1000 Berlin 45 - Zul. Wiss. Rat u. Prof. Ruhr-Univ. Bochum.

HAHN, Hugo J.

Dr. iur., Dr. iur. h. c., o. Prof. f. Staats- u. Völkerrecht Univ. Würzburg (s. 1974) - Frankenstr. 63, 8700 Würzburg 1 (T. 0931 - 28 42 86) - Geb. 15. Jan. 1927 Dieburg (Vater: Heinrich H., Studienrat; Mutter: Anna, geb. Ott), kath., verh. s. 1956 m. Waltraud, geb. Jaeger, 2 Kd. (Hildegard, Hanns Michael) - Jurastud. Univ. Frankfurt, Harvard, Paris; I. u. II. Staatsex. 1950 u. 1956 Frankfurt; Promot. 1952 (LL.M.) Harvard; Habil. 1965 Mainz - 1950-51 Max-Planck-Inst. f. ausl. öfftl. u. Völkerrecht Heidelberg, 1953-56 Justitiar Dt.-Amerik. Wirtsch.verb. Frankfurt, 1956-58 Bundesmin. f. Atomfragen (u. a. Mitgl. dt. Deleg. f. Gründung v. EWG u. Euratom), 1958-68 Justit. OEEC u. OECD, Paris, 1969-74 o. Prof. Univ. Linz; 1963 Gastprof. Acad. de Droit Intern., Den Haag, u. 1971 Soc. Franc. pour le Droit Intern., Orléans. Mitgl. Aussch. f. Geldrecht d. Intern. Law Assoc. (s. 1963), 1973ff. Vors.; Mitgl. Soc, Franc. p. le Droit Intern., Harvard Law School Assoc., Harvard L. S. Assoc. of Europe; 1976ff. Vors. Dommusikverein Würzburg - BV: Rechtsfragen d. Diskontsatzfestsetzung, 1966; D. Geld im Recht d. parlament. Diplomatie, 1970; D. Währungsrecht d. Eurodevisen, 1973; D. OECD, 1976; Funktionenteilung im Verfassungsrecht Europäischer Organisationen, 1977; Aufwertung u. Abwertung im Internat. Recht, 1979; Bardepot u. Währungsrecht, 1980; Währungsrecht u. Gestaltwandel d. Geldes, 1981; D. Dt. Bundesbank im Verfassungsrecht, 1982. Herausg.: Währungsordnung u. Konjunkturpolitik (1977); Banken u. Bankengr. (1980); Institutionen d. Währungswesens (1983); D. Geld im Recht (1986); Geldverfassung u. Ordnungspolitik (1989); Währungsrecht (1990); Verwaltungsrecht (Fallsammlung) (1992) - 1982 BVK I. Kl.; 1984 Officier d. Palmes Académiques (Frankr.); 1987 Dr. iur. h. c. (Univ. Caen) - Spr.: Engl., Franz., Ital., Span.

HAHN, Jörg-Uwe

Rechtsanwalt, stv. Fraktionsvorsitzender FDP Landtag Hessen (s. 1989) - Weitzesweg 2a, 6368 Bad Vilbel 4 - Geb. 21. Sept. 1956 Kassel, verh., 2 Kd. - 1975 Abit.; Stud. Rechtswiss. Frankfurt/M., 1980 1. jur. Staatsex., 1983 2. jur. Staatsex. - 1983 Rechtsanw. Frankf./M. - 1987 MdL Hessen.

HAHN, Karl

Dr. phil., o. Prof. f. Politikwiss. Westf. Wilh.-Univ. Münster (s. 1988) - Im Drostebusch 6 D, 4400 Münster - Geb. 2. Nov. 1937 Zipplingen/Württ. (Vater: Karl H., Landw.; Mutter: Emilie, geb. Götz), kath., verh. s. 1971 m. Doris, geb. Kaulmann, 3 Töcht. (Felicitas, Alexandra, Cornelia) - Stud. d. Politikwiss., Gesch., Phil., Päd. Univ. Tübingen, München, Berlin (Freie); Promot. 1968 München; Habil. 1974 Aachen - Zun. Lehrer u. Assist., s. 1974 Doz. u. Prof. RWTH Aachen - BV: Staat, Erziehung u. Wiss. b. J. G. Fichte, 1969; Föderalismus. D. demokr. Alternative (Unters. zu P.-J.-Proudhon), 1975 - Spr.: Franz.

HAHN, Klaus

Dr. med., Prof., Direktor Klinik f. Nuklearmedizin Univ. Mainz - Lion-Feuchtwanger-Str. 59, 6500 Mainz 42 - Geb. 25. Aug. 1940 München (Vater: Georg H., Ingenieur; Mutter: Charlotte, geb. Weberbauer), kath., verh. s. 1969 (Ehefr.: Maria), 2 Kd. (Christoph, Ulrike) - 1961-66 Univ. Freiburg u. München. Med. Staatsex. 1966; Approb. 1969. Promot. 1966; Habil. 1975 - 1973 Oberarzt Univ. Mainz (1976 Wiss. Rat u. Prof.); s. 1983 C4-Prof. - BV: Pädiatr. Nuklearmed., Bd. I 1979, Bd. II 1980, Bd. III. 1985, Bd. IV 1987; Nuklearmed. in d. Orthopädie, 1990 - Spr.: Engl.

HAHN, Klaus-Jürgen

Dr. med., apl. Prof. f. innere Medizin u. Klin. Pharmakologie Univ. Heidelberg, Arzt f. Innere Med. u. Klin. Pharmakologie, Leit. Bereich Herz/Kreislauf in d. Forschung u. Entwicklung Knoll AG - Postfach 21 08 05, 6700 Ludwigshafen 1 (T. 0621 - 5 89 - 25 10); priv.: Rahnfelsstr. 9a, 6800 Mannheim 1 (T. 0621 - 82 75 80) - Geb. 1. Juni 1936 - Veröff. in Ztschr. u. Büchern z. Arzneimittelentwickl., -anwend. u. Rheumatol.

HAHN, Manfred

Dr. phil., Prof. f. Geschichte d. bürgerl. Gesellschaft - Rabienstr. 28a, 2862 Worpswede-Neu St. Jürgen - Geb. 13. April 1938 Leipzig - Promot. 1966 - S. 1971 Prof. Univ. Bremen - BV: Bürgerl. Optimismus im Niedergang - Stud. zu Lorenz Stein u. Hegel, 1969.

HAHN, Michael

Dr. phil., Prof., Indo- u. Tibetologe - Steinbachstr. 30, 5357 Swisttal 6 - Geb. 7. Mai 1941 Otterndorf/E. - Promot. 1967 Marburg; Habil. 1972 Hamburg - S. 1974 apl. Prof., s. 1982 Prof. Univ. Bonn (Leit. Indo-tibet. Abt.), s. 1988 Prof. Univ. Marburg (Leit. Fachgeb. Indologie) - BV: u.a. Lehrb. d. klass. tibet. Schriftsprache, 5. A. 1985. Zahlr. Fachaufs.

HAHN, Norbert

Prof. Dr. med., habil. f. Angew. Physiologie - Fuchspfad 5, 5330 Königswinter 41 - Geb. 23. März 1932 Berlin (Vater: Prof. Dr. Helmut H., Arzt; Mutter: Ingeborg, geb. Goldscheider), verh. s. 1959 m. Erika, geb. Niemczyk, 2 T. (Corinna, Anne-Kristin) - Karl-Friedrich-Gymn. Mannheim; Univ. Heidelberg (Med. Staatsex. 1956). Promot. 1956; Habil. 1970; apl. Prof. 1974 - 1959-64 Physiol. Inst. Heidelberg, ab 1964 Leit. Exp. Chir. Univ. Bonn, 1980 Prof. C 3. - BV: Physikal. Grundl. d. Physiologie, 1974 (m. B. Ramm); Biomathematik, 1976 (m. B. Ramm). Üb. 90 Fachaufs. - Spr.: Engl.

HAHN, Norbert

Dr. rer. pol., Dipl.-Volksw., Direktor Arbeitsamt Lübeck (s. 1976) - Stadtweide 115, 2400 Lübeck 1 (T. 0451 - 4502263/4) - Geb. 22. Jan. 1939 Berlin, kath., verh. s. 1966 m. Elke, geb. Günther, 3 Kd. - Stud. Wirtschaftswiss. - S. 1966 Bundesanst. f. Arbeit (ltd. Posit.), Dienstst. Göttingen u. Belgrad/Jugosl.

HAHN, Ortwin

Dr.-Ing., o. Prof. f. Werkstoff- u. Fügetechnik GH Paderborn - Scherfelder Str. 48, 4790 Paderborn/W.

HAHN, Oswald

Dipl.-Kfm., Dr. rer. pol. (habil.), o. Prof. f. Betriebswirtschaftslehre, insb. Betriebslehre d. Banken u. Versicherungen, Univ. Erlangen-Nürnberg (s. 1967) - Waldstr. 44, 8501 Rückersdorf/Mfr. (T. 0911 - 57 90 26) - Geb. 31. Jan. 1928 Ludwigshafen/Rh. (Vater: Dipl.-Ing. Ludwig H.; Mutter: Martha, geb. Immendörfer), ev., verh. s. 1962 m. Christa, geb. Czygan, S. Ulrich Larry - Realgymn.; Ind. (Kfm. L.); Stud. Univ. Mannheim u. Köln; Promot. 1954; Habil. 1960 - 1954-55 Bankbeamter; 1955-67 Assist.; Privatdoz. (1960) u. apl. Prof. (1962) Univ. Köln (Betriebsw.l.); 1962-65 Prof. Univ. Kabul. Mitgl. Präs. Dt. Ges. f. Betriebswirtsch., Senat Humboldt-Ges. - BV: Zahl.mittelverk. d.

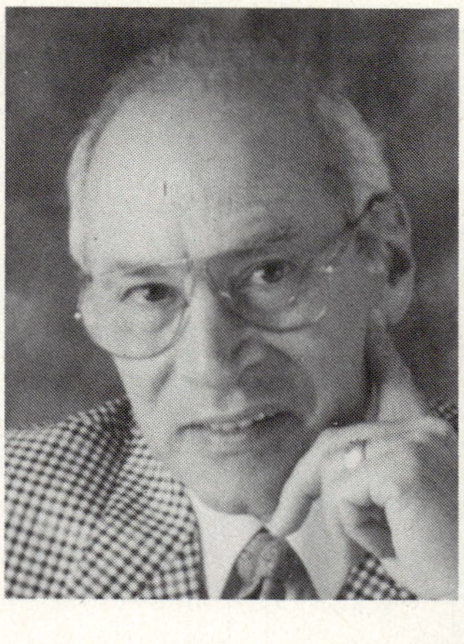

Untern., 1962; D. Skonto in d. Wirtsch.-praxis, 1962; Möglichk. e. Förd. d. Scheckverkehrs, 1962; Geld- u. Devisenhandel, 1964; Bankbetriebslehre, 1966; Währungsbanken d. Welt, 2 Bde. 1968; D. Instrumentarium d. Währungsbank, 3 Bde. 1968; Finanzwirtsch., 2. A. 1983; Führung d. Bankbetriebs, 1977; Postbank, 1977; Untern. Phil. e. Genossenschaftsbank, 1980; Betriebsw. u. Streitkräfte (Hrsg.), 1980; Struktur d. Bankwirtsch., 3 Bde., 1981-85; Absich. v. Risiken b. Ausl.-Invest, 1982; Allg. Betriebswirtschaftslehre, 1990. Mithrsg.: Ztschr. f. d. ges. Genoss.wesen (s. 1969). 280 Aufs. - Oberst d. Res. - Spr.: Engl., Franz. - Lit.: Festschr. AK Unt. Fin. Nbg, Finanzstrategie d. Unternehmung (1971); Neuere Entwicklungen in Betr-KLehre u. Praxis (1988).

HAHN, Ottokar

Dr., Minister f. Bundesangelegenheiten u. besondere Aufgaben Saarland (b. 1989) - Zu erreichen üb. Kommission d. Europ. Gemeinschaft, 55. Av. des Eglantines, B-1150 Brüssel (T. 00322 - 771 61 73) - Geb. 4. Nov. 1934 Berlin, verh. s. 1964 m. Petra, geb. Schmoll, 3 Kd. (Carsten, Anke, Silke) - Gymn., Abit. 1955 Berlin; 1955-59 Stud. Rechtswiss. u. Volksw. Fr. Univ. Berlin u. Köln; 1959 1. u. 1963 2. jurist. Staatsprüf. Berlin; Promot. 1965 Köln - 1985-89 Min. d. Saarlandes u. Bevollm. d. Saarl. b. Bund in Bonn - AR-Mitgl. Saarl. Investitionskreditbank (SIKB), u. d. Thermoplast u. Apparatebau GmbH, Idstein; Präsid.-Mitgl. Bankenkonsortium Saar-Lor-Lux; Beirat LZB - BV: D. Besteuerung d. Stiftg., 1965, 2. A. 1976.

HAHN, Peter

Dr. med., Prof. f. Allg. Klin. u. Psychomat. Medizin - Strahlenberger Str. 11, 6905 Schriesheim - Geb. 10. April 1931 - Promot. 1958 Heidelberg - S. 1970 (Habil.) Lehrtätigk. Univ. Heidelberg 1973 apl. Prof.; 1979 Ärztl. Dir. Abt. Innere Medizin II (Schwerpunkt: Allgemeine Klin. u. Psychosomat. Med.), Psychoanalytiker (DPG, DGPPT) - BV: D. Herzinfarkt in psychosomat. Sicht, 1971; Enzyklopädie XX. Jahrh. 1979 Bd. IX (Psychosomatik), Psychosomatische Medizin, 1985. Zahlr. Einzelveröff. - 1972 Michael-Balint-Preis (Schweiz).

HAHN, Rainer

Beigeordneter, Bürgerm. Stadt Reutlingen (Ressort Finanzwesen) (s. 1984) - Rheinstr. 90, 7410 Reutlingen (T. 07121 - 3 03-3 08) - Geb. 20. Febr. 1939 Tübingen, kath., verh. s. 1964 m. Renate, geb. Friz, 3 Kd. (Robert, Dagmar, Sibylle) - Stud. Rechtswiss. Tübingen u. Bonn; Rechtsrefer. OLG-Bezirk Stuttgart - 16 J. Tätigk. Wirtsch.min. Baden-Württ. (zul. als Reg.-Dir.); s. 1965 kommunalpolit. engagiert: Kreistag Tübingen, Gemeinderat Stadt Rottenburg, Regionalverb. Neckar-Alb; Mitgeschäftsf. Gemeinn. Wohnungsges. u.a. städt. Unternehmen.

HAHN, Roland

Dr. rer. nat., Prof. f. Geographie Univ. Stuttgart - Rainstr. 28, 7000 Stuttgart 60 - Mitarb. b. G.-E.-Inst. f. intern. Schulbuchforsch., Braunschweig - BV: USA-Länderprofil, 1981.

HAHN, Rolf

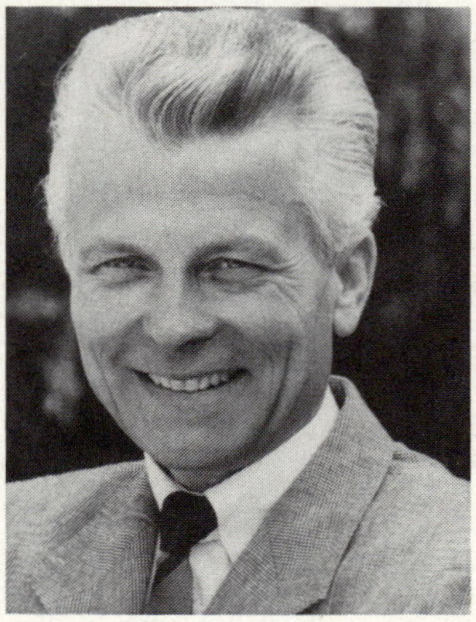

Dr., Staatsanwalt, Mitglied d. Landtages Nordrh.-Westf. (s. 1990) - Alte Kölner Str. 25 - Geb. 29. Juni 1937 Köln, kath., verh. m. Ingeborg, geb. Wichmann, 3 Söhne (Oliver, Christoph, Marco) - Abit. 1957; Stud. 1957-62 Rechtswiss. Univ. Köln u. Freiburg; 1. u. 1967 2. jurist. Staatsprüf.; Promot. 1967 - S. 1968 Staatsanw. in Köln; Vors. d. Verbandsvers. KSK Köln; 1984-88 stv. CDU-Kreisvors.; s. 1979 Mitgl. Kreistag Rhein.-Berg. Kreis; 1985-89 Vors. d. CDU-Kreistagsfraktion; 1984-89 Vors. Kreispolizeibeirat. S. 1989 Landrat d. Rhein.-Berg. Kreises - 1989 BVK am Bde.

HAHN, Ronald

Schriftsteller - Werth 62, 5600 Wuppertal 2 (T. 0202 - 59 77 43) - Geb. 20. Dez. 1948 Wuppertal, verh. s. 1968 m. Karin, geb. Finis, 2 Töcht. (Daniela, Judith) - 1963-66 Schrifts.-Lehre. B. 1977 Schrifts. - BV: D. Temponauten, 1983 (auch franz. u. ital.); Lexikon d. Science Fiction-Films (m. Volker Jansen), 1983; Kultfilme (m. Volker Jansen), 1985; Lexikon d. Horror-Films, 1985; Lexikon d. Fantasy-Films, 1986; Lexikon d. Science Fiction-Lit., 1987; D. rote Gott, 1988 - 1980 u. 81 Kurd-Laßwitz-Preis (f. beste Science Fiction-Kurzgesch.) - Liebh.: Film, Ferns., Jack London - Spr.: Engl., Niederl. - Lit.: Reclams Science Fiction-Führer.

HAHN, Theo

Dr. rer. nat., o. Prof. u. Direktor Inst. f. Kristallographie TH Aachen (s. 1963) - Zweiweiherweg 10, 5100 Aachen (T. 6 12 86) - Geb. 3. Jan. 1928 Duisburg - Habil. 1960 Frankfurt/M. - Zul. Doz. Univ. Frankfurt. Fachaufs. Hrsg.: Intern. Tables for Crystallography, 2. A. 1987 - Mitgl. Executive Committee, Intern. Union of Crystallography (s. 1981), Präs. (1984-87); Past Präs. (1987-90); Vors. Dt. Mineralogische Ges. (1982-84).

HAHN, Ulla

Dr. phil., Schriftstellerin - Breitenfelder Str. 86, 2000 Hamburg 20 - Geb. 1946 Brachthausen - Realsch., Bürolehre; 2. Bild.weg: Stud. German., Soziol., Gesch.; Promot. - Lehrauftr. Univ. Hamburg, Bremen, Oldenburg. Literaturkritikerin - BV: Lyrik: u. a. Herz üb. Kopf, Ged. 1981; Spielende, Ged. 1983; Freudenfeuer, Ged. 1985; Unerhörte Nähe, Ged. 1988; Ein Mann im Haus, R. 1991 - 1981 Leonce u. Lena-Preis f. d. souveränen Umgang m. d. lyr. Tradition - 1982/83 Villa-Massimo-Stip.; 1984 Stip. Märk. Kreis; 1985 Hölderlin-Pr.; 1986 Roswitha v. Sandersheim Med.; 1987/88 Stadtschreiberin Bergen-Enkheim - Liebh.: Lit., Musik, Wandern - Spr.: Engl., Franz., Ital.

HAHN, Volker

Dr.-Ing., Direktor, Honorarprof. Univ. (TH) Stuttgart (s. 1971) - Friesenstr. 17, 7022 Leinfelden-Echterdingen - Geb. 19. April 1923 - Ehem. Vorst.-Mitgl. Züblin - Emil-Mörsch-Denkmünze Dt. Betonverein; Konrad-Zuse-Med. Zentralverb. d. dt. Baugewerbes.

HAHN, von, Walther

Dr. phil., o. Prof. f. Informatik - Moorweg 25f, 2075 Ammersbek - Geb. 26. April 1942 Marburg/L. - Promot. 1969 Marburg - S. 1977 Prof. Univ. Hamburg. Spez. Arbeitsgeb.: Informat.-wiss. - BV: D. Fachspr. d. Textilind. im 17. u. 18. Jh., 1971; Fachsprachen, 1980; Fachkommunikation, 1983; Künstliche Intelligenz, 1985 - 1981 Forschungspreis Techn. Kommunikation.

HAHN, Werner

Dr. med. dent., Dr. med., em. o. Prof. f. Zahn-, Mund- u. Kieferheilkunde - Danziger Str. 10, 2300 Kiel-Altenholz-Stift (T. 32 16 84) - Geb. 7. März 1912 Trier, ev., verh. s. 1942 m. Gisela, geb. Martini, 3 Kd. (Volker, Wiebke, Simone) - Gymn. Trier; Stud. Bonn, Düsseldorf (Dr. med. dent. 1934), Berlin, Münster/W. (Dr. med. 1952) - Assist. Univ.-Kieferklinik, Berlin (Prof. Axhausen), Assist. u. Oberarzt Univ.-Kieferklin. Münster (Prof. Wannenmacher); 1955 Privatdoz., 1961 apl. Prof.), 1961 ao. u. o. Prof. (1965) Univ. Kiel (emerit. 1980); s. 1980 Dir. d. Heinrich-Hammer-Inst. Kiel. 1958-69 Vorstandsmitgl. Arbeitsgem. f. Kieferchir.; 1965 Fellow Intern. Ass. of Oral Surgeons; 1972 FDI-Chairman Commission on Dental Res. IADR - 1969 Fellow Intern. Acad. of Cytology; 1983 gold. Ehrennadel BdZ u. D.G.ZMK.; 1988 Fellow I. Ac. of Dentistry; 1989 F.D.I. Merit-Award; 1991 Ehrenmitgl. d. Akad. Praxis u. Wiss. d. D.G.ZMK.

HAHN, Werner

Dr. jur., Journalist, Leiter d. Intendanz d. Westdeutschen Rundfunks Köln - Zu erreichen üb. WDR Köln, 5000 Köln 1 (T. 0221 - 2 20-21 05/6) - Geb. 11. Juli 1953 Kassel, ev., verh. s. 1977 m. Marlies, geb. Hillenkamp, 2 Töcht. (Julia, Cornelia) - Stud. Rechts- u. Staatswiss. 1974-78 Bonn; 1981 Ass.ex.; Promot. 1984 - 1981-83 Rechtsanwalt Bonn; 1983-87 Redakt. m. bes. Aufg. (Justiz u. Rechtspolitik) b. WDR - BV: Offenbarungspflichten im Umweltschutzrecht, 1984 - 1987 Kurt-Magnus-Preis d. ARD - Spr.: Engl., Franz.

HAHN, Wilhelm

Dr. theol., D. theol. h. c., Dr. med. h. c., Kultusminister a. D., MdL Baden-Württ. (1968-80), Mitgl. Europ. Parlament (1979-87) - Im Hofert 3, 6900 Heidelberg-Schlierbach (T. 06221 - 80 28 17) - Geb. 14. Mai 1909 Dorpat/Estl. (Vater: Prof. D. Traugott H., Theologe, ermordet 1919 Dorpat; Mutter: Anna, geb. v. z. Mühlen), ev., verh. s. 1937 m. Elisabeth, geb. Rutgers, 2 Kd. - Gymn. Gütersloh/W.; Univ. Tübingen (Promot. 1937), Göttingen, Bonn, Münster. 1937-48 Pfarrer i. Minden/Westf., 1949 Superint.; 1950 ord. Prof. Univ. Heidelberg, 1958-60 Rektor. 1955-62 Mitgl. d. dt. Aussch. f. Erziehungs- u. Bildungswesen. 1962 MdB., 1964 Amtsniederl., 1964-78 Kultusmin. v. Bad.-Württ., 1972-78 stv. Ministerpräs. - 1967-77 Mitgl. d. Bundesvorst. d. CDU; 1962-79 stv. Vors. d. evgl. Bundesarbeitskr. d. CDU; 1978 Vorst.-Vors. d. Inst. f. Auslandsbezieh.; 1978-88 Präs. d. Dt.-Ind. Ges.; 1979-87 Mitgl. Europ. Parlament; 1988 Präs. Ostseeakad. Lübeck-Travemünde - BV: D. Mitsterben u. -auferstehen m. Christus b. Paulus, 1937; Erneuerung d. Kirche aus d. Evangelium, 1946; D. christl. Glaube u. d. Mensch d. Gegenw., 1948; Gottesdienst u. Opfer Christi, 1951; Anfechtung u. Gewißheit, 1958; D. Mitte d. Gemeinde, 1959; Mehr Bildung, mehr Leistung, mehr Freiheit, 1972; Demokratische Bewährung, 1965; Ich stehe dazu - Erinn. e. Kultusmin., 1981; Bildungspolitik mit Ziel u. Maß, 1974. Festschrift f. W. Hahn - 1958 Ehrendoktor Univ. Tübingen; 1969 Gr. BVK m. Stern; 1974 BVK m. Schulterbd. u. Stern; 1977 Dr. med. h. c. Ulm; 1984 Gold. Verfassungsmed. Land Baden-Württ. - Bek. Vorf.: Dr. Carl Hugo H., Pioniermissionar Südw.-Afrika (Urgroßv.); D. Traugott Hahn, Pastor Reval, bedeut. kirchl. Vertr. Estlands (Großv.); Europ. Kulturpolitik. Aufs. üb. Bildung, Medien u. Kirche, 1987.

HAHN-WEINHEIMER, Paula
Dr. phil. nat., Prof. f. Mineralogie u. Geochemie - Lothstr. 92, 8000 München 40 - Promot. (1947) u. Habil. (1958) Frankfurt/M. - S. 1966 TU München (1970 Prof.). Üb. 50 Fachveröff.

HAHN-WOERNLE, Siegfried
Dipl.-Ing., Gesellschafter Aufzugs- u. Fördertechnikfa. C. Haushahn GmbH + Co., Stuttgart-Feuerbach/Illingen/München - Hauptmannsreute 96a, 7000 Stuttgart (T. 63 36 52) - Geb. 29. Nov. 1918 Stuttgart - TH Stuttgart - S. 1943 Familienunterm. (gegr. v. Großv. Immanuel Hahn) - 1983-89 Präs. Dt. Inst. f. Normung, Berlin - Spr.: Engl. - Rotarier.

HAHNE, Peter

Dipl.-Theol., Journalist, Moderator d. ZDF-Hauptnachrichtensendung heute, Mainz (s. 1991) - Zu erreichen üb. ZDF, Postf. 40 40, 6500 Mainz (T. 06131 - 70-1) - Geb. 9. Nov. 1952, ev., ledig - Abit. - Stud. ev. Theol., Phil., Psych., German. Bielefeld, Heidelberg, Tübingen (Ex. 1977) - 1975-85 in d. Chefred. Politik Saarl. Rundfunk, s. 1985 ZDF Aktuelles. S. 1984 Mitgl. d. EKD-Synode, s. 1991 Mitgl. d. Rates d. EKD (oberstes Leitungsgremium d. EKD) - 1983 Kurt-Magnus-Preis d. ARD - Liebh.: Musik, Lesen, Wandern, Skifahren - Spr.: Engl. u. alte Spr.

HAHNE, Werner
Kaufmann, Inh. STAMA Rüthen - Unter den Eichen 17, 4784 Rüthen - Geb. 23. Nov. 1928 Witten (Ruhr) (Vater: August H., Handwerksmstr.; Mutter: Klara, geb. Nordnoff), ev., verh. s. 1951 m. Irmg., geb. Lohkamp, 2 T. (Barbara, Brigitte) - Kfm. Handelssch. Bochum, kfm. Lehre - S. 1948 Prokurist, Geschäftsf. u. Inh. STAMA Stahl- u. Masch.bauges. Hahne u. Mollenhauer GmbH Rüthen/Möhne - Liebh.: Sport, preuß. Gesch. - 1977 Gold. Sportabz. - Spr.: Engl.

HAHNEMANN, Roland
Dr. phil., Mitglied d. Thüringer Landtags, Fraktionsvors. Linke Liste/PDS (s. 1992) - Quergasse 6, O-6900 Jena - Geb. 2. April 1954 Riesa (Sachsen), verh. s. 1979 m. Ruth, geb. Fiedler, T. Julia - Lehrerstud., Germanistikstud. Jena, Ex. u. Dipl. 1980 Jena, Forsch.stud. u.

Promot. 1984 Jena - Liebh.: Lit., Musik - Spr.: Engl., Russ.

HAHNENFELD, Günter
Dr. jur., Ministerialdir., Leiter Abt. Verwalt. u. Recht Bundesmin. d. Verteidig. a. D. (1974-82) - Goerdelerstr. 74, 5300 Bonn-Hardtberg (T. 0228 - 62 27 69) - Geb. 12. Juli 1921 Salzwedel (Vater: Albert H., Konrektor; Mutter: Leni, geb. Petri), ev., verh. s. 1950 m. Hedi, geb. Bein, 2 Kd. (Helge, Rainer) - 1. u. 2. Rechtswiss. Staatsex. - 1966-70 Personalzentralref. (ziv.) Bundesmin. d. Verteidig., 1970-73 stv. Wehrbeauftr. d. Bundestages u. ltd. Beamter Dienstst. d. Wehrbeauftr. - BV: Kommentar z. Wehrpflichtgesetz, Losebl., 3. A. 1985; Kommentar z. Arbeitssicherstellungsgesetz, 1969; Kriegsdienstverweigerung, 1966; Wehrverfassungsrecht, 1965; Soldatenrecht, 1963 - Gr. BVK - Liebh.: Kunstgesch. - Spr.: Engl., Franz., Ital., Span.

HAHNL, Hans Heinz
Dr. phil., Prof., Redakteur, Schriftst. - Haymogasse 24, A-1238 Wien XXIII - Geb. 29. März 1923 Oberndorf (Österr.) - BV: D. verbotenen Türen, Erz. 1951; In Flagranti erwischt, Ged. 1976; Die Einsiedler d. Anninger, R. 1978; D. Riesen v. Bisamberg, R. 1979; D. verschollenen Dörfer, R. 1980; D. Geheimnis d. Wilis, R. 1982; Verweile doch, R.; Vergessene Literaten - 50 österr. Lebensschicksale, 1984; Wiener Lust, Anthol. 1989; Revoluzzer, Hofräte, Hungerleider, 1990. Theaterst.: D. byzantin. Demetrius (Dr., 1972). Hörsp. u. a. - 1972 Literaturpreis Wiener Kunstfonds, 1973 Pr. Stadt Wien, Lit.pr. Ld. Niederösterr.; 1986 Staatspreis f. Kulturpublizistik. Mitgl. PEN.

HAHNZOG, Klaus
Dr. jur., Mitgl. d. Bayer. Landtags (s. 1990) - Hochkalterstr. 10, 8000 München 90 - Geb. 1936 Stuttgart, verh., 2 Kd. - 1973-82 Kreisverw.ref.; 1984-90 III. Bürgerm.; Bundesvors. d. Arbeitsgemeinsch. Sozialdemokr. Juristen (ASJ).

HAIBACH, Marita
Dipl.-Dolm., M.A., Staatssekretärin a. D. (1985-87), MdL (1982-85), Gruppen- u. Organisationsberaterin - Mosbacher Str. 3, 6200 Wiesbaden - Geb. 7. Febr. 1953 Gemünden/Taunus, gesch., 1 Sohn - Lehre Industriekaufm., 1972-75 Stud. Köln (Dipl.-Dolmetscherin in Engl. u. Span.); 1975-82 Stud. Univ. Frankfurt (M.A. in Amerikanistik, Gesch., Politik); 1. Staatsex. f. höh. Lehramt in Engl. und Sozialkd.) - Div. Lehrauftr. f. Engl. an VHS u. Schulen. 1985-87 Staatssekr. f. Frauenfragen Hessen, 1988-90 Visiting Research Fellow the American Univ. Washington, DC. Mitbegr. Frauengr. d.

Grünen Hessen, Mitgl. Verein Frauen helfen Frauen u. Atlantik-Club e.V.

HAIBACH, Otto
Dr. phil. (habil.), Berg- u. Vermessungsrat a. D., apl. Prof. f. Grubenrißwesen TU Clausthal - Auf der Gathe 5, 4300 Essen-Heisingen.

HAIBEL, Hans
Direktor, Sprecher d. Geschäftsfhg. Goetzewerke Friedrich Goetze Friedberg GmbH., Friedberg, Präs. IHK f. Augsburg u. Schwaben, Augsburg (1979ff.), stv. Vors. Vereinig. d. Arbeitgeberverb. in Bayern/Bezirksgr. Schwaben, Vorstandsmitgl. Verein d. Bayer. Metallind./Bezirksgr. Schw. - Englschalkstr. 1, 8904 Friedberg - Geb. 27. Mai 1931 Augsburg, kath., verh. s. 1956 m. Inge, geb. Marquardt, 2 S. (Hans-Peter, Michael) - Ingenieurausbild. (Maschinenbau) - 1976 BVK; 1984 Staatsmed. f. bes. Verdienste um d. bayer. Wirtsch. - Liebh.: Bayer. Kirchengesch. - Spr.: Engl., Franz.

HAIDER, Gerhard
Dr. rer. nat., Prof., Hydro- u. Fischereibiologe, Leiter d. Abt. Biologie d. Inst. f. Siedlungswasserbau Univ. Stuttgart (s. 1989) - Silvanerstr. 22, 7143 Vaihingen/E 5 (T. 07042 - 2 25 88) - Geb. 27. Okt. 1935 Nürnberg (Vater: Karl H., Oberst a.D.; Mutter: Else, geb. Schwenk), ev., verh. s. 1962 m. Traudel, geb. Münk, 2 Kd. (Uwe, Claudia) - 1954-61 Stud. Erlangen u. Graz. Promot. 1961 Erlangen; Habil. 1971 Stuttgart - S. 1971 Lehrtätig. TH bzw. Univ. Stuttgart (1976 Prof. f. Hydrobiol./Inst. f. Siedungswasserbau); s. 1985 Hon.-Prof. Univ. Hohenheim - BV: Monogr. d. Familie Urceolariidas, 1964; Nutzfische halten, 1985; Urceolariidae in: Protozoenfauna 7/1, 1988.

HAIKE, Horst Joachim
Dr. med., Prof., Chefarzt d. Orthop. Abt. Kliniken am Burggraben, Bad Salzuflen (s. 1989) - Fichtenweg 1, 4930 Detmold-Hiddesen (T. 8 84 32) - Geb. 12. Mai 1924 Berlin (Vater: Bruno H., Beamter; Mutter: Marga, geb. Reinicke), ev., verh. s. 1960 m. Heide, geb. Recknagel, 2 Töcht. (Astrid, Alexandra) - Promot. Göttingen; Habil. Düsseldorf. Facharzt f. Chir. 1959 u. f. Orthopäd. 1962 - Zusatzanerkennung Sportmed. 1977, Physikal. Therapie 1977, Rheumatologie, 1986; Zusatzanerkennung Sozialmedizin, 1992 - BV: Orthopäd. Krankheiten, 1974. Zahlr. Buchbeitr. u. Fachveröff. - Liebh.: Kunst, Sport - Spr.: Engl., Franz.

HAIN, Dieter
Verlagsbuchhändler, Verleger, Gesellsch. Verlag Anton Hain - Carl-Hellermannstr. 10, 6554 Meisenheim/Glan (T. 06753 - 43 53 u. 32 02) - Geb. 4. Sept. 1927 Krefeld (Vater: Anton H., Verleger; Mutter: Trude, geb. Nolten), ev., verh. s. 1955 m. Renate, geb. Adams, 3 Kd. (Andreas, Ulrike, Olav) - Abit., Verlagsbuchhandelslehre.

HAINDL, Clemens
Dr., Komplementär G. Haindl'sche Papierfabriken KG., Augsburg, Geschäftsf. Haindl Papier GmbH., ebd. - Aystetter Str. 19, 8901 Ottmarshausen - Geb. 23. Juli 1936 - Stv. Vorstandsmigl. Arbeitgeberverb. d. Bayer. Papierind.

HAINDL, Ernst
Dipl.-Ing., Pers. haft. gf. Gesellschafter G. Haindl'sche Papierfabriken KG, Augsburg; Sprecher d. Geschäftsfg. Haindl Papier GmbH, Augsburg - Hohenweg 2, 8901 Leitershofen - Geb. 5. April 1926 - Präs. u. Vorst. Verb. Dt. Papierfabriken, Bonn; Vorst.-Mitgl. Verb. Bayer. Papierfabr., München; AR Martini & Cie., Augsburg.

HAINICH, Rainer
Vorstandsvorsitzer Dornier GmbH, Friedrichshafen/München (1985ff.; s. 1974 Vorst.) - Fuchshölle 49, 8126 Hohenpeißenberg (T. 08805 - 15 46) - Geb. 20. Juli 1928 Tauscha (Vater: Alfred H., Textilarb.; Mutter: Marta, geb. Berger), verh. s. 1966 m. Uta, geb. Scholber, 2 Kd. (Matthias, Ulrike) - Mittel- und Handelsschule; kaufm. Lehre Industrie; 1945-50 sowjet. Gefangensch.; 1950-53 Hochschulinst. f. Wirtschaftskd. Berlin - B. 1959 Textilind. (zul. Abt.leit.), dann Borsig AG bzw. GmbH, Berlin (Leitg. Geschäftsbuchh. u. Rechnungswesen, 1967ff. Vorstandsmitgl. bzw. Geschäftsf.). Spez. Arbeitsgeb.: Rechnungswesen, Finanzen, Materialw. - ADAC-Motorsportabz. in Gold - Spr.: Engl., Russ. - Rotarier.

HAINZ, Josef Georg
Dr. theol., Prof. f. Exegese d. Neuen Testaments Univ. Frankfurt - Am Buchwald 3 b, 6233 Eppenhain/Ts. (T. 06198 - 78 56) - Geb. 25. Sept. 1936 Holzkirchen (Vater: Josef H., Landw.; Mutter: Elisabeth, geb. Manhart), kath. - Synodalex. 1961 Freising, Promot. 1970 München, Habil. 1974 ebd. - 1962-65 Kaplan, 1965-72 Präfekt u. Doz., 1974 Privatdoz., 1980 Prof. - BV: Ekklesia. Strukturen paulinischer Gde-Theol. u. Gde-Ordn., 1972; D. Blaue Bibel, 1975; Kirche im Werden, 1976; Koinonia. Kirche als Gemeinsch. b. Paulus, 1982; Münchener Neues Testament 1988, 3. A. 1991; Synopse z. Münchener Neuen Testament, 1991 - Spr.: Latein, Griech., Ital., Engl., Franz., Hebräisch.

HAISCH, Hermann
Dr. med. vet., Landrat Kr. Unterallgäu (s. 1978) - Landratsamt, 8948 Mindelheim/Schw. - Geb. 6. Dez. 1938 Nördlingen - Zul. Veterinäroberrat. CSU.

HAISCHER, Klaus Adelbert
Rechtsanwalt, stv. Vorstandsvorsitzender d. Landesanstalt f. Kommunikation Baden-Württ. - Hauptstr. 4-6, 7238 Oberndorf/N. (T. 07423 - 81 06-0, Fax 07423 - 81 06-10) - Geb. 5. Febr. 1949 Oberndorf/N. (Vater: Alfred H., kaufm. Angest.; Mutter: Anna, geb. Haigis), verh., 2 Kd. - 1. Staatsex. 1973 Univ. Tübingen, 2. Staatsex. 1976; Studienreisen Nord- u. Südamerika, Afrika - SPD. Ehem. MdL - Liebh.: Musik - Spr.: Engl., Ital.

HAJEK, Otto Herbert
Prof. Dr. h. c., Bildhauer, Prof. f. Bildhauerei Staatl. Akad. d. Bild. Künste Karlsruhe (s. 1980) - Stephanienstr. 80-82, 7500 Karlsruhe; priv.: Hasenbergsteige 65, 7000 Stuttgart - Geb. 27. Juni 1927 (Vater: Wendelin H.; Mutter: Anna, geb. Matejka), kath., verh. m. Katja, geb. Goertz, 5 Kd. (Katja, Eva, Aurelia, Urban, Anna) - S. 1954 freischaffend - Präs. Adalbert-Stifter Verein; 1972-79 Vors. Dt. Künstlerbund; Mitbegründ. Initiative Nord-Süd-Kulturdialog; 1990/91 Berater d. ART Hamburg. 1981 Aufnahme in d. Porträtsammlung Galleria degli Uffizi Florenz; Ehrensenator Eberhard-Karls-Univ. Tübingen; Mitgl. dt.-franz. Kulturrat; ständ. Gast im Kurat. d. Kultur-Stiftg. d. Länder. Vortragsreisen m. Ausst. in Europa, Südamerika, Indien, Südostasien, UDSSR -

Arbeiten im Ber. d. Kunst im Raum d. Architektur. Einzel- u. Gruppenausst. im In- u. Ausl. Retrospektive Ausst. in Rom, Florenz, Nürnberg, Prag, Moskau, Adelaide/Südaustralien - 1982 BVK; 1987 Lovis-Corinth-Preis.

HAJEN, Leonhard

Dr., Prof., Hochschullehrer, Senator - Hartnitweg 9, 2000 Hamburg 54 - Geb. 23. März 1948 Bremerhaven, verh. m. Ruth, geb. Poppe, T. Grietje - Abit., Dipl.-Volksw - Wissenschaftl. Assist. Inst. f. Finanzwiss. d. Univ. Hamburg; wiss. Angest. in d. Senatskanzlei d. Fr. u. Hansestadt Hamburg; Prof. f. Volkswirtsch.lehre Hochsch. f. Wirtsch. u. Politik Hamburg - 1982-91 Mitgl. d. Hamburg. Bürgerschaft.

HAKE, Bruno

Dr.-Ing., Unternehmensberater, gf. Gesellsch. Societät f. Unternehmensplan. u. Personalberat.-S.U.P. - Weinfeldstr. 24, 6200 Wiesbaden (T. 8 69 79) - Geb. 1. Dez. 1930 Groningen (Vater: Hermann H., Bankdir.; Mutter: Else, geb. Kortheuer), ev., verh. s. 1961 m. Eva, geb. Bochmann, 3 Kd. (Caroline, Susanne, Andreas) - Promot. u. Habil. TH Graz - B. 1973 Vice President, Fry Consultants - BV: Marktgerechte Plan. durch Funktionsanalysen, 1973; Hazards of Growth - How to succeed through Company Planning; D. Suche n. neuen Produkten - Liebh.: Segelflug, Angeln - Spr.: Engl.

HAKE, Günter

Dr.-Ing., Dr. phil. h. c., Univ.-Prof. a. D., zul. Prof. f. Topographie u. Kartogr. Univ. Hannover (1967-84) - Börie 58, 3005 Hemmingen 1 (T. 0511 - 42 20 27) - Geb. 27. Mai 1922 Hannover (Vater: Wilhelm H., Kaufm.; Mutter: Magdalene, geb. Feuerstake), verh. s. 1954 m. Edeltraud, geb. Prill, 2 Kd. (Sabine, Volker) - Leibniz-Sch. (1932-40) u. TH Hannover (1945-49) Geodäsie; Dipl.-Ing. Promot. 1954 - 1953-67 Nieders. Vermessungs- u. Katasterverw. (1958 Vermessungs-, 1964 -oberrat, 1966 -dir.). S. 1967 Mitgl. Dt. Geod. Komm., s. 1978 Braunschweig. Wiss. Ges., s. 1982 Korresp. Mitgl. Akad. f. Raumforsch. u. Landesplanung - BV: Kartographie, 2 Bde. (I: 6 A. 1982, II: 3 A. 1985; Samml. Göschen) - 1987 Ehrenpromot. Ruhr-Univ. Bochum; 1991 Mercator-Med. d. Dt. Ges. f. Kartographie.

HAKEN, Hermann

Dr. phil. nat., Dr. rer. nat. h. c. mult., o. Prof. f. Theoret. Physik, Begründer s. Synergetik - Sandgrubenstr. 1, 7032 Sindelfingen - Geb. 12. Juli 1927 Leipzig, kath., verh. s. 1953 m. Dr. Edith, geb. Bosch †1987, 3 Kd. - 1946-50 Univ. Halle/S. u. Erlangen (1948) - 1952-60 Assist. u. Privatdoz. (1956) Univ. Erlangen; s. 1960 Ord. Univ. Stuttgart. S. 1965 Honorarprof. Univ. Hohenheim - BV: Laser Theory, 1970; Quantenfeldtheorie d. Festkörpers, 1973 (engl., russ., japan. Übers.); Synergetics, 3. A. 1983 engl. (dt., russ., russ., chines., ungar.

Übers.); Licht u. Materie I, 1979, II, 1981; Atom- u. Quantenphysik, 4. A. 1990 (m. H. C. Wolf, engl. Übers.); Light: Waves, Photons, Atoms, 1981; Erfolgsgeheimnisse d. Natur, 4. A. 1987 (ital., engl., span., japan., chin. Übers.); Advanced Synergetics, 1983 (russ., japan. Übers.); Laser Light Dynamics. 1985; Information A. Selforganization; Synergetic Computers a. Cognition 1991. Üb. 250 Fachveröff. - 1976 Max-Born-Preis (Dt. Physikal. Ges./Brit. Inst. of Physics); 1981 Albert A. Michelson Med. (Franklin Inst. USA). 1982 Korr. Mitgl. Bayer. Akad. d. Wiss.; 1982 Mitgl. Dt. Akad. d. Naturforscher (Leopoldina); 1984 Mitgl. Orden pour le mérite; s. 1984 Ehrenmitgl. poln. Ges. f. Synergetik; 1985 EPS travel lectureship award; Ehrendoktor; s. 1986 Ehrenprof. Shanghai Inst. of Technology u. Northwestern Univ. Xian; s. 1986 Ehrenmitgl. Shanghai Assoc. u. Chinese Soc. of Systems Engineering; 1988 Mitgl. Braunschweig. Wiss. Ges.; 1989 Mitgl. Intern. Acad. of Creators (Moskau); 1989 Mitgl. Heidelberger Akad. d. Wiss.; 1990 Max Planck Med. d. DPG; 1990 Karl Küpfmüller-Ehrenring TH Darmstadt; 1991 Mitgl. Acad. Europaea, London u. Scientiarum et Artium Europaea, Salzburg.

HAKEN, von, Niels Nelissen

(Ps. Bernie Butterfisch, Hermann Kaludrigkeit) Journalist, Abteilungsleiter Regionale Hörfunkprogramme Radio Bremen - Peter Henlein Str. 6, 2800 Bremen 33 (T. 0421 - 27 13 48) - Geb. 18. Nov. 1949 Hannover, verh. s. 1987 m. Anette, geb. Alt, T. Nina - Volontariat Burgdorfer Kreisblatt u. Neue Hannoversche Presse - Hannoversche Allg. Ztg., Bildztg., 1974-77 Redakt. Weser Kurier Bremen, 1977-81 Ltd. Korresp. Reuters f. Nieders. u. Bremen, 1981/82 Saarländ. Rundf. Kultur Aktuell - Liebh.: Gesch., Kochen, Sammeln v. Hampelmännern - Spr.: Engl.

HAKESTAD, Olav

Dipl.-Ing., Geschäftsführer ASEA GmbH, Bad Honnef - Breite-Heide-Str. 29, 5342 Rheinbreitbach.

HALÁSZ, Michael

Generalmusikdirektor, Dirig., Fagottist - Brünnlbadgasse 15, A-1090 Wien (T. 00431 - 402 98 19) - Geb. 21. Mai 1938 Klausenburg/Rumän. (Vater: Ladislaus H., Jurist; Mutter: Anna, geb. Farkas), jüd., verh. s. 1968 m. Gertraud, geb. Kiefel, Tocht. Judith - Stud. Fagott Budapest, Zürich, Wien u. Dirig. Folkwang-Hochsch. i. Musik Essen - 1957-65 Solofagottist Philharmonia Hungarica; 1965-72 Doz. f. Fagott Folkwang-Hochsch. f. Musik Essen; 1972-75 2. Kapellm. Staatstheater am Gärtnerplatz, München; 1975-77 1. Kapellm. Oper Frankfurt; 1977-78 Staatsoper Hamburg; 1978-91 Generalmusikdir. Hagen - 1. Preis Intern. Musikwettbew. Genf m. d. Bläserquintett d. Philharmonia Hungarica - Spr.: Ungar., Engl., Ital.

HALASZ, v., Robert

Dr.-Ing. E. h., em. o. Prof. f. Allg. Ingenieurbau - Graetzchelsteig 26, 1000 Berlin 20 (T. 361 22 80) - Geb. 24. Juli 1905 Höxter/Weser (Vater: Hermann v. H.; Mutter: Stephanie, geb. Rehm), kath., verh. s. 1957 m. Ingelore, geb. Haenicke, T. Gertraud - TH Berlin (Diplompruf. 1931). Reg.baurat 1942 - Prokurist, Betriebsleit. u. Geschäftsf. Formsand- u. Braunkohlengruben Petersdorf, 1931-36 Chefkonstrukteur, Leit. Techn. Büro A. Plattner KG, Berlin, u. Ref. Reichsst. f. Baustatik ebd., 1936-42 Chefing. Pr. Bergwerks- u. Hütten-AG, Rüdersdorf, 1943-49 o. Prof. TU Berlin (1948(53)-73). Entwickl. d. Stahlbeton-Fertigbaues (Serienfertig. v. Industriebauten u. Großtafelbauten), s. 1973 Seniorpartner seines Ingenieurbüros in Berlin - BV: Stahlbeton im Wohnungs- u. Siedlungsbau, 1939; Holzbau-Taschenb., 8. A. 1989; Anschaul. Verfahren z. Berechnung u. Durchlaufbalken u. Rahmen, 1951; Großtafelbauten - Konstruktion u. Berechnung, 1966; Industrialisierung d. Bautechnik, 1966; Schriftl. (1954-84); Bautechnik (Ztschr.).

HALBACH, Hans

Dr. med., Dr.-Ing. Prof. - 8210 Prien - Geb. 2. Jan. 1909 Hörde/W. (Vater: Ludwig H., Verlagsbuchhändler; Mutter: Hedwig, geb. Andree), ev. - Stud. Organ. Chemie u. Med. München. Dr.-Ing. (1935), Dr. med. (1939), Habil. (1953) München - S. 1953 Lehrtätig. Univ. München (1965ff. Honorarprof. f. Pharmakol.). 1954-70 Weltgesundheitsorganisation Genf (Dir. Abt. f. Pharmakol. u. Toxikol.) - Entd. Konstitutionsaufklärung d. Stercobilins. Herausg.: Zt. Drug & Alcohol Dependence.

HALBACH, Hans

Journalist - Zu erreichen üb.: Frankfurter Allg. Zeitung, Postf. 2901, 6000 Frankfurt/M. 1 - Geb. 2. Jan. 1938 Frankfurt/M. - Gymn.; Buchhändlerlehre; Stud. German., Phil., Gesch., Polit. Wiss. - S. 1970 FAZ (1977 Berlin-Korresp.).

HALBACH, Peter

Dr.-Ing., habil., Univ.-Prof. f. Geochemie, Angew. Mineralogie u. marine Rohstoffkde., Inst. f. Mineralogie u. Mineral. Rohstoffe TU Clausthal - 3392 Clausthal-Zellerfeld (T. 05323 - 72 23 24); priv.: Am Ehrenhain 20, 3392 Clausthal-Zellerfeld - Geb. 10. Mai 1937 - Ca. 70 Publ., Herausg. u. Koautor v. mehreren Büchern üb. marine Rohstoffvorkommen; wiss. Fahrtleitung. Teiln. an 9 Meeresexped. m. FS Valdivia, FS Sonne u. RV Sagar Kanya; intern. Experte f. marine Exploration u. ozeanische Rohstofflagerstätten, stv. Vors. Forsch.kollegiums Lagerstätten (FKL).

HALBAUER, Siegfried

Dr., Prof. - Stammestr. 74b, 3000 Hannover (T. 42 39 65) - Geb. 1. Sept. 1914 Limbach/Sa. (Vater: Edwin H., Oberpostinsp.; Mutter: Marie, geb. Schäfer),

ev., verh. s. 1950 m. Ilse, geb. Henschel, Sohn Rainer - Abitur Realgymn. Schneeberg/Erzgeb.; Promot. Humboldt-Univ. Berlin (1960) - Kriegsdst. u. sowjet. Gefangensch., ab 1950 Lehrer, 1952-53 Doz. Lehrerbildungssem. Zwickau, seither Lektor TH Dresden (Techn. Fremdspr.), Hochsch. f. Verkehrswesen ebd., Prof. TH bzw. TU Hannover (1962); Naturwiss. u. Techn. Russ.). Spez. Arbeitsgeb.: Computerlinguistik (Unters. russ. Fachspr.) - BV: Verkehrsökonomik, 1956; Russ. f. Naturwiss.ler u. Ingenieure, 1969; Russ.-dt. Wörterb. f. Naturwiss.ler u. Ing., 1969 - Liebh.: Literaturgesch. - Spr.: Russ., Engl., Franz.

HALBERSTADT, Ernst

Dr. med., Prof. f. Geburtshilfe u. Gynäk. Univ. Frankfurt/M. - Frankfurter Str. 19, 6101 Wixhausen.

HALBERSTADT, Gerhard

Gewerkschaftssekretär, Mitgl. DAG-Bundesvorst. (1980-87), Bundesarbeitsrichter (b. 1990) - Max-Eichholz-Ring 45b, 2050 Hamburg 80 (T. 040 - 738 48 08) - Geb. 18. Juni 1927 Hannover (Vater: Wilhelm H., Elektrotechniker; Mutter: Ida, geb. Christ), verh. in 2. Ehe (1980) m. Hildegard, geb. Golderer, T. Kerstin - Gymn. Hannover u. Chemnitz; Ausbild. Nieders. Landesvermessungsamt - S. 1954 (Volont.) DAG. Wiss. Mitarb. Friedrich-Ebert-Stiftg. (1971) u. Leit. Fritz-Erler-Akad. (1974) - BV: Mitwirkung u. -bestimmung d. Arbeitnehmers, 1972 (Komm.); Handb. d. Betriebsverfassungsrechts (1968, 72); D. fr. Wort, 2. A. 1979; Versammlung u. Demonstrat., 1987; Kommentar z. Tarifvertrag Versich.wirtsch., 1989; D. Recht d. Betriebsräte (m. Vorwort Dr. Norbert Blüm), 1992. Mithrsg.: Betriebsverfass. in Recht u. Praxis/Loseblattsamml. (1977ff.); D. Angestellten u. ihre Gewerkschaft (1991) - BVK - Liebh.: Lesen, Musik, Wandern, Fotogr. - Spr.: Engl., Franz.

HALBEY, Hans-Adolf

Dr. phil., Prof., Direktor Gutenberg-Museum a. D. - Liebfrauenplatz, 6500 Mainz (T. 12 26 40) - Geb. 19. Aug. 1922 (Vater: Hermann H.; Mutter: Maria, geb. Müller), ev., verh. m. Marianne, geb. Schwank, 4 Kd. (Joachim, Ulrike, Horst, Christoph) - 1957-77 Dir. Klingspormuseum, Offenbach - Rotarier.

HALBFAS, Hubertus

Dr. theol., Prof. f. Religionspädagogik Päd. Hochsch. Reutlingen (s. 1967) - Gräfin-Sayn-Str. 8, 5962 Drolshagen/Sauerland - Geb. 12. Juli 1932 Drolshagen/Sauerl., kath., verh. s. 1970 m. Ursula, geb. Hitzges, 3 Kd. (Ansgar, Bernward, Ina) - Gymn. Olpe; Phil.-Theol. Paderborn u. Univ. München (Theol.) - 1957-60 Vikar Brakel; 1960-67 PHThH Paderborn - BV: Handb. d. Jugendseelsorge u. -führung, 1960; Jugend u. Kirche, 1964; D. Religionsunterr., 1965; Fundamentalkatechetik, 1968; Aufklärung u. Widerstand - Beitr. z. Reform d. Religionsunterr. i. d. Kirche, 1971; Das Menschenhaus, 1972; Lehrerhandbuch Religion, 1974; Zus. m. F. Maurer u. W. Popp (Hg.), Neuorientierung d. Primarbereichs, 6 Bde., 1972-76; Religion (Reihe: Themen d. Theol.), 1976; D. Sprung in d. Brunnen, 1981; Das dritte Auge. Religionsdidaktische Anstöße, 1982; D. Welthaus. Religionsgesch. Leseb., 1983; Religionsunterr. in d. Grundsch., Bde. I-IV 1983-86; Religionsb. f. d. erste (b. vierte) Schulj., 1983-86; Wurzelwerk. Geschichtl. Dimensionen d. Religionsdidaktik, 1989; Religionsb. f. d. 5./6. Schulj., 1989.

HALBFASS, Hans-Joachim

Dr. med., Prof., Chirurg (Organtransplantation) - Zu erreichen üb. Städt. Klinikum, Postf., 2900 Oldenburg - Geb. 25. Febr. 1937 Nieder-Weisel (Vater: Karl H., Tierarzt; Mutter: Loni, geb. Halbfass), ev., verh. s. 1968 m. Inge, geb. Spalckhaver, 2 Kd. (Philipp, Julia) - Univ. Marburg, Zürich, Freiburg sowie Harvard Medical School Boston - Oberarzt Chir. Univ.klinik Freiburg u. Leit. Transplantationschirurgie; spez. Arbeitsgeb. Chir. portal. Hypertonie - BV: Mitarb. Lehrb. Allg. Chir., 1969; Lehrb. üb. Nierenkrankh., 1976; zahlr. Veröff. Dt. Med. Wochenschr. u. Ztschr. D. Chirurg.

HALBFASS, Wilhelm

Dr. phil., Prof. of Indian Philosophy Univ. of Pennsylvenia, Philadelphia, USA (s. 1973) - 1120 Montgomery Ave., Narberth, PA 19072, USA (T. 215 - 667 59 25) - Geb. 11. Mai 1940 Northeim/Hann., verh. s. 1968, 2 Kd. - 1959-66 Stud. Univ. Göttingen, Wien (Phil., Indol., Klass. Philol.), Studienstiftg. d. Dt. Volkes; Promot. (Phil.) 1966; Habil. (Indol.) Hamburg - 1970-73 Assist./Assoc. Prof. of Phil. St. Catharines, Canada; 1978/79 Gastprof. Münster, 1981/82 Hamburg, 1988 Tokyo, 1989/90 Berlin (Wiss.kolleg) - BV: Descartes' Frage n. d. Existenz d. Welt, 1968; Indien u. Europa, 1981 (erw. amerik. Ausg. 1988); Studies in Kumārila a. Sankara, 1983; Tradition and Reflection, 1991; On Being and What There Is, 1992 - Spr.: Engl., Franz., Lat., Griech., Sanskrit u. and. ind. Spr.

HALBGEWACHS, Ernst

Dipl.-Ing., Vorstandsmitgl. a. D. DEKRA Stuttgart - Eichenrain 14, 7148 Remseck 4 (T. 07146 - 4 17 57) - Geb. 8. Jan. 1929 Stuttgart, verh. s. 1959 m. Brigitte, geb. Spahn, Sohn Reinhard - Abit. 1948 Stuttgart; 1948-50 Lehre Kfz.-Handw.; 1950-56 Stud. TH Stuttgart; Dipl.-Ing. - 1967-84 Vorst.-Mitgl. Bereich Technik u. Vertrieb DEKRA Stgt. 1967-77 Techn. Ref. ONS-Oberste Nation. Sportkommiss. - BV: D. merkantile Minderwert, s. 1963 (10. Aufl.); D. Kraftfahrzeugsachverständige in d. Praxis, 1984; Sachverst. in e. Org. - Liebh.: Veteranen-Fahrzeuge, Schießsport - Spr.: Engl.

HALBIG, Karl

Friseurmeister, Präs. Handwerkskammer f. Mittelfranken (Nürnberg), Mitgl. Bayer. Senat (München) - Waldstr. 21, 8510 Fürth/Bay. - 1980 Bayer VO; 1984 Gr. BVK.

HALDER, Alois

Dr. phil., o. Prof. f. Geschichte d. Philosophie Univ. Augsburg/Kath.-Theol. Bereich (s. 1972) - Riedweg 18, 8900 Augsburg 28.

HALDER, Thomas

Leiter d. Zentralstelle d. Min. f. Kultus u. Sport Baden-Württemberg - Neues Schloß, 7000 Stuttgart 1 (T. 0711 - 2 79-25 34).

HALDER-SINN, Petra

Dr. phil., Prof., Hochschullehrerin f. Psychol. Diagnostik Univ. Gießen (s. 1981) - Postf. 11 33, 6231 Sulzbach - Geb. 7. Febr. 1944 Landshut (Vater: Rudolf H., Dipl.-Ing.; Mutter: Ilse, geb. Wagner), ev., verh. s. 1979 m. Dr. Helmut Sinn, 2 T. (Rebekka, Miriam) - 1964-68 Stud. Psych. Freiburg i.Br.; Dipl.-Psych. 1968; 1970 Promot. Dr. phil., Habil. Univ. Freiburg 1976 - 1977-80 Universitätsdoz. Freiburg; 1980-81 Prof. f. Psych. Freiburg - BV: Verhaltenstherapie, 1973, 3. A. 1984; Der Farbpyramidentest, 1975 (zus. m. R. Heiss), übers. ins Portug.; Verhaltenstherapie u. Patientenerwartung, 1977 - Spr.: Engl.

HALFWASSEN, Heinz

Dipl.-Kfm., Vorstandsmitglied ZANDERS Feinpapiere AG - Postfach, 5060 Bergisch Gladbach 2; priv.: Schreibersheide 42, 5060 Bergisch Gladbach 2 - Geb. 11. Aug. 1929, ev., verh. s. 1957 m. Helga, geb. Becker, 3 Kd. (Jens, Insa, Peer) - Geschäftsf. Gemeinn. Gartensiedlungs-Ges. Gronauerwald mbH, Gladbach, Vorst.-Mitgl. Arbeitgeberverb. d. Rhein.-Westf. Papiererzeug. Ind. Düsseldorf, AR-Vors. Ev. Krkhs. Berg. Gladbach gGmbH, weit. AR-Mand.

HALHUBER, Max J.

Dr. med., Prof., Ärztl. Direktor a. D. Herz- u. Kreislaufklinik Höhenried - An der Gontardslust 17, 5920 Bad Berleburg (T. 02751-75 66) - Geb. 29. Febr. 1916 Innsbruck - Promot. u. Habil. Innsbruck - Apl. Prof. Univ. Innsbruck u. TU München.

HALIN, Rudolf

Dr. rer. nat., Prof. f. Mathematik - Kaiser-Friedrich-Str. 4, 2410 Mölln - Geb. 3. Febr. 1934 Uerdingen/Krefeld (Vater: Wilhelm H., Studienrat; Mutter: Margarethe, geb. Limmer), ev. - Gymn. Uerdingen; Univ. Köln (Staatsex. 1960). Promot. 1962 - S. 1966 (Habil.) Lehrtätigk. Univ. Köln u. Hamburg (1971 Prof.). 1971/72 Gastprof. USA. S. 1991 Fellow of the Institute of Combinatoris and its Applications - BV: Graphentheorie I, 1980; Graphentheorie II, 1981. Üb. 60 Facharb. - Liebh.: Musik, Dichtung - Spr.: Engl., Franz.

HALLARD, Ruth

s. Tetzner, Ruth

HALLAUER, Fridolin J.

Dr. med. h. c., Ministerialdirigent, Honorarprof. f. Planungsprobleme im Hochbau Univ. Bochum - Abteiweg 25, 5650 Solingen-Gräfrath.

HALLAUER, Werner

Dr. med., Prof., Chefarzt II. Medizin. Klinik/Städt. Krankenhaus Kemperhof - 5400 Koblenz - Doz. Univ. Freiburg; Prof. Univ. Mainz (n. b.).

HALLE, Armin

Chefmoderator Aktuell Presse Fernsehen (SAT 1 BLICK), Hamburg/Mainz (s. 1985) - Von-Thünen-Str. 15, 2000 Hamburg 52 - Geb. 24. Febr. 1936 Lemgo (Vater: Dr. August H., Zahnarzt; Mutter: Paula, geb. Barlage), ev., verh. m. Marianne, geb. Akselsson, 3 Söhne - Abit.; 6 J. Bundeswehr (Jugendoffz); Stud. Päd. u. Phil. - Redakt. BR; Redakt u. Korresp. Südd. Ztg.; 1973-77 Leit. Inf. u. Pressestab Bundesmin. d. Vert., Bonn. 1977-79 Leit. Kommunikation- u. Information (Redeentwürfe) im Bundeskanzleramt, Bonn; 1979-83 Informationsdir. NATO, Brüssel - Moderator in Fernseh-Talkshows: NDR-Talkshow u. (ab 1982) Kölner Treff - BV: Geschichte d. Panzer; satir. Essays - Ang. Aachener Ordens wider d. tier. Ernst.

HALLEN, Otto

Dr. med., o. Prof. f. Neurologie - Werderstr. 34, 6800 Mannheim (T. 383 22 09) - Geb. 11. Aug. 1921 Düsseldorf (Vater: Hubert H.), Ehefrau: Rosemarie - Stud. Marburg, Bonn, Düsseldorf, Freiburg, Heidelberg. Promot. u. Habil. Heidelberg - S. 1959 Lehrtätigk. Univ. Heidelberg (1968 Ord. Fak. f. Klin. Med. Mannheim; 1972-74 Dekan). Zahlr. Fachveröff. (u. a. 2 Lehrbücher). Hrsg. v. Fachztschr.

HALLER, Frank

Dr. rer. pol., Dipl.-Volksw., Staatsrat b. Senator f. Wirtschaft, Mittelstand u. Technologie, Bremen - Katzbachstr. 31, 2800 Bremen 1 - Geb. 9. Okt. 1943 Verden, ev., verh. s. 1970 m. Marlene, geb. Maaßen, T. Eva - Univ. Bonn (Volkswirtsch.); Promot. 1972 Münster.

HALLER, Fritz

Geschäftsführer Bühler-Miag GmbH./Mühlenbauanstalt - Ernst-Amme-Str. 19, 3300 Braunschweig.

HALLER, Heinz

Dr. rer. pol., Drs. h. c., em. Prof., Staatssekretär a. D. - Dorfhalde 12, CH-8712 Stäfa, Kt. Zürich (Schweiz) - Geb. 19. März 1914 Schwenningen/N. (Vater: Martin H., Opernsänger; Mutter: Ursula, geb. Schlenker), ev., verh. s. 1939 m. Hildegard, geb. Maurer, 2 Kd. (Gert, Bettina) - Oberrealsch. Basel, Wuppertal-Barmen, Schwenningen; Univ. Tübingen (Promot. 1936) - 1938-46 Schwäb. Treuhand AG, Stuttgart (Buch- u. Bilanzprüfung), dazw. 1939-45 Wehrdst., s. 1946 Univ. Tübingen (Assist., 1948 Doz., 1953 apl. Prof.), Kiel (1954 Ord.), Heidelberg (1957), Zürich (1967-81), 1970-72 (Rücktr.) Staatssekretär (Bundesmin. d. Finanzen bzw. f. Wirtschaft u. Finanzen, Bonn) - BV (größtent. mehrere Aufl.): Gibt es e. Lohntheorie?, 1936; Typus u. Gesetz in d. Nationalökonomie, 1950; Lohnhöhe u. Beschäftigung, 1955 (m. W. Krelle); Finanzpolitik, 1957 (span. 1963, jap. 1971, türk. 1975); D. Steuern - Grundl. e. rationalen Systems öfftl. Abgaben, 1964; D. Problem d. Geldwertstabilität, 1966; Besteuerung u. Wirtschaftswachstum, 1970; Z. Frage d. zweckmäßigen Gestalt gemeindlicher Steuern, 1987 - Gr. BVK - Liebh.: Musik, Malerei - Spr.: Engl., Franz.

HALLER, Horst

Dr. phil., Prof., f. Dt. Sprache u. Literatur u. ihre Didaktik Univ. Dortmund - Am Derkmannsstück 75, 5840 Schwerte 4 (T. 7 04 19) - Geb. 30. Dez. 1930 Solingen (Vater: Josef H., Former; Mutter: Karoline, geb. Leonhardt), ev., verh. s. 1963 m. Ute, geb. Pabst - 1952-59 Kirchl. Hochsch. Wuppertal u. Univ. Münster (Ev. Theol., German., Phil., Päd.) - 1959 Assist.; 1961 Doz. Mithrsg.: Interpretationen zu Erzählungen d. Gegenw. 3. A. 1977 - Spr.: Engl, Franz.

HALLERBACH, Helga

Dr. med., Prof. f. Röntgenol. u. Strahlenheilkd. Univ. Bonn (s. 1969) - Meckenheimer Allee 164, 5300 Bonn - Geb. 9. April 1923 Bonn - Promot. 1949; Habil. 1961 - S. 1961 Lehrtätigk. Bonn - BV: Ergebnisse d. Kontrastdarst. d. thorakalen Aorta, 1967. Einzelarb. u. Filme.

HALLERMANN, Hermann

Dr. jur., Rechtsanwalt u. Notar, Konsul d. Niederlande - Flandernstr. 77, 4400 Münster/W. (T. 2 61 56) - Geb. 1. April 1924 Münster (Vater: Prof. Dr. jur. Hermann H., Rechtsanw. u. Notar (s. XIII. Ausg.)); Mutter: Regina, geb. Sträter), kath., verh. s. 1952 m. Hedi, geb. Berghoff, 2 Kd. (Hermann, Sybille) - Gymn.; Stud. Rechtswiss. - Aufsichts- (z. T. Vors.) u. Beiratsmandate - Rotarier.

HALLERMANN, Ludger

Dr.-Ing., Prof. f. Geodäsie, Leit. d. Abt. Ingenieurgeodäsie im Geod. Inst. Univ. Bonn s. 1974 - Schultheißstr. 20, 5300 Bonn 3 - Geb. 2. Nov. 1936 Hamm/W. - Promot. 1965; Habil 1973 - Bücher u. Aufs.

HALLGARTEN, Charles

s. Seufert, Karl Rolf

HALLIER, Hans Joachim

Dr. jur., Botschafter in Tokyo (s. 1986) - Zu erreichen üb. Ausw. Amt, Postf. 1500, 5300 Bonn 1 - Geb. 25. April 1930 Offenbach, verh., 2 Kd. - Stud. Rechtswiss. u. Volksw. Frankfurt/M. u. Cleveland/USA, 1. u. 2. jurist. Staatsprüf., Promot. 1962 - 1955-60 Wiss. Assist. u. Ref. Max-Planck-Inst. f. ausl. öfftl. Recht u. Völkerr., Heidelberg, s. 1960 Ausw. Dienst: Botsch. Jakarta (Leg.rat 1962-66), Botsch. Tokyo (Leg.rat I. Kl. 1966-69); s. 1972 Leit. Min.büro (als Vortr. Leg. I. Kl.), 1973 auch Leit. Leitungsstab, 1974-76 Botsch. in Malaysia, 1976-80 Leit. e. Unterabt. im A.A., 1981-83 Botsch. in Jakarta, 1983-86 Leit. Zentralabt. AA.

HALLMAN, Viola

Dr., Vorsitzende d. Geschäftsf. Theis-Gruppe - Bandstahlstr. 14-18, 5800 Hagen-Halden (T. 02331 - 6 93-0) - Geb. 8. Dez. 1944, verh. s. 1971 m. Arch., Dipl.-Ing. Olof Jon Hallman, Tochter Olivia-Cayetana - Stud. Wirtschaftswiss. Univ. Hamburg, Marburg, Padua; Intern. SMP '89 Harvard Business School, Boston, MA/USA; Promot. 1970 Univ. Padua - Vors. d. Geschäftsf. Friedr. Gustav Theis Kaltwalzwerke GmbH m. d. Werken Bandstahlwerk Hagen-Halden (1972), Verpackungssysteme Gelsenkirchen (1975), Edelstahlwerk Hagen-Fley (1977), u. Oberflächenveredlung Halver u. Hagen (1978), Friedr. Gustav Theis GmbH & Co., Flachdraht- u. Profilwerk Hagen-Hohenlimburg (1972), PKM-Maschinen GmbH & Co. KG, Balve - Maschinenbau f. Transport- u. Verpackungsanlagen, Chairman and Chief Executive Officer: Theis Precision Steel Corp. Bristol, CT/USA, Chairman of the Board and President: Theis of America Inc., Wilmington, Delaware/USA (1989); Theis Ibérica S.A., Urbi-Basauri (Vizcaya)/Spanien (1990) - BV: Unternehmer - Beruf ohne Zukunft? - 1979 Manager d. Jahres 1979 (Umfr. d. Ztschr. Capital); 1985 Mitgl. Bundesaussch. Betriebswirtsch. (BBW) d. Rationalisier.-Kurat. d. Dt. Wirtschaft, Eschborn (RKW); DIHT-Informationsaussch. d. Dt. Ind.- u. Handelstages, Bonn; Beiratsmitgl. d. Dt. Bank AG, Wuppertal; Präsidentin d. Marketing-Club Hagen e.V., Hagen - Liebh.: Lit., Gesch., Reiten - Spr.: Engl., Franz., Ital., Span., Russ., Niederl., Portug.

HALLSTEIN, Ingeborg

Kammersängerin, Mitgl. Bayer. Staatsoper, München (Lyr. Koloratursopran) - Tengstr. 35, 8000 München 40 - Geb. 23. Mai 1939 München (Vater: Kunstmaler), T. Konstanze - Abit.; Gesangsstud. b. Elisabeth Hallstein (Mutter; bek. Konzert- u. Liedersängerin d. 20er Jahre); Schauspielsch. Marie-Theres Gernot-Heindl; Ballettsch.; Klavierunterr. - S. 1961 ständ. Mitgl. d. Bayer. Staatsoper; gr. Gastspiele u.a.: Teatro Colon Buenos Aires (Schweigsame Frau - Titelpartie); Wiener Staatsoper (Königin d. Nacht - Zauberflöte, Sopie - Rosenkavalier, Zerbinetta - Ariadne auf Naxos); Covent Garden Opera House, London (Königin d. Nacht unt. Otto Klemperer); Kgl. Opernhaus Stockholm (Fiorilla - D. Türke in Italien); Concertgebouw Amsterdam (Elektra - Idomeneo); Opernhäuser Hamburg, Berlin, Stuttgart, Köln, Mannheim u.v.a.m.; zahlr. Konzerttourneen im In- u. Ausland - Zahlr. Uraufführungen v. Opern, Kantaten, Liedern; Festspiele im In- u. Ausland (u.a. Salzburger Festspiele; Mozart Festwochen, Salzburg; Wiener Festwochen; Schwetzinger Schloßfestspiele; Mozartwoche Interlaken; Festlicher Sommer Freiburg; Holland Festival, Amsterdam/Den Haag; Irland Festival; Festival van Vlaanderen) - Rundfunkprod. v. Opern- u. Operetten, Liedern, Oratorien - Fernsehauftritte u.a. in Dtschl., Engl., Frankr., Österr., Schweiz (Oper, Operette, Musical, Portraits, Liedsendungen) - Spielfilm "Wälsungenblut" m. Rudolf Forster, Regie Rolf Thiele (preisgekrönte Seitz-Prod.) - 1979 Prof. an d. Hochsch. f. Musik Würzburg - Bayer. Kammersängerin; versch. in- u. ausländ. Gesangswettbewerbspreise; 1971 Goldener Bildschirm; 1976 BVK; 1981 Ehrenmitgl. d. Robert-Stolz-Ges.; Ehrenmitgl. Weltbund z. Schutz d. Lebens - Liebh.: Musik, Zeichnen, Dichten, Kochen, Wandern, Tiere.

HALM, Heinz

Dr. phil., Prof. f. Islamkunde Univ. Tübingen - Auf den Beeten 7, 7403 Ammerbuch 4 - Geb. 21. Febr. 1942 Andernach (Vater: Fritz H., Mutter: Berta, geb. Gärtner), verh. s. 1974 m. Christa, geb. Guédé - Stud. Islamkd., Semitistik, Alte, Mittlere u. Neue Gesch. Univ. Bonn; Promot. 1967, Habil. 1975 in Tübingen - S. 1980 Prof. f. Islamkd. Univ. Tübingen; 1987-89 Prof. associé Univ. Paris IV (Sorbonne) - BV: D. Ausbreit. d. šafi'itischen Rechtsschule, 1974; Kosmologie u. Heilslehre d. frühen Isma'iliya, 1978; Ägypten nach d. mamlukischen Lehensregistern, 1979/82; D. islam. Gnosis, 1982; D. Schia, 1988; D. Reich des Mahdi, 1991.

HALM, Peter

Rechts-, Betriebs- u. Sportdezernent, Stadtdirektor Stadt Hannover - Rathaus, 3000 Hannover 1 - Geb. 18. Nov. 1938 Dresden, ev., verh., 2 Kd. - Stud. Volksw.; Dipl.-Volksw. - AR-Mitgl.

HALMÁGYI, Miklós
Dr. med., Prof. f. Anästhesiologie - Langenbeckstr. 1, 6500 Mainz - Geb. 17. Dez. 1933 Budapest - Promot. 1959 Heidelberg - S. 1961 Univ. Mainz (Habil. 1968) - Vorst.-Mitgl. Dt. Ges. f. künstliche Ernährung, u. Ges. Mainzer Narkophilisten - BV: Veränderungen d. Wasser- u. Elektrolythaushalts durch Osmotherapeutika, 1970. Üb. 250 Einzelarb.

HALSBAND, Heinrich
Dr. med., Prof., Direktor Klinik f. Kinderchirurgie Med. Univ. zu Lübeck - Dstl.: Ratzeburger Allee 160, 2400 Lübeck 1 (T. 0451 - 500 25 80); priv.: Im Trentsaal 9, 2400 Lübeck 1 (T. 0451 - 50 17 63) - Geb. 6. Okt. 1936 Bochum (Vater: Heinrich H., Ing.; Mutter: Hedwig, geb. Hardes), kath., verh. s. 1961 m. Marita, geb. Weidemann, 4 Kd. (Matthias, Michael, Marc, Simone) - Univ. Bonn, Göttingen, Kiel (Staatsex. u. Promot. 1962); Habil. 1977 Lübeck - S. 1978 Prof. in Lübeck (Dir. Klinik f. Kinderchir.) - Entw. v. Operationsverf. e. Ersatzplastik d. thorakalen Ösophagus m. freien Jejunumtransplantaten (1977). Rd. 80 Beitr. in med. Fachztschr. - 1978 Richard-Drachter-Preis Dt. Ges. f. Kinderchir. - Liebh.: Kinderbilder in d. Malerei, Reiten - Spr.: Engl.

HALSTENBERG, Friedrich

Dr. jur., Prof., Staatsminister a. D., Staatssekretär a. D. - Wirmerstr. 16, 4000 Düsseldorf (T. 0211 - 43 80 181) - Geb. 12. Juni 1920 Werfen (Vater: Friedrich H., Rektor i. R.; Mutter: Marie, geb. Steinmeier), ev., verh. m. Helga, geb. Schröder, 5 Kd. (Hans Günther, Regine, Wolf, Jost, Christine) - Stud. d. Rechtswiss. I. u. II. Staatsexamen (1951 u. 55) u. Promot. (1957) Köln - 1954-62 Generalsekr. Dt. Verb. f. Wohnungswesen, Städtebau u. Raumplanung; 1959-62 zugl. Beigeordn. u. Chefsynd. Verb. Kommunaler Unternehmen; 1962-65 Min. dirig. Bundesmin. f. Wohnungswesen, Städtebau u. Raumordnung; 1965/66 Dir. Siedlungsverb. Ruhrkohlenbezirk; 1967-72 Staatssekr. u. Chef Staatskanzlei NRW, 1972 Landtagsmand. NRW; 1972-75 Min. f. Bundesangelegenheiten u. d. Staatskanzlei; 1975-78 Finanzmin.; 1978-84 Bundesschatzmeister u. Mitgl. d. Präsid. d. SPD. S. 1963 Lehrbeauftr. u. Honorarprof. (1966) Techn. Hochschule bzw. TU Hannover (Planungs- u. Baurecht). Maßgebl. Anteil an d. Entwickl. d. Rechtes d. Landes-, Regional- u. Ortsplanung. - BV: u. a. D. Versorgungswirtsch. im Städtebaurecht, 1963; Bau - Boden, 1963 (m. Bonczek); Bau-Lexikon, 1963. Viele Einzelveröff. AR-Vors. Treuhand-AR DDVG, AR-Mitgl. Eschweiler Bergwerksverein (EBV), Mitgl. Akad. f. Raumforsch. u. Landesplanung (Hannover) u. Dt. Akad. f. Städtebau u. Landesplanung (Köln), Gr. BVK m. Stern u. Schulterbd. - Liebh.: Segeln, Motorboot - Spr.: Engl., Franz.

HALSTRICK, Adolf
Dipl.-Ing., Geschäftsführer Papierwerke Halstrick KGaA, Raubach/Ww. - Beirat Dt. Bank - Friedr.-Ebertstr. 36. 5450 Neuwied - Geb. 18. Nov. 1930.

HALSTRICK, Werner
Dr. jur., Gesellschafter, Geschäftsf. Papierwerke Halstrick KGaA, Raubach/Ww., Wellpappe Alzenau/Ufr.; Erw. Vorst. Verb. d. Wellpappenind., Darmstadt; Vizepräs. IHK Aschaffenburg - Am Wingert 14, 8759 Hösbach - Geb. 10. Nov. 1933 - Beirat Dresdner Bank AG, Düsseldorf.

HALTENBERGER, Axel
Geschäftsführer Landesversicherungsanstalt Niederbayern/Oberpfalz - Am Alten Viehmarkt 2, 8300 Landshut - Geb. 6. Jan. 1931 Aschaffenburg, ev., verh., 2 Kd. - Stud. Rechtswiss.; Gr. jurist. Staatsprüf. 1958 München - 1959 Ref. 1965 Mitgl. d. Geschäftsfg. u. s. 1977 Vors. d. Gfg. LVA Niederbayern/Oberpfalz - 1981 BVK; 1990 BVK I. Kl. - Spr.: Engl., Franz.

HALTER, Klaus
Dr. med., Prof., Chefarzt i. R. - Am Fischtal 76d, 1000 Berlin 37 (T. 813 50 88) - Geb. 16. Jan. 1909 Muskau/OL., verh. s. 1961 m. Karin, geb. Gerold, 1 Kd. - Promot. 1935 Breslau - 1935 Assist.-, 1938 Oberarzt (Hautklin.), 1941 Privatdoz. Univ. Breslau, 1946 Assist. Univ. Hamburg, 1947 Oberarzt, 1948 apl. Prof. Univ. Mainz, 1954 FU Berlin; 1951-72 Chefarzt Hautklinik Städt. Krkhs. Spandau. 1964 Vors. Berliner Dermatol. Ges. Üb. 60 fachwiss. Veröff. - Korr. Mitgl. Argentin. Ges. f. Dermatologie u. Syphililogie (1957) u. Österr. Dermatol. Ges. (1961), Ehrenmitgl. Berliner Dermatol. Ges. (1982).

HALTERMANN, Hermann Johann
Kaufmann, Aufsichtsratsmitglied Fa. Haltermann AG, Hamburg - Anna-Hollmann-Weg 9a, 2000 Hamburg 55 - Geb. 10. Okt. 1914 Hamburg (Vater: Johann H., Kaufm.; Mutter: Nelly, geb. Findlay), ev., verh. s. 1943 m. Lilli, geb. Mössen, gesch. 1969, 4 Kd. (Andreas, Marianne, Renate, Susanne), s. 1986 in 2. Ehe m. Jutta, geb. Schmidt-Egk - Kaufm. Lehre Hamburg; Pitman College London - 1935-37 Verkäufer in Schwed.; 1938-40 Kaufm. Angest. Hamburg; 1940 Prok. Johann Haltermann Hamburg, 1954-79 Geschäftsführer - 1975 BVK - Liebh.: Segeln, Garten - Spr.: Schwed., Engl., etwas Franz. - Bek. Vorf.: Kapt. Hermann H., Mitbegr. Dt. Seewarte in Hamburg 1885 (Großv.).

HAMACHER, Hermann
Dr. oec., Dipl.-Volksw., Geschäftsführer Fachverb. d. Kaffeemittelind. (1948-71) i. R. - Königstr. 21, 5300 Bonn (T. 21 07 98) - Geb. 14. Nov. 1906 Strempt, Kr. Schleiden (Vater: Peter H.; Mutter: geb. Liebertz), kath., verh. s. 1937 m. Gertrud, geb. Oehmen.

HAMACHER, Joseph
Dr. med., Univ.-Prof., Pharmakologe u. Toxikologe - Am Wingert 31, 5000 Köln 50 - Geb. 22. Aug. 1923 Köln; verh. s. 1953 m. Marianne, geb. Klöckner.

HAMANN, Brigitte, geb. Deitert
Dr. phil., Historikerin - Tallesbrunngasse 8, A-1190 Wien - Geb. 26. Juli 1940 Essen, verh. s. 1965, 3 Kd. (Sibylle, Bettina, Georg) - Stud. Gesch., German. Univ. Münster u. Wien; Promot. 1978 Wien - BV u.a.: Biographie Kronprinz Rudolf, 1978; Elisabeth Kaiserin wider Willen, 1981; Bertha v. Suttner, 1986. Herausg.: Lex. d. Habsburger (1988); Mozartbiogr. f. Kinder (1990) - Premio Comisso (Treviso); Donauland-Sachbuchpreis; 1991 Auswahlliste österr. Jugendbuchpreis; 1991 Gold. Ehrenzeichen f. Verd. d. Landes Wien.

HAMANN, Bruno

Dr. phil., Prof. f. Pädagogik Univ. München - Geschwister-Scholl-Platz 1, 8000 München 22 - Geb. 24. Mai 1927 Schlierstadt, kath., verh. s. 1954 m. Agnes, geb. Zankl, 5 Kd. (Heribert, Beate, Birgitta, Annette, Ulrike) - Lehramtsex. 1954 Univ. Freiburg, Promot. 1964 Würzburg - 1954 Lehrer, 1964 Doz., 1970 Prof. EWH Rhld.-Pf./Abt. Worms (1974 o. Prof.) - BV: D. Grundl. d. Päd., 1965; Religiöse Erzieh. als Unterr.prinzip, 1970; Sexualerzieh. in d. Schule v. heute, 1977; D. Problem d. Normativität in d. mod. Erziehungswiss.; 1979; Sozialisationstheorie auf d. Prüfstand, 1981; Jugend im Blickfeld d. Wiss., 1982; Päd. Anthropol., 1982; Geschichte d. Schulwesens, 1986; Familie heute, 1988; Sozialisation, 1989.

HAMANN, Carl Heinz
Dr. rer. nat., Prof. f. Angew. Physikal. Chemie Univ. Oldenburg - Kiebitzhörne 6, 2882 Ovelgönne 1 (T. 04737-437 u. 0441-798 38 06) - Geb. 17. Febr. 1938 Hamburg - BV: Lehrbücher f. Elektro- u. Physikal. Chemie - Liebh.: Automobilsport (Gold. Sportabz. ADAC).

HAMANN, Elisabeth
Dr. med., MdL Bayern (s. 1975) - Kräpelinstr. 63, 8000 München 40 (T. 300 25 32); priv.: Schenkendorfstr. 14, 8070 Ingolstadt (T. 39 77) - Geb. 1915 - SPD.

HAMANN, Evelyn

Schauspielerin - Wohnhaft in Hamburg - Geb. Hamburg (Vater: Bernhard H., Konzertmeister) - Staatl. Hochsch. f. Musik u. Schausp. Hamburg, Leit. Prof. Eduard Markus - Hauptrollen: Margarethe Tietze in Loriots Spielfilm Ödipussi; Spielfilm: Pappa ante portas (1991). Zahlr. TV-Aufg. u.a. Loriot I-VI, Carsta Michaelis in Schwarzwaldklinik, Special Evelyn u. d. Männer. Theater in Göttingen, Heidelberg, Bremen, Hamburg. Hörbuch-Cassette d. Romans Rebecca v. D. Du Maurier; Schallpl. m. Loriot. Eig. Soloabend m. Texten v. Loriot, Karl Valentin, Tucholsky u. Busch. Komödie Winterhuder Fährhaus in Hamburg u.a. Städten; Fromme Helene v. Wilhelm Busch als LP u. Compact (1989). Auftritt in d. Hamburger Musikhalle m. NDR Symphonie-Orch. Hannover m. Karneval d. Tiere (Text Loriot) - 1977 Gold. Kamera f. d. TV-Ansagerin m. d. TH-Versprecher; 1987 Gold. Publikumskamera in Bronze v. HÖRZU - Liebh.: Malen, Musik, Menschen - Spr.: Engl. - Bek. Vorf.: Jan Gesterkamp, Konzertm. in Hamburg (Großv.).

HAMANN, Günter O.
Dr., Prof., Fachhochschullehrer f. Informatik FH Wilhelmshaven, FB Wirtschaft - Bahnhofstr. 78, 2948 Schortens 1 (T. 04461 - 8 07 39) - Geb. 16. Juli 1942 Hamburg, verh. s. 1968 m. Dr. Kim, geb. Schultz, T. Maja Ahn Cha Rim - BV: Logik d. Programmierung, 3. A. 1985; Datenverarb. m. BASIC, 6. A. 1988; Datenverarb. m. COBOL a. d. Personal Computer, 3. A. 1989. Div. Bücher üb. versch. BASIC-Dialekte, Textverarbeitung, Betriebssyst., Schach-Programmierung.

HAMANN, Hans Heinz
Dipl.-Kfm., Geschäftsführer Kraftwerk Kassel GmbH., Kassel - Am Sandgraben 43, 3500 Kassel - Geb. 30. Dez. 1928.

HAMANN, Hans-Jürgen
Ehrenvorsitzender d. Aufsichtsrates Schering AG, Berlin/Bergkamen, 1. stv. AR-Vors. Zoolog. Garten Berlin - Schünemannweg 8, 1000 Berlin 46 (T. 774 10 75) - Geb. 26. Nov. 1914 Berlin (Vater: Albrecht H., Kaufm.; Mutter: Marie, geb. Hansen), verw. - Abit. - S. 1933 Schering AG, Berlin (langj. Auslandstätig. Buenos Aires u. Bogota, 1947 Vertriebschef Pharma Ausland, 1958-78 Vorst.-Mitgl., dann AR-Vors.). Div. Ehrenstell. u. Mandate. 1963-78 kolumbian. Honorarkonsul in West-Berlin - Condecoracion de Comendador, Orden von San Carlos; 1981 Gr. BVK, 1986 Stern dazu.

HAMANN, Karl
Dr. rer. nat., o. Prof. f. Techn. Chemie - August-Lämmle-Weg 46, 7250 Leonberg/Württ. - Geb. 8. Sept. 1906 Itzehoe/Holst. - Tätigk. chem. Ind.; s. 1953 Ord. u. Direktor Institut f. Techn. Chemie Univ. Stuttgart, zugl. Dir. Forschungsinst. f. Pigmente u. Lacke e. V. ebd.; emerit. 1977 - BV: Chemie d. Kunststoffe, 1960. Mithrsg.: Ullmann, Enzyklopädie d. Techn. Chemie - Spr.: Engl. - Rotarier.

HAMANN (Hamann-Mac Lean), Richard H. L.
Dr. phil., o. Prof. f. Kunstgesch. (emerit.) - Binger Str. 26, 6500 Mainz (T. 39 22 58); priv.: Niklas-Vogt-Str. 14 (T. 8 29 16) - Geb. 19. April 1908 Berlin (Vater: Prof. Dr. phil. Richard H., Kunsthistoriker †1961 (s. XIII. Ausg.); Mutter: Emily, geb. MacLean), ev., verh. s. 1934 m. Hedwig, geb. Fuhrmann, 4 Kd. - Promot. 1934; Habil. 1939 - 1934 Doz. Städelsch. Frankfurt/M., 1940 Privatdoz. Univ. Halle, 1945 Univ. Marburg, 1949 apl. Prof., 1964 Wiss. Rat, 1967 Ord. Univ. Mainz - BV: Beitr. z. Problem d. Naumburger Meisters, 1935/43/49/66/71/82; Olymp. Kunst, 1936; Frühe Kunst im Westfränk. Reich, 1939 (m. J. Verrier); D. Lazarusgrab in Autun, in: Marbg. Jb. f. Kunstwiss., 1936; Antikenstudium in d. Kunst d. Mittelalters, ebd. 1948; Merowingische oder frühromanisch?, in: Jb. Röm.-German. Zentralmuseum, 1957; D. Monumentalmalerei in Serbien u. Makedonien (11.-14. Jh.), 1963/76 (m. H. Hallensleben); Z. Baugesch. d. Kathedrale v. Reims, in: Gall-Gedenkschr., 1965; Zu Nikolaus v. Verdun, 1971-74 u. 1976-79; D. Freigrab, in: Ztschr. Dt. Verein f. Kunstwiss., 1978; D. Kathedrale v. Reims, in: Marbg. Jb. f. Kunstwiss., 1981; Reimser Denkmale d. franz. Königtums im 12. Jh., in: Nationes Bd. 4, 1982; Künstlerlaunen im Mittelalter, in: Skulptur d. MA - Funktion u. Gestalt

(hg. F. Möbius u. E. Schubert), 1987; Stilwandel u. Persönlichkeit (ges. Aufs.; hg. P. C. Claussen), 1988; D. Kathedrale v. Reims, T. I u. II, je 3 Bde. 1992. Herausg.: Forsch. z. Kunstgesch. u. christl. Archäol., Hefte d. Kunstgesch. Inst. Mainz; R. Hamann (†), Theorie d. bild. Künste, 1978 - Liebh.: Moderne Graphik.

HAMANN, Werner
Vorstandsmitglied Versorgungskasse d. Volksfürsorge V.V.a.G., Hamburg - Siebeneichen 15, 2000 Hamburg 62 - Geb. 18. Okt. 1929 - ARsmand.

HAMBERGER, Wolfgang
Dr., Oberbürgermeister - Stadtschloß, 6400 Fulda - B. 1969 Bürger-, 1970 Oberbgm. Fulda. Präs. Hess. u. Präs.-mitgl. Dt. Städtetag; Mitgl. Gewährträgervers. Hess. Landesbank. CDU.

HAMBLOCH, Hermann
Dr. rer. nat., Univ.-Prof. a. D. - Breslauer Str. 48, 4400 Münster/W. (T. 24 83 01) - Geb. 27. März 1929 Bielefeld - BV: Allg. Anthropogeogr., 1972, 5. A. 1982; D. Beneluxstaaten, 1977; Kulturgeogr. Elemente im Ökosystem Mensch-Erde, 1983; D. Mensch als Störfaktor im Geosystem, 1986. Aufs. in Fachztschr.

HAMBURGER, Michael
B.A., M.A., LITT. D. (h. c.) Univ. of East Anglia O.B.E (Officer of the Order of the Britisch Empire), Lyriker, Schriftst., Übers. - Middleton, Suffolk, England (T. 0728 - 7 32 47) - Geb. 22. März 1924 Berlin (Vater: Prof. Dr. med. Richard H., Kinderarzt; Mutter: Lili, geb. Hamburg), verh. s. 1951 m. Anne, geb. File, 3 Kd. (Mary Anne, Richard, Claire) - 1937-41 Westminster School London; 1941/42 u. 1947/48 Christ Church Oxford - 1943-47 Militärdst., dann fr. Schriftst., 1952-55 Asst. Lecturer Univ. College London, 1955-64 Lecturer u. Reader (ao. Prof.) Univ. Reading, 1966/67 Purington Prof. Mount Holyoke College (USA), 1974 Prof. Boston Univ. - BV in d. Bundesrep.: Hugo v. Hofmannsthal, 2 Studien, 1964; Jesse Thoor, Sonette, Lieder, Erz., 1965 (Hrsg.); Zwischen d. Sprachen, Prosa u. Ged. 1966; Vernunft u. Rebellion, 1969, 2. A. 1974; D. Dialektik d. modernen Lyrik, 1972 (Neuaufl. als Wahrheit u. Poesie, 1985); Gedichte (zweispr.), 1976; Lit. Erfahr., 1981; Heimgekommen, Ged. 1984; Verlorener Einsatz, Erinn. 1987; The Glade, Ged. engl./deutsch 1988; Witterungen, Ged. 1989. Engl./USA Lyrik: Flowering Cactus, 1950; Poems 1950-51, 1952; The Dual Site, 1957; Feeding the Chickadees, Ged. 1968; Travelling, Ged. 1969; Weather and Season, 1963; In Flashlight, 1965; Ownerless Earth, 1973; Real Estate, 1977; Moralities, 1977; Variations, 1981; Collected Poems, 1984; Trees, Ged. 1988; Selected Poems, Ged. 1988. Literaturkritik; Reason and Energy, 1957; From Prophecy to Exorcism, 1965; The Truth of Poetry, Ess. 1969; Art as Second Nature, 1975; A Proliferation of Prophets, 1984; After the second Flood, 1987; Testimonies, 1989. Übers.: Hölderlin, Goethe, Beethoven, Hofmannsthal, Büchner, Trakl, Grass, Celan, Huchel - 1963 Übersetzerpreis Kulturkr. Bundesverb. d. Dt. Ind., Köln; 1964 Dt. Akad. f. Sprache u. Dicht., Darmstadt; 1978 Schlegel-Tieck-Preis u. Wilhelm-Heinse-Preis; 1986 Goethe-Med. d. Goethe-Inst.; 1988 österr. Staatspreis f. Lit.; 1990 Europ. Übersetz.preis; 1991 Hölderlinpreis, Tübingen; 1992 Petrarca-Preis; Mitgl. Dt. Akad. f. Sprache u. Dicht., Darmstadt - Liebh.: Zoologie, Botanik, Musik - Spr.: Lat., Engl., Franz., Ital.

HAMDORF, Kurt
Dr. rer. nat., Wiss. Rat (Bereich Tierphysiologie), Prof. f. Sehphysiologie Univ. Bochum/Abt. f. Biol. (s. 1970) - Hiddinghauser Str. 5, 5812 Herbede-Bommerholz - Geb. 4. Okt. 1929 - Promot. (1958) u. Habil. (1968) Hamburg - S. 1969 Lehrtätigk. Bochum. Facharb.

HAMEL, Lambert
Schauspieler, Mitgl. Münchener Kammerspiele - Johann-v.-Werth-Str. 4, 8000 München 19 - Geb. 1940 - Fernsehen (u. a. Luther).

HAMEL, Peter Michael
Komponist - Hans Sachs Str. 10, 8000 München 5 - Geb. 15. Juli 1947 (Vater: Kurt Peter R., Regiss. u. Autor †1979) - Musikhochsch. München, TU Berlin - Zahlr. Orchesterw., zul. E. Menschentraum (Oper, UA. 1981 Kassel), Kassandra (Oper, UA. 1987 Frankfurt) - 1974 Bonner Beethoven-Preis, 1975 Stuttgarter Förderungspreis, 1977 Münchener Musikpreis, 1978 Preisträger Villa Massimo Rom; 1980 dtv: Durch Musik Zum Selbst (Taschenb.), Schallplatten bei Schott/Wergo, Mainz u. Kuckuck/Teldec.

HAMEL, Winfried
Dr. rer. pol., Univ.-Prof. f. BWL, Univ. Essen - Biggestr. 13, 5000 Köln-Lindenthal 41 - Geb. 5. Febr. 1943 Breslau, ev., verh. s. 1969 m. Brigitte, geb. Krüger - Dipl.-Kfm. 1967 Univ. Mannheim; Promot. 1972 Univ. München; Habil. 1979 Univ. Saarbrücken - 1987 Gastprof. Tsinghua-Univ. Peking/VR China; s. 1991 AR-Mitgl. KIROW Leipzig GmbH - BV: Zieländerungen im Entscheidungsprozeß, 1974; Bilanzierung unt. Mitbestimmungs-Einfluß, 1982; zahlr. Aufs.; Herausg.: Wiss. Reihe Untern.-führung u. Personalwirtschaft - Liebh.: Klass. Musik, Gesch. - Spr.: Engl., Franz.

HAMELMANN, Horst
Dr. med., o. Prof. f. Chirurgie - Arnold-Hellerstr. 7, 2300 Kiel (T. 597 43 01) - Geb. 26. Mai 1924 Gütersloh (Vater: Heinrich H., Realschullehrer), verh. m. Ingrid, geb. Essen - Schule Kolberg; Univ. Berlin, Prag, Münster. Promot. 1949; Habil. 1961 - S. 1961 Lehrtätigk. München (1967 apl. Prof.) u. Marburg (1969 Ord. u. Klinikdir.), 1978 o. Prof. Univ. Kiel. Dir. Abt. Allg. Chirurgie - Zahlr. Fachveröff.

HAMER, Isabel
s. Leins, Isabel

HAMER, Jürgen
Dr. med., Prof. f. Neurochirurgie Univ. Heidelberg (apl.), Neurochirurg, ltd. Oberarzt Univ.-Klinik Heidelberg - Am Fürstenweiher 41, 6900 Heidelberg-Ziegelhausen - Geb. 11. Jan. 1941 Münster.

HAMER, Sabine
Realschullehrerin, MdL Schlew.-Holst. - Rudolf-Kinau-Weg 30, 2202 Barmstedt - Geb. 13. Juli 1953, verh. s. 1982 m. Hans-Ulrich H., 2 Kd. (Karoline, Florian) - Abit.; 1. Staatsex. (Geogr. u. Sport) Kiel, 2. Staatsex. Pinneberg; Fernstud. z. Personalassist. Bad Harzburg - Ratsfrau Barmstedt, b. 1991 Mitgl. SPD-Landesvorst.

HAMERLA, Horst
Dr. jur., Dipl.-Kfm., Geschäftsführer MONA Strumpf- u. Wirkwaren F. W. Hofmann GmbH & Co., Karlsruhe, u. Kosmetikversand GmbH, Ettlingen - Carl-Hofer-Str. 20, 7500 Karlsruhe - Geb. 6. Mai 1929.

HAMESTER, Gustav
Fabrikant, Präsidialmitgl. Bundesverb. d. Dt. Süßwaren-Industrie - Elbchaussee 251, 2000 Hamburg 52 - Geb. 26. Jan. 1909 Basthorst - S. 1930 Hamburger Kakao- u. Schokoladenfabr. Gustav Hamester GmbH, Hamburg.

HAMEYER, Uwe
Dr. phil., Dipl.-Päd., Prof., z. Zt. Pädagogische Hochsch. Kiel u. Inst. f. d. Päd. d. Naturwiss. (IPN) Univ. Kiel - Olshausenstr. 62, 2300 Kiel - Geb. 11. April 1949, ev., verh. m. Birgit (Schulrätin), 2 Kd. (Anika Lena, Christoph) - Lehrer; Dipl.-Päd.; Promot. 1977 Kiel - B. Mai 1990 wiss. Dir. am IPN, s. Juni 1990 Prof. f. Päd. m. d. Schwerpunkt Schulpädagogik PH Kiel (C 4); 1979 Mitarb. d. OECD, Paris. S. 1980 mehrere Forsch.aufenth. in d. USA - BV: Innovationsprozesse, 1978; Lifelong Learning and the School Curriculum, 1979; Handb. d. Curriculumforsch., 1983; mehrere Bücher z. Informationstechn. Grundbildung u. Bücher in engl. Sprache üb. School Improvement (1985, 87 u. 89); Innovationsprozesse in d. Grundschule, 1992 - Liebh.: Fotografie, Tennis, Klavierspielen - Spr.: Engl., Franz.

HAMM, Bernd
Dr. rer. pol., Prof. f. Soziologie, Jean Monnet-Prof. f. europ. Studien, Dir. d. Zentrums f. europ. Studien Univ. Trier - 5500 Trier - Geb. 5. Aug. 1945 Groß Gerau (Vater: Franz H., Fahrlehrer; Mutter: Marianne, geb. Fink), verh., 2 Töcht. (Karin, Janka), in 2. Ehe verh. s. 1988 m. Sabine Hoffmann, 2 Söhne (Frank, Martin) - Mittl. Reife, Schrifts.-lehre, Univ. Bern (Soziol., Volks- u. Betriebsw., Arbeitsrecht); lic. rer. pol. 1974, Promot. 1975. 1964-69 Schrifts., 1974-77 fr. Forsch.- u. Berat.tätigk., s. 1977 Prof. f. Soziol. (insb. Siedl.- u. Planungssoziol.); 1985 Gastprof. Univ. Manitoba, Kanada, 1985 Univ. Rostock, 1991 Bauhaus Dessau; 1986-88 Lehrauftr. RWTH Aachen - BV: Betrifft: Nachbarschaft, 1973; Materialien z. Siedlungssoziol. (hg. zus. m. Peter Atteslander) 1974; D. Organisation d. städt. Umwelt, 1977; Lebensraum Stadt, 1979; Indikatoren d. Stadtentw., 1979; Einf. in d. Siedlungssoziol., 1982; Urban and Regional Sociol. in Poland and West Germany (hg.), 1984; Urbanism and Human Values (hg. zus. m. Bohdan Jalowiecki), 1984; Soziale Segregation im intern. Vergleich, 1987; The Social Nature of Space (hg. zus. m. Bohdan Jalowiecki), 1990; Progress in Social Ecology (hg.), 1992; Europe in the Making-Global and Regional Perspectives (hg. zus. m. Ali Kazancigil), 1992 - 1974 Seminarpreis Rechts- u. Wirtschaftswiss. Fak. Univ. Bern, 1978 1. Preis Julius Bär-Stift., 1984 Vors. Fachaussch. Sozialwiss. Dt. UNESCO-Kommiss. - Spr.: Engl., Franz.

HAMM, Berndt
Dr. theol., o. Prof. f. neuere Kirchengesch. Univ. Erlangen - Drosselweg 12, 8525 Uttenreuth (T. 09131 - 5 79 37) - Geb. 17. Nov. 1945 Tauberbischofsheim, ev., verh. s. 1969 m. Dr. Christel, geb. Balk, 2 Töcht. (Kerstin, Ulrike) - Theol.-Stud.; Ex. 1970, Promot. 1975, Habil. 1981 Tübingen - 1981-84 Doz. Tübingen; 1983/84 Pfarrer in Reutlingen (Marienkirche); s. 1984 Ord. Erlangen - BV: Relig. d. Menschheit, 1970; Freiheit u. Selbstbindung Gottes, 1977; Frömmigkeitstheol., 1982; Zwinglis Reformation d. Freiheit, 1988 - Liebh.: Bergsteigen, Dichtung, Klass. Musik, Chansons.

HAMM, Helmut A.
Dr. rer. nat., Wiss. Rat (Mathemat. Institut), Prof. f. Mathematik Univ. Münster - Südlohnweg 32, 4400 Münster/W.

HAMM, Jean-Paul
Vorstandsmitglied UAP Intern. Versich., Saarbrücken, Hauptbevollmächtigter L'Union des Assurances de Paris, Direktion f. Dtschl. - Neumarkt 15, 6600 Saarbrücken (T. 0681 - 50 05-0) - Geb. 23. Juli 1932 Straßburg - Univ. Straßburg - Spr.: Franz.

HAMM, Josef
Dr. med., Prof., Chefarzt Med. Klinik Städt. Krankenanstalten Remscheid (1966-86) - Bergfrieder Weg 7, 5630 Remscheid (T. 34 11 14) - Geb. 25. Juli 1920 Felbecke/W., verh., 3 Kd. - S. 1957 (Habil.) Lehrtätigk. Göttingen u. Marburg (1958; 1963 apl. Prof., gegenw. Hon.-Prof. f. Inn. Med.). Ca. 130 Veröff. Inn. Med. u. Arb.Med. - Spr.: Engl., Franz., Ital., Span.

HAMM, Ludwig
Dr. jur., Staatssekretär a. D., Rechtsanwalt - Leibnizstr. 48, 6750 Kaiserslautern - Geb. 6. Dez. 1921 Kaiserslautern, verh., 4 Kd. - Gymn.; Univ. Göttingen u. Mainz - 1940-45 Wehrdst. (zul. Oblt.); 1952-66 u. s. 1967 Rechtsanw.; 1966/67 Kabinett Rhld.-Pfalz (Wirtsch.min.); 1961-66 MdB (Vors. Gesundheitsaussch.). 1953-69 (Austr.) FDP (u. a. Vors. Bezirksverb. Westpfalz); s. 1971 CDU - Kriegsausz. (u. a. Dt. Kreuz in Gold), Gold. Ehrenz. d. dt. Ärzteschaft; Gold. Ehrennadel d. E.U.

HAMM, von, Michael
Verleger, Geschäftsf. Flensburger Zeitungsverlag GmbH., Flensburg - Lutherstr. 13, 2380 Schleswig - Geb. 6. April 1938.

HAMM, Richard
Dr. jur., Notar, Ehrenpräs. Bundesnotarkammer u. Rhein. Notarkammer, Köln - Lortzingstr. 1, 5000 Köln 41 (T. 40 24 64) - Geb. 12. Jan. 1911 - 1972 Gr. BVK, 1980 Stern dazu - Rotarier.

HAMM, Walter
Dr. rer. pol., em. o. Prof. f. Volkswirtschaftslehre - Zur Klause 28, 3550 Marburg 6 (T. Marburg 8 11 74) - Geb. 30. Nov. 1922 Frankfurt/M., ev., verh. s. 1950 - Univ. Frankfurt (Dipl.-Volksw. 1948). Promot. 1952 Frankfurt; Habil. 1961 Mainz - 1961 Privatdoz. Univ. Mainz; 1963 Ord. Univ. Marburg. VR-Mitgl. Forschungsinst. f. Wirtsch.politik Univ. Mainz; Kurator u. Gesellsch. FAZIT-Stift. Gemeinnützige Verlagsges. mbH, Frankfurt - Goldene Ehrennadel Dt. Genossenschafts- u. Raiffeisenverb.; 1988 Ludwig-Erhard-Preis f. Wirtschaftspubliz. - Spr.: Engl. - Rotarier.

HAMM-BRÜCHER, Hildegard, geb. Brücher
Dr. rer. nat., Dr. h. c., Staatsministerin a.D. (1977-82, Auflös. soziallib. Koalition), MdB (s. 1976) - Zul. 5300 Bonn - Geb. 11. Mai 1921 Essen (Vater: Dr. Paul Brücher; Mutter: Elisabeth, geb. Pick), ev., verh. m. Dr. jur. Erwin Hamm (CSU-Stadtrat München, Betriebs- u. Krankenhausref.), 2 Kd. (Florian, Verena) - Schulen Berlin, Dresden, Salem, Konstanz; 1939-45 Univ. München (Chemie). 1949/50 Stip. Harvard Univ. (USA) - 1945-48 wiss. Redakt. D. Neue Ztg., München; 1967-69 Staatssekr. Hess. Kultusmin.; 1969-72 (Rücktr.) Staatssekr. Bundesmin. f. Bildung u. Wiss. Ab 1948 Mitgl. Stadtrat München; 1950-66 u. 1970-76 MdL Bayern (1972 Fraktionsvors.). Gründerin Vors. Stiftg. Theodor-Heuss-Preis, div. Ehrenstell. FDP s. 1948 (1972-76 stv. Bundesvors.); Initiatorin u. Sprech. d. Interfrakt. Initiative Parlam.reform im BT - BV: Lernen u. Arbeiten - Berichte üb. d. sowjet. Schul- u. Bildungswesen, 1965; Auf Kosten unserer Kinder, 1965; Aufbruch ins Jahr 2000 oder Erziehung im techn. Zeitalter, 1967 (rororo-Taschenb.); Gegen Unfreiheit in d. demokr. Gesellschaft, 1968; Unfähigkeit z. Reform?, 1972; Reform d. Reform, 1973; Bildung ist k. Luxus, 1976; Kulturbeziehungen weltweit, 1979; D. Politiker u. s. Gewissen, 1983 u. 87; Theodor Heuss-Biogr., 1983; Gerechtigkeit erhöht e. Volk, 1984; Kämpfen f. e. demokr. Kultur, 1986; D. freie Volksvertreter - eine Legende?, 1990 - 1982 Ehrendoktortitel Kath. Univ. Lima (Peru); 1966 Wolfgang-Döring-Med.; 1984 W.-Leuschner-Med. Mitgl. dt. PEN Zentrum u. d. EKD Synode - Liebh.: Schwimmen, Skilaufen, Lesen.

HAMMACHER, Klaus
Dr. phil., Prof. f. Philosophie RWTH Aachen - Schillerstr. 63, 5100 Aachen - Geb. 24. Nov. 1930 Aachen (Vater: Karl H., Forstrat; Mutter: Cläre, geb. Flötgen), kath., verh. s. 1958 m. Silvia, geb. Delseith, 3 S. (Ludwig, Georg, Achim) - Univ. Freiburg, Bonn, München, Köln (Phil., Gesch., Dt., Rechtswiss.; Staatsex. 1959). Promot. 1958; Habil. 1967 - 1970ff. apl. Prof. - BV: D. Phil. F. H. Jacobis, 1969; Unmittelbarkeit u. Kritik b. Hemsterhuis, 1970; F. H. Jacobi. Katalog e. Ausst., 1985. Hrsg. F. H. Jacobi - Philosoph u. Literat d. Goethezeit,

1971; Erneuerung d. Transzendentalphil., (m. A. Mues) 1979; D. transzendentale Gedanke, 1981; Descartes: Les Passions de l'Ame, 1984. Mithrsg.: Studien z. Transzendentalphil. (1981ff.). Div. Abh. - Spr.: Engl., Franz., Ital.

HAMMACHER, Konrad

Dr. med., o. Prof., Ärztl. Direktor i. R. Lehrstuhl II f. Gynäkologie u. Geburtshilfe (Geburts- u. Perinatal-Medizin) Univ. Tübingen (1977-85) - Vorländerweg 48, 4400 Münster - Geb. 29. Jan. 1928 Essen (Vater: Heinrich H., Dr. med., prakt. Arzt; Mutter: Berta, geb. Troullier), kath., verh. s. 1958 m. Dr. Monika, geb. Schilde, 3 Kd. (Susanne, Ralph, Barbara) - Helmholtz-Gymn. Essen, Univ. Bonn u. Innsbruck, Promot. 1958 Düsseldorf, Habil. 1974 Basel - S. 1985 aus gesundheitl. Gründen als Facharzt u. Ärztl. Dir. im Ruhest. - Erf.: Cardiotokographie: Überwach. d. Herztätigk. d. ungebor. Kindes u. d. mütterl. Wehen; Feedbackgeregelte Elektrodenheiz. z. Messung v. Gasdrucken durch d. Haut insbes. b. Neugeborenen; Cardiorespirator; Herzphasen-gesteuerte künstl. Beatmung z. Verbess. d. Lungenperfusion - BV: D. kontinuierl. elektron. Überwachung d. fetalen Herztätigk. vor u. während d. Geburt, Bd. II Stuttgart 1967 (span. A. 1970); The clinical significance of Cardiotocography, Stuttgart 1969; Über d. Anwendung d. Cardiotokographie (CTG) i. d. Spätschwangerschaft u. unter d. Geburt, München 1974; Kardiotokografija (m. M. S. Ramzin), Zagreb 1977 (in jugosl. Spr.). Üb. 80 Fachveröff. in dt. u. ausl. Fachzeitschr. - Maternité-Preis Dt. Ges. f. Perinatale Medizin, 1969; s. 1982 Ehrenmitgl. Ges. f. Geburtshilfe u. Gynäkol. Berlin, Niederrh.-Westfälische Ges. f. Gynäkol. u. Geburtshilfe; 1986 Ehrenplak. Ges. f. Perinatale Med. - Liebh.: Wassersport, Photographie - Lit.: Brockhaus-Enzyklopädie (1973) 18. Bd., S. 741; Mensch u. Gesundheit. Bertelsmann Lexikothek (1973) S. 20; 25 Jahre Bundesrepublik Deutschland, Fritz Molden Verlag (1974) S. 307 - Spr.: Engl.

HAMMAD, Farouk

Dipl.-Ing., Univ.-Prof. f. Industrial Design Hochsch. f. Bildende Künste Braunschweig - Vogelsangweg 6, 3013 Barsinghausen 1 (T. 05105 - 8 33 46) - Geb. 23. Mai 1933 Alexandria, Muslim, verh. s. 1962 m. Ingeborg, geb. Kramer, T. Karima - Techn. Industrie-Dipl. 1954 Abutig; Stud. Päd. (Kunst, Math.) 1957 Assut; Abschlußex.; Industrial Design 1960 WKS Hannover; allgem. Maschinenbau 1970 Univ. Hannover - Doz. f. Kunst u. Leit. d. Plastikabt. in Kairo; Wiss. Assist. Univ. Hannover, Industrial Design; Techn. Mitarb. im Vorst. d. Fa. Meaplan. Frankfurt; Lehrbeauftr. FH Hannover, Univ. Hannover u. Univ. Braunschweig; Univ.-Prof. f. Industrial Design an d. HBK Braunschweig; Industrial Design-Sem. im Ausl. Mitgl. d. VDI, VDID, IDZ u. BDÜ - Übers. in d. arab. Spr. - Liebh.: Malen, Fotogr. - Spr.: Arab., Engl.

HAMMANN, Peter

Dr. oec. publ., Dipl.-Kfm., o. Prof. f. Betriebswirtsch.lehre Univ. Bochum (s. 1974) - Wasserstr. 66, 4630 Bochum 1 - Geb. 2. April 1938 München (Vater: Dr. Ernst H., Kaufm.; Mutter: Margherita, geb. Euler), verh. s. 1968 m. Ursula, geb. Seyboth, 3 Kd. (Sabine, Christoph, Michael) - Promot. (1965) u. Habil. (1970) München - 1966-70 Univ. München; 1970-74 Prof. TU Berlin (1970-72 Dekan); 1972-73 Massachusetts Inst. of Technol., Cambridge/USA. In- u. ausl. Fachmitgl.sch., dar. Präs. Europ. Acad. f. Adv. Res. in Marketing; Vizepräs. Dt. Marketing-Vereinig. - BV: Neuere Ansätze d. Marketingtheorie, 1974 (m. W. Kroeber-Riel, C. W. Meyer); Entscheidungsanalyse im Marketing, 1975 (m. B. Erichson, W. D. Scheel); Marktforschung, 2. A. 1990 (m. B. Erichson) - Liebh.: Lit., Kunst, Musik - Spr.: Engl., Franz., Ital.

HAMMAR, Carl-Heinz

Dr. med., Prof., Chefarzt Med. Klinik II/ Städt. Klinik/Fulda - Anton-Schmitt-Str. 23, 6400 Fulda - Geb. 18. Juli 1930 Kiel - Promot. 1957 Mainz - S. 1970 (Habil.) Lehrtätigk. Univ. Mainz (gegenw. n. b. Prof. f. Inn. Med.).

HAMMEL, Anton Dieter

Dr., Geschäftsführender Direktor Mitteldt. Simonsbrot-Fabrik - Weidenhäuser Str. 2, 3440 Eschwege (Tel. 05651 - 86 74) - Geb. 29. Juli 1937 Eschwege, verh. m. Ute Hammel-Feith, 2 Kd. - Präs. Verb. d. Dt. Brot- u. Backwarenind., Düsseldorf; Mitgl. Vollvers. IHK Kassel; Vorst.-Mitgl. Forschungskreis d. Ernährungsind., Bundesvereinig. d. Ernährungsind.; AR-Mitgl. Volksbank Kassel - Mehrere Patente - Spr. Engl., Franz.

HAMMEL, Walter

Dr. phil., Prof. f. Pädagogik Univ. Paderborn (s. 1970) - Rolandsgärten 1, 4790 Paderborn/W. - Geb. 1. Jan. 1928 Oberhausen - Promot. 1951 Freiburg - BV: u. a. Krise u. Bildung, 1967; Wandel d. Bildung, 1970; Bildsamkeit u. Begabung, 1970; Autorität, 1973; Aspekte sittl. Erzieh., 1976; Lernen u. Lehren, 1982; Jugend zw. Beansspruch. u. Selbstverwirklichung, 1985; Natur-Erfahrungen, Natur-Einstellungen, 1987. Zahlr. Einzelarb.

HAMMEN, Werner

Kaufmann, Vors. Wormser Getreide- u. Produktenbörse - Zu erreichen üb.: Mälzerei Schill., 6522 Osthafen.

HAMMER, Achim

Schauspieler, Fernsehmoderator - Maximilian-Wetzger-Str. 3, 8000 München 19 (T. 089 - 15 51 59) - Geb. 12. Dez. 1940 Plauen (Vater: Werner H., Kaufm.; Mutter: Hildegard H.), verh. s. 1983 m. Beatrice, geb. Schmöger - 1957-60 Staatl. Schauspielsch. Berlin - 1970 Ende d. Engagements Schausp.haus Zürich (Prometheus, Gräfin v. Rathenow, u.a.). Moderat. im FS, u.a. Kino aktuell, (BR III) 1980, Weltsprache Musik (ZDF) 1982/83, Die Germanen (ARD) 1984, Maria Stuart (ZDF) 1988, Schlösser u. Gärten in d. DDR (WDR) 1989; div. Hörfunkprod. 88/89.

HAMMER, Christian

Dr. rer. nat., Vorstandsmitglied Aachener u. Münchener Versicherungs-AG., Aachen - Obersteinstr. 77, 5190 Stolberg/ Rhld. - Geb. 17. Febr. 1921 Stolberg.

HAMMER, Günter

Herausgeber - Zu erreichen üb. Westf. Rundschau, Bremer Str., 4600 Dortmund - Geb. 29. März 1922 Essen, verh. s. 1954 m. Ilse, geb. Niggemann - Volkssch.; kaufm. Lehre; Abendsch.; Priv. Sprachsch. (Engl., Franz) - Ab 1938 kaufm. Angest., 1942-48 Wehrdst. u. Kriegsgefangensch., dann Mitarb. Westf. Rundschau (1951 stv., 1968 Chefredakt.). 1970-85 VR-Mitgl. (vorher stv. Rundfunkratsvors.) WDR - Spr.: Engl.

HAMMER, Hans Herbert

Dr.-Ing., Dipl.-Ing., em. o. Prof., Direktor Inst. f. Brennstoffchemie u. Physik.-chem. Verfahrenstechn. TH Aachen (1972-90; 1973-75 Leit. Fachabt. Chemie/ Biol.) - Sandweg 11, 5100 Aachen (T. 0241 - 80 65 60; priv.: 17 26 87) - Geb. 10. Dez. 1924 Elbing/Westpr. (Vater: Arthur H., Obering.; Mutter: Erna, geb. Clausnitzer), ev., verh. s. 1954 m. Gudrun, geb. Boesler, 3 Kd. (Karsten, Ute, Gerhild) - Stud. TU Berlin; Promot. 1959 (Chem.); Habil. 1968 (Techn. Chemie) - 1942-49 Kriegsdst. u. -gefangensch.; 1968 Privatdoz., 1969 Wiss. Rat u. Prof. TU Berlin (dazw. Ind.tätigk.). 1978-85 Lehrbeauftr. Univ. Paderborn. Mitgl. GDCh, Dt. Ges. f. chem. Apparatewesen u. Dt. Ges. f. Mineralölwiss. u. Kohlechemie. B. 1976 Präsidiumsmitgl. Synode d. Ev. Kirche d. Union Bundesrep. u. Berlin-West; 1973-74 Mitgl. Senat TH Aachen; div. Ehrenämter Ev. Kirche Berlin-Brandenburg (b. 1972) u. Rhld. (b. 1982); Vertrauensdoz. Konrad Adenauer-Stiftg. f. Aachen (1973-90) - Forsch. Schwerpkt.: Heterogene Katalyse, chem. Reaktionstechnik, Kohlechemie, Umweltschutz, Computer in d. Techn. Chemie - Spr.: Engl., Franz.

HAMMER, Hans Otto

Dr. rer. nat., o. Prof. f. Chemie u. ihre Didaktik Univ. Köln - Siebengebirgsallee 34, 5000 Köln 41 (T. 0221 - 41 25 60) - Geb. 30. März 1924 Kenten/Krs. Bergheim-Erft - Univ. Köln u. Bonn (Chem. u. Physiol. Chem. u. Zool.), 1. u. 2. Staatspr. f. d. Lehramt Gymn. 1955-70 Höh. Schuldst., s. 1970 o. Prof. PH Ruhr/Abt. Essen, 1972 GH Essen, 1975 PH Rhld./Abt. Köln, 1980 Univ. Köln. S. 1976 Mithrsg. Schriftenr. D. Chemieunterr.

HAMMER, Klaus

Dr. jur., Vorstandsmitglied Deutsche Ausgleichsbank, Bonn (s. 1970) - Kronprinzenstr. 10, 5300 Bonn 2 (T. 83 15 12) - Geb. 6. Febr. 1923, ev., verh. s. 1966 m. Rita, geb. Rössler (Reg.-Dir.), S. Michael - Goethe-Sch. (W'dorf) u. Univ. Berlin (Rechts- u. Staatswiss.) - Zul. Hauptgeschäftsf. Verb. öfftl.-rechtl. Kreditanstalten, Bonn - BV: Emissionsrecht, 1963; Bilanzen d. Kreditinst., 1979; Realkreditgesetze, 1974. Herausg.: Archiv bankrechtl. Entscheidungen (1958) - Spr.: Engl., Franz., Ital.

HAMMER, Rainer

Geschäftsführer Schuhfabrik Ferdinand Rinne GmbH., Hess. Oldendorf - Nonnenkamp 8, 3253 Hess. Oldendorf - Geb. 17. Febr. 1934.

HAMMER, Rudolf

Landrat a. D. - An d. Markscheide 14, 6900 Heidelberg (T. 3 50 72) - Geb. 8. Jan. 1912 Ludwigshafen/Rh. (Vater: Richard H., Redakt.; Mutter: Friederike, geb. Müller), verh. s. 1947 m. Helene, geb. Holl, 3 Kd. (Eckart, Jutta, Ulrich) - HH Mannheim (Wirtschaftswiss.); Dolmetscher-Inst. Mannheim/Heidelberg (Franz., Rumän.) - B. 1935 Auslandskorresp. Knoll AG, L'hafen, dann Prokurist Knoll S.A.R., Bukarest, 1942-45 Wehrdst., 1945-48 Reg.rat Bezirksreg. Neustadt/Weinstr., anschl. Landrat L'hafen u. Frankenthal (1951) - BV: La Trace de l'Homme / D. Spur d. Menschen, (2spr. im Selbstverlag) - Spr.: Franz., Rumän., Engl. - Rotarier.

HAMMER, Walter

Präsident i.R. Kirchenamt d. EKD, AR-Vors. Ev. Familienfürsorge, Detmold - Mommsenstr. 1, 2800 Bremen 1 - Geb. 5. Aug. 1924.

HAMMERICH, Kurt

Dr. phil., Prof., Soziologe - Kommendeweg 24, 5000 Köln 40 (T. 02234 - 7 84 63) - Geb. 31. März 1940 Borken/ W. (Vater: Artur H., Finanzbeamter; Mutter: Anny, geb. Hillers), kath., verh. s. 1966 m. Christa, geb. Gerfertz, 3 Kd. (Stefan, Georg, Magdalena) - S. 1971 Lehrtätigk. TH Aachen - BV: Aspekte e. Soziol. d. Schule, 1975; Krit. Studien z. Freizeitpäd. u. -soziol., 1978; Soz. Engagement u. wiss. Legitimierung, 1991. Mithrsg.: Texte z. Soziol. d. Sports (1979) u. Materialien z. Soziol. d. Alltags (1978) - Spr.: Engl.

HAMMERICH, Kurt

Dr. rer. pol., Leiter d. Marketingforschung d. ExperConsult GmbH, Wachstums-, Innovations- u. Gründungsberat. GmbH, Dortmund - Thesdorfer Weg 121, 2080 Pinneberg (T. 04101 - 6 37 17) - Geb. 7. Nov. 1931 Kr. Segeberg/Holst., ev., verh. m. Erika, geb. Merkel, 4 Kd. - Dipl.-Volksw. 1957, Promot. 1961 - Führungsposit. im Marketing (Verkaufsleit., Produktmanager, Marktforscher) - Liebh.: Psych., Lit., Sport - Spr.: Engl., Franz.

HAMMERL, Johann

I. Bürgermeister - Rathaus, 8077 Reichertshofen/Obb.; priv.: Marktstr. 8 - Geb. 13. März 1927 Reichertshofen.

HAMMERMANN, Herbert

Dipl.-Ing., Patentanwalt, Präs. Dt. Erfinderring/Intern. Neuheitenring - Schlegelstr. 17, 8500 Nürnberg - Geb. 18. Sept. 1898.

HAMMERS, Paul

Geschäftsf. Gesellschafter d. Hammers Beteiligungsges. m.b.H., Hamburg - Schemmannstr. 12, 2000 Hamburg 65 - Geb. 9. Nov. 1914.

HAMMERSCHMID, Josef

Dipl.-Ing., I. Bürgermeister Stadt Vohburg (s. 1978) - Rathaus, 8075 Vohburg/ Donau; priv.: Gimpelweg 14 - Geb. 10. Juni 1931 Vohburg - Maschinenbau, insb. Landm.

HAMMERSCHMID, Josef

Dr. med., Arzt, Schriftsteller, (Ps. Josef Gollwitzer) - Burgweg 3, 8023 Pullach (T. 089 - 793 18 00 - 793 33 43) - Geb. 15. Febr. 1920 München (Vater: Josef H., städt. Angest.; Mutter: Rosalie, geb. Augustin), kath., verh. s. 1960 m. Lisa, geb. Gollwitzer, 5 Kd. (Margot, Ulrike, Evelyne, Helmut, Klaus) - Univ. München, Promot. 1950 München - 1958-67 Chefarzt - Entd.: 1952 Wundgranulationshormone Chirurg. Univ. Klinik München - BV: D. 6. August, R. 1975 (engl. africans); D. aufgeklärte Patient, 1976; Wörterbuch d. med. Fachausdrücke, 1978; Mutterschaftsvorsorge, Fortbild.sfilm f. Ärzte, 1. Univ. Frauenklinik München - Spr.: Engl., Franz.

HAMMERSCHMIDT, Ernst

Dr. theol., Dr. iur., Dr. phil., Mag. iur., M. Litt., D. Litt., o. Prof. f. Afrikan. Sprachen u. Kulturen, Bischofskoadjutor d. Altkath. Kirche Österreichs - Hegestr. 39, 2000 Hamburg 20 (T. 460 19 02) u. Fasangasse 49a/17, A-1030 Wien (T. 799 28 67) - Geb. 29. April 1928 Marienbad, alt-kath., verh. s. 1955 m. Ilse, geb. Brüner, 2 Kd. (Ulrich, Verena) - Stud. Phil., Oriental. Sprachen, Theol., Rechtswiss. Bamberg (1946-48), Innsbruck (1949/50), St. Florian (1950/51), Salzburg (1951/52), Wien (1952/53), Münster/W. (1954/55), Oxford (1955-57), Wien (1957/58 u. 1980-86). Promot. 1952, 53, 86 u. 89. Priesterweihe 1958 - S. 1962 (Habil.) Lehrtätigk. Univ. Saarbrücken (1968 apl. Prof.) u. Hamburg (1970 Ord.). Synodalexaminator (1988). Allgem. beeideter gerichtl. Dolmetscher f. d. äthiop. Sprache (1991) - BV: Grundriß d. Konfessionskunde, 1955 (ital. 1957); D. kopt. Gregoriosanaphora, 1957; Äthiop. liturg. Texte d. Bodleian Library in Oxford, 1960; Studies in the Ethiopic Anaphoras, 1961, 2. A. 1988; Kultsymbolik d. kopt. u. d. äthiop. Kirche, in: Symbolik d. Religionen X, 1962; Stellung u. Bedeut. d. Sabbats in Äthiopien, 1963; Symbolik d. oriental. Christentums (Tafelbd.), 1966; Äthiopien - Christl. Reich zw. Gestern u. Morgen, 1967; Äthiopistik an dt. Univ., 1968 (engl. 1970); Illuminierte äthiop. Handschr., 1968 (m. O. A. Jäger); Äthiop. Handschr. v. Tānāsee, 1 1973, 2 1977; Codices Aethiopici, 1 1977; Äthiop. Handschr., 1 (Staatsbibl. Berlin) 1983 (m. V. Six). Herausg.: Äthiopist. Forschungen (s. 1977). Mithrsg.: Intern. Kirchl. Ztschr. (s. 1990). Zahlr. Fachaufs. - 1967 Fellow Higher Inst. of Coptic Studies, Kairo; 1968 Kardinal-Innitzer-Preis (Österr.); 1990 Maria-Magdalenen-Orden d. Poln.-Orthodoxen Kirche; 1990 Ausw. Mitgl. d. Akad. gemeinn. Wiss. zu Erfurt - Liebh.: orientalist., theol. u. jurist. Literatur (Privatbibl.) - Spr.: Engl. - Österr. Staatsangeh.

HAMMERSCHMIDT, Jost

Dr. rer. pol., Dipl.-Kfm., Mitglied d. Bereichsvorst. Private Kommunikationssysteme Siemens AG - Hofmannstr. 51, 8000 München 70 (T. 089 - 722 - 2 60 88) - Geb. 1935 Nürnberg, verh. - BV: Inflationsrechnung im Untern., 1984.

HAMMERSCHMIDT, Rudolf
Dr. jur., Rechtsanwalt, Landesgeschäftsführer Dt. Rotes Kreuz Rheinl.-Pfalz - DRK, Mitternachtsgasse 4, 6500 Mainz (T. 06131 - 28 28-0) - Geb. 13. Sept. 1950 Limburg - Geschäftsf. DRK Krankenhaus GmbH Rheinl.-Pfalz; AR-Vors. Bank f. Sozialwirtschaft - Ritter v. hl. Grab - Rotarier.

HAMMERSCHMIDT, Wolfgang
Autor, Dramaturg - Hohe Str. 8, 6229 Schlangenbad 3 - Geb. 6. Febr. 1925 Cottbus - Gymn.; 1943-45 polit. Verfolgung, Haft, Flucht, Illegalität; 1947-50 Univ. Berlin (Lit., German. Theaterwiss.) - 1949-50 I. Dramat. Stadttheater Cottbus; 1950-52 Chefdramat. Landestheater Sachsen-Anhalt, Halle; 1952-54 Chefdramat., stv. Int., I. Regiss. Theater d. Altmark, Stendal; 1954-60 Chefdramat. Komische Oper Berlin; 1960-62 fr. Mitarb. SFB, Bayer. u. Südd. Rundfunk; 1961-62 Hörspiel- u. Featuredramat. RIAS Berlin; 1963-70 I. Redakt., Leit. Abt. Fernsehspiel/Film, Chefdramat. (1967), s. 1973 Redakt.-Leit. Dokumentarspiel, 1985-90 Redakt.-Leit. f. Sonderaufg./Programmdirekt. ZDF, Mainz. 1971ff. Vors. Dramaturg. Ges., Berlin. Opernbearb. u. -insz.: u. a. Paisiello, D. Barbier v. Sevilla (Schwetzingen u. Berlin 1960), Bühnenwerke u. Drehbücher - BV: Landestheater Sachsen-Anhalt 1945-51, 1951; 10 J. Kom. Oper, 1957; Schriftenreihe d. Dramat. Ges. Berlin 1972-76 - Liebh.: Musik - Spr.: Franz.

HAMMERSTEIN, von, Franz
Dr. theol., Dr. h.c., Pfarrer, Vorsitzender Ges. f. Deutsch-Russische Freundschaft Berlin - Geb. 6. Juni 1921, ev., verh. s. 1952 m. Verena, geb. Rordorf, 3 Söhne (Adrian, Stephan, Kaspar) - Promot. 1957 Univ. Münster - Mitbegr. (1958/59) u. Leit. (1967-75) Aktion Sühnezeichen, 1975-78 in Genf ÖRK (Christl.-jüd. Dialog), 1978-86 Dir. Ev. Akad. Berlin - BV: Verantwortliche Gde. in Amerika, 1957; D. Messiasproblem b. Martin Buber, 1958; 10 J. Aktion Sühnez., 1968; Von Vorurteilen z. Verständnis, z. jüd.-christl. Dialog, 1976 - 1967 Ehrendoktor Howard Univ., Washington; D.C. USA; s. 1973 Companion d. Order of the Cross of Nails, Coventry Cathedral; s. 1975 Mitgl. Kurat. d. Aktion Sühnez. Friedensdste. - Bek. Vorf.: Kurt Frhr. v. Hammerstein (Vater), b. 1934 Chef d. Heeresleit., Widerst. gegen NS-Diktatur.

HAMMERSTEIN, Jürgen
Dr. med., Prof., Leiter Abt. f. Gynäkolog. Endokrinologie, Sterilität u. Familienplanung d. Frauenklinik im Klinikum Steglitz FU Berlin (b. 1990) - Gärtnerstr. 4a, 1000 Berlin 45 (T. 771 28 93) - Geb. 19. April 1925 Berlin (Vater: Richard H., Bankier; Mutter: Lotte, geb. Hildebrand), ev., verh. s. 1948 m. Christiane, geb. Mallet, 2 Söhne (Peter, Klaus) - 1946-51 Univ. München, Köln, Berlin (Humboldt), Heidelberg, Berlin (Freie). Promot. u. Habil. Berlin - S. 1960 Privatdoz. u. apl. Prof. (1966) FU Berlin (Gynäkolog. Endokrinologie, Sterilität und Familienplanung). 1979-80 Präs. Dt. Ges. f. Endokrinologie. S. 1988 Geschäftsf. d. Kaiserin-Friedrich-Stiftg. f. d. ärztliche Fortbildungswesen; s. 1991 Vors. d. Ges. f. Geburtshilfe u. Gynäkologie in Berlin. Üb. 200 Wiss. Veröff. u. Buchbeitr. - 1975 Laqueur-Med. - Spr.: Engl.

HAMMERSTEIN, Notker
Dr. phil., Prof. f. Mittlere u. Neuere Geschichte Univ. Frankfurt/M. - Kaiser-Friedrich-Promenade 109, 6380 Bad Homburg - Geb. 3. Okt. 1930 Offenbach am Main, verh. - Wiss. Arbeitsschwerp.: Univ.- u. Wiss.gesch. - BV: Jus u. Historie, 1972; Aufklärung u. kath. Reich, 1977; Deutsche Bildung?, 1988; D. Johann-Wolfgang Goethe-Univ. I, 1989.

HAMMERSTEIN, Reinhold
Dr. phil., em. o. Prof. Univ. Heidelberg (s. 1963) - Wintererstr. 86, 7800 Freiburg (T. 0761 - 3 20 70) - Geb. 9. April 1915 Lämmerspiel/Hessen (Vater: August H., Rektor; Mutter: Friederike, geb. Pauly), verh. s. 1943 m. Dr. Irmgard, geb. Hueck, 3 Kd. (Dorothee, Konstanze, Roland) - Stud. Musikwiss. Promot. 1940; Habil. 1954 - Lehrtätigk. Musikhochsch. (1946-58) u. Univ. Freiburg (1955-63; 1962 apl. Prof.) - BV: u. a. D. Musik am Freibg. Münster, 1952; D. Gesang d. geharnischten Männer - E. Studie zu Mozarts Bachbild, 1956; D. Musik d. Engel - Unters. z. Musikanschauung d. Mittelalters, 1962; D. Musik in Dantes Divina Commedia, 1964; Komposition u. Interpretation in d. Musik, 1966; Üb. d. gleichz. Erklingen mehr. Texte, 1970; Diabolus in Musica - Studien z. Ikonographie d. Musik i. Mittelalter, 1974; Vers. üb. d. Form im Madrigal Monteverdis, 1975; Tanz u. Musik d. Todes. D. mittelalterl. Totentänze u. ihr Nachleben, 1980; Musik u. bild. Kunst. Z. Theorie u. Gesch. ihrer Beziehungen, 1984; Macht u. Klang Tönende Automaten als Realität u. Fiktion in d. alten u. mittelalterl. Welt, 1986; D. verwandelte Figaro od. d. Gesetz d. Gattung, 1987; Schöne Welt, wo bist du? Schiller, Schubert u. d. Götter Griechenlands, 1990.

HAMMERSTEIN-EQUORD, Freiherr von, Ludwig
Journalist - Falkenried 11, 1000 Berlin 33 (T. 831 35 75) - Geb. 17. Nov. 1919 Berlin (Vater: Kurt v. H.-E., Generaloberst, 1930-34 Chef Heeresleitg. (s. X. Ausg.); Mutter: Maria, geb. v. Lüttwitz), ev., verh. s. 1950 m. Dorothee, geb. Claessen, T. Juliane - Abitur - Akt. Offz. (am Staatsstreichversuch v. 20. Juli 1944 beteiligt); 1946-49 Korresp. u. Redakt. D. Welt; 1950-60 Presseref. Bundesmin. f. gesamtd. Fragen; 1961-73 stv. Int. NDR; 1974-84 Int. RIAS. 1961 Vorstandsmitgl. Inter Nationes; Kuratoriumsmitgl. Stiftg. 20. Juli 1944 - Spr.: Engl. - Rotarier.

HAMMESFAHR, Manfred
Geschäftsführer H. Bahlsens Keksfabrik KG., Hannover - Hedwigsweg 22, 3000 Hannover 72 - Geb. 3. Febr. 1927.

HAMPE, Karl-Alexander
Dr. jur., Botschafter - Gotenstr. 157, 5300 Bonn 2 - Geb. 22. Dez. 1919 Berlin (Vater: Ulrich H.; Mutter: Hertha, geb. Mittelstaedt), ev., verh. s. 1955 m. Elisabeth, geb. Hamann - Dt. Schulen Mailand u. Brüssel; Univ. Brüssel u. Hamburg (Promot.; Diss.: Amtshaftung im engl. Recht). Ass.ex. - 1953 Legationssekr. Gesandtsch. Dublin, 1955 Gesandtsch.rat Botsch. Wien, 1962 Legationsrat Botsch. Lagos (Nigeria), 1967 Botschafter La Paz (Boliv.), 1977 Tätigk. AA (Beauftr. f. Lateinamerik. Politik), 1979 Ständ. Vertr. Europarat Straßburg; 1985 hist. Stud. u. Arbeit an Gesch. d. AA; Abh. in Europa Archiv, Außenpolitik, Hist. Jahrb. - EK I; BVK u. ausl. Orden - Liebh.: Wandern - Spr.: Engl., Franz., Ital., Span.

HAMPE, Michael
Dr. phil., Prof., Oper Köln - Offenbachplatz 1, 5000 Köln 1 - Geb. 3. Juni 1935, verh., T. Konstanze - Schauspielausb., Regisseur; Stud. Theaterwiss.; Promot. - Int., Dir.-Mitgl. Salzb. Festsp., Regiss., Vorst.-Mitgl. Intern. Musikzentr. Wien - Insz. an intern. Opernhs. (Scala Mailand, London, Paris, Salzb. Festsp.) - BVK - Spr.: Engl., Franz., Ital. - Bek. Vorf.: Johannes Scherr, Kunsthist. (Urgroßv.), Karl Hampe, Hist. (Großv.) - Lit.: Carl H. Hiller, V. Quatermarkt z. Offenbachpl., Oper in Köln (1975-85).

HAMPE, Wilfried
Dr. rer. nat., o. Prof. u. Direktor Inst. f. Angew. Physik Univ. Münster (s. 1967) - Breslauer Str. 54, 4400 Münster/W. (T. 2 45 88) - Geb. 25. Juni 1922 - Habil. 1964 Stuttgart - Zul. Doz. TH Stuttgart. Facharb.

HAMPEL, Adolf
Dr. theol., Prof. f. Moraltheologie u. Kirchengesch. Univ. Gießen - Schloß 9, 6303 Hungen.

HAMPEL, Gunter
Komponist, Instrumentalist, Bandleader - Philipp-Reis-Str. 10, 3400 Göttingen (T. 0551-3 18 71) - Geb. 31. Aug. 1937 Göttingen, 2 Kd. (Ruomi, Cavana) - Abit., Stud. Architektur u. Musik; Schallplattenprod., Dir. Birth Records, Komponist - Üb. 600 Kompos. f. Film, Fernsehen, Radio; üb. 50 Schallplatten, u.a. The Music of G. H. - In der Weltrangliste unter d. besten 8 auf Vibraphon, Bassclarinette, Flöte; intern. Ausz., u.a. 1982 Kunstpreis d. Min. f. Wiss. u. Kunst, Hannover - Spr.: Engl., Holl.

HAMPEL, Klaus Erich
Dr. med., Prof. f. Innere Medizin FU Berlin, Dir. Abt. f. Innere Med. m. Schwerp. Gastroenterol. Univ.-Klinikum Rudolf Virchow Standort Wedding - Augustenburger Platz 1, 1000 Berlin 65 (T. 030 - 45 05 22 60/22 59) - Geb. 18. März 1932 - Promot. 1960, Habil. 1967 - 1976-78 Dekan u. Ärztl. Leiter Univ.-Klinikum Charlottenburg; 1984-86 Präs. d. European Assoc. for Gastroenterology and Endoscopy.

HAMPEL, Manfred
Dipl.-Ingenieurökonom, Mitglied d. Bundestages (s. Dez. 1990) - Schalaunische Str. 16/18, O-4370 Köthen (T. 81 08) - Geb. 14. Juni 1942 Königshütte, kath., verh. s. 1964 m. Maria, geb. Mikolaszek, T. Beatrice - Sped.-Kaufm. 1960; Ing. f. Automatisierungstechnik 1969 Leipzig; Dipl.-Ing.-Ökonom 1976 TU Dresden - 1972-80 Leit. Ökonomie VEB Fisch- u. Feinkost Köthen; 1980-86 Leit. Datenverarb. u. Projektierung Fischverarbeitg. Mücheln; 1987-90 Leit. EDV-Projektierung VEB Betonwerk Gröbzig; 1990 Geschäftsf. Feinkost Bienert - Spr.: Engl.

HAMPL, Franz
Dr. phil., em. o. Prof. f. Alte Geschichte - Schlotthofweg 14, A-6020 Innsbruck/Tirol (Österr.) - Geb. 8. Dez. 1910 Bozen, ev., verh. s. 1939 m. Edith, geb. Weber, 3 Töcht. - Univ. Leipzig, Kiel, Frankfurt/M. - Assist., 1939 Privatdoz. Univ. Leipzig, 1941 ao. Prof. Univ. Gießen, 1946 o. Prof. Univ. Mainz, 1947 Univ. Innsbruck - BV: D. König d. Makedonen, 1934; D. griech. Staatsverträge d. 4. Jh. v. Chr. Geburt, 1938; Alexander d. Gr., 1958; D. Problem d. Kulturverfalls in universalhistor. Sicht, 1963; Geschichte als krit. Wissensch. (hg. v. I. Weiler), I u. II (1975), III (1979); Menschen u. Dämonen, 1992. Mithrsg. u. Mitverf.: Krit. u. vergl. Stud. z. Alten Gesch. u. Universalgesch. (1974); Vergleich. Geschichtswissensch. (1978) - Liebh.: Bergsteigen.

HAMPRECHT, Bodo
Ph. D., Prof. f. Theoret. Physik FU Berlin (s. 1970) - Hampsteadstr. 47A, 1000 Berlin 37 - Geb. 12. Okt. 1940 Hannover - Promot. 1967 Cambridge (Engl.); Habil. 1969 Berlin - Facharb.

HANACK, Ernst-Walter
Dr. jur., o. Prof. f. Straf- u. Prozeßrecht sowie Kriminol. Univ. Mainz (s. 1970) - Weidmannstr. 34, 6500 Mainz (T. 8 22 21) - Geb. 30. Aug. 1929 Kassel (Vater: Dr. med. Walter H., Facharzt; Mutter: Elisabeth, geb. Preger), ev. - Realgymn. Kassel; Univ. Marburg (Rechts- u. Staatswiss.). Jurist. Staatsprüf. Marburg (1953) u. Kassel (1958); Promot. (1956) u. Habil. (1961) Marburg - 1961 Privatdoz. Univ. Marburg; 1963 Ord. Univ. Heidelberg - BV: D. strafrechtl. Zulässigkeit künstl. Unfruchtbarmachungen, 1959; D. Ausgleich divergierender Entscheid. in d. oberen Gerichtsbarkeit, 1962; Z. Problematik d. gerechten Bestraf. nationalsozialist. Gewaltverbrecher, 1967; Empfiehlt es sich, die Grenzen d. Sexualstrafrechts neu zu bestimmen?, Gutachten f. d. 47. Dt. Juristentag, 1968; Mitverf.: Alternativ-Entwurf e. Strafgesetzb.

HANACK, Michael
Dr. rer. nat., o. Prof. f. Org. Chemie - Panoramastr. 39, 7400 Tübingen-Hagelloch (T. 6 66 61) - Geb. 22. Okt. 1931 Luckenwalde (Eltern: Georg u. Elisabeth H.), ev., verh. m. Dr. Ingrid, geb. Grabert, 2 Kd. (Matthias, Juliane) - 1949-54 Stud. Chemie. Dipl.-Chem. 1954, Promot. 1957, Habil. 1962 (alles Tübingen) - S. 1962 Lehrtätigk. Univ. Tübingen (1967 apl. Prof.) u. Saarbrücken (1971 Ord.), s. 1975 o. Prof. Univ. Tübingen - BV: Conformation Theory, 1966 (Academic Press, New York); Vinyl Cations, 1979; Handbook of Conducting Polymers, Vol. 1 - Fellow New York Acad. of Sciences - Spr.: Engl.

HANAU, Peter
Dr. jur., Dr. h.c., o. Prof. f. Bürgerl. Recht u. Arbeitsrecht - Albertus-Magnus-Platz, 5000 Köln 41 - Geb. 13. Juli 1935 Berlin - Verh. m. Dr. med. Eva - Habil. Göttingen - 1968-71 FU Berlin; s. 1971 Dir. d. Forsch.-Inst. f. Sozialrecht Univ. Köln; 1986-89 Rektor Univ. Köln; Mitgl. Ständ. Deputation d. Dt. Juristentages u. Präs. d. Dt. Arbeitsgerichtsverb. - 1989 Ehrendoktor Uppsala, 1990 Ritsumeikan Tokio.

HANAUER, Rudolf
Rechtsanwalt, Landtagspräsident a. D., Vors. Schutzgem. Dt. Wald Landesverb. Bayern u. Bayer. Landesverb. f. Heimatpflege - Rudolf-Hanauer-Str. 8, 8036 Herrsching/Ammersee (T. 12 39) - Geb. 4. März 1908 Mellrichstadt/Ufr. (Vater: Hugo H., Richter; Mutter: Sonja, geb. Lutz), kath., verh. s. 1941 m. Marion, geb. Hölzlmeier, S. Klaus - Gymn. Straubing; Univ. München (Rechts- u. Staatswiss.) - 1932-36 Mitgl. Geschäftsfg. Bayer. Industriellenverb.; s. 1935 RA München; 1940-45 Wehrdst. (Nachrichtentruppe). 1948-55 Gemeinderat u. Finanzref. Herrsching; 1946-84 MdK Starnberg; 1954-78 MdL Bayern (1960-78 Präs.); Mitbegr. CSU - 1964 Großkreuz VO BRD, 1960 Bayer. VO u. Gr. Silb. Ehrenz. f. Verdienste um d. Rep. Österr.; 1961 Großkreuz St.-Sylvester-Orden; Ehrenpräs. SOS-Kinderdorf Hermann-Gmeiner-Fonds f. Dtschl.; 1969 Hohenfels-Med.; 1970 Gold. Zirkel Vereinig. freischaff. Architekten Dtschl.; 1979 Bayer. Denkmalschutzmed.; 1983 Ehrenbürger Herrsching; Ehrenmitgl. Presse-Club München; 1990ff. Präs. Arbeitsgem. Bayer. Heimattag.

HANCKE, von, Albrecht
Prof., Maler, Dozent f. Zeichnen Kunstakad. Karlsruhe - Gartenstr. 44b, 7500 Karlsruhe.

HANDERER, Hermann
Prof., Musikpädagoge, Honorarprof. f. Musikerzieh. Univ. Regensburg - Amselweg 5, 8411 Wenzenbach/Opf. - Geb. 21. April 1914 Tiefenbach - Zul. Hochschullehrer Regensburg - BV: Kontinuierl. Musikerzieh. in d. Volkssch., 1958. Zahlr. Einzelarb.

HANDKE, Freimut Werner
Dr. rer. pol., Generalkonsul a. D. - Malaxenborda, 64122 Urrugne, Frankreich (T. 59 - 47 94 88) - Geb. 9. Aug. 1920 Breslau (Vater: Gustav H., Beamter; Mutter: Luise, geb. Hirsch), verh. s. 1952 m. Annemarie, geb. Kirchner, 4 Töcht. (Christiane, Annette, Sabine, Amelie) - 1949-52 Wirtschaftsjourn.; 1953-85 AA/Ausl.posten (Hongkong, Oslo, OECD Paris, Washington, Tokyo, Kalkutta, Shanghai) - BV: D. Wirtschaft Chinas, 1959; Zentralismus u. Regionalismus in Indien, 1983; Schanghai, E. Weltstadt öffnet sich, 1986 - BVK.

HANDKE, Peter
Schriftsteller - Zu erreichen üb. Suhrkamp-Verlag, 6000 Frankfurt/M. - Geb. 6. Dez. 1942 Griffen/Kärnten (Vater: Bankbeamter) - Gymn. Klagenfurt; Univ. Graz (Rechtswiss.) - BV: D. Hornissen, R. 1966; Begrüßung d. Auf-

sichtsrats, Prosatexte, 1967; Der Hausierer, R. 1967; D. Innenwelt d. Außenwelt d. Innenwelt, 1969; Prosa - Gedichte - Theaterstücke - Hörspiele - Aufsätze, 1969; Dt. Gedichte, 1969; D. Angst d. Tormanns b. Elfmeter, R. 1970 (Fernsehinsz. 1972); Chronik d. lfd. Ereignisse, Filmb. 1971; Ich bin e. Bewohner d. Elfenbeinturms, Erz. 1972; D. kurze Brief z. lg. Abschied, R. 1972; Wunschloses Unglück, R. 1972 (1974 verfilmt); Als d. Wünschen noch geholfen hat, 1974; D. Stunde d. wahren Empfindung, 1975; D. linkshändige Frau, Erz. 1976 (1977 verfilmt); D. Gewicht d. Welt, 1977; Langsame Heimkehr, Erz. 1979; D. Lehre d. Sainte-Victoire, Erz. 1980; D. Ende d. Flanierens, 1980; Kindergeschichte, 1981; D. Chinese d. Schmerzes, Erz. 1983. Hörspiele u. Sprechstücke: Publikumsbeschimpfung, Weissagung, Selbstbezichtigung, Hilferufe, Kaspar (abendfüllend; auch Buch), D. Ritt üb. d. Bodensee, D. Unvernünftigen sterben aus, Über d. Dörfer, Dramat. Gedicht 1982 (auch Buch) - 1967 Gerhart-Hauptmann-Preis Freie Volksbühne Berlin (f. d. ersten 4 Sprechst.), 1972 Schiller-Preis Stadt Mannheim u. Peter-Rosegger-Lit.preis, 1973 Georg-Büchner-Preis, 1978 Prix Georges Sadoul, 1979 Franz-Kafka-u. Gilde-Preis (Hauptverb. Dt. Filmtheater); 1985 Anton-Wildgans-Preis (zurückgegeben) - Lit.: Michael Schrang, Üb. P. H., 1973.

HANDL, Horst H.
Hotelkfm., Regional Vice President Operations Germany, General Manager Hotel Frankfurt Intercontinental, Geschäftsf. Inter Continental Hotels Betriebsges. mbH - Wilhelm-Leuschner-Str. 43, 6000 Frankfurt 1 (T. 069 - 26 05-29 01) - Geb. 2. Sept. 1938 Cilli (Vater: Josef H., Kfm.; Mutter: Dorothea, geb. Hermann), kath., verh. s. 1964 m. Renate, geb. Hofmeister, 2 Töcht. (Andrea, Doris) - Gymn. Graz; Hotelfachsch. Gastein; 1 Sem. Volkswirtsch.stud. Cornell-Univ./USA - S. 1969 Fremdenverkehrswirtsch. u. Hotelfach (Americ. Chamber of Commerce, Brillat Savarin Stiftg., Americ. Soc. of Travel Agents, Chaîne des Rotisseurs, L'Ordre des Coteaux de Champagne) - Spr.: Engl., Franz., Span. - Bek. Vorf. Generallt. Rudolf H. †1975 (Onkel) - Lions Intern.

HANDLGRUBER, Veronika
geb. Rothmayer
Dr. phil., Schriftstellerin, Bibliothekarin, Büchereileit. i.R. - Hessenplatz 4/2, A-4400 Steyr (T. 07252 - 24 21 63) - Geb. 7. Febr. 1920 Wien, ev., verh. s. 1942 m. Walter H., Dipl.-Kfm., 2 Kd. (Rainer, Birgit) - Matura 1938 Steyr; Stud. Phil. Univ. Wien; Promot. 1942 (German.) - 1956-80 Bibl., 1969-80 Leit. Städt. Büchereien Steyr, 1955-73 Kulturberichterst. f. Linzer Ztg. - BV: Kinder- u. Jugendb. (1943-75); 3 Lyrikbde. (1949, 62 u. 85); Jugendhörsp.; D. Steyrer Kripperl, e. Kulturführer 1970; Mitarb. an zahlr. Ztg., Ztschr., Anthol. u. Jahrb. - 1939 Erzählerpreis d. Pause.

HANDLOS, Franz
Journalist, Chefredakteur Radio Süd-Nord-International GmbH in Italien - Mittlere Bachgasse 1, 8370 Regen/Ndb. - Geb. 9. Dez. 1939 Rusel-Irlmoos/Ndb., kath., verh. s. 1967 m. Helga, geb. Zankl, T. Corinna - Gymn. Pfarrkirchen (Abit. 1960); Bundeswehr (zul. Oblt. d. R.); Stud. Rechtswiss. u. Polit. Wiss. Jurist. Staatsex.; Diplomex. - Ab 1966 Redakt. f. Innenpol. Münchner Merkur; 1967-70 Pressesprecher CSU-Fraktion Bayer. Landtag; ab 1970 Redakt.; zeitw. Rundfunksratsmitgl. BR.; 1970-72 MdL Bayern; s. 1972 MdB (Mitgl. Verteid.aussch.); b. 1983 CSU (Austr.), b. 1987 fraktionslos. 1976-80 Mitgl. Europarat Straßburg u. Westeu-

rop. Union Paris. Verleger mehrerer Ztschr.

HANDSCHIN, Edmund
Dr.-Ing., o. Prof. f. Elektr. Energieversorgung - Rotgerweg 6, 4600 Dortmund 50 - Geb. 18. Nov. 1941 Wädenswil (Schweiz), ev., verh. s. 1971, 2 Söhne (Alexander, Jon) - Promot. 1969 London; Habil. 1973 Zürich - 1969-74 Industrie- (Wiss. Mitarb. BBC-Forschungszentrum Baden/Schweiz), 1974 o. Prof. Univ. Dortmund - BV: Real-Time Control of Electric Power Systems (hg), 1972; Einsatz d. Arbeitsplatzcomputers in d. Technik (hg), 1981; Elektr. Energieübertragungssysteme Bd. 1 u. 2, 1984; Energy Management Systems, 1991; rd. 100 wiss. Veröff. zum Thema Netzleittechnik, Netzdynamik u. -stabilität sowie Einsatz d. Mikrorechners f. Meß- u. Schutztechnik - Spr.: Engl., Franz., Span.

HANDSCHUMACHER, Ernst
Dr. jur., Rechtsanwalt, Bürgermeister, AR-Vors. ARAG Allg. Rechtsschutz-Versicherung AG., Düsseldorf - Neustr. 40, 4000 Düsseldorf; priv.: Poststr. 75, 4005 Meerbusch 1 - Geb. 30. Nov. 1924 Rheydt - U. a. Vorstandsmitgl. Köln. Lebensversich. a. G. u. Köln. Sachversich. a. G., beide Köln.

HANDWERK, Norbert
Generalkonsul, Werbefachmann, Gesellschafter Insel-Film-Produktion Norbert Handwerk + Partner GmbH & Co, Leiter Dt. Funkwerbung Norbert Handwerk GmbH, Dt. Film-, Funk-, Fernsehwerbung GmbH. & Co. - Sonnenstr. 2, 8000 München 2 (T. 59 28 76) - Geb. 6. April 1909 Frankfurt/M. (Vater: Wilhelm H., Grossist u. Importeur; Mutter: Clara, geb. Kraus), verh. s. 1958 m. Eva, geb. Fischmann - Oberrealsch. (Mittlere Reife); höhere Handelsschule; kaufm. Lehre - Freiberufl. Werbeberat.; 1940-45 Wehrdst.; s. 1947 Werbe-, Dokumentations- u. Inforamtionsfilmhersteller. Vors., jetzt Ehrenvors. Bayer. Werbeverb., Ehrenpräs. d. Bayer. Akad. d. Werbung - Generalkonsul v. Ruanda; Bayer. VO., Bayer. Staatsmed. f. Verd. i. d. Wirtsch., Gold. Nadel u. Weidemüller-Plak. Werbewiss. Inst. München; 1971 Bayer. VO.; Dr. Neven-DuMont Medaille Werbefachliche Akademie Köln 1979.

HANDWERKER, Hermann O.
Dr. med., o. Prof., Direktor Inst. f. Physiologie u. Biokybernetik Univ. Erlangen-Nürnberg - Universitätsstr. 16, 8520 Erlangen - Geb. 21. Juli 1940 Villach/Kärnten (Vater: Hermann H., Notar; Mutter: Annie, geb. Lassnig); Promot. 1967 Würzburg, Habil. 1973 Heidelberg - Spez. Arbeitsgeb.: Neurophysiol., Sinnesphysiol., insbes. Physiol. d. Schmerzes.

HANDWERKER, Rudolf
I. Bürgermeister Stadt Haßfurt (s. 1978) - Zirkelstr. 1, 8728 Haßfurt/Ufr. - Geb. 2. März 1944 Klingenberg (Vater: Dr.

Hermann H., Notar; Mutter: Anni, geb. Lassnig), kath., verh. s 1965 m. Regine, geb. Höfer, 3 Kd. (Annette, Christian, Klaus) - Gymn.; Stud. Rechtswiss. Ass.ex. - Regierung Unterfranken u. Landratsamt Haßberge (zul. ORR). CSU - Liebh.: Sport - Spr.: Engl.

HANEBUTH, Klaus
Dr., Hauptgeschäftsführer Waren-Verein d. Hamburger Börse - Plan 5, 2000 Hamburg 1.

HANEBUTT-BENZ, Eva-Maria
Dr. phil., Museumsdirektorin Gutenberg-Museum Mainz (s. 1987) - Weintorstr. 4, 6500 Mainz - Geb. 25. Dez. 1947 Hamburg - Stud. Kunstgesch., Angl., Archäol., Soziol. Univ. Hamburg; Promot. 1979 Hamburg - 1981-87 Kustodin Museum f. Kunsthandwerk Frankfurt a. M., Abt. Buchkunst u. Grafik (Linel-Sammlung) - Stud. z. dt. Holzstich im 19. Jh., 1984; D. Kunst 6 Lesens, 1985. Herausg. d. Jahrb. Imprimatur (1989, 91). Zahlr. Ausst.kataloge u. Aufs. - Senatorin Druckmuseum ElPuig (Span.). Vorst.-Mitgl. d. Ges. d. Bibliophilen.

HANEKE, Wolfgang
Dr. rer. nat., Prof. f. Mathematik Univ. Marburg - Am Kornacker 45, 3551 Wehrda.

HANEL, Alfred
Dr. rer. pol., Prof. f. Wirtschaftsprobleme d. Entwicklungsländer u. Genoss.lehre Univ. Marburg - Pommernweg 4, 3550 Marburg/L. (T. 4 21 54) - Geb. 27. Febr. 1935 Wigstadtl/Troppau.

HANEL, Wolfgang
Journalist Sender Freies Berlin - Haus d. Rundfunks, 1000 Berlin 19 - Geb. 10. März 1930 Berlin - 25 Jahre Moderator, Reporter, Redakt. Berliner Abendschau, jetzt Redakt. Stadtgespräch (3. FS Programm).

HANF, Dieter
Vorstandsmitglied Hilgers AG., Rheinbrohl - Kantorie 110, 4300 Essen - Geb. 16. Juli 1936 - Ass.ex.

HANF, Ehrhart
Dr. oec., Prof. f. Ökonometrie u. Unternehmensforsch. Univ. Hohenheim (s. 1974) - Postfach 70 05 62, 7000 Stuttgart 70 - Geb. 4. Dez. 1936 Halle/S. - Promot. 1969; Habil. 1973 - BV: Üb. Entscheidungskriterien b. Unsicherheit, 1970.

HANF, Theodor
Dr. phil., Prof. - A.B.I., Windausstr. 16, 7800 Freiburg/Br. - Geb. 1936 Düsseldorf - Stud. Soziol., Politikwiss., Päd. Bonn, Paris, Beirut, Freiburg - 1972ff. Dir. Arnold-Bergstraesser-Inst. Freiburg. 1972ff. o. Prof. f. Soziol. u. Leit. Abt. Soziol./Dt. Inst. f. Intern. Päd. Forsch. Frankfurt. 1973ff. Honorarprof. f. Wiss. Politik Univ. Freiburg. Gastprof. Univ. Stanford (1967), Lovanium (1968), Ann Arbor (1970), Beirut (1971) - BV: Erziehungswesen in Gesellsch. u. Politik d. Libanon, 1969; Koexistenz im Krieg, 1990. Mitverf.: Education et Développement au Rwanda, 1974; Soz. Wandel, 2 Bde. 1975; Südafrika - Friedl. Wandel?, 1978 (engl. 1979); La société de Concordance, 1986; Entwicklungspolitik, 1986; Urban Crisis and Social Movements, 1987.

HANFELD, Hubert
Geschäftsführer Lloyd-Schuhfabrik Meyer & Co. GmbH - Bogenstr. 3-6, 2838 Sulingen.

HANFGARN, Werner
Schriftsteller, Journ., Redakt. - Kaiserstr. 59, 6500 Mainz (T. 06131 - 61 12 34) - Geb. 24. März 1925 Duisburg, verh. s. 1960 m. Anita, geb. Berger, T. Martina - Stud. Theaterwiss., Deutsch, Gesch., Kunstgesch. - 1952-59 Journ. f. Tagesztg., 1959-83 f. Rundf.

(SWF), 1962-83 Abt.leit. Kultur SWF Mainz - BV: Saudantzens abenteuerl. Historie, 1961; Mainz, Bilder aus e. geliebten Stadt 1975, 76, 77, neubearb. u. erg. 1983 (Übers. in Franz., Engl., Serbokroat.); Jockel Fuchs, Episoden aus 60 J. 1979; Südl. Weinstraße (m. D. Hörner), 1981; Fünfundachtzig Mainzer Jahre (m. B. Mühl, F. Schütz), 1983; Vers u. Prosa (Einf. N. Erné), 1985; Mainzer Brunnen, 1990. Herausg.: Lit. aus Rhld.-Pfalz (zus. m. a., 1976); Mainzer Erinnerungen, Erz. u. Gesch. (1979); Lit. aus Rhld.-Pfalz II (zus. m. a., 1981); Mainz, d. amput. Stadt (1984, 86); D. Fuchs (zus. m. Erich Stather, 1985); Lit. aus Rhld.-Pfalz III (zus. m. a., 1986); Adolf Fraund, Dok. u. Erinnerungen (1986); Botsch. an Jockel (zus. m. Erich Stather, 1987); Allerlei Füchse (1989). Redakt.: Kunst aktuell (1976-78); Mainz, Vierteljahresh. f. Kultur, Politik, Wirtsch., Gesch. (1981-91); Garden-Brevier (1987); Redakt.aussch. Blätter d. Carl-Zuckmayer-Ges. (1977-84); Redakt.beirat Narrhalla, Mainzer Karneval-Ztg. (1984-90). Erz. u. Ess. in Anthol. - 1980 BVK; 1985 Gutenbergplak.; 1990 Ehrennadel d. Stadt Mainz - Spr.: Franz.

HANFLAND, Ulrich
Dr. rer. pol., Geschäftsführer u. Doz. - Rosenweg 4, 8031 Seefeld 1 - Geb. 28. Juni 1939, kath., verh. s. 1963 m. Jutta Elisabeth, geb. Niehaus, 2 Kd. (Susanne, Sebastian) - Dipl.-Kfm., Dipl.-Volksw., Promot., alle Köln - Geschäftsf. Dr. Rosenkranz-Beratungs-Ges. f. Org., Rationalis. u. Automat. (BDU), München; Vors. u. Geschäftsf. d. Ernst & Young Consulting GmbH, Stuttgart, Dozent am RIBOS-Schulungsinst. München; Vizepräs. Bundesverb. Dt. Unternehmensberater; Beiratsvors. d. PMB Personal- u. Managementberat., Hamburg - Liebh.: Bergwandern.

HANGERT, Ilse

Fr. Schriftstellerin (Ps. Esli Tregnah), Malerin - Am Murbach 5, 5653 Leichlingen 1 (T. 02175 - 28 06) - Geb. 6. Nov. 1925 Köln, verh., 2 Söhne - Mittl. Reife, kaufm. Ausb. - Mitgliedsch. Autorenkreis Ruhr Mark, Interessengem. d. Autoren, Literaturbüro Unna, GEDOK. Arbeitsgeb.: Lyrik, Prosa, Essay - BV: Jeder trägt im Herzen Sehnsucht, Ged. 1982; Manchmal möcht ich d. Erde umarmen, Ged. 1986; Veröff. in Anthol., Jahrb., Ztschr. u. Ztg. - Liebh.: Biol. Nutzgarten, Reisen - Spr.: Engl., Franz.

HANGSTEIN, Hans-Joachim
Assessor jur., Direktor, Geschäftsf. Halle Münsterland GmbH., Münster - Am Hawerkamp 6, 4400 Münster/W. (T. 0251 - 6 60 00) - Geb. 30. Juli 1924 Breslau (Eltern: Dr. jur Erich u. Constanze H.), ev., verh. s. 1953 m. Gisela, geb. Edle v. Oetinger, T. Adrienne - Kaufm. Lehre; Stud. Rechtswiss. - Div. Ehrenämter, u. a. Präs. Intern. Verb. d. Stadt-, Sport- u. Mehrzweckhallen e. V. (VDSM) u. Ehrenpräs. Bund Dt. Radfahrer e. V., Vors. Verein z. Förd. d. Leistungssports - BVK I. Kl. - Liebh.:

Schwimmen, Reisen - Spr.: Engl., Niederl.

HANHART, Werner

Rechtsanwalt, Syndikus, Hauptgeschäftsf. Landesverb. Bauind. Rhld.-Pfalz, Koblenz - Südallee 31, 5400 Koblenz (T. 0261 - 3 70 33) - Geb. 16. März 1934 Koblenz (Vater: Dr. Heinrich H., Apotheker; Mutter: Marga, geb. Lippe), kath., verh. s. 1963 m. Elfriede, geb. Bretz, 2 Töcht. (Ruth, Ute) - Abit. 1954. Staatsex. 1958 Münster, 1962 OLG Koblenz - S. 1962 Geschäftsf., s. 1964 RA; s. 1975 Beiratsmitgl. Fachhochsch. Rhld.-Pfalz, Abt. Koblenz, s. 1979 Vorst.mitgl. Rechtsanw.kammer Koblenz.

HANIEL, Klaus

Bergassessor a. D. - Schlederloh 10, 8021 Icking (T. 08171 - 12 27) - Geb. 14. Jan. 1916 München (Vater: Curt H.; Mutter: Hedwig, geb. v. Hepperger), verh. 1949 m. Johanna, geb. v. Lutteroti, 3 Kd. (Ellen, Hans-Jacob, Franz Markus) - TH Aix-la-Chapelle u. Berlin - U. a. Vorst.-Mitgl. Hoag u. Thyssen - Spr.: Engl. - Bek. Vorf.: Franz H., Begr. d. mod. Tiefbergbaus, 1779-1868 (Urgroßv.).

HANISCH, Cornelia

Berufsschullehrerin, Weltmeisterin im Fechten - Zu erreichen üb. Fechtclub Offenbach, 6050 Offenbach/M. - Geb. 1953, ledig - 3 x Olympia-Siegerin, 3 x Weltmeist. im Fechten (zul. 1985) - 1985 Sportlerin d. Jahres - Interessen: Skifahren, Tennis. Sprecherin Initiative: Sportler f. d. Frieden.

HANISCH, Joachim

Bürgermeister Markt Bruck (Oberpfalz) - Hintere Marktstraße 13, 8466 Bruck i. d. OPf. (T. 09434 - 21 85) - Geb. 25. Mai 1948) Schwandorf (Vater: Josef H., Landwirt; Mutter: Anna, geb. Ehemann), kath., verh. s. 1971 m. Erika, geb. Frankl, 4 Kd. (Tanja, Tina, Stefanie, Christoph) - Dipl.-Verw.wirt (FH) 1973 - 1969-70 Bundeswehr (Ltn.); 1971-79 Geschäftsltg. Markt Bruck; 1980ff. 1. Bürgerm. ebd.; s. 1991 Bezirksvors. VdRBw. S. 1990 stv. Landrat d. Landkreises SAD - BV: Bruck in alten Ansichten, 1981 - Liebh.: Sport (Tennis, TT, Ski-Alpin u. Langlauf) - 1980 5. Pl. Dt. Meistersch. Militärpatrouille Borken - Spr.: Engl., Latein.

HANISCH, Werner

Dr., Präsident d. Verwaltungsgerichts - Galileiweg 2, 2900 Oldenburg (T. 0441 - 4 16 36) - Geb. 5. Juni 1942 Frankenstein/Schles. - Bund Deutscher Verw.-Richter, Oldenburg.

HANKE, Georg

Generalvikar d. Bistums Dresden-Meißen - Käthe-Kollwitz-Ufer 84, O-8053 Dresden (T. 3 41 61) - Geb. 2. Febr. 1938 Pirna, kath., ledig - Stud. Theol. St. Georgen, Frankfurt/M., Abschlußex. 1962; Lizentiat d. Theol. 1970 Erfurt - 1963-66 Kaplan in Altenburg, 1966-71 Assist. u. Präfekt am Priestersem. Erfurt, 1976-85 Ordinariatsrat, 1976-88 Offizial, s. 1988 Generalvikar s.o. - 1989 Päpstl. Ehrenprälat.

HANKE, Manfred

Obergerichtsvollzieher, Vors. Dt. Gerichtsvollz.-Bund - Düppelstr. 19, 4300 Essen 1 (T. 0201 - 28 19 10).

HANKE, Wilfried

Dr. rer. nat., Prof., Zoologe - Medersbuckel 10, 7500 Karlsruhe 41 - Geb. 9. Juni 1927 Frankfurt/M., ev., verh. s. 1954, 2 Kd. - 1946-52 Univ. Frankfurt (Zool., Botanik, Chemie, Physik). Promot. u. Habil. Frankfurt - S. 1952 Assist., Privatdoz. (1958), apl. Prof. (1964), Wiss. Rat Univ. Frankfurt (1965; Zool. Inst.) u. o. Prof. Univ. Karlsruhe. Div. Fachmitgliedsch. - BV: Hormone, 1968 (Samml. Göschen); Vergl. Wirkstoffphysiol. d. Tiere, 1973. Zahlr. Einzelarb. Mitarb.: D. Tierreich (nach Brehm); Prakt d. Zoophysiologie, 1978; Allg. Zool., Bd. I 1980 - Spr.: Engl.

HANKE, Wolf

Journalist, ARD-Fernsehkorrespondent in Madrid - Zu erreichen üb.: Hessischer Rundfunk, Bertramstr. 8, 6000 Frankfurt/M. (T. 15 51) - Geb. 18. Febr. 1928 Löwenberg/Schles., ev. - Zul. Chefredakt. u. Leit. Hauptabt. Politik u. Kultur Fernsehen Hess. Rundfunk.

HANKE-FÖRSTER, Ursula

Bildhauerin -Teltower Damm 139, 1000 Berlin 37 (T. 815 17 48) - Geb. Berlin - Kunsthochsch. Berlin (Prof. Max Kraus u. Gustav Seitz) - Vor Stud. graph. Zeichnerin. Bronzeplastiken Berlin (u. a. D. Fischer/Spandau u. Im Fluge/Lichtenrade), Bonn, Bochum, Münster, Duisburg, Hannover, Lübeck u. a. - Bek. Vorf.: Großv. (Maler).

HANKEL, Wilhelm

Dr. rer. pol., Prof., Wirtschaftswissenschaftler - Berghausenerstr. 190, 5330 Königswinter 21 - Geb. 10. Jan. 1929 Langfuhr/Danzig (Vater: Oskar H., Kfm.; Mutter: Jenny, geb. Schoffmann), verh. m. Dr. Uta, geb. Wömpner, 3 Kd. (Andrea, Daniela, Valerie) - Gymn.; 1948-53 Stud. Wirtschaftswiss. Mainz u. Amsterdam. Dipl.-Volksw. (1951) u. Promot. (1953) Mainz - 1959-68 Kreditanst. f. Wiederaufb. (zul. Dir.), 1968-72 Bundesmin. f. Wirtsch. bzw. Wirtsch. u. Finanzen (Min.dir.), 1972/73 Hess. Landesbk. (Präs.). 1971ff. Honorarprof. Univ. Frankfurt. 1978-80 Lehrauftr. Hopkins-Univ. Italien - BV: u. a. Währungspolitik, 2. A. 1972; Heldensagen d. Wirtsch., 1975; Weltw., 1977; Caesar, 1978; Gegenkurs - V. d. Schuldenkrise z. Vollbeschäftig., 1984; John Maynard Keynes, 1986; Vorsicht, unser Geld, 1989; Eine Mark f. Deutschland, 1990 - Spr.: Engl., Franz., Holl.

HANKO, Walter

Prof., Hochschullehrer - Götzentalstr. 64, 7073 Lorch/Württ. - Gegenw. Prof. f. Werken u. Technik PH Schwäb. Gmünd.

HANNASCH, Rolf

Direktor i. R. - Dr.-Rudolf-Veh-Str. 5, 8219 Rimsting/Chiemsee (T. 08051 - 52 62) - Geb. 15. April 1907 Berlin (Vater: Paul H.; Mutter: Irma, geb. Endemann), kath., verh. in 2. Ehe (1947) m. Gerda, geb. Adam, 2 Kd. (Jutta, Marion) - Hohenzollern-Realgymn. Berlin (Abit. 1925) - S. 1925 Agefko Kohlensäure-Werke GmbH., Düsseldorf (zul. Dir. u. Geschäftsf.). Zeitw. Vorstandsmitgl. Fachverb. Kohlensäure-Ind. ARsmandate. Mitgl. Lions-Club Traunstein/Obb. - Spr.: Engl., Franz., Ital.

HANNE, G. Friedrich

Dr. rer. nat., Prof. f. Experimentelle Atomphysik, Physikal. Inst., Univ. Münster - Wilhelm-Klemm-Str. 10, 4400 Münster - Geb. 3. Okt. 1945 Rothenburg o.d.T., verh. m. Gerlinde, 2 Töcht. - Stud. Physik Univ (TH) Karlsruhe; Dipl. 1971, Promot. 1975 Münster, Habil. 1982 Münster - 1973-84 Wiss. Assist. Univ. Münster; 1984-86 Heisenberg-Stip.; 1986/87 Prof. of Physics Univ. of Oklahoma/USA.

HANNEMANN, Dieter P.-H.

Dipl.-Phys., Dipl.-Ing., Dr. rer. nat., Prof., Hochschullehrer u. Firmeninhaber - Hermann-Löns-Str. 6, 4650 Gelsenkirchen-Buer (T. 0209 - 39 76 47) - Geb. 11. Jan. 1941 Bochum, kath., verh. s. 1964 m. Irmgard, geb. Peternellj, 2 Kd. (Markus, Iris) - Volkssch., Abendrealsch.; Ing.sch. 1964 Ing. d. Kernverfahrenstechn.; Univ. Braunschweig, Bochum, Dipl.-Phy. 1970; Promot. 1973 Bochum - 1964 Entw.stud. üb. nukleare Raumfahrtantriebe; 1969/70 Experimente m. Höhenforschungsraketen in Kiruna u. USA, in Zusammenarb. m. d. NASA; 1975 Prof. FH Bochum (Experimentalphysik u. Mikrocomputertechn.); 1982 Gründung Fa. PTFE-Mikrocomputer; 1990 Hannemann Verlag - 3 Pat.: Radionuklidbatterie, Energieaustauscheinr., Polarimeter - BV: Einf. in d. Mikrocomputertechnik, 3. A. 1984; Programmierung v. Mikroprozessoren I, 1984, II, 1986; Informatik d. Mikrocomputer, 1990; Physik f. Studierende d. Technik, 1990; versch. Buchbeitr. Insg. 60 Veröff. - Liebh.: Parapsych., Reisen, Wassersport, Fotografie, Filmen.

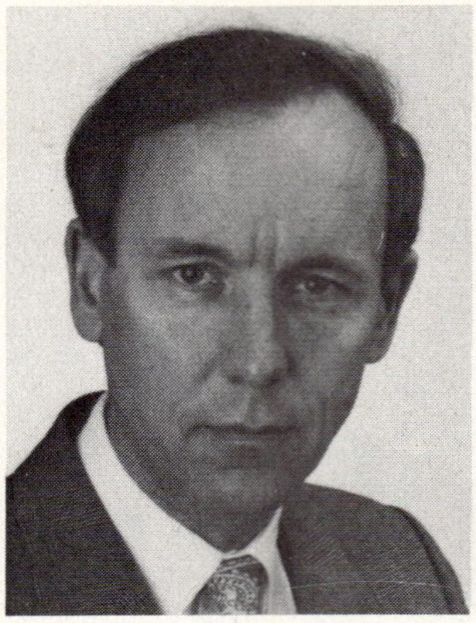

HANNEMANN, Kurt

Landesminister a. D., Pastor em. - An der Trave 41f, 2360 Bad Segeberg - Geb. 5. Juni 1923 Templin/Uckermark - Stud. Rechtswiss. u. Theol. Berlin u. Kiel; dazw. Wehrdst. - 1954-69 Pastor Leezen u. Landeskirchenrat Kiel, 1969 Kultusmin. Schlesw.-Holst., s. 1970-81 Pastor Bad Oldesloe. CDU s. 1955.

HANNEMANN, Ruprecht

Major a. D., Fabrikant, Vors. Verb. d. Dt. Parkettind., Düsseldorf - Postf. 1128, 8704 Uffenheim/Mfr. - Geb. 27. Dez. 1912 - Präs. Föderat. Europ. Parkettind.-Verb. - 1983 u. 1987 BVK; 1990 Gold. Bürgermed. Stadt Uffenheim; 1991 Bayer. VO. - Liebh.: Homöopathie, Reiten - Spr.: Engl., Franz.

HANNEMANN, Volker

Dipl.-Geogr., Ltd. Regierungsdirektor, Leit. Statist. Landesamt Bremen - An d. Weide 14-16, 2800 Bremen 1; u. Theodor-Storm-Str. 20, 2803 Weyhe (priv.) - Geb. 9. Febr. 1944.

HANNICK, Christian

Dr. phil., Prof. f. slavische Philologie Univ. Trier - Universität, Lehrstuhl f. slavische Phil., Postfach 3825, 5500 Trier - Geb. 3. Sept. 1944 Neufchateau/Belg. - Promot. Univ. Wien 1969, Habil. ebd. 1979 - Vors. Kommiss. z. Herausg. d. altslav. Musikdenkmäler b. d. Intern. Slavistenkomitee - BV: Studien z. liturg. Hss d. Österr. Nationalbibliothek, 1972; Fundamental Problems of Early Slavic Music and Poetry, 1978; Maximos Holobolos in d. kirchenslav. homilet. Lit., 1981 - Liebh.: Musica antiqua.

Prinz von HANNOVER, Georg Wilhelm

Dr. jur. - Georgi-Haus, 8162 Neuhaus/Schliersee (T. Schliersee 72 65) - Geb. 25. März 1915 Braunschweig, ev., verh. s. 1946 m. Sophia, geb. Prinzessin v. Griechenl. u. Dänemark (Schwester d. Herzogs v. Edinburgh), 8 Kd. (Welf † 1981) - Obersch. Hameln/Weser, Marlborough College (Engl.), Schule Schloß Salem (Abitur); 1944-48 Univ. Wien u. Göttingen (Rechts- u. Staatswiss.). Promot. 1948 (Diss.: D. völkerrechtl. Stellung Dtschl. nach d. Kapitulation) - 1934-44 (Entlass. auf Befehl Hitlers) akt. Offz. Kavallerie (zul. Major; jetzt Oberstlt. a. D./Bundeswehr), 1948-59 Leit. Salemer Schulen; 1959-61 Leit. Aufbaustelle Reitakad. München - Div. Ehrenstell., s. 1972 Präs. Kurat. Moderner Fünfkampf Verb. in Bayern, Schirmherr Khmerfoundation e.V., Präs. Olympl. Akad. Olympia (1966-71), Mitgl. Org.komit. Olymp. Spiele München u. NOC f. Deutschl.; Leiter der Wasserwacht Schliersee 1959-71; Gemeinderat Markt Schliersee 1966-72; Honoray Vicepresident Intern. Union of Buildingsocieties and Savingbanks, s. 1985 - Siegreich Mannschaft große Vielseitigkeitsprüf. 1939; Mitgl. Military Nationalmannschaft 1939; 2. Bayer. Meister im Military Reiten 1962; goldenes Sportabzeichen 1959; goldenes Abzeichen der Bay. Wasserwacht 1970; silbernes Leistungsabzeichen Ski d. Schweiz 1962; Goldene Gams von Zürs/Arlberg (Abfahrt) - Spr.: Engl.

Prinz von HANNOVER, Welf Heinrich

Dr. jur., Leiter Volkswirtschaftsabt. Bankhaus B. Metzler seel. Sohn & Co., Frankfurt (b. 1988) - Neuwiesenstr. 22, 6000 Frankfurt/M. (T. 67 31 73) - Geb. 11. März 1923 Gmunden/Oberösterr. (Vater: Ernst August Herzog zu Braunschweig u. Lüneburg; Mutter: Viktoria Luise, geb. Prinzessin v. Preußen), verh. s. 1960 m. Sophie Alexandra, geb. Prinzessin zu Ysenburg u. Büdingen - 1935-41 Landerziehungsheime Hermann Lietz, Ettersburg u. Bieberstein; 1942-53 Univ. München, Wien, Göttingen - Arbeitsgruppe Weltraumrecht Dt. Ges. f. Luft- u. Raumfahrt e. V., Intern. Astronaut. Föderation Arbeitsgruppe III Inst. f. Weltraumrecht, Paris - 1953 Grotius-Med. (f. d. Diss.: Luftrecht u. Weltraum).

HANNSMANN, Margarete

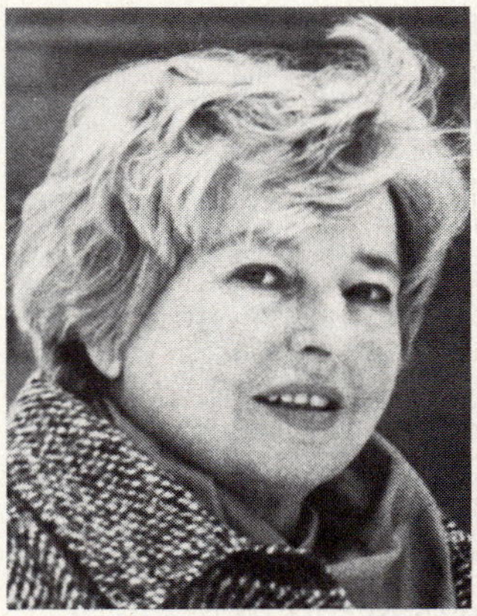

Schriftstellerin - Zur Schillereiche 23, 7000 Stuttgart - Geb. Heidenheim - BV: Tauch in d. Stein, Ged. 1964; Drei Tage in C, R. 1964; Maquis im Nirgendwo, Ged. 1966; Zerbrich d. Sonnenschaufel, Ged. 1966; Grob Fein u. Göttlich, Lyrik u. Prosa 1970; Zw. Urne u. Stier, Ged. 1971; D. andere Ufer vor Augen, Ged. 1972; Ins Gedächtnis d. Erde geprägt, Ged. 1973; In Tyrannos - E. Friedhofsgespräch, Ged. 1974; Fernseh-Absage, Ged. 1974; RAUBTIER TAG, Ged. 1989; Wo d. Strand am Himmel endet, Ged. (griech./dt.) 1990; PURPURAUGENBLICK, Ged. 1991; Tagebuch meines Alterns, Aufz. 1991; Tagebuch meines Alterns, Prosa 1991. Hörsp.: D. letzte Tag (1967), D. Wand (1969), Auto (1973), Blei im Gefieder, Ged. (1975), Aufzeichn. ü. Buchenwald (1978), Canto Athen (1979), Chauffeur b. Don Quijote, R. (1976); Schaumkraut, Ged. (1980); Landkarten, Ged. (1980); Spuren, Ged. (1981); D. helle Tag bricht an, Roman (1982); Du bist in allem, Ged. (1983); Drachmentage, Ged. (1986); Pfauenschrei/Meine Jahre m. HAP Grieshaber, 1986; Rabenflug, Ged. (1987) - 1976 Schubart-Preis, 1981 Lit.preis Stadt Stuttgart, Präsidiums-Mitgl. PEN-Club Dtschl.

HANNWACKER, Hannsgünter

Ministerialrat a. D., Leiter Hessische Landeszentrale f. Fremdenverkehr u. Geschäftsf. Hess. Fremdenverkehrsverband (b. 1989), tour info Hannwacker Information + Kommunikation - Bierstadter Str. 25, 6200 Wiesbaden (T. 0611 - 30 77 10; Telefax 37 01 23) - Geb. 29. Jan. 1925 Würzburg.

HANS, Heinrich

Dr. jur., Vors. Richter OVG a.D., Honorarprof. Univ. ebd. (Übungen u. Repetorien im Öfftl. Recht) - Propsteistr. 53, 4400 Münster/W.

HANSCHMIDT, Alwin

Dr. phil., Univ.-Prof. f. Neuere Geschichte u. Didaktik d. Gesch. Univ. Osnabrück, Standort Vechta - Händelstr. 14, 2848 Vechta - Geb. 7. Aug. 1937 Rietberg/Westf. (Vater: Ferdinand H.; Mutter: Käthe, geb. Pollmüller), kath. - S. 1975 Prof. Univ. Osnabrück, Abt. Vechta - BV: Franz v. Fürstenberg als Staatsmann, 1969; Republikan.-demokr. Internationalismus im 19. Jh., 1977. Herausg.: V. d. Normalschule z. Univ. (1980, m. J. Kuropka); Weltpolitik, Europagedanke, Regionalismus. FS f. Heinz Gollwitzer (1982, m. H. Dollinger u. H. Gründer); 500 J. Pfarrkirche St. Johannes Baptista Rietberg (1983); 700 J. Stadt Rietberg 1289-1989 (1989) - Vorst.-Mitgl. Hist. Kommiss. f. Westfalen; Mitgl. Hist. Kommiss. Nieders. u. Bremen.

HANSELMANN, Johannes

Dr. phil., D., Landesbischof Ev.-Luth. Kirche in Bayern (Landeskirchenamt), Präs. Luth. Weltbund (1987ff.) - Meisenstr. 13, 8000 München 37 - Geb. 9. März 1927 Ehingen/Ries, verh. m. Ruth, geb. Hanemann, 4 Kd. (Matthias, Paul-Gerhardt, Jörg, Ruthild) - Stud. Univ. Erlangen u. USA - 1977-87 Vizepräs. Luth. Weltbd. Div. Schr. - Ehrendoktor Univ. München; Bayer. VO; 1978 Theodor-Heuss-Med.

HANSEN, Conrad

Prof., Konzertpianist - Grottenstr. 24, 2000 Hamburg 52 (T. 82 96 85) - Geb. 24. Nov. 1906 Lippstadt/W., kath., verh. in 1. Ehe (1937-53) m. Prof. Eliza, geb. Ghiul, S. Niels, in 2. Ehe s. 1956 m. Maria, geb. Lange, S. Holger - Gymn. Lippstadt; m. 8 J. Klavierunterricht; 1922-30 Musikhochsch. Berlin (Meisterschüler v. Edwin Fischer) - M. 9 J. erstes öfftl. Auftreten, b. z. 15. Lebensj. Konzerttätigk. als Wunderkd., 1924 erstes Orch.konzert München unt. Eugen Jochum, 1922-30 Privat-Stud. Berlin (Meisterschüler v. Edwin Fischer, Staatl. Anerkennung 1930); 1930 erster Klavierabend Berlin (Beethovensaal), Konzerte mit Edwin Fischer (Bach, Mozart für 2 und 3 Klav.), Solist unt. Furtwängler, v. Karajan, R. Strauss, Mengelberg u. a., s. 1945 Klaviertrio m. Erich Röhn u. Arthur Troester. Päd. Tätigk.: 1932-35 Assist. Musikhochsch. Berlin (Edwin Fischer), 1936-40 Ausbildungskl. Klindworth-Scharwenka-Konservat., 1940-44 Meisterkl. Konservat. (ehem. Stern'sches Konservat.) ebd., nach d. 2. Weltkr. Konzert-Tourneen in Europa - Rußland - Japan. 1946-60 Prof. u. Leit. Meisterkl. Nordwestd. Musikakad. Detmold, dann Musikhochsch. Hamburg. S. 1974 zweiter Lehrauftr. Staatl. Musikhochsch. Lübeck - Mithrsg.: Beethoven Klavier-Sonaten - 1964 Ehrenring Stadt Lippstadt, Ehrenmitgl. Musik-Verein, ebd.

HANSEN, Dirk

Oberstudienrat a.D., Mitglied d. Bundestages (s. 1990) - Langenstr. 3, 2120 Lüneburg (T. 04131 - 3 45 45) - Geb. 21. Juni 1942 Lüneburg, ev., verh. s. 1974 m. Dorothee, geb. Wahl, S. Philipp Asmus - Abit.; 1. u. 2. Staatsex. Hamburg - S. 1972 FDP-Mitgl. (Ortsvors. s. 1981, Bezirksvors. s. 1992). S. 1976 Ratsherr d. Stadt Lüneburg.

HANSEN, Eliza

Prof. f. Klavier u. Cembalo Musikhochsch. Hamburg u. Musikhochschule Lübeck - Magdalenenstr. 64, 2000 Hamburg 13 (T. 45 02 65) - Geb. 31. Mai 1909 Bukarest (Vater: Prof. Ghiul H.; Mutter: Aurelia Mihailescu).

HANSEN, Fritz

Dr. med., Prof., Kinderarzt - Helenenweg 13, 4020 Mettmann - Geb. 10. Juni 1910 Essen, verh. in 2. Ehe m. Dr. med. Katharina, geb. Manthey, 2 Söhne (Günter, Gerhard) - Promot. (1936) u. Habil. (1939) Düsseldorf - S. 1936 Assistenzarzt, Privatdoz. (1941), Oberarzt (1950) u. apl. Prof. (1952) Med. Akad. bzw. Univ. (1966) Düsseldorf (Kinderklinik), 1971 Chefarzt d. städt. Kinderkl. Düsseldorf-Gerresheim, dazw. 1939-49 Wehrdst. (Fronttruppe) u. sowjet. Gefangensch. - BV: Allg.-menschl. Bezieh. in d. Familie, 1959. Üb. 70 Einzelarb. (vornehml. Infektionskrankh. u. Schutzimpfungen).

HANSEN, Georg

Dr. rer. soc., Prof. f. Interkulturelle Erzieh.wiss. Fernuniv. Hagen - Querstr. 16, 4600 Dortmund - Zul. Prof. Univ. Münster.

HANSEN, Gerd

Dr. rer. pol., Dipl.-Volksw., Prof. f. Ökonometrie Univ. Kiel - Seeblick 1, 2315 Kirchbarkau - Geb. 1. Jan. 1938 Pansdorf (Vater: Wilhelm H. Landw.; Mutter: Käthe, geb. Hardt), verh. s. 1964 m. Renate, geb. Lentin - Stud. Univ. Kiel; Promot. 1967 Hamburg; Habil. 1971 ebd. - 1972-79 Prof. Univ. Frankf. - Fachmitgl.sch., Fachveröff. - Spr.: Engl.

HANSEN, Hans

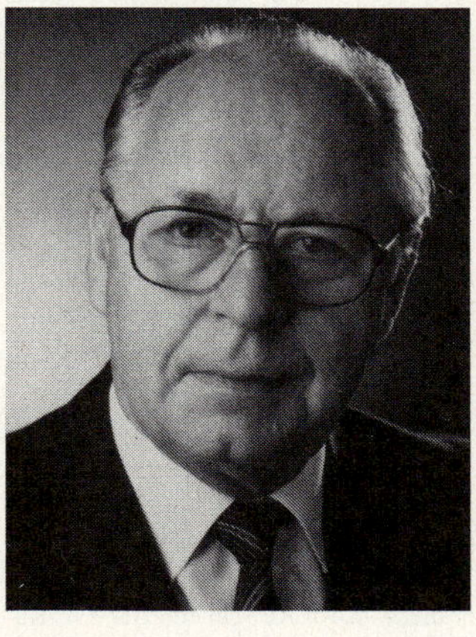

Präsident Dt. Sportbund (s. 1986), u. Landessportverb. Schlesw.-Holst. - Zu erreichen üb. Am Noor 4a, 2392 Glücksburg - Geb. 13. Febr. 1926 - Mitgl. Rundf.-Rat Dt. Welle; Vors. Führungsakad. DSB Berlin - Gr. BVK.

HANSEN, Hans

Dr., Geschäftsführer Maschinenfabrik H. Eberhardt GmbH. & Co., Wolfenbüttel - Steintorwall 2, 3300 Braunschweig - Geb. 13. Febr. 1925 Braunschweig - 1946-52 Univ. Kiel (Dipl. sc. pol.) - Funkt. Sozialversich. u. Fachverb. Handelsrichter.

HANSEN, Hans Erik

Vorstandsvorsitzer Union-Bank AG. - Große Str. 2, 2390 Flensburg - Geb. 15. März 1936.

HANSEN, Hans Georg

Dr. med., o. Prof., Ord. u. Direktor Kinderklinik Med. Univ. Lübeck (s. 1966) - Elsässer Str. 47, 2400 Lübeck (T. 6 71 61) - Geb. 6. Mai 1922 Flensburg (Vater: Georg H.; Mutter: Margarethe, geb. Philipsen), verh. s. 1944 m. Ursula, geb. Hartmann, 2 Kd. (Owe, Birgit) - Abit. 1939; 1939-44 Univ. Berlin u. Würzburg. Promot. 1944 Würzburg; Habil. 1957 Kiel - 1950 Facharzt f. Innere Med., 1954 f. Pädiat., bde. Kiel; 1954 Oberarzt Univ.-Kinderklinik Kiel; 1963 apl. Prof., 1966 o. Prof., 1969/70 Dekan Med. Fak. Lübeck. Spez. Arbeitsgeb.: Hämatol., Endokrinol., Röntgenol. - BV: D. Phasenkontrastverf. in d. Hämatologie, T. I-III (m. Rominger); D. Physiol. d. Lymphocytenwechsels u. s. Beeinflußbarkeit durch Hormone d. Hypophysen-Adrenal-Systems; Pädiatr. Differentialdiagnose (m. Catel; auch ital. u. span.); Hämatol. Zytologie d. Speicherkrankh. (auch engl.). Zahlr. Handbuchbeitr. u. a. - Korr. Mitgl. Ges. f. Pädiatrie, Minas Gerais (Brasil.), Europ. Soc. for Pediatric Res., Europ. Soc. for Pediatric Radiology, Europ. Soc. for Hematology, Intern. Soc. for Pediatrie u. a. - Liebh.: Segeln, zeitgen. Malerei, mittel- u. südamerik. Kulturen - Spr.: Engl., Franz. - Mitgl. Lions-Club.

HANSEN, Helmut F. H.

Vorstandssprecher Hafen Hamburg - Verkaufsförd. u. Werbung, Vorstand Beratungs- u. Forschungsstelle f. Versandverp./Inst. f. Exportverp., ebd. - Jes-Juhl-Weg 8, 2000 Hamburg 52 (T. 880 54 70; Fax 880 66 65) - Geb. 18. Febr. 1926, verh. s. 1949 - Ehrensenator Fachhochsch. Hbg., Gr. silberne Ehrenz. f. Verdienste um d. Rep. Österr. - Liebh.: Gesch., Religion, Politik.

HANSEN, Horst

Vorstand Otto-Versand GmbH & Co (Finanzen) - Wandsbeker Str. 3-7, 2000 Hamburg 71 - Geschäftsf. Britannia Beteiligungs-Verwaltungsges. mbH, Mercator Beteiligungs-Verwaltungsges. Intern. mbH, Otto-Sumisho Beteiligungs-Verwaltungsges. mbH, Otto-Versand Intern. GmbH, 3 Suisses Beteiligungs-Verwaltungsges. mbH, Gesellschaften d. Forum-Grundstückgr., alle Hamburg; AR Bayer. Rückversich. AG, München, Dt.-Südamerik. Bank AG, Hamburg, EURONOVA S.R.L., Biella/Italien, Gerling-Konzern Lebensversich.-AG, Köln, Patria Versich. AG, Köln, Rheinische Hypotheken Bank AG, Frankfurt/M., Schwab Versand AG, Hanau, Grattan PLC, Bradford/GB, Otto Investments Ltd., London/GB, Otto Intern. (Hong Kong) Ltd., Otto International (Singapore) PTE Limited, Otto Sumisho Inc., Tokyo/Japan, Spiegel Inc., Chicago/USA, Spiegel Acceptance Corp., Chicago/USA, 3 Suisses Intern. S.A., Croix/Frankr., Together Production Ltd., Hong Kong; Beiratsvors. Dt. Inkasso-Dienst GmbH & Co KG, Hanseatic Bank GmbH & Co, Hanseatic Versich.-dienst GmbH, Europ. Theaterakad. GmbH Konrad Ekhof, alle Hamburg; Beirat bon prix Handelsges. mbH, Hamburg, Offene Handelsges. Fegro/Selgros, FEGRO-Großhandelsmarkt GmbH & Co., Eschborn, Ges. f. Großhandel mbH & Co., Neu-Isenburg, Handelsges. Heinrich Heine GmbH & Co., Karlsruhe, Berliner Bank AG, Berlin, Commerzbank AG, Hamburg; Mitgl. Zulassungsstelle d. Hanseatischen Wertpapierbörse zu Hamburg; Vorst.-Vors. Verb. d. Dt. Cash and Carry-Großhandels e.V.; Präsid. Bundesarbeitsgemeinsch. d. Mittel- u. Großbetriebe d. Einzelhandels e.V., Köln; Präs. Stiftg. d. Freunde d. Hamburger Hochsch. f. Musik u. Theater; Ehrensenator d. Hochsch. f. Musik u. Theater Hamburg.

HANSEN, Joachim

Schauspieler - Harthausener Str. 10, 8011 Neukeferloh b. München (T. 46 81 21) - Geb. 28. Juni 1930 Frankfurt/O. (Vater: Alfred H.; Mutter: Agnes, geb. Radtke), kath., gesch. s. 1979, wiederverh. (Ehefr. Marion) - Gymn. (Abitur); Sprachensch. (Engl., Franz.) u. Max-Reinhardt-Theatersch. Berlin - Bühne (zul. Des Teufels General); Film (42 Rollen); Fernsehen 30 Rollen, zul. Heidi) - Liebh.: Klass. Musik, Jagd - Spr.: Engl. (Dolmetscherex.), Franz., Ital.

HANSEN, Johannes

Landwirt, Generallandschaftsrat a. D., Ehrenpräs. d. Nordd. Genossenschaftsverb. (Raiffeisen) - Westerdorf 15, 2395 Ausacker/Kr. Flensburg (T. Husby 5 22) - Geb. 21. Juli 1915 Ausacker (Vater: Johannes H., Amtmann u. Bauer; Mutter: Grete, geb. Jensen), ev., verh. s. 1943 m. Hanna, geb. Grünler, 3 Söhne (Hanns-Jürgen, Ernst, Jens) - Oberrealsch. (Abit.); landw. Ausbild. - Mitgl. Lions-Club Flensburg - 1969 Gold. Raiffeisen-Nadel; 1973 Gr. BVK, 1981 Stern dazu; 1975 Gr. Raiffeisenmed.; Gr. gold. Ehrenmed. Raiffeisen-Schultze-Delitzsch; Ehrenritter Johanniter-Orden - Spr.: Engl. - Großv. (ms.) Landesökonomierat Peter Jensen, Mitgl. Dt. Landw.rat.

HANSEN, Jürgen

Dipl.-Kfm., Vorstandsvorsitzender Pelikan Aktiengesellschaft - Podbielskistr. 3 B, 3000 Hannover - Geb. 3. April 1932 Kappeln/Schlei, verh. m. Dorothea, geb. Miehlke - 18 J. Nestlé-Konzern (Assist. d. Vorstandsvors., zul. Marketing-Manager), 6 J. Reynold's Industries Inc. (Generalmanager Zigarettenfabrik Haus Neuerburg KG, Köln).

HANSEN, Kai

Dr. rer. nat., Prof. f. Zoologie Univ. Regensburg - Rehfeld 8, 8401 Pentling/Opf. - Geb. 2. Sept. 1935 Hamburg - Promot. 1961 Berlin (FU); Habil. 1968 Heidelberg - Üb. 30 Facharb.

HANSEN, Karl-Heinz

Studiendirektor i.R., MdB (s. 1969) - Aldekerstr. 7, 4000 Düsseldorf-Heerdt (T. 50 03 14) - Geb. 17. Mai 1927 Linderhofe/Lippe (Vater: Karl H., Amtsrat; Mutter: Anna, geb. Kiesau), ev., verh. s. 1954 m. Anneliese, geb. Ebach, S. Ralph-Eric - Gymn.; Stud. Angl., Roman., Gesch. - S. 1959 Studienrefer., -ass. (1961), -rat (1964), Obertudienrat (1968) u. Stud.-Dir. (1969), Vors. Fachgr. Gymn. Gewerksch. Erzieh. u. Wiss. NRW. Parteilos (1961-81 SPD) - Liebh.: Film - Spr.: Engl., Franz. - Lit.: Bernt Engelmann: Was lange gärt, wird endlich Wut (Dokument.), 1981.

HANSEN, Klaus

Jurist, Parlament. Geschäftsführer, Mitglied Hamburg. Bürgerschaft (s. 1978) - Glindersweg 18, 2050 Hamburg 80 - SPD.

HANSEN, Klaus

Dr. sc. phil., o. Prof. f. Englische Sprache Humboldt-Univ. Berlin - Vesaliusstr. 31, O-1100 Berlin - Geb. 12. Jan. 1934 Berlin, ev., verh. s. 1967 m. Dr. Barbara, geb. Butte, T. Dagmar - 1952-57 Stud. Anglistik, Amerikan., German.; Promot. 1962; Habil. 1975 (alles Humboldt-Univ. Berlin) - S. 1990 Dekan d. Philol. Fak. u. Senator an d. Humboldt-Univ. - BV: Englische Phonetik (m. R. Arnold), 7. A. 1989; Englische Lexikologie (m. B. Hansen, A. Neubert, M. Schentke), 3. A. 1990 - Spr.: Engl.

HANSEN, Klaus

Dr. phil., Direktor d. Theodor-Heuss-Akademie d. Friedrich-Naumann-Stiftung - Theodor-Heuss-Str. 26, 5270 Gummersbach (T. 02261 - 30 02 10) - Geb. 5. Mai 1948 Pronsfeld/Eifel, kath., led. - Stud. Psychol., Soziol., Publiz. u. Ethnol. Westf. Wilhelms-Univ. Münster; Promot. Dr. phil. 1977 - S. 1981 Mithg. Ztschr. Materialien z. Polit. Bildung, Bonn; s. 1986 Vorst.-Mitgl. Ges. z. Förder. päd. Forsch., Frankfurt; s. 1990 Mitgl. Jury Adolf-Grimme-Preis, Marl - BV: Frankfurter Schule u. Liberalismus, 1981; Carl Schmitt u. d. Liberalismuskritik, 1988; Hart am Ball. Fußballsatiren, 1988; D. kleine Nein im großen Ja. Witz u. Politik in d. Bundesrepublik, 1990 - Liebh.: Lyrik u. Jagd; Betreiber d. Oralverlages Fliegender Robert, Lesezeichen-Prod. - Spr.: Engl., Franz.

HANSEN, Kurt

Dr.-Ing., Dr. rer. nat. h. c., Dipl.-Kfm., Chemiker, Honorarprof. f. Chemie Univ. Köln (s. 1963) - Sürder Str. 14, 5090 Leverkusen-Schlebusch (T. 5 18 50) - Geb. 11. Jan. 1910 Yokohama/Japan (Vater: Hans H., Exportkfm. Illies & Co. Hamburg), verh. m. Irmingard (Irmi), geb. Strähuber (Arzttochter München), 2 Kd. (Karin, Gert) - Promot. 1935 München (Summa cum laude) - S. 1936 IG Farbenind. AG bzw. Farbenfabr. Bayer AG bzw. Bayer AG (1955 Prok., 1956 Dir., 1957 Vorst.-

Mitgl., 1961 -vors., 1974 AR-Vors., 1984 Ehren-AR-Vors.). Div. Ehrenstell., dar. Präs. Verb. d. Chem. Ind. (1970/71), Präs. G. d. Ch. (1974/75). AR-Mandate - 1960 Ehrendoktor TH Aachen; Ehrensenator Tierärztl. Hochsch. Hannover (1962), Univ. Bonn (1963), Köln (1963) u. Mainz (1964); 1970 Horst-Koehler-Gedächtnispreis Dt. Gartenbau-Ges. u. Ehrenring Stadt Leverkusen; 1980 Ehrenmitgl. BDI; 1985 Ehrenbürger TU München u. 1988 Univ. Köln - Liebh.: Wandern, Segeln, Schwimmen - Lit.: Ferdinand Simoneit, D. Neuen Bosse, 1966.

HANSEN, Niels

Dr. jur., Dr. phil. h. c., Botschafter a.D. - Frankenstr. 1, 5300 Bonn 2 - Geb. 7. Nov. 1924 Heidelberg (Vater: Prof. Dr. med. Karl H. (†1962); Mutter: Mary, geb. Sulzer), verh. s. 1959 m. Dr. med. Barbara, geb. Bartels, 3 Töcht. - Katharineum Lübeck (Abit.); 1942-45 Wehrdst.; Stud. d. Med. u. Rechtswiss. Göttingen, Hamburg, Heidelberg, Zürich, Genf; 1951 Lic. en droit; 1951/52 Wiss. Assist. Univ. Genf; 1952-89 Ausw. Dienst: u.a. Büro Min. v. Brentano, Gesandter Botsch. Washington, Leit. Planungsstab, Botsch. in Israel; Ständ. Vertr. b. d. NATO - Vizepräs. Dt. Atl. Ges.; Präs. Dt. Ges. Freunde Weizmann-Inst.; Präs. Dt. Ges. Freunde Isr. Philh. Orch.; Vizepräs. Ges. Förd. sakr. jüd. Musik; Vorst. Freunde Univ. Tel-Aviv, Jerusalem-Stiftg.; Kurat. Freunde Leo Baeck Inst., Neve Shalom, Stud. u. Ausb.förd. Israel, ORT Deutschl.; Beratende Redakt. Tribüne; Vors. Rotary-Aussch. Isr.-Deutschl.; Board of Governors Weizmann-Inst. - BV: Le délit de violation d'une obligation d'entretien, zahlr. Beitr. in Sammelw. u. Ztschr. - Prix Des Arts; Korr. Mitgl. Sociedade de Geografia Lissabon; Rechtsritter Johanniterorden; 1990 Ehrendoktor Univ. Tel-Aviv; dt. u. ausl. Orden - Liebh.: Mod. Plastik, Querflöte - Spr.: Engl., Franz., Hebr., Ital., Portug.

HANSEN, Peter-Diedrich

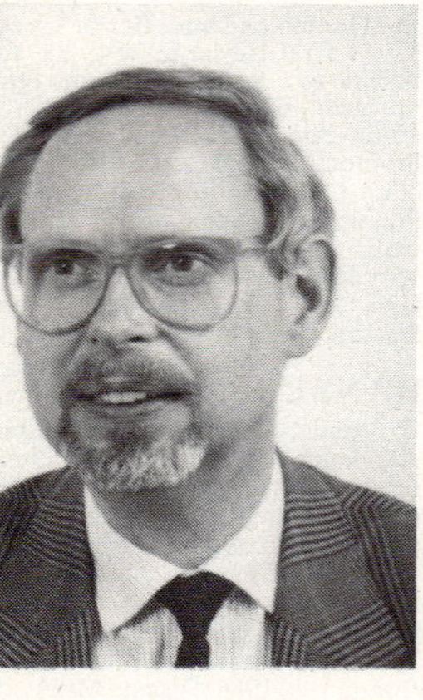

Dr. rer. nat., Prof. TU Berlin im FB 14, Inst. f. Ökologie - Sundgauer Str. 31, 1000 Berlin 37 (T. 030 - 831 58 50) - Geb. 25. Nov. 1940 Hamburg, ev., verh. m. Dr. Maria Dorit, geb. Walter, T. Sophie Catherine - Chemielab.; Abit. 1964 Abendgymn.; 1964-71 Stud. Chemie u. Biol. Univ. Tübingen u. Hamburg; Staatsex. 1971, Promot. 1976 Hamburg; Habil. 1988 TU Berlin - 1980-90 Fachgebietsleit. als Dir. u. Prof. am Bundesgesundheitsamt; s. 1990 Prof. f. Aquatische Ökotoxikol. TU Berlin - Alleiniger Herausg. d. Ztschr. f. angewandte Zoologie (s. 1987) - Spr.: Engl., Franz.

HANSEN, Reimer

Dr. phil., Prof. f. Neuere Geschichte FU Berlin (s. 1980) - Rhodeländer Weg 40b, 1000 Berlin 47 - Geb. 4. Febr. 1937 Heide/Holst. (Vater: Johannes H., kaufm. Angest.; Mutter: Anni, geb. Claussen), verh. s. 1965 m. Ingeborg, geb. Hucke, 3 Kd. (Jan, Olde, David) - Gymn.; 1957-62 Univ. Kiel (Gesch., German., Päd.). Staatsprüf. f. d. höh. Lehramt 1963. Promot. 1965 Kiel - 1964-70 Wiss. Assist. Univ. Kiel, 1970 o. Prof. f. Gesch. PH Berlin, s. 1980 f. Neuere Gesch. FU Berlin (1984-86 Sprecher, 1986/87 Dekan FB Geschichtswiss.). Bücher u. Aufs. - Lit.: Kürschners Dt. Gelehrten-Kalender 1992.

HANSEN, Richard

Dr. agr., Prof., ehem. Leiter Inst. f. Stauden, Gehölze u. angew. Pflanzensoziol. FH Weihenstephan (s. 1947), Honorarprof. TH München /Fak. f. Landw. u. Gartenbau (s. 1963) - Steinbreite 1, 8050 Freising/Obb. (T. 22 59) - Geb. 10. Juli 1912 Nortorf/Holst. (Vater: Georg H., Pastor; Mutter: Charlotte, geb. Dethleffsen), ev., verh. s. 1940 m. Renate, geb. v. Wilmowsky, 2 S. (Stephan, Georg) - Gymn. Kiel; prakt. Ausbild. Baumschulen u. Staudengärtnereien; Univ. Berlin (Diplom-Gärtner 1939) - BV: D. Garten u. s. Gehölze, 1955; D. Garten u. s. Stauden, 1963 (beide m. Stahl); Sichtungsgarten Weihenstephan, 1977; D. Stauden u. ihre Lebensbereiche, 1981 - Mitgl. Royal Horticultural Soc. (Engl.) u. Intern. Stauden-Union - Buchpreis Dt. Gartenbau-Ges., 1980 Max-Schönleutner-Med. TU München; 1983 BVK am Bde.; 1983 Georg Arends-Med. Zentralverb. Gartenbau; 1986 Silb. Bürgermed. Stadt Freising; 1986 von Sckell-Ehrenring d. Bayer. Akad. d. Schönen Künste; 1987 Ehrenmitgl. d. Dt. Ges. f. Gartenkunst u. Landsch.pflege.

HANSEN, Svend Olav

Oberfinanzpräsident, Leit. OFD Kiel - Adolfstr. 14-28, 2300 Kiel.

HANSEN, Ulf

Dr.-Ing., Univ.-Prof. Kraftwerkstechnik Univ.-GH Essen - Mühlenstr. 18A, 5161 Merzenich - Geb. 2. April 1937 Sandefjord/Norw., verh. s. 1963 m. Isolde, geb. Jordan, 2 Kd. (Sven, Annika) - Abit. Sandefjord/Norw.; Stud. RWTH Aachen; Promot. 1969 - 1965-70 Wiss. Mitarb. BBK Mannheim u. KFA Jülich; 1970-76 OECD Dragon Projectin Winfrith/Engl.; 1976-79 Systemanalyse u. Technol. Entw., KFA Jülich; 1979 Berufung. 1983-91 Vors. d. Ges. f. Energiewiss. u. Energiepolitik e.V., Bonn; 1992 Pres. Intern. Assoc. for Energy Economics, Washington D. C. - Mehr als 50 wiss. Publ., u. a. Kernenergie u. Wirtschaftlichkeit, 1983 - Liebh.: Segeln - Spr.: Engl., Franz., Skand. Spr.

HANSEN, Ursula,

geb. Otto

Dr. rer. pol., Prof. Inst. f. Betriebsforsch. (IFB) Univ. Hannover - Wunstorfer Str. 14, 3000 Hannover 91 (T. 762 56 13/14) - Geb. 10. Mai 1939 Hannover (Vater: Friedrich O., Baumeister; Mutter: Käthe, geb. Gundlach), ev., verh. s. 1968 m. Dr. P., S. Lorenz - Sophiensch. Hannover (Abit. 1958); Stud. d. Betriebswirtsch.lehre Univ. Wien, Kiel, Göttingen; Promot. 1968 ebd.; Habil. 1975 - BV: Stilbildung als absatzwirtschl. Problem d. Konsumgüterind., 1969; Produktgestaltung, 1972 (m. E. Leitherer); Absatz- u. Beschaffungsmarketing d. Einzelhandels, Bd. I u. II 1976; Lexikon u. Arbeitsbuch z. Handelsbetriebslehre, 1979 (m. J. Algermissen); Marketing u. Verbraucherpolitik (m. B. Stauss u. M. Riemer); Verbraucherabt. in priv. u. öffentl. Unternehmen, 1985 (m. I. Schoenheit); Verbraucherzufriedenheit u. Beschwerdeverhalten, 1987 (m. I. Schoenheit). Herausg.: Marketing u. Verbraucherarbeit (m. G. Rosenberger) - 1966 Forschungsstip. USA; 1983 Forschungsreise Japan.

HANSEN, Ursula

Dr. med., Ärztin, Staatsministerin f. Soziales u. Familie Rhld.-Pfalz (1985-91), MdL - Geb. 1935, kath., verh. m. Vinzenz H., Verbandsbürgerm., 4 Kd. - Ärztin in Prüm/Eifel (zul. in Landpraxis). Vizepräs. Zentralkommitee d. Dt. Katholiken, u. a. Ehrenämter. CDU s. 1970.

HANSEN, Uwe

Dipl.-Kfm., Generalbevollm. BDO Dt. Warentreuhand-AG, Hamburg - Ferdinandstr. 59, 2000 Hamburg 1 (T. 040 - 30 29 30) - Geb. 24. Sept. 1941 - Dipl.-Kfm. 1968, Wirtschaftsprüfer 1974.

HANSEN, Uwe

Feuerwehrbeamter a.D., MdB (s. 1984 Landesliste Hamburg) - Marmstorfer Weg 30, 2100 Hamburg 90 - Geb. 19. Sept. 1938 Hamburg, ev., verh., 2 Kd. - Techn. Obersch. (mittl. Reife 1955); Matrose, Steuermann/Küstenschiffahrt; s. 1964 Feuerwehrbeamter Hamburg. Mitgl. ÖTV. S. 1974 Bezirksabgeordn. (1978-83 stv., ab 1983 Fraktionsvors.). SPD s. 1966 (1972 Kreisvorst.-Mitgl., 1978ff. Landesvorst., s. 1983 stv. Landesvors.).

HANSEN, Uwe C.

Reeder, Geschäftsf. Flensburger Schiffsparten-Vereinig. AG & Co. GmbH, Flensburg u. Flensburger Befrachtungskontor Uwe C. Hansen GmbH & Co. KG - Marienhölzungsweg 53, 2390 Flensburg (T. 5 36 60) - Geb. 29. Mai 1920 Kiel - Spr.: Engl. - Rotarier.

HANSEN, Walter

Dr. rer. nat., o. Prof. (em.) (s. 1956) - Dorfstr. 21, 2081 Hasloh (T. 04106 - 25 17) - Geb. 15. Aug. 1909 Hamburg (Vater: Andreas H., Ing.; Mutter: Hedwig, geb. Statthaus), verh. s. 1940 m. Elli, geb. Behrmann, 3 Töcht. (Heike, Silke, Ute) - U. a. Dt. Hydrogr. Inst. Zahlr. Fachveröff.

HANSEN, Walter

Schriftsteller - Stengelstr. 6, 8000 München 40 (T. 089 - 36 93 90) - Geb. 4. April 1934 Waltendorf, kath., T. Eva - Stud. Univ. München - BV: D. Ritter, 1976; D. Reise d. Prinzen Wied, 1978; D. große Hausbuch d. Volkslieder, 1978; D. Buch d. Balladen, 1978; D. Detektiv v. Paris, 1980; D. Edda m. Kommentaren, 1980; Nibelungenlied, 1982; Asgard, 1985; D. Spur d. Sängers, 1987; D. Spur d. Helden, 1988; D. gr. Buch d. dt. Volkspoesie, 1989; D. schönsten Eisenbahn-Geschichten, 1990. S. Jan. 1991 Wanderausstellung f. dt. Sparkassen: D. Schauplätze d. Nibelungenliedes, e. Bild- u. Textdokumentation - 1980 ZDF-Jugendbuchpreis; 1986 Dt. Akad. f. Jugendlit.; 1988 ZDF-Buch d. Monats April; 1989 Stiftg. Buchkunst; 1990 Dt. Akad. f. Jugendliteratur - Spr.: Engl., Franz. - Lit.: Kürschners Dt. Lit.-Kalender; D. Barke (Österr. Buchclub d. Jugend); Bayer. Literaturlex.

HANSEN, Wolfhard

Dr. rer. nat., Prof., Lehrstuhlinh. f. Mathematik Univ. Bielefeld - Ludwig-Beck-Str. 19, 4800 Bielefeld 1.

HANSEN-WESTER, Peter

Dipl.-Ing., Vorstandsmitglied Howaldtswerke-Dt. Werft AG, Hamburg u. Kiel (s. 1981) - Streitberg 2, 2300 Molfsee (T. 04347 - 25 38) - Geb. 30. Juli 1932 Kiel - Geschäftsf. Thyssen Nordseewerke GmbH., Emden, zul. Vorst.-mitgl. AG Weser, Bremen - Spr.: Engl.

HANSER-STRECKER, Peter

Dr. jur., Musikverleger (B. Schott's Söhne) - Weihergarten, 6500 Mainz; priv.: Gluckstr. 6, 6200 Wiesbaden - Geb. 10. Juli 1942 München - Promot. 1968 Frankfurt/M. - BV: D. Plagiat in d. Musik, 1968 - Spr.: Engl.

HANSI, Alfred

Bankdirektor i. R. - Harnackstr. 22, 1000 Berlin 33 (T. 832 41 86) - Geb. 8. Mai 1913 Posen - Reform-Realgymn. (Abitur); kaufm. Lehre Industrie - Ab 1936 Unternehmerverb. u. Wirtschaftsverw.; s. 1950 Berliner Bank AG. (1961 Vorstandsmitgl.). ARsmandate u. a.

HANSING, Ernst-Günter

Prof. h.c., Maler, Bildhauer - Am Zoperich 1, 5340 Rhöndorf u. 7, rue Gozlin, Paris VI - Geb. 15. Juni 1929 Kiel (Va-

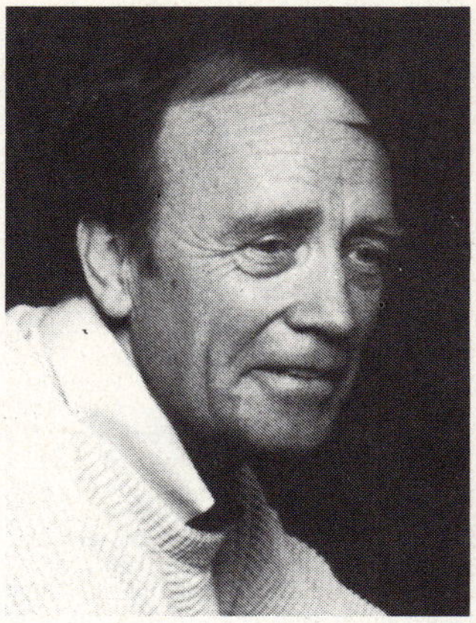

ter: Hermann H.; Mutter: Anneliese, geb. Marten), ev., verh. s. 1955 m. Eva, geb. Schreder, 3 Kd. (Michael, Marc, Matthias) - Gymn.; Goldschmied; Autodidakt; Förder. d. Oskar Kokoschka; Stud. Paris b. Fernand Léger (Stip. d. franz. Reg.); 1955 Stud. Hochsch. f. Bild. Künste Berlin (Stip. Bundesverb. d. dt. Ind.) - Bildkompositionen in abstraktem expressivem Surealismus. Porträts u. Porträtreihen u. a. v. Adenauer, Kardinal Frings, de Gaulle, Papst Paul VI. (7,5 qm gr. Ölgemälde), B. Beitz, H. Wehner, C. Malraux, F. Leger, 1955, H. H. Jahnn 1956, L. Erhard 1978; Porträtreihe Walter Scheel 1976-79, 1972-74 Christusthema f. d. Vatikan; Prof. H. Lützeler 1980; Prof. A. Möller 1981; Papst Johannes Paul II. 1980-81 u. 1983-84; A. Henze 1983; H. Krone 1983-84; R. N. Ketterer 1984; Chagallskizzen i. St. Paul de Vence, 1984; Bildthema Hommage á Chagall, 1985; G. Stoltenberg, 1988; Sir David Lean Porträts, 1988-90; D. Lean, 1988/89; Porträtreihe: Präsident François Mitterand, 1989-91; G. Thonet, 1989/90; K. Murmann, 1989/91; Anne Sophie Mutter, 1990/91; C. v. Heeremann, 1991. 1973-74 Kapellengesamtausgestaltung. Rom; Kreuzwegstationen f. d. Vatican; Glasfenster (Dietrich-Bonhoeffer-Kirche Hamburg, Erzbischöfl. Palais Köln); Metallplastiken, u.a. Gr. Rheinuferplastik 1990 z. 2000 Jahrfeier d. Stadt Bonn; Gestalt. Pontificats-Med. d. Vatikans u. Papstgewand z. Eröffn. d. Hl. Jahres 1983/84. Alleinausst. (Hamburg, Kiel, Köln, Schleswig, Bonn, Paris, New York, Rom, Florenz, Hannover). Arbeiten in Museen u. Privatsammlungen in Frankr., Dtschl., Ital., USA - 1970 Grand Prix de New York - 1976 Gr. Kunstpreis Land Schlesw.-Holst.; 1990 Kommandeurskreuz d. Gr. St. Gregorius Ordens, Vatican; 1991 BVK I. Kl. - Lit.: C. Malraux: Portrait et Abstraction E. G. H. (1966), A. Henze: E. G. H., Monographie, vierspr. (1975), G. Wietek: E. G. H. Persönlichk. u. Deutung (1978), H. Lützeler: Politikerporträts E. G. H. (1979), A. Verdet: Visages et Paysages (1980), ZDF Kulturmagazin Aspekte: E. G. H. Werke im Vatikan u. Ital. (1983).

HANSMANN, Karl-Werner

Dr. rer. pol., Dipl.-Kfm., Prof. f. Betriebswirtschaftslehre - Corveystr. 7, 2000 Hamburg 54 - Geb. 21. Mai 1943 Kassel (Vater: Carl H., Raumausstatter; Mutter: Elisabeth, geb. Wagner), verh. s. 1969 m. Gisa, geb. Seeck, S. Björn - Gymn. Kassel; Univ. Marburg u. Hamburg (Betriebsw.; Dipl.-Kfm. 1967) - B. 1977 Doz., dann Prof. Univ. Hamburg. 1985 Vizepräs. Univ. d. Bundeswehr Hamburg - BV: Entscheidungsmodelle z. Standortplanung d. Industrieuntern., 1974; Dynam. Planung v. Aktienanlagen, 1979; Industriebetriebslehre, 1987 - Liebh.: Klass. Musik (spielt Klav.) - Spr.: Engl., Franz.

HANSMANN, Manfred

Dr. med., Prof. f. Frauenheilkunde u. Geburtshilfe - Rheinufer 100, 5330 Königswinter 1 (T. 02223 - 2 47 81) - Geb.

29. April 1936 Kassel (Vater: Georg H., Ing.; Mutter: Maria, geb. Abel), ev. gesch., S. Marcus - Med.stud. 1958-61 Univ. Frankf., 1961-64 Univ. Heidelberg, Promot. 1964, Habil. 1975 Univ. Bonn - 1971 Facharzt f. Frauenheilk. u. G., 1976 O.arzt Univ.-Frauenkl. Bonn, 1980 ltd. OA u. Leit. d. Abt. f. Praenatale Diagnostik UFK Bonn - BV: Ultraschalldiagn. i. d. Med., 1981; 80 Aufs. i. Ztschr. f. Gynäk. u. i. 10 Sachbüchern; Wiss. Beirat: Gynäk. Praxis H. Marseille Verl., Ultrasound i. Med. a. Biology Pergamon-Press, Ultraschall i. d. Med.. - 1979 Sekr. d. Dt. Ges. f. Ultraschall i. d. Med. (DEGUM) - Ehrenmitgl. Jugosl. Ges. f. Ultraschall i. d. Med. - Liebh.: Antiquitäten (Uhren) - Spr.: Engl., Franz.

HANSMEYER, Karl Heinrich

Dr. rer. pol., Dipl.-Kfm., o, Prof. f. Wirtschaftl. Staatswissenschaften - Ulmenallee 124, 5000 Köln 51 (T. 38 20 19) - Geb. 30. Juli 1929 Lennep - S. 1961 (Habil.) Lehrtätigk. Univ. Köln, Mainz (1964 Ord. f. Volksw.slehre u. Finanzwiss.), Köln (1967 wie oben). Mitgl. Sachverständigenrat f. Umweltfragen, Dt. Ges. f. Ausw. Politik, Ges. f. Wirtschafts- u. Sozialwiss. Mitgl. Inst. Intern. de Finances Publiques. Spez. Arbeitsgeb.: Finanzwiss., Kommunalwiss., Umweltpolitik - BV: D. Weg z. Wohlfahrtsstaat, 1957; Finanzielle Staatshilfen f. d. Landw., 1963; D. öfftl. Kredit, 2. A. 1970; D. Gebühren, 1968 (m. Fürst); Gesetz z. Förder. d. Stabilität u. d. Wachstums d. Wirtsch.; Kommentar 2. A. 1972 (m. K. Stern u. P. Münch); Staatswissenschaftl. Planungsinstrumente, 1973 (m. B. Rürup). Zahlr. Einzelarb.

HANSSLER, Hugo

Dr. med., Prof., Chefarzt i. R., St. Hedwigs-Kinderkrkhs. Regensburg (s. 1958) - Prüfeninger Schloßstr. 14, 8400 Regensburg (T. 3 51 60) - Geb. 29. März 1917 Tafern b. Überlingen/B. (Vater: Albert H., Landw.; Mutter: Elisabeth, geb. Mossmann), verh. s. 1942 m. Elisabeth, geb. Schmid - S. 1954 (Habil.) Lehrtätigk. Univ. Tübingen (1961 apl. Prof. f. Kinderheilkd.). Fachaufs. - Ehrenmitgl. d. Süddt. Ges. f. Kinderheilkunde.

HANSSON, Per-Ulf

Geschäftsführer Wilhelmstal-Werke GmbH Papiersackfabriken - Fautenbacher Str. 24, 7590 Achern/Baden.

HANSTEIN, von, Fritz Huschke

Kaufmann, EhrenVice-Präs. d. Automobilclub f. Dtschl. (AvD), Ehrenpräs. d. O.N.S. (Oberste Nat. Sportkomm. f. d. Automobilsport i. Dtschl.), Vice-Président d'honeur d. FISA (Federation Intern. du Sport Automobile) - Am Kräherwald 169, 7000 Stuttgart (T. 8 91 41) - Geb. 3. Jan. 1911 Halle/Saale (Vater: Carl v. H.; Mutter: Anne, geb. v. Dippe), ev., verh. s. 1950 m. Ursula, geb. v. Kaufmann (Verf.: 666 Tips f. d. perfekte Gastgeberin, 1969, Lexikon Mod. Etikette, 1971, Delikat essen - schlank bleiben, 1973) - Gymn. Quedlinburg; landw. u. kaufm. Ausbild; Univ. Göttingen (Refer.ex. 1936). Dolmetscherex. f. Engl. College Exeter (Engl.) - Gutsbes. Wahlhausen/Werra, ab 1936 Aktionär u. Geschäftsf. Gebr. Dippe AG, Quedlinburg, ab 1938 Geschäftsf. Mahndorfer Zuchten, n. Kriegsende stv. Geschäftsf. Gebr. Dippe Saatzucht, Herford, 1950-52 Verkaufsleit. Hoffmann-Werke, Lintorf (Einf. VESPA in Dtschl.), 1952-68 Prokurist u. Rennleit. Dr.-Ing. h. c. F. Porsche KG, Stuttgart, spät. Berat. VW-Porsche Vertriebsges. Zahlr. Erfolge bei Motorrad- u. Autorennen (zul. auf Porsche; 1939/40 dt. Sportwagenmeister, Gesamtsieger d. Mille Miglia, beides auf BMW) - Gold. Motorsportabz. ADAC, AvD u. DMV, 1959 Gold. AvD-Sportabz. m. Eichenlaub u. Brillanten; Komturkreuz span. Orden d. hl. Isabella; 1975 Officier 1er Classe de l'ordre de l'Education Physique et des Sports des Fürstentums Monaco; Off. de l'Ordre National de La Rep. Ivoire - Liebh.: B. 1945 (Enteign. d. Güter) Pferdesport u. -zucht, jetzt Fotogr. u. Filmen - 1965 u. 67 Christophorus-Preis; 1970 Silb. Lorbeerbl. d. Bundespräs.; 1984 BVK I. Kl. - Spr.: Engl., Franz., Ital. - Europa-Bergmeister im Automobilsport (Porsche).

HANSTEIN, v., Helmar

Chefdramaturg Volkstheater München (s. 1991) - Pippinstr. 41, 8035 Gauting - Geb. 5. Nov. 1944, verh. s. 1982 m. Astrid, geb. Kube - Stud. Theaterwiss., Kunstgesch., German. München - S. 1971 Dramaturg Staatstheater Karlsruhe, Stadttheater Bremerhaven, Städt. Bühnen Essen, Staatstheater Darmstadt, Ruhrfestsp. Recklinghausen, Schauspielhs. Nürnberg, Chefdramat. Städt. Bühnen Augsburg.

HANSTEIN, Walter G.

Dr. rer. nat., Prof., Biochemiker - Hufelandstr. 15, 4630 Bochum-Querenburg (T. 0234 - 70 26 32) - Geb. 23. April 1934 Lörrach (Vater: Günther H., Zahnarzt; Mutter: Walburg, geb. Bender), kath., verh. s. 1970 m. Ursula, 4 Kd. (Conrad, Nicola, Oliver, Sabine) - Chemiestud. Univ. Basel, Heidelberg, Freiburg; Dipl.-Chem. 1961 Freiburg, Promot. 1966 Freiburg - 1969-78 Ass. Member, Scripps Clinic & Res. F. (La Jolla); 1978 ff. Prof. C 3 Inst. f. Physiol. Chemie, Ruhr-Univ. Bochum - 1970 USPHS Career Development Award - Liebh.: Musik, Squash, Tauchen - Spr.: Engl.

HANSZEN (ß), Karl-Joseph

Dr., Prof., Direktor a. D. Physikal.-Techn. Bundesanstalt Braunschweig - Geb. 27. Jan. 1921 Wald b. Solingen - Promot. 1952; Habil. 1971 - S. 1952 PTB (1968 Leit. Gruppe Elektronen- u. Röntgenstrahlen). 1971ff. Lehrtätigk. TU Braunschweig (1976 apl. Prof. f. Physik). 1968/69 Gastprof. Univ. Tucson (USA). Rd. 100 Fachaufs.

HANTEL, Michael

Dr. rer. nat., o. Univ.-Prof., Inst. f. Meteorol. u. Geophysik Univ. Wien - Hohe Warte 38, A-1190 Wien (T. 0043 - 222-364453-3001) - Zul. Prof. f. Meteorol. Univ. Bonn.

HANTEN, Alfred

Dipl.-Psych., Dr. phil. - Burgunderstr. 20, 7842 Kandern 5 (T. 07626 - 10 70) - Geb. 10. Sept. 1905 (Vater: Textilfabrikant) - Abit. Hindenburgsch. Düsseldorf; Stud. Psychol., Päd. Bonn u. Freiburg; Promot. 1933 - Assist. Psych. Inst. Freiburg; 1936 freiwill. Wehrdienst; 1937-40 Heerespsychol. I. AK Königsberg/Pr.; 1941-43 Regierungsrat (Majorsrang) Reichsluftfahrtmin.: Offiziersauswahl; 1943-45 Waffen SS Stubaf. (Major), Betreuung freiw. Offiziere aller Länder Europas in SS-Kriegsschule Tölz; Ostfront (schwer verwundet), engl. Gefangensch.; b. 49 kaufm. Tätigk.; Ende 1949 Gründ. d. BDP (Berufsverb. dt. Psychol.) u. FORFA (Forsch.inst. f. Arbeitspsychol. u. Personalwesen); Geschäftsf. in Düsseldorf; S. 1952 eigene Unternehmen: Dr. H. Personal-Unternehmensberat., Deutsche Baggerführersch., Testfahrschule Erkrath (Kfz.-Ausbild. m. patent. eig. Fahrlehrgerät), Technikerschule Erkrath, erste staatl. anerk. Techniker-Ausb. m. nur 5 Monaten Intensivausb., Modell f. Ing. u. Techn. Hochsch., DEGEFIA (Dt. Ges. f. Ind.ausb. im Ausland mbH, alleiniger Gesellsch. u. Geschäftsf., MAPEX Import Export GmbH (Export v. Masch. u. Anlagen) Hauptgesellsch. u. Geschäftsf.; jetzt Ruhestand.

HANTSCHE, Irmgard

Dr. phil., Wiss. Rätin, Prof. f. Neuere Geschichte u. ihre Didaktik GH Duisburg (s. 1974) - Frühlingstr. 6, 4300 Essen - Geb. 17. Mai 1936 Grünberg/Schl. - Promot. 1968; Habil. 1973 - BV: D. Problem d. engl. Bürgerkr. b. James Harrington, 1968.

HANTSCHMANN, Norbert

Dr. med., Prof. f. Chirurgie Univ. Kiel, Chefarzt Krankenhaus Itzehoe (Akad. Lehr-Krkhs.) - Buschweg 7, 2210 Itzehoe-Edendorf (T. 04821 - 7 65 75) - Geb. 21. Nov. 1932 Königsberg/Ostpr. (Vater: Prof. Dr. Leo H., Chefarzt; Mutter: Dr. med. Magdalene, geb. Steube), ev., verh. s. 1960 m. Dr. med. Jutta, geb. Costede, 3 Kd. (Bodo, Imme, Peer) - Stud. Med. u. Psych. Univ. Freiburg, Tübingen u. Kiel; Staatsex. u. Promot. 1958, Habil. 1970, alles Kiel - Mediz.-Assist. Oberhausen, Harburg u. Hamburg; Hospitant (Endokrinol.) Hbg.-Eppendorf; Oberarzt u. ltd. Oberarzt Kiel; s. 1975 Chefarzt Itzehoe. Ztschr.-beitr. üb. Themen d. Endokrinol., Magenchir., Thoraxchir. u. Therapie u. Diagnostik entzündl. Darmerkrank. - Liebh.: Musik (ausüb. Kammermusik). Malerei, Dicht. u. Reisen - Spr.: Engl.. Franz.

HANZ, August

Angestellter, MdB (1965-72 u. 1976 ff.) - Ortstr. 30, 5431 Meudt-Dahlen/Westerw. - Geb. 3. April 1925 Hinterkirchen/Ww.. kath., verh., 5 Kd. - Volkssch.; kaufm. Ausbild. - 1942-48 Arbeits- u. Wehrdst. sow. franz. Gefangensch., dann Großhandel, 1953 b. 57 CDU-Geschäftsf., 1957-72 Landesleit. f. Öffentlichkeitsarb., anschl. Ref. Landesvertr. Rhld.-Pf. in Bonn. Zeitw. MdK u. -L. CDU.

HAPKE, Hans-Jürgen

Dr. med. vet., Prof., Inst. f. Pharmakologie, Toxikologie u. Pharmazie Tierärztl. Hochsch. Hannover - Kantstr. 7, 3160 Lehrte (T. 05175 - 73 19) - Geb. 6. Okt. 1931 Peine (Vater: Otto H., Sparkasseninsp.; Mutter: Erna, geb. Redecke), ev., verh. s. 1959 m. Dr. med. Hildegard, geb. Wagner, 3 Kd. (Kornelia, Armin, Isabella) - Obersch.; Univ. Erlangen (Zool., 1951-52) u. München (Veterinärmed., 1952-54), TiäH Hannover (Vet.med., 1954-57) - S. 1965 (Habil.) Lehrtätigk. Tierärztl. Hochsch. Hannover (1967 Abt.vorst. u. Prof.). Mitgl. Kommiss. f. Reinhalt. d. Luft VDI (1968ff.), f. Rückstände in Lebensmitteln u. f. Pflanzenschutzmittel DFG (1970ff.), Bundesgesundheitsrat - BV: Exper. Unters. üb. d. Einfluß versch. Pharmaka auf d. Adrenalin- u. Noradrenalingehalt, 1966; Toxikologie für Veterinärmed., 1976, 2. A. 1987. Kompendium d. Pharmakologie u. Toxikologie, 1977; Arzneimitteltherapie in d. tierärztl. Klinik u. Praxis, 1980, 3. A. 1991. Schriftl. d. Dt. Tierärztl. Wochenschr. Üb. 280 Fachaufs. - Liebh.: Numismatik - Spr.: Engl.

HAPKE, Jobst

Dr.-Ing., Univ.-Prof. TU Hamburg-Harburg, Leit. d. Arbeitsbereiches Apparatebau - Eißendorfer Str. 40, 2000 Hamburg 90 - Geb. 9. Juni 1940 - b. 1974 Hauptabt.-Leit. f. Physikal. Entwickl. im Krupp Forschungsinst., Essen; b. 1977 Hauptabt.-Leit. f. Umwelttechnik d. Thyssen Engineering GmbH, Essen; 1978 Univ.-Prof. f. Chemieapparatebau Univ. Dortmund; 1981-83 Dekan d. Abt. Chemietechn. Univ. Dortmund; 1987-90 Senator Univ. Dortmund. S. 1988 Vorst.-Mitgl. Förderverein Umwelttechnol. Univ. Dortmund.

HAPP, Heinz

Dr. phil., Prof., Klass. Philologie - Weißdornweg 2, 7400 Tübingen 1 - Geb. 8. Mai 1931 - Promot. 1958, Habil. 1966 - Lehrtätigk. Univ. Tübingen (1966 Doz.; 1973 apl. Prof.; 1979 Prof.) - BV: Hyle - Stud. z. aristotel. Materiebegriff, 1971; Grundfragen e. Dependenz-Grammatik d. Lat., 1976; D. Dependenzgrammatik im Fremdspr.unterr., in: W. Kleine (Hg.); Perspektiven d. Fremdspr.unterr. in d. BRD, 1979; paradigmatisch-syntagmatisch, 1985; Luxurius. Text, Unters., Kommentar, 2 Bde., 1986. Zahlr. Einzelarb.

HAPP, Josef

Bauingenieur, MdL Rhld.-Pfalz - Im Felster 20, 5450 Neuwied 12 - Geb. 16. März 1938 - CDU.

HAPPE, Günter

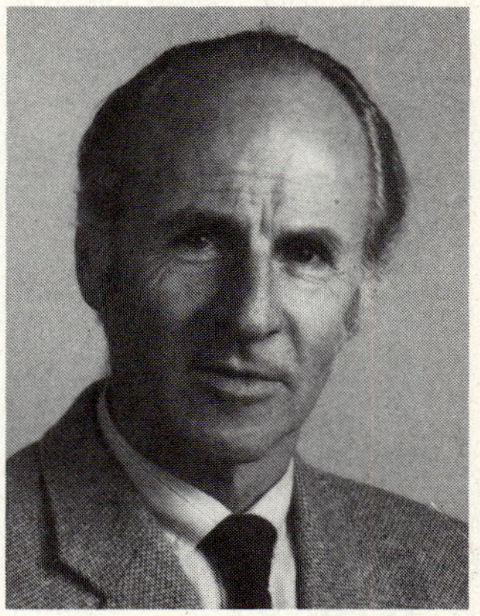

Dr. jur., Landesrat b. Landschaftsverb. Westfalen-Lippe, Münster (1966-89) - Gemenweg 83, 4400 Münster (T. 0251 - 8 89 28) - Geb. 9. Febr. 1925 Ennepetal, kath., verh. I) 1955-81 m. Maria v. d. Waar †, II) s. 1984 m. Elke, geb. Saegeling, 3 Kd. (Klaus, Petra [tödlich verunglückt 1986], Gerald) - Stud. Rechtswiss.; Refer. 1950, Ass. 1953, Promot. 1954 Univ. Köln - 1954 Anwaltsass.; 1955-66 Referatsleit. Landesjugendamt Rhld. Düsseldorf u. Köln; ab 1966 Leit. Landesjugendamt Westf.-Lippe, Münster; 1969-73 2. Vors. Jugendhilferechtskommiss. BMJFG Bonn; s. 1971 Vors. Caritas-VR b. Diözesan-Caritasverb. Münster; s. 1981 Vors. Fachaussch. II - Jugendhilfe, Jugendförderung, Jugendpolitik - Dt. Verein f. öfftl. u. priv. Fürsorge Frankfurt - BV: Kommentar z. Jugendwohlfahrtsges., 2. A. (m. Jans u. Saurbier), 3. A. 1991ff.: Kinder- u. Jugendhilferecht; Kommentar z. Ges. z. Neuregelung d. Rechts d. elterlichen Sorge, 1980 (m. Jans) - Bruder: Dr. Bernhard H., stv. Hauptgeschäftsf. Dt. Städtetag, Vorst. Bundesanst. f. Arbeit (s. dort).

HAPPEL, Otto Bernhard

Dr.-Ing., Dipl.-Ing., Fabrikant - Dorstener Str. 18, 4690 Herne 2 - Geb. 9. Febr. 1948 Bochum (Vater: Otto H., Fabrikant; Mutter: Elisabeth, geb. Schulenberg), kath. - AR-Vors. GEA AG.

HAPPLE, Rudolf

Dr. med., Prof., Direktor Hautklinik, Univ. Marburg - Deutschhausstr. 9, 3550 Marburg/Lahn - Geb. 18. Mai 1938 Freiburg/Br. (Vater: Hugo H., Stud.-Prof.; Mutter: Charlotte, geb. Dittmer).

HARANGOZÓ, Gyula

Solotänzer Wiener Staatsoper - Opernring 2, 1010 Wien/Österr. - Geb. 4. Mai 1956 Budapest (Vater: Guyla H., Tänzer, Choreogr. u. Ballettdir. Ungar. Staatsoper; Mutter: Iren, geb. Hamala), verh. s. 1977 m. Irina, geb. Lebedsewa, Tänzerin (s. dort), Sohn Gyula - Ausb. Bolschoj-Theater Moskau; Solotänzer: Budapester, Wiener u. Münchener Staatsoper. Rollen: Prinz in Dornröschen, Schwanensee, Nußknacker, Giselle, Coppelia-Franz, Fille Mal Gardee-Colas, Sylvia-Amintas, Romeo, Don Quisote-Basil, D. Holzgeschnitzte Prinz, Balanchine, Agon, Serenade, Symphony C, Bournonville, La Sylphide, James, Napoli, Gennarro, Les Sylphides u.a. - Goldmed. Ballettwettbew. in Tokyo; 1983 Künstler d. J. München - Liebh.: Lesen, Sport - Spr.: Russ., Deutsch, Engl.

HARBAUER, Heinz-Georg

DAG-Landesverbandsleiter Bayern, München - Rumfordstr. 42, 8000 München 5 - Geb. 1. Juli 1943, kath., verh. s.

1977 m. Ingrid, geb. Busse - S. 1984 Mitgl. Bayer. Senat - Liebh.: Fotogr.

HARBEKE, Guenther

Dr. rer. nat., Prof. f. Physik - Im Weinberg 23, CH-8910 Affoltern am Albis - Univ. Münster u. TH Braunschweig - BV: D. L. Greenaway a. G. Harbeke, Optical Properties a. Band Structure of Semiconductors, 1968; G. Harbeke, ed. Polycrystalline Semiconductors - Physical Properties and Applications, 1985 - Spr.: Engl.

HARBERS, Eberhard

Dr. med., em. Prof. f. Med. Molekularbiologie - Ratzeburger Allee Nr. 160, 2400 Lübeck - Geb. 24. April 1919 Bremen (Vater: Rolf H., Kaufm.; Mutter: Johanne, geb. Hildebrand), verh. 1954 m. Helga, geb. Jablonowski - TH Braunschweig (2 Sem.); Univ. Göttingen (Med.). Promot. u. Habil. Göttingen - S. 1958 Prof. Univ. Göttingen (apl.; Oberassist. Inst. f. Med. Physik u. Biophysik) u. Med. Univ. Lübeck (1969 o.). Buch- u. Ztschr.beitr.

HARBICH, Helmut

Ass. jur., Hauptgeschäftsführer, MdL Nordrh.-Westf. (s. 1975) - Haiderfeldstr. 66, 4050 Mönchengladbach 1 (T. 8 77 12) - Geb. 14. Okt. 1932 - CDU.

HARBODT, Kurt

Geschäftsführer Montanges. mbH, Köln - Reiherstr. 44, 5000 Köln 50 - Geb. 26. März 1930 Essen (Vater: Josef H., Beamter; Mutter: Hedwig, geb. Condné), S. Ingo - Gymn.; kaufm. Lehre; weiterbild. Stud. In- u. Ausl. - 1975ff. Vorst. Intern. Magnesium Assoc., Washington (USA) - Liebh.: Malerei, Lit., Völkerkd., Sport - Spr.: Engl., Franz.

HARBORTH, Heiko

Dr. rer. nat., Prof. f. Mathematik - Bienroder Weg 47, 3300 Braunschweig - Geb. 11. Febr. 1938 Celle - Stud. Braunschweig (Promot. 1965) - S. 1972 (Habil.) Lehrtätigk. TU Braunschweig (1975 apl. Prof./beamt.). Facharb.

HARDACH, Gerd

Dr. rer. pol., Prof. f. Sozial- u. Wirtschaftsgeschichte Univ. Marburg (s. 1972) - Wilhelm-Röpke-Str. 6, Block C, 3550 Marburg/L. - Geb. 29. Sept. 1941 Essen (Vater: Prof. Dr. Fritz-Wilhelm H., Ltd. Angest.; Mutter: Bernardine, geb. Effert), verh. s. 1968 m. Irene, geb. Pinke, 3 Kd. (Felix, Mathis, Sophie-Maria) - Univ. Münster, Paris, Berlin - Zul. Wiss. Assist. - BV: The First World War 1914-18, 1977 (London/Berkeley); Dt. Kindheiten 1700-1900, 1978 (m. d. Ehefr.); D. Buch v. Markt, 1980; König Kopra, 1990 - Spr.: Engl., Franz.

HARDACH, Karl

Dr. rer. pol., Dipl.-Volksw., o. Prof. f. Wirtschaftsgeschichte Univ. Düsseldorf (s. 1977) - Universitätsstr. 1 (Histor. Sem.), 4000 Düsseldorf 1 - Geb. 1. Dez. 1936 Köln - Promot. 1965 Frankfurt - 1967-77 Ausl. Lehr- u. Forsch.tätigk.

HARDE, Otto

Dr. phil. - Bruchweg 10, 3005 Hemmingen - Geb. 1914 Dortmund, ev., verh. s. 1940 m. Ingeborg, geb. Neumann, Tocht. Astrid - Gymn.; Päd. Hochsch.; Univ. Berlin u. Göttingen - Ab 1938 Schuldst.; 1957-61 Schulrat Duisburg; seither Stadtschulrat Hannover. Mitarb. an d. Entwickl. d. programmierten Unterrichts in Dtschl. - BV: Neue Unterrichtspraxis auf psych. Grundl., 1949; Programmierter Rechenunterricht, 1966; Programmiert. Mathematikunterr., 1971; Herausg. d. Zeitschr. Bildung u. Politik, 1962-78.

HARDEGEN, Reinhard

Korvettenkaptitän a. D., Kaufmann, ehem. Mitgl. Brem. Bürgerschaft (1959-79, 1967 Mitgl. Präsid.; CDU), Deputierter Hafendeput. - Kapitän-König-Weg 16-18, 2800 Bremen-Oberneuland (T. 25 15 53) - Geb. 18. März 1913 Bremen, ev., verh., 4 Kd. - Gymn. (Abit.) - Seeoff.s-Laufbahn; 1947-52 selbst. Vertr.; 1952-83 eig. Fa.: Großhandel v. Mineralölen - 1942 Eichenlaub z. Ritterkreuz - Spr.: Engl.

HARDEGG, Wolfgang

Dr. med., o. Prof. f. Versuchstierkunde - Im Gabelacker 3, 6900 Heidelberg (T. 41 23 56) - Geb. 29. Aug. 1923 Ludwigsburg (Vater: Richard H., Chemiker; Mutter: Gertrud, geb. Schmieg), ev., verh. s. 1950 m. Elisabeth, geb. Kröner, 2 Kd. (Christiane, Gundram) - Gymn. (1934-39) u. Realgymn. (1939-41); 1942-49 Stud. Med. Promot. 1949; Habil. 1958 - S. 1958 Lehrtätigk. Univ. Heidelberg (1965ff. apl. bzw. o. Prof., s. 1976 Studiendekan Med. Fak.). Spez. Arbeitsgeb.: Enzymologie d. Erregungsprozesse, Physiologie v. Versuchstieren, Struktur- u. Bauplan. Med. Forsch.- u. Ausbild.-stätten u. spez. Versuchstieranlagen; Reform d. Ärztl. Ausbildung (Mitgl. versch. staatl. Gremien) - BV: Physiol., in: Lehrb. d. Krankengymnastik, 4. A. 1978. Zahlr. Einzelarbeiten. Herausg.: Tierversuche u. Med. Ethik (1986); Tierschutz d. Alternativen (1988).

HARDELAND, Rüdiger

Dr. rer. nat., Prof. f. Zoologie Univ. Göttingen - Hambergstr. 7 B, 3405 Rosdorf - Geb. 23. Juni 1943 Lodz (Vater: Hermann H., Dipl.-Ing.; Mutter: Gertrud, geb. Rohrer), verh. s. 1968 m. Gisa, geb. Volling, 2 Töcht. (Ingrid, Ulrike) - 1962-68 Biol.-Stud.; Promot. 1968 Göttingen, Habil. 1973 ebd. - 1969 DFG-Stip.; 1971 wiss. Assist.; 1974 Univ.-Doz.; 1975 apl. Prof.; 1978 Prof. Göttingen (1983-85 Dekan FB Biol.); 1989-91 Vizepräs. Univ. Göttingen. 1978-86 Editor-in-Chief J. interdiscipl. Cycle Res. - BV: Allg. Biol., 1975 (m. a.); zahlr. Fachveröff. - Spr.: Engl., Franz., Portug.

HARDENBERG, Graf von, Ernst-Henning

Bankkaufmann, Vorstandsmitgl. Berliner Industriebank AG (ab 1987) - Landecker Str. 2-3, 1000 Berlin 33 - Geb. 7. Okt. 1940 Berlin - Zul. Dir. Industriekreditbank AG Deutsche Industriebank, Leit. d. Niederl. Berlin; AR-Mitgl. Wirtschaftsförderung Berlin GmbH u. Vereinigte Tufting-Werke Berlin GmbH & Co. KG.

HARDENBERG, Graf von, Hans Carl

Botschafter a. D. - Gustaf-Freytag-Str. 11, 8000 München 81 - Geb. 11. Dez. 1909 Hannover (Vater: Hans Graf von H., Major; Mutter: Alice, geb. v. Campe), ev., verh. s. 1937 m. Martha-Elisabeth, geb. Willmer, 2 Kd. (Gustava Alice, Carl) - Klostersch. Roßleben; Univ. Lausanne, Washington (Georgetown), Göttingen. Gr. jurist. Staatsprüf. 1936 - 1938-42 Reichswirtschaftsmin. (Handelspolit. Abt., Reg.srat); 1943-53 Wehrdst. u. sowjet. Gefangensch. (1945); 1953-73 AA Bonn (Referatsleit. Handelspolit. Abt.; 1958 Leit. Büro Staatssekr.; 1961 Bevollm. Europ. Büro UNO u. Generalkonsul Genf; 1964 Min.dirig. Handelspolit. Abt.; 1968 Ständ. Vertr. OECD Paris) - Komturkreuz Orden Isabel la Católica (Span.), VO. Rep. Peru, Orden v. Weißen Elefanten Thailand, Gr. Silb. Ehrenz. m. Stern Rep. Österr., Komturkreuz Orden Mayo al Mérito Argentin. Rep., Komturkreuz VO. Ital. Rep., Gr. BVK (1969) - Spr.: Engl., Franz.

HARDENBERG, Graf von, Wilfrid

Ministerialdirigent a. D. - Eupener Str. 27, 5100 Aachen - Geb. 2. Aug. 1922 Berlin, verh., 2 Kd. - 1966-77 Polizeipräs. Bochum; 1977-87 Leit. Abt. Verfassungsschutz im Innenmin. Nordrh.-Westf. - Gr. BVK.

HARDER, Dietrich

Dr. phil. nat., Prof. f. Mediz. Physik u. Biophysik - Konrad-Adenauer-Str. 26, 3400 Göttingen (T. 0551 - 2 26 12) - Geb. 11. Febr. 1930 Stettin (Vater: Dr. rer. pol. Hans H., Mutter: Maria Charlotte, geb. Fischer), ev., verh. s. 1962 m. Brigitte, geb. Pflügel, 4 Kd. (Uta, Martin, Sigrid, Ulrike) - Abit. Bad Homburg 1948, Dipl. Frankf. 1955, Promot. Frankf. 1957, Habil. Würzburg 1966 - Normenaussch. Radiologie, Strahlenschutzkomm., Kurat. Phys.-Techn. Bundesanstalt - Entd.: Ähnlichkeitsregel f. Bremsung u. Streuung schneller Elektronen - BV: Elektronen u. Betateilchen, Elektronendosimetrie, Materialäquivalenz - Holthusenring, DIN-Ehrenn., BVK, Boris-Rajewsky-Preis f. Biophysik; 1982 Präsid. Weltkongr. f. Med. Physik u. Biomed. Technik - Spr.: Engl., Franz.

HARDER, Günter

Dr. rer. nat., o. Prof. f. Mathematik, insb. Algebra u. Zahlentheorie Univ. Bonn (s. 1980) - Wegelerstr. 2, 5300 Bonn - Geb. 14. März 1938 Ratzeburg - Promot. 1964; Habil. 1966 - S. 1969 Ord. Univ. Bonn u. GH Wuppertal (1974). S. 1991 wissenschaftl. Mitgl. d. Max-Planck-Institut f. Mathematik, Bonn. Mithrsg.: Math. Annalen - 1987 Leibniz-Preis.

HARDER, Günter

Dr.-Ing. (habil.), Prof. Univ. Hannover - Heisterkamp 18, 3005 Hemmingen 1 (T. 0511 - 41 31 21) - Geb. 5. Jan. 1930 Breslau (Vater: Walter H., Oberkirchenrat; Mutter: Charlotte, geb. Nass), ev., verh. s. 1963 m. Anja, geb. Wiss, 4 Kd. (Thoralf, Veikko, Raimo, Kaija) - Maurerges. 1951 Magdeburg; Univ. Hannover (Dipl.-Ing. 1959, Promot. 1966, Habil. 1973) - 1959-61 pers. Mitarb. v. Prof. Hillebrecht; 1961-66 wiss. Assist.; 1967-73 Obering.; 1974-80 Univ.-Doz.; 1980 ff. Prof. - Herausg. Fachb.reihe Gemeinde-Stadt-Land (s. 1977, bisher 11 Bde. ersch.) - Spr.: Engl., Franz., Russ.

HARDER, Hans-Bernd

Dr. phil., o. Prof. u. Direktor Slav. Institut Univ. Marburg (s. 1967) - Bunter Kitzel 1, 3550 Marburg/L. (T. 1 44 63; Inst.: 28 47 30) - Geb. 16. Juni 1934 Hamburg (Vater: Prof. Johannes H.), verh. 1960 m. Ruth, geb. Haeckel, 2 Kd. (Ulrich, Agnes) - 1954-59 Univ. Marburg u. FU Berlin (Slav., Phil., German., Osteurop. Gesch.). Promot. 1961; Habil. 1966 - 1960-66 Tätigk. Univ. Frankfurt/M. (Slav. Sem.); Vizepräs. d. Herder-Forschungsgr. Marburg (s. 1975).

HARDER, Hermann

Dr. rer. nat., o. Prof. Sedimentpetrographie - Goldschmidtstr. 1, 3400 Göttingen - Geb. 16. Nov. 1923 Essen (Vater: Hermann H., Ing.; Mutter: Carola, geb. Tiggemann), ev. - Realgymn. Oberhausen-Sterkrade; 1945-50 Univ. Göttingen. Promot. (1950) u. Habil. (1955) Göttingen - 1955 Doz. Univ. Göttingen, 1959 TH Braunschweig, 1960 ao., 1965 o. Prof. Univ. Münster, 1966 Univ. Göttingen. Fachveröff.

HARDER, Manfred

Dr. jur., Prof. f. Röm. u. Bürgerl. Recht sow. Privatrechtsgesch. d. Neuzeit (s. 1972), Richter OLG Zweibrücken (s. 1987) - Alfred Mumbächer Str. 36, 6500 Mainz - Geb. 15. Nov. 1937 Frankfurt/M. - Promot. 1967; Habil. 1971 - Prof. FU Berlin (1971); 1980-84 Präs. Univ. Mainz. Gastprof. Kolumbien u. Japan - BV: Zuwend. unt. Lebenden auf d. Todesfall, 1968; D. Leistung an Erfüllungs Statt, 1976; Grundzüge d. Erbrechts, 2. A. 1983. Mitarb. am Soergel-BGB-Kommentar. Beitr. in Festschr. f. U. v. Lübtow 1970 (I), J. Bärmann 1975, M. Kaser 1976, U. v. Lübtow 1980 (II), O. Mühl 1981. Aufs. in jurist. Zeitschr. 1970-86 - 1988 BVK - Spr.: Engl., Franz., Ital., Latein.

HARDER, Theodor

Dr. rer. pol., Prof., Lehrstuhlinh. f. Methodologie u. Mathematik d. Sozialwissenschaften (s. 1970) - Universität, 4800 Bielefeld - Geb. 7. Juni 1931 - Promot. 1960 Köln - BV: Elementare math. Modelle in d. Markt- u. Meinungsforsch., 1966 (engl. 1969); Dynam. Modelle in d. empir. Sozialforsch., 1973; Werkzeug d. Sozialforsch., 1974; Daten u. Theorie, 1975. Etwa 50 Fachaufs.

HARDER, Wilhelm

Dr. rer. nat., Prof., Zoologe - Rammertstr. 12, 7400 Tübingen 1 - Geb. 29. Jan. 1921 Krefeld - 1945-50 Univ. Kiel, Promot. 1950 - S. Habil. Lehrtätigk. Univ. Tübingen (gegenw. apl. Prof.) - BV: Anatomie d. Fische, 1964 (Handb. d. Binnenfischerei Mitteleuropas, engl. 1975, erw. A.). Erf.: Coecotrophie d. Nagetiere - Spr.: Engl., Franz., Span., Dän.

HARDER-GERSDORFF, Elisabeth

Dr. phil., Dipl.-Volksw., o. Prof. f. Geschichtswiss. Univ. Bielefeld - Detmolder Str. 131, 4800 Bielefeld (T. 0521 - 2 12 42) - Geb. 2. Juli 1932 Leer - Dipl.-Volksw. 1956 Univ. Köln; Promot. 1960 Univ. Hamburg - 1971 o. Prof. PH Westf.-Lippe. Arbeiten z. Wirtsch.- u. Sozialgesch. d. Ost-Westbezieh. im 16.-18. Jh.

HARDERS, Nikolaus

Prof., Dozent f. Werkerziehung u. ihre Didaktik Univ. Bremen - Landwehr, 2875 Ganderkesee.

HARDEWIG, Alfred

Dr. med., Prof. f. Innere Medizin Univ. Marburg - Am Annablick 10, 3550 Marburg/L.

HARDEY, Evelyn B.

Medienautorin, Tanzpäd. - Geisenheimer Str. 40, 1000 Berlin 33 - Geb. 2. März 1930, gesch., 4 Töcht. - Bühnentanzstud. Berlin - Filmballett u. Operettentheater; Ltg. v. Volkshochschulkursen - Veröff.: Üb. 150 Kinderhörspiele, 3 TV-Filme, zahlr. Kinderb., Jugendromane, Sachb., Beitr. in Anthol.; Übers. - Liebh.: Tiere u. Pflanzen - Spr.: Engl.

HARDING, Fred O.

s. Herder-Dorneich, Philipp

HARDÖRFER, Ludwig

Dr. phil., Leit. Regierungsschuldir. a.D., apl. Prof. f. Erziehungswiss. Univ. Düsseldorf (s. 1976) Charles-de-Gaulle-Str. 20, 5140 Erkelenz - BV: Denkenlernen u. Gesamtorientierung, Ein integratives Bildungskonzept, München 1978; Stufenbez. Didakt, Paderborn 1982; Möglichk. u. Grenzen d. Entwicklung stufenbezogener Didaktiken. In: Handb. Schule u. Unterr.

HARDT, Detmar

Fabrikant, pers. haft. Gesellsch. Fa. Johann Wülfing & Sohn, Kammspinnerei u. Tuchfabrik, Remscheid-Lennep - 5609 Hückeswagen-Kleinhöhfeld - Geb. 23. Mai 1909.

HARDT, Erwin N.

Dr., Dipl.-Kfm., Vorstandsmitglied d. Siemens AG - Zu erreichen üb. Siemens AG, Hofmannstr. 51, 8000 München 70 (T. 089 - 722-2 60 90) - Geb. 10. Juli 1931 Hemau - Spr.: Engl., Griech., Türk.

HARDT, Horst-Dietrich

Dr. rer. nat., Prof. f. Anorg. Chemie i. R. - Hohe Wacht 22, 6600 Saarbrücken (T. 5 43 40) - Geb. 16. Juli 1917 Brüssel (Vater: Ludwig H., kaufm. Direktor; Mutter: Johanna, geb. Martin), ev., verh. s. 1948 m. Elisabeth, geb. Clemens - 1946-53 Univ. Heidelberg u. Saarbrücken (Chemie). Dipl.-Chem. 1951; Promot. 1953; Habil. 1957 - 1936-45 Wehrmacht; s. 1957 Lehrtätigk. Univ. Saarbrücken (1963 Prof.). Entd.: Fluoreszenz-Thermochromie (1970) - BV: D. period. Eigenschaften d. chem. Elemente, 2. A. 1987 - Spr.: Engl., Franz., Holl., Ital., Russ.

HARDT, Manfred
Dr. phil., o. Prof. f. Romanistik/Italianistik Univ. Duisburg - GH (Arbeitsgeb.: Roman. Philol. m. d. Schwerp. Franz. u. Ital. Lit., Mediävistik, Lit.theorie, Grenzgebiete d. Lit.wiss.) - An den Erzgruben 3, 6238 Hofheim 5 - Geb. 22. Sept. 1936 (Vater: August H., Ing. u. Erf.; Mutter: Luise, geb. Roth), verh. s. 1983 m. Dr. phil. Petra Christina, geb. Langenberger, 3 Kd. - Promot. 1964 u. Habil. 1972 b. Hugo Friedrich - Ab 1974 Prof. f. Roman. Philol. Univ. Freiburg/Br.; ab 1979 Ord. f. Romanistik/Italianistik Duisburg - BV: D. Bild in d. Dichtung, 1966; Flauberts Spätwerk, 1970; D. Zahl in d. Divina Commedia, 1973; Poetik u. Semiotik. D. Zeichensystem d. Dichtung, 1976; Lit. Avantgarden, (Hrsg.) 1989; Ciaò bellezza. Dt. Dichter üb. Italien, (Hrsg.) 1988; Gesch. d. ital. Lit. v. d. Anfängen b. z. Gegenw., 1992 - 1977 Premio Montecchio di studi italotedeschi.

HARDT, Rolf
Inhaber Exportkontor Rolf Hardt, Dir. Powdrex Limited, Tonbridge, Kent, England - Benrather Schloßufer 51, 4000 Düsseldorf 13 - Geb. 3. April 1928 Weingarten/Württ. - Zul. Vors. Geschäftsleitg. Wewag Westd. Werkzeugmaschinen GmbH, Langenfeld.

HARDTMANN, Gertrud
Dr. med., o. Prof. f. Sozialpädagogik TU Berlin - An d. Rehwiese 14, 1000 Berlin 38.

HARENBERG, Bodo
Journalist, Buchautor, Verleger, Herausg. Zeitschriften Buchreport, Buch aktuell (1970ff.) - Postfach 10 18 52/62 (Westfalendamm 67), 4600 Dortmund (T. 0231 - 4 34 40) - Geb. 26. Juli 1937 Magdeburg (Vater: Ernst H.; Mutter: Brunhilde, geb. Gernß) - BV: u.a. Offizielles Standardwerk d. NOK v. d. olymp. Spielen in München, 1972; D. Bibliothek d. dt. Klassiker in 60 Bänden, 1982; Chronik d. 20. Jh., 1982; Chronik d. Deutschen, 1983; Chronik d. Menschh., 1984; Chronik-Jahrgangsbände, ab 1982; Chronik-Bibl. d. 20 Jh. in 101 Bänden, 1985ff. Aktuell. D. Lexikon d. Gegenw., 1984; Gr. Erzählerbibl. d. Weltlit. in 100 Bänden ab 1984; Harenbergs Lexikon d. Weltlit. in fünf Bänden, 1989; Harenbergs Weltreport in drei Bänden, 1990; Bilanz d. 20. Jh., 1991; Harenbergs Personenlexikon 20. Jh., 1992; u.a. Verleger TB-Reihe: D. biblioph. Taschenb. - 1966 Theodor-Wolff-Preis.

HARENKAMP, Gerhard
Direktor, Geschäftsführer Fa. Gedelfi, Köln - Zu erreichen üb. Fa. Gedelfi, Postf., 5000 Köln - Zul. Mitgl. d. Geschäftsfg. Schulte & Dieckhoff GmbH, Horstmar.

HARFF, Paul
Dr. rer. pol., Univ.-Prof. Univ.-GH Paderborn (s. 1985), Bürgermeister Barntrup - Im Schürenbruch 1, 4924 Barntrup (T. 05263 - 24 09) - Geb. 14. Okt. 1938 Riga (Vater: Paul H., Dipl.-Kfm.; Mutter: Elisabeth, geb. Schrempff), ev., verh. s. 1966 m. Gudrun, geb. Colditz, 2 Kd. (Babette, Christoph) - 1958/59 TH Aachen (Bau-Ing.), 1959 u. 1959/60 Münster u. 1960-65 Göttingen (Volksw.), Dipl.-Volksw. 1965 - 1969-71 Dt. BP AG; s. 1971 FHS Lippe; s. 1979 Bürgerm. Barntrup - BV: Beitrag eigener Handelsflotten z. wirtsch. Entw. d. lateinamerik. Länder, (Diss.) 1970; Wirtschaftsstatistik (m. M. Stöckmann); Mexiko, Wirtschaftsstruktur u. Wirtschaftsplanung, 1977; Mexiko, Wirtschaftsstruktur u. Entwicklungspolitik, 1988.

HARFST, Gerold
Justizangestellter Staatsanwaltschaft (s. 1974) - von-Mieg-Str. 20, 8700 Würzburg (T. 0931 - 41 15 75) - Geb. 11. Dez. 1936, ev., verh. s. 1965 m. Adelheid, geb. Hoffmeister, S. Holger-Joachim - Versicherungskaufm.; Mittelsch.; Mittl. Reife in USA 1960 (n. Auswand.); Stud. Univ. of Maryland 1971 - BV: Rauschgift: Szenen-Jargon v. A-Z, 1985; Suchtstoffe unt. intern. Kontrolle, dt. u. engl.; D. intern. Drogenszene. D. Geheimcode, dt. u. engl.; German Criminal Law (Übers. d. Gesetzestexte), Bd. I: Criminal Code/Narcotics Law, Bd. II: Code of Criminal Procedure/Youth Court Law - 1974 Ehrenurk. d. US-Rauschgiftbekämpfungsbehörde DEA (Justizmin.) f. herausrag. Zusammenarb. u. Unterstützung b. d. intern. Bekämpfung d. Rauschgiftkriminalität, 1982 Sonderausz. d. gl. Behörde aufgr. erfolgr. Zusammenarb. u. Unterstützung - Tätigk. als Sprachforscher, insbes. im Ber. d. Decodierung d. geheimen Codes d. Rauschgiftszene im intern. Bereich; Sprachforschung im Ber. Gesetzestexte; Vors. Verein WIRD (Würzburger Inform.zentr. Rauschgift u. Drogen); vorbeugende Maßnahmen z. Eindämmung d. Drogensucht; Mitgl. d. IPA (Intern. Police Assoc.) u. INEOA (Intern. Narcotics Enforcement Officers Assoc.) (USA) - Spr.: Amerik. - Lit.: Kritiken in Ztg. u. Ztschr.

HARGASSER, Franz
Dr. phil., Prof. f. Allg. Pädagogik RWTH Aachen, Päd. Fak. - Oppener Str. 44, 5102 Würselen.

HARIEGEL, Werner
Verbandsgeschäftsführer - Helgolandstr. 42, 4350 Recklinghausen - Geb. 15. Febr. 1948 Marl/W., ev., verh. s. 1978 - S. 1964 Einzelhandelsverb. Ruhr-Lippe (1975 Gf.) u. Bundesverb. Parfümerien, Fachverb. Einzelh. m. Parfümerien, Kosmetik u. Körperpflegem. in d. Hauptgem. d. Dt. Einzelh. (1979 Gf.). Div. Ehrenämter.

HARIG, Ludwig
Schriftsteller - Oberdorfstr. 36, 6603 Sulzbach/Saar - Geb. 18. Juli 1927 Sulzbach/Saar - Volksschullehrer - 1979 Mitgl. Dt. Akad. f. Sprache u. Dicht. Darmstadt - BV: Hl. Kühe d. Deutschen, 1981; Trierer Spaziergänge, 1983; Ordnung ist d. ganze Leben, 1986; Weh dem, d. aus d. Reihe tanzt, 1990 - 1981/82 Deidesheimer Turmschreiber; 1985 Carl-Zuckmayer-Med.; 1986 Lesezeichen-Preis f. Poesie & Politik Literaturztschr. Lesezeichen; 1987 Kölner Lit.preis (s. auch XIX. Ausg.).

HARING, Claus
Dr. med., Prof. f. Psychiatrie Univ. Düsseldorf (s. 1977) - Bergische Landstr. 2, 4000 Düsseldorf - Geb. 16. Mai 1926 Merseburg - Stud. Phil., Slawistik, German., Med.; Staatsex. 1954, Promot. 1958, Habil. 1973 FU Berlin - Zul. Privatdoz. FU Berlin - BV: Wörterb. d. Psychiatrie u. ihrer Grenzgeb., 1968; Lehrb. d. Autogenen Trainings, 1978; Lehrb. Psychiatrie, 1989.

HARK, Hans-Ulrich
Dr. rer. nat., Erdölgeologe, Honorarprof. f. Erdölgeol. Univ. Hannover - Klaus-Groth-Weg 1, 3006 Burgwedel 1 - Chef-Geologe d. Union Rhein. Braunkohlen Kraftstoff AG Wesseling a. D.; Dir. u. Prof. a. D. NLFB, Hannover; Consultant f. Kohlenwasserstoff-Exploration.

HARKEN, Claus Dieter
Dipl.-Ing., Geschäftsführer Management Beratung Kienbaum Untern.gruppe (s. 1987) - Königsberger Str. 6, 2904 Hatten - Geb. 24. Juni 1935 Wilhelmshaven, verh. s. 1976 m. Isolde, geb. Teichmann, 2 Kd. (Harriet, Harro) - Lehre; FU Berlin; TH Berlin, Dipl. - AEG Telefunken: Betriebsleit., Techn. Leit., Fabrikleit., Kommiss.leit.; Arbeitgeberverb. Berlin; Geschäftsf. versch. Untern., Vorst.-Mitgl. Gießerer Verb. - Liebh.: Reitsport, Reisen - Spr.: Engl.

HARLANDER, Florian
Generalbevollmächtigter d. CSU f. Finanzfragen - Nymphenburger Str. 64, 8000 München 2 (T. 089-1 24 31) - Geb. 5. Mai 1928 Regensburg, kath., verh., 5 Kd. - 1961-65 Bundessekr. JU Dtschl. (CDU/CSU); 1965-67 Presseref. CSU; 1967-71 Leit. Abt. Parteiorg.; 1971-82 Landesgeschäftsf. CSU.

HARLANDER, Willy
Volksschauspieler - Zu erreichen üb. Residenztheater, Max-Josef-Pl. 1, 8000 München 22 - Geb. 29. April 1931 - Zeitw. Polizist - Viele Bühnen-, Film- u. Fernsehrollen.

HARLING, Rudolf
Oberkreisdirektor - Kreisverwaltung, 4770 Soest/W.; priv.: Helle 12 - Geb. 9. Juli 1927 - AR-Mandate.

HARLINGHAUSEN, Martin
Generalleutnant - An der Bleiche 13, 4830 Gütersloh - Geb. 17. Jan. 1902 Rheda/Westf. (Vater: Wilhelm H., Fabrikant; Mutter: Therese, geb. Zurmühlen), verh. s. 1940 m. Inge, geb. Ruhenstroth - Gymn.; Stud. (1. Sem Rechtswiss.) - S. 1923 Kriegsmarine (akt. Offz.), 1933 Übertritt zur Luftwaffe (Staffelkapitän, Generalstabsoffz., Geschwaderkommodore, Komm. General); n. 2 1/2 J. Kriegsgefangensch. Industriekfm.; ab 1957 Bundeswehr (zul. Komm. General Luftwaffengr. Nord) - Spanienkr. in Gold m. Schwertern u. Brill., Eichenlaub z. Ritterkreuz - Liebh.: Segeln, Fliegen, Gartenbau, Politik, Sport - Mitgl. Intern. Club d. Luftfahrt.

HARLOFF, Günter
Kundenberater, MdA Berlin (s. 1971) - Sonnenscheinpfad 54, 1000 Berlin 48 (T. 775 59 54) - Geb. 4. Mai 1925 Berlin, verh. - N. Mittl. Reife kaufm. Lehre - 1964-71 Bezirksverordn. Tempelhof. SPD s. 1955.

HARLOS, Manfred
Direktor, geschäftsf. Gesellsch. Deckenwerk Schlewecke Fertigbauteile GmbH (s. 1986) - Am Seckauberg 16, 3370 Seesen-Engelade (T. 05381-43 96) - Geb. 16. Okt. 1943 Moers, verh. s. 1966 m. Siegrid, geb. Kirste, 2 S. (Ralph, Wolf-Christian) - 1960-67 Thyssen AG; b. 1971 Walzstahlkontor West; b. 1974 Fried. Krupp Hüttenwerke; b. 1976 Prok. u. danach Dir. PDI-Plettenberger Draht-GmbH; s. 1978 Geschäftsf. Stumm-Konzern d. Deckenwerk Schlewecke GmbH, Plettenberger Draht GmbH; s. 1986 gf. Gesellsch. (85%) d. Deckenwerk Schlewecke GmbH (Restbeteiligung 15% hält Ehefrau Siegrid); Mitgl. Ortsrat Engelade; stv. Bürgerm.; 1. Vors. MGV; 2. Vors. CDU, sämtl. Engelade - Spr.: Engl., Span.

HARM, Wolf
Dr. jur., Notar a. D., Ehrenvors. Vorst. Ev. Krkhs. Bethesda, Hamburg-Bergedorf, Ehrenpräses Oberalten-Collegium (Hospital z. Heiligen Geist, Hbg.-Poppenbüttel), Ehrenvors. Verwaltungsrat Stiftg. Das Rauhe Haus, alle Hamburg - Alsterdorfer Damm 6a, 2000 Hamburg 60 - Geb. 29. Aug. 1905 Hamburg (Vater: Theodor H., Außenhandelskfm.; Mutter: Dora-Maria, geb. Kaßbaum), ev., verh. s. 1931 m. Hildegard, geb. Siemers, 3 Kd. (Ingeborg, Cramer, Gerhild Sieveking, Wolfgang) - Realgymn. Hamburg (Johanneum); Univ. Tübingen, München, Hamburg, Promot. (beide Rechte) 1929, Ass.ex. 1931, 1932-34 Rechtsanw. Hamburg, 1934-36 Richter AG Hamburg; s. 1936 Notar Hamburg; währ. d. Krieges Oberstabsint. Marine-Oberkdo. Ost u. Admiral Atlantikküste - 1942 u. 1944 KVK m. Schwertern II. u. I. Kl.; 1970 Bugenhagen-Med.; Diak. Kronenkreuz in Gold - Liebh.: Gesch., Musik, Golf - Spr.: Engl., Franz., Span. - Rotarier.

HARMJANZ, Dietrich
Dr. med., Leiter Kardiolog. Abt./Allg. Krankenhaus Celle, apl. Prof. f. Inn. Med. Med. Hochsch. Hannover (s. 1973) - Fuchswinkel 20, 3101 Groß Hehlen.

HARMS, Berend
Landrat d. Kreises Pinneberg, Dezernent f. Umwelt u. Ordnung, Neumünster (1987-91) - Sandhafer 1, 2202 Heede (T. Barmstedt 31 60) - Geb. 27. März 1939 Bilsen, ev., verh. - Obersch. Uetersen (Abit.); Stud. Physik, Math. u. Phil. Hamburg. Beide Staatsex. - Schuldst. Hamburg u. Quickborn. 1970-75 MdK; 1971-87 Landtag SH, 1980-83 Parlam. Geschäftsf. SPD-Frakt. SPD.

HARMS, Dieter
Dr. med., Prof. f. Kinderpathologie - Grunewaldstr. 14, 2300 Kiel-Russee (T. 0431 - 6 95 13) - Geb. 31. Dez. 1935 Uetersen (Vater: Hans-Werner H., RA u. Notar; Mutter: Lilly, geb. Landahl), ev., verh. s. 1966 m. Annemargret, geb. Freitag, S. Bodo - Univ. Marburg u. Kiel, Staatsex. u. Promot. 1962, Habil. Kiel 1970, Prof. Kiel 1974 - Dir. Abt. Paidopathol., Klin. d. Christian-Albrechts-Univ. Kiel.

HARMS, Eckhard
Dr. sc. agr., Dipl.-Agr., Hauptgeschäftsführer Landesverb. Nieders. Landvolk (s. 1980) - Warmbüchenstr. 3, 3000 Hannover - Geb. 3. Jan. 1937 Hannover, ev., verh. s. 1967, 2 Kd. - Abit. 1956 Johanneum Lüneburg; Stud. Univ. Göttingen (Landwirtsch.); Promot. 1966 - 1966-80 Ref. f. Agrarpolitik.

HARMS, Erik
Dr. med., o. Prof. f. Pädiatrie Univ. Münster - Albert-Schweitzer-Str. 33, 4400 Münster (T. 83 77 31) - Geb. 11. Aug. 1943 Gera/Thür. (Vater: Prof. Dr. med. Heinrich H.), ev. - Gymn. Tübingen; Univ. Tübingen u. Freiburg/Br.; Promot. 1970 Univ. Heidelberg, Habil. 1979 - Oberarzt Kinderklinik TU München (Leit. Stoffwechsel-Labor). 1978-80 Univ. of California, San Diego/USA; 1980 Privatdoz.; 1985 ao. Prof.; 1987 Dir. Univ.-Kinderklinik Münster - Spr.: Engl.

HARMS, Gerd
Dr. phil., Dipl.-Päd., Dipl.-Polit., Staatssekretär im Min. f. Bildung, Jugend u. Sport d. Landes Brandenburg - Geb. 19. Febr. 1953 Wilhelmshaven - 1971-78 Stud. polit. Wiss. u. Erwachsenenbildung FU Berlin; Promot. 1984 TU Berlin - 1978-89 Mitarb. im Forbild.-Inst. f. d. päd. Praxis Berlin, 1980-82 d. FU Berlin, 1988/89 TU Berlin; b. 1990 Staatssekr. f. Jugend u. Familie v. Berlin. Päd. Fachveröff.: Rechtshandbuch f. Erzieherinnen; Kinder u. Jugendliche in d. Großstadt; Spiel- u. Lebensraum Großstadt.

HARMS, Hanns
Ing., Fabrikant, gf. Gesellsch. Westd. Elektrogeräte GmbH. (WEG), Soest - Kleimweg 24, 4770 Soest/W. - Geb. 12. Febr. 1908.

HARMS, Hans Heinrich
Dr. theol., D., Bischof i. R. (s. 1986) - Beethovenstr. 9, 2900 Oldenburg/O. (T. 1 43 84) - Geb. 4. Juli 1914 Scharmbeck/Hann. (Vater: Wilhelm H., Kaufm.; Mutter: Christine, geb. Tapking), ev., verh. s. 1940 m. Marianne, geb. Kiel, 2 Töcht. (Anne Dorothea, Ulrike) - Schulen Osterholz-Scharmbeck u. Bremen; 1932-37 Theologiestud. Göttingen, Bonn, Princeton (USA). Promot. 1941 Göttingen - Ab 1937 Vikar Gadenstedt u. Pfarrer Duderstadt (1939), 1939-45 Wehrdst. u. Kriegsgefangensch., dazw. 1943 Pfr. Roringen u. Herberhausen, 1949-51 Studieninsp. Bremer Studienhaus Göttingen, 1950-52 Oberkirchenrat Kirchl. Außenamt EKD (Ref. f. ökumen. Fragen), 1952-60 Sekr. u. beigeordn. Dir. (1954) Studienabt. Ökumen. Rat d. Kirchen Genf, 1958 b. 67 Sekr. u. berat. Sekr. Konferenz Europ. Kirchen, 1960-67 Hauptpastor Hauptkirche St. Michaelis, Hamburg, u. Stellv. d. Bischofs Ev.-Luth. Kirche im Hbg. Staate (Senior), 1967-85 Bischof Ev.-Luth. Kirche in Oldenburg. 1962ff. Vors. Dt. Ev. Missionsrat u. Dt. Ev. Missionstag, 1972ff. Vors. Arnoldshainer Konfz., 1974-75 Vors. Verbindungsaussch. d. Ev. Arbeitsgem. f. Weltmission, 1975-80

Vors. Evang. Missionswerk im Bereich der Bundesrep. Dtschl. u. Berlin West, 1961-68 u. 75-83 Mitgl. Zentralaussch. Ökumen. Rat d. Kirchen, 1975-83 Mitgl. Executivaussch. Ökumen. Rat d. Kirchen, 1973-85 Ratsmitgl. d. Ev. Kirche in Dtschl. Zeitw. Lehrbeauftr. Univ. Hamburg u. Göttingen - BV: Bekenntn. u. Kircheneinheit b. d. Jg. Kirchen, 1952. Mithrsg.: D. Kirchen d. Welt - 1963 Ehrendoktor Univ. Göttingen - 1980 Gr. VK d. Nieders. VO.; 1985 Nieders. Landesmed. - Spr.: Engl., Franz.

HARMS, Heinrich

Dr. med. (habil.), em. o. Prof. f. Augenheilkunde - Hohe Steige 19, 7400 Tübingen (T. 6 30 58) - Geb. 5. Febr. 1908 Stralsund (Vater: Dr. med. Hermann H., Augenarzt; Mutter: Elsa, geb. Krey), ev., verh. s. 1933 m. Brigitte, geb. Niethammer, 9 Kd. - Gymn. Stralsund; Univ. Tübingen, München, Bern, Berlin, Rostock. Fachausbild. Breslau, Prag, Freiburg, Berlin - 1938 Privatdoz., 1943 apl. Prof. Univ. Berlin, 1949 Univ. Bonn, 1952 Ord. u. Klinikdir. Univ. Tübingen. Spez. Arbeitsgeb.: Physiol. d. Sehens, Neuroophthalmol., Motilitätsstör., Mikrochir., Verkehrsmed. u. Glaukomforsch. - BV: Augenoperationen unt. d. Mikroskop, 1966 (auch engl.). Zahlr. Fachaufs. - v.-Eicken- (1944) u. v.-Grafe-Preis (1949) -Spr.: Engl.

HARMS, Henry

Dr. med., Prof., Wiss. Rat II. Med. Univ.sklinik Hamburg - Langenhorner Chaussee 560, Haus 127, 2000 Hamburg 62 (T. 527 45 88) - Geb. 13. Mai 1927 Bremen (Vater: Heinrich H.), verh. m. Dr. med. Susanne, geb. Hildebrandt - Vorles. üb. Pathophysiol. d. Kreislaufs u. d. Atmung.

HARMS, Joachim

Gewerkschaftsangestellter, MdL Schlesw.-Holst. (s. 1971) - Max-Beckmann-Pl. 4, 2200 Elmshorn - Geb. 21. März 1932 Schwerin/Meckl., ev., verh., 2 Kd. - Obersch. (b. 1946); Abendunterr.; Hochsch. f. Wirtschaft u. Politik Hamburg (1951 b. 53) - 1946-51 Arbeiter Landw. u. Baugewerbe; s. 1953 Gewerkschaftsangest. (1956 ff. Rechtsstellenleit. DGB Elmshorn). B. 1971 Kreis- (1962) u. stv. Landrat (1970). SPD.

HARMS, Joachim H.

Dr., Vorstandsmitglied Klöckner & Co AG i. R. - Lehen 19, 5452 Pfarrwerfen/Österr. (T. 06468 - 4 05) - Geb. 24. März 1929.

HARMS, Manfred Robert

Großhandelskfm., Geschäftsf. Gesellschafter (kaufm.) Becker u. Harms Berliner Montan Beteiligungs-GmbH, IHK Berlin - Marburger Str. 10, 1000 Berlin 30 (T. 030 - 2 10 04-0); Am Waldhaus 28/Barnhelmstr. 27, 1000 Berlin 38 - Geb. 5. April 1936 Berlin (Vater: Hugo H., Kaufm.; Mutter: Elly, geb. Ohm), ev., verh. s. 1964 m. Ursula, geb. Behrendt, Sohn Stefan - Abit. 1957 Berlin; Kaufmannsgehilfenprüf. 1959 ebd. - Präsidialmitgl. IHK Berlin; Mitgl. d. Vollvers. d. IHK Berlin; Vors. d. Beitrags-Aussch. d. IHK Berlin; Beiratsmitgl. ADAC Berlin - Interessen: Psych., Phil., Golfsport - Spr.: Engl.

HARMS, Rainer-Ute

Dipl.-Volksw., MdL Schlesw.-Holst. (s. 1971) - Hemdinger Str. 3, 2081 Bilsen (T. Quickborn 26 22) - Geb. 6. Okt. 1940 Bilsen, ev. - Gymn. Uetersen; kaufm. Lehre; n. Abendabitur Stud. Volksw. u. Phil. Hamburg u. Birmingham - CDU s. 1963.

HARMS, Ulrich

Kaufmann, Inh. Ahlmann-Betriebe, Rendsburg (s. 1974) - An der Alster 3, 2000 Hamburg 1 (T. 040 - 24 12 32) - Geb. 7. Febr. 1932 Hamburg (Vater: Paul Heinrich H., Kaufm.; Mutter: Elisabeth, geb. Tipke), ev., 2 Kd. (Joachim, Kristina) - 1955 Übernahme Fa. Beckedorf (Bergungsuntern.), Entwickl. u. Konstrukt. d. 12 größten Schwimmkräne (Magnus) d. Welt, 1972 Untern.verkauf, danach Übernahme Ahlmann Firmen, Rendsburg; s. 1966 Interessenvertr. in d. Schiffahrt auf d. Werftgebiet - Liebh.: Segeln, Tennis - Spr.: Engl.

HARMS, Wolfgang

Dr. jur., Prof., Direktor Inst. f. Energierecht an FU Berlin, Lehrstuhl f. Bürgerl. u. Wirtschaftsrecht, Direktor Zentrum f. Kartellrecht an FU Berlin (b. 1991) - Wachtelstr. 10, 1000 Berlin 33 - Geb. 5. April 1929 Peine, 2 Kd. (Gundel, Wolf-Rüdiger) - S. 1967 (Habil.) Lehrtätigk. Univ. Mainz, Kiel (1969 Ord.), Münster (1974) u. Berlin (1986), Richter im Kartellsenat d. Kammergerichts (b. 1991) - BV: Konzerne im Recht d. Wettbewerbsbeschränkungen, 1968; Preisbindungen, 1972; Handelsrecht, 3. A.; Wertpapierrecht, 2. A.; Sachenrecht, 4. A., s. 1974; Gem. Kommentar GWB, 4. A., 23a 1981, 24 1986, 24a, b, c 1990; Privatis, Wettbew. o. Kommunalis. d. Ostdt. Energiewirtschaft, 1992. Herausg.: Aschendorff's Jurist. Handb.; Berliner Beitr. z. Wirtschaftsrecht.

HARMS, Wolfgang

Dr. phil., o. Prof. f. dt. Philologie (Dt. Literatur d. 12.-18. Jh.) - Schellingstr. 3, Inst. f. dt. Philologie, 8000 München 40 - Geb. 7. Jan. 1936 Bellavista b. Lima/Peru (Vater: Siegfried H., Kaufm.; Mutter: Annemarie, geb. Dörwald, Oberstud.rätin), ev., verh. in 2. Ehe m. Ulla-Britta, geb. Kuechen, 3 Kd. (Franka, Felix, Bendix) - Stud. Germanistik, Altphilologie u. Psychologie Göttingen, Tübingen u. Kiel. Promot. 1963 - Assist. Kiel u. Münster; 1969 Priv.doz. Münster; ab 1969 o. Prof. Univ. Hamburg; 1975-78 Präs. Joachim-Jungius-Ges. d. Wiss., Hamburg; s. 1979 o. Prof. Univ. München - BV: D. Kampf m. d. Freund o. Verwandten in d. dt. Lit. bis um 1300, 1963; Homo viator in bivio, Studien z. Bildlichkeit d. Weges, 1970; Außerlit. Wirk. barocker Emblembücher, 1975 (hg. m. H. Freytag); D. dt. Literatur d. späten Mittelalters (hg. m. L. P. Johnson), 1975; Verbum et signum, 2 Bde. 1975 (hg. m. H. Fromm u. U. Ruberg); Dt. illustr. Flugblätter d. 16. u. 17. Jh., Bd. 1-4, 1980/89; Natura loquax. Naturkd. u. allegor. Naturdeutung v. Mittelalter b. z. frühen Neuzeit (m. H. Reinitzer), 1981; J. M. Moscherosch, Philander, 1986; J. Camerarius, Symbola et emblemata (m. U.-B. Kuechen), 1986/88; Text u. Bild, Bild u. Text, 1990; Bildhafte Rede in Mittelalter u. früher Neuzeit (m. K. Speckenbach), 1991. Herausg.: Buchreihen Mikrokosmos. Beiträge z. Lit.wiss. u. Bedeut.forsch. (1975ff.) u. Emblematisches Cabinet (1986ff.). Mithrsg.: Ztschr. Antike u. Abendland (1975ff.); Archiv f. Kulturgesch. (s. 1982); Arbitrium (s. 1983; m. W. Frühwald).

HARMSTORF, Alnwick

Reedereikaufmann, Inh. u. Geschäftsf. Unternehmen d. Harmstorf-Gruppe - Falkenstein 41, 2000 Hamburg 55 - Geb. 20. März 1912 - Stud. Schiffbau (Ing.).

HARNACK, von, Gustav-Adolf

Dr. med., o. Prof. f. Kinderheilkunde - Virchowstr. Nr. 13, 4000 Düsseldorf - Geb. 31. Jan. 1917 Hindenburg/OS. (Vater: Ernst. v. H., Regierungspräs.; Mutter: Anna, geb. Wiggert), ev., verh. s. 1942 m. Ursula, geb. Walther - Univ. Freiburg/Br., Berlin, Innsbruck - S. 1952 (Habil.) Lehrtätigk. Univ. Hamburg (1959 apl. Prof.), Med. Akad. bzw. Univ. (1966) D'dorf (Ord. u. Dir. Kinderklinik) - BV: Wesen u. soziale Bedingtheit frühkindl. Verhaltensstörungen, 1953; Nervöse Verhaltensstörungen b. Schulkind - E. med.-soziol. Unters., 1958; Arzneimitteldosierung im Kindesalter, 1965 - Spr.: Engl., Franz. - Bek. Vorf.: Justus v. Liebig, Karl Thiersch, Adolf v. H.

HARNACK, Uwe

Dipl.-Kfm., Hauptgeschäftsführer Dt.-Kanad. Industrie- u. Handelskammer (s. 1977) - 480 Univ. Ave., Suite 1410, Toronto, Ont. M5G 1V2 - Geb. 23. Nov. 1939 Königsberg/Pr., verh., 2 Kd. - Lehre Groß- u. Außenhdl. Hamburg; Stud. Betriebsw. München u. Hamburg; Dipl.-Kfm. 1968 Hamburg - 1968-72 Treuarbeit AG, Bundesbürgschaften (Hermes) Hamburg u. Bonn; 1972-76 Geschäftsf. Dt.-Thail. Handelsk. Bangkok; s. 1977 s. o.

HARNDT, Raimund

Dr. med., Dr. med. dent., o. Prof. f. Zahnerhaltungskunde - Knesebeckstr. 68/69, 1000 Berlin 12 (T. 881 92 22) - Geb. 6. Jan. 1930 Berlin (Vater: Ewald H., Prof. Dr. med., Dr. med. dent.; Mutter: Frieda, geb. Köpnik), verh., T. Olga Katharina - Promot. 1956 (m. d.) u. 61 (m.); Habil. 1965 - S. 1969 Ord. FU Berlin (gf. Dir. Poliklinik f. Zahnerhalt. Paradontol.) - 1984-89 Dekan d. FB Zahn-Mund-Kiefer-Heilkd.; 1991 Präs. Zahnärztekammer Berlin - BV: Üb. d. Lokalisation reduz. Substanzen in menschl. Zahnkeimen u. Zähnen, 1967. Zahlr. Einzelarb. - 1961 Miller-Preis (Dt. Ges. f. ZMKheilkd.); Ehrenmitgl. Dt. Ges. f. Zahnerhaltung u. Kgl. Belg. Zahnärztl. Ges.; 1991 Verdienstmed. d. Bundeszahnärztekammer - Liebh.: Jagen, Segeln, Skifahren - Spr.: Franz.

HARNISCH, Heinz

Dr., Dr.-Ing. E. h., Dipl.-Chem., Prof. Univ. Köln, Vorstandsmitglied Hoechst AG, Frankfurt - Zu erreichen üb. HOECHST AG, Postf. 80 03 20, 6230 Frankfurt/M. 80 (T. 069 - 305 30 53) - Geb. 24. April 1927 Augustusburg - Chemiestud., Promot. 1955 - 1976 Honorarprof. Univ. Köln; 1979 Dir. Hoechst AG. 1981/82 Vors. Dt. Bunsenges.; 1982 Senat d. Dt. Forschungsgem.; s. 1984 Vorst. Gesellsch. Dt. Chemiker; Vors. AR Sigri GmbH; Senat Fraunhofer-Ges.

HARNISCH, Jürgen

Dr.-Ing., Vorstandsvorsitzender d. Krupp Stahl AG - Zu erreichen üb. Krupp Stahl AG, Alleestr. 165, 4630 Bochum (T. 0234 - 9 19-00) - Geb. 28. Okt. 1942 - AR-Vors. Krupp Brüninghaus GmbH, Krupp VDM GmbH, beide Werdohl, Gerlach-Werke GmbH, Homburg/Saar, Vereinigte Schmiedewerke GmbH, Hattingen; AR-Mitgl. Ruhrkohle Niederrhein AG, Duisburg, EKO Stahl AG, Eisenhüttenstadt, Rheinisch-Westf. Kalkwerke AG, Dornap, Krupp Stahl Handel GmbH, Ges. f. Wirtsch.förderung mbH, beide Duisburg.

HARNISCH, Wolfgang

Dr. theol., Prof. f. Neues Testament Univ. Marburg (Fachbereich Ev. Theol.) - Am Vogelherd 16, 3550 Marburg-Cappel.

HARNISCHFEGER, Horst

Dr. jur., Generalsekretär Goethe-Institut z. Pflege d. dt. Sprache u. z. Förd. d. intern. kulturellen Zusammenarbeit e. V. - Balanstr. 57, 8000 München 90 - Geb. 20. März 1938 Frankfurt/M. (Vater: Oberstudienrat), verh. s. 1974 m. Magdalena, geb. Roedel, T. Jessica - Musterschule Frankfurt; Univ. ebd., Lausanne, Hamburg (Rechts- u. Staatswiss. sow. Phil.); 1965-66 Ecole Nationale d'Administration Paris. Jurist. Staatsex. Hamburg u. Berlin; Promot. 1966 Hamburg - 1961-66 Wiss. Mitarb. Europa-Kolleg Hamburg; 1966-70 W. Mitarb. MPI f. Bildungsforsch. Berlin; 1970-75 Leit. Planungsabt. Senator f. Schulwesen Berlin; s. 1975 Vorst.-Mitgl., Leit. Abt. Pers. u. Verw. u. Generalsekr. (1976) Goethe-Inst. München - BV: D. Rechtsprechung d. Bundesverfassungsgerichts zu d. Grundrechten, 1966; Planung in d. sozialstaatl. Demokratie, 1969; (m. Heimann u. Siewert) Rechtsfragen d. Gesamtschule, 1970. Zahlr. Fachaufs. - Liebh.: Musik - Spr.: Engl., Franz.

HARPPRECHT, Klaus

Schriftsteller - 15, Boulevard des Palmeraies, F-83420 La Croix Valmer, Var/Frankreich (T. 94 79 60 76) - Geb. 11. April 1927 Stuttgart (Vater: Christoph H., Dekan; Mutter: Dorothea, geb. Bronisch), ev., verh. m. Renate, geb. Lasker (Verf. unter Lasker-Harpprecht; Familienspiele, R. 1972) - Ev.-Theol. Sem. Blaubeuren; Volontär Christ u. Welt, Stuttgart; Studien Stuttgart, München, Tübingen - S. 1951 Bonner u. Berliner Korresp. Christ u. Welt, Kommentator RIAS Berlin, Leit. Bonner Büro SFB, Komment. WDR (1956), Prod. Dokumentarfilme (1960), Amerika-Korresp. ZDF (1962), Leit. S. Fischer Verlag (1966), gf. Redakt. D. Monat (1969-71), Berat. Willy Brandt u. Leit. Schreibstube im Bundeskanzleramt (1973/74), Prod. Dokumentalfilme u. Schriftst. USA (s. 1974). SPD s. 1968 - BV unt. Stefan Brant: D. Aufstand, 1954; D. Bundesdeutsche lacht, 1955; eig. Namen: Viele Grüße an d. Freiheit, 1964; Beschädigte Paradiese, 1966; Willy-Brandt - Porträt u. Selbstporträt, 1970; Dt. Themen, 1974; D. fremde Freund - Amerika: E. innere Geschichte, 1982; Amerikaner: Freunde, Fremde, ferne Nachbarn, 1984; Amerika-Eroberung e. Kontinents, 1986; Georg Forster od. D. Liebe z. Welt, 1987; D. Lust d. Freiheit - Dt. Revolutionäre in Paris, 1989; Welt-Anschauung, 1991. Herausg.: Ernst Reuter - Bildbiogr. (1956) - 1965 Theodor-Wolff-Preis, 1966 Joseph-E.-Drexel-Preis; Mitgl. PEN-Zentrum BRD - Spr.: Engl., Franz. - Bek. Vorf.: Johannes (Prof.; Ord. u. zeitw. Rektor Univ. Tübingen) u. Ferdinand Christoph H. (Jurist).

HARRACH, Carl Ferdinand

Verleger, gf. Gesellsch. Wirtschaftswerbung Harrach (s. 1961), Inter-Kunst u. Buch GmbH. (s. 1974) - Geb. 20. Mai 1923 Bad Kreuznach (Vater: Walther H., Druckereibes.; Mutter: Elisabeth, geb. Vopelius), ev., gesch., Sohn Bodo-Alexander - Abit.; graf. Fachsch.; journ. Ausbild. - 1973 Gold. Ehrennadel Dt. Werbe-Club, Silb. Ehrennadel Rheinl.-Pfalz - Liebh.: Segel- u. Motorflug, Ski, Golf, Mod. Kunst - Spr.: Franz., Engl. - Rotarier.

HARRACH, Tamas

Dr. agr., Prof. f. Angew. Bodenkunde Univ. Gießen - Klein-Lindener Str. 35, 6300 Gießen-Allendorf.

HARREIS, Horst

Dr. rer. nat., o. Prof. f. Didaktik d. Physik Univ.-GH Duisburg (s. 1976) - Tiergartenstr. 30a, 4150 Krefeld (T. 02151 - 59 61 32) - Geb. 15. Mai 1940 Erlangen (Vater: Hans H., Techniker; Mutter: Luise, geb. Hopf), ev., verh. s. 1970 m. Dietlinde, geb. Gerigk, 2 Kd. (Holger Martin, Birgit Christina) - TH Aachen (Physik; Dipl.-Phys. 1966). Promot. 1970 Aachen; Habil. 1973 Siegen - 1966-71 Wiss. Ass., II. Phys. Inst. RWTH Aachen, 1971-74 Doz. GH Siegen; 1974-76 Prof. GH Kassel - BV: Physik d. Elektrizitätsleitung u. techn Anwend., 1974; Ionisierende Strahlung, Bd. I u. II (m. H. G. Bäuerle), 1982 - 1971 Borchers-Plak. - Liebh.: Alte Bücher, Wandern - Spr.: Engl., Franz.

HARREIS, Sigi

s. Harreis-Langer, Siglinde

HARREIS-LANGER, Siglinde, geb. Dannenmann

Journalistin, Fernseh-Moderatorin (Ps. Sigi Harreis) - Zu erreichen üb. Südwestfunk, 7570 Baden-Baden (T. 07221 - 276 22 20) - Geb. 28. April 1937 Tübingen (Vater: Dr. Hans Dannenmann; Mutter: Friedel, geb. Hermann), ev., verh. in 2. Ehe m. Klaus Langer, 2 Kd. (Caroline, Till) - Stud. Neuphil. u. intern. Recht - Fremdsprachl. Wirtschaftskorresp. u. Verhandlungsdolmetscherin in Span. u. Engl.; fr. Journ. b. Funk u. FS; Autorin, Regiss., Moderat. (u. a. Talentschuppen, Magazin FREIZEIT, Montagsmaler, s. 1983 Aktuelle Stunde/WDR) - 1980 AVD: voix sympathique; 1984 Gold. Kamera HÖRZU - Spr.: Span., Franz., Engl.

HARREN, Franz
Dr. med. (habil.), Dr. phil., Prof., Internist - Gregor-Mendel-Str. 46, 5300 Bonn - B. 1956 Privatdoz., dann apl. Prof. Univ. Bonn.

HARRER, Heinrich
Prof., Forschungsreisender, Präs. Österr. Golf-Verb. (s. 1964) - F.L. 9493 Mauren - Geb. 6. Juli 1912 Hüttenberg/Österr., verh. in 3. Ehe (1962) m. Katharina, geb. Haarhaus, S. Peter - Univ. Graz (Geogr.) - BV: 7 Jahre Tibet, Mein Leben am Hofe d. Dalai Lame, 1952; Meine Tibet-Bilder, 1953; D. weiße Spinne D. Gesch. d. Eiger-Nordwand, 1958; Tibet - verlorene Heimat, 1960; Ich komme aus d. Steinzeit (Neu-Guinea), 1963; Huka Huka - Indianer am Amazonas, 1967; D. Götter sollen siegen - Wiedersehen in Nepal, 1968; Geister u. Dämonen - Mag. Erlebnisse in fernen Ländern, 1969; D. letzten 500 - Exped. zu d. Zwergvölkern auf d. Audamanen; Meine Forschungsreisen, 1986; D. Buch v. Eiger, 1988. Bildbde.: Afrika, Ladakh u. Der Himalaja blüht; Tibetische Impressionen; Unterwegs, Ratgeber f. Reisen; Unter Papuas; Meine Forschungsreisen, Bildbd. z. 75. Geb. B. 1972 17 Expeditionen in 5 Kontinenten. Vortragsreisen Europa u. Übersee. Zahlr. Filme; Fernseh- u. Rundfunksend. 1983 Heinrich Harrer-Mus. in Hüttenberg/Kärnten (Geb.ort) - Liebh.: Bergsteigen (Erstbesteig. Eiger-Nordwand, Bergriesen Alaska u. Neuguinea), Skilaufen (u. a. Studenten-Weltmeister); Golf (1958 österr. Golfm.), Samml. ethnogr. Funde (jetzt Univ. Zürich), Geldbörsen aus aller Welt - 1965 Prof.-Titel durch d. österr. Bundespräs.; 1972 Eiger-Goldmünze; anläßl. d. 70. Geburtst. Gold. Ehrenz. Steiermark, Gold. Ehrenz. Kärnten, Ehrenkreuz I. Kl. f. Kunst u. Wiss., Österr., Gr. BVK; 1982 Donauland Sachbuchpreis; 1983 Ehrenbürger Hüttenberg; 1985 Gold. Med. Humboldt-Ges.

HARRER, Manfred
Ministerialdirektor, Leiter d. Zentralabt. d. Bundesmin. f. Arbeit u. Sozialordnung - Rochusstr. 1, 5300 Bonn-Duisdorf - Geb. 20. Okt. 1934 - 1954-59 Stud. Rechtswiss. Univ. Frankfurt, Berlin, Würzburg; 1. jurist. Staatsprüf. 1960; gr. Staatsprüf. 1964.

HARRIES, Heinrich
Dr. Dr., Vorstandsmitglied d. Kreditanstalt f. Wiederaufbau (s. 1986) - Palmengartenstr. 5-9, 6000 Frankfurt/M. (T. 069 - 74 31 26 05) - Geb. 24. Aug. 1931 Flensburg, ev., verh. s. 1956 m. Hanne, geb. Kroman, 4 Töcht. (Birgitte, Marianne, Edith, Christine) - Landschulheim am Solling, Holzminden (Abit. 1950); 1950-54 Stud. Rechtswiss. Univ. Freiburg/Br., Genf, Göttingen, Paris; Jurist. Staatsex. 1954 Celle, 1959 Hamburg; Promot. 1955 Göttingen, 1956 Paris - 1956 Jurist. Berater b. Regierungskonfz. EWG - Euratom in Brüssel; 1957-60 Assist. u. Ref. am Max-Planck-Inst. f. ausl. u. intern. Privatrecht, 1960/61 Deutsche Bank AG, s. 1961 Kreditanstalt f. Wiederaufbau, s. 1974 Chefsyndikus, s. 1986 Vorst.-Mitgl. - Vors. Afrika-Verein Hamburg; AR-Vors. Chemie AG Bitterfeld-Wolfen; AR-Mitgl. Mansfeld AG u. PCK AG Schwedt - BV: Aufs. z. intern. Recht u. z. Kreditrecht - Liebh.: Gesch., Lit., Wandern - Spr.: Franz., Engl., Dän., Span., Ital., Portug.

HARRIES, Klaus
Oberkreisdirektor Kr. Lüneburg a.D., MdB (s. 1987) - Schillerstr. 35, 3140 Lüneburg - Geb. 27. Jan. 1929 Celle - AR-Mandate.

HARS, Peter
Dipl.-Kfm., Vorstandsmitglied Ulmer Volksbank eG (s. 1972) - Olgaplatz 1, 7900 Ulm/D. - Geb. 20. Juni 1934 Hamburg - AR-Mitgl. d. Volksbank Dresden eG, u. d. RWG GmbH Datenverarbeitungsges. Stuttgart.

HARSCH, Anton
Dipl.-Ing., Geschäftsführer Liebherr-Hausgeräte GmbH. - Memminger Str., 7955 Ochsenhausen/Schw. - Geb. 7. März 1923.

HARSCHE, Edgar
Dr. agr., Prof. f. Land- u. Agrarsoziologie Univ. Gießen - Steinkaute 18, 6300 Gießen.

HARSDORFF, Manfred
Dr. rer. nat., Prof. f. Angew. Physik - Kiefernboden 24, 2056 Glinde - B. 1977 Privatdoz., dann Prof. Univ. Hamburg (stv. Dir. Inst. f. Angew. Physik).

HARSTICK, Hans-Peter
Dr. phil., Historiker, Univ.-Prof. TU Braunschweig - Werner-Schrader-Str. 13, 3340 Wolfenbüttel (T. 05331 - 7 71 08); Elpermeer 212, 1025 AN Amsterdam - Geb. 9. Juli 1937 Hildesheim, kath., verh. s. 1965 m. Annegret, geb. Borchard, 2 Kd. (Ulrike, Eike) - 1957-65 Stud. d. Gesch., German., Phil., Rechts- u. Staatswiss. Univ. Münster - 1962-65 Wiss. Mitarb. Univ. Münster; 1965-75 Abt.-Leit. am Intern. Inst. f. Sozialgesch./Amsterdam; 1975 o. Prof. PH Nieders. 1978 o. Prof. TU Braunschweig; 1983-85 Dekan d. Erziehungswiss. Fachber.; 1990 Vors. d. wiss. Beirats der Intern. Marx-Engels-Stiftg., Amsterdam; 1992 Projektleiter d. hist.-krit. Marx-Engels-Gesamtausgabe im Auftrag d. Konferenz d. dt. Akad. d. Wiss. - Arbeitsgeb.: Neuere Gesch. unt. bes. Berücks. d. Verfassungs- u. Sozialgesch. - BV: Quelleneditionen, versch. Aufs. in Fachztschr. z. Sozialgesch.; polit. Ideengesch. u. Historiographie, insbes. d. Marx-Engels-Forschung, zumeist in Zusammenarb. m. d. Intern. Inst. f. Sozialgesch. d. Kgl. Akad. d. Wiss., Amsterdam.

HART, Franz
Dr.-Ing. E. h., em. o. Prof. u. Direktor Inst. f. Hochbaukonstruktion u. Baustoffkd. TH bzw. TU München (s. 1948) - Söltlstr. 18, 8000 München 90 (T. 4 74 54) - Geb. 25. Nov. 1910 München (Vater: Franz H.; Mutter: geb. Krün) kath., verh. (Ehefr.: Irene) - Gymn.; TH München - Architekt. Bauten: u. a. 2 Kraftwerke b. Landshut, Niedernach-Kraftw. Walchensee, Verw.gebäude BELG Bayreuth (Umbau), Dt. Patentamt München (m. G. H. Winkler), Mensa TH, Bayer. Staatsbank (Erweit.) - BV: Baukonstruktion f. Architekten, 1951; Skelettbauten, 1956; Technik u. Kunst d. Wölbung, 1965 - 1962 o. Mitgl. Bayer. Akad. d. Schönen Künste, München - Liebh.: Alte chines. Keramik, Musik.

HART, Wolf (Wolfgang)

Filmregisseur, -autor u. -produzent - Birkensteinstr. 47, 8165 Fischbachau (T. 08028 - 13 58) - Geb. 13. Juni 1911 Meiningen (Vater: Ernst H., Regiss. u. Schausp.; Mutter: Margarethe, geb. Volck), ev., verh. s. 1952 m. Helga, geb. Schuh (Freiburg/Br.), 3 Kd. (Brita, Sabine, Christian) - Gymn. u. Univ. Freiburg (3 Sem. Gesch., Kunstgesch., Geogr., Sport) - 1933-36 Kameraassist. Sepp Allgeier, dann Kameramann. s. 1941 Filmregiss. u. -autor (b. 1945 Ufa u. Tobis), s. 1948 auch -prod. (Hart-Film) Kulturfilme: Heide, Feuer im Schiff, Hafen, Wer hat Angst vor'm schwarzen Mann?, E. Landbriefträger, Kinder reisen, Nach d. Krieg, Werftarbeiter, Was d. Bauer nicht kann, es wirds dagegen, M 4 fährt an, D. Strom führt Eis, Artisten d. Hafens, ...erwachsen sein dagegen sehr, Regen, Kl. Weltentdeckung, Nord-Ostsee-Kanal, Buddelschiff, Kaischuppen 76, Hafenrhythmus, Stadt im Umbruch, Energie-Schwerpunkt Südwest, Bauhütte 63, Lebensläufe e. Stadt, Ich bin Schwester, Bilanz e. Stadt, Freiburg, Sie kommen wieder, Sag' mir wie man Betten baut, Worpswede, Künstlerdorf im Teufelsmoor, E. Fächer wird aufgeschlagen - Karlsruhe, Sie bauen Schiffe, u. a. - BV: D. Skulpturen d. Freiburger Münster, 1975; D. Freiburger Münster, 1978; D. künstlerische Ausstattung d. Freiburger Münsters, 1981 - Zahlr. intern. Preise u. Prämien, darunter. versch. Bundesfilmpreise u. -prämien (zul. 1981 Bundesfilmband in Gold); 1961 Curt-Oertel-Med. - Liebh.: Malen - Spr.: Engl.

HART NIBBRIG, Christiaan Lucas

Dr., Prof. f. Neuere deutsche Literatur Univ. Lausanne - 20, chemin des Pierrettes, CH-1025 St. Sulpice - Geb. 2. Aug. 1944 Basel (Vater: Ferdinand Eliza H. N., Kunstmaler; Mutter: Elsbeth, geb. Witt) - Stud. Basel, Berlin, Frankfurt, London - Wiss. Assist., 1971-80 Priv.-Doz. Univ. Bern; Gastprof. in USA, Ital., Polen, Norwegen - BV: Verlorene Unmittelbarkeit, 1973; Ja. Nein, 1974; Aesthetik, 1978; Rhetorik d. Schweigens, 1981; Fragment u. Totalität (Hrsg. m. L. Dällenbach), 1984; Warum lesen? 1983; D. Auferstehung d. Körpers im Text, 1985; Spiegelschrift, 1987; Ästhetik d. letzten Dinge, 1989; Ess. Herausg.: Was heißt Darstellen? (1991) - Mitgl. d. Acad. Europaea - Spr.: Engl., Franz., Holl. - Bek. Vorf.: Kunstmaler Ferdinand Hart Nibbrig, Laren/Holland (Großvater).

HARTARD, Bertram
Konrektor i. R., MdL Rhld.-Pfalz (s. 1970) - Pestalozzistr. 4, 6748 Bad Bergzabern - Geb. 11. Dez. 1929 Speyer/Rh., kath., verh., 3 Kd. - Oberrealsch. Speyer; 1950-52 Päd. Hochsch. Landau. Lehrerprüf. 1952 u. 56 - S. 1952 Volksschuldst. (1968 Konrektor Edesheim). CDU s. 1953 (Kreisvors. Landau-Bad Bergzabern).

HARTE, Cornelia
Dr. rer. nat., em. o. Prof. Univ. Köln - Dürener Str. 168, 5000 Köln 41 (T. 40 35 57) - Geb. 6. Juni 1914 Altona (Vater: Johannes H., Angest.; Mutter: Anna, geb. Kuijlaars), kath., led. - Univ. Berlin, München, Freiburg/Br. (Promot. 1941). Habil. 1948 Freiburg - S. 1948 Lehrtätigk. Univ. Freiburg u. Köln (1951 ao., 1967 o. Prof.) - Spez. Arbeitsgeb.: Genphysiol. höherer Pflanzen. Zahlr. Fachveröff. - Spr.: Niederl., Engl., Franz.

HARTEL, Walter
Dr.-Ing., Direktor i. R., Honorarprof. f. Starkstromtechnik i. R. TU München (s. 1964) - Flemingstr. 78, 8000 München 81 - Geb. 17. Dez. 1912 Wigstadtl (Vater: Josef H., Krankenhausverwalter; Mutter: Emilie, geb. Mohr), verh. s. 1945 m. Hella, geb. Koschel, Sohn Kurt - TH Prag. Dipl.-Ing. 1935; Promot. 1937 - Langj. Tätigk. Siemens-Schuckertwerke bzw. Siemens AG (zul. Generalbevollm. Dir.) - BV: Transduktorschaltungen; Einf. in die Stromrichtertechnik - Liebh.: Sport, Malerei - Spr.: Engl.

HARTEL, Wilhelm
Dr. med., Oberstarzt, Leit. Abt. Chirurgie (II)/Bundeswehrkrankenhaus Ulm, Honorarprof. f. Chir. Univ. Frankfurt/M. - Oberer Eselsberg 40, 7300 Ulm - Geb. 29. April 1930 Opladen (Vater: Ludwig H., Rentner; Mutter: Gertrud, geb. Herf), kath., verh. s. 1959 m. Etna, geb. Suppiger, 3 Kd. (Markus, Barbara, Eva) - Publ. üb. Lungen- u. Magenchir. sow. z. Schock - Liebh.: Sport - Spr.: Engl., Franz.

HARTEN, Hans-Ulrich
Dr. rer. nat., em. Prof. Univ. Göttingen - Ludwig-Beck-Str. 17, 3400 Göttingen (T. 2 26 48) - Geb. 10. März 1920 Gumbinnen (Vater: Konrad H., OLGsrat; Mutter: Elfriede, geb. Lambrecht), verh. m. Ricarda, geb. Dill, 2 Kd. (Eva, Ulrich) - Habil. 1963 Hamburg - S. 1950 Industrietätigk. Hamburg (zul. Prokurist Philips Zentrallabor.) - BV: u. a. Physik f. Mediziner, 1974/77/80/87, Festkörperphysik, 1978.

HARTEN, Jürgen
Direktor Städt. Kunsthalle Düsseldorf (s. 1972) - Grabbepl. 4, 4000 Düsseldorf 1 (T. 0211-13 14 69) - Geb. 24. Sept. 1933 Hamburg, verh. s. 1980 in 2. Ehe m. Doreet LeVitté-Harten - 1956-61 Stud. Erzieh.wiss., phil. Anthropol., Kunstgesch. - 1961-67 Volks- u. Realschullehrer Hamburg; 1967-68 Sekr. documenta 4, Kassel; 1969-72 Wiss. Assist. u. stv. Dir. Städt. Kunsthalle Düsseldorf - Spr.: Engl., Franz.

HARTENSTEIN, Helge
Direktor, Aufsichtsrat Knoeckel, Schmidt & Cie. Papierfabriken AG, Lambrecht - Lambrechter Str. 44, 6731 Lindenberg/Pf. - Geb. 9. Mai 1927 Breslau.

HARTENSTEIN, Liesel,
geb. Rössler
Dr. phil., Pädagogin, MdB (s. 1976) - Kelterrainstr. 1, 7022 Leinfelden-Echterdingen 2 (T. 0711 - 79 39 82) - Geb. 20. Sept 1928 Steinehaig (Vater: Hans R., Landw.; Mutter: Lina, geb. Gräter), ev., verh. s. 1951 m. Eberhard H., 2 Kd. (Andrea, Hans-Ulrich) - Stud. d. Roman., German., Phil., Gesch. Univ. Tübingen; Promot. 1958 - 1959-64 freiberufl. Journ.; 1964-76 Gymn.lehrerin. Stv. Vors. d. Umweltkomm. u. Enquête-Komm. Schutz d. Erdatmosphäre. SPD (1968 Gde.rätin; 1971 Kreisverordn.) - BV: Bücher u. Buchbinder im Wandel d. Jahrhunderte, 1959. Herausg.: Facsimile-Querschnitt Kladderadatsch (1965). Mitarb. Ztschr. Germanistik - Spr.: Franz., Engl.

HARTENSTEIN, Reiner W.
Dr.-Ing., Dipl.-Ing., Prof. Univ. Kaiserslautern (s. 1977), Lehrst. f. Rechnerstrukturen u. Techn. Informatik, Spezialgeb.: Computer-gestützter Entwurf hochintegrierter Digital-Bausteine u. Systeme (VLSI-CAD), Universalprozessoren m. Hocharch. Akzeleratoren, Leit. Forsch.gr. f. Rechnerstrukturen u. Techn. Informatik (FRT) - 7520 Bruchsal 1 (T. 07251 - 35 75) - Geb. 18. Dez. 1934

Berlin (Vater: Jacob H., Obering.; Mutter: Johanna, geb. Dietz), kath., gesch., 2 Kd. (Sigrid, Klaus) - Promot. 1969 Karlsruhe (b. Prof. K. Steinbuch) - B. 1965 Entwicklungsing. Ind., dann Univ.tätigk.; 1975-81 Generalsekr. Euromicro. In- u. ausl. Fachmitgl.sch. Stv. Vors. d. Arbeitskr. Europ. Polit. Studien (AEPS e. V.) (s. 1978); Gastprof. Computer Science Division Univ. of California, Berkeley, USA (1981); Mitbegr. d. E.I.S.-Projekt (1983/88); 1983-86 Leit. v. 3 Subtasks d. CVT-Projekt (CAD for VLSI in Telecommunications, Vorläufer d. ESPRIT); Leit. e. Subtask d. CVS-Projekt (CAD for VLSI Systems) im ESPRIT-Progr. d. EG; Gesamtleitg. PATMOS-Projekt (im ESPRIT-Progr.) - BV: Fundamentals of Structured Hardware Design, 1977. Mithrsg.: Microarchitecture of Computer Systems (1975); Computer Hardware Description Languages and their Applications (1982); Hardware Description Languages (1985) - 1982 Senior member IEEE (Inst. o. Electr. and Electronics Engineers), New York, USA; 1984-89 chairman working group 10.2 (digital system design and description tods and methods) d. IFIP (Intern. Federation of Information Processing), Genf; 1986-88 Vors. Arbeitskr. Information Technology in Engineering Curricula (ITEC) d. Soc. Europ. de Formation d. Ing. (SEFI), Brüssel; Mitbegründ. Fachaussch. Arch. v. VLSI-Bausteinen d. Ges. f. Informatik u. d. Informationst. Ges.; wiss. u. Gesamtleitg. mehrerer intern. Fachkonfz. - Liebh.: Ski, Tennis, Jazz - Spr.: Engl., Franz.

HARTERT, Hellmut

Dr. med., Prof., Chefarzt - Turmstr., 6750 Kaiserslautern 27 - Geb. 1. Sept. 1918 Tübingen (Vater: Prof. Dr. med. Wilhelm H., Chirurg. Krkhs.dir.; Mutter: Hanna, geb. Iben), ev., verh. s. 1956 m. Elisabeth, geb. Klug, 4 Kd. (Felicitas, Sabine, Daniel, Benjamin) - Univ. München, Berlin (Promot. 1944), Freiburg, Breslau. Habil. 1953 Heidelberg - 1944-45 Wiss. Mitarb. Physikal.-Chem. Inst. Militärärztl. Akad. Berlin, dann Assist. u. Oberarzt (1956) Med. Univ.-klinik Heidelberg, ehem. Chefarzt s. 1962 Med. Klin. I (Akad. Lehrkrkhs. Univ. Mainz), Städt. Krankenanstalten Kaiserslautern. S. 1954 Lehrtätigk. Univ. Heidelberg (1959 apl. Prof. f. Inn. Med.) u. Saarbrücken; Lehrauftr. Univ. Kaiserslautern Biophysik (s. 1977). Entd.: Elastizität d. Fibrins (1944); Thrombelastographie, Resonanzthrombographie (Meth. z. Unters. d. Blutgerinnung; erstmals publ. 1946, 1970 u. 1987) - BV: D. Blutgerinnung in Physiol. u. Klin., 1961. Beitr.: Herz u. Kreislauf b. Operationen (m. K. Matthes), in: Handb. d. Inneren Med. (Bd. IX 4. A.); Theoretical and Clinical Hemorheology (m. A. L. Copley) 1971; Praktische Augiologie, 1974 - Mitgl. Dt. Ges. f. Innere Med., Intern. Soc. of Biorheology (New York), Dt. Ges. f. klin. Hämorheologie, Fellow Internat. Coll. of Angiology (F.I.C.A.), Dt. Arbeitsgem. f. Blutgerinnungsforsch., u.a.m. - 1984 B VK I. Kl. - Liebh.: Architektur - Spr.: Engl. - Bek. Vorf.: Lucas Cranach d. Ä. (Maler), Ernst H. (Prof. Ornithologe London; Herausg. v. Standardw.) - Lit.: Festschr. z. 60. Geb. v. H. Hartert. Laudatio Prof. G. V. R. Born, Oxford; Special Double Issue of Biorheology J. Ney York 1983, dedicated to H. H., seventh recipient of Poiseuille Gold Medal Award.

HARTFIEL, Wilhelm

Dr., Wiss. Rat (Leit. Abt. Futtermittelkunde/Inst. f. Tierernährung), Prof. f. Tierernähr. u. Futtermittelkd. Univ. Bonn (s. 1971) - Sebastian-Kneipp-Str. Nr. 17, 5350 Euskirchen.

HARTGE, Karl-Heinrich

Dr. rer. hort., Univ.-Prof. Inst. f. Bodenkunde Univ. Hannover i.R., Ehrenmitgl. u. Altpräs. Dt. Bodenkundl. Ges. - Kurt-Schumacher-Str. 16, 3008 Garbsen - Geb. 18. März 1926 Dorpat - BV: D. physikal. Unters. v. Böden, 2. A. 1989; Einf. in d. Bodenphysik, 2. A. 1991.

HARTH, Dietrich

Dr. phil., Prof., Literaturhistoriker - Oppelner Str. 49, 6900 Heidelberg - Geb. 28. Dez. 1934 Wiesbaden - Externes Abit. 1957, Großhandelskaufm. b. 1959; Promot. 1967, Habil. 1973, s. 1973 Prof. Univ. Heidelberg (Allg. u. vgl. Lit.wiss.) - BV: Philol. u. prakt. Phil., 1970; Propädeutik d. Lit.wiss., 1973; Erkenntnis d. Lit. (hg. m. P. Gebhardt), 1982; Pazifismus zw. d. Weltkriegen (hg. m. D. Schubert u. R. M. Schmidt), 1985; Denis Diderot od. d. Ambivalenz d. Aufklärung (hg. m. M. Raether), 1987; Karl Jaspers. Denken zw. Wiss., Politik u. Phil., 1989; Kultur u. Konflikt (hg. m. J. Assmann), 1990; Mnemosyne. Formen u. Funktionen d. kulturellen Erinnerung (hg. m. A. Assmann), 1991; Kultur als Lebenswelt u. Monument (hg. m. A. Assmann), 1991; Revolution u. Mythos (hg. m. J. Assmann), 1992; zahlr. Aufs. üb. Lit.-Theorie, Fachgesch., Lit. d. 18. Jh., Historiographie u. phil. Themen.

HARTH, Victor

Dr. med., Internist, Vors. Bundesverb. Dt. Ärzte f. Naturheilverf. - Zu erreichen üb.: Hainstr. 9, 8600 Bamberg.

HARTH, Wolfgang

Dr. rer. nat., o. Prof. f. Allg. Elektrotechnik u. Angew. Elektronik TU München (s. 1973) - Arcisstr. 21, 8000 München 2 - Geb. 7. Febr. 1932 Straubing - Promot. 1962; Habil. 1964 - 1969-73 Prof. TU Braunschweig - 1984 Fellow New Yorker Inst. of Electrical and Electronics Engineers (IEEE) - BV: Halbleitertechnol., 1972; Hochfrequenz-Halbleiterelektronik, 1972 (m. Unger); Mikrowellendioden, 1980 (m. Claassen); Sende- u. Empfangsdioden f. d. Optische Nachrichtentechnik. Üb. 100 Einzelarb.

HARTHERZ, Peter

Oberregierungsrat a. D., MdL Hessen (s. 1974) - Kurt-Schumacher-Str. 9b, 6392 Neu-Anspach 1 (T. 76 09) - Geb. 27. Juli 1940 - SPD.

HARTING, Friedhelm

Dr. jur., Rechtsanwalt, Bereichsleit. Recht Verbände Hertie Waren- u. Kaufhaus GmbH, Frankfurt/M. (s. 1986) - Zu erreichen üb. Hertie Waren- u. Kaufhaus GmbH, 6000 Frankfurt/M. - Ev., verh. s. 1967, 3 Kd. - 1967-69 RA in Schwenningen; s. 1969 Versandhaus Neckermann (1977 Leit. Rechtsabt., 1978 AR) - Mitgl. Jury f. Lit.preis: Stadtschreiber v. Bergen-Enkheim - Liebh.: Reiten, Segeln - Spr.: Engl., Franz. - Rotarier.

HARTINGER, Andreas

Finanzbeamter, Präs. Dt. Schützenbund - Schmalkaldener Str. 34, 8000 München 40 (T. 089 - 35 51 29) - Geb. 20. Aug. 1925 Niederhummel, kath., verh. s. 1952 m. Anna, geb. Steinle, T. Anni - Fachhochsch. (Dipl.-Finanzwirt) - S. 1963 Vors. Bayer. Sportschützenbd.; dann Präs. Dt. Schützenbd., stv. Präs. Europ. Schützenkonföderation - 1973 BVK; 1978 Bayer. VO - Liebh.: Schmalfilmen - Spr.: Engl.

HARTJE, Wolfgang

Dr. phil., Dipl.-Psych., Prof. f. Neuropsychologie RWTH Aachen (s. 1981)- Hermann-Heusch-Platz 2, 5100 Aachen (T. 0241 - 4 90 86) - Geb. 30. Juni 1941 Baden-Baden - 1961-66 Psych.-Stud. Univ. Freiburg/Br. (Dipl. 1966, Promot. 1969, Habil. 1978).

HARTKAMP, Heinrich

Dr. rer. nat., Dipl.-Chem., o. Prof. f. Analyt. Chemie GH Wuppertal - Haselweg 4, 5628 Heiligenhaus.

HARTKE, Friedrich

Dr. phil., Prof. f. Psychologie Univ. Dortmund, Abt. 14 - Ostkirchstr. 115, 4600 Dortmund 30 - Geb. 3. Jan. 1924 Wanne-Eickel (Vater: Friedrich H., Verw.-Beamt., Mutter: Emmy, geb. Wienecke), verh. s. 1954 m. Hannelore, geb. Glathe - Stud. Psych. u. Päd., Lehrer-Ex. 1950, Dipl.-Ex. u. Promot. z. Dr. phil. 1953 Bonn, 1953-54 Assist b. Prof. Dr. H. Hetzer in Weilburg, 1954-60 Schuldst. als Lehrer, Rektor u. Schulrat, 1961 o. Prof. PH (s. 1968) Univ.) Dortmund, 1968 u. 1976-80 Abt.Dekan - BV: Psych. d. Schulalltags, 1961; D. Seele d. Kindes in Zeichnung u. Schrift, 1962; D. Psych. in d. Schule, 1966. Div. Einzelarb. insbes. z. Päd. Psychologie.

HARTKE, Klaus

Dr. phil., o. Prof. u. Direktor Inst. f. Pharmaz. Chemie Univ. Marburg - Heinrich-Heine-Str. 23, 3553 Cölbe (T. Marburg 8 21 15) - Geb. 27. Dez. 1930 Altbewersdorf/Pom. - S. 1966 (Habil.) Doz. u. Prof. (1967) Univ. Marburg (1970 Ord. f. Pharmaz. Chemie/Lehrst. II) - BV: Dt. Arzneib., 7. A., Kommentar 2. A. 1973 (m. H. Böhme), Europ. Arzneib., Bd. I u. II, Kommentar, 1976, u. III, 1979 (m. H. Böhme); Dt. Arzneib., 8. A., Komm. 1981 (m. H. Böhme); DAB 9-Kommentar, Bd. 1-3, 1987/88 (m. E. Mutschler), 1. Nachtrag DAB 9, Kommentar (m. E. Mutschler) 1990. Zahlr. Fachaufs.

HARTKE, Stefan

Dr., Dr. habil., Dipl.-Volksw. - Papehof 6c, 3000 Hannover 91 - Geb. 26. März 1948 Hanau (Vater: Prof. Dr. Dr. h. c. Wolfgang H.), ev., verh. s. 1972 m. Ulrike, geb. Apelt, 2 Töcht. - 1967-72 Stud. Wirtsch.- u. Sozialwiss., Promot. 1979 Bielefeld; Habil. 1986 (Landesplanung u. Regionalforsch., EDV f. Planer); 1987-92 Grundsatz- u. Planungsreferat nieders. Min. Wirtsch., Technol., Verkehr, ab 1992 Grundsatzfragen Mittelstandspolitik Min. Wirtsch., Technol., Verkehr Sachsen-Anhalt, Ref. Leiter - 1973 wiss. Mitarb. Zentralinst. f. Raumplanung Münster; 1974-87 wiss. Assist. u. Hochschulassist. Landesplanung Univ. Hannover - BV: Meth. z. Erfass. d. phys. Umwelt, 1975; Stadtentwicklung ohne Wachstum, 1978; Regionale Entwicklung d. aktive Kommunalpolitik, 1986; Wirtschaftsberichte d. Nds. Min. Wirtschaft, Technol., Verkehr, 1987-92; wiss. Art. z. kommunalwiss. Themen u. Landesentwicklungspolitik - Spr.: Engl.

HARTKE, Wolfgang

Dr. phil., Dr. rer. nat. habil., Dr. h. c., o. Prof. f. Geographie (emerit.) - Tengstr. 3, 8000 München 40 (T. 271 19 48) - Geb. 4. April 1908 Bonn (Vater: Prof. Lic. theol. Dr. phil. Dr. paed. h. c. Wilhelm H., Berlin/Ost (siehe XV. Ausgabe/Band II); Mutter: Tilly, geb. Kühne), verh. s. 1939 m. Herta, geb. Seitz, 2 Kd. - Univ. Berlin u. Genf - Lehrtätigk. Univ. Frankfurt/M., 1952-73 o. Prof. u. Dir. Geogr. Inst. TU München. 1962/63 Vors. Zentralverb. d. Dt. Geographen - BV: Frankr. als sozialgeogr. Einheit, 1964, 3. A. 1968. Zahlr. Fachveröff. z. Sozial-, Agrar- u. Stadtgeogr. v. Westeuropa. Mithrsg.: Münchner Geogr. Hefte (s. 1953). Beir. (s. 1948) Erdkunde, Norois (s. 1952), Espace Géographique (s. 1971), Espace. Populations. Sociétés (s. 1983). - 1972 Ehrendoktor Univ. Straßburg; 1956 korr. Mitgl. Geogr. Ges. Wien, 1961 Ehrenmitgl. Frankfurter Geogr. Ges., 1963 Ehrenmitgl. Kgl. Niederl. Geogr. Ges., 1972 Ungar. Geogr. Ges., 1983 Geogr. Ges. Paris, 1984 Slov. Geogr. Ges; 1978 Retzius Med. in Gold Schwed. Anthropol. u. Geogr. Ges.; 1980 BVK; 1986 Eduard Rüpell Med. - Liebh.: Mod. Lit. - Bruder: Prof. Dr. phil. Werner H., Berlin/Ost (s. XIV. Ausg./Bd. II) - Lit.: Standort d. Soz.geogr. W. H. u. 60. Geb., Münchner Stud. z. Sozial- u. Wirtsch.Geogr. Bd. 4 (1968); K. Ganser, W. H. z. 65. Geb., in: Ber. z. dt. Landeskd., Bd. 47; Chr. Borcherdt, W. H. z. 80. Geb., in: Erdkunde Bd. 42, H. 1 (1988).

HARTKOPF, Walfrid

Dr. med., Chefarzt Chir. Abt. Humboldt-Krkhs. Tegel (s. 1968) - Emmentaler Str. 43 - 1000 Berlin 51 (T. 49 66 56) - Geb. 1912 Kothlow/Pom. - Univ. Rostock, Göttingen, Marburg, Heidelberg - S. 1946 Krkhs.tätigk. Berlin (1953 ff. Oberarzt Humboldt).

HARTKOPF, Willi

Oberbürgermeister Stadt Remscheid (s. 1968) - Hans-Böckler-Str. 35, 5630 Remscheid 11 (T. 02191 - 5 01 70) - Geb. 3. Nov. 1920 Duisburg (Vater: Wilhelm H.; Mutter: Getrude, geb. Götz), ev., verh. s. 1946 m. Anni Henriette, geb. Brügger, 3 Kd. (Lothar, Norbert, Iris) - Ausb. Eisenbahn-Fachsch. u. a.; Feinmechanikerhandw. - 1970 gold. Bürgermed. Stadt Remscheid; 1972 BVK I. Kl.; 1985 Gr. BVK; 1985 Dr. Eberle-Med. Rhein. Spark. u. Giro-Verb.; 1. Vors. Kurat. Bergische Univ.-GH Wuppertal; 1. Vors. Kommunale Arbeitsgem. Bergisch-Land.

HARTL, Hans

Dr. rer. nat., Prof. f. Anorgan. Chemie FU Berlin - Wolziger Zeile 42, 1000 Berlin 49.

HARTL, Paul Walter

Dr. med., Prof., em. Leit. Arzt Rheumaklinik u. Rheumaforschungsinst. Aachen, apl. Prof. Med. Fak. (Rheumatol.) RWTH Aachen, Präs. Dt. Ges. f. Rheumatologie (1987/88) - Fuchserde 11, 5100 Aachen (T. 6 45 48) - Geb. 19. März 1925 (Vater: Otto H., Ingenieur; Mutter: Marie, geb. Hory), ev., verh. s. 1955 m. Ursula, geb. Arnold, 4 Kd. (Claudia, Christine, Bettina, Urs) - Stud. Bonn, Tübingen u. Heidelberg, Ex. 1951 Bonn, Promot. 1951. Med. Ausbild. 1951-53 Sanatorium du Midi, Davos/Schweiz, 1953-55 Hyg.-Inst. Univ. Lausanne/Schweiz, 1955/56 Haynes Memorial Hospital, Boston Univ., 1956-70 Assist.arzt, dann Oberarzt b. Prof. Bock, zun. Med. Univ.klinik Marburg, d. Med. Univ.klinik Tübingen, Habil. 1967 Med. Fak. Univ. Tübingen, Umhabil. 1971 Med. Fak. RWTH Aachen, s. 1970 Leit. Arzt Rheumaklinik u. Rheumaforsch.inst. Aachen. Vorlesungen z. klin. Rheumatologie u. Immunologie sow. z. physikal. Therapie rheumat. Erkrankungen.

HARTLAGE, Hermann

Vorstandsmitglied Dortmunder Ritterbrauerei AG. - Lütgendortmunder Hellweg 242, 4600 Dortmund 72 - Geb. 2. Juni 1918.

HARTLAUB, Geno(vefa)

Schriftstellerin - Böhmersweg 30, 2000 Hamburg 13 (T. 41 88 96) - Geb. 7. Juni 1915 Mannheim (Vater: Dr. phil. Gustav F. H., Museumsdirektor (s. X. Ausg.); Mutter: Felicie, geb. Meyer) - BV/Erz. u. R.: u. a. D. Entführung, Noch im Traum, Anselm d. Lehrling, D. Kindesräuberin, Scheherezade erzählt, D. Tauben v. San Marco, D. Große Wagen, Windstille vor Concador, Gefangene d. Nacht (1961), D. Mond hat Durst (1963), D. Schafe d. Königin (1964); Nicht jeder ist Odysseus (1967), Rot heißt auch schön (1969), Lokaltermin Feenteich (1972), Wer d. Erde küßt (1975); D. Gör (1980); Freue dich, du bist e. Frau (1981); D. gläserne Krippe (1983); Noch ehe d. Hahn kräht (1984); Sprung üb. d. Schatten (1984); Muriel (1985); D. Uhr d. Träume (1986). Reiseb.: Unterwegs nach Samarkand - E. Reise durch d. Sowjetunion (1965) - 1956 Mitgl. PEN-Zentrum BRD; 1962 o. Mitgl. Fr. Akad. d. Künste, Hamburg; 1989 Alexander Zinn Preis d. Stadt Hamburg - Liebh.: Aquarellmalerei - Herausg. d. lit. Nachlasses ihres Bruders: D. Gesamtwerk, Im Sperrkreis - Bruder: Felix H. (April 1945 in Berlin verschollen).

HARTLEB, Hans

Dr. phil., Opern-Regisseur - Romanstr. 62a, 8000 München 19 (T. 17 00 38) - Geb. 3. Mai 1910 Kassel (Vater: Alfred H.; Mutter: Marie, geb. Teteberg) - Univ. Göttingen, Frankfurt, Berlin, Paris, München - Opernregie u.a.: Amsterdam, Antwerpen, Berlin, Buenos Aires, Chicago, Düsseldorf, Köln, Leipzig, Los Angeles, Frankfurt, Genf, München, Paris, Seoul, Tokio, Wien,

Zürich. Festspiele: Berlin, Bern, München, Paris, Salzburg, Schwetzingen, Amsterdam. Fernsehen: Hamburg, Köln, München, u.a. Wozzek/Berg, Bohème/Puccini, Belsazar/Händel, Hänsel u. Gretel/Humperdinck. Dt. Erstauff.: u.a. LULU/Berg, Brücke v. San Luis Rey/Reutter, D. Sturm/Martin, D. Wald/Fortner, Prigioniero/Dallapiccola - BV: Deutschl. erster Theaterbau, 1936. Opernübers. aus d. Ital., Franz., Engl. u. Tschech. - 1967 Ital. VO. Offizierskreuz.

HARTLEIB, Jakob

Dr. med., Prof., Chefarzt - Mozartstr. 12, 6233 Kelkheim (T. 06195 - 31 30) - Geb. 8. Jan. 1924 Frankfurt-Höchst (Vater: Jakob H., Kaufm.; Mutter: Ilse, geb. Grote), kath., verh. s. 1954 m. Helga, geb. Basting, 2 Kd. (Cornelia, Karin) - Gymn. Höchst; Stud. Univ. Frankfurt - 1951-57 Univ.skl. Frankfurt/M., 1957-60 Hospital Central San Cristóbal/Venezuela, 1960-69 wieder Univ.skl. Frankfurt/M., s. 1970 Chefarzt Chir. Abtl. Kreiskrankenh. Bad Soden - Spr.: Engl., Franz., Span. - Rotarier.

HARTLIEB, von, Horst

Prof., Rechtsanwalt, gf. Vorstandsmitgl. Verb. d. Filmverleiher - Langenbeckstr. 9, 6200 Wiesbaden (T. 1405/10 u. 11); priv.: Sooderstr. 2 - Geb. 16. Juli 1910 Mülhausen/Els. (Vater: Hans v. H., Offz.; Mutter: geb. Blakeley), verh. s. 1951 m. Emmely, geb. Lorenz - Ab 1938 Anw. Berlin; 1943-47 Wehrdst. u. Kriegsgefangensch.; spät. Anwalt in Wiesbaden; Vorst.-Mitgl. Spitzenorg. d. Filmwirtsch. (SPIO), Wiesbaden - BV: Handb. d. Film-, Fernseh- u. Videorechts, 1984 - 1988 Gr. BVK; Prof.-Titel e. h.

HARTLIEB von WALLTHOR, Alfred

Dr. phil., Ltd. Landesverwaltungsdirektor a. D., Honorarprof. u. Lehrbeauftr. f. Westf. Landesgesch. m. Bezug auf d. Neuere Gesch. Univ. Münster - Auf den Bohnenkämpen 6, 4930 Detmold - Geb. 23. Jan. 1921 Feldkirch - Promot. 1950. Bücher u. Aufs.

HARTMANN, Adolf

Gewerkschafter, Bundesvors. Gewerkschaft Dt. Bundesbahnbeamten, Arbeiter u. Angest. im Dt. Beamtenbund - Westendstr. 52, 6000 Frankfurt 1 (T. 069 - 71 40 01 - 0) - Geb. 20. April 1936 Warburg, kath., verh. s. 1958 m. Marianne, geb. Henze, 2 Töcht. (Claudia, Petra) - Eintr. als Jungwerker Dt. Bundesbahn, zul. Bundesbahn-Oberamtsrat; dzt. Bundesvors. GDBA. Mitgl. Bundeshauptvorst. u. Bundesvorst. DBB, VR Dt. Bundesbahn, AR Dt. Eisenbahn-Versich., BHW-Bausparkasse, u. Beamtenheimstättenwerk - 1985 BVK - Liebh.: Sport.

HARTMANN, Alois

Bankkaufmann, Geschäftsführer KI Kapital-Invest Kapitalanlagenges. mbH (s. 1987) - Kettelerstr. 36, 6072 Dreieich (T. 06103 - 3 18 60) - Geb. 1. Aug. 1932 Rothaugest, kath., verh. s. 1957 m. Margit, geb. Müller, 2 Kd. (Uwe, Heike) - Bankkaufm.; Bilanzbuchhalter - B. 1987 Leit. Fondsverw. Dt. Investment-Trust; Vorst. Dt. Vereinig. Finanzanalyse (DVFA) - BV: Börsenterminhandel. 1969 - 1984 Verdienstmed. d. VO d. Bundesrep. Deutschl. - Liebh.: Lit., Sport - Spr.: Engl. - Rotarier.

HARTMANN, Dieter

Dr. rer. nat., Prof. f. Mikro- u. Strahlenbiologie FU Berlin - Dahlemer Weg 144, 1000 Berlin 37 - Geb. 11. Juli 1930 Leipzig, Ehefr. Hannelore (Ärztin), 2 Kd. (Annette, Ärztin, Andreas, Arzt).

HARTMANN, Dieter

Dipl.-Ing., Beratender Ing. (Ing. K. Hessen), Gf. Gesellschafter Praxis Personal Service GmbH, u. PPC convertec Beratungsges. mbH, Friedrichsdorf - Talmühle 5, 6382 Friedrichsdorf 3 (T. 06007 - 29 99) - Geb. 29. Jan. 1926 Liebenwalde, verh. m. Magda, geb. Rasche - Sportflieger - Spr.: Engl.

HARTMANN, Dietger

Dr. rer. nat., Chemiker, Geschäftsführer Dr. Hartmann KULBA-Bauchemie GmbH & Co. KG - Steinfeldstr. 18, 8800 Ansbach (T. 0981-9 41 22) - Verh., 5 Kd. - Chemiestud., Promot. 1963 Univ. Graz - Mitgl. Vorst. u. Aussch. Industrieverb. Bauchemie u. Holzschutzmittel.

HARTMANN, Dietrich

Dr. phil., Prof. f. Dt. Sprache - Hackstückstr. 83, 4320 Hattingen - Geb. 27. Jan. 1937 - Promot. 1966 - S. 1974 Prof. TU bzw. Univ. Hannover, s. 1982 Prof. Ruhr-Univ. Bochum. Zahlr. Facharb. aus Sprachwissenschaft.

HARTMANN, Edi

Dipl.-Volksw., Steuerberater, MdL Bayern (s. 1970) - Goethestr. 15, 7910 Neu-Ulm - Geb. 1940 - SPD.

HARTMANN, Edith

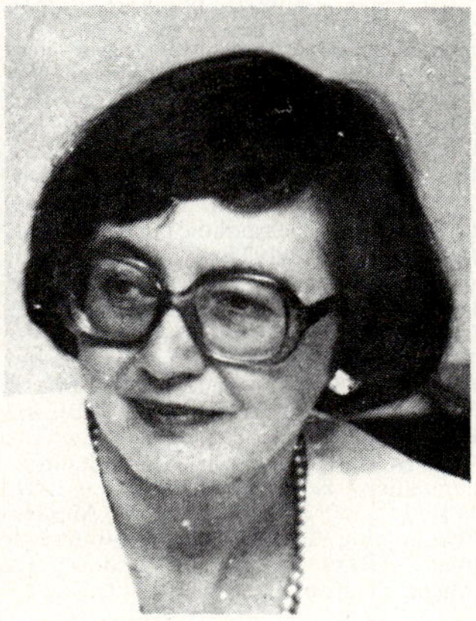

Grafikerin, Illustratorin, Schriftst., freiberufl. (Ps. Sirmione Zinth) - Rodheimerstr. 17, 6382 Friedrichsdorf/Ts. 3 (T. 06007 - 76 22) - Geb. 15. Febr. 1927 Karlsbad - Kaufm. Ausb.; Stud. in Musik (Prof. Goll, Karlsbad u. Prof. Freiherr v. Walthershausen, München) u. Grafik (Darmstädter Studienkreis) - BV: Edith Hartmann: Erklitt d. Eiskobold, 1961; Ruzenka, 1973; Maus Liebmichtoll, 1980. Musical: Das Märchen Aladdin (UA 1990), Erklitt d. Eiskobold (UA 1991). Sirmione Zinth: Grausame Gedichte, 1972; Soirée, 1976; Ruhe Samt, 1977; Killerladies u. Jahresband, 1990; D. Kopflose, 1990; Scaletta im Nebel, 1990; Modiglianis Liebe, 1992. Hörspiel: Ein Sarg f. Zwei (1980). Lit. Arbeit f. Funk u. Fernsehen.

HARTMANN, Erwin

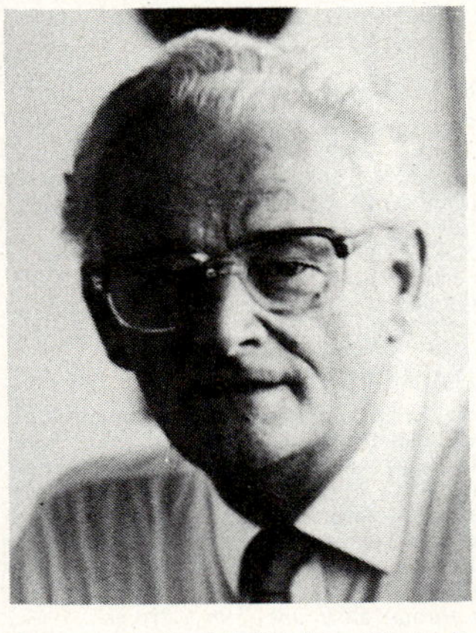

Dr. rer. nat., Prof. f. Physik u. Biophysik Univ. München - Steinbergstr. 14, 8064 Altomünster (T. 08254 - 85 81) - Geb. 24. Febr. 1924 Regensburg (Vater: Sylvester H.; Mutter: Maria, geb. Regnath), kath., verh. s. 1957 m. Gisela, geb. Lingenfelder, 2 Söhne (Peter, Walter) - Dipl. 1957, Promot. 1962, Habil. 1969, Univ.-Prof. 1971 - Leiter versch. Fachnormenaussch. u. Arbeitskr. - BV: Beleucht. u. Sehen am Arbeitsplatz, 1970; Optimale Beleucht. am Arbeitsplatz, 1977; Reaktionszeit v. Kraftfahrern, 1980; Gestalt. v. Arbeitsplätzen f. leicht Sehbehinderte, 1980; Lichtimmission, 1984; D. Nachtunfall, 1984; Optimale Sehbedingung am Bildschirmarbeitsplatz, 1985; Sehvermögen m. Mehrstärken- u. Gleitsichtbrillen am Arbeitsplatz, 1987; Einflüsse d. Beleuchtung m. Leuchtstofflampen am Arbeitsplatz, 1990 - Ehrenmitgl. Wiss. Vereinig. f. Augenoptik; 1987 Goldener Dieselring - Liebh.: Elektronik, klass. Musik - Spr.: Engl., Franz.

HARTMANN, Fritz

Dr. med., o. Prof. f. Innere Medizin - Birkenweg 48, 3000 Hannover 51 (T. 0511 - 65 05 10) - Geb. 17. Nov. 1920 Osterfeld, ev., verh., 3 Kd. - S. 1950 (Habil.) Lehrtätigk. Univ. Göttingen (1955 apl. Prof.), Univ. Marburg (1957 ao., 1958 o. Prof. u. Dir. Med. Poliklinik), Med. Hochsch. Hannover (1964 o. Prof. u. Dir. Med. Klinik; 1967-69 Rektor). Emerit. 1988. Spez. Arbeitsgeb.: Krankh. d. Bewegungsorgane u. d. Stoffw. Zeitw. Präs. Dt. Ges. f. Rheumatol. (1960ff.). Mitgl. Gründungsaussch. Univ. Bremen - BV: D. ärztl. Auftrag, 1956; Ärztl. Anthropol., 1976; Patient, Arzt u. Medizin, 1984. Herausg.: Klinik d. Gegenw. u. Innere Medizin d. Gegenwart - Ehrenmitgl. Schweizer. Ges. Rheumatol. u. physikal. Med., Dt. Ges. f. Gesch. d. Med., Naturwiss. u. Technik, Dt. Ges. f. Allgemeinmed. u. Dt. Ges. f. Rheumatologie; Mitgl. Dt. Akad. d. Naturforscher Leopoldina.

HARTMANN, Georg

Dipl.-Ing., Vorstandsmitglied Stadtwerke Duisburg AG., Duisburg - Trarbacher Str. 29, 4100 Duisburg-Huckingen - Geb. 17. Aug. 1915 Duisburg.

HARTMANN, Gerhard

I. Bürgermeister Stadt Leipheim (s. 1978) - Rathaus, 8874 Leipheim/Schw. - Geb. 12. Febr. 1943 Ulm - Zul. Stadtamtm.

HARTMANN, Gerhard F.

Dr. rer. nat., Prof., Zoologe - Martin-Luther-King-Platz 3, 2000 Hamburg 13 - Geb. 5. Dez. 1928 Goslar (Vater: Friedrich H., Kaufmann; Mutter: Elisabeth, geb. Wundenberg), verh. s. 1955 m. Dr. Gesa, geb. Schröder - Gymn. Goslar; Univ. Kiel (Zool., Geol., Botanik). Promot. 1953 Kiel; Habil. 1962 Hamburg - 1953-55 Gastforscher El Salvador u. Peru (1954), 1956-59 Assist. Museum Osnabrück, 1959-61 Leit. Zool. Abt. (Gründer) Inst. Central de Biologia Concepción (Chile), s. 1962 Leit. Abt. Niedere Tiere II Univ. Hamburg (1968 apl. Prof., f. Zool.), 1973-74 Gastforscher USA. 1967 Exped. Angola, Südafrika, Rhodesien, Mocambique, 1972/73 Exped. Peru, 1975/76 Australien/Südsee, 1982 Polynesien, 1987, 1991 Antarktis, 1990-92 Spitzbergen-Exped. Zahlr. Fachaufs. Mitarb.: Bronn, Klassen u. Ordnungen d. Tierreichs (bish. 4 Lfg., 5. Lfg. im Druck); Ostracoda in Traité de Zoologie; Reproduction of Marine Invertebrates (Blackwell Scientific Publ., Palo Alto) - Liebh.: Paläontol., Botanik - Spr.: Engl., Span.

HARTMANN, Günther

Dr. phil., Prof. f. Ethnologie FU Berlin (s. 1982), Oberkustos Museum f. Völkerkd. d. Staatl. Museen Preuß. Kulturbesitz, Berlin, Ethnologe - Bahnhofstr. 38, 1000 Berlin 45 (T. 772 50 01) - Geb. 13. Jan. 1924 Berlin (Vater: Adolf H., Chemiker; Mutter: Eva, geb. Gotthardt), ev., verh. s. 1959 m. Ursula, geb. Mörchel, 2 Söhne (Matthias, Andreas) - Univ. - 1953-88 Vorst.-Mitgl. Berliner Ges. f. Anthropol., Ethnol. u. Urgesch. - BV: Masken südamerikan. Naturvölker, 1967; Litjoko-Puppen d. Karaja/Brasilien, 1973; Silberschmuck d. Araukaner/Chile, 1974; Molakana - Volkskunst d. Cuna, 1980; Keramik d. Alto Xingú, Zentral-Brasilien, 1986; Xingú - Unter Indianern in Zentral-Brasilien, 1986; Gold u. Silber, 1988; Xingu-Indianer am Ausgang d. 20. Jahrhunderts, 1992. Herausg.: Ztschr. f. Ethnol. (1965-88) - 1988 Philip-v.-Martius-Med. f. wiss. Forschungen in Brasilien; 1989 Rudolf Virchow Med. in Silber f. Verd. um d. Ethnologie; Korr. Mitgl. Ethnolog. Ges. Hannover.

HARTMANN, Hans Albrecht

Dr. phil., o. Prof. f. Psychologie - Memminger Str. 14, 8900 Augsburg - Geb. 7. Okt. 1938 Breslau (Vater: Wolfgang H., Kaufm.; Mutter: Erika, geb. Maydorn) - 1949-58 Gymn. Freiburg/Br.; 1958-62 Univ. Freiburg u. München (Dipl.-Psych.). Promot. 1967 - S. 1971 Ord. Univ. Gießen u. Augsburg (1976) - BV: Weltanschaul. Einstellungen, 1969; Psych. Diagnostik, 1970; Advances in Economic Psych., 1981; Unheimlicher Gehorsam. Auftragsarbeit frecher dt. Söhne. Versuche üb. Brecht u. Luther, 1989; Sujet u. Symbol od. D. Herrschaft d. Häuser. Werkmonografie Peter Paul, 1989. Herausg.: Lehrb. d. Holtzman-Inkblot-Technik (5 Bde., 1977ff.); Moralisches Urteilen u. soz. Umwelt, 1982; Psychol. Begutachtung, 1984; Moral Development and the Social Environment, 1985.

HARTMANN, Hans Immanuel

Dr. iur., Ministerialrat a. D. - Parkstr. 3, 8035 Gauting (T. 089 - 850 13 70) - Geb. 24. Febr. 1908 Posen, ev., verh. s. 1938 m. Herta, geb. Nordhausen, 3 Kd. - Gymn. Kaiserslautern; Univ. Berlin, Paris, Leipzig, Tübingen (Rechts- u. Staatswiss.). Promot. 1932; Ass.ex. 1935 - B. 1945 Reichsfinanz-, dann Bayer. Staatsverw. (1957 Min.rat Finanzmin.). 1967-72 Vors. Bundesverb. d. Verw.-beamten d. höh. Dienstes in d. BRD, 1963-74 stv. Treuhänder Bayer. Landesbank, München, 1964-75 stv. Vors. Collegium Augustinum, ebd., 1970-83 Vorst. Friedrich-Oberlin-Stiftg., Kirchl. Stiftg. d. öfftl. Rechts, ebda - BV: Kommentar z. Bayer. Beamtengesetz, 5. A. 1979 (m. F. Janssen u. U. Kühn); Chronik d. Collegium Augustinum, 1974; Weit. Beitr. dazu, 1979. Üb. 30 Fachaufs. - 1973 BVK I. Kl. - Liebh.: Kulinarismus, Zirkuskunde - Spr.: Lat., Franz., Ital.

HARTMANN, Hans-Dieter

Dr. rer. hort., Prof., Dozent f. Gemüse- u. Samenbau Forschungsanst. f. Weinbau, Gartenbau, Getränketechnol. u. Landespfl. - 6222 Geisenheim/Rhg. - Geb. 8. Mai 1925 Königsberg (Vater: Dr. Hans H., Chemiker; Mutter: Maria, geb. Heubes), ev., verh. s. 1954 m. Eleonore, geb. Bonne, 2 Söhne (Hans-Christoph, Klaus-Martin) - Gymn. (b. 1943); 1945-47 Gärtnerlehre; 1947-48 Ergänz. Schule; TH Hannover (Erwerbsgartenbau; Promot. 1955; Habil. Univ. Gießen, 1974; Honorarprof. Univ. Gießen 1978 - Spez. Arbeitsgeb.: Gemüsebau Freiland u. Unterglas.

HARTMANN, Hans-Joachim

Dr. rer. pol., Dipl.-Volksw., Geschäftsführer Pott-Racke-Dujardin - Am Eichelgarten 30, 6200 Wiesbaden (T. 0672 - 54 02 26) - Geb. 20. Juli 1934, verh., 2 Kd. - Stud. Volksw. - Beirat Dresdner Bank; Mitgl. Beirat Gerling Konzern; Mitgl. Vollvers. IHK Rheinhessen - Spr.: Engl., Franz., Span.

HARTMANN, Harro Lothar

Dr.-Ing., Dipl.-Ing., o. Prof. f. Nachrichtensysteme TU Braunschweig (s. 1972) - Kuckucksweg 2, 3300 Braunschweig (T. 0531 - 35 28 98) - Geb. 6. Sept. 1932 Venedig (Vater: Franz H., Ind.kfm.; Mutter: Erna Elisabeth, geb. Reimann), ev., Ehefr. Ingrid (verh. s. 1964), 2 Kd. (Heike, Elke) - Realgymn.; Funkmechanikerlehre; Stud. d. Elektrotechn. (Dipl.ex. 1962) - 1954-56 Funkmechaniker; 1962-67 Ind.- u. s. 1968 Hochschultätigk. (zun. Obering.). Spez. Arbeitsgeb.: Integrated Services Digital Network (ISDN). Mitgl. Informationstechn. Ges. im VDE. Auslandsaufenth. Schweiz, USA, UdSSR, China - BV: D. Synchronisierproblem in digital arbeitenden Kommunikationsnetzen, Monogr. 1971/72; Stochastische Prozesse in Nachrichtensystemen, Monogr. 1980 - 1968 Preis d. Nachrichtentechn. Ges. - Liebh.: Tennis, Fotogr. - Spr.: Engl.

HARTMANN, Heinz

Ph. D., o. Prof. f. Soziologie, Direktor Inst. f. Wirtschafts- u. Sozialwiss. Univ. Münster/W. (s. 1964) - Pastorsesch 10, 4400 Münster (T. 21 23 62) - Geb. 12. Febr. 1930 Köln (Vater: Franz H., Lokomotivführer; Mutter: Thea, geb. Badorf), verh. s. 1975 m. Marianne, geb. Heyers, 3 Kd. (Nina, Tobias, Lukas) - Univ. Köln, Bonn, Chicago, Princeton. M. A. 1953 Chicago; Ph. D. 1957 Princeton; Habil. 1962 Münster - BV: u. a. Unternehmer-Ausbild., 1958 (auch engl. u. franz.); Authority and Organization in German Management, 1959 (Princeton), dt.: D. dt. Unternehmer - Autorität u. Org., 1968; Enterprise and Politics in South Africa, 1962 (Princeton); Amerik. Firmen in Dtschl. - Beob. üb. Kontakte u. Kontraste zwischen Industrieges., 1963; Funktionale Autorität - Systemat. Abh. zu e. soziol. Begriff, 1964; Univ. u. Unternehmer, 1967 (m. Hanns Wienold); D. Unternehmerin - Selbstverständnis u. soziale Rolle, 1968. Herausg.: Moderne amerik. Soziologie - Beitr. z. soziol. Theorie (1967; 2. umgearb. A. 1973); D. Unternehmerin (m. G. Eberlein u. S. Unterfichter), 1968; Empirische Sozialforsch.: Probleme u. Entw. (1970, 2. A. 1972); Org. d. Sozialforsch., 1971; Ltd. Angestellte: Selbstverständnis u. kollekt. Forderungen, 1973; Soziologie d. Personalarbeit (m. Paul Meyer), 1979; Kritik in d. Wissenschaftspraxis: Buchbesprech. u. ihr Echo, (m. Eva Dübbers) 1984. Herausg.: Entzauberte Wiss.: Z. Relativität u. Geltung soziol. Forschung, (m. Wolfgang Bonß) 1985. Mithrsg.: Soziol. Revu, Soziale Welt, Management Revue.

HARTMANN, Herbert

Dr. med., Prof., Chirurg Unfallchirurgie u. Urologie - Burger Str. 211a, 5630 Remscheid (T. 02191 - 34 10 25) - Geb. 18. Juni 1923 Stuttgart - S. 1960 (Habil.) Lehrtätigk. Univ. Marburg, Bonn (1968 apl. Prof. f. Chir.). Üb. 40 Fachaufs. - Spr.: Franz. - Rotarier.

HARTMANN, Herbert

Dr. phil., Prof., Ordinarius f. Sportwissenschaft unt. bes. Berücks. v. -päd. TH Darmstadt - Beethovenring 9, 6101 Seeheim - Zul. Prof. Univ. Marburg.

HARTMANN, Hugo

Dr.-Ing., o. Prof. f. Verfahrenstechnik (Lehrst. II) - Parkstr. 9, 5100 Aachen-Richterich - S. 1972 Ord. TH Aachen.

HARTMANN, Irmfried

Dr.-Ing., Dipl.-Phys., o. Prof. TU Berlin - Nienkemperstr. 38, 1000 Berlin 37 - Geb. 21. Mai 1932 Berlin (Vater: Ernst H., Beamter; Mutter: Frieda, geb. Ulbrich), ev., verh. s. 1955 m. Gisela, geb. Mann, S. Lothar - Ing.stud. Ing.sch. Beuth, Berlin; Stud. d. Physik FU Berlin (Dipl.ex. 1961) - BV: Lineare Systeme, 1976; Robust and Insensitive Design of Multivariable Feedback Systems (m. W. Lange u. R. Poltmann), 1986; Nichtlineare u. adaptive Regelungssysteme (m. J. Böcker u. Ch. Zwanzig), 1986; Optical Recognition of Chinese Characters (m. R. Suchenwirth, J. Guo, G. Hincha, M. Krause u. Zh. Zhang), 1989. Herausg.: Advances in Control Systems and Signal Processing (bish. 8 Bde.) - Spr.: Engl.

HARTMANN, Jürgen

Dr. jur., Staatssekretär Thüringer Landwirtschaftsministerium - Hallesche Str. 16, O-5024 Erfurt (T. 061 - 2 14 12) - Geb. 13. Juli 1938 Bonn, kath., verh. s. 1967 m. Gabriele, geb. Guntrum, 3 Kd. (Alexandra, Lutz, Moritz) - Jurist. Staatsex. 1962, 1966 Mainz - 1966-67 Ecole Nationale d'Administration (Paris); 1969-78 Protokollchef Rheinl.-Pfalz; 1980-85 Leiter d. Pariser Büros d. Konrad-Adenauer-Stiftg. - BV: Frankreichs Parteien, 1985; Staatszeremoniell, 1988, 1990 - Gr. VK Rep. Österr.; Commander Royal Victorian Orden - Liebh.: Angewandte Kunst - Spr.: Franz., Engl., Ital.

HARTMANN, Karl Max

Dr. rer. nat., Prof. f. Photobiologie - Gaisbühlstr. 28, 8520 Erlangen 23 - Geb. 14. Juni 1935 Berlin (Vater: Dr. med. Hans H., Höhenphysiologe, † 1937 a. Nanga Parbat; Mutter: Gertrud, geb. Klein), ev., verh. s. 1956 m. Gisela, geb. Clemens, 2 Töcht. (Christine, Ulrike) - Abit. Lindenberg/Allg. 1953, Masch.-Baupraktikum. Lindau, 1955-56, Univ. Tübingen 1953-55 u. 1956-62 (Math., Botanik, Angew. Physik, Physiol. Chemie), Promot. 1962 Tübingen, Habil. 1973 Erlangen - 1956-57 Wiss.-techn. Hilfskraft Max-Planck-Inst. f. Biologie Tübingen, 1962-66 Wiss. Assist. Bot. Inst. Freiburg, 1966-70 Akad. Rat, 1970-73 Visiting Associate Prof. Purdue Univ. Lafayette/Indiana/USA, 1972 Lehrst. Botanik Univ. Bonn (abgelehnt), 1973 Wiss. Rat Botanik Erlangen, 1978 Extraordinarius - Entd.: Phytochrom als Steuerpigment planzlicher Hochintensitätsphänomene; Bodenbearbeitung nachts vermindert Verunkrautung. Ca. 60 wiss. Veröff., Mitverfasser: Biophysik bei Springer, 1977, 1978, 1982 (Übers. Engl. 1983). Mitgl. in 10 wiss. Ges.; ABI Five Thousand Personalities of the World - Liebh.: Biomath., Bergsteigen, Möbelrest., Musikinstr. - Spr.: Engl., Franz., (Latein) - Bek. Vorf.: Prof. Dr. Max Hartmann 1876-1962, Biologe u. Naturphilosoph (Großv.)

HARTMANN, Klaus

Dipl.-Kfm., Vorstandsmitglied Kaufhof AG., Köln - Peter-Kintgen-Str. 8, 5000 Köln 41 - Geb. 5. Juli 1929.

HARTMANN, Klaus

Landrat Kr. Nürnberger Land (s. 1984) - Waldluststr. 1, 8560 Lauf a. d. Peg. (T. 09123 - 7 93 04) - Geb. 16. Okt. 1935 Nürnberg, ev., verh. s. 1964, 2 Kd. - Oberrealsch. Hersbruck; Univ. Erlangen u. Kiel (Rechtswiss.). Gr. jurist. Staatsprüf. 1962 - 1963 Ass. Reg. Ansbach; 1964 Reg.rat Landratsamt Hersbruck, 1965-72 Landrat ebd., 1972-78 stv. Landrat Nürnbg. Land, 1972-84 Rechtsanwalt in Hersbruck. 1976-84 MdB. CSU - 1972 Gold. Ehrenring Landkr. Hersbruck; 1988 BVK; zahlr. Verbandsausz. - Liebh.: Jagd, Bergsteigen, Skifahren - Spr.: Engl.

HARTMANN, Klaus

Dr. med., o. Prof. f. Heilpäd. Psychiatrie PH Rhld./Abt. f. Heilpäd. Köln - Im Lg. Bruch 28, 5000 Köln 91 - Geb. 23. Jan. 1925 Berlin - Stud. Berlin. Promot. 1953; Habil. 1969 - BV: u. a. Theoret. u. empir. Beitr. z. Verwahrlosungsforsch., 1970. Etwa 80 Aufs.

HARTMANN, Klaus-Ulrich

Dr. med., Dr. rer. nat., Prof. f. Immunbiologie Univ. Marburg (Bereich Humanmed.) - Ulmenweg 7, 3550 Marburg/L.

HARTMANN, Knut

Dr. phil., Personalleiter Spinnstoffabrik Zehlendorf AG, Berlin - Breite Str. 42B, 1000 Berlin 33 - Geb. 28. Juli 1947 Duisburg (Vater: Egon H., Angest.; Mutter: Gertrud, geb. Ohletz), kath., verh. s. 1970 m. Christa, geb. Langmeier, 2 Kd. (Arno, Lisanne) - Stud. Gesch., Phil. u. Rechtswiss. Univ. München u. Karlsruhe; Promot. 1976 - B. 1978 Bundesmin. f. Arbeit u. Sozialordn., Planungsgr.; b. 1981 SPD-Bundestagsfrakt. (Ref. f. Sozialpolitik); b. 1988 Leiter Wilhelm-Gefeller-Schule d. IG Chemie-Papier-Keramik, b. 1991 HOECHST AG, Abt. Funktions- u. Fortbildung - BV: Auf d. Weg z. gewerkschaftl. Org., (Diss.) 1976 - Spr.: Engl., Franz., Ital.

HARTMANN, Nikolaus

Dr. phil., Prof. f. Pädagogik d. Mehrfachbehinderten PH Heidelberg - Wielandtstr. 43, 6900 Heidelberg.

HARTMANN, Peter

Direktor Deutsche Bank AG, Fil. Bremen - Parkallee 221, 2800 Bremen - Geb. 17. Mai 1928 - AR-Vors. Nordstern Lebensmittel AG, Bremerhaven u. aqua signal AG, Bremen; Mitgl. d. Plenums d. Handelskammer Bremen; Beirat VVG Versorgungsschiff Verw.-Ges. mbH; AR-Mitgl. Neptun-Warnow-Werft GmbH, Rostock; Beiratsvors. SLH Lebensmittelhandelsges. mbH & Co., Bremerhaven.

HARTMANN, Peter C.

Dr. phil., Dr. U (h.)/Univ. Paris, o. Prof. f. Geschichte Univ. Mainz - Saarstr. 21, 6500 Mainz - Geb. 28. März 1940 München (Vater: Alfred H., Dipl.-Ing.; Mutter: Manfreda, geb. Knote), kath., verh. s. 1972 m. Beate, geb. Just, 4 Kd. (Pia, Emanuel, Aurelia, Patrick) - Univ. München u. Paris (Gesch. u. Roman.; Promot. 1967 München u. 1969 Paris-Sorbonne, Habil. 1976 München) - 1970-81 wiss. Mitarb. Dt. Hist. Inst. Paris; s. 1979 gleichz. Privatdoz. München, s. 1982 Prof. Univ. Passau, s. 1988 o. Prof. Univ. Mainz - BV: Pariser Archive, Bibl. u. Dok.zentren, 1976; Geld als Instr. europ. Machtpolitik im Zeitalter d. Merkantilismus, 1978; D. Steuersystem d. europ. Staaten am Ende d. Ancien Regime, 1979; Karl Albrecht-Karl VII. Glückl. Kurfürst. Unglücklicher Kaiser, 1985; Franz. Gesch. 1914-1945. Lit.bericht (HZ, Sonderheft 13), 1985; Franz. Verf.gesch. d. Neuzeit (1450-1980). E. Überblick (Grundzüge), 1985; Bayerns Weg in d. Gegenwart. Vom Stammesherzogtum z. Freistaat heute, 1989. Mithrsg.: 100 J. Fritz Schäffer, Ausstellungskatalog 1988 - Intern. Straßburgpreis - Bek. Vorf.: Prof. Rudolf H. (ehem. Staatsint.).

HARTMANN, Rolf Wolfgang

Dr. rer. nat., Prof., Univ.-Prof. f. Pharmazeutische Chemie Univ. d. Saarlandes (s. 1989) - Zu erreichen üb. Univ. d. Saarlandes, 6600 Saarbrücken (T. 0681 - 302 34 24) - Geb. 4. Mai 1952 Mannheim (Vater: Rolf K.-H. H. (Dipl.-Ing.); Mutter: Marlies, geb. Gebhard), ev., gesch., 2 Kd. (Rolf, Marlies) - Gymn. Burghausen; 1972-77 Stud. Chemie/Pharmazie TU u. Univ. München; Promot. 1981; Habil. 1987 Univ. Regensburg. 1988 Priv.-Doz. Univ. Regensburg; 1988 Prof. FU Berlin - Forsch.geb.: Arzneimittelentwicklung, Krebsforschung - Zahlr. Fachpubl. - 1982 Johann-Georg-Zimmermann-Preis f. Krebsforschung.

HARTMANN, Rudolf

Dr., Geschäftsführer Grace GmbH./Chem. Erzeugnisse - Erlengang 31, 2000 Norderstedt 1; priv.: Rehkamp 27 - Geb. 13. Nov. 1931.

HARTMANN, Siegfried

Dr. rer. nat., Dipl.-Chem., Präsident Kronos Int. Inc., Vizepräsident NL Chemicals Inc., Geschäftsf. NL Ind. (Deutschl.) GmbH - Peschstr. 5, 5090 Leverkusen 1 (T. 0214 - 35 60) - Geb. 1. Nov. 1926 Pforzheim, 4 Kd. - Stud. d. Chemie TU Karlsruhe - 1968-75; 1982-87 Gf. Kronos-Titan-GmbH, Leverkusen, s. 1972 Techn. Leit. NL Pigments Europe.

HARTMANN, Stefan

Dr. phil., Fachautor, Archivdirektor Geheimes Staatsarchiv Preußischer Kulturbesitz - Retzowstr. 53, 1000 Berlin 46 (T. 030 - 775 23 17) - Geb. 7. Febr. 1943 Kassel (Vater: Walter H., Rektor; Mutter: Margarete, geb. Wolf), ev., verh. s. 1977 m. Helgard, geb. Roller, 2 Kd. (Walter, Sigrid) - Abit. 1962; Staatsex. f. Lehramt an Gymn. 1967, Promot. 1969, alles Univ. Marburg; Archivass. 1972; Archivrat 1975 - 1978 Archivoberrat; o.

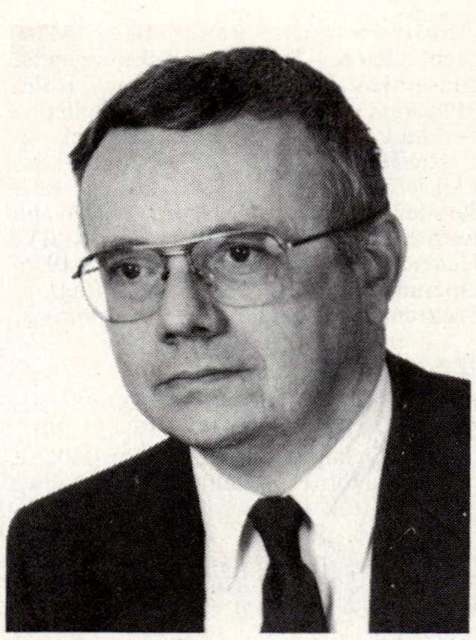

Mitgl. Balt. Hist. Kommiss. d. Hist. Kommiss. f. ost- u. westpreuß. Landesforsch., d. Hist. Kommiss. f. Nieders. u. Bremen, d. Preuß. Hist. Kommiss. d. J. G. Herderforschungsrates - BV: Reval im Nord. Krieg, 1973; Grundriß z. Verwaltungsgesch. Oldenburgs, 1978; Publ. in Veröff. d. Nieders. Archivverw., 1978-79; D. Bezieh. Preußens z. Dänemark 1688-1789, 1983; Als d. Schranken fielen. D. dt. Zollverein (Ausst.kat.), 1984; Herzog Albrecht v. Preußen u. d. Bistum Ermland-Regesten, 1991. Beitr. in wiss. Ztschr.; Veröff. z. d. preuß.-poln. Beziehungen - Liebh.: Gesch. (Osteurop., Schiffahrts- u. Handels-, Verw.gesch.) - Spr.: Engl., Franz., Latein, Griech., Russ., Poln.

HARTMANN, Theo

Assessor, Hauptgeschäftsführer Zentralinnungsverb. d. Schornsteinfegerhandwerks (Bundesinnungsverb.) - Worringer Str. 57, 4000 Düsseldorf (T. 35 43 18); priv.: Pillauer Weg 21, 4044 Kaarst - Geb. 7. Juni 1918.

HARTMANN, Thomas

Dr. rer. nat., o. Prof. f. Pharmazeut. Biologie TU Braunschweig (s. 1976) - Walter-Hans-Schultze-Str. 21, 3300 Braunschweig.

HARTMANN, Ulrich

Dipl.-Volksw., Geschäftsführer Hamburger Gaswerke GmbH, HGC Hamburger Gas Consult Gastechn. Berat. GmbH - Heidenkampsweg 99, 2000 Hamburg 1 (T. 23 66 33 02); priv.: Sierichstr. 4, 2000 Hamburg 60 (T. 270 53 32) - Geb. 8. April 1938 Bremen - Vorst. Bundesverb. Dt. Gas- u. Wasserwirtsch. (BGW), stv. Vors. Landesgr. Hamburg-Schlesw.-Holst. d. BGW; Präsid. d. ASUE (Arbeitsgem. f. spars. u. umweltfreundl. Energieeinsatz), Frankfurt; AR-Vors. NEA Nordd. Energieagentur f. Ind. u. Gewerbe GmbH, Hamburg, u. HGW HanseGas GmbH, Schwerin; AR Wirtschaftl. Vereinig. dt. Versorgungsuntern. AG, WEMAG - Westmeckl. Energievers. AG, Schwerin; stv. AR-Vors. Stadtwerke Wismar GmbH, u. Gasversorgung Wismar-Land GmbH; AR-Mitgl. Stadtwerke Lübz GmbH u. Holsteiner Gas GmbH - Mitgl. d. Hbg. Bürgersch. SPD (1970-86), SPD-Fraktionsvors. (1973-82).

HARTMANN, Walter

Dr. jur., Ministerialdirigent i.R., Leit. Zentralabt. Hess. Finanzmin. (s. 1963) - Walkmühlstr. 63a, 6200 Wiesbaden (T. 52 16 88) - Geb. 29. Juli 1915 Kaltennordheim/Rhön (Vater: Karl H., Oberstaatsanw.; Mutter: Carola, geb. v. Münchow), ev., verh., 5 Kd. - Univ. Marburg, Leipzig, Kiel, Jena (Rechts- u. Staatswiss., Gesch., Psych.). Promot. 1939 Jena; Ass.ex. 1950 Hamburg - B. 1958 Ref. Finanzmin. Schlesw.-Holst., dann Leit. Abt. Kunstpflege u. Erwachsenenbild. Hess. Kultusmin.; 1963-80 Leit. Zentralabtl. Hess. Finanzmin.

HARTMANN, Wilfried

Dr. phil., Univ.-Prof. f. Erziehungswiss. - Tannenweg 51, 2000 Hamburg 62 - Geb. 16. Mai 1941 Hamburg (Vater: Fritz H., Repro-Fotom.;Mutter: Wilma, geb. Rinke), ev. luth., verh. s. 1968 m. Priv.Doz. Dr. rer. nat. Heidrun, geb. Osterwald, 2 T. (Anja Victorine, Ina Jennifer) - Gymn. Bad Oeynhausen, Univ. Hbg. u. Tübingen (German., Theol., Phil., Päd.), 1. Staatsex. 1966, 2. 1968, 1967-70 Stud. allg. vergl. Sprachwiss., Promot. 1970 - 1966-68 Stud.ref., 1967-71 wiss. Assist., 1970/71 Ass., 1971-79 Doz. f. Deutschdidaktik, s. 1980 Prof. 1983-87 Sprecher d. FB Erz.-Wiss.; s. 1985 Mitgl. Kirchenkreissynode Alt-Hamburg, s. 1991 stv. Vors.; Mitgl. d. Synode d. NEK - BV: Grammatik im Deutschunterr., 1975; Sprachwiss. f. d. Unterr., 1978 - Med. d. Univ. Helsinki - Liebh.: Science Fiction, Märchen, Reisen - Spr.: Engl., Franz., Span.

HARTMANN, Winfried

Kreisverwaltungsdirektor a. D., MdL Nieders. (s. 1974) - Irisweg 8, 4470 Meppen (T. 1 22 28) - CDU.

HARTMANN, Wolfgang

Dipl.-Volksw., Bezirksstadtrat a. D., Direktor Rechnungshof Ev. Kirche Berlin-Brandenburg/Westl. Teil (s. 1972) - Geygerstr. 2, 1000 Berlin 44 (T. 687 47 01) - Geb. 7. Nov. 1921 Berlin, verh., Kd. - N. Kriegsdst. u. Externer-Abitur Stud. Volksw. - Berliner Finanzverw. (u. a. 1957 Reg.srat u. Leit. Betriebsprüf. LFA); 1959-72 Bezirksamt Neukölln (Leit. Abt. Finanzen u. 1971 ff. zugl. Wirtschaft). Mitgl. Ev. Provinzialsynode. 1950-59 Bezirksverordn. Neukölln. CDU s. 1947 (1958-71 Kreisvors. Neukölln).

HARTMANN, Wolfgang

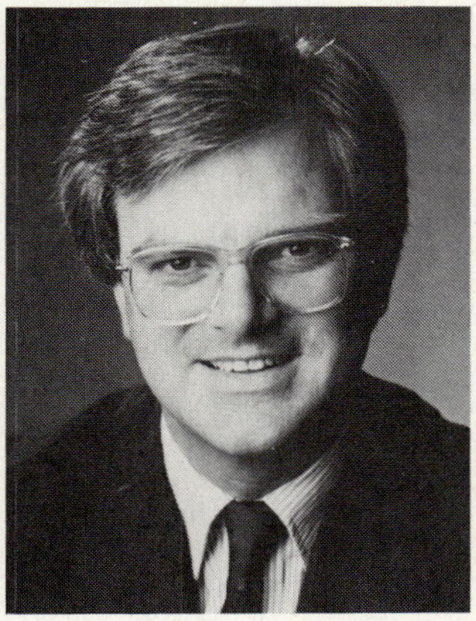

Dr. rer. nat., Dipl.-Chem., Geschäftsführer Medical Tribune Verlagsges. mbH, Wiesbaden (s. 1986) - Liebigstr. 15, 6200 Wiesbaden (T. 0611 - 59 86 22) - Geb. 30.März 1947 Bremen (Vater: Richard H., Präs. d. Rechnungshofes; Mutter: Eva Maria, geb. v. Rex v. Gröning), ev. - Stud. Chemie Freiburg i.B., Dipl. 1974; Promot. 1977 Inst. f. Makromolekulare Chemie; VWL/BWL Univ. Freiburg i.B. - 1977-83 Gödecke AG; 1983-86 Böhringer Ingelheim - Erf.: Fluidchromatographische Verfahrenstechnik - Liebh.: Musik, Malerei, Ski, Golf - Spr.: Engl., Franz.

HARTMEIER, Winfried

Dr.-Ing., o. Prof. f. Biotechnologie RWTH Aachen (s. 1992)- Lemierser Berg 47, 5100 Aachen - Geb. 19. Aug. 1943 Plaidt (Vater: Alfons H., Offz.; Mutter: Maria, geb. Marci), kath., verh. s. 1970 m. Ursula, geb. Hill, 3 Kd. (Michael, Markus, Gabriele) - 1963-67 Stud. TU Berlin; Dipl.-Ing. 1967; Promot. 1972 - 1968-72 Wiss. Mitarb. Inst. f. Gärungsgewerbe u. Biotechnol., Berlin; 1972-81 Forsch.tätigk. in d. chem.-pharmaz. Ind.; 1981-87 Prof. f. Angew. Mikrobiologie RWTH Aachen; 1987-92 o. Prof. f. Technische Biochemie Univ. Hohenheim - BV: Immobilisierte Biokatalysatoren, 1986; Immobilized Biocatalysts, 1988 - Spr.: Engl., Franz.

HARTNAGEL, Hans L.

Dr., Dr.-Eng., Prof. f. Hochfrequenztechnik TH Darmstadt (s. 1978), Gründungsdekan (FB Materialwiss.) - An d. Ziegelhütte 1, 6101 Modautal 1 - Geb. 9. Jan. 1934 Geldern (Vater: Heinrich H., Kaufm.; Mutter: Anna, geb. Cox), kath., verh. s. 1962 m. Helen, geb. Relph, 3 Kd. (Renate, Martin, Andrea) - TH Aachen - 1971-78 Prof. Electronic Engineering Univ. Newcastle (Engl.) - BV: Semiconductor Plasma Instabilities 1969; Gunn Effect Logic, 1973. Mithrsg.: Lehrb. d. Hochfrequenztechn. II - 1990 Max-Planck-Forsch.preis - Spr.: Engl., Franz.

HARTONG, Konrad

Dr. phil., Prof. f. Schulpädagogik Univ. Osnabrück - Reichweinstr. 9, 4550 Bramsche.

HARTTUNG, Arnold

s. Spitz, Arnold

HARTUNG, Fritz

Dr.-Ing., em. Prof. f. Wasserbau u. -wirtsch. - Lehrstr. 19, 8036 Herrsching/Ammersee (T. 82 44) - Geb. 11. Juli 1910 Dessau, ev., verh. s. 1934 m. Jolanda, geb. König, 2 Kd. (Wulf, Ursula) - Gymn.; TH Danzig (Promot. 1943) u. Berlin (Bauing.wesen, spez. Wasserbau; Dipl.-Ing. 1933) - 1932-34 Assist. TH Berlin; 1934-46 Projekt- u. Obering. MAN, Gustavsburg; 1946-50 Projekting. US-Luftw., Dayton u. St. Louis; 1950-55 Obering. u. Dir. Rheinstahl-Union Brückenbau AG., Dortmund; 1955-77 o. Prof. u. Dir. Versuchsanst. f. Wasserbau TH bzw. TU München.

HARTUNG, Hans

Dr. med., Prof., Chirurg - Sundgauallee 19, 7800 Freiburg/Br. - B. 1977 Doz., dann Prof. Univ. Freiburg.

HARTUNG, Hans Rudolf

Journalist, Schriftsteller - Kohlbrink 5, 4770 Soest (T. 44 05) - Geb. 10. April 1929 Münster/Westf. (Vater: Clemens H., Beamter; Mutter: Helene, geb. Breidenbach), kath., verh. s. 1956 m. Mar.-Antoinette, geb. Freiin v. Eltz-Rübenach, 3 Kd. (Markus, Stephanie, Christoph) - Stud. u. a. Jura; Redakt.svolont. Jurist. Staatsex. - 1951 Redakt. Westfalenpost; Landschaftsverb. Rhld. (1956 Pressechef, 1972 Kulturdezern., 1980 Erster Landesrat); 1958 Gründ. Kulturztschr. Neues Rheinland - BV: Rheinland von oben, 1960; Rheinisches, 1985; D. Kreis Soest, 1989; Soester Seligkeiten, 1990; Alle Soester Straßen, 1990.

HARTUNG, Harald

Prof., Hochschullehrer, Lyriker - Chausseestr. 51, 1000 Berlin 39 - Geb. 29. Okt. 1932 Herne/W. (Vater: Richard H., Bergmann; Mutter: Wanda, geb. Stern), verh., 2 S. (Stefan, Daniel) - 1954-60 Univ. München u. Münster (German., Gesch.) - S. 1960 Schul- (Lehrer höh. Schulen Ruhrgeb.) u. Hochschuldst. (b. 1971 Doz., dann Prof. f. Dt. Sprache u. Lit. TU Berlin), s. 1983 Mitgl. Kunstakad. Berlin - BV: Hase u. Hegel, Ged. 1970; Reichsbahngelände, Ged. 1974; Exper. Lit. u. konkr. Poesie, 1975; D. gewöhnl. Licht, Ged. 1976; Augenzeit, Ged. 1978; Dt. Lyrik s. 1965, Ess. 1985; Traum im Dt. Museum, Ged. 1986; Luftfracht: Intern. Poesie, 1991 - 1979 Förderpreis z. Berliner Fontane-Pr., 1987 Droste-Preis; ab 1983 Mitgl. Kunstakad. Berlin.

HARTUNG, Joachim

Dr., Wiss. Rat (Leit. Abt. f. Angew. Statistik/Inst. f. Landw. Betriebslehre) u. Prof. Univ. Bonn (s. 1975) - Uckerather Str. 84, 5330 Königswinter-Oberpleis.

HARTUNG, Klaus

Dr. med. vet., Prof. f. Radiologie - Ravensweg 15, 1000 Berlin 37 - Geb. 26. Febr. 1938 Oldenburg/O. - Promot. 1962; Habil. 1971 - S. 1973 FU Berlin/Fachber. Veterinärmed. (1971 Prof.). Üb. 50 Fachveröff., 4 Fachbuchübers., 3 Handb.beitr.

HARTUNG, Kurt

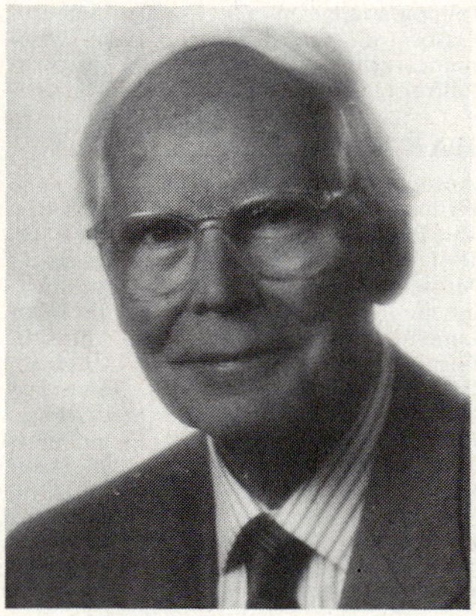

Dr. med., em. Prof. f. Kinderheilkunde, Lehrst. Humanbiologie TU Berlin - Eleonore-Sterling-Str. 7, 6000 Frankfurt a. M. 50 - Geb. 1. Sept. 1918 Lemgo (Vater: Karl H., Kaufm.; Mutter: Lina, geb. Wieneke), ev., verh. s. 1944 m. Christa, geb. Tietz, 3 Söhne (Günter, Ulrich, Klaus) - 1939-44 Med.-Stud. (Staatsex. u. Promot. 1944, Habil. 1958 Mainz; Umhabil. 1966 Frankf.) - 1965 apl. Prof.; 1959-69 Ltd. Jugendarzt Stadt Frankfurt/M.; s. 1969 Prof. PH (ab 1980 TU) Berlin; 1967-74 Vors. Stiftg. f. d. behind. Kind, jetzt Vorst.-Mitgl.; 1974-77 Präs. Dt. Ges. f. Sozialpädiatrie, 1978-88 Vizepräs.; s. 1981 Vizepräs. Dt. Zentrale f. Volksgesundheitspflege Frankf. - BV: Strahlenbelast. u. Strahlenschutz in d. päd. Röntgendiagnostik, 1959; Klimakuren b. Kindern (m. Nitsch), 1961; Praktikum d. Infektionsu. Impfschutzes, 9. A. 1988; Schulbeginn u. seel. Gesundh. d. Kindes (Hrsg.), 1975; D. Schulsport - e. Bestandsaufn. aus ärztl. Sicht (Hrsg.), 1977; Leitf. f. d. Schularzt (m. and.), 2. A. 1972; Kinderkuren u. Kinderheilverfahren, 1988. Redakt. Publ. Gesundheitsfürsorge - Gesundheitsvorsorge (1963-88); D. öfftl. Gesundheitswesen (1969-86), Diagnostik (1970-85), Sozialpädiatrie in Praxis u. Klinik (s. 1979) - 1978 Meinhard v. Pfaundler-Med.; 1981 Bernhard-Christoph Faust-Med.; 1986 BVK; 1988 Ehrenmitgl. Dt. Ges. f. Sozialpädiatrie; 1989 Hildegard v. Bingen-Med.

HARTUNG, Werner

Vorstand THYSSEN STAHL AG - Kaiser-Wilhelm-Str. 100, Postf. 11 05 61, 4100 Duisburg 11 - Geb. 4. Febr. 1935 - Vorst.-Mitgl. Stahl-Informations-Zentrum Wirtschaftsvereinigung, Walzstahl-Vereinigung, Düsseldorf; AR Baustahlgewebe GmbH, Düsseldorf, Thyssen Bandstahl Berlin GmbH, Berlin (V), B.V. Nedeximpo Nederlands Export- en Importmaatschappij, Amsterdam/Niederl., Nedstaal B.V., Alblasserdam/Niederl., EBG Ges. f. elektromagnetische Werkstoffe mbH, Bochum; Beirat Karl Jüngel GmbH & Co. KG, Leverkusen (V), Thyssen-Verkehr GmbH, Duisburg-Hamborn; Board of Directors Thyssen Steel Detroit Co., Dover/Delaware/USA (V); Bord of Directors Thyssen Inc., New York.

HARTUNG, Wilfried

Dr.-Ing., berat. Ingenieur, Honorarprof. f. Konstruktiven Wasserbau TU Braunschweig (s. 1972) - Im Gettelhagen 94, 3300 Braunschweig.

HARTUNG, Wolfgang

Dr. med., o. Prof. f. Pathologie Ruhr-Univ. Bochum (s. 1973) - Schattbachstr. 50, 4630 Bochum 1 (T. 0234 - 70 41 42) - Geb. 11. Febr. 1926 Braunschweig (Vater: Georg H., Richter; Mutter: Margret, geb. Rampendahl), verh. s. 1955 m. Maria, geb. Wienert, 4 Kd. (Robert, Ernst, Hans, Hermann) - 1955 Promot. Göttingen, 1961 Habil. f. allg. Pathol. u. path. Anatomie Münster - 1969 Ltr. Abt. Thoraxpathologie, Path. Inst. Münster, emerit. 1991 - Zahlr. Facharb. z. Lungenpath. u. Pathologie d. Atmung in versch. Fachztschr. - BV: Lungenemphysem, 1964; Bronchitis, Obstruktion u. a., in: Handb. Inn. Med., 1979; Pathol. d. Lungentuberkulose, in: Handb. d. Tuberkulose, 1983; Atemwege u. Lungen, in: Pathol., Bd. 1, 1984 - Ehrenmitgl. Ges. f. Lungen- u. Atemwegsforschung - Liebh.: Neuere Gesch. - Spr.: Engl.

HARTUNG, Wolfgang

Dr. phil. nat., Prof., Museumsdirektor i. R. - Weidamm 4, 2900 Oldenburg/O. (T. 1 25 89) - Geb. 18. Febr. 1907 Berlin, ev., verh. s. 1933 m. Elfriede, geb. Stöver, 2 Kd. - Univ. Berlin (Promot. 1933) u. Marburg. Habil. 1938 Berlin - 1933 Museum f. Naturkd. Berlin, 1935 Assist., 1937 Bezirksgeologe Pr. Geol. Landesanst., spät. Reichsamt f. Bodenforsch. ebd., 1945 Leiter Staatl. Museum f. Naturkd. u. Vorgesch. Oldenburg. 1963 Honorarprof. Univ. Münster (Paläobotanik u. Quartärgeol.), Lehrbeauftr. Univ. Hamburg. Mitgl. Histor. Kommiss. f. Nieders. u. Dt. Röm.-German. Kommiss. B. 1981 Beauftr. Naturschutz u. Landsch.pflege im Reg.-Bez. Weser-Ems - BV: Flora u. Alterstellung des Karbons von Hainichen-Ebersdorf und Borna b. Chemnitz, 1938; Mellum, e. Vogelparadies in d. Nordsee, 1950; Wangeroog, wie es wurde, war u. ist, 1951; Fossilführung u. Stratigr. im Aachener Steinkohlengebirge, 1966; D. Leybucht, Probl. ihrer Erhaltung 1983 - 1974 Verdienstkreuz I. Kl. Nieders. VO; 1983 Oldenburg-Preis d. Oldb. Landschaft; 1987 Gr. Stadtsiegel Stadt Oldb.

HARTWICH, Gerhardt

Dipl.-Ing., Vorstandsmitglied STRABAG Bau-AG., Köln-Deutz - Moritz-v.-Schwindt-Str. 2, 5000 Köln 50.

HARTWICH, Günter

Dr.-Ing. E.h., Produktionschef, Vorstandsmitgl. Volkswagenwerk AG. (s. 1972) - Oberer Kamp 2, 3180 Wolfsburg - Geb. 23. April 1935 Berlin, verh., Kd. - Schule Berlin; Lehre Maschinenbau; Beuth-Sch. ebd. (Ing. grad.) - S. 1957 VW - 1984 Ehrendoktor TU Berlin - Liebh.: Schwimmen, Segeln.

HARTWICH, Hans-Hermann

Dr. rer. pol., o. Prof. f. Polit. Wissenschaft Univ. Hamburg (s. 1973, beurlaubt), Gründungsprof. f. Politikwiss./Regierungslehre Martin-Luther-Univ. Halle-Wittenberg (s. 1992) - Treudelbergkamp 12, 2000 Hamburg 65 (T. 040 - 608 38 50) - Geb. 3. Nov. 1928 Warnkenhagen (Vater: Hermann H., Kirchenrat; Mutter: Annemarie, geb. Thiede), ev., verh. s. 1975 m. Berthild, geb. Kögler, 3 Kd. (Annegret, Susanne, Fabian) - Ind.-Kfm., Stud. Polit. Wissensch. u. Volkswirtschaft. sowie Arbeitsrecht. Promot. 1959, Habil. 1969, Berlin - O. Prof. Freie Univ. Berlin, 1970-73. 1983-88 Vors. Dt. Vereinig. f. Polit. Wiss.; 1988/89 Präs. d. Inst. Arbeit u. Technik in NRW; s. 1991 Gründungsdekan Martin-Luther-Univ. Halle - BV: Sozialstaatspostulat u. gesellschaftl. status quo, div. Aufl., 1970ff.; Arbeitsmarkt, Verbände u. Staat 1918-33, Berlin 1967; Politik im 20. Jh. (Hrsg. u. Autor), 10. A. s. 1964, Neuausg. 1984. Herausg.: Sozialkunde u. Sozialwiss. (1963); Arbeitslosigkeit (1975); Strukturpolitik (m. Dörge, 1980); Gesellschaftl. Probleme als Anstoß u. Folge v. Politik (1983); Regionale Umweltpolitik (1984); Policy-Forsch. in d. Bundesrep. Dtschl. (1985); Politik u. d. Macht d. Technik (1986); Politikwiss. (1987); Macht u. Ohnmacht politischer Institutionen (1989); Regieren in der Bundesrepublik (m. Wewer) 5 Bde. (1990-92). Mithrsg. Gegenwartskunde (s. 1965).

HARTWICH, Hellmut
Kaufmann, Ehrenpräs. Bundesverb. d. dt. Versandbuchhändler, Wiesbaden - Auenweg 50, 5000 Köln 50 - Geb. 7. Mai 1922 Gelsenkirchen - Gf. Gesellsch. Ges. f. Lit. u. Bild. mbH, Köln.

HARTWICH, Hermann
Kaufmännischer Geschäftsführer Theater u. Philarmonie Essen GmbH - Zu erreichen üb. Rolandstr. 10, 4300 Essen 1 (T. 0201 - 812 21 10); priv.: Alfredstr. 4, 4330 Mülheim/R.

HARTWIEG, Oskar
Dr. jur., Prof. f. Recht d. intern. Wirtschafts- u. Arbeitsbeziehungen Univ. Hannover - Rehmenbreiten 9, 3005 Hemmingen 1 - Geb. 4. Dez. 1936 Braunschweig - BV u. a.: D. geh. Materialien z. Kodifikation d. dt. Intern. Privatrechts, 1973; Rechtstatsachenforsch. im Übergang, 1976; D. Entscheidung im Zivilprozeß, 1981; D. Kunst d. Sachvortrags im Zivilprozeß, 1988. Fachaufs.

HARTWIG, Frank
Geschäftsführer DEA Mineralölverkauf Gelsenkirchen GmbH, Präs. Landesverb. Groß- u. Außenhandel NRW, Dortmund - Doldenweg 7 a, 4600 Dortmund 50 (T. 0231 - 73 64 23) - Geb. 13. April 1940 Dortmund (Eltern: Hans u. Margot H.), ev., verh. s. 1968 m. Christa, geb. Retzke, 2 Kd. (Frank, Britta) - Jura-Stud. Univ. München u. Köln; 1. jurist. Staatsex. 1966 Hamm; 2. Ex. 1970 Düsseldorf - Vors. Tarifgemeinsch. Verb. Groß- u. Außenhdl. NRW Dortmund u. Arbeitgeberverb. Großhandel - Außenhdl. - Dienstleistungen Westf.-Mitte e.V., Dortmund, sowie Vizepräs. Bundesverb. d. Dt. Groß- u. Außenhdl., Bonn; Beirat Landeszentralbank Nordrh.-Westf., Düsseldorf.

HARTWIG, Hans-Georg
Dr. med., o. Prof. f. Anatomie Univ. Düsseldorf (s. 1985) - Haus-Endt-Str. 148, 4000 Düsseldorf - Geb. 1. Febr. 1944 Gießen (Vater: Dr. med. Hans H., Internist; Mutter: Annegret, geb. Adams), ev., verh. s. 1966 m. Gudrun, geb. Happel, 2 Kd. (Annette, Ernst-Otto) - 1957-64 Gymn. Dinslaken; 1964-70 Univ. Gießen (Studienstiftg. d. Dt. Volkes); Promot. (1971) u. Habil. (1976) Gießen - Assist. Gießen u. Doz. Lund (Schweden), 1981 Cooperating Editor of Cell and Tissue Research.; zul. Prof. Univ. Kiel - BV: Functional Morphology of Neuroendocrine Systems, Evolutionary and Environmental Aspects, 1987 (m. B. Scharrer, H.-W. Korf). Üb. 80 Facharb. - Liebh.: Musik (spielt Klavier), Lit., Fotogr. - Spr.: Engl.

HARTWIG, Helmut
Prof., Ordinarius f. Didaktik d. Bild. Kunst Hochschule d. Künste Berlin - Halberstädter Str. 9, 1000 Berlin 31 - BV: Sehen lernen, 1976; Jugendkultur, 1980; D. Grausamkeit d. Bilder, 1986.

HARTWIG, Karl-Hans
Dr. rer. pol., o. Univ.-Prof. f. Wirtschaftspolitik Univ. Bochum - Emil-Nolde-Weg 7, 4400 Münster - Geb. 14. Mai 1948 Kassel (Vater: Rudolf H., Kaufm.; Mutter: Annemarie, geb. Schneider), verh. m. Gabriele, geb. Ramb, 2 Kd. - Stud. Univ. Marburg (Soziol. u. Volkswirtschaftsl.); Dipl.-Volksw. 1971; Promot. 1978 Marburg; Habil. 1983 Bochum - 1972-83 wiss. Assist. Univ. Marburg, Essen, Bochum; 1983 Priv.-Doz., 1984 Prof. Univ. Bochum; 1984-90 Prof. Univ. Münster; s. 1990 o. Prof. Univ. Bochum - BV: Kritisch rationale Methodologie u. ökonomische Forschungspraxis, 1977; Monetäre Steuerungsprobl. in sozialist. Planwirtsch., 1987; Transformationsprozesse in sozialistischen Wirtschaftsprozessen, 1991.

HARTWIG, Sylvius
Dr. rer. nat., Prof., Dekan FB Sicherheitstechnik Univ. Wuppertal - Gaußstr. 20, 5600 Wuppertal 1 - Geb. 8. Aug. 1938, kath., verh. m. Marita, geb. Schunck, 2 Kd. (Markus, Martina) - Stud. Physik Freiburg, MPI-Heidelberg; Dipl. 1967, Promot. 1971 - 1972-74 Wiss. Assist. Univ. Freiburg, Desy Hamburg; 1974-82 Wiss. Leit. Battelle-Inst.; 1982 Prof. Univ. Wuppertal. Edit. Board Environmental Monitoring and Assessment - BV: Heavy Gas and Risk Assessment I, II, III, 1980, 83, 86; Gr. techn. Gefahrenpotentiale (m.a.), 1983; Schwere Gase (m. G. Schnatz), 1986; Strömungsverhalten schwerer Gase b. Störfallfreisetzung, Monogr. 1989.

HARTWIG, Thomas
Autor, Regisseur, Filmprod. (1974ff. eig. Firma JOJO) - Ringstr. 24, 1000 Berlin 45 (T. 030 - 833 20 36) - Geb. 28. Febr. 1941 Rostock (Vater: Ted H., Schausp.; Mutter: Margrit, geb. Schmitz), ev., gesch. - N. Mittl. Reife Lehre als Filmkopienfertiger; 1966-68 Stud. Film- u. Fernsehakad. - S. 1989 Vorst.-Mitgl. im Bundesverb. d. Fernseh- u. Filmregisseure - BV: D. verheissene Stadt, 1986; Geliebter Dämon, 1993. Dokumentarfilme, Fernsehsp., Spielf. - 1986 DAG Fernsehpreis in Silber (f. Drehb.: Im Schatten v. gestern) - Liebh.: Gesch., Lit. - Spr.: Engl.

HARTZ, Fritz
Dipl.-Ing., Geschäftsführer Dt. Boots- u. Schiffbauer-Verb. - Jungiusstr. 13, 2000 Hamburg 36 (T. 35 28 17).

HARTZ, von, Ludwig
Dipl.-Ing., Hafendirektor, Geschäftsf. Bundesverb. öfftl. Binnenhäfen - Hammer Landstr. 3, 4040 Neuss/Rh. 1.

HARTZ, Peter
Dipl.-Betriebswirt, Arbeitsdirektor - Dechant-Held-Str. 19, 6639 Rehlingen-Siersburg - Geb. 9. Aug. 1941 St. Ingbert - Vorst. (Personal) AG d. Dillinger Hüttenwerke, Dillingen, Saarstahl AG, Völklingen, DHS-Dillinger Hütte Saarstahl AG, Dillingen.

HARTZEL, Hans-Jürgen
Dipl.-Kfm., Director Export and Industrial Sales Jacobs Suchard GmbH. Bremen - Albersstr. 10, 2800 Bremen 1 (T. 0421 - 34 51 06) - Geb. 5. Juni 1938 Hamburg (Vater: Franz H., Kfm.; Mutter: Liselotte, geb. Wendeborn), S. Jan - Human. Gymn., Univ. Hamburg, Dipl.-Kfm. 1962 - 1962 Marktforsch. Unilever, 1967 Product Manager GF, 1973 Product Group Manager GF, 1974 Marketing Manager, 1976 General Manager, Dir. Staff Service, 1983 Marketing Director HAG GF Vertriebs GmbH, 1987 Dir. Intern. Division HAG GF AG - Spr.: Engl.

HARVIE, Christopher Thomas
Dr., Prof., Historiker (Britische Zeitgeschichte) - Schwarzlocherstr. 32, 7400 Tübingen (T. 0717 - 29 32 57) u. 1. Rheidol Terrace, London NI (T. 01 - 359-70-53) - Geb. 21. Sept. 1944 Motherwell/Schottland (Vater: George H., Lehrer; Mutter: Isobel, geb. Russell), verh. s. 1980 m. Virginia, geb. Roundell, Tochter Alison - St. Boswells' Primary Sch. b. 1956; 1956-58 Kelso High Sch.; 1958-62 Royal High Edinburgh; 1962-66 Edinburgh Univ.; M.A. Ist. CL. Hons 1966, Ph. D. 1972 - 1969-77 Lecturer Open Univ. England, 1977-80 Senior Lecturer, 1980ff. Prof. v. Engl. Landeskunde Tübingen, 1983-84 Acad. Visitor, Nuffield College, Oxford, 1988-89 Visiting Prof. Strathclyde Univ. Glasgow. S. 1989 Vice-Chairman, Scottish Centre for Economic and Social Research - BV: Industrialisation and Culture (Herausg.), 1970; The Lights of Liberalism, 1976; Scotland and Nationalism, 1977; Illustrated Dictionary of British History (Hrsg.), 1980; A History of Scotland 1914-1980, 1981, revised 1987; Oxford Illustrated History of Britain (Contributor), 1984; Scotland 2000 (Contributor), 1987; The Centre of Things: Political Fiction in Britain, 1991; Cultural Weapons: Scotland in a New Europe, 1992 - 1970-80 8 Fernsehfilme f. BBC/Open Univ.; 1987 Grasping the Thistle BBC Fernsehfilme. 1984 u. 86 2 Radio Documentaries BBC - Liebh.: Reisen (Eisenb. u. Schiff), Malerei, Musik - Spr.: Deutsch, Franz., Ital.

HARWARDT, Peter

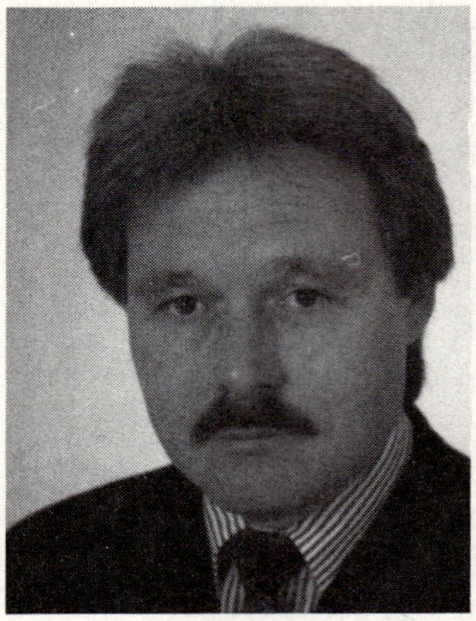

Dr. med., Prof. f. Innere Medizin u. Rehabilitation, Chefarzt (s. 1984) - Gartenstr. 33, 8399 Fürstenzell - Geb. 2. Dez. 1946 Dortmund, verh. s. 1971 m. Silvia, geb. Blum, 3 Töcht. (Jeanette, Vanessa, Madeline) - Abit. 1968; Stud. Humanmed. Univ. Köln, Berlin, Bochum, Essen; Staatsex. u. Promot. 1975; Internist 1981; Habil. 1990 (Schweiz) - Veröff.: Wiss. Publ. Ernährung Immunologie Onkologie Geriatrie Intermediärstoffwechsel Herzkreislauf Rehamedizin - Liebh.: Segeln, Ski-Langlauf, Motorsport (Oldtimer) - Spr.: Engl.

HARWEG, Roland

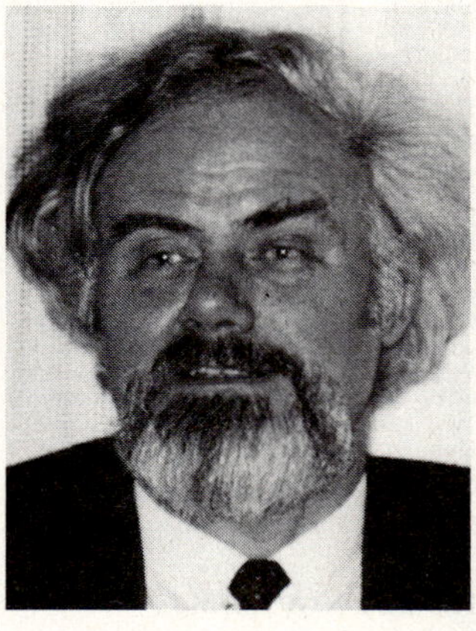

Dr. phil., o. Prof. f. germanist. Linguistik Univ. Bochum (s. 1969) - Ruhrstr. 83, 5810 Witten (T. 8 28 63) - Geb. 20. Aug. 1934 Dortmund (Vater: Eduard H., Soldat; Mutter: Helene, geb. Halbig), ev., verh. s. 1970 m. Elke, geb. Gränzdörfer, 2 Kd. (Mirjam, Thomas) - Stud. allg. u. indogerm. Sprachwiss., klass. Philol., oriental. Spr. Univ. Münster; Promot. (1961) u. Habil. (1965) Münster - 1960-69 Wiss. Assist. u. Doz. (1965) Univ. Münster - BV: Kompositum u. Katalysationstext, vornehml. im späten Sanskrit, 1964; Pronomina u. Textkonstitution, 1968; Studien zur Deixis, 1990 - Liebh.: Schach - Spr.: Engl., Franz., Ital., u. a.

HARZHEIM, Egbert
Dr. rer. nat., Prof., Wiss. Rat, Mathematiker - Pallenbergstr. 23, 5000 Köln 60 - Geb. 11. Febr. 1932 Köln (Vater: Engelbert H., Kaufm.; Mutter: Cäcilie, geb. Bougnard), led. - 1952-57 Univ. Köln (Staatsex.). Promot. 1961 - S. 1965 (Habil.) Lehrtätigk. Univ. Köln u. Düsseldorf (1968; 1970 Prof.). WS. 1970/71 Gastprof. TU Berlin - BV (Lehrb.): Einf. in d. allg. Topologie, 1975; Einf. in d. kombinator. Topol., 1978 - Liebh.: Naturschutz, Paddeln.

HASCHKE, Gottfried
Staatssekretär Ministerium f. Landwirtschaft, Forsten u. Ernährung (s. 1991) - Bernstädter Str. 32, O-8701 Großhennersdorf - Geb. 25. März 1935 Großhennersdorf, ev., verw., 5 Kd. (Christfried, Wolfgang, Friedbert, Sieglinde, Matthias) - Landwirtsch.meister - Landwirt; LPG-Vors.; Prod.leiter LPG Pflanzenprod.; s. 1990 Volkskammerabg.; Obmann Landwirtsch. CDU-Frakt.; s. 1990 Parlam. Staatssekr. u. Geschäftsf. Min. f. Landwirtsch; s. 1990 MdB.

HASE, Axel
Geschäftsführer Zentralverb. Elektrotechnik- u. Elektronikind., Ldst. Nieders./Bremen - Messegelände, 3000 Hannover 82 (T. 893 43 11).

HASE, von, Karl-Günther
Botschafter a. D., Intendant Zweites Dt. Fernsehen (1977-82), 1. Vors. Dt. Engl. Ges., Vorst.-Mitgl. Peter Klöckner Stiftung - Am Stadtwald 60, 5300 Bonn 2 - Geb. 15. Dez. 1917 Wangern/Schles. (Vater: Günther v. H., Oberst; Mutter: Ina, geb. Hicketier), ev., verh. s. 1945 m. Renate, geb. Stumpff, 5 Töcht. (Jutta, Cornelia, Verena, Bettina, Angelika) - Prinz-Heinrichs-Gymn. Berlin (Abit.); 1943-44 Kriegsakad. Hirschberg; 1950-51 Diplomatensch. Speyer - Akt. Offz. (b. 1944 Major i. G., dann Truppendst.); 1945-49 sowjet. Kriegsgefangensch.; 1951-62 Tätigk. AA Bonn (1953 Gesandtschaftsrat Ottawa; 1958 Sprecher AA; 1961 Ministerialdir. u. Leit. Abt. West II); 1962-67 Staatssekr. u. Leit. Presse- u. Informationsamt d. Bundesreg.; 1967-69 Staatssekr. Bundesmin. f. Verteidig.; 1970-77 Botschafter Großbritannien - 1982 Gr. BVK m. Stern u. Schulterbd.; Ausl. Orden; 1987 Jurist. Ehrendoktor (Hon. LLD) Univ. Manchester; 1967 Karnevalorden Wider d. tier. Ernst (Aachen) - Liebh.: Reiten, Jagd - Spr.: Engl., Franz., Russ. - Bek. Vorf.: Prof. Carl v. H., Kirchenhist., Jena (Urgroßv.).

HASEL, Karl
Dr. rer. nat., o. Prof. f. Forstpolitik (emerit.) - Schlüsselstr. 3, 7800 Freiburg/Br. - Geb. 25. Jan. 1909 Karlsruhe - 1953-63 Privatdoz. u. apl. Prof. (1959) Univ. Freiburg; 1964-74 Ord. u. Institutsdir. Univ. Göttingen - BV: Grundriß d. Forstgesch., 1985. Zahlr. Fachveröff. - 1983 Wilhelm-Leopold-Pfeil-Preis.

HASELMANN, Helmut
Dr. med., em. o. Prof. f. Wiss. Mikroskopie - Haußerstr. 92, 7400 Tübingen (T. 6 54 23) - Geb. 4. Okt. 1917 Mannheim (Vater: Dr. Dr. Alfred H., Dir.; Mutter: Erna, geb. Ritter), verh. s. 1949 m. Dr. med. Gisela, geb. Roebig - TH Danzig, Univ. Heidelberg u. Würzburg - 1950-63 Privatdoz. u. apl. Prof. (1956) Univ. Heidelberg (Anat.); 1956-63 Wiss. Mitarb. Carl Zeiss, Oberkochen; 1963-83 ao. u. o. Prof. Univ. Tübingen (1963 Dir. Inst. f. Wiss. Mikrosk.), emerit. 1983 - Wiss. Aufs. - Div. Fachmitgliedsch., dar. 1959 Royal Microscopical Soc.; s. 1982 Honorary Fellow of the Royal Microscopical Soc.

HASELMANN, Roland E.
Dr.-Ing., Dipl.-Wirtsch.-Ing., Geschäftsführender Gesellschafter d. HC Haselmann Consulting GmbH - Lyoner Str. 15, 6000 Frankfurt 71 - Geb. 15. Mai 1944, verh. s. 1982 m. Richterin Blanka, 3 Kd. (Cosima, Felicitas, Roman) - Stud. Wirtschaftsing. TU Berlin, Assist. in Betriebswirtschaftslehre b. Prof. Dr. Mellerowicz, Promot.; Lehrbeauftr. u. Privatdoz. in Allg. Betriebswirtschaftslehre - Handelsrichter Landgericht Frankfurt/M. - Spr.: Engl., Franz.

HASEMANN, Klaus
Dr. phil., Dipl.-Psych., Dipl.-Volksw., Prof., Ministerialrat - Auf dem Köllenhof 32, 5307 Wachtberg-Liessem - Geb. 24.

Sept. 1929 Ströbitz (Vater: Hans H., Oberbergrat; Mutter: Meta, geb. Koepper), ev., verh. s. 1961 m. Ingeborg, geb. Rüde, 3 Kd. (Friederike, Christine, Volker) - Dipl.-Psych. 1954, Dipl.-Volksw. 1958, Promot. 1956, Habil. 1969, alles Freiburg, apl. Prof. 1977 Bonn - 1958-61 Ind.-Tätigk.; 1961-68 Wiss. Assist. Univ., 1969-70 Doz. Univ., s. 1970 Referatsleit. Minist. - BV: Ausbild.- u. Schulungsmaßn. in d. dt. Ind., 1956; Verhaltensbeob. u. Verhaltensbeurt. in d. psych. Diagnostik, 1964; Kriterien d. Hochsch.reife, 1970; (m. H. Hiltmann) Myokinetische Psychodiagn., 1965.

HASENACK, Wolfgang
Kaufmann u. Geschäftsf., pers. haft. Gesellsch. WGF Colcoton-Garn Hasenack & Co. - Am Wupperstollen 2, 5600 Wuppertal 23 - Geb. 29. Nov. 1926 Schwelm (Vater: Karl H., Kaufm.; Mutter: Margarete, geb. Schmidt), ev., verh. s. 1950 m. Marianne, geb. Stratmann, 3 Kd. (Monika, Anette, Klaus) - Abit. 1944; Höh. Handelssch., Ausb. z. Textiltechniker, Abschl. Färberlehre 1950 - S. 1965 pers. haft. Gesellsch. u. Geschäftsf. s. o. S. 1975 Gesamtverb. d. Dt. Textilveredel.-Ind., 1983 Arbeitskr. Mittelstandsaussch. BDI - Spr.: Engl.

HASENCLEVER, Alexander
Dr. med., Internist - Dillgesstr. 6, 1000 Berlin 46 (T. 73 71 70) - Geb. 6. Aug. 1918 Orjechowo-Sujewo b. Moskau, verh., 3 Kd. - Hoh. Gymn. Berlin (Sch'berg); 1939-43 Univ. ebd. u. Rostock. Med. Staatsex. u. Promot. 1943 Berlin - 1937-39 Arbeits- u. 1940-45 Kriegseins.; 1945-46 Assistenzarzt Städt. Krkhs. Steglitz; 1946-50 u. s. 1969 Wiss. Assist. Univ. Berlin. 1967-71 Präs. Ärztekammer Berlin. 1963-67 u. 1969-81 MdA Berlin (CDU) - 1981 Gr. BVK; 1984 Stadtältester v. Berlin.

HASENCLEVER, Rolf
Senator h. c., Dipl.-Ing., Honorarkonsul Rep. Österr., Vorsitzender d. Verwaltungsrates HASCO-Normalien, Hasenclever GmbH + Co., Lüdenscheid, Nürnberg, Bietigheim-Bissingen u. Berlin - Westhöhe 26, 5885 Schalksmühle - Geb. 25. Mai 1928 - Gf. Gesellsch. Hasco Austria Ges. m.b.H., Guntramsdorf/Österr., Hasco Belgium, Landen/Belgien, Hasco France, Paris, Foba Formenbau GmbH, Lüdenscheid; Chairman of the Board: Hasco Internorm Ltd. Daventry/Großbrit., Hasco Singapore (Pte.) Ltd., Singapore, Hasco Internorm Corp., Fairfield N. J./USA, Hasco Internorm Corp. West, Chatsworth Ca./USA; Gesellsch. W.H. Werkzeughandel GmbH, Lüdenscheid, u. Runo Rundnorm GmbH, Halver. Stv. AR-Vors. Signal-Unfallversich. a. G.; Präsid.-Mitgl. d. AR d. Signal-Versich.; Vorst. Dt. Handelsk. in Österr.; Mitgl. Bundesmittelstandsvereinig. d. CDU/CSU, d. Europa-Union Deutschl., d. Beirats d. Nord-Süd-Forums, u. d. Kurat. Jugend Dritte Welt - Ehrensenator Techn. Univ. Wien, u. d. Päpstl. Salesianeruniv., Rom; Ehrenpräs. Intern. Metall-Union u. Bundesverb. Metall; Ehrenvorst. Rhein.-Westf. Handwerkerbd. (RWHB) - Gr. BVK m. Stern; Kommandeurkreuz Ritterorden St. Gregorius; Gr. Gold. Ehrenz. Rep. Österr.; Gold. Med. Ehrenz. Niederösterr.; Gold. Ehrenring Bundesverb. Metall; Ehrennadel m. Brillanten Fachverb. Metall NRW; Ehrenmünze in Gold Kreishandwerkersch. Märkischer Kr.; Gold. Ehrennadel Verein Österr. Kunststoffverarbeiter (VÖK); Gold. Med. Bayer. Handwerksk.; Gold. Verdienstmed. Handwerksk. Arnsberg; Konrad-Adenauer-Med.; Verdienstmed. Landesverb. Westf.-Lippe DRK.

HASENCLEVER, Wolf-Dieter
Direktor d. Internatsgymnasiums Marienau b. Hamburg - 2121 Dahlenburg (T. 05851 - 5 17) - Geb. 19. Nov. 1945 Remscheid (Vater: Dr. Dieter H., Dipl. Phys.; Mutter: Rose, geb. Federkamp), ev., verh. s. 1969 m. Cornelia, geb. Siber, 2 Kd. (Felix, Daniela) - Gymn. Bonn; Univ. Bonn, Freiburg; Staatsex. Math. u. Physik 1970 Freiburg - 1967 ASTA-Vors. Freiburg - 1979-80 Gründ.-Vors. D. GRÜNEN Bad.-Württ., 1980-83 Vors. d. GRÜNEN im Landtag v. Baden-Württ. - BV: Ökologischer Humanismus in: Die Grünen. 1980; Grüne Zeiten (m. Cornelia), 1982; D. Versöhnung m. d. Natur..., in: Rettet die Umwelt, 1985; Pädagogik u. Psychoanalyse, 1990; u. a.

HASENFUSS, Ivar
Dr. rer. nat., Prof. f. Zoologie - Karlsbader Str. 9, 8523 Baiersdorf - Geb. 23. Mai 1932 Lettland - Schüler v. Prof. Dr. H.-J. Stammer, Erlangen - S. 1980 Univ.-Prof. Erlangen-Nürnberg - Arb. üb. Morphologie u. Systematik v. Insekten - BV: D. Larvalsystematik d. Zünsler (Pyralidae), 1960.

HASENFUSS (ß), Willy
Prokurist - Zu erreichen üb.: Badenwerk AG., 7500 Karlsruhe - Geb. 13. Juli 1929 Karlsruhe - Stud. Rechtswiss. BRD und USA. Gr. jurist. -Staatsprüf. - B. 1961 Badenwerk AG. (Handlungsbevollm.), 1961-68 Kernkraftwerk Obrigheim GmbH. (Geschäftsf.), s. 1969 wieder Badenwerk AG. (Prokurist).

HASENHÜTTL, Gotthold

Dr. phil., Dr. theol., o. Prof. f. System. Theologie - Philippenstr. 23, 6600 Saarbrücken - Geb. 2. Dez. 1933 Graz (Vater: Franz H., Redakt., Mutter: Margarete, geb. Simml), kath., led. - Univ. Graz u. Univ. Gregoriana Rom, Promot. 1962 u. 1971, Habil. 1969 - 1969-73 Doz. Tübingen, 1973-74 apl. Prof. Tübingen, s. 1974 Prof. Saarbrücken - Vors. d. Intern. Paulusges. - BV: D. Glaubensvollzug, 1963; Charisma, 1969 (ital. 1973); Füreinander dasein, 1971; Gott zu Gott, 1972 (holl. 1973); Herrschaftsfreie Kirche, 1974; Krit. Dogmatik, 1979 (ital., engl. in Vorber.); Einf. in d. Gotteslehre, 1980 (ital., engl. in Vorb.); Freiheit in Fesseln, 1985; D. Augen öffnen, 1990; Schwarz bin ich und schön, 1991 - Spr.: Lat., Hebr., Griech., Engl., Franz., Ital.

HASENJAEGER, Gisbert
Dr. rer. nat., em. o. Prof. f. Logik u. Grundlagenforsch. - Lehmkuhler Platz 2, 5970 Plettenberg (T. 1 01 79) - Geb. 1. Juni 1919 (Vater: Oberbürgerm. a. D. Erwin H. †1972 (s. XVI. Ausg.); Mutter: Gertrud, geb. Müller) - S. 1953 (Habil.) Lehrtätig. Univ. Münster (1960 apl. Prof.) u. Bonn (1962 ao., 1964 o. Prof., 1984 emerit.) - BV: Grundzüge d. math. Logik, 1961 (m. H. Scholz); Einf. in d. Grundbegriffe d. mod. Logik, 1962 (span. 1968, engl. 1972). Div. Einzelarb. - 1953 Mitgl. Assoc. for Symbolic Logic.

HASENPUSCH, Otto
Dipl.-Ing., Prof. f. Elektr. Energietechnik, insb. Math. Elektro- u. Hochspannungstechnik, GH Wuppertal - An der Blutfinke 23, 5600 Wuppertal 21.

HASENZAHL, Erwin

Altbürgermeister - Waldstr. 83, 6120 Michelstadt (T. 06061 - 30 20) - Geb. 19. Juni 1914 Erbach/Odw. (Vater: Ludwig H., Geschäftsf., 1912-23 MdR u. Mitgl. Nationalvers. Weimar; Mutter: Marie. geb. v. d. Heyden), ev., verh. s. 1939 m. Lisl, geb. Körber, 2 Kd. (Christiane, Bernd) - Realsch.; Verw.ausbild. (Prüf. A 1938, B 41) - 1929-35 u. 1937-38 Verw.dst., 1935-37 Wehrdst. (Wehrpflicht), 1938-39 Ind.kfm., 1939-47 Kriegsdst. u. Gefangensch., 1948-54 Handelsvertr., 1954-79 Bgm. Michelstadt, ab 1979 i. R. Div. Ehrenämter als Vors., Ehrenvors., o. Mitgl. in Vereinen. Verb. u. Org. auf lokaler u. überlokaler Ebene, z.T. als deren Gründer, Ausz. u. a.; KVK I. Kl.; BVK I. Kl., Gr. BVK; Frhr.-v.-Stein-Plak. Ld. Hessen; Silb. Ehrenplak. HMLUF; Europakreuz CEAC; Gold. Ehrenplak. Odenwaldkr.; Ehrenbürger Hulst (Ndl.), Rumilly (Frankr.), Michelstadt - Liebh.: Münzen, Stadtgesch. u. Altstadterhalt.

HASER, Fritz J.
Dipl.-Kfm., Prof. FU Lissabon, Unabhängiger Wirtschaftsberater (s. 1980) - Rua D. João de Castro 8, Santo Amaro de Oeiras, P-2780 Oeiras/Portugal - Geb. 18. Jan. 1929 Haslach/K. (Vater: Friedrich H., Oberlehrer; Mutter: Berta, geb. König), kath., gesch., T. Gesine (geb. 1969) - 1948-50 Bankelehre; 1950-51 Univ. Freiburg (Rechtswiss., Volksw.) u. 1951-53 WH Mannheim (Betriebsw.; Dipl.-Kfm. 1953) - 1954-57 Dresdner Bank AG., Mannheim; 1958-61 Dt.-Brasil. IHK, São Paulo (2. Gf.); 1961-80 Hauptgeschäftsf. Dt.-Portugies. IHK, Lissabon; 1983-88 Dir. u. Leit. d. Volksw. Abt. Dachverb. Port. Ind., Lissabon; freiberufl. journalist. Tätigk. (Wirtsch./Wirtsch.politik). Mitgl. BDVB, Portugies. Autorenverb. u. Verb. z. Stud. d. Europ. Integration, Lissabon - Spr.: Portugies., Engl., Franz. - Rotarier.

HASERODT, Klaus
Dr. rer. nat., o. Prof. f. Geographie TU Berlin (s. 1975) - Budapester Str. 46, 1000 Berlin 30 - Geb. 6. Sept. 1934 Mühlhausen/Th. - Promot. 1964 München - Zul. Oberreg.rat. Fachveröff. Mithrsg.: Beitr. u. Mat. z. Reg. Geographie.

HASFORD, Alfred E.
Dr. jur., Unternehmensberater, Vorstandsvorsitzender Wohnhochhaus Ramses, München - Fichtenstr. 1, 8032 Lochham/Obb. (T. 85 12 06) - Geb. 6. Aug. 1914 Homberg/Ndrh. (Vater: Heinrich H., Schiffahrtsdirektor Franz Haniel GmbH u. AG, Duisburg/Basel), ev., verh. s. 1946 m. Elisabeth, geb. König, 4 Kd. (Heiner, Jörg, Karin, Christian) - Gymn.; Univ. Basel (Promot. 1938) u. Freiburg/Br. - Franz Haniel GmbH, Duisburg, Braunschweig, Kohlenbergwerke AG, Helmstedt, DATAG Wirtschaftsprüfungsges., München, Opel-Häusler ebd., Metzeler AG, ebd. Mitgl. Wirtschaftsbeirat d. CSU, d. Ges. f. Auslandskunde, d. Reinhold-Schneider-Ges. u. d. Schweiz.-Dt. Wirtschaftsclubs, München. Zahlr. Fachveröff. - Liebh.: Malerei, Lit. - Spr.: Franz., Engl.

HASINGER, Albrecht
Staatssekretär b. Bundesmin. f. Familie u. Senioren (s. 1991), MdB (1976-80) - Godesberger Allee 140, 5300 Bonn-Bad Godesberg - Geb. 3. Juli 1935 München, kath., verh., 3 Kd. - Univ. München u. Freiburg (Rechtswiss.). Jurist. Staatsprüf. 1957 u. 62 - 1962-66 Bayer. Finanznim. (zul. Oberreg.rat), 1966-69 Bundesmin. f. Arbeit u. Sozialordnung (Pers. Ref. d. Staatssekr.), 1969-75 CDU/CSU-Bundestagsfrakt. (Wiss. Angest.), 1975-71 CDU-Sozialaussch. (Hgf.), 1982-91 Vors. Bundesfachaussch. Gesundheitspol. d. CDU, 1984-91 Präs. Dt. Familienverb. (DFV), Vors. Stiftungsrat Dt. Herzzentrum Berlin, u. Stiftungsrat Dt. Rheumaforsch.zentrum. CDU.

HASL, Josef

Schriftsteller - Wilhelm-Kuhnert-Str. 17, 8000 München 90 (T. 651 54 14) - Geb. 16. März 1930 München (Eltern: Josef u. Maria H., geb. Ulrich), kath., verh. s. 1967 m. Inge Alice, geb. Burghartz, S. Amadeus - Abit. München; Stud. ebd. (Jura, Phil., Kunstgesch.) - 1964-75 Theatertätig. (Bayer. Staatsoper); s. 1976 staatl. Bibliotheksdst. - BV: Robespierre, Operntext 1966; E. Abschied, Operntext 1968; D. weiße Pfau, Liedertexte 1968; Zwischenzeit, Ged. 1974; Schneidersitz, Ged. 1976; Atemspur, Ged. 1978; Gezeiten. Ausgew. Ged. 1990. Rundfunkbeitr., zahlr. Publ. in Anthol., Ztg. u. Ztschr.- Liebh.: Bild. Kunst, Lit., Musik.

HASLEHNER, Elfriede,
geb. Götz

Dr. phil., Schriftstellerin (Ps. Haslehner-Götz) - Hochwaldstr. 37, A-2230 Gänserndorf-Süd/Niederösterr. (T. 02282 - 7 12 22) - Geb. 17. Juli 1933 Wien, 3 Kd. (Mag. Wolfgang, Mag. Martin, Dr. Irene) - Div. Berufe; Promot. (Phil., German., Soz.gesch.) 1985 Univ. Wien (Diss. üb. d. Ausschluß d. Frauen aus d. Kultur) - Mitbegr. Wiener Frauenverlag (5 J. Mitarb. in diesem) - BV: 4 Gedichtbde.: Spiegelgalerie, 1971; Zwischeneiszeit, 1978; Nebenwidersprüche, 1980; Schnee im September, 1988; 1 Prosabd.: Notwehr, 1983; Außer Sichtweite u. Uhren, Haikus, 1992 - 1971 Förderungspreis Theodor Körner-Stiftungsfonds; 1979 Österr. Staatsstip. Lit.; 1990 Förderungspreis f. Lit. Land Niederösterr. - Spr.: Engl.

HASLER, Jörg
Dr. phil., Prof. f. Anglist. u. Amerikanist. Literaturwissenschaft Univ. Trier - Auf Krein 61, 5501 Mertesdorf - Geb. 22. März 1935 Aarau (Schweiz) - Promot. (1963) u. Habil. (1973) Basel. 1984 Vizepräs. u. 1987 Präs. Univ. Trier - BV: Shakespeare's Theatrical Notation: The

Comedies (1974). Facharb. - Spr.: Engl., Franz.

HASS(ß), Dieter
Kanzler d. Pädagog. Hochschule Flensburg - Mürwiker Str. 77, 2390 Flensburg.

HASS, Hans

Dr. rer. nat., Prof., Meeres- u. Evolutionsforscher, Unternehmensberater - Triesenberg (Liechtenstein) - Geb. 23. Jan. 1919 Wien, kath., verh. in 2. Ehe mit Lotte, geb. Bayerl (Verf.: E. Mädchen auf d. Meeresgrund, 1970), 2 Kd. (Hans (aus d. gesch. Ehe m. Hannelore Schroth), Meta) - Theresianum Wien; Univ. ebd. u. Berlin (Promot. 1943) - Versch. Unterwasser-Exped. (Westindien, Ägäis, Rotes Meer, Australien, Galapagos-Inseln, Ind. Ozean) - BV: Jagd unter Wasser m. Harpune u. Kamera, 1939; Unter Korallen u. Haien, 1941; Photojagd am Meeresgrund, 1942; 3 Jäger auf d. Meeresgrund, 1948; Menschen u. Haie, 1950; Manta, Teufel im Roten Meer, 1952; Ich fotografierte in d. 7 Meeren, 1956; Wir kommen aus d. Meer, 1957; Expedition ins Unbekannte, 1961 (Bildbd.); Wir Menschen - D. Geheimnis unseres Verhaltens, 1968; Energon - D. verborgene Gemeinsame, 1970; In unberührte Tiefen - D. Bezwingung d. trop. Meere, 1971; Welt unter Wasser - D. abenteuerl. Vorstoß d. Menschen ins Meer, 1973; D. Schöpfung geht weiter, 1978; Wie d. Fisch z. Menschen wurde - D. faszinierende Gesch. unserer Entwicklung, 1979; Im Roten Meer, 1980; Abenteuer unter Wasser - Meine Erlebnisse u. Forschungen im Meer, 1986; Naturphil. Schriften (4 Bde) ; D. Ball u. d. Rose, 1987; D. Hai im Management - z. Biologie wirtschaftl. Fehlverhaltens, 1988. Unterwasserfilme: Pirsch unt. Wasser, Menschen unt. Haien, Abenteuer im Roten Meer, Unternehmen Xarifa. Fernsehserien: Exped. ins Unbek. (26 Folgen), Wir Menschen (26 Folgen), Unterwasser-Report (17 Folgen), Meine Erlebnisse u. Forsch. im Meer (13 Folgen). Gründer d. Int. Inst. f. submar. Forsch. (Vaduz), Gründungspräs. PEN Club Liechtenstein, Mitbegründer d. Forsch.stelle f. Humanethol. d. Max-Planck-Ges. (Andechs), Begründer d. Energontheorie u. d. Optimal Business Strategy (OBS) - Div. Ausz. (u. a. 1952 I. Preis Biennale Venedig u. 59 OSCAR Los Angeles).

HASS (ß), Otto
Dipl.-Math., Wiss. Oberrat, Lehrbeauftr. f. Math. f. Wirtschaftswiss.ler Univ. Erlangen-Nürnberg - Lehrbergerstr. 33, 8500 Nürnberg.

HASS, Reiner
Dr. rer. nat., Prof. f. Mathematik Univ. Hamburg (Inst. f. Angew. Math.) - Föhrenschlucht 6, 2110 Buchholz.

HASSAUER, Friederike
Dr. phil., M.A. (USA), Prof., Lehrstuhl f. Romanische Philol. Univ. Wien, Literaturwissenschaftlerin, Autorin - Schwarzspanierstr. 4, A-1090 Wien (T.

43 44 56), Altes Rathaus Zimmern, 8772 Marktheidenfeld am Main (T. 09391 - 13 07) - Geb. 29. Nov. 1951 Abit. Mozartgymn. Würzburg; Stud. Roman., German., Phil., Kunstgesch. in Würzburg, Tübingen, St. Louis/USA, Bochum, Paris, Madrid, Salamanca, Siena; M.A. (USA) 1975; Promot. 1980 Bochum; Habil. 1988 Siegen - BV: Kinderwunsch (m. Peter Roos), 1982; Felicien Rops: D. weibl. Körper - d. männl. Blick (m. Peter Roos), 1984; Frauen m. Flügeln, Männer m. Blei (m. Peter Roos), 1986; D. Phil. d. Fabeltiere, 1986; Arthur Schopenhauer: Üb. d. Weiber, 1986; Berlin 1930 (m. Peter Roos), 1987; Santiago - Schrift · Körper · Raum · Reise - Eine medienhistorische Rekonstruktion, 1992; Textverluste - E. Streitschrift, 1992. Filme: Nach Santiago (WDR 1982); D. infame Fély (WDR 1985) - Spr.: Engl., Franz., Ital., Lat., Span. - Lit.: Manfred Bissinger, in: Auskunft üb. Dtschl., Hamburg (1988).

HASSE, Gerhard
Vorstandsvorsitzender Deutsche Rückversicherung AG, Verb. öfftl. Feuerversicherer, Verb. öffentl. Lebens- u. Haftpflichtversicherer, Berlin/Düsseldorf - Krietkamp 82, 2000 Hamburg 65 (T. 536 52 10) - Stud. Rechtswiss. Gr. jurist. Staatsprüf.

HASSE, Jörg U.
Dr., Dipl.-Phys., Prof. f. Experimentalphysik Univ. Karlsruhe - Kaiserstr. 12, 7500 Karlsruhe (T. 608-34 42) - Geb. 9. Aug. 1929, verh. s. 1957, 3 Kd. - Promot. Göttingen; Habil. Karlsruhe - Zun. wiss. Mitarb. GFKF Aachen.

HASSE, Karl
Dr.-Ing., Prof. f. Stromrichtergespeiste Antriebe TH Darmstadt - Carl-Legien-Str. 9, 6102 Pfungstadt.

HASSE, Lutz
Dr. rer. nat., Prof. f. Meteorologie - Zu erreichen üb. Inst. f. Meereskunde Univ. Kiel, Düsternbrooker Weg 20, 2300 Kiel - Geb. 17. Aug. 1930 Hindenburg/O.Schles. - S. 1970 Prof. Univ. Hamburg, s. 1980 Prof. Inst. f. Meereskd. Univ. Kiel. Spez. Arbeitsgeb.: Wechselwirkung Ozean-Atmosphäre.

HASSEL, Hermann
Dr. jur., Geschäftsführer Fachverb. Grubenausbau u. Fachverb. Pulvermetallurgie - Goldene Pforte 1, 5800 Hagen-Emst (T. 02331 - 95 88-0, Fax 02331 - 5 10 46).

HASSEL, von, Horst
Senator a. D. - Rembertiring 8-12, 2800 Bremen (T. 36 11) - Geb. 1928 - 1979-83 Bildungssenator Bremen (Rücktr.); 1983ff. Bildungs- u. Kulturstadtrat Bremerhaven. S. 1971 Mitgl. Brem. Bürgerschaft. SPD.

HASSEL, von, Kai-Uwe
Dr. phil. h. c., Bundesminister a. D., Bundestagspräsident a. D. - Lyngs-

bergstr. 39b, 5300 Bonn 2 - Geb. 21. April 1913 Gare/Tanganjika (Vater: Theodor v. H., b. 1919 Hptm. d. Schutztruppe, Pflanzer u. Großwildjäger; Mutter: Emma, geb. Jebsen), ev., verh. I) 1940 m. Elfriede, geb. Frölich (Samoa) †1971, 2 Kd. (Jochen, 1970 als Oblt. m. d. Starfighter F 104 G tödl. verungl.; Barbara, verehel. Weisse), II) Dr. phil. Monika, geb. Weichert, kath. (Landesverw.rätin a. D.), S. Jan Friedrich - Reform-Realgymn. (Abit.); Landw., kaufm. u. techn. Sonderausbild. für Übersee - 1935-40 (Ausweis.) Pflanzungsassist., -leit. u. -kaufm. Tanganjika, dann Wehrm. (Ltn. d. R.), n. Kriegsende Kreisverw. Flensburg. 1947-50 Bürgerm. Glücksburg, 1948-54 MdK Flensburg, 1950-62 Bürgervorsteher Glücksburg, MdL, 1951-64 stv. u. CDU-Landesvors. (1955), 1953-54 u. 1965-80 MdB (1969-72 Präs., 1972-76 Vizepräs.), 1954-62 Ministerpräs. Schlesw.-Holst. u. Mitgl. Bundesrat (1955/56 Präs.), 1956-69 stv. Bundesvors., 1969-76 Mitgl. Parteipräs. CDU, 1962-69 Bundesmin. d. Verteidig. u. f. Vertriebene, Flüchtlinge u. Kriegsgeschädigte (1966), 1969-72 Präs. d. Dt. Bundestages, s. 1980 Ehrenvors. CDU; SH. Gründer (1968) u. Vors. Hermann-Ehlers-Stiftg. f. staatsbgl. Bildung. 1973-80 Präs. Europ. Union Christl. Demokraten u. Vizepräs. Weltunion; s. 1975 Präs. Dt.-Iran. Ges. 1977-80; Präs. Parl. Vers. d. Westeurop. Union (WEU). 1979-84 Mitgl. Europ. Parlament; s. 1984 Mitgl. Komniss. bedeut. Staatsmänner, Mitgl. Europarat, Straßburg - BV: Verantw. f. d. Freiheit - Reden u. Aufs. 1965 - 1956 Großkreuz des VO. d. BRD; hohe ausl. Ausz.; 1985 Dr. phil. h.c., Ankara - Liebh.: Farbfotogr. - Spr.: Suaheli, Engl., Franz.

HASSEL, Kurt
Verwaltungsamtmann, Vors. Bund d. Sozialversicherungs-Beamten u. -Angest., Bonn, u. Vorstandsmitgl. Dt. Beamtenbd., Bad Godesberg (s. 1960) - Idastr. 19, 5270 Gummersbach (T. 32 71) - Geb. 28. Febr. 1912 Bünghausen (Vater: Heinrich H., Handwerker; Mutter: Emmi, geb. Siebel), ev., verh. s. 1937 m. Adele, geb. Gerlach, S. Udo - Mittlere Reife; Verw.sprüf. 1933 u. 1935 - Krankenkassen- und Kommunaldst. (bis 1963) - Gold. Sportabz.

HASSELBACH, Wilhelm
Dr. med., Prof., Direktor Inst. f. Physiologie/Max-Planck-Inst. f. Med. Forschung, Heidelberg - Wilckensstr. 39, 6900 Heidelberg - Geb. 15. Okt. 1921 Falkenstein/Ts. - S. 1956 (Habil.) Lehrtätig. Univ. Heidelberg (1961 Hon. Prof. f. Physiol.). Fachveröff. - 1963 Ferdberg-Preis; 1987 Morawitz-Preis.

HASSELBLATT, Arnold
Dr. med., o. Prof. f. Pharmakologie u. Toxikol. - Robert-Koch-Str. 12, 3400 Göttingen (T. 3 28 25) - Geb. 20. Juni 1929 - S. 1962 (Habil.) Lehrtätig. Göttingen (1969 apl., 1971 o. Prof.). Fachveröff.

HASSELBLATT-DIEDRICH, Ingrid

Dr. med., Chefärztin f. Chirurgie Krankenhaus Sachsenhausen, Frankfurt - Thorwaldsenstr. 39, 6000 Frankfurt/M. (T. 069 - 605 95 22) - Geb. 17. Aug. 1940 Frankfurt/M., ev., verh. s. 1983 m. Karl-Heinz Diedrich - Med.-Stud.; Ex. 1967; Promot. 1968 Frankfurt/M.; ECFMG 1967 (amerik. med. Ex. f. Ausländer) - S. 1981 stv. Vors. Hartmannbund, Verb., d. Ärzte Deutschl., Bonn; Landesvors. Hartmannbund Hessen; Präsid.-Mitgl. Landesärztekammer Hessen; Vorst.-Mitgl. d. Akad. d. Gebietsärzte u. d. Bundesärztekammer, s. 1991 Vorst.-Mitgl. Bundesärztekammer - BV: Erfolgreiche Operationen b. Doppelmißbildungen, Diss. 1968 - 1990 BVK am Bde. - Liebh.: Musik, Literatur, Reisen - Spr.: Engl., Franz.

HASSELFELDT, Gerda
Dipl.-Volksw., Bundesministerin f. Gesundheit (1991/92) - Koblenzer Str. 112, 5300 Bonn 2 (T. 0228 - 9 41-0) - Geb. 7. Juli 1950 Straubing, kath., verh. s. 1974 m. Volker H., 2 Kd. (Bernd, Claudia) - Stud. Volkswirtsch.lehre München u. Regensburg; Dipl. 1975 Regensburg - Abt.-Leit. Arbeitsamt Deggendorf. S. 1987 MdB (CDU/CSU-Frakt.); April 1989-Jan. 1991 Bundesmin. f. Raumordnung, Bauwesen u. Städtebau; s. Sept. 1991 Landesvors. d. Frauenunion d. CSU.

HASSELL, von, Henning L.
Botschafter d. Bundesrepublik Deutschland in Nikosia/Zypern - P O Box 1795, 10, Nikitaras Str., Nicosia/Cyprus - Geb. 18. April 1929 Königsberg/Pr. (Vater: Carl v. H., Oberpräsidialrat; Mutter: Ottony, geb. v. Puttkamer), ev., verh. s. 1956 m. Renate, geb. Börner, 3 Kd. (Nikola, Konstantin, Julian) - Friedrichskollegium Königsberg, Katharineum Lübeck; Univ. Tübingen; 1. jurist. Staatsex. 1950; Promot. 1952 Tübingen, 2 jurist. Staatsex. 1955 Stuttgart, Prüf. f. d. Höh. Ausw. Dst. 1957 - 1958-61 Vizekonsul u. Konsul San Francisco; 1961-66 Legationsrat Botsch. in Heiligen Stuhl; 1969-74 Generalkonsul Saloniki; 1974-78 Botschaftsrat I. Kl. Santiago de Chile; 1981-85 Gesandter Ankara; 1985-92 Generalkonsul Toronto; s. 1992 Botsch. in Nikosia - 1963 Commendatore San Silvestro (Vatikan); 1964 Com. St. Gregorio Magno; 1977 BVK I. Kl.; 1979 Komturkreuz VO v. Chile - Liebh.: Lit., Musik, Archäol., Gesch., Wandern - Spr.: Engl., Franz., Span.

HASSELMANN, Klaus
Dr. rer. nat., o. Prof. f. Strömungsphysik - Bundesstr. 55, 2000 Hamburg 13; priv.: Kayhude - Geb. 25. Okt. 1931 Hamburg (Vater: Dr. phil. Erwin H., Publizist (s. dort); Mutter: Dorothea, geb. Leo), ev., verh. s. 1957 m. Susanne, geb. Barthe, 3 Kd. (Meike, Knut, Annette) - Schulen England; 1949-54 Univ. Hamburg (Physik, Math.; Dipl.), 1955-57 Göttingen

(Promot.) - 1957-61 Assist. Univ. Hamburg (Inst. f. Schiffbau); 1962-63 Assistant Prof. Univ. San Diego (USA); s. 1965 Wiss. Rat u. Prof. (Inst. f. Schiffbau), Abt.dir. (1969; Geophysikal. Inst.), o. Prof. (1972) Univ. Hamburg. 1975ff. Dir. Max-Planck-Inst. f. Meteorologie, Hamburg; 1988 wiss. Dir. Dt. Klimarechenzentrum, Hamburg. Viele Fachveröff. - 1963 Carl-Christiansen-Gedächtnispreis; 1964 James Macelwane Award (American Geophysical Soc.); 1970 Preis f. Phys. Akad. d. Wiss. Göttingen; 1971 Sverdrup Medal American Meteorol. Union; 1981 Belfotop-Eurosense Award d. Remote Sensing Soc.; 1990 Robertson Lecture Award (US National Accad. of Science); 1990 Förderpreis f. d. Europ. Wiss. d. Körber-Stiftg., Hamburg - Liebh.: Musik, Segeln, Sport - Spr.: Engl., Franz.

HASSELMANN, Wilfried

Landwirt, Nieders. Minister d. Innern (1986-88), MdL - 3101 Nienhof 3 - Geb. 23. Juli 1924 Celle (Vater: Otto H., Landwirt; Mutter: Hertha, geb. Rehwinkel), ev., verh. s. 1955 m. Marianne, geb. Thiele, 2 Söhne (Cordt, Karsten) - Ober- u. Landw. Fachsch. Celle; landw. Ausbild. in Fremdbetrieben. Meisterprüf. - Landw.; 1965-70 (Rücktr.) nds. Min. f. Ernährung, Landw. 1962-69 Vors. Bund d. Dt. Landjugend. S. 1963 MdL (b. 1965 Mitgl. Fraktionsvorst.; 1970ff. Fraktionsvors.); 1976-86 Min. f. Bundesangelegenh. u. 1978ff. stv. Ministerpräs. CDU (1968 Landesvors.; 1969 Mitgl. Parteivorst.). Oberst d. R. - Ehrenzeichen in Gold; Gr. BVK m. Stern u. Schulterbd.; 1975 Gr. Verdienstkreuz Nieders. VO. - Onkel: Edmund Rehwinkel (s. dort).

HASSEMER, Volker

Dr. jur., Senator f. Stadtentwickl. u. Umweltschutz, MdA, Stellv. Vorsitzender d. CDU Berlin - 1000 Berlin 61 - Geb. 20. Jan. 1944 Metz (Vater: Martin H., Bundesbahndir. i. R.; Mutter: Maria, geb. Deister), kath., verh. s. 1969 m. Sieglinde, geb. Beyhl, 3 Kd. (Max, Hanna, Julius) - Stefan-George-Gymn. Bingen; Univ. Saarbrücken, Mainz, Berlin (FU). Jurist. Staatsex. 1968 (Saarbrücken) u. Berlin (1971) - Rechtsamt Wedding, Senatsverw. f. Schulwesen, Umweltbundesamt (1974ff.; alles Berlin). S. 1979 MdA Berlin; 1981-83 Senator f. Stadtentw. u. Umweltschutz Berlin, 1983-89 Senator f. Kulturelle Angelegenh., s. 1991 Senator f. Stadtentwickl. u. Umweltschutz Berlin - BV: Delictum sui generis im Strafrecht, 1974 (Diss.).

HASSEMER, Winfried

Dr. jur., Prof. f. Rechtstheorie, -soziologie, Strafrecht u. Strafverfahren - Blanchardstr. 14, 6000 Frankfurt/M. - Geb. 17. Febr. 1940 - Promot. 1967 - S. 1972 (Habil.) Lehrtätigk. Univ. Frankfurt (1973 Prof.). Vorst.-Mitgl. Dt. Sektion d. Intern. Vereinig. f. Rechts- u. Sozialphil. sow. in d. Vereinig. f. Rechtssoziol.; Datenschutzbeauftragter d. Landes Hessen. Facharb.

HASSENPFLUG, Helwig

Dr. jur., Dr. h.c., Rechtsanwalt, Verleger, pers. haft. Gesellschafter Verlag Walter de Gruyter & Co. Berlin (s. 1985) - Pücklerstr. 8, 1000 Berlin 33 (T. 030 - 26 00 51 15) - Geb. 10. März 1936 Hamburg, ev., verh. s. 1965 m. Blandine, geb. Ebinger (Schauspielerin) - Jura-Stud. 1956-60; Promot. 1963; RA s. 1963; 1969-84 Leit. jurist. Verlag b. Walter de Gruyter & Co.; s. 1985 Mitgl. d. Geschäftsleitg. Walter de Gruyter & Co. - S. 1962 Herausg. d. Reihe ....leicht gemacht (6 Titel), Reihe Definitionenkalender u. Rechtsprechungsübersichten (18 Titel); Festschr. f. Karl Schäfer (1979) - Spr.: Engl., Franz., Ital. - 1989 Ehrendoktor Univ. Würzburg - Bek. Vorf.: Kurhess. Min.präs. Hassenpflug, "D. Hessen Fluch" (Urgroßvater).

HASSENSTEIN, Bernhard

Dr. rer. nat., o. Prof. f. Biologie - Herchersgarten 19, 7802 Merzhausen b. Freiburg/Br. (T. 0761 - 40 66 01) - Geb. 31. Mai 1922 Potsdam (Vater: Prof. Dr. Walter H., Astronom), ev., verh. s. 1953 m. Helma, geb. Schrader - Gymn.; 1940/41 u. 1945-48 Univ. Berlin, Göttingen, Heidelberg. Promot. 1950 - 1948-54 Assist. Max-Planck-Inst. f. Verhaltensphysiol.; 1954-60 Assist. u. Doz. (1958) Univ. Tübingen; 1958-60 wiss. Mitarb. Forschungsgruppe Kybernetik MPI f. Biol.; 1960-84 o. Prof. Univ. Freiburg. 1967-70 Mitgl. Wiss.rat; 1974-81 Vors. Kommiss. Anwalt d. Kindes Kultusmin. Bad.-Württ. - BV: Biol. Kybernetik, 5. A. 1977; Verhaltensbiol. d. Kindes, 4. A. 1987; Instinkt-Lernen-Spielen-Einsicht. Einf. in d. Verhaltensbiol., 1980; Klugheit. Bausteine zu e. Naturgeschichte d. Intelligenz, 2. A. 1992; Was Kindern zusteht (m. H. Hassenstein), 3. A. 1989 - 1961 o. Mitgl. Heidelbg. Akad. d. Wiss.; 1965 Mitgl. Dt. Akad. d. Naturforscher (Leopoldina); 1975 Ehrenmitgl. Dt. Ges. f. Kinderheilkd.; 1981 Max-Born-Med. - 1981 Karl-Küpfmüller-Ring d. TH Darmstadt; 1984 Dr. Albert Wander-Preis, Bern - Spr.: Engl. - Bek. Vorf. ms.: Prof. Dr. h. c. Bernhard Wanach, Geodät.

HASSENSTEIN, Friedrich

Dr. phil., Prof. f. Deutsche Sprache u. Didaktik d. Deutschunterr. Universität Göttingen - Stauffenbergring 25, 3400 Göttingen - Geb. 16. Juni 1925 Potsdam (Vater: Prof. Dr. Walter H.), verh. m. Renate, geb. Curtius.

HASSERT, Günter

Dipl.-Volksw., geschäftsf. Vorstandsmitglied Verb. Westfäl. Holzind. u. Kunststoffverb., u. Verb. d. Dt. Polstermöbelind. - Engerstr. 4b, 4900 Herford (T. 40 71) - Geb. 2. Juni 1926.

HASSERT, Günther

Regisseur - Gustav-Heinemann-Ufer 92, 5000 Köln 51 (T. 38 63 54) - Geb. 7. Mai 1919 Erfurt (Vater: Bernhard B.; Mutter: Elsa, geb. Rennebach), ev., verh. s. 1956 m. Erika, geb. Hanf, S. Hermann - Filmakad.; Dipl. Accad. Italia - S. 1950 Regiss. - Zahlr. Shows, Ballette, Opernsend. u. Features - 1982 Gold. Zentaur Accad. Italia; 1982 Goldmed. Intern. Parlam., USA; 1983 Accad. delle Nazioni; 1986 Gold. Palme Accad. Europa; 1987 Dr. h. c. - Spr.: Engl., Franz., Ital.

HASSKAMP(ß), Peter

Dr., Vorstandsvorsitzender Bremer Landesbank Kreditanstalt Oldenburg - Girozentrale- (s. 1984) - Domshof 26, 2800 Bremen 1 - Zul. Westd. Landesbk.

HASSLER, Kurt

Dipl.-Ing., Vorstandsmitglied Heilmann & Littmann AG., München - Karolinenstr. 2, 6101 Seeheim/Bergstr. - Geb. 13. Febr. 1925.

HASTENPFLUG, Josef

Assessor, Geschäftsf. Landsiedlung Rheinland-Pfalz GmbH., Koblenz, Vors. Bundesverb. d. gemeinn. Landges., Bonn - Im Mühlental 77, 5400 Koblenz - Geb. 5. April 1921 - Stud. Rechtswiss.

HASTERS, Heima

Schriftstellerin - Zietenstr. 8, 7500 Karlsruhe (T. 0721 - 55 89 14) - Geb. 8. Sept. 1942 Düsseldorf, konf.los, gesch., T. Milena - Stud. German., Angl., Roman. Heidelberg, Paris, USA; Rundfunkvolontariat - Presse- u. Rundfunkarbeit SDR Heidelberger Tageblatt; Doz. Päd. Fachinst. u. Fachsem. Karlsruhe - BV: Mein System, Aphorismen + Prosamonologe 1982; Reisende Frauen, Kurzgesch. 1986; Tiefflug. Feuerwerk, R. 1989; Lit. Arb. u. Video-Dokum. z. Perspekt. d. Frau - Versch. Preise u. Stip. (1982 Dt. Lit.fonds) - Spr.: Lat., Griech., Engl., Franz.

HATLAPA, Hans-Heinrich

Dr. sc. paed. h.c., Forstwirt, Fabrikant - Zu erreichen üb. Hatlapa Uetersener Maschinenfabrik, Postf., 2082 Uetersen; u. Forsthof Eekholt, 2351 Großenaspe -

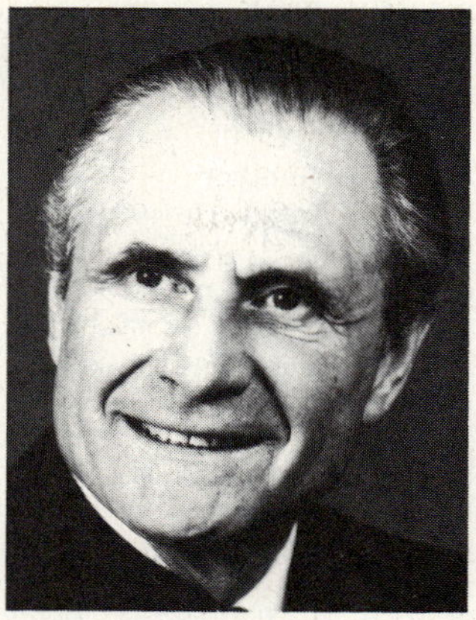

Geb. 27. Mai 1920 Uetersen (Vater: Max H.; Mutter: Johanna, geb. Strecker), ev., verh. s. 1954 m. Theda, geb. Gräfin Finck v. Finckenstein, 4 Kd. (Christoph, Peter, Hubertus, Gabriele) - Stud. Volksw. u. Betriebsw. Univ. Toronto u. Hannover - Mitinh. Hatlapa Uetersener Masch.fabrik u. Fördertechnik Hamburg (FTH); 1945-80 Mitgeschäftsf. Hatlapa, Uetersen; Leit. Umwelterziehungsstätte Wildpark Eekholt - BV: Wild in Gehegen (m. Reuß); D. Praxis d. Wildtierimmobilisation (m. Wiesner) - 1983 Umweltschutzpreis LBS Schlesw.-Holst.; 1986 BVK am Bde. - Interessen: Veterinärmed., Wildbiol. - Gold. Sportabz. - Spr.: Engl., Franz.

HATTEMER, Klaus

Dr. jur., Unternehmensberater, geschäftsf. Gesellsch. Deutsches Media Inst. GmbH, Frankfurt/M. - Elfgenweg 8, 4000 Düsseldorf 11 (T. 0211 - 59 13 04) - Geb. 16. Jan. 1932 Klingenberg/M. - Promot. 1957 Würzburg - Selbst. Berater u. Publizist (u.a. Kolumne in Capital, Handelsblatt); 1982-86 Gf. Vorst.-Mitgl. Wirtschaftsverb. Dt. Werbeagenturen; 1987-89 Geschäftsf. Verlagsgr. Handelsblatt; AR-Vors. Dt. Börsen-Fernsehen (Tele Börse), Frankfurt/M. - BV: D. vergessene Milliarde, Werbefachb. 1965. Mithrsg. Jahrb. d. Werbung 1967-76 (m. E. Neumann u. W. Sprang) - 1964 Theodor-Wolff-Preis.

HATTEN, van, Pieter

s. Glock, Karl Borromäus

HATTIG, Josef

Geschäftsführer Brauerei Beck & Co., Bremen (s. 1972) - Am Deich 18/19, 2800 Bremen - Stud. Rechtswiss. Gr. jurist. Staatsprüf. - AR-Vors. Haake-Beck Brauerei AG; Präs. Dt. Brauer-Bund e.V.; Vors. Bremer Brauer-Societät; Präses Handelskammer Bremen; Chairman of the Board Dribeck Importers, Inc., USA.

HATTINGBERG, von, Michael

Dr. med., Prof. f. Kinderheilkunde, insb. Pharmakokinetik, Univ. Gießen - Marburger Str. 6, 6300 Gießen.

HAUB, Erivan K.

Dipl.-Volksw., Kaufmann, alleingf. Gesellsch. Wilh. Schmitz-Scholl, Tengelmann Warenhandelsges., Mülheim/Ruhr, d. Emil Tengelmann, Heilbronn, Mitinh. Kaiser's Kaffee-Geschäft AG, Viersen, u. a. - Wissollstr. 5-43, 4330 Mülheim/Ruhr (Telefon 58 06-0); priv.: Hasengartenstr. 25, 6200 Wiesbaden - Geb. 29. Sept. 1932.

HAUB, Fritz

Dr. rer. nat., Prof. f. Biologie u. Didaktik d. Biologieunterr. Erziehungswiss. Hochsch. Rheinland-Pfalz/Abt. Koblenz - Platanenstr. 28, 6500 Main 42 - Geb. 9. Juni 1931 Mainz-Weisenau - Promot. 1967 Mainz - S. 1973 Prof. Spez. Arbeitsgeb.: Morphologie u. Systematik d. Mallophagen.

HAUBENSAK, Gert

Dr. phil., Prof. f. Psychologie Univ. Gießen - Brucknerstr. 7, 6301 Pohlheim 1 - Geb. 13. März 1939 Reutlingen.

HAUBOLD, Christoph

Vorstandsmitglied REWE-Zentral AG. u. REWE-Zentralfinanz eG. (1981 ff.) - Jakordenstr. 3-17, 5000 Köln 1 - Geb. 1934 (?) - 1970-81 Geschäftsf. Gedelfi Großeinkauf GmbH. & Co. KG., Köln.

HAUBOLD, Erhard

Journalist (Asienkorresp.) - Zu erreichen üb. FAZ, Postf. 2901, 6000 Frankfurt/M. 1 - Geb. 8. Sept. 1936 Ansbach/Mfr., verh., 2 Töcht. - Univ. Erlangen-Nürnberg (Wirtschaftswiss., Publiz.; Diplomprüf. 1959). Fulbright-Stip. USA (1 J.) - B. 1967 Redakt. Handelsbl., dann Auslandskorr. Neue Zürcher Ztg. (Neu-Delhi, 1972 Sydney) u. FAZ (1976; 1980 Südostasienkorr., Singapur; 1987 Asien-Korresp. Süd- u. Südostasien, Sitz Neu Delhi).

HAUBOLD, Karl

Dr. rer. nat., Prof. f. Physik Univ. Oldenburg - Kasperweg 115b, 2900 Oldenburg/O. - Zul. Frankfurt/M.

HAUBOLD, Ulrich

Dr. med., Prof. f. Strahlentherapie u. Nuklearmedizin (s. 1972) - Borussenstr. 15, 1000 Berlin 38 - Geb. 13. Aug. 1936 Berlin - Promot. 1963 München - S. 1972 (Habil.) Lehrtätigk. FU Berlin (Klinikum Rudolf Virchow). Üb. 30 Fachaufs.

HAUBOLD, Wolfgang

Dr. rer. nat., Prof. f. Anorgan. u. Analyt. Chemie Univ. Hohenheim - Elfenstr. 68, 7000 Stuttgart 80 - Geb. 12. März 1937 Wolfen/Bitterfeld (Vater: Max H., Dipl.-Ing.; Mutter: Wilhelmine, geb. Knietsch), ev., verh. s. 1967 m. Renate, geb. Hammann, 2 Söhne (Jens, Jan) - 1956-63 Stud. Chemie Univ. Heidelberg u. Karlsruhe; (Promot. 1965), Habil. 1975 Univ. Stuttgart - 1965-75 wiss. Assist. Heidelberg u. Stuttgart; dazw. res. assoc. Bloomington/Ind. (USA); 1975 Privatdoz., 1977 Univ.-Doz. Stuttgart; 1980 Lehrst. f. Anorgan. u. Analyt. Chemie Univ. Hohenheim (1986 Vizepräs., 1990 Präs.). 53 Publ. (insbes. üb. Bor- u. Phosphor-Verbind., Emissionsspektr.) in Fachztschr.; Handbuchart. - Spr.: Engl., Franz., Latein.

HAUBRICH, Hans-Jürgen

Dr.-Ing., Univ.-Prof. - Schinkelstr. 6, 5100 Aachen - Geb. 1. März 1941 Montabaur, verh., 2 Kd. - Stud. TH Darmstadt (Elektrotechnik); Dipl. 1965, Promot. 1971 - Leit. d. Inst. f. Elektrische Anlagen u. Energiewirtsch. u. gf. Kurat.-Mitgl. d. Forsch.ges. Energie an d. RWTH Aachen; Vorst. d. Forsch.-stelle f. Elektropathol. Mithrsg. v. ETEP u. Energiewirtschaftl. Tagesfragen.

HAUBRICH, Hartwig

Dr. rer. nat., Prof. f. Geographie - Birkenrain 34, 7811 St. Peter/Br. - Geb. 26. Mai 1932 Marienrachdorf (Vater: Willi H., Landwirt; Mutter: Johanna, geb. Mohr), kath., verh. s. 1957 m. Hildegard, geb. Eberz - PA Trier; Univ. Mainz. Beide Lehrerprüf. Promot. 1965 Mainz - 1954-61 Haupt- u. Realschullehrer; s. 1966 Lehrtätigk. PH Koblenz u. Freiburg (1969); 1988 Vors. d. Kommiss. Geographical Education d. Intern. Geographical Union - BV: u. a. Sozialgeogr., 1972; Konkrete Didaktik d. Geogr., 1978. Unterrichtsprogr. (auch dän. u. ital.), Geogr. Plansp., Drehb. z. Fernseh- u. Unterrichtsfilmen, AV-Medien, 1980; Geogr. Erziehung im intern. Blickfeld, 1982; Intern. Focus on Geogr. Education, 1982; Perception of People a. Places, 1984; Intern. Trends on Geogr. Education, 1987; How I see my country, 1988; Regionalbewußtsein Jugendlicher, 1990.

HAUBRICH, Walter
Journalist, Auslandskorresp. Frankfurter Allg. Ztg. in Madrid - Zu erreichen üb. FAZ, Postf. 29 01, 6000 Frankfurt/M. 1 - Geb. 25. Aug. 1935 - Stud. Roman. Philol. u. Dt. Lit. Frankfurt, Dijon, Salamanca, Madrid, Mainz; Staatsex. Dt., Span., Franz. - N. mehrj. Lektortätigk. (Santiago de Compostela u. Valladolid) s. 1968 FAZ (1969 Spanienkorresp.) - BV: Francos Erben. Spanien auf d. Weg in d. Gegenw., 1976; Andalusien, 1983; Madrid-Toledo, 1987 - 1986 Augsburger Univ.-Preis f. Spanien- u. Lateinamerikastud.

HAUBRICHS, Wolfgang
Dr. phil., Prof. f. Germanistik - Dr.-Schier-Str. 14K, 6670 St. Ingbert - Geb. 22. Dez. 1942 Saarbrücken (Vater: Willi H., RA; Mutter: Erika, geb. Schaap), ev., verh. s. 1978 m. Doris, geb. Leismann, 2 Kd. (Joerg, Corinna) - 1961-67 Stud. German. u. Gesch. Univ. Bonn u. Saarbrücken; Promot. 1967, Habil. 1975 Saarbrücken - 1967-69 Stip. DFG; 1972-77 Assist.-Prof., 1977 o. Prof. - BV: Ordo als Form, 1969; Erz.forsch., 3 Bde., 1976-78; D. Kultur d. Abtei Prüm z. Karolingerzeit, 1979; Georgslied u. Georgsleg. im frühen Mittelalter, 1979; Geschichte d. dt. Lit. I, 1, 1988. Herausg.: Ztschr. f. Literaturwiss. u. Linguistik - Spr.: Engl., Franz.

HAUBST, Rudolf
Dr. theol., Dr. h. c., o. Prof. f. Dogmatik - Mercatorstr. 11, 6501 Mainz-Marienborn (T. 3 49 59) - Geb. 18. April 1913 Maring/Mosel (Vater: Matthias H., Winzer; Mutter: Angela, geb. Lichter), kath. - Promot. (1950) u. Habil. (1955) Bonn - 1938-46 Kaplan Koblenz u. Trier (dazw. 4 J. Wehrdst.); 1946-50 Rektor u. Religionslehrer Kloster u. Schule Nonnenwerth; 1950-52 Stud. Vatikan. Bibl. Rom; s. 1954 Lehrtätigk. Univ. Bonn (Lehrbeauftr. f. Scholast. Phil., 1955 Privatdoz.) u. Mainz (1958; Ord.). S. 1960 Vors. Cusanus-Ges. u. Dir. Inst. f. Cusanus-Forsch. (Univ. Mainz), s. 1980 Univ. u. Theol. Fak. Trier - BV: D. Bild d. Einen u. Dreieinen Gottes in d. Welt nach Nikolaus v. Kues, 1952; D. Christologie d. N. v. Kues, 1956; V. Sinn d. Menschwerdung - Cur Deus homo, 1968; Streifzüge in d. cusanische Theologie, 1991. Zahlr. geistesgeschichtl. Unters. u. Veröff. Herausg.: Mitt. u. Forschungsbeitr. d. Cusanus-Ges. (1961ff.); D. Cusanus-Jubiläum (1964). Veröffentl. v. Symposien (Ref. u. Diskussionen): NvK in d. Geschichte d. Erkenntnisproblems (MFCG 11, 1975); D. Friede unter d. Religionen nach NvK (MFCG 16, 1984); D. Sehen Gottes n. NvK (MFCG 18, 1989); Weisheit u. Wissenschaft. Cusanus im Blick auf d. Gegenwart (MFCG 20, m. Kl. Kremer, 1992); Buchreihe d. Cusanus-Ges. (1964ff.); Nicolai de Cusa Sermones (1970ff.); Praefatio generalis zum gesamten Predigt-Werk des Nik. v. Kues (1991); Kleine Schriften d. Cusanus-Ges. H.12: Nikolaus v. Kues - Pförtner d. neuen Zeit; Nikolaus v. Kues, Textauswahl in dt. Übers., H. 1, D. Friede im Glauben, H. 2, D. Vaterunser - Erklärung in d. Volkssprache (1982), H. 3, De visione Dei - D. Sehen Gottes (1985) - 1973 Dr. theol. h.c., 1975 BVK I. Kl. - Festgabe z. 65. Geburtstag: D. Menschenbild d. Nikolaus von Kues u. d. christliche Humanismus (=MFCG 13, 1978).

HAUCH, Hans-Jürgen
Dr. med., Prof., Chefarzt II. Innere Abt. Allg. Krkhs. St. Georg - Heilwigstr. 6, 2000 Hamburg 20 - Geb. 3. Mai 1918 Hamburg - S. 1959 (Habil.) Privatdoz. u. apl. Prof. (1966) Univ. Hamburg. Üb. 50 Fachveröff.

HAUCHLER, Ingomar
Dr., Prof. f. Wirtschaftswiss. Hochsch. Bremen (s. 1976), Bundestagsabgeordneter (s. 1983; Landesliste Nieders., Mitgl. Finanz- u. Entw.aussch., entw.polit. Sprecher SPD-Bundestagsfrakt.) - Bundeshaus, 5300 Bonn 1 - Geb. 15. März 1938 Biberach/Riß - Gf. Vorst.-Mitgl. Stiftg. Entw. u. Frieden - SPD.

HAUCK, Erich
I. Bürgermeister Stadt Amorbach (s. 1970) - Rathaus, 8762 Amorbach/Ufr. - Geb. 25. Febr. 1922 Aschaffenburg - Zul. Geschäftsf. SPD.

HAUCK, Günther
Dr. med., Prof. f. Physiologie Univ. Münster (s. 1972) - Lippestr. 19, 4400 Münster/W. - Geb. 31. Jan. 1926 - Promot. 1952 Heidelberg; Habil. 1967 Würzburg - Facharb.

HAUCK, Hartwig
Dr., Dipl. rer. pol. techn., Geschäftsführer Nürnberg Messe GmbH - Messezentrum, 8500 Nürnberg 50 - Gf. Vorst. Deutscher Kanal- u. Schiffahrtsverein Rhein-Main-Donau e.V., Nürnberg.

HAUCK, Illon Astrid
Theaterleiterin, Schauspielerin - Klosterweg 4, 6653 Blieskastel (T. 06842 - 24 50) - Geb. 19. Juli 1949 Blieskastel (Vater: Herbert H., Weinkaufm.; Mutter: Hildegard, geb. Uebel), kath., 2 Söhne (Andreas, Dirk) - Realgymn. Homburg; Staatl. Hochsch. f. Musik (Abt. Schauspiel), Saarbrücken; Staatsex. 1968 - Engagements in: Saarbrücken (1967), Darmstadt (1969), Memmingen (1970), Kaiserslautern (1973). S. 1977 (Gründ.) Leit. Parktheater Blieskastel - Liebh.: Musik, Tanz, Schwimmen, Spaziergänge, Gartenarbeit, Tischtennis.

HAUCK, Karl
Dr. phil., em. o. Prof. f. Mittelalterl. Geschichte - Habichtshöhe 21, 4400 Münster/W. - Geb. 21. Dez. 1916 Leipzig, ev., verh. m. Dr. med. Ilse, geb. Nebelung, 3 Kd. - 1943 Privatdoz. Univ. Straßburg, 1945 Univ. Erlangen, 1950 apl., 1958 ao. Prof. f. Bayer. u. Fränk. Landesgesch., 1959 o. Prof. u. Mitdir. Histor. Sem. Univ. Münster. 1960-82 Mitgl. Histor. Kommiss. Westf. - BV: Goldbrakteaten aus Sievern, 1970 (Münstersche Mittelalterschr. I). Herausg.: Z. german.-dt. Heldensage (1961); Frühmittelalterl. Studien (I 1967 - XXI 1987); D. Einhardkreuz (1974); D. Goldbrakteaten d. Völkerwanderungszeit (1985-89, Münstersche Mittelalterschr. XXIV, 1-3) - 1961 korr. Mitgl. Dt. Archäol. Inst.; 1969 o. Mitgl. Göttinger Akad. d. Wiss.; 1986 o. Mitgl. Acad. Mediterranea Delle Scienze Catania; 1989 korr. Mitgl. Bayer. Akad. d. Wiss. München.

HAUCK, Michael
Bankkaufmann, pers. haft. Gesellschafter Georg Hauck & Sohn Bankiers KG a.A., Frankfurt, VR-Präs. Hauck Banquiers Luxembourg S. A., Luxembourg - Kaiserstr. 24, Postf. 3107, 6000 Frankfurt/M. 1 - Geb. 22. April 1927 (Vater: Alexander Hauck; Mutter: Anne Marie, geb. Oswalt), verh. m. Doraline, geb. Gr. Grote, 2 Kd. - Humanist. Gymn. Frankfurt; Banklehre u. -ausbild. im In- u. Ausland - S. 1956 Hauck & Sohn. Div. AR-Mandate, u. a. Michelin Reifenwerke KGaA, Karlsruhe, Ciba-Geigy GmbH, Wehr, Beamtenversicherungsverein d. Dt. Bank- u. Bankiergewerbes (a.G.), Berlin, Universal-Investment-GmbH, Frankfurter Hypothekenbank, sämtl. Frankfurt; Beirat-Mitgl. Hoessrich Verw.-Ges. mbH, Bad Homburg; stv. Vors. Anlageausschuß Deutsche Gesellsch. f. Wertpapiersparen mbH, Frankfurt; Mitgl. Verw.aussch. Freies Dt. Hochstift Frankfurter Goethe-Museum - Spr.: Engl., Franz.

HAUCK, Rudolf
Sozialarbeiter, MdB (1965-87; 1969-82 Vors. Aussch. Jugend, Familie, Gesundh., 1982-87 stv. Vors.) - Roter Torweg 7, 3330 Helmstedt - Geb. 20. April 1924 Schweinfurt, ev., verh., 2 Kd. - BV: D. Wasserträger. Erinnerungen u. Erkenntnisse e. Bundestagsabgeordneten 1968-87, 2 erw. A. 1990 - 1975 Gr. BVK, ging nach Stern dazu.

HAUENHERM, Wolfgang
Dipl.-Ing., Prof. f. Städtebau Univ.-GH Essen, Architekt, Stadtplaner - Steeler Str. 191, 4300 Essen 1 (T. 0201 - 28 14 57) - Geb. 23. Okt. 1932 Rheine (Vater: Bernhard H.; Mutter: Catharina, geb. Gude), kath., verh. s. 1960 m. Ottilie, geb. Linowsky, 4 Kd. (Justus, Eckhard, Eva, Henrike) - 1952-58 RWTH Aachen (Arch., Dipl. 1958; städtebaul. Ausb. b. Prof. Erich Kühn) - 1960 Stadtplanungsamt Gladbeck; 1961 Planungsamt Osnabrück; 1962-65 Münster; 1966 Baurat/Oberbaurat, Ing.-Schule Essen, Prof. Univ. Essen (1975 Prodekan, 1987/88 Dekan) - 1. Preise b. städtebaul. Wettbew.: 1970 Wohnbebauung Wanne-Eickel (ausgef.), 1974 Ortskern Avenwedde (nicht ausgef.) - Spr.: Engl., Ital.

HAUENSCHILD, Carl
Dr. rer. nat., o. Prof. Zool. Inst. TU Braunschweig - Akeleiweg 1, 3300 Braunschweig (T. Braunschweig 36 00 13) - Geb. 16. April 1926 München - S. 1954 (Habil.) Lehrtätigk. Univ. Tübingen, Univ. Freiburg (1960 apl. Prof.). TU Braunschweig (1967 Ord.). Fachveröff.

HAUENSCHILD, Karl
Gewerkschaftsvorsitzender a.D. - Wundramstr. 16, 3005 Hemmingen-Westerfeld - Geb. 30. Aug. 1920 Hannover - S. 1948 IG Chemie - Papier - Keramik (1969-82 Vors.). 1970ff. Präs. Intern. Föderation v. Chemie-, Energie- u. Fabrikarb.verb. SPD s. 1948 - 1975 BVK I. Kl., 1981 Gr. BVK.

HAUER, Gunther
Prof. f. Musik Hochsch. Karlsruhe, Pianist - Esternaystr. 63, 7517 Waldbronn (T. 07243 - 6 64 08) - Geb. 8. Juni 1935 Rüdersdorf/b. Berlin, verh. m. Michaela, geb. Weber, 5 Söhne (Michael, Helge, Florian, Johannes, Caspar-Felix) - 1953-61 Stud. Klavier Staatl. Hochsch. f. Musik Leipzig - S. 1980 Prof. f. Klavierspiel Karlsruhe - 1961-67 Lehrer Staatl. Hochsch. f. Musik Leipzig; 1969-72 Bad. Konservat.; ab 1972 Staatl. Hochsch. f. Musik Karlsruhe (1980 Prof.) - Spr.: Engl., Russ. - Bek. Vorf.: Joachim Ringelnatz, Schriftst. (Großonkel).

HAUER, Karl
Rechtsanwalt, Geschäftsf. Landesverb. d. Bekleidungsind. f. Baden - Marktstr. 40, 7630 Lahr/Schwarzw. (T. 25 05).

HAUER, Rudolf
Geschäftsführer Binder Magnete GmbH. - Mönchweiler Str. 1, 7730 Villingen-Schwenningen/Schwarzw. - Obering.

HAUF, Alfred
Sparkassendirektor, Vors. Industrie- u. Handelsgremium Neu-Ulm - Franz-Lehar-Str. 40, 7910 Neu-Ulm (T. 0731 - 70 92 70) - Geb. 18. Mai 1924 Ottobeuren (Vater: Gottfried H., Hauptlehrer; Mutter: Antonie, geb. Schwägele), kath., verh. s. 1947 m. Gertrud, geb. Schlaffner, 4 Kd. (Reinhard, Bertram, Markus, Angela) - Ausb. z. Sparkassen-Betriebswirt (Dipl.) - Schatzm. Rotes Kreuz u. Verkehrswacht Neu-Ulm, Vors. Verkehrswacht Neu-Ulm - 1984 Gold. Ehrenring IHK f. Augsburg u. Schwaben; 1984 BVK am Bde.

HAUF, Günter
Dr. rer. pol., Dipl.-Kfm., Dipl.-Chem., Geschäftsführer Polymer-Chemie GmbH., Sobernheim, u. Johann Hay GmbH. & Co. KG, Bockenau - Bösgrunder Weg 42a, 6550 Bad Kreuznach/Nahe - Geb. 20. Juli 1930.

HAUF, Rudolf
Dr. med., Prof., Ltd. Reg. Med.-Dir. i. R., Leiter gewerbeärztl. Dienst u. Institut f. prakt. Arbeitsmed., em. Lehrbeauftr. f. Arbeitsmed. Univ. Freiburg u. f. Elektropathol. TU München - Reutebachgasse 11, 7800 Freiburg/Br. (T. 5 62 01) - Geb. 9. Aug. 1917 Rastatt - Lehrbeauftr. f. Pathobiologie u. Pathophysiologie d. Elektroschäden Univ. München - Herausg. Schriftenr.: Beitr. z. Ersten Hilfe u. Behandl. v. Unfällen durch elektr. Strom - Spr.: Engl., Franz.

HAUFF, Günther W.
Dr. med. h. c., Verleger, pers. haft. Gesellsch. Georg Thieme Verlag, Geschäftsf. Verlag Ferdinand Enke, Pres. Thieme Medical Publishers, Inc. - Rüdigerstr. 14, 7000 Stuttgart 30 - Geb. 17. April 1927 Leipzig - Ehrenmitgl. Dt. Ges. f. Mund- Kiefer- u. Gesichtschirurgie; Korr. Mitgl. Dt. Röntgenges.; Georg-Hohmann-Plak.; Werner-Körte-Med. in Gold; Ehrensenator Univ. Graz; BVK I. Kl.

HAUFF, Volker

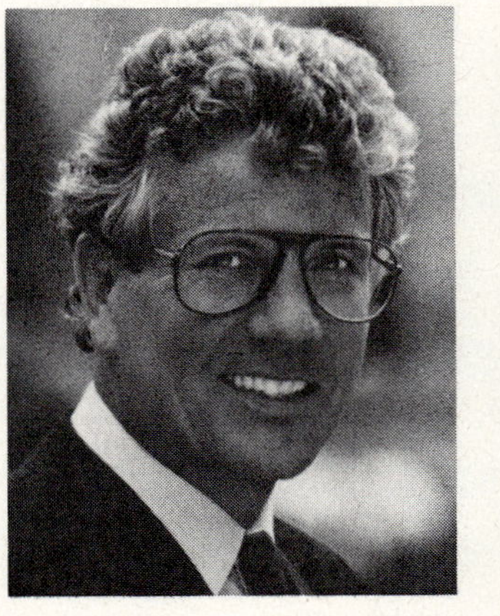

Dr. rer. pol., Bundesminister a.D., Oberbürgermeister d. Stadt Frankfurt (s. 1989, 1991 zurückgetr.), MdB (s. 1969; Wahlkr. Frankfurt) - Rösberger Str. 7, 5000 Köln 51 - Geb. 9. Aug. 1940 Backnang (Vater: Richard H., Oberstudiendir.; Mutter: Ilse, geb. Dieter), ev., verh. s. 1967 m. Ursula, geb. Irion, 2 Söhne (Matthias, Thadeusz) - Gymn.; FU Berlin (Wirtschafts- u. Sozialwiss.; Dipl.-Volksw. 1966). Promot. 1968 - 1966-70 Leit. eines Inst. f. Datenverarb. u. Städtesanierung; 1971-72 Mitarb. IBM. 1967 USA-Aufenth. (Univ. of Michigan); 1972-78 Parlam. Staatssekr. b. Bundesmin. f. Forsch. u. Technol.; 1978-80 Bundesmin. f. Forsch. u. Technol.; 1979-91 Mitgl. SPD-Parteivorst.; 1979-87 Vors. Kommiss. f. Umweltfragen u. Ökologie d. SPD-Parteivorst.; 1980-82 Bundesmin. f. Verkehr; 1983-88 stv. Vors. SPD-Bundestagsfraktion u. Leit. Arbeitskr. Umwelt u. Energie d. SPD-Bundestagsfraktion; 1984ff. dt. Mitgl. UNO-Kommiss. f. Umwelt u. Entw.; 1986-91 Mitgl. SPD-Landesvorst. Hessen; Vors. d. Kommiss. d. SPD-Parteivorst. Sichere Energieversorg. ohne Atomkraft. SPD s. 1959 - BV: Wörterb. d. Datenverarb., 3. A. 1969; Mitverf.: Programmierfibel - E. verständl. Einf. in d. Programmieren digitaler Automaten, 1965; F. e. soz. Bodenrecht, 1972; Modernisierung d. Volkswirtsch., 1975 (m. a.); Sprachlose Politik, 1979; Energie-Wende, 1986. Herausg.: Dt. Risikostudie Kernkraftwerke (1979). Mithrsg.: Berufschancen in d. elektron. Datenverarb. (1973), Forschungspolitik f. e. lebenswerte Zukunft (1974), Politik als Zukunftsgestalt. (1976), Damit d. Fortschritt nicht zum Risiko wird (1978) - Liebh.: Mod. Malerei, Kochen - Spr.: Engl., Franz., Ital.

HAUG, Albert
Dr. phil., Dipl.-Ing., Prof. f. Elektron. Meßtechnik - Schwalbenweg 8, 7910 Neu-Ulm 3 - Geb. 19. April 1927 Tübingen (Vater: Franz H., Studienrat; Mutter: Marta, geb. Friderich), kath., verh. s. 1956 m. Hildegard, geb. Mailänder, 3 Kd. (Franz, Gundi, Gero) - 1948 Rundfunkhandw.; 1953 Dipl.-Ing. (Stuttgart), 1975 Promot., 1982 Habil./Labordidaktik (beide Klagenfurt) - 1953-57 Mitarb. DFG; 1958-60 Entwicklungsing.; s. 1960 Doz. bzw. Prof. Fachhochsch. Ulm (1964-73 Prorektor). Arbeitsgeb.: Elektron. Meßtechnik, Ing.-

päd. Labordid., Technikgesch. (12 Bücher, ca. 95 Aufs.) - 1977 Wiss.preis Stadt Ulm.

HAUG, Eberhard
Dr. rer. nat., Prof. f. Physik Univ. Tübingen - Römerstr. 11/4, 7430 Metzingen (T. 07123 - 4 11 76) - Geb. 8. März 1936 Urach (Vater: Hermann H., Beamter; Mutter: Marta, geb. Kirschbaum), ev., verh. - Univ. Tübingen (Physik-Dipl. 1962, Promot. 1966) - 1968-75 Wiss. Assist., 1975-80 Privatdoz., 1980 Prof. Univ. Tüb. - Liebh.: Musik, Bergsteigen - Spr.: Franz., Engl.

HAUG, Frigga
Dr. phil. habil., Dozentin Hochschule f. Wirtsch. u. Politik Hamburg (s. 1978) - Krottnaurerstr. 72, 1000 Berlin 38 (T. 030 - 803 73 82); u. Rappstr. 2, 2000 Hamburg 13 - Geb. 28. Nov. 1937 Mülheim/Ruhr (Vater: Dipl.-Volksw. Heinz Langenberger; Mutter: Dipl.-Volksw. Melanie L.), verh. s. 1966 m. Wolfgang Fritz H., T. Marion - Gymn. Mülheim; Stud. FU Berlin; Dipl.-Soz. 1971; Promot. 1976; Habil. (Soz.psych.) 1978 - 1971-76 Wiss. Assist. Psych. Inst. FU Berlin; 1977 Gastprof. Kopenhagen, 1985 Sydney/Austral., 1986 Innsbruck, 1992 Toronto, Kanada - BV: Kritik d. Rollentheorie, 1972, 3. A. 1974; Gesellschaftl. Produktion u. Erzieh., 1977; Sexualisierungs d. Körpers, 1983, 2. A. 1988 (engl. 1987). 8 Bücher z. Arbeits- u. Automationsforsch. 1975-88; 8 Bücher z. Frauenforsch. 1980-91; Erinnerungsarbeit, 1990; D. andere Angst, 1991. Herausg. Ztschr. D. Argument; Redakt. Forum Krit. Psych. - Liebh.: Intern. sozialist. feminist. Frauenpolitik, Reisen - Spr.: Engl., Franz. - Lit.: Kornelia Hauser: Viele Orte überall? Feminismus in Bewegung, Festschr. f. F. H (1987).

HAUG, Hartmut
Dr., Dipl.-Phys., o. Prof. f. Theoret. Physik Univ. Frankfurt (s. 1973) - Am Hirschsprung 4, 6240 Königstein - Geb. 24. Juli 1936 Stuttgart (Vater: Ernst H., Amtm.; Mutter: Hedwig, geb. Jaus), ev., verh. m. Dr. Barbara Günther-H. - 1967-69 Prof. Univ. of Wisconsin, Madison, 1969-73 Philips Forschungslabor., Eindhoven; 1976 Gastprof. Univ. Tokio, Japan, 1980 Gastforscher IBM Lab, San Jose, Kalifornien; 1983 Gastprof. Univ. Campinas, Brasilien; 1984 Gastprof. Indiana Univ. Bloomington, USA; 1988 Gastprof. Univ. Straßburg u. Univ. Arizona, Tucson - Herausg. Optical Nonlinearities and Instabilities of Semiconductors Acad. Press, N.Y. (1988); Optical Switching in Low-Dimensional Systems, Plenum, N.Y. (1989). Koautor: Quantum Theory of Optical and Electronic Propertics of Semiconductor, World Scient. Publ., Singapore (1990). Mithrsg.: Journ. of Luminescence. Ca. 150 Veröff. z. Theorie d. Laser, Tieftemperaturphysik, Halbleiterphysik, Eigensch. hochangereter Materie, Vielteilchentheorie u. Nichtlineare Optik - Spr.: Engl., Holl.

HAUG, Herbert
Dr. med., em. o. Univ.-Prof., Anatomie Med. Univ. Lübeck (s. 1972) - Goldberg 5, 2400 Lübeck - Geb. 4. Aug. 1920 Stuttgart, verh. s. 1968 m. Hanna, geb. Hesse - Med. Staatsex. 1952; Promot. 1952; Habil. 1957; - 1952-65 Anat. Inst. Univ. Erlangen; 1963 apl. Prof.; 1965 Oberarzt Anat. Inst. Univ. Hamburg; 1969 Oberarzt Anat. Inst. Univ. Kiel; emerit. 1988. 1975-79 Pres. Intern. Soc. of Stereology - Etwa 150 Art. in wiss. Ztschr.; 3 Monogr. Themen: Neuroanat., Stereologie - Spr.: Engl.

HAUG, Horst
Bürgermeister Stadt Schwaigern - 7103 Schwaigern, Kr. Heilbronn (T. 07138 - 2 10) - Geb. 12. Mai 1936 Friedrichshafen (Vater: Georg H., Polizeibeamter †; Mutter: Maria, geb. Anhorn), ev., verh. s. 1970 m. Hannelore, geb. Dähn - Gymn.; FHS f. öfftl. Verw. (Ex. 1959) - 1959-62 Insp. u. Oberinsp. Stadt Schwaigern, s. 1963 Bürgerm. - Liebh.: Musik, Reisen, Sport, Biogr.

HAUG, Ulrich
Dr. rer. nat., Prof. f. Astronomie Univ. Hamburg/Sternwarte (s. 1972) - Gojenbergsweg 112c, 2050 Hamburg 80.

HAUG, Walter
Dr. phil., o. Prof. f. Dt. Philologie Univ. Tübingen (s. 1973) - Im Tannengrund 9, 7400 Tübingen (T. 07472 - 65 43) - Geb. 23. Nov. 1927 Glarus (Schweiz) - Habil. 1966 München - 1967-73 o. Prof. Univ. Regensburg. Facharb. - 1987 Leibnizpreis.

HAUG, Wolfgang Fritz
Dr. phil., Prof. f. Philosophie - Krottnaurer Str. 72, 1000 Berlin 38 (T. 030 - 803 73 82) - Geb. 23. März 1936 Eßlingen/N. (Vater: Walter H., Optikermstr.; Mutter: Lisel, geb. Stadler), verh. s. 1966 m. Frigga, geb. Langenberger - Gymn. Esslingen, Feinmechanik.lehre b. Kodak, Univ. Tübingen, West-Berlin, Montpellier, Perugia - 1965 Wiss. Assist., 1971 Assist.-Prof., 1979ff. Prof. FU Berlin - BV: Kritik d. Warenästhetik, 1971 (10. A. 1990; übers. Schwed., Serbokroat., Engl., Jap.); Vorles. z. Einf. in KAPITAL, 1974 (5. A. 1990; übers. Schwed., Span., Griech., Serbokroat., Slowen., Franz., Finnisch); J.-P. Sartre u. d. Konstruktion d. Absurden, 1966 (3. überarb. A. 1991); D. Zeitungsroman, 1980; Warenästhetik u. kapit. Massenkultur, Bd. 1, 1980 (übers. Finnisch, Span.); D. Faschisierung d. bürgerl. Subjekts, 1986, 2. A. 1987; Pluraler Marxismus, 3 Bde., 1985/87/92; V. hilflosen Antifaschismus z. Gnade d. späten Geburt, 1987; Commodity Aesthetics, Ideology and Culture, 1987; Gorbatschow - Versuch üb. d. Zusammenhang seines Denkens, 1989, 2. A. 1990; Versuch, beim tägl. Verlieren d. Bodens unter d. Füßen neuen Grund zu gewinnen, 1990; gemeins. m.: Projekt Ideologie-Theorie: Theorien üb. Ideologie, 1979 (3. A. 1986); Faschismus u. Ideologie, 2 Bde. 1980; Dt. Philosophen 1933, 1989. Herausg.: Kritisches Wörterb. d. Marxismus, 8 Bde. (1983-88); A. Gramsci, Gefängnishefte, 10 Bde. (1991ff.). Ztschr.: D. Argument (1959ff.) - Liebh.: Garten, Wein, Musik - Spr.: Engl., Franz., Span., Ital.

HAUGWITZ, Eleonore
s. Mutius, von, Dagmar

HAUK, Viktor
Dr. phil., Prof. f. Werkstoffkunde - Gerhart-Hauptmann-Str. 29, 4000 Düsseldorf (T. 63 33 36) - S. 1948 (Habil.) Privatdoz. u. apl. Prof. (1957) TH Aachen. 1969 ff. Vors. Dt. Ges. f. Zerstörungsfr. Prüfverfahren - 1969 Mitgl. Committee on Standardization of Tubular Goods u. Manufacturer Subcommittee American Petroleum Institute.

HAUKE, Harry
Dr. phil., Prof. f. Erziehungswissenschaft - Banaterstr. 27, 7072 Heubach (T. 07173 - 89 09) - Geb. 15. Nov. 1924 Bielitz/OS. (Vater: Hans H., Fabrikdir.), verh. s. 1948 m. Herta, geb. Daub, 4 Kd. (Heidi, Hanspeter, Stephan, Matthias) - Gymn.; Lehrerbildungsanst. Karlsruhe; Univ. Mainz u. Tübingen (Päd., Phil., Psych., Theol.) - B. 1967 Doz., dann Prof. Päd. Hochsch. Schwäb. Gmünd.Herausg.: Lernen m. Kleinkindern, Aspekte d. künft. Schule, Aspekte d. Geschlechtlichkeit, Asp. d. Lernens, Aktuelle Erziehungsprobleme; Mithrsg.: Wiss., Bildung u. päd. Wirklichk. (m. Buck u. Zahn).

HAUL, Robert A. W.
Dr.-Ing., o. Prof. (emerit.) Inst. f. Physikal. Chemie Univ. Hannover (s. 1964) - Callinstr. 3a, 3000 Hannover - Geb. 31. Mai 1912 Hamburg - TH Braunschweig, Graz, Danzig (Dipl.-Ing.), Berlin (Promot. 1938). Habil. 1942 Dt. TH Prag - 1937 b. 1945 wiss. Mitarb. u. Abt.-Leit. Kaiser-Wilhelm-Inst. f. Physikal. Chemie Berlin; 1946-49 Doz. Univ. Hamburg; 1949-56 Principal Research Officer National Chemical Research Laboratory Pretoria (Südafrika); 1956-64 apl., ao. (1958) u. o. Prof. (1962) Univ. Bonn. In- u. ausl. Fachmitgliedsch. Veröff. üb. Grenzflächenchemie u. Katalyse - Spr.: Engl.

HAUMANN, Ernst-Hellmuth
Rechtsanwalt, Hauptgeschäftsführer d. Centralvereinigung Dt. Handelsvertreter- u. Handelsmakler-Verb. (CDH), Köln (b. 1991) - Bernard-Eyberg-Str. 57, 5060 Bergisch-Gladbach 1 (T. 02204 - 6 28 29) - Geb. 5. Jan. 1929 Sao Paulo (Brasilien), verh. s. 1954 m. Rotraut, geb. Schröder, 3 Kd. (Rüdiger, Bettina, Susanne) - Abit. 1947; 1949-53 Stud. Rechtswiss. Univ. Hamburg u. Köln; gr. jurist. Staatsex. 1957 - Mitautor: D. Handelsvertreter in d. europ. Wirtschaftsgemeinsch. u. Gemeinschaftskommentar z. Handelsgesetzbuch (GK-HGB) - 1981 BVK am Bde. - Spr.: Engl., Franz. - Bek. Vorf.: Friedrich Haumann, Oberbürgerm. (Großv.).

HAUMANN, Friedel
Kaufmann, Mitinh. Fa. R. Vogeler - Am Nussberger Pfad 29, 5000 Köln 30 (T. 59 23 22) - Geb. 4. Sept. 1929 Köln (Vater: Friedrich H., Beamter; Mutter: Agnes, geb. Patt), kath., verh. s. 1954 m. Resi, geb. Merker, 4 Kd. (Norbert, Elisabeth, Gabriele, Hans-Georg) - Abit.; Kaufm. Lehre - BVK I. Kl.

HAUN, Helmut
Ministerialdirigent a. D., Landesbeauftr. f. Vertriebene, Flüchtlinge u. Aussiedler im Staatsmin. Baden-Württ. (1977-87) - Königsberger Str. 174, 7302 Ostfildern 2 (T. 0711 - 34 11 41) - Geb. 7. April 1919 Eger - 1938 Abit. Dux, 1938-45 Berufsoffz.; 1946-53 Stud. German. Tübingen, Genf u. Bern - 1953ff. Kultur- u. Presseref. Vertriebenmin. Baden-Württ.; 1960-76 Ref.leit., b. 1980 Abt.leit. Innenmin. 1950-52 MdL Baden-Württ.; 1959-64 Gemeinderat Esslingen/N. 1971-87 Vors. Sudetend. Heimatrat; 1981-87 Landesvors. Bund d. Vertriebenen; Vizepräs. Intern. Lenauges.; Mitgl. Rundfunkrat SDR; VR Landeskreditbank Baden-Württ. u. Dt. Ausgleichsbank Bonn - Gr. BVK; Verdienstmed. Land Baden-Württ., Gr. silb. Ehrenz. d. Rep. Österr.; Päpstl. Gregoriusorden; Ehrenbrief Sudentend. Landsm.; EK I Kl.

HAUNGS, Peter
Dr. phil., Prof. f. Politikwissenschaft, Vors. Dt. Ges. f. Politikwiss. (1987-89) - Heinrich-Lübke-Str. 36, 5500 Trier/Mosel - Geb. 12. April 1939 Lahr/Schwarzw. - Promot. 1966 Heidelberg - S. 1972 Prof. Univ. Trier - BV: Wahlkampf u. Wählertradition, 1965 (m. Bernhard Vogel); Reichspräs. u. parlam. Kabinettsreg., 1968; Res Publica. Dolf Sternberger z. 70. Geb., 1977 (Hrsg.); Parteiendemokr. in d. BRD, 2. A. 1981; 40 J. Rheinl.-Pfalz. E. polit. Landeskunde, 1986 (Hrsg.); Parteien in d. Krise?, 1987 (hg. m. Eckhard Jesse). Mithrsg.: Polit. Bildung (s. 1982).

HAUNGS, Rainer
Dipl.-Volksw., selbst. Unternehmer, MdB - Schlehenweg 38, 7630 Lahr (T. 07821 - 27 06-0) - Geb. 7. Sept. 1942, kath., verh., 2 Kd. - Stud. Volksw. Freiburg - Gf. Gesellsch. GSB-Haungs GmbH, Gerüstbau Südwest Betoninstandsetzungen, Lahr, GSB Sachsen GmbH, Otterwisch b. Leipzig, GIBA GmbH, Hartmannsdorf b. Chemnitz; 2. Vors. ASU-Arbeitsgemeinsch.

HAUNSS, Peter
Dr. rer. oec., Dipl.-Kfm., Gf. Gesellschafter Wilh. Pfau GmbH, Heilbronn - Wilhelmstr. 51, 7100 Heilbronn (T. 07131 - 6 89 81) - Geb. 22. Okt. 1940 Heilbronn (Vater: Emil H., Kaufm.; Mutter: Elsbeth, geb. Pfau), ev., verh. s. 1973 m. Ingeborg, geb. Scheuerle, 3 Kd. (Barbara, Peter, Eva) - 1961-67 Stud. Betriebsw. Univ. Mannheim; Promot. 1969-71 Univ. Innsbruck - Ab 1972 Fa. Pfau - BV: Kauf- u. Absatzentsch. d. Verbraucher u. Untern., 1973.

HAUPT, Dieter
Dr. rer. nat., o. Prof. f. Betriebssysteme - Am Kupferofen 38, 5100 Aachen - S. 1971 Ord. TH Aachen (stv. Leit. Rechenzentrum).

HAUPT, Eckart
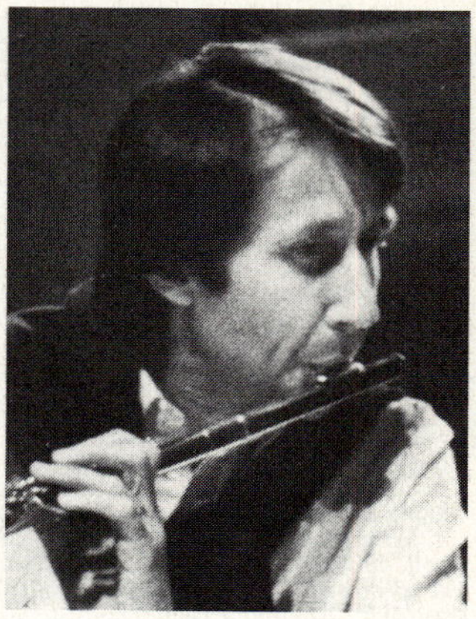
Prof., Kammervirtuose, Soloflötist Sächs. Staatskapelle Dresden (s. 1981) - Laubegaster Ufer 1, O-8021 Dresden (T. 0351 - 238 17 60) - Geb. 2. Nov. 1945 Zittau/Sachsen, ev., verh. s. 1968 m. Christina, geb. Wagner - 2 Kd. (Cornelius, Tobias) - 1962-67 Musikstud. Dresden; b. 1970 Aspirant Leipzig Musikhochsch. (Lehrer: Fritz Rucker, Erich List (Flöte), Manfred Weiss (Komposition); 1967/68 Dessau, 1968-70 Berlin, 1970-81 Dresdner Philharmonie, s. 1981 s.o. - Quellenstud. u. Notenherausg. - 1985 Kunstpreis; 1989 Nationalpreis; 1985 u. 88 Preis d. Dt. Schallplatte - Liebh.: Verhaltensforsch. - Spr.: Engl., Russ.

HAUPT, Harald
Dr. med., Prof., Chefarzt i. R. Städt. Kinderklinik Duisburg - Marienburger Ufer 23a, 4100 Duisburg 26 - Geb. 22. Juni 1924 Bonn (Vater: Prof. Dr. med. Walther H., Ord. f. Geburtshilfe u. Frauenheilkd. †1944 (s. X. Ausg.); Mutter: Paula, geb. Seifert), ev., verh. s. 1953 m. Brigitte, geb. Sidow †1985, 4 Kd. (Ulrike, Eckhard, Meike, Brigitte) - Gymn.; Stud. Med. Med. Staatsex. 1950 Jena; Promot. 1950 Greifswald; Habil. 1962 Würzburg - S. 1962 Lehrtätigk. Univ. Würzburg, Bochum u. Essen (apl. Prof.). Zul. Oberarzt Kinderklinik/Klinikum Essen - BV: D. Neugeborene, 1971, 2. A. 1974 (span. 1974), 3. A. 1982; Differentialdiagnose b. Neugeborenenkrankh., 1985. Mitautor mehrerer Fachb., dar. Handb. d. Kinderheilkd. (1966). Zahlr. Einzelarb. Schwerp.: Neonatologie, Haemostaseologie, Umweltmed.

HAUPT, Heinz-Gerhard
Dr. phil., Prof. f. westeuropäische Sozialgesch. - Gleimstr. 3, 2800 Bremen 1 (T. 0421 - 7 35 62) - Geb. 21. März 1943 Göttingen, verh. m. Heide, geb. Schimke, 3 Kd. (Anna, Sarah, Lotta) - Gymn. Corvinianum, Northeim; Stud. Univ. Göttingen, FU Berlin, Paris; Promot. 1972 FU Berlin; Habil. 1974 Univ. Bremen - 1975/76 Gastprof. Univ. Paris-Vincennes, 1980 Univ. Nanterre, 1985/86 Univ. Lyon-2; 1986/87 Dir. d'études Ecole des Hautes Etudes en Sciences sociales, Paris - BV: Nationalismus u. Demokratie im Frankreich d. Restauration, 1974 (m. K. Hausen); D. Pariser Kommune, 1978; D. radikale Mitte, 1985.

HAUPT, Jürgen
Dr. phil., Prof. f. Neuere dt. Litertur-gesch. Univ. Hannover - Flintweg 18, 3000 Hannover 91 - Geb. 8. Febr. 1940 Hamburg, verh. s. 1970 - Stud. Univ. Hannover, Wien, Freiburg/Br. (Staatsex. 1965, Promot. 1967, Habil. 1975) - 1967-73 Wiss. Assist. (b. Prof. Hans Mayer);

1973-80 Akad. Rat; 1980ff. Prof. f. Neuere dt. Lit.gesch. (Schwerp. 18. u. 20. Jh.) - BV: Konstellationen Hugo v. Hofmannsthals, 1970; Unters. z. Gesellschaftsstruktur im höfischen Roman (Diss.), 1971; Heinrich Mann, 1980; Natur u. Lyrik. Naturbez. im 20. Jh., 1983; Aufs. in Fachztschr.

HAUPT, Klaus
Dr. phil., Geschäftsführer u. Inh. Mato GmbH, Metallwarenfabrik & Co. KG, Offenbach/M., Gf. u. Inh. psyma Arbeitsgruppe f. psych. Marktanalysen, Rückersdorf - Fliedersteig 17, 8501 Rückersdorf (T. 0911 - 57 01 51-3) - Ev., verw., 4 Kd. - Dipl.-Psych. 1955, Promot. 1956 Erlangen - 1968-74 u. 1977-87 Vorst.-Mitgl. Arbeitskreis dt. Marktforschungsinst. (ADM) - BV: Marketing Enzyklopädie, (m. a.) 1974 - Spr.: Engl., Franz.

HAUPT, Peter
Dr.-Ing., Prof. f. Mechanik GH Kassel-Univ. (s. 1989) - Möncheberstr. 7, 3500 Kassel - Geb. 5. April 1938 Lüdenscheid - Stud. TU Berlin 1958-65, Dipl. (Theoret. Maschinenbau) 1965, Promot. 1971, Habil. 1975 - 1977-89 Prof. f. Mechanik TH Darmstadt - BV: Viskoelastizität u. Plastizität: Thermomechan. konsistente Materialgleichungen, Berlin, Heidelberg, New York 1977.

HAUPT, Peter
Dipl.-Ing., o. Prof. f. Baukonstruktion u. Einf. in d. Entwerfen TU Berlin (s. 1966) - Reichsstr. 107, 1000 Berlin 19 (T. 302 56 58) - Geb. 8. Sept. 1923 Berlin, verh. (Ehefr.: Dorothea) - Architekt.

HAUPT, Peter W.
Beauftragter f. Jahrestagungen Intl. Währungsfond/Weltbank Berlin 1988 a.D. - 1000 Berlin 19 - Geb. 8. Juni 1924 Berlin, verh. m. Ilse, geb. v. Barton gen. v. Stedman, 2 Töcht. (Betina, Verena) - S. 1961 Dt. Lufthansa, zul. b. 1977 Leit. Abt. Geschäftssonderreisen, s. 1977 Generalbevollm. Intern. Congress Centrum (ICC) Berlin; Gründungsmitgl. u. VR-Mitgl. Dt. Kongreßbüro; s. 1974 Vorst.-Mitgl. Intl. Congress u. Convention Assn (ICCA); Doz. f. Kongreß-Betriebswirtsch. FH Heilbronn; Mitgl. American. Soc. of Assn. Exc. (ASAE)

HAUPT, Ullrich
Schauspieler u. Regisseur - Eichleite 41a, 8022 Grünwald (T. 641 48 96) - Geb. 30. Okt. 1915 Chicago (Vater: Ullrich H., Schausp. u. Prod. USA; Mutter: Anna, geb. Böhmer), verh. s. 1961 m. Beatrice Norden (Schausp.), T. Jennifer - 1941 München, dann Berlin, s. 1951 Düsseldorf, Hamburg, Zürich (u. a. Prof. Kürmann, in: Biografie, UA. 1968), München (1972); Wallenstein, unt. Walter Felsenstein, Schauspielhaus Zürich u. Schiller-Theater Berlin; 1980/81/82 Staats-Theater München. Film; Fernsehen (Knüpf d. Netz nach d. Fisch, 1968), Faust 1970-71, FS-Serien Kommissar ca. 8 x, Derrik ca. 10 x, David Balfour, 4-Teiler (1978), D. Alte. 80 Regien an allen gt. dtsch.-spr. Theatern, Salzburger u. Bregenzer Festspiele, Ruhr-Festspiele Recklinghausen.

HAUPT, Walter
Dr.-Ing., em. Univ.-Prof. Inst. f. Markscheidewesen TU Clausthal (s. 1966) - Bremer Stieg 11, 3392 Clausthal-Zellerfeld (T. 21 95) - Geb. 16. Mai 1921 Essen (Vater: Konrad H., Handlungsbevollm. Fried. Krupp; Mutter: Marie, geb. Böttger), ev., verh. s. 1949 Edeltraud, geb. Kalberg, 3 Kd. (Ingeborg, Barbara, Andreas) - Goethe-Obersch. Essen; Bergakad. Clausthal (Markscheidewesen; Dipl.-Ing. 1950). Promot. 1963 - 1951-66 Hütten- u. Bergwerke Rheinhausen AG (Markscheider) u. Steinkohlenbergbauverein Essen (Dezernatsleit.). Spez. Arbeitsgeb.: Bergschäden, Lagerstättenbewert. Fachafb. - Rotarier.

HAUPT, Walter
Komponist, Dirigent, Inszenator, Klangarch. (1969-86), Leit. Experimen-

tierbühne Bayer. Staatsoper München - Zu erreichen üb. Klangwolken-Büro W. H., Saturnstr. 55, 8011 Aschheim (T. 089 - 903 78 37) - Geb. 28. Febr. 1935 München (Vater: Theodor H.; Mutter: Maria), S. Oliver - Staatl. Hochsch. f. Musik München; Kompos.stud. b. Hans Werner Henze Mozarteum Salzburg - 1969 Gründ. Exper.bühne a. d. Bayer. Staatsoper München - Auftragswerke f. exper. Musik-Theater: Sensus (Kuppel-Projektions-Musik-Raum); Träume (variabler Spiegelraum m. Licht, Wort u. Bewegung); Laser-Light-Environment (z. Eröff. Olymp. Spiele München); Neurosen-Kavalier (Opera dipsa) - Opern-Komps.Auftr.: Marat; Pier Paolo (Pasolini) - Ballett-Kompos.Auftr.: Moira, Rilke, Herzlich willkommen!, Mars, Sylvia Plath, Pasolini, Mörder Woyzeck, Peer Gynt, Golgatha. FS- u. Schallpl.aufzeichn. Open-Air-Projekte: Musik f. e. Landschaft, Klangwolken in Linz, München, Sarajewo, Köln, Zürich; Jerusalem in light; Musik-Theater-Spektakel Marat (200 J. Franz. Revolution); Berliner Friedensklangwolke - 1971 Festspielpreis; 1974 Förderungspreis f. Musik Stadt München; 1980 Medien-Rose; 1985 Grand Prix des Belgrader BITEF; 1986 Schwabinger Kunstpreis; u. Ehrung f. Sylvia Plath Weltausst. Vancouver; 1989 Gold. Löwe v. Jerusalem; 1990 Kulturmed. Stadt Linz; 1991 Österr. Ehrenkreuz f. Kunst u. Wiss.; Künstler d. Jahres, 7 AZ-Sterne, 5 TZ-Rosen - Spr.: Engl.

HAUPT, Werner
Generalsekretär Oberste Motorradsport-Kommission (OMK), Frankfurt - Waidmannstr. 47, 6000 Frankfurt/M. 70 (T. 069 - 63 40 11; Telex 413149; Fax 069 - 6314466) - Geb. 9. Juni 1934.

HAUPT, Wolfgang
Dr. rer. nat., em. o. Prof. f. Botanik - Erlenstr. 28, 8551 Röttenbach (T. 09195 - 37 25) - Geb. 24. Jan. 1921 Bonn (Vater: Prof. Dr. med. Walther H., Gynäkologe (s. X. Ausg.); Mutter: Paula, geb. Seifert), verh. s. 1950 m. Gerda, geb. Rohde, 4 Kd. (Gerhild, Thorolf, Giselheid, Eike) - Gymn. Bonn u. Jena; Univ. Erlangen u. Tübingen (Botanik, Zool., Chemie, Physik). Promot. (1952) u. Habil. (1957) Tübingen - 1957-62 Doz. Univ. Tübingen; 1962-88 o. Prof. Univ. Erlangen-Nürnberg. 1969-76 Vors. Verb. Dt. Biologen; 1979-85 Präs. Dt. Botan. Ges; 1975 Gründungsmitgl. ECBA (Europ. Comm. Biol. Assoc.). Spez. Arbeitsgeb.: Bewegungsphysiol. u. Photobiol. d. Pflanzen - BV: Bewegungsphysiol. d. Pflanzen, 1977. Herausg.: Encycl. Plant Physiol. Vol. 7 (1979, m. M. E. Feinleib) - 1975 Mitgl. Dt. Akad. d. Naturforscher/Leopoldina, Halle/S.; 1984 Ehrenmitgl. Verb. Dt. Biol.; 1988 Mitgl. Königl. Physiograph. Ges. Lund (Schweden); 1990 Ehrenmitgl. Dt. Botan. Ges.; Finsen-Med. - Liebh.: Klass. Musik - Spr.: Engl. - Großv.: Prof. Dr. med. Otto S.; Onkel: Prof. Dr. Otto H. †1988 (Mathematiker).

HAUPT, Wolfgang
Dipl.-Kfm., Geschäftsleiter Trinkhaus & Burkhardt KGaA - Büro Königsallee 21/23, 4000 Düsseldorf 1 (T. 0211 - 91 00) - Geb. 2. Jan. 1942 Bonn, kath., verh. s. 1964 m. Annette, geb. Arens, 2 S. - Lehre Dt. Bank, Bonn; Stud. Betriebsu. Volksw. Univ. Bonn u. Köln; Dipl.-Kfm. 1967 Köln; Stip. DAAD, 1967/68 Sonderstud. Columbia Business School New York - 1968/69 Peat, Marwick, Mitchell & Co. Intern. Steuerabt., Büro New York; s. 1970 Steuerabt. Büro Frankfurt; s. 1974 Partner; s. 1983 Senior Tax Partner Continental Europe; s. 1984 Chairman Peat Marwick Intern. Tax Committee; s. 1987 Chairman KPMG Tax Committee; Vorst. Dt. Treuhand-Ges. AG; s. 1992 Trinkaus & Burkhardt KGaA; Vors. d. Beirates Karl Otto Braun KG; HV Beirat Bertelsmann AG - Spr.: Engl., Franz.

HAUPTMANN, Elmar
Dr. jur., Präsident Oberpostdirektion Karlsruhe - Ettlinger-Tor-Platz 2, 7500 Karlsruhe; priv.: Breslauer Str. 52c, 7500 Karlsruhe.

HAUPTMANN, Gerhard
Dr. jur., Vizepräsident Landeszentralbank in Niedersachsen, Hannover (1968-84) - Schopenhauerstr. 22, 3000 Hannover-Kleefeld - Geb. 9. Dez. 1926 Königsberg/Pr., ev., verh. s. 1956 m. Renate, geb. Westermann, 2 Kd. (Ariane, Ralf) - Friedrichs-Kolleg Königsberg; 1947-50 Univ. Freiburg/Br. u. Göttingen (Rechtswiss.). Promot. 1952. Ass.ex. 1954 - S. 1964 LZB in Nieders. (1968 Vizepräs.).

HAUPTMANN, Günther
Dr. jur., Erster Bürgermeister Stadt Lichtenfels (s. 1959); Vorstandsmitgl. Bayer. Städtetag - Schönbornstr. 8, 8620 Lichtenfels (T. 7 95-1) - Geb. 12. Jan. 1925 Eger (Vater: Adalbert H., Studienrat; Mutter: Amalie, geb. Mader), kath., verh. in 2. Ehe (1962) m. Brigitte, geb. Fürnkäs, 2 Kd. (Thomas Jörg Mano, Ira Regine Maria) - Jur. jurist. Staatsprüf. 1952 - Reg. Mittelfranken, Landratsämter Staffelstein u. Lichtenfels - Liebh.: Musik, Lyrik, bild. Künste - Bayer. Sport-Leistungsabz. in Gold, 1973; Dt. Sportabz. i. Gold, 1973, Oberfrankenmed., BVK - Spr.: Engl.

HAUPTMANN, Peter

Dr. theol., Univ.-Prof. a. D. f. Kirchengeschichte Osteuropas Univ. Münster - Warendorfer Str. 5, 4400 Münster (T. 0251 - 4 52 45) - Geb. 25. März 1928 Chemnitz (Vater: Dr. Arnold H., Kaufm.; Mutter: Susanne, geb. Wünsche), luth., ledig - 1939-47 Staatsgymn. Chemnitz; 1947-53 Stud. Ev. Theol. KH Berlin, Univ. Rostock u. Münster; Promot. 1953, Habil. 1968 - 1958-70 Wiss. Assist.; s. 1971 Prof. f. Kirchengesch. Osteuropas Univ. Münster (1976-90 Leit. Ostkirchen-Inst.) - BV: Altruss. Glaube, 1963; D. Katechismen d. Russ.-orth. Kirche, 1971. S. 1978 Herausg. Jahrb. Kirche im Osten u. gleichnam. Monogr.reihe.

HAUPTMEYER, Carl-Hans
Dr. phil., Prof. f. Geschichte Univ. Hannover - Mönchekamp 8e, 3000 Hannover 91 - Geb. 21. Okt. 1948 Hannover - 1967-72 Stud. Gesch. u. Geogr.; Promot. 1975, Habil. 1978 - 1973-80 Wiss. Assist. TU Hann.; 1980-81 Vertr.-Prof. Univ. Hamburg; 1981 Prof. TU Hannover - BV: Div. Bücher u. Aufs. z. dt. Regional- u. Lokalgesch. d. Mittelalters u. d. Neuzeit.

HAURAND, Alfred (Ali)

Musiker, Bandleader, Komponist (Ps. Ali Haurand) - Konrad-Adenauer-Ring 10, 4060 Viersen 1 (T. 02162 - 1 84 08, Fax 02162 - 1 53 73) - Geb. 15. Nov. 1943 Viersen, kath., verh. s. 1971, T. Lena - Handelssch., kaufm. Lehre, Musikstud. Folkwangschule in Essen-Werden (1967-72), Rheinisches Konserv. Wuppertal (1972/73) - S. 1983 Leiter Europ. Jazz Ensemble (Musiker aus 9 europ. Staaten; letzte Platte: Live at Philharmonic Hall), Intern. Jazz Quintet, Leit. d. Gruppe Third Eye, The Quartet, Lehrer Kreismusiksch. Viersen Abtlg. Jazz; Vortr. u. Seminare üb. Improvis. u. Jazz - 38 LP's u. CD's u.a. m. A. Skidmore Trio Europ. Jazz Quintet, The Trio After All (m. G. Dudek u. Rob van den Broeck); Teiln. an namh. Jazz Festivals in Europa - Liebh.: Musik - Spr.: Engl., Holl.

HAUS, von, Gerhard
Oberkreisdirektor Landkreis Leer (s. 1979) - Osterkamp 7, 2950 Leer (T. 0491 - 83-3 00) - Geb. 22. Sept. 1937 Gummersbach, ev., verh. s. 1970 m. Karin, geb. Siegel - Dipl.-Kfm., Stud. jur. Wiss. d. Betriebs- u. Volksw.lehre - Geschäftsf. Leer-Nord GmbH, d. Verkehrsbetriebe d. Landkr. Leer, d. Zweckverb. d. Kreis- u. Stadtspark. Leer-Weener; VR-Vors. Kreis- u. Stadtspark. Leer-Weener; AR-Vors. Technologiepool GmbH; Akad.leit. Verw.- u. Wirtsch.-Akad. Leer - Liebh.: Malerei - Spr.: Engl., Franz.

HAUS, Oscar
Dr., Hauptgeschäftsführer Verb. Dt. Papierfabriken - Adenauerallee 55, 5300 Bonn (T. 0228 - 26 70 50).

HAUS, Wolfgang
Dr. phil., Historiker, freier Journalist, Intendant a.D. SFB (1978-83) - Tauberstr. 23a, 1000 Berlin 33 - Geb. 26. Juli 1927 Berlin (Vater: Paul H., Kaufm.; Mutter: Helene, geb. Krumm), ev., verh. s. 1955 m. Vera, geb. Kahl, T. Carola - Max-Planck-Sch. Berlin; Univ. Berlin u. Bonn (Neuere Gesch., Öfftl. Recht). Promot. 1955 Berlin (FU) - S. 1955 Dt. Städtetag. 1971ff. Rundfunkratsvors. SFB. Zeitw. Lehrbeauftr. FU Berlin, Geschäftsf. Kommunalwiss. Forschungszentrum u. Ver. f. Kommunalwiss., Berlin; Leit. Dt. Inst. f. Urbanistik, 1973-78; MdA 1967-78. SPD s. 1951 - BV: Z. Gesch. Berlins als Hauptstadt

Dtschl. in: Berlin - Brennpunkt dt. Schicksals, 1960 (auch engl.). Herausg.: Kommunalwiss. Forschung (1966). Mithrsg.: Gemeindeordnungen in Europa (4sprach., 1967), Quellen z. mod. Gemeindeverf.recht in Dtschl. (1974); Städte, Kreise u. Gemeinden (1986); Berliner Demokratie 1919-33 (1987); D. moderne Staat (1988); Berlin. Geschichte e. Stadt (1992); Mitarb. Brockhaus Enzyklopädie, 19. A.; Ztschr. Archiv f. Kommunalwiss.

HAUSAMEN, Torsten-Udo

Dr. med., Internist, apl. Prof. f. Innere Medizin Univ. Düsseldorf (s. 1975) - Beurhausstr. 40/Städt. Krankenanstalten, 4600 Dortmund - Zul. Privatdoz. D'dorf.

HAUSBERGER, Karl

Dr. theol., Prof. f. Hist. Theologie Univ. Regensburg - Wacholderweg 4a, 8411 Zeitlarn - Geb. 24. Mai 1944 Bonbruck/Bay., kath. - Dipl.-Theol. 1969, Promot. 1972, Habil. 1981 - 1972-76 Kaplan u. Religionslehrer; 1976-81 Wiss. Assist. Univ. München; 1981 Privatdoz. ebd.; 1982 Prof. Univ. Regensburg - BV: Gottfried Langwerth v. Simmern (1669-1741), Bistumsadministr. u. Weihbischof z. Regensburg, (Diss.) 1973; Staat u. Kirche nach d. Säkularis., (Habil.-Schr.) 1983; Bayer. Kirchengeschichte, 1985; Geschichte d. Bistums Regensburg, 2 Bde., 1989.

HAUSBURG, Hubertus

Dr., Dipl.-Forstwirt, Präsident Fürstlich Leiningensche Verwaltung - Herzogin v. Kent-Str. 3, 8762 Amorbach (T. 09373 - 13 13) - Geb. 27. Mai 1933 Wittstock/Dosse (Vater: Paul H., Oberförster; Mutter: Karla, geb. Duncker), ev., verh. s. 1957 m. Hella, geb. Petermann, 2 T. (Christine, Annette) - B. 1966 wiss. Tätigk. Univ. Freiburg; prakt. Forstdst. 1971 Leit. Gesamtbetr. Fürst zu Leiningen. Mitgl. versch. Beiräte. 1979-84 Präs. Dt. Namibia Stiftg., 1984-90 Präs., s. 1990 Vize-Präs. d. Dt.-Namibischen Entwicklungsges. - 1990 BVK am Bde. - Spr.: Engl.

HAUSCHILD, Reinhard

Oberst a.D., Journalist, Schriftst. - Loeschckestr. 13, 5300 Bonn 1 - Geb. 14. April 1921 Koblenz, kath., 3 Söhne (Ulrich, Thomas, Michael) - Ehrenpräs. FDA - BV: plus minus null? - D. Buch d. Armee, d. in d. eingeschloss. Ostpreußen unterging, 1952, Neuaufl. als Taschenb. unter d. Titel Flammendes Haff, 1983; Raketen (Co-Autor), 1958; Beurteilung f. Hauptmann Brencken, Bundeswehr-R., 1974; D. Buch v. Kochen u. Essen, 1975; Ich glaub' mich knutscht e. Elch - Sprüche aus d. Bundesw. (Co-Autor), 1980; Ich glaub' mich tritt e. Pferd - E. curieuses Militairbrevier, 1983; Geheimsender gegen Frankreich - D. Täuschungsoperation Radio Humanité (Co-Autor), 1984; D. springende Reiter. Bildbd. 1984; D. sieben Geschichten d. Auges u. a. Märchen (Hrsg.), 1985; Ich glaub' mich knutscht e. Elch/tritt e. Pferd (Ausw. aus zwei Büchern, s. o.), 1985 - Liebh.: Geschichte, Hobbykoch.

HAUSCHILD, Wolf-Dieter

Dr. theol., Prof. f. Kirchengeschichte - Zu erreichen üb. Universitätsstr. 13-17, 4400 Münster; priv.: Wulferdingheide 1, 4400 Münster (T. 0251 - 32 86 84) - Geb. 7. Aug. 1941 Lübeck (Vater: Arno H., Pastor; Mutter: Ilse, geb. Wagner), ev.-luth., verh. s. 1966 m. Sabine, geb. Szperalski, 4 S. - Katharineum Lübeck, Theol. Stud. Göttingen, Tübingen, Hamburg; Promot. 1967 Hbg., Habil. 1971 München - 1971 Univ.doz. München; 1974 Oberkirchenrat Hann. (Ev. Kirche in Deutschl.); 1977 Prof. Univ. München; 1982 Prof. Univ. Osnabrück; 1984 Prof. Univ. Münster - BV: D. Pneumatomachen, 1967; Gottes Geist u. d. Mensch, 1972; Basilius-Briefe, 1973; D. röm. Staat u. d. frühe Kirche, 1974; Kirchengesch. Lübecks, 1981. Div. Einzelarb.

HAUSCHILD, Wolf-Dieter

Prof., Generalmusikdirektor u. Chefdirigent Philharmonie u. d. Theaters Essen, Int. Aalto-Operntheater, Essen - Sonneneck 2, 5620 Velbert 11 - Geb. 6. Sept. 1937 Greiz/Thür., ev., verh. s. 1959 m. Christine, geb. Schneider, 2 Kd. (Cathrin, Thomas) - Hochschulabschl. m. Dipl. als Kapellm. 1959 Weimar - S. 1970 Chefdirig. Rundfunk DDR (u.a. RSO Leipzig); Gastdirig. intern. Orch. u. Opernhäuser; Dirig. Eröffn. d. Semperoper Dresden; s. 1980 Prof. f. Dirigieren an d. Staatl. Hochsch. f. Musik Karlsruhe. S. 1985 BRD, dort feste Vertr. Staatstheater Stuttgart u. Hannover. Div. Rundf.- u. Fernsehaufn., Schallplatteneinspielungen - Mehrf. Ehrungen in d. DDR (u.a. 1984 Nationalpreis) - Liebh.: Opernregie u. Kompos., auch Cembalo- u. Klavierspiel m. eig. u. Gastorch.

HAUSCHILDT, Jürgen

Dr. rer. pol., Dipl.-Kfm., Univ.-Prof. Kiel - Königstr. 3 u. 5, 2300 Kiel 17 - Geb. 27. Mai 1936 Hamburg, verh. s. 1964 - Abit. 1954; Ind.-Kfm. 1956, Dipl.-Kfm. 1960, Promot. 1964 - 1970 Privatdoz. u. o. Prof.; 1970-79 Prof. Univ. Saarbrücken; 1979ff. Univ. Kiel; 1989/90 Dekan d. WiSo-Fak. Kiel. Entd. Midias-Analysesystem. 1986 stv. AR-Vors. Treuverkehr AG; 1991/92 stv. Vorst.-Vors. Verb. d. Hochschullehrer f. Betriebswirtsch. - BV: Absatzpolitik d. Energieversorgungsuntern., 1964; Öfftl. Untern. im Interessenkonflikt (m. Witte), 1966; Finanzorg., 1970; Entscheid.-Ziele, 1977; Finanzplanung u. Finanzkontrolle (m. Sachs u. Witte), 1981; Controller im Bankbetrieb, 1982; Entscheid. d. Geschäftsfg. (m. a.), 1982; Erfolgs- u. Finanzanalyse, 2. A. 1987; Krisendiagnose durch Bilanzanalyse, 1988; Innovationsmanagement, 1992. Div. Aufs. - Spr.: Engl.

HAUSCHILDT, Karl

Dr. theol., Probst i. R. - An der Schwale 8, 2350 Neumünster - Geb. 28. Febr. 1920 Kiel, ev., verh. s. 1944 m. Ingeborg, geb. Hornberger, 7 Kd. (Elisabeth, Margret, Friedrich, Rudolf, Dietrich, Eberhard, Hanna) - Promot. 1950 Kiel - 1953 Leit. d. Katechetischen Amtes, Oberlandeskirchenrat; Vors. d. Konfz. Bekennender Gemeinschaften in d. ev. Kirchen Dtschl. - BV: Christusverkündig. im Weihnachtslied unserer Kirche, 1950; Konfirmation ganz anders, 1958; Helfer im Kindergottesdst., 1961; Zeichen, denen widersprochen wird (Wunder im NT), 1965; Bejahtes Leben u. Sterben, 1975; Veröff. plattdt. Morgenansprachen, 1971-88 - Lit.: Pflüget e. Neues Festschr. z. 65 Geb. (1985).

HAUSCHKA, Ernst R.

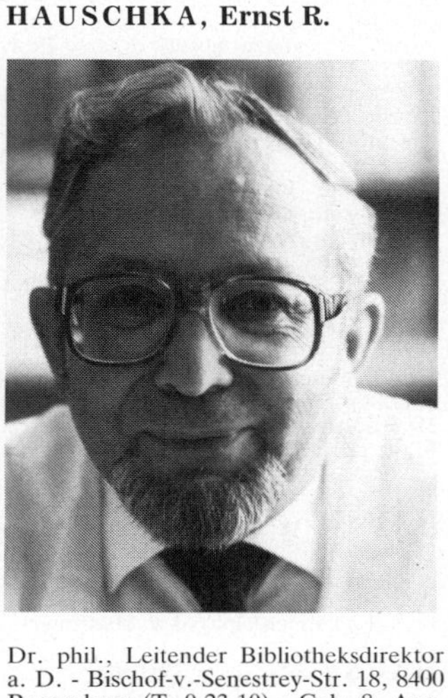

Dr. phil., Leitender Bibliotheksdirektor a. D. - Bischof-v.-Senestrey-Str. 18, 8400 Regensburg (T. 9 23 10) - Geb. 8. Aug. 1926 Aussig/Elbe (Vater: Ernest H., Theatermusiker; Mutter: Paula, geb. Neumann), kath., verh. s. 1952 m. Helene, geb. Heiss, 3 Söhne (Christoph, Thomas, Clemens) - Univ. München u. Regensburg (Phil., Päd., Theol., Zeitungswiss.) - S. 1956 höh. Bibl.dst. - BV: Weisheit unserer Zeit, 1965; Handb. mod. Lit. im Zitat, 1968; Gefangene unt. d. silb. Mond, Erz. 1969; Wortfänge, Ged. 1970; Erwägungen e. männl. Zugvogels, Ged. 1971; Sich nähern auf Distanz, Ged. 1972; Türme e. schweigs. Stadt, Ged. 1973; D. Violinstunde, Ged. 1974; D. Zeitbahn hinunter, Ged. 1974; Marienleben, 1976; Regensburg - Schaubühne d. Vergangenheit, 1976; Wetterzeichen, Aphor. 1978; Gott ist schwach im Mächtigen, Ged. 1979; Atemzüge, Aphor. 1980; Vom Sinn u. Unsinn d. Lesens, Aphor. 1982; Szenenfolge, Ged. 1982; Lesen macht Spaß, 1983; Sprechzeit, Aphor. 1986; Worte, d. reden können, Aphor. 1988; Jeder Tag ist eine Frage, Aphor. 1989; Dämmerlicht, Aphor. 1991. D. ewigen u. die schrecklichen Dinge, Aphor. 1991; Lourdes heute, 1992; Keine Leser sind d. Dichters Tod, Aphor. 1992 - 1973 Sudetend. Anerkennungspreis f. Schrifttum. 1973 Gold. Feder d. IGdA, 1974 Schubart-Literaturpreis (2. Preis), 1976 Kulturpreis Ostbayern; 1982 Nordgaupreis; 1983 BVK; 1984 P.E.N. (Schweiz); 1989 o. Mitgl. d. Sudetend. Akad. d. Wiss. u. Künste - Liebh.: Theater, Reisen. - Bek. Vorf.: Vinzent H., Freund Beethovens.

HAUSDÖRFER, Jürgen

Dr. med., Prof. u. Institutsleiter f. Anästhesiologie - Zweibrückener Str. 40, 3000 Hannover/Kirchrode - Geb. 29. Okt. 1936 München (Vater: Paul H., Pharmakfm.; Mutter: Annemarie, geb. Faust), ev., verh. s. 1963 m. Ingetraud, geb. Thoma, 2 T. (Ulrike, Karen) - Med.stud. München u. Wien, Staatsex. u. Promot. München 1963, FACA 1971 Philadelphia/USA, Habil. 1976 Tübingen. Inst.sleit. u. Hochsch.prof. Med. Hochsch. Hann. - BV: Schädel-Hirn-Traumen u. Enzymveränd., 1977; 25 wiss. Veröff. im In- u. Ausland - Liebh.: Bach, Thomas Mann - Spr.: Engl.

HAUSEGGER, von, Friedrich

Prof., Musiker, Dozent f. Violine u. Kammermusik Staatl. Hochschule f. Musik u. Theater Hannover - In den Sieben Stücken 15, 3000 Hannover (T. 64 26 22) - Geb. 19. Dez. 1912 Hamburg (Vater: Siegmund v. H., Dirigent; Mutter: Hertha, geb. Ritter), ev., verh. s. 1944 m. Lilli, geb. Grimm, 2 Kd. (Barbara, Siegmund) - 1942 ff. Konzertm. Kölner, Münchner Kammer-Orch. (1946), Stadttheater Göttingen (1947); 1949 ff. Lehrtätigk. Landesmusik- bzw. Hochsch. f. Musik u. Theater Hannover (1969 stv. Dir.); 1948 ff. Hausegger-Streichquartett, 1954 ff. -Kammerorch. - Liebh.: Kulturgesch., Garten - Bek. Vorf. (Großv.): Friedrich v. H., Alexander Ritter.

zur HAUSEN, Harald

Dr. med., Dr. h.c., Prof. (Ord.), Vorsitzender Stiftungsvorst. Dt. Krebsforschungszentrum, Heidelberg (s. 1983), wiss. Vorst. Dt. Krebsforschungszentrum, Heidelberg (1983ff.) - Geb. 11. März 1936 Gelsenkirchen-Buer (Vater: Eduard z. H.; Mutter: Melanie, geb. Lehmann), verh. s. 1964 m. Elke, geb. Hühner, 3 Kd. - Stud. Univ. Bonn, Hamburg, Düsseldorf - 1962-65 Wiss. Assist. D'dorf; 1965-69 Assist. Prof. Philadelphia/USA; 1969-72 Privatdoz. Univ. Würzburg; 1972-77 o. Prof. Univ. Erlangen; 1977-83 o. Prof. Univ. Freiburg - Spez. Arbeitsgeb.: Tumorvirologie, Krebsforsch. - 1984 Ehrendoktor Univ. Chicago, USA; 1971 Walther-Richtzenhein-Preis; 1974 Wilhelm-Warner-Preis; 1975 Robert-Koch-Preis; 1985 Lila Gruber Award d. Americ. Acad. of Dermatology; 1986 Mitgl. d. Heidelberger Akad. d. Wiss.; 1986 Dt. Krebspreis; 1986 Charles S. Mott Preis d. General Motors Found. of Cancer Research.

HAUSEN, von, Max

Architekt, Prof. f. Arch. Abt. f. Kunsterzieher Münster/Kunstakad. Düsseldorf - Schlesienstr. 82, 4400 Münster.

HAUSEN, Peter

Dr. rer. nat. (habil.), Prof. f. Biologie, Direktor Max-Planck-Inst. f. Entwicklungsbiologie - Spemannstr. 35/V, 7400 Tübingen 1.

HAUSER, Bodo H.

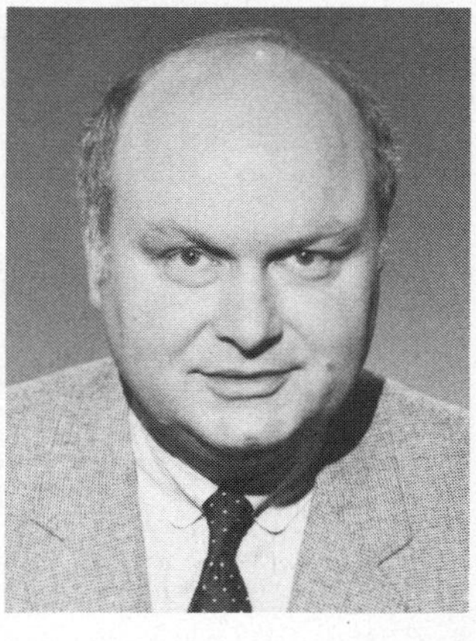

Journalist, Leiter Magazin STUDIO 1 (s. 1988), Leit. u. Moderator d. zeitkritischen Magazins FRONTAL im Satellitenfernsehen 3sat (s. 1991) - Zu erreichen üb. ZDF, Postf. 40 40, 6500 Mainz (06131 - 70 45 00) - Geb. 23. Febr. 1946 Krefeld, ev., verh. s. 1979 m. Barbara, geb. Peifer, 2 Kd. (Marc, Nina) - Abit. 1966 Krefeld; Stud. Rechts- u. Staatswiss. 1968-72 Univ. Freiburg, Lausanne, Cambridge u. Bonn - 1973-76 fr. Mitarb. ZDF Studio Bonn; 1976-78 ZDF-Korresp. Studio Düsseldorf; 1978-81 stv. Leit. Magazin Länderspiegel ZDF-Hauptredakt., Innenpolitik Mainz; 1984 Stud.aufenthalt Havard Univ.; 1981-87 ZDF-Korresp. Studio Bonn, Moderator Sendung bonner perspektiven - Mitgl. Europa Union, Atlantik Brücke, Rotary - 1989 DJV-Journalistenpreis - Liebh.: Jagd, Tennis - Spr.: Engl., Franz.

HAUSER, Erich

Prof., Bildhauer - 7210 Rottweil/Württ. - Geb. 15. Dez. 1930 Rietheim (Vater: Ludwig H.; Mutter: Berta, geb. Mayer), verh. m. Gretel, geb. Kawaletz, 2 Kd. (Markus, Andrea) - 1969 Premio Itamaraty (10000 Dollar) X. Kunstbiennale São Paulo (f. 8 gr. Stahlplastiken). 1970 Mitgl. d. Akademie d. Künste; 1970 Begründer d. Forum Kunst in Rottweil; 1975 Biennale Preis f. Kleinplastik Budapest; 1979 BVK 1. Kl.; 1980 Aktion Koffer f. Rottweil; 1984 Gastprof. Hochsch. f. bildende Künste Berlin; 1986 Verleihung Prof.-Titel durch d. Ministerpräs. Land Baden-Württ.; 1988 1. Preis d. Helmut Kraft Stiftg., Stuttgart.

HAUSER, Gerd

Dr.-Ing., Univ.-Prof. f. Bauphysik GH Kassel Univ., FB Architektur - Zu erreichen üb. Gottschalkstr. 28, 3500 Kassel - Geb. 8. März 1948 Bad Kissingen (Vater: Ernst, Stadtbaumeister; Mutter: Käthe Menton), verh. s. 1972 m. Inge Jürgensmeyer, Tochter Andrea - 1967-72 Stud. Maschinenbau TU München, Dipl., Promot. 1977 Univ. Stuttgart - 1972-77 Wiss. Mitarb. Inst. f. Bauphys. d. Fraunhofer-Ges.; 1977-83 Obering. i. Fachgeb. Bauphys. u. Baustofflehre Univ. Essen - BV: Baul. Wärmeschutz, Feuchteschutz u. Energieverbrauch. Kontakt & Studium, Bauwesen, Band 131 (zus. m. Möhl, Müller), 1984; Wärmebrückenatlas f. d. Mauerwerksbau (zus. m. H. Stiegel), 1990 - 1977 Verleihung Preis d. Freunde d. Univ. Stuttgart f. bes. wiss. Leistungen.

HAUSER, Hans

Direktor - Gutenbergstr. 7, 7560 Gaggenau/Murgtal - Geb. 31. Jan. 1916 Innsbruck (Vater: Josef H., Justizbeamter; Mutter: Marianne, geb. Mensik), vd., verh. s. 1944 m. Elfriede, geb. Lorenz, 2 Söhne (Hans- Joachim, Gerd-

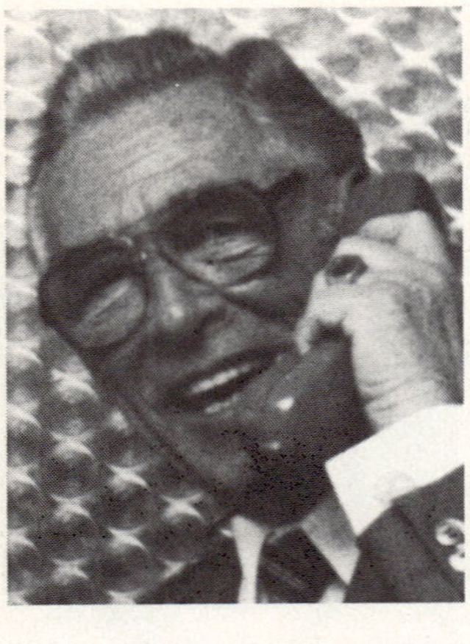

Udo) - N. Abit. Offz.laufb. (zul. Major); kaufm. Ausb.; Führungssem. usw. - 1951-81 Dir. in Fa. Daimler-Benz, langj. Vorst.-Vors. im LAV des VDMA u. div. weitere Ehrenämter, wie stv. Vors. Max-Eyth-Ges.; 1. Vors. Dt. Landw.-Mus. Hohenheim - 1980 Gr. Verdienst-Med. d. VDMA in Gold, silb. Verdienstmed. d. LAV, Max Eyth-Denkmünze in Silb. d. DLG; 1981 Gold. Ehrenz. HAG; 1982 BVK; 1986 Prof. Wilhelm Niklas-Med. v. Bundesmin. f. Ernährung, Landwirtschaft u. Forsten.

HAUSER, Hansheinz

Bäckermeister, Oberbürgermeister a.D., stv. Vors. d. CDU/CSU-Bundestagsfrakt. - Carl-Schurz-Str. 13b, 4150 Krefeld - Geb. 23. Juni 1922 Krefeld (Vater: Johannes H., Bäckerm., Oberbürgerm. Krefeld, zeitw. MdL (s. XIII. Ausg.); Mutter: Paula, geb. Feltes), kath., verh. s. 1956 m. Annemarie, geb. Hülbusch, 4 Kd. - Internat, Bäckerhandw. (Meisterprüf. 1948) - S. 1956 selbst. S. 1964 Rat Stadt Krefeld, 1968-82 Oberbürgerm. Krefeld; 1958-72 MdL Nordrh.-Westf. CDU s. 1949 (Jg. Union, 1956 Kreisvors. Krefeld, Vors. Landesmittelstandsvereinig. NRW, 1962 Mitgl. Landesvorst. Rhld., 1964 Bundesaussch. 1972-90 MdB, Mitgl. Wirtschaftsausschuß, Fraktionsvorst., 1982 stv. Vors. d. CDU/CSU-Bundestagsfraktion, Vors. Diskussionskr. Mittelst. d. CDU/CSU Bundestagsfraktion; s. 1985 Präs. Handwerkskammer Düsseldorf; s. 1988 Vorst.-Mitgl. Dt. Handwerkskammertag; s. 1988 Präsid.-Mitgl. Zentralverb. d. Dt. Handwerks; s. 1988 Präs. Rheinisch-Westf. Handwerkerbd. (RWHB) - Gold. Sportabz.; Gr. BVK m. Stern - Spr.: Engl. - Rotarier.

HAUSER, Karl-Heinz

Dipl.-Volksw., Geschäftsführer Gesamtverb. Dt. Textilgroßhandel, Geschäftsf. Verb. Dt. Groß- u. Außenhandel f. Krankenpflege- u. Laborbedarf - Neumarkt 35-37, 5000 Köln 1.

HAUSER, Otto

Bundestagsabgeordneter CDU (s. 1983; Wahlkr. 165/Esslingen) - Bundeshaus, 5300 Bonn 1 - Geb. 11. Juli 1952 Göppingen, ev., verh., 2 Kd. - Lehre als Bankkfm. m. anschl. betriebswirtschaftl. Aufbaustud.; Volontariat Eßlinger Ztg.; zul. polit. Redakt. b. d. Tagesztg. Die Welt, Bonn; 1975/76 Wehrdst. - Mitgl. CDU u. Junge Union (s. 1969; Orts- u. Kreisvors. JU, Mitgl. Landesvorst. u. Parteipräsid. CDU Baden-Württ., Vors. d. Landesgr. Baden-Württ. CDU/CSU-Bundestagsfraktion).

HAUSER, Richard

Dr. oec. publ., Prof. f. Sozialpolitik - Hardtbergweg 13, 6240 Königstein/Ts. - Geb. 8. Okt. 1936 München, kath., verh. s. 1962 (Ehefr.: Elisabeth), 2 Kd. - Bankausbild. u. Stud. München (Dipl.-Volksw. 1963, Promot. 1968) - 1964-74 Assist. Univ. München; dazw. 1969-71 Research Fellow Yale Univ. New Haven; s. 1974 Ord. TU Berlin, s. 1977 Univ. Frankfurt/M. (1987/88 Vizepräs.) - BV: Vermögensverteilung b. schleich. Inflation, 1969; D. Wirkungen d. Inflation auf d. Einkommens- u. Vermögensverteilung, 1975 (m. W. J. Muckl); Chancengleichheit u. Effizienz an d. Hochsch., 1978 (m. H. Adam); Niedrigeinkommen, Armut u. Unterversorgung in d. BRD, 1981 (H. Cremer-Schäfer u. U. Nouvertné); Soz. Sicherung u. Einkommensverteilung, 1985 (m. B. Engel) - Spr.: Engl., Franz.

HAUSER, Siegfried

Dr. rer. pol., Prof. f. Volkswirtschaftslehre, insb. Statistik - Sundgauallee 70, 7800 Freiburg/Br. - Geb. 31. Okt. 1940 Fischingen (Vater: Fidel H., Arbeiter; Mutter: Viktoria, geb. Hipp), kath., verh. s. 1965 m. Ilse, geb. Mayer, 2 Kd. (Guido, Karin) - 1960-65 Univ. Berlin u. Tübingen (Wirtschaftswiss.; Dipl. 1965). Promot. 1969 Tübingen; Habil. 1975 Freiburg - BV: Wahrscheinlichkeitstheorie u. Schließende Statistik, 1978; Daten, -analyse u. -beschaff. in d. Wirtschafts- u. Sozialwiss., 1979; Statist. Verfahren z. Datenbeschaffung u. Datenanalyse, 1981 - Spr.: Franz., Engl.

HAUSER, Ulrich

Dr. rer. nat., o. Prof. f. Experimentalphysik u. Direktor I. Physikal. Inst. Univ. Köln (s. 1967) - Am Frankenhain 60, 5022 Junkersdorf (Telefon Köln 48 62 16) - Geb. 29. Mai 1926 Berleburg (Vater: Adolf H.; Mutter: Emmy, geb. Trainer), verh. m. Irmgard, geb. Noltenius - Univ. Göttingen. Promot. (1956) u. Habil. (1962) Heidelberg - 1960-62 Research Fellow Pasadena (USA). Etwa 40 Facharb.

HAUSER, Walter

Dr. med., Prof., Wiss. Rat, Dermatologe u. Venerologe - Endenicher Str. 262, 5300 Bonn - Geb. 6. Okt. 1913 Elzach/Baden - S. 1954 (Habil.) Lehrtätigk. Univ. Würzburg (1960 apl. Prof.) u. Bonn (apl. Prof.; 1969 Wiss. Rat u. Prof.). Zahlr. Facharb., dar. Handbuchbeitr. (Cytodiagnostik, klinische Dermatologie, insbes. Lokalisationsprobl.).

HAUSGENOSS, Leopold

Dr., Vorstandsmitglied Hourdeaux-Bergmann AG., Lichtenfels - Inselweg 5, 8183 Rottach-Egern/Tegernsee - Zeitw. Vors. Verb. d. Kinderwagen-Ind. u. verw. Zweige, Frankfurt/M.

HAUSHOFER, Bert A.

Dipl.-Forstw., Geschäftsführer VEDAG GmbH, Frankfurt - Meisenweg 18, 6240 Königstein/Ts.-Johanniswald - Geb. 4. April 1932 München (Vater: Dr. Heinz H., Dipl.-Landw., Prof. f. Agrargesch.; Mutter: Adrienne, geb. Knorr), kath., verh. m. Margrit, geb. Diefenthal, 2 Kd. (Marcus, Jane) - Abit. Schloßschule Salem 1952; 1952 Stip. Schottl. Gordonstoun School, 1953-57 Stud. Forstwirtsch. Univ. München (Dipl. rer. pol.) - 1957-59 Techn. Assist. Univ. München; 1959-86 Geschäftsltg. A. W. Andernach KG, Bonn; 1987 Vorst.-Vors. VDD Industrieverb. Bitumen-Dach- u. Dichtungsbahnen, Frankfurt; Vorst.-Mitgl. Verb. d. Kaltasphaltind., Hamburg; Sprecher Öffentlichkeitsausschuß d. VDD - Spr.: Engl., Franz.

HAUSHOFER, Martin

Dr. oec., Dipl.-Ing. agr., Land- u. Forstwirt, Präsident Bayer. Bauernverb., Bez.-Verb. Oberbayern, Präs. Landesverb. f. Gartenbau u. Landespflege, Präs. Genossenschaftsverb., Bez. Verb. Oberbayern (s. 1985), MdL Bayern (s. 1984), Kreisrat Landkr. Weilheim Schongau (s. 1978) - Hartschimmelhof, 8121 Pähl - Geb. 15. März 1936 Berlin (Vater: Prof. Dr. Heinz H., Min.rat a. D. (s. dort); Mutter: Luise, geb. Renner), kath., verh. s. 1967 m. Renate, geb. Gräfin v. Lüttichau, T. Alexandra - AR Bayer. Landessiedl. - 1983 BVK I. Kl. u. Bayer. Staatsmed. f. Soz. Verdienste; 1986 Staatsmed. f. Verdienste d. Land- Forstwirtsch. - Spr.: Engl.

HAUSKA, Günter

Dr. phil., Prof. f. Botanik Univ. Regensburg - Machthildstr. 45, 8400 Regensburg - Zul. Doz. Bochum (Biochemie).

HAUSLAGE, Dietrich Albert

Dr. jur., Pers. haft. Gesellschafter d. Hauslage & Co. KG, Frankfurt, u. Banque Hauslage, Wacker & Cie., Genf - Lerchenweg 2, 6240 Königstein - Geb. 25. Aug. 1928 Stettin, verh. s. 1957 m. Gertrud, geb. Klingelhöffer.

HAUSMANN, Bernhard

Dipl.-Holzw., Holzindustrieller (Blomberger Holzind. B. Hausmann GmbH & Co. KG), Präs. IHK Lippe zu Detmold, Vizepräs. Verb. europ. Sperrholzindustrie (FEIC), stv. Vors. Verb. Dt. Holzwerkstoffindustrie (VHI) - Ulmenallee 30, 4933 Blomberg - Geb. 16. Juli 1930 Blomberg.

HAUSMANN, Frank R.

Dr. phil., habil. Prof. f. Roman. Philologie - TH Aachen; Kármánstr. 17-19, 5100 Aachen; Oranienstr. 21, 5100 Aachen - Geb. 5. Febr. 1943 Hannover - S. 1974 Wiss. Rat u. Prof. bzw. Prof. in Freiburg, s. 1981 Aachen o. Prof.

HAUSMANN, Franz Josef

Dr. phil. habil., Prof. f. Angewandte Sprachwissenschaft - Steinhilberweg 19, 8520 Erlangen - Geb. 13. April 1943 Prüm, kath., verh. s. 1970, 2 Kd. - Abit. 1962 Gerolstein; Staatsex. (Franz., Gesch.) 1969 Univ. Saarbrücken, Promot. 1972 ebd., Habil. 1978 Univ. Tübingen - 1974-80 Wiss. Assist. Univ. Tübingen, 1980/81 Heisenberg-Stip.; 1981 Lehrst. Univ. Erlangen - BV: Linguistik u. Fremdspr.unterr., 2. A. 1977; Einführ. in d. Benutz. d. neufranz. Wörterbücher, 1977; Louis Meigret. Humaniste et linguiste, 1980; Stud. zu e. Linguistik d. Wortspiels, 1974; Hrsg. L. Söll, Gesprochenes u. geschrieb. Franz., 3. A. 1985; Sprache in Unterr. u. Forsch., 1979; L. Meigret, Le Traité, 1980; Etudes de grammaire française, 1983; D. franz. Sprache v. heute, 1983; H. Malige-Klappenbach, WB. d. dt. Gegenwartssprache, 1986; Int. HB. z. Lexikogr., 1989-91. 150 wiss. Aufs.; 130 Rezens.

HAUSMANN, Gottfried

Dr. phil., em. o. Prof. f. Erziehungswissenschaft - Bebelallee 152, 2000 Hamburg 60 (T. 51 21 37) - Geb. 18. Sept. 1906 Düren/Rhld. (Vater: Gottfried H., Lehrer; Mutter: Bertha, geb. Schumacher), verh. 1934-76 m. Ellen, geb. Klee †, 1 Kd. - Gymn. Düren; Päd. Akad. Frankfurt/M., Univ. ebd. u. Gießen (Promot. 1933) - 1929-32 Volksschuldst., 1933-40 wiss. Lehrer, dann Assist., Privatdoz. (1942) u. apl. Prof. (1953) Univ. Mainz, 1950-55 Abt.leit. Schulfunk u. Hauptabt.leit. Bildung u. Erzieh. (1953) Hess. Rundfunk, 1955-59 Gastprof. Univ. Ankara, s. 1960 Ord., Dir. Sem. f. Erziehungswiss. u. Päd. Inst. Univ. Hamburg. Zeitw. Vors. Dt. Arbeitsgem. f. vergl. Erziehungswiss.; Ehrenmitgl. Europ. Ges. f. vergl. Erziehungswiss. u. Dt. Ges. f. Erz.wiss., Dt. UNESCO-Kommiss., Wiss. Beirat Päd. Zentrum Berlin u. Bundesmin. f. wirtsch. Zusammenarb. (b. 1976), Vereinig. Dt. Wissensch., GEW - BV: Unters. z. Gesch. u. Deutung d. Ahnungsbegriffes (Habil.schr.); Didaktik als Dramaturgie d. Unterrichts - Spr.: Franz., Engl. - Krause u. a. Festschr. z. 65. Geb., Hbg. 1972.

HAUSMANN, Hanns Axel

Dr. rer. nat., Prof., Physiker - Lögergraben 8, 5100 Aachen - Lehrtätigk. TH Aachen (apl. Prof.; 1974 Wiss. Rat u. Prof./Experimentalphysik f. Mediziner).

HAUSMANN, Karl Josef

1. Bürgermeister Büchenbach - Am Jordan 40, 8541 Büchenbach (T. 09171 - 32 21) - Geb. 15. Aug. 1940 Abenberg (Vater: Karl H., Maurer; Mutter: Maria, geb. Scheidel), kath., verh. s. 1962 m. Erika, geb. Kraft, 3 T. (Andrea, Christine, Karin) - B. 1961 Verw.-Lehre; 1970-73 Verw.-Sch. f. gehob. Dst. - Bundeswehr; 1962-78 geschäftl. Beamter; 1978 ff. 1. Bürgerm., s. 1972 MdK Roth - Liebh.: Altenfürsorge, Sportfischerei.

HAUSMANN, Klaus Wilhelm

Dr. rer. nat. habil., Prof., Biologe - Rothenburgstr. 27b, 1000 Berlin 41 (T. 030 - 792 16 58) - Geb. 24. April 1947 Gelsenkirchen (Vater: Albert H., Dreher; Mutter: Anna, geb. Wagner), kath., verh. s. 1971 m. Dr. rer. nat. Erika, geb. Tenge, Studienrätin, 5 Kd. (Susanna, Thomas, Daniel, Judith, Sarah) - Altsprachl. Gymn. Gelsenkirchen, Biol.-stud. Bonn, Dipl. 1972, Promot. 1973, Habil. Univ. Heidelb. 1980 - 1974-78 wiss. Assist., 1978-84 akad. Rat, 1980-84 Priv.-Doz. Univ. Heidelb.; s. 1985 Prof. FU Berlin. S. 1990 Präs. d. Dt. Ges. f. Protozoologie - BV: Taschenatlas d. Protisten (m. D. J. Patterson), 1983; Protozoologie, 1985; Biologie u. Computer (m. T. Bühner), 1987; Einzeller u. Wirbellose (m. H. Bellmann, K. Janke, B. P. Kremer, H. Schneider). Mitautor: Lehrb. d. Zoologie, Bd. I, 1980; Bd II, 1985. Üb. 200 Fachveröff. - S. 1987 Managing Editor d. Europ. J. of Protistol.

HAUSMANN, Rudolf

Dr., Prof. f. Genetik - Mauracher Str. 36, 7809 Denzlingen/Br. - S. 1969 Wiss. Rat u. Prof. bzw. Prof. Univ. Freiburg.

HAUSMANN, Ulrich

Dr. phil. (habil.), o. Prof. f. Klass. Archäologie - Ob dem Viehweidle 8, 7400 Tübingen (T. 6 22 98) - Geb. 13. Aug. 1917 Bremen - Assist. Dt. Archäol. Inst. Athen; 1957 Privatdoz. Univ. Würzburg; 1960 Ord. Univ. Tübingen - BV: Apollonsonette Rilkes u. ihre plast. Urbilder; Kunst u. Heiltum; Hellenist. Reliefbecher; Griech. Weihreliefs; D. röm. Herrscherbild II/1: Julia, Titi, Domitilla, Domitia; Römerbildnisse i. Württ. Landesmuseum, Stuttgart; Zur Typologie u. Ideologie d. Augustusporträts, in: ANRW II 12,2 (1981). Herausg. Handb. d. Archäol. (1969ff.). Versch. Aufs. z. hellenistischen u. römischen Reliefkeramik.

HAUSNER, Hans

Dr., Dipl.-Chem., o. Prof. TU Berlin (s. 1972) - Richard-Strauss-Straße 30, 1000 Berlin 33 (T. 825 54 33) - Geb. 23. Mai 1927 Neustadt/Waldnaab (Vater: Hans H., Ing., Dir.; Mutter: Margarete, geb. Pöhlmann), kath., verh. s. 1956 m. Marlene, geb. Aumeier, 4 Kd. (Dieter, Peter, Brigitte, Martina) - Stud. d. Chemie TU München; Promot. 1954 ebd. - 1954-61 Ind.tätigk.; 1961-72 Europ. Atomgemeinsch. - 1990 Fellow Am. Ceram. Society, Skaupy-Vortrag (Aussch. Pulvermetallurgie). In- u. ausl. Fachmitgl.sch.; 1983 Seger-Plakette; 1987-91 Präs. Dt. Keram. Ges., 1989-91 Europ. Keram. Ges. - Liebh.: Tennis - Spr.: Engl., Franz., Ital.

HAUSS, Werner H.

Dr. med., em. o. Prof. f. Innere Medizin, Direktor Med. Klinik u. Poliklinik Univ. Münster u. Ehrenvors. Inst. f. Arterioskleroseforsch. a. d. Univ. Münster - Nünningweg 39, 4400 Münster/Westfalen (T. 86 15 79) - Geb. 20. Dez. 1907 Krefeld (Vater: Richard H., Rektor; Mutter: Maria, geb. Hassel), kath., verh. 1945 m. Annemarie, geb. Mannborg (†), 5 Kd. (Dipl.-Ing. Cathrin, Prof. Dr. med. Jan, Dipl.-Ing. Antje, Sibylle, RA Christian) - Stud. Bonn, Heidelberg, Düsseldorf, Berlin. Habil. 1940 Leipzig - S. 1940 Lehrtätigk. Univ. Leipzig, Frankfurt/M. (1948 apl. Prof.), Münster (1955 Ord. u. Dir. Med. Klinik u. Poliklinik). Zeitw. Präs. Dt. Ges. f. Rheumatologie (1959ff.); gegenw. Vorst.-Mitgl.) - BV: Angina pectoris, 1954 (auch ital., span., rumän.); Struktur u. Stoffwechsel d. Bindegeweb., 1960; Hypertonie, 1962; Lehrb. d. Inn. Med., 2. A. 1973; D. unspezif. Mesenchymreaktion, 1968; Geriatrie in d. Praxis, 1975; Koronarsklerose u. Herzinfarkt, 1976; State of Prevention and Therapy in

Human Arteriosclerosis and in Animal Models, 1978; Z. Pathogenese d. reaktiven, chronischen Mesenchymerkrankungen, 1990 - 1960 Vesalius-Med., 1967 Claude-Bernard-Medaille, 1970 Ratschow-Gedächtnisplakette, 1973 Silbermed. d. Univ. Helsinki, 1978 Gr. BVK, 1981 Günther Buch-Preis, Hamburg, 1983 Willy-Pitzer-Preis, Bad Nauheim; 1987 Carol-Nachman-Med., Wiesbaden; 1987 Paul-Linser-Med., Tübingen; 1987 Silbermed. d. Akad. d. Wiss. Heidelberg; 1956 Ehrenmitgl. Dt. Ges. f. Inn. Med. u. 1959 Türk. Liga gegen den Rheumatismus, 1968 Rhein.-Westf. Ges. f. Inn. Med.; 1967 Mitgl. Dt. Akad. d. Naturforscher (Leopoldina), Halle/S.; Rhein.-Westf. Akad. d. Wiss.; 1976 Ehrenmitgl. Hungarian Association of Arteriosclerosis Research; 1985 Ehrenmitgl. Rhein.-Westf. Ges. f. Inn. Med. u. Ehrenmitgl. d. Dt. Ges. f. Rheumatol. - Liebh.: Musik, Sport (versch. Tennismeistersch.) - Spr.: Franz., Engl.

HAUSSER, Joachim

Dr., Vorstandsmitglied d. Bayerischen Hypotheken- u. Wechsel-Bank AG - Theatinerstr. 11, 8000 München 2 (T. 089 - 92 44-0) - Geb. 3. Okt. 1944 Weinsberg/Württ.

HAUSSER, Karl

Dr. rer. nat., Prof., Physiker - Jahnstr. 29, 6900 Heidelberg (T. 48 62 45) - Geb. 28. Juni 1919 Berlin (Vater: Prof. Dr. K. W. H.; Mutter: Isolde, geb. Ganswindt), verh. s. 1980 m. Angela, geb. Kumpmann - Univ. Heidelberg (Dipl.-Phys. 1945). Promot. (1950) u. Habil. (1956) Tübingen - S. 1950 Wiss. Mitarb. u. Dir. (1966) Max-Planck-Inst. Heidelberg. S. 1956 Lehrtätigk. Univ. Tübingen (1962 apl. Prof.) u. Heidelberg (apl. Prof.; 1967 Honorarprof.). Emerit. 1987. 1956-57 Forschungstätigk. Univ. Chicago. Zahlr. Fachveröff. - Liebh.: Reiten, Ski, Tennis.

HAUSSIG, Hans Wilhelm

Dr. phil., Prof. f. Geschichte Vorder- u. Mittelasiens u. Byzantin. Gesch. - Meisenstr. 14, 1000 Berlin 33 - Geb. 3. Okt. 1916 Berlin - Ab 1956 Privatdoz. u. Prof. (1968) FU Berlin; 1969-82 Wiss. Rat u. Prof. Ruhr-Univ. Bochum, jetzt Ruhest. - BV: Kulturgesch. v. Byzanz, 2. A. 1966 (4 Übers.); Byzantin. Gesch., 1968. Einzelarb.

HAUSSMANN, Hans Georg

Dr. med., Honorarprof. f. Transfusionsmedizin TU München (s. 1970) - Werderstr. 32, 7570 Baden-Baden - Geb. 23. Mai 1919 Stuttgart - Promot. 1944 Straßburg - B. 1956 Univ.-Hygiene-Inst. Frankfurt/M., dann DRK-Blutspendedst. Baden-Württ. (Auf- u. Ausbau in Baden-Baden u. Ulm/Donau; Ltg. als Dir. u. Hauptgf., s. 1985 i. R.). Üb. 50 Facharb. - BVK I. Kl.

HAUSSMANN, Helmut

Dr. rer. pol., Dipl.-Kfm., Bundesminister f. Wirtschaft (1988-91), MdB (s. 1976) - Am Forst 1, 7432 Bad Urach 1 - Geb. 18. Mai 1943 Tübingen (Vater: Emil H., Kaufm.; Mutter: Elisabeth, geb. Rau), ev., verh. s. 1980 m. Margot, geb. Scheu (Dipl.-Psychol.) - Gymn. Metzingen; Stud. d. Wirtsch.- u. Sozialwiss.; Promot. 1975 - 1968-71 Geschäftsf. Privatwirtsch.; 1971-75 wiss. Mitarb. Univ. Erlangen-Nürnberg. 1975-80 Stadtrat Urach. FDP s. 1969 (1978ff. Mitgl. Bundesvorst.), 1980-84 wirtschaftspol. Spr. d. FDP Bundestagsfrakt.; 1984-88 FDP-Generalsekretär - BV: Demokratie in d. Arbeitswelt, 1974 (m. a.); Unternehmensordnung u. Selbstbestimmung, 1977 - Liebh.: Tennis, Golf - Spr.: Engl., Franz.

HAUSSMANN, Werner

Dr. rer. nat., o. Prof. f. Mathematik GH Duisburg - Mendener Str. 107b, 4330 Mülheim/Ruhr - Zul. Wiss. Rat u. Prof. Bochum.

HAUSSÜHL, Siegfried

Dr. rer. nat., Dipl.-Phys., o. Prof. f. Kristallogr. - Blessemerstr. 31, 5042 Erftstadt - Geb. 25. Nov. 1927 Gunzenhausen, verh. s. 1961 m. Arnhild, geb. Kunert, 5 Kd. (Thorsten, Inken, Eiken, Kirsten, Erken) - Univ. Tübingen (Phys., Mineral., Astron.); Promot. (1956) u. Habil. (1960) Tübingen - S. 1960 Lehrtätigk. Univ. Tübingen, Freiburg (1964 ao. Prof.), Köln (1966 o. Prof. u. Inst.sdir.) - BV: Kristallgeometrie, Taschentext, 1977; Kristallstrukturbestimmung, Taschentext, 1979; Kristallphysik, Taschentext, 1983. S. 1978 Herausg. Zeitschr. f. Kristallographie. Fachveröff. - 1963 Ernst-Abbé-Preis.

HAUSTEIN, Erik

Dr. rer. nat. (habil.), Prof., Botaniker - Habichtstr. Nr. 5, 8520 Erlangen (T. 4 78 60) - Geb. 21. Juli 1910 München (Vater: Josef H.), verh. 1941 m. Lina, geb. Biehler - S. 1952 Privatdoz. u. apl. Prof. (1960) Univ. Erlangen bzw. -Nürnberg. Facharb.

HAUSTEIN, Werner

Dr.-Ing., Vorstandsmitglied STRABAG Bau-AG., Köln-Deutz (s. 1969) - Heinrich-Heine-Str. 30, 5038 Rodenkirchen/Rhld. - Geb. 1. Nov. 1916 Satzung.

HAUSWIRTH, Otto

Dr. med., Prof. f. Physiol. Univ. Bonn (s. 1973) - II. Physiolog. Inst. Wilhelmstr. 31, 5300 Bonn; priv.: Lindenweg 26, 5305 Alfter-Oedekoven - Geb. 10. Mai 1932 Gallspach/Österr. (Vater: Dr. Otto H., Facharzt; Mutter: Edith, geb. Lienhard), kath. - Gymn. Schondorf/Ammersee, Kremsmünster, Wien; Univ. Wien (Med.). Promot. 1958 Wien; Habil. 1972 Heidelberg - 1964-71 Forschungstätigk. Oxford (Engl.), Zürich u. Bern. Art. u. Einzelarb. - Entd.: Mechanismus d. Wirkung v. Adrenalin auf d. Herzschrittmacher; Nachw.: Bezieh. zw. Schrittmacherstrom u. beta-Rezeptoren; Review (m. B.N.Singh, Los Angeles). Zahlreiche weitere Arbeiten üb. Arrhythmien, alpha- u. beta-Rezeptoren. Pharmac. Rev. 30: 5-63, 1979 - Liebh.: Radfahren, Musik, Theater, Oper - Spr.: Engl.

HAUTEVILLE, von, Tankred

Dipl.-Ing., Direktor i. R. - Brunhildenweg 3, 7000 Stuttgart-Degerloch - Geb. 22. Febr. 1908 Liegnitz/Schles. - 1967-74 stv. u. o. Vorstandsmitgl. (1970) Standard Elektrik Lorenz AG./SEL (Bereich: Funk u. Navigation).

HAUTMANN, Wilhelm

Dr. jur., Syndikus, 1. Vors. Bundesverb. Union Dt. Fotofinisher - Büro: Autharipl. 15, 8000 München 90 (T. 089 - 64 72 84; Telex 521 38 22; Telefax 089 - 642 18 85) - Geschäftsf. Ges. z. Förder. d. Photogr. u. Haus Waldeck GmbH. Bundesarbeitsrichter a.D.

HAVEKOST, Hermann

Ltd. Bibliotheksdirektor, Leit. Universitätsbibl. Oldenburg - Ofener Str. 3, 2900 Oldenburg/O. - Geb. 13. Juni 1935 Elsfleth (Vater: Hermann H.; Mutter: Helene, geb. Hobbie), luth., verh. 1966-76 (gesch.), 2 T. (Carola, Frauke) - Univ. Mainz u. Hamburg (Rechtswiss.). 2. jurist. Staatsprüf. u. Bibl.ass.ex. Hamburg - Verlagskfm.; Rechtsanw.; Bibl.dir. (1974ff.). Fachämter - Spr.: Engl., z. Verständ. Ital.

HAVEMANN, Klaus

Dr. med., Prof. f. Innere Medizin Univ. Marburg - Am Annablick 7, 3550 Marburg/L.

HAVER, Eitel Fritz

Fabrikant, pers. haft. Gesellsch. Haver & Boecker/Drahtweberei u. Maschinenfabrik - Carl-Haver-Pl. 3, 4740 Oelde/W. - Geb. 5. Mai 1921 (Vater: Fritz H., Fabrikant; Mutter: Aenne, geb. Doermer), ev., verh. s. 1950 m. Hertha, geb. Brand, 4 Kd. (Fritz, Walter, Peter, Hertha).

HAVERBECK, Peter

Dr., Vorstandsmitglied Continental Aktiengesellschaft, Hannover - Priv.: Poelzigweg 5 b, 3000 Hannover 71 (T. 0511 - 51 35 20); dstl.: Continental AG, 3000 Hannover - Geb. 22. Febr. 1935 Göttingen - 1957-60 Stud. Volkswirtsch.; Staatsex. 1960, Promot. 1962 - 1963-72 Continental Gummi-Werke; 1972-78 Vors. Geschäftsfg. Vergölst, Bad Nauheim; 1978ff. Vorst.-Mitgl. Continental-Gummi-Werke; AR-Vors. Göppinger Kaliko GmbH, Eislingen, Clouth Gummiwerke AG, Köln, Uniroyal Englebert Reifen GmbH, Aachen; stv. Vorst.-Vors. Wirtschaftsverb. d. dt. Kautschukind., Frankfurt; Beiratsmitgl. Verb. d. Automobilind. Frankfurt, Herstellergruppe Teile u. Zubehör; Mitgl. d. Bez.-beirats Deutsche Bank Hannover - Mitgl. Rotary Club Hannover.

HAVERBECK, Werner Georg

Dr. phil., Prof. a.D., Pfarrer i.R. - Bretthorststr. 199, 4973 Vlotho/Weser (T. 05733 - 22 52) - Geb. 28. Okt. 1909 Bonn (Vater: Albert H., Stadting.; Mutter: Emmy, geb. Bethe), Christengem., verh. s. 1970 in 2. Ehe m. Ursula, geb. Wetzel - 1928-37 Stud. Kultur- u. Religionswiss., Neuere Gesch.; Promot. 1937 Univ. Heidelberg, Ordin. als Pfarrer 1950 - 1950-60 Pfarrer Christengem. Marburg/L.; 1960-62 wiss. Tätigk.; 1963 Begründ. Collegium Humanum (Inst. f. Angew. Menschenkd. u Betriebspäd., s. 1975 Akad. f. Umwelt u. Lebensschutz, Heimvolkshochsch.); 1967-80 Lehrtätigk. Ing.-Wesen, s. 1971 Fachhochsch. Bielefeld (Aufbau Lehrf. Angew. Sozialwiss. im Ing.ber.); Prof. 1973; 1974-82 Präs. dt. Sektion Weltbd. z. Schutze d. Lebens - BV: D. Ziel d. Technik - d. Menschwerd. d. Erde, 1965; D. andere Schöpf. - Technik e. Schicksal v. Mensch u. Erde, 1978; Entschluß z. Erde, 1983; Wittekinds Sieg, 1985; Rudolf Steiner - Anwalt f. Deutschland, 1989 - 1982 Adalbert-Schweigart-Med. - Liebh.: Musik, Fotografieren, Wandern, Kanu - Spr.: Latein, Griech., Franz., Engl.

HAVERKAMP, Alfred

Dr. phil., Univ.-Prof. f. Mittelalterl. Geschichte Univ. Trier - Auf der Lai 2, 5501 Gusterath - Geb. 16. Mai 1937 Holdorf - Promot. 1964; Habil 1969 - S. 1970 o. Prof. Bücher u. Aufs.

HAVERKAMP, Heinrich

Generalbevollmächtigter Westdt. Landesbank Girozentrale Düsseldorf/Münster, Mitgl. d. Geschäftsltg. Investment Banking - Zu erreichen üb. Westd. Landesbank Girozentrale, Herzogstr. 15, 4000 Düsseldorf 1.

HAVERKAMP, Wilhelm

Vorstandsmitglied Ferrostaal AG./Eisen- u. Stahlgroßhandel - Huyssenallee 22, 4300 Essen 1; priv.: Am Mühlenbach 66 - Geb. 28. Okt. 1919.

HAVERS, Christoph

Sozialpäd., Schriftsteller - Selfkantstr. 7, 4040 Neuss (T. 02101-81121) - Geb. 14. Dez. 1955, verh. s. 1975 m. Christa, geb. Lange, T. Stephanie - Stud. Sozialpäd. (m. Schwerp. in d. Erwachsenenbild.); z. Zt. Stud. German. u. Phil. - BV: Plakatmenschen, Puppen u. heiße Nächte, Ged. u. Gesch., 1981; zahlr. Veröff. in Literaturztschr. u. Anthol. (z.B.: Wo liegt euer Lächeln begraben?).

HAVSTEEN, Bent Heine

Dr. phil., Dipl.-Ing., Prof. f. Physiologische Chemie - Knooper Landstr. 3, 2300 Kiel-Altenholz (T. 0431 - 36 35 05) - Geb. 7. Aug. 1933 Kopenhagen/Dänemark (Vater: Eigil H., Oberst; Mutter: Ingeborg, geb. Buch), ev., verh. s. 1976 m. Brigitte, geb. Heyck, T. Inger - Dipl.-Ing., TU Kopenhagen 1956, Ph.D., (Biochem.) Cornell Univ. N.Y./USA 1962; Promot. (habil.) Univ. Kopenhagen 1968 - 1957-58 Ing. Colonial Sugar Refining Co. Sydney; 1962-63 Lehrst.-vertr. Cornell Univ./ USA; 1967-72 Abt.-leit., Aarhus Univ., 1972 ff. Ord. f. Physiol. Chem. Univ. Kiel, 1979-81 Senator Univ. Kiel - Mitgl. New York Academy of Sciences 1981 - Entd.: Zielsuchgerät. Dän. Patent (1978) - Etwa 90 wiss. Veröff., u. a. Elektrizitätserzeugung d. Osmose 1980; - BV: Med. Forsch. E. Einführung, 1978 - Liebh.: Segeln - Spr.: Engl., Deutsch, Franz.

HAWERKAMP, Manfred

Ing., Mitinhaber u. Geschäftsf. Troisdorfer Bau- u. Kunststoff GmbH, Wiehl, Vizepräs. Gesamtverb. kunststoffverarb. Ind., Frankfurt/M., Vors. FNK - Altenrather Str. 5, 5210 Troisdorf - Geb. 14. Juli 1937.

HAX, Herbert

Dr. rer. pol., Dr. rer. pol. h.c., o. Prof. f. Betriebswirtschaftslehre - Merlostr. 16, 5000 Köln 1 - Geb. 24. Sept. 1933 Köln - Dipl.-Kfm. Univ. Frankfurt 1957, Dr. rer. pol. Univ. Köln 1960, Habil. Univ. Köln 1964 - 1964-72 o. Prof. Univ. Saarbrücken, 1972-76 o. Prof. Univ. Wien, s. 1976 o. Prof. Univ. Köln u. s. 1982 Honorarprof. Univ. Wien. S. 1982 Vorst. Inst. f. Mittelstandsforsch., Bonn; s. 1989 Mitgl. Sachverst.rat z. Begutachtung d. Gesamtwirtsch. Entw. - BV: D. Koordination v. Entscheidungen, 1965; Investitionstheorie, 1970; Entscheidungsmodelle in d. Unternehmung, 1974; Finanzwirtsch. d. Untern. u. Kapitalmarkt (m. G. Franke), 1988 - 1989 Ehrendoktor Univ. Frankfurt.

HAXEL, Otto

Dr. rer. nat., Dr. E. h., Prof., Physiker - Scheffelstr. 4, 6900 Heidelberg (T. 4 67 69) - Geb. 2. April 1909 Neu-Ulm (Eltern: Karl u. Emma H.), kath., verh. m. Ilse, geb. Bartz, 2 Kd. (Philipp, Christoph) - TH München u. Univ. Tübingen. Promot. 1933 Tübingen; Habil. 1936 Berlin - 1936 Doz. TH Berlin, 1947 ao. Prof. Univ. Göttingen, 1950 o. Prof. u. Dir. II. Physikal. Inst. Univ. Heidelberg. 1970-74 Gf. Ges. f. Kernforsch. mbH., Karlsruhe, 1978-82 Präs. Heidelberger Akad. d. Wiss. Üb. 50 Fachveröff. Herausg.: Ztschr. f. Physik, Nuclear and Instruments and Methods - 1971 Gr. BVK, 1980 Otto-Hahn-Preis Stadt Frankfurt.

HAY, Paul Helmut

Vorstandsvorsitzender d. Mannesmannröhren-Werke AG (s. 1990) - Mannesmannufer 4, 4000 Düsseldorf - Geb. 1. Okt. 1932 Remscheid - AR-Mand. u. a.

HAY, Peter

Dr. iur., Prof. d. Rechte Emory Univ., Atlanta/USA, Hononarprof. Univ. Freiburg - Emory Univ., School of Law, Atlanta, Ga. 30322/USA - Geb. 17. Sept. 1935 Berlin - 1953-58 Univ. of Michigan, Promot. Univ. Göttingen u. Heidelberg - 1961-63 Prof. d. Rechte Univ. of Pittsburgh, 1963-91 Univ. of Illinois, 1979-89 Dekan Univ. of Illinois. Emerit. 1991, s. 1991 Emory Univ. - S. 1975 Hon.-Prof. Univ. Freiburg. Gastprof. 1963 Univ. of Michigan, 1966 Stanford Univ., 1966, 1970, 1973 Freiburg, Fulbright Gastprof. 1992 Bonn - BV: Einf. in d. amerik. Recht, 1975, 3. A. 1990; Conflict of Laws (m. Scoles), 1982, 1984, 1986, 2. A. 1992; Ungerechtfertigte Bereicherung im IPR, 1978; zahlr. Aufs. - 1989 Geisteswiss. Preis d. von Humboldt-Stiftg.; Gewähltes Mitgl. Americ. Acad of Foreign Law, Americ. Law Inst., Acad. Intern. de Droit Comparé - Liebh.: Musik, Reisen - Spr.: Engl., Franz.

HAYMANN, Alfred

Vorstandsmitglied a.D. Varta Batterie AG., Hannover, Ehrenmitgl. Fachverb. Batterien im ZVEI ebd. - Haus im Eulengrund, 7292 Baiersbronn 1 - Geb. April 1918.

HAZLEHURST, John

Dr. phil., Prof. f. Astronomie Univ. Hamburg/Sternwarte (s. 1973) - Gojenbergsweg 4, 2000 Hamburg 80.

HAZOD, Wilfried

Dr. phil., o. Prof., Lehrstuhlinh. f. Mathematik IV (Maß- u. Integrationstheorie) Univ. Dortmund (s. 1976) - Postf. 500500, 4600 Dortmund 50 - Geb. 26. Juni 1943 Linz/Österr. - Stud. Math. u. Physik Univ. Wien (1961-67) - Zul. Univ. Tübingen.

HEBBEL, Hartmut
Dr. rer. nat., Prof. Univ. Dortmund - Helfkamp 18c, 5810 Witten (T. 02302 - 4 74 03) - Geb. 7. Nov. 1943 Gumbinnen/Ostpr., ev., verh. s. 1972 m. Ursula, geb. Wiese, 2 Kd. (Daniela, Matthias) - Stud. TU Berlin (Math.); Dipl. 1972; Promot. 1978 Dortmund u. Habil. (Statistik) 1982 Dortmund - Vertr. d. Fachgeb. Datenanalyse am FB Statistik Univ. Dortmund - Spr.: Engl., Franz.

HEBBERING, Bernd
Stv. Vorstandsvorsitzender Karstadt AG, Essen (s. 1986) - Zu erreichen üb. Karstadt, Theodor-Althoff-Str. 2, 4300 Essen - Begann als Verkäufer b. Karstadt, zul. dass. Mitgl. d. Verkaufsleitg.; 1973-85 Horten AG, Düsseldorf (1977 Sprecher d. Vorst., zul. Vorstandsvors.) - Zahlr. Mand., Vizepräs. IHK D'dorf.

HEBBORN, Albert
Ltd. Regierungsdirektor, Leit. Versorgungsamt Dortmund - Gabelsbergerstr. 4, 4600 Dortmund 1 (T. 0231 - 51 53 90) - Geb. 20. Dez. 1931 Bergisch Gladbach, kath., verh. s. 1957 m. Margarete, geb. Weber, 3 Kd. (Dr. Gabriele, Dietmar, Ulrike) - Gymn. Bergisch Gladbach; Stud. Rechtswiss. Univ. Köln; Gr. Staatsprüf. 1959 Düsseldorf - S. 1976 Bundesvors. Gewerksch. d. Versorgungsverw. im Dt. Beamtenbd., Dortmund. Herausg. Fachztschr. f. Soziales Entschädigungsrecht u. Schwerbehindertenrecht (D. Versorgungsverwaltung).

HEBECKER, Christoph
Dr. rer. nat., Prof. f. Anorgan. Chemie Univ. Gießen - Heinrich-Buff-Ring 58, 6300 Gießen.

HEBEL, Franz
Dr., Prof., Hochschullehrer - Mörfelder Landstr. 242, 6000 Frankfurt a.M. 70 - Geb. 11. April 1926 Frankfurt a.M. - S. 1972 Prof. TH Darmstadt (Didaktik Deutsch). Bücher u. Einzelarb.

HEBELER, Gisbert W.
Dipl.-Betriebsw. VWA, Unternehmer - Erlenweg 15, 4750 Unna (T. 02303 - 8 08 01) - Geb. 26. Jan. 1942 Gütersloh, ev., verh. s. 1967 m. Jutta, geb. Kahmen, 3 Kd. (Jan, Kerstin, Björn) - 1960 Ex. Höh. Handelssch., Ausb. Groß- u. Außenhdl.kaufm.; Stud. Leibniz-Akad. 1967-72 Hannover - S. 1974 Abt.-Leit. Hoesch Handel AG, Dortmund; s. 1988 Geschäftsf. Fa. Maria Hebeler Rohst.- Stahlservice u. Inh. Rohragentur G.W. Hebeler, bde. Unna; s. 1990 gf. Gesellsch. Gewerkschaft Engels Nachf. Wolf & Hebeler Schrottgroßhandel- Stahlservice GmbH, Dortmund. 1972-82 Vorst.-Mitgl. Wirtschaftsjunioren WKG Dortmund; 1974-76 Vorst.-Sprecher d. 1976 Mitgl. Westf. Kaufmannsgilde Dortmund - S. 1984 Ehrenamtl. Richter VG Gelsenkirchen, 1991 Ernennung z. JCI-Senator (auf Lebenszeit) - Liebh.: Dt. Gesch., Familienforsch., Klass. Musik, Jazz - Spr.: Engl., Franz.

HEBENSTREIT, Pedro
Schauspieler Deutsche Staatsoper Berlin - Scharnweberstr. 54, O-1035 Berlin (T. 588 65 56) - Geb. 27. Nov. 1926 Meiningen, verw., 3 Kd. (Knut, Katja, Mike) - Ausb. Meininger Theater (Rollen: v. Eleven b. Solotänzer); 1948 Abschlußprüf. am Theater d. Tanzes Weimar - Engagem.: 1948-50 Meiningen, Solotänzer; 1950-55 Opernhaus Leipzig, Solotänzer; s. 1955 Dt. Staatsoper Berlin (1. Charakterterime); größte Rollen: Dschamal (Gajanoh); Neger (Steinigung); Vater (Widerspenstige Zähmung); Besitzer Gladiatorenschule (Spartacus); Copelius (Copelia); Pater Lorenzo/Tybalt (Romeo u. Julia); Gangsterboß (Todsünden); Haushofmeister (Dornröschen); Stiefmutter (Aschenbrödel);

Kinesias (Lysistrata); Leibwächter (Macbeth); Tourneen in Ital., Span., Frankr., Finnl., Dänem., Schweiz, Japan; Schauspieler b. d. DEFA u. b. DFF - 1957 Goldmed. Intern. Ballettwettbew. Moskau.

HEBER, Gerhard
Dr. rer. nat. em. o. Prof. f. Theoret. Physik Univ. GH Duisburg - Am Bruckend 4, 4232 Xanten-Wardt - Geb. 26. Febr. 1927 Dresden - Stud. TH Dresden u. Univ. Jena; Promot. 1951, Habil. 1953, bde. Jena - 1953 Doz. Univ. Jena; 1960 o. Prof. f. theor. Physik Univ. Leipzig, 1966 TU Dresden, 1974 Univ.- GH Duisburg. Emerit. 1992 - Hauptarb.geb. Theorie d. Festkörpermagnetismus.

HEBER, Johann
Dr. rer. nat., Prof. f. Festkörperphysik TH Darmstadt - Wiesenstr. 16, 6109 Mühltal (T. 06151 - 14 35 03) - Spez. Arbeitsgeb.: Laserspektroskopie, nichtlineare Dynamik.

HEBER, Ulrich
Dr. rer. nat., Dipl.-Chem., o. Prof. f. Botanik - Mittl. Dallenbergweg 64, 8700 Würzburg (T. 7 30 85) - Geb. 25. Okt. 1930 Freital/Sa., verh. - TH Aachen, Univ. Bonn (Chemie, Biol.). Promot. u. Habil. Bonn - 1956-66 Assist., Oberassist. (1962), Doz. (1964) Univ. Bonn; s. 1966 Wiss. Abt.vorsteher u. Prof., o. Prof. Botan. Inst. (1971) Univ. Düsseldorf, 1979 Univ. Würzburg. Research Fellow Univ. Berkeley (1960/61), Carnegie Inst. Stanford/USA (1967/68) C.S.I.R.O. Canberra/Australien (1972/73), Rikagaku Kenkyusho, Wako-shi/ Japan (1977), Timiriasev Akad. d. Wiss. Moskau/UdSSR (1984/85), 1992 Sprecher d. Sonderforsch.bereiches 251 d. Univ. Würzburg. Spez. Arbeitsgeb.: Biochemie u. Physiol. d. Pflanzen. Zahlr. Fachveröff. - 1986 Gottfr.-Wilh.-Leibniz-Preis d. Dt. Forsch.gemeinschaft, 1991 Mitgl. d. Dt. Akad. d. Naturforscher Leopoldina - Spr.: Engl.

HEBERER, Georg
Dr. med., o. Prof. f. Chirurgie - Am Stadtpark 38, 8000 München 60 - Geb. 9. Juni 1920 Dietzenbach/Hessen, ev., verh. s. 1952 m. Dr. Renate, geb. Schubert, 3 Kd. (Michael, Jörg, Christiane) - Oberrealsch. Offenbach/M.; Univ. Marburg. Gießen, Heidelberg, Tübingen. Promot. 1945; Habil. 1953 Marburg - 1945-51 Städt. Krankenanstalten Mannheim, 1951-59 Univ. Univ.sklinik Marburg (1953 Privatdoz., 1958 apl. Prof. f. komm. Leit.), 1959-73 Univ. Köln (o. Prof., Dir. II. Chir. Lehrstuhl Städt. Krankenanstalt-Merheim, 1963 I. Chir. Klinik-Lindenthal), s. 1973 Univ. München (o. Prof., Dir. Chir. Klinik - BV: D. Lungenresektionen, 1954 (m. R. Zenker u. H.-H. Löhr); Aorta u. große Arterien, 1966 (m. G. Rau u. Löhr); Angiol.-Grundlagen - Klinik u. Praxis, 1974 (m. G. Rau u. W. Schoop); D. Indikation z. Operation (Mithrsg.: S. Hegemann). Zahlr. Publik. aus Bauch-, Thorax- u. Gefäßchir. - Mitgl. Dt. Akad. d. Naturforscher (Leopoldina) Halle/S.; 1983 ff. Präs. Dt. Ges. f. Katastrophenmed., Präs. Dt. Ges. f. Chirurgie, 1979/80, - Liebh.: Musik, Kunst, Skisport - Spr.: Engl.

HEBERMEHL, Gerd
Dr. rer. pol., Geschäftsführer Bonner Fahnenfabrik GmbH., Vizepräs. IHK Bonn, Handelsrichter LG Bonn - Achim-v.-Arnim-Str. 30, 5300 Bonn - Geb. 29. Juli 1927.

HEBOLD, Gustav G.
Fabrikant Hebold GmbH, Apparatebau u. Maschinenfabrik - Theodor-Storm-Str. 17, 2190 Cuxhaven (T. 04721 - 60 18-0) - Geb. 31. Juli 1918, verh. s. 1943 - Schule (Abit.), TU Berlin - Ehrenmitgl. d. Vorst. NORDWEST-Metall Nieders. (1982), Ehrenpräs. IHK Stade f. d. Elbe- Weser-Raum (1989), Ehrenvors. AGV Cuxhaven (1981), Ehrenmitgl. d. Vorst. d. Hafenwirtschaftsgemeinsch. Cuxhaven - Spr.: Engl. u. Franz. - Rotarier.

HECHELTJEN, Peter Max
Dr. rer. pol., Dipl.-Wirtschaftsing., o. Prof. f. Volkswirtsch.slehre Univ. Trier (s. 1975) - Peter-Lambert-Str. 4, 5500 Trier (T. 2 59 33) - Geb. 20. Aug. 1944 Bensheim/Bergstr., kath., verh. s. 1978 m. Josefa, geb. Schreiner, 1 Sohn (Martin) - Dipl.ex. 1969 Darmstadt; Promot. 1972 Frankfurt/M. - 1973-75 Doz. Univ. Frankfurt.

HECHT, Franz
Dr. phil. nat., bevollm. Direktor, Honorarprof. Univ. Hamburg (s. 1958) - Müllenhoffweg 58, 2000 Hamburg 52 (T. 82 02 53) - Geb. 30. Mai 1909 Cuxhaven, ev., verh. s. 1935 m. Christel, geb. Pistor, 3 Kd. - Univ. Kiel u. Frankfurt/M. Promot. 1933 - S. 1932 Erdölind. In- u. Aus. (u. a. Chefgeologe u. bevollm. Dir. DEA bzw. Texaco) - Spr.: Engl., Franz., Holl.

HECHT, Gerhard
Dr. rer. nat. habil., Dipl.-Phys., Mitglied d. Landtages v. Sachsen-Anhalt - Am Tulpenbrunnen 7, O-4090 Halle - Geb. 14. Sept. 1934 - Umweltpol. Sprecher d. SPD-Landtagsfrakt.

HECHT, Hans-Joachim
Angestellter, Intern. Schach-Großmeister - Westendstr. 19, 8808 Fürstenfeldbruck - Geb. 29. Jan. 1939 Luckenwalde, verh., 2 Kd. - BV: Schach- u. Turniertaktik, 1980; D. besten Partien dt. Schachgroßmeister, 1983 (m.a.); Schach-Spiel, Sport, Wiss., Kunst, 1984 (m.a.) - S. 1969 Intern. Meister; 1970 Dt. Meister, 1979 Intern. Dt. Meister; 1962-86 10 Schacholympiaden; s. 1973 Intern. Großmeister; 10 x Dt. Mannschaftsmeister m. Solingen u. Bayern München - 1974 Ehrenring Stadt Solingen; 1975 Silb. Lorbeerblatt - Spr.: Engl.

HECHT, Ingeborg
s. Studniczka, Ingeborg

HECHT, Martin

Rundfunk- u. TV-Moderator - Beethovenstr. 38, 6000 Frankfurt/M. 1 (T. 069 - 75 23 23) - Geb. 29. Sept. 1946 Bad Harzburg, ev., T. Daniela - Abit. 1966, Autodidakt - Moderation v. Rundf.- u. FS-Sendungen; Produktion v. Werbespots u. Veranstalt. - Liebh.: Autos (alt u. schnell) - Spr.: Engl., Franz. - Bek. Vorf.: Ur-Ur-Großvater: Senior Behrmann (Hamburger Kirchenfürst).

HECK, Dieter (Thomas)
(eigentl. Carl Dieter Heckscher) Rundfunk- u. Fernsehmoderator, Sänger, Schauspieler - Schloß Aubach, 7598 Lauf/Baden - Geb. 29. Dez. 1937 Flensburg (Vater: Carl H., Kaufm.; Mutter: Else H.), ev.-luth., verh. s. 1976 in 2. Ehe m. Ragnhild, geb. Möller, 3 Kd. (Rolf-Nils-Ernst, Thomas-Kim-Ralf, Saskia-Fee-Isabel) - Kaufm. Lehre (Autokaufm.); Gesangsausb. - Tätigk. im Musikverlag; b. Rundfunk (SWF; BR u. RIAS) - Fernsehen ZDF: Pyramide, Melodien f. Millionen. ARD: Gold.

Stimmgabel. Rollen in: Tatort, Café Wernicke u. Bülowbogen - Gold. Kamera; 1984 BVK - Liebh.: Antiquitäten, Garten, Haus, Bücher.

HECK, Eberhard
Dr. phil. (habil.), Prof. f. Klass. Philologie (Lateinische Phil., bes. christl. lat. Lit.) Univ. Tübingen - Karl-Jaggy-Str. 1, 7406 Mössingen - Geb. 7. Nov. 1937 Tokyo-Omori (Japan) - Staatsex. 1961, Promot. 1963 u. Habil 1971 Tübingen - 1963 Wiss. Assist., 1965 Wiss. Mitarb. Thesaurus linguae Latinae, 1967 Wiss. Assist. (1971ff. Priv.doz., 1974 apl. Prof.), 1976 Oberassist., 1980 Prof. - BV: D. Bezeug. v. Ciceros Schr. De re publica, 1966; D. dualist. Zusätze u. d. Kaiseranreden b. Lactantius, Heidelberg, 1972; Me theomachein od.: D. Bestrafung d. Gottesverächters, 1987. Div. Aufs., Rezensionen u. Lexikonart.

HECK, Elisabeth

Lehrerin, Schriftst. - Kolumbanstr. 14, CH-9009 St. Gallen - Geb. 5. Juni 1925 St. Gallen, kath., ledig - Lehrersem., Sprachstud., Ausb. z. Legasthenie-Therapeutin - 4 J. kaufm. Beruf, 25 J. Lehrerin; 1976-84 Legasthenie-Therap.; Ltg. v. Lehrerkursen; Autorenvorles. - BV: Kinderb.: u.a. D. junge Drache, 1982, TB 6. A. 1990 (span. 10. A. 1990); D. andere Schaf (engl., dän., ital., jap., span., holl., afr.); 3. A. 1988. Lyrik: Übergangenes, 1981; Aus dunklen Kernen, 1982; Tropfen auf Stein - 1981 Literaturpreis Ascona; 1982 Anerkennungspreis Stadt St. Gallen; 1988 St. Galler Förd.preis f. Lit.; Silver Plate, Madrid (El barco de vapor) - Liebh.: Lit., Sport, Reisen - Spr.: Ital., Span., Franz., Engl. - Lit.: Prof. Dr. Joh. Anderegg, Hochsch. St. Gallen, zu: Aus dunklen Kernen; Unter Kennwort (Dokumentation z. St. Galler Förd.preis f. Lit.).

HECK, Friedrich
Dipl.-Ing., Geschäftsführer Heck GmbH (s. 1976), Sachverst. f. Herstell. u. Bauanwend. v. Schaumkunststoffen (1967ff.) - Heckenpfad 15, 6702 Bad Dürkheim - Geb. 26. Febr. 1928 Ludwigshafen/Rh. (Vater: Alfons H., Beamt.; Mutter: Katharina, geb. Neumair), kath., verh. s. 1955 m. Rita, geb. Schollenberger, 2 Kd. (Felicia, Matthias) - 1949-52 Fachhochsch. Essen - Fachveröff. - Erf.: Außenwanddämmsystem m. Hartschaumplatten u. Mineralputzen.

HECK, Gernot
Studiendirektor, MdL Rhld.-Pfalz (s. 1975) - Wendelsheimer Str. 4, 6509 Nieder-Wiesen - Geb. 12. April 1940 - CDU.

HECK, Heinz
Journalist - Rodderbergstr. 51, 5300 Bonn 2 - Geb. 14. Dez. 1934 Oberhausen (Vater: Hans H., Beamter; Mutter: Katharina, geb. Pohen), gesch., 2 Söhne (Thomas, Volker) - Stud. d. Volkswirtsch.lehre Univ. Frankfurt, Mainz (Dipl.ex. 1959) - 1960-64 Angest. IHK Me-

xico-City; 1964-69 Mexiko- u. Brasilienkorresp. f. Nachr. f. Außenhandel; 1970-76 Korresp. Frankfurter Allg. Ztg. Bonn, s. 1976 Wirtsch.korresp. D. Welt Bonn - 1973 Theodor-Wolff-Preis - Liebh.: Photogr., Jazz - Spr.: Engl., Span., Portug.

HECKEL, Hans-Wulf

Selbst. Unternehmensberater (s. 1980) - Schulweg 1, 2093 Stelle-Ashausen (T. 04171 - 5 01 26) - Geb. 2. Febr. 1922 - Geschäftsf. MAK Kiel u. Krupp Maschinenfabr. Essen/Bremen/Hamburg, zul. Vorst. Phoenix AG, Hamburg.

HECKEL, Klaus

Dr.-Ing., Prof. f. Werkstoffkunde Univ. d. Bundeswehr München - Anton-Bruckner-Str. 21, 8011 Vaterstetten (T. 08106 - 10 64) - Geb. 31. März 1928 Roth - Stud. TU München (Techn. Physik); Dipl.-Ing. 1954, Promot. 1962, Habil. 1966 - S. 1972 apl. Prof. TU München; s. 1977 Prof. Univ. d. Bundeswehr - BV: Einf. in d. techn. Anwend. d. Bruchmechanik, 1970 (russ. Übers. 1974), 2. A. 1983, 3. A. 1990.

HECKEL, Martin

Dr. jur., o. Prof. f. Öfftl. Recht u. Kirchenrecht - Lieschingstr. 3, 7400 Tübingen - Geb. 22. Mai 1929 Bonn - Habil. 1960 Heidelberg - S. 1960 o. Prof. Univ. Tübingen - BV: Staat - Kirche - Kunst/ Rechtsfragen kirchl. Kulturdenkmäler, 1968; Dtschl. im konfessionellen Zeitalter, 1983; D. theol. Fakultäten im weltlichen Verfassungsstaat, 1986; D. Menschenrechte im Spiegel d. Reformatorischen Theologie, 1987; Gesammelte Schriften. Staat, Kirche, Recht, Gesch., 2 Bde. 1989; D. Vereinigung d. Evang. Kirchen in Deutschland, 1990. Div. Einzelarb.

HECKEL, von, Max

Mitglied d. Landtages Bayern (s. 1982), stv. Vors. d. Haushaltsausschusses - Gräfelfingerstr. 138, 8000 München 70 - Geb. 16. Nov. 1935 München, verh. m. Annemarie, 3 Kd. - Univ. München u. Erlangen (Rechtswiss.), 1973-82 Stadtkämmerer in München - S. 1989 Vors. Münchner Arbeiterwohlfahrt. Div. Mandate. SPD.

HECKELMANN, Dieter

Dr. jur., o. Prof. f. Bürgerl. Recht, Handels-, Gesellschafts-, Arbeits- u. Zivilprozeßrecht FU Berlin (s. 1975; 1977 Vize-, 1983 u. 87 Präs.) - Fliednerweg 3, 1000 Berlin 33 - Geb. 23. Okt. 1937 Wiesbaden - Promot. 1965; Habil. 1972 - Hon.-Prof. Univ. La Paz, Bolivien - BV: Abfindungsklauseln in Gesellschaftsverträgen, 1973; Ehe- u. Ehegüterrecht in Erman-Komm. z. BGB, 9. A. 1989; üb. 60 div. Einzelarb. - 1991 Senator f. Inneres, Berlin.

HECKELMANN, Erich

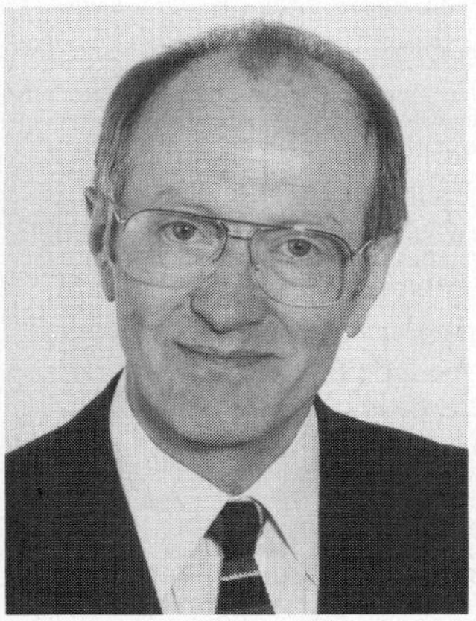

Schulrat a. D., MdL Nordrh.-Westf. (1978-80 u. s. 1981), MdK Neuss (s. 1975), Fraktionsvors. Kreis Neuss (s. 1975), stv. Vors. DJH LV Rheinland (s. 1987), Vors. Aussch. Landtag Kinder-Jugend-Familie - Ackerstr. 15, 4048 Grevenbroich 05 - Geb. 20. Febr. 1935 Daaden/Rhld.-Pf., verh., 2 Kd. - Gymn. (Abit.); PH; Fernstud. Ev. Theol. Staatsprüf. 1957 u. 61 - S. 1957 Schuldst. (1968 Hauptlehrer, 1971 Rektor/ Hauptsch. Kaarst). 1964-74 MdK Grevenbroich. Landesvizepräs. Dt. Rat Europ. Beweg.; 1986 Vors. AWO Kreis Neuss; Präs. Aero Club Grevenbroich. SPD s. 1956 (1972 stv., 1983 Vors. Unterbez. Neuss) - 1983 Dipl. Otto Lilienthal.

HECKER, Erich

Dr. rer. nat., o. Prof. f. Biochemie Univ. Heidelberg, Direktor Biochem. Inst. Dt. Krebsforschungszentrum ebd. (beides s. 1964) - Im Neuenheimer Feld 280, 6900 Heidelberg (T. 48 45 00) - Geb. 7. Juli 1926 Tübingen (Vater: Gottlieb H. †1939; Mutter: Anna, geb. Mozer), ev., verh. s. 1975 m. Hermine, geb. Hohenstatt, verw. Zeuner, 4 Kd. (Claus, Barbara, Ariane, Arvid) - Univ. Tübingen (Dipl.-Chem. 1950). Promot. 1952 Tübingen; Habil. 1962 München - 1958-64 Abt.leit. Max-Planck-Inst. f. Biochemie, München; 1962-64 Privatdoz. Univ. München. Mitgl. versch. Fachges. Chemie u. Biochemie, Stoffwechsel u. Wirkungsmechanismus östrogener Hormone, Krebserzeugende Faktoren, deren Stoffwechsel u. Wirkungsmechanismus - BV: Verteilungsverfahren im Laboratorium, 1955 (auch poln. u. jap.); Aspects of Cocarcinogenesis, in Sc. Foundations of Oncology, 1976; Environmental Carcinogenesis (m. E. Grundmann), 1981; Carcinogenesis - A comprehensive Survey, Vol. 7: Cocarcinogenesis and Biological Effects of Tumor Promoters (m. N. E. Fusenig u.a.), 1982; Cellular interactions by environmental tumour promoters (m. H. Fujiki u.a.), 1984; Chem. Karzinogenese, in: Klinische Onkologie, 1985; Natürliche Solitär- u. Kokarzinogene - Fortschritte in d. Erkennung u. Bewertung v. Krebsrisikofaktoren. Chem. f. Labor u. Betrieb, 1987. Herausg.: Journal of Cancer Res. and Clinical Oncology. Zahlr. Buchbeiträge u. Einzelarb. - 1971 Dr. Emil-Salzer-Preis f. Krebsforschung Baden-Württ.; 1988 Otto-Wallach-Plak. Ges. Dt. Chemiker; 1989 Mitgl. Dt. Akad. d. Naturforscher, Leopoldina, Halle - Liebh.: Fotogr., Skilaufen, Bergsteigen - Spr.: Engl.

HECKER, Gerhard

Dr. phil., o. Prof. u. Leiter Seminar f. Sportdidaktik II/Dt. Sporthochschule Köln - Leipziger Str. 5, 5000 Köln 40 - Zul. Ord. GH Siegen.

HECKER, Gerhard

Dipl.-Ing., Vorstandsmitglied Elektromark Kommunales Elektrizitätswerk Mark AG., Hagen, Geschäftsf. Elektromark Pumpspeicherwerk GmbH., ebd. - Am Höing 12, 5800 Hagen 1 - Geb. 12. Jan. 1926 Reddighausen - 1981ff. Vors. Vereinig. Dt. Elektrizitätswerke (VDEW), Frankfurt/M. - 1986 BVK I. Kl.

HECKER, Hans

Dr. phil., Prof. f. osteurop. Geschichte - Zum Hedelsberg 35, 5000 Köln 50 (T. 02236 - 6 66 08) - Geb. 2. Jan. 1942 Leipzig (Vater: Konrad H., Bibliothekar; Mutter: Hilde, geb. Wolf), kath., verh. s. 1971 m. Bärbel, geb. Heuckmann, 2 T. (Katrin, Astrid) - Promot. 1971 Univ. Köln, Habil. 1980 ebd. - 1971-73 Wiss. Mitarb. Ostkolleg Bundeszentrale f. polit. Bildung; 1973-82 Wiss. Assist. Univ. Köln; 1982ff. Prof. Univ. Düsseldorf; 1983-85 Prorektor - BV: D. Tat u. ihr Osteuropabild 1909-1939, 1974; Russ. Universalgesch.schreibung, 1983 - Liebh.: Lit., Musik, Wandern.

HECKER, Karl

Dr. phil., o. Prof. f. Altorientalistik u. Seminardir. Univ. Münster - Paul-Keller-Str. 27, 4400 Münster/W. - Geb. 25. Juli 1933 Hagen/W. - Promot. 1962; Habil. 1971 - Zul. Doz. Univ. Freiburg/Br. u. Wiss. Rat Univ. Erlangen-Nürnberg. Fachb.

HECKER, Rudolf

Dr. rer. nat., Prof., Direktor Inst. f. Reaktorentwickl./KFA, Jülich (s. 1971) - Zu erreichen üb. Kernforschungsanlage Jülich GmbH, Stetternicher Forst, 5170 Jülich - Geb. 9. Sept. 1926 Köln - Stud. Physik. Promot. 1958 - S. 1973 (Habil.) Lehrtätigk. TH Aachen (1976 apl. Prof. f. Exper. Kerntechnik). Üb. 50 Facharb.

HECKER, Waldemar

Dr. med., em. o. Prof. f. Kinderchirurgie - Martinsrieder 11, 8032 Gräfelfing/Obb. (T. München 85 59 53) - Geb. 15. Febr. 1922 Potsdam - 1945-50 Univ. Hamburg (1950 Med. Staatsex.). Promot. 1961 Hamburg; Habil. 1962 Berlin - S. 1962 Lehrtätigk. Heidelberg (1967 apl. Prof. f. Chir.) u. München (1969 Ord.). 1973 ff. Präs. Dt. Ges. f. Kinderchir.; 1982 ff. Vors. Vereinig. d. Bayer. Chir. Üb. 300 Fachveröff.

HECKER, Werner

Ehrenvorsitzender d. Kunststoffrohr-Verb., Bonn (s. 1979) - Albert-Überle-Str. 36, 6900 Heidelberg (T. 06221 - 41 32 93) - Geb. 11. Febr. 1917 Reudnitz/Thür., ev.-luth. - Abit. 1936.

HECKER, Wilhelm

Konzertpianist, Prof. f. Liedbegleitung Staatl. Hochschule f. Musik Rheinland/ Musikhochsch. Köln - Volbacher Berg 1, 5060 Berg. Gladbach 4.

HECKING, Klaus

Dipl. oec. publ., Geschäftsführer u. Mitinhaber Carl Hecking Textilwerke, Hecking USA Inc., Cornelia, GA President - Windmühlentor 9a, 4426 Vreden (T. 02564 - 30 90, Fax 02564 - 14 44) - Geb. 19. Juli 1941 Bocholt (Vater: Albert H., Pensionär; Mutter: Franzis, geb. Schulze-Siehoff), kath., verh. s. 1973 m. Dr. Evelyn, 3 Kd. (Claus, Carola, Harald) - Stud. Betriebswirtsch. Freiburg, Wien, München; Ex. 1968 - Spr.: Engl., Franz., Niederl.

HECKING, Peter C.

Textilkaufmann, Geschäftsf. u. Mitinh. Carl Hecking Textilwerke - Altstadt 11, 4426 Vreden (T. 02564 - 3 09 31 u. 43 60) - Geb. 23. April 1939 Münster (Vater: Ferdinand H., Textilkfm.; Mutter: Anny, geb. Zumbusch), kath., verh. s. 1967 m. Rosé, geb. Hölting, T. Anja - Gymn., Höh. Handelssch., kfm. Lehre, Textiltechnik. Reutlingen - Liebh.: Jagd (Mitgl. im DJV), Natursch., Marine (Mitgl. im DMB u. DGSM), Kammer- u. Orgelmusik - Spr.: Engl., Franz., Niederl. - Bek. Vorf.: Bildhauer Caspar v. Zumbusch, Maler Ludwig v. Zumbusch (Großonkel).

HECKLAU, Hans

Dr. rer. nat., Prof. f. Wirtschafts- u. Sozialgeogr. Univ. Trier - Mühlenstr. 84, 5500 Trier-Irsch - Geb. 4. Juni 1930 Heiligenthal - Promot. 1962; Habil. 1973 - Vors. d. Geogr. Ges. Trier - Div. Publ. üb. Ostafrika.

HECKMANN, Harald

Dr. phil., Vorstand Dt. Rundfunkarchiv (s. 1971) - Im Vogelshaag 3, 6233 Ruppertshain - Geb. 6. Dez. 1924 Dortmund (Vater: Dr. Wilhelm H.; Mutter: Marie, geb. Schulte), verh. s. 1953 m. Elisabeth, geb. Dohrn - 1944-52 (Promot.) Stud. Musikwiss., German., Kunstgesch., Gesch. Univ. Freiburg - Doz. f. ev. Kirchenmusikgesch. u. Hymnol. Musikhochsch. Freiburg, Mitarb. Handwörterb. d. musikal. Terminol.; 1954-71 Leit. Dt. Musikgesch. Archiv Kassel. Mitgl. Musikgesch. Kommiss., 1959-74 Generalsekr., 1974-77 Präs. Association Intern. des Bibliothèques musicales, s. 1980 Ehrenpräs.; Vizepräs. Répertoire intern. de Littérature musicale, s. 1988 Präs. Répertoire intern. des Sources musicales, Copräs. Répertoire intern. d'Iconographie musicale, Schriftf. Intern. Schubert-Ges. (b. 1972) u. Ges. f. Musikforsch. (1968-74), Geschäftsf. Kuratorium Neue Schubert-Ausg., 1972-89 stv. Vors. Studienkr. Rundfunk u. Geschichte, s. 1982 Beiratsvors. Dt. Musikarchiv d. Dt. Bibl., s. 1982 Vorst.-Mitgl. Robert-Schumann-Ges. Frankfurt a. Main, s. 1990 Präs. Intern. Schubert-Ges. - BV: Elektron. Datenverarb. in d. Musikwiss., 1967. Herausg.: W. A. Mozart. Thamos, König in Ägypten. Chöre u. Zwischenaktmusiken (1956); C. W. Gluck, La rencontre imprévu (1964), W. A. Mozart, Pantomimen u. Ballette (1963), S. de Brossard, Dictionnaire de musique (1965), D. Tenorlied. Mehrstimmige Lieder in dt. Quellen 1450-1580, Bde. 1-3 (1979, 82 u. 86). Redakt. Catalogus Musicus u. Documenta Musicologica (b. 1972), Mitteilungen d. Studienkreises Rundfunk u. Gesch. (1975-86) - Lit.: Musikdokumentation gestern, heute u. morgen. H. H. z. 60. Geb. am 6. Dez. 1984.

HECKMANN, Heinz

Vorstandsmitglied Südwestdt. Salzwerke AG Heilbronn, Staatssekr. a.D., MdL (s. 1972; Wahlkr. 37/Bruchsal) - Flüsselweg 12, 7520 Bruchsal/Baden - Geb. 22. März 1932 Bad Langenbrücken/Baden (Vater: Gustav H., Schneider; Mutter: Käthe), ev., verh. s. 1958 m. Ursula H., 2 Töcht. (Barbara, Ulrike) - Gymn. Bruchsal; 1953 Dipl.-Verw.-Wirt (FH) - 1961-78 Kreiskämmerer Landkr. Bruchsal bzw. Karlsruhe; 1978-80 Parl. Geschäftsf. CDU-Frakt. Landtag Baden-Württ.; 1980-89 Staatssekr. im Finanzmin. Baden-Württ.

HECKMANN, Herbert

Dr., Prof., Schriftsteller, gf. Vizepräs. Dt. Akad. f. Sprache u. Dicht., Darmstadt (1982ff.) - Liesmayerstr. 9, 6368 Bad Vilbel-Gronau/Hessen - Geb. 25. Sept. 1930 - Hochschullehrer (German.) - BV: D. Portrait, Erz. 1958; Benjamin u. s. Väter, R. 1962; D. 7 Todsünden, Erz. 1964; Schwarze Geschichte, Erz. 1964; D. kl. Fritz, Erz. 1968; Gesch. v. Löffelchen, Erz. 1970; D. gr. Knockout, R. 1972; Sägemehlstreuer, Erz. 1973; Ubuville, Erz. 1973; D. Junge aus d. 10. Stock, Erz. 1974; Gastronom. Fragmente, Ess. 1975; D. große O, Erz. 1977; Knolle auf d. Litfaßsäule, Erz. 1979 - 1962 Bremer Literaturpreis.

HECKMANN, Hermann-Hubertus

Dr.-Ing., Dr. phil., Prof., Architekt - Wegzoll 31, 2000 Hamburg 65 (T. 040 - 601 84 75) - Geb. 16. Aug. 1925 Kreuzburg/OS. (Vater: Georg H., Oberbaurat; Mutter: Elisabeth, geb. Korn), ev., verh. s. 1951 m. Ursula, geb. Meyer, 2 Söhne (Martin, Ulrich) - Human. Gymn. Oppeln (Abit. 1943); TH Dresden (Päd., Archit.), Dipl.-Ing. (Prof. K. W. Ochs), 1. Promot. TH Dresden 1953, 2. Promot. Univ. Bochum 1975 - 1951-53 wiss. Assist. TH Dresden; 1953-62 Archit. Dresden u. Hamburg; s. 1962 Lehrtätigk. Hamburg (FHS) - S. 1991 Präs. d. Stiftg. Mitteld. Kulturrat Bonn - BV: M. D. Pöppelmann als Zeichner, 1954; M. D. Pöppelmann (m. Pape), 1962; M. D. Pöppelmann, Leben u. Werk, 1972; Halle, so wie es war (m. Timm), 1977; Sonnin, Baumeister d. Rationalismus, 1977; Dresden - Bauten u. Baumeister, 1984; Hist. Landeskde. Mitteldeutschlands (hg): Bd. Sachsen, 1985; Bd. Thüringen, 1986; Bd. Sachsen-Anhalt, 1986; Bd. Brandenburg, 1988; Bd. Mecklenburg-Vorpommern, 1989; M. D. Pöppelmann u. d. Barockbaukunst in Dresden, 1986; Barock u. Rokoko in Hamburg, 1990; D. Gutachten d. Baumeisters E. G. Sonnin, 1990 - Bauwerke: u. a. Kindertagesstätte Leipziger Str. Dresden, Erweiter. Amtsgericht Hamburg-Wandsbek, Ortsamt Hbg.-Bramfeld, Säuglingsheim Hbg.-Poppenbüttel - 1986 Pöppelmann-Med. Stadt Herford - Liebh.: Reiseskizzen.

HECKMANN, Klaus

Dr. rer. nat., Prof. f. Zool. u. Direktor Zoolog. Inst. Univ. Münster (s. 1970) - Nordhornstr. 12, 4400 Münster (T. 86 24 72) - Geb. 20. Aug. 1934 Mannheim (Vater: Hans H., Geodät.; Mutter: Emma, geb. Sattler), ev., verh. s. 1960 m. Katrin, geb. Schmelzer, 3 Kd. (Henrike, Ulrike, Manfred) - Stud. d. Biol. Univ. Heidelberg u. Tübingen; Promot. 1962; Habil. 1968 - 1962-65 wiss. Assist. Tübingen; 1965-68 Assist. Prof. Southwest Center f. Adv. Stud. Dallas/Texas; 1968-70 Leit. Abt. f. Zellforsch. Univ. Tübingen.

HECKMANN, Klaus Dietrich

Dr. rer. nat., o. Prof. f. Physikal. Chemie (s. 1969) - Universität, 8400 Regensburg - Geb. 24. Nov. 1926 Bonn.

HECKMANN, Martin

Sparkassendirektor Bezirksspark. Weinheim - Nächstenbacher Weg 34, 6940 Weinheim - Geb. 29. Nov. 1928 Weinheim, ev., verh. s. 1952 m. Hildegard, geb. Engel, 3 Kd. (Ursula, Peter, Eva-Maria) - 1958/59 Lehre; Fachprüf. Lehrinst. f. d. Kommun. Spark- u. Kreditwesen, Bonn - Mitgl. Gemeinderat Stadt Weinheim - 1984 Bürgermed. Stadt Weinheim - Liebh.: Politik.

HECKMANN, Otto

Bezirkssekretär, Geschäftsf. SPD/Bez. Hessen-Nord - Humboldtstr. 8a, 3500 Kassel.

HECKMANN, Paul Henrich

Dr. rer. nat., Prof. f. Experimentalphysik - Virchowstr. 20, 4630 Bochum - Geb. 15. Sept. 1930 Duisburg - Stud. Physik. Promot. 1959 Göttingen; Habil. 1973 Bochum - Wiss.ler Univ. Göttingen, KFA Jülich, Univ. Bochum. BV: Einf. i. d. Spektroskopie d. Atomhülle (Autoren: P.H. Heckmann, E. Träbert), Vieweg, 1980. Fachveröff.

HECKMANN, Sepp Dieter

Vorstandsmitglied Deutsche Messe AG - Messegelände, 3000 Hannover 82 - Geb. 18. Mai 1943 - Vorst. Industrie Forum Design Hannover; Mitgl. Ostaussch. d. dt. Wirtschaft; Vors. d. GV Fachausst. Heckmann Hannover-Bremen GmbH - Gr. Ehrenzeichen f. Verdienste um d. Rep. Österr.

HECKMANN, Ulrich

Dr. med., Prof., Chefarzt Geburtshilfl.-Gynäkolog. Abteilung/Knappschafts-Krankenhaus, Dortmund - Wieckesweg 27, 4600 Dortmund-Brackel - Geb. 18. März 1930 - Promot. 1955 Frankfurt/M.; Habil. 1966 Saarbrücken - S. 1971 apl. Prof. f. Geburtsh. u. Frauenheilkd. Univ. Saarbrücken u. Münster (1975). Üb. 60 Facharb.

HECKNER, Fritz

Dr. med., Prof., Chefarzt i. R. Innere Abt. Sertürnerkrkhs. Einbeck - Moldenramweg 14, 3352 Einbeck (T. 49 49) - Geb. 26. Juni 1921 Naarden/Holl. (Vater: Robert H., Kaufm.; Mutter: Paula, geb. Zimmermann), ev., verh. m. Hildegard, geb. Brinkmann, Tocht. Ulrike - 1939-44 Stud. Jena u. Göttingen. Promot. u. Habil. Göttingen - S. 1944 Univ. Göttingen (Assist., 1957 Oberarzt; gegenw. apl. Prof. f. Inn. Med.) - BV: Leitf. d. Blutzellkd., 1965; Praktik d. mikroskop. Hämatol., 1973, 1981, 1986, 1991. Zahlr. Einzelarb. - Liebh.: Musik - Spr.: Engl.

HECKSCHER, Berthold

Oberbürgermeister - Waldschmidtweg 33, 8360 Deggendorf/Ndb. (T. 40 21) - Geb. 17. März 1917 Saalfeld/Thür. (Vater: August H.), verw. - Volkssch. Deggendorf; Friseurhandw. ebd. - 1937 b. 1945 Wehr- u. Kriegsdst. (Sanitäter); s. 1950 Mitgl. Stadtrat, 3. Bürger- (1956) u. Oberbürgerm. (1962) Deggendorf, 1962-66 Mitgl. Niederbayer. Bezirkstag; 1966-70 MdL Bayern. SPD. 1979 gold. Sparkassenmed. u. BVK I. Kl., div. Ehrungen.

HEDDEN, Kurt

Dr. rer. nat., Prof., Physikochemiker - Ludwig-Tieck-Str. 8, 7500 Karlsruhe 51 (T. 88 37 45) - Geb. 8. März 1927 Schmalenfleth (Vater: Heinrich H., Landw.; Mutter: Anna, geb. Lohse), ev., verh. s. 1954 m. Rita, geb. Lacü, 3 Töcht. (Christiane, Bettina, Kathrin) - Univ. Göttingen (Physik, Chemie; Dipl.-Phys. 1952). Promot. 1954 Göttingen; Habil. 1961 Münster - B. 1961 Assist. Univ. Göttingen, Hamburg, Münster, dann Privatdoz., Wiss. Rat u. Prof. (1964), apl. Prof. (1965) Univ. Münster, 1966-73 apl. Prof. f. chem. Technologie TH Darmstadt, s. 1973 o. Prof. Univ. Karlsruhe (Engler-Bunte-Inst.); 1964-70 Chefwiss.ler u. Vorst.-Mitgl. (1967) Pintsch Bamag AG, Berlin/Butzbach, 1970-72 Geschäftsf. Bamag Verfahrenstechnik GmbH, Butzbach/Berlin; s. 1988 AR-Mitgl. d. VEBA ÖL AG, Gelsenkirchen. Spez. Arbeitsgeb.: Chemie u. Technik v. Gas, Erdöl u. Kohle - 1962 Arnold-Eucken-Preis Verfahrenstechn. Ges. im VDI - Spr.: Engl.

HEDDERGOTT, Hermann

Dr. rer. nat., Abteilungsdirektor Landwirtschaftskammer i. R., Honorarprof. f. Pflanzenschutz Univ. Münster (s. 1959) - Vahlbusch 9, 4400 Münster-Gremmendorf - Geb. 30. Juni 1913 Dortmund (Vater: Ernst H., Präparator), ev., verh. s. 1939 m. Gertrud, geb. Hennig (†), 2 Kd. (Erna, Ernst) - Gymn. Dortmund; Univ. Münster (Biol., Chemie, Physik; Promot. 1938) - S. 1938 LK Westf.-Lippe (Biologie) u. Inst. f. Pflanzenschutz, Saatgutunters. u. Bienenkd. Münster (1947; 1964 Dir., 1967 Ltd. Dir., 1973 Abt.sleit.). 1950 Studienaufenth. USA. Berat. FAO/UN (Jugosl., Ägypten, Sudan, Mali, Nigeria) u. Bundesreg. (Indien, Iran). Veröff. üb. angew. Entomol. - 1970 BVK I. Kl. - Spr.: Engl., Franz.

HEDEMANN, Hans-Adolf

Dr. rer. nat., Prof., Dipl.-Geol., Honorarprof. f. Erdölgeologie Univ. Erlangen-Nürnberg (s. 1972) - Honingserstr. 30, 8521 Langensendelbach - Geb. 1920, verh. - Spr.: Engl.

HEDEMANN, Walter

Oberstudienrat, Kabarettist, Schriftst. - Fritz-Reuter-Weg 6, 3250 Hameln 1 - Geb. 17. Juli 1932 Lübeck, verh. s. 1957 m. Dr. Almut, geb. Cramer, 4 Kd. (Markus, Andreas, Sebastian, Nicola) - 1950-54 Musikstud. (Hauptf. Klavier) Halle u. Berlin; 1954-59 Stud. dt. u. engl. Philol. Berlin (Staatsex.); päd. Staatsex. 1961 Hannover - S. 1961 Gymnasiallehrer Hameln; 1963 Funk-Debut Radio Bremen (eig. Chansons), seither Kabarettist u. Chansonnier. Zahlr. Hörfunk- u. Fernseh-Prod. Veröff.: Div. Stücke f. Amateurtheater; Hörsp., Schallpl. 1966-85 (Chanson, Kabarett) - Lit.: Kürschners dt. Literatur-Kal.; Kaarel Siniveer: Folk-Lexikon, 1981; Matthias Henke: D. großen Chansonniers u. Liedermacher (Hermes Handlexikon), 1987.

HEDERGOTT, Winfrid

Mitglied Nieders. Staatsgerichtshof (s. 1983), MdL Nieders. (1951-70 u. 1974-78; 1955-67 Vizepräs.; 1958-70 u. 1974-78 Fraktionsvors.) - Beethovenstr. 10, 3410 Northeim (T. 55 50) - Geb. 1. Juni 1919 Bernau, verh. (Ehefr.: Ilse), 3 Tocht. (Astrid, Inga, Karen) - Univ. Göttingen (Rechtswiss.) - Soldat (1937-45; u. a. Fernaufklärer), Dolmetscher, Sprachlehrer, Werkstudent, Angest.; Berater u. Planer, Honorarprof. TU Hannover. 1952-86 Ratsmitglied Northeim (zeitw. Beigeordn. u. Bürgerm.). FDP (1949-57 stv. Landesvors.; Mitgl. Bundesvorst.) - BV: D. Northeimer Seenplatte - Hohe Kriegsausz.; Gr. Verdienstkreuz Nds. VO.; 1969 Gr. BVK, 1978 Stern dazu; 1975 Nieders. Landesmed.; Ehrenbürger d. Stadt Northeim - Briefmarkensammler.

HEDEWIG, Roland

Dr. rer. nat., Prof. f. Didaktik d. Biologie GH Kassel - Am Krümmershof 91, 3500 Kassel (T. 0561 - 40 52 35) - Geb. 7. April 1936 Chemnitz (Vater: Oskar H., Stadtsekr.; Mutter: Johanna, geb. Veit), ev., verh. s. 1962 m. Heidi, geb. Zwirner, 3 Kd. (Frank, Guta, Wolfram) - Stud. Biol., Chemie, Geogr. u. Päd. Univ. Halle u. Göttingen. 1. u. 2. Staatsex. f. d. Lehramt an Gymn. 1963/66, Promot. 1979 in Zool., Kassel - 1966-72 Lehrtätigk. Päd. Fachinst. Kassel; 1971 FHS-Lehrer; s. 1973 Prof. GH Kassel. S. 1978 Mitherausg. Ztschr. Unterr. Biologie; 1982-87 Vors. Sektion Fachdidaktik im Verb. Dt. Biol.; s. 1983 Kurat.-Mitgl. Ev. Akad. Hofgeismar - BV: Menschenkd. - Unters. u. Experimente (m. D. Eschenhagen u. B. Krüger), 1976; D. Naturlehrpfad, 1986; Freilandlabor Dönche (m. U. Schaffrath), 1987; D. Landschafts- u. Naturschutzgebiet Dönche (m. U. Schaffrath), 1988. Herausg.: Biol. Lehrpläne u. ihre Realisier. (m. D. Rodi, 1982); Biologieunterr. in d. Diskuss. (m. L. Staeck, 1984); Biologieunterr. außerhalb d. Schulgebäudes (m. J. Knoll, 1986); Biologieunterricht u. Ethik (m. W. Stichmann, 1988); Biologische Unters. im Stadtgebiet v. Kassel (1990) - Liebh.: Astronomie - Spr.: Engl., Russ.

HEDIGER, Heini Peter

Dr. phil., Dr. med. vet. h. c., Prof., Zoodirektor i. R. - Wahlackerstr. 5, CH-3052 Zollikofen (Schweiz) (T. Bern 911 02 83) - Geb. 30. Nov. 1908 Basel, kath., verh. s. 1942 m. Kathi, geb. Zurbuchen, S. Peter - Gymn. u. Univ. Basel - 1938 Leit. Städt. Tierpark Dählhölzli Bern; 1944 Dir. Zoolog. Garten Basel; 1954-74 Dir. Zool. Garten Zürich. 1954-78 Titular-Prof. Univ. Zürich, Begründer Tiergartenbiol. - BV: Wildtiere in Gefangensch., 1942 (auch engl. u. franz.); Jagdzool. - auch f. Nichtjäger, 1951; Kl. Tropen-Zool., 2. A. 1966; Beob. z. Tierpsych. im Zoo u. im Zirkus, 1961 (auch engl. u. franz.); Tier u. Mensch im Zoo - Tiergartenbiol., 1965 (auch engl.); Exot. Freunde im Zoo, 1968. Herausg. D. Straßen d. Tiere (1967), Tiere sorgen vor (1973), Zoologische Gärten Gestern-Heute-Morgen (1977); Tiere verstehen (1980); E. Leben m. Tieren (1990).

HEDRICH, Klaus-Jürgen

Studienrat a. D., MdB (s. 1983; Wahlkr. 39/Celle-Uelzen) - Krietenberg 26, 3110 Uelzen 1 (T. 0581 - 7 30 55) - Vors. d. Landesgr. Niedersachsen d. CDU/CSU-Bundestagsfraktion.

HEDTKAMP, Günter

Dr. rer. pol., Dipl.-Kfm., o. Prof. f. Nationalökonomie u. Finanzwissenschaft - Neideckstr. 47, 8000 München 60 (T. 871 45 70) - Geb. 11. Febr. 1928 Lünen/W. (Vater: Wilhelm H., kaufm. Angest.; Mutter: Hedwig, geb. Gründken), verh. s. 1956 m. Dipl.-Kfm. Edith, geb. Giesen, 2 Kd. (Vera, Christoph) - Stud. Rechts- u. Staatswiss. Saarbrücken u. Paris, Wirtschaftswiss. Köln. Licencié en Droit 1952; Promot. 1954; Dipl.-Kfm. 1956; Habil. 1958 - 1958 b. 1973 Lehrtätigk. Univ. Gießen (b. 1964 Leit. Akad. Auslandsamt; 1965 Ord.); s. 1973 Ord. Univ. München u. Dir. Osteur.-Inst.; 1960-64 u. 1979-83 Vorst.-Mitgl. Ges. f. Wirtsch.- u. Sozialwiss., u. 1982-88 Dt. Ges. f. Osteuropakd.; Mitgl. American Economic Assoc., Inst. Intern. de Finances Publiques, List-Ges., Mitgl. Wiss. Beirat b. Bundesmin. d. Finanzen - BV: Instrumente u. Probleme westl. u. sowjet. Wirtschaftslenkung, 1958; Planification in Frankr., 1966; Lehrb. d. Finanzwiss., 2. A. 1977; Wirtschaftssysteme, 1974; D. sowjet. Finanzsystem, 1974; E. allgem. persönl. Vermögenssteuer in e. rationalen Steuersystem, in: Finanzarchiv, 1988; Steuersystematische Aspekte d. Erbschaftsteuer, in: Finanzwiss. im Dienste d. Wirtschaftspolitik. Festschr. f. Dieter Pohmer z. 65. Geb. (Hg. Franz Xaver Bea u. Wolfgang Kitterer), 1990; D. Legitimation v. Regulierungen im Lichte d. Transformation v. Wirtsch.systemen, in: Dienstprinzip u. Erwerbsprinzip: Fragen d. Grundorientierung in Verkehr u. öffentl. Wirtsch. Festschr. f. Karl Oettle z. 65. Geb. (Hg. Peter Faller u. Dieter Witt), 1991 - Spr.: Engl., Franz., Russ.

HEEB, Reiner

Dr. jur., Landrat Kreis Böblingen (s. 1973) - Beethovenstr. 31, 7030 Böblingen (T. 6 63-2 00) - Geb. 15. Sept. 1935 Stuttgart (Vater: Adolf H., städt. OBaudir. a. D.; Mutter: Erika, geb. Würth), ev., verh. m. Elke, geb. Englert, 2 S. (Gunter, Jochen) - Wilhelmsgymn. Stuttgart (Abit.); Stud. d. Rechtswiss. Univ. Hamburg, Tübingen (1. u. 2. Staatsex.; Promot.) - Zun. Bankprokurist, dann Reg.dir. AR- u. VR-Mand., dar. Vors. Kreissparkasse Böblingen, Region. Rechenzentrum Mittl. Neckar GmbH u. Gemeinn. Werkstätten GmbH., Sindelfingen; Mitgl. Verb.aussch. Landeswohlfahrtsverb. Württ.-Hohenzollern, Vors. DRK-Kreisverein Böblingen, VR Südwestdt. Landesbank, Stuttgart - 1985 BVK am Bde.

HEEDE, Konrad

Dipl.-Ing., Vorstandsmitglied Maschinenfabrik Müller-Weingarten, Weingarten - Gründenbühlstr. 47, 7992 Tettnang - Geb. 21. Dez. 1938 Düsseldorf, verh. s. 1977 m. Monika, geb. Block, T. Andrea - Stud. TH Aachen u. TH Braunschweig; Dipl.-Ing. (Maschinenwesen) - Präs. Müller Weingarten Coporation Rochester/USA; Beiratsmitgl. Erhard-Armaturen, Heidenbeim.

HEEGE, Hermann-J.

Dr. agr., Prof., Lehrst. f. Landwirtschaftl. Verfahrenstechnik Univ. Kiel (s. 1981) - Grevenkamp 22, 2300 Altenholz (T. 0431 - 32 35 40) - Geb. 7. Sept. 1931 Flechum/W. (Vater: Franz H., Landw.; Mutter: Maria, geb. Kötter), kath., verh. s. 1960 m. Hildegard, geb. Lohmöller, 4 Kd. - Promot. 1963; Habil. 1967 - BV: Getreidebestellung, 2. A. 1978.

HEENE, Dieter Ludwig

Dr. med., Prof., Ord. f. Innere Medizin, Dir. I. Med. Klinik Klinikum Mannheim, Fak. f. klin. Med. Mannheim d. Univ. Heidelberg - Brüder-Grimm-Str. 5, 6800 Mannheim 51 - Zul. Univ. Gießen.

HEENE, Helmut

Dipl.-Kfm., geschäftsf. Gesellschafter Fa. Streit & Co Intern. Spedition, Regensburg - Güntherweg 4, 8400 Regensburg (T. 0941 - 798 84 44) - Geb. 28. April 1936 Mannheim, kath., verh., 2 Kd. - Univ. München - Präs. IHK Regensburg, Vors. Gr. Verkehrsaussch. d. DIHT Bonn - 1986 BVK.

HEENE, Rainer

Dr. med., Prof. (Neurologie u. Psychiatrie) Univ. Marburg, Chefarzt Abt. Neurologie, Schwarzwaldklinik (Rehabilitationskl.) - Im Sinnighofen 1, 7812 Bad Krozingen.

HEEPE, Fritz

Dr. med., Prof., Chefarzt Med. Klin. Städt. Krankenanstalten Stade (1961-83) - Vogelsang 25, 2160 Stade/E. - Geb. 8. Juli 1920 Neddemin - S. 1952 (Habil.) Privatdoz. u. apl. Prof. (1958) Univ. Göttingen u. Münster (b. 1961 Oberarzt Med. Klin.) - BV: D. unspezif. Bluteiweißreaktionen, 1953; D. Vitamine in d. Diät- u. Küchenpraxis, 1961; Diätetische Indikationen, 1990. Üb. 60 Fachaufs.

HEER, Hans-Hermann

Dr. rer. pol., Dipl.-Kfm., Unternehmensberater - Buchenstr. 1, 5620 Velbert-Neviges - Geb. 16. Juni 1926.

HEERD, Ewald

Dr. med., Prof. f. Physiologie Univ. Gießen - Gießener Str. 42, 6301 Heuchelheim.

HEEREMAN von ZUYDTWYCK, Freiherr, Constantin

Landwirt, Dt. Bauernverb. (s. 1969), Westf.-Lipp. Landwirtschaftsverb. (s. 1968), MdB (Wahlkr. 98/Steinfurt II) - Schloß Surenburg, 4446 Hörstel-Riesenbeck - Geb. 17. Dez. 1931 Münster/W. (Vater: Theodor Freiherr H. v. Z.; Mutter: Elisabeth, geb. Freiin v. dem Bongart), verh. s. 1956 m. Margaretha (Gitty), geb. Freiin v. Wrede-Melschede, 5 Kd. - Jesuitenkolleg Bad Godesberg; landw. Ausbild.; staatl. gepr. Landw. 1954 (Höh. Landbausch. Soest) - S. 1955

Leitg. landw. Betrieb. Zahlr. Ehrenstell., dar. Präs. Westf.-Lipp. Landwirtschaftsverb., Dt. Bauernverb., Landesjagdverb.; VR-Vors. Absatzfonds, Landwirtsch. Rentenbank; AR-Vors. Raiffeisen-Warengenoss. eG Riesenbeck, Bayer AG, Leverkusen, Dt. Genossenschaftsbank, Frankf., Kreditanstalt f. Wiederaufbau, Dt. Bundespost. CDU. Bundeswehr (Hptm. d. R.) - Vorf. d. Linie Surenburg erwarben im 17. Jh. d. holl. Herrschaft Zuydtwyck - 1976 BVK I. Kl.; 1980 Ernst-Reuter-Plak.; 1981 Gr. Verdienskreuz d. VO d. Bundesrep. Dtschl. u. Gold. Niklas-Med. (v. Bundesminist. f. Ernährung, Landw. u. Forsten) - Liebh.: Pferde, Jagd, Ski.

HEEREMAN von ZUYDTWYCK, Freiherr, Johannes

Rechtsanwalt, Generalsekr. Malteser-Hilfsdienst (s. 1979) - Leonhard-Tietz-Str. 8, Postf. 29 02 63, 5000 Köln 1 (T. 0221 - 20 30 80) - Geb. 21. März 1944 Göttingen (Vater: Dipl.-Ing. Sylvester Frhr. H. v. Z.; Mutter: Alexandra, geb. Gräfin v. Hardenberg), kath., verh. s. 1970 m. Michaela, geb. Freiin z. Guttenberg, 6 Kd. (Nina-Sophie, Sylvester, Franziskus, Robert, Vincenz, Marie) - Stud. Rechtswiss. Staatsex. 1969 (Köln) u. 72 (Düsseldorf), Rechtsanwalt - 1973-76 Geschäftsf. Heilbad Bad Neustadt; 1976-78 Landesgf. Malteser-Hilfsdst. Rhld.-Pf. u. Hessen; 1978-79 RA Simmern. Stv. AR-Vors. Rhönklinikum AG Bad Neustadt (1975ff.), Beiratsmitgl. Christl. Bildungsw. ebd. (1978ff.), Mitgl. ZK d. dt. Katholiken (1979ff.) - Spr.: Engl.

HEEREMAN von ZUYDTWYCK, Freiherr, Valentin

Dipl.-Kfm., Gf. Gesellschafter Capital Treuhand GmbH, Berlin - Kurfürstendamm 151, 1000 Berlin 31 (T. 892 10 41) - Geb. 22. Nov. 1942 Misburg/Hann. (Vater: Sylvester H. v. Z., Dipl.-Ing.; Mutter: Alexandra, Gräfin v. Hardenberg), kath., verh. m. Ass.jur. Marie Catherine, Gräfin v. Waldburg-Wolfegg-Waldsee, 3 Kd. (Nicolaus, Monika, Ida) - Univ. Köln (Dipl.-Kfm. 1968; Ass.jur. 1983) - U. a. FORESTA Management GmbH, Berlin; Diözesan- u. Landesleit. Malteser Hilfsdienst in Berlin; Mitgl. Caritasrat Caritasverb. f. Berlin - BVK am Bde.; Sonderstufe d. Feuerwehr- u. Katastrophenschutz-Ehrenz. Land Berlin - Spr.: Engl. - Lit.: Nachschlagewerke.

HEERS, Waldemar

Dr. rer. pol., Vorstandsmitglied Nordd. Volksbanken AG./Zentralbk., Hannover/Hamburg - Schultesdamm 15, 2000 Hamburg 65 - Geb. 21. Aug. 1929 - Div. Mand.

HEES, Gebhard

Dr.-Ing., em. o. Prof. f. Statik d. Baukonstruktionen TU Berlin - Weinbergshöhe 1, 1000 Berlin 20 (T. 030 - 363 52 52) - Geb. 8. April 1926 Jungenthal (Vater: Albert H., Stadtrentmeister; Mutter: Emma, geb. Lotz), ev., verh. s. 1958 m. Helga, geb. Geuder, T. Carla - Maurergeselle 1950; Ing. (grad.) 1954 Koblenz, Dipl.-Ing. 1959 TH Stuttgart, Promot. dort 1965, Habil. 1968 - 1950-52 Hilfspolier; 1954-57 Statiker u. Konstrukteur Kocks KG; 1959-68 wiss. Mitarb. u. wiss. Assist. TH Stuttgart; 1968-72 Doz. u. wiss. Rat Univ. Stuttgart; s. 1972 Prof. TU Berlin. S. 1970 Prüfing. f. Baustatik, 1985-91 Schriftleit. d. Bautechnik; Präs. d. Baukammer Berlin.

HEES, van, Horst

Dr. phil, Kunsthistoriker, Touristiker - Kaiserstr. 28a, 6600 Saarbrücken (T. 0681 - 390 52 49, Fax 0681 - 3 64 93) - Geb. 8. Dez. 1930 Saarbrücken, kath., verh. m. Renate, gb. Mügel, 2 S. (Leonhard u. Horst-Gerhard) - Stud. Rechtswiss. u. Kunstgesch., Klass. Archäol. u. Franz. Philol. Univ. Paris, München, Mainz, Saarbrücken (Promot.

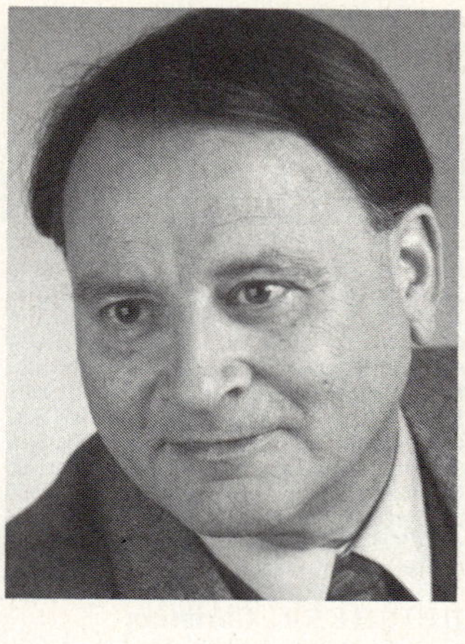

1973) - Wiss. Stip. Fritz Thyssen Stiftg. Köln; Geschäftsf. Dt. Ges. f. Christl. Kunst, München; Geschäftsf. (wiss.) Akad. Studienreisen Heidelberg (b. 1988) - BV: D. lothringische Skulptur d. 16. Jh. (Diss.) 1973 Veröff. in Fachzschr. Reclams Kunstführer Frankr. III - Lothringen, Ardennen, Ostchampagne (m. Peter Volkelt), 1983; Reclams Kunstführer Spanien 2 - Andalusien, 1992 - Spr.: Engl., Franz., Span., Portug., Arabisch.

HEESCH, Heinrich

Dr. phil., Prof. f. Mathematik - Im Moore 19, 3000 Hannover - Geb. 25. Juni 1906 Kiel (Vater: Heinrich H., Landeskanzleivorsteher; Mutter: Bertha, geb. Herzer) - Univ. (Math.) u. Staatl. Akad. d. Tonkunst München (Violine). Promot. 1929 Zürich; Habil. 1958 Hannover - S. 1958 Privatdoz. u. apl. Prof. (1966) TH bzw. TU Hannover - BV: Flächenschluß, 1962 (m. Prof. Kienzle); Reguläres Parkettierungsproblem, 1968; Unters. z. Vierfarbenproblem, 1969.

HEESCHEN, Walther

Dr. med. vet., Prof., Direktor Bundesanstalt f. Milchforschung, Kiel (s. 1974), apl. Prof. f. Milchhyg. FU Berlin (s. 1972) - Hermann-Weigmann-Str. Nr. 1-27, 2300 Kiel - Geb. 20. Aug. 1931 Hildesheim - Promot. 1958 Hannover (TiäH); Habil. 1972 Berlin (FU) - S. 1961 BfM. Üb. 200 Fachpub. Mithrsg.: Ztschr. Milchwiss. (1975 ff.).

HEESE, van, Diethard

Schriftsteller - Goerdeler Str. 4, 5657 Haan 1 - Geb. 19. Sept. 1943, verh. s. 1975 m. Helga, geb. Kaiser - Abit. 1964 Göttingen; kaufm. Prakt. - S. 1973 Unterhaltungsschriftst. (Anthol.); fr. Mitarb. b. Tagesztg. u. Ztschr.; lit. Übers. aus d. Amerikan.; Rezensent. Mitgl. Verb. Dt. Schriftst. (VS) - BV: Lustreise, R. 1975; Neue Geschichten d. Grauens, Samml. satir. u. utop. Gesch. 1978; Erot. Reisen durch Raum u. Zeit, Samml. (zus. m. André Montand), 1984; Ruhe sanft, liebe Schwester, R. 1985; D. Nächte d. Samurai, R. 1985; An alle Haushaltungen (Ohrbuch; Sammlung auf Audio-Cass.), 1990; u.a. - Liebh.: Politik, Lit., Med., Japanol. - Spr.: Engl., Franz., Lat.

HEESING, Albert

Dr. rer. nat., Prof. Organ.-Chem. Institut Univ. Münster - Borkumweg 45, 4400 Münster/W. - Geb. 10. Febr. 1926 Münster - S. 1963 (Habil.) Lehrtätigk. Münster (1969 apl. Prof. f. Organ. Chemie).

HEESTERS, Johannes

Schauspieler - Heimgartenstr. 21, 8135 Söcking/Obb. (T. Starnberg 1 28 54) - Geb. 5. Dez. 1903 Utrecht (Holl.), verh. s. 1930 m. Wiesje Ghijs, Operettens.), 2 Töchter (Nicole, Wiesje) - Schauspiel- u. Gesangsausb. - S. 1922 Bühnentätigk. (langj. Operettentenor, 1982 in Wien 500. Aufführ.: D. lustige Witwe [Danilo]). Filme: D. Bettelstudent, D. Hofkonzert, Wenn Frauen schweigen, Gasparone, Nanon, Hallo, Janine!, D. lust. Vagabunden, Liebesschule, Illusion, Immer nur Du, Jenny u. d. Herr im Frack, Karneval d. Liebe, Es lebe d. Liebe!, Es fing so harmlos an, Frech u. verliebt, Glück b. Frauen, D. Fledermaus, Wiener Melodien, Zweimal verliebt, Wenn e. Frau liebt, Hochzeitsnacht im Paradies, Prof. Nachtfalter, Tanz ins Glück, D. Czardasfürstin, Im weißen Rößl, D. Jungfrau auf d. Dach (Hollywood), Liebeskrieg n. Noten, D. gesch. Frau, Hab' ich nur Deine Liebe..., Gestatten, mein Name ist Cox, Stern v. Rio, Heute heiratet mein Mann, Opernball, Viktor u. Viktoria, V. allen geliebt, Bühne frei f. Marika!, Frau im besten Mannesalter, Besuch aus heiterm Himmel, D. unvollk. Ehe, Verliebt - verlobt - verheiratet, Jg. Leute brauchen Liebe; Fernsehen - BV: Es kommt auf d. Sekunde an, 1978 - 1967 Ehrenpreis Stadt Wien; 1975 Gold. Filmbd. Filmfestsp. Berlin; 1981 Ehrenmitgl. Theater d. Westens Berlin; Staatstheater am Gärtnerpl. München; 1982 1. Träger d. neugeschaff. Johannes-Heesters-Rings d. Theaters an d. Wien (f. hervorrag. Vertreter d. leichten Muse); 1983 Med. München leuchtet; 1983 Ehrenmitgl. Staatstheater am Gärtnerpl. München; 1984 Bayer. VO; 1984 Gold. Vorhang Berliner Theater-Club.

HEFERMEHL, Wolfgang

Dr. jur., Dr. jur. h.c., em. o. Prof. f. Bürgerl. Recht, Handels- u. Wirtschaftsrecht - Karl-Christ-Str. 11, 6900 Heidelberg-Ziegelhausen (T. 80 07 31) - Geb. 18. Sept. 1906 Berlin - Promot. 1953 Berlin; Habil. 1945 Köln - Justizdst. (zul. OLGRat); s. 1956 Ord. WH Mannheim (jetzt Univ.; 1961 Honorarprof.), Univ. Münster (1959) u. Heidelberg (1961); 1972 Honorarprof. Univ. Salzburg. Zahlr. Fachveröff., dar. div. Kommentare - 1983 Ehrendoktor Univ. Salzburg.

HEFTRICH, Eckhard

Dr. phil., Dr. h. c., o. Prof. u. Direktor German. Inst. Univ. Münster (s. 1974), Präs. Dt. Thomas-Mann-Ges. - Domplatz 20-22, 4400 Münster (T. 83 44 33) - Geb. 8. Dez. 1928 - 1970-74 Wiss. Rat u. Prof. Univ. München - BV: D. Phil. u. Rilke, 1962; Nietzsches Phil., 1962; Stefan George, 1968; Novalis - V. Logos d. Poesie, 1970; Zauberbergmusik - Üb. Thomas Mann, 1975; Lessings Aufklärung. Zu den theol.-philos. Spätschr., 1977; V. Verfall z. Apokalypse - Üb. Thomas Mann II, 1982; Musil, 1986; Geträumte Taten - Joseph u. seine Brüder - Üb. Thomas Mann III, 1992.

HEGE, Hans-Ulrich

Dipl.-Landw., Inhaber Saatzucht Dr. h.c. Hege u. H. U. Hege, Saatzuchtmasch. Hohebuch-Waldenburg - Domäne Hohebuch, 7112 Waldenburg/Württ. - Geb. 15. März 1928 Stuttgart (Vater: Dr. h.c. Hans H.), verh., 5 Kd. - Landw. Ausb.; Stud. Univ. Hohenheim u. Bonn (Pflanzenzücht. u. Landw.) - Pflanzenzüchter u. Maschinenbauer; AR-Vors. Volksbank Öhringen, LKG-Raiffeisen AG, Öhringen; Vors. Verb. Südw. Pflanzenzüchter; Vorst.-Mitgl. Dt. Pflanzenzüchter. Mitgl. Gemeinderat Stadt Waldenburg (stv. Bürgerm.) - Erf.: mehrere landw. Sorten; Masch. u. Geräte f. landw. Versuchswesen - Spr.: Engl., Franz.

HEGEL, Eduard

Dr. phil., Dr. theol., emerit. o. Prof. f. Mittlere u. neuere Kirchengeschichte - Gregor-Mendel-Str. 29, 5300 Bonn (T. 23 22 73) - Geb. 28. Febr. 1911 Barmen/Wuppertal (Vater: Albert H.; Mutter: Maria, geb. Ommer), kath. - Univ. Bonn, Münster, München (Theol. u. Gesch.) Promot. (1933 u. 44) u. Habil. (1948) Bonn - 1937 Seelsorgetätigk. (b. 1947), 1946 Archivar Histor. Archiv d. Erzbistums Köln, 1948 Privatdoz. Univ. Bonn, 1949 o. Prof. Theol. Fak. Trier, 1953 Univ. Münster u. 1966 Bonn. 1948 Mitgl. Ges. f. Rhein. Gesch.skde. u. 1954 Histor. Kommiss. Westf.s, 1967-79 Vors. Histor. Verein f. d. Niederrh., 1973 Mitgl. Rhein.-Westf. Akad. d. Wiss., 1974 Prälat - BV: D. kirchenpol. Bezieh. Hannovers, Sachsens u. d. nordd. Kleinstaaten z. röm. Kurie 1800-46, 1933; Colonia Sacra, 1947; Karl Koch, 1950; D. Vita d. Prämonstratensers Hermann Joseph v. Steinfeld, 1957; Kirchl. Vergangenheit im Bistum Essen, 1960; Gesch. d. Kath.-Theol. Fak. Münster/W. (1773-1964), 2 Bde. 1966/71; D. kath. Kirche Dtschl.s unter d. Einfluß d. Aufklärung d. 18. Jhrh., 1975; D. Erzbistum Köln zw. Barock u. Aufklärung, 1979; Ecclesiastica Rhenana, 1986; D. Erzbistum Köln zw. d. Restauration d. 19 Jh. u. d. Restauration d. 20. Jh. 1815-1962, 1987 - Lit.: Festschr. Eduard Hegel z. 65. Geburtstag, hg. v. S. Corsten, G. Knopp, N. Trippen (1976).

HEGEL, Ulrich

Dr. med., Dr. rer. nat., Dipl.-Phys., Prof. f. Physiologie u. Pathophysiol. - Frobenstr. 33, 1000 Berlin 46 - Geb. 2. Mai 1930 Berlin - Promot. Heidelberg (1960; r. n.) u. Berlin/FU (1968; m.) - S. 1970 (Habil.) Lehr- u. Forsch.tätigk. FU Berlin.

HEGELS, Gerhard

Dr. rer. pol., Dipl.-Kfm., Vorstandsmitgl. Neue Baumwoll-Spinnerei u. Weberei Hof AG. - Emil-v.-Behring-Str. 1, 8670 Hof/S. - Geb. 15. Nov. 1928 Osnabrück.

HEGEMANN, Carl Georg

Dr. phil., Dramaturg - Burgstr. 18, 6000 Frankfurt/M. 1 (T. 069 - 495 01 27) - Geb. 6. März 1949 Paderborn - Abit. 1969 Paderborn; 1968/69 Dramat.- u. Bühnenbildassist. Westf. Kammersp. Paderborn; Stud. Phil., German. u. Gesellschaftswiss. Univ. Frankfurt; 1. Staatsprüf. f. d. Lehramt 1975, Promot. 1979 - 1979-81 Dramat. u. Schausp. Tübinger Zimmertheater; 1981 Mitgr. Frankfurter Kuroch.; Theaterprod. Frankfurter Theater am Turm; Prod. Hess. Rundf./Ferns.; 1982/83 Dramt. u. redakt. Betreuung v. Fernsehserien ZDF; 1984/85 Dramat. Hess. Staatstheater Wiesbaden; 1986-89 Dramat. u. Regiss. b. Ensemble d. Ruhrfestspiele Recklinghausen; s. 1989 Leitender Dramat. Schauspiel Städt. Bühnen Freiburg. 1980-89 Lehrbeauftr. Univ. Frankfurt (Gesellschaftswiss., Theaterwiss.) - BV: Identität u. Selbst-Zerstörung, 1982 - Spr.: Engl., Ital., Griech., Lat.

HEGEMANN, Ferdinand

Dr. med., Prof. f. inn. Med., Chefarzt - Zu erreichen üb. Westf. Wilh.-Univ., Med. Fak., Schloßpl. 2, 4400 Münster - Geb. 30. Juli 1911 Suttrop, kath. - S. 1952 (Habil.) Privatdoz. u. s. 1958 apl. Prof. Univ. Münster.

HEGER, Hans-Jakob

Dipl.-Ing., Geschäftsführer u. Gesellsch. Fa. HegerGuss GmbH, Vors. Pfälz. Metall Ind., u. d. Verb. d. Pfälz. Ind., Präsid.-Mitgl. Gesamtmetall - 6753 Enkenbach-Alsenborn - Geb. 23. März 1938 Kaiserslautern (Vater: Hans H., Geschäftsf.; Mutter: Josefine, geb. d'Hone), kath., verh. s. 1977 m. Renate, geb. Posbrig, 3 Kd. (Johannes, Nikola, Natalie) - Dipl.-Ing. 1964 TH Karlsruhe - Spr.: Franz., Engl.

HEGER, Klaus

Dr. phil., o. Prof. f. Allg. Sprachwissenschaft - Kleinschmidtstr. 17, 6900 Heidelberg (T. 2 91 38) - Geb. 22. Juni 1927 Wiesbaden - Habil. 1962 Heidelberg - S. 1963 Ord. Univ. Kiel u. Heidelberg. Bücher u. Aufs.

HEGER, Lutz

Dipl.-Ing., Vorstandssprecher Landesgasversorgung Niedersachsen AG - Jacobistr. 3, 3203 Sarstedt; priv.: Giesener Str. 75 - Geb. 17. Febr. 1939 Breslau (Vater: Karl H., Prokurist; Mutter: Johanna, geb. Burghardt), 2 Kd. (Martina, Christoph) - TH Dresden u. Aachen (Dipl. 1966).

HEGER, Norbert
Abteilungspräsident, Geschäftsf. Bundesbahn-Betriebskrankenkasse - Karlstr. 4-6, 6000 Frankfurt/M. - Geb. 12. Juli 1938.

HEGERFELDT, Gerhard
Dr. rer. nat., Univ.-Prof. f. Theoretische Physik - Zu erreichen üb.: Institut f. Theoretische Physik d. Univ., Bunsenstr. 9., 3400 Göttingen (T. 0551 - 39 76 76) - Geb. 2. Nov. 1939 Rendsburg, verh. s. 1969 m. Dr. Birgit, geb. Teuteberg, 2 Töcht. (Anne, Sonja) - Stud. Physik, Math. Kiel, Cambridge (Engl.), Marburg - 1969 Priv.-Doz. Univ. Marburg, s. 1970 Göttingen - Veröff.: Quantenfeldtheorie, statist. Physik. Zahlr. Aufs. in in- u. ausl. Ztschr. - 1979/80 Visiting fellow Princeton Univ. u. 1984/85 California Inst. of Technology, Pasadena, USA; 1989/90 Member Inst. f. Advanced Study, Princeton.

HEGEROVÁ, Hana
Schauspielerin, Chansons. - Zu erreichen üb.: top-tour-berlin, Postf. 3069, 1000 Berlin 30 - Geb. Bratislava (CSSR) - 1951-53 Staatl. Konservat. Bratislava - Zahlr. Bühnenauftr. (auch Olympia Paris) - Div. Preise - Spr.: Tschech., Dt., Franz., Engl.

HEGGELBACHER, Othmar
Dr. theol., Dr. jur., Prof. f. Kirchenrecht Univ. Bamberg (s. 1954; 1971-73 Rektor) - Weide 8, 8600 Bamberg (T. 6 15 25) - Geb. 19. Nov. 1912 Leimbach/Baden (Vater: August H., Landw.; Mutter: Maria, geb. Jäger), kath. - Habil. Freiburg/Br. - BV: D. christl. Taufe als Rechtsakt. n. d. Zeugnis d. frühen Christenheit, 1953 (Paradosis VIII); V. röm. z. christl. Recht - Jurist. Elemente in d. Schriften d. sog. Ambrosiaster, 1959; D. Gesetz im Dienste d. Evangeliums, 3. A. 1984; Kirchenrecht u. Fragen d. Psychiatrie, 1967; Gesch. d. frühchristl. Kirchenrechts b. z. Konzil v. Nizäa 325, 1974; Kirchenr. u. Psychiatrie, 1975 - Prälat; 1977 Commandeur Lazarusorden, 1979 BVK am Bde.

HEHENKAMP, Theodor
Dr. rer. nat., Prof., Metallforscher - Schöneberger Str. 12, 3400 Göttingen (T. 7 49 03) - Geb. 17. Sept. 1930 Osnabrück - S. 1966 (Habil.) Lehrtätigk. Univ. Münster (Doz.) u. Göttingen (1969 Abt.svorsteher u. Prof.). Vorles. u. Veröff. üb. Metallkd.

HEHL, Franz-Josef
Dr. phil., Dr. med. habil., Dipl.-Psych., Prof. f. Psychologische Diagnostik - Christophstr. 93, 4000 Düsseldorf (T. 0211 - 34 85 17) - Geb. 5. Aug. 1940 Wirges (Vater: Alois H., Schreinerm.; Mutter: Hildegard, geb. Kuch), kath., verh. s. 1967 m. Roswitha, geb. Steigerwald, Studienrätin, gesch., T. Stanetta - Human. Gymn., Univ. Gießen (Psych.) - S. 1979 Hochsch.lehrer - Entwickl. v. 2 Tests (PSS 25; PEF) - BV: Einzelfallanalyse, 1979; Psych. Diagnostik , 3 Bde. 1985 - Liebh.: Skifahren, Reisen - Spr.: Engl.

HEHLERT-FRIEDRICH, Volker
Dipl.-Ing., Leiter Werk Lehrte Miele & Cie. GmbH & Co, Lehrte, Prokurist Miele & Cie GmbH & Co., Mielewerke GmbH Gütersloh - Markscheiderweg 17, 3160 Lehrte (T. Büro: 05132 - 59 11 01; priv.: 38 81) - Geb. 10. Okt. 1931 Liegnitz (Vater: Erwin H., Kaufm.; Mutter: Erna, geb. Friedrich), ev., verh. m. Renate, geb. Schreiber, 3 Kd. (Anja, Carsten, Mirko) - Stud. TH Hannover (Dipl.ex. 1957) - Spr.: Engl.

HEHN, Martin H. G.
Dipl.-Kommunikationswirt, Unternehmerberater - Hohenzollernstr. 86, 8000 München 40 (T. 089 - 308 16 47) - Geb. 12. Juni 1937 Dresden, ev., verh. s. 1973 m. Juliane H.-Kynast, 2 Kd. (Miriam, David) - Bankkfm.; Stud. Kommunikationswiss. Hochsch. d. Künste, Berlin;

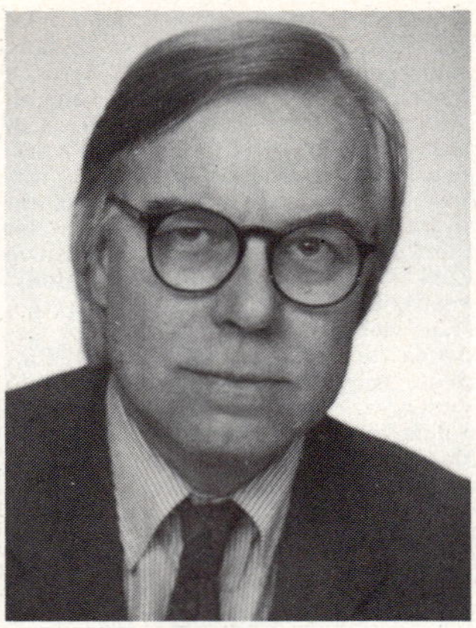

Staatsex. Dipl.-Kommunikationswirt 1965 Berlin - Freiberufl. Unternehmerberater, Gesellsch. d. Idee & Markt GmbH, München u. d. Erika Klopp Verlages Berlin/München - Liebh.: Lesen, Reisen, Fotografie - Spr.: Engl., Franz., Ital. - Bek. Vorf.: Peter Hehn, Präs. d. Dt. Marketingvereinigung (Vater); Prof. Dr. Dr. h. c. Gerhard Schmidt, Physiker, Rektor d. Univ. Münster (Großv.).

HEHN-KYNAST, Juliane,
geb. Kynast
Verlegerin, Geschäftsf. Gesellschafterin Erika Klopp Verlag Berlin/München (s. 1988) - Hohenzollernstr. 86, 8000 München 40 - Geb. 25. Dez. 1948 Annaberg/Erzgebirge, verh. s. 1973 m. Martin H. G. Hehn - Franz. Gymn. Berlin, Abit.; Stud. Hochsch. d. Künste Berlin - 1973-87 Lektorin Dt. Taschenb. Verlag - Spr.: Franz., Engl.

HEHNER, Georg
Exekutiv Direktor, Verkauf, Kundendienst u. Teile, Vorst. Adam Opel AG Rüsselsheim (s. 1986) - Hermann-Hesse-Str. 35, 6500 Mainz 31 (T. 06131 - 77 68) - Geb. 26. Aug. 1929 Ober-Ramstadt, ev., verh. s. 1955 m. Maria Luise, geb. Wüstenhöfer, 2 Kd (Claudia, Harald) - Abitur; Lehre - Innerh. d. Adam Opel AG: 9 J. in versch. Positionen im Teile & Zubehör-Bereich einschl. Außendienst, 1 1/2 J. Auslandstätigk. Chile, 1963 Distriktleit., 1969 Zonenleit., 1970 Leit. Außenorg., 1974 Verkaufsleit., 1983 Dir. Export Org. (verantw. f. d. Koordination aller europ. General Motors Niederl., gleichz. AR-Mitgl. GM Austria, Wien u. GM France, Paris, 1985 Dir. Inlandsvertrieb - Liebh.: Reisen, Wandern - Spr.: Engl., Span.

HEHRLEIN, Friedrich Wilhelm
Dr. med., Chirurg, Prof. u. Leiter d. Klinik f. Herz- u. Gefäßchir. Justus Liebig Univ. Gießen - Sandfeld 52, 6300 Gießen - Geb. 26. Aug. 1933 Kaiserslautern (Vater: Friedrich Ludwig H., Forstbeamter; Mutter: Friedel, geb. Mergenthaler), kath., verh. s. 1959 m. Dr. phil. Elisabeth, geb. Wolf, 2 Kd. (Fritz Christoph, Yacin Andreas) - Hum. Gymn.; Stud. d. Med. Univ. Marburg, München, Heidelberg; Fachausbild.: Houston, Cleveland (USA) - Üb. 200 Veröff. in wiss. Ztschr., 8 Buchbeitr.; 6 wiss. Filme.

HEIB, Rudolf
Sparkassendirektor, Vorstandsvors. Sparkasse Gelsenkirchen - In der Esch 19, 4650 Gelsenkirchen (T. 0209 - 14 46 26) - Geb. 11. Sept. 1935 Gelsenkirchen, kath., verh., 2 Kd. - Abschl. Sparkassenakad. 1966 Bonn - AR-Vors. Schufa; stv. Vorst.-Mitgl. Rhein.-Westf. Börse Düsseldorf. Ehrenamtl. Vors. Dt. Rote Kreuz, Kreisverb. Gelsenkirchen - Spr.: Engl.

HEIBE, Carolus
s. Berndt, Karl-Heinz

HEIBER, Harald
Dr. agr., Vorsitzender Lese- u. Erholungs-Ges. Bonn (s. 1977), stv. Vors. Bildungsstätte d. Dt. Gartenbaues (s. 1966) - Simrockallee 10, 5300 Bonn 2 - Geb. 30. Sept. 1925 Birkau/Sa. (Vater: Dr. jur. Egon H., Landw.; Mutter: Margarethe, geb. Stein), ev., verh. s. 1954 m. Marlis, geb. Reich, S. Ulrich - Obersch. Bautzen; Landw. Lehre; 1943-45 Wehrdst.; Stud. Land- u. Volksw. Dipl.-Landw. (1951) u. Promot. (1954) Bonn - Assist. Univ. Bonn (1951ff.), Geschäftsf. Fachgruppe Obstbau (1956ff.) u. Bundesaussch. f. Obst u. Gemüse (1964ff.); Generalsekretär Zentralverb. Gartenbau (1966-87); AR ZMP - BVK I. Kl.; v.-Wilmowsky-Med.; Verdienstmed. d. Gartenbaus.

HEICHERT, Christian
Dr. phil., o. Prof. f. Erziehungswissenschaft Univ. Paderborn - Berliner Ring 51, 4790 Paderborn/W. - Geb. 2. April 1927 Fulda - Promot. 1959 - S. 1963 Hochschultätigk. Bielefeld u. Paderborn. Buchverf.

HEID, Hans
Dr. päd., M.A., Prof. f. Erziehungswissenschaft u. Sexualerziehung - Am Ruhr 2, 4320 Hattingen 15 (T. 02324 - 2 45 66) - Geb. 3. März 1932 Velbert - 1954-58 Univ. Köln - 1958-68 Lehrer (Realsch., Gymn.), 1964 M.A. Köln, s. 1971 Hochsch.lehrer Essen - BV: S. 1970 div. Veröff. z. Sexualerziehung.

HEID, Helmut
Dr. rer. pol., Dipl.-Hdl., o. Univ.-Prof. - Machthildstr. 136, 8400 Regensburg (T. 7 35 25) - Geb. 21. März 1934 Köln (Vater: Adolf H.; Mutter, Marta, geb. Brenig), kath., verh. s. 1962 m. Rita, geb. Harforth, 3 Kd. (René, Mirko, Sascha) - Kaufm. Lehre; Stud. d. Wirtsch.-, Erzieh.wiss., Soz. Univ. Köln; Dipl.-Hdl. 1958; Promot. 1964; Habil. 1968; 1. u. 2. Staatspr. f. d. Höh. Lehramt - 1958-60 Schuldst.; 1960-69 Univ. Köln (Wiss. Assist., 1969 Privatdoz.), dann FU Berlin, s. 1969 Univ. Regensburg (1971/72 Dekan Fachber. Phil., Psych., Päd., 1978-86 Vorst.-Mitgl. Dt. Ges. f. Erz.wiss., 1982-86 1. Vors. Dt. Ges. f. Erz.wiss., 1978-81 Mitgl. Fachaussch. Päd. d. DFG; 1982-84 Dekan Phil. Fak. (Psychol./Päd.); s. 1992 Vors. d. Fachaussch. Päd. d. DFG - BV: D. Berufsaufbausch., 1965; Erziehung z. Handeln, 1978; Sozialisationsprobl. arbeitender Jugendlicher, 1978; Päd. im Umbruch?, 1978. Ca. 60 Fachveröff. - Liebh.: Neue Kunst.

HEID, Walter
Kaufmann, MdL Rhld.-Pfalz (s. 1971) - Schubertring 16, 6729 Rülzheim/Pf. (T. 10 12) - Geb. 4. Juni 1925 Neupotz - Volkssch.; kaufm. Ausbild. (Ind.) - Arbeits- u. Wehrdst. (zul. Ltn. d. R.; schwerverwundet), dann Tätigk. elterl. Betrieb, 1947-55 Geschäftsf. Raiffeisenbank Neupotz, s. 1956 selbst. 1964 ff. Gemeinderatsmitgl. Rülzheim (Fraktionsf.). CDU s. 1962 (u. a. Ortsvors. Rülzheim u. Kreisvors. Germersheim).

HEIDBERG, Joachim
Dr. phil. nat., Dipl.-Chem., Prof., Vorstand Inst. f. Physikal. Chemie u. Elektrochemie Univ. Hannover - Zuckmayerstr. 9, 3000 Hannover 91 - Geb. 30. Jan. 1933 Breslau (Vater: Alfons H.; Mutter: Ruth, geb. Scholz), ev., verh. s. 1965 m. Carol, geb. Hagaman, B.S. Math. Physik, 3 Kd. (Mathilde, Bettina, Bernhard) - Stud. Erlangen, Frankfurt a.M.; Promot. 1962; Habil. 1971; Resident Research Assoc. Argonne National Laboratory-Univ. of Chicago 1962; 1971 Prof. Univ. Frankfurt a.M.; 1973 Wiss. Rat u. Prof. Univ. Erlangen-Nürnberg; 1978 a.o. Prof.; 1981 Prof. u. Inst.-Dir. Univ. Hannover - Wissenschaftl. Beiträge: Peptidkinetik. Dichte-Operator in Dynam. Kernresonanz, inn. Rotation in Anilinen, 1964; Elaterit, Fossiles Polyethylen, 1969; Laserinduzierte resonante Desorption u. Verdampfung, 1979; Infrarotspektren u. Thermodynamik molekularer Einzelschichten an Isolatoreinkristallen, 1987; Schärfste Spektrallinien in Adsorbaten: CO2 an NaCl(100), 1990. 150 Originalarb. Mithrsg.: Chem. Elementarprozesse (1968); Investigat. H. Hartmann (1979); Beitr. Enzyklopädie Naturwiss. u. Technik (1979/81); Lexikon Meß- u. Automatisierungstechnik (1992).

HEIDE, Dieter
Geschäftsführer B. & J. Gabor GmbH & Co KG Schuhmode - Marienberger Str. 31, 8200 Rosenheim - Geb. 1935 - Zul. Salamander AG (1982-85 Vorst.-Mitgl.).

auf der HEIDE, Eberhard
Versicherungsdirektor i. R. - Johanna-Melber-Weg 14, 6000 Frankfurt/M. (T. 61 89 81) - Geb. 21. Febr. 1908 - S. 1933 Elektra Versich.s-AG., Frankfurt (b. 1973 Vorstands-, dann ARsmitgl.).

HEIDE, Gerhard
Dr. rer. nat., Univ.-Prof. (Zoologie), Univ. Düsseldorf - Hans-Holbein-Str. 24, 4006 Erkrath (T. 0211 - 24 55 76) - Geb. 4. Febr. 1933 Adelsbach, verh. s. 1966 m. Gerda, geb. von d. Ohe, 2 Kd. (Barbara, Marcus) - Stud. Biol., Physik, Chemie u. Sport TH Hannover, Univ. Würzburg, Düsseldorf (Promot. 1969, Habil. 1975) - 1969 wiss. Assist. Univ. Düsseldorf; 1970-71 Res. Fellow California Inst. of Technol. Pasadena/USA; 1975 (Habil.) Priv.-Doz.; 1980 apl. Prof., 1982 Prof. Univ. Düsseldorf (Zoophysiol./Neurophysiol.: Sensomotorik) - Spr.: Engl.

HEIDE, Hans
Chemiker, Vorstandsmitgl. Wessel-Werk AG., Bonn - Zülpicher Str. 12, 5300 Bonn.

HEIDE, Holger
Dr. sc. pol., Prof. f. Stadt- u. Regionalplanung unt. bes. Berücks. d. Umweltplanung Univ. Bremen - Hermann-Löns-Weg 10, 2808 Wachendorf.

HEIDE, Manuel
Dr. jur., Rechtsanwalt, MdA Berlin - Dambockstr. 44, 1000 Berlin 27 - Geb. 13. Mai 1955, ev., ledig - Abit. 1947; 1975-80 Stud. Rechtswiss. FU Berlin; Refer.-Ex. 1980; gr. jurist. Staatsprüf. 1983; Promot. 1987 (Dr. jur.) - 1980-81 wiss. Mitarb. FU Berlin; 1980-83 Rechtsrefer.; s. 1983 Rechtsanw.; s. 1985 MdA. CDU (s. 1973) - Liebh.: Sport - Spr.: Engl.

HEIDE, Winfried
Dr. phil., Generalkonsul Bundesrep. Deutschl. in Johannesburg/Südafrika - P.O.Box 4551, Johannesburg 2000 (T. 725-15 19) - Geb. 19. Sept. 1938 Siegen (Vater: Otto H., Mutter: Änne, geb. Große-Wiedemann), kath., verh. s. 1968 m. Dr. jur. Ilse Heide-Bloech, 2 Kd. (Martin, Anke) - Stud. Univ. Münster, München u. Paris; Promot. 1963; Studienass. 1964 (Lehrbefähigung: Latein, Griech., Franz., Phil.) - S. 1965 Ausw. Dienst: Polit. Abt., Bundespräsidialamt, Planungsstab; Auslandsvertret. in Helsinki, Nancy, Brüssel (NATO) - BV: D. Martyrium d. hl. Theodula, Forschungen z. Volkskd., Heft 40, 1965; Rüschhaus, Schlaun u. d. Droste, 1985 - Liebh.: Reiten, Ski, Gesch.

HEIDEBRECHT, Brigitte
Schriftstellerin - Mozartstr. 2, 7140 Ludwigsburg (T. 07141 - 8 95 31) - Geb. 11. Febr. 1951 - BV: u.a. Lebenszeichen, 1980; Komm doch, 1983; Das Weite suchen, 1983; Folge mir, sprach mein Schatten, 1986; Kommen u. gehen, 1987. Herausg.: Wer nicht begehrt, lebt verkehrt (1982); Laufen lernen (1982); Dornröschen nimmt d. Heckenschere (1983); End-lich leben (1988); Laß dir graue Haare wachsen (1991); Venus & Co (1991).

HEIDEBRECHT, Hans-Jürgen
Chefredakteur Braunschweig. Zeitung (s. 1970) - Postf. 275, 3300 Braunschweig - Geb. 1920.

HEIDECKE, Günter
Dr. jur., Präsident a. D. - Am Südpark 11, 5000 Köln 51 - Geb. 10. Nov. 1922 Köln, kath., verh. s. 1953 m. Gisela, geb. Meier, 2 Kd. (Stefanie, Andreas) - Univ. Köln (Promot.). Gr. jurist. Staatsprüf. - B. 1955 Richter, dann Justitiar u. Leit. Kölner Schulamt, 1965-67 Beigeordn. Stadt Köln (Dezern. f. Personal u. Org.), 1967-78 Regierungspräs. Köln, Präs. a. D. Landesrechnungshof NW, Düsseldorf.

HEIDEMANN, Beate
s. Schley-Heidemann, Renate

HEIDEMANN, Eckhart
Dr. rer. nat., Prof. f. Gerbereichemie - Am Darsberg 1, 6104 Seeheim 2 - S. 1963 Privatdoz. u. Prof. TH Darmstadt.

HEIDEMANN, Jürgen
Dr., Bankdirektor (Dresdner Bank AG., München) - Promenadepl. 7, 8000 München 2 - Geb. 3. März 1928 Frankfurt/M. - Fachfunkt. u. Mand.

HEIDEMANN, Karl
Dr., Staatssekretär a. D. Niedars. Innenmin. - von-Flotow-Str. 19, 4400 Münster - Geb. 31. Mai 1929 Stadtlohn - Gr. BVK.

HEIDEN, Christoph
Dr. rer. nat., Dipl.-Phys., Univ.-Prof. f. Angew. Physik Justus Liebig Univ. Gießen (s. 1976) u. Forsch.zentrum Jülich (s. 1988) - Kartäuser Str. 13, 5170 Jülich (T. 02461 - 22 00) - Geb. 27. April 1935 Kirchen/Sieg (Vater: Franz H.; Mutter: Aenne, geb. Stamm), verh. s. 1973 m. Ursula, geb. Grohe - Gymn. Betzdorf; Stud. Univ. Münster, München; Dipl.ex. 1961; Promot. 1964; Habil. 1971 Münster - 1963-72 wiss. Assist (dazw. 1966-68 Res. Assoc. Univ. of California, Berkeley); Wiss. Rat u. Prof. Univ. Münster, 1972 - Mitgl. Dt. Physikal. Ges. u. Europ. Physikal. Ges. - Spr.: Engl., Franz.

HEIDENREICH, Bärbel
Dipl.-Päd., Regisseurin u. Filmautorin - Yorckstr. 5, 5000 Köln 60 (T. 0221 - 760 47 40) - Geb. 22. März 1944 Bialystok (Polen), gesch. - Stud. Illustration/ Freie Grafik sow. Stud. d. Päd. u. Soziol.; 1961-66 Kunststud. Wiesbaden, 1972-78 Stud. kunstsoziol. Diplomabschl. in Dortmund - S. 1979 als Regiss. u. Autorin f. Fernsehanst. tätig - Features in d. Bereichen: Wiss., Wirtsch. u. Sozialpolitik, Gesch./Zeitgesch. (WDR) sow. Kultur u. Ges. (ZDF).

HEIDENREICH, Gert
Schriftsteller - Bacherner Weg 14, 8084 Inning/Ammersee - Geb. 30. März 1944 Eberswalde, verh. s. 1979 m. Gisela, geb. Edelmann, 2 Söhne (Julian, Johannes) - Abit. Human. Gymn. Darmst.; Stud. München - BV: Zahlr. Ess., Kinder-Gesch. u. Lieder, 12 Theaterst., zul. D. Gestiefelte Nachtigall, 1976; Abriß, 1977; Siegfried - E. dt. Karriere, 1979; Strafmündig, 1982; D. Wetterpilot, 1983; Rampe, 1985; Füchse Jagen, 1988; D. Wechsler, 1992. Prosa u.a.: D. Ausstieg. R. 1982; D. Steinesammlerin, R. 1984; D. Gnade d. späten Geburt, Erz. 1986; Belial od. D. Stille, R. 1990. D. ungeliebte Dichter, Dok. 1981; Kehrseiten. Ess. 1992. Lyrik: Rechtschreibung, Ged. 1971; Eisenväter, Ged. 1987. Übers. (zus. m. Gisela Heidenreich): Raymond Briggs, Strahlende Zeiten (1984); Arthur Kopit, D. Ende d. Welt (1985); Pinheiro, Von Amts wegen (1987); Peter Flannery, Singer (1990). Herausg.: Berthold Viertel, Schriften z. Theater (1970); D. Kinderliederb. (1981); Und es bewegt sich doch - Texte wider d. Resignation (1981) - 1986 Grimme-Preis, 1989 Lit.preis d. Stadt München; Stern d. J. f. Lit. d.

Abendzeitung München. Präs. d. PEN-Zentrums BRD - Spr.: Engl., Franz.

HEIDENREICH, Otto
Dr. med., o. Prof. f. Pharmakologie - Preusweg 82, 5100 Aachen (T. 7 11 06) - Geb. 12. Okt. 1924 Beuthen/OS. (Vater: Fedor H., Pastor; Mutter: Dr. med. Paula, geb. Kühn), ev., verh. s. 1956 m. Dr. med. Anna, geb. Thilo, 2 S. (Fedor, Stefan) - Abitur 1943 Beuthen; Promot. 1954 Freiburg/Br.; Habil. 1959 ebd. - 1959 Privatdoz. Univ. Freiburg, 1964 apl. Prof. das., 1967 o. Prof. TH Aachen. Spez. Arbeitsgeb.: Pharmak. d. Elektrolyt- u. Wasserhaushalts ü. d. Niere. Zahlr. Facharb., dar. in Heffter, Handb. d. exper. Pharmak. Spr.: Engl.

HEIDENREICH, Peter
Dr. med., Prof., Chefarzt Inst. f. Nuklearmed. Zentralklinikum Augsburg - Kobelstr. 28, 8902 Neusäß (T. 0821 - 48 12 60) - Geb. 14. Dez. 1939 München, kath., verh. s.. 1962 m. Brigitte, geb. Oberdorfer, 3 S. (Andreas, Martin, Florian) - Promot. 1966 Univ. München, Habil. 1976 TU München - S. 1982 apl. Prof. TU München - Liebh.: Musik, Alpinismus.

HEIDENREICH, Ulrich
Pastor, Direktor, Vorst. Stiftg. Das Rauhe Haus, Hamburg (s. 1972) - Beim Rauhen Haus 21, 2000 Hamburg 74 (T. 655 91 100) - Geb. 11. Juni 1933 Plau/ Meckl. (Vater: Otto H., Kaufm.; Mutter: Erna, geb. Tischler), ev., verh. s. 1959 m. Elisabeth, geb. Entorf, 5 Kd. (Christiane, Beate, Andreas, Ulrike, Matthias) - Stud. Univ. Hamburg u. Kiel; 1. u. 2. theol. Ex. 1957 bzw. 1959 - 1959-66 Gde.pastor Lunden; 1966-69 Jugendpastor Lübeck; 1969-72 Leit. Diakon. Werk ebd.; 1972 ff. Vorst. Diakonenanst. u. Bruderschaft D. Rauhen Haus, s. 1973 Vors. Landesverb. d. Inneren Mission; s. 1975 Vors. Gotthold-Donndorf-Stiftg., s. 1977 Vors. Cläre-Jung-Stiftg., alle Hamburg - BV: Kirche unod Jugend. Hilfe f. d. Einordnung d. Jugendarb., 1968 - Liebh.: mod. Dramatik - Spr.: Engl. - Rotarier.

HEIDENREICH, Wolfgang
Rundfunkjournalist, Studioleit. Südwestfunk/Landesstudio Freiburg - Saalenbergstr. 11, 7801 Sölden - Geb. 22. Nov. 1933 Freiburg.

HEIDENREICH-KRAWSCHAK, Regina
Dr. phil., Prof. f. Anglistik FU Berlin - Holländerstr. 4, 1000 Berlin 51.

HEIDEPRIEM, Jürgen

Dr.-Ing., Prof., Lehrstuhl I f. Automatisierungstechnik d. Berg. Univ.-GH Wuppertal - Hoppersheider Weg 54, 5060 Bergisch Gladbach 2 (T. 02202 - 8 56 42) - Geb. 18. Mai 1935 Berlin (Vater: Erich H., Angestellter; Mutter: Lucie, geb. Rottmann), verh. in 2. Ehe s. 1978 m. Dr. med. Ingrid Kastner-Heidepriem, geb. Filla, 6 Kd. - Dipl. TU

Berlin 1959, Promot. TU Berlin 1965, Habil. TU Clausthal 1974. Arbeitsschwerp.: Rechnereinsatz in d. Stahlind.. Realzeitsimulatoren, künstl. Intelligenz. Mustererkennung.

HEIDER, Egon
Dr. jur., Dipl.-Kfm., Geschäftsführer Gästehaus Petersberg GmbH, Königswinter, Bundesvereinig. d. Musikveranst., Vorst. Berufsgenoss. Nahrungsm. u. Gastst., VR Bundesanst. f. Arbeit - Wiethasestr. 25, 5000 Köln 41 - Geb. 18. Sept. 1924 Köln (Vater: Jakob H., Amtsgerichtsrat; Mutter: Johanna, geb. Torbeck), kath., verh. s. 1955 m. Anneliese, geb. Gluch, 2 Söhne (Stephan, Axel) - Apostel-Gymn. u. Univ. Köln. Jurist. Staatsex. 1952; Dipl.-Kfm. 1954; Promot. 1955 - Kriegsdst. u. sowjet. Gefangensch. (b. 1948); 1955-73 Prok. u. gf. Gesellsch. Herrmann Brot GmbH., Köln. 1973-85 Hauptgf., dann gf. Präsidialmitgl. DEHOGA; 1973-89 Geschäftsf. INTERHOGA, Ges. z. Förd. d. Dt. Hotel- u. Gaststättengewerbes mBH. Pens. b. DEHOGA u. INTERHOGA (1.11.1989) - 1954 Dt. Reiterabz. in Silber; 1964 Gold. Sportabz. - 1967 (Bronze) u. 77 (Silb.) Plak. Dt. Reiterl. Vereinig., 1972 Dr. Med. Verb. d. Reit-u. Fahrvereine Rhld.; 1984 BVK, 1989 BVK I. Kl. - Liebh.: Reiten, Jagen, Skilaufen - Spr.: Engl.

HEIDER, Hans
Verleger, Geschäftsf. Joh. Heider Verlag GmbH u. Heider Druck GmbH, Bergisch Gladbach - Keltenweg 3, 5060 Bergisch-Gladbach 2 (T. 02202 - 5 30 47) - Geb. 10. Juni 1925 Bergisch Gladbach, kath., verh., 4 Kd. - Spr.: Franz., Ital., Niederl.

HEIDER, Manfred
I. Bürgermeister Stadt Waldershof (s. 1972) -Martin-Luther-Str. 1, 8598 Waldershof/Opf. - Geb. 27. Aug. 1934 Waldershof (Vater: Otto H., Fabrikschmied; Mutter: Barbara, geb. Reithmeier), kath., verh. s. 1960 m. Katinka, geb. Kricsfalussy-Hrabár, 2 Kd. (Alexander, Judith) - Abit. 1954, Kaufmannsgehilfenprüf. (Bankfach) 1956 - 1954-72 Bankkfm. Hypobank.

HEIDER, Werner
Komponist - An der Lauseiche 14, 8520 Erlangen - Geb. 1. Jan. 1930 Fürth (Vater: Georg H., Kaufm.), verh. s. 1958 m. Lydia, geb. Kusser, 2 Kd. - Musikstud. München u. Nürnberg - Zahlr. Kompos. - Div. Preise, dar. Rompreis (1965-67).

HEIDERMANNS, Klaus
Dipl.-Ing., Prof. Hochschullehrer - Grumberg 13, 5600 Wuppertal 22 (T. 60 43 05) - Geb. 24. Juli 1930 Bonn (Vater: Prof. Dr. phil. Curt H., zul. Ord. f. Vergl. Tierphysiol. Univ. Köln †1972 (s. XVII. Ausg.); Mutter: Ruth, geb. Speckan, 3 Kd. (Frank, Astrid, Doris) - Abit. 1950 Jülich; Dipl. (Nachrichtentechnik) 1958 Aachen (TH) - 1958-64 Entwicklungsing. Siemens, München; 1964-72 Baurat Ing.sch.; s. 1972 Prof. f. Elektr. Nachr.techn. Univ./GH Wuppertal. Emerit. 1992 - BV: Elektroakustik, Lehrb. 1979 - Spr.: Engl. - Bek. Vorf. ms.: Prof. Karl † (Großv.), Paul Clemen (Großonkel), u. Wolfgang Clemen (Onkel; s. dort) - Patent: Zählimpulsübertrag. b. Schleifenwahlsystemen.

HEIDGER, Gerd
Generalmusikdirektor - Am Weidacker 54, 6301 Wettenberg 3 - Geb. 1. Okt. 1926 Düsseldorf (Vater: Jakob H., Kaufm.; Mutter: Alma, geb. Güllering), kath., verh. s. 1953 m. Elinor, geb. Lang, 2 Töcht. (Danae, Floriane) - 1946-48 Univ. u. Musikhochsch. Köln - S. 1948 Kapellmeister (b. 1957 Köln, b. 1959 Frankfurt); 1959-63 u. s. 1966 GMD Krefeld-Mönchengladbach; ab 1965 Musikdir. Gießen, 1979-91 GMD. Gastdirig. in Spanien, Frankr., Griechenl., Jugosl.,

Norw., Schwed., Japan, China - Rundf., Fernsehen, Schallpl. - Rotarier.

HEIDINGER, Joseph
Dr., Direktor, stv. AR-Vors. Aktienbrauerei Simmerberg - Schäferstr. 4, 8950 Kaufbeuren/Allg. - Geb. 6. Jan. 1911 Platting/Ndb. - Zul. Vorst. Aktienbrauerei Kaufbeuren.

HEIDLAND, August
Dr. med., Prof. f. Innere Medizin - Neubergstr. 5, 8702 Veitshöchheim/Ufr. - B. 1978 apl. Prof., dann Prof. Univ. Würzburg (Leit. Abt. Klin.-Exper. Nephrologie).

HEIDLER, Hans
Dr. jur., Ministerialdirektor Min. f. Justiz, Bundes- u. Europaangelegenh. Bad.-Württ., MdL Bad.-Württ. 1972-78 (Wahlkr. 38/Neckar-Odenw.), Vors. Unters.aussch. - Schillerplatz 4, 7000 Stuttgart 1 (T. 20 03 - 27 02) - Geb. 24. März 1927 Chodau/Egerland, kath., verh., 2 Kd. - Obersch. (m. 16 J. Luftwaffenhelfer, Arbeits-, Kriegsdst. u. -gefangensch.; n. Reifeprüf. (Realgymn. Heppenheim) 1947-50 Univ. Heidelberg, Promot. 1953 - S. 1954 Justizdst. 1972 OLGrat Karlsruhe). CDU - 1978 BVK am Bd.; 1986 BVK I. Kl.

HEIDMANN, Manfred

Schauspieler - Borbecker Str. 237, 4300 Essen 11 (T. 0201 - 68 64 75) - Geb. 27. Dez. 1923 Lübeck (Vater: Karl H., Schauspieler; Mutter: Clarice, geb. Niemann), kath., verh. s 1944 m. Ilse, geb. Hausmann.

HEIDRICH, Hanns J.
Dr. med. vet., o. Prof. f. Geburtshilfe u. Klauentierkrankh. - Ringstr. 16, 1000 Berlin 45 (T. 833 27 57) - Geb. 31. März 1914 Ratibor/OS. - Habil. 1951 FU Berlin - S. 1952 Lehrtätig. FU Berlin (1959 Ord. u. Dir. Klin. f. Geburtshilfe, Klauentierkrankh. u. tierärztl. Ambu-

lanz) - BV: Tiergeburtshilfe, 1960, 2. A. 1978 (m. Richter-Götz); Krankh. d. Milchdrüse b. Haustieren, 1963 (m. Renk); Mitarb. Handlexikon d. Tierärztl. Praxis. Üb. 50 Einzelarb.

HEIDRICH, Hans C.
Chefredakteur - Mathildenstr. 1a, 8032 Gräfelfing/Obb. (T. 85 32 05) - Geb. 11. Okt. 1909 Berlin, verh. m. Inge, geb. Rüdiger (Schriftst.; s. dort), 2 Kd. - Gymn. u. Univ. Berlin; redaktionelle Ausbild. Reichsbok ebd. - Redakt. bzw. Chefredakt. Wochenztg. Sonntag Morgen, Südd. Sonntagspost, Regenbogen, D. Welt d. Frau u. e. Werkztschr. - BV: Serenade f. d. Dame, 1952; Rondo Capriccioso, Damen-Alm, 1957; D. Welt d. Maler u. d. Bilder, 1959; D. Alpen - Abenteuer d. Jahrhunderte, 1970 - S. 1978 Redakt. d. Wochenztg. Frau mit Herz.

HEIDRICH, Ingeborg,
geb. Rüdiger
Schriftstellerin - Mathildenstr. 1a, 8032 Gräfelfing/Obb. (T. München 85 32 05) - Geb. 6. April 1908 Bärenstein/Erzgeb., ev., verh. mit Hans C. H. (Chefredakteur; s. dort), 2 Kd. - Gymn.; Univ. Neuchâtel - BV: Meine Freunde waren Tiere, 1955; Immer schön sein, 1955; Immer froh sein, 1955; Es lebt sich gut m. schönen Dingen, 1956; Ted u. Penny, 1957; Wie sie groß wurden, 1959; D. Gesch. v. Nuja, d. Fohlen, 1960; Wiedersehen m. Nuja, 1962; Kiu d. Kater, 1963; Dui u. Corinna, 1965; Freundschaft m. Lissy, 1966; Corine wieder auf d. Berghof, 1967; Freund Pferd, 1968; King der Schimmel, Agi u. die Pferde, Mein Rabe Abraxas, Siona die Hirtenhündin, Nujas Tochter (alle n. 1970).

HEIDRICH, Joachim
Dipl.-Kfm., Wirtschaftsprüfer u. Steuerberater - Am Vorwerksbusch 10, 2057 Reinbek (T. 040 - 722 39 52) - Geb. 4. Aug. 1925 Breslau, verh. s. 1946 m. Eva, geb. Papke, 4 Kd. (Ursula, Joachim, Volker, Martin) - Gymn. Berlin; Stud. Betriebsw. Hamburg - S. 1959 Steuerberater, u. 1962 Wirtschaftsprüfer. S. 1963 Vorstandsmitgl. Wirtschafts-Revision u. Treuhand AG.

HEIDRICH, Rudolf
Geschäftsführer HAGENUK vorm. Neufeldt & Kuhnke GmbH., Kiel - Fritz-Reuter-Weg 2, 2301 Strande - Geb. 23. April 1917 - Vorstandsmitgl. Arbeitgeberverb. d. Metallind. in Schlesw.-Holst.

HEIDSIECK, Carl
Dr. med., Dr. med. dent., Prof. f. Zahn-, Mund- u. Kieferheilkunde (n. b.) - Boedeckerstr. 69, 3000 Hannover - Geb. 24. Juli 1927 Leipzig - S. 1959 (Habil.) Lehrtätigk. Univ. Mainz.

HEIDSIECK, Horst
Dr. rer. nat., Vorstandsvorsitzender Leybold AG, Hanau - Zu erreichen üb. Leybold AG, Wilhelm-Rohn-Str. 15, 6455 Hanau - Geb. 16. Juli 1947.

HEIDT, Frank-Dietrich
Dr.-Ing., Dipl.-Phys., Prof. f. Ingenieurphysik Univ.-GH Siegen - Birgerstr. 66, 5901 Wilnsdorf 3 - Geb. 9. Juni 1944 Rastatt - 1964-69 Stud. Physik TH Karlsruhe, Dipl. 1969, Promot. 1975 - 1969-71 Tätigk. im Ing.büro f. Bauverfahrenstechnik; 1971-76 Wiss. Mitarb./Projektleit. Sonderforsch.ber. 80 Univ. Karlsruhe; 1976-80 Fa. Dornier System GmbH, Friedrichshafen (Thermodynamik u. Energietechnik); s. 1980 Prof. in Siegen. Spez. Arbeitsgeb.: Angew. Physik, Bauphysik, Solartechnik. Rd. 60 Veröff. in verseh. Fachztschr. u. Berichtsreihen (1969-92).

HEIDTMANN, Frank
Dr., Prof. Inst. f. Bibliothekarausb. FU Berlin - Laubacher Str. 6, 1000 Berlin 33 - T. 17. Nov. 1937 Lietzow (Vater: Friedr.-Wilh. H., Gastwirt; Mutter: Betty, geb. Bradhering), verh. s. 1969 m. Magdalene, geb. Molsbeck, S. Florian -

Dipl.-Soz. 1968, Bibl.-Ass. 1971, Promot. u. Prof. 1974 - Bibl.rat a.D., Prof. FU Berlin - BV: 22 Bücher z. bibl., bibliogr. u. fotogr. Themen, Hrsg.; zahlr. Ztschr.-Aufs. - Kodak-Fotobuchpreis (3x) - Liebh.: Fotografie, Malen.

HEIDTMANN, H.-J.
Dr., Geschäftsführer Dt.-Peruanische Industrie- u. Handelskammer - Casilla 270069, Camino Real 348, Torre el Pilar, p 15, Lima 27 / Peru (T. 005114 - 40 68 96; FS 2 16 17 pe Camperal; Fax 005114 - 42 60 14).

HEIDUK, Franz
Dr. phil., Dozent i.R. - Schönleinstr. 3, 8700 Würzburg 1 (T. 0931 - 5 16 59) - Geb. 12. Juni 1925 Breslau, kath., verh. s. 1961 m. Marianne, geb. Kloock, 4 Kd. (Claudia, Christoph, Stefan, Matthias) - Stud. Ing. Breslau, Phil. Erlangen u. Frankfurt (Promot. 1970) - Ab 1961 Gymnasialdst. Hessen u. Bayern, 1975-90 Univ. Würzburg; 1969-89 Leit. Eichendorff-Ges. (Herausg. vieler Publ. f. d. Ges.) - BV: D. Dichter d. galanten Lyrik, 1971; J. v. Eichendorff, Leben u. Werk in Texten u. Bildern (m. W. Frühwald), 1988; Oberschlesisches Lit.-Lexikon, 1989ff. Herausg.: C. Hölmann, Galante Ged.; E. Neumeister, De poetis germanicis (1978); C. Hoffmann v. Hoffmannswaldau, Gesammelte Werke (1985ff.) - 1972 Förderpreis Oberschles. Kulturpreis; 1982 Eichendorff-Med. - Liebh.: Kultur u. Geistesgesch.

HEIDUK, Günter
Dr. rer. pol., Dipl.-Volksw., Univ.-Prof. f. Volkswirtschaftslehre, Intern. Wirtschaftsbez., Univ.-GH Duisburg - Luiter Str. 15, 4133 Neukirchen-Vluyn - Geb. 4. Mai 1942 Königshütte/OS (Vater: Wilhelm H., kaufm. Angest.; Mutter: Anneliese, geb. Goetze), ev., verh. - 1963/64 Univ. Erlangen-Nürnberg; 1964/68 Univ. Köln (Dipl.-Volksw.); Promot. 1971 RWTH Aachen, Habil. 1978 ebd. - 1968-78 Wiss. Assist. RWTH Aachen; 1978-80 Privatdoz. Aachen, s. 1980 Univ.-Prof. Duisburg (1984-87 Dekan FB Wirtschaftswiss.). S. 1985 Vors. Forschungsinst. f. wirtsch.-techn. Entwicklungen in Japan u. im Pazifikraum - BV: Theorie intern. Güter- u. Faktorbeweg., 1980; Arzneimittelmarkt u. europ. Wettbewerbsrecht, 1985 - Liebh.: Musik, Tanzsport - Spr.: Engl., Franz.

HEIER, Dieter
Dr. rer. pol., Prof. f. Volkswirtschaftslehre, insb. in Arbeit u. Sozialstrukturen, GH Wuppertal - Auguststr. 75, 5600 Wuppertal 1.

HEIERHOFF, Friedrich-Wilhelm
Rechtsanwalt, Geschäftsführer CMS China-Markt-Service GmbH u. KMS Korea-Markt-Service GmbH, beide Düsseldorf - Am Eichförstchen 28, 4030 Ratingen - Geb. 19. Jan. 1931.

HEIERMANN, Wolfgang
Rechtsanwalt, Vorsitzender Dt. Gesellschaft f. Baurecht, Frankfurt am Main, Präs. Inst. f. dt. u. intern. Baurecht, Bonn - Schumannstr. 53, 6000 Frankfurt (T. 069 - 74 88 93) - Geb. 8. Jan. 1935 Stolp/Pommern - Stud. Rechts- u. Volksw. S. 1982 Hon.-Prof. Univ. Dortmund - BV: Kommentar z. Verdingsordn. f. Bauleistungen (VOB), Kommentar z. Schiedsgerichtsordn. f. d. Bauwesen, VOB-Praxis, Bd. 1 u. 2; VOB-Kommentar i. 5. A., VOB Praxis Bd. 1-4.

HEIFER, Ulrich
Dr. med., Wiss. Rat (Inst. f. Gerichtl. Medizin), Prof. f. Gerichtl. Med. Univ. Bonn (s. 1970) - Lutfridstr. 18, 5300 Bonn - Geb. 1. Okt. 1930 Siegen/W. - Promot. 1957 - S. 1967 (Habil.) Lehrtätigk. Bonn. Üb. 80 Fachaufs.

HEIGERMOSER, Alois
I. Bürgermeister, Installationsmeister -

Bahnhofstr. 30, 8221 Waging am See/Obb. - Geb. 20. Nov. 1929 Otting - CSU.

HEIGERT, Hans
Dr. phil., Ltd. Redakteur Südd. Zeitung - Eichenstr. 12, 8034 Germering/Obb. - Geb. 21. März 1925 Mainz, kath., verh. s. 1951 m. Hildegard, geb. Straub - Gymn. Ludwigsburg, TH Stuttgart, WH Mannheim, Univ. Heidelberg u. Oklahoma (Gesch., Volksw., Soziol., Rechtswiss.). Promot. 1949 - 1950-56 polit. Redakt. Dt. Zeitung u. Wirtschaftsztg.; 1957-60 Leit. Jugendfunk Bayer. Rundf.; 1961-69 Chefredakt. Fernsehen BR (b. 1970 Moderator Report München), 1969 u. ab 1985 ltd. Redakt. Südd. Ztg., 1970ff. Vors. Chefredaktion. 1984 Präsidiumsmitgl., 1989 Präs. Goethe-Inst., München - BV: Stätten d. Jugend, 1958; Sehnsucht n. d. Nation, 1967; Deutschlands falsche Träume, 1968 - 1969 Theodor-Heuss-Preis; Theod.-Wolf-Preis; Bayer. VO.; BVK I. Kl. - Spr.: Engl.

HEIGL, Anton
Dr. oec. publ., Dipl.-Kfm., o. Univ.-Prof. f. Betriebswirtsch.lehre, insb. Steuerlehre u. Dir. Betriebswirtschaftl. Inst. Univ. Erlangen-Nürnberg (s. 1971); Senator Univ. Erlangen-Nürnberg 1978/79, Beirat in WP-Ges. u. VR-Mitgl. Dt. Inst. Interne Revision - Hans-Carossa-Str. 4, 8035 Stockdorf (T. München 857 24 59) - Geb. 3. Mai 1930 München - B. 1967 Ord. Univ. Bochum (1969/70 Dekan). 1974 Sachverst. zu Fragen d. Umweltschutzes im Bundesmin. d. Inn. - BV: D. aktienrechtl. Prüf., 1957 (m. Uecker); Betriebl. Ertragsteuer-Kennzahlen, 1974; Betriebl. Steuerpolitik, 1974 (m. Melcher); Abschreibungsvergünstigungen für Umweltschutzinvestitionen, 1975; Handb. d. Umweltschutzes, 1977 (m. Vogl u. Schäfer, Hrsg.); Controlling und Interne Revision, 1978 u. 89; Betriebswirtschaftl. u. Recht, 1979 (m. Uecker, Hrsg.); Controlling - Interne Revision - Arbeitsb., 1981 (m. Haas); D. Prüfung d. japan. AG, 1985. Rd. 100 Fachveröff. - Liebh.: Lit., Reitsport - Spr.: Engl.

HEIGL, Curt

Direktor Kunsthalle Nürnberg i. R. (s. 1971) - Carl-von-Lindestr. 14, 8500 Nürnberg 20 (T. 0911 - 51 54 22) - Geb. 16. Juni 1923 Schliersee/Obb. - Kunstakad. München - Zul. Leit. Gewerbemuseum Nürnberg - 1977 BVK.

HEIGL-EVERS, Annelise
Dr. med., Prof. f. Psychotherapie, Psychosomatik u. Klinikdir. Univ. Düsseldorf (s. 1977) - Bergische Landstr. 2, 4000 Düsseldorf (Rhein. Landesklinik) - Zul. Lehrst. u. Leit. Forsch.stelle f. Gruppenprozesse Univ. Göttingen.

HEIKAMP, Detlef
Dr. phil., o. Prof. f. Kunstgeschichte - Str. d. 17. Juni 150-52, 1000 Berlin 12 - S. 1967 (Habil.) Lehrtätigk. Univ. Würzburg (Privatdoz.) u. TU Berlin (1969 Ord.).

HEIKS, Michael

Dr., Direktor Landesfunkhaus Schlesw.-Holst. Nordd. Rundfunk (s. 1988) - Eggerstedtstr. 16, 2300 Kiel 1 (T. 0431 - 98 71 00) - Geb. 31. Aug. 1954 Halberstadt, verh. s. 1987 m. Dr. Ursula Egeri-H., 2 Kd. (Svenja, Julian) - Promot. 1981 Münster - Journ. b. Lokalztg., DLF u. WDR; 1982-84 Redakt. WDR; 1984-87 Pers. Ref. d. Stv. Int./NDR; 1987/88 Fernsehchef u. stv. Dir. Landesfunkhaus Schlesw. Holst. NDR - BV: Politik im Magazin, 1982.

HEIL, Erhard
Dr., Prof. f. Math. TH Darmstadt (s. 1970) - Schloßgartenstr. 7 (TH, Fachber. Math.), 6100 Darmstadt - Geb. 29. Juli 1937 Erpen (Vater: Gustav H., Lehrer; Mutter: Erna, geb. Borgmann), verh. s. 1967 m. Adelheid, geb. Schmidt, T. Elisabeth Charlotte - Stud. Univ. Köln, Münster - S. 1963 TH Darmstadt (wiss. Assist.; 1968 Doz.). Fachmitgl.sch. - BV: Differentialformen, 1974.

HEIL, Hans B.
Dr. rer. pol., Generalkonsul, Pers. haft. Ges. Bankhaus Schliep & Co., Düsseldorf - Wilh.-Busch-Str. 5, 4000 Düsseldorf 1 (T. 0211 - 13 00 30) - Geb. 18. Juni 1919 Hofbieber/Hessen, verh. m. Maria, geb. Petersen - Univ. Köln - N. mehrj. Gesellsch. Bankhaus Poensgen, Marx & Co., Düsseldorf, u. Vorst. Rhein. Bank AG, ebd. - ARs- u. Beiratsmand.; Generalkonsul v. Madagaskar für Nordrh.-Westf. u. Hessen.

HEIL, Helga
Ballettmeisterin, Mitgl. Städt. Bühnen Frankfurt (s. 1950) - Untermainanlage 11, 6000 Frankfurt - Geb. 24. März Frankfurt/M. (Vater: Charly H., berühmter Sachsenhäuser), ev., verh. - Ausb. b. Alf Bern u. Käte Jäger, Frankfurt - Tänzerin, Choreographin, Ballettm.; b. 1985 Org.-Leit. - BV: 40 J. Frankfurter Ballett, 1986; Sachsenhausen u. sein Brunnenfest, 1990.

HEILAND, Doris
Freie Regisseurin - Rückertstr. 3, 1000 Berlin 12 (T. 030 - 313 84 99) - Geb. 28. März 1940 Wuppertal, ledig - Buchhändlerlehre Essen; Schauspielausb. Berlin - Künstler. Leitg. d. Rocktheaters Reineke Fuchs Berlin. Gastinsz.

HEILAND, Helmut
Dr. phil., Prof. f. Allg. Didaktik u. Schulpäd. Univ. Duisburg (s. 1974) - Insterburger Str. 4, 4048 Grevenbroich 5 - Geb. 8. Mai 1937 Nürtingen (Vater: Emil H., Lehrer; Mutter: Emma, geb. Koch), ev., verh. s. 1965 m. Waltraud, geb. Oberdorff, 2 Kd. (Susanne, Frank) - 1947-56 Gymn. Backnang; 1956-58 PI Schwäb. Gmünd; 1960-65 Univ. Tübingen u. München (Päd., Phil., Gesch.). Promot. 1965 - Zul. Prof. PH Dortmund u. Ludwigsburg - BV: Fröbels Symbolwelt, 1967; Fröbelforsch., 1972; Schulprakt. Studien, 1973; Lehrer u. Schüler heute, 1979; Motivation, 1979; Pädagogikunterr. in d. Sekundarstufe II, 1981;

Friedrich Fröbel. Bildmonogr., 1982; Stud. z. Wirkungsgesch. Fröbels, 1982; Fröbelforschungsbericht, 1983; Praxis Schulleben in d. Weimarer Rep., 1985; D. Pädagogik Friedrich Fröbels, 1989; Bibliogr. Friedrich Fröbel, 1990.

HEILENKÖTTER, Jürgen
Dipl.-Kfm., Vorstand Neue Heimat Aktiengesellschaft, Hamburg - Nachtigallenweg 64, 2070 Ahrensburg - Geb. 11. Jan. 1930 - Stud. Betriebswirtsch. Univ. Köln - Beirat Mühlhan + Co. Intern., Hamburg.

HEILER, Josef
Landwirt, MdL Bayern (s. 1975) - 8151 Elendskirchen 58 (T. 08063 - 3 40) - Geb. 1920 - CSU.

HEILER, Siegfried
Dr. rer. pol., Prof. f. Statistik Univ. Konstanz (s. 1987) - Mozartstr. 8, 7750 Konstanz (T. 07531 - 6 57 42) - Geb. 20. Okt. 1938 Wangen (Vater: August H., Bürgerm.; Mutter: Lotte, geb. Fleischer), kath., verh. s. 1977 m. Dr. H. Rausch-Heiler, 3 Kd. (Eva (aus 1. Ehe). Mark, Patrick) - Promot. 1967 Tübingen; Habil. 1971 Berlin (TU) - 1971/72 Prof. TU Berlin, 1972-87 Univ. Dortmund. S. 1988 Vors. d. Dt. Statistischen Ges. Bücher u. Aufs. - Liebh.: Sport, Musik - Spr.: Engl., Franz.

HEILFURTH, Gerhard

Dr. phil. Dr. h. c., em. o. Prof. Inst. f. Europ. Ethnologie u. Kulturforschung Univ. Marburg, Honorarprof. Univ. Gießen - Götzenhainweg 1, 3550 Marburg (T. 6 53 03) - Geb. 11. Juli 1909 Schneeberg/Erzgeb. (Vater: Max. H., Bergrevisor; Mutter: Emilie, geb. Gerber), ev., verh. s. 1939 m. Juliane, geb. Bruhns, S. Günther - Stud. Univ. Heidelberg, Palermo u. Leipzig, Habil. 1943 - 1940-45 Wehrdst.; 1945-49 Univ.Doz.; 1949-60 Aufbau u. Dir. (1954) Ev. Sozialakad. Friedewald u. Univ. Prof. Gießen. 1947 Mitbegr. u. Vors. Jugendaufbauwerk; 1961-69 Vors. Dt. Ges. f. Volkskd. - BV: Neustädtel u. s. Bergbaulandschaft, 1935; D. erzgeb. Bergmannslied, 1936, 2. A. 1982; D. Volkssänger Anton Günther, 1937, 8. A. 1981; Jugend ohne Geborgenheit, 1951, 3. A. 1952; Bestand u. Wandel d. sozialkulturellen Elemente im Aufbau d. industriellen Ges. am Beispiel d. Bergmannsliedes, 1954; Kirche u. Arbeiterschaft, 1954 (auch engl.); Glückauf (Grußgesch.), 1958; Volkskd. jens. d. Ideologien, 1961, 3. A. 1988; D. Heilige u. d. Welt d. Arbeit, 1963 (2. A. 1965); D. Arbeit als kulturanthropologisches Problem, 1965; Bergbau u. Bergmann i. d. dtschspr. Sagenüberlief. Mitteleuropas, 1967; Volkskd.-Handb. d. empir. Sozialforsch., 1974 (3. A.); D. Bergbau u. s. Kultur, 1981; Bergbaukultur in Südtirol, 1984; Weihnachtsland Erzgebirge, 1988 (2. A. 1991). Begr. u. Mithrsg. D. Mitarbeit, Zs. z. Ges. u. Kulturpolitik (s. 1951) u. a. - 1959 Gr. BVK; 1960 Ehrenbürger Friedewald; 1984 Goldenes Kronenkreuz d. Diakonie; Ehrenbürger

Schneeberg/Erzgeb. - Lit.: Kontakte u. Grenzen - Festschr. f. G. H. (1969); B. Martin, G. H. - Leben u. Werk (1974); W. Tschiedert, G. H. z. 70. Geburtstag (D. Mittrat 28, 2/3, 1979); K. Tenfelde, D. Lebenswerk G. H.s (D. Anschnitt, Zs. f. Kunst u. Kultur im Bergbau, 34/1, 1982); P. Assion, Bd. 1. Kleine Schriften v. G. H. (1989).

HEILIG, Bruno
Prof., Pädagoge - Kitzingstr. 16, 7070 Schwäb. Gmünd - Geb. 3. Aug. 1941 - S. 1970 PH Schwäb. Gmünd (1975 Prof. f. Schulpäd.).

HEILIGER, Bernhard

Prof., Bildhauer - Käuzchensteig 8, 1000 Berlin 33 (T. 831 20 12) - Geb. 11. Nov. 1915 Stettin - Prof. f. Plastik, ab 1949 Hochsch. d. Künste Berlin-Charlottenburg. Ausstell. Europa u. Übersee, u. a. Plastik Flamme Berlin (Ernst-Reuter-Pl.), zweiteilige Hängeplastik Kosmos 70, Reichstag Berlin, 1972; Plastik Montana Bonn (Bundespräsidialamt), Auge d. Nemesis, Stadt Berlin (Schaubühne) 1983. Arbeiten Museen und Sammlungen In- und Ausland (u. a. Nationalgalerie Berlin, Musees des Beaux Arts Antwerpen, Museo Moderna São Paulo, Museum of Modern Art New York), Hakone - Open-Air-Museum Tokyo - 1950 Kunstpreis Stadt Berlin, 1952 Kunstpreis Stadt Köln, 1953 Nationaler u. Intern. Preis Institute of Contempory Art, London, 1956 Gr. Kunstpreis Nordrh.-Westf.; 1955 o. Mitgl. Akad. d. Künste Berlin; 1975 Lovis-Corinth-Preis - Mitgl. Accademia Fiorentina, Florenz, 1978 - Lit.: Hanns Theodor Flemming, B. H., 1964; A. M. Hamacher: B. H., St. Gallen 1979; Siegfried Salzmann, Lothar Romain, B. H., 1989, Propylaen-V. Berlin.

HEILINGBRUNNER, Horst
Dipl.-Ing., Bauunternehmer - Prinzenhöhe 32, 4330 Mülheim - Geb. 27. Aug. 1933 Duisburg (Vater: Josef H., Bauuntern.; Mutter: Johanna, geb. Scharte), kath., verh. s. 1962 m. Bärbel, geb. Richartz, 3 Kd. (Jörg, Bettina, Ulrich) - Dipl. Bauing.wesen. 1958 TH München.

HEILINGBRUNNER, Petra
M.A., Journalistin - Zu erreichen üb. Journalistenarbeitsgemeinsch. JAG, Fliegenstr. 12, 8000 München 2 - Geb. 26. Mai 1958 München - Stud. Politikwiss., Soziol., Kommunikationswiss.; M.A. 1985 München - Journ. Tätigk. f. Südd. Ztg., D. Zeit, Marie Claire u.a.; Autorentätigkeit - Liebh.: Lesen, Schreiben, Menschen, Reisen - Spr.: Engl., Franz., Portug. - Bek. Vorf.: Thomas Knorr (Urgroßonkel), Verleger d. Münchner Neueste Nachrichten (spätere Südd. Ztg.).

HEILINGER, Franz
Dr. rer. nat., wiss. Angestellter i. R. - Bertramstr. 20A (Postf. 24 18), 3300 Braunschweig (T. 0531 - 79 64 16) - Geb. 26. Okt. 1921 Mähr.-Aussee (Vater: Josef H., Friseurmeister; Mutter:

Stefanie, geb. Skarpil), kath., verh. s. 1991 m. Edith, geb. Roll - S. 1943 Univ. Prag (Beurlaub. Wehrdst.); 1946-52 Univ. Frankfurt/M. (Naturwiss.), Promot. - 1951 Hygien. Inst. Stadt u. Univ. Frankfurt/M., 1952-56 Biol. Forsch.inst. Limburg/L., 1956-82 Bundesforsch.anst. f. Landwirtsch. Braunschweig-Völkenrode. Vielf. Entd. Stoffwechselphysiol. Kartoffel (1967, genehmigte u. dann verwehrte Habil.) - 1977 Dipl.-Urk. u. Med. Intern. Biogr. Centre Cambridge/ Engl.; 1983 AWMM-Autorenpr. Arb.gemeinsch. f. Werbung, Markt- u. Meinungsforsch.; 1990 Certivicate of Award (VIP-Encyclop., USA-Schweiz); Träger u. Betreuer d. s. 1986 öfftl. Sudetendt. Heimatsamml. in Braunschweig; Ehrenämter u. Ehrenz. Sudetendt. Landsmannsch. - Spr.: Engl., Tschech., Latein - Lit.: Men of Achievement, Biogr. (1977); Sudetenland 12. Jg. (1978); Mitt. Suddt. Archiv 85. Folge (1986); Intern. Who is Who (1990/91).

HEILMANN, Adolf
Dipl.-Ing., Abteilungspräsident i. R., Honorarprof. f. Theorie u. Technik d. Antennen TH Darmstadt (seit 1963) - Pupinweg 5, 6100 Darmstadt T. 89 16 26).

HEILMANN, Eberhard
Kaufmann, Geschäftsf. W. Erich Heilmann GmbH., Essen, Opti-Werk GmbH., ebd., Optilon W. Erich Heilmann GmbH., Zug (Schweiz), Zipp Werk GmbH., Nürnberg, Dir. Lightning Fasteners Ltd., Birmingham (Engl.), u. Opti-Nederland, Winschoten - Eifelhang 2, 4300 Essen-Bredeney - Geb. 1. Dez. 1929 Schmölln/Thür.

HEILMANN, Edelgard
Dr. med., Prof. f. Innere Medizin u. Hämatologie Univ. Münster, Ärztl. Direktor Klinik Mühlenweg - Mühlenweg 9, 4782 Erwitte (T. 02943 - 89 80) - Geb. 7. Sept. 1941 Herford - Abit. 1961, Staatsex. 1967, Promot. 1967, Habil. 1975; apl. Prof. 1978 - Publ. auf d. Geb. d. Inn. Med., bes. Hämatologie; Differentialdiagnose Hämatologie, 1981; Ambulante Chemo- u. Hormontherapie, 1984; Hämatologie im Alter, 1985; Prävention u. Therapie d. koronaren Herzkrankheit, 1988; Diagnostik u. Therapie v. Herzrhythmusstörungen, 1989 - Spr.: Engl., Franz.

HEILMANN, Ernst-Adolf
Dr. rer. pol., Dipl.-Kfm., Geschäftsführer Heilmann & Heilmann GmbH, Heilmann & Heilmann GBR, Software Entwicklung u. Vertrieb - Katernberger Str. 238, 5600 Wuppertal-Elberfeld - Geb. 15. Dez. 1927.

HEILMANN, Hans-Dietrich
Dr. rer. nat., Prof. - Am Dormannsbusch 27, 4040 Neuss (T. 02131 - 3 21 17) - Geb. 10. Sept. 1940, verh. s. 1966 m. Gudrun, geb. Hemmann, 2 Kd. (David, Ines) - Stud. Univ. Gießen, Tübingen (Chemie); Dipl. 1965; Promot. 1967 Tübingen; Habil. (Biochemie) 1977-81 apl.

Prof. - wiss. Mitarb./Assist. TH Darmstadt; Scripps FDN; La Jolla Calif.; Univ. Bochum; 1982 Leit. Klin. Forsch. Antibiotica, Beecham-Wülfing, Neuss; 1990 Bayer. Chemotherapie-Forsch.-zentr. Wuppertal.

HEILMANN, Harald

Komponist - Brombacher Str. 32, 6932 Brombach (T. 06272 - 5 11) - Geb. 9. April 1924 Aue/Sa. (Vater: Arthur H., Exportkfm.; Mutter: Else, geb. Müller), ev., verh. s. 1955 m. Hildegard, geb. Leuckfeld, Tocht. Agnes - 1946-50 Stud. Kompos. Staatl. Hochsch. f. Musik Leipzig; Reifeprüf. in Musiktheorie - 128 Publ. in 15 Musikverlagen in USA, Deutschl. u. d. Schweiz - 1979 BVK; 1980 Stamitzpreis - Liebh.: Pilze sammeln - Spr.: Engl., Lat.

HEILMANN, Heidi H.,
geb. Werner

Dr. rer. soc. oec., Univ.-Prof. f. Wirtschaftsinformatik Univ. Stuttgart - Auf der Stelle 11/1, 7032 Sindelfingen (T. 07031 - 80 53 71) - Geb. 27. Okt. 1934, ev., verh. v. 1956-90 m. Dr. Wolfgang Heilmann, 4 Kd. (Ann, Frank, Dirk, Gert) - Dipl.-Volksw. 1958 Tübingen; Promot. 1981 Linz - 1965-86 Gf. Gesellsch. INTEGRATA GMBH, Tübingen; 1983-86 Prorektor FH Furtwangen; 1987-89 Präsid.-Mitgl. Ges. f. Informatik Bonn, s. 1987 Kurat.-Mitgl. WVWA, Stuttgart; s. 1989 stv. AR-Vors. d. INTEGRATA AG, Tübingen - BV: Einsatzplanung f. e. Datenverarbeitungsanlage, 1968; Strukturierte Systemplanung u. Systementwicklung, 1979; Benutzermitwirkung in Mensch-Computer-Systemen, 1981. Verantw. Schriftleit. d. HMD (Theorie u. Praxis d. Wirtschaftsinformatik) s. 1982 - Spr.: Engl., Franz. (schriftl.).

HEILMANN, Irmgard
Verlegerin, Schriftst. - Brahmsallee 26, 2000 Hamburg 13 (T. 040 - 45 06 01) - Geb. Zeitz (Vater: Otto H., Arch.; Mutter: Helene, geb. Burggraf) - Oberrealsch. (Abit.) - Journ., Gründ. I. Heilmann-Verlag (Lit. gb. 1973; Hamburg Bildkal. u. Hamburg Bildbde.), Mitbegr. Bundesverb. Dt. Autoren; 2. Vors. Hamburger Autorenvereinig. (b. 1983) - BV: Wahlheimat am Meer, 1944; Sylter Inselsommer, 1952; Pension Dünenblick, 1955; D. Nachtigall stieg herab, 1982; Aylsdorfer Kirschkuchen. Erinnerungen an Thüringen, 1987; D. Sängerin im Meer - Erz. v. Sylt b. Afrika, 1988; Aylsdorfer Kirschkuchen, sächs.-thüringische Erinnerungen, Taschenb. 1989 - Spr.: Engl., Franz.

HEILMANN, Joachim
Vorstandsmitglied Hermann Rothhaupt Furnier- u. Sägewerk AG. - 8741 Stockheim/Ufr. - Geb. 10. Jan. 1924.

HEILMANN, Klaus
Dr. med. (habil.), Prof., Augenarzt - Ismaninger Str. 22, 8000 München 80 - B. 1977 Privatdoz., dann apl. Prof. TU München (gegenw. Oberarzt Augenklinik).

HEILMANN, Lutz
Dipl.-Volksw., Vorstandsmitglied Alusuisse (s. 1975) - Am Rheinstahlhaus 3, 4300 Essen - Geb. 23. Nov. 1930 Stettin - Univ. Freiburg (1953 Dipl.-Volksw.) - Mannesmann, Trebel-Werke, Carborundum-Werke (Geschäftsf.), General Electric (1966 Bereichsleit. Dtschl.-Holl.-Schweiz-Österr.), Honeywell (1970 Vors. d. Gfg.).

HEILMANN, Sigmar
Chefredakteur Mannheimer Morgen - Zu erreichen üb. Mannheimer Morgen, R 1, 6800 Mannheim 1 (T. 0621 - 1 70 20) - Geb. 1. Nov. 1930 Essen, ev., verh., 1 Kd. - Stud. Pol. Wiss.; journ. Ausb. Werner Friedmann-Inst. München - 1959-87 Politischer Redakt./Ressortleit. Mannheimer Morgen, Handelsbl., Dt. Ztg., Mannheimer Morgen.

HEILMANN, W. Erich
Fabrikant (Heilmann-Gruppe, umfaßt heute üb. 25 in- u. ausl. Unternehmen m. etwa 10000 Beschäftigten) - Meckenstocker Höfe 2, 4300 Essen-Bredeney - Geb. 9. März 1901 - B. 1945 Ost-, spät. Westdtschl. (Opti-Werk GmbH. Co.) U. a. 1955 Kunststoff-Reißverschluß.

HEILMANN, Wilhelm
Dipl.-Kfm., Vorstandsmitglied Hermann Rothhaupt Furnier- u. Sägewerke AG. - 8741 Stockheim/Ufr. - Geb. 5. Okt. 1934.

HEILMANN, Willibald
Dr. phil., Prof. f. Klass. Philologie Univ. Frankfurt/M. - Hermann-Löns-Str. 15, 6052 Mühlheim - Geb. 9. März 1928.

HEILMANN, Wolfgang
Dr. phil., o. Prof. f. Philosophie Univ. Dortmund (s. 1959) - Reichenspergerstr. 52, 5500 Trier - Geb. 20. April 1913 - Zul. Privatdoz. Phil.-Theol. Hochsch. Bamberg.

HEILMANN, Wolfgang

Dr., Vorstandsvorsitzender INTEGRATA AG - Schleifmühleweg 68, 7400 Tübingen 1 - Stud. Wirtschaftswiss. u. Phil. Frankfurt u. Tübingen; Promot. 1959 Tübingen - 1959-62 Instruktor b. e. Computerhersteller; 1962-64 Leit. d. kaufm. Verw. e. Maschinenfabrik; 1964 Gründ. d. INTEGRATA als Einmannbetrieb, 1973 Umwandl. in GmbH u. gf. Gesellsch. INTEGRATA GmbH Unternehmensberatung, BDU, Tübingen, 1985 Präsident INTEGRATA AG, Baden/Schweiz; 1989 Umwandlung d. INTEGRATA GmbH in e. AG. Berat. Prof. d. Tongji-Univ. Shanghai - BV: D. Sozialutopien u. d. Sozialutopismus. E. Unters. üb. d. Grenzen d. Sozialpolitik, Diss. 1959; Einsatzplanung f. e. Datenverarb.anlage, 1968; Büroorg. m. d. Computer, 1970; Strukturierte Systemplanung u. Systementw., 1979; Elektron. Fertigungsregelung in: Managementenzyklop. Bd. 2, 1970, 2. A. 1982 (Bd. 3); Teleprogrammierung - D. Org. d. dezentralen Software-Produktion, 1987. Herausg.: Schr.reihe f. integr. Datenverarbeit (s. 1968).

HEILMANN, Wolf-Rüdiger
Dr. rer. nat., Vorstandsmitglied Karlsruher Lebensversich. AG, Hon.-Prof. Univ. Karlsruhe - Klosestr. 12, 7500 Karlsruhe 1 - Geb. 27. Sept. 1944 Rendsburg (Vater: Wilhelm H., Kaufm.; Mutter: Ursula, geb. Schröder), verh. s 1970 m. Ingrid, geb. Benn, 3 Töcht. (Larissa-Valeska, Lisa-Maria, Lydia Sara) - Abit. Rendsburg, Dipl., Promot., Habil. Univ. Hamburg - 1974-80 wiss. Assist., 1980-82 Prof. f. Angew. Math. Statistik Univ. Hamburg; 1982-85 Prof. f. Versicherungsmath. Univ. Hamburg; 1985-91 o. Prof. f. Versich.wiss. Univ. Karlsruhe (TH); s. 1991 Vorst.-Mitgl. d. Karlsruher Lebensversich. AG - BV: D. Grundbegriffe d. Risikotheorie, 1987; Fundamentals of Risk Theory, 1988. Herausg.: Versicherungsmärkte im Wandel (1987); Geld, Banken, Versi-

cherungen (1988); Geld, Banken, Versicherungen (1991) - Liebh.: Lit., Bild. Kunst, Musik, Sport - Spr.: Engl., Lat., Franz.

HEILMEYER, Ludwig
Dr. rer. nat., o. Prof. f. Physiolog. Chemie Univ. Bochum (s. 1974) - Girondelle 93, 4630 Bochum - Geb. 28. Aug. 1937 Jena - Promot. 1965 Freiburg; Habil. 1971 Würzburg.

HEILMEYER, Wolf-Dieter
Dr. phil., Direktor Berliner Antiken-Museum (s. 1978), Prof. f. Klass. Archäologie FU Berlin (s. 1977) - Tietzenweg 92, 1000 Berlin 45 - Geb. 14. März 1939 Königsberg/Pr. - Promot. 1965 Frankfurt/M.; Habil. 1974 Tübingen - 1975-77 Kustos Antiken-Samml. Tübingen.

HEIM, Burkhard

Dipl.-Phys., Direktor Dt. Forschungsinst. f. Feldphysik - Wilhelmstr. 25, 3410 Northeim/Hann. - Geb. 9. Febr. 1925 Potsdam, ev., verh. s. 1950 m. Gerda, geb. Straube - Univ. Göttingen (Dipl.-Phys.) - Entd.: Mesofeldtheorie - Vorträge: u. a. D. dynam. Kontrabarie als Lösung d. astronaut. Problems (Stuttgart 1952), D. Antrieb d. Dynamokontrabators (München 1953), Vergleich d. dynam. Kontrabarie m. d. Raketenprinzip (Zürich), Üb. Gravitation (Nürnberg 1958), Gravitation u. Magnetismus (Bremen 1958), Gravitation u. Materie (Rom 1959); Vortr. in Brixen 1974, Augsburg 1976, Innsbruck 1978 u. 1982 - BV: u. a. D. kosmische Erlebnisraum d. Menschen; D. Elementarprozeß d. Lebens; Postmortale Zustände; Vorschlag z. einheitl. Beschreibung d. Elementarteilchen, in: Ztschr. f. Naturforschung, März/April 1977; Elementarstrukturen d. Materie, Bd. I 1980, Bd. II 1984; Einführungsband in Elementarstrukturen d. Materie; Einheitliche Beschreibung d. Materiellen Welt, 1990.

HEIM, Harro
Dr. phil., Ltd. Bibliotheksdirektor a.D., Leit. Universitätsbibl. Bielefeld (1968-84) - Universitätsstr. 25, 4800 Bielefeld 1; priv.: Kahlerkrug 19, 15 - Geb. 4. April 1919 Hamm/W. (Vater: Rudolf H., Oberregierungs- u. Baurat; Mutter: Emilie, geb. Eller), verh. s. 1951 m. Elisabeth, geb. Hartmann, 2 Söhne (Ortwin, Ralf) - Dreikönigsgymn. Köln (Abit. 1937); 1937-45 Kriegsmarine; 1945-53 Univ. Köln u. Bonn (German., Biol., Phil.), Promot 1952, Staatsex. 1953; 1953-55 Bibl.ausbild. - Zul. stv. Dir. Univ.bibl. Bochum. Herausg.: Bibl.stud. (Reihe). Zahlr. Veröff. z. Datenverarb., Bibliotheksswiss. u. a. - 1984 Dr. Josef Bick-Ehrenmed. in Silb. (1. Dt. Inhaber) - BVK - Liebh.: Nu-

mismatik, Märchenb., Burgenkd., Önol. - Spr.: Franz.

HEIM, Michael Ernst
Dr. rer. nat., Dipl.-Chem., Vorstandsmitglied Wiss. Ges. in Freiburg im Breisgau - Thomas-Mann-Str. 2, 7819 Denzlingen (T. 07666 - 24 78) - Geb. 14. Aug. 1929 Potsdam - Chemielaborantenex. 1951 Kassel; Stud. d. Chemie TH Darmstadt, Karlsruhe - Spr.: Engl., Franz.

HEIM, Wilhelm
Dr. med., Prof., Chirurg. Chefarzt u. Ärztl. Direktor Rudolf-Virchow-Krankenhaus (1948-71) - Lyckallee 17, 1000 Berlin 19 (T. 304 47 71) - Geb. 2. Nov. 1906 Berlin - Leibniz-Gymn. Berlin; Univ. ebd. u. Innsbruck. Promot. u. Habil. Berlin - Langj. Tätigk. Urban-Krkhs. 1942 Doz. Univ. Berlin, 1949 FU, 1955 apl. Prof. (Chir.), 1961 Honorarprof. TU ebd. (Krhs.bau). 1958 Leit., 1972 Geschäftsf. Akad. f. ärztl. Fortbild. Berlin; s. 1972 Gf. Kaiserin-Friedrich-Stiftg. f. d. ärztl. Fortbildungswesen. Begr. Berliner Blutbank. Div. Ehrenstell., dar. Präs. Berliner Ärztekammer (1975-83) - Spez. Bauchchir. u. Krebstherapie - BV: D. Blutbank, 1953 (m. Dahr); D. Operationen an d. Brustdrüse, in: Bier-Braun-Kümmell, Chir. Operationslehre, Bd. II 1953. Zahlr. Einzelarb. - Ernst-v.-Bergmann-Plak.; Paracelsusmed. - Liebh.: Sport, Lit., Musik (Pianist).

HEIM, Willi
Dr.-Ing. E.h., Dipl.-Ing., Aufsichtsratsmitglied Mitteldeutsche Kali AG, Sondershausen, Energiewerke Schwarze Pumpe AG - Lindenstr. 5, 3500 Kassel-W'höhe - Geb. 21. Febr. 1928 - Berat HDI, Hannover, Thyssen Schachtbau GmbH, Mülheim-Ruhr - BVK I. Kl.

HEIMANN, Eduard
Assessor, Vorstandsmitglied Ruberoidwerke AG (s. 1973) - Billbrookdeich 134, 2000 Hamburg 74 (T. 7 31 10-1); priv.: Haus Eichenkamp, 2070 Schmalenbek - Geb. 17. Jan. 1924 Stuttgart (Vater: Joseph H., Bankdir.; Mutter: Adele, geb. Westphal), verh. s. 1963 m. Felicitas, geb. Kynast, T. Alexandra - Zahlr. Fachveröff. (Arb.recht u. -psychol.). B. 1973 stv. Vorstandsmitgl.

HEIMANN, Erich H.
Schriftsteller, Journalist, Übersetzer, Drehbuchautor - Schloßstr. Nr. 15, 4000 Düsseldorf 30 (T. 44 38 63) - Geb. 5. Okt. 1939 Düsseldorf - Stud. Angl. u. Gesch. - Freiberufl. tätig. Arbeitsgeb.: Technik u. ihre Gesch. Chefredakt. Résidence - BV: u. a. Und unter uns d. Erde, 1967; V. Zeppelin z. Jumbo-Jet - D. Gesch. d. dt. Luftverkehrs, 1971; A. Kunststoff selbstgemacht, 1973 (engl. 1975); D. große Augenblick i. d. Chemie, 1976; D. schnellsten Flugzeuge d. Welt 1906-heute, 1978; D. Flugzeuge d. Dt. Lufthansa 1926 b. heute, 1980. Autor zahlr. Video-Filme - 1968 Dt. Jugend-Sachbuchpreis - Spr.: Engl., Franz.

HEIMANN, Gerhard

Prof., Senator a. D., Staatssekretär a. D., MdB (1983-90) - Orelzeile 7, 1000 Berlin 20 (T. 363 85 65) - Geb. 12. Febr. 1934 Peine, ev., verh. s. 1960, 2 Söhne (Justus, Felix) - Neusprachl. Gymn. Peine; 1955-58 Freie Univ. Berlin (Rechtswiss.). Gr. jurist. Staatsprüf. 1964 - 1964-67 Reg.sass., 1967 Reg.srat; 1967-69 Max-Planck-Inst. f. Bildungsforsch. (wiss. Mitarb. Abt. Recht u. Verw.), 1969-71 Päd. Hochsch. (1971 Prof.), 1971-77 Staatssekr. (Senatsdir.) Senatsverw. f. Wiss. u. Kunst, 1977-79 Chef Senatskanzlei v. Berlin, 1979-81 Senator f. Bundesangelegenh., Hochschull. TU Berlin.

HEIMANN, Hans
Dr. med., em. o. Prof. f. Psychiatrie - Goethestr. 23, 7400 Tübingen 1 - Geb. 25. April 1922 Biel (Schweiz) - S. 1953 (Habil.) Lehrtätig. Univ. Bern (1963 ao. Prof.) u. Tübingen (gegenw. o. Prof.).

HEIMANN, Hans-Peter
Dr. rer. pol., Hauptgeschäftsführer IHK Halle-Dessau (s. 1990) - Georg-Schumann-Platz 5, O-4020 Halle (T. 021 - 3 79 91) - Geb. 5. Febr. 1943 - Abit.; Dipl.-Volkswirt; Dr. rer. pol. - 1970-73 wiss. Assist. Univ. Marburg; 1973-75 wiss. Angest. Stadtverw. Heidelberg; 1976-80 wiss. Assist. Univ. Konstanz; 1981-90 Geschäftsf. IHK Karlsruhe - Spr.: Engl.

HEIMANN, Holger
Lehrer, MdL Bad.-Württ. (D. Grünen) - Klausenpfad 25, 6900 Heidelberg (T. 06221 - 47 17 65) - Geb. 7. Mai 1951 Laufenselden (Vater: Hans H., Lehrer; Mutter: Luise, geb. Müller), verh. s. 1979 m. Bärbel, geb. Mager, 2 Kd. (Lisa Jitka, Paul Jakob) - Gymn. Wiesbaden; Univ. Frankfurt, Staatsex. als Lehrer f. Haupt- u. Realsch. - S. 1980 Landtagsabg. d. „Grünen" i. Bad.-Württ.

HEIMANN, Karl-Heinz
Herausgeber kicker-sportmagazin - Schöpfstr. 29, 8500 Nürnberg 30 - Geb. 20. Dez. 1924 Östrich/Westf., ev., verh. s. 1954 m. Margrit, geb. Oppermann, S. Erich - Erste Dt. Journalistensch. Aachen - 1951/52 Aachener Nachrichten; s. 1952 Kicker, 1968-88 Chefredakt. kicker-sportmagazin - Herausg.: Kicker-Almanach (s. 1958, jährlich) - 1987 Gold. Ball brasil. Sportpresse; 1988 Ehrenmitgl. Verb. Dt. Sportjourn. (VDS) - Spr.: Russ.

HEIMANN, Walter
Dr. phil., Prof. f. Musikwissenschaft Univ. Oldenburg - Schramperweg 121, 2900 Oldenburg - Geb. 1. April 1940 Breslau (Vater: Walter H., Studiendir.; Mutter: Edith, geb. Hodurek), verh. s. 1974 m. Ulrike, geb. Graichen, 2 Kd. (Andrea, Michael) - Stud. Schulmusik, Musikwiss., Soziol. - 1970 Lehramt an höh. Schulen; 1975 Assist. PH Rheinland, Abt. Neuss; 1980 Prof. Univ. Oldenburg - BV: D. Generalbaß-Satz u. seine Rolle in Bachs Choralsatz, 1973; Musikal. Interaktion. Grundzüge e. analyt. Theorie d. elementar-rationalen musikal. Handelns, 1982.

HEIMBACH, Heinz-J.
Dr. jur., Vorstandsmitglied Concordia Versicherungsges. a. G., Hannover - Steimbker Hof 11, 3000 Hannover 61 - Geb. 16. Okt. 1939 kath., verh.

HEIMBURG, Werner
s. Kaesbach, Karl H.

HEIME, Klaus
Dr. rer. nat., Univ.-Prof., Direktor Inst. f. Halbleitertechnik Rhein.-Westf. TH Aachen (s. 1989) - Gierstr. 10, 5100 Aachen - Geb. 1. Aug. 1935 Heidelberg (Vater: Richard H., Dirigent; Mutter: Anneliese, geb. Wehner), ev., verh. s. 1961 m. Irmgard, geb. Griese, 2 S. (Andreas, Christian) - 1955-61 TH Darmstadt u. Univ. Bonn (Dipl.-Phys. 1961).

Promot. 1967 Darmstadt - 1961-71 Wiss. Mitarb. Postforschungsinst. Darmstadt; 1971-75 Wiss. Rat u. Prof. TH Aachen; 1975-89 o. Prof. f. Halbleitertechnik u. technol. Univ. GH Duisburg - BV: Laufzeitdioden, 1976; InGaAs-Field Effect Transistors, 1989 - Spr.: Engl., Franz.

HEIMEN, Volker

Wirtschaftsberater, MdL Nieders. (s. 1976) - Wilhelmstr. 1b, 4800 Bielefeld - Geb. 2. Okt. 1943, verh., 1 Kd. - 1958 Mittl. Reife; 1962 Kaufmannsgehilfenprüf. - B. 1976 Mitarb. Steuer-Wirtschaftsberatungsbüro, dann selbst. 1969 ff. Ratsmitgl. Bielefeld. CDU s. 1965 (1970 Landesdeleg.).

HEIMERL, Hans

Geschäftsführer Bauges. Hanau, MdL Hessen (s. 1974) - Steinheimer Str. 1, 6450 Hanau (T. 2 42 91) - Geb. 19. April 1930 - SPD.

HEIMES, Rudolf

Landesschatzmeister u. Vors. Landesfachaussch. f. Wirtschaftspolitik CDU Saar u. a. - Faktoreistr. 4, 6600 Saarbrücken (T. 0681 - 4 10 10); priv.: Rittershofer Str. 25, 6601 Heusweiler - Geb. 1. Febr. 1923 Heusweiler (Vater: Ferdinand H., Rektor; Mutter: Helene, geb. Dewes), kath., verh. s. 1953 m. Mechthild, geb. Kautenberger - Kriegsdst. u. sowjet. Gefangensch. (b. 1950); Stud. Rechtswiss. Beide Staatsex. 1954 u. 57 Saarbrücken - AR-Vors. Stahl- u. Apparatebau Hans Leffer GmbH, Saarbrücken-Dudweiler; AR DSD Dillinger Stahlbau GmbH, Saarlouis, DHS Dillinger Hütte Saarstahl AG, Dillingen, Saarbrücker Ztg. Verlag u. Druckerei GmbH, Saarbr., Saarstahl AG, Völklingen, TECHNOSAARSTAHL GmbH, Völklingen; Beirat DSD Dillinger Stahlbau GmbH (Konzernbeirat), Saarlouis, Globus-Handelshof-Gruppe, St. Wendel, Siplast Deutschland GmbH, Saarwellingen, Himmelreich KG, Köln-Porz, Cofreth Holding GmbH, Saarbrücken; Vorst.-Vors. Arbeitskreis Wirtsch. Carl-Duisberg-Ges.; Mitgl. Finanzaussch. Saarländ. Schwesterverb., Ottweiler, Kurat. Union-Stiftg., Saarbrücken; stv. Mitgl. Universitätsrat d. Saarlandes - Spr.: Franz., Engl.

HEIMES, Theo

Bauunternehmer, MdL Nordrh.-Westf. (s. 1975) - Starenstr. 7, 5940 Lennestadt 14 (Saalhausen) (T. 02972 - 328/329; priv.: 02723 - 88 86) - Geb. 6. Nov. 1923, SPD.

HEIMES, Wilfried

Dr. phil., Referent, MdL Nordrh.-Westf. (1970-90) - Basunestr. 25, 4300 Essen 12 (T. 34 75 75) - Geb. 28. Sept. 1927 Haan/Rhld., verh., 4 Kd. - Abit. 1947; Stud. Dt., Gesch., Geogr., Phil. Univ. Köln; Promot. 1961 - Kath. Jugendarb.; 1954-56 Kreisgeschäftsf. CDU Rhein-Wupper; 1956-64 Jugendbildungsref.; s. 1964 Ref. Erwachsenenbild. Bistum Essen. 1957-64 Vors. Landesaussch. Kath. Jugend NW, 1961-63 Vors. Landesjugendring. 1957-64 Mitgl. Gutachteraussch. f. Fragen d. Jugendpflege b. Arbeitsmin. NW, 1958-64 Mitgl. Landesjugendwohlfahrtsaussch. Rheinl.; 1977-90 Vors. Kath. Elternsch. Dtschl. Landesverb. Nordrh.-Westf.; 1981-85 Vizepräs. Kath. Elternsch. Dtschl. 1980-85 Vors. Aussch. d. Landtags NW f. Wiss. u. Forsch.; s. 1985 stv. Vors. d. Hauptaussch. d. Landtags NW; s. 1986 Mitgl. Aussch. f. Schule u. Weiterbild.; Kurat.-Mitgl. Fernuniv. Hagen, 1985-90 d. Univ.-GH Essen, Fürstin-Franziska-Christine-Stift. 1976-92 stv. Vors. Marienhospital Essen-Altenessen; Vorst.-Mitgl. d. Schwesternschaft DRK Essen; 1985-91 stv. Mitgl. Rundfunkrat WDR u. Aussch. f. Rundfunkentw. WDR. CDU s. 1947 (1949 Kreisparteivorst. D'dorf-Mettmann, 1963/64 Parteivors. Köln-Mülheim, 1969-83 Parteivors. Essen, 1975-79 Ratsmitgl. Stadt Essen, s. 1983 Ehrenvors. Kreispartei Essen, s. 1986 Ehrenvors. Orstverb. Essen-Altstadt-Mitte - 1985 BVK I. Kl.

HEIMESHOFF, Bodo

Dr.-Ing., o. Univ.-Prof. f. Baukonstruktion u. Holzbau (einschl. Leitg. Labor. f. d. konstruktiven Ingenieurbau) TU München (s. 1970, 1973-75 Dekan) - Wolf-Ferrari-Str. 9, 8033 Krailling/Obb. - Geb. 8. März 1926 Hannover - Stud. TH Hannover; Promot. 1966, Habil. 1969.

HEIMPEL, Christian

Dr. rer. pol., Gf. Direktor Dt. Übersee-Inst. Hamburg - Uhlenhorsterweg 47, 2000 Hamburg 76 (T. 040-220 26 70) - Geb. 29. Nov. 1937 Leipzig (Vater: Prof. Dr., Dr. h.c. Hermann H.), ev., verh. s. 1959 m. Heide, geb. Weissenfels, 3 Kd. (Caroline, Heinrich, Yvonne) - Dipl.-Landw. 1960 Göttingen, Promot. 1964 ebd., Habil. 1974 (Sozialökonomie d. Agrarentw.) Berlin - 1971 Abteilungsleit. Dt. Inst. f. Entwicklungspolitik, Berlin; 1978 Dir. Development Center OECD, Paris; 1980 Dir. Dt. Übersee-Inst. - BV: Ansätze z. Planung landw. Entwicklungsprojekte, 1973 - Liebh.: Kammermusik (Cello) - Spr.: Engl., Franz., Portug.

HEIMPLÄTZER, Fritz

Dr. phil., Chefredakteur Westfalenpost, Hagen - Friedrichstr. 6, 5800 Hagen 7 (T. 02331 - 4 29 78) - Geb. 18. Aug. 1925 Hamm, verh. s. 1959 m. Therese, geb. Leuchter, 2 Kd. (Simone, Tobias) - Stud. German., Gesch., Phil. Univ. Heidelberg u. Münster; Promot. 1953 Heidelberg - 1962-75 Korresp. f. dt. u. öst. Ztg. London, 1975-84 Paris - Spr.: Engl., Franz.

HEIMSOETH, Harald

Dr., Botschafter a.D. - Zu erreichen üb. Internationale Bez., Senior-Experten Service, Postfach 22 62, 5300 Bonn 1 - Geb. 3. Okt. 1916 Ludwigsburg (Vater: Heinz H., Univ.-Prof.; Mutter: Adelheid, geb. Baader), kath., verh. s. 1952 m. Christa-Maria, geb. Stumpff, 2 Kd. (Hans-Jürgen, Stefanie) - Stud. Rechtswiss., Volksw. Köln, München, Chicago - 1939-49 Kriegsdst. u. Gefangensch., 1950 Refer. OLG Köln; s. 1951 AA (1953-56 Botschaft New Delhi, 1956-59 AA, 1960-65 UN-Vertr., New York, 1965-68 Botsch. Djakarta, 1968-70 Botsch. Brüssel, 1971-73 AA, 1973-79 Nairobi), 1979-81 Botsch. Sofia - Gr. BVK - Spr.: Engl., Franz. - Bek. Vorf.: Ludolf Camphausen, Preuß. Min.präs. 1848 (Urgroßv.).

HEIN, Edmund

Dipl.-Volksw., Minister d. Finanzen (1984-85), MdL Saarland (s. 1970) - Albert-Einstein-Str. 36, 6630 Saarlouis (T. 8 11 28) - Geb. 13. Aug. 1940 Nalbach/S., kath., verh., 2 Kd. - 1954-60 Gymn. Linz/Rh. (Abit.); 1960-64 Stud. Univ. d. Saarl. (Dipl. Volksw. 1964) - Tätigk. Landeszentrale f. Polit. Bildung, Landesarbeitsamt, Min. f. Öfftl. Arbeiten u. Wohnungsbau sow. Landesplanungsbehörde, Ref.-Tätigk. in d. Erwachsenenbild. - 1960 Eintritt Junge Union (JU). 1961 CDU. 1963-66 JU-Vors. Schwalbach, 1967-71 JU-Kreisvors. Saarlouis, 1968-70 Gemeinderat Schwalbach; 1972-80 Vors. CDU Saarlouis-Steinrausch. S. 1980 CDU-Kreisvors. Saarlouis; 1974-81 Vors. CDU-Kreistagsfraktion Saarlouis, 1979-84 Mitgl. Stadtrat Saarlouis; 1970/75/80 u. 1985 MdL. 1977-84 stv. Vors. CDU-Landtagsfraktion.

HEIN, Erika, geb. Hoer

Schriftstellerin - Hegelberg 4, 7238 Oberndorf (T. 07423-5979) - Geb. 7. Mai 1939 Schramberg/Kr. Rottweil, gesch., 4 Kd. (Benita, Wilfried, Ralf, Silvia) - Kinderkrankenschwester, Kontoristin - BV: Wir zwei in e. Haus; Zwei Mädchen u. viele Pferde; Freundschaft m. Sultan; D. Mädchen v. Ponyhof; Andrea ist stolz auf ihre Pferde, u.a. - Liebh.: Reiten, Lesen, Wandern.

HEIN, Gerhard

Dr. jur., Rechtsanwalt, Hauptgeschäftsführer u. gf. Präsidialmitgl. Bundesvereinig. d. Dt. Ernährungsindustrie BVE (s. 1983) - Winkelsweg 2, 5300 Bonn 2 (T. 0228 - 37 30 41-3); priv. Saynstr. 17, 5300 Bonn 3 (T. 48 02 44) - Geb. 18. April 1930 Köln (Vater Dr. jur. Hans H., zuletzt Senatspräsident (†); Mutter: Mareka, geb. Schomerus), ev., verh. s. 1953 m. Britta, geb. Klostermann, 2 Kd. (Dagmar, Ricarda) - Schule u. Univ. Köln (Rechtswiss.) - 1958-63 Ref. Bundesverb. d. Dt. Ind. Veröff. z. Lebensmittelrecht u. z. Lebensmittelwirtsch.; VR-Mitgl. Bundesanst. f. landwirtschaftl. Marktordn.; AR-Mitgl. Zentrale Marktu. Preisberichtsst. f. Erzeugn. d. Landwirtsch.; Kurat. Bund f. Lebensmittelrecht u. -kunde; VR-Mitgl. Versorg.-verb. Dt. Wirtsch.-Org.; Präsid.-Mitgl. Auswertungs- u. Informationsdienst f. Ernährung, Landwirtschaft u. Forsten (AID); Beiratsmitgl. z. Feststellung d. Lage d. Landwirtsch., d. Ausst.- u. Messeaussch. d. Dt. Wirtsch. (AUMA); Mitgl. d. Koordinierungsbeir. d. Centr. Marketingges. d. dt. Agrarwirtsch. mbH; Kurat.-Mitgl. d. Dt. Ges. f. Ernährung e.V.; Vors. d. Fachbeirates d. Intern. Grünen Woche; Vors. d. Ausstellerbeir. d. Intern. Bäckerei-Fachausst. (IBA); stv. Vors. Ausst.beirat d. Allgem. Nahrungs- u. Genußmittelmesse (ANUGA), Ausst.beirat d. Intern. Fachmesse d. Ernährungswirtsch. u. d. Gastgewerbes (IMEGA), d. Intern. Fachausst. f. Gastronomie u. Catering f. Bäckerei u. Konditorei (InternorGa) - Liebh.: Reisen - Spr.: Engl.

HEIN, Gerhard

Dr.-Ing., Dipl.-Ing., Vorstandsmitglied i. R., u. a. Bevollm. Gesellsch. Westphal-Gruppe, Neu-Isenburg - Höhenweg 10, 5901 Wilnsdorf-Obersdorf (T. 0271 - 39 01 53) - Geb. 16. Jan. 1928 Gröbnig. Krs. Leobschütz, Oberschles. (Vater: Adalbert H.; Mutter: Maria, geb. Junke), verh. m. Ruth, geb. Mezger, 4 Kd. (Ute, Annette, Gerhard-Friedrich. Friederike) - Ausb. TU München - Obering. TÜV-Bayern; Projektf. f. Kernkraftwerke AEG, Frankfurt; Techn. Leit. Industriegas Tyczka KG; Dir. Rheinstahl Hüttenwerke AG; 1. Geschäftsf. Ruhrstahl Apparatebau GmbH; Vorst. Siegener AG; Vorst. bzw. Geschäftsf. VKJ-Rheinhold & Mahla AG bzw. GmbH, Mannheim. AR-Mandate.

HEIN, Günter

Studiendirektor, Schriftst. - Am Störlein 6, 8721 Oberwerrn (T. 09726 - 22 40) - Geb. 12. April 1942 Schweinfurt, verh. s. 1969 m. Elvira, geb. Kospach, 2 Kd. (Janine, Isabel) - Stud. Angl. u. Roman. Univ. Würzburg u. Aix-en-Provence; Staatsex. f. d. Höh. Lehramt 1966 u. 1968 - Staatl. Schuldst. - BV: Transleithanien, 1979; Stammtisch im Stern, 1980 (bde. Erzählbände); D. Thronfolger, Kom. 1983; Kauz u. Specht, Kinderst. 1990 (UA Karlsruhe 1990); D. Normaluhr, Einakter (UA Schweinfurt 1992) - 1992 3. Preis in d. Sparte Satire b. Hafiz-Lit.preis - Spr.: Engl., Franz.

HEIN, Horst

Steueramtsrat, MdL Nordrh.-Westf. (1975-85 u. 1989/90) - Sudetenstraße 27, 3470 Höxter 1 (T. 05271 - 3 15 84) - Geb. 7. Dez. 1940 - Vors. SPD-Unterbez. Höxter-Warburg (1971-90), Mitgl. SPD-Bezirksvorst. Ostwestf.-Lippe (1972-90), Vors. SPD-Bezirksaussch. Ostwestf.-Lippe (1989/90).

HEIN, Jürgen

Dr. phil., Prof. Univ. Münster - Landgrafenstr. 99, 5000 Köln 41 (T. 0221 - 40 14 32) - Geb. 12. Jan. 1942 Köln (Vater: Walter H., Polizeibeamter; Mutter: Emma, geb. Clemens), kath., verh. s. 1966 m. Ingrid, geb. Niederwipper, 3 Kd. (Volker, Ingolf, Veronika) - Univ. Köln (Staatsex. 1966; Promot. 1968, Habil. 1972) - 1967-69 Wiss. Assist. Univ. Köln; 1969-73 Lektor, Doz., Wiss. Rat u. Prof. Köln (PH); 1973ff. Prof. Univ. Münster. 1979ff. Mitgl. Studienreformkommiss. NRW; Vizepräs. d. Intern. Nestroy-Ges. - BV: Spiel u. Satire in d. Komödie J. Nestroys, 1970; F. Raimund, 1970; Theater u. Ges.; D. Volksstück im 19. u. 20. Jh., 1973; Dorfgesch., 1976; Dt. Anekdoten, 1976; D. Wiener Volkstheater, 1978, 2. A. 1991; J. Nestroy, Werke. Hist.-krit. Ausg. 1977ff.; Parodien d. Wiener Volkstheaters, 1986. Volksstück: V. Hanswurstspiel z. sozialen Drama d. Gegenwart, 1989; J. Nestroy, 1990.

HEIN, Manfred

Dr. rer. pol., Prof. f. Allg. Betriebswirtschaftslehre, Bank- u. Finanzw. FU Berlin - Friedrichshaller Str. 6A, 1000 Berlin 33 - Geb. 17. Jan. 1936 Berlin - Promot. 1966; Habil. 1971 - S. 1972 Prof. - BV: D. intern. Geldmarktgeschäfte westd. Banken, 1966; Struktur d. Bankwesens in Großbritannien, 4. A. 1989; ...Japan, 2. A. 1971; Einführung in d. Bankbetriebslehre, 1981.

HEIN, Manfred Peter

Schriftsteller - Karakalliontie 14.0.95, SF-02620 Espoo (Finnl.) - Geb. 25. Mai 1931 Darkehmen - BV/Ged.: Ohne Geleit, 1960; Taggefälle, 1962; Gegenzeichnung, 1974 u. 83 (Ged. 1962-82); Zwischen Winter u. Winter, 1987; Auf Harsch Palimpsest, 1988; Orte d. Verbannung, 1990; Rhabarber Rhabarber. Ged. u. Gesch., 1991; D. Kanonisierung e. Romans. Alexis Kivis Sieben Brüder 1870-1980, 1984. Herausg. v. Moderne Erzähler d. Welt: Finnland (1974); Auf d. Karte Europas ein Fleck, Ged. d. osteurop. Avantgarde (1991). Div. Übers.; Essays - 1964 Weilin & Göös-Preis; 1974 Finnischer Staatspreis; 1984 Peter-Huchel-Preis.

HEIN, Olaf

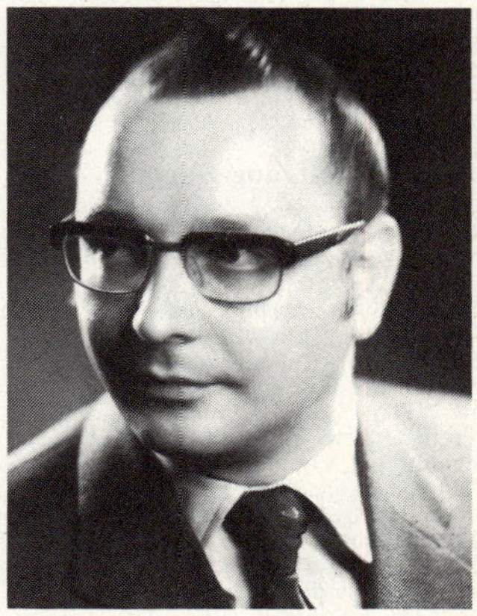

Prof., Commendatore (Comm.), Dr. phil. M. A., Acc., Privatgelehrter (Geschichte d. Naturwiss., Astronomie, Kirchengesch., Buch- u. Bibliothekswesen. Spez. Forschungsber.: Stadttopographie v. Rom, Leben u. Werk v. Athanasius Kircher S.J., ägypt. Obelisken, 17. Jh., Gesch. d. alten Ges. Jesu), Verleger, Präs. mehrerer wissenschaftl. Ges. - Postfach 2609, 6200 Wiesbaden - Geb. 3. Juni 1940 Stettin/Polen (Vater: Gerhard H., Berufs-Offiz.; Mutter: Maria, geb. Buchal (Nichte des Komponisten Hermann Buchal)), röm.-kath., led. - 1950-60 Leibniz-Gymnasium Wiesbaden; 1960-68 wissenschaftl. Stud. (Geschichte d. Naturwissensch., Astronomie, Kirchengesch., Geogr., Physik, lat. Philol., ital. Philol., Buch- u. Bibliothekswesen) Johann-Wolfgang-Goethe-Univ., Frankfurt/M., u. d. Pontificia Università Gregoriana Rom; 1979-89 Stud. Johannes Gutenberg-Univ. zu Mainz; s. 1991 Vorb. d. Habil.; s. 1960 üb. 100 Forschungsreisen n. Rom (wiss. Unters. üb. Athanasius Kircher S. J. u. d. ägypt. Obelisken), 1964 wiss. Mitarb. Bayer. Akad. d. Wiss. (NDB); 1967-77 wiss. Mitarb. Astronom. Inst. Univ. Frankfurt/M.; s. 1968 Präs. Intern. Athanasius Kircher Forschungsges., Wiesbaden-Rom; 1971-77 Generaldir. Intern. wiss. Verlagshaus Edizioni del Mondo GmbH, Wiesbaden-Rom; s. 1977 Präs. Intern. Ges. zur Erforsch. u. Restaurierung antiker Obelisken, Wiesbaden-Rom - BV: D. Lateranensische Obelisk in Rom, 1964, 2. A. 1973 (unter d. Ps. Helmut

Kastl); D. Studium d. Geschichte d. Naturwissenschaften (v. George Sarton; ins Deutsche übers., m. Comm. H. Kastl), 1965; Z. Geschichte d. Kometen-Astronomie (= Veröffentl. d. Astronom. Inst. Univ. Frankfurt) (m. Comm H. Kastl), 1967; Gli Obelischi di Roma e le loro Epigrafi (m. Kastl; lat., dt., engl. u. ital. Geleitwort: Eugenio Cardinal Tisserant), 1970; I Modelli degli Obelischi di Atanasio Kircher S. J. nel Collegio Romano (m. Rolf Mader), 1991; D. Drucker u. Verleger d. Werke d. Polyhistors Athanasius Kircher S. J. (5 Bd.). 1992; Opera Omnia Athanasii Kircheri S. J., insges. 66 Bde. geplant (m. Rolf Mader), 1972ff. Herausg. d. Schriftenreihe Studia Kircheriana (s. 1991; m. Rolf Mader) u. d. Schriftenreihe Studia Kircheriana/Scripta Minora (1991ff. m. Rolf Mader); zahlr. Veröff. in Fachztschr. u. Sammelwerken (meist m. Comm. H. Kastl, teilw. auch m. Rolf Mader) - Mitgl. Dt. Ges. f. Geschichte d. Medizin, Naturwiss. u. Techn. (s. 1960); Mitgl. Ges. Deutscher Naturforscher u. Ärzte (s. 1960); Mitgl. Astronom. Ges. (s. 1963) - 1971 Commendatore d. päpstl. Ritterord. v. Heiligen Grabe zu Jerusalem, 1971 Verdienstmed. d. Malteser-Ord. (S.M.O.M.), 1971 Cavaliere d. Ritterordens Sant'Agata Republik San Marino; 1974 Commendatore d. Verdienstord. d. Republik Italien, 1977 Mitgl. Accademia Tiberiana, Rom; versch. and. Auszeichn. f. wissenschaftl. Verdienste - Liebh.: Bücher, Briefmarken, Münzen, Reisen, Musik - Spr.: Engl., Ital., Latein - A spasso sugli Obelischi/Helmut Kastl e Olaf Hein, autori di importanti pubblicazioni scientifici (Il Tempo 21), 1972; Wiss. Film (Dt. Ferns., Hess. Rundf.), Arch.-Nr.: 31-7-73, Spektrum d. Geistes (Lit.kal.), 1978; Kürschners Dt. Gelehrten-Kalender 1992 (16. Ausg.), tom. I, p. 1319.

HEIN, Wolfgang-Hagen

Dr. rer. nat., Prof., Apotheker - Pfaffenwiese 53, 6230 Frankfurt/M. 80 - Geb. 7. Febr. 1920 Halle/S. (Vater: Otto H., Apoth.; Mutter: Jutta, geb. Frost), ev., verh. s. 1949 m. Thilde, geb. Dürrfeld, 3 Kd. (Monika, Michael, Stefan) - 1929-37 Stadtgymn. Halle; 1937-39 Hof- u. Stadtapoth. Eisenberg (Prakt.); 1939-40 u. 1943-44 Univ. München (Pharmazie). Promot. 1948 München - S. 1960 Lehrbeauftr. u. Honorarprof. (1970) Univ. Würzburg (Gesch. d. Pharmazie). 1969ff. Vors. Dt. Ges. f. Gesch. u. Pharm. - BV: D. dt. Apotheke, 2. A. 1967; D. Pharm. in d. Karikatur, 2. A. 1967; Emailmalereigläser aus dt. Apotheken, 1972; Christus als Apotheker, 1974; Dt. Apothekerbiogr. (m. H. D. Schwarz) 2 Bd., 1975 u. 1978, Ergänzungsbd. 1986; Dt. Apotheken-Fayencen (m. D. A. Wittop Koning), 1977; D. Apotheke in d. Buchmalerei (m. D. A. Wittop Koning), 1981; A. v. Humboldt u. die Pharmazie, 1988. Herausg.: Illustr. Apoth.-Kal. (1954ff.); Veröff. d. Intern. Ges. f. Gesch. d. Pharmazie (1969ff.); A. v. Humboldt. Leben u. Werk, 1985 - 1959 Schelenz-Plak., 1978 Urdang-Med. (USA), 1980 Winkler-Plak. - Liebh.: Sammlung d. Lebenserzeugn. Alexander v. Humboldts - Spr.: Engl. - Lit.: Pharmaz. Ztg. 5/1980 u. Dt. Apoth.-Ztg. 5/ 1980; Orbis Pictus, Festschr. F. H. (1985).

HEIN-BECKER, Hans

Wirtschafts- u. Wissenschaftsjournalist, Publizist, Verleger, Chefredakt. u. Herausg. v. WELT REPORT, unabhängiges Magazin f. Europa, Geschäftsf. u. Vorst. d. WELT Report Verlagsgruppe, Inhaber u. Chefredakt. d. EPA - Europ. Presse Agentur, Präs. d. Europ. Presse Club (s. 1990) - Hoheluftchaussee 125, Postf. 20 11 41, 2000 Hamburg 20 (T. 040 - 422 66 33); priv.: Heckkoppel 1, 2000 Hamburg 65 (T. 040 - 601 84 15) - Geb. 31. Jan. 1939 Halberstadt, S. Marvin Felix - Hochsch. f. Wirtschaft u. Politik (Prof. Winkler), Akad. f. Publiz., Fachber. Verlagspraxis, Presserecht, Medienkunde, Zuschauerforsch., Leseranalyse, Quellenkunde, Wiss. u. Technik in d. Publiz., Nachr.bearb., Kommunikation u. Pressearbeit d. fr.

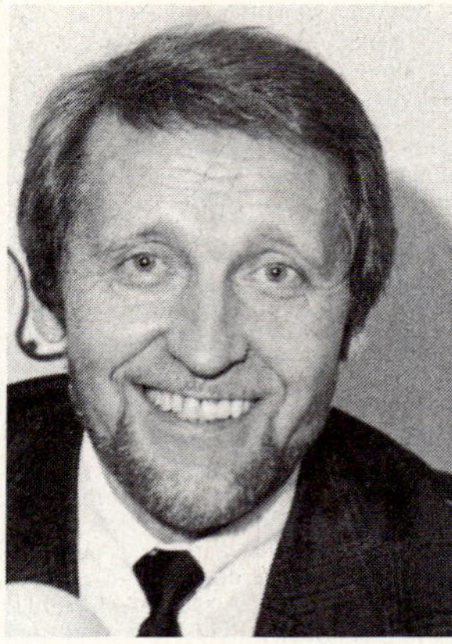

Markt-Wirtsch., Rundfunk-Interviewtechnik, Publiz. u. Kommunikationswiss. Studienaufenthalte in Frankr., Engl., Belgien, Schweiz u. Süd-Ost-Asien - Entw. v. Strategie-Konzeptionen v. Presse- u. Öffentlichkeitsarbeit f. Mittelständige u. Jung-Unternehmen; Konzeption u. Durchführung v. National- u. Intern. Pressekonfz. aller Wirtsch.bereiche - BV: Strategiekonzeption f. erfolgreiche Pressekonfz., 1974 u. 89; Erschließung d. Zukunfts-Potentials, 1986; Unternehmen auf d. Suche nach sich selbst, 1988; Maßnahmen z. Unterstützung d. Unternehmenskompetenz, 1989; Neue Pharma Orientierungspunkte d. 90 Jahre, 1989; Pharma Strategie - Konzeption f. Europa, 1990 - Präs. d. Welt Wirtschafts Club; Mitgl. Joachim Jungius-Ges. d. Wiss., Intern. Vereinigung d. Wirtschaftskonsuln, Ibero-Amerika Verein, Übersee-Club Hamburg, Intern. Presse-Inst. London, Nationaler Presse Club, Akad. f. Publiz., PEN - Club of Rome, Mittelstandsvereinigung d. CDU, Rotary Club, Intern. Advertising Assoc. IAA; 1975 Ehrung z. Gründ. e. Europäischen unabhängigen Ztschr. WELT REPORT (durch Bundespräs. a. D. Walter Scheel) - Liebh.: Auslandsreisen, Literatur, Bücher, Neue Medien.

HEINATZ, Hasso

Dipl.-Phys., Prof. f. Mathematik GH Paderborn (Fachber. Energietechnik, Soest) - Mönneker Breite 9, 4770 Soest/ W.

HEINDORF, Wolf-Eckhardt

Vorstandsvorsitzender Leipziger Wollkämmerei AG - Volbedingstr. 2, O-7024 Leipzig (T. 2 39 60) - Geb. 23. Dez. 1938, verh. - 1955 Lehre als Garnfärber; 1957-60 Stud. Ing.sch. f. Textilind. Reichenbach/Vogtl.; 1971-75 Stud. Betr.-wirtsch. TU Dresden, 1976 Dipl.

HEINDRICHS, Heinz-Albert

Prof. Univ.-GH Essen, Komponist, Lyriker, Zeichner - Auf Böhlingshof 23, 4650 Gelsenkirchen (T. 0209 - 20 31 14) - Geb. 15. Okt. 1930 Brühl, kath., verh. s. 1958 m. Dr. Ursula, geb. Wiegers, 3 Söhne (Gordian, Gereon, Sebastian) - 1957-65 Kapellm. u. Bühnenkomp. (u.a. in Essen u. Wuppertal); 1965ff. Lehrtätigk. Univ. Essen. u. Folkwang-Hochsch. Essen. Kompositionen: rd. 200 Theater-, Hörspiel- u. Filmmusiken; Chor- u. Kammermusik, Sinfonie, Funkoper, Ballett; 25 Liederzyklen (Aichinger, Eich, Celan, Sachs, Meister, Bachmann, Goll u.a.). Ged.: b. 1989 5 Gedichtbde. 1991 Siebenbuch - Ges. Ged. II: Mein Honigklavier (Musikged.), Vor d. Stille (Zeitged.), Unter d. Horizont (Augenged.), Weil es dich gibt (Liebesged.), Aus d. Rosenschlucht (Nacht- u. Traumged.), Üb. d. Lichtung (Naturged.), Weißt du das Wort (Sprachged.); 1992 Frühbuch - Ges. Ged. I: Traumschutt, In d. Kelter, Verloren d. Form, Alpha; Mundartged, Däm Nöh sin Arch - Bibel op Kölsch (1992); in Vorb.: Spätbuch - Ges. Ged. III. Herausg.: D. Zeit im Märchen (1989, m. Ursula Heindrichs); Tod u. Wandel im Märchen (1991), Märchen u. Schöpfung (1993). Aufs. z. Musiktheorie u. Musikästhetik. Bilder: No-tationen (aus Notenschr. entw. Zeichnungen), Musikaquarelle, Palimpseste; zahlr. Ausst. im In- u. Ausl. - 1954 Lindströmpreis f. Kompos., Köln; 1958 Kammermusikpreis Brüssel.

HEINE, Friedrich

Dr. med., Prof., Abteilungsdirektor - Auf dem Draun 50, 4400 Münster/W. (T. 8 14 53) - B. 1960 Privatdoz., dann apl. Prof. Univ. Münster (Inn. Med. u. Lungenkrankh.).

HEINE, Fritz (Friedrich)

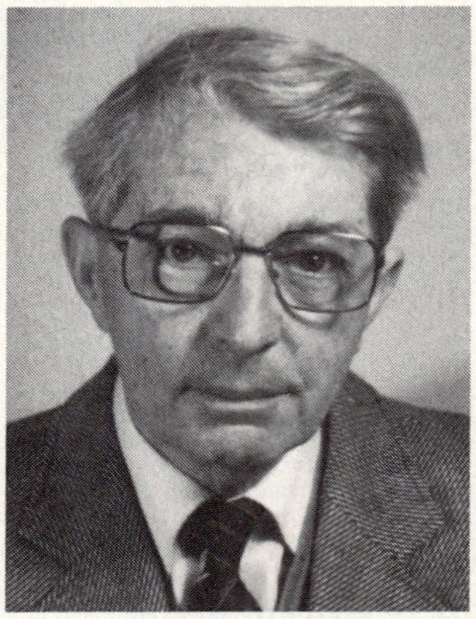

Geschäftsführer - 5358 Bad Münstereifel-Scheuren - Geb. 6. Dez. 1904 Hannover (Vater: Friedrich H., Orgelbauer; Mutter: Luise, geb. Stock), verh. -Volkssch.; kaufm. Lehre; HH - 1923-25 Angest. Bank - Versicherungs- u. Werbewesen, dann Sekr. Vorstand SPD, 1933-45 emigr. Parteivorstand Prag, Paris (1938, dort als Vorst.-Mitgl. kooptiert) u. London (1941), 1946-57 Mitgl. gf. Parteivorstand u. Pressechef SPD, 1958-74 Geschäftsf. Konzentration GmbH, Bonn, Vorst. Fr.Ebert-Stiftg. Div. Publ., dar. Kurt Schumacher (1970). SPD s. 1922 - 1987 Ausz. v. Yad Vachem, Gerechter d. Völker, Wenzel-Jaksch-Preis, Gr. BVK - Liebh.: Stahlstichsamml. - Spr.: Engl., Franz.

HEINE, Karl-Heinrich

Dipl.-Kfm. - Guntherstr. 2, 7500 Karlsruhe 21 - Geb. 17. März 1906 Halberstadt (Vater: Felix H., Kfm.; Mutter: Helene, geb. Koller), verh. s. 1943 m. Eva, geb. Hildenbrandt, 4 Kd. (Christian, Wolfgang, Thomas, Bettina) - Univ. Leipzig u. Köln, Dipl.Kfm. Leipzig 1929 - Gründer d. Großversandhauses Heinrich Heine Karlsruhe (1951-76) - 1961-65 Kanzler Ambassador Club Dtschl. BV: Damals in Halberstadt, Chronik 1981 - 1972 BVK a. Bde. - Liebh.: Gläsersammi. (ausgest. im Bad. Landesmuseum Karlsruhe) - Spr.: Engl., Franz. - Bek.Vorf.: Großvater (Reichstagsabg.).

HEINE, Willi

Dr. med. vet., Prof., Direktor u. Geschäftsf. Zentralinst. f. Versuchstierzucht, Hannover - Hermann-Ehlers Allee 57, 3000 Hannover 91 - Geb. 6. März 1930 Hannover (Vater: Dipl.-Landw. Otto H.; Mutter: Herta, geb. Koch), ev., verh. s. 1959 m. Ursula, geb. Borges, 3 Kd. (Ulrike, Utz, Elke) - Obersch. Delitsch/Sa., Dt. Obersch. Riga/Lettl., Karl-Marx-Sch. Bernburg/S.; Tierärztl. Hochsch. Hannover. Staatsex. u. Approbat. 1958; Promot. 1959; Habil. 1970 (alles Hannover) - S. 1959 ob. Einricht./ DFG (1971 Dir. u. Gf.). 1970ff. Privatdoz. u. apl. (1976) TiHo Hannover (Versuchstierkd.) - BV: Gnotobiotechnik, 1968. Div. Einzelarb. - Liebh.: Geogr., Ethnol., Fotogr., Filmen - Spr.: Engl.

HEINEBERG, Heinz

Dr. rer. nat., o. Prof. f. Geographie u. Institutsdir. Univ. Münster - Wiedehagen 95, 4400 Münster/W.

HEINECKER, Rolf

Dr. med., Prof., Chefarzt a. D. - Max-Planck-Str. 20, 3500 Kassel-W'höhe (T. 3 78 93) - Geb. 26. März 1922 Kreuzburg/ OS., verh. s. 1953 m. Christel, geb. Stoek, 2 Kd. (Volkmar, Carsten) - Oberrealsch. Marne/Holst.; Stud. Univ. Jena u. Marburg (Staatsex. u. Promot. 1949) - Strahleninst. Univ. Marburg, Konitzky-Stift (Städt. Krkhs.) Bad Nauheim; 1952-63 Med. Univ.klinik I Frankfurt/M.; s. 1964 Honorarprof. Univ. Marburg, 1964-87 Chefarzt II. Med. Klinik Städt. Kliniken Kassel - BV: EKG in Praxis u. Klinik, 13. A. 1992 (auch ital., jap., span.); EKG-Quiz, 2. A. 1975 - 1974 E.-v.-Bergmann-Plak. - Spr.: Engl.

HEINEKE, Richard

Dr., Vorstandsmitglied Nordfleisch AG., Hamburg - Ulzburger Landstr. 479, 2085 Quickborn - Geb. 24. Juni 1929.

HEINELT, Gottfried

Dr. phil., Dipl.-Psych., Prof. f. Psychologie Päd. Hochsch. Freiburg, Lehrbeauftr. Univ. Freiburg - Rosenweg 3, 7801 Oberried (T. 44 06) - Geb. 17. Juni 1923 Jauernick - S. 1962 Doz. u. Prof. (1966) PH Freiburg, Lehrbeauftr. Hochsch. f. Politik München - BV: Kreative Lehrer - kreative Schüler, 1974; Umgang mit aggress. Schülern, 1978; Einführung i. d. Psychologie d. Jugendalters, 1982; Einführ. in d. Pädagog. Psychologie, 1983.

HEINEMANN, Albert

Rechtsanwalt u. Notar, Mitglied d. Landtages Niedersachsen - Appelweg 14, 3101 Wienhausen (T. 05149 - 4 17) - Geb. 15. Dez. 1938 ev., verh., 2 Kd. - Stud. Rechtswiss. - AR Volksbank EG Wathlingen; Gemeinde- u. Samtgemeinderatsmitgl.

HEINEMANN, Erich

Direktor Allg. Ortskrankenkasse Marienburg, Hildesheim - Am Neuen Teiche 69, 3200 Hildesheim (T. 05121 - 2 42 44) - Geb. 23. Jan. 1929 Hildesheim, ev., verh. s. 1954 m. Anni Werk, S. Thomas - Verw.-Prüf. f. d. geh. Dienst 1957 - Vorst. wiss. Karl-May-Ges. - BV: Verrat am Apachenpaß, 1974 (Übers. Dän. 1975, Schwed. 1977); Noch 1000 Meilen b. Nevada, 1977; Üb. Karl May, 1980; Da kam e. stolzer Reiter, 1981; Jahre zw. gestern u. morgen, 1983; Im alten Hochstift. Wege u. Stätten im Hildesh. Land, 1987; Für Kaiser u. Vaterland, Hildesheim im Ersten Weltkrieg, 1989; Hist. Marktplatz Hildesheim, 1990; Dichtung als Wunscherfüllung, Samml. üb. Karl May, 1992 (Übers. Engl. u. Franz.) - Liebh.: Lit., Gesch. - Spr.: Engl. - Bek. Vorf.: Hans Ferd. Maßmann (1797-1874), Schriftst. (Urgroßonkel) - Lit.: Kürschners Dt. Literatur-Kal. (s. 1967); Lexikon d. Jugendschriftst. in dt. Sprache (1968); Niedersliterarisch (1977 u. 81).

HEINEMANN, Günther

Geschäftsführer Fa. Heinemann & Co. GmbH & Co. KG, Neuss - Hagebuttenweg 12, 4040 Neuss 1 (T. 15 04 71; Büro: 2 81 16).

HEINEMANN, Hans

Dipl.-Ing., Vorstandsmitglied Gebr. Heinemann AG., St. Georgen - Klosterbergstr. 33, 7742 St. Georgen/ Schwarzw. - Geb. 30. Sept. 1923.

HEINEMANN, Hans-Joachim

Dr. oec. publ., Prof. f. Volkswirtschaftslehre Univ. Hannover - Arnswaldtstr. 23, 3000 Hannover 1.

HEINEMANN, Heribert

Dr. iur. can., Prof. f. Kath. Kirchenrecht - Kollegstr. 10, 4630 Bochum 1 - Geb. 21. Dez. 1925 Euskirchen - Promot. 1960 - S. 1965 Prof. Bischöfl. Priestersem. Essen u. Univ. Bochum (1969). Domkapitular, Generalvikar in Essen. Bücher u. Aufs.

HEINEMANN, Hermann

Minister f. Arbeit, Gesundheit u. Soziales d. Landes Nordrh.-Westf., Mitgl. Fernsehrat ZDF, Mainz, u. a. - Horionplatz 1, 4000 Düsseldorf - Geb. 24. Juni 1928 - AR-Mitgl. u. Präsid.-Mitgl. co op Dortmund-Kassel Konsumges. eG, Dortmund; AR-Mitgl. Preussag Anthrazit GmbH, Ibbenbüren.

HEINEMANN, Klaus

Dr. rer. pol., Prof. f. Soziologie - Allende Platz 1, 2000 Hamburg - Geb. 15. Okt. 1937 Hamburg - Promot. 1965; Habil. 1968 - S. 1970 Ord. Univ. Trier, 1981 Univ. Hamburg - BV: Externe Effekte d. Produktion u. ihre Bedeutung f. d. Wirtschaftspolitik, 1966; Grundzüge e. Soziol. d. Geldes, 1969; Polit. Ökonomie heute, 1974; Arbeitslose Jugendl. - Ursachen u. individuelle Bewältigung e. soz. Problems, empir. Unters., 1978; Einf. in d. Soziol. d. Sports, 1979; Arbeitslose Frauen im Spannungsfeld v. Erwerbstätigk. u. Hausfrauenrolle, 1980; Texte z. Ökonomie d. Sports, 1984; Berufsfeld Sport, 1987; Betriebswirtschaftl. Grundlagen d. Sportvereins, 1987; Akademikerarbeitslosigkeit - neue Formen d. Erwerbstätigkeit, 1989; Kommerzielle Sportanbieter, 1990; Elemente einer Finanzsoziologie freiwilliger Vereinigungen, 1991. Div. Einzelarb.

HEINEMANN, Manfred

Dr. med., Prof., Hals-Nasen-Ohrenarzt, Phoniater u. Pädandiologe - Langenbeckstr. 1, 6500 Mainz - Geb. 10. Aug. 1938 Magdeburg (Vater: Richard H., Kaufm. Angest.; Mutter: Alwine, geb. Peters), ev., verh. s. 1964 m. Christiane, geb. Viaud, S. Christoph - Humboldt-Univ. Berlin u. Med. Akad. Magdeburg. Habil. Leipzig - 1972-76 Abt.leit. Univ. Leipzig (HNOklin.); 1978-85 Wiss. Rat u. Prof. TH Aachen/Med. Fak. (Lehrgeb. Phoniatrie); s. 1985 Dir. d. Klinik f. Kommunikationsstörungen d. Johannes Gutenberg Univ., Mainz. Präs. Dt. Ges. f. Phoniatrie u. Pädaudiologie - BV: Hormone u. Stimme, 1976. Herausg.: Subjetive Audiometrie b. Kindern u. akustisch evozierte Potentiale (1990). Ca. 100 wiss. Veröff.

HEINEMANN, Manfred

Dr. phil., Prof. f. Allg. Erziehungswiss. Univ. Hannover - Grenzstr. 20, 3000 Hannover 61 - Geb. 27. März 1943 Lippstadt, verh. s. 1968 - S. 1962 Stud. Gesch., German., Erzieh.- u. Sozialwiss. Univ. Münster, Hamburg u. Bochum (Promot. 1971) - 1971-79 Wiss. Assist. Sekt. Sozialpsych. u. Sozialanthropol. Ruhr-Univ. Bochum; s. 1979 Prof. in Hannover. 1980-89 Vors. Hist. Kommiss. Dt. Ges. f. Erzieh.wiss.; 1979 ständ. Mitgl. Committee Intern. Standing Conference for the History of Education - BV: Schule im Vorfeld d. Verw., 1974; Landschulreform als Ges.initiative, (m. W. Rüter) 1975. Herausg.: Sozialisat. u. Bildungswesen in d. Weimarer Rep. (1976); D. Lehrer u. s. Org. (1977); D. hist. Päd. in Europa u. d. USA (1979); Erzieh. u. Schul. im Dritten Reich (1980); Umerzieh. u. Wiederaufbau (1981); Hochschuloffiziere u. Wiederaufbau d. Hochschulwesens in Westdtschl. 1945-52 (1990); Nordwestd. Hochschulkonferenzen 1945-48 (1990) - 1982 Med. Univ. Budapest - Spr.: Engl.

HEINEMANN, Rudolf

Prof., Domkapellmeister a. D., Ord. f. Kath. Kirchenmusik u. Orgel Hochsch. d. Künste Berlin (s. 1972) - Bamberger Str. 5, 1000 Berlin 30 - Zul. Leit. Bischöfl. Kirchenmusiksch. Domkapellmeister Trier.

HEINEMEYER, Walter

Dr. phil., Prof. f. Histor. Hilfswissenschaften u. Archivwiss. - Gerichtsweg 14, 3550 Marburg/L. (T. 28 45 65) - Geb. 5. Aug. 1912 Eimelrod/Waldeck - 1942 Staatsarchivrat Potsdam; 1960 Hon.-Prof., 1963 ao., 1966 o. Prof. Univ. Marburg (Dir. Inst. f. Mittelalterl. Gesch. u. F. Inst. Lichtbildarchiv älterer Or.Urk.) - BV: u. a. Polit. Archiv d. Landgrafen Philipp d. Gr. v. Hessen, 2 Bde. 1954/59; Studien u. Gesch. d. Got. Urkundenschr., 1962; Chronica Fuldensis, 1976. Herausg.: Archiv f. Diplomatik (1964ff.) - 1989 Goethe-Plak.; Gr. BVK.

HEINEN, Edmund

Dr. rer. oec., Dr. h. c. mult., Dipl.-Kfm., o. Prof. f. Betriebswirtschaftslehre - Rosmarinstr. 7, 8000 München 45 (T. 32 51 37) - Geb. 18. Mai 1919 Eschringen/Saar, kath., verh. s. 1946 m. Thea, geb. Langenbahn, 1 Kd. - TH Aachen u. Danzig, Univ. Minnesota, Frankfurt (Dipl. 1948) u. Saarbrücken (Promot. 1949). Habil. 1951 Saarbrücken - 1951 Privatdoz. Univ. Saarbrücken, 1954 ao. Prof., 1957 o. Prof. Univ. München, 1968 Honorarprof. Univ. Innsbruck; Ehrenpromot.: Innsbruck 1974, Zürich 1977, München (BW) 1985, George A. Miller Disting. Prof. of Accountancy, Illinois/USA 1977. Diverse Fachmitgliedschaften - BV: Die Kosten, ihr Begriff und ihr Wesen, 1956; Anpassungsprozesse u. ihre kostenmäß. Konsequenzen, 1957; Steuern u. Unternehmungspolitik, 1958 (Festschr.); Handelsbilanzen, 12. A. 1986; Betriebsw. Kostenlehre, 6. A. 1983 (übers. in 4 Spr.); D. Zielsystem d. Unternehmung, 3. A. 1976; D. Kapital in d. betriebsw. Kostentheorie, 1966; Betriebsw.lehre heute, 1966; Einf. in d. Betriebsw.lehre, 9. A. 1985 (auch jap.); Industriebetriebslehre - Entscheidungen im Industriebetrieb, 9. A. 1991; Grundfr. d. entscheidungsorientierten Betriebsw.-lehre, 1966; Betriebsw. Führungslehre, 2. A. 1984; Unternehmenskultur, 1987 - 1979 BVK - Liebh.: Reisen, Garten, Schach, Briefmarken - Spr.: Franz., Engl.

HEINEN, Ernst

Dr. phil., o. Prof. f. Geschichte, bes. Neuere Gesch., Didaktik d. Gesch. u. Polit. Bildung Univ. Köln, Erz. Wiss. Fak. - Dachsweg 62, 5000 Köln 40 - Geb. 4. Sept. 1933 Mülheim/Köln (Vater: Peter H., Handwerker; Mutter: Johanna, geb. Seidel), kath., verh. s. 1959 m. Marietheres, geb. Becker, T. Ursula - Gymn. Deutz; PA (1954-56) u. Univ. Köln (1957-62; Gesch., Lat., Philos., Phil.). Promot. 1962 - 1956-63 Schuldst. Köln; 1963-64 PH Neuss (Assist.); 1964-71 PH Westf.-Lippe/Abt. Siegerl. (1969 Wiss. Rat u. Prof.); 1971-80 PH Rhld., Abt. Köln (o. Prof.) - BV: u. a. Zeitgesch. in d. Schule, 1966; Staatl. Macht u. Katholizism. in Dtschl., 2 Bde. 1970/79 - Spr.: Engl., Franz.

HEINEN, Gert

Dr. med. (habil.), Prof., Ltd. Oberarzt Univ.s-Frauenklinik Homburg - Hibergstr. 75, 6601 Riegelsberg/S. - B. 1968 Privatdoz., dann apl. Prof. Univ. d. Saarl. (Geburtshilfe u. Gynäk.).

HEINEN, Heinz

Dr. phil., Prof. f. Alte Geschichte - In der Pforte 11, 5500 Trier/Mosel - Geb. 14. Sept. 1941 St. Vith (Belg.) - Promot. 1966; Habil. 1970 - 1970 Privatdoz. Univ. München; 1970 Wiss. Rat u. Prof. Univ. Saarbrücken; 1971 o. Prof. Univ. Trier. Bücher u. Einzelarb. - BV: u.a. Trier u. d. Trevererland in Römischer Zeit, 1985.

HEINEN, Norbert

Dr. jur., Vorstandsmitglied Provinzial-Versicherungsanst., Düsseldorf (s. 1985) - Rheinstr. 41, 5430 Montabaur (T. 02602 - 27 00) - Geb. 28. Nov. 1936 Betzdorf/Sieg (Vater: Dr. Heinrich H., RA u. Notar, Justizrat; Mutter: Berta, geb. Peerenboom), kath., verh. s. 1964 m. Jutta, geb. Janson, 3 Kd. (Guido, Judith, Nicolaus) - Abit. 1956; 1956-60 Stud. Rechts- u. Staatswiss., jur. Staatsprüf. 1960 u. 1965, Promot. 1968 - 1965-69 Dezern. Bez.-Reg. u. Kreisverw. Montabaur; 1969-70 Leit. Büro d. Minister-präs. Rhld.-Pfalz; 1970-74 Landrat Unterwesterwaldkr.; 1974-84 Landrat Westerwaldkr. - Liebh.: Zeitgesch., Kultur, Wandern - Spr.: Engl.

HEINER, Walter

Dipl.-Kfm., Geschäftsführer Gemeinschaftskraftwerk Hannover-Braunschweig GmbH., Hannover - Hopfengarten 8, 3301 Schapen - Geb. 2. Juni 1910.

HEINER, Wolfgang A.

Evangelist, Schriftsteller (Ps. -Heiw.-) - Postf. 1180, 3432 Großalmerode (T. 05604 - 50 66) - Geb. 16. Juli 1933 Saalburg/S. (Vater: Erich H.; Drogist; Mutter: Gertrud, geb. Koch), ev., verh. s. 1963 m. Christel, geb. Dahlke, 3 S. (Tobias, Carsten, Jons-Daniel) - 1953 Konditor-Lehre; Prediger-Ausb. (ordiniert 1959) - Gründ. u. Leit. Missionswerk Frohe Botschaft - BV: 25 Bücher, u.a. Warum unbedingt Jesus? 10. A. (Übers. franz. u. engl.); Tom, d. Zettelschneider, 11. A.; Bekannte Lieder, 3. A.; Hörspiel-Cass. (üb. 40); Schallpl., Unterrichtsmaterial - Komp. mehrerer Lieder - Liebh.: Musik, Schreiben, Regie - Spr.: Engl.

HEINERTH, Klaus

Dr., Dipl.-Psych., Prof. - Gerolsbacher Str. 100, 8898 Schrobenhausen - Geb. 31. Dez. 1940 Düsseldorf (Vater: Dr. Erich H., Chem.; Mutter: Helga, geb. v. Wolf), verh. m. Dr. Reni, geb. Heldrich, 4 Kd. (Penelope, Oliver, Michael, Moritz) - Univ.-Prof. München, Psychotherapeut u. Lehrtherapeut. Veröff. bes. z. Klin. Psych.

HEINHOLD, Josef

Dr. rer. nat., o. Prof. f. Angew. Mathematik u. math. Statistik - Römerstr. 49, 8035 Gauting/Obb. (T. München 850 34 43) - Geb. 4. Juli 1912 Düsseldorf (Eltern: Aloys (Angest.) u. Katharina H.), kath., verh. s. 1940 m. Renate, geb. Dubenkropp, 2 Kd. (Barbara, Michael) - Neues Realgymn., Univ. u. TH München - Assist., 1941 Privatdoz.; 1946 apl., 1950 ao., 1955 o. Prof. TH München (Vorst. Inst. f. Angew. Math.) - BV: Theorie u. Anwendung d. Funktionen e. komplexen Veränderl., Bd. I 1948; Mitverf.: Fachbegriffe d. Programmierungstechnik, 1962; Moderne Rechenanlagen, 1962; Ingenieur-Statistik, 1964, 4. A. 1979; Analogrechnen, 1969; Lineare Algebra u. Analyt. Geometrie, 2 Bde, 1971/72, Aufgaben u. Lösungen dazu, 2 Bde. 1970/71; Zufall u. Gesetz, 1974; Grundzüge d. Linearalgebra, 1974; Grundzüge d. O. R., 1976; Höhere Mathematik I-IV, 1976; álgebra lineal y geometria analitica, 1981; 1983 BVK I. Kl.; 1985 Hon.member of the Intern. Ass. for Mathematics and Computers in Simulation - Liebh.: Kammermusik, Bergsteigen, Basteln - Spr.: Engl., Franz. - Rotarier.

HEINICKE, Arndt

Dr. rer. oec., Steuerberater, Vorst.mitgl. a.D. Dunlop AG., Hanau/M. - Finkenweg 7, 6368 Bad Vilbel (T. 06101 - 8 60 36) - Geb. 3. April 1921 Riesa/Elbe, ev. verh. s. 1942 m. Ursula, geb. Jech, S. Arndt-Jürgen - Abit., Facharzt, Urologe, 1941-48 Univ. u. Handelshochsch. Leipzig (m. Unterbr.), Dipl. Betriebsw., Promot. - 1949 Wiss. Assist., 1950 Ref. Finanzbehörde, 1951 Wirtschaftsprüfungsges., s. 1951 Steuerber., s. 1965 Vorstandsmitgl. s.o. Beiratsmitgl. Gerling-Konzern, Köln - Spr.: Engl.

HEINIG, Günter

Musikdirektor u. Musikalischer Oberleiter am Winterstein-Theater Annaberg (s. 1990) - Am Hirschberg 20, 6600 Greiz (T. 09793 - 26 19) - Geb. 10. Febr. 1933 Chemnitz, ev., verh. s. 1961 m. Barbara, geb. Gust (Dipl. phil.), 2 Kd. (Constanze, Tobias) - Hochsch. f. Musik Leipzig (Staatsex.) - Solorepetitor u. Kapellmeister, Weimar (DNT); Kapellm. u. Studienleit. Opernhaus Leipzig, Rostock; 1. Kapellm. in Gera; Musikdir. d. Sinfonieorch., Greiz; u.a. Orch. u. Bühnen. Hochschultätigk. Leipzig u. Weimar - Einstudierungen u. Dirigate v. Opern, Operetten, Musicals, Dirigate d. hauptsächl. Sinfonischen Werke; Gastdirig. in Polen, d. UdSSR, Rumänien, Tschechosl.; Klavierabende, Kammermusikspiel, Liedbegleitungen im Inland - 1976 Kunstpreis; 1982 Med. 1300 Jahre Bulgarien - Liebh.: Kunstgesch. - Engl., Engl., Russ.

HEINIG, Peter

Em. Univ.-Prof., Erziehungswiss. Fak. d. Univ. Köln, Sem. f. Bild. Kunst u. ihre Didaktik - Steinkampberg 17, 2304 Laboe (T. 04343 - 87 34) - Geb. 19. Nov. 1924 - BV: Didakt. Grundrisse, Kunstunterricht, 3. A. 1981; Spielobjekte im Kunstunterricht, 1973; Repetitorium Fachdidaktik Kunst, 1983. 25 Ausst.beteilig., 8 Einzelausst. v. Grafik, Malerei, Plastik, Fotografie, Video. Aufs. z. Kunstdidaktik u. Kunstwiss.

HEINIKEL, Rosemarie

Produzentin - Wohn. in München - Geb. 4. Juni 1946 - Arzthelferinnen-Dipl.; priv. Schauspielausb. b. H. P. Cloos - Tätigk. als Schausp., Regiss., Sängerin, Schriftst., Komp., Journ., Verlegerin u. Produz. - BV: Rosy Rosy, 1971; Ulysses box d. Kerle raus, 1979; D. hungrige Wolf, 1983 - Spr.: Engl.

HEININGER, Heinz

I. Bürgermeister Stadt Dingolfing (s. 1960) - Rathaus, 8312 Dingolfing/Ndb. - Geb. 29. Okt. 1923 Unterreichenstein - Zul. Verwaltungsangest. SPD.

HEINKE, Ernst

Dr. med., Dr. med. dent., Prof., Dermatologe - Mainzer Str. 117, 5400 Koblenz (T. 3 13 42) - Geb. 3. Jan. 1912 - S. 1952 (Habil.) Privatdoz. u. apl. Prof. (1958) Univ. Gießen.

HEINKE, Siegfried

Dr. jur., Landesminister a. D., Honorarprof. TH Hannover - Müdener Weg 43, 3000 Hannover-Kleefeld (T. 55 25 94) - Geb. 21. Okt. 1910 Sachsenburg/Sa., ev., verh. (Ehefr.: Eva), 2 Kd. (Johanna, Klaus-Ulrich) - U. a. Kreiskämmerer Flensburg u. Pinneberg, 1955-62 Stadtkämmerer Remscheid u. Hannover, 1962-70 Staatssekr. Nieders. Finanzmin., 1970-75 Nds. Finanzmin. AR-Mandate; 1975-86 Präs. d. DRK, Landesverb. Nds.; s. 1979 Bundesschatzm. d. DRK - Liebh.: Musik (bes. Gesang) - Rotarier.

HEINLE, Erwin

Dipl.-Ing., Prof., Freier Architekt, Gesellsch. d. Sozietät Heinle, Wischer u. Partner, fr. Architekten, u. Gesellsch. Heinle, Wischer u. Partner Planungsges. m.b.H.; o. em. Prof. Staatl. Akad. d. bildenden Künste Stuttgart, Lehrstuhl f. Architektur (1965-81) - Schottstr. 110, 7000 Stuttgart 1 (T. 29 41 45; Büro: 28 02 91) - Geb. 5. April 1917 Vaihingen/Fildern (Vater: Paul H., Bauunternehmer; Mutter: Karoline, geb. Stäbler), ev., verh. s. 1945 m. Gisela, geb. Bruckhausen, 3 Kd. (Gudrun, Eva, Thomas) - 1946-49 TH Stuttgart (Dipl.-Hauptprüf. 1949) - 1950-54 Ass. u. fr. Mitarb. bei Prof. Wilhelm, Stgt. (Leiter des Büros); 1954-56 künstl., techn. u. geschäftl. Oberleitg. Fernsehturm Stgt. (Bonatz-Preis); 1956-58 Planung Kollegiengeb. I TH Stgt. als fr. Mitarb. v. Prof. Gutbier/Siegel/Wilhelm, Stgt. (Bonatz-Pr.); 1958-61 Entw., Planung, Ausf. Landtagsgeb. Baden-Württ., Stgt. (Bonatz-Pr.); Planung u. Ausf. Päd. Hochsch. u. Staatl. Sportsch. Ludwigsburg u. Dt. Krebsforschungszentrum Heidelberg. 1962 Bürogem. m. Prof. Robert Wischer, Stgt. - U. a. Fernsehtürme Mannheim, Nürnberg, Köln u. zahlr. Fernmeldetürme; ICI-Nylonfaserwerk Östringen; Olymp. Dorf, München; Zentrale Hochschulsportanl. München; Kulturzentr. Ludwigsburg; IBM-Verwaltungsgeb. m. Rechenzentrum, Ffm.; Wasserwerk Langenau u. Leipheim; Hochsch. d. Bundeswehr München in Neubiberg; Stadthaus Bonn; Intern. Bachakad., Stuttgart; Bundespostmin., Bonn; Textilforschungsinst. Denkendorf/Württ.; Min. f. Post- u. Fernmeldewesen, Bonn - BV: Bauen in Sichtbeton, 1966; Türme (m. Prof. Dr.-Ing. F. Leonhardt), 1988. Zahlr. Veröff.

in Fachzeitschr. - Bonatz-Preis; 1987 BVK I. Kl. - Liebh.: Tennis, Ski - Spr.: Engl., Franz. - Rotarier.

HEINLEIN, Leo

Dr. rer. pol., Geschäftsführer i.R. Joh. A. Benckiser GmbH., Ludwigshafen - Am Michelsgrund 22, 6940 Weinheim/Bergstr. - Geb. 6. Dez. 1925 - 1984 Ruhestand.

HEINLEIN, Ursula

Kaufm. Angestellte, MdL Nieders. (s. 1978) - Horster Weg 11, 2116 Hanstedt (T. 04184-78 55) - SPD.

HEINLEIN, Walter

Dr.-Ing., Prof. f. Elektrotechnik (Optische Nachrichtentechnik) Univ. Kaiserslautern - Spinozastr. Nr. 20, 6750 Kaiserslautern (T. 0631 - 2 32 50) - Geb. 31 Dez. 1930 Remscheid, ev., verh. m. Ursula, geb. Engelke, 2 Kd. - TH Stuttgart, Dipl.-Ing. 1955, Dr.-Ing. 1958 - Gutachter versch. Tagungen u. Industrietätigk. 1957-75 - 40 Patente (z. T. m. Miterfindern) - BV: Active Filters for Integrated Circuits, 1974 (m. W. H. Holmes); Grundlagen d. faseroptischen Übertragunstechnik, 1985 - NTG-VDE-Preis 1962 - Liebh.: Musik - Spr.: Engl., Franz.

HEINLOTH, Klaus

Dr. rer. nat., Prof. f. Experimentalphysik Univ. Bonn (apl.; s. 1975) - Friesenstr. 143, 5357 Swisttal-Odendorf.

HEINOLD, Wolfgang Ehrhardt

Personal- u. Unternehmensberater. Verleger - Eulenhof, 2351 Hardebek (T. 04324 - 5 02) - Geb. 17. Juli 1930 Neuhausen/Erzgeb. - 1949-51 Buchhändlerlehre - 1961-67 Geschäftst. Marion-v.-Schröder-Verlag GmbH; s. 1968 selbst. Mitgl. Bundesverb. Dt. Unternehmensberater/BDU - BV: Handb. d. Buchhandels, Bd. 2: D. Verlagsbuchhandel. 1975; Sachsen wie es lacht, 1968; Sachsen - Erzähltes u. Erinnertes, 1975; Holzspielzeug aus aller Welt, 1982; Erfolgreich durch method. Arbeiten, 1987; Bücher u. Büchermacher, 1987; Bücher u. Buchhändler, 1988; Erfolgreich durch strat. Marketing, 1989; Erfolgreich durch strat. Denken u. Handeln, 1989; Erfolgreich durch gezieltes Innovationsmanagement, 1989; Erfolgreich durch professionelles Informationsmanagement, 1990; Erfolgreich durch bewußtes Chancenmanagement, 1990 - Liebh.: Sammelt Veröff. üb. d. Verlagswesen, Saxonica u. Dresdensia, Holzspielzeug u. Volkskunst aus d. Erzgeb.

HEINRICH, Dieter

Vorsitzender Landesverb. d. Verleger u. Buchhändler Saar - Zu erreichen üb.: Bock & Seip, Postf. 41, 6600 Saarbrücken.

HEINRICH, Franz-Josef

Prof., Schriftsteller - Küffelstr. 6, A-4033 Linz - Geb. 15. Juli 1930 Linz, verh. s. 1957 (Ehefr.: Elisabeth), 3 Kd. (Thomas, Wolfgang, Katharina) - Gymn. f. Berufst., 3 J. Sommerakad. Salzburg - Angest.; Lyriker, Dramatiker, Epiker. 1979-81 Generalsekr. PEN-Club, Sektion f. Oberösterreich - BV: 5 Gedichtbde., 8 Theaterst., 4 Novellenbde., 2 Romane (Ged. u. Nov. übers. ins Slowak., Kroatische u. Russ.) - 1964 Lyrikpr. Land Oberösterr.; 1976 Dramenpr.; 1977 Buchpr. österr. Unterrichtsmin.; 1978 Kulturwürdigungspr. Land Oberösterr.; 1981 Prof.-Titel Österr.; Ehrenmitgl. Akad. d. Künste Parma - Liebh.: Astronomie.

HEINRICH, Fritz

Dr. med., Internist, Prof. Univ. Heidelberg, Chefarzt Bruchsal - Krankenhaus, 7520 Bruchsal - Geb. 21. Nov. 1931 Böhm. Kamnitz (Vater: Friedrich H., Lehrer; Mutter: Hildegard, geb. Venus), kath., verh. s. 1961 m. Dietlind, geb. Hartmann, 3 Kd. (Ulrike, Gudrun, Volkhart) - Stud. d. Med. Univ. Frankfurt/M. - 1991 Ernst-von-Bergmann-Plakette.

HEINRICH, Gerd

Dr. phil., o. Prof. f. Histor. Landeskunde FU Berlin (s. 1980) - Frohnauer Str. 39, 1000 Berlin 28 (T. 404 39 26) - Geb. 30. Mai 1931 Berlin (Vater: Gerhard H., Berufs- u. Handelsschuldir.; Mutter: Cläre, geb. Bürgel), ev., verh. I) 1955 m. Gerda, geb. Krause, II) 1971 Felicitas, geb. Jäger, 2 Kd. (Lutz-Gebhard, Gerhild-Dorothee) - 1949-59 Humboldt- u. Freie Univ. Berlin (Gesch., German., Phil.). Promot. 1959 - 1960-68 Histor. Kommiss. zu Berlin. Zahlr. Fachmitgliedsch. - BV: D. Grafen v. Arnstein, 1961; Acta Borussica, Behördenorg., Bd. 16, 1970-81 (m. P. Baumgart); Handb. d. Histor. Stätten Deutschlands, Berlin-Brandenburg u. Neumark, 1985; Gesch. Preußens, 1981/84; Aufs. z. brandenburg.-preuß. Gesch., Sozialgesch. u. Landeskd.; K.L.v. Prittwitz, Berlin 1848, 1985; Staatsdienst u. Rittergut. D. Geschichte d. Herren v. Dewitz, 1990. Mithrsg.: Histor. Handatlas v. Brandenburg u. Berlin (1965-80) - Liebh.: Lit., Kunst.

HEINRICH, Gerhard

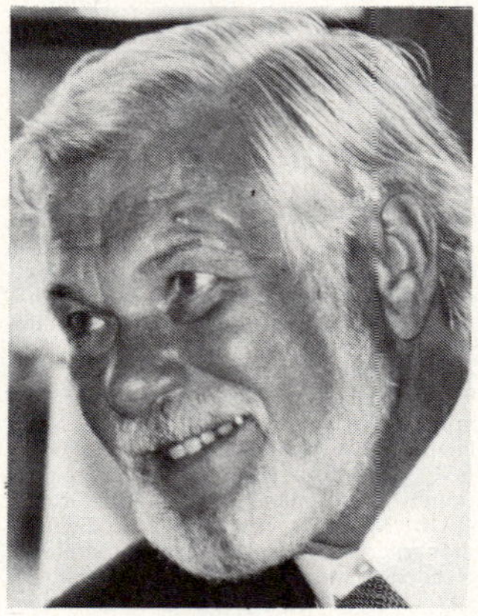

Dr. med., Prof. f. Chirurgie, Chefarzt i. R. - Prof.-Kurt-Huber-Str. 44b, 8032 Gräfelfing - Geb. 1. Febr. 1914 Lissa (Vater: Paul H., Oberstadtinsp.; Mutter: Auguste, geb. Kurpisch), ev., verh. s. 1949 m. Dr. Irmtraut, geb. Paschke, 2 Söhne (Christian, Wolf-Dieter) - Oberrealsch. Glogau; Univ. München (Med.). Promot. 1939 München; Habil. 1957 Würzburg - 1948-50 ärztl. Tätigk. Privatklinik Dr. Wahlig, Aschaffenburg, Karl-Olga-Krkhs., Stuttgart (1951), Chir. Univ.klinik Würzburg (1952 Prof. Wachsmuth; 1957 Privatdoz., 1964 apl. Prof.), 1961-76 Chefarzt Chir. Abt. Ev. Krankenh. Gelsenkirchen - 57 Veröff. - 1954 Diplom Prêmio do Primeiro Quinquênio Rio de Janeiro (Brasil.); 1965 Gold. Sportabz. - Liebh.: Aquarellmalerei, Mineralogie, Bergbau-Archäol. (16 Veröff.) - Spr.: Engl., Franz.

HEINRICH, Hellmuth C.

Dr. med., Prof., Direktor Abt. f. Med. Biochemie/Inst. f. Physiol. Chemie Univ. Hamburg - Alsterterrasse 4, 2000 Tangstedt-Rade (T. 607 15 02) - Geb. 28. Mai 1928 Hamburg - Schule u. Univ. Hamburg. Promot. (1955) u. Habil. (1959) Hamburg - S. 1959 Lehrtätigk. Hamburg (1966 apl. Prof. f. Physiol. Chemie). Üb. 200 wiss. Veröff. - 1971 Martini-Preis (m. Dr. Erich E. Gabbe).

HEINRICH, Horst Wilhelm

Hauptlehrer a. D., MdL Bayern (s. 1974) - Loisachstr. 7, 8900 Augsburg 21 (T. 34 96 42) - Geb. 1938 München, rk., verh. s. 1964, 5 Kd. - SPD (s. 1974 Vors. SPD Augsburg, Mitgl. SPD-Bezirksvorst. Südbayern).

HEINRICH, Johannes

Dr. phil., Prof. f. Musik u. ihre Didaktik Univ. GH Siegen - Blücherstr. 39, 5900 Siegen 1.

HEINRICH, Jutta

Schriftstellerin - Papendamm 23, 2000 Hamburg 13 (T. 040-45 68 60) - Geb. 4. April 1940 Berlin, ev., ledig - Ab 1972 Stud. Sozialpäd. (m. Abschl.); ab 1975 Stud. Literaturwiss./German. Hamburg - S. 1975 fr. Schriftst. - S. 1985 Vors. f. Lit. Gedok, Hamburg; Mitgl. Verb. Dt. Schriftst. (VS) - BV/Veröff.: D. Entstehung e. Insz. d. Stückes Maria Magdalena im Dt. Schauspielhaus Hamburg v. ersten Probengespr. b. z. Premiere, 2-teil. Hörbild NDR, 1976; Brokdorf - e. Vision - e. Langsprechpl., 1977; D. Geschlecht d. Gedanken, R. 1978 (Übers. Niederl., Dän., Finn., Schwed., Norw., Franz. u. Ital. in Arbeit), verfilmt 1983; Unterwegs, Theaterst. 1978; Texte (Prosa u. Interviews) in: Verständigungstexte, 1979; Drehb. u. Versionen f. d. Verfilm. d. Romans: D. Geschlecht d. Gedanken, 1980; M. meinem Mörder Zeit bin ich allein, R. 1981 (Übers. in Niederl.); Lautlose Schreie, Theaterst. (UA 1983 München); Monolog, 1984; Männerdämmerung - e. Lustsp., 1986; Eingegangen - e. Pathogramm nach e. Reaktorkatastrophe, R. 1987; M. meinem Mörder Zeit bin ich allein, 1987; D. Geschlecht d. Gedanken, 1988; Alles ist Körper, extreme Texte, Taschenb. 1991. Auff.: Männerdämmerung (Theater München), 1990; D. Macht d. Kopfkissens (Theater Berlin), 1991. Kurzgesch. in zahlr. Anthol., Rezens. u. Aufs. f. Ztschr. u. Ztg.; Hörsp. f. NDR u. WDR - Zahlr. Stip. - Lit.: Krit. Lit.-Lexikon d. Gegenw. (1985), Jutta Heinrich - Texte/Analysen/Porträts (1985).

HEINRICH, Klaus

Dr. phil., o. Prof. f. Religionswissenschaft - Selerweg 34, 1000 Berlin 41 - Geb. 23. Sept. 1927 Berlin - Promot. 1952 - S. 1964 (Habil.) Lehrtätig. Berlin (1971 Ord. FU) - BV: u. a. Versuch üb. die Schwierigkeit nein zu sagen, 1964, 1982; Parmenides u. Jona - z. Verhältnis v. Phil. u. Mythol., 1966, 1982 (auch jap. u. ital.); Tertium datur - E. religionsphil. Einf. in d. Logik, 1981, 1987; Vernunft u. Mythos, 1983; Anthropomorphe - Z. Probl. d. Anthropomorphismus in d. Religionsphil., 1986; D. Floß d. Medusa. 3 Stud. z. Faszinationsgesch., 1990.

HEINRICH, Kurt

Dr. med., Prof. - Novalisstr. 1, 4000 Düsseldorf 30 - Geb. 7. Okt. 1925 Mainz (Vater: Robert H., Kaufm.; Mutter: Karoline, geb. Lampe), kath., verh. s. 1954 m. Hedda, geb. Pfirrmann, 2 Kd. (Eva, Martin) - Stud. Straßburg, Mainz - 1970-72 Dir. Pfälz. Nervenklinik, Landeck, s. 1972 Ltd. Arzt Rh. Landesklinik - Psych. Klinik Univ. D'dorf - BV: Psychopharmaka in Klinik u. Praxis, 1976 - Spr.: Engl.

HEINRICH, Michael

Dr., Sprecher d. Geschäftsführung Vorwerk & Co. Teppichwerke GmbH & Co. KG - Kuhlmannstr. 11, 3250 Hameln (T. 05151 - 1 03-0) - Geb. 12. Aug. 1951.

HEINRICH, Peter

Dirigent, Chordirektor Städtische Bühnen Münster - Am Nubbenberg 17, 4400 Münster (T. 0251 - 21 19 08) - Geb. 6. April 1942 Berlin, ev., verh. s. 1970 m. M.A. Helgard, geb. Brauns - Abit. 1961 Berlin; Städt. Konservat. u. Musikhochsch. Berlin (Hauptfach Dirigieren); Künstl. Reifeprüf. 1965; Stud. Musikwiss. FU Berlin u. Univ. Helsinki; 1966 Teiln. Dirigentenkurs d. Mozarteums Sommerakad. Salzburg; 1967 Teiln. an Franco Ferraras Dirigentenkurs b. d. Vacanze musicali Venedig; 1977 Teiln. an Eric Ericsons Meisterkurs f. Chordirig. - Leit. Musikvereinchor Stadt Münster; Doz. Hochsch. f. Musik Detmold, Abt. Münster - Dirigierte: UA d. szen. Neufassung v. Hans-Ulrich Engelmanns Dramat. Kantate Die Mauer, 1983; Dt. Erstauff. d. Originalfass. f. Arenabühne v. Lars Johan Werles Thérèse - e. Traum, 1985 - 1966/67 Stip. conducting fellow b. Cleveland Orch. unt. George Szell; 1983 Preis Ges. d. Musik- u. Theaterfreunde Münster u. Münsterland - Spr.: Engl., Ital., Franz., Finn. - Lit.: zahlr. Nachschlagew.

HEINRICH, Peter Claus

Dr. rer. nat., Prof. f. Biochemie - Preusweg 78, 5100 Aachen (T. 0241 - 7 92 29) - Geb. 23. Sept. 1939 Leipzig (Vater: Paul H., Bankkfm.; Mutter: Charlotte H.), ev., verh. s. 1989 m. Agathe, geb. Bögle - Chem.-Stud. Univ. Frankf., Dipl. 1964, Promot. 1966 Marburg, Res. Ass. 1967/68 Yale Univ. New Haven/USA - 1968-70 wiss. Assist. Freiburg, 1970-73 wiss. Mitarb. pharm. Fa. Basel, 1974 Assist. Prof. Univ. Indianapol./USA, Habil. 1974 Freiburg, 1975-79 O.-Assist. u. 1980 Prof. (C2) Biochem. Inst. Freiburg, 1988 Prof. (C4) Inst. f. Biochemie d. RWTH Aachen - Entd.: Coenzym-Bind. v. Thiamindiphosphat a. Apotransketolase, niedermolekulare RNA in nukleären u. zytoplasmatischen RNP-Partikeln, Biosynthese v. Cytochrom c Oxidase, Regulation d. Synth. v. Entzündungsproteinen, Interleukin-6-Rezeptor - Spr.: Engl.

HEINRICH, Rolf

Kaufmann, Präsident Einzelhandelsverb. Schleswig-Holst. (s. 1972) - Markt 12, 2300 Kiel 1 (T. 0431-9 19 09) - Geb. 13. Sept. 1922, ev., verh. s. 1950 m. Sophie, geb. Okkens, 2 S. (Peter, Claus) - Kfm. Lehre - S. 1970 AR-Vors. Kieler Volksbank; Beiratsmitgl. Hamburg-Mannheimer Vers.Ges., Norddt. Genossenschaftsbank; Mitgl. Vollversamml. d. IHK zu Kiel; Vors. Verein f. lauteren Wettbewerb Schlesw.-Holst., Gesellsch. Förderges. f. d. Einzelhdl. Schlesw.-Holst. u. d. Handelshof Alter Markt GmbH Kiel - Spr.: Engl., Franz.

HEINRICH, Siegfried

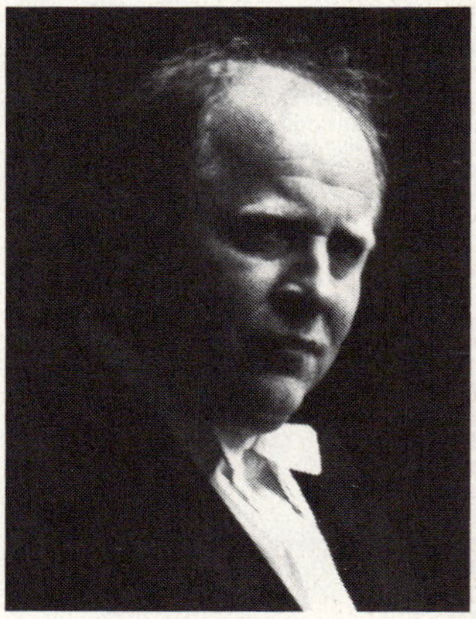

Dirigent - Am Hopfengarten 5a, 6430 Bad Hersfeld (T. 06621 - 1 50 05) - Geb. 10. Jan. 1935 Dresden, verh. s. 1957 m. Christa, geb. Ebert, 3 Kd. (Matthias, Dorothea, Katharina) - Dresdner Kreuzsch. u. Dresdner Kreuzchor; Stud. b. Zwißler, Ristenpart, Walcha, Solti, Stephani - S. 1961 Künstl. Dir. d. Hersfelder Festspielkonzerte; s. 1980 Künstl. Dir. Oper in d. Hersfelder Stiftruine - Ur- u. Erstaufführungen, Einrichtungen u.a. von Bach's Kunst der Fuge, Monteverdi-Opern; Chor- u. Orch.werke v. Frühbarock b. z. Moderne; Dirigate b. führenden europ. Radio-Orch., Produktion v. Konzerten u. Oper f. Funk, Fernsehen, Video-Kassetten u. Schalplatten - 1976 Bundesverdienstmed., 1983 Hess. Goethe-Med., 1988 BVK - Spr.: Russ., Lat., Griech.

HEINRICH, Willi

Schriftsteller - Liebigstr. 12, 7500 Karlsruhe - Geb. 9. Aug. 1920 Heidelberg (Vater: Wilhelm H., Kaufm.; Mutter: Berta, geb. Koch), kath., verh. s. 1955 m. Erika, geb. Stocker - Volks- u. Handelssch. - 1934-54 m. Kriegsunterbrech. kaufm. Angest.; s. 1955 fr. Schriftst. - BV/R. (auch in zahlr. Übers.): D. geduldige Fleisch, 1954 (verfilmt 1977 unter Steiner - Das eiserne Kreuz); D. goldene Tisch, 1956; (neuer Titel: In stolzer Trauer, 1978); D. Gezeichneten, 1958; Alte Häuser sterben nicht, 1960; Gottes zweite Garnitur, 1962; Ferien im Jenseits, 1964; Maiglöckchen oder ähnlich, 1965; Mittlere Reife, 1966; Geometrie einer Ehe, 1967; Schmetterlinge weinen nicht, 1969; Jahre wie Tau, 1971; So long, Archie, 1972; Liebe u. was sonst noch zählt, 1974; E. Handvoll Himmel, 1976; In e. Schloß zu wohnen, 1976; E. Mann ist immer unterwegs, 1978; Herzbube u. Mädchen, 1980; Allein gegen Palermo, 1981; Vermögen vorhanden, 1982; Traumvogel, 1983; Männer z. Wegwerfen, 1984; Freundinnen, 3 Erz. 1985; D. Verführung, 1986; Zeit d. Nymphen, 1987; D. Väter Ruhm, R. 1988; D. Reisende d. Nacht, R. 1989; E. spanische Affäre, R. 1990.

HEINRICHS, Erich-Joseph

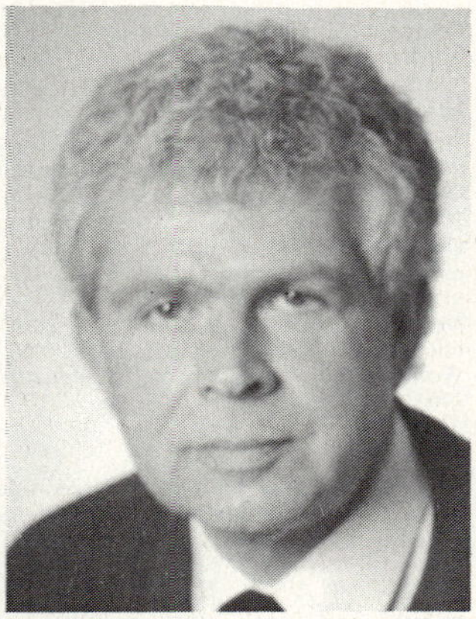

Schriftsteller - Am Stallberg 33, 5200 Siegburg (T. 02241 - 38 59 00) - Geb. 14. Sept. 1933, verh. s. 1966 m. Roswitha, geb. Wallschmidt, 2 Töcht. (Bettina-Anna, Nicole-Marie) - Abit. Anlagenberater, Schriftst. Mitorg. Siegburger Literaturwochen, Herausg. Literaturztschr. Carmen, Vorst.-Mitgl. Kunstverein Rhein-Sieg, Mitgl. Verb. Dt. Schriftst. - BV: Meines Bruders Hüter sein, 1978; Am Himmel unten wohnt kein Gott, 1979; Innenbilder, 1983; D. Splitter in d. Anderen Auge, 1981 - 1984 Lyrikpreis Soli Deo Gloria Witten - Liebh.: Reisen, Jogging - Spr.: Engl., Franz. - Lit.: Rezensionen. D. Welt, Kölner Stadt Anzeiger, Bonner Rundschau u.a.

HEINRICHS, Helmut

Präsident Hanseat. Oberlandesgericht (1981ff.) - Peter-Henlein-Str. 110, 2800 Bremen - Geb. 13. Jan. 1928 Bremen (Vater: Handelsschiffkapt.) - B. 1960 Justizverw., dann Richter OLG u. ab 1973 LG-Präs. (alles Bremen).

HEINRICHS, Heribert

Dr. phil., em. o. Univ.-Prof. f. Medienwissenschaft - Ortelsburger Str. 37 (Audiovisuelles Zentrum), 3200 Hildesheim - Geb. 4. Aug. 1922 Wassenberg/Rhld. - S. 1958 Doz. u. Prof. (1961) PH Alfeld, s. 1970 Univ. Hildesheim, gleichz. Leit. Audiovisuelles Zentrum. Wiss. Beirat Hörzu u. Eltern - BV: D. Schulfunk, 1956; D. Praxis d. Schulfunks, 1958; Kirchengesch. d. Wassenberger Raumes, 1958; Brennpunkte neuzeitl. Didaktik, 1961 (div. A.); Roboter vor d. Schultür, 1964; Schulfernsehdidaktik, 1968; So wird Ihr Kind e. besserer Schüler, 1971; Unterrichtsfernsehen, 1966; Audiovis. Praxis in Wort u. Bild, 1972; Bibliogr. Lehr- u. Lernmittel, 1973; Aggression u. Ferns., 1974; E. Kind ist e. Buch, 1980; Wassenberg. Gesch. e. Lebensraumes, 1987; Medien zw. Kultur u. Kult. Zum 65. Geb. v. Heribert Heinrichs, 1987; Bibliogr. Heribert Heinrichs, 1991. Film: AVZ-Hildesheim-Produktion. Herausg.: Lexikon d. audiovis. Bildungsmittel (1971), Kamps Päd. Taschenb., 78 Bde. Zahlr. Fachaufs. - Spr.: Engl., Franz., Ital. - BVK I. Kl. - Rotarier: P. Harris-Fellow.

HEINRICHS, Johannes

Dr. phil. (habil.), Schriftsteller - Akademie Leubsdorf, 5460 Leubsdorf/Rh. (T. 02065 - 6 03 35) - Geb. 17. Sept. 1942 Rheinhausen (Duisburg), ledig - Abit. 1962; 1962-64 Noviziat SJ, Phil.; Liz. 1967 Pullach; Promot. 1972 Bonn, Theol. Dipl. 1974 Frankfurt, Habil. (Phil.) 1975 Frankfurt - 1967-70 Assist. Phil. Hochsch. Pullach; 1975-78 Doz. Phil.-theol. Hochsch. SJ Frankfurt u. Gastprof. Gregoriana Rom; 1978-81 Doz. u. Geistl. Rektor Kath. Akad. D. Wolfsburg, Mülheim; Ordens- u. Kirchenaustr.; 1981/82 Lehrstuhlvertr. Univ. Bonn. Forsch.auftr. Vorst. Inst. f. Sozialökologie, Hennef - BV: D. Logik d. Phänomenol. d. Geistes, 1974 u. 83; Reflexion als soz. System, 1976; Freiheit-Sozialismus-Christentum, 1978; Dialogik f. Ohr, Ged. 1980; Auferstehung d. Ungesagten, Ged. 1980; Reflexionstheoretische Semiotik, Bd. 1 (Handlungstheorie) u. Bd. 2 (Sprachtheorie) 1981; D. Logik d. Vernunftkritik, 1986; D. Liebe buchstabieren, 1987; Wörterbuch d. Wandels, 1991 - 1973 Preis d. Freunde u. Förderer d. Univ. Bonn - Liebh.: Lit., Sologesang, Wandern - Spr.: Engl., Franz. - Lit.: A. Léonard, Pour une exegèse renouvelée de la phénoménologie de l'esprit de Hegel, in: Revue philosophique de Louvain 74 (1976); Spiegel, Nr. 33/1982, S. 53-55.

HEINRICHS, Josef

Amts- u. Gemeindedirektor a. D. - Otto-Suhr-Str. Nr. 21, 5160 Düren 6 (T. 5 28 20) - Geb. 15. April 1919 Berrendorf Kr. Bergheim/Erft, kath., verh., 3 Kd. - Volkssch.; kaufm. Lehre; Verwaltungssch. Münster. II. Prüf. 1957 Verw.-Akad. Köln - 1945-58 Angest. Arb.s-verw., 1948 ff. Bürgerm. u. Gemeindedir. Lendersdorf u. Mariaweiler. 1958-62, 65/66 u. 1969-75 MdL NRW. B. 1946 CDU (1945 mitbegr.), dann SPD (div. Funktionen, u. a. Mitgl. Bezirksvorst. Mittelrh.) - 1969 BVK I. Kl., 1975 Gr. BVK.

HEINRICHS, Siegfried

Kaufm. Angestellter, Geschäftsf. Oberbaum-Verlag GmbH, Taschen-, Kunst- u. Sachbuchverlag - Friedelstr. 6, 1000 Berlin 44 - Geb. 4. Okt. 1941 Allerindersleben, ev., gesch., T. Claudia - BV: mein schmerzliches land, ged., 1978; Die Erde braucht Zärtlichk., 1980; Kassiber, 1983; Frauen, 1984; Ankunft in e. kalten Land, 1982; Anno Domini, 1984 (Handpressendruck Fuchstaler Presse); Leben m. d. Tochter, Ged. 1986 (Handpressendruck Fuchst. Presse); Maria od. Sehet d. Vögel unter d. Himmel; Zeit ohne Gedächtnis, Ausgew. Ged., 1992 (Handpressendruck). Herausg.: Requiem (Anna Achmatowa, zweispr., 1987); D. roten Türme (Anna Achmatowa, zweispr., 1988); Ausgew. Ged. (Nicolai Gumiljov, zweispr., 1988); Ossip Mandelstam - Briefe an Nadeska (zweispr., 1989); Marina Zwetajewa - Briefe an Bachrach u. Ausgew. Ged. (zweispr., 1989); Boris Pasternak - Ljuvers Kindheit, Briefe, Erz., Ged. (zweispr. 1990); Janis Rainis - D. Sonnenthron (1990); Anna Achmatowa - Biogr. (1991); Anna Achmatowa - Briefe, Aufs., Fotos (1991); Marina Zwetajewa - Briefe an Vera Bunina (1991); Marina Zwetajewa - An Anna Achmatowa, Ged. u. Briefe (1992) - 1984 Andreas Gryphius-Förderpreis; 1986-89 Stip. d. Hermann-Sudermann-Stiftg.; 1986 Lese-Reise-Stip. USA, 1989 Schweden, 1990 SU.

HEINRICHT, Johannes

Dr. jur., Geschäftsführer u. Gesellsch. Brennerbund GmbH, Berlin - Marathonallee 13, 1000 Berlin 19 (T. 030 - 45 09-0) - Geb. 2. Dez. 1903 Berlin, ev., verh. s. 1975 m. Iris Behrendt - Hauptgeschf., Chefredakteur - BV: Kommentar z. Branntweinmonopolgesetz (m. Hoppe) - BVK I. Kl.; Gr. Gold. Delbrück-Denkmünze; Ehrenpräs. Union Europeenne d. Alcools, Eaux-de-Vie et Spiritueux- Spr.: Franz.

HEINRITZ, Günter

Dr. rer. nat., o. Prof. f. Geographie TU München - Ostenstr. 41, 8060 Dachau/Obb. (T. 08131 - 7 13 50) - Geb. 12. Aug. 1940 Nürnberg - Univ. Erlangen u. Tübingen - 1975-77 Vorst.smitgl. Zentralverb. Dt. Geogr., Vors. Geogr. Ges. München - Zahlr. Fachveröff.

HEINSCHKE, Horst

Schriftsteller - Otto-Suhr-Allee 72, 1000 Berlin 10 (T. 030 - 341 21 71) - Geb. 8. Febr. 1928 Küstrin/Neumark (Vater: Erich H., Kaufm.; Mutter: Franziska, geb. Mzyk, Kauffr.), kath., verh. s. 1950 m. Edith, geb. Rohrbach, 6 Kd. (Michael, Dietmar, Ulrich, Georg, Barbara, Ursula) - N. Wehrdst. u. Gefangensch. (1947 Abitur) Univ. Hamburg u. Berlin/ Freie (German., Gesch., Theaterwiss., Phil.; Staatsex.) - Währ. Stud. versch. Tätigk. (Werft-, Bau-, Fabrik-, Friedhofsarb.); 1956-71 Berliner Schuldst. (zul. Oberstudienrat Schiller-Gymn. Charl.). S. 1981 fr. Schriftst. - 1958-67 Bezirksverordn. Charl.; 1967-71, 1975 u. 1987-89 MdA Berlin; 1971-81 Bezirksstadtrat, Leit. Abt. Sozialwesen BA Berlin-Charl. - BV/Theaterstücke: Ich widerrufe! 8 Stationen aus d. Leben u. Leiden d. Kardinals J., 1973; Knastbrüder, 1975; Übrigens, Herr Nachbar, Volksst. 1975; Aufstand b. Etagenmüllers, Kom. 1982; Fünfzig J., 1984; Vorhang auf! Sketche, Szenen, Blackouts, 1986; Getrost ins Alter, Geschichten u. Gedichte, 1991. Mitverf.: E. fideles Müllerhaus, Musical 1982; Donnerwetter - Bombenstimmung, Kabarett 1982; Sie wissen zwar nicht, was sie wollen ..., Kabarett 1984; D. hat uns gerade noch gefehlt!, Kabarett 1986; Stille Nacht, heilige Nacht, Weihnachtserz., 1986; Ham Se schon jehört?, Kabarett 1987; Mal nicht d. Teufel an d. Wand, Kabarett 1989; D. Weihnachtswunder, Erz. 1991. Div. kab. Send. im Hörfunk - BVK; Marie-Juchacz-Verdienstmed. - Liebh.: Malen, Sport (bes. Mittelstreckenlauf, Ski), Reisen - Spr.: Engl., Franz.

HEINSEN, Ernst

Dr. jur., Rechtsanwalt - Jungfernstieg 38, 2000 Hamburg 36 (T. 35 47 47) - Geb. 1924 - 1966-74 Senator (Bevollmächtigter d. Freien u. Hansestadt Hamburg b. Bund u. Präses d. Justizbeh. Hamburg).

HEINSS (ß), Fritz

Direktor, Techn. Leit. Stadtwerke Heilbronn, Lauffen (GmbH.) u. Weinsberg (GmbH.) - Gellertstr. 55, 7100 Heilbronn/N. - Geb. 14. Mai 1922 Heilbronn - AR Gasversorgung Süddeutschl. GmbH, Stuttgart.

HEINTZE, Ernst

Dr. rer. nat., (Mathemat. Inst.), Prof. Univ. Münster - Roxeler Str. 64, 4400 Münster/W. - Lehrbefugnis: Mathematik.

HEINTZE, Gerhard

Dr. theol., Landesbischof (s. 1982 i. R.) - Herdweg 100, 7000 Stuttgart 1 - Geb. 14. Nov. 1912 Wehre (Vater: Karl H., Pastor; Mutter: Cölestine, geb. Schwerdtmann), ev., verh. m. Ilse, geb. Hoppe †1977, 5 Kd. (Anna-Maria, Irmela, Michael, Dorothea, Andreas), wiederverh. s. 1979 m. Renate, geb. Wigand - Altes Gymn. Bremen; Univ. Tübingen u. Göttingen (Promot. 1957) - Ab 1942 Pastor Twielenfleth (Holl.), 1946-50 Missionsinsp. Hermannsburg, dann Studiendir. Predigersem. Erichsburg/Hann. bzw. Hildesheim (1953), 1957-65 Super- u. Landessuperint. Hildesheim, 1965-82 Bischof Braunschweig. Ev.-Luth. Landeskirche Wolfenbüttel - BV: Luthers Predigt v. Gesetz u. Evangelium, 1958.

HEINTZE, Joachim

Dr. rer. nat., Prof. f. Physik, Physikal. Inst. d. Univ. Heidelberg - In der Unteren Rombach 4, 6900 Heidelberg (T. 80 22 83) - Geb. 20. Juli 1926 Berlin.

HEINTZEN, Paul

Dr. med., Univ.-Prof., Dir. Abt. f. Kinderkardiologie u. Biomed. Technik/ Zentrum f. Konservative Medizin II Univ. Kiel - Birkenweg 112, 2308 Preetz/ Holst. (T. 38 04) - Geb. 8. Mai 1925 Essen (Vater: Paul H., Obering.; Mutter: Gertrud, geb. Bahrenberg), kath., verh. s. 1957 m. Heinke, geb. Thiessen, 6 Kd. (Dr. med. Matthias, Frauke, Christian, Andreas, Annette, Gesine) - Helmholtz-Obersch. Hilden (Abit. 1943); Univ. Bonn (1945-48), Med. Akad. Düsseldorf (1948-51). Promot. Düsseldorf; Habil. Kiel - S. 1954 Univ. Kiel (1959 Privatdoz., 1965 apl. Prof., 1966 Wiss. Rat u. Prof., Abteilungsleit., 1974 Prof. u. Abt.dir., 1980/87 Dir. Zentrum f. konservative Medizin II). 1969 I. Vors. Dt. Ges. f. Kinderkardiol.; 1988/89 Präs. Deutsche Ges. für Herz- u. Kreislaufforschung; Fellow American College of Cardiology; Fellow European Soc. Cardiol.; Ehrenmitgl. Dt. Ges. Biomed. Technik - BV: Quantitative Phonokardiographie, 1960; Roentgen-, Cine- and Videodensitometry, 1971; Roentgen-Video-Techniques, 1978; Digital Cardiovascular-Radiology, 1982; Ventricular Wall Motion, 1982; Angiocardiography, 1986; Progress in Digital Angiocardiography, 1988. Div. Einzelarb., dar. Buchbeitrag (Differentialdiagnose v. Herzerkrankungen im Kindesalter): Werner Catel, Differentialdiagnose v. Krankheitssymptomen b. Kindern u. Jugendl. (1963/64; ital. 1965, span. 1967) - 1976 Paul-Morawitz-Preis Dt. Ges. f. Kreislaufforsch.; 1985 Edgar Mannheimer Lecturer, Europ. Ass. Ped. Cardiol.; 1987 W. Rashkind Lecturer, Amer. Heart Assoc. - Spr.: Engl.

HEINZ, Andreas

Dr. theol., Prof. f. Liturgiewissenschaft - Maximinerweg 46, 5521 Auw a. d. Kyll (T. 06562 - 81 55); dstl.: Jesuitenstr. 13c, 5500 Trier - Geb. 3. Okt. 1941 Auw a. d. Kyll/Eifel (Vater: Max H.; Mutter: Barbara, geb. Gasper), kath. - Human. Gymn. Trier, Päpstl. Univ. Gregoriana Rom, Lic. phil. 1965, Lic. theol. 1969, Promot. 1976 Trier - 1968 Priesterweihe, 1971 Assist. Liturg. Inst. Trier, 1976 Wiss. Assist. Theol. Fak. Trier, 1979 Prof. Ruhr-Univ. Bochum, 1981 o. Prof. f. Liturgiewiss. Theol. Fak. Trier - BV: D. sonn- u. feiertägl. Pfarrmesse im alten Erzbistum Trier (TThSt 34), 1978; D. Zisterzienser u. d. Anfänge d. Rosenkranzes: AnalCist 33, 1977 - 1979 Ehrenmitgl. der Section Historique d. Großherzogl. Inst. Luxemburg; Berater d. Liturgiekom. d. Dt. Bischofskonfz. - Spr.: Engl., Franz., Ital., Serbo-kroat.

HEINZ, Dieter A.

Ing. grad., Vorstand Trepel AG - Schwarzwaldstr. 3, 6204 Taunusstein 2 (T. 06128 - 4 11 43) - Geb. 7. Aug. 1940 Wiesbaden - Vice Pres. German Airport Equipment e.V. - Entd. im Bereich Flughafenausrüstung.

HEINZ, Erhard

Dr. rer. nat., o. Prof. f. Mathematik Univ. Göttingen - Wartburgweg 7, 3400 Göttingen (T. 7 37 06) - Zul. München.

HEINZ, Erich

Dr. med., Prof. f. Biochemie Univ. Frankfurt, z. Zt. Prof. am Max-Planck-Inst. f. Systemphysiologie - Rheinlanddamm 201, 4600 Dortmund 1 (T. 0231-1206487) - Geb. 10. Jan. 1912 Essen, ev., verh., 3 Kd. (Bettina, Agnes, Peter) - Realgymn.; Univ. Münster u. Kiel. Med. Staatsexamen 1939 - 1941 Assist. Physiol.-Chem. Inst. Univ. Kiel (1941-44 Wehrdst.). 1949 Privatdoz., 1952 Diätendoz., 1955 Assoc. Prof. Tufts Univ., Boston, 1957 Research Assoc. Harvard Univ. ebd., 1958 Res. Prof. George Washington Univ., Washington, 1959 o. Prof. u. Dir. Inst. f. Veget. Physiol. Univ. Frankfurt, zugl. Dir. Chem.-Physiol. Inst. ebd.; Adjunct Prof. f. Physiol. and Biophysics, Cornell Univ. Med. College, New York NY, Prof. u. freier Mitarb. Max-Planck-Inst. f. Systemphysiol. Editorial Board Biochim. Biophys. Acta, Amer. J. Physiol. (s. 1981),

HEINZ, Günter
Dr., Geschäftsführer Schwab Sanitär-Plastic GmbH, Reutlingen (Marketing/Vertrieb) - Elsterweg 98/4, 7417 Pfullingen - Geb. 15. März 1934 Bochum (Vater: Hermann H., Oberstudienrat a. D.; Mutter: Käthe, geb. Grube), verh. s. 1961 m. Margrit, geb. Kilian, 2 Kd. (Thorsten, Anke-Karen) - N. Abit. kaufm. Lehre; Stud. Dipl.-Kfm. 1960 Göttingen; Promot. 1964 Graz - 1970-72 Doz. Wirtschafts- u. Verwaltungsakad. Braunschweig - Liebh.: Musik, Geschichte - Spr.: Engl., Franz., Ital.

HEINZ, Hans-Günther
Kaufmann - Kolberger Str. 17, 5560 Wittlich - Geb. 11. Jan. 1933 Trier/M. - 1979-83 MdL Rheinl.-Pfalz. FDP (1981-83 Landesvors. Rhld.-Pfalz (Rücktr.)); s. 1987 erneut MdL Rheinl.-Pfalz (Vizepräs. Landtag, stv. Vors. Landtagsfrakt.). FDP.

HEINZ, Klaus
Dr.-Ing., o. Prof. f. Fertigungsvorbereitung Univ. Dortmund (s. 1976) - Sindernweg 6, 4600 Dortmund 30 - Geb. 2. Dez. 1937 Prüm/Eifel, kath., verh. - Promot. 1967 TH Aachen.

HEINZ, Rudolf
Dr. phil., Univ.-Prof. f. Philosophie (Psychoanalyse) - Auguststr. 123, 5600 Wuppertal 1 - Geb. 6. Febr. 1937 Perl/Saar - B. 1980 Prof. Univ. Düsseldorf - BV: Franz. Kant-Interpreten im 20. Jh., 1966; Geschichtsbegriff u. Wissenschaftscharakter d. Musikwiss. in d. zweiten Hälfte d. 19. Jh.s, 1968; Musik u. Psychoanal., 1977 (m. F. Rotter); D. Wolf im Schafspelz, 1978 (m. H. Dahmer u. N. Elrod); Taumel und Totenstarre, 1981; Psychoanal. u. Kantianismus, 1981; Schizo-Schleichwege, 1986 (m. G. Ch. Tholen), 1983; Minora aesthetica, 1985; Stil als geisteswiss. Kategorie, 1986; Hermesiade, 1986; Pathognostische Studien I, II u. III, 1986/87/90; Omissa aesthetica, 1987; Oedipus complex. Zur Genealogie v. Gedächtnis, 1991.

HEINZ, Theo
M. A., Komponist, Arrangeur, Pianist, Doz. f. Keyboards-, Percussions-Instr. u. Harmonielehre - Adlerweg 9, 5024 Pulheim (T. 02238 - 5 58 94) - Geb. 30. Aug. 1928 Karlsruhe, verh. m. Dorothee, geb. Franke - Abit. 1948; Kaufm. Lehre; Musikhochsch. Stuttgart, Univ. Hamburg u. Köln - Liebh.: Musik, Lit. - Spr.: Engl., Franz.

HEINZ, Walter R.
Dr. phil., Prof. f. Soziologie u. Sozialpsychologie Univ. Bremen - Humboldtstr. 91, 2800 Bremen - 1982/83 Gastprof. an d. Univ. Vancouver, B.C., Canada; 1984-86 Konrektor f. Forsch. Univ. Bremen; s. 1988 Sprecher d. DFG-Sonderforsch.bereichs Statuspassagen u. Risikolagen im Lebensverlauf, 1989 Fellow am Netherlands Inst. for Advanced Study (NIAS). 1992 Noted Scholar an d. Univ. of British Columbia, Vancouver, Canada u. Gastprof. an d. Univ. of Minnesota, Minneapolis, USA.

HEINZ, Werner
Dr. rer. nat., Prof. f. Physik Univ. Karlsruhe, Direktor Inst. f. Techn. Physik Kernforschungszentrum Karlsruhe - Straße des Roten Kreuzes 56, 7500 Karlsruhe 1 (T. 0721 - 47 39 00) - Geb. 1. Jan 1924 Pöhl (Vater: Arno H., Landwirt; Mutter: Milda, geb. Löscher), ev., verh. s. 1946 m. Margrit, geb. Bode, 2 Kd. (Bärbel, Wolfgang) - FU Berlin; Dipl.-Phys. 1958, Promot. 1960 - 1966 Privatdoz. u. Wiss. Rat; 1967 o. Prof. f. Physik Univ. Karlsruhe (1970-72 Dekan; 1967 Dir. Inst. f. Techn. Physik Kernforsch.zentr., 1979-82 Vors. Wiss.-Techn. Rat). Spez. Arbeitsgeb.: Supraleit., Tieftemperaturtechnik, Kernfusion. Europ. Herausg. Ztschr. Cryogenics. - Wiss. Art. in genannten Fachgeb. - Spr.: Engl., Franz.

HEINZ, Wolf-Burkhard
Regisseur, Bühnenbildner, Leiter d. Theaters im Altstadthof Nürnberg - Moosstr. 46, 8500 Nürnberg 10 (T. 0911 - 22 43 27) - Geb. 29. Mai 1954 Tübingen, verh., 4 Söhne (Alexander, Marius, Till, Benjamin) - BV: Süßkind, d. Jude v. Trimberg, Drama.

HEINZ, Wolfgang
Dr. jur., o. Prof. f. Kriminologie u. Strafrecht Univ. Konstanz - Holdersteig 13, 7750 Konstanz 16 (T. 07531-4 45 09) - Geb. 23. April 1942 Pforzheim n., verh. s. 1972 m. Maria, geb. Glücklich, T. Eva-Maria - Univ. Freiburg/Br. Jura, Volksw. u. Soziol. (Stud.-Stiftg. d. Dt. Volkes), Promot. 1972; Habil. 1976 - 1976 Prof. Univ. Augsburg, 1976-78 Prof. Univ. Konstanz; 1978-81 Prof. Univ. Bielefeld, s. 1981 wieder Konstanz (gf. Dir. d. Inst. f. Rechtstatsachenforschung, s. 1982). Vors. d. Landesgruppe Baden-Württemb. in d. Dt. Vereinig. f. Jugendgerichte u. Jugendgerichtshilfen - BV: Bestimmungsgründe d. Anzeigebereitsch. d. Opfers, 1972; Rechtstatsachenforschung heute, (Hrsg.) 1986; Konstanzer Schriften z. Rechtstatsachenforschung (Hrsg.); Erzieherische Maßnahmen in d. Jugendstrafrecht (m. Hügel), 1987; Diversion im Jugendstrafverfahren (m. Storz), 1992.

HEINZ, Wolfgang
Leiter Büro Brüssel d. Friedrich-Naumann-Stiftg. (s. 1985) - Zu erreichen üb. Friedrich-Naumann-Stiftg., 6, Sq. Ambiorix, B-1040 Bruxelles (T. 0032/2/ 733 03 21) - Geb. 31. Juli 1938 Grünstadt/Pfalz - Stud. German., Gesch., Päd., Polit. Wiss. - Journalist - 1964-66 Leit. Akt. Innenpolitik Verb. Dt. Studentensch., 1966-67 Leit. Bildungspolit. Ref. FDP-Bundesgeschäftsst., 1968 wiss. Ref. Inst. f. Polit. Planung u. Kybernetik, alle Bonn; 1981-85 Dir. Theodor-Heuss-Akad. Gummersbach. 1969-73 MdK Rhein-Sieg-Kr. (Fraktionsvors.) FDP s. 1964 (u. a. Vors. Rhein-Sieg-Kr. 1968-85), MdL NW (1970-80), Parlam. Geschäftsf. (1973-79), Vors. (1980) FDP-Fraktion, Mitgl. FDP-Landesvorst. NW (1972-86) - Veröff. üb. Bildungs- u. Hochschulpolitik, Denkmalschutz, Datenschutz - 1986 BVK I. Kl.

HEINZE, Axel
Geschäftsführer Bundesverb. d. Geschäftsstellenleiter d. Assekuranz - Kaiser-Wilhelm-Ring 15, 5000 Köln 1 - Geb. 25. Juli 1937.

HEINZE, Burger
Dr. phil., Dipl.-Psych., Prof. f. Psychologie Univ. Hamburg (s. 1977) - Jahnckeweg 30, 2057 Reinbek - Geb. 4. März 1944 Hahnenklee-Bockswiese/Harz (Vater: Walter H., Kaufm.; Mutter: Charlotte, geb. Klickow), ev., verh. s. 1968 m. Käthe, geb. Leppin, 2 S. (Robert, Hermann) - Stud. Psych. (Dipl. 1968 Hamburg) u. Math. - 1968-77 Wiss. Assist. u. Oberrat (1973) - Spr.: Engl., Franz.

HEINZE, Harald
Vorstandsvorsitzender d. Dortmunder Stadtwerke AG, Oberstadtdirektor a. D. - Deggingstr. 40, 4600 Dortmund 1 (T. 955-22 22) - Geb. 6. April 1941, ev., verh. m. Johanna, geb. Schmauck, 3 Kd. (Georg, Melissa, Guido) - 1. jurist. Staatsex. 1966, 2. jurist. Staatsex. 1969 - AR Dortmunder Hafen AG, Flughafen Dortmund GmbH, u. d. Eisenhütte Westfalia Lünen GmbH; Beirat Dortmunder Eisenbahn GmbH - Spr.: Engl., Franz.

HEINZE, Hartmut
Germanist, Schriftst., Doz. - Straße 178, 1000 Berlin 22 - Geb. 16. Jan. 1938 Berlin - M.A. 1964 FU Berlin - BV/Lyrik: Pokhara & Bruckner, Indischer Weg, Berliner Elegien, Neues Palais, 1974-79, Rabe im Käfig, 1987. Essays: D. dt. Märtyrerdrama d. Mod., D. gläserne Glück d. Kinder Evas b. Gottfried v. Straßburg, Hofmannsthal u. Goethe. Goethes Ethik, Lohenstein - e. dt. Tacitus, Poet. Reue - tragische Gerechtigkeit - im Faust-II-Finale, 1981-85, Goethes Gestalt d. Fitz, Goethe in Schles., D. Zwiespalt im Denken Weischedels. Goethes letzter Wandrer, Pustkuchen kontra Goethe, Tod in Apulien, Kafkas Selbstgericht ist Weltgericht, 1981-87, Das also war d. Pudels Kern! - Goethe u. d. Hund d. Aubri, 1988; Goethes Eduard - e. neuer Tristan?, Johann Karl Wezel heute, 1988; Goethe u. Wezel, 1989).

HEINZE, Helmut
Dr. jur., Vorsitzender Richter Bundessozialgericht - Graf-Bernadotte-Pl. 5, 3500 Kassel-W'höhe - Geb. 13. Jan. 1917 - Zul. Vizepräs. LSG Berlin.

HEINZE, Kurt
Dr. phil., Prof., Entomologe - Humboldthöhe, Apt. 1601, 5414 Vallendar - Geb. 23. März 1907 Berlin - 1936-72 Biol. Reichs- bzw. Bundesanstalt Berlin. S. 1962 (Habil.) Privatdoz. u. apl. Prof. (1966) TU Berlin (Schädlingsk.). 1968-71 Experte d. Food & Agriculture Organization Rom (F.A.O.) in Jamaica. Zahlr. Veröff. üb. Phytopathol. u. a. Schädl. Krankh. im Gemüsebau, 1974, im Obst- u. Weinbau, 1979, im Ackerbau, 1983; Vorrats- u. Materialschädlinge, 1983 - 1973 BVK I. Kl.

HEINZE, Meinhard
Dr. jur., Prof. f. Bürgerl. Recht, Arbeits- u. Wirtschaftsrecht, Zivilprozeßrecht Univ. Münster - Universitätsstr. 14-16, 4400 Münster - Geb. 7. Juni 1943 - Stud. Rechtswiss. 1962-67 Univ. Tübingen; Promot. 1972 ebd.; Habil. 1977 Bochum - 1978 Ord. Univ. Gießen; S. 1990 Dir. d. Inst. f. Arbeits-, Sozial- u. Wirtschaftsrecht Univ. Münster - Vors. versch. Schiedsstellen - BV: u. a. Bochumer Kommentar z. Sozialgesetzb., 1979; Personalplanung, Einstellung u. Kündigung, 1982; Einstweiliger Rechtsschutz im Zahlungsverkehr d. Banken, 1984; Handb. d. Sozialrechts, 1988; Insolvenzrechts-Handb., 1990; MünchKom z. ZP0 1992; Handbuch d. Personalpraxis, 1992. Üb. 100 wiss. Veröff. Herausg. wiss. Fachztschr. u. Buchreihen.

HEINZELMANN, Friedrich
Fabrikant, gf. Gesellsch. Westform Plastikwerke GmbH u. Friedrich Heinzelmann GmbH - Hommericher Str. 1, 5253 Lindlar (Ortst. Hommerich).

HEINZELMANN, Walter
Kaufm. Direktor Mahle GmbH Werk Fellbach i. R. - 7012 Fellbach/Württ.; priv.: Schurwaldstr. 15, 7300 Eßlingen-Berkheim - Geb. 13. Juni 1924 Lombach/Württ.

HEINZL, Joachim
Dr.-Ing., o. Prof. f. Feingerätebau u. Getriebelehre TU München (s. 1976) - Dreisselberg 16, 8000 München 90 - Geb. 6. Sept. 1940 Aussig a.d. Elbe (Vater: Anton H., Oberstltn.; Mutter: Leonore, geb. Zipse), ev., verh. s. 1966 m. Waltraud, geb. Knebel - Dipl 1965 u. Promot. 1970 TU München - 1968-78 Entwicklungsing. Siemens AG, s. 1976 Hon.-Prof. TU München, s. 1978 o. Prof. f. Feingeräte u. Getriebelehre. S. 1979 wiss. Leit. d. Ztschr. F & M -

Feinwerktechnik u. Meßtechnik. Arb. üb. Kinematik u. Tintendruck.

HEINZLE, Joachim
Dr. phil., o. Prof. f. Deutsche u. German. Philol. Univ. Marburg - Ronheider Weg 66, 5100 Aachen - Geb. 2. Aug. 1945 Konstanz - 1. Vors. d. Wolfram v. Eschenbach-Ges. - BV: Stellenkommentar zu Wolframs Titurel, 1972; Mittelhochdt. Dietrichepik, 1978; Wandl. u. Neuansätze im 13. Jh., 1984; D. Nibelungenlied, 1987; D. Nibelungen, 1991; Wolfram von Eschenbach: Willehalm, 1991.

HEINZLER, Franz
Dr. med., Prof. f. Med. Strahlenkunde Univ. Düsseldorf (apl.; s. 1971) - Steinauer Str. 3, 4010 Hilden.

HEINZMANN, Richard
Dr. theol., o. Prof. f. Christl. Philosophie u. Theol. Propädeutik (s. 1977), Vorst. Grabmann-Inst. z. Erforsch. d. mittelalterl. Theol. u. Phil. Univ. München (s. 1973) - Pater-Rupert-Mayer-Str. 28A, 8023 Pullach (T. 793 37 82) - Geb. 29. Okt. 1933 Wiesloch (Vater: Karl H.; Mutter: Elisabeth, geb. Mundel), kath., verh. s. 1962 m. Katharina, geb. Steinberger, 3 S. (Michael, Richard, Andreas) - Gymn. Heidelberg; Stud. Phil. u. Theol. Univ. Freiburg u. München; Promot. 1962, Habil. 1973 München -B BV: D. Unsterblichk. d. Seele u. d. Aufersteh. d. Leibes, 1965; D. Summe Colligite fragmenta d. Magister Hubertus, 1974; Phil. d. Mittelalters, 1992; zahlr. Beiträge z. mittelalterl. Phil. in Fachztschr. u. Lexika. Herausg. Veröff. d. Grabmann-Inst. (m. M. Schmaus, W. Dettloff u. U. Horst).

HEINZMANN, Ulrich
Dr., Univ.-Prof. f. Molekül- u. Oberflächenphysik Univ. Bielefeld (s. 1984) - Zu erreich. üb. Univ. Bielefeld, Lehrstuhl f. Molekül- u. Oberflächenphysik, Postf. 8640, 4800 Bielefeld 1 - Physik-Stud. Univ. Karlsruhe Dipl. 1971; Promot. 1975 u. Habil. 1980 Univ. Münster - 1980 Imperial Coll. London; 1981-84 Fritz Haber Inst. Max Planck Ges. Berlin - 1981 Physikpreis Dt. Physikalische Ges.

HEIPERTZ, Wolfgang
Dr. med. (habil.), em. Prof. f. Orthopädie u. ehem. Klinikdir. Univ. Frankfurt - Marienburger Str. 2, 6000 Frankfurt/M. 71 - Geb. 20. Mai 1922 Neustrelitz - BV: u. a. Einf. in d. Sportmed., 7. A. 1985; Wirbelsäulenerkrankungen, 2. A. 1984. Zahlr. Einzelarb.

HEIPP, Günther
Schriftsteller, Bibliothekslt. Intern. Friedensbibliothek (BIP-Bibliothèque Internationale de la Paix) - Feldmannstr. 40, 6600 Saarbrücken - Geb. 28. Febr. 1932 Saarbrücken (Vater: Ludwig H.; Mutter: Sofie, geb. Jacob), ev., verh. s. 1959 m. Evelyn, geb. Friedrich, 3 Kd. - Realgymn. Saarbrücken, Stud. Ev. Theol., Rechtswiss., Volkswirtsch., Politikwiss., Ökol. Univ. Bonn, Tübingen,

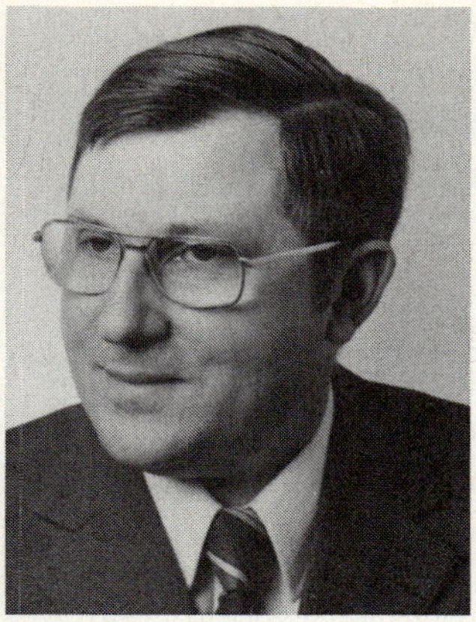

Mainz, Saarbrücken, Metz, Kirchl. Hochsch. Wuppertal - 1952-57 Mitbegr. u. Vorst.-Mitgl. v. Hochschulgr. f. gesamtd. Politik (Wuppertal, Bonn, Tübingen); Pfarrer in St. Alban (1959), Homburg/S., Rockenhausen u. Rieschweiler (1964-79); 1972 Sprecher Komit. Bundesrep. Deutschl. d. Intern. Umweltaktion Dai Dong (Gemeinsch. d. Menschen); Vors. Umweltschutz-Zentr. Saarbrücken; s. 1969 Leit. Albert-Schweitzer-Friedens-Zentr.; 1972 Mitbegr. Bundesverb. Bürgerinitiat. Umweltschutz; 1965-74 Beiratsmitgl. Humanist. Union; 1980 Gründ. d. BIP (s. o.) - BV: D. Arzt v. Lambarene, 1956; Christen u. Obrigkeit im geteilten Deutschland (m. Hans Rücker), 1962; Es geht ums Leben! - D. Kampf gegen d. Bombe. Dok. 1965; Charismat. Diakonie - In memoriam Alb. Schweitzer, 1966; An alle! Wann kommt d. BASF zur Vernunft? (Gegen Atomkraftwerke), 1972; Mensch u. Umwelt '73, 1973; Warnung vor d. Atomstaat, 1977. Herausg.: IDN-Informationsdienst z. Notstandsgesetzgebung (1966-68) - Ehrenmitgl. Foyer des Jeunes, Spichern (Frankr.) - Liebh.: Musik - Spr.: Engl., Franz., Latein, Griech.

HEISCH, Günter

Dr. iur., Botschaftsrat I. Kl. an der deutschen Botschaft in Ankara/Türkei (s. 1991) - Geb. 28. Okt. 1933 Plön, ev., verh. s. 1967 m. Eike, geb. Lenssen, 2 Töcht. (Silvia, Katharina) - 1. jurist. Ex. 1958 Schleswig, 2. jurist. Ex. 1963 Hamburg, Promot. 1966 Kiel - S. 1964 Ausw. Dst., Auslandsposten in Caracas, Cotonou, Prag, Colombo, Mexiko-Stadt, Wien u. Kapstadt.

HEISE, Albrecht

Prof. em., Didaktik d. Engl. Sprache Univ. Osnabrück - Ameldungstr. 21, 4500 Osnabrück - Geb. 24. April 1907 Danzig.

HEISE, Hans-Jürgen

Lyriker, Essayist, Literaturkritiker, Übersetzer - Zu erreichen üb. Neuer MALIK Verlag, Waitzstr. 6, 2300 Kiel 1 - Geb. 6. Juli 1930, verh. s. 1961 m. Annemarie, geb. Zornack, Lyrikerin - 1949/50 Inst. f. Ztg.wiss. Berlin (Ost) - BV u.a.: Vorboten e. neuen Steppe, Ged. 1961; Poesie, Ged. ital.-dt. 1967; E. bewohnbares Haus, Ged. 1968; Uhrenvergleich, Ged. 1971; Drehtür, Parabeln, 1972; Underseas Possessions, Ged. 1972 (2 spr.); Besitzungen in Untersee, Ged. 1973; D. Profil unter d. Maske, Ess., 1974; V. Landurlaub zurück, Ged. 1975; D. zwei Flüsse v. Granada (m. A. Zornack), Ess. 1976; Nachruf auf e. schöne Gegend, Ged. u. Kurzprosa 1977; Ariels Einbürgerung im Land d. Schwerkraft, Ess. 1978; Ausgew. Gedichte 1950-78, 1979; In schönster Tiefflugiaune, Ged. 1980; Natur als Erlebnisraum d. Dichtung, Ess. 1981; Meine kl. Freundin Schizophrenia, Prosaged. 1981; Ohne Fahrschein reist d. Seewind, Ged. 1982; D. Phantasie Segel setzen, Ges. Ged. 1983; Vermessungsstäbe bilden d. Gottesbegriff, Ess. 1985; D. Zug n. Gramenz, Ged. 1985; E. Galgen f. d. Dichter - Stichw. z. Lyrik, Ess. 1986 u. 1990; Bilder u. Kläge a. al-Andalus, Ess. 1986; D. Macho u. d. Kampfhahn - Unterw. in Spanien u. Lateinamerika (m. A. Zornack), Ess. 1987; D. zweite Entdeckung Amerikas - Annäh. an d. Lit. d. lateinamerik. Subkontinents, Ess. 1987; D. gr. Irrtum d. Mondes, Ged. 1988; Einhandsegler d. Traums - Ged., Prosaged., Selbstdarst. (Extrakt aus 20 Lyrikbänden), 1989; Zikadentreff - Andalusische Motive, Ged. 1990, z.T. vertont v. M. Sánchez Benimeli (m. A. Zornack); D. Aufstand d. Requisiten, Ged. 1992. Übers.: Archibald MacLeish, Journey (1965), T. S. Eliot, Gelächter zw. Teetassen (Ged. 1972). Herausg.: Schon mal gelebt? - Amerikan. Ged. d. 20. Jh., Lyrikanthol. (m. A. Zornack, 1991) - 1972 Mitgl. PEN-Zentrum Bundesrep. Dtschl.; 1973 Ehrengabe Andreas-Gryphius-Preis; 1974 Kulturpreis d. Stadt Kiel; 1976 Malta Cultural Award; 1988 Preis kultur aktuell; 1988/89 Poetik-Dozentur an d. Joh.-Gutenberg-Univ. Mainz; 1989 Ehrengast d. Villa Massimo; 1990 Verleihung d. Prof.titels in Würdigung d. schriftst. Werks - Spr.: Lat., Engl., Span. - Lit.: Stud. in Büchern u. zahlr. Rezens. in Ztschr., Ztg. u. Rundf. d. In- u. Auslands, Lexikonart. (u.a. v. Rafael; Sevilla in: KLG, m. Werk- u. selekt. Sekundärlit.-Verz.).

HEISE, Herbert

Dipl.-Ing., Präsident Bundesbahndirektion Hamburg (s. 1976) - Museumstr. 39, 2000 Hamburg 50 (T. 39 18-3 00) - Geb. 6. Aug. 1929 Mülheim/R. - Mitgl. Präsid. d. Hbg. Verkehrsverbundes (HVV); AR-Vors. Kraftverkehr GmbH (KVG), Stade; AR-Mitgl. Autokraft GmbH (AK), Kiel.

HEISE, Michael

Dirigent, Pianist - Königstr. 64b, 1000 Berlin 39 (T. 030 - 805 20 82) - Geb. 22. Juli 1940 Berlin, ev., verh. s. 1965 m. Angelika, geb. Nosky, 2 S. (Jens, Jörk) - Abit. (altspr. hum.) 1958; 1959/60 FU Berlin (Phil., Musikwiss.), 1959-63 Hochsch. f. Musik Berlin (Dirig., Klavier), 1963 Abschlußprüf. Dirig., Klavier sehr gut - 1954-66 Konz. als Pianist, Berlin; 1966-72 Dirigentenlaufb. Mannheim, Braunschweig, s. 1972 Dirig. Berlin, s. 1975 Konz. BRD, UdSSR, Rumän., Ital., USA, Niederl., Span. - 1954 3. Preis b. Steinway Wettbewerb - Liebh.: Ausdauersport, Schach.

HEISE, Werner

Dr. rer. nat., Prof. f. Mathematik - Pantagenweg 35, 8050 Freising/Obb. - Geb. 12. Mai 1944 Litzmannstadt - Promot. (1969) u. Habil. (1971) Hannover - S. 1973 TU München (1972 Prof.) - BV: Einf. in d. Kombinatorik, 1976; Informations- u. Codierungstheorie, 1983, 2. A. 1989. 55 Facharb. - Liebh.: Großwildjagd - Spr.: Engl., Franz., Ital.

HEISENBERG, Martin

Dr. rer. nat., Prof. f. Genetik - Am Hubland, 8700 Würzburg (T. 0931 - 888 44 50, Fax 0931 - 888 44 52) - S. 1975 Ord. u. Mitvorst. Theodor-Boveri-Inst. (Biozentrum) Lehrstuhl f. Genetik, Univ. Würzburg - BV: Vision in Drosophila. Genetics of Microbehavior, 1984.

HEISENBERG, Monika

Dr. phil., Schriftstellerin (Ps. Monika Christen) - Bonner Talweg 246, 5300 Bonn 1 (T. 0228 - 21 37 56) - Stud. German., Roman. u. Phil., Promot. - Zun. wiss. tätig, dann Verlagslektorin; s. 1986 fr. Schriftellerin - BV: Spiel als Spiegel d. Wirklichk. D. Zentrale Rolle d. Theaterauff. in d. Romanen Heinrich Manns, 1977; in wirklichkeit ist eiszeit - weg aus d. frost, Ged. 1986. Lyrik, Prosa.

HEISER, Irmlind

Kreisgeschäftsführerin, MdL Schlesw.-Holst. (Landesliste) - Husumer Str. 89b, 2390 Flensburg (T. 0461 - 9 73 33, 2 27 07) - Geb. 15. März 1940 Flensburg - CDU.

HEISIG, Norbert

Dr. med., Prof., Internist, Chefarzt Med. Klinik u. Ärztl. Direktor Krkhs. Reinbek (s. 1972) - Zu erreichen üb. Krankenhaus Reinbek St. Adolfstift, Hamburger Str. 41, 2057 Reinbek (Hamburg) (T. 040 - 72 70 64 30) - Geb. 24. Nov. 1933 Breslau, verh. s. 1961 m. Barbara, geb. Eispert - Stud. Freiburg, Tübingen, Hamburg; Promot. 1961. 1967 Priv.-Doz. Univ. Hamburg; 1971 Prof. f. Innere Medizin Univ. Hamburg - Vorst.-Vors. Louise-Eylmann-Stiftg. z. Förd. d. Gerontologie. Spez. Arb.geb.: Innere Med., klin. Geriatrie - BV: Aktuelle Gastroenterologie, 1968; Diabetes u. Schwangerschaft, 1975; Innere Medizin in d. ärztl. Praxis, 2. A. 1985. Zahlr. Beiträge in Lehrb. u. wiss. Ztschr. - 1964 Carl-Christiansen-Gedächtnispreis - Spr.: Engl.

HEISING, Gerd Stephan

Dr. med., Nervenarzt, Psychoanalytiker, Prof. Univ. Gießen, Gf. Leit. Abt. Klinik Psychosomatik u. Psychotherapie Univ. Gießen - Friedrichsplatz 9, 3550 Marburg (T. 06421/2 46 74) - Geb. 14. Juni 1928 Saarbrücken (Vater: Stephan H., Ing.; Mutter: Elisabeth, geb. Schmidt), verh. s. 1955 m. Susanne, geb. Pöllath, 2 Kd. (Christine Elisabeth, Edith Charlotte) - Hum. Gymn. Saarbrücken; Stud. d. Med. Univ. Saarbrücken, Paris, Freiburg/Br. - Zun. Abt.- u. Oberarzt Univ.klinik Freiburg/Br.; Vors. Inst. f. Psychoanalyse u. Psychotherapie (I.P.V.) - BV: Co-Therapie in Gruppen, 1976 (m. E. Wolff); Sozialschicht u. Gruppenpsychotherapie (zus. m. M. Brieskorn u. W.-D. Rost), 1982 - Liebh.: Sport.

HEISING, Ulrich

Regisseur - Paulastr. 3 b, 8000 München 71 - Geb. 15. April 1941, ledig, S. Florian Scheibe - Stud. - Regie-Assist. b. Hans Schweikart u. Fritz Kortner - 50 Theaterinsz. in München, Hamburg, Berlin, Zürich, Köln, Düsseldorf, New York. 40 Hörspiele, 3 Fernsehfilme - 1973 1. Preis bitef; 2 Einlad. z. Berl. Theatertreffen - Spr.: Engl.

HEISLER, Herfried

Rechtsanwalt, Hauptgeschäftsf. Landesvereinig. Baden-Württ. Arbeitgeberverb. u. Verb. d. Metallind. BW - Löffelstr. 22 + 24, †000 Stuttgart 70 (T. 0711 - 76 82-0, Fax 0711 - 76 16 75).

HEISS (Heiß), Korbinian

I. Bürgermeister (s. 1978) - Rathaus, 8201 Bad Feilnbach/Obb.; priv.: Sulzbergstr. 6 - Geb. 12. April 1919 Feilnbach - Bauuntern. CSU.

HEISS (Heiß), Otto

I. Bürgermeister Stadt Greding (s. 1978) - Rathaus, 8547 Greding/Mfr. - Geb. 19. Febr. 1939 Untermässing - Zul. Lehrer. CSU.

HEISS, Rudolf

Dr.-Ing., em. Prof., Dir. Inst. f. Lebensmitteltechnol. u. Verpack., München (s. 1941) - Schragenhofstr. 35, 8000 München 50 (T. 14 90 09 30) - Geb. 27. Sept. 1903 Straubing/Ndb. (Vater: Oberveterinärrat Dr. med. vet. Hugo H., bek. Schlachthoferbauer (s. X. Ausg.); Mutter: Katharina, geb. Leser), ev., verh. s. 1933 m. Margarete, geb. Dirks, 3 Kd. - Diplomprüf. 1926 TH München, Promot. 1930 u. Habil. 1936 TH Karlsruhe - 1936-41 Initiator u. Leit. Reichsinst. f. Lebensmittelfrischhalt., Karlsruhe. S. 1936 Lehrtätigk. TH Karlsruhe u. TH bzw. TU München (1942; 1957 apl. Prof.). Begr. Lebensmitteltechnol. u. Verpackungsforsch. in Dtschl. - BV: D. Aufg. d. Kältetechnik in d. Bewirtsch. Dtschl. m. Lebensmitteln, 1939; Fortschr. d. Lebensmittelforsch., 1942; Fortschritte d. Vorratstechnik, 1944 (m. F. Kiermeier u. G. Kaess); Anleit. z. Frischhalten d. Lebensmittel, 1945; Lebensmitteltechnol., 1950, 88, 90 u. 91; Fortschr. in d. Technol. d. Konservierung v. Gemüse u. Obst, 1955; Packstoff-Tabellen, 1955 (m. G. Schricker); Verpack. feuchtigkeitsempfindl. Güter, 1956; Grundl. d. Verfahrenstechnik in d. Lebensmittelind., 1957; Packstoffe u. Verpack., 1959 (m. Schricker); Fortschr. d. Verfahrenstechnik in d. Verpackungs- u. Lebensmittelind., 1962; Haltbarkeit u. Sorptionsverhalten feuchtigkeitsempfindl. Lebensmittel, 1968; Principles of Food Packaging - An intern. Guide, 1970; Verpack. v. Lebensmitteln, 1980; Haltbar machen von Lebensmitteln, 1984 u. 90 (m. K. Eichner) - 1972 Joseph-König-Gedenkmünze d. Ges. dt. Chem.; 1968 Bayer. Verdienstmed. in Silber; 1969 BVK I. Kl.; 1973 Bayer. VO., 1975 Dr. h. c. Univ. Wien, 1982 Fellow Inst. of Food Technologists/USA.

HEISS, Wolf-Dieter

Dr. med., Prof., Direktor Max-Planck-Institut f. neurol. Forschung, Dir. Neurol. Univ.-Klinik Köln-Lindenthal - Othegravenstr. 3, 5000 Köln 41 (T. 0221 - 43 76 73) - Geb. 31. Dez. 1939 Zell am See, Österr., verh. s. 1965 m. Dr. med. Brigitte, geb. Kroiß, 2 Kd. (Susanne, Julian) - Realgymn. Salzburg, Med. Univ. Wien, Promot. 1965; 1965 Hochschulass. u. Gastarzt Psych. Neurol. Univ.-Klin. Wien; 1965-69 Assistenzarzt Cambridge/USA, Stockholm, Wien, Buffalo, USA; 1969 Leit. Neuronuklearmed. Abt. u. Oberarzt d. Psych.-Neurol. Univ.-Klin. Wien; 1970 Priv.-Doz. Univ. Wien; 1974 Wiss. Mitarb. Dept. of Neurology State Univ. of Minnessota, Minneapolis, USA; 1976 apl. Prof. Univ. Wien; 1978 Dir. Forschungsst. f. Hirnkreislaufforsch. Max-Planck-Inst. f. Hirnforsch. u. Dir. Neurol. Klinik Köln-Merheim; 1982 Dir. Max-Planck-Inst. f. neurol. Forsch. u. Dir. Neurol. Klin. Köln-Merheim; s. 1985 Dir. Neurol. Univ.-Klinik Köln-Lindenthal u. Dir. MPI f. neurol. Forsch. Köln-Lindenthal - 1969 Eiselsberg-Preis - Liebh.: Archäol., klass. Musik, Skifahren - Spr.: Engl.

HEISSENBÜTTEL (ß), Helmut

Schriftsteller - Dorfstr. 7, 2209 Borsfleth (T. 04824 - 18 91) - Geb. 21. Juni 1921 Wilhelmshaven (Vater: Hans H., Gerichtsvollzieher; Mutter: Klara, geb. Lorenz), ev., verh. s. 1954 m. Ida, geb. Warnholtz, 4 Kd. (Ruth, Dietrich, Esther, Hanna) - Realgymn.; TH Dresden, Univ. Leipzig u. Hamburg (Literatur-, Kunstgesch., Engl.) - 1955 b. 1957 Werbeleit. Claassen Verlag, Hamburg; 1957-58 fr. Mitarb. Südd. Rundfunk; ab 1959 Leit. Redaktion Radio-Essay SDR (s. 1981 i. R.) - BV: Kombinationen, 1954; Topographien, 1956; Ohne weiteres bekannt, 1958; Textbuch 1-11, 1960-87; Üb. Literatur, 1966; D'Alemberts Ende, R. 1970; Z. Tradition d. Moderne - Aufs. u. Anmerk. 1964-71, 1972. Hörspiele, Gelegenheitsgedichte u. Klappentexte, 1973; D. Durchhauen d. Kohlhaupts, 1974; Eichendorffs Untergang, 1978; Wenn Adolf Hitler d. Krieg nicht gewonnen hätte, 1979; D. gold. Kuppel d. Comos Arbogast od. Lichtenberg u. Hamburg, 1980; D. Ende d. Alternative, 1980; Ödipus made in Germany, 1981; Von fliegenden Fröschen..., 1982; Neue Herbste, 1983 - 1956 Stip. Lessing-Preis Hamburg, 1960 Hugo-Jacobi-Preis, 1969 Georg-Büchner-Preis, 1970 Hörspielpreis d. Kriegsblinden; 1980 BVK I. Kl.; 1989 Kunstpreis v. Schlesw.-Holst.; 1990 österr. Staatspreis; 1960 Mitgl. PEN-Zentrum BRD; 1967 o. Mitgl. Akad. d. Künste Berlin, 1971 Akad. d. Wiss. u. d. Lit. Mainz, 1972 Dt. Akad. f. Sprache u. Dicht. Darmstadt - Liebh.: Fotogr., Krimis, Musik, Kunst.

HEISSIG, Walther

Dr. phil., em. o. Prof. f. Sprach- u. Kulturwissenschaft Zentralasiens Univ. Bonn - Regina-Pacis-Weg 7, 5300 Bonn; priv. Heideweg 43, 6542 Rheinböllen (T. 06764 - 21 45) - O. Mitgl. Rhein. Westf. Akad. d. Wiss.; korr. Mitgl. Bayer. Akad. d. Wiss.; Hon.-Fellow SOAS London; korr. Fellow British Acad.

HEISTER, Rolf
Musiker, Prof. f. Kontrabaß Staatl. Hochschule f. Musik Ruhr/Folkwang-Hochsch. - Abtei, 4300 Essen 16.

HEISTERHAGEN, Werner
Rechtsanwalt, Geschäftsführer Stahlflaschen-Treuhand GmbH u. Fachverb. Kohlensäure-Industrie, bde. Koblenz - Löhrstr. 131, 5400 Koblenz (T. 0261 - 3 10 36; Telefax 0261-37385).

HEISTERKAMP, Günter
Dr. phil., Dipl.-Psych., Wiss. Rat, Prof. f. Psychologie PH Rhld./Abt. Neuss - Carl-Zöllig-Str. 30, 4030 Ratingen.

HEISTERMANN, Dieter
Angestellter, MdB (Landesliste NRW) - Danziger Str. 89, 3472 Beverungen 1 (T. 05273 - 69 81) - SPD.

HEISTERMANN, Walter
Dr. phil., em. o. Prof., Philosoph - Kurfürstenstr. 39b, 1000 Berlin 46 (T. 773 22 33) - Geb. 14. Sept. 1912 Augustdorf (Vater: Hermann H., Landw.), ev., verh. in 2. Ehe (1952) m. Ina, geb. Sommerlatte, 3 Kd. (Elja, Jörg, Anja) - Gymn. Detmold; Univ. Berlin (Promot. 1940) u. Jassy/Rumän. (Phil., Rechtswiss., German., Gesch., Vergl. Religionswiss.) - 1942 Lektor Univ. Bukarest; 1945 Gymnasiallehrer; 1946 Pers. Ref. Oberbürgerm. v. Groß-Berlin; 1947 o. Prof. (emerit. 1980 TU Berlin) u. Inh. Lehrstuhl f. Phil. Päd. Hochsch. Berlin (1969-79 Rektor). Vors. Kant-Ges. Berlin - BV: Staatsformen u. -gewalt, 1949; Erkenntnis u. Sein, 1951; D. Wiss. v. Menschen als phil. Anthropol., 1954. Zahlr. Ztschr.aufs. - BVK I. Kl. - Spr.: Rumän., Russ., Franz., Engl.

HEITE, Hans-Joachim
Dr. med., Prof., Facharzt f. Dermatologie u. Venerologie, Allergologie - Rebackerweg 3, 7808 Waldkirch/Br. (T. 07681 - 98 19) - Geb. 27. Aug. 1913 Berlin, ev., verh. s. 1940 m. Gretl, geb. Koetter, 2 Töcht. (Karin, Jutta) - Helmholtz-Realgymn. u. Univ. Berlin (Promot. 1938). Habil. 1951 Münster - S. 1952 Oberarzt Univ.-Hautklinik Marburg (1957 apl. Prof.; 1960 komm. Dir.) u. Freiburg (1976 o. Prof. u. Ärztl. Dir. Abt. Andrologie). S. 1978 eig. Facharzt-Praxis. 1962-82 Leit. Arbeitsgem. Malignes Melanom d. DFG; 1975-83 Präs. Dt. Ges. z. Bekämpf. d. Geschlechtskrankh. - BV: Statistische Urteilsbildung, 1951 (m. H. Gebelein); Gonorrhoe u. Syphilis, Lehrb. 1976 (m. H. Walther); Männerheilkunde, Lehrb. d. Androl., 1980 (m. H. Wokalek). Zahlr. fachwiss. Veröff. auch in Lehr- u. Handb. Mitbegr. d. Ztschr. EDV in Medizin u. Biologie, u. Aktuelle Dermatologie - 1967 silb. Ehrennadel d. Dt. Ges. f. Dokumentation; 1967 Ehrenmitgl. Dän. Dermatol. Ges.; Ehrenmitgl. deutschspr. mykolog. Ges.; 1988 Ehrenmitgl. d. Dt. Ges. f. Andrologie; 1967 korr. Mitgl. Poln. Dermatol. Ges. - Spr.: Engl.

HEITFELD, Karl-Heinrich
Dr. rer. nat., em. Univ.-Prof. f. Ingenieur- u. Hydrogeologie TH Aachen - Reimserstr. 55, 5100 Aachen - Geb. 3. Nov. 1924 Hamm/Westf. (Vater: Karl H., Malermstr. †; Mutter: Wilhelmine, geb. Schelte †), ev., verh. s. 1953 m. Dr. Hildegard, geb. Patt, 3 Kd. (Gabriele, Martin, Michael) - Staatl. Aufbauschule Unna/Westf., Stud. Univ. Münster (Dipl.-Geol. 1951, Promot. 1952), Habil. 1966 TH Aachen - 1952 Gewerkschaft Brigitta, Hannover (Erdöl), 1953-65 Ruhrtalsperrenverein, Essen, 1965-70 selbst. Ingenieurbüro, Olpe, Ingenieurbüro Prof. Heitfeld - Prof. Schetelig - Dr.-Ing. Heitfeld - BV: Talsperren, 1991. Herausg.: Ingenieurgeol. Probleme im Grenzbereich zw. Locker- u. Festgesteinen, 1985; Ca. 130 wiss. Veröff. - Spr.: Engl.

HEITJANS, Albert
Bürgermeister a.D. Stadt Emsdetten - Goldbergweg 64, 4407 Emsdetten - Geb. 18. April 1914 Emsdetten, kath., verh. s. 1944 m. Josefa H., 4 Kd. - 1928-37 Weber; n. Kriegsdst. 1947-77 Gewerkschaftssekr., ab 1951 Geschäftsf. Gew. Textil-Bekleid. Verw.-Stelle Emsdetten-Borghorst, 1946-84 Ratsmitgl. Stadt Emsdetten, 1964-72 stv. Bürgerm., 1972-84 Bürgerm. - 1984 Ehrenbürger Stadt Emsdetten.

HEITJANS, Paul
Dr. rer. nat., Prof. f. Physikal. Chemie Univ. Hannover (s. 1987) - Callinstr. 3a, 3000 Hannover 1 - Geb. 27. Juni 1946 - Promot. 1975 Heidelberg, Habil. 1983 Marburg (Physik) - Ausw. Mitgl. Inst. f. Festkörperforsch. KFA Jülich.

HEITKÄMPER, Peter
Dr., Prof. Univ. Münster - Janningsweg 49, 4400 Münster - Geb. 2. Mai 1943 Münster, kath., verh. s. 1968 m. Marianne, geb. Berger, 2 T. (Edith, Cordelia) - Univ. Innsbruck, Paris, Bochum - Univ.-Prof.; 1978 Gastprof. Sorbonne. EIP (Unterorg. d. Unesco); s. 1982 Vors. AG Friedenspäd. Dt. Ges. f. Erziehungswiss. - BV: Personalitätsbegriff Hamelin, 1971; Friedenserzieh. als Lernproz., 1976; Wortschatzunters. Kinderspr., 1977; Engagement z. Frieden, 1980. Herausg.: Neue Akzente d. Friedenspäd. (1984); Allgemeinbildung im Atomzeitalter (1986) - Liebh.: Klavier u. Orgel - Spr.: Franz., Span., Engl.

HEITKAMP, Engelbert
Dr.-Ing., Dr. rer. pol., Gesellschafter u. Vors. d. Geschäftsfg. Unternehmensgruppe Heitkamp - Langekampstr. 36, 4690 Herne 2 (T. 02325 - 57 00) - Geb. 13. Nov. 1947 Bochum, ev., verh. s. 1974 m. Monika, geb. Bontempi, 3 Kd. (Engelbert, Anne, Robert) - Dipl.-Ing. 1974 TU Hannover, Dipl.-Wirtsch.-Ing. 1976 TU München, Promot. (Dr.-Ing.) 1976 Hannover, Promot. (Dr. rer. pol.) 1978 München - Honorarkonsul Rep. Peru f. NRW. Lehrbeauftr. Ruhr-Univ. Bochum; Vizepräs. IHK Bochum; AR GEA AG, Bochum. Fachveröff. - Spr.: Engl.

HEITMANN, Klaus
Dr. phil., Dr. h.c., o. Prof. f. Roman. Philologie - Hausackerweg 3b, 6900 Heidelberg (T. 2 32 55) - Geb. 5. Juli 1930 Mülheim - Univ. Köln, Freiburg/Br., Pisa - Promot. 1955 Freiburg; Habil. 1963 Marburg - S. 1964 Ord. TU Berlin, Univ. Marburg (1965) u. Heidelberg (1971) - BV: Fortuna u. Virtus - E. Studie zu Petrarcas Lebensweisheit, 1958; Ethos d. Künstlers u. Ethos d. Kunst, 1962; D. Immoralismus-Prozeß gegen d. franz. Lit. im 19. Jh., 1970; Renatae litterae, 1973; D. franz. Roman, 2 Bde. 1975; D. franz. Theater d. 16. u. 17. Jh., 1977; D. franz. Realismus von Stendhal bis Flaubert, 1979; Neues Handbuch d. Literaturwiss., Bd. 15, 1982; D. Rumänenbild im dt. Sprachraum, 1986; Rumänisch-deutsche Interferenzen, 1986. Mitherausg.: Archiv f. d. Stud. d. neueren Sprachen u. Lit.; Studia romanica; Südosteuropa in d. Wahrnehmung d. dt. Öffentlichkeit v. Wiener Kongreß b. z. Pariser Frieden, 1990 - Ehrendoktor Univ. Bukarest; Ehrenmitgl. Rumänischer Schriftst.verb.; 1991 Grand Prix de l'Académie du rayonnement du français.

HEITMANN, Steffen
Staatsminister d. Justiz Land Sachsen, Oberkirchenrat a. D. - Archivstr. 1, O-8060 Dresden (T. 5022 - 467/468) - Geb. 8. Sept. 1944 Dresden, ev., verh. s. 1965 m. Christine H. (Bildhauerin), 2 Kd. (Ulrike, Tilman) - Abit. 1963; Stud. Theol. u. Altphilol. 1964-69 Univ. Leipzig; Kirchenjur. Stud. 1975-80 b. d. Ev.-Luth. Landeskirche Sachsen; 1980 1., 1981 2. Kirchenjur. Ex. - 1971-73 Stud.-pfarrer in Dresden; 1973-82 Ref. im Ev.-Luth. Landeskirchenamt Sachsen; 1978-80 Absolventenpfarrer; 1982-90 Leit. d. Bezirkskirchenamtes Dresden - Liebh.: Bild. Kunst (bes. Malerei); Wandern in d. Sächs. Schweiz; Lyrik v. Hölderlin b. Benn; Dresdner Stadtgesch.

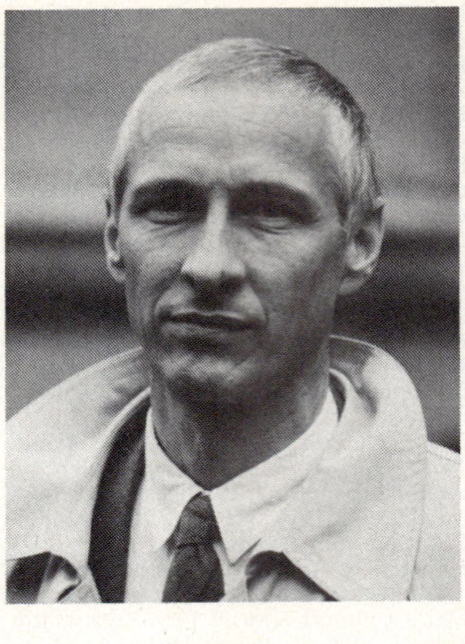

HEITSCH, Ernst
Dr. phil., o. Prof. f. Klass. Philologie - Mattinger Str. 1, 8400 Regensburg (T. 3 19 44) - Geb. 17. Juni 1928 Celle (Vater: Ernst H., Vermessungsoberinsp.; Mutter: Luise, geb. Meineke), ev., verh. s. 1961 m. Paula, geb. Sötemann, 3 Kd. (Christian, Dorothea, Fabian) - Gymn.; Stud. Klass. Philol., Phil., Theol. Promot. 1955; Habil. 1960 - 1960 Privatdoz. Univ. Göttingen, 1966 apl. Prof. ebd., 1967 Ord. Univ. Regensburg; 1977 ord. Mitgl. d. Akad. d. Wiss. u. d. Literatur - BV: D. griech. Dichterfragmente d. röm. Kaiserzeit, 2 Bde. 1961/64 (I 2. A. 1963); Aphroditehymnos, Aeneas u. Homer, 1965; Hesiod, 1966; Ep. Kunstsprache u. homer. Chronologie, 1968; Gegenwart u. Evidenz b. Parmenides, 1970; D. Entdeckung d. Homonymie, 1972; Parmenides, 1974, 2. A. 1991; Parmenides u. d. Anfänge d. Erkenntniskritik u. Logik, 1979; Recht u. Argumentation in Antiphons 6. Rede, 1980; Xenophanes, 1983; Antiphon aus Rhamnus, 1984; Platon üb. d. rechte Art zu reden u. zu schreiben, 1987; Überlegungen Platons im Theaetet, 1988; Wollen u. Verwirklichen, 1989. Zahlr. Fachaufs.

HEITZ, Ewald
Dr. rer. nat. habil., Dipl.-Chemiker, Honorarprof. f. Physikal. Chemie Univ. Frankfurt/M., Leiter Abt. Werkstoffe u. Korrosion, Dechema-Inst., Generalsekr. d. Intern. Soc. of Electrochemistry - Zu erreichen üb. DECHEMA, Theodor-Heuss-Allee 25, 6000 Frankfurt/M. - Geb. 3. Juni 1931.

HEITZ, Walter
Dr. rer. nat., Prof. f. Polymere Univ. Marburg - Am Schmidtborn 5, 3575 Kirchhain - Geb. 6. Juli 1932 Mainz, verh. s. 1960, S. Thomas - Chemiestud. Univ. Mainz; Promot. 1960; Habil. 1968 - 1974 Prof. f. Makromolekulare Chemie Univ. Marburg; 1985-89 Vice-Pres. d. Polymer Division d. Intern. Union of Pure and Applied Chemistry, ab 1989 Pres.

HEITZER, Willi
Vorstandsvorsitzender d. AOK-Bundesverbandes, u. d. AOK-Landesverb. Bayern - Schwanthalerstr. 64, 8000 München 2.

HEIZMANN, Adolf
Lehrer i. R., Schriftsteller - Eschenstr. 1, CH-4123 Allschwil - Geb. 20. Sept. 1911 Thalwil b. Zürich, protest., verh. s. 1937 m. Gertrud, geb. Schweizer, 2 Kd. - Primar-, Real- u. Oberrealsch. Basel; Lehrersem. Schiers. Lehrerdiplom 1931 Glarus - B. 1972 Hilfssch. f. entwicklungsgehemmte Kinder u. Mädchensekundarsch. (1962), beide Basel - BV (1946-58 s. XVIII. Ausg.): Treffpunkt Salling, Jgd.erz. 1962; In Grado fing es an, Jgd.erz. 1969; Wirbel um Anita, Jgd.erz. 1969; D. Fische sind an allem schuld, Jgd.erz. 1971; Flug in d. Vergangenheit, Erz. 1973. Div. Hörsp. - 1956 Jugendbuchpreis d. Basler Schulsynode, u. Anerkennungspr. d. Schweiz. Jugendschriftenwerks; 1976 Ehrenmitgl. Schweiz. Heilpäd. Ges.

HEIZMANN, Lieselotte,
geb. Stumpf
Verlegerin Uhu-Presse Merzhausen Lieselotte Heizmann (s. 1976) - Alte Str. 17, 7802 Merzhausen b. Freiburg (T. 0761 - 40 53 18) - Geb. 25. Aug. 1920 Offenbach/M., ev., verh. s. 1952 m. Theodor H., Schreinermeister, Sohn Lothar - Abit. 1938 Offenbach/M.; Ausb. b. d. Dichter Dr. Fritz Usinger, Mitgl. in versch. Ges. - Herausg.: Alterswerk v. Fritz Usinger, u.a. Große Elegie; Gesänge jenseits d. Glücks, Ged. d. J. 1976; D. geflügelte Sandale (1927); Endlose Wirklichkeit; Grund u. Abgrund, Ged. aus d. J. 1977/78; Rückblick u. Vorblick, Aufs.; Atlas, Ged. aus d. J. 1978 u. 1979; Alphabet-Gedichte; Miniaturen; Huldigung f. Hans Arp; Fritz Usinger Werke: Friedberger Ausgabe, hrsg. v. S. Hagen, e. Veröff. d. Uhu-Presse, angel. auf 6 Bde.; Siegfried Hagen: Chimärische Gesch., Wunderbar ist d. Wahrheit u. Einige Ged. (1985); Eigener Anteil, Ged. (1987); Rede f. Gotthard de Beauclair, 1988 - Liebh.: Lit. - Spr.: Franz., Engl. - Lit.: Kürschners Dt. Literaturkalender.

HEKTOR, Erich
Dr.-Ing., em. o. Prof. f. Geodäsie (Lehrstuhl II) u. ehem. Direktor Geodät. Inst. TH Aachen - Freiherrenstr. 9, 5100 Aachen (T. 1 45 10) - Geb. 22. Mai 1921 Hofgeismar (Vater: Wilhelm H., Justizbeamter; Mutter: Margarete, geb. Kühn), ev., verh. s. 1951 m. Dr. Gisela, geb. Caselitz, 2 Söhne (Klaus, Jens) - Gymn. Bad Hersfeld (Abit. 1939); Univ. Jena (1943; Naturwiss.) u. Bonn (1946-49; Geodäsie). Dipl.-Ing. 1949; Promot. 1955 - 1955-68 Hess. Kataster- u. Vermessungsverw. (zul. Regierungsvermessungsdir. Landesvermessungsamt). 1965ff. Lehrbeauftr. TH Darmstadt. Mitgl. Dt. Geodät. Kommiss. b. d. Bayer. Akad. d. Wiss. (s. 1969). Spez. Arbeitsgeb.: Automatisierung vermessungstechn. Berechnungen, Sonderanwendungen d. Photogrammetrie - 1989 Gold. Sportabz. mit d. Zahl 10 - Liebh.: Tennis - Lit.: Veröff. d. Geod. Inst. d. RWTH Aachen Nr. 40, 86.

HELBICH, Peter
Pfarrer, Direktor Evang. Buchhilfe - Heideweg 32, Pf. 31 80, 3502 Vellmar (T. 0561 - 82 60 81) - Geb. 1. Juni 1937 Bad Steben (Vater: Hans-Martin H., D. theol. Generalsuperintendent; Mutter: Marianne, geb. Kleiber), ev., verh. s. 1963 m. Edda, geb. Neumann, 4 Kd. (Hans-Martin, Christian, Marianne, Ulrike) - Stud. Theol. Erlangen, Wien u. Berlin - Autor mehrerer Bücher üb. Sprache, Meditation, Gebet, Text-Bild-Bde. Herausg. v. Fachb., Anthol. u.a.

HELBICH, Wolfgang
Dr. phil., Prof. f. Neuere Geschichte (bes. Nordamerikas) Univ. Bochum - Äskulapweg 2, 4630 Bochum 1 (T. 0234 - 70 22 37) - Geb. 24. März 1935 Berlin (Vater: Hans H., Arzt; Mutter: Gertraud, geb. Carras), verh. in 2. Ehe m. Dr. Ursula, geb. Lehmkuhl, 4 Kd. (aus 1. Ehe Hans, Thomas, aus 2. Ehe Elisabeth, Peter) - Abit. Berlin-Steglitz, 1953-60 FU Berlin, Heidelberg, Paris u. Princeton (Gesch., Angl., Roman.), BA Princeton 1958, Staatsex. Berlin 1960, Promot. FU Berlin 1962; 1964-66 American Council of Learned Societies fellow - BV: D. Reparationen in d. Ära Brüning, 1962; Franklin D. Roosevelt, 1971; Briefe aus Amerika, 1988; Alle Menschen sind dort gleich, 1988; News from the Land of Freedom, 1991 - Liebh.: Ski, Übersetzungen - Spr.: Engl., Franz., Ital.

HELBIG, Gerd
Dr. phil., Fernsehjournalist - Zu erreichen üb. ZDF, Postf. 4040, 6500 Mainz 1 - 1973-75 USA-Korresp., 1975-80 Moderator auslandsjournal, 1980-84 Nah-

ostkorresp., 1985 Moderator Heute Journal, s. 1986 USA-Korresp.

HELBIG, Hans-Dieter

Dr. med., Prof., Chefarzt Chirurg. Abt./ Städt. Kinderklinik Köln - Im neuen Forst 38, 5038 Hahnwald (T. 09296 - 6 47 56) - Geb. 17. Juni 1924 Braunschweig - S. 1961 (Habil.) Lehrtätigk. Univ. Würzburg (1967 apl. Prof.) u. Köln (apl. Prof.; Chirurgie, insb. Kinderchir.). Fachveröff.

HELBIG, Ludwig

Dr. phil., Prof. f. Wiss. Politik u. Gemeinschaftskunde PH Ludwigsburg a. D. - Stoltzestr. 11, 6078 Neu-Isenburg - Geb. 10. Febr. 1925 Reichstädt (Eltern: Georg (Lehrer) u. Elisabeth H.), verh. s. 1950 m. Helga, geb. Ryssel, 2 Kd. (Ulrike, Ekkehard) - 1953 Studienrefer.; 1956 -ass.; 1959 -rat; 1968 Oberstudienrat; 1970 Prof. - BV: Politik im Aufriß, Bd. I 6. A. 1981, II 4. A. 1981; Lernfeld Sozialisation, 1977; Lernf. 3. Welt, 1978; Sozialisation. E. Einführung, 1979; Politik im Aufriß 5/6, 1982; „Und sie werden nicht mehr frei, ihr ganzes Leben". Kindheit u. Jugend im 3. Reich, 1982; Mythos Deutsch-Südwest, 1983 (zus. m. Helga H.); Politik im Aufriß, Ausg. B. 1985 (II); Schule u. Erziehung gegen Apartheid. Befreiungspäd. in Südafrika (zus. m. N. Alexander), 1988.

HELBIG, Reinhard

Dr. rer. nat., Prof. f. Physik Univ. Erlangen-Nürnberg (s. 1979) - Zeppelinstr. 23a, 8520 Erlangen (T. 09131 - 1 63 84) - Geb. 6. Juli 1938 Bad Wilsnack, ev., verh. s. 1961 m. Ingeburg, geb. von Kovatsits, 2 Kd. - 1956-64 Physikstud. Berlin u. Erlangen; Promot. 1970; Habil. 1976 - Ab 1964 wiss. Assist. Univ. Erlangen; 1984 Forschungsaufenthalt in d. Industrie - Spr.: Engl., Russ.

HELBING, Friedrich

Dr. med., Arzt f. Arbeitsmedizin, 1. Vorsitzender d. Verbandes Dt. Betriebs- u. Werksärzte e.V., Berufsverb. Dt. Arbeitsmediziner, Karlsruhe - Zu erreichen üb. Daimler-Benz AG, Postf. 2 26, 7032 Sindelfingen (T. 07031 - 90/25 05 - Geb. 12. Jan. 1939, verh. - Staatsex. 1963 Humanmed.; Promot. 1964, beides Heidelberg - Ltd. Werksarzt d. Daimler-Benz AG.

HELBLING, Hanno

Dr. phil., Leiter Feuilletonredakt. Neue Zürcher Zeitung (NZZ) - Steinwiesstr. 21, CH-8032 Zürich (T. 01 251 95 28) - Geb. 18. Aug. 1930 Zuoz (Engadin), ref., verh. s. 1955 m. Barbara, geb. Gloor, 3 Kd. (Niklaus, Regine, Ursula) - Promot. 1953 Univ. Zürich (Gesch.) - Weit. Stud. Neapel, München, Rom - S. 1958 NZZ - BV: Arb. z. mittelalterl. u. z. neuesten Kirchen- u. Geistesgesch.; Übers. franz., ital. u. engl. Lit. - 1986 Johann-Heinrich-Voss-Preis Dt. Akad. f. Spr. u. Dichtung; 1987 Petrarca-Übersetzerpreis; 1989 Dr. h. c. Univ. Freiburg (Schweiz).

HELCK, Hans-Wolfgang

Dr. phil. (habil.), o. Prof. f. Geschichte u. Kultur d. Alten Orients - Knockenholt 5, 2000 Hamburg 65 (T. 536 25 44) - Geb. 16. Sept. 1914 Dresden - 1951 Privatdoz. Univ. Göttingen; 1957 apl., 1963 o. Prof. Univ. Hamburg - BV: D. Einfluß d. Militärführer in d. 18. ägypt. Dynastie; Beamtentitel d. Alten Reiches; Manetho u. d. ägypt. Königslisten; Urkunden d. 18. Dynastie; Verw. d. Mittleren u. Neuen Reiches; Bezieh. Ägyptens zu Vorderasien; Betrachtungen z. Gr. Göttin; D. altägypt. Gaue; Politische Gegensätze im Alten Ägypten; Unters. u. Thinitenzeit.

HELD, Christa,

geb. Fleischmann

Schriftstellerin (Ps. Ruth Flensburg) - Bayernring 28, 1000 Berlin 42 (T. 030 - 786 13 14) - Geb. 12. Aug. 1929 Riga, ev.-freikirchl., verh. s. 1950 m. Wolfgang H., 3 Kd. (Cornelia, Christian, Claus-Martin) - Obersch. East-London/Süd-Afrika (ohne Abschl.), Höh. Handelssch. Berlin; Senatsausb. als Lehrerin (1. u. 2. Staatsex.). Kinder- u. Frauenarb. in der Kirche - BV: Nachtwache d. Eva Billinger, 1965; Aufruhr in d. Neunten, 1960 u. 79; Dodo, 1963; Pardon - ich komm' wohl etwas überraschend, 1983; Hast Du mir was mitgebracht, 1984; Können Engel Auto fahren?, 1987; div. Übers. aus d. Engl. - Liebh.: Lesen - Spr.: Engl. - Bek. Vorf.: Pastor Erich Fleischmann, bek. See- u. Landschaftsmaler in Süd-Afrika.

HELD, Ernst

Unternehmer, Präs. Handwerkskammer Konstanz, Kreisrat - Münsterplatz 3, 7750 Konstanz/B. - Geb. 16. April 1919 - Mitgl. Rundfunkrat SWF.

HELD, Günter

Dr. jur., Botschafter Vereinigte Arabische Emirate Abu Dhabi - Postf. 1500, 5300 Bonn 1 - Geb. 20. Juni 1935 Bernburg (Vater: Wilhelm H., Studienrat; Mutter: Margarete, geb. Fischer), ev., verh. s. 1982 m. Angelika, geb. Malek, 2 Töcht. (Claudia, Candida) - Stud. Rechts- u. Wirtschaftswiss. I. Jurist. Staatsex. 1957; Promot. 1963 - Botschaften Tunis, Beirut, Kairo, Djidda, Freetown; 1972-76 Botschaft. Sanaa/ Aden, Ausw. Amt, 1979-83 Botsch. Tripolis, 1983-87 Kampala; s. 1987 Botsch. Abu Dhabi - Spr.: Engl., Franz., Arab.

HELD, Heinz Joachim

Dr. theol., Dr. h. c., Bischof, Präsident im Kirchenamt d. Ev. Kirche in Deutschl., Leit. d. Hauptabt. Ökumene u. Auslandsarb. (Kirchl. Außenamt) - Herrenhäuser Str. 12, 3000 Hannover 21 - Geb. 16. Mai 1928 Wesseling/Rh. (Vater: Heinrich H., Pfarrer, zul. Präses d. Ev. Kirche im Rhld.; Mutter: Hildegard, geb. Röhrig), ev., verh. s. 1959 m. Anneliese, geb. Novak, 4 Kd. (Annedore, Ulrike, Beate, Joachim) - Goethesch. Essen, Stud. Theol. Wuppertal, Göttingen, Heidelberg, Bonn. Promot. 1957 Heidelberg - 1953-56 Assist. Kirchl. Hochsch. Wuppertal, 1957-64 Pfarrer in Friedrichsfeld/Ndrh., 1964-68 Theol. Lehrer a. d. Luth. Fakultät in José C. Paz b. Buenos Aires, 1968-74 Kirchenpräs. Ev. Kirche am La Plata in Buenos Aires, 1983-91 Moderator Zentralaussch. d. Ökumenischen Rates d. Kirchen, Genf - BV: Matthäus als Interpret d. Wundergesch., in Überlief. u. Ausleg. im Matthäusevangelium, 1960 (m. G. Bornkamm, G. Barth) - 1985 Ehrendoktor Ev. (Luth.) Theol. Akad. Budapest - Spr.: Engl., Span.

HELD, Hubert

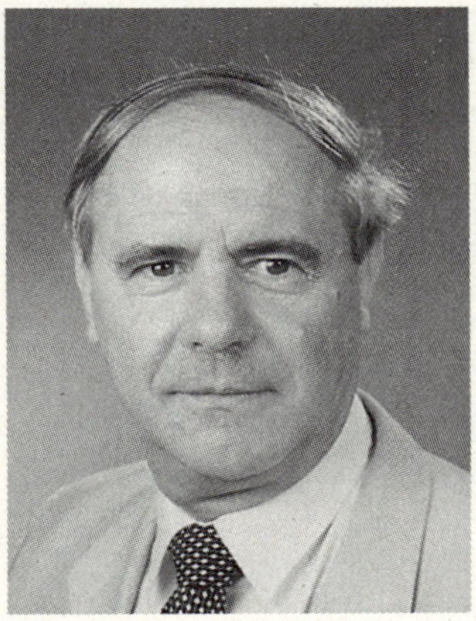

Dipl.-Volksw., Schriftsteller - Alte Landstr. 24, 7400 Tübingen 2-Weilheim - Geb. 1926 - Stud. Volksw. u. Pharmazie Univ. Freiburg - BV/Lyrik: Klagende Gitter, 1974; D. Kreis, 1975; Fallende Engel, 1976; D. schwarze Nachtigall, 1977; Verbrannte Erde, 1980; Landleben, 1982; Heimatlos, 1983; Um d. Taubergießen, 1986; D. gläserne Dach, Erz. 1988; Matrosen, wenn sie sterben, R. 1990; D. gläserne Dach, Erz. 1992 - 1985 AWMM-Lyrikpreis.

HELD, Julius S.

Dr. phil., em. Prof., Kunsthistoriker - 81 Monument Ave. Bennington, Vt. USA. 05201 - Geb. 15. April 1905 Mosbach/ Baden - Stud. Heidelberg, Berlin, Wien, Freiburg - 1931-33 Assist. Berliner Museen; 1934 emigr.; 1935-41 Lecturer, New York Univ.; 1937-44 Barnard College, Columbia Univ.; 1944-50 Assist. Prof. Barnard College, Columbia Univ.; 1950-54 Assoc. Prof. u. 1954-70 Prof. ebd.; 1967-70 Chairman Art History Department. 1944 Visiting Lecturer, Bryn Mawr College, 1946-47 The New School, 1954 u. 1958 Gastprof. Yale Univ., 1969 u. 1974 Clark Prof. of Art, Williams College, 1972-73 Andrew W. Mellon Prof., Pittsburgh Univ., 1975-81 Gastprof. Williams College - BV: Rubens in America (m. Jan-Albert Goris), 1947; Rubens, Selected Drawings (2 vols.), 1959, 2. vergrösserte Ausg. 1986; Rembrandt's Aristotle and Other Rembrandt Studies, 1969; 17th and 18th Century Art; Baroque Painting, Sculpture and Architecture (m. Donald Posner), 1972; The Oil Sketches of Peter Paul Rubens, 1980; Rubens and His Circle (A Collection of Ess.), 1982; Flemish and German Paintings of the 17th Century in the Detroit Inst. of Arts, 1982; Rembrandt-Studien, Seemann-Beitr. z. Kunstwiss., 1983; Rubens Studien, Seemann-Beitr. z. Kunstwiss., 1987. Üb. 100 Art. in führenden Kunstperiodika - 1972 Doctor of Letters h.c. Williams College; 1977 Doctor of Letters h. c. Columbia Univ.; 1982 Governor's Award for Excellence in the Arts (Vermont); 1983 Doctor of Fine Arts, Dickinson College; 1986 Ehrendoktor Univ. Heidelberg; 1986 Honorary Fellow, Pierpont Morgan Library, New York; 1988 Doctor of Letters, Sothern Vermont College, Bennington. Div. Mitgliedsch. in intern. Kunstvereinig.

HELD, Jutta

Dr., Prof. f. Kunstgeschichte Univ. Osnabrück - Voigts-Rhetz-Str. 1a, 4500 Osnabrück - Stud. Univ. Tübingen, Freiburg, Madrid u. Hamburg - Prof. Queen's Univ. Kingston/Kanada; Gastprof. Los Angeles - BV: D. Genrebilder d. Madrider Teppichmanufaktur u. d. Anfänge Goyas, 1971; Francisco Goya, 1980; Kunst u. Kunstpolitik in Deutschl. 1945-49, 1981; A. Watteau, Einschiffung nach Kythera, 1985; Monument u. Volk, 1990; u. a. Veröff. üb. Kunst d. 17.-20. Jh. Herausg.: Kunst u. Alltagskultur (1981); Kultur zw. Bürgertum u. Volk (1983); Kunst u. Kultur v. Frauen (Loccumer Protokolle 1/85, 1985); Frauen im Frankr. d. 18. Jh. (1989); D. Spanische Bürgerkrieg u. d. bildenden Künste (1989).

HELD, Klaus

Dr. phil., Prof. f. Philosophie GH Wuppertal (s. 1974) - Worringer Str. 57, 5600 Wuppertal 1 - Geb. 1. Febr. 1936 Düsseldorf (Vater: Josef H., Gebrauchsgraphiker; Mutter: Lieselotte, geb. Steinkuhl), kath., verh. s. 1963 m. Margret, geb. Albert, 3 Kd. (Angela, Bettina, Georg) - Wilhelm-Dörpfeld-Gymn. Wuppertal; Univ. München, Freiburg/Br., Bonn, Köln (Klass. Philol., Phil.). Promot. (1962) u. Habil. (1969) Köln - 1971-74 Wiss. Rat u. Prof. TH Aachen; 1985 Ruf an d. Univ. Tübingen - S. 1987 Präs. d. Dt. Ges. f. phänomenologische Forsch. - BV: Lebend. Gegenwart, 1966; Heraklit, Parmenides u. d. Anfang v. Phil. u. Wiss., 1980; Stato, interessi e mondi vitali, 1981; Treffpunkt Platon. Phil. Reiseführer durch d. Länder d. Mittelmeers, 1990. Herausg. v. Werken E. Husserls u. M. Heideggers. Zahlr. Fachaufs.

HELD, Philipp

Dr. jur., Bayer. Staatsminister f. Justiz - Dr.-Radlmeier-Straße 1, 8050 Wolfersdorf 1 (T. dstl.: 089 - 5 59 71) - Geb. 2. Dez. 1911 Regensburg/Donau (Vater: Dr. phil. Dr. oec publ., Dr.-Ing. E. h. Heinrich H., Verleger (Verlag Josef Held), 1924-33 Bayer. Ministerpräs. (s. X. Ausg.); Mutter: Marie, geb. Habbel), kath., verh. s. 1939 m. Hedwig, geb. Peslmüller - Gymn. Metten; Univ. München, Erlangen, Berlin (Rechts- u. Staatswiss.). Gr. jurist. Staatsprüf. München - Gerichtsass. u. Amtsgerichtsrat Lindau u. Freising; 1940-45 Wehrdst.; 1945 Reg.srat Landratsamt Freising; 1945-66 Landrat Kr. Freising; s. 1966 bayer. Justizmin. 1954-75 MdL Bayern. 1960-66 Präs. Dt. Landkreistag. CSU - 1959 Bayer. VO., 1969 Gr. BVK m. Stern, 1974 Schulterbd. dazu; Goldmed. f. bes. Verdienste um d. kommunale Selbstverw; 1985 Bayer. Verfassungsmed. in Gold.

HELDMAIER, Gerhard

Dr. rer. nat., Prof. f. Tierphysiol. Univ. Marburg (s. 1982) - Im Hain 9, 3550 Marburg (T. 06421 - 28 34 09) - Geb. 3. Aug. 1941 Schrozberg, ev., verh. s. 1965 m. Margarete, geb. Herrmann, 2 S. (Wolfram, Clemens) - Stud. Univ. Tübingen (Biol., Chemie, Geogr.); Promot. (Zool.) 1969; Habil. 1975 München - 1976-82 Prof. f. Zool. Univ. Frankfurt; Sprecher Sonderforsch.-Bereich 305 Ökophysiologie Verarbeitung von Umweltsignalen - Zahlr. Veröff. in wiss. Fachztschr. (u.a. Nature, Science, I. comp. Physiol.) - Liebh.: Musik - Spr.: Engl.

HELDMANN, Horst

Dr. oec., Ministerialdirektor - Lommerwiese 17b, 5330 Königswinter/Rh. (T. 2 45 07) - Geb. 24. Jan. 1930 Würzburg (Vater: Josef H., Bundesbahnoberrat; Mutter: Irma, geb. Müller), kath., verh. s. 1959 m. Elfriede, geb. Pühler, 3 Söhne (Christian, Michael, Stephan) - Volkssch. Würzburg, Nürnberg, Stettin, 1940-49 Obersch. Stettin, Lohr/M., Nürnberg; 1949-52 Univ. Erlangen, 1957-58 Hochsch. f. Wirtschafts- u. Sozialwiss. Nürnberg (Promot. m. Prädikat). Jurist. Staatsprüf. 1953 u. 57 (m. Präd.) - B. 1959 Bundesbahn (zul. Bundesbahnrat u. Leit. Güterabfertig. Hamburg-Wandsbek), dann Bundesverkehrsmin. (1964 Oberreg.rat, 1966 -dir., 1969 Min.rat, 1972 -dirig., 1973 -dir. u. Leit. Zentralabteilung), AR-Mitgl. Ges. f. Nebenbetriebe auf Bundesautobahnen (Vors.), Rhein-Main-Donau AG u. Bayer. Lloyd AG - Liebh.: Literatur, Wandern, Sport (1947ff. Mitgl. 1. FC Nürnberg; 1951 bayer. Handballmeistersch.) - Spr.: Engl.

HELDMANN, Werner

Dr. phil., Prof. f. Erziehungswissenschaft Univ. Düsseldorf/Jena - Albecker Steige 32, 7900 Ulm (T. 0731 - 2 25 77) - Geb. 20. Dez. 1927 Remscheid - Promot. 1953 - Zul. Prof. Univ. Düsseldorf - BV: u. a. Ges. - Bildung - Schule, 1960; Lehrerausb. u. Bildungsplanung, 1973; Gymn. u. mod. Welt, 1980; Studierfähigk. - Ergebnisse e. Umfrage, 1984; Studierfähigkeit konkret (m. Finkenstaedt), 1989; Kultureller u. gesellschaftl. Auftrag v. Schule, 1990. Herausg.: Ausb. d. Lehrer an Gymnasien (1968); Studierfähigk. durch berufl. Ausbildung? (1986); Gymnasiale Bildung. Erziehung f. d. Lebenswelt (1988); Gymnasium: Freiheit f. Leistung - Fördern durch Fordern (1990).

HELDRICH, Andreas

Dr. jur., Prof. f. Bürgerl. Recht, Intern. Privatrecht, Rechtsvergl. u. -soziol. - Kolberger Str. 29, 8000 München 80 (T. 982 89 75) - Geb. 20. Jan. 1935 Jena (Vater: Prof. Dr. jur. Karl H., Ord. d. Rechte (s. X. Ausg.); Mutter: Lotte, geb. Salzer), kath., verw. - Gymn.; Stud. Rechtswiss. Jurist. Staatsprüf. 1957 u 61; Promot. 1959; Habil. 1965 (alles München) - 1958-62 wiss Assist. München; 1962-65 wiss. Ref. Hamburg; s. 1965 Ord. Münster (Dir. Inst. f. Rechtsvergl.) u. München (1972; Vorst. Inst. f. Intern. Recht); 1979-82 Vors. Wissenschaftsrat. 1988 Hon.-Prof. Wien - BV: D. allgemeinen Rechtsgrundsätze d. außervertragl. Schadenshaft im Bereich d. Europ. Gemeinsch., 1961; Intern. Zuständigkeit

u. anwendbares Recht, 1969; Gerechtigkeit als Beruf, 1982; Freiheit d. Wiss. - Freiheit z. Irrtum?, 1987. Mitarb.: Palandt, BGB (s. 33. A. 1974) - Spr.: Engl., Franz.

HELDT, Andreas
s. Pfeiffer-Belli, Erich

HELDT, Hans Walter
Dr. phil., Dipl.-Chem., Prof. f. Biochemie - Ludwig-Beck-Str. 5, 3400 Göttingen - Geb. 3. Jan. 1934 Berlin (Vater: Johann H., Rektor; Mutter: Charlotte, geb. Kratz), ev., verh. s. 1960 m. Fiona, geb. Stewart, 3 S. (Philipp, Oliver, Nikolaus) - Chemiestud. Innsbruck, Edinburgh, Marburg - 1970-78 Priv.-Doz. u. Prof. München; 1978 Prof. f. Biochemie d. Pflanze Univ. Göttingen. Forschungsgeb.: Mitochondrienstoffwechsel. Metabolittransport in Chloroplasten. Regulat. d. Photosynthese u. d. Zuckerstoffwechsels in grünen Pflanzenzellen. Zahlr. Veröff. u. a. in Biochimica Biophysica Acta u. Plant Physiology - O. Mitgl. d. Akad. d. Wiss., Göttingen.

HELDT, Hans-Joachim
Botschafter d. Bundesrep. in Tschad (s. 1984) - B.P. 893, N'Djamena-Tschad - Zul. Botsch. in Benin.

HELFENBEIN, Karl-August
Dr. phil., Prof. f. Erziehungswissenschaft (Schwerp. Päd. u. Didakt. d. Primarstufe) Univ. Gießen - Am Kalkofen 2, 6420 Lauterbach - Geb. 20. Aug. 1929 Lauterbach/Oberhess. (Vater: Georg H., Dipl.-Ing.; Mutter: Ida, geb. Holler), ev. - Abit. Aufbauschule Fulda 1948, PI Darmstadt 1949-52, Univ. Frankfurt 1952-60, Staatsprüf. 1952 u. 55, Promot. 1965 Frankfurt/M. - 1952-57 Lehrer in Dornheim u. Groß-Gerau, 1961-63 Assist. Comenius-Inst. Münster/W., 1963-67 Wiss. Assist., 1970 Oberstudienrat im Hochschuld., 1974 Prof. Univ. Gießen - BV: D. Sozialerzieh. d. Dürerschule Hochwaldhausen-Z. Geschichte u. Analyse e. reformpädag. Institution, 1986; Gr. Aufs. z. Syst. Erziehungswiss. u. Bildungsgesch. - Interess.: Phil., Mod. Lit., Gesch. - Liebh.: Schwimmen, Gartenarb., Gestalt. v. Essays f. Tageszig. - Spr.: Engl.

HELFER, Christian
Dr. jur., o. Prof. f. Vergl. Kulturwissenschaft Europas - Kapellenäckerstr. 3, 8000 München 50 (T. 14 24 87) - Geb. 8. März 1930 Plauen/Vogtl. (Vater: Dr. jur. Alfred H., Landgerichtsdir.; Mutter: Annemarie, geb. Sturm), ev., verh. s. 1960 m. Leonie, geb. v. Massow, 3 Kd. (Malte, Sarah, Afra) - Gymn. Plauen (1940-45) u. Bad Harzburg (1946-49); 1949-53 Stud. Rechtswiss. Erlangen u. Bonn; Promot. 1956 Bonn; 1958 Ass., 1959 Diplomé du Collège d'Europe, Bruges; 1959/60 Stud. neuere Gesch. Univ. Montreal; 1960-62 Assist. Hochsch. f. Sozialwiss. Wilhelmshaven; 1962-66 Assist. Univ. Göttingen, Habil 1966; ab 1966 Privatdoz. - S. 1969 Ord. Univ. Saarland - BV: Lexicon Auxiliare (dt.-lat. Wörterb.), 2. A. 1985; Kösener Brauch u. Sitte, 1987. Rechts- u. kriminalhist. Fachveröff. - 1978 Mitbegr. Societas Latina, Saarbrücken - Spr.: Engl., Franz., Span., Lat. - Liebh.: Schach - Bek. Vorf.: Clemens Müller (1828-1902), Industrieller Dresden (Urgroßv. ms.).

HELFFERICH, Rudolf
Dipl.-Ing., Dr.-Ing. E. h., Aufsichtsratsmitglied Gebhardt & Koenig Gesteins- u. Tiefbau GmbH, Recklinghausen - Rosa-Luxemburg-Str. 36, 4600 Dortmund - Geb. 7. Juli 1924.

HELFFERT, Maximilian
s. Görgen, Hermann M.

HELFRICH, Erwin
Kaufmann, Kompl. Nicoline Herrenwäschefabrik, Mannheim, Vors. Industrieverb. Wäsche- u. Hausbekleid., Bielefeld - Apfelstr. 9, 6941 Gorxheimertal/BW.

HELFRICH, Hans-Peter
Dr. rer. nat., Prof. f. Praktische Mathematik, Math. Sem. d. Landwirtschaftl. Fak. Univ. Bonn - Nußallee 15, 5300 Bonn 1.

HELFRICH, Heinz
Dr., Prof. f. Englisch, einschl. d. Didaktik, Erziehungswiss. Hochschule Rheinland-Pfalz/Abt. Landau (s. 1973) - Hussongstr. 18, 6750 Kaiserslautern - Geb. 22. Jan. 1935 Lemberg/Pf. - Promot. 1971.

HELFRICH, Rudolf

Dipl.-Volksw., Bundesgeschäftsführer Bildungswerk d. DAG u. Dt. Angestellten-Akad. (DAA), Geschäftsf. Bildung u. Reisen GmbH - Zu erreichen üb. Bildungswerk d. DAG, Holstenwall 5, 2000 Hamburg 36 - Geb. 28. Febr. 1953 Köln (Vater: Valentin H., Techn. Angest.; Mutter: Sibilla, geb. Diefenbach), ledig - 1976-79 Stud. Volks- u. Betriebswirtsch., Soziol. u. Rechtswiss. Hochsch. f. Wirtsch. u. Politik Hamburg - Zahlr. Auslandsreisen, u. a. nach Japan, China, Malaysia, Singapur, Indien, Nepal, Ägypten, Sowjetunion, Nord-, Mittel- u. Südamerika; stv. AR-Vors. DAG-Technikum GmbH; stv. Vors. DAG-Bildungswerk f. kulturelle u. polit. Bildung in Hamburg; Vorst. Verein z. Förderung d. berufl. u. sozialen Integration; 1983-85 Vors. Dt. Bundesjugendring u. 1985 stv. Vors. Nat. Kommiss. f. d. Intern. Jahr d. Jugend (IJJ).

HELGE, Hans
Dr. med., o. Prof. f. Kinderheilkunde FU Berlin (gf. Dir. Kinderklinik/Kaiserin-Auguste-Victoria-Haus) - Heubnerweg 6, 1000 Berlin 19; priv.: Oldenburgallee 7.

HELIAS, Siegfried

Kommunikationsberater, Mitgl. d. Abgeordnetenhauses v. Berlin (s. 1985) - Britzer Damm 77, 1000 Berlin 47 (T. 030 - 606 57 19) - Geb. 28. Dez. 1943, verh. s. 1969 m. Annegrit, geb. Heyde, T. Tania - 1963 Gesellenprüf. u. 1967 Meisterprüf. Friseurhandwerk - 1968 Werbeleit., 1970 Werbeberat., 1971-75 Werbefachmann u. Texter; s. 1976 freiberufl. Kommunikationsberat.; s. 1989 arbeitsmarktpolit. Sprecher d. CDU-Fraktion; 1990 Gründ.vors. d. Mittelstandsberat.vereins MBV; 1992 stv. AR-Vors. d. Beteiligungsges. Berlin - Herausg. u. Mitautor d. Fachbuchreihe Zehn x 10 Erfolgstips; Subventionsführer f. d. neue Bundesländer (Mitautor) - Spr.: Engl. - Lit.: Pavel Sticha: Erfolg ist kein Zufall (1991).

HELL, Harald
Dr. phil., Hypnose-Therapeut, Traumanalytiker, Doz. Akad. f. Heilpädagogik München - Seydlitzpl. 6, 8000 München 50 (T. 089 - 14 53 46) - Geb. 18. Febr. 1936 München, kath., verh. s. 1961 m. Irmentraud, geb. Lauer, 2 S. (Bernhard, Lothar) - Stud. Phil., Soziol., Päd., Psych. Univ. München (Promot. 1970); Hypnoseausb. u.a. IAP-Inst. München; Ausb. f. Autogenes Training: Unterstufe u. Oberstufe - Tätigk.: Hypnose, Traumanalyse, Kurse f. Autogenes Training (Unter- u. Oberstufe) f. Erwachsene u. Kinder - Liebh.: Schach.

HELL, Rudolf
Dr.-Ing., Dr.-Ing. E. h., Fabrikant (Nachrichtengeräte, Elektron. Satz- u. Reproduktionstechnik) - Bismarckallee 6, 2300 Kiel - Geb. 19. Dez. 1901 Eggmühl (Vater: Karl H., Amtm.; Mutter: Lidwina, geb. Meyringer), verh. I) m. Martha, geb. Pahlke, II) 1968 m. Jutta, geb. Remme, T. Veronika - TH München. Promot. München (Diss. üb. Funkpeilung) - S. 1929 eig. Fa. Berlin u. Kiel (1947; 1971 GmbH, Verkauf an Siemens AG; b. 1972 gf. Gesellsch., dann AR-Vors.). Viele Erf., dar. Bildzerlegerröhre f. d. Fernsehen (1925) u. Hellschreiber (1929) - 1962 Goldmed. d. Photogr. Ges. Wien; 1967 Gr. BVK, 1980 Stern dazu; 1968 Ullstein-Ring u. Kieler Kulturpreis; 1973 Ehrendoktor Univ. München; 1977 Gutenbergpreis Stadt Mainz; 1978 Werner-v.-Siemens-Ring; 1980 Ehrenvors. AR Dr.-Ing. Rudolf Hell GmbH; 1980 Robert F. Reed-Technology-Med.; 1981 Med. f. Verdienste um d. graf. Ind.; 1987 Aufn. in d. Erfindergalerie d. Dt. Patentamt, München; 1979 Ehrenbürger Univ. Kiel; 1981 Ehrenbürger Stadt Kiel - Liebh.: Segeln (Mitgl. KYC) - Spr.: Engl.

HELLBERG, Dagmar
Schauspielerin u. Sängerin - Waldtrudeninger Str. 29, 8000 München 82 - Geb. 17. Jan. Karlsruhe, ev., verh. s. 1980 m. Dr. phil. Helmut Schorlemmer, Regiss. - Als Kind div. Auftritte b. Funk u. TV im In- u. Ausl. gem. m. d. Eltern; 1965-72 Klavier-, Gesangs- u. Harmonielehreunterr.; Abit.; 1975-78 Stud. Univ. Heidelberg u. München; 1981-83 Schauspielsch. Ruth v. Zerboni, Ballettstud. in Klassik-, Jazz- u. Stepptanz u.a. b. William Milié, Pantomime b. Samy Molcho, Wien u. Andy Geer, alle München - S. 1978 Sängerin in Mchn. Musikstudios; 1979 Gründungsmitgl. d. Vokalgr. The Hornettes; später Jazz-Rockformation Panarama, sow. Gastsängerin b. versch. Plattenprodukt. u.a. f. K. Doldinger, Michael Kunze, Milva, M. Müller-Westernhagen, Stefanie Werger; 1981-85 Moderat. b. BR (Pop nach 8, Nachtrock Intern.), b. WDR (Show-Mix); s. 1981 fr. Schausp. u. Sängerin an versch. Bühnen in Dtschl., Österr. u. Schweiz, u.a. in Andre Hellers Flic-Flac (1981), Dreigroschenoper (1982), Trojan. Krieg (1983), John Hopkins' Losing Time (1986). Musicals: Titelrolle in Evita 1986/87/90; Berlin, Theater d. Westens in d. Musicals Guys & Dolls u. Company (Regie: H. Baumann), 1984-86; als Nancy in Oliver (Regie: Prof. A. Everding), 1987; Fantine in Les Misérables, Vereinigte Bühnen Wien (Regie: G. Edwards/T. Nunn) u. als Nachtclubsängerin/Eriks Mutter in UA Freudiana, Theater a. d. Wien (Regie: P. Weck), 1989-92. Mitwirk. in TV-Musikshows u.a. RTL-Plus, WWF-Club, Aktuelle Schaubude, als Schausp. in TV-Prod. u.a. Der Alte, Hess. Geschichten, Lukas & Sohn, Hotel Paradies, Plattenaufn. als Solistin, als Mitgl. d. o.a. Gruppen, sowie in dt. Originalaufn. d. Musicals Chess u. Freudiana - Liebh.: Musik, Tanz, Sport - Spr.: Engl., Franz. - Vorf.: Hellberg-Duo, bek. dt. Gesangsduo (Eltern).

HELLBORN, Klaus
s. Rhein, Eduard

HELLBRÜGGE, Theodor

Dr. med., Dr. h. c., em. Prof. f. Sozialpädiatrie, Kinderarzt, ehem. Dir. Inst. f. Soz. Pädiatrie u. Jugendmed. Univ. München - Aitelstr. 15, 8084 Inning/Ammersee (T. 08143 - 6 57) - Geb. 23. Okt. 1919 Dortmund (Vater: Dr. med. Theodor Christian H., Arzt; Mutter: Johanna, geb. Busch), verh. s. 1943 m. Jutta, geb. Thiemann, 6 Kd. - Univ. Münster/W. u. München. Med. Staatsex. 1945 - S. 1954 (Habil.) Privatdoz. u. a.o. Prof. (1960) u. o. Prof. (1976) Univ. München; Vorstandsvors. Stiftg. f. d. Behinderte Kind, u. Aktion Sonnenschein-Hilfe f. d. mehrfach behinderte Kind; Leiter d. Dt. Akad. f. Entw.-Rehabilitation; Gründ. Kinderzentrum München (1968) als Modell e. interdiszipl. Entw. Rehabil. einschl. Montessori-Kindergärten u. -Schulen m. Erzieh. gesunder u. behinderter Kinder - BV u.a.: D. ersten 365 Tage im Leben e. Kindes, 1973 (b. 1992 in 24 Sprachen erschienen); D. sollten Eltern heute wissen, 1977; Unser Montessori-Modell, 1977; D. Montessori-Pädag. u. d. behind. Kind, 1978; D. Münchener Funktion. Entw.-diagn., 1978 (Jap. 1979, Span. 1980); D. Kind v. 0-6, 1979; D. Kinder ausl. Arbeitnehmer, 1980; Klin. Sozialpädiatrie u. Lehrb. d. Entw. Rehabil. im Kindesalter, 1981; Entw. d. kindl. Sexualität, 1982; Perinatalstudie Nieders. u. Bremen, 1983; Screening u. Vorsorgeunters. im Kindesalter, 1985; Entwicklungs-Rehabilitation in Japan u. in d. Bundesrep. Deutschl., 1985; Drogen im Kindes- u. Jugendalter, 1988; Erkrankungen m. Immunschwäche, einschl. AIDS, 1988; Kinderkuren u. Kinderheilverfahren, 1988; D. unruhige Säugling, 1990. Schriftltr. Fortschritte d. Medizin u. Kinderarzt. Herausg.: Sozialpäd. in Praxis u. Klinik, Kindergesundheit; Kinderkrankenschwester; Videoztschr. teleforum Kinderarzt; Schriftenr.: Documenta Pädiatrica; Fortschritte d. Sozialpäd. Üb. 890 Einzelarb. in Handb. u. Ztschr. - 1959 Moro-Preis Dt. Ges. f. Kinderheilkd.; 1964 Ernst-v.-Bergmann-Plak.; 1968 Wischnewsky-Med.; 1973 Theodor-Heuss-Preis; 1977 Pestalozzi-Preis; 1978 Bayer. VO; 1981 BVK; 1984 Gold. Ehrenplak. Dt. Parit. Wohlfahrtsverb.-Gesamtverb.; 1986 Meinhard-von-Pfaundler-Med.; Ehrendoktor Soph. Univ.; Ehrenmitgl. poln., türk. u. tschech. Ges. f. Kinderheilkd.; korr. Mitgl. Österr. Ges. f. Kinderheilkd.; 1984 Amriswiler Apfelbaum, Preis d. Schweizer Akad. Amriswil f. hervorrag. Verd.; Ehrenmitgl. Berufsverb. d. Kinderärzte Deutschlands; 1987

Gr. BVK; 1989 Förderpreis d. Fresenius-Stiftg. f. Verdienste um d. ärztl. Fortbildung u. Kongreßgestaltung; 1990 Bezirksmed. in Gold; 1990 Bayer. Staatsmed. f. soziale Verdienste; 1991 Gold. Verdienstmed. d. Comenius Univ. Bratislava, Officier dans l'Ordre des Palma, Acad. de Ministre de l'Education Nationale Française - Lit.: D. Kinderarzt als Pädagoge v. Bernhard Hassenstein; Begegn. m. Th. H. v. Dino Larese; J. Pechstein: Th. H. in d. Akad. Amriswil am 12. Febr. 1984; Kurt Hartung: Prof. Dr. Dr. h. c. Th. H. z. 65. Geb.; Werner Schmid: D. Kinderärzte u. ihr Kinderarzt; Norbert Beleke: Unkompliziert u. phänomenal; F. Schmid: D. Phänomen Th. H. (1989); W. Schmidt: Einem Homo ludens z. 70. (1989); G. Orff: Stationen m. Prof. Th. H. - Anekdotisches - Objektives (1989); N. Beleke: D. Medienmacher Prof. H. (1989); F. Halberg: D. Begründer d. Chronopädiatrie (1989), u.: D. Begründer d. Chronopädiatrie - Nachtrag zum 70. Geb. v. Th. H. (1989); K. Hartung: Prof. Dr. Dr. h.c. Th. H. z. 70. Geb. (1989); J. Pechstein: Th. H. als Wissenschaftler (1989).

HELLENBROICH, Heribert

Präsident a. D. Bundesnachrichtendienst (BND), München - Barthelstr. 75, 5000 Köln 30 - Geb. 1937 Köln (Vater: Lehrer) - Stud. Rechtswiss., Ass.ex. - 1970ff. Bundesamt f. Verfassungsschutz (1980 Leit. Grundsatzabt., 1981 Vizepräs., b. 1985 Präs.). CDU.

HELLENTHAL, Wolfgang

Dr. rer. nat., Prof., Physikal. Inst. Univ. Münster - Auf dem Draun 13, 4400 Münster (T. 8 16 31) - Geb. 5. Febr. 1926 Landsberg/W., verh. m. Dr. med. Erika, geb. Terrahe, 4 Kd. - Lehrtätigk. s. 1963 (Habil.): Physik, auch Lehrtechnol. - Fachveröff., Lehrbücher.

HELLER, Alois

Dr. theol., o. Prof. f. Katechetik u. Liturgik - Adalbert-Stifter-Weg 7, 8833 Eichstätt/Bay. - Geb. 18. Sept. 1913 Kraftsbusch, kath. - Gymn. Eichstätt; Pont. Universitá Gregoriana Rom. Lic. phil 1937; Promot. 1942 - 1942 Seelsorger, 1951 ao., 1956 o. Prof. Phil.-Theol. Hochsch. Eichstätt. Facharb.

HELLER, Gert

Dr. rer. nat., Prof. f. Anorgan. Chemie FU Berlin (s. 1971) - Nickisch-Rosenegk-Str. 10, 1000 Berlin 38 - Geb. 4. Juli 1935 Berlin - Promot. 1962; Habil. 1969 - Fachveröff.

HELLER, Kurt A.

Dr. phil., Dipl.-Psych., o. Prof. f. Psychologie Univ. München - Hauptstr. 6, 8031 Wörthsee (T. 08153 - 77 36) - Geb. 22. Aug. 1931 Külsheim (Baden) (Vater: Arthur H.; Mutter: Therese, geb. Schwind), kath., verh. s. 1957 m. Irmgard, geb. Holz, 2 Kd. (Christian, Susanne) - Univ. Freiburg u. Heidelberg, Lehramtsex. 1956 (VoSch), 1961 (SoSch), (Dipl.-Psych. 1964, Promot. 1968, 1969 Doz., 1971 o. Prof. Bonn, 1976 o. Prof. Köln, 1982 o. Prof. München - BV: Aktivier. d. Bildungsreserven; Intelligenzmessung; Leistungsdiagnostik in d. Schule; Handbuch d. Bildungsberat. (3 Bde.); Intelligenz u. Begab.; Psych. in d. Erziehungswiss., 4 Bde. (m. H. Nickel); Modelle u. Fallstud. z. Erziehungs- u. Schulberat. (m. H. Nickel); Prognose d. Schulerfolgs (m. B. Rosemann u. K. Steffens); Rollenproblematik d. Lehrers als Berater (m. H. Vieweg); Identifying and Nurturing the Gifted (m. J. Feldhusen); Hochbegabungsdiagnostik; Begabungsdiagnostik in d. Schul- u. Erziehungsberatung; Begabung u. Geschlecht (m. L. Beerman u. P. Menacher); Hochbegabung im Kindes- u. Jugendalter; Intern. Handbook of Research on Giftendess and Talent (m. A. H. Passow u. F. J. Mönks); u. a.; 200 Ztschr.-Art. u. Sammelbdbeitr., 6 Tests. Mithrsg.: Ztschr. Psych. in Erziehung u. Unterr., d. Buchreihe Monogr. z. Päd. Psych. u.a. - Spr.: Engl.

HELLER, Manfred

Bankier - Distelkamp 9, 3000 Hannover 91 - Geb. 12. Mai 1932 Stuttgart (Vater: Rudolf H.; Mutter: Juliane, geb. Metzoldt), ev. luth., verh. s. 1956 m. Sigrid, geb. Basse, 4 S. (Andreas, Berndt-Uwe, Christian, Dirk) - Liebh.: Klass. Musik, Jagd, Golf, Ski-, Tennis- u. Tanzsport (Gold. Tanzsportabz.) - Spr.: Engl.

HELLER, Otto

Dr. phil., Prof. f. Psychologie (s. 1971) - Alter Pfarrhof, 8702 Gerbrunn/Ufr. - Geb. 15. Febr. 1925 (Vater: Hermann H., Kaufm.; Mutter: Frida, geb. Pehe), ev., verh. m. Marianne, geb. Stech, S. Dieter - Ord. Univ. Erlangen u. gegenw. Würzburg (Mitvorst. Inst. f. Psych.).

HELLER, Siegfried

Dr. med., Prof., Ltd. Arzt Frauenklinik - Kreiskrankenhaus, 7140 Ludwigsburg/Württ. - Geb. 6. Febr. 1937 Stuttgart - Promot. 1961; Habil. 1971 - S. 1975 apl. Prof. Univ. Tübingen (Frauenheilkd. u. Geburtsh.). Üb. 40 Facharb.

HELLER, Werner

Dr., stv. Vorstandsmitglied Landesbank Schleswig-Holstein/Girozentrale, Kiel - Martensdamm 6, 2300 Kiel 1 - Geb. 13. Juni 1933 - AR-Mand. u. a.

HELLER, Wilhelm

Dipl.-Volksw., Vorstandsmitglied Diskont u. Kredit AG., Düsseldorf, u. a. - Jasminweg 18, 4030 Ratingen 1 - Geb. 4. April 1927.

HELLER, Wolfgang

Dr. jur., Rechtsanwalt, Schriftleit. Zeitschr. f. Bergrecht (hrsg. im Auftrag d. Bundeswirtschaftsmin.) - Alte Brühler Str. 8, 5000 Köln 50 - Geb. 30. Aug. 1925 Nürnberg - 1958-68 Geschäftsf. Verein Rhein. Braunkohlenbergw. u. Dt. Braunkohlen-Ind.-Verein, Köln; 1968-72 Geschäftsf. Unternehmensverb. Nieders. Steinkohlenbergbau (Preussag) - BV: Dt. Berggesetze (m. Lehmann), 1961; D. Familienrecht in Mitteldtschl. (m. v. Friesen), 1967; Energiemarktrecht (m. Zydek), 1968; Dt. Bergrecht (m. Zydek), 1983.

HELLER, Wolfgang

Dr. rer. nat. (habil.), Prof. f. Chemie PH Ludwigsburg, apl. Prof. Univ. Tübingen - Keplerstr. 2, 7440 Nürtingen.

HELLERBRAND, Alfons

Dr., Präsident d. Oberpostdirektion Regensburg - Domplatz 3, Postfach 11 00 01, 8400 Regensburg 11.

HELLFRITZSCH, Werner

Dr. jur., Direktor Dt. Oper am Rhein (Theatergem. Düsseldorf/Duisburg) - Heinrich-Heine-Allee 16a, 4000 Düsseldorf 1 (T. 0211 - 8 90 80) - Geb. 27. März 1948 Flensburg - 1971-77 Stud. Rechtswiss. u. Sozialpäd.; Promot. 1980 u. Assessorex. - 1981-84 Ref. Kaufm. Direktion Thalia Theater, 1984-86 Verw.-Leit. Thalia Theater, Gründungsmitgl. d. Anton-Dvorak-Ges. - BV: D. außerdienstl. Fehlverhalten d. Beamten, 1980 - Lit.: D. Spiegel Nr. 31/1980, S. 6566.

HELLIESEN, Tore

Rechtsanwalt, Honorarkonsul d. Bundesrep. Deutschl. in Stavanger/Norwegen - Kongsgt. 10, N-4000 Stavanger (T. 04 - 52 25 94) - Geb. 23. Sept. 1934 Stavanger (Vater: Reidar H., Rechtsanw.; Mutter: Ester, geb. Braadland), verh. s. 1964 m. Anne, geb. Rasch, 3 Kd. (Nina, Reidar, Tore Chr.) - Jurastud. Univ. Oslo - BVK I. Kl. - Liebh.: Golf - Spr.: Deutsch, Engl.

HELLIGE, Gerhard

Dr. med., Prof. f. Experim. Kardiologie - Guldenhagen 41, 3400 Göttingen (T. 0551 - 7 32 62) - Geb. 24. Mai 1943 Berlin (Vater: Dr. phil. Walther H., Mus.-Dir., MdB a.D.; Mutter: Erna, geb. Waßmann), verh. s. 1968 m. Sabine, geb. Beckendorf, 4 Kd. (Hendrik, Alexandra, Gerrit, Nils-Christian) - Human. Gymn. Göttingen; Med.-Stud. Göttingen, Ex. 1969, Promot. 1970, Habil. 1973 - S. 1977 Leit. Abt. f. Experim. Kardiologie d. Univ. Göttingen - Üb. 200 Veröff., Vorträge, Buchbeitr., wiss. Filmbeitr. - Spr.: Engl.

HELLING, Jürgen

Dr.-Ing., Univ.-Prof. u. Direktor Inst. f. Kraftfahrwesen RWTH Aachen (s. 1971), Aufsichtsrat Motorradwerke Zschopau - Route des Trois Bornes 43, B-4851 Gemmenich-Plombières - Geb. 27. Juni 1928 Wuppertal (Vater: Dr. phil. Fritz H., OStud.dir.), verh. s. 1975 m. Brigitte, geb. Zimmermann, 2 Kd. - Ausb. Modellschlosserlehre; Wehrdst.; Abit. 1947; Stud. Phys. u. Maschinenb. TH Aachen. Diplom 1954; externe Promot. 1964 - Nutzkraftwagen-Entw. b. Fried. Krupp, Essen (b. 1967), u. Rheinstahl-Hanomag-Henschel AG, Hannover; 1969-71 Volkswagenwerk AG, Wolfsburg (Forsch.leit.) - Beiratsvors. d. Forsch.ges. Kraftfahrwesen mbH, Aachen; Vorst.-Sprecher d. Automobilzentr. Aachen e.V.; Mitgl. d. wissensch. Beirat: Bundesmin. f. Verkehr; Wissensch. Beirat Fichtel u. Sachs AG - Spr.: Engl.

HELLINGER, Marlis

Dr. phil., Prof. f. Engl. Sprachwissenschaft Univ. Hannover - Steinmetzstr. 11, 3000 Hannover 1 - Lehrtätigk. Univ. Newcastle-upon-Tyne (Engl.), Mainz, Marburg, Hannover - Schwerp.: Soziolinguistik, Kontrastive Linguistik, Kreolistik, Feministische Linguistik.

HELLMANN, Diethard

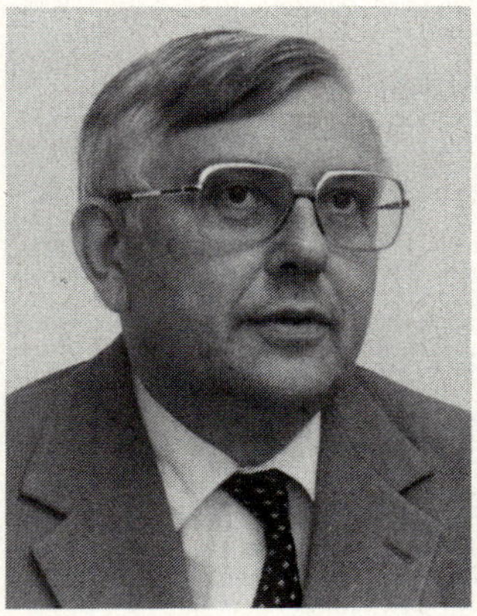

Prof. Hochschule f. Musik München, Organist, Dirigent - Josefstr. 25, 8024 Deisenhofen - Geb. 26. Dez. 1928 Grimma/Sa. (Vater: Willi H., Kirchenmusikdir.; Mutter: Elisabeth, geb. Wittig), ev., verh. s. 1951 m. Ruth, geb. Kümmel, 3 Kd. (Matthias, Andrea, Christoph) - 1944-48 Musikhochsch. Leipzig - B. 1955 Kantor u. Organist Leipzig, dann Mainz (Christuskirche). S. 1948 Doz. Musikhochsch. Leipzig (Orgelsp., Chorltg.), Cornelius-Konservat. Mainz (1955), Lehrbeauftr. (1958) u. Honorarprof. (1963) Univ. Mainz (Kirchenmusik); s. 1974 o. Prof. Hochsch. f. Musik München, 1978-81 I. Vizepräs., 1981-88 Präs.; 1980 u. 90 Künstler. Leit. d. Bachfeste d. Neuen Bachges.; Vorst.-Mitgl. Neue Bach-Ges., Vorst.-Mitgl. Intern. Bach-Ges; 1989 Präs. Intern. Bach-Ges.; 1955-85 Leit. Bachchor u. Bachorch. Mainz. 50 Herausg. in Musikverlagen; Rekonstrukt. d. Markus-Passion u. d. Kantate BWV 190a v. J. S. Bach - Kompos. f. Chor u. Orgel; Musik auf Himmelfahrt - Internat. Konzerttätigkeit - Preis Intern. Bach-Wettbew. Leipzig (1950) u. Südwestfunk f. Kompos. (1958); 1973 Cornelius-Plak. Rhld.-Pfalz; 1974 Rheingoldplak. Stadt Mainz; 1980 BVK; 1982 VO Rhld.-Pfalz; 1985 Gutenberg-Plak. Stadt Mainz; 1987 BVK I. Kl. - Liebh.: Theol., Gesch. - Spr.: Engl.

HELLMANN, Ernst

Dr. med. vet., o. Prof. f. Mikrobiologie u. Veterinärhygiene FU Berlin - Birkbuschstr. 60b, 1000 Berlin 41.

HELLMANN, Hans

Dipl.-Ing., Geschäftsführer Starkstrom-Gerätebau GmbH., Regensburg - Spessartstr. 13a, 8400 Regensburg - Geb. 26. März 1933 Gera/Thür.

HELLMANN, Heinrich

Dr. phil., Dr. rer. nat. h. c., Prof., Dipl.-Chem., ehem. Vorstandsmitglied Chem. Werke Hüls (s. 1962; Ress.: Forsch. u. Entwickl.) - Langehegge 313, 4370 Marl/W. - Geb. 10. Dez. 1913 Wismar/Meckl., verh. s. 1943 m. Gisela, geb. Jensen, 2 Kd. - Stud. d. Chemie Univ. Freiburg/Br., München, Göttingen, TH Danzig, Berlin (Promot. 1938); 1939-44 Wehrdst. - 1945 b. 1955 Kaiser-Wilhelm-, bzw. Max-Planck-Inst. f. Biochemie u. Physiol. chem. Inst. Univ. Tübingen; Habil. 1951 Tübingen; 1955-62 Lehrst. f. org. Chemie Univ. Tübingen; 1962 Honorarprof. Univ. Tübingen u. 1963 Univ. Münster - BV: Eiweiß, 1952; Amino-alkylierung, 1960 - Stiftungsrat Werner v. Siemens-Ring; 1975 Dr. rer. nat. h. c. TU Clausthal.

HELLMANN, Jobst

Rechtsanwalt, Hauptgeschäftsführer Arbeitgebervereinigung Nahrung u. Genuß - Annaberger Str. 28, 5300 Bonn 2 - Geb. 6. Febr. 1938.

HELLMANN, Reinhard

Schauspieler, Regiss., Oberspielleit. Schauspiel Neustrelitz (s. 1988) - Dr.-Wilhelm-Külz-Str. 267, O-2080 Neustrelitz - Geb. 16. Jan. 1945 Berlin, gesch., 4 Kd. (Thomas, Cornelia, Wanda-Colombina, Benjamin) - Theaterhochsch. Leipzig, Dipl. Schausp. 1968; Inst. f. Schauspielregie Berlin, Dipl. Regiss. 1980 - 1969-76 Schausp. Mecklenburg. Staatstheater; 1980-85 Regiss. Hans-Otto-Theater Potsdam - Rollen: Hamlet, 1974; Pater Lorenzo, 1990; Stadthauptmann in Revisor v. Gogol, 1991 - Regiss.: Clavigo, 1983; Zwei auf e. Bank, 1985; Mamlock, Volksfeind, Räuber, Romulus d. Große v. Dürrenmatt, 1988-91; Kabale u. Liebe, 1991; u.a.m.

HELLMANN, Ulrich

Prof., Hochschullehrer - Heinrich-v.-Meißen-Str. Nr. 11, 6500 Mainz 42 - Prof. f. Metall Univ. Mainz (Fachbereich Kunsterzieh.).

HELLMER, Klaus

s. Rhein, Eduard

HELLMICH, Adolf

Dipl.-Sozialw., Geschäftsführer i. R. - Ubierring 17, 5000 Köln 1 (T. 31 53 04) - Geb. 11. Febr. 1925 Abschwangen (Vater: Ernst H., Bundesbahnbeamt.; Mutter: Auguste, geb. Hoffmann), ev., verh. s. 1948 m. Irmgard, geb. Obe, S. Dieter - Akad. f. Gemeinw. (1951 Dipl.) - Wiss. Assist. Sozialforschungsst. Dortmund u. UNESCO-Inst. Köln; 1953-88 Angest., Gf. Unterstützungskasse u. Personalchef Kaufhof AG Köln. 1964ff. Ratsmitgl. Köln; 1975ff. Mitgl. Landschaftsvers. Rhld.; Mitgl. Verwaltungsbeirat Westd. Landesbank; VR-Mitgl. Rheinl.-Verlag- u. Betriebsges. d. Landschaftsverb. Rheinland mbH (RVBG); AR-Mand. (u. a. Vors. Fleischerversorg. Köln, AR Grund u. Boden GmbH, modernes Köln GmbH, stv. AR-Vors. Zoo AG, Köln) - BV (Mitautor): D. Dorf im Spannungsfeld d. industriellen Ges. - Gold. Malteser-Med.; BVK - Spr.: Engl.

HELLMICH, Sigurd

Dr. med., Prof., Chefarzt Hals-Nasen-Ohrenklinik/St.-Johannes-Hospital, Dortmund (s. 1976) - Roholte 15, 4600 Dortmund 30 - Geb. 17. Jan. 1936 Erfurt - Promot. 1960 - S. 1972 Privatdoz. u. apl. Prof. f. HNOheilkd. (1976) TH Aachen/Med. Fak. (zeitw. Oberarzt

HNOklinik) - BV: D. Verpflanz. konserv. Knorpelgewebes, 1974.

HELLNER, Erwin

Dr. rer. nat., o. Prof. f. Mineralogie - Bienenweg 21, 3550 Marbach/L. - Geb. 20. April 1920 Schneidemühl (Vater: Emil H., Reichsbahnoberwerkm.; Mutter: Martha, geb. Baum), ev., verh. s. 1954 m. Dr. Renate, geb. Rubbel, 3 Kd. (Dieter, Heike, Kirsten) - Oberrealsch. Schneidemühl; Univ. Göttingen (Chemie; Dipl.-Chem. 1944). Promot. 1945 Göttingen; Habil. 1954 Marburg - S. 1959 o. Prof. u. Inst.sdir. Univ. Kiel u. Marburg (1964). 1958/59 Gastprof. Univ. Chicago. Spez. Arbeitsgeb.: Exper. Mineral. (Aufklärung v. Kristallstrukturen m. Röntgenstrahlen). Mitgl. Dt. Mineral. Ges., American Mineral. Assoc., American Crystallogr. Soc. Fachveröff. - 1958 Victor-Moritz-Goldschmidt-Preis Dt. Mineral. Ges. - Liebh.: Kunstgesch. - Spr.: Engl.

HELLNER, Jürgen

Dr. jur., Botschafter d. Bundesrep. Deutschl. in Tripolis/Libyen (s. 1988) - Zu erreichen üb. Ausw. Amt, Postf. 15 00, 5300 Bonn 1 - Geb. 1. Sept. 1935 Lübben/Spreewald (Vater: Hans H., Oberregierungs- u. Baurat; Mutter: Annemarie, geb. Bubbé), ev., verh. s. 1964 m. Barbara (Bärbel), geb. Schroeder, 2 Töcht. (Daniela, Angelika) - Gymn. Münster/W., Mannheim, Duisburg; Univ. Bonn, Kiel, Berlin, Chicago (MLL), Lyon (Rechtswiss., Volksw., Phil.). Jurist. Staatsex. 1960 u. 66 - S. 1966 Ausw. Amt (1970 stv. Leit. Schutzmachtvertr. Botschaft Damaskus, 1974 Nahostref. Polit. Abt. Bonn, 1977-81 Botsch. Doha) - BV: D. Vorlageverf. d. Gerichtshofes d. Europ. Wirtschaftsgem. unt. bes. Berücks. d. innerstaatl. Rechts d. Mitgliedsstaaten d. EG (Diss.) - Liebh.: Phil., Gesch., Oriental. - Spr.: Arab., Franz., Engl.

HELLNER, Karl-Anton

Dr. med., Prof. f. Physiolog. Chemie - Rienziweg 8, 2000 Hamburg 56 - B. 1974 Privatdoz., dann Prof. Univ. Hamburg (Dir. Abt. f. Ophthalmol. Elektrophysiol./Augenklinik).

HELLNER, Thorwald

Dr. jur., stv. Hauptgeschäftsführer u. Chefsyndikus Bundesverb. dt. Banken, Köln - Zauberkuhle 9, 5090 Leverkusen 3 (T. 5 68 09) - Geb. 9. Mai 1929 Westerland/Sylt - Mitgl. Ges.A. u. AR Ges. f. Zahlungssysteme mbH, Frankfurt/M. - Spr.: Engl.

HELLRIEGEL, Klaus-Peter

Dr. med., Prof., Internist, Chefarzt II. Innere Abt. Krkhs. Moabit - Turmstr. 21, 1000 Berlin 21 (T. 030 - 39 76-33 00); priv.: Stallupöner Allee 40, 1000 Berlin 19 (T. 030 - 304 46 56) - Geb. 5. Juli 1939 Lörrach, ev., verh., 2 Söhne (Martin, Mathias) - Vors. d. Berliner Krebsges., Landesverb. d. Dt. Krebsges. Spezialgeb.: Hämatologie u. Onkologie.

HELLRIEGEL, Werner

Dr. med., Prof., Direktor i. R. Strahlenklinik Katharinenhosp. Stuttgart (s. 1964) - Einsteinstr. 66, 7250 Leonberg - Geb. 11. Febr. 1913 Hörlitz/NL., ev., verh. s. 1940 m. Dr. Christine, geb. Littner, 2 Kd. (Rainer, Angelika) - Med. Staatsex. 1939 Leipzig - 1939 Knappschaftskrkhs. Senftenberg; 1940/41 Landarzt; s. 1941 Univ. Frankfurt (Oberarzt Röntgeninst.; 1955 Privatdoz., 1960 apl. Prof.) - BV: Neurologie, in: Prakt. Strahlentherapie, 1959; Strahlentherapie d. Bronchial-Ca, in: Handb. d. Strahlentherapie u. -biol., 1959; Primäre Sarkom. d. Weichteile, Oesophaguscarcinom u. Lippen-Ca, bilateral. Ma-Ca. in: Handb. d. Med. Radiologie, 1961; Larynx-Ca, Histologie u. Strahlenempfindlichkeit, Weichteil-Sarkome, in: Symposium on High-Energy Electrons, 1964; Lehrb. d. Strahlentherapie, 1976; Betatrontherapie, in: Kerntechnik in d. Med., 1968 - 1959 Ehrenmitgl. Türk. Radiobiol.-Ges.; Ehrenmitgl. Südwestdt. u. Hessische Röntgen-Verein; 1984 BVK.

HELLWEGE, Hans Günther

Installateur- u. Zentralheizungsmeister, Einzelhändler (Hausrat/Glas/Prozellan/Eisenwaren), MdL Nieders. (1978-86) - Marktstr. 18, 2165 Harsefeld; priv.: Am Auetal 10, Bargestedt - Geb. 28. April 1927 Harsefeld (Vater: Hans H., Lehrer; Mutter: Emma, geb. Kröger), ev., verw. s. 1981, 2 Kd. (Sabine, Hans Günther), verh. in 2. Ehe s. 1984 m. Ulla, geb. Hoppe, 2 Kd. (Ursula, Andrea) - N. Abit. Handwerk - 1972-86 Bürgerm. Harsefeld u. MdK Stade; 1978-86 stv. Landrat Kr. Stade. CDU.

HELLWEGE, Hans Henning

Dr. med., Prof. f. Kinderheilkunde Univ. Hamburg - Dammannweg 6a, 2000 Hamburg 52 (T. 040 - 82 84 40) - Geb. 18. Aug. 1941 Göttingen (Vater: Prof. Dr. Karl Heinz Hellwege (s. dort); Mutter: Dr. Anne Marie, geb. Roever), ev., verh. m. Dr. Ursula, geb. Winkler, 2 Töcht. (Christiane, Katrin) - 1960-61 Stud. Physik u. 1961-67 Stud. Med. Univ. Kiel u. Hamburg; Promot. 1968 Hamburg, Habil. 1980 ebd. - 1970-71 DFG-Stip.; 1972-78 wiss. Assist. Hamburg; 1978 Oberarzt Univ.-Kinderklinik Hbg.; s. 1982 Prof. f. Kinderheilkd. Zahlr. Fachpubl.

HELLWEGE, Johann Diedrich

Dr., Prof., Staatssekretär a. D. Min. f. Wirtsch. u. Verkehr Nieders. - Zu erreichen üb. Min. f. Wirtsch. u. Verkehr, Friedrichswall 1, 3000 Hannover 1 (T. 0511 - 120-64 04) - (Vater: Heinrich Peter H., s. dort) - Geschäftsf. Wirtschaftsrat d. CDU; 1980ff. Staatssekr. Min. f. Bundesangelegenh., 1982-86 Wirtschaftsmin. Land Nieders.

HELLWEGE, Karl-Heinz

Dr. phil., em. o. Prof. f. Physik - Ohlystr. 6 (Steigerts), 6104 Seeheim-Jugenheim (T. 87 16) - Geb. 23. Okt. 1910 Bremerhaven (Vater: Johann H., Lehrer; Mutter: Henriette, geb. Bullwinkel), verh. 1939 m. Dr. rer. nat. Anne-Marie, geb. Roever - Univ. Marburg, München, Kiel, Göttingen - S. 1939 (Habil.) Lehrtätigk. Univ. Göttingen (1950 apl. Prof.) u. TH Darmstadt (1952 Ord. u. Inst.s-dir.); 1953-68 Leit. Dt. Kunststoff-Inst. Darmstadt - BV: Einf. in d. Physik d. Atome, 1949, 4. A. 1974; Einf. in d. Festkörperphysik, Bd. I 1967, Bd. II 1970; Einf. in d. Physik d. Molekeln, 1974, 2. A. 1989; Einführung in die Festkörperphysik/Gesamtwerk, 1976, 3. A. 1988. Mithrsg.: Landolt-Börnstein, Zahlenwerte u. Funktionen aus Physik, Chem., Astron., Geophys., Technik (1950ff.). Gesamtherausg.: Landolt-Börnstein, Neue Serie (1961ff.).

HELLWIG, Ernst

Schriftsteller - Brönnerstr. 34, 6000 Frankfurt 1 (T. 069 - 29 33 16), verh. - 32 BV, dar.: Im Lande d. Guaharibos, Rauhe Männer unter tropischem Himmel, E. Mann schlägt sich durch, D. lautlose Sterben, Stadt d. Götter, Tobatinga, Sierra Parima, Abenteuer in Peru, D. Geisterboot, Desperados d. grünen Hölle, Seidenhemden f. Marrakesch, Danse Macabre, D. goldene Dämon, D. schwarze Galerie, D. Mann ohne Gesicht, D. Stier v. San Goncalo, D. Rabe m. d. grünen Füßen, Kleine Detektive, Spion im Dunkel, Weg ohne Umkehr, Nur d. Liebe wegen, Karussell d. Liebe, Grandhotel Hofmüller - Diploma di Merito d. Univ. delle Arti, Salgomaggiore; 1. Preis Deutschlandfunk Intern. Erzählerwettbewerb Hamburg - Liebh.: Film - Spr.: Engl. - Lit.: Kürschners Dt. Literaturkalender; Reta Baumanns Autoren-Bildlexikon.

HELLWIG, Fritz

Dr. phil., Volkswirt - Klosterbergstr. 117c, 5300 Bonn 2 - Geb. 3. Aug. 1912 Saarbrücken (Vater: Friedrich H.; Mutter: Albertine, geb. Christmann), ev., verh. s. 1939 m. Dr. Margarete, geb. Werners, 3 Kd. - Univ. Marburg, Wien, Berlin (Phil., Volksw., Gesch., Staatenkd.; Promot. 1933). Habil. 1936 Heidelberg - 1933-39 Mitgl. Geschäftsfg. IHK Saarbrücken, Leit. Saarwirtschaftsarchiv, 1940-43 Geschäftsf. bezirkl. Org.en d. Eisenhüttenind. Düsseldorf u. Saarbrücken, 1943-47 Wehrdst. u. Kriegsgefangensch., dann Wirtschaftsberat., 1951-59 Leit. Dt. Industrieinst., Köln, Mitgl. Bundesvorst. CDU u. Vorst.-Mitgl. Bundesaussch. f. Wirtschaftspolitik, 1953-59 MdB (1956-59 Vors. Wirtschaftsaussch.), 1959-67 Mitgl. Hohe Behörde d. Europ. Gemeinsch. f. Kohle u. Stahl, Luxemburg, 1967-70 Vizepräs. Kommiss. d. Europ. Gemeinsch., Brüssel, 1971-73 gf. Präsidialmitgl. Verb. Dt. Reeder, Hamburg, Hon.-Prof. Univ. Trier - BV: D. Kampf um die Saar, 1860-70, 1934; C. F. Frhr. v. Stumm-Halberg, 1936; D. Saarwirtschaft u. ihre Org., 1939; Lothringen - e. gemeinfaßl. Wirtschaftskunde, 1942; Bergbau u. Hüttenind. in Lothr. u. Ostfrankr. 1919-39, 1942; Westeuropas Montanwirtschaft, Kohle u. Stahl b. Start d. Montan-Union, 1953; Saar zwischen Ost u. West - D. wirtschaftl. Verflechtung, 1954; 10 J. Schuman-Plan, 1960; Gemeins. Markt u. nationale Wirtschaftspolitik, 1961; Möglichkeiten u. Grenzen e. Teilintegration - Rückblick n. 10 J. Montan-Union zwischen Bewährung u. Belastung, 1963; D. polit. Tragweite d. europ. Wirtschaftsintegration, 1966; D. Forschungs- u. Technologiepolitik d. EG, 1970; D. schöne Buch u. d. Computer, 1971; Seeschiffahrt u. EG, 1970; D. dt. Seeschiffahrt - Strukturwandel u. künftige Aussichten, 1973; Z. älteren Kartographie d. Saargegend, 1977; Alte Pläne v. Stadt u. Festung Saarlouis, 1980; Zur Kartographie d. Saargegend im 17. u. 18. Jh., 1981; Landkarten d. Pfalz am Rhein 1513-1803 (zus. m. W. Reiniger u. K. Stopp), 1984; Mittelrhein u. Moselland im Bild alter Karten, 1985; Überwindung d. Grenzen-Chancen d. Föderalismus?, 1986; Caspar Dauthendeys Karte d. Herzogtums Braunschweig, 1987. Herausg.: D. Hogenberg-Geschichtsblätter (1983) - 1971 Gr. BVK m. Stern u. Schulterbd. - Liebh.: Alte Städteansichten u. Landkarten, Bergsteigen - Spr.: Engl., Franz. - Rotarier.

HELLWIG, G.

Dr.-Ing., Geschäftsführer Normenaussch. Mechanische Verbindungselemente, Instandhaltung, Stahldraht u. - erzeugn. - Burggrafenstr. 4-10, 1000 Berlin 30; Kamekestr. 8, 5000 Köln 1.

HELLWIG, Gerhard

Dirigent, Verleger - Kurfürstenstr. 81, 1000 Berlin 30 - Geb. 17. Juli 1925 Berlin (Vater: Bruno H., Musikmeister; Mutter: Richardis, geb. Herrmann), ev., verh. m. Janis, geb. Martin, S. Robert - Stud. Musikhochschule Weimar/Thür. u. Berlin - S. 1947 Dirig. Schöneberger Sängerknaben (eig. Gründ.); 1958-71 Leit. künstler. Org. Bayreuther Festsp. (pers. Referent Wieland Wagner); 1962-64 stv. Operndir. Frankfurt; 1972-74 Int. Philharmonia Hungarica; 1974-79 Int. Radio-Symph. Orch. Berlin. 1965 Dir. Berliner Theatertreffen Kuratoriumsmitgl. Christl.-jüd. Zusammenarb. - 1963 Richard-Wagner-Med. Bayreuth, 1967 Ehrenmed. Dt. Pavillon Weltausst. Montreal, Gold. Ehrennadel Bund d. Berliner - 1982 BVK.

HELLWIG, Günter

Dr. rer. nat., o. Prof. f. Mathematik - Pommerotterweg 37, 5100 Aachen - (T. 0241 - 6 45 73) - Geb. 9. Febr. 1926 Oberschöna/Sa., (Eltern: Martin H. u. Frida, geb. Sohr), ev.-luth., verh. s. 1961 m. Birgitta, geb. Öman, 4 Kd. (Annette, Armin, Veronika, Angelika) - Univ. Göttingen (Math., Physik; Dipl.-Math. 1949). Promot. (1951) u. Habil. (1952) TU Berlin - 1952-66 Doz., apl. u. o. Prof. (1958) TU Berlin (Dir. Math. Inst.); s. 1966 o. Prof. TH Aachen (Dir. Math. Inst.). 1954-55 Research Associate (Fulbright Grantee) New York Univ. (Inst. of. Math. Science) - BV: Partielle Differentialgleichungen, 1960 (engl. (USA) 1964); Differentialoperatoren d. math. Physik, 1964 (engl. (USA) 1966); Höh. Math. I., 1971.

HELLWIG, Hans

Dr. rer. pol., Direktor Dt. Inst. z. Förd. d. industriellen Führungsnachwuchses, Köln (1965-82) - Durbuscher Straße 28, 5204 Lohmar 21 (T. 02205 - 29 54) - Geb. 10. Febr. 1913 Hamburg, ev., verh. s. 1939 m. Minchen, geb. Lahtz - Univ. Hamburg (Dipl.-Volksw. u. Promot.) - 1959-64 Chefredakt. Dt. Ztg. u. Wirtschaftsztg., Köln (Erscheinen eingest.); ab 1965 Geschäftsf., s. 1982 Kurat.-Mitgl. Ges. z. Förd. d. Unternehmennachw.; ab 1974 Vorst.-Mitgl., s. 1980 Förd. Mitgl. Dt. Vereinig. z. Förd. d. Weiterbild. v. Führungskräften (Wuppertaler Kreis) e. V., 1976-81 Vorst.-Mitgl. Ges. f. Unternehmensgeschichte e. V. (alle Köln). 1967-83 Lehrbeauftr. TH Aachen (Unternehmensführung) - BV: Kreditschöpfung u. -vermittlung, 1958; D. Aufwertung d. Dt. Mark, 1961; Weiterbildung wirtschaftlicher Führungskräfte an d. Universität, 1968.

HELLWIG, Hans-Jürgen

Dr. jur., Rechtsanwalt u. Notar, Fachautor - Bockenheimer Landstr. 51, 6000 Frankfurt/M. 1 (T. 069 - 17 09 50) - Geb. 1. Nov. 1940 Saarbrücken (Vater: Dr. habil. Fritz H.; Mutter: Dr. Margarete, geb. Werners), ev., verh. s. 1972 m. Ursula Marie, geb. Uebe, 4 Kd. (Barbara, Heidi, Joachim, Sonia) - Stud. Rechtswiss. Univ. Marburg, Lausanne/Schweiz u. Bonn; 1. Staatsex. 1964; Promot. 1967 Bonn, 2. Staatsex. 1968 - Partner in d. Anwaltssoz. Hengeler-Mueller-Weitzel-Wirtz, Frankfurt/M. Zahlr. AR-Mand.; Mitgl. Stadtverordnetenvers. Frankfurt/M. (s. 1972) - BV: Z. Systematik d. zivilprozeßrechtl. Vertrages, 1969; D. Bankwesen in Deutschl., (m. Dr. Schneider u. Kingsman), 4. A. 1986; div. Aufs. - Liebh.: Musik, Kunst - Spr.: Engl., Franz.

HELLWIG, Helmut

Geschäftsführer, MdL Nordrh.-Westf. (s. 1970) - Heimstr. 1a, 4690 Herne 2 (T. 7 56 21); Landesanst. f. Rundfunk, Willi-Becker-Allee 10, 4000 Düsseldorf 1 (T. 770 07 61) - Geb. 20. Dez. 1933 Wanne-Eickel, verh., 3 Kd. - N. Schulabschl. Ausb. z. Post- u. Kommunalbeamten. 1962-78 Geschäftsf. u. Landesvors. d. SJD - D. Falken NRW; 1964-75 Stadtverordn. u. Fraktionsvors. d. SPD in Wanne-Eickel. S. 1987 Vors. d. Rundfunkkommiss. d. Landesanst. f. Rundfunk NRW. Im Landtag Mitgl. d. Hauptaussch. u. Sprecher d. SPD-Frakt. im Aussch. f. Mensch u. Technik. Ehrenamtl. Vors. aktuelles forum NRW u. Bildungs- u. Freizeitwerk Herne e.V.

HELLWIG, Jochen

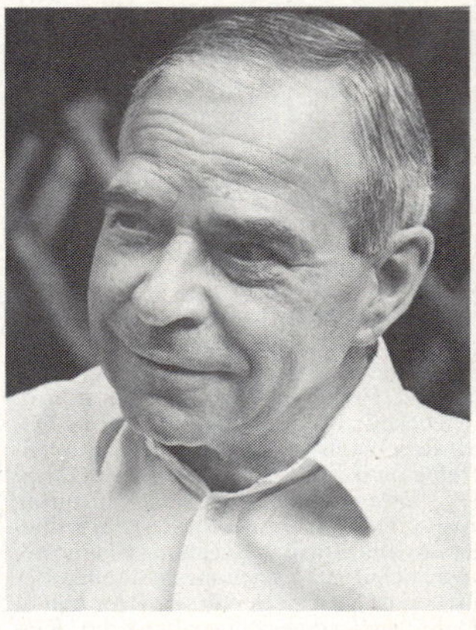

Sänger, Schauspieler, Oberspielleit. Musiktheater Annaberg - Babara-Uthmann-Ring 43, O-9300 Annaberg-Buchholz - Geb. 13. Dez. 1933 Cottbus, gesch., 3 Kd. (Christiane, Katharina, Harold) - Staatsex. 1949; Ausb. Schauspiel b. Ilse Steppat; Gesang b. Dorothea Lehmann-

Billig - Rollen: Egmont-Ferdinand Cottbus, Boni, alle einschläg. Buffopartien d. Operette, Higgings, Bel Ami - 141 Insz., u.a.: Konsul, Menotti, Vincent Kunad, My Fair Lady. Engagements: Stadttheater Cottbus, Burgstaedt, Staatsoperette Dresden (D. Meininger Theater), Bernburg/Saale, Annaberg - Kunstpreis - Liebh.: Lit., Schwimmen, Kochen, Erich Kästner - Spr.: Engl.

HELLWIG, Klaus

Konzertpianist, Prof. f. Klav. Hochschule d. Künste Berlin - Herderstr. 5, 1000 Berlin 12 - Geb. 3. Aug. 1941 Essen (Vater: Dr. med. Walter H., Arzt; Mutter: Maria, geb. Schlagermann), kath. - Folkwang-Sch. Essen (Detlef Kraus); Privatstud. Paris (Pierre Sancan; Kurse Wilhelm Kempf u. Guido Agosti - 1968-69 Doz. Musashino-Musikakad. Tokyo. 1970-80 Prof. Staatl. Hochsch. f. Musik Ruhr/Folkwang Hochsch. Essen; s. 1980 Prof. Hochsch. d. Künste Berlin - Konzertauftr. Europa, USA, Fernost. Rundfunk-, Fernseh- u. Schallplattenaufn.

HELLWIG, Martin

Ph. D., Prof. f. Nationalökonomie - Bernoullistr. 10, CH-4056 Basel - Geb. 5. April 1949 Düsseldorf (Vater: Dr. habil. Fritz H.; Mutter: Dr. Margarete, geb. Werners), ev., verh. m. Dr. Dorothee, geb. Eckle, 4 Kd. - 1967-71 Stud. Volkswirtsch.lehre, Gesch. Univ. Marburg, Heidelberg (Dipl. 1970); Promot. 1973 Massachusetts Inst. of Technol. - 1973/74 Res. Ass. Univ. Stanford; 1974-77 Assist. Prof. Princeton; 1977-79 Wiss. Rat u. Prof. Univ. Bonn, 1979-87 o. Prof. Univ. Bonn, s. 1987 o. Prof. Univ. Basel; s. 1988 Hon.-Prof. Univ. Wien. Zahlr. Fachveröff. bes. z. Informationsökonomie u. Geldtheorie - 1981 Fellow Econometric Soc., 1992 Präs. European Economic Assoc. (1990 Vizepräs., 1991 Des. Präs.)

HELLWIG, Peter

Dr., Ordinarius f. Computerlinguistik Univ. Heidelberg - Kastellweg 21, 6900 Heidelberg (T. 06221 - 47 23 66) - Geb. 12. Juli 1940 - Stud. German. u. Informatik; Promot. 1974, Habil. 1980 - Entw. Sprachverarbeitungsprogr. PLAIN - Versch. Veröff. z. Grammatiktheorie, log. Semantik, masch. Sprachverarb. Texttheorie.

HELLWIG, Renate

Dr. jur., Staatssekretärin a.D., 1980ff. MdB - Hauptstr. 45/I, 7120 Bietigheim - Geb. 19. Febr. 1940 Beuthen/OS. - Gymn. München (Abit. 1959); Univ. München u. Berlin (Rechts- u. Wirtschaftswiss.). Ass.ex. u. Promot. 1967 - S. 1969 baden-württ. Kultusmin. (Ref. f. Öffentlichkeitsarb.). CDU (Mitgl. Bundesvorst. u. Landesvorst. Baden-Württ.; 1972-75 MdL Baden-Württ.); 1975-80 Staatssekr. Sozialmin. Rhld.-Pfalz.

HELLWINKEL, Dieter

Dr. rer. nat., Prof., Chemiker - Horst-Schork-Str. Nr. 78, 6700 Ludwigshafen/Rh. - Geb. 6. Juni 1935 Ludwigshafen - Promot. 1961 - S. 1966 (Habil.) Lehrtätigk. Univ. Heidelberg (1972 apl. Prof.; 1973 Wiss. Rat u. Prof.) - BV: D. systemat. Nomenklatur d. Organ. Chemie, 1974.

HELM, Johann Georg

Dr. jur., o. Prof. f. Privat- u. Wirtschaftsrecht Univ. Erlangen-Nürnberg - Schwarzer Weg 8, 6240 Königstein - Geb. 17. Febr. 1931 Hanau/M. (Vater: Dr. med. Otto H., Kinderarzt; Mutter: Annie, geb. Kipper), ev., verh. s. 1960 m. Gertrud, geb. Bender, 3 Kd. - Stud. Rechtswiss. Jurist. Staatsprüf. 1954 u. 58. Promot. 1957, Habil. 1965 - 1968 o. Prof. Univ. Erlangen-Nürnberg; 1983 Corresponding Collaborator Unidroit Rom; 1983-85 Dekan WiSo-Fak.; 1985 stv. Vorst.-Vors. Dt. Ges. f. Transportrecht - BV: D. Rechtsstellung d. Zivilbevölkerung u. ihrer geschichtl. Entwicklung, 1957 (Diss. Frankfurt); Haftung f. Schäden an Frachtgütern, 1966; Handels- u. Gesellschaftsrecht; Grundkurs im Bürgerl. Recht, 5. A. 1990; Großkommentar z. HGB Abschn. Speditionsrecht, 4. A. 1986 (auch als Sonderausg.), Abschn. Frachtrecht, 3. A. 1979.(auch als Sonderausg.), Eisenbahnfrachtrecht, 3. A. 1981 - Bek. Vorf.: Prof. Dr. phil. Dr. h. c. Karl H., Philologe, s. X. u. XII. Ausg. (Großv.).

HELM, Karl

Kammersänger Bayer. Staatsoper München - Am Weiher 7, 8021 Strasslach/München (T. 08170 - 73 51) - Geb. 3. Okt. 1938 Passau, kath., verh. s. 1963 m. Erika, geb. Leuxner - 2 Töcht. (Marion, Ruth).

HELMCHEN, Hanfried

Dr. med., o. Prof. u. Direktor Psychiatr. Klinik FU Berlin (s. 1971) - Eschenallee 3, 1000 Berlin 19 (T. 30 03-7 00) - Geb. 12. Juni 1933 (Vater: Dr. Helmut H., Arzt; Mutter: Eva, geb. Breest) - Promot. 1956 Heidelberg; Habil. 1967 Berlin - 1979/80 Präs. Dt. Gesellsch. f. Psych. u. Nervenheilkunde - BV: Bedingungskonstellationen paranoid-halluzinator. Syndrome, 1968; Entwicklungstendenzen biol. Psychiatrie, 1975 (m. H. Hippius), Antiepileptische Langzeitmedikation, 1975 (m. L. Diehl); Fernsehen in d. Psychiatrie, 1978 (m. E. Renfordt); Psychiatrische Therapie-Forsch., 1978 (m. B. Müller-Oerlinghausen); Depression, Melancholie, Manie, 1982 (m. O. J. Rafaelsen); Psychotherapie in d. Psychiatrie, 1982 (m. M. Linden, U. Rüger); Depressionsbehandlung in d. Praxis, 1984 (m. H. Hippius, P. Kielholz); Hirndiagnostik m. bildgebenden Verfahren, 1985 (m. J. Hedde, A. Pietzcker); D. Differenzierung v. Angst u. Depression, 1986 (m. M. Linden); Versuche m. Menschen, 1986 (m. R. Winau); Biological Perspectives of Schizophrenia, 1987 (m. F. A. Henn).

HELMCKE, Hans

Dr. phil., em. Univ.-Prof. f. Engl. Philol., spez. Amerikanistik (Lehrstuhl V) Univ. Mainz (s. 1975) - Martinstr. 10, 6200 Wiesbaden (T. 37 26 92) - Geb. 22. Sept. 1922 Wiesbaden (Vater: Johannes H.; Mutter: Hedwig, geb. Jacob), ev., verh. s. 1955 m. Inge, geb. Schlemmer, S. Thomas - Stud. Amerikanistik, Angl. u. Psychol. Mainz; Promot. (1955); Habil. (1966) ebd. - 1966 Privatdoz. Mainz, 1969-75 o. ö. Prof. Marburg. Emerit. 1988 - BV: D. Funktion d. Ich-Erzählers in H. Melvilles Roman Moby-Dick, 1957; D. Familie im Romanwerk v. Thomas Wolfe, 1967; Mithrsg. (m. K. Lubbers, R. Schmidt-v.-Bardeleben): Lit. u. Sprache d. Vereinigt. Staaten, 1969. Aufs. in Fachztschr.

HELMCKE, Johann-Gerhard

Dr. phil., o. Prof. f. Biologie (emerit.) - Am Fischtal 14, 1000 Berlin 37 (T. 813 60 82) - Geb. 3. Mai 1908 Hannover (Vater: Gerhard H., Versicherungsdirektor; Mutter: Paula, geb. Müller), verh. 1935 m. Dr. med. Magdalene, geb. Gdaniec, 3 Kd. (Konrad, Gerhard, Dietrich) - 1927-31 Univ. Berlin (Biol., Anthropol., Paläontol.). Promot. u. Habil. (1945) Berlin - Zool. Museum Berlin; 1951-69 Leit. Forschungsgruppe f. Mikromorphol. in d. MPG bzw. TU Berlin; s. 1954 ao. u. o. Prof. (1962) TU Berlin (s. 1969 Max-Volmer-Inst.) - BV: Atlas d. menschl. Zahnes im elektronenmikroskop. Bild, 2 Bde. 1953/57; Diatomeenschalen im elektronenmikr. Bild, 10 Bde. 1953/76 (m. W. Krieger); Forts.: Micromorphol. of Diatom Valves (m. K. Krammer), 1982. Zahlr. Einzelarb. ehem. Mithrsg.: Handb. d. Zool. (1949ff.); Zusammenarb. üb. Biolog. u. Bauen m. Frei Otto u.a., s. 1961 - 1959 ORCA-Preis, 1961 GIRS-Preis, 1967 Jahresbestpreis Dt. Ges. f. ZMKheilkd., 1968 EM Soc. Royale Belge Stomat., 1977 IADR; Science Award in recognition of outstanding basic research in biological mineralization. - Liebh.: Allg. Kulturgesch.

HELMDACH, Henry

Dipl.-Kfm., Verbandsdirektor, Vorst.-Sprecher Norddt. Genossenschaftsverb. Schlesw.-Holst. u. Hamburg (Raiffeisen-Schulze-Delitzsch) e.V. (s. 1972) - Rethwiese 24, 2080 Pinneberg - Geb. 10. Juni 1928 - Wirtschaftsprüfer u. Steuerberat.; AR: Mittelstandskreditbank AG, Hamburg, Dt. Genossenschaftsverlag eG, Wiesbaden, Genossenschafts-Rechenzentrale Norddeutschl., Lehrte, VODAG Rechenzentrale nordwestdt. Volksbanken eG, Hannover.

HELMENSDORFER, Erich

Journalist - Hellerhofstr. 2-4, 6000 Frankfurt/M. 1 - Geb. 28. Mai 1920 Nürnberg, ev., gesch., 2 S. (Thomas, Wolfgang) - Stud. Rechtswiss. - 1947-60 Journ. DENA u. dpa (Nürnberg, Bonn, Berlin, München, Kairo), 1961 Chef v. Dienst D. Presse, Wien, 1961-63 Redaktionsleit. Münchner Abendztg., dann fr. Mitarb. ARD/Fernsehen (Leit. Sendung Alles oder nichts (b. 1971 61 x), 1972-73 Ente gut - alles gut, 1975 Reden wir mal drüber), 1968-69 Chefredakt. Münchener tz, 1973 Nahost-Korresp. u. 1976 Lokalchef FAZ - BV: Heißes Herz u. kühler Kopf, 1968; Hartöstl. v. Suez, 1972; Westl. v. Suez, 1973; Meine Anstaltsjahre - Freud u. Leid im Fernsehen, 1979; Frankfurt - Metropole am Main, 1982 - 1963 Theodor-Wolff-, 1964 Joseph-E.-Drexel-Preis, 1967 Gold. Kamera; BVK I. Kl. - Spr.: Engl., Franz., Arab. - Rotarier.

HELMER, Claus

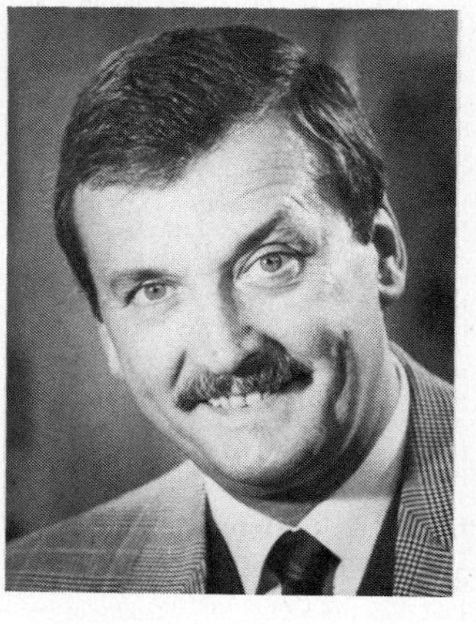

Theaterdirektor, Schauspieler, Regisseur - Zu erreichen üb. Die Komödie, Neue Mainzer Str. 18, 6000 Frankfurt/M. - Geb. 23. Febr. 1944 Brünn (Vater: Ernst Georg H., Schauspieler; Mutter: Maria H.), S. Alexander - 1959/60-1961/62 Max Reinhardt-Sem. Wien - 1981 Ehrenkreuz f. Kunst u. Wiss. Österr. Rep.; 1981 Verleihung d. Frankf. Harlekin - Liebh.: Tennis - Spr.: Engl. - Mitgl. Lions-Club.

HELMER, Karl

Dr. habil., Dr. phil., apl. Prof. f. Allgemeine Päd. Univ. Duisburg (s. 1986) - Zu erreichen üb. Univ. Duisburg, Lotharstr. 65, 4100 Duisburg (T. 0203 - 379 24 42) - Geb. 28. Mai 1936 Sythen (Krs. Recklinghausen), kath., verh. s. 1964 m. Johanna, geb. Hovenjürgen, T. Susanne - Stud. Philol. (Deutsch, Gesch., Philos. Päd.); 1958-64 Univ. Münster, Marburg, Gießen; 1. u. 2. Staatsex. f. d. Lehramt am Gymn.; Promot. 1976 Univ. Gießen; Habil. 1982 Univ. Duisburg - 1966-74 Gymn.lehrer Bocholt; 1974 AOR; 1984 StD i.H. - BV: Üb. Möglichkeiten u. Grenzen d. Erziehung (n. A. Schopenhauer), 1977; Weltordnung u. Bildung (G. Ph. Harsdörffer), 1982. Zahlr. Beitr. in Sammelbd. u. Fachztschr. z. Gesch. d. Päd. u. Phil. d. Erziehung - Liebh.: Bergwandern - Spr.: Engl., Franz.

HELMKE, Klaus

Dr. med., Prof., Chefarzt am Akad. Lehrkrankenhaus München-Bogenhausen - Alte Poststr. 10A, 8011 Baldham (T. 08106 - 3 25 92) - Geb. 3. Okt. 1941 Dortmund, kath., verh. s. 1969 m. Dr. med. Bärbel, geb. Munk, 5 Kd. (Christine, Birgit, Daniel, Andreas, Anke) - Stud. Phil. u. Med. Univ. Freiburg, Wien u. München; Promot. 1970; Habil. 1980 - B. 1987 Oberarzt Mediz. Klinik III u. Poliklinik d. Justus-Liebig-Univ. Gießen; s. 1988 Chefarzt städt. Krkhs. Bogenhausen, Akad. Lehrkrkhs. d. TU - Forschungsarb. auf d. Gebiet d. Autoimmunerkrankungen - BV: Antinukleäre Antikörper u. Autoimmunerkrankungen, 1980.

HELMLE, Bruno

Dr. jur., Oberbürgermeister - Beethovenstr. 42, 7750 Konstanz/B. (T. 6 22 50) - Geb. 5. Febr. 1911 Mannheim (Vater: Josef H., Hauptlehrer), kath., verh. s. 1939 m. Magda, geb. Brust, T. Corinna - Gymn.; Univ. Berlin u. Heidelberg (Rechts- u. Staatswiss., Phil., Volksw.). Gr. jurist. Staatsprüf. 1938 - 1940-58 Reg.s.- u. Oberreg.srat Finanzverw.; s. 1959 Oberbürgerm. Konstanz. CDU - BV: D. Pfandrecht d. Spediteurs, Frachtführers u. Lagerhalters, 1934 (Diss.) - Liebh.: Theater, Musik (Konzerte) - Spr.: Franz., Engl.

HELMLÉ, Eugen

Sprachwissenschaftler, Übersetzer, Lehrbeauftr. f. Spanisch Univ. Saarbrücken - Pestalozzistr. 54, 6603 Sulzbach-Neuweiler/S. (T. 06897 - 25 20) - Geb. 9. Sept. 1927 Ensdorf/S. - Zahlr. Übers. - 1972 Saarl. Kunstpreis (f.: Übers. hervorrag. Werke aus d. Franz.); Mitgl. PEN-Zentrum BRD.

HELMREICH, Ernst J. M.

Dr. med., Prof. f. Physiolog. Chemie - Werner-v.-Siemens-Str. 83, 8700 Würzburg - Geb. 1. Juli 1922 München - Promot. 1949 Erlangen; Habil. 1953 München - Zeitw. Prof. Biochemistry, Washington; Univ. Medical School St. Louis, Missouri (USA); s. 1968 Ord. u. Mitvorst. Physiol.-Chem. Inst. Univ. Würzburg. Zahlr. Fachveröff. - Mitgl. d. Dt. Akad. d. Naturforscher - Leopoldina u. d. Bayer. Akad. d. Wissenschaften.

HELMRICH, Herbert

Minister f. Justiz, Bundes- u. Europaangelegenh. - Demmlerplatz 1-2, O-2754 Schwerin (T. 0385 - 71 11 25 u. 88 91 10) - Geb. 1. Jan. 1934 Luckau/NL., ev., verh., s. 1965, 3 Kd. - Stud. Rechts-, Staatswiss., Volksw., Soziol. Jurist. Staatsprüf. 1963 u. 67 - S. 1967 Zulassung als Anwalt (1969 auch Notar). 1984-92 Vors. d. Dt. Bundestages; s. 1991 Bundesvors. d. BACDJ.

HELMS, Dietrich

Prof. f. Freie Kunst Kunsthochsch. Hamburg - Behnstr. 59, 2000 Hamburg 50 - Geb. 13. März 1933 Osnabrück - 1952-58 Stud. Kunst u. Deutsch Hamburg u. Kassel - Mitgl. Intern. Künstlergremium, Deutscher Künstlerbund, AICA. Fachveröff., Kunstobjekte u. Zeichnungen.

HELMS, Eberhard

Prof., Hochschullehrer - Roonstr. 35, 1000 Berlin 37 - Geb. 9. März 1924 Friedland/NL. (Vater: Dr. med. Hans H.; Mutter: Olga, geb. Schoewe), gesch., 2 S. (Stefan, Martin) - Stud. Biol. d. Leibeserzieh. - Lehrer; gegenw. Prof. FU Berlin (Sportpädagogik u. Didaktik d. Leibeserzieh.).

HELMS, Erwin

Dr. phil., em. Prof. f. Didaktik d. Engl. Sprache Univ. Göttingen, Erz.wiss. Fachbereich (s. 1962), Lehrbeauftr. f. Amerikakd. Univ. ebd. (s. 1953) - Auf d. Allerberg 34, 3407 Gleichen-Reinhausen (T. 05592 - 2 79) - Geb. 1. Juli 1913 Barver (Vater: Alfred H., Lehrer; Mutter: Wilhelmine, geb. Bertram), ev., verh. s. 1939 m. Dorothee, geb. Agricola, 3 Söhne (Evert, Klaus, Bernhard) - Oberrealsch. Hannover; Stud. Engl., Gesch., Geogr. Univ. Göttingen, Manchester, Tübingen (Promot. 1939) - 1939-40 Studienass.; 1940-42 Lektor (Florenz); 1950-62 Studien- u. Oberstudienrat. 1960

Visiting Lecturer Univ. Wisconsin; 1965 Visit. Prof. Univ. Colorado; 1968 Visit. Prof. La Verne College (Calif.). Zeitw. stv. Vors. Dt. Ges. f. Amerikastudien - BV: Englands innere Weltreichspropaganda z. Erhalt. d. Reichseinheit, 1939; D. jüngste Gesch. d. USA - e. didakt. Entwurf, 1966. Herausg.: The British Commonwealth-Speeches and Documents (2. A. 1964); William Goyen - Short Stories (1964); I Am A Negro - An Anthol. of Afro-American Poetry (2. A. 1971); USA - Staat u. Gesellschaft (1969/72/75/78/81/85/89); Black America (1970); D. Hochsch.ref. in d. USA u. ihre Bedeutung f. d. BRD (1971); Youth in America (1980, m. B. Tracy); American Dreams/American Nightmares (1981, m. B. Tracy); The German-Americans, An Invisible Minority? (m. B. Tracy); Life, Liberty and the Pursuit of Happiness (1987) - 1939 Preis Univ. Tübingen (Phil. Fak.) - Liebh.: Reisen, Arch., Malerei - Spr.: Engl., Ital.

HELMS, Hermann C.

Vorstandsmitglied Germanischer Lloyd AG - Vorsetzen 32, 2000 Hamburg 11 (T. 36 14 90) - Geb. 2. Juli 1928 - Beiratsmitgl. Deutsche Bank AG, Hamburg, Dt. Schiffahrtsbank AG, Bremen.

HELMS, Jan

Dr. med., Prof. f. Hals-, Nasen- u. Ohrenheilkunde u. Direktor d. Univ.-HNO-Klinik Würzburg - Josef-Schneider-Str. 11, 8700 Würzburg.

HELMS, Siegmund

Dr. phil., Prof. f. Musikpädagogik u. Dekan Hochschule f. Musik Köln - Fürvelser Str. 31, 5000 Köln 80.

HELMS, Wilhelm

Landwirt, Mitgl. Europ. Parlament (I. Wahlp.) - 2832 Twistiringen-Bissenhausen 2/Nieders. - CDU.

HELMS, Wilhelm

Dr. jur., Rechtsanwalt u. Notar - Hohenzollernstr. 6, 3000 Hannover 1 (T. 0511 - 34 26 27) - Geb. 10. Juli 1938 Hannover, ev., verh. s. 1964 m. Oberstud.rätin Margrit, geb. Hartmann, 4 Kd. (Björn, Arne, Tim, Friederike) - Jurastud. 1958-62 Univ. Heidelberg, Freiburg, Bonn u. Göttingen; währ. d. Stud. 1 J. Volont. in Nord/LB; 1. Staatsex. 1962; Stip. Paris 1963; 2. Staatsex. 1967; Promot. 1973 Göttingen - 1972-75 Vorst. Dt. Anwaltverein, 1972-76 Rechtsanw.-kammer Celle; 1976-80 Lehrauftr. Univ. Hannover. S. 1979 AR Continental AG, s. 1987 Magdeburger Versich. (s. 1990 stv. AR-Vors.); 1990 stv. AR-Vors. Magdeburger Lebensversich.; 1990 SR Beteilig. AG München; 1990 Vorst.-Vors. Paul-Blumel-Stiftg., Hannover - Liebh.: Klass. Musik, Tennis, Lyrik - Spr.: Engl., Franz., Lat., Schwed.

HELMS, Winfried

Dr., Rechtsanwalt, Geschäftsf. Dt. MTM-Vereinig. (s. 1962), Dt. MTM-Ges. Ind.- u. Wirtschaftsberat. mbH, Intern. MTM Direktorat (s. 1966, Präs. s. 1990), European Federation of Productivity Services (s. 1972, Präs. s. 1983) - Elbchaussee 352, 2000 Hamburg 52 (T. 82 30 11) - Geb. 30. Mai 1927 Hannover (Vater: Karl H., Bankkfm.; Mutter: Anna-Maria, geb. Nitzlader), kath., verh. s. 1966 - Ratsgymn. Hannover, Altes Gymn. Bremen; Univ. Göttingen, Hamburg - Spr.: Engl.

HELMSCHROTT, Josef

Angestellter, MdL Bayern (1954-74), Mitgl. Rundfunkrat BR (s. 1972) - Bauernstr. 8, 8906 Gersthofen (T. Augsburg 49 14 21) - Geb. 1. Jan. 1915 Göggingen, kath. - Oberrealschule Augsburg; Stud. Phil. u. Gesch. Dillingen u. München - 1938 b. 1946 Wehrmacht (Gebirgsj., zul. Oblt.) u. amerik. Kriegsgefangensch. (1943); 1946-52 Bürgerm. Gersthofen; s. 1948 MdK; s. 1952 Sachbearb. f. Bewert. u. Feststell. CDU s. 1947 (1951 Kreisvors.) - Spr.: Engl. (Dolmetscherprüf.).

HELMSTÄDTER, Ernst

Dr. rer. pol. (habil.), em. Prof. f. Volkswirtschaftslehre, Mitgl. Sachverständigenrat (s. 1983) - Rinscheweg 38, 4400 Münster (T. 0251 - 21 44 15) - Geb. 22. April. 1924 Mannheim - S. 1965 Ord. Univ. Bonn u. Münster (1969; Dir. Inst. f. Wirtschafts- u. Sozialwiss. u. f. Industriew. Forschung); 1983-86 Vors. Ges. f. Wirtschafts- u. Sozialwiss., Verein f. Socialpolitik (gegr. 1872); Präs. Intern. Schumpeter Ges.; stv. Vors. List Ges.; 1983-88 Mitgl. Sachverst.rat z. Begutacht. d. gesamtw. Entw. - BV: u. a. Wirtschaftstheorie Lehrb. I (3. A. 1983) u. II (3. A. 1986).

HELMSTÄDTER, Wilfried

Dipl.-Volksw., Steuerberater, (ehem. MdL Baden-Württ. (b. 1980) - Sautterweg 5/34, 7000 Stuttgart 80 (T. 715 78 29) - Geb. 19. März 1930 Calw/Württ., verh., 4 Töcht. - Univ. Tübingen (Wirtschaftswiss.; 1953 Dipl.-Volksw.) - S. 1960 Steuerberater. 1962ff. Mitgl. Gemeinderat Stuttgart (1969-72 Fraktionsvors.). S. 1973 SPD-Fraktionsvors. Regionalverb., s. 1986 stv. Verbandsvors. Regionalverb. Mittl. Neckar; s. 1988 stv. Vors. Stuttgarter Kammerorchester e.V.; s. 1989 Bezirksvors. Arbeiterwohlfahrt Nordwürtt.; s. 1991 Vors. AWO Baden-Württ. - 1978 BVK.

HELPAP, Burkhard

Dr. med., Wiss. Rat (Patholog. Inst.), Prof. f. Allg. Pathol. d. Pathol. Anat. Univ. Bonn (s. 1974) - Turmfalkenweg 10, 5300 Bonn-Ippendorf - Geb. 25. Juli 1935 Pillau/Ostpr. (Vater: Dr. Kurt H., Arzt; Mutter: Ursula, geb. Gewert), ev., verh. s. 1964 m. Dr. Elke, geb. Härtig, 3 S. (Christian, Björn, Jens) - Gymn. Bremerhaven; Univ. Marburg, Kiel, Wien, Erlangen, Bonn. Promot. 1962 Kiel; Habil. 1969 Marburg - S. 1972 Prof. Bonn; Dir. Patholog. Inst.; Ärztl. Dir. Akad. Lehrkrkhs. Univ. Freiburg, Singen - BV: Paraganglien u. -liome, 1978; Kryochirurgie, 1980; Gewebsverbrennung, 1983; Megakaryozyt, 1984; Prostata, Bd. 1 1983, Bd. 2 1984, Bd. 3 1985, Bd. 4 1988; Entzündungslehre, 1987; Pathologie d. ableitenden Harnwege u. d. Prostata, 1989. Div. Einzelarb. - Liebh.: Klass. Musik, mod. Lit. - Spr.: Engl.

HELTAU, Michael

Schauspieler, Mitgl. Burgtheater Wien - Sulzweg 11, A-1190 Wien - Geb. 5. Juli 1938 Ingolstadt/D. - Max-Reinhardt-Sch. Wien - S. 1952 Bühnentätigk. Wien. Vornehml. klass. Figuren, dar. Hamlet u. Romeo. Film; Fernsehen. Div. Liederplatten.

HELTEN, Elmar

Dr. rer pol., Dipl.-Math., Univ.-Prof. f. Betriebswirtschaftslehre u. Leit. Inst. f. Betriebswirtschaftl. Risikoforsch. u. Versicherungswirtschaft Univ. München (s. 1987) - 8000 München 22 - 1973-87 Univ. Mannheim. 1979ff. Beirat Bundesaufsichtsamt f. d. Versich.wesen. Berlin. Fachveröff.

HELTEN, Fritz

Kaufmann, Inh. Helten-Einrichtungen, Göttingen - Düstere Str. 15, 3400 Göttingen (T. 0551 - 4 70 32) - Geb. 10. Okt. 1937 Göttingen, ev.-luth., verh. s. 1959 m. Renate, geb. Rosenstock, 2 Kd. (Kerstin, Torsten) - Ausb. Ind.-, Möbel-u. Textil-Kaufm. - 1959-66 Ltd. Angest.; 1966 Geschäftsgründ. Inneneinricht., Innenarchit., Krawattenentw. - Liebh.: Politik, Psych., Kunst.

HELVERSEN, von, Otto

Dr. rer. nat., o. Prof., Direktor Inst. Zoologie II Univ. Erlangen-Nürnberg - Schloß Neuhaus, 8551 Adelsdorf (T. 09195 - 26 41) - Geb. 9. Aug. 1943, kath., verh. s. 1970 m. Dr. Dagmar, geb. Uhrig, 3 Kd. (Thomas, Bettina, Martin) - Univ. Freiburg; Dipl. (Biol.), Promot. u. Habil. ebd.

HELWIG, August

Dipl.-Ing., Fabrikant - Höhenweg 14, 3578 Treysa (T. 06691 - 14 72) - Geb. 24. Juni 1914 Treysa (Vater: Karl H., Fabrikant; Mutter: Maria, geb. Gimpel), ev., verh. s. 1948 m. Irmgard, geb. Schildhauer - Realgymn. Marburg; Stud. d. Naturwiss. u. Maschinenbau TH Berlin (Dipl.ex. 1939) - Im Krieg Reserveoffz. (Raketen-Entwicklung). Vorstandsmitgl. Hess. Diakoniezentrum, Mitgl. Landessynode Kurhessen-Waldeck - BVK - Liebh.: Gesch., Bibliophilie - Spr.: Franz., Engl. - Rotarier.

HELWIG, Helmut

Dr. med., Prof., Chefarzt (Pharmakotherapie) - Kinderkrankenhaus St. Hedwig, 7800 Freiburg/Br. - Geb. 21. Juli 1931 Berlin (Vater: Dr. Burghard H., Pharmazeut; Mutter: Maria, geb. Kullmann), kath., verh. s. 1955 m. Silvia, geb. Piontek, 5 Kd. (Michael, Axel, Joachim, Angela, Peter) - Promot. 1957 Heidelberg - S. 1970 (Habil.) Lehrtätigk. Univ. Köln u. Freiburg (1971; 1976 apl. Prof. f. Kinderheilkd.). Üb. 100 Fachveröff. u. a. Antibiotika-Chemotherapeutika, 1970, 1973, 1975, 1989 (auch jap.); Stoffwechselwirk. v. Trometamol, 1974; Arzneimittel, 6. A. 1988; Päd. Therapie, 1983 (auch ital.) - Spr.: Engl.

HELWIG, Karl-Heinz

Dr. rer. nat., o. Prof. f. Höh. Mathematik u. Analyt. Mechanik TU München - Englschalkstr. 11, 8082 Grafrath/Obb. - Geb. 24. Juni 1936 Essen - S. 1974 Ord.

HELZER, Hans-Gerhard

Rektor a. D., MdL Rhld.-Pfalz (1971-87) - Auf dem Steinchen 6, 5230 Altenkirchen/Westerw. (T. 36 77) - Geb. 12. Aug. 1927 Niederhausen/Westerw., ev., verh., 2 Kd. - Volkssch.; Lehrerbildungsanst. (durch Kriegsdst. unterbr.) - S. 1950 Lehrer (1965 Rektor Betzdorf, 1970 Hamm/Sieg). SPD s. 1946 (Ortsvors. Altenkirchen, Vors. Kulturpolit. Aussch. Landtag Rheinl.-Pfalz 1977-87).

HEMBD, Hermann

Dr. rer. nat., Prof. f. Angew. Mathematik Univ.-GH Paderborn - Pohlweg 14, 4790 Paderborn/W. - Geb. 6. Juni 1932.

HEMBERGER, Karl

Betriebswirt, Prokurist ENKA AG, Wuppertal, Präsidiumsmitgl. Dt. Sportbund - Sattelhecke 26, 8752 Johannesberg - Geb. 9. Aug. 1928 Aschaffenburg - Vors. Bundesaussch. f. Recht, Soziales u. Steuern, Vors. Amateurkommiss., BLSV-Verwaltungsrat, ZDF-Fernsehrat - 1974 BVK.

HEMBERGER, Margot-Jolanthe

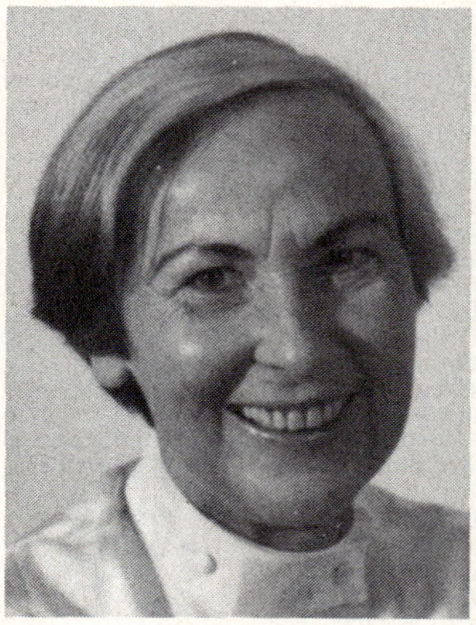

Bildhauerin, Malerin, Grafik. - Freudenstädter Str. 7-9, 7298 Lossburg 1 (07446 - 5 80) - Geb. 8. Dez. Stuttgart, kath., led. - Höhere Fachsch. f. graf. Gewerbe Stuttg. 1938-40, Akad. d. bild. Künste 1941-44 Stuttgart - S. 1945 Einzelausst. im In- u. Ausland sow. Kollekt. Ausst. - Arb. f. viele öffentl. Gebäude v. Staat, Städten, Fabriken u. Kirchen Plastik-Reliefs, Malereien (Holz, Stein, Kupfer, Edelstahl, Glasfenster u. Wandmalerei). S. 1979 Pilotprojekt f. Kreativ-Unterr. d. Adzubi b. d. Fischerwerken Tumlingen; 1951-54 Stuttgarter Schulen, u.a. Luginsland (Mosaikbrunnen u. Granitbrunnen), 1954 Wandbild Schule Lossburg, 1964 Wandbild Rathaus ebd., 1969 Kupferportal Martinskirche Lossburg, 1974 Glasfenster Friedhofshalle Tumlingen; 1986 Holzrelief Krhs. Freudenstadt; 1987 Altarwand (Holz) Martin-Haug-Stiftg. ebd.; 1988 Holzrelief ev. Kirche Lossburg; 1991 Gr. Kreuz in Kath. Kirche Maria Königin Kirchheim/Teck; Gr. Wandbild in Mehrzweckhalle Betzweiler Kr. Freudenstadt - BV: Bildhauerei, Malerei, Grafik. Phil. in Farbe u. Form, 1987; sow. Kataloge - 1951 Württ. Jugendkunstpreis f. Bildhauerei, 1952 f. Malerei.

HEMEYER, Karl-Heinz

Dr., Dipl.-Kfm., Fabrikant Lauterberger Blechwarenfabrik GmbH u. Lauterberger Ges. f. Ind.technik mbH, bde. Bad Lauterberg, Klever Stanz- u. Verpackungs GmbH - Sommerdeich 3, 4190 Kleve (T. 02821 - 5 96-0); u. Scharzfelder Str. 18-22, 3422 Bad Lauterberg.

HEMFLER, Karl

Staatsminister a. D., MdL Hessen (s. 1970) - Druseltalstr. 60, 3500 Kassel (T. 3 61 37) - Geb. 16. April 1915 Lodz - Deutsches Gymnasium Lodz (Abitur 1934); Stud. Rechtswiss. Gr. jurist. Staatsprüf. 1949 Frankfurt/M. - B. 1954 Landgericht Kassel, dann Stadtverw. ebd. (Stadtrat, Bürgerm., Kämmerer), 1967-69 hess. Justiz- u. Innenmin. (Staatssekr.), 1969-74 Justizmin. Wehrdst. SPD.

HEMLEBEN, Vera

Dr. rer. nat., Prof., Biologin - Panoramastr. 47, 7400 Tübingen - S. Habil. Lehrtätigk. Univ. Tübingen (gegenw. Prof. Inst. f. Biol. II).

HEMMELRATH, Markus

Dr. rer. nat., Dipl.-Chem., gf. Gesellschafter Hemmelrath Lackfabrik GmbH, Klingenberg - Eichenbühler Str. 9, 8760 Miltenberg - Geb. 25. April 1958 Aschaffenburg (Vater: Wolfgang H., Fabrikant; Mutter: Dorothea, geb. Uehlein), verh. s. 1984 m. Ilona, geb. Wiegand - Stud. Univ. Würzburg u. Stuttgart; Dipl. 1985; Promot. 1987 - Mitgl. GdCh, Fachgr. API.

HEMMER, Frank D.

Dr.-Ing., Prof., Architekt, Vorstandsmitglied d. Inst. f. Bau- u. Entwicklungsplanung Univ. Hannover - Roscherstr. 6, 3000 Hannover 1 (T. 0511 - 348 07 03) - Geb. 28. April 1930 Goyanna/Brasil. (Vater: Werner D., Dipl.-Ing.; Mutter: Sophie, geb. Kloess), ev.-luth., verh. s. 1961 m. Helga, geb. Schmitz, 3 Kd. (Florian, Cornelis, Lucius) - Human. Gymn., Techn. Hochsch., Dipl. 1957, Promot. 1965, Habil. 1969 - Univ.-Doz. 1969; Prof. 1975 - Typenentwickl. f. Kindergärten (anerk. als wirtsch. wicht. Erfind. d. Nieders. Min. f. Wirtschaft 1973) - BV: Tagesstätten f. Kinder, Monogr. 1967; Theaterbau (m. G. Graubner), 1968; Gestaltentw. d. Unterr.-Raumes, Forsch.-Stud., 1970; Schule, Forsch.-Stud., 1972 - Kindergärten, Beschützende Werkst., Sonderschulen, Berufssch. - Bes. Interesse: Förderung päd. Ziele durch Architektur - Spr.: Engl.

HEMMER, Hans-Otto

Chefredakteur Gewerkschaftl. Monatshefte - Hans-Böckler-Str. 39, 4000 Düsseldorf 30 (T. 0211 - 4 30 10) - Geb. 11. Mai 1946 Velbert (Vater: Otto H., Handw.; Mutter: Klara, geb. Meisloch), verh. s. 1981 m. Sigrid, geb. Putsch, 3 Kd. (Katharina, Benjamin, Milena) - Stud. Lehramt an höh. Schulen (Gesch., German.) - 1972-77 Redakt. Gewerkschaftl. Monatshefte, s. 1981 Chefredakt., 1977-81 Referatsleit. b. DGB-Bundesvorst.

HEMMER, Hans-Rimbert
Dr., Prof. f. Volkswirtschaftslehre u. Entwicklungsländerforschung Univ. Gießen (s. 1971), Dir. Zentrum f. region. Entwicklungsforsch. (ebd.) - Auf der Heide 1, 6301 Wettenberg 2 - Geb. 22. April 1941 Essen (Vater: Johann H., Angest.; Mutter: Margot, geb. Dunkels), kath., verh. s. 1965 m. Ingrid, geb. Meyenschein, 2 Kd. (Petra, Torsten) - Hum. Gymn. Karlsruhe (Abit. 1960); Stud. d. Volkswirtsch.slehre Univ. Heidelberg, Köln, Mainz; Promot. (1967) u. Habil. (1971) ebd. - 1965 b. 1968 Assist. Mainz; 1968-69 Sachbearb. Kreditanst. f. Wiederaufbau. Mitgl. Verein f. Sozialpolitik; Atlantic Economic Society; Wissenschaftl. Beirat d. BMZ - BV: Produktdifferenzierung u. Wohlstandsmaximum, 1967; Strukturprobleme d. Wirtschaftswachstums, 1972; Wirtschaftsprobleme d. Entwicklungsländer, 1978; Z. Problematik d. gesamtw. Zielfunktion i. Entwicklungsländ. (2. A.), 1978 - Spr.: Engl.

HEMMER, Helmut
Dr. rer. nat., Dipl.-Biologe, Prof. f. Zoologie Univ. Mainz, stv. Direktor Naturwiss. Technikum Landau - Anemonenweg 18, 6500 Mainz-Ebersheim - Geb. 7. Dez. 1940 Kaiserslautern (Vater: Rudolf H., Kaufm.; Mutter: Hedwig, geb. von Kennel), verh. s. 1968 m. Elisabeth, geb. Becker - Univ. Mainz (Biol.; Dipl. 1964). Promot. 1966; Habil. 1976 - Spez. Arbeitsgeb.: Wirbeltier-Evolutionsbiologie, Domestikationsforsch., Tierschutz, Humanbiol., Biol.-Didaktik - BV: Allometrie-Untersuchungen zur Evolution d. menschl. Schädels u. s. Rassentypen, 1967; Kröte u. Frosch im Unterr., 1978; Domestikation - Verarmung d. Merkwelt, 1983; Historia Biològica del Ferreret (m. J. A. Alcover), 1984; Nutztier Damhirsch, 1986; Domestication - The decline of environmental appreciation, 1990. Zahlr. Einzelarb.; Chefredakt. BL-Journal - Spr.: Engl., Franz.

HEMMER, Robert
Dr. med., em. Prof., Neurochir. Universitätsklinik Freiburg - Mettackerweg 76, 7800 Freiburg/Br. (T. 4 39 56) - Geb. 18. Dez. 1920 - S. 1959 (Habil.) Lehrtätigk. Freiburg (1965-86 Univ.-Prof. f. Neurochir.). Üb. 200 Fachveröff. (auch Bücher, vorw. Pädiatrische Neurochir.).

HEMMERICH, Peter
Dr. phil. nat., o. Prof. f. Biol. Chemie Univ. Konstanz - Hoheneggstraße 100, 7750 Konstanz/B. (T. 3 14 82) - Geb. 30. Dez. 1929 Frankfurt/M. (Vater: Hans H., Kaufm.; Mutter: Erna, geb. Haurand), kath., verh. s. 1957 m. Marianne, geb. Hirschfeld, 3 Kd. (Stefan, Andreas, Christiane) - Promot. (Chemie; 1957) u. Habil. (1963) Basel - Spez. Arbeitsgeb.: Bio(an)organische Chemie.

HEMMERLE, Klaus
Dr. theol., Prof., Bischof Aachen - Friedlandstr. 2, 5100 Aachen - Geb. 3. April 1929 Freiburg/Br. - S. 1967 (Habil.) Lehrtätigk. Univ. Freiburg, Bochum (1970 o. Prof. f. Fundamentaltheol.) u. erneut Freiburg (1973 o. Prof. f. Christl. Religionsphil.); s. 1968 Geistl. Dir. bzw. Geistl. Assist. Zentralkomit. d. dt. Katholiken; s. 1975 Bischof v. Aachen. Wiss. Veröff. - 1982 Komturkreuz m. Stern d. Ritterordens v. Hl. Grab; 1988 Dr. phil. E.h. d. RWTH Aachen.

HEMMERLEIN, Alfred
Ltd. Regierungsdirektor, Kanzler d. Otto-Friedrich-Univ. Bamberg (s. 1972) - Kapuzinerstr. 16, 8600 Bamberg/Ofr.

HEMPEL, Amadeus
Bürgerschaftsabgeordneter (s. 1974) - Sierichstr. Nr. 70, 2000 Hamburg 60 - FDP.

HEMPEL, Gotthilf
Dr. rer. nat., Prof., Direktor Zentrum f. Marine Tropenökologie Bremen - Eidergrund 5, 2300 Kiel-Schulensee (T. 65 07 73) - Geb. 8. März 1929 - S. 1963 (Habil.) Lehrtätigk. Univ. Hamburg u. Kiel (1966 Ord. f. Meereskunde, insb. Fischereibiol.); 1979-82 Präs. Intern. Rat f. Meeresforsch.; 1987-89 Vors. Arbeitsgem. d. Großforsch.einrichtungen (AGF), s. 1990 Mitgl. Wiss.rat. Etwa 120 Fachveröff. Herausg.: Polar Biology. Arbeitsgeb.: Biol. d. Fische, Meeresökol., Polarforsch., Wissenschaftspolitik, bes. Kooperation m. Entwicklungsländern.

HEMPEL, Heinz-Werner
Geschäftsführender Gesellschafter Roland Legierungsmetall GmbH & Co. KG, Bremen/Oberhausen, u. Hanseatische Waren Handelsges. mbH & Co. KG, Bremen, NESTOR Granit Handel GmbH + Co., Bremen, Vors. Verein Brem. Importeure, Verein dt. Metallhändler e.V. Bonn, u. EUROMETREC, Brüssel - Im Wiesengrund 6, 2800 Bremen (T. 0421 - 23 51 08) - Geb. 1. Dez. 1928 Bremen (Vater: Friedr.-Wilh. H., Kaufm.; Mutter: Elisabeth, geb. Schenk), verh. s. 1955 m. Sheila, geb. Taylor, 2 Kd. (Robert Patrick, Maria).

HEMPEL, Johannes
Dr. theol., Bischof d. Evangelisch-lutherischen Landeskirche Sachsen, Dresden - Tauscherstr. 44, O-8021 Dresden - Geb. 23. März 1929 Zittau, verh., 3 Kd. (Albrecht, Gabriele, Martin) - Stud. German., Phil., Gesch., Theol. 1947-52 Tübingen, Heidelberg, Berlin; Promot. 1963 Leipzig - Pfarrer; Studieninspektor; Studentenpfarrer, Studiendir. - 1972 Landesbischof - 1976 Theol. Ehrendoktor d. Univ. Leipzig; 1983 Theol. Ehrenpromot. Kent/Canterbury, u. 1983 Muhlenberg College (USA).

HEMPEL, Karl-August
Dr. rer. nat., o. Prof. f. Werkstoffe d. Elektrotechnik - In den Hehnen 21, 5100 Aachen - Geb. 8. März 1930 Gelsenkirchen - Stud. Physik. Promot. 1962 - S. 1968 (Habil.) Lehrtätigk. Univ. Münster u. TH Aachen (1970 Ord. u. Inst.dir.). Üb. 40 Fachaufs.

HEMPEL, Klaus
Dr. med., Dr. rer. nat., Prof. f. Med. Strahlenkunde u. -biochemie - Rothweg 5, 8700 Würzburg - B. 1978 Privatdoz., dann Prof. Univ. Würzburg (Fachber. Med.).

HEMPEL, Klaus-Joachim
Dr. med., Prof., Ärztlicher Direktor . Allg. Krankenhaus Heidberg, Chefarzt Abt. f. Pathologie Hamburg 62 - Kakenhaner Weg 107a, 2000 Hamburg 65 (T. dstl.: 52 47 20 92) - Geb. 6. Juni 1927 Zwickau/Sa. (Vater: Prof. Dr. med. Erich H., Chirurg; Mutter: Charlotte), ev. - Thomasschule (Thomanerchor) u. Univ. Leipzig. Promot. Leipzig; Habil. Mainz - 1952-57 Univ. Leipzig; 1957-59 Inst. f. Hirnforsch. u. allg. Biol. Neustadt/Schwarzw. (Prof. Dr. med., Dr. h. c. Oskar Vogt), s. 1959 Univ. Mainz (1967 apl. Prof.; zul. Vorst. Abt. f. Neuropathol.) u. Hamburg (apl. Prof.; Allg. Pathol., Pathol. Anat., Neuropathol.). Bes. Arbeitsgeb.: Qualitativmorphology. Unters. d. Gehirns. Zahlr. Fachveröff. - Spr.: Engl.

HEMPEL, Ludwig
Dr. rer. nat. (habil.), Prof., Geograph - Weierstraßweg 10, 4400 Münster/W. (T. 86 24 12) - Geb. 21. Juni 1922 Hamburg - S. 1955 Privatdoz., apl. Prof. (1961) u. Wiss. Rat (1963), Prof. (1980) Univ. Münster - BV: Struktur- u. Skulpturforsch. im Raum zw. Leine u. Harz; Frostbodenbild. u. Lößanweh. in d. Würmeiszeit auf Muschelkalk u. Buntsandstein b. Göttingen; Stud. üb. Verwitt. u. Formenbild. im Muschelkalkgestein; Stud. in nordd. Buntsandsteinlandsch.; Reliefformen Südwestfalens; Bodenerosion in Dtschl.; Geomorphologie u. Kulturgeogr. Probl. im Mittelmeerraum, Kanar. Inseln u. d. Sowjetunion; Einführung in d. Physiogeographie (5 Bde.); Klima u. Vegetationsänd. in Griechenland im Jungquartär. Grenzfragen anthropogen bedingter u. natürl. Abtragung im Mittelmeerraum; Forsch. z. Physischen Geogr. d. Insel Kreta im Quartär.

HEMPEL, Wido
Dr. phil., o. Prof. f. Roman. Philol. u. vergl. Lit.wiss. Univ. Tübingen (s. 1975) - Wilhelmstr. 50, 7400 Tübingen (T. 07071 - 29 23 76) - Geb. 13. April 1930 Bonn, verh. - Univ. Köln u. Bologna (Roman. u. German. Philologie); Promot. (1958) u. Habil. (1963) Köln - 1964-75 Ord. Hamburg; 1985/86 Dekan Neuphil. Fak. Univ. Tübingen. Mitgl. Kurat. Prix Strasbourg Stiftg. F.V.S. (s. 1971); Präs. Dt. Hispanistenverb. (1977-81); Vizepräs. Asociación Intern. de Hispanistas (1983-86); Fachgutachter f. Roman. b. DFG (1980-88) - BV: u. a. In Onor della Fenice Ibera - Üb. d. Esequie poetiche di Lope de Vega (Venedig 1636), 1964; Philipp II. u. d. Escorial in d. ital. Lit. d. Cinquecento, 1971; D. Darstellung d. Menschenmenge b. Manzoni, Scott u. in d. histor. Romanen d. franz. Romantik, 1974; Entre el Poema de Mio Cid y Vicente Aleixandre, 1983. Hrsg. Fachztschr.: Roman. Forsch. (s. 1981) - Mitgl. Akad. d. Wiss. u. d. Lit. Mainz (s. 1982) u. Real Acad. Española Madrid (s. 1982); Mitgl. Kurat. Montaigne-Preis Stiftg. F.V.S. (s. 1991).

HEMPEL-SOOS, Karin
Schriftstellerin, Kabarettistin - Prof. Neu-Allee, 5300 Bonn 3 (T. 0228 - 46 66 00) - Geb. 13. März 1939 Dresden, verh. s. 1960, 2 Kd. (Sarah, Boris) - Abit.; Stud. German., Phil., Volksw. - Engag. Tätigk. in Gewerkschaft (VS) u. SPD; fr. Autorin f. Presse, Funk, FS - BV: Meine unsortierten J., 1980; F. Männer verboten, 1983; Blütenblättermüll, 1986; Feuerlilien - Katzenhaar, 1987; D. Böse mehrt sich üb. Nacht, 1989. Zahlr. Anthol. u. Solo-Kabarettprogramme - Jacques Offenbach Med. Fr. Volksbühne Bonn - Liebh.: Männerbenachteiligung in allen Lebenslagen! - Lit.: ARD-Film Spottdrossel v. Bonn; versch. Porträts im Hörf., Neues Rhld. u.v.a.

HEMPELMANN, Gunter
Dr. med., Prof., Facharzt f. Anästhesie - Birkenweg 46, 6301 Wettenberg 3 (T. 0641 - 8 24 45) - Geb. 19. Mai 1940 Elmshorn (Vater: Dr. Johannes H., ltd. Verwaltungsdirektor; Mutter: Marianne, geb. Hinrichsmeyer), kath., verh. s. 1969 m. Dr. Wiltrud, geb. Hiltermann, 2 Kd. (Susanne, Ulf) - High School Arlington (Stip. American Field Service; Dipl. 1958), Gymn. Nürnberg (Abit. 1960); 1967/68 Univ. Helsinki (Stip. finn. Medizinalbehörde). Promot. 1966 Erlangen; Habil. 1973 Hannover - 1977 apl. Prof. Hannover; gegenw. Prof. u. Leit. Abt. f. Anaesthesiologie u. Intensivmed. Justus-Liebig-Univ. Gießen. Spez. Arbeitsgeb.: Hämodynam. u. blutgasanalyt. Unters. b. myokardial geschädigten Patienten. Zahlr. Facharb. - Liebh.: Segeln, Malerei - Spr.: Engl.

HEMPFER, Klaus Willy
Dr. phil., o. Prof. f. Roman. Philol. u. Allg. Literaturwiss. FU Berlin (s. 1977) - Podbielskiallee 40, 1000 Berlin 33 (T. 831 20 80) - Geb. 3. Nov. 1942 Augsburg - Promot. 1970, Habil. 1974 - 1975-77 Wiss. Rat u. Prof.; 1978-79 Dekan. 1986 Vors. Bund Freiheit d. Wiss. (BFW) - BV: Tendenz u. Ästhetik, 1972; Gattungstheorie, 1973; Poststrukturale Texttheorie u. narrative Praxis, 1976; Diskrepante Lektüren. D. Orlando-Furioso - Rezeption im Cinquecento, 1987. Zahlr. Veröff. in Fachztschr. u. Sammelw. u. Herausg. mehrerer Sammelw. u. Reihen - Spr.: Engl., Franz., Ital.

HEMPFER, Paul
Prof., Hochschullehrer - Bannried, 7981 Waldburg/Württ. - Gegenw. Prof. f. Leibeserzieh. PH Weingarten.

HEMPFLING, Baptist
I. Bürgermeister Stadt Kronach (s. 1978) - Rathaus, 8640 Kronach/Ofr. - Geb. 14. Jan. 1918 Kronach - Zul. Geschäftsf. CSU.

HENATSCH, Hans-Dieter
Dr. med., em. o. Prof. f. Physiologie - Markwinkel 2, 3401 Waake b. Göttingen (T. 05507-840) - Geb. 5. Juni 1920 Frankfurt/O. - S. 1956 (Habil.) Lehrtätigk. Univ. Göttingen (1962 apl., 1966 ao., 1967 o. Prof.). Abt.-Leit. f. Neuro-u. Sinnesphysiol. Spez. Arbeitsgeb.: Neurophysiol. d. Motorik, Neurophil. Zahlr. Fachveröff.

HENCKEL, Wolfram
Dr. jur., Prof. f. Zivil-, Handels- u. Prozeßrecht - Liegnitzer Straße 20, 3406 Bovenden 1 (T. 0551 - 8 15 60) - Geb. 21. April 1925 - S. 1960 (Habil.) Lehrtätigk. Univ. Heidelberg u. Göttingen (1962 Ord.; 1966/67 Rektor). 1969-72 Mitgl. Wiss.srat - BV: Parteilehre u. Streitgegenstand im Zivilprozeß, 1961, Neubearb. v. Jaeger, Konkursordnung, 9. A. ab 1977; Prozeßrecht u. materielles Recht, 1970 - Ruf Univ. Kiel (1961), Bonn (1964), Freiburg (1967) u. München (1971); 1973ff. stv. Mitgl. Nieders. Staatsgerichtshof; 1975-87 Mitgl. Senat Max-Planck-Ges.; 1977-90 Mitgl. Nieders. Staatsgerichtshof; 1983 Mitgl. Akad. d. Wiss. Göttingen; 1985 BVK I. Kl.

HENCKMANN, Wolfhart
Dr., Prof. f. Philosophie Ludwig-Maximilians-Univ. München - Nadistr. 32, 8000 München 40 (T. 089 - 351 86 42) - Geb. 3. Febr. 1937 Gersfeld/Kr. Fulda (Vater: Wolf H., Berging.; Mutter: Edeltraut, geb. Gudowius), ev., verh. s. 1965 m. Dr. Gisela, geb. Frischkorn, 2 Kd. (Joachim, Antje) - 1958-65 Stud., Promot. 1965, Habil. 1976 Univ. München - S. 1980 Prof.; 1974-76 Lehrauftr. phil. Ästhetik Hochsch. f. Fernsehen u. Film München, s. 1977 Lehrauftr. f. Wiss.theorie Hochsch. f. Politik München - BV: Üb. d. Wesen d. Kunst in d. Ästhetik M. Deutingers, 1966; Ästhetik (Hrsg., Sammelbd.), 1979 - Spr.: Engl., Franz.

HENDRICHS, Rolf
Geschäftsführer Paul Lösenbeck KG., Solingen, Vors. Industrieverb. Schneidwaren u. Bestecke ebd. - Höhscheider Weg 46, 5650 Solingen 11.

HENDRICKS, Alfred
Dr. rer. nat., Dipl.-Geol., Museumsdirektor Westf. Museum f. Naturkunde u. Planetarium - Zu erreichen üb. Westf. Museum, Sentruper Str. 285, 4400 Münster - Geb. 17. Mai 1948.

HENDRICKS, Claus
Dr.-Ing., Vorstandsmitglied Thyssen Stahl AG (s. 1991) - Kaiser-Wilhelm-Str. 100, 4100 Duisburg 11.

HENDRICKS, Wilfried
Dr. phil., Prof. f. Didaktik d. Technik (Arbeitslehre) TU Berlin (s. 1980) - Schulzendorfer Str. 82a, 1000 Berlin 27 - Geb. 23. Nov. 1943 Kleve (Vater: Wilhelm H., Beamter; Mutter: Clara, geb. Dercks), kath., verh. s. 1967 m. Marianne, geb. Hartmann, 3 Kd. (Morten, Birte, Kirsten) - B. 1967 PH Ruhr/Abt. Dortmund; b. 1974 Univ. Marburg (Erziehungswiss., Wiss. Politik, Wirtschaftswiss.; Promot.) - 1967-70 Lehrer Medebach; 1970-74 Hochschulassist. Dortmund u. Hagen; 1975-80 PH Berlin - BV: Arbeitslehre in d. BRD, 1975; Mithrsg.: Zw. Theorie u. Praxis/Marbg. Kolloquium f. Didaktik (1977); Arbeitslehre: Stand u. Entwicklungstendenzen aus Lehrersicht (m. Ziefuss u. Reuel, 1984) - Spr.: Engl., Franz., Dän.

HENDRICKX, Heinz
Dr. rer. nat., Dipl.-Chem., Inhaber L.D.B. Lösungsmitteldestillationsges. m.b.H., Biebesheim - Brückenweg 13a,

6146 Alsbach/Bergstr. - Geb. 25. Juli 1923 - Beiratsmand.

HENDRIOCK, Paul

Kaufm. Direktor, Geschäftsf. Hamburger Wasserwerke GmbH. - Mönckebergstr. 8, 2000 Hamburg 1; priv.: Köstenbergstr. 81, -55.

HENECKA, Hans Peter

Dr. phil., Prof., Lehrstuhlinh. f. Soziologie PH Heidelberg (s. 1973) - Bergstr. 25, 7520 Bruchsal - Geb. 3. April 1941 Karlsruhe - Stud. Univ. Heidelberg, Köln, Berlin (Soziol., Sozialpsych., Politikwiss., Völkerrecht); Forschungsaufenth. Univ. Jerusalem, Tunis, Bern. Promot. 1969 Heidelberg - 1965-68 Wiss. Mitarb. Inst. f. Christl. Soziallehre Mannheim, Assist. Kath. Hochschulgde. Würzburg (1969), Wiss. Assist. PH Karlsruhe (1970), Gastprof. Univ. St. Petersburg (1992). Spez. Arbeitsgeb.: Erziehungs-, Ethno- u. Betriebssoziol. - BV: Unruh. Jugend?, 1970; D. jurass. Separatisten, 1972; Schulsoziol., 1978; Erziehungssoziol., 1980 (griech. Übers. 1989); Soziol. Grammatik, 1984; Bibliogr. z. Soziol. u. Päd. d. Kindheit, 1989; Soziol., Politik u. Geschichte in d. Lehrerbildung, 1990; Grundkurs Soziol., 3. A. 1990. Zahlr. Fachaufs. - Spr.: Engl., Franz.

HENEKA, Hubert

Dr. rer. nat., Dipl.-Chem., Vorstandsvorsitzender VEBA OEL AG - Postfach 20 10 45, 4650 Gelsenkirchen; priv.: Gildenstr. 63, 4390 Gladbeck - Geb. 7. Dez. 1931 - Rotarier.

HENGEL, Martin

Dr. theol., Drs. h. c., o. Prof. f. Neues Testament u. antikes Judentum Univ. Tübingen (s. 1972) - Schwabstr. 51, 7400 Tübingen (T. 5 24 53) - Geb. 14. Dez. 1926 Reutlingen (Vater: Gottlob H.), ev., verh. s. 1957 m. Marianne, geb. Kistler - Promot. u. Habil. Tübingen - S. 1968 Ord. Univ. Erlangen-Nürnberg u. Tübingen - BV: Die Zeloten, 2. A. 1976 (engl. 1989); Nachfolge u. Charisma, 1968 (übers. in 4 Spr.); Judentum u. Hellenismus, 3. A. 1973 (engl. 1974, jap.,); War Jesus Revolutionär?, 4. A. 1973 (übers. in 6 Spr.); Gewalt u. Gewaltlosigk., 1971 (übers. in 4 Spr.); Eigentum u. Reichtum in d. frühen Kirche, 1973 (auch engl.); Christus u. d. Macht, 1974 (auch engl.); D. Sohn Gottes, 1975 (auch engl., franz. u. ital.); Juden, Griechen u. Barbaren, 1976 (auch engl. u. ital.); Crucifixion, 1977 (engl., franz. u. ital.); Urchristl. Gesch.schreibung, 1979 (engl., franz. u. ital.); Atonement, 1981 (engl.); Achilleus in Jerusalem, 1982; Between Jesus and Paul, 1983 (engl.); D. Evangelienüberschriften, 1985; Studies in Mark (engl. 1985); The Johannine Question, 1989 (engl.); The Hellenization of Judaea in the First Century after Christ, 1989 (engl.); The Prechristian Paul, Königsherrschaft Gottes u. himmlischer Kult (ed.), Paulus u. d. Judentum (ed.), 1991 (engl.) - Corr. Fellow of the Brit. Acad. (s. 1975), Mitgl. Heidelberger Akad. (s. 1978), 1979 Ehrendoktor Uppsala, 1981 St. Andrews, 1985 Durham, 1988 Strasbourg, 1989 Cambridge.

HENGLEIN, Arnim

Dr. rer. nat., o. Prof. f. Strahlenchemie TU (s. 1960) u. Direktor Hahn-Meitner-Inst. Berlin (Bereich Strahlenchemie) - Gardeschützenweg 90 A, 1000 Berlin 45 (T. 833 16 20) - Geb. 23. Mai 1926 Köln (Vater: Prof. Dr. phil. nat. Dr. h. c. Friedrich August H., zul. Ord. f. Chem. Technik TH Karlsruhe †1968 (s. XV. Ausg.); Mutter: Gertraude, geb. Christ), ev., verh. s. 1961 m. Gudrun, geb. Fröhlich, 3 Kd. (Frank, Friederike, Franziska), s. 1990 verh. m. Dr. Maritza, geb. Gutiérrez - TH Karlsruhe (Chemie; Dipl.-Chem. 1949). Promot. Mainz; Habil. Köln - 1951-53 Assist. Max-Planck-Inst. f. Chemie Mainz; 1953-55 Physiker Farbenfabr. Bayer, Leverkusen; 1955-58 Oberassist. Univ. Köln; 1958-60 Senior Fellow Mellon Inst. Pittsburgh (USA); Gastprof.: Univ. Kyoto (1972), Gainesville/Florida (1972), Paris-Sud (1975), Lausanne (1978), Notre Dame/Ind. (1979) - BV: Einf. in d. Strahlenchemie, 1969 (m. W. Schnabel u. J. Wendenburg) - 1977 J. J. Weiss Med. Assoc. for Radiation Research; 1988 J. Heyrovsky Med. in Gold Akad. Wiss. Prag - Spr.: Engl., Franz., Span.

HENGST, Friedrich

Fabrikant (Albert Moll & Comp.), Vors. Bundesverb. Kunststoff- u. Schwergewebekonfektion, Düsseldorf) - Postf. 100134, 5630 Remscheid-Lennep - Geb. 26. Febr. 1917.

HENGST, Karl

Dr. theol., Prof. f. Kirchengeschichte, Direktor Erzbischöfl. Akad. Bibliothek - Jühengasse 4, 4790 Paderborn (T. 05251 - 2 52 24) - Geb. 5. Jan. 1939, kath., ledig - Stud. Univ. Paderborn, München, Bochum (Gymn.-Stud. Phil., Theol. Gesch.); Dipl. 1962; Promot. 1973; Habil. 1979 Bochum; 1964 Priesterweihe Paderborn - 1964-68 Vikar Dortmund; 1968-73 Vikar Bad Driburg; 1973-79 wiss. Assist. Bochum; s. 1980 Prof. Paderborn, s. 1984 gleichz. Bibl.dir. - BV: Kirchl. Reformen im Fürstbistum Paderborn unt. Dietrich v. Fürstenberg (1585-1618), 1974; Jesuiten an Univ. u. Jesuitenuniv. Z. Gesch. d. Univ. in d. Oberdt. u. Rhein. Provinz d. Ges. Jesu im Zeitalter d. konfess. Auseinandersetzung, 1981; D. Bischöfe u. Erzbischöfe v. Paderborn (m. H. J. Brandt), 1984; D. Weihbischöfe in Paderborn (m. H. J. Brandt), 1986; Felix Paderae Civitas. D. heilige Liborius 836-1986 (m. H. J. Brandt), 1986; D. Erzdiözese Paderborn (m. H. J. Brandt), 1989; div. Art. u. Aufs. - Liebh.: Kunst, Sport, Musik - Spr.: Lat., Griech., Hebr., Engl., Ital.

HENGST, Martin

Prof. (emerit.) f. Ernährungswiss. u. Statistik - Giesebrechtstr. 8, 1000 Berlin 12 (T. 883 53 96) - Geb. 27. Dez. 1907 Berlin (Vater: Otto H., kaufm. Angest.; Mutter: Clara, geb. Kamrath), verh. s. 1947 m. Karin, geb. Pommer, S. Thomas - Univ. Berlin (Math., Physik, Chemie, Phil.). Staatsex. 1933 - 1934-41 Wiss. Mitarb. Lebensmittelind.; 1946-50 Dir. Versuchsanstalt f. Getreideverwert.; 1950-53 wiss. Industrieberat.; 1953-58 höh. Lehramt; 1958 b. 1973 ao. u. o. Prof. Päd. Hochsch. Berlin; s. 1980 Univ.-Prof. FU Berlin - BV: Einf. in d. Math. Statistik u. ihre Anwend., 1966 (BI-Hochschultaschenb. 42/42a) - S. 1987 adjung. Mitgl. Akad. Internacia de la Sciencoj, San Marino.

HENGSTENBERG, Eckart

Dipl.-Ing., Gf. Gesellschafter Fa. Rich. Hengstenberg GmbH + Co., Esslingen - Mettinger Str. 109, 7300 Esslingen (T. 0711 - 39 20) - Geb. 12. Juli 1941 Esslingen, verh., 2 S. (Philipp, Magnus) - Abit. Esslingen; Stud. Lebensmitteltechnol. TU Berlin (Dipl. 1969) - Liebh.: Kunst, Wandern, Skifahren - Spr.: Engl., Franz.

HENGSTENBERG, Hans-Eduard

Dr. phil., o. Prof. f. Philosophie (emerit.) - Zeppelinstr. 23, 8700 Würzburg - Geb. 1. Sept. 1904 Homberg/Rh. (Eltern: Eduard (Kaufm.) u. Anna H.), kath., verh. 1933 m. Agnes, geb. Brust, 3 Kd. - Univ. Köln (Psych., Phil., Geogr.; Promot. 1928) - Fr. wiss. Schriftst.; s. 1946 Doz. u. Prof. (1948) Päd. Akad. Oberhausen, Bonn (1953) u. o. Prof. Päd. Hochsch. d. Univ. Würzburg (1961). Emerit. 1969; Philos. Fak. III Univ. Würzburg 1980 - BV: (S. 1931-50 s. XVIII. Ausg.) Phil. Anthropologie, 4. A. 1984; Sein u. Ursprünglichkeit, 2. A. 1959; Freiheit u. Seinsordnung - Ges. Aufs. z. Allg. u. spez. Ontologie, 1961; Evolution u. Schöpfung - E. Antwort auf d. Evolutionismus Teilhard de Chardins, 1963; Mensch u. Materie - Z. Problematik Teilhard de Chardins, 1965; Grundleg. d. Ethik, 2. A. 1989; Seinsüberschreitung u. Kreativität, 1979; Sinn u. Sollen - Z. Überwindung d. Sinnkrise, 1980; D. Band zw. Gott u. Schöpfung - Entwurf e. analogia trinitatis, 3. neu bearb. A. 1991- Lit.: J. Binkowski, Christl. Phil. d. Existenz - Zu Hengstenbergs Philosophia Trinitatis (Ztschr. Wiss. u. Weisheit, H. 3 1949); W. Weier, Wege e. metaphys. Phänomenologie (Freibg. Ztschr. f. Phil. u. Theol., Bd. 16, H. 3); Juan Cruz-Cruz: De la Antropologia a la Etica - La obra de H. (Valladolid 1971); G. Müller (Hrsg.): Struktur u. Freiheit, Festschr. f. H.-E. Hengstenberg z. 85. Geb. (1990).

HENGSTENBERG, Helmut

Dr. jur., Kaufmann, gf. Gesellsch. Fa. Rich. Hengstenberg GmbH + Co., Weinessig-, Sauerkonserven- u. Feinkostfabriken, Esslingen (s. 1968) - Mettinger Str. 109, 7300 Esslingen/N. (T. 39 20) - Geb. 27. Mai 1935 Esslingen.

HENGSTENBERG, Wolfgang

Dr. rer. nat., Wiss. Rat, Prof. f. Physiologie d. Mikroorganismen Univ. Bochum (s. 1978) - Kattenjagd 39, 5810 Witten/Ruhr - Geb. 1. Febr. 1939 Mannheim (Vater: Josef H., Physiker; Mutter: Anna, geb. Doerr), ev., verh. s. 1965 (Ehefr.: Hanna), 2 Kd. (Kristin, Andreas) - Univ. Freiburg/Br. (Dipl.-Chem. 1963) - Zul. Privatdoz. Univ. Heidelberg. Spez. Arbeitsgeb.: Biochemie d. Zuckertransports in Mikroorganismen - Liebh.: Reisen, Ski, Kajak - Spr.: Engl.

HENGSTMANN, Hermann

Dr. med., Prof., Chefarzt Inn. Abt. u. Ärztl. Direktor a. D. - Robert-Koch-Str. 16, 3110 Uelzen/Hann. (T. 50 50) - Geb. 23. Juli 1911 - S. 1952 (Habil.) Lehrtätigk. Univ. Erlangen bzw. Nürnberg (1967 apl. Prof. f. Inn. Med.). Üb. 50 Fachaufs. - Rotarier.

HENGSTMANN, Peter W.

Dipl.-Kfm., Vorstandsvorsitzender RFT Rundfunk-Fernseh-Telekommunikation AG, Staßfurt (s. 1991) - Graf Stauffenberg-Ring 62, 6380 Bad Homburg (T. 06172-3 75 59) - Geb. 30. Sept. 1934 Berlin, ev., verh. s. 1961 m. Annemarie, geb. Kyser, 2 Kd. (Daniela, Rolf) - Stud. Betriebsw.; Ex. 1960 FU Berlin - 1960-79 AEG-Telefunken; 1979-80 Geschäftsf. Rowenta GmbH, Offenbach; 1981-90 Vorst.-Mitgl. Küppersbusch - Liebh.: Fotogr., Lit., Theater, Tennis, Fußball, Schwimmen - Spr.: Engl., Franz., Span.

HENHAPL, Wolfgang

Dr. phil., Prof. f. Praktische Informatik TH Darmstadt - Am Erlenberg 24, 6107 Reinheim.

HENHSEN, Hugo

Dr. rer. pol., Dipl.-Kfm. - Feldgarten 36, 4700 Hamm 1 - Geb. 5. Jan. 1929 Rheydt (Vater: Walter H., Kaufm.; Mutter: Maria, geb. Caumanns), ev., verh. s. 1955 m. Elisabeth, geb. Pangels, 2 Töcht. (Ulla, Susann) - Stud. Betr.- u. Volksw. Univ. Köln; Promot. 1955 Köln.

HENISCH, Peter

Schriftsteller - Neudeggerg. 10/7, A-1080 Wien (T. 0043222 - 75 34 98) - Geb. 27. Aug. 1943 Wien, T. Miriam - Stud. d. Phil. - BV: Vom Baronkarl, 1971; D. kleine Figur meines Vaters, 1975 (überarb. Neufassung 1987); Hoffmanns Erzählungen, 1983; Pepi Prohaska Prophet, 1986; Steins Paranoia, 1988; Hamlet, Hiob, Heine, 1989; Morrisons Versteck, 1991 - 1971 Förderungspreis z. österr. Staatspreis f. Lit., 1973 d. Stadt Wien f. Lit.; 1976 Sonderpr. z. Rauriser Lit.pr.; 1977 Anton Wildgans-Preis - Spr.: Engl., Ital. - Lit.: Peter Henisch, E. Monographie (Diss. d. Univ. Wien v. Dr. Eva Schobel, ersch. b. VWGÖ, Wien, 1988).

HENIUS, Carla

Sängerin, Dramaturgin, Schriftstellerin, Leiterin musik-theater-werkstatt Staatstheater Wiesbaden - Charles-Ross-Ring 47, 2300 Kiel 1 (T. 0431 - 33 28 70); u. Wilhelmstr. 58, 6200 Wiesbaden (T. 06121 - 30 95 15) - Geb. Mannheim (Mutter: Irene Eden), ev., verh. s. 1954 m. Dr. Joachim Klaiber - 1937-43 Hochsch. f. Musik Berlin (Konzertreifeprüf. f. Gesang u. Klavier); Priv. Gesangsstud. b. Maria Ivogün - S. 1949 Teiln. u. Solistin Intern. Ferienkurse f. Neue Musik, Darmstadt; Sängerin (zeitgenöss. Musik), Gastdoz. in Europa u. USA; s. 1976 Musikdramat. Gelsenkirchen u. Freiburg im Br.; s. 1986 Hess. Staatstheater Wiesbaden - BV: D. undankbare Geschäft m. neuer Musik, 1974; Beitr. im Buch: Texte v. u. üb. Luigi Nono, 1976; D. wirkl. u. d. erdachte Musik im Dr. Faustus v. Thomas Mann, (in: Horizonte) 1980. Div. Beitr. in Musikkonzepte - 1987 Kulturpr. d. Stadt Kiel; 1991 BVK I. Kl. - Spr.: Engl., Franz., Ital.

HENK, Heinz

Bürgerschaftsabgeordneter (1970-74) - Haferacker Nr. 4a, 2104 Hamburg 92 (T. 701 98 97) - SPD.

HENKE, Gerhard

Assessor, Hauptgeschäftsf. Handwerkskammer Hannover - Große Heide 28, 3000 Hannover 51 (T. 0511 - 6 58 79; Büro: 0511 - 34 34 34) - Geb. 15. März 1927 - Spr: Engl. - Rotarier

HENKE, Hans Jochen

Oberbürgermeister Stadt Ludwigsburg (s. 1985) - Am Zuckerberg 79/8, 7140 Ludwigsburg (dstl. T. 07141 - 910-3 10) - Geb. 12. Juli 1945 Hirsau (Kreis Calw/Nordschwarzwald), ev., verh. s. 1971 m. Astrid, geb. Bomke, 2 Töcht. (Julia, Britta) - Abit. 1966 Stuttgart; Stud. Rechtswiss. 1966-71 Univ. Tübingen u. Freiburg; Gerichtsrefer. 1971-74 Berlin - 1974/75 Rechtsanwalt in Stuttgart; 1975/76 Regierungsass. Landratsamt Ludwigsburg; 1976-78 Innenmin. Baden-Württ. (Pers. Ref. v. Innenmin. Schiess, dan. v. Innenmin. Späth); 1978-82 Leit. persönl. Büro v. Min.präs. Späth; 1982-84 Leit. Abt. Verwaltung, Recht u. Finanzen im Staatsmin.; s. 1990 AR-Vors. d. Neckarwerke Elektrizitätsversorgungs-AG, Esslingen - 1984 Wahl z. Oberbürgerm. Ludwigsburg (auf 8 J.), 1985 Amtseinsetzung.

HENKE, Horst-Eberhard

Dr. jur., o. Prof. f. Bürgerl. Recht u. Zivilprozeßrecht - Niemannsweg 111, 2300 Kiel 1 (T. (8 59 48) - Geb. 2. April 1927 Berlin - S. 1965 (Habil.) Lehrtätigk. Univ. Berlin/Freie, Erlangen-Nürnberg (1966 Ord.), Kiel (1970 Ord.). Fachveröff.

HENKE, Klaus-Dirk

Dr. rer. pol., o. Prof. f. Volkswirtschaftslehre Univ. Hannover (s. 1976) - Im Mühlenteich 14, 3007 Gehrden-Leveste (T. 05108 - 43 91) - Geb. 17. Sept. 1942 Hannover (Vater: Fritz H., kfm. Dir.; Mutter: Luise, geb. Bünte), ev., verh. s. 1968 m. Jutta, geb. Kaulbach, 4 Kd. (Anja, Jan-Michael, Sabine, Katja) - Univ. Köln, London, Ann Arbor/USA; Promot. 1970; Habil. 1976 - 1970-76 Assist. u. Doz. Univ. Marburg, 1974-75; 1980, 81, 84, 90 Guest Scholar Brookings Inst., 1979/80 Mitgl. Akad. f. Raumforsch. u. Landesplan., s. 1984 Mitgl. d. Wiss. Beirats b. Bundesmin. d. Finanzen, s. 1985 Mitgl. d. Sachverst.rates f. d. Konzertierte Aktion im Gesundheitswesen - BV: Savings-Bonds als Instrument d. Finanzpol., 1971; D. Verteil. v. Gütern u. Diensten auf d. versch. Bevölk. schichten, 1975; Öfftl. Gesundheitsausg. u. Verteilung, 1977; Lehrb. d. Finanzwiss., 6. A. 1990 (m. H. Zimmermann), Zahlr. Beiträge zu Finanzwiss. u. Gesundheitsökonomie - Spr.: Engl.

HENKE, Michael

Pfarrer i.W., Mitglied d. Landtages Rheinland-Pfalz - Liegnitzer Str. 9, 6550 Bad Kreuznach - Geb. 1. Nov. 1943, ev., verh. - 1964-69 Stud. Theol., Päd., Psychol. - Vikar in Oberstdorf, Schulpfarrer Gymn. Grünstadt, 1977-91 Berufschulpfarrer Bad Kreuznach. 1987/88 Sprecher im Landesvorst. d. GRÜNEN - BV: Ziviles Bad Kreuznach - Liebh.: Meditation, Bergwandern, Segeln - Spr.: Engl.

HENKE, Norbert

Dr. jur., Generaldirektor, Vorstandsvors. Bremer Vulkan AG Schiffbau u. Maschinenfabrik (s. 1982) - Hohrott 13, 2305 Heikendorf - Geb. 19. Febr. 1925 Regensburg (Vater: Franz H.), verh. m. Hella, geb. Schwab - B. z. Zusammenschl. Vorstandsmitgl. Kieler Howaldtswerke AG., dann Howaldtswerke Dt. Werft AG., Hamburg/Kiel (1970-74 stv., dann o. Vorstandsvors.). 1971 ff. Vorstandsmitgl. Verb. Dt. Schiffswerften.

HENKE, Wilhelm

Dr. jur., o. Prof. f. Öfftl. Recht - Hohe-Rott-Weg 2, 3407 Gleichen-Gr. Lengden (T. 05508 - 5 30) - Geb. 2. Mai 1926 Göttingen, ev., verh. s. 1951 m. Friederike, geb. Gogarten, 3 Kd. - Univ. Göttingen u. Tübingen (Rechtswiss.). Jurist. Staatsprüf. 1953 u. 1958. Promot. 1957; Habil. 1963 - 1963 Privatdoz. Univ. Göttingen; 1967 Ord. Univ. Erlangen-Nürnberg; 1989 Univ.-Prof. a. D. - BV: D. verfassungsgeb. Gewalt d. dt. Volkes, 1957; D. Recht d. polit. Parteien, 1964, 2. A. 1972; D. subjektive Öfftl. Recht, 1968; D. Recht d. Wirtsch.subventionen, 1979; Recht u. Staat, 1988.

HENKE, Wolfgang

Dr. rer. nat., Prof. f. Mathematik Univ. Köln - Auf dem Knippen 12, 5064 Rösrath 3 (T. 02205 - 83895) - Geb. 25. April 1941 Bremen (Vater: Dr. Karl H.; Mutter: Dr. Hedwig, geb. Michaelis), ev., verh. s. 1972 m. Regina, geb. Caspari, Tocht. Sonja - 1960-66 Stud. Math. u. Physik Univ. Bonn; Lehramtsprüf. 1967, Promot. 1971, Habil. 1976 Univ. Köln - 1967-73 wiss. Assist.; 1973-74 Akad. Rat/Oberrat; 1976 Privatdoz.; 1982 apl. Prof.; 1983 Prof. Univ. Köln.

HENKEL, Arthur

Dr. phil., em. Prof. f. Dt. u. Vergl. Literaturgeschichte - Heiligenbergstr. 9a, 6900 Heidelberg (T. 06221 - 40 18 02) - Geb. 13. März 1915 Marburg (Vater: Ludwig H.; Mutter: Anna, geb. Velte), verh. s. 1942 m. Elisabeth, geb. Brauer († 1982), 4 Kd. (Dr. Martin, Marianne Adorján, Prof. Christoph, Asmus) - Habil. 1952 Marburg - S. 1953 Privatdoz. Marburg, Göttingen (1955 apl. Prof.), Heidelberg (Ord. 1957) - BV: Entsagung. E. Studie z. Goethes Altersroman, 1954, 2. A. 1964; Wandrers Sturmlied, 1962; Emblemata. Handb. z. Sinnbildkunst d. 16. u. 17. Jh., 1967 (m. A. Schöne); erg. Neuausg. 1976; Sonderausg. 1978; Goethe-Erfahrungen, 1982; Goethe u. d. Bilder d. ird. Paradieses, 1982; D. Zeiten Bildersaal, 1983. Herausg.: Johann Georg Hamann: Briefw. (7 Bde. 1955/79), Johann Heinrich-Merck-Werke (1968); J.W. Zincgref: Emblematum . . . centuria, komment. Neudr. (1986, m. W. Wiemann); J.G. Hamann: Briefe, ausgew., eingeleit. u. m. Anm. verseh. A. H. (1988); Mithrsg.: Euphorion-Ztschr. f. Literaturgesch. (m. R. Gruenter; 1966, 84) - 1965 o. Mitgl. Heidelb. Akad. d. Wiss. - Geist u. Zeichen. Festschr. f. A. H. (1977); Invaliden d. Apoll. Motive u. Mythen d. Dichterleids, hg. v. H. Anton, A. H. z. 65. Geb., München (1982).

HENKEL, Bernt

Dipl.-Ing., Prof. f. Elektr. Meß- u. Regelungstechnik - Beethovenstr. 10, 5628 Heiligenhaus - Geb. 3. Sept. 1928 Kassel (Vater: Walther H., Ing.; Mutter: Erna, geb. Moeller), ev., verh. s. 1961 m. Eva-Maria, geb. Hewig, S. Rainer - Realgymn. Kassel (Abit. 1948); Praktik. Henschel & Sohn ebd.; TH Darmstadt (Elektrotechnik; Dipl. 1954) - B. 1960 Industrie- (Projektionsing. AEG Heiligenhaus), dann Lehrtätigk. (Staatl. Ing.sch., Fachhochsch. u. GH Duisburg) - Spr.: Engl. - Bek. Vorf.: Gustav H., Ing. (Kassel).

HENKEL, Christoph

Prof. Musikhochsch. Freiburg, Konzert-

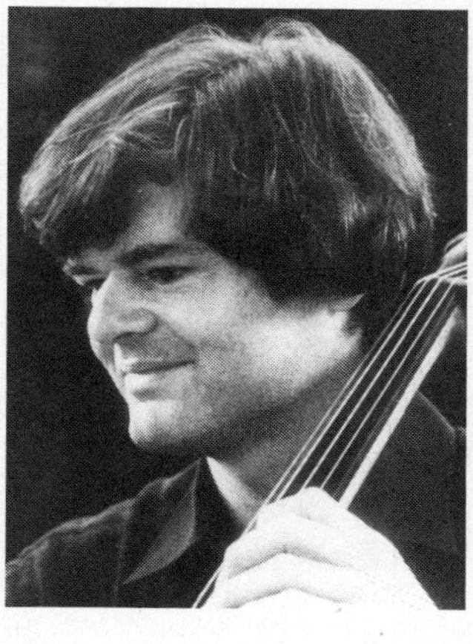

cellist - Leimbachweg 11, 7801 Bollschweil - Geb. 26. Sept. 1946 Marburg (Vater: Prof. Dr. Arthur H., Germanist) - 1959-66 Ausb. G.-U. v. Bülow, Heidelberg, 1967-71 b. Janos Starker (Indiana Univ., USA) - 1969-71 Assist. Indiana Univ., Doz. Illinois State Univ.; s. 1973 Prof. Freiburg; 1973-74 Solocellist NDR Hamburg; 1974-76 Solocellist Hess. Rundf. Frankfurt - Erf.: Arm-Bogen-Corrector (ABC), Lernhilfe f. Streichinstr. - Spr.: Engl., Franz.

HENKEL, Dieter

Schauspieler - Nadistr. 10, 8000 München 40 - Geb. 3. Aug. 1933 Wuppertal (Vater: Albert H.; Mutter: Klara, geb. Dornoff), ledig, Sohn Sebastian - Konservat. Bern/Schweiz - S. 1976 Leit. Theater Unterwegs (Tourneetheater) - Rd. 100 Rollen im Fernsehen, Theater zul. u. a.: D. Diener zweier Herren, Irma la Douce.

HENKEL, Erwin

Bürgermeister a.D., Geschäftsf. Hess. Städte- u. Gemeindebd. - Henri-Dunant-Str. 13, 6052 Mühlheim/M.

HENKEL, Gerd Jürgen

Direktor Bundesanstalt Technisches Hilfswerk - Deutschherrenstr. 93, 5300 Bonn 2 (T. 0228 - 8 40-2 51) - Geb. 26. Febr. 1941 Wissen/Sieg., ev., verh. m. Marion, geb. Toebrock, T. Silke - Stud. Rechts- u. Staatswiss. Univ. Marburg u. Bonn.

HENKEL, Gerhard

Dr. rer. nat., Prof. f. Anthropogeographie - Eilerner Str. 12, 4798 Fürstenberg (T. 02953 - 83 30) - Geb. 28. Sept. 1943 Fürstenberg (Vater: Johannes H., Bauuntern.; Mutter: Franziska, geb. Ebbers), kath., verh. s. 1975 m. Maria, geb. Drolshagen, 3 Kd. (Rudolf, Johannes, Wiltrud) - 1. u. 2. Staatsex. f. d. Lehramt Höh. Sch. 1969 u. 1971; Promot. 1971, Habil. 1976 - 1970/71 Refer., 1972-77 Wiss. Assist., 1977-79 Doz., s. 1980 Prof. - BV: D. Wüstungen d. Sintfeldes, 1973; D. Strukturwandel ländl. Siedl. in d. BRD, 1976; Dorferneuerung, 1982; D. Dorf als Forsch.gegenstand d. Geogr., 1983; Kommunale Gebietsreform u. Autonomie im ländlichen Raum, 1986; Schadet d. Wissenschaft d. Dorf?, 1990 - Liebh.: Tennis, Wandern, Fußball - Spr.: Engl.

HENKEL, Hans-Olaf

Vorsitzender d. Geschäftsführung IBM Deutschland GmbH (s. 1987) - Pascalstr. 100, 7000 Stuttgart 80 - Geb. 14. März 1940 Hamburg - Stud. Soziol. u. Betriebswirtschaftsl. - 1962 IBM Dtschl; 1964-82 versch. Linien- u. Stabsfunktionen in USA, Ostasien, Deutschland u. d. europ. IBM Zentrale in Paris; 1982 Vice President IBM Europe, 1983 President Areas Division IBM Europe; 1989 Ernennung z. Vice Pres. IBM Corporation, s. 1991 EOC Mitgl. IBM Europa.

HENKEL, Heike

Sportlerin, Weltmeisterin im Hochsprung (1991) - Geb. 5. Mai 1964 Kiel - S. 1984 8 x Dt. Meisterin, 1990 Euroameisterin, 1991 Hallen-Weltmeisterin, 1990 u. 92 Hallen-Europameisterin.

HENKEL, Konrad

Dr.-Ing., Dr. rer. nat. h. c., Chemiker - Postfach 1100, 4000 Düsseldorf 1 - Geb. 25. Okt. 1915 Düsseldorf, verh. s. 1955 m. Gabriele, geb. Hünermann, 4 Kd. - Stud. Chemie - S. 1980 AR-Vors. Henkel KGaA; AR Dt. Gold- u. Silberscheideanst., Frankfurt/M.; Präs. Industrie-Club u. Steuben-Schurz Ges., Düsseldorf; Ehrenmitgl. Präsid. Verb. d. Chem. Industrie, Frankfurt/M. - 1976 Ehrenbürger Stadt Düsseldorf; 1980 Gr. BVK; 1985 Normann-Med. Dt. Ges. f. Fettwiss. (DGF).

HENKEL, Roland

Bundesrichter Bundesgerichtshof (s. 1969) - Herrenstr. 45a, 7500 Karlsruhe - Geb. 8. Juni 1924 - 1961-69 OLGsrat Stuttgart.

HENKEL, Willi

Dr. theol., Direktor Päpstl. Missionsbibliothek u. d. Univ.-Bibliothek d. Urbaniana - Via Aurelia 290, I-00165 Rom (T. 00396 - 637 02 51) - Geb. 17. Jan. 1930 Wittges/Fulda, kath., Ordensmann O.M.I. - Lizentiat Phil. u. Theol. Gregoriana, Rom; Promot. 1967 Münster - Dipl. in Bibliothekswiss. d. Vatikan-Bibliothek; 1973 Prof. f. Missionsgesch. Univ. Urbaniana; Mitgl. d. Intern. Assoc. of Mission Studies u. Commitee for Documentation, Bibliography and Archives - BV: Bibliografia Missionaria, jährl. v. 1978-1990; Mitarb. an ders. 1966-78, Mitarb.: Streit-Dindinger, Bibliotheca Missionum Bd. 25-30 (1967-1974); S. C. Propaganda Fide Memoria Rerum, 1971-1976; D. Druckerei d. Propaganda Fide, 1977; D. Konzilien in Lateinamerika, Bd. I: Mexiko 1555-1897, 1984 - Spr.: Ital., Engl., Franz., Span.

HENKEL, Wolfgang

Dr. med., o. Prof., Direktor Inst. f. Med. Mikrobiologie Univ. Lübeck - Ratzeburger Allee 160, 2400 Lübeck (T. 0451 - 500 28 15) - Geb. 14. April 1931 Stettin, ev., verh. s. 1958 m. Erika, geb. Naggies, 2 T. (Barbara, Birgit) - Medizinstud. Tübingen u. Kiel (Studienstiftg. d. dt. Volkes); Staatsex. 1958 Kiel; Promot. 1959; Habil. 1968 - 1975 Ablehnung Ruf FU Berlin; 1976 Lehrst. f. Med. Mikrobiologie Univ. Lübeck; 1977-87 Ärztl. Dir. d. Klinikums; 1989 Prorektor, s. 1990 Rektor d. Univ. Lübeck. S. 1979 Vorst.-Mitgl. Dt. Ges. f. Hyg. u. Mikrobiologie.

HENKELMANN, Erich

I. Bürgermeister (s. 1978) - Rathaus, 8721 Kolitzheim/Ufr. - Geb. 23. April 1936 Michelau - Zul. Oberlehrer. CSU.

HENLE, Christian-Peter

Kaufmann, pers. haft. Gesellsch. Klöckner & Co. KGaA - Klöckner-Haus, 4100 Duisburg 1 - Geb. 9. Nov. 1938 (Vater: Dr. jur. Dr. phil. h. c. Günter H., Industrieller † (s. XVIII. Ausg.); Mutter: Anne-Liese, geb. Küpper) - Stud. Polit. Wiss. u. a. - Aufsichts- u. Beiratsmand.

HENLE, Jörg A.

Vorstandsvorsitzender Klöckner & Co AG - Neudorfer Str. 3-5, 4100 Duisburg 1 - Geb. 12. Mai 1934 - AR-Vors. Klöckner-Werke AG, Duisburg, u. Mietfinanz GmbH, Mülheim/Ruhr; AR Allianz Lebensversich.-AG, Stuttgart, Robert Bosch GmbH, Stuttgart; Beirat Hermes Kreditversich.-AG, Hamburg/Berlin; Vizepräs. Niederrhein. IHK, Duisburg-Wesel-Kleve, Duisburg.

HENN, Günter

Dr. jur., Prof., ehem. Vorstandsmitglied AUDI AG - Sonnenhalde 13, 7107 Neckarsulm/Württ. - Geb. 28. März 1925 Tübingen, kath., verh. s. 1959 m. Erika, geb. Baur, 2 Kd. (Ingeborg, Harald) - Stud. Rechts- u. Wirtschaftswiss.; Pro-

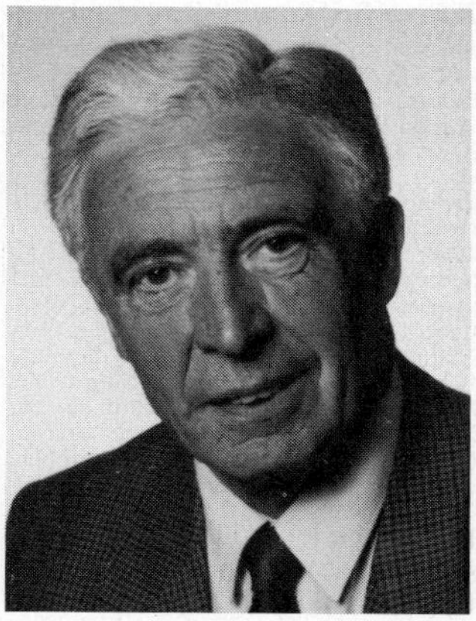

mot. 1950 Tübingen; gr. jurist. Staatsprüf. 1952 - 1952 Treuarbeit Frankfurt; 1953-58 Telefunken Berlin/Ulm; 1959-62 Justitiar Eur. Investitionsbank Brüssel; 1963-75 AUDI AG. S. 1976 Rechtsanwalt - BV: Problematik u. Systematik d. Intern. Patent-Lizenzvertrages, 1967; Handb. d. Aktienrechts, 1978, 4. A. 1991; D. Rechte d. Aktionärs, 1984; Schiedsverfahrensrecht, 1986, 2. A. 1991; Patent- u. Know-how-Lizenzvertrag, 1988, 2. A. 1989.

HENN, Ludwig

Kaufmann, Geschäftsf. Adolf Henn GmbH., Säge-, Hobelwerk, Holzgroßhandl., Untere Pfeifermühle b. Kaiserslautern, Vors. Verb. d. Pfälz. Sägewerke, Neustadt - Turnerstr. 13, 6751 Weilerbach/Pf. (T. Büro: 06374 - 62 33) - Geb. 5. Aug. 1915.

HENN, Walter

Dr.-Ing., Dr. techn. h. c., em. Prof. f. Baukonstrukt. u. Ind.bau - Petritorwall 20, 3300 Braunschweig (T. 4 54 80) - Geb. 20. Dez. 1912 Reichenberg (Vater: Karl H., Ing.; Mutter: geb. Bretschneider), verh. s. 1938 m. Dr. med. Hilde, geb. Leistner, 5 Kd. (Karin, Adelheid, Volker, Gunter, Ursula) - Arch.; s. 1946 Ord. TH Dresden u. TH bzw. TU Braunschweig (1954; 1957 Dir. Inst. f. Industriebau). 1969-75 Mitgl. Wiss.rat. Industriebauten Berlin, Hamburg, München, Ruhrgeb., Moselkraftw., Luxemburg, Ital., Singapore, USA - BV: Bauten d. Industrie, 2 Bde. 1955 (auch russ.); Industriebau, 4 Bde. Bd. II 1961 (auch engl., span., jap., franz., ital.), III 1962 (auch franz., engl., span., ung.), IV 1966 (auch ung., poln., russ.); D. flache Dach, 1.-5. A. 1967 (auch franz. u. bulg.); Fußböden, 1964 (auch franz.); D. Trennwand, 1969 (auch span.); Stahlbau-Atlas, 1. A. 1974 (auch engl., franz., span., ital., holl., jap., russ.), 2. A. 1982; Außenwände, 1975. Fachaufs. - 1964 Peter-Joseph-Krahe-Preis Stadt Braunschweig; 1962 Mitgl. Akad. d. Wiss. u. d. Lit. Mainz; s. 1986: Jährl. Verleihung d. Walter Henn-Preises durch d. Polnischen Architekten-Verb. SARP.

HENNE, Ernst J.

Kaufmann (Auto-Henne - Mercedes-Benz Großvertr., München), Präs. Dt. Motoryachtverb., Präsidialmitgl. ADAC - Kidlerpl. 8, 8000 München 25 (T. 77 69 57) - Geb. 22. Febr. 1904 Weiler/Allgäu (Vater: Jakob H.; Mutter: Kreszenzia, geb. Müller), kath., verh. s. 1929 m. Magdalena, geb. Riepp, 2 Kd. - Techn.-kaufmänn. Ausbild. - Rennfahrer. Sieger vieler intern. Motorrad- u. Autorennen In- u. Ausl., Sieger u. Führer dt. Nationalmannsch. Six Days (Intern. 6.-Tage-Fahrt) Engl., Ital. u. Dtschl. mehrmals dt. Meister; 1929-37 76 Motorradweltrekorde (1937-51 m. 280 km/st schnellster Motorradfahrer d. Welt) - Gold. Ehrenmed. FICM London, höchste gold. Sportabz. (teils m. Brillanten) ADAC, AvD, BAC; 12 Ehrenbriefe Stadt München (f. außergew. sportl. Leistungen); 1972 Bayer. VO.; 1985 Gr. BVK - Liebh.: Golf, Skilaufen.

HENNE, Helmut

Dr. phil., o. Prof. f. Germanist. Linguistik TU Braunschweig (s. 1971) - Platanenstr. 27, 3340 Wolfenbüttel - Geb. 5. April 1936 Kassel, verh. s. 1963 m. Arnhild, geb. Naumann, 2 Kd. (Thomas, Anja) - Univ. Göttingen u. Marburg. Promot. 1964; Habil. 1970 - BV: Hochsprache u. Mundart im schles. Barock, 1966; Semantik u. Lexikogr., 1972; Sprachpragmatik, 1975; Einf. in d. Gesprächsanalyse, 2. A. 1982 (m. H. Rehbock); Jugend u. ihre Sprache, 1986. Mithrsg.: Lex. u. Ztschr. f. german. Ling. (1973ff.); Germanistik Intern. Referatenorgan (1987ff.); Bibliothek zur histor. dt. Studenten- u. Schülersprache, 6 Bde. 1984; H. Paul, Dt. Wörterbuch, 9. A. 1992 - Spr.: Engl., Franz.

HENNEBERG, Claus H.

Schriftsteller, Dramaturg - Zu erreichen üb.: Oper d. Stadt Köln, Offenbachplatz, 5000 Köln 1 - Geb. 4. Febr. 1936 Kiel (Vater: Georg H.; Mutter: Hildegard, geb. Schröder) - Stud. Theaterwiss., German. u. Kunstgesch. Univ. Köln u. FU Berlin - S. 1965 Regie-Assist. u. Dramat. (1971) Dt. Oper Berlin. Libretti: Melusine, Lear (Reimann), Fettklößchen (Wahren), Kinkakuji (Mayuzumi). Übers. aus d. Engl., Franz., Ital. - Ab 1979 Künstlerischer Berater.

HENNEBERG, Georg

Dr. med., Prof., Präsident a. D. - Asternplatz 1, 1000 Berlin 45 (T. 832 47 71) - Geb. 12. Okt. 1908 Berlin (Vater: Prof. Dr. Wilhelm H., Mikrobiologe (s. X. Ausg.); Mutter: Charlotte, geb. Schwerin), ev., verh. s. 1937 m. Dr. med. Amalie, geb. Langer (Fachärztin) - Med. Staatsex. 1935 Kiel, Dr. med. - 1936/37 Assist. Hyg. Inst. Univ. Kiel, 1937-45 Leit. Bakt. Abt. Schering AG, Berlin, dann Abt.leit. I. Dir. u. Prof. (1955) Robert Koch-Inst., 1960-73 Vizepräs. u. Präs. (1970-74) Bundesgesundheitsamt ebd. S. 1950 (Habil.) Privatdoz. u. apl. Prof. (1956) FU Berlin - BV: Einf. in d. bakt. Unters.technik z. Penicillintherapie, 2. A. 1949; Weg, Ziel u. Grenzen d. Streptomycintherapie, 1953; Bildatlas pathogener Mikroorganismen, Bd. I 1957, 2. A. 1962, II 1963, III 1969; Praktikum d. Virusdiagnostik, 1961. Herausg.: Zentralbl. f. Bakt. (Orig. u. Ref.) 1947-89 - 1969 Mitgl. Dt. Akad. d. Naturforscher (Leopoldina), Halle/S.; 1969 BVK I. Kl., 1974 Gr. BVK.

HENNEBERG, Ulrich

Dr. med., Prof. f. Anaesthesiologie (s. 1969) - Fontanestr. 13a, 1000 Berlin 33 - Geb. 28. Juli 1927 Schloßberg/Ostpr. - Promot. 1955; Habil. 1967 - 1972-78 geschäftsf. Dir. Inst. f. Anaesthesologie Klinikum Steglitz FU Berlin, s. 1978 Chefarzt Abt. f. Anaesthesie u. operative Intensivmed. Krkhs. Am Urban - BV: u. a. Kontrolle d. Ventilation in d. Neugeborenen- u. Säuglingsanaesthes., 1968. Üb. 85 Einzelarb. (ü. sept. Schock, parent. Ernähr., Allg. Anaesth. u. Reg. Anaesth).

HENNEBERG, Werner

Dr. jur., Ministerialrat a. D., Vorstandsmitgl. Zahnradfabrik Friedrichshafen AG. (s. 1973; Finanzressort) - Frenkenbacher Str. 10, 7759 Hagnau/B. - Geb. 15. April 1920 Quedlinburg/Harz - Zul. Vorstandsmitgl. Saarbergwerke AG., Saarbrücken.

HENNEBO, Dieter

Dr. agr., Prof. f. Geschichte d. Gartenkunst u. Wiss. Rat Inst. f. Grünplanung u. Gartenarch. TU Hannover - Stammestr. 84, 3000 Hannover-Ricklingen - Geb. 15. Juni 1923 - U. a. Oberlandw.srat; s. 1962 (Habil.) Lehrtätigk. TH bzw. TU Hannover (1965 wie oben) - BV: Staubfilterung durch Grünanlagen, 1955; Dieter Hennebo/Alfred Hoffmann, Gesch. d. dt. Gartenkunst, 3 Bde. 1962 ff.

HENNECKE, Dietmar K.

Ph. D., Prof. TH Darmstadt - Wingertsweg 25, 6101 Rossdorf 2 (T. 06071 - 46 95) - Geb. 16. Aug. 1939, verh., S. Marcus - Promot. 1970 Univ. of Minnesota, USA - B. 1984 Industrietätigk. Fa. MTU-Motoren- u. Turbinen-Union München GmbH, s. 1984 Leit. Fachgeb. Flugantriebe TH Darmstadt - Zahlr. Veröff. in Fachztschr. - Spr.: Engl.

HENNECKE, Hans Peter

Dr.-Ing (Dipl.-Berging.), Geschäftsführer Dolomitwerke GmbH, Wülfrath u. Rhein. Kalksteinwerke GmbH, Wülfrath - Gut Fuhr, Rützkausen 34, 5620 Velbert 1 - Geb. 2. März 1938 Berlin-Wilmersdorf, kath., verh. s. 1966 m. Renate, geb. Roeder, 3 T. (Nikola, Katja, Mira) - Stud. Bergakad. Clausthal; Dipl. 1965, Promot. 1986 RWTH Aachen - 1965-70 Direkt.-Assist. u. Prok. Kalkwerk Anton Linneborn KG, Finnentrop; 1971-74 stv. Werksleit. Hönnetal u. 1975-79 Werksleit. Dornap d. Rhein. Westf. Kalkwerke AG; 1980-83 Geschäftsf. Rhein. Westf. Kalkwerke Dornap GmbH. Beiratsmitgl. Wülfrather Zement GmbH u.a. Tochter-/Beteiligungsges.; Vors. Arbeitgeberverb. Kalk- u. Dolomitind., Wuppertal, Sozialpol. Arbeitsgem. d. Steine u. Erden-Ind.; Vorst. Bundesverb. Dt. Kalkind., Köln, GDMB-Ges. Dt. Metallhütten- u. Bergleute, Clausthal-Zellerfeld - Ehrenamtl. Richter Landesarbeitsgericht Düsseldorf - Spr.: Engl., Franz.

HENNEKEUSER, Hans-Heinrich

Dr. med. (habil.), Prof., Chefarzt Med. Klinik - Krankenhaus d. Barmherz. Brüder, 5500 Trier/Mosel - apl. Prof. Univ. Freiburg/Br. (Inn. Med.).

HENNEMANN, Friedrich

Dr., Vorstandsvorsitzender Seebeckwerft AG, Bremerhaven, Vorst.-Mitgl. Bremer-Vulkan AG, Bremen-Vegesack - Zu erreichen üb. Bremer-Vulkan AG, Lindenstr. 10, 2800 Bremen 70.

HENNEMANN, Hans-Martin

Dr. med., Prof., Chefarzt Nephrol. Abt. Landkrankenhaus Coburg (s. 1980) - Max Reger-Weg 11, 8630 Coburg (T. 09561 - 3 69 59) - Geb. 18. Nov. 1941 Nürnberg, ev., verh. s. 1974 m. Brigitte, geb. Krämer, 2 T. (Julia, Kathrin) - Stud. Univ. München, Innsbruck u. Würzburg; Promot. 1970, Habil. 1974, bde. Würzburg - Entd.: Kohlefilter z. diagnost. Hämoperfusion b. Sepsis - BV: D. urämische Sympathicopathie, 1976; Physiol. u. Pathophysiol. d. Niere in d. Schwangerschaft, 1984 - 1974 Ludwig Heilmeyer-Med. - Liebh.: Med. Hobbies, Ahnenforsch. - Spr.: Engl., Franz., Latein.

HENNEMANN, Heinz Harald

Dr. med., em. o. Prof. f. Innere Medizin Klinikum Mannheim Univ. Heidelberg - Geb. 20. Sept. 1919 Lychen/Mark, ev., verh. s. 1945 m. Dr. med. Gisela, geb. Seyfarth, 3 Kd. - Realgymn. Berlin; Univ. ebd. u. Heidelberg - 1945-47 Assist. Pathol. Inst. Leipzig, 1947-48 Tbc-Krkhs. Berlin-Buch, 1948-58 Assist., Oberarzt u. Leit. I. Med. Univ.klinik (1957) Charité Berlin (1950 Doz., 1954 apl. Prof.), 1958-64 Oberarzt Med. Klinik Köln-Merheim u. Univ.-Poliklinik Köln (1960 apl. Prof.); 1964-88 (em. X/88) Lehrst. Inn. Med. II, Dir. III Med.-Klinik, Klinikum Mannheim, Univ. Heidelberg - BV: Erworbene hämolyt. Anämien - Klin. u. Serol., 1957; Praktikum d. Immunhämatol., 2. A. 1960; Hämatologische Erkrankungen, 1981; Hämatologie u. internistischonkolog. Zytologie, 1991 - Spr.: Engl., Franz., Span.

HENNEMANN, Susanne

Dipl.-Dolm., Lyrikerin, Schriftstellerin - Bugenhagenstr. 29, 2400 Lübeck (T. 0451 - 3 27 27) - Verh. m. Dr. H. Hennemann (Facharzt f. Innere Krankh.) - Abitur; Med. Prakt.; Dipl. Dolmetscher - Sprachunterr.; Praxis-Assist.; Lyrik-Lesungen - BV: Ged.bde.: Davidsge-

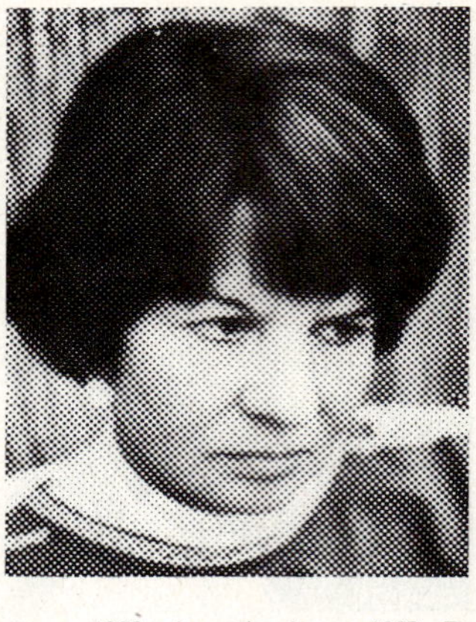

sänge, 1980; Auge in Auge, 1982; D. Räderwerk, 1983; Blaue Räume, 1984; Woher nahmst du den Mond, 1985; Und ich fand e. Land, 1986; Wo liegt Euer Lächeln begraben, Anthol., 1983; Feuerland, 1991. S. 1981 üb. 300 Veröff. in Ztg., Ztschr., Anthol., In d. Nordschau d. ARD z. Lübecker Hansetag, Vorstellung u. Interview als zeitgen. Lübecker Dichterin; 1983 Teilnahme am Hamburger Autorenseminar im Studio Hamburg. Üb. 60 Reisen in d. Süden, Mittelmeerraum, tropische Länder, wo die Ged. m. d. Untertitel "Südliche Tage" entstanden - Interessen: Schreiben, Lesen, Gespräche, Musik, Theater, Filme, Ballett, Reisen, Tiere, Natur, Bücher - Spr.: Engl., Franz., Ital.

HENNENBERG, Fritz

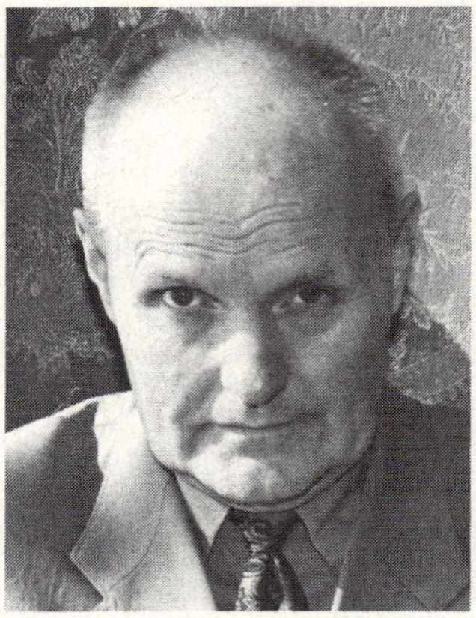

Dr. phil. habil., Chefdramaturg Oper Leipzig (s. 1989) - Reichsstr. 13, O-7010 Leipzig - Geb. 11. Juni 1932, ev., verh. s. 1969 m. Roswitha Trexler (Sängerin), T. Friederike - Stud. Musikwiss. Dresden u. Leipzig; Staatsex. 1956; Promot. 1965 Univ. Leipzig; Habil. 1987 Univ. Halle - 1956-59 Assist. Konservat. Halle; 1964-79 Konzertredakt. Rundfunk-Sinfonieorch. Leipzig, zeitw. Chefdramat. Gewandhausorch. Leipzig, 1979-89 freischaffend - BV: D. Leipziger Gewandhausorchester, 1962 (Engl., Franz.); Dessau/Brecht - Musikalische Arbeiten, 1963; Richard Wagner u. wir, 1963; Paul Dessau, 1965; W. A. Mozart, 1970; D. Kantatenschaffen v. Gottfried Heinrich Stölzel, 1976; Udo Zimmermann, 1983; D. große Brecht-Liederbuch, 1984; Hanns Eisler, 1986; Gesang u. Gesichter: Roswitha Texler, 1990 - Liebh.: Skifahren, Schwimmen - Spr.: Engl., Russ.

HENNERKES, Brun-Hagen

Dr. jur., Prof., Rechtsanwalt - Sprollstr. 27, 7000 Stuttgart 70 (T. 0711 - 72 10 05) - Geb. 4. Okt. 1939, verh., 3 Kd. - Stud. Rechtswiss. Univ. Freiburg, Hamburg u. Saarbrücken; Promot. 1966 Freiburg - Prof. f. Unternehmenssteuerrecht Univ. Stuttgart. AR-Vors. Jakob Nohl GmbH, Darmstadt, Marquardt GmbH, Rietheim-Weilheim, Bijou Brigitte modische Accessoires AG, Hamburg, J. Hengstler GmbH & Co. KG, Aldingen, Stöhr & Co. AG, Mönchengladbach, VBH Vereinigter Baubeschlag-Handel AG, Korntal-Münchingen, Lösch-Umweltschutz AG, Nottuln-Appelhülsen, UZIN Werk Georg Utz GmbH & Co., Ulm, Harpener AG, Dortmund; stv. AR-Vors. Dethleffsen AG, Flensburg; AR-Mitgl. Wormland Unternehmensverw. GmbH, Essen; Beiratsvors. Karl Pfisterer Elektrotechn. Spezialartikel GmbH & Co. KG, Stuttgart, EFKA-Werke Fritz Kiehn GmbH, Trossingen, INOVAN GmbH & Co. KG, Birkenfeld-Pforzheim, ERGEE-Werke Edwin E. Rössler KG, Sonthofen, J. + J. Marquardt KG, Rietheim-Weilheim; Beiratsmitgl. Commerzbank AG, Frankfurt/M., H. Redlefsen GmbH & Co. KG, Satrup, Wulf Gaertner GmbH & Co., Hamburg, Heinrich Thordsen KG, Husum, Reinz-Dichtungs-GmbH, Neu-Ulm, Wirtschafts- u. Privatbank Zürich, Zürich/Schweiz; Mitgl. Steueraussch. Schmalenbachges. - DGfB, Köln-Berlin, Arbeitsgemeinsch. Selbst. Untern. e.V. (ASU), Wirtschaftsrat d. CDU; VR-Mitgl. Hans Brochier GmbH & Co., Nürnberg; VR-Vors. Unternehmensgr. Kurtz/Wangner, Reutlingen - BV: D. GmbH & Co., 7. A. 1984 (m.a.).

HENNICKE, Hans Walter

Dr. rer. nat., Dipl.-Chem., em. Univ.-Prof. f. Keramik u. Email - Am Turmhof 8, 3392 Clausthal-Zellerfeld (T. 22 74) - Geb. 22. Jan. 1927 Düsseldorf, ev., verh., 5 Kd. - Obersch. Osnabrück u. Lingen; TH Aachen (Chemie; Dipl.-Chem. 1954, Promot. 1955) - 1955-62 Laborleit. Industrie; 1962-64 Kustos TH Aachen; s. 1964 ao. u. o. Prof. (1967) Bergakad. bzw. TU Clausthal. Mitgl. Dt. Keram. Ges., Ges. Dt. Chem., Ver. Dt. Emailfachl.; 1972 Mitgl. Braunschweig. Wiss. Ges.

HENNICKE, Wiegand

Dr. jur., Mitglied d. Geschäftsführung Goldmann, Sachs & Co. oHG (s. 1991) - Messe Turm, 6000 Frankfurt/M. 1 (T. 75 32-10 00) - Geb. 28. Sept. 1928 Berlin, ev., verh. (Ehefr.: Helga), 3 Kd. (Ludwig, Annegret, Roland) - Arndt-Gymn. u. Univ. Berlin (Humboldt u. Freie; Volksw., Rechtswiss.). Ass.ex. 1955; Promot. 1959 Münster - 1965-72 Vorst.-Mitgl. Berliner Pfandbriefbank; 1972-88 Vorst.-Mitgl. Dt. Girozentrale/Dt. Kommunalbank. 1959-72 MdA Berlin. CDU - Spr.: Engl. - Rotarier.

HENNIES, Günter

Vizepräsident - Invalidenstr. 52, 1000 Berlin 21 (T. 35 01 41) - Geb. 26. März 1921 - S. 1954 Sozialgerichtsbarkeit (b. 1972 Senats-, dann Vizepräs. LSG).

HENNIES, Jürgen

Dr.-Ing., Geschäftsführer Barbara Rohstoffbetriebe GmbH, Mettmann, Vors. Unternehmensverb. Eisenerzbergbau, Bonn, Vorst.-Mitgl. Wirtschaftsvereinig. Bergbau, Bonn, u. Bergbau-Berufsgenoss., Bochum - Zu erreichen üb. Barbara Rohstoffbetriebe GmbH, Laubach 30, 4020 Mettmann - Geb. 31. Okt. 1926.

HENNIG, Dieter

Vorstand THYSSEN STAHL AG (Personal) - Kaiser-Wilhelm-Str. 100, Postf. 11 05 61, 4100 Duisburg 11 - Geb. 7. Okt. 1939 - AR Thyssen Wohnstätten AG, Düsseldorf, Thyssen Wohnungsges. Dümpten mbH, Oberhausen, Thyssen Bandstahl Berlin GmbH, Berlin; Beirat Gemeinschaftsbetrieb Eisenbahn u. Häfen, Duisburg.

HENNIG, Eike

Dr., M.A., Prof. - Danziger Str. 5, 6231 Schwalbach - Geb. 1. April 1943 Kassel (Vater: Hansmartin H.; Mutter: Ella, geb. Kalisch), verh. s. 1968 m. Monika H., 2 Kd. (Mirko, Jana) - S. 1974 Prof. f. Ges.wiss. Univ. Frankfurt (1975/76 u. 1976/77 Dekan), 1978 Gastprof. Univ.-center Århus, Dänemark, nach Habil.

(1976 TU Hannover), 1981 Prof. f. Polit. Theor. Gesamthochsch. Kassel (1985-86 Dekan), s. 1979 Vors. d. Inst. f. histor.-soz. Analysen - BV: Massenmedien u. Meinungsbild., 1970 (m. R. Zoll); Thesen z. dt. Soz.gesch. 1933-38, 1973; Faschismus u. bürgerl. Ges. in Deutschl., 1977, 2. A. 1982; Neonazist. Militanz u. Rechtsextremismus unter Jugendl., 1982; Hessen unterm Hakenkreuz, 1983; Z. Historikerstreit, 1988; Zw. Fabrik u. Hof - Zw. Republik u. Dorf, 1990 (m. M. Kieserling); D. Republikaner im Schatten Deutschlands, 1991 - Spr.: Engl., Franz.

HENNIG, Heinz

Prof., Dozent f. Dirigieren Staatl. Hochschule f. Musik u. Theater -Emmichplatz 1, 3000 Hannover.

HENNIG, Jörg

Dr. phil., Prof. f. Linguistik d. Deutschen (Massenkommunikation) - Germanisches Seminar, Von-Melle-Park 6, 2000 Hamburg 13 - Geb. 1941 Stolp/Pom., verh. (Ehefr.: Dr. Beate), 2 Kd. - S. 1977 Prof. Univ. Hamburg.

HENNIG, Ottfried

Dr. jur., Parlam. Staatssekretär b. Bundesmin. f. Verteidigung (1991/92), MdB - Godesberger Allee 140, 5300 Bonn 2 - Geb. 1. März 1937 Königsberg/Pr., ev., verh. m. Dr. med. Claudia, geb. Schneidersmann, S. Lennart - Stud. d. Rechtswiss. u. Volkswirtsch. Freiburg u. Kiel; 1962 1. jurist. Staatsprüf., Promot. 1976; Assist. v. Prof. Dr. Boris Meissner (Ostrecht) - 1963-67 CDU-Bundesgeschäftsst. Bonn (Leit. d. Referats Rundfunk u. Fernsehen, 1967-71 pers. Ref. Dr. Rainer Barzel, 1972/73 Bundesgf.). 1974-75 Gutachter Konrad-Adenauer-Stiftg. zu Entwicklungsprojekten in Lateinamerika. 1969-73 u. s. 1984 VR-Mitgl. Deutschlandfunk. S. 1976 MdB. 1979-90 Sprecher Landsmannsch. Ostpr.; 1982-91 Parlam. Staatssekr. b. Bundesmin. f. Innerdt. Bezieh., s. 1989 Landesvors. CDU Schlesw.-Holst. - BV: D. Bundespräsenz in West-Berlin. Entwicklung u. Rechtscharakter, 1976.

HENNIG, Ursula

Dr. phil., Prof. f. Dt. Philologie (Ältere dt. Sprache u. Lit.) FU Berlin - Schopenhauerstr. 47, 1000 Berlin 38 - Geb. 28. März 1930 Königsberg - Promot. 1959; Habil. 1967.

HENNIG, W.

Dr., Geschäftsführer Normenausschüsse Bürowesen u. Druck- u. Reproduktionstechnik - Burggrafenstr. 6, 1000 Berlin 30.

HENNIGE, Albert

Prof. d. Musik - Ahornstr. 18, 7612 Haslach (T. 07832 - 57 24) - Geb. 13. Okt. 1906 Mannheim, ev., verh. - Ausbild. Fagott: Otto Lenzer, Mannheim (Solofag. Nationaltheat.), Klav.: Prof.en Eduard Jung, August Leopolder, Alfred Hoehn, alle Frankfurt/M. 1930-32 2. Fagottist Duisburg Opernorch., 1932-45 1. Fag. Frankf. Opernorch., 1946-49 Pianist Hess. Rundf., seither Doz., Prof. (1956) u. beamt. Prof. (1963) Nordwestd. Musikakad. Detmold (Fagott, Klav., Kammermus.). Gastdoz. u. Ehrenprof. Univ. Tokio. Konzerte In- u. Ausl., dar. 2 x gr. Ostasienreisen 1962 u. 64. Juror b. DAAD, Dt. Musikrat, Rundf.wettbew.; grand prix de disques.

HENNIGFELD, Jochem

Dr. phil., apl. Prof. Univ.-GH Siegen - Werstener Feld 62, 4000 Düsseldorf 13 (T. 0211 - 76 22 39) - Geb. 19. Sept. 1943 Immenstadt - Staatsex. 1969, Promot. 1972 Univ. Köln, Habil. 1981 Univ. Siegen - BV: Mythos u. Poesie. Interpret. z. Schellings Phil. d. Kunst u. Phil. d. Myth., 1973; Sprachphil. d. 20. Jh., 1982.

HENNING, Eckart

Dr. phil., M.A., Direktor Archiv z. Gesch. Max-Planck-Ges. - Boltzmannstr. 14, 1000 Berlin 33 (T. 830 54 91) - Geb. 27. Jan. 1940 Berlin, ev., verh. s. 1974 m. Dipl.-Bibl. Herzeleide, geb. Uhde v. Reichenbach - Ext.abit. 1961. 1961-67 Stud. Gesch., Hist. Hilfswiss., German., Phil. u. Erziehungswiss. FU Berlin, Univ. Wien u. Marburg (1. Staatsex. 1967, Magister-Ex. 1968 (M.A.), 2. Staatex. 1972, Promot. 1980) - 1967-69 Assist. Lehrst. f. german. u. mittellatein. Philol. FU Berlin; 1970-72 Refer.; 1972 Archivrat z.A. u. Leit. Fachref. I b. Geheimen Staatsarchiv Preuß. Kulturbesitz Berlin-Dahlem, desgl. 1975 Archivrat u. 1978 Archivoberrat; 1984 Dir. (s. o.); 1986ff. Lehrauftr. Hist. Hilfswiss. FU Berlin, s. 1990 desgl. Humboldt-Univ. Berlin - BV: Handb. d. Geneal., 1972; Geheimes Staatsarchiv Preuß. Kulturbesitz, 1974; Nachweise bürgerl. Wappen in Dtschl., 1975 u. 1985; Taschenb. f. d. Familiengeschichtsforsch., 10. A. 1990; Bibliogr. z. Henneberg. Gesch., 1976; Berliner Archive, 4. A. 1992; Jahrb. f. Brandenburg. Landesgesch., (Hrsg. s. Bd. 29) 1978ff.; D. gefürstete Grafsch. Henneberg-Schleusingen im Zeitalter d. Reformation, 1981; La Carte, Visitenkarten v. gestern u. heute, 1982; Wappensamml. in öfftl. u. priv. Besitz, 1983; Bibliogr. z. Heraldik, 1984; Festschr. d. Landesgeschichtl. Vereinig. f. d. Mark Brandenburg zu ihrem hundertj. Bestehen, 1984; Veröff. aus d. Archiv z. Gesch. d. Max-Planck-Ges. (Hrsg. s. Bd. 1), 1988ff.; Friedrich d. Große, Bibliogr. 1988; Chronik d. Kaiser-Wilhelm-Ges., 1988; Kirchenbücher, Bibliogr. 1991; Dona Brandenburgica, Festschr. W. Vogel 1990; zahlr. weit. Beitr. in wiss. Ztschr. - 1976 Mitgl. Intern. Akad. f. Heraldik, Genf; 1979 Korr. Mitgl. Ges. Adler Wien; 1982 kooptiertes Mitgl. Wiss. Arbeitskr. f. Mitteldtschl., Marburg, u. Ges. f. Fränk. Gesch., Erlangen; 1985 Prix Amerlinck - Liebh.: Preuß. Archiv- u. Wiss.gesch., fränk. u. brandenburg. Landesgesch., Hist. Hilfswiss. u. ihre Fachbibliogr.; sammelt Visitenkarten d. 18. b. 20. Jh. - Spr.: Engl., Franz., Latein.

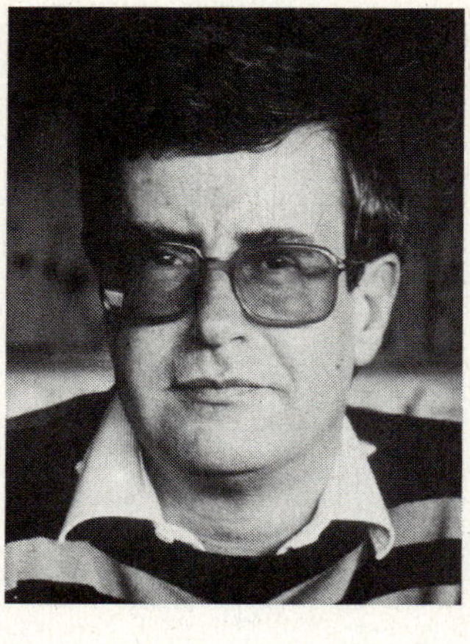

HENNING, Friedrich

Dr. phil., Archivleiter i.R., Publizist - Heinrich-v.-Kleist-Str. 21, 5300 Bonn - Geb. 26. Dez. 1917 Weimar/Thür. (Eltern: Arthur (Pfarrer) u. Dorothea H.), ev., verh. s. 1955 m. Marga, geb. Zeilmann - Stud. Jena, Bonn, Köln, Halle, Wien, Bamberg, Erlangen (Gesch., Rechtswiss.); Archivausbild. Wien. Promot. 1943; I. jurist. Staatsex. 1953 - B. 1961 Archivar FDP, dann b. 1982 FNS - BV: Kl. Gesch. Thür., 1964; Gesch. d. dt. Liberalismus, 2. A. 1976 (Mitverf.); F.D.P. Die Liberalen, 1982; Heuss. S. Leben v. Naumann-Schüler z. Bundespräs., 1984; D. Haußmanns. D. Rolle e. schwäb. Familie in d. dt. Politik d. 19. u. 20. Jh., 1988. Herausg.: Thomas Dehler - Begegnungen (1977); Theodor Heuss: Lieber Dehler! Briefwechsel m. Thomas Dehler (1983) - 1986 BVK.

HENNING, Friedrich-Wilhelm

Dr. rer. pol., Dr. jur., Dipl.-Landw., Prof., Wiss. Direktor Rhein.-Westf. Wirtschaftsarchiv zu Köln (s. 1972) - Unter Sachsenhausen 10-26, 5000 Köln 1; priv.: Gregor-Vosen-Str. 48, 5042 Erftstadt 18 - Geb. 22. März 1931 Trebitz - S. 1967 Lehrtätigk. Univ. Göttingen u. Köln (1971 Ord.). Bücher u. Einzelarb.

HENNING, Hans-Joachim

Dr. phil., Honorarprof. f. Statist. Methoden in d. Textilchemie u. Markomolekularen Chemie TH Aachen (s. 1973) - Lousbergstr. 22, 5100 Aachen.

HENNING, Hansjoachim

Dr. phil., o. Prof. f. Wirtschafts- u. Sozialgeschichte Univ. Duisburg - Kapellener Str. 45, 4100 Duisburg 46.

HENNING, Helmut

Beamter, MdA Berlin (s. 1975) - Hundsteinweg 42, 1000 Berlin 42 - Geb. 12. April 1940 Berlin - CDU.

HENNING, Horst

Industriemeister, Oberbürgermeister d. Stadt Leverkusen (s. 1984), MdL Nordrh.-West. (s. 1975) - Immenweg 7, 5090 Leverkusen (T. 2 24 19) - Geb. 8. März 1937 - SPD.

HENNING, Joachim

Prof., Mathematiker - Rotenburger Str. 15, 3807 Achim-Baden - Gegenw. Prof. Univ. Bremen (Math. u. ihre Didaktik).

HENNING, Manfred

Dipl.-Volksw., Vorstandsmitglied AQUA Butzke-Werke AG, Berlin, Geschäftsf. Butzke-Werke Vermögensverwaltungs-Ges. mbH, ebd., Geschäftsf. Eggemann GmbH, Iserlohn, Mitgl. Hauptvorst. VDMA (Verb. Dt. Maschinen- u. Anlagenbau) - Blakenheideweg 1, 1000 Berlin 20 (T. 361 75 45) - Geb. 25. Dez. 1924 Berlin - Vorst.-Mitgl. Fachgruppe NE-Armaturen im VDMA; stv. Vorst.-Vors. Wirtschaftsverb. Eisen-, Maschinen u. Apparatebau (WEMA) ebd.; Vors. VDS-Vereinigung Dt. Sanitärwirtschaft.

HENNING, Rudolf

Dr. theol., Dipl.-Volksw., o. Prof. f. Christl. Gesellschaftslehre Univ. Freiburg (s. 1964) - Türkenlouisstr. 3, 7800 Freiburg/Br. - Geb. 14. Dez. 1921 Benningsen - BV: D. Maßstab d. Rechts im Rechtsdenken d. Gegenw., 1961.

HENNING, Ulf

Dr. med., Prof., Biochemiker, Direktor am Max-Planck-Inst. f. Biologie, Tübingen (s. 1966) - Im Schönblick 36, 7400 Tübingen (T. 60 12 29) - Geb. 22. Sept. 1929 Leipzig, verh. m. Ursula, geb. Coy - 1965-66 Privatdoz. f. Biochem. Genetik Univ. Köln; seit 1967 Honorarprof. Univ. Tübingen.Facharb.

HENNING, Wilhelm

Dr. jur., Vorstandsvorsitzer Hannoversche Lebensversicherung a.G. (s. 1976), Vizepräs. Intern. Vereinig. d. Versich.-Ges. a.G. (AISAM; s. 1982) - Aegidientorpl. 2a, 3000 Hannover 1; priv.: Lothringer Str. 39, -71 - Geb. 13. Sept. 1931 Hannover - Ass.ex. - 1961-76 Bundesaufsichtsamt f. Versich.wesen, Berlin (zul. Abt.präs.).

HENNINGER, Klaus

Landrat Kr. Lindau (s. 1972) - Landratsamt, 8990 Lindau/Bodensee - Geb. 17. Juni 1929 Gera - Zul. Ministerialrat. CSU.

HENNINGS, Peter

Dr. jur., Hauptgeschäftsführer IHK Lüneburg-Wolfsburg (s. 1974) - Heinrich-Heine-Str. 14, 2120 Lüneburg (T. 04131 - 4 12 68) - Geb. 3. März 1931 Lüneburg (Eltern: Wilhelm † (Rektor i. R.) u. Johanna H. †), ev., verh. s. 1955 m. Ursula, geb. Meier, 4 Kd. (Susanne, Ulrich, Sibylle, Cornelie) - 1950-55 Stud. Rechtswiss. u. Volksw. Univ. Kiel u. Freiburg/Br. - 1960 Geschäftsf. Hochschulverb.; 1960-65 Unilever; 1965-68 Leit. Rechts- u. Versich.samt Stadt Lüneburg; 1968 Leit. Abt. Recht u. Steuern, Abt. Handel IHK Lüneburg.

HENNINGSEN, Dierk

Dr. rer. nat., Univ.-Prof. Inst. f. Geologie u. Paläontol. Univ. Hannover (s. 1971) - Tiefes Moor 66, 3008 Garbsen 1 - Geb. 12. Sept. 1935 Kiel - Stud. Geol. - S. 1965 (Habil.) Lehrtätigk. Univ. Gießen, Köln, Hannover, 1991-93 Vors. Dt. Geolog. Ges. - BV: u. a. Einf. in d. Geol. d. BRD, 3. A. 1986. Zahlr. Aufs.

HENNIS, Ilse

Dr. med. dent., Prof. f. Kieferorthopädie Univ. Marburg - Am Teich 3, 3350 Marburg.

HENNIS, Wilhelm

Dr. jur., em. o. Prof. f. Wiss. Politik Univ. Freiburg (s. 1967) - Anemonenweg 13, 7800 Freiburg/Br. (T. 55 25 91) - Geb. 18. Febr. 1923 Hildesheim (Vater: Wilhelm H., Botaniker; Mutter: Gertrud, geb. Hellberg), ev., verh. s. 1955 m. Dr. Haide, geb. Gundelach, 3 Kd. (Leontine, Sophie, Johann Christian) - Jugendzeit Südamerika; Internat Dresden; 4 J. Kriegsdst.; 1945-50 Univ. Göttingen. Promot. 1951 Göttingen, Habil. 1960 Frankfurt/M. - 1960-62 Prof. Päd. Hochsch. Hannover; 1962-67 o. Prof. Univ. Hamburg. 1964ff. stv. Vors. Kommiss. z. Beratung d. Bundesreg. in Fragen d. polit. Bildung. 1971-90 Mitgl. ZDF-Fernsehrat; 1974-86 Vors. Aussch. Kultur u. Wiss. 1946 Mitbegr. SDS. 1970 Gründungs- u. Vorst.-Mitgl. Bund Freiheit d. Wiss. - BV: Meinungsforschung u. repräsentative Demokratie, 1957; Politik u. prakt. Phil., 2. A. 1977; Richtlinienkompetenz u. Regierungstechnik, 1964; Große Koalition ohne Ende?, 1968; Politik als prakt. Wiss. - Aufs. z. polit. Theorie u. Regierungslehre, 1968; D. dt. Unruhe - Studien z. Hochschulpolitik, 1969; Demokratisierung, 1970; D. mißverstandene Demokratie, 1973; Organisierter Sozialismus, 1977; Regierbarkeit I, 1977, II, 1979; Max Webers Fragestellung, 1987 (Übers. ins Engl., Span., Ital., Jap. u. Franz.) - 1966 korr. Mitgl. Political Studies Assoc. of the United Kingdom; 1982 korr. Mitgl. Wiss. Ges. d. J. W. Goethe-Univ. Frankfurt/M.; 1987 Gr. BVK; 1988 korr. Mitgl. Akad. d. Wiss. Göttingen.

HENRICH, Dieter

Dr. jur., o. Prof. f. Bürgerl. Recht, Rechtsvergl. intern. Privatrecht - Adalbert-Stifter-Str. 14, 8400 Regensburg - Geb. 1. Dez. 1930 Düsseldorf (Vater: Karl H., Oberstudienrat i. R.; Mutter: Klara, geb. Trauth), kath., verh., 2 Kd. (Norbert, Daniela) - Univ. München (Rechtswiss). Promot. u. Habil. München - 1958-62 Wiss. Ref. Max-Planck-Inst. f. ausl. u. intern. Privatrecht; s. 1962 Lehrtätigk. Univ. Münster (Privatdoz.), Marburg (1964 o. Prof.) u. Regensburg (1967 o. Prof.; 1976-81 Präs. d. Univ.) - BV: Vor-, Options-, Vorrechtsvertrag, 1965; Familienrecht, 4. A. 1991; Einf. in d. engl. Privatrecht, 1971; Intern. Familienrecht, 1989.

HENRICH, Dieter

Dr. phil., o. Prof. f. Philosophie - Gerlichstr. 7a, 8000 München 60 (T. 811 91 31) - Geb. 5. Jan. 1927 Marburg - S. 1956 (Habil.) Lehrtätigk. Univ. Heidelberg, Berlin/Freie (Ord.), Heidelberg (Ord.), München (Ord.). Ständ. Gastprof. u. a. Harvard Univ. - BV: u. a. Der ontologische Gottesbeweis, 1960; Fichtes ursprüngl. Einsicht, 1967; Hegel im Kontext, 1971; Identität u. Objektivität, 1976; Fluchtlinien, 1982; Selbstverhältnisse, 1982; D. Gang d. Andenkens, 1986; Konzepte, 1987; Ethik z. nuklearen Frieden. E. Republik Deutschland, 1990; Konstellationen, 1991. Zahlr. Einzelarb. - Mitgl. d. Heidelberger Akad. d. Wiss., d. Bayer. Akad. d. Wiss. u. d. Acad. Europea.

HENRICH, Franz

Dr. theol., Direktor Kath. Akademie in Bayern (s. 1967) - Mandlstraße 23, 8000 München 40 (T. 089 - 38 10 20) - Geb.

8. Nov. 1931 Niedergailbach/St. Ingbert (Saarpf.) (Vater: Georg H. †; Mutter: Ella) - Univ. Mainz, München, Speyer; Priesterweihe 1959, Promot. 1966 - 1959-62 Kaplan in Ludwigshafen, s. 1967 Dir. Kath. Akad. in Bayern; s. 1967 Vors. Kath. Landesarbeitsgem. für Erwachsenenbild. in Bayern (KLE), 1972-81 Vors. Leiterkreis Kath. Akad. i. d. Bundesrep. Dtschl.; 1977-81 Vors. Kath. Bundesarbeitsgem. f. Erwachsenenbild. (KBE); Lehrbeauftr. f. Erwachsenenbild. Hochsch. f. Phil. München; s. 1972 Mitgl. Rundfunkrat u. Vors. Hörfunkaussch. Bayer. Rundfunk - BV: D. Bünde kath. Jugendbewegung. Ihre Bedeutung f. d. liturg. u. eucharist. Erneuerung, 1968. Herausg.: Erwachsenenbild. in d. pluralen Gesellsch. (1978); Schriften d. Kath. Akad. in Bayern (1967ff.); Romano Guardini Werke (1986ff.) - 1979 Päpstl. Ehrenprälat; 1979 Schwabinger Kunstpreis (Ehrenpr.); 1985 Bayer. VO.; 1992 BVK I. Kl. - Liebh.: Musik, Sport - Rotarier.

HENRICH, Günther
Ing. (grad.), Journalist - Göllesheimer Weg 5, 5307 Wachtberg-Niederbachem (T. 0228 - 34 33 35) - Geb. 23. Mai 1935 Husum, ev., verh. s. 1969 m. Sybille, geb. Kopp, S. Gunnar u. Görge - Obersch., kaufm. Ausbild., Fachhochsch. f. Photogr. - 1958-64 Photoind. (Werbung), 1964-77 u. 1981 Journalist (Nordd. Rundf. Studioleit. Bonn), dazw. CDU-Sprecher - 1988 BVK am Bde. - Spr.: Engl.

HENRICH, Hermann
Dr. jur., Rechtsanwalt, Vorstandsmitgl. Zusatzversorgungskasse d. Baugewerbes, Geschäftsf. Urlaubs- u. Lohnausgleichskasse d. Bauwirtschaft, Wiesbaden - Bahnholzstr. 1, 6200 Wiesbaden-Sonnenberg (T 06121 - 54 03 86) - Geb. 13. April 1938, kath., verh. s. 1961 m. Annemarie Lohmann, 2 Kd. (Nicola, Frank) - Stud. d. Rechtswiss. Univ. Frankfurt; Ex. 1963 u. 67, Promot. 1968 - S. 1967 Rechtsanw.; 1967-74 Justitiar IG Bau-Steine-Erden; 1971-76 Vorstandsmitgl. u. s. 1975 Geschäftsf. Sozialkassen d. Dachdeckerhandw.; ab 1975 s. o. - BV: Versch. Komment. auf d. Gebiet d. Bauarbeitsrechts u. d. gemeins. Einricht. d. Tarifvertragsparteien - 1985 BVK I. Kl. - Liebh.: Musik, Kunst, alte Sportwagen - Spr.: Engl., Franz., Ital.

HENRICHS, Norbert
Dr. phil., Prof. f. Philosophie u. Informationswiss. Univ. Düsseldorf (s. 1974) - Im Luftfeld 80, 4000 Düsseldorf 31 - Geb. 5. Juli 1935 Essen.

HENRICHSMEYER, Rudolf
Dipl.-Volksw., Vorstandsmitglied Allg. Hypothekenbank AG, Frankfurt/M. - Sodener Str. 11, 6374 Steinbach/Ts. - Geb. 31. Mai 1928.

HENRICHSMEYER, Wilhelm
Dr. habil., o. Prof. f. Volkswirtschaftslehre, Agrarpolitik u. Landw. Informationswesen - Oberdorf Nr. 53, 5305 Alfter-Impekoven - Geb. 24. Juli 1935 Bielefeld - Promot. 1965 - S. 1969 Prof. Univ. Göttingen u. Bonn (1971 Ord.). Facharb.

HENRY, Robert
Prof., Konzertpianist, Dozent f. Klavier Musikhochsch. Hamburg - Schlüterstr. 4, 2000 Hamburg 13 (T. 41 77 00).

HENSCHE, Detlef
Dr. jur., Gewerkschaftler, stv. Vors. IG Druck u. Papier - Zu erreichen üb.: Friedrichstr. 15, 7000 Stuttgart 1 (T. 0711 - 2 01 81) - Geb. 1936 Wuppertal (Vater: Unternehmer) - Stud. Rechtswiss.

HENSCHEID, Arnold Matthias
Journalist (Zeichen: AHA, HEG, Ahem) - Saarlandstr. 21, 4520 Melle 1 - Geb. 22. Juni 1923 Essen-Bredeney (Vater: Arnold H., Bergw.-Dir.; Mutter: Käthe, geb. Eickhorst), kath., verh. m. Christa, geb. Büscher, 5 S. (Reinhold,

Hartmut, Arnold, Michael, Matthias) - 1943/44 Stud. Physik TH Dresden; Volont. Dresdner Ztg. u. Magdeburger Ztg. - Spr.: Franz.

HENSCHEID, Eckhard
M. A., Schriftsteller - Eisbergweg 12, 8450 Amberg u. Adalbert Stifter Str. 13, 6000 Frankfurt - Geb. 14. Sept. 1941 Amberg, verh. - BV: R.: D. Vollidioten, 1973; Geht in Ordnung, 1977; D. Mätresse d. Bischofs, 1978; Dolce Madonna Bionda, 1983; Helmut Kohl - Biogr. e. Jugend, 1985; Erledigte Fälle, Polemiken 1986, E. scharmanter Bauer, Prosa 1980; Roßmann, Roßmann... (Erz.); D: Neger (Negerl), (Prosa); Unser Goethe (Anthologie). Außerd. Erz. u. a. - Liebh.: Klavier, Schach, Fußball.

HENSCHEL, Ekkehard
Dr. med. vet., Prof. f. Anatomie, Histologie u. Embryologie FU Berlin (Fachber. Veterinärmed.) - Oertzenweg 22c, 1000 Berlin 37.

HENSCHEL, Harald
Kaufmann, Aufsichtsratsvorsitzender Dt. Unilever GmbH, Vorst. Pensionskasse Berolina VVaG, Vorst.-Mitgl. CIAA, Brüssel, Präsidialmitgl. Bundesvereinig. d. Dt. Ernährungsind. - Ramckeweg 14, 2000 Hamburg 55 (T. 87 42 15) - Geb. 20. Juni 1927 Hamburg (Vater: Friedrich H., Kaufm.; Mutter: Anna, geb. Böse), ev., verh. s. 1950 m. Ingrid, geb. Thedens, 3 Kd. (Peter-Michael, Dirk-Harald, Inke) - Spr.: Engl.

HENSCHEL, Waldtraut,
geb. Villaret
Freie Schriftstellerin u. Lektorin (Ps. Waldtraut Villaret) - Giselherstr. 16, 8000 München 40 (T. 089 - 30 15 86) - Geb. 22. April 1914 Riga (Sowjetrep. Lettland), gesch., 4 Kd. (Karl-Wilhelm, Wolfgang F., Eberhard, Elisabeth) - Gymn.; Musikstud. - 1947 Gründungsmitgl. 1. dt. Autorenverb. - BV: Liebe sucht verlorenes Land (mehrf. Aufl., auch unter d. Titel D. wandernden Feuer); Braskowka (mehrf. Aufl., auch unter d. Titel Milja); Poln. Wirtsch. (mehrf. Aufl.); insges. 8 Romane u. Erz.bde. - Spr.: Engl., Franz., Ital., Russ., Lett.

HENSCHEL, Walter F.
Dr. med., Prof., Facharzt f. Anästhesie, Dir. d. Abt. f. Anästhesie u. operative Intensivmed. d. ZKH St.-Jürgen-Str., Bremen (s. 1988) - Max-von-Laue-Str. 21, 2870 Delmenhorst (T. 04221 - 1 72 25) - Geb. 11. Jan. 1926, verh. s. 1977 m. Ingrid, geb. Meyer, 3 Kd. (Cornell, Carola, Marcus) - Medizinstud. 1948-51 Univ. Jena, 1951-53 Humboldt-Univ. Berlin; Staatsex. 1953 Berlin; Promot. 1954 Jena - S. 1961 Chefarzt in Bremen, Ärztl. Dir. ZKH Bremen (1975-88); 1975-76 Präs. Dt. Ges. f. Anästhesie u. Intensivmed.; 1966-74 Präs. Berufsverb. Dt. Anästhesisten; 1976-86 Vizepräs. Chefarztverb. - Entw.: Klinische Anwendung d. Neurolept-Analgesie -

BV: D. Neuroleptanalgesie, 1966; Neuroleptanalgesie - Klinik u. Fortschritte, 1967; Probleme b. d. Planung, Organisation u. Funktion v. Anaesthesieabt., 1968; Neue klin. Aspekte d. Neuroleptanalgesie, 1970; Postoperative Schmerzbekämpfung, 1972; Neuroleptanalgesie - spez. Probleme, Einsatz in d. nicht-operativen Med., 1972; Schädigung d. Anaesthesiepersonals d. Narkosegase u. -dämpfe (m. Ch. Lehmann), 1975; Probleme d. intravenösen Anaesthesie, 1976; Droperidol u. Fentanyl b. Schock, 1976; D. Rolle v. Kalium-Magnesium-Aspartat in d. operativen Med. u. Intensivtherapie, 1977; Notfallsituationen b. d. Intensivbehandlung, 1982; Klinische Primärversorgung Polytraumatisierter, 1983; Infektionsprobleme in d. Intensivtherapie, 1984; Klinische Aspekte d. künstl. Beatmung, 1985; Organfunktion unter Intensivtherapie, 1987; Anästhesiologie - klinisches Fach auf drei Säulen. Bericht üb. d. Intern. Bremer Anästh.-Symposion 1986, 1987; 30 J. Neuroleptanalgesie (im Druck) - Liebh.: Musik, Segelsport - Spr.: Engl., Span.

HENSCHEL, Wolfgang F.
Regisseur u. Schriftsteller - Mainzer Str. 15a, 8000 München 40 (T. 089-36 93 77) - Geb. 1. März 1943 Elsenau, verh. s. 1966 m. Christine, geb. Klein, Sohn Fabian - Ass. in d. verschied. Produktionsbereichen d. Fernsehens; 1964 erste Regie; b. 1966 Dramat.; s. 1967 freier Regiss. - BV: Blau riecht leise (Kinderb.), 1980. Üb. 200 Fernseh-Send. f. ARD u. ZDF, u.a. alpha-alpha (Science-fiction-Serie); D. Hinrichtung (sat. Fernsehspiel); D. gr. Kapitulation (Fernsehspiel); Theatersz.; Drehbücher - 1980 Silberplak. f. Slapstick Intern. Film- u. TV-Festival New York; 1982 Bronze ebd. f. short-comedy; Bronzemed. Art-Dir.-Club f. Kinospot - Spr.: Engl.

HENSCHLER, Dietrich
Dr. med., o. Prof. f. Toxikologie u. Pharmak. - Frankenstr. 53, 8700 Würzburg - Geb. 19. Nov. 1924 Chemnitz/Sa. (Vater: Walter H.; Mutter: Elly, geb. Richter), verh. s. 1956 m. Dr. Annelore, geb. Greifelt - 1946-51 Stud. Würzburg. Promot. (1951) u. Habil. (1957) Würzburg - S. 1957 Lehrtätigk. Univ. Würzburg (1965 Ord. u. Inst.leit.). Üb. 150 Facharb.

HENSE, Franz
Dr. jur., Präsident d. Oberlandesger. a. D. - Rotdornschleife 8, 4700 Hamm/W. (T. 2 34 67) - Geb. 9. Jan. 1910 Eickelbron (Vater: Heinrich H., Gutsbesitzer; Mutter: Maria, geb. Lohmann), kath., verh. s. 1938 m. Lore, geb. Otto, S. Burkhard - Rechtsanw. u. Wirtschaftspr.; Promot. 1935; Ass.ex. Essen; s. 1967 Präs. OLG Hamm. Mitarb. Fachztschr. u. Kommentare - Liebh.: Malerei - Rotarier.

HENSEL, Friedrich
Dr. rer. nat., Prof. f. Physikal. Chemie Univ. Marburg - Am Sonnenhang 23, 3550 Marburg/L. - Geb. 16. Juli 1933 - Stud. Physik - Spr.: Engl., Franz.

HENSEL, Georg
Theaterkritiker, Schriftst. - Park Rosenhöhe 1, 6100 Darmstadt (T. 71 21 41) - Geb. 13. Juli 1923 Darmstadt, verh. s. 1950, S. Norbert - Abitur 1945-74 Redakt. u. Feuilletonchef Darmstädter Echo, s. 1975 Theaterkritiker Frankfurter Allg. Ztg. - BV: Nachtfahrt, 1949; Etappen, 1956; Griechenl. f. Anfänger, 1960, 2. A. 1963; Ägypten f. Anf. 1962; Kritiken - E. Jahrzehnt Sellner-Theater in Darmstadt, 1961; Spielplan - Schauspielführer v. d. Antike b. z. Gegenw., 2 Bde. 1966, 6. A. 1992; Samuel Beckett, 1968, 3. A. 1977 (span. 1972); Stierkampf, 1970; Theater d. Zeitgenossen, 1972; Wider d. Theaterverhunzer, 1972; D. Theater d. siebziger Jahre, 1980; Theaterskandale u. a. Anlässe z. Vergnügen, 1983. Hg. Indiskrete Antworten, 1985; Spiel's noch einmal. D. Theater d. achtziger Jahre, 1990 - Theater-, Film-, Lit.kritik - 1968

Johann-Heinrich-Merck-Preis; 1981 Carl-Zuckmayer-Med.; 1981 Julius-Bab-Kritikerpr.; 1983 Egon-Erwin-Kisch-Pr.; 1958 Mitgl. PEN-Club; 1984 Mitgl. Dt. Akad. f. Sprache u. Dicht. Darmstadt - Spr.: Engl.

HENSEL, Horst

Dr. päd., Schriftsteller, Lehrer, Wissenschaftler - Bramweg 5, 4708 Kamen (02307 - 3 15 51) - Geb. 2. Mai 1947, verh. s. 1970 m. Viktoria, geb. Löffelholz, 2 Töcht. (Katja, Alexandra) - Lehre Fernmeldehandwerker (Gesellenbrief); 2. Bildungsweg; Stud. Polit. München u. Päd. Dortmund; Vordipl.; 1. u. 2. Staatsex.; Promot. - Tätigk. als Arb., Werkstud., Hochschulassist. (Bielefeld), Lehrer. Tätigk. im Schriftst.verb.; 1990/91 Gastdoz. Autorenhochsch. Leipzig - BV: neun mal schulwetter, 1981; in d. scherben deiner augen, 1980; Werkkreis od. d. Organis. polit. Lit.arb., 1980; Aufstiegsversagen, 1984; D. Sehnsucht d. Rosa Luxemburg, 1987; D. Name Mathilde, 1989; Gesch. v. Starken Balthasar, 1989; Hyänengelächter, 1990; Neue Gesch. v. starken Balthasar, 1990; Natal (m. H. Peuckmann), Stück 1991; Garten Eden, Erz. 1991. Herausg. v. Fachztschr. Ca. 250 Aufs. in Fachztschr.; außerd. Erz., Hörsp., Filme, Stücke. Übers. ins Poln. u. Jap. - 1979 Lyrikpreis Buchmesse Frankfurt; 1988 Hörsp.preis KVR - Spr.: Engl. - Lit.: Toshitada Mandokoro: H. Hensels kubistische Schreibweise (1988).

HENSEL, Ingo
Dr. med., Prof. f. Physiologie, Facharzt f. Anaesthesiologie - Hohe Liethweg 4, 2854 Düring (T. 30 08) - Geb. 10. Dez. 1938 Halberstadt (Vater: Rudolf H., Kfm.; Mutter: Irmgard, geb. Gräßner), ev., verh. s. 1965 m. Marianne, geb. Schmidt, 3 Kd. (Beleke, Jenne, Alexander) - Abit. 1963, 1963-69 Med.stud. (Bonn, Köln), Univ. Göttingen, Promot. 1970, Habil. (Physiologie) 1974 u. Habil. (Anaesthesiol.) 1981, Facharzt f. Anaestesiologie, 1978 apl. Prof., 1980 pl. Prof.

- 1969-75 Univ. Göttingen, Physiol. Inst. I, 1975-85 Inst. f. klin. Anaesthesiologie, s. 1985 Inst. f. Anaesthesiologie u. operative Intensivmedizin, Zentralkrkhs. Reinkenheide, Bremerhaven - BV: zahlr. Abh. üb. Kreislauf- u. Narkoseprobl. in Fachztschr. - Liebh.: Klavier, Kontrabass - Spr.: Engl., Franz.

HENSEL, Kerstin

Schriftstellerin - Linienstr. 55, O-1054 Berlin - Geb. 29. Mai 1961 Karl-Marx-Stadt, ledig, S. Benjamin - Krankenschw.; 1983-85 Inst. f. Lit. Leipzig; b. 1987 Aspirant am Leipziger Theater - S. 1987 Lehrtätigk. an d. Hochsch. f. Schauspielkunst Ernst Busch Berlin - BV: Hallimasch, 1989; Auditorium panopticum, R. 1991; Gewitterfront, Ged. 1991 - 1991 Leonce- u. Lena-Preis.

HENSEL, Kurt

Gesandter a.D. - Tannenwaldallee 60c, 6380 Bad Homburg v.d.H. - Geb. 3. April 1919 Marburg/L. (Vater: Prof. Albert H., Steuerrechtler; Mutter: Marieluise, geb. Flothmann), ev., verh. s. 1952 m. Madeleine, geb. Picard, S. Claus-Albert - Höh. Schulen Bonn, Königsberg/Pr., Marburg (Abit.); 1937-38 Volontär Nederlandsche Handel-Maatschappij N. V., Amsterdam; 1938-47 Univ. Genf, München, Marburg, Heidelberg (Rechtswiss.); dazw. 1940-45 Wehrdst. u. Kriegsgefangensch. I. jurist. Staatsex. 1947 - S. 1950 Ausw. Dienst (1951 Gesandtschaft Oslo, 1953 Botschaft Den Haag, 1955 London, 1956 Rabat, 1959 Zentrale Bonn, 1963 Konsulat Melbourne (Konsul bzw. Generalkons.), 1967 Bonn, 1968 Botschaft Tel Aviv (Vertr. d. Botschafters)) - 1943 EK II u. Verwundetenabz.; 1955 Offz.skreuz Orden Menelik II (Äthiopien), 1956 Orden v. Oranien-Nassau (Niederl.), 1969 BVK I. Kl., Gold. Sportabz. - Liebh.: Meißener Porzellan (18. Jh.), Reisen, Fotogr., Golf - Spr.: Engl., Franz., Holl., Ital. - Rotarier (Clubmitgl. Tel-Aviv-Yafo-South) - Bek. Vorf.: Moses Mendelssohn (Urururgroßv.); Fanny Hensel, geb. Mendelssohn-Bartholdy (Schwester v. Felix M.-B., verehel. m. Wilhelm H., pr. Hofmaler; Urur-großm.); Luise H., Dichterin (Schwester v. Wilhelm H.).

HENSELDER-BARZEL, Helga

Dr. rer. pol., Vorsitzende Dt. Welthungerhilfe (s. 1984) - Adenauerallee 134, 5300 Bonn 1 - Geb. 4. Jan. 1940 Koblenz, ev., verh. m. Dr. Rainer Barzel - Stud. Paris, Cambridge, Univ. Köln. Promot. 1971 (Stiftg. Volkswagen) - Spr.: Engl., Franz.

HENSELER, Heinz

Dr. med., o. Prof. f. Psychoanalyse, Psychotherapie u. Psychosomatik Univ. Tübingen - Neckargasse 7, 7400 Tübingen (T. 07071 - 29 67 19) - Facharzt f. Psychiatrie u. Neurol., Facharzt f. Kinder- u. Jugendpsychiatrie, Psychoanalytiker (DPV/IPV) - BV: Narzißtische Krisen, 1974; Selbstmordgefährdung, 1982 (m. Ch. Reimer).

HENSELER, Klaus

Geschäftsführer J. M. Voith GmbH, Heidenheim - Schlesienstr. 24, 7920 Heidenheim (T. 07321-4 22 23) - Geb. 16. April 1934 Saarbrücken, verh. - Stud. Maschinenbau, Ingenieursch. Konstanz - AR-Vors. O. Dörries GmbH u. Appleton Mills/USA, AR-Mitgl. Voith-Tolosa/Span., Voith Inc./USA, Voith-Morden/USA, Larsen & Toubro/Indien.

HENSELER, Kurt

Dr.-Ing., Prof. f. Technik/Didaktik d. Technol. Univ. Oldenburg - Wittingsbrok 43, 2900 Oldenburg - Geb. 15. Juni 1942 Madrid - Stud. TH Stuttgart, 1967 Dipl., 1971 Promot.

HENSELER, Rudolf

Dr. jur. can., Prof. f. Kirchenrecht Phil.-Theol. Hochsch. Hennef (s. 1980) - Waldstr. 9, 5202 Hennef 1 (T. 02242 - 8 89 80) - Geb. 22. Juli 1949 Bonn, kath. - Abit. 1969 Bonn; 1970-76 Phil.-Theol. Stud. Hennef; Priesterweihe 1975; Promot. 1979 München - S. 1981 Diözesanrichter am Erzbisch. Offizialat Köln - BV: D. Mitbestimmungsrechte d. Mitgl. zentralistischer klösterl. Verb. an d. verb.intern. Leitungsaufg. in d. Zeit n. d. II. Vaticanum, 1980; Z. Gesch. d. nachkonziliaren Ordensrechts, 1980; Ordensrecht, 1987 - Liebh.; Mozart, Schach - Spr.: Lat., Griech., Hebr., Engl., Ital.

HENSELMANN, Heinz

Geschäftsführer Dt. Lehrerverb. - Rochusstr. 151, 5300 Bonn 1 - Geb. 1. März 1917.

HENSELMANN, Lothar

Dr. med. (habil.), Prof., Chefarzt II. Medizin. Abteilung/Städt. Krankenhaus München-Neuperlach - Oskar-Maria-Graf-Ring 51, 8000 München 83 - B. 1975 Privatdoz., dann apl. Prof. TU München (Inn. Med.).

HENSEN, Friedhelm

Dr.-Ing., Prof., Prokurist - Virschowstr. 2, 5630 Remscheid 11 - Geb. 18. Jan. 1933 Hilfarth (Vater: Wilhelm H., Landw. †; Mutter: Mathilde, geb. Henssen), ev., verh. s. 1959 m. Susanne, geb. Grünberger, 2 Kd. (Sabine, Martin) - Gymn. Erkelenz; TH Aachen (Dipl.-Ing. 1958). Promot. (1962) u. Habil. (1974) Aachen - S. 1963 BARMAG AG, Remscheid-Lennep (Spartenleit. Kunststoffanlagen; 1971 Prok.); s. 1974 TH Aachen (Doz., 1978 Privatdoz., apl. Prof. f. Anlagenbau in d. Kunststofftechnik) - BV: Anlagenbau in d. Kunststofftechnik, 1974. Mithrsg.: Kunststoff Extrusionstechnik (Handb. 1986) - Liebh.: Malen, Bildhauern, Fotogr. - Spr.: Engl.

HENSEN, Karl

Dr. rer. nat., Prof. f. Physikalische Chemie Univ. Frankfurt - Priv.: Kösliner Weg 3, 6380 Bad Homburg (T. 06172 - 3 61 46); dstl.: Inst. f. Physik. u. Theor. Chemie, Niederurseler Hang, 6000 Frankfurt/Niederursel (T. 0611 - 58 00 91 40) - Geb. 1. März 1935 Aachen (Vater: Karl H., Obering.; Mutter: Käthe, geb. Heuerz) - Dipl. in Chemie 1960, Promot. 1962, Habil. (Anorg. u. Theoret. Chemie), 1968 - 1971 Prof. f. Physikal. Chemie; Vertrauensdoz. Studienstiftg. d. dt. Volkes. Arb. üb. Lewis-Säure-Base-Komplexe, Theorie d. chem. Bind., Präparative anorg. Chemie - BV: Theorie d. chem. Bind., 1974; Molekülbau u. Spektren, 1983 - Liebh.: Med., Röm. Gesch., Musik - Spr.: Latein, Engl.

HENSEN, Theo

Bürgermeister a. D., Landwirt u. Kaufmann - Talstr. 17, 4053 Jüchen 2 (T. 02164 - 25 23) - Geb. 14. April 1907 Hochneukirch (Vater: Theo H.; Mutter: Gertrud, geb. Weitz), ev., verh. s. 1932 m. Gertrud, geb. Terfoorth, 4 Kd. (Marieluise, Ingeburg, Karl-Theo, Hans) - B. 1980 Bgm. Div. AR-Mand. - 1982 BVK I. Kl.; Ehrenvors. Bundesverb. landw. Fachschulabsolventen - Liebh.: Reiten, Reisen.

HENSMANN, Jan

Dr. rer. pol., Honorarprof. f. Marketing Univ. Münster, Unternehmensberater - Oesterleystr. 90c, 2000 Hamburg 55 (T. 040 - 86 36 30) - Geb. 1. Jan. 1941 Leer/Ostfr. - Abit. 1960, Stud. Betriebswirtsch., Volkswirtsch., Jura, Dipl.-Kfm. 1966, Promot. 1969 - Inst. f. Marketing, Münster; 1971-83 Gruner & Jahr, 1977 Vorst.-Mitgl. u. s. 1981 stv. Vorst.-Vors.; 1984 Prof. Univ. Münster; Vorst. d. Wiss. Ges. f. Marketing u. Unternehmensführung - BV: versch. Schr. In- u. Ausl. zu Verlags- u. Kommunikations-

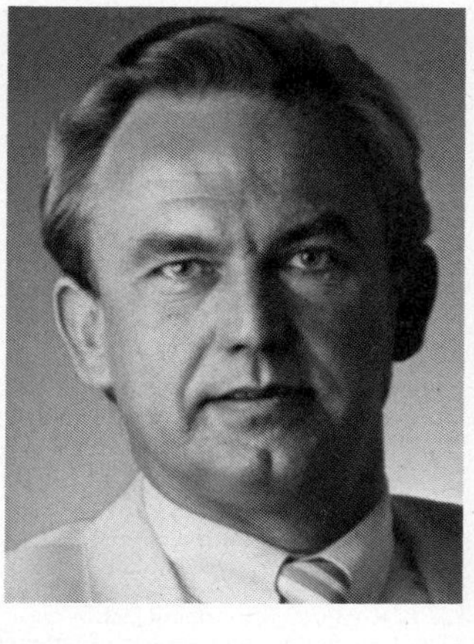

marketing, Intern. Marketing - Spr.: Engl., Franz., Ital., Schwed.

HENSS, Walter

Dr. phil., Prof., Bibliotheksdirektor a.D. - Moltkestr. 6, 6900 Heidelberg (T. 40 10 87) - Geb. 12. Febr. 1927 St. Wendel/Saar (Vater: Wilhelm H., Landmesser; Mutter: Luise, geb. Pallokat, Lehrerin), ev., verh. s. 1955 m. Erika, geb. Abendroth, Oberstud.rätin, 2 Kd. (Almut, Dietmar) - 1946/47-53 Stud., Staatsex. u. Promot. (German., Angl., Lat., Phil.), 2. Staatsex. (Bibliothekswesen) 1955 - Bibliothekar u. Lehrbeauftr. Univ. Marburg (1953/54), Köln (1954-56), Heidelberg (s. 1956); stv. Dir. Univ.-Bibl. (1970-90) - 1980 Honorarprof. Univ. Hdbg. - BV: Monograph. u. Aufs. z. Kirchengesch, Ält. German. u. z. Wiss.organisation.

HENSSEN (ß), Aino

Dr. phil. (habil.), o. Prof. f. Systemat. Botanik - Biegenstr. 52, 3550 Marburg/L. (T. 6 62 41) - B. 1970 Privatdoz., dann Honorarprof. u. Ord. Univ. Marburg. Facharb.

HENSSGE (ß), Joachim

Dr. med., Prof., Direktor Klinik f. Orthopädie d. Med. Univ. Lübeck (s. 1970) - Im Trentsaal 7, 2400 Lübeck (T. 50 16 71) - Geb. 21. Dez. 1927 Dresden (Vater: Dr. med. Ernst H.; Mutter: Maria, geb. Kilian), verh. m. Lore, geb. Köster, 4 Kd. (Jörg, Ulrich, Jutta, Katrin) - Univ. Freiburg u. Kiel - S. 1963 (Habil.) Lehrtätigk. Lübeck (1972 ord. Prof. f. Orthopädie). Fachveröff.

HENTIG, von, Hartmut

Dr. phil., Prof. f. Pädagogik - Universität, 4800 Bielefeld/W. - Geb. 23. Sept. 1925 Posen (Vater: Dr. jur. et rer. pol. Dr. h. c. Werner Otto v. H., Botschafter a. D. †1984 (s. XVIII. Ausg.); Mutter: Nita, geb. v. Kügelgen) - B. 1968 Ord. Univ. Göttingen, dann Bielefeld - BV (s. 1960): Probleme d. altsprachl. Unterrichts, 1960; Wie hoch ist d. höhere Schule?, 1962; D. erste Studienj. an d. Univ., 1963; Hellas u. Rom, 1964; D. Schule im Regelkreis, 1965; Platon. Lehren, 1966; Univ. u. Höh. Schule, 1967; Öfftl. Meinung, öfftl. Erregung, öfftl. Neugier - Pädag. Überlegungen z. e. polit. Fiktion, 1968; Systemzwang u. Selbstbestimmung, 1969; Spielraum u. Ernstfall, 1969; D. Bielefelder Oberstufen-Kolleg, 1971; D. Bielefelder Laborsch., 1971; Cuernavaca oder Alternativen z. Schule, 1971; Magier oder Magister? - Üb. d. Einheit d. Wiss. im Verständigungsprozeß, 1972; Schule als Erfahrungsraum?, 1973; D. Wiederherstellung d. Politik - Cuernavaca revisited, 1973; D. Sache u. d. Demokratie, 1975; Was ist eine humane Schule?, 1976; Paff d. Kater, 1978; D. entmutigte Republik, 1980; D. Krise d. Abiturs u. e. Alternative, 1980; Aufwachsen in Vernunft, 1981; Erkennen durch Handeln, 1982; Aufgeräumte Erfahr., 1983; D. allmähl. Verschwinden d. Wirklichk., 1984; Ergötzen, Belehren, Befreien, 1985; Wie frei sind freie Schulen?, 1985; D. Menschen stärken, d. Sachen klären - E. Plädoyer f. d. Wiederherstellung d. Aufklärung, 1985; Arbeit am Frieden - Übungen im Überwinden d. Resignation, 1987; Humanisierung - e. verschämte Rückkehr z. Pädagogik? 1987; Bibelarbeit, 1988; Wir brauchen Leser. Wirklich? 1990; ... der werfe den ersten Stein. Schuld u. Vergebung in unserer Welt, 1992 - 1969 Schiller-Preis Stadt Mannheim; 1986 Lessing-Preis Stadt Hamburg; 1986 Sigmund-Freud-Preis f. wiss. Prosa d. Dt. Akad. f. Sprache u. Dichtung; s. 1987 Vizepräs. Dt. Akad. f. Sprache u. Dicht.; 1988 Präsid. Dt. Evang. Kirchentag.

HENTIG, von, Wolf-Uwe

Dr. rer. hort., Prof., Fachgebietsleiter Forschungsanstalt Geisenheim/Rhein - Rieslingweg 4, 6220 Rüdesheim (T. 06722 - 32 08) - Geb. 30. April 1928 Berlin, ev., verh. s. 1957 m. Ingrid, geb. Loeffler, 3 Söhne (Hans-Jörg, Karsten Knut, Nils Holger) - Gärtnerlehre, Dipl.-Gärtner 1953; Stud. 1950-56 Hannover, Promot. 1956 - Fachgebietsleit. Zierpflanzenbau Forsch.anstalt Geisenheim/Rh.; Präs. d. Dt. Gartenbauwissenschaftl. Ges. e.V., Hannover; Council-Member of ISHS (Intern. Society for Hort. Science)- Liebh.: Wildpflanzen sammeln, Pflanzengeogr. - Spr.: Engl.

HENTSCHEL, Bernd

Betriebswirt, Vorstandsvors. Ges. f. Datenschutz u. Datensicherung Bonn - Göttinger Str. 23, 5000 Köln 40 (T. 02234-7 89 13) - Geb. 8. Nov. 1938 Wolfenbüttel, verh. s. 1963 m. Inge C. Hentschel - Mittl. Reife; kaufm. Lehre; Betriebswirt (VWA) - Ref. u. Doz. f. Lohnsteuerrecht, Beitragsrecht, EDV u. Datenschutz; Mitgl. Sachverständigenkr. b. Bundesverb.; Gesellsch. Datakontext-Verlag - BV: DAFTA-Tagungsbde., ab 1980; Personalinformationssyst. in d. Diskuss., 1983; Jahrb. Lohn- u. Gehaltsabrechn., 1984/85; Vorrangige Rechtsvorschr., 1985 - Liebh.: Archäol., Zukunftstechnol., Informationstechnol. - Spr.: Engl.

HENTSCHEL, Hans-Dieter

Dr. med., Internist, Prof., Leit. Arzt Seb. Kneipp- Akad. - Kathreinerstr. 24, 8939 Bad Wörishofen (T. 08247 - 88 89) - Geb. 16. Nov. 1921 Berlin - Univ. Gießen, TU München - BV: Hamam - das Bad im islamischen Kulturbereich, 1985; Naturheilverfahren in d. ärztl. Praxis, 1991. Mitarb. W. Brüggemann, Lehrb. Kneipp-Ther., 1986; Mitarb. K.L. Schmidt, Physikal. Med. im höh. Lebensalter, 1987; Mitarb. K.L. Schmidt, Kompendium d. Balneologie u. Kurortmed., 1989 - Liebh.: Malerei - Spr.: Engl., Franz., Span., Ital.

HENTSCHEL, Helga

Dipl.-Psych., Staatssekretärin a. D. - Knesebeckstr. 16, 1000 Berlin 12 - Geb. 30. Juni 1953 Rheydt, verh. - Dipl. Psych. 1982 - 1982-87 Wiss. Mitarb. FU-Berlin; 1987-89 Mitgl. Abgeordnetenhaus Berlin (Aussch.-Vors. f. Frauenfragen); 1989/90 Staatssekr. f. Frauen, Senatsverw. f. Frauen, Jugend, Familie Berlin.

HENTSCHEL, Lothar

Bürgermeister Stadt Marl, MdL Nordrh.-Westf. (s. 1975) - Freiligrathstr. 99, 4370 Marl (T. 6 59 58) - Geb. 19. Febr. 1930 - SPD.

HENTSCHEL, Volker

Dr. rer. pol., Prof. f. Wirtschafts- u. Sozialgesch. Univ. Mainz (s. 1980) - Finther Landstr. 38, 6500 Mainz-Gonsenheim - Geb. 29. Jan. 1944 Aue/Sachsen, ev., verh. s. 1986 m. Christine, geb. Lenz - 1961-64 Lehre als Ind.-Kfm.; 1968-74 Stud. Wirtschaftswiss., Wirtschafts- u. Sozialgesch. Hamburg; Dipl.-Kfm. 1972; Promot. 1974; Habil. (Neuere Gesch.) 1978 - 1974-80 Wiss. Assist. u. Priv.-Doz. f. Neuere Gesch. Heidelberg - BV: Weimars letzte Monate, 1978; Wirtsch. u. Wirtschaftspolitik im wilhelminischen Deutschl., 1978; Preußens streitb.

Gesch., 1980; Dt. Sozialpolitik 1880-1980, 1983; Wirtschaftsgesch. d. mod. Japans, 1986 - Liebh.: Lit., Theater, Musik.

HENTSCHEL, Wolf-Peter
Ltd. Regierungsdirektor, Kanzler Univ. Bayreuth - Münzgasse 9, 8580 Bayreuth.

HENTSCHKE, Richard

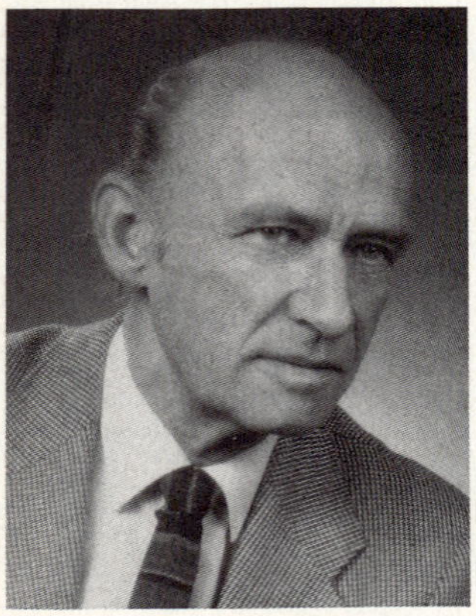

Dr. theol., em. Prof. f. Altes Testament - Teutonenstr. 18, 1000 Berlin 38 (T. 803 72 06) - Geb. 25. Mai 1922 Lodz (Vater: Ernst H., Industrieller; Mutter: Johanna, geb. Hansen), ev., verh. s. 1954 m. Rita, geb. Zedler, 2 Töcht. (Karin, Irene) - Neusprachl. Gymn. Lodz; Univ. Marburg, Edinburgh, Münster (Ev. Theol., Orientalistik). Promot. (1957) u. Habil. (1959) Münster - 1959-64 Privatdoz. Univ. Münster. 1964-65 Lehrstuhlvertr. Univ. Bonn; s. 1965 Prof. Kirchl. Hochsch. Berlin (1966-68 Rektor). Emerit. 1990 - BV: D. Stellung d. vorexil. Schriftpropheten z. Kultus, 1957; Satzung u. Setzender - E. Beitrag z. israelit. Rechtsterminologie, 1963 - Spr.: Poln., Engl.

HENTSCHKER, Regina
Orientalische Tänzerin u. Tanzpädagogin (Künstlername: Salome) - Zu erreichen üb. Belziger Str. 25, 1000 Berlin 62 (T. 030 - 782 22 72) - Geb. 20. Febr. 1957 Duisburg, ledig - Stud. FU Berlin Italian., Hispan., German.; Stud. d. oriental. Tanzes b. u.a. Bert Balladine, Nelly Mazloum, Mahmoud Reda, Prof. H. Khaul - Leit. d. Studio Salome in Berlin; Choreographin d. Hilal-Ensembles (entwickelt 2 Bühnenshows pro Jahr); intern. Auftritte u. Sem. - Insz.: Zauber d. Orients; Andalusisch-Arabische Begegnungen; E. Orient-Reise u.a. - 1988 Dienstleistungspreis d. Senats f. Wirtsch. u. Arb. Berlin - Liebh.: Lit., Esoterik - Spr.: Engl., Franz., Ital., Span.

HENTZE, Joachim
Dr. rer. pol., Dipl.-Hdl., Univ.-Prof. f. Betriebswirtschaftslehre TU Braunschweig (s. 1974) - Brachvogelweg 4, 3004 Isernhagen 1 - Geb. 23. Juni 1940 Rechlin (Vater: Dipl.-Ing. Wilhelm H.; Mutter: Erna, geb. Klage), ev., verh. s. 1970 m. Ursula, geb. Klippel - Dipl. 1966 Univ. Göttingen, Promot. 1969 Univ. Hannover, Habil. 1985 Univ. Oldenburg - 1972/73 Dekan Univ. Hannover - BV: Kfm. Buchführ. in Krankenhäusern, 1978; Kosten- u. Leistungsrechn. in Krankenhäusern, 1979; Arbeitsbewerb. u. Personalbeurteil., 1980; Personalwirtsch.lehre Bd. 1 u. 2, 5. A. 1991; Unternehmungsführ. u. Mitbestimm., 1985; Unternehmungsplan., 1992, Org.lehre, 1985; Personalführ.lehre, 1990 - Liebh.: Sport, Kunst - Spr.: Engl.

HENZE, Arno
Dr. rer. pol., Prof. f. Agrarmarktlehre Univ. Hohenheim - Schoß, 7000 Stuttgart-Hohenheim.

HENZE, Dieter
Dr. jur., Arbeitsdirektor, Vorstandsmitglied Hannover-Braunschweig. Stromversorgungs-AG - Humboldtstr. 33, 3000 Hannover 1 (T. 0511 - 16 66-229) - Geb. 19. April 1936 Denkiehausen - Abit. 1956; 1956-61 Univ. Göttingen (Rechtswiss. u. Soziol.); Promot. 1962 - 1967 Lagerleit. Grenzdurchgangslager Friedland; 1969 Stadtdir. Rinteln; 1974 Oberkreisdir. Landkr. Helmstedt; 1982 Vorst.-Mitgl. Hannover-Braunschweig. Stromversorg.-AG.

HENZE, Hans Werner
Dr. h. c., Prof., Komponist, Dirigent - Bei Rom, Italien - Geb. 1. Juli 1926 Gütersloh/W. (Vater: Franz H., Lehrer; Mutter: Margarete, geb. Geldmacher), led. - Staatsmusiksch. Braunschweig u. Kirchenmusikal. Inst. Heidelberg; priv. Fortner u. Leibowitz - 1948-49 musikal. Leit. Dt. Theater Konstanz (H. Hilpert); 1950-52 künstler. Ballettleit. Hess. Staatstheater Wiesbaden; 1961-66 Leit. Kl. f. Kompos. Mozarteum Salzburg; s. 1976 Gründer u. künstl. Dir. Cantiere Intern. d'Arte, Montepulciano (Siena); 1980/81 u. s. 1989 Doz. Musikhochsch. Köln; 1982-91 künstl. Dir. Accademia Filarmonica Romana; 1987 Gastprof. Royal Acad. of Music, London; s. 1988 künstl. Gesamtleitg. d. Münchener Biennale f. neues Musiktheater - Opern: D. Wundertheater, Boulevard Solitude, König Hirsch, D. Prinz v. Homburg, Elegie f. jg. Liebende, Il Re Cervo, D. jg. Lord, D. Bassariden, La Cubana oder E. Leben f. d. Kunst (Text: Hans Magnus Enzensberger), We come to the river (UA. Covent-Garden, London), The English Cat (libretto v. Edward Bond) 1983; Il Ritorno di Ulisse in Patria v. Claudio Monteverdi (neue Lesart); D. verratene Meer, 1990. Funkopern: E. Landarzt (n. Kafka), D. Ende e. Welt, Ball.: Jack Pudding, Tancred u. Cantylene, Variationen, Labyrinth, D. Idiot, Apoll u. Hyazinth, Maratona, Undine, Nachtigall, Orpheus, 7 Sinfonien, 5 Streichquartette, Bläserquintett, Klavier- u. Violinkonz., Orat. D. Floß d. Medusa, Lieder, Konzertstck. Natascha Ungeheuer, Barcarola, El Rey de Harlem u. a. Schallplatten: 7 Sinf., Neapolitan. Lieder, Kammermusik 1958, Elegie f. jg. Liebende (Ausschn.), Lucy Escott Variationen, Six Absences, 7 Liebeslieder f. Violincello u. Orchester 1987, An eine Äolsharfe. Musik f. Gitarre u. kleines Orchester - BV: D. Ende e. Welt, 1953; - Tageb. e. Balletts, 1959; Essays - E. Samml. v. Vortr. u. Aufs. aus d. J. 1952-62, 1963; Musik u. Politik, TB 1976; D. Engl. Katze - E. Arbeitsb. 1979-82, 1983 - 1971 Ehrendoktor Univ. Edinburgh; 1951 Robert-Schumann-Preis Düsseldorf, 1953 Prix Italia, 1956 Gr. Kunstpreis Nordrh.-Westf., 1957 Gold. Sibelius-Med. London, 1958 Berliner Kunstpreis, 1962 Gr. Nieders. Kunstpreis, 1976 Ludwig-Spohr-Preis, Braunschw., 1983 Hbg. Bach-Preis; 1990 Siemens-Preis; Mitgl. Akad. d. Künste Berlin (1960; 1968 ausgetr.), Accad. Filarmonica Rom (1961), Bayer. Akad. d. Schönen Künste München (1964), Dt. Akad. d. Künste Berlin/Ost (1968; korr.), 1975 Ehrenmitgl. Royal Academy of Music, London, s. 1980 Meisterkl. f. Kompos. Staatl. Hochsch. f. Musik Köln, 1983 o. Mitgl. Dt. Akad. d. Sprache u. Dicht., Darmstadt - Liebh.: Musik - Lit.: Klaus Geitel, H. W. H., 1968.

HENZE, Heiner
Geschäftsführer Nationales Olympisches Komitee f. Deutschland - Otto-Fleck-Schneise 12, 6000 Frankfurt/M. 71 (T. 67 00-2 34) - Zul. Generalsekr. Dt. Leichtathletik Verb.

HENZE, Horst
Staatssekretär im Niedersächsischen Justizministerium - Am Waterlooplatz 1, 3000 Hannover 1 - Geb. 12. Okt. 1934.

HENZE, Joachim
Dr. agr., Prof. f. Obstbau Univ. Bonn (s. 1970), Leit. Abt. Frischhaltung u. Konservierung v. Obst u. Gemüse/Inst. f. Obst- u. Gemüsebau - Maarweg 70, 5300 Bonn-Duisdorf - Geb. 29. März 1928 Hollern/Stade - Promot. 1958; Habil. 1968 - Facharb.

HENZE, Jürgen
Studienrat, MdL Rhld.-Pfalz, spez. f. Umweltschutz (s. 1971) - Am Rauhen Biehl 8a, 6587 Baumholder (T. 06783 - 36 37) - Geb. 15. Nov. 1937 Berlin (Vater: Hans H., Verw.angest.; Mutter: Edith, geb. Lein), ev., verh. s. 1975 m. Irmgard, geb. Brand, 2 Kd. (Katja, Alexander) - Gymn. Diepholz u. Idar-Oberstein (Abitur 1957); Stud. Engl. Sprache u. Geogr. Mainz u. Bristol (Engl.). Staatsex. 1965 u. 66 - S. 1970 Neues Gymn. Idar-Oberstein. 1969-75 Stadtratsmitgl. Baumholder. SPD s. 1965 (1969 Kreisvors. Birkenfeld, 1970-80 Mitgl. Bez.-Vorst. Rhld.-Hess.-Nass., 1974-84 u. s. 1989 Kreistag Landkr. Birkenfeld, 1974-84 Mitgl. Verbandsgemeinderat Baumholder); s. 1984 Stadtbürgerm. Baumholder; stv. Landesvors. Dt. Vereinigung f. Polit. Bildung Rheinl.-Pfalz s. 1974 - 1979 BVK; 1990 BVK I. Kl. - Liebh.: Reisen, Fotogr. u. Filmen, Bergwandern, Sport - Spr.: Engl., Franz.

HENZE, Karl Ludwig
Geschäftsf. Verlag Das Beste GmbH, Anzeigendirektor - Freiligrathstr. 11, 4000 Düsseldorf - Geb. 13. Febr. 1920.

HENZE, P. Wilhelm
Dr. phil., em. o. Prof. f. Sportwiss./Sportpäd. Univ. Göttingen - Schlegelweg 1, 3400 Göttingen - Geb. 8. März 1910 - Ehrenvors. Nieders. Inst. f. Sportgesch., Ehrenpräs. Dt. Verb. Mod. Fünfkampf - BVK I. Kl.

HENZE, Rolf
Dipl.-Volksw., Abteilungsleiter Handwerkskammer Rostock - August-Bebel-Str. 104, O-2500 Rostock; priv.: Sollingstr. 30, 3005 Hemmingen 4 - Geb. 28. Juli 1937 Lübeck (Vater: Wilhelm H., 1942 gef.; Mutter: Traute, geb. Kutzleb), ev., verh. s. 1964 m. Gisela, geb. Bredel, 3 S. (Rüdiger, Volker, Eckart) - Univ. Hamburg u. FU Berlin (Dipl.-Volksw. 1963) - 1965 Handwerkskammer Lübeck; 1969 Kreishandwerksch. Kiel; 1973 Bundesinnungsverb. Orthop.-Schuhtechn. Hannover.; 1973 Generalsekr. Intern. Verb. d. Orthopädiesschuhtechniker, 1992 Handwerkskammer Rostock - Handwerkszeichen in Gold - Spr.: Engl., Franz., Span.

HENZE, Walter
Dr. phil., Univ.-Prof. - Rosenstr. 7, 3004 Isernhagen 2 HB, (T. 0511 - 77 24 83) - Geb. 1923 Hildesheim - S. 1960 Doz. u. Prof. Päd. Hochsch. Nieders./Abt. Hannover (Dt. Sprache u. Lit. u. ihre Didaktik); s. 1978 Univ. Hannover; Vors. d. Goethe-Gesellsch. Hannover.

HENZI, Max
Dipl.-Ing., Direktor, Vors. d. Geschäftsfg. Escher Wyss GmbH., Ravensburg (s. 1969) - Klosterweg, 7993 Nonnenhorn - Geb. 2. Nov. 1923 - ETH Zürich - Spr.: Engl., Franz. - Rotarier.

HENZLER, Martin
Dr., Prof. f. Experimentalphysik Univ. Hannover (s. 1976) - Appelstr. 2, 3000 Hannover 1 - Geb. 18. Mai 1935 Kitzingen/M. (Vater: Friedrich H., Pfarrer; Mutter: Rosa, geb. Ruf), ev., verh. s. 1962 m. Dr. Christine, geb. Hilber, 2 Kd. - Stud. Univ. Erlangen u. München; Promot. (1966) u. Habil. (1970) Aachen - 1971-76 Prof. u. Abt.svorst. TU Clausthal (s. 1976), Inst. f. Festkörperphysik Univ. Hannover.

HEPP, Josef
Dr., Prof. f. Religionspädagogik Univ. Bamberg - Franz-Kraus-Str. 20, 8770 Lohr - Geb. 24. Nov. 1928 Bergrothenfels (Vater: Valentin H., Landwirt; Mutter: Anna, geb. Kohlhepp), kath., ledig - Promot. 1962 Univ. Würzburg, Habil. 1969 ebd. - S. 1972 Prof. in Bamberg. Pens. 1991 - BV: Impulse z. alttestamentl. Verkündig., 1972; Didaktik d. Religionsunterr. (m. and.), 1979.

HEPP, Karl Dietrich
Dr. med., Internist, Prof., Chefarzt Krankenhaus München-Bogenhausen - Gotthelfstr. 53, 8000 München 80 (T. 91 55 89) - Geb. 25. Sept. 1936 München (Vater: Dr. med. Günther H., Arzt u. Alpinist, †1937 Nanga Parbat; Mutter: Fe, geb. Obermayer), ev., verh. s. 1962 m. Renate, geb. Doerfler, 2 Kd. (Felicitas, Patricia) - Wilhelmsgymn. München (Abit. 1954); Stud. Univ. München u. Freiburg/Br.; Promot. 1960 - In- u. ausl. Fachmitgl.sch. Üb. 100 Veröff. (Endokrinol., klin. Biochemie) - 1972 Friedrich-Bertram-Preis; 1976 Oskar Minkowski Award - Liebh.: Alpinismus, Malerei - Spr.: Engl., Holl.

HEPP, Volker
Dr. rer. nat., Prof. f. Physik. Univ. Heidelberg - Zentgrafenstr. 45, 6905 Schriesheim - Geb. 2. Aug. 1938 Leipzig - Promot. (1966) u. Habil. (1970) Heidelberg - 1971 Princeton (USA), 1974-77 CERN, Genf, 1979-80 DESY, Hamburg. Üb. 80 Facharb.

HEPTING, Axel
Dipl.-Volksw., Geschäftsführer Carl Hepting & Co. GmbH./Lederwaren- u. Gürtelfabrik, Stuttgart - Gerlinger Str. 4, 7250 Leonberg/Württ. - Geb. 15. Aug. 1926.

HERAN, Herbert
Dr. phil., em. o. Prof. Inst. f. Zoologie, Vergl. Physiol. Univ. Graz - Universitätspl. 2, A-8010 Graz (Österr.) - Zul. Ord. Univ. Würzburg.

HERBER, Rolf
Dr. jur., Prof. f. Handelsrecht Univ. Hamburg, Ministerialdirigent a.D., GD Institut f. Seerecht u. Seehandelsrecht, Vors. Dt. Ges. f. Transportrecht - Heimhuder Str. 71, 2000 Hamburg 13 - Geb. 23. März 1929 Aachen (Vater: Dipl.-Ing. Paul H.; Mutter: Hilde, geb. Biesantz), ev., verh. s. 1957 m. Inge, geb. Nühlen, T. Martina - Gymn. Essen; 1949-52 Univ. Köln (Rechtswiss.). 1956 Promot. Köln; 1957 Ass. Düsseldorf; 1958-84 Bundesjustizmin.; s. 1974 Honorarprof. Univ. Frankfurt/M. - Verf.: D. neue Haftungsrecht d. Schiffahrt; Mitverf.: Herber/Czerwenka, Int. Kaufrecht. Herausg. Ztschr. Transportrecht. Zahlr. Fachaufs. - 1984 Gr. BVK - Spr.: Engl., Franz.

HERBERG, Dieter
Dr. med., apl. Prof., Chefarzt Innere Abteilung - Kreiskrankenhaus, 7600 Offenburg/Baden - S. 1969 apl. Prof. zun. Univ. Heidelberg, dann Univ. Freiburg/Br. (Inn. Med.).

HERBERG, Götz
Dr.-Ing., Dipl.-Ing., Vorstandsvorsitzender Seitz, Enzinger, Noll Maschinenbau AG, Mannheim - Zu erreichen üb. SEN, 6550 Bad Kreuznach - Geb. 6. Sept. 1938 Berlin, verh. m. Ute, geb. Eckemann, 2 Kd. - Stud. RWTH Aachen; Dipl. 1964; Promot. 1966 Aachen.

HERBERG, Horst
Dr. rer. pol., Dipl.-Math., o. Prof. f. Volkswirtschaftslehre Univ. Mannheim (1973-79), Univ. Kiel (s. 1980) - Alte Dorfstr. 2, 2315 Klein Barkau - Geb. 12. Sept. 1934 Lüdenscheid - Promot. 1966; Habil. 1971 - BV: Wirtschaftswachstum, Außenhandel u. Transportkosten, 1966; Preistheorie - E. Einführung, 2. A. 1989.

HERBERHOLD, Claus
Dr. med., Prof. f. Hals-Nasen-Ohrenheilkunde - Sigmund-Freud-Str. 25, 5300 Bonn-Venusberg - Geb. 24. Febr. 1938 Soest/W. (Vater: Dr. med. Theodor H., Dermatologe; Mutter: Elfriede, geb. Hofferberth), kath., verh. m. Cornelia, geb. Pfalzgraff - Promot. 1963 Tübingen; Habil. 1972 Aachen - S. 1972 Lehrtätigk. TH Aachen, Univ. Bonn (1974; 1975 apl. Prof.) u. Hamburg (1978 o. Prof.); o.

Prof. Bonn 1985 - BV: Lymphbahnen d. menschl. Schilddrüse, 1968 (m. W. Eickhoff); Klin. Computer-Olfaktometrie, 1973. Hand- u. Lehrbuchbeitr. - 1974 v.-Troeltsch-Preis.

HERBERHOLD, Max
Dr. rer. nat., Prof. f. Anorganische Chemie Univ. Bayreuth - Neunkirchen 66, 8588 Weidenberg - Geb. 2. Aug. 1936 Münster (Vater: Franz H., Landesarchivdir. †; Mutter: Elisabeth, geb. Zenger †), kath., verh. s. 1964 m. Gisela, geb. Gugumus, 2 S. (Christoph, Thomas) - 1955-60 Univ. München (Chemie, Dipl. 1960, Promot. 1963) - S. 1970 Privatdoz. TU München; vorher Postdoct. Fellow Calif. Inst. of Technol. Pasadena/USA u. Wiss. Assist. TU München; 1972-77 Wiss. Rat, 1978 Prof. TU München; s. 1978 Prof. f. Anorgan. Chemie Univ. Bayreuth; 1986-91 Vors. Fachgr. Chemieunterr. Ges. Dt. Chemiker. Bücher in engl. u. russ. Sprache.

HERBERHOLZ, Horst
Dr. rer. pol., Vorstandsmitglied Hessische Landesbank - Girozentrale -, Frankfurt/M. - Geb. 17. Juli 1933 Winningen (Mosel), verh., 2 Kd. - Rheinische Friedrich-Wilhelms-Univ. Bonn, Dipl.-Volksw. (1961), Promot. (1969). Commerzbank AG (1953-66), Dt. Spar- u. Kreditbank AG, Direktor (1967); Bankenunion Frankfurt/M. AG, bde. Frankfurt/M., Vorstandsmitgl. (1970); National-Bank AG, Essen, Vorstandsmitgl.(1974); Hessische Landesbank (s. 1975) - BV: Die Bank als Partner d. mittelständ. Industrie, 1970.

HERBERICH, Gerhard Edwin
Dr. rer. nat., o. Prof. f. Anorgan. Chemie TH Aachen (s. 1973) - Jahnstr. 18, 5100 Aachen (T. 80 46 45; priv.: 6 18 44) - Geb. 24. Nov. 1936 - 1956-62 Stud. TH Karlsruhe u. Univ. München; Promot. 1962 (b. E. O. Fischer); Habil. 1967 TH München - 1971 Karl Winnacker Stip.; 1973 Preis f. Chemie d. Akad. d. Wiss. zu Göttingen.

HERBERS, Rudolf
Redakteur, Vorsitzender Konzernbetriebsrat Gruner + Jahr AG, Hamburg - Isestr. 119, 2000 Hamburg 13 (T. 040 - 480 89 94) - Geb. 29. Juli 1935 Dortmund, verh., 3 Kd. - Redakt.volont. Ruhr Nachrichten Dortm. - 1966-68 Chefredakt. Bonnier-Verlag, Stockholm; AR-Mitgl. Gruner + Jahr AG, Hamburg. 1976 MdB - Lit.: Handb. 7. Dt. Bundestag.

HERBERT, Klaus
Dipl.-Kfm., Vorstand DG Diskontbank AG, Frankfurt - Ohlystr. 63A, 6100 Darmstadt - Geb. 18. Nov. 1940 München - Stud. Betriebsw. Mannheim (1964 Dipl.).

HERBERT, Rolf
s. Scholz, Günther

HERBERTZ, Joachim
Dr.-Ing. habil., Prof. f. Ultraschall - Klosterstr. 35, 4150 Krefeld (T. 2 97 48) - Geb. 12. Juli 1940 Aachen (Vater: Dr.-Ing. Theodor H., Prof.; Mutter: Karola, geb. Meessen, Dipl.-Ing.), kath., verh. s. 1972 m. Marlies, geb. Korte, 2 Kd. (Yvonne Samantha, Nils Tassilo) - 1958ff. Stud. d. Physik TH Aachen; Promot. 1972; Habil. Univ.-GH Duisburg 1979 - 1964-77 Forsch.tätigk. TH Aachen, 1980 Prof. Univ. Duisburg - Mitgl. Intern. Editorial Board Ztschr. Ultrasonics; 1987 Komit.-Vors. Ultrasonics d. Intern. Elektrotechn. Kommiss. - Zahlr. wiss. Veröff. u. Patente z. Ultraschall - 1978 Bertholdpreis Dt. Ges. f. zerstörungsfreie Prüfverfahren - Spr.: Engl., Franz., Niederl.

HERBERTZ, Theo(dor)
Dr.-Ing., Prof., Chemiker - Roermonder Str. 202, 5100 Aachen (T. Aachen 1 28 77) - Geb. 8. April 1912 Düsseldorf (Vater: Theodor H., Weinhändler; Mutter: Maria, geb. Sieben), kath., verh. s. 1978 m. Gertrud, geb. Nuber, 5 Kd. a. 1. Ehe (Joachim, Lothar, Georg, Karla, Theodor) - Leibniz-Gymn. D'dorf; TH Aachen (Dipl.-Chem. 1938). Promot. 1940; Habil. 1952 - B. 1952 Industrie-, dann Hochschultätigk. (1954 ao. Prof. Staatl. Berufspäd. Inst. Köln, 1968 TH Aachen). Spez. Arbeitsgeb.: Organ. Chemie (Olygoine, -goinene, -goinamine, -goinenamine). CDU s. 1945 (Gründungsmitgl.), Austritt 1987 - Liebh.: Geschichte, Kulturpolitik - Spr.: Niederl., Franz., Engl.

HERBIG, Manfred
Dr. phil., Prof. f. Allg. Didaktik u. Methodik Univ. Bochum (s. 1977) - Schinkelstr. 14, 4650 Gelsenkirchen - Geb. 12. Jan. 1941 Baldenburg (Vater: Paul H., Böttcherm.; Mutter: Ortrud, geb. Zemke), ev., verh. s. 1966 m. Apothekerin Irmingard, geb. Brunner, 3 Kd. (Sebastian, Veronika, Christopher) - Goethe-Sch. Flensburg; TU Braunschweig. Staatsex. 1968 u. 69 (Math. u. Phys.); Promot. 1973 (Päd.), alles Braunschweig - 1969-77 Hochschullehrer TU Braunschweig (zul. Oberstudienrat) - BV: Differenzierung durch Fächerwahl, 1974; Praxis lehrzielorient. Tests, 1976 - Liebh.: Kammermusik (bes. Barytonsp.) - Spr.: Engl., Franz.

HERBIG, Oskar
I. Bürgermeister (s. 1970, Wiederwahl 1988) - Rathaus, 8744 Mellrichstadt/Ufr. - Geb. 29. Jan. 1924 Mellrichstadt - Zul. Stadtoberamtm. CSU.

HERBOTH, Hermann
Dr. jur., Landgerichtspräsident - Mühlweg 21, 6730 Neustadt/Weinstr. (T. 21 64) - Geb. 18. Mai 1914 Ludwigshafen-Oggersheim/Rh., verh. s. 1940 m. Magda, geb. Ludwig, S. Dr. med. Rainer - S. 1966 Präs. LG Frankenthal/Pfalz - Spr.: Engl., Franz. - Rotarier.

HERBST, Alban Nikolai
Schriftsteller - Waldschmidtstr. 29, 6000 Frankfurt/M. 1 (T. 069 - 49 32 34) - Geb. 7. Febr. 1955 - BV: Marlboro, 1981; D. Verwirrung d. Gemüts, 1983; Joachim Zilts Verirrungen, 1986; D. Blutige Trauer d. Buchhalters Michael Dolfinger, 1986; D. Orgelpfeifen von Flandern, 1993. Herausg.: Dschungelblätter (1986-91) - 1981 Nieders. Nachwuchsstip. f. Lit.; 1987 Casa Baldi-Aufenthalt.

HERBST, Axel
Dr. jur., Botschafter i.R. - zu erreichen üb. Ausw. Amt, Adenauerallee 99-103, 5300 Bonn 1 - Geb. 9. Okt. 1918 Mülheim/R., verh. s. 1943 m. Elfe, geb. Bretschneider, 2 Kd. (Marion-Petra, Beatrice) - Nach Kriegsdst. Stud. d. Rechtswiss., Volks- u. Betriebswirtsch. Univ. Berlin, Köln, Münster/W., Völkerrechtsakad. im Haag u. Law Soc. School of Law, London; 1. u. 2. jur. Staatsex. 1948 u. 51; Promot. 1949 - S. 1951 Ausw. Amt (1953 LegR; 1957 LegR I. Kl.; 1960 Vortr. LegR I. Kl.; 1968 MinDirig.; 1969 MinDir.), Ausl.sposten: 1953-57 Washington, 1960-68 Kommiss. d. Europ. Gemeinsch. Brüssel (zun. stv. Generalsekr., dann Generaldir.), 1973-76 Botsch. u. Leit. Ständ. Vertret. b. d. Vereinten Nat., Genf; 1968-73 wied. AA Bonn (Unterabt.leit. u. 1969 Abt.leit. Handels- u. Entwicklungspolitik u. europ. wirtschtl. Integration); 1976-83 Botsch. in Frankr. - Buchbeitr.

HERBST, Dietrich
Verleger, Mitinh. Verlag Moritz Diesterweg u. Verlag Otto Salle, beide Frankfurt, Honorarkonsul d. Republik San Marino - Grommetstr. 11, 6000 Frankfurt/M.50 (T. 52 41 37) - Geb. 18. Jan. 1928 Frankfurt/M. (Vater: Erich H., Verleger; Mutter: Johanna, geb. Wieler), ev. - Banklehre Gebr. Bethmann, Frankfurt; Univ. Mainz, Pisa, Frankfurt (Rechtswiss.). Handelsrichter - 1978 Ordre des Palmes Académiques (Officier); 1984 Ordre des Arts et des Lettres (Officier Frankr.); Cavalliere Ufficiale - Spr.: Engl., Franz., Ital. - Rotarier.

HERBST, Donald
Dipl.-Ing., Geschäftsführer Dr. Walter Herbst Ing.büro - Marienpl. 11A, 1000 Berlin 45 - Geb. 5. Juni 1939.

HERBST, Gerhard
Dr. jur., Rechtsanwalt am Kammergericht, ehem. Vorstandsmitglied Deutsche Bank Berlin AG (s. 1968) - Glockenstr. 19, 1000 Berlin 37 - Geb. 21. Nov. 1919 Berlin - Zul. pers. haft. Gesellsch. Bankhaus C. G. Trinkaus, Düsseldorf. AR-Mand.

HERBST, Gerhard
Dr. jur., Präsident Bayer. Oberstes Landesgericht - Zu erreichen üb. Schleißheimer Str. 139, 8000 München 40 - Geb. 15. Sept. 1928 Regensburg - 1948-52 Univ. München, 1. jurist. Staatsprüf. 1952, 2. jurist. Staatsprüf. 1957; 1953-54 Southern Methodist Univ. Dallas; Promot. 1955 München - 1969 Landgerichtsdir. am LG München I; 1970 Min.-rat; 1977 Min.dirig. (Leit. Zivilrechtsabt.) im Bayer. Staatsmin. d. Justiz; 1988 Präs. Bayer. Oberstes Landesgericht. 1980-88 Kurat.-Mitgl. d. Max-Planck-Inst. f. ausl. u. intern. Patent-, Urheber- u. Wettbewerbsrecht - BV: Rechtspflegergesetz, 1970, jetzt: Gesetz üb. d. Angelegenh. d. freiwilligen Gerichtsbarkeit/Rechtspflegergesetz v. Bassenge/Herbst, 6. A. 1992 - 1985 BVK I. Kl. - Spr. Engl., Franz.

HERBST, Gottfried
Konzertpianist - Walchstadter Str. 51, 8021 Icking/Isartal (T. 08178 - 56 97) - Geb. 3. April 1928 Lyck/Ostpr., ev., ledig - 1948-53 Klavier-Ausb. b. Prof. Elisabeth Dounias-Sindermann, Berlin, 1952-57 b. Prof. Wladimir Horbowski, Stuttgart; 1957-63 Prof. Maria Hindemith, München. 1951-56 Stud. FU Berlin (Phil. u. Musikwiss.) - 1960-69 Assist. v. Géza Anda b. d. Meisterkursen d. Luzerner Festwochen - 1977 Ostpreuß. Kulturpreis - Liebh.: Malerei, Lit. - Spr.: Engl., Franz., Ital., Dän., Poln., Russ. - Lit.: Hans-Peter Range: D. Konzertpianisten d. Gegenw.

HERBST, Hans
Pfarrer, Superintendent Eisenach (s. 1978) - Karl-Marx-Str. 20, O-5900 Eisenach (T. 31 47) - Geb. 16. Sept. 1926 Eisenach, ev., verw., 3 Söhne (Hans-Steffen, Christian, Henrich) - Stud. Theologie Univ. Jena u. Rostock - 1953-59 Pfarrer in Pferdsdorf/Rhön; 1960-68 Ausb.leit. Diakonenanstalt Eisenach; 1968-78 Superintendent Ebeleben, s. 1978 Eisenach - S. 1974 Vors. d. Arbeitsgemeinsch. d. Pfarrervertretungen - BV: Kirchenrat, 1991.

HERBST, Heiner
Rechtsanwalt u. Notar, Präsident d. Nieders. Landesrechnungshofes, MdL Nieders. (s. 1978) - Bismarckstr. 5, 3300 Braunschweig - CDU.

HERBST, Rolf
Dr. med., Prof. f. Exper. Pathologie einschl. Elektronenstrahl u. Ultrastrukturforsch. FU Berlin - Babelsberger Str. 45, 1000 Berlin 31.

HERBST, Werner
Dr.-Ing., o. Prof. TU Berlin, Fachgeb. Eisenbahnwesen u. spurgeb. Nahverkehr - Salzufer 17-19, 1000 Berlin 10 - Geb. 17. Dez. 1928 Nürnberg, kath., verh. - Abit.; Stud. TU München (Bauingenieurw.); 2. Staatsex. 1958 (Regierungsbaumeister), Promot. TU München - 1954/55 Statiker in Ing.büro; 1955-72 Bau- u. Betriebsdst. b. d. Dt. Bundesbahn u. jew. mehrere J. in Zentralämtern zust. f. d. Automatisierung der Rangierbahnhöfe, Oberbauforsch. u. Weichenkonstr.; s. 1972 Ord. f. Eisenbahnwesen u. Dir. d. angeschl. Inst. TU Berlin, nach Umorg. Leit. d. Fachgeb. Eisenbahnwesen u. spurgeb. Nahverk. - Verantwortl. f. d. Realisierung d. ersten vollautom. Ablaufbetr. b. d. DB u. Entw. u.a. d. ersten elektron. Stellwerks (Frankfurt/M.); Verbess. v. Weichen- u. Oberbaukonstr.; in TU Berlin neue Radmeßtechn., neue Fahrbahnkonstr., neuartige Schalldämpfungseinr., automatisches Trassierungsverf.; derz. Forschungsschwerp.: Oberbau, Fahrzeug/Fahrbahndynamik, Schallreduz. durch Dämpfungs- u. Dämmaßn., Meßtechniken, Optimierung d. Rangierbahnhöfe, Realisierung neuer Güterverkehrsstrategien, Energieoptimale Fahrweisen m. Hilfe v. Bordcomputern - Spr.: Engl.

HERBURGER, Günter
Schriftsteller - Elisabethstr. 8, 8000 München 40 - Geb. 6. April 1932 Isny/Allgäu - BV: E. gleichmäß. Landschaft, Erz. 1964; Ventile, Ged. 1966; D. Messe, R. 1969; Training, Ged. 1969; Jesus in Osaka, R. 1970; Birne kann alles, Kindergesch., 1971; Birne kann noch mehr, Kindergesch. 1971; D. Eroberung d. Zitadelle, Erz. 1972; Operette, Ged. 1973; D. amerik. Tochter, Sammelbd. 1973; D. Augen d. Kämpfer, R. 1980; Makadam, Ged. 1981; D. Flackern d. Feuers im Land, Erz. 1983. Hörsp. u. Drehb. - 1973 Bremer Literaturpreis (f.: Erob. d. Zitadelle); 1980 Gerrit-Engelke-Lit.preis Hannover; 1969 Mitgl. PEN-Zentrum BRD.

HERCHENBACH, Heinz-Joachim
Dipl.-Ing., Gesellschafter Reifenhäuser GmbH & Co. - Spicher Str. 46-48, 5210 Troisdorf-Sieglar - Geb. 8. Jan. 1943.

HERCHENBACH, Wolfgang
Dr. rer. nat., Dipl.-Phys., Aufsichtsratsmitglied Schock & Co. GmbH, Schorndorf - Seestr. 35, 8913 Schondorf/Ammersee - Geb. 5. Mai 1925.

HERCHENRÖDER, Christian
Redakteur f. Kunst u. Musik - Friedrich-Lau-Str. 16, 4000 Düsseldorf 30 - Geb. 3. Juni 1942 Essen (Vater: Karl-Heinrich H., Redakt.; Mutter: Martha, geb. Güllmann), ledig - Univ. Köln (Phil.) - S. 1970 verantw. Redakt. f. Kunst u. Kultur Handelsblatt - BV: D. Kunstmärkte, 1978 (Übers. Ital.); Meistergraphik - Graphikmarkt/Sammeln - Preise - Geschmack, 1984; D. neuen Kunstmärkte, 1990.

HERCHET, Jörg
Prof., Komponist - Südwesthang 3, O-8027 Dresden - Geb. 20. Sept. 1943 Dresden - 1970-74 Meisterschüler v. Paul Dessau, Akad. Berlin-Ost; Hochsch. f. Musik Dresden Prof. (Kompos.) - S. 1972 Kompos., zul. 1991: Kompos. f. Flöte u. Gitarre (1-6), Kompos. 3 f. Orgel (1-43) Heft 2 (8-14), Kompos. 1 f. Klavier (1) UA 1991 (Aarau-Schweiz/Stürmer), Kompos. f. Alt, Chor, Schlagzeug u. Orgel (Milbradt); 1992: Kompos. f. Sopran, Alt, Bariton, Orgel u. Kammerorchester (Milbradt), Kompos. f. Fagott, Tenor, Männerchor u. Orch. (Milbradt) - Aufs.: Paul Dessau zum Gedenken, in: Sinn und Form 6/1979; Bach als Mystiker, in: Bach als Ausleger d. Bibel, 1985; Polyphonie als Aufgabe, in: Positionen 3/1989; Geistliche Musik, in: Anstöße 1/1986; Identifikation u. Distanzierung, in: Positionen 5/1990; Ein heiteres, gelöstes Spiel m. d. einfachsten Dingen, Musiktexte 36/1990; Im Punkt d. schönen Seelenruhe, in: Theater d. Zeit 3/1991; Verständnis statt Urteil, in: Positionen 9/1991 - Spr.: Engl., Span.

HERCZOG, Istvan
Solotänzer, Choreograph - Zu erreichen üb. Städt. Bühnen Dortmund, Kuhstr. 12, 4600 Dortmund - Geb. 18. Nov. 1943 Budapest, verh. s. 1970 m. Katalin Devay, Dipl.-Tanzpäd. u. Choreograph. Assist., T. Dominika - Abit.; Dipl. staatl. Ballett-Inst. Budapest 1962 - Engagem. Budapest, Stuttgart, München, s. 1974 Düsseldorf (D. Oper am Rh., 1. Solotänzer), s. 1980 auch Choreogr. Choreogr. u. Ballettdir. Dortmund - Hauptrollen als Solotänzer: Petruschka, Pierot lunaire (Choreogr. Glen Tetley); Lenski in Onegin (Choreogr. John Cranco); Prinz in Nußknacker (Choreogr. John Neumeier); Colas in La fille

mal gardèe (Choreogr. Frederick Ashton); Joseph in Joseph Legende, Pulcinella; Kalevala, Dvořak Cello- Konzert, Die steinerne Blume, La Sylphide, Geist d. Rose, Prinz in Schwanensee u. Dornröschen u.a. - Choreogr.: Schostakowitsch-Sinf. Nr. 6 (1980), B. Martinu-Sinfonietta Giocosa (1983), Brahms-Sinf. Nr. 3 (1984), Kodaly-Tänze aus Galanta (1985), Photofien Boeh Orchester Swite (1986), Pink Floyd (1988), Romeo u. Julia (1989), First Oper Polowezer Tänze/ Borolin (1989), Coppelia (1990).

HERDA, Falko-Romeo

Regierungsdirektor a. D. - Ortlerweg 44, 1000 Berlin 45 - Geb. 13. Nov. 1927 - Div. Mand.

HERDA, Georg

Journalist - Am Eisernen Schlag 75, 6000 Frankfurt/M. (T. 53 18 64) - Geb. 16. Juli 1917 Rawitsch/Schles. - U. a. Frankfurter Rundschau (Chef v. Dienst).

HERDE, Peter

Dr. phil., o. Prof. f. Geschichte Univ. Würzburg (s. 1976) - Am Hubland (Univ.), 8700 Würzburg - Geb. 5. Febr. 1933 Ratibor/OS. (Eltern: Reinhard (Konrektor) u. Hildegard H.), kath., verh. s. 1965 m. Dr. Rosemarie, geb. Meyer, S. Robert - Gymn. Neheim-Hüsten; Univ. Heidelberg u. München (Gesch., German., Angl., Mittellat. Philol.). Promot. (1958) u. Habil. (1965) München - 1960-62 Dt. Histor. Inst., Rom; 1965-68 Univ. München (Doz.); 1966 Univ. of California, Berkeley (Prof.); s. 1968 Univ. Frankfurt (Ord.); 1971 Gastprof. Univ. of Washington, 1971-72 u. 84 Inst. for Advanced Study, Princeton, 1973 Univ. of Chicago, 1979 Harvard Univ. (Dumbarton Oaks) - BV: Beitr. z. päpstl. Kanzlei- u. Urkundenwesen im 13. Jh., 1961, 2. A. 1967; Marinus v. Eboli, 1964; Audientia litterarum contradictarum, 2 Bde. 1970; Dante als Flor. Politiker, 1976; Pearl Harbor 7.12.1941, 1980; Karl I. v. Anjon, 1979; Cölestin V, 1981; Ital., Dtschl. u. d. Weg in d. Krieg im Pazifik 1941, 1983; Guelfen u. Neoguelfen, 1986; Pearl Harbor (ital.), 1986; D. Katastrophe vor Rom im August 1167, 1991 - Mitgl. mehr. in- u. ausl. wiss. Ges. u. Kommiss., u.a. Commission intern. de diplomatique, Frankfurter Wissenschaftl. Ges. Fellow Royal Hist. Soc. London - Liebh.: Fotogr., Sport (1968 Bayer. Leistungssportabz. in Gold) - Spr.: Engl., Franz., Ital., Span.

HERDEN, Carl-Heinrich

Kaufmann, Generalkonsul Rep. San Marino, Ehrensenator Wien - Frankfurter Str. 180-188, 5202 Hennef/Bonn (T. 02242 - 40 51) - Geb. 3. Dez. 1919 Siegburg (Vater: Ludwig H., Reichsbahnbeamter; Mutter: Elisabeth, geb. Clemens), kath., verh. s. 1950 m. Änne, geb. Schweisthal, 2 Kd. (Carl-Friedrich, Angelica) - Präs. Dt. Ges. f. Agrar- u. Ernährungshilfe in Entwicklungsländern e.V., Bonn; Dt. Agrarhilfe e.V., Bonn; Vors. u. Geschäftsf. Dt. Exportgem. Agrartechnik, Bonn; Leit. Generalkonsulat Rep. San Marino in Bonn. AR Inst. f. Auslandsbez., Stuttgart u.a., Präsidiumsmitgl. IFA Zentrale, Hamburg u.a., Vizepräs. Unio Caritatis, Rom, Österr.-Dt. Kulturges., Wien; Vicepräs. Europ. Schützenbund - BVK I. Kl.; Großkr. St. Sebastianus-Orden m. Schulterbd. u. Stern; Großkr. m. Schulterbd. u. Stern Ritterorden v. Hl. Grabe z. Jerusalem; Großoffz. Ritterorden St. Agatha; Großoffz. griech.-orthodox. Ritterorden v. Hl. Grabe u. d. First independence Order of the hashemitish Kingdom from Jordan.

HERDING, Klaus

Dr. phil., o. Prof. f. Kunstgeschichte Univ. Hamburg - Innocentiastr. 78, 2000 Hamburg 13 (T. 040 - 420 26 52) - Geb. 27. Dez. 1939 München (Vater: Otto H., Univ.-Prof., s. dort), verh. s. 1980, 1 Kd. - 1960-68 Stud. Univ. Tübingen, München, Münster, Paris, Aix-en-Provence, Lille; Promot. 1968 Münster, Habil. 1977 Hamburg - 1968-70 Assist. Nationalgal. Berlin, 1971-74 TU Berlin; 1974/75 Assist.-Prof. FU Berlin; s. 1975 Prof. Univ. Hamburg. Gastprof.: 1978 Univ. Bordeaux, 1980 Marburg, 1981 Zürich, 1985 New York, 1988/89/90 Paris, 1992/93 Getty Center/Los Angeles - BV: Pierre Puget, 1970; Propyläen-Kg. Bd. 8, (Mitarb.) 1970; Daumier-Kat., (Mitarb.) 1974; Kunst u. Alltag im NS-System, (m. H. Mittig) 1975; Intern. Realismus heute, (m. U. M. Schneede) 1978; Realismus als Widerspr., (Hrsg.) 1978, 2. A. 1984; Courbet-Kat. (Mitarb.), 1979; Karikaturen (m. G. Otto), 1980; Les voyages secrets de M. Courbet (m. K. Schmidt), 1984; Funkkolleg Kunst (Mitarb.), 1985; Proudhons Kunsttheorie (Herausg. u. Übers.), 1988; Bildpublizistik d. Franz. Revolution (m. R. Reichardt), 1989; Im Zeichen d. Aufklärung, 1989; Funkkolleg Moderne Kunst (Mitarbeit), 1991; Courbet: To Venture Independence, 1991; Picasso: Les Demoiselles d'Avignon, 1992. Zahlr. Aufs. z. Kunst d. 17.-20. Jhs. (s. 1966). Herausg.: Kunststück, Werkmonogr.-Reihe (62 Bde.), 1984-92. Filme (Mitarb.): Courbet: D. Woge (1974); Magritte: D. bedrohte Mörder (1982) - Spr.: Franz., Engl., Ital. - Bek. Vorf.: Agnes Sapper, Karl Brater, Politiker (1819-69).

HERDING, Klaus

Gf. Gesellschafter Weberei Carl Herding u. babybest - Industriestr. 1, 4290 Bocholt - Geb. 11. Dez. 1923, kath., verh., 2 Kd. - Beirat Messe Köln (Kind u. Jugend) u. Messe Frankfurt (Heimtextil); Vors. DRK, Kreisverb. Bocholt; Mitgl. Hauptaussch. Textil Verb. Westf., Münster u. Ind.verb. Gewebe Frankfurt.

HERDING, Otto

Dr. phil. (habil.), o. Prof. (em.) f. Mittelalterl. Geschichte; Humanismusforschung, Dt. Territorialgesch. - Pfarrgarten 4, 7800 Freiburg i. Br. (T. 4 39 50) - Geb. 8. Juni 1911 Sulzbach/Bay., verh. s. 1938 m. Pia, geb. Wittmann, 6 Kd. - Hum. Gymn., Univ. Erlangen (Promot. 1936), Birmingham, Wien, München (Gesch., German., Anglistik, Philos.); 1941 Doz. Univ. Erlangen; 1943 ao. Prof. Tübingen, 1955 o. Prof. Münster, 1965 Freiburg, 1980 Vors. Kurat. Stift. Humanismus heute Land Bad.-Württ. - Mitgl. d. Conseil internat. pour l'edition des oeuvres complètes d'Erasme - Versch. Aufs z. Ideengesch. d. Mittelalters in Zeit- u. Festschr.; landesgesch. Unters. 1938/39 u. 1946ff.; Probleme d. früh. Humanismus Arch. f. Kulturgesch. 1956; Werke Jakob Wimpfelings, hg., u. komment. I, 1965, II,1 (m. D. Mertens), 1970, III,1 u. 2 (m. D. Mertens), 1990; Ausg. Erasmus, Panegyricus ad Philippum, Inst. principis Christiani Amsterdam, 1974; Querela Pacis Amsterdam, 1977; einz. Aufs. zu Erasmus; Beitr. z. Wolfenbütteler Renaissance-Mitt., 1977ff.; D. Testament d. Hans v. Schönau, Freibg. Diöz. Arch. 1979; Pädag., Politik, Gesch. b. Jakob Wimpfeling, 1979; Aspekte d. Korresp. Jakob Wimpfelings, 1981; Erasmus v. Rotterdam, Mittelalterlexikon, 1986; Erasmische Friedensschr. im 17. Jh., Festschr. Cornelis Reedijk, 1986; Colloque érasmien de Liège, 1987 (Precatio ad dominum Jesum u. Querela Pacis). D. wiss. Anf. d. bad. Gesch.schreibung, Festschr. A. Nitschke 1991; Gesch.bewusstsein im Herzogtum Württemberg Zs. württ. LG. 1992. H N.: Das andere Leben, 1949; Schattengeschichte, 1976; Erasmus u. d. Politik, Jb. Thomas Morus-Ges., 1982; Drei Gespräche - Engel-Trilogie (Ged. in: Prosa u. Poesie), 1983; Lebensstationen, Verse u. Prosa 1991 - Bek. Vorf.: Karl Brater, Polit., 1819-69; Agnes Sapper, Schriftst., 1852-1929, Max Planck - Lit: Landesgesch. u. Geistesgesch., Festschr. 1977.

HERDLEIN, Hans

Präsident Genossenschaft Dt. Bühnen-Angehörigen (s. 1972) - Zu erreichen üb.: GDBA, Feldbrunnenstr. 74, 2000 Hamburg 13; priv.: München.

HERDMANN, Günter

Dr. rer. nat., Dipl.-Chem., Inh. DGH-Industrieberat., Dortmund - Baststr. 4, 4600 Dortmund 30 - Geb. 23. Juli 1932, verh. s. 1954 m. Dr. Ingrid, geb. Klotz, 2 S.

HERDT, Hans K.

Chefredakteur Börsen-Zeitung, Frankfurt - Düsseldorfer Str. 16, 6000 Frankfurt/M. (T. 069 - 2 73 20) - Geb. 7. März 1935 Mannheim - Lit.: D. Buch d. Aktie (1984); Bosch 1886-1986 (1986).

HERETH, Michael

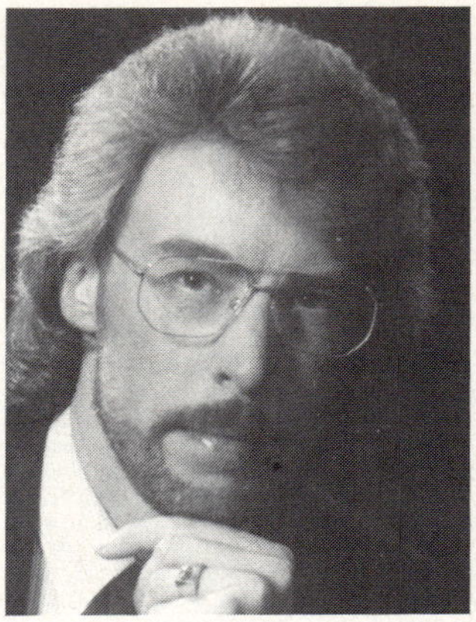

Dr. phil., Dipl.-Volksw., Prof., Politikwissenschaftler - Holstenhofweg 85, 2000 Hamburg - Geb. 1. Dez. 1938 Bayreuth/Ofr., verh., 2 Kd. - Gymn. Stuttgart (Abit. 1958); Univ. München, Bonn, Erlangen (Volksw., Soziol., Polit. Wiss.). Dipl.-Volksw. 1962 München; Promot. 1968 Erlangen - S. 1963 Doz. Friedrich-Ebert-Stiftg. Bergneustadt, Studienleit. Georg-v.-Vollmar-Akad. Kochel (1964), Univ. Bochum (1968; Wiss. Assist., Prof.), Gesamthochsch. Duisburg (1972 Prof.). 1976 Prof. Univ. d. Bundeswehr, Hamburg. 1970-75 MdL Nordrh.-Westf. SPD s. 1961 - BV: Dt. Parlamentarismus, 1968 u. 1971; Polit. Ökonomie, 1974 u. 1976; Der Fall Rudel, 1977; Alexis de Tocqueville, 1979, 1981 u. 1992 - Spr.: Lat., Engl., Franz.

HERFF, Eduard E.

Dr. phil., Univ.-Prof. f. Allg. Didaktik u. Schulpäd. Univ. Köln - Monheimer Str. 19, 5000 Köln 60 - Geb. 12. Juli 1924 Köln (Vater: Eduard H., Architekt; Mutter: Wilhelmine, geb. Pawlowski), kath., verh. s. 1956 m. Ingeborg, geb. Fahlenbock, 2 Kd. (Ingeborg, Eduard) - Gymn. Köln; PA Bonn; Univ. Bonn, Münster, Köln. Promot. 1959 Köln - S. 1947 Lehrer, Sonderschulrektor (1958), Hochschull. (1963 Doz., 1970 Prof.) - BV: Schulreife als päd.-psych. Problem, 1967; Museen im Dienst d. Schule, 1967; Verbreit. u. Erfolg d. vorschul. Lesenlernens, 1973 - Liebh.: Archäol. - Spr.: Lat., Engl. - Bek. Vorf.: Engelbert H., Maler, Aachen, 1824-61 (Urgroßv.).

HERFORT, Ronald

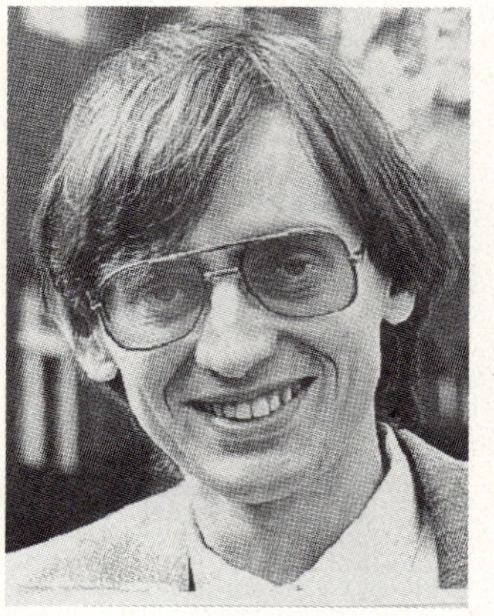

Lehrer, Mitglied Abgeordnetenhaus v. Berlin (SPD-Frakt.) - Flensburger Str. 27, 1000 Berlin 21 (T. 030 - 393 64 73) - Geb. 7. Okt. 1953 Berlin, ev., led. - Stud. TU Berlin; 2. Staatsex. (Math. u. Physik) - Lehrer. Mitgl. Landesvorst. SPD-Berlin; Kreisvors. SPD Berlin-Tiergarten - Liebh.: Jazz-Freund, Liebhaber d. Schleswig-Holst. Landschaft - Spr.: Engl.

HERFS, John

Schulleiter, Vorstand Zentralverb. dt. Kosmetikfachsch. (s. 1979) - Lindenthalgürtel 102, 5000 Köln 41 (T. 0221 - 40 11 92) - Geb. 29. Aug. 1952 Heinsberg, kath., ledig - S. 1975 Schulleit. Berufsfachsch. f. Kosmetol. Köln; s. 1981 Leit. Rhein. Fußpflegefachsch. Köln/Bonn; s. 1982 Leit. Berufsfachsch. f. Kosmetol. Bonn. S. 1976 Vors. Landesverb. Rhld. Bundesberufsverb. d. Fachkosmetikerinnen in Dtschl.

HERFURTH, Egbert

Buchillustrator - Rosentalgasse 17, O-7010 Leipzig (T. 03 - 20 97 15) - Geb. 05. April 1944 Wiese/Schlesien, ev., verh. s. 1971 m. Renate H. (Graphikerin) - 1960-62 Lehre als Offsetretuscheur, bis 1964 Wertpapiertechn. (beid. in Leipzig); 1964-69 Stud. Hochsch. f. Grafik u. Buchkunst, Leipzig, Dipl. 1969; 1972-74 Aspirant u. Assist. a. d. Kunsthochsch,. Berlin (Ost); 1974-77 Meisterschüler b. Prof. Dr. Albert Kapr; s. 1977 freiberufl. in Leipzig - Üb. 100 illustr. Bücher. Illustrationen meist in klass. Techn.: kolorierte Holzstiche, Kupferst., Schabblätter u. Zeichn., ca. 3500 Arbeiten f. Bücher - 1980 Aufn. in d. Hans-Christian-Andersen-Ehrenliste d. IBBY (Internat. Board on Books for Young People); 1983 Kunstpr. d. Stadt Leipzig; 1990 Hans Baltzer Pr. - Liebh.: Schöne Bücher, Insel-Bücherei, Radf., Zigarren, Arno Schmidt - Lit.: Texte v.Anneliese Hübscher, Dr. Ute Willer, Rainer Behrends, Walther Petri.

HERFURTNER, Rudolf

M.A., Schriftsteller - Wohnh. in München - Geb. 19. Okt. 1947 - Stud. German., Angl., Theaterwiss. (M.A.) - BV: Hard Rock, R. 1979; D. Bibermänner, Hist. R., TB 1984; D. Ende d. Pflaumenbäume, R. 1985; Rosalinds Elefant ..., Kinderb. 1988; Gloria v. Jaxtberg, Bilderb. 1988; E. tierischer Geburtstag, Kinderb. 1989; Mensch Karnickel, Jugendb. 1990; Motzarella u. d. Ärgerriese, Kinderb. 1990. Theaterst.: Café Startraum, Jugendth. 1982; Rita Rita 1983 (R. 1984, FS-Film 1985); Geheime Freunde, 1985; Nachtvögel, 1989; Erz., Kinderb., Rezens., Übers., Fernsehsp., Hörsp. - 1981 Förderpreis Stadt München; 1985 Hans im Glück-Preis.

HERGET, Horst-Ferdinand

Dr. med., Dr. med. dent., Arzt u. Zahnarzt, Prof. f. Anästhesiologie Justus-Liebig-Univ. Gießen (s. 1974) - Grüninger Weg 12, 6301 Pohlheim 1 (T. 06403 - 6 14 21) - Geb. 28. März 1929 Frickhofen (Vater: Richard H., Zahnarzt; Mutter: Emmy, geb. Müller), kath., verw. u. wiederverh. s. 1977 m. Majda, geb. Pepelnik, 3 Kd. (Harald, Stefan, Horst Marjan) - Studium der Zahnheilkunde u. Humanmedizin Univ. Frankfurt u. Gießen - B. 1967 eigene Praxis; s. 1968 Chir. Univ.sklinik Gießen/Anästhesieabt.; Entwickl.; Kombinierte Akupunkturanalgesie. Mitgl. Dt. Ärzteges. f. Akupunktur, Dt. Ges. f. Anästhesie u. Wiederbelebung - BV: Grundsätzliches zu Zeichen u. Pigmenten in d. Iris u. deren Physiolog. Zusammenhänge, 3. A. 1976; Neuro- u. Phytotherapie schmerzhafter funktioneller Erkrank., Bd. 1 1979, Bd. 2 1984 - Liebh.: Außenseitermedizin; Musik, insb. oldtime Jazz - Spr.: Engl., Jugosl.

HERGET, Winfried

Dr. phil., Prof. f. Amerikanistik Univ.

Mainz - Carl-Orff-Str. 25, 6500 Mainz 33 - Geb. 12. Okt. 1935 Dillenburg - Promot. 1964 - 1968-70 Harvard-Univ.; 1972-78 Univ. Saarbrücken. Facharb. zu am. Puritanismus, Rhetorik, am. Drama, am. Lit. d. 19. u. 20. Jh.

HERHAUS, Ernst

Schriftsteller - Hansaallee 19, 6000 Frankfurt/M. (T. 59 29 19) - Geb. 6. Febr. 1932 Ründeroth (Vater: Willi H., Kaufm.; Mutter: Ruth, geb. Kleinjung), verh. s. 1959 (Ehefr.: Eleonora) - Gymn.; fr. Stud. Phil., Soziol., Lit.; Schüler v. Prof. Max Horkheimer - Verlagstätigk. - BV: D. homburg. Hochzeit, R. 1967 (auch holl.); Roman e. Bürgers, R. 1968; Kinderb. f. kommende Revolutionäre, 1970; D. Eiszeit, R. 1970; Notizen währ. d. Abschaffung d. Denkens, 1970; Siegfried (m. Jörg Schröder), 1972; Trilogie „Alkoholismus u. Gruppenselbsthilfe": I Kapitulation (1977), II D. zerbrochene Schlaf (1978), III Gebete in d. Gottesferne (1979), D. Wolfsmantel, R. 1983 - 1970 Mitgl. PEN-Zentrum BRD - Spr.: Engl., Franz.

HERHAUS, Friedrich Wilhelm

Stadtdirektor a.D. - Parkstr. 18, 4780 Lippstadt-Bad Waldliesborn - Geb. 3. März 1927 Schwerte - Vorst.-Mitgl. d. Verb. d. Hauptgemeindebeamten u. Beigeordn. im Lande NRW e.V., d. Ev. Krankenhauses Lippstadt, d. Kreisverb. Lippstadt d. DRK - Ehrenring d. Stadt Lippstadt; Dt. Feuerwehr-Ehrenkreuz in Silber; Ehrenzeichen d. Deutschen Roten Kreuzes; Ehrenkreuz d. Bundeswehr in Gold; Dr. Johann Christian Eberle-Med. d. Sparkassenorg. Westf.-Lippe.

HERHAUS, Werner

Dr., Dr., Dipl.-Volksw., Hauptgeschäftsführer a. D. Handwerkskammer Hannover, Lehrbeauftr. f. Polit. Wiss. Univ. Hannover - Lothringer Str. 25, 3000 Hannover 71 - Geb. 30. März 1926 - Div. Mitgliedsch. Zahlr. Veröff. wirtschafts- u. sozialwiss. Inhalts - Gr. Österr. Ehrenz.

HERHAUSEN, Wolfgang Günter

Kaufmann, Vors. Drogistenverb. Berlin e.V. - Manfred-v.-Richthofen-Str. 201. 1000 Berlin 42 - Geb. 9. März 1921 Berlin (Vater: Francis Charles H.; Mutter: Charlotte, geb. Winde), ev., verh. s. 1945 m. Ursula, geb. Müller, 2 Kd. (Frank John, Thomas Theodore) - Kaufm. Gehilfen- u. Drogistenprüf. 1939 - S. 1976 Vors. Drogistenverb. Berlin e.V. - Liebh.: Segeln, Schach, Skilaufen - Spr.: Engl. - Bek. Vorf.: Otto Theodore H., Mitbegr. d. brit. Kolonie Nagasaki (Japan, 1862-1880), Großv.

HERING, Christoph

Dr. phil. nat., o. Prof. f. Mathematik - Forschenweg Nr. 26, 7400 Tübingen 1 - Geb. 24. Nov. 1939 Oedelsheim/Hofg. (Vater: Dr. Heinzchristian H., Forstm., Doz.; Mutter: Sibylle, geb. Hollender), ev., verh. s. 1963 m. Gisela, geb. Graichen, 2 T. (Karoline, Milena) - 1950-59 Realgymn. Königstein/Ts., Abit. 1959; 1959-62 Stud. Math. u. Physik Univ. Frankfurt; Promot. 1962, Habil. 1966 Univ. Mainz - 1962/63 u. 1965/66 Forsch.stip DFG; 1963/64 Assist. Frankfurt; 1964/65 Visit. Assist.-Prof. Univ. of Illinois Urbana/USA; 1966-68 Priv.-Doz. Univ. Mainz; 1968-72 Univ. of Illinois at Chicago Circle, Chicago/USA; s. 1973 o. Prof. Univ. Tübingen (1975/76 Dekan FB Math.) - 1962 Studienstiftg. d. Dt. Volkes, 1978 Res. Fellow Jap. Soc. f. the Promotion of Science - Spr.: Engl., Franz., Portug. - Bek. Vorf.: Wilhelm Roscher (Urgroßv.).

HERING, Franz

Dr. rer. nat., Wiss. Rat, Prof. Univ. Dortmund (Fachgeb. Statist. Versuchsplanung) - Kohlenbankweg 3c, 4600 Dortmund 50 - Geb. 11. Jan. 1936 - Promot. 1968; Habil. 1972 - Fachaufs.

HERING, Gerhard F.

Dr. phil., Prof., Intendant a. D., Schriftsteller, Regisseur - Park Rosenhöhe, Edschmidweg 25, 6100 Darmstadt - Geb. 28. Okt. 1908 Rogasen/Posen, ev., verh. m. Dr. Vita Huber-Hering - Stud. Phil., Soziol., German., Kunst- u. Musikwiss. Univ. Berlin u. Heidelberg; Promot. 1932 Heidelberg - 1934-37 Feuilletonchef Magdeburgischen Ztg., 1937-41 d. Kölnischen Ztg.; V. NS-Regime z. Berufsaufgabe gezwungen. N. d. Krieg in Konstanz Chefdramat. u. Regiss. b. Heinz Hilpert. 1947-49 Herausg. d. Ztschr. Vision; 1949-51 Leit. Otto Falckenberg-Schauspielsch. München; 1951-53 Chefdramaturg u. Regiss. Württ. Staatstheater Stuttgart; 1953-59 fr. Schriftst. u. Regiss.; 1959-61 Leit. WDR-Studio Kultur Düsseldorf; 1961-71 Int. Landestheater Darmstadt; Hon.-Prof. f. Theaterwiss. Univ. Gießen; s. 1971 Schriftst. u. fr. Regiss. - Zahlr. Veröff., Abh., Ess. - Zahlr. Inszenierungen, u.a. in Stuttgart, Frankfurt, Darmstadt, München, Berlin, Wien, Zürich, u.a. Lessing, Schiller, Kleist, Genet, Sartre etc.; viele Ur- u. dt. Erstaufführ., Film Peterchens Mondfahrt m. Hein Heckroth - 1965 Grillparzer-Ring d. Rep. Österr.; 1968 Goethe-Plak. d. Landes Hessen; 1968 Joh. Heinr. Merck-Ehrung u. Silb. Verdienstplak. d. Stadt Darmstadt - Spr.: Franz. - Lit.: Gabriele Wohmann: Theater v. innen.

HERING, Hans-Jürgen

Dr. med., Dr. med. dent., Prof., Ärztl. Direktor/Dekan Fachber. Humanmedizin Univ. Marburg - Baldinger Str., 3550 Marburg/L. (T. 06421 - 28 20 35) - Geb. 9. Juli 1925 - S. 1962 (Habil.) Lehrtätigk. Marburg (ZMKheilkd.); 1982 Generalsekr. Bundesverb. f. Mund- u. Kieferchir. Fachveröff. - 1983 Silb. Ehrennadel u. Med. Bundesärztekammer.

HERING, Heinrich

Dr. rer. nat. habil., Prof. f. Mathematik Univ. Göttingen - Lotzestr. 13, 3400 Göttingen - Geb. 26. Jan. 1940 Berlin.

HERING, Jürgen

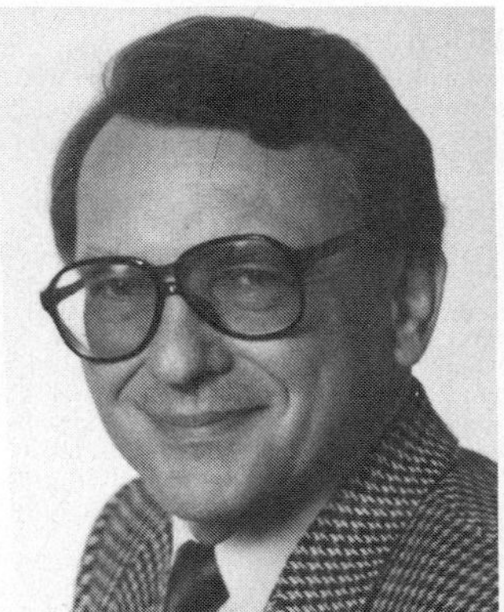

Ltd. Bibliotheksdirektor - Olivenstr. 1, 7000 Stuttgart 75 - Geb. 15. Sept. 1937 Chemnitz/Sa. (Vater: Karl H., Oberlehrer †1983; Mutter: Margot, geb. Schubert), ev., verh. s. 1961 m. Inge, geb. Rich, 3 Kd. (Steffen, Sabine, Sonja) - Obersch. Chemnitz (Abit.); Univ. Stuttgart, München, Tübingen. Staatsex. 1966 Tübingen (Dt., Gesch., Russ.); Bibliothekarprüf. 1968 Köln - S. 1968 Univ.bibl. Stuttgart (1975 wie oben). 1979-83 Vors. Verein Dt. Bibliothekare, 1983-85 1. stv. Vors.; 1982 Geschf. Max-Kade-Stiftg., Stuttgart; 1986 Wiss. Beirat Bibl. f. Zeitgesch., Stuttgart; 1989 Vors. Dt. Bibliotheksverb., Berlin.

HERING, Knut

Dr.-Ing., Prof. u. Leiter Lehrgebiet Baumechanik (Inst. f. Stahlbau) TU Braunschweig (s. 1974; apl./beamt.) - Am Hasengarten 50, 3300 Braunschweig.

HERINGER, Hans Jürgen

Dr. phil., o. Prof. f. Germanistik Univ. Augsburg - Universitätsstr. 10, 8900 Augsburg (T. 59 87 79) - Geb. 26. April 1939 Idar-Oberstein (Vater: Jakob H.; Mutter: Ella, geb. Forster), verh. s. 1971 m. Doris, geb. Fröhlich, 2 Kd. (Georg, Anja) - Stud. d. German. u. Roman. Heidelberg - BV: Theorie d. dt. Syntax, 2. A. 1973; Prakt. Semantik, 1974 (engl. 1978); Wort f. Wort. Interpret. u. Grammatik, 1978 (portug. 1987); Wege z. verstehenden Lesen. Lesegrammatik f. Deutsch als Fremdsprache, 1987; Lesen lehren lernen. E. rezeptive Grammatik d. Deutschen, 1988; Ich gebe Ihnen mein Ehrenwort. Politik, Sprache, Moral, 1990. Herausg.: Holzfeuer im hölzernen Ofen (1982) - 1989 Konrad-Duden-Preis - Spr.: Engl., Franz., Ital., Span., Katal.

HERION, Erich

Dipl.-Ing., Fabrikant, pers. haft. Gesellsch. u. Geschäftsf. Herion-Werke KG Fluidtronik - Stuttgarter Str. 120, 7012 Fellbach/Württ.

HERION, Wolfgang

Dipl.-Kfm., M. A., Gf. WMH-Herion GmbH., Pfaffenhofen - Wittelsbacherstr. 28, 8068 Pfaffenhofen (Ilm) - Spr.: Engl., Franz. - Rotarier.

HERKE, Horst W.

Dr. rer. pol., Vorstandsvorsitzender Adam Opel AG (1986-89) - Geb. 2. Dez. 1931 Mainz, verh. m. Barbara, T. Christina - Dipl.-Volksw.; Promot. - 1959 Leit. Finanzwirtsch. Abt., 1974-76 Finanzstab Übersee General Motors Corp., 1976 Assist. d. Vorst.-Vors., 1977 Treasurer, 1982 Dir. Einkauf, 1984 Generaldir. General Motors Espana; s. 1989 Vizepräs. Economic Affairs General Motors Europe, Zürich; s. 1989 General-Motors-Konzern m. Dienstsitz in Brüssel.

HERKEN, Hans

Dr. med. (habil.), em. o. Prof. f. Pharmakologie - Am Fischtal 70c, 1000 Berlin 37 (T. 813 44 08) - Geb. 30. Juni 1912 Düsseldorf - 1943 Doz. Friedr.-Wilh.-Univ. Berlin, 1949 ao., 1953 o. Prof. u. Dir. Pharmak. Inst. FU ebd. Zeitw. Vors. Dt. Pharmak. Ges. u. Berl. Med. Ges., Ehrenmitgl. beider Ges. u. d. Dt. Ges. f. Innere Medizin ; Mitgl. Dt. Akad. d. Naturforsch. Leopoldina. Fachveröff.; Neuropharmakologie, Neurobiochemie, Elektrolyt- u. Wasserhaushalt - 1983. Gr. BVK.

HERKENRATH, Adolf

Dipl.-Landw., Dr. h. c., Bürgermeister, MdB (s. 1980) - Turmweg, 5200 Siegburg (T. 6 65 42) - Geb. 8. April 1928 Siegburg (Vater: Heinrich H., Studienrat; Mutter: Clara, geb. Sauerbier), kath., verh. s. 1955 m. Lydia, geb. Freckwinkel, 2 Kd. (Michael, Heide) - Univ. Bonn, Univ. of Massachusetts (USA), Diplomprüf. 1953 Bonn - 1954-57 Diözesanjugendführer u. -landjugendref. Köln; 1957-60 Bundessekr. Hauptst. Kath. Jugend Düsseldorf; s. 1960 Fachberat. Düngekalk-Hauptgem. Köln; s. 1964 Bürgerm. Stadt Siegburg, 1959-65 Schatzm. World Assembly of Youth, Brüssel, Vors. Intern. Kommiss. Dt. Bundesjugendring, Bonn; 1966-73 Leit. Inst. f. Intern. Solidarität Konrad-Adenauer-Stiftung, Bonn. S. 1973 Hauptgeschäftsf. Kommunalpolit. Vereinig. d. CDU/CSU - Ehrendoktor Univ. Rosario; 1976 BVK a. Bd. - Spr. Engl., Franz., Span.

HERKENS, Rudolf

Dr. jur., Rechtsanwalt - Schaertzgensweg 24, 4005 Meerbusch 1 - Geb. 1929 - (Dipl. Supérieur de Droit Comparé Luxembourg) - 1960-65 stv. Leit. Rechtsabt. Pintsch Bamag AG; 1965-68 Dir. Wanderer-Werke AG, Köln, u. Nixdorf Computer AG ebd., 1968-70 Geschäftsf. Liquid Gas Anlagen Union GmbH, Bad Godesberg, 1970-80 Gf. Rank Xerox GmbH Deutschland, Düsseldorf.

HERKNER, Norbert

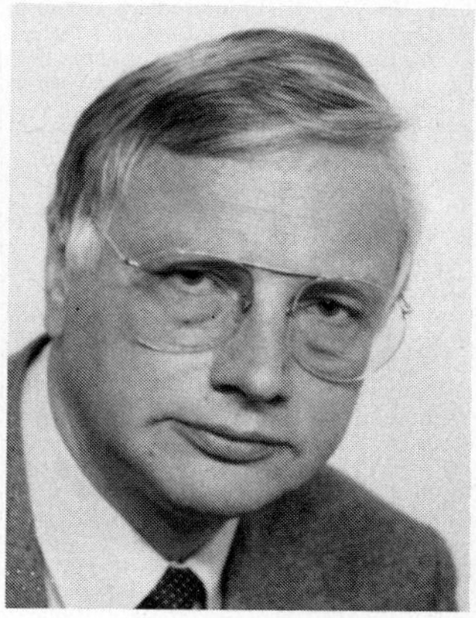

Dr. iur., Präsident d. Direktion Postdienst Potsdam - Seehofstr. 30a, 1000 Berlin 37 (T. 030 - 801 30 41) - Geb. 5. Jan. 1932 Bautzen (Vater: Johannes H., Studienrat; Mutter: Margarete, geb. Libor), kath., verh. s. 1964 m. Christel, geb. Bölicke, T. Christiane - Abit. Bautzen; Stud. Rechtswiss. Tübingen, Münster u. Berlin; Promot. 1959 Tübingen; Jurist. Staatsprüf. 1956 Hamm u. 1960 Düsseldorf - BV: D. Münzen d. Kirchenstaates v. 1740-1870 u. 1700-1740, 1974 u. 1975 - Spr.: Engl., Ital., Franz.

HERKOMMER, Sebastian

Dr. phil., Prof. f. Soziologie FU Berlin (s. 1971) - Carmerstr. 1, 1000 Berlin 12 - Geb. 1. Sept. 1933 - Promot. 1966 Frankfurt/M.; Habil. 1971 Berlin (FU) - BV: Situation u. Wirksamkeit polit. Bildung an Volksschulen, 1966; Einführung Ideologie, 1985. Mitverf.: Erzieh. z. Anpass.?, 1967; Klassenlage u. Bewußtseinsformen d. techn.-wiss. Lohnarb., 1973. Mitverf.: Ende d. Illusionen?, 1977; Ges.bewußtsein u. Gewerksch., 1979; Industriesoziol., 1979; Alltag, Bewußtsein, Klassen, 1984.

HERLEMANN, Hans-Heinrich

Dr. rer. techn., Dr. agr. h. c., em. o. Prof. f. Agrarpolitik u. landw. Marktwesen - Lintnerstr. 6, 8050 Freising/Obb. (T. 9 47 57) - Geb. 5. Okt. 1908 Lubahn/Westpreußen (Vater: Heinrich H.; Mutter: geb. Künkel), ev., verh. m. Else, geb. Kruse, 4 Kd. (Ingrid, Karl-Heinz, Dieter, Elke) - Dipl.-Landw. 1933 Univ. Bonn, Promot. 1935 TH Danzig; Habil. 1939 ebd. - 1936 Assist. TH Danzig (Landw.Inst.), 1939 Abt.leit. II B Landesbauernschaft Danzig-Westpr., 1943 Wehrdst., 1948 wiss. Dezern. Inst. f. Weltw. Univ. Kiel, 1949 Doz., 1951 apl., 1954 o. Prof. u. Dir. Inst. f. Agrarpolitik u. landw. Marktlehre, 1959 TU München (Fak. f. Landw. u. Gartenbau). 1976 Emerit. - BV: D. Getreidew. Polens, 1936; D. Versorg. d. westd. Landw. m. Mineraldünger, 1950; Branntweinpolitik u. Landw., 1952; Produktionsgestalt. u. Betriebsgröße in d. Landw. unt. d. Einfluß d. wirtschaftl.-techn. Entwickl., 1958 (poln. 1963); Vertriebene Bauern im Strukturwandel d. Landw., 1959; Grundl. d. Agrarpolitik, 1961; V. Ursprung d. dt. Agrarprotektionismus, 1965. Mithrsg.: Schriftenreihe Agrarpolitik u. Marktwesen (Hamburg/Berlin; 1963ff.) - 1976 Dr. agr. h. c. Univ. Kiel.

HERLES, Helmut

Dr. phil., M. A., Journalist, Schriftsteller (Ps.: Hieronymus) - Fritz-Schäffer-Str. 13, 5300 Bonn (T. 0228 - 228 91 01) - Geb. 9. Mai 1940 Komotau (Vater: Dr. Otto H., Jurist; Mutter: Maria, geb. Günzel), kath., verh. s. 1967 m. Hildegard, geb. Pahlke, 2 Töcht. (Elisabeth, Monika) - Abit. 1960 Gelnhausen; Stud. German., Russ., Volkskd. Univ. Frankfurt/M., Bonn u. Wien; Magister 1966 Frankfurt; Promot. 1969 ebd. - 1966-69 Redakt. FAZ Frankfurt, 1970-72 Korresp. Publik Rom, 1972-75 Korresp. Süddt. Ztg. Frankfurt, 1975 Korresp. FAZ Bonn, s. 1991 Chefredakt. General-Anzeiger Bonn - BV: Johann Nestroy. D. Talisman, 1971; Vatikan intern, 1973 (m. A. B. Hasler, Niederl.); Nestroys Komödie D. Talisman. V. d. ersten Notiz z. vollend. Werk. Mit bisher unveröff. Handschriften, 1974; D. Bundestag. 1949-1979. Porträt e. Parlaments, 1979, überarb. Neuaufl. 1982; Typisch deutsch: D. Bundesrat, 1981; Machtverlust, 1983; Fürchtet Euch nicht. Von Kanzlern u. Komödianten, Parlamentariern u. Vaganten, v. Menschen im Staatstheater Bonn, 2. A. 1985; E. Villa am Rhein. D. dt. parlamentarische Ges. in Bonn (m. Hilde Purwin), 1986; Flieder in Lobeditz. V. Furcht u. Hoffnung, 1987; D. Parlament d. Regierenden. 40 J. Bundesrat, 1989. Herausg.: Parlaments-Szenen e. dt. Revolution (m. Ewald Rose, 1990); V. Geheimnissen u. Wundern d. Caesarius v. Heisterbach (1990) - 1982 Theodor-Wolff-Preis (f. hervorrag. journ. Leist.) - Lit.: Sepp Seifert: Komotauer im Strom d. Zeit.

HERLES, Wolfgang

Dr. phil., Journalist, Redaktionsleiter, Moderator (Streitfall), Filmautor (Köpfe) im ZDF - ZDF-Str. 1, 8043 Unterföhring (T. 089 - 9 50 85-307) - Geb. 8. Mai 1950 Tittling, kath., verh. s. 1981 m. Barbara, geb. Lippsmeier, 2 S. (Benedikt, Christian Valentin) - 1972 Dt. Journ.sch. München; Univ. München; Promot. 1981 - 1975-80 Bonner Korresp. BR; 1980-84 Redakt. FS BR München; 1984-87 Redaktionsleit. Innenpolitik ZDF Mainz, 1987-91 Studioleiter Bonn ZDF - BV: Nationalrausch, 1990; Geteilte Freude, 1992 - 1975 Kurt-Magnus-Preis d. ARD - Spr.: Engl.

HERLISCHKA, Bohumil

s. Hrdlička, Bohumil

HERLITZ, Günter

Fabrikant, Aufsichtsratsvorsitzender Herlitz AG u. Herlitz International Trading AG - Herthastr. 17, 1000 Berlin 33 (T. 34 00 22 65) - Geb. 1913 Berlin (Vater: Carl H., 1904 Firmengründ., urspr. Papierwarengroßh.), verh., 5 Kd. (Dr. Peter, Heinz, Dr. Klaus, Annemarie, verh. Caspari, Susanne, verh. Ferguson) - Gilt als d. größte dt. Lernmittelhersteller.

HERLITZ, Klaus

Dr. rer. pol., Vorstandsmitglied Herlitz AG, Berlin - Berliner Str. 27, 1000 Berlin 27 (T. 030 - 3 83 60) - Geb. 27. Sept. 1947 Berlin, ev., verh. s. 1972 m. Eva, geb. Knufinke, 3 Kd. (René, Ricky, Ray) - Dipl.-Kfm. 1972 FU Berlin, Promot. 1975 ebd. - S. 1979 Vorst. Herlitz AG.

HERLITZ, Peter

Dr. rer. pol., Kaufmann, Vorstand Herlitz AG, Berlin - Berliner Str. 27, 1000 Berlin 27 - Geb. 9. Febr. 1940 Berlin - Ing. (grad.) München 1962, Dipl.-Kfm. Köln 1966, Promot. Berlin 1968 - Spr.: Engl.

HERLYN, Gerrit

Pastor i.R. - Ulrichstr. 15, 2950 Leer (T. 0491 - 1 31 15) - Geb. 20. Juli 1909 Midlum/Ostfr., ev.-ref., verh. s. 1943 m. Elisabeth, geb. Gies †1984, 6 Kd. (Sonka, Gerrit, Wilmientje, Jakob, Heinrich, Elsbeth) - Abit. Klostersch. Ilfeld; Stud. Ev. Theol. in Zürich, Kampen (NL), Debrecen, Wien - Schriftleit. d. ref. Sblattes; Mitgl. Landeskirchenvorst.; Diakoniebeauftr. d. Landeskirche; Präsid.-Mitgl. EKD - Übers. d. NT u. d. Psalmen in ostfries. Plattdt.; viele Erzählhefte in plattdt. u. hochdt. Spr. Mithrsg.: Plattdt. Wörterb. v. Buurman (12 Bde.) - 1926 Neanderplak.; 1975 BVK; 1986 Ubbo Emmius Med. - Spr.: Niederl.

HERLYN, Okko

Dr. theol., Pfarrer - Beim Knevelshof 57, 4100 Duisburg 28 (T. 0203 - 70 29 88) - Geb. 27. Aug. 1946 Göttingen, ev., verh. s. 1983 m. Daniela, geb. Block, Tänzerin - Stud. Theol. Wuppertal, Göttingen, Zürich, Tübingen; Theol. Ex. 1972 Düsseldorf, Promot. 1977 Tübingen - 1972-74 Wiss. Assist. Kirchl. Hochsch. Wuppertal; s. 1977 Pfarrer in Duisburg-Wanheim; s. 1991 Lehrauftrag an d. Ev. Fachhochsch. Bochum - BV: Relig. od. Gebet, 1979; Singen unt. d. Zweigen, 1986; Theol. d. Gottesdst.gestalt., 1988; Beten. Welchen Sinn hat es, mit Gott zu reden?, 1990. Zahlr. theol. Aufsätze, liturg. Entwürfe u. neue geistl. Lieder; Ged. u. Kurzprosa - Liebh.: Lit., Jazz - Spr.: Engl., Altspr. - Bek. Vorf.: Karl Immer, Initiator d. Barmer Bekenntnissynode 1934 (Großonkel).

HERLYN, Ulfert

Dr. disc. pol., Prof. f. Planungsbezogene Soziologie - Herzberger Landstr. 48g, 3400 Göttingen - Geb. 19. Jan. 1936 Göttingen - Stud. Soziol. - S. 1974 Prof. an d. Univ. Hannover - Forschung u. Lehre: Stadt u. Regionalsoziologie - BV: Wohnverhältnisse in d. Bundesrepublik (zus. m. J. Herlyn), 1983. Herausg.: Lebenslauf u. Raumerfahrung (1990); Leben in d. Stadt (1990).

HERLYN, Wilm

Dr. phil., Chefredakteur Deutsche Presse Agentur GmbH (dpa) - Alsterkamp 3, 2000 Hamburg 13 (T. 040 - 410 35 29) - Geb. 21. Jan. 1945 Bielefeld, verh. s. 1971 m. Gabriele, geb. Schoop, 2 Kd. (Juliane, Tim Philip) - Stud. Phil., Politikwiss., Gesch., Publiz. Würzburg, Salzburg, Berlin; Promot. 1971 - 1971 Nachrichtenredakt. b. d. WELT, 1976 Ressortleit. Deutschland, 1977 Chef v. Dienst; 1980 Leit. Landesbüro NRW; 1986 gf. Redakt. BUNTE; 1988 stv. Chefredakt. Rheinische Post - Liebh.: Golf - Spr.: Engl. - Bek. Vorf.: Prof. Dr. med. Karl-Ewald H., Gerrit H. (Onkel).

HERM, Gerhard

Schriftsteller - Zu erreichen üb. Verlag Hoffmann & Campe, Harvestehuder Weg 45, 2000 Hamburg 13 - Geb. 1931 - BV: D. Phönizier, D. Kelten, D. Diadochen, Sturm am Gold. Horn, 1982; Karl d. Große, 1987; Habsburg, 1988. Zahlr. Dokumentarfilme.

HERMAND, Jost

William F. Vilas Research Prof. of German (s. 1958) Univ. of Wisconsin - 845 Terry Place, Madison, Wisconsin, USA 53701 (T. 608 - 233 - 51 44) - Geb. 11. April 1930 Kassel (Vater: Heinz H., Angest.; Mutter: Annelies, geb. Hucke), verh. m. Elisabeth, geb. Jagenburg - Realgymn. Berlin u. Kassel; Staatsex. u. Promot. 1955/56 Univ. Marburg. Gastprof. in Texas, Harvard, FU Berlin, Univ. Bremen, Marburg, Gießen, Essen, Kassel, Freiburg - BV: D. lit. Formenwelt d. Biedermeiers, 1958; Synthetisches Interpretieren, 1968; Epochen dt. Kultur, 1959-75 (m. Richard Hamann); Sieben Arten an Deutschl. zu leiden, 1979; Konkretes Hören, 1981; Kultur im Wiederaufbau. D. Bundesrep. Deutschl. 1945-1965, 1986; Adolph Menzel, 1986; D. alte Traum v. neuen Reich. Völkische Utopien u. Nationalsozialismus, 1988; D. Kultur d. Bundesrep. 1965-85, 1988; Arnold Zweig, 1990; Beredte Töne, 1990; Mehr als e. Liberaler. Üb. Heinrich Heine, 1991; Grüne Utopien in Deutschland. Z. Geschichte d. ökolog. Bewußtseins, 1991; Im Wettlauf mit d. Zeit. Anstöße zu e. ökologiebewußten Ästhetik, 1991 - 1963 ACLS Fellowship; 1967 Vilas Professorship - Interessen: Dt. Kultur u. Lit. s. 1800 - Spr.: Engl., Franz., Lat.

HERMANEK, Paul

Dr. med., Vorstand Abt. f. Klin. Pathologie (s. 1969) u. Extraordin. Univ. Erlangen-Nürnberg (s. 1972) - Masurenweg 15, 8520 Erlangen - Geb. 8. März 1924 Wien (Vater: Karl H., Börsenmakler; Mutter: Ilse, geb. Steiner), kath., verh. s. 1955 m. Christine, geb. Zimmermann, 2 Kd. (Peter, Eva) - Univ. Wien. Promot. 1950 Wien; Habil. 1969 Erlangen - BV: D. intraoperative Schnellschnittunters., 1972; Grundl. d. Klin. Onkologie, 1979; Lungentumoren, 1979; Atlas kolorektaler Tumoren, 1983; Chir. Onkologie, 1986; TNM Klassifikation, 1987. Viele Einzelarb. - 1987 Georg Zimmermann-Preis; 1988 Dt. Krebspreis; Jubiläumspreis Dt. Ges. Chir. - Spr.: Engl.

HERMANN, Armin

Dr. rer. nat., o. Prof. f. Geschichte d. Naturwissenschaften (s. 1968) - Universität, 7000 Stuttgart - Geb. 17. Juni 1933 Vernon B. C. Canada - Zul. Privatdoz. Univ. München, Vors. d. Kepler-Ges. - BV: Lexikon Gesch. d. Physik A-Z, 1972; Max Planck, Biogr. 1973; Werner Heisenberg, Biogr. 1976; D. Jahrhundertwissenschaft, 1977; D. Neue Physik, 1979; Weltreich d. Physik, 1980; Wie d. Wiss. ihre Unschuld verlor, 1982; History of CERN, 2 Bde. 1987 u. 1990; D. abenteuerliche Gesch. d. Firma Carl Zeiss, 1989. Mithrsg.: Wiss. Briefwechsel Wolfgang Pauli (1979 u. 85); Ende d. Atomzeitalters? (1986); Technik u. Kultur (10 Bde.).

HERMANN, Egon

Dr., Vorstandsmitglied Nürnberger Hypothekenbank AG - Marienstr. 3, 8500 Nürnberg - Geb. 7. April 1929 Asch/Böhmen.

HERMANN, Eugen

Dipl.-Kfm., Vorstandsmitglied Boswau + Knauer AG., Düsseldorf, Geschäftsf. Dt. Bauhütten GmbH. ebd. u. Berliner Fertigbau GmbH., Berlin - Königshütter Str. 14, 6500 Mainz - Geb. 14. Nov. 1928.

HERMANN, Gerd

Dr. rer. nat., Prof. Univ. Gießen - Leipziger Str. 6, 6301 Linden-Leihgestern (T. 06403 - 6 19 59) - Geb. 15. Aug. 1941 Kassel (Vater: Erwin H., Kaufm.; Mutter: Else, geb. Blecher), verh. s. 1967 m. Inge, geb. Gieselberg, 2 S. (Dirk, Frank) - 1962-67 Physikstud. Univ. Gießen (Promot. 1971) - 1969-73 wiss. Mitarb. Univ. Gießen; 1973-75 Doz. ebd.; 1975-79 Univ.-Prof. GH.-Kassel; ab 1979 Prof. Univ. Gießen.

HERMANN, Günter

Nationalspieler, Fußballweltmeister 1990 in Italien, Spieler b. Werder Bremen.

HERMANN, Ingo

Dr. theol., Redakteur - Zu erreichen üb. Postf. 40 40, ZDF-Programm-Direkt., 6500 Mainz - Geb. 23. Jan. 1932 Bocholt/W. (Vater: Gottfried H., Volksschullehrer; Mutter: Paula, geb. Tögemann), kath., verh. m. Anne, geb. Voss, 3 Kd. (Monika, Julia, David) - Univ. Münster, München, Innsbruck (Phil., Theol.). Promot. 1958 München - B. 1963 kirchl. Dienst, 1963-69 Westd. Rundfunk (1966 Redakt. Kulturabt.), dann ZDF (Leit. Abt. Erzieh., s. 1985 Leit. Redakt. Kultur, Bildung u. Ges.) - BV (z. T. in Übers.): Kyrios u. Pneuma-Studien z. Christologie d. paulin. Hauptbriefe, 1961; Begegnung m. d. Bibel, 2. A. 1964; D. Experiment m. d. Glauben, 1963; Endstation Mensch, 1966; Kommentar z. Markus-Evangelium, 2 Bde. 1965/67; D. Christen u. ihre Probleme, 1970; Wege z. Frieden, 1972 - 1968 Dt. Journalistenpreis; 1980 Adolf-Grimme-Preis.

HERMANN, Peter

Dr. rer. nat., Prof. f. Mathematik TH Aachen - Reimser Str. 48, 5100 Aachen - Geb. 30. Dez. 1942 - 1962-68 Stud. Math. u. Physik TH Aachen - BV: S. 1971 Publ. in versch. Fachztschr.

HERMANN, Peter K.

Dr.-Ing., Prof. f. Elektr. Meßtechnik - Schrockstr. 10, 1000 Berlin 37 (T. 801 57 67) - Geb. 25. Jan. 1904 Bremen (Vater: Gerhard H., Kaufm.; Mutter: Auguste, geb. Leipoldt), ev., verh. s. 1930 m. Anna-Maria, geb. Schaffrath †1987, 12 Kd. (Rosemarie, Ingrid, Monika, Dieter, Anneliese, Marie, Helfried, Peter, Johannes, Elisabeth, Christoph, Roswitha) -Dipl.-Ing. 1929 TH Dresden; Promot. 1934 TH Berlin; Habil. 1951 TU Berlin - B. 1969 Wiss. Mitarb. (ltd. Angest.) AEG-Forschungsinst. Berlin. S. 1951 apl. Prof. f. Elektr. Meßtechnik (1961) TU Berlin a. D. Spez. Arbeitsgeb.: Elektro- u. Meßtechnik. Üb. 30 Fachveröff. - Spr.: Engl.

HERMANN, Winfried

Studienrat, MdL Baden-Württ. (Wahlkr. 2, Stuttgart II) - Im Lauch 10, 7000 Stuttgart 75 (T. 0711 - 47 11 27) - Geb. 19. Juli 1952 Rottenburg a.N. - Die Grünen.

HERMANNS, Arnold

Dr. Dr., Univ.-Prof. f. Betriebswirtschaftslehre Univ. d. Bundeswehr München - August-Föppl-Str. 27, 8000 München 50 (T. 089 - 812 63 14) - Geb. 29. Nov. 1942 Krefeld - Stud. Univ. Wien, Freiburg, Köln u. Erlangen-Nürnberg; Promot. 1972 Erlangen-Nürnberg, Habil. 1979 Univ. Augsburg; 1980 Prof. - Präs. d. Dt. Werbewissenschaftl. Ges. e.V. - BV: Sozialisat. durch Werbung, 1972; Konsument u. Werbewirkung, 1979; Theorie d. Wirtschaftswerbung (m. Paul W. Meyer), 1981; Neue Kommunikationstechniken - Grundl. u. betriebsw. Perspektiven, 1986; Computer Aided Selling (CAS) (m. St. Prieß), 1987. Herausg.: Zukunftsorient. Marketing f. Theorie u. Praxis (1984, m. Anton Meyer); Sport- u. Kultursponsoring (1989); Handb. Mode-Marketing (1991, m. Wolfgang Schmidt u. Kilian Wißmeier) - 1973 Gruner u. Jahr-Preis f. Mediaforsch. - Spr.: Engl., Franz.

HERMANNS, Manfred

Dr. phil., Prof. f. Soziologie FH Hamburg (s. 1980) - Igelkamp 5, 2110 Buchholz (T. 04181 - 56 70) - Geb. 7. Febr. 1936 Düsseldorf, kath., verh. m. Maria, geb. Thienel, 3 Kd. (Gerburg, Reginald, Meinulf) - Abit. 1956; Stud. Soziol., Geogr., Gesch., Phil., kath. Theologie Univ. Bonn, Münster, Wien; Dipl. Christl. Sozialwiss. 1960 Münster; Promot. 1964 ebd. - Wiss. Mitarb. Soziographisches Inst. Frankfurt; mehrere Jahre Erwachsenenbildung; s. 1972 Dozent, s. 1980 Prof. FH Hamburg - BV: D. soziale u. wirtschaftl. Raumgefüge d. Landkreises Altenkirchen, Diss. 1964; Landkreis Altenkirchen/Westerwald (zus. m. d. Inst. f. Landeskunde), 1969; Kirche als soziale Organisation, 1979; Sozialpäd. Arbeit m. lernschwachen u. v. Arbeitslosigkeit bedrohten Jugendlichen, in: Jahrb. f. Jugendsozialarbeit Bd. II, 1979; Jugendarbeitslosigkeit, 1983; Familienleitbilder im Wandel (m. Barbara Hille), 1987; Jugendberufshilfe u. Jugendsozialarbeit in d. Weimarer Republik, in: Jahrb. f. Jugendsozialarbeit Bd. X, 1989; Jugendarbeitslosigkeit s. d. Weimarer Republik, 1990. Mithrsg. d. Jahrb. f. Jugendsozialarbeit Bd. XII, (1991).

HERMANNS, Walter

Dr. med. vet., Prof. u. Direktor Inst. f. Tierpathol. Univ. München (s. 1987) - Zu erreichen üb. Univ. München, Veterinärstr. 13, 8000 München 22 - Geb. 22. Febr. 1949, verh. m. Ulrike, geb. Tünnermann, 3 Söhne (Johannes, Markus, Clemens) - Stud., Promot., Habil. TiHo Hannover; Heisenberg-Stip. - Lehrtätigk. Univ. München - Mitgl. zahlr. wiss. Ges.

HERMANOWSKI, Georg

Schriftsteller - Zeppelinstr. 57, 5300 Bonn-Bad Godesberg (T. 33 23 39) - Geb. 27. Nov. 1918 Allenstein/Ostpr. (Vater: Josef H., Tischlereitechniker; Mutter: Marta, geb. Borzanowski), kath., verh. s. 1950 m. Irene, geb. Stifkens, 2 Söhne (Anno, Guido) - Gymn. Allenstein; Univ. Berlin u. Bonn (German., Kunstgesch., Archäol.) - W.: (1941-60 s. XVIII. Ausg.) D. Stimme d. schwarzen Löwen, Gesch. d. fläm. R., 1961; D. moderne fläm. Lit., 1963; Umgang m. Belgiern, 1964; Reise in d. Vergangenh., R. 1966; Säulen d. mod. fläm. Prosa - Soziol., 1969; Ged. aus Flandern 1920-70 in dt. Nachdichtung; Johannes Gutenberg, Biogr. 1970; Nico-

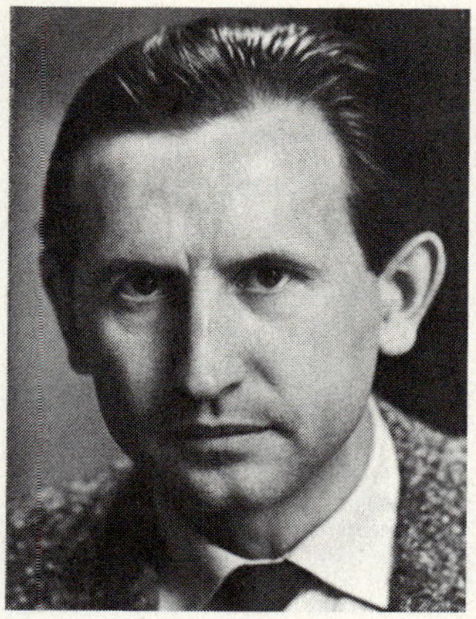

laus Coppernicus, Biogr. 1971; Gerupfte Worte, 1971; D. Fisch begann am Kopf zu stinken, Satiren, 1976; Knautschket, 1977; Ostpreußenlexikon, 1980; Ostpreußen Wegweiser, 1982; D. Ermland, 1984; Ostpreußen in Farbe, 1985; Nikolaus Kopernikus - zw. Mittelalter u. Neuzeit - Weimarer Klassik, 1986; Johann Gottfried Herders Schulreform, 1986; Ostpreußen, heilig, vertraut, uralt, 1988; Ostpreußen, Westpreußen, Danzig, Memel (m. R. Naujok), 1988; ... spurlos verschwinden nur Namen, Prosa 1990; Knautschket, Prosa 1991; Kulturelles Erbe, (32 Kurzmonogr.) 1991. Ged. in Anthol. Hörspiele. Zahlr. Übers. aus d. Fläm., Niederl., Amerikanischen - 1962 Belg. Staatspreis f. Lit., 1970 Hörspielpreis Ostd. Kulturrat, 1972 Ehrengabe Andreas-Gryphius-Preis; 1963 Ritter belg. Kronorden; 1975 Nicolaus-Copernicus-Preis; 1981 AWMM-Lyrik-Preis; Internat. Nicolaus Copernicus Med. - Lit.: Wolfgang Schwarz: G. H. in „Bausteine zur Kultur" (1975); G.H. in: Sie schreiben zwischen Goch und Bonn (1975); Helmut Möller (G. H.): in Berichte, Mitteilungen, Beiträge (1991); P. Urban: G. H. in Literarische Porträts, 163 Autoren aus Nordrh.-Westf. (1992).

HERMEL, Waldemar

Dipl.-Ing., Dr. rer. nat. habil., Prof. f. Festkörperchemie, Institutsleiter FhG - Gorknitzer Str. 11, O-8017 Dresden (T. 0051 - 223 71 56) - Geb. 1. Jan. 1938 Pabianice, ev., verh. s. 1964 m. Gisela, geb. Seitz, 2 Söhne (Frank, Dirk) - Abit. 1956 Bismark/Altmark; Stud. Radiochemie TU Dresden; Dipl.-Ing 1963; Promot. 1967 TU Dresden; Habil. 1986 (auf d. Geb. d. Werkstoffwiss.) - 1963-67 Inst. f. Elektrochemie u. Phys. Chemie TU Dresden; 1967-69 Zentralinst. f. Kernforsch. Rossendorf; 1969-91 Zentralinst. f. Festkörperphysik u. Werkstofforsch. Dresden; s. 1992 Fraunhofer Einrichtung f. Keramische Technologien u. Sinterwerkstoffe Dresden - Ca. 80 wiss. Veröff. z. Sintertheorie, Pulvermetallurgie, Hochleistungskeramik - Liebh.: Belletristik, Sport - Spr.: Engl., Russ.

HERMEL, Wolf-Rainer

Vorstandsvorsitzender Feuersozietät Berlin/Öfftl. Lebensversicherung Berlin (Verkauf/Marketing, Personal, Finanzen) - Am Karlsbad 4/5, 1000 Berlin 30; priv.: Hewaldstr. 10, -62 - Geb. 23. März 1940.

HERMENS, Ferdinand A.

Dr. rer. pol., o. Prof. f. Polit. Wissenschaft (emerit.) - 10500 Rockville Pike, Apt. 413, Rockville, Md. 20852 (USA) - Geb. 20. Dez. 1906 Nieheim/W. (Vater: Joseph H., Landw.; Mutter: Theresia, geb. Hoffmeister), verh. 1937 m. Ruth, geb. Roberts - Univ. Bonn (Promot.) - Langj. USA-Aufenth. (u. a. 1938ff. Prof. Univ. Notre Dame); 1959-72 Ord. Univ. Köln (Dir. Forschungsinst. f. Polit. Wiss.) - BV: u. a. Demokratie oder Anarchie?, 1951; Europe between Democracy and Anarchy - The Representative Republic, 1952; D. Verfassungslehre, 2. A. 1968; D. Ost-West-Konflikt, 1961; Wirtschaftl. u. staatl. Stabilität, 1964. Herausg.: Jahrb. Verfassung u. -wirklichkeit (1966ff.) - 1971 Gr. BVK.

HERMES, Hans

Dr. rer. nat., em. o. Prof. f. Mathemat. Logik u. Grundl. d. Math. (emerit. 1977) - Schlehenrain 16, 7800 Freiburg/Br. (T. 5 33 43) - Geb. 12. Febr. 1912 Neunkirchen/Saar (Vater: Joseph H., Studienprof.; Mutter: Eleonore, geb. Richter), kath., verh. s. 1941 m. Hedwig, geb. Breuer, 3 Kd. (Ulrich, Barbara, Annelore) - Univ. Freiburg, München, Münster (Math., Physik, Chemie, Biol., Phil.) - S. 1947 (Habil.) Lehrtätigk. Univ. Bonn, Münster/W. (1948; 1953 Ord.), Freiburg (1966 Ord.). 1959 u. 66 Gastprof. Univ. of California - BV: u. a. Einf. in d. Verbandstheorie, 1955, 2. A. 1967; Aufzählbarkeit - Entscheidbarkeit - Berechenbarkeit, 1961, 3. A. 1978 (engl. 1965, 2. A. 1969; ital. 1975); Einf. in d. math. Logik, 1963, 3. A. 1972 - Mitgl. Heidelbg. Akad. d. Wiss., Korr. Mitgl. Rhein.-Westf. Akad. d. Wiss. - Spr.: Engl.

HERMES, Hermann

Dipl.-Kfm., Dipl.-Volksw., Alleingeschäftsführer Fa. HAAS + SOHN - SINN, Haus- u. Kochtechnik GmbH - Postfach 162, Herborner Str. 7-9; priv.: Klüsenerskamp 5, 4600 Dortmund 50 (T. 0231 - 77 88 58) - Geb. 18. März 1931 Meppen, kath., verh. s. 1957 m. Dr. Hildegard, geb. Dahme - Stud. Univ. Köln; Dipl.-Ex. 1956 u. 57 - Spr.: Engl.

HERMES, Karl

Dr. phil., Prof., Lehrstuhlinh. f. Geographie Univ. Regensburg (s. 1970) - Langer Weg 28, 8400 Regensburg-Burgweinting.

HERMES, Liesel,

geb. Königs

Dr. phil., Prof. f. Englisch - Im Speitel 128, 7500 Karlsruhe-Grötzingen - Geb. 15. Okt. 1945 Iserlohn/W. (Vater: Dr. med. Gustav Königs, Lungenfacharzt; Mutter: Liesel, geb. Ehlert), kath., verh. s. 1970 m. Ulrich H., T. Claudia - 1956-65 Marien-Sch. Lippstadt; 1965-70 Univ. Münster u. Tübingen (Angl., Phil., Päd.) - S. 1970 PH Münster (Wiss. Assist.) u. Karlsruhe (1974 Doz., 1977 Prof.); 1990-92 Rektorin d. Päd. Hochsch. Karlsruhe; s. 1992 Prof. an d. Univ. Koblenz-Landau, Abt. Koblenz - BV: Formen u. Funktionen d. Symbolgebrauchs in d. Werken Iris Murdochs, 1972; Texte im Englischunterr. d. Sekundarstufe I - Auswahl u. Einsatz, 1979. Mithrsg.: D. Roman im Engl.unterr. d. Sekundarst. II - Theorie u. Praxis (2. A. 1981) u. D. Short Story im Engl.unterr. d. Sekundarst. II - Th. u. Pr. (1979); Easy English - Materialien f. d. Engl. Unterr. in d. Hauptsch. (1982). Herausg. engl. Romane f. d. gymn. Oberstufe: Stan Barstow. Joby (1976); Barry Hines. Kes (1983); Margaret Drabble. The Millstone (1988); Short Story Anthologie: Writing Women (1991).

HERMES, Peter

Dr. jur., Botschafter a. D. - Am Hasenberg, 5486 Krälingen - Geb. 8. Aug. 1922 Berlin (Vater: Andreas H., Reichsmin. f. Landwirtsch.), verh. m. Maria, geb. Wirmer, 6 Kd. (Anna, Ursula, Andreas, Marie, Josef, Charlotte) - S. 1953 Ausw. Amt (Beauftragter f. Handelsverhandl., Botschafter, Leit. Abt. f. Außenwirtsch.- u. Entwicklungspolitik u. europ. Wirtsch.integration); 1975-79 Staatssekretär; 1979-84 Botsch. USA, 1984-87 Botsch. b. Heiligen Stuhl - Liebh.: Wandern, Tennis, Lit. - Spr.: Engl., Franz., Ital., Span.

HERMES, Rudolf

Steuerberater, Bürgermeister d. Kur- u. Badestadt Bad Gandersheim, MdL Nieders. (Wahlkr. Einbeck, 1982-86) - Am Osterbergsee 5, 3353 Bad Gandersheim (T. 05382 - 15 01; u. 30 84) - Geb. 18. Aug. 1941 Frankenholz/Saar - CDU.

HERMESDORF, Herbert

Dr. phil., Oberstudiendirektor i. R., Bürgermeister Stadt Schleiden (1975-84) - Schloßberg, 5372 Schleiden (T. 02445 - 4 19) - Geb. 17. Juli 1914 Euskirchen (Vater: Dr. Peter H., Stud.rat; Mutter: Berta, geb. Hespers), kath., verh. s. 1951 m. Ursula, geb. Franke, 3 T. (Irmgard, Birgitta, Ingeborg) - Gymn. Euskirchen; Univ. Tübingen u. Bonn (Phil., German., Gesch., Latein); Wehr- u. Kriegsdst. (amerik. Gefangensch.; zul. Hptm.) - Ab 1946 Schuldst.; s. 1952 Ostud.dir.; 1958-69 MdL in NRW, 1969-72 MdB. 1969-73 Berat. Vers. d. Europarates u. Vers. d. Westeurop. Union - BV: Gegenwartskd., Lehrb. f. polit. Erziehung u. Bild., 1951 - 1977 Gr. BVK; 1978 Kommandeurskreuz Belg. Kronenorden - Spr.: Franz.

HERMINGHAUS, Hellmut

Dr. rer. nat., Vorstandsmitglied Ewald Dörken AG. - Wetterstr. 58, 5804 Herdecke/Ruhr - Geb. 20. Jan. 1924 - Stud. Chemie.

HERMISSON, Hans-Jürgen

Dr. theol., o. Prof. f. Altes Testament - Stauffenbergstr. 11, 7400 Tübingen - Geb. 17. Mai 1933 Falkenstein/Nm. (Vater: Karl-Friedrich H., Pfarrer; Mutter: Gertrud, geb. Lüder), ev., verh. s. 1968 m. Susanne, geb. Heinle, 3 Kd. (Joachim, Ulrich, Mirjam) - Theol.-Stud. Berlin, Heidelberg, Basel; Promot. Berlin 1962; Habil. (AT) Heidelberg 1967 - 1963-67 Wiss. Assist. Heidelberg, 1967-77 Univ.doz./apl. Prof. ebd.; s. 1977 o. Prof. Bonn, 1980/81 Dekan Ev.-Theol. Fak. Bonn; s. 1982 o. Prof. Tübingen; 1987/88 Dekan Ev.-Theol. Fak. Tübingen - BV: Sprache u. Ritus im altisrael. Kult, 1965; Studien z. israelit. Spruchweish., 1968; Glauben (zus. m. E. Lohse), 1978.

HERMS, Dieter

Dr. phil., Prof. f. Amerik. Literaturgeschichte Univ. Bremen (s. 1975) - Parkallee 227, 2800 Bremen 1 (T. 0421 - 21 49 28) - Geb. 22. Mai 1937 Hannover - Stud. Anglistik/Amerikanistik u. German.; Staatsex. Bonn 1963; 1962-63 Lektor f. Deutsch, Aberystwyth; 1964-67 Lektor f. Engl., Göttingen; 1967-75 Akad. Rat/Oberrat Regensburg - BV: Engl.-dt. Übers., Arbeitsbuch f. Studenten, 1971; Agitprop USA, 1973; Upton Sinclair - amerik. Radikaler, 1978; V. James Baldwin z. Free Southern Theatre (m. B. Witzel), 1979; Polit. Volkstheater d. Gegenwart (m. A. Paul), 1981; Grundkurs Englisch, eine Einführung in Amerikanistik, 1982; E. Vierteljh. San Francisco Mime Troupe (m. G. Burger), 1984; Upton Sinclair zw. Pop, zweiter Kultur u. herrschender Ideologie, 1986; Chicano Literatur d. Gegenwart, 1990. Herausg.: Studienbuchkritik (1975/76); Gulliver, dt.-engl. Jahrbücher (s. 1976); Upton Sinclair, Werke in Einzelausg. (1978-85); Bremer Beitr. z. Lit.- u. Ideologiegesch. (s. 1985); Upton Sinclair. Literature and Social Reform (1990).

HERMS, Eilert

Dr. theol., Prof. f. Theologie Univ. Mainz - Saarstr. 21, 6500 Mainz - Geb. 11. Dez. 1940 Oldenburg - 1962-68 Univ. Berlin, Tübingen, Mainz u. Göttingen (ev. Theol., Phil., German.) - 1970/71 Vikar in Oldenburg; 1971-78 Wiss. Assist. u. Privatdoz. in Kiel; 1979-85 Prof. f. Theol. in München; s. 1985 Prof. f. Theol. Mainz. S. 1984 1. Vors. Sektion Syst. Theol. Wiss. Ges. f. Theol.; s. 1984 Vors. d. Gemischten Kommiss. f. d. Reform d. Theologiestudiums u. Mitgl. wiss. Beirat d. DSB; s. 1992 Mitgl. d. Theol. Aussch. d. VELKD - BV: Herkunft, Entfalt. u. erste Gestalt d. Systems d. Wiss. b. Schleiermacher, 1974; Radical Empiricism. Stud. z. Psychologie, Metaphysik u. Religionstheorie v. William James, 1977; Theol. - e. Erfahrungswiss., 1978; Rechtfertig. - D. Wirklichkeitsverst. d. christl. Glaubens, 1979; Theorie f. d. Praxis - Beitr. z. Theol., 1982; Einheit d. Christen in d. Gemeinsch. d. Kirchen. Die oek. Bewegung d. röm. Kirche im Lichte d. reformator. Theol., 1984; Luthers Auslegung d. Dritten Artikels, 1987; Von d. Glaubenseinheit z. Kirchengemeinschaft, 1989; Erfahrbare Kirche, 1990; Gesellschaft gestalten, 1991; Offenbarung u. Glaube, 1992.

HERMS, Hans-Joachim

Dr. med., Arzt f. Röntgenologie, Vorstand ASCHE AG Pharmaz. Erzeugnisse - Fischers Allee 49, 2000 Hamburg 50 - Geb. 23. Sept. 1932.

HERMS, Wolfgang

Dr. med., Internist (Chefarzt Med. Klinik/Ev. Krankenhaus, Düsseldorf), apl. Prof. f. Inn. Med. Univ. Düsseldorf (s. 1970) - Kirchfeldstr. 40, 4000 Düsseldorf 1 - Geb. 21. Febr. 1930 Hannover - Promot. 1955; Habil. 1965 - Etwa 100 Fachaufs.

HERMSDORF, Hans

Präsident Landeszentralbank in der Freien u. Hansestadt Hamburg i. R. (1974-82) - Elbblöcken 14, 2000 Hamburg 52 - Geb. 23. Dez. 1914 Spandau, verh., 2 Kd. - Volkssch. u. Wirtschaftsobersch., kfm. Lehre, Disponent i. d. Privatwirtsch., 1928-33 Mitgl. Sozialist. Arbeiterjugend, 1932 Mitgl. SPD, 1935 wegen illegaler Betätig. zu zwei Jahren Gefängnis verurteilt, nach 1945 Bürgermeister Oberlichtenau u. Chemnitz. Mitgl. Landesvorst. Sachsen d. SPD. 1946 als Gegner d. Verschmelzung v. SPD u. KPD nach Westdtschld. geflüchtet, 1946-49 Zentralsekr. d. Jungsozialisten, ab 1949 pers. Ref. Parteivors. Ollenhauer bis zu dessen Tod; 1964-74 Mitgl. Parteivorst. SPD, 1971-74 Vors. d. AR Salzgitter AG, stv. Vors. d. AR Volkswagenwerk AG, 1953-74 MdB, 1971-72 Parlament. Staatssekr. b. Bundesminister f. Wirtsch. u. Finanzen; 1973-74 b. Bundesmin. f. Finanzen.

HEROLD, Albrecht

Gewerkschafter, Landtagspräsident u. MdL Saarl. - Zu erreichen üb. Franz-Josef-Röder-Str. 7, 6600 Saarbrücken 1; priv.: Gehnbachstr. 197, 6670 St. Ingbert/Saar (T. 48 72) - Geb. 20. Aug. 1929 St. Ingbert, verh., 1 Kd. - Volkssch.; Dreherlehre - S. 1946 Gewerkschaftsfunktionär. MdK St. Ingbert (Fraktionsf.). 1960-79 SPD; 1975-80 1. Vizepräs. Landtag d. Saarl. (s. 1980 Präs.) - S. 1974 Vorst.-Mitgl. IG Metall f. d. Bundesrep. Dtschl. - Saarl. VO. u. BVK m. Stern u. Schulterbd.

HEROLD, Alfred

Dr. rer. nat., Prof. f. Geographie - Rottendorfer Str. 26, 8708 Gerbrunn/Ufr. - Geb. 29. Jan. 1929 Würzburg - Promot. u. Habil. Würzburg - S. 1964 Lehrtätigk. Univ. Mainz (1968 Wiss. Rat u. Prof.) u. Univ. Würzburg (1973 Wiss. Rat u. Prof.). Zahlr. Facharb. (z. T. preisgekrönt) z. Landeskunde Mittel-, Nord- u. Südosteuropas sowie z. Siedlungs-, Wirtschafts- u. Verkehrsgeographie.

HEROLD, Ferdinand

Dipl.-Kfm., Direktor VIAG Aktiengesellschaft, Bonn, Geschäftsführer ILSE Bergbau-GmbH, Bonn, u. Reichs-Kredit-Gesellschaft mbH, Berlin - Eschenweg 16, 5300 Bonn 2 - Geb. 14. März 1933.

HEROLD, Horst

Bankier - Hodenberger Str. 33, 2800 Bremen-Oberneuland (T. 25 94 54) - Geb. 25. Febr. 1912 Hamburg, verh. m. Lotty, geb. Schlotterhose, Kd. - 1946-61 gf. Dir. Stadtsparkasse Gelsenkirchen, zul. pers. haft. Gesellsch. Bankhaus Martens & Weyhausen, Bremen - Spr.: Engl. - Rotarier.

HEROLD, Werner

Dr. et Lic. rer. pol., Dipl.-Ing., Prof. f. Betriebswirtschaftslehre, insb. Datenverarb. u. Org., GH Paderborn - Berliner Ring 39, 4790 Paderborn/W.

HERON, Alasdair Iain

Dr. theol., o. Prof. f. reformierte Theol.

Univ. Erlangen-Nürnberg - Kochstr. 6, 8520 Erlangen (T. 09131 - 85 22 02) - Geb. 24. Juli 1942 Murree (Vater: John H., Pfarrer; Mutter: May, geb. Campbell), ev.-ref., verh. s. 1968 m. Helen, geb. Thomson, 2 Töcht. (Jeanette, Patricia) - 1961-65 Univ. Cambridge (M.A.); 1965-68 Univ. Edinburgh (B.D.); 1968/69 Univ. Tübingen (Promot. 1973) - 1971-73 Assist. f. Kirchengesch. Univ. Tübingen; 1973/74 Doz. f. Syst. Theol. Irish School of Ecumenics, Dublin; 1974-81 Doz. f. Christl. Dogmatik u. Syst. Theol. Univ. Edinburgh; 1981ff. o. Prof. f. Reform. Theol. Erlangen - BV in engl. Spr. - Liebh.: Reiten, Jogging, Gesch., Musik - 1964 Schott. Meister im 3000 m-Hindernislauf; 1965 Kanad. Meister im Sechs-Meilen-Lauf - Spr.: Engl., Franz., Deutsch.

HERR, Wilfrid

Dr. rer. nat., o. Prof. u. Direktor Inst. f. Kernchemie Univ. Köln - Franz-Seiwert-Str. 3, 5000 Köln 41 (T. 48 75 74) - Geb. 21. Sept. 1914 Mühlhausen/Thür., ev., verh. s. 1952 m. Auguste, geb. Mellin - TH Berlin (Dipl.-Chem. 1942). Promot. 1944 Tübingen; Habil. 1957 Mainz - Wiss. Assist. Kaiser-Wilhelm- bzw. Max-Planck-Inst. f. Chemie; s. 1958 Univ. Köln. Üb. 200 fachwiss. Aufs. - Spr.: Engl.

HERR-BECK, Maria

Dr., Staatssekretärin Min. f. Soziales u. Familie (s.1985) v. Rheinland-Pfalz - Bauhofstr. 9, 6500 Mainz - B. 1985 Staatssekr. Min. f. Soz., Gesundheit u. Umwelt.

HERRE, Franz

Dr. phil., Publizist u. Historiker - Stephan-Ludwig-Roth-Str. 10, 8036 Herrsching am Ammersee - Geb. 11. April 1926 Fischen/Allgäu - Zul. stv. Chefredakt. u. Leit. Zentrale Dienste Dt. Welle, Köln (b. 1981) - BV: D. Augsburger Bürgertum im Zeitalter d. Aufklärung, 1951; Nation ohne Staat - D. Entsteh. d. dt. Frage, 1967; Anno 70/71 - E. Krieg, e. Reich, e. Kaiser, 1970; Paris - e. histor. Führer, 1972; Freiherr vom Stein/S. Leben - s. Zeit, 1973; D. amerikan. Revolution, 1976; D. vollkomm. Feinschmecker, 1977; Kaiser Franz Joseph v. Österreich, 1978; Kaiser Wilhelm I. D. letzte Preuße, 1980; Radetzky, 1981; Metternich, Staatsmann d. Friedens, 1983; Dt. u. Franzosen, 1983; Moltke. D. Mann u. s. Jh., 1984; Ludwig II., 1986; Kaiser Friedrich III., 1987; Napoleon Bonaparte, 1988; D. Geschichte Frankreichs, 1989; Napoleon III., 1990; Bismarck, d. preußische Deutsche, 1991; Wien, Histor. Spaziergänge, 1992. Herausg.: Bibliogr. z. Zeitgesch. (1955) - Bayer. VO.

HERRE, Wolf

Dr. sc. nat., Dr. med. h. c., em. o. Prof. f. Zool. Anat. u. Physiol. d. Haustiere - Gutenbergstr. 16, 2300 Kiel (T. 56 75 55) - Geb. 3. Mai 1909 Halle/S. (Vater: Karl H.; Mutter: geb. Taatz), ev., verh. s. 1941 m. Dr. Ilse, geb. Rabes, 2 Kd. - Reform-Realgymn. Halle; Univ. Graz u. Halle (Promot. 1932) - 1933 Assist., 1936 Privatdoz., 1942 ao. Prof. Univ. Halle (nebenamtl. Leit. Naturhistor. Museum Braunschweig), 1945 Univ. Kiel, stv. Leit. Zool. Inst. u. Mus., 1947 Dir. Inst. f. Haustierkd., 1948 Kustos Zool. Mus., 1951 o. Prof. Univ. Kiel (1967-68 Rektor). Forschungsfahrt: Lappland (1941/42); Studienreisen: Anatolien (1953), UdSSR (1966; b. Kaukasus), Nepal (1968), Japan (1973). Exped.: Argentinien, Boliv., Peru, Chile (1956-57), Argent., Parag., Brasil. (1962), Westafrika (1962), Rhodes. (1963), 1961-66 Vors. Dt. Ges. f. Säugetierkd.; 1948-71 Schriftf. Dt. Zool. Ges. - BV: D. Schwanzlurche d. mitteleozänen Braunkohle d. Geiseltales u. d. Phylogenie d. Urodelen, 1935; D. Ren als Haustier, 1943; Domestikation u. Stammgesch., 1945; Fragen u. Ergebn. d. Domestikationsforsch., 1955; Abstammung u. Domestikaton d. Haustiere, 1958; D. Rasse- u. Artbegriff, 1960; Z. Problematik d. innerartl. Ausformung bei Tieren, 1964; Z. Abstammungsproblem v. Amphibien u. Tylopoden sowie üb. Parallelbild. u. z. Polyphyliefrage, 1964; Studien an Gehirnen südamerik. Tylopoden, 1965; Probleme mod. Zool., 1967; Gedanken üb. Beziehungen zw. Morphol., Genetik u. Evolution, 1974; Tier-„sprache" u. Domestikation, 1988; Haustiere - zoolog. gesehen, 1990. Herausg.: Ztschr. f. wiss. Zool., Zool. Anz., Zs. f. zool. Systematik u. Evolutionsforsch., Zs. f. Säugetierkd., Zs. f. Tierzüchtung u. Züchtungsbiol. u. a. - 1964 Ehrendoktor Univ. Frankfurt/M., 1963 Ehrenmitgl. Zool.-Botan. Ges. Wien; 1961 Korr. Mitgl. Dt. Archäol. Inst.; 1975 Ehrenmitgl. Dt. Ges. f. Säugetierkd.; 1979 Ehrenmitgl. Dt. Zool. Ges.; 1984 Ehrensenator Univ. Kiel; 1979 o. Mitgl. Dt. Akad. Naturf. Leopoldina.

HERREN, Rüdiger

Dr. jur., Prof. f. Kriminologie, Kriminalistik, Kriminalpolitik, Strafvollzugswesen - Erbprinzenstr. 17a, 7800 Freiburg/Br. - Geb. 9. Sept. 1931 Basel - Promot. 1962; Habil. 1970 - S. 1964 Univ. Freiburg (1971 Doz., 1973 Wiss. Rat u. Prof. bzw. Prof.) - BV: Gesinnung im Rahmen d. vorsätzl. Tötungsdelikte, 1966; Freud u. d. Kriminol., 1973; Lehrbuch d. Kriminologie. Bd. I D. Verbrechenswirklichkeit, 3. A. 1982. Bd. III Denktraining in Kriminalistik u. Kriminologie. Fallanalysen, 1982.

HERRENBERGER, Justus

Dr.-Ing., o. Prof. f. Baukonstruktionen Univ. Braunschweig (s. 1959) - Ginsterweg 22, 3300 Braunschweig (T. 69 11 69) - Geb. 27. Mai 1920 Neu-Ulm (Vater: Dipl.-Ing. Heinrich H., Oberstadtbaurat; Mutter: Emma, geb. Römer), ev., verh. m. Dipl.-Ing. Helga, geb. Wippermann, 2 Kd. - TH Braunschweig (Dipl.-Ing. 1947) - Studentenheime, Geschäftshäuser - Denkmalpflege - Spr.: Engl., Franz. - Rotarier.

HERRGEN, Erich

Dr., Vorstandsmitglied Bayer. Rückvers. AG, München - Sederanger 4-6, 8000 München 22 - Geb. 11. Juli 1941.

HERRIG, Gerhard

Dr. rer. nat., o. Prof. f. Päd. Psychologie Univ. Frankfurt (s. 1968) - Wolfsgangstr. 43, 6000 Frankfurt/M. (T. 59 66 33) - Geb. 1. Febr. 1920 Braunschweig - 1961-68 Prof. Päd. Hochsch. Aachen.

HERRIG, Horst

Geschäftsführer Stromversorgung Osthannover GmbH - Sprengerstr. 2, 3100 Celle - Geb. 10. April 1931 Karby - Stud. 1951-54 Univ. Hamburg - Dipl.-Volkswirt.

HERRLICH, Horst

Dr. rer. nat., Prof. f. Mathematik - Feldhäuserstr. Nr. 69, 2804 Lilienthal - Geb. 11. Sept. 1937 Berlin - Promot. 1962 - S. 1965 (Habil.) Lehrtätigk. FU Berlin (1969 Prof.), Univ. Bielefeld (1970 Prof.), Bremen (1971 Ord.) - BV: Cadegory Theory, 1973 (m. G. E. Strecker). Üb. 50 Einzelarb.

HERRLICH, Peter

Dr., Prof. f. Genetik Univ. Karlsruhe, Direktor d. Instituts f. Genetik u. Toxikologie d. Kernforschungszentrums Karlsruhe (s. 1977) - Kernforschungszentrum, Postf. 3640, 7500 Karlsruhe 1 (T. 07247 - 82 32 92) - Geb. 10. Nov. 1940 München (Vater: Albert H., Hochschullehrer; Mutter: Wilhelmine, geb. Saemmer), verh. s. 1966 m. Christiane, geb. Goertz, 3 Kd. (Andreas, Christian, Bettina) - 1958-64 Med.-Stud.; Promot. 1964 München; Habil. 1972 FU Berlin - 1964-65 Inst. Tropen-Med. Univ. München; 1965-66 Cook County Hospital Chicago, USA; 1966 Univ.-Klinik München; 1967-68 Max-Planck-Inst. f. Biochemie, München; 1969-70 Rockefeller Univ. New York, USA; 1970-77 Max-Planck-Inst. f. Molekulare Genetik, Berlin; s. 1977 Prof. Karlsruhe; 1986-87 Gastprof. Univ. of California San Diego, La Jolla, USA - Berater in versch. Forsch.projekten d. Dt. Forsch.Ges. (DFG), Boehringer Ingelheim Fond, General Motors Krebsforsch.stiftg.; Rezensent f. zahlr. dt. u. intern. Fachztschr.; Mitgl. d. Ges. f. Biol. Chemie (FEBS), Ges. Dt. Naturforscher u. Ärzte, Dt. Ärztekammer, Karlsruher Chem. Ges., American Ass. for the Advancement of Science, American Soc. for Microbiology, Europ. Molecular Biology Org. - Forsch. auf d. Gebiet d. menschl. u. tier. Adrenalin-Metabolismus (zus. m. Constantin E. Sekeris) - BV: Was ist Leben, Jugendbuch 1977; Gentec pop onc, Sachb. 1985. Herausg.: Ächtung d. Giftwaffen (m. Werner Dosch, 1985); zahlr. wiss. Veröff. - 1976 Albert Knoll Preis; 1989 Wilhelm u. Maria Meyenburg Pr.; 1990 Fritz-Acker-Pr.

HERRLITZ, Hans-Georg

Dr. phil., Prof. f. Pädagogik Univ. Göttingen - 3400 Göttingen-Deppoldshausen (T. 0551 - 30 08 62) - Geb. 10. Okt. 1934 Parlin - Univ. Kiel (Staatsex. 1959, Promot. 1962, Habil. 1970) - 1962-70 Wiss. Assist. Univ. Kiel; s. 1971 o. Prof. Göttingen - BV: D. Lektüre-Kanon d. Du am Gymn., 1964; Hochschulreife in Deutschl., 1968; Stud. als Standesprivileg, 1972; Einf. in d. dt. Schulgesch., 1981, 2. A. 1986; V. d. wilhelminischen Nationalerziehung z. demokrat. Bildungsreform, 1987.

HERRMANN, Axel

Dr. rer. nat. habil., apl. Prof. Univ. Würzburg, Geologieoberrat a. D. - Bergstr. 49, 8533 Scheinfeld (T. 09162 - 14 43) - Geb. 2. Mai 1926 Leipzig (Vater: Walter H., Lehrer; Mutter: Margarete, geb. Rambach), ev., verh. s. 1950 m. Dorothea, geb. Kolander, 3 Kd. (Carola, Gerald, Randolf) - Thomassch. Leipzig; Stud. Univ. Greifswald, Berlin; Dipl.ex. 1952; Promot. 1953 FU Berlin; Habil. 1966 Würzburg - 1953-68 Nieders. Landesamt f. Bodenforsch., 1968-72 selbst., 1972ff. Dir. Fa. Gebr. Knauf Westd. Gipswerke Iphofen. Vereidigt. Sachverst. Steine u. Erden-Lagerst. - BV: D. Asphaltkalklagerstätte b. Holzen, 1971. Zahlr. Fachveröff. (Zechstein, Buntsandstein, Halokinese, (Gips) Karst, Rekultivierung u. Umweltprobl. d. Steine u. Erden-Abbaues) - Liebh.: Architektur, Botanik, Weinbau - Spr.: Engl., Franz.

HERRMANN, Bernd

Dr. rer. nat., Prof. f. Anthropologie Univ. Göttingen (s. 1978) - Bürger Str. 50, 3400 Göttingen (T. 0551 - 39 36 42) - Geb. 3. Febr. 1946 Berlin - Stud. Zool./Anthropol. FU Berlin, Dipl. 1970, Promot. 1973, Habil. 1975. Coordinator Europ. Netzwerk (Europarat) f. European Historical Anthropology. Arbeitsgeb.: überw. method. u. analyt. Arb. z. Biologie d. vor- u. frühgeschichtl. Menschen, hist. Anthropologie, Umweltgesch. - BV: u. a. Mensch u. Umwelt im Mittelalter, 1986; Innovative Trends in d. prähist. Anthropologie, 1986; Determinanten d. Bevölkerungsentwicklung im Mittelalter (m. R. Sprandel), 1987; Trace Elements in Environmental History (m. G. Grupe), 1988; Prähistorische Anthropologie (Mitautor), 1990; Ancient DNA (m. S. Hummel). Herausgeber: Naturwissenschaften.

HERRMANN, Dieter

Dr. med., Dr. med. dent., Prof. f. Mundkrankheiten u. Zahnärztl. Röntgenologie FU Berlin - Barthstr. 22, 1000 Berlin 28.

HERRMANN, Ernst Otto

Dr. jur., Ministerialdirektor a. D., vorher Leit. Zentralabt. Bundesmin. f. d. Post- u. Fernmeldewesen (1974-82) - Auf d. Köllenhof 126, 5307 Wachtberg-Ließem - Geb. 10. Juli 1920 Plauen/V., verh. s. 1944 m. Annemarie, geb. Schott, 3 Kd. (Frank, Silke, Katrin) - Gymn. Univ. Leipzig, Heidelberg, Jena, Rostock (Phil., Rechtswiss.). Staatsprüf. 1948 u. 52; Promot. 1949 - 1970ff. Präs. Bundespost-Führungsakad. - BV: Staatslehre, 4. A. 1977; Dt. Bundespost, 1986 - 1982 Gr. BVK - Spr.: Russ., Engl.

HERRMANN, Erwin

Dr. med., Neurologe u. Psychiater, Honorarprof. Univ. Marburg - Saldahlumer Str. 90, 3300 Braunschweig.

HERRMANN, Franz August

Dipl.-Kfm., Direktor, Mehrheitsgesellsch. Ges. f. Schiffahrt u. Handel mbH, Mülheim - Elsaßstr. 12, 4300 Essen 15 (T. 0201-46 17 66) - Geb. 12. Juni 1921 Bottrop, kath., verh. s. 1956 m. Ruth, geb. Buthe - Lehre Indutriekaufm.; Stud. Betriebsw. Univ. Köln (Dipl. 1954 m. Prädikat), danach Prüfungsleiter in e. Wirtschaftsprüfungsgesellsch. Ab 1956 Werftdir. u. ab 1958 zugl. Reedereidir., 1964 Vors. d. Geschäftsfg.; 1967 Mehrheitsges. u. Geschäftsf. Mitgl. Bewertungsaussch. b. Ausgleichsamt (Sachverst. f. Werften/Schiffbau u. eisenverarb. Betriebe); langj. Handelsrichter LG Duisburg - Liebh.: Sportfliegen (Privatpilotenlizenz VFR), Astron. - Spr.: Engl.

HERRMANN, Friedrich R.

Mitinh. u. Geschäftsführer, d. Fa. Gaenslen & Völter - Friedrich-Hermann-Str. 6, 7430 Metzingen - Geb. 4. Aug. 1935.

HERRMANN, von, Friedrich-Wilhelm

Dr. phil., Prof. f. Philosophie - Alban-Stolz-Str. 18, 7800 Freiburg/Br. - Geb. 8. Okt. 1934 Potsdam (Vater: Lic. theol. Wilhelm v. H., Pfarrer; Mutter: Johanna, geb. Krummacher), ev., verh. I) m. Arngard, geb. v. Winterfeld, Sohn Hans-Christian; II) m. Dr. Veronika Mueller-Osthaus - Stud. Berlin u. Freiburg; Promot. (1961) u. Habil. (1970) Freiburg - S. 1971 Doz. u. Prof. (1976) Univ. Freiburg; 1972-76 pers. Mitarb. Martin Heideggers; Mitgl. Fr. Dt. Hochstift, Dt. Schillerges., Martin-Heidegger-Ges. (Kurator), Schweiz. Ges. f. Daseinsanalyse; Wiss. Beirat d. Daseinsanalyse - BV: D. Selbstinterpr. M. Heideggers, 1964; Bewußtsein, Zeit u. Weltverständnis, 1971; Husserl u. d. Meditationen d. Descartes, 1971; Subjekt u. Dasein. Interpr. zu Sein u. Zeit, 2. A. 1985; Heideggers Philosophie d. Kunst, 1980; D. Begriff d. Phänomenol. b. Heidegger u. Husserl, 2. A. 1988; Hermeneut. Phänomenol. d. Daseins. E. Erläuterung v. Sein u. Zeit, 1. Bd. 1986; Weg u. Methode. Z. hermeneutischen Phänomenologie d. seinsgeschichtl. Denkens, 1990; Heideggers Grundprobleme d. Phänomenologie. Z. Zweiten Hälfte v. Sein u. Zeit, 1991; Augustinus u. d. phänomenologische Frage nach d. Zeit, 1992. Mithrsg.: Heidegger-Gesamtausg. letzter Hand; Heidegger-Studies; Kunst u. Technik. Gedächtnisschrift z. 100. Geb. v. Martin Heidegger (1989) - Bek. Vorf.: Friedrich Adolf Krummacher, Theologe u. Parabeldichter (1767-1845); Dr. jur. et med. Hermann v. Lucanus, Wirkl. Geheimer Rat u. Exzellenz, Chef d. Zivilkabinetts Kaiser Wilhelms II. (1831-1908).

HERRMANN, Günter

Dr. rer. nat., Dipl.-Chem., o. Prof. f. Kernchemie - Kehlweg 74, 6500 Mainz-Gonsenheim (T. 47 28 99) - Geb. 29. Nov. 1925 Greiz - S. 1962 (Habil.) Lehrtätigk. Univ. Mainz (1967 ao., 1968 o. Prof.). 1970-91 Mitgl. Wiss. Direktorium Ges. f. Schwerionenforschung. Zahlr. Fachveröff. - 1984 Korresp. Mitgl. Akad. d. Wiss. u. d. Lit. Mainz. 1987 Miller-Forsch.gastprof. Univ. Berkeley/Kalifornien; 1988 Preis f. Kernchemie d. Amerik. Chem. Ges.

HERRMANN, Günter

Dr. jur., Prof., Intendant SFB a. D. (1987-89) - Masurenallee 8-14, 1000 Berlin 19 - Geb. 31. März 1931 Leipzig (Vater: Dr. jur. Ernst H. †; Mutter: Johanna, geb. Schatte †), ev., verh. s. 1961 m. Ingrid, geb. Bernert, S. Arnd Günter - Thomassch. Leipzig; Reproduktionsfotogr., Techn. Kaufmann; Stud. d.

Rechtswiss. Univ. Tübingen, Bonn, Köln; Promot. 1961 ebd.; Habil. 1974 Mainz - 1961-71 Syndikusanwalt Westd. Rundfunk, 1971-86 Justitiar WDR; 1969-73 Lehrbeauftr. Univ. Bochum, s. 1974 Prof. f. öff. Recht Univ. Mainz. Fachmitgl.sch., dar. Inst. Urheber- u. Medienrecht, München; - BV: Johan Nikolaus Hert u. d. dt. Statutenlehre, 1963; Rundfunkgesetze, 1977 (2. Aufl.); Ferns. u. Hörfunk in d. Verfassung d. Bundesrep. Dtschl., ...1975; Org. d. Rundfunks 1948-62 (m. H. Brack u. H. P. Hillig).

HERRMANN, Hans Peter

Dr. phil., Prof. f. Neuere dt. Literaturgeschichte - Maximilianstr. 8, 7800 Freiburg/Br. - Geb. 21. April 1929 Weimar - Promot. 1955; Habil. 1967 - S. 1969 Wiss. Rat u. Prof., s. 1972 Prof. Univ. Freiburg - BV: Naturnachahmung u. Einbildungskraft - Z. Entw. d. dt. Poetik v. 1670 b. 1840, 1970; Friedrich Schiller: Kabale u. Liebe, 1983; Friedrich Schiller: Maria Stuart, 1989.

HERRMANN, Hans W.

Dr. med. dent., Prof. (entpflichtet 1979) - Am Hähnchen 13, 5300 Bonn 3 (T. 48 16 44) - Geb. 21. Aug. 1914 Berlin - S. 1963 (Habil.) Lehrtätigk. Bonn (1968 apl. Prof. f. ZMKheilkd.); 1986-89 Univ. Witten-Herdecke - Beirat DIN-NA Dental, Mitgl. ISO/TC 106, CEN/TC 55 (Chairman), FDJ/CDP; 1982 Ehrenmitgl. DGZPW u. Proth. Ges. d. Türkei. Üb. 100 Fachaufs.

HERRMANN, Hans-Joachim

Dr. jur., Kanzler Univ. Siegen - Hölderlinstr. 3, 5900 Siegen - Geb. 7. Okt. 1930.

HERRMANN, Hans-Joachim

Bundesrichter - Zu erreichen üb.: Bundesfinanzhof, Postf. 860240, 8000 München 86 - B. 1981 Richter FG Hamburg, dann BFH München.

HERRMANN, Hans-Volkmar

Dr. phil., em. o. Prof. f. Archäologie Univ. Köln - Tönneshofweg 20, 5000 Köln 40 - Geb. 18. Febr. 1922 Rostock - Promot. 1951, Habil. 1964 - S. 1952 Ausgrabungstätigk. (Türkei u. Griechenl.); 1956-59 Ref. in Athen; 1959-69 Assist. u. Privatdoz. in Tübingen; 1969 Prof. Univ. Regensburg; s. 1973 Univ. Köln - BV: Omphalos, 1958; Olymp. Forsch. VI, 1966; Olymp. Forsch. XI, 1979; Olympia, Heiligtum u. Wettkampfstätte, 1972; D. Funde aus Olympia (m. A. Mallwitz), 1980; D. Olympia-Skulpturen, 1987 - Mitgl. Dt. Archäol. Inst.

HERRMANN, Harald

Dr. jur., Univ.-Prof. f. Bürgerliches Recht, Handels- u. Wirtschaftsrecht Univ. Potsdam - August-Bebel-Str. 89, O-1590 Potsdam - Geb. 3. Mai 1944 Görlitz, Schlesien, ev. - Stud. Theol. u. Rechtswiss. Univ. Heidelberg, Göttingen, Kiel; Promot. 1971 Kiel; Habil. 1982 Bielefeld - 1970/71 Rechtsanwaltstätigk. in Kiel u. Paris; 1980-81 Wiss. Mitarb. Intern. Law Inst. Georgetown-Univ. Washington; s. 1982 Prof. Univ. Hamburg; s. 1985 Prof. Univ. Lüneburg; s. 1991 Prof. Univ. Potsdam - BV: D. Verhältnis v. Recht u. pietist. Theol. b. Christian Thomasius, 1971; Interessenverb. u. Wettbewerbsrecht, 1984; Kommentierungen im Heymann, Handelsgesetzb., Bd. 1-4 1989/90. Herausg.: Elemente erfolgreicher Untern.politik. Unternehmenskultur, Kundennähe u. Quasi-Eigenkapital (1989, m. Albers u. a.); Zur Lage d. Freien Berufe, Bd. 1/2 (1989). Ständiger Mitarb. d. Reihe Wirtschafts- u. Bankrecht - Liebh.: Querflöte, Tennis - Spr.: Engl., Franz., Lat., Griech., Hebr.

HERRMANN, Helmut

Dipl.-Ing. (FH), Direktor - 8069 Paunzhausen - Generalbevollm. d. Thüga AG, München; AR Erdgas Schwaben GmbH, Augsburg, Mittelfränkische Erdgas GmbH, Nürnberg, Energieversorgung Sylt - Stadtw. Westerland GmbH, Westerl., Erdgas Südbayern GmbH, München; VR Fränk. Gas-Lieferungs-Ges. mbH, Bayreuth; Beirat Energieversorgung Lohr-Karlstadt u. Umgebung GmbH, Karlstadt; Gesellsch.vers. Gasversorgung Unterfranken GmbH, Würzburg, Energieversorgung Selb-Marktredwitz GmbH, Selb.

HERRMANN, Helmut

Regisseur - Isoldenstr. 26, 8000 München 40 (T. 089-36 62 18) - Geb. 20. Sept. 1926 Berlin, ev., led. - Oberschule, 1943 Schauspielsch. b. Lydia Samonova, Berlin, 1952-56 Bühnenbild- u. Kostümstud. Hochsch. f. Bild. Künste, Berlin (b. Prof. Willi Schmidt), 1952-56 Regieassist. Volksbühne (Theater a. Kurfürstendamm, b. Prof. O. F. Schuh), Berlin, 1957-59 Regieassist. NDR, Hamburg - Ab 1960 eig. Fernsehinsz.: u.a. D. arme Matrose (Milhaud/Cocteau), Oper; Cliff Dexte (Serie); Werner Müllers Schlagermagazin (Unterhaltg.); E. verrücktes Paar; Sesamstraße; u.v.m. Theaterinsz.: D. liebe Familie, D. Fenster z. Flur - Liebh.: Kochen, Lesen - Spr.: Engl., Franz.

HERRMANN, Herbert

Schauspieler - Zu erreichen üb. ZDF, Postf. 4040, 6500 Mainz 1 - Geb. 1941 Bern (Schweiz) - Schriftsetzerlehre; Theatersch. - Bühne (Gigi u.a.) u. Ferns. (u.a. Showreihe: Herbert ist Herrmann).

HERRMANN, Horst

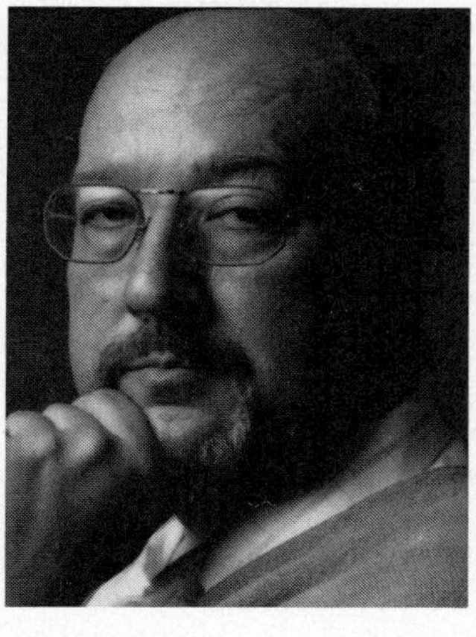

Dr. theol. (habil.), Prof. f. Soziologie Univ. Münster - Auf dem Esch 11, 4418 Nordwalde - Geb. 1. Aug. 1940 Schruns, verh. s. 1981 m. Dr. Barbara, geb. Freitag, 2 S. (Sebastian Alexander, Fabian Christopher) - 1959-64 Stud. kath. Theol. u. Rechtswiss. Tübingen, Bonn, München, Rom, Promot. 1960, Habil. 1970 Bonn - 1971ff. o. Prof. Univ. Münster (1974/75 Prodekan u. Dekan, 1981 Lehrst. f. Soziol.), Mitgl. dt. PEN-Zentrum - BV: Ecclesia supplet, 1968; D. Stellung unehel. Kinder nach kanon. Recht, 1971; D. priesterl. Dienst 1972; Kl. Wörterbuch d. Kirchenrechts f. Stud. u. Praxis, 1972; Ehe u. Recht, 1972 (auch portug.); E. unmoralisches Verhältnis - Staat u. Kirche in d. BRD, 1974; D. 7 Todsünden d. Kirche, 1976 (Nachwort von Heinr. Böll); Savonarola, 1977 (auch russ.); Ketzer in Deutschland, 1978; Zu nahe getreten. Aufs. 1972-78, 1979; Papst Wojtyla, 1983; Martin Luther, 1983; Vaterliebe, 1989; Stichwörter, Lyrik 1989; D. Angst d. Männer vor d. Frauen, 1989; D. Kirche u. unser Geld, 1990; D. Anti-Katechismus (m. K. Deschner), 1991; D. 7 Todsünden d. Kirche. E. Plädoyer gegen d. Menschenverachtung, 1992; Kirchenfürsten, 1992; Nicht nur aus Nächstenliebe, 1992 - Spr.: Engl., Franz., Ital. - Lit.: P. Rath (Herausg.), D. Bannbulle aus Münster o. Erhielte Jesus heute Lehrverbot?, 1976.

HERRMANN, Ingo

Erster Kriminalhauptkommissar a.D., Ehrenvorsitzender Bund Dt. Kriminalbeamter (BDK) - Saalower Str. 44a, 1000 Berlin 49 (T. 030 - 744 74 91) - Geb. 16. Jan. 1931 Berlin (Vater: Erwin H., Reichsbankoberinsp.; Mutter: Erna, geb. Janson), ev., verh. m. Ingrid H., geb. Cranz, 2 Kd. - Mittl. Reife; 1947-51 Lehre Fernmeldemonteur - S. 1951 Polizei Berlin (1959 Kripo). 1968 Mitbegründ. BDK-LV Berlin, 1969 Bundesgeschäftsf., 1977-90 Bundesvors., 1970-74 Vors. Personalrat Berliner Kripo, 1975-89 Vors. Personalrat Dir. f. Spezialaufg. d. Verbrechensbekämpf. Berlin, 1991 Geschäftsf. Initiative Schutz vor Kriminalität e.V. - 1981 BVK am Bde., 1991 BVK I. Kl.

HERRMANN, Joachim

Dr. jur., LL.M., o. Prof. f. Strafrecht u. -prozeßrecht Univ. Augsburg (s. 1972) - Gerstenstr. 26, 8902 Ottmarshausen/Schw. - Geb. 31. Jan. 1933 Berlin - Univ. Heidelberg, Basel, Freiburg, New Orleans (LL.M.). Promot. 1959 Freiburg; Ass.ex. 1963 Stuttgart - BV: D. Anwendbarkeit d. polit. Strafrechts auf Deutsche im Verhältnis zw. d. BRD u. d. DDR, 1960; D. Reform d. dt. Hauptverhandlung nach d. Vorbild d. angloamerik. Strafverfahrens, 1971.

HERRMANN, Jobst

Dr.-Ing., Prof. - Steinhalde 10, 7080 Aalen 15-Dewangen - Geb. 7. Mai 1932 Beuthen - 1969 stv., dann o. Vorst.-Mitgl. Pittler Maschinenfabrik AG., Langen; 1976 Vorst.-Mitgl. Carl Zeiss, Oberkochen. S. 1965 (Habil.) Privatdoz. u. apl. Prof. (1970) TH Aachen (Grundl. d. Fertigungsplanung u. -steuerung u. Prod.verf. d. Feinwerktechnik). Fachaufs. - Spr.: Engl., Span. - Rotarier.

HERRMANN, Karl

Dr. rer. nat., Apotheker, Lebensmittelchemiker, em. o. Prof. f. Lebensmittelchem. Univ. Hannover (s. 1969) - Kansteinweg 3, 3000 Hannover 21 - Geb. 12. Febr. 1919 Leipzig (Vater: Willy H., Arch.; Mutter: Anna, geb. Fink), ev., verh. s. 1950 m. Maria, geb. Schulze, T. Gloria - Stud. d. Chem., Pharmazie, Lebensmittelchem. Univ. Leipzig u. Halle - 1954-58 Doz. Univ. Halle; 1959-69 Leit. chem. Untersuchungsstellen Hannover u. Stuttgart - BV: Obst, Obstdauerwaren u. -erzeugnisse, 1966; Gemüse u. Gemüsedauerwaren, 1969; Tiefgefrorene Lebensmittel, 1970 (span. Ausg. 1976); U. tägl. Nahrung, 1972; Exotische Lebensmittel, 1983, 2. A. 1987 - Spr.: Engl.

HERRMANN, Klaus

Dr. rer. nat., o. Prof. f. Mechanik Univ. Paderborn - Scherfeder Str. 68, 4790 Paderborn/W. - Geb. 20. Mai 1937 Königszelt - Stud. Physik Univ. Halle-Wittenberg. Promot. 1964; Habil. 1969 - 1973 Privatdoz. Univ. Karlsruhe, 1974 Doz. Univ. Karlsruhe, 1975 apl. Prof. Univ. Karlsruhe - 1975-77 Lehrstuhlvertr. Univ. Karlsruhe, s. 1977 o. Prof. f. Techn. Mechanik Univ. Paderborn - BV: Fracture of Non-Metallic Materials (m. L. H. Larsson), 1987, Thermal Effects in Fracture of Multiphase Materials (m. Z. Olesiak), 1990 Fachveröff. - 1981 Mitgl. Acad. of Sciences, New York.

HERRMANN, Klaus J.

Assoc. Professor of Political Science Concordia University (s. 1965) - 25 Henley Avenue, Ville Mont Royal, P.Q., Montreal (Kanada) - Geb. 21. Juli 1929 Cammin/Pom., jüd., verh. s. 1965 m. Shirley, geb. Mackie - Univ. Minnesota/USA (B. A. 1954, M. A. 1958, Ph. D. 1960) - 1948-52 u. 1954-57 Militärdst. USA; 1960-62 Lecturer Univ. Maryland (European Division); 1963-65 Assistant Prof. American Univ. Washington D.C. (School of Governement and Public Administration). Wiss. Veröff.

HERRMANN, Konrad

Prof. Univ.-GH Essen, öfftl. best. Sachverständiger - Henri-Dunant-Str. 91, 4300 Essen 1 - Geb. 30. Dez. 1917 Berlin (Vater: Arzt), ev., verh. s. 1944 m. Astrid, geb. Schild - Veröff. - Spr.: Engl., Ital.

HERRMANN, Ludwig

Dr. rer. techn., Dipl.-Landw., Techn. Direktor Vorstandsmitgl. Württ. Milchversorgung SÜDMILCH AG., Geschäftsf. Milei GmbH. u. Südmilch-Eiskremwerk GmbH. - Steinenbergstr. 2, 7410 Reutlingen - Geb. 13. Jan. 1906 Gönningen/Württ. (Vater: Ludwig H., Landw.; Mutter: geb. Haubensak), verh. 1934 m. Berta, geb. Eisenlohr - Stud. Hohenheim, Wangen, Danzig.

HERRMANN, Manfred

Dr. rer. nat., Prof. f. Mathematik Univ. Köln - Endenicher Allee 7, 5300 Bonn 1 (T. 63 71 67) - Geb. 14. Nov. 1932 Königszelt, ev., verh. s. 1961 - Univ. Halle (Dipl. 1956, Promot. 1958, Habil. 1963) - 1966 Prof. Univ. Halle; 1970 Prof. Univ. Berlin; 1979 Prof. Univ. Köln - BV: Geometrie auf Varietäten, Lehrb. (m. and.) 1975; Theorie d. normalen Flachheit, Monogr. (m. and.) 1977; Equimultiplicity and Blowing up, Monogr. (m. and.) 1988 - Mitgl. Dt. Akad. d. Naturforscher Leopoldina.

HERRMANN, Oskar

Dr. rer. nat., Prof., Mathematiker - Zeppelinstr. Nr. 100, 6900 Heidelberg - Geb. 21. März 1928 Heidelberg - Promot. 1953; Habil. 1962 - S. 1965 Doz. u. Prof. Univ. Heidelberg (1968 apl. Prof.; 1973 Wiss. Rat u. Prof.). Facharb.

HERRMANN, Peter

Dr. phil., em. o. Prof. f. Alte Geschichte Univ. Hamburg - Am langen Sal 6, 2110 Buchholz/Nordheide (T. 62 19) - Geb. 22. Mai 1927 Reichstadt/Böhmen - S. 1967 (Habil.) Privatdoz. u. Ord. (1968) Univ. Hamburg. Fachveröff.

HERRMANN, Reimer

Dr. rer. nat., o. Prof. f. Hydrologie Univ. Bayreuth - Deubzerstr. 9, 8580 Bayreuth.

HERRMANN, Reinhold G.

Dr. phil., Prof. f. Botanik Univ. Düsseldorf (s. 1971) - Orthstr. 21, 8000 München 60 - Geb. 24. Okt. 1939 Warmensteinach - Promot. 1965 Wien; Habil. 1970 Heidelberg - 1965-71 Wiss. Assist. MPI f. Pflanzengenetik Ladenburg; 1971-82 Wiss. Rat u. Prof., 1982-85 Dir. Inst. Botanik IV Univ. Düsseldorf; 1985 Vorst. Inst. Botanik I Ludwig-Maximilians-Univ. München. Facharb.

HERRMANN, Richard

Dr. med., Prof. f. Hämatol. u. Onkologie FU Berlin, Internist - Schweinfurthstr. 23A, 1000 Berlin 33 (T. 030 - 30 35 22 42) - Geb. 18. Sept. 1947, ev., verh. s. 1971 m. Christine, geb. Willburger, 2 S. (Axel, Thomas) - Gymn. Heidelberg, Mosbach, Windsbach; Univ. Heidelberg, Promot. 1973; FLEX 1979 Boston; Habil. 1985 Heidelberg; 1977-79 Clinical Research Fellow Buffalo, N. Y. - 1978 u. 79 RPMI Fellow Award; 1985 Farmitalia Carlo Erba Preis.

HERRMANN, Siegfried

Dr. theol. (habil.), Dr. phil., o. Prof. f. Altes Testament - Paracelsusweg 14, 4630 Bochum-Querenburg (T. 70 17 75) - Geb. 15. Mai 1926 Dresden - 1960 Doz. Humboldt-Univ. Berlin; 1966 Ord. Univ. Bochum - BV: Unters. z. Überlieferungsgestalt mittelägypt. Literaturwerke, 1957; D. prophet. Heilserwartungen im Alten Testament - Ursprung u. Gestaltwandel, 1965; Gesch. Israels in alttestamentl. Zeit, 1973, 2. A. 1980; Bibl. Komm. Altes Testament: Jeremia, in Lfg. ab 1986 - S. 1973 Mitgl. Rhein. Westf. Akad. d. Wiss. Düsseldorf; s. 1980 Präs. v. Cansteinsche Bibelanstalt; 1983/84 Fellow Inst. f. Advanced Studies Hebr. Univ. Jerusalem.

HERRMANN, Ulrich

Dr. phil., Prof., Pädagoge u. Historiker - Engelfriedshalde 101, 7400 Tübingen 1 (T. 07071 - 6 18 76) - Geb. 7. Nov. 1939 Velbert/Rhld., verh. m. Eva-Marie, geb. Bruhn, 1 Tocht. - 1960-68 Stud. Univ. Heidelberg u. Köln. Promot. 1968 Köln -

S. 1975 (Habil.) Lehrtätigk. Univ. Tübingen (Prof. f. Allg. u. Histor. Päd., Inst. f. Erziehungswiss. I) - BV: W. Dilthey, Bibliogr. 1969; D. Päd. W. Diltheys, 1971; Gesch. d. Kindheit, Jugend u. Familie, Bibliogr. 1980. Historische Bildungsforsch. u. Sozialgeschichte d. Bildung, 1991. Herausg. v. päd. Quellenschriften: F.H.C. Schwarz (1968); A.H. Niemeyer (1971); W. Dilthey (1972); E.Chr. Trapp (1977); HB d. Frauenbewegung (5 Bde., 1901-6) (1980); W. Flitner, Ges. Schriften (1982ff.); Gött. Magazin f. Industrie u. Armenpflege (6 Bde., 1789-1803) (1982); Materialien z. Gött. Mag. (1983); E. Key (1992); S. Bernfeld, Sämtl. Werke (1992ff.). Herausg.: W. Dilthey, Ges. Schriften, Bde. XV-XVII (1970-74); H. Gerth, Bürgerl. Intelligenz um 1800 (1935) (1976); Hist. Päd. (1977); Schule u. Ges. im 19. Jh. (1977); Univ. heute (m. A. Flitner, 1977); Campe, Allg. Revision (16 Bde., 1785-92) (1979); J. Gillis, Gesch. d. Jugend (übers. m. L. Roth, 1980); D. Päd. Jh. Volksaufklärung im 18. Jh. (1981); D. Bildung d. Bürgers. D. Formierung d. bürgerl. Ges. im 18. Jh. (1982); Bibliogr. d. dt. erz. wiss. Hochschulschriften 1885-1945 (m. G. Friederich, 1983); H.-H. Groothoff, Ges. Abh. 1957-1985 (m. Chr. Berg u. K. Stratmann, 1985); D. Formung d. Volksgenossen. D. Erziehungsstaat d. 3. Reiches (1985); Aufklärung als Politisierung - Politisierung d. Aufklärung (m. H.E. Bödeker, 1987); Neue Erziehung - Neue Menschen. Erz.- u. Bildungsreform zw. Kaiserreich u. Diktatur (1987); Üb. d. Prozeß d. Aufklärung in Dtschl. im 18. Jh. (m. H.E.Bödeker, 1987); Päd. u. Nationalsozialismus (m. J. Oelkers, 1988); F. Bluche, Frankr. z. Zeit Ludwigs XVI (übers. u. hg. m. E. M. Herrmann, 1989); Franz. Revolution u. Päd. d. Moderne (m. J. Oelkers, 1989). Mithrsg.: Ztschr. f. Päd. (1974ff.); Handb. d. dt. Bildungsgeschichte (1987ff.). Üb. 120 Fachveröff. z. Allg. u. Hist. Päd. v. 18. Jh. b. z. Gegenwart - 1976-84 Gutachter u. Aussch.-Vors. bei d. DFG.

HERRMANN, Wolfgang Anton

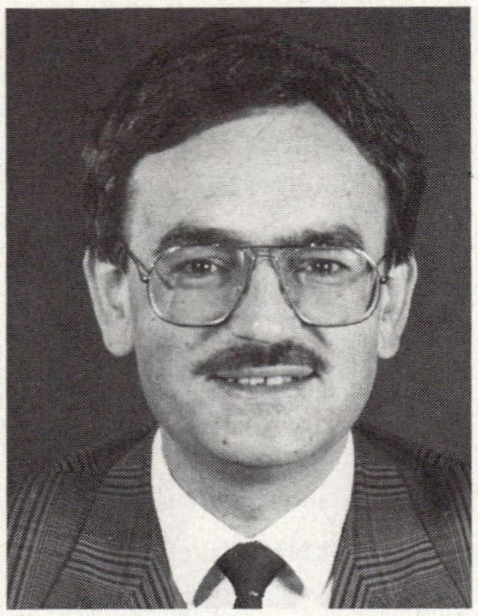

Dr. rer. nat., Dr. h. c., Prof. f. Anorgan. Chemie TU München - Lichtenbergstr. 4, 8046 Garching (T. 086 - 3209-3080-3082) - Geb. 18. April 1948 Kelheim (Vater: Ferdinand H., Rektor; Mutter: Maria, geb. Ritter), kath., verh. s. 1986 m. Freya, geb. Wawarta, 5 Kd. (Florian, Isabel, Ursula, Katharina, Maria) - 1967-71 TU München (Chemie; Ex. 1971), Promot. 1973 Univ. Regensburg, Habil. 1978 ebd. - S. 1979-81 Prof. Univ. Regensburg; 1982-84 Prof. Univ. Frankfurt/M. (Lehrst. f. Anorgan. Chemie); s. 1985 Ord. TU München. S. 1984 Fachgutachter Anorg. Chem. Alexander v. Humboldt-Stiftg. Gastprof. Univ. Bordeaux, Toulouse, Rennes - Üb. 300 Veröff. z. Metallorgan. Chemie. Mithrsg. Polyhedron u. Journal of Organometallic Chemistry (s. 1986) - 1979 Chemie-Preis Göttinger Akad. d. Wiss.; 1979-84 Winnacker-Stip.; 1982 Otto Klung-Preis Berlin; 1986 Leibniz-Forschungspreis d. DFG; 1988 Karl Ziegler-Gastprof. MPI Mülheim/R.; 1989 Alexander von Humboldt-Preis f. d. dt.-franz. Zusammenarb.; 1990 Otto-Bayer-Preis; s. 1990 korr. Mitgl. Akad. Wiss. u. Lit. Mainz; 1990 Ehrendoktor Univ. Lyon/Frankr. 1992 Sammet-Professor d. Univ. Frankfurt - Liebh.: Musik - Spr.: Engl.

HERRMANN, Wolfgang S.

Dr. phil., Dipl. Psych., Prof. f. Didaktik d. Dt. Sprache u. Lit. Univ. Frankfurt/M. (s. 1975) - Homburger Str. 60a, 6365 Rosbach 1 - Geb. 3. Mai 1944 Görlitz/Neiße (Vater: Siegfried H., Offz.; Mutter: Ingeborg, geb. Weichert), ev., verh. s. 1966 m. Hannelore, geb. Hildebrandt, 2 Kd. (Christoph, Maike) - Gymn. Ratzeburg; Univ. Kiel, Heidelberg, Mannheim, Erlangen (German.), Gießen (Psych.), Frankfurt (Med.) - 1968-71 Gymnasiallehrer; 1971-75 Hochschulassist.; 1987 Psychotherapeut - BV: D. Leib- u. Seele-Problem in Gottfrieds Tristan, 1971 (Diss.); Situation u. Norm, 1976 (Habil.schr.); Kontrastive Aufsatzdid., 1978; D. Tenniskrankh., 1979; Standardsituationen, 1984; D. Sprachentw. v. Kindern m. Lippen-Kiefer-Gaumenspalten, 1987 - Spr.: Engl., Franz.

HERRMANN-TOGO, Günter

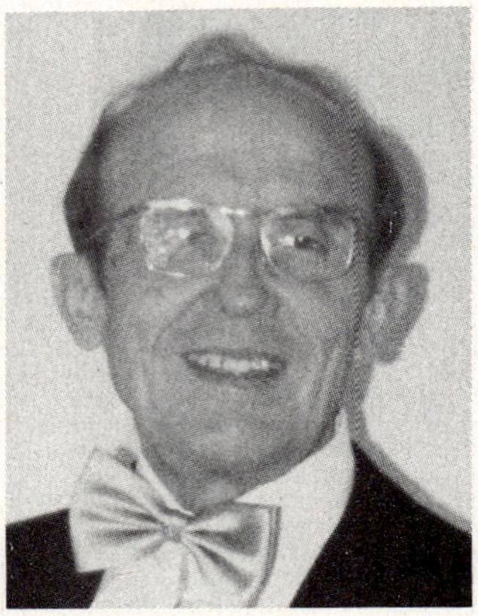

Publizist, Generaldirektor Togo-Service S.A.R.L., Import-Export, Lomé/Rep. Togo, Präs. Dt.-Togoles. Ges./Soc. Allemande-Togolaise (s. 1972), Mitgl. GEMA (s. 1989) - Marbacher Str. 19, 7140 Ludwigsburg/Württ. (T. 07141 - 5 52 63) - Geb. 31. Dez. 1916 Breslau (Vater: Erich H., Beamter; Mutter: Selma, geb. Schmidt), kath., verh. s. 1949 m. Herta, geb. Schöniger, S. Günter - N. Abit. kaufm. Ausbild. - Bauherr d. gemeinn. Herzog Adolf Friedrich-Zentrum (Deutsches Haus) in Lomé, Republik Togo, Westafrika - S. 1963 freischaff. - BV: Togo-Lieder, 1984; Heimat- u. Seemannsliederb., 1988. Liedermacher: Zahlr. Lieder, car. Wo d. Meer rauscht, D. Seemann liebt sein Hamburg, Auf Helgoland da bin ich geboren, Ein jeder Seemann liebt das Abenteuer, Helgoländer Mädchen u.a. - L'Ordre de la Milice du Saint-Sépulcre Protectorat Byzantin; L'Ordre Dynastique de Saint Sava de Serbie; VO. d. SAT in Gold - Spr.: Franz.

HERRSCHAFT, Hans

Wirtschaftsberater, freier Publizist (Spez. Südostfragen) - Glockenblumenstr. 36, 8000 München 45 (T. 351 41 10) - Geb. 10. Okt. 1919 Guttenbrunn/Banat (Vater: Johann H., Landw. †; Mutter: Elisabeth, geb. Lukhaup †), verh. m. Gertrud, geb. Mergl, 2 Kd. (Hagen Hans, Journ., Agnes Gertrud, Dipl.-Psych.) - Stud. Staatswiss., Volksw., Gesch. Univ. Breslau u. Berlin - Zahlr. Veröff., u.a. üb. Nationalitätenfragen in: Neuland (Salzburg), Neue Politik (Hamburg) - Spr.: Franz., Rumän. - Lit.: B. Engelmann: 66 Zeitgenossen, 1968; Erich Kuby: Sein Freund, d. Herr Minister; Ulrich Sonnemann: D. Land d. unbegrenzten Zumutbarkeiten; Brockhaus u. Meyer's Enzyklopädie (Stichwort: Banat).

HERSCHLEIN, Hans-Joachim

Dr. med., Prof., Chefarzt Geburtshilfl.-Gynäkolog. Abteilung/Marienhospital Stuttgart - Am Bopserweg 24, 7000 Stuttgart 1 - Geb. 13. März 1937 Freudenstadt - Promot. (1962) u. Habil. (1969) Tübingen - 1974 ff. apl. Prof. Univ. Tübingen (Frauenheilkd. u. Geburtsh.) - BV: D. antiproteolyt. Therapie generalis. u. lok. Störungen d. Blutgerinnung in Geburtsh. u. Gynäk., 1970. Üb. 40 Einzelarb.

HERTEL, Eckard

Dr. med. (habil.), Chefarzt Orthopäd.-u. Unfallabteilung/Eduardus-Krankenhaus, Köln, apl. Prof. f. Orthop. Univ. Münster/W. - Custodisstr. 3-17, 5000 Köln 21.

HERTEL, Georg

Dipl.-Psych., Prof. f. Päd. Psychologie PH Karlsruhe - Ostpreußenstr. 9, 7500 Karlsruhe-Wettersbach.

HERTEL, Ingolf Volker

Dr. rer. nat., o. Prof. (C 4) Fak. f. Physik Univ. Freiburg (s. 1986) - Hermann-Herder-Str. 3, 7800 Freiburg - Geb. 9. Juni 1941 Dresden, ev., verh. s. 1965 m. Erika, geb. Schneppat, 4 Kd. (Tobias, Ivonne, Melanie, Cornelia) - Ing. (grad.) 1963 Lübeck; Dipl.-Phys. 1967 Freiburg; Promot. 1969 ebd. - 1970-78 Wiss. Rat bzw. Abt.vorst. u. Prof. Univ. Kaiserslautern; 1978-86 o. Prof. FU Berlin. Wesentl. wiss. Beitrag: Einf. v. Lasern für d. Stud. Atomarer u. Molekularer Stoßprozesse, Clusterphysik - Mitgl. in Fachvereinig. Editor in Chief; Z. Phys. D (Atoms, Molecules and Clusters) - Spr.: Engl., Franz.

HERTEL, Ludwig

Dr. rer. nat., Prof. f. Lagerstättenforschung u. Rohstoffkd. TU Berlin (s. 1971) - Hohenzollerndamm 53, 1000 Berlin 33 (T. 824 31 53) - Geb. 4. Mai 1926 Melsungen (Vater: Prof. Eduard H.; Mutter: Lieselotte, geb. Friedrichs), verh. s. 1960 m. Marie-Luise, geb. Haugk, 2 Kd. (Sabine, Susanne) - Stud. d. Geologie u. Mineralogie Univ. Bonn u. Kiel; Promot. 1958 Bonn - 1959-71 wiss. Assist. u. Akad. Rat (1968). Fachmitgl.sch.

HERTEL, Rainer

Dr., o. Prof. f. Molekularbiologie Univ. Freiburg (s. 1969) - Wintererstr. 35, 7800 Freiburg/Br. (T. 3 54 74).

HERTERICH, Günter

Historiker, MdB (Wahlkr. 62/Köln IV) - Graf-Gessler-Str. 8, 5000 Köln 21 (T. 81 72 71) - Geb. 15. Juni 1939 - 1975 MdL Nordrh.-Westf. SPD.

HERTING, Andreas

Dr., Hauptgeschäftsführer Industrie- u. Handelskammer für d. Pfalz - Ludwigspl. 2/3, 6700 Ludwigshafen (T. 0621 - 59 04-1 10) - Geb. 20. April 1941 Berlin, kath., verh. s. 1969 m. Hildegard Berges, 2 Kd. (Elisabeth, Christoph) - 1961-67 Stud. Rechts- u. Wirtschaftswiss. FU Berlin; Dipl.-Kfm. 1967, Promot. (Dr. rer. pol.) 1970 FU Berlin - 1968-70 Fak.assist. WiSo-Fak. FU Berlin; 1971-86 IHK f. Augsburg u. Schwaben in versch. Positionen, zul. Geschäftsf. - Spr.: Engl., Franz., Ital.

HERTL, Michael

Dr. med., Prof. Univ. Heidelberg, em. Chefarzt Kinderklinik Krankenhaus Neuwerk - Schwogenstr. 101, 4050 Mönchengladbach 1 - Geb. 5. Juli 1926 Neuss (Vater: Michael H., Beamter; Mutter: Anna, geb. Imberger), kath., verh. s. 1955 m. Dr. Renate, geb. Diekmann, 4 Söhne (Sebastian, Stefan, Michael, Martin) - Univ. Heidelberg. Promot. 1952, Habil. 1964 - S. 1970 Prof. Vorst. Dt. Leukämie-Forsch.hilfe, Vors. Beirat Kind-Philipp-Stiftg. f. Leukämieforsch., Mitgl. wiss. Beirat Dt. Ges. f. Sozialpädiatrie u. Aktionskomitee Kind im Krankenhaus - BV: D. Gesicht d. kranken Kindes, 1962; D. Wirkung d. Brille, 1965; Zytochemie d. Zellen d. akuten Leukose, 1966; Kinderheilkd. u. Kinderkrankenpflege f. Schwestern, 1968, 7. A. 1989 (auch span.); Mutter u. Kind, 1968; D. chron.-kranke Kind in d. Schule, 1968; Päd. Differentialdiagnose, 1977 (auch span., ital., portug., poln.), 2. A. 1986 (auch russ.); Gastarbeiterkinder in d. Bundesrep. Deutschl. zw. Integration u. Sonderstatus, 1978; D. Gesicht d. Kranken, 1980; m. R. Hertl: Laokoon, 1968; Kranke u. behinderte Kinder in Schule u. Kindergarten, 1979; D. kranke Kind, 1981, 3. A. 1991. Zahlr. Fachveröff. in Handb. u. Ztschr., 230 Aufs.; Herausg. u. Mithrsg.: Ergebnisse päd. Onkol. - 1987 Ehrenmed. f. Verdienste um d. Kinderkrankenpflege Dt. Ges. Sozialpädiatrie; 1989 BVK; Ehrenmitgl. Ges. f. Pädiatische Onkologie u. Hämatologie; Ehrenpräs. Förderverein Kinderklinik Neuwerk.

HERTLEIN, Jürgen

Direktor Dt. Blindenstudienanstalt - Am Schlag 8, 3550 Marburg 1 (T. 06421 - 60 61 01) - Geb. 23. März 1942 Mannheim, verh., 3 Kd. - Abit.; Sonderschullehrerausb. - B. 1978 Dir. Blindeninstitutsstiftg. Würzburg, dann Dir. s.o.; stv. Landesvors. Dt. Paritát. Wohlfahrtsverb.; Geschäftsführer Arbeitsgem. d. Blindenhörbüchereien - Veröff. in in- u. ausl. Ztschr. z. Blindenwesen - Spr.: Engl.

HERTLER, Günther

Prof., Hochschullehrer - Neufferstr. 5, 7145 Markgröningen/Württ. - Gegenw. Prof. f. Franz. PH Ludwigsburg.

HERTRAMPF, Jürgen G.

Direktor, Mitgl. d. Geschäftsfg. CEBAL Verpackungen GmbH & Co. KG - Schweinauer Hauptstr. 80, 8500 Nürnberg; priv.: Grünangerweg 26, 8501 Burgthann-Grub - Geb. 14. März 1940 - Stud. Braunschweig (Maschinenbau) u. München (Betriebsw.).

HERTSCH, Bodo-Wolfhard

Dr. med. vet., Prof. f. Allg. Chirurgie, Pferdekrankheiten, Röntgenol. u. Hufbeschlag Tierärztl. Hochsch. Hannover - Burgwedeler Str. 85, 3004 Isernhagen 2 (T. 0511 - 73 81 45) - Geb. 27. Juni 1943 Potsdam (Vater: Kurt H., Architekt; Mutter: Elfriede, geb. Thaermann), ev., verh. s. 1971 m. Ingrid, geb. Banning, 2 Kd. (Claudia, Florian) - 1963-68 Stud. Berlin, Promot. 1970, Habil. 1982 - 1973 Fachtierarzt f. Pferde; 1979 Tierarzt f. Chir.; Prof. Klinik f. Pferde Tierärztl. Hochsch. Hannover - BV: Angiograph. Unters. an d. Extremitäten b. Pferd, 1983; Anatomie d. Pferdes, 1984. Herausg. Zentralblatt Pferd (1984).

HERTWECK, Friedrich

Dr. rer. nat., Direktor am MPI f. Plasmaphysik, Garching, Honorarprof. f. Informatik TU München (s. 1973) - Fuchsweg 24, 8011 Baldham - Geb. 27. Nov. 1930.

HERTZ, H. Gerhard

Dr. rer. nat., em. o. Prof. f. Physikal. Chemie - Str. d. Roten Kreuzes 45, 7500 Karlsruhe-Bergwald - Geb. 13. Juni 1922 Hamburg - S. 1960 (Habil.) Lehrtätigk. Univ. Münster (ao. Prof.) u. TH bzw. Univ. Karlsruhe (1965 o. Prof. u. Dir. Inst. f. Physikal. Chemie u. Elektrochemie). Emerit. 1990 - Fachveröff.

HERTZ-EICHENRODE, Albrecht

Dipl.-Kfm., Vorstandsvorsitzender HANNOVER Finanz GmbH - Leisewitzstr. 37b, 3000 Hannover 1 (T. 0511 - 280 07 13) - Geb. 29. Mai 1944 Kaiserdorf/Westpr., verh. s. 1973 m. Ursula, geb. Oldenheimer, 2 Kd. (Julia-Elgin, Goetz-Timo) - 1964-66 Univ. Bonn, 1966-67 Iowa Wesleyan College, Mt. Pleasant/USA (B.A.); 1967-68 Inst. Univ. de Hautes Etudes Intern., Genf

(License) - 1969-74 Management Consultant A. T. Kearney GmbH, Düsseldorf; 1975-79 Controller Bong Mining Co., Monrovia/Liberia; s. 1979 Vorst. (1987 Vors.) HANNOVER Finanz - Spr.: Engl., Franz.

HERTZ-EICHENRODE, Dieter

Dr. phil., Prof. f. Neue Geschichte - Gerdsmeyerweg 5b, 1000 Berlin 42 - Geb. 18. Sept. 1932 Dabrowo - Promot. 1957 - S. 1971 (Habil.) Privatdoz. u. Prof. (1971) FU Berlin - BV: Politik u. Landw. in Ostpr. 1919-30, 1969; Wirtschaftskrise u. Arbeitsbeschaff. Konjunkturpolitik 1925/26 u. d. Grundlagen d. Krisenpolit. Bünings, 1982.

HERTZ-EICHENRODE, Wilfried

Journalist - Am Reisenbrook 14a, 2000 Hamburg 67 - Geb. 1920 - U.a. 1981-85 Chefredakt. DIE WELT.

HERTZER, Heinrich Siegfried

Dipl.-Ing., Generalbevollmächtigter - Hersbrucker Str. 32, 8500 Nürnberg 30 - Geb. 17. Okt. 1919 Baden-Baden (Vater: Dr. jur. Werner H., Rechtsanw. u. Nt.; Mutter: Mathilde, geb. Hilgenstock), ev., verh. s. 1958 m. Ilse, geb. Heyde, 1 Kd. (Dominique) - 1946-49 TH München (Dipl. f. Hochfrequenz- u. Fernmeldetechnik) - S. 1950 Dominit-Werke, Hoppecke (Entwicklungsing.), Koch & Sterzel, Essen (1951; Entw.ing. u. Vertriebsleit.), AEG, Bad Cannstatt (1956; stv. Vertriebschef), SEL, Nürnberg (1957; Vertriebsleit., 1960 Dir., 1965 Marketingleit., 1978 Generalbevollm.) - Liebh.: Elektroakustik, Fotogr. - Spr.: Engl., Ital., Franz. - Patent: Spezialtransformator (1950).

HERWARTH von BITTENFELD, Hans-Heinrich

Staatssekr. a. D. - Schloss, 8643 Küps - Geb. 14. Juli 1904 Berlin (Vater: Hans Richard H. v. B., Major a. D.; Mutter: Ilse, geb. v. Tiedemann), ev., verh. s. 1935 m. Elisabeth, geb. v. Redwitz, T. Alexandra, verehel. Marchl - Gymn. Berlin; 1922-24 prakt. Tätigk. Orenstein & Koppel AG u. Dt. Erdöl-AG; Univ. ebd., Breslau, München (Rechtswiss. und Nat.ök.) - 1926 jurist. Vorbereitungsdst. München (AG), 1927 Eintritt AA Berlin (1929 Diplomat.-konsular. Prüf.), 1930 Dt. Botschaft, Paris, 1931-39 Attaché u. Legationssekr. Dt. Botschaft Moskau, 1939-45 Wehrdst. (zul. Rittm. d. R.), 1945-49 Oberreg.rat, Reg.dir. (1946) u. Min.rat (1949) Bayer. Staatskanzlei, München, danach Leit. Arbeitsstab Protokoll Bundeskanzleramt, Bonn, 1950 Min.dirig., 1951-55 Chef Protokoll AA ebd. (1952 Gesandter), 1955-61 Botschafter Großbritannien, 1961-65 Staatssekr. u. Chef Bundespräsidialamt, 1965-69 Botschafter Ital. Republik, 1969-71 Vors. Kommiss. z. Reform d. Auswärt. Dienstes, 1969-77 Präs. Goethe-Inst. z. Pflege d. dt. Sprache u. Kultur im Ausl., München. B. 1977 AR-Vors. Dt. Unilever GmbH u. Union Dt. Lebensmittelwerke GmbH; Präs. Internat. berat. Komité z. Rettung Venedigs; b. 1990 Vors. Arbeitskr. Venedig d. Dt. Unesco-Komm. - BV: Zwischen Hitler u. Stalin, Erinn. 1931-45, 1982 (dt. Taschb.Ausg. 1985); Von Adenauer zu Brandt, 1990 - Großkreuz Victoria-Orden; Gr. BVK m. Stern u. Schulterbd.; Bayer. VO; 1989 Ehrenbürger d. Univ. Augsburg - Liebh.: Kunst - Spr.: Engl., Franz., Ital., Russ.

HERWIG, Oscar

Konsul, Kaufmann, Gesellschafter Röhlig & Co., Hamburg/Bremen (s. 1955) - Elbblöcken 10, 2000 Hamburg 52 (T. Büro: 31 10 10) - Geb. 29. Okt. 1912 - S. 1933 Röhlig - 1965 Honorarkonsul d. Rep. Senegal.

HERZ, Albert

Dr. med., Prof. f. Pharmakologie u. Toxikol. - Joseph-Haas-Weg 28, 8000 München-Pasing(T. 88 64 31) - Geb. 5. Juni 1921 Sonthofen/Allg. - S. 1959 (Habil.) Lehrtätigk. Univ. München (1967 apl. Prof.), Direktor Max-Planck-Inst. f. Psychiatrie, München.

HERZ, Hanns-Peter

Staatssekretär a.D., fr. Journalist - Onkel-Bräsigstr. 16, 1000 Berlin 47 - Geb. 21. Juni 1927 Berlin - FU Berlin (Rechtswiss.) - B. 1964 RIAS Berlin (Kommentator), dann Senat Berlin (1967 Senatssprecher, Chef Senatskanzlei); b. 1985 Bezirksstadtrat f. Bauwesen u. stv. Bürgerm.; s. 1986 RIAS Berlin.

HERZ, Peter

s. Herz Hanns-Peter

HERZ, Thomas

Dr. rer. pol., Prof. f. Soziologie u. Empir. Sozialforsch. Univ.-GH Siegen - Alteburger Str. 329 c, 5000 Köln 51 - Geb. 20. April 1938 Norrköping/Schweden - 1980 Gastprof. Europ. Hochschulinst. Florenz; 1983/84 Univ. of Houston, Texas, USA. 1983 Forsch.-Aufenthalt am Maison des Sciences de l'Homme, Paris - BV: Soziale Bedingungen f. Rechtsextremismus in d. Bundesrep. Dtschl. u. in d. Vereinigten Staaten, 1975; Europa in d. öfftl. Meinung, 1978; Berufl. Mobilität in d. Bundesrep., 1979; Klassen-Schichten-Mobilität, 1983; Social Mobility, 1986.

HERZBERG, Joachim-Johann

Dr. med., Prof., Direktor Dermatol. Klinik - Städt. Krankenanstalten, St.-Jürgen-Str., 2800 Bremen - Geb. 9. Juli 1914 Berlin (Vater: Richard H., Apotheker; Mutter: Marie, geb. Puhlschneider), verh. m. Brunhild, geb. Christoph, 2 Kd. (Angela, Michaela) - S. 1949 (Habil.) Privatdoz. u. apl. Prof. (1955) Univ. Hamburg (zul. Oberarzt Hautklinik). Üb. 70 Fachveröff. - Offz. Orden Palmes Académiques; Mitgl. Dermatol. Ges. Frankr. u. Venezuela - Liebh.: Tennis, Skilaufen.

HERZBERGER, Jürgen

Dr. rer. nat., Prof. f. Angew. Mathematik Univ. Oldenburg - Dahlienweg 1, 2906 Wardenburg - Geb. 17. Dez. 1940 Berlin - Zul. Doz. Univ. Karlsruhe.

HERZBRUCH, Kurt

Cellist, Prof. f. Violoncello Staatl. Hochschule f. Musik Rheinland/Musikhochsch. Köln - Rurstr. Nr. 17, 5000 Köln 50 - Geb. 3. Aug. 1921 Köln (Vater: Dr. med. Max H.; Mutter: Wilhelmine, geb. Burger), ev., verh. s. 1953 m. Eliane, geb. Oberheide, 2 Kd. (Dagny, Gerik) - Musikhochsch. Köln, außerd. Prof. Becker München - S. 1949 Hochschuldoz. Köln, Düsseldorf (1950) u. wied. Köln (1973). Mitwirk. Schröter-Trio, Kehr-Trio, Schäffer-Quart., Schubert-Trio. Unzähl. Konz. In- u. Ausl. Rundfunkaufn. u. Langspielpl. - Spr.: Engl., Franz. - Großv.: Präs. Intern. Gerichtshof Kairo.

HERZENSTIEL, Werner

Dr. phil., Prof. f. Pädagogik - Lindelbrunnstr. 72, 6740 Landau - Geb. 19. Juni 1925 Herxheim - Promot. 1969 - S. 1971 Prof. EWH Rhld.-Pf./Abt. Landau - BV: u. a. Humanisierung d. berufl. Lernens, 1975.

HERZFELD, Frank

Dr. rer. nat., Prof. f. Molekulare Biologie u. Botanik Univ. Hannover - Leistlingerstr. 31b, 3008 Garbsen 7 - Zul. Doz. Univ. Hannover.

HERZIG, Gudrun

s. Scheibner-Herzig, Gudrun

HERZIG, Heinz (Heinrich)

Spediteur, Aufsichtsratsvorsitzender Straßen-Verkehrs-Genoss. Hessen-Fern eGmbH, stv. AR-Vors. KRAVAG Lebensversich.verb. d. Dt. Kraftverkehrs V. a. G. (b. 1971 Vizepräs., dann Präs.), Vors. Vereinig. d. Verkehrsgewerbes in Hessen, alle Frankfurt, Vizepräs. d. IHK, Fulda - Habelbergstr. 7, 6400 Fulda - Geb. 27. Juni 1920 - 1983 Gr. BVK.

HERZIG, Manfred

Präsident Landgericht Berlin (s. 1986) - Tegeler Weg 17-21, 1000 Berlin 10 (T. 34 60 42 10) - Geb. 16. Sept. 1934 - 1971 Kammergerichtsrat; 1973 Senatsrat; 1980 Ltd. Senatsrat u. Präs. Justizprüfungsamt Berlin.

HERZIGER, Gerd

Dr.-Ing., o. Prof. RWTH Aachen, Lehrst. f. Lasertechnik u. Leit. Fraunhofer-Inst. f. Lasertechnik Aachen - Steinbachstr. 15, 5100 Aachen - Zul. Prof. f. Angew. Physik Univ. Bern, dann TH Darmstadt.

HERZOG, Dietrich

Dr. phil., Prof. f. Politikwissenschaft - Hackerstr. 9, 1000 Berlin 41 - Geb. 28. Juli 1931 Zeitz - Promot. 1964; Habil. 1972 - S. 1972 Prof. FU Berlin. 1972/73 Gastprof. Univ. Essex - BV: u. a. Polit. Karrieren, 1975.

HERZOG, G. H.

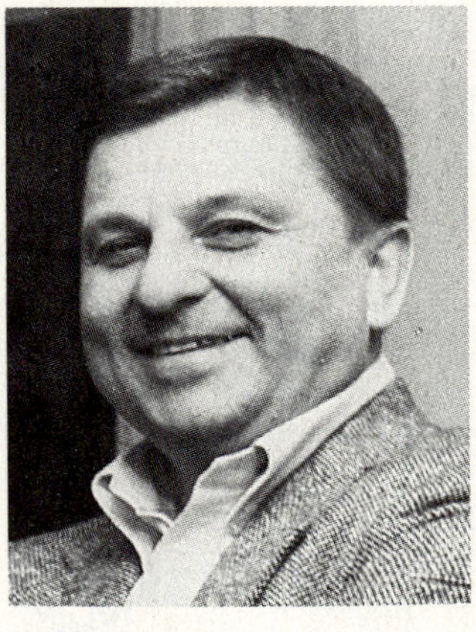

Schriftsteller, Herausg., Übers. - Bockenheimer Anlage 7, 6000 Frankfurt/M. 1 - Geb. 25. Febr. 1927 Karwina/Nordmähren, verh. s. 1956 m. Marion, geb. Hoinkis, Sohn Felix - 1948-52 Hochsch. d. bild. Künste München (Kl. Prof. Emil Preetorius) - S. 1962 Buchveröff.; 1977 Initiator, Gründ. u. Editor Heinrich-Hoffmann-Mus., Frankfurt; 1981 Gründ. u. Vorst.-Mitgl. Heinrich-Hoffmann-Ges.; 1982 Initiator u. Gestalter Struwwelpeter-Mus. (ehrenamtl. Leit.); Samml. d. Originale Dr. Heinrich Hoffmanns (Nachlaß), Frankfurt; Herausg. e. zehnb. Ausg. v. Heinrich Hoffmanns Werken (m. Else Hessenberg u. Helmut Siefert) Insel-Verlag, Frankfurt. Gründer u. Herausg.: Frankfurter Struwwelpeter Zeitung (1990) - 1991 Ehrenmitgl. d. Gorin Library Foundation, Onjuku/Chiba, Japan - Spr.: Engl., Poln., Tschech., Slowak.

HERZOG, Gerulf

Dipl.-Ing., Bauassessor, Landrat d. Landkr. Mainz-Bingen (s. 1985) - Lohnbergstr. 4, 6501 Dexheim (T. 06133 - 5 98 88) - Geb. 2. Juni 1936 Mainz, kath., verh. s. 1958 m. Inge, geb. Saathoff, 3 Kd. (Steffen, Heike, Gregor) - Stud. Elektrotechnik; Dipl. 1961, Bauass. 1964; Stud. Berufspäd., Arbeitswiss., Sem. jurist. Fak. d. Univ. Gießen - B. 1973 Oberpostdir.; 1973-80 Bürgerm. Stadt Grünberg; 1980-85 Hauptamtl. 1. Kreisbeigeordn. Landkr. Gießen, 1985 Landrat d. Vogelsberg Kr. - Veröff. im techn., gesellschaftl. u. polit. Ber. - Spr.: Engl., Franz.

HERZOG, Günther

Dr., Hauptgeschäftsführer Landesvereing. Rhld.-Pfälz. Unternehmerverb., Mainz, Verb. d. Pfälz. Industrie, Neustadt, Geschäftsf. Verb. d. Pfälz. Metallind., Verb. d. papiererzeugenden Ind. Rheinl.-Pfalz - Friedrich-Ebert-Str. 11-13, 6730 Neustadt/Weinstr. (T. 8 52-0), priv.: Römerweg 48a - Stud. Volksw. - 1975 BVK I. Kl.

HERZOG, Martin Hans

Minister für Wirtschaft, Mittelstand u. Technologie d. Landes Baden-Württemberg (b. 1989), MdL Baden-Württ. (s. 1988; Wahlkr. Esslingen) - Seemooser Weg 17, 7990 Friedrichshafen - Geb. 28. Dez. 1936 Schramberg (Vater: Hans H., Pensionär; Mutter: Klara, geb. Flaig), kath., verh. s. 1963 m. Beate, geb. Beller, 3 T. (Sabine, Barbara, Beate) - 1956-60 Jurastud. Tübingen - 1973-77 Landrat d. Bodensee-Kreises, 1977-84 OB d. Stadt Friedrichshafen, 1984-89 Minister f. Wirtschaft, Mittelstand u. Technol.d. Landes Baden-Württ., 1978-85 AR-Vors. Zahnradfabr. Friedrichshafen AG, 1979-85 Zeppelin-Metallwerke GmbH, 1984-85 Lemförde Metallwaren. CDU - Liebh.: Musik, Jagd, Fliegen - Spr.: Engl., Franz., Span.

HERZOG, Reinhart

Dr. phil., Prof., Lehrstuhlinh. f. Literaturwissenschaft Univ. Bielefeld (s. 1972) - Schwalbenweg 1, 4970 Bad Oeynhausen - Geb. 12. Juli 1941 - Promot. 1964; Habil. 1972 - Zul. Univ. Konstanz - BV: D. allegor. Dichtkunst d. Prudentius, 1966; D. Bibeldicht. d. lat. Spätantike, 1975 ff.

HERZOG, Rolf

Dr. phil., em. o. Prof. f. Völkerkunde Univ. Freiburg (s. 1965) - Sommeracker 4, 7800 Freiburg/Br. (T. 6 78 28) - Geb. 14. Mai 1919 Oppach/OL. - Habil. 1956 Berlin - U. a. Ref. Dt. Archäol. Inst. Kairo (1958 ff.) - BV: D. Nubier, 1957; Sudan, 2. A. 1961; Seßhaftwerden v. Nomaden, 1963; Punt, 1968; Tiki, 1990.

HERZOG, Roman

Dr. jur., Prof., Landesminister a. D., Präs. Bundesverfassungsgericht (s. 1987) - Schloßbezirk 3, 7500 Karlsruhe 1 (T. 14 92 12) - Geb. 5. April 1934 Landshut, ev. - Promot. u. Habil. München - 1966-73 Ord. FU Berlin u. Hochsch. f. Verw.wiss. Speyer (1969), 1971-80 Vors. EKD-Kammer f. öfftl. Verantw.; 1973-78 Bevollm. v. Rheinl.-Pf. b. Bund, 1978-83 Vors. Ev. Arbeitskr. CDU/CSU; 1978-80 Minister f. Kultus u. Sport, 1980-83 Innenmin. Baden-Württ.; 1979-83 Bundesvorst. CDU; 1983-87 Vizepräs. Bundesverfassungsgericht - BV/Mitverf.: Kommentar z. Grundgesetz (m. Maunz u. Dürig), 1968ff.; Staaten d. Frühzeit - Ursprünge u. Herrschaftsformen, 1988. Mithrsg.: Ev. Staatslexikon (3. A. 1987); Rhein. Merkur (s. 1981). Zahlr. Einzelarb. - 1984 Hon.-Prof. Hochsch. f. Verw.wiss. Speyer; 1986 Honorarprof. Univ. Tübingen.

HERZOG, Thomas

Dr., o. Univ.-Prof., Fachgeb. Entwerfen u. Gebäudetechnik TH Darmstadt, Architekt - Imhofstr. 8, 8000 München 40 - S. 1973 Prof. GH Kassel; s. 1987 Lehrst. TH Darmstadt - S. 1971 eig. Architekturbüro. Bauteilentw. v. industriell produzierte Teile u. solare Energiesysteme. Teilnahme an intern. Ausst. Zahlr. Veröffentl.; 3 Fachb. - 1971/72 Rompreis Villa Massimo; 1981 Mies v. d. Rohe-Preis; 1981, 1983 u. 1991 BDA-Preis, Bayern.

HERZOG, Ulrich

Dr.-Ing., o. Prof. f. Rechnerarchitektur u. Verkehrstheorie, Vorstand d. Inst. f. Math. Maschinen u. Datenverarb. (Informatik) - Weiherstr. 20, 8551 Röttenbach - Lehrf. Rechnerarchitektur, insbes. Multiprozessorsysteme, Kommunikationsnetze, Verkehrstheorie.

HERZOG, Werner

Dr. phil., Dr.-Ing., o. Prof. f. Angew. Physik (emerit. 1978) - Beuthener Str. 33, 6500 Mainz (T. 57 33 54) - Geb. 21. Sept. 1910 Marburg/L. (Vater: Karl H., Sprachlehrer; Mutter: Auguste, geb. Brand), ev., verh. s. 1941 m. Felicitas, geb. Müller-Rieder v. Riedenau, 5 Kd. (Werner, Veronika, Ruth, Cornelia, Felicitas) - Oberrealsch. Wiesbaden; Univ. Frankfurt/M. u. Bonn (Promot. 1935), TH Darmstadt (Promot. 1959) - 1935-46 Industrietätigk.; s. 1946 apl., ao. (1953) u. o. Prof. (1967) Univ. Mainz (Dir. Inst.

HERZOG, Werner
I. Bürgermeister Stadt Herrieden (s. 1972), stv. Landrat (s. 1990) - Rathaus, 8808 Herrieden/Mfr. - Geb. 11. Jan. 1940 Vorderbreitenthann - Zul. Regierungsoberinsp. Kreisrat im Kreistag Ansbach u. Kreisaussch.-Mitgl. (s. 1972). CSU.

HERZOG, Wolfgang
Dr. med., Univ.-Prof., ehem. Chefarzt Chir. Abt. Städt. Krkhs. Gummersbach (1960-84); Fachbeirat Rettungsdst. MAGS Nordrh.-Westf.; Facharzt-Prüfungskommiss. Ärztekammer Nordrh. - Robert-Koch-Str. 2, 5270 Gummersbach-Strombach (T. 2 48 22) - Geb. 20. April 1922 Kiel (Vater: Herbert H., Beamter, †1942 Luftangriff Kiel; Mutter: Luise, geb. Fiehöfer), ev., verh. s. 1959 m. Dr. med. Marianne, geb. Wiese, 2 Söhne (Thomas, Axel) - 1940-45 Univ. Berlin. Promot. Berlin; Habil. Köln - S. 1955 Privatdoz. u. apl. Prof. (1962) Univ. Köln (Chir.). Mitgl. in- (2) u. ausl. Facheinricht. - 5 BV: u. a. Z. Morphol. u. Pathol. d. Lig. flavum, 1949; Z. Pathogenese d. Priapismus, 1953; D. Bezieh. d. Gefäßsystems z. Magen- u. Zwölffingerdarmgeschwür, 1955; Z. Mikroangiographie, 1957; Z. Problematik d. medialen Schenkelhalsfraktur, 1962; Lymphographie, 1968; Erstversorg. am Unfallort m. Hilfe e. ländl. Rett.dienstes (Gummersbacher Modell), 1973; Sicherheits-Gurtverletzungen, 1980; Fournier'sche Gangrän, auch bei Frauen?; D. Intern. Vereinigung d. Ärzte - Zivilverteidigung, 1986; 25 J. Notarztdienst im Oberbergischen Kreis, 1988; Gründe f. Fehlbelegungen in d. Krkhs. Forschungsber. d. Bundesmin. f. Arbeit u. Sozialordnung Bonn, 1988; Zur Finanzierung d. ländlichen Rettungsdienstes, 1990; Wird d. Weiterbildungsordnung Küntscher gerecht?, 1991 - 1972 BVK.

HERZOGENRATH, Wulf A.
Dr. phil., Hauptkustos d. Nationalgalerie Berlin SMPK - Lassenstr. 3 A, 1000 Berlin 33 - Geb. 23. März 1944, ev., verh. m. Stephanie, geb. Langer, 4 Kd. - 1963-70 Stud. Kunstgesch. Univ. Kiel, Berlin, Bonn; Promot. 1970 Bonn (Prof. v. Einem) - 1971/72 Mitarb. Mus. Folkwang Essen (Leit. d. Kunstrings). Beirat Goethe-Inst. München; Vors. d. Arbeitsgem. dt. Kunstvereine, org. Kunstlandschaft Bundesrep. (1985) - BV: Selbstdarstellungen, 1973; Oskar Schlemmers Wandgestaltungen, Diss. 1973; Max Ernst in Köln, 1980; Nam June Paik, Monogr. 1983; Rheingold, 1985 (Hrsg.) - Mitarb. documenta 6 (1977) u. documenta 8 (1987).

HERZBERG, Walter
Dr. rer. pol., Vorstandsmitglied Rheinboden Hypothekenbank Aktiengesellschaft, Köln - Bucheckernweg 9, 5000 Köln 91 - Geb. 8. Nov. 1929 - AR-Mand.

HESCH, Rolf-Dieter
Dr. med., Internist, Vorst. Department Innere Medizin, apl. Prof. Med. Hochsch. Hannover (s. 1978) - Mühlenweg 6, 3001 Isernhagen NB.

HESELHAUS, Clemens
Dr. phil. (habil.), em. o. Prof. f. Neuere dt. Literaturgeschichte - 6301 Pohlheim 2 (T. 06404 - 25 84) - Geb. 18. Juli 1912 Burlo/W. - Lektor Univ. Pisa u. Mailand, 1944 Doz. Univ. Halle, 1946 Univ. Münster, 1952 apl. Prof., Wiss. Rat ebd., 1961 Ord. Univ. Gießen (1966/67 Rektor) - BV: Anton Ulrichs Aramena, 1939; Annette v. Droste-Hülshoff, D. Entdeck. d. Seins in d. Dicht. d. 19. Jh., 1943; Deutsche Lyrik d. Moderne, 1962; Annette v. Droste-Hülshoff - Werk u. Leben, 1971. Aufs. üb. Kafka, Trakl, mod. Lyrik, Metamorphose-Stud. u. vergl. Lit.gesch. Herausg.: Jb. d. Droste-Ges. (1947 ff.) u. W. Droste-Hülshoffs (1953 ff).

HESPING, Heinz
Geschäftsführer CDU Landesverband Rheinland-Pfalz - Rheinallee 1a-d, 6500 Mainz (T. 28 47-0) - Geb. 1. März 1941.

HESPOS, Hans-Joachim
Komponist, Selbstverleger - Riedenweg 16, 2875 Ganderkesee (T. 04222 - 61 71; Telefax 04222-5778) - Geb. 13. März 1938 Emden - Abit., päd. Stud. - Schuldienst; s. 1967 zahlr. Kompositionsaufträge aus d. In- u. Ausland, Auff. in aller Welt; Gastdoz. in Israel, USA, Brasilien, Japan; Doz. b. d. intern. Ferienkursen f. neue Musik Darmstadt, Gastprof. HfK Bremen; Eigenverleger seiner Arbeiten - Üb. 100 Werke f. Solo, Kammermusik, Ensemble, Orchester, Radio, Film - Zahlr. Kompositionspreise u. Förderungen; Mitgl. d. freien Akad. d. Künste Hamburg.

HESS, Anton
I. Bürgermeister (s. 1978) - Rathaus, 8501 Rückersdorf/Mfr. - Geb. 13. Dez. 1927 Tschesterek, kath., verh. s. 1955 m. Katharina, geb. Warre, S. Uwe - Ingenieur; Prokurist Grundig AG.

HESS, Benno

Dr. med., Prof., wiss. Mitglied d. Max-Planck-Inst. f. Ernährungsphysiol., Dortmund, Ehrensenator d. Max-Planck-Ges. z. Förd. d. Wiss., München - Zu erreichen üb. Max-Planck-Inst. f. med. Forsch., Jahnstr. 29, 6900 Heidelberg (T. 06221 - 48 63 41, Telefax 06221 - 48 63 40) - Geb. 22. Febr. 1922 Berlin (Eltern: Dr. phil. Ludwig (Chemiker; s. X. Ausg.) u. Hertha H.), kath., verh. s. 1955 m. Ulrike, geb. Haas, 5 Kd. (Katharina, Ruprecht, Christine, Julia, Stephanie) - Univ. Berlin u. Heidelberg. Promot. (1948) u. Habil. (1957) Heidelberg - S. 1957 Privatdoz., Diätendoz. (1960) u. apl. Prof. (1964) Univ. Heidelberg, Honorarprof. Univ. Bochum (1970). Mitgl. v. Fachges., darunt. American Assoc. for the Advancement of Science (Washington), Royal Soc. of Medicine (London) u. European Molecular Biology Organisation (EMBO), Hon. Member of the American Soc. of Biol. Chemists, Intern. Cell Research Org. (ICRO), Europ. Cell Res. Org. (ECRO), Solvay Inst. Intern. de Physique et de Chimie, Brussels - BV: Enzyme im Blutplasma, 1962 (auch engl.). Zahlr. Einzelarb. - Mitgl. Dt. Akad. d. Naturforscher Leopoldina, Rhein.-Westf. Akad. d. Wiss. u. Heidelberger Akad. d. Wiss.

HESS, Bernhard
Dr. phil., o. Prof. f. Physik (emerit.) - Aichahof 9, 8400 Regensburg-Winzer - Geb. 30. Aug. 1906 Mönchberg/Ufr., verh. s. 1943 m. Dorothea, geb. May - S. 1948 ao. u. o. Prof. (1953) Physikal. Inst. Regensburg. Facharb.

HESS (ß), Claus
Dr., Inhaber Fa. Schöll Büroorg. Würzburg, Präs. Dt. Ruder-Verb., Hannover (s. 1966) - Greinbergweg 21, 8706 Höchberg/Ufr. (T. Würzburg 4 84 34) - Geb. 1933 - 1973ff. Vizepräs. NOK, 1979 Vizepräs. Intern. Ruderverband - 1960 Silb. Lorbeerblatt; 1983 Ehrenpräs. DRV; 1984 BVK I. Kl. - Liebh.: Rudersport (u. a. 1959 Europam. im Vierer m. Steuerm.) - Spr.: Engl. - Rotarier.

HESS (ß), Dieter
Dr. rer. nat., o. Prof. u. Direktor Inst. Pflanzenphysiologie Univ. Hohenheim (s. 1967) - Brunnenwiesen 47c, 7000 Stuttgart 75 (T. 47 46 27) - Geb. 11. Mai 1933 Karlsruhe (Vater: Dipl.-Volksw. Ludwig H.; Mutter: Thea, geb. Oehler), ev., verh. s. 1964 m. Annekatrin, geb. Martens, 2 Kd. (Kerstin, Jörg) - Univ. Freiburg u. Tübingen (Botanik, Zoologie, Chemie). Promotion (1957) u. Habil. (1961) Freiburg - 1961-67 Wiss. Assist. Max-Planck-Inst. f. Zellchemie, München, u. MPI f. Züchtungsforsch., Köln (1962). Mitgl. Dt. Botan. Ges., Ges. Dt. Naturforscher u. Ärzte, Ges. f. Biol. Chemie, Genet. Ges. - BV: Botan. Wanderungen um Freiburg, 1961; Biochem. Genetik höh. Pflanzen, 1968; Genetik, 9. A. 1982; Fahrplan d. Gene, 1972; Entwicklungsphysiol. d. Pflanzen, 4. A. 1981; D. Blüte, 1983; Pflanzenphysiol., 8. A. 1988 - Liebh.: Bergwanderungen, Alte Kunst - Spr.: Engl., Franz.

HESS, Friedhelm
Dr. med., em. o. Prof. f. Klin. Radiologie - 3550 Marburg 18 (T. 06421 - 7 85 80) - Geb. 29. Okt. 1924 - S. 1960 (Habil.) Lehrtätig. Univ. Marburg (1967 apl. Prof. f. Röntgenol. u. Strahlenheilkd., 1969 Ord. f. Klin. Radiol.). Emerit. 1990. Zahlr. Fachveröff.

HESS, Günter
Dr. jur., Dipl.-Volksw., Geschäftsf. u. Generalbevollm. Unternehmensgruppe Wald, Frankfurt/Hamburg/Toronto - Böge 16, 2057 Reinbek b. Hambg. (T. 040 - 722 46 61) - Geb. 12. Juni 1935 Köln (Vater: Christian H., Wirtsch.-prüf.; Mutter: Eugenie, geb. Vogel), verh. s. 1965 m. Charlotte, geb. Roos, 2 Söhne (Christian Friedrich, Philipp Alexander) - 1. jurist. Staatsex. 1959 Köln; Dipl. des College d'Europe 1961 Brügge; Promot. 1962 u. Dipl.-Volksw. 1964 Köln - 1964 Dir.sassist. Klöckner-Humboldt-Deutz; 1965-68 C. Bertelsmann Verlag, 1968-75 Unternehmensgr. Werner Otto, Hamburg (Geschäftsf. versch. Konzernges. u. Werner Otto Stift.); s. 1976 Geschäftsf. d. Firmen Unternehmensgr. Hubertus Wald, Hamburg, Frankfurt, Toronto u. Generalbevollm. S. 1986 MdK Stormarn/Schlesw.-Holst.; S. 1992 Vors. d. Finanzaussch. - BV: D. Verordnungsrecht nach d. Vertrage üb. d. Montanunion, 1962 - Liebh.: Golf, Fliegenfischerei, Radrennsport - Spr.: Engl., Franz.

HESS, Hans Georg
Dr. jur., Rechtsanwalt, Unternehmensberat. (HESS-PRESS - PR e. sicherer Service), Journalist - Am Wiesengrund, 3050 Wunstorf-Idensen - Geb. 6. Mai 1923 Berlin (Vater: Kurt H., Univ.-Prof.; Mutter: Margarethe, geb. Carstens), ev., verh. m. Heilwig, geb. v. Bülow, 5 Kd. - Stv. Vorst.-Vors. Notgemeinschaft d. SBZ/DDR-Geschädigten - Gleiches Recht für alle - BV: Aus Betriebsverfass., Berufsbild. u. Menschenführung - Film: D. Vorteile überwiegen (z. Thema Marktwirtsch.); Ämter in Unternehmerorg. - Seeoffz., RK.

HESS (ß), Hans-Jürgen
Dr., Dipl.-Politol., Ministerialrat, MdA Berlin (1971-81 u. 1985-91) - Von-Luck-Str. 32, 1000 Berlin 38 - Geb. 12. Juni 1935 Berlin - Dipl.ex. 1964, Promot. Dr. rer. pol. 1983 - 1965-74 Vors. Dt. Postgewerksch. Berlin, s. 1974 Leit. Verw. Dt. Bundestag in Berlin (Reichstagsge-

bäude). SPD; 1982-84 1. Vors. FC Hertha 03 Zehlendorf.

HESS, Johann (Hans)
Dr. med., Prof., Internist - Thaddäus-Eck-Str. 3, 8000 München 60 (T. 811 12 75) - Geb. 7. Nov. 1918 (Vater: Hans H., Verwaltungsinsp.; Mutter: Mathilde, geb. Krakowitzer), kath., verh. s. 1950 m. Anna-Elisabeth, geb. Selzer, 5 Kd. (Irene, Elisabeth, Franziska, Martin, Dominika) - Theresien-Gymn. München; Univ. ebd. u. Straßburg - S. 1958 (Habil.) Privatdoz. u. apl. Prof. (1964) Univ. München (1968 Abt.-Vorst. Med. Poliklinik); 1983 Privatklinik Josefinum München. Spez. Arbeitsgeb.: Gefäßkrankh. Mitgl. Dt. Ges. f. Inn. Med., f. Kreislaufforsch. u. d. Angiologie (3) - BV: Üb. d. ärztl. Schweigepflicht; D. Obliterierenden Gefäßkrank.; Thrombolyt. Therapie; Zerebrale arterielle Durchblutungsstörungen. Zahlr. Einzelarb. - 1959 Fraenkel-Preis; 1983 Ehrenmitgl. Dt. Ges. f. Angiologie, 1990 Österr. Ges. f. Angiologie - Spr.: Engl., Ital.

HESS (ß), Jürgen
Dr., Kanzler d. Univ. Konstanz - Postfach 55 60, Universitätsstr. 10, 7750 Konstanz (T. 07531 - 88-22 94).

HESS, Manfred
Dipl.-Ing., Geschäftsführer Hedowa Metallverarbeitung GmbH - Kirchstr. 12, 6113 Babenhausen 7 - Geb. 2. Juli 1932 Daleiden/Eifel, gesch., 3 Kd. - Abit. Prüm/Eifel 1951, Dipl.ex. Masch.bau TH Aachen 1957 - 1957-62 Dir.assist. Englebert-Reifen, Aachen; 1962-70 Techn. Leit. Voss-Armaturen, Wipperfürth; 1970-73 Techn. Geschäftsl. Glückauf-Hydraulik, Gelsenk.; seith. Untern.-Ber., Manag. a. Z. Krisenmanag. - Spr.: Engl., Franz.

HESS, Moshe Gerhard
Direktor i. R. Bank f. Gemeinwirtschaft AG, Präsid.-Mitgl. Dt. Israel. Wirtschaftsvereinig., Frankfurt (s. 1984), Ehrenmitgl. d. Banken Aussch. Intern. Genossenschaftsbund, Genf (s. 1984) u. d. Lessing Akad. Wolfenbüttel (s. 1980), Vorst.-Mitgl. Bundesverb. Ges. d. Freunde d. Hebr. Univ. Jerusalem in Dtschl., Frankfurt (s. 1970), d. Freunde d. Hebr. Univ. Jerusalem in Frankfurt a. Main (s. 1974) u. d. Deutsch-Israel. Ges., Frankfurt a. Main (s. 1975) - Im Wingert 18, 6236 Eschborn (T. 06196 - 4 38 06) - Geb. 16. Sept. 1918 Berlin (Vater: Arthur H., Kaufm., Fabrikant; Mutter: Erna, geb. Hirsch), jüd., verh. s. 1967 in 2. Ehe m. Anneliese, geb. Hübner, 4 Töcht. (Zippora, Ilana, Cyrille, Miriam) - Goethe-Gymn. Berlin (b. 1934); Abit.; 1937-40 Stud. London (Abschl.ex.); extern. Prüf. Univ. Cambridge u. London - 1942-44 u. 1948-50 Militärdst.; 1940-42 u. 1944-46 Lehrer; 1946-48 Education Off. Erzieh.min. Tel Aviv; 1950-63 öffentl. Dienst Staat Israel; 1964 Bank f. Gemeinw. AG - 1982 BVK; 1989 BVK I. Kl. - Interessen: Intern. Bezieh. - Spr.: Dt., Engl., Franz., Hebr.

HESS, Oswald
Dr., Prof. f. Allg. Biologie Univ. Düsseldorf (s. 1970) - Bachstr. 103, 5657 Haan - Geb. 10. März 1930 Darmstadt (Vater: Wilhelm H.; Mutter: Katharina, geb. Mößer), ev., verh. s. 1963 m. Christel, geb. Joneleit, 2 Kd. (Annette, Katharina) - Stud. TH Darmstadt, 1955/56 Univ. Utrecht/Niederl, 1957/58 Univ. Bern/Schweiz, 1959/60 Stazione Zoologica, Neapel/Ital. - 1960-68 Max-Planck-Inst. f. Biol., Tübingen, 1965 Habil. Univ. Freiburg (Zoologie), s. 1970 o. Prof. f. Genetik Univ. Düsseldorf. 1979-80 Dekan d. math.-naturwiss. Fak. Univ. Düsseldorf; 1983-85 Prorektor f. Forsch. u. wiss. Nachwuchs d. Univ. Düsseldorf; 1982-87 stv. Vors. d. Genetischen Ges.; s. 1985 Mitgl. wiss. Beirat Biotec (Nowea/Düsseldorf) - Spr.: Engl., Franz., Ital.

HESS, Otto H.
Verlagsbuchhändler - Endestr. 21, 1000 Berlin 39 (T. 805 37 77) - Geb. 7. Dez. 1911 Berlin (Vater: Robert H., Börsenmakler; Mutter: Sonja, geb. Pitz), ev., verh. s. 1947 m. Anna, geb. Gross, 3 Kd. (Aja, Nina, Stefan) - Realgymn. Berlin (Abit. 1931); 1931-34 kaufm. Lehre Telefunken; 1946-53 Humboldt- u. Freie Univ. Berlin - 1935-44 Werbeleit. Telefunkenplatte; s. 1948 Inh. Colloquium-Verlag. 1973-75 I. Vors. Berliner Verleger- u. Buchhändlervereinig.; ltd. Funktionen in div. buchhändler. Verb. - 1987 BVK I. Kl.; 1988 Ehrenmitgl. FU Berlin - Liebh.: Lesen - Spr.: Engl., Franz.

HESS (ß), Paul
Steingutfabrikant, Vors. Verb. d. Krugfabrikanten d. Unterwesterwaldkr., Ransbach - 5431 Mogendorf (T. 02623 - 27 03).

HESS, Peter
Dr. rer. nat. Prof. f. Physikal. Chemie Univ. Heidelberg - Im Langgewann 37, 6900 Heidelberg 1 .

HESS, Rainer
Dr. phil., Prof. f. Roman. Philologie - Im Grün 5, 7801 Stegen - Geb. 15. April 1936 Karlsruhe - Promot. 1961 Freiburg; Habil. 1969 Erlangen - S. 1970 Ord. Univ. Freiburg - BV: u. a. D. Anfänge d. mod. Lyrik in Portugal, 1978; Literaturwiss. Wörterb. f. Romanisten (1. Mitverf.), 3. A. 1989.

HESS, Reimund
Dr. phil., Hauptabteilungsleiter Unterhaltende Musik b. SWF Baden-Baden (s. 1978) - Winkelberger Höhe 12, 7558 Bischweier (T. 07222 - 4 21 00) - Geb. 23. Jan. 1935 Neustrelitz/Mecklenb. (Vater: Theodor H., Realschulkonrektor/Doz.; Mutter: Käthe, geb. Reinke), kath., verh. s. 1961 m. Veronika, geb. Krayer, 2 Söhne (Christopher, Elmar) - Stud. Musikwiss., Schulmusik, Angl., Amerik. u. Phil. Univ. Mainz; 1. Staatsex. 1961, 2. Staatsex. (Studienrat) 1964; Promot. 1963 - 1964 Musikredakt. Hess. Rundf.; 1966 Abt.leit. Saarl. Rundf. Lehrauftr. u. Gastvorl. b. Musikhochsch. u. Universitäten - BV: Serenade, Cassation, Notturno u. Divertimento b. Michael Haydn, 1963; regelm. Fachbeitr. f. elektronische Medien, Printmedien, Fachlexika - Schallplatten, Rundf.- u. Fernsehaufn., Notenpubl. vorw. v. unterhaltender Musik u. Chormusik (u.a. Szen. Kantate D. Dampflok-Story n. d. Text v. James Krüss) - 1965 Wissenschaftspreis Bundesland Salzburg - Liebh.: Lit., Kunst, Architektur, Reisen - Spr.: Engl., Lat., Alt-Griech.

HESS, Roland
s. Hill, Roland

HESS, Siegfried
Dr. rer. nat., Physiker, Prof. TU Berlin (s. 1984) - Auf d. Höhe 5, 8551 Röttenbach.

HESS, Willy
Musikschriftsteller u. Komponist - Winzerstr. 41, Winterthur (Schweiz) (T. 25 20 19) - Geb. 12. Okt. 1906 Winterthur, Diss., verh. I) 1939 m. Gertrud, geb. Schudel, II) 1956 Frieda, geb. Friedrich, 2 Kd. (Andreas, Verena) - Abit.; Diplome f. Klavier u. Musiktheoret. Fächer - BV: Das v. d. Musik verklärte Drama, 1939; Beethovens Oper Fidelo u. ihre 3 Fassungen, 1953; Beethoven, 2. A. 1976; Verz. d. nicht in d. Gesamtausg. veröfftl. Werke Beethovens, 1957; D. Harmonie d. Künste, 1960; D. Dynamik d. musik. Formb., 2 Bde. 1960/64; V. Metaphysischen im Künstlerischen, 1962; Beethovens Bühnenwerke, 1962; V. Doppelantlitz d. Bösen in d. Kunst - dargest. am Beispiel d. Musik, 1963; D. Werke Sven Hedins, Bibliogr. 1962; Beethoven-Studien, 1972; D. Werke v. Silvio Gesell, 1975; Parteilose Kunst, parteilose Wiss., 1976; Aus m. Leben, 1976; Silvio Gesell, s. Werk u. s. Persönlichkeit, 1978; Z. Lösung d. soz. Frage in Freiheit, 1981; Beethoven, Studien zu s. Werk, 1981; Silvio Gesell u. d. Freiwirtschaft, 1985; D. Fideliobuch, 1986 - 1986 Ehrenmitgl. Münchener Beethoven-Ges.

HESS-LÜTTICH, Ernest W.B.
Dr. phil., Dr. paed., M.A., M.I.L. (Lond.), Univ.-Prof. - Rheinaustr. 204-1, 5300 Bonn 3 - Geb. 24. April 1949 - M.I.L. 1972 London; M.A. 1974 Bonn; Dr. phil. 1976 Bonn; Habil. 1980 Berlin; Dr. paed. 1985 Bonn - 1975-80 wiss. Assist. Berlin; 1980-85 wiss. Assist. u. Priv.-Doz. Bonn; 1985-90 Prof. f. Dt. Philol. u. Allg. Linguistik FU Berlin; 1990ff. Full Prof. of Germanic Studies, Comp.lit. & Semiotics Indiana Univ., Bloomington; 1991ff. Ord. f. Neuere Dt. Lit. u. f. Sprachwiss. Univ. Bern, Schweiz - Gastprof. u.a. Univ. München, Essen, Saarbrücken, Graz, Madison/Wisconsin, Bloomington/Indiana, Berlin; 1986-88 2. Vors. dt. Ges. f. Angew. Linguistik - BV (Auswahl): Texttheorie u. Soziolinguistik, 1976; Grundl. d. Dialoglinguistik, 1981; Kommunikation als ästhetisches Problem, 1984; Zeichen u. Schichten in Drama u. Theater, 1985; Angew. Sprachsoziol., 1987; Linguistik studieren (m. Clément u. Fiehler), 1987; Knaurs Grammatik d. dt. Sprache (m. Götze), 1989. Herausg. (Auswahl): Soziolinguistik u. Empirie (1977); Lit. u. Konversation (1980); Multimedial Communication (1982); Theatre Semiotics (1982); Textproduktion u. Textrezeption (1983); Zeichengebrauch in Massenmedien (m. Bentele, 1985); Integration u. Identität (1985); Text Transfers (1987); Interkulturelle Verständigung in Europa: e. dt.-poln. Gespräch (m. Papiór); Code-Wechsel. Texte im Medienvergleich (m. Posner). Ztschr. u. Buchreihen: Kodikas/ Code. Intern. Journ. of Semiotics, Ars semeiotica, Kodikas Supplement Series, forum Angew. Linguistik, Stud. z. Semiotik u. Kommunikationsfg., Studies in Intercultural Communication; ca. 150 weit. Fachveröff. in german., linguist., semiot. Fachztschr. u. Sammelwerken.

HESSE, Diethard
Dr. rer. nat., Prof. f. Techn. Chemie Univ. Hannover (s. 1984) - Henckellweg 25, 3000 Hannover 91 (T. 0511 - 42 37 56) - Geb. 18. Aug. 1940 Münsterberg (Vater: Alfred H.; Mutter: Hildegard, geb. Wenzel), kath., ledig - Ab 1961 Stud. Physik; Dipl. 1967; Promot. 1969 (Physikal. Chemie); Habil. 1978 Univ. Münster - 1975-84 Lehrtätigk. (Chem. Verf.-Techn.), 1977-84 wiss. Assist. Univ. Münster - Liebh.: Lit., Musik - Spr.: Engl., Franz.

HESSE, Eberhard
Organisationsberater u. Geschäftsf. - Norderstr. 34, 2952 Weener 1 (T. 04951 - 6 66; priv.: 5 05) - Geb. 13. Sept. 1911 Weener, verw., T. Monika - 1947-74 Mitgl. Vollversamml. IHK, Emden, u. viele Jahre Vors. im Großhandelsaussch. u. Mitgl. Präsidium; 1951 Initiator Großhandelskette fachring (heute IFA); 1958 u. 1960 Mitgründ. ORGA-consult m. Inst. nachrichten-anwender, u. freizeit-beratung m. d. Verein FREIZEIT-FREUNDE.

HESSE, Eva
Schriftstellerin - Franz-Josef-Str. 7, 8000 München 40 (T. 33 37 10) - Geb. 2. März 1925 Berlin - S. 1972 Senior Editor Paideuma Univ. of Maine/USA - BV: Beckett, Eliot, Pound - 3 Textanalysen, 1971; T. S. Eliot u. d. Wüste Land - E. Analyse, 1973; D. Wurzeln d. Revolution - Theorien d. individuellen u. d. kollektiven Freiheit, 1974; Ezra Pound. V. Sinn u. Wahnsinn, 1978; D. Achse Avantgarde - Faschismus. Reflexionen üb. Filippo Tommaso Marinetti u. Ezra Pound, 1991. Zahlr. Herausg. u. Übers. - 1968 Preis Dt. Akad. f. Sprache u. Dicht. (f. Übers. amerik. Lyrik).

HESSE, Franz
D. theol., em. o. Prof. f. Alttestamentl. Wissenschaft - Lindenstr. 86, 4515 Bad Essen - Geb. 11. Juni 1917 Loga/Ostfriesl. (Vater: Hermann K. H., Superint. u. rhein. Kirchenhistor.; Mutter: geb. Reimann), ev., verh. s. 1946 m. Ruth Hanna, geb. Bohnen, 5 Kd. - Gymn. Wuppertal; Theol. Schule ebd., Univ. Marburg u. Erlangen (Promot. 1949, Habil. 1953) - 1953 Doz. Univ. Erlangen, 1954 Univ. Marburg, 1958 ao. Prof., 1960 o. Prof. Univ. Münster, 1982 emerit. - BV: D. Fürbitte im Alten Testament, 1952 (Diss.); D. Verstockungsproblem im AT, 1955 (Habil.schr.); D. AT als Buch d. Kirche, 1966; Abschied v. d. Heilsgesch., 1971; Hiob (ZBK), 1978. Mitarb.: F. Heiler, D. Religionen d. Menschheit; -hrsg.: Kommentar z. AT - 1960 Ehrendoktor Univ. Erlangen.

HESSE, Franz
Dr., Vorstandsmitglied Carl Schenk AG./Maschinenfabrik - Landwehrstr. 55, 6100 Darmstadt.

HESSE, Gerhard
Dr. phil., o. Prof. f. Chemie (emerit.) - Wohnstift Rathsbergerstr. 63, App. 2339, 8520 Erlangen (T. 82 53 39) - Geb. 21. Juli 1908 Tübingen (Vater: Prof. Dr. Richard H., Hochschullehrer; Mutter: Thekla, geb. Pfleiderer), ev., verh. s. 1935 m. Cleo, geb. Lotz, 4 Kd. - Realgymn. Bonn; Univ. Bonn u. München (Promot. 1932). Habil. 1937 München - 1932 Assist. Chem. Staatslabor. München, 1938 Oberassist. Chem. Inst. Univ. Marburg, 1944 ao. Prof. u. Abt.sleit. Chem. Inst. Univ. Freiburg, 1952 o. Prof. u. Leit. Inst. f. Organ. Chem. Univ. Erlangen. Spez. Forschungsgeb.: Chromatographie, Organ. Naturstoffe, Reduktone - BV: Chromatogr. Praktikum, 1968. Üb. 166 Einzelarb. - 1972 Fresenius-Preis Ges. Dt. Chemiker; Tswett-Medaillen von Houston/USA (1975) u. Akad. d. UdSSR (1978); 1964 o. Mitgl. Bayer. Akad. d. Wiss. - Liebh.: Fotogr., Biol. - Spr.: Engl., Franz. - Rotarier.

HESSE, Hans
Bundesinnungsmeister, Präsident Bundesverb. Schneid- u. Schleiftechnik, BIV Schneidwerkzeugmechaniker-Handwerk, Siegburg - Braunschweiger Str. 30, 4500 Osnabrück - Geb. 20. Aug. 1935.

HESSE, Hans Albrecht
Dr. rer. pol., Prof. f. Rechtssoziologie u. Rechtsdidaktik - Hanomagstr. 8, 3000 Hannover; priv.: Friedenstr. 4 - Geb. 26. April 1935 Hameln/Weser - Promot. 1967 - S. 1970 (Habil.) Lehrtätigk. TU bzw. Univ. Hannover (1973 Wiss. Rat u. Prof., 1974 Ord.). Bücher u. Aufs.

HESSE, Helmut
Dr. rer. pol., Prof., Präsident Landeszentralbank in Nieders. (s. 1988) - Georgsplatz 5, 3000 Hannover (T. 0511 - 30 33-2 31) - Geb. 28. Juni 1934 Gadderbaum, verh. s. 1962 m. Hiltrud, geb. Stephan, 2 Söhne (Jürgen, Volker) - 1954-58 Univ. Köln u. Kiel (Volksw.) - 1958-66 Univ. Münster (Assist., 1965 Doz.); 1966-88 Univ. Göttingen (Univ.-Prof.). 1983-84 Konrad-Adenauer-Lehrstuhl Georgetown Univ. Washington D.C.; s. 1989 Hon.-Prof. Univ. Göttingen. 1979-82 Vors. Mitgl. Verein f. Socialpol., 1981/82 Vors. Wiss. Beirat b. Bundesmin. f. Wirtsch., 1985-88 Mitgl. Sachverst.rat z. Begutacht. d. gesamtwirtsch. Entw. Intern. Wirken (Club of Rome, Weltbank u.a.) - Spr.: Engl.

HESSE, Joachim
Dr. rer. nat., Physiker, Geschäftsbereichsleiter Neue Geschäftsfelder Carl Zeiss, Honorarprof. Univ. Frankfurt/M. - Frh.-v.-Liebig-Str. 14, 7082 Oberkochen - Geb. 1. März 1937 - Promot. 1964 Göttingen - S. 1972 (Habil.) Lehrtätigk. Frankfurt. AR-Vors. Heinrich-Hertz-Inst. f. Nachrichtentechnik Berlin GmbH; Vorst.-Mitgl. Verb. d. dt. feinmechan. u. optischen Ind. - Herausg.: Ztschr. Technisches Messen. Üb. 50 Fachaufs.

HESSE, Konrad
Dr. Dres. jur. h. c., o. Prof. f. Staats-, Verwaltungs- u. Kirchenrecht, Richter Bundesverfassungsgericht a.D. - Schloßweg 29, 7802 Merzhausen - Geb. 29. Jan. 1919 Königsberg (Vater: Prof. Dr. jur. et phil. Albert H., zul. Ord. f. Wirtschaftl. Staatswiss. Univ. Breslau †1965 (S. XIV. Ausg.); Mutter: Dora, geb. Deuticke), verh. 1949 m. Ilse, geb. Krahl - Univ. Breslau u. Göttingen (Rechtswiss.) - S. 1955 (Habil.) Lehrtätigk. Univ. Göttingen u. Freiburg (1956 Ord.) - BV: D. Rechtsschutz durch staatl. Gerichte im kirchl. Bereich, 1956; D. normative Kraft d. Verfassung, 1959; D. unitar. Bundesstaat, 1962; Grundzüge d. Verfassungsrechts d. BRD, 1967, 18. A. 1992; Ausgewählte Schriften, 1984.

HESSE, Manfred
Oberstudienrat, Übers., Schriftst. - Hans-Böckler-Str. 106, 6200 Wiesbaden-Dotzheim (T. 0611 - 42 18 89) - Geb. 24. Mai 1935 Remscheid, verh. s. 1960 m. Helga, geb. Falkenberg, 3 Kd. - Abit. 1955; Lehrerstud. (1. Staatsex. Engl. u. Franz. 1964, 2. Staatsex. 1966) - BV: D. Steig. d. Fortschritts, Ged. 1981; Aus d. Chronik d. Ölbäume, Ged. 1982; Tamul. Nächte, 1984 (übers.); V. guten König Vikrama, 1985 (übers.); Flurstück 219, Grünland, Ged. 1988; Ethnos Folk Tales, 3 Bde. (Hg.); Wachwerden, Ged. 1989; Beiträge (Gedichte, Prosa) in Anthol. (1990ff.) - Liebh.: Sammlung erz. Volkslit. aus aller Welt (Märchen, Sagen).

HESSE, Michael
Dr. phil., Kunst- u. Architekturhistoriker, Prof. f. Mittl. u. Neuere Kunstgesch. Univ. Bochum (s. 1986) - Zu erreichen üb. Kunstgeschichtl. Inst., Ruhr-Univ. Bochum, 4630 Bochum (T. 0234 - 700 26 44) - Geb. 13. Okt. 1951 Dortmund - 1971-79 Stud. Univ. Bochum, Paris (Studienstiftg. d. dt. Volkes); Staatsex. (Kunstwiss. u. Gesch.) 1976; Promot. (Kunstgesch.) 1979 Bochum; Habil. (Mittl. u. Neuere Kunstgesch.) 1986 Bochum - 1979 wiss. Mitarb. Kunstgesch. Inst. Univ. Bochum; 1982-86 Hochschulassist. ebd.; 1980-88 zud. Lehrbeauftr. f. Baugesch. u. Architekturtheorie, Abt. Bauwesen Univ. Dortmund, s. 1987 zud. Doz. am Theaterwiss. Inst. Univ. Bochum; 1991 Ern. z. apl. Prof.; 1984-86 Mitarb. am Funkkolleg Kunst; s. 1988 Mitarb. in d. Forsch.gr. The Classical Tradition and the Americas am ANRW Res. Center d. Boston Univ. - BV: V. d. Nachgotik z. Neugotik. D. Auseinandersetzung m. d. Gotik in d. franz. Sakralarch. d. 16., 17. u. 18. Jh., 1984; Studien zu Renaissance u. Barock (m. Max Imdahl), 1986 - Liebh.: Musik, hist. Tasteninstr. (Organologie) - Spr.: Franz., Engl., Lat., Ital., Niederl.

HESSE, Peter
Dipl.-Kfm., Fabrikant, Management-Trainer - Otto-Hahn-Str. 2, 4006 Erkrath (T. 0211 - 25 09-440) - Geb. 5. April 1937 New York (Vater: Ernst O., Fabrikant; Mutter: Ilse, geb. Renard), ledig - Stud. Betriebswirtsch. u. Trainer-Ausb. - Interesse: Entwicklungshilfe - Spr.: Franz., Engl.

HESSE, Wolfgang
Dipl.-Kfm., Aufsichtsratsvorsitzender Maizena GmbH, Hamburg, Vize-Präs. CPC Intern. Incorporation, Englewood Cliffs, Vors. CPC Europe Ltd., Brüssel - Zu erreichen üb. CPC Intern. Inc., Englewood Cliffs/Großbrit. - Geb. 28. April 1928 Berlin.

HESSE-FRIELINGHAUS, Herta
s. Hesse, Herta

HESSELBACH, Josef
Dr. agr., Arbeitsgruppenleiter (MPI f. Züchtungsforschung, Köln, Prof. f. Landw. Betriebslehre - Hofgartenstr. 5, 6550 Bad Kreuznach/Nahe - Geb. 4. Dez. 1931 Unsleben/Bay., kath., verh. s. 1957 m. Inge, geb. Winter, 6 Kd. - Promot. 1958; Habil. 1968 - S. 1970 MPI - BV: Z. Ermittl.arbeitsw. Daten hochmechanis. Arbeitsverf., 1968. Etwa 260 Einzelarb.

HESSELBACH, Walter

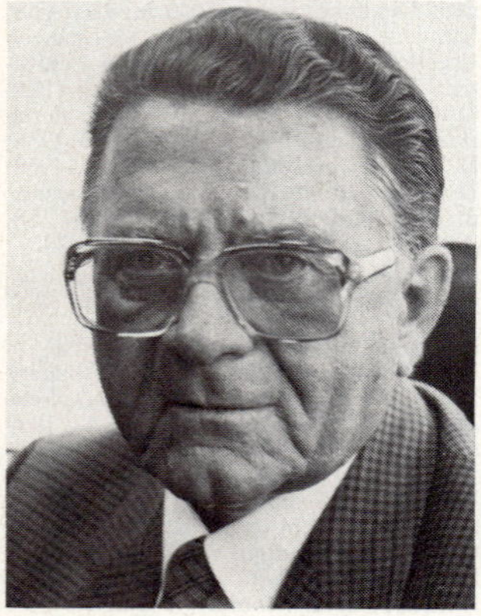

Drs. h. c., Präsident Bundesverb. d. gemeinwirtschaftl. Unternehmen - Ginnheimer Stadtweg 148, 6000 Frankfurt/M. - Geb. 20. Jan. 1915 Frankfurt/M. (Vater: Wilhelm H.; Mutter: Elisabeth, geb. Mayer), verh. s. 1953 m. Hedwig, geb. Huth - 3 Töcht. (Elke, Petra, Hedi) - Wöhler-Realgymn., Banklehre (J. Dreyfus & Co.) u. Univ. Frankfurt (Betriebsw.) - 1935-39 Angest. Dt. Überseeische Bank, Berlin, u. Chem. Fabrik E. Merck, Darmstadt (1937), 1939-40 Sekretär Georg v. Opel, Frankfurt, 1940-47 Wehrdst. u. Gefangensch., 1947-52 Beamt. Landeszentralbank v. Hessen u. Bank dt. Länder (1954), bde. Frankfurt, 1952-58 Vorst.-Mitgl. LZB v. Hessen, 1958 Vorst.-Mitgl. u. Vors. 1961-77 Bank f. Gemeinwirtschaft AG, Frankfurt, 1952-77 Stadtrat Frankfurt. Div. Ehrenämter, Ehrenpräs. Bankenkomitee Intern. Genoss.bd., Dt. Israel. Ges., Bonn, u. BfG Bank (Schweiz) AG INGEBA, Basel; Präs. d. Kurat. Friedrich-Ebert-Stiftg., Bundesverb. d. Ges. d. Freunde d. Hebr. Univ. Jerusalem in Dtschl., Dt.-Israel. Wirtschaftsvereinig., Bundesverb. gemeinwirtschaftl. Untern.; AR-Vors. Allgemeine Hypothekenbank AG, Frankfurt, BSV Bank f. Sparanl. u. Vermögensbild., Frankfurt/M.; Vors. Stiftungsrat Stiftg. Inst. f. Sozialforsch. Univ. Frankfurt; Mitgl. d. Administration d. Städelschen Kunstinst., Frankfurt - BV: D. gemeinwirtschaftl. Unternehmen, 1970 (Übers. ins Engl., Frz., Span. u. Hebr.) - Ehrendoktor San Carlos Univ. Cebu-City/Philipp. (1968), Univ. Tel-Aviv (1970) u. Jerusalem (1974); 1973 Gold. Römerplak. Stadt Frankfurt; 1980 Gr. BVK m. Stern; 1976 Wilhelm-Leuschner-Plak.; 1980 Frankfurter Goethe-Med.; 1980 Golda-Meir-Preis; 1985 Gr. BVK m. Stern u. Schulterbd.; Ehrensenator J.W. Goethe-Univ. Frankfurt/M. - Liebh.: Sportl. Betätigung (fr. Boxer Mittelgewicht u. Judo) - Spr.: Engl. - Lit.: Ferdinand Simoneit, D. neuen Bosse, 1966 - Rotarier - 1984 Stiftg. Namenspreis (BfG).

HESSELMANN, Malte
Dr. jur., Rechtsanwalt - Gudrunstr. 96, 2000 Hamburg 56 (T. 81 39 60) - Geb. 31. Okt. 1931 Wesermünde (Vater: Martin H., Oberst; Mutter: Christel, geb. Zülch), ev., verh. s. 1960 m. Helene, geb. Tappe, 4 Kd. (Martin, Hendrik, Friederike, Christian) - Gymn.; Stud. Rechtswiss. u. Betriebsw. Beide jurist. Staatsex. - Herausg.: Handbuch d. GmbH & Co. (17. A. 1990) - AR-Mand. - Spr.: Engl., Holl., Span.

HESSENAUER, Ernst

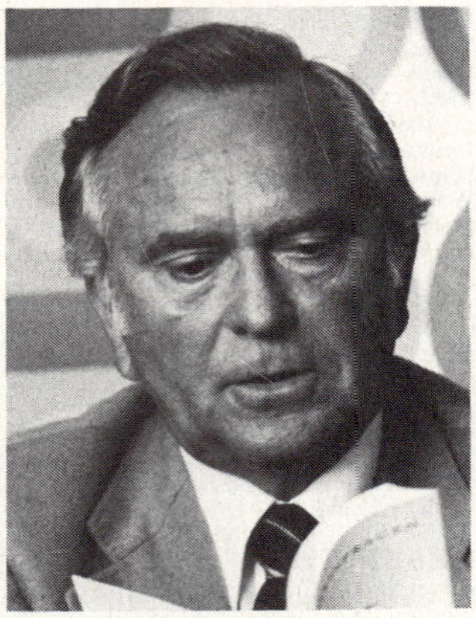

Dr. phil., Direktor a. D. - Schützenwall 37, 2300 Kiel - Geb. 17. Febr. 1922 Nußloch (Vater: Karl H., Angest.; Mutter: Rosa, geb. Heck), ev., verh. s. 1945 m. Ortrud, geb. Völckers, 2 Tächt. (Ortrud, Gesa) - Stud. Päd., Gesch., Psych., Nebenf. Polit. Wiss. u. Theol. - Ref. f. Erwachsenenbild. u. Büchereiwesen Landesreg. SH; 1956-84 Leit. Amt f. staatsbürgerl. Bildung Kultusmin. SH. 1954-70 Landesvors. Europa-Union; s. 1955 Landesvors. Dt.-Engl. Ges. Mitbegr. Jg. Union (1946-47 1. Zonensprecher d. Jg. Union d. Brit. Zone). CDU s. 1945 - BV: Überforderung d. Staates u. Staatsverdrossenheit, 1957, 2. A. 1961; Schöngeist. Lit. u. unser Zeitgeschehen, 1958; D. Jugend u. d. Wiedervereinig. Dtschl., 1962; Parteidisziplin u. Gewissensentscheid., 1968; D. Leistungsges. u. Daseinsgestalt., 1972; Wo stehen wir heute?, 1974 - Konrad-Adenauer-, Ludwig-Erhard- u. Europa-Med. (1970; erster Bürger SH); 1970 Honorary Officer of the Civil Division of the Most Excellent Order of the British Empire (ebenf. erster Bürger SH); 1978 Terra-Sancta-Med. Israel; 1979 BVK; 1978 Europ. Verdienstmed. in Silber v. Verb. d. Heimkehrer u. Kriegsgefangenen (VdH); 1982 Verdienstmed. Holocaust-Gedenkstätte Yad Vashem/Jerusalem; 1983 BVK I. Kl.; 1986 Gold. Ehrennadel Europa-Union - Liebh.: Tennis, Reiten, mod. Lit. - Spr.: Engl., Franz.

HESSENBERG, Kurt
Prof., Komponist - Fuchshohl 76, 6000 Frankfurt/M. (T. 52 18 85) - Geb. 17. Aug. 1908 Frankfurt/M. (Vater: Eduard H., Rechtsanw. u. Notar; Mutter: Emma, geb. Kugler), ev., verh. s. 1939 m. Gisela, geb. Volhard, 5 Kd. (Monika, Rainer, Gabriele, verehel. Schmitthenner, Matthias, Cornelia) - 1927-31 Landeskonservat. Leipzig (Klavier: Robert Teichmüller, Kompos.: Günter Raphael) - 1931-33 Privatmusiklehrer Leipzig, dann Lehrtätigk. Dr. Hoch's Konservat. bzw. Staatl. Hochsch. f. Musik, Frankfurt (1942 Doz., 1953 Prof.). Kompos.: u. a. 4 Symphonien, 2 Konzerte, 3 Suiten, Regnart-Variationen f. Orch., Werke f. Streichorch. u. Kammerorch., 2 Klavierkonzerte, Violinkonzert, Cellokonzert, Fagottkonzert, Oboenkonzert, Konzert f. 2 Klav. u. Orch., Chorw. m. Orch. (Fiedellieder, Weihnachtskantate, Psalmen-Triptychon, Passionsmusik nach Lukas, Messe (1981), V. Wesen u. Vergehen, Struwwelpeter-Kantate, Kantate v. dankbaren Samariter, Weinlein, nun gang ein u. a.), Motetten, Chorlieder, Kammermusikw. f. Streicher u. Bläser, auch m. Klavier, Lieder, Klavier- u. Orgelw. - 1940 Musikpreis Baden-Baden, Nat. Musikpreis, 1951 Robert-Schumann-Preis Düsseldorf, 1973 Goethe-Plak. Stadt Frankfurt, 1989 BVK I. Kl. - Bek. Vorf.: Dr. Heinrich Hoffmann (Verf.: Struwwelpeter) - Lit.: Karl Laux, Musik u. Musiker d. Gegenw. (1949); Gottfried Schweizer, Einleit. z. Werkverz. v. K. H. (1968); Otto Riemer, K. H., in: Musica 1953 H. 2; Rainer Mohrs, D. Orgelmusik K. H., in: Musica Sacra H. 4 (1988); Mathias Kohlmann, Zum Orgelschaffen K. H., in: Kirchenmusikalische Mitt., H. 24 (1988); Kurt Hessenberg: Beiträge zu Leben u. Werk (hg. v. Peter Cahn, 1990), Beiträge zu Leben u. Werk (m. a.) incl. Werkverzeich., Lit. Verzeichnis.

HESSENBRUCH, Friedhelm
Prof. Musikhochsch. Stuttgart, Sänger (Baß) - Sommerhalde 4, 7263 Bad Liebenzell (T. 07052 - 5 66) - Geb. 15. Febr. 1926 Köln (Vater: Dr. Helmut H., Arzt; Mutter: Elisabeth H.), ev., verh. s. 1959 - Abit.; Musikstud. Musikhochsch. Stuttgart - Engagem. 1949-51 Staatstheater Stuttgart, 1951-53 Flensbg., 1953-55 Zürich, dann Konzertsänger; s. 1966 Doz., s. 1979 Prof. Musikhochsch. Stuttgart - 1958 Aufn. als einz. Sänger in d. Stiftg. Konzertierende junge Künstler.

HESSLER (ß), Hans-Wolfgang
Direktor d. Gemeinschaftswerkes d. Ev. Publizistik, Fernsehbeauftr. Rat d. Evangel. Kirche in Dtschld. (EKD), Frankfurt/M. (1981ff.) - Emil-von-Behring-Str. 3, 6000 Frankfurt/M. 50 (T. 069 - 5 80 98-0); priv.: Wiesenau 22 - Geb. 26. Juli 1928 Apolda/Thür. (Vater: Reinhold H., Pfarrer; Mutter: Lucie, geb. Köhler), ev., verh. s. 1954 (Ehefrau: Dr. Gisela), Sohn Dr. med. Philipp-Andreas - Thomassch. Leipzig; Stud. Theologie u. Publizistik - 1949-52 Berliner Anzeiger bzw. Morgenpost; 1952-53 Ökumen. Inst., Bossey b. Genf; 1953-57 Ev. Pressedst., Bethel (Redakt.); 1957-60 Berl. Morgenpost (zul. Ressortchef Innenpolitik); 1960-68 Luth. Weltbund, Genf (ltd. Redakt. Informationsbüro), 1968-81 Chefredakt. Zentralredakt. d. Ev. Pressedienst (epd) - Spr.: Engl.

HESSLER, Ole
Dipl.-Ing., Prof. f. Entwerfen, insb. systemorient. Skelettbauten, GH Paderborn (Fachber. Arch., Höxter) - Papenbrink 16, 3470 Höxter.

HESTERMEYER, Wilhelm
Dr. phil., o. Prof. f. Math. u. ihre Didaktik Univ. Bielefeld - Ritterholz 26, 4799 Borchen - Geb. 15. März 1924 Sudenfeld (Vater: Johannes H., Bäcker u. Landw.; Mutter: Anna, geb. Minnerup), verh.m. Gisela, geb. Lippmann (Lehrerin) - Stud. Univ. Münster (Math., math. Logik, Geogr., Phil., Päd.).

HETKÄMPER, Robert
Chefredakteur Fernsehen b. Norddeutschen Rundfunk - Gazellenkamp 57, 2000 Hamburg 54 - Geb. 9. Aug. 1949, kath., verh. m. Miran, geb. Kim, S. Jakob - Ztg.volontariat; Stud. German. u. Politologie Berlin u. Saarbrücken - 1981-84 ARD-Aktuell-Sonderkorresp.; 1984-88 NDR-Fernseh-Chefreporter; 1988-92 ARD-Ostasien-Korresp. Tokyo.

HETMANN, Frederik
s. Kirsch, Hans-Christian

HETTERLE, Albert
Schauspieler, Regiss., Intendant d. Maxim Gorki Theaters, Berlin - O-1080 Berlin-Kaulsdorf - Geb. 31. Okt. 1918 Peterstal/Odessa, verh. m. Monika, geb. Schmidt, 2 Söhne (Marc, Alexander) - Insz.: Gorki: Wassa Shelesnowa, Nachtasyl, Kleinbürger, Barbaren; Ges.krit. Gegenw.stücke v. Schatrow, Gelman, Rosow - Rollen: Egmont, Tellheim, 1952, Ferdinand, König Lear, König Philipp (Don Carlos), Jegor Bulytschow (Gorki), Kolomizew (D. Letzten v. Gorki) - Spr.: Russ.

HETTINGER, Theodor
Dr. med., em. Prof. Inst. f. Arbeitsmedizin, Sicherheitstechnik u. Ergonomie Berg. Univ.-GH Wuppertal - Peterstr. 6, 4330 Mülheim-Ruhr (T. 0208 - 59 00 36) - Geb. 20. März 1922 Niederselters (Vater: Otto H., Beamter; Mutter: Helene, geb. Gruschka), kath., verh. s. 1949 m. Anneliese, geb. Kipker - Promot. 1948; Habil. 1968 TH Aachen - Tätigk. Krkhs. Katzenelnbogen, MPI f. Arbeitsphysiol., Dortmund, dazw. Lankenau Hosp., Philadelphia (USA), 1960-76 Rheinstahl AG, Mülheim (Leit. Betriebsärztl. Zentralst.). 1968-76 Privatdoz. u. apl. Prof. (1971) TH Aachen -BV: Physiology of Strength, 1961; Arbeitsphysiol. Meßmethoden, 1964; Fit sein - fit bleiben, 8. A. 1989; Isometr. Muskeltraining, 5. A. 1972 (auch jap. u. ung.); Ergonomie am Arbeitsplatz, 2. A. 1980; Sportmed. - Arbeits- u. Leistungsgrundl., 2. A. 1988 - Preis Kongress f. Arbeitsschutz u. Arbeitsmed., 1972 Ruhr-Preis f. Kunst u. Wiss. - Spr.: Engl.

HETTL, Rudolf
I. Bürgermeister Stadt Waldkirchen (s. 1978) - Rathaus, 8392 Waldkirchen/Ndb. - Geb. 30. Nov. 1932 Ruckasing - Kreisrat u. Dipl. Rechtspfleger (FH). Stv. VR-Vors. d. Sparkasse FRG. CSU.

HETTLAGE, Erich
Dipl.-Kfm., Kaufmann (Fa. Hettlage oHG., Wiesbaden), Vizepräs. IHK Wiesbaden - Mainzer Str. Nr. 32, 6200 Wiesbaden (T. 3 90 59).

HETTLAGE, Robert
Dr. rer. pol., Dr. phil., Prof. f. Soziologie Univ. Regensburg - Unterer Batterieweg 143, CH-4059 Basel (T. 061 - 35 76 29) - Geb. 24. Juli 1943 Königsberg (Vater: Benno H.; Mutter: Walburga, geb. Buchner), kath., verh. s. 1969 m. Andrea, geb. Varjas, 2 Töcht. (Raphaela, Saskia) - Univ. Fribourg (Schweiz); Lic. rer. pol. 1966; Promot. (rer. pol.) 1969 u. (phil.) 1971; Habil. 1978 Univ. Basel - 1971 Projektleit. in Warenhaus-Konz.; 1972 Assist. Soziol. Sem. Univ. Basel; 1979 Fr. Mitarb. Prognos AG, Basel; 1981 o. Prof. f. Soziol. Univ. Regensburg - BV: D. Wirtsch. zw. Zwang u. Freiheit, 1972; Mobilisier. od. Scheinmobilisier., (m. C. Giordano) 1975; Persistenz im Wandel, (m. C. Giordano) 1979; Genossenschaftstheorie u. Partizipationsdisk., 2. A. 1987; Selbsthilfe in Andalusien (m. D. Goetze u.a.), 1989; Familienreport. E. Lebensform im Umbruch, 1992. Herausg.: Zwischenwelten d. Gastarbeiter (1984); D. post-traditionale Welt d. Bauern (1989); Bauerngesellschaften im Industriezeitalter (1989, m. C. Giordano); Erving Goffman - e. soziologischer Klassiker d. 2. Generation (1991, m. K. Lenz); D. Bundesrepublik - D. Bundesrepublik. E. historische Bilanz (1990) - Spr.: Franz., Engl., Ital., Span. - Bek. Vorf.: Prof. Dr. Karl Maria H., ehem. Staatssekr. im Bundesfinanzmin.

HETTLER, Manfred G.
Dr. med., Prof., Radiologe - Gebsattlerstr. 60, 8500 Nürnberg 60 - Geb. 17. Jan. 1925 - Zul. Chefarzt Städt. Krkhs. Braunschweig. S. 1964 (Habil.) Privatdoz. u. Honorarprof. (1970) Univ. Marburg (Radiol.). Fachveröff.

HETTLER, Walther
Dr. med., Chefarzt - Oberesslinger Str. 51, 7300 Eßlingen/N. - Geb. 5. Juli 1919 Söhnstetten (Vater: Karl H., Pfarrer), ev., verh. s. 1947 m. Doris, geb. Kußmaul, 3 Kd. (Sibylle, Wolfgang, Bettina) - Lehrauftr. PH Esslingen u. Univ. Tübingen - 1952 Oberarzt Städt. Kinderklinik Stuttgart; 1957 ärztl. Leit. Kinderklinik Esslingen. Div. Fachveröff. (Mongolismus, Scharlach, Poliomyelitis, Zwillingsforsch u. a.) - Spr.: Engl.

HETTLING, Ludwig
Klempner, MdB (s. 1983, Landesliste Bremen) - Senator-Teil-Str. 30, 2800 Bremen 61 - Geb. 9. Okt. 1938 Bremen, verh., 1 Sohn - Volkssch. Bremen; Lehre Klempner u. Kupferschmied - B. 1969 Flugzeugklempner, dann Sachbearb. Arbeitsvorb. Messerschmitt-Bölkow-Blohm, Bremen (s. 1972 Betriebsratvors.). S. 1960 Mitgl. IG Metall. 1982 MdBB. SPD s. 1966.

HETTRICH, Heinrich
Dr. phil., o. Prof. f. Vergleichende Sprachwiss. Univ. Würzburg - Ernst-Haeckel-Str. 23, 8000 München 50 (T. 089 - 812 84 34) - Geb. 8. Okt. 1947 Scheidt/Saar, ev., verh. s. 1976 m. Ursula, geb. Joggerst, 2 Kd. (Max, Sophie) - Promot. 1974 Saarbrücken; Habil. 1984 München - Lehrtätigkeit Univ. Saarbrücken, München, Salzburg, Zürich, Marburg, Würzburg - BV: Kontext u. Aspekt in d. altgriech. Prosa Herodots, 1976; Untersuchungen z. Hypotaxe im Vedischen, 1988; D. Agens in passiv. Sätzen altidg. Sprachen, 1990 - 1988 Akad.preis Phil.-Hist. Klasse Akad. d. Wiss. Göttingen.

HETTWER, Hans
Dr.-Ing., Prof. f. Verkehrswesen u. Verkehrsbau Univ.-GH Essen - Zu erreichen üb. Univ., Universitätsstr. 15, 4300 Essen 1 - Geb. 26. März 1930 Breslau - TH Braunschweig (Dipl.-Ing. 1960, Gr. Staatsprüf. 1965, Promot. 1968) - Zahlr. Fachveröff.

HETTWER, Hubertus
Dr. phil., Prof. f. Pädagogik - Frölingstr. 53, 6380 Bad Homburg - Geb. 28. Juni 1927 Brieg/Schles. (Vater: Franz H., Straßenmeister †; Mutter: Maria, geb. Wolf), kath., verh. s. 1956 m. Ursula, geb. Schrobitz - Realgymn.; PH Trier u. Weilburg; Univ. Frankfurt, Würzburg, Mainz (Päd., Rechtswiss., Phil., Politol.). Promot. 1964 - S. 1971 Prof. PH Karlsruhe, s. 1975 Univ. Mainz - BV: Herkunft u. Zusammenhang d. Schulordnungen, 1965; Pädagogen u. Paragraphen, 2. A. 1970; Begabungsförd. u. Schule, 1967 (m. Th. Ballauf); Lehr- u. Bildungspläne 1921-74, 1976; D. Bildungswesen d. DDR, 1976.

HETZEL, Wolfgang
Dr. phil., Dipl.-Volksw., Prof., Leiter Abt. f. Afrikaforsch./Geogr. Inst. Univ. Köln (1967-85) - An den Eichen 21, 5300 Bonn 1 (Röttgen) (T. 25 24 25) - Geb. 26. Jan. 1922 Wörlitz/Anh. - Habil. 1966 Bonn - Facharb.

HETZLER, Hans Wilhelm
Dr. rer. pol., Dipl.-Kfm., o. Prof. f. Soziologie - Kastanienweg 2, 2000 Hamburg 65 (T. 6 04 74 70) - Geb. 8. Juli 1929 Frankfurt/M. (Vater: Karl H., kfm. Angest.; Mutter: Anna-Ottilie, geb. Böhlmann), ev., verh. s. 1965 m. Catherine, geb. Mc Nulty - Schulen Frankfurt (Abit. 1948), Univ. Frankfurt (Dipl.-Kfm. 1954), Promot. Münster 1959, Habil. TU Berlin 1969 - S. 1969 Prof. TU Berlin u. Univ. Hamburg (1973). Vors. Dt. Sektion Intern. Ind. Relations Assoc. - BV: D. Bewert. v. Bürotätigk., 2. A. 1964; Soziale Strukturen d. Organis. Forsch., 1970; Staatl. Innoventionspolitik, 1978; Arbeitsstrukturier. durch Verhandl., 1980 - Spr.: Engl.

HEUBAUM, Werner
Staatssekretär f. Finanzen b. d. Senatsverwaltung Berlin - Nürnberger Str. 53-55, 1000 Berlin 30 (T. 21 23-1) - Geb. 2. Sept. 1931 Berlin, verh., 1 Kd. - Obersch.; 1949-51 Maschinenschlosserlehre; 1958-60 Stud. Otto-Suhr-Inst./FU Berlin; 1. und 2. Verw.prüf. - S. 1951 Verw.dst. (1973 b. Senator f. Finanzen Berlin). 1967-73 MdA Berlin. SPD s. 1952.

HEUBERGER, Anton
Dr. rer. nat., Prof., Direktor Fraunhofer-Inst. f. Mikrostrukturtechnik - Dillenburger Str. 53, 1000 Berlin 33 (T. 030 - 829 98-100) - Geb. 20. Febr. 1942 München, verh. s. 1976 m. Ingrid, geb. Romerio - Univ. München (Physik); Promot. 1973 - Prof. TU Berlin - 1988 Philip Morris-Preisträger - Spr.: Engl.

HEUBERGER, Helmut
Dr. phil., o. Prof. f. Geographie Univ. Salzburg - Erlenstr. 19, A-5020 Salzburg (T. 0662 - 82 37 74) - Geb. 8. Jan. 1923 Innsbruck (Vater: Prof. Dr. Richard H., Historiker), ev., verh. s. 1956 m. Dr. Adelheid, geb. Hardorp - Stud. Geogr., Geol., Gesch., German., Völkerkd.; Promot. 1952 Innsbruck, Habil. 1965 ebd. - 1950 Hilfsassist., 1958 Assist. Univ. Innsbruck; 1967/68 Gastdoz. Hamburg; 1969/70 Lehrstuhlvertr. FU Berlin; 1972 Prof. u. Abt.-Vorst. Univ. München; 1980 o. Prof. Salzburg. 1982-86 Vizepräs. Dt. Quartärvereinig. DEUQUA; Vorst.-Mitgl. ARGE f. vergleich. Hochgebirgsforsch. München (s. 1973); Kommiss. f. Glaziologie Bayer. Akad. d. Wiss., Kommiss. f Quartärforsch. d. Österr. Akad. d. Wiss. - BV: Gletschergesch. Unters. in d. Zentralalpen zw. Sellrain- u. Ötztal. Wiss. Alpenvereinshefte 20, 1966 - 1965 Kardinal-Innitzer-Preis (Habilschr.); 1978 korr. Mitgl. Österr. Akad. d. Wiss. - Liebh.: Musik, Lit., Bergsteigen - Spr.: Engl., Franz. - Bek. Vorf.: Richard Heuberger, Komp. Wien (Großv.).

HEUBES, Jürgen
Dr., Prof., Wirtschaftswissenschaftler - Spitzwegstr. 42, 8400 Regensburg - Geb. 10. April 1940 Rhens (Vater: Josef H.; Mutter: Else, geb. Engers) - Stud. Bonn - 1965-75 Wiss. Assist. Bonn u. Münster. 1975 Wiss. Rat u. Prof. Gesamthochsch. Paderborn, s. 1975 Prof. f. Wirtsch.-theorie Univ. Regensburg - BV: Grundzüge d. Konjunkturtheorie, 1986. Konjunktur u. Wachstum, 1991, Makroökonomie, 2. A. 1992.

HEUBL, Franz
Dr. jur., Landtagspräsident a.D. Bayern, Persönl. Beauftragter d. Bayer. Ministerpräs. f. Fragen d. Föderalismus u. Regionalismus in Europa - Bayerische Staatskanzlei, Prinz-Carl-Palais, Franz-Josef-Strauß-Ring 5, 8000 München 22; priv.: Anna-Dandler-Str. 8, 8000 München 60 - Geb. 19. März 1924 München (Vater: Franz H., Oberreg.rat; Mutter: Maria, geb. Huber), kath., verh. s. 1947 m. Lore, geb. Keulers (Hilden/Rhld.), 2 Töcht. (Claudia, Monika) - Oberrealsch.; Univ. München (Promot.). Ass.ex. 1950 - 1943-45 Wehrdst., dann Stud., 1948 Sekr. Verfassungskonvent auf Herrenchiemsee, 1950-60 RR, ORR u. Reg.dir. Bayer. Unterrichts- u. Kultusmin.; 1952-55 Mitgl. Stadtrat München; 1960-62 Staatssekr. u. Leit. Bayer. Staatskanzlei; 1962-78 Bayer. Min. f. Bundesratsangelegenh. u. Bevollm. d. Freistaates Bayern b. Bund (Bonn), Mitgl. Bundesrat; 1978-90 Präs. Bayer. Landtag. CSU s. 1945 (mitbegr.; 1970-89 stv. Landesvors.), 1981ff. Vors. Bayer. Bergwacht - Kdr.kreuz Ehrenlegion (Staatsbesuch de Gaulles 1962), Gr. Gold. Ehrenz. m. Stern Rep. Österr., Bayer. VO., 1969 Gr. BVK, 1972 Stern dazu u. 1977 Schulterbd.; Großkreuz Kgl. Griech. Phönixorden, Päpstl Orden Equite Commendant. Ordinis Sancti Silvestri Papae; Ehrenbürger Gde. Oberreute (Allgäu) u. Wasserburg am Bodensee; Gold. Bürgerring Stadt Lindau; 1982 Großoffizierskreuz ital. VO; 1983 Großkreuz VO BDR; 1984 Ehrenmitgl. Presseclub München - Liebh.: Bergsteigen - Spr.: Engl., Franz., Portug.

HEUBL, Walter
Dr., Dr. h. c., Prof. f. Betriebswirtschaft, Generalkonsul, Fabrikant - Bergstr. 7, 8901 Aystetten/Schwaben (T. 0821 - 48 13 55) - Geb. 18. Juni 1918 Augsburg (Vater: Johann H., Werkm.; Mutter: Maria, geb. Thenn), ev., verh. s. 1973 m. Ilona, geb. Schreiner, 3 Kd. (Werner, Walter, Renate) - Metallfacharb.; Gründ. u. Inh. Propper-Werke GmbH - 1970 Präs. u. Landesvors. BKV; 1981 Senatspräs. Akad. MIDI; General-Präs. Maison Intern. d. Intellekt. MIDI; Ehren-Präs. Westdt. Akad.; Mitgl. Akad. d. Wiss. (AIS); Präs. Bayer. Soldatenbund (BSB) 1874 - 1973 Generalkonsul Rep. Burkina Faso/Obervolta (1982 Großoffz.); 1978 Kdr. Amerik. Legion in Europa; 1972 Bayer. VO., 1978 Gr. BVK, 1989 m. Stern; Gr. Konturkreuz Rep. Österr.; Franz. Tapferkeitsmed.; Europakreuz u. weit. intern. hohe Ausz.; Ehrenmitgl. Intern. Akad. u. Univ.

HEUCHEMER, Karl-Heinz
Fabrikant, gf. Gesellsch. der Heuchemer Verpackung KG, Bad Ems, Vors. Bundesverb. Holzpackmittel, Paletten, Exportverpack., Trier - Wilhelmsallee 55, 5427 Bad Ems - Geb. 2. Aug. 1923 Bad Ems (Vater: Carl H.; Mutter: Isa, geb. Philippi), verh. m. Helga, geb. Hermann - 1983 BVK.

HEUCK, Friedrich

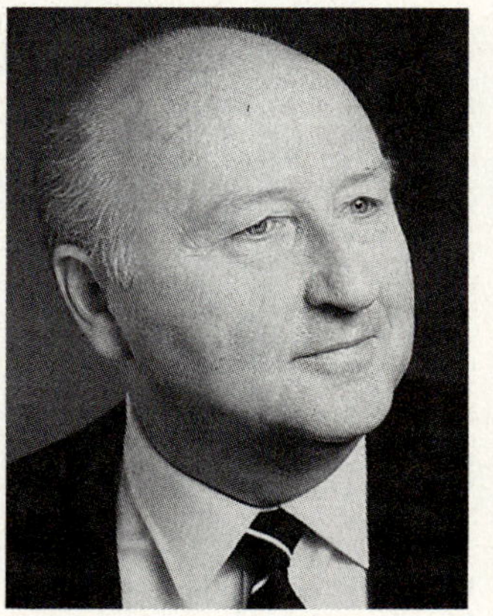

Dr. med., Prof., Ärztl. Direktor i. R. Radiolog. Inst., Zentrum f. Radiologie, Katharinenhospital Stuttgart (s. 1964) - Hermann-Kurz-Str. 5, 7000 Stuttgart 1 - Geb. 20. Jan. 1921 Glogau/Schles. (Vater: Dr. phil. Julius H., Oberstudiendir.; Mutter: Helene, geb. Pennigsdorf), ev., verh. s. 1949 m. Ingeburg, geb. Pfeiffer, 3 Söhne (Klaus, Dieter, Andreas) - Stud. Berlin, Danzig, Innsbruck, Wien (Med.). Promot. 1944 Berlin; Habil. 1957 Kiel - S. 1957 Privatdoz. u. apl. Prof. (1963) Univ. Kiel (1957-63 Oberarzt Röntgenabt.), Hon.-Prof. Univ. Stuttgart (1970), apl. Prof. Univ. Tübingen (1971). 1972 Präs. Dt. Röntgenkongr., Stuttgart; 1984-86 Präs. Intern. Skeletal Soc.; 1986-88 Präs. Dt. Ges. f. Osteologie - BV: D. Streifenatelektasen d. Lunge, 1959; D. Bauchspeicheldrüse, 6. A. 1965; D. radiolog. Erfass. d. Mineralgehaltes d. Knochens, Bd. IV/1, 1970; Skelet 1 u. 2 in Klin. Röntgendiagnost. inn. Krankh. Bd. III, 1972; Allgem. Radiologie u. Morphol. d. Knochenkrankh. Hdb. d. Medizin. Radiologie Bd. V/1, 1976; Radiol. d. gesund. Skelettes - Qualitative u. quantitative radiol. Analyse d. Knochens, Bd. II/1, Lehrb. d. Röntgendiagn. v. Schinz, 7. A. 1989; Radiology Today 1, 1981; Radiology Today 2, 1983; Radiology Today 3, 1985; Radiology Today 4, 1987; Radiological Functional Analysis of the Vascular System, 1983; Klin. Radiol. Üb. 280 Arb. u. etwa 300 Vorträge. Herausg.: Lehrb.-Reihe „Klin. Radiologie" (1986), z. Zt. 5 Bd. Mithrsg.: Handb. med. Radiologie, Frontiers in European Radiology, Medical Radiology; Ztschr.: D. Radiologe, Biomedizin. Technik - Übers.: Röntgen Diagnosis, Lehrb. (1967) - 1974 Mitgl. Intern. Skeletal Society, 1976 Korresp. Mitgl. Finn. Radiol. Ges., 1981 Ehrenmitgl. Tschech. Radiol. Ges. u. 1982 d. Österr. Röntgenges., 1984 Albers-Schönberg Med.; 1984 Ehrenmitgl. d. Ungar. Röntgen-Ges., 1984 Ehrenmitgl. d. Belg. Röntgen-Ges., 1987 Ehrenmitgl. d. Dt. Röntgen-Ges., 1989 Ehrenmitgl. d. Bulgar. u. d. Poln. Radiol.-Ges.; 1991 Ehrenmitgl. Dt. Ges. Biomed. Technik, Intern. Skeletal Soc., 1992 Dt. Ges. Osteologie; Carl-Wegeliüs-Med. Finn. Radiologen-Ges.; BVK - Spr.: Engl.

HEUDORF, Heinz
Geschäftsführer SIEMAG Siegener Maschinenbau GmbH., Dahlbruch - Am Höchsten 1, 5912 Hilchenbach-Dahlbruch/W. - Geb. 4. Dez. 1914 Hamburg.

HEUER, Dieter
Dr. rer. nat., Prof. f. Didaktik d. Physik - Trautenauer Str. 57, 8700 Würzburg - S. 1972 Mitvorst. Physikal. Inst. Univ. Würzburg - BV: Computer-Versuchsanalyse, 1988; Fachveröff.

HEUER, Ernst
Vizepräsident d. Bundesrechnungshofes - Berliner Str. 51, 6000 Frankfurt/M. - Geb. 12. Juli 1933 Berlin, verh., 3 Kd. - Bankkaufm., Jurist - BV: Kommentar z. Haushaltsrecht; Kommentar z. Arbeitsförd.gesetz.

HEUER, Helmut
Dr. phil., Prof., Univ. Dortmund - In der Lohwiese 19, 4600 Dortmund-Benninghofen (T. 48 05 26) - Geb. 31. Juli 1932 Cuxhaven (Vater: Friedrich H., Volksschulrektor; Mutter: Hilde, geb. Albers), ev., verh. s. 1962 m. Gisela, geb. Franke, 2 Kd. (Andreas, Annette) - Univ. Hamburg, Marburg, Tübingen, München - 1959-65 Studienrefer., -ass. u. -rat; s. 1965 Hochschullehrer, b. 1967 Doz., dann o. Prof. f. Didaktik d. Engl. Sprache Päd. Hochsch. Ruhr (1972-74 Dekan) u. Univ. Dortmund - BV: D. Engl.stunde - Fallstud. z. Unterrichtsplanung u. -forsch., 1968; Brennpunkte d. Englischunterrichts, 1970; Lerntheorie d. Engl.unterr., 1976; Grundwissen d. engl. Fachdidaktik, 1979. Mithrsg.: Let's Learn English (Lehrb., 5 Bde. 1966-71), Good Engl. (Lehrw. 6 Bde. 1975-81); Englischmethodik (m. F. Klippel, 1987); Schriftleit. u. Mithrsg. d. Fachztschr. Englisch (s. 1987).

HEUER, Hermann
Dr. phil., em. o. Prof. f. Anglistik Univ. Freiburg - Spittelhofstr. 14, 7811 St. Peter/Schwarzw. (T. 07660 - 3 05) - Geb. 8. Febr. 1904 Duisburg, kath., verh. s. 1931 m. Gertrud, geb. Kühler, T. Hella - Stud. Angl., Roman., Gesch. Univ. Marburg, Berlin, Paris; Staatsex. 1928 Marburg; Promot. 1927 Marburg; Habil. 1931 Gießen - 1935-38 Dozent Kiel, 1938 ao. Prof. Münster/Westf.; 1943 o. Prof. Münster; 1950 o. Prof. Freiburg; 1972 emerit.; 1957/58 USA Forschungsprof. Yale Univ., Folger Shakespeare Library, Washington, USA. 1948-86 Vizepräs. Dt. Shakespeare-Ges. West - BV: Romaneske Elemente b. Charles Dickens, 1927; Stud. z. syntakt. u. stilist. Funktion d. Adverbs b. Chaucer, 1932. Herausg.: Jahrb. d. Dt. Shakespeare-Ges. (1950-80); zahlr. literaturwiss. u. sprachwiss. Aufs. in in- u. ausl. Fachztschr. u. Festschr. - Liebh.: Musik, Sprachen, Lit., Theol., Phil., Gesch., Politik, Schach, Botanik, engl. Versübers. (Goethe, Schiller, Morgenstern, Wilh. Busch) - Spr.: Klass. Spr., roman. Spr., Engl., Russ., Niederl. - Lit.: u. a. R. Stamm, Bad. Ztg. (1969); K. Schlüter, Freiburger Univ.-Blätter (1974); Jahrb. d. Dt. Shakespeare-Ges. W. (1975); R. Haas, FAZ (1984); Bad. Ztg. (1989).

HEUER, Jürgen Hermann
Dr. rer. pol., Dipl.-Volksw., Prof., Gf. Vorstand awos, Bochum - Zu erreichen üb. awos, Wirmerstr. 28a, 4630 Bochum; priv.: Waldfrieden 3, 4300 Essen 1 - Geb. 15. Febr. 1926 Münster, ev., verh. s. 1952 m. Dr. med. Gertrud Heuer-Borchers, 3 Kd. (Christiane, Hendrik-Jürgen, Hans-Christoph) - Staatl. Schillergymn. Münster (Abit.); 1946-50 Stud. Volksw. Univ. Münster (Dipl. u. Promot.) - 1950-61 wiss. Assist.; Geschäftsf. Inst. f. Siedlungs- u. Wohnungswesen Univ. Münster; b. 1985 Vorst. VEBA Wohnst. u. Westd. Wohnhäuser A.G. Lehrauftrag Münster u. ab 1966 Ruhr-Univ. Bochum, 1969 Honorarprof., zugl. ab 1982 Lehrbeauftr. Univ. Mannheim; 1986 Honorarprof. ebd. - BV: D. sozialpolit. Probl. e. Mietenanpass., 1950; D. Eigenheim - E. soziol. u. volkswirt-

schaftl. Analyse, 1955; D. Bodenfrage, 1973; Siedlung (II) Städt. Siedlung, 1953; Neue Städte in Dtschl., 1960; Wohnungswirtsch., HDS Bd. 12 1965; Lehrb. d. Wohnungswirtsch., 1979, 2. A. 1985; Wohnungswesen, Handb. Grundriß d. Raumordn., 1982; D. Wohnungsmärkte im Gesamtwirtsch. Gefüge, in: Kompend. d. Wohnungswirtsch., 1991; Wohneigentum im Wertewandel in: Wohnungswirtschaft zw. Markt u. Staat, 1991.

HEUER, Walter

Bankdirektor i. R. - Saseler Mühlenweg 71, 2000 Hamburg 65 (T. 601 66 67) - Geb. 2. Okt. 1909 Winsen/Luhe - S. üb. 40 Jahren Zentralkasse nwd. Volksbk. (1963 Vorst.). AR-Mand. Kreditkasse f. Hausinstandsetzung, u. a.

HEUER-CHRISTEN, Beata

Prof. f. Gesang Staatl. Hochsch. f. Musik Freiburg, Konzertsängerin - Hinterdorfstr. 2, 7806 March (T. 07665 - 17 15) - (Vater: Cäsar Chr., Musiker; Mutter: Greti, geb. Schiffmann, Musikerin), verh. m. Friedrich H., Gymnasiallehrer - Gesamtstud. Bern (Maria Helbling), Freiburg/Br. (Margarete v. Winterfeldt) u. Zürich (Dorothea Ammann-Goesch) - Konzertsängerin (Oratorien, Lieder, Funk- u. Fernsehaufn., Neue Musik); s. 1980 Prof. Staatl. Hochsch. f. Musik.

HEUERMANN, Erich

Vorstandsmitglied OMAG Ostfries. Maschinenbau AG. - Westfalenstr. 2, 2970 Emden; priv.: Tonstr. 4 - Geb. 20. März 1920.

HEUERMANN, Hartmut

Dr. phil., M. A. (Boston Univ.) Prof. f. Amerikanistik TU Braunschweig - Billrothstr. 19, 3300 Braunschweig - Geb. 3. Nov. 1941 Bielefeld (Vater: August H., Kfm.; Mutter: Alma, geb. Hülsmann), verh. s. 1970 m. Stephanie, geb. Wenzel, S. Philipp - Abitur 1961 Bielefeld, 1963-69 Stud. Anglistik, Amerikanistik u. Romanistik Univ. Marburg u. Boston/USA, Master of Arts in engl. Spr. u. Lit. 1968, Promot. 1970 - Wiss. Assist. PH Westf.-Lippe (Bielefeld) Univ./GH Paderborn, 1975 Prof. TU Braunschweig, 1980-83 Dekan Fachber. Phil. u. Sozialwiss., 1983/84 Gastprof. Department of English Univ. Boston, 1987-90 Vizepräs. TU Braunschweig, Mitgl. Dt. Ges. f. Amerikastudien, u. Dt. Ges. f. Fremdsprachenforsch. - BV: Erskine Caldwells Short Stories, 1970; Lit. u. Didaktik, 1973; Literar. Rezeption, 1975; Science Fiction USA, 1978; Werkstruktur u. Rezeptionsverhalten, 1982; Fremdspr. vs. mutterspr. Rezeption, 1983; D. Utopie in d. angloamerik. Lit., 1984; D. Science-Fiction-Roman in d. angloamerikan. Lit., 1986; Mythos, Lit., Ges., 1988; Classics in Cultural Criticism, 1990; Contemporaries in Cult. Criticism, 1991 - Liebh.: Klaviermusik, Katzen.

HEUFEL, Heinz

Dipl.-Ing., Prof. f. Wasserbau, insb. Stauanlagen GH Siegen - Robert-Schumann-Str. 8, 5900 Siegen 21.

HEUFELDER, Sylvio

Regisseur u. Filmproduzent - Gartenstr. 45, 5860 Iserlohn - Geb. 9. Aug. 1949 (Vater: Ferdinand Held-Magneg, Intendant), verh. s. 1986 m. Jeanette, geb. Erazo, 2 Kd. (Maximilian, Gina) - Abit.; Stud. Theaterwiss. u. Phil. Univ. München - Geschäftsf. u. Inhaber d. Tandem-Filmprod., München - Herausg.: Schätze dieser Erde. FS: Alexander Puschin Das Duell (ZDF); unzählige Dokumentarfilme; Kino-Kurzfilme; Fernseh-Serien u. Literaturportraits - Kurzfilmpreis Encantaders d. verwunschenen Inseln - Liebh.: Literatur, Theater - Spr.: Engl., Span.

HEUKÄUFER, Anneliese,

geb. Altmann

Kunstmalerin - Auf dem Siepen 9, 4350 Recklinghausen (T. 02361 - 2 25 87) - Geb. 7. Juni 1924 Essen (Vater: Wilhelm

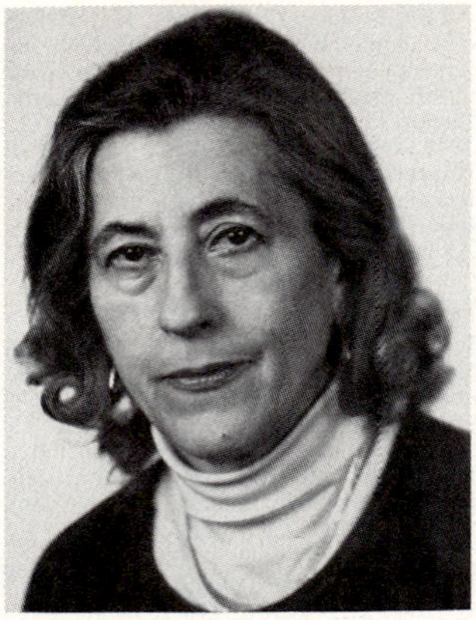

A., Prokurist; Mutter: Anna, geb. Bonnenberg), ev., verh. s. 1952 m. Alfred H., 2 Söhne (Alfred, Betriebsw.; Armin Claus, Arzt) - 1940-43 Folkwangsch. Essen, 1943-45 Wuppertaler Meistersch. (Staatsex.; Lehrer: u. a. Brandenberg, Prof. Urbach, Wilhelm Geißler) - 1945-52 eig. Handweberei u. s. 1945 eig. Atelier. Spez. Arbeitsgeb.: Malerei. Thema menschl. Bez. (Mischtechnik), Thema Urvorgänge, (Abstrakt); Portrait, Landschaft (Öl, Aquarell, Pastell). Einzelausst. u. a. in Hamburg, Düsseldorf, Hamm, Essen, Kettwig, Recklinghausen, Herne, Bochum, Ennepetal. Mitgl. Vestischer Künstlerbd. Recklinghausen - Liebh.: Exot. Vogelzucht - Lit.: Allg. Verz. d. kunstschaffenden Ziese; u.a. Nachschlagewerke.

HEUKELUM, van, Horst

Dipl.-Kfm., Unternehmensberater - 6242 Kronberg 3 - Geb. 8. Nov. 1926 Bremerhaven (Vater: Senator Gerhard van H., Ehrenbürger Bremerhaven †1969 (s. XV. Ausg.); Mutter: Henriette, geb. Gehrken), ev., verh. s. 1959 m. Ursula, geb. Bugenhagen, 2 Söhne (Gerd, Thomas) - 1943-46 Lehre; 1954-55 Akad. f. Gemeinwirtschaft; 1955-58 Univ. Hamburg - In- u. ausl. AR- u. Beiratsmand. SPD s. 1945 - Spr.: Engl.

HEUMANN, Achim

Dr., Geschäftsführer Dr. L. C. Marquart GmbH./Chem. Fabrik - Siegburger Str. 7, 5300 Bonn-Beuel - 1978 ff. Präs. IHK Bonn.

HEUMANN, Heinz

Dr. jur., Stadtdirektor - Hugo-Wolf-Str. 9, 4500 Osnabrück (T. 323 41 02) - Geb. 12. Okt. 1925 Minden/W. (Vater: Heinrich H. †; Mutter: Paula, geb. Boernecke †), ev., verh. s. 1952 m. Edeltraut, geb. Burghardt, S. Jürgen - Bessel-Gymn. Minden; Univ. Münster (Rechts- u. Staatswiss.) - S. 1956 LSG NRW (Hilfsrichter), nieders. Finanzverw. (1957: Reg.rat), Stadtverw. Osnabrück (1963: Oberrat, 1964 Beigeordn. u. Wirtschaftsdezern., 1968 Stadtdir.) - BV: D. Konzentrations- u. Eventualmaxime im dt. Zivilprozeßrecht, 1955 (Diss.) - Liebh.: Tennis, Leichtathlektik, Skilauf.

HEUMANN, Klaus Gustav

Dr.-Ing., Prof. f. Anorgan. Chemie Univ. Regensburg - Eichenstr. 33, 8411 Sinzing - Geb. 16. Sept. 1940 Dietzenbach - Promot. (1969) u. Habil. (1974) Darmstadt - 1980-82 Vors. d. Arbeitsgemeinsch. Massenspektrometrie, 1986-88 Vors. d. Arbeitskr. f. Mikro- u. Spurenanalyse d. Elemente; 1987-89 Vorst.-Mitgl. Fachgr. Analyt. Chemie in d. GDCh. S. 1985 Titular Member IUPAC-Commiss. f. Atomic Weights and Isotopic Abundances; s. 1987 Mitgl. d. Bundesjury Jugend forscht (Fachrichtung Chemie). Fachveröff. 1983 Ruf an d. TU Graz u. 1985 GH-Univ. Kassel - Hochschulpreis Darmstadt; 1987 Océ-van-der-Grinten-Preis.

HEUMANN, Klemens

Dr.-Ing., Prof. TU Berlin, Inst. f. Allg. Elektrotechnik - Benediktinerstr. 81, 1000 Berlin 28 - Geb. 15. Mai 1931 Lünen/W. (Vater: Aloys H., Arzt; Mutter: Maria, geb. Frank, Ärztin), kath., led. - Schule (Abit. 1951); TH Aachen (Elektrotechnik). Promot. 1961 Berlin; Habil. 1968 Berlin - 1956-78 AEG, Forschungsinst. Berlin - BV: Thyristoren-Eigenschaften u. Anwendungen, 1969; Grundl. d. Leistungselektronik, 1975; Handbuch Stromrichter, 1978 - Spr.: Engl.

HEUMANN, Theodor

Dr. rer. nat., em. o. Prof. f. Metallforschung - Schreiberstr. 30, 4400 Münster/Westf. (T. 8 19 20) - Geb. 6. April 1914 - S. 1950 (Habil.) Lehrtätigk. Univ. Münster (1956 apl., 1958 ao., 1964 o. Prof.; Dir. Inst. f. Metallforsch.). Emerit. 1982 - BV: Diffusion in Metallen (m. Seith), 2. A. 1955. Zahlr. Fachaufs. - 1980 Heyn-Denkmünze.

HEUMANN, Wolfram

Dr. rer. nat., em. o. Prof. u. Vorst. a. D. Inst. f. Mikrobiologie u. Biochemie Univ. Erlangen-Nürnberg (1967-86) - Rudelsweiherstr. 2, 8520 Erlangen - Geb. 8. Nov. 1914 Berlin (Vater: Prof. Dr.-Ing. Hermann H.; Mutter: Selma, geb. Preuß), verh. 1951-85 m. Barbara, geb. Stein v. Kamienski †, 2 Kd. (Irene, Heiko) - Univ. Berlin (Naturwiss.). Promot. 1942 Berlin; Habil. 1958 Braunschweig - Lehrtätigk. TH Braunschweig. Forschungsaufenth. USA (1956/57 Prof. Joshua, Lederberg; 1965-67 Southwest Center for Advanced Studies, Dallas); emerit. 1986. Spez. Arbeitsgeb.: Bakteriengenetik, Biolog. Stickstoffixierung, genetische Wechselwirkung Pflanzen-Bakterien. Fachaufs. - 1974 Ehrenmitgl. d. Assoc. pour la Protection de la Vie - Spr.: Engl., Franz.

HEUMÜLLER, Oskar

Vorstandsmitglied d. Thyssen Handelsunion AG., Düsseldorf - An Dreilinden 10d, 4000 Düsseldorf 12 - Geb. 19. März 1913 Mülheim/Ruhr - Mitbegr. Bundesverb. d. Dt. Stahlhandels, D'dorf (1973 Vorst.svors.); 1975 Präs. Fianatm (Verein eur. Stahl- u. Metallhdl.).

HEUN, Hans

Dr., Oberbürgermeister (s. 1970) - Rathaus, 8670 Hof/S. - Geb. 16. April 1927 Hof - Zul. Handelsschuldir. CSU.

HEUSCHELE, Otto

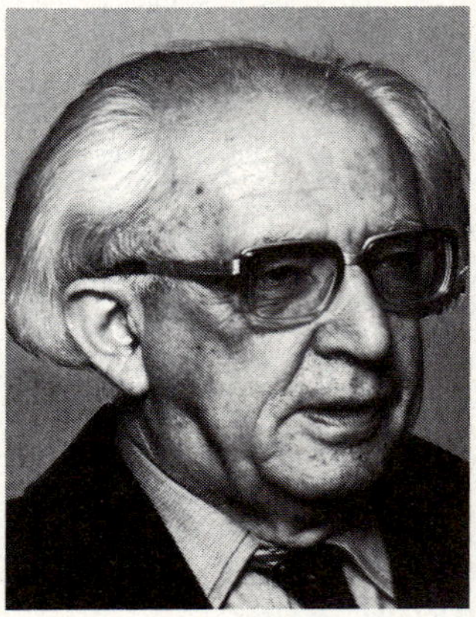

Prof., Schriftsteller - Korber Str. 36, 7050 Waiblingen/Württ. (T. 2 15 62) - Geb. 8. Mai 1900 Schramberg/Württ. (Vater: Hermann H., Gärtnereibesitzer; Mutter: Mina, geb. Reinhardt), ev., verh. s. 1932 m. Annalore, geb. Lerch, 1 Kd. - Oberrealsch. Stuttgart-Cannstadt; Univ. Tübingen u. Berlin - BV: (1929-49 s. XVIII. Ausg.) Ins neue Leben, Erzählung 1950; Natur u. Geist, Selbstbildnis 1954; Am Abgrund, R. 1961; Glückhafte Reise - Landschaften, Städte, Begegnungen, 1964; Essays - E. Auswahl, 1965; Inseln im Strom, ges. Erz. 1965; Hugo v. Hofmannsthal, Ess. 1965; Carl J. Burckhardt, Humanist u. Staatsmann, 1966; Augenblicke d. Lebens, Aphor. 1968; Prisma - Ausgew. Ged. 1929-69, 1970; D. Unzerstörbare, Ess. 1970; Umgang m. d. Genius, Ess. 1974; Immer sind w. Suchende, Pr. 1975; Hölderlins Freundeskreis, Ess. 1975; Schwaben unt. sich üb. sich, Pr. 1975; Unsagbares, Neue Ged. 1976; Signale, Aphorismen, 1977; Heimat d. Lebens, Besinnungen u. Deutungen, 1978; D. Nacht d. Prinzen Eugen, Erzähl. 1979; Gespräche zw. d. Generationen, Ess. 1979; Schwäbisch-fränkische Impressionen, 1980; E. Leben m. Goethe, Ess. 1980; D. Jahreslauf in d. Dichtung, 1980; Unerwartete Geschenke, 1981; Begegnungen u. Fügungen, Ess. 1984; Ausgewählte Kostbarkeiten, Ausw. 1984; Johann Wolfgang Goethe als Begleiter in allen Lebenslagen, Anthologie 1985; Zw. Blumen u. Gestirnen, Tagebuch 1985; Im Herzen d. Welt, Ess. 1986; Hugo v. Hofmannsthal. Bildnis d. Dichters. Nachwort Michael Petrow, Ess. 1990. Zahlreiche Hrsg. - O. Mitgl. Dt. Akad. f. Spr. u. Dichtg., Darmstadt; Mitgl. PEN-Zentrum BRD; BVK I. Kl.; Verdienstmed. d. Landes Bad.-Württ. Humboldt-Plakette - Lit.: Emil Wezel, O. H., 1937; Hermann Hesse, Brief an e. schwäb. Dichter, 1951; Jean Mouy, Un Humanist allemand contanporain O. H., 1952; Heinz Helmerking, O. H. - Werk u. Leben, 1959; Walter Mönch, Brücke üb. d. Zeiten. O.H. S. Werk u. s. Leben f. d. Dichtung, 1960; Dino Larese, O. H., 1965; Walter Riethmüller, Wegmarken - Leben u. Werk v. O. H., 1970; Bibliogr. 1973; Festschr.: Überlieferung u. Auftrag (1950), Auftrag u. Erfüllung (1960), Dank u. Dienst (1965), V. d. Beständigkeit (1970).

HEUSER, Hans Heiner

Dr.-Ing., Honorarprof. f. Binnenschiffbau Univ.-GH Duisburg, Direktor u. Vorst.-Vors. Versuchsanst. f. Binnenschiffbau Duisburg, Vorst.-Mitgl. Europ. Entwickl.zentrum f. d. Binnenschiffahrt, Duisburg - Kiefernkamp 21, 4130 Moers 1.

HEUSER, Harro

Dr. rer. nat., o. Prof. f. Mathematik (Lehrstuhl V) - Universität, 7500 Karlsruhe; priv.: Im Rheinblick 20, 6530 Bingen/Rh. - Geb. 26. Dez. 1927 Nastätten (Vater: Heinrich H., Kfm.; Mutter: Elsa, geb. Schlenck), verh. s. 1952 m. Elisabeth, geb. Schwarz, 4 Kd. (Isabella, Marcus, Anabel, Marius) - S. 1962 (Habil.) Lehrtätigk. TH Karlsruhe, Päd. Hochsch. Kiel (Prof.), Univ. Mainz (apl. Prof.; Wiss. Rat Inst. f. Angew. Math.), Univ. Karlsruhe (1969 Ord.; 1969-72 Dekan); Gastprof. 1964/65 College Park/USA, 1968 u. 72 Bogotá/Kolumb., 1971 Perugia/Ital., 1973 u. 80 Toronto/Kanada, 1985 Montréal/Kanada, 1976, 79, 86 u. 88 Palermo/Ital. - BV: Funktionalanalysis, 1975; Analysis I, 1980; Analysis II, 1981; Functional Analysis, 1982; Algebra, Funktionalanalysis u. Codierung (m. H. Wolf), 1986; Gewöhnliche Differentialgleichungen, 1989; Als d. Götter Lachen lernten, 1992 - Liebh.: Antike Kulturen, Gartenkunst - Spr.: Engl., Franz., Ital.

HEUSER, Hermann

Dr. rer. pol., Wiss. Rat, Prof. f. Sozialwiss. Grundlagen d. Bau- u. Stadtplanung TH Aachen (s. 1973) - Breiniger Berg 74, 5192 Stolberg-Breinig/Rhld.

HEUSER, Loni

Schauspielerin - Kissinger Str. 60, 1000 Berlin 33 (T. 823 22 06) - Geb. 22. Jan. 1908 Düsseldorf (Vater: Kaufm.), kath., verh. 1950 m. Theo Mackeben, Komp. (†1953) - Lyz. Potsdam u. Kloster Engl. Frl. Wiesbaden; Gesangsausbild. Hartung (Hamburg) u. Strauß (Berlin) - S. 1929 bühnentät., b. 1932 Operette Breslau u. Hamburg, dann Varieté u. Kabarett Berlin, s. 1945 Theater ebd. u. Film. Bühne: u. a. Meine Nichte Susanne, Adam u. Eva, E. Frühlingstag - Liebh.: Musik, Kochen, Autofahren.

HEUSER, Magdalene
Dr. phil., Prof. f. Literaturwiss. Univ. Osnabrück - Goldpohl 28, 4512 Wallenhorst (T. 05407 - 3 12 32) - Geb. 17. März 1937 Dahlerau/W. (Vater: Arthur H., Pfarrer; Mutter: Helene, geb. Frielingsdorf), led. - 1956-62 Stud. German., Phil., Kunstgesch. Staatsex. 1962 u. 73; Promot. 1967 - Lektorin f. Dt. Spr. u. Lit. Univ. Aarhus/Dänem. (1962) u. Oxford/Engl. (1968-70); 1963-68 Wiss. Assist. Univ. Münster u. Bochum (Prof. H. J. Schrimpf); 1970-72 Visit. Assist. Prof. f. German. Univ. Bloomington/ USA; 1972-73 Refer. Gymn. Viersen; 1973-85 Doz. u. Prof. (1980) f. Dt. Spr. u. Lit. u. ihre Didaktik PH bzw. Univ. Göttingen; s. 1985 Prof. Univ. Osnabrück - BV: Formen d. Personenbeschreib. im Roman, 1970. Herausg.: Frauen-Spr.-Lit. (1982); Unters. z. Roman v. Frauen um 1800 (1990). Therese Huber: Romane u. Erz. Reprintausg. (1989ff.). Div. Einzelarb. - Spr.: Engl., Franz.

HEUSER-SCHREIBER, Hedda, geb. Demme

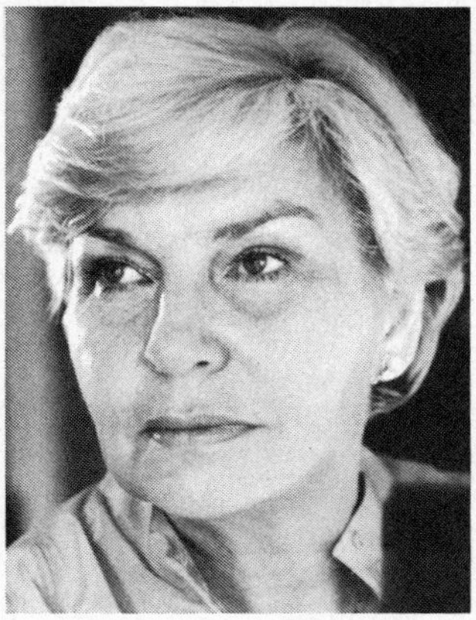

Dr. med., Medizinjournalistin, Politikerin (FDP) - Brünnsteinstr. 13, 8203 Oberaudorf (T. 08033 - 23 27) - Geb. 16. Okt. 1926 Köln, ev., verh. in 2. Ehe m. Dr. Georg Schreiber, 2 Kd. (Hendrik, Nadja) - Med. Staatsex. u. Promot. Univ. Düsseldorf 1951 - 1962-65 u. 1968/69 MdB (FDP); 1972-87 Mitgl. Wirtsch.- u. Sozialaussch. EG; AR Horten AG; Mitgl. Bundesgesundheitsrat; 1973-89 Präs. Dt. Ärztinnenbund. FDP s. 1946 - Zahlr. Veröff. sowie Mitwirkung an TV- und Rundfunkprodukt. gesundheits-, sozial- u. frauenpol. Thematik - BV: Patientenführung in d. Praxis, Patientenführung im Krankenhaus, Arzneimitteltherapie heute, 1983-85 - Gr. BVK; Ehrenmed. Dt. Apothekerschaft; Hartmann-Thieding-Plak.; 1983 Publiz.-Preis: Med. im Wort; Bayer. VO - Lit.: Frauen in der Politik, Die Liberalen, Herausg. L. Funcke, 1984 - Spr.: Engl.

HEUSINGER, von, Eberhard
Aufsichtsratsmitglied Altana AG - Seedammweg 55, 6380 Bad Homburg v.d.H. - Geb. 15. Aug. 1925 - S. 1966 Varta AG (1972-79 Vorst.-Mitgl., 1979-81 Vorst.-Vors.), Altana AG (1981-87 Vorst.-Mitgl.). AR-Mand.

HEUSINGER, Helmut
Dr. rer. nat., Prof. f. Radio- u. Strahlenchemie - Ilmstr. 8, 8069 Reichertshausen - Geb. 9. Jan. 1930 - Promot. 1957 - S. 1965 (Habil.) Lehrtätigk. TU München (1971 apl. Prof., 1972 Abteilungsvorst. u. Prof., 1978 Prof.). 1958/59 Kanada-Aufenth. Üb. 60 Facharb.

HEUSINGER, Lutz
Dr. phil., Prof., Akad. Direktor, Kunsthistoriker - Rotenberg 16, 3550 Marburg (T. 06421 - 29 20 11) - Geb. 9. Dez. 1939 Blankenburg (Vater: Bruno H., Präs. BGH; Mutter: Sigrid H.), verh. s. 1964 m. Jutta, geb. Leskien, gesch., 2 Kd. (Josefine, Moritz) - 1959-64 Stud. Kunstgesch., Archäol., Phil. Univ. München, Wien u. Florenz; Promot. 1967 München - 1968-69 Tätigk. in Florenz, 1970-71 in Rom, 1972-1975 FU Berlin. S. 1975 Dir. Bildarchiv Foto Marburg d. Philipps-Univ. Marburg - BV: Jacobello u. Pierpaolo dalle Masegne, 1967; Michelangelo, 1969; D. Sixtin. Kapelle, 1970; Midas-Handb., 1989 - Liebh.: Bergsteigen, Segeln - Spr.: Engl., Ital.

HEUSINGER, Peter
I. Bürgermeister (s. 1976) - Polichstr. 7, 8721 Niederwerrn/Ufr. (T. 09721 - 49 99 10) - Geb. 6. Okt. 1943 Unsleben - Zul. Gemeindeamtm. CSU (Kreis- u. Bezirksrat).

HEUSLER, Helmut
Dr.-Ing., Prof., Unternehmensberater - Am Walde 16, 4600 Dortmund-Kirchhörde - Geb. 28. März 1923 Liegnitz/ Schles. - Honorarprof. Techn. Univ. Braunschweig.

HEUSLER, Konrad
Dr., Dipl.-Chem., Prof. TU Clausthal (s. 1971) - Einersberger Blick 21, 3392 Clausthal-Zellerfeld - Geb. 22. März 1931 Heidelberg (Vater: Otto H., Chemiker; Mutter: Elisabeth, geb. Lehmann), ev., verh. s. 1965 m. Marianne, geb. Volhard, 3 Kd. (Angelika, Beate, Cordula) - Stud. Univ. Göttingen; Promot. 1957; Habil. 1966 - 1957-71 wiss. Mitarb. Max-Planck-Inst. f. Metallforschung (m. Unterbrechung). Fachmitgl.sch. Zahlr. Fachveröff. - Spr.: Engl.

HEUSS (ß), Alfred
Dr. phil., Dr. jur., o. Prof. f. Geschichte d. Altertums - Tuckermannweg 15, 3400 Göttingen (Telefon-5 64 62) - Geb. 27. Juni 1909 Gautzsch/Sa. (Vater: Dr. phil. Alfred H.; Mutter: geb. Elwert), ev., verh. s. 1941 m. Annelotte, geb. Rehbein, T. Annette - Univ. Tübingen, Wien, Leipzig. Promot. u. Habil. Leipzig - 1938 Doz. Leipzig, 1938 Vertr. e. Professur Königsberg, 1941 ao., 1943 o. Prof. Breslau, 1945 Gastprof. Kiel, 1946 Köln, 1949 o. Prof. Kiel, 1954 Göttingen - BV: D. völkerrechtl. Grundl. d. röm. Außenpolitik, 1933; Stadt u. Herrscher d. Hellenismus, 1937; Th. Mommsen u. d. 19. Jh., 1956; Verlust d. Gesch. 1959; Röm. Gesch., 1960; Theorie d. Weltgesch., 1968; Ideologiekritik, ihre theoret. u. prakt. Aspekte, 1975; B. G. Niebuhrs wissenschaftl. Anfänge, 1981; Versagen u. Verhängnis, v. Ruin dt. Geschichte u. ihres Verständnisses. 1984. Mithrsg.: Propyläen-Weltgesch. - 1957 o. Mitgl. Akad. d. Wiss. Göttingen; 1983 Preis Hist. Kolleg.

HEUSS (ß), Ernst T. V.
Dr. rer. pol. (habil.), em. o. Prof. f. Volkswirtschaft Univ. Erlangen-Nürnberg - Lange Gasse 20, 8500 Nürnberg - Geb. 28. Mai 1922 Leipzig - 1962-66 Prof. Univ. Erlangen-Nürnberg; 1966-74 Prof. Univ. Marburg; 1975 Prof. Univ. Erlangen-Nürnberg - BV: Wirtschaftssysteme u. intern. Handel, 1955; Allg. Markttheorie, 1965; D. Verbindung v. mikro- u. makroökonom. Verteilungstheorie, 1965; Grundelemente d. Wirtschaftstheorie, 1970, 2. A. 1980.

HEUSS-GIEHRL, Gertraud
Dr. phil., Dipl.-Psych., Prof. f. Grundschuldidaktik Univ. München - Eilsbrunn, Arzfeldstr. 3, 8411 Sinzing - Geb. 2. Dez. 1931 Memmingen, verh. - Univ. München (Päd., Psych. u. Soziol.); Hauptdipl. Psych. 1964, Promot. 1970 - S. 1963 Doz. PH München; s. 1973 Ord. f. Grundschuldidaktik; 1986/87 Prodekan, 1987-89 Dekan d. Fak. f. Psychol. u. Pädagogik LMU München - BV: Vorschule d. Lesens, 1971, 3. A. 1980; Erstlesen/Erstschreiben, Didaktik d. Schrift-Spracherwerbs, 1992; zahlr. Fachart. u. -aufs.; Schulb.; Herausg. u. Mithrsg. fachdidakt. Lit.

HEUSSEN, Eduard
Stv. Sprecher des Senats in Berlin - Berchtesgadener Str. 37, 1000 Berlin 30 - Geb. 27. März 1949 Wuppertal, kath., m. Lebensgefährtin Ingke Brodersen 2 Kd. (Hannah, Paul) - Staatsex. 1973 Tübingen - 1973 Assist. Univ. Berkeley; 1975 wiss. Berater im Bundeskanzleramt; 1978 Redakt. b. SPD-Vorst.; b. 1991 Sprecher d. SPD - BV: Wie sieht d. CDU-Staat aus?, 1982.

HEUSSEN, Gregor Alexander
Lic. phil., Lic. theol., Autor, Regisseur, Trainer, Kommunikationsberater - Parkstr. 25 C, 6100 Darmstadt (T. 06151 - 71 85 35; Telefax 06151 - 71 91 35) - Geb. 7. Juni 1939 Berlin, kath., verh. m. Hisako Kashiwagi - 1960-63 Stud. Phil. München, 1965-69 Theol. Frankfurt. 1958-90 Mitgl. d. Ges. Jesu - S. 1970 fr. Autor u. Regiss.-Realisator; s. 1984 Seminare in Medienethik u. Medienhandw. bei Rundf.anstalten u. Zentrale Fortbildung Programm ARD/ZDF; s. 1987 Kommunikationstraining f. mittlere u. leitende Mitarb. sozialer Einrichtungen - BV: 62 Leute v. Nebenan, 1974; Sehenerleben-beten, 1978; entdecken-erproben, Relig. Früherziehung, 1981; D. Geräusche d. Tals, Ged. 1982; Entdeck., Gesch. 1984 - Dokumentarfilme in ARD u. ZDF z. Themen v. Glaube, Ges., Gerechtigk. u. Diakonie, u.a. Abgeschoben u. was dann, HR 1972; Blicke, d. weh tun, HR 1973; F. d. Kinder leben, ZDF 1975; Abstellgleis, ZDF 1977; Wenn Krokodile größer werden, ZDF 1980; 14 Folgen Gespräche m. Christen, BR 1982-85; Wenn meine Hoffnung auf d. Wahrheit stürzt, ZDF 1986; Angst v. Berührung, ZDF 1988; Familienszenen, WDR 1989; Ein Haus f. Europa, SWF 1990, Sprung nach Deutschland, SWF 1991; Kranke Pflegen! eine Wiederentdeckung, SWF 1992 - 1973 Adolf Grimme-Preis; 1978 Wilhelmine Lübke-Preis - Spr.: Engl., Franz.

HEUSSNER (ß), Hermann
Dr. jur., Prof., Richter des Bundesverfassungsgerichts a. D. (b. 1989) - Kiefernweg 44, 3502 Vellmar-West - Geb. 2. März 1926 Gießen (Vater: Hermann H., Rechtsanw.; Mutter: Elisabeth, geb. Schäfer), kath., verh. s. 1955 m. Dr. Gertraud, geb. Rübsam, 3 Kd. (Elisabeth, Hermann, Ruth) - 1947-50 Univ. Marburg/L. (Jura), Refer.ex. 1951, Ass.ex. 1955, Promot. 1953 - 1955-60 Richter Amts- u. LG, 1960-64 wiss. Mitarb. BAG, 1964-69 Richter am LSG (NRW), 1969-79 Richter am BSG (s. 1974 Vors.), s. 1979 Bundesverfass.-Richter, s. 1977 Hon.-Prof. Univ. Gießen - Zahlr. wiss. Veröff. z. Datenschutz, Datenverarb. im Recht, Prozeß-, Arbeits-, Sozial- u. Verfass.recht - Liebh.: Recht- u. Ges.-politik, Gesch.

HEUSSNER (ß), Horst
Dr. phil., Prof. f. Musikwissenschaft - In d. Badestube 29, 3550 Marburg/L. - Geb. 10. Juli 1926 Kassel (Vater: Heinrich H.; Mutter: Elly, geb. Semmelrock), ev., verh. s. 1962 m. Dr. Ingeborg, geb. Skuthaus - Konservat. u. Musiksem. Kassel; Univ. Marburg (Musikwiss.) - S. 1970 Leit. Musikwiss. Inst. u. Prof. (1972) Univ. Marburg. S. 1972 Redakt. Catalogus Musicus - BV: Collectio Musica - Musikbibliogr. in Dtschl. b. 1625, 1973; D. Brahmsschüler Gustav Jenner, 1985; Mozart. Krit. Bericht. Klavierkonz. Bd. 6, 1986. Herausg. d. Werke v. Gustav Jenner. Zahlr. Aufs. u. Art. in In- u. ausl. Ztschr. sow. Werkausg. - Silb. Mozart-Med. d. Intern. Stftg. Mozarteum Salzburg.

HEUTELBECK, Dieter
Vorstandsmitglied Basse & Uerpmann Heutelbeck AG. - Postf. 308, 5860 Iserlohn/W. - Geb. 15. Aug. 1938.

HEUTGER, Nicolaus
Dr., Dr. theol., Kirchen- u. Kunsthistoriker, Pastor, Berat. d. Äbt. d. 858 gegr. Stiftes Bassum, Prof. Staatsuniv. v. Illinois - Bölschestr. 10, 3000 Hannover-Bult - Geb. 7. Jan. 1932 Rinteln (Vater: Fritz H., Bankdir.; Mutter: Laura, geb. Spanuth), ev., verh. s. 1964 m. Ursula, geb. Reinhard, 2 Kd. (Nicolaus, Viola) - Gymn. Ernestinum Rinteln; Univ. Göttingen, Heidelberg (Theol., Archäol., Erziehungswiss.); Promot. 1959 Münster (Kirchengesch.) - 1961-82 Pastor St. Martin Nienb., gleichz. Lehrtätigk., s. 1982 Pastor St. Lamberti, Hildesheim - BV: Ev. Konvente i. d. welfisch. Landen; D. Stift Möllenbeck, 1962; Amelungsborn, 1968; D. ev. theol. Arb. d. Westf. i. d. Barockzeit, 1969; Bursfelde u. s. Reformklöster, 2. A. 1975; Loccum 1971; Herder in Nieders., 2. A. 1978; Histor. Weserstud., 1972; Zukunft f. uns. Vergangenh., 1975; Einf. i. d. Münzkunde, 1975; Weltreligionen u. Christentum im Gespräch (m. G. Klages), 1977; 850 Jahre Kloster Walkenried, 1977; Nieders. Juden, 1978; Prakt. Münzkunde, 1979; Schöpfungsglaube u. Naturwissenschaft, 1980; 1100 Jahre Bücken, 1982; Aus Hildesheims Kirchengeschichte, 1984; 500 Jahre Hallenkirche St. Lamberti in d. Hildesheimer Neustadt, 1988. D. Evangel. Pfarrhaus in Nieders., 1990 - 1968 Dr.en Théol. Montpellier; 1973 Stip. Dt. Ev. Inst. f. Altertumswiss. d. Heilig. Landes i. Jerusalem; 1976 Gastvorl. Mahamakut-Univ. Bangkok; alljährl. Gastvorl. in d. USA - Liebh.: Wandern, Alte Kunst - Lion.

HEUTLING, Werner
Prof., Dozent f. Violine Staatl. Hochschule f. Musik u. Theater, Hannover - Münder Heerstr. Nr. 5, 3015 Wennigsen/ Deister - Geb. 6. Dez. 1921 Aue/Sachsen, verh. 1950 m. Anna Elisabeth Heiler, 3 Kd. (Malte Friedrich, Franziska, Amadeus) - Oberrealsch. - Gründer u. Primarius Heutling-Quartett - 1950 Intern. Bachpreis Leipzig; 1969 BVK I. Kl.

HEWEL, Horst
Meßingenieur, Sachverst. f. Fernsehtechnik - Scheelestr. 58, 1000 Berlin 45 (T. 772 54 45) - Geb. 25. April 1908 (Vater: Dr. jur. Ferdinand H.; Mutter: Margarete, geb. Büttner), ev., 3 Kd. - Stud. Elektrotechnik (TH) - 1929-33 Eig. Fernsehentwickl.; 1933-45 Entwicklungs- u. Forschungsing. Telefunken (Fernsehen); 1951-73 Meßing. NWDR Berlin u. SFB. 1948/49 Bau erster Koffer-Fernsehkamera f. NWDR Hamburg; s. 1957 Radiomess. v. Erdsatelliten (Radio Tracking Station) f. COSPAR, NASA usw. Senior Fernseh-Techn. Ges. - BV: Einf. in d. Fernseh-Praxis, 1954 - Liebh.: Biologie (Zucht v. Siamkatzen, Alpenveilchen u. a.), Radfahren - 1973 Hans Bredow-Med. - Spr.: Engl., Franz.

HEY, Dieter
Dr. med. (habil.), Leiter Innere Abteilung II/Städt. Krankenhaus Bietigheim, Honorarprof. f. Inn. Med. Univ. Gießen - Riedstr. 12, 7190 Bietigheim-Bissingen.

HEYD, Werner P.
Dr. phil., Journalist, Redakteur i. R. - Rosäckerstr. 36, 7238 Oberndorf (T. 07423 - 34 02) - Geb. 31. Okt. 1920 Stuttgart, verh. s. 1947 m. Grete, geb. Weisschuch, 1 T. - 1945-51 Univ. Tübingen (Phil.); Promot. 1951; 1950-52 Buchdruckerei-Volont.; 1961 Redakt. Schwarzwälder Bote, 1967-85 Ltd. Feuill.-Redakt. ebd. - Schriftst.; Doz. 1946-49 VHS Tübingen; 1955-61 Doz. Höh. Fachsch. f. d. Graph. Gewerbe, Stuttgart - BV: Bauernweistümer, I 1971, II 1973; Künstlermonogr.: Landenberger als Zeichner, 1977; Lilo Rasch-Nägele, 1976; M. Hofheinz-Döring, 1979; Schwäb. Köpf', 1980; Gottfried Graf u. d. entartete Kunst in Stuttgart, 1987; Kunstausstellungs-Kataloge 1977-90 (u.a. Graf, Kälberer, Uechtgruppe). Herausg.: Gottfried Graf, D. neue Holzschnitt (Repr. 1976); Marx, Ged. (1985) - Liebh.: Bild. Kunst, Musik, Lit. - Spr.: Engl., Franz.

HEYDE, Werner
Dr. oec. publ., Dipl.-Kfm., Unternehmensberater - Portenlängerstr. 34, 8022 Grünwald b. München (T. 089 - 641 30 57) - Geb. 25. Nov. 1934.

HEYDEMANN, Berndt

Dr. rer. nat., Prof., Minister f. Natur, Umwelt u. Landesentwicklung Schlesw.-Holst. (s. 1988) - Grenzstr. 1-5, 2300 Kiel 14 - Geb. 27. Febr. 1930 - Promot. 1953; Habil. 1964 - S. 1970 Prof. Univ. Kiel; Dir. Forsch.stelle f. Ökosystemforsch. u. Ökotechn., Biologie-Zentrum, u. Abt. Angew. Ökologie u. Küstenforsch. - BV: Biol. Grenze Land-Meer, 1964; D. biozönot. Entwickl. v. Vorland z. Koog, 2 Bde. (I: Aranea, II: Coleptera) 1960/62; Biol. Atlas f. Schleswig-Holst. (zus. m. J. Müller-Karch), 1980; Elementare Kunst d. Natur (zus. m. J. Müller-Karch), 1989. Fast 150 Einzelarb. - 1984 Bruno-H.-Schubert-Preis f. Naturschutz.

HEYDEN, Gerd

Dr.-Ing., Wiss. Assistent, MdA Berlin (s. 1971) - Kettlinger Str. 34a, 1000 Berlin 49 (T. 741 47 79) - Geb. 10. Jan. 1941 Berlin - N. Abitur (1959) Praktikum Bergbauschachtanlagen; 1960-66 TU Berlin (Bergbauwiss.; Dipl.-Ing. 1966). Promot. 1971 - 1967-71 Bezirksverordn. Tempelhof. CDU s. 1963.

HEYDEN, Jürgen

Dipl.-Kfm., Geschäftsführer Vorwerk & Co. Elektrowerke KG - Mühlenweg 17-37, 5600 Wuppertal 2 (T. 0202 - 5 64-0) - Geb. 15. Jan. 1946.

HEYDER, Walter

Dr.-Ing., Dr.-Ing. E. h., Direktor i. R. - Am Flöth 16, 3006 Burgwedel 1 (T. 05139 - 41 39) - Geb. 17. Febr. 1903 Geringswalde/Sa. (Vater: Hugo H.; Mutter: Emma, geb. Thalheim), ev., verh.s. 1930 m. Elly, geb. Herrmann, 2. Kd. (Helga, Horst) - TH Dresden (Promot. 1927) - 1927-56 IG Farbenind. AG., Bitterfeld, u. Nachfolgefa. (zul. Generaldir.); 1957-71 Kali-Chemie AG., Hannover (Vorstandsmitgl., 1963 -sprecher). Div. ARsmandate. Entwicklung des imprägnierten Grafits f. d. chem. Apparatebau (IG-Farben-Patent 1942) - 1953 Ehrendoktor TH, jetzt TU Dresden.

HEYDORN, Volker Detlef

Maler, Graphiker, Schriftsteller - Frenssenstr. 28a, 2000 Hamburg 55 (T. 86 58 28) - Geb. 17. Juni 1920 Blankenese (Vater: Wilhelm H., Pfarrer; Mutter: Dagmar, geb. Huesmann), verh. s. 1944 m. Eva, geb. Stürmer, 3 Kd. (Nikolas, Ascan, Dortje) - Gymn. (Abit.); Kunstsch. Schmilinsky (1939-40) u. Landeskunstsch. (1945-48) - Mitarb. div. Verlage (Schutzumschl., Illustr.), Werke in in- u. ausl. Besitz u. zahlr. öfftl. Samml. - BV: Maler in Hamburg, 3 Bde. 1974; Carl Hilmers, Monogr. 1976; Erich Hartmann, Monogr. 1976 - 1970 Edwin-Scharff-Preis Stadt Hamburg.

HEYDT, von der, Freiherr von Massenbach, Peter

Bankier, Bankhaus Delbrück & Co. - Gereonstr. 15, 5000 Köln 1 - Geb. 2. Sept. 1938 Neuhof, verh., 5 Kd. (Michael, Imre, Susanne, Stephanie, Thomas) - Prakt. Lehre, Stud. Betriebsw., MBA Tulane Univ. 1961.

HEYDTMANN, Horst

Dr. phil. nat., Prof. f. Chemie f. d. Lehramt Univ. Frankfurt/M. (s. 1971) - Zeilstr. 9, 6242 Kronberg/Ts. 3 - Geb. 19. Aug. 1931 Frankfurt/M., verh. s. 1960 m. Ingrid, geb. Mölter, 4 Kd. - Realgymn. Kronberg; King College Bristol (USA); Univ. München u. Frankfurt (1959 Dipl.-Chem.). Promot. 1961 u. Habil. 1968 (Physikal. Chemie) Frankfurt - Facharb. - Liebh.: Bild. Kunst, Ornithologie - Spr.: Engl., Franz.

HEYE, Werner

Dr.-Ing., Abteilungsvorsteher (Abt. Werkstoffprüf./Inst. f. Metallkunde u. -physik) u. Prof. TU Clausthal - Einersberger Blick 21, 3392 Clausthal-Zellerfeld.

HEYEN, Franz-Josef

Dr. phil., Prof., Direktor Landeshauptarchiv Koblenz a. D. - Karl-Härle-Str. 70, 5400 Koblenz - Geb. 2. Mai 1928 Blankenheim (Vater: Wilhelm H., Eisenbahner; Mutter: Katharina, geb. Marx), kath., led. - 1948-54 Univ. Mainz, Tübingen, Zürich, Göttingen (Gesch., German., Theol.); 1954-56 Archivsch. Marburg - S. 1954 Staats- bzw. Landesarch. Koblenz - BV: Reichsgut im Rhld., 1956; Kaiser Heinrichs Romfahrt, 1965 (Taschenb. 1978); Nationalsozialismus im Alltag, 1967; D. Stift St. Paulin vor Trier, 1972; Dokument. z. Gesch. d. jüd. Bevölk. in Rhld.-Pf., 1974ff.; Parole d. Woche. E. Wandztg. im Dritten Reich, TB 1983. Herausg.: Jahrb. f. westd. Landesgesch. (1975ff.); Peter Altmeier - Reden (1979); Gesch. d. Landes Rheinl.-Pf. (1981); Rheinland-Pfalz entsteht (1984); Balduin v. Luxemburg (1985); D. Arenberger. Gesch. e. europ. Dynastie (1987); Andernach. Gesch. e. rhein. Stadt (1988).

HEYENN, Günther

Amtsrat a. D., MdB (s. 1976) - 2361 Blomnath (T. 04556-388) - Geb. 13. Aug. 1936 Hamburg, verh. 1 Kd. - Mittl. Reife - S. 1953-76 Beamter Landesversicherungsanstalt Hamburg. SPD (s. 1973 Schatzm. Landesverb. Schlesw.-Holst.); 1971-76 MdL Schlesw.-Holst.

HEYER, Friedrich

Dr. theol., o. Prof. f. Histor. Theologie (Konfessionskunde) - Landfriedstr. 7, 6900 Heidelberg (T. 2 16 93) - Geb. 24. Jan. 1908 Darmstadt (Vater: Dr. med. Hermann H.; Mutter: Hedwig, geb. Klaas), ev., verh. s. 1934 m. Hedwig, geb. Lisco, 3 Kd. - Ludwig-Georgs-Gymn. Darmstadt; Univ. Tübingen, Gießen, Montpellier, Göttingen (Theol.) - Schloßprediger Ernstbrunn (Österr.), Stadtadjunkt Braunschweig, Pastor St. Michaelis Schleswig, n. 1945 Studienleit. Ev. Akad. Schleswig-Holstein ebd., 1951-64 Privatdoz. u. apl. Prof. (1963) Univ. Kiel, seither Ord. Univ. Heidelberg - BV: D. Kirchenbegriff d. Schwärmer, 1939; Selbstdarstellung d. luth. Kirche vor d. orthodoxen Christen (russ.), 1950; D. orthodoxe Kirche in d. Ukraine, 1951; D. Tanz in d. modernen Gesellschaft, 1958; Geschichte d. orthodoxen Kirche in Amerika, 1962; D. kath. Kirche v. Westfäl. Frieden b. z. I. Vatikan. Konzil, 1963 (engl. 1969); D. Kirche Äthiopiens - E. Bestandsaufnahme, 1971; Religion ohne Kirche: D. Bewegung d. Freireligiösen, 1977; Konfessionskunde, 1977; D. Kirche Armeniens, 1978; D. Kirche in Däbrä Tabor, 1981; Kirchengesch. d. Heiligen Landes, 1984 - Spr.: Franz., Engl., Russ. - Bek. Vorf.: Helene Christaller (Schriftst.); Geheimrat Dr. Adolph Klaas (Einf. d. Flurbereinigung).

HEYER, Günther

Dipl.-Kfm., Versicherungsdirektor, Vorstandsmitgl. i. R. Gerling-Konzern (s. 1962) - Robert-Blum-Str. 10, 5000 Köln 41 - Geb. 24. Sept. 1919 (Vater: Otto H., Mutter: Helma, geb. Kilian), ev., verh. m. Josefine, geb. Bronig, 3 Kd. (Margret, Robert, Bernd) - S. 1935 Gerling.

HEYER, Herbert

Dr. rer. nat., o. Prof. f. Math. Univ. Tübingen - Bohnenbergerstr. 19, 7400 Tübingen (T. 6 41 95) - Geb. 7. Sept. 1936 Kassel (Vater: Richard H.; Mutter: Erika, geb. Hensel), ev., verh. s. 1964 m. Maria, geb. Loos, 2 Kd. (Andrea, Katrin) - Stud. Göttingen, Wien, Hamburg, Berkeley/Cal.; Promot. Hamburg 1964, Habil. Erlangen 1968 - Gastprof. New Orleans, Rio de Janeiro, Lausanne, Perth (West-Australien), La Jolla (Kalif.), Sapporo (Japan). Fachmitgl.sch. - BV: Dualität lokalkompakter Gruppen, 1970; Math. Theorie statist. Experimente, 1973, Neuaufl. engl. 1983; Probability Theory on Locally Compact Groups, 1977, Übersetzung russ. 1981; Einf. in d. Theorie Markoffscher Prozesse, 1979 - Spr.: Engl., Franz.

HEYL zu HERRNSHEIM, von, Cornelius Adalbert

Ministerialdirigent - Heidebergenstr. 5, 5300 Bonn 3 - Geb. 7. April 1933 Worms/Rh. (Vater: Dr. jur., Dr. rer. pol., Cornelius, Frhr. v. H. z. H.; Mutter: Hilda-Marie, geb. v. Bismarck-Osten), ev. verh. s. 1958 m. Marianne, geb. Rufer, 3 Kd. (Charline, Julian, Daniela) - Odenwaldsch. Heppenheim; Univ. Innsbruck, Freiburg/Br., Marburg (Rechtswiss.). Jurist. Staatsex. 1956 u. 60 - 1961-70 Kanzlei EKD (zul. OKR); 1970-76 Anwaltspraxis Bonn; 1976-91 Sozialmin. Rhld.-Pf.; s. 1991 Thüringer Min. f. Soziales u. Gesundheit, Leit. d. Abt. Familie, Jugend u. Sport. 1967-73 Präs. Ev. Aktionsgem. f. Familienfragen; 1973-85 Präses d. Synode d. Ev. Kirche in Dtschl. (EKD) - Spr.: Engl.

HEYL zu HERRNSHEIM, Freiherr von, Ludwig C.

Fabrikant - Pfauenmoos, CH-9305 Berg S (T. 071 - 48 11 80) - Geb. 18. Mai 1920 Worms (Vater: Ludwig Cornelius v. H. zu H., Industrieller (s. XIV. Ausg.); Mutter: Eva-Marie, geb. v. d. Marwitz), verh. s. 1945 m. Gisela, geb. Greiser, 4 Kd. - S. 1945 Lederwerke Heyl & Wieldin AG Worms/Lahr, 1968-76 Vors. Verb. Dt. Lederind., Frankfurt, b. 1976 Präs. Konföderation d. Europ. Gerberverb. u. Vizepräs. Intern. Council of Tanners, London, Kurat.-Vors. Kunsthaus Heylshof, Worms am Rhein; Mitgl. Stiftungsrat Familienstiftg. Pfauenmoos Berg, St. Gallen - 1970 BVK I. Kl., 1978/79 District-Governor 186. District Rotary International, Rechtsritter Johanniter-Orden - Spr.: Engl., Franz., Holl.

HEYLAND, Klaus-Ulrich

Dr. agr., o. Prof. f. Spez. Pflanzenbau Univ. Bonn - Am Weisenstein 10, 5330 Königswinter - Geb. 28. Mai 1927 - S. 1961 (Habil.) Lehrtätigk. LH Hohenheim, Univ. Kiel (1967 Wiss. Rat u. Prof.) u. Bonn (1969 Ord., 1980/81 u. 1987/88 Dekan Landw. Fak.), 1981-83 Vors. Fakultätentag f. Landwirtsch. u. Gartenbau - BV: Spez. Pflanzenbau, Lehrb. 1975 (m. Fischbeck u. Knauer); Integrierte Pflanzenproduktion, 1991 - 1982 Max v. Eyth Medaille in Silber; 1985 BVK am Bde.; 1991 Dr. h.c. Acad. Rolnicza in Wroclaw.

HEYM, Christine

Dr. med., Prof. f. Anatomie - Görresstr. 59a, 6900 Heidelberg - Geb. 21. Nov. 1932, verh. - Promot. 1959, Habil. 1971 - 1977 apl. Prof., gegenw. C3 Prof. Univ. Heidelberg. u. Prorektorin Facharb. auf d. Geb. d. Cytologie, Histochemie u. Immuncytochemie d. autonomen Nervensystems. Lehrb. d. Neuroanatomie.

HEYMANN, von, Dietrich

Dr. theol., Prof. f. Ev. Theologie u. Religionspäd. PH Freiburg - Erwinstr. 37, 7800 Freiburg/Br. - Geb. 15. April 1935 Eisenach/Thür. (Vater: Offizier), ev., verh. s. 1959 m. Erika, geb. Schellong, 2 Kd. (Isabell, Anselm) - Stud. Kirchenmusik u. Theol. - Facharb. z. Management in Kirche u. Schule. Handwörterb. d. Pfarramts; Handb. d. Schulleitung; Schulleiterhandb. Test Theologie I/II.

HEYMANN, Rudolf

Geschäftsführer Klöckner-Pentaplast GmbH., Montabaur, Klöckner-Pentapack GmbH., Ranstadt - Kohlstr. 30, 4030 Ratingen 6 - Hösel (T. 02102 - 6 91 44) - Geb. 13. Nov. 1919 Crimmitschau/Sa. (Vater: Richard H., Bankprokurist; Mutter: Else, geb. Fehling), verh. m. Gisela, geb. Kroog, 3 Söhne (Klaus-Michael, Götz, Axel) - Abit. 1938 - Kriegsmarine (Ing.-Offz.; Schlachtschiff Gneisenau u. U-Boote); 1950ff. Mineralölind.; 1956ff. Heizölhandel, Klima-, Heizungs-, Verpackungstechnik - Kriegsausz. (EK II u. I, U-Boot-Frontspange) - Liebh.: Garten, Sport (Gold. Sportabz. 1960), Reiten (Bronz. Reiterabz. 1964) - Spr.: Engl.

HEYME, Hansgünther

Generalintendant Theater Bremen (s. 1992) u. Festspielleit./Geschäftsf. d. Ruhrfestspiele Recklinghausen (s. 1990) - Zu erreichen üb. Theater Bremen, Postfach 10 10 46, 2800 Bremen - Geb. 22. Aug. 1935 Bad Mergentheim (Vater: Walter H., Tanzlehrer (gef. 1943); Mutter: Erika, geb. Heyme-Fischer, geb. Knapp), ev., verh. I) m. Ortrud, geb. Teichert (gesch.), S. Sebastian, II) Helga, geb. David (Schausp., Wien), T. Cordula - Engl. Inst. Heidelberg (Abit. 1955); TH Karlsruhe (2 Sem. Arch.), Univ. Heidelberg (7 Sem. Soziol., German., Phil.) - B. 1964 fr. Regiss., dann Oberspiell. d. Schauspiele Hess. Staatstheater Wiesbaden, s. 1969 Oberspiell., s. 1972 Schauspieldir. u. Int. Städt. Bühnen Köln, 1979-85 Schauspieldir. Staatstheater Stuttgart, 1985 Schauspieldir. Bühnen Essen. Operninsz.: Berg: Wozzeck, Lulu, Wagner: Rheingold, Händel: Cäsar. Regie: Hinkemann (Heidelberg, 1957), Advent (Lübeck, 1958), Marat (Wiesbaden, 1964), Medea (W., 1964), Gustav Adolf (W., 1965), Antigone (W., 1965), Wilhelm Tell (W., 1965), u. s. 1984 D. Beute (Hamburg, 1966), Haben (Zürich, 1966), Antike Dramen, Schillerzyklus, Maria Magdalena, Nibelungen, Egmont (alle Köln). Stuttgart: Mephisto, Nathan d. Weise, Minna v. Barnhelm, Dantons Tod, Leone u. Lena. Fernsehen: Volpone (ZDF, 1965), Oscar Wilde (ZDF, 1972) Hulla di Bulla (SWF, 1984), D. Parasit (HR, 1985), Blanche (ZDF, 1985), Tatort (SWF, 1985), Miele (NDR) u. a. - Preis Verb. d. Dt. Kritiker (Marat, Maria Magdalena, Demetrius, Tell, Nathan).

HEYMEL, Hans

Dipl.-Volksw., Hauptgeschäftsführer Industrie- u. Handelskammer Fulda, Vors. d. Telekommunkations-Centrum Fulda - Heinrichstr. 8, 6400 Fulda (T. 0661 - 2 84 17) - Geb. 31. Okt. 1927.

HEYMEN, Norbert

Prof., Hochschullehrer - Heiligenseestr. 42, 1000 Berlin 27 - Gegenw. Prof. f. Didaktik d. Leibeserzieh.

HEYMER, Berno

Dr. med., Prof. Univ. Ulm - Leutkircher Str. 41, 7900 Ulm (T. 0731 - 4 24 35) - Geb. 10. Okt. 1936 Bonn (Vater: Adolf H., Hochschullehrer; Mutter: Mariedele, geb. Hetzer), kath., verh. s. 1967 m. Annerose, geb. Beerhalter, 2 T. (Anne, Gisa) - 1956-62 Med.-Stud. Univ. Tübingen, Wien u. Bonn (Promot. 1962), Habil. 1969, apl. Prof. 1974 Univ. Ulm - 1962-67 Univ. Bonn; 1967-68 Univ. Cleveland, USA; 1969 ff. Univ. Ulm. Beitr. z. versch. med. Lehrb.; rd. 130 med.-wiss. Ztschr.-Publ. - Liebh.: Kunst, Gesch. - Spr.: Engl., Franz.

HEYN, Karl

Dr. jur., Rechtsanwalt u. Notar - Gr. Bockenheimer Str. 45, 6000 Frankfurt/M. (T. 069 - 28 97 77; Telefax 069/289779) - Geb. 27. Juli 1928 Dresden, ev., verh. m. Nina, geb. Hesse - Jurist. Staatsex. 1952 u. 56; Promot. 1953 (alles Frankfurt) - Freiberufl. RA u. Notar; Mittestamentsvollstr. Nachlaß Harald Quandt. Beirat Rheinnadel GmbH, Aachen, Beirat Frankfurter Ges. f. Handel, Ind. u. Wiss.; Kurator Facit Gemeinn. Verlagsges. mbH (Holding FAZ GmbH u. Frankfurter Societätsdruckerei GmbH). Spez. Arbeitsgeb.: Wirtschafts- u. Ges.-recht.

HEYN, Wolfram

Fachhochschullehrer a. D., MdL Hessen (s. 1974) - Rostocker Straße 22, 6451 Bruchköbel (T. 06181 - 7 29 73) - Geb. 7. Dez. 1943 - SPD.

HEYNE, Isolde

Schriftstellerin - Am Zehntenstein 32, 6250 Limburg 1 (T. 06431 - 69 83) - Geb. 4. Juli 1931 Prödlitz, verh. m. Wolfgang H., Arch. - 1961-64 Inst. f. Lit. Johannes R. Becher, Leipzig (Dipl. 1964) - Mitgl. dt. Schriftstellerverb. (SV) - BV:

Tschaske Wolkensohn, 1975; ... u. keiner hat mich gefragt, 1981; D. Sklave aus Punt, 1982; Na flieg doch schon, 1983; Treffpunkt Weltzeituhr, 1984; D. Kröten-Krieg v. Selkenau, 1985; Was geschah m. Anja Hagedorn, 1985; E. König namens Platzke, 1986; Ankunft im Alltag, 1986; Funny Fanny, 1987; D. Held v. Zickzackhausen, 1987; E. Ticket z. Sonne, 1987; Sternschnuppenzeit, 1988; Lösegeld, 1988; D. Ferienhund, 1988; Gewitterblumen, 1989; E. anonymer Anruf, 1989; Hexenfeuer, 1990; Tinutem, e. Priester des Amun, 1991; Wenn d. Nachtigall verstummt, 1991; Imandra, 1992; u.a. auch Rundf. u. Fernsehen - 1985 Dt. Jugendlit.preis; 1989 Buxtehuder Bullen.

HEYNE, J. E.

Geschäftsführer Schaeffler Wälzlager oHG, INA Lineartechnik oHG, bde. Homburg/Saar - Birkenstr. 59, 6600 Saarbrücken - Geb. 16. März 1935.

HEYNE, Ralf

Bürgerschaftsabgeordneter (s. 1974) - Heidkrug Nr. 10, 2104 Hamburg 92 - SPD.

HEYNE, Rolf

Verleger - Zu erreichen üb. Wilhelm Heyne Verlag, Türkenstr. 5-7, 8000 München 2 - Geb. 2. Mai 1928 - Spr.: Engl.

HEYNEMANN, Peter

Geschäftsführer WKV Waren-Kredit-Bank GmbH., Berlin 12 - Machnower Str. 79, 1000 Berlin 37 - Geb. 4. Okt. 1920 Berlin.

HEYSE, Hans-Joachim

Intendant, Regisseur, Schauspieler - Geb. 29. Juni 1929 - 1964-66 Oberspiell. Bonn, dann Bochum; 1970-81 Generalintendant Bühnen d. Stadt Bonn; 1979-84 Leitg. d. Luisenburg Festsp. Wunsiedel; 1983-85 Prof. Folkwang-Hochsch. Essen; s. 1988 Intendant d. Burgfestspiele Mayen (Freilichtsp. auf d. Genovevaburg).

HEYSE, Horst

Dr. jur. utr., Rechtsanwalt, Vorstandsmitgl. DAS Dt. Automobil Schutz/Allg. Rechtsschutz-Versicherungs-AG. (s. 1964) - Prinzregentenstr. 14, 8000 München 22 (T. 21 88-1) - Geb. 17. Nov. 1917 Danzig (Vater: Carl H., Großkfm.; Mutter: Maria, geb. Pollack), ev., verh. s. 1965 m. Ane Marie, geb. Haala, 2 T. (Gabriele, Jutta) - Univ. Freiburg/Br. (Rechts- u. Staatswiss.) - EK II u. I, Minensuchabz. - Liebh.: Fotogr. - Spr.: Franz., Engl.

HEYSER, Alfred

Dr.-Ing., Physiker, Honorarprof. f. Meßmethoden u. Versuchsanlagen d. Strömungstechnik TH Aachen (s. 1966) - Freiheitsstr. 41, 5210 Troisdorf-Spich (T. 4 18 41) - Tätigk. DVL, Porz-Wahn.

HEYSZENAU, Heinrich

Dr. phil., Prof. f. Theoret. Physik Univ. Hamburg (s. 1974) - Jungiusstr. 9, 2000 Hamburg 36 - Geb. 1942 - 1968-71 Gulf General Atomic San Diego, USA, 1971-74 Max Planck Inst. f. Festkörperforsch., Stuttgart.

HICKEL, Erika

Dr. rer. nat., Prof. f. Geschichte d. Pharmazie u. Naturwiss. TU Braunschweig (s. 1978; Prof. C 3), MdB (1983-85; Landesliste Nieders.) - Ferdinandstr. 8, 3300 Braunschweig - Geb. Königsberg/Pr. - Promot. u. Habil. Braunschweig - Bücher u. Einzelarb. - Grüne.

HICKEL, Rudolf

Dr. rer. pol., Prof. f. Wirtschaftswissenschaft Univ. Bremen - Postfach 33 04 40, 2800 Bremen (T. 0421 - 218 30 70 u. 30 66) - Geb. 17. Jan. 1942 Nürnberg (Vater: Rudolf H., Konzertmeister; Mutter: Elisabeth, geb. Falkenhain) - Stud. Wirtschaftswiss. Univ. Tübingen u. Berlin; Promot. 1970 - S. 1972 Prof. f. Polit. Ökonomie Univ. Bremen - BV: u.a. Edition v. Karl Marx: D. Kapital v. 1972-78; E. neuer Typ d. Akkumulation - Kritik d. Marktorthodoxie, 1987; Finanzpolitik f. Arbeit u. Umwelt, 1989. Mithrsg. d. Ztschr. Leviathan u. Blätter f. dt. u. intern. Politik.

HICKMANN, Ellen

Dr. phil., Prof. Hochsch. f. Musik u. Theater, Hannover - Lister Meile 7, 3000 Hannover 1 - Geb. 28. Juli Flensburg, verh. 1958-68 m. Prof. Dr. Hans H.†, 2 Kd. (Kei, Astrid) - Stud. Musikwiss., Ethnol., Archäol. Univ. Hamburg u. Wien, Musikhochsch. Hamburg; 1. u. 2. Staatsex., Promot. - S. 1976 Prof.; 1977-84 Leit. Nationalkomitee BRD im ICTM; 1978-84 Vors. Fachgr. Instrumentengr. f. Musikforsch.; 1982 Vorstandsmitgl. VDW (Vereinig. Dt. Wissensch.); 1983 Chairperson Study Group on Music Archaeol. im ICTM - BV: Musica instrumentalis. Stud. z. Klassifikat. d. Musikinstrumentariums im Mittelalter, 1971; Musik aus dem Altertum d. Neuen Welt, 1990; Beitr. üb. pharaon. Musik u. Musikinstrumente im Lex. d. Ägyptol., s.1972; Forschungsprojekt Präkolumbische Musikinstrumente in Andenkulturen Südamerikas, s. 1984, in Zentral- u. Mittelamerikas, s. 1991; Frühеuropäische Musik, s. 1990 - Spr.: Engl., Franz., Span., Lat.

HIEBER, Christian

Ing. Maschinenbau, Unternehmer - Bülstringer Str. 81, O-3240 Haldensleben (T. 03904 - 7 17 83) - Geb. 18. Dez. Salzburg, 5 Kd. (Andreas, Bernhard, Martin, Birka, Bettina) - Wirtschaftsuntern.; Präs. Einzelhandelsverb. Sachsen-Anhalt e.V.; tätig in d. Kommunalpolitik - Div. Patente auf d. Gebiet d. Kältetechnik.

HIEBER, Manfred

Dr., Prof. f. Wirtschaftl. Staatswissenschaften Univ. Bonn (s. 1973) - Auf dem Romert 17, 5340 Bad Honnef/Rh. 6 - Geb. 10. Nov. 1934 Stuttgart.

HIEDL, Heinrich

Ministerialrat a. D., Landesgeschäftsführer Bayer. Rotes Kreuz (s. 1973) u. Dir. d. Blutspendedienstes - Holbeinstr. 11, 8000 München 86 (T. 089 - 92 41-0) - Zul. Bayer. Staatskanzlei.

HIEHLE, Joachim

Dr. jur., Staatssekretär a. D., Wirtschaftsjurist - Auf dem Köllenhof 11, 5307 Wachtberg-Ließem (T. Bonn 34 15 35) - Geb. 21. Dez. 1926 Berlin, ev., verh. s. 1957 m. Dr. med. Agnes, geb. Schäfer, 2 Töcht. (Antje, Kerstin) - 2. jurist. Staatsprüf. - 1957 Bundeszollverw., spät. Bundesfinanzmin., dort Hilfsref., Ref., Unterabt.leit., Abt.leit. u. Staatssekr.; 1978-84 Staatssekr. Bundesverteidig.min.; ab 1985 in d. Ind.

HIEL, Ingeborg

Schriftstellerin - Stuhlingeregg, A-8063 Eggersdorf (T. 03117-21 28) - Geb. 15. Juni 1939 Graz, verh., 1 Sohn - Dipl.-Auslagenarrangeurin, Innenarch., Mannequin, Galeristin, Hausfrau, Schriftst. - BV: 41 Gespenster u. 41 Räubergesch. s. 1972; Bunte Spuren, 85 Ged. 1976; D. kleine Musketier (auch japan.); D. Mondkratzer, 1979 (Jugendbuchpreis); Viele Tage, Romandok. 1984; Istrienmappe, 1980 (auch slowen.); Schatten im Licht, Nov. u. Ged. 1987; Bunte Spuren II, Ged. 1988; Bunte Spuren 3, 1991; Szintigramme, 1991; Ch. d. Mitternachtsdrachenerfinder. Anthol., Beitr. in in- u. ausl. Ztschr. - 1976 Preise f. Kurzprosa u. Lyrik; 1979 Jugendbuchpreis Land Steiermark - Spr.: Franz.

HIELSCHER, Hans-Georg

Dr. phil., Prof. f. Erziehungswissenschaft Univ. Hamburg (s. 1983) - Spitzerfurth 6, 2202 Barmstedt - Geb. 3. Juli 1938 Sorau (Vater: Georg H., Kaufm.; Mutter: Charlotte, geb. Fiebach), verh. m. Gabriele Heller-H., geb. Haard, 5 Kd. (Birgitta, Stefanie, Berit, Benedikt, Bernadette) - Univ. Freiburg u. Kiel. 1962-66 Lehrer; Promot. 1970 Kiel - 1970-75 Doz. u. Prof. (1972) PH Kiel, 1975-83 Univ. Bonn - BV: Jugend u. Werbung, 1971; Einf. in d. Allg. Did., 1974; Leben in soz. Bezügen, 1975; Unterr.-Prinzipien u. Modelle, 1976; Materialien z. soz. Erzieh., 1976; Sozialerzieh. konkret, 1977; Päda-Lotse, 1979; Erziehung u. Ges. 1981; Spielen macht Schule, 1981; Spielen m. Eltern, 1984; Schulkinder achten u. fördern, 1986; Du und ich - ihr und wir, 1987; Verkehrserziehung behinderter Kinder u. Jugendl., 1990.

HIELSCHER, Hans-Jürgen

Abgeordneter d. Hessischen Landtages, Parlam. Geschäftsf. d. FDP-Landtagsfraktion Hessen, umwelt-, (kern-)energie- u. medienpolit. Sprecher d. FDP-Fraktion - Wildenbruchstr. 48, 6000 Frankfurt/M. 50 - Geb. 14. Febr. 1960, ev., ledig - Abit.; Wehrdst.; Ausbild. als Verlagskaufm.; Stud. Rechtswiss. Univ. Frankfurt - 1982-86 Fraktionsgeschäftsf. Umlandverb. Frankfurt, 1986/87 Pressesprecher UVF; 1985-91 Landesvors. Hessen d. Jungen Liberalen; s. 1985 Mitgl. d. FDP-Landesvorst. Hessen, s. 1987 Mitgl. d. Hess. Landtages, 1989-91 Mitgl. Rundfunkrat Hess. Rundfunk.

HIELSCHER, Margot

Schauspielerin u. Sängerin - Gustav-Freytag-Str. 2, 8000 München 27 (T. 48 08 92) - Geb. 29. Sept. 1919 Berlin (Vater: Fritz H., Kaufm.), verh. s. 1959 m. Friedrich Meyer (Komp.) - Ausbild. Modezeichnerin; Gesangunterr. - Kostümberat. Ufa. Gastspieltätigk. Theater: Lady Frederick (München 1983). Filme: D. Herz e. Königin, Auf Wiederseh'n, Franziska!, Liebespremiere, Frauen s. k. Engel, Reise in d. Vergangenheit, In flagranti, D. Lied d. Nachtigall, D. Täter ist unt. uns, Spiel im Schloß, 3 x Komödie, Hallo, Fräulein!, D. blaue Strohhut, Liebe a. Eis, Dämon. Liebe (d. letzten beiden Hielscher-Meisel-Kollektive), Heimweh n. Dir, Salto Mortale, D. Mücke, D. ewige Lied d. Liebe u. a. - Liebh.: Fliegen, Kochen.

HIELSCHER, Udo

Dr. rer. pol., Prof. f. Betriebswirtschaftslehre - Technische Hochschule Darmstadt, Hochschulstr. 1, 6100 Darmstadt - Geb. 23. Okt. 1939 Breslau (Vater: Arthur H., Konsul, Kaufm.; Mutter: Bertha, geb. Koehler) - Deutschorden-Gymn. Bad Mergentheim; TH Darmstadt (Dipl.-Wirtschaftsing. 1964 - Preis f. hervorrag. Leistungen) - Promot. 1968 - S. 1971 Prof. TH Darmstadt; 1982-84 gf. Dir. Inst. f. Betr.wirtsch.lehre TH Darmstadt; 1985-86 Dekan FB 1, Rechts- u. Wirtsch.wiss. TH Darmstadt - BV: D. optimale Aktienportefeuille, 3. A. 1970; Finanzierungskosten, 2. A. 1989; Innovationsfinanzierung mittelständischer Unternehmungen, 1982; Hist. amerikanische Aktien, 1987; Investmentanalyse, 1990. Herausg.: Industrielle Kommunikation (1978); Mithrsg.: Hoppenstedt-Charts (lfd. Ausg.). Üb. 50 Fachaufs.; mehrere 100 aktuelle Fachbeitr. - Spr.: Engl.

HIENZ, Hermann A.

Dr. med., Dr. rer. nat., Prof., em. Direktor Inst. f. Pathologie - Städt. Krankenanstalten, 4150 Krefeld - Geb. 14. Nov. 1924 Hermannstadt/Siebenbürgen (Vater: Dr. phil. Hermann H., Seminarprof.; Mutter: Hildegard, geb. Schullerus), ev., verh. s. 1964 m. Waltraud, geb. Lenz, 4 Kd. (Ulrike, Hermann, Hildegard, Adelheid) - Gymn. Hermannstadt; Univ. Heidelberg (1948-53 Medizin, 1950-52 u. 1956-58 Biol.). Promot. (1953, 58) u. Habil. (1959) Heidelberg - Lehrtätigk. Univ. Heidelberg (1959), Münster/W. (1964 I. Oberarzt Pathol. Inst./Klinikum Essen; 1965 apl. Prof.), Bochum (1967 Wiss. Rat u. Prof.), Krefeld (1969). Div. Fachmitgliedsch. - BV: D. Zellkernmorpholog. Geschlechtserkennung in Theorie u. Praxis, 1959; Chromosomen-Fibel, 1971; Beiträge z. Schriftst.-Lexikon d. Siebenbürger Dt., 1980 ff. Zahlr. Einzelarb. - 1943 Hartmut-Palmhert-Preis (Biol.), 1965 Wilhelm-Warner-Preis (Krebsforsch.) - Liebh.: Musik, Fotogr. - Spr.: Rumän., Engl. - Bek. Vorf.: Samuel Baron Bruckenthal, Gouverneur Siebenb. (unter Maria Theresia).

HIERHOLZER, Günther

Dr. med., Prof. Univ.-GH Essen, Direktor Berufsgenoss. Unfallklinik - Großenbaumer Allee 250, 4100 Duisburg 28 (T. 0203 - 76 88 31 00) - Geb. 24. April 1933 Engen/Hegau (Vater: Dr. med. vet. Erhard H., Tierarzt; Mutter: Isolde, geb. Werner), kath., verh. m. Dr. Sabine, geb. Wegehaupt, 4 Kd. (Annette, Gundel, Christian, Bärbel) - Stud. 1953-56 Freiburg, 1956-67 Innsbruck, 1957-59 wied. Freiburg; Staatsex. 1959, Promot. 1961, Habil. 1973 - S. 1976 apl. Prof. - S. 1972 Ärztl. Dir. BG-Unfallklinik. 1978 Präs. Dt. Ges. f. Plast. u. Wiederherstell.chir. Präs. Dt. Ges. f. Unfallheilkd.; Wiss. Leit. Berufsgenoss. Inst. f. Traumatol., Präs. Dt.-Nigerian. Ärzteges. - BV: D. posttraumat. Osteomyelitis; Transplantatlager u. Implantatlager b. verschied. Operationsverf.; Chir. d. Knochen u. Gelenke; Prae- u. postop. Behandl. u. Pflege; Konservative Knochenbruchbehandl.; Hygieneanford. an Operationsabt.; PVP-Jod in der operativen Med.; Fixateur-externe-Osteosynthese; Manual on the AO/ASIF Tubular External Fixator; Korrekturosteotomien nach Traumen an d. unteren Extremität; Prodome dringl. Krankheitsbilder; Corrective Osteotomies of the Lower Extremity after Trauma; Unfallchir. - Aufgabenstellung in d. Chir.; Chir. Handeln; Gutachtenkolloquium Bd. 1-6; Reanimation im Rettungswesen. Hygieneanford. an operative Einheiten. Chirurg. Operationen - Spr.: Engl.

HIERHOLZER, Klaus

Dr. med., o. Prof. f. Klin. Physiologie - Thielallee 26, 1000 Berlin 33 (T. 832 69 49) - Geb. 8. Juni 1929 Konstanz/B. (Vater: Dr. med. vet. Erhard H., Regierungsveterinärrat; Mutter: Isolde, geb. Werner), ev., verh. s. 1956 m. Dr. Christhel, geb. Mauthe, 4 Kd. (Babette, Andreas, Johannes, Nicola) - Realgymn.; Univ. Frankfurt/M., Tübingen, Innsbruck, Freiburg/Br. (Promot. 1954) - S. 1964 (Habil.) Lehrtätigk. FU Berlin (1968 Ord. Klinikum Steglitz). Gast Cornell Univ. New York; Yale Univ., New Haven; Univ. Texas, Dallas; Univ. di Napoli, Italia - BV: Grundzüge d. Nierenphysiol. (m. K. J. Ullrich), in: H. Sarre, Nierenkrankh.; Endokrinologie (m. Neubert, Neumann u. Quabbe), in: Gauer-Kramer-Jung: Physiol. d. Menschen; Nierenphysiologie (m. M. Fromm), in: Scheunert/Trautmann: Vet. Physiologie. Herausg.: E. Du Bois-Reymond/A. Dohrn, Springer (m. C. Groeben, 1985); Phasensprünge u. Stetigkeit in d. natürlichen u. kulturellen Welt (m. H. G. Wittmann, 1987); Pathophysiol. d. Menschen (m. R. F. Schmidt, 1991) - Mitgl. Akad. Dt. Naturforsch. u. Ärzte, Leopoldina, u. d. Wissensch. zu Berlin - 1967 Schoeller Junkmann-Preis, 1991 Bezold Med. - Spr.: Engl., Franz.

HIERL, Josef

Dr. jur., Rechtsanwalt, MdL Bayern (s. 1975) - 8431 Buchberg Nr. 78 (T. 09181 - 86 21) - Geb. 1942 - CSU.

HIEROLD, Alfred Egid

Dr. jur. can., Prof. f. Kirchenrecht - Josefstr. 12, 8600 Bamberg (T. 0951 - 2 59 07) - Geb. 29. Dez. 1941 Vohenstrauß (Vater: Lorenz H., Landwirt; Mutter: Anna, geb. Bodensteiner), kath. - Human. Gymn. Weiden; Stud. Phil.-Theol. Hochsch. Regensburg u. Univ. München (Theol., Jura u. kanonist. Fachausb.), Theol. Abschlußex. 1966, Lic. jur. can. 1975, Promot. 1978 - 1967-68 Kaplan Eggenfelden; 1971-75 Verw.-Assist., 1975-81 Wiss. Assist.; s. 1981 o. Prof. Univ. Bamberg; s. 1983 Erzb. Vizeoffizial; 1989-91 Vizepräs. d. Univ. Bamberg s. 1992 Rektor d. Univ. Bamberg - BV: Grundleg. u. Organisation kirchl. Caritas unter bes. Berücksicht. d. dt. Teilkirchenrechts, 1979 - Spr.: Engl., Franz., Ital.

HIERONYMI, Günther
Dr. med., Prof., Chefarzt Patholog. Inst. Stadtkrankenhaus Offenbach - Hamburger Str. 57, 6050 Offenbach - Geb. 14. Sept. 1918 - S. 1955 (Habil.) Lehrtätigk. Univ. Heidelberg (1963 apl. Prof. f. Allg. Pathol. u. pathol. Anat.) - BV: Angiologie, 1959. Einzelarb.

HIERONYMUS
s. Herles, Helmut

HIERSCHE, Ernst-Ulrich
Dr.-Ing., Dr. h.c., o. Prof. (Straßen- u. Eisenbahnwesen) Univ. Karlsruhe (TH). Hon.-Prof. RWTH Aachen, Landesrat a.D. - Im Oberviertel 28, 7500 Karlsruhe 41 (T. 0721 - 48 19 37) - Geb. 28. Juni 1931 Braunschweig - 1951-57 Stud. Bauing.wesen TH Karlsruhe; Promot. 1967 - 1957-62 Verkehrsplaner bad.-württ. Straßenbauverw.; 1962-68 Assist. u. Obering. Lehrst. f. Straßenwesen, Erd- u. Tunnelbau RWTH Aachen; 1968-74 in versch. Leitungsfunkt. in d. Bundesanst. f. Straßenwesen Köln, zul. Leit. Ber. Unfallforsch.; 1975-82 Leit. Abt. Straßenbau im Landschaftsverb. Rheinl., Köln; s. 1982 Ord. Univ. Karlsruhe. Mitgl. in mehreren nat. wiss. Ges. u. Vereinig. sow. intern. Forschergr. - Zahlr. Veröff. in in- u. ausl. Fachztschr. sow. Buchbeitr. - BV: Handb. Baustoff-Recycling; Alternative Baustoffe im Bauwesen - 1968 Borchers-Plak. f. bes. wiss. Leistungen RWTH Aachen; 1990 Gold. Verdienstmed. Verb. Dt. Baustoff-Recycling-Unternehmen; 1991 Ehrendoktor TU Budapest.

HIERSCHE, Hans-Dieter
Dr. med. habil., apl. Prof. Univ. Mainz, F.I.F.J.A.G. MIAC, Direktor Frauenklinik Akad. Lehrkrankenhaus, Kaiserslautern - Im Dunkeltälchen 41, 6750 Kaiserslautern - Geb. 12. April 1934 Braunschweig, verh. in 2. Ehe m. Dr. med. Karin Groß-H., 2 Kd. aus 1. Ehe (Frank, Silke) - Med.stud. u. Promot. Heidelberg; Habil. 1969 Mainz; 1959 Weiterbild. Pathol., Facharztausbild. Gynäk. u. Geburtshilfe in Karlsruhe, Mainz u. Prag - BV: Geburtshilfe (m. Friedberg), 1975 u. 83; Praxis d. Gynäk. im Kindes- u. Jugendalter (m. Huber), 1977 (Übers. ins Ital., u. Russ. 1987). Herausg: Euthanasie (1975); Grenzen ärztl. Behandlungspflicht b. schwerstgeschädigten Neugeborenen (m. Hirsch u. Graf-Baumann, 1987); D. Sterilisation geistig Behinderter (m. Hirsch u. Graf-Baumann, 1988); Transplantationsmed. (m. Hirsch u. Graf-Baumann, 1989). Ca. 200 Publ. auf d. Geb. d. Gynäk. u. Geburtshilfe (Einzelveröff., Lehr- u. Handb.beitr.) - S. 1986 Präs. Dt. Ges. f. Medizinrecht. Berater b. d. Reform d. § 218 StGB u. d. Schaffung e. Transsexuellen-Gesetzes sow. e. Gesetzes z. Sterilisation.

HIERSCHE, Rolf
Dr. phil., em. Prof. f. Vergl. Sprachwissenschaft - Hofäckerweg 5, 6301 Wettenberg 1 (T. Gießen 8 26 32) - Geb. 28. Juli 1924 Sömmerda/Thür. (Vater: Kurt H., Lehrer; Mutter: Marie, geb. Hecker), ev., verh. s. 1949 m. Ursula, geb. Brandt, 2 Töcht. (Yvonne, Korinna) - Obersch.; Univ. Jena (Klass. Philol., Indol., Indogerman.). Promot. 1952 Jena; Habil. 1962 Berlin (West) - S. 1962 Lehrtätigk. FU Berlin (1967 apl. Prof.) u. Univ. Gießen (1970 Ord.), 1967-69 Gastprof. Univ. Lille u. 1975/79 Univ. Paris-Sorbonne IV. Mitgl. Indogermanische Gesellschaft (1965) - BV: Unters. z. Frage d. Tenues aspiratae im Indogerman., 1964; Grundzüge d. griech. Sprachgesch. b. z. klass. Zeit, 1970; Deutsches etymologisches Wörterbuch A, 1986, D, 1990 - Spr.: Franz.

HIERSEMANN, Fritz
Beamter, MdA Berlin (1971-85) - Humboldtstr. 24, 1000 Berlin 51 (T. 496 45 52) - Geb. 22. März 1930 Stettin (Vater: Robert H., Kommunalbeamt.; Mutter: Lina, geb. Leddin), ev., gesch., 2 Kd. - Abit. 1949 Berlin; Dipl.-Polit. 1957 ebd. - S. 1950 Bezirksamt Reinickendorf (ltd. Fachbeamter Abt. Jugend, s. 1975), Mitgl. Kurat. Pestalozzi-Fröbel-Haus, Berlin. SPD s. 1960 - Liebh.: Lit., Theater, Schwimmen, Katzen - Spr.: Engl.

HIERSEMANN, Karl Gerd

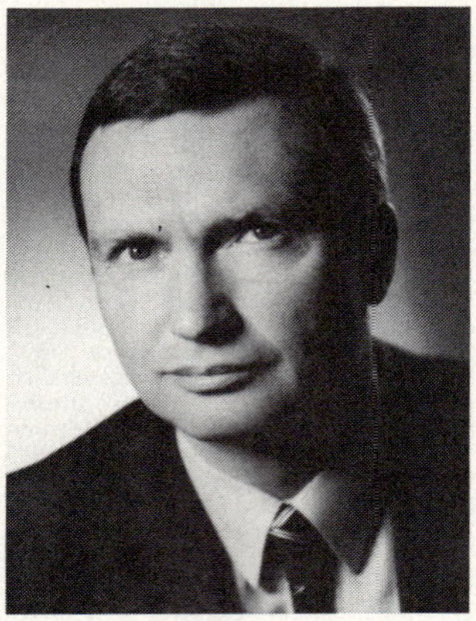

Verleger - Rosenbergstr. 113, 7000 Stuttgart 1 (T. 0711 - 63 82 65) - Geb. 23. Juni 1938 Leipzig, verh. m. Oda, geb. v. Breitenbuch, 4 Kd. - Abit. Stuttgart; Univ. Hamburg; Ausb. in München, Oxford u. Paris - Verleger; Handelsrichter; Oberstleutnant d. Res.; Beirat d. Dt. Bibliothek, Frankf./M. u. Leipzig; Präs. Lit. Verein in Stuttgart - BV: 100 J. Hiersemann, 1984; Lexikon d. gesamten Buchwesens, 1987; Export im Zwielicht, 1991 - Spr.: Engl., Franz.

HIERSEMANN, Karl-Heinz
Rechtsanwalt, MdL Bayern (s. 1974), Vors. d. SPD-Landtagsfrakt. - Maximilianeum, 8000 München 85 (T. 4 12 62 66) - Geb. 17. Aug. 1944 - SPD (Vors. Bezirk Franken).

HIERSIG, Heinz M.
Dr.-Ing., Prof. Ruhr-Univ. Bochum (s. 1980), Mitinh. u. Geschäftsf. Rhein-Getriebe GmbH, Meerbusch - Gemünder Str. 11, 4000 Düsseldorf-Oberkassel - Geb. 22. Juni 1915 Dresden, kath., verw., 3 Kd. (Thilo, Susann, Roman) - TH Dresden (Maschinenbau, Betriebswiss.; Dipl.-Ing. 1939). Promot. 1943 Braunschweig - 1939-45 Betriebsleit. Rheinmetall-Borsig AG., Düsseldorf; 1947-59 gf. Gesellsch. Rhein-Getriebe GmbH., Meerbusch; 1957-60 Geschäftsf. Rheinfeuer GmbH., Meerbusch, 1960-81 Gf. Lohmann & Stolterfoht GmbH. Div. Ehrenämter, dar. Vorstandsmitgl. Fachgem. Antriebstechnik im VDMA - Zahlr. Fachaufs. - Ehrenmed. VDI, Ehrenmitgliedsch. VDI, BVK I. Kl. - Liebh.: Zukunftswiss. - Spr.: Engl., Franz.

HIESEL, Franz
Prof., Schriftsteller - Pfarrgasse 4, A-7444 Mannersdorf/R. (T. 02611 - 23 30) - Geb. 11. April 1921 Wien, kath., verh. s. 1941 m. Adele, geb. Nemetz - 1945 Holzfäller; 1946 Straßenbahnschaffner; 1951 Bibliothekar, 1960 Chefdramat. (NDR); 1968 fr. Schriftst.; 1977-83 Leit. d. Abt. Hörspiel u. Literatur, ORF/Landesstudio Wien; 1983ff. wieder fr. Schriftst. - BV: Dschungel d. Welt, 2 Hörspiele 1956; Auf e. Maulwurfshügel, Hörspiel 1960; Ich kenne d. Geruch d. wilden Kamille, Erz. u. Hörspiel 1961; Repertoire 999, Standartwerk Hörspiel, 2 Bde. 1990. 35 Hörspiele (übers. ins Dän., Holl., Ital., Serbokroat., Tschech., Sloven., Ung.) u. 3 Fernsehsp. (An d. schönen blauen Donau, gesendet 1965 Bundesrep., Schweiz, Österr., Belg.; Blaues Wild, ges. 1971 Bundesrep., Schweiz, Österr.; Die Ausnahme, ges. NDR-ORF). 3 aufgef. Bühnenst. (1951-53 Wien bzw. Linz) - 1952 Förderungspreis f. Dramatik u. 1954 f. Hörspiel d. Österr. Staatspr., 1956 Hörspielpr. Bayer. Rundf.; 1959 Hörspielpr. d. Kriegsblinden; Ehrenkreuz f. Wiss. u. Kunst; I. Kl.-Ehrenmed. d. Stadt Wien in Gold; Mitgl. Österr. P.E.N.-Club.

HIESTAND, Rudolf
Dr. phil., Prof. f. Mittelalterl. Geschichte Univ. Düsseldorf (s. 1976) - Rheinallee 120, 4000 Düsseldorf 11 - Geb. 30. Aug. 1933 Zürich - Promot. 1958 Zürich; Habil. 1972 Kiel - Zul. Privatdoz. Univ. Kiel. Korr. Mitgl. Akad. d. Wiss. Göttingen. Sekr. d. Pius-Stiftg. f. d. Herausgabe d. älteren Papsturkunden. Facharb. u. a. Byzanz u. d. Regnum Italicum im 10. Jh., 1964; Papsturkunden f. Templer u. Johanniter, 1972; Papsturk. f. Templer u. Templer. Neue Folge 1984; Papsturk. f. Kirchen im Heiligen Lande, 1985.

HIESTERMANN, Hermann
Unternehmer, Mitgl. IHK Celle - Celler Str. 1, 3103 Bergen 1 (T. 05051 - 50 48) - Geb. 9. Juni 1908 Hermannsburg (Vater: Wilhelm H., Untern.; Mutter: Marie, geb. Hornbostel), ev., verh. s. 1939 m. Elly, geb. Otte, 3 Kd. (Karin, Margot, Hermann) - Privatsch., kaufm. Ausb. - Spr.: Franz., Engl.

HIETSCH, Otto
Dr. phil., M. Litt., o. Prof. f. Anglistik Univ. Regensburg (s. 1967) u. Direktor Inst. f. Anglistik (1973-75, 1978-80, 1983-87) - Gumpelzhaimerstr. 5b, 8400 Regensburg (T. 2 22 01) - Geb. 14. Jan. 1924 Wien (Vater: Julius H., Reg.-Rat; Mutter: Josefa, geb. Waldbrecht), kath., verh. s. 1978 m. Ingrid, geb. Pachl - Univ. Berlin, Gießen, Paris, Wien (Promot. 1948), Durham (Master of Letters 1950), Padua (Dott. in Lettere 1952), Habil. 1958 Wien - 1948-63 Prof. Technologisches Gewerbemuseum Wien; 1952-63 Prof. Incaricato Univ. Padua; 1958 b. 1963 Doz. Univ. Wien; 1963-67 Ord. u. Inst.sdir. TU Braunschweig - BV: D. moderne Wortschatz d. Englischen, 1957; D. Petrarca-Übers. Sir Thomas Wyatts - E. sprachvergl. Studie, 1960. Herausg.: Österr. u. d. angelsächs. Welt - Kulturbegegnungen u. Vergleiche (2 Bde. 1961/68), Unterr. in mod. Fremdsprachen, 1972; Bavarica anglica: A Cross-Cultural Miscellany, 1978; Austria: Land of Enchantment, 1979. Schriftenr. Forum Anglicum (s. 1975) - Liebh.: Musik, Malerei, Schach - Spr.: Engl. (Dolmetscher-Ex. 1941 Wien), Ital., Franz.

HIETZIG, Joachim M.

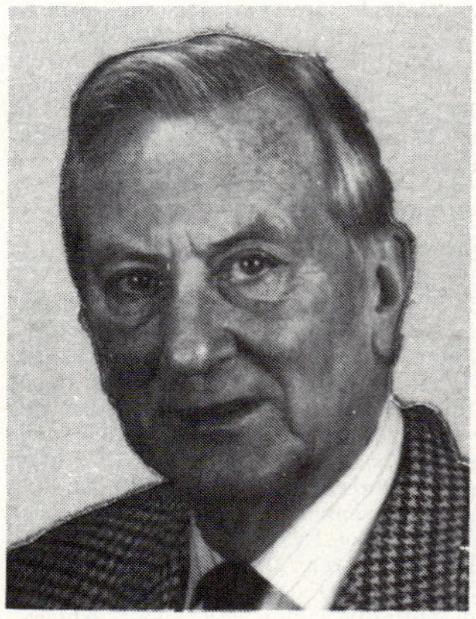

Dr.-Ing., Hon.-Konsul v. Malta, Inhaber EXPOGERMA Joachim Hietzig Agentur Marketing Consulting f. Messen u. Ausstellungen, Gründer IMAG Intern. Messe- u. Ausst.dienst GmbH München, Geschäftsf. b. 1980 - Adamstr. 4, 8000 München 19 (T. 18 45 22) - Geb. 9. April 1919 Köthen/Anh. (Vater: Max H., Fabrikant; Mutter: Margarete, geb. Leimer), verh. m. Renate, geb. Andorff, 3 Kd. - TH Berlin - 1966-70 Hauptgeschäftsf. Münchener Messe- u. Ausst.-GmbH, Präs. INTEREXPO Komitee f. offiz. Beteilig. intern. Messen. Lions Club - Hohe dt. u. intern. Dekorationen u. Preise - Spr.: Engl., Franz., Ital.

HILB, Erich
Dr., Hauptgeschäftsführer Bauern- u. Winzerverband Rheinland-Nassau - Mainzer Str. 60a, 5400 Koblenz (T. 3 30 37).

HILBER, Walter
Dr., Prof. Kath. Univ. Eichstätt - Ahornweg 35, 8901 Stadtbergen (T. 0821 - 52 52 51) - Geb. 10. Nov. 1939 Augsburg (Vater: Max H., Techn. Fernmeldebetriebsinsp.; Mutter: Rosa, geb. Hitzel), kath., verh. s. 1962 m. Ursula, geb. Mayer, 2 Kd. (Thomas, Claudia) - Gymn.; PH (Lehramtsex. 1962 u. 1965, Promot. 1970) - 1962-70 Lehrer; 1970-77 Wiss. Assist.; s. 1977 Prof. - BV: Arb. z. Päd. Anthropol. in versch. Büchern - Interessen: Päd. Anthropol., Flamenco (bes. Flamenco-Gitarre) - Spr.: Engl., Franz., Span.

HILBERG, Wolfgang
Dr.-Ing., Prof. f. Digitaltechnik TH Darmstadt (s. 1972) - Im Geißner 11, 6101 Groß-Bieberau - Geb. 7. Febr. 1932 - Promot. 1963 Darmstadt - 1958-72 Telefunken, Ulm (Forsch.) - BV: Charakterist. Größen elektr. Leitungen, 1972; Elektronische digitale Speicher, 1975; Grundl. digitaler Schaltungen, 1978; Electrical Characteristics of Transmission Lines, 1979; Impulse auf Leitungen, 1981; Mikroelektronik, 1982; Funkuhren, 1983; Assoz. Strukturen, 1984. Funkuhrtechnik, 1988; Texturale Sprachmaschine, 1990. Etwa 100 Aufs. - 1964 NGT-Preis.

HILBERT, Lothar Wilfried
PH.D. (Cantab)

Docteur de l'Université de Paris, mention droit (ex.), D.E.S. Droit comparé u. Etudes européennes, Prof. f. Quellenkunde u. Geschichte d. Europ. Diplomatie u. d. Vertragswesens Univ. Tübingen (s. 1968) - Ochsenweide 3a, 7400 Tübingen 1 - Stud. Heidelberg, Göttingen, Cambridge, Europa Kolleg Nancy u. Paris - BV: The Rôle of Military and Naval Attachés in the British and German service 1871-1914, 1954; Dt. Zollverein - Histor. Vorbild f. EWG oder EFTA?, 1961; Metternich était-il un Européen?, 1964; Falkenhayn - L'homme et sa conception de la bataille de Verdun, 1976; D. Liquidierung d. 2. Weltkrieges, 1985; D. zunehmende Waffenexport s. d. 1890er Jahren, 1989; Rüstungsausfuhr: Intern. Waffenhandel nach d. 1. Weltkrieg, 1989 - Visiting Fellowship Univ. Cambridge 1973/74, 1979/80 u. 1985/86; Senior Visiting Fellow Jesus College Oxford 1991/92; s. 1989 Fellow Royal Historial Soc., London - Liebh.: Tennis, Schwimmen, Wandern, Memoiren- u. Reiselit. d. 19. Jh. - Gold. Sportabz. (10) - Spr.: Engl., Franz.

HILBICH, Ernst H.
Schauspieler - Am Südpark 21, 5000 Köln 51 - Geb. 16. März Siegburg - Ausb. Elektromechaniker; Lehr- u. Wanderjahre als Hilfsbeleuchter b. e. Operetten-Theater - Mehrjährige Theater-Engagements in Konstanz, Osnabrück u. Hildesheim; 13 Jahre Mitgl. d. Düsseldorfer Ko(m)mödchens als Kabarettist - Theaterrollen: Schneider Wibbel, Charley's Tante, E. Engel namens Schmidt, Hauptmann v. Köpenick, D. Maulkorb; u.v.a.m. Rollen im FS als Komiker: Geschichten aus d. Heimat, Alte Liebe rostet nicht, Locker v. Hocker, Käsbach ich liebe Dich, Funke's Fernsehwerkstatt, Was wären wir ohne uns, u.v.a.m.

HILD, Helmut
Pfarrer i. R., Kirchenpräs. a. D., (Ev. Kirche in Hessen u. Nassau, 1969-85) - Wohnh. in 6100 Darmstadt - Geb. 23. Mai 1921 Weinbach/Hessen - Pfarrer Westerburg/Westerw., dann Pfr. Frankfurt-Unterliederbach, ab 1960 Pfr. f. Öffentlichkeitsarb. Frankfurt; ab 1964 Vors. Ev. Gemeindeverb. Frankfurt; Rat

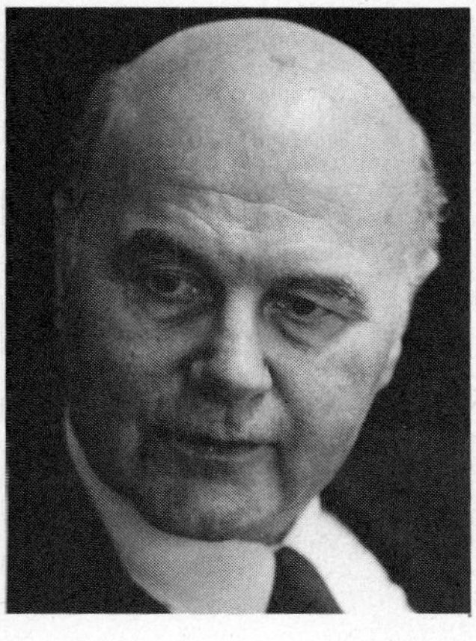

d. EKD. 1974-90 Vertr. d. EKD im ZDF-Fernsehrat; 1985-88 Vorst.-Vors. Gemeinschaftswerk d. ev. Publiz., Frankfurt - 1974 Ehrendoktor Christl.-Theol. Akad. Warschau; 1981 Gr. BVK m. Stern; 1988 Komturkreuz d. VO d. Rep. Polen.

HILD, Rudolf

Dr. med., Prof., Chefarzt Innere Abteilung/St.-Josefs-Krankenhaus - Landhausstr. 25, 6900 Heidelberg - Geb. 1. Mai 1928 - Promot. 1963 Erlangen - S. 1963 (Habil.) Privatdoz. u. apl. Prof. (1969) Univ. Heidelberg (Inn. Med.). Bücher u. Einzelarb. (üb. 100).

HILDEBRAND Gerhard Konrad

Dr. phil., Univ.-Prof. f. Schul- u. Medienpädagogik - Rahestr. 43, 4600 Dortmund 12 (T. 0231-25 86 53) - Geb. 16. Dez. 1923 Dortmund-Brackel (Vater: Hermann H., Reitlehrer u. -meister im Polizeidienst; Mutter: Anna Marie, geb. Hühner), ev., verh. s. 1954 m. Else Margarete, geb. Schütt, S. Achim Armin - Gymn. Rathenow/Havel; 1942-47 Soldat u. Kriegsgefangensch. (UdSSR); 1951-53 Päd. Akad. Dortmund, Univ. Münster (Päd., Psych., Publiz.); Promot. 1968 - 1953-61 Volks- u. Realschullehrer; s. 1961 im Hochschuldst. als wiss. Assist., Akad. Rat, Oberrat, Stud.-Prof.; 1970-80 Senatsbeauftragter f. d. Fernstud.; 1981-89 Prof. Univ. Dortmund; Begründer u. Leit. d. Mediendidakt. Zentr. d. Univ. Dortmund; 1973-85 Schulfernsehbeirat WDR Köln; 1971-73 Lehrplankommiss. b. Kultusmin. NRW; 1974-77 Beirat d. Projekts d. Bund-Länder-Kommiss. Unterrichtsdok. - BV: D. programmierte Instruktion u. d. bildende Unterr., 1969; D. techn. Medienwesen in Forsch., Lehre u. Praxis, 1976; Z. Gesch. d. audiovisuellen Medienwesen in Deutschl. (Hrsg.), 1976; D. verbale Verarb. visueller Information (Hrsg.), 1978; Medien-Dimensionen u. Themen, 1978; weitere Beitr. in Fachztschr.; Film- u. Videoproduktionen - Liebh.: Familienforschung - Spr.: Engl.

HILDEBRAND, Günter

Hauptgeschäftsführer Landessportverband Schlesw.-Holst. - Winterbeker Weg 49, 2300 Kiel.

HILDEBRAND, Hanns-Botho

Wirtschaftsingenieur, Ehrenvors. WEMA Wirtschaftsverb. Eisen-, Maschinen- u. Apparatebau, Berlin 19 - Augustastr. 15, 1000 Berlin 45 - Geb. 24. März 1912 Breslau - Handelsrichter - 1972 Gr. BVK.

HILDEBRAND, Hermann

Angestellter, MdL Nieders. (1966-78) - Argestr. 20, 2960 Walle/Ostfriesl. (T. Aurich 81 60) - Geb. 30. Dez. 1919 Carolinensiel/Ostfriesl., verh., 2 Kd. - Volkssch.; Verw.slehre - Berufssoldat (1943 als Jagdflieger üb. Nordafrika abgeschlossen u. schwer verwundet); s. 1945 Angest. Landkrankenkasse Aurich (b. 1962 Betriebsprüfer, dann Abt.sleit.). Bürgerm. u. Gemeindedir. Walle; MdK Aurich. SPD (1980 ausgetr.).

HILDEBRAND, Jürgen W.

Sprecher d. Geschäftsführung Peroxid-Chemie GmbH, Höllriegelskreuth - Hubertusstr. 40, 8022 Grünwald/Obb. (T. 089 - 641 27 94) - Geb. 8. Sept. 1932 Berlin (Vater: Dietrich H., Offz.; Mutter: Gisela, geb. Muff), ev., verh. s. 1964 m. Friederike, geb. Schulze-Forster, 2 Kd. (Yvonne, Michael) - Gymn. Zossen/Berlin u. Bad Pyrmont, College Dublin/Irl. - S. 1971 Geschäftsf. Peroxid-Chemie; stv. AR-Vors. Société Chalonnaise De Peroxydes Organiques, Paris - Liebh.: Reiten, Skilaufen - Spr.: Engl., Franz.

HILDEBRAND, Klaus

Dr. (habil.), o. Prof. f. Mittelalterliche u. Neuere Geschichte Univ. Bonn (s. 1982) - Unter dem Klorenrech 26, 5305 Alfter - Geb. 18. Nov. 1941 Bielefeld (Vater: Ewald H., Kaufm.; Mutter: Maria, geb. Tausch), ev., verh. s. 1972 m. Erika, geb. Krebber, S. Daniel - Abitur; Stud. Geschichte, Sozialwiss., Lit.; Promot. 1967; Habil. 1972 Univ. Mannheim. 1965-72 Wiss. Assist. Univ. Mannheim; 1972-74 Wiss. Rat u. Prof. Univ. Bielefeld; 1974-77 o. Prof. f. Mittlere u. Neuere Gesch. Univ. Frankfurt/M.; 1977-82 o. Prof. f. Neuere Gesch. Univ. Münster/W. - BV: Vom Reich zum Weltreich. Hitler, NSDAP u. koloniale Frage, 1969; Bethmann Hollweg - d. Kanzler ohne Eigenschaften?, 1. u. 2. A. 1970; Dt. Außenpolitik 1933-45. Kalkül oder Dogma?, 1971, 5. A. 1990 (Engl.: The Foreign Policy of the Third Reich, 1973); Das Dritte Reich, 1. A. 1979, 2. A. 1980, 3. erw. A. 1987, 4. A. 1991 (Ital. 1983, Engl. 1984, Franz. 1984, Jap. 1987, Span. 1988); V. Erhard z. Gr. Koalition 1963-1969, 1984; Dt. Außenpolitik 1871-1918, 1989; German Foreign Policy from Bismarck to Adenauer, 1989, D. Außenpolitik d. Bundesrep. Deutschl., 1991. Mithrsg. d. Akten z. Außenpolitik d. Bundesrep. Deutschl., u. d. Enzyklopädie Dt. Geschichte - Mitgl. Histor. Kommiss. Bayer. Akad. d. Wiss., Mitgl. Kommiss. f. d. Gesch. d. Parlamentarismus u. d. polit. Parteien, Mitgl. Editorial Advis. Board Ztschr. The Intern. History Review, 1991 o. Mitgl. d. Rhein.-Westf. Akad. d. Wiss.

HILDEBRAND, Wilhelm

Dipl.-Ing., Geschäftsführer Thyssen Bandstahl Berlin GmbH. - Berliner Str. 19, 1000 Berlin 27; priv.: Wiltinger Str. 13, 28.

HILDEBRANDT, Alfred

Dr. med., Prof. f. Pharmakologie u. Toxikologie, Leit. Max von Pettenkofer-Inst. d. Bundesgesundheitsamtes - Höhmannstr. 6, 1000 Berlin 33.

HILDEBRANDT, Bernd

Dr. jur., Rechtsanwalt, Vorstandsvors. Deutsche Hagel-Versicherungs-Ges. a. G. f. Gärtnereien usw., Wiesbaden (s. 1968) - v.-Frerichs-Str. 10, 6200 Wiesbaden (T. 56 03 89) - Geb. 21. Dez. 1933 Berlin, verh. s. 1958 m. Margot, geb. Wessel, T. Claudia - Gärtnermeisterprüf. 1958 Berlin; Abitur (extern) 1958 Berlin; Promot. 1965 Heidelberg - 1950-58 prakt. Gartenbau; 1964-68 Direktionsassist. 1982-85 Präs. Zentralverb. Gartenbau Bonn; s. 1989 Mitgl. Ehrenkomitee Intern. Vereinig. d. Hagelversich. Zürich - BV: D. Beeinträchtigung d. zwischenstaatl. Handels - E. Unters. zu Art. 85 EWG-Vertrag, 1965 (Diss.) - Spr.: Engl., Franz. - Rotarier.

HILDEBRANDT, Dieter

Dr. phil., Publizist, Schriftsteller, Filmautor - Hölderlinstr. 12, 1000 Berlin 19 (T. 302 52 12) - Geb. 1. Juli 1932 Berlin - Deutschland - deine Berliner, 1973 (m. Zeichnungen v. Heide Luft); Ödön v. Horváth, 1975 (Monogr.); Lessing-Biogr. e. Emanzipation, 1979. Dokumentarfilm: D. gelbe Stern, 1980; D. Leute v. Kurfürstendammm, R. 1982; Pianoforte, Roman d. Klaviers, 1985; Saulus/Paulus. E. Doppelleben, 1989; Berliner Enzyklopädie, 1991.

HILDEBRANDT, Dieter

Schauspieler, Kabarettist - Rollenhagenstr. 3b, 8000 München 83 (T. 60 47 26) - Geb. 1928 (?) - Langj. Mitgl. Münchener Lach- u. Schießges. (b. 1972, Auflös.) - 1982 Journalistenpreis D. grüne Zweig (f. d. FS-Send. Scheibenwischer); 1984 Fernsehpreis Verb. d. Dt. Kritiker.

HILDEBRANDT, Fritz

Dipl.-Kfm., Président-Directeur-Général de la Société Alsacienne d'Aluminium S.A. (1977-80, s. 1981 i. R.) - Quellenweg 8, 5330 Königswinter 41 - Geb. 30. Juli 1917 Memel (Vater: Gustav H., Landesrat; Mutter: Anna, geb. Rathmann), ev., verh. s. 1942 m. Ursula, geb. Dalchow, Tochter - TH Berlin, Univ. Köln (Dipl.-Kfm. 1948) - S. 1949 Ver. Aluminium-Werke (zul. Vorstandsmitgl.), 1972-77 VAW-Leichtmetall GmbH, Bonn; Vors. d. Geschäftsf.

HILDEBRANDT, Gerd

Dr. rer. silv., Dr. rer. nat., Prof. f. Fernerkundung, Forsteinricht. u. Forstl. Betriebsw. - Lichtenbergstr. 94, 7800 Freiburg/Br. - Geb. 27. Nov. 1923 Leipzig (Vater: Otto H., Stadtverw.Dir. (†1945); Mutter: Louise, geb. Sander (†1981)), s. 1947 verh. m. Isabella, geb. Selder, 5 Kd. (Gabriele, Michael, Christoph, Therese, Andreas) - Promot. Berlin (1953) u. Freiburg (1958) - S. 1963 (Habil.) Lehr- u. Forschungstätigk. Univ. Freiburg (1969 Prof.); 1980-84 Präs. Dt. Ges. f. Photogrammetrie u. Fernerkundung. Zahlr. Facharb. - Ehrenmitgl. Soc. of American Foresters.

HILDEBRANDT, Gerhard

Dr.-Ing., Prof., Physiker - Katzwanger Steig 2, 1000 Berlin 22 - Geb. 30. Mai 1922 Berlin, verw., 2 Kd. - Dipl.-Ing. 1951, Promot. 1958, Habil. 1970 (alles TU Berlin) - 1958-87 FHI/MPG. Etwa 80 Fachveröff. (dar. 8 Buchbeitr.) - 1958 Karl-Scheel-Preis.

HILDEBRANDT, Gerhard

Dr. phil., Akad. Oberrat Univ. Göttingen - Sudetenlandstr. 30, 3400 Göttingen (T. 0551 - 7 21 52) - Geb. 23. März 1919 Hierschau, Mennonit, verh. s. 1956 m. Julia, geb. van Delden, 4 Kd. (Jan, Elisabeth, Cornelie, Burghard) - Stud. Univ. Göttingen (Slawistik, Osteurop. Gesch., Theol.); Promot. 1956 Univ. Göttingen - Stv. Vors. d. Kulturrates d. Dt. aus Rußland, u. d. Hist. Kommiss. z. Erforsch. d. Gesch. u. Gegenwart d. Dt. in Rußland/UdSSR; Vors. Kommiss. Intern. Mennonitische Kontakte (IMK); Vors. v. Verein z. Erforsch. d. rußländ. Mennonitentum in Geschichte u. Gegenwart, e.V. - BV: D. Leben d. Protopopen Avvakum (Übers. aus d. Altruss.), 1965.

HILDEBRANDT, Gunther

Dr. med., o. Prof. f. Arbeitsphysiologie u. Rehabilitationsforsch. - Calvinstr. 13, 3550 Marburg/L. (T. 2 75 47) - Geb. 12. Jan. 1924 Freiburg/Br. (Vater: Prof. Dr. med. Wilhelm H., Internist (s. IX. Ausg.); Mutter: Anna-Luise, geb. Evers), ev., verh. s. 1951 m. Dr. med. Guntrud, geb. Evers, 7 Kd. (Gudrid, Gesine, Uwe, Wulf, Aino, Horst-Joachim, Imke) - Gymn. Bad Doberan; Univ. Tübingen, Straßburg, Hamburg, Marburg. Promot. (1949) u. Habil. (1959) Marburg - 1951-61 Assist. u. Dir. (1959) Balneolog. Forschungsst. Bad Orb; s. 1961 Abt.leit. Physiol. Inst. u. Dir. Abt. f. Arbeitsphysiol. u. Rehabilitationsf. (1964) Univ. Marburg (1964 ao., 1967 o. Prof.). 1967ff. Vors. Dt. Ges. f. Physikal. Med.; 1968ff. Vors. Mittelrhein. Studienges. f. Klimatol. u. Balneol.; 1971ff. Vizepräs. International Society for Chronobiology. Div. Fachmitgliedsch., dar. Intern. Soc. for Biometeorology; 1985 Präs. Europ. Ges. f. Chronobiologie, Leiden (Holland) - BV: Oszillograph. Praxis, 1958 (m. A. Hildebrandt); Biol. Rhythmen u. ihre Bedeut. f. d. Bäder- u. Klimaheilkd., in: Handb. d. Bäder- u. Klimaheilkd., 1962; Durchblutungsmessung m. Wärmeleitelementen, 1963 (m. K. Golenhofen u. H. Hensel). Herausg.: Biologische Rhythmen u. Arbeit (1976); Biological Adaptation (m. H. Hensel, 1982); Balneologie u. med. Klimatologie (3 Bde., m. W. Amelung, 1985/86); Chronobiological aspects of physical therapy and cure treatment (m. Y. Agishi, 1989); Physikal. Med., Bd. 1-4 (m. H. Drexel, K. F. Schlegel u. G. Weimann, 1989/90) - 1986 Ehrenmitgl. Poln. Ges. f. Balneologie, 1988 Ges. f. Physiotherapie d. DDR, 1989 Dt. Ges. f. Physik. Med. u. Rehabilitation; 1990 Österr. Ges. f. Balneol. u. Med. Klimatol.; European Soc. for Chronobiology - Liebh. Musizieren, Malen.

HILDEBRANDT, Helmut

Dr. rer. nat., Prof. Geograph. Inst./Univ. Mainz - Philipp-Wasserburg-Str. 35, 6500 Mainz-Gonsenheim - Geb. 29. Juli 1936 Berlin - Promot. 1967 Marburg; Habil. 1975 Mainz - BV: Regelhafte Siedlungsformen im Hünfelder Land, 1968; Studien z. Zelgenproblem, 1980.

HILDEBRANDT, Helmut W.

M. A., Polizeihauptkommissar a. D., MdA Berlin (s. 1979) - Zu erreichen üb. Abgeordnetenhaus, John F. Kennedy-Pl., 1000 Berlin 62 - Geb. 23. Nov. 1931 Berlin (Vater: Walter H., Kürschner; Mutter: Johanna, geb. Hesse), verh. s. 1954 (Ehefr.: Gertrud), 3 Kd. (Marion, Andre, Karsten) - Volkssch.; 1946-49 Kürschnerlehre; Abit. Abendsch. 1962 - Ab 1952 Polizeidst. (1964 ltd.); 1970-75 Stud. Sozialwiss. Dozentur. SPD (1971 Mitgl. Landesvorst. Berlin) - Liebh.: Angeln - Spr.: Engl., Franz.

HILDEBRANDT, Hermann

Staatssekretär bei d. Senatsverw. f. Kulturelle Angelegenheiten Berlin (s. 1991) - Bredowallee 13, 5300 Bonn 1 (T. 25 40 70) - Geb. 21. Jan. 1928 Göttingen (Vater: Hermann H., Krankenpfleger; Mutter: Hilde, geb. Gräf), ev., verh. s. 1957 m. Carla, geb. Jacobi, 4 Kd. (Andreas, Elke, Matthias, Thomas) - 1942-44 Verw.-Lehre in Univ. Göttingen; 1948-53 Abendschule Göttingen (Hochschulreife); 1953-58 Stud. Rechtswiss. Univ. Göttingen (1. jurist. Staatsprüf. 1958, Ass.-Ex. 1962) - 1948-53 Verw.-Angest. Univ. Göttingen; 1962-69 Ass. Berliner Verw.; 1970-72 Kanzler FU Berlin; 1973-87 Leit. Hochschulabt. b. Senator f. Wiss. u. Kunst Berlin; 1987-91 stv. Generalsekr. d. Kultusministerkonfz. (KMK) - BV: Wiss. in Berlin, in: Berlin Fibel, 1975 - Liebh.: Preuß. Gesch. - Spr.: Engl.

HILDEBRANDT, Irma

Autorin, Redakteurin - Winterbergstr. 90, 4973 Vlotho (T. 05733 - 42 20) - Geb. 17. Juni 1935 Hergiswil am Vierwaldstättersee/Schweiz, verh. m. Prof. Dr. Walter Hildebrandt, 4 Kd. aus 1. Ehe m. H. Th. Laux (Michael, Thora, Lukas, Regula) - Lehrerausb. in Luzern, Stud. d. German. u. Romanistik Zürich, später Zweitstud. German., Päd., Soziol. Bielefeld (Dipl. 1983) - Lehr- u. Vortragstätigk., 1974 Mitbegr. e. Jugendkunstsch. in Vlotho u. Übernahme d. Theaterarb.; s. 1983 Redakt. d. Ztschr. Frau u. Kultur; Mitarb. an zahlr. lit. Projekten, u. a. in d. GEDOK - BV: Warum schreiben Frauen? Emanzipation im Spiegel d. mod. Lit., 1980; In d. Fremde zu Hause? Flüchtlinge u. Emigranten in d. Schweiz, 1982; V. Eintritt d. Frau in d. Literatur, 1983; Es waren ihrer Fünf. D. Brüder Grimm u. ihre Familie, 1984, 3. A. 1986 (Jap. Übers.); Leben aus d. Kraft d. Stille (m. Walter Hildebrandt), 1986; Zw. Suppenküche u. Salon. Achtzehn Berlinerinnen, 1987, 5. A. 1990; Im tück'schen Eichendorffschen Frieden, Ged. 1988; Curtidas Pieles de Años. Gegerbte Jahreshäute, Ged. (span./dt.) 1988; Morgengrauen, Hörsp. 1989 (Kass. Radio Zürich); Bin halt e. zähes Luder. 15 Münchner Frauenporträts, 1990, 4. A. 1992. Herausg.: Ich schreibe, weil ich schreibe. Autorinnen d. GEDOK (m. R. Massmann, 1990); Das Kind, in dem ich stak (m. E. Zeller, 1991). Zahlr. Beiträge in Ztschr., Sammelbänden, Anthol. u. im Rundfunk. Übers. ins Engl., Franz., Span. u. Jap. - Mitgl. Deutschschweiz. PEN-Zentrum; Europ. Autorenvereinigung DIE KOGGE; 1986 1. Tuttlinger Lit.preis; 1989 IVG-Journalistenpreis; 1990 Werkbeitrag d. Stadt Luzern; 1991 1. Europ. Lyrikpreis f. Frauen, Luxemburg.

HILDEBRANDT, Regine
Dr., Ministerin f. Arbeit, Soziales, Gesundheit u. Frauen im Land Brandenburg (s. 1990) - Rosa-Luxemburg-Str. 3, O-1020 Berlin (T. 0309 - 281 23 86) - Geb. 26. April 1941, verh., 3 Kd. (Frauke, Jan, Elske) - Stud. Biologie, Univ. Berlin; Dipl. 1964 Berlin, Promot. 1968 ebd. - Liebh.: Musik.

HILDEBRANDT, Reiner
Dr. phil., Prof. f. Linguistik d. Deutschen u. Ältere Dt. Philol. Univ. Marburg (s. 1971) - Am Zuckerberg 2, 3550 Marburg/L. - Geb. 21. März 1933 Hachenburg (Eltern: Hermann (Pfarrer) u. Charlotte H.), ev., verh. s. 1963 m. Dr. Renate, geb. Günther, 2 Kd. (Henrike, Henrik) - Univ. Marburg u. Bonn (German., Theol., Psych.). Promot. (1963) u. Habil. (1970) Marburg. Gf. Dir./Abt.leit. Forsch.inst. f. dt. Spr. (Dt. Sprachatlas). Redaktionsmitgl. Europ. Sprachatlas (ALE) - BV: Ton u. Topf - Zur Wortgesch. d. Dörfperware im Deutschen, 1963; Summarium Heinrici, textkrit. Ausg., 2 Bde., 1974 u. 1982. Herausg.: Dt. Dialektographie (DDG), Bd. 100ff. (1974ff.); Hist. Wortforschung, Bd. 1 (1986).

HILDEBRANDT, Reinhard
Dr. phil., Univ.-Prof., Historiker - Tittardsfeld 106, 5100 Aachen - Geb. 26. Febr. 1937 - Promot. 1966 Hamburg, Habil. 1972 Berlin (FU) - S. 1973 Prof. TH Aachen (Leit. Lehrgeb. Gesch. d. frühen Neuzeit) - D. Georg Fuggerschen Erben - Kaufm. Tätigk. u. soz. Status 1555-1600, 1966.

HILDEBRANDT, Stefan
Dr. rer. nat., o. Prof. f. Mathematik Univ. Bonn - Drachenfelsstr. 23, 5205 St. Augustin 2 - Geb. 13. Juli 1936 Leipzig - Stud. 1954-60 Leipzig, Mainz. Promot. 1961, Habil. 1965 Mainz; o. Prof. Mainz (s. 1967), in Bonn (s. 1970). Facharbeiten - Mitgl. Dt. Akad. d. Naturforscher LEOPOLDINA in Halle.

HILDEBRANDT, Walter
Dr. phil., o. Prof. f. Soziologie u. Sozialpäd. Univ. Bielefeld (s. 1965) - Winterbergstr. 90, 4973 Vlotho/Weser (T. 42 20) - Geb. 24. Juli 1912 Leipzig (Vater: Otto H., Stadtverws.dir.; Mutter: Louise, geb. Sander), ev., verh. s. 1938 m. Elfriede, geb. Schreiber, s. 1977 m. Irma, geb. Bucher, 3 Kd. (Frauke, Jan, Hille) - Oberrealschule; Universitäten Königsberg, Prag, Wien, Leipzig (Soziol., Nationalök., Geschichte). Promot. 1937 - 1937-38 Forschungsbeauftr. d. Reichsarbeitsmin. f. Raumforsch.; 1939-45 Oberassist. Südosteuropa-Inst., Leipzig; 1951-54 Chefredakt. Osteuropa-Handb.; 1958-66 Hauptschriftl. Ztschr. Moderne Welt. Mitherausg. Dt. Studien, Vierteljahreshefte. Stv. Vors. Gesamteurop. Studienwerk e. V., Vlotho; Vizepräs. Ost-Akad., Lüneburg; Mitgl. Wiss. Beirat Südosteuropa-Ges. - BV: D. Kl. Wirtschaftsentente, 1938; D. Landflucht in Franken, 1940; D. Volksdemokr. Albanien, 1951; D. Triestkonflikt, 1953; D. Sowjetunion - Macht u. Krise, 1955; D. Schwerind. in d. Sowjetunion, 1957; Siegt Asien in Asien? - Traditionalismus, Nationalismus, Kommunismus / Strukturprobleme e. Kontinents, 1966; D. nachlib. Zeitalter, 1973; Mut z. Mühe, 1984; Leben aus d. Kraft d. Stille (m. Irma H.), 1986; Versuche gegen d. Kälte - Schriften zu Lit. u. Zeitgeistforsch., 1987 - Spr.: Engl., Franz.

HILDEN, Hans
Dr. rer. nat., Prof. f. Mathematik GH Paderborn - Südstr. 8, 4795 Delbrück/W. - Stud. Math.

HILDENBRAND, Bruno
Dr. rer. soc., Soziologe, Prof. an d. Berufsakad. Villingen-Schwenningen, Privatdoz. Univ. Frankfurt/M. - Graneggstr. 19, 7732 Niedereschach - Geb. 8. Okt. 1948 Oberkirch, verh. s. 1971 m. Astrid Streule, 2 Söhne (Erik, Jörg) - Promot. 1979 Konstanz; Habil. 1991 Frankfurt - Leit. d. Fachrichtung Arbeit m. psychisch Kranken u. Suchtkranken an d. Berufsakad. Villingen-Schwenningen - BV: Alltag u. Krankheit, 1983; Alltag als Therapie, 1991. Mitherausg. d. Reihe Familienwelten - Spr.: Engl., Franz.

HILDENBRAND, Gebhard
Dr. rer. nat., Prof. e. wiss. Hochsch. - Geb. 7. Juni 1932 - Oosstr. 16, 7517 Waldbronn 1 - Arbeitsgeb.: Methodik-Didaktik d. Chemieunterr., Ökol. Unters. an Fließgewässern, experimenteller Umweltschutz.

HILDENBRAND, Werner
Dr. rer. nat., o. Prof. f. Wirtschaftstheorie Univ. Bonn (s. 1969) - Am Sonnenhang 7, 5300 Bonn-Ippendorf - Geb. 25. Mai 1936 Göttingen (Vater: Dipl.-Ing. Eduard H.; Mutter: Elisabeth, geb. Degen), 3 Kd. - Stud. Math. - Promot. 1964; Habil. 1968 - 1966-68 Univ. Berkeley (USA), 1968-70 Res. Prof. Université Catholique de Louvain, Belgien - BV: Equilibria and Core of Large Economies, 1974; Lineare ökon. Mod., 1975 (m. K. Hildenbrand); Equilibrium Analysis 1989 (with A. Kirman).

HILDENBRANDT, Eberhard
Dr. phil., Prof. f. Sportwissenschaft Univ. Marburg - Cappeler Str. 40, 3550 Marburg/L. - Geb. 19. Mai 1933 Friedrichsthal/Saar - Stud. Saarbrücken, Marburg; Promot. 1969 - 1978/79 u. 1985/86 Dekan. Arbeitsgeb.: Trainingswiss., Sprache u. Bewegung, Sport m. Sehgeschädigten.

HILDENBRANDT, Erich

Lic. oec., Geschäftsf. Gesellschafter d. Hildenbrandt GmbH Immobilien, Stuttgart - Gutenbergstr. 6, 7000 Stuttgart 1 - Geb. 3. März 1955, verh., 2 Kd. - S. 1986 Bundespressesprecher im Verb. Dt. Makler, 1989 Vizepräs. Verb. Dt. Makler - Autor zahlr. kritischer Beiträge in Tages- u. Fachpresse. Öfftl. Eintreten f. verbesserte Ausb. m. Abschlußprüf. od. adäquatem Qualifikationsnachweis f. Berufsausübung d. Immobilienmaklers - Goldene Ehrennadel.

HILDMANN, Henning
Dr. med., Prof., Hals-Nasen-Ohrenarzt - Gabelsberger Str. 62, 4630 Bochum 1 - B. 1978 Privatdoz., dann apl. Prof. RWTH Aachen (Med. Fak.); s. 1979 Lehrstuhl f. HNO-Heilk. Ruhr-Univ. Bochum.

HILF, Willibald
Staatssekretär a. D., Intendant Südwestfunk (s. 1977) - 7570 Baden-Baden. Geb. 26. Mai 1931 Niederlahnstein, kath., verh. s. 1961 m. Helga, geb. Heise, 2 Söhne (Johannes, David) - Gymn. - Univ. Mainz (Rechts- u. Staatswiss.); Gr. Jurist. Staatsprüf. 1959 - Parlam. Geschäftsf. d. CDU-Landtagsfrakt. RP. 1963-76 MdL RP.; 1969 Staatssekr. u. Chef d. Staatskanzlei RP; 1968-77 VR-Mitgl. d. SWF (ab 1973 Vors.); 1974-76 stv. Vors. Kommiss. f. d. Ausbau d. techn. Kommunikationswesens; 1977 Ehrensen. d. Hochsch. f. Verw.-Wissensch. Speyer; Federführung d. dt.-franz. Zusammenarbeit im Rundfunk (Hörfunk u. Fernsehen); 1986/87 Vors. d. Arbeitsgemeinsch. d. öffentl.-rechtl. Rundfunkanst. d. Bundesrep. Deutschl. (ARD) - Großoffz.kr. d. Ordens v. Oranien-Nassau u. Komturritterkr. d. Ordens d. Hl. Gregors d. Gr.; BVK I. Kl.; 1989 Gr. BVK; Orden Chevalier de la Legion d'Honneur - Liebh.: Klavier, Orgel, Tennis - Gold. Sportabz. 1972.

HILFENHAUS, Rudolf
Bundesbahnbeamter, MdL Hessen (s. 1974) - Hauseller Weg 9, 6405 Eichenzell-Welkers (T. 21 82) - Geb. 11. Juni 1937 - SPD.

HILGARTH, Manuel
Dr. med., Prof. f. Gynäkologie, Vorsitzender Arbeitsgemein. f. Zervixpathologie u. Kolposkopie (s. 1984), Generalsekr. Intern. Akad. f. Zytologie (s. 1989) - Robert-Koch-Str. 1, 7800 Freiburg (T. 27 66 95) - Geb. 18. Juni 1936, verh. 7. Natalie - Med.-Stud. Freiburg, Wien; Promot. 1963, Habil. 1976, Prof. 1980, alles Freib. - Fellow Intern. Akad. Cytolog. OA.; Frauenkl. Univ. Freib., Leit. Zytolog.-Labor - BV: Div. Veröff. in gynäkolog. Fachztschr.; Farbatlas d. gynäk. Zytodiagnostik (m. L. Szalay). Herausg.: Festschr. Prof. Dr. H.-G. Hillemanns z. 65. Geb. - Spr.: Engl., Franz.

HILGENBERG, Fritz
Dr. med., Prof., Leiter Kardiolog. Abt./ Univ.s-Kinderklinik Münster (s. 1969) - Am Schloßgarten 17, 4400 Münster/W. (T. 8 13 73) - Geb. 24. April 1924 (Vater: Prof. Dr. med. Friedrich C. H., Chefarzt Städt. Frauenklinik Essen; Mutter: Marianne, geb. Goebel), kath., verh. s. 1952 m. Christa, geb. Förster, 6 Kd. (Christiane, Annelie, Friederike, Frank, Jost, Fritz) - Goethe-Obersch. Essen; Univ. Marburg, Med. Akad. Düsseldorf - S. 1963 (Habil.) Lehrtätigk. Univ. Münster (1968 apl. Prof.; gegenw. Wiss. Rat u. Prof.) - BV: Indikatormethoden in d. Diagnostik kindl. Herzfehler, 1965 (Basel/New York). Fachaufs. Mitgl. Assoc. of European Paediatric Cardiologists - Spr.: Engl., Franz.

HILGENBERG, Wilhelm
Dr. phil. nat., Prof. f. Botanik Univ. Frankfurt - Siesmayerstr. 70, 6000 Frankfurt 11.

HILGER, Erwin
Dr. rer. nat., Prof. f. Exper. Physik Univ. Bonn (s. 1986) - Fuchsweg 18, 5300 Bonn 1 (T. 0228-64 57 38) - Geb. 23. Jan. 1941 Bonn, kath., verh. s. 1969 m. Dietgard, geb. Sieburg, 2 T. (Katrin, Astrid) - Stud. 1960-67 Univ. Bonn; Promot. 1971 - 1974-76 Stanford Univ.; 1983-86 Prof. Univ. Hamburg.

HILGER, Hans Hermann
Dr. med., o. Prof. f. Innere Medizin (Lehrstuhl III) u. Dir. Med. Univ.-Klinik III/Kardiologie Köln (s. 1971) - Rheingoldstr. 19, 5030 Hürth-Hermülheim (T. 02233 - 7 22 38; Köln 478(1) - 45 03) - Geb. 16. März 1928 Remscheid, verh. I) m. Dr. med. Dorothee, geb. Graf († 1981); II) s. 1984 m. Renate, geb. Bracht, verw. Kullmann, 4 Kd. (Karin, Renate, Sigrid, Detlef) - S. 1964 (Habil.), 1969 (apl. Prof.), 1970 (Wiss. Rat u. Prof.) Univ. Bonn, Med. Univ.-Klinik; 1971 (o. Prof.) Univ. Köln, Univ.-Kliniken - BV: Pathophysiol. I Herz u. Kreislauf, 1974; Koronarinsuffizienz, in: Innere Med. in Praxis u. Klinik, 1973/76/84/91; Signal Averaging Technique in Clinical Cardiologie, 1981; Holter Monitoring Technique, 1985; Invasive Cardiovascular Therapy, 1987; Electrocardiography and Cardiac Drug Therapy, 1989; D. Arztberuf im Wandel d. Zeit, 1990; üb. 350 Fachveröff. - 1985 Intern. fellow Council on Clinical Cardiology American Heart Assoc.; s. 1988 Vors. d. Kurat. d. Stiftg. Hufeland-Preis - Rotarier.

HILGER, Marie-Elisabeth,
geb. Vopelius
Dr. rer. pol., Dipl.-Soziol., Prof. f. Sozial- u. Wirtschaftsgeschichte - Allende-Platz 1, 2000 Hamburg 13 - Geb. 19. Dez. 1935 Berlin (Vater: Dipl.-Landw. Dr. Oswalt Vopelius; Mutter: Luise, geb. Albrecht), ev., verh. s. 1977 m. Prof. Dr. phil. Dietrich H. † - S. 1975 Prof. Univ. Hamburg.

HILGER, Marie-Luise
Dr. jur., Prof., Vors. Richterin BAG a. D. - Graf-Bernadotte-Pl. 3, 3500 Kassel-W'höhe; priv.: Uhlenhorststr. 18 - Geb. 17. Aug. 1912 Bremen - Promot. 1940 Kiel; Habil. 1959 Heidelberg - S. 1952 Lehrtätigk. Univ. Heidelberg u. Göttingen (1959; Honorarprof. f. Arbeitsrecht einschl. s. bürgerl.-rechtl. Grundl.) - Spr.: Engl., Franz.

HILGER, Peter

Dr. rer. pol., Dipl.-Kfm., Geschäftsführer (Spedition/Lagerei, Handel) - Orlamünder Weg 3, 2800 Bremen 1 - Geb. 16. Febr. 1930 Blumenthal (Vater: Hermann H., Bundesbahnbeamter; Mutter: Sofie, geb. Kiel), kath., verh. s. 1955 m. Hildegard, geb. Kreutzer, 2 Kd. (Birgit, Peter) - Human. Gymn.; Univ. Köln (Dipl.-Kfm. 1953; Promot. 1955) - Ref. Bundesverb. Spedition u. Lagerei, Bonn; Gründer u. gf. Gesellsch. d. Unternehmensberat. Spedition u. Lagerei GmbH, Bonn; s. 1968 Geschäftsf. Transthermos GmbH, Bremen, Thermo Transport Systeme GmbH, Bremen, Speditionsges. f. Kühlverkehr GmbH & Co. KG; div. AR-, Beirats- u. VR-Mand.; Vorst. in Bundesverbänden - BV: Paletten, 1965; Verkehrsbetriebe im Wettbew., 1967; Internationale Kühltransporte, Handb. 1988 - Spr.: Engl.

HILGER, Werner
Oberbürgermeister Stadt Dillingen (1978-84) - 8880 Dillingen/Donau - Geb. 17. Juni 1935 Pegnitz - Zul. Regierungsdir. CSU.

HILGER, Wolfgang
Dr. rer. nat., Dipl.-Chem., Prof. f. Chemie Univ. Frankfurt, Vorstandsvors. Hoechst AG - Postf. 80 03 20, 6230 Frankfurt/M. 80 - Geb. 16. Nov. 1929 - S. 1958 Hoechst, s. 1985 Lehrauftr. üb. techn. anorgan. Chemie Johann Wolfgang Goethe-Univ., Frankfurt/M., AR-Mand. u. a.

HILGERMANN, Reinhard
Dr. med., Prof. f. Rechtsmedizin Univ. Marburg - An der Haustatt 46, 3550 Marburg.

HILGERS-HESSE, Irene
Dr. phil., Prof., Malaiologin, gf. Vorstandsmitgl. Dt. Indones. Ges. - Lortzingstr. 72, 5000 Köln 41 - Lehrtätigk.

HILGERT, Siegfried
Dr. rer. pol., Dipl.-Kfm., Geschäftsführer R. Auffermann GmbH (Thyssen-Konzern) - Höherweg 271a, 4000 Düsseldorf - 1952-56 Stud. Betriebswirtsch. Univ. Köln; Promot. 1959 Univ. Köln (Prof. Erich Gutenberg).

HILGNER, Isolde
Prof., Hochschullehrerin - Sertorius Ring 305, 6500 Mainz-Finthen - Prof. f. Textil Univ. Mainz (Fachbereich Kunsterzieh.).

HILKE, Wolfgang O. H.
Dr. rer. pol., Dipl.-Kfm., o. Prof. f. Betriebswirtschaftslehre Univ. Freiburg (s. 1978) - Wertmannplatz 1, 7800 Freiburg/Br. - Geb. 19. Mai 1941 Cottbus (Vater: Dr. Otto H., Physiker; Mutter: Ilse, geb. Liebenow), verh. s. 1965, 2 Kd. - N. Abit. Praktik. Großbank; 1960-64 Univ. Hamburg (Betriebsw.; Dipl.-Kfm.). Promot. u. Habil. Hamburg - 1976-78 Privatdoz. Univ. Hamburg; 1981/82 Dekan Wirtschaftswiss. Fak. Univ. Freiburg - BV: Stat. u. dynam. Oligopolmodelle, 1973; Zielorient. Produktions- u. Programmplanung, 1978; Dynam. Preispolitik, 1978; Ablaufplanung, 1981; Bilanzpolitik, 1983 - Liebh.: Theater, Ornithol., Sport - Spr.: Engl., Franz.

HILKER, Helmut F.
Journalist, Autor - Jordanstr. 15, 3000 Hannover - Geb. 16. Nov. 1927 Köln - U. a. Mitarb. Bundespresseamt. Üb. 350 Hörsp. - 1983 Robert-Mayer-Preis (VDI).

HILL, Dieter
Dipl.-Ing., Geschäftsführer Turbo Lufttechnik GmbH, Zweibrücken - Zu erreichen üb. Turbo Lufttechnik GmbH, Gleiwitzstr. 7, 6660 Zweibrücken - Geb. 10. März 1931 Kaiserslautern, verh. s. 1962, S. Oliver - Realgymn. Homburg/S.; TU Karlsruhe (Allg. Maschinenbau; Dipl. 1957).

HILL, Dietrich
Dr., Verbandsdirektor, gf. Vorstandsmitgl. Norddt. Genossenschaftsverb. Schlesw.-Holst. u. Hamburg (Raiffeisen-Schulze-Delitzsch) e.V. (s. 1971) - Raiffeisenstr. 1, 2300 Kiel (T. 0431 - 6 69 21).

HILL, Hans
Vorsitzender Richter BGH - Andersenstr. 6, 7500 Karlsruhe 51 - Geb. 19. Mai 1913.

HILL, Hans
Bezirksstadtrat a. D., Leit. Abt. f. Sozialwesen Bezirksamt Spandau (1971-85) - Wohnh. in 1000 Berlin 20 - Geb. 9. Mai 1930 Berlin, verh., 2 Töcht. (Dagmar, Karola) - Mittelsch.; Maurerl. (berufsunfäh. d. Unfall), Verwaltungsausbild. - Tätigk. Bezirksamt Spandau (Ausgleichsamt, Abt. Personal u. Verw. u. 1969ff. Sozialwesen). Vors. AWO, Kr. Spandau (s. 1978). BSE. SPD s. 1946.

HILL, Klaus
Dr. med., Prof., Chefarzt Patholog. Inst./Ev. Krankenhaus, Hamm - Heideweg 194, 4700 Hamm-Berge - Lehrtätigk. Univ. Mainz (Prof. Allg. Pathol. u. Pathol. Anat.).

HILL, Roland
Journalist - 43 The Downs, London S W 208HG - Geb. 2. Dez. 1920 Hamburg (Vater: Rudolf Hess, Kaufm.; Mutter: Ella, geb. Löry, österr. Sängerin), kath., verh. s. 1972 m. Amelia Natan - Johanneum Hamburg u. Gymn. Wien; Univ. Mailand u. n. 1945 London (Gesch.). Bachelor of Arts - Journ. Österr.; außenpolit. Redakt. engl. Wochenztschr. Tablet; Lektor engl. Verlag Herder; s. 1956 Londoner Korresp. Frankf. Allg. Ztg., Stuttgarter Ztg., Hannoversche Allg. Ztg., Kölner Stadt-Anz., D. Presse, Wien - BV: Großbritannien, 1981; Typisch Englisch, 1983; Typisch Irisch, 1985; Schottland, 1988; Margaret Thatcher, 1988; London, 1989; Lord Acton, 1990; Irland, 1991 - Spr.: Engl., Franz., Ital.

HILL, Tilman Oliver
Geschäftsführer SITA Bauelemente GmbH - Brockerstr. 29, 4836 Herzebrock (T. 05245 - 4 31 73); priv. Meerwiesenstr. 38, 4836 Herzebrock - Geb. 30. Dez. 1945 Frankfurt/M. - Mitgl. BDW e.V. Bonn, DPRG (Dt. Public Relations-Ges.) e.V. Köln, Marketing Club Bielefeld, Wirtschaftsclub Rhein-Main, Intern. Federation of Journalists, cpa Christliche Presse Akademie, IHK Wiesbaden u. a. Org. - 1978 Ritter d. Schlaraffia; 1979 Friend of the Jamaican Government; 1982 Senator United World Authority, New York.

HILL, Werner
Dr. phil., Redakteur, NDR-Sonderkorresp. f. Recht u. Justiz (s. 1981) - Hegelstr. 32, 3013 Barsinghausen 1 (T. 05105 - 8 27 72) - Geb. 19. Nov. 1930 Dortmund - 1978-81 Dir. Funkhaus Hannover im NDR - BV: Gleichheit u. Artgleichheit, 1966 - 1969 Dt. Journalistenpr. (Thema: D. Bürger u. s. Recht), 1970 Ernst-Reuter-Pr. (Thema: Gesellschaftl. Gerichte in d. DDR); 1976 Fritz-Bauer-Pr. Human. Union; 1977 Ernst-Reuter-Pr. (Thema: Weinhold-Prozeß); 1985 Pressepr. Dt. Anwaltverein.

HILLE, Heinz

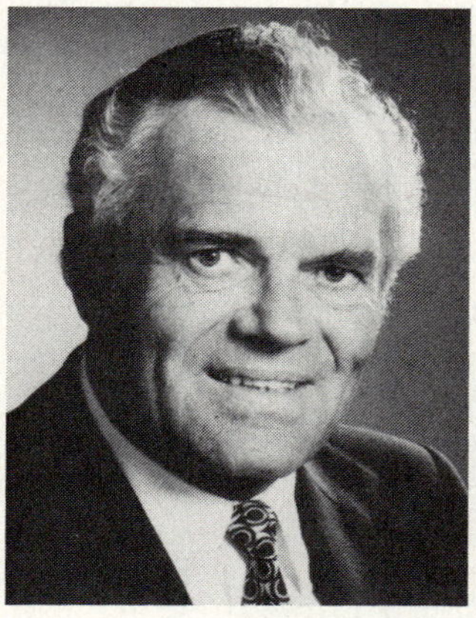

Bürgermeister Stadt Kassel a. D. - Amselweg 14, 3507 Baunatal 2 (T. 0561 - 49 59 89) - Geb. 13. Juli 1923 Kassel (Vater: Heinrich H., Kaufm.; Mutter: Frieda, geb. Müller), ev., verh. I) 1947 m. Julia, geb. Göbler †, II) s. 1986 m. Barbara, geb. Uloth, 2 Söhne (Hans-Joachim, Michael) - Gymn.; Stud. Volksw., Rechts- u. Staatswiss. Gr. jurist. Staatsprüf. - S. 1955 Stadtverw. Kassel (1960 Polizeipräs., 1965 Stadtrat f. Rechts- u. Ordnungswesen, 1973-87 Bürgerm., Stadtältester). SPD - Silb. Ehrennadel Dt. Verkehrswacht; Gold. Sportabz.; BVK I. Kl. - Liebh.: Sport.

HILLE, Hellmut
Dr. med., Prof., Wiss. Rat Inst. f. Balneologie u. Klimaphysiol. Univ. Freiburg - Sickingenstr. 52, 7800 Freiburg/Br. (T. 6 77 84) - Geb. 25. Mai 1924 Bautzen/Sa. - S. 1962 (Habil.) Lehrtätigk. Freiburg (1969 apl. Prof. f. Balneol. u. Klimaphysiol.). Fachveröff.

HILLEBRAND, Elmar
Prof., Bildhauer - Am Rheinberg 9, 5000 Köln 50 (T. 02236 - 6 48 64) - Geb. 11. Okt. 1925 Köln - S. 1964 ao. u. o. Prof. (1968) TH Aachen.

HILLEBRECHT, Hildegard
Kammersängerin - Gartenstr. 19, 8011 Baldham/Obb. (T. 08106 - 16 22) - Geb. 26. Nov. Hannover, ev., verh. s. 1956 m. Karlrobert Stöhr - Schule Hannover (Abitur); Gesangsstud. Hannover, Freiburg (Frau Prof. v. Winterfeld), Düsseldorf (Frau Prof. Martienssen-Lohmann) - S. 1951 Bühnen Freiburg, Zürich (1953), Düsseldorf (1954; Dt. Oper am Rhein), München (1961; Bayer. Staatsoper, daneben langj. Bindungen Dt. Oper Berlin u. Württ. Staatstheater Stuttgart). Mitwirk. Salzburger, Bayreuther, Edinburgher Festsp. u. a. Gast Metropolitan Opera New York, San Francisco Opera, Teatro Colon Buenos Aires u. führ. europ. Opernhäuser (Athen, Hamburg, London, Rom, Wien). Hauptpartien: Ariadne, Kaiserin, Marschallin, Chrysothemis, Leonore (Fidelio), Sieglinde - 1961 Bayer. Kammers.; 1970 Bayer. VO. - Liebh.: Architektur - Spr.: Engl.

HILLEBRECHT, Rudolf
Dr.-Ing. E. h., Prof., Stadtbaurat i. R. - Gneiststr. 7, 3000 Hannover (T. 88 58 62) - Geb. 26. Febr. 1910 Hannover (Vater: Ernst H., Kaufm.; Mutter: Bertha, geb. Arning), verh. I) 1937 m. Ruth, geb. Frommhold, Graphikerin (†), T. Janina, II) 1967 (Moskau) Oksana, geb. Saweljewa, Doz. f. Deutsch - TH Hannover (Dipl.-Ing. 1933) u. Berlin - 1933-34 Mitarb. Gropius, Berlin, 1934-37 Reg.sbauf. Hannover, Travemünde, Hamburg, 1937-45 Bürochef Arch.büro Gutschow, Hamburg, 1945 b. 1946 stv. Abt.sleit. (Abt. Bauwirtsch.) Zentralamt f. Wirtsch. in d. brit. Zone, Bad Pyrmont, 1946-48 Sekr. f. Bauwesen Zonenbeirat f. d. brit. Z., Hamburg, 1948-75 Stadtbaurat Hannover. S. 1951 Honorarprof. TH bzw. Univ. Hannover. 1969 ff. Präs. Gottfried-Wilhelm-Leibniz-Ges.; 1973-79 Präs. Dt. Akad. f. Städtebau u. Landesplanung - Publ.: Neubebauung zerstörter Wohnviertel, 1951; Neuaufbau d. Städte, 1957; Städtebau als Herausforderung, 1975. Zahlr. Fachaufs. (z. T. übers. Engl., USA, UdSSR) - 1958 Ehrendoktor TH Aachen; 1964 Orden Pour le Mérite Friedenskl.; 1960 Gold. Diesel-Ring Verb. d. Motorjourn.; 1965 Gr. BVK m. Stern; 1975 Schulterbd. dz.; 1967 Heinr.-Plett-, 1972 Camillo-Sitte-Pr.; 1968 Schinkel-Plak., 1969 Cornelius-Gurlitt-Denkmünze, 1975 Karmarsch-Denkmünze; 1980 Ehrenbürger Hannover; 1989 Ehrensenator d. Med. Hochsch. Hannover - Spr.: Engl., Franz., Russ. - Rotarier.

HILLEBRECHT, Wilfried
Vors. Richter Bundesarbeitsgericht (Bundesrichter s. 1971) - Graf-Bernadotte-Pl. 3, 3500 Kassel-W'höhe - Geb. 5. Juni 1932 - Zul. Arbeitsgerichtsdir. Bremen.

HILLECKE, Werner
I. Bürgermeister (s. 1976) - Rathaus, 8706 Höchberg/Ufr. - Geb. 25. April 1933 Menden - Zul. Angest. SPD.

HILLEMANNS, Hans-Günther
Dr. med., o. Prof. u. Ärztl. Direktor Univ.-Frauenklinik Freiburg (1978-86) - Schlierbergstr. 3, 7800 Freiburg/Br. (T. 40 47 21) - Geb. 4. Aug. 1923 Freiburg/Br. - Promot. 1948 Tübingen; Habil. 1961 Freiburg; 1968 apl. Prof., u. 1971 o. Prof. Freiburg. Spez. Krebsforsch. Fachveröff. - Vors. Krebsverb. Bad.-Württ. - 1968 Wilhelm-Warner-Preis; 1985-91 Gründ.präs. d. Dt.-Span. Ges. f. Gynäk. u. Geburtsh.; 1991 Ehrenmitgl. d. Intern. Acad. of Cytology, u. d. American Acad. for Reproductive Medicine.

HILLENKAMP, Thomas
Dr. jur., Prof. f. Strafrecht u. Strafprozeßrecht Univ. Heidelberg - Ezanvillestr. 50, 6900 Heidelberg - Geb. 2. Juni 1943 Dresden, verh. s. 1969 m. Annemarie, geb. Goliberzuch, 3 Kd. (Kathrin, Florian, Anna) - 1962-67 Stud. Rechtswiss. Univ. Freiburg, Hamburg u. Göttingen; 1. jurist. Staatsex. 1967 Celle, 2. jurist. Staatsex. 1972 Hannover, Promot. 1970 Göttingen, Habil. 1980 ebd. - BV: D. Bedeutung v. Vorsatzkonkretisier. b. abweichendem Tatverlauf, 1972; Vorsatztat u. Opferverh., 1981; 30 Probl. aus d. Strafrecht Allg. Teil, 6. A. 1990; 40 Probl. aus d. Strafrecht Bes. Teil, 6. A. 1991.

HILLER, Armin
Dr. jur., Botschafter d. Bundesrep. Deutschl. im Kongo - Zu erreichen üb.: Ausw. Amt, Adenauerallee 99-103, 5300 Bonn 1 - Geb. 22. Dez. 1938 Perleberg (Vater: Walther H.; Mutter: Ruth, geb. Treffkorn), ev., verh. s. 1964 m. Barbara, geb. Kersten - Stud. Rechtswiss. u. Volksw. Univ. Tübingen, Würzburg u. Paris - 1970-72 Reg.rat Bundesverkehrsmin.; 1972-76 Botschaft Washington (Wirtschaftsabt.); 1976-79 Botsch. Maputo/Mosambik (Ständ. Vertreter); 1979-83 Ausw. Amt (VLR, Pol. Abt.); s. 1983 Botsch. Kongo - Spr.: Engl., Franz., Portugies.

HILLER, Erwin
Dr. med., Prof., Chefarzt Innere Abt. Krkhs. d. Barmherzigen Brüder, München - Nachtigallstr. Nr. 23, 8000 München 19 (T. 17 08 28) - Geb. 8. Juli 1916 (Vater: Dr. Karl H.), verh. m. Erika, geb. Grass, 2 Kd. - S. 1948 Privatdoz. u. apl. Prof. (1952) Univ. München. Zahlr. Fachveröff.

HILLER, Friedrich
Dr. phil., o. Prof. u. Direktor Archäol. Inst. Univ. d. Saarl. (s. 1967) - Kaiserslauterner Str. 83, 6600 Saarbrücken (T. 6 24 41) - Geb. 12. März 1926 - Habil. 1965 Marburg - Fachveröff.

HILLER, Gotthilf G.
Dr. phil., Prof. f. Lernbehindertenpädagogik PH Ludwigsburg - Asternweg 8, 7410 Reutlingen 3 - BV: Konstruktive Didaktik, 1973; Stücke zu e. mehrperspektiv. Unterr., 1975 (m. a.); Ausbruch aus d. Bildungskeller, 2. A. 1991 - 1979-82 Conseiller Pédagog. Général et Technique in Kamerun.

HILLER, Heinz Herbert
Dr.-Ing. E. H., Dipl.-Ing., Industrie-Beratungen - Am Hirschgraben 1, 6056 Heusenstamm 2 (T. 06106 - 92 54) - Geb. 1. Febr. 1921 - Oberrealsch. (Abit. 1940) Berlin; 1943-50 TU Berlin (Maschinenbau, Brennstofftechnik) - Assist. Lehrstuhl f. Brennstofftechnik TU Berlin. 1967-86 Geschäftsf. Lurgi GmbH, Frankfurt. Versch. Patente - Spr.: Engl.

HILLER, Karl-Heinz
Herausgeber d. Ztschr. Freundin u. Bild und Funk im Burda-Verlag München - Fasanenstr. 29a, 8000 München 60 (T. 089 - 811 57 17) - Geb. 20. Febr. 1920 Kattowitz - 1952-70 Verlagsdir. Jahreszeiten-Verlag Hamburg; anschl. Geschäftsf. u. Verlagsdir. Burda GmbH München.

HILLER, Reinhold
Bundestagsabgeordneter (s. 1983; Wahlkr. 11/Lübeck) - Bundeshaus, 5300 Bonn 1 - SPD.

HILLER, Werner
Dr. rer. pol., Dipl.-Kfm., Generaldirektor i. R., 1970-82 AR-Vors. Brauerei Rob. Leicht AG, Stuttgart 80; b. 1982 AR-Vors. LEGA Hotel- u. Gaststättenbetriebs-GmbH - Johann-Strauss-Str. 7, 7032 Sindelfingen (T. 07031 - 8 42 16) - Geb. 8. Nov. 1911 Lausanne/Schweiz, ev., verh., 2 T. (Patricia, Sonja) - S. 1950 Leicht (b. 1970 Vorst. ob. Brauerei).

HILLER-KETTERER, Ingeborg
Dr. phil., Prof. f. Allg. Pädagogik/Schulpädagogik PH Ludwigsburg, FB Sonderpädagogik/Reutlingen - Asternweg 8, 7410 Reutlingen 3 - BV: Kind, Ges., Evangelium, 1971; Leistung u. Gerechtigk. (m.a.), 1972.

HILLERMEIER, Karl

Dr. jur., Staatsminister f. Arbeit u. Sozialordnung (b. 1988), MdL Bayern (s. 1962, CSU) - Winzererstr. 9, 8000 München 40 - Geb. 1. Dez. 1922 Wallmersbach (Vater: Bauer), ev., verh., 2 Kd. - Progymn. Uffenheim u. Altes Gymn. Würzburg (Abit. 1941); ab. 1946 Univ. Erlangen (Rechtswiss.). Ass.ex. 1952 - 1941-45 Wehrdst.; s. 1953 Bayer. inn. Verw. (1953 Landratsamt Uffenheim, 1964 Reg. v. Mittelfranken), 1966 Staatssekr. Min. f. Arbeit u. Soz. Fürsorge, 1970 Staatssekr. Finanzmin., 1974 Justizmin., s. 1977 Stellv. d. Bayer. Ministerpräs., 1982 Innenmin., 1986 Arbeitsmin., Ehrenvors. Europa-Union Bay., Europabeauftragter, Vors. Europ. Akad. Bayern; Bez.vors. CSU Mittelfranken, Mitgl. Ev.-luth. Landessynode - 1980 Gr. BVK m. Stern u. Schulterbd., 1984 Bayer. Verfassungsmed. in Gold.

HILLGÄRTNER, Rüdiger

Dr. phil., Prof. Univ. Oldenburg (s. 1975) - Wardenburgstr. 28, 2900 Oldenburg - Geb. 31. Dez. 1941 Darmstadt (Vater: Wilhelm H., Obersteuerrat i. R.; Mutter: Hildegard, geb. Metzger) - Stud. d. Angl., Roman., Phil.; Stud.aufenthalte in Frankr. u. Großbritannien; Promot. 1971 Frankfurt/M. - 1972-75 Doz. Univ. Frankfurt - BV: Bürgerl. Individualismus u. revolutionäre Moral, 1974; s. 1979 Mithrsg. Ztschr. Engl.-Amerikan. Studien. Zahlr. Veröff. z. engl. Lit. u. Kulturtheorie - Spr.: Engl., Franz.

HILLIGEN, Wolfgang

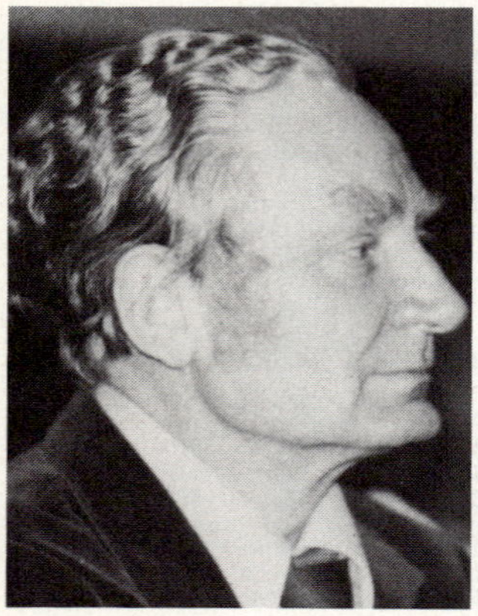

Em. o. Univ.-Prof. f. Didaktik d. Gesellschaftswissenschaften - Karl-Glöckner-Str. 21, 6300 Gießen (T. 702 52 46) - Geb. 13. Mai 1916 Groß-Tinz/Schles. (Vater: Walter Switalski, ab 1940 Hilligen, Hauptlehrer), verh. m. Magdalena, geb. Gloger, 2 Kd. (Sigrid, Otfrid) - St. Matthiasgymn. Breslau; Hochsch. f. Lehrerbild. Hirschberg - U. a. Realschuldir., Oberschulrat Frankfurt/M.; s. 1966 Prof. Univ. Gießen - BV: Plan u. Wirklichkeit im Sozialkundlichen Unterricht, 1995; sehen - beurteilen - handeln (Unterr.werk), 1960, 1969, 1978, 1984; Didakt. u. method. Handreichungen, 1964ff., Lehrerhandbuch, 1979, 1985; Z. Didaktik d. polit. Unterr., Bd. I 1975, Bd. II 1976; Neubearb. 1985. Mithrsg.: Ges. u. Staat, Lex. d. Politik, 8. A. 1992; Menschenwürde, 1980; Theory and content of political education in West Germany, 1981. Ztschr. Gegenwartskunde/Ges., Staat - Erziehg. Übers.: Forsch. i. Ber. Social Studies, in Handb. d. Unterr.forsch. (1971). Zahlr. Einzelarb. - 1971 Dt. Jugendbuchpreis; 1983 BVK I. Kl. - Liebh.: Wandern - Festschr. z. 60. u. 75. Geb.; Reden anl. d. Emeritierung, 1982.

HILLIGER, Hans G.

Dr. med. vet., Prof. f. Tierhygiene Tierärztl. Hochschule Hannover (s. 1975) - In der Bebie 20, 3000 Hannover 72 - Geb. 7. Aug. 1926 Berlin (Vater: Bruno H., Patentanw.; Mutter: Hanna, geb. Arendt), ev., verh. s. 1949 m. Maria, geb. Löber, 4 Kd. (Gerhard, Andreas, Reinhart, Claudia) - 1946-47 Landw. Lehre; 1948-49 Höh. Landbausch. Potsdam; 1952-57 FU Berlin (Vet. med.). Promot. (1957) u. Habil. (1969) FU Berlin - 1966-75 Oberassist., Prof. (1969), Wiss. Rat u. Prof. (1971) FU Berlin. Fachveröff. - Liebh.: Geogr., Gesch. - Spr.: Engl.

HILLMANN, Hans-Heinrich

Geschäftsf. Gesellschafter Dreyer & Hillmann GmbH & Co. KG/Holzeinfuhr + Hobelwerk - Beim Industriehafen 57, 2800 Bremen 21.

HILLMANN, Karlheinz

Dr. phil., Prof. f. Dt. Philologie unt. bes. Berücks. d. Neueren dt. Literaturgesch. - Warnckesweg 27, 2000 Hamburg 60 - S. 1971 Prof. Univ. Hamburg.

HILLMER, Gero

Dr. rer. nat., Prof. f. Geologie u. Paläontol. - Jägerdamm 4a, 2000 Hamburg 61 - B. 1977 Doz., dann Prof. Univ. Hamburg - BV: Wirbellose Tiere d. Vorzeit. Leitfaden d. systemat. Paläontologie, 1980 (engl. Übers.).

HILLNHÜTTER, Adolf

Techn. Direktor, Vorstandsmitgl. AG. Vulkan, Köln - Friedrich-Schmidt-Str. 9, 5000 Köln-Lindenthal.

HILMER, Jürgen

Dr. phil., Prof., Pädagoge - Schöneberger Str. 56, 3400 Göttingen (T. 79 40 80) - Geb. 5. Jan. 1926 Bonstorf/Hannover (Vater: Peter H., Landwirt; Mutter: Maria, geb. Mohwinkel), ev., verh. 1965 m. Barbara, geb. Haegert (†) - Gymn.; Päd. Hochsch. Celle; Univ. Göttingen (Päd., Soziol., Psych.) - 1952-57 Lehrer Volkssch. u. Gymn.; 1958-62 Hochschulassist. u. -doz.; 1963-65 Geschäftsf. Konfz. Päd. Hochsch. d. BRD; 1965-67 Ref. f. Lehrerbild. Nieders. Kultusmin.; s. 1967 Prof. f. Schulpäd. Päd. Hochsch. Göttingen; s. 1978 Univ. Göttingen - BV: Grundl. e. päd. Theorie d. Bewegungsspiele - E. Beitrag z. Didaktik d. Leibeserzieh., 1969; Allgem. Didaktik - Fachdidaktik, 1979 - Liebh.: Sport (Tennis, Ski, Volleyball) - Spr.: Engl.

HILMER, Walter

Dr. med., Internist, Leit. Sportmed. Abt. u. apl. Prof. f. Inn. Med. Univ. Erlangen-Nürnberg (s. 1972) - Friedrich-Löffler-Str. 26, 8500 Nürnberg.

HILPERT, Egon

Innensenator Hansestadt Lübeck (1976-88) - Reetwarder 11, 2400 Lübeck 1 (T. 0451 - 39 37 13) - Geb. 14. Juli 1930 Lübeck, ev., verh. s. 1964 m. Christa Maria, geb. Schledt, 3 Kd. (Lars-Hendrik, Birte, Sven-Lennard) - Realsch.; Modelltischlerlehre (Gesellenprüf., Meisterprüf. 1955); Fremdenreifeprüf. 1958; Stud. Univ. Hamburg; 1. Staatsex. f. d. berufspäd. Dst. 1963; 2. Staatsex. 1965 - 1963-76 Berufschuldst. Hamburg (zul. Oberstudienrat). 1966-76 Mitgl. Bürgersch. Hansestadt Lübeck (1968-70 2. stv. Stadtpräs.); 1973-76 Fraktionsvors. SPD-Bürgerschaftsfrakt. 1970-76 Kultussenator Hansestadt Lübeck, 1976-88 Innensenator - 1976 Freiherr-v.-Stein-Gedenkmed. Land Schlesw.-Holst. - Liebh.: Mod. Lit. (Lenz u. Böll), klass. Musik - Spr.: Engl.

HILPERT, Horst

Präsident Verfassungsgerichtshof d. Saarlandes u. d. Landesarbeitsgerichts Saarland - Obere Lauerfahrt 10, 6600 Saarbrücken 3 (T. 0681 - 50 11) - Geb. 28. Nov. 1936.

HILPERT, Wilhelm (Willi)

I. Bürgermeister Stadt Gunzenhausen (s. 1978; hpt.berufl.) - Krackerstr. 4, 8820 Gunzenhausen - Geb. 11. Febr. 1932 Altenmuhr - Kreisrat, 1. Vors. Zweckverb Altmühlsee, ea. THW-Ortsbeauftr. - BVK I. Kl., Gold. THW-Abz. m. Kranz, THW-Ehrenz. in Gold.

HILSBECHER, Walter

Schriftsteller, Übersetzer - Zipfenweg 15, 6308 Butzbach 1 (T. 06033 - 12 26) - Geb. 9. März 1917 Frankfurt/M., verh., 3 Kd. - Oberrealsch. (b. Unterprima; aus polit. Gründen releg.) - Tätigk. Werbung; 1939-45 Wehrdst. (Frankr., SU); Rundfunksprecher - BV: Ernst Jünger u. d. neue Theologie, Ess. 1949; Sporaden, Aphor. 1953; Wie modern ist e. Literatur?, Ess. 1965; Lakon. Geschichten, Erz. 1966; Sporaden - Aufz. aus 20 Jahren, 1969; Schreiben als Therapie, Ess. 1967; Eulenflug, Traumaufzeichn.; An- u. Absage, Ged.; Les Adieux, Ged. u. Kurzprosa 1984; 13 lakon. Geschichten, erw. Ausg. 1986; V. Träumern, Suchern u. Schimären, Erz. 1986; Kopfsprünge/Zufäll. Notizen, 1987; Zum Beispiel Ödipus, Varianten e. Daseinsmodells, Ess. 1987; Sardonisches Credo, 13 schwarzbunte Sonette 1991. Übers. aus d. Franz. u. Engl. - Mitgl. PEN-Zentrum BRD.

HILSCHER, Werner

Dr. med., Pathologe (Abteilungsleit. Inst. f. Lufthyg. u. Silikoseforsch.), apl. Prof. f. Allg. Pathol. u. Pathol. Anat. Univ. Düsseldorf (s. 1970) - Stefan-Georg-Weg 3, 4040 Neuss-Norf.

HILSE, Gotthard

Dr., Hauptgeschäftsführer Bundesverb. d. Dt. Fleischwarenind., Bonn, Vors. Förderges. d. Bundesanst. f. Fleischforsch., Kulmbach - Schlaunstr. 8, 5040 Brühl/Rhld. - Geb. 13. Febr. 1935 - Dipl.-Landw., Dipl.-Volksw.

HILTBRUNNER, Otto

Dr. phil., em. o. Prof. f. Klass. Philologie Inst. f. Altertumskd. Univ. Münster (s. 1962) - Spitzingweg 5, 8038 Gröbenzell - Geb. 29. Dez. 1913 Burgdorf (Schweiz), kath., verh. s. 1947 m. Barbara, geb. Meier-Scherr - Gymn. Burgdorf; Univ. Bern, Königsberg/Pr., Göttingen. Promot. 1943 Göttingen; Habil. 1957 Bern, 1961 München - 1940-61 Mitarb. u. Redakt. Thesaurus linguae Latinae - BV: Kl. Lexikon d. Antike, 1946, 5. A. 1974; Motiv- u. Wiederholungstechnik d. Aischylos, 1950 (Diss.); Latina Graeca, 1958 (Habil.schr.); Bibliogr. z. latein. Wortforsch., 1981ff. (Hrsg.).

HILTERMANN, Heinrich

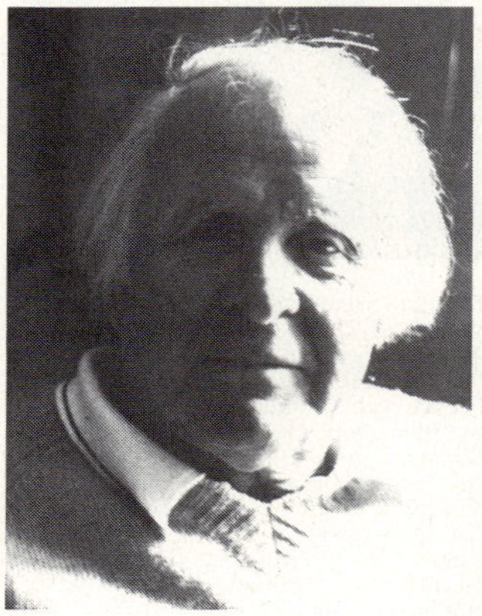

Dr. phil. nat., Paläontologe, apl. Prof. Univ. Göttingen, Wiss. Direktor a. D. - Milan-Ring 11, 4518 Solbad Laer, Bez. Osnabrück (T. 05424 - 93 93) - Geb. 14. Juni 1911 Osnabrück (Vater: Heinrich H., Seminaroberlehrer; Mutter: Clementine, geb. Haber), verh. m. Irma, geb. Schweppe, 2 Kd. (Wiltrud, Andreas) - Univ. Münster, Freiburg, Innsbruck, Kiel. Promot. 1937 Kiel; Habil. 1952 Göttingen - 1938-73 Geologe Landesanstalt Berlin, Reichsamt f. Bodenforsch. ebd. bzw. Bundesanst. f. Bodenforsch. Hannover. 1946-70 Correspondent Depart. Micropal. Amer. Mus. Natur. History, 1953-65 1. Vors. Naturhist. Ges. Hannover, 1947-70 Associate Editor Contribut. f. the Cushman Foundation on Foraminifer Res. Washington - BV: Mikrofaunen a. d. Tertiär Nordwestdtschl., 1940; Bibliogr. stratigr. wicht. mikropaläontol. Publ., 1960. Redakt.: Mikroskopie in d. Geol. sedimentär. Lagerstätten Bd. 2, 3 (Handb. d. Mikroskopie in d. Technik 1958); Festschr. z. 80. Geb. v. Prof. Dr. Heinrich Hiltermann. Geolog. Jahrb. Reihe A Heft 128, 1991 - 1968 Colaboradore honorifices of Revista de Micropaleontologia Madrid; 1974 Ehrenmitgl. Naturwiss. Ver. Osnabrück; 1968 Verdienstkreuz I. Kl. Nieders. VO.; 1976 BVK a. Bd.; 1978 Ehrenmitgl. Heimatbund Osnabrücker Land; 1979 Naturhist. Ges. Hannover; 1986 Joseph A. Cushman Award; 1987 Ehrenbürger v. Bad Laer T.W.; Cushman Foundation for Foraminiferal Res. (USA) - Liebh.: Genealogie - Bek. Vorf.: Eduard Haber, Gouverneur v. Neuguinea.

HILTL, Otto

Dr. jur., Oberstadtdirektor - Rathaus, 8520 Erlangen; priv.: Ebrardstr. 18 - Geb. 4. Aug. 1913 - 1976 BVK I. Kl.

HILTMANN, Hildegard

Dr. phil. et med., o. Prof. f. Angew. Psychol. i.R. - Auf der Roete 9b, 7840 Müllheim (T. 41 82) - Geb. 15. Juni 1916 Berlin (Vater: Dr. med. Conrad H., prakt. Arzt; Mutter: Elisabeth, geb. Ring), ev., led. - Grunewald-Gymn. Berlin; Stud. Med. u. Psych. Göttingen, München, Berlin, Freiburg/Br. Promot. (1944) u. Habil. (1951) Freiburg - S. 1945 Volontärassist. (Pathol. Inst.), Assist. (Psych. Inst.; 1946), Privatdoz. (1951), apl. (1957), u. o. Prof. (1968) Univ. Freiburg. Spez. Arbeitsgeb.: Psych. Diagnostik, Klin. u. Forens. Psych. Mitgl. Intern. Assoc. of Applied Psychology; Berufsverb. dt. Psychol. u. Soc. for Personality Assessment - BV: Kompendium d. psychodiagnost. Tests, 1960, 3. neu bearb. A. 1977 (span. 1961, 3. A. 1978) - Spr.: Franz., Engl. - Bek. Vorf.: Otto Ring, Erf. Syndetikon (Großv. ms.).

HILZ, Helmuth

Dr. rer. nat., o. Prof. u. Direktor Physiol.-Chem. Inst. Univ. Hamburg - Hochallee 81, 2000 Hamburg 13 (T. Inst.: 468 23 90) - Geb. 13. Nov. 1924 Landau/Pf. - S. 1960 (Habil.) Lehrtätigk. Hamburg (1966 apl. Prof., 1967 Abt.s-vorst. u. Prof., 1969 Ord. u. Inst.sdir.). Fachveröff. - Konjetzny- (1962), Domagk- (1964), Martini-Preis (1964).

HIMBERT, Gerhard

Dr. rer. nat., Dozent f. Chemie Univ. Kaiserslautern - Robert-Koch-Str. 47, 6612 Schmelz (T. 06887 - 22 37) - Geb. 13. Jan. 1943 - (Vater: Wilhelm H., Eisenbahner; Mutter: Regina, geb. Hager), kath., verh. s. 1967 m. Margit, geb. Leidinger, 2 Söhne (Patrick, Carsten) - Univ. Saarbrücken (Dipl. 1969, Promot. 1972); Habil. 1980 Kaiserslautern - 1972-74 Assist.; 1975-80 Assist.-Prof.; 1980 Prof.; 1988 Hochschuldoz. (auf Lebenszeit); 1992 Ernennung z. apl. Prof. - Rd. 80 Publ. in Ztschr. - Liebh.: Tennis - Spr.: Engl., Franz.

HIMMELEIN, Volker

Dr. phil., Prof., Direktor Bad. Landesmuseum (1981 ff.) - Schloß, 7500 Karlsruhe 1 - Geb. 1940 - Zul. Württ. Landesmus. Stuttgart.

HIMMELHAN, Kurt

Dr., Oberfinanzpräsident i. R., Leit. OFD München - Sophienstr. 6, 8000 München 2.

HIMMELHEBER, Hans

Dr. phil., Dr. med., Ethnologe - Wielandtstr. 32, 6900 Heidelberg (T. 41 25 62) - Geb. 31. Mai 1908 Karlsruhe, konfessionsl., verh. m. Ulrike, geb. Roemer, 3 Kd. - Univ. Berlin, München, Tübingen (Dr. phil 1934), Freiburg, Heidelberg (Dr. med. 1948) - 1933-76 eig. völkerkundl. Exped. West-, Zentralafrika u. Alaska (insges. 14) - BV:

Negerkünstler, 1934; Eskimokünstler, 1939; D. gefrorene Pfad, Volksdichtung d. Eskimos, 1951; Auro Poku, Volksdicht. d. Neger, 1951; D. gute Ton b. d. Negern, 1957; Die Dan, E. Bauernvolk im westafrikan. Urwald, 1958 (m. Ehefr.); Negerkunst u. -künstler, 1959; Maskenbrevier, 1960.

HIMMELHEBER, Max

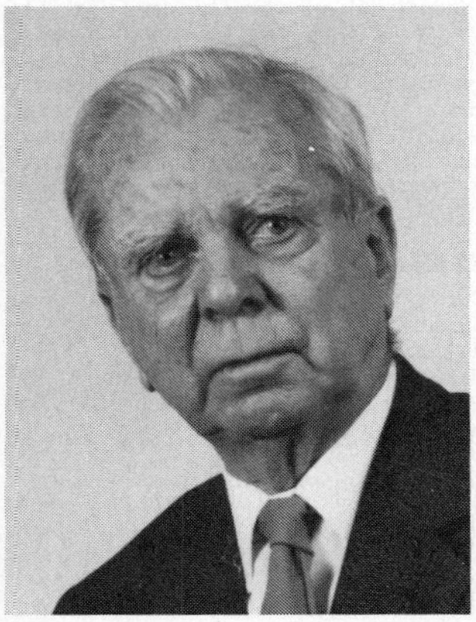

Dipl.-Ing., Inhaber Ing.-Büro f. Recyclingverfahren (s. 1945) - Saarstr. 7, 7292 Baiersbronn (T. 07442 - 30 61) - Geb. 24. April 1904, led. - Abit. 1922; Dipl.-Ing. 1926; Lokomotivführer-Dipl. DRB, Flugzeugführer aller Kl. - 1926-28 Wiss. Assist. TH Karlsruhe; 1928-32 Univ. Basel - 1945 Erf. d. Spanplatte aus gezielt erzeugten Spänen vorbestimmter Struktur; 56 dt., 23 ausl. Patente; 1989 weltweit 800 Fabriken n. Erf. v. 1945-80; Holzabfallrecycling; 1970 Gründ., Herausg. u. Verleger d. Ztschr. SCHEIDEWEG; 1970 Gründg. Max-Himmelheber-Stiftg., Gemeinn. GmbH - 1987 Theodor-Heuss-Med.; 1989 BVK am Bde. - Liebh.: Naturphil., Ökol., Hochseesegeln - Spr.: Engl., Franz., Lat.

HIMMELMANN-WILDSCHÜTZ, Nikolaus

Dr. phil. (habil.), o. Prof. f. Klass. Archäologie - Universität, 5300 Bonn - Geb. 31. Jan. 1929 Münster/W. - S. 1958 Lehrtätigk. Univ. Marburg, Saarbrücken (1962 Ord. u. Inst.dir.), Bonn (1966) - BV: Bemerkungen z. geometr. Plastik, 1964; Utopische Vergangenheit, 1977; Üb. Hirten-Genre in d. ant. Kunst, 1980; Alexandria u. d. Realismus, 1983; Ideale Nacktheit, 1985; Antike Götter im Mittelalter, 1986 - 1963 Mitgl. Dt. Archäol. Inst. Berlin; 1967 Dt. Akad. d. Wiss. u. d. Lit. Mainz; 1973 Nordrh.-Westf. Akad. d. Wiss. Düsseldorf; 1986 British Acad.; 1987 Dr. h. c. Univ. Athen; 1989 Ehrenmitgl. Rat d. Archäolog. Ges. Athen.

HIMMELREICH, Fritz-Heinz

Dr., Dipl.-Volkswirt, Hauptgeschäftsführer u. Präsidialmitgl. Bundesvereinigung d. Dt. Arbeitgeberverb. - Gustav-Heinemann-Ufer 72, 5000 Köln 51 - Geb. 27. Febr. 1930 Essen, ev., verh. s. 1958 m. Ruth, geb. Faber, 3 Kd. (Jörg, Anke, Katrin) - Stud. Univ. Freiburg u. Köln, Promot. 1958 Freiburg - 1983 BVK, 1987 BVK I. Kl., 1990 Gr. BVK - Liebh.: Politik, gesch. Literatur, Malerei, Musik - Spr.: Engl., Franz., Lat.

HIMMELS, Heinz

Ass., Stv. Generalsekretär Malteser Hilfsdienst e.V. - Liebigstr. 7, 5000 Köln 40 (T. 02234 - 7 65 76) - Geb. 20. April 1940 Köln (Vater: Franz H., Kaufm.; Mutter: Barbara, geb. Mayer), kath., verh. s. 1966 m. Hannegret, geb. Peil, 3 Kd. (Julia, Tobias, Andreas) - Jura-Stud.; 1. Staatsex. 1970 Köln, 2. Staatsex. 1974 Düsseldorf - S. 1970 stv. Generalsekr. MHD (1980 Mitgl. d. Präsid.) - 1979 Offz.-Kreuz d. Malteser-Ritterordens - Liebh.: Briefmarken, Fußball, Lesen - Spr.: Engl.

HIMSTEDT, Günter

Vorstandsmitglied Württembergische AG Versich.-Beteiligungsges. - Johannesstr. 1-7, 7000 Stuttgart 1 - Vorst.-Vors. Württ. Lebensversich. AG; stv. Vorst.-Vors. Württ. Versich. AG; AR-Vors. Leonberger Bausparkasse AG.

HIMSTEDT, Jürgen

Dipl.-Kfm., Vorstandsmitglied Readymix AG f. Beteiligungen - Daniel-Goldbach-Str. 25, 4030 Ratingen (T. 02102 - 401-475) - Geb. 31. Dez. 1941, verh., 2 Kd. - AR-Vors. d. STELCON AG, Essen, AR-Mitgl. d. YTONG AG, München - Spr.: Engl., Franz.

HIMSTEDT, Werner

Dr. rer. nat., Prof. f. Zoologie TH Darmstadt - Heidelberger Str. 132, 6100 Darmstadt - Zul. Doz. Wien.

HINCK, Walter

Dr. phil., o. Prof. Univ. Köln (s. 1964) - Am Hammergraben, 5064 Rösrath-Hoffnungsthal (T. 02205 - 51 47) - Geb. 8. März 1922 Selsingen (Vater: Johann H., Handw.; Mutter: Anna, geb. Steffens), ev., verh. s. 1957 m. Sigrid, geb. Graupe, T. Valeria - Stud. Univ. Göttingen - 1957-64 wiss. Assist. Univ. Göttingen u. Kiel; 1964 Privatdoz. Kiel - Spez. Arbeitsgeb.: Dt. Lit. 18.-20. Jh. - BV: D. Dramat. d. späten Brecht, 6. A. 1977; D. dt. Lustspiel d. 17. u. 18. Jh. u. d. ital. Komödie, 1965; D. dt. Ballade v. Bürger b. Brecht, 3. A. 1978; D. mod. Drama in Dtschl., 1973; Neues Handb. d. Lit.wiss., Bd. 11: Europ. Aufklär. I, 1974; Zw. Satire u. Utopie - Z. Komiktheorie u. z. Gesch. d. europ. Komödie (m. Reinhold Grimm), 1982; Goethe - Mann d. Theaters, 1982; Germanistik als Lit.-Krit., 1983; D. Ged. als Spiegel d. Dichter - Z. Gesch. d. dt. poetolog. Ged., 1985; Schläft e. Lied in allen Dingen - Poet. Manifeste v. Walther v. d. Vogelweide b. z. Gegenw., 1985; Theater d. Hoffnung, 1988; D. Wunde Deutschland. Heinrich Heines Dichtung, 1990. Herausg.: V. Ausgang d. Komödie (1977); Textsortenlehre-Gattungsgesch. (1977); D. dt. Komödie (1977); V. Heine zu Brecht. Lyrik im Gesch.prozeß (1978); Ausgew. Ged. Brechts m. Interpretat. (3. A. 1981); Sturm u. Drang (1978); Gesch. im Gedicht (1979); Handbuch d. dt. Dramas (1980); Rolf Hochhuth - Eingriff in d. Zeitgesch. (1981); Gesch. als Schauspiel (1981) - S. 1974 Mitgl. Rhein.-Westf. Akad. d. Wiss. u. PEN-Zentrum d. Bundesrep. Dtschl. - Spr.: Engl., Franz. - Lit.: Hans Dietrich Irmscher/Werner Keller, Drama u. Theater im 20. Jh. - Festschr. z. 60. Geb. (1982).

HINCKELDEY, von, Joachim-Hans

Bankier - Walleitnerstr. 4, 8022 Grünwald - Geb. 30. März 1915 Berlin - AR- u. VR-Mand.

HINDENBURG, von, Hubertus

Kaufmann, Unternehmensberater - Zur Wöllenbök 12, 4300 Essen 16 - Geb. 29. Juni 1928 Berlin (Vater: Oskar v. H., Landw. u. Offz.; Mutter: Margarete, geb. Freiin v. Marenholtz), ev., verh. s. 1964 m. Vera, geb. Lax, 2 Kd. - Spr.: Engl., Franz., Portugies., Span.

HINDERER, Karl

Dr. rer. nat. h.c., o. Prof. für Math. Stochastik Univ. Karlsruhe (s. 1976) - Albstr. 14, 7517 Waldbronn 1 - Geb. 12. April 1931 Göppingen/Württ. - Stud. Math. - 1968-75 o. Prof. Univ. Hamburg - BV: Foundations of Non-stationary Dynamic Programming with discrete Times-Parameter, 1970; Grundbegr. d. Wahrscheinlichkeitstheorie, 1972. Fachveröff. - Ehrendoktor TU Dresden.

HINDERLING, Robert

Dr. phil., o. Prof. f. Dt. Sprachwissenschaft Univ. Bayreuth - Knappertsbuschstr. 3, 8580 Bayreuth.

HINDERMANN, Federico

Dr. phil., Prof., Romanist - Bachstr. 63, CH-5000 Aarau (Schweiz) - 1966-69 Prof. Univ. Erlangen-Nürnberg, 1971-86 Leit. Manesse-Verlag, Zürich - BV: Quanto silenzio, ital. Ged. 1978; Docile contro, Ged. 1980; Zugelaufen, Aphor. 1981; Trottola, Ged. 1983; Baratti, Ged. 1984; Ai ferri corti, Ged. 1985; Quest'episodio, Ged. 1986.

HINGST, Klaus

Dr. phil., em. o. Prof. f. Geographie u. Didaktik d. Geographieunterr. Päd. Hochsch. Kiel - Hohenbergstr. 20, 2300 Kiel - Geb. 25. Nov. 1919 Kiel - Univ. - B. 1964 höh. Schul-, dann Hochschuldst. Facharb. - 1982 BVK a. Bde.

HINK, Wolfgang

Dr. rer. nat. (habil.), o. Prof. f. Exper. Physik u. Vorst. Physikal. Inst. Univ. Würzburg (s. 1964) - Mittlerer Steinbachweg 13, 8700 Würzburg (T. 7 53 42) - Zul. Lehrtätigk. Berlin.

HINKEL, Hermann

Dr. phil., o. Prof. f. Kunst Univ. Dortmund - Klein-Lindener Str. 32, 6300 Gießen-Allendorf - Geb. 8. Sept. 1934 Lich - Stud. I: Päd., Kunstpäd., II: Kunstgesch., Archäol., Gesch. Beide Staatsex. - Zul. Prof. Univ. Gießen - BV: Wie betrachten Kinder Bilder, 1972; Lernbereich Fotogr., 1974; Z. Funktion d. Bildes im dt. Faschismus, 1975; Kinderbildnisse, 1988; Mithrsg. Ztschr. Kunst u. Unterr.

HINN, Albert K.

Dipl.-W.Ing., Fabrikant, Geschäftsführer Südrad GmbH, Ebersbach, gf. Gesellsch. Karges-Hammer-Maschinen GmbH. & Co. KG. - Postfach 3069, 3300 Braunschweig.

HINNE, Walter

Generaldirektor a. D. - Am Gulloh 55, 4600 Dortmund 16 (Brechten) (T. 0231 - 80 03 56) - Geb. 10. Mai 1907 Dortmund (Vater: Georg H.; Mutter: Emilie, geb. Grüneberg), ev., verh. m. Margarete, geb. Sokol - Mittl. Reife; Lehre (Industriekfm.) - S. 1931 Versicherungswirtsch., 1946-70 Vorstandsvors. Volkswohl-Krankenversicher. VaG, Dortmund (1952 Initiator d. Konzernb. m. Dt. Pensionsverein, München; 1960 Einf. mod. Tarife priv. Krankenvers.), 1963 Gründung Volkswohl Allg. Vers. AG. Dortmund, 1965 Erwerb Continentale Allg. Vers. AG. Hannover (1966 Fusion). Div. Ehrenämter Vers.swirtsch. u. IHK. Verb.stätigk. - Liebh.: Garten, Farbfotogr., Sport.

HINNENBERG, Klaus

Kaufmann, Gf. Gesellsch. Panroyal-Agentur f. Marketing u. Verkauf GmbH, Wuppertal, Panroyal Management GmbH - Unternehmensberat., Marketing, Marktforsch., Heppenheim, Panroyal Kommunikat. GmbH, Norderstedt, Panroyal Promotion, Offenburg, Panroyal Kongress-Agentur, Neu Isenburg, Panroyal-Kabel-TV, Hamburg, D. Schulungs-Team GmbH, Kompass-Reisekontor GmbH, Eurotours-Reisebüro GmbH, Decoplan, alle Wupeprtal, Convention Enterprises Ltd., Nassau/ Bahamas, Cater King, Wuppertal, u. Kaiserworth Hotel GmbH, Heppenheim - Postf. 1, 5600 Wuppertal 12 (T. 0202 - 47 00 00) - Geb. 29. Dez. 1941 Wuppertal, ev., verh. s. 1972 m. Monika H., T. Nicole - Liebh.: Golf, Kunst - Spr.: Engl.

HINNEY, Dettmar

Em. Prof., Hochschullehrer - Falkenberg 53, 5600 Wuppertal 1 - Gegenw. Prof. f. Didaktik d. Musik Berg. Univ.-GH Wuppertal.

HINRICHER, Raymund

Dipl.-Ing., Präsident Wasser- u. Schiffahrtsdirektion West - Cheruskerring 11, 4400 Münster/W.

HINRICHS, Diedrich

Dr. rer. nat., Oberstudienrat a. D., MdL Nieders. (1970-78, SPD) - Hastedtstr. 15, 2150 Buxtehude - 1951-70 nieders. Schuldst.; daneben journalist. u. schriftstell. Tätigk.; 1955-70 Schriftleit. v. Wir machen mit Ztschr. f. Schülermitverw. (SMV). S. 1961 kommunalpol. Mandat - BV: SMV im Umbruch, 1969.

HINRICHS, Ernst

Dr. phil., Prof. f. Geschichte d. frühen Neuzeit Univ. Oldenburg (beurlaubt), Direktor Georg-Eckert-Inst. f. intern. Schulbuchforsch., Braunschweig - Robert-Bosch-Str. 11, 2903 Bad Zwischenahn-Ofen (T. 0441 - 6 97 93) - Geb. 22. Mai 1937 Hamburg (Vater: Adolf H., Apotheker; Mutter: Anneliese, geb. Lorenzen), ev., verh. s. 1963 m. Heike, geb. Schmutzler - 1957-63 Stud. Gesch., German., Phil. Hamburg, Göttingen, Freiburg; Promot. 1966 - 1966-74 Wiss. Ref. Max-Planck-Inst. f. Gesch. Göttingen; 1975 o. Prof. f. Gesch. d. frühen Neuzeit Univ. Oldenburg; 1984 Dir. Georg-Eckert-Inst.; 1987 Vorst.-Mitgl. Lessing-Akad. Wolfenbüttel; 1988 Mitgl. Dt. UNESCO-Kommiss. - Arbeitsgeb.: Sozial- u. Kulturgesch. Europas 16.-frühes 19. Jh., Gesch. Frankr. im Ancien Regime, Regionalgesch. - BV: Fürstenlehre u. polit. Handeln im Frankr. Heinrichs IV., 1969; Einf. in d. Gesch. d. frühen Neuzeit, 1980; Regionalgesch., 1980; Absolutismus, 1986; D. Wirtschaft d. Landes Oldenburg, 1988; Ancien Régime u. Revolution, 1989 - Liebh.: Musik, Tennis, Lit. - Spr.: Engl., Franz.

HINRICHS, Hajo

Prof., Präsident Hochsch. f. Musik u. Darstell. Kunst Hamburg i. R. - Aumühler Weg 69b, 2000 Hamburg 73 (T. 672 59 57) - Geb. 20. März 1911 Oldenburg (Vater: August H., Schriftst. (s. XII. Ausg.); Mutter: Helene, geb. Hanken), verh. m. Gisela, geb. Hornberger - Spr.: Engl. - Rotarier.

HINRICHS, Hans

Generalleutnant a. D. - Elisenhof, 5400 Koblenz 1 - Geb. 9. März 1915 Darmstadt (Vater: Dr. Hans H., Oberstudiendir. †; Mutter: Elisabeth, geb. Daub), ev., verh. s. 1943 m. Hanna, geb. Poensgen, 3 Kd. (Gerd, Renate, Werner) - Gymn. (Abit. 1933); Kriegsakademie (1943); Brit. Staff College (1956) - 1934-45 (Kriegseinsatz Frankreich, Sowjetunion, Nordafrika; u. a. Batl.kommandeur u. Generalstab) u. s. 1956 Berufsoff. (1962 Abt.kdr. Führungsakad., 1963 Kdr. PzGrenBrig 4 Göttingen, 1965 Chef Operationsabt. AFCENT Fontainebleau, 1966-74 Kdr. Führungsakad., zul. Kdr. General I. Korps); 1945-46 amerik. Kriegsgefangensch.; Redakt. Wehrkunde - U. a. Dt. Kreuz in Gold - Liebh.: Musik, Golf, Ski - Spr.: Engl., Franz. - Rotarier.

HINRICHS, Hans

Dr., Ministerialdirektor, Leit. Abt. Raumordnung u. Städtebau Bundesmin. f. Raumordnung, Bauwesen u. Städtebau - Deichmannsaue, 5300 Bonn 2 - Geb. 11. Sept. 1930 (Vater: Friedrich H., Beamter), ev., verh. (Ehefr.: Lieselotte/ Lilo), 2 S. (Peter, Ingo) - Stud. Rechtswiss. u. Betriebsw. Beide jurist. Staatsprüf. - ARsvors. Frankfurter Siedlungs-Ges. mbH., Frankfurt/M., u. Dt. Baurevision AG., Düsseldorf - Spr.: Engl.

HINRICHS, Hans-Jürgen

Dipl.-Volksw., Vorstandsmitglied Daimler-Benz AG (1981-88) - Zu erreichen üb. Daimler-Benz AG, Mercedesstr 136, 7000 Stuttgart 60 - Geb. 21. Jan. 1933 Rodenwalde/Kr. Hagenow, verh. s. 1956 m. Maria, geb. Hinz, 3 Kd. - 1953-57 Stud. Volksw. Univ. Marburg u. Kiel - 1958-75 VW AG; s. 1976 Daimler-Benz AG; AR-Mitgl. Gerling-Konzern Vertriebs-AG, UR Carl Zeiss.

HINRICHS, Horst

Dipl.-Ing., Vorsitzender d. Geschäftsfg. Wabco Westinghouse Fahrzeugbremsen GmbH, Hannover (s. 1983) - Zu erreichen üb. Wabco Westinghouse, Postf., 3000 Hannover.

HINRICHS, Wolfgang

Dr. phil., Prof. f. Erziehungswiss. (Allg. Didaktik u. Schulpäd.) Univ. GH Siegen (s. 1970) - Hölderlinstr. 2, 5900 Siegen 21 - Geb. 19. März 1929 Georgsmarienhütte (Kreis Osnabrück), ev., 4 Töcht. (Susanne, Ute, Marie Luise, Marianne) - Stud. Phil., Päd., Deutsch Tübingen u. Stuttgart; Promot. 1966 Tübingen - Rd. 10 J. Volkssch.lehrer, zul. Konrektor, Baden-Württ.; s. 1966 Doz. (Lehre u. Forsch.) Siegen - Üb. 70 Veröff. (Bücher u. Aufs. in Fachztschr., Sammelw.: u. a. päd.-phil. Schleiermacherforsch., Forsch. zu Fragen d. Lehrplankonzeption, Lehrplanprinzipien u. -ziele, d. fächerübergreif. Unterr., d. Sachunterr., d. Heimatkd.theorie, d. Schulreform, Theorie d. Hauptsch. u. Hauptschulbild., d. Lehrerbild., d. Schulpraktika in Lehramtsstud., d. Idee d. Gesamthochsch., d. Univ.idee, d. Wiss.theorie, insbes. d. Dialektik u. Hermeneutik sowie d. Standpunktfrage s. Schleiermacher.

HINRICHSEN, Georg

Dr. rer. nat., Prof., Inst. Nichtmetall. Werkstoffe-Polymerphysik/Techn. Univ. Berlin - Devrientweg 22, 1000 Berlin 45 - Geb. 15. März 1941 Kellinghusen/Holst., verh. - Stud. Univ. Göttingen, Mainz; Promot. 1970 - 1966-70 Studienrat Erwachsenenbildung; 1970-75 Ltd. Angest. Bayer AG; 1975-80 Prof. Univ. Dortmund; 1978-80 Dekan d. Abt. Chemietechnik; s. 1980 o. Prof. TU Berlin, FB Werkstoffwiss.,; 1984-88 gf. Dir. Inst. Nichtmetall. Werkstoffe; s. 1987 Geschäftsf. Berl. Verb. f. Polymerforsch.; s. 1989 Mitgl. Akad. Senat. Ca. 100 wiss. Publ.

HINRICHSEN, J. Kurt

Dr. agr., em. o. Prof. f. Tierhaltung Univ. Hohenheim - Gregor-Mendel-Str. 12, 6300 Gießen - Geb. 13. Okt. 1913, verh. s. 1943 m. Toni, geb. Jendreizak, 3 Kd. - Stud. Landw. TH Danzig u. Univ. Gießen. Promot. u. Habil. Gießen - S. 1948 Univ. Gießen; s. 1968 Hohenheim; emerit. 1981. Fachveröff.

HINRICHSEN, Klaus

Dr. med., o. Prof. f. Anatomie - Äskulapweg 9, 4630 Bochum 1 - Geb. 7. Juli 1927 Süderbrarup/Angeln - S. 1959 (Habil.) Lehrtätigk. Univ. Göttingen (apl. Prof.), Tübingen (o. Prof.) u. Bochum (s. 1970). Fachveröff.

HINSCHE, Wilhelm

Landrat a. D., Verwaltungsangestellter, MdL Nieders. (s. 1959) - Berliner Str. 14, 3220 Alfeld/Leine (T. 58 65) - Geb. 17. Juni 1914 Kiel - Volkssch. - Berufssoldat (Offz.), spät. Angest. Arbeitsamt Alfeld, 1949-55 Bürgerm. u. Gemeindedir. e. Landgde., dann Landrat Kr. Alfeld. Div. Ehrenämter. SPD - Ehrenmitgl. Dt. Heimkehrerverb.; 1972 BVK I. Kl.

HINSKE, Norbert

Dr. phil., Lic. phil., Prof. f. Philosophie - Im Wiesengrund 25, 5500 Trier - Geb. 24. Jan. 1931 Berlin (Vater: Erhard H., Regierungsoberinsp.; Mutter: Therese, geb. Stegmann), kath. - Promot. 1955; Habil. 1966 - S. 1970 Ord. Univ. Trier - BV: u. a. Kant als Herausford. an d. Gegenwart, 1980; Lambert-Index, 1983ff.; Lebenserfahrung u. Phil., 1986; Kant-Index, 1986ff. Zahlr. Einzelarb. - O. Mitgl. Wiss. Senat Lessing-Akad. Wolfenbüttel; korr. Mitgl. Accad. Senese degli Intronati; Präsid.-Mitgl. Dt. Hochschulverb.; Ehrenmitgl. Jap. Kant-Ges.

HINSKEN, Ernst

Selbst. Bäckermeister u. Konditor, MdB (s. 1980; Wahlkr. 217/Straubing) - Tempelhofstr. 3, 8441 Haibach - Geb. 5. Febr. 1943 - S. 1973 stv. Obermeister d. Bäckerinnung Straubing; stv. Vorst.-Mitgl. d. AOK Straubing, Bogen, Dingolfing, Landau; Vors. d. Fördervereins Skigau, Bayerwald. CSU s. 1967 (s. 1972 Mitgl. d. CSU-Kreistagsfrakt., u. d. Bez.-Vorst., s. 1985 Kreisvors. d. CSU Straubing-Bogen). Stv. Landesvors. d. Arbeitsgemeinsch. Mittelstand d. CSU, u. Mitgl. d. gf. Bundesvorst. d. CDU/CSU-Mittelst.vereinig., u. 1. stv. Vors. d. Diskussionskreises Mittelstand d. CDU/CSU-Fraktion im Deutschen Bundestag; Vors. d. Arbeitskreises II (Wirtschaft, Verkehr, Landwirtsch., Post u. Telekommunikation) d. CSU-Landesgr. im Deutschen Bundestag; Obmann d. CDU/CSU-Fraktion im Wirtsch.aussch.; stv. Mitgl. im Ausschuß f. Verkehr sowie im Finanzaussch.; Vors. d. Unteraussch. Regionale Wirtschaftspolitik.

HINTERBERGER, Ernst

Schriftsteller - Margaretengürtel 122/1, A-1050 Wien (T. 54 32 66) - Geb. 10. Okt. 1931 Wien, verh. s. 1958 m. Grete, geb. Chlaupek, Sohn Eduard - Büchereischule Wien - BV/Romane: Beweisaufnahme, 1965; Salz d. Erde, 1966; Wer fragt nach uns, 1975; Abbruchhaus, 1977; Jogging, 1984; Kleine Leute, R. 1989; D. fehlende W, R. 1991; Und über uns D. Helden ahnen, R. 1992. Fernsehsp. u. - Serien: Ein echter Wiener 1975-79, Kaisermühlen-Blues 1992. Hörsp., Bühnenst. - 1972 Preis Stadt Wien, 1974 A. Wildgans-Preis; 1984 Preis Girozentrale - Liebh.: Lit., Politik, Kunstgesch., Relig. (Buddh.).

HINTERDOBLER, Anton

Hauptgeschäftsführer Handwerkskammer Niederbayern-Oberpfalz (s. 1968) - Am Bäckerholz 19, 8390 Passau (T. 4 15 05) - Geb. 2. Juni 1927 Reutern (Vater: Anton H., Kaufm.), kath., verh. s. 1952 m. Waltraud, geb. Kluge, 3 Kd. (Antonius, Thomas, Susanne) - Oberrealsch. Passau; Univ. Erlangen (Rechtswiss., Volksw.). Gr. jurist. Staatsprüf. 1955 - S. 1956 Rechtsanw., stv. u. Hauptgeschäftsf. (1963) Handwerkskammer Niederbayern-Oberpfalz; AR-Mitgl. Gewerbetreuhand GmbH, Steuerberatungsges., u. Ostbayer. Datenverarb.ges. mbH ODAV, Sparkasse Passau. Mitgl. Lions-Club - Spr.: Engl.

HINTERSBERGER, Benedikta (Gertraud)

Dr. theol., Dominikanerin, Moraltheologin - Bei St. Ursula 5, 8900 Augsburg (T. 0821 - 3 64 64) - Geb. 9. März 1941 Augsburg, kath. - Dipl. Theol. 1972 Univ. München, Promot. 1977 - 1980-86 Univ. München; s. 1987 Schulleitg. in d. Realschule St. Ursula, Augsburg - BV: Theol. Ethik u. Verhaltensforsch., 1978; Unser Kind im Streß, 1977; M. Jugendlichen meditieren, 5. A. 1991.

HINTZ, Eduard

Dr. rer. nat., o. Prof. Experimentalphysik Univ. Bochum (s. 1976), Direktor Inst. f. Plasmaphysik/KFA Jülich - Otto-Hahn-Str. 10, 5170 Jülich-Stetternich - Geb. 2. Okt. 1929 Solingen.

HINTZE, Peter

Parlam. Staatssekretär b. Bundesminister f. Frauen u. Jugend (1991/92) - Zu erreichen üb. Kennedyallee 105-107, 5300 Bonn 2 (T. 0228 - 9 30-27 00) - Geb. 25. April 1950 Honnef/Rh., ev., verh. - Stud. Theol.; 1980-83 Gemeindepfarrer Königswinter, 1983-90 Bundesbeauftr. f. d. Zivildienst. CDU. Entstammt e. Juristenfamilie.

HINTZE, Ulrich

Kanzler Gesamthochschule Paderborn - Warburger Str. 100, 4790 Paderborn.

HINÜBER, von, Oskar Leuer

Dr. phil., Prof., Indologe - Kartäuserstr. 136, 7800 Freiburg (T. 3 91 12) - Geb. 18. Febr. 1939 Hannover (Vater: Oscar H., Realsch.l.; Mutter: Erika, geb. Tidow) - Stud. (Altphilol., Indogerman.) Tübingen, Erlangen, Mainz - S. 1967 Univ.slaufbahn (Assist. 1972, apl. Prof. 1974) - BV: Stud. z. Kasussyntax des Pali, 1968; D. Erforsch. d. Gilgit-Handschriften, 1979. A new fragmentary Gilgit manuscript of the Saddharmapundarikasutra, 1982; Arrian: Indische Gesch., 1985; D. ältere Mittelindisch im Überblick, 1986 - Spr.: Engl., Franz., Ital., Span., Port., Sanskrit, Hindi, Pali, Russ., Thai.

HINZ, Erhard

Dr. rer. nat., Prof., Parasitologe - Eichelbergweg Nr. 15, 6901 Neckarsteinach - Geb. 15. Juni 1931 Altdamm - Promot. 1960; Habil. 1971 - B. 1964 Industrie- (Asta-Werke, Brackwede), dann Hochschultätigk. (Univ. Heidelberg). Forschungsreisen Afrika u. Asien. Zahlr. Facharb.

HINZ, Günther F.

Direktor, Vorstandsvors. a.D. - Hohenstaufenstr. 43, 2850 Bremerhaven (T. 2 26 22) - Geb. 12. Sept. 1920 Gilgenburg - Kaufm. Werdegang. B. 1983 Vorst.-Vors. AG Weser, jetzt AR Schichau Seebeckwerft AG - Spr.: Engl. - Rotarier.

HINZ, Hermann

Dr. phil., em. o. Prof. u. Direktor Inst. f. Ur- u. Frühgeschichte Univ. Kiel (s. 1965; emerit. s. 1981) - Käsenbachstr. 10/3, 7400 Tübingen (T. 2 21 62) - Geb. 13. Febr. 1916 Wangerin/Pom. - Hochsch. f. Lehrerbild. Lauenburg/P.; Univ. Freiburg/Br. u. Greifswald (Vor-, Kunstgesch., Klass. Archäol., Volkskd., Geol., Anthropol., Gesch.; Promot. 1941) - N. 1945 Volksschuldst. Schlesw.-Holst.; 1954-65 Rhein. Landesmuseum Bonn (Landesmuseumsrat).

HINZ, Jochen

Dr. rer. nat., Dipl.-Psych., Lehrbeauftr. Hochsch. f. Musik u. Theater Hannover - Husarenstr. 34, 3300 Braunschweig (T. 33 24 49) - Geb. 25. Jan. 1943 Celle - 1965-68 Stud. PH Braunschweig; Lehrerex.; 1968-74 Stud. Psych. TU Braunschweig; Dipl.; Promot. 1980 ebd. - 1967-74 Kunsterzieher Celle; 1974-77 Jugendforschung Hannover; 1977-83 Wiss. Assist. Univ. Hannover; ab 1979 Lehrbeauftr. Hochsch. f. Musik u. Theater Hannover; ab 1984 Psych. Praxis - Liebh.: Restaur. hist. Kfz.

HINZ, Manfred

Dr. jur., Prof. f. Bürgerl. Recht, Zivilprozeßrecht u. Dt. Rechtsgesch. FU Berlin - Boltzmannstr. 1, 1000 Berlin 33.

HINZ, Michael

Schauspieler u. Regiss. - Zu erreichen üb. Agentur Alexander, Lamontstr. 9, 8000 München 80 - Geb. 28. Dez. 1939 Berlin (Vater: Werner H., Schausp.; Mutter: Ehmi Bessel), verh. m. Viktoria Brams-Hinz (Schausp.), 2 Kd. (Vivian, Patrick) - Staatl. Musikhochsch. Hamburg (Abt. Schausp.) - S. 1958 Schausp.; s. 1970 Regiss. - S. 1959 Film; s. 1960 Fernsehen - Berliner Senatspreis, Bundesfilmpreis - Spr.: Engl., Franz., Ital.

HINZ, Richard

Landesverbandsvorsitzender u. -gf. Arbeiter-Samariter-Bund/Schlesw.-Holst. - Wilhelmstr. 36, 2222 Marne.

HINZ, Siegfried

Dr. rer. pol., Dipl.-Kfm., Mitgl. d. Gesellschafter-Ausschusses Freudenberg & Co., Weinheim/Bergstr. - Lützelsachsener Str. 35, 6940 Weinheim - Geb. 5. Aug. 1927 Brunshaupten/Mecklenburg - U. a. persönl. haft. Gesellsch. Freudenberg & Co., Carl Freudenberg, Weinheim; Generalbevollm. Standard Elektrik Lorenz AG, Stuttgart, u. Vorst.-Mitgl. Klöckner-Humboldt-Deutz AG, Köln, s. 1973 Freudenberg.

HINZ, Theo

Geschäftsführer Filmverlag der Autoren, München - Rambergstr. 5, 8000 München 40 (T. 381 70 00) - Geb. 13. Aug. 1931 Tretenwalde/Pommern (Vater: Erich-Karl H., Schriftst.; Mutter: Charlotte, geb. Binsch), ev., 2 S. (Thomas, Martin) - Oberrealsch.; Kaufm. Lehre; Werbefachsch. Hamburg (1950-51) - 1951-55 Werbeassist. KLM Royal Dutch Airlines; 1955-76 Pressechef u. Werbeleit. Constantin-Film GmbH - S. 1977 Geschäftsf. Filmverlag d. Autoren, Vorst.-Mitgl. Verb. d. Filmverleiher, Mitgl. div. and. Gremien d. Filmförderungsanst. - Spr.: Engl.

HINZ, Uwe

Dr. h.c., Kaufmann, Architekt f. Garten- u. Landschaftsbau, Konsul v. Grenada - Winterbeker Weg 78, 2300 Kiel (T. 0431 - 68 16 83) - Geb. 11. Juni 1928 Kiel (Vater: Ernst H., Baumschulenbes.; Mutter: Gertrud, geb. Wolter), ev., verh. s. 1955 m. Margrit, geb. Röpke, S. Lars - 1965 Inh. u. Geschäftsf. Firmengr. Hinz. 1976 Konsul v. Grenada - Kriegsausz.; Silb. Verdienstnadel Dt. Jagdschutzverb.; Ehrendoktor - Liebh.: Jagd, Pferde, Foto - Spr.: Engl.

HINZ, Walther

Dr. phil., o. Prof. f. Oriental. Philologie (emerit.) - Calsowstr. 69, 3400 Göttingen - Geb. 19. Nov. 1906 Stuttgart (Vater: Bartholomäus H., Kaufm.; Mutter: Katharina, geb. Schmidt), freichristl., verh. s. 1931 m. Berthe, geb. Beyer, 4 Kd. - Promot. 1930 Leipzig - 1934 Doz. Univ. Berlin, Reg.srat Reichserziehungsmin. ebd., 1937 ao., 1941 o. Prof. Univ. Göttingen (1945 v. d. Brit. Militärreg. suspendiert, da währ. d. Krieges Abwehroffz. im Ausl.; 1957 wiedereinges., spät. Dir. Sem. f. Iranistik), 1951 polit. Redakt. Göttinger Ztg. - BV: Irans Aufstieg z. Nationalstaat im 15. Jh., 1936; Iran, Politik u. Kultur v. Kyros b. Reza Schah, 1938; Altpers. Wortschatz, 1942; Zarathustra, 1961; D. Reich Elam, 1964; Altiran. Funde u. Forschungen, 1969; Neue Wege im Altpers., 1973. Altiran. Sprachgut d. Nebenüberlieferungen, 1975; Darius u. d. Perser - E. Kulturgesch. d. Achämeniden, I-II, 1976, 1979; Elamisches Wörterbuch (m. Heidemarie Koch), I-II 1987. Herausg.: Pers.-arab. Staatshandb. (1952) - 1974 Ehrendoktor Univ. Teheran; 1964 o. Mitgl. Dt. Archäol. Inst.; Mitgl. d. Corpus Inscriptionum Iranicarum, u. d. Dt.-Morgenländ. Ges.

HINZE, Heinz F. W.

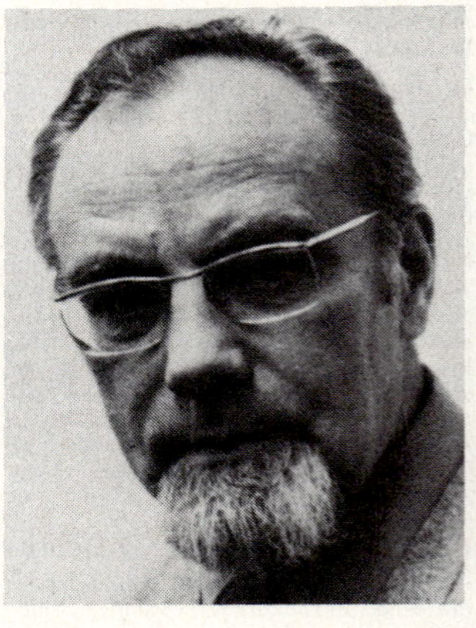

Publizist (Ps. H. F. Wilhelm, James Wilding), Hon.-Prof., Fachschuldoz. i. R. - Grundstr. 15, 7022 Leinfelden-Echterdingen 3 (T. 0711 - 79 69 20) - Geb. 18. April 1921 Ludwigslust/Mecklenburg, ev., verh. s. 1963 m. Ingeborg Uebele, T. Tove-Ingunn - 1931-39 Realgymn. Ludwigslust, Dolmetscher-Diplom f. Englisch Univ. Hamburg 1941, 1947-49 Stud. Ges.- u. Wirtsch.-Wiss., Gesch., Lit., Sprachen Univ. Rostock; s. 1949 Journalist u. Schriftst., Fachschuldoz., Übersetzer, Sprachlehrer; s. 1966 auch Redakt., Ressortleit., Chefredakt. in Zeitschriftenverl. - BV: 25 Sachb.-Herausg. m. eigenen Beiträgen, u.a. Raumfahrt - d. gr. Abenteuer; Report 1998; Signale v. Jupitermond; Mach mehr aus deiner Freizeit; Übers. Daniel Defoe: D. Pest in London, 1954; Leopold v. Ranke - Künder d. Einheit d. roman. u. german. Völker, 1986; Preußen u. d. altständische Mecklenburg im Nordd. Bund 1867-71, 1987; Geschichte

u. Geschichten im Werk d. Dichters Th. Fontane, 1988; Friedrich d. Gr. als Einsiedler u. Philosoph v. Sanssouci, 1988; Maximilian II. v. Bayern u. d. preuß. Hofhistorograph L. v. Ranke - e. Freundschaft f. Leben, 1989; Sie kamen nach Bismarck, 1990; Was nicht (mehr) jeder weiß, Teil I u. II, Beitr. z. preuß. u. deutschen Geschichte (m. U. Lokowandt), 1989/90. Hörspiele, Hörbilder, histor. u. sozialkrit. Sendereihen - 1949 Hörspielpreis Berliner Rundfunk; 1982 Mitgl. d. Intern. Biograph. Ges., Cambridge/Engl. - Liebh.: Reitsport, Heraldik - Spr.: Engl., Franz., Lat.

HINZE, Jürgen

Ph. D., Prof., Lehrstuhlinh. f. Chemie Univ. Bielefeld (s. 1975) - Telgter Str. 46, 4800 Bielefeld 1 - Geb. 28. Juni 1937 Berlin (Vater: Robert H., Ingenieur; Mutter: Eva, geb. Braun), verh. s. 1988 m. Christine Werk-H., Rechtsanwältin - Abit. 1957 Stuttgart; Vordipl. Chemie ebd.; 1962 Ph. D. Cincinnati (USA) - 1967-75 Prof. Univ. Chicago - BV: Selected Papers of R. S. Mulliken, 1975; The Permutation Group in Physics and Chemistry, 1979; Numerical Integration of Differential Equations and Large Linear Systems, 1980; The Unitary Group, 1981; Electron-Atom and Electron-Molecule Collisions, 1982; Energy Storage and Redistribution in Molecules, 1983. Üb. 90 Einzelarb. - Spr.: Engl., Franz.

HINZE, Norbert

Chefredakteur ELTERN - Matterhornstr. 19, 8000 München 82 - Geb. 2. Dez. 1942 Magdeburg, verh. s. 1969 m. Heide, geb. Brinckmann, 2 Kd. (Daniel, Anika) - Stud. Psych.

HINZE, Reinhardt Wilhelm

Bürgerschaftsabgeordneter (s. 1974) - Jersbeker Weg 4, 2000 Hamburg 62 - Geb. 18. Nov. 1929 Hamburg (Vater: Wilhelm H., Heizer; Mutter: Wanda, geb. Schubert), verh. s. 1954 m. Gisela, geb. Meyer, S. Holger - Volkssch. m. Aufbauzweig; Maurerlehre - Meister Bauwerkst. HGW. SPD (1966-74 Bez.abg. Hbg.-Mitte, s. 1983 Personalleit. HGW, 1969-81 Frakt.vors. im Ortsausschuß Veddel/Rothenburgsort), 1968ff. Vors. Kontrollaussch. Landesbund Hbg. d. Gartenfreunde, 1978-88 AR-Mitgl. Hamburger Gaswerke, 1978-92 Mitgl. d. Fraktionsvorst. d. SPD-Bürgerschaftsfrakt. Hamburg. S. 1992 Pensonär.

HINZEN, Dieter H.

Dr. med., Prof. f. Physiol., Leiter Pharmaforschung u. Entwicklung Fa. Hoffmann-La Roche AG, Basel - Oberer Rebbergweg 45, CH-4153 Reinach BL (T. 061 - 711 59 29) - Geb. 31. Mai 1939 Köln, kath., verh. m. Dr. Brigitte, geb. Seiferth, 2 Söhne (Berthold, Wolfram) - Univ. Köln u. Freiburg; Promot. 1964; Habil. 1971 Köln - 1972-75 Gastprof. CNRS Gif sur Yvette, Frankr.; 1975 apl. Prof.; 1977 Wiss. Rat u. Prof.; 1982-87 Boehringer Ingelheim - Rd. 70 Fachveröff., bes. z. Thema Funktion u. Stoffwechsel d. Herzens u. d. Zentralnervensystems - Spr.: Engl., Franz.

HINZPETER, Alwin

Dr.-Ing., o. Prof. f. Angew. Physik (emerit.) - Mehrleinweg 6, 2400 Lübeck - Geb. 9. Juni 1907 Berlin, ev., verh. m. Hildegard, geb. Goldmann, 3 Kd. - Oberrealsch. Lübeck, TH Hannover (Elektrotechn., Phys. Studienstiftg. d. Dt. Volkes), Dipl.-Ing. 1930, Promot. 1933. S. 1937 (Habil.) Lehrtätigk. TH bzw. U Hannover (1945 apl., 1952 o. Prof. u. Inst.dir.). 1935 Lehrauftr. Tierärztl. Hochsch. Hannover, 1939-45 Kriegsdienst (Luftwaffe), 1974 emerit. - BV: Physik als Hilfswiss., Stud.b., 5 Bde. 1971-83 - 1965 Hon.-Prof. Tierärztl. Hochsch. Hannover. Wiss. Arbeit: Radioaktivität v. Luft u. Wasser - 1944

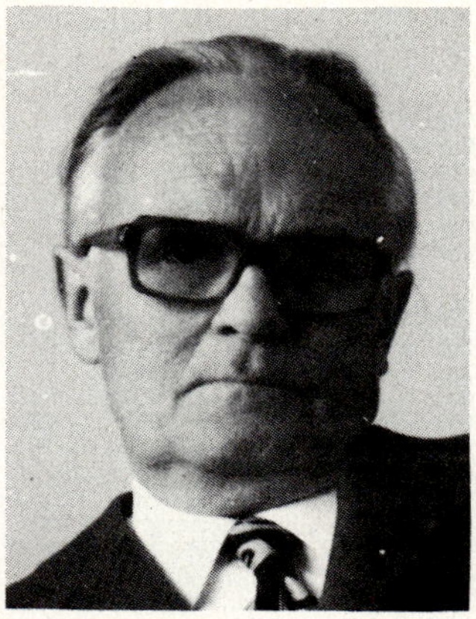

Ritterkreuz z. Kriegsverdienstkreuz m. Schwertern.

HINZPETER, Hans

Dr. rer. nat., em. Prof. f. Geophysik, insb. Meteorologie - Caprivistr. 31, 2000 Hamburg 55 - S. 1975 Ord. Univ. Hamburg (gf. Dir. Meteorol. Inst.), emerit. 1986, s. 1976 Dir. Max-Planck-Inst. f. Meteorologie.

HINZPETER, Reinhard

Regisseur, Leiter d. Freien Schauspiel Ensemble, Frankfurt - Rhaban-Fröhlich-Str. 8, 6000 Frankfurt 50 (T. 069 - 52 83 12) - Geb. 29. Dez. 1942 Hannover, verh. s. 1975 m. Dagmar Casse (Schauspielerin), S. Mitja - 1962-69 Stud. German., Roman. Göttingen - Regien: Schauspiel Frankfurt; Staatstheater Wiesbaden; Stadttheater Heidelberg; Münchener Kammerspiele; u.a. - Insz.: Ibsen: Nora; Grillparzer: Medea; Schiller: Maria Stuart, Kabale u. Liebe; Enzensberger: Untergang d. Titanic - Harlekin-Kunstpr. d. Frankf. Bundes f. Volksbildung.

HIOB, Hanne

Schauspielerin - Trabener Str. 70, 1000 Berlin 33 (T. 886 90 03) - Geb. 12. März 1926 München (Vater: Bertolt Brecht, Schriftst.; Mutter: Marianne, geb. Zoff, jetzt verehel. Lingen), kath., gesch. - Lyz.; Tanz- u. Schauspielausbild. privat - U. v. a. 1959 UA. D. hl. Johanna d. Schlachthöfe (Schauspielhaus Hamburg).

HIPP, Erwin G.

Dr. med., o. Prof. f. Orthopädie - Assenbucher Str. 53, 8137 Leoni/Berg, Starnberger See (T. 08151 - 59 00) - Geb. 29. Aug. 1928 Zell/Allgäu, kath., verh. s. 1956 m. Hannelore, geb. Rast, 5 Kd. - Univ. Freiburg/Br. u. München - S. 1962 (Habil.) Lehrtätigk. Univ. (1968 apl. Prof.) u. TH bzw. TU München/Fak. f. Med. (1969 o. Prof.); 1966-70 Chefarzt d. Orthopäd. Klinik d. Städt. Kliniken Dortmund - BV: Angiographie b. Knochengeschwülsten; Gefäße d. Hüftkopfes; Traumatologie; Lehrb. d. Orthop. u. Traumatologie. Zahlr. Einzelarb. - 1962 Preis Dt. Orthop. Ges. - Spr.: Engl.

HIPP, Wolfgang

Dr. jur., stv. Hauptgeschäftsführer Dt. Industrie- u. Handelstag, Bonn - Berghausener Str. 69, 5330 Königswinter 21 - Geb. 18. Mai 1909 Hamburg (Vater: Dr. jur. Ernst H., Oberlandesgerichtsrat; Mutter: Ilse, geb. Sudeck), verh. 1940 m. Dorothee, geb. Gräfin Dohna-Schlodien - U. a. Rechtsanw. 1969 ff. Mitgl. Wirtschafts- u. Sozialaussch. Europ. Gemeinschaften.

HIPPE, Werner

Dr. rer. pol., Verleger, Präs. Verb. Dt. Zeitschriftenverleger (1987ff.), Vors. Verein d. Zeitschriftenverlage in Nordrh.-Westf. (1973-85), Vorstandsmitgl. Verb. Dt. Ztschr.verleger (1973-85 u. ab 1987), Mitgl. Dt. Presserat (1977-87) - Einsteinstr. 10, 5205 St. Augustin - Geb. 21. Jan. 1925 Waldenburg/Schles. (Vater: Fritz H., kaufm. Angest. †; Mutter: Elfriede, geb. Löge †), ev., verh. 1955-86 m. Annelore, geb. Mai †, T. Dorothee; in 2. Ehe m. Silvia, geb. Müller - Abit. 1943 Waldenburg; Dipl.-Hdl. 1959 Köln; Dipl.-Volksw. 1961; Promot. 1965 ebd. - BV: D. Problem d. Bestandsrentenanpass. in den Rentenversich. d. Arbeiter u. d. Angest., 1966 - 1989 BVK - Spr.: Engl.

HIPPEL, von, Eike

Dr. jur., M.C.L., Prof., Wiss. Mitarbeiter (leit. USA-Ref.) MPI f. Ausl. u. Intern. Privatrecht, Hamburg (s. 1965) - Sandmoorweg 34, 2000 Hamburg 56 - Geb. 28. Jan. 1935 Frankfurt/M. (Vater: Prof. Dr. jur., Dr. jur. h. c. Fritz v. H., Rechtswiss.ler (s. XVIII. Ausg.); Mutter: Dr. phil. Berta, geb. Kretschmar), ev., verh. s. 1968 m. Dipl.-Psych. Gudrun, geb. Pfeiffer, 2 Kd. (Thomas, Bettina) - Jurastud. Freiburg, London, Chicago. MCL 1959 Chicago; Promot. 1962 Freiburg; Habil. 1968 Hamburg - S. 1968 Lehrtätigk. Univ. Hamburg (1976 Prof.) - BV: Grenzen u. Wesensgehalt d. Grundrechte, 1965; Schadensausgl. b. Verkehrsunfällen - Haftungsersetz. durch Versicherungsschutz, 1968; Verbraucherschutz, 3. A. 1986; Grundfragen d. soz. Sicherheit, 1979; Grundfragen d. Weltwirtschaftsordn., 1980; D. Schutz d. Schwächeren, 1982 - Liebh.: Musik, Sport - Spr.: Engl., Franz. - Bek. Vorf.: Robert (Großv.), Fritz (Vater) u. Ernst v. H. (Onkel s. XVIII. Ausg.).

HIPPEL, von, Reinhard

Dr. jur., o. Prof. f. Straf- u. Strafprozeßrecht u. Kriminol. Univ. Marburg - Simmestr. 13, 3550 Marburg/L. 7 - Geb. 12. Febr. 1931 - BV: Unters. üb. d. Rücktritt v. Versuch, 1966; Gefahrurteile u. Prognoseentscheid. in d. Strafrechtspraxis, 1972; Reform d. Strafrechtsreform, 1976.

HIPPEL, von, Wolfgang

Dr. phil., Prof. f. Neuere Geschichte Univ. Mannheim (s. 1974) - Moltkestr. 1, 6900 Heidelberg - Geb. 28. Aug. 1936 München, ev., verh. s. 1974 m. Ursula, geb. Große-Thie, 2 S. (Georg, Albrecht) - 1955-61 Stud. Gesch. u. Lat. Promot. 1965 Freiburg; Habil. 1973 Heidelberg - 1968-74 Wiss. Assist. Univ. Heidelberg - BV: F. L. K. v. Blittersdorff, 1967; D. Bauernbefreiung im Königreich Württ., 2 Bde. 1977; Auswander. aus Südwestdeutschl., 1984; Freiheit, Gleichheit, Brüderlichkeit?, 1989; Eisenbahn-Fieber, 1990 - Eltern s. unt. Eike v. H. (Bruder).

HIPPEL-SCHÄFER, von, Gabriele

Dr. phil., Oberstudienrätin i.R., Schriftstellerin - Schlossgasse 22, 7800 Freiburg-Opfingen - Geb. 10. April 1927 Heidelberg (Vater: Ernst v. H., Prof. f. öfftl. Recht; Mutter: Gertrud, geb. Klockow), kath., verh. s. 1962 m. Josef Sch., 2 Kd. (Sylvia, Christoph) - Stud. Deutsch, Gesch., Engl., Phil. Univ. Göttingen u. Bonn; Staatsex.; Promot. 1953 Bonn - 1953-55 Lekt. f. Dt. Lit. in Girton College/Cambridge, Engl.; b. 1981 Schuldienst (Gymn.) in Düsseldorf u. Freiburg; s. 1990 Vorst.-Mitgl. d. IGdA (Interessengemeinsch. deutschspr. Autoren) - BV: Stein u. Stern, Lyrik 1978; Lieber hinter d. Mond ..., Lyrik 1984; D. Braut ist glücklich, Erz. 1985; Leih mir Atem, Lyrik 1989; Ein Teppich m. Ranken, Erz. 1991 - Spr.: Engl. - Bek. Vorf.: Robert v. H., Prof. f. Strafrecht (Großv.); Arthur v. H., Prof. f. Augenheilkunde (Urgroßv.).

HIPPIUS, Hanns

Dr. med., o. Prof. f. Psychiatrie - Am Forst 4A, 8032 Gräfelfing/Obb. (T. München 85 32 46) - Geb. 18. April 1925 Mühlhausen/Thür. (Vater: Wilhelm H.; Mutter: Margarete, geb. Klug), verh. m. Waltraut, geb. Weber - Stud. Med. u. Chemie Freiburg, Marburg, Berlin. Promot. (1950) u. Habil. (1963) Berlin (FU) - S. 1968 Ord. u. Klinikdir. FU Berlin u. Univ. München (1971). Bes. Arbeitsgeb.: Methodenprobleme psychiatr. Forschung, Biol. u. Pharmak. Psych. Fachveröff. Mithrsg.: Ztschr. Pharmacopsychiat. u. Monogr. Gesamtgeb. Psychiatrie.

HIRCHE, Hansjürgen

Dr. med., o. Prof. f. Angew. Physiologie Univ. Köln - Kanalstr. 20, 4040 Neuss (priv.); Robert-Koch-Str. 39, Inst. f. Angew. Physiologie, 5000 Köln 41 (dstl.) - Geb. 19. Okt. 1929 Görlitz (Vater: Alfred H., Ing.; Mutter: Charlotte, geb. Peukert), ev., verh. s. 1959 m. Dr. med. Annemarie H., 2 Kd. (Annette, Frank) - 1949-53 Med. u. Zahnmed. Univ. Erlangen, Staatsex. Zahnmed. Univ. Erlangen 1953,1953-55 Stud. Düsseldorf, Ex. 1955, Promot. 1956 - 1955-60 wiss. Assist. II. Med. Klinik Univ. D'dorf; 1960-71 wiss. Assist. Physiol. Inst. D'dorf, 1965 Habil (Physiol.); s. 1971 o. Prof. Univ. Köln (1982/83 Dekan, 1983/84 Prodekan Med. Fak.) - BV: Ü. 100 Veröff. In- u. Ausl. in wiss. Ztschr. üb. Probl. d. Herz-Kreislauf-Physiol. - 1969 Arthur-Weber-Preis Dt. Ges. f. Kreislaufforsch. - Spr.: Engl.

HIRCHE, Herbert

Dipl.-Architekt, Prof., Arch. u. Designer - Tarlerstr. 64, 7000 Stuttgart 1 - Geb. 20. Mai 1910 - Tischlergesellenprüf., Wanderschaft, 1930-33 Stud. am Bauhaus Dessau u. Berlin (b. Albers, Kandinsky, Hilbersheimer, Schüler von Mies van der Rohe u. langj. Mitarb.) - 1948-51 Prof. f. Arch., Hochsch. f. Angew. Kunst Berlin-Weissensee (Ost). S. 1952 Lehrer, Prof. f. Innenarch. u. Möbeldesign Staatl. Akad. d. bild. Künste Stuttgart (1969-71 Rektor), s. 1975 emerit. - 1977 Ehrenmitgl. Staatl. Akad. d. Bild. Künste; 1960-70 Präs., seither Ehrenpräs. Verb. Dt. Ind.-Designer, s. 1964 Vorst.-Mitgl. Dt. Rat f. Formgebung, 1984 Mitgl. Freie Akad. d. Künste Mannheim - Buchveröff. - 1979 Ehrenmitgl. Bd. Dt. Innenarch., 1979 Verdienstmed. Bad.-Württ.; 1982 BVK.

HIRCHE, Peter

Schriftsteller - Kreuznacher Str. 22, 1000 Berlin 33 (T. 821 80 34) - Geb. 2. Juni 1923 Görlitz (Vater: Gerhard H., Versicherungsmathematiker; Mutter: Katharina, geb. Fielsch), ev., verh. s. 1952 m. Ursula, geb. Haupt, T. Gabriele - Gymn. Görlitz (Abit. 1941) - 1941-45 Kriegsdst.; s. 1949 fr. Schriftst. Berlin. Bühnenst.: Triumph in 1000 Jahren (1955), D. Söhne d. Herrn Proteus (1960), Zero (1963). Hörsp.: D. seltsamste Liebesgesch. d. Welt (1953), D. Lächeln d. Ewigkeit (1953), Lob d. Verschwendung (1954), D. Heimkehr (1954), Nähe d. Todes (1961), D. Unvollendete (1961), Lehmann (1962), Miserere (1963), Gemischte Gefühle (1966), D. Krankheit u. d. Arznei (1967); Fernsehsp.: D. Träumer (1961), E. gescheiterte Existenz (1965). Film (Drehb.): Verlorenes Leben (1976). Übers. aus d. Engl. - 1955 Preis Ital. Rundfunk (f.: D. Heimkehr), 1956 Gerhart-Hauptmann-Preis (Triumpf in 1000 J.), 1966 Hörspielpreis d. Kriegsblinden (Miserere), 1967 Preis Tschechoslow. Rundfunk (Miserere), 1976 Eichendorff-Preis - Spr.: Engl.

HIRCHE, Walter

Wirtschaftsminister Bandenburg (s. 1990) - Heinrich-Mann-Allee 107, O-1560 Potsdam - Geb. 13. Febr. 1941 Leipzig, ev., verh. s. 1972 m. Monika, geb. Vetter, 2 Söhne (Stefan, Frederik) - Stud. Gesch., Franz., Politikwiss. in Heidelberg u. Grenoble; Ass. d. Lehramts - 1974-78 u. 1982-90 MdL Nieders.; 1978 u. 82-86 Vors. FDP-Landtagsfrakt.; 1986-90 Nieders. Min. f. Wirtsch., Technologie u. Verkehr - Mithrsg.: 30 Thesen f. e. neue Deutschlandpolitik (1969) - Liebh.: Sport, Franz. Lit., Reisen - Spr.: Engl., Franz.

HIRDT, Willi

Dr. phil., o. Prof. f. Roman. Philologie Univ. Bonn (s. 1973) - Petersbergweg 23, 5300 Bonn-Beuel - Geb. 7. Febr. 1938 Kiel (Vater: Robert H., Detailkonstrukteur; Mutter: Sophie, geb. Christiansen), ev., verh. s. 1965 m. Irene, geb. Czock, 2 Kd. (Christian, Kai) - Hebbel-Sch. u. Univ. Kiel (Staatsex. 1964). Promot. (1966) u. Habil. (1972) Saarbrücken, 1982/83 Dekan Phil. Fak. Univ. Bonn - Zul. Privatdoz. u. apl. Prof. Univ. Saarbrücken - BV: Studien z. Metaphorik Lamartines, 1967; Stud. z. ep. Prolog, 1975; Boccaccio in Dtschl., 1976; Ital. Bänkelsang, 1979; Trissinos Porträt d. Isabella d'Este, 1981; Ausg. u. Kommentar: Sämtl. Erzähl. v. P. Mérimée, 1982. Div. Aufs. - 1977 Montecchio-Preis.

HIRRLINGER, Walter

Staatsminister a. D. - Wiflingshauserstr. 129, 7300 Eßlingen/N. - Geb. 24. Juni 1926 Tübingen, ev., verh., T. Claudia - Volkssch.; kaufm. Lehre - Kriegsdst. (schwer verwundet); Journalist; 1951-68 hauptamtl. Mitarb. VdK (u. a. Landesverbandsgeschäftsf. Baden-Württ.); 1968-72 Arbeits- u. Sozialmin. BW. Ab 1953 Mitgl. Stadtrat Esslingen (1957ff. Fraktionsvors.); 1959-89 Kreisverordn. ebd.; 1960-72 MdL BW (1966-68 Fraktionsvors.). SPD (1964-68 stv. Landesvors.). S. 1972 stv. Landesvors. VdK BW; s. 1974 Vors. Regionalverb. Mittlerer Neckar: s. 1982 Präsid.-Mitgl. u. Bundesschatzm. d. VdK Deutschl., s. 1990 Präs. ebd., s. 1979 Präs. AEH Luxemburg - 1978 Verdienstmed. BW, 1979 Gr. BVK, 1984 Stern dazu.

HIRSCH, Burkhard

Dr. jur., Landesminister a.D., Rechtsanwalt, MdB (1972-75 u. s. 1980) - Rheinallee 120, 4000 Düsseldorf 11 (T.55 13 31) - Geb. 29. Mai 1930 Magdeburg (Vater: Alfred H., Landgerichtsdir.; Mutter: Hedwig, geb. Wöhler), verh. s. 1969 m. Margaretha, geb. Schmitz, 2 Kd. (Alexander, Friederike) - Schule Halle/S. (Abit. 1948); Univ. Marburg (Staats- u. Rechtswiss.; Promot. 1961). Jurist. Staatsex. 1959 - Ab 1964 RA Düsseldorf; 1967-71 Justitiar Walzkontor West GmbH., Rheinhausen; 1973 Dir. Mannesmann AG. Düsseldorf; Beiratsmitgl. Barmenia Lebensversich., Wuppertal. 1964-72 Ratsmitgl. Düsseldorf; 1972-75 MdB; 1975-80 Min. Nordrh.-Westf., ab 1980 MdB. 1948 LPD (Halle); 1949 FDP (Mitgl. Landesvorst. Nordrh.-Westf., 1979 Vors., 1983 zurückgetr.) - 1975 Theodor-Heuss-Preis - Spr.: Engl.

HIRSCH, Fritz

Kaufm. Direktor, Vorstandsmitgl. Münchener Tierpark Hellabrunn AG. - Siebenbrunner Str. 6, 8000 München 90; priv.: Schieggstr. 11, 71 - Geb. 10. Sept. 1923.

HIRSCH, Hans

Dr. med., Dr. phil., em. o. Prof. f. Physiologie - Theodor-Körner-Str. 13, 5000 Köln (T. Köln 39 11 57) - Geb. 4. Dez. 1921 Remscheid - S. 1956 (Habil.) Lehrtätigk. Univ. Köln (1967-87 Ord. u. Dir. Inst. f. normale u. pathol. Physiol.). Üb. 70 Fachveröff.

HIRSCH, Hans

Dr. rer. pol., Prof. Inst. f. Wirtschaftswissenschaften TH Aachen (s. 1967) - Am Schaafweg 3, 5100 Aachen-Walheim (T. 02408 - 8 10 10) - Geb. 22. Dez. 1924 Göttingen (Vater: Emanuel H., Theologe; Mutter: Rose, geb. Ecke), ev., verh. s. 1954 m. Lisa, geb. Schmidt, verw. Lustfeld, 5 Kd. - Univ. Göttingen (Volksw.lehre, Rechtswiss.; Dipl.-Volksw. 1952) - 1953-67 Wiss. Assist. u. Doz. (1964) Univ. Hamburg - BV: Mengen- u. Preisplanung in d. Sowjetunion, 1957 (engl. Philadelphia/USA 1961); Alfred Marshalls Beitrag z. modernen Theorie d. Unternehmung, 1965; Ökonom. Maßstäbe f. d. kommunale Gebietsreform, 1971. Hrsg.: J. G. Fichte, D. geschloßne Handelsstaat, (Phil. Bibl. 316) 1979.

HIRSCH, Hans A.

Dr. med., o. Prof. f. Frauenheilkunde u. Geburtshilfe - Schleichstr. 4, 7400 Tübingen 1 - Geb. 26. April 1930 Tirschenreuth - Promot. 1956 München; Habil. 1967 Frankfurt - S. 1975 Ord. Univ. Tübingen.

HIRSCH, Hans Joachim

Dr. iur., Dr. iur. h. c. mult., o. Prof. f. Straf-, Strafprozeßrecht u. Rechtsphilosophie Univ. Köln - Winckelmannstr. 20, 5000 Köln 30 - Geb. 11. April 1929 Wittenberge/Prignitz (Vater: Dipl.-Ing. Arnold H., Hydrologe), verh. s. 1960 m. Rosemarie, geb. v. Schmiedeberg, 2 Kd. - Promot. 1957; Habil. 1966 - BV: D. Lehre v. d. negativen Tatbestandsmerkmalen, 1960; Ehre u. Beleidigung, 1967; Körperverletzungsdelikte, 1972, Neubearb. 1981; Gründe, welche d. Strafe ausschließen o. mildern, 1974, Neubearb. 1984; Handlungs- u. Unrechtslehre, 1981/82; Bilanz d. Strafrechtsreform, 1986; Entwicklung d. Strafrechtsdogmatik s. Welzel, 1988; Wiedergutmachung im Strafrecht, 1990; Gibt es eine nationale unabh. Strafrechtswiss.?, 1992. Mithrsg. u. Gesamtschriftleit. d. Ztschr. f. d. ges. Strafrechtswiss. Div. Einzelarb. - S. 1984 Ehrenmitgl. Jap. Ges. f. Strafrecht; s. 1991 o. Mitgl. Rhein.-Westf. Akad. d. Wissenschaften.

HIRSCH, Hans-Helmuth

Dr. med., Prof., Leiter Ev. Krankenanstalten Duisburg - Fahrner Str. 135, 4100 Duisburg - Geb. 17. März 1923 Lübeck - Zul. Prof. u. Leit. Herzchir. Abt./Chir. Univ.sklinik Univ. Frankfurt. Üb. 50 Fachaufs.

HIRSCH, Helmut

Prof., Dr., Historiker, Honorarprof. Univ. Duisburg (s. 1973) - Kleiansring 48, 4000 Düsseldorf 31 (T. 40 28 62) - Geb. 2. Sept. 1907 Barmen (Vater: Emil H., Kaufm.; Mutter: Hedwig, geb. Fleischhacker), ev., verh. s. 1933 m. Eva, geb. Buntenbroich, s. 1964 in 2. Ehe m. Anne, geb. Henecka, s. 1973 in 3. Ehe m. Marianne, geb. Tilgner, 2 Söhne (Helmut Villard, Mark Alexander) - Realgymn.; Univ. München, Berlin, Bonn, Köln, Leipzig, Chicago. Ph.D. 1945 Chicago - 1943-44 Instructor Univ. of Wyoming, 1945-57 Assoc. Prof. Roosevelt Univ., 1946 Vis.prof. Univ. of Chicago; 1958-59 Leit. Ausl.inst. Dortmund; 1960-61 Vis.prof. Lake Erie Coll. u. 1965-66 Inst. Universitaire d'Etudes Europ., Turin; s. 1969 Projektleit. Continuity Research Team - BV: Ferdinand Lassalle, 1963; E. revisionist. Sozialismusbild. Drei Vortr. v. Eduard Bernstein, 2. A. 1976; Carlos Baker: Ernest Hemingway, 1967 (a. d. Amerik. v. H. H.); Friedrich Engels, 1968, 9. A. 1986; John A. Hobson: D. Imperialismus, 2. A. 1970 (übers. a. d. Engl. v. H. H.); Rosa Luxemburg, 1969, 15. A. 1989 (auch holl. u. span.); Friedrich Engels, Profile, 1970; August Bebel, 1973, 3. A. 1988; Eduard Bernsteins Briefwechsel m. Friedrich Engels, 1970; Lehrer machen Gesch., 1971; Experiment in Demokratie, 1972, 2. A. 1979; Freiheitsliebende Rheinländer, 1977; Der Fabier Eduard Bernstein, 1977; Marx u. Moses, 1980; Sophie v. Hatzfeldt, 1981; Bettine v. Arnim, 1987, 2. A. 1988 - 1943 Scholar Univ. of Chicago; 1944 Fellow Encyclop. Britannica; 1947 Soc. Sci. Res. Council Grant; 1963-64, 68 Forsch.freijahr Dt. Forsch.gemeinsch.; 1974 Eduard v. d. Heydt-Preis Wuppertal; 1977 BVK I. Kl.; 1980 Saarl. VO; 1988 VO NRW; 1984-87 Präsidialmitgl. PEN Zentrum BRD; 1989 Dr. phil. Karl-Marx Univ. Leipzig - Spr.: Engl., Franz. - Bek. Vorf.: James Simon (Großonkel) - Lit.: Im Gegenstrom, 1977 (Festschr. hg. v. Horst Schallenberger u. Helmut Schrey); Albert H. V. Kraus: H. H. (in: saarheimat 3/78). Festschr. hg. v. Uwe Lemm (in: Int. Jahrb. d. Bettina-von-Arnim-Ges., 2/88).

HIRSCH, Joachim

Dr. rer. pol., Dipl.-Kfm., Prof. f. Polit. Wissenschaft Univ. Frankfurt (s. 1971) - Melemstr. 10, 6000 Frankfurt/M. - Geb. 22. April 1938 Schwenningen/N. - Promot. 1965 - BV: u. a. D. Sicherheitsstaat, 1980; Kapitalismus ohne Alternative?, 1990.

HIRSCH, Martin

Dr. jur., Rechtsanwalt, Vors. Verb. Dt. Mineralbrunnen, Bonn - Birkenwaldstr. 149, 7000 Stuttgart 1 - ARsmitgl. Mineralbrunnen Überkingen-Teinsch-Ditzenbach AG., Bad Überkingen.

HIRSCH, Peter

Dr. rer. nat., Prof. f. Mikrobiologie - Am Vogelsang 2, 2313 Raisdorf/Kiel (T. 04307 - 64 44) - Geb. 29. Jan. 1928 Plön/Holst. (Vater: Hans H., St.R. i. R.; Mutter: Marie Louise, geb. Stein), ev., verh. s. 1960 m. Alice M., geb. Cobb, 3 Kd. (Karen, Klaus, Kersten) - Gymn. Wandsbek, Univ. Hamburg, Biol.-Dipl. 1954; Promot. 1957 - 1958 Mikrobiol. in d. Ind., 1958/59 Cornell Univ. Ithaca N.Y., 1959-62 Assist. Univ. Göttingen. 1962-64 Res.Ass. Dartmouth College Hanover N.H., 1964-1967 Assist. Prof. Yale Univ. New Haven/USA, 1967-1970 Ass. and Full Prof. Mich. State Univ. East Lansing Michigan, 1970ff. Dir. Inst. f. Allg. Mikrobiol. Univ. Kiel - BV: 170 wiss. Publ. - 1989 BVK am Bde. - Liebh.: Mycologie, Archäologie, Fotogr., Reisen - Spr.: Engl., Dän.

HIRSCH-WEBER, Wolfgang

Dr. phil., em. o. Prof. f. Polit. Wissenschaft Univ. Mannheim (s. 1972) - Am Gr. Wald 4, 6901 Gaiberg (T. 06223 - 4 06 02) - Geb. 20. Juli 1920 Mannheim (Vater: Willi H.; Mutter: Mathilde, geb. Weber), ev., verh. s. 1981 m. Dr. Blanca, geb. Castillo, S. Andreas - Stud. Univ. Heidelberg (Promot. 1956), (Habil. 1968) Berlin - 1947-49 Kaufm. Dir. staatl. Bergwerksges. Bolivien; 1955-65 Abt.leit. Inst. f. polit. Wiss. FU Berlin; 1966-68 Repräsentant Friedrich-Ebert-Stiftg. in Lateinamerika, Gastprof. Univ. de Chile; 1969-72 Abt.leit. Lateinamerika-Inst.; Prof. FU Berlin; 1973-76 Prorektor Univ. Mannheim - BV: Wähler u. Gewählte (m. Klaus Schütz u.a.), 1957; Gewerksch. in d. Politik, 1959 (span. Übers. 1961); Verb. u. Gesetzgeb. (m. Otto Stammer u.a.), 1965; Politik als Interessenkonflikt, 1969 (span. Übers. 1971); Lateinamerika: Abhängigk. u. Selbstbestimm., 1972; Bismarck to Bullock, (m. Wilfred Brown), 1983 - Spr.: Span., Engl.

HIRSCHBERG, Dieter

Dramaturg (Hörspielabt. Südwestfunk), Schriftst. - Hauptstr. 83, 7570 Baden-Baden (T. 07221-7 59 49) - Geb. 22. März 1949 Hagen, verh. m. Melsene, geb. Killy, T. Gwendolyn - Stud. German. u. Theaterwiss. Berlin - Regieassist.; Regiss.; Dramat. an div. Bühnen (u.a. Schauspielhs. Bochum); Hörspieldramat. in Baden-Baden - Theaterst., u.a. 15, 16, 17, in: Spectaculum 25, 1976; D. Räumung; Dortmund. D. Nichts; u. Hörsp., u.a. Hilfe; D. Ernennung; Safari. Div. Übers. - Spr.: Engl., Franz., Ital.

HIRSCHBERG, Hubertus

Ass. jur., Versicherungsdirektor - Höhenstr. 21, 6242 Kronberg/Ts. - Geb. 7. Dez. 1924 - AR-Vors. Volkswohl-Bund Lebensversich. a.G., Dortmund, Volkswohl-Bund Sachversich. AG, Dortmund, Alte Leipziger Trust Investment-Ges. mbH; AR Alte Leipziger Bausparkasse AG, Oberursel/Ts., Alte Leipziger Lebensversich.ges. AG, Oberursel, Hallesche Nationale Krankenversich. aG, Stuttgart, Rechtsschutz-Union Versich-AG, München, Alte Leipziger Holding AG, Oberursel.

HIRSCHBERG, Lothar

Dr. jur., Prof. f. Zivil- u. Arbeitsrecht - Yorckstr. 5, 3000 Hannover 1 - Geb. 16. Febr. 1939 Breslau - Stud. Rechtswiss. Univ. Göttingen, Berlin, München, Caen; Promot. 1967, Habil. 1978 - BV: D. Interzonale Währungs- u. Devisenrecht d. Unterhaltsverbindlichk., 1968; D. Grundsatz d. Verhältnismäßigk., 1981.

HIRSCHLER, Adolf

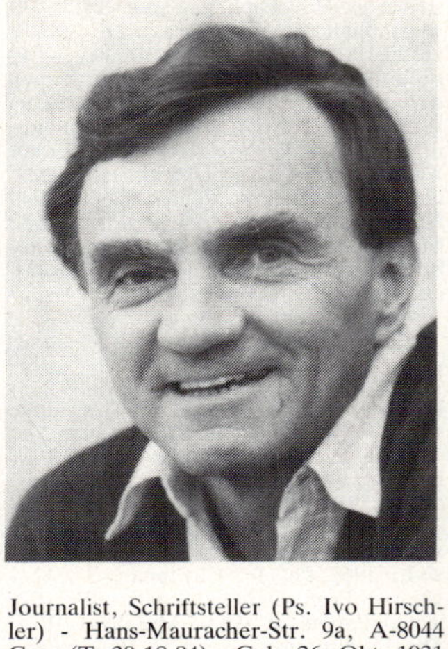

Journalist, Schriftsteller (Ps. Ivo Hirschler) - Hans-Mauracher-Str. 9a, A-8044 Graz (T. 39-18-84) - Geb. 26. Okt. 1931 Stadl/Mur (Vater: Hans H., Lehrer; Mutter: Friederike, geb. Duscher), ev., verh. s. 1955 m. Ruth, geb. Kussian, 2 Töcht. (Gudrun, Barbara) - S. 1970 Leit. Feuilleton-Redakt. Neue Zeit, Graz - BV: Tränen f. d. Sieger, R. 1961 (auch Niederl.); Denn d. Gras steht wieder auf, R. 1962 (auch Niederl.); E. Köder f. Haie, R. 1965; Pauschalreise in d. Hölle, R. 1966; D. Unfall d. Mr. Ross, R. 1968; Sieger in d. besten Jahren, R. 1980. Ca. 50 Hörsp. (gesendet im ORF), 3 Hörsp.-Serien (ORF). Theaterstück: Weibergesch., 1982 (Schauspielhaus Graz, Österr. FS, 1985 Bad. Landesbühnen); Türkenglück 1985 in Deutschlandsberg; 1987 im ORF. Zahlr. Kurzgesch. - Österr. Verkehrssicherheitspreis, Förder.preis d. Österr. Staatspreises; Paula-Grogger-Preis; Dt. Erzählerpreis (H. Nannen) - Liebh.: Hobby-Schiffahrt, Sport, Holzarb.

HIRSCHLER, Ivo

s. Hirschler, Aolf

HIRSCHMANN, Erwin

Dr. med., Arzt f. Kinderheilkunde, Bundesvors. NAV-Verb. d. niedergelassenen Ärzte Deutschl., Köln (s. 1982), 1. Vors. d. ÄKBV München (s. 1991) - Hansastr. 134, 8000 München 70 (T. 089-760 05 96) - Geb. 22. Jan. 1931 Nürnberg, ev., verh. s. 1957 m. Anne, geb. Ney, 3 Kd. (Martin, Christina, Sabine) - Abit.; Stud. Med. Univ. Erlangen u. München (Staatsex. 1955, Promot. 1957) - 1958-61 Truppenarzt Sanitätsdst. d. Bundeswehr; 1962-66 wiss. Assist. Universitätskinderklinik Erlangen; 1968ff. Generalstabslehrg. Führungsakad. d. Bundeswehr Hamburg - Liebh.: Phil., Gesch. - Spr.: Lat., Griech., Engl.

HIRSCHMANN, Hans

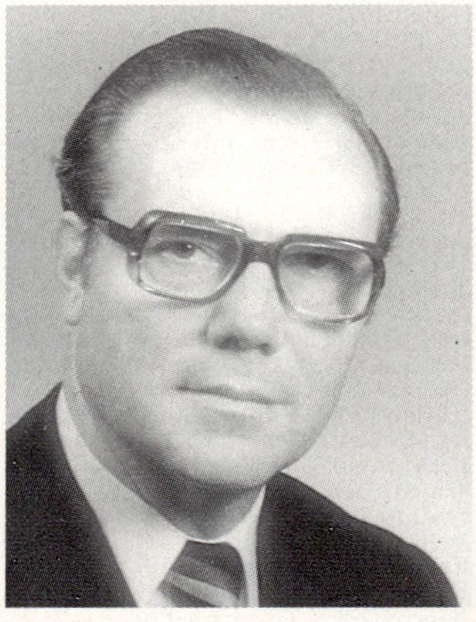

Dipl.-Ing., Vorstandsmitglied Siemens AG - Berliner Str. 295-303, 6050 Offenbach (T. 069 - 807 30 20); u. Hammerbacherstr. 12 + 14, 8520 Erlangen.

HIRSCHMANN, Hans

Journalist, Hauptabteilungsleit. Fernsehen-Unterhalt. u. Vorabendprogramm SWF (s. 1967) - Am Birkenbuckel 22, 7570 Baden-Baden (T. 07221 - 2 58 04) - Geb. 22. Juli 1930 Stuttgart.

HIRSCHMEIER, Michael

Schriftsteller, Lernanimateur - Alemannenallee 8, 4440 Rheine 1 (T. 05971 - 7 20 09) - Geb. 4. Okt. 1952 Rheine, kath., verh., 4 Töcht. (Daniela, Meike, Miriam, Ulrike) - Bäckerlehre in Rheine; Abit. Bad Driburg; Stud. Theol., Phil., Geogr. Münster, Ernährungswiss. Lemgo u. Detmold - BV: D. Testament meiner Mutter, 1983; Ich denk ja nur nach, 1984; D. Erbe bin ich, 1988; Zwiegespräche, 1989; V. Affen, Schätzen u. v. Teufel (m. Jutta Hirschmeier), 1989; V. Riesen, Kochtöpfen u. Gespenstern; Über u. unterm Kreis Steinfurt (m. Jutta Hirschmeier), 1991 - 1983 Hungertuch Frankfurt; 1984 Kulturpreis Stadt Rheine; 1990 Kulturpreis Kreis Steinfurt.

HIRST, Lester L.

Ph. D., Prof. f. Theoret. Physik Univ. Frankfurt - Fallerslebenstr. 16, 6000 Frankfurt/M.

HIRT, Alfred

Dr., Hauptgeschäftsführer Verb. d. Pfälz. Ind., Geschäftsf. Verb. d. Textilind. v. Hessen u. Rheinl.-Pfalz, Landesverb. Bekleidungsind. Rheinl.-Pfalz, Verb. Pfälz. Brauereien u. Verb. d. Nahrungsmittelind. f. d. Pfalz - Friedrich-Ebert-Str. 11-13, 6730 Neustadt/Weinstr. (T. 85 21).

HIRT, Edgar D.

Ministerialdirektor i.e.R. - Fasanenstr. 4, 5300 Bonn-Bad Godesberg - Geb. 24. Mai 1937 Liegnitz (Vater: Arno H., Kaufm.; Mutter: Johanna, geb. Scholz), verh. s. 1969 m. Marlies, geb. Keller, T. Mirja - Lehre, Abendsch.; Stip. Hans Böckler-Stiftg., Stud. Sozialwiss. Münster u. Berlin. Staatsex. - Schuldezern. u. Wiss. Assist. d. SPD Bundestagsfrakt.; 1969-82 Leit. Abt. I (Humanit. Aufg. u. Strukturmaßn. im Zonenrandgebiet, ständiger Vertr. d. Staatssekr., pers. Beauftr. d. Bundeskanzlers f. Verhandl. m. d. Reg. d. DDR) Bundesmin. f. innerd. Bezieh. - 1980 BVK I. Kl.; 1982 Gr. BVK; ausl. Ausz. - Liebh.: Kochen, Sammeln alter Kochbücher, Musik (Ravel, Mozart u. Puccini).

HIRT, Peter

Dr.-Ing., Vorstand Bayer. Zugspitzbahn AG (s. 1975) - Hörmannstr. 16, 8100 Garmisch-Partenkirchen - Geb. 30. Dez. 1938 Augsburg (Vater: Peter H., Obering.; Mutter: Elisabeth, geb. Küspert), ev., verh. s. 1968 m. Charlotte, geb. Winkler, 2 Töcht. (Ines, Isabel) - Stud. Masch.bau TH München (Dipl. 1964; Promot. 1970) - 1972 Betriebsleit., 1974 stv. Vorstand Bayer. Zugspitzbahn - Liebh.: Malerei, Bergsteigen - Spr.: Engl., Franz.

HIRTE, Klaus

Kammersänger, Opernsänger - Waldburgstr. 156, 7000 Stuttgart 80 (Vaihingen) (T. 0711 - 73 45 45) - Geb. 28. Dez. 1937 Berlin (Vater: Paul H., Eisenbahner; Mutter: Frieda, geb. Sturm), ev., verh. s. 1965 m. Alice, geb. Knorr, 3 Kd. (Marc, Josefin, Robin) - 1953-56 Werkzeugmacher-Lehre; 1958-59 Bundeswehr (Fallschirmjäger); 1960-64 Musikstud. Staatl. Hochsch. f. Musik, Stuttgart; Gesang b. Prof. Hans Hager. S. 1964 Engagem. Württ. Staatsoper, Stuttgart (Charakterbariton, Hauptpartien). Neuinsz. u. Gastsp.: Festsp. Bayreuth u. Salzburg; Staatsopern München, Hamburg, Wien, Basel, Rom, Venedig, Warschau, Lissabon, Paris, San Antonio/Texas, Chicago, Portland/Oregon u. fast alle dt. Opernbühnen. Rollen: u. a. Beckmesser (Meistersinger v. Nürnberg), Alberich (Ring d. Nibelungen), Wozzeck - 1976 Baden-Württ. Kammersänger-Titel; 1990 Hermann Hesse-Med. d. Gr. Kreisstadt Calw - Liebh.: Jazz-Musik, Lesen.

HIRTE, Roswitha

Geschäftsführerin Bundesverband Betriebsgastronomie e.V. (BVBG) - Gottesweg 52, 5000 Köln 51 (T. 0221 - 36 96 24 u. 360 39 20; Telefax 0221-363254) - Vertreterin d. Mitgliedervers. f. d. Arbeitgeberseite b. d. BG Nahrungsmittel u. Gaststätten; Mitgl. Arbeitskr. Gemeinsch.verpflegung b. d. Ernährungsind.; Gründ.mitgl. Gewürzforsch.inst. (GEFI); Beiratsmitgl. ANUGA, u. hogatec; Aussch.-Mitgl. b. Bund f. Lebensmittelkd.

HIRTREITER, Kaspar

I. Bürgermeister (s. 1972) - Rathaus, 8162 Schliersee/Obb.; priv.: Hans-Miederer-Str. 10a - Geb. 18. Aug. 1925 Schliersee - Zul. Verwaltungsangest. SPD.

HIRTREITER, Wolfgang

Bildhauer - Bahnhofstr. 59, 8031 Gröbenzell/Obb. (T. 96 19) - Geb. 6. März 1922 Zwiesel/Bay. Wald, verh. m. Gertrud, geb. Fickenscher, 2 Kd. (Gundel, Inge) - Stud. 12 Sem. Akad. d. bild. Künste München - 1959 Silb. Ehrenmed. d. Stadt Graz, 1972 Ostbayer. Kulturpreis - Arbeiten i. zahlr. Kirchen, Freie Plastik u. Brunnen, Emaille-Arbeiten.

HIRZEBRUCH, Friedrich

Dr. rer. nat., o. Prof. f. Mathematik - Thüringer Allee 127, 5205 St. Augustin 2 (T. 02241 - 33 23 77) - Geb. 17. Okt. 1927 Hamm/W. (Vater: Fritz H., Oberstudiendir.; Mutter: geb. Holtschmit), ev., verh. s. 1952 m. Ingeborg, geb. Spitzley, 3 Kd. - Univ. Münster/W. (Promot. 1950) u. ETH Zürich - 1950 Assist. Univ. Erlangen, 1952 Member Inst. for Advanced Study, Princeton/USA, 1954 Privatdoz. Univ. Münster, 1955 Assistant Prof. Princeton Univ., 1956 o. Prof. Univ. Bonn, 1981 Dir. Max-Planck-Inst. f. Mathematik Bonn. 1961/62 u. 1990 Vors. Dt. Mathematiker-Vereinig.; 1990 Präs. Europ. Math. Ges.; Mitgl. amerik., franz. u. dt. Fachvereinig. - BV: Neue topologische Methoden in d. algebraischen Geometrie, 1956 (auch engl.); Gesammelte Abh., 2 Bd. 1987 - Silb. Med. ETH Zürich; Mitgl. Dt Akad. d. Naturforscher (Leopoldina), Halle/S., Akad. d. Wiss. Heidelberg, Rhein.-Westf. Akad. d. Wiss., Akad. d. Wiss. u. Lit. Mainz, Kgl. Niederl. Akad. d. Wiss., Bayer. Akad. d. Wiss., Akad. d. Wiss. zu Berlin, Finnish Acad. of Sciences, Nat. Acad. of Sciences USA, Akad. d. Wiss. d. DDR, Russ. Akad. d. Wiss., Académie des Sciences, Paris, Royal Irisch Acad., Akad. Wiss. Göttingen, Europ. Acad. Arts, Sci., Human., Acad. Europea; 1980 Dr. h.c. Univ. of Warwick, 1982 Dr. h.c. Univ. Göttingen, 1984 Ehrendoktor Univ. Oxford, 1987 Dr. h. c. Univ./GH Wuppertal; 1988 Wolf prize in Math.; 1989 Dr. h. c. Univ. of Notre Dame; 1990 Lobachevskij-Preis Akad. d. Wiss. d. UdSSR, 1991 Orden Pour le Mérite, 1992 Dr. h.c. Trinity College Dublin - Spr.: Engl.

HIRZEBRUCH, Ulrich

Dr. rer. nat., Prof. f. Mathematik Univ.-GH Siegen (s. 1974) - Hölderlinstr. 3, 5900 Siegen 21; priv.: Zum Bernstein 28, 5900 Siegen 21 - Geb. 27. April 1934 Hamm (Vater: Dr. Fritz H., Oberstudiendir.; Mutter: Martha, geb. Holtschmit), ev., verh. s. 1961 m. Irmgard, geb. Brökert, 2 Kd. (Stefan, Annette) - Schulen Hamm; Univ. Münster. Promot. (1960) u. Habil. (1970) Münster - Zul. Wiss. Rat u. Prof. Univ. Münster. Facharb.

HISS (ß), Dieter

Dr. rer. pol., Dipl.-Volksw., Präsident Landeszentralbank Berlin, Mitglied Zentralbankrat - Leibnizstr. 9-10, 1000 Berlin 12 - Geb. 10. Juli 1930 Freiburg/Br., ev., verh. s. 1957, 4 Kd. - Human. Gymn.; Univ. Freiburg, Kiel (Wirtsch.wiss.). Dipl.-Volksw. u. Promot. Freiburg - Univ.assist.; Abt.leit. Dt. Inst. f. Wirtsch.forsch., Berlin; Abt.leit. Bundesmin. f. Wirtsch., Bundesmin. d. Finanzen u. Bundeskanzleramt, Bonn - BV: Kosten u. Preise in d. BRD 1950-60. Entwickl. u. Probleme, 1963 - Liebh.: Malerei, Musik, Wintersport - Spr.: Engl., Franz.

HISSEN, Wolfgang

Dr. med., Prof., Chirurg, Chefarzt Abtlg. f. Allgemeinchirurgie - Evangelisches Stift St. Martin, 5400 Koblenz - S. Habil. Privatdoz. u. apl. Prof. Univ. Heidelberg (Kommiss. Dir. Chirurg. Univ.-Klinik).

HISSERICH, Karl

Amtsrat, MdL Hessen (s. 1970) - Marburger Str. 19, 6313 Homberg Kr. Alsfeld (T. 06633 - 9 89) - Geb. 30. Nov. 1926 Homberg, verh., 2 Kd. - N. Mittl. Reife Rechtspflegerausbild. u. -sch. (Ex.) - U. a. Amtsrat AG Alsfeld. 1956 ff. Stadtverordn. Homberg (1960 Vorsteher). SPD s. 1956.

HITZ, Bruno

Dramaturg Schauspielhaus Zürich - Dufourstr. 78, 8008 Zürich/Schweiz - Geb. 21. Nov. 1940 Zürich, verh. s. 1966 m. Antje Maass, S. Valentin - 1972-77 Stud. German. u. Phil. Univ. Zürich, Ex. Lic. phil. - 1966-68 Dramat. Stadttheater Bern; 1968-71 Staatstheater Stuttgart; s. 1980 Burgtheater Wien. Gymnasiallehrer Zürich, Theaterkritiker Weltwoche - Liebh.: Phil., Reisen - Spr.: Franz., Engl.

HITZIGRATH, Rüdiger

Jurist, selbst. Versicherungsvertreter (s. 1983) - Wiclefstr. 44, 1000 Berlin 21 (T. 030 - 396 23 68) - Geb. 27. Dez. 1929 Berlin, ev. - Gymn. Berlin, Cottbus, Potsdam (Abit. 1948); FU Berlin (Rechtswiss.) - 1958-83 fr. Prozeßvertr. Bundesversicherungsanstalt f. Angest.; s. 1979 Vors. e. öfftl. rechtl. Stiftg.; s. 1990 Vorst.-Mitgl. VdK Berlin u. Europa-Union (EU) Berlin; Mitgl. d. DIG (dt.-israel. Ges.). SPD s. 1963; ÖTV s. 1966. 1967-71 Bezirksverordn. Wilmersdorf. 1971-81 MdA, 1977-80 stv. Frakt.vors. d. SPD, 1981-83 MdB, 1984-89 MdEP.

HLAWATY, Graziella

Schriftstellerin - Ungargasse 28, A-1030 Wien u. Hoffingergasse 7-9/IV, A-1120 Wien (T. 0222 - 846 08 44) - Geb. 2. Febr. 1929 Wien/Österr. - Univ.stud. - BV: Endpunktgesch., Erzählbd. 1977; Gun-Britt Sundström, D. and. Hälfte (Übers. schwed.), 1978; Bosch od. D. Verwunderung d. Hohltierchen, R. 1979; Erdgesch., Erzählbd. 1981; Land zu erfahren, Luft zu erfliegen, Erzählbd. 1989; D. Grenzfahrt, R. 1990. Hörsp.: D. Wettbewerb (1980); E. Höhlenbesichtigung (1983); Dort draußen, auf d. Insel (1985); D. Vierwaldstätter-Trio od. Vergiß die Peitsche nicht (1991) - 1984 Theodor Körner-Preis; 1986 Bertelsmann Erzähler-Preis; 1987 Würdigungspreis f. Lit. d. Landes Niederösterr.; 1977, 1981, 1990: Buchprämien d. Bundesmin. f. Unterr. u. Kunst; 1991 Hörspielpreis im Harder Lit.wettbewerb - Spr.: Schwed., Engl. - Mitgl.: P.E.N.-Club, Österr. Schriftstellerverb. (Vizepräs.), Literaturkreis Podium - Lit.: Hans Thöni, D. Sinnfrage im Werk v. G. H. (1983).

HLAWITSCHKA, Eduard

Dr. phil., o. ö. Prof. f. Mittelalterl. Geschichte - Panoramastr. 25, 8036 Herrsching (T. 08152 - 49 91) - Geb. 8. Nov. 1928 Dubkowitz/Böhmen - Habil. 1966 Saarbrücken - 1966 Privatdoz. Univ. Saarbrücken, dann Ord. u. Institutsdir. Düsseldorf (1969) u. München (1975). 1963 Mitgl. (1964-75 Vorst.) Kommiss. f. Saarl. Landesgesch. u. Volksforsch.; 1968 Mitgl. Ges. f. Rhein. Geschichtskd.; 1970 korr. Mitgl. Hist. Kommiss. d. Sudetenländer; 1979 Mitgl. Sudetend. Akad. d. Wiss. u. Künste (s. 1991 Präs.). Fachveröff., auch Bücher - 1987 Sudetend. Kulturpr. f. Wiss.

HOBBENSIEFKEN, Günter

Dr. disc. pol., Dipl.-Sozialw., Dipl.-Hdl., o. Prof. f. Wirtschaftspädagogik, Arbeits- u. Berufswiss. GH Wuppertal (s. 1973) - Böckingstr. 6, 5340 Bad Honnef 1 - Geb. 25. Aug. 1929 Eggelogerfeld - Promot. 1958 - Zul. Prof. f. Berufspäd. TH Darmstadt. Bücher u. Aufs., insbes. z. Berufsforsch.; Einf. in traditionelle u. mod. Theorien, 1980.

Von HOBE, Bertram

Redaktionsbeauftragter d. Herausgebers v. Kölner Stadt-Anzeiger u. Express, Geschäftsf. Verlag M. DuMont Schauberg - Zu erreichen üb. Breite Str. 70, 5000 Köln 1 (T. 0221 - 224 21 20) - Geb. 13. Juni 1945 Mühlenkoppel/Kr. Flensburg, kath., verh. m. Christiane v. d. Burchard, 4 Kd. (Marc, Nico, Christian, Alexandra Ruth) - Altspr. Abit.; Ltn. d. R.; Jura-Stud. (o. Abschl.); Zeitungsvolont./Redakt. b. d. Tageszt. Die Welt, Westf. Anzeiger u. Kurier (Hamm), D. Glocke (Oelde), Saarbrücker Ztg.; 1984-90 Chefredakt. Westf. Nachrichten/ZENO-Ztg., Münster - Bek. Vorf.: Generallt. a.D. Cord v. H. (Vater); Generaloberst a.D. Franz Halder (Großv. ms).

HOBEIN, Herbert

Dipl.-Ing., Direktor i. R. - Renteilichtung 8, 4300 Essen 1 - Geb. 25. Dez. 1906 Einbeck - S. üb. 35 Jahren PAG Preßwerk AG., Essen (dav. 26 J. Vorst., zul. b. 1971 -vors.). S. 1973 Mitgl. auf Lebenszeit Kurat. Gesamtverb. d. kunststoffverarb. Ind. - 1928 Olympiamed. in Bronze im Hockey.

HOBERG, Fritz-Werner

Landwirt, MdL NRW v. 1970-80 - 4724 Wadersloh-Liesborn Kr. Warendorf (T. 02945 -56 56) - Geb. 26. Aug. 1913 Liesborn, verh., 6 Kd. - Realgymn. (Abit.; 5 Sem. Jurastud. München, Königsberg/Pr., Bonn, Kiel - Wehrmacht (zul. Oberstlt. u. Regt.skdr.); n. Umschul. s. 1950 Landw. u. Brennereibes. 1952 ff. Mitgl. Amtsvertr. Liesborn-Wadersloh (1956-65 Bürgerm.); 1960-64 Mitgl. Landschaftsvers. Westf.-Lippe; 1965-77 stv. Präs. Bundesverb. Dt. Kornbrenner, v. 1971-80 Präs. Westf. Gen.verb. CDU (1969 ff. MdK Beckum, bzw. Warendorf).

HOBERG, Heinz

Dr.-Ing., Dipl.-Ing., Prof. u. Direktor Inst. f. Aufbereitung, Kokerei u. Brikettierung TH Aachen (s. 1971) - Am Rosenhügel 21, 5100 Aachen-Laurensberg (T. 1 35 07) - Geb. 24. Sept. 1932 Münster (Vater: Ewald H., Justizoberamtsrat; Mutter: Elisabeth, geb. Kother), kath., verh. s. 1958 m. Helene, geb. Felten, 3 Kd. (Horst, Armin, Heike) - Bergbaustud.; Promot. 1967 Aachen - 1963-71 Abt.leit. f. Aufbereitung Ruhrbergbau. Forsch.schwerpunkte: Sortierung schwer aufbereitbarer mineralischer Rohstoffe u. Abfallaufbereitung, Abfallwirtschaftskonzeptentw., Entw. v. Verfahren zur mechanischen Altlastensanierung - 1968 Borchers-Plak. TH Aachen (f. Promot. m. Ausz.) - Spr.: Engl.

HOBERG, Hermann

Dr. theol., Prälat, Domherr an St. Peter (1980) - Citta del Vaticano, Piazza S. Marta, Rom (T. 698 43 92) - Geb. 11. Dez. 1907 Osnabrück (Vater: Hermann H., Weinhändler; Mutter: Gertrud, geb. Dütemeyer), kath. - Gymn. Carolinum Osnabrück; Univ. Innsbruck, Phil.-Theol. Hochsch. St. Georgen Frankfurt/M. Promot. 1938 Freiburg/Br. - 1933-37 Vikar Flensburg, 1938-49 Mitgl. Histor. Inst./Görres-Ges. Rom u. Kaplan Dt. Camposanto b. St. Peter, s. 1950 Archivar u. Vizepräfekt (1956) Vatikan. Archiv Rom - BV: D. Gemeinschaft d. Bekenntnisse in kirchl. Dingen - Rechtszustände im Fürstentum Osnabrück v. Westf. Frieden b. z. Anf. d. 19. Jh.s, 1939; D. Inventare d. päpstl. Schatzes in Avignon, 1944; D. Einnahmen d. Apostol. Kammer unt. Innozenz VI., 1955 - 1972 Gr. BVK u. Österr.

Ehrenz., Dr. phil. h. c. Bonn, Ehrendomherr Osnabrück - Spr.: Ital., Engl.

HOBERG, Rudolf
Dr. phil., Prof. f. Germanistische Sprachwiss. u. Sprachdidaktik - Biengartenstr. 55, 6143 Lorsch/Hessen - Geb. 10. März 1936 Neukirchen - 1969 Mitarb. Inst. f. Dt. Sprache Mannheim; 1975 Prof. TH Darmstadt; Vorst.-Mitgl. Ges. f. dt. Sprache - BV: D. Lehre v. sprachl. Feld, 2. A. 1973; Sprachprobl. ausl. Jugendlicher. Aufg. d. berufl. Bildung, 1983; Sprache u. Bildung. Beitr. z. 150. Todestag Wilhelm v. Humboldts, 1987; Dt. Grammatik, 1988. Herausg.: Rechtschreibung im Beruf (1985); Texterfahrungen (1986). Mithrsg.: Spr. u. Beruf (1980ff.); Handb. z. Sprachwiss. u. Spr.-didaktik (1981ff.); Aufrüstung d. Begriffe? (1989); Ztschr. Muttersprache (s. 1987). Mitverf.: Lesen, Darstellen, Begreifen (6 Bde., 1982ff.); Deutschunterr. an berufl. Schulen. Anforderungen an s. Lehrer (1985); Grammat. Grundkurs (1985). Aufs. zu Wortsemantik, Grammatik, sprachl. Normen, Fachsprachen, Rechtschreibung, Sprache u. Beruf, Deutsch als Muttersprache u. Deutsch als Fremdsprache, Sprache u. Politik, Sprachkritik, Sprachphilosophie.

HOBOM, Gerd
Dr. med., Dr. rer. nat., Prof. f. Molekularbiologie u. Mikrobiol. Univ. Giessen - Arndtstr. 14, 6300 Giessen - Geb. 3. Mai 1933 Bomlitz, ev. luth., verh. s. 1968 m. Dr. rer. nat. Barbara, geb. Schnegg - Gymn. Walsrode, Univ. Göttingen, Münster, Basel (Chemie, Med.) - S. 1978 Zentr. Komm. f. Biol. Sicherh. (ZKBS) b. BMFT, Bonn; stv. Vors. - BV: Biochemie, Lehrb., 1977 - Spr.: Engl.

HOCH, M. Oswald
Dipl.-Ing., Handwerksmeister, MdL Nieders. (s. 1971, SPD) - Zum Isetal 21, 3170 Gifhorn (T. 05371 - 7 32 32) - Vors. Umweltaussch., Kreistagsabgeordn., Stadtrat Gifhorn, Mitgl. Humanist. Union, DGB Landesaussch. f. Umweltfragen, Büro f. Vermögensberat.

HOCH, Peter
Komponist, Improvisationsmusiker, Dozent Bundesakademie f. musikal. Jugendbildung Trossingen - Postfach 11 58, 7218 Trossingen (T. 07425 - 9 49 30 o. 74 72, Fax 07425 - 94 93 21) - Workshops, Lesungen, Ausstellungen, Konzerte. Kompos.: Kammermusiken, Orch.werke, experimentelle Konzeptkompos., Musikal. Graphik, Hör-Spiele, Lyrik, Rundfunkprod. u. Publ. im In- u. Ausl., Schallplatten - Leit. d. Improvisationsgruppe sound production, Mitgl. d. Gruppe ad hoc(H) - Förderpreis d. Kultusmin. Rhld.-Pfalz, d. Südwestfunks, u.a. - Lit.: Nachschlagewerke.

HOCHBERG, Klaus
Dr. med., Prof., Urologe (Chefarzt) - Städt. Krankenhaus, 7750 Konstanz/B. - S. Habil. Lehrtätigk. Univ. Heidelberg (gegenw. apl. Prof.).

HOCHBRUCK, Hubert
Dr.-Ing., Honorarprofessor d. TH Darmstadt, Hauptgeschäftsf. Verb. d. Dt. Bahnind. e.V. - Lindenstr. 30, 6000 Frankfurt/M. 1 (T. 069 - 72 72 44, Fax 069 - 72 72 94).

HOCHE, Hans-Ulrich
Dr. phil., Univ.-Prof. f. Philosophie - Kiefernstr. 29, 4320 Hattingen - Geb. 16. Febr. 1932 Erfurt/Thür. (Vater: Bodo H., Chemiker; Mutter: Luise, geb. Gille), ev., verh. s. 1958 m. Gertrud, geb. Methfessel, 2 Töcht. (Gabriele, Susanne) - Promot. 1962 Köln - 1962-65 Lehrtätigk. Univ. of the Philippines - S. 1973 Prof. Univ. Bochum - BV: Nichtempir. Erkenntnis, 1964; Handlung, Bewußtsein u. Leib, 1973; Analyt. Philos. (m. W. Strube), 1985; Einf. in d. sprachanalytische Philosophieren, 1990; Elemente e. Anatomie d. Verpflichtung, 1992.

HOCHGARTZ, Günther
MdL Nordrh.-Westf. (1980-85) - Brockhoffstr. 4, 4290 Bocholt (T. 3 96 75) - Geb. 10. Juli 1918 Bocholt, ev., verh. s. 1944 m. Gretel, geb. Schilpp, 3 Kd. (Gabriele, Jörg, Dirk) - Gymn. (b. Obertertia); Elektrohandw. Meisterprüf. - 1935-36 Arbeitsdienstf.; 1937-39 Jugendzieher; 1939-45 akt. Soldat (zul. Major u. Batl.kdr.); s. 1946 Elektrofm. (Fa. G. Hochgartz/Elektr. Industrieanlagen). 1964ff. Oberbürgerm., s. 1983 Ehrenoberbürgerm. Bocholt. CDU s. 1955 - Liebh.: Schwimmen (1955 Dt. Wasserballm. VOW), Reiten, Skilaufen - 1943 Ritterkreuz, Gold. Verwundetenabz., 1944 Ehrenblattspange; 1965 Gold. Sportabz.; 1970 Ritter-Offz. v. Orden d. Verdienstkreuzes d. Rep. Italien; 1973 BVK I. Kl.; 1983 Ehrenring Stadt Bocholt; 1983 Gr. BVK; 1986 Ehrenbürger d. Stadt Bocholt; 1990 VO. Land Nordrh.-Westf.

HOCHGESAND, Gerhard
Dr.-Ing., Direktor Lurgi AG, Frankfurt - Im Wiesenring 6, 6056 Heusenstamm - Geb. 20. Mai 1930 München.

HOCHGESAND, Peter
Dr. med., Augenarzt, Prof. f. Augenheilkd. Univ. Mainz (n. b.) - Scharftriebweg 80, 6500 Mainz 1 - Geb. 8. Mai 1941 Heidelberg - Promot. 1966; Habil. 1974 - Zeitw. Univ. Iowa (USA). Facharb.

HOCHGÜRTEL, Hans
Dr. jur., Rechtsanwalt, Generalbevollm. Hülskens & Co., Wesel, Vors. Bundesverb. Dt. Kies- u. Sandind., Duisburg, Fachverb. Kies u. Sand, Mörtel u. Transportbeton NRW, Vizepräs. d. Präs. Bundesverb. Steine u. Erden, Frankfurt/M. - Am Wäldchen 15, 4230 Wesel 13 (T. Büro: 20 41) - Geb. 29. Nov. 1924 - 1989 Gr. BVK.

HOCHHEUSER, Kurt
Dr., Vorstandsmitglied Commerzbank AG - Breite Str. 25, 4000 Düsseldorf (T. 0211-82 71) - Geb. 28. Jan. 1935 - AR-Mandate.

HOCHHUT, Rolf

Schriftsteller - Postfach 380, CH-4002 Basel - Geb. 1. April 1931 Eschwege (Vater: Schuhfabrikant), verh., 3 Söhne - Höh. Schule; Lehre Sortimentsbuchhandel - Ab 1955 Lektor Bertelsmann Lesering, Gütersloh u. Rütten & Loening Verlag, Hamburg - BV: D. Berliner Antigone, Erz. 1963; Krieg und Klassenkrieg, Ess. 1970; E. Liebe in Deutschl.; Erz. 1978 (verfilmt 1983); Machtlose u. Machthaber, Ess. u. Ged. 1979; Panik im Mai (Sämtl. Erz. u. Ged. hg. v. Gerd Ueding u. Karl Krolow); Wessis in Weimar. Satiren aus einem besetzten Land, Drama 1992; Schausp.: D. Stellvertreter (UA. 1963 Berlin), Soldaten (UA. 1967 Berlin), Guerillas (UA. 1970 Stuttgart), Juristen, 1979; Ärztinnen (1984 DEFA-Film); Kom.: D. Hebamme (UA. 1971 Zürich u. a.). Lysistrate u. d. Nato (1973), Tod eines Jä-

gers (UA. 1977 Salzburg), Judith (1986), Unbefleckte Empfängnis (UA. 1988 Berlin), Sommer 14 (UA. 1990 Wien) - Atlantik-Novelle, Erz. Herausg.: Wilhelm Busch (1959, Deutsche Erzähler d. 20. Jh. (1963 u. 79), D. zweite Klassik - Dt.sprach. Erzähler d. Jahrgänge 1850-1900 (2 Bde. 1983); Von Syrakus aus: Gesehen, gehört, gedacht (1991). Alle Dramen. Gesamtausg. in zwei Bänden, 1991 - 1963 Berliner Kunstpreis; Mitgl. PEN-Zentrum BRD; 1976 Baseler Kunstpreis; 1981 Lessing-Preis; 1991 Elisabeth Langgässer-Preis; 1991 Jacob Burckhardt-Preis - Lit.: Siegfried Melchinger, R. H., 1967; Dietrich Simon, Nur d. Spitze d. Eisberg - E. Reader, 1982; Sämtl. Dramen, Gedichte, Erzählungen, z. 60. Geb.

HOCHLEITNER, Anton
Schulrat a. D., MdL Bayern (1962-82) - Leidlstr. 11, 8390 Passau (T. 71 26) - Geb. 5. Dez. 1927 Oberreit/Ndb., verh. s. 1953 m. Brigitte, geb. Sturm, 3 Kd. - Aufbausch. Straubing; 1943-44 Lehrerbildungsanstalt München-Pasing, 1946-50 Straubing. Lehramtsprüf. 1950 u. 53 - 1944 b. 1945 Soldat (Kriegsfreiw.); s. 1952 Schuldst. Passau. 1957-59 Vors. Arbeitsgem. Bayer. Junglehrer. 1959 ff. Schriftl. Monatsschr. D. Junglehrer. 1960 ff. Stadtratsmitgl. Passau. SPD, s. 1971 Vors. Aussch. f. kulturpolit. Fragen i. Bayer. Landtag, s. 1981 Vors. Ges. f. Archäol. Bayern - 1971 Bayer. VO., 1978 BVK a. Bd.; 1981 Med. f. bes. Verdienste um d. bayer. Denkmalpflege; 1982 Kommunale Verdienstmed.; 1982 Gold Ehrenring Stadt Passau.

HOCHMUTH, Karl

Dr. phil., Dozent, Schriftst. - Stefan-Krämer-Str. 16, 8708 Gerbrunn/Würzburg (T. 70 69 24) - Geb. 26. Okt. 1919 Würzburg (Vater: Johann H., Postbeamter), kath., verh. s. 1951 m. Elisabeth, geb. Schneider, 4 Kd. (Cornelia, Constanze, Veit, Christine) - Gymn. u. Univ. Würzburg (Gesch., Literaturgesch., Geogr., Phil., Päd.; Promot. 1957) - 1938-48 Wehr-, Kriegsdst. u. Gefangensch. (1944); 1950-59 Volksschullehrer Gerbrunn u. Würzburg; 1959-66 Realschullehrer Würzburg; s. 1966 Doz. Erzieh.wiss. Fak. Univ. Würzburg - BV: D. Leutnant u. d. Mädchen Tatjana, R. 1957, letzte A. 1980 (auch engl. 1973, 75, 79 u. 88); Arm u. reich u. überhaupt..., R. 1960; E. Mensch namens Leysentretter, R. 1965, 1991; D. samtenen Nüstern, Erz. 1976; D. griech. Schildkröte, Erz. 1978; Weihnachtl. Spektrum Unterfranken, Texte u. Bilder 1981/83; Wo bist du - Würzburg?, Texte u. Bilder 1985; D. Kiesel am Strand v. Bordighera, Erz. 1986; Riml, Erz. 1988; D. perfekte Weihnachtsbaum (m. M. Kubelka), Erz. 1991. Jugendb., Anthol., Hörbilder, Funkerz., 6 Hörsp. (1963, 65, 68, 72, 81, 84) - 1965 u. 1979 Dauthendey-Plak., 1974 Lit.preis VdK Dtschl.; 1980 Friedlandpreis; 1984 Prosapreis d. Stadtbibl. Nürnberg - Spr.: Engl.

HOCHREIN, Hans
Dr. med., Prof., Internist, Kardiologe, Chefarzt Univ.-Klinikum Rudolf-Virchow - Senheimer Str. 33, 1000 Berlin 28 - S. Habil. Lehrtätigk. FU Berlin (gegenw. apl. Prof. f. Inn. Med.); Wiss. Tätigk.: Herzinfarkt, Intensiv- u. Notfallmed.

HOCHSCHILD, Ulrich
Dr., Botschafter d. Bundesrepublik Deutschland in Benin (s. 1991) - 7 Route Inter-Etats, BP 504, Cotonou/Benin - Geb. 11. April 1949 Karlsruhe, ledig - Abit. 1967; Stud. Gesch., Polit. Wiss. Franz. Heidelberg u. Aix-en-Provence; 1. u. 2. Staatsex 1972 u. 1973; Promot. 1981 (Gesch.) - S. 1980 Ausw. Amt, 1984-88 an dt. UNO-Vertretg. New York, 1988-90 Austauschbeamter im franz. Außenmin., 1990/91 dt. Botschaft Paris - Spr.: Franz., Engl., Span.

HOCHSTÄDTER, Dieter
Dr. rer. pol., Prof. f. Statistik Univ. Frankfurt - Mertonstr. 17, 6000 Frankfurt/M.; priv.: Heidweg 3, 6380 Bad Homburg v.d.H.

HOCHSTEIN, Reiner

Dr., Direktor d. Landeszentrale f. private Rundfunkveranstalter (LPR) Rheinland-Pfalz (s. 1987) - Turmstr. 8, 6700 Ludwigshafen (T. 0621 - 5 20 20) - Geb. 15. Sept. 1940 Remscheid, kath., verh. s. 1970 m. Dr. med. Gisela, geb. Lang, 2 Söhne (Thomas, Michael) - 1967 Hochsch. f. Verwalt.wiss. Speyer; 1. u. 2. jurist. Staatsex. 1965 u. 1969; Promot. 1969 Univ. Köln - 1969 Richter am Landgericht Köln (Kammer f. Pressesachen). 1974-87 Rundfunkref. in d. Staatskanzlei Nordrh.-Westf.; 1988 Berat. in d. Publizist. Kommiss. d. Zentralkomit. d. Dt. Katholiken; 1989 Mitgl. d. Informationsaussch. d. DIHT; 1991 Vors. d. Techn. Kommiss. d. Landesmedienanst. (TKLM) - 1989 Ritterkreuz d. Ordens d. Hl. Gregor d. Großen - Liebh.: Barock-Musik, Orgelspiel - Spr.: Engl., Franz.

HOCHSTETTER, Herbert
Senator e. h., Ministerialdirektor a. D., Stiftungskommissar d. Carl-Zeiss-Stiftung (s. 1972) - Belaurstr. 23, 7000 Stuttgart 1 - Geb. 24. Okt. 1917 - Hum. Gymn.; Universität (Rechtsw.) - 1946 b. 1967 Kultusmin. BW (Justitiar, Abt.-Ltr.), 1967-77 Wirtsch.min. (ständ. Vertr. d. Min.) - BV: Schulrecht BW, 1952; Rechts- u. Staatskunde, 1961; Schulgesetz f. BW, 1964 - Verd.Med. BW.

HOCHSTRAATE, Lutz
Regisseur, Schauspieler, Intendant Salzburger Landestheater - Geb. 7. Jan. 1942, ev., verh. - Max Reinhardt-Sch. Berlin.

HOCHSTRATE, Dieter
Dipl.-Kfm., Geschäftsführer C. H. Knorr GmbH u. Maizena Markenartikel GmbH, Heilbronn - Helfenbergstr. 35, 7104 Obersulm 1 (T. 07130 - 80 38) - Geb. 6. März 1931 Hagen (Vater: Emil H., Dipl.-Ing., Dir.; Mutter: Leni H.),

verh. s. 1964 m. Gaby, geb. Saul, 2 T. (Carolin, Marion) - Univ. München (Dipl.-Kfm. 1956) - Lehrbeauftr. f. Marketing FHS Heilbronn; Ehrenpräs. Marketing Club, Heilbronn.

HOCK, Bertold

Dr. rer. nat., o. Prof. f. Botanik TU München (s. 1978) - (Fak. f. Landwirtschaft u. Gartenbau), Lehrst. f. Botanik, 8050 Freising - Geb. 19. Sept. 1939 Schwäb. Gmünd (Vater: Georg H., Apotheker; Mutter: Magda, geb. Aicher), ev., verh. s. 1966 m. Dr. Ursula, geb. Schuster, 4 Kd. - Dipl.-Biol. u. Promot. 1965 Freiburg; Habil. 1970 Tübingen - 1970-78 Wiss. Rat u. Prof. Univ. Bochum. Mitgl. Forschergr. Serolog. Nachweis v. Pestiziden u. deren Metaboliten im Wasserkreislauf. 1965-67 sowie 1984 Forschungsaufenth. USA, 1991 in Indien. Üb. 130 Fachveröff. aus d. Bereich d. Planzenphysiol., Mykologie, Serologie u. Pflanzentoxikol. BV: Pflanzentoxikologie (m. E. F. Elstner), 1984, 3. A. 1993. Wiss. Filme, Bildplatten.

HOCK, Fromund

Dr. Ing., em. Prof. Univ. Hannover, Inst. f. Meßtechnik im Maschinenbau - Nienburger Str. 17, 3000 Hannover 1 (T. 762 32 34) - Geb. 1927 Gießen (Vater: Prof. Dr. Lothar H.; Mutter: Marie, geb. Schoeler), ev., verh. s. 1956 m. Ilse, geb. Pfeiffer, 3 Kd. - Dipl.-Phys. Marburg, Promot. Stuttgart - Üb. 20 J. Ind.tätigk. (Geräteentwickl. auf d. Geb. d. Optik, Regelungs- u. Meßtechn.). Fachmitgl.sch. VDI, DPG, DGaO, SPIE.

HOCK, Wolfgang

Dipl.-Ing., Vorsitzender d. Geschäftsführung SF-Bau Ges. f. schlüsselfertig. Bauen mbH, BT-Plan Ges. f. bautechn. Planen mbH, SF Cologne Consultants GmbH, alle Köln, u. SSG System Service Ges. f. Gebäudemanagement mbH, München - Simone-Ferber-Str. 4, 8132 Tutzing - Geb. 10. März 1925.

HOCK, Wolfgang

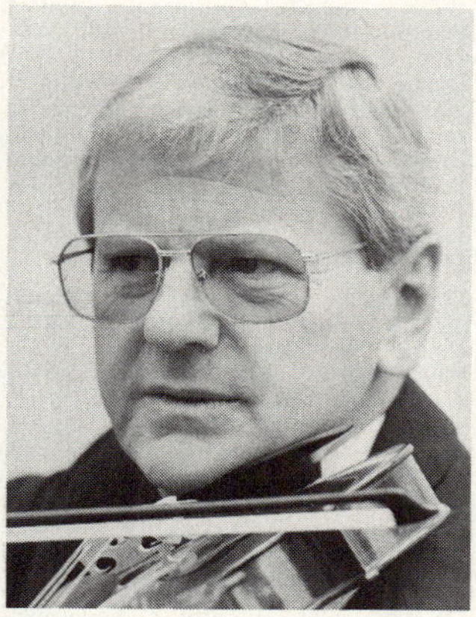

Konzertmeister - Im Rad 11, 7562 Gernsbach (T. 07224 - 14 08; Fax 14 02) - Geb. 17. Jan. 1936 Zweibrücken, verh. s. 1960 m. Elly, geb. Schley, 3 Kd. (Arlette, Pascale, Nicole) - Solistendipl. Musikakad. Basel (b. Sàndor Végh) - 1970 1. Konzertmeist. Sinfonieorch. SWF; 1978 Lehrbeauftr. Staatl. Hochsch. f. Musik Karlsruhe. Gründ. Bad. Kammerorch.ensemble 13 u. Orchesterschule Wolfgang Hock - 1983 BVK.

HOCKE, Wolfgang

Kapellmeister, Chefdirigent, Musikdir., Musikal. Oberleit. Meininger Theater - In der Helba 40, O-6100 Meiningen (T. 09676 - 63 57) - Geb. 30. Jan. 1937 Dresden, ev., verh. s. 1960 m. Bärbel, geb. Fischer, 2 Söhne (Thomas, Michael) - 1956 Stud. Hochsch. f. Musik Dresden (Klavier, Oboe, Komposition, Dirigieren); Staatsex. Kapellmeister - S. 1959 Kapellmeister d. Meininger Theaters, s. 1967 Musikal. Oberleiter - Gastspiele als

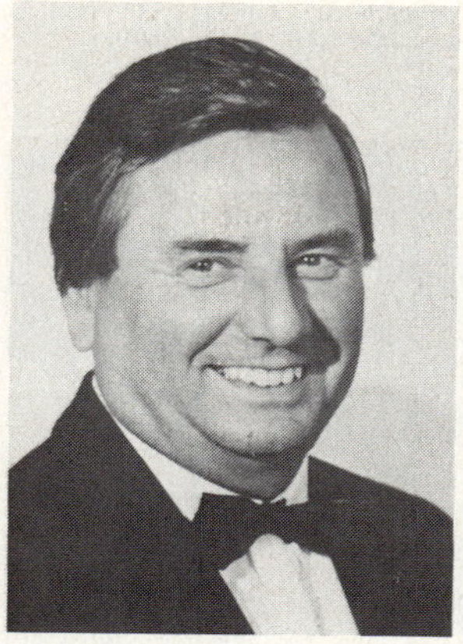

Dirig. u. Pianist: Tschechosl., Rumän., Polen, Bulg., Sowjetunion, Bundesrep. Deutschl. - Werke u.a.: Little Rock, Ballett UA 1959; Klavierkonzert, UA 1958; D. Mensch hat nie die Erde so geliebt (Text: Walter Werner), Oratorium UA 1962; Rote Nelken (Libretto: Marggret u. Alexander Reuter), Ballett UA 1963; Relief, Orchester UA 1974; Aquarelle, Lieder f. Bariton u. Orchester, UA 1976; Konzertante f. Klavier u. Orchester, UA 1977; Intuition f. Orchester, UA 1978; In memoriam Max Reger, UA 1980; Ostinato, UA 1980; Entree, UA 1981; In memoriam Johann Sebastian Bach, UA 1985; Walzer-Adaption, UA 1988; Metamorphosen f. Orch. UA 1990; Mozartiana f. Streichorch. UA 1991; weiterhin 10 Kinderkonz.: Vogelhochzeit, 1971; Marsch, Walzer, Menuett, 1973; Immer lebe d. Sonne, 1975; Peter wollte jagen geh'n, 1976; Hört, wie es lustig schallt, 1977, D. kl. Angsthase, 1979; Max u. Moritz, 1980; Laßt uns Musikanten sein, 1981; D. Wettlauf zwischen d. Hasen u. d. Igel, 1982; D. Gesch. v. eingebildeten Mäuschen, 1983; Oper: D. Halsabschneider, UA 1984; Kinderopern: Sechse kommen durch d. Welt, UA 1986; D. gestiefelte Kater, UA 1990 - 1950 1. Preis (Orgel) u. 2. Pr. (Klavier) Joh.-Seb.-Bach Wettbewerb; 1968 Max-Reger-Kunstpr.; 1989 Kunstpr. d. DDR.

HOCKEL, Hans L.

Dr.-Ing., Aufsichtsratsvorsitzender Wasag Chemie AG, WNC Nitrochemie GmbH, Maschinenfabrik Reinhausen GmbH - Riedersteinstr. 35, 8180 Tegernsee - Geb. 1. Aug. 1924 Temeschburg - AR-Mitgl. Bohlen Ind. GmbH; Beiratsvors. Scheubeck GmbH & Co.; VR-Vors. Bell-Hermetic GmbH & Co.

HOCKERTS, Hans Günter

Dr. phil., Univ.-Prof. f. Zeitgeschichte Inst. f. Neuere Gesch. Univ. München - Trautenwolfstr. 3, 8000 München 40 - Geb. 7. Febr. 1944 Echternach, kath., verh. s. 1970 m. Doris, geb. Schreier, 2 Söhne (Philip, Gregor) - Promot. 1969 Univ. Saarbrücken, Habil. 1977 Univ. Bonn; 1981/82 Prof. Inst. f. Neuere Gesch. Univ. München; 1982/86 Prof. Hist. Sem. Univ. Frankfurt - Mitgl. Kommiss. f. Zeitgeschichte e. V.; Kommiss. f. Gesch. d. Parlamentarismus u. d. polit. Parteien e. V.; Beirat d. Stiftung z. wiss. Erforsch. d. Zeitgeschichte; Wiss. Beirat d. Dt. Museums - BV: D. Sittlichkeitsprozesse gegen kath. Ordensangehörige u. Priester 1936/37, 1971; Sozialpolit. Entscheidungen im Nachkriegsdeutschland, 1980. Mithrsg. Reihe: Quellen u. Forschungen z. Zeitgesch.; Ztschr. Histor. Jahrb.

HOCKERTS, Theodor

Dr. med., Prof., Kinderarzt - Josef-Schneider-Str. Nr. 2, 8700 Würzburg (T. 5 08 69) - Geb. 15. Juli 1918 Wanne-Eickel - S. 1953 (Habil.) Privatdoz. u. apl. Prof. (1959) Univ. Würzburg (gegenw. Leitg. Kinder-Chirurgie u. Exp. Chirurgie Chir. Klinik Würzburg) - Ztschr.beitr.

HOCKL, Hans Wolfram

Prof., Schriftsteller - Altenheim 245, A-4050 Traun (T. 07229 - 7 07 75) - Geb. 10. Febr. 1912 Lenauheim/Banat (Rumän.), kath., verh. I) m. Karoline, geb. Reiner, 3 Kd., II) Elisabeth, geb. Schummer, 1 Kd. - Hochsch. Bukarest - 1936-44 Lehrer Dt. Knabenlyzeum Temeschburg/Banat - BV (Ausw.): Brunnen, tief u. klar, Ged. 1956; Schloß Cumberland, R. 1958; Ungewisse Wanderung, Autobiogr. 1960; Tudor u. Maria, N. 1961; Schwabenstreiche, Erz. 1964; Freunde in Amerika, Reiseb. 1964; D. Schwachen, R. 1967; 200 Jahre Friedenswerk Lenauheim, 1967; Dt. Jugendbeweg. im Südosten, 1969; Warm scheint d. Sunn, Ged. 1973; Bei d. Landsleuten in Amerika, Reiseber. 1973; Unser liewes Banat, Ged. 1976; In einer Tour m. Amor, satir. Ged. 1976; Helft allen Schwachen, 1977; Memoiren zufried. Menschen, 1978; Steh still, mein Christ, geh nicht vorbei, R. 1978; Jugend i. Aufbruch, 1925-30, 1979; Ewiger Zauber, Kinderged. 1980; Offene Karten, Dok. z. Gesch. d. Deutschen in Rumän. 1980; Kl. Kicker, gr. Klasse, Jugenderz. 1981; Liebe auf Capri, Variat. v. d. Trauminsel, 1981; Schöne Häuser, wo Ruinen waren, 14 Erz. aus Ost u. West, 1982; Regina unsere Mutter. Blüte u. Frucht e. dt. Stammes, Romantrilogie, 1982; Media in morte, Kantaten vor d. Abschied, Ged. 1984; Atominferno Deutschl.?; D. Kaiserhexe, Ereignisse auf Burg Allerzeith, R. 1986; Deutscher als d. Deutschen, Studie 1987; Feuerliebe, R. 1987; Oweds am Brunne, Ged. 1988; Glühwürmchen üb. Dtschl. u. Österr. Öfters auch heiter, 1989; Offenheit hat überzeugt. Chronol. d. Revolut. in Rum. Z. Gesch. d. Deutschen im SO, 1990; Steine f. Mozart, Orig.Biogr. 1990. Herausg.: Heimatb. d. Donauschwaben (1960); Rumänien - 2000 J. zw. Morgen- u. Abendl. (Bildbd., 1968); Lit. aus Rheinl.-Pfalz. Anthol. III. (1986); Lit. Rheinl.-Pfalz heute, Autorenlex. (1988); Heimatb. d. Donauschwaben. Mithrsg.: Wir Donauschwaben - Heimat im Herzen (1950) - 1964 Lutz-Kulturpreis Graz, 1971 Eimann-Plak. Neustadt/Pf., 1972 Kulturpreis Baden-Württ. - Lit.: N. Engelmann, H. W. H. (1952); M. Heber, H. W. H. - Mensch u. Werk (1953); H. Erk, D. Dichter H. W. H. (1962); J. Schmidt, D. Dichter H. W. H. (1962); F. E. Gruber, Erlebte Jugend - H. W. H. (1962); K. Günther, H. W. H. 60 Jahre (1972); J. Wolf, H. W. H. z. 60. Geb. (1972); H. Diplich, H. W. H. (1972); M. Müller, Sänger seines Volkes (1974); H. I. Reiter, Kraft u. Impulse (1975); J. A. Stupp, H. W. H. - ein Siebziger (1982); H. Fassel, Gespräch m. H. W. H. (1986); J. Habenschuß u. O. Feldtänzer, Filmstr. z. H. W. H. 75. Geb.; H. Dama, H. W. H. im Wandel d. Zeiten (1987); H. Bockel, z. H. W. H. 75. Geb. (1987).

HOCKS, Michael

Intendant d. Jahrhunderthalle Hoechst (s. 1986) - Zeilstr. 5, 6242 Kronberg/Ts. (T. 06173 - 7 85 00) - Geb. 21. Dez. 1943 Spittal, (Vater: Dr. med. H. H., Chefarzt; Mutter: Nadja, geb. Michejew), verh. s. 1977 m. Erika, geb. Firl, T. Simone - Stud. Rechtswiss. Univ. München (1. jurist. Staatsex. 1970) - 1970-73 fr. Mitarb. Goethe-Inst. München; 1973-83 Angest., später Mitinh. Konzertdir. H. U. Schmid, Hannover u. Musikhaus Döll, Hannover (Kommanditist); 1984-86 Dir. d. musikal. Betriebs Hamburg. Staatsoper - BV: D. Musikprogr. an d. Zweigst. d. Goethe-Inst. - Liebh.: Kunst (Malerei, Graphik, Antiquitäten), Reisen (Arch.) - Spr.: Engl., Franz.

HOCKWIN, Otto

Dr. rer. nat., Prof., Diplomchemiker - Tulpenweg 4, 5205 St. Augustin 1 (T. 02241 - 20 30 48) - Geb. 22. Aug. 1925 Guben/Lausitz (Vater: Richard H., Kaufm.; Mutter: Martha, geb. Fichtner), ev., verh. s. 1949 m. Gisela, geb. Hückler, 3 Kd. (Ulrike, Thomas, Sabine) - Obersch. Guben u. Gymn. Laurentianum Arnsberg/W.; 1947-54 Univ. Bonn (Dipl.-Chem.). Promot. (1956) u. Habil. (1961) Bonn - S. 1957 Univ. Bonn (Assist., 1961 Privatdoz., 1961 Oberassist., 1967 apl. Prof., 1968 Wiss. Abt.vorsteher u. Prof. (Leit. Abt. Biochemie/Inst. f. Exper. Ophthalmologie - Med. Fak.), 1990 im Ruhestand. Spez. Arbeitsgeb.: Biochemie d. Auges. Exper. Ophthalmol., Oculotoxizität v. Arzneim., Datenbearb., Analyt. Chemie - 1974-78 Generalsekr., 1978-81 Präs. Assoc. for Eye Res., 1978-90 Chairman Steering Committee European Concerted Action on Ageing Research, 1984 Vice-Pres. Intern. Soc. for Eye Res., 1986 Secret. of the Initiating Committ. Intern. Soc. of Ocular Toxicol., 1988-90 Pres. Int. Soc. Ocular Toxicology - BV: Arzneimittelnebenwirk. a. Auge (m. H.-R. Koch), 1977, 1982; Progress of Lens Biochemistry Research, 1976; Lens Ageing and Development of Senile Cataracts, 1978; Gerontological Aspects of Eye Research, 1978; Progress in Anterior Eye Segment Research and Practice (m. W. B. Rathbun), 1979; Radiant Energy and the Eye (m. S. Lerman) 1980; Ageing of the Lens (m. F. Regnault, Y. Courtois) 1980; Probl. d. arzneimittelbedingten Oculotoxizität (m. P. Grosdanoff u. a.) 1980; Altern d. Linse. Symposium Strasbourg 1982. Herausg.: Advances in Lens Biochemistry Research (1974, m. D.F. Cole); Biochemie d. Auges, Enke (1985); Ophthalmic Res. (1970ff.); Concepts in Toxicology, Vol. 4: Drug Induced Ocular Side-Effects and Ocular Toxicity (1987); Cataract Epidemiology (1987, 1989, 1991); Handb. Gerontologie, Bd. 3: Augenheilkunde (m. D. Platt, H.-J. Merté) - 1972 Wissenschaftspreis Verein Rhein.-westf. Augenärzte; 1980 Bausch & Lomb Award, USA - Visiting Prof. Emory Univ. School of Medicine, Dep. of Ophthalm. Atlanta, Georgia; 1984 Lichfield-Lecturer Univ. of Oxford; 1985 Scheimpflug-Award; 1987 Honor. Prof. Kanazawa Medical Univ., Japan. 1988 von Graefe-Preis d. Dt. ophthalm. Ges.; 1989 Ehrenmed. d. Int. Ass. Cataract Related Research - Spr.: Engl.

HODAPP, Felix

Geschäftsführer, MdL Baden-Württ. (Wahlkr. 52, Kehl) - Im Katzenfeld 11, 7890 Achern-Önsbach (T. 7841 - 40 51) - Geb. 21. Nov. 1926 Önsbach - CDU.

HODEIGE, Christian Heinrich

Dr. rer. pol., Geschäftsführer Rombach GmbH, Verleger - Hochmeisterstr. 3, 7800 Freiburg (T. 0761 - 3 76 94) - Geb. 21. Okt. 1958 Freiburg, ledig - 1977 Intern. Baccalaureate Lester B. Pearson Coll., Canada; 1980 Bachelor of Science (Honours) London School of Economics; 1981 Master of Science London School of Economics; 1985 Promot. (Wirtschaftswiss.) Freiburg - S. 1987 AR Badische Ztg., Freiburg; s. 1986 Kurat.-Mitgl. Dt. Komitee United World Colleges, Bonn; s. 1990 Vorst. Vereinigung Freiburger Jazzhaus e.V.; s. 1989 Vorst. Freundeskreis d. Städt. Bühnen Freiburg; s. 1992 Präs. Dt. Komitee United World Colleges - BV: Job Search im strukturierten Arbeitsmarkt, 1985 - Liebh.: Volkswirtschaftstheorie, Theater, Schwarze Musik - Spr.: Engl.

HODEIGE, Fritz

Dr. phil., Verleger - Sonnhalde 66, 7800 Freiburg/Br. (T. 5 66 06) - Geb. 18. Dez. 1920 Berlin (Vater: Max H., Kaufm.; Mutter: Elise, geb. Buizinga), ev., verh. s. 1955 m. Eleonore, geb. Rombach, 3 Kd. (Andreas, Christian, Cornelia) - 1940ff. Univ. Berlin, Greifswald, Marburg (Soziol., Lit.wiss., Phil.). Promot. 1949 - 1956-87 Geschäftsf. d. Firmengruppe Rombach in Freiburg. 1963/64 Vors. Verb. d. Verleger u. Buchhändler in Baden-Württ., 1991 Vors. d. Kurat. d. Klinik f. Tumorbiologie an d. Univ. Freiburg - BV: D. Stellung v. Dichter u. Buch in d. Ges., 1952 (Diss.). Herausg.: Werk d. Bücher (1957), D. Recht am Geistesgut (1964) - 1970 Ehrensen. Univ. Freiburg.

HODENBERG, Freiherr von, Alexander

Rechtsanwalt, pers. haft. Gesellsch. Gebr. Weyersberg, Berg & Co. u. Gebr. Weyersberg-Elektronik GmbH. & Co. KG., Solingen-Ohligs - Hastener Str. 140, 5600 Wuppertal-Cronenberg (T. 47 04 37) - Geb. 9. Jan. 1928 Bremen (Vater: Dr. Luthard Frhr. v. H.; Mutter: Alexandra, geb. Gräfin Wengersky), ev., verh. s. 1952 m. Sigrid, geb. Korff, 3 Kd. (Gabriele, Wilken, Marquardt) - Univ. Köln (Rechtswiss.) - Zul. Geschäftsf. Vereinig. v. Banken u. Bankiers in Rhld. u. Westf., Köln; AR-Vors. CVU GmbH Berlin, Robotron Anlagenbau Leipzig GmbH - Sammelt alte Orgeln - Spr.: Engl., Franz. - Rotarier.

HODIN, Josef Paul

Dr. jur., Prof. f. Kunstgeschichte Wien, Hon. Ph. D., Autor, Kunsthistoriker, Kunstkritiker - 12 Eton Avenue, London NW3 3EH (T. 01 - 794 36 09) - Geb. 17. Aug. 1905 Prag, ev., verh. s. 1944 m. Doris Pamela, geb. Simms, 2 Kd. (Michael, Annabelle) - Realsch. u. Realgymn. Prag; Karls Univ. Prag; Promot. 1924; Courtauld Inst. London Univ.; Kunstakad. Dresden u. Berlin - 1944/45 Presseattaché Norweg. Reg. in London; 1949-54 Dir. of Studies and Librarian, Inst. of Contemporary Arts, London - BV: Monogr. üb. Sven Erixson, 1940; Ernst Josephson, 1942; Edvard Munch, 1948; Isaac Grünewald, 1949; Art and Criticism, 1944; In J.A. Comenius and Our Time, 1944; The Dilemma of Being Modern, 1956; Henry Moore, 1956; Ben Nicholson, 1957; Barbara Hepworth, 1961; Lynn Chadwick, 1961; Alan Reynolds, 1962; Bekenntnis zu Kokoschka, 1963; Edvard Munch, D. Genius d. Nordens, 1963; Kokoschka, The Artist and His Work, 1966; D. Maler Walter Kern, 1966; The Painter Ruszkowski, 1967; Bernard Leach. A Potter's Work, 1967; Kokoschka. S. Leben, s. Zeit, 1968; Kafka u. Goethe, 1968; Giacomo Manzù, 1969; Emilio Greco. His Life and Work, 1970; D. Brühlsche Terrasse. E. Künstler-R., 1970; The Painter Alfred Manessier, 1971; Kokoschka, The Psychography of an Arist, 1971; Edvard Munch, 1972; Modern Art and the Modern Mind, 1972; Bernard Stern. Paintings and Drawings, 1972; Hilde Goldschmidt, 1973; Ludwig Meidner, 1973; Paul-Berger-Bergner, 1974; D. Leute v. Elverdingen, Erz. 1974; Kokoschka and Hellas, 1976; Alfred Aberdam, 1977; John Milne, 1977; Else Meidner, 1978; Elisabeth Frink, 1981; Douglas Portway, 1981; Franz Luby, 1981; Mary Newcomb, 1984; Dieses Mütterchen hat Krallen. D. Gesch. e. Prager Jugend, 1986; F. K. Gotsch, 1986; Verlorene Existenzen, Erz. 1987; Manzù, Pittore, 1988; Jan Brazda, Leben u. Kunst, 1989. Beiträge z. Lit. u. Kunst in intern. Ztschr. - S. 1955 Ehrenmitgl. Editorial Council of the Journal of Aesthetics and Art Criticism Cleveland; s. 1960 Mitgl. Executive Committee u. Editorial Consultative Committee of the British Society of Aesthetics; 1974-77 Präs. British Section Intern. Assoc. of Art Critics (AICA); 1956/57 Co-Editor: Prisme des Arts, Paris; 1956-66 Quadrum Brussels; 1965-75 Dir. Intern. Relations Studio Intern., Journal of Mod. Art, London; 1954 Ist Intern. prize for art criticism, Biennale Venice; 1947 D.S.M. Ist cl. (Czechoslovakia); 1956 Cavaliere Uffiziale; 1958 St. Olav Medal (Norway); 1966 Commander, Order of Merit (Italy); 1968 Grand Cross, Order of Merit (Austria); 1969 Hon. Ph. D. (Uppsala Univ.); 1969 Order of Merit Ist Class (Germany); 1972 Silver Cross of Merit (Vienna); 1976 Hon.-Prof. (Austria); 1986 The Grand Cross of the Order of Marit (W.-Germany - Liebh.: Reise, Lektüre, Kunst - Spr.: Engl., Franz., Schwed., Tschech. - Lit.: J. P. Hodin, European Critic, A Symposium, London (1965); Pierre Rouve, Beauty, Harmony and Humanism A Tribute to the Work of J. P. Hodin, Hamburg (1980) - Mitgl. PEN.

HÖBEL, Max

Dr. med., Prof. f. Pharmakologie u. Toxikol. Univ. Heidelberg - Jakob-Neu-Str. 2, 6901 Eppelheim.

HOEBEL-MÄVERS, Martin

Dr. rer. nat., Prof. f. Erziehungswissenschaft (Didaktik d. Biologie) Univ. Hamburg (s. 1971) - Heidlohe 11a, 2000 Hamburg 74 - Geb. 21. Mai 1926, verh. s. 1954 m. Doris, geb. Kopp, 2 Kd. - BV: Leitlinienmodell e. Didaktik d. Biol., 1973; Offenes Curriculum als Konstruktion im Handlungsfeld, 1976; Umweltforsch. u. Umweltbildung im Ballungsraum, 1990; Umwelterziehung - ökol. Handeln in Ballungsräumen, 1991; zahlr. weitere Veröff.

HÖBER, Karl-Heinz

Senatsrat, Leit. Abt. Öfftl. Sicherheit u. Ordnung/Senatsverw. f. Inneres - Contrescarpe 22-24, 2800 Bremen.

HÖCHERL, Hans

Dr., Dr., Regierungsdirektor, MdL Bayern - 8024 Oberbiberg Nr. 24/Post Deisenhofen - Geb. 24. März 1923 Oberbiberg.

HÖCHERL, Hans-Michael

Dr. rer. pol., Vorstandsmitgl. Lahmeyer AG., Frankfurt/M., Rheinelektra AG., AG. f. Energiewirtsch., beide Mannheim - 6240 Königstein/Ts. - Geb. 2. Sept. 1929 Berlin - ARsmand., dar. -vors. Stierlen-Werke AG., Rastatt.

HOECK, Klaus

Dr., Dipl.-Kfm., Unternehmensberater f. Management Information u. Externe Unternehmensinformation - 4292 Rhede (T. 02872 - 62 68, 62 78) - Geb. 16. Okt. 1934 (Vater: Dr. Karl H.) - Stud. Univ. Köln u. Hochsch. f. Welthandel Wien.

HÖCK, Wilhelm

Dr. phil., Direktor i. R. - Gleiwitzer Str. 3, 3320 Salzgitter 1 (T. 4 21 65) - Geb. 21. Okt. 1907 Köln, kath., verh., 2 Töcht. - Realgymn. Köln-Nippes; Univ. Bonn (Promot. 1934) u. Göttingen (Physik) - 1935-38 Tätigk. Südd. Telefon-Apparate-Kabel- u. Drahtwerke AG. (TeKaDe), Nürnberg, u. Dortmund-Hörder Hüttenverein (1938), 1941-45 Leit. Versuchsanstalt Stahlwerke Braunschweig GmbH., Salzgitter-Watenstedt, dann Geschäftsf. Fahrzeug- u. Maschinenbau GmbH., Watenstedt, u. Linke-Hofmann Busch-GmbH. ebd. Mitbegr. CDU Land Braunschweig, 1946 ehrenamtl. Beigeordn., Stadtrat, stv. (1947) u. Oberbürgerm. Salzgitter (1948), 1953-61 MdB - BVK I. Kl., Nieders. VO I. Kl., 1959 Ritter Ord. v. Heil. Grabe zu Jerusalem; Ehrenbürger Salzgitter, Ehrenratsherr d. Stadt Salzgitter.

HÖCKER, Hartwig

Dr. rer. nat., Dipl.-Chem., Prof. f. Textilchemie u. Makromol. Chemie RWTH Aachen (s. 1985), Direktor Dt. Wollforschungsinst. (s. 1986) - Am Dorbach 23, 5100 Aachen - Geb. 18. Okt. 1937 Halle/W. (Vater: Erich, Beamter; Mutter: Hildegard, geb. Wirtz), ev., 2 Kd. (Camilla, Markus) - Ratsgymn. Bielefeld (Abit. 1957), Stud. Univ. Mainz. Dipl. 1963; Promot. 1965; Research Associate Stanford Univ./USA; Habil. 1972 Mainz - 1973-77 Prof. Univ. Mainz, 1978 Univ. München, 1978-85 Univ. Bayreuth - BV: Zahlr. Fachveröff. in in- u. ausl. Ztschr. Hauptherausg.: D. Makromolekulare Chemie - Stip. Stud.stiftg. d. dt. Volkes, Harkness Stip. Commonwealth Fund New York - Liebh.: Schwimmen, Ski - Spr.: Engl.

HÖCKER, Karl-Heinz

Dr. rer. nat., em. o. Prof. f. Kernenergetik u. Energiesytseme - Königsbergerstr. 122, 7302 Ostfildern 2 - Geb. 27. Dez. 1915 Bremen - S. 1948 (Habil.) Doz., apl. u. o. Prof. TH bzw. Univ. Stuttgart (Dir. Inst. f. Kernenergetik u. Energiesysteme). Mitgl. FN Kerntechnik - BV: Lexikon d. Kern- u. Reaktortechnik, 1959 (m. K. Weimer); Theorie d. Kernreaktoren, 2. A. 1982 (m. D. Emendörfer). Üb. 80 Einzelarb.

HOEDE, Mareile

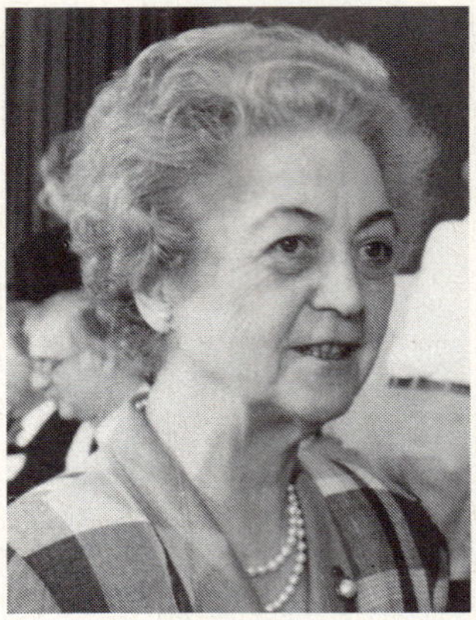

Dr. med., niedergel. Ärztin f. Haut- u. Geschlechtskrankheiten - Untere Heerbergstr. 7, 8700 Würzburg (T. 0931 - 2 61 77) - Geb. 28. April 1920 Düsseldorf (Vater: Dr. phil. habil. Julius Paulus, Chemiker), kath., verh. s. 1946 m. Prof. Dr. med. Karl H. †1973, 2 Töcht. (Ursula, Carola) - Abit.; 1 J. Bankkaufm.; 5 J. Medizinstud. Bonn u. Düsseldorf; Promot. 1945 Würzburg (Diss. üb. Syphilis-Spätfolgen) - 1945/46 Assist. Chief of Venereal Disease Progr. of Unterfranken m. 7 Hospitälern; Wiederaufbau d. Univ. Hautklinik Würzburg - In 40 Vereinen aktiv, u.a. Vizepräs. Liberal Intern., dt. Gruppe (b. 1991); VR-Vors. Collegium Musicum Pommersfelden b. 1992; Sachverst. in Fachaussch. d. FDP in Bund u. Land Bayern (Umwelt, Gesundheit, Europa u. Außenpolitik); 1978-84 Stadträtin Würzburg - Wiss. Veröff. z. Behandl. d. Herpes simplex u. Alopecia areata - 1986 BVK am Bde. - Interessen: Gesundh.- u. Umweltpolitik, z. Z. Schwerpunkte: Aids u. Gen-Technol. - Spr.: Engl., Franz., Ital.

HOEDERATH, Günter

Bankkaufmann, Generalbevollmächtigter Bankhaus Schliep & Co., Düsseldorf - Schwalbacher Str. 7, 5000 Köln 51 (T. 0221 - 36 28 48) - Geb. 9. Sept. 1936 Köln, kath., verh. s. 1970 m. Hildegard, geb. Hütten, S. Sascha - Banklehre; grad. Betriebswirt Fachricht. Außenhdl. - B. 1987 Vorst. o. Mitgl. div. Aussch. IHK Köln; Doz. d. Vereinig. f. Bankberufsbildung; Mitgl. Forex-Club; Funkt. im Dt. Hockey-Bd., Westdt. Hockey-Verb. (Gold. Ehrennad.); s. 1988 Geschäftsf. Kölner Hockey- u. Tennisclub Blau-Weiß - Liebh.: Musik, Sport, Kunst - Spr.: Engl., Franz.

HÖDL, Ludwig

Dr. theol., em. o. Prof. f. Dogmatik - ZU erreichen üb. Univ. Bochum, Universitätsstr. 150, 4630 Bochum - Geb. 19. Nov. 1924, kath. - S. 1958 (Habil.) Lehrtätigk. Univ. München, Bonn (1959 Ord.), Bochum (1964). Fachveröff.

HÖER, Paul-Werner

Dr. med., Prof., Chefarzt Patholog. Abteilung/Nordwest-Krankenhaus - Steinbacher Hohl 2, 6000 Frankfurt/M. - S. Habil. Privatdoz. u. apl. Prof. Univ. Heidelberg (Allg. u. Spez. Pathol.).

HÖFER, Ernst

Dr. rer. nat., Prof. f. Mathematik PH Schwäb. Gmünd - Pestalozzistr. 7, 7054 Korb/Württ. - Geb. 16. Juli 1939 Waiblingen (Vater: Richard H., selbst. Zimmerm.; Mutter: Elisabete, geb. Braun), ev., verh. s. 1974 m. Sibylle, geb. Ecker, 2 Töcht. (Monika, Silke) - Reifeprüf.1958, Stud. Math. u. Physik Univ. Stuttgart, Wissensch. Prüf. f. d. Lehramt an Gymn. 1965, Päd. Prüf. f. d. Lehramt an Gymn. 1966, Promot. 1970 Univ. Stuttgart - 1966 Stud.ass. Aalen, 1968 Univ. Stuttgart, 1972 PH Schwäbisch Gmünd, 1978-86 Prorektor PH Schwäbisch Gmünd.

HÖFER, Karlheinz

Prof., Hochschullehrer - Am Dobben 8, 2848 Vechta/Oldbg. (T. 33 43) - Doz. f. Musikerzieh. Univ. Osnabrück/Abt. Vechta.

HÖFER, Milan

Dr., Univ.-Prof. (Mikrobiologie) - Mirabellenstr. 2, 5309 Meckenheim-Merl - Geb. 15. Febr. 1936 Landskron (Vater: Wenzel H., Beamter; Mutter: Anna, geb. Schwab), verh. s. 1962 m. Eva, geb. Kvasnickova, 2 Kd. (Radka, Viktor) - Univ. Prag (Chemie; RNDr.), Akad. d. Wiss. Prag (Mikrobiol.; C.Sc.). Habil. 1971 Bonn - 1963-70 Akad. d. Wiss. Prag; s. 1970 Univ. Bonn (1972 Doz., 1973 apl. Prof., 1980 Prof.); Visiting Prof. (1979/80 Univ. of Alexandria/Ägypt.; 1985 Univ. of Missouri-Columbia/USA; 1990 Univ. of California at Berkeley) - BV: Transport durch biol. Membranen, 1977, engl. A. 1981 - 1987 L.F.A.B.I. (Life Fellow of the American Biographical Inst.) - Spr.: Tschech., Engl.

HOEFER, Walter

Dr. med., Prof., Chefarzt Fachkrankenhaus f. Erkrankungen d. Atmungsorgane an d. Lieth - Nonnenstieg 93, 3400 Göttingen - B. 1971 Lehrbeauftr., dann Honorarprof. Univ. Göttingen (Tuberkulose). Fachveröff.

HÖFER, Werner

Journalist - Appellhofpl. 1, 5000 Köln (T. 22 01); priv.: Ufer 31, 5000 Köln 50 - Geb. 21. März 1913 Kaisersesch Kr. Cochem/Mosel (Vater: Beamter), kath., verh. ab 1938 m. Elfriede, geb. Scheurer († 1982), 2 Töcht. (Angelika, Candida) - Gymn. Mayen; Univ. Köln (Theater- u. Ztg.wiss.) - Redakt. Köln u. Berlin; 1946-61 NWDR (Köln) bzw. WDR (Leit. Aktuelle Abt.); zeitw. Chefredakt. Neue Illustrierte, Köln; 1964-77 Dir. III. Fernsehprogramm u. Fernsehdir. (1972) WDR. 1952-87 Gesprächsleit. sonntägl. Rundfunk- u. Fernsehsend. (b. 1980: 1500 x) Intern. Frühschoppen; 1977-78 Bonner Redakt. Ill. stern, Mitarb. in- u. ausl. Ztg., Ztschr. u. Sender - BV: Hrsg. zeitgesch. Bücher - Wiederholt Gold. Bildschirm, 1967 u. 1982 Adolf-Grimme-Preis, 1972 Gold. Kamera, 1973 Gr. BVK.

HÖFFE, Dietmar

Dr. paed., Univ.-Prof. f. Kath. Theologie (Schwerp.: Religionspäd. m. Katechetik) Univ. Koblenz-Landau (s. 1990) - Moselweißer Str. 122-128, 5400 Koblenz 1 - Geb. 10. Juni 1942 Beuthen, kath., led. - Promot. 1972; Habil. 1975 - S. 1976 o. Prof. - BV: Curriculare Forschungen u. Neuorientierungen schul. Religionsunterr., 1973; Problemorient. Religionsunterr. u. Systematik, 1975.

HÖFFE, Otfried

Dr. phil. habil., o. Prof. f. Philosophie Univ. Tübingen (s. 1992); Buisagasse 1, 7400 Tübingen (T. 07071 - 29 60 85) - Geb. 12. Sept. 1943 Leobschütz/OS, kath., verh. m. Evelyn, geb. Anetsberger, 3 Kd. (Moritz, Julia, Teresa) - Stud. Phil., Gesch., Theol., Soziol. Univ. Münster, Tübingen, Saarbrücken u. München; Promot. 1970 München; 1970/71 Visiting Scholar d. Columbia Univ., New York; Habil. (Phil.) ebd. - 1977 o. Prof. f. Phil. Univ. Duisburg; 1978-92 o. Prof. f. Ethik u. Polit. Philos. Univ. Freiburg, Schweiz. Gastprof. an d. Univ.: Klagenfurt, Bern, Basel, Lausanne, St. Gallen, Zürich, ETH Zürich; 1983/84 Dekan Phil. Fak. Freiburg; 1985/86 Mitgl. Wiss.kolleg Berlin; 1989-91 Präs. d. Schweizer. Vereinigung f. Rechts- u. Sozialphil. - BV: Prakt. Phil. - D. Modell d. Aristoteles, 1971; Strategien d. Humanität. Z. Ethik öffentl. Entscheidungsproz., 1975, Taschenb. 1985; Ethik u. Politik. Grundmodelle u. -probleme d. prakt. Phil., 1979, durchgeseh. Ausg. 1984; Sittlich-politische Diskurse, Phil. Grundlagen - polit. Ethik - biomed. Ethik, 1981; Immanuel Kant. Leben, Werk, Wirkung, 1983 (span. u. ital. 1986, 3. A. 1992, engl. 1993); Introduction a la phil. pratique de Kant. La morale, le droit, l'histoire et la religion, 1985; Politische Gerechtigkeit. Grundlegung e. krit. Phil. v. Recht u. Staat, 1987 (franz. u. portug. 1991, jap. 1992, engl. 1993); Estudios sobre Teoria del Derecho y la Justicia, 1988; L'état et la justice. Les problèmes éthiques et politiques dans la philosophie anglo-saxonne. John Rawls et Robert Nozick, 1988; D. Staat braucht selbst e. Volk v. Teufeln. Phil. Versuche z. Rechts- u. Staatsethik, 1988; Kategorische Rechtsprinzipien. E. Kontrapunkt d. Moderne, 1990 (frz. 1992, engl. in Vorber.). Herausg.: Einf. in d. utilitaristische Ethik (1975), 2. A. 1992; Lex. d. Ethik (1977, 4. A. 1992); franz. Ausg.: Dictionnaire de morale (2. A. 1992); Über John Rawls' Theorie d. Gerechtigkeit (1977); John Rawls. Gerechtigkeit als Fairness (1977); Thomas Hobbes: Anthropol. u. Staatsphil. 1980; Große Denker (1980); Klassiker d. Phil. (2 Bde. 1981, 2. A. 1985); Zeitschr. f. phil. Forsch. (1978). Mithrsg.: Jean Paul II et les Droits de l'Homme. Une année de pontificat (1980); Reader z. Funkkolleg - Prakt. Phil./Ethik 2 (1981); Paradigmes de théologie phil. (1983); L'Eglise et la question sociale aujourd'hui.

HÖFFGEN, Heinrich

Bundesvorsitzender Deutscher Postverband - Schaumburg-Lippe-Str. 5, 5300 Bonn 1 (T. 0228-22 46 79) - Geb. 11. Febr. 1928 Köln, kath., verh. m. Margarete, geb. Schäfer, 3 Kd. (Georg, Hannelore, Gabriele) - Verwaltungsprüfung Dt. Bundespost.

HÖFFKEN, Ernst

Dr., Vorstandsmitglied Thyssen Industrie AG., Essen - Remberger Str. 50, 4100 Duisburg-Huckingen.

HOEFFKEN, Walther

Dr. med., Prof., Chefarzt Strahlenklinik - Machabäerstr. 19, 5000 Köln 1 (T. 0221 - 12 50 61); priv.: Am Hermannshof 8, 5000 Köln 50 (Hahnwald) (T. 02236 - 6 54 44) - Geb. 29. Okt. 1917 Köln (Vater: Eugen H., Notar; Mutter: Elisabeth, geb. Horeschi), verh. 1957 m. Dr. med. Helmy, geb. Schnütgen - Habil. Köln - S. 1956 apl. Prof. (1964) Köln (Med. Strahlenkd., Referenz-Zentrum für Knochentumoren) - BV: Mammographie, Handbuch- u. Ztschr.beitr.

HÖFFKES, Peter

Bürgermeister a. D., Rechtsanwalt, MdB (s. 1976) - Fontanestr. 3, 8500 Nürnberg 43 - Geb. 9. April 1927 Duisburg, ev., verh., 3 Kd. - Phil.-Theol. Hochsch. Bamberg u. Univ. Erlangen. 2. Jurist. Staatsprüf. 1953 - S. 1953 Anwaltspraxis Nürnberg; 1956-72 I. Bgm. (zeitw. ehrenamtl.). 1943-45 Wehrdst. CSU - 1984 BVK I. Kl.; 1987 Bayer. VO.

HÖFFLER, Dietrich

Dr. med. (habil.), Prof., Internist, Direktor III. Med. Klinik Städt. Kliniken Darmstadt (s. 1973) - Rappmühlstraße. 10, 6101 Weiterstadt 3 (T. 06150 - 20 81) - Geb. 8. Okt. 1934 Tilsit (Vater: Dipl.-Ing. Gerhard H.; Mutter: Grete, geb. Brandes), ev., verh. s. 1966 m. Marianne, geb. Brandt, 3 Kd. (Anke, Heike, Felix) - Med.stud. Marburg, Hamburg, Innsbruck, Göttingen - Habil. (1970) Oberarzt I. Med. Univ.-Klin. Mainz - BV: Antibiotikatherapie b. Niereninsuffizienz; Nephrol., Hypertonie, Pharmakokinetik, Klin. Bakteriologie. Fachb.- u. zahlr. -veröff. - Spr.: Engl.

HOEFFLIN, Johannes

Prof., Hochsch. d. Künste Berlin - Niebuhrstr. 10 A, 1000 Berlin 12 - Geb. 5. Juli 1932 Freiburg/Br. - Sänger, Gesangspädagoge, Maler.

HÖFGEN, Ralf

Dipl.-Betriebswirt, Hauptgeschäftsführer Kassenärztliche Vereinigung Mecklenburg-Vorpommern (s. 1991) - K.-Kleinschmidt-Str. 12, O-2782 Schwerin - Geb. 28. Juli 1950 - Ind.-Kfm.; Betriebswirtsch.-Stud.; Dipl. 1978 Bochum - B. 1991 Geschäftsf. Kassenärztl. Vereinig. Nordrh., Essen - BV: D. innerbetriebliche Leistungsverrechnung - Kanu-Rennsport: Dt. Meistersch. in Klein- u. Mannschaftsbooten in div. Klassen u. Jahren - Spr.: Engl.

HÖFIG, Hans-Joachim

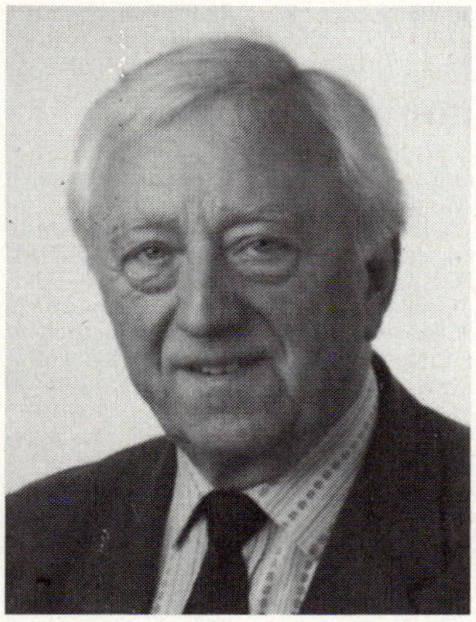

Geschäftsführer BWA a. D. - Krusensteiner Weg 12, 5828 Ennepetal-Voerde - Geb. 21. Dez. 1915 Sprottau (Vater: Max H., Polizeibeamter; Mutter: Ottilie, geb. Ubrich), verh. s. 1955 m. Helga, geb. Altmann, 6 Kd. (Dagmar, Gudrun, Brigitte, Jürgen, Ute, Anke) - Verw.offz. (zul. Stabsint.); 1949 b. 1950 Ref. North German Iron and Steel Control; 1950-81 Geschäftsf. Coca-Cola-Konzession Gevelsberg; 1981-84 Marketingberater - 1964-73 Präs. u. 1973-82 Vizepräs. Dt. Basketball Bund (DBB) - S. 1982 Träger Sportplak. Land NRW; 1986 Ehrenpräs. DBB; 1986 BVK am Bde. - Liebh.: Sport (Gold. Sportabz.), Jagd.

HÖFLER, Manfred

Dr. phil., o. Prof. f. Romanistik - Hauptstr. 3, 4000 Düsseldorf 13 - Geb. 21. Okt. 1937 Mannheim - Univ. Heidelberg u. Montpellier. Promot. (1965) u. Habil. (1969) Heidelberg - S. 1969 Ord. Univ. Düsseldorf. Gastprof. Univ. Hamburg (1969/70) u. Nantes (1976) - BV: Unters. z. Tuch- u. Stoffbenennung in d. franz. Urkundensprache, 1967; Z. Integration d. neulat. Kompositionsweise im Franz., 1972; Dictionnaire des anglicismes, 1982.

HÖFLING, Erich

Dr. rer. nat., Prof. f. Chemie PH Schwäb. Gmünd - Albert-Lortzing-Str. 11, 7070 Schwäb. Gmünd.

HÖFLING, Helmut

Schriftsteller - Stichelfeldstr. 7, 6380 Bad Homburg - Geb. 17. Febr. 1927 Aachen - BV: u.a. Detektive m. d. Spaten, 1975; D. Kosmos auf d. Spur, 1976; Minus 69 Grad, 1976; Morde, Spuren, Wissenschaftler, 1977; Menschenzüge-Völkerströme, 1977; Helden gegen d. Gesetz, 1977; Geier üb. d. Sudan, 1977; D. gr. Südsee-Abenteuerbuch, 1979; D. Gefangene d. Königs, 1980; Ufos, Urwelt, Ungeheuer; Alarm im Jahre 2000, 1981; Gehet hin u. lehret alle Völker, 1982; Heißer als d. Hölle, 1982; D. Geister d. Mondberge, 1982; Sie veränderten die Welt, 1983; Sibirien - d. schlafende Land erwacht, 1985; Computer unter uns, 1985; Sherlock Holmes in unserer Zeit, 1986; D. große Applaus, Sachb. 1987; Römer, Sklaven, Gladiatoren, Sachb. 1987; Späher, Spitzel u. Spione, Sachb. 1989; Forscher, Künstler, Pioniere, 1990; D. Löwe v. Kaukasus, R. 1990 - Versch. Lit. - Ausz.

HÖFLINGER, Peter

Dr., Kaufm. Vorstand Stuttgarter Straßenbahnen AG - Schockenriedstr. 50, 7000 Stuttgart 80 (T. 0711 - 78 85 26 07) - Geb. 11. Juli 1945 Reutlingen, verh. m. Karin, geb. Hübner, 3 Kd. (Nikolas, Patrick, Vivien) - 1966-70 Stud. Univ. Mannheim; Promot. 1974 - 1980-83 Wirtschaftsprüfer u. Steuerberater - BV: Bestimmbarkeit optimaler Informationen in betriebl. Individualentscheidungsproz., 1975 - Liebh.: Fotogr. - Spr.: Engl.

HÖFNER, Klaus

Dr. oec. publ., Dipl.-Kfm., Inhaber u. Vorsitzender d. Geschäftsfg. Dr. Höfner & Partner Management-Beratung BDU, München, Gesellsch. Dr. Höfner, Elser & Partner Management- u. Personalberatung BDU, Stuttgart, Geschäftsf. H.M.S. Dr. Höfner Management Software GmbH, München - Baierbrunner Str. 33, 8000 München 70 (T. 089 - 78 00 30) - Geb. 11. Juli 1932 München, verh. m. Rosemarie, geb. Haber, S. Andreas - Lehre als Mineralölkaufm.; Abschl. 1952; Stud. Betriebswirtschaftslehre; Dipl. 1956; Promot. 1966 - BV: D. Markttest als Instrument d. Marketingforsch. f. Konsumgüter-Markenartikel; D. Stand d. Strategischen Unternehmensführung in d. Bundesrep. Deutschl. u. Westberlin; Fünf neue, einkommensstarke Verbraucherzielgruppen in Westeuropa - Konsequenzen aus d. Altersstruktur- u. Wertewandel f. d. Zielgruppen-Marketing - Liebh.: Ski, Bergwandern, Belletristik, Reisen - Spr.: Engl.

HÖFNER, Werner

Dr. agr., Prof. f. Pflanzenernährung Univ. Gießen - Mooswerg 8, 6300 Gießen - Geb. 16. Juni 1928 - Promot. 1957; Habil. 1967 - Ca. 50 Facharb.

HÖGEL, Rolf

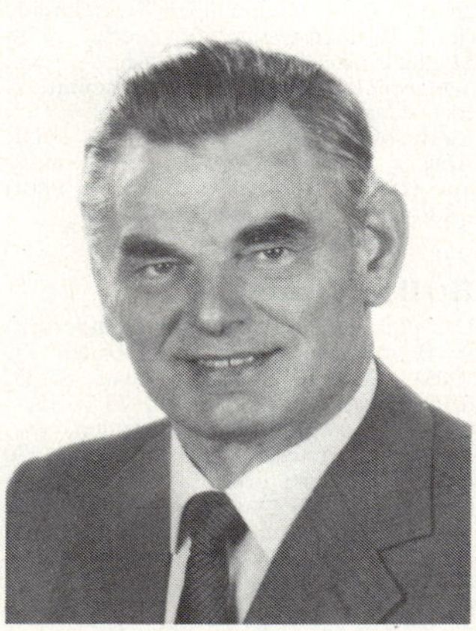

Dr. phil., M.A., Prof. - Schinkelstr. 10, 3450 Holzminden - Geb. 24. April 1925 Kötzschenbroda/Sa. (Vater: Kurt H.; Mutter: Erna, geb. Böttger), ev., verh. s. 1959 m. Elfriede, geb. Claassen, 3 S. (Dietmar, Wolfram, Rainer) - 1951-53 PH Oldenburg; 1953-58 Univ. Bonn. Promot. 1969 - 1959-73 Gymn. Holzminden (Fachgruppenleit. f. Sprachen); s. 1973 PH Kiel (Prof. f. Anglistik/Amerikanistik). 1979-87 Kurat.-Mitgl. d. DAAD. Herausg.: A. Miller, A Memory of Two Mondays (1976) u. After the Fall (1978); Mithrsg.: Engl. auf d. Sekundarstufe (I, 1978). Div. Einzelveröff. - Spr.: Engl., Franz., Span.

HÖGENER, Gerd

Oberstadtdirektor a. D. (b. 1987) - Wettinerstr. 13, 4000 Düsseldorf 11 - AR-Mand.

HÖGER, Diether

Dr. phil., Dipl.-Psych., Prof. f. Psychologie Univ. Bielefeld - Barlachstr. 36, 4800 Bielefeld 1 (T. 0521 - 88 55 48) - Geb. 9. Febr. 1936 Deutsch-Liebau (Vater: Willibald H., Oberstudienrat; Mutter: Johanna, geb. Blaschke), ev., verh. s. 1962 m. Christa, geb. Schwolkowsky, 3 Kd. (Christof, Angelika, Bettina) - 1957-62 Stud. Psych., Päd., Psychopathol. Univ. Freiburg (Dipl.-Psych. 1962, Promot. 1963, Habil. 1968) - 1962-64 Wiss. Mitarb. Inst. f. ärztl. päd. Jugendhilfe Univ. Marburg; 1964-71 Wiss. Assist. Psych. Inst. Univ. Freiburg; 1971-80 Prof. PH Westf.-Lippe, Abt. Bielefeld; s. 1980 Prof. Univ. Bielefeld - BV: Einf. in d. Päd. Psych., 1972 (span. 1978) - Liebh.: Musik, Fotografie - Spr.: Engl., Franz.

HOEGES, Dirk

Dr. phil., Prof. f. Romanische Philologie Univ. Hannover (s. 1987), Dekan d. FB Literatur- u. Sprachwiss. (s. 1989), Gesch. Leit. d. Roman. Sem. (1989-90) - Welfengarten 1, 3000 Hannover 1; priv.: Classen-Kappelmannstr. 26, 5000 Köln 41 (T. 0221 - 40 78 99) - Geb. 27. Juli 1943 Lindlar (Vater: Dr. rer. pol. Heinz H.; Mutter: Helene, geb. Lersch), kath. - Stud. Roman., Gesch., Phil., Soziol., Jura Univ. Köln, Paris, Besançon, Siena; Staatsex. u. Promot. 1972 Köln, Habil. 1977 Bonn - Lehrstuhlvertr. Univ. Bielefeld, Siegen, Essen; b. 1987 Prof. in Bonn; 1987 Heisenberg-Stip. - BV: Aufklärung u. d. List d. Form, 1978; Lit. u. Evolution, 1980; F. Guizot u. d. Franz. Revolution, 2 A. 1981; Alles Velozifierisch, Z. Ästhetik d. Geschwindigk., 1985. Herausg.: E. Hennequin, La critique scientifique (1982); André Gide, Chopin (m. Nachw. zus. m. D. Gojowy) (1987); P. Mérimée, Colomba (Nachw.) (1988); Balzac, D. Frau v. 30 Jahren (1992); Kontroverse v. d. Abgrund: E. R. Curtius-K. Mannheim 1929-32 (1992). Autor v. Rundf.-Features zu Lit. u. Musik (A. Gide, Chopin, Futurismus, Venedig, Rimbaud, Carpentier-Varèse, u.a.) - 1964 Viktor-von-Scheffel-Preis; 1974 Prix Strasbourg Stiftg. F.V.S.

HOEHER, Ernst

Vorstandsmitglied Mannesmann-Handel AG, Düsseldorf - Lindenstr. 51, 4019 Monheim/Rhld. - Geb. 23. Dez. 1934 - 1980 Vors. Bundesverb. Dt. Stahlhandel; 1986 Präs. Club des Marchands de Fer de la C.E.C.A.

HOEHL, Egbert

Journalist - Friedrichplatz 8, 6800 Mannheim (T. 44 16 46) - Geb. 7. April 1927 Mannheim (Vater: Emil H.; Mutter: Elisabeth, geb. Baeslau), verh. s. 1962 m. Hannelore, geb. Wilke - Handelssch.; kaufm. Lehre - Industriekfm.; Publizist; Redakt. - BV: Ehe - heute u. morgen, 1962. Mitarb. an Anthol. Herausg.: Lenau, Werke in einem Band (1966).

HÖHL, Gudrun

Dr. phil., em. o. Prof. f. Geographie - Im Lohr 22, 6800 Mannheim 24 - Geb. 21. Jan. 1918 Marktbreit/M. (Vater: Eberhard H.; Mutter: geb. Kögler), ev., led. - Univ. Göttingen u. Prag (Dt.). Promot. 1942 Prag; Habil. 1959 Erlangen - S. 1959 Lehrtätigk. Univ. Erlangen, Saarbrücken (1964 Wiss. Rat u. Prof.). WH bzw. Univ. Mannheim (1965 o. Prof. u. Inst.dir.; 1968/69, 1971/72 u. 1983/84 Dekan). Spez. Arbeitsgeb.: Geomorphologie, Agrar- u. Stadtgeographie. Vizepräs. Humboldt-Ges. f. Wiss., Kunst u. Bild.; 1. Vors. Verein f. Naturkd. Mannheim, u. Dt. Verb. berufstätiger Frauen Club Mannheim-Ludwigshafen - BV: Bayreuth - Die Stadt u. ihr Lebensraum; Stadtgeogr. Forsch. in Franken; Beob. üb. Doppelgrate in d. Ostalpen; D. untere Grenze v. Strukturbodenformen in d. Gurk- u. Seetaler Alpen; Städt. Funktionen Bamberg im Spiegel s. Stadtlandsch.; Bamberg - E. geogr. Deutung d. Stadt; D. Typen d. Marktorte im östl. Unterfranken; Z. Frage d. Entsteh. d. Gaustädter Profils (Franken); Fränk. Städte u. Märkte in geogr. Vergleich; D. Marktorte im belg.-luxembg.-dt. Grenzbereich um St. Vith; Betracht. üb. funktionelle Geogr. m. bes. Berücks. d. Agrargeogr.; D. Coburger Landschaft u. prähistor. Zeit; Talräume am Obermain; Stadtteilgefüge v. Mannheim u. Ludwigshafen; Der Rhein-Neckar-Raum; Geomorpholog. Detailkartierung; Hohenloher Land; 100 Jahre Dt. Geographentag.

HÖHL, Hans Leopold

Konsul, Vorstandsmitglied d. L. Possehl + Co. mbH Lübeck i.R., AR-Mitgl. Max Giese-Bau GmbH, Kiel - Postf. 16 84, 2400 Lübeck 1 - Geb. 17. Mai 1910 Bruchhausen (Vater: Dipl.-Ing. Oswald H.; Mutter: Josefine, geb. Otten), verh. s. 1948 m. Lina Mary, geb. Kilstofte-Nielsen, 2 Söhne - Vorst. Kuratorium Marli-Werkst. GmbH., Lübeck, u. Kuratorium Marienkrkhs., Lübeck; 1961 Senator E. h. TU Braunschweig - 1972 Gr. BVK u. Gr. u. Gold. Ehrenz. Rep. Österreich.

HÖHLER, Gerhard

Dr. rer. nat., o. Prof. f. Theoret. Kernphysik - Heinrich-Weitz-Str. 27, 7500 Karlsruhe-Durlach (Bergwald) (T. 47 22 85) - Geb. 12. Sept. 1921 Berlin (Vater: Willy H.; Mutter: geb. Lukas), verh. 1952 m. Hildegard, geb. Friedrich - Promot. 1950; Habil. 1956 - S. 1956 Lehrtätigk. Univ. München u. TH bzw. Univ. Karlsruhe (1960 Ord.). Fachveröff.

HÖHLER, Gertrud

Dr. phil., Prof., Hochschullehrerin - Geb. 10. Jan. 1941 Wuppertal (Vater: Heinrich H., Pfarrer; Mutter: Helene, geb. Horn), ev., led., S. Abel - Univ. Bonn, Zürich, Berlin, Mannheim. Promot. 1967 - S. 1977 Prof. GH Paderborn (Allg. Literaturwiss./German.); s. 1987 fr. Autorin u. Unternehmensberaterin; Beiratsmitgl. Innere Führung b. Bundesverteidigungsmin. u. Rohwohlt-Verlage, Bundesmin. f. Bildung u. Wiss., Bundesmin. f. Forsch. u. Technol.; Senat d. Fraunhofer-Ges.; Vorst. Dt. Stiftg. Denkmalschutz; Kurat. d. Univ. Witten-Herdeke, u. d. Führungsakad. Baden-Württ. - BV: Unruh. Gäste (üb. Wilhelm Raabe), 1969; Gesinnungskonkurrenz d. Intellektuellen, 1978; Niemandes Sohn - Z. Poetologie R. M. Rilkes, 1979; D. Anspruchsges., 1979; D. Glück, 1981; D. Kinder d. Freiheit, 1983; D. Bäume d. Lebens, 1985; D. Zukunftsges., 1986; Spielregeln d. Glücks, 1988; Offener Horizont, 1988; D. Rede, 1988; Virtuosen d. Abschieds, 1989 - 1965 Wuppertaler Kulturpreis f. Lyrik; 1988 Orden wider d. tierischen Ernst; 1988 Konrad-Adenauer-Preis f. Lit. - Liebh.: Reiten, Ski - Spr.: Lat., Griech., Engl., Franz.

HÖHLING, Hans-Jürgen

Dr. rer. nat., Prof., Wiss. Rat Inst. f. Med. Physik Univ. Münster - Am Klosterwald 38, 4403 Hiltrup (T. 38 95) - Geb. 21. Nov. 1930 Tönning/Eider (Vater: Jürgen H., Lehrer), verh. m. Rita, geb. Grünert, 2 Kd. (Jörg-Michael, Christiane) - S. 1964 (Habil.) Lehrtätigk. Münster (1969 apl. Prof.; 1971 Wiss. Rat u. Prof.) - BV: D. Bauelemente v. Zahnschmelz u. Dentin aus morpholog., chem. u. struktureller Sicht, 1966; Kollagenmineralisierung, in: Handb. inn. Med. VI/1, 1979; Zellulärer Transport u. Akkumulation v. Calcium u. Phosphat während d. Dentinogenese, in: Dentin and Dentinogenesis, CRC Press USA, 1984; Cryopräpation f. Mikrosondenanalyse v. mineralisierenden Geweben, in: Methods of Calcified Tissue Preparation, Elsevier Holland, 1984; Spezielle Aspekte d. Biomineralisation v. Zahngeweben, in: Handbook of Microscopic Anatomy, Vol. V/6 Teeth, 1989. Üb. 180 Fachaufs. üb. Hartgewebsbild. u. -erkrankungen u. Bindegewebe - Jahrespreis Dt. Ges. f. Zahn-Mund-Kieferheilkd.

HÖHMANN, Bernd

Kanzler d. Univ. Marburg - Zu erreichen üb. Philipps-Univ., 3550 Marburg/L. - Geb. 3. Juli 1944.

HÖHN, Artur

I. Bürgermeister Stadt Helmbrechts (s. 1977) - Rathaus, 8662 Helmbrechts/Ofr. - Geb. 6. Dez. 1922 Helmbrechts - Zul. Oberamtsrat. SPD.

HÖHN, Bärbel

Dipl. Math., wiss. Mitarbeiterin Univ.-GH Duisburg, z.Z. beurlaubt, MdL Nordrh.-Westf. (s. 1990 Fraktionssprecherin d. Grünen) - Giesbertstr. 15, 4200 Oberhausen 12 - Geb. 4. Mai 1952 Flensburg (Vater: Dr. A. W. Christensen; Mutter: Elsa, geb. Mekelburger), verh. s. 1975 m. Helmut Höhn, 2 Söhne (Steffen, Andreas) - Abit. 1971; Stud. 1971-76 Univ. Kiel (Math., VWL) - 1978-90 wiss. Mitarb., HRZ, Univ.-GH Duisburg; s. 1990 VR-Mitgl. d. WestLB. 1985-89 Stadtverordnete in Oberhausen; s. 1988 Vorst. d. Grün-Alternativen in d. Räten; 1990 Spitzenkandidatin d. Grünen LTW NRW; s. 1991 Mitgl. im Länderrat d. GRÜNEN.

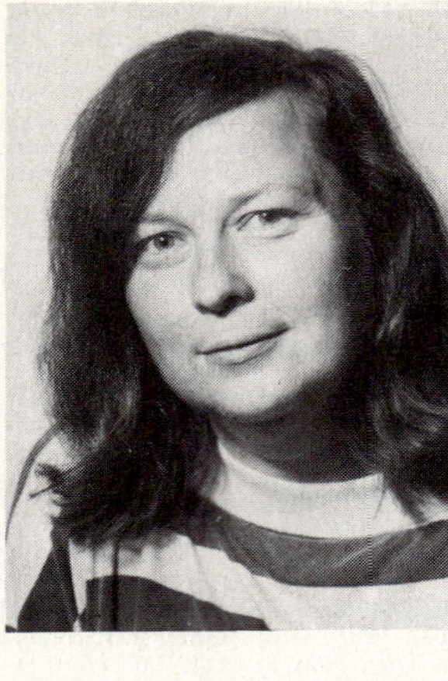

HÖHN, Carola

Schauspielerin - Am Fischerwinkel 19, 8022 Grünwald/Obb. (T. München 641 26 65) - Geb. 30. Jan. 1910 Wesermünde (jetzt Bremerhaven), ev., verh., Sohn Michael aus d. verw. 1. Ehe - Lyz.; Schauspielsch. - Langj. Bühnentätigk. (dzt. Gastsp.; zul. Olivia, Caroline, D. Kaktusblüte). Film (Hauptrollen s. XIII. Ausg.); Fernsehen - Liebh.: Journalismus (1959 ff. Interviews f. Film u. Frau) - Spr.: Engl.

HÖHN, Charlotte

Dr. phil. habil., Direktorin Bundesinst. f. Bevölkerungsforsch. Wiesbaden (s. 1988) - Zu erreichen üb. Postf. 55 28, 6200 Wiesbaden (T. 0611 - 75 22 35) - Geb. 19. Sept. 1945 Wiesbaden, ev., gesch., T. Annette - Dipl.-Volksw. 1970 Univ. Frankfurt; Promot. 1982 TU Berlin, Habil. 1988 Univ. Gießen - 1970-72 Assist. Statistisches Seminar Univ. Frankfurt; 1972-80 Ref. Statistisches Bundesamt Wiesbaden; 1980-88 Wiss. Oberrätin - Üb. 100 Fachveröff., dar. 8 Bücher - Liebh.: Opern, Gesch., Sport - Spr.: Engl., Franz.

HÖHN, Elfriede

Dr. phil., em. Prof. f. Erziehungswissenschaft u. Päd. Psychologie (Ordinarius) - Karl-Reiss-Platz 11, 6800 Mannheim (T. 41 57 46) - Geb. 1. April 1915 Freudenstadt (Vater: Fritz H., Gutsverwalter; Mutter: Mathilde, geb. Häußler), ev. - Päd. Hochsch.; Stud. Psych., Anglistik, German., Gesch. Dipl.-Psych. 1944, Promot. 1946, Habil. 1966 (alles Tübingen). 1937-41 Volksschullehrerin; 1955-66 Doz. u. Prof. (1961) Sem. z. Ausbild. v. Hilfsschullehrern Reutlingen; s. 1966 o. Prof. WH bzw. Univ. Mannheim; 1982 emerit. - BV: D. Soziogramm - D. Erfass. v. Gruppenstrukturen, 4. A. 1976 (m. G. Seidel); D. berufl. Fortkommen v. Frauen, 1964; D. schlechte Schüler, 1967, 8. A. 1980 (holl. 1974); Berufl. Grundbild. in versch. Org.- u. Kooperationsformen (m. G. Maier u.a.), 1983; Sonderformen d. Berufsgrundbild. in Rhld.-Pfalz (m. G. Maier u.a.), 1983. Hrsg.: Ungelernte in d. BRD - Soz. Situation, Begabungsstruktur u. Bildungsmotivation (1974) - 1980 BVK; 1985 Med. Univ. Mannh. in Gold; 1986 Verdienstmed. d. Landes Baden-Württ. - Spr.: Engl., Franz.

HÖHN, Ernst-Gerhard

Dr. rer. nat., Prof. f. Chemie PH Ludwigsburg - Bildäckerweg 4, 7150 Backnang-Strümpfelbach - Zul. Doz.

HÖHN, Franz

Gf. Gesellschafter Servonaft Handel GmbH, Hamburg - Parkberg 7, 2000 Hamburg 65 - Geb. 9. Juni 1936, kath., verh. s. 1962 m. Marlies, geb. Birkelbach, 2 S. (Markus, Klaus) - Stud. Volks- u. Betriebsw. Wirtschaftsakad. Essen - Liebh.: Gesch., Golf, Segeln - Spr.: Engl., Span.

HÖHN, Joachim

Dipl.-Physiker, Dr. rer. nat., Prof., Senior Officer b. d. Internationalen Atomenergie-Organisation (IAEO) in Wien - Geb. 9. Juli 1937 - Physikstud., Dipl.1963; Promot. 1969; Habil. 1977 TU Dresden - 1965-77 Oberassist. an d. Sekt. Physik TU Dresden; 1978-89 Mitarb. in d. Kontrollbehörde f. Atomsicherheit u. Strahlenschutz in Berlin; s. 1984 Hon.-Prof. an d. TU Magdeburg; 1987-89 Mitgl. d. Intern. Nuclear Safety Advisory Group (INSAG) b. d. IAEO. Fachveröff.: Kernphysik u. nukleare Sicherheit - Liebh.: Klass. Musik, Tennis - Spr.: Engl.

HÖHN, Karl

Dr. phil. nat., em. o. Prof. f. Botanik u. Allg. Biologie - Am Gonsenheimer Spieß 6, 6500 Mainz (T. 38 14 07) - Geb. 15. Aug. 1910 Wiesbaden (Vater: Karl H., Ing.; Mutter: Emilie, geb. Siebert), ev., verh. s. 1969 m. Gerta, geb. Müller v. Berneck - Abit. Mannheim; Univ. Heidelberg (Promot. 1934) - 1939-44 Marine-Meteorologe; s. 1946 Privatdoz., apl. (1953), ao. (1962), u. o. Prof. (1968), Dekan Fachber. Biol. Univ. Mainz (1973-77), emerit. 1978. Arbeiten üb. Entwicklungsphysiol., pflanzl. Wasserhaushalt, Pflanzenkrebs u. allg. Biol. Mitautor biol. Lehrb. f. Hochsch. u. Gymn. - Liebh.: Segeln.

HOEHN, Karl

Inhaber u. Geschäftsf. Möbel-Höhn KG, Nördlingen - An den Langenwiesen 1, 8860 Nördlingen - Geb. 1. Okt. 1927 Nördlingen, ev., verh. s. 1951 m. Ella, geb. Schwab, 3 Kd. (Brunhilde, Karl, Susanne) - 2. Bürgerm. Stadt Nördlingen, Kreis- u. Stadtrat.

HÖHN, Siegfried

Dr. rer. pol., Dipl.-Kfm., Marketingdirektor - Bachstelzenweg 15, 6082 Mörfelden/Walldorf (T. 61 31) - Geb. 30. Juli 1925 Perasdorf (Vater: Wilhelm H., Rektor; Mutter: Anna, geb. Wurstbauer), kath., verh. s. 1953 m. Carola, geb. Herbst, 2 Kd. (Sigrid-Heike, Rüdiger-Thorsten) - Dipl.-Kfm. 1952; Promot. 1954 - 1957-59 Standard Elektrik Lorenz AG, Stuttgart (Assist. d. Generaldir.); 1959-66 Fakir-Werke, Mühlacker (Vertriebschef); 1966-68 Singer GmbH, Frankfurt/M. (Geschäftsf.); 1968-70 Singer Sewing Machine Company, London (Marketingdir. Osteuropa/European Division); 1970-85 Dt. BERNINA GmbH, Konstanz (gf. Gesellsch.); 1986-90 Leit. d. intern. Händlerschulung d. Fa. Fritz Gegauf AG (BERNINA-Fabrik) in Steckborn/Schweiz; ab 1990 selbst. als Betriebsberat. u. Trainer - Liebh.: Musik - Spr. Engl.

HÖHN, Walter

Mitgl. d. Geschäftsfg. Verb. d. Pfälz. Ind. u. Industrieverb. Steine u. Erden Rhld.-Pfalz - Gimmeldinger Str. 6b, 6730 Neustadt (T. priv.: 06321-8 38 57; gesch.: 85 20) - Geb. 5. Juli 1923 Niedermoschel (Pfalz), ev., verh. s. 1949 m. Hildegard, geb. Dietz, 2 Kd. (Achim, Angelika) - Abit. - Stv. Geschäftsf. Landesverb. Beton-Ind. Rhld.-Pfalz, Verb. Transportbeton- u. Mörtelind. Hessen-Rhld.-Pfalz, Fachverb. Ziegelind. Südwest, Verb. Papier, Pappe u. Kunststoff verarb. Ind. Rhld.-Pfalz u. Saarland, Fachabt. Kies u. Sand, Naturstein, Naturwerkstein; Geschäftsf. Güteschutzverb. Beton, Güteschutzvereinig. Beton Rhld.-Pfalz, Baustoffüberwach. Transportbeton Mörtel Mitte, Güteschutzvereinig. Lava Rhld.-Pfalz; stv. Geschäftsf. Gütesicherungsverb. Felsgestein Rhld.-Pfalz u. Baustoffüberwach. Kies u. Sand Rhld.-Pfalz; Vors. Aussch. Förderkr. Stiftg. Naturschutz Rhld.-Pfalz; Beiräte f. Landespflege Stadt Landau u. Landkr. Bad Dürkheim u. Germersheim. Vorstandsmitgl. Philharmon. Chor Liedertafel Neustadt - Liebh.: Reisen, Sport - Spr.: Engl., Franz.

HÖHNE, Dieter

Assessor, Hauptgeschäftsf. IHK Siegen - Koblenzer Str. 121, 5900 Siegen 1 - Stud. Rechtswiss.

HÖHNE, Eitel O.

Landrat a. D. - Wolfsgraben 13, 3440 Eschwege (T. 05651 - 1 05 50) - Geb. 19. Juli 1922 Dresden - N. Abitur Wehrdst.; Stud. Rechts- u. Staatswiss. Staatsex. 1951 - 1955-61 Landesrat u. Personaldezern. Landeswohlfahrtsverb.; 1961-88 Landrat Werra-Meißner-Kr.; Vors. VR Hess. Rundf.; s. 1985 Präs. d. Verbandsversamml. d. Landeswohlfahrtsverb. Hessen. 1948ff. MdK Eschwege; 1950-70 MdL Hessen (Mitgl. Fraktionsvors.). SPD - 1972 BVK I. Kl.; 1982 Gr. BVK; Wilhelm-Leuschner-Med.; Hess. VO.

HÖHNE, Günter

Dr. med., Prof., Ltd. Oberarzt Univ.s-Frauenklinik Hamburg - Stresemannstr. 19a, 2000 Hamburg 54 (T. 460 18 93) - Geb. 4. Juni 1924 Dessau/Anh. (Vater: Franz H., Techniker; Mutter: Ida, geb. Fahland) - Univ. Tübingen, Marburg, Göttingen - S. 1959 (Habil.) Lehrtätigk. Univ. Hamburg (1965 apl. Prof. f. Geburtshilfe, Gynäk., Strahlenbiol. u. -genetik). Zahlr. Facharb.

HÖHNE, Karl-Heinz

Dr. rer. nat., Prof. f. Informatik u. Datenverarb. in d. Medizin - Martinistr. 52, 2000 Hamburg 20 - S. 1978 Dir. d. Inst. f. Mathem. u. Datenverarb. i. d. Medizin, Univ. Hamburg.

HÖHNE, Klaus

Schauspieler - An der Kiesgrube 3, 8150 Holzkirchen 2 (T. 08024-76 55) - Geb. 13. Juni 1927 Hamburg, verh. s. 1959 in 2. Ehe m. Karla Balzer, Sohn Christian aus 1. Ehe - Bühnenreife 1949 Hamburg; 1951-62 festengagiert, s. 1962 freiberufl. als Schauspieler, Regisseur; s. 1978 Gastdoz. Mozarteum Salzburg - Zahlr. Hauptrollen im Fernsehen - Liebh.: Kochen, Gärtnern - Spr.: Engl., Ital.

HÖHNEN, Heinz Anton

Univ.-Prof., Dirigent u. Musikwissenschaftler - Auf dem Gesetz 2, 5400 Koblenz 1 - Geb. 8. Aug. 1932 Differten (Vater: Josef H., Kantor; Mutter: Luzia, geb. Rehm), kath., verh. s. 1962 m. Margarita, geb. Kaballo, 2 Kd. (Markus, Verena) - N. Abit. (1952) Stud. Kirchen-, Schulmusik, Musikwiss., German., Päd. - B. 1964 Gymnasial-, dann Hochschullehrer (b. 1969 Doz. f. Musik PH Koblenz, dann Prof. f. Musik u. Didaktik d. Musikunterr. EWH Rhld.-Pf./Abt. Koblenz); s. 1990 gf. Leit. d. Seminars Musik d. Univ. Koblenz-Landau, Abt. Koblenz. Leit. gr. Oratorienauff. (bes. Bach) - BV: Lehrerbild. in Koblenz - Gesch. u. heut. Stand, 1977 (m. Schaaf) - Spr.: Franz.

HÖHNEN, Heinz Werner

Prof. f. Musikpädagogik, Studiengang Schulmusik Folkwang Hochschule Essen (s. 1970; 1973-88 stv. Direktor) - Lasinskystr. 23, 5500 Trier - Geb. 15. Febr. 1929 Alf, kath., verh. s. 1959 m. Oranna, geb. Feiten, Goldschmiedin, 5 Kd. (Irmina, Helena, Oranna, Egbert, Gangolf) - Staatl. Musikinst. Trossingen; Univ. Mainz - Zul. Studiendir. Friedrich-Wilhelm-Gymn. Trier - BV (Mitverf.): Einf. in d. Notenhören, 1971; Entw. neuer Ausbildungsgänge f. Lehrer d. Sekundarstufen I u. II im Fach Musik, 1978. Herausg.: J. H. Knecht, D. durch e. Donnerwetter unterbrochne Hirtenwonne (1982); J. H. Knecht, Le portrait musical de la nature (1984) - Spr.: Engl., Franz.

HÖLDER, Egon

Präsident Statistisches Bundesamt (b. 1992) - Zu erreichen üb. Gustav-Stresemann-Ring 11, 6200 Wiesbaden (T. 0611 - 75 21 00) - Geb. 30. Mai 1927 Pforzheim - Abit. 1947 Pforzheim; Stud. Rechtswiss. u. Volkswirtsch. Univ. Karlsruhe u. Heidelberg - Ab 1955 Bundesinnenmin. (Abordn. BVG), 1963 Ref.Leit. f. Zivil- u. Katastrophenschutz, 1967 Ref.Leit. f. Org. d. Bundesreg. u. Bundesbehörden, 1970 Ministerialdirig., 1974 Leit. Unterabt. f. kultur. Angel. d. Bundes u. polit. Bild., 1983-92 Präs. Statist. Bundesamt u. Bundeswahlleit.

HÖLDER, Helmut

Dr. rer. nat., em. o. Prof. f. Paläontologie Geolog.-Paläontol. Inst. Univ. Münster (s. 1963) - Besselweg 51, 4400 Münster/W. (T. 86 24 48) - Geb. 18. Jan. 1915 Stuttgart (Vater: Karl H., Gymnasialprof.; Mutter: Helene, geb. Lorberg), ev., verh. s. 1944 m. Erna, geb. Werner, 3 Töcht. (Irmela, Isolde, Dorothee) - Karls-Gymn. Stuttgart; Univ. Tübingen u. Königsberg (Geol. u. Paläontol.) - 1945 b. 1963 Assist., Doz. (1949) u. Konservator (1951) (Inst. u. Mus. f. Geol. u. Paläontol.) Univ. Tübingen - BV: Geol. u. Paläontol. in Texten u. ihrer Gesch., 1960; Naturgesch. d. Lebens, 1968, 2. A. 1989; Kurze Gesch. d. Geol. u. Paläontol., 1989. Herausg.: Goethes Schr. z. Geol. u. Mineral., 1960 (Cotta-Ausg., Bd. 20) - H.Z.: Paläontolog. Zeitschr. (1973-86). Mitarb.: Handb. stratigr. Geol. (Herausg. F. Lotze), Bd. 4: Jura; Mineralogie, Geologie u. Paläontologie a. d. Univ. Tübingen, v. d. Anfängen bis z. Gegenwart (zus. m. W. v. Engelhardt), Contubernium 20, 1977. Zahlr. Aufs. u. Abhandl.

HÖLEMANN, Hans

Dr. rer. nat., Dipl.-Chem., Prof. f. Brand- u. Explosionsschutz GH Wuppertal - Tannenstr. 31, 4600 Dortmund 41.

HÖLKER, Rudolf

Dipl.-Ing., Prof. f. Kolben- u. Strömungsmaschinen sow. Energietechnik GH Paderborn (Fachber. Maschinentechnik II, Meschede) - An d. Tränke 3, 5779 Eversberg.

HÖLLBAUER, Josef

Dipl.-Ing. TU, I. Bürgermeister Schrobenhausen (s. 1984) - Rathaus, 8898 Schrobenhausen/Bay. - Geb. 1932 - FW.

HÖLLE, Matthias

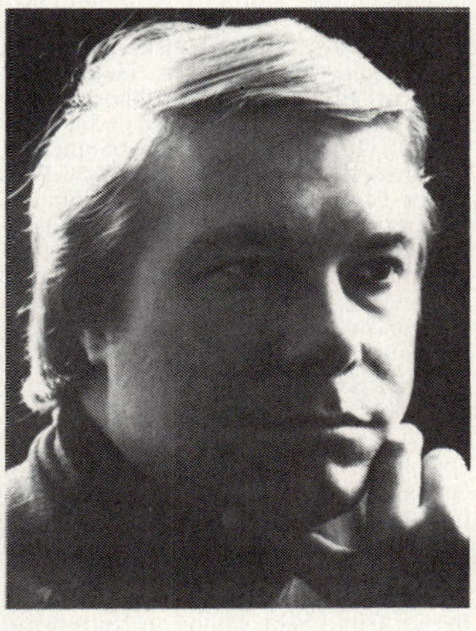

Opern- u. Konzertsänger (Baß) Staatstheater Stuttgart - Vischerweg 11, 7290 Freudenstadt (T. 07441 - 62 82) - Geb. 8. Juli 1951 Rottweil (Vater: Karl A. H., fr. Architekt; Mutter: Margarete, geb. Funk), kath., verh. s. 1977 m. Gertrud, geb. Rohloff, S. Sebastian - 1976 Konzertreife Staatl. Hochsch. Stuttgart (b. Prof. G. Jelden); Konzertex. 1980 Staatl. Hochsch. Köln (b. Prof. J. Metternich) - Konzert- u. Gastiertätigk.: u.a. Berlin, Bonn, Hamburg, Hannover, Stuttgart, Scala Milano, Met New York, Houston, Paris, London, Wien, Genf, Köln, Neapel, Amsterdam, Tel Aviv, Bologna, Florenz, Rom, Turin, Bayreuther u. Salzburger Festsp. - 1974 Felix-Mendelssohn-Bartholdy-Preis d. Stiftg. Preuß. Kulturbesitz; 1976 1. Preis Kulturkreis im Bundesverb. d. Dt. Ind. (BDI) - Liebh.: Medizin, Naturheilverf.

HÖLLER, Hugo

Dr. med. vet., Prof. f. Physiol. u. Ernährungsphysiol., Physiol. Inst. Tierärztl. Hochschule Hannover (s. 1970) - Zimmereistr. 2b, 3100 Celle - Geb. 24. Juli 1929 Augsburg - Promot. 1957; Habil. 1969 - Zahlr. Facharb.

HÖLLERER, Walter

Dr. phil. (habil.), o. Prof. f. Literaturwissenschaft - Heerstr. 99, 1000 Berlin 19 (T. 304 58 79) - Geb. 19. Dez. 1922 Sulzbach-Rosenberg (Vater: Hans H.; Mutter: Christine, geb. Pürkner), ev., verh. s. 1965 m. Renate, geb. v. Mangoldt (Theaterfotogr.) - Gymn. Amberg; Univ. Erlangen, Göttingen, Heidelberg (Phil., Gesch., German., vergl. Lit.wiss.) - 1956 Doz. Univ. Frankfurt; 1959 Ord. TU Berlin. Gf. Dir. Lit. Colloquium Berlin; 1985 Dir. Literaturarchiv Sulzbach-Rosenberg - BV: D. andere Gast, Ged. 1952; Zw. Klassik u. Moderne, 1958; Gedichte, 1964; D. Gästehaus (m.a.), R. 1965; Theorie d. modernen Lyrik, 1965; Mod. Theater auf kl. Bühnen, 1966; Außerhalb d. Saison, Ged. 1967; E. Gedicht u. s. Autor, 1967; Systeme. Neue Gedichte 1969, Elite u. Utopie, 1969/82; D. Elephantenuhr, R. 1973; Hier, wo d. Welt anfing, Erz. 1974; Berlin - übern Damm u. durch d. Dörfer (m. R. v. Mangoldt), Fotob., Ess. 1978; Alle Vögel alle, Komödie u. Bericht 1978; Gedichte 1942-82, 1982; Autoren im Haus, Zwanzig Jahre Lit. in Berlin, 1982; Walter Höllerers Oberpfälzische Weltei-Erkundungen, 1987; Bausteine zu e. Poetik d. Moderne, Festschr. f. W.H., 1987; Berlin's Portrait in Prose, in: Views of Berlin, 1989; A.S. oder: Was ist normal in Kunst u. Leben?, in: Grenzerfahrung - Grenzüberschreitung, 1989. Herausg.: Akzente - Zeitschr. f. Dichtung (1954ff.), Transit - Lyrikbuch d. Jahrhundertmitte (1956), Sprache im techn. Zeitalter (1961ff.). Mithrsg.: Movens - Dokumente u. Analysen z. mod. Lit., Kunst u. Musik (1960), Evergreen Review (New York) - 1965 Bundesfilmpreis/Filmband in Silber (f.: Lit. Colloquium), 1966 Berliner Kunstpreis (Fontane-Pr.); 1975 Joh.-Heinr.-Merck-Preis Dt. Akad. f. Sprache u. Dichtung, Darmstadt; o. Mitgl. Dt. Akad. f. Sprache u. Dicht. u. Akad. d. Künste Berlin; Gruppe 47; Mitgl. PEN-Zentrum BRD.

HÖLLERMANN, Peter W.

Dr. rer. nat., o. Prof. f. Geographie - Universität, 5300 Bonn - Geb. 22. März 1931 - B. 1967 Univ. Göttingen (Wiss. Rat u. Prof.), 1967 Research Fellow Univ. of California, Berkeley, dann Bonn (Ord.). Mithrsg.: Erdkunde, Bonner Geogr. Abh., Arb. z. Rhein. Landeskd. Facharb. z. Geomorphologie u. Geoökologie, auch Bücher - 1978 Korr. Mitgl. Akad. d. Wiss. Göttingen.

HÖLSCHER, Friedrich-Wilhelm

Kaufmann, MdB (s. 1972) - Wiesentalstr. 57, 7022 Leinfelden-Echterdingen 3 - Geb. 22. Juni 1935 Schwelm/W., verh., Tochter - Gymn. Schwelm (Mittl. Reife 1953); Lehre Elektro- u. Eisenwarengroßhandel - S. 1961 selbst. Stuttgart (Krefft-Vertr. f. Baden-Württ.). 1966-82 FDP (1971 Mitgl. Landesvorst. BW, 1973 Vors. Stuttgart, 1974 Mitgl. Bundesvorst.).

HÖLSCHER, Günter

Geschäftsführer MDS Mannesmann Demag Sack GmbH, Düsseldorf - Lienthalstr. 36, 4000 Düsseldorf 30 - Geb. 5. Aug. 1926.

HÖLSCHER, Karl-Heinz

Prof., Fachhochschullehrer - Distelbeck 6, 5600 Wuppertal 1 - Gegenw. Prof. f. Industrial- u. Schmuckdesign sow. Produktgestalt. GH Wuppertal.

HOELSCHER, Ludwig

Prof., Cellist - Graf Viereggstr. 2, 8132 Tutzing/Obb. - Geb. 23. Aug. 1907 Solingen (Vater: Heinrich H., Juwelier; Mutter: Elisabeth, geb. Humberg), kath., verh. s. 1940 m. Marion, geb. Stephan, 2 Kd. (Marion, Andreas) - Meistersch. v. Prof. Lamping, Hugo Becker u. Klengel - Elly-Ney-Trio (1930) u. Strub-Quartett; Prof. Musikhochsch. Berlin (1937), Mozarteum Salzburg (1939) u. Musikhochsch. Stuttgart (1954; Sonderkl.). Konzertreisen in alle Kontinente. Zahlr. Urauff. zeitgenöss. Kompon. u.a. Pfitzner, Krenek, Fortner, Henze, Höller, Sutermeister. Ltd. Mitgl. d. Humboldtges. - 1930 Mendelssohn-Preis Berlin (Europ. Erstauff. v. Hindemith); 1953 Ehrenprof. Akad. Ueno/Tokio; Ehrenmitgl. Verein Beethovenhaus Bonn; 1972 Gr. BVK, 1979 Stern dazu; 1974 Bayer. VO u. Solinger Kulturpreis; 1975 Ehrenmed. Bregenzer Festsp.; 1981 Bayer. Akad. d. schönen Künste, München; 1984 Bayer. Maximilians-Orden f. Wiss. u. Kunst, Ehrenbürger Wahlheimat Tutzing - Lit.: Valentin, Wolf-Eberhard v. Lewinski, Festschr. z. 75. Geb. (1972); Max Kaindl-Hönig: D. großen Interpreten.

HÖLSCHER, Tonio

Dr. phil., o. Prof. f. Klass. Archäologie Univ. Heidelberg - Albert-Fritz-Str. 70, 6900 Heidelberg - Geb. 2. Nov. 1940 Königsfeld/Schwarzw. - Promot. 1965; Habil. 1972 - Bücher u. Einzelarb. Mithrsg.: Beitr. z. Archäol. (1970ff.); D. römische Herrscherbild (1988ff.). Herausg.: Archäol. u. Gesch. (1988ff.).

HÖLSCHER, Uvo

Dr. phil., o. Prof. d. Klass. Philologie - Georgenstr. 20, 8000 München 40 (T. 39 14 55) - Geb. 8. März 1914 Halle/S. (Vater: Prof. Gustav H., Theologe; Mutter: Borghild, geb. Gjessing), ev., verh. s. 1940 m. Dr. phil. Dorothea, geb. Lohmeyer, 3 Kd. - Gymn. Bonn; Univ. Frankfurt (Promot. 1937 b. Karl Reinhardt). Habil. 1944 Hamburg - 1946 Privatdoz. Univ. München, 1951 apl. Prof. ebd., 1954 o. Prof. FU Berlin, 1962 Univ. Heidelberg, 1970 Univ. München. 1937-46 Militärdst. Publ.: u. a. Unters. z. Form d. Odyssee, 1936; Empedokles u. Hölderlin, 1965; D. Chance d. Unbehagens - Z. Situation d. klass. Studien, 1965; Anfängl. Fragen - Stud. z. frühen griech. Phil., 1968; Faust u. d. Welt, 1975; Goethe, 1991; Parmenides - Vom Wesen d. Seienden, griech./dt. (hg. übers. u. erläut. 1969, 2. A. 1986). D. Sinn v. sein in d. ält.-griech. Phil., 1976; D. Odyssee - Epos zw. Märchen u. Roman, 1989, 3. A. 1991; u. einz. Aufs. z. griech. Lyrik, Trag., Platon, Hölderlin, Kleist, Nietzsche. Herausg.: Exempla Classica (Griech. Lyrik, Homer, Pindar), K. Reinhardt - D. Ilias u. ihr Dichter. - korr. Mitgl. Heidelbg. Akad d. Wiss.

HÖLTERS, Maria

Geschäftsführerin, MdL NRW (s. 1958) - Pflugstr. Nr. 50, 4000 Düsseldorf (T. 63 32 05) - Geb. 24. Dez. 1910 Düsseldorf, kath., verh. (Ehem. kriegsvermißt), 1 Kd. - Gymn. (Abit.) - 1952-62 Ratsherrin D'dorf. Vors. Kath. Arbeitsgem. Mütterbildung u. Landesarbeitsgem. kath. Mütterschulen NRW, stv. Vors. Familienbund dt. Katholiken in d. Erzdiözese Köln. CDU. Vor 1933 Windthorstbd.

HÖLTERSHINKEN, Dieter

Dr. phil., Univ.-Prof. f. Allg. Pädagogik Univ. Dortmund - Plauener Str. 40, 4600 Dortmund (T. 0231 - 12 54 70) - Geb. 18. März 1935 Osnabrück, kath., verh. s. 1960 m. Christel, geb. Niemann, 4 Kd. (Martin, Stephan, Barbara, Heinrich) - 1958 u. 1963 1. u. 2. Statsex. f. Lehramt, Promot. 1970 Univ. Münster - 1968-74 Wiss. Assist. u. Hochschuldoz. PH, dann Univ. Osnabrück; s. 1974 Lehrst. Allg. Päd. Univ. Dortmund - BV: Anthropol. Grundl. personalist. Erziehungslehren, 1971; Möglichk. u. Grenzen d. Lebenshilfe f. besonders sozial gefährdete Mädchen u. Frauen, 1990; Medien im Alltag v. Kindern im Kindergartenalter (m. W. Tietze u.a.), 1990; Praxis d. Medienerziehung (m. H. P. Kasüschke, D. Sobiech), 1991; Institutionelle Tagesbetreuung v. Kindern unter drei Jahren (m. D. Ullrich), 1991. Herausg.: Vorschulerzieh., Bd. I u. II (1971, 1973); Päd. Anthropol. im dtschspr. Raum (1976); Frühkindl. Erz. u. Kindergartenpäd. (1977). Mithrsg. d. Reihe Dortmunder Beiträge z. Pädagogik. Rd. 90 Fachveröff.

HÖLTGEN, Karl Josef

Dr. phil., o. Prof. u. Vorstand Inst. f. Anglistik u. Amerikanistik Univ. Erlangen-Nürnberg (1968) - Zanderstr. 23, 8520 Erlangen (T. 09131 - 5 15 41) - Geb. 2. Nov. 1927 Haan/Rhld. (Vater: Karl H., Prokurist; Mutter: Maria, geb. Conrads), kath., verh. s. 1958 m. Freda, geb. Morley, S. Daniel - Humboldt-Gymn. Solingen; Univ. Bonn (Philol.). Promot. (1955) u. Habil. (1968) Bonn - 1958-59 Lektor Univ. Leicester (Engl.); 1959-68 Assist. u. Oberassist. Univ. Bonn (Engl. Sem.); 1972 Visiting Fellow Clare Hall, Cambridge; 1972-73 Dekan Philos. Fak. Univ. Erlangen-Nürnberg; 1974 Cecil Oldman Medal in Bibliography Univ. Leeds; 1975 Vorst. Philos. Fakultätentag; 1981 Visiting Senior Member Linacre College, Oxford; 1990 Vorst. Dt.-Brit. Ges. Nürnberg - BV: Zur Lyrik Else Lasker-Schülers, 1958 (Diss.); Ausg. engl. Emblembücher, 1971-75; Francis Quarles (1592-1644), e. biogr. u. krit. Studie, 1978; Aspects of the Emblem, 1986. Mithrsg.: Tradition u. Innovation in d. engl. u. amerik. Lyrik d. 20. Jh. (1986); Word and Visual Imagination (1988).

HÖLTJE, Georg

Dr. phil., o. Prof. f. Bau- u. Kunstgeschichte (emerit.) - Alte Herrenhäuser Str. 11c, 3000 Hannover (T. 79 59 94) - Geb. 16. März 1906 Hannover - Stud. Kunstgesch. Rostock, Hannover, München, Halle. Promot. 1929 (b. Prof. Frankl); Habil. 1932 - 1939 b. 1954 Emigration (Brasil.); 1956-71 Ord. u. Inst.sdir. TH bzw. TU Hannover - BV: Laves - E. Baumeister s. Zeit, 1964 - Spr.: Portugies., Engl. - Rotarier.

HÖLTJE, Gerhard

Dipl.-Ing., Prof., Direktor i. R. - Am Karpfenteich Nr. 44a, 2000 Hamburg 63 (T. 538 61 04) - Geb. 15. Juli 1907 Berlin (Vater: Heinrich H., Architekt; Mutter: Helene, geb. Gotzkowsky), ev., verh. m. Hildegard, geb. Schöpwinkel - Siemens-Oberrealsch. u. TH Berlin (Verbrennungskraftmaschinen) - 1932 b. 1945 Dt. Lufthansa-AG., Berlin (Leit. Versuchsabt.); 1946-51 United States Air Force ebd. (Chefing.); 1954-72 Dt. Lufthansa AG., Hamburg/Köln (Vorstandsmitgl.). S. 1957 Lehrbeauftr. u. Honorarprof. (1966) TH bzw. TU Braunschweig (Luftverkehr u. Flugbetrieb). 1968/69 Präs. Intern. Luftverkehrsverb. - 1972 Ehrenmitgl. Bundesverb. d. Dt. Luft- u. Raumfahrtind.

HÖLTZEL, Hans Michael

Hornist, Dirigent, Prof. Staatl. Hochschule f. Musik Detmold (s. 1973) - Brokhauser Str. 76, 4930 Detmold 1 (T. 05231 - 2 40 12) - Geb. 22. April 1936 Tübingen (Vater: Friedrich H., Prälat i. R.; Mutter: Maria, geb. Seelig), ev., verh. s. 1964 m. Ingeborg, geb. Spiess, 2 Kd. (Wolfgang, Thomas) - Abitur 1955, Musikexamen Stuttgart 1958, Mozarteum Salzburg, künstler. Reifeprüf. 1960 - Solohornist Bamberger Symphoniker 1963-69 u. Münchner Philharmoniker 1969-73; Lehrer f. Horn Mozarteum Salzburg 1966-75. Gastprof. Indiana Univ. 1970/71/75/76/81, s. 1978 Dirigent Philharmonia da Camera - Schallplatte: Als Solist u. Dirig. W. A. Mozart Hornkonzerte m. d. Camerata Academica, Salzburg 1973; Schule für Horn, 1981 - Liebh.: Jagd,

Malerei - Spr.: Engl., Franz. - Club Schlaraffia.

HOELTZENBEIN, Josef

Dr. med., Prof., Chefarzt Chirurg. Abt. St.-Franziskus-Hospital, Münster - Zum Guten Hirten 105, 4400 Münster/W. (T. 3 41 96) - S. 1962 (Habil.) Lehrtätigk. Univ. Münster (1969 apl. Prof. f. Chir. u. Urol.).

HÖLZ, Karl

Dr. phil., Prof. f. Romanist. Literaturwissenschaft Univ. Trier - Ruwerstr. 13, 5501 Gutweiler - Geb. 2. Juni 1942 Köln (Eltern: Heinrich u. Margarete, geb. Bremer), kath., verh. s. 1967 m. Regina, geb. Skaletz, 3 Kd. (Nina, Karoline, Jonas) - Facharb. z. franz., ital., span. u. mexikan. Lit. - 1980 Straßburg-Preis f. d. Habil.-Schr. Konstruktion u. Destruktion. Stud. z. Sinnverstehen in d. mod. franz. Lit.; 1988 Hidalgo-Preis d. mexikan. Reg. f. d. Arb.: La novela de la revolución y el tema de la americanidad.

HÖLZ, Peter

Dr. jur., Stadtdirektor d. Landeshauptstadt Düsseldorf (s. Juli 1991) - Stadthaus, Mühlenstr. 29, 4000 Düsseldorf 1 - Geb. 26. Juli 1937, verh. m. Dorothee, geb. Lohoff, 4 Kd. - Stud. Rechts- u. Staatswiss. Univ. Tübingen, Bonn u. Köln - 1981-91 Oberstadtdir. d. Stadt Solingen. Versch. Mand. in kommunalen Verbänden u. AR (Flughafen Düsseldorf GmbH u. NOWEA Messeges. mbH).

HÖLZEL, Klaus

Geschäftsführer Vorwerk & Co. Teppichwerke GmbH & Co. KG - Kuhlmannstr. 11, 3250 Hameln (T. 05151 - 1 03-0) - Geb. 1. Juni 1937.

HÖLZER, Karl Heinz

Dr. med., Prof. f. Innere Medizin u. Diätetik - Waldweg 14, 2085 Quickborn-Heide - S. 1977 Prof. Univ. Hamburg (Ärztl. Dir. u. Sprecher Fachber. Med.).

HÖLZER, Rita

Prof. emer. für Sporterziehung - Säntisstr. 70, 7770 Überlingen (T. 07551 - 6 58 20), kath., verw., Tocht. Gabriele Meyer - BV: Tanzbogen, 1973; Kindertänze, 1975 - Spr.: Engl., Franz.

HÖLZL, Johann

Amtsrat, Bürgermeister a. D., MdL Bayern (s. 1974) - Nittenauer Str. 13, 8466 Bruck/Opf. (T. 09434 - 12 49) - Geb. 1924 - SPD.

HÖLZL, Josef

Dr. rer. nat., Prof. f. Pharmazeut. Biologie Univ. Marburg, Apotheker - Haspelstr. 37, 3550 Marburg - Geb. 22. Nov. 1929 Freising/Bay., kath., verh. m. Gertrud, geb. Heepen, 2 Kd. (Florian, Regina) - Stud. Univ. München; Promot. 1959; Habil. 1975 - 1965 Akad. Dir. Univ. München; s. 1978 Prof. Univ. Marburg, 1981/82 Dekan - 1987 Scheurich-Preis.

HÖLZLER, Erwin

Dr.-Ing., Direktor i. R. - Promenadeweg 12, 8023 Großhesselohe/Isartal (T. 79 51 24) - Geb. 19. Jan. 1908 Bromberg/Posen, ev., verh. s. 1934 m. Irene, geb. Maske, verw. 1976, 4 Söhne - Wilhelms-Gymn. Königsberg/Pr.; TH München u. Danzig (Dipl.-Ing. 1933). Promot. 1941 Berlin - 1934-73 Siemens AG., Berlin/München (1962 stv. Vorst.-Mitgl.; 1969 Leitg. Zentrale Forsch. u. Entwickl.) - BV: Theorie u. Technik d. Pulsmodulation (m. Herbert Holzwarth), Nachrichtenübertragung (m. Dietwald Thierbach); Pulstechnik I u. II (m. Herbert Holzwarth u. a.) - VDE-Ehrenring 1976; Dr.-Ing. E.h. d. TU München 1981.

HÖMBERG, Johannes

Dirigent, Prof. f. Chorleitung, Leiter Hochschulchor u. Vokalensemble Pro Musica, Köln, Musikhochsch. Köln - Juck 14, 5060 Berg. Gladbach 1 - Geb. 3. Dez. 1931 Bochum, verh. s. 1984 m. Regina, geb. Ziebarth, 2 Kd. (Christoph, Anne) - 1959-64 Dirig. u. Hochschull. Salvador/Bahia (Brasilien), 1965-69 Leit. Musikref. Goethe-Inst. München - BV: Liederb., Chor- u. Kammermusikw. - Schallplatten: Dufay, Schütz, D. Messe, D. Kantate, Bach, (Orgelbüchlein, h-moll-Messe) u. a.

HÖMBERG, Walter

Dr. phil., Univ.-Prof., Inhaber d. Lehrstuhls f. Journalistik I d. Kath. Univ. Eichstätt (s. 1988) - Ostenstr. 26, 8078 Eichstätt (T. 08421 - 20-5 62-5 64) - Geb. 11. Aug. 1944 Meschede - Stud. geistes- u. sozialwiss. Fächer an d. Univ. Kiel, FU Berlin, Tübingen u. Salzburg; Staatsex. 1970; Promot. 1973 - 1974-84 wiss. Mitarb. Univ. München; 1984-86 Akad. Rat Univ. Eichstätt; 1986-88 Univ.-Prof. f. Kommunikat.wiss. Univ. Bamberg - BV: Zeitgeist u. Ideenschmuggel, 1975; Lesen auf d. Lande (m. K. Rossbacher), 1977; D. verspätete Ressort, 1989. Herausg.: Journalistenausbildung (1978); Kommunikationstheorien (m. R. Burkart), 1992; Zeit, Raum, Kommunikation (m. M. Schmolke), 1992. Zahlr. Aufs. in Fachztschr. u. Sammelw. - 1975 Theodor-Körner-Förder.preis.

HÖMIG, Herbert

Dr. phil., Prof. f. Neuere Geschichte Köln/Dortmund - Grüner Brunnenweg 73, 5000 Köln 30 (T. 53 18 96) - Geb. 22. Sept. 1941 Gotha/Thür. (Vater: Michael H., Elektr.; Mutter: Lore, geb. Strege), kath., verh. s. 1970 m. Ursula, geb. Mertens, 4 Töcht. (Barbara, Irene, Cornelia, Regine) - Abit. 1962, Stud. Köln, Gesch., Germ., Phil.; Staatsex. 1968, Promot. 1969, 2. Phil. Staatsex. 1970, Habil. 1976 - 1979 apl. Prof., 1980 Prof. Vors. Stiftg. Thüringen, Mainz; Mitgl. Akad. Erfurt - BV: Rhein. Katholiken u. Liberale, 1971 - D. preuß. Zentr. in d. Weimarer Rep., 1979; Von d. Deutschen Frage z. Einheit Europas, 1991. Herausg.: Cronica sant Elisabet zcu Deutsch (1981); R. L. d'Argenson, Polit. Schr. (1985); Mithrsg.: Im Bannkreis d. klass. Weimar (1982); Ch. I. de Saint-Pierre, Kritik des Absolutismus (1988) - Spr.: Engl., Franz.

HOEN, Ernst

Dr. med., Prof., Chefarzt Kinderkrkhs. Eleonorenheim, Darmstadt - Peter-Behrens-Str. 40, 6100 Darmstadt - Geb. 16. Aug. 1910 Köln - S. 1950 (Habil.) Privatdoz. u. apl. Prof. Univ. Heidelberg (zul. Oberarzt Kinderklinik). Fachaufs.

HOENERBACH, Wilhelm

Dr. phil., o. Prof. f. Islamwissenschaft u. Semitistik - Nachtigallenweg 9, 5205 St. Augustin 3 (Menden) (T. 02241 - 31 18 40) - Geb. 21. März 1911 Köln - Habil. 1939 Breslau - S. 1954 apl. Prof. Univ. Bonn, full prof. Univ. Los Angeles/USA (1959), o. Prof. Univ. Kiel (1962), Univ. Bonn (1970) - BV: Span.-islam. Urkunden, 1965; Islam. Gesch. Spaniens, 1970; Dichterische Vergleiche d. Andalus-Araber, 1973 - 1963 Mitgl. Real Acad. de Buenas Letras Barcelona - Mitherausg. Zeitschr. Andalucia Islamica (Granada) - 1982 Dr. h.c. Univ. Barcelona - Spr.: Mehrere europ. u. islam.

HÖNES, Winfried

Dipl.-Bibl., Leiter Stadtbücherei Kleve (s. 1974) - Hermannstr. 7, 4190 Kleve 1 (T. 02821 - 3 03 86) - Geb. 22. Febr. 1934 Düsseldorf, kath., verh. s. 1969 m. Maria Elisabeth, geb. Heddergott, S. Eberhard-Maximilian - Steuerassist. 1953 Düsseldorf; Jugendleit. 1960 Altenberg; Dipl.-Bibl. 1963 Bonn - 1972/73 Büchereileit. Stadtbücherei Gummersbach; s. 1968 Schriftsteller; s. 1968 Initiator u. Leit. Archiv z. Rezeptionsgesch. Lüdenscheid - BV: Des Wassers Spuren (Haiku), 1984; Blitze in d. heiteren Himmel (Aphor.), 1985; Wer zuerst lacht, heult am längsten (Aphor.), 1991. Herausg.: D. Mädchen Justitia (1987); S. Äskulaps Zeiten (1988); Lob d. Erziehung (1988); Lob d. Kritik (1989); Auch frisset er entsetzlich (1991); Was ist Glück? (1991) - 1989/90 Kevelaerer

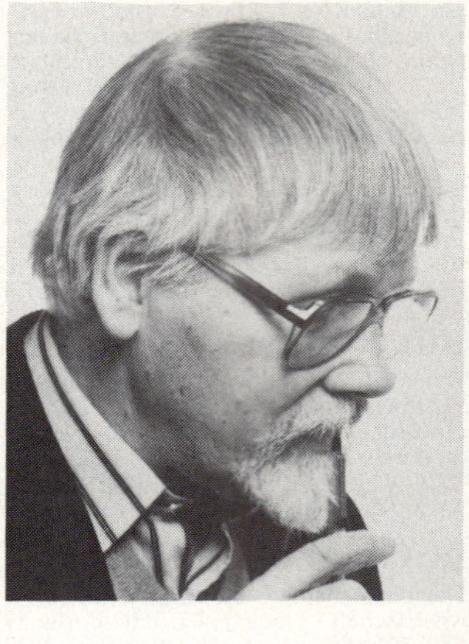

Kulturpreis f. Lit. - Liebh.: Fotografie, Musik, Lit., Kunstgesch. - Spr.: Engl., Franz., Lat.

HOENESS (ß), Uli

Manager FC Bayern (s. 1979) - Pinkenstr. Nr. 14a, 8012 Ottobrunn - Geb. 5. Jan. 1952 Ulm (Vater: Erwin H., Metzgerm.; Mutter: Paula, geb. Seybold), kath., verh. s. 1973, T. Sabine - Gymn. (Abit.); Stud. (Angl.) - B. 1979 Lizenzspieler FC Bayern, 1972 Europa- u. 1974 Weltmeisterschaft i. Fußball, 1974 u. 1975 Europapokalsieger; 1974 Silb. Lorbeerblatt - Spr.: Engl.

HÖNICK, Hans Hermann

Dipl.-Ing. FH, Managing Director Lucas Car Braking Systems, AR-Vors. Lucas Automotive GmbH, Koblenz - Zu erreichen üb. Lucas Automotive GmbH, Carl-Spaeter-Str., Postf. 7 20, 5400 Koblenz - Geb. 4. Juni 1926 Arzberg (Vater: Martin H.; Mutter: Emma, geb. Schwarzer), ev., verh. s. 1953 m. Eleonore, geb. Schmitt, S. Hans-Peter - Lehre als Automechaniker; Ing.stud. Oskar-v.-Miller-Polytechnikum, München - 4 Jahre BMW, 11 Jahre Porsche, Leiter Fahrgestell- u. Rennkonstruktion; s. 1963 Lucas-Girling - 20 in- u. ausl. Patente - BVK am Bde. - Liebh.: Malerei (in Öl u. Aquarell), Golf - Spr.: Engl.

HOENISCH, Michael

Dr. phil., Prof. f. Nordamerik. Literatur FU Berlin - Beerenstr. 3, 1000 Berlin 37 - Geb. 25. Febr. 1938 Gohlis/Sa. - B. A. 1960; Promot. 1968 - S. 1971 Prof. - BV: Unters. z. Formwandel im Werk v. F. Scott Fitzgerald, 1969; USA - Dtschl.: Kulturpolitik 1942-1949 (ed.), 1980.

HÖNLE, Ludwig

Geschäftsführer Gemeinn. Siedlungs- u. Wohnungsbauges. Baden-Württ. mbH., Sigmaringen - Liegnitzer Str. 4, 7400 Tübingen (T. 3 34 88) - Geb. 30. April 1920, verh. s. 1943 m. Albertine, geb. Speth, 2 Söhne - Ehrenämter: Stadtrat, Kreisverordn., Landesvors. BW u. Vizepräs. Verb. d. Kriegs- u. Wehrdst.opfer, Behinderten u. Sozialrentner Dtschl. e. V., Bonn - 1970 Gr. BVK, 1975 Verdienstmed. Land Baden-Württemberg.

HÖNN, Günther

Dr. jur., Prof. f. Bürgerl., Handels-, Wirtschafts- u. Arbeitsrecht d. Univ. Saarlandes - Semperstr. 47, 6600 Saarbrücken 3 - Geb. 7. Aug. 1939 Jena (Vater: Dr. Gerhard H., Obermagistratsrat †; Mutter: Ilse, geb. Marienhagen †), ev., verh. m. Angelika, geb. Dietz, S. Christopher - Promot. 1969 Univ. Frankfurt/M., Habil. 1980 Mainz - 1970-73 Leit. Rechtsabt. Lever Sunlicht GmbH Hamburg; 1982 Prof. FU Berlin; 1984 Univ. d. Saarlandes; 1992 Univ.-Prof. Univ. d. Saarlandes - BV: Kompensation gestörter Vertragsparität. Ein Beitrag z. inneren System d. Vertragsrechts, München 1982; Fälle u. Lösungen z. Wettbewerbs- u. Kartellrecht, 1988; Mitbearb. v. Soergel, BGB 11 u. 12; Fachaufsätze.

HÖNNIGHAUSEN, Lothar

Dr. phil., o. Prof. f. Engl. Philologie Univ. Bonn (s. 1973) - Alter Heeresweg 20, 5330 Königswinter/Vinxel - Geb. 15. Aug. 1936 Hennef/S. - Promot. 1963; Habil. 1969 - Koordinator Nordamerika-Progr. Univ. Bonn. Bücher u. Einzelarb.

HÖNOW, Günter

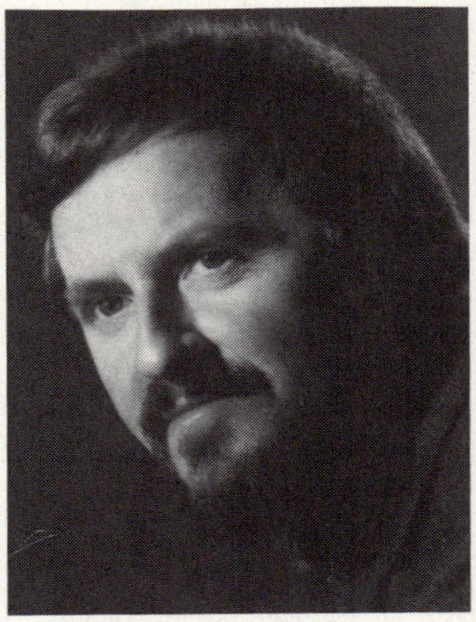

Dipl.-Ing., Prof., Architekt - Otto-Erich-Str. 20, 1000 Berlin 39 (T. 805 30 72) - Geb. 21. Okt. 1923 Stahnsdorf b. Berlin (Vater: Paul H., Landw.; Mutter: Helene, geb. Mudrich), ev., verh. s. 1951 m. Christel, geb. Kühne, S. Klaus - 1949-51 u. 1953-55 Kunsthochsch. Berlin - 1960ff. Entwurfsdoz. Staatl. Werkkunstsch. Berlin; 1971ff. Prof. Kunsthochsch. ebd.; 1971-86 Prof. f. Entwerfen, Gebäude- u. Innenraumplanung Hochsch. d. Künste Berlin. Mitgl. Dt. Werkbd. - Einfamilienhäuser Berlin (u. a. INTERBAU 1957), Wohnblöcke Köln (Neue Stadt) u. Berlin (Gropiusstadt), Verw.gebäude, dar. Dt. Bank Berlin; Ausbau Berlin-Museum (Altes Kammergericht) u. S-Bhf. Charlottenburg - 1957 Preis d. Otto-Bartning-Stiftg.; 1961 Preis Jg. Generation (Berliner Kunstpreis); 1967 Kölner Architekturpreis; 1976 Aufnahme in d. Werkbund-Dok.; div. I. Preise b. Wettbew. u. a., 1978 Intern. Preis Habitation Space.

HÖNSCHEID, Jürgen

Dr. phil., Prof. FH f. Bibliotheks- u. Dokumentationswesen Köln - Mühlenstr. 203, 4050 Mönchengladbach 2 (T. 02166-2 08 49) - Geb. 16. April 1939 Remscheid, ev., verh. s. 1966 m. Anneliese, geb. von Ameln, 2 Söhne (Christoph, Christian) - Staatsex. (Klass. Philol.) 1966 Köln, (ev. Theol.) 1968 Bonn; Prüf. f. d. höh. Bibl.dst. 1971; Promot. 1972 Köln - 1966-69 wiss. Hilfskraft Patrist. Kommiss. d. Akad. d. Wiss. Heidelberg, Außenst. Bonn - 1969-71 Bibliotheksref. Köln; 1973 Dir. Hochschulbibl. PH Rheinl., Köln; 1980 Doz. Bibliothekar-Lehrinst. Köln; 1982 Prof., 1982-86 Prorektor FH f. Bibliotheks- u. Dokumentationswesen Köln; Lehrbeauftr. f. Klass. Philol. Univ. Köln - Herausg. u. Übers.: Didymus d. Blinde: De trinitate Buch I, 1975; Aufs. in wiss. Ztschr., Sammelw. u. Festschr.; Lex.beitr.

HÖNTSCH, Winfried

Dr. phil., Prof., Musikwissenschaftler, Direktor d. Dresdner Musikfestspiele (1976-91) - Altmarkt 13, O-8010 Dresden (T. 495 35 53) - Geb. 9. Juni 1930 Dresden, verh. m. Evelyn, geb. Bayer, 3 Kd. (Andreas, Claudia, Bertolt) - Hochsch. f. Musik Hanns Eisler Berlin 1950-53; Stud. Musikwiss. 1950-56 Univ. Berlin, Dipl.; Sekt. Philos. u. Kulturwiss. 1970-76 TU Dresden; Promot. 1975 - 1956-62 Fachreferent u. Fachgebietsleit. Min. f. Kultur d. DDR; 1962-68 Erst. Musikdramaturg d. Staatstheater Dresden (Staatsoper); 1968-70 Künstl. Dir. d. Kulturpalastes Dresden - BV: 300 Jahre Dresdner Oper, 1967; D. Dresdner Musikfestsp., 1979 u. 1980; Klingendes Dresden, 1987 - Neue dt. Text-Bühnen-

fass. d. Oper D. verkaufte Braut m. Carl Riha - 1975 Hanns-Eisler-Preis - Liebh.: Schmalfilm.

HÖPCKE, Klaus

Journalist, MdL Thüringen (s. 1990) - Wilhelm-Pieck-Str. 223, O-1040 Berlin, Julius-Leber-Ring 15, O-5063 Erfurt (T. 282 83 69) - Geb. 27. Nov. 1933 Clavhaven, verh. m. Dr. rer. nat. Monika, geb. Voß, 5 Kd. (Heike, Ute, Kerstin, Steffen, Franziska) - Stud. d. Journalistik Leipzig - 1964-73 Mitgl. d. Redakt.kollegiums Neues Deutschl.; 1973-89 stv. Min. f. Kultur d. DDR; 1989-91 Vorst.- Mitgl. d. Partei d. Demokr. Sozialismus; s. 1990 Mitgl. d. PDS-Grundsatzkomm.; 1990 Abg. d. Volkskammer - BV: Probe f. d. Leben, 1982; Chancen d. Lit., 1986 (Übers. Ausg. in d. UdSSR u. in Bulg.). Person u. System in: Nachdenken üb. Deutschland, 2. A. 1990 - Spr.: Russ., Engl.

HÖPCKE, Walter
Dr.-Ing., em. Prof., ehem. Direktor Geodätisches Institut - Kühnsstr. 4, 3000 Hannover 71 - Geb. 19. Aug. 1908 Kiel - Fachbuch: Fehlerlehre u. Ausgleichsrechnung 1980 - Fachveröff.

HÖPER, Wolfgang
Staatsschauspieler Württembergisches Staatstheater Stuttgart (s. 1964) - Asangstr. 42, 7000 Stuttgart 61 (T. 0711 - 32 26 28) - Geb. 15. März 1933 Braunschweig, ev., verh. s. 1957 m. Rosemaria, geb. Schumacher, 2 Kd. (Corinna, Thomas) - 1956 Hochsch. f. Musik u. Theater, Hannover; Schausp. am Theater u. in Fernsehfilmen; künstl. Sprecher Südf. Stuttgart u. Südwestf. Baden-Baden; Doz. Hochsch. f. Musik u. darstellende Kunst Stuttgart - Rollen: Möbius/ Physiker, Krapp/D. letzte Band, Kontrabassist/Süskind, Sultan, Saladin/Nathan d. Weise, Theseus u. Oberon/ Sommernachtstraum, Kulygin/Drei Schwestern, Wehrhahn/Biberpelz, Malvolio, Stefan/Keg. Gesichter - gemischte Gefühle, Baxter/Diese Gesch. v. Ihnen

..., Fred Graham/Kiss me Kate, Dare Moss/Hanglage Meerblick, Frederick Fellows/D. nackte Wahnsinn, Carlos/ Clavigo, Jack McCracken/Familiengeschäfte, Thomas Bernhard/Theatermacher.

HOEPFFNER, Dietrich W.
Rechtsanwalt - Wentzelstr. 9, 2000 Hamburg 60 - Geb. 8. Nov. 1924, verh. m. Maria-Alexandra von der Ropp, 2 Kd. - 1946-50 Stud. Rechtswiss. Univ. Tübingen u. Hamburg; 1950-53 Schulungen im Ausw. Dienst, Refer. u. Ass. - AR-Vors. Theodor Höhns KG, Mölln; Beirat Peter Möller Omega-3 GmbH, Hamburg - Ritter v. Königl. Norweg. VO.; BVK am Bde.

HÖPFINGER, Stefan
Parlam. Staatssekretär Bundesmin. f. Arbeit u. Sozialordn. a. D. (1984-89), MdB (s. 1976; Wahlkr. 238) - Hammerschmiedweg 92d, 8900 Augsburg (T. 7 43 54) - Geb. 1925, kath. - S. 1959 Diözesansekr. Augsburg. 1970-76 MdL Bayern. CSU (s. 1952; 1984ff. Vors. Bezirksverb.) Augsburg - 1984 BVK I. Kl.

HOEPFNER, Albrecht
em. Prof. f. Textiltechnik (insbes. Webereitechnol.), Dipl.-Ing. - Haeselerstr. 15, 5600 Wuppertal 11 (T. 0202 - 78 31 19) - Geb. 17. Jan. 1922 Goldap/ Ostpr. (Vater: Georg H., Studienrat; Mutter: Helene, geb. Klaer), ev.-freik., verh. s. 1960 m. Margot, geb. Albuszies, 4 Kd. (Detlef, Uwe, Annke, Christina) - Gymn. (Abit.), Tischlerlehre, Textilingenieursch., TH (Textiltechnik) - Lehramt f. berufsbild. Schulen; b. 1957 Industrietätigk., dann Doz. Ing.sch., 1972 Prof. Univ. Wuppertal, 1980 FH Niederrh./Mönchengladbach, emerit. 1987 - Lehr- u. Forsch.gebiet: Weberei, Bandweberei - Liebh.: Arbeiten in Holz, Technikgesch., Musik (Dirig. Männerchor Ev.-Freik. Gde. Wuppertal) - Spr.: Franz., Engl., Rumän.

HÖPFNER, Arno
Dr. rer. nat., Prof. f. Physik. Chemie - Oberer Rainweg 51/1, 6900 Heidelberg - Geb. 20. März 1934 Gera/Thür., verh. s. 1959 m. Helga-Maria, geb. Kumme (Dipl.-Chem.), 4 Kd. (Anke-Maria, Carola, Georgia, Isabel) - Promot. 1962, Habil. 1967, Wiss. Rat 1972 - S. 1979 Prorektor Univ. Heidelberg (apl. Prof. 1973). Arbeitsgeb.: Physik. Chemie d. stabilen Isotope - BV: Irreversible Thermodynamik, 1976; üb. 30 wiss. Publ. - 1978 Mitgl. Präs. Hochschulverb. - Liebh.: Kammermusik.

HÖPFNER, Niels
Publizist u. Schriftst. - Postfach 18 03 62, 5000 Köln 1 - Geb. 10. Nov. 1943 - Lit. u. Kulturkritik - BV: D. Hintertreppe d. Südsee, Figuren & Personen (Theaterst., Hörsp., Aufs.), 1979.

HÖPKEN, Heinrich

Oberkirchenrat i. R. - Brüderstr. 38, 2900 Oldenburg (T. 0441 - 1 55 98) - Geb. 28. Jan. 1911 Esenshamm, Krs.

Wesermarch, ev., verh. s. 1939 m. Ursula, geb. Liebert, T. Gertrud - 1. theol. Ex. 1936 Wilhelmshaven, 2. Ex. 1938 Oldenburg; 1938 ordiniert durch Bek. Kirche in Elisabethfehn - Ab 1938 illegal Pastor in Goldenstedt, ab 1941 dort Pfarrer; 1947-50 Mitgl. d. Oberkirchenrates in Oldenburg, 1950 Kirchenrat, 1955 Oberkirchenrat. 1981 Ruhestand - BV: D. Mensch ist doch nicht ganz geglückt, 1985; Im Abgas wächst Getreide, 1988; E. größere Zahl v. plattdeutschen Predigten, Andachten, Anekdoten - 1975 Anton-Günther-Medaille; 1986 Kronenkreuz in Gold; 1987 Spieker-Ehrennadel - Interessen neben d. Amt: Pflege d. plattdt. Sprache - Spr.: Engl., Franz.

HÖPKER, Wilhelm
Dr. med. (habil.), Arzt - Gasmert, 5974 Herscheid (T. 23 41) - Geb. 16. April 1914 Soest, verh. m. Dr. phil. Elisabeth, geb. Herberg, 5 Kd. (aus früh. Ehen) - Univ. Freiburg/Br., München, Berlin, Marburg, Königsberg/Pr., Frankfurt/M. - 1938-48 Med. Univ.klinik Frankfurt/M. (Prof. Volhard), 1948-51 Hirnforsch.inst. Neustadt/Schwarzw. (Prof. Vogt), 1952-55 Diabetesforsch.inst. Karlsburg u. Med. Univ.klinik Greifswald, 1956-76 Chefarzt Inn. Abt. Kreiskrkhs. Lüdenscheid. 1972 Gründ. Internat f. diabet. (vorwieg. verhaltensgestörte) Jugendl., b. 1984 dessen Leit. Arbeitsgeb.: Hirnanatomie u. -histopathol., Diabetologie, spez. Hypoglykämie, Antidiabetica, soz. Fragen, Endokrinologie - BV: D. Wirkung d. Glucosemangels auf d. Gehirn, 1954; Z. Theorie d. diabet. Stoffwechselstörung, 1956. Etwa 65 Einzelarb. - Interessen: Judaismus, griech. Philosophie - Liebh.: Segelsport - Spr.: Engl.

HÖPKER, Wilhelm-Wolfgang
Dr. med., Prof. f. Pathologie - AK Barmbek, Rübenkamp 148, 2000 Hamburg 60 - Geb. 15. Juli 1942 Frankfurt (Vater: Dr. med. habil. Wilhelm H., Arzt; Mutter: Ruth, geb. Gätjens), ev., verh. s. 1970 m. Dr. med. Doris Höpker-Herfel, 2 Kd. (Tilo, Katja) - Ärztl. Prüf. 1969; Promot. 1970; Habil. 1974; apl. Prof. 1977; 1979-87 Prof. in Heidelberg, s. 1987 Ltd. Arzt Patholog. Abt. AK Barmbek (Hamburg). S. 1991 Präs. d. Dt. Chin. Ges. f. Medizin. Verantw. Redakt. Dt. Medizin (in Chin.) - BV: Spätfolgen extremer Unterernährung, 1974; Allg. Path., 1975 (m.a.); Obduktgut, 1976; Problem d. Diagnose, 1976; Mißbildungen, 1984; Meniskus, 1984; Lungenkarzinom, 1987. Ca. 140 wiss. Publ. - Ehrenprof. d. Med. Tongji-Univ. (VR China, Wuhan) - Spr.: Engl.

HÖPNER, Thomas
Dr. rer. nat. habil., Univ.-Prof. f. Biochemie Inst. f. Chemie u. Biologie d. Meeres d. Univ. Oldenburg - Postf. 25 03, 2900 Oldenburg (T. 0441 - 798 37 84); priv.: Scheideweg 101, 2900 Oldenburg (T. 0441 - 30 17 79) - Geb. 18. Mai 1936 - Vorst.-Mitgl. u. stv. Vors. Umweltstiftg. Nieders.; Beiratsmitgl. f. Naturschutz u. Landschaftspflege b. Bundesmin. f. Umwelt, Naturschutz u. Reaktorsicherheit; Mitgl. Nationalparkbeirat Nieders. Wattenmeer; Vors. d. Aussch. f. Umweltfragen d. DGB-Landesbez.vorst. Nieders.

HOEPPE, Brigitte,
geb. Feldt

Malerin - Rudolf Herzog-Weg 9, 3430 Witzenhausen (T. 05542 - 10 83) - Verh. s. 1965 m. Prof. Dr. Carl H. (s. dort), 3 Kd. (Jens, Patricia, Götz) - 1965-70 Stud. Asien (Meisterschülerin v. Madam Boehnert, Manila, Prof. Chang Tan Nung, Singapur); Stud.-Aufenth. in Malaysia, Thailand, Philippinen, Taiwan, Indonesien, Kambodscha, Hongkong, Pakistan, Griechenland - Aquarell-Malerei, s. 1972 Einzel- u. Gruppenausst.

HOEPPE, Carl
Dr. agr., Prof. f. trop. Pflanzenbau GH Kassel - Rudolf Herzog-Weg 9, 3430 Witzenhausen 1 (T. 05542 - 10 83) - Geb. 4. Sept. 1930 Zuchow (Vater: Ewald H., Forstbeamter; Mutter: Ade-

line, geb. Schmidt), ev., verh. s. 1965 m. Brigitte, geb. Feldt, Malerin (s. dort), 3 Kd. (Jens, Patricia, Götz) - Landw.-Lehre m. Gehilfenprüf., Meisterprüf. 1957, staatl. gepr. Landw. 1955; Stud. Univ. Gießen (Dipl. 1958); Promot. 1959; Ing. agr. trop. 1959 Witzenhausen - 1960-70 wiss. Mitarb. BASF AG (Ausl.); 1970-71 Doz. Ing.-Sch. f. ausl. Landw., Witzenhausen; s. 1971 Hochschullehrer f. trop. Pflanzenbau in Kassel; s. 1973 Prof. - Liebh.: Prakt. Naturschutz - Spr.: Engl.

HÖPPNER, Hans
Chefredakteur Volksblatt Berlin - Neuendorfer Str. 101, 1000 Berlin 20 (T. 330 00 60) - Geb. 9. Okt. 1929.

HOEPPNER, Reinhard
Dr. rer. nat., MdL, Vorsitzender SPD-Fraktion im Landtag Sachsen-Anhalt (s. 1990) - Flachsbreite 17, O-3014 Magdeburg - Geb. 2. Dez. 1948 Haldensleben, ev., verh. s. 1974 m. Renate, geb. Wuttke, 3 Kd. (Ulrike, Friedemann, Miriam) - Abit.; Ausbild. z. Elektromonteur; Mathematikstud. in Dresden, Dipl. 1971; Promot. 1976 - B. 1990 Lektor im Akademie-Verlag (O-Berlin) - 1990 Vizepräs. d. DDR-Volkskammer; 1990 MdL in Sachsen-Anhalt; Mitgl. Bundesvorst. SPD. S. 1980 Präses d. Synode d. Ev. Kirche (Kirchenprovinz Sachsen) - Liebh.: Wandern, Möbel-Bauen, Kochen - Spr.: Engl., Russ.

HÖR, Gustav
Dr. med., Prof. f. Allg. Nuklearmedizin u. Leit. Abt. f. Allg. Nuklearmed./Zentrum f. Radiologie Univ. Frankfurt - Theodor-Stern-Kai 7, 6000 Frankfurt/M. - Geb. 2. Aug. 1932 Preßburg - Promot. 1959; Habil. 1970 - Zul. apl. Prof. Univ. München. Üb. 400 Fachaufs.

HÖRBIGER, Christiane
Schauspielerin - Frankengasse 28, CH-8001 Zürich (Schweiz) - Geb. 13. Okt. 1938 Wien (Vater: Prof. Attila H. †1987; Mutter: Paula, geb. Wessely, beide Schausp.; s. dort), kath., verh. I) 1962 m. Wolfgang Glück (Regiss.), II) 1967 Dr. Rolf R. Bigler (Chefredakt. Weltwoche, Zürich), verw. s. 1978, S. Oliver - S. 1957 Mitgl. Burgtheater Wien u. Schauspielhaus Zürich (1967). Rollen: Gretchen (Faust I.), Louise (Kabale u. Liebe, unt. Kortner), Hero, Recha, Inken Peters, Franziska (Viel Lärm um Nichts, unt. Lindtberg), Rösslwirtin (Weißes Rössl) Volksoper Wien, u. a. 1956-60 7 Spielfilme; s. 1960 Fernsehen (u. a. Ltn. Gustl, Anatol, D. Hofloge, E. Phönix zuviel, Tee u. Sympathie, Donauwalzer, 1985) - 1986 Bayer. Filmpreis (f. Film Donauwalzer); 1988 Goldene Kamera (f. Fernsehfilm D. andere Leben) - Spr.: Engl.

HOERBURGER, Felix
Dr. phil., Prof., Musikwissenschaftler - Hemauerstr. 8a, 8400 Regensburg - Geb. 9. Dez. 1916 München - Promot. 1941; Habil. 1963 - S. 1963 Lehrtätigk. Univ. Erlangen-Nürnberg u. Regensburg (1970; 1971-79 apl. Prof. f. Musikwiss., insb. musikal. Volks- u. Völkerkd.) - BV: u. a. D. Tanz m. d. Trommel, 1954; D. Zwiefachen, Gestaltung u. Umgestaltung d. Tanzmelodien, 1956; Volkstanzkd., 2 Bde. 1961/64; Musica vulgaris. Lebensges. d. instrumentalen Volksmusik, 1966; Volksmusik in Afghanistan, 1969; Stud. z. Musik in Nepal, 1975. Schriftstellerische Arb. auf d. Geb. d. mundartl. Nonsenslit. Viele Einzelarb.

HÖRCHNER, Franz
Dr. med. vet., o. Prof. f. Parasitologie FU Berlin u. gf. Dir. Inst. f. Parasitol. u. Tropenveterinärmed. FU Berlin - Berggengruenstr. 55c, 1000 Berlin 37.

HOERDER, Dirk
Dr. phil., M. A., Prof. f. Sozialgeschichte d. USA Univ. Bremen (s. 1977) - Postf. 330440, 2800 Bremen; priv.: Fichtenweg 8, 2862 Worpswede 1 - Geb. 15. Mai 1943 (Vater: Rolf H., Richter; Mutter: Johanna, geb. Koch), T. Anna - Abitur 1963; Stud. Univ. Hamburg, FU

Berlin, Univ. of Minnesota; Promot. Dr. phil., 1971; Master of Arts 1968 - 1970-73 Wiss. Assist. FU Berlin, 1973-74 John F. Kennedy Memorial Fellow, Harvard Univ., 1974-75 Charles Warren Fellow, Harvard Univ. - BV: Crowd Action in Revolutionary Massachusetts, 1765 b. 1780, New York 1977; Protest, Direct Action, Repression, München 1977 (Hrsg.); Berichte dt. Diplomaten u. Agenten üb. d. amerikan. Arbeiterbewegung 1878-1917, München 1981; Labor Migration in the Atlantic Economies, Westport Ct. 1985 (Hrsg.); Struggle a Hard Battle: Working-Class Immigrants, De Kalb, III 1986 (Hrsg.) - Spr.: Engl., Franz.

HOEREN, Jürgen Peter

M.A., Dipl.-Theol., Journalist - Schartenbergstr. 42, 7570 Baden-Baden 23 (T. 07223 - 65 67) - Geb. 28. Nov. 1946 Duisburg (Eltern: August u. Anna H.), kath., verh. s. 1972 m. Margarethe, geb. Silber, 2 Kd. (Claudia, Markus) - Univ. Münster, Freiburg, Taipeh/Taiwan (Dipl. theol., M.A.) - Abt.leit. Südwestfunk (Kirchenfunk), Lehrauftr. an d. kath.-theol. Fak. Univ. Freiburg - BV: China - Gesch., Probl., Perspektiven, 1981; Heilkraft d. Glaubens, 1983; Gottesbilder, 1988 - Spr.: Engl., Franz., Chines.

HOERES, Walter

Dr. phil., Prof. f. Philosophie - Schönbornstr. 47, 6000 Frankfurt/M. (T. 51 46 59) - Geb. 6. Mai 1928 Gladbeck/W. (Vater: Dr. Otto-Josef H., Regierungsrat, Verf. steuerrechtl. Werke; Mutter: Anna, geb. Lanser), kath., verh. s. 1963 m. Barbara, geb. Fritsch - Stud. Phil., Kath. Theol., Soziol., Päd. Promot. 1951 Frankfurt/M.; Habil. 1957 Salzburg - Lehrtätigk. Univ. Salzburg (1957 ff.; Doz. u. ao. Prof. Phil. Inst./Theol. Fak.) u. Päd. Hochsch. Freiburg/Br. (1963 ff.; Prof.). CDU - BV: Sein u. Reflexion, Bd. XI Forschungen z. neueren Phil. u. ihrer Gesch., 1956; D. Wille als reine Vollkommenheit nach Duns Scotus, Bd. I Salzbg. Studien z. Phil., 1962; Kritik d. transzendentalphil. Erkenntnistheorie, 1969.

HÖRIG, Hans-Joachim

Dipl.-Phys., Dr. rer. nat. habil., Prof., Leiter Zentralabteilung Öffentlichkeitsarbeit Buna AG - Jahnstr. 24, O-4200 Merseburg (T. 49 27 24) - Geb. 26. Febr. 1935 Großenhain/Sachs., verh. s. 1956 m. Edith, geb. Brinkhoff, 2 Söhne (Norbert, Holger) - 1952 Masch.schlosser; 1960 Dipl.-Phys. Univ. Halle; Promot. Dr. rer. nat. 1966 u. Dr. rer. nat. habil. 1978 TH Merseburg - 1960-78 Assist., Oberassist., Hochsch.doz. TH Carl Schorlemer, Leuna-Merseburg; 1980-85 stv. Dir. f. Technol. u. Automatisierung, Kombinat Chem. Werke Buna - S. 1981 Hon.-Prof. Automatisierungstechn. TH Merseburg; 1985-90 Hauptabt.leit. Forsch.technol.; 1972-90 Vorst.-Mitgl. d. Wiss. Sekt. Automatisierungstechn. im Fachverb. Chem. Techn. d. KDT - BV: Prozeßrechentechn., 1989; Mitautor v. 3 Lehrb., 1 Wissensspeicher - 1977, 1980 Carl-Schorlemmer-Pr. d. TH Merseburg (Team) - Spr.: Russ., Engl.

HOERING, Walter

Dr. phil., Dr. rer. nat., Dipl.-Phys., Prof. Philosoph. Seminar/Univ. Tübingen - Bursagasse 1, 7400 Tübingen 1.

HÖRLER, Rolf

Lehrer, Schriftst. - Seestr. 15, CH-8820 Wädenswil (T. 01-780 66 06) - Geb. 26. Sept. 1933 Uster (Kanton Zürich), kath. - Klostersch. St. Gallen; Lehrersem. Mariaberg Rorschach - Lehrer in Burgau, Flawil, Zürich u. Richterswil - BV: Lyrik, Prosa, Hörsp., Einakter, u.a.: Zwischenspurt f. Lyriker, 1973; Abgekühlt v. Sommer war d. Luft, 1977; Hilfe kommt vielleicht aus Biberbrugg, 1980; Windschatten, 1981; Auswärtsspiele, 1983; Vereinzelte Aufhellungen, Ausgew. Ged. 1984; Nesselblumenworte, Ged. 1992 - 1976 Conrad Ferdinand Meyer-Preis.

HÖRMANN, Georg

Dr. med., em. o. Prof. f. Geburtshilfe u. Frauenheilkunde - Pacelliallee 29, 1000 Berlin 33 (T. 8 32 86 31) - Geb. 31. Mai 1914 Oldenburg/O., ev., verh. s. 1941 m. Lieselotte, geb. Kaiser (Kiel), 1 Kd. - Univ. Heidelberg, Königsberg, München, Kiel - 1947-63 Privatdoz. u. apl. Prof. (1953) Univ. Kiel (1961 komm. Dir. Frauenklinik); s. 1963 ao. u. o. Prof. (1966) FU Berlin (Dir. Frauenklinik Städt. Krkhs. Moabit bzw. Klinikum Steglitz); emerit. 1982 - BV: Sulfonamide in Frauenheilkd. u. Geburtshilfe, 1946; Systemat. klin. u. morpholog. Unters. üb. d. entwicklungsunfäh. Schwangerschaft, 1949; D. Kieler Univ.s-Frauenklinik u. Hebammen-Lehranstalt 1805-1955, 1955 (m. E. Philipp). Handbuchbeitr.: D. menschl. Plazenta, m. H. Lemtis; D. Chorionzotten d. menschl. Plazenta untersucht m. elektronenopt. Methoden, m. R. Herbst; Morpholog. Plazentadiagnostik (Schwalm-Döderlein, Bd. III), D. Genitalverletz. (Käser-Friedberg-Ober-Thomsen-Zander, Gynäk. u. Geburtsh.).

HÖRMANN, Helmut

Dr. phil., Prof., wiss. Gruppenleiter Max Planck-Inst. f. Biochemie Martinsried b. München - Am Schloßpark 12, 8035 Gauting (T. 089-850 46 68) - Geb. 24. Mai 1926, kath., verh. s. 1957 m. Christel, geb. Beige, 2 Kd. (Reinhold, Ingrid) - Promot. (Chemie) 1951 Univ. Innsbruck, Habil. (Biochemie) 1966 Univ. München.

HÖRMANN, Hermann

Fabrikant, pers. haft. Gesellsch. Hörmann KG., Amshausen, Steinhagen, Freisen (Saar), Bielefeld, Werne a. d. L., Eckelhausen (Saar), Verkaufsgesellsch. Hörmann KG, Steinhagen, Steinhagen-Brockhagen; Vorst.: Fachverb. Stahlblechverarb., Hagen; AR-Vors. Hörmann Genk NV, Genk, Belgien. - Geb. 14. Sept. 1912 Steinhagen (Vater: Fabr.) - S. 1944 Leit. väterl. Untern. (gegr. 1935) - 1986 Offz. d. Ordens Leopold II (Belgien); 1991 BVK am Bde.

HÖRNER, Dieter

Journalist, MdL Rhld.-Pfalz - Mörlheimer Str. 22, 6741 Bornheim - Geb. 23. April 1941 - CDU.

HÖRNER, Hadwig

Dr. phil., Prof. f. Klass. Philologie Univ. Frankfurt - Gräfstr. 76, 6000 Frankfurt/M. - S. 1964 in Nachf. v. Werner Jaeger u. Hermann Langerbeck: Hauptherausg. d. Gregorii Nysseni Opera = GNO Brill Leiden Vol IX (1967), III 2 (1987), IV (in Prep.). Editor v. GNO Supplement Auctorum Incertorum de Creatione Hominis, de Paradiso (1972); GNO III 2 de Infantibus, de Pythonissa (1987). Bericht: üb. Genese u. derzeit. Stand d. gr. Edition d. Werke Gregors von Nyssa, in: Écriture et Culture Philosophique... Ed Par Marguerite Harl, Leiden (1971).

HÖRNER, Heinz

Dr. rer. pol., Dipl.-Kfm., Vorstandsvorsitzer Volksbank Öhringen eG - Zum Römerbrunnen 10, 7110 Öhringen (T. 07941 - 69 01 27) - Geb. 22. Aug. 1930 Öhringen, ev., verh. s. 1961 m. Ingeborg, geb. Heyder, 3 Kd. (Gabriele, Wolfgang, Klaus Dieter) - Gymn., Abit. 1950; Banklehre, Wirtschaftswiss. Univ. Mannheim, Dipl. 1955, Promot. 1958 ebd. - 1955/56 wiss. Mitarb. Univ. Mannheim; 1958/59 Zentralkasse Südwestdt. Volksbanken Karlsruhe, s. 1960 Volksbank Öhringen, Bevollm., stv. Vorst.-Mitgl., Vorst.-Mitgl., Vorst.-Vors., AR-Mitgl. Genossenschaftl. Zentralbank AG Stuttgart, Mittelständ. Kreditbank eG Stuttgart; stv. Mitgl. Verbandsrat BVR, Bonn; stv. Beiratsvors. Bausparkasse Schwäbisch Hall AG; Beiratsmitgl. Baden-Württ. R+V-Versich. - Liebh.: Tennis, Ski, Philatelie - Spr.: Engl., Franz.

HÖRNER, Horst

Dr. phil., Prof. f. Schulpädagogik PH Heidelberg - v.-d.-Tann-Str. 62, 6900 Heidelberg - Geb. 19. Sept. 1933 Heidelberg, verh. s. 1957 m. Joan-Louise, geb. Möller, 3 Kd. - Gymn.; Lehrerex.; Schuldst.; daneb. Stud. Psychol., Päd. u. Psychopathol. Univ. Heidelberg; Promot. 1969 - Lehrbeauftr. Univ. Heidelberg (1969 Doz.); 1972 Prof. f. Schulpäd. PH Heidelberg, 1986-90 Rektor; s. 1989 Vizepräs. d. Weltbundes f. Erneuerung d. Erziehung - Veröff. z. Vergl. Erziehungswiss., Friedenspäd, Kreativität, Unterrichtsplanung sow. zahlr. fachwiss. Übers. aus d. Schwed.

HÖRNICKE, Heiko

Dr. med. vet., em. Prof. f. Zoophysiologie - Eichbergstr. 61, 7420 Münsingen - Geb. 17. Jan. 1927 Königsberg (Vater: Dr. med. Carl H., Arzt; Mutter: Dr. med. Elisabeth, geb. Steding, Ärztin), ev., verh. s. 1958 m. Christel, geb. Tiedje, S. Klaus - 1944-49 Tierärztl. Hochsch. Hannover. Promot. u. Habil. Hannover - S. 1950 Univ. Göttingen (Physiol. Inst.), Max-Planck-Inst. f. Med. Forsch. Heidelberg (1952), TiäH Hannover (1954-70 Physiol. Inst.), Univ. Hohenheim (1970-87 Ord.). Mitgl. Dt. Physiol. Ges. - 1966 Henneberg-Lehmann-Preis, 1979 Preis f. Versuchstierforschung (1. Träger) - Spr.: Engl., Franz.

HÖRNING, Karl Heinz

Dr. rer. pol., Prof., f. Soziologie RWTH Aachen - Zu erreichen üb. Inst. f. Soziologie RWTH, Kórmán-Forum, 5100 Aachen (T. 0241-80 60 93) - Geb. 19. Okt. 1938 Heidelberg, verh., 1 Kd. - Stud. Soziol. u Wirtschaftswiss. Univ. Heidelberg, München u. Mannheim (Dipl. u. Promot. 1966), Habil. 1972 Bochum; 1966/67 Postdoctorat Fellow Harvard Univ. - 1967-69 Assist. Prof. State Univ. of New York; o. Prof. GHS Kassel; s. 1979 Aachen - BV: Secondary Modernization, 1970; D. neue Arbeiter, 1971; Soz. Ungleichheit, 1976; Gesellschaftl. Entw. u. soz. Schichtung, 1976; Bildungsexpansion u. Beschäftigungspolitik, 1979; Soziol. d. Berufs, 1981; Angest. im Großbetr., 1982.

HÖROLDT, Dietrich

Dr. phil., Prof., Ltd. Städt. Archivdirektor i. R. - Schenkendorfstr. 14, 5300 Bonn 2 - Geb. 4. Dez. 1927, ev., verh. s. 1959 m. Renate, geb. Philipps, 3 Kd. (Hans Wilhelm, Ulrike, Barbara) - 1948-50 Ausbild. Landesarchiv Magdeburg z. Staatl. gepr. Archivar (geh. Dienst); 1950-57 Stud. Univ. Berlin, Münster, Bonn; Promot. 1956 - 1957-59 Archivrefer. Bundesarchiv, 1959 Archivass.; 1959-64 Landesarchivass. u. -Rat Archivberatungsst. Rheinl. in Köln; 1965-90 Leit. Stadtarchiv u. d. Wiss. Stadtbibl. Bonn - BV: D. Stift St. Cassius zu Bonn, 1957; Inventar d. Arch. d. Pfarrkirche St. Lambertus in Düsseldorf, 1963; 25 J. Bundeshauptstadt Bonn, 1974; Inventar d. Burgarch. Rösberg, 1981; V. Römerkastell z. Bundeshauptstadt, 4. A. 1985 (m. Edith Ennen); Bonn - ehem., gestern, heute, 1983; Gesch. d. Stadt Bonn, Bd. 4, 1989 (m. Edith Ennen, Helmut Vogt u. Gabriele Müller-List).

HÖRR, Gernot Heinz-Jürgen

Kaufmann d. Philatelie, Inhaber d. Verlagshauses am See Dr. J. Hugo Hörr Nachf. - Holdersteig 36, 7750 Konstanz am Bodensee (T. 07531 - 4 42 76) - Geb. 30. Nov. 1944 Bensheim-Auerbach, ev., verh. s. 1967 m. Margit Helga, geb. v. Wedel Parlow, S. Andreas - Gymn.; Ausb. im großväterl. Betrieb z. Kaufmann d. Philatelie, spätere Übernahme u. Spezialisierung auf hochwertige Verlagsobjekte m. Originalbriefmarken, historischen Wertpapieren u. echten Banknoten von allem im Bereich Pharmazie u. Banken - Div. Patente u. Schutzrechte f. d. ersten Sammelkalender m. Originalbriefmarken, hist. Wertpapieren u. echten Banknoten - S. 15 Jahren periodisch erscheinende Wandkalender (begehrte Sammelobjekte) Briefmarken aus aller Welt, Historische Wertpapiere, Historische Werte aus aller Welt.

HOERSCHELMANN, von, Wolf

Ministerialdirigent, Leiter Abteilung Öffentliche Sicherheit im Hess. Innenministerium - Friedrich-Ebert-Allee 12, 6200 Wiesbaden (T. 06121-35 33 80) - Geb. 5. Jan. 1940 Berlin; verh. s. 1966 m. Monika, geb. Hinz, 2 Kd. (Olaf, Celia) - Gymn. in Frankfurt a.M. u. Paris; Stud. Rechtswiss. Univ. New York u. Frankfurt a.M. - Fachveröff. - Liebh.: Alte Gesch., Malerei - Spr.: Engl., Franz.

HÖRSCHGEN, Hans

Dr. oec. publ., Dipl.-Kfm., o. Prof. f. Betriebswirtsch.lehre Univ. Hohenheim, Leit. Forsch.stelle f. Angew. Marketing (FORAM) - Im Asemwald 22, 7000 Stuttgart 70 (T. 72 17 51) - Geb. 1. Dez. 1936 Mülheim/R. (Vater: Ernst H., Ing.; Mutter: Gertrud, geb. Schade), ev., verh. s. 1973 m. Anne, geb. Autengruber, Tocht. Eva Katharina - Univ. Marburg (Volksw.) u. München (Betriebsw.). 1981 Gastprof. Univ. of Hawaii/USA, 1984 an d. Doshisha-Univ. Kyoto/Japan, u. 1985, 1989, 1990 Jiao Tong Univ. Shanghai/Volksrep. China - BV: Der zeitliche Einsatz d. Werbung, 1967; Grundzüge d. Marketing, 3. A. 1976 (m. F. Böcker, D. v. Eckardstein u. a.); Marketing, 16. A. 1991 (m. R. Nieschlag, E. Dichtl); Grundbegr. d. Betriebswirtschaftslehre, 3. A. 1992 - Spr.: Engl.

HÖRSCHLER, Josef

Rechtsanwalt, gf. Vors. Verb. d. Arzneimittel-, Drogen-, Körperpflege- u. Seifengroßhandels f. d. Dt. Bundesgebiet, Köln (vorher Geschäftsf.) - Ingendorfer Weg 56, 5000 Köln 30.

HÖRSTEBROCK, Reinhard

Dr. med., Prof., Pathologe, ehem. Leit. Prosektur Oldenburg - Wechloyer Weg 121, 2900 Oldenburg/O. (T. 7 28 25) - Geb. 30. Juli 1911 Ibbenbüren/W. (Vater: Hans H., Pfarrer; Mutter: Helene, geb. Herbener), verh. s. 1942 m. Hilde, geb. Barckhausen - S. 1952 (Habil.) Privatdoz. u. apl. Prof. Univ. Münster.

HOERSTER, Horst

Industriekaufmann, Generalbevollm. Direktor Siemens AG, Leiter Außenstellen Bonn u. Frankfurt - Am Wichelshof 40, 5300 Bonn 1 - Geb. 5. Okt. 1925 Mailand (Vater: Heinrich H.; Mutter: Luise, geb. Werner), verh. s. 1955 m. Merona, geb. Aghababian - Spr.: Engl., Franz., Ital.

HÖRSTER, Joachim

Bürgermeister, MdL Rhld.-Pfalz - Waldstr. 11, 5438 Westerburg - Geb. 26. März 1945 - CDU.

HOERSTER, Norbert

Dr. jur., Dr. phil., M.A., o. Prof. f. Rechts- u. Soz.phil. Univ. Mainz (s. 1974) - Saarstr. 21, 6500 Mainz - Geb. 15. März 1937 Lingen (Vater: Ferdinand H., RR; Mutter: Maria, geb. Sunder-Plaßmann), verh. s. 1985 m. Dorothea, geb. Syfus - BV: Utilitarist. Ethik u. Verallgemeinerung, 1971 (span. 1975); Verteidigung d. Rechtspositivismus, 1989; Abtreibung im säkularen Staat. Argumente gegen d. §218, 1991. Herausg.: Texte z. Ethik (1976), Klass. Texte d. Staatsphil. (1976), Recht u. Moral, Texte z. Rechtsphil. (1977), Glaube u. Vernunft, Texte zur Religionsphil. (1979), Klassiker d. philos. Denkens, 2 Bd. (1982); Religionskritik (1984) - Spr.: Engl.

HÖRTER, Rudolf H.

Dr. jur., Generaldirektor i. R. - Wildenbruchstr. 31, 6000 Frankfurt/M. (T. 52 49 96) - Geb. 21. Juni 1908 Ludwigshafen/Th. (Vater: Rudolf H., Dir.; Mutter: geb. Müller), verh. s. 1937 m. Annelies, geb. Hoffmann - Stud. In- u. Ausl. (Cambridge, Paris, Madrid, Sevilla) - U. a. IG Farben, 1950-73 Linotype GmbH., Frankfurt/Berlin (zul. Vors. d. Geschäftsfg.) u. Gf. Mergenthaler

HÖRTER, Willi
Bauingenieur, Oberbürgermeister - Hammpfad 2, 5400 Koblenz-Karthause (T. 4 41 52) - Geb. 13. Jan. 1930 Koblenz, kath., verh., 2 Kd. - Mittelsch. Koblenz; Maurerhandw.; 1949-51 Höh. Techn. Lehranstalt Trier (Tiefbauing.) - S. 1951 Bauamt Koblenz u. Landesstraßenverw. Rhld.-Pf. Mainz (1956). S. 1956 Mitgl. Stadtrat u. Oberbürgerm. (1972) Koblenz (1964 ff. Fraktionsvors.). 1965-75 MdL Rhld.-Pf. (1971-72 Fraktionsvors.). CDU s. 1951.

HOESCH, Edgar
Dr. phil. (habil.), Prof., Historiker - Geschw.-Scholl-Pl. 1, 8000 München 22 - Geb. 20. Aug. 1935 Aschaffenburg - B. 1967 Univ. München (Privatdoz.), dann Univ. Saarbrücken (apl. Prof.; Abt.s-vorst.), 1971-75 Univ. Würzburg (o. Prof.), s. 1975 Univ. München. S. 1990 Leit. d. Südost-Inst. München - Vorles. üb. Gesch. Ost- u. Südosteuropas. Fachveröff., auch Bücher.

HÖSCH, Willi
Dr., Rechtsanwalt, Aufsichtsratsmitglied WWK Lebensversich. a. G., WWK Allg. Versich. AG - 6056 Heusenstamm - Geb. 1. April 1925 Alexanderhütte/ Bayern, verh. s. 1962, 2 Kd.

HÖSLE, Johannes
Dr. phil., o. Prof. f. Romanistik (s. 1968) - Prebrunnallee 1, 8400 Regensburg (T. 2 31 46) - Geb. 25. Febr. 1929 Erolzheim b. Biberach/Riß (Vater: Johannes H., Schuhmacherm.; Mutter: Klara, geb. Veit), verh. s. 1955 m. Carla, geb. Gronda, 3 Kd. (Vittorio, Clara, Adriana) - Gymn. Ehingen/D.; Univ. Tübingen u. Poitiers (Roman., German., Angl.) - Promot. Tübingen 1954; 1956-65 Lektor u. Lehrstuhlvertr. Univ. Mailand; 1960-65 Leit. Dt. Bibl. (Goethe-Inst.) Mailand; Habil. Tübingen 1967 - BV: Cesare Pavese, 1961, 2. A. 1964; Pietro Aretinos Werk, 1969; A. Manzoni. D. Verlobten, 1974; Molières Komödie „Dom Juan", 1978; Grundzüge d. ital. Lit. d. 19. u. 20. Jh., 1979; Die katalanische Lit. v. d. Renaixença bis z. Gegenwart, 1982; D. ital. Theater v. d. Renaissance b. z. Gegenreformat., 1984; Molière. S. Leben, s. Werk, s. Zeit, 1987; Ital. Lit. d. 19. u. 20. Jh. in Grundzügen, 1990. Herausg.: Texte zum Antipetrarkismus (1970); Fs. K. Wais (1972); Herausg. u. Übers.: Katalanische Erzähler (1978); Erzählungen d. ital. Realismus (1985). Mithrsg. u. Übers.: Katalan. Lyrik (1970). Mithrsg.: Ital. Lit. d. Gegenwart in Einzeldarst. (1974); K. Wais: Europ. Lit. im Vergleich (1983).

HÖSS, Dieter

Grafiker, Satiriker - Marsdorfer Str. 58-60, 5000 Köln 40 (T. 0221 - 48 81 50) - Geb. 9. Sept. 1935, verh. s. 1964, 1 Kd. - Kölner Werkschule, graph. Lehre, Abit. Abendgymn. Köln - 10 J. freischaff. Grafiker, daneb. erste satir. Arb. f. d. Simpicissimus, seith. Veröff. in d. Süddt. Ztg., im Stern, in d. Zeit u.v.a. mehr sow. im Funk u. FS - BV: ... an ihren Büchern sollt ihr sie erkennen, 1966; ... an ihren Dramen sollt ihr sie erkennen. 1967; Schwarz-Braun-Rotes Liederb.. 1967; D. besten Limericks, 1973; Wer einmal in d. Fettnapf tritt, 1973; HÖSSlich bis heiter, 1979; Kanal voll, 1980; Olympericks, 1983; Fortschritt d. Menschheit, 1985.

HÖSS (ß), Irmgard

Dr. phil., Prof., Historikerin - Balthasar-Neumann-Str. 76, 8500 Nürnberg 30 (T. 5 43 07 99) - Geb. 1. Nov. 1919 Nürnberg (Vater: Dr. jur. Hermann H., Synd.; Mutter: Elsa, geb. Linck), ev., led. - Lyz. Jena; Lehre Verlags- u. Sortimentsbuchhandel Weimar u. Jena; Univ. München u. Jena (Gesch., German., Kirchengesch.; Promot. 1945). Habil. 1951 Jena - 1945-58 Assist., Doz. (1952) u. Prof. m. Lehrauftr. f. Mittelalterl. Gesch. (1956) Univ. Jena; s. 1958 wiss. Mitarb. Münchner Histor. Kommiss.; s. 1962 apl. Prof. Univ. Erlangen bzw. Erlangen-Nürnberg (1968/69 Lehrstuhlvertr.), s. 1978 Extraordinaria ebd., s. 1985 i. R. - 1990 Vorst.-Mitgl. Verein f. Thüringische Gesch.; 1991 stv. Vors. d. Histor. Kommiss. f. Thüringen - BV: D. dt. Stämme in d. Zeit des Investiturstreites, 1945 (Dissertation; als Mikrofilm 1951); Georg Spalatin - Ein Leben in d. Zeit d. Humanismus u. d. Reformation, 1956, 2. A. 1989. Mitverf.: D. Zeitalter d. Humanismus u. d. Reformation = Gesch. Thüringens Bd III (1967, hg. v. A. Patze/W. Schlesinger). Div. Einzelveröff. - Bek. Vorf.: Prof. Gottlob Linck, Mineraloge, Jena, 1858-1947 (Großv. ms).

HÖSS (ß), Josef
Dr., Oberbürgermeister (s. 1970) - Rathaus, 8960 Kempten (Allgäu) - 25. Dez. 1931 Aach - Zul. Stadtkämmerer.

HÖTTGER, Ursula
Portrait- u. Landschaftsmalerin - An der Thomaskirche 23, 4000 Düsseldorf (T. 0211 - 61 26 91) - Geb. in Düsseldorf, verh. - Ab 1959 Ausb. u. Zusammenarb. m. d. Künstlern Jupp Jäger u. Prof. Rudolf Schwarz. Freischaffende künstler. Tätigk. Weitere Ausb. b. d. Malern Wilhelm Thelen, Bernd Finkeldei, Prof. Hans Georg Lenzen, Staatl. Kunstakad. Düsseldorf (Prof. Rolf Sackenheim). Arbeitsgeb.: Portraits: Zeichnungen u. Gemälde, Architekturdarst., gegenständliche Landschaftsmalerei. Besondere Arb.: u. a. Portraits v. Bundespräs. a. D. Prof. Karl Carstens (1984), Königin Elizabeth The Queen Mother, England (1988), Hermann Hesse (1961 u. 78), Marcel Marceau (1980), Alfred Brendel (1989), Prof. Paul Tortelier (1989), Prof. Dr. Bernhard Grzimek (1985). Bilder im Privat- u. öfftl. Besitz im In- u. Ausland, u. a. in folgendem Besitz: Schwedisches Königshaus (s. 1982), Dt. Literaturmuseum, Marbach (s. 1985), Victoria & Albert Museum, London (s. 1988), Guildhall, Windsor (s. 1988), Wigmore Recital Hall, London (s. 1989), Turner Sims Concert Hall, Southampton (s. 1989), Univ. Liverpool-Art Collection (s. 1990). Einzelausst., u. a. in: Düsseldorf, München, Hamburg, Hannover, Essen, Münster, Zürich, Mailand, San Francisco, London - Spr.: Engl. - Lit.: Ursula Höttger, Landschaftsimpressionen (1985); U. H. Portraits (1986); U. H. Portraits, Zeichn. u. Gemälde (1991), jew. Text v. Prof. Rolf Sackenheim.

HÖTZEL, Dieter
Dr. agr., o. Prof. f. Ernährungswissenschaft - Lahnstr. 8, 5205 St. Augustin 2 (T. Inst. 73 36 80) - Geb. 3. April 1929 Eisenach/Thür. (Vater: Paul H., Finanzbeamter; Mutter: Anni, geb. Mansfeld), ev., verh. s. 1953 (Berlin) m. Gudrun, geb. Krütze, 2 Söhne (Matthias, Oliver) - Stud. Univ. Jena, Berlin u. Bonn; Promot. 1955 (agr.) Bonn; Habil. (med.) 1961 Gießen - S. 1961 Lehrtätig. Univ. Gießen (1963 Doz.), 1966 Wiss. Rat (o. Prof.) u. Bonn (1968 Ord. Prof. u. Inst.-Dir.). 1963-64 Tätigk. Cornell Univ. Ithaca (USA). Div. Mitgl.sch., u.a. Präs. ISFE u. GEN, Rückständekommiss. DFG, Bundes-Gesundheitsrat, Präsidiumsmitgl. DGE, Sprecher Arbeitskr. Jodmangel. Üb. 150 Fachveröff. (aus versch. Geb. d. EW) - 1968 Fellow American Inst. of Nutrition - Spr.: Engl.

HÖTZEL, Norbert
Dr. theol. - Heidhauser Str. 182, 4300 Essen 16 - Geb. 22. Okt. 1923 Beckern/ Schles., kath. - Zul. Ord. Phil.-Theol. Hochsch. Fulda - BV: D. Uroffenbarung im franz. Traditionalismus, 1962.

HÖTZER, Ulrich
Dr. phil., Prof., Hochschullehrer (PH) f. Didaktik der dt. Sprache u. Lit. Edition - Pfalzhaldenweg 8, 7400 Tübingen (T. 07071 - 21 27 12) - Geb. 18. Okt. 1921 Stuttgart (Vater: Karl H., Volkssch.lehrer; Mutter: Gertrud, geb. Azone), ev., verw., 3 Kd. (Christiane, Bettina, Andreas) - Ev.-theol. Seminare Schöntal/ Urach, Univ. Tübingen, Heidelberg, it. latein. u. engl. Philologie; Dr. phil. 1950 (Phil. Fak. Univ. Tübingen). Lehrer an Gymnasien (Stuttgart), Doz./Prof. an PHen (Stuttg., Ludwigsburg, Weingarten) - BV: D. Gestalt d. Herakles in Hölderlins Dichtung, 1956. Hrsg.: E. Mörike: Hist.-krit. Ausg., Bd. 8,1 (1976), Bd. 8,3 (1981).

vom HÖVEL, Gerd
Dipl.-Kfm., Geschäftsführer d. Münchener Messe- u. Ausstellungsges. mbH. (MMG), (Messesteuerung, Marketing, Werbung, Kongreß, Bauzentrum) - Säbener Str. 150, 8000 München-Harlaching (T. 642 19 34) - Geb. 24. Nov. 1929 - kath., verh. s. 1962 m. Edith, geb. Geldner, 2 Töcht. (Doris, Marion) - Gymn.; Univ. München (Dipl.-Kfm. 1955) - 1955-65 Marketingleit. in Groß- u. Einzelhandelskonzern; s. 1965 MMG Vorst. nation.- u. intern. Org.; Vorst.-Mitgl. Förderkreis Neue Technologien e.V. (FNT); Beirat d. Ausst.ausschu d. dt. Wirtschaft AUMA - 1983 BVK I. Kl.; Bayr. VO.; Gr. Silb. Ehrenzeichen Österr.: Commendatore Italien; München leuchtet - Liebh.: Segeln, Wandern, Reisen - Spr.: Engl.

HÖVELS, Otto

Dr. med., em. o. Prof. f. Kinderheilkunde - Paul-Ehrlich-Str. 46, 6000 Frankfurt/M. - Geb. 26. März 1921 Mülheim/Ruhr (Vater: Otto H., Regierungsobersekr.), ev., verh. s. 1944 m. Irmgard, geb. Meyer, 2 Söhne (Christoph, Wendelin) - Univ. Göttingen. Med. Staatsex. 1946 - 1946-48 Physiol.-Chem. Inst. Univ. Göttingen (Assist.); 1948-56 Univ.-Klinderklinik Frankfurt/ M. (Assist.; Privatdoz.); 1956-63 Univ.-Kinderklinik Erlangen (Oberarzt); 1959 apl. Prof.; 1963-65 Städt. Kinderklinik Nürnberg (Vorst.); 1965-71 Univ.-Kinderklinik Frankfurt (Dir.; o. Prof.); 1971-75 Dekan Fachber. Humanmed., ebd., Leit. Abt. Allg. Pädiatrie I/Zentrum d. Kinderheilkd., s. 1986 emerit. Zahlr. Fachartb. Mitarb.: Opitz-de Rudder, Pädiatrie; Fanconi-Wallgren, Lehrb. d. Pädiatrie; von Harnack, Kinderheilkd. - 1970 Ernst-von-Bergmann-Plak., 1986 BVK I. Kl. - Liebh.: Reiten - Spr.: Engl., Franz. - Rotarier.

HÖVER, Albert
Bürgermeister a. D. - Brückstr. 51, 4030 Ratingen (T. 2 15 96) - Geb. 1. Mai 1911 Anrath b. Krefeld (Vater: Michael H., Uhrmacher; Mutter: Helene, geb. Franken), kath., verh. s 1940 m. Hildegard, geb. Geuter, 4 Kd. (Michael, Adelheid, Roswita, Christoph) - Oberrealsch. (Abit. 1930); Rechtspflegerausbild. - Ref. Justizmin. Nordrh.-Westf. (u. a. Min.rat); 1961-63 Bürgerm. Ratingen. S. 1956 Stadtverordn. Ratingen; 1962-66 MdL NRW. CDU - BV: Gerichtl. Kostenbestimmungen, 1951; Kosten in Landw.ssachen, 1955; Gesetz üb. d. Entschädig. v. Zeugen u. Sachverst., Kommentar 1957 - 1982 BVK I. Kl.

HÖVERMANN, Jürgen
Dr. rer. nat., em. Prof. - Nelkenweg 10, 3410 Northeim-Hillerse (T. 05551 - 33 86) - Geb. 15. März 1922 Muschaken (Ostpr.) - Habil. Göttingen - 1951-60 Privatdoz. u. apl. Prof. Univ. Göttingen; 1961-72 o. Prof. FU Berlin; s. 1972 o. Prof. Univ. Göttingen - BV: Morphol. Unters. im Mittelharz, 1949; D. Entwickl. d. Siedlungsformen in d. Marschen d. Elb-Weser-Winkels, 1951; Reports on the northeastern part of the Qinghai-Xizang (Tibet) plateam by Sino-German scientific expedition, 1987. Üb. 90 Einzelarb. - 1958 Ehrenmed. Univ. Liège; 1967 Offizierskreuz Rep. Tchad; 1978 Ehrenmitgl. Soc. Serbe de Géographie; 1984 Ehrenmitgl. Geogr. Ges. Lübeck; 1987 Ehrenprof. am Xian College of Geology (VR China).

HÖYNCK, Klaus-Martin
Stv. Chefredakteur Fränkisches Volksblatt, Würzburg - Grundweg 10a, 8702 Waldbüttelbrunn (T. 0931 - 40 96 60) - Geb. 13. Febr. 1942 Berlin.

HÖYNCK, Rainer
Journalist - Traunsteiner Str. 1, 1000 Berlin 30 (T. 030 - 218 68 00) - Geb. 10. Juni 1927 Berlin (Vater: Hans H.) - N. Abitur Volont. D. Tagesspiegel, Berlin, Redakteur RIAS Berlin (1949-88), Kritiker f. Theater, Film, bild. Kunst. S. 1958 auch Fernsehen ARD - BV: Werther Geschäftsfreund, Feuill. 1959. Mithrsg. u. Mitverf.: Berlin auf d. 2. Blick, Fotob. 1980; D. Berlin-Buch, 1986; Blickwechsel - 25 J. Berliner Künsterprogr., 1988; berliner ring, 1990; Was nun? Zwei Jahrzehnte Neue Ges. f. Bildende Kunst, 1991. Libretti f. 2 Fernseh-Musicals. Buch u. Regie v. kulturellen Dokumentationen u. Features f. Hörfunk u. Ferns. Mitgl. Dt. Werkbund, AICA, Intern. Theaterinst., Lessing-Hochsch. u. Verb. Dt. Kritiker; Kultur-Korresp. Handelsblatt, Düsseldorf - Spr.: Engl. - Rotarier.

HOF, von, Friedrich Carl

Dipl.-Ing., Geschäftsf. Gesellschafter Friedrich v. Hof GmbH u. Co. KG, Tiefbauunternehm., Bremen, Präs. d. Bundesvereinig. d. Firmen im Gas- u. Wasserfach e.V., Köln, Vors. Rohrleitungsbauverb. ebd. - Gartenstr. 16, 2800 Bremen 44 - Geb. 11. Dez. 1926 - 1982 BVK I. Kl.; 1986 Gr. BVK.

HOFACKER, G. Ludwig

Dr. rer. nat., o. Prof. f. Theoret. Chemie TH München (s. 1968) - Kaiserstr. 56, 8000 München 40 (T. 39 58 00) - Herausg. intern. Ztschr. Chemical Physics.

HOFBERGER, Anton

I. Bürgermeister - Rathaus, 8064 Altomünster/Obb.; priv.: Dr.-Lang-Str. 1 - Geb. 16. Jan. 1921 Altomünster - Landw. CSU.

HOFE, von, Hans

Dr.-Ing., Prof., Direktor i. R. Schweißtechn. Lehr- u. Versuchsanstalt Duisburg d. Dt. Verb. f. Schweißtechnik (1958-75) - Hohendyk 106, 4150 Krefeld - Geb. 16. April 1912 Berlin (Vater: Prof. Dr. phil. Christian v. H., Ord. f. Militär. Erkundungstechnik (Optik) TH Berlin u. Wien (s. X. Ausg.); Mutter: Alma, geb. Dau), ev., verh. s. 1938 m. Hildegard, geb. Ahrweiler, 4 Kd. (Wybe, Peter, Detlef; Christian †) - TH Berlin (Promot. 1939) - Schweißtechn. Beratungsing.; 1954-75 SLV. S. 1950 Lehrbeauftr. u. Honorarprof. (1966-75) TH Braunschweig (Schweißtechn.) - Liebh.: Fotografieren, Kunstbücher, Völkerkd. (Etrusker, Kreter) - Spr.: Engl., Franz.

HOFER, Gunter

Dr. med., Akad. Direktor (Arbeitsbereich Vergl. Psychopathologie), apl. Prof. f. Psych. Med. Hochschule Hannover (s. 1971) - Tiergartenstr. 144, 3000 Hannover 71 - Geb. 12. Mai 1923 Göttingen (Vater: Ernst H.; Mutter: Hanna, geb. Henning), ev., verh. s. 1952 m. Ingeborg, geb. Hantelmann, T. Sibylle - Stud. Med. Berlin, Prag, Göttingen, Promot. 1951 Göttingen; Habil. 1967 MH Hannover - 1970-88 Leit. ob. Arbeitsgr. - BV: D. Mensch im Wahn, 1968; Psychiatrie - E. Einf., 1972, 2. A. 1976, 3. A. 1980 (Mitverf., span. u. türk. 1985). Herausg.: Imaginäre Welten - Gestalteter Wahn (1970), D. Wirklichk. d. Unverständlichen (1974), D. Sprache d. Anderen (1976). Film: D. transsex. Mensch (1974, franz. Fass., 1976).

HOFER, Hermann

Dr. phil., Prof. f. Roman. Philologie - Haspelstr. 26, 3550 Marburg/L. - Geb. 16. Dez. 1938 Bern/Schweiz (Eltern: Dr. rer. pol. Hermann u. Hélène H.), protest., gesch., 3 Kd. (Helene, Sylvie, Pascal) - Univ. Paris (Sorbonne), Bern, Besançon. Dr. ès lettres habil. 1970 - 1961-74 Sekundar- u. Gymnasiallehrer (1964); s. 1974 Prof. Univ. Marburg - BV: Barbey - E. verh. Priester, 1968; Présence de Balzac, 1970; Barbey et Berlioz, 1972; Barbey Romancier, 1974; Mercier précurseur et sa fortune, 1977; Lendemains Nr. 11, 1978; Nodier - D. Krümelfee, 1979; Barbey, Correspondance, Bd. I, 1980, Bd. II, 1982, Bd. III, 1983, Bd. IV, 1984, Bd. V, 1985, Bd. VI, 1986, Bd. VII, 1987, Bd. VIII, 1988, Bd. IX, 1989; Lendemains Nr. 25/26, 1982, Lendemains Nr. 31/32, 1983; Lendemains Nr. 55/56, 1989; Dictionnaire bio-bibliographique des écrivains de la Révolution française. 1789-94, 2 Bde. 1993/94 - 1968 Prix d'Aurevilly; 1986 Orden Palmes Académiques.

HOFER, Manfred

Dr. rer. nat., o. Prof. f. Erziehungswissenschaft u. Päd. Psychol. - Neckargrün 6, 6800 Mannheim - Geb. 14. Juli 1942 Mailand/Ital. (Vater: Paul H., Beamter; Mutter: Vilma, geb. v. Szalay), verh. s. 1968 m. Ute, geb. Krauss, 3 T. (Kristin, Petra, Sabine) - Gymn.; Musikkonservat; Univ. Marburg u. Hamburg (Psych.; Dipl. 1966). Promot. 1969; Habil. 1976 - 1967-78 Wiss. Tätigk. Univ. Düsseldorf, Marburg (1969), Heidelberg (1971), Braunschweig (1978), Mannheim - BV: D. Schülerpersönlichk. im Urteil d. Lehrers, 1969; Theorie d. Angew. Statistik, 1975 (Lehrb.). Funkkolleg: Päd. Psych. 1974; Informationsverarb. u. Entscheidungsverh. v. Lehrern 1981; Forschungswörterb. 1982; Sozialpsych. erzieher. Handelns, 1986 - Liebh.: Musik (Cello, Klav.), Ski - Spr.: Ital., Engl. - Bek. Vorf.: Prof. Dr. Alfred Amonn, Nationalökonom, Bern (Großonkel).

HOFER, Walther

Dr. phil. (habil.), o. Prof. f. Neuere allg. Geschichte - Heckenweg 9, CH-3066 Stettlen, Kt. Bern (Schweiz) - Geb. 10. Nov. 1920 Kappelen, ev., verh. s. 1975 m. Margarita, geb. Penkova, 2 Kd. - Univ. Bern u. Zürich (Promot. 1947) - 1947-50 Assist. Univ. Zürich (Histor. Sem.) u. Doz. ETH ebd. (Militärgesch.), 1950-60 Gast-, Privatdoz. (1952), ao. (1954) u. o. Prof. (1959) FU Berlin (Wiss. v. d. Politik, insb. Gesch. u. Theorie d. ausw. Politik); 1960-88 o. Prof. Univ. Bern. 1963-79 Mitgl. schweiz. Parlam.; 1968-80 Mitgl. Europarat - BV: d. europ. Revolutionsjahr 1848, 1948; Geschichtsschreibung u. Weltanschauung, 1950; D. Entfesselung d. II. Weltkr., 2. A. 1955, Neuausg. 1984 (auch engl., jap., franz., ital., span.); Geschichte zw. Phil. u. Politik, 1956; D. Neutralität als Maxime d. schweiz. Außenpolitik, 1956 (auch engl.); D. Nationalsozialismus, 1957, Neuaufl. 1983 (auch jap., engl., ital., franz., span., portugies., holl., dän.); Dt. Geschichte 1933-39 (Handb. f. Dt. Gesch.), 1960 (auch engl. u. ital.); V. d. Freiheit u. Würde d. Menschen, 1962; Perspektiven d. Weltpolitik, 1964; D. Reichstagsbrand, 1972, Bd. II, 1978 - Herausg.: Wiss. im totalen Staat (1964); Europa u. d. Einheit Dtschl. (1970); Mithrsg.: Friedrich Meineckes Werke u. Jahrb. d. Weltpolitik - Präs. Auslandschweizer-Org.; Mitgl. Patronat Menuhin-Akad. Gstaad; BVK - Liebh.: Musik - Spr.: Franz., Engl., Ital. - Lit.: U. Altermatt, J. Garamvölgyi (Hg.), Innen- u. Außenpolitik. Primat od. Interdependenz? Festschr. z. 60. Geb. v. W. H. (1980); Mächte u. Kräfte im 20. Jh. Ges. Aufs. u. Reden z. 65. Geb., hrsg. v. P. Maurer (1985).

HOFF, Gerd

Prof., Hochschullehrer f. Grundschulpäd. - Kaiser-Friedrich-Str. 17, 1000 Berlin 10 (T. 030 - 341 21 87) - Geb. 19. Dez. 1940 Berlin, ev., verh. s. 1988 m. Elyse A. Dodgson, geb. Kramer - Geschäftsf. Dir. Inst. f. Interkulturelle Erziehung u. Bildung FUB Berlin - BV: Ausländerkinder im Konflikt (m. H. Essinger), 1981; Interkulturelle Päd. im intern. Vergleich (m. M. Borrelli), 1988; Berlin-Interkulturell (m. H. Barkowski), 1991 - Liebh.: Klass. Musik - Spr.: Engl.

HOFF, von, Hans-Viktor

Dr. phil., Dipl.-Volksw., Gemeindedirektor a. D., Verleger - Pecher Hauptstr. 2c, 5307 Wachtberg-Pech (T. 0228 - 32 41 17; Telefax 0228 - 32 58 67) - Geb. 8. Nov. 1937, ev. - Stadtentwicklungsplaner in Herne u. Münster, Gemeindedir., Geschäftsf. e. Stadtplanverlages u. e. Unternehmensberat.firma - Wirtschafts- u. sozialgesch. Veröff. üb. d. Ruhrgebiet, 1968-78. Versch. Veröff. in d. Stadtentwicklungsplanung allg. sowie zu Teil- bzw. Fachentwicklungsplanung u. zu Medienfragen - Liebh.: Segeln, Reisen - Spr.: Engl., Franz.

HOFF, Heinz-Hermann

Regisseur, Schausp. - Kurhausstr. 12, 6690 St. Wendel (T. 06851-24 07) - Geb. 28. Sept. 1941 St. Wendel, kath., ledig - Abit.; Stud. German., Phil., Kunstgesch. u. Sprechwiss. Univ. d. Saarl. (Geprüf. Sprecherzieh.); Schauspielausb. (Dipl. 1965 Frankf.) - 1965 Lektor f. Sprecherzieh. Dolmetscher-Inst. d. Univ. d. Saarl.; 1967/68 Lektor (auch f. Schulspiel) theol. Fak. u. PH Trier; 1969/70 Lektor Univ. Gießen; dann Regiss. u. Schausp. Paderborn, Westf. Landestheater Castrop-Rauxel, Düsseldorf, Krefeld, Würzburg - Insz.: Himmel u. Erde, Draußen vor der Tür, Wildente, Helden, Furcht u. Elend d. 3. Reiches, Kunst d. Kom., Auf hoher See, Karol, Meine dicke Freundin, Bett voller Gäste, Herbst, Doktor Faustus, Arsen u. Spitzenhäubchen, So gut, so schlecht, Bremer Freiheit. Rollen: Aston, Mandelstam, Riccaut, Marat, Sergius Saranoff, Orin, Graf Dracula, Münzer, Jupiter, Artur, Illo, Shu Fu, u.a.

HOFF, Hellmut

Dr. phil., Botschafter a. D. - Eichhörnchenweg 2, 2110 Buchholz-Sprötze - Geb. 14. Mai 1924 Rellingen, verh. s. 1956 m. Waltraut, geb. Hawer, 2 Töcht. - Stud. d. Gesch., Span., Völkerkd. Univ. Hamburg; Promot. 1955 - S. 1956 Ausw. Amt Bonn (Ausl.posten: Mexiko, Santiago de Chile, Kabul, Montreal, Asuncion, La Paz, Quito) - BVK I. Kl.; Gr. Kreuz Bolivien, Paraguay u. Ecuador; Komturkreuz Brasilien; u.a. - Spr.: Engl., Franz., Span.

HOFF, Kay

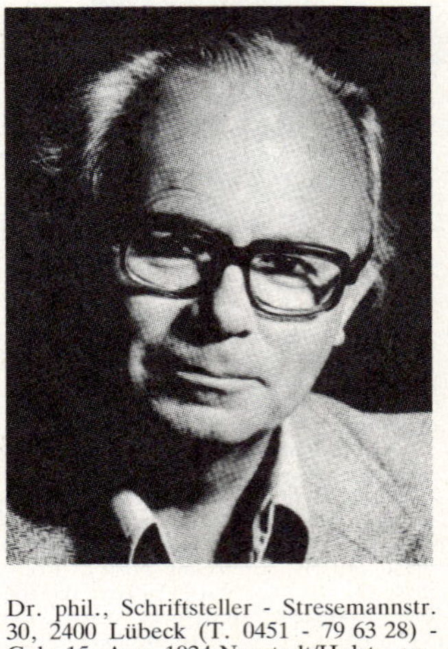

Dr. phil., Schriftsteller - Stresemannstr. 30, 2400 Lübeck (T. 0451 - 79 63 28) - Geb. 15. Aug. 1924 Neustadt/Holst., ev., verh. s. 1951 m. Marianne, geb. Schilling, 4 Kd. (Andreas, Gisela, Wolfgang, Claus) - 1945-49 Univ. Kiel (Psych., German., Kunstwiss.). Promot. 1949 - B. 1952 Bibliothekar, dann fr. Journ., 1958-67 Redakt. Neues Rheinland (Zweimonatsschr., Köln), 1970-73 Leit. Dt. Kulturzentr. u. Hirsch-Bibl., Tel Aviv - BV: In Babel zuhaus, Ged. 1958; Zeitzeichen, Ged. 1962; Bödelstedt oder Würstchen bürgerlich, R. 1966; E. ehrl. Mensch, R. 1967; Netzwerk, Ged. 1969; Drei - Anatomie e. Liebesgesch., R. 1970; Zwischenzeilen, Ged. 1970; W. reisen n. Jerusalem, R. 1976; Bestandsaufn., Ged. 1977; Hörte ich recht? Hörsp. 1980; Gegen d. Stundenschlag, Ged. 1982; Janus, R. 1984; Z. Zeit, Ged. 1987; Zeit-Gewinn, Ges. Ged. 1953-1989, 1989. Hörsp. u. a. Kein Gericht dieser Welt, Nachtfahrt, Alarm, E. Unfall, D. Chance, Dissonanzen, Nachrufe, Inventur, Im Durchschnitt, Konzert an 4 Telefonen, Stimmen d. Libal, Totentanz f. Querflöte u. Solostimmen, Spiegelgepräch, E. Schiff bauen, Unkraut, Materialien zu e. Liebesr., Unterwegs (auch in d. Schweiz, Frankr., Großbrit., Israel, Jugosl., d. Niederl., Belgien, Dänem. u. Norw. gesendet) - 1957 Funkerzählungspreis Südd. Rundfunk, 1960 Förderpreis z. Gr. Kunstpreis d. Ld. Nordrh.-Westf., 1965 Ernst-Reuter-Preis, 1968 Georg-Mackensen-Preis; 1969 Mitgl. PEN-Zentrum BRD.

HOFF, Magdalene

Bauing., Dozentin, Mitgl. Europ. Parlament (III. Wahlp.) - Zur Höhe 72a, 5800 Hagen/W. - SPD (1984 Vorst.-Mitgl.).

HOFF, Volker

Mitglied d. Hessischen Landtages - Leipziger Str. 1, 6052 Mühlheim/M. (T. 06106 - 30 11) - Geb. 18. Sept. 1957 Frankfurt/M., kath., verh. s. 1988 m. Barbara, geb. Leitner, S. Laurent.

HOFFACKER, Paul

Dr. jur., Rechtsanwalt, MdB (1976-80 u. s. 1982; Wahlkr. 90 Essen III.), Vors. Aussch. f. Jugend, Fam., Frauen u. Gesundh. (1984-87), Vors. Arbeitsgr. f. Jugend, Fam., Frauen u. Gesundh. d. CDU/CSU-Bundestagsfraktion (s. 1987) - Plattenweiler 20, 4300 Essen 16 (T. 49 14 35) - Geb. 24. Nov. 1930 Büderich/Wesel (Vater: Franz H., Landwirt; Mutter: Adelheid, geb. Krämer), kath., verh. s. 1961 m. Margret, geb. Ribbekamp, 5 Kd. (Hans, Gerd, Ursula, Regina, Miriam) - Stud. d. Rechtswiss.; Ass.ex.1960; Promot. 1961 - 1961-63 Ref. Recht u. Finanzen Bistum Essen; 1963-65 Ref. f. staatsbürgerl. Angelegenh. Zentralkomit. d. Kath., Bad Godesberg, 1965-77 I. Geschäftsf. Aktion Adveniat Essen; 1972-86 Vors. Dt. Zentralverb. d. Kolpingwerkes; s. 1981 Akademiedir. Kath. Akad. D. Wolfsburg, Bistum Essen. CDU (s. 1958) - BV: Kommentar z. Marré/Hoffacker: D. Kirchensteuerrecht, 1969; Auf Leben u. Tod - Abtreibung in d. Diskuss. (m. Steinschulte, Fietz), 1985, 4. A. 1986; Chancen f. d. ungeborene Leben (m. H. v. Voss, R. v. Voss), 1988 - Spr.: Engl., Span.

HOFFBAUER, Hartmut

Dr. med., Prof. f. Geburtshilfe u. Gynäkologie - Goltzstr. 20, 1000 Berlin 49 - Geb. 22. Okt. 1914 - S. 1965 (Habil.) Lehrtätigk. FU Berlin.

HOFFE, Ilse-Ester,

geb. Reich

Schriftstellerin - Spinoza Street 23, Tel-Aviv (Israel) (T. 24 89 24) - Geb. 8. Mai 1906 Troppau/Schles. (Vater: Josef Reich, Oberbaurat; Mutter: Hedwig, geb. Nohel), jüd., verh. s. 1930 m. Otto-Heinrich H., 2 Töcht. (Anita-Ruth, Eva-Dorrit) - Lyzeum Troppau; Univ. Nancy (Diplom f. Franz. Sprache u. Lit.) - S. 1942 Sekr., Mitarb. u. Nachlaßverw. v. Max Brod (†1968) - BV: Gedichte aus Israel, 1967. Mitarb.: Kafka-Gesamtausg. Spr.: Franz., Engl., Hebr., Tschech. - Lit.: Max Brod, Streitbares Leben (Autobiogr.), 1960; Briefb. Kafka-Briefe u. Joachim Unseld: Franz Kafka, e. Schriftstellerleben, Dank an I.-E. H.

HOFFER, Ingo

Prof., Hochschullehrer - Wittekindstr. 92, 1000 Berlin 42 - Gegenw. Prof. f. Didaktik d. Sekundarreife (I).

HOFFERBERTH, Bernhard

Dr. med., Prof., Chefarzt Neurol. Abt. u. Klin. Neurophysiol. Krkhs. Lindenbrunn (s. 1989) - Postf. 11 20, 3256 Coppenbrügge - Geb. 24. Juni 1948 Elgersburg/Thüringen, verh. s. 1975 m. Dorothea, geb. Rothe (Apoth.), 2 Söhne (Sebastian, Matthias) - Abit. 1969 Walter-Rathenau-Gymn. Berlin; Med. Staatsex. 1975; Promot. 1975 FU Berlin - B. 1989 Ltd. Oberarzt Klinik u. Poliklinik f. Neurol. Univ. Münster - Entd.: D. automatische Analyse v. Elektronystagmogrammen - BV: Otoneurologische Befunde b. vertebrobasilärer Insuffizienz, 1985; Calciumantagonisten in d. Neurol., 1988 - Liebh.: Otoneurologie, Programmierung v. Computern - Spr.: Engl., Franz.

HOFFHENKE, Heinz

Polizeibeamter, MdBB - Hastedter Heerstr. 103/105, 2800 Bremen 1 (T. 0421-44 85 65) - Geb. 10. Mai 1940 Wilhelmshaven, verh. s. 1967 m. Ursula Schumacher, 2 Kd. (Heike, Jürgen) - 1953-56 Lehre als Schmied; 1959-84 Polizeibeamter. S. 1984 stv. Landesvors. Polizeigewerksch. im Dt. Beamtenbd. (PDB). Ab 1984 Brem. Bürgersch. CDU (1977 Gründungsmitgl. u. Vors. Stadtbezirksverb. Bremen-Hemelingen).

HOFFIE, Klaus-Jürgen

Hess. Wirtschaftsminister (einschl. Techn.) (s. 1981; 1982 zurückgetr.) -

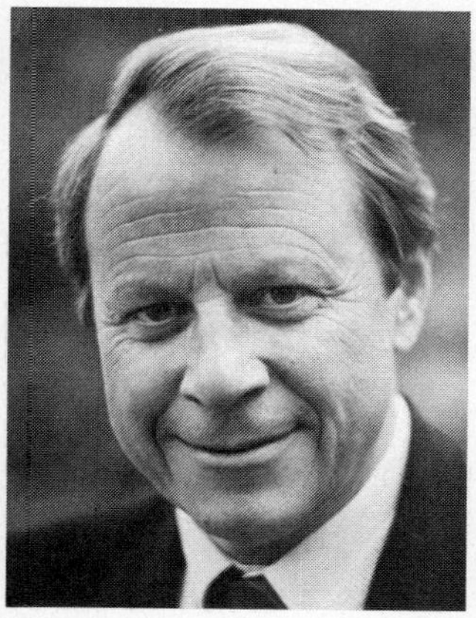

Kaiser- Friedr.-Ring 75 - 6200 Wiesbaden (T. 3 84); priv.: Waldstr. 44, 6101 Bikkenbach/Bergstr. (T. 20 10) - Geb. 14. Okt. 1936 Königsberg/Ostpr. (Vater: Friedrich H., Industriekfm.; Mutter: Elsa, geb. Ruhnke), ev. - Gymn. Darmstadt (Abit.); Univ. Frankfurt/M. (German., Polit. Wiss., Sport) - 1959-60 Nachrichtenredakt. dpa, Frankfurt; 1961-72 Referatsleit. Public Relations Dt. Lufthansa, 1970ff. Lehrbeauftr. TH Darmstadt (PR). S. 1984 Public Relation-Berater im eig. Büro f. Öffentlichkeitsarb., Bickenbach; geschäftsf. Gesellsch. media Turm GmbH; Geschäftsf. Priv. Rundf.-Organ. Rheinl.-Pfalz pro radio 4; Geschäftsf. Radio Bademia, Priv. Rundfunk-Ges. Karlsruhe mbH; Geschäftsf. Gesellsch. Radio Management GmbH sowie THÜRINGEN EINS, priv. Rdfk-Ges. mbH & Co. KG. 1972-81 u. 1983-87 MdB; Gemeindevertr. Bickenbach; MdK Darmstadt (Fraktionsf.). FDP s. 1968 (u. a. Mitgl. Landesvorst. Hessen; Vors. Bezirksverb. Starkenburg). MdK Darmstadt-Dieburg (s. 1989) - Liebh.: Sport, Kunst - Spr.: Engl., Franz.

HOFFMANN, Alfred

Dr. phil., o. Prof. f. Sprache u. Lit. Chinas - Nußbaumweg 25, 4630 Bochum-Wiemelhausen (Telefon7 29 70) - S. 1952 (Habil.) Lehrtätigk. Univ. Marburg (apl. Prof.), Berlin/Freie (Ord.), Bochum (Ord.).

HOFFMANN, von, Bernd

Dr. jur., Prof. f. Zivilrecht, Intern. Privatrecht u. Rechtsvergleich. Univ. Trier - Heinrich-Brauns-Str. 6, 5500 Trier (T. 0651 - 14 78) - Geb. 28. Dez. 1941 - Promot. 1969, Habil. 1979, bde. Regensburg - 1971-79 Wiss. Ref. Max-Planck-Inst. f. ausl. u. intern. Privatrecht, Hamburg; 1979ff. Prof. in Trier - BV: Intern. Handelsschiedsgerichtsbarkeit, 1970; Span. Aktienrecht, 3. A. 1975; D. Recht d. Grundstückskaufs, 1982; Staatsuntern. im Völkerrecht u. im Intern. Privatrecht (m. P. Fischer), 1984. Mithrsg.: Praxis d. Intern. Privat- u. Verfahrensrechts (1981ff.); Festschr. Karl Firsching (1985); Studien z. vergleichenden u. intern. Recht (1986ff.).

HOFFMANN, Bernhard

Dipl.-Ing., Bezirksbürgermeister - Tempelhofer Damm 165/Rathaus, 1000 Berlin 42 (T. 75 02 61); priv.: Enzianstr. 2, 45 - Geb. 15. Okt. 1919 Berlin (Vater: Theodor H., Maschinenbauer; Mutter: Maria, geb. Bartsch), verh. s. 1946 m. Ursula, geb. Giminski, T. Anita - Kölln. Gymn. (Abit. 1938); Maurer-Praktikum; TH bzw. TU Berlin (Arch.; Diplom-Hauptprüf. 1950) - 1939-46 (m. Studienunterbr.) Kriegsdst. (Luftw.; 1943 Ltn.) u. -gefangensch.; s. 1950 Bezirksämter Wilmersdorf (Planungsamt), Neukölln (1953 stv. Leit. Amt f. Stadtplanung) u. Tempelhof (1959 Bezirksstadtrat f. Bau- u. Wohnungswesen, 1965 Bürgerm.). 1962 AR-Mitgl. Stadt u. Land Wohnbautenges. mbH., Berlin; 1964 Lehrbeauftr. Päd. Hochsch. Berlin. SPD s. 1953 - Liebh.: Malen (bes. Gebirgslandsch.) - Spr.: Engl., Franz.

HOFFMANN, Bernhard

Dr.-Ing., Prof. f. Grundwasserhydrologie Univ. Hannover - Bodeweg 65, 3012 Langenhagen - Zul. Wiss. Rat u. Prof.

HOFFMANN, Bernhard

Studienrat, Schriftst. - Wohnh. in 5501 Korlingen - Geb. 18. Okt. 1951 - S. 1983 dramat. Schaffen - BV: Jens Mark, 1976; D. Heim, 1978; Schulterror, 1982; Peter Schlemihl (Märchendr.), 1988.

HOFFMANN, Detlef

Dr., Prof. f. neuere Kunstgesch. Univ. Oldenburg, Kunsthistoriker - Prinzenstr. 24, 8000 München 19 - Geb. 1940 Hamburg (Vater: Dr. med. Bernt H.; Mutter: Dorothea H.), verh. s. 1965 m. Maria, geb. Lüning, 2 S. (Robin, Patrik) - 1962-68 Stud. Univ. Hamburg, München, Berlin, Frankfurt u. Freiburg, Promot. 1962 - Vorst.-Mitgl. Kulturpolit. Ges.; Vizepräs. Intern. Playing Card Soc.; 1968-71 Forschungsauftr. z. Gesch. d. Spielkarten; 1971-81 Kustos Hist. Mus. Frankfurt (Mitarb. an neuer Museumsdidakt. Konzeption); 1981-82 Prof. f. Kunst- u. Designgesch. FHS Hamburg; s. 1982 Prof. f. neuere Kunstgesch. Univ. Oldenburg; 1991/92 Kulturwiss. Inst. Essen. Veröff. z. Gesch. d. Spielkarten, Kunst u. Kulturgesch. d. Neuzeit; Mus.-theoret. Arb., u.v.a.

HOFFMANN, Dieter

Schriftsteller - Stettenstr. 40, 6000 Frankfurt/M. (T. 55 17 61) - Geb. 2. Aug. 1934 Dresden (Vater: Herbert H., Speditionskaufm.; Mutter: Erika, geb. Schmidt), ev., verh. s. 1964 m. Ilka, geb. v. Tümpling, S. Urs-Arwed - Kunstsch. - BV/Ged.: Aufzücke deine Sternenhände, 1953 u. 1972; Mohnwahn, 1956; Eros im Steinlaub, 1961; Ziselierte Blutbahn, 1964; Stierstädter Gartenb., 1964; Veduten, 1969; Lebende Bilder, 1971; Elf Kinder-Ged., 1972; Oeil de Boeuf, 1973; Seligenstädter Ged., 1973; Papiers Peints, 1974; Il Giardino Italiano, 1975; Alte Post, 1975; Norddt. Lyra, 1975; Villa Palagonia, 1976; Sub rosa, 1976; Moritzburger Spiele, 1977; Schlösser d. Loire, 1977; Ged. aus d. Augustäischen DDR, 1977; Elegien aus Teisenham, 1979; Engel am Pflug, 1979; Farbige Kreiden, 1984; Nachtprogramm, 1988; Drei ländl. Bilder, 1989; Frammenti, 1992; Pulvis et Umbra, 1992. D. Weltende in d. zeitgenössischen Literatur, 1972; Heinrich Steiner, 1979; Zerstörte Landschaft - Gestörtes Gedicht, 1980; Ernst Hassebrauk - Leben u. Werk, 1981; Eugen Batz - Leben u. Werk, 1984; Helmut Schmidt-Kirstein - E. Dresdner Künstler, 1985. Herausg.: Hinweis auf Martin Raschke (1963); Max Ackermann - Zeichn. u. Bilder (1965); Personen - Lyr. Porträts (1966); Wasseringe - Fische im Ged. (1972); Hermann Teuber - Tier u. Landschaft (1974) - Rom-Preis (1963 Villa-Massimo-Stip.), 1969 Andreas-Gryphius-Förderpreis; 1969 o. Mitg. Akad. d. Wiss. u. d. Lit. Mainz (1974-80 Vizepräs.) - Lit.: G. Selvani, Alchimismi Barocchi e Pittura Naive in: Poesia e Realta, Bari 1970; Günter E. Bauer-Rabe (Hrsg.), Gespräch üb. Bäume - D. H. v. s. Freunden gewidmet, 1974.

HOFFMANN, Dieter

Dr., Dipl.-Ing. agr., Prof., Leiter d. Fachgeb. Betriebsw. u. Marktforsch. d. Forsch.anst. Geisenheim - Hauptstr. 180, 6227 Oestrich-Winkel (T. 06723 - 15 93) - Geb. 28. Nov. 1941 Winkel, ev., verh. s. 1972 m. Erika, geb. Sinß, 3 Kd. - Lehre; Ing.stud. f. Weinbau, Landwirtschaftsstud.; Promot. 1976 - Landwirtschaftsrat, Wissenschaftler. Fachveröff. üb. Weinmarketing - Liebh.: Sozialstrukturen, Politik, Reisen - Spr.: Engl.

HOFFMANN, Diether H.

Dr. jur., Rechtsanwalt Gurland & Lambsdorff - Hainstr. 17, Leipzig; Fürstenbergerstr. 12, 6000 Frankfurt/M. 1 - Geb. 30. Mai 1929 Berlin (Vater: Dr. Eduard H.; Mutter: Marie, geb. Fritze), 4 Kd. (Till, Jennie, Kim, Fabian) - Univ. Frankfurt/M. (Rechtswiss.) - 1959-64 Leit. Vorstandssekretariat Bank f. Gemeinwirtschaft AG.; 1964-67 Vorstandsmitgl. Allg. Hypothekenbank AG.; 1967-77 stv. u. o. Vorst.-Mitgl.; 1977-82 Vorst.-Sprecher Bank f. Gemeinwirtschaft AG; 1982-86 Vors. Geschäftsfg., Unternehmensgruppe Neue Heimat - BV: D. Petitionsrecht, 1959 (Diss.); Banken- u. Börsenrecht d. EWG, 1990 - Spr.: Engl., Franz.

HOFFMANN, Dietrich

Dr. phil., o. Prof. f. Pädagogik - Hainholzweg 18, 3400 Göttingen - Geb. 11. Febr. 1934 Breslau - Promot. 1969 - S. 1973 Ord. PH Nieders./Abt. Göttingen bzw. Univ. Göttingen (1978) - BV: Polit. Bildung 1890-1933, 1970; Krit. Erziehungswiss., 1978; Erziehungswiss. E. Einf., 1980. Herausg.: Pädagogik an d. Georg-August-Univ. Göttingen (1987); Bilanz d. Paradigmendiskussion (1991). Mithrsg.: Bilanzierungen erzieh.wissenschaftl. Theorieentw. (1991).

HOFFMANN, Dietrich

Dr. phil., Prof. f. Alte Geschichte - Börnestr. 52 - Geb. 7. April 1929 Basel (Schweiz) - Promot. Basel - B. 1970 Doz. (Wiss. Oberrat), s. 1977 Prof. Univ. Hamburg (gf. Dir. Sem. f. Alte Gesch.) - BV: D. spätröm. Bewegungsheer u. d. Notitia dignitatum, 2 Bde. 1969/70.

HOFFMANN, (Hans)-Eckart

Großhandelskaufmann, Vorsitzender Verb. d. Dt. Salzgroßhandels, Duisburg (s. 1987, vorh. Geschäftsf.) - Waisenhausstr. 38, 4133 Neukirchen-Vluyn - Geb. 12. Mai 1928 Mülheim/R., ev., verh. s. 1954 m. Wiltrud, geb. Maasberg, 3 Kd. - Gymn. - S. 1954 Fa. Oskar Maasberg GmbH & Co KG, Duisburg (Geschf.) - Spr.: Engl.

HOFFMANN, Erich

Dr., o. Univ.-Prof. Univ. Kiel (s. 1978) - Abelweg 7, 2300 Kronshagen (T. 0431-54 22 33) - Geb. 16. Juli 1926 Flensburg, ev., verh. s. 1959 m. Inge, geb. Brandenburg, 3 T. (Annette, Bettina, Henrike) - 1945-53 Stud. (Lehramt Gymn.); 1. u. 2. Staatsprüf. 1953 u. 1955; Promot. 1951; Habil. 1972 Univ. Kiel - 1953-69 Lehramt an Gymn. (s. 1954 Kiel, s. 1963 Oberstudienrat); 1969 Hist. Sem. Univ. Kiel, (s. 1974 Studiendir.); 1972 Priv.-Doz.; 1976 apl. Prof. - BV: D. heiligen Könige b. d. Angelsachsen u. d. Skand. Völkern, 1975; Königshebung u. Thronfolgeordn. in Dänemark b. z. Ausgang d. Mittelalters, 1976; Spätmittelalter u. Reformation, Bd. IV, 2 d. Gesch. Schlesw.-Holst. (Hrsg. Olaf Klose), 1981ff. - 1982 Mitgl. Kgl. Akad. d. Wiss. Kopenhagen, 1986 Mitgl. Kommiss. f. d. Altertumskd. Mittel- u. Nordeuropa d. Akad. d. Wiss., Göttingen; 1987 Schlesw.-Holst.-Med. - Spr.: Lat., Griech., Dän., Engl.

HOFFMANN, Erich

Geschäftsf. Gesellschafter - Jul.-Loßmann- Str. 8, 8500 Nürnberg - Geb. 12. Sept. 1919 - Ehrenvors. Gesamtverb. d. Dt. Brennstoff- u. Mineralölhandels, e.V. Bonn, u. d. Bayer. Brennstoff- u. Mineralölhandels-Verb. e.V. München.

HOFFMANN, Ernst

Dr. rer. nat., Abteilungsleiter i.R. Max-Planck-Institut f. Kohlenforschung, Mülheim, Honorarprof. f. Physikal.-analyt. Methoden d. Organ. Chemie Univ. Gießen - Lembkestr. 4, 4330 Mülheim/Ruhr - Geb. 14. Juli 1917.

HOFFMANN, Ernst

Dr. med., Chefarzt, apl. Prof. f. Chirurgie Univ. Düsseldorf (s. 1970) - Bergstr. 6-12 (St. Josef-Hospital), 5600 Wuppertal-Elberfeld; priv.: Kaiser-Wilhelm-Allee 22, W. 1 - Geb. 19. Sept. 1926 Feldbach - Promot. 1954; Habil. 1964 - Etwa 100 Facharb.

HOFFMANN, Fernand

Dr. phil., Prof. C.U.L. (Centre Univer-

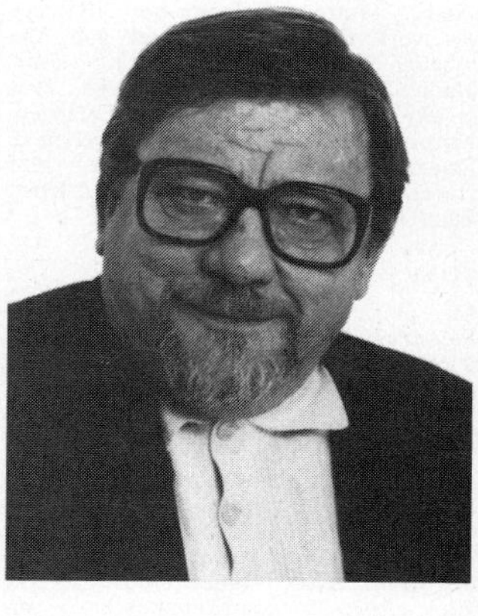

sitaire Luxembourg) - Marie-Adelheidstr. 75, L-2128 Luxembourg - Geb. 8. Mai 1929 Dudelange (Luxembourg), kath., verh. s. 1954 m. Andrée, geb. Medernach, S. Jean-Paul - Stud. German., Gesch., Altphilol. (Lat.) Tübingen, Paris, Nancy; Promot. 1954; Docteur ès Lettres 1969 Nancy - Präs. Abt. f. Lit. u. Kunst d. Großherz. Inst. v. Luxbg.; korr. Mitgl. Inst. f. dt. Sprache Mannheim - BV: Geschichte d. Luxemburger Mundartdichtung, I. 1964, II. 1967; Thomas Mann als Philosoph d. Krankheit, 1975; D. neue dt. Mundartdichtung, 1979; Sprachen in Luxemburg, 1979; Zwischenland, 1981; Gerhard Meier: Heimkehr ins Reich d. Wörter, 1982; Thomas Mann u. seine Welt, 1992 - Orden d. Eichenlaubkrone (Offizier); Nat. VO. (Kommandeur); Nassauer Zivil- u. Militärorden (Offizier); BVK I. Kl. - Liebh.: Musik, Malerei, Gastronomie, Tisch- u. Tafelsitten - Spr.: Deutsch, Engl., Franz.

HOFFMANN, Friedrich

Dr. rer. pol., Dipl.-Kfm., o. Prof. Univ. Augsburg (s. 1970) - Chamissostr. 11, 8000 München 81 - Geb. 17. Jan. 1925 Erfurt (Vater: Franz H.; Mutter: Magdalena, geb. Uebler), ev., verh. s. 1945 m. Ilse, geb. Steinmetz, 4 Kd. - Kaufm. Lehre; Stud. Betriebswirtsch. Univ. Erlangen; Promot. 1961 Nürnberg; Habil. 1968 München - 1951-66 Ind.tätigk. (Dir.assist., kfm. Dir., Geschäftsf.), 1966-70 Univ. München (Wiss. Assist., Doz.) - BV: Entw. d. Organisationsforsch., 3. A. 1976; Führungsorganisation, Bd. 1, 1980, Bd. 2, 1984. Zahlr. Fachveröff.

HOFFMANN, Gerd E.

Freiberufl. Schriftsteller, Publizist - Reinekestr. 29, 5000 Köln 90 - Geb. 6. Juni 1932 Dt. Eylau, heute Ilawa - Ausb. z. Tageszgt.redakt. - 1976-89 Mitgl. P.E.N-Präsid., 1980-85 Bundesvorst. VS in d. IG Druck u. Papier (IG Medien) - BV: Experimentelle Prosa, Sachb. zu d. gesellschaftl. Auswirkungen d. Computer, Jugend- u. Kinderlit. u.a.: Chromofehle, 1967; Chirugame, 1969; Bellasten, 1970; Computer, Macht u. Menschenwürde, 1976/79; Erfaßt, registriert, entmündigt, 1979; Erlebt in Indien, 1981; D. elektron. Umarmung, 1982; Im Jahrzehnt d. Großen Brüder, 1983. Herausg. u.a.: Schaffen wir d. Jahr 2000? (1984); P.E.N. International (dt., engl., franz.; 1986) - 1969/70 Villa Massimo Aufenthalt - Spr.: Engl., Ital., Span.

HOFFMANN, Gerhard

Generalbevollm. Direktor Siemens AG. i. R. (Kaufm. Leit. UB B), Gf. Gesellsch. Inpro GmbH - Achenweg 15, 8221 Bergen (T. 08662 - 51 46) - Geb. 4. Dez. 1923 - 1982 Gr. Gold. Ehrenz. d. Landes Kärnten.

HOFFMANN, Gerhard

Dr. jur. (habil.), Dr. h. c., em. o. Prof. f. Öfftl. Recht, insb. Völkerrecht u. Europarecht Univ. Marburg (s. 1963) - Ernst-Lemmer-Str. 10, 3550 Marburg/L. (Wehrda) (T. 8 16 45) - Geb. 21. Juni

1917 Weißenfels/S. (Vater: Oskar H., Arch.; Mutter: Helene, geb. Balzer), ev., verh. s. 1973 m. Anngret, geb. Meschede, Kd. (Ann Dorothee) - Univ. Halle/S., München, Königsberg/Pr., Jena - 1960-62 Privatdoz. Univ. Erlangen-Nürnberg - Veröff. aus d. Bereichen d. Staats-, Europa- u. Völkerrechts - 1985 Ehrendoktor (Dr. iur. et rer. pol.) Univ. Pécs/Ungarn.

HOFFMANN, Gerhard

Dr. phil., Prof. f. Engl. Philologie - Steinbachtal Nr. 39b, 8700 Würzburg - S. 1969 Ord. Univ. Würzburg (Mitvorst. Inst. f. Engl. Philol.).

HOFFMANN, Gert

Dr. jur., Regierungspräsident Regierungsbezirk Dessau (s. 1991) - Wolfgangstr. 25, Postf. 87, O-4500 Dessau (T. 75 94 20) - Geb. 1. März 1946 Berlin, ev., verh., 2 Kd. - Jurist. Stud.; Promot. Kiel - 1976-79 Samtgemeindedir. Hemmoor; 1980-90 Stadtdir. Gifhorn. Vors. Regionaler Fremdenverkehrsverb. Anhalt-Wittenberg - BV: D. sogenannte Zweigleisigkeit d. Nieders. Kommunalverfassung, 1987 - Liebh.: Gesch., klass. Musik, Tennis - Spr.: Engl.

HOFFMANN, Gottfried

Dr. theol., Prof. f. Systemat. Theologie Luth. Theol. Hochschule (s. 1972) - Altkönigstr. 150, 6370 Oberursel/Ts. - Geb. 3. Juli 1930 Leipzig - Promot. 1972 - BV: Marburg 1529 - E. verpaßte Gelegenheit?, 1971; Luther u. d. Rechtfertig., 1984. Mithrsg.: Luth. Theol. u. Kirche (1977ff.).

HOFFMANN, Günther

Dr. med., Prof., Oberarzt Med. Univ.sklinik Freiburg - Furtwänglerstr. 9, 7800 Freiburg/Br. - Geb. 18. März 1923 Berlin - S. 1959 (Habil.) Lehrtätigk. Univ. Freiburg (1964 apl. Prof. f. Inn. Med.). Mitverf.: D. Belastungsinsuffizienz d. Herzens, 1964. Üb. 60 Fachaufs. Mithrsg.: Nuclearmed. (1961 ff.).

HOFFMANN, Hajo

Dipl.-Ökonom, Minister a.D., Oberbürgermeister der Landeshauptstadt Saarbrücken (s. 1991) - Rathaus, 6600 Saarbrücken - Geb. 12. Febr. 1945 Lichtenfels/Ofr., kath., verh. m. Gertrud, geb. Kessler, 2 Söhne (Nicolas, Johano) - Bankkaufm.-Gehilfenprüfung 1965 Saarbrücken; 1970 Abitur (2. Bildungsweg), 1974 Ex. als Dipl.-Ökonom Univ. Bremen - 1976-85 MdB; 1977-79 Mitgl. d. Europa-Parlaments; 1985-91 Min. f. Wirtschaft d. Saarlandes - Spr.: Engl., Franz.

HOFFMANN, Hans

Dr. jur., Dipl.-Volksw., Oberbürgermeister Stadt Heilbronn - Sonnenhalde 26, 7107 Neckarsulm - Geb. 31. Okt. 1915 Lübbenau/Spreew. - Ass.ex. - ARsmandate (Vors. Heilbronner Unternehmen).

HOFFMANN, Hans

Dt. Honorargeneralkonsul in Malaga (Spanien) - Paseo del Limonar 28, Villa Ibis, Málaga (Telefon 22 78 66) - Mehrere dt. u. span. Ausz. u. a.: Gr. BVK; Komturkreuz Isabel la Católica.

HOFFMANN, Hans Christoph

Dr., Landeskonservator, Leit. Landesamt f. Denkmalpflege Bremen - Sandstr. 3, 2800 Bremen.

HOFFMANN, Hans E. W.

Dipl.-Ing., M.S. Geschäftsführer STN Systemtechnik Nord GmbH, Bremen (s. 1990) - Zu erreichen üb. STN GmbH - Hünefeldstr. 1-5, 2800 Bremen 1 - 1961 Weser Flugzeugbau Lemwerder; 1963 ERNO; 1969 ELDO; 1973 ERNO, 1975 Techn. Geschäftsf., 1977 zusätzl. Geschäftsf. VFW-Fokker Bremen; 1981 Generalbevollm. MBB; 1986 Geschäftsf. Intospace; 1989 Geschäftf. Dornier Intern. u. Dir. Marketing u. Vertrieb Dt. Aerospace AG.

HOFFMANN, Hans Martin

Ph. D., D. Sc., Prof. u. Direktor Inst. f. Organ-Chemie Univ. Hannover - Samlandstr. 16, 3004 Isernhagen 2.

HOFFMANN, Hans Peter

Dr. phil., Studiendirektor, Schriftsteller (Ps. Hoffmann-Herreros, Peter Siegenthaler) - Kirchstr. 22, 5227 Windeck 1 Rosbach - Geb. 22. Nov. 1929 Wissen/Sieg, verh. s. 1959 m. Marisa, geb. Herreros, 2 Kd. (Julia, Maite) - Staatsex. u. Promot. 1954 - S. 1954 Schuldienst, s. 1962 Lehrauftr. Univ. Köln - BV: D. Gr. Patmos Bibel, 1967/68; Zeitgenossen, 15 Pen-Porträts, 1972; D. Schweigerose, Lyr. 1974; Auf s. Wegen, Erz. 1977; Wer hätte d. gedacht? Erz. 1978; Da staunte Noachs Tochter, Erz. 1978; Mettes Geheimnis, Erz. 1978; Kirchengesch. in Bildern (Text), 1980/82; E. Entdeckung am Strand, Erz. 1986; Teresa v. Avila, Biogr. 1986; Ich lasse mich nicht einsperren (Margery Kempe), Biogr. 1987; Charles de Foucauld: D. Zukunft auf d. Spur, Biogr. 1988; Am Abend sind d. Lichter heller als am Tag, Lyr. 1988; Catherine u. William Booth: Sozialarb. u. Seelsorge - d. Heilsarmee, Biogr. 1989; D. Nachtflugzeug, Erz. 1989; D. neue Patmos Bibel, 1990; Matteo Ricci. D. Chinesen Chinese sein - e. Missionar sucht neue Wege, Biogr. 1990; Dag Hammarskjöld. Politiker - Schriftsteller - Christ, Biogr. 1991. Zeitschr.-Beitr. - Spr.: Engl., Franz., Span.

HOFFMANN, Hans-Georg

Rechtsanwalt f. Arzneimittel- u. Heilmittelwerberecht - Weißerstr. 136B, 5000 Köln 50, (T. 0221 - 35 10 28) - Geb. 10. Juli 1946 Hildesheim - S. 1977 Rechtsanw.; 1977-79 Geschäftsf. Bundesfachverb. d. Arzneimittelherst.; 1978-79 Geschäftsf. Verein f. lautere Heilmittelwerbung; s. 1982 Geschäftsf. MCM Klosterfrau; Schriftl. Ztschr. Pharma-Recht (1978-86); Komment. z. Heilmittelwerbeges. (1979); Entscheidungssamml. Heilmittelwerbeges. (1982) - Spr.: Engl.

HOFFMANN, Hans-Jürgen

Dr.-Ing., Univ.-Prof. TH Darmstadt (s. 1971), FB Informatik - Strohweg 43, 6100 Darmstadt (T. 06151 - 16 34 10) - Geb. 6. März 1935, ev., verh. s. 1965 m. Irmgard, geb. Liese, S. Armin Matthias - Dipl.-Ing. 1959 TH Stuttgart, Dr.-Ing. 1963 TH Stuttgart.

HOFFMANN, Hartmut

Dr. phil. (habil.), o. Prof. f. Mittlere u. Neuere Geschichte Univ. Göttingen - Stellwanne 11, 3400 Göttingen-Geismar (T. 7 12 43) - Geb. 4. Mai 1930 Berlin - Zul. Doz. Univ. Bonn - BV: Unters. z. karoling. Annalistik, 1958; Gotterfriede u. Treuga Dei, 1964.

HOFFMANN, Heiko

Justizminister Schlesw.-Holst. (1985-88), MdL, Fraktionsvors. CDU (s. 1988), u. Oppositionsführer im Schlesw.-Holst. Landtag - Zu erreichen üb. Landeshaus, 2300 Kiel - Geb. 1935 Stettin, ev. - Abit. Limburg/Lahn; Jura-Stud. Univ. Frankfurt u. Marburg; Refer. in Schlesw.-Holst. - Ab 1967 Ass. b. Landrat Kr. Ostholstein; Oberregierungsrat Kultusmin. Kiel. S. 1973 MdL Schlesw.-Holst. (1979ff. Vors. CDU-Fraktion im Landtag). CDU s. 1954; Langj. Mitgl. Junge Union.

HOFFMANN, Heinrich

Dipl.-Ing., Prof. f. Grundl. d. Gestaltung u. Darst. Geometrie GH Wuppertal - Rheinstr. 53, 5600 Wuppertal .

HOFFMANN, Heinz

Dr. rer. nat., Dipl.-Chem., o. Prof. f. Physikal. Chemie Univ. Bayreuth - Waldsteinring 40, 8580 Bayreuth.

HOFFMANN, Heinz

Geschäftsführer, MdL Nieders. (s. 1970, SPD) - Felsenkellerweg 29C, 3250 Hameln/Weser.

HOFFMANN, Heinz

Dr. jur., Assessor, gf. Vorstandsmitgl. Verb. industrieller Bauunternehmungen Nordbaden - Waldparkdamm 7, 6800 Mannheim.

HOFFMANN, Heinz

Dr. phil., Prof. f. Geschichte u. Methodik d. Geschichtsunterr. Päd. Hochsch. Kiel - An d. Eichen Nr. 28, 2301 Mönkeberg.

HOFFMANN, Heinz

Dipl.-Kfm., stv. Hauptgeschäftsführer Handwerkskammer d. Pfalz, Geschäftsf. Kredit-Garantiegemeinschaft d. rhld.-pfälz. Handwerks GmbH - Am Altenhof 15, 6750 Kaiserslautern; priv.: Walter-Kolb-Str. 17, 6750 Kaiserslautern 27 - Geb. 23. Aug. 1942.

HOFFMANN, von, Helga

Bürgerschaftsabgeordnete (s. 1970) - Sierichstr. Nr. 90, 2000 Hamburg 60 (T. 279 65 85; dstl.: AFS - Intern./Interkult. Begegnungen: 45 78 80) - SPD.

HOFFMANN, Hellmut

Dr. rer. nat., Prof. f. Organ. Chemie - Tersteegenweg 17, 5600 Wuppertal-Vohwinkel - Geb. 7. Nov. 1926 Reichenberg - S. 1962 (Habil.) Privatdoz. u. apl. Prof. Univ. Mainz, Honorarprof. Univ. Wuppert. Üb. 50 Fachaufs.

HOFFMANN, Herbert

Geschäftsführer Arbeiterwohlfahrt/Bezirksverb. Unterfranken - Scanzonistr. 4, 8700 Würzburg.

HOFFMANN, Hermann

Dr. rer. nat., Prof. f. Pharmazeut. Chemie Univ. Frankfurt - Georg-Voigt-Str. 14, 6000 Frankfurt/M.

HOFFMANN, Hermann

Dr. med., Dr. phil., Dipl.-Psych., Prof., Chefarzt Med. Klinik St.-Johannes-Hospital, Dortmund (s. 1967, Ärztl. Dir., 1972, Vors. Krankenhausdir. 1972) - Apelbachstr. 11, 4600 Dortmund-Aplerbeck (T. 44 35 25) - Geb. 3. Jan. 1924 Gelsenkirchen (Vater: Dr. med. Hermann H., Arzt; Mutter: Christine, geb. Groß-Albenhausen), kath., verh. s. 1955 m. Ursula, geb. Kammermann, 5 Kd. (Gabriele, Eva, Christian, Thomas, Ulrike) - Gymn. Gelsenkirchen; Univ. Bonn (Med., Philol., Psych.; Dipl.-Psych. 1952, Dr. phil. 1952, Dr. med. 1953) - S. 1962 (Habil.) Lehrtätigk. Univ. Bonn (1968 apl. Prof.), Präs. Verb. ltd. Krankenhausärzte Deutschl. s. 1974 - Zahlr. wiss. Einzelarb. auf d. Gebiet d. Inneren Medizin - Spr.: Engl., Franz.

HOFFMANN, Hildegard,

geb. Vogels

Dipl.-Volksw., Prof. FH Niederrhein, Teilhaberin ORNIS Büro- u. Betriebsorg. (s. 1946) u. ORNIS-DRUCK GmbH (s. 1956), beide Viersen 1, Kurat.mitgl. Grassauer Kreis Stiftg., Mitgl. Schulfernsehbeirat WDR, Vors. Bundesarbeitsgem. Schule/Wirtschaft, Mitgl. Jugend- u. Bildungsausschuß Bundesvereinig. dt. Arbeitgeberverb. (s. 1964), Handelsrichter Mönchengladbach, Landessozialrichter Essen - Bleichgrabenstr. 35, 4050 Mönchengladbach 1 (T. 8 77 05) - Geb. 1. Sept. 1920 Mönchengladbach (Vater: Josef Vogels, Kaufm.; Mutter: Gertrud, geb. Zaunbrecher), kath., verh. 1945 b. 1953 (gesch.), 2 Töchter (Irene, Erika) - Univ. Bonn (Diplomprüf. 1960) - Liebh.: Antiquitäten.

HOFFMANN, Hilmar

Prof., Stadtrat, Kulturdezern. Magistrat Frankfurt (1970-90) - Buchrainstr. 94, 6000 Frankfurt/M. (T. 65 15 20) - Geb. 25. Aug. 1925 Bremen (Vater: Felix H., Exportkfm.; Mutter: Louise, geb. Wilke-Hellemann), ev., verh. s. 1957 m. Brunhild, geb. Hülsmann (Schausp.), 2 Kd. (Kai, Katrin) - Leit. Studio D. zeitgenöss. Schauspiel Oberhausen (gegr.

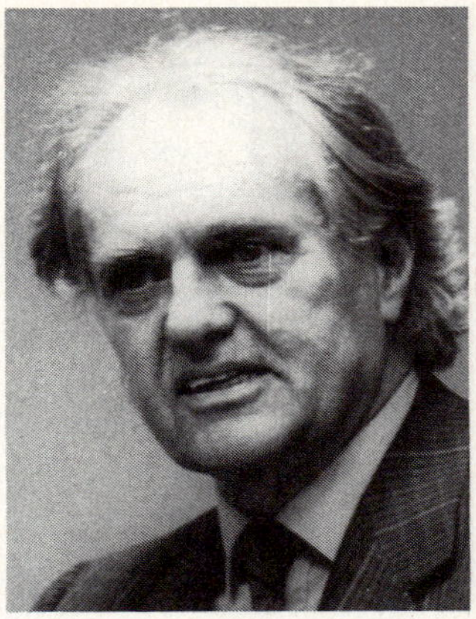

1950); Dir. Städt. VHS (gegr. 1951); Dir. Westd. Kurzfilmtage ebd. (gegr. 1953); 1965-70 Beigeordn. Kultur- u. Sozialdezern. Stadtverw. Oberhausen. Lehrbeauftragter f. Filmtheorie bzw. f. Kulturpolitik Univ. Bochum, Frankfurt; Hon.-Prof. Hochsch. f. Musik u. Darst. Kunst Frankfurt (s. 1984) u. Univ. Marburg (s. 1989); Gast-Prof. Univ. Tel Aviv; Mitgl. Filmbewertungsst. Wiesbaden u. Vergabekommiss. d. Filmförderungsanst. Berlin; Leitung d. Stiftg. Lesen (s. 1990); Präsid.-Mitgl. Goethe-Inst. (s. 1990). SPD - BV: Chronik d. intern. Dokumentarfilme, 1959; Erwachsenenbild. 62, 1962; Tauben - Reisende Boten, 1963; D. tschechosl. Film, 1964; Theorie d. Filmmontage, 1969; Perspektiven d. kommunalen Kulturpolitik, 1974; Kultur für alle, 1979; D. Taubenbuch, 1982; Kultur-Zerstör., 1983; Kultur f. Morgen, 1985; U. d. Fahne führt uns ..., 1988; Es ist noch nicht zu Ende, 1988; Kultur als Lebensform, 1990; Geschichten aus O., 1991. Herausg.: 6 Bde. Kulturgeschichte d. 20. Jh. (m. H. Klotz); Beitr. Fachztschr. Hörfunk u. Fernsehen (Dok.film Castros Cuba, ARD 1969 - 1970 Ehrenring Stadt Oberhausen; 1976 Filmbd. in Gold; 1985 Chevalier de l'Ordre des Arts et des Lettres Rep. Frankreich; 1985 Goethe-Plak. Land Hessen u. 1990 Stadt Frankfurt; 1988 Helmut-Käutner-Preis; 1988 Friedrich-Stoltze-Preis; 1989 Ehrenbürger Univ. Tel Aviv; 1990 Österr. Ehrenkreuz f. Wiss. u. Kunst; 1990 Gr. BVK - Spr.: Engl. (Dolmetscher-Ex.).

HOFFMANN, Horst

Dr. rer. nat., Prof., Lehrstuhlinh. f. Physik Univ. Regensburg (s. 1970) - Ahornstr. 7, 8401 Pentling - Geb. 5. Nov. 1932 Breslau - Promot. (1961) u. Habil. (1965) München - 1967-68 Prof. USA. Üb. 150 Facharb.

HOFFMANN, Ingeborg,

geb. Hellmich

Hotelière, MdB (s. 1976; Wahlkr. 30) - 2724 Everinghausen 15 (T. 0228 - 16 52 45) - Geb. 26. Nov. 1923 Prag (Vater: Dr. Oswald Hellmich, RA; Mutter: Hilde, geb. Kick), ev., verh. s. 1954 m. Erwin H., 3 Kd. (Peter, Martin, Hans-Erland) - Abit.; 2 J. Höh. Handelssch.; 3 Sem. Volkswirtsch. - Präs. Fachabt. Autobahnraststätten im Dehoga. CDU - BVK I. Kl. - Liebh.: Musik, Sport, Phil. - Spr.: Engl., Franz., Tschech. - Bek. Vorf.: Friedrich Kick, Rektor Univ. Wien (Urgroßv.).

HOFFMANN, Jean-Paul

Dr. phil., Prof. am Institut Supérieur D'etudes et de Recherches Pédagogiques Luxembourg - 50 Rue des Aubépines, L-1145 Luxembourg (T. 00352 - 44 45 83) - Geb. 21. Mai 1957, kath., S. Philippe - Stud. German., Roman., u. allgem. Sprachwiss. in Bonn; 1981 1. Staatsex. f. d. Lehramt f. d. Sekundarstufe II; 1983 Promot. Univ. Bonn - O. Mitgl. d. Abt. f. Sprachwiss. u. Volkskunde d. Großherzoglichen Inst. v. Luxemburg - BV: Standard u. Dialekt in d. Saarländisch,

Lothringisch, Luxemburgischen Dreiländerecke - Liebh.: Schreiben (Belletristik) - Spr.: Engl., Franz., Span.

HOFFMANN, Jens
Dr. jur., Verleger (Paul Aug. Hoffmann KG, Darmstadt) - Klappacher Str. 136, 6100 Darmstadt - Geb. 6. Mai 1907 Berlin - S. üb. 50 J. väterl. Verlag. Ehrenpräs. Europ. Adressbuchverleger-Verb. - Johann-Heinrich-Merck-Ehrung Darmstadt; 1969 BVK 1. Kl.

HOFFMANN, Joachim
Dipl.-Kfm., Vorstandsmitglied Gerling-Konzern, a. D. Köln - Im Fuchsbau 3, 5000 Köln 91 - Geb. 13. Juli 1926.

HOFFMANN, Johannes
Dr. theol., Prof. f. Moraltheologie u. Sozialethik FB Kath. Theol. Univ. Frankfurt - Hausener Weg 120, 6000 Frankfurt/M. - Geb. 6. April 1937 - Forsch.schwerp.: Wirtschaftsethik u. Ethik d. Technik. Mitgl. Wiss. Beirat b. Dialogprogramm Wirtsch. u. Christl. Ethik; stv. Vors. Verein Theol. Interkulturell, Frankfurt.

HOFFMANN, Johannes
Akad. Oberrat, Leiter Forschungsstelle Ostmitteleuropa Univ. Dortmund - Haubachstr. 7a, 4600 Dortmund 50 (T. 0231 - 73 71 43) - Geb. 9. Aug. 1937 Ziegenhals/Kr. Neisse (Vater: Alfred H.; Mutter: Margarethe, geb. Grummann). kath., verh. s. 1965 m. Ingrid, geb. Sauer, 2 T. (Ingrun, Corinna) - Staatl. Gymn. Dortmund (Abit.); Stud. Gesch., Latein, Geogr., Philos. u. Päd. Freiburg/Br., Berlin (FU), Münster - 1965-72 höh. Schuldst., Ostud.Rat; 1973 Leit. Forsch.stelle Ostmitteleuropa Dortmund (PH u. s. 1980 Univ.). Hrsg. v. 4 wiss. Reihen - BV: Völkerbilder in Ost u. West, 1980; Stereotypen, Vorurteile, Völkerbilder in Ost u. West - in Wiss. u. Unterr. E. Bibliogr., 1986; zahlr. Aufs. - Spr.: Engl.

HOFFMANN, Julius
Dr. jur., Rechtsanwalt, Botschafter a.D., Leit. d. Ständ. Vertretung d. Bundesrep. Deutschl. b. d. Vereinten Nationen, Wien (1976-84), Sprecher (Doyen) d. Miss. Chefs b. d. VN - Kapellenweg 34a, 8137 Berg/Starnbergersee (T. 08151 - 5 14 87) - Geb. 29. Sept. 1919 Mannheim (Vater: Max J. H., Ind.-Kaufm.; Mutter: Anna, geb. Brunner), ev., verh. s. 1961 in 2. Ehe m. Marie Luise, geb. Dresler - Abit. 1938 Mannheim; 1938-40 Stud. Rechtswiss., Nationaloek. u. Politik Univ. Heidelberg, München u. Genf; Refer. 1940, Ass. 1948; 1954-56 New York Law School, LLB, JD 1968; Promot. - 1958-59 stv. Gen.Konsul New York; 1963-65 Geschäftsträger Botsch. Algier; 1969 BPA Bonn; 1970-75 Dir. German Info Ctr. New York - BV: Dt. Niederlass. in d. Vereinigten Staaten (m. Prof. Otto Walter, New York), 1956 - 1943 EK I; hohe ausl. Ausz.; 1971 BVK I. Kl.; 1974 Founders Medal New School for Social Res. New York; Schüler-Scheffel-Preis (Volksb. f. Dichtung); Gold. Ehrennadel d. Dt. Ruder-Verb. - Liebh.: Europa-Politik insbes. i. V. z. USA, Neuere Gesch. Österreichs - Spr.: Engl., Franz.

HOFFMANN, Karl
Dr. phil., o. Prof. f. Vergl. indogerman. Sprachwissenschaft - Kleiststr. 13, 8520 Erlangen-Frauenaurach - Geb. 26. Febr. 1915 Hof/Regen - 1951 Privatdoz. Univ. München, 1952 ao. Prof. Univ. Saarbrücken, 1955 o. Prof. Univ. Erlangen, jetzt Erlangen-Nürnberg - BV: D. Injunktiv im Veda, 1968; Aufs. z. Indoiranistik I u. II, 1975/76; D. Sasanidische Archetypus. Unters. zu Schreibung u. Lautgestalt d Avestischen (m. Johanna Narten), 1989 - 1972 Mitgl. Bayer. Akad. d. Wiss.; 1975 Korr. Mitgl. Österr. Akad. d. Wiss.

HOFFMANN, Karl
Dr.-Ing., Prof. f. Übertragungstechnik (Elektr. Schaltungstechnik) TH Darmstadt (s. 1972) - Dieburger Str. 276, 6100 Darmstadt-Land - Geb. 4. Juli 1933 Rockenhausen - Stud. Darmstadt (Promot. 1967) - Zeitw. Postmitarb. Fernmeldetechn. Zentralamt - 1968 NTG-Preis.

HOFFMANN, Karl-Heinz
Dr. rer. nat., o. Prof. f. Mathematik TU München (s. 1992) - Am Ringofen 37, 8900 Augsburg - Geb. 18. Juli 1939 Coburg - Promot. (1968) u. Habil. (1971) München - Zul. Wiss. Rat u. o. Prof. FU Berlin, Univ. Augsburg. Facharb. - 1990 Karl Heinz Beckurts Preis, 1991 Gottfried Wilhelm Leibniz Preis.

HOFFMANN, Klaus-Hubert
Dr. rer. nat., Prof. f. Stoffwechselphysiologie der Tiere - Inst. Allg. Zoologie, Univ. Ulm, Oberer Eselsberg, 7900 Ulm (T. 0731 - 176 25 82) - Geb. 15. Sept. 1946 Erlangen (Vater: Heinrich H., Angest.; Mutter: Ingeborg, geb. Lehmann), ev., verh. s. 1971 m. Jana, geb. Bojasova, 2 Töcht. (Claudia, Nina) - Gymn. (Abit. 1965); 1965-70 Univ. Erlangen (Biolog., Chemie) , Staatsex. 1970, Promot. 1973, Habil. 1977 - 1971-77 Wiss. Assist.; 1977-79 Priv.doz., s. 1979 Prof. - BV: 70 Veröff. in wiss. Ztschr. u. Bücher - 1990 Merckle-Forsch.preis - Liebh.: Zoologie, Sport, Reisen. - Spr.: Engl.

HOFFMANN, Klaus-Jürgen

Kabarettist - Chansonnier-Drais-Str. 1, 6800 Mannheim - Geb. 27. April 1952 Ma.-Neckarstadt - 1960-68 Statisterie u. Kinderchor am Nationaltheater Mannheim - 1968-70 Handelssch. in Biel (CH); Volontär u.a. b. Kammersänger Thomas Tipton u. d. Bayr. Staatsoper München 1973-74 Regieassist. v. Siegfried Schoenbohm, Schüler v. Walter Felsenstein; 1974 Org. e. Gastspiels m. Luciano Pavarotti f. d. Nationaltheater Mannheim; 1976 Gründ. d. Kabaretts DUSCHE; 1977-81 Leit. d. Kinder- u. Jugendtheaters (Text u. Insz. EINSTICHE Drogensatire, UA 1980) in Ludwigshafen; 1977-87 verantwortl. f. Text u. Insz. aller DUSCHE-Programme, u.a. HURRA, wir sterben noch!. 1981; Nach uns d. Giftflut!, 1983 - BV: Hinter den Kulissen, 1992 - S. 1982 künstl. Leit. d. Mannheimer Kleinkunstbühne Klapsmühl' am Rathaus - 1983-89 Soloprogramme m. Brecht/Weill u. Erich-Fried-Interpretat.; s. 1990 verstärkt m. d. Kabarett DUSCHE auf Tournee, u.a. Düsseldorfer Kom(M)ödchen, Stuttgarter Renitenztheater, Mainzer Unterhaus - 1981 Kleinkunstpr. Bad.-Württ. f. Kabarett DUSCHE.

HOFFMANN, Konrad
Dr. phil., Prof., Kunsthistoriker - Zwerenbühlstr. Nr. 35, 7400 Tübingen 1 - Geb. 8. Okt. 1938 Berlin - Promot. 1964 Bonn - S. 1971 (Habil.) Lehrtätig. Univ. Tübingen (gegenw. apl. Prof. u. Dir. Kunsthistor. Inst.) - BV: Taufsymbolik im mittelalterl. Herrscherbild, 1968. Div. Aufs.

HOFFMANN, Lothar
s. Hoffmann-Erbrecht, Lothar

HOFFMANN, Ludwig

Prof. Hochsch. f. Musik München, Pianist - Walleitnerstr. 3, 8022 Grünwald (T. 089 - 641 26 44) - Geb. 11. Juni 1925 Berlin, verh. - Stud. Wien, Berlin, Köln - S. 1970 Prof. e. Meisterkl. Mitgl. d. Jury DAAD-Musikerauswahl - Spr.: Engl., Franz., Ital.

HOFFMANN, Ludwig
Dr. oec., Dipl.-Volksw., Geschäftsführer d. Flughafen Nürnberg GmbH - Ziegenstr. 119, 8500 Nürnberg 30 - Geb. 5. Mai 1933 Nürnberg - Stud. Volksw. Nürnberg (Dipl. 1956; Promot. 1958) - S. 1968 Flughafen Nürnberg (s. 1974 Geschäftsf.); 1980-86 Präs. Region Europa d. Intern. Civil Airports Assoc. Veröff. u. Vortr. üb. Luftverkehr - Liebh.: Geogr. Reisen.

HOFFMANN, Lutz
Dr., Univ.-Prof. FU Berlin (s. 1989), Präsident Dt. Inst. f. Wirtschaftsforsch. (DIW), Berlin (s. 1989) - Zu erreichen üb. Dt. Inst. f. Wirtsch.forsch.: Königin-Luise-Str. 5, 1000 Berlin 33 - Geb. 15. Mai 1934 Flensburg, verh. s. 1961 m. Helga, geb. Petersen, 3 Kd. (Tobias, Ilka, Daniel) - 1954-59 Stud. Volkswirtsch.lehre; Promot. 1962 Univ. Kiel; Habil. 1969 - 1969-89 Prof. Univ. Regensburg. 1971-73 Berat. im Planungsamt d. Premiermin. v. Malaysia; 1977/78 Berat. d. Weltbank in Washington, D.C.; 1978-85 Beratungsauftr. f. Weltbank, UNIDO, Kommiss. d. EG, GTZ Ges. f. techn. Zusammenarb. sowie f. versch. Bundesministerien; 1985-89 Dir. UNCTAD, Genf, Zuständigk.bereich: Forsch. u. Langfristplanung - Zahlr. Veröff. als Bücher, in Fachztschr. u. in Sammelbänden - Spr. Engl.

HOFFMANN, Manfred
Dr. agr., Prof. - Haager Weg 8, 8825 Weidenbach/Mfr. (T. 09826 - 96 93) - Geb. 29. Okt. 1938 Ringenhain/Sud. (Vater: Franz H., Landw.; Mutter: Emilie, geb. Ullrich), verh. s. 1967 m. Christa, geb. Kaiser, S. Hermann - Stud. Weihenstephan (Dipl.-Agraring., II. Staatsex., Promot./Didaktik d. techn. Wiss.) - S. 1974 Lehrtätig. FH Weihenstephan (Landtechnik). Leit. Kontaktst. f. Hochschuldidaktik; Landesvors. Arbeitsgem. Bodenfruchterhalt u. Qualitätserzeugung. Entw. therm. Pflanzenschutz. Schwerp.: Technik u. Qualität im alternativen Landbau - BV: Abflammtechnik, 4. A. 1989.

HOFFMANN, Manfred
Jurist, Geschäftsführer Deutsch-Kolumbianische Industrie- u. Handelskammer - Transversal 30 No 122-53, Bogotá/Kolumbien (T. 0057 - 1 - 213 61 85, 213 61 63) - Geb. 17. Febr. 1950 Berlin, verh. s. 1974 m. Maria Luisa Rodriguez Martinez, 2 Söhne (Jan Rodrigo, Björn Luis) - Jurist. Ausb. in Mannheim, Heidelberg zu Frankfurt - Rechtsanwalt in Frankfurt; Wirtsch.jurist in e. dt. Großunternehmen - Spr. Engl., Span.

HOFFMANN, Manfred

Dr. med., Arzt f. HNO-Krankheiten, Maler (MWA Hoffmann) - Haldenstr. 2, 7710 Donaueschingen 1 - Geb. 31. März 1936 Merseburg/S. - Med.stud. Heidelberg, Freiburg i. Br.; Staatsex. 1960 Freiburg i. Br.; Promot. 1963 ebd. - 1969 Niederlass. als Arzt in Donaueschingen; Ärztl. Leit. d. HNO-Abt. am dort. Kreiskrkhs.; s. 1987 Mitgl. d. Künstlergilde Donaueschingen - Malerei: Gouache, Öl-Portrait, Allegorie; Ausst. in Banken u. Museen im südd. Raum; s. 1987 ständ. Ausst. b. Pohl-Boskamp-Stiftg. aesculap malt in Karlsruhe/Berlin u. in Saverne/Frankr. - Liebh.: Psychol., Phil., Musik - Spr.: Engl., Franz., Ital. - Bek. Vorf.: Prof. Philipp Mohler, 1908-82, Kompon. u. Dirig. (Onkel).

HOFFMANN, Michael
Dipl.-Päd., Prof. f. Allg. Schulpädagogik PH Berlin - Glaskrautstr. 31, 1000 Berlin 27.

HOFFMANN, Michael Zeljko
Schauspieler, Regiss. - Adalbertstr. 41b, 8000 München 40 (T. 089 - 272 00 71) - Geb. 25. Febr. 1943 München (Vater: Zeljko, Arzt; Mutter: Ingeborg, Schausp.) - Ausbild. Otto-Falckenberg-Sch. München - Bühnen- u. Filmtätig. - Liebh.: Malerei, Musik - Spr.: Engl., Ital.

HOFFMANN, Otto
Dipl.-Ing., Mitglied d. Abgeordnetenhauses von Berlin (s. 1991) - Alte Allee 25, 1000 Berlin 19 (T. 030 - 302 63 58) - Geb. 1. April 1940 Korntal, 3 Töcht. - Dipl.-Ing. 1969 TU Berlin (Nachrichtentechnik) - 1973-91 Mitarb. b. Digital Equipment, zul. District Manager. 1985-89 u. s. 1991 MdA, stv. Vors. d. FDP-Fraktion, wirtsch.polit. Sprecher v. Fraktion u. Landesvorst. d. Berliner FDP - Spr.: Engl., Franz.

HOFFMANN, Paul
Dr. rer. pol., Verleger - Klappacher Str. 130, 6100 Darmstadt (T. 6 39 76) - Geb. 22. Aug. 1933 Berlin - Dipl.-Volksw. (1956) u. Promot. (1959) Mainz - Präs. EAV (Europ. Adreßbuchverleger-Verband) - Spr.: Engl., Franz.

HOFFMANN, Paul
Dr. phil., o. Prof. f. Dt. Philologie Univ. Tübingen - Melanchthonstr. 33, 7400 Tübingen 1.

HOFFMANN, Paul
Dr. theol., Prof. f. Exegese d. Neuen Testaments Univ. Bamberg - Babenberger Ring 64 b, 8600 Bamberg (T. priv.: 0951 - 5 64 01; dstl.: 0951 - 8 63-245/246) - Geb. 14. Febr. 1933 (Vater: Ludwig H., Handelslehrer; Mutter: Martha, geb. Paulczynski), kath., ledig - Stud. Phil., Theol. u. Klass. Philol. Univ. Paderborn, München u. Münster (Theol.Ex. 1956, Promot. 1959), Habil. f. Exegese NT 1967 Univ. Münster - 1961-63 kirchl. Gde.dienst in Dortmund; 1968

Assist. Kath.-Theol. Fak. Univ. Münster; 1969 Doz. ebd.; s. 1970 Univ. Bamberg - BV: D. Toten in Christus, 3. A. 1978; Stud. z. Theol. d. Logienquelle, 3. A. 1982; Jesus v. Nazareth u. e. christl. Moral (m. V. Eid), 3. A. 1979; Eschatol. u. Friedenshandeln (m. a.), 1981; Ich will euer Gott werden (m. a.), 1981; Ethik im NT (m. a.), 1984; Jesu Rede von Gott u. ihre Nachgeschichte im frühen Christentum (m.a.), 1989; D. Klerikerstreit (m.a.), 1990; Salz d. Erde, Licht d. Welt (m.a.), 1991; D. Erbe Jesu u. d. Macht in d. Kirche, 1991. Herausg.: Orientier. an Jesus (m. a., 1973); Priesterkirche (2. A. 1989); D. Auferstehung Jesu in d. ntl. Überlieferung (1988).

HOFFMANN, Peter

Dipl.-Betriebswirt, Vorstand Bentheimer Eisenbahn AG - Am Berghang 65, 4444 Bad Bentheim - Geb. 12. Dez. 1941 Nürnberg, ev., verh., 4 Kd. - Lehre als Industriekaufm. Stadtwerke Gelsenkirchen; Stud. Betriebsw.lehre Höhere Wirtsch.fachschule Dortmund; Ex. 1965 - Vorst. Bentheimer Eisenbahn AG, Geschäftsf. Kraftverkehr Emsland GmbH, Reisebüro Berndt GmbH, Nord West Reisen GmbH, Reisebüro Rheine, Nasch GmbH, Nutzfahrzeuge GmbH Nordhorn; Landesgr.-Vors. Bremen-Nieders. d. Bundesverb. Dt. Eisenbahnen - Liebh.: Sport, Gesch. - Spr.: Engl.

HOFFMANN, Reinhard W.

Dr. rer. nat., Prof. f. Organ. Chemie - Schlehdornweg 12, 3550 Marburg/L. 21 - Geb. 18. Juli 1933 Würzburg (Vater: Friedrich H., Regierungsdir. a. D.), verh. s. 1958 m. Elisabeth (Liesel), geb. Bonn, 2 T. (Brigitte, Ursula) - Gymn. Tübingen u. Landshut; Univ. Bonn. Promot. 1958 Bonn; Habil. 1964 Heidelberg - S. 1965 Lehrtätigk. Univ. Heidelberg, TH Darmstadt (1967), Univ. Marburg (1970 Prof.) - BV: Dehydrobenzene and Cycloalkynes, 1967; Aufklärung v. Reaktionsmechanismen, 1976 - Spr.: Engl.

HOFFMANN, Rolf

Dr.-Ing., Prof. f. Mikroprogrammierung TH Darmstadt - Alexanderstr. 10 (Fachbereich Informatik), 6100 Darmstadt - Geb. 22. April 1945 Großörner (Vater: Walter H., Obering.; Mutter: Gerda, geb. Bergner), ev. - Dipl.-Ing. Elektrotechnik 1970 TU Berlin - 1970-75 Assist. TU Berlin; 1975-78 Arbeitsgr.leit. Heinrich-Hertz-Inst. f. Nachr.technik, Berlin; s. 1978 TH Darmstadt - BV: Rechenw. u. Mikroprogrammier., 1977 u. 1983 - Spr.: Engl., Franz., Griech.

HOFFMANN, Rolf

Dr. rer. pol., Kaufmann, gf. Gesellsch. Dr. Hoffmann GmbH u. Hoffmann Familien GmbH, Stuttgart; Mitgl. d. Geschäftsfg. u. Kommand. d. Schildknecht u. Rall & Gerber, Württ. Verb. Möbelfabriken GmbH & Co. KG, Stuttgart, u. Schildknecht Innenausbau GmbH & Co. KG, Remseck II; Vors. Verb. d. Württ. Holzind. u. Kunststoffverarb. e. V., Stuttgart; Präsidialmitgl. Hauptverb. d. Dt. Holzind. u. verw. Industriezweige, Wiesbaden, Vorstandsmitgl. Landesverb. Bad.-Württ. Ind., Stuttgart; ARsmitgl. Neue Gemeinschaft f. Wohnkultur (WK-Verb., Leinfelden-Echterd.) - Lilienthalstr. 8, 7000 Stuttgart 1 - Geb. 18. Febr. 1917 - ARsmand.

HOFFMANN, Rudolf-Eberhard

Dr. rer. nat., Prof. f. Mathematik (Schwerp.: Topologie u. Grundlagenfragen) Univ. Bremen - Gerhard-v.-d.-Poll-Str. 29, 2807 Achim.

HOFFMANN, Rüdiger

Dr. phil., Programmdirektor Fernsehen/Radio Bremen (s. 1989) - Feldmannstr. 4, 2800 Bremen 33 - Geb. 21. Sept. 1943 Beuthen, verh. s. 1979 m. Renate, geb. Westermann, 3 Kd. (Frederieke, Philipp, Sophie) - Stud. Volkswirtsch., Soziol., Polit. Wiss., zugl. fr. Mitarb. b. WDR s. 1967; Promot. 1972 Univ. Bonn (b. Prof. Dr. Karl Dietrich Bracher). 1974-82 Lehrauftr. f. Medienkunde Univ. Köln, Bonn u. Marburg - 1974-78 WDR-Redakt. Magazin Monitor; 1978-86 Leit. ARD-Aktuell (Tagesschau/Tagesthemen WDR); 1981-85 Moderator ARD-Tagesthemen, außerd. b. 1987 ARD-Moderator f. Wahlsendungen (Infas); 1987-89 ARD FS-Korresp. Warschau - BV: Rundfunorganisation u. Rundfunkfreiheit, 1975 - Liebh.: Reitsport - Spr.: Engl., Franz., Poln.

HOFFMANN, Siegfried

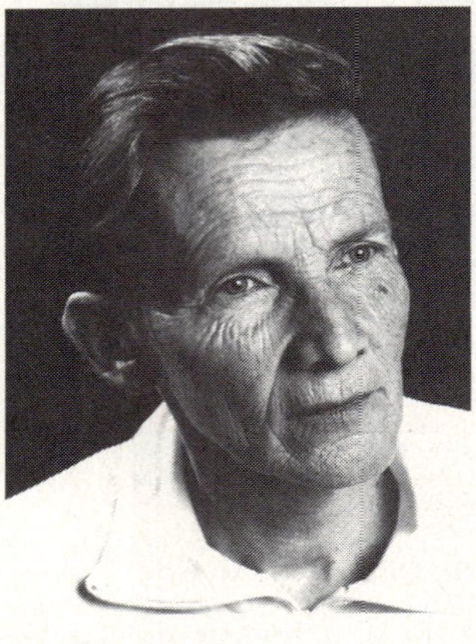

Dr. habil., Prof. Martin-Luther-Univ. Halle-Wittenberg - Schleifweg 4a, O-4020 Halle/S. - Geb. 29. Sept. 1930 Halle/S., ev., ledig - Chemiestud. 1950-56, Dipl.-Chem. 1957, Promot. 1961, Habil. 1969, sämtl. Martin-Luther-Univ. Halle-Wittenberg - Hochschullehrer - Bioorganische Chemie: Arbeiten im Bereich biopolymerer Systeme - BV: Molekulare Matrizen, 1978; Beiträge zu: Mesomorphic order in polymers, 1978; Polymeric liquid crystals, 1985; Chirality - from weak bosons to the a-helix, 1991 - Liebh.: Wiss., Kunst - Spr.: Engl., Russ., Franz., Lat.

HOFFMANN, Thomas

Dr. jur., Rechtsanwalt, Geschäftsführer Wohnungsuntern. Ernst Bergeest GmbH, Grundstücks-Anlagefonds-Ges. mbH, F + V Factoring- u. Verwaltungsges. mbH, Pers. haft. Gesellsch. 10., 11. u. 12. Immobilienfonds Wolfgang Essen KG, alle Hamburg - Heilholtkamp 34a, 2000 Hamburg 60 (T. 040 - 51 86 73) - Geb. 11. Sept. 1936 Bad Salzbrunn, verh. s. 1967 m. Karin, geb. Warnke, 2 S. (Michael, Frank) - Promot. 1963 Hamburg, 2. jurist. Staatsex. 1965 ebd. - Spr.: Engl.

HOFFMANN, Walter

s. Kolbenhoff, Walter

HOFFMANN, Walter

Geschäftsführer Handwerkskammer Hamburg, Mitgl. Hbg. Bürgerschaft (1970-74) - Schopbachweg 16b, 2000 Hamburg 54 (T. 54 41 26; dstl. Handwerkskammer: 35 90 52 35) - SPD.

HOFFMANN, Werner

Dr. phil., o. Prof. f. Ältere Germanistik Univ. Mannheim (s. 1973) - Prießnitzstr. 17, 6000 Frankfurt/M. - Geb. 19. Jan. 1931 Frankfurt/M. - Promot. 1959; Habil. 1966 - Zul. Prof. Univ. Frankfurt. Bücher u. Aufs.

HOFFMANN, Wolfgang

Dr. rer. nat., o. Prof. f. Mineralogie u. Kristallogr. u. Direktor Inst. f. Mineral. Univ. Münster (s. 1968; 1974-78 Rektor) - Hüfferstr. 57, 4400 Münster/W. (T. Inst.: 0251 - 83 34 61) - Geb. 9. Febr. 1935 Hamburg (Vater: Edmund H., Kaufm.; Mutter: Anny, geb. Dietrich), kath., verh. s. 1958 m. Irma Ingrid, geb. Schröder, 4 Kd. (Rüdiger, Robert, Götz, Barbara) - Univ. Hamburg (Physik, Mineral., Kristallogr.; Promot. 1961) - 1962-68 Wiss. Mitarb. ETH Zürich. Lehrbeauftr. ETH u. Univ. Zürich. Spez. Arbeitsgeb.: Anorgan. Kristallstrukturen, Defektstrukturen u. Kristallchemie. Fachveröff. - Spr.: Engl.

HOFFMANN-AXTHELM, Dieter

Dr. theol., Schriftsteller - Schlesische Str. 12, 1000 Berlin 36 (T. 030 - 618 24 41) - Geb. 24. Aug. 1940 Berlin (Vater: Prof. Dr. Dr. Walter H.-A., Kieferchirurg), ev., verh. m. Ludovica Scarpa, 4 Kd. (Moritz, Sophie, Thea, Leo) - Stud. Theol., Gesch., Phil.; Promot. 1968 Münster - Mithrsg. Ästhetik u. Kommunikation (s. 1975); erweiterte Redaktion Arch + (s. 1976) - BV: Anschauung u. Begriff, 1973; Theorie d. künstler. Arb., 1974; D. abreißb. Klassenbewußtsein, 1975; Sinnesarbeit. Nachdenken üb. Wahrnehmung, 1984; Wie kommt d. Geschichte ins Entwerfen?, 1987; D. Stadtvertrag, 1992 - Spr.: Engl., Franz., Ital.

HOFFMANN-AXTHELM, Walter

Dr. med. (habil.), Dr. med. dent., Prof., Facharzt f. Zahn-, Mund- u. Kieferkrankheiten, Ehrenvors. Verein f. d. Geschichte Berlins (gegr. 1865) - Schlierbergstr. 84, 7800 Freiburg/Br. (T. 0761 - 40 65 10) - Geb. 29. April 1908 Berlin, ev., verh. s. 1939 m. Dr. Irmtraut, geb. Milisch (Kieferorthopädin), 4 Kd. (Gisela, Dieter, Friedrun, Dagmar) - Stud. Med. u. Zahnmed. Berlin u. Freiburg. Staatsex. u. Promot. 1931 u. 53; Habil. 1953 - B. 1939 eig. Praxis; Wehrdst.; 1950ff. Lehrtätigk. Humboldt-Univ. Berlin (1959 Prof. m. Lehrauftr., 1961 Prof. m. vollem Lehrauftr.), s. 1963 Lehrtätigk. FU Berlin (b. 1977 Prof. u. Dir. Inst. f. Gesch. d. Med.) - BV: Klin. Unters. z. Fluorproblem unt. bes. Berücks. d. Kariesprophylaxe, 1959; Spez. Zahn-, Mund- u. Kieferchir., 2. A. 1963 (m. Rosenthal u. Bienengräber); Gesch. d. Zahnheilkd., 2. A. 1985 (engl. Übers. 1981, japan. Übers. 1985); Lexikon d. Zahnmed., 8. A. 1983. Etwa 100 Fachaufs. - Ehrenmitgl. American Acad. of Hist. of Dentistry u. Dt. Ges. Mund-Kiefer-Gesichtschirurgie - Spr.: Engl., Franz.

HOFFMANN-BECKING, Michael

Dr. jur., Rechtsanwalt, Aufsichtsratsmitgl. Hertie Waren- u. Kaufhaus GmbH, Frankfurt/M. u. Berlin - Trinkausstr. 7, 4000 Düsseldorf 1 (T. 0211-13 08 30) - Geb. 8. Febr. 1943, kath., verh. s. 1970 m. Beate, geb. Wintergerst, 2 S. (Felix, Tobias) - Univ. Freiburg, München, Münster - 1971 Rechtsanwalt - Zahlr. AR-, VR- u. Beiratsmand.

HOFFMANN-BERLING, Hartmut

Dr. med., Dr. rer. nat., em. Prof., Direktor Max-Planck-Inst. f. Med. Forschung, Heidelberg (s. 1966) - Tischbeinstr. 13, 6900 Heidelberg (T. 4 13 53) - Geb. 7. April 1920 Langfuhr (Eltern: Dr. med. Walter u. Dr. med. Elisabeth H., Ärzte), verh. s. 1944 m. Liselotte, geb. Frick, 2 Söhne (Eberhard, Manfred) - S. 1957 (Habil.) Lehrtätigk. Univ. Frankfurt/M. (1963 apl. Prof.) u. Univ. Heidelberg (1966 Ord. f. Mikrobiol.). Emerit. 1988. Spez. Arbeitsgeb.: Molekulare Genetik. Facharb.

HOFFMANN-ERBRECHT, Lothar

Dr. phil., Prof., Musikwissenschaftler - Amselweg 9, 6070 Langen-Oberlinden/Hessen (T. 06103 - 7 35 83) - Geb. 2. März 1925 Strehlen/Schles. (Vater: Dr. med. vet. Alfred Hoffmann, Tierarzt; Mutter: Martha, geb. Erbrecht), kath., verh. s. 1952 m. Margarete, geb. Fischer, 2 Töcht. (Dietlinde, Gundula) - B. 1943 Schule (Abitur); 1946-49 Musikhochsch. Weimar; 1949-51 Univ. Jena (Musikwiss., Phil., German.). Promot. 1951 Jena; Habil. 1961 Frankfurt - S. 1961 Lehrtätigk. Univ. u. Hochsch. f. Musik Frankfurt/M. u. TH Darmstadt (1968 apl. Prof., 1971 beamteter Prof.) - BV: Dt. u. ital. Klaviermusik z. Bachzeit, 1954; Thomas Stoltzer - Leben u. Schaffen, 1964; D. Sinfonie, 1967 (engl. 1969); Henricus Finck, musicus excellentissimus (1445-1527), 1982; Musikgesch. Schlesiens, 1986. Herausg. v. üb. 100 Werken d. Klavier-, Kammer- u. Chormusik alter Meister (1954ff.) u. d. Ostd. Musiklexikons (s. 1990) - Liebh.: Kunstgesch., Archäol. - Spr.: Engl.

HOFFMANN-HERREROS

s. Hoffmann, Hans Peter

HOFFMANN-LOHS, Herbert

Dr., Botschaftsrat, Wirtschaftsref. Botschaft d. BRD in Griechenland - POB 3071, 10210 Athen.

HOFFMANN-RIEM, Wolfgang

Dr. jur., LL.M., Prof. f. Öfftl. Recht, Verwaltungswiss., Finanz-, Steuer- u. Wirtschaftsrecht - Kätnerweg 24, 2000 Hamburg 65 - Geb. 4. März 1940 Hannover (Vater: Günter H., Rektor; Mutter: Erika, geb. Wohlers), ev., verh. s. 1967, 1990 verw., 2 Kd. (Holger, Martin) - S. 1974 Prof. Univ. Hamburg, Sprecher d. Fachber. (1977-79), Dir. Hans Bredow - Inst. f. Rundfunk u. Fernsehen. S. 1989 Vors. d. Dt. Ges. f. Publizistik- u. Kommunikationswiss. - Zahlr. Fachbeiträge - Spr.: Engl.

HOFFMANN von WALDAU, Goetz

Dipl.-Kfm., Geschf. Gesellschafter d. M & F Management & Financial Services GmbH - Rennbahnstr. 72-74, 6000 Frankfurt/M. 71 (T. 069 - 6 77 16 91; Fax 069 - 6 77 16 97); priv.: Frauenlobstr. 34, 6000 Frankfurt 90 (T. 069 - 77 43 22) - Geb. 10. Juli 1931 Berlin (Vater: Otto H. v. W., General d. Flieger; Mutter: geb. Boden), ev., gesch., 2 Söhne (Albrecht, Maximilian) - Kaufm. Lehre Nürnberg (Abschl. 1952); Stud. Univ. Erlangen-Nürnberg (Dipl.-Kfm. 1954) - 1967-69 Hauptgeschäftsf. Österr. AEG-Telefunken, Wien; 1969-71 Geschäftsf. Vorwerk & Co. Elektrowerke, Wuppertal; 1971-75 Gf. Gesellsch. Krups, Solingen; 1975-77 Vorst. AEG-Telefunken; 1978-89 Geschäftsf. Spencer Stuart & Ass., Ffm.; VR GfK, Nürnberg - Johanniterorden - Liebh.: Golf, Jagd - Spr.: Engl., Franz. - Rotarier.

HOFFMEIER, Adalbert

Hauptgeschäftsführer Landessportbund Nordrh.-Westf. - Friedrich-Alfred-Str. 25, 4100 Duisburg 1.

HOFFMEISTER, Albert

Rechtsanwalt (Syndikus), Aufsichtsratsmitgl. Volkswagenwerk AG - Breslauer Str. 20, 3320 Salzgitter 51 - Geb. 22. Jan. 1929 Salzgitter (Vater: Clemens H., Gastwirt; Mutter: Veronika, geb. Koch), kath., verh. s. 1963 m. Jutta, geb. Bierwirth, 3 T. (Christine, Bettina, Stephanie) - Jura-Stud. (1. Staatsprüf. 1955, Ass.-Ex. 1960) - S. 1977 AR VW AG, 1. Vors. Verein d. Führungskräfte d. VW-Konzerns.

HOFFMEISTER, Friedrich

Dr., Prof., Arzt f. Pharmak., Toxikol. u. klin. Pharmak. - Katernberger Str. 262, 5600 Wuppertal 1 (T. 71 47 62) - Geb. 6. Mai 1926 Berlin (Vater: Edmund H., Generallt.; Mutter: Elisabeth, geb. Weiß), ev., verh. s. 1959 m. Fentina, geb. Munzel, 4 Kd. (Claudia, Tobias, Christian, Ulrich) - Stud. d. Med. u. Chem. Univ. München u. Mainz, Promot. 1953; Habil. 1966 - 1956-72 Pharmak. Forschung; s. 1971 apl. Prof. f. Pharmak. u. Toxikol. Univ. Düsseldorf; 1972-86 Leit. Inst. f. Pharmak. (Bayer AG); 1986-90 Leit. Pharma Forsch. u. Entw. BAYER AG. 1972ff. Mitgl. Beraterkommiss. f. Suchtfragen BGA Berlin; Mitgl. zahlr. Fachges. u. versch. Kommiss. BGA Berlin; Sachverst. im Ber. Arzneimittelw. d. FDP-BFA Soz., Jugend, Familie u. Ges. - BV: Tierexperimentelle Untersuch. üb. d. Schmerz u.

s. pharmak. Beeinflussung, 1968; Psychic Dependence, Definition, Assessment in Animals and Man, Theoretic and Clinical Implications, 1973; Brain Functions in Old Age, 1979 - Liebh.: Golf, Pistolenschießen, Reiten - Spr.: Engl., Span.

HOFFMEISTER, Hans

Dr. rer. nat., Prof., Leiter Inst. f. Sozialmedizin u. Epidemiol. - Thielallee 88-92, 1000 Berlin 33; priv.: Buchsweilerstr. 3, 33 - Geb. 30. Sept. 1932 - Promot. 1963; Habil. 1968 - S. 1969 Dir. u. Prof. Bundesgesundheitsamt. 1974 ff. apl. Prof. FU Berlin. Zahlr. Facharb.

HOFFMEISTER, Hans-Eberhard

Dr. med., o. Prof. f. Chirurgie - Tübinger Str. 68, 7400 Tübingen 9 (T. 21 14 38) - Geb. 27. April 1928 - S. 1963 (Habil.) Lehrtätigk. Univ. Göttingen (1969 apl. Prof.; zul. Oberarzt Abt. f. Thorax- u. Herzgefäßchir./Chir. Klinik) u. Tübingen (1971 Abt.svorst. u. Prof.). Facharb.

HOFFMEISTER, Heinrich

Dipl.-Ing., Prof. f. Baukonstruktion GH Paderborn (Fachber. Arch., Höxter) - Gartenring 42, 3492 Brakel.

HOFFMEISTER, Klaus

Dipl.-Kfm., Gf. Gesellschafter Hoffmeister-Leuchten GmbH, Lüdenscheid, Schrauben-Betzer GmbH & Co KG, Lüdenscheid, Hoffmeister-Leuchten Ges. mbH, Prambachkirchen (Österr.), Hoffmeister-Lighting Ltd., Reading (England) - Grebbeckerweg 46, 5880 Lüdenscheid (T. 02351 - 15 92 99) - Geb. 28. Juni 1934 Lüdenscheid, verh. m. Christa, geb. Schmidt, 2 S. (Sven, Oliver) - Abit., Werkzeugmacherlehre, Stud. Wirtschaftswiss. Berlin, Frankfurt, Ex. Münster 1961 - 1977-82 Sozialrichter b. Sozialgericht Dortmund; s. 1974 Mitgl. Verw.-Aussch. d. Arbeitsamtes Iserlohn; 1982-84 Vors. Fachverb. Elektro-Leuchten im ZVEI, Frankfurt; s. 1984 Vorst.-Mitgl. u. s. 1988 Präsid.-Mitgl. d. ZVEI, Frankfurt - Liebh.: Lit., Fotogr., Schwimm- u. Wintersport, Reisen - Spr.: Engl., Franz.

HOFFMEISTER, Wolfgang

Dr. med., em. o. Prof. f. Innere Medizin - Kantstr. Nr. 13, 6800 Mannheim - Geb. 26. Juni 1910 Gengenbach/Baden - Habil. Berlin (1944) u. Heidelberg (1951) - S. 1951 Privatdoz., apl. (1956) u. o. Prof. (1964) Univ. Heidelberg (Dir. Med. Klinikum Mannheim). Fachveröff. Mithrsg.: D. Internist, Kongreßzentralbl. f. Inn. Med.

HOFFSTADT, Josef

Dipl.-Volksw., Vorstandsmitglied Hamburger Hochbahn AG., Hamburg, u. a. - Fontanestr. 3, 2085 Quickborn - Geb. 29. April 1927 - ARsmand. (überwieg. Vors.).

HOFIUS, Otto Friedrich

Dr. theol., o. Prof. f. Neues Testament Univ. Tübingen (s. 1980) - Kleiststr. 1, 7400 Tübingen - Geb. 22. Juli 1937 Siegen (Vater: Karl H., Malerm.; Mutter: Helene, geb. Hauser), ev.-ref., verh. s. 1965 m. Elisabeth, geb. Bock, 2 Kd. (Christoph, Antje) - Gymn. Siegen; Univ. Heidelberg u. Göttingen (Theol.). Promot. 1969; Habil. 1971 - 1965-72 Pfarrer, 1972-80 Prof. GH Paderborn. 1978-90 Mitgl. Moderamen d. Ref. Bundes - BV: Katapausis - D. Vorstell. v. endzeitl. Ruheort im Hebräerbrief, 1970; D. Vorhang vor d. Thron Gottes, 1972; D. Christushymnus, Philipper 2, 6-11, 1976, 2. erw. A. 1991; Paulusstudien, 1989.

HOFLEHNER, Rudolf

Prof., Bildhauer, Maler, Graphiker - Ottensteinstr. 62, A-2344 Maria Enzersdorf-Südstadt (T. 02236 - 81 47 64); Wien II., Krieau-Staatsatelier; I-53034 Colle Val D'Elsa Località Collalto, Podere Pantaneto/Prov. Siena - Geb. 8. Aug. 1916 Linz/Donau (Vater: Johann H., Bankbeamter; Mutter: Anna, geb. Ruf), kath., verh. s. 1939 m. Luise, geb. Schaffer, Tochter Hanna, verehel. Wörle - TH Graz (4 Sem. Arch.); Kunstakad. Wien (Dipl.) - B. 1951 Lehrer Kunstgewerbesch. Linz, dann freischaff. Wien, s. 1962 Prof. Kunstakad. Stuttgart. Vertr. d. figurativen Kunstricht. Vornehml. symbol. Zeichen f. menschl. Situationen in Eisen u. Stahl. Mitgl. Künstlerbd. Baden-Württ. u. Neue Gruppe München - 1958 Goldmed. Weltausstell. Brüssel; 1959 Preis Stadt Wien, 1967 Berliner Kunstpreis, Adalbert Stifter-Preis Oberösterr., 1969 Gr. Österr. Staatspreis, 1977 Jerg-Ratgeb-Preis; 1968 o. Mitgl. Akad. d. Künste, Berlin, 1970 Bayer, Akad. d. Schönen Künste, München - Liebh.: Musik - Lit.: Werner Spies, R. K. - Kriewauer Kreaturen, 1970; Werner Hofmann, 1965 (engl. 1965, franz. 1966); Wieland Schmied: D. Fall Rudolf Hoflehner, 1975; Tilmann Osterwald, Andreas Vohwinckel, Magdalena M. Moeller, Rudolf Hoflehner, 1982; Hoflehner, 1988; Wieland Schmied Hoflehner, Wandel u. Kontinuität, 1988.

HOFMANN, Albrecht W.

Dr., Prof., Direktor am Max-Planck-Inst. f. Chemie - Saarstr. 23, 6500 Mainz - Geb. 11. März 1939 Zeitz, verh. m. Julia, geb. Reinhard, 2 Kd. - 1958/59 Duke Univ. Durham N.C./USA; 1959-62 Univ. Freiburg/Br., Vordipl.; 1962-68 Brown Univ. Providence, R.I./USA, MSc. 1965, PhD 1969 (Brown Univ.) - 1968-70 Assist. am Labor f. Geochronol. Heidelberg; 1970-80 Carnegie Inst. Washington; s. 1980 Dir. am M.P.I. f. Chemie.

HOFMANN, Alfred

Dr. rer. nat., Prof. f. Physik Univ. Erlangen-Nürnberg (s. 1974) - Habichtstr. 3, 8520 Erlangen - Geb. 17. Febr. 1934 - Spez. Arbeitsgeb.: experimentelle Kern- u. Teilchenphysik.

HOFMANN, Anne-Marie

Bundesanwältin a. D. - Herrenstr. 45a, 7500 Karlsruhe - Geb. 17. Aug. 1920 Südwestdtschl. - S. 1948 Justizdst. (1960 Bundesanwaltsch. (abgeordn.), 1960 Oberstaats-, 1972 Bundesanw. ebd./erste Frau).

HOFMANN, Dieter

Dr. med., Prof. f. Kinderheilkunde Univ. Frankfurt - Steinlestr. 31, 6000 Frankfurt/M.

HOFMANN, Edgar

Dr. jur., Hon.-Prof. Univ. Tübingen - Nähterstr. 123, 7000 Stuttgart 60 (0711 - 42 25 95) - Geb. 5. Dez. 1925 Prag, kath., verh. s. 1948 m. Hannelore, geb. Wassung - Stud. Univ. Jena; Promot. 1952, 2. jurist. Staatsprüf. 1952 Berlin (Ost) u. 1954 Stuttgart - Rechtsanw. b. LG u. OLG Stuttgart - BV: Privatversicherungsrecht, 3. A. 1991; Kraftfahrtversich., 15. A. 1992; Schadenersatz b. Ausfall v. Hausfrauen u. Müttern im Haushalt (m. Schulz-Borck), 4. A. 1992.

HOFMANN, Frank

I. Bürgermeister Gde. Oberammergau (1981-84) - 8103 Oberammergau/Obb. - Geb. 1924 - Zul. Lehrer.

HOFMANN, Franz

Dr. med., Prof. f. Pharmakologie u. Toxikologie TU München - Warburgring 6, 6650 Homburg - Geb. 21. Mai 1942 Wien (Vater: Ulrich H., Hochsch.lehrer; Mutter: Renate, geb. Schiebeler), ev., verh. s. 1970 m. Heidelore, geb. Schultze, S. Tobias - Med.-Stud; Promot. 1968, Habil. f. Pharmakol. - 1978 Privatdoz.; 1981 Prof. f. Pharmakol.; 1985 Prof. f. Physiol. Chemie; 1990 Prof. f. Pharmak. u. Toxikol. - Liebh.: Bergsteigen - Spr.: Engl. - Bek. Vorf.: K. A. Hofmann (Großv.).

HOFMANN, Fridolin

Dr. rer. nat., Prof., Inhaber Lehrstuhl f. Informatik IV (Betriebssysteme), Vorst. Inst. f. Math. Maschinen u. Datenverarb. Univ. Erlangen-Nürnberg (s. 1972) - Schleifweg 23, 8521 Uttenreuth.

HOFMANN, Friedrich W.

Dr. rer. pol., Bankier, gf. Gesellsch. Bankhaus Ellwanger & Geiger - Zu erreichen üb. Torstr. 15, Postf. 10 04 63, 7000 Stuttgart 10 - Geb. 19. Juni 1939 - Hon.-Konsul v. Finnland f. Baden-Württ.

HOFMANN, Gerhard

Ph. D., Prof. f. Soziol. Univ. Frankfurt - Röderichstr. 8, 6000 Frankfurt/90 - Geb. 15. April 1944 Vandsburg (Vater: Rudolf H.; Mutter: Hildegard, geb. Tews), verh. s. 1968, 2 Kd. - Stud. Univ. Frankfurt, Bowdoin Coll., Brunswick, Purdue Univ., Lafayette/Ind. - 1973-75 Sr. Staff Sociologist u. Assoc. Dir. of Operations Gary Income Maintenance Experiment, Gary.

HOFMANN, Gert

Dr. phil., Schriftsteller - Geb. 29. Jan. 1932 Limbach, verh. s. 1955, 4 Kd. - Phil.stud. Leipzig, Freiburg/Br. u. Paris - BV: D. Denunziation, 1979; D. Fistelstimme, R. 1980; Gespräch üb. Balzacs Pferd, 1981; D. Überflutung (4 Hörsp.), 1981; Auf dem Turm, R. 1982; Unsere Eroberung, R. 1984; D. Blindensturz, Erz. 1985; Veilchenfeld, 1986; Unsere Vergeßlichkeit, R. 1987; Vor d. Regenzeit, R. 1988; D. Kinoerzähler, R. 1990. Theaterst.: D. Bürgermeister, 1963; D. Sohn, 1964; D. Hochzeitsnacht (Fernsehst.), 1966; Kündigungen, zwei Einakter, 1969; Bakunins Leiche, 1980; D. Austritt d. Dichters Robert Walser aus d. Lit. Verein, 1983. In viele Sprachen übersetzt. An d. 50 Hörspiele - 1979 Ingeborg-Bachmann-Preis; 1980 Prix Italia (RAI), Alfred-Döblin-Preis 1982.

HOFMANN, Gottfried

Vorstandsmitglied Heimstatt Bauspar-AG., München - Herterichstr. 20a, 8000 München 71 (T. 79 26 25) - Geb. 7. Nov. 1932 - Bayer. Hypotheken- u. Wechsel-Bank, München (Dir.); Heimstatt Sparkasse-AG. ebd. (stv. bzw. o. Vorstandsmitgl.).

HOFMANN, Gustav

Dr. rer. nat., em. o. Prof. f. Meteorologie - Platanenstr. 5, 8028 Taufkirchen/Obb. - Geb. 25. Dez. 1921 Dürr Kr. Eger (Vater: Adam H., Bauer; Mutter: Marie, geb. Wirnitzer), kath., verh. s. 1947 m. Gertrud, geb. Vogl, 2 Kd. (Waltraud, Walter) - Gymn. Eger; Univ. Prag (1940-42) u. München (1946-47; Dipl.-Phys. 1947). Promot. (1951) u. Habil. (1956) München - 1956-65 Privatdoz. u. apl. Prof. (1962) Univ. München; 1965-72 Ord. u. Inst.dir. Univ. Köln; 1972-87 Ord. u. Inst.vorst. Univ. München; s. 1987 emerit. Spez. Arbeitsgeb.: Mikrometeorol. - BV: Meteorol. Instrumenten-Praktikum, 1960. Div. Einzelarb. - Spr.: Engl.

HOFMANN, Hanns

Dr. jur. h. c., Syndikus, Verbandsgeschäftsführer Bayer. Möbelfachverband, Gütegemeinschaft Dt. Möbel, Dt. Wellpappenhersteller- u. Verarbeiterverband, Gütegemeinschaft Dt. Klaviere - Stelzengasse 4, 8500 Nürnberg 1 - Geb. 3. Mai 1925 Staffelstein (Vater: Sebastian H., Schriftleit. a. D.; Mutter: Johanna, geb. Backert), kath., verh. s. 1962 m. Elisabeth, geb. Ottmann, 3 Söhne (Thomas, Roland, Johannes) - Stud. Rechts- u. Staatswiss. - 1974 Dr. jur. h. c. Staatsuniv. v. Liberia (Monrovia); Bayer. VO; BVK; Ehrenmed. Stadt Köln - Liebh.: Klass. Musik, Fechten - Spr.: Franz.

HOFMANN, Hanns

Dr. rer. nat., Dr.-Ing. h. c., em. o. Prof. u. Vorst. Inst. f. Techn. Chemie Univ. Erlangen-Nürnberg (s. 1965) - Rathsberger Str. 21, 8520 Erlangen (T. 2 37 73) - Geb. 18. Dez. 1923 Frankfurt/M. (Vater: August H., Ingenieur; Mutter: Anna, geb. Leinberger), verh. 1950 m. Margarete, geb. Ortlepp - 1946-50 Stud. Chemie (Dipl.-Chem.) - Zul. Lehrtätigk. TH Darmstadt - BV: Einf. in d. Optimierung, 1971; Chem. Reaktionstechn., 1987. Üb. 200 Einzelarb. Mithrsg.: Chem. Eng. Sci., Appl. Catal. u. Chem. Eng. Rev. - 1973 Achema-Plak., 1982 Ernest-Solvay-Preis u. BVK; 1984 Hon.-Prof. BICT Beijing; 1985 Ehrendoktor Univ. Löwen/Belg. - Liebh.: Briefm., Fotogr. - Spr.: Engl., Franz., Ital. - Rotarier.

HOFMANN, Hans

Dr. rer. nat., Prof. (C3), Inst. f. Organ. Chemie, Univ. Erlangen-Nürnberg (s. 1970) - Holzgartenstr. 24, 8600 Bamberg - Geb. 31. Jan. 1929 Forchheim/Ofr., kath., verh. s. 1960, 2 Kd. - Arb. üb. Synthese, Struktur u. Reaktionen v. Siebenring-Heterocyclen.

HOFMANN, Hans

Dr. rer. pol., Prof. f. Theoret. Volkswirtschaftslehre - Parkallee 48, 2000 Hamburg 13 - Geb. 8. Jan. 1943 Berlin - Promot. 1972 - S. 1977 Prof. Univ. Hamburg - BV: Oligopolist. Werbepolitik unt. d. Einfluß potentieller Konkurrenz, 1972; D. Evolution v. Marktstrukturen, 1982.

HOFMANN, Harald

Botschafter d. Bundesrep. Dtschl. in Norwegen - Oscarsgate 45, Oslo 2/Norwegen - Geb. 27. Dez. 1932 Nürnberg (Vater: Oskar H.; Mutter: Maria, geb. Meng), ev., verh. m. Alma, geb. Bälz, 3 Söhne - Stud. Rechtswiss. - 1958-61 Bayer. Innenverwalt.; 1961 b. 1969 Bundesmin. f. wirtschaftl. Zusammenarb.; 1969-73 Leit. Min.büro u. Leitungsstab AA; 1973-76 Bundesgeschäftsf. FDP. 1977-81 Botschafter Dänemark; 1981-85 Botsch. Venezuela.

HOFMANN, Hasso

Dr. jur. utr., Prof. f. Rechtsphilosophie, Staats- u. Verwaltungsrecht - Domerschulstr. 16, 8700 Würzburg - Geb. 4. Aug. 1934 Würzburg - Promot. 1964; Habil. 1970 - S. 1970 Lehrtätigk. Univ. Erlangen u. Würzburg (1976 Ord. u. Mitvorst. Inst. f. Rechtsphil., Staats- u. Verw.recht) - BV: u. a. Repräsentation - Stud. z. Wort- u. Begriffsgesch. v. d. Antike b. ins 19. Jh., 1974; Rechtsfragen d. Atomaren Entsorgung, 1981.

HOFMANN, Heinz

Dipl.-Ing., Vorstandsmitglied Hoesch Rothe Erde-Schmiedag AG, Dortmund - Tremoniastr. 5-11, 4600 Dortmund 1; priv.: Bittermarktstr. 49, 4600 Dortmund 50 - Geb. 10. August 1923 - Maschinenbau- u. Kleineisenind. Berufsgenossensch. Düsseldorf; VR Maschinenfab. Glückauf Beukenberg GmbH & Co., Gelsenkirchen; Beirat Unternehmensverb. Metallind. f. Dortmund u. Umgebung, Dortmund.

HOFMANN, Helge

Dipl.-Ing., Vorstand f. Produktion u. Technik Homag AG, Schopfloch - Birkenweg 9, 7201 Emmingen (T. 07465 - 16 48) - Geb. 29. Sept. 1944 Eime, verh. s. 1967 m. Jutta, geb. Ludwig, 2 Söhne (Björn, Lars).

HOFMANN, Herbert

Geschäftsführer, MdL Bayern (s. 1970) - 8651 Grünlas (T. 09221 - 47 58) - Geb. 1936 - U. a. Gf. BBV. CSU - 1980 Bayer. VO.

HOFMANN, Hermann

Prof., Hochschullehrer - Veielstr. 113, 7000 Stuttgart-Bad Cannstatt - U. a. Prof. f. Kunsterzieh. Päd. Hochsch. Ludwigsburg.

HOFMANN, Horst

Diplom-Kaufmann, Vors. Landesverb. d. Verleger u. Buchhändler Rheinland-Pfalz, Mainz - Bismarckstr. 98, 6700 Ludwigshafen/Rh. - Geb. 14. Mai 1933.

HOFMANN, Hubert

Dr. med. habil., Prof., Kardiologe, Ärztl. Direktor Klinik f. Herz- u. Kreislaufkrankh. - 8139 Höhenried b. Bernried/Starnberger See (T. 08158 - 2 42 10) - Geb. 1928 - Habil. 1980 München (TU) - Tätigk. Univ.klin. Heidelberg, Harvard, Washington, Atlanta, München; s. 1967 (Gründ.) Ober-, Chefarzt, stv. u. Dir. (1981) Herzklin. Höhenried.

HOFMANN, J.

Dr. rer. nat., Prof. f. Theoret. Informatik Univ. Heidelberg/Fachhochsch. Heilbronn (Studiengang Med. Informatik) - Ernst-Wecker-Str. 2, 7100 Heilbronn/N.

HOFMANN, Josef

Dr. jur., Rechtsanwalt, Bürgermeister a. D., Präsident d. Rates d. Gemeinden u. Regionen Europas (Intern.), 1. Vizepräs. d. Beirates d. lokalen u. regionalen Gebietskörpersch. b. d. EG - Albanusstr. 37, 6500 Mainz-Bretzenheim (T. dstl.: 1 21) - Geb. 23. März 1927 Waldbrunn-Hausen Kr. Limburg - Univ. Mainz (Rechts- u. Staatswiss.). Ass.ex. - 1944-45 Kriegsdst.; s. 1957 Anwaltspraxis. 1960/61 Mitgl. d. Stadtrates d. Stadt Mainz; 1965-69 MdB. CDU. S. 1989 wieder Mitgl. d. Stadtrates d. Stadt Mainz - 1981 BVK I. Kl.; 1987 Gr. BVK.

HOFMANN, Karl

Studienrat a. D., MdB (s. 1965) - Friesener Str. 38, 8640 Kronach/Ofr. (T. 26 79) - Geb. 11. Juli 1926 Pilnikau/Sudetenl., kath., verh., 2 Kd. - Lehrerbildungsanstalt (Reifeprüf.) - Arbeits-, Kriegsdst. u. -gefangensch. (1944-46): Volks- (10 J.) u. Realschullehrer bzw. -oberlehrer. Fraktionslos.

HOFMANN, Karl

I. Bürgermeister (s. 1972) - Rathaus, 8897 Pöttmes/Schw. - Geb. 22. Jan. 1924 Pöttmes - Zul. Verwaltungsamtm. CSU.

HOFMANN, Karl Heinrich

Dr. rer. nat., Prof. f. Mathematik TH Darmstadt - Odenwaldring 8, 6101 Rossdorf - Geb. 3. Okt. 1932 Heilbronn (Vater: Prof. Wilhelm H.), verh. s. 1963 m. Isolde, geb. Rösler, 2 Kd. (Claudia, Georg) - 1952-58 Univ. Tübingen u. Hamburg (1. Staatsex. 1957, Promot. 1958, Habil. 1962, alles Tübingen) - 1962-66 Doz. Tübingen; 1965-82 Prof. Tulane Univ., New Orleans/USA; 1982ff. Prof. TH Darmstadt - BV: Elements of Compact Semigroups (m. P. S. Mostert), 1966; Cohomology Theories (m. P. S. Mostert), 1974; A Compendium of Continuous Lattices (m. G. Gierz u.a.), 1980; Lie Groups, Convex Cones, and Semigroups (m. J. Hilgert u. J. D. Lawson), 1989 - 1970 E. Harris Harbison Award, Danforth Foundation - Spr.: Engl., Franz.

HOFMANN, Klaus

Dr. phil., Prof. f. Anglistik Univ. Frankfurt/M. (s. 1972) - Kleiststr. 2, 6370 Oberursel - Geb. 25. Aug. 1935 Worms/Rh. - Promot. 1966 - BV: D. Bild in Andrew Marvells lyr. Gedichten, 1967.

HOFMANN, Klaus-Dieter

Dr. rer. nat., Dipl.-Phys., o. Prof. f. Erziehungswissenschaft (Wiss.theorie) TU Berlin (s. 1980 [Ps. Claudio Hofmann]) - Ensteiner Str. 25, 1000 Berlin 37 - Geb. 26. April 1936 Gotha/Thür. (Vater: Hans H.; Mutter: Ilse, geb. Götze), gesch. - Schule Ilmenau (Abit. 1951); Mechanikerlehre; Stud. Phys., Math., Phil. Jena, Basel, Freiburg (Dipl.-Phys. 1959). Promot. 1961 Freiburg - 1963-67 Doz. Univ. Izmir u. Paris/Sorbonne (1965) - BV: Einf. in d. Informationstheorie, 1973; Smog im Hirn - Von d. notwend. Aufheb. d. Wissenschaft, 1981 - Spr.: Engl., Franz., Türk., Russ.

HOFMANN, Manfred

Dr. med. dent., o. Prof. u. Vorst. Poliklinik f. Zahnärztl. Prothetik Univ. Erlangen-Nürnberg (s. 1969) - Robert-Gradmann-Str. 8, 8520 Erlangen (T. 2 26 82).

HOFMANN, Norbert

Dr. med., Dermatologe (Oberarzt Hautklinik), apl. Prof. f. Dermatol. u. Venerol. Univ. Düsseldorf (s. 1977) - Am Südpark 19, 4040 Neuss - Zul. Doz. Univ. Erlangen.

HOFMANN, Paul

Dr. jur., Dipl.-Kfm., o. Prof. f. Zivil-, Wirtschafts- u. Arbeitsrecht TH Darmstadt/Fachbereich 1 Rechts- u. Wirtschaftswiss. (s. 1968) - Heidelberger Landstr. 101 D, 6100 Darmstadt-Eberstadt (T. 53 72 31) - Geb. 6. März 1934 Worms/Rh. (Vater: Dr. Erwin H., Oberstudiendir.; Mutter: Anna, geb. Michel), kath., verh. s. 1982 m. Evi, geb. Langmann - Altsprachl. Gymn. Worms; Stud. Betriebsw. Univ. Fribourg u. Frankfurt (Dipl.-Kfm. 1955), Rechtswiss. Univ. Mainz. Jurist. Staatsprüf. 1958 u. 62 - 1958-62 Gerichtsrefer.; 1962-66 Wiss. Assist.; 1966-68 Privatdoz. - BV: D. verlängerte Eigentumsvorbehalt als Mittel d. Kreditsicherung d. Warenlieferanten, 1960 (Diss.); Subjektives Recht u. Wirtschaftsordnung, 1968 (Habil.schr.); Handelsrecht, 1977, 7. A. 1990; Sammlung privatrechtl. Fälle (zus. m. Klemens Pleyer), 12. A. 1990 - Spr.: Franz.

HOFMANN, Peter

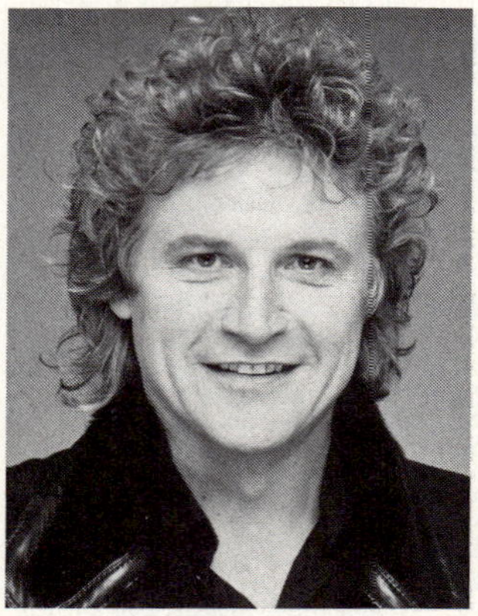

Opern- u. Rocksänger - Zu erreichen üb. 8581 Schloss Schönreuth - Geb. 1944, verh. - Ausb. z. Opernsänger (Tenor) - Engagem. Dt. Oper Berlin, Staatsoper Hamburg, Nationaltheater Mannheim, MET New York, Bolschoitheater Moskau, Scala Mailand, Covent Garden London, Oper Paris, Bayreuther Festsp., Oper Barcelona, Oper Budapest, San Francisco Opera. S. 1984 auch Popsänger m. eigener Show, Pop-Tourneen u. Popschallpl.

HOFMANN, Reinhold R.

Dr. med. vet., Fachtierarzt f. Wildtiere (Wildbiologie), Prof. f. Veterinäranatomie, -histol. u. -embryol., (Vergl. Anatomie d. Haus- u. Wildtiere) Univ. Gießen, Vors. Arbeitskreis Wildbiologie u. Jagdwiss. - Herrnstr. 3, 6301 Reiskirchen-Hattenrod - Geb. 24. April 1932 - Promot. 1959, Habil. 1966 - 1962-71 Royal Coll. Univ. of Nairobi, Head of Departm. Vet. Anat., 1967-71 Prof. and Head, 1969 Res. Assoc. Anat. Dept. Harvard Univ. Boston/Cambridge Mass.; 1991/92 Dekan FB Veterinärmedizin JLU Gießen; 1991/92 Gründungsdir. Inst. Zoo- u. Wildtierforschg. Berlin (Blaue Liste-Inst.). Hauptarbeitsbereich: funkt. Morphologie d. Wildwiederkäuer.

HOFMANN, Rolf

Dr. rer. pol., Dipl.-Kfm., Prof., Unternehmens- u. Personalberater, Schriftst. - 4630 Bochum 1 (T. 31 22 16) - Geb. 17. März 1924 Oberhausen (Vater: Karl H., Reg.angest.; Mutter: Lisette, geb. Finkemeier), verh. s. 1951 m. Marga, geb. Hübel, 2 Kd. (Isa, Dr. phil. Ingo) - Goethe-Gymn. Frankfurt/M.; kaufm. Ausbild. (GHH); Ind.kfm.; 1942-46 Kriegsdst. (Rußl., Afrika) u. Kriegsgef.

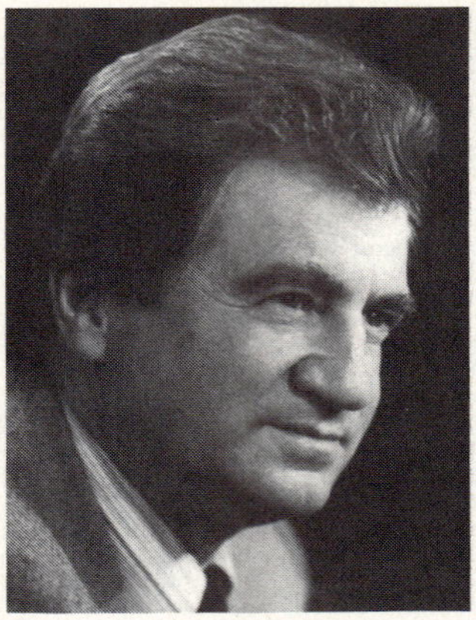

(USA, England). Univ. San Franzisco, Frankfurt, Köln, Bochum (Wirtschaftswiss., Technol.). Dipl.-Kfm. 1952; Promot. 1954 - S. 1947 HOAG, Quandt, Mannesmann, ATH, WEDAG (1962 Dir.; Vorst.-Mitgl., Geschäftsf.), BASF (1970 Dir.). Hon.-Prof. Univ. Heidelberg (Betriebsw.). 1976-86 Mitgl. u. Spr. d. Vorst. u. s. 1986 Mitgl. wiss. Beirat Dt. Inst. f. Interne Revision, Frankfurt/M., 1984-86 Präs. European Confederation of Inst. of Internal Auditing. Lehrauftr. f. Interne Revision an d. Ruhr-Univ. Bochum. Div. Fachmitgliedsch. - BV: D. Probleme d. Planung, Durchführung u. Überwachung v. Investierungen in d. Eisen- u. Stahlindustrie, 1954; Planung u. Projektierung automatisierter Anlagen, 1958; Bilanzkennzahlen - Industrielle Bilanzanalyse u. -kritik, 1969, 4. A. 1977; Interne Revision - Org. u. Aufgaben d. Konzernrevision, 1972; Welt-Chemiewirtsch. - Entwicklungstendenzen, 1975; Bibliogr. z. Internen Revision a. d. dt.- u. Engl.spr. Raum, 1980 u. 1986; Interne Revision, E. Handb. f. d. Praxis (u. a. Verf.), 1981; Unternehmensüberwach. - E. Aufg.- u. Arbeitskatalog f. d. Revisionspraxis, 1985; Skrupellos m. fremdem Geld. Wirtschaftskriminalität, 1988; Manager - E. zermürbende Aufgabe?, 1989; Unterschlagungsprophylaxe u. Unterschlagungsprüf., 1990; Prüfungshandb. (Revisionskonzeption), 1990; Bibliogr. z. Internen Revision a. d. dt. u. engl.spr. Raum, 1992; Kapitalgesellschaften auf d. Prüfstand. Unternehmensbeurteilung auf d. Grundlage publizierter Quellen. Zahlr. Beitr. in Sammelw. Üb. 250 Fachaufs. - Spr.: Engl.

HOFMANN, Rolf

Kaufmann, Präs. IHK Siegen - Hofwiese 11, 5901 Wilnsdorf 5 (T. 0271 - 39 93 75), priv.; Carl Hortmann (Inh.), Am Eichenhang 25-33, 5900 Siegen (Tel. 0271 - 7 00 20) - Geb. 18. Juli 1924 Siegen (Vater: Kurt H., Dipl.-Kfm.; Mutter: Ilse, geb. Schleifenbaum), ev., verh. s. 1968 in 2. Ehe m. Marianne, geb. Klingspor, 2 S. (Dietrich, Henning) - Gymn., Abit. 1941, Milit. (Berufsoffz.), Lehre Ind.kfm. - Präs. IHK Siegen, Mitgl. d. Präs. u. Vors. Berufsbild.-aussch. Bundesverb. Dt. Groß- u. Außenhandels, Bonn.

HOFMANN, Rudolf

Dr. theol., o. Prof. f. Moraltheologie (emerit. 1969) - Deutschordensstr. 4, 7800 Freiburg/Br. (T. 210 84 60) - Geb. 15. März 1904 Straubing/Ndb. (Vater: Johann H., Gymnasiallehrer; Mutter: geb. Grebner), kath. - Univ. München (Promot.). Priesterweihe 1927 - 1939 Privatdoz. Univ. Würzburg, Vertr. e. Professur Univ. Prag, 1946 ao., 1948 o. Prof. Phil.-Theol. Hochsch. Passau (1955/56 Rektor), 1956 Univ. Freiburg - BV: D. heroische Tugend, 1933; D. Gewissenslehre d. Walter v. Brügge u. d. Entwickl. d. Gewissenslehre in d. Hochscholastik, 1941; D. Menschliche im christl. Ethos, 1947; Moraltheol. Methoden- u. Erkenntnislehre, 1963.

HOFMANN, Rupert

Dr. phil., Prof. f. Polit. Wissenschaft - Betzenweg 14A, 8000 München 60 - Geb. 2. April 1937 Mannheim - Promot. 1965 - S. 1971 Ord. PH u. Univ. Regensburg (1972), s. 1974 Mitgl. Lehrkörp. Hochsch. f. Politik München - BV: Log. u. metaphys. Rechtsverständnis - Z. Rechtsbegriff Hans Kelsens, 1967. Herausg.: Gottesreich u. Revolution (1987); Erlösung d. Politik (1988). Mithrsg.: Ztschr. f. Politik (1974ff.); ANODOS, Festschr. f. Helmut Kuhn (1989). Fachveröff.

HOFMANN, Theodor

Dr. phil., o. Prof. f. Pädagogik d. Geistigbehinderten Univ. zu Köln, Heilpädagog. Fak. - Im Bruch 7, 5060 Berg. Gladbach 1.

HOFMANN, Waldemar

Studiendirektor a. D., Lehrbeauftr. f. Finanzmath. Univ. Erlangen-Nürnberg (Spez. Arbeitsgeb.: Finanzmath.), Geschäftsf. Univ.-Bund Erlangen-Nürnberg - Heideweg 33, 8520 Erlangen - Geb. 22. Nov. 1926 Weidhausen - BV: Math. f. Volks- u. Betriebswirte, 4. A. 1989; 14 Lehrprogr. Bayer. Schulb.-Verlag, Kunst u. Alltag, München.

HOFMANN, Walter

Dr. med. vet., Prof., Pathologe - Turmstr. 56, 6124 Beerfelden - Geb. 14. Jan. 1928 Beerfelden - Promot. 1953 - S. 1970 (habil.) Lehrtätigk. Univ. Heidelberg. Üb. 110 Facharb.

HOFMANN, Walter

Vorstandsmitglied Bayer. Rückversicherung AG., München - Sederanger 4-6, 8000 München 22 - Geb. 5. Juli 1927.

HOFMANN, Walter

Dr.-Ing. (habil.), em. o. Prof. f. Geodäsie - Am Sonnenhang 2, 5300 Bonn 1 (T. 28 33 60) - Geb. 15. Dez. 1912 Wiesbaden - Realgymn. Wiesbaden; Univ. Bonn (Geod.) - Reg.svermessungsrat, 1952 Privatdoz. Univ. Bonn, 1954 Ord. TH Darmstadt, 1958 Univ. Bonn - BV: Kosm. Geodäsie, 1960 (m. A. Berroth). Div. Einzelarb. Schriftl.: Ztschr. f. Vermessungswesen (1964-70).

HOFMANN, Walther F.

Dr.-Ing., Dipl.-Math., em. o. Prof. f. Photogrammetrie u. Kartogr. - Heinrich-Vogl-Str. 7, 8000 München 71 - Geb. 30. April 1920 Erlangen (Vater: Dr. med. Anton H., prakt. Arzt; Mutter: Alice, geb. Mai), verh. 1945 m. Gertrud, geb. v. Schmädel, 3 Kd. (Angelika, Stephan († 1968), Andrea) - Gymn.; TH München. Promot. u. Habil. München - S. 1955 Lehrtätigk. TH München (1961 apl. Prof.) u. TH bzw. TU Braunschweig (1965 ao., 1967 o. Prof.), 1972-83 Univ. Karlsruhe. 1957-60 Präs. Dt. Ges. f. Photogrammetrie. Forschungsreisen: USA, Perú, Grönland, Antarktis - BV: Photogrammetrie (Lehrb.). Rund 50 Einzelarb. - 1974 Antarctic Service Medal USA - Sammelt Landkarten.

HOFMANN, Werner

Dr. phil., Prof., Direktor emeritus - Glockengießerwall/Kunsthalle, 2000 Hamburg 1 (T. 24 82 51); priv.: Sierichstr. 154, 60 (T. 46 47 11) - Geb. 8. Aug. 1928 Wien (Vater: Leopold H.; Mutter: Anna, geb. Visvader), verh. m. Jacqueline, geb. Buron - Stud. Wien u. Paris - B. 1969 Dir. Museum d. XX. Jh.s Wien, b. 1990 Dir. Kunsthalle Hamburg, 1984 Gast Columbia Univ. New York, 1991 Gast New York Univ. - BV (1956-72; z. T. in Übers.): D. Karikatur d. Leonardo b. Picasso, Zeichen u. Gestalt - D. Malerei d. 20. Jh., D. Plastik d. 20. Jh., D. Ird. Paradies - Kunst im 19. Jh., Grundl. d. mod. Kunst, V. d. Nachahmung z. Erfindung d. Wirklichkeit - D. schöpfer. Befreiung d. Kunst 1890-1917, Gustav Klimt u. d. Wiener Jh.wende, Nana - Mythos u. Wirklichkeit, Bruchlinien, 1979; Gegenstimmen, 1979; Zauber d. Medusa, 1987; Europa 1789, 1989 - 1970 Mitgl. Akad. d. Künste Berlin; 1982

Mitgl. Dt. Akad. f. Sprache u. Dicht., u. a. - Spr.: Franz., Engl., Ital.

HOFMANN, Wilfried

Dr. jur., Botschafter d. Bundesrep. Deutschl. in Marokko (s. 1990) - Botschaft Rabat, Postf. 15 00, 5300 Bonn 1 - Geb. 6. Juli 1931 Aschaffenburg, Islam, verh. s. 1977 m. Bülben, geb. Uz, S. C. J. Alexander - Union College, Schenectady, N.Y., USA 1950/51; Univ. München 1951-54; Harvard Law School 1959/60; 1. jurist. Staatsex. 1955 München, 2. jurist. Staatsex. 1958 ebd.; LL.M. 1960, Harvard; Promot. 1957 München; Ausb. Ausw. Amt 1961-63 Bonn - Tätigk. in dt. Auslandsvertretungen 1961/62 Algier, 1965/66 Bern, 1967/68 Paris (NATO), 1968-70 Brüssel (NATO), 1973-76 Wien, 1976-78 Belgrad, 1987-90 Algier; 1983-87 Informationsdir. d. NATO Brüssel - BV: Tageb. e. dt. Muslims, 1985 (engl. 1987, franz. 1990); D. Islam als Alternative, 1992 - 1987 BVK I. Kl. - Liebh.: Ballettkritik, Schlagzeug, islam. Phil. - Spr.: Engl., Franz., Türk., Arab. - Bek. Vorf.: Hugo Ball (Großonkel), Begründer d. Dadaismus.

HOFMANN, Wolfgang

Prof., Dirigent u. Komponist - Hebelstr. 13, 6800 Mannheim 1 (T. 0621 - 2 67 40) - Geb. 6. Sept. 1922 Karlsruhe (Vater: Hermann H., Kammervirtuose; Mutter: Elise, geb. Kempermann), kath., verh. s. 1948 m. Erna, geb Zehner, 2 Kd. (Gabriele, Michael) - 1939-40 Gewandhaus-Orch. Leipzig; 1948-59 Konzertmeist.; 1959-87 künstl. Leit. d. Kurpfälz. Kammerorch. - BV: Gold. Schnitt u. Kompos., 1973 - 200 Werke aller Gattungen - BVK.

HOFMANN-GÖTTIG, Joachim

Dipl.-Päd., Dr. phil., Staatssekretär im Ministerium f. Bildung u. Kultur, Mainz (s. 1991) - Mittlere Bleiche 61, 6500 Mainz - Geb. 30. Aug. 1951 Leipzig, verh. s. 1978 m. Dipl.-Psych. Helga G. - Abit. 1971; Stud. Erzieh.wiss., Politol., Soziol., Psychol., u. Rechtswiss. Marburg; Dipl.-Päd. 1976; Promot. 1981 - 1975-77 Ref. f. Schülerfragen b. SPD-Parteivorst.; b. 1980 wissenschaftl. Ref. f. Bildungspolitik d. SPD-Bundestagsfraktion; b. 1984 Leit. d. Bund-Länder-Koordinierungsst. b. d. SPD-BT-Fraktion; Presse- u. Kulturref. in d. hess. Landesvertr.; 1984/85 Ministerialrat; stv. u. danach Dienststellenleit. d. saarl. Landesvertr.; 1986-91 Min.dirig. - BV: D. Schülerarbeit d. Jungsozialisten, 1976; Politik u. Schülerpresse, 1981; D. jungen Wähler, 1984; Emanzipation m. d. Stimmzettel, 1986; D. neuen Rechte, die Männerparteien, 1989 - Liebh.: Sport (Tischtennis, Tennis), Foto, Film - Spr.: Engl.

HOFMANN von KAP-HERR, Siegfried Karl

Dr. med., Prof. u. Dir. d. Klinik u. Poliklinik f. Kinderchirurgie Univ. Mainz - Im Breitenstein 25, 6501 Klein-Winternheim (T. dstl.: 06131 - 17 71 11; priv.: 06136 - 8 85 58).

HOFMEIER, Johann

Dr. theol., Prof. f. Kath. Religionslehre u. -pädagogik Univ. Regensburg - Talblick 30, 8417 Lappersdorf - Geb. 15. Juni 1925 Stammham (Vater: Balthasar H.; Mutter: Maria, geb. Oberbauer), kath. - BV: Seelsorge u. Seelsorger, 1967; Grundriß d. christl. Glaubens, 1969; Gottes Wort an s. Gemeinde, 1973; Sein Reich komme, 1974; Leben aus d. Glauben, 1975; Erziehung zu Offenheit u. Verantwort., 1977; Relig. Erziehung in Kindergarten u. Familie, 1978-80; Kl. Fachdidaktik Kath. Religion, 1983; Religiöse Erziehung im Elementarbereich - Spr.: Engl., Franz.

HOFMEIER, Rolf

Dr., Dipl.-Volksw., Institutsdirektor - Neuer Jungfernstieg 21, 2000 Hamburg 36 - Geb. 23. Okt. 1939 Berlin - Stud. Volksw. u. Wirtschaftsgeogr. Bonn, Paris, Berkeley, Kinshasa, München - 1970-74 Berat. Planungsmin. Tanzania, 1974-76 Leit. Regionalentwicklungsproj. Tanga ebd., s. 1976 Dir. Inst. f. Afrikakunde, Hamburg - BV: Transport and Economic Development in Tanzania, 1973; D. wirtschaftl. u. rohstoffpolit. Bedeut. Afrikas f. d. BRD, 1981; Polit. Lexikon Afrika, 3. A. 1987.

HOFMEISTER, Burkhard

Dr. rer. nat., Prof. f. Geographie TU Berlin - Hagenstr. 25a, 1000 Berlin 33 (T. 825 56 64) - Geb. 12. März 1931 Königsberg (Vater: Paul H., Mittelschullehrer; Mutter: Else, geb. Kleips), verh. s. 1960 m. Ruth, geb. Scheike, T. Heike - Promot. 1958, Habil. (Geogr.) 1965 - 1957 Wiss. Assist. FU Berlin; 1969 Prof.; 1971 o. Prof. TU Berlin - BV: Stadtgeogr., 1969, 5. A. 1990; Nordamerika, 1970, Neuaufl. 1988; Stadt u. Kulturraum Angloamerika, 1971; Berlin. E. geogr. Strukturanalyse d. zwölf westl. Bez., 2. A. 1990; D. Stadtstruktur, 1980; Gemäßigte Breiten, 1985; Berlin. Problemräume Europas Bd. 5, 1987; Berlin. The spatial structure of a divided city (m. T. H. Elkins), 1988; Australia Urbanization of the Earth Bd. 6, 1988.

HOFMEISTER, Gerd

Dr. phil., Dipl.-Math., Prof. f. Mathematik - Hinter d. Kirche 3, 6500 Mainz 41 - Geb. 1. März 1938 Berlin - Promot. 1966 Bergen (Norw.) - S. 1968 (Habil.) Lehrtätigk. Univ. Mainz.

HOFMEISTER, Hans

I. Bürgermeister Stadt Schnaittenbach - Rathaus, 8454 Schnaittenbach/Opf. - Geb. 30. Dez. 1922 Theuern - Zul. Steueramtm. CSU.

HOFMEISTER, Paul E. J.

Ehrenvors. Aufsichtsrat Norddeutsche Affinerie AG - Borchlingweg 11, 2000 Hamburg 52 (T. 880 41 34) - Geb. 28. April 1909 Bremen (Vater: Heinrich H.; Mutter: Dora, geb. Meijer), ev., verw., T. Helga - Gymn.; Handelssch.; kfm. Lehre Reederei - S. 1927 Nordd. Affinerie, Hamburg (1947 Vorst.-Mitgl., 1961 - Vors., 1976 AR-Vors., 1981 Ehrenvors. AR). AR-Vors. Maihak AG Hamburg. Weit. Mand. Div. Ehrenstell. Chilen. Orden Al Mérito Bernardo O'Higgins - Liebh.: Reiten, Golf, Kunstsammler.

HOFMEISTER, Walter

Dr., Oberkreisdirektor i.R, - Teichstr. 5, 2900 Oldenburg/O. - Geb. 11. März 1915.

HOFRICHTER, Hartmut

Dr.-Ing., o. Prof. f. Baugeschichte Univ. Kaiserslautern (1982 ff.) - Postf. 3049, 6750 Kaiserslautern - Geb. 3. Mai 1939 Stettin - Promot. 1971 - U. a. Lehrtätigk. Univ. Trier/Kaiserslautern (Baugesch.) u. Landeskonservator Rhld.-Pfalz (1980).

HOFSÄHS, Rudolf

Dr. rer. pol., Ministerialdirektor a.D., Beratertätigk. in Ind. u. Verlagsuntern., v. allem b. Untern.gruppe Stihl, Waiblingen - Urbanstr. 81, 7300 Esslingen am Neckar - Geb. 5. März 1931 Mühlacker/Württemb. (Vater: Gustav H., Werkmeister; Mutter: Berta, geb. Rommel), ev., 2 Kd. (Ulrike, Joachim) - Gymn. (Abit.); kaufm. Lehre; Stud. Wirtschaftswiss. Tübingen u. Mannheim. Dipl.-Kfm. (1955) u. Promot. (1957) Mannheim - Wiss. Mitarb. Reg.präsid. Nordbaden u. Bundeswirtschaftsmin., zeitw. auch bei dt. EG-Botsch. Brüssel; 1965-70 Geschäftsf. Michel-Kommiss. I u. II; 1970-82 stv. u. Abt.leit. Abt. Inland im Presse- u. Informationsamt d. Bundesreg. - BV: D. Presse- u. Informationsamt d. Bundesreg., 6. A. 1981 (m. Hans Pollmann). Zahlr. Aufs. z. Medien- u. Informationspolitik - Spr.: Engl., Franz.

HOFSÄSS (ß), Gerhard

Dr. rer. nat., Prof. f. Mathematik PH Heidelberg - Dossenheimer Weg 55, 6905 Schriesheim - Geb. 23. Nov. 1937.

HOFSCHNEIDER, Peter Hans

Dr. med., Dr. phil., Prof., Biochemiker - 8033 Martinsried/Obb. (T. 089 - 85 78 22 92) - Geb. 1929 Stuttgart (Vater: Dr.-Ing. Adolf H.; Mutter: Maria, geb. Agster), ev., verh. m. Ricarda, geb. Neuner - Stud. d. Med., Biol. Psychol. Univ. Freiburg, Tübingen, Heidelberg - S. 1957 Mitarb. Max-Planck-Institut für Biochemie Martinsried (Gf. Dir., Abteilungsleit.; 1966 Wiss. Mitgl.). S. 1962 (Habil.) Lehrtätigk. Univ. München (1966 apl. Prof.). Bedeut. Entd. auf d. Gebiet d. Virus-Forsch.; ca. 350 Fachveröff. - 1966 Ehrenpreis Bayer. Akad. d. Wiss.; 1976 Gerhard-Domagk-Preis; 1979 Preis d. Dr. Friedrich-Sasse-Stiftung; 1990 BVK I. Kl. - Liebh.: Kunst, Phil., Fremde Länder - Spr.: Engl.

HOFSOMMER, Ruth

Dr. rer. nat., Dipl.-Chem., Prof. f. Chemie u. Didaktik d. Chemie Päd. Hochsch. Kiel (s. 1966; 1983 emerit.) - Jungfernstieg 6, 2300 Kiel (T. 0431-9 38 65) - Geb. 22. April 1921 Eutin (Vater: Dr. Adolf H., Stud.rat), ev., led. - Stud. Chemie, Biol., Physik, Päd., Psychol. - Wiss. Beirat f. Chemie b. SMP (Sachunterr. u. Math. in d. Primarstufe). Spez. Arbeitsgeb.: Experimentelle Lernprogramme f. d. naturwiss. Unterr. (ELNU-Projekt) - BV: Umgang m. Waage u. Meßzylinder, Lernprogramm 1974; Brennbarkeit u. Kapillarität - Experimente m. d. Kerze, LP 1974; Verdampfen u. Verschwelen - Experimente m. brennbaren u. nicht brennbaren Stoffen, LP 1979; Experimente m. Luft u. Feuer, LP 1983 - 1962 u. 1963 Gold. Sportabz.

HOFSTADT, Carl E.

Dr. rer. nat., Vorstandsmitglied Süd-Chemie AG., München - Wehrlestr. 29, 8000 München 80 (T. 98 98 13) - Geb. 22. Dez. 1918 München, verh. m. Elisabeth, geb. Becker - Univ. München (Chemie; Promot. 1947) - S. 1961 Vorst. Süd-Chemie. AR B. V. Ashland Südchemie, Necof/Holland, Beirat Kernfest, Hilden, Präs. Süd-Chemie Italia SpA., S. Antioco, Board Member of United Catalysts Inc., Louisville/USA, Mitgl. Außenwirtsch.aussch. IHK, München, u. Wirtsch.polit. Aussch. Ver. d. Bayer. Chem. Ind. - 1981 Bayer. VO. - Spr.: Engl., Franz., Ital.

HOFSTÄTTER, Peter R.

Dr. phil., em. Prof. f. Psychologie - Lehmkuhlenweg Nr. 16, 2150 Buxtehude (T. 04161 - 8 22 95) - Geb. 20. Okt. 1913 Wien (Vater: Prof. Dr. med. Robert H., Gynäkologe; Mutter: geb. Heller), kath., verh. 1967 m. Hertha, geb. Rott, 4 Kd. - Univ. Wien (Promot. 1936; Habil. 1942) - 1937-43 Heerespsychologe (1942 Reg.srat); 1943-45 Wehrdst. (Artl., zul. Uffz.); 1947-49 Privatdoz. Univ. Graz; 1949-50 Research Associate Mass. Inst. of Technology, USA; 1950-56 Assoc. Prof. Cath. Univ. of America, Washington, D. C.; 1956-60 o. Prof. Hochsch. f. Sozialwiss., Wilhelmshaven; s. 1960 o. Prof. Univ. Hamburg, 1979 emer. - BV: Einf. in d. Tiefenpsych., 1948; Gruppendynamik, 2. A. 1971; Differentielle Psych., 1971; Psych., 2. A. 1972; Individuum u. Ges., 1972; Einf. in d. Sozialpsych., 5. A. 1973; Sozialpsych., 5. A. 1973. Zahlr. Einzelarb. - 1983 Kardinal-Innitzer-Preis f. soz. wiss. Forsch.; 1984 Konrad-Adenauer-Preis Dtschl.-Siftg. - Spr.: Engl., Ital.

HOFSTETTER, Alfons G.

Dr. med., Prof., Direktor Urolog. Klinik u. Poliklinik d. Ludwig-Maximilians Univ. München - Marchioninistr. 15, 8000 München 70 - Geb. 26. Juni 1938 Burghausen a. d. Salzach - S. 1984 Präs. Dt. Ges. f. Lasermed.

HOGAUST-PLEUGER, Gudrun

Generalkonsulin d. Bundesrep. Deutschl. in Nancy (Frankreich) - 15, rue de Buthégnémont, F-54052 Nancy Cedex (T. 0033 - 83 96 12 43) - Geb. 20. Okt. 1943 Siegen (Vater: Dr. Walter Hogaust; Mutter: Erika, geb. Born), 2 Kd. - Gymn. Siegen Abit., Stud. Roman. u. Polit. Wiss. München, Grenoble u. Bonn; 1969-71 Diplomat. Akad. Wien - 1972 Ausw. Amt (Auslandsposten: 1973/74 London, 1976-79 Paris); 1979-86 Ausw. Amt Bonn (Vereinte Nationen); s. 1986 Nancy - Liebh.: Lit., Ski, Sportfliegen.

HOGE, Rüdiger

Dr.-Ing., Architekt - Alter Schulweg 5, 2302 Flintbek - Geb. 20. Nov. 1925 Hindenburg (Vater: Max H., Bauuntern.; Mutter: Johanna, geb. Reichhelm), ev., verh. s. 1959 m. Elisabeth, geb. Gräfin Pourtalès, 2 Kd. (Ulrike, Martin) - Gymn.; TH Braunschweig (Arch., Prof. Kraemer; Hauptdiplom 1953) - Div. Ämter, u. a. Präs. Architektenkammer Schlesw.-Holst. (1975 ff.), Lehrbeauftr. Fachhochsch. Eckernförde (1976 ff.) - Liebh.: Kunst- u. Baugesch. - 1977 Mitgl. Akad. d. Städtebau u. Landesplanung.

HOGREBE, Wolfram

Dr. phil., Prof. f. Philosophie Univ. Düsseldorf - Zu erreichen üb. Universität Phil. Inst., Universitätsstr. 1, 4000 Düsseldorf - Geb. 27. Sept. 1945 Warburg, verh. s. 1971 m. Ursula, geb. Bisinger, 3 Kd. (Natan, Judit, Esther) - 1967-72 Stud. Univ. Münster u. München; Promot. 1972 Univ. Düsseldorf, Habil. 1976 ebd. - 1972-76 Wiss. Assist. Phil. Inst. Univ. D'dorf; 1976-79 Priv.-Doz., 1979 apl. Prof., s. 1980 Prof. 1978 Gast-Prof. staatl. Uni. Belo Horizonte/Brasilien - BV: Kant u. d. Probl. e. transzendentalen Semantik, 1974; ital. Per una semantica trascendentale, 1979; Archäol. Bedeutungspostulate, 1977; Argumente u. Zeugnisse, 1985; Dt. Philosophie im XIX. Jh., 1987; Prädikation u. Genesis, 1989 - Spr.: Engl., Altgriech., Latein.

HOHEISEL, Karl Robert

Dr. phil. Lic. theol., apl. Prof. f. Religionswissensch., wiss. Mitarb. Franz-Joseph-Dölger-Inst. f. Antike u. Christentum - Merler Allee 68, 5300 Bonn 1 (T. 0228 - 25 15 40) - Geb. 16. April 1937 Langendorf (Vater: Josef H., Landwirt; Mutter: Martha, geb. Rother), kath., verh. s. 1974 m. Elisabeth, geb. Ilgen, T. Dorea - Human. Gymn. Bad Driburg (Abit. 1958), phil.-theol. Hochsch. Wien, Gregoriana Rom (Lic. Theol. 1964), Univ. Bonn, Promot. 1971, Habil. 1974 - 1974-80 Vorst. DVRG - BV: D. ant. Judent. in christl. Sicht, 1978; D. Urteil üb. nichtchristl. Relig., 1972 - Spr.: Engl., Franz., Ital., Ivrith.

HOHENDAHL, Peter Uwe

Dr. phil., Prof. of German and Comparative Literature - Department of German Studies, Cornell Univ., Ithaca, NY 14853 - Geb. 17. März 1936 Hamburg, ev., verh. s. 1965 m. Icky Maria, geb. Zoetelief, 2. Töcht. (Deborah, Gwendolyn) - Stud. Univ. Bern, Göttingen, Hamburg (Literaturwiss., Gesch.); Promot. 1964 Hamburg - 1964/65 Post-doc. Fellow, Harvard Univ.; 1965-68 Assist. Prof. Pennsylvania State Univ.; 1968/69 Assoc. Prof. Washington Univ.; 1970-77 Full Prof.; 1977ff. Full Prof. Cornell Univ.; 1990 (Summer) Research Fellow, Univ. Paderborn - BV: D. Bild d. bürgerl. Welt im expressionistischen Drama, 1967; Lit.kritik u. Öffentlichk., 1974; D. europ. Roman d. Empfindsamk., 1977; The Institution of Criticism, 1982; Lit. Kultur im Zeitalter d. Liberalismus, 1985; A History of German Literary Criticism, 1988; Building a National Literature, 1989; Reappraisals: Shifting Alignments in Postwar Critical Theory, 1991. Herausg.: Probleme d. Dichtung (1986); Modern German Culture and Literature (1988ff.) - 1981 u. 87 Fellow d. ZiF Bielefeld; 1983-84 Guggenheim Fellow; Ernennung z. Jacob Gould Schurman Prof. of German and Comp. Lit. - Liebh.: Musik - Spr.: Engl., Franz., Lat.

HOHENEMSER, Kurt

Dr. rer. pol., Finanzberater, Ehrenmitgl. Dt. Schutzvereinig. f. Wertpapierbesitz - Schillerstr. 18-24, 6000 Frankfurt/M. (T. 069 - 28 31 81) - Geb. 29. Juni 1919 Mannheim (Vater: Josef H., Bankier; Mutter: Leopoldine, geb. Zacharias), ev., T. Nicole - Univ. Wien (Dipl.-Volksw. 1947, Promot. 1948) - Zahlr. AR-Mand., u.a. stv. Vors. Gaggenau Werke, BASF, stv. Vors. Wertpapier-Verlags GmbH - BVK I. Kl. - Liebh.: Lit., Malerei, Theater - Spr.: Engl., Franz.

HOHENESTER, Walther

Apotheker, Journ. - Georgenstr. 16, 8033 Planegg (T. 089 - 859 83 07) - Geb. 13. Dez. 1935 München, ev., verh. m. Irene, geb. Stählin, 2 Töcht. (Christine, Sabine) - BV: Da ging d. Mond nach Hause, Da nahm d. Mond sein Pfeifchen, Da blies d. Mond sein Lämpchen aus, Kinderb.; D. Apotheke am Markt, Sachb.; Da sagt d. Mond Gute Nacht, Kinderb.; D. Juli-Apfelbaum, Jugendr.; Knille, knalle, knüll, wohin mit dem Müll?, Sachb. u.a. - Liebh.: Mineralien, Radwandern, Sauna, Fischen, Reisen - Spr.: Engl.

HOHENFELLNER, Rudolf

Dr. med., o. Prof. f. Urologie - Urol. Univ.-Klinik, Langenbeckstr. 1, 6500 Mainz - Geb. 11. Aug. 1928 Wien - S. 1964 (Habil.) Lehrtätigk. Univ. Saarbrücken u. Mainz (1967 Ord.). Fachveröff.

Fürst von HOHENZOLLERN, Friedrich Wilhelm

Land- u. Forstwirt, Industrieller - Schloß, 7480 Sigmaringen - Geb. 3. Febr. 1924 Umkirch b. Freiburg/Br. (Vater: Friedrich Fürst v. H.; Mutter: Margarethe Herzogin zu Sachsen), verh. s. 1951 m. Margarita, geb. Prinzessin zu Leiningen - Stud. Volksw. - Liebh.: Fliegerei, Skilaufen, Jagd.

HOHL, Hubert Georg

Dr. phil., Leiter Referat Allg. Verw. u. Organisation Zentralverw. Goethe-Inst. München - Kießlingerstr. 32a, 8000 München 82 - Geb. 4. März 1936 Laupheim, kath., verh. s. 1958 m. Eva, geb. Tenckhoff, 2 Kd. (Michael, Sabine) - 1955-62 Stud. Phil., Kath. Theol. u. German. Tübingen, Löwen/Belgien, Freiburg; Promot. 1960 Freiburg (b. Max Müller), Staatsex. 1963 - 1960-62 fr. Mitarb. Herder-Verlag Freiburg; 1962-64 Lektor Univ. Hué; 1964-67 Lektor Univ. Saigon (bde. Vietnam); 1968-76 Dir. Goethe-Inst. Lille (Frankr.); 1976-81 Dir. Kulturzentr. d. BRD Belgrad (Jugosl.); 1981-85 Dir. Dt. Kulturinst. Ankara. Generalsekr. Türkisch-Dt. Kulturbeirat Ankara/Türkei - BV: Lebenswelt u. Gesch., 1962 u. 79 (Japan. Übers. 1983); On Nhu Hau: Cung oan ngam chuc Das Klagelied der Odaliske (ins Dt. übers.), 1967; Essais et Conferences sur Leibniz, Kafka, Th. Mann, Heidegger, 1967; Introduction à la Phénoménol. de Edmund Husserl, 1967 - 1976 Gr. Silb. Verdienst-Med. Stadt Lille - Spr.: Franz., Engl., Serbokroat.

HOHLEFELDER, Walter

Dr., Ministerialdirektor, Abteilungsleit. Reaktorsicherh. u. Strahlenschutz im Bundesmin. f. Umwelt, Naturschutz u. Reaktorsicherheit (s. 1986) - Zu erreichen üb. BMU, Husarenstr. 30, 5300 Bonn 1 - Geb. 8. Sept. 1945 Bonn, verh. m. Astrid Freifrau von Neubeck, 3 Kd. (Madlena, Luisa, Olaf) - 1965-70 Stud. Philol. u. Rechtswiss. Bonn, Lausanne u. Genf; 1. jurist. Staatsex. 1970, 2. jurist. Staatsex. 1975; 1970-75 Refer.ausb. u. Stud. Hochsch. f. Verw.wiss. Speyer, Promot. - 1975-80 Pers. Ref. u. Min.büroleit. d. Innenmin. v. Nordrh.-Westf.; 1980-85 versch. Tätigk. im Bundesmin. d. Innern, zul. Leit. d. Ref. Atomrecht; 1986 Geschäftsf. d. Ges. f. Reaktorsicherh. (GRS).

HOHLER, Franz

Kabarettist, Schriftst. - Gubelstr. 49, CH-8050 Zürich - Geb. 1. März 1943 Biel, alt-kath., verh. s. 1968 m. Ursula, geb. Nagel, 2 Söhne (Lukas, Kaspar) - Mittelsch. m. Matura in Aarau, 5 Sem. Phil. I Univ. Zürich - S. 1965 freisch. - BV: Idyllen, 1970; D. Rand v. Ostermundigen, Erz. 1973; Wegwerfgeschichten, 1974; Wo?, Prosa 1976; E. eigenartiger Tag, 1979; D. Rückeroberung, Erz. 1982; Hin- u. Hergesch. (m. Jürg Schubiger), 1986; D. Kabarettb., 1987; Vierzig vorbei, 1988; D. neue Berg, R. 1989; D. Mann auf d. Insel, Erz. 1991. Kinderb.: Tschipo, 1978; D. Granitblock im Kino, 1981; Der Nachthafen, 1985; Tschipo u. d. Pinguine, 1985; D. Räuber Bum, 1987. Soloprogr.: u.a. D. Nachtübung, 1973; Schubert-Abend, 1979; D. Flug nach Milano, 1985. Theaterst.: David u. Goliath, 1977; D. dritte Kolonne, 1979; D. Lasterhaften, 1981; u.v.m. Film: Dünki-Schott (Autor u. Hauptdarsteller), 1986. Viele Fernsehsdg. - 1968 Preis d. C. F. Meyer Stiftg.; 1973 Dt. Kleinkunstpreis; 1978 Oldenburger Kinderbuchpr.; 1983 Kulturpr. Kanton Solothurn; 1987 Alemannischer Lit.preis - Spr.: Franz., Ital., Span., Lat., Engl. - Lit.: Kindlers Lit.gesch. d. Gegenwart, KLG!

HOHLNEICHER, Georg

Dr. rer. nat., Prof. Univ. Köln - Saarstr. 18, 5000 Köln 40 - Geb. 13. März 1937 München, kath., verh. s. 1962 m. Hildegard, geb. Kindsmüller, 2 Töcht. (Ursula, Barbara) - Stud. Physik TU München (Dipl. 1961, Promot. 1962, Habil. 1967) - 1962-68 Wiss. Assist. Inst. f. Physik. Chemie u. Elektrochemie; 1968-70 Doz.; 1971-73 Wiss. Rat, alles TU München; s. 1973 o. Prof. f. Theoret. Chemie Univ. Köln (1978-80 Dekan Math.-Naturwiss. Fak.); 1978 Gastprof. Univ. Cleveland, Ohio/USA; 1982 Gastprof. Univ. Salt Lake City, Utah/USA; 1988 Gastprof. Univ. of Washington, Seattle, USA. 1979-82 Sprecher Konfz. d. FB Chemie an d. wiss. Hochsch. d. Bundesrep. Deutschl.; 1980-86 Mitgl. Studienreformkommiss. V (Math. u. Naturwiss.) Land NRW; 1986-91 Senatsbeauftr. f. Forsch.fragen u. Leit. d. Arbeitsst. Forsch.transfer Univ. Köln - BV: Leben ohne Risiko?, 1989. Rd. 90 Publ. in wiss. Ztschr. - Spr.: Engl.

HOHLOCH, Gerhard

Dr. jur., o. Prof. f. Bürgerl. Recht, Handels- u. Wirtschaftsrecht, IPR, Rechtsvergleichung Univ. Bochum, Postf. 10 29 48, 4630 Bochum (T. 0234 - 700 28 41) - Geb. 31. Juli 1944 Reutlingen, ev., verh., 2 Kd. - Promot. 1975 Freiburg; Habil. 1980 Freiburg - 1980 Priv.-Doz. Freiburg; 1980 Prof. Univ. d. Bundeswehr München; 1982 Prof. Ruhr-Univ. Bochum; 1990 Riola Hamm - BV: Negator. Ansprüche u. Schadensersatz, 1976; Deliktsstatut, 1984; ca. 150 Fachveröff. - Spr.: Engl., Franz., Ital., Span.

HOHM, Georg

Kaufmann - Wiesengrund 5, 8000 München 60 - Geb. 2. Sept. 1920 - Beiratsmitgl. Ausstellungs- u. Messeausschuss d. Dt. Wirtschaft (AUMA, Köln); Ehrenmitgl. Fachverb. Metallwaren- u. verw. Ind., Düsseldorf - BVK I. Kl.

HOHMANN, Dieter

Dr. med. (habil.), o. Prof. f. Orthopädie u. Vorst. Orthop. Klinik (Waldkrkhs. St. Marien) Univ. Erlangen-Nürnberg (s. 1969) - Jungstr. 13, 8520 Erlangen (T. 5 25 19) - 1967-69 Privatdoz. FU Berlin (Wiss. Rat u. stv. Dir. Orthop. Klinik).

HOHMANN, Joachim S.

Dr. phil., Dr. rer. soc. habil., Publizist, Doz. f. Politische Wiss./Kulturanthropol. FH Fulda, Privatdoz. Univ. Dortmund - Bachstr. 15, 6418 Hünfeld - Verh. m. Ingrid, geb. Möslein, 4 Kd. (Rose, Moritz, Nikolaus, Anna) - Journalistensch. München; geistes- u. sozialwiss. Stud., 12 akad. Grade (Dipl., Staatsex., Promot., Habil. u.a.) - 1985 Gastprof. Univ. Kassel - Veröff.: ca. 35 wiss. Monograph. u. Herausg.schaften (u.a. 2 Schriftenreihen); ca. 15 belletristische Veröff., 2 Sprech-Langspielpl. - 2 Lit.preise; Liebh.: Oldtimer-Autos, hist. Taschenuhren - Spr.: Engl., Franz., Russ. - Lit.: Spektrum d. Geistes; Kürschners Lit.-kal.; Kürschners Gelehrtenkal.

HOHMANN, Karl Adam

Dr. rer. pol., Dipl.-Volksw., Ministerialdirektor a. D. - Johanniterstr. 8, 5300 Bonn (T. 23 13 43), priv.: Reichenberger Str. 11D, 5340 Bad Honnef (T. 48 72) - Geb. 18. Mai 1916 Wuppertal, ev., verh. s. 1952 m. Eva-Maria, geb. Schmid, 4 Kd. (Ulrich, Regine, Andrea, Babette) - Kaufm. Lehre; Stud. Staatswiss. Königsberg, Stuttgart, Tübingen - 1938-45 Wehrdst. (zul. Hauptmann d. R.); s. 1948 Mitarb. Wirtschaftsmin. Württ.-Hohenzollern, Bundesmin. f. Wirtsch. (1951; zul. Min.rat, Leit. Referat Presse- u. Öffentlichkeitsarb. unter Prof. Ludwig Erhard), Bundeskanzleramt (1963; Leit. Kanzlerbüro, zul. Min.-dir., stv. Chef), Presse- u. Informationsamt d. Bundesreg. (1967; Sonderaufträge Medienwesen u. Kommunikationsforsch.), Mitarb. Altbundeskanzler Prof. Ludwig Erhard, 1980 Vors. Ludwig-Erhard-Stiftung, 1991 Ehrenvors. - Herausg.: Ludwig Erhard - Erbe u. Auftrag (1977); Ludwig Erhard - Gedanken aus fünf Jahrzehnten (1988). Mithrsg.: Ludwig Erhard - Beitr. zu s. polit. Biogr. (Festschr. z. 75. Geburtstag); Grundtexte z. soz. Marktwirtsch. u. a.

HOHMANN, Manfred

Dr. phil., o. Prof. f. Erziehungswissenschaft - Sternstr. 15, 4400 Münster (T. 0251 - 66 43 91) - Geb. 27. Febr. 1934 Münster - Promot. 1964 - 1965-73 Doz., Wiss. Rat u. Prof. PH Rheinl./Neuss; s. 1973 o. Prof. Univ. Essen GH; 1977-84 Mitgl. e. Arbeitsgruppe z. Lehrerbildung b. Europarat; 1979-85 Evaluation v. Schulversuchen im Auftrag d. EG in d. Mitgliedsländern - BV: D. päd. Insel, 1966; Langeveld, 1971; Unterr. ausl. Kinder, 1980 (Hg.); Ausl. Kinder (m. U. Boos-Nünning, Hg.), 1980; Handlexikon d. Schulpäd. (m. K. Aschersleben), 1979; Fortbild. ausl. Lehrer (m. U. Boos-Nünning, Hg.), 1980; Interkultureller Unterr., (m U. Boos-Nünning u.a.) 1983; Interkulturelle Erziehung in Europa (m. H. H. Reich, Hg.).

HOHMEIER, Jürgen

Dr. phil., Prof. (FB Erziehungswiss., Inst. f. Sozialpäd.), Prof. f. Sozialpäd. Univ. Münster (s. 1978) - Tulpenweg 61, 4400 Münster/W. - Geb. 9. Sept. 1938 Essen, verh. s. 1968 m. Monika, geb. König, 3 Kd. - Stud. Soziol., Gesch., Publiz. Münster, Göttingen, Berlin - 1970 b. 74 Wiss. Assist. Univ. Bielefeld; 1974-78 Wiss. Rat u. Prof. PH Rhld./Abt. f. Heilpäd. Köln - BV: D. Theorie d. Gruppe u. d. Gruppenhandelns bei Franz Oppenheimer, 1968 (Diss.). Veröff. z. Reform d. Strafvollzugs, z. Diskriminierung v. Randgruppen u. Soziol. d. Behinderten.

HOHN, Maria Elisabeth

Dr. phil., o. Prof. f. Didaktik d. dt. Sprache u. Lit. Erziehungswiss. Hochsch. Rhld.-Pf./Abt. Koblenz - Goethestr. 18, 5400 Koblenz - Fachveröff.

HOHNER, Walter

Dipl.-Ing., Vorstandsmitglied Matth. Hohner AG. - Hohnerstr. 12, 7217 Trossingen/Württ. - Geb. 11. Febr. 1914 Trossingen.

HOHOFF, Curt

Dr. phil., Schriftsteller - Adalbert-Stifter-Str. 27, 8000 München 81 (T. 982 89 80) - Geb. 18. März 1913 Emden, kath., verh. m. Elfriede, geb. Federhen, 5 Kd. - Gymn. Emden; Univ. München, Berlin, Münster, Cambridge - 1948-49 Leit. Feuill. Rhein. Merkur, Koblenz u. Lit.bl. Südd. Zeitung, München (1949) - BV: D. Hopfentreter, Erz. 1942; Hochwasser, Erz. 1948; Adalbert Stifter, s. dichter. Mittel u. d. Prosa d. 19. Jh., 1949; Woina Woina, Russ. Tageb., 1951; Geist u. Ursprung - Z. mod. Lit., Ess. 1954; Paulus in Babylon, R. 1956; Heinrich v. Kleist, Biogr. 1957; D. verbotene Stadt, Erz. 1959; Gert Gaiser - Werk u. Gestalt, 1962; Schnittpunkte, ges. Aufs. 1963; Gefährl. Übergang, Erz. 1964; D. Märzhasen, R. 1966; Gegen d. Zeit - Politik/Lit./Politik, 1970; München - Porträt e. Stadt, 1970; Jakob M. R. Lenz, Biogr. 1977; D. Nachtigall, R. 1977; Grimmelshausen, Biogr. 1978; Unter d. Fischen, Erinn. 1934-39, 1982; Venus im September, R. 1984; D. verbotene Stadt, R. 1986; Besuch bei Calypso, Landschaften u. Bildnisse, 1988; Joh. Wolfg. v. Goethe, Dichtung u. Leben, Biogr. 1989. Herausg.: Lyrik d. Abendlands (zus. m. Georg Britting, Karl Vossler u. Hans Hennecke, s. 1948 in vielen Aufl.); Clemens Brentano - Ausgew. Werke (1949); Flügel d. Zeit - Dt. Ged. 1900-50 (1956); Neuausg.: Albert Soergel - Dichter u. Dicht. d. Zeit, 2 Bde. (1961-63) - o. Mitgl. Akad. d. Künste Berlin (1956) u. Bayer. Akad. d. Schönen Künste (1958).

HOHOFF, Herbert

Dipl-Ing., Vorstandsmitglied H. Klammt AG. Hoch- u. Tiefbau (s. 1971), Vors. Fachgem. Bau Berlin (1984 wiedergew.) - Joachimsthaler Str. 28, 1000 Berlin 15 (T. 883 80 81) - Geb. 14. Dez. 1925.

HOHORST, Hans-Jürgen

Dr. med., Dr. phil., o. Prof. f. Physiol. Chemie - Theodor-Stern-Kai 7 (Gustav-Embden-Zentrum d. Biol. Chem.), 6000 Frankfurt/M. 70 - Geb. 14. März 1924 Delmenhorst (Vater: Arzt), verh. m. Doris, geb. Kasche - S. 1962 (Habil.) Lehrtätigk. Marburg (1967 apl. Prof.) u. Univ. Frankfurt (1971 Ord.). Fachveröff. - 1976 Gerhard-Domagk-Preis.

HOHORST, Wilhelm

Dr. phil. nat., Prof., Zoologe - Loreleystr. 109, 6230 Frankfurt-Höchst (T. 31 25 40) - Geb. 17. Okt. 1912 Moskau, verh. m. Luise Margareta, geb. Marschang - S. 1962 Lehrtätigk. Univ. Frankfurt/M. (1968 Honorarprof. f. Parasitenkd.). Leit. Parasitolog. Laborat. Pharma-Forschung Med. Hoechst AG. Fachveröff., insb. üb. d. Rolle d. Ameisen im Entwicklungskreislauf d. Lanzettegels (Dicrocoelium dendriticum).

HOIER, Henner

Komponist, Sänger - Blankeneser Landstr. 82, 2000 Hamburg 55 (T. 040 - 86 12 31) - Geb. 19. April 1947, ledig - Stud. Konservat. Hamburg (Kompos., Querflöte, Klavier, Musikpsych.) - 1. dt. Welterfolg m. d. Titel: The Witch (The Rattles); Mitbegr. Gruppe Les Humphries Singer - Lieb.: Kochen - Spr. Engl.

HOINKA, Günther

Direktor, Leiter Weserbergland-Festhalle der Stadt Hameln (s. 1959) - Breiter Weg 77, 3250 Hameln (T. 6 15 60) - Geb. 8. Jan. 1928 Hamburg, verh. s. 1954 m. Barbara, geb. Staaks, Sohn Axel - Oberrealsch. St. Georg Hamburg, Abit. 1945. Ausbild. Staats- u. Univ.-Bibl. Hamburg, Diplomprüf. 1947 - 1948-59 Dramaturg Harburger Theater Hamburg - Liebh.: Plattdeutsch, Verkehrswesen - Spr.: Engl., Franz.

HOISCHEN, Lothar

Dr. rer. nat., Prof. f. Mathematik Univ. Gießen (s. 1970) - Wartweg 41, 6300 Gießen - Geb. 22. Nov. 1935 Rüthen - Promot. 1962; Habil. 1966 - Div. Facharb.

HOISL, Richard

Dr.-Ing., Univ.-Prof. f. Bodenordnung und Landentwicklung TU München (s. 1977), Vors. d. Deutschen Landeskulturges. (DLKG) - Hiltenspergerstr. 58, 8000 München 40.

HOJER, Ernst

Dr. phil., Prof. f. Pädagogik - Wittelsbacherpl. 1, 8700 Würzburg; priv.: Frankenstr. 6, 5024 Pulheim-Brauweiler - Geb. 24. Jan. 1930 Reichenbach - Promot. 1953; Habil. 1964 - S. 1964 Lehrtätigk. Univ. Frankfurt/M., Dt. Sporthochsch. Köln (1968 Ord.), Univ. Würzburg (1970 Ord. u. Mitvorst. Inst. f. Päd.). 1973 ff. Honorarprof. Univ. Köln - BV: D. Bildungslehre F. I. Niethammers, 1965. Übers.: Pierre de Coubertin, Schule - Sport - Erziehung (1972).

HOKE, Manfried

Dr. med., Prof. f. Experimentelle Audiologie, Dir. Inst. f. Experimentelle Audiologie Univ. Münster - Staufenstr. 36, 4400 Münster (T. priv.: 0251 - 37 46 96; Inst.: 0251 - 83-68 61) - Geb. 6. Sept. 1933 Meißen/Sa. - Stud. Med.; Promot. 1960 Hamburg, Habil. 1974 Münster; apl. Prof. 1977 Münster - 1960-63 Pharmakol. Inst. Univ. Hamburg; 1963-66 Physiol. Inst. Univ. Münster; 1966-86 Hals-Nasen-Ohrenklinik Univ. Münster - Herausg. Advances in Audiology - 1987 Helmholtz-Preis, Haymann-Preis.

HOLBACH, Hans-Peter

Publizist, Herausgeber, Chefredakteur - Fadenstr. 39, CH-6300 Zug/Schweiz (T. 042 - 22 20 33) - Geb. 16. Nov. 1944 Detmold (Vater: Dr. Peter H., Tierarzt; Mutter: Ursula, geb. Kuhnert, Apothekerin), kath., led. - Human. Gymn. Remigianum Borken (Westf.), Univ. Münster u. München (Jura, Wirtsch.wiss.)- Wirtsch.publ. m. zahlr. Veröff., Hrsgb. u. Chefredakt. vertraul. Informat.dienste Geldbrief u. Holbach Korresp., Veranst. Holbach Seminar - BV: Holbach Kalender (ersch. jährl.), „Tips & Tricks", div. Brosch. - Spr.: Engl., Niederl., Katalan.

HOLBACH, Karl-Heinz M.

Dr. med., Oberarzt Neurochirurg. Klinik, apl. Prof. f. Neurochir. Univ. Bonn (s. 1975) - Klinikgelände, 5300 Bonn-Venusberg.

HOLBE, Rainer

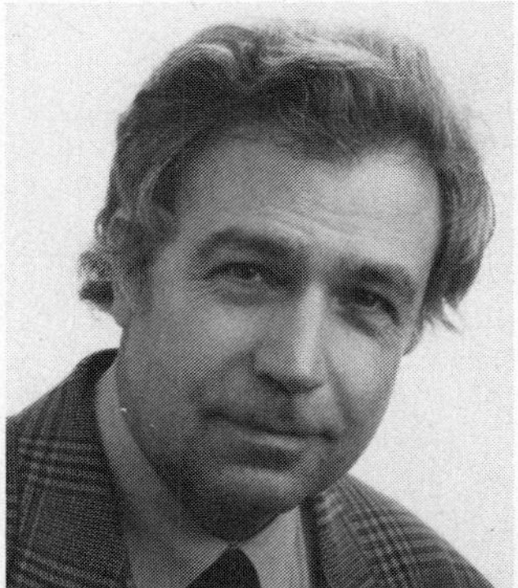

Journalist u. Schriftsteller - Maison sur les collines, Rameldange/Luxemburg (T. 00352 - 34 80 11) - Geb. 10. Febr. 1940 Komotau (Vater: Franz H., Arch.; Mutter: Joschi, geb. Knobloch), kath., verh. s. 1964 m. Rosi, geb. Kirsch, 2 Töcht. (Julia-Carolina, Miriam) - Deutschherren-Sch. Frankfurt; Volont. Frankfurter Rundschau - Redakt. 1960-66 Frankf. Rundschau, 1966-70 Bild und Funk - BV: Jo rettet e. Fernseh-Show, Jugendb. 1972; D. verflixte Jahr, Jugendb. 1973; Guten Appetit, Mr. Morning, Kochb. 1978; Unglaubliche Geschichten, 1986; Magie, Madonnen u. Mirakel, 1987; Bilder aus d. Reich d. Toten, 1987; Unglaubliche Geschichten II, 1987; Botschaften aus and. Dimensionen, 1988; E. Toter spielt Schach, 1988; Wir von Atlantis, 1989; Botschaften d. Engel, 1989; Warum passiert mir das?, 1989; Zeitgeist, 1991; In hundert Tagen um d. Welt, 1991. Drehb. D. Gebrüder K., 1973. Quizmaster ZDF-Serie D. verflixte Monat, Moderat. ZDF-Starparade u. Talk-Show 1 + 1 = Eins, s. Mai 1982 Moderat. ZDF-Reisequiz: Rund um d. Welt. Autor u. Moderat. RTL'Serie: Unglaubl. Geschichten (Beschäft. m. PSI-Phänom.), u. Talk-Show D. Woche; 1989/90 Moderat. Frühstücks-Fernsehen RTL-PLUS - Liebh.: Reisen, Schmal-Tonfilm - Spr.: Engl.

HOLDER, Martin

Dr. rer. nat., Prof. f. Experimentalphysik Univ. Hamburg (s. 1978) - Am Sandberg 35, 2107 Rosengarten - Zul. Doz. TH Aachen. Zeitw. Wiss. Mitarb. CERN, Genf.

HOLDERBAUM, Klaus

Vortr. Legationsrat I. Kl., Referatsleit. im Ausw. Amt, Bonn - Geb. 1938 Berlin - Stud. Jura (bde. Staatsex.) u. Volkswirtsch. - S. 1970 Ausw. Dienst; Ausl.-Missionen: 1970/71 Attaché Botsch. London, 1974-77 ständ. Vertr. d. Botsch. in Lusaka/Sambia, 1980-83 in Abidjan/Côte d'Ivoire, 1986-91 Botsch. in Bamako/Mali.

HOLDINGHAUSEN, Franz A.

Dr. phil. nat., Dipl.-Chemiker, 1. Vors. Verb. angest. Akademiker u. ltd. Angest. d. chem. Industrie (VAA) - Philipp-Weber-Str. 24, 6457 Maintal-Hochstadt - Geb. 20. Juni 1936 Wiesbaden, kath., verh. s. 1964, 2 Kd. - Univ. Frankfurt/M. u. Wien; Promot. 1968 Frankfurt - S. 1968 Ind.-Chemiker in Forsch. u. Verw.; 1978-83 AR DEGUSSA AG; s. 1979 Mitgl. d. VAA-Vorst., ab 1983 1. Vors.

HOLDORF, Willi

Diplom-Sportlehrer - Zu erreichen üb.: adidas - Sportschuhfabrik Adi Dassler KG., 8522 Herzogenaurach - Geb. 17. Febr. 1940 Blomesche Wildnis b. Glückstadt/Holst. (Vater: Wilhelm H.; Mutter: Maria, geb. Jacobsen), ev., verh. s. 1963 m. Doris, geb. Jutrzenka (bek. Handballerin), 2 Söhne (Jens, Dirk) - Lehre Starkstromelektriker; Stud. Sporthochsch. Köln - Immobilienhandel; Sportlehrer Bayer-Leverkusen; 1970 ff. Generalvertr. Adidas NRW - Leichtathlektik: 1961 u. 63 Dt. Meister, 1964 (Tokio) Olympiasieger im mod. Zehnkampf (erster Deutscher); Bobsport: 1973 Europavizem. Zweierbob m. Horst Floth (Cervinia) u. 4. Platz Weltmeistersch. (Lake Placid) - Spr.: Engl. - Mitgl. TSV Fortuna Glückstadt, MTV Herzhorn, SV Bayer 04 Leverkusen, SG Obererlenbach - 1964 Silb. Lorbeerbl. d. Bundespräs. u. Gold. Band d. Sportpresse - Lit.: Karl Seeger, W. H. - König der Athleten, 1965.

HOLDT, von, Kurt

Kaufmann, Kompl. Schröder & Co., Lübeck, Vorstandsmitgl. Arbeitgebervereinig. Lübeck u. Umgeb. - Wilhelm-Wisser-Weg 4, 2400 Lübeck-Israelsdorf (T. 37 09 54) - Geb. 3. Febr. 1912 Hamburg, ev., verh. s. 1941 m. Ursula, geb. Fries.

HOLE, Günter

Dr. med., Facharzt f. Psychiatrie u. Neurol., Psychotherapeut. o. Prof. Univ. Ulm u. Ärztl. Direktor Psychiatr. Landeskrankenhs. Weissenau (s. 1975) - Weingartshoferstr. 2, 7980 Ravensburg-Weissenau (T. 0751 - 60 11; priv.: 6 13 91) - Geb. 14. Juni 1928 Freudenstadt (Vater: Gustav H., Kaufm.; Mutter: Irma, geb. Schittenhelm), ev., verh. s. 1971 m. Eleonore, geb. Lajcsak, 2 Töcht. (Sandra, Claudia) - 1950-54 Stud. d. Evangelischen Theologie u. 1954-61 der Medizin - Bis 1974 Leiter Depressionsforschungsabteilung Psychiatr. Univ.klinik Basel - Vorst.-Mitgl. Intern. Ges. f. Tiefenpsych. Stuttgart; Mitgl. Intern. Ges. f. Selbstmordverhütung Wien, Intern. Ges. f. Religionspsych., u. a. Fachvereinig. BV: D. Glaube bei Depressiven (Forum d. Psychiatrie, Bd. 4), 1977 - Liebh.: Barockmusik (Orgel), Phil., Religions- u. Tiefenpsychol. - Spr.: Engl., Franz.

HOLENSTEIN, Elmar

Dr. phil., Prof. f. Philosophie ETH Zürich - Hadlaubstr. 129, CH-8006 Zürich - Geb. 7. Jan. 1937 St. Gallen/Schweiz (Vater: Adolf H.; Mutter: Johanna, geb. Fürer) - Univ. Leuven, Heidelberg, Zürich (Phil., Psych., Linguistik) - 1971-73 Wiss. Mitarb. Husserl-Archiv Leuven, 1977-90 Prof. f. Phil. Univ. Bochum, 1986/87 Gastprof. Tokyo-Univ. - BV: Phänomenologie d. Assoziation, 1972; Roman Jakobsons phänomenol. Strukturalismus, 1975 (engl. 1976); Linguistik, Semiotik, Hermeneutik, 1976. Von d. Hintergehbarkeit d. Sprache, 1980; Menschliches Selbstverständnis, 1985; Sprachliche Universalien, 1985 - 1974 10. Bourse Burrus - Spr.: Engl., Franz.

HOLIK, Josef

Dr., Botschafter, Beauftragter d. Bundesreg. f. Abrüstung u. Rüstungskontrolle - Geb. 20. April 1931 Tetschen/Elbe, kath., verh. s. 1965 m. Wiltrud, geb. Magis, 3 Kd.

HOLKENBRINK, Heinrich

Staatsminister a.D., MdL Rheinland-Pfalz - Liebfrauenstr. 3, 5500 Trier (T. dstl.: Mainz 1 61; priv.: Trier 7 22 12) - Geb. 23. Jan. 1920 Handorf/W. (Vater: Wilhelm H., Bauer; Mutter: Maria, geb. Böckenholt), kath., verh. s. 1947 m. Anni, geb. Overbeck, 6 Kd. (Christoph, Thomas, Hildegard, Bernhard, Ullrich, Georg) - Gymn. Paulinum Münster/W.; Univ. ebd. (Philol.; Stud. 1940-45 durch Wehrdst. unterbr.) u. Mainz, dazw. Päd. Akad. Bad Neuenahr, 2. Lehrer- (1950) u. Ass.ex. (1954) - Gymnasialdst. Wittlich u. Trier (Studienrat); 1966-84 Vors. CDU-Bez.verb. Trier; 1967-71 Staatssekr. u. Min. f. Wirtschaft u. Verkehr Rhld.-Pfalz; 1971-85 Minister f. Wirtschaft u. Verkehr; 1959-61 u. s. 1971 MdL Rhld.-Pfalz; 1961-67 MdB. B. 1961 Landesvors. Jg. Union; Mitgl. Landesvorst. CDU - 1970 BVK I. Kl., 1975 Gr. BVK, 1985 Stern u. Schulterbd. dazu.

HOLL, Arthur

Dr. rer. nat., Prof. f. Zoologie Univ. Gießen - Baumgartenstr. 1, 6300 Gießen-Petersweiher.

HOLL, Josef

Abteilungsdirektor Verein. Saar-Elektrizitäts-AG., Saarbrücken - Heinrich-Böcking-Str. 10-14, 6600 Saarbrücken (T. 60 74 40); priv.: Siercker Weg 10, 6640 Merzig-Fitten (T. 06861 - 25 38) - Geb. 11. Febr. 1921 Saarbrücken (Vater: Albert H., Werkm. †; Mutter: Katharina, geb. Maurer), kath., verh. s. 1947 m. Ottilie, geb. Becker, T. Ruth - Volks- u. Handelssch. - Kaufm. Lehrling u. Angest. (zeitw. Buchhalter) Rhein.-Westf. Elektrizitätsw., Essen (Verw. Merzig, Trier, Merzig); dazw. 7 1/2 J. Wehrdst. (Luftw. (Funker) u. Fallschirmjr.) u. Kriegsgefangensch.; 1964-68 I. Beigeordn. Merzig, 1974-79 Fraktionsvors. Stadtrat Merzig; s. 1969 Personalchef VSE, Saarbrücken (1976 Prokura u. Dir.). 1960-75 MdL Saarl. SPD s. 1955 (1960 Unterbezirksvors.).

HOLL, Karl

Dr. phil., Prof. f. Geschichte, vor allem Dt. Parteien- u. Zeitgesch. Univ. Bremen (s. 1971) - Beethovenstr. 25, 2800 Bremen - Geb. 22. Juni 1931 Altendiez/Lahn - Promot. 1950 - Hochschulprof. Neuwied u. Koblenz. Div. Publ. - 1979-82 Mitgl. d. Brem. Bürgersch. (F.D.P.).

HOLLACK, Joachim

Dipl.-Kfm., Dipl.-Vw., Baukaufmann, Dir., Vorst.-Mitgl. i. R. - Paracelsusstr. 4, 8000 München 45 (T. 089 - 316 46 36) - Geb. 20. Juni 1924 Dresden, ev., verh. 2 Kd. - Wirtsch.obersch. Dresden; Univ. München (Betriebsw.); Univ. Innsbruck (Volksw.); TH München (Bauwesen) - Spr.: Engl.

HOLLÄNDER, Hans

Dr. phil., o. Prof. f. Kunstgeschichte - Kardinalstr. Nr. 1, 5100 Aachen - Geb. 6. Febr. 1932 Hamburg - Promot. 1959 Tübingen - S. 1964 (Habil.) Lehrtätigk. Univ. Tübingen (1970 apl. Prof.) u. THAachen (1971 Ord. u. Inst.sdir.) - BV: Mario Persico, 1968; Frühes Mittelalter, 1969; Hieronymus Bosch, 1975.

HOLLÄNDER, Hans-Jürgen

Dr. med., Prof., Chefarzt Frauenklinik St. Johannes-Hospital Duisburg-Hamborn, u. Ärztl. Direktor (s. 1986) - An d. Abtei 11, 4100 Duisburg-Hamborn (T. 546 26 11) - Geb. 2. Aug. 1936 Coesfeld (Vater: Ernst H., Oberstlt.; Mutter: Hedwig, geb. Schürmann), kath., verh. s. 1963 m. Dr. Annerose, geb. Ellinghaus, 3 Kd. (Martin, Mechthild, Thomas) - S. 1976 apl. Prof. Univ. Münster - BV: D. Ultraschalldiagnostik in d. Schwangerschaft, 3. A. 1984 - 1986 Ehrenmitgl. Dt. Ges. f. Ultraschall in d. Medizin.

HOLLÄNDER, Heinz

Dr. rer. pol., o. Prof. f. Volkswirtschaftslehre Univ. Dortmund - Dahmfeldstr. 78, 4600 Dortmund 50.

HOLLAND, Gerhard

Dr. med., Prof., Chefarzt Augenklinik Ev. Krankenanstalten, Duisburg-Nord - Fahrner Str. 133, 4100 Duisburg 11 - Geb. 19. April 1929 Gingst/Rügen - S. 1962 (Habil.) Lehrtätigk. Univ. Kiel u. D'dorf (1968 apl. Prof. f. Augenheilkd.; zul. Oberarzt Augenklinik). Fachaufs.

HOLLAND, Gerhard

Senator E. h., Dr. rer. pol. - Bernusstr. 7, 6000 Frankfurt/M. 90 - Honorar-Generalkonsul Republik Liberia, Geschäftsf. Tellus Ges. f. Halogenidmetallurgie mbH, bd. Frankfurt/M., Dt. Filmwochenschau GmbH, Blick in d. Welt, Remagen, Blick in d. Welt, Film- u. Dokumentations-GmbH, Frankfurt/M. - Herausg.: Dt. Filmwochenschau Blick in d. Welt (wöchentl. s. 1945); Buchr.: Didaktik d. Naturwiss. (Bd. I Physik in 700 Experimenten); Filmserie: 700 Filme üb. 700 Grundlagenversuche d. Physik - Kuratoriumsvors. Hess. Inst. f. Luftfahrt, Inst. TH Darmstadt - Chevalier de l'Ordre de la Couronne, Belgien; Grand Commander of the Liberian Humane Order of African Redemption; Ehrensenator TH Darmstadt.

HOLLAND, Gerhard

Dr. phil., Prof. f. Didaktik d. Mathematik Univ. Gießen (s. 1968) - Königsberger Str. 5, 6301 Pohlheim 6 - Verh. m. Else, geb. Kallenbach, 3 Kd. (Frank, Birgit, Wulf-Heiner) - BV: Geometrie f. Lehrer u. Studenten, Bd. 1 u. 2 1974/77; Problemlösen mit micro-PROLOG, 1986; Geometrie in d. Sekundarstufe, 1988.

HOLLAND, Günter

Chefredakteur Augsburger Allgemeine - Curt-Frenzel-Str. 2, 8900 Augsburg; priv.: Dr.-Rost-Str. 26, 8901 Neusäß - Geb. 13. Nov. 1923 Brambauer/W. - Zul. stv. Chefredakt., jetzt auch Herausg. AA - 1972 Bayer. VO.

HOLLAND, Jörn

Dr.-Ing., o. Prof. f. Reibungstechnik u. Maschinenkinetik u. Institutsdir. TU Clausthal (s. 1972) - Lange-Hop-Str. 47e, 3000 Hannover-Kirchrode - Daniel-Flach-Str. 6, 3392 Clausthal-Zellerfeld - Geb. 5. April 1932 Magdeburg (Vater: Gerhard H., Kaufm.; Mutter: Ruth, geb. Krause), ev., verh. s. 1959 m. Marianne, geb. Kirste, 2 Kd. (Kai, Jan) - Wilhelm-Gymn. Braunschweig; 1950-55 TH Braunschweig u. Hannover (1955; Dipl.-Ing.). Promot. 1958 - 1958-70 Prok. Eisenwerk Wülfel; 1970/71 Geschäftsf. Heylo; 1975/76 Fachber.dekan, 1980/81 Dekan d. Fak. Bergbau, Hüttenwesen u. Masch.wesen; 1989 Senatsmitgl. (Senator); 1989 Präs. d. WGMK - BV: Beitrag z. Erfassung d. Schmierverhältnisse in Verbrennungskraftmaschinen, 1959; Tribologie-Handbuch, 1978 (T. I: Grundlagen, II: Tribotechnik) - Liebh.: Sport - Spr.: Engl. - Bek. Vorf.: Wilhelm H., Generalstaatsanw. (Großv.), Dr. Friedrich Wilhelm H., Oberlandesgerichtspräs. (Onkel).

HOLLAND, Nikolas
s. Haag, Klaus

HOLLANDER, von, Jürgen
Schriftsteller - Milbertshofener Pl. 5, 8000 München 13 (T. 350 80 90) - Geb. 26. Dez. 1923 Düsseldorf, verh. s. 1950 m. Edith, geb. Schambeck, 3 Kd. (Hannes, Nikolaus, Michaela) - Stud. d. Biol. - BV (1952 ff.): E. Handvoll Zeit (R.), D. Riviera, Provence, Föhn u. a. Wetterschreck, Sizilien, München e. dt. Himmel (R.), Johann Gottfried Seume (Biogr.), Abraham a Santa Clara (Biogr.), Buch f. Münchenbummler, Wir entdecken d. Tiere u. d. Pflanzen (Kinderb.), Warum geht ein Baum nicht spazieren (Kinderb.), Brockmanns gesammelte 47er, D. nasse Element, Bergwelt f. Genießer, Wir leben m. Tieren u. Pflanzen, Affen, D. Buch vom Kuckuck, m. Trab durch d. Zeiten (Pferde), D. Buch v. d. Schnecken, Hälfte d. Lebens, D. Buch v. Alter, D. neue Waldbrevier, Aquarienbuch, Tauchbuch, Bloß e. halbe Stunde oder so, Das dts. Alpenland; Menschen, Wege, Stationen (Anthol., 3 Bde.); D. 7 Biol. Bücher f. Kinder. Hör- u. Fernsehsp. - 1971 Tukan-Preis Stadt München; Ehrengabe d. Stiftg. z. Förd. d. Schrifttums (Bayr. Rundf.); 1983 Schwabinger Kunstpreis f. Lit. - Bek. Vorf.: Walther v. Hollander, Schriftst. (Onkel, s. XVII. Ausg.).

HOLLE, Fritz
Dr. med., o. Prof. f. Spez. Chirurgie - Lindenstr. 7, 8000 München 90 (T. 64 60 68) - Geb. 30. April 1914 Neu-Ulm (Vater: Dr. med. August H., prakt. Arzt, München), ev., verh. s. 1958 m. Dr. med. Gertrud, geb. Reiser, T. Isabel - Univ. München (Promot.) u. Berlin - Chir. Weiterbild. Prof. Eerland (Groningen), Holmes Sellors (London), Prof. Nissen (Basel) u. Janker (Bonn); 1951-61 Oberarzt Chir. Univ.klin. Würzburg (1952 Privatdoz.), 1958 apl. Prof.; s. 1961 ao. u. o. Prof. (1965) Univ. München (Dir. Chir. Poliklinik) - BV: Holle-Sonntag, Grundriß d. ges. Chir., 2 Bde. 1960. Üb. 80 Einzelveröff. - Liebh.: Phil., Musik, Lit., Gesch., Segeln, Bergsport - Spr.: Engl. - Bek. Vorf. ms.: Hofrat Max Wülfert (ehem. Vorst. Münchner Kunstverein).

HOLLECK, Ludwig
Dr.-Ing., o. Prof. f. Chemie (emerit.) - Von-Mader-Str. 19, 7770 Überlingen - Geb. 2. April 1904 Wien, verh. s. 1935 m. Dr. phil. Eleonore, geb. Finke, 3 Kd. - Gymn. u. TH Wien (Dipl.-Ing. 1927, Dr. techn. 1930). Habil. 1937 Wien - Assist. TH Wien, wiss. Mitarb. Physikal.-Techn. Reichsanst., Berlin, s. 1938 Lehrtätig. Univ. Freiburg/Br. (Doz.), Straßburg (1943 apl. Prof.), Freiburg, Hamburg, Ges.hochsch. Bamberg (1962 o. Prof.) - BV: Physikal. Chemie u. ihre rechner. Anwendung (Thermodynamik), 1950. Etwa 140 Veröff. (Physikal. Chemie u. Elektrochemie).

HOLLENBACH, Gerhard
Dr. phil., Dipl.-Psych., Prof. f. Kybernetik (Informationsprax) TU Berlin - Franklinstr. 28/29, 1000 Berlin 10; priv.: Am Eikerberg 5, 4938 Schieder-Schwalenberg 2 - Geb. 24. Jan. 1940 Würzburg - Promot. 1970 Univ. Würzburg - 1968-70 Chefredakt. intern. Lexikon d. Psych. im Herder-Verlag Freiburg, 1973 PH Berlin, s. 1980 TU Berlin - BV: Begriffswörterb. d. kybernet. Päd.

HOLLENBERG, Cornelis Petrus
Dr. rer. nat., o. Prof. f. Mikrobiologie - Chopinstr. 7, 4000 Düsseldorf (T. 71 79 14) - Geb. 30. Okt. 1940 Akersloot/Niederl. (Vater: Petrus Nicolaas H.; Mutter: Catherina, geb. Vrouwe), verh. s. 1966 m. Reneé, geb. Krudop, 2 Kd. (Charlotte, Wouter) - Biol.-Stud. Univ. Amsterdam 1959-66, Promot. 1971 - 1967-71 wiss. Assist. Univ. Amsterdam, 1971-73 N.I.H. postdoct. fellow, res. Ass. Univ. Washington/USA u. Univ. o. British Columbia Vancouver/Canada; 1973-79 Wiss. Assist. Max-Planck-Inst. f. Biol. Tübingen; s. 1979 Inst.Dir. (Mikrobiolog.) Univ. Düsseldorf - BV: Div. Veröff. in intern. wiss. Ztschr.

HOLLENBERG, Gerd
Dr. jur., (T. persönl. haft. Gesellschafter Marcard, Stein & Co. Bankiers s. 1790, Hamburg, Köln, Braunschweig - Unter Sachsenhausen 10-26, 5000 Köln 1; priv.: Baumhofstr. 31, 4630 Bochum (T. 0221 - 16 62-0) - Geb. 23. Juni 1928 - Spr.: Engl., Franz. - Rotarier.

HOLLENDER, Wolfgang
Dipl.-Volksw., Vorstandsmitglied Dt. Hypothekenbank (AG), Hannover/Berlin - Georgsplatz 8, 3000 Hannover 1 - Geb. 11. Juni 1939 Berlin.

HOLLER, Alfred
Dr. rer. pol., Dipl.-Kfm., Vorstandsmitglied Jagenberg-Werke AG, Düsseldorf; Vors. Fachverb. Kartonverpack. f. flüss. Nahrungsmittel, Rheinstr. 36, 6200 Wiesbaden; priv.: Am Mühlenbach 1, 4005 Meerbusch - Geb. 28. Sept. 1933.

HOLLER, Erwin
Leiter Gesamtvertrieb, Sparte Spinnvliesstoffe, Fa. Carl Freudenberg, Kaiserslautern (s. 1981) - Bremer Str. 10a, 6750 Kaiserslautern - 1976-81 Vorstandsmitgl. Kammgarnspinnerei Kaiserslautern; bis 1976 Leit. Fasern Monsanto (Dtschl.) GmbH, Düsseldorf; Geschäftsf. AGA-Garn GmbH, Crailsheim; Leit. Export-Marketing Enka Glanzstoff AG, Wuppertal.

HOLLERBACH, Alexander
Dr. jur., o. Prof. f. Rechts- u. Staatsphilosophie, Geschichte d. Rechtswiss. u. Kirchenrecht - Parkstr. 8, 7806 March-Hugstetten/Baden (T. 07665 - 22 51) - Geb. 23. Jan. 1931 Ottenau/Baden (Vater: Josef H., Bürgerm.; Mutter: Maria, geb. Eirich), kath., verh. s. 1959 m. Margrit, geb. Herrmann, 5 Kd. (Friederike, Matthias, Dorothee, Barbara, Ulrich) - Gymn.; 1950-54 Univ. Freiburg, Bonn, Heidelberg. Jurist. Staatsex. 1954 u. 59. Promot. 1956; Habil. 1964 - S. 1966 Ord. WH bzw. Univ. Mannheim u. Univ. Freiburg (1969) - BV: D. Rechtsgedanke b. Schelling, 1957; Verträge zw. Staat u. Kirche in d. BRD, 1965; Neuere Entwicklungen d. kath. Kirchenrechts, 1974 - Spr.: Engl., Franz.

HOLLFELDER, Peter
Prof., Konzertpianist - An d. Mühltannen 51, 8700 Würzburg (T. 0931 - 9 31 14) - Geb. 24. Nov. 1930 München (Vater: Lorenz H., Rechtsanw.; Mutter: Hela, geb. Hetzel), ev., verh. s. 1963 m. Ellen, geb. Potthoff, 2 Söhne (Michael, Axel) - Gymn. u. Musikhochsch. München (1950-56; Staatsprüf. Klavier 1953. Meisterdipl. 1956) - B. 1963 Konzertpianist, dann Prof. Musikhochsch. Würzburg (1974 ao., 1980 o. Prof./Lehrst. f. Klavier). Konzerttätig. Europa u. Asien. Schallpl. (zul. Klaviermusik v. Johannes Brahms/FSM 33122 CV) - BV: Geschichte d. Klaviermusik, 1989 - Spr.: Engl. - Rotarier.

HOLLIDAY, Melanie
Lyrische Koloratursopranistin, Sängerin - Wilhelmstr. 4, 8000 München 40 (T. 089 - 39 54 50) - Mitgl. Ensemble Wiener Volksoper (Oper, Operette, Musical).

HOLLJE-LÜERSSEN, Otto
Dr., Hauptgeschäftsführer Handwerkskammer Oldenburg - Theaterwall 32, 2900 Oldenburg/Oldbg. - Geb. 8. Juni 1932.

HOLLMANN, Carlheinz
Journalist, Geschäftsführer Carlheinz Hollmann Produktion, Werbeberatung + Public Relations - Waldring 20, 2125 Luhmühlen (T. 04172 - 72 00 + 63 00; Autot.: 0161 - 242 30 19; Fax 04172 - 76 56) - Geb. 1. Dez. 1930 Hamburg (Vater: Gustav H., Kaufm.; Mutter: Erica, geb. Harder), ev., verh. s. 1958 m. Gerti, geb. Daub, 2 Kd. (Nils, Nicole) - Christianeum (Abit.); Kaufm. Ausb. m.

Ex. - Ab 1953 Rundf. (NWDR), ab 1955 Fernsehen; ltd. Redakt. NDR u. RTL; ab 1984 Axel Springer-Verlag (Chefredakt. Hörfunk); ab 1988 Produzent KLARtext, RTL PLUS; Gesellsch. MACH 5, Veranstaltungen nach Maß, Hanse-Kuppel GmbH - Fernsehen: Moderator Aktuelle Schaubude, Schaufenster Deutschl, D. ist ihr Leben - Liebh.: Sport, Weltraum - Spr.: Engl., Franz.

HOLLMANN, Gerhard
Dipl.-Ing., Vorstandsmitglied Friedrich Deckel AG./Präzisionsmechanik u. Maschinenbau (s. 1972) - Franz-Josef-Str. 23, 8000 München 40.

HOLLMANN, Rolf
Kaufmann, Vorstandsmitglied CO-OP Ostwesthandel + Import AG - Hahnstr. 72, 6000 Frankfurt/M. (dstl.) - Geb. 31. Juli 1925 Wuppertal, verw., S. Michael.

HOLLMANN, Wildor

Dr. med., Dr. h. c., Prof., Lehrstuhlinh. f. Kardiologie u. Sportmed., Gründ. u. Leit. Inst. f. Kreislaufforsch. u. Sportmed. (em.) Dt. Sporthochsch. Köln - Roermonder Str., 4057 Brüggen/Ndrh. (T. 02163 - 54 30, dstl.: Köln 498 25 10) - Geb. 30. Jan. 1925 Menden/Sauerl. (Vater: Albert H., Prokurist; Mutter: Henriette, geb. Bomnüter), kath., verh. s. 1954 m. Ingeborg, geb. Cüsters, 2 Kd. (Helmut, Ulrike) - Schule Menden; Stud. Engl. u. Köln (Promot. 1954). Habil. 1961 Köln - S. 1958 Sporthochsch. Köln (1965 o. Prof., 1969-71 Rektor) u. a. Entwicklung neuer Untersuchungsmeth. v. Herz, Kreislauf, Atmung, Muskelstoffwechsel - BV: D. Arbeits- u. Trainingseinfluß auf Kreislauf u. Atmung, 1959; Höchst- u. Dauerleistungsfähigk. d. Sportlers, 1963; Körperl. Training als Prävention v. Herz-Kreislaufkrankh., 1965. Herausg.: Zentrale Themen d. Sportmed., Sportmed. - Arbeits- u. Trainingsgrundl. (1976; m. Hettinger), 2. A. 1980. Üb. 400 Einzelarbeiten. Hauptschriftltr.: Dt. Z. f. Sportmed. (Fachbl. Dt. Sportärztebd.) - 1961 Carl-Diem-Preis; 1964 Hufeland-Preis; 1969 Max-Bürger-Preis; 1976 Noel-Baker-Forsch.-Preis UNESCO; Ehrenvizepräs. südafrikan. Ges. f. Prävention u. Recreation, Ehrenmitgl. mehrerer Ges. f. Sportmed., 1975 Ernst-v.-Bergmann-Plak. Bundesärztekammer, 1975 Goldmed. Jap. Ges. f. Altersport; 1982 Gr. BVK; 1984 Präs. Dt. Sportärztebd.; 1986 Ehrenpreis f. Forsch. d. U.S.-Akad. f. Sport; Dr. h. c. Univ. Brüssel; Präs. Weltverb. f. Sportmed.

HOLLMANN, Wilhelm
Landwirt, MdL Schlesw.-Holst. (Wahlkr. 10/Dithmarschen Nord) - 2242 Oesterdeichstrich/Post Büsum (T. 04834 - 14 74) - Geb. 3. Okt. 1922 Hohenelbe/Sudetenland - CDU.

HOLLREISER, Heinrich
Prof., Dirigent - Zu erreichen üb. Deutsche Oper, Richard-Wagner-Platz 10, 1000 Berlin 10 - Geb. 24. Juni 1913 München, kath., verh., 1 Kd. - Gymn. u. Akad. d. Tonkunst München, Schüler v. Clemens Krauß - Ab 1935 Opernkapellm. Darmstadt, Mannheim (1937), Duisburg (1939), 1942-45 I. Kapellm. Staatsoper München, 1945-52 Generalmusikdirektor u. Stellvertreter d. Generalintendanten Düsseldorf, dann I. Kapellm. Staatsoper Wien, 1961-65 Chefdirig. Dt. Oper Berlin, seither ständ. Gastdirig. Dt. Oper Berlin, Staatsoper Wien u. München, Bamberger Sinfoniker, Bayreuther Festsp. sow. Metropolitan Opera New York. Auslandsgastsp.: San Francisco Opera, Ringzyklus d. Dt. Oper Berlin in Tokio, Tristan u. Isolde m. d. Wiener Staatsoper in Tokio, 1989 4 Parsifal-Auff. d. Wiener Staatsoper in Tokio; Gastspielverträge Dt. Oper Berlin, Wiener Staatsoper u. Staatsoper München, 1990 Staatsoper Hamburg - 1970 Österr. VO. f. Kunst u. Wiss. I. Kl. - 1973 Bayer. VO., 1978 Ehrenmedaille Wien in Gold; 1983 Ehrenmitgl. Dt. Oper Berlin; 1988 Clemens-Krauss-Med. Konzertvereinig. Wiener-Staatsopernchor.

HOLLWEG, Hans

M.A., Deutschlehrer, Schriftsteller - Funkstr. 112/302, CH-3084 Wabern b. Bern (0041-31-961 63 78)- Geb. 25. Nov. 1942 Berlin - 1963-70 German., Volkskunde (Psychol.) Univ. Frankfurt/M.; Magisterprüfung 1970 (M.A.) - BV: u.a. Von Herzen mit Scherzen - Gereimte Korrespondenz, 1986; Katze aus dem Sack, Komödie 1987; In d. Kürze d. Würze, Aphor., Knittelverse, Schüttelreime, 1988; Peter in d. Patsche, Posse 1989; Heimliche Hoffnungen, Komödie 1990; Ich bin nur e. armer Dichtergesell - Gereimtes Selbstporträt e. kauzigen Poeten, 1992.

HOLLWEG, Uwe
Großhandelskaufmann, Mitgl. Brem. Bürgerschaft (s. 1975) - Alten Eichen 36a, 2800 Bremen 33 - Geb. 13. Okt. 1937 Bremen, ev., verh., 3 Kd. - Rudolf-Steiner-Sch. Bremen (Mittl. Reife); 2 J.

Staatl. Handelssch.; Großhandelsausbild. ebd. - 1956 ff. Geschäftsf. Cordes & Gräfe Sanitär- u. Heizungsgroßhdl. u. Cordes & Gräfe Beteiligungs- u. Finanzierungsges. mbH. & Co., beide Bremen, sow. GC Sanitär- u. Heizungs-Handels-Contor GmbH., Bonn. CDU (Vorst. Landesverb. Bremen).

HOLLWICH, Werner

Gewerkschaftssekretär, MdL Bayern (s. 1978, Wahlkr. Unterfranken; SPD) - Hans-Lingl-Str. 9, 8720 Schweinfurt - Geb. 29. April 1929 Schweinfurt - Volkssch. Bergrheinfeld; 1943-45 Lehrerbildungsanst. Würzburg; Maurerlehre - N. Gesellenprüf. Facharbeitertätigk. Schweinfurt, Bergrheinfeld, Frankfurt/M.; 1952-78 Geschäftsf. IG-Bau-Steine-Erden, Schweinfurt; 1961-79 Stadtrat Schweinfurt; s. 1962 Vors. d. Vertretervers. AOK Schweinfurt; 1978-88 Vors. SPD-Kreisverb. Schweinfurt-Stadt. Im Landtag Mitgl. d. Aussch. f. Sozial-, Gesundheits- u. Familienpolitik u. f. innerdeutsche Entw. u. Grenzlandfragen.

HOLM, Claus

Schauspieler - Bayernallee 15, 1000 Berlin 19 (T. 304 48 35) - Geb. 4. Aug. 1918 Bochum, verh. - 3 J. Bergmann - Bühne (u. a. Mitgl. Städt. Bühnen Berlin), Film (u. a. Ehe im Schatten, Grube Morgenrot, D. lustigen Weiber v. Windsor, D. Beil v. Wandsbek, Rittm. Wronski, Heideschulm. Uwe Karsten, D. Pfarrer v. Kirchfeld, Wenn d. Alpenrosen blühen, Nachts, wenn der Teufel kam, Für 2 Groschen Zärtlichkeit, D. Lindenwirtin v. Donaustrand, ...denn keiner ist ohne Sünde, Rivalen d. Manege, D. Mädchen v. Moorhof, D. ind. Grabmal, D. Tiger v. Eschnapur, Im Namen e. Mutter), Fernsehen. 1973ff. stv. Vors. GDBA/ Landesverb. Berlin.

HOLM, Renate

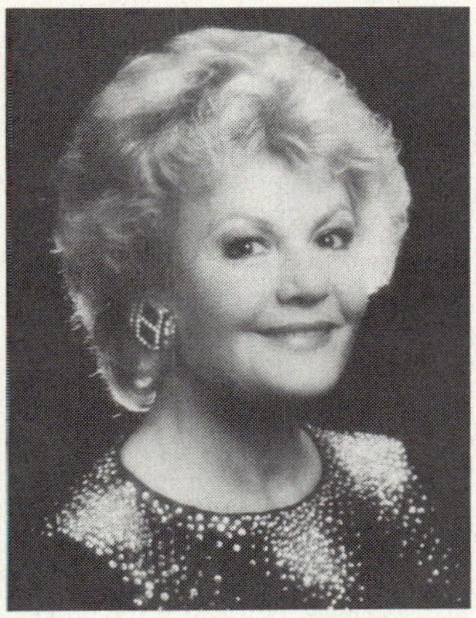

Kammersängerin - Schloßmühle, Altenmarkt im Tale 46, A-2031 Eggendorf (T. 02953 - 82 49); Cottagegasse 82, A-1190 Wien (T. 0222 - 36 16 30) - Geb. in Berlin - Ausb. dipl. zahnärztl. Assist.; Gesangsunterricht; 1950-52 Gesangsstud. b. d. Koloratursopranistin Maria Ivogün u. Waltraud Waldeck - Schlagersängerin; 12 Musikfilme; 1957 Engagem. Wiener Volksoper (Debüt als Helene im Walzertraum v. Oscar Straus); 1960 erster Auftr. an d. Wiener Staatsoper; s. 1961 Ensemblemitglied d. Wiener Staatsoper, vornehml. Mozartsängerin, aber auch Puccini, Rossini, Donizetti, Weber, Wagner, Verdi - Gastspiele b. d. Salzburger Festspielen u. an d. Opernhäusern Hamburg, München, Berlin, London, Genf, Buenos Aires (Dirig. Herbert v. Karajan, Karl Böhm, Carlos Kleiber, u.v.a.) - Konzerttourneen durch d. USA - S. 1971 Österr. Kammersängerin; 1977 erste Liederabende (Brahms, R. Strauß, Schubert, Wolf, Reger), weiterh. Operetten, Wienerlieder, bes. Vorliebe f. Robert Stolz; eig. Kompositionen; 1987 erste Sprechrolle am Theater am Kurfürstendamm Berlin (Miniaturen v. Curt Goetz, 111 Vorstellungen en suite); 1989 Sprechrolle am Volkstheater Wien (Liebe u. Magie in Mamma's Küche v. Lina Wertmüller); Lehrtätigkeit f. Gesang (m. Gesangssem.) - 1956 1. Preis Song Contest Italien; 1. Pr. b. Gesangswettbew. d. RIAS Berlin (Rundfunk); 1975 Goldene Schallpl. (LP); Robert-Stolz-Med.; Nico-Dostal-Auszeichn.; 1986 Gold. Ehrenring d. Wiener Staatsoper; 1987 Ehrenmed. in Gold d. Bundeshauptstadt Wien.

HOLM, Werner

Dipl.-Kfm., Geschäftsführender Gesellschafter Schwartauer Werke GmbH & Co., Bad Schwartau - Rönnauer Weg 11, 2400 Lübeck-Travemünde - Geb. 15. Juli 1940.

HOLMBERG, Börje

Dr., em. Prof. f. Methodenlehre d. Fernstudiums Fernuniv. Hagen - Ö.Almgatan 79, S-23437 Lomma (T. 0046 - 40 - 41 23 63) - Geb. 22. März 1924 Malmö/Schweden (Eltern: Carl Axel H. u. Klara, geb. Olsson), ev., verh. s. 1947 m. Anna de la Motte, 4 Kd. (Karin, Ingrid, Carl Axel, Sven) - Univ. Lund/Schwed. (Fil. Mag. 1946, Promot. 1953, Habil. 1956) - 1947-49 Leit. Volksbildungsverein Univ. Lund; 1949-52 Studienrat; 1952-55 Hochschulassist. Lund; 1956-66 Wiss. Dir. Hermods/ Schwed. (Fernstud.-Einricht.), 1966-75 Generaldir. Hermods, 1975-90 Prof. Fernuniv. Hagen - Zahlr. Veröff., mehrere Bücher - 1974 Ritter I. Kl. schwed. Vasa-Orden; 1974 Ritter I. Kl. finn. Orden d. Weißen Rose; 1985 Dr. h. c. Deakin Univ., Australien; 1986 Dr. h. c. Open Univ., Engl. - Spr.: Engl., Franz., Schwed., Deutsch.

HOLMES, Kenneth Charles

Ph.D., M.A., Dipl.-Physiker, Prof. f. Biophysik u. Direktor Max-Planck-Inst. f. med. Forschung Univ. Heidelberg (s. 1968) - Mühltalstr. 117b, 6900 Heidelberg (T. 06221-47 13 13) - Geb. 19. Febr. 1934 London, anglik., verh. s. 1957 m. Mary, geb. Scruby, 4 Kd. (Elizabeth, Andrew, Rebecca, Anna) - BA 1955 Cambridge/Engl., M.A. 1959 Cambridge, Promot. 1959 London - 1960-61 Res. Assoc. Childrens Hospital Boston; 1961-68 Scientific Staff, Labor. f. Molekularbiol., Cambridge - BV: The Use of X-Ray Diffraction in the Study of Protein and Nucleic Acio Structure, 1965 (m.a.; auch span.) - 1981 Fellow of Royal Society London - Liebh.: Rudern, Singen - Spr.: Deutsch, Engl. (Mutterspr.).

HOLMSTEN, Aldona,

geb. Gustas

Schriftstellerin, Malerin u. Graphikerin - Elßholzstr. 19, 1000 Berlin 30 (T. 216 56 75) - Geb. 2. März 1932 Karzewischken (Lit.), ev., verh. s. 1952 m. Georg H., Schriftst. (s. dort) - BV/Ged. (unt. Mädchennamen): Nachtstraßen, 1962; Grasdeuter, 1963; Mikronautenzüge, 1964; Blaue Sträucher, 1966; Notizen, 1968; Liebedichtexte, 1968; Worterotik, Ged. 1971; Frankierter Morgenhimmel, Ged. 1975; Puppenruhe, Ged. 1977; Eine Welle, eine Muschel oder Venus persönlich, Ged. u. Bilder, 1979; Luftkäfige, Ged. 1980; Sogar d. Himmel teilten wir, Ged. u. Bilder, 1981; Sekundenresidenzen, Ged. 1989; Körpernaturen, Ged. u. Bilder, 1991; Querschnitt, gesammelte Ged., 1992. Mitverf. v. üb. 90 Lyrikanthol., u. a. Alphabet (1961), Neue Expeditionen (1975), Berliner Malerpoeten (1974; zugl. Hrsg.); Erot. Ged. v. Frauen, TB (1985; zugl. Hrsg.); Erot. Ged. v. Männern, TB (1987; zugl. Hrsg.) - Mitgl. D. Kogge, Gedok., D. Künstlergilde.

HOLMSTEN, Georg

Schriftsteller u. Journalist - Elßholzstr. 19, 1000 Berlin 30 (T. 216 56 75) - Geb. 4. Aug. 1913 Riga, ev., verh. s. 1952 m. Aldona, geb. Gustas, Lyrikerin (s. unt. Aldona Holmsten) - Realgymn. Berlin - 1933 b. 1939 fr. Journ. u. Stud. (Lit. u. Gesch.), 1940-42 Chef v. Dienst Auslandsredaktion DNB, 1942-45 Wehrdst. (an Widerstandsbeweg. v. 20. Juli 1944 im OKW beteiligt), dann Schriftst. u. Lektor - BV (GA. üb. 1 Mill.): Großstadtmelodie - Berliner Miniaturen, 1946; D. Brückenkopf, Bericht v. Zus.bruch e. Armee, 1947; Okkultismus - D. Welt voller Geheimnisse, 1950; Lucrezia Borgia, histor. R. 1951; Elisabeth v. Österreich, histor. R. 1951; Ludwig XIV., histor. R. 1952; Rembrandt, histor. R. 1952; Maria Stuart, histor. R. 1953 (unt. Ps. Michael Ravensberg); Aurora v. Königsmarck u. d. Frauen um August d. Starken, histor. R. 1953; D. Königin v. Saba, histor. R. 1953; Salome, histor. R. 1954; Casanova, histor. R. 1955; Canifarciminologie, Satire 1968; Friedrich II. v. Preußen, Monogr. 1969; Voltaire, Monogr. 1971; Potsdam - Gesch. d. Stadt, d. Bürger u. Regenten, 1971; Rousseau, 1972; Brandenburg - Gesch. d. Mark, ihrer Städte u. Regenten, 1973; Endstation Berlin, 1974; Frhr. v. Stein, Monogr., 1975; 20. Juli 1944 - Personen u. Aktionen, Erlebnisber. 1975; Baedeker-Stadtführer Berliner Bez. Wilmersdorf, Wedding, Tempelhof, Kreuzberg, Steglitz, Charlottenburg, 1975-80; Deutschl. Juli 1944, 1982; Kriegsalltag 1939-1945, 1982; D. Berlin-Chronik, 1984; Berliner Miniaturen 1945, 1985. Mitverf.: Geheimnisse fremder Völker, 1956; Balt. Erbe, 1964; Spiele f. Stimmen, 1966; Nachbar Mensch, 1968; Wir erlebten d. Ende d. Weimarer Republik, 1982. Zahlr. Bearb. - 1981 BVK I. Kl.

HOLSCHNEIDER, Andreas

Dr. phil., Prof. f. Musikgeschichte, Schallplattenproduzent - Müllenhoffweg 7, 2000 Hamburg 52 - Geb. 6. April 1931 Freiburg - Promot. Tübingen 1960, Habil. Hamburg 1967 - Prof. f. Musikgesch. Univ. Hamburg; Präs. Dt. Grammophon/Archiv Prod. - Lit.: Riemann Musiklex., Kürschners Dt. Gelehrtenkalender, The New Grove Dictionary of Music and Musicians (1980).

HOLST, von, Dietrich

Dr. rer. nat., o. Prof. f. Tierphysiologie Univ. Bayreuth (s. 1975), Zoologe - Frankenwaldstr. 79, 8580 Bayreuth - Geb. 8. Aug. 1937 Danzig, verh. s. 1967 m. Doris, geb Schönfelder, 1 Sohn - Promot. (1969) u. Habil. (1971) München. Facharb.

HOLST, Herbert

Dipl.-Kfm., Freiberuflicher Wirtschaftsjournalist - Ernst-Eger-Str. 22, 2100 Hamburg 90 (T. 7 65 13 81) - Geb. 25. Jan. 1929 - 1950-53 Stud. Betriebsw. Univ. Hamburg; 1953-68 Geschäftsf. Wirtschaftsvereinig. Groß- u. Außenhandel, Hamburg; 1968-87 Geschäftsf. Verb. Dt. Reeder, Hamburg; 1987-91 Generalsekr. European Community Shipowners Assoc., Brüssel.

HOLST, Jürgen

Vorstandsmitglied Hertie Waren- u. Kaufhaus GmbH, Frankfurt - Zu erreichen üb. Hertie GmbH, Zentralverw., Lyoner Str. 15, 6000 Frankfurt/M. 71 - Geb. 5. Juni 1934 - Zuständ. f. Finanzen u. Controlling im Hertie-Vorst.

HOLST, Klaus-Ewald

Dipl.-Ing., Dr.-Ing., Vorstandsvorsitzender Verbundnetz Gas AG, Böhlitz-Ehrenberg (s. 1990) - August-Bebel-Str. 50, O-7030 Leipzig (T. 45 85-0) - Geb. 16. Mai 1943 Neustrelitz, ev., verh. s. 1967 m. Christa, geb. Nickel, Sohn Axel - Lehre u. Abit. 1957-61 Neustrelitz; Stud. 1962-67, Dipl. 1967; Promot. 1977 (alles Akad. Freiberg) - 1968-78 Entwicklungsing. Untergrundgasspeicher Leipzig VNG; 1978-80 Abt.-Leit. techn. Entwickl.; 1980-89 Hauptabt.-Leit. - Erf.: Verfahren z. Ermittlung zulässiger minimaler Innendrücke b. d. Untergrundspeicherung; Vorricht. z. Gaskavernensonderkomplettierung u. Verfahren zu ihrer Installation - Spr.: Engl.

HOLSTE, Heinz

Geschäftsführer i.R. Imperial-Werke GmbH (b. 1983) - Birkenstr. 11, 4980 Bünde/W. - Geb. 14. Dez. 1921.

HOLSTE, Werner

Dr.-Ing. habil., Univ.-Prof. - Tannenstr. 40, 4330 Mülheim/Ruhr - Geb. 19. Sept. 1927 Beckum/W. - 1963-68 Vorst.-Mitgl. DEMAG AG, Duisburg; 1968-73 Vorst.-Mitgl. Volkswagenwerk AG, Wolfsburg (Ressort: Forsch. u. Entw.); s. 1972 Leit. Inst. für Techn. Diagnostik, Mülheim/ Ruhr; 1977-89 Dir. u. geschäftsf. Vorst.-Mitgl., 1990/91 Vorst.-Vors. Techn. Akad. Wuppertal sowie Berat.tätigk. in Wirtschaft u. Lehre - 1957 (Habil.) Lehrtätigk. TH Aachen (1964 apl. Prof. f. Näherungsverfahren d. Schwingungslehre bzw. Auswirk. v. Gesetzgeb. auf d. Ausleg. v. Kraftfahrz.) u. TU Wien (1975 Honorarprof. f. industrielle Produktplanung). Fachveröff. - Liebh.: Jagd, Musik.

HOLSTEN, Dietrich Robert

Dr. med., Leiter Röntgenabt./Krankenhaus Siloah, Hannover, apl. Prof. f. Röntgenol. u. Strahlenheilkd. Med. Hochsch. ebd. (s. 1974) - Tannenweg Nr. 9, 3007 Gehrden.

HOLT, Hans

Schauspieler, Regisseur u. Autor - Weyrgasse 5, Wien III - Geb. 22. Nov. 1909 Wien, kath., verh. m. Renate, geb. Bremer - Gymn. u. Akad. f. Musik u. darstell. Kunst Wien - S. 1930 Dt. Volkstheat. Wien, Stadttheat. Reichenberg u. Mähr.-Ostrau, Scala Wien, Renaissance- u. Dt. Theat. Berlin, Theat. in d. Josefstadt Wien (s. 1940) u. Schauspielhaus Zürich (1946-47). Viele Theater- u. Filmrollen (Aufzähl. s. XIII. Ausg.; zul. u. a. Wien, du Stadt m. Träume, D. veruntreute Himmel, Ich werde dich auf Händen tragen, D. Trappfamilie in Amerika, E. Gruß aus Wien). Fernsehen: u. a. Familie Schöngruber, Serie - BV: D. Gassen, in denen wir zu Hause sind, Ged. 1945. Aufgef. Bühnenst.: Es wird einmal (Lsp.), D. Zaun (Volksst.), D. Herzspezialist (Lsp.), Rabenmutter (Lsp.) - 1964 Josef-Kainz-Med.

HOLTERMANN, Erhard

Dr. jur., Botschafter, Chef d. Protokolls d. Bundesregierung (s. 1988), Ausw. Amt - Zu erreichen üb. Ausw. Amt, 5300 Bonn - Geb. 30. Sept. 1931 Aachen, kath., verh. m. Mary, geb. Mills, 2 Kd. (Robert, Nicola) - Stud. Rechtswiss. S. 1961 Ausw. Amt, 1964-68 Botsch. Rom, 1971-75 Botsch. Bangkok, 1975-79 Botsch. Malawi, 1979-82 Botsch. Mali, 1982/83 Leit. Protokollref. Staatsbesuche, 1983-88 stv. Chef d. Protokolls.

HOLTERMÜLLER, Karl-Hans

Dr. med., Prof. f. Innere Medizin u. Dir. I. Med. Klinik St. Markus-Krankenh. Frankfurt/M. - Wilhelm-Epstein-Str. 2, 6000 Frankfurt/M. - Geb. 26. Okt. 1940 Saarbrücken - Med. Staatsex. u. Promot. 1965; ECFMG 1967; Habil. 1976 - 1967-69 MPI f. Zellchemie München; 1969-73 Mayo Clinic Rochester/Minn.; 1974-83 I. Med. Klinik Univ. Mainz; 1982 Gastprof. f. Inn. Med. u. Gastroent. Univ. of Texas, Dallas (USA); s. 1983 s. o. Üb. 120 Facharb. u. Buchbeitr. sow. 150 wiss. Vortr. Herausg.: Advances in Ulcer disease (m. J. Malagelada), Excerpta Medica Amsterdam, 1980; Therapie gastroenterologischer Erkrankungen (m. R. Gugler), 1986 - Mitgl. American Gastroenterological Assoc., American Pancreatic Assoc., European Soc. of Clinical Investigation, Dt. Ges. f. Inn. Med., Dt. Ges. f. Verdauungs- u. Stoffwechselkrankh., Ges. f. Fortschritte auf d. Geb. d. Inn. Med. - Spr.: Engl., Franz.

HOLTFORT, Werner

Dr. jur., Rechtsanwalt u. Notar, Landesvors. Nieders. (s. 1990) - Heinrich-Kümmel-Str. 4, 3000 Hannover 1 - Geb. 25. Mai 1920 Hannover (Vater: Bernhard H., Kaufm.; Mutter: Marga, geb. Beismann), verw. - 1946-49 Stud. Rechts- u. Staatswiss., Phil. u. Gesch. Univ. Göttingen (1. jurist. Staatsex. 1950, 2. Staatsex. 1954, Promot. 1952) - 1938 Militärdienst (Frontoffz., mehrf. verw.);

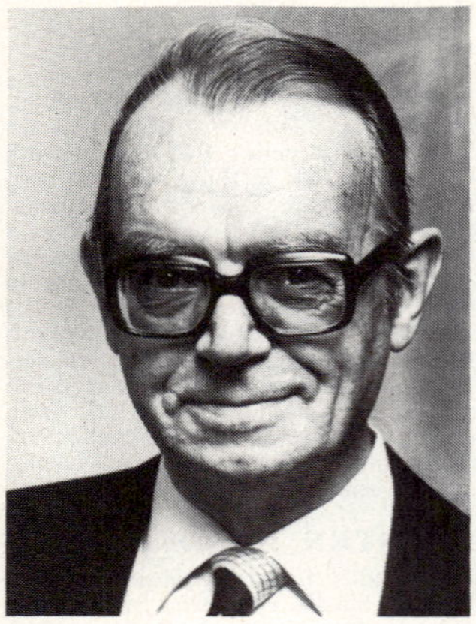

1955 Rechtsanw., 1960 Notar. 1968-73 1. Vizepräs. Rechtanw.kammer Celle; 1971-77 Präs. Notarkammer Celle, Mitgl. Präsid. Bundesnotarkammer; 1971/72 Mitgl. Nieders. Kommiss. f. d. Reform d. Juristenausb., 1973 Mitgl. Kommiss. f. d. Erricht. d. Rechtswiss. Fak. Hannover, 1972-76 Prüf. im Landesjustizprüf.-amt Hannover (f. d. Gr. Staatsex.); 1977-85 Mitgl. Bundesvorst., seitd. Beiratsmitgl. Humanist. Union. Ab 1979 Gründ. u. b. 1987 Bundesvors., seitd. Ehrenvors. Republik. Anwaltsverein. SPD (1976-78 Mitgl. Rechtspolit. Kommiss. b. Parteivorst., 1978-82 stv. Bundesvors. Arbeitsgem. sozialdemokrat. Juristen; 1982-90 MdL Nieders., stv. Vors. Aussch. f. Rechts- u. Verfass.fragen u. stv. Vors. Wahlprüfungsaussch.); s. 1991 stv. Mitgl. Staatsgerichtshof Nieders. Bückeburg - BV: u. a. Strafverteidiger als Interessenvertr., 1979; Hinter d. Fassaden - Gesch. e. dt. Stadt, 1982; D. Welfen u. ihr Schatz, 1984 - 1972 BVK I. Kl. (1988 zurückgegeben); 1992 Gr. Verdienstkreuz d. Nieders. VO - Liebh.: Gesch., Aquarelle, Ged. - Spr.: Engl., Franz.

HOLTFRERICH, Carl-Ludwig

Dr. rer. pol., o. Prof. FU Berlin - Goßlerstr. 15, 1000 Berlin 33 (Dahlem) - Geb. 23. Jan. 1942 Everswinkel/Westf. (Vater: Karl H., Kaufm.; Mutter: Elisabeth, geb. Bisping), kath., 2 Kd. (Volker, Diemut) - Univ. Münster (Dipl.-Volksw. 1966, Promot. 1971), Habil. 1979 FU Berlin - 1967-71 Wiss. Mitarb. Univ. Münster; 1971-74 Ref. BDI Köln; 1974-80 Assist. Prof. FU Berlin, 1980-83 Prof. Univ. Frankfurt; s. 1983 o. Prof. FU Berlin - BV: Quantitative Wirtschaftsgesch. d. Ruhrkohlenbergbaus im 19. Jh., 1973; D. dt. Inflation 1914-1923, 1980. Herausg.: Interactions in the World Economy, 1989; Wirtschaft USA, 1991; Beitr. z. Inflation u. Wiederaufbau in Dtschl. u. Europa 1914-24, Bd. 1ff. (1982ff.); de Gruyter Studies on North America, Bd. 1ff. (1988ff.) - 1975/76 J. F. Kennedy fellow Harvard Univ.; 1982 Gastprof. Oxford England; 1982/83 Fellow W. Wilson Center Washington D.C. - Spr.: Engl., Franz.

HOLTHOFF, Fritz

Prof., Landesminister a. D. - Albertus-Magnus-Str. 73, 4100 Duisburg-Huckingen (T. 78 33 03) - Geb. 5. Jan. 1915 Dortmund, verh. m. Ingeborg, geb. Kleemann, 2 Söhne - Realgymn. (n. externer Weiterbild. Abitur); prakt. Vorb. im Textilfach (Gesellenprüf.) auf d. Gewerbelehrerberuf; 1938 b. 1940 Hochsch. f. Lehrerbild. Dortmund - Lehrer, Leit. VHS Rünthe, Oberschulrat u. Beigeordn. Duisburg, 1966-70 (Rücktr. aus Gesundheitsrücks.) Kultusmin. Nordrh.-Westf. S. 1969 Honorarprof. Päd. Hochsch. Ruhr (Schulrecht u. Bildungspolitik). 1950-66 u. 1967-75 MdL NRW. SPD (Kreisvors. Unna). Verf. v. Schulb. - 1969 Gr. BVK.

HOLTHUSEN, Hans E.

Dr. phil., Prof., Schriftsteller - Agnesstr.

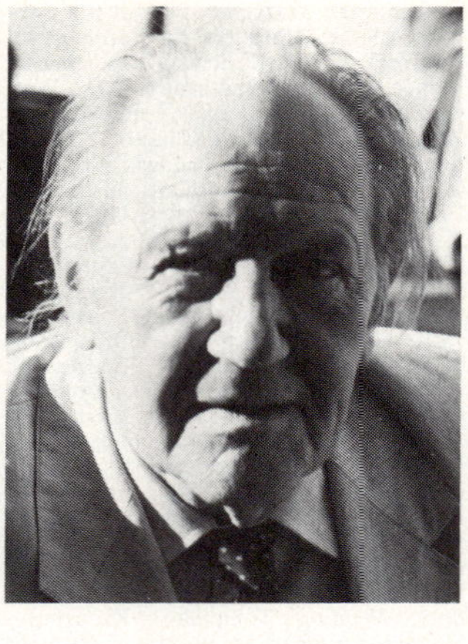

48, 8000 München 40 (T. 271 21 61) - Geb. 15. April 1913 Rendsburg/Schlesw. (Vater: Johannes H., Geistl.; Mutter: geb. Hagelstein), ev., verh. in 2. Ehe (1952) m. Inge, geb. Hävemeier, S. Stefan - Gymn. Cuxhaven u. Hildesheim; Univ. Berlin, Tübingen, München (Promot. 1937) - Ab 1937 Lektor f. ausl. Studenten Univ. u. Dt. Akad. München, 1939-45 Wehrdst., dann fr. Schriftst., 1961-64 Leit. Kulturelles Programm Goethe-Haus New York, 1968-81 Prof. Northwestern Univ. Evanston/USA (Lit.) - BV: Rilkes Sonette an Orpheus, wiss. Unters. 1937; Klage um d. Bruder, Ged. 1947; D. späte Rilke, Ess. 1949; Hier in d. Zeit, Ged. 1949; D. Welt ohne Transzendenz, Ess. 1949; D. unbehauste Mensch, Ess. 1951; Labyrinth. Jahre, Ged. 1952; Ja u. Nein, Ess. 1954; D. Schiff, Aufz. e. Passagiers, 1956; D. Schöne u. d. Wahre, Neue Studien z. mod. Lit., Ess. 1958; R. M. Rilke, Monogr. 1958; Krit. Verstehen Neue Aufs. z. Lit., Ess. 1961; Avantgardismus u. d. Zukunft d. modernen Kunst, Ess. 1964; Plädoyer f. d. Einzelnen, Ess. 1967; Indiana-Campus - E. amerik. Tageb., 1969; Eduard Mörike, Monogr. 1971; Kreiselkompass, Ess. 1976; Chicago Metropolis a. Michigansee, 1981; Sartre in Stammheim, Ess. 1982; Opus 19. Reden u. Widerreden aus fünfundzwanzig J., Ess. 1983; Gottfried Benn, Leben, Werk, Widerspruch, 1886-1922, Biogr. 1986; V. Eigensinn d. Lit. Kritische Versuche aus d. achtziger Jahren, Ess. 1989 - 1956 Kulturpreis Stadt Kiel; 1973 Bayer. VO.; 1983 Jean-Paul-Preis (Bayer. Lit.preis); o. Mitgl. Akad. d. Künste Berlin (1956-83) u. Bayer. Akad. d. Schönen Künste (1960; 1968-74 Präs.); 1984 Bayer. Maximiliansorden; 1984 Kunstpr. d. Landes Schlesw.-Holst.; 1987 Gr. BVK - Liebh.: Klavierspielen, Wandern, Reisen, Musik, Archäologie.

HOLTKEMPER, Franz-Josef

Dr. phil., Prof. f. Erziehungswissenschaften m. bes. Berücks. d. Päd. d. Sekundarstufe Univ. GH Wuppertal - Kurneystr. 10, 4400 Münster/W. 42 - Geb. 29. März 1930 Bunnen/Oldenb. (Vater: August H., Kaufm.; Mutter: Agnes, geb. Elixmann), kath., verh. s. 1958 m. Irmgard, geb. Leyens, 3 S. (Hans-Ulrich, Markus, Andreas) - Lehramtsprüf. f. Gymn. 1954 u. 1957, Dr. phil. 1964 Univ. Münster, Habil. kath. Theol. u. Religionspäd. 1972 Univ. Kiel - 1957-76 Univ u. PH Kiel (Lehrtätigk. 1961-69, Prof. C H 4 1969-72); 1972-76 Gründungsdekan FB Sozialwesen FH-Univ. Münster, s. 1976 Berg. Univ.-GH-Wuppertal (Wiss. Rat u. Prof.); s. 1980 Prof. f. Erziehungswiss.; 1984 pens.; nebenamtl. Gymn.lehrer. 1977-82 Leitg. Intern. Symposium f. Erzieh.-Wiss. Salzburg; 1985 Mitbegr. Tusculum - BV: u.a. Z. Problematik d. Ganztagsschule, 1967; Modell e. Gesamtsch., 1967; Pädagog. Blätter, 1967; Gesch. d. Päd., Bd. 2 u. 3, 1967.

HOLTMANN, Antonius

Dr. phil., Prof. f. Sozialwissenschaften, Politische Bildung u. Politische Sozialisation Univ. Oldenburg (s. 1974), Leit. d. Forsch.stelle Nieders. Auswanderer in d. USA - 2905 Edewecht-Friedrichsfehn (T. 04486 - 84 84) - Geb. 13. März 1936 Stadtlohn (Vater: Josef H., Werkm.; Mutter: Anna, geb. Feldkamp), kath., verh. s. 1964 m. Renate, geb. Schulte, 2 Kd. (Heike, Thomas) - Stud. d. Gesch. u. German. - Höh. Schuldst.; 1966 Wiss. u. 1970 Akad. Oberrat - BV: Sozialkd. 7-10, 1984. Herausg.: D. sozialwiss. Curriculum in d. Schule (2. A. 1976) - Spr.: Engl., Franz.

HOLTMANN, Dieter

Dr. rer. pol., Prof. f. Sozialwiss. Methodenlehre Univ. Duisburg - Weissdornbogen 26, 4330 Mülheim-Saarn (T. 0208 - 48 28 62) - Geb. 9. März 1947 Wahlscheid - Univ. Köln (Dipl. 1970, Promot. 1974), Habil. 1980 Univ. Bielefeld - 1983 Prof. Bielefeld; ab 1984 Duisburg. Aufs. z. multivariaten Modellbildung in d. Soziol. - Empirische Studie z. Sozialstruktur u. Bewußtsein in d. Bundesrep.: Ende d. Klassengesellschaft? (1990, zus. m. Erbslöh/Hagelstange/Singelmann/Strasser). Herausg.: D. Revolution in Mittel- u. Osteuropa u. ihre Folgen (1991, m. Beitr. v. Grosser, Forck, Lübbe, Nuscheler, Glotz u. a.).

HOLTMANN, Gerhard

Geschäftsführer Ruhrfestspiele Recklinghausen GmbH. - Otto-Burrmeister-Allee 1, 4350 Recklinghausen.

HOLTMEIER, Friedrich-Karl

Dr. rer. nat., Wiss. Rat, Prof. f. Geographie Univ. Münster - Dionysiusstr. 6, 4401 Havixbeck.

HOLTMEIER, Gerhard

Dr., Generalbevollmächtigter (Vors. d. Ltg. d. Geschäftsber. Energieverteilung) AEG Aktiengesellschaft, Frankfurt - Konsul-Lieder-Allee 17, 2305 Heikendorf - Geb. 7. Febr. 1932 Bielefeld.

HOLTMEIER, Hans-Jürgen

Dr. med., Prof. (Innere Medizin) Univ. Freiburg i. Br. u. Prof. (Ernährungsphysiologie) Univ. Hohenheim (Stuttgart), Facharzt f. Inn. Med. - Füllerstr. 7, 7016 Gerlingen/Württ. (T. 07156 - 2 19 80) - Geb. 23. Okt. 1927 Bielefeld (Vater: Dr. med. Otto H., Internist; Mutter: Gertrud, geb. Schroeder), ev., verh. s. 1961 m. Elke, geb. Fliess, 3 Kd. (Gerhard, Wolfgang, Henrike) - Gymn. Bielefeld; Univ. Göttingen u. Heidelberg. Promot. 1952; Habil. 1964 - S. 1952 Univ. Zürich, Bonn (1955), Freiburg (1960; Leit. Abt. f. Ernährungsphysiol./Med. Klinik; Privatdoz., apl. Prof.), Hohenheim (1969 Abt.svorsteher u. Prof.) u. erneut Freiburg. 1975 b. 1978 Dekan Fachbereich Lebensmitteltechnologie, Ernährungswissensch. u. th. Medizin, Univ. Hohenheim. 1969 Vizepräs. Intern. Kongreß f. Fortschr. auf d. Gebiet d. Inn. Med. Buenos Aires. Zahlr. Fachmitgliedsch. - BV: 17 Monogr. üb. Ernähr. u. Inn. Med., dar. Kochsalzarme Kost, 1960, NA 1965; 2. A. 1966; Kochsalzarme Voll- u. Schonkost, 1960; Kochsalzarme Schonkost, 1960; Diät b. Übergewicht u. gesunde Ernährung, 1964, 6. A. 1975; Ernährung d. alternden Menschen, 1968, 3. A. 1979; Rezept-Taschenb. f. Diät, 1968 (m. Prof. Heilmeyer); Diät d. übergewicht. Diabetikers, 2. A. 1976; Ernährungslehre für Krankenpflegeberufe, 1977; Gesundh. a. d. Meer, 1983; Schlank werden, schlank bleiben, 1984; Überlebensernährung, 1985; Gesunde Ernährung v. Kindern u. Jugendl., 1985; D. Magnesiummangelsyndrom, 1988. Herausg: 18 Werke, dar. Handb. Ernährungslehre u. Lehrb. Pathophysiol. - 1967 Vesalius-Med.; 1963 I. Preis Franz. Ges. f. Chemie u. Technol.; zahlr. Ehrenmitgliedsch. (Med. Nationalakad. Argent., Argent. Ges. f. Pharmakol., Argent. Ges. f. Inn. Med., Dt. Ges. f. Fortschr. auf d. Geb. d. Inn. Med. u. a.) - Liebh.: Segelsport, Bergsteigen.

HOLTORF, Jürgen

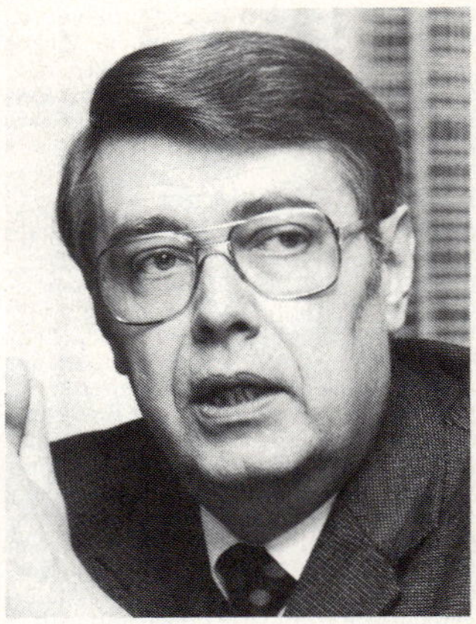

Journalist, Alt-Großmeister Vereinigte Großlogen v. Deutschl., Präs. d. Neuen Philanthropischen Ges. - Seydeckreihe 14, 2000 Hamburg 70 (T. 040 - 68 01 60) - Geb. 18. Nov. 1929 Hamburg (Vater: Arthur H., Kaufm.; Mutter: Gertrud, geb. Jeske), verh. s. 1953 m. Eleonore, geb. Schrack, 2 Töcht. (Susanne, Sibylle) - Abit. 1949 Soltau - 1949-53 -Redakt. Lüneburger Landesztg.; 1953-81 fr. Journ.; s. 1981 Abt.leit. Presse- u. Öfftl.arb. u. Chefredakteur Tk aktuell d. Techniker-Krankenkasse - BV: Verschwör. z. Guten, 1979; D. verschwiegene Bruderschaft, TB 1983; D. Logen d. Freimaurer, Sachb. 1991; Brosch. D. Zähne. Schriftenreihe z. gesundheitsbewußten Lebensführung 1984 u. 1992 - 1967 Matthias-Claudius-Med.; 1977 Orden do Merito Pedro II. v. Brasilien - Liebh.: Gesundheis- u. Sozialpolitik - Spr.: Engl.

HOLTSCHMIDT, Hans

Dr. rer. nat. (habil.), Chemiker, Honorarprof. Ruhr-niv. Bochum (s. 1969) - Kalmüntener Str. 61, 5070 Berg. Gladbach - Geb. 24. Okt. 1922 Essen (Vater: Ernst H., Pfarrer; Mutter: Amalie, geb. Mack), ev., verh. m. Rosemarie, geb. Rehn, 2 Kd. (Hans-Jürgen, Angela) - B. 1940 Schule (Abitur), dann Wehrdst., 1945-49 Stud. Chemie (Dipl.-Chem.). Promot. 1952 Freiburg - 1952-76 Farbenfabriken Bayer AG., Leverkusen (1960 Abt.svorst., 1964 Prok., 1966 stv. Dir., 1967 Dir. u. Leit. Wiss. Hauptlabor., 1968 Vorstandsmitgl. u. Leitg. Gesamtforsch.). Bes. Arbeitsgeb.: Makromolekulare Chemie - Spr.: Engl.

HOLTSTIEGE, Hildegard

Dr. phil., M. A., o. Prof. f. Allg. Pädagogik - Rabertsw. 53, 4401 Harixbeck - Geb. 24. März 1927 Havixbeck/W. (Vater: Bernhard H.; Mutter: Regina, geb. Reiberg), kath. - Handelssch., Verwaltungslehre; Sonderreifeprüf.; Stud. Psych. u. Päd. (M. A. 1965). Promot. 1970 - 1972-75 Assistenzprof. EWH Rhld.-Pf.; 1975 b. 1978 Wiss. Rätin u. Prof. PH Ruhr s. 1978 o. Prof. PH Münster/WWU Münster - BV: D. Päd. V. E. Mildes (1777-1853), 1971; Erziehung - Emanzipation - Sozialisation, 1974; Sozialpäd.?, 1976; Modell Montessori, 1981.

HOLTUS, Günter

Dr., Prof. Univ. Trier - Im Tal 16, 3554 Lohra (T. 06462 - 88 45) - Geb. 14. Okt. 1946 (Vater: Wilhelm H.; Mutter: Dora, geb. Bösking), ev., verh. s. 1971 m. Elisabeth, geb. Dahmen, 3 T. (Verena, Marisa, Pamela) - Univ. Marburg (Staatsex. u. Promot. 1971); Habil. 1977 Univ. Saarbrücken - 1973-77 Wiss. Assist.; s. 1977 Prof. - BV: Céline, Voyage au bout de la nuit, 1972; Lexikal. Unters. z. Interferenz, 1979; Varietätenlinguistik d. Ital., 1982; Linguistica e dialettologia veneta, 1983; Umgangssprache in d. Iberoromania, 1984; Bataille d'Aliscans, 1985; Gesprochenes Italienisch in Gesch. u. Gegenw., 1985; Sprachl. Substandard,

1986; Rumänistik in d. Diskussion, 1986; Raetia antiqua et moderna, 1986; Latein u. Romanisch, 1987; Theaterwesen u. dramat. Lit., 1987; Romania et Slavia Adriatica, 1987; Rätoromanisch heute, 1987; Lexikon d. Romanistischen Linguistik IV, 1988; Technische Sprache u. Technolekte in d. Romania, 1989; La Corona de Aragón y las lenguas románicas, 1989; Testi, cotesti e contesti del franco-italiano, 1989; Sprachl. Substandard II, 1989; La dialettologia italiana oggi, 1989; Lexikon d. Romanistischen Linguistik III, 1989; Sprachl. Substandard III, 1990; D. romanischen Sprachen u. d. Kirchen, 1990; Lexikon d. Romanistischen Linguistik V/1, 1990: Lexikon d. Romanistischen Linguistik V/2, 1991; Z. Gesch. d. Grammatiken romanischer Sprachen, 1991; Zum Stand d. Kodifizierung romanischer Kleinsprachen, 1991: D. zweisprachige Individuum u. d. Mehrsprachigkeit in d. Ges., 1991; Etymologie u. Wortgesch. d. Italienischen - LEI - Genesi e dimensioni di un vocabolario etimologico, 1992; Lexikon d. Romanistischen Linguistik VI/1, 1992 - Spr.: Engl., Franz., Ital., Span., Portug., Rumän., Griech., Latein.

HOLTZ, Eberhard

Dr.-Ing., Prof. f. Hochfrequenztechnik Staatl. Hochschule f. Musik Westf.-Lippe/Nordwestd. Musikakad. - Zu erreichen üb. Musikhochsch., Allee 22, 4930 Detmold 1.

HOLTZ, Erich

Geschäftsführer, MdL Nieders. (s. 1970, SPD) - Leibnizstr. 12, 3330 Helmstedt (T. 63 51).

HOLTZ, Günter

Dr. phil., Prof. f. Dt. Sprache u. Lit. FU Berlin (s. 1980) - Lohengrinstr. 11, 1000 Berlin 39 - Geb. 1. Aug. 1934 Berlin - Promot. 1970 - Herausg.: Alfred Wolfenstein, Werke Bd. 1-5, (m. Hermann Haarmann, 1982ff.); D. deutschspr. Literatur in d. Bundesrep. Deutschl. (m. B. Balzer, H. Denkler, H. Eggert, 1988).

HOLTZ, Joachim

Journalist - Zu erreichen üb.: ZDF, Postf. 4040, 6500 Mainz 1 - Geb. 1943 - S. 1980 Korresp. Ost-Berlin u. Moskau (1984), New York (1990).

HOLTZ, Joachim

Dr.-Ing., Univ.-Prof., Lehrstuhl f. Elektr. Maschinen u. Antriebe Univ. Wuppertal - Am Forsthof 16, 5600 Wuppertal 1 (T. 0202 - 42 21 90) - Geb. 22. Aug. 1933, verh. - Dipl. 1967 TU Braunschweig, Promot. 1969 TH Braunschweig - VDE, Senior Member IEEE, Mitgl. Schriftleitg. IEEE Transactions on Industrial Electronics (USA). 24 Patente. 60 wiss. Veröff. üb. Leistungselektronik u. elektr. Antriebe - Spr.: Engl., Span., Ital.

HOLTZ, Jürgen

Dr. med., Prof. f. Angew. Physiologie Univ. Freiburg - Zu erreichen üb.: Lehrstuhl f. Angew. Physiologie, Universität, Hermann-Herder-Str. 7, 7800 Freiburg/Br. - Geb. 2. März 1943 Schwangau (Vater: Hubert H., Verw.-Angest.; Mutter: Margarete, geb. Huppertz), verh. s. 1969, 3 Kd. - Abit. 1963 Füssen; 1965-71 Med.-Stud. Univ. u. TU München (Staatsex. 1971, Promot. 1972) - 1971-79 Wiss. Assist. Univ. München; s. 1979 Prof. in Freiburg. Publ. in intern. Fachztschr. - 1984 Arthur-Weber-Preis Dt. Ges. f. Herz- u. Kreislaufforsch. - Spr.: Engl.

HOLTZ, Karl Ludwig

Prof., Psychologe - Mozartstr. 22, 6900 Heidelberg - Geb. 11. März 1941 - Gegenw. Prof. f. Psych. d. Lernbehinderten PH Heidelberg - BV: Beiträge i. Fachzeitschr., Lexika u. Handbüchern, u. a. in D. Katz (Hrsg.): Kleines Handb. d. Psychologie, Basel/Stuttgart 1972. Herausg.: Sonderpäd. u. Therapie, Rheinstetten 1980.

HOLTZ, Uwe

Dr. phil., Prof., Romanist, Histor., MdB (s. 1974 Vors. d. BT-Aussch. f. wirtschaftl. Zusammenarbeit; Wahlkr. 72/ Mettmann I), Mitgl. Parl. Vers. Europarat u. Westeurop. Union (s. 1973) - Bundeshaus, 5300 Bonn 1 - Geb. 19. März 1944 Graudenz/Westpr. (Vater: Alfred H., Sparkassendir.; Mutter: Trautchen, geb. Karsten), ev., verh. s. 1970, 2 Kd. - Gymn. (Abit. 1963); Univ. Köln (Roman. Gesch.; Staatsex. 1967, Promot. 1969) - 1969-72 Wiss. Assist. Univ. Kiel, dann Lehrbeauftr. Univ. Bonn, s. 1987 Hon.-Prof.; 1975-79 Vizepräs. Wirtsch.- u. Sozialkommiss. Interparlam. Union. 1969-73 MdK Düsseldorf-Mettmann; 1978-90 AR-Mitgl. Stahlwerke Bochum AG als Arbeitnehmervertr., s. 1990 EBG Ges. f. Elektromagnetische Werkstoffe mbh, Bochum. SPD s. 1963 - BV: D. hinkende Teufel v. Guevara u. Lesage - E. literatur- u. sozialkrit. Studie, 1970; 50 Jahre Stadtrechte Neviges, 1972; Europa u. d. Multis, 1978; Brasilien, 1981; North-South-Policy in the Eighties, 1982, Entwicklung u. Rüstung, 1984; Verschuldungskrise d. Entwicklungsländer, 1988 - Gr. BVK, Komturkr. Mexiko u. Spanien - Spr.: Engl., Span., Franz., Ital., Port. - Lit.: Ansgar Burghof, U. H. - E. Porträt, 1980.

HOLTZ, Walter

Dipl.-Kfm., Vorstandsmitglied SLOMAN NEPTUN Schiffahrts-AG., Bremen - Arnold-Böcklin-Str. 2a, 2800 Bremen - Geb. 21. Sept. 1925 Rostock - AR-Mandate u. a.

HOLTZ, Wolfgang Harold

Dr. sc. agr., Prof. f. Tierzucht u. Haustiergenetik Univ. Göttingen - Von-Bar-Str. 5, 3400 Göttingen (T. 0551 - 38 04 57) - Geb. 29. Jan. 1941 Swakopmund/Südwestafrika (Vater: Ernst H., Kaufm.; Mutter: Lea, geb. Schneidenberger), ledig - 1959-63 Univ. Pretoria (Südafrika); 1963-67 Univ. Göttingen (Dipl. agr., Promot.); 1967-72 Cornell-Univ./USA (Ph.D.) - 1972-76 Oberassist. Inst. f. Tierzucht u. Haustiergenetik Univ. Göttingen; 1976-84 Abt.leit. ebd., 1984ff. Gf. Leit. - Liebh.: Sport, Musik - Spr.: Engl., Afrikaans.

HOLTZMANN, Ernst

Dr. jur., Bürgermeister a. D. - Eichendorffweg 10, 6100 Darmstadt (T. 2 37 80) - Geb. 21. Nov. 1902 Gießen, ev., verh., 4 Kd. - Univ. Gießen u. München, Promot. 1930 - 1928-67 (Ruhest.) Stadtverw. Darmstadt (1947 Oberrechtsrat, 1948 Magistratsmitgl. (Stadtrechtsrat), 1962 Bürgerm.), dazw. 1941-45 Wehrdst. Div. Ehrenstellungen u. Mand. 1954-66 MdL Hessen, Pres. d'onore Società Dante Alighieri, Comitato di Darmstadt; 1954-72 Mitgl. Landessynode Ev. Kirche Hessen u. Nassau; 1966-88 Vorst.-Mitgl. Hess. Diakonieverein, Darmstadt. CDU - BV: D. Hess. Baurecht u. d. Art. 153 d. Reichsverfass. v. 11. Aug. 1919, 1930 (Diss.); Ital. Impress.: 1980; Darmstädter Heimatbücher. Zahlr. Aufs. rechtl. u. polit. Inhalts - Gr. Verdienstkreuz; Cav. Uff. des Ordens al merito della Rep. Italiana, Silb. Verdienstplak. Stadt Darmstadt - Liebh.: Malen, Lit. - Spr.: Ital.

HOLTZMANN, Thomas

Schauspieler - Zu erreichen üb. Münchner Kammerspiele, Maximilianstr. 26-28, 8000 München 22 - Geb. 1. April 1927 München, kath., verh. s. 1956 m. Gustl, geb. Haienke - Schiller-Theater Berlin, Staatsschauspiel München, Städt. Bühnen Köln, Schauspielhaus Hamburg, Städt. Bühnen Berlin (1970 ff. Mitgl.). Bühne: u. v. a. Hamlet, Tasso, Prinz v. Homburg, Antonius (Antonius u. Cleopatra, Kortner-Insz. 1969 Berlin), Clavigo (Kortner-Insz. 1969 Hamburg), Heinrich IV. (1971 Berlin). Film: Wer sind Sie, Dr. Sorge? (franz.-jap. Produktion; Titelrolle) u. a. - 1959 Berliner Kunstpreis; 1963 Bayer. Staatsschausp.

HOLUBEK, Reinhard

Dr. jur., Botschafter in Ulan Bator, Mongolai - Zu erreichen üb. AA, Adenauerallee 101, 5300 Bonn 1 - Geb. 27. Juli 1931 Kreuzburg/Oberschlesien, gesch., 2 Kd. - Abit. 1952; 1952-54 kaufm. Lehre Hamburg; 1954-58 Stud. Rechts- u. Wirtsch.wiss.; 1. jurist. Staatsprüf. 1958; Promot.; Attachéprüfung 1963 - 1958-60 wiss. Assist.; 1960ff. Ausw. Dienst, Ausl.posten in Madrid, Mogadischu, Montevideo. 1971-74 Botsch. d. BRD in Bangui, 1978-80 Botsch. in Hanoi. 1981 Royal College of Defence Studies London. 1982-84 Leiter Kulturabteil. Botsch. London, ab 1985 Leit. Grundsatzreferat Polit. Abt. 3 Ausw. Amt, ab 1991 Botsch. in Ulan Bator.

HOLZ, Harald

Dr. phil., Prof. f. Phil. Univ. Münster (s. 1976) - Johannisstr. 8-10, 4400 Münster - Geb. 14. Mai 1930 Freiburg/Br. - Promot. 1964; Habil. 1969 - S. 1971 Wiss. Rat u. Prof., 1976 o. Prof. Univ. Münster - BV: Spekulation u. Faktizität. Z. Schellings Freiheitsbegriff, 1970; Mensch u. Menschheit, 1973; Phil. humaner Praxis, 1975; System d. Transzendentalphil. im Grundriß, 2 Bde. 1977; Evolution u. Geist, 1981; Anthropodizee, 1982; Phil.-log. Abhandl., 1984; Metaphysische Untersuchungen, e. Realphilosophie, 1987; Fundamentalhumanismus, 1990; Phil. d. Liebe, 1993.

HOLZ, Helmut

Geschäftsführer KG Bayerische Hausbau GmbH & Co. - Denninger Str. 169, 8000 München 81.

HOLZ, Klaus-Peter

Dr.-Ing., Prof. f. Elektronisches Rechnen im Bauwesen - Löwenstr. 13, 3000 Hannover - Geb. 4. Mai 1940 Neumünster (Vater: Wilhelm H., Polizeioffz.; Mutter: Ilse, geb. Barby), ev., verh. s. 1972 m. Marie-Luise, geb. Knopf, S. Christian, T. Ulrike - Humboldt-Gymn. Solingen, Stud. Bauing.wesen Univ. Hannover, Dipl.-Ing. 1965, Dr.-Ing. 1970 u. Dr.-Ing. habil f. Mechanik 1975 Univ. Hannover - 1966-67 Angest. Recheninst. f. d. Bauwesen; 1968-70 Assist. Univ. Hannover; 1970-72 Abt.ltr. Datenzentrale Schlesw.-Holst.; 1972-75 Sonderforsch.ber. 79; s. 1975 Univ. Hannover - BV: Mathematical Modelling of Estuarine Physics, 1980; Finite Elements in Water Resources, 1982 (m. Koautoren) Tagungsberichte (engl.). Facharbeiten - Liebh.: Segeln - Spr.: Engl., Franz.

HOLZ, Peter Ludwig

Werbekaufmann, Inh. Fa. Grafic Contact Holz (Werbeagentur) - Rettenberger Str. 8, 8901 Dasing (T. 08205 - 16 50) - Geb. 24. Mai 1953 Aschaffenburg, kath., verh. s. 1981 m. Anka, geb. Neumann, 2 Kd. (Nadja, Peter) - 1969-72 Lehre Buchdrucker (auch künstler. Drucktechniken); 1973-75 Ausb. z. Offsetdrucker; Weiterbild. anschl. in künstler. Drucktechniken; Verkaufs- u. werbepsych. Schulungen - Betrieb e. Werbeagentur; Forsch. u. Rekonstruktionen auf d. Gebiet d. Marinehistorik, spez. Mittelmeerraum 15.-17. Jh.; Rekonstruktion e. portug. Karavelle f. d. Dt. Museum München; zahlr. Ber. in marinehist. Fachztschr. - BV: Hist. Modellschiffe aus Baukästen, 1985. Zahlr. Modellrekonstruktionen u. Nachbauten - Liebh.: künstler. Drucktechniken, Malerei, hist. Schiffsmodelle, Reisen - Spr.: Engl.

HOLZAMER, Karl

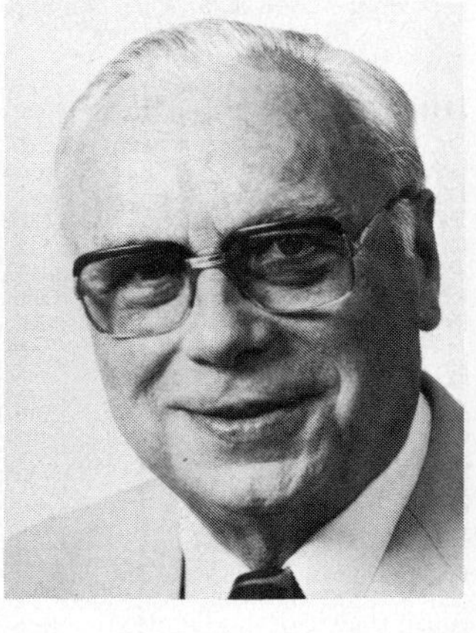

Dr. phil., Prof., Intendant Zweites Dt. Fernsehen 1962-77 - Friedrich-Schneider-Str. 32, 6500 Mainz - Geb. 13. Okt. 1906 Frankfurt/M. (Vater: Peter H., Angest.; Mutter: geb. Heer), kath., verh. s. 1932 m. Helene, geb. Uehlein, 4 Kd. - Gymn. Frankfurt; Univ. München (Promot. 1929), Paris, Frankfurt, Päd. Akad. Bonn - Schulamtsbewerber. Mitherg. Stimmen d. Jugend, Düsseldorf, Assist. Psych. Inst. Univ. Bonn; ab 1931 Sachbearb. Westd. Rundfunk bzw. Reichssender Köln (1933; Landfunk u. relig. Morgenfeiern), Wehrdst. (zul. Oblt.) u. Kriegsgefangensch. (b. 1946), 1946-62 Prof. Univ. Mainz (Ord. f. Phil., Psych., Päd.), b. 1960 Vors. Rundfunkrat SWF; 1957-58 Dir. Studienbüro f. Jugendfragen Bonn. CDU - BV: u. a. D. Kind vor Radio u. Fernsehen, 1966; D. Verantwortung des Menschen f. sich u. seinesgleichen - Reden u. Aufsätze, 1966; Philosophie, 8. A. 1970, Neuaufl. 1990; D. Wagnis, 1979; D. Anders als ich dachte, 1983 - 1965 DRK-Ehrenz.; 1966 Komturkreuz päpstl. Gregorius-Orden, 1967; Ordre Nation. du Mérite (Frankr.); 1967 Bayer. VO.; 1968 Wilhelm-Polligkeit- u. Gutenberg-Med.; 1970 Ehrenplak. in Gold DRK Ortsverb. Mainz; 1971 Dt. Weinkulturpreis; 1971 Ehrenring Stadt Mainz; 1971 Gr. BVK, 1976 Stern, 1984 Schulterbd. dazu; 1982 VO Rheinl.-Pfalz; 1983 Ehrenbürger Mainz; 1983 Eduard-Rhein-Ring; 1986 Mediapreis Süddt. Rundfunk - Bek. Vorf.: Dr. Johann H., Regens Priestersem. Mainz; Wilhelm H., Schriftst. - Lit.: Integritas - Geist. Wandlung u. menschl. Wirklichkeit (Festschr. z. 60. Geburtstag).

HOLZAPFEL, Hartmut

Dipl.-Soziol., Hess. Kultusminister (s. 1991), MdL Hessen (s. 1974) - Luisenplatz 10, 6200 Wiesbaden - Geb. 5. Sept. 1944 Röhrda (Werra-Meißner-Kr.), verh. s. 1969 m. Ulrike, geb. Eisenträger, Oberstudienrätin - Stud. Sozialwiss. Univ. Frankfurt (Dipl. 1969) - 1964-67 Vors. Junge Presse Hessen; 1969-74 Ref. Ministerbüro Hess. Kultusmin.; 1978-84 stv. Bundesvors. Gemeinnütz. Ges. Gesamtsch. 1972-74 Stadtverordn. Frankfurt; s. 1974 MdL Hessen (s. 1982 Fraktionsvorst.). SPD s. 1961 (s. 1982 Vors. d. AfB Hessen-Süd, s. 1984 Mitgl. Bildungspolit. Kommiss. PV). Mitgl. GEW.

HOLZAPFEL, Wilfried B.

Dr. rer. nat., Dipl.-Phys., Prof. f. Experimentalphysik Univ.-GH Paderborn - Am Langen Hahn 56, 4790 Paderborn-Dahl - Geb. 17. Febr. 1938 Magdeburg - üb. 150 Beitr. in Fachztschr.

HOLZAPFEL, Wilhelm Heinrich

Dr. rer. nat., Prof., Direktor, Institutsleiter Bundesforschungsanst. f. Ernährung (BFE) Karlsruhe (s. 1987) - Insheimer Str. 27, 6741 Rohrbach (T. 06349 - 15 57) - Geb. 22. April 1942 Tulbagh (Vater: Prof. Ernst H. H., Theologe u. Missionar; Mutter: Elisabeth M., geb. Erasmus), ev., verh. s. 1967 m. Adré, geb. McDonald, 4 Kd. (Ernst, Zwingli, Sieglinde, Friedrich) - M.Sc. (Agriculturae), 1966 Univ. of the Orange Free State, Promot. (Mikrobiol.) 1969 TU München - 1969 Res. Officer, Dairy Microbiology, Irene; 1972 Priv.doz. (Senior Lecturer) f. Mikrobiol. Univ. Pretoria; 1982 Assoc. Prof. f. Mikrobiol.; 1985 o. Prof. f. Mikrobiol.; Redaktion Intern. Journal of Food Microbiol.; Secretary-general Intern. Committ. f. Food Microbiol. and Hygiene; Mitgl. in mehreren nat. u. intern. Fachvereinen - Ca. 100

HOLZBACH, Ernst Jürgen
Dr. med., Privat-Doz., Chefarzt Psychiatrische Abt. d. St. Josefs-Hospital Oberhausen - Zu erreichen üb. St. Josef-Hospital, Mülheimer Str. 83, 4200 Oberhausen (T. 0208 - 83 71) - Geb. 23. Aug. 1941 Ravensburg, kath., verh., 2 Kd. - Veröff. in Fachztschr. auf d. Geb. Psychiatrie/Neurol., insb. Alkoholismus.

HOLZER, Hans E.
Vorstandsmitglied Hüls AG, Marl (Ressort Finanzen) - Am Neuen Forst 18, 5000 Köln 50 - Geb. 4. Jan. 1930 Nürnberg.

HOLZER, Helmut
Dr. rer. nat., Dr. h. c., Dipl.-Chem., em. o. Prof. Biochem. Inst., Med. Fakultät Univ. Freiburg (s. 1957) - Rehhagweg 27, 7800 Freiburg/Br. - Geb. 14. Juni 1921 Neuenbürg/Württ. (Vater: Emil H., Fabrikdir.), verh. s 1951 m. Dr. Erika, geb. Vogel - Habil. 1953 München - S. 1964 Mitgl. Dt. Atom-Kommiss. Mitgl. div. Fachaussch. Emerit. 1990 - 1963 Paul-Ehrlich-Preis u. Preis Wilhelm-Warner-Stiftg.; 1970 Mitgl. u. Senator Dt. Akad. d. Naturforscher (Leopoldina), Halle/S.; 1970 Ehrenbürger Stadt Indianapolis (USA); 1973 Ehrenmitgl. Americ. Soc. of Biologic. Chemists; 1975 Otto-Warburg-Med.; Ehrenmitgl. Japanese Biochemical Soc. u. Soc. Espanola de Bioquimica; 1981 Mitgl. Akad. d. Wiss. Heidelberg; 1984 Ausl. Mitgl. Finn. Akad. d. Wiss.; 1984 Mitgl. EMBO (European Molecular Biology Organization); Ehrendoktor/ Univ. Tokushima; 1977-83 Scholar-in-Residence of the Fogarty International Center, Bethesda, MD, USA; s. 1987 Editor FEBS Letters.

HOLZER, Karl

Dr., Dipl.-Kfm., gf. Gesellschafter Hüppe Form GmbH, Oldenburg, Geschäftsf. Hüppe-Bofinger GmbH, Oldenburg, Geschäftsf. Fassadenmarkisenbau GmbH, Oldenburg, VR-Präs. Hüppe Form AG, Heiden (Schweiz); Beirat Oldenburgische Landesbank AG (OLB), Oldenburg - Am Heidelsgrund 21, 6940 Weinheim (T. 06201 - 6 42 54) - Geb. 22. Aug. 1931 Nürnberg, kath., verh. s. 1962 m. Renate, geb. Ödenwälder, 2 Kd. (Herbert, Christina) - Stud., Dipl. u. Ex. Univ. Erlangen-Nürnberg, Promot. 1958 Univ. Graz - Liebh.: Jagd, Sport (Tennis, Skilaufen), Phil., Gesch.

HOLZER, Werner
Chefredakteur, Vors. d. Redaktionsltg. Frankfurter Rundschau (s. 1973) - Gr. Eschenheimer Str.-Nr. 16-18, 6000 Frankfurt/M. (T. 21 99-1) - Geb. 21. Okt. 1926 Zweibrücken (Vater: Robert H., Kaufm.; Mutter: Barbara, geb. Bauer), kath., verh. in 2. Ehe (1962) m. Monika, geb. Aschke, 2 Kd. (Katharina, Philip) - Stud. Gesch. - 1947-49 Redakt. Mannheimer Morgen u. D. Ruf; 1953-64 Chef v. Dienst Frankfurter Rundschau; 1964-73 Sonderkorresp. Südd. Ztg. Reisen: Afrika, Asien, USA - BV: D. nackte Antlitz Afrikas, 1961; Europa - woher, wohin?, 1963; Washington 6.46 Uhr, 1964; Kairo 2.24 Uhr, 1965; 26 x Afrika, 1967 (1968 14. Ts.); Vietnam oder D. Freiheit zu sterben, 1968; Bei d. Erben Ho Tschi Minhs - Menschen u. Ges. in Nordvietnam, 1971; 20 x Europa - Panorama e. halben Kontinents, 1972 - 1962 Europ. Preis Cortina Ulisse (D. nackte Antlitz Afrikas), 1964 Theodor-Wolff-Preis (Amerika-Berichte), 1967 Dt. Journalistenpreis (Vietnam-Reportagen), Mitgl. d. Dt. Pen-Zentrums, 1976 Komturkreuz VO. Rep. Ital.; 1979 BVK 1. Kl.- Spr.: Engl., Franz.

HOLZFUSS, Martin

Generalmajor a.D., Mitglied d. Europäischen Parlaments (Außen- u. Sicherheitspolitik, Haushaltskontrolle) (s. 1989) - Eschbacher Weg 30, 6308 Butzbach-Maibach - Geb. 24. Dez. 1925 Beelkow/Köslin (Hinterpommern), verh. s. 1948 m. Elly, geb. Hahn, 3 Söhne (Hermann, Ruprecht, Armin) - Nationale u. intern. Generalstabsausb.; 1956 Bundeswehreintritt Hammelburg; 1957 Komp. Chef-Lehrg. USA; 1958-61 Komp. Chef Nienburg; 1962-64 Generalstabsausb. Hamburg; 1964-68 Generalstabsdienst Marburg; 1968-70 Bataillonskommand. Essen/Unna; 1970-72 Ltd. Logostiklehrer Aachen; 1972/73 NATO Defence College Rom; 1973-77 Oberst i.G. im NATO-Hauptquartier Brüssel; 1978-83 Brigadegeneral u. Leit. Materialamt Heer Bad Neuenahr; 1983-86 Generalmajor u. Befehlshaber im Wehrbereich IV (Hessen, Rheinl.-Pfalz, Saarland) in Mainz. S. 1947 FDP-Mitgl.; Gemeinderat, Kreistagsabg. (1952-56), Ortsvors. Butzbach, Kreisvors. Wetterau, Bezirksvorst. Untermain, Landesvorst. Hessen - BVK I. Kl.; Legion of Merit (USA) - Liebh.: Politik, Zeitgesch., Gartenbau - Spr.: Engl.

HOLZHÄUER, Günter
Management-Berater (s. 1977), Geschäftsf. Gesellsch. d. Holzhäuser-Gruppe f. Berat. - Planung - Vermittl., Mitgl. Alpha Consulting, Frankfurt - Pappelweg 5, 7929 Gerstetten-Dettingen (T. 07324 - 29 08) - Geb. 25. Sept. 1935 Backnang (Vater: Max H., Lehrer; Mutter: Gertrud, geb. Hartmann), ev., verh. s. 1964 m. Herta, geb. Peter, 2 Kd. (Thomas, Jörg) - Mittl. Reife; Textilpraktikum. Textil-Ing. 1960 Reutlingen; Wirtsch.-Ing. 1962 München - B. 1965 Leit. betriebsw. Abt. Glaswerke Schuler, Wertheim; b. 1972 Techn. Leit. Dura-Tufting GmbH., Fulda; b. 1973 gf. Dir. Lauffenmühle KG., Tiengen, 1974-76 Vorst.-Mitgl. Zoeppitz AG, Heidenheim - Miterfinder e. Ausrüstungsverfahrens f. Nadelfilz - Spr.: Engl.

HOLZHAUER, Heinrich (Heinz)
Dr. jur., Prof. f. Bürgerl. Recht, Handelsrecht u. Rechtsgesch. Univ. Münster (s. 1980) Direktor Inst. f. dtsch. Rechtsgeschichte - Von-Ossietzky-Str. 41, 4400 Münster - Geb. 21. April 1935 Bad Selters (Vater: Peter H., Ingenieur; Mutter: Martha, geb. Schrauth), ev., verh. s. 1962 - BV: Willensfreiheit u. Strafe, 1970; D. eigenhänd. Unterschrift, 1973; Erbrechtl. Unters., 1973. Herausg.: D. ges. Familien- u. Personenrecht/Loseblattsamml. (1978); Familien- u. Erbrecht, Freiwillige Gerichtsbarkeit (1984); Erman, Handkommentar z. BGB §§ 1589-1615, 1705-1921.

HOLZHEIMER, Dieter
Dr. jur., Dipl.-Volksw., Geschäftsführer Bundesverb. dt. Banken (s. 1967) Mohrenstr. 35-41, 5000 Köln (T. 21 99 01) - Geb. 23. Dez. 1931 Crottendorf (Vater: Hans H., Textiling. u. Kaufm.; Mutter: Erna, geb. Altmann), ev. - Stud. Wirtschafts- u. Rechtswiss. Erlangen u. Hamburg. Dipl.-Volksw. 1954; Ass.ex. 1960 - U. a Banksynd. - BV: Zulässigkeit d. vertikalen Preisbindung n. d. Gesetz gegen Wettbewerbsbeschränkungen, 1960.

HOLZHEIMER, Franz Hermann
Botschafter a. D. - Birkenweg 14, 8741 Schmalwasser - Geb. 23. Okt. 1928 Aschaffenburg (Vater: Dr. Franz H., Stadtschulrat; Mutter: Christine, geb. Nahm), kath., verh. s. 1952 m. Flora, geb. Kevorkian - Stud. Rechtswiss. Bamberg, Würzburg u. Univ. of Michigan - S. 1954 Ausw. Amt; Ausl.posten in Porto Alegre, Neu-Delhi, Toronto, Rio de Janeiro, Brasilia, Bagdad u. Chile. 1972 Kulturabt. AA, 1975 stv. Chef d. Protokolls, 1980-83 Botsch. im Irak, 1983-86 in Chile, 1986-89 stv. Generalsekr. d. Westeuropäischen Union in London, s. 1989 i. R. - BVK I. Kl.; Ehrenmitgl. Akad. d. schönen Künste Rio de Janeiro - Spr.: Engl., Franz., Span., Portug.

HOLZHEU, Franz
Dr. oec. publ., Dipl.-Volksw., o. Prof. f. Volkswirtschaft - Wilramstr. 23, 8000 München 80 - Geb. 9. März 1937 Leuterschach - Promot. 1965; Habil. 1970 - S. 1972 Ord. TU Berlin u. München (1977), Dekan Fak. f. Wirtschafts- u. Sozialwiss. (1986-88) - BV: Vermögensdispositionen, Kreditmärkte u. Kreditbezieh., 1971. Herausg.: Theorie u. Politik d. intern. Wirtschaftsbeziehungen (1980, m. K. Borchardt); Gesellschaft u. Unsicherheit (1987, m. F.X. Kaufmann, C. Graf Hoyos, u. a.).

HOLZHEY, Georg
Dr., Gf. Gesellschafter G. Haindl'sche Papierfabriken KGaA, Geschäftsf. Haindl Papier GmbH, bde. Augsburg - Birkenweg 15, 8891 Obergriesbach.

HOLZINGER, Dieter R.
Dr. rer. pol., Dipl.-Kfm., Generalvollmächtigter Dr. August Oetker KG, Bielefeld - Innocentiastr. 31, 2000 Hamburg 13 - Geb. 5. Aug. 1935 Stuttgart, ev., verh. m. M. Rosine De Dijn-H. (Journalistin) - 1956-59 Stud. Betriebswirtsch. TU Berlin, Promot. 1962 - S. 1968 Oetker-Gr. (s. 1970 Geschäftsf. Hamburg-Südamerika. Dampfschiff. Ges., Eggert & Amsinck, s. 1981 Generalbevollm. Dr. A. Oetker). AR u. Beiräte: Franz Kuhlmann KG, Wilhelmshaven, Köln-Düsseldorfer Dt. Rheinschiffahrt AG, Köln, Trans Europe Container Operators, Hamburg, Dt. Schiffahrts-Agentur GmbH, Hamburg, Coordination Centre Hamburg-Sued/ Oetker BVBA & Co. CV, Antwerpen.

HOLZKAMP, Klaus
Dr. phil., o. Prof. f. Psychologie - Dürerstr. 18, 1000 Berlin 45 (T. 833 49 02) - Geb. 30. Nov. 1927 Berlin - S. 1963 (Habil.) Lehrtätig. FU Berlin (1967 Ord.) - BV: Theorie u. Experiment in d. Psych., 1964 (Neuausg. 1981); Wiss. als Handlung, 1968; Krit. Psych., 1972 (ital. 1974); Sinnl. Erkenntnis - Histor. Ursprung u. gesellschaftl. Funktion d. Wahrnehmung, 1973; Gesellschaftlichkeit d. Individuums, 1978; Grundleg. d. Psychologie, 1983.

HOLZMANN, Hans
Dr. med., Prof. f. Dermatologie Univ. Frankfurt - Letzter Hasenpfad 125, 6000 Frankfurt/M. 70 (T. 68 27 43) - Geb. 7. Sept. 1929 Darmstadt (Vater: Dr. med. Hanns H., prakt. Arzt; Mutter: Jeanne, geb. van Lier), kath., ledig - Human. Gymn. (Abit. 1949); Med.-Stud. Univ. Homburg, Regensburg, München, Frankfurt/M.; Habil. 1966 - S. 1966 Oberarzt u. apl. Prof. (1970), 1972 Chefarzt, 1974 Wiss. Rat u. Prof. Univ. Mainz; 1980 Prof. (C4) u. Dir. Abt. I ZDV (Zentrum Dermatologie u. Venerologie), Frankfurt, s. 1984 gf. Dir. ZDV - BV: D. Sklerodermie u. ihr nahestehende Bindegewebsprobl. (m. G. W. Korting), 1967; Dermatol. u. Nuklearmed., 1985; Dermatol. Lexikon, 1986; D. Moulagensammlung d. Frankfurter Hautklinik, 1987; Dermatol. u. Rheuma 1987. Üb. 430 Fachveröff. - 1971 Ehrenmitgl. Acad. Espanola de Dermatol. y Silisiogafia; 1973 korr. Mitgl. Soc. Dermatol. Israelica, 1979 Forsch.preis Dt. Psoriasis-Bund; 1980 korr. Mitgl. Soc. Napol. Carlo Curzi per lo Studio delle Malattie del Connettivo - Spr.: Engl.

HOLZSCHUHER, Veit
Dr. rer. pol., Hauptgeschäftsführer Handwerkskammer f. Oberfranken, Bayreuth - Kopernikusring 39, 8580 Bayreuth - Geb. 3. Dez. 1935 Völklingen/Saar (Vater: Dipl.-Ing. Julius H. †; Mutter: Lilli, geb. Ros †), ev., verh. s. 1959 m. Marianne, geb. Wolf, 2 T. (Kerstin, Kathrin) - Oberrealsch.; Univ. Erlangen-Nürnberg (Dipl.-Volksw. 1959; Promot. 1962) - 1959-63 Wiss. Assist. Univ. Erlangen-Nürnberg; 1964-68 Ref. IHK f. Oberfr.; s. 1968 stv. u. Hgf. (1969) Handwerksk. f. Ofr. 1972ff. Stadtratsmitgl. Bayreuth - 1976 BVK; 1985 BVK I. Kl.; 1990 Bayer. VO.

HOLZWARTH, Gottfried
Dr. rer. nat., o. Prof. f. Theoret. Physik Univ. -GH Siegen - Bismarckweg 9., 5905 Freudenberg - Geb. 24. Sept. 1941 Schwäb. Hall - Promot. 1968; Habil. 1972.

HOMANN, Gerhard
Prof., Mathematiker - Königsberger Str. 8b, 785 Lörrach/Baden - Gegenw. Prof. PH Freiburg.

HOMANN, Klaus-Heinrich
Dr. rer. nat., Prof. f. Physikal. Chemie TH Darmstadt - Wilhelm-Michel-Str. 12, 6100 Darmstadt.

HOMANN-WEDEKING, Ernst
Dr. phil., o. Prof. f. Klass. Archäologie (emerit.) - Meiserstr. 10, 8000 München 2 (T. 559 15 57) - Geb. 13. Juli 1908 Bremen - Promot. 1934 München; Habil. 1950 Frankfurt/M. - 1954-73 Ord. Univ. Hamburg (Dir. Archäol. Sem.) u. München (1959; Dir. Museum f. Abgüsse klass. Bildw.) - BV: D. Anfänge d. griech. Großplastik, 1950; D. archaische Griechenl., 1966, 4. A. 1980.

HOMBACH, Bodo
Landesgeschäftsführer d. SPD-Landesverb. NRW, MdL Nordrh.-Westf. - Elisabethstr. 3, 4000 Düsseldorf 1 (T. 0211- 38 42 60) - Geb. 19. Aug. 1952, verh. s 1977 - 1975-80 Landesgeschäftsf. Gewerksch. Erzieh. u. Wiss. - BV: u.a. D. SPD v. innen, D. Zukunft d. Arbeit, Aufruf f. e. Gesch. d. Volkes in NRW, D. Lokomotive in voller Fahrt d. Räder wechseln, Anders leben, Sozialstaat 2000; D. Kraft d. Region: Nordrh.-Westf. in Europa.

HOMBERG, Horst
Journalist, Chef f. Öffentlichkeitsarbeit, Leiter d. Abt. PR u. Marketing D. neue Tag, Oberpfälzischer Kurier, Weiden, Amberger Zeitung, Sulzbach - Rosenberger Ztg. u. Druckhaus Oberpfalz,

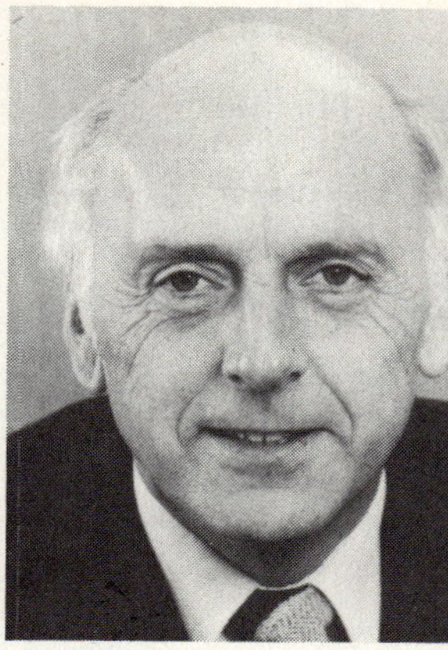

Amberg - Gladiolenweg 11, 8481 Schirmitz/Opf. (T. 0961 - 4 44 34) - Geb. 29. Aug. 1934 Wetzlar, kath., verh. s. 1957 m. Friderun, geb. Pretzlik, 2 Kd. (Birgit, Peter) - Human. Gymn. - Beirat Theaterbauverein, Vorst.-Mitgl. Kleine Bühne, VR Kabelges. Opf. Nord - Umweltschutzmed. d. Freistaats Bay. - Liebh.: Völkerkd., Lit., Theater - Spr.: Engl. - Lions-Club Weiden.

HOMBURGER, Birgit

Mitglied d. Deutschen Bundestages - Zu erreichen üb. Bundeshaus Zimmer 712/713, Hochhaus Tulpenfeld, 5300 Bonn 1 - Geb. 11. April 1965 Singen/Hohentwiel.

HOMEYER, Josef

Dr. phil., Bischof von Hildesheim (s. 1983) - Domhof 25, 3200 Hildesheim (T. 05121 - 30 71) - Geb. 1. Aug. 1929 Harsewinkel (Vater: August H., Bauer; Mutter: Elisabeth, geb. Herzog), kath. - 1958-61 Kaplan; 1961-66 Diözesanlandvolkseels.; 1966-72 Schulref.; 1971-83 Ltd. Sekr. Kath. Dt. Bischofskonfz., Bonn - Ehrenprälat Seiner Heiligkeit.

HOMFELDT, Hans Günther

Dr. phil., Prof. f. Sozialpädagogik Univ. Trier - Kreuzflur 43, 5500 Trier - Geb. 22. Mai 1942 - Promot. 1972 - 1966-68 Lehrer; 1972-75 wiss. Assist. u. Doz. PH Kiel; ab 1975 Prof. f. Allg. Päd. PH Flensburg - BV: Stigma u. Schule, 1974; F. e. sozialpäd. Schule (m. W. Lauff, J. Maxeiner), 1977; Erziehungsfeld Ferienlager (m. W. Lauff), 1979; Päd. Lehre u. Selbsterfahrung (m. W. Lauff), 1981; Klassenfahrt (m. A. Kühn), 1981; Student sein - Lehrer werden? (m. W. Schulz, U. Barkholz), 1983; Lernen im Lebenszusammenhang (m. K. A. Bayer, H. Volkers), 1984; Auszug in e. fremdes Land? (m. A. Stenzel), 1985; Erziehung u. Gesundheit, 1988; Von Restschülern kann nicht d. Rede sein (m. H. Volkers), 1990; Ausbilden u. Fortbilden, 1991; Sinnliche Wahrnehmung - Körperbewußtsein - Gesundheitsbildung, 1991.

HOMILIUS, Karl

Dr.-Ing., Dipl.-Ing., Vorstandsmitgl. VDMA - Am Elfengrund 47, 6100 Darmstadt (T. 5 25 36) - Geb. 3. Aug. 1926 Braunschweig (Vater: Carl H., Kaufm.; Mutter: Charlotte, geb. Eschenbach), ev., verh. s. 1955 m. Christa, geb. Fürstenberg, 2 Kd. (Karl Wilhelm, Detlev) - Stud. TH Braunschweig; Dipl.ex. u. Promot. ebd. - s. 1963 Schenck AG., Darmstadt (1968 Mitgl. Geschäftsführung, bzw. Vorst.) - Spr.: Engl. - Rotarier.

HOMMEL, Kurt

Dr. phil., Prof. f. Theaterwissenschaft, Dramaturg - Charlottenbrunner Str. 9, 1000 Berlin 33 (T. 030 - 832 29 61) - Geb. in Großröhrsdorf/Oberlausitz - Stud. TH Dresden, Univ. Berlin u. München (Staatsex., Promot. 1954) - 1945-48 Dramat. Städt. Bühne Ulm.; 1948-50 Dramat. Münchener Kammerspiele; 1950-54 Theaterkritiker, 1955-60 Doz. Univ. Sydney/Austr. (zahlr. Insz. an Berufsbühnen u. FS, Rundfunkles., 19 Kulturfilme besprochen); 1960-65 Lehrauftr. FU Berlin u. Hochsch. f. Bild. Künste; Gastvorles. an in- u. ausl. Univ., Goethe-Inst. Dänemark, Schweden, Norwegen, Finnland; 1966-68 Univ. Kyoto/Japan (Insz., Vorträge in Tokyo u. Osaka, Theaterkritiken f. europ. Ztg.); 1968-74 Prof. f. dt. Kulturgesch. Sangyo Univ. Kyoto; 1970-74 Gastsem. f. Theaterwiss. in Seoul/Korea; 1975 Rückkehr nach Dtschl. (Gastvorles., Vorträge, Dichterles., Buchveröff.) - BV: Gino Neppach - E. Nekrolog, 1953; D. Separatvorst. v. König Ludwig II. v. Bayern, 1963; Perlen d. Prosa I (ersch. in Tokyo), 1966; Perlen d. Prosa II (ersch. in Tokyo), 1968; D. Gewicht d. Lebens (ersch. in Tokyo), 1971; Wörterb. d. Symbolik, 1979; D. Theaterkönig Ludwig II. v. Bayern - E. Würdig., 1980 - Insz. (Bühne, Film, FS): Antigone, 1957; Und keiner weiß wohin, (UA Sydney) 1960; D. Kluge, 1960; Squirrel, (Berliner Erstauff.) 1962; Pastorale, (in Kyoto) 1966; D. Fliegende Holländer, (Sydney) 1967 - 1959 Gold. Ehrenkreuz d. Rep. Österr.; 1971 Beruf. in d. Jap. Akad. d. Wiss.

HOMMERICH, Klaus Walter

Dr. med., Prof. d. Hals-, Nasen- u. Ohrenheilk. - Reichsstr. 84a, 1000 Berlin 19 (T. 304 45 00) - Geb. 5. Nov. 1918 Monschau/Eifel (Vater: Dr. med. Karl H., Gerichtsarzt; Mutter: Margarethe, geb. Schauberger), kath., verh. s. 1944 m. Dr. med. Ruth, geb. Gross, Internistin, 4 Kd. (Gabriele, Christian Peter, Angelika, Verena) - Gymn.; Univ. Erlangen u. Berlin. Med. Staatsex. u. Promot. 1944 Berlin, Habil. 1961 - 1946 Pathologe, 1949 Rechtsmediziner, 1951 HNO-Arzt; b. 1984 Klinikum Steglitz FU Berlin, weiterhin Lehrtätigk. - BV: Intracranieller Druck u. Cochlearfunktion, 1963. Mithrsg. Zentralblatt Hals-Nasen-Ohren-Heilkde., Plastische Chirurgie an Kopf u. Hals. Üb. 90 Einzelarb. u. Hdb.Art. - 1962 Anton-v.-Tröltsch-Preis Dt. Ges. d. HNO-Ärzte.

HOMMERS, Friedrich H.

Dipl.-Volksw., Chefredakteur Fuchsbriefe, Fuchs-Devisen - Käferweg 4, 5330 Königswinter 21 - Geb. 28. Febr. 1935.

HOMMERS, Jill

s. Olsen, Ferry

HOMMES, Ulrich

Dr. phil., Dr. jur., o. Prof. f. Philosophie Univ. Regensburg, Vors. ARD-Programmbeirat (s.1980) - Rilkestr. 29, 8400 Regensburg (T. 2 18 09) - Geb. 7. Okt. 1932 Freiburg/Br. (Vater: Prof. Dr. phil. Jakob H., Philosoph †1966 (s. XV. Ausg.); Mutter: Ria, geb. Ecker), kath., verh. s. 1960 m. Sigrid, geb. v. Rauschenplat, 3 Kd. (Birgitta, Andreas, Chantal) - Habil. 1966 München - BV: u. a. D. Existenzerhellung u. d. Recht, 1962; Transzendenz u. Personalität, 1972; Erinnerung a. d. Freude, 1978; Dem Leben vertrauen, 1982.

HOMPESCH, Hans

Dr. med., Dr. rer. nat., Honorarprof. Gesundheitserziehung Univ. Dortmund - Hohenfriedberger Str. 11, 4600 Dortmund 1.

HOMUTH, Horst H.

Dr. rer. nat., Prof., Präsident Universität d. Bundeswehr, Hamburg (1985-91) - Kronsberg 43, 2054 Geesthacht (T. 040-6541 27 00) - Geb. 9. Okt. 1940 Helmstedt, verh. s. 1981 m. Gudrun, geb. Klein - Stud. Math. TH Braunschweig, Dipl. 1964, Promot. 1967; 1971 Wiss. Rat u. Prof. TU Braunschweig; 1973 Prof. f. Math./Nachrichtentheorie Univ. d. Bundeswehr Hamburg. Arbeitsgeb. Kryptographie - BV: Einführung in die Automatentheorie, 1977.

HONDRICH, Karl O.

Dr. rer. pol., Prof. f. Soziologie Univ. Frankfurt (s. 1972) - Schreyerstr. 2, 6242 Kronberg/Ts. - Geb. 1. Sept. 1937 Andernach - Stud. Köln. (Promot. 1962,; Habil. 1969 - BV: D. Ideologien v. Interssenverb., 1963; Mitbestimmung in Europa, 1970; Wirtsch. Entw. soz. Konflikte u. polit. Freiheiten, 1970 (auch span.); Demokratis. u. Leistungsges., 1972; Theorie d. Herrschaft, 1973; Menschl. Bedürfnisse u. soz. Steuerung, 1975; Bedürfnisse u. Ges., 1975 (Fernstud.lehrg. Sozialk.); Theorievergleich in d. Sozialwiss., 1978; Ausländer in d. Bundesrep. Dtschl. u. in d. Schweiz (m. H.-J. Hoffmann-Nowotny), 1981; Soziale Differenzierung, 1982; Lehrmeister Krieg, 1992. Herausg.: Bedürfnisse im Wandel (1983, m. R. Vollmer); Krise d. Leistungsges.? (1988, m. J. Schumacher u.a.).

HONECKER, Martin

Dr., Prof. f. Sozialethik u. Syst. Theol. (ev.), Univ. Bonn (s. 1969) - Auf dem Weiler 31, 5300 Bonn 1 - Geb. 1934, verh., 4 Kd. - Mitgl. Kammer f. öffentl. Verantwortung der EKD. Mitgl. Rhein.-Westf. Akad. d. Wiss. (Düsseldorf) - BV: Kirche als Gestalt und Ereignis, 1963; Cura religionis magistratus Christiani, 1968; Konzept e. sozialeth. Theorie, 1971; Sozialethik zwischen Tradition u. Vernunft, 1977; Das Recht d. Menschen, Einführung in d. ev. Sozialethik, 1978. Mithsg.: Ev. Soziallexikon (7. A. 1980); Perspektiven christl. Gesellschaftsdeutung (1981); Zu Gast b. anderen (1983 zus. m. H. Waldenfels); Einführung in d. theol. Ethik (1990).

HONEGGER, Arthur

Journalist, Schriftst. - Brunnen, CH-9643 Krummenau (Schweiz) - Geb. 27. Sept. 1924 St. Gallen - BV: D. Fertigmacher, R. 1974; Freitag od. D. Angst vor d. Zahltag, R. 1976; Wenn sie morgen kommen, R. 1977; D. Schulpfleger, R. 1978; D. Einmalige, R. 1979; D. Nationalrat, R. 1980; D. Weg d. Thomas J., R. 1983 - Preis Kanton Zürich (1975), Stadt Zürich u. Schweiz. Schiller-Stiftg. (beide 1976).

HONERKAMP, Josef

Dr. rer. nat., o. Prof. f. Theoret. Physik - An der Rothalde 21, 7830 Emmendingen - Geb. 12. Jan. 1941 Laer/Kr. Osnabrück, verh. s. 1968 m. Dr. Roswitha, geb. Günther - Stud. Physik, Math.; Promot. 1968 - 1970-72 CERN, Genf; 1973 Wiss. Rat u. Prof. Bonn; 1974 o. Prof. Freiburg - BV: Grundl. d. Klass. Theoret. Physik (m. H. Römer), 1986; Stochastische Dynamische Systeme, 1990.

HONIG, Elisabeth

Dr. phil., Prof. f. Schulpädagogik u. Allg. Didaktik Päd. Hochsch. Ruhr/Abt. Hamm - Oesterholzstr. Nr. 42, 4600 Dortmund.

HONISCH, Dieter

Dr. phil., Prof., Direktor Nationalgalerie d. Staatl. Museen/Stiftg. Preuß. Kulturbesitz (s. 1975) - Potsdamer Str. 50, 1000 Berlin 30 - Geb. 11. Mai 1932 Beuthen/OS. (Vater: Dr. Richard H., Hochschuldoz.; Mutter: Margarete, geb. Fromlowitz), kath. - Univ. Münster, Wien, Rom. Promot. 1960 - 1960-65 Geschäftsf. Westf. Kunstverein, Münster; 1965-68 Dir. Württ. Kunstverein, Stuttgart; 1968-75 Kustos Museum Folkwang Essen (Leit. Ausstellungsabt., Graph. Samml. u. Bibl.) - BV: Anton Raphael Mengs u. d. Bildform d. Frühklassizismus, 1965 (Diss.); Die Nationalgalerie Berlin, 1979; Günther Uecker, 1983; Heinz Mack, 1986; Alf Lechner - Skulpturen, 1990.

HONKOMP, Josef

Dr. med., Prof., Chefarzt Chirurg. Abteilung/Rotes-Kreuz-Krankenhaus, Bremen (s. 1972) - St.-Paul-Deich 24, 2800 Bremen - Geb. 15. März 1931 Steinfeld - Promot. 1956 Heidelberg - S. 1966 (Habil.) Lehrtätigk. Univ. Münster/W. (1971 apl. Prof. f. Chir.). Facharb.

HONNEF, Klaus

Prof. f. Theorie d. Fotografie GH/Univ. Kassel, Abteilungsleiter Rhein. Landesmuseum Bonn - Baumschulallee 3, 5300 Bonn 1 (T. 0228 - 65 56 81) - Geb. 14. Okt. 1939 Tilsit, (Vater: Karl H., Oberreg.- u. Baurat, Honorarprof.; Mutter: Maria, geb. Ketteniss), verh. s. 1974 m. Gabriele, geb. Harling - Stud. Gesch. u. Soz. Univ. Köln; Volont. Aachener Nachrichten - B. 1970 Ressortchef Feuill. u. Unterhalt. AN; b. 1974 Geschäftsf. Westf. Kunstverein Münster - BV: Concept Art, 1971; Verkehrskultur (Hrsg.), 1973; Gerhard Richter, 1975; 150 J. Fotogr., 1977; Lichtbildnisse (Hrsg.), 1982; Back to the USA, 1983; Aus d. Trümmern (Hrsg.); Modewelten (Hrsg.), bde. 1985; Helmut Newton - Portraits, (Text) 1987; Kunst d. Gegenwart, 1988; Andy Warhol, 1989 - Chevalier de l'ordre des arts et des lettres; Sekr. AICA, Bundesrep. Dtschl.; Ehrenmitgl. Dt. Künstlerbund - Liebh.: Film, Bild. Kunst, Fotogr. - Spr.: Engl.

HONNEFELDER, Hans Georg

Vorstandsmitglied Gothaer Konzernges., Gothaer Versicherungsbank, Gothaer Lebensversich. a.G., Göttingen u. Köln (s. 1982) - Wilhelm-Busch-Str. 1, 3406 Bovenden - Geb. 2. Febr. 1934.

HONNENS, Max

Dr.-Ing., Vorstandsmitglied Hess. Elektrizitäts-AG., Darmstadt - Voglerweg 5, 6100 Darmstadt - Geb. 9. Mai 1909.

HONOLD, Eduard

Dr. rer. pol., Dipl.-Kfm., Dipl.-Hdl., Bankdirektor (Vorstandsvors. Aalener Volksbank e.G.) - Walkstr. 54, 7080 Aalen - Geb. 2. April 1929 Überlingen, ev., verh. s. 1964 m. Rosemarie, geb. Kübler, 2 Kd. (Thomas, Katja) - Banklehre Landw.- u. Gewerbebank e.G., Langenau; Stud. Wirtschaftswiss. Wirtsch.-Hochsch. Mannheim (Dipl.-Kfm. 1953; Dipl.-Handelslehrer 1954 Univ. München; Promot. 1957 Wirtsch.-Hochsch. Mannheim) - Vors. BdS Kreisverb. Ostalb, BdS (Bund d. Selbst.), Gewerbe- u. Handelsverein Aalen; AR-Vors. GFL Immob.verwaltung AG. Stuttgart; VR-Vors. d. Württ. Genossenschaftsverb. Stuttgart - BV: Investmentges., Dipl.-Arbeit 1953; D. Bankenaufsicht, Diss. 1956 - Liebh.: Wandern, Reisen - Spr.: Engl., Franz.

HONSEL, Hans-Dieter

Dipl.-Wirtsch.-Ing., Vorstandsvorsitzender Honsel-Werke AG - Fritz-Honsel-Str., 5778 Meschede/W. - Geb. 10. März 1942 Arnsberg/W. (Vater: Hans-Friedrich H., Fabrikant †1977; Mutter: Ada, geb. Gildemeister), ev., verh. s. 1972 m. Brigitte, geb. Wolf, 2 Kd. (Jan, Vanessa) - TH Darmstadt (Dipl. 1971) - Spr.: Engl. - Onkel: Kurt H. (s. dort).

HONSEL, Kurt

Dipl.-Volksw., Aufsichtsratsvorsitzender Honsel-Werke AG, Meschede - Unterm Hasenfeld 9, 5778 Meschede/W. - Geb. 21. Nov. 1913 Eveking/W., (Vater: Dr.-Ing. E. h. Fritz H., Firmengründ. u. Generaldir. † 1964 (s. XIV. Ausg.); Mutter: Clara, geb. Eckhoff † 1968), verh. s. 1941 m. Ellen, geb. Bornemann - Stud. Berlin - S. 1938 Honsel-Werke. U. a. Vorst. Gesamtverb. Dt. Metallgießereien, Düsseldorf - Liebh.: Jagd, Golf.

HONSTETTER, Hanns F.

Industrieberater - Haldenstr. 22, CH-6006 Luzern - Geb. 19. April 1926 Ludwigshafen/B. - 1973 Gr. österr. Ehrenz., 1978 Bayr. Verdienstorden.

HONTSCHIK, Wilfried

Königlich schwedischer Honorarkonsul, Präsident d. Industrie- u. Handelskammer Rostock - Parkstr. 57, O-2500 Rostock - Geb. 24. Febr. 1927 Rostock, verh. s. 1949 m. Irene, geb. Kisselmann, 3 Kd. (Hildur, Bob-Günter, Olaf) - Kaufmann - Spr.: Lat., Griech.

HOOF, Dieter

Dr. phil., Prof. f. Schulpädagogik TU Braunschweig - Äckernkamp 11, 3300 Braunschweig (T. 0531 - 51 32 89) -

Geb. 25. April 1929 Köln - Lehrer-Stud. (Staatsex., Promot. 1962) - S. 1950 Lehrer; 1964 Assist., 1968 Doz., 1974 Prof. - BV: D. Schulpraxis d. Päd. Beweg. d. 20. Jh., 1969; D. Steinbeile u. Steinäxte im Gebiet d. Niederrh. u. d. Maas, 1970. Unterrichtsstud., 1972. Handb. d. Spieltheorie Fröbels, 1977; Pestalozzi u. d. Sexualität s. Zeitalters, 1987. Herausg.: Braunschweiger Arbeiten z. Schulpäd. - Liebh.: Postgesch. u. Wirkungsgesch. d. Brandenburger Tores als Symbol.

HOOR, Dieter

Dipl.-Ing., Architekt, Prof. f. Hochbaukonstruktion u. Bauplanung Hochsch. f. bild. Künste, Hamburg - Zu erreichen üb. Hochsch. f. bild. Künste, Lerchenfeld 2, 2000 Hamburg 76 - Geb. 20. Okt. 1931 Düsseldorf (Vater: Kaufm.), verh. m. Karin, geb. Bockardt.

HOOS, Otto

Winzer u. Landwirt, Bürgermeister - Frhr.-v.-Stein-Str. 18, 6731 Mußbach/Pf. - Geb. 24. Dez. 1921 Haßloch/Pf., ev., verh., 1 Kd. - Volkssch.; kaufm. Lehre (Textilind.) - Kaufm. Angest.; 1941 b. 1945 Wehrdst. (Luftw.; Uffz.); s. 1945 Weinbau u. Landw. (b. 1952 Familien-, dann eig. Betrieb). S. 1948 Gemeinderat, I. Beigeordn. (1956) u. Bürgerm. (1960 ehren-, 1966 hauptamtl.) Mußbach. 1963-71 MdL Rhld.-Pfalz. SPD s. 1946 - 1971 BVK.

HOOSE, York

Bankdirektor i. R., ehem. Vorstandsmitgl. d. Vereins- und Westbank AG., Hamburg 11 - Gudrunstr. 76, 2000 Hamburg 56 (T. 81 40 84) - Geb. 27. März 1911 Neustadt/OS. (Vater: Gottlieb H., Kaufm.; Mutter: Anna-Marie, geb. Hoheisl), ev., verh. s. 1946 m. Hilde, geb. Eisenbarth, 3 Kd. - Realgymn. (Abit.); Lehre Bankhs. Eichborn & Co., Breslau - 1932-37 Bankhs. Eichborn & Co., 1937-48 Reichsbank, 1948-52 Landeszentralbank Hamburg, 1952-62 LZB Nieders. (Präs.). Aufsichts- u. Beiratsmandate - Liebh.: Reiten, Segeln, Orchideenzucht.

HOOVEN, van, Eckart

Dr. jur., Vorstandsmitglied Deutsche Bank AG, AR-Vors., stv. AR-Vors. u. AR-Mitgl. e. Reihe größerer Gesellschaften - Taunusanlage 12, 6000 Frankfurt/M. 1 - Geb. 11. Dez. 1925 Hamburg.

HOPEN, Peter

Chefredakteur D. Politische Meinung (s. 1989) - Peter-Schwingen-Str. 27, 5300 Bonn 2 (T. 0228 - 32 35 86) - Geb. 16. Okt. 1922 Düsseldorf (Vater: Peter H., Arb.; Mutter: Maria, geb. Kreuzer), kath., verh. s. 1966 m. Ingeborg, geb. Arenz, 2 Kd. (Petra, Peter Matthias) - Volkssch.; Städt. Handelssch.; Kaufm.-gehilfenprüf.; Wehrdst. (1941-45) - B. 1949 Redakt.volont., dann Korresp. Bonn f. Ztg., s. 1963 auch f. Fernsehen (ZDF); 1965-78 Vors. Dt. Presseclub Bonn, 1984-87 Studioleit. Bonn d. ZDF - 1972 BVK I. Kl., 1978 Gr. BVK.

HOPF, Adolf

Dr. med., o. Prof. f. Hirnforschung u. Anatomie - Virchowstr. 15, 4000 Düsseldorf (T. 34 77 26) - Geb. 20. März 1923 Frankfurt/M. (Vater: Richard H., Bankdir. i. R.; Mutter: Elise, geb. Schauffler), ev., verh. s. 1955 m. Ingeburg, geb. Lorenz, 3 Kd. (Ulrich, Beate, Claudia) - Univ. Berlin, Innsbruck, Straßburg, Frankfurt. Promot. 1948 Frankfurt. Habil. 1958 Gießen - S. 1958 Lehrtätigk. Univ. Gießen (Privatdoz. f. Psychiatrie u. Neurol.), Freiburg (1964 apl. Prof.), Med. Akad. bzw. Univ. Düsseldorf (1965 ao., 1967 o. Prof.); 1965 Dir. (vorher 1960 Leit.) Inst. f. Hirnforsch. Neustadt, jetzt C. u. O. Vogt-Inst. f. Hirnforsch. Univ. Düsseldorf). Spez. Arbeitsgeb.: Neuroanat., Lokalisationslehre, Primatol., Psychopharmak. - BV: Architekton. Unters. an sensor. Aphasien, 1958. Mithrsg. (u. Redakt.): Journal f. Hirnforsch. - Spr.: Engl.

HOPF, Andreas

Dr. phil., Verleger, Schriftsteller, Inh. Verlagsbüro Offizin Hopf & Partner - Friedrichstr. 6, 8000 München 40 (T. 39 90 77) - Geb. 11. Jan. 1940 Hamburg, verh. (Ehefr.: Angela), 2 Kd. - Stud. Phil., German., Soziol., Psych. Promot. 1967 - 1968 Lektor Hoffmann & Campe Verlag, Hamburg; 1973-76 Leit. C. Bertelsmann Verlag, München - BV: D. Struktur d. ästhet. Urteils, 1968; Baffo - e. Hundes Geschichte, R. 1988; D. Brücken d. Himmels, R. 1991. Bei zahlr. Publ. Mitverf. - PEN-Mitgl.

HOPF, Anton

Dr. med., o. Prof. f. Orthopädie - Ronheider Winkel 25, 5100 Aachen - Geb. 7. Nov. 1910 - S. 1957 (Habil.) Lehrtätigk. Univ. Heidelberg (1962 apl. Prof.) u. TH Aachen (1966 o. Prof. u. Vorst. Orthop. Klinik Med. Fak.); zul. Chefarzt Städt. Krankenanstalten Aachen.

HOPF, Arnulf

Dr. phil., Prof. f. Erziehungswissenschaft (Vorschul. Sozialisation u. Primarbereich) Univ. Oldenburg - Spittweg 14, 2901 Petersfehn

HOPF, Diether

Dr., Prof. Max-Planck-Inst. f. Bildungsforschung - Lentzeallee 94, 1000 Berlin 33 (T. 030-82 99 51) - Geb. 25. Nov. 1933 Eisenach, 2 Kd. (Claudia, Matthias) - Stud. Klass. Philol., Staatsex. 1960, 1964; Stud. Psych., Dipl. 1965; Stud. Erziehungswiss.; Promot. 1969; Habil. 1975 - Prof. FU Berlin; Dt. Bildungsrat, Aussch. Planung d. Bildungsforsch.; Fachgutachter DFG - BV: Übergangsauslese u. Leistungsdifferenzierung, 1970; Differenzierung in d. Schule, 1974; Mathematikunterr., e. empir. Unters., 1980; Unterr. in Klassen m. ausl. Schülern, 1984; Herkunft u. Schulerfolg ausl. Kd., 1987 - Spr.: Engl., Lat., Neugriech., Altgriech., Franz., Ital.

HOPF, Hanns Christian

Dr. med., Prof., Ordinarius u. Leiter Klinik u. Poliklin. f. Neurologie Univ. Mainz - Rembrandtstr. 28, 6500 Mainz 31 - Geb. 20. Dez. 1934 Hamburg (Vater: Prof. Dr. med. Gustav H.) - Stud. Hamburg. Promot. 1959 - 1965 Privatdoz. Univ. Würzburg; 1970 apl. Prof. Univ. Göttingen. Mithrsg.: Aktuelle Neurol. (1974 ff.). BV: Neurol. in Klinik u. Praxis, 1981.

HOPF, Hans

Kammersänger - 8031 Steinebach/Wörthsee (T. Weßling 73 71) - Geb. 2. Aug. 1916 Nürnberg, kath., verh. m. Ilse, geb. Löschner, 2 Kd. - Gymn.; Gesangstud. Paul Bender (München) u. Ragnwald Bjärne (Oslo) - 1938 Bayer. Landesbühne, 1939 Städt. Bühnen Augsburg, 1943 Staatsoper Dresden, 1948 Staatsop. München (Ital. Heldentenor). Wiederholt Bayreuther Festsp. Gastverträge: Opernhs. Düsseldorf. Staatsop. Berlin u. Wien, Royal Opera Covent Garden London, Mailänder Scala, Metropolitan Opera New York, Teatro Municipal Rio de Janeiro, Gran Teatro Del Liceo Barcelona, Opera Monte Carlo, Teatro Communal Firenze. Teatro Dell'Opera Rom. Schallpl.: Decca, Columbia, Urania, Philips. Beherrscht üb. 100 Partien (ital., lyr., Wagner) - Liebh.: Tennis, Segeln, Tierhaltung, Schmieden.

HOPF, Herbert

Dr. phil., Prof., Ordinarius f. Sportpädagogik Univ. Göttingen (b. 1978 PH Nieders./Abt. Göttingen) - Eislebener Weg 69, 3400 Göttingen.

HOPF, Uwe

Dr. med., Prof. f. Innere Medizin, Oberarzt Klinikum Charlottenburg FU Berlin - Ostpreußendamm 22 A, 1000 Berlin 45 - Geb. 6. Sept. 1941 Leipzig (Vater: Dr. med. dent. Gerhard H., Zahnarzt; Mutter: Gerda, geb. Lange), ev., verh. s. 1965 m. Dagmar, geb. Hümmelgen, S. Thomas - 1960-66 Univ. Mainz (Med. Staatsex.). Promot. u. Habil. Mainz - 1976 ff. Privatdoz. u. apl. Prof. Univ. Mainz. Spez. Gastroenterol. Facharb. - 1975 Boehringer/Ingelheim-, 1977 Thannhauser-, 1979 Basedow-Preis.

HOPF, Volker

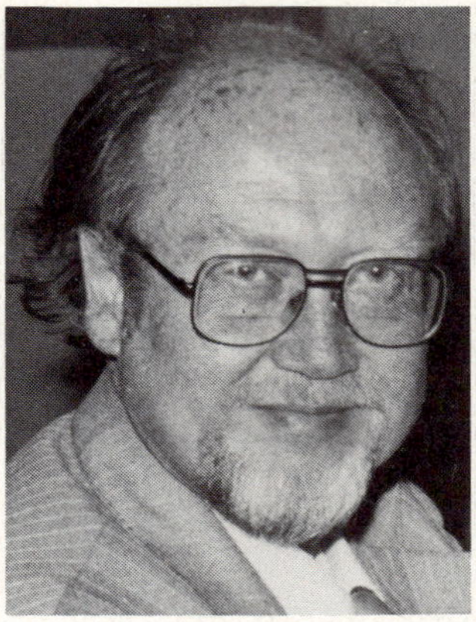

Konzertorganist, Komponist - Am Eichhölzchen 44, 3501 Ahnatal-Weimar - Geb. 26. Aug. 1931 Eisenach/Thür., ev., verh. s. 1961 m. Antje, geb. Hesse, Konzert-Altistin, 3 Kd. (Anima, Sebastian, Joachim) - Abit. Klostergymn. Hersfeld; Stud. Orgel, Klavier, Päd., Phil., Gesch., German., Religionswiss. Univ. Göttingen, Frankfurt u. Berlin (Ahrens, Blacher, Chemin-Petit, Heitmann, Pepping u.a.) - Stadthallenorganist u. Oberstudienrat in Kassel. Orgelkonzerte in ganz Europa; Rundfunkaufzeichnungen - Aufs. üb. Gegenwartsmusik in Ztschr. Lieder, Klavier- u. Orgelwerke, Bühnenmusiken, Märchenoper Zwerg Nase, Orchester-Messe - Liebh.: Künstl. Photogr., Malerei, Lyrik - Spr.: Engl.

HOPF-v. DENFFER, Angela

Malerin, Schriftst. - Friedrichstr. 6, 8000 München 40 - Geb. 5. Okt. 1941 Göttingen, verh. m. Andreas Hopf (s. dort), 2 S. (Daniel, Benjamin) - Stud. Kunstpäd. Berlin u. München (Abschl. 1968); Meisterschülerin b. Prof. Fred Thieler, Berlin, u. Prof. Mac Zimmermann, München. Mitgl. PEN. Zahlr. Veröff. - Lit.: s. Kürschners Literaturkalender.

HOPKINS, Edwin Arnley

Dr., Prof. f. Sprachlehrforschung Ruhr-Univ. Bochum - Mercatorstr. 11, 4630 Bochum 1 (T. 0234 - 70 41 06) - Geb. 22. Sept. 1938 Hartford/USA (Vater: Henry H., Anaesthesiologe; Mutter: Violet, geb. Quackenbush), kath., verh. s. 1963 m. Heidi, 3 Kd. (Henry, Christian, Catharina) - 1956 Phillips Acad., Andover, 1960 B.A. Harvard College, M.A.T., 1961 Harvard School of Ed., 1967 Ph. D. Stanford Univ. - BV: Herausg. (m. R. Grotjahn): Empirical Research on Lang. Tchg. and Lang. Acq., 1980; Studies in Lang. Tchg. and Lang. Acq., 1981 - Liebh.: Alte Kammermusik, Weben - Spr.: Engl., Franz., Lesefähigk. Russ., Niederl.

HOPMEIER, Alfred

Kaufmann, Präs. Verb. d. Dt. Blumen-Groß- u. Importhandels, Düsseldorf - Trierer Str. 142, 5400 Koblenz-Metternich.

HOPMEIER, Fritz

Dr. jur., Rechtsanwalt u. Notar, stv. Landtagspräs. (s. 1988), MdL Bad.-Württ. (s. 1972; Wahlkr. 26/Eßlingen II u. s. 1976 Wahlkr. VIII Kirchheim) - Urbanstr. 127, 7300 Eßlingen (T. Stuttg. 31 64 37) - Geb. 8. Jan. 1930 Wolfratshausen/Obb., ev., verh., 1 Kd. - 1949-53 Univ. Erlangen u. Freiburg (Promot. 1956). Jurist. Staatsprüf. 1954 u. 59 - S. 1959 RA Stuttgart, Nürtingen, Eßlingen (1962); s. 1981 Notar. V. 1966-72 MdK Esslingen, b. 1972 Fraktionsvors. CDU (1980-88 stv. Fraktionsvors. d. Landtagsfrak., 1987/88 auch parlam. Geschäftsf.).

HOPPE, Brigitte

Dr. phil. nat., Univ.-Prof. Univ. München (s. 1980) - Schönfeldstr. 30, 8000 München 22 - Geb. 27. Mai 1935 Freiburg, ev., ledig - Stud. Pharmazie Univ. Freiburg; Staatsex. 1960; 1961-64 Stud. Gesch. d. Naturwiss. u. d. Med. Univ. Frankfurt; Promot. 1964 Frankfurt; Habil. (Gesch. d. Naturwiss.) 1972 München; 1985 mehrmonatiger Forschungsaufenth. USA - BV: Kräuterb. d. H. Bock. Wiss. hist. Unters., 1969; Biol., Wiss. v. d. belebten Materie v. d. Antike z. Neuzeit, 1976; Aus d. Frühzeit d. chem. Konstitutionsforschung: D. Tropanalkaloide ..., 1979; Naturwiss. Fachgespr. z. Z. d. Aufklärung in Europa, in: Konzepte d. Sprach- u. Lit.wiss., 47, 1989, S. 115-167; D. Naturwiss. unter d. Einfl. d. Franz. Revolution, in: Wiss. u. Phil., interdiszipl. Studien 7, 1989, S. 345-431; Rezeption u. Wandlung d. antiken Forsch.grundsätze: Z. Eigenständigkeit d. humanist. Naturkunde, in: Gratia 21, 1990, S. 141-185; Naturkd. u. Biol. in Wechselw. z. Technik, in: Technik und Kultur 3, 1991, 319-345; außerd. etwa 100 Fachveröff. bes. z. Gesch. d. Biol., Pharm. u. Chemie - Spr.: Lat., Griech., Franz., Engl.

HOPPE, Dieter

Dr. rer. nat., Prof. Inst. f. Organ. Chemie Univ. Kiel - Schneiderkamp 17e, 2300 Kiel 1 (T. 0431-31 35 50) - Geb. 6. Juli 1941, ev., verh. s. 1969 m. Dr. Inga, geb. Emme - 1964-70 Chemiestud. Göttingen; Promot. 1970 Göttingen; Habil. 1977 ebd. - 1970-77 Oberassist. Univ. Göttingen; 1977/78 Gastforscher Harvard-Univ.; 1978-85 Priv.-Doz., Prof. Göttingen; 1985 Prof. u. Dir. Kiel. Spez. Arbeitsgeb.: Entw. stereoselektiver Synthese-Meth. Mithrsg. d. Fachztschr. Synthesis.

HOPPE, Gerhard

Polizeipräsident, Leiter Bayer. Grenzpolizei - Orleansstr. 34, 8000 München 80 (T. 089 - 4 80 93-1 00) - Geb. 3. Juli 1939 Posen, verh. m. Erika, geb. Knoblauch, 2 Söhne (Henning, Carsten) - Stud. Rechtswiss., Politol., neuere Gesch. Univ. Hamburg, Freiburg, Erlangen; gr. jurist. Staatsprüf. 1968 München; 1968-72 Verwaltungsdst.; 1972-82 Rechtslehrer Bayer. Polizeischule u. Beamtenfachhochsch.; 1982 Bayer. Grenzpolizei; s. 1984 Leit. - BV: (m. Sommermann) Kommentar z. Strafgesetzb., 1983.

HOPPE, Hans-Günter

Senator a. D., MdB (1972-90) - Ahrenshooper Zeile 45, 1000 Berlin 38 - Geb. 9. Nov. 1922 Stettin (Vater: Artur H., Beamter; Mutter: Gertrud, geb. Wollbrecht), verh. s. 1949 m. Annemarie, geb. Müller (Apothekerin) - Gymn.; Stud. Rechts- u. Staatswiss. Rostock u. Berlin (FU). Jurist. Staatsprüf. 1951 u. 55 - 1941-46 Wehrdst. u. Kriegsgefangensch.; 1951-63 FU Berlin (b. 1955 Jurist. Fak. (Assist.), dann akad. Verw. (zul. Univ.-Dir.); 1963-71 Finanz- u. Justizsenator (1967) v. Berlin. 1952-58 u. 1963-73 MdA Berlin. 1955-58 u. 1971-73 stv. Präs. Abgeordnetenhaus. FDP s. 1946 (1961-71 stv. Landesvors.; 1968-70 Beis. Parteipräsid.; 1977-87 ständ. Vertreter Bundestagsfrakt. im Parteipräsidium; 1975-87 stv. Vors. FDP-Bundestagsfrakt.) - AR-Mitgl. Volkswagenwerk AG, Wolfsburg, d. AMK-Berlin u. d. Hauses d. Kulturen d. Welt, Berlin, als Vors. d. Programmbeirates; VR-Mitgl. Dt. Siedlungs- u. Landesrentenbank, Bonn; Präs. Dt. Stiftg. f. intern. Entwickl., Berlin - Liebh.: Literatur, Theater.

HOPPE, Harri

Graveurmeister, Präs. Bundesinnungsverb. d. Graveure, Galvaniseure, Gürtler u. verw. Berufe - Zu erreichen üb. Elisenstr. 5, 5650 Solingen 1 - Geb. 22. Okt. 1936.

HOPPE, Heinz

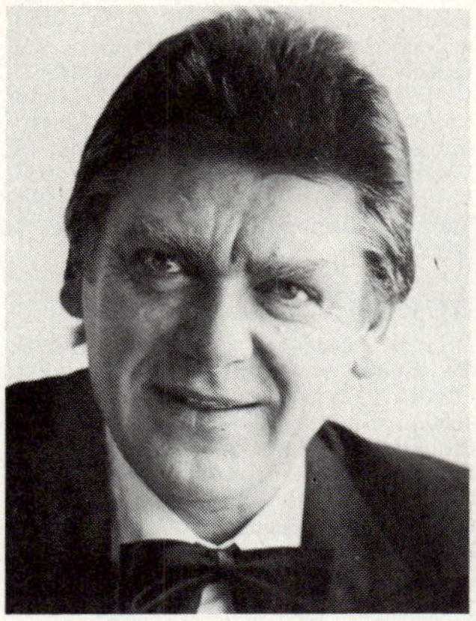

Prof., Kammersänger, Lyrischer Tenor - Kurpfalzstr. 59, Haus Drei Birken, 6831 Altlußheim (T. 06205 - 3 36 36) - Geb. 26. Jan. 1924 Saerbeck (Eltern: Franz u. Elisabeth H.), kath., verh. s. 1974 m. Claudia, geb. Brauckmann, Tocht. Xenia Katinka - Gesangsstud. Musikakad. Münster u. Musikhochsch. Detmold - Mozartinterpret Festspiele New York, Edinburgh, Glyndebourne, Paris, Lissabon, Brüssel - 1962 Kammersänger (jüngster d. Bundesrep. Dtschl.), s. 1977 neb. Konzerttätigk. Prof. f. Sologesang, sowie Leit. Opernschule Staatl. Hochschule f. Musik, Heidelberg-Mannheim. 500 Rundfunkaufn.; 150 Langspielpl. - Liebh.: Klass. Musik, Wandern, Fischen - Rotarier.

HOPPE, Heinz C.

Vorstandsmitglied i.R. Daimler-Benz AG (1971-82) - Mercedesstr. 136, 7000 Stuttgart 60 - Geb. 16. Febr. 1917 Ostpreußen - Div. Mercedes-Benz ARMand. sow. Mitgl. Gesellschafteraussch. Carl Freudenberg. S. 1983 Ruhest. - 1976 Ehrensenator Wirtsch.univ. Wien; 1977 BVK; Gr. gold. Ehrenzeichen d. Rep. Österreich; u.a.

HOPPE, Heinz-Friedrich

Generaldirektor - Erwin-von-Witzleben-Str. 38, 4000 Düsseldorf-Golzheim - Geb. 10. März 1929 Solingen, verh. m. Gertrud, geb. Westhoff - B. 1969 Klöckner & Co., Duisburg, dann Beton- u. Monierbau AG., Düsseldorf (Vorstandsmitgl., 1972 -vors.). 1975 ff. Mitgl. Präsid. Hauptverb. Dt. Bauind. - Liebh.: Golf, Jagd.

HOPPE, Immo

Dr. med., Prof. f. Innere Medizin, Klin. u. Exper. Immunologie sow. Bluttransfusionswesen - Pausiner Str. 26, 1000 Berlin 20 - Geb. 6. Aug. 1933 Berlin - Promot. 1957 Marburg - S. 1969 (Habil.) Lehrtätigk. FU Berlin (1961 Leit. Blutbank/Klinikum Charlottenburg). Üb. 50 Facharb.

HOPPE, Joachim

Dr. theol., Prof. f. Theologie FU Berlin, Pfarrer - Ilsensteinweg 4a, 1000 Berlin 38 (T. 030 - 801 19 82) - Geb. 10. Nov. 1930 Stettin - Stud. Ev. Theol. u. Erziehungswiss. (1. u. 2. Theol. Ex.), Promot. 1958 - Pfarrer, Oberkonsistorialrat, Prof. FU Berlin - BV: Kirche u. Erziehung im Denken Schleiermachers krit. dargestellt, 1958.

HOPPE, Jörg D.

Dr. med., Arzt, Leit. Arzt d. Abt. f. Pathologie u. Ärztl. Direktor d. Krankenanstalten Düren GmbH, Vizepräs. d. Bundesärztekammer, Köln, Vizepräs. Ärztekammer Nordrhein, Düsseldorf, Ehrenvors. d. Marburger Bundesverb. d. angest. u. beamt. Ärzte Dtschl., Köln - Roonstr. 30, 5160 Düren/Rhld. - Geb. 24. Okt. 1940.

HOPPE, Karl

Konrektor a. D., Staatssekretär Min. d. Finanzen Rhld.-Pfalz (1987-91), MdL Rhld.-Pfalz (s. 1975) - Kurfürstenwiese, 5411 Simmern - Geb. 6. Dez. 1934 - CDU.

HOPPE, Marianne

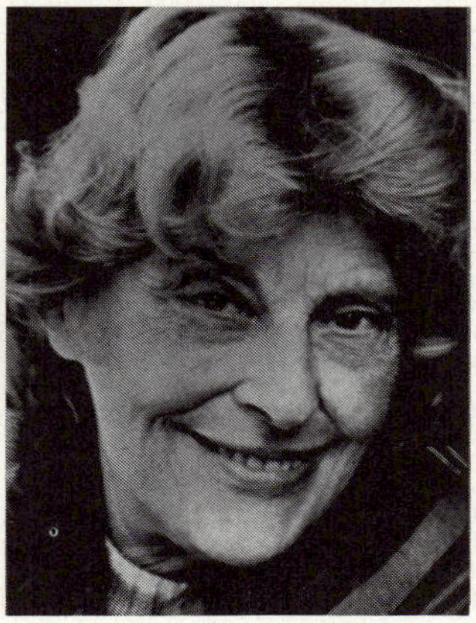

Schauspielerin - 8227 Scharam Post Siegsdorf/Obb. (T. Siegsdorf 9395) - Geb. 26. April 1911 Rostock (Vater: Gustav H., Besitzer Gut Felsenhagen/Meckl.; Mutter: Margarethe, geb. Küchenmeister), ev., jetzt kath., verh. 1936-45 m. Gustaf Gründgens, Schausp., Regiss. u. Theaterint. (†1963 Manila/Philippinen), S. Johann Benedikt - Königin-Luise-Stift u. Handelssch. Berlin; Schauspielausb. Lucie Höflich - Ab 1929 Reinhardt-Bühnen Berlin, Kammersp. München, 1935-45 Staatl. Schauspielhaus Berlin, 1947-55 Städt. Bühnen u. Schauspielhaus Gründgens Düsseldorf, spät. vornehml. Gastsp. (Hamburg, Wien, Salzburger Festsp., USA), Rundfunk u. Fernsehen. Üb. 60 Bühnenrollen, dar. Hauptr. in: Emilia Galotti, Der Widerspenst. Zähmung, Maria Stuart, Tasso, Antigone, Candida, Mädchen in Uniform, Johannisfeuer, Endstation Sehnsucht, Fliegen, Barbara Blomberg, Cocktail Party, D. Mädchen v. Lande, D. Brennglas, An Einzeltischen, Süßer Vogel Jugend, D. Totentanz, Thomas Bernhard: Jagdgesellschaft, Am Ziel. Film: Heideschulm. Uwe Karsten, D. Schimmelreiter, Krach um Jolanthe, Schwarzer Jäger Johanna, Oberwachtm. Schwenke, Wenn d. Hahn kräht, E. Frau ohne Bedeut., Capriolen, D. Herrscher, D. Schritt v. Wege (Effi Briest), Kongo-Expreß, Auf Wiederseh'n, Franziska!, Stimme d. Herzens, Romanze in Moll, Ich brauche dich, D. verlorene Gesicht, Schicksal aus zweiter Hand, Nur e. Nacht, D. Mann meines Lebens, 13 kl. Esel u. d. Sonnenhof - 1971 Berliner Kunstpreis; 1975 Hermine-Körner-Ring; 1976 gr. BVK; 1986 Gr. Berliner Kunstpreis u. Bayer. Maximiliansorden; 1965 o. Mitgl. Akad. d. Künste Berlin.

HOPPE, Rudolf

Dr. Dr. rer. nat. h.c. mult., o. Prof. f. Anorgan. u. Analyt. Chemie - Universität, 6300 Gießen - Geb. 29. Okt. 1922 Wittenberg/Prignitz - S. 1958 (Habil.) Lehrtätigk. Univ. Münster (1961 Prof.) u. Gießen (1966 Ord.) - Entd. üb. 1000 neue Fluoride (z.B. XeF_2) u. Oxide (z.B. $CsAuO$) sowie Sulfide. Üb. 500 Fachveröff. Mithrsg. d. Ztschr. f. Anorgan. u. Allgem. Chemie (1981) - 1963 Preis f. Chemie Akad. d. Wiss. Göttingen, 1974 Alfred-Stock-Gedächtnispreis Ges. Dt. Chem., 1986 Moissan-Med. Soc. Chim. d. France, Otto-Hahn-Preis Dtschr. Zentralausschuß f. Chemie u. DPG. Mitgl. d. Akad. Leopoldina (Adjunkt f. d. Land Hessen), Korrespond. Mitgl. d. Österr. Akad. d. Wiss. u. d. Bayer. Akad. d. Wiss.

HOPPE, Rudolf

Dr. med., Prof., Direktor - Oertelstr. 8, 4000 Düsseldorf 1 - Geb. 2. Nov. 1910 Ahaus (Vater: Bernhard H., Sanitätsrat; Mutter: Antonia, geb. ten Brink), kath., verh. s. 1949 m. Dr. med. Hanna, geb. Heinzelmann, 3 Kd. (Reinhold, Rudolf, Ingrid) - Leit. ärztl. Dienst Landesversicherung Rheinprovinz, Prof. f. Sozialmed. Univ. Düsseldorf. Fachmitgl.sch., 85 Fachveröff., Buchbeitr. üb. Krebs, Tuberkulose, Soz.med. u. med. Dokumentation - Redecker-Preis, Ernst-v.-Bergmann-Plak., BVK, Ehrenmitgl.-schaften.

HOPPE, Ulf Armin

Konsul v. Benin, Kaufmann (Detektei Tudor, U.A. Hoppe'sche Haus- u. Liegenschaftsverw. GmbH, Tudor Geldtransporte, Tudor Bewachung, Tudor bewaff. Personenschutz), Sachverst. f. Ballistik - Rothschildallee 4, 6000 Frankfurt 60 (T. 0611 - 29 45 95) - Geb. 8. Febr. 1945 Luckau/Mark (Vater: Eberhard H., Beamt.; Mutter: Anneliese, geb. Heiden), ev. - Liebh.: Alte Gemälde, Bootssport - Spr.: Engl.

HOPPE, Werner

Dr. jur., o. Prof. f. Staats- u. Verwaltungsrecht, Dir. Inst. f. öfftl. Recht u. Politik Univ. Münster, gf. Direktor Zentralinst. f. Raumplanung Univ. Münster, gf. Direktor Freiherr-v.-Stein-Inst. - Erphorstr. 36, 4400 Münster - Geb. 18. Juni 1930 Münster (Vater: Rudolf H., Bankdir.; Mutter: Mathilde, geb. Schweins), kath., - 1959-72 RA u. Notar, s. 1972 Univ. Münster. Mitgl. d. Rates v. Sachverst. f. Umweltfragen - BV: u. a. D. Gemeinde-Verf., d. Gemeinderecht in Nordrh.-Westf. Bd. I, 2, 1962 (m. Zuhorn); Rechtsschutz b. d. Planung von Straßen, 2. A. 1981 (m. Schlarmann); D. kommunale Bauleitplanung, 1973 (m. Rengeling); Rechtsschutz b. d. kommun. Gebietsref., 1973 (m. Rengeling); Öffentl. Bau- u. Bodenrecht, Raumplanungsrecht, 2. A. 1981 (m. Ernst); Raumordn.- u. Landesplanungsrecht d. Bundes u. d. Landes Rhld.-Pfalz (m. Menke), 1986; Nordrh.-westf. Staats- u. Verwaltungsrecht, 1986; Raumordn.- u. Landesplanungsrecht d. Bundes u. d. Landes Nieders. (m. Schoeneberg), 1987. Herausg.: D. Recht d. Raumordn. u. Landesplanung in Nordrh.-Westf. in: Grimm/Papier; Umweltrecht (m. Beckmann, 1989).

HOPPE, Wolfgang

Dr. med., Dr. med. dent., Prof. - Wismarweg 5, 2400 Lübeck - Geb. 12. März 1923 Luisenthal-Stutzhaus/Thür. (Vater: Fritz H., Zahnarzt), ev., verh. s. 1952 m. Hildegard, geb. Ackermann, 3 Kd. (Ulrike, Martina, Florian) - Obersch.; Univ. Würzburg u. Erlangen. Habil. 1959 Kiel - 1949-53 Assist. Pathol. Inst. Univ. Erlangen; 1953-68 Assist. u. Oberarzt (1960) Univ.klinik f. ZMKheilkd. Kiel, s. 1968 Leit. Abt. Kieferkrankh./Med. Hochsch. Lübeck. S. 1959 Lehrtätigk. Univ. Kiel (1965 apl. Prof.) - BV: D. Lagergewebe subperiostaler Gerüstimplantate, 1960; Lippen-, Kiefer- u. Gaumenspalten, 1965 - 1960 korr. Mitgl. Ital. Ges. f. plast. Chir. - Spr.: Engl., Franz.

HOPPENHAUS, Karl Wilhelm

Dr. agr., Unternehmer - Am Ideck 9, 5657 Haan (T. 02129 - 30 97) - Geb. 26. Jan. 1928 Haan (Vater: Carl H., Fabrikant; Mutter: Anneliese, geb. Glaser), ev., verh. s. 1957 m. Ilse, geb. Kämmerling, 3 Kd. (Axel, Felix, Kristin) - 1949-52 TH München-Weihenstephan (Brautechnik, Dipl.-Brau-Ing.); 1952-55 Univ. Köln (Biochemie); Promot. 1955 TH München - Ehrenvors. Verb. Rhein. Kornbrenner - Spr.: Engl.

HOPPENSACK, Hans-Christoph

Dr., Staatsrat beim Senator für Gesundheit, Jugend und Soziales - Bahnhofspl. 29, 2800 Bremen.

HOPPENSTEDT, Dietrich Hermann

Dr. jur., Präsident d. Niedersächs. Sparkassen- u. Giroverb. (s. 1983) - Schiffgraben 6, 3000 Hannover - Geb. 16. Sept. 1940 Osnabrück (Vater: Friedrich H., Landesforstm. a.D.; Mutter: Hanna, geb. Hemeling), ev., verh. s. 1968 m. Elke, geb. Kuckuck, 3 Söhne (Hendrik, Björn, Arne) - Stud. Rechts- u. Staaswiss. Univ. Göttingen u. Hamburg, 1. Ex. 1967, 2. Ex. u. Promot. 1971 - 1971-77 Geschäftsf. Wasserverbandstag Nieders. e.V.; 1977-79 Oberkreisdir. Uelzen; 1979-83 Staatssekr. im Nieders. Min. f. Ernähr., Landwirtsch. u. Forsten - Spr.: Engl.

HOPPENSTEDT, Roland

Dipl.-Landw., Verleger - Römheldweg 20, 6100 Darmstadt (T. 7 73 82) - Geb. 20 Juni 1924 Blankenburg (Vater: Roland H., Verleger; Mutter: Isa, geb. Thielen), ev., verh. s. 1952 m. Margarete, geb. Busch, 4 Kd. (Isa, Roland, Jan-Hendrik, Friederike) - Obersch.; Stud. Landw. (Diplomprüf. 1949) - S. 1950 Verlag Hoppenstedt & Co., Darmstadt.

HOPPMANN, Erich

Dr. rer. pol., o. Prof. f. Volkswirtschaftslehre - Hebelstr. 26, 7831 Malterdingen - Geb. 31. Dez. 1923 Gelsenkirchen - Univ. Würzburg u. Köln (Wirtschaftswiss.). Promot. 1952; Habil. 1955 - 1956 Privatdoz. Univ. Würzburg, 1960 ao. Prof. Hochsch. f. Wirtschafts- u. Sozialwiss. Nürnberg, 1962 o. Prof. Univ. Marburg, 1968 Univ. Freiburg. Vorst. Walter Eucken Inst. Freiburg, 1990 Lehrauftr. Hochsch. Friedr. List Dresden - BV: (1956-64): D. Periodenanalyse als Theorie d. volksw. Dynamik; Vertikale Preisbind. u. Handel; Binnenhandel u. - politik; Exportkartell u. Wettbew. (m. E. Schäfer u. H. Eichler); Normenzwecke u. Systemfunktionen im Recht d. Wettbew.sbeschränk., 1974 (m. Mestmäcker); D. Abgrenz. d. relevanten Marktes, 1974; Preiskontrolle u. Als-Ob-Konzept, 1975; Marktmacht u. Wettbewerb, 1977. D. Konzept d. wirksamen Preiswettbewerbs, 1978; Behinderungsmißbrauch, 1980; Marktbeherrsch. u. Preismißbrauch, 1983; Wirtschaftsordnung u. Wettbewerb, 1989. Herausg.: Konzertierte Aktion - Krit. Beitr. zu e. Experiment (1972); Festschr. Friedrich A. v. Hayek (1980). Mithrsg.: Rationalisierung durch Kartelle? (1972); Schriftenreihe Wirtschaftsrecht u. -politik; Schriften d. Inst. f. Allg. Wirtschaftsforsch.; Ordo-Jahrb. Üb. 100 Einzelarb.

HOPT, Klaus J.

Dr. jur., Dr. phil., M.C.J., o. Prof. f. Bürgerl. Recht, Handelsrecht, Dt. u. Europ. Wirtschaftsrecht, Rechtsvergleichung, -soziologie u. -informatik Univ. München, Vorst. d. Inst. f. Intern. Recht - Ludwigstr. 29, 8000 München 22 - Geb. 24. Aug. 1940 Tuttlingen (Vater: Dr. med. Theo H.; Mutter: Dr. med. Maria, geb. Gruber), kath., verh. s. 1968 m. Nhu Dung Hopt-Nguyen, geb. Nguyen - Promot. München (1967) u. Tübingen (1968) - Habil. München (1973) - S. 1974 o. Prof.; Lehrtätigk. Univ. Tübingen (1974-78 u. 1980-85), Europa-Univ. Florenz (1978-1980, Leit. Fachber. Rechtswiss.), Univ. Bern (1985-87); External prof. Europa-Univ. Florenz (1988ff.). 1979 Gastprof. Univ. of Pennsylvania/Philadelphia (USA), 1981 u. 1983 Gastprof. Europa-Univ. Florenz, 1987 Gastprof. Sorbonne (Paris I), 1988 Gastprof. Univ. Kyoto (Japan), 1989/90 Gastprof. Univ. Libre de Bruxelles (Belgien); 1991 Gastprof. Univ. Genf (Schweiz) u. Univ. Tokyo (Japan). Mitgl. Intern. Faculty for Corporate and Capital Market Law (s. 1975). Richter am OLG Stuttgart (1981-85) - BV: Schadensersatz aus unberecht. Verfahrenseinltg., 1968; D. Dritte Gewalt als polit. Faktor, 1969; Europ. Insiderrecht (m. Will), 1973; Kapitalanlegerschutz im Recht d. Banken, 1975; Inwieweit empfiehlt sich e. allgem. gesetzl. Regelung d. Anlegerschutzes? Gutacht. f. d. 51. Dt. Juristentag, 1976; Gesellschaftsrecht (m. Hehl), 1979, 3. A.

1987; Handelsrecht (m. Mössle), 1986; Legal Harmonization and the Business Enterprise (m. Buxbaum), 1988; Baumbach-Hopt, Komment. z. Handelsgesetzb. (28. A. 1989); Kreditrecht (m. Mülbert), 1989; Verantwortlichkeit d. Banken bei Emissionen, 1991. Zahlr. Aufs. u. Beitr. im In- u. Ausland. Herausg.: European Merger Control (1982); Groups of Companies (1982); Corporate Governance and Directors' Liabilities (m. Teubner) (1985); European Insider Dealing (1991, m. Wymeersch); European Business Law (1991, m. Buxbaum u. a.); European Company and Financial Law (1991, m. Wymeersch); Mitherausg. versch. in- u. ausl. Ztschr. u. Reihen; Mitgründer u. Vorst. d. Bankrechtl. Vereinigung e.V.; korr. Mitgl. Vetenskapssocieteten i Lund (Schweden), u. Acad. de comptabilité (Paris) - 1967 Fakultätspreis München - Liebh.: Kunst u. Musik - Spr.: Engl., Franz., Ital., Span. - Rotarier.

HORA, Heinrich

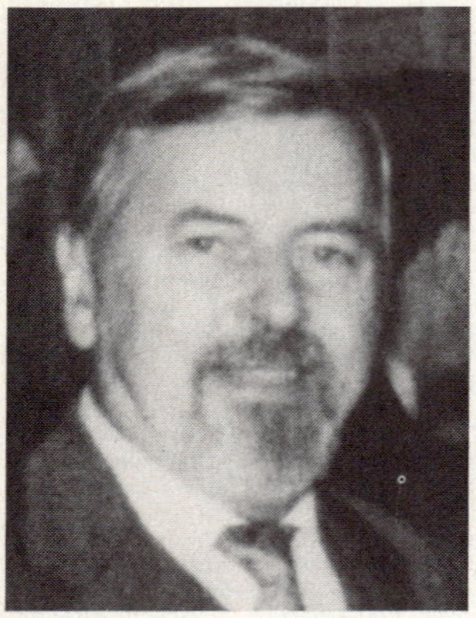

Dr. Sc., Dr. rer. nat., em. o. Prof., Direktor Inst. Theoret. Physik Univ. New South Wales Sydney (s. 1975), Attaché rem. CERN, Genf (s. 1990) - 12 Duggan Cres, Connels Point 2221, Australien - Geb. 1. Juli 1931 Wenzelsdorf-Bodenbach (Vater: Dipl.-Ing. Otto H., Pionier d. chem. Verfahrenstechn.), kath., verh. s. 1956 m. Rosemarie, geb. Weiler, 6 Kd. (Dr. Michael, Ulrike Hora-McCluskey, Dr. Maria Carmody, Beate Steller, Dorle Minikin, Regina Law) - Dipl.-Phys. 1950-56 Univ. Halle-Wittenberg; Promot. 1960 Univ. Jena; 1981 Univ. New South Wales (D. Sc.) - 1956-61 Forsch.-Lab. Zeiss; 1961/62 IBM Lab.; 1962-75 MPI f. Plasmaphysik; 1967/68 Westinghouse Res.; 1972-75 Gemeinderat (CSU) Ottobrunn; s. 1978 UN-IAEA Austral. Deleg. ICF Ctte.; 1984/85 Präs. Austral. Inst. Phys. NSW; 1989 Deputy Commissioner Australian Inst. of Nuclear Science and Engineering - Gastprof. 1973/74 Univ. Rochester, 1978/79 Univ. Bern. 1985 Tokio Univ., 1985/86 Univ. Giessen u. Iowa, 1989 TH Darmstadt u. Univ. Giessen - Entw.: Korrespondenzprinzip f. elektromagn. Wechselw.; Schwarz-Hora Effekt; nichtlineare Kraft d. Laser-Plasma Wechselw., Kluster-Laser - BV: Laser Plasmas and Nuclear Energy, 1975; Nonlinear Plasma Dynamics, 1979; Physics of Laser Driven Plasmas, 1981 (russ. 1986); Introduct. to Equations of State, 1986 (m. S. Eliezer, A. Ghatak u. E. Teller); Plasmas at nigh Temperature and Density, 1991. Begründer u. Herausg.: Laser and Particle Beams, Cambridge Univ. Press (s. 1982). Gründer u. Mithrsg.: Serie Laser Interaction and Related Plasma Phenomena, 12 Bde. (s. 1971); weitere 305 Veröff. - Dt. Sportabz. (Gold. 1982) - 1972 USAF Schwarz-Hora Lctr.; 1978 Slaner Lctr. Nuclear Club Wall Street; 1979 Med. Lebedev Inst.; Austral. Acad. Sc. Förderpreis: 1983 Academia Sinica, 1984 Weizmann Inst.; 1985 Ritter-von-Gerstner Med.; 1989 Heraeus Award; Med. Honour Amer. B.I.; 1991 Edward Teller Medal; Grossoffz. d. Templerordens; Rotarier - Liebh.: Klavier, Schwimmen, Golf - Lit.: R. Ohlbaum, Sudetendt. Zeitung 12. Juli 1991, S. 6; G. H. Miley Laser and Part. B. 9, 653 (1991).

HORATZ, Karl

Dr. med., o. Prof. f. Klin. Anaesthesiologie - Erikastr. 134, 2000 Hamburg 20 (T. 47 78 13) - Geb. 14. Jan. 1913 Köln - S. 1957 (Habil.) Lehrtätigk. Univ. Hamburg (1966 Ord. u. Dir. Abt. f. Anaesthesiol./Chir. Klinik). Fachveröff.

HORATZ, Ludwig

Dr. rer. pol., Dipl.-Kfm., Dipl.-Volksw., Vorstandsvorsitzender Phoenix AG, Hamburg - Zu erreichen üb. Phoenix AG, Hannoversche Str. 88, 2100 Hamburg 90 (T. 040 - 76 67 22 42) - Geb. 20. März 1929 Köln (Vater: Dr. Joseph H., Vorst.-Vors. Felten & Guilleaume Carlswerk AG, Köln †1966 (s. XIV. Ausg.); Mutter: Maria, geb. Lamine), kath., verh. s. 1957 m. Dr. Elisabeth, geb. Siebers, 4 Töcht. (Marie-Luise, Barbara, Isabel, Brigitte) - Gymn. Köln; Stud. Volks- u. Betriebsw. sow. Rechtswiss. Köln, USA, Paris (Sorbonne). Dipl.-Volksw. (1952), Dipl.-Kfm. (1953) u. Promot. (1954) Köln - 1954-56 Dt.-Atlant. Telegraphen-Ges., Köln, 1956-57 Rhein.-Westf. Revision Treuhand AG, 1957-68 Felten & Guilleaume Carlswerk AG ebd. (zul. Dir.), 1959-62 Finanzdir. Compagnie Europ. d. Tubes Telephoniques SA Paris, 1968-82 Finanzvorst. Clouth AG, Köln, s. 1982 Vorst.-Mitgl. u. s. 1988 Vorst.-Vors. Phoenix AG (Ressort Finanzen, Rechnungswesen, Materialwirtsch.), Hamburg, Arbeitsdir. - BV: Organisation u. Finanzierung d. intern. Nachrichtenverkehrs, 1954; D. amerik. Nachrichtenges., 1957; Telegraphieverkehr, 1968; Seekabelbetriebsges., 1968 - Spr.: Engl., Franz. - Rotarier.

HORBACH, Gerd

Dipl.-Kfm., Verlagsgeschäftsführer (Bachem/Hegner) - V. d. Siebenburgen 45, 5000 Köln - Geb. 9. Nov. 1925.

HORBACH, Lothar

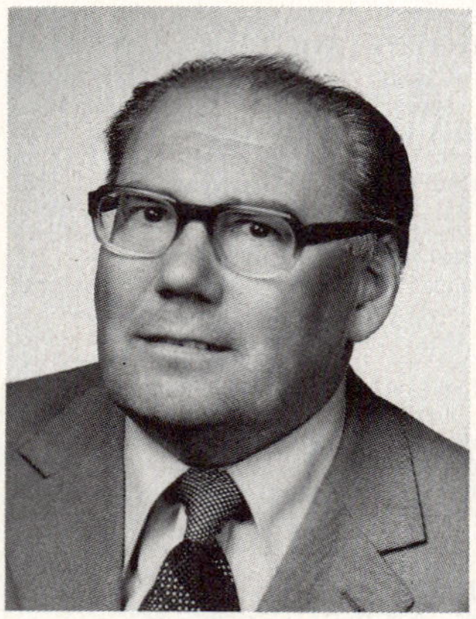

Dr. med., o. Prof., Vorstand d. Instituts f. Medizin. Statistik u. Dokumentation Univ. Erlangen-Nürnberg (s. 1972) - Im Pfarrgarten 9, 8525 Uttenreuth (T. 5 59 24) - Geb. 21. Dez. 1927 Ludweiler/S. (Vater: Karl H., Angest.; Mutter: Klara, geb. Müller), ev., verh. s. 1958 m. Ursula, geb. Jurksch, 4 Kd. (Ulrich, Jens, Jürgen, Regine) - Stud. Univ. d. Saarlandes, Nancy u. Paris; Promot. 1956 Homburg/Saar; Habil. 1968 Mainz - Inu. ausl. Fachmitgl.sch. 1983-85 Präs. Dt. Ges. f. Med. Dok., Informatik u. Statistik (GMDS); 1990 Präs. Société Intern. de Démographie, Economie et Sociologie Médicales - BV: Fluglärmwirkungen, 1974 (m. a.); Berufskrebsstudie, 1981 (m. a.) - Liebh.: Violine, Malerei - Spr.: Engl., Franz.

HORBATSCH, Anna-Halja,

geb. Lutziak

Dr. phil., Übersetzerin u. Journ. - Michelbacherstr. 18, 6101 Reichelsheim-Beerfurth - Geb. 2. März 1924 Brodina/Bukovina, griech.-uniert, verh. s. 1948 m. Prof. Dr. Olexa H., 3 Kd. (Katerina, Marko, Marina) - Stud. Slavistik, Roman., osteurop. Gesch. Univ. Göttingen u. München; Promot. 1950 München - Fr. Mitarb. Inst. Glaube in d. 2. Welt u.a. Inst. (Schwergewicht Osteuropa) - Übers. aus d. ukrain. Lit., u.a. Blauer November (1959); E. Brunnen f. Durstige (1970); Wilde Steppe Abenteuer (1974); ukrain. Samisdatlit. u. Samisdatdok. d. Bürgerrechtsbeweg; Angst ich bin dich losgeworden, Ukr. Ged. aus d. Verbannung (zus. m. Marina Horbatsch, 1983); E. Dichter im Widerstand (1984); Wassyl Stus: Du hast dein Leben nur geträumt (1988); Jewhen Swerstjuk: Lehrjahre d. ewigen Gottes? (1990). Zahlr. Art. z. Thematik d. liquidierten Ukrain. Kath. Kirche u. ihrer Wiedergeb. im Untergrund, lit.-wiss. Beitr. zu ukrain.-dt. u. ukrain.-rumän. lit. Beziehungen, Art. üb. ukr. Autoren in Kindlers Lit.-Lex. - Spr.: Ukrain., Russ., Franz., Engl., Rumän.

HORBATSCH, Olexa

Dr. phil., o. Prof. f. Slavistik (Lehrstuhl II) Univ. Frankfurt (s. 1966) - Michelbacherstr. 18, 6101 Reichelsheim-Beerfurth (T. 06164 - 18 36) - Geb. 5. Febr. 1918 Romaniw/Galizien (Vater: Theodor H., Bauer; Mutter: Katharina, geb. Wijtowytsch), griech.-kath., verh. s. 1948 m. Dr. Anna-Halja, geb. Lutziak, 3 Kd. - Reifeprüf. 1936 Gymn. Lemberg; Promot. 1948 Ukrain. Fr. Univ. München; Habil. 1951 ebd. - 1952-66 Lektor Univ. Göttingen, Marburg (1956), Frankfurt (1958) - BV: M. Smotryckyj, Grammatik, 4. A. 1964; De tribus textibus Liturgicis Ecclesiasticae (Paleo) Slavicae in Manuscriptis Vaticanis, 1966; De Manuscripto primi ucraino-latini vocabolarii Arsenii Korećkyj-Satanovśkyj et Epiphanii Slavynéckyj typis nunc mandate, 1968; Adelphotes, D. erste gedruckte griech.-kirchenslav. Grammatik, L'viv 1591, 1973 (Spec. Phil. Slav. Bd. 2); Meletij Smotryckyj, Hrammatiki Slavenskija Pravilnoe Syntagma, Jevje 1619, 1974 (Spec. Phil. Slav. Bd. 4); Pavlo Buzuk, Istorija ukrajinskoji movy, Kyjiv 1927, 1985; Zwei Počajiver Altdrucke 1770/1790, 1985; Tymčenko Jevhen, Istoryčnyj slovnyk ukrajinskoho jazyka, I, A-Z, Kyjiv 1930-32, 1985; Hordynskyj Jaroslav, Literaturna krytyka Pidsovjetskoji Ukrajiny, L'viv-Lemberg 1939, 1986; Červinska L.F., Dykyj A.T., Pokažčyk z ukrajinskoji movy, Charkiv 1929-30, 1986; A.M. Lejtes, M.F. Jašek, Desjat' rokiv ukrajinskoji literatury, I u. II, 1986; Trebnyk mytr. P. Mohyly, Kiev 1646, 1988; S. Jefremov: Istorija ukr. Pys'menstva, Kiev-Leipzig 1924, 1989; Nomokanon P. Mohyly, Kiev 1629, 1989. Herausg.: Specimina Philologiae Slavicae (m. G. Freidhof), s. Schriftenverz. Studia Slavica, T.I S. 20-28 (1983). Zahlr. Arb. z. ukrain. Lexikologie u. Dialektol. - Spr.: Pol., Ukrain., Russ., Serbokroat., Tschech., Bulgar., Engl., Franz.

HORBELT, Klaus

Dipl.-Kfm., Unternehmensberater - Hagebuttenstr. 8a, 8510 Fürth-Dambach/Bay. - Geb. 24. Okt. 1928 Nürnberg (Eltern: Willi u. Katharina H.), verh. s. 1958 (Ehefr.: Christa), S. Stefan - Wirtschaftsobersch. Nürnberg; Univ. Erlangen-Nürnberg (Betriebsw.; Dipl.) - Zul. Dir. IBM Dtschl. GmbH., Stuttgart - Spr.: Engl.

HORCH, Hans-Henning

Dr. med., Dr. med. dent., o. Prof., Mund-Kiefer-Gesichtschirurg, Dir. Klinik u. Poliklinik f. Mund-, Kiefer- u. Gesichtschirurgie rechts d. Isar TU München - Ismaninger Str. 22, 8000 München 80 (T. 089 - 41 40 29 20) - Geb. 28. Sept. 1941 Breslau, verh. m. Dr. Leonore, geb. Kolb, 2 Kd. (Hans-Joachim, Caroline) - Med.-Stud. u. Stud. Zahnheilkd. Univ. Köln, Bonn u. Innsbruck; Promot. 1969 u. 1972 Bonn, Habil. f. Kiefer- u. Gesichtschir. 1978 Düsseldorf - S. 1985 Lehrst. f. Zahn-Mund- u. Kieferheilkd., insbes. Mund-Kiefer- u. Gesichtschir. 1981-89 Generalsekr. u. 1991/92 Jahrespräs. d. Dt. Ges. f. Mund-Kiefer- u. Gesichtschir. - BV: Laserosteotomie u. Anwendungsmöglichk. d. Lasers in d. oralen Weichteilchir., 1983. Mithrsg.: Praxis d. Zahnheilkunde - 1978 Martin-Wassmund-Preis Dt. Ges. f. Mund-Kiefer- u. Gesichtschir.

HORCH, Werner

Dipl.-Brauereiing., Brauereidirektor i. R., Beiratsvors. Malzfabrik Rheinpfalz GmbH., Pfungstadt - Pastoratsweg 15, 4600 Dortmund 50 - Geb. 19. Aug. 1913 Pfungstadt (Vater: Dipl.-Brauereiing. Rudolf H., Brauereidir.; Mutter: Elsbeth, geb. Quodbach), verh. s. 1940 m. Christa, geb. Engelhard, 2 Kd. (Hans-Henning, Dorothee) - Realgymn. (Abit.); Brauerlehre; LH Berlin (Gärungswiss.; Dipl. 1939) - Zul. Vorstandsmitgl. Ritterbrauerei AG., Dortmund.

HORCHEM, Hans Josef

Dr. jur., Rechtsanwalt, Senatsdirektor a.D. - Godesberger Allee 99, 5300 Bonn 2 (T. 37 62 83) - Geb. 26. Aug. 1927 Erp - Stud. Gesch., Rechts- u. Staatswiss. Univ. Mainz u. Köln; Promot. 1954; Gr. jur. Staatsprüf. 1955 - 1955-57 Richter; 1957-68 Bundesamt f. Verfassungsschutz. 1969-81 Leit. Landesamt f. Verfassungsschutz Fr. u. Hansestadt Hamburg. Res. Fell. Center f. Strategic and Intern. Stud. Georgetown Univ. Washington, Center f. Strategic Stud. Tel-Aviv Univ. - BV: The Long March through the Institutions, 1973; West Germany's Red Army Anarchists, 1974; Extremisten in e. selbstbewußten Demokr., Rightist Extremism in the Federal Republic of Germany, 1979; Sowjet-Spionage als Mittel imperialist. Politik, 1983; D. verlorene Revolution, 1988 - Spr.: Engl., Franz., Span., Ital.

HORENBURG, Wolf

Dipl.-Braum., Aufsichtsratsvorsitzender Hofbrauhaus Wolters AG, Braunschweig - Am Gute 1, 3305 Veltheim/Ohe - Geb. 20. Sept. 1934 Brieg/Schles. (Vater: Kurt H., Brauereidir. i. R.; Mutter: Illa, geb. v. Koschützky), ev., verh. s. 1964 m. Marianne, geb. Bock, 2 Kd. (Ira, Mark) - Div. Ehrenämter u. Mandate.

HORN, Adam

Dr. phil., Dr. rer. pol., o. Prof. f. Volkswirtschaftslehre - Albert-Einstein-Ring 13, 6104 Seeheim 3 (T. 06257 - 8 17 92) - Geb. 8. Juli 1911 Darmstadt (Vater: Friedrich H., Kaufm.; Mutter: Anna, geb. Schmitt), verh. s. 1936 m. Gerda, geb. Schmittdiel - Promot. (1936 u. 43) u. Habil. (1950) Gießen - S. 1950 Lehrtätigk. Univ. Gießen (1956 apl. Prof.), Hochsch. f. Sozialwiss. Wilhelmshaven (1957 Ord.), TH Darmstadt (1959; 1962/63 Rektor) - BV: Betriebsgröße u. Kapitalbedarf, 1957. Fachaufs.

HORN, Camilla

Schauspielerin - Steindlgasse 2, 8036 Herrsching/Ammersee - Geb. 25. April 1903 Frankfurt/M. (Eltern: Wilhelm (Bahnbeamter) u. Martha H.), neuapostol., gesch. - Kunstgewerbesch. (Mode); Tanzausbild. Rudolf v. Laban; Schauspielunterr. Luzzi Höflich - Viele Bühnenrollen, u. a. Gigi. Etwa 80 Filme, dar. Faust, Tempest, König d. Bernina, Friedemann Bach, Weiße Sklaven, Fahrendes Volk - 1974 Bundesfilmpreis (Filmband in Gold), 1988 Bayer. Filmpreis (Schloss Königswald) - Spr.: Engl.

HORN, Dietward

Dipl.-Wirtsch.-Ing., Vorstandsmitglied G. M. Pfaff AG. u. Sprecher Haushaltsmaschinenbereich - Königstr. 154, 6750 Kaiserslautern (T. 0631 - 8 82 00); priv.: Im Rosengärtle 1a, 7500 Karlsruhe 41 (T. 0721 - 400 14 88) - Geb. 26. Nov. 1929 Kuckerneese/Ostpr. (Vater: Dr. Friedrich H., RA u. Notar; Mutter: Helene, geb. Kosack), ev., verh. m. Inge,

HORN, Erna
s. Arndt, Erna

HORN, Erwin
Oberstudiendirektor a. D., MdB (s. 1969; Wahlkr. 131/Gießen) - Salzachstr. 30, 5303 Bornheim-Uedorf - Geb. 2. Mai 1929 Annerod, verh., 2 Kd. - Volks- u. Aufbausch. (Abit. 1948); 1949-55 Stud. Gesch., Dt., Engl., Phil., Politik. Staatsex. 1955 - 1955-62 Ausb. u. Tätigk. als Studienrat; 1962-66 Fachlehrer f. Sozial- u. Gemeinschaftskd. Studiensem. Gießen, 1966-69 Oberstudiendir. Gymn. Nidda; 1981-85 Vors. Militärausch. Nordatlant. Vers.; s. 1985 Vors. sozialdemokrat.-sozialist. Fraktion Nordatlant. Vers. S. 1962 Unterbez.vors. SPD Gießen; 1960-76 Kreistagsabg.; 1980-83 Vors. Verteidigungsaussch., s. 1983 Obmann d. SPD im Verteidigungsaussch.; 1977-88 Fraktionsvorst. SPD.

HORN, Fritz
Geschäftsführer Arbeiterwohlfahrt/Bezirksverb. Hessen-Nord Ruhlstr. 6, 3500 Kassel.

HORN, Gerd
Dipl.-Kfm., gf. Gesellschafter MEDITRONIC GmbH (s. 1987) - Am Vorort 21-23, 4630 Bochum; priv.: Bochumer Str. 3, 6620 Völklingen (T. 06898 - 2 18 41) - Geb. 24. Nov. 1938 Essen, ev., verh. s. 1966 m. Heide, geb. Neuhaus, 2 T. (Christine, Verena) - Abit. 1956; 1956-58 Kaufm. Lehre; 1959-65 Stud. Betriebsw. Univ. Münster - 1965-68 Direktionsassist. Vertrieb Ind./Handel, 1968-70 Prok. Handel, ab 1970 Vorst./Geschäftsf. Handel/Dienstleist. - Liebh.: Musik, Lit., Wandern - Spr.: Engl.

HORN, Hannelore
Dr. phil., Prof. f. Intern. Politik u. vergl. Lehre FU Berlin - Wachtelstr. 16b, 1000 Berlin 33.

HORN, Hans
Dr. phil., Prof. f. Didaktik d. Grundschule Univ. Frankfurt/M. (Fachbereich Erziehungswiss.) - Niddering 20, 6368 Bad Vilbel 5.

HORN, Hans-Dieter

Dr. med., Dr. h.c. mult., Arzt f. Innere Krankheiten in eig. Praxis - Benekestr. 46, 2982 Norderney (T. 04932 - 25 25) - Geb. 5. Juli 1927 Tilsit/Ostpr. (Vater: Fritz H., Gutsbesitzer v. Ernstthal I, Memelland, gef. 1941 in UdSSR; Mutter: Marie, geb. Lautzas †), verh. s. 1966 m. Marga, geb. Nitz - Abit. 1947. Stud. Univ. Mainz, Düsseldorf; Med. Staatsex. u. Promot. 1955 - 1955-58 Assist. Med. Akad Düsseldorf; 1958-60 Ausbildungsstip. d. DFG am MPI f. Biochemie München (Dir. Prof. Adolf Butenandt); 1960-69 weitere Ausbild. z. Facharzt f. Inn. Krankh. in Marburg u. Homburg/S.; 1969-76 Leit. d. Inn. Abt. u. Chefarzt d. Städt. Krkhs. Norderney; 1976ff. Internist in eig. Praxis. Arbeitsgeb.: Oligosegmentales myovertebrales Syndrom, Behandl. m. Calcitonin durch d. Pharma-Ind. S. 1969 Mitgl. d. Berufsverb. Dt. Internisten - Zahlr. Veröff. in Fachztschr. u. Lehrb. - Nationale u. intern. Ehrungen u. Ausz.: 1986 Grand Ambassador of Achievement Intern. d. Amerik. Biogr. Inst., Deputy Governor d. American Biogr. Inst. Res. Assoc.; 1987 Award of an Hon. Doct. of Med. Intern. Univ. Found., Delaware, USA; 1987 Intern. Cultural Dipl. of Honor d. Intern. Biogr. Inst. Raleigh/USA; 1988 Albert Einstein Bronze Med. Award d. A. E. Intern. Acad. Found/USA, Hon. Appointment to the Res. Board of Advisors d. Amerik. Biogr. Inst.; 1989 World Decoration of Excellence d. ABI - Raleigh, N. C., America; 1989 Award of an Honorary Doctorate of The Albert Einstein Intern. Acad. Foundation, Delaware, USA - Interesses: Alte u. Neue Weltgeschichte, Musik - Spr.: Engl.

HORN, Hans-Jürgen
Dr. phil., o. Prof. f. Klass. Philologie Univ. Mannheim (s. 1976) - Schloß, 6800 Mannheim; priv.: Goebenstr. 16, 5000 Köln 1.

HORN, Hartmut
Dr. phil., Univ.-Prof. f. Soziol. u. Sozialpäd. - Hessenbank 14, 4600 Dortmund 50 (T. 71 63 82) - Geb. 1. März 1930 Oldenburg/O. (Vater: Studienrat Dr. Johannes H., Pfarrer; Mutter: Gertrud, geb. Müller), ev., verh. (1968) m. Dr. med. Brigitte, geb. Hämmerling, 2 Söhne (Friedemann, Peter) - Univ. Marburg u. Wien (Psych., Soziol., Päd.). Dipl. Psych. 1956, Promot. (Hauptfach: Soziol.), 1963 - Volks- u. Sonderschullehrer; 1964-66 Leit. Testabt. Dt. Inst. f. Intern. Päd. Forsch. Frankfurt/M.; s. 1966 Prof. Päd. Hochsch. Ruhr, 1980 Univ. Dortmund, Fachber. Sondererziehg. u. Rehabilitation. Spez. Arbeitsgeb.: Soziol. u. Psych. d. Behinderten - BV: Volksschullehrernachwuchs, 1968. Zahlr. Fachaufs. - Spr.: Engl., Franz.

HORN, Heinz

Dr. rer. pol., Dipl.-Kfm., Vorstandsvorsitzender Ruhrkohle AG, Essen (s. 1985) - Rellinghauser Str. 1, 4300 Essen 1 (T. 0201 - 1 77-1) - Geb. 17. Sept. 1930 Duisburg (Vater: Heinrich H., Kaufm.; Mutter: Elisabeth, geb. Eckernkamp), ev. - 1965-68 Finanzdir. Eschw. Bergwerks-Verein; 1968-72 Mitgl. Geschäftsleitg. Krupp Ind.- u. Stahlbau; 1972-74 Vorst.-Mitgl. Eisen u. Metall AG, Gelsenkirchen; 1974-83 Vorst. Eschw. Bergwerks-Verein (zul. Vors.); s. 1983 stv. Vorst.-Vors., s. 1985 Vorst.-Vors. Ruhrkohle AG - Spr.: Engl., Franz.

HORN, Heinz (Heinrich)
Dr.-Ing. E. h., Generaldirektor a. D. - Hültzstr. 24, 5000 Köln 41 (T. 43 16 58) - Geb. 29. Sept. 1905 Kalk b. Köln, verh. m. Käthe, geb. Meyer - Staatl. Ingenieursch. Köln - 1926-68 Felten & Guilleaume Carlswerk AG, Köln Mülheim (1962 ff. Vorstandsvors.). Div. Ehrenämter. Zahlr. ARsmandate (größtent. Vors.) - Ehrendoktor TH Darmstadt, Ehrenbürger TH Aachen; Offz. Großherzogl. Orden d. Eichenkrone (Luxemburg); Gr. Gold. Ehrenz. Rep. Österr.; 1970 Gr. BVK, 1979 Stern z. Gr. BVK - Spr.: Engl. - Rotarier.

HORN, Hermann
Dr. phil., Prof. - Lösseler Str. 113a, 5860 Iserlohn (T. 02374 - 72 00) - Geb. 1. Dez. 1927 Mettmann/Rhld. (Vater: Rudolf H., Vorarb.; Mutter: Anna, geb. Karp), ev., verh. m. Renate, geb. Brendel, 2 Söhne (Matthias, Johannes) - 1946-48 Päd. Akad. Wuppertal, 1952-55 Univ. Basel, Hamburg, Göttingen. 2. Lehrerprüf. 1952; Promot. 1955 - 1948-58 Volksschull., 1958-60 Doz. kirchl. Dienst, s. 1960 Hochschull. PH Kettwig (Doz.); 1963-65 Gründungsrektor PH Hagen; 1980 o. Prof. Univ. Dortmund. Lehrgeb.: Allg. Pädagogik - BV: Glaube u. Anfecht. bei Pestalozzi, 1969; Konfessionalität u. Päd., 1971; V. Elend d. Alternativen im Religionsunterr., 1974/77; Karl Jaspers: Was ist Erzieh.?, 1977, 1992; Erzieh. ist mehr als Information u. Sozialisation, 1978; Briefwechsel Karl Jaspers - Oskar Hammelsbeck 1919-69, 1986; Oskar Hammelsbeck - Zeuge d. Zeit, 1989; Oskar Hammelsbeck: Erwachsenenbildung als Wagnis u. Wandlung, 1990; Existenz - Erziehung - Evangelium 1991; Pädagogik in Briefen aus drei Jahrhunderten 1991; Kontinuität u. Wandel 1992 - 1978 Janusz-Korczak-Gedenkmed.

HORN, Jan Henrik
Jurist, Staatssekretär Niedersächsisches Umweltministerium (s. 1991) - Seestr. 18, 2161 Großenwörden (T. 04775 - 6 55) - Geb. 29. Dez. 1944 Hamburg, verh. s. 1982 m. Hannelore Pletsch-H., geb. Pletsch, 3 Kd. (Gesche, Lene, Klaas-Hinnerk) - Abit. 1965; Stud. Rechtswiss. Hamburg - 1975-79 Richter Verwaltungsgericht Stade, 1979-83 Richter Sozialgericht Hamburg; 1990/91 Regierungspräs. Bezirksreg. Hannover.

HORN, Joachim Christian

Dr. phil., Prof. Univ. Regensburg, Philosoph, Pädagoge u. Psychoanalytiker - Am Schlagteil 13, 8401 Großberg - Geb. 18. Nov. 1920 Kiel (Vater: Dr. Christian H., Rechtsanw. u. Notar; Mutter: Charlotte, geb. Franzius), ev. - Promot. 1952, Habil. 1969 - BV: Monade u. Begriff - D. Weg v. Leibniz z. Hegel, 3. A. 1982; D. Struktur d. Grundes, 2. A. 1983; Lehrsätze d. Phil., Monadologie, 1985 (franz.-deutsch); Festschr.: Joachim Christian Horn, Natur-Selbstbildung (1990).

HORN, Karlheinz
Konsul a. D., Inh. Immobilienverwaltung Horn - Orleanspl. 3, 8000 München 80 (T. 448 00 00) - Geb. 30. April 1927 München, verh. m. Johanna, geb. Kunz - Präs. TC St. Emmeram u. d. Deutsch-Hispan. Gesellsch. - Konsul v. Costa Rica f. Bayern a.D.

HORN, Klaus

Dr.-Ing., o. Prof. f. Meßtechnik u. Austauschbau - Voßkuhle 2, 3300 Braunschweig - Geb. 23. Okt. 1928 Köln (Vater: Dr. Federico H., Chemiker; Mutter: Elisabeth, geb. Erbe), ev., verh. s. 1955 m. Sieglinde, geb. Heim, 2 Kd. (Dagmar, Jürgen) - Gymn.; TH Karlsruhe (Elektrotechnik; Dipl. 1952). Promot. 1964 Aachen - S. 1974 Ord. TU Braunschweig. Ausschußtätig. DIN, VDI/VDE-GMA. Mitarb. AG Waagen, OIML, IMEKO-TC 3. Üb. 80 Fachveröff. m. Übers. (engl., franz., jap.). Mitautor in Handbuch d. Wagens u. Handbuch Fertigungs- u. Betriebstechnik Industrie-Berat. - Liebh.: Segeln, Surfing, Tauchen, Skilaufen, Musik (Klav.) - Spr.: Engl. - Etwa 220 in- u. ausl. Patente.

HORN, Manfred
Dipl.-Ing., Prof. f. Thermodynamik, Energietechnik u. Mechanik GH Paderborn - Dörener Weg 78, 4790 Paderborn/W. - Geb. 21. Okt. 1933 Bocholt (Vater: Wilhelm H., Bauuntern.; Mutter: Anna, geb. Zimmer), kath., verh. s. 1963 m. Wilhelmine, geb. Rausch, 2 Kd. - TH Aachen (Verfahrenstechnik).

HORN, Norbert
Dr. jur., Univ.-Prof., Lehrstuhlinh. f. Bürgerl. Recht u. dt. u. intern. Handels-, Wirtschafts- u. Bankrecht Univ. Köln (s. 1989), Dir. Inst. f. Bankrecht Univ. Köln; Univ.-Prof. Bielefeld (1973-89), Visiting Prof. London School of Economics (1973-82), Dir. Zentr. f. interdiszipl. Forschung Bielefeld (1974-81), Dir. Centre for Intern. Trade and Investment Contracts (CITIC), Köln, AR-Vors. F.W. Wollworth Co GmbH, Frankfurt - Albertus-Magnus-Pl. 1, 5000 Köln 41 - Geb. 18. Aug. 1936 Wiesbaden - Promot. 1966; Habil. 1972 - BV: u. a. Das Recht d. intern. Anleihen, 1972; Geldwertveränd., 1975; Recht u. Entsteh. d. Großunternehmen (m. Kocka), 1979; Codes of Conduct, 1980; Bürgschaft, in Staudinger Komm. z. BGB 82; Transnational Law of Commerce 82; AGB-Kommentar (m. Wolf u. Lindacher), 1984, 1989; Adaptation of Contracts, 1985; Wirtschaftsrecht d. VR China, 1987; Mitautor: Heymann Kommentar z. Handelsrecht (4 Bd.), 1989) - 1966 Walter-Kolb-Preis Stadt Frankfurt.

HORN, Otto
Prof. Dr., Schriftsteller u. Journ. - Praterstr. 66, A-1020 Wien (T. 0222 - 24 01 65) - Geb. 17. Mai 1923, Wien - Verh. m. Gertrude Fanto, 2 Kd. (Vera, Max) - Realgymn. Wien (Matura 1941); s. 1946 Stud. German. u. Phil. Univ. Wien - Im 2. Weltkrieg österr. Partisanenoffz.; nach 1945 Schriftst. u. Journ., Redakt., Auslandskorresp. (Printme-

dien, Radio, FS). 1949-57 Vorst. Österr. Schriftstellerverb. - BV: Romane: D. Wiener Probejahr, 1955 (russ. 1966); D. Frage d. Pilatus, 1967 u. 68; Zeitzünder, 1972; Lit. Reportage: Ich liebe Jugoslawien, 1965 - Literaturpreise; 1965 Medaille f. Kämpfer gegen d. Faschismus (DDR); 1978 Ehrenzeichen f. Verdienste um d. Befreiung Österr. - Liebh.: Reisen - Spr.: Franz., Engl. - Bek. Vorf.: F. Maximilian Horn, k.u.k. Oberst (Großv.).

HORN, Peter

Schriftsteller, Videomacher - Kirchweg 86, 5000 Köln 40 (T. 0221 - 48 63 13) - Geb. 13. Febr. Tambach-Dietharz/Thür., kath., ledig - Realschulabschl. 1969 Köln; Buchhändlerlehre Köln (Abschl. 1973) - S. 1985 eig. Profi-Videostudio f. lit. Verfilm., filmt auch m. Team Bücher anderer Autoren. Mitgl. mehrerer Autorenverb., Kinderschutzbd., Humanist. Union, Arbeitsgem. humane Sexualität, Bd. d. Videoamateure - BV: Rendezvous, 1978; Knospen, 1979; Schrei d. Klaus Quijote, 1980; Abhandlung Sexualität, 1980; Bruch deiner schlafenden Zeit, 1982; Als d. Süßspeisen, 1983; u.a. - Liebh./Interessen: Phil., Psych., Päd., Biol., Astron. - Spr.: Lat., Engl.

HORN, Rosemarie

Dr. med. dent., Prof. f. Vorklin. Zahnheilkunde Univ. Gießen - Schlangenzahl 14, 6300 Gießen; priv.: An der Zahlbach 51, 3550 Marburg/L.

HORN, Sabine

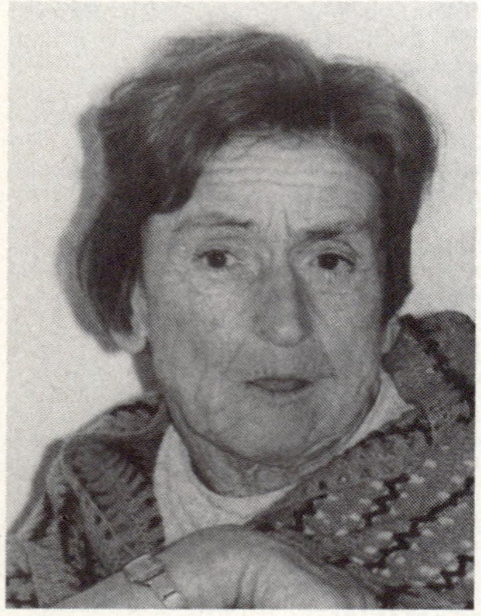

Autorin - Wülfeler Str. 60a, 3000 Hannover 72 (T. 0511-87 33 64) - Geb. 10. April 1918 Königsberg/Ostpr., ev., ledig - Privatunterr. wegen spast. Lähmung (Abit.) - Als 14jährige erst kl. Erz. u. Ged. in Tagesztg., danach Hörsp. im ehem. Reichssender Königsberg, 1944 Ausbomb. u. Flucht nach Westdtschl., s. 1946 im Wohnheim f. Schwerstbehinderte d. Annastiftes Hannover - BV: E. Leben im Rollstuhl, 1982; 2. A. 1984, 3. A. 1986, 4. A. 1990, 5. A. in Vorb.; kl. Lyrik-Bde. - 1980/81 Urk. Publications Board - Who's Who in the World; The american intern. biogr. Roll of Honor; 1991 Med. u. Urkunde f. vorbildliche Dienste um den Nächsten (v. Nieders. Ministerpräsidenten) - Liebh.: Natur u. Umwelt - Spr.: Engl., Franz., Lat. - Div. Buchbespr., Rundfunkreport.

HORN, Werner

Präsident Bundesamt f. Finanzen - Friedhofstr. 1, 5300 Bonn 3.

HORN, Wolfgang

Dr. agr., o. Prof. f. Zierpflanzenbau (Genetik u. Züchtung) TU München (s. 1977) - Blumenstr. 16, 8050 Freising-Weihenstephan/Obb. (T. 08161-71 34 16) - Geb. 5. Okt. 1925 Braunschweig (Vater: Eduard H., Gymnasiallehrer; Mutter: Margarete, geb. Linde), ev.-luth., verh. s. 1954 m. Siegrid, geb. Assmann, 2 Kd. - Promot. 1955 Berlin (TU); Habil. 1964 Hannover (TU) - Zul. apl. Prof. u. Wiss. Rat u. Prof. TU Hannover. 1956-62 Tätigk. Südafrika. Schriftltg.: Ztschr. Pflanzenzücht. (Mithrsg.); Vors. Sektion Zierpflanzen Eucarpia. Üb. 50 Facharb.

HORNBERGER, Theodor

Dr. phil., Prof., Direktor Landesbildst. Württ., Stuttgart (1958-75) - Im Rotbad 8, 7400 Tübingen (T. 6 26 19) - Geb. 1. April 1910 Forchtenberg - Promot. (1935) u. Habil. (1956) Tübingen - S. 1958 Reg.s- u. Oberreg.srat (1962). Lehrtätigk. Univ. Tübingen (1956 Privatdoz., 1963 apl. Prof. f. Geogr.) - BV: D. hohenzoller. Städte, 1937; Der Schäfer, 1955; D. kulturgeogr. Bedeutung d. Wanderschäferei in Süddtschl., 1959; Luftbilder aus Baden-Württ., 1962 (m. Brugger). Herausg.: D. Bild in Forsch. u. Lehre (1958 ff.); Mithrsg.: Beitr. z. Film-Bild-Ton-Arbeit (1958 ff.).

HORNBOGEN, Erhard

Dr.-Ing., Prof. für Werkstoffwissenschaft Inst. f. Werkstoffe Univ. Bochum (s. 1968) - Sauerbruchstr. 24, 4630 Bochum-Querenburg (T. 70 40 14) - Geb. 2. Febr. 1930 Greiz/Thür. - Habil. 1965 Stuttgart - Prof. Univ. Göttingen (Inst. f. Metallphysik) - BV: Metallkd., 1967, 2. A. 1991 (m. a.; jap. 1972); Elektronenmikroskopie fester Stoffe, 1971; Werkstoffe, 1973, 5. A. 1991 (jap. 1989) - 1962 u. 63 Grossmann award American Society Metals; 1965 Masing-Preis Dt. Ges. Metallkd.; 1976 Fellow American Soc. Mat.; 1979 Inst. Met. Lecturer. R. F. Mehl Medallist, Am. Inst. Met. Engineers; 1984 Med. Réaumur Soc. Franç. Metallurgie; o. Mitgl. d. R.W. Akad. d. Wiss.; 1991 Heyn Denkmünze Dt. Ges. Materialkunde.

HORNBOSTEL, Hans

Dr. med., Prof., ehem. Chefarzt II. Med. Abt. Allg. Krkhs. Harburg 76 - Schwanenwiek 33, 2000 Hamburg 76 - Geb. 27. März 1916 - S. 1952 (Habil.) Privatdoz. u. apl. Prof. (1959) Univ. Hamburg (zul. Oberarzt I. Med. Klin.) - BV: u. a. Inn. Med. in Praxis u. Klinik, 4 Bde., 4. A. 1984; Lehrbuch d. Inn. Med., 3. A. 1984 - 1962 Ehrenmitgl. Ges. f. Innere Med. u. 1968 Argentin. Med. Ges., beide Buenos Aires; Ernst v. Bergmann-Plak.; 1991 Paracelsus-Medaille.

HORNDASCH, Matthias

M. A., Musiker, Komponist u. Autor - Zu erreichen üb. Concertbüro Cronemeyer, 2800 Bremen - Geb. 17. Sept. 1961 - Klaviersolist m. vorrangig eigenen Werken im Bereich d. klass. Musik; zw. Klassik u. Jazz Pianist im eigenen Ensemble The International. Werke u.a.: 12 Préludes, 6 Nocturnes, Kinderstücke, Moments Musicaux, Fantasien, Suiten, Ballettmusiken u. Libretti, u.v.m. Tonträger: Schallplatten u. CD's. Nebenher Lyrik, Essays u. Aufs. in Büchern u. Ztschr.; Projekte f. Theater u. Film.

HORNEF, Heinrich

Dr. rer. pol., Geschäftsführer Boehringer Mannheim GmbH., Mannheim - Weinbergstr. 21, 6940 Weinheim/Bergstr. - Geb. 19. April 1931.

HORNEFFER, Klaus

Dr. rer. nat., Prof. f. Math. u. Grundlagen d. Phys. Univ. Bremen (s. 1971) - Tannenhügel 15, 2863 Ritterhude - Geb. 18. Juni 1936 Northeim (Vater: Dr. med. Lutz H., Facharzt; Mutter: Anneliese, geb. Biermann), verh. s. 1962 m. Hedda, geb. Classen, 2 Kd. (Astrid, Katja) - Spr.: Engl., Franz.

HORNEMANN, Dieter

Dipl.-Ing., Geschäftsführer Fachverb. Meßtechnik u. Prozeßautomatisierung/ ZVEI - Stresemann-Allee 19, 6000 Frankfurt/M. 70.

HORNER, Heinz

Dr. rer. nat., o. Prof. f. Theoret. Physik Univ. Heidelberg - Siegfriedstr. 1, 6905 Schriesheim - Zul. Doz. TH Aachen.

HORNER, Leopold

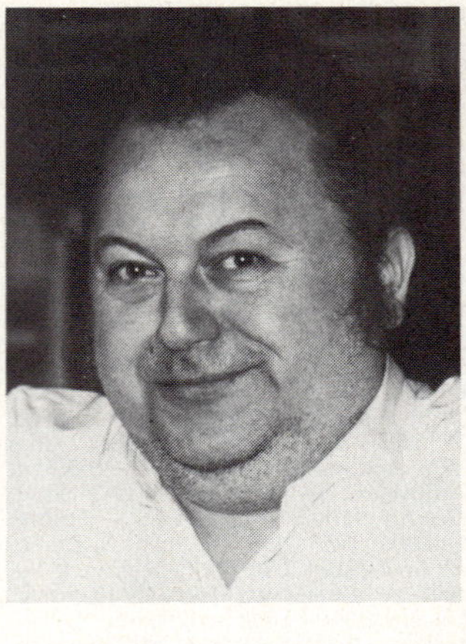

Dr. phil. nat., em. o. Prof. f. Organ. Chemie u. Biochemie - Alfred-Mumbächer-Str. 17, 6500 Mainz-Bretzenheim - Geb. 24. Aug. 1911 Kehl/Rh. (Vater: Leopold H., Färberm.; Mutter: Maria, geb. Winkelmaier), kath., verh. s. 1944 m. Gerda, geb. Krause, 3 Kd. - Promot. (1937) u. Habil. (1941) München - Assist. u. Oberassist. Chem. Inst. Univ. Frankfurt (1950 apl. Prof.), 1953 ao., 1962 o. Prof. Univ. Mainz (1968 Mitdir. Organ.-Chem. Inst.). Emerit. 1979. Arbeitsgeb.: Chemie d. o-Chinone, Phosphororgan. Verbind., Redox-Reaktionen, Photochemie, Korrosion u. katalyt. Vorgänge, präparative Elektrochemie - 1966 I. Preis Hanauer Stiftg. (als Anerk. f. photochem. Arbeiten); 1973 Liebig-Denkmünze; Mitgl. Dt. Akad. f. Naturf. (Leopoldina), Halle/S., Mitgl. Wiss. Ges. Joh. Wolfg. Goethe-Univ., Frankf./M. - Liebh.: Wandern, Angeln.

HORNFECK, Bernhard

Dr. rer. nat., o. Prof. f. Mathematik - Moosholzweg Nr. 20, 3392 Buntenbock (T. Clausthal-Zellerfeld 10 16) - Geb. 15. Okt. 1929 Dessau (Vater: Paul H., Buchhalter; Mutter: Marie, geb. Busch), ev., verh. s. 1957 m. Almut, geb. Falke - 1949-54 FU Berlin (Math.). Promot. 1954 Berlin; Habil. 1958 Braunschweig - B. 1954 FU Berlin (Assist.), dann TH bzw. TU Braunschweig (Assist., Oberassist., 1963 Wiss. Rat Inst. f. Math. C; 1958 Privatdoz., 1964 apl. Prof.), gegenw. TU Clausthal (Ord.). Fachveröff. - Liebh.: Lit., Musik, Schach - Spr.: Engl.

HORNHUES, Karl-Heinz

Dr. rer. pol. Professor (s. 1975), MdB (s. 1972; Wahlkr. Osnabrück) - Piusstr. 19, 4512 Wallenhorst (T. 05407 - 21 87) - Geb. 10. Juni 1939 Stadtlohn/W. (Vater: Anton H., Landwirt u. Viehhändler; Mutter: Elisabeth-Charlotte, geb. Ulmicher), kath., verh. s. 1965 m. Ellen, geb. Buss, 2 Söhne (Hans-Martin, Detlef) - 1946-60 Realsch. Stadtlohn u. Gymn. Ahaus (1955); 1960-65 Univ. Münster (Dipl.-Volksw. 1965, Promot. 1968) - 1966-71 Ref. u. stv. Leit. (1970) Ludwig-Windthorst-Haus/Kath. Akad. Holthausen/Ems; 1971 Ausbildungsleit. Hoffmann-La Roche AG., Grenzach/Baden; 1972-75 Kurator Kath. Fachhochsch. Norddtschl., Osnabrück/Vechta. 1972-74 Landesvors. Jg. Union Nieders. CDU s. 1961 (1972-90 Mitgl. Landesvorst. Nds.), stv. Vors. CDU/CSU-Bundestagsfraktion (Außen-, Verteidigungs-, Europa-, Entwicklungspolitik); Vors. Dt. Afrikastiftg. - BV: Volksw. Auswirkungen d. Beschäftigung ausl. Arbeitnehmer, 1970 (Diss.) - Liebh.: Briefmarken, Münzen - Spr.: Engl.

HORNIG, Gottfried

Dr. theol., Teol. dr., o. Prof. f. Systemat. Theologie - Auf d. Aspei 36, 4630 Bochum-Querenburg (T. 70 19 14) - Geb. 21. Sept. 1927 Friedland/Schles. (Vater: D. Ernst Hornig, Bischof (s. XIV. Ausg., Bd. II); Mutter: Renate, geb. Büttner), ev., verh. s. 1957 m. Verena, geb. Risse, 3 Kd. (Ingrid, Karin, Gunnar) - Univ. Erlangen, Basel, Lund. Promot. 1953 Erlangen; Teol. lic. (1957) u. dr. (1961) Lund - 1961-63 Gymnasialdst. Hälsingborg u. Malmö (Lehrer f. Religion u. Phil.); s. 1961 Lehrtätigk. Univ. Lund (Dozent) u. Bochum (1963 Ord.). 1963 b. 1965 Gastprof. Univ. Münster u. Hamburg - BV: D. Anfänge d. histor.-krit. Theologie - Johann Salomo Semlers Schriftverständnis u. s. Stellung zu Luther, 1961; Wort u. Handlung - Unters. z. analyt. Religionsphil., 1966 (m. Lars Bejerholm); Schwangerschaftsunterbrechung - Aspekte u. Konsequenzen, 1967; Perfektibilität, 1980 (Archiv f. Begriffsgesch., Bd. 24) - Liebh.: Sport, Schach, Briefm. - Spr.: Schwed.

HORNISCHER, Edi

Bürovorsteher, fränkischer Humorpoet - Gartenstr. 28, 8711 Obernbreit (T. 09332 - 6 19) - Geb. 16. Dez. 1934 Prag, kath., verh. m. Gerda, geb. Korbsgerdi, 2 Töcht. (Doreen, Yvonne) - BV: E. Buch v. Edi, 1971; Welt ade, 1972, 76 u. 85; Leipziger Allerlei, 1974; Edis Gesangb. f. Erwachsene, 1975 u. 88; Plem-Plem, 1976/77 u. 84; Muckefuck & starker Tobak, 1978 u. 86; Kein Buch v. Edi, 1981/82 u. 88; Wie muß ich lachen silberhell, 1983/84; Salmagundi, 1985; Edis Gesangbuch f. Kinder üb. 18, 1989; D. Hund im Bett, 1990; Edis Schüttelreime, 1992 (alles humorist. Lyrik) - Liebh.: Dichten, Zaubern, Lesen, Texten, Komponieren, Singen, Gitarre- u. Klavierspielen - Spr.: Tschech., Engl. - Lit.: Pardon Nr. 5/76: E. Henscheid: Wie e. fränk. Provinzlyriker unbedingt berühmt werden will oder auch: D. fröhl. Masochist, d. an d. Macht d. Presse glaubt.

HORNSTEIN, Herbert

Dr., Prof. f. Erziehungswissenschaft - Burgstr. 11, 5307 Wachtberg-Villiprott - Geb. 20. Sept. 1927 Wien - S. 1956 Univ. Bonn (1970 Prof.) - Veröff.: Bildung u. Weisheit, 1968.

HORNSTEIN, Otto P.

Dr. med., o. Prof. f. Dermatologie u. Venerol. - Danziger Str. 5, 8525 Uttenreuth/Mfr. (T. Erlangen 5 24 70) - Geb. 22. Jan. 1926 München, kath., verh. s. 1955 m. Dr. Inge, geb. Jeßberger, 2 Kd. (Brigitte, Christoph) - 1946-50 Univ. Erlangen, Würzburg, München. Promot. 1951 Würzburg; Habil. 1958 Würzburg - S. 1958 Lehrtätigk. Univ. Würzburg, Bonn, Med. Akad (1963) bzw. Univ. Düsseldorf (1966; 1963 Oberarzt Hautklinik; 1964 apl. Prof.), Univ. Erlangen-Nürnberg (1967 Ord. u. Dir. Hautklinik). Üb. 500 Fachveröff. Herausg. mehr. Fachztschr. - Korr. Mitgl. mehr. ausl. Fachges.

HORNSTEIN, Walter

Dr. phil., Prof. f. Sozialisationsforsch. u. Sozialpädagogik an d. Univ. d. Bundeswehr, München - Pippinstr. 57, 8035 Gauting (T. 089 - 850 21 71) - Geb. 29. Sept. 1929, verh. s. 1958 m. Martina, geb. Zelger, 4 Kd. - Promot. 1963 Tübingen - 1967-77 Dir. Dt. Jugendinst. München, s. 1977 Prof. Univ. d. Bundeswehr München. Zahlr. Veröff. zu Jugendproblemen u. z. Verhältnis v. Wissensch. u. Politik; zul.: Aufwachsen m. Widersprüchen, 1990.

HORNUNG, Dieter

Bundesgeschäftsführer d. Deutschen Heimatbundes - Im Hohlweg 1, 5202 Hennef (T. 02242 - 53 63) - Geb. 25. Juli 1949 Kirchentellinsfurt, ev., verh. s. 1976 m. Anemone, geb. Wiemer, 2 Söhne (Christian, Philipp) - Wirtschaftsgymn. Reutlingen; Dipl.-Kfm. 1973 Univ. Würzburg; 1980 Berufsex. Steuerberater - Stadtrat Hennef; AR-Vors. Stadtwerke Hennef; Vors. d. Arbeitsgemeinsch. d. Heimatvereine v. Hennef.

HORNUNG, Joachim

Dr. rer. nat., Prof. f. Medizin. Statistik u. Dokumentation (Abt. f. Naturheilkunde, Ber. Methodologie klin. Forsch.) FU Berlin - Hindenburgdamm 30, 1000 Berlin 45.

HORNUNG, Jürgen H.
Werbekaufmann, Vors. Werbefachverb. Hessen, Bad Vilbel-Heilsberg - Odenwaldring 102, 6050 Offenbach/M. - Geb. 11. Okt. 1935.

HORNUNG, Klaus
Dr. phil., Prof., Hochschullehrer - Roßnagelweg 11, 7410 Reutlingen - Geb. 26. Juni 1927 Heilbronn (Vater: Fritz H., Oberstudiendir. †1965; Mutter: Elfriede, geb. Starke †1984), ev., verh. s. 1962 m. Maria, geb. Rast, 4 T. (Ulrike, Beatrice, Bettina, Cathrin) - Univ. Tübingen u. München (Gesch., Politikwiss., German., Angl.; Lehrer: Hans Rothfels, Theodor Eschenburg, Rudolf Stadelmann, Willy Andreas, Eduard Spranger) - 1956 b. 1958 Studienass. Südwürtt.-Hoh.; 1958-62 Geschäftsf. Arbeitsgem. D. Bürger im Staat Baden-Württ.; s. 1962 Doz. u. Prof. (1967) Päd. Hochsch. Reutlingen (Lehrstuhlinh. f. Politikwiss.) u. s. 1974 Privatdoz. f. Politikwiss. Univ. Freiburg, s. 1987 Univ. Stuttgart-Hohenheim - BV: D. Jungdt. Orden, 1958; Etappen polit. Päd. in Dtschl., 2. A. 1965; Politik u. Zeitgesch. in d. Schule, 1966; Wohin geht Dtschl.?, 1966; Staat u. Armee - Studien z. Befehls- u. Kommandogewalt u. z. polit.-militär. Verhältnis in d. BRD, 1975; D. faszinierende Irrtum - Karl Marx u. d. Folgen, 1978, 4. A. 1982 (ital. 1979, span. 1981, korean. 1983); Freiheit in unserer Zeit, 1984; Wohlfahrtsdemokr. u. Sicherh., 1986; Herkunft u. Zukunft, 1989; Krisenherd Naher Osten, 1991. Herausg.: Polit.-Pädag. Handwörterb. (1980, 2. A. 1985); Frieden o. Utopie (1983); Mut z. Wende (1985); Z. gegenseitigen Kenntnisnahme (1990) - 1987 BVK - Liebh.: Reisen, Lit., Kunst, Musik - Spr.: Engl.

HORNUNG, Martin
Oberbürgermeister - Ludwig-Richter-Str. 52, 7920 Heidenheim-Schnaitheim (T. 32 71) - Geb. 26. Juni 1932 Heilbronn (Vater: Fritz H., OStudDir.; Mutter: Elfriede, geb. Starke), ev., verh. s. 1962 m. Ingrid, geb. Seibt, 3 Kd. (Monika, Annette, Jörg).

HORNUNG, Siegfried
Bundestagsabgeordneter (s. 1983; Wahlkreis 181), Vors. d. Aussch. Ernährung, Landwirtschaft u. Forsten d. Deutschen Bundestages (s. 1991) - Bundeshaus, 5300 Bonn 1 - CDU.

HORNYKIEWYTSCH, Theophil
Dr. med., Prof., Röntgenologe - 7570 Baden-Baden - Geb. 25. Aug. 1919 Luczynce/ehem. Österr. (Vater: Prof. Theophil H.; Mutter: Anna, geb. v. Saß-Javorsky), verh. s. 1948 m. Dr. med. Hannelore, geb. Böhmer, 2 Söhne (Dr. rer. nat. Theo, Georg) - Gymn.; Univ. Wien (Med., Physik; Promot. 1942). Habil. 1952 Gießen - 1940-42 Hospitant u. Volontärassist. I. Med. Univ.sklinik Wien, dann auf Grund Notdienstverpfl. I. Assist. Krkhs. Braunschweig u. Wolfenbüttel, 1946-48 Röntgenologe Strahleninst. Braunschweig, 1948-50 Assist. Strahleninst. Univ. Marburg, anschl. Leit. Röntgen- u. Strahlenabt. u. Oberarzt Med. Univ.klinik Gießen (1952 Privatdoz., 1958 apl. Prof.), Dir. a.D. Prof.-Hans-Meyer-Klinik u. Zentralinst. f. Röntgenol., Strahlenheilkd. u. Nuklearmed. Kliniken d. Hansestadt Bremen, St.-Jürgen-Str. - BV: Intravenöse Cholangiographie, 1956 (auch span. u. franz.). Üb. 250 Einzelveröff. - 1960 Med. Stadt Paris. Zahlr. dt. u. ausl. wiss. Ges. u. Akademien - Liebh.: Musik (14j. Stud., zul. Musikhochsch. Wien), Geschichte.

HORPÁCSY, Géza
Dr. med., Arzt, apl. Prof. Univ. Köln u. niedergel. Laborarzt, Leverkusen - Am Wingert 38, 5000 Köln 50 (T. 02236-6 44 58) - Geb. 6. Juni 1937 Szeged/Ung., kath., verh. m. Ilsemarie, geb. Richter-Mendau - 1956-62 Stud. Szeged/Ung.; Promot. 1962; Habil. 1972 Budapest; Umhabil. 1980 Köln; 1962-72 Med. Univ. Szeged (Exper. Chir.); 1970 Stip. an Martin-Luther-Univ. zu Halle; 1972 Stip. Charité Berlin; 1973-78 Oberarzt d. Inst. f. Exper. Organ-Transplant. Humboldt-Univ. zu Berlin; 1982 apl. Prof. Univ. Köln - BV: D. Anwendung d. Enzymdiagnostik in d. Praxis d. Nierentransplant., 1979; Buchkap. in mehreren dt.- u. engl.sprachigen Sammelw.; 152 Veröff. in Fachztschr. - 1978 Humboldt-Med. - Liebh.: Fotogr., Gartengestalt., klass. Musik.

HORRES, Kurt
Generalintendant Deutsche Oper am Rhein (s. 1986) - Heinrich-Heine-Allee 16a, 4000 Düsseldorf 1 - Geb. 28. Nov. 1932 Düsseldorf (Eltern: Kurt u. Elisabeth H.), verh. (Ehefr.: Ulla) - Univ. Köln (Lit., Gesch., Kunstgesch., Theaterwiss.); Schumann-Konservat. Düsseldorf - B. 1964 Stadttheater Lübeck, dann Städt. Bühnen Wuppertal u. Int. Staatstheater Darmstadt (b. 1982); 1984 Int. Hamburg. Staatsoper - 1973 Eduard-v.-d.-Heydt-Preis Stadt Wuppertal (f.: Eigenständ. Interpretation klass. Bühnenwerke u. erfolgr. Pflege zeitgenöss. Musikdramen). Prof. Folkwang Hochschule Essen.

HORRMANN, Heinrich P.
Redakteur, Ressortchef Reports, Auto/Verkehr u. Reise/Touristik D. Welt - Stiftsanger 23, 5020 Frechen - Geb. 26. Jan. 1943 Düren, kath., verh. m. Regine, geb. Jantke, Sohn Thorsten - BV: Auto im Test, 1985; Porsche-Buch, 1985; D. dt. Autojahrbuch, 1986, 87, 88; Traumreiseziele, 1988 - 1983 Reportage-Preis Detroit; 1985, 86 u. 88 Christophorus-Preis.

HORRMANN, Horst
Lehrer a. D., Kultusminister Niedersachsen (s. 1988), MdL Nieders. (s. 1974) - Theodor-KörnerStr. 18, 3150 Peine (T. 05171 - 1 92 60 u. Büro 1 50 33) - Geb. 3. Mai 1941 Poppendorf/Ostpr. (Vater: Hans H., Landwirt; Mutter: Elfriede, geb. Uhsat), ev., verh. s. 1967 m. Helga, geb. Schmidt, 2 Kd. (Holger, Heike) - S. 1972 Mitgl. Gemeinderat Schmedenstedt u. Kreistag Peine. B. 1974 Kreisvors. Jg. Union. CDU (Mitgl. Kreis- u. Landesvorst.) - Liebh.: Segeln, Wandern, Theater - Spr.: Engl., Franz.

HORST, Eberhard

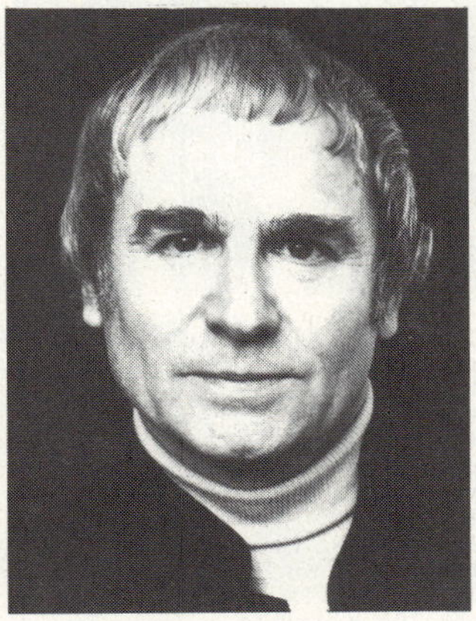

Dr. phil., Schriftsteller - Weiherweg 41, 8038 Gröbenzell (T. 08142 - 5 24 73) - Geb. 1. Febr. 1924 Düsseldorf (Vater: Josef H., Kaufm.; Mutter: Luise, geb. Schubert), kath., verh. s. 1955 m. Eva, geb. Moskopf, S. Titus - 1948-55 Stud. Phil., Theol., German., Theaterwiss. Bonn, München - 1969 Mitbegr. Verb. dt. Schriftst. (VS), 1970-72 Vors. VS Bayern; 1971-73 Rundfunkrat BR; s. 1968 VR Verwert.ges. Wort - BV: Sizilien, Reiseb. 1964 u. 87; Venedig, Reiseb. 1967 u. 86; 15mal Spanien, zeitgen. Portrait e. Landes, 1973; Friedrich d. Staufer, Biogr. 1975; Was ist anders in Spanien, Bildbd. 1975; Südliches Licht, Prosa 1978; Caesar, Biogr. 1980; Geh e. Wort weiter, Aufs. z. Lit., 1983; Konstantin d. Gr., Biogr. 1984; D. kurze Dauer d. Glücks, Erz. 1987; D. Span. Trilogie, Isabella-Johanna-Teresa, 1989; D. sizilische Brunnen, 1991; D. Haut d. Stiers, 1992. Verf. Hörsend. u. Fernsehstücke - S. 1968 Mitgl. PEN-Club; 1975 Lit.preis d. Stiftg. z. Förder. d. Schriftt.; 1987 Tukan-Preis d. Stadt München, 1992 BVK am Bde. - Liebh.: Reisen - Lit.: H. Piontek üb. E. H. in: D. Handwerk d. Lesens, 1979.

HORST, Heribert
Dr. phil., Prof. f. Islam. Philologie u. Semitistik - Am Schinnergraben 58, 6500 Mainz 42 (T. 59 39 58) - Geb. 7. Sept. 1925 - S. 1962 (Habil.) Lehrtätigk. Univ. Mainz.

HORST, Peter
Dr. agr., Dipl.-Landw., o. Prof. TU Berlin (s. 1976) - Lentzeallee 75, 1000 Berlin 33 (T. 31 47 11 20) - Geb. 27. Okt. 1930 Görlitz, ev., verh. s. 1959 m. Karin, geb. Kirstein, 4 Kd. (Kristina, Stefanie, Matthias, Corinna) - Landw.-lehre; Stud. d. Agrarwiss. - 1964 Wiss. Rat; 1969 apl. Prof. Spez. Arbeitsgeb.: Tropische Tierzucht - Spr.: Engl.

HORST, Titus
Schauspieler u. Regisseur - Nordendstr. 41, 8000 München 40 (T. 089 - 272 36 34) - Geb. 1. April 1957 München (Vater: Eberhard H., Schriftst.), ledig - Abit. 1977 München; 1978-81 Neue Münchener Schauspielsch. - 1981/82 Schausp. Düsseldorf, 1982-85 Theater Heilbronn, 1986-91 Dt. Theater Göttingen; s. 1991 Lehrauftrag f. Rollenunterricht. 1978/79 Gemeinderat Gröbenzell - Insz.: D. bleierne Zeit (Trotta); Ghetto (Sobol); Kitsch (Horst); Spielmann (Fo). Hauptrollen: Azdak (Kreidekreis, Brecht); Posa (Carlos, Schiller); Alfred (Wiener Wald, Horváth); Leonce (Büchner); Bräutigam (Bluthochzeit, Lorca); Theodor (Liebelei, Schnitzler); Zigeuner (Kannibalen, Tabori); Fazz (Campbell) u.a. - Liebh.: Musik, Radfahren - Spr.: Engl., Franz.

HORST, Ulrich Harald
Dr. theol. habil., Prof. f. Geschichte d. Theologie u. Dogmengesch. Univ. Bonn - Rheindorfer Burgweg 9, 5303 Bornheim 3 (T. 02227-850) - Geb. 6. April 1931 Schellen/Ostpr. (Vater: Josef H., Lehrer; Mutter: Margarete, geb. Laschewski), kath. - Stud. Phil. Theol. Hochsch. Walberberg, Univ. Salamanca, München, Heidelberg - S. 1963 Prof. - BV: Gottes- u. Trinitätslehre d. Robert v. Melun, 1964 (Diss.); Umstrittene Fragen d. Ekklesiologie, 1972 (span. Übers. 1974); Gesetz u. Evangelium, 1971; Papst-Konzil-Unfehlbarkeit, 1978; Unfehlbarkeit u. Geschichte, 1982; ca. 55 Art. in wiss. Ztschr. - Spr.: Span., Engl., Franz.

HORST, Wolfgang
Dr. med., o. Prof. f. Radiotherapie u. Nuklearmedizin - Waserstr. 53, CH-8053 Zürich (Schweiz) (T. 53 60 10) - Geb. 28. Aug. 1920 Oldenburg/O. (Vater: Dr. phil. Hellmuth H.; Mutter: Frieda, geb. Wüsthoff), ev., verh. s. 1952 m. Elisabeth, geb. Bull, S. Andreas - Gymn. Oldenburg; Univ. Hamburg (Med. Staatsex. 1945). Promot. (1945) u. Habil. (1954) Hamburg - 1954-63 Privatdoz. u. apl. Prof. (1960) Univ. Hamburg (Radiol.); Leit. Abt. f. Radiotherapie u. Nuklearmed. Univ.skrkhs. Hbg.-Eppendorf; s. 1963 Ord. u. Klinikdir. Univ. Zürich. Mitgl. Dt. Bundesgesundheitsrat u. Schweiz. Inst. f. Nuklearforsch.; Consultant Intern. Atomic Energy Agency; Präs. G.-v.-Hevesy-Stiftg. f. Nuclearmed. - 1954 Konjetzki-Preis f. Krebsforsch. Hamburg, Martini-Preis, 1957 Curt-Adam-Preis, 1965 Warner-Preis f. Krebsforsch.; 1956 Holthusen-Ring; 1966 Univ.smed. Helsinki; 1978 Johann Georg Zimmermann-Preis für Krebsforschung - Bek. Vorf.: Gregor H., Arzt, Ulm (1578-1636).

HORSTER, Detlef
Dr. phil., Prof. f. Philosophie Univ. Hannover - Harnischstr. 9, 3000 Hannover 1 (T. 0511 - 66 08 60) - Geb. 12. Sept. 1942 Krefeld (Vater: Jakob H., Verw.-Beamter; Mutter: Ilse, geb. Zimmer), verh. s. 1970 m. Uschi, geb. Hirsekorn, 2 Kd. (Eric, Heinrike) - 1958-61 Drogistenlehre Kempen (Niederrh.); Abit. 1966 Neuss; Stud. Univ. Köln (1. jurist. Staatsex. 1973), Promot. 1976 Univ. Hannover; Habil. 1979 ebd. - 1976/77 Lehrstuhlvertr. Ethik Univ. Utrecht; 1977 wiss. Assist. f. Phil. Univ. Hannover; 1981 Prof. f. Phil. - BV: Bloch z. Einf., 1977, 6. A. 1987 (schwed. Übers. 1980); D. Subjekt-Objekt-Bezieh. im Dt. Idealismus u. in d. Marxschen Phil., 1979; Monogr. zu Adler, Bloch, Kant, Habermas u. Rorty (zw. 1977 u. 1991); D. Sokratische Gespräch in d. Erwachsenenbild., 1986; Jürgen Habermas, 1991; Philosophieren m. Kindern, 1992.

HORSTER, Franz-Adolf
Dr. med., Wiss. Rat, Prof. f. Innere Medizin, insb. Nuklearmed., Univ. Düsseldorf (s. 1971) - Verdistr. Nr. 56, 4010 Hilden - Geb. 13. Juli 1929 Frankfurt/M. - S. 1965 (Habil.) D'dorf (Oberarzt Med. Klinik) - 1966 Frerichs-, 1967 Schoeller-Junkmann-Preis.

HORSTER, Hans Ulrich
s. Rhein, Eduard

HORSTICK, Georg
Univ.-Prof. f. Theoretische Elektrotechnik/Grundlagen d. Elektrotechnik Univ.-GH-Paderborn (s. 1971) - Scherfeder Str. 21, 4790 Paderborn - Geb. 5. Nov. 1935 Wanne-Eickel (Vater: Hermann H., Beamter; Mutter: Agnes, geb. Neuhaus), verh. s. 1961 m. Maria, geb. Beyer, 2 Söhne (Georg, Olaf) - Gymn. Petrinum Recklinghausen, 1955-61 Stud. Physik TH Darmstadt - 1962-67 Ind.tätigk.; 1967-71 Fachhochsch. Hamburg.

HORSTKOTTE, Fritz
Kaufmann, Komplementär Fa. Fritz Horstkotte & Co. KG, Verw.firmeneigener Immobilien - Rockwinkeler Heerstr. 59, 2800 Bremen-Oberneuland (T. 25 07 20) - Geb. 31. Okt. 1923 Bremen, verh. s. 1949 m. Aenne, geb. Remmert, 4 Kd. (Anne, Ingrid, Frithe, Jo) - Abit. - Ehrenvors. Bremer Verb. d. Weingroßhändler u. Spirituosenhersteller - Liebh.: Schwimmen - Spr.: Engl.

HORSTMANN, Bernhard
Dr. jur., Versicherungsjurist i.R., Schriftst. (Ps. Stefan Murr) - Dr. Max-Str. 14, 8022 Grünwald b. München (T. 089 - 641 12 46) - Geb. 4. Sept. 1919 München, ev., verh. s. 1974 m. Charlotte, geb. Heiderich - Abit.; Stud. (Jura); bde. Staatsex.; Bay. Ass.; Promot. 1957 Univ. Hamburg - Leit. Prozeß- u. Schadenabt. versch. Assekuranzuntern. - BV: Affäre Nachtfrost, R. 1982; D. Toten d. Nefud, R. 1984; D. Nacht v. Barbarossa, R. 1986; Bis aller Glanz erlosch, R. 1989; D. späte Geständnis, R. 1992; zahlr. Kriminalromane, Erz., Hörsp., Drehb. - Interessen/Liebh.: Politik, Zeitgesch., Wehrwiss., Kriegsgesch., Fotografie, Barockmusik - Spr.: Franz., Engl. - Bek. Vorf.: Dr. Ludwig Ganghofer, Volksschriftst. (Großv. ms.).

HORSTMANN, Hans-Joachim
Dr. phil. nat., Prof. f. Biochemie, Med. Fak. Univ. Erlangen-Nürnberg (s. 1970) - Schlesische Str. 5, 8525 Uttenreuth - Geb. 15. März 1929.

HORSTMANN, Heinrich G.
Vorstandsmitglied Wirtschaftl. Vereinig. dt. Versorgungsuntern. AG i.R. - Kennedyallee 89, 6000 Frankfurt (T. 069 - 63 10-110) - Geb. 24. Juli 1927, ev., 3 Kd. (Anjuta, Tjarko, Melanie) - Spr.: Engl.

HORSTMANN, Martin
Dr. iur., Vorstand Victoria Lebens-Versich.-AG u. Victoria Feuer-Versich.-AG - Victoriaplatz 1, 4000 Düsseldorf - Geb.

HORSTMANN, Winfried
Dr. med. (habil.), Chefarzt Vest. Kinderklinik Datteln - Lloydstr. 5, 4354 Datteln/W. - S. 1974 apl. Prof. f. Kinderheilkd. Univ. Freiburg/Br.

HORSTMEIER, Martin
Landwirt, MdB (s. 1965) - Horstweg 43, 4990 Lübbecke 2 (T. 05741 - 72 74) - Geb. 1. April 1929 Stockhausen, ev., verh. s. 1967, Tocht. - Volkssch.; landw. Lehre; Landw.ssch. Lübbecke; Dt. Bauernhochsch. Fredeburg. Meisterprüf. 1955 - S. 1965 durch Übern. d. elterl. Hofes selbst. Vors. Westf.-Lipp. Landjugend (1959-67), Vors. Bund d. Dt. Landjgd. (1962-72); Vors. Comité d'Entente (1970-72); EWG-Landjgd.; Vors. Bez.sagraraussch. CDU Ostwf.-Lippe (s. 1966).

HORT, Peter
Dipl.-Volksw., Journalist, FAZ-Korresp. in Brüssel - Zu erreichen üb. Frankfurter Allg. Ztg., Postfach 10 08 08, 6000 Frankfurt/M. 1 - Geb. 16. März 1939 Mannheim (Vater: Hans H., Dipl.-Kfm.; Mutter: Margot, geb. Magener), kath., verh. s. 1965 m. Hanne, geb. Schnerr, 2 Kd. (Sebastian, Nina-Maria) - 1958-65 Stud. TH Karlsruhe (techn. Volksw.) - 1965-67 kaufm. Angest. Siemens; dann Redakt. FAZ (1969-74 Berliner Korresp., 1974-86 Bonner Wirtsch.-Korresp., 1986 in Brüssel f. EG u. Belgien) - BV: Soziale Marktwirtsch., Stationen e. freiheitl. Ordnung, 1985 (m. Fack, Fritz U.) - Liebh.: Fotografieren - Spr.: Engl., Franz., Ital.

HORTLEDER, Gerd
Dr. phil., Prof. f. Soziologie d. Sports Univ. Frankfurt (Fachbereich Erziehungswiss.) - Habsburgerallee 112, 6000 Frankfurt/M.

HORTMANN, Wilhelm
Dr. phil., o. Prof. f. Anglistik m. Schwerp. Engl. Lit. GH Duisburg - Lierburg 1a, 4330 Mülheim-Speldorf.

HORTON, Peter

Chansonnier, Komponist, Texter, Gitarrist, Autor - Zu erreichen üb. Postf. 21 29, 7302 Ostfildern 3 - Geb. 19. Sept. 1941 Feldsberg/Mähren (aufgew. Wien), verh. s. 1986 m. Stanislava Kantcheff (Konzertpianistin) - Ausbild. Klavier u. Klarinette Wien, Gesang u. Konzertgitarre Stuttgart, Berlin (Ost) u. Rio de Janeiro - S. 1982 Doz. Musikhochsch. Hamburg. Mitgl. Wr. Sängerknaben; 1978ff. TV-Send. Café in Takt, s. 1986 ZDF-Serie Hortons Kleine Nachtmusik, s. 1990 ZDF-Serie Hortons Bistro - BV: D. andere Saite, Lyr. 1978 (7 A.); Lieder sind wie Brot, Sachb. 1991. Texte u. Chansons: Wer andern nie e. Feuer macht, 1983. Aphorism. u. Poesie: Hoffnung hat Appetit, 3. A. 1983; Über d. Wassern zu singen, Poesie 1990; Intermezzo am Inn, Landschaftsbeschreibung, 1988. S. 1970 18 LP's u. 5 CD's - Liebh.: Phil. - Spr.: Engl., Franz., Ital., Span., Portug.

HORTSCHANSKY, Klaus
Dr. phil., Prof. f. Musikwiss., Direktor Musikwiss. Seminar Univ. Münster (s. 1984) - Meinertzstr. 83, 4400 Münster/Westf. - Geb. 7. Mai 1935 Weimar (Vater: Dipl.-Landw. Dr. Curt H.; Mutter: Gertrud, geb. Wesser), ev. - Schillersch., Weimar (Abit. 1953); Stud. FU Berlin, Kiel, Perugia; Promot. 1966 Kiel - 1972-84 Prof. f. Musikwiss. Univ. Frankfurt - BV: Katalog d. Kieler Musiksamml., 1963; Parodie u. Entlehnung im Schaffen Glucks, 1973. Herausg.: J. A. Hasse, Ruggiero (1973); Opernstudien. Anna Amalia Abert z. 65. Geburtst. (1975); Chr. W. Gluck u. d. Opernreform (1989); Zeichen u. Struktur in d. Musik d. Renaissance (1989); Chr. W. Gluck, Armide (1989-91); Opernheld u. Opernheldin im 18. Jh. (1991). Mithrsg.: Gluck-Gesamtausg. - Liebh.: Kunstgesch., Philatelie - Spr.: Ital.

HORZINEK, Marian C.
Dr. med. vet., o. Prof. u. Direktor Inst. f. Virologie/Tierärztl. Fak. Univ. Utrecht (s. 1971), apl. Prof. f. Virol. Tierärztl. Hochsch. Hannover (s. 1975) - Haydnlaan 15, 3723 KE Bilthoven (Niederl.) - Geb. 3. Okt. 1936 Kattowitz/OS. (Vater: Alfons H., Textiling.; Mutter: Ria, geb. Kaluza), kath., gesch., 2 Kd. (Julia, Jan) - Realgymn. Karlsruhe; Stud. Tiermed. Gießen u. Hannover. Promot. 1962; Habil. 1970 - 1962 b. 1967 TiäH Hannover; 1967-68 IVIC Caracas (Venez.); 1968-71 Bundesforschungsanst. Tübingen (Wiss. Oberrat) - BV: Kompendium d. Allg. Virol., 1975, 1985 (auch span. u. niederl.) - Liebh.: Yachtsegeln - Spr.: Niederl., Engl., Franz., Span., Ital.

HOSAEUS, Lizzie

Fr. Grafikerin - Sophie-Charlotte-Str. 37a, 1000 Berlin 37 (T. 030 - 814 11 25) - Geb. 15. Nov. 1915 Berlin, ledig - Stud. Kunstakad. Berlin u. Düsseldorf (fr. Abt.), 1934-37 Kurse f. Lithographie, Radierung, Handsatz u. Buchdruck-Techn. - BV: Magie d. Griffels, 1949; Paare, 1976; Auf Ihr Wohl, 1980; Zeitgesichte - Zeitgesichter, 1989 Ankauf zeitkrit. Grafik Museum Köln, Hannover, Karlsruhe, Berlin - Liebh.: Eig. Ballett-Libretti, Kulturfilm-Exposés, Satir. Kurzgesch. - Spr.: Engl., Franz. - Lit.: Katalog-Vorwort I. Drewitz.

HOSAK, Werner
Dr. rer. pol., Reedereidirektor, gf. Gesellsch. Bremer Schiffahrtsges. mbH. & Co. KG. - Schwachhauser Heerstr. 247a, 2800 Bremen 1 - Geb. 12. März 1937 Reichenberg (Vater: Ottokar H., Tuchmacher; Mutter: Franziska, geb. Prinz), kath., verh. s. 1963 m. Sigrid, geb. Geßwein, 2 S. (York, Mark) - Univ. Innsbruck, Wien, Münster (Rechts- u. Wirtschaftswiss.) - Dipl.-Volksw. 1962, Promot. 1966) - S. 1968 Gf. Firmengruppe Karl Geuther & Co. u. a. - BV: D. Einfluß d. Entwicklungsländer auf einige wicht. Determinanten ihres wirtschaftl. Wachstums, 1966 - Spr.: Engl., Span.

HOSANG, Horst
Unternehmer Planungsges. f. Labor- u. Medizintechnik Horst Hosang GmbH - Krögerskoppel 1, 2359 Henstedt-Ulzburg 1 (T. 04193 - 9 40 17) - Geb. 1. Dez. 1938 Trautenau/Sudetenl. (Vater: Walther H., Steuerrat; Mutter: Emma, geb. Bartels), ev., verh. s. 1976 m. Eve-Marie, geb. Zeller, 2 Söhne (Sven, Michael) - 1977-1980 Präs. Fachverb. Dt. Laborbauind. u. Vorst.-Mitgl. Wirtschaftsverb. Eisen, Blech, Metall, Düsseldorf - Liebh.: Sport, Reisen, Musik, Fotogr. - Spr.: Engl., Franz.

HOSCHEK, Josef Georg
Dr., Mathematiker, Prof. TH Darmstadt (s. 1969) - Birkenweg 1, 6109 Mühltal 1 (T. 06151 - 14 60 49) - Geb. 20. Febr. 1935 Littitz/CSR (Vater: Josef H.; Mutter: Magdalena, geb. Jesenzky), kath., verh. s. 1961 m. Hella, geb. Braum, 2 Kd. (Gaby, Markus) - Stud. d. Math. u. Physik TH Darmstadt (Staatsex. 1961) - BV: Mathemat. Grundlagen d. Kartographie, 1969; Liniengeometrie (m. G. Spreitzer), 1971; Aufg. z. Darstellenden Geometrie, 1974; Grundl. d. geometrischen Datenverarbeitung (m. D. Lasser), 1989 - Spr.: Engl.

HOSCHKE, Wolfram
Dr. phil., Dipl.-Ing., Hauptgeschäftsführer IHK Chemnitz - Heimgarten 54, O-9061 Chemnitz - Geb. 22. Sept. 1939 Chemnitz, verh. m. Dr. med. dent. Barbara, Sohn Dr. med. Björn - Mechanikerlehre; Stud.; Dipl.-Ing. 1964 TU Dresden; Promot. 1987 Dr.-phil. TU Chemnitz.

HOSEMANN, Gerhard

Dr.-Ing., em. Univ.-Prof. Univ. Erlangen - Weiherackerweg 36, 8525 Rathsberg üb. Erlangen (T. 09131 - 2 82 12) - Geb. 20. April 1922 Freiburg/Br. (Vater: Univ.-Prof. Dr. med. Gerhard H.; Mutter: Anna-Dorothea, geb. Kobert), ev., verh. s. 1951 m. Dietlind, geb. Natorp, 2 Kd. (Regine, Werner) - Dipl. 1949, Promot. 1952 Univ. Stuttgart - Abteilungsleit. Brown Boveri & Cie AG. S. 1963 o. Prof. Darmstadt, s. 1975 Erlangen - BV: Grundl. d. Energietechnik, 4. A. 1991; Hütte Energietechnik, Bd. 3 1988. Mithrsg.: Arch. f. Eltech - Ehrenmitgl. Verb. Dt. Elektrotechniker (VDE); Waldemar-Hellmich-Kreis d. Dt. Inst. f. Normung DIN; Ehrenring d. Verb. Dt. Elektrotechniker VDE - Spr.: Engl., Franz.

HOSEMANN, Hans
Dr. med., Prof., ehem. Chefarzt Geburtshilfl.-gynäk. Abt. Städt. Krankenhaus Emden (s. 1961) - Hermann-Löns-Str. 14, 2970 Emden - Geb. 29. Sept. 1913 Rostock (Vater: Prof. Dr. med. Gerhard H., Chirurg (s. X. Ausg.); Mutter: Anna-Dorothea, geb. Kobert), ev., verh. in 2. Ehe (1966) m. Ursula, geb. Schameitat, 4 Kd. (Peter, Christine, Annette aus 1. Ehe (m. Charlotte, geb. Zeh), Axel) - Med. Staatsex. (1936) u. Promot. (1937) Freiburg/Br. - 1943 Privatdoz.; 1948 apl. Prof. (zeitw. Oberarzt Univ.-Frauenklinik Göttingen). Erf.: Inhalationsgerät z. Geburtsschmerzlinderung - BV: D. Grundl. d. statist. Meth. f. Mediziner u. Biologen, 1949; D. Lochkartensystem u. einige wicht. statist. Resultate, 1951; Schmerzlinderung m. Trichloraethylen, 1952; Normale u. abnormale Schwangerschaftsdauer, D. Behandl. d. Übertrag., in: Seitz, Biol. u. Pathol. d. Weibes, 1952; Vaterschaftsgutachten f. d. gerichtl. Praxis, 3. A. 1978; Schwangerenfürsorge, in: D. öffl. Gesundheitswesen, Bd. IV 1962 - Gold. Sport-, Lebensrettungs-, silb. Reit- u. Fahrabz. - Spr.: Engl. - Mitgl. Lions-Club, Emden - Brüder: Gerhard u. Rolf H.

HOSPES, Karl
Dr. med., Internist-Nephrologe, 1. Oberarzt Med. Klinik Vincenz-Krkhs.-Pohlweg 41, 4790 Paderborn - Geb. 17. Dez. 1930 Göttingen, kath., verh. s. 1960 m. Anneliese, geb. Walsemann, 4 Kd. (Bettina, Gerd-Joachim, Norbert, Rolff-Georg) - Univ. Göttingen, Promot. u. Staatsex. 1956 Göttingen - 1974-87 2. Vors. Marburger Bund Landesverb. Nordrh.-Westf./Rhld.-Pfalz; 1975-89 Mitgl. d. Kreistages (CDU) d. Kr. Paderborn; 1969ff. Deleg. d. Kammervers. d. Ärztekammer Westf.-Lippe, 1973-85 Vorst.-Mitgl., 1985-89 Vizepräs. ÄKWL - 1984 Verdienstmed. d. DRK-Landesverb. Westf.-Lippe; 1991 Ehrenbecher u. Gold. Ehrennadel d. Ärztekammer Westf.-Lippe.

HOSS, Helmut
Dr., Direktor, Vors. d. Geschäftsfg. Honeywell GmbH., Offenbach (s. 1971) - Lauterbacher Str. 2, 6484 Birstein - Geb. 14. Jan. 1936 Frankfurt/M. - Zul. Gf. Honeywell (Bereichsleit. Produktion) - Spr.: Engl. - Rotarier.

HOSSE, Jürgen
Polizeipräsident - Waidmarkt 1, 5000 Köln 1 - Geb. 13. Juni 1929 Tilsit.

HOSSENFELDER, Malte
Dr. phil., o. Prof. f. Philosophie Univ. Graz - Institut für Philosophie, Heinrichstr. 26, A-8010 Graz - Geb. 27. April 1935 Bad Segeberg/Holst. (Vater: Hermann H., Studienrat; Mutter: Irmgard, geb. Jacobsen, Dipl.-Handelslehrerin) - Stud. Phil. u. Klass. Philol. Tübingen u. Hamburg; 1961 Staatsex.; Promot. 1964; Habil. 1973 - 1976 Prof. Univ. Münster; 1991 Univ. Graz - BV: Sextus Empiricus. Grundriß d. pyrrhonischen Skepsis, 1968, 2. A. 1985; Kants Konstitutionstheorie u. d. Transzendentale Deduktion, 1978; Stoa, Epikureismus u. Skepsis, 1985; Epikur, 1991.

HOSSMANN, Konstantin-Alexander
Dr. med., Dr. Univ. Paris, Prof., Direktor Max-Planck-Inst. f. neurol. Forschung, Köln - Gleueler Str. 50, 5000 Köln 41 (T. 0221 - 472 62 11) - Geb. 31. März 1937 Breslau (Vater: Dr. Alexander H., Rechtsanw.; Mutter: Helga, geb. Hasse), ev., verh. s. 1967 m. Dr. Gisela, geb. Blume - 1956-62 Med.-Stud. Univ. Göttingen, Paris, Hamburg, München u. Berlin (Promot. 1963); Docteur de l'Univ. Paris 1968, Habil. 1972 - 1964 Wiss. Assist. Max-Planck-Inst. f. Hirnforsch. Köln; 1977 Leit. Forschst. f. Hirnkreislaufforsch. Köln; 1981 Dir. MPI f. neurol. Forsch. Köln. Zahlr. wiss. Arb. in Fachztschr., 1964ff. - 1975 Hugo-Spatz-Preis Dt. Ges. f. Neurol.; 1979 Hans-Berger-Preis Dt. EEG-Ges. - Spr.: Engl., Franz.

HOSTERT, Walter
Dr. phil., Oberstudiendirektor i. R., Landrat Märkischer Kr. (s. 1975) - Am Ramsberg 85, 5880 Lüdenscheid (T. 02351 - 2 01 40) - Geb. 19. Mai 1926 Lüdenscheid (Vater: Walter H.; Mutter: Maria, geb. Buchheister), verh. s 1952

m. Gisela, geb. Mettenbörger, 4 S. (Christof, Thomas, Ekkehard, Markus) - Stud. Gesch., German., kath. Theol. Univ. Münster, Promot. 1960 - 1969-74 Bürgerm. bzw. Stellv. Stadt Lüdenscheid; b. 1992 ehrenamtl. Museumsleit. Spez. Arbeitsgeb.: Gesch. d. Metallknopfes. Zahlr. Veröff. z. Lokal- u. Regionalgesch.

HOSTICKA, Bedrich

Ph. D., Univ.-Prof. f. Elektrotechnik Univ.-GH Duisburg u. Abteilungsleiter Fraunhofer-Inst. f. Mikroelektronische Schaltungen u. Systeme Duisburg - Zieglerstr. 27, 4100 Duisburg 1 (T. 0203-33 99 40) - Geb. 9. Sept. 1944 Prag, kath., ledig - Dipl. 1972 ETH Zürich; Promot. 1977 Univ. of Calif., Berkeley (Elektrotechnik) - 1978-80 Assist. ETH Zürich; 1980-84 wiss. Mitarb. Univ. Dortmund, s. 1985 Prof. Univ.-GH Duisburg - Spr.: Tschech., Engl., Russ.

HOTH, Robert

Dipl.-Volksw., Prof. f. Volkswirtschaftslehre u. Arbeitsrecht GH Wuppertal - Ehringhausen 2, 5630 Remscheid.

HOTJE, Herbert

Dr. rer. nat., Prof. f. Mathematik Univ. Hannover - Havelweg 25, 3012 Langenhagen (T. 0511-77 24 07) - Geb. 14. Juni 1942 Herzhorn, ev., verh. s. 1972 m. Ulrike, geb. Schuster, 2 T. (Synke, Urte) - 1964-68 Stud. Univ. Hamburg; Dipl.-Math.; Promot. 1970 Hamburg; Habil. 1975 Hannover - 1978 apl. Prof.; s. 1980 Prof. - 25 Aufs. in Math.-Ztschr., insbes. z. Geometrie - Liebh.: Politik, Sport.

HOTOP, Hartmut

Dr. rer. nat., Prof. - Zu erreichen üb. Fachber. Physik, Univ. Kaiserslautern, Postf. 3049, 6750 Kaiserslautern - Geb. 29. Juni 1943 Reutte/Tirol - Univ. Freiburg, (Dipl.-Phys. 1968, Promot. 1971, Habil. 1975) - 1977-80 Prof. Univ. Kiel; s. 1980 o. Prof. Univ. Kaiserslautern. Veröff. in Fachztschr.

HOTTER, Hans

Prof., Kammersänger i. R. - Zu erreichen üb. Bayer. Staatsoper, 8000 München - Geb. 19. Jan. 1909 Offenbach/M. (s. XIX. Ausg.), s. 1974 Beendig. d. aktiven Sängerlaufbahn. Ausgedehnte Lehrtätigk. Meisterkl., Liedkurse in U.S., Canada, Australien, Japan, England, Österreich, Holland, Bundesrep. Dtschl.

HOTTES, Karlheinz

Dr. phil., Dr. rer. pol., em. o. Prof. f. Geographie (unter bes. Berücks. d. Sozial- u. Wirtschaftsgeogr.) u. Dir. Inst. f. Entwicklungsforsch. u. -politik Univ. Bochum - Lessingstr. 56, 4630 Bochum (T. 58 06 81) - Geb. 2. Mai 1925 Köln, verh. m. Dr. rer. pol. Ruth, geb. Nies, 3 Kd. - Gymn. Köln; Univ. Gießen (1943 (Einberuf.)) u. Köln (1946 ff.; Geogr., Geol., Wirtschaftswiss., Gesch.). Promot. 1950 u. 54 Köln; 1955-66 Geschäftsf. eines Stahlbauunternehmens, Habil. 1965 Gießen - S. 1965 Lehrtätigk. Univ. Gießen (Privatdoz.) u. Bochum (1966; Ord.). Gastprof. in Kabul 1975 u. Hyderabad (Indien) 1979; Mitgl. Landesarb.gem.sch. f. Raumordnung NRW; Korr. Mitgl. Akad. f. Raumforsch. u. Landesplanung, Hannover; o. Mitgl. Commission Telecommunications/Telematics d. Int. Geogr. Union. Fachveröff. - Spr.: Engl., Franz., Ital.

HOTTINGER, Kurt

Gf. Gesellschafter AS-Verwaltungsges. mbH. (s. 1966), Hola-Schuh GmbH, (s. 1975), bde. Langen - Hermann-Bahner-Str. 18A, 6070 Langen (T. 06103-78 71) - Geb. 30. Aug. 1931 Frankfurt, kath., verh. s. 1955 m. Elisabeth, geb. Feuerbach, 4 S. (Andreas, Stefan, Olaf, Axel) - Gymn. Frankfurt; Lehre Industriekaufm. - S. 1956 selbst. Handelsvertreter (CDH) - S. 1983 ehrenamtl. Richter Sozialgericht Frankfurt.

HOTZ, Gerhart

Dr. med., Prof. u. Abteilungsleit. Inst. f. Genetik u. f. Toxikologie von Spaltstoffen Kernforschungszentrum Karlsruhe - Albert-Schweitzer-Str. 46, 7500 Karlsruhe 1 (T. 68 24 26) - Geb. 9. Nov. 1925 Karlsruhe (Vater: MinDir. i. R. Prof. Dr. Edgar H., s. XVII. Ausg.; Mutter: Hedy, geb. Schwarz), ev., verh. m. Marlis, geb. Wenner, 4 Kd. (Michael, Julia, Sabine, Oda) - Stud. d. Med. Univ. Frankfurt/M., Heidelberg; Promot. 1951 ebd. - In- u. ausl. Fachmitgl.sch. - 1962 Preis Stifterverb. d. dt. Wiss. - Spr.: Engl.

HOTZ, Günter

Dr. rer. nat., o. Prof. f. Numer. Mathematik u. Informatik - Karlstr. 10, 6670 St. Ingbert (T. 26 78) - Geb. 16. Nov. 1931 Rommelhausen/Hessen - Habil. Saarbrücken - S. 1968 apl. u. o. Prof. (1969) Univ. Saarbrücken (Lehrstuhl Angew. Math. u. Inform.); 1972-74 Dir. Rechenzentr. Univ. d. Saarlandes; 1972-82 stv. Sprecher Sonderforsch.ber. Elektron. Sprachforsch.; 1982-84 Sprecher SFB VLSI u. Parallelität - 1968 Mitgl. wiss. Beirat d. GAMM (Ges. f. Angew. Math. + Mechanik); 1969-74 Vors. Fachaussch. Theoret. Informatik; 1969-75 Präsid.-Mitgl. Ges. f. Informatik; 1969ff. Vors. Ges. f. Informatik, Bonn (Neugründ.) - S. 1985 Mitgl. Akad. d. Wiss. u. Lit. Mainz; s. 1986 Ausw. Mitgl. Akad. d. Wiss. d. DDR; 1986 Leibniz-Preis d. DFG; 1989 Saarländischer VO.

HOTZE, Bernward Georg

Dr. jur., Vizepräsident d. Bundesausgleichsamtes - priv.: Lessingstr. 10, 6380 Bad Homburg v. d. Höhe (T. 06172 - 8 48 06); dstl.: Untere Terrassenstr. 1, 6380 Bad Homburg v. d. Höhe (T. 06172 - 10 52 20) - Geb. 12. Dez. 1927 Kirchgandern/Eichsfeld (Vater: Joseph H., Lehrer; Mutter: Anna, geb. Henning), kath., verh. s. 1963 m. Erika, geb. Lahmann, 2 T. (Sylvia Maria, Gabriele Christina) - Obersch. Heiligenstadt u. Mühlhausen/Thür., Jura-Stud. u. Promot. Marburg, Staatsex. - Tätigk. im Bundesausgl.samt; s. 1959 versch. Posit.; s. 1975 Vizepräs. - BV: D. Unterhaltsverzicht d. geschied. Ehefrau u. d. öfftl. Fürsorge, 1958/60 (Diss.).

HOUBEN, Heinz

Dr.-Ing., Prof. f. Nichtlineare Schwingungen TH Aachen (apl.; s. 1976), Vice President Research and Development, Emhart-Glass - Höllsteinstr. 30, 6380 Bad Homburg v.d.H. - Zul. Doz.

HOWALDT, Andreas

Dipl.-Kfm., Konsul, Teilhaber Heinrich Zeiss (Unionzeiss) GmbH, Frankfurt/M., Geschäftsf. Unionzeiss-Werke GmbH, Berlin, u. Unionzeiss-Werke KG & Co., Bad Oldesloe, Ehrenpräs. Gesamtverb. d. Einzelhdl. u. Verb. d. Büromaschinen-, -möbel- u. Org.mittelhdl. ebd. - Willdenowstr. 28, 1000 Berlin 45 - Geb. 21. April 1925 - Div. Mand. (AR, VR, Beirat) - Honorarkonsul d. Rep. Island in Berlin u. Brandenburg - Großkreuz d. isländ. Falkenordens; BVK I. Kl.

HOWALDT, Hans Viktor

Kaufmann, Königlich Nepalesischer Generalkonsul, Vors. d. Beirats Heinrich Zeiss (UNIONZEISS) GmbH, Frankfurt/M., AR-Mitgl. Triumph-Adler AG. f. Büro- u. Informationstechnik, Nürnberg - Flinschstr. 63, 6000 Frankfurt 60 - Geb. 19. Juni 1919 Lübeck (Vater: Hans H., Kapitän z. See a. D.; Mutter: Margot, geb. Schlieder), ev., verh. s. 1950 m. Hilde, geb. Schirrmeister, 2 Kd. (Dietrich, Victoria) - Abit. - Korvettenkapitän d. R. - BV: trans atlantic unter bunten Segeln, 1962 - Liebh.: Hochseesegeln - Spr.: Engl., Franz. - Bek. Vorf.: Georg H., Begründ. Schiffswerft Howaldtswerke AG. (Großv.).

HOYE, William J.

Dr. theol., Prof. f. Theologie Univ. Münster - Hittorfstr. 23, 4400 Münster (T. 0251 - 8 18 98) - Geb. 20. Mai 1940 Waterbury/USA (Vater: Joseph W.; Mutter: Marguerite, geb. Brignole), verh. s. 1972 m. Holle, geb. Frank, 2 S. (Niclas J., Lukas T.) - 1960-70 Stud. Univ. Bloomfield u. Boston (USA), Straßburg, München u. Münster (Promot. 1971) - 1971-75 Wiss. Mitarb. (DFG) Inst. f. Cusanus-Forsch. Univ. Mainz; 1975-77 Erzieh.wiss. Hochsch. Rheinl.-Pfalz, Abt. Landau; 1977-80 Hochschullehrer f. systemat. Theol. PH Westf.-Lippe; 1979-80 Gastprof. Marquette Univ. Milwaukee, USA; s. 1980 Prof. f. systemat. Theol. (insbes. theol. Anthropol.) Univ. Münster. 1992 Mitgl. d. Wissenschaftl. Beirats d. Josef-Pieper-Stiftg. - BV: Actualitas omnium actuum, 1975; D. Verfinst. d. absoluten Geheimnisses, 1979 - 1966-68 Kontakt-Stip. Dt. Akad. Austauschdienst; 1979-80 Gastprof. Univ. Marquette, Milwaukee/USA; 1983-84 Andrew W. Mellon Fellowship Cath. Univ. of America, Washington/D.C.

HOYER, Franz A.

Dr. phil., Schriftsteller, Chefredakt. Bücherkommentare/Ztg. f. Buchkritik (s. 1970) - Schwanthalerstr. 94, 8000 München 2 (T. 53 33 64) - Geb. 19. Dez. 1913 Kempen/Rh., kath., verh. s. 1941 m. Dr. phil. Nora, geb. Tinnefeld - Univ. Köln u. Freiburg (German., Phil., Kunstgesch.; Promot. 1939) - B. 1958 Tätigk. Buchverlage - BV: Gerichte u. Gnade, Ged. 1946. Herausg.: Kleine Hand in meiner Hand, Vater-Kinder-Ged. 2. A. 1958; Erzähler d. Zeit, 1948; Dreikönigsbuch, 1949. Versch. Hörsp. - 1967 Premio UNDA-Sevilla (f. d. Hörsp.: In e. Stunde wie dieser).

HOYER, v., Galina

s. Rachmanowa, Alja

HOYER, Norbert

Dr. phil., Journalist, Ressortleit. Ausland Basisdienst Deutsche Presse-Agentur (dpa) - Mittelweg 38, 2000 Hamburg 13 (T. 040 - 411 32 20) - Geb. 13. Juli 1947 Düsseldorf (Vater: Dr. Franz A., Schriftst.; Mutter: Dr. Eleonore, geb. Tinnefeld), kath., verh. s. 1970 m. Marianne, geb. Rouwen, 3 Kd. (Ann Carolin, Bimba Franziska, Niklas Dominik) - Stud. Politikwiss., Gesch., Soziol. Univ. Bonn; Promot. 1976 (Politikwiss.) - 1968-76 Fachjourn. f. Jugendfragen; s. 1976 Nachrichtenagentur ddp, dort s. 1978 Chef v. Dienst Ausl., 1980-83 stv. Chefredakt., 1983-84 Chefredakt. u. AR-Vors., 1985-88 ARD-Aktuell (Tagesthemen), s. 1988 Nachrichtenagentur dpa.

HOYER, Siegfried

Dr. med., Prof., Wiss. Rat - Gaisbergstr. 87, 6900 Heidelberg - S. Habil. Lehrtätigk. Univ. Heidelberg/Fachgr. Pathologie (gegenw. apl. Prof. f. Pathochemie u. Allg. Neurochemie).

HOYER, Ulrich

Dr. rer. nat., Dipl.-Phys., Prof. f. Philosophie (Wissenschaftstheorie, Gesch. u. Grundl. d. Physik) - Roseneck 4a, 4400 Münster-Hiltrup - Geb. 4. Juni 1938 Weimar/Thür. - Promot. 1969 Mainz - S. 1973 (Habil.) Lehrtätigk. Stuttgart u. Münster (gegenw. Prof. Phil. Sem.) - BV: D. Geschichte d. Bohrschen Atomtheorie, 1974; Niels Bohr, Collected Works, Vol. 2, 1981 (Edition); Wellenmechanik auf statist. Grundl., 1983.

HOYER, Werner

Dr. rer. pol., Dipl.-Volksw., MdB (s. 1987), Parlam. Geschäftsf. d. FDP-Bundestagsfraktion (s. 1989) - Spitzangerweg 28, 5000 Köln 40 Lövenich (T. 0228 - 16 51 57) - Geb. 17. Nov. 1951 Wuppertal-Ronsdorf, kath., verh. - Stud. Wirtsch.wiss. 1970-74; Dipl.-Volksw. 1974 Köln, Promot. 1977 ebd. - Ltd. Mitarb. Carl Duisberg Ges. Köln; Lehrbeauftr. (Intern. Wirtsch.beziehungen) Univ. Köln. S. 1984 FDP-Kreisvors. Köln; s. 1984 Mitgl. Landesvorst., s. 1990 stv. Landesvors. NRW d. FDP. Mitgl. Verteidigungsaussch. (sicherheitspolit. Sprecher d. FDP-BT-Fraktion), stv. Mitgl. Wirtschaftsaussch. - BV: Vermögenseffekte d. Geldes, 1978; Grundlagen d. mikroökonom. Theorie (m. Rolf Rettig), 2. A. 1984 - Spr.: Engl., Franz.

HOYNINGEN-HUENE, Freiherr von, Dietmar

Dipl.-Ing., Prof., Rektor FH f. Technik, Mannheim - Kastanienstr. 4, 6805 Heddesheim (T. 06203 - 4 13 19) - Geb. 4. Juni 1943 Litzmannstadt, ev., verh. s. 1969 m. Dietlind Zeidler, 2 Kd. (Martin, Britta) - Dipl.-Ing. (Fachricht. Verfahrenstechnik) 1967 TU Karlsruhe - 1967-70 Projekting. BASF AG; 1970-72 Leit. Ing.-Abt. Fa. Koch Engineering. S. 1972 Prof. FH f. Technik Mannheim, 1981-85 Prorektor, s. 1985 Rektor. Stv. Vors. Nordbad.-Pfälz. Bezirksverein d. VDI; Vorst.-Mitgl. Techn. Akad. Mannheim - Liebh.: Technikgesch. - Spr.: Engl., Franz.

HOYNINGEN-HUENE, Freiherr von, Gerrick

Dr. jur. habil., o. Prof. f. Bürgerl. Recht, Handels- u. Wirtsch.recht, Arbeitsrecht u. Sozialversich.recht Univ. Heidelberg (s. 1981) - Gutenbergstr. 6a, 6900 Heidelberg (T. 06221 - 47 27 84) - Geb. 16. Febr. 1944 Kempten (Vater: Erik, Frhr. v. H., Rechtsanw.; Mutter: Theodora, geb. Baillet), verh. s. 1980 m. Iris, geb. v. Detten, 2 Kd. (Louisa Sophie, Constantin) - Abit. 1964 München; Univ. München (1. Staatsex. 1969, 2. Staatsex. 1972, Promot. 1971, Habil. 1977) - 1971 Wiss. Assist. München; 1977 Univ. ebd.; 1978 Prof. Univ. Augsburg (1981 Ord.); 1983 Vors. Wiss. Beirat Management Akad. München; AR-Mand. - BV: D. Sachverständigengutachten üb. Briefmarken, 1972; D. Billigkeit im Arbeitsrecht, 1978; Betriebsverfassungsrecht, 1983, 2. A. 1990; Kündigungsvorschr. im Arbeitsrecht, 1985; Betriebliches Arbeitsrecht, 1987, 2. A. 1990; D. Versetzung, 1991; D. Inhaltskontrolle nach §9 AGB-Gesetz, 1991; Komment. z. Kündigungsschutzgesetz, (m. a.) 11. A. 1992; üb. 200 sonstige Aufs. u. Veröff. - Liebh.: Segeln - Spr.: Engl., Franz., Ital.

HOYNINGEN-HUENE, Paul

Prof. f. Philosophie an d. Univ. Konstanz - Winzerstr. 104, CH-8049 Zürich (T. 0041-1-341 31 63) - Geb. 31. Juli 1946 Pfronten, verh. s. 1984 m. Ursula, geb. Süess, T. Sarah - Stud. 1966-75 Physik u. Phil. München, London, Zürich; Dipl.-theoret. Physik 1971 München; Promot. 1975 Zürich - 1988 Privatdoz. Phil. d. Wiss. Zürich; 1989/90 Oberassist. Umweltnaturwiss. Zürich; s. 1990 Prof. Univ. Konstanz - BV: D. Wissenschaftsphilosophie Thomas S. Kuhns, 1989 (engl. 1993). Mithrsg.: Wozu Wissenschaftsphilosophie; (1988); Reductionismand Systems Theory in the Life Sciences (1989).

HOYOS, Carl, Graf

Dr. phil., em. o. Prof. f. Psychologie TU München - Dammstr. 4, 8021 Hohenschäftlarn - Geb. 6. Mai 1923 Baumgarten (Vater: Landw.), verh. s. 1957 m. Barbara, geb. Gmelin, 3 Kd. - Habil. 1967 - Emerit. 1989. Zahlr. Facharb., dar. Bücher.

HRBEK, Rudolf

Dr. phil., o. Prof. f. Politikwissenschaft - Engelfriedshalde 114, 7400 Tübingen 1 - Geb. 23. Sept. 1938 Prag, kath., verh. s. 1964 m. Margot, geb. Zielke, T. Anja - Promot. 1968 - S. 1973 (Habil.) Lehrtätigk. Univ. Tübingen (1974 Wiss. Rat u. Prof.; s. 1976 Ord.). S. 1979 Gastprof. Europa-Kolleg Brügge; 1985 Gastprof. Univ. of Washington, Seattle (USA) - BV: D. SPD, Dtschl. u. Europa (1945-57), 1972; D. Europ. Union als Prozeß, 1980; The European Parliament on the Eve of the Second Direct Election: Balance Sheet and Prospects, 1984; EG-Mitgliedschaft: ein vitales Interesse d. BRD?, 1984; D. Deutschen Länder u. d. Europäischen Gemeinschaften, 1986;

Miterlebt - Mitgestaltet. D. Bundesrat im Rückblick, 1989.

HRDLIČKA, Bohumil
Regisseur (Ps. Herlischka) - Gelderner Str. 10, 4000 Düsseldorf (T. 0211 - 436 01 20) - Geb. 25. April 1919 Časlav (Vater: Jaroslav H.; Mutter: Ružena, geb. Nováková), kath., verh. m. Elfi, geb. Hess - 1941-46 staatl. Konservat. f. Musik in Prag, Staatsex. 1946 - S. 1972 Regiss. u. künstler. Beirat Dt. Oper am Rh. - Insz. v. Opern, Schauspiel u. Fernsehen - Liebh.: Sakrale Kunst, Hunde - Spr.: Tschech., Deutsch, Franz.

HROMADKA, Wolfgang
Dr., Univ.-Prof. Lehrstuhl f. Bürgerl. Recht u. Arbeitsrecht Univ. Passau (s. 1985) - Innbrückgasse 1, 8390 Passau - Geb. 26. Dez. 1937 Aussig/Elbe, kath., ledig - Stud. Rechtswiss. Univ. Frankfurt, Berlin u. München, 1. u. 2. jurist. Staatsex. 1962 u. 1967 Frankfurt; Promot. 1969; Habil. 1978 - 1967-69 wiss. Assist. Univ. Zürich; 1969-76 Hoechst AG (zun. Vorst. Ass. u. Leitg. Referat Arbeits- u. Sozialrecht, s. 1973 Leit. d. Personalabt. Arbeiter, Werk Hoechst); 1976-85 Leit. PSW Messer Griesheim GmbH (s. 1976 Personaldir.); s. 1982 Ehrenamtl. Richter am BAG - BV: D. Entw. d. Faustpfandrechts im 18. u. 19. Jh., 1971; Tariffibel, 3. A. 1987; D. Recht d. leit. Angest. im historisch-gesellschaftl. Zusammenhang, 1979; D. Arbeitsrostn. im Wandel d. Zeit, 1979; Rechtsbrevier f. Führungskräfte, 1987; Arbeitsrecht f. Vorgesetzte, 1987; D. Betriebsverfassung, 1991; Sprecherausschußgesetz: Kommentar 1991. Herausg.: Arbeitszeitrecht im Umbruch (1988); Gleichstellung v. Arbeitern u. Angestellten (1989); Änderung v. Arbeitsbedingungen (1990); Personalmanagement: Möglichkeiten u. Grenzen flexibler Vertragsgestaltung (1991) - Spr.: Engl., Franz., Span.

HROUDA, Barthel
Dr. phil., o. Prof. f. Vorderasiat. Archäologie - Sternstr. 4b, 8034 Germering. (T. München 84 55 49) - Geb. 28. Juni 1929 Berlin (Vater: Fritz H., Verwaltungsinsp.; Mutter: Frieda, geb. Seelow, ev., verh. s. 1957 m. Helma, geb. Plugge, 3 Kd. (Heinz-Michael, Bettina, Jan) - Gymn. z. Grauen Kloster u. Freie Univ. Berlin. Promot. 1954 Berlin; Habil. 1963 Saarbrücken - 1963 Privatdoz. Univ. Saarbrücken; 1964 ao. Prof. Univ. München; 1967 o. Prof. FU Berlin; 1969 o. Prof. Univ. München. Spez. Arb.geb.: Archäol. Mesopotamiens u. Syriens, Ausgr. Iraq (Isin) - BV: Farb. Keramik d. 2. Jahrh. Nordmesop. u. Syr., 1957; Tell Halaf, Kleinfunde aus histor. Zeit, 1962; Kulturgesch. d. Assyr. Flachbildes, 1967; Handb. d. Archäol., Vorderasien I, 1971; Isin-Išān Bahrīyāt I, 1977; Meth. d. Archäol. (Hrsg.), 1978; Isin-Išān Bahrīyāt II, 1981; Isin-Išān Bahrīyāt III, 1987; Isin-Išān Bahrīyāt IV, 1992 - 1976 ord. Mitgl. Dt. Archäol. Inst., Berlin; 1980 o. Mitgl. Bayer. Akad. d. Wiss.; 1981 Ausl. Mitgl. Koninkl. Acad. v. Wetenschappen, Lett. en Schone Kunsten van Belgie; Ehrenmitgl. Turk Tarih Kurumu; 1991 o. Mitgl. Acad. Scient. et Art. Europaea.

HRUSCHKA, Erhard
Dr. rer. pol., Senatsdirektor, Leit. Statist. Landesamt Hamburg (s. 1976) - Steckelhörn 12, 2000 Hamburg 11; priv.: Wulfsdorfer Weg 12, 2070 Ahrensburg - Geb. 13. Sept. 1931 Dresden, ev., verh. s. 1960 m. Hedwig, geb. Strohmaier, 2 Söhne (Stefan, Christian) - N. Abit. kaufm. Lehre Industrie; 1953-57 Univ. Frankfurt/M. (Volksw.). Promot. 1964 Frankfurt - 1957-58 Revisionsassist. Ind.; 1958-65 Wiss. Assist. Univ. Frankfurt (Inst. f. Verkehrswiss.); 1965-76 Stadtdir. Pforzheim (Leit. Amt f. Wirtschaft, Verkehr u. Statistik. 1978-86 Vors., s. 1986 Ehrenmitgl. Verb. Dt. Städtestatistiker, s. 1978 Lehrbeauftragter Univ. Hamburg. s. 1991 Vizepräs. Intern. Vereinigung f. amtliche Statistik (IAOS) - BV: D. Wirtschaftsordnungen d. Weltmächte, 1964 (Diss.) - Liebh.: Mod.

Lit., Theater, Soziol., Gesch. u. Ges. d. USA - Spr.: Engl.

HRUSCHKA, Joachim
Dr. jur., Prof. f. Rechtsphilosophie u. Strafrecht - Sperlingstr. 59, 8520 Erlangen - Geb. 10. Dez. 1935 Breslau - Promot. (1964) u. Habil. (1970) München - 1972 Prof. Univ. Hamburg, s. 1982 Prof. Univ. Erlangen. Bücher u. Aufs.

HRUSKA, Friedrich-Theodor

Dr. med. vet., Veterinärdirektor a. D., Tierarzt, Fachtierarzt f. öffentl. Veterinärwesen, MdL Nieders. (1974-78 u. a. 1982) - An der Rehbockswedie 23, 3510 Hann. Münden (T. 3 15 55) - Geb. 13. Febr. 1930 Bergkamen (Vater: Oskar H., Bergbauarb.; Mutter: Agathe, geb. Fischer), verh. s. 1953 m. Margrid, geb. Marquardt, 3 Kd. (Friedrich-Rainer, Karin, Alexander) - Schule Höxter; Tierärztl. Hochsch. Hannover - S. 1956 Tierarzt. FDP s. 1967 (s. 1972 Mitgl. Vorst. Landesverb. Nieders., s. 1980 Bezirksvors. Südniedersachsen) - Spr.: Engl., Franz.

HUBALA, Erich
Dr. phil., o. Prof. f. Kunstgeschichte - Liebigstr. 15, 8000 München 22 (T. 089 - 22 14 10) - Geb. 24. März 1920 Kremsier - S. 1959 (Habil.) Lehrtätigk. Univ. München (1965 apl. Prof.), Kiel (1969 o. Prof. u. Inst.-Dir.) u. Würzburg (1974 o. Prof., Inst.- u. Museums-Dir.). Emerit. 1986 - BV: Epochen d. Architektur III: Renaissance u. Barock, 1968 (ital. 1973); D. Kunst d. 17. Jh., 1970 (Propyläen Kunstgesch. IX); Venedig, 1974; Johann Michael Rottmayr, 1981; D. Residenz zu Würzburg, 1984 (m. a.); Renaissance u. Manierismus - Barock u. Rokoko, 1985; Renaissance in Böhmen, 1985 (m. a.); B. Neumann 1687-1753. D. Barockbaumeister aus Eger, 1987; Peter Paul Rubens. d. Gemälde im Städel, 1990. Fachaufs. - O. Mitgl. Collegium Carolinum München, Sudetendt. Akad. d. Wiss. u. Künste, München; korr. Mitgl. Braunschweigische Wissenschaftl. Ges. 1982 Georg-Dehio-Preis - Lit.: Intuition u. Darst., Festschr. (1985).

HUBALEK, Claus
Schriftsteller - Zu erreichen üb.: Zweites Dt. Fernsehen, 6500 Mainz - Geb. 18. März 1926 Berlin, ev. - Lehrer u. Dramat.; 1963-66 Chefdr. NDR/Fernsehen, 1968 ff. Chefdr. Schauspielhaus Hamburg - W: Unsre jungen Jahre, N. 1947; D. Glasauge, Erz. 1948; D. Hauptmann u. s. Held, Tragikom. 1953 (1955 verfilmt); Keine Fallen f. d. Füchse, Kom. 1957; D. Festung, Sch. 1958; Stalingrad, Sch. 1961; D. Stunde d. Antigone, Sch. 1961; D. Ausweisung, R. 1963. Film: Kirmes; Fernsehsp.: D. Festung, E. gefährl. Mensch, D. Std. d. Antigone, Hörsp.: D. west-östl. Diwan, In e. Garten in Aviamo; Fernsehsp.: D. 21. Juli (ZDF, 1972) - 1953 Gerhart-Hauptmann-Preis Freie Volksbühne Berlin (D. Hptm. u. s. Held), 1955 Dramatiker-Preis Dt. Bühnenverein.

HUBEL, Achim
Dr. phil., Prof. f. Denkmalpflege Univ. Bamberg - Jakobsplatz 3, 8600 Bamberg (T. 0951 - 5 22 73); Ludwig-Eckert-Str. 2, 8400 Regensburg (T. 0941 - 2 57 05) - Geb. 20. Febr. 1945 Sünching (Vater: Konrad H., Richter; Mutter: Hildegard, geb. Simeth), kath., verh. s. 1982 m. Andrea, geb. Pickl, 2 Söhne (Adrian, Matthias) - 1964-66 Stud. Phil. u. Theol. Univ. Regensburg, 1966-72 Stud. Kunstgesch., Archäol. u. Gesch. Univ. München; Promot. 1972 - 1972-74 Mus.volont. Köln u. München; 1974-81 Diözesankonservator Regensburg; 1975-81 Lehrbeauftr. Univ. Regensburg, s. 1981 Prof. Bamberg - BV: D. Regensburger Domschatz, 1976; Ausst.-Kat. Kostbark. aus kirchl. Schatzkammern, 1979; D. Glasmalereien d. Regensburger Domes, 1981; D. Regensburger Dom (zus. m. P. Kurmann), 1989; Denkmalpflege u. Bauforsch. (Arbeitskreis Theorie u. Lehre d. Denkmalpflege e.V.), 1989 - 1979 Kulturförderpreis Stadt Regensburg - Spr.: Engl., Franz.

HUBER, Alfons
Dipl.-Kfm., Wirtschaftsprüfer, Steuerberater, Verbandsdir. i. R. Bayer. Raiffeisenverb., München - Lorenzonistr. 39, 8000 München 90 - Geb. 6. Juli 1919.

HUBER, Antje,
geb. Pust
Bundesministerin a.D. - Am Vogelherd 12, 4300 Essen - Geb. 23. Mai 1924 Stettin (Eltern: Bruno u. Charlotte P.), ev., verh. s. 1950 (Ehem.: Karl H., Redakteur) - Obersch. Berlin (Abit. 1942); journ. Ausb.; 1961-62 Sozialakad. Dortmund (Volks-, Betriebsw., Soziol., Arbeitsrecht, Sozialpolitik) - 7 J. Redakt.; b. 1969 Studienleit. Sozialakad.; 1976-82 Bundesmin. f. Jugend, Familie u. Gesundheit (1982 zurückgetreten); 1969-87 MdB (Wahlkr. 89/Essen III). SPD s. 1948 (div. Funktionen) - 1984 BVK - Gold. Sportabz. 1977 - Spr.: Engl., Franz., Schwed., Russ.

HUBER, Erwin
Dipl.-Volksw., Generalsekretär d. CSU, MdL Bayern (s. 1978) - Kolpingstr. 10, 8386 Reisbach/Ndb. - Geb. 26. Juli 1946, kath. - Volkssch. Oberhausen u. Reisbach, Realsch. Dingolfing; n. Abendgymn. Univ. München (Volksw.) - B. 1970 Bayer. Finanzverw., dann Bayer. Finanzmin. 1972ff. MdK Dingolfing-Landau. Kreis- u. Bezirksvors. Jg. Union. S. 1986 Vors. Landtagsaussch. Landesentwicklung u. Umweltfragen; 1987/88 stv. CSU-Generalsekr., s. 1988 Generalsekr.

HUBER, Franz

Dr. rer. nat., Prof., Direktor am MPI f. Verhaltensphysiologie, Seewiesen - 8130 Seewiesen/Obb. (T. 2 93 35); priv.: Watzmannstr. 16, 8130 Starnberg - Geb. 20. Nov. 1925 Nußdorf/Bayern (Vater: F. H., Landw.; Mutter: Anna, geb. Fischer), kath., verh. s. 1953 m. Dr. Lore, geb. Schneider, 2 S. (Johannes, Martin) -

1947-53 Stud. Zool. München; Promot. 1953 München; Habil. 1960 Tübingen - 1954-63 Assist. u. Doz. Univ. Tübingen; 1963-73 o. Prof. u. Dir. Zool. Inst. Univ. Köln; s. 1973 Dir. am MPI. Arb. zu verhaltensphysiol. u. neurobiol. Problemen. Veröff. (auch Bücher) üb. Insektenverhalten u. Insektennervensystem, üb. 200 fachwiss. Art. - Korr. Mitgl. Rhein.-Westf. Akad. d. Wiss. u. Akad. d. Wiss. u. Lit. Mainz, Mitgl. Dt. Akad. d. Naturforscher (Leopoldina), Halle/S; 1980 Karl-Ritter-v.-Frisch-Med.; 1983 Foreign Hon. Memb. Americ. Acad. Arts and Sciences Boston; 1983 Napoleon Cybulski Med. Polen; 1986 Foreign Memb. Americ. Philosophical Soc. Philadelphia; 1988 Ehrendoktorwürde f. Naturwiss. d. Univ. zu Köln; 1989 Mitgl. Bayer. Akad. d. Wiss.; 1991 Ehrendoktorwürde f. Naturwiss. d. Paul Sabatier Univ. Toulouse; 1991 Mitgl. Acad. Europaea, London - Spr.: Engl.

HUBER, Friedo
Dr. rer. nat., o. Prof. f. Anorgan. Chemie - Carl-v.-Ossietzky-Str. 9, 4600 Dortmund 50 - Geb. 4. Juni 1929 Nürnberg (Vater: Friedrich H., Verw.beamter; Mutter: Babette, geb. Meyer), ev., verh. s. 1954 m. Wilhelmine, geb. Nething, 2 Söhne (Herwart, Bernd) - Ober- u. Oberrealsch.; Univ. München u. Graz (Chemie). Dipl.-Chem. München; Promot. Aachen - S. 1956 Univ. München (Assist.), TH Aachen (Assist., 1960 Obering., 1960 Kustos, 1967 Akad. Oberrat, 1968 Gastprof.), Univ. Dortmund (1968 Wiss. Abt.svorsteher u. Prof., 1969 Ord.). Spez. Arbeitsgeb.: Anorgan. Chemie, insb. Koordinations- u. Organometallchemie - 1977-81 Vors. GDCh-Fachgruppe Chemieunterricht. Facharb. - Gmelin Handbook of Inorganic Chemistry: Organolead Compounds - Spr.: Engl. - Rotarier.

HUBER, Gerd

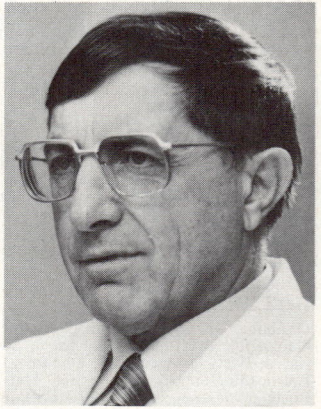

Dr. med., Dr. h.c. em. Prof. f. Psychiatrie u. Neurologie Univ. Bonn - Auf dem Rosenberg 18, 5307 Wachtberg-Villiprott - Geb. 3. Dez. 1921 - 1968 o. Prof. Ulm; 1974 o. Prof. Lübeck; 1978 o. Prof. Bonn. Vors. Kurat. f. Schneider-Preis u. f. Weitbrecht-Preis - Hon. memb. Österr. Ges. f. Psychiatr. u. Nervenheilkd. u. amerik. Fachges.; Präs. Arge. Psychosenforsch.; Hon.pres. lat. americ. soc. biol. psychiatr.; Visit. Prof. Univ. Minas Gerais; Dr. h.c. Nat. Univ. Asunción; 351 Orig.arb. u. BV, Lehrb. Psych. (5. A. 1991).

HUBER, Gerhard W. M.
Dipl.-Kfm., Dipl.-Volksw., Vorstandsmitglied Verbraucher-Zentrale Nordrh.-Westf./Landesarbeitsgem. d. Verbraucherverb. (s. 1965) - Mintropstr. 27, 4000 Düsseldorf 1; priv.: Sturmstr. 81 - Geb. 21. Jan. 1935 Berlin (Vater: Georg H., Kaufm.; Mutter: Alida, geb. Stegmann), kath., verh. s. 1963 m. Ingrid, geb. Winzer, 3 Töcht. (Angelika, Barbara, Dorothea) - Isolierhandw.; n. Abit. (Abendgymn.) FU Berlin (Dipl. 1960 u. 61) - Herausg. d. Verbraucherpolit. Hefte (s. 1985).

HUBER, Hansjörg

Sparkassendirektor, Vorst.-Mitgl. d. Sparkasse Saarbrücken - Am Neumarkt, 6600 Saarbrücken - Geb. 16. Aug. 1937 Freiburg/Br. - Stud. Rechtswiss. Ass.ex.; Lic. jur. (Schweiz).

HUBER, Herbert

Dr. rer. nat., Prof. f. Botanik Univ. Kaiserslautern (Fachbereich Biologie) - Pfaffenbergstr. 95, 6750 Kaiserslautern - Zul. Prof. Univ. Hamburg - BV: Angiospermen, Leitfaden durch d. Ordnungen u. Familien d. Bedecktsamer, 1991.

HUBER, Herbert

Dr. jur., Rechtsanwalt, Staatssekretär Bayer. Staatsmin. d. Innern (s. 1991), MdL Bayern (s. 1970) - Odeonsplatz 3, 8000 München 22 (T. 2 19 21) - Geb. 1930 - CSU.

HUBER, Herbert

Dr. rer. pol., Diplom-Kaufmann, MdL Bayern (s. 1970) - Bernbeckweg 11, 8300 Landshut (T. 2 53 35) - Geb. 1935 - 1966ff. Stadtrat Landshut - CSU - 1980 Bayer. VO; 1984 BVK, 1988 BVK I. Kl.; 1984 Gold. Verdienstmed. IHK Niederbay./Oberpf.

HUBER, Hubert

I. Bürgermeister - Rathaus, 8061 Bergkirchen/Obb. - Geb. 23. April 1932 Olching - Kaufm. CSU.

HUBER, Josef

I. Bürgermeister (s. 1978) - Rathaus, 8283 Arnstorf/Ndb. - Geb. 17. Dez. 1917 Pupping - Zul. Verwaltungsangest.

HUBER, Klaus

Prof., Komponist, Leit. Meisterkl. f. Kompos. u. Inst. f. Neue Musik Staatl. Hochsch. f. Musik Freiburg/Br. - Am Bergli 12, CH-4418 Reigoldswil/Bl. (T. Basel 96 12 28) - Geb. 1924 Bern - Zahlr. Kompos. m. intern. Resonanz - 1970 Beethoven-Preis Stadt Bonn (f.: Tenebrae), 1975 Preis Schweiz. Tonkünstlerverein., 1979 Kunstpreis Basel.

HUBER, Ludwig

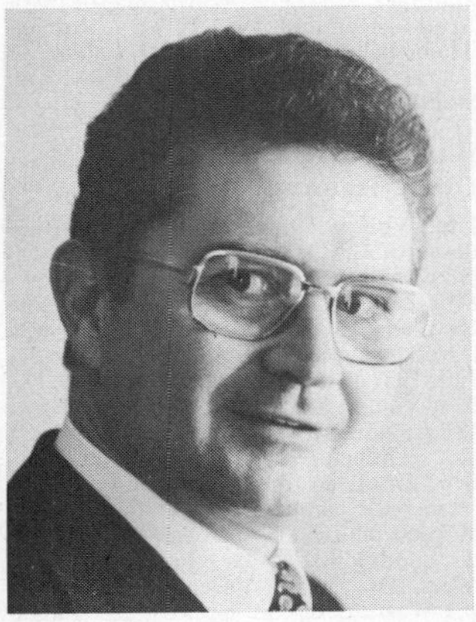

Dr. jur., Dr. rer. pol. h. c., Rechtsanwalt, Staatsminister a. D., Präs. u. Vorst.-Vors. Bayer. Landesbank Girozentrale (b. 1988) - Gabriel v. Seidlstr. 31, 8022 Grünwald - Geb. 29. Dez. 1928 München, kath., verh. s. 1953 m. Waltraud, geb. Nothhaft, 2 Söhne (Alexander, Wolfgang) - Abit. 1947, 1948-51 Stud. Rechtswiss. u. Volkswirtsch. Ludwig-Maximilians-Univ. München (1. jurist. Staatsprüf. 1952, 2. 1955, Promot. 1959) - 1953-55 Jurist. Sachbearb. Bayer. Staatskanzlei, 1955-58 Gerichtsass., 1958-62 Staatsanwalt; 1958-77 Abgeord. Bayer. Landtag, 1962-72 Vors. CSU-Landtagfraktion (1963-70 stv. Landesvors.); 1964-70 Bayer. Staatsmin. f. Unterr. u. Kultus u. 1972-77 d. Finanzen, 1974-77 zugl. Stellvertr. Bayer. Ministerpräs. - 1977-88 Präs. Bayer. Landesbank Girozentrale - 1973 Dr. h. c. Univ. Augsburg; 1964 Bayer. VO, 1978 Gr. BVK m. Stern u. Schulterbd.; 1967 Großkr. Sylvester-Orden; 1977 Grande Ufficiale nell'Ordine al Merito della Repubblica Italiana; 1978 Ehrensenator TU München; 1980 Kommunale Verdienstmed. in Gold; 1983 Gr. Gold. Ehrenz. m. Stern Rep. Österr.; 1986 Großoffizierskreuz d. VO d. Großherzogtums Luxemburg - Spr.: Engl. - Rotarier (Ehrenmitgl. Rotary Club Traunstein).

HUBER, Ludwig W.

Dr. phil., Prof. f. Erziehungswiss. (Wiss.propädeutik) - Lina-Oetker-Str. 18, 4800 Bielefeld 1 - Geb. 24. April 1937 Bielefeld (Vater: Theodor H., Direktor; Mutter: Ursula, geb. Levin), ev., verh. s. 1971 m. Ingeborg, geb. Hentschel - Gymn. Bielefeld; 1956-63 Stud. Klass Philol. Staatsex. f. d. höh. Lehramt 1967; Promot. 1963 Tübingen - 1963-65 Verlagslektor; 1965-67 Studienrefer.; 1967-71 Wiss. Assist.; 1971-89 Ord. Univ. Hamburg (IZHD); s. 1989 Ord. Univ. Bielefeld, Wiss. Leit. d. Oberstufenkollegs. 1982-84 Vizepräs. d. Univ. Hamburg - Bücher (Mitverf.): Schulnahe Curriculumentwickl., 1972; Gesamthochsch., 1975; Studienreform, 1979; Junge Wissenschaftler an d. Hochsch. (m. R. Holtkamp, K. Fischer-Bluhm), 1987. Herausg.: Ausbild. u. Sozialisation in d. Hochschule. Enzyklopädie Erziehungswiss. Bd. 10 (1983); Ordnung u. Unordnung (m. G. Becker, H. Becker), 1985; Studium - nur noch Nebensache? (m. M. Wulf), 1989. Div. Einzelarb. - Spr.: Engl., Franz.

HUBER, Margaretha

Dr. phil., Philosophin (Ps. Meg Huber) - Wohnh. in Rom; PA, Postfach 43 03 67, 8000 München 40 - Geb. 15. Aug. 1946 Konstanz, ledig - Stud. Phil. u. Kunstgesch., Soziol. Univ. München u. Frankfurt - Fr. Forscherin u. Schriftst. - Entd. d. weibl. Phil. - BV: Rätsel. Ich schaue in d. geheimnisvollen Raum e. verschollenen Denkens, dessen Tür d. Romantik e. Spalt weit geöffnet hat, 1978; Herausg.: Rätsel No. 2 (1986), Ztschr. f. sait. Phil. (auch Verlegerin u. Autorin). Beitr. in: Was Philosophinnen denken, 1983; Jahrb. d. Intern. Assoz. v. Philosophinnen, Titel: Von wegen ins dritte Jahrtausend (1982); D. Revolution hat nicht stattgefunden, 1989.

HUBER, Max G.

Dr. rer. nat. (habil.), o. Prof. f. Theor. Physik (Kernphysik) - Am Kottenforst 37, 5300 Bonn 1 - Geb. 25. Juni 1937 Freiburg/Br. - Promot. 1964 Freiburg; Habil. 1968 Frankfurt - 1965-66 NBS Washington, 1966-67 Duke Univ., 1967-68 Univ. Frankfurt/M., 1968-69 Univ. Heidelberg, 1969-83 Univ. Erlangen-Nürnberg (o. Prof.), s. 1983 Univ. Bonn, Dir. Inst. f. Theoret. Kernphysik. Fachveröff. - Spr.: Engl., Franz. (Assist. Prof. USA).

HUBER, Michaela

Dipl.-Psych., Psychotherapeutin, Journalistin u. Übersetzerin (Ps.: Anna Gebhardt) - Harleshäuserstr. 74, 3500 Kassel (T. 0561 - 6 99 44) - Geb. 19. Juni 1952 München (Vater: Helmut H., Sänger; Mutter: Marianne, geb. Meier, Prok.) - Stud. Psych. Düsseldorf, Münster (Dipl. 1977) - 1978-83 Redakt. Ztschr. Psychologie heute; s. 1983 fr. Journ. u. Übers. Freie psychoth. Praxis - BV: Blick n. vorn im Zorn (Hrsg.), 1985; Dein ist mein halbes Herz, 1989. Übers. u. a.: Augenblicke verändern uns mehr als d. Zeit (v. Ch. Wolff, Autobiogr.), 1982; D. Fernsehges. (v. J. Meyrowitz), 1987; Leben aus Zweiter Hand (v. J. David), 1990 - Spr.: Engl., Franz.

HUBER, Nicolaus A.

Komponist, Prof. f. Komposition Folkwang-Hochschule Essen - Abtei, 4300 Essen 16 - Geb. 15. Dez. 1939 - Audiovisuelle u. elektronische Kompos., sowie Solo-, Kammer- u. Orchesterwerke; Preise, intern. Anerkennung.

HUBER, Otmar

Dr. jur., Landrat Kr. Bad Tölz-Wolfratshausen (s. 1967) - Korbinian-Str. 10, 8170 Bad Tölz/Obb. (T. 33 97) - Geb. 29. Okt. 1927 Dörndorf (Vater: Josef H., Rektor; Mutter: Ella, geb. Kihm), kath., verh. s. 1959 m. Bilhilde, geb. Happ, 4 Kd. (Winfried, Walter, Monika, Martin) - Univ. München (1949 ff.; Rechts- u. Staatswiss.). Gr. jurist. Staatsprüf. 1956 - 1956 Reg. Mittelfranken; 1957-62 Bayer. Innenmin.; 1962-67 Landratsamt Tölz (Oberreg.Rat). S. 1964 Vors. AV-Sektion Tölz; Vors. d. Rettungszweckverb. u. Regionalen Planungsverb. Oberland sowie Bezirksverb. Oberbayern d. Landkreisverb. Bayern - Liebh.: Sport, Musik - Spr.: Engl.

HUBER, P. Reinhold

Dr.-Ing., Honorarprof. - Hürdenweg 7, 4800 Bielefeld 12 (T. 0521 - 4 09 49) - Geb. 11. März 1931 (Vater: Julius H., Musiklehrer; Mutter: Paula H., geb. Geisel), 2 Kd. (Elke-Daniela, Peter-Martin) - Gymn. Esslingen (Abit. 1950); Stud. Maschinenbau TH Stuttgart (Dipl. 1955); Daimler-Benz AG 1956-61; Wiss. Assist. 1961-67 TU Braunschweig; Promot. 1966 - 1967 Dt. Tecalemit, Bielefeld; 1970-89 Lehrauftr. Tribologie, TU Braunschweig; Vors. Verein Automatenmarken Dtschl., Bonn - Ca. 20 Patente u. Gebrauchsmuster - BV: Spezialkatalog Automatenkarten-Dt.Bundespost, 1984. Ca. 25. Fachveröff. Philat. Ausst.: u.a. Rottweil (1984), Mophila Hamburg (1985), Stockholmia (1986), Luzern (1987) - Mitgl. AIJP - Liebh.: Philatelie (Automatenmarken DBP, Inflation DR), Jazz, Sport - Spr.: Engl., Franz.

HUBER, Robert

Dr. rer. nat. (habil.), Prof., Abteilungsleiter MPI f. Biochemie - 8033 Martinsried/Obb. - Geb. 20. Febr. 1937 - B. 1976 Privatdoz., dann apl. Prof. TU München - 1972 E.K.-Frey Preis d. Dt. Ges. f. Chir.; 1977 Otto-Warburg-Med. d. Ges. f. Biol. Chemie; 1982 Emil-v.-Behring-Preis d. Univ. Marburg; 1987 Keilin Med. Biochem. Soc. London; 1987 Richard-Kuhn Med. Ges. Dt. Chemiker; 1987 Dr. h. c. Univ. Catholique de Louvain, u. 1989 Univ. Ljubljana, Jugoslawien; 1988 o. Mitgl. d. Bayer. Akad. d. Wiss.; 1988 Nobelpreis f. Chemie; 1989 E. K. Frey - E. Werle Gedächtnismed.; 1990 Kone Award, Assoc. of Clinical Biochemists, United Kingdom; 1991 Dr. h.c. f. Medizin u. Chirurgie, Univ. Tor Vergata, Rom/Ital.

HUBER, Simon

1. Bürgermeister (s. 1966) - Rathaus, 8201 Großkarolinenfeld/Obb. - Geb. 23. März 1926 Großkarolinenfeld - Zul. Gemeindeangest.(s. 1946), 1956-66 Gemeinderat.

HUBER, Ulrich

Dr. jur., o. Prof. f. Handels- u. Wirtschaftsrecht Univ. Bonn (s. 1973) - Weberstr. 98, 5300 Bonn 1 - Geb. 23. März 1936 Kiel - Promot. (1965) u. Habil. (1968) Heidelberg - 1971-73 Wiss. Rat u. Prof. Univ. Saarbrücken. Bücher u. Aufs.

HUBER, Wolfgang

Dr. theol., o. Prof. f. Syst. Theologie (Ethik) - Hirtenaue 17, 6900 Heidelberg-Ziegelhausen - Geb. 12. Aug. 1942 Straßburg (Vater: Ernst Rudolf H., Prof.; Mutter: Tula, geb. Simons, Rechtsanw.), ev., verh. s. 1966 m. Kara, geb. Kaldrack, 3 Kd. (Ansgar, Jesco, Valeska) - Gymn. Freiburg; Univ. Heidelberg, Tübingen, Göttingen; Promot. Tübingen 1966, Habil. Heidelberg 1972 - Pfarrer württ. Landeskirche, 1966 Vikar Reutlingen, 1968 wiss. Mitarb., 1973-80 stv. Leiter Forsch.stätte Ev. Stud.gemeinsch. Heidelberg, 1980 o. Prof. f. Sozialethik Univ. Marburg, 1984 o. Prof. f. Syst. Theol. (Ethik) Univ. Heidelberg. 1973ff. Mitgl. Kammer f. Öfftl. Verantw. EKD; 1979ff. Präsidialmitgl. Dt. Ev. Kirchentag (1983-85 Präs.) - BV: Passa u. Ostern, 1969; Kirche u. Öffentlichk., 1973; Staat u. Kirche im 19. u. 20. Jh., 1973, 76, 83, 88 (m. E. R. Huber); Menschenrechte, 1977 (m. H. E. Tödt); Kirche, 1979; D. Streit um d. Wahrheit u. d. Fähigkeit z. Frieden, 1980; Folgen christl. Freiheit, 1983; Auf Gottes Erde leben, 1985; Protestantismus u. Protest, 1987; Konflikt u. Konsens, 1990; Friedensethik (m. H.-R. Reuter), 1990; Unvollendete Auferstehung, 1992 - Spr.: Franz., Engl. - Bek. Vorf.: Walter Simons, Reichsaußenmin. u. Präs. Reichsgericht (Großv.).

HUBER, Wolfgang

Dr., Dipl.-Chemiker, Vorstandsmitglied BASF Lacke + Farben AG i. R., Münster - Pierstr. 6B, 6710 Frankenthal - Geb. 27. Mai 1924 Karlsruhe (Vater: Gustav H., Finanzrat; Mutter: Margarete, geb. Schön), verh., 2 Kd. (Charlotte, Klaus Peter).

HUBER-HERING, Vita

Dr. phil., Pers. Referentin u. Chefdramaturgin Deutsche Oper am Rhein, Düsseldorf-Duisburg (s. 1986) - Zu erreichen üb. Dt. Oper am Rhein, Heinrich-Heine-Allee 16a, 4000 Düsseldorf - Geb. 27. Sept. 1938 Salzburg, kath. - Realgymn. Salzburg; Univ. Wien (Theaterwiss., German., Phil., Psych.), Promot. 1962 - 1963-71 Lektorin Landestheater Darmstadt; 1972-75 Dramat. Staatstheater Wiesbaden; 1976-81 Staatsth. Darmstadt; 1981/82 Chefdramat. Städt. Bühnen Augsburg; 1982-84 Chefdramat. u. Pers. Ref. Staatsth. Darmstadt; 1984 Pers. Ref. u. Dramat. Hamburg. Staatsoper; s. 1986 s. o. Mitgl. Intern. PEN-Club - BV: E. großer Herr, Fürst Pückler (m. Gerhard F. Hering), 1968; Flirt u. Flitter, Lebensbilder aus d. Bühnenwelt, 1970; Applaus f. d. Souffleur, Theater-Anekd., 1973; Momo, Schausp. nach Michael Ende, 1981. Übers.: Zelda, Schausp. v. Denis Llorca, 1980; Alceste, Oper v. Lully, 1981; Tolstois Kreutzersonate, (m. G. F. Hering) Schausp. 1983; Features, Essays - Spr.: Engl.

HUBER-STENTRUP, Eugen

Dr. jur., Generalstaatsanwalt in Karlsruhe (s. 1989) - Hoffstr. 10, 7500 Karlsruhe (T. 0721 - 135-20 27) - Geb. 5. Okt. 1931, verh. s. 1957 m. Beate, Dipl.-Volksw., 2 Kd. (Dorothee, Martin) - Univ. Tübingen, Berlin (Rechtswiss.); Promot. 1960 Tübingen - 1977-87 Ltd. Oberstaatsanwalt in Offenburg u. Freiburg i. Br., Kammeranwalt d. Bezirksärztekammer Südbaden; 1987-89 Präs. Landgericht in Freiburg i. Br.; s. 1989 Generalstaatsanw. Lehrbeauftr. Univ. Freiburg - 1987 Ehrenzeichen d. Dt. Ärzteschaft, ob merita - medici Germaniae.

HUBERT, Alex

Dr. rer. nat., Prof. Lehrstuhl f. Werkstoffwiss. VI (Werkstoffe d. Elektrotechnik) Univ. Erlangen-Nürnberg (s. 1975) - Barthelmeßstr. 7, 8520 Erlangen.

HUBERT, Nikolaus

Amtsrat, MdL Saarl. (s. 1970) - Saarlouiser Str. 66, 6601 Niedersalbach (T. 06806 - 70 64) - Geb. 14. Juni 1927 Ittersdorf/S., kath., verh. - Volks-, Handelssch.; kaufm. Lehre (durch Arbeitsu. Kriegsdst unterbr.). Beide Verwaltungsfachprüf. - S. 1948 öfftl. Dienst (u. a. Amtsleit. Min. f. Kultus, Unterr. u. Volksbild.). 1964 ff. Mitgl. Gemeinderat Niedersalbach (1967 ehrenamtl. Bürgerm.). CDU s. 1955 (Vors. Kreisverb. Saarbrücken-Land/West u. Mitgl. Landesvorst.).

HUBERTY, Ernst

Sportjournalist - Zu erreichen üb. WDR, Appellhofpl. 1, 5000 Köln 1; priv.: Königsdorf b. Köln - Geb. 1927, verh., T. Annette - 1968-82 Leit. Sportredaktion u. Moderator ARD-Sportschau; jetzt Redakt. f. Sport-Feature im 1. u. 3. WDR-Progr. (s. 1983 tgl. gemischte Sportsend. v. 15 Min.). Viele gr. Sportübertrag., vornehml. Fußball (zul. Weltmeistersch. Argentinien). Div.

Sportbände - 1972 Dtschl. beliebtester Sportreporter (Zuschauerwahl); Gold. Kamera (Hörzu) - Spr.: Engl., Franz.

HUBL, Walter F.

Direktor Binding-Brauerei AG., Frankfurt, Vorstandsmitgl. Brauereiges. Meyer & Söhne, Riegel - Haus Waldheim, 7831 Riegel - Geb. 6. April 1922 Eger - U. a. Vorstandsmitgl. Hanseat. Hochseefischerei AG. u. Kohlenberg & Putz Seefischerei AG., Bremerhaven, Geschäftsf. Brauerei Fels GmbH., Karlsruhe. Zeitw. Vors. Verb. d. Dt. Hochseefischereien u. Dt. Fischwerbung, B'haven. Aufsichts- u. Beiratsmandate.

HUBRECHT, Georges

Dr. jur., Dr. h. c., Prof., Rechtsgelehrter - 28 rue de Colmar, Bordeaux (Frankr.) - U. a. Ord. Univ. Bordeaux (1933; emerit.) u. Honorarprof. Univ. Bonn (1967; Franz. Zivil- u. Handelsrecht). Bücher u. Einzelarb.

HUBRICH, Eberhard

Ministerialdirektor, Leit. Abt. II (Bundeshaushalt) Bundesfinanzmin. - Graurheindorferstr. 108, 5300 Bonn 1.

HUBRICH, Erich Wolfgang

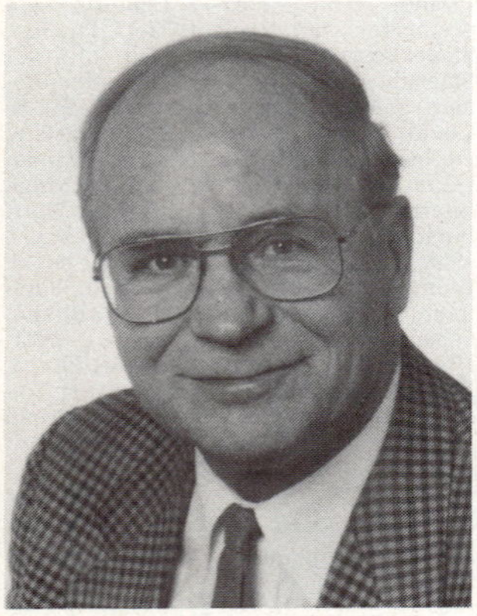

Dr. phil., Direktor Landeszentrale f. polit. Bildung Schlesw.-Holst. (1984-89) - Esmarchstr. 68, 2300 Kiel (T. 0431 - 8 25 71) - Geb. 28. Dez. 1924 Breslau, ev., verh. s. 1966 m. Margarete, geb. Berberich, 2 Töcht. (Kirstin, Bettina) - Human. Gymn.; Stud. Gesch., Deutsch, Engl.; Promot. 1956 (b. Prof. Dr. Erdmann, Kiel), Staatsex. f. Gymn. 1957; Ass.-Ex. 1959 - 1969-84 Oberstudiendir. Klaus-Groth-Gymn. Neumünster. 1970-75 Mitgl. Dt. Bildungsrat; 1969-84 Vors. Philologenverb. Schlesw.-Holst. u. Dt. Lehrerverb. SH. S. 1975 Vors. d. Landesfachausch. Kulturpolitik d. CDU-SH. Aufs. z. Bildungspolitik, z. amerik. Außenpolitik u. z. polit. Bildung - 1978 BVK - Liebh.: Politik, Gesch., Lit., Musik - Spr.: Engl., Franz.

HUBSCHMID, Johannes

Dr. phil., Prof., Sprachwissenschaftler - Kreuzgraben 2, CH-3400 Burgdorf (Schweiz) - Geb. 14. Aug. 1916 Küsnacht (Vater: Prof. Joh. Ulrich; Mutter: Hedwig, geb. Bünzli), reform., verh. s. 1946 m. Erika geb. Schori, 3 Kd. (Hans-Ulrich, Walter, Felix) - Gymn. Zürich; Univ. Zürich, Grenoble, Paris, Florenz. Promot. 1942 Zürich; Habil. 1949 Bern - 1944-52 Linguist eidgenöss. Landestopograhie; s. 1949 Privatdoz. u. Honorarprof. Univ. Bern; 1952-60 Redakt. Franz. etymolog. Wörterb.; s. 1962 Privatdoz., Wiss. Rat (1963), apl. Prof. (1964) Univ. Heidelberg (Roman. Sprachwiss. m. bes. Berücks. d. Vorroman.) - BV: Praeromanica, 1949; Alpenwörter, 1951; Pyrenäenwörter, 1952; Sard. Studien, 1953; Schläuche u. Fässer, 1955; Mediterrane Substrate, 1960; Substratprobleme, 1961; Thesaurus Praeromanicus, 1963/65; D. asko-/usko-Suffixe u. d. Problem d. Ligurischen, 1969; Rumän. etymol. Wörterbuch (in Vorber.) - Liebh.: Orientteppiche - Spr.: Franz., Ital., Span.

HUBSCHMID, Paul

Schauspieler - In der Halde 6-8, 1000 Berlin 33; Renggerstr. 8, Zürich (Schweiz) - Geb. 20. Juli 1918 Aarau/Schweiz (Vater: Paul H., Kaufm.; Mutter: Alice, geb. Noel), verh. I) 1942 m. Ursula, geb. v. Teubern (†1963), S. Peter, II) 1967 Evelyn, geb. Renziehausen, Schausp. unt. Eva Renzi (gesch.), III) 1985 m. Irene, geb. Schiesser, Schausp. - Eidgen. Maturität; Max-Reinhardt-Sch. Wien - Bühnen Österr. (u. a. Theater in d. Josefstadt Wien) u. Schweiz, 1961-63 Berlin (Musical: My Fair Lady; Prof. Higgins; üb. 600 Auff.). Hauptrollen in schweiz. (Füsilier Wipf, D. mißbrauchten Liebesbriefe, Palast-Hotel), dt. (u. a. n. d. Kriege Musik bei Nacht, Mit 17 beginnt d. Leben, Ungar. Rhapsodie, Schule f. Eheglück, Glückl. Reise, Ingrid - d. Geschichte e. Fotomodells, D. Frau d. Botschafters, Liebe, die d. Kopf verliert, D. goldene Brücke, D. Rommelschatz, Heute heiratet mein Mann, Du bist Musik, Salzbg. Gesch., Glücksritter, D. Zürcher Verlobung, Meine schöne Mama, Italienreise - Liebe inbegriffen, Scampolo, Ihr 106. Geburtstag, D. Tiger v. Eschnapur, D. Ind. Grabmal, Alle Tage ist kein Sonntag, Marili, D. Rote Hand, Ich bin auch nur e. Frau, D. gr. Liebesreigen, 11 J. u. 1 Tag, D. Lady, D. Herren, Karriere) u. amerik. Filmen (unt. Paul Christian). Fernsehen: Biografie (1970); Serien: Kir Royal, Jolly-Joker. Film: Klassenzusammenkunft (Schweiz) - 1980 Bundesfilmpreis/Filmbd. in Gold - Liebh.: Golf.

HUCH, Burkhard

Dr. rer. pol., Prof. f. Betriebswirtschaftslehre, FB Informatik Univ. Hildesheim - Schackstr. 12, 3000 Hannover 1 (T. 0511 - 85 16 12) - Geb. 27. Aug. 1942 Northeim, ev.-luth., verh. s. 1970 m. Dr. Jutta, geb. Wehrbein - Univ. Göttingen (Dipl.-Kfm. 1967, Promot. 1970) - 1973-82 Bahlsens Keksfabrik - BV: Kostenrechnung, 1971, 8. A. 1986; Rechnungswesen, 1974; Angew. Rationalis., 1978; EDV-Anwendungen im Unternehmen, 1987; Rechnungswesenorientiertes Controlling, 1992; Controlling u. EDV, 1992; rd. 40 Aufs. - Spr.: Engl.

HUCHLER, Georg

Fabrikant u. internat. Experte (Consultant) f. Patente d. Filze u. Schuhwerktechn. - Schopperweg Nr. 11, 7950 Biberach/Riß (T. 07351 - 2 33 50) - Geb. 22. Dez. 1907 Berlin, kath., verh. s. 1963 m. Lucy, geb. Schultz - Realsch. Nr. 3 Berlin - 1929-37 Dir.-Assist., Abt.sdir. Humboldt-Deutz-Motoren AG., Berlin, Ulm, Köln - 14 intern. Patente (Fertig. hohler Filzkörper) - 1962 u. 69 Médaille de Vermeil, Salon intern. Inventeurs, Brüssel; 1962 Medaglia d'oro, Unione Italiana Inventori, Ancona; 1965 Award of Merit, Int. New Products Exhibition, New York; 1973 Award of Merit, Patexpo, New York - Spr.: Engl., Franz. - Lit.: Who's who in europe, Men of achievement.

HUCHO, Ferdinand

Dr. rer. nat., Prof. f. Biochemie a. Inst. f. Biochemie FU Berlin (s. 1979) - Thielallee 63, 1000 Berlin 33 - Geb. 14. Aug. 1939 Berlin - Promot. 1968 - S. 1974 (Habil.) Lehrtätigk. Univ. Konstanz - BV: Einführung i. d. Neurochemie, 1982; Neurochemistry, 1986. Herausg.: Toxins as Tools in Neurochemistry; Neuroreceptors (1982); Molecular Basis of Nerve Activity (1985); Receptors and Ion Chamels (1987). Viele Veröff. in Fachzeitschr.

HUCHZERMEYER, Cord H.

Dipl.-Ing., Geschäftsführer Herforder Teppichfabrik Huchzermeyer & Co. GmbH - Oetinghauser Weg 90, 4900 Herford/W. - Geb. 13. Juni 1937.

HUCHZERMEYER, Hans

Dr. med., Prof., Ltd. Chefarzt Med. Klinik Klinikum Minden - Friedrichstr. 17, 4950 Minden (T. 0571 - 801 30 00) - Geb. 26. Sept. 1939 Osnabrück, ev., verh. s. 1965 m. Doris, geb. Zeppelin, 3 Kd. (Martin, Jörg, Anja) - Human. Gymn.; Stud. Med. Univ. Hannover, Promot. 1969, Habil. 1977 - S. 1982 apl. Prof. f. Inn. Med. u. Gastroenterol. Hannover. Üb. 100 wiss. Arb. u. üb. 100 wiss. Vortr. - BV: Leber u. Schwangerschaft, 1978; Atraumat. Durchblutungsmessungen m. radioaktiven Edelgasen. Physikal. Grundl. u. Anwend. d. Inhalationsmeth. b. Gehirn, Leber, Milz u. Nieren (m. J. Schmitz-Euerhake u. J. Fröhlich), 1976; Gastrointest. Endoskopie im Kindesalter (m. M. Burdelski), 1981. Herausg.: Internist. Erkrank. u. Schwangersch. (1986); Chronisch-entzündl. Darmerkrank. (1986); Verdauungskrankh. - Gastroenterol. Ztschr. f. Klinik u. Praxis (s. 1983).

HUCKAUF, Peter

Bibliotheks-Mitarbeiter (Ps. Frauke Petuch) - Hildegardstr. 17, 1000 Berlin 31 (T. 030 - 853 34 79) - Geb. 12. Mai 1940 Bad Liebenwerda, ledig - Fernmeldemechaniker-Lehre - Schriftst., Ztschr.-Herausg. - BV: Unterschlupf f. Schmetterlinge, 1978; Schwarze Elster. Manische Feste 1-1980; Frühes aus Ückendorf. Panische Geste 2-1981; Lautraits, 1981; ALLphA-beete, 1984; Bekassine. Blätter + Zeichen z. Poesie, 1978-81; Ach so. LALLschwAelle pumPHuts zwerchfAelle, 1982-89; Lisch Aue, Ged. 1985; Allrapp, Ged. 1987; chimÅre, Ztschr. s. 1987; pumPHutION/ESwAHrung: Kraftfeld, Flüsse + Bruchstücke, s. 1989; E. Rosstäuscherschicksal I, Ged. 1989; Quecksilben. Anagrammierungen, 1989; E. Rosstäuscherschicksal I-III, 1989, 1990, 1992 - 1980 3. Preis Spiel- u. Erzählwettb. d. Ostd. Kulturrats - Lit.: Peter Gerlinghoff, V. Sinn z. Laut? (in: Stadtansichten 1982, Jahrb. f. Lit. u. kultur. Leben in Berlin); Felix Philipp Ingold, Übers. als poet. Verfahren (in: Neue Zürcher Ztg. 21./22.1.1984).

HUCKE, Helmut

Dr. phil., Prof. f. Musikwiss. Hochsch. f. Musik u. Darstellende Kunst Frankfurt (s. 1983), Honorarprof. Univ. Frankfurt - Philipp-Reis-Str. 1b, 6382 Friedrichsdorf - Geb. 12. März 1927 Kassel (Vater: Karl H.; Mutter: Agnes, geb. Vey), kath., verh. s. 1959 m. Maria, geb. Erhart, 3 Kd. (Patrizia, Christina, Veronika) - Musikhochsch. u. Univ. Freiburg; Promot. 1952; Habil. 1967 Frankfurt - Zun. Leit. Musikabt. Dt. Histor. Inst., Rom, 1969-70 Gastprof. Brandeis Univ. Waltham, Mass./USA, 1971 Prof. Univ. Frankfurt, 1977-78 Gastprof. State University of New York, Stony Brook, 1985/86 Gastprof. Rutgers Univ., New Brunswick, New Jersey/USA; s. 1984 Prof. Hochsch. f. Musik u. Darst. Kunst, Frankfurt, Honorarprof. Univ. Frankfurt; 1989 Präs. Mediävisten-Verb.

HUCKE, Helmuth

Musiker, Prof. f. Oboe Staatl. Hochschule f. Musik Rheinland/Musikhochsch. Köln - Dechant-Hausen-Allee 8, 5020 Frechen-Königsdorf.

HUCKENHOLZ, Hans G.

Dr. rer. nat., o. Prof. f. Mineralogie u. Petrographie - Kühtal 17, 8135 Söcking/Obb. (T. Starnberg 75 24) - Geb. 1930 Dessau - Univ. Halle (Geol., Mineral.). Promot. 1958 Dresden; Habil. 1965 Köln - 1965 Privatdoz. Univ. Köln; 1968 ao., 1969 o. Prof. Univ. München (Vorst. Inst. für Mineral. und Petrogr.). 1966-68 DAAD-Fellowship Geophysical Labor. Carnegie Inst. Washington (USA). Üb. 50 Fachveröff.

HUCKER, Bernd Ulrich

Dr. phil. habil., Prof. f. Geschichte Univ. Osnabrück, Abt. Vechta, Leit. d. Inst. f. Gesch. u. Histor. Landesforsch. - Fliederweg 6, 2848 Vechta (T. 04441 - 46 75) - Geb. 28. März 1944 Bad Essen (Vater: Hinrich H., Hdls.vertr.; Mutter: Käthe, geb. Kruse), ev., verh. s. 1971 m. Elsbeth, geb. Hupfeld (Dipl.-Sozialpäd.), 2 Kd. (Elena, Sachin-Johannes) - Buchhändlerlehre; Stud. Bonn, Münster, Bremen (Gesch., Deutsch, Päd., Philos.); Staatsprüf. 1975 Höh. Lehramt; Promot. 1977 PH Münster, Habil. 1983 Bamberg - Wiss. Assist. PH Münster, FU Berlin, Bamberg; s. 1984 Priv.-Doz. u. Akad. Oberrat Bamberg; s. 1987 wissenschaftl. Angest. Monumenta Germaniae Historica; s. 1988 Prof. Vechta; 1991-93 Dekan. S. 1992 Sprecher d. Hochschullehrergr. - BV: D. Problem v. Herrschaft u. Freiheit, 1978; Hermann Allmers, 1981; D. Herren v. Bederkesa (m. H. Trüper), 1989; Ks. Otto IV., 1990. Herausg.: Hermann Allmers: Marschenbuch (1979); Urkundenb. d. Stadt Bremerhaven I (1982; m. J. Bohmbach); Edward Schröder: Eulenspiegel (1988; m. W. Virmond); Hugolin von Orvieto (1992; m. W. Eckermann); Facetiae. Schriftenr. d. Arbeitsst. f. Eulenspiegelforsch., bish. 3 Bde. (1979ff.) - 1977 Hochschulpreis; 1980 gew. Mitgl. Hist. Kommiss. Niedersachsen, 1986 o. Mitgl. Balt. Hist. Kommiss., 1991 o. Mitgl. Familienkdl. Kommiss. Nieders., 1992 korr. Mitgl. Herold (Ver. f. Heraldik u. Genealogie, Berlin) - Liebh.: Lit.

HUCKLENBROICH, Volker

Rechtsanwalt u. Notar, Bezirksstadtrat f. Finanzen (s. 1965) u. f. Wirtschaft (s. 1971) v. Schöneberg (b. 1975), MdA Berlin (1950-58 u. s. 1975) - Busseallee 39, 1000 Berlin 37 (T. 802 60 38) - Geb. 10. Febr. 1925 Soest/W., verh., 3 Kd. - Humboldt-Oberrealsch. Berlin (Oberschöneweide); 1947-51 Humboldt- und Freie Univ. Berlin (Rechtswiss.). Staatsprüf. 1951 u. 55 - 1943-45 Wehrdst.; s. 1955 RA. S. 1946 LDP/Ost (1947 Jugendvertr. Zonenvorst.) u. FDP/West (1950 Vorstandsmitgl., 1954 stv. Landesvors. Berlin) - 1975 BVK I. Kl. - Liebh.: Musik, Kunst (Alte Niederländer).

HUCKRIEDE, Reinhold

Dr. phil., Prof. für Geologie und Paläontologie - Renthof 8, 3550 Marburg/L. (T. 6 77 60) - Geb. 21. Sept. 1926 Hannover - S. 1965 (Habil.) Lehrtätigk. Univ. Marburg (1968 Wiss. Rat u. Prof.). Fachveröff.

HUCKSCHLAG, Günter

Stadtrat a. D., Verwaltungsdirektor Nordd. Rundfunk (s. 1973) - Rothenbaumchaussee 132-34, 2000 Hamburg 13 (T. 41 31) - Geb. 9. Sept. 1930 - Zul. Stadtrat Hannover.

HUDE, von der, Georg-Henning

Dipl.-Volksw., Geschäftsführer Bundesverb. d. Großabnehmer im Dt. Tabakwarengroßhandel (b. 1984), Vorst.-Mitgl. Stiftg. Dt. Landerziehungsheime Hermann Lietz-Schule (s. 1987) - Beethovenallee 51, 5300 Bonn 2 - Geb. 27. Juli 1927 Berlin (Vater: Hermann H., Regierungsass.; Mutter: Luise, geb. v. Wilamowitz-Moellendorff), ev., gesch., 2 Kd. (Daniela, Kim) - Hermann-Lietz-Sch. Ettersburg u. Spiekeroog; Molkereiausbild.; Stud. Berlin (Dipl. 1955) - 1955-60 Milchind.-Verb.; 1960-70 Verb. d. Landmolk. u. Dt. Raiffeisen-Verb. Mitgl. Dt. Burgen-Vereinig.; Mitgl. Posen-Westpreußische Genoss. d. Johanniterordens - Herausg.: Tabakjahrbuch (s. 1986) - Liebh.: Architekturgesch. - Spr.: Engl.

HUDELMAYER, Dieter

Dr. phil., Prof. f. Blindenpädagogik PH Heidelberg (s. 1971) - Schützenhausstr. 14, 6917 Schönau b. Heidelberg - Geb. 6. April 1933 Schwäb. Hall - Promot. 1969 - BV: Nichtsprachl. Lernen v. Begriffen, 1970; D. Erzieh. Blinder (Dt. Bildungsrat), 1975; Blinden- u. Sehbehindertenpädag. Handb. d. Sonderpädagogik, Bd. 2 1985 (m. W. Rath).

HUDEMANN, Rainer

Dr. phil., o. Prof. f. neuere u. neueste Geschichte Univ. d. Saarlandes (s. 1985) - Eichendorffstr. 13, 6601 Scheidt - Geb. 6. Juli 1948 Heidelberg (Vater: Prof. Dr. Hans-Olaf Hudemann, Konzertsänger), verh. s. 1975 m. Dr. Calixte, geb. Simon - Stud. Gesch., Roman., Politikwiss. Heidelberg, Kiel, Paris, Trier; Promot. 1976, Habil. 1984 - 1973-84 Wiss. Mitarb. u. Hochschulassist. Univ. Trier; 1984 Vertr. e. Professur Univ. Heidelberg. 1992 Vizepräs. Univ. d. Saarlandes - BV: Fraktionsbildung im franz. Parlament 1871-1875, 1979; Sozialpolitik im dt. Südwesten 1945-53, 1988. Mithrsg.: Univ. d. Saarlandes 1948-1988 (2. A. 1989); Stadtentwicklung im dt.-franz.-luxemburg. Grenzraum 19. u. 20. Jh. (1991); Die Saar 1945-1955 (1992).

HUDER, Walter

Dr. phil., Prof., Archivdirektor i.p. - Alt Tempelhof 7, 1000 Berlin 42 - Geb. 30. Dez. 1921 Mladé Buky (ČSR) - Stud. Phil., Psych., Archäol., German., Slaw., Kunstgesch., Promot. 1956 FU Berlin (D. Dialektik in d. Dichtung R. M. Rilkes) - S. 1959 Akad. d. Künste Berlin (Leit. Archiv u. Bibl., Aufbau v. 160 Archiven u. Samml.); s. 1959 Lehrtätigk. Jüd. VHS Berlin, PH Berlin; wiss. Vortr. im In- u. Ausl. S. 1967 Mitgl. Dt. Akad. d. Darstell. Künste, Vorst.-Mitgl. Schutzverb. Dt. Autoren im Ausland, Zürich u. Mitgl. a. Organis.; s. 1976 Hon.-Prof. FU.; 1986 Archivdir. Akad. d. Künste - Zahlr. Gesamt- u. Werkausg., u. a. f. G. Kaiser, F. Bruckner, O. v. Horváth, K. J. Hirsch, G. Kapp, T. Fontane, C. Einstein, K. Merz, A. Kerr, A. Wolfenstein, G. Grosz, L. Feuchtwanger u. U. Becher. Monogr., Kataloge u. Veröff. üb. Literatur, Kunst u. Zeitgeschehen, u. a.: 300 J. Jüd. Gemeinde zu Berlin, 1971 (m. Zivier). Übers. aus d. Tschech. u. Russ. - 1968 Georg-Kaiser-Preis Schutzverb. Dt. Autoren im Ausl. (f. Verdienste b. Aufbau d. Georg-Kaiser-Archivs; Beitr. z. Georg-Kaiser-Forsch.); 1971 Sachverst. d. Kommiss. f. Exillit. b. d. Akad. d. Wiss. u. d. Lit. Mainz; 1972 Sophie-Charlotte-Preis; Mitgl. Intern. Theater-Inst.; 1973 Nikolaj-Kopernik-Gedenkmed.; 1974 Gedenkmed. Warschauer Getto-Aufst. u. Slowak. Nationalaufst.; 1981 BVK u. Ehrenbrief d. Sociéty f. Exile Lit./Inc.; 1982 M. Lippmann/W. Meckauer-Med.; 1983 Mitgl. PEN-Zentr. BRD; 1987 Ehrenmitgl. C.-Einstein-Ges. Paris; 1988 Silb. Blatt d. Dramatiker-Union u. Ehrenmitgl. Ges. f. Exilforsch.; 1990 Ehrenvors. Verein Dt.-Sowj. Kontakte Berlin.

HÜBEL, Herbert

Dr. rer. nat., apl. Prof. f. Physik Univ. Bonn - Nußstr. 21, 5309 Meckenheim - Geb. 26. März 1941 Castrop-Rauxel, verh. m. Christel, geb. Lenz, 3 Söhne (Michael, Christian, Harald) - Stud. Univ. Bonn; Dipl. 1966, Promot. 1968, Habil. 1976 - 1969-70 Univ. Princeton, Princeton, N.J., USA; 1972 Gastprof. Univ. Leuven, Belg.; 1973-76 Akad. Rat, s. 1976 Akad. Oberrat Univ. Bonn; 1977-78 Max-Kade-Fellow, Lawrence Berkeley Lab., Berkeley, Calif., USA; 1982-83 Univ. Camberra, Austr. - 90 Fachveröff. üb. Kernspektroskopie u. Kernstruktur - Liebh.: Tennis, Skilaufen - Spr.: Engl., Franz., Lat.

HÜBENER, Erhard

Dr. rer. pol., Wirtschaftsprüfer, Vorstandsmitgl. Hanns Bisegger Stiftg. Bielefeld - Graf-Recke-Str. 9, 4000 Düsseldorf (T. 66 29 76) - Geb. 10. Okt. 1916 Berlin (Vater: Prof. Dr. phil. Erhard H., 1946 b. 1949 (Rücktr.) Ministerpräs. v. Sachsen-Anhalt (s. XIII. Ausg.); Mutter: Ottilie, geb. Bornemann), ev., verh. s. 1946 m. Dorothee, geb. Frantzioch, 3 Kd. (Erhard, Marianne, Manfred) - Abitur 1936 Jena; Promot. 1948 Halle/S.; Steuerberat. 1954 Frankfurt/M.; Wirtschaftsprüfer 1957 ebd. - 1975ff. Honorarprof. f. Wirtschaftsprüf. u. Revisionswesen Univ. Innsbruck, Finanzjournalist - Fachveröff. - Liebh.: Tennis.

HÜBENER, Rudolf Peter

Dr. phil., o. Prof. f. Experimentalphysik Univ. Tübingen (bes. Tieftemperatur-Festkörperphysik, s. 1974) - Auf der Morgenstelle 14, 7400 Tübingen - Geb. 22. Mai 1931 Bad Nauheim (Vater: Dr. med. Gottfried H.; Mutter: Louise, geb. Becker), kath., verh. s. 1959 m. Gerda, geb. Becker, 3 Kd. (Ingrid, Christoph, Monika) - Promot. 1958 Marburg - 1960-61 Phys. Watervliet Arsenal, Watervliet, N. Y./USA; 1961-74 Phys. u. Senior Phys. Argonne Nat. Labor., Argonne, Ill./USA. Mehrf. Patentinh. (Kyrotechn. u. Supraleit.). Mitgl. D. Physik. Ges., Americ. Phys. Soc. - BV: Thermoelectricity in Metals a. Alloys, 1972; Dynamics of Magnetic Flux Structures in Superconductors, 1974; Magnetic Flux Structures in Superconductors, 1979 (russ. 1984); Scanning Electron Microscopy at Very Low Temperatures, 1987. Ca. 260 Art. in wiss. Ztschr. - 1981 Fellowship Japan Society f. the Promotion of science; 1984 Fellowship Japan Ind. Technol. Assoc.; 1990 Kurat. Vors. d. Ges. f. Angewandte Supraleitung (GAS) - Liebh.: Kanusport, Gesch. - Spr.: Engl., Franz.

HÜBENTHAL, Rudolf

Dipl.-Volksw., Gf. Gesellschafter Hanseatische Immobilien GmbH, Bremerhaven - Bürgermeister-Smidt-Str. 110, 2850 Bremerhaven (T. 0471 - 48 24-0) - Geb. 11. Aug. 1933 Bremerhaven - Dipl.-Volksw. 1958 Hamburg - Präs. Ring Dt. Makler; Vizepräs. IHK Bremerhaven.

HÜBINGER, Aloys

Kaufmann, Vors. Fachverb. d. Landmaschinenhandels Rhld.-Pfalz - Koblenzer Str. 9, 5431 Horressen - Geb. 1909.

HÜBL, Lothar

Dr. rer. pol., Dipl.-Ing., o. Prof. f. Volkswirtschaftslehre Univ. Hannover (1973/74 Rektor), Vorst. Nieders. Inst. f. Wirtschaftsforsch. - Lüerstr. 2, 3000 Hannover 1 (T. 85 16 98) - Geb. 4. Jan. 1941 Bärn (Vater: Franz H., Reg.sveterinärrat; Mutter: Frederike, geb. Budig), kath., verh. m. Dr. rer. pol. Ulla, geb. Hohls, S. Philipp, Johannes u. Julius - Stud. Wirtschaftsing.wesen, Phil., Volkswirtsch. TU Berlin u. Univ. Oxford - BV: Bankenliquidität u. Kapitalmarktzins, 1969; Bestimmungsgründe d. nominalen Zinsentwicklung in d. Bundesrep. Dtschl., 1973; Grundkurs in Volkswirtsch.slehre, 1973; Grundkurs in Mikroökonomie, 1977; Das Deutschlandmodell, 1978; Arbeitslosigkeit, 1982; Strukturwandel u. Strukturpolitik, 1983; Einf. in d. Gesamtwirtsch. Rechnungswesen, 1986 - 1963/64 Gustav-Stresemann-Stip. - Liebh.: Mod. Kunst - Spr.: Engl.

HÜBLER, Klaus K.

Komponist - Widenmayerstr. 23, 8000 München 22 - Geb. 12. Juli 1956 München, kath., verh. s. 1984 m. Maria, geb. Bohmann, T. Barbara - Abit. 1975; Stud. d. Musikwiss. Univ. München; Kompositionsstud. b. Peter Kiesewetter u. Brian Ferneyhough - Komponist (freischaffend); fr. Mitarbeiter bei div. Rundfunkanstalten; Jurytätigkeit - Musica mensurabilis (Uraufführung Oeldorf 1976), Chanson sans paroles (UA. Innsbruck 1979), Lamento, Scherzo ed Arioso (UA. München 1979), 1. Streichtrio (UA. Mailand 1982), Feuerzauber - auch Augenmusik (UA. Witten 1983), Am Ende d. Kanons (UA. Nürnberg 1983), 3. Streichquartett (UA. Darmstadt 1984), Cercar (UA. Paris 1984), Sonetto L XXXIII del Michelangelo (UA. Frankfurt 1987), Arie dissolute (UA. Witten 1988), Reißwerck (UA. Darmstadt 1988), Epiphyt (UA. Köln 1989), sklEros (UA. Frankfurt 1989), Grave e sfrenato (UA. Frankfurt 1989), Opus breve (UA. Berlin 1989), Kryptogramm f. Orchestertorso (UA. Hamburg 1989), Sonate f. Violine (UA. Paris 1990) - 1977 Förderpreis Stadt Stuttgart; 1980 Preisträger b. Kompos.wettbewerb d. Sommerlichen Musiktage Hitzacker; 1982 Preisträger b. Kompos.wettbewerb d. Stadt Reinbek, Förderpreis d. GEMA-Stiftg.; 1985 Anerkennung d. Jury b. Intern. Kompos.wettbewerb Hambacher Preis; mehrere Stipendien; 1988 Darmstädter Förderpreis; 1990 Stuttgarter Förderpreis - Lit.: Peter Böttinger, Klaus K. Hübler: Musica Mensurabilis; Analytische Anmerkungen f. Hörer; Gerard Mc Burney: Modern quartets; Max Nyfeller: Radikalität am Rande d. Zeit u. Bis d. Instrument seinen Geist offenbart; Klaus Röhring: Telamonen-Musik; Boguslav Schaeffer: Fortschritt; Martin Zenck: Wenn Bach Bienen gezüchtet hätte.

HÜBLER, Olaf

Dr. rer. pol., Dipl.-Volksw., Prof. Univ. Hannover - Permweg 9, 3000 Hannover 91 (T. 0511 - 49 95 26) - Geb. 5. März 1944 Schönfeld (Vater: Werner H., Baumeister; Mutter: Marianne, geb. Schramm), ev., verh. s. 1978 m. Ulrike, geb. Bremer, 2 Kd. (Dominik, Clemens) - Stud. Volksw. FU Berlin; Dipl. 1970, Promot. 1974, Habil. 1978 - 1970-75 wiss. Assist. TU Berlin; 1975-82 Akad. Rat TU Hannover; s. 1982 Prof. f. Volksw. (insb. Ökonometrie) - BV: Regionale Sektorstrukturen, 1979; Arbeitsmarktpolitik u. Beschäft., 1982; Lohnstruktur in d. Bundesrep. Deutschl. (m. L. Bellmann u. K. Gerlach), 1984; Effizienzlohntheorie, Individualeinkommen u. Arbeitsplatzwechsel (m. K. Gerlach), 1989; Ökonometrie, 1989.

HÜBNER, Eberhard

Dr. theol., em. o. Prof. f. Prakt. Theologie u. Religionspäd. Univ. Münster (s. 1970) - Potstiege 30, 4400 Münster - Geb. 29. Sept. 1922 Mönchengladbach, verh. m. Ingeborg, geb. Schott, 4 Kd. (Thomas, Christoph, Barbara, Johanna) - 1960-70 Lehrtätigk. Päd. Hochsch. Dortmund bzw. Ruhr/Abt. Dortmund (1961 ao. Prof. f. Theologie u. Didaktik d. ev. Unterweis.) - BV: Ev. Theol. in u. Zeit, 3. A. 1969; Theol. u. Empirie d. Kirche. Prolegomena z. Prakt. Theol., 1985.

HÜBNER, Gerhard

Dr. rer. nat., Prof. f. Mathematik - Rudolf-Kinau-Str. 14, 2070 Ahrensburg - S. 1977 Prof. Univ. Hamburg (Inst. f. Math. Stochastik).

HÜBNER, Hans

Dr. theol., Prof. f. Biblische Theologie - Im kleinen Feld 2, 3433 Neu-Eichenberg-Hermannrode - Geb. 22. Juni 1930, ev., verh. s. 1963 m. Katharina, geb. Thom - Promot. 1964 Münster; Habil. 1971 Bochum - 1971-82 Lehrtätigk. Ev. Fachhochsch. Rhld.-Westf./Abt. D'dorf (1974 Prof.) u. Univ. Bochum (1971 Privatdoz., 1975-82 apl. Prof.), 1982 Prof. Univ. Göttingen. BV: Rechtfertigung u. Heiligung in Luthers Römerbriefvorles., 1965; D. Gesetz in d. synopt. Tradition, 1973, 2. A. 1986; Polit. Theol. u. existent. Interpretation, 1973; D. Gesetz bei Paulus, 1978; 3. A. 1982 (auch engl. u. ital.); Gottes Ich u. Israel. Z. Schriftgebrauch d. Paulus in Röm. 9-11, 1984; Wörterb. z. Sapientia Salomonis, 1985; Bibl. Theol. d. Neuen Testaments, Bd. 1 1990, Bd. 2 1992 (auch ital.); Aufs. u. Lexikonbeitr.

HÜBNER, Hans

Fabrikant (Fa. Schlundt & Co., Coburg), Vors. Verb. d. Korbwaren-, -möbel- u. Kinderwagenind. - Raststr. 9, 8630 Coburg/Ofr. - Geb. 28. Okt. 1919.

HÜBNER, Heinz

Dr. jur., o. Prof. f. Bürgerl. Recht, Handelsrecht, Röm. Recht - Hahnenstr. 3, 5030 Hürth-Efferen - Geb. 7. Nov. 1914 Wohlau/Schles. - S. 1954 (Habil.) Lehrtätigk. Univ. Erlangen, Saarbrücken (1955 o. Prof.; 1956-58 Rektor) u. Köln (1960 o. Prof.; 1968/1970 Rektor). 1961-69 Vizepräs. Dt. Hochschulverb.; 1969-75 Vorst. Zivilrechtslehrerverein; Mitdirektor Inst. f. Rundfunkrecht Univ. Köln; o. Mitgl. Akad. d. Wiss. NW - BV: Der Praefectus Aegypti, 1952; D. Rechtsverlust im Mobiliarsachenrecht, 1955; Kodifikation u. Entscheidungsfreiheit d. Richters, 1980; Allg. Teil d. BGB, 1984. Mitverf.: Staudingers Komm. z. BGB (1964 ff.); Bearb.: H. Lehmann, Allg. Teil d. BGB (1966). Einzelarb. in Sammelw. u. Fachorganen.

HÜBNER, Jürgen

Dr. theol., Prof., Pfarrer - Silcherstr. 2, 6901 Mauer b. Heidelberg (T. 06226 - 24 49) - Geb. 30. Aug. 1932 Berlin - Promot. 1967 - S. 1972 (Habil.) Lehrtätigk. Univ. Heidelberg (gegenw. apl. Prof. f. Systemat. Theologie). Wiss. Ref. Forsch.stätte Evang. Studiengemeinschaft - Veröff.: Theologie u. biolog. Entwicklungslehre, 1966; D. Theologie Johannes Keplers zw. Orthodoxie u. Naturwiss., 1975; D. Welt als Gottes Schöpfung ehren, 1982; D. neue Verantwortung f. d. Leben, 1986; D. Dialog zw. Theologie u. Naturwiss. E. bibliograph. Bericht (Hg.), 1987; weitere Bücher u. Einzelarb.

HÜBNER, Klaus

Dr. med., Prof. f. Pathologie u. Pathol. Anatomie Univ. Frankfurt/M., Lehrst. Pathol. II, gf. Dir. Senckenberg-Zentrum f. Pathol. - Emser Weg 4, 6232 Bad Soden - Geb. 18. Nov. 1927 Bunzlau/Schles. - Promot. 1954 Marburg - S. 1965 (Habil.) Lehrtätigk. Frankfurt (1970 Honorarprof., 1974 Ord.). Arbeitsschwerp.: Hämatopathol., Hepatologie, Gastroenterologie, Aids u. s. Folgen - Ehrenmitgl. d. Franz. Ges. f. Anat.; 1982-89 Schriftf., 1990/91 Vors. Dt. Ges. f. Pathol.

HÜBNER, Klaus

Polizeipräsident a. D. - Paderborner Str. 9, 1000 Berlin 15 (T. 891 91 95) - Geb. 19. Juni 1924 Berlin (Vater: Max H., Dreher; Mutter: Erna, geb. Tiedt), verh. s. 1958 m. Waltraud, geb. Winter, 4 Kinder (Joachim, Beate, Kai, Dirk) - Volkssch.; Lehre als Versicherungskfm. - 1942-45 Wehrdst. (Flugzeugf.), dann Bau- u. Transportarb., 1949-51 Polizist Berlin, 1951-53 Sekr. Gewerksch. d. Polizei ebd., 1953-68 Bundesgeschäftsf. Gewerksch. d. Polizei, Düsseldorf, ab 1964 zugl. Sekr. Intern. Vereinig. d. Polizeigewerksch. (UISP), 1969-87 Polizeipräs. in Berlin. 1961ff. Mitgl. Gemeinderat u. stv. Amtsbürgerm. (1964) Nievenheim; 1965 u. 1966-69 MdB. 1977 Regionalbeauftr. Weisser Ring; 1986 Vors. Arbeitsgem. d. Polizeipräs. d. Bundesrep. Deutschl. SPD s. 1952 (1962-66 Vors. Unterbez. Grevenbroich) - 1982 Chevalier de l'Ordre National du Mérite; 1989 Ernst-Reuter-Plak. - Ju-Jutsu-Kämpfer (Blauer Gürtel, 2. Kyu-Grad).

HÜBNER, Kurt

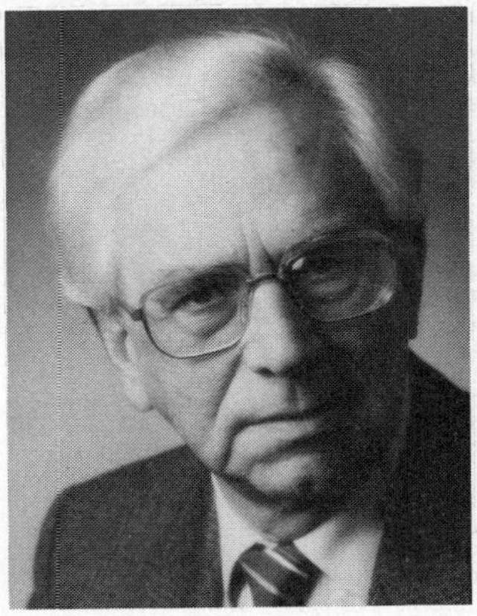

Dr. phil., em. o. Prof. f. Philosophie - Langeneßweg 13, 2300 Kiel-Suchsdorf - Geb. 1. Sept. 1921 Prag (Vater: Dr. Rolf H., Verbandssynd.; Mutter: Rosa, geb. Ganghofner), kath., verh. s. 1949 m. Dr. Dita, geb. Roser, 3 Kd. (Ulrike, Rudolf, Vincent) - Univ. Prag (Dt.), Rostock, Kiel. Promot. u. Habil. Kiel - S. 1960 Ord. TU Berlin u. Univ. Kiel (1971). 1961ff. Honorarprof. FU Berlin, 1969ff. Präs. Allg. Ges. f. Phil. in Dtschl.; 1978ff. Mitg. Comité Directeur Fédération intern. Sociétes de Philosophie, 1981ff. o. Mitgl. I. Jungius Ges. d. Wiss. Hamburg, o. Mitgl. Acad. Intern. de Phil. des Sciences, Brüssel, Akad. Rat d.

Humboldt-Ges. - BV: Beitr. z. Phil. d. Physik, 1963; Kritik d. wiss. Vernunft, 3. A. 1986. D. Wahrheit d. Mythos, 1985; D. Nationale, 1991. Div. Einzelarb. - 1986 Gr. Sudetendt. Kulturpreis.

HÜBNER, Kurt
Prof., fr. Regisseur, Schausp., Übersetzer - Zu erreichen üb. Plinganserstr. 40, 8000 München 70 - Geb. 1916 Hamburg - N. Abitur Schauspielsch. Dt. Theater Berlin - Ab 1948 Regiss. Hannover, Göttingen, Ingolstadt, Freiburg, Chefdramat. Südd. Rundfunk, 1955-59 Chefdramat. u. Regiss. Landestheater Hannover, Chefdramat. u. Regiss. Staatstheater Stuttgart, seither Int. Stadttheater Ulm, Generalint. Bühnen d. Freien u. Hansestadt Bremen (1962), Int. Fr. Volksbühne Berlin (1973), fr. Regisseur (s. 1986). Zahlr. Insz. u. Übers. - 1983 Prof. e.h. Senat v. Berlin.

HUEBNER, Nikolai
Journalist u. Rundfunkmoderator, Sprecher - Oberstr. 114, 2000 Hamburg 13 - Verh. m. Manida H. - Stud. Jura u. Phil. - S. 1970 Autor v. Hörsp., Features u. Reportagen, Sprecher (Hörfunk u. Fernsehen) in aktuellen u. künstler. Ber. - Liebh.: Lit., klass. Musik, Reisen, Fliegerei (PPL) - Spr.: Engl., Franz., Latein - Bek. Vorf.: M. Gruenewald (Maler).

HÜBNER, Peter
Dr. rer. pol., Dipl.-Soziol., o. Prof. f. Soziologie PH Berlin - Baseler Str. 22, 1000 Berlin 45.

HÜBNER, Ulrich
Dr. jur., Prof. f. Versicherungsrecht Univ. Köln - Kerpener Str. 30, 5000 Köln 41 - Geb. 26. Nov. 1942 Wohlau (Vater: Dr. Heinz H., Prof.; Mutter: Gerda, geb. Wiedemann), ev., verh. s. 1973 m. Beate, geb. Senßfelder, Sohn Leonhard - Jura-Stud. (Licence en droit 1965 Paris, 1. jurist. Staatsex. 1967 Köln, 2. jurist. Staatsex. 1972 Düsseldorf, Promot. 1971 Köln); Habil. 1976 Münster - 1978 Prof. Univ. Göttingen, 1979 Univ. Konstanz, 1983 Univ. Köln - BV: Interessenkonflikt u. Vertretungsmacht, 1977; Eigentumsvorbehalt u. AGBG (m. Graf Lambsdorff), 1982; Handelsrecht, 1985; AVB u. AGBG, 1989; Einf. in d. franz. Recht (m. V. Constantinesco), 1988; Rechtliche Rahmenbedingungen d. Wettbewerbs in d. Versicherungswirtschaft, 1988 - 1964 u. 65 Lauréat de la Faculté de Droit de Paris - Spr.: Franz., Engl.

HÜBNER, Werner
Prof., Pädagoge - Illmenauer Str. 27, 2800 Bremen - Gegenw. Prof. Erziehungswiss. Univ. Bremen (Theorie d. Lehrens u. Lernens).

HÜBNER, Wilhelm
Oberkreisdirektor a. D., Vorstandsmitgl. LINEG Linksniederrh. Entwässerungs-Genoss., Moers, Geschäftsf. Verb. d. kommunalen Aktionäre d. RWE, Essen, Mitgl. Verwaltungsbeirat Rhein.-Westf. Elektrizitätswerk, Essen - Dr.-H.-Boschheidgen-Str. 3, 4130 Moers (T. 2 51 51) - Geb. 10. Jan. 1911 Udipi/Brit. Indien (Vater: Bernhard H., Pfarrer; Mutter: Maria, geb. Wittenberg), ev., verh. m. Kläre, geb. Jansen, 4 Kd. (Klaus, Eberhard, Irmin, Gerhild) - Gymn. Mönchengladbach; Univ. Tübingen, Breslau, Bonn (Rechts- u. Staatswiss.) - Zul. Reg.sass. Reg.spräsid. Düsseldorf, Mitgl. Lions-Club - 1973 BVK I. Kl. - Liebh.: Jagd, Musik, Golf.

HÜBNER, Wilhelm
Vorsitzender Verband der Postbenutzer, Offenbach - Postfach 10 14 34, 6050 Offenbach 1 - Geb. 24. März 1929.

HÜBNER, Wolfgang
Dr. phil., Prof., Hochschullehrer - Schlautstiege 99, 4400 Münster - Geb. 18. April 1939, ev. - Stud. Univ. München, Paris, Tübingen, Toulouse; Promot. 1965 Tübingen, Habil. 1983 Trier - 1968-71 Thesaurus Linguae Latinae, München; 1973-76 Lektor Univ. Venedig; 1976/77 Ass. d. Lehramts Salzgitter; 1977-84 Akad. Rat/Oberrat Univ. Trier; 1984/85 Prof. Univ. Augsburg; 1986ff. o. Prof. Univ. Münster - BV: Dirae im römischen Epos, 1970; D. Eigensch. d. Tierkreisz. in d. Antike, 1982; Zodiacus Christianus, 1983; Manilius als Astrologe u. Dichter, 1984; Varros instrumentum vocale im Kontext d. antiken Fachwiss., 1984; D. Petronübers. Wilhelm Heinses 1987; Michel Butor auf d. Harburg, 1987; D. Begriffe Astrologie u. Astronomie in d. Antike, 1990.

HÜBSCHER, Angelika,
geb. Knote-Bernewitz

Schriftstellerin - Beethovenstr. 48, 6000 Frankfurt/M. 1 - Geb. 4. April 1912, verw. - Human. Gymn.; Univ. Heidelberg - Tätigk. u. a. Ausw. Amt (durch Gestapo fristlos entlassen); anschl. Gelegenheits-Arb. hilfswiss. Art; 1945 Dolmetscherin Polizei-Dir. Heidelberg, dann Verlagslekt.; 1950 Heirat m. d. Phil. Dr. Dr. h. c. Arthur H., Präs. Schopenhauer-Ges. (Sitz Frankfurt/M.) 1936-82, seither s. wiss. Mitarb., 1966-82 ehrenamtl. Generalbevollm. Schopenhauer-Ges.; 1986/87 Präs. Intern. Women's Club; 1987 Mitgr. v. Cultura 87, e. Kulturinitiative im oberhess. Raum; 1988 Gründ. d. Schopenhauer-Stiftg. Arthur Angelika Hübscher in memoriam Christian Hübscher; b. 1992 ehrenamtl. Archivarin d. Schopenhauer-Ges. - BV: Genieße mit Casanova, 1964; 2 Hunderomane, 1967, 2. A. 1969. Herausg. Giacomo Casanova: Histoire de ma vie (1960-63); Zürcher Ausg. d. Werke Schopenhauers (1977); Arthur Schopenhauer. E. Biogr. in Briefen (1987); Arthur Schopenhauer. Leben u. Werk in Texten u. Bildern (1989); Arthur Schopenhauer: Philosophie in Briefen (1989, m. M. Fleiter); D. Mensch Arthur Schopenhauer (Schriftenreihe Kulturwerk Danzig, 1991); u.a.m. Aufs.: Welt u. Wort, Schopenhauer-Jahrb., Ztgn. Übers.: Wilde, Russell; Redakt. V. d. Aktualität Schopenhauers, 1972 - 1967 Chevalier dans l'Ordre des Palmes Acad.; 1976 Ehrenbrief Hessen; 1977 BVK; 1982 Ehrenmitgl. Schopenhauer-Ges. - Liebh.: Ernährungsphysiol., Lyrik, Wagner, Mann - Bek. Vorf.: Joh.-Jakob v. Rambach, ev. Kirchenlied-Dichter (17. Jh.); Joh. Hinrich Lichtenstein, Zoologe (19. Jh.) - Lit.: N. Gonzáles-Caminero: Leben m. Schopenhauer. In: Festschr. V. d. Aktualität Schopenhauers f. Arthur Hübscher, S. 21ff. (1972); Schopenhauer zitieren (1983); Üb. d. Nutzbarkeit v. Schopenhauer-Zitaten (1983).

HUECK, Götz
Dr. jur., o. Prof. f. Bürgerl. Recht, Arbeits-, Handels- u. Wirtschaftsrecht - Pentenrieder Str. 51, 8033 Krailling/Obb. (T. München 857 17 25) - Geb. 21. Sept. 1927 Jena (Vater: Prof. Dr. Dr. h. c. Alfred H., Rechtsgelehrter †; Mutter: Auguste, geb. Ebbinghaus †), ev., verh. s. 1960 m. Ilse, geb. Bötticher, 2 Söhne (Dietrich, Nikolaus) - Wilhelms-Gymn. München; Univ. ebd. u. Münster/W. (Rechtswiss.). Promot. (1951) u. Habil. (1958) Münster; Ass.ex. 1955 München - 1952 Assist. Univ. München, 1958 Privatdoz. Univ. Münster/W., 1960 Ord. FU Berlin, 1965 Univ. Hamburg, 1971 Univ. München. Div. Mitgliedsch. - BV: u. a. Lehrb., Kommentare u. Monogr. im Bereich d. Zivilrechts, insb. Gesellschafts- u. Arbeitsrecht.

HUECK, Gottfried
s. Hueck, Götz

HUECK, von, Walter
Dr. phil., Leiter Dt. Adelsarchiv, Marburg (s. 1961) - Schwalbenweg 14, 3550 Marburg-Cappel (T. 4 10 74) - Geb. 8. Juni 1931 Reval/Estl. (Vater: John v. H., Landw.; Mutter: Alice, geb. v. Ungern-Sternberg), ev., verh. s. 1961 m. Silve-Maria, geb. v. Bentivegni - Univ. München, Marburg, Göttingen, Mainz - Mitarb.: Genealog. Handb. d. Adels, Bd. 7 (1954) ff., Bd. 36 (1965) ff. Hauptbearb. - Philatelist - Spr.: Engl., Schwed. - Bek. Vorf.: August v. Kotzebue, Schriftst. (1761-1819).

HÜFFER, Uwe
Dr. jur., Univ.-Prof. f. Bürgerliches Recht, Handels- u. Wirtschaftsrecht Univ. Bochum - Am Ümminger Hang 43, 4630 Bochum-Langendreer.

HÜFFMEIER, Werner
Gewerkschaftssekretär - Papendiekstr. 57, 4980 Bünde/W. (T. 1 04 21) - Geb. 11. Mai 1912 Südlengern/W., verh., 1 Kd. - Volkssch.; Schlosserlehre - Schlosser; s. 1947 Sekr. Gewerksch. Holz. S. 1950 Stadtverordn. Bünde; s. 1956 MdK Herford; 1962 b. 1975 MdL Nordrh.-Westf. SPD.

HÜFNER, Jörg
Dr. rer. nat., o. Prof. f. Theoret. Physik - Buchenweg 17, 6915 Dossenheim - Geb. 2. Nov. 1937 Dessau (Vater: Wilhelm H., Volksw.; Mutter: Ruth, geb. Dombrowski), 3 Kd. (Tobias, Nele, Jakob) - Promot. 1965; Habil. 1969 - S. 1971 Ord. Univ. Freiburg/Br. u. Heidelberg (1973). Fachaufs.

HÜFNER, Karl Friedrich
Dr., Prof., Direktor Ed. Züblin AG, Stuttgart - Wiesenweg 15, 7307 Aichwald-Aichelberg (T. 0711 - 36 21 66) - Geb. 19. Okt. 1934 Schwäb. Hall, ev., verh. s. 1965 m. Jutta, geb. Demmler, 3 Kd. (Stephan, Andreas, Carola) - Lehre als Baukaufm.; Stud. Volks- u. Betriebsw. Univ. Erlangen-Nürnberg u. Hochsch. f. Welthandel Wien; Dipl.-Kfm., Dipl.-Volksw. u. Promot. (Dr. merc.) 1959 - S. 1974 Lehrbeauftr. Univ. Stuttgart; pers. haft. Gesellsch. Parkhauses. Dr. Karl Friedrich Hüfner KG, Stuttgart, u. Mainzer Parkhauses. Dr. Hüfner KG, Mainz; Geschäftsf. de RIB/RZB Datenverarb. im Bauwesen GmbH, Stuttgart.

HÜFNER, Klaus
Dr. rer. pol., Prof. f. Volkswirtschaftslehre FU Berlin (s. 1980) - Geb. 22. Jan. 1939 Berlin - Stud. Volksw., Soziol., Politikwiss. Berlin, London (1960/61), Genf (1962), Princeton (1964/65). Promot. 1969 - 1964-74 MPI f. Bildungsforsch. Berlin, 1974-80 Prof. PH Berlin. Div. Ehrenämter im VN-Bereich - BV (z. T. Herausg.): u. a. Bildungsinvestitionen u. Wirtschaftswachstum, 1970; Bildungsplanung/Methoden - Techniken - Probleme, 1971 (m. J. Naumann); D. System d. Vereinten Nationen, 1974 (m. dems.); Konjunkturen d. Bildungspolitik in d. BRD, 1977; The United Nations (D. System d. Ver. Nationen) - Intern. Bibliogr., 4 Bde. 1977-79 (m. Naumann), 2 Bde. 1991; D. Vereint. Nationen u. ihre Sonderorganisationen, 2 Bde. 1991-92; Hochkonjunktur u. Flaute, 1988 (m. a.); Forschungsproduktivität in d. Wirtschaftswiss., 1987 (m. a.); D. Leistungsfähigkeit d. VN-Systems (m. K. Dicke); Kennzahlen-Systeme z. Hochschulplanung, 1988 - Spr.: Engl., Franz.

HÜFNER, Stefan
Dr. rer. nat. (habil.), o. Prof. f. Experimentalphysik Univ. d. Saarlandes (s. 1975) - 6600 Saarbrücken - Zul. Freie Univ. Berlin.

HÜHNERMANN, Harry
Dr. rer. nat., Prof. f. Experimentalphysik Univ. Marburg (s. 1972) m. Hauptarbeitsgebiet Atomphysik u. Ionenstrahlspektroskopie - Lindenweg 6a, 3550 Marburg/L. - Geb. 15. April 1938 Berlin (Vater: Georg H., Industriekfm.; Mutter: Isolde, geb. v. Schmude), ev., verh. s. 1964 m. Dr. Waltraud, geb. Hehlmann, 2 Kd. - Promot. 1966; Habil. 1972 - Zahlr. Fachaufs.

HÜLLE-KEEDING, Maria

Dr. phil., Pianistin, Romanistin, Generalsekr. Romain Rolland Ges. (s. 1988) - Feuerbacher Weg 4, 7000 Stuttgart 1 (T. 25 663 59) - Geb. 24. April Münchenberg/Kr. Strausberg, verh. m. Dr. phil. habil. Werner H. (Vorgeschichtler u. Geogr.) - Abit. Gymn. Carmen-Sylva Bukarest; Stud. Hochsch. f. Musik Berlin; Staatl. Musiklehrerprüf.; Staatsex. Stuttgart u. Tübingen; Ass.-Prüf.; Promot. 1973 (Roman., Phil., Musikwiss.) Univ. Tübingen - Tätigk. als Pianistin (u.a. 1952 Urauff. Klaviersonate v. M. Boucher Südd. Rundf.) u. Musiklehrerin; ab 1973 Oberstufenlehr. Stuttgart - Div. Art. in Fachztschr. u.a.: Beethovens Neunte in der Verständnis Romain Rollands, Festschr. 1970. Herausg. Festschr. Prof. Walter Mönch (1990) u. d. Korrespondenz R. Rolland - Richard Strauss. Mitarb. u zahlr. Vortr. in d. R. Rolland Ges. sow. Univers. - Tätigk. als Dolmetscherin b. d. Inter Nationes - Orden d. franz. Regierung Chevalier des Palmes Académiques - Bek. Vorf.: Wilhelm Hauff.

HÜLLEMANN, Klaus Diethart

Dr. med., Prof., Ärztl. Direktor Medizin. Klinik St. Irmingard - 8210 Prien/

Chiemsee - Geb. 5. April 1938 - Promot. 1965; Habil. 1972 - Zul. Chefarzt Klinik Höhenried Bernried/Starnberger See. Projektleit. Dt. Herzkreislaufpräventionsstudie - Gemeindestud. Modell Bergen f. d. Landkr. Traunstein; 1975 Prof. f. innere Med. Univ. Heidelberg, 1979ff. Univ. München - Mitgl. Landesgesundheitsrat im Bayer. Staatsmin. f. Arb. u. Sozialordnung; Seminarleit. Bundesärztekammer; Member of the Advisory Board of the International Network of Health Promoting Hospitals WHO; 1. Vors. Klin. Inst. f. Physiol. u. Sportmed. Med. Klinik St. Irmingard; Geschäftsf. Prof. Dr. K.-D. Hüllemann GmbH f. Diagnostik, Beratung, Management - BV (Herausg. u. Mitverf.): Sportmed. f. Klinik u. Praxis, 1975, 2. A. 1983 (portug., jap. Übers.); Präventivmed., Stufendiagnostik, Therapieleitlin. u. Berat., 1982; Sport f. Raucher, 1988; Wohin steuert d. Medizin, 1989; Wohlbefinden durch Bewegung. 1992. Üb. 200 Einzelarb.

HÜLLEN, Werner

Dr. phil., Univ.-Prof. f. Anglistik/Linguistik u. Theorie d. fremdsprachlichen Unterrichts Univ. Essen (s. 1977) - Herchenbachstr. 1, 4000 Düsseldorf 30 - Stud. Englisch, Deutsch, Phil.; Promot. 1952 Köln - 1952/53 Lektor Univ. Birmingham; 1953-63 Lehrer f. Dt. u. Engl. an Gymn.; 1963-73 Prof. PH Neuss; 1973-77 o. Prof. f. Angew. Linguistik Univ. Trier; 1985 Gastprof. Wien, 1990/91 Gastprof. Leipzig. 1972-82 Schriftleit. Neusprachl. Mitt. Mitgl. in in- u. ausländ. Org.; Gründungsvors. d. Dt. Ges. f. Fremdsprachenforsch. - BV: Linguistik u. Engl.unterr., 2 Bde. 1971 u. 1976; Sprachstruktur u. Spracherwerb (zus. m. Lothar Jung), 1979; Engl. Grammatik f. Erwachsene, 1983; Engl. als Fremdspr., 1987; Their Manner of Discourse, 1989. Herausg: Didaktik d. Engl.unterr. (1979); Understanding the Lexikon (zus. m. R. Schulze, 1988); Understanding the Historiography of Linguistics (1990); mehr. Bände m. Tagungsberichten. Zahlr. Aufs. in Ztschr., Sammelbden, Lexika, Editionen u.a. aus Sprachlehr- u. lernforsch. u. z. Sprachtheorie d. 17. Jh.

HÜLLER, Gisela

Hausfrau, Mitgl. Brem. Bürgerschaft (s. 1975) - Ehmckstr. 51, 2800 Bremen 33 - Geb. 26. Sept. 1935 Delmenhorst, ev., verh., 4 Kd. - Gymn. (Mittl. Reife); Höh. Handelssch. - 1954-57 Fremdsprachenkorresp. Speditionsgewerbe; 1957-62 Angest. Senatskanzlei (Ref. Ausw. Angelegenh.); 1966-69 Angest. Bürgerschaftsverw. (alles Bremen). FDP s. 1970 (Mitgl. Landesvorst.).

HÜLLER, Oswald

Dipl.-Volksw., geschäftsf. Gesellschafter Hüller Holding KG u. Oswald Hüller GmbH. Beteiligungen GPT-Ges. f. Psychosomatische Therapie mbH, Initiativen im Gesundheitswesen; Initiierung, Realisierung u. Betrieb von Rehabilitationseinrichtungen - Lortzingstr. 65, 4010 Hilden (T. 02103 - 4 04 21) - Geb. 22. Dez. 1928 Rothau/Graslitz - Liebh.: Intern. Aktien- u. Wertpapiermärkte, Segeln - Spr.: Engl., Franz.

HÜLLSTRUNG, Herbert

Dr. med., Facharzt, apl. Prof. f. Hautkrankh. Univ. Tübingen (s. 1950) - Finsterwalderstr. 11, 8000 München 50 - Geb. 16. Okt. 1908, verh. s. 1937 m. Helene v. Loesch, 3 Töcht. (Ulrike, Beate, Irene) - S. 1939 (Habil.) Lehrtätigk. Tübingen. Zahlr. Fachveröff.

HÜLS, Helmut

Dipl.-Ing., Dipl.-Math., Vorstandsvorsitzender Familienfürsorge Lebensversicherung a.G., Detmold (s. 1965), u. Familienfürsorge Krankenversich. a.G., Düsseld.-Benrath (s. 1989) - Kiewningstr. 65, 4930 Detmold 1 (T. 9 75-2 80) - Geb. 19. Febr. 1935 Detmold (Vater: Gustav H., Oberverw.srat; Mutter: Jutta, geb. Büngener), ev., verh. s. 1965 m. Irene, geb. v. Hanstein, 2 Töcht. (Annette, Susanne) - Altsprachl. Gymn. Leopoldinum Detmold (Abit. 1955); Univ. Bonn (Geodäsie) u. Köln (Math.) - S. 1978 Lehrbeauftr. Univ. Bielefeld - Liebh.: Sport, Philatelie - 1974 Gold. Sportabz.

HÜLSBECK, Werner

Dr. jur., Fabrikant (Hülsbeck & Fürst, Velbert), Vors. Fachverb. Schloß- u. Beschlagind., Velbert - Güterstr. 98, 5620 Velbert/Rhld.

HÜLSE, Reinhard

Dr. med., Prof., Chefarzt Radiolog. Abteilung/Ev. Stift St. Martin, Koblenz (s. 1974) - Johann-Müller-Str. 7, 5400 Koblenz - Geb. 19. Dez. 1938 Tilsit - Realgymn. Völklingen/S.; Univ. Saarbrücken - Spr.: Engl., Franz. - S. Habil. Lehrtätigk. Univ. Mainz (gegenw. Prof. f. Klin. Strahlenkd.).

HÜLSEMEYER, Friedrich

Dr. agr., Prof. f. Agrarökonomie, Leiter Inst. f. Betriebswirtschaft u. Marktforsch. d. Lebensmittelverarb., Bundesanst. f. Milchforsch., Kiel (s. 1982), u. Leiter Bundesanst. f. Milchforsch. (b. 1988), Präs. d. Senates d. Bundesforsch.anst. (s. 1991) - Capt.-Thiessen-Weg 32, 2300 Molfsee-Rammsee.

HÜLSEN, Adrian

s. Rhein, Eduard

HÜLSMANN, Harald K.

Verwaltungsangestellter, Autor, Grafiker (Ps. Aldo Carlo, Harry Holly u. Saihoku) - Eschbachweg 5a, 4000 Düsseldorf 12 (T. 0211-23 72 92) - Geb. 6. Juni 1934 Düsseldorf, verh. s. 1967 m. Erika Karoline, geb. Küppers - S. 1982 Präs. Senryu-Zentrum (SZ) (1988 Umwandlung in Senryu-Studien-Zentrum); 1981 Gründ.; s. 1984 Mitgl. Federation of intern. poetry Assoc. (FIPA; d. UNESCO angeschl.). Erf.: Finger-Galerie (Ring m. wechselnden Kunstausst., s. 1985) - BV: u.a. D. gute Gott Ambrosius, 1966; New Yorker Notizen, 1975/76; D. Clown weint f. uns, 1982 (1983 Jap.); In diesen Halbwert-Zeiten, 1982; V. Spiegeln umstellt, 1983; Unter d. Wolkenmütze d. Schweiß d. Himmels, 1985; Schattengrenze, 1988 - Kunstricht.: emotionaler Realismus; Grafiken in div. öfftl. u. priv. Kollektionen in Europa u. Übersee (u.a. AA Bonn u. TU Muroran/Japan, Heine-Mus. D'dorf (Heine-Grafiken u. Univ. D'dorf) - Med. studiosis humanitas; Broncemed. Biennale Gabrovo/Bulg.; Schwarzer-Falter-Preis f. Grafik; 1982 Senryu-Preis z. Flußweide, verb. m. Titel Senryu-Meister; 1983 Hokkaido-Senryu-Preis; 1989 BVK am Bde.; 1990 Silb. P.C.-Nadel - Liebh.: Kunst (bes. Kleinkunst u. Schmuck) aus dem nah- u. fernöstl. Raum, Reisen, Herstellen v. Kulturkontakten, Silber - Spr.: Engl. - Lit.: R. Schröer, S. schreiben zwischen Goch u. Bonn; Prof. Dr. Walter Hinck, Nachwort in: New Yorker Notizen; Prof. Dr. C. H. Kurz, Vorwort in: V. Spiegeln umstellt; K. H. Backer, Vorwort in: Im Rachen d. Ruhe; u.a.m.

HÜLSMANN, Heinrich (Heinz)

Dr. phil., Studienprofessor, apl. Prof. f. Philosophie Univ. Münster - Körnerstr. 16, 4400 Münster - Geb. 2. Febr. 1916 Münster/W. - Promot. 1956; Habil. 1964 - B. 1971 Univ. Salzburg, dann Münster. Bücher u. Einzelarb.

HUEMER, Hans

Dr. d. techn. Wiss., Geschäftsführer Chem. Fabrik Grünau GmbH. - Falkenweg 10, 7918 Illertissen b. Ulm/D. - Geb. 6. Nov. 1913.

HÜMMER, Ingo

Betriebswirt, Schriftst. (Ps. Ingo Cesaro) - Joseph-Haydn-Str. 4, 8640 Kronach - Geb. 4. Nov. 1941, ev., verh. s. 1968 m. Gisela Gülpen, 2 Töcht. (Inga Britt, Jana Jill) - Lehre Industriekaufm.; Abendsch. Frankfurt (Mittl. Reife); 2 Sem. Akad. f. Welthandel, Frankfurt; 4 Sem. GWV Bayreuth (Abschl. Prakt. Betriebswirt) - Mitinitiator Kronacher Sommer (Veranstaltungsreihe d. Landkr. Kronach) u. VHS-Reihe Autoren im Gespräch; Mitorganis.: oberfränk. tendenzen, Kulmbach; Leit. Altstadt-Forum, Kronach; Org. d. literaTour u. d. Langen Nacht d. Musik u. Poesie; Initiator d. Lucas-Cranach Preises f. Malerei, Grafik u. wiss. Abh. - BV u.a.: Hexenjagd, Ged. 1987; Fai ka Gewaaf, Übers. Lyrik 1988; Haiku, Dreizeiler 1988; Ginkgo Senryu, Dreizeiler 1989; Wölfe im Garten, Lyrik 1989; Träumereien, Dreiz. 1989; E. einsamer Rekord, Prosa 1989; Schlafliederzeit, Lyrik 1989; Haiku u. Senryu, Dreizeiler 1989; Moses od. d. Schweigen d. Papageis, Prosa 1989; Auf d. Rückseite d. Schatten, Haiku u. Senryu, 1989; Unikatbuch, Haisen, Dreizeiler 1990; Schwarzarbeit, Lyr. 1990; Unter gelben Flügeln, Lyr. 1990; Schattenbild, Lyr. 1990; Klimawechsel, Lyr. 1990; Überdruck, Dreizeiler 1990; Hoffnungsfäden, Lyr. 1990; Henry, Kinderb. 1990; Daß mir der Atem stockt, Lyr. 1990; Mexico nähert sich, Lyr. 1990; Fernweh, Lyr. 1990; Gedichte I, II, III, Dreizeiler 1990; Sitzend überleben, Ged. 1990; Über d. Gründe, Ged. 1991; Vogelscheuchiges, Dreizeiler-Persiflagen, 1991; Haiku, Haiku u. Senryu, 1991; Was ich mir noch wünschen möchte, Lyrik 1991, Papstfinken, Prosa, 1991; Erinnerungspläne, Lyrik, 1991. Div. Herausg. Enge Zusammenarb. m. Malern u. Grafikern. 4 Grafik-Text-Mappen; 10 Grafik-Text-Kalender; 3 Plakat-Ged.; Texte f. polit. Kabarett. Übers. ISSA, Nachdichtungen; China, China Poesie d. Gegenw. aus d. Rep. China, Taiwan, Nachdichtungen. Zusammenarb. m. Musikern u. Komp.: Jazz & Text, Minimalmusik u. Dreizeiler; Vertonungen d. Gerhard Deutschmann, Dietmar Ungerank u. Bernd Schellhorn - 1979 Preisträger Rosenthal-Lyrik-Wettb.; 1981 3. Preis Hörsp.- u. Erz.-Wettb. Ostd. Kulturrat; 1982 Preis f. christl. Kurzprosa; 1986 Hafizijyeh-Lit.preis; Hafiskopf in Silber f. Prosa; 1987 Jörg-Scherkamp-Preis; 2. Preis f. Lyrik; 1. Preis Buch 2000, Bücherschau Fellbach; Mitgl. Verb. dt. Schriftsteller (VS), D. Kogge, Dt.-schweiz. P.E.N.-Zentrum, Neue Ges. f. Lit. Erlangen, Dt. Senryu-Zentrum u. Dt. Haiku-Ges. - Spr.: Engl. - KIWANIS.

HÜNDGEN, Manfred

Dr. rer. nat., Prof. f. Zoologie Univ. Bonn, Leiter Abt. Immuntherapeutika Med.-wiss. Fa. Dr. Rentschler Laupheim - Silcherweg 29, 7958 Laupheim (T. 07392 - 83 04) - Geb. 10. Nov. 1939 Aachen, kath., verh. s. 1966 m. Ursula, geb. Stöckermann, T. Marga - Kaiser-Karls-Gymn. Aachen; Univ. Bonn (Naturwiss.); Promot. 1968; Habil. 1974; apl. Prof. 1979 - 1968-79 wiss. Assist.; 1979-83 wiss. Oberassist. Univ. Bonn; 1983 Fa. Dr. Rentschler Arzneimittel GmbH & Co. Laupheim - BV: Potential and limitations of enzyme cytochemistry, 1977; Pharmak. d. Interferone -alpha, -beta u. -gamma, 1988; Interferone: Grundl. u. Anwendung in Klinik u. Praxis, 1991 - Spr.: Engl.

HÜNEKE, Friedhelm

Abgeordneter - Distelkampsweg 35, 2800 Bremen-Borgfeld - S. 1971 Mitgl. Brem. Bürgerschaft. SPD.

HÜNEMÖRDER, Christian

Dr. phil., Prof. f. Geschichte d. Naturwissenschaften, insb. Geschichte d. Biologie - Bundesstr. 55, 2000 Hamburg 13; priv.: Dorfstr. 57, 2351 Rickling - Vater: Dr. jur. Friedrich H. († 1980); Mutter: Ebba, geb. Sarnow, verh. m. Margarete, geb. Deckert - S. 1977 Prof. Univ. Hamburg.

HÜNERKOCH, Dieter

Ressortleiter Wirtschaft b. Stern - Baumwall 11, 2000 Hamburg 11 (T. 040 - 37 03 36 00) - Geb. 28. April 1944 Bederkesa, ev., verh. s. 1969 m. Heidi, geb. Garms, 2 Töcht. (Katja, Julia) - Groß- u. Außenhandelskaufm.; Volontariat Tagesztg. Weser-Kurier, Bremen - Chefredaktion Hamburger Morgenpost, Wirtschaftswoche; Chefreporter Manager Magazin - Theodor-Wolff-Preis, Wächter-Pr. d. Tagespresse - Liebh.: Sport, Lit. - Spr.: Engl.

HÜNERMANN, Hans-Joachim

Dipl.-Kfm., Mitglied d. Geschäftsfg. Atlas Datensysteme GmbH, Essen - Hohe Buchen 16, 4300 Essen 1 (T. 0201 - 41 09 31) - Geb. 30. Nov. 1932 Berlin.

HÜNERMANN, Peter Heinrich

Dr., Prof. f. Dogmatik Univ. Tübingen (s. 1982) - Engwiesenstr. 14, 7407 Rottenburg 19/Neckar - Geb. 8. März 1929 Berlin - 1971-82 Prof. f. Dogmat. Univ. Münster - BV u. a.: Trinitar. Anthropol. b. Franz Staudenmaier, 1962 (Symposium 10); Durchbruch geschichtl. Denkens im 19. Jh., 1967; E. Schritt z. Einheit d. Kirchen. Können d. gegenseitigen Lehrverwerfungen aufgehoben werden? (m. W.D. Hauschild, K. Lehmann, W. Pannenberg, U. Wilckens), 1986; Wie sollen wir m. d. Schöpfung umgehen? D. Antwort d. Weltreligionen (m. Adel Khoury), 1987; Theorie d. Sprachhandlungen u. heutige Ekklesiologie (m. R. Schaeffler), 1987; Offenbarung Gottes in d. Zeit. Hinführung z. Christologie, 1989. Herausg.: H. Denzinger, Enchiridion Symbolorum definitionum et declarationum de rebus fidei et morum. Kompendium d. Glaubensbekenntn. u. kirchl. Lehrentscheidungen, Lat.-Dt. (37. A 1991). Mithrsg.: Besinnung auf d. Heilige (1966); Theol. als Wiss. (1970); Anthropologie d. Kultes (1977).

HÜNIG, Siegfried

Dr.-Ing., Dr. rer. nat. h.c., em. o. Prof. f. Organ. Chemie - Am Hubland, 8700 Würzburg (T. 0931 - 888 53 94/54 58) - Geb. 3. April 1921 Radebeul/Sa. - Promot. 1943 Dresden - 1950 Habil. u. Doz. Univ. Marburg, 1956 apl. Prof. ebd., 1960 ao. Prof. Univ. München, 1961 o. Prof. Univ. Würzburg, emerit. 1987. Div. Fachveröff. - 1967 Otto-Bayer-Gedenkmünze Ges. Dt. Chemiker; o. Mitgl. Bayer. Akad. d. Wiss. u. Leopoldina, Halle; 1982 Mitgl. Dt. Akad. d. Naturforsch. Leopoldina, Halle; 1987 Mitgl. Schweiz. Chem. Ges.; 1988 Ehrendoktor Univ. Marburg, u. 1989 Univ. München.

HÜNIKEN, Manfred

Direktor (DEULA/Dt. Lehranstalten f. Agrartechnik) u. Bauer, Westerstede, Bürgerm. (s. 1976), MdL Nieders. (s. 1978) - Am Thalenbusch, Ringelmannsdamm 33, 2910 Westerstede/O. - Geb. 28. Mai 1928 Kussow/Meckl. (Vater: Georg H., Landw.; Mutter: Magna, geb. v. Schalburg), ev., verh. s. 1957 m. Elfriede, geb. Oltmanns, 4 Kd. (Andrea, Gabriele, Thomas, Bettina) - Gymn.; Landw.slehre; Fachhochsch. Dipl. Ing. 1950 Osnabrück - BV: Gutachten Agrartechnik AMTC Ägypten, 1976 - CDU. - Rotarier.

HÜPER, Ernst-Georg

Hauptgeschäftsführer i. R. Nieders. Bäderges. mbH, Geschäftsf. Nordsee-Spielbanken Norderney/Borkum, Geschäftsf. Nordseeklinik Norderney, Fachklinik f. Haut- u. Allergieerkrankungen (140 Betten) - Kroneweg 18, 3003 Ronnenberg 3 (T. 46 47 42) - Geb. 20. Mai 1926 Empelde, ev., verh., 3 Söhne - Volks- u. Handelssch.; Schriftsetzerlehre - Wehrdst. (Offz.); Verlagsangest.; Redakt. Hannoversche Presse. SPD s. 1948 (Ratsmitgl. s. 1956, MdK Hannover s. 1961, MdL 1963-78).

HÜPPE, Hubert

Mitglied d. Deutschen Bundestages - Hammer Str. 39, 4670 Lünen (T. 02306 - 1 37 43) - Geb. 3. Nov. 1956 Lünen, kath., verh., 2 Kd. - Gymn. Werne, Abschl. Mittl. Reife; Ausb. b. d. Stadtverw. Lünen f. d. gehobenen nichttechn. Dienst - S. 1982 Sachbearb. b. Jugendamt d. Stadt Lünen f. d. Bereich Kindergartenwesen, Kommunale Förd. v. Jugendverb. u. Familienerholungen; 1983 Stadtoberinsp. - 1974 CDU. 1975-77 Leit. d. Jugendvertr. an d. Stadtverw. Lünen; 1974-80 Jugendleit. d. Bundes Dt. Kommunalbeamt. u. Arbeitnehmer im DBB; 1982 Christl.-Demokr. Arbeitnehmerschaft; s. 1988 Mitgl. d. CDU-Bezirksvorst. Ruhrgebiet; s. 1989 CDU-Kreisvors. im Kreis Unna - S. 1980 Mitgl. d. Aktion Lebensrecht f. Alle (ALFA) e.V.; s. 1986 stv. Bundesvors. d. Christdemokraten f. d. Leben (CDL); s. 1988 Mitgl. d. Diözesanvorst. d. kath. Familienbundes d. Erzdiözese Paderborn u. Mitgl. d. KAB.

HÜPPI, Alfonso

Prof. f. Malerei Staatl. Kunstakad. Düsseldorf, Maler u. Bildhauer - Sandgasse 2, 7570 Baden-Baden; u. Eiskellerstr. 1, 4000 Düsseldorf - Geb. 11. Febr. 1935 Freiburg/Br. (Vater: Alberto H.; Mutter: Emilia, geb. Felber), kath., verh. s. 1962 m. Brigitta, geb. Weber, 2 Söhne (Thaddäus, Johannes) - 1961-64 Doz. Akad. Hamburg; 1964-68 Mitarb. staatl. Kunsthalle Baden-Baden; s. 1974 Prof. Staatl. Kunstakad. Düsseldorf - BV: u.a. Katalog Städt. Mus. Leverkusen, 1974; Katalogb. Staatl. Kunsthalle Baden-Baden, 1978; Pronto, Telefonzeichn. 1980; Katalogb. Bilder-Objekte 1959-85, Galleria Henze, Campione, Kat. Gal. Medici Solothurn, 1986; Katalogb. Zeichnungen Gal. Raymond Bollag, Zürich 1990; Katalogb. Gal. Medici Solothurn, 1990; Katalogb. Edition Cantz, Stuttgart, 1990; Kritisches Lexikon d. Gegenwartskunst, 12. A. 1990.

HÜRLAND-BÜNING, Agnes, geb. Oleynik

Rehabilitationsberaterin, Parlam. Staatssekretärin Bundesmin. d. Verteidigung (1987-90), Mitgl. Ältestenrat, MdB (1972-90) - Bierboomskamp 32, 4270 Dorsten/Westf. (T. 6 12 88) - Geb. 17. Mai 1926 Dorsten, kath., verh. m. Josef Büning, 5 Kd. - Schule (Mittl. Reife); Arbeits- u. Kriegshilfsdst.; Krankenpflege-Praktikum; Westf. Wohlfahrtssch. - U. a. 1960 Chef-Assist. e. Ind.-Unternehmens; Bundesanst. f. Arbeit. 1969ff. Ratsmitgl. Dorsten; b. 1987 Parlam. Geschäftsf. d. CDU/CSU-Bundestagsfraktion. CDU s. 1964.

HÜRTEN, Heinz

Dr. phil., Prof. f. Neuere u. Neueste Geschichte Kath. Univ. Eichstätt - Schwanenstr. 1a, 8070 Ingolstadt-Gerolfing - Geb. 24. Febr. 1928 Düsseldorf (Vater: Laurenz H., Ind.-Kaufm.; Mutter: Änne, geb. Stroebelt), kath., verh. s. 1978 m. Maria, geb. Vilter - Abit. 1947; Wiss. Prüf. f. d. Höh. Lehramt 1953, Promot. 1955, Habil. 1970 - 1953 Tätigk. Erw.bild. u. hist. Forsch.; 1970 Privatdoz. Bonn; 1971 apl. Prof., 1972 Ltd. Wiss. Dir. Militärgesch. Forschungsamt Freiburg; 1977 Ord. Kath. Univ. Eichstätt, 1982 Vizepräs. - BV: Akten z. Reform d. Bistums Brixen, 1958; Dt. Briefe, 1969; Waldemar Gurian (Biogr.) 1972; Militär- u. Innenpolitik, 3 Bde., 1977-80; Klett Studienb. Gesch. T. IV, 1974; Friedenssicherung u. Abrüstung, 1983; Kirchen in d. Novemberrevolution, 1984; Kurze Gesch. d. dt. Katholizismus, 1986; Verfolgung, Widerstand u. Zeugnis, 1987.

HÜRTEN, Klaus

Versicherungsdirektor - Wüllnerstr. 104a, 5000 Köln 41 - Geb. 13. März 1930 - Vorst. Bonner Lebensversich. AG, Köln, u. Rheinland-Versich.-AG, Neuss.

HÜRTER, Peter

Dr. med., Ltd. Arzt Kinderkrankenhaus auf d. Bult, Hannover, apl. Prof. f. Kinderheilkd. Med. Hochsch. ebd. (s. 1976) - Himmelreich 8, 3257 Lüdersen - Geb. 26. Okt. 1935 - Promot. 1962 Köln - S. 1971 (Habil.) Lehrtätigk. Hamburg u. Hannover - BV: Diabetes b. Kindern u. Jugendl., 3. A. 1985. Fachveröff.

HÜRXTHAL, Gerhard

Bundesrichter - Adolf-Kolping-Str. 6, 7517 Waldbronn - Geb. 3. Sept. 1921 Wieden b. Wuppertal (Vater: Walter H., Postoberamtm.; Mutter: Elfriede, geb. Knefel), ev., verh. s. 1950 m. Hildegard, geb. May, 2 Kd. (Kirsten, Anke) - 1947-49 Univ. Köln (Rechtswiss.). Ass.ex. 1952 - 1955 AGsrat Solingen, 1956 wiss. Hilfsarb. BGH Karlsruhe, 1959 Hilfsrichter OLG Düsseldorf, 1960 OLGsrat ebd., 1965 Richter BGH - Liebh.: Briefm.

HÜSCH, Erich Adam

Botschafter d. BRD in El Salvador - 3a Calle Poniente 3831, Colonia Escalon, Apartado 06-693, San Salvador (T. 23 61 40) - Geb. 10. Dez. 1912 Köln, verh., 5 Kd. - Stud. roman. Philol., Phil. u. Kunstgesch. Wiss. Prüf. f. Lehramt an höh. Schulen - Tät. in Privatw. sowie als Fachlehrer u. Doz.; 1949 Presse- u. Informationsamt d. Bundesreg.; s. 1952 Auswärt. Dienst; Botschaft Rio de Janeiro (Presseref.); Botschaften Madrid u. Athen (Kulturref.); 1970-74 Botsch. in Haiti - Dr. h. c. Univ. Port-au-Prince.

HÜSCH, Heinz-Günther

Dr. jur., Rechtsanwalt, MdB (1976-90; Wahlkr. 76) - Promenadenstr. 9, 4040 Neuss/Rh. (T. 2 21 91) - Geb. 13. Juni 1929 Karken/Rhld., kath., verh., 5 Kd. - Gymn.; Univ. Köln (Rechtswiss.; Promot.). Gr. jurist. Staatsprüf. 1956 - S. 1957 RA. S. 1956 Mitgl. Stadtrat Neuss. 1966-76 MdL Nordrh.-Westf. CDU (1950 Kreisvorstandsmitgl.). 1980-87 stv. Vors. Aussch. f. wirtsch. Zusammenarb.; Mitgl. Plan.aussch. Konrad-Adenauer-Stiftg.; 1986/87 Vors. Untersuchungsaussch. Neue Heimat, 1987-90 Vors. d. Vermittlungsaussch. Obmann CDU/CSU im Flick-Untersuchungsaussch. - BV: Gewählt - 7 Tage aus d. Leben e. Abgeordneten, 1973.

HÜSCHEN, Heinrich

Dr. phil., o. Prof. f. Musikwissenschaft - Elisabethstr. 5, 4970 Oeynhausen - Geb. 2. März 1915 Moers/Ndrh., ev., verh. s. 1944 m. Waldine, geb. Rosemeyer (Studiendir. i.R., Fach: Schulmusik), S. Klaus - Musikausbild. priv. u. Konservat.; Stud. Kirchen-, Schulmusik, Musikwiss. Köln u. Berlin. Staatl. Organisten- u. Chorleiterprüf. (1940); Staatsex. f. d. höh. Lehramt (1941). Promot. (1943) u. Habil. (1955) Köln - 1955-64 Privatdoz. u. apl. Prof. (1961) Univ. Köln (1948-57 Leit. Collegium Musicum); s. 1964 Ord. Univ. Marburg u. Köln (1970); Lehrbeauftr. Musikhochschule Köln; Lehrstuhlvertreter Universitäten Heidelberg (1957/58) u. Frankfurt (1967/68). Beauftr. Dt. Musikgeschichtl. Kommiss. f. Dt. Musikgeschichtl. Archiv Kassel; Mitgl. Ges. f. Musikforsch., Intern. Ges. f. Musikwiss., Dt. Musikgeschichtl. Kommiss., Vorstandsmitgl. Joseph-Haydn-Inst. Köln u. a. Bes. Arbeitsgeb.: Musik, -theorie u. -anschauung d. Mittelalters u. d. Renaissance - BV: D. Cantuagium d. Heinrich Eger v. Kalkar - 1328-1408, 1952; Unters. zu d. Textkonkordanzen im Musikschrifttum d. Mittelalters, 1955; D. Motette, 1974. Viele Einzelveröff. Umfangreiche Hrsg.-tätigk. - 1968 Dent-Med. (London), emerit. 1983.

HÜSECKEN, Horst

Fabrikant (C. M. Pieper & Co., Hohenlimburg) - Heidestr. 27, 5800 Hagen 5 - Geb. 13. Juni 1925.

HÜSER, Karl

Dr. phil., Univ.-Prof. f. Westf. Landesgeschichte u. Didaktik d. Gesch. Univ.-GH Paderborn - Johann-Strauß-Str. 8, 4400 Münster-Hiltrup - Geb. 24. Sept. 1930 Emsdetten - BV: Franz v. Löher (1818-1892), 1973; Polit. Bildung in Dtschl. im 20. Jh. (zus. m. W. Beckers u. H. Küpper), 1976; M. Gott f. unser Recht. E. Beitrag z. Geschichte d. Gewerkschaftsbeweg. im Münsterland, 1978; Wewelsburg 1933-1945 - Kult- u. Terrorstätte d. SS, 1982, 2. überarb. A. 1987; V. d. Weimarer Rep. ins Dritte Reich - D. Gleichschaltung Paderborns 1932-35, 1983; D. Sparkasse Paderborn u. ihre Vorgängerinnen 1825-1985, 1985; Paderborn unter d. Hakenkreuz 1935-45 (m. B. Stambolis), 1989; Nachkriegszeit, Aufbaujahre 1945-55 (m. B. Stambolis), 1989; D. Stammlager 326 (VI K) Senne 1941-45 (m. R. Otto), 1992.

HÜSKES, Rudolf

Bankkfm., Generalbevollm., Direktor Handels- u. Privatbank AG., Köln, Geschäftsf. Systema Leasing GmbH, Köln, u. Klosterland Grundstücksges. GmbH & Co. KG., Vorstandsmitgl. Vereinig. f. Bankbetriebsorganisation, Frankfurt - Hüttenstr. 25, 4040 Neuss 1 - Geb. 4. Sept. 1940 Krefeld (Vater: Hubert H., Angest.; Mutter: Grete, geb. Ehren), verh. s. 1971 m. Helga, geb. Graumann, 2 Kd. (Marco, Nina) - Mittl. Reife; Höh. Handelssch.; Banklehre - 1962-68 Wirtsch.prüf., 1969 US-Aufenth.; 1970 Leit. Rechnungswesen u. Org. Fa. Manufactures Hannover Trust Comp., Frankfurt/M.; s. 1971 Handels- u. Privatbank (Prok.) - Liebh.: Tennis, Fotogr., Filmen, Lesen - Spr.: Engl.

HÜSSLER, Georg

Dr. theol., Präsident Dt. Caritas-Verb. i.R. (b. 1991) - Karlstr. 40, 7800 Freiburg/Br. (T. 20 01) - Geb. 7. Juli 1921 Einöd (Vater: Zollbeamter), kath. - 1929-39 Bischöfl. Gymn. Straßburg; 1939-42 (Einberuf. Sanitäter) Univ. Montpellier, Heidelberg, Freiburg, Straßburg (Med.), n. 1945 Collegium Germanicum Rom (Theol.). Priesterw. 1951 Rom; Promot. 1957 ebd. - S. 1957 DCV (1959 Generalsekr., 1969 Präs.). 1975-91 Präs. Caritas Internationalis - Päpstl. Hausprälat, 1982 Ern. z. Apostol. Protonator - 1982 Gr. BVK.

HÜTER, Joachim

Dr. med., Prof., Direktor Städt. Frauenklinik - Weinberg 1, 3200 Hildesheim - Geb. 13. Dez. 1934 Mettmann, ev., verh. s. 1973 m. Dr. med. Sabina, geb. Löliger, T. Eva-Nina - Promot. 1960 Mainz; Habil. 1969 Frankfurt/M. - S. 1973 apl. Prof. Univ. Heidelberg (Geburtsh. u. Gynäk.). Üb. 100 Fachveröff. (auch Bücher) - Spr.: Engl., Franz., Russ., Span.

HÜTER-BECKER, Antje

Krankengymnastin, Ausbildungsleit. Krankengymnastiksch. Heidelberg, Vors. Dt. Verb. f. Physiotherapie - Zentralverb. d. Krankengymnasten Köln (1983-86), Chefredakt. Ztschr. Krankengymnastik - Hollmuthstr. 20, 6903 Neckargemünd (T. 06223 - 7 26 81) - Geb. 24. Okt. 1941 Freiburg/Br., verh. s. 1980 m. Prof. Dr. Georg E. Becker - Krankengymnastikausb. Köln; päd. Qualifikation Berlin (Lehrersem.) u. Frankfurt (Studienlehrgang) - Leit. staatl. anerk. Weiterbildungsstätte f. Lehrkräfte d. Krankengymnastik, Heidelberg - BV: Krankengymnastik b. neurol. Erkrankungen, 1975. Herausg.: Taschenlehrb. d. Krankengymnastik (1980ff.) - 1982 Franz-Schede-Preis f. Verdienste um d. dt. Krankengymnastik - Spr.: Engl., Franz.

HÜTHER, Helmut

Geschäftsführer, MdL Rhld.-Pfalz (s. 1971) - Virchowstr. 24, 6710 Frankenthal (T. 95 25) - Geb. 5. Juni 1926 Frankenthal - Volkssch.; Schlosserlehre - B. 1948 Werkzeugschlosser, dann Lehrlingsausbilder (Lehrwerkstatt), s. 1957 Geschäftsf. u. I. Bevollm. IG Metall (alles Frankenthal). 1952 ff. Stadtratsmitgl. Frankenthal; 1969-71 Mitgl. Pfälz. Bezirkstag. SPD s. 1946.

HÜTHER, Werner

Dr. med. (habil.), Prof., ehem. Chefarzt Kinder-Abt. Kreis- u. Stadtkrankenanstalten, Nordhorn - Schilfstr. 26, 4460 Nordhorn (T. 3 44 70) - Geb. 13. April 1926, verh. m. Dr. med. Dorothee, geb. Jacob, 3 Kd. - B. 1964 Privatdoz., dann apl. Prof. Univ. Münster (Kinderheilkd.). Facharb. - 1968 Karl-Thomas-Preis - Spr.: Engl., Franz - Rotarier.

HÜTHIG, Alfred

Dr. phil., Verleger, Gf. Gesellsch. Verlagsgruppe Dr. A. Hüthig - Bergstr. 144, 6900 Heidelberg (T. 06221 - 48 92 00) - Geb. 12. Sept. 1900 Pössneck (Vater: Emil H.; Mutter: Selma, geb. Finke), ev., verh. s. 1936 m. Marlene, geb. Wiegand, 3 Kd. (Regine, Sibylle, Bernd Holger) - Ausbild. z. Verleger u. Journal., Stud. Volkswirtsch., Jura, Zeitungswiss. Berlin, München, Leipzig - Gf. Gesellsch. Verlagsgruppe Dr. Alfred Hüthig (40 Fach- u. wiss. Ztschr. u. Verlegerkorresp.) - 1965 Ehrenbürger Johannes-Gutenberg-Univ. Mainz - Liebh.: Golf, Sammeln v. Verlagsbiographien.

HÜTHIG, Holger B.

Dipl.-Kfm., Verleger (Fachlit.) - Leimengrube 19, 6900 Heidelberg - Geb. 28. Sept. 1942.

HÜTT, Rainer

Dr.-Ing., Dipl.-Ing., Prof. f. Werkstoffe d. Elektrotechn. FH Köln - Peter-Heuser-Str. 2, 5270 Gummersbach 1 (T. 02261 - 6 79 00) - Geb. 19. Juli 1938 Berlin, ev., verh. s. 1963 m. Inge, geb. Flaskamp, S. Hendrik - Dipl.-Ing. 1966 Univ. Stuttgart; Promot. 1972 TU Hannover - 1967-72 wiss. Mitarb.; 1972 Prof. f. Werkstoffe d. E.T., Univ.-GH Siegen; s. 1983 Prof. FH Köln - Wiss. Berichte u. Beitr. z. Büchern u. Fachztschr. - Spr.: Engl.

HÜTTEBRÄUKER, Rudolf

Staatssekretär a. D. - Uhlandstr. 43, 5300 Bonn-Bad Godesberg (T. 35 64 79) - Geb. 22. Febr. 1904 Berlin (Vater: Dr. phil. Otto H., Vizepräs. Provinzialschulkollegium Brandenburg u. Berlin), ev., verh. m. Ursula, geb. Priem, 3 Töcht. - LH Berlin (Dipl.-Landw. 1927) - 1928-34 Betriebsleit. Sachsen (Gutsverw.), 1934-45 selbst. Landwirt Uckermark, 1946-48 Tätigk. Landesbauernschaft Westf. u. Min. f. Ernährung, Landw. u. Forsten Nordrh.-Westf. (1947), 1948-62 Dir. LK Rhld., 1962 b. 1968 Staatssekr. Bundesmin. f. Ernährung, Landw. u. Forsten. 1960-68 (Austr.) FDP - 1966 Gr. BVK m. Stern u. Schulterbd., 1968 Gr. Verdienstkreuz nieders. VO.; 1968 Großoffz. niederl. Orden Oranien-Nassau; Großoffz. Ital. VO. - Rotarier.

HÜTTEL, Rudolf

Dr. phil. nat., Prof. - Hasenstr. 11, 8032 Gräfelfing - Geb. 9. Juli 1912 Amberg/Opf. - S. 1943 (Habil.) Lehrtätigk. Univ. München (1953 apl. Prof. f. techn. Chemie; 1966-77 Abt.vorst. u. Prof.). Fachveröff.

HÜTTEL, Walter

Dr. sc., Prof., Komponist, Musikwissenschaftler, Organist - Auestr. 55, O-9610 Glauchau - Geb. 13. Febr. 1920 Glauchau (Vater: Hans H., Prokurist; Mutter: Wally, geb. Lippold), ev., verh. s. 1960 m. Elisabeth, geb. Schneider, Sohn Michael - Stud. Hochsch. f. Musik Leipzig u. Martin-Luther-Univ. Halle-Wittenberg; Promot. (Dr. phil.) 1957 Humboldt-Univ. Berlin; Habil. (Dr. sc. phil.) 1977 Humboldt-Univ. Berlin; 1951-53 Doz. Musikhochsch. Dresden u. 1953-55 Weimar; 1955-57 R. Schumann-Konservatorium Zwickau; 1973-81 stv. Dir. Musikschulen Jüterbog u. 1981-85 Glauchau; 1983-90 Lehrbeauftr. Musikhochsch. Weimar - BV: Grundleg. Materialien z. Musikgesch. Südwestsachsens; Z. Gesch. d. dt. Volksliedes im 17. Jh., Diss. 1957; Musikgesch. v. Glauchau, Habilschr. 1977; Z. Musikgesch. d. Stadt Glauchau u. ihrer näheren Umgebung, 1986; Mitarb. an MGG u. Grove - Kantate Nr. 3 (n. Matthias Claudius); Violinkonzert; Divertimento f. Kammerorch.; Sonaten f. Horn, Tuba, Violine, Klarinette (m. Klavier); Wilhelmsburger Orgelmusik; Toccata, Canzona u. Doppelfuge für Orgel, Op. 16; Kompos. f. Klavier (zu 2 bzw. 4 Händen bzw. 2 Klaviere); Akkordeon; Orgel; Kammermusik; Orchesterw.; Bühne u. Film (u.a. Preciosa-Konzertfassung n. C. M. v. Weber); Orator., Kantaten, Motetten, sonst. Chorwerke, Geistl. Konzerte; Kanons; Sololieder; Bearbeitungen - Pestalozzi-Med. in Bronze, Silber u. Gold; 1983 Ernenn. z. Prof. - Spr.: Lat., Engl., Franz. - Lit.: Felix Wünsche in Kalender f. d. Erzgebirge u. Vogtland (1958); Mitt. in div. Presseorg.; Horst Philipp Eberhard Kneipel in Komponisten d.

Bezirkes Gera - Porträts - Profile (1988); Intern. Who's Who in Music, Vol. 8.

HÜTTEMANN, Karl-Josef
Dipl.-Holzw., Holzindustrieller (Hüttemann-Gruppe), Präs. Dt. Ges. f. Holzforsch., Vors. Entwicklungsgem. Holzbau, München, Vorst.-Mitgl. Studiengem. Holzleimbau, Düsseldorf - Unter'm Hagen 12, 5787 Olsberg 1-Bigge - Geb. 14. Juli 1928 Bigge, kath., 3 Kd. - 1949-53 Univ. Hamburg (Holzw.) - Spr.: Engl., schwed.

HÜTTEMANN, Theodor
Vorstandsmitgl. Kreditbank Gladbach AG., Mönchengladbach - Barbarossastr. 12, 4050 Mönchengladbach - Geb. 27. Nov. 1906 Solingen.

HÜTTENHOFER, Anton
Vizepräsident Bayer. Verwaltung d. Staatl. Schlösser, Gärten u. Seen (1968-78) - 8000 München - Geb. 1914 - Zul. Leit. Abt. Organisation, Personal u. Haushalt Bez.Finanzdir. München (Reg.sdir.).

HÜTTENRAUCH, Roland Johannes
Dr.-Ing., Dipl.-Ing., Physiker, Vorstand Stiftg. Warentest - Koenigsallee 49, 1000 Berlin 33 (T. 826 48 46) - Geb. 26. Jan. 1928 Oberlungwitz (Vater: Johannes H., Geschäftsinh.; Mutter: Irma, geb. Vieweg), ev., verh. s. 1964 m. Hannelore, geb. Schmidt, 2 Kd. (Stefan, Sabina) - Obersch. (Abit. 1946); Stud. der. Phys. Univ. Leipzig, Berlin; Dipl.ex. 1955, Promot. 1961, bde. TU Berlin - 1961-64 Doz. Ing.sch. Beuth, 1965 Techn. Abt.-Leit., 1967 Geschäftsf., 1972ff. Vorst. Stiftg. Warentest, sämtl. Berlin - Mitgl. Verbraucherbeirat Bundesreg., Vors. Testing Committ. Intern. Org. of Consumers Unions - 1978 BVK u. Gold. Sportabz.; 1988 BVK I. Kl. - Liebh.: Ostasiat. Kunst, Rosenzucht, Tennis - Spr.: Engl., Franz.

HÜTTER, Ulrich
Dr. rer. techn., o. Prof. u. Direktor Inst. f. Flugzeugbau Univ. Stuttgart - Schlierbacher Str. 93, 7312 Kirchheim unter Teck/Württ. - B. 1965 ao., donn o. Prof. Fachveröff.

HÜTTERMANN, Aloysius
Dr. rer. nat., Dipl.-Chem., Prof. f. Forstbotanik - Henri-Dunant-Str. 20, 3400 Göttingen - Geb. 3. Sept. 1938 Gelsenkirchen (Vater: Aloys, H., Handwerker; Mutter: Elisabeth, geb. van Hal), kath., verh. s. 1969 m. Uta, 3 S. (Aloys, Wolfram, Hubert) - Chem.-Dipl. Karlsruhe, Promot. Botanik Karlsruhe, post-doctoral Wisconsin 1968/69, Habil. Göttingen - 1964-68 Assist. Karlsruhe, 1968ff. Akad. Rat, Prof. Göttingen, 1973 Gastprof. Tromsø. 1982ff. Vorst. Forschungszentr. Waldökosysteme, Göttingen, 1983ff. Vorst. Otto-Warburg-Zentrum f. Biotechnol. Renovot, Israel - Entd.: 30 biotechnolog. Patentanmeld. - BV: Physarum-Monogr., 1973 (engl.); D. Wald als Rohstoffquelle, 1981 - Liebh.: Ornithologie, Geschichte - Spr.: Engl.

HÜTTERMANN, Armin
Dr. phil., Prof. PH Ludwigsburg - Schubartstr. 28, 7142 Marbach a. N. - Geb. 24. Sept. 1944 Reinstädt/Thür. - Stud. Göttingen, Tübingen; Promot. 1974 Tübingen; Habil. 1979 Vechta - BV: Karteninterpretation in Stichworten, 2 Bde., 1975/79; Ind.parks in Irland, 1978; Ind.parks - attrakt. industrielle Standortgemeinsch., 1985; Probl. d. geogr. Kartenauswert., 1981; Neuseeland-Kunst u. Reiseführer, 1991; Neuseeland-Aktuelle Länderkunde, 1992.

HÜTTERMANN, Jürgen
Dr. rer. nat., Dipl.-Phys., Prof. f. Biophysik Univ. d. Saarlandes - Lagerstr. 22, 6650 Homburg - Geb. 19. April 1942 Buer/Gelsenkirchen - Promot. 1969 Karlsruhe; Habil. 1972 Regensburg - Üb. 60 Facharb.

HÜTTEROTH, Wolf-Dieter
Dr. phil., o. Prof. u. Vorstand Inst. f. Geographie Univ. Erlangen-Nürnberg (s. 1969) - Seebachweg Nr. 27, 8520 Erlangen-Dechsendorf.

HÜTTINGER, Klaus J.
Dr.-Ing., Prof. f. Chem. Technik Univ. Karlsruhe - Zu erreichen üb. Univ. Fridericiana, Fak. f. Chemie, Kaiserstr. 12, 7500 Karlsruhe 1 - Geb. 14. Febr. 1938 Karlsruhe (Vater: Erwin H., Fabrikdir.; Mutter: Hedy, geb. Gegner), ev., verh. s. 1961 m. Christa, geb. Schrempp, 2 Kd. (Niels Karsten, Christine) - Univ. Karlsruhe (Dipl.-Ing. Maschinenbau 1962, Promot. 1966, Habil. 1972) - 1966-72 Oberassist. Univ. Karlsruhe; 1973-75 Forschungleit. Schunk Kohlenstofftechnik, Gießen; 1975ff. Prof. Univ. Karlsruhe (1980-84 Vors. d. Gr. Senats d. Univ.). Entd. auf versch. technol. Geb., u. a. auch Endoprothetik. Beitr. z. wiss. Büchern; ca. 250 wiss. Veröff. in Fachztschr. d. Chemie, Verfahrenstechnik, Werkstoffkd. u. Med. Mithrsg.: Carbon Fibres, Filaments and Composites - Spr.: Engl., Franz.

HÜTTL, Adolf J.
Dipl.-Ing., Vorstandsmitglied Siemens AG, Bereichsvorst.-Vors. Energieerzeugung (KWU) - Hammerbacherstr. 12 + 14, 8520 Erlangen (T. 09131 - 18-20 38) - Geb. 29. Aug. 1939, verh. m. Ingeborg, geb. Stanner, 2 Töcht. (Annina, Caroline) - Abit. 1959 Schwäbisch-Hall; Hauptdipl. 1965 München TH Maschinenbau.

HÜTTL, Ludwig
Dr. phil., Prof. f. Geschichte Univ. Köln (s. 1982) - Gronewaldstr. 2, 5000 Köln 41 - Geb. 22. Jan. 1945 Trostberg, kath. - 1965-70 Stud. Gesch., German., Phil. u. Theol. Univ. München, Philosoph. 1968 München; Promot. 1970 München; Habil. 1978 Köln - 1972-82 wiss. Assist. München u. Köln - BV: Caspar v. Schmid (1622-1693), e. kurbayer. Staatsmann aus d. Zeitalter Ludwigs XIV., 1971; Max Emanuel - D. blaue Kurfürst (1679-1726). E. polit. Biogr., 1.-3. A. 1976; D. Haus Wittelsbach. D. Gesch. e. europ. Dynastie (1180-1918), 1.-2. A. 1980; Dt. Schlösser - Dt. Fürsten (Bildtafeln v. Prof. Erich Lessing), 1980, 2. A. 1986; Friedrich Wilhelm v. Brandenburg, d. gr. Kurfürst 1620-1688. E. polit. Biogr., 1981, 2. A. 1984; Schlösser, 1982; Marianische Wallfahrten im süddt.-österr. Raum. Analysen v. d. Reformations- b. z. Aufklärungsepoche, 1985; Ludwig II. König v. Bayern. E. Biogr., 1.-3. A. 1986; Ludwig I. König u. Bauherr, 1986; Friedrich Wilhelm Raiffeisen. Leben u. Werk. E. Biogr., 1988. Herausg.: Festgabe f. Prof. Günter Christ (1989; zus. m. Rainer Salzmann) - 1975 Aventinus-Med. - Spr.: Engl., Franz., Griech., Lat.

HÜTTMANN, Gerd Eberhard
Dipl.-Kfm., Ass. (jur.), Direktor Beteiligungen Treuhandanstalt Niederl. Erfurt - Georg-Kraushaar-Str. 45, 4240 Emmerich - Geb. 13. April 1936 Essen (Vater: Dr. med. dent. Max H., Zahnarzt †1989; Mutter: Irmgard, geb. Pollerberg), kath., verh. s. 1971 m. Carola, geb. Aryus, 2 Söhne (Axel, Peter) - Helmholtz-Gymn. (Abit. 1956) Essen; Univ. Würzburg (1956 b. 1960 Volksw., Rechtswiss., 1961-64 Betriebsw.). Jurist. Staatsex. 1960 u. 1965; Dipl.-Kfm. 1964 - Vorstandsassist. Friedr. Krupp Hüttenwerke AG, Rheinhausen (1965-66), Demag AG, Duisburg (1967) u. Assist. Vorstandsvors. (1967-68); 1969-71 Geschäftsf. Aluvogt, Aluminiumbauelemente GmbH, Vogt; 1971-76 Geschäftsf. u. Dir. Gebr. Uhl GmbH & Co KG u. Uhl GmbH, bde. Vogt; 1976-91 Ressortleit. Finanzen u. Verw. Katjes Fassin GmbH + Co. KG, Einzelprok. Fassin Verw. GmbH & Co. Immob. KG, bde. Emmerich - Liebh.: Philatelie, Fotografie, Botanik - Spr.: Engl.

HÜTTNER, Manfred
Dr. rer. pol., Univ.-Prof. - Am Vierenberg 21, 2733 Hepstedt (T. 04283 - 16 16) - Geb. 2. Aug. 1930 Kötzschenbroda, verh. s. 1960, S. Frank - Kaufm. Lehre; Stud. Berlin, Bonn u. Hamburg; Promot. 1959 - 1955-56 Dt.-Schwed. Handelskammer; 1959-62 fr. Wirtsch. Stockholm u. Hamburg; 1962-66 Höh. Wirtsch.fachsch. bzw. Gesamthochsch. Siegen; 1966-72 Univ. Bochum; s. 1972 Univ. Bremen. Dir. d. TAIMM (Theodor-Arns-Inst. f. Marketing-Management) an d. IBS (International Business School), Malente u. Lippstadt. Fachmitgl.sch. - BV: Grundzüge d. Marktforsch., 4. A. 1989; Arbeitslehre als Wirtsch.lehre, 1970; Grundzüge d. Wirtsch.- u. Sozialstatistik, 1973; Multivariate Methoden im Marketing, 1978; Informationen f. Marketing-Entscheidungen, 1979; Markt- u. Absatzprognosen, 1982; Prognoseverfahren u. ihre Anwendung, 1986; Betriebswirtsch.lehre, 1990.

HUF, Christoph A.
Dipl.-Ing. - Zu erreichen üb. Asea Brown Boveri AG ZST, 6800 Mannheim; priv.: 6834 Ketsch (T. 06202 - 6 14 32) - Geb. 6. Febr. 1937, verh. s. 1964 m. Ingrid, geb. Mahnkopf, 2 Töcht. (Deborah, Kerstin) - Gymn. (Abit.); TU Hannover (Dipl.) - Vorst.-Vors. VDSI (Verein Dt. Sicherheitsing.); Vorst.-Mitgl. BASI (Bundesarbeitsgem. f. Arbeitssicherheit); 1983/84 Gründungspräs. FASI (Fachvereinig. f. Arbeitssicherheit). Fachveröff. - Spr.: Engl.

HUFELAND, Klaus
Dr. phil., Prof. f. German. Philologie - Eibergweg 9, 4300 Essen 14 - Geb. 8. Mai 1932 Berlin (Spd.) - Promot. 1966 - S. 1972 (Habil.) Lehrtätigk. Univ. Bochum - BV: D. dt. Schwankdichtung d. Spätmittelalters, 1966.

HUFEN, Friedhelm
Dr. jur., Prof. f. Öfftl. Recht u. Rechtsphil. Univ. Regensburg (s. 1986) - Hauptstr. 96, 8417 Lappersdorf-Kareth (T. 0941 - 8 18 57) - Geb. 24. Dez. 1944 Winterberg (Vater: Wilhelm H., Lehrer; Mutter: Irmgard, geb. Rath), kath., verh. s. 1971 m. Gabriele, geb. Schmidt, 4 Kd. (Annelen, Benedikt, Tonia, Valentin) - Abit. Münster; Stud. Univ. Münster, Freiburg, Princeton; Promot. Freiburg, Habil. Hannover, 1. u. 2. jurist. Staatsprüf. Stuttgart - 1983-86 Prof. in Augsburg - BV: u.a. Gleichheitssatz u. Bildungsplanung, 1975; D. Freiheit d. Kunst in staatl. Institut., 1982; Fehler im Verwaltungsverfahren, 2. A. 1991; Verfass.rechtl. Maßstäbe d. Lebensmittelr., 1987 - Spr.: Engl., Franz.

HUFFMANN, Gert

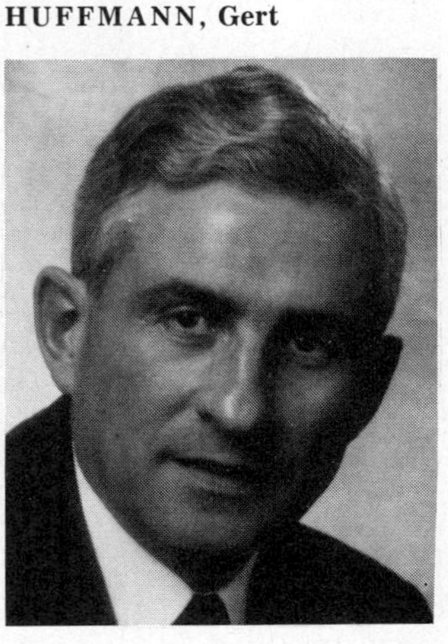

Dr. med., o. Univ.-Prof. f. Neurologie, Direktor d. Neurologischen Univ.-Klinik u. Poliklinik Marburg (s. 1980) - Rudolf-Bultmann-Str. 8, 3550 Marburg/L. (T. 06421 - 28 52 42); priv.: Pommernweg 14, 3550 Marburg/L. - Geb. 10. Jan. 1930 Königsberg/Pr., ev., verh. m. Marianne, geb. Assenmacher, 3 Kd. (Ernst, Jochen, Beate) - 1949-54 Stud. Vergl. Religionswiss. u. Med. Univ. Bonn; Promot. 1955; Habil. 1966 Köln - 1971 apl. Prof.; 1971 Wiss. Rat u. Prof.; 1979 Dir. Nieders. Landeskrkhs. Lüneburg - BV: D. neurol. u. psych. Defektsyndrom b. frühkindlichem Hirnschaden, 1968; 200 neurol., neurophysiol. u. psychiatrische Veröff.

HUFFSCHMID, Jörg
Dr. rer. pol., Prof. f. Polit. Ökonomie d. BRD unt. bes. Berücks. d. materialist. Analyse sozioök. Konzentrationsprozesse Univ. Bremen - Am Fahrenkamp 7, 2803 Kirchweyhe.

HUFNAGEL, Franz
Dipl.-Ing., Prof. f. Grundlagen d. Elektro- u. Niederfrequenztechnik GH Paderborn (Fachber. Nachrichtentechnik, Meschede) - Nelkenstr. 1, 5778 Meschede.

HUFNAGEL, Franz Josef
Dr.-Ing., Vorsitzender d. Geschäftsführung Rhein. Kalksteinwerke GmbH u. Dolomitwerke GmbH - Wilhelmstr. 77, 5603 Wülfrath - Geb. 18. März 1929 Paderborn/W. - Zul. Vorst.-Mitgl. Hoesch AG.

HUFNAGEL, Friedrich
Dr. rer. nat., Prof. f. Experimentalphysik Univ. Mainz - Draiser Str. 114, 6500 Mainz - Zul. Privatdoz.

HUFNAGEL, Gerhard
Dr. phil., Prof., Hochschullehrer f. Politikwiss. Univ. Siegen (s. 1974) - Kleine Trift 11, 5905 Freudenberg (T. 02734 - 14 28) - Geb. 2. April 1939 Völklingen/Saar (Vater: Josef H., Bau- u. Hütten-ing.; Mutter: Maria, geb. Becker), kath., verh. s. 1968 m. Anneliese, geb. Winkler, 2 T. (Corinna Veronika, Judith Valeska) - Stud. Gesch., Soziologie, Germanistik u. Philosophie Univ. Bonn, Tübingen, Cambridge/Engl., Ausbild. z. Redakteur f. Politik 1960-62, Promot. 1968 Tübingen - 1962-64 Lector St. John's College Univ. of Cambridge (England), 1966-67 Lector Univ. of East Anglia Norwich (England), 1968-74 Wiss. Assist. Seminar f. Zeitgeschichte Univ. Tübingen, s. 1974 Prof. f. Politikwiss. Univ. Siegen, 1991 u. 1992 Visiting Prof. of German, Connecticut College, New London (USA) - BV: Kritik als Beruf, 1971. Zahlr. Übers. aus d. Engl.; u. a. von A. Solschenizyn, S. de Madariaga, K. Epstein, B. Ward, Ch. Lindblom.

HUFNAGEL, Helmut H.
Geschäftsführer Vereinig. d. Juramarmorbruchbesitzer, Inh. d. WAH Vertriebsberat. Werbung, beide Pappenheim - Jurahaus, 8834 Pappenheim (T. 09143 - 5 07) - Geb. 16. Febr. 1941 Stuttgart, ev., verh. s. 1962, 3 Kd. (Hartwin, Hannelore, Herwig) - Human. Gymn.; Lehre Industriekaufm.; Stud. Verw.- u. Wirtsch.-Akad. München (Abschl. Betriebswirt (VWA) Univ. 1969) - Vorst. versch. sportl. u. kommunaler Vereine - Liebh.: Segeln, Musik.

HUFNAGEL, Karl Günther
Schriftsteller - Tengstr. 27, 8000 München 40 - Geb. 21. Juli 1928 München - BV: D. Parasiten-Provinz, R. 1960; Worte über Straßen, Erz. 1961; Draußen im Tag, R. 1979; Liebe wird nicht geliebt, R. 1979; Auf off. Straße, R. 1980. Hör- u. Fernsehsp.

HUFNAGEL, Walter
Dr., Geschäftsführer 4P-Folie Forchheim GmbH. - Zweibrückenstr. 15, 8550 Forchheim/Ofr.

HUFSCHMIDT, Wolfgang
Prof. f. Komposition u. Rektor d. Folkwang-Hochschule Essen - Abtei, 4300 Essen 16.

HUFSTADT, Karl H.
Journalist, Schriftst., Moderator - Wiesenstr. 13, 8951 Dösingen (T. 08344 - 3 51) - Geb. 11. Jan. 1941 Rheydt, ev., verh. s. 1963, 2 Kd. (Susi, Frank) - Kfz-

Lehre, Kfz-Meister, Kfz-Ing. - BMW - Leiter Motorsport Presse, Technik, Motorrad - Veröff.: Automobilsport, 1976; Vollgas in Weiß-Blau, 1979; Leben - einfach so, 1984 - 1981 Motorradweltrekord: 10 km, stehender Start, 247 km/h, 1000 km, steh. Start, 233 km/h - 1983 u. 86 Christophorus-Preis HUK-Verb. (Motorrad Sicherheit) - Liebh.: Musik, Malerei, Lyrik - Spr.: Engl.

HUG, Ernst-Walter
Schriftsteller, Journ., selbst. Kaufm. (Ps. R. Hugh) - Gelbinger Gasse 16, 7170 Schwäbisch Hall - Geb. 15. Nov. 1952 - ledig - Fachhochschulreife an ev. Internat; Ausb. z. Zeitungsredakt. - BV: Träume v. Träumen od. e. Reise durch's Gedankennetz, 1976; 1000 J. Sulzdorf, Heimatb. 1976; Zuflucht, Kurzgesch. 1977; Kain Mensch, Videofilm-Drehb. z. Thema Gewalt im Alltag 1979; Anic, R. 1979; Bushveldts Kaninchen, Kurzgesch. 1985; Kleine Expedition ins Teeparadies, Sachb. 1990 - 1990 Hörfunkpreis d. Landesges. f. Kommunikation Baden Württ. - Interessen/Liebh.: Politik, Film, Science Fiction - Spr.: Engl., Lat.

HUG, Gebhard
Dr. rer. nat., Dipl.-Chem., persönl. haft. Gesellschafter Heinrich Mack Nachf., Illertissen - Röntgenstr. 5, 7918 Illertissen - Geb. 18. Aug. 1927.

HUG, Heinz
Vorstandsvorsitzender Wohnbau Schwarzwald AG, Zell a.H. - Jahnstr. 4a, 7615 Zell a.H. - Geb. 29. Mai 1945 Oberharmersbach, kath., verh. s. 1967 m. Wiltrud, geb. Strickler, 2 S. (Michael, Marcus) - Bankkaufmannlehre, Sparkassenfachwirt-Dipl. - 1973-79 Geschäftsf. bzw. Vorstandsvors. d. BMS AG, s. 1980 Vorstandsvors. Wohnbau Schwarzwald AG, Gf. IUB Immobilien- u. Beteiligungs-GmbH u. Gewerbe- u. Wohnbau Zell GmbH, Vors. Verb. freier Wohnungsuntern. Baden-Württ., Vors. TC Zell - Liebh.: sportl. Betätig., Tennis, Ski - Spr.: Engl.

HUG, Wolfgang
Dr. phil., Prof., Hochschullehrer - Hagenmattenstr. 20, 7800 Freiburg - Geb. 9. Juli 1931 - S. 1962 Doz. u. Prof. Päd. Hochsch. Freiburg (Geschichte) - BV: Einf. in d. Verständnis d. Entwicklungsländer, 1967; Materialien z. Verst. d. Entw.sländer, 1968; D. Menschenrechte, 1978; Geschichtl. Weltkd., I bis III 1974-76; Geschichtsdidakt. i. d. Praxis d. Sek. I, 1980; D. histor. Museum i. Gesch.-Unterr., 1978; D. Freiburger Münster erzählt s. Gesch., 7. A. 1987; Kappel - heute u. vor 200 J., 1980; Gesch. Weltkd., Quellenlesebuch I-III, 1981/83, Bäuerl. Lebenswelt im Schwarzwald, 1984; Unsere Geschichte I-III, 1984/86; D. Leute auf d. Wald (m. K. Hoggenmüller), 1987; Lehrerbildung u. Erziehungswiss., 1987; Unsere Geschichte, Lehrerhandb. I, 1989; Im Schwarzwald daheim (m. A. Tölle), 1989; D. Freiburger Münster. Kunst, Gesch., Glaubenswelt, 1990; D. Breisgau. Zeugnisse s. Geschichte, 1991; Freiburg, Baden u. d. Reich: D. Lebenserinnerungen v. Wilhelm Engler 1873-1938, 1991; D. große Buch vom Schwarzwald (m. H. Haubrich u. H. Lange), 1991; Geschichte Badens, 1992.

HUGEL, Heinz
I. Bürgermeister (s. 1978) - Rathaus, 8653 Mainleus/Ofr. - Geb. 28. Mai 1927 Mainroth - Zul. Kaufm. Angest. CSU.

HUGENSCHMIDT, Egon B.
Oberbürgermeister i. R. - Rosenfelsweg 13, 7850 Lörrach - Geb. 24. Juni 1925 Lörrach, verh., 5 Kd. - Univ. Basel u. Freiburg (Rechts- u. Staatswiss.). Beide jurist. Staatsex. - Regierungs- u. Verwaltungsgerichtsrat a. D.; 1960-84 Oberbgm. Stadt Lörrach. Div. Mand. - Ehrenbürger Stadt Lörrach u. Sens (Frankr.); BVK I. Kl.; Orden Palmes Académiques u. a. - Spr.: Franz.

HUGGLE, Michael
Kaufm. Direktor, Vorstandsmitgl. Schiesser AG., Radolfzell - An der Steig 35, 7750 Konstanz/B. - Geb. 9. Sept. 1934 Konstanz.

HUGH, R.,
s. Hug, Ernst-Walter

HUGHES, Louis R.
Vorstandsvorsitzender Adam Opel AG (s. 1989) - Bahnhofsplatz 1, Postfach 17 10, 6090 Rüsselsheim - Geb. 10. Febr. 1949 Cleveland, Ohio, verh., 2 Kd. - Bachelor of Mechanical Engineering General Motors Inst. Flint Michigan; Masters Degree Business Administration Harvard Univ. - 1985-87 Vizepräs. Finanzen General Motors of Kanada, u. 1987-89 Finanz General Motors (Europa) Zürich, s. 1992 Vice Pres. d. General Motors Corporation, Detroit.

HUHLE, Fritz
Dr. rer. pol., o. Prof. f. Volksw.slehre TH Darmstadt (s. 1962) - Ohlystr. 50, 6100 Darmstadt (T. 4 88 27) - Geb. 8. Juni 1908 Oppeln/OS. (Eltern: Emil (Kaufm.) u. Helene H.), verh. s. 1940 m. Erika, geb. Lang - Promot. 1931 Leipzig; Habil 1938 Darmstadt - 1950-57 Doz. u. apl. Prof. (1956) TH Darmstadt; 1957-62 Ord. Univ. Würzburg. 1967 ff. Vors. Dozentenkolleg. Akad. f. Welthandel, Frankfurt/M. Mitgl. Wiss. Beirat Ifo-Inst. f. Wirtschaftsforsch., München, u. Arbeitsgem. z. Verbess. d. Agrarstruktur in Hessen, Wiesbaden. Fachveröff.

HUHN, Jürgen
Dr. med. vet., o. Prof. f. Tropenveterinärmedizin FU Berlin - Limonenstr. 10, 1000 Berlin 45.

HUHN, Rolf

Bankdirektor Bankhaus Merck Finck & Co., Frankfurt - Großer Hasenpfad 111, 6000 Frankfurt/M. 70 - Geb. 29. Sept. 1930, verh., 3 Kd. - Sparkasse Gummersbach; Commerzbank; Kantonalbank von Bern; Schweiz. Bankges., Genf - Ehrenkreuz d. Bundeswehr in Silber u. Gold; Ehrennadel d. 5. Panzerdivision, Korv.-Kapitän d.R.

HUHNSTOCK, Karl-Heinz
Dr. med., Prof., Ltd. Arzt Innere Abteilung/Südwestd. Rehabilitationskrkhs. (s. 1971) - Johannesstr. 4, 7516 Karlsbad 1, (T. 07202 - 82 81) - Geb. 20. Sept. 1926 Aurich - Promot. 1955 - S. 1963 (Habil.) Lehrtätig. Univ. Heidelberg (1969 apl. Prof. f. Inn. Med.). Etwa 100 Facharb. Hrsg.: Diagnose u. Therapie in d. Praxis, 5. A. 1984 - Spr.: Engl., Franz.

HUISGEN, Rolf
Dr. rer. nat., Drs. h.c., o. Prof. f. Organ. Chemie - Kaulbachstr. 10, 8000 München 22 (T. 28 16 45) - Geb. 13. Juni 1920 Gerolstein/Eifel (Vater: Dr. med. Edmund H., Chirurg; Mutter: geb. Flink), verh. s. 1945 m. Dr. Gertrud, geb. Schneiderhan, 2 Kd. - Univ. Bonn u. München (Dipl.-Chem. 1940, Promot.

1943) - 1947 Privatdoz., 1949 ao. Prof. Univ. Tübingen, 1952 o. Prof. u. Inst.dir. Univ. München. Emerit 1988. Zahlr. Publ. üb. Reaktionsmechanismen, Diazoverbindungen, Radikale, mittlere Ringe, molekulare Umlagerungen, nucleophile aromat. Substitutionen, Penta-u. Tetrazole, 1,3- u. 1,4-dipolare Cycloadditionen, elektrocycl. Reaktionen, Cyclooctatetraen, 2+2-Cycloadd. - 1961 Liebig-Gedenkmünze Ges. Dt. Chemiker, 1965 Med. Lavoisier Soc. Chim. de France; Mitgl. Bayer. Akad. d. Wiss. (1959), American Acad. of Arts and Sciences (1960), Dt. Akad. d. Naturforscher/Leopoldina (1964), Real Acad. de Ciencias Exactas/Spanien (1970), Ehrenmitgl. Soc. Chim. de France (1971); 1979 Otto-Hahn-Preis f. Chemie u. Physik. 1975 Dr. h. c. Univ. Complutense, Madrid, 1975 Roger-Adams-Award Americ. Chem. Soc., 1977 Ehrendoktor Univ. Freiburg, 1980 Univ. Erlangen-Nürnberg, 1984 Univ. Würzburg, 1985 Univ. Regensburg; 1982 Bayer. VO; 1981 Ehrenmitgl. Royal Soc. of Chem. London; 1984 Bayer. Maximilians-Orden f. Wiss. u. Kunst; 1987 Intern. Award Heterocycl. Chem.; 1987 A. Quilico Medal Soc. Chim. Ital.; 1989 Foreign Assoc. Nat. Acad. Sciences, Washington; 1990 Accad. Naz. dei Lincei, Roma; 1991 Ehrenmitgl. Ges. Dt. Chemiker.

HUISKEN, Freerk
Dr. phil., Prof. f. Erziehungswissenschaften (Schwerp.: Polit. Ökonomie d. Ausbildungssektors) Univ. Bremen - Schwachhauser Ring 102, 2800 Bremen.

HUJER, Reinhard
Dr. rer. pol., Prof. f. Statistik u. Ökonometrie - Richard-Wagner-Weg 47, 6100 Darmstadt - Geb. 6. Sept. 1940 Reichenberg - Promot. 1970; Habil. 1972 - 1972 Prof. TH Darmstadt; s. 1979 Prof. Univ. Frankfurt/M.

HULLER, Guido
Leiter d. Theaterabt. S. Fischer Verlag Frankfurt/M. (s. 1989) - Schillerstr. 70, 3400 Göttingen - Geb. 11. Nov. 1947 München, ledig, T. Sophie - Univ. München (Theaterwiss., Phil., Ital.); M.A. 1975 - 1975-82 Regie u. Dramat. in München, Dublin, Bruchsal, Dortmund, Hamburg, Nürnberg, Göttingen; 1983-89 Dir. u. Geschäftsf. Junges Theater Göttingen.

HULSMAN, Gerd W.
Dr. rer. pol., Dipl.-Kfm., Geschäftsführer Haniel Reederei GmbH (s. 1972; 1981ff. Sprecher d. Gfg.) - Franz-Haniel-Platz, 4100 Duisburg 13 (T. 80 63 30) - Geb. 19. Mai 1937 Duisburg (Vater: Joseph H., Reeder; Mutter: Johanna, geb. Schless) - Stud. Univ. Köln; Dipl.ex. 1961; Promot. 1964 - S. 1963 Franz Haniel & Cie GmbH (zun. Dir.assist., 1967 Prokura). S. 1980 Präs. Arbeitgeberverb. dt. Binnenschiffahrt; s. 1986 Vizepräs. Bundesverb. dt. Binnenschiffahrt - BV: D. Problem d. fixen Kosten b. nichtausgenutzter Kapazität in d. Binnenschiffahrt, 1965 - 1983 Konsul d. Niederl. zu Duisburg.

HULST, van, Wilhelm
Dipl.-Kfm., Vorstandsmitglied Felten & Guilleaume Carlswerk AG., Köln - Irlenfelder Weg 48, 5060 Berg. Gladbach - Geb. 18. Juni 1929.

HUMBACH, Helmut
Dr. phil., o. Prof. f. Vergl. indogerman. Sprachwissenschaft - Universität, 6500 Mainz, FB 14-20 - Geb. 4. Dez. 1921 München (Vater: Max H.; Mutter: Charlotte, geb. Demmel) - Gymn.u. Univ. München - 1951 Lehrbeauftr. Univ. München, 1954 Privatdoz., 1956 ao. Prof. Univ. Saarbrücken, 1958 o. Prof., 1961 Univ. Mainz - BV: Die Gathas d. Zarathustra, 2 Bde. 1959; D. Kaniška-Inschr. v. Surkh-Kotal, 1960; Baktr. Sprachdenkmäler, 2 Bde. 1966/67; D. aramäischen Inschr. v. Taxila, 1969; Vaetha-Nask, 1969; Pursisniha - A Zoroastrian Catechism, 1971; E. weitere aramäoiran. Inschr. d. Periode d. Asóka aus Afghanistan, 1974; D. baktr. Inschrift I DN 1 von Dasht-e Nawur (Afghan.), 1976; The Sassanian Inscription of Paikuli, Pt. 1, 1978, Pt. 2, 1980; A Western Approach to Zarathushtra, 1984; Erbedestán, An Avesta-Pahlavi Text, 1990. Herausg.: Münchner Studien z. Sprachwiss. (1954 ff.).

HUMBACH, Walter
Dr. rer. nat., vormals o. Prof. u. Direktor Inst. f. Reaktortechnik TH Darmstadt (1962-82) - Dobritsch 12, A-9360 Friesach/Kärnten - Geb. 23. Juli 1920 - Zahlr. Fachaufs.

HUMBS, Hubert
I. Bürgermeister Stadt Maxhütte-Haidhof (s. 1978) - Rathaus, 8414 Maxhütte-Haidhof/Opf. - Geb. 18. Aug. 1930 Katzdorf - SPD.

HUMBS, Manfred
Lehrer, MdL Bayern (s. 1978, Stimmkr. Schwandorf) - Paststr. 2, 8460 Schwandorf/Bay. - Geb. 26. März 1926 Schwandorf (Vater: Friedrich H., Kaufm.; Mutter: Berta, geb. Höfer), kath., verh. s. 1955 m. Kunigunde, geb. Furtwengler. B. 1939 Volksch., anschl. Mus. Gymn.; 1944-45 Kriegsdst.; 1949 ff. Kaufm. Schule Regensburg; 1965-67 Päd. Hochsch. ebd. II. Lehramtsprüf. 1970 - B. 1949 Musiker, dann elterl. Geschäft (Tabak- u. Zuckerwaren; Aufbau Tw-Großhdl.; 1974 (n. Tod d. Mutter) verkauft, ab 1970 Hauptschull. Schwandorf. Mitgl. Stadt- u. Kreisrat. CSU s. 1964 (1969 Kreisvors. Schwandorf) - Liebh.: Musik, Motorsport, Reisen - Spr.: Engl.

HUMBURG, Will
Dirigent - Coerdeplatz 1, 4400 Münster - Geb. 16. März 1957 Hamburg (Vater: Dr. Hans Werner H., Rechtsanw.; Mutter: Elisabeth, geb. Maasch), ev. - Abit. 1974; Stud. Dirig. (u.a. b. Horst Stein u. Christoph v. Dohnanyi), Klavier, Orgel Musikhochsch. Hamburg; Dirig.-Dipl. 1979 - Engagem. in Bremen u. Hagen. S. 1983 Gastdirigate (Opern u. Konzerte), u.a. in Duisburg, Essen, Oberhausen, Bochum, Münster, Frankfurt, Nürnberg, Bratislawa, Turin, Genua, Florenz, Rom, Neapel, Lissabon. Rundfunk- u. Plattenprod. (z. B. "La Boheme" f. das Label "Naxos"). Schauspieler im Film "Maggio Musicale" m. Malcolm Mc Dowell (Regie U. Gregoretti); 1987-91 Künstler Dir. d. Laboratorio Lirico f. experimentelles Musiktheater in Alessandria/Piemont; 1991 Generalmusikdir. d. Stadt Münster - 1982 2. Preis intern. Dirig.-Wettb. San Remo - Spr.: Engl., Franz., Ital.

HUMEL, Gerald
Komponist u. Dirigent - Claudiusstr. 12, 1000 Berlin 21 (T. 030-391 19 29) - Geb. 7. Nov. 1931 Cleveland/USA (Vater: Jaroslav H., Gießer; Mutter: Ružena, geb. Marková), verw. - S. 1954 Hofstra Univ. BA, 1956 Oberlin Conservat. of Music MM, 1958 Royal College of Music London ARCM, 1958/60 Univ. of Mi-

chigan, 1960-63 Hochsch. f. Musik Berlin - Freischaff. Komp. - Zahlr. Werke s. 1961, u.a. Kammerkonz., Balletts, Opern, Gesänge - 1959 BMI (Broadcast Music, Inc.) - Preis f. Kompos., 1960/62 Fulbright Stip., 1963 Arthur Shephard-Pr. f. Kammermus., 1965 Nation. Inst. of Arts a. Letters Award, 1966 Guggenheim-Pr., 1967 Dt. Kritikerpr., 1973 Berliner Kunstpr., 1976 Ital. Stip. Akad. d. Künste Berlin, 1978 Cleveland Arts Prize, s. 1980 Mitgl. Akad. d. Künste Berlin, 1983 Hofstra Univ. Distinguished Grad. Award, 1984 Carl Marie v. Weber Preis Dresdener Musikfestspiele, s. 1987 Künstler. Leit. Schreyahner Herbst Festival Musik d. 20. Jh. - Spr.: Tschech. (Muttterspr.), Dtsch., Engl. - Lit.: Musik-Lexika.

HUMKE, Wolfgang
Dr. med., Prof., Chefarzt Geburtshilfl.-Gynäkolog. Abteilung/St.-Marien-Krankenhaus Ludwigshafen - Hockenheimer Str. 19, 6703 Limburgerhof/Pf. - Geb. 6. Okt. 1928 Stettin - Promot. 1954; Habil. 1963 Mainz - Gegenw. apl. Prof. Univ. Heidelberg (Gynäk. u. Geburtsh.). Fachveröff.

HUMMEL, Bertold

Prof., Komponist - Anne-Frank-Str. 5, 8700 Würzburg (T. 0931 - 7 27 01) - Geb. 27. Nov. 1925 Hüfingen (Baden), kath, verh. s. 1955 m. Inken, geb. Steffen, 6 Söhne (Florian, Cornelius, Martin, Lorenz, Stefan, Thomas) - Stud. Musikhochsch. Freiburg i. Br. (Kompos. b. Harald Genzmer, Violoncello b. Atis Teichmanis); 1954-56 Konzertreisen als Komponist u. Cellist durch d. Südafrikan. Union; 1956-63 Kantor Freiburg i. Br. u. freier Mitarb. d. SWF Baden-Baden; 1963 Kompositionslehrer Staatskonservat. Würzburg, Leit. Studio f. neue Musik; s. 1974 Prof. Hochsch. f. Musik Würzb.; 1979-87 Präs. d. Hochsch. f. Musik Würzburg - Zahlr. Werke - 1956 Stip. Bundesverb. dt. Ind.; 1960 Kompositionspreis Stadt Stuttgart; 1961 Robert-Schumann-Preis Stadt Düsseldorf; 1968 Stip. Cité des arts internationale de Paris; 1982 Mitgl. Bayer. Akad. d. Schönen Künste; 1985 BVK I. Kl.; 1988 Kulturpreis d. Stadt Würzburg; 1988 Ehrenpräs. d. Hochsch. f. Musik Würzburg - Spr.: Engl.

HUMMEL, Dietrich
Prof. Dr.-Ing., Inst. f. Strömungsmechanik TU Braunschweig (s. 1972) - Trinchenberg 4, 3302 Cremlingen 1 (Weddel) (T. 05306 - 45 93) - Geb. 16. Juni 1936 Stuttgart (Vater: Theodor H., Baudirektor; Mutter: Maria, geb. Ellwanger), ev., verh. s. 1963 m. Ingeborg, geb. Liske, 2 Kd. (Jörg, Frank) - Stud. Allg. Maschinenbau TH Stuttgart u. Braunschweig; Promot. 1968; Habil. 1972 Braunschweig - 1963 Assist.; 1967 Akad. Rat. Fachmitgl.sch.; Fachveröff. - 1963 Preis TU Braunschweig; 1964 Ernst-Mach-Preis Dt. Ges. f. Flugwiss. - Liebh.: Ornithologie, Vogelflugforsch. - Spr.: Engl.

HUMMEL, Dietrich O.
Dr. rer. nat., em. o. Prof. f. Physikal. Chemie, insb. Strahlenchemie - Oberauel, 5202 Hennef/Sieg 1 (T. 21 59) - Geb. 20. Okt. 1925 Backnang/Württ. (Vater: Alfred H., Oberstudienrat; Mutter: Hedwig, geb. Dorn), verh. s. 1960 m. Doris, geb. Melior, 4 Kd. (Christian, Thomas, Annette, Katharina) - Stud. 1953 TH Stuttgart (Chemie; Dipl.-Chem. 1953). Promot. 1955 Stuttgart; Habil. 1961 Köln - B. 1958 Industrie- (Bosch), dann Hochschultätigk. (Univ. Köln; 1961 Privatdoz., 1963 ao. Prof., 1972 o. Prof.). 1962 Visiting Prof. Univ. Cincinnati (USA). Spez. Arbeitsgeb.: Angewandte Spektrometrie, physikal. Chemie d. Polymeren. Fachmitgliedsch.: GDNÄ - BV: Kunstoff-, Lack- u. Gummi-Analyse, 1958; Analyse d. Tenside, 2 Bde. 1962 (engl. 1962); Infrared Spectra in the Long-Wavelength Region of Polymers, Resins and Related Substances, 1966; Atlas d. Kunststoff-Analyse, 2 Bde. 1968/73, 2. A. (3 Bde.) 1978-88, 3. A. 1991; Physikal. Chemie (m. W. J. Moore), 4. A. 1986; Polymer Spectroscopy, 1974 - Ehrenmitgl. Societas Scientiarum Fennica - Liebh.: Literatur, Segeln, Lyrik - Spr.: Engl.

HUMMEL, Gerhard F.
(Ps. Piet ter Ulen), Medienexperte (Beratung b. Film-, Fernseh- u. AV-Produktionen) - Am Fuchsgraben 5/6, 5000 Köln 40-Widdersdorf - Geb. 16. April 1921 Tübingen, verh. s. 1946 m. Ossy, geb. Herrmann, 2 Töcht. (Waltraud, Ingrid) - Realgymn. Reutlingen - 1954-63 Chefdramat., Produktionschef u. stv. Geschäftsf. (1959) Constantin Film; 1964 WDR-Fernsehen (b. 1971 Produktionschef, zul. b. 1976 stv. Produktionsdir.), s. 1977 selbst. - Liebh.: Film, Lit., Drehb.-Archiv - Spr.: Franz., Engl., Ital., Kiwaner.

HUMMEL, Gert
Dr. phil., Lic. theol., Prof. f. Systematische Theologie, Fachrichtung 5.2 Ev. Theologie - Univ. d. Saarlandes, 6600 Saarbrücken - Geb. 8. März 1933 Sindelfingen.

HUMMEL, Jörg-Dieter
Dr., Geschäftsführer Filterwerk Mann & Hummel GmbH. - Postf. 409, 7140 Ludwigsburg/Württ.

HUMMEL, Karl Hermann
Hauptgeschäftsführer a.D. FDP-Landesverb. Baden-Württ. - Heinestr. 93, 7000 Stuttgart-Degerloch - Mitbegr. Europa-Union Dtschl.; Vizepräs. Landeskomit. Baden-Württ. d. Europ. Bewegung; stv. Landesvors. Europa-Union Landesverb. Baden-Württ.

HUMMEL, Klaus

Dipl.-Ing., Vorstandsmitglied Deutsche Bundespost Telekom - Geb. 6. Nov. 1940, kath., verh. s. 1972 m. Irmgard, geb. Taubeler, 2 Kd. (Dan, Esther) - Abit. 1960 Bruchsal; Dipl.-Ing. 1967 TH Karlsruhe - Spr.: Engl., Franz.

HUMMEL, Konrad
Dr. med., Prof. - Sundgauallee 108, D-7800 Freiburg/Breisgau - Geb. 28. Febr. 1923 Metzingen/Württ. - Kepler-Obersch. Freudenstadt; Univ. Freiburg u. Tübingen (Promot. 1947) - S. 1948 Assist., Oberassist. (1956), Privatdoz. (1954), apl. Prof. (1960), wiss. Rat (1974), 1974-88 Dir. Inst. f. Blutgruppenserol. Univ. Freiburg, s. 1988 Priv. Inst. Blutgruppenserol. Spez. Arbeitsgeb.: Immunologie u. Blutgruppenserologie. Entd. bzw. Erf.: Kolloidmeteorol. Erscheinungen - BV: D. inkompletten Antikörper in d. Immunbiol., 1955; D. med. Vaterschaftsbegutacht. m. biostatist. Beweis, 1961; Einf. in d. Mikrobiol. u. Immunol., 1964 (m. Berger); Blutgruppenserol. Grundbegriffe, 1969; Biostatist. Abstammungsbegutachtung, 1971, II 1973; Lanzarote - Bilder e. Insel, 1982 (m. Lippelt); Wir leben weiter, 1986 (m. U. Bühler) - Ehrenmitgl. Intern. Soc. for. Haemogen. For. Sci. Soc. of India - Liebh.: Musik, Mineral., Numismatik, Fotografie.

HUMMEL, Siegfried
Dr. rer. pol., Prof. f. Betriebswirtschaftslehre Univ. Dortmund (s. 1975) - An der Palmweide 50, 4600 Dortmund 50 - Geb. 22. April 1940 Königstein/Ts. - Promot. 1969 - Zul. Doz. Univ. Frankfurt/M. - BV: Wirklichkeitsnahe Kostenerfassung, 1970; Kostenrechnung 1 (zus. m. W. Männel), 4. A. 1986.

HUMMELL, Hans J.
Dr. rer. pol., Prof. f. Soziologie Univ. Duisburg - Lotharstr. 63, 4100 Duisburg 1.

HUMMELSHEIM, Hanns
Kleiderfabrikant (Hummelsheim GmbH & Co. KG, Murnau) - Oberer Leitenweg 10a, 8110 Murnau/Obb. (T. 83 60) - Geb. 15. Dez. 1916 München (Vater: Fabr.) - Familienuntern. (gegr. 1910).

HUMMLER, Wolfgang
Dipl.-Ing., Dipl.-Kfm., Geschäftsführer Heimerle + Meule GmbH, Pforzheim - Ostendstr. 4, 7543 Engelsbrand 2-Grunbach - Geb. 1931, verh., 3 Kinder.

HUMOUDA, Emilio
Dr.-Ing., Repräsentant d. Eni (Ente Nazionale Idrocarburi) in d. Bundesrep. Deutschl. - Zu erreichen üb. Sonnenstr. 23, 8000 München 2 (T. 089 - 551 33 36); priv.: Gerner Str. 27, -19 (T. 089 - 15 63 08) - AR-Mand.

HUMPERT, Alfons
Dr., Dipl.-Volksw., Bankdirektor - 2190 Cuxhaven 1 - Geb. 4. Okt. 1927 - AR-Vors. Lohmann & Co. AG, Cuxhaven; stv. AR-Vors. Gemeinn. Siedl.- u. Wohnungsges. mbH, Köln, deuka Dt. Kraftfutterwerke GmbH, Düsseldorf, Immobilien u. Treuhand AG, Hamburg, AR BayWa AG, München, J. H. Benecke AG, Hannover, Dt. Milch-Kontor GmbH, Hamburg, Dt. Raiffeisen-Warenzentrale GmbH, Frankf., Edekabank, Hamburg, Trägerges. f. Gewerbe- u. Industriebauten mbH, Hamburg, Westfleisch Schlachtfinanz AG, Münster; VR Einkaufs-Center-Ges. d. Unternehmensgruppe Werner Otto, Hamburg; Board of Dir. Intrade N.V., Curacao; Beiratsvors. Adolf Würth GmbH & Co. KG, Künzelsau; stv. Beiratsvors. DSV Silo- u. Verwaltungsges. mbH, Frankf.; Beirat Milchhof-Eiskrem GmbH & Co., Mettmann.

HUMPERT, Hans Ulrich
Prof. f. Elektron. Komposition Hochschule f. Musik, Köln - Ubierring 35, 5000 Köln 1 - Geb. 9. Okt. 1940.

HUND, Friedrich
Dr. phil., Dr. phil. nat. h.c., Dr. phil. h.c., Dr. rer. nat. h.c., Prof. f. theoret. Physik Univ. Göttingen - Charlottenburger Str. 19, 3400 Göttingen - Geb. 4. Febr. 1896 Karlsruhe, verh. m. Dr. Ingeborg, geb. Seynsche, 5 Kd. - Promot. Univ. Göttingen 1922 - 1927 Prof. f. theoret. Physik Univ. Rostock, 1929 Leipzig, 1946 Jena, 1951 Frankfurt/M., 1957 Göttingen. Zahlr. Veröff. üb. Quantentheorie u. Gesch. d. Physik.

HUND, Peter
Sozialversich.-Angestellter, MdL Baden-Württ. (Wahlkr. 24, Heidenheim) - Bruckner str. 16, 7923 Königsbronn (T. 07361 - 59 12 13) - Geb. 16. Mai 1943 Sigmaringen - SPD.

HUND, Wolfgang
Seminarrektor, Leiter Studienseminar f. d. Lehramt an Grundschulen - Amberger Str. 6a, 8562 Hersbruck (T. 09151 - 47 16) - Geb. 16. Mai 1948 Konstanz, verh. s. 1971 m. Gabriele, geb. Scheerer, 3 Söhne (Christian, Matthias, Fabian) - Ausb. Erziehungswiss.liche Fak. 1971-74 Univ. Erlangen-Nürnberg - 1974-82 Hauptschullehrer; Zauberkünstler (Hundini): Schwerpunkt: Kinderzauberei, okkulte Tricktechnik, Aufklärungsvortr. üb. okkulte Phänomene; Mitarb. Ges. z. wiss.lichen Untersuchung v. Parawiss. (GWUP) - BV: Zauberhaftes Lernen - Zauberkunststücke als päd. u. did.-method. Elemente d. Unterr., 1988, Neuaufl. 1991; Alles fauler Zauber?! - okkulte Phänomene - was steckt dahinter?, 1988; Okkulte Phänomene - erfahren u. hinterfragen, 1991 - Liebh.: Zauberkunst (Spezialber.: Schule, Kinder, okkulte Tricktechnik) - Spr.: Engl., Franz., Lat.

HUNDEIKER, Max Egon Ernst
Dr. med., Dermatologe, Prof. Univ. Münster (s. 1984) - Dorbaumstr. 300, 4400 Münster (T. 328 74 11) - Geb. 28. Juni 1937 Tempelburg (Vater: Ernst H., Soldat; Mutter: Elisabeth, geb. Kortum), ev., verh. s. 1964 m. Hanna, geb. Ratje, 4 Kd. (Heike, Wibke, Ulf, Friederike) - Stud. d. Med. Univ. Tübingen, Freiburg/Br.; Promot. 1963 ebd.; Habil. 1970 Gießen - S. 1970 Oberarzt Univ.-Hautklinik Gießen. S. 1984 Ltd. Arzt Fachklinik Hornheide Münster. S. 1971 Prof. Univ. Gießen; s. 1984 Prof Univ. Münster. Fachmitgl.sch.; Ehrenmitgl. Ungar. Dermat. Ges. - BV: Korrektive Dermatologie, 1975 (m. J. Petres; engl. 1978); Einf. in d. Dermatol., 1980. Rd. 500 Fachbeitr. in Ztschr. u. Büchern. Mithrsg.: Zbl. Hautkr., neue Ergebn. d. Dermatologie, u. a. - Spr.: Engl., Latein.

HUNDELSHAUSEN, von, Heinrich
Vorstandsmitglied Wintershall AG., Kassel/Celle, u. Burbach-Kaliwerke AG., Kassel - Weidlingstr. Nr. 4, 3500 Kassel - Geb. 1. Mai 1909 Kassel - S. 1929 Wintershall-Bereich.

HUNDESHAGEN, Heinz
Dr. med., Dr. h. c., o. Prof., Direktor Inst. f. Nuklearmedizin u. spez. Biophysik Radiol. Zentrum u. Rektor Med. Hochsch. Hannover - Konstanty-Gutschow-Str. 9, 3000 Hannover 61 - Geb. 6. März 1928 Bad Langensalza - S. 1961 (Habil.) Lehrtätigk. Univ. Marburg u. MH Hannover (1968 Ord. f. Nuklearmed.; 1971-73, 1975-77, 1981-87; 1989ff. Rektor). Präs. Dt. Ges. f. Nuklearmed. e. V. - BV: Radiokardiographie - Grundl. u. Entwickl. e. Methode, 1970. Fachaufs. - 1980 Hevesy-Gedächtnismed., Med. d'Honneur en Orde L' Univ. Bordeaux; 1981 Niedersachsenpreis f. Wiss. f. hervorr. Leistungen auf d. Gebiet d. Nuklearmedizin; Ehrenmitgl. Dt. Ges. f. Nuklearmed., Dr. Rudolf-Schönheimer-Med. d. Ges. f. Nuklearmed. d. DDR; Georg von Mevesy Gedenkmed. d. ungar. Ges. f. Nuklearmed.; 1991 Hermann Rieder Med. d. Dt. Röntgenges.

HUNDHAMMER, Richard
Dr., Ltd. Regierungsdirektor a. D. - Arnpeckstr. 3, 8000 München 90 (T. 089 - 64 55 50) - Geb. 1927 (Vater: Dr. phil. Dr. oec. publ. Alois H., bayer. Staatsmin. a. D. (s. XVII. Ausg.); Mutter:

Adele, geb. Hillenbrand † 1981) - CSU - 1980 Bayer. VO, 1983 BVK; 1984 Bayer. Verfassungsmed. in Silber.

HUNDHAUSEN, Eckhard

Dr. rer. nat., Dipl.-Phys., Hauptgeschäftsführer Ortopedia GmbH, Kiel (s. 1980) - Salzredder 3, 2300 Kiel 14 - Geb. 9. Sept. 1936 Kirchen/Sieg (Vater: Alwin H.; Mutter: Erna, geb. Land) - Univ. Bonn (Dipl. 1962; Promot. 1964) - 1965-66 Boeing; 1967-68 AEG; 1969-70 Wolf; 1971-74 Braun; 1975-76 Univ. Kiel, 1976-80 Techn. Geschäftsf. Ortopedia GmbH; AR L&C Arnold AG, Kempen; VR Micro-Motor AG - Fachveröff. - Spr.: Engl. (Boeing).

HUNDSNURSCHER, Franz

Dr. phil., o. Prof. f. Dt. Philologie m. bes. Berücks. d. Neuhochdeutschen - Bogenstr. 2, 4542 Tecklenburg/W. - Geb. 22. Sept. 1935 - Promot. 1967 - S. 1974 Ord. Univ. Münster (Dir. Germanist. Inst.) - BV: Neuere Methoden d. Semantik, 2. A. 1971. Herausg. (m. Wilhelm Franke): D. Verkaufs-/Einkaufs-Gespräch - E. linguist. Analyse (1985).

HUNDT, Dieter

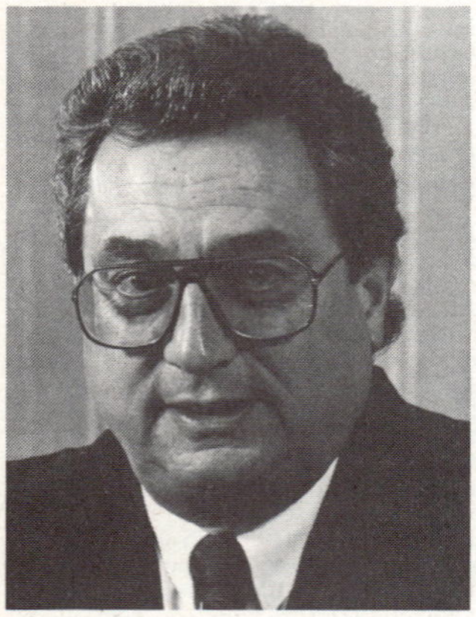

Dr. sc. techn., Dipl.-Ing., pers. haft. Gesellschafter Allgaier-Werke KG, Uhingen, Gf. Ateliers d'Emboutissage de Faulquemont S.a.r.l., Faulquemont (Frankr.), AR-Mitgl. Deutsche Bundespost TELEKOM, Bonn (s. 1991) - Steingen 6, 7321 Wangen - Geb. 30. Sept. 1938 Esslingen/N. - Hohenstaufen-Gymn. Göppingen; Stud. (Maschinenbau) ETH Zürich - 1964-75 AEG-Telefunken Kraftwerk-Union, Frankfurt (zul. Abt.dir.); 1988 Vors. Verb. Metallind. Baden-Württ; s. 1988 AR-Mitgl. Karl Kässbohrer Fahrzeugwerke GmbH, Ulm; s. 1988 Vizepräs. Gesamtverb. d. metallindustriellen Arbeitgeberverb. (Gesamtmetall); 1990 Präsid.-Mitgl. Bundesvereinigung d. dt. Arbeitgeberverb.; 1991 VR-Mitgl. Landesgirokasse Stuttgart - Spr.: Engl., Franz. - Rotarier.

HUNGAR, Kristian

Dr. rer. pol., Prof. f. Soziologie u. Ethik Univ. Heidelberg - Maulbeerweg 5, 6900 Heidelberg - Geb. 14. Mai 1934.

HUNGER, Fritz

Dr.-Ing., Prof. f. Geodäsie u. Landesvermess. (emerit.) - Leichhardtstr. 51, 1000 Berlin 33 (T. 832 86 33) - Geb. 25. April 1906 Berlin (Vater: Georg H., Kaufm.; Mutter: Margarete, geb. John), verh. s. 1949 m. Gisela, geb. Pfitzer, 3 Kd. (Hans, Karl, Ilse) - Staatsdst.; 1948 o. Prof. u. Dir. Geodät. Inst. TU Berlin. Ehrenmitgl. Dt. Ver. f. Vermessungswesen - BV: Beitrag z. konformen Abbild. v. Großräumen in d. Geodäsie, 1943. Div. Einzelarb.

HUNGER, Gerd

Dr. med., Dipl.-Chem., Vorstandsmitglied Chem. Fabrik v. Heyden AG., München - Höslstr. 8, 8000 München 81 (T. 91 11 90) - Geb. 6. Okt. 1914.

HUNGER, Gerhart

Dipl.-Kfm., Wirtschaftsprüfer, Verbandsdirektor, Mitgl. d. Bayer. Senats - Stollbergstr. 7, 8000 München 22 (T. 089 - 29 00 20 35; Telefax 089 - 228 59 40) - Geb. 27. Jan. 1930 Gunzenhausen, ev., verh., 3 Kd. - Stud. Dipl.-Kfm. - Wirtschaftsprüfer, Verbandsdirektor Verb. bayer. Wohnungsuntern., München; AR-Mitgl. Hallesche Nationale Krankenversich. AG - BVK.

HUNGER, Herbert

Dr. phil., Dr. h. c. mult., em. o. Prof. f. Byzantinistik - Weißgerberlände 40, A-1030 Wien - Geb. 9. Dez. 1914 Wien, kath., verh. s. 1941 m. Ruth, geb. Friedrich, 3 Kd. - Gymn. u. Univ. Wien (Promot. 1936) - 1937-39 Gymnasiallehrer, 1939-47 Wehrdst. und sowjet. Gefangensch., dann Staatsbibliothekar Österr. Nationalbibl. (1956 Dir. Papyrussamml.), s. 1954 Doz., apl. (1958) u. o. Prof. (1962) Univ. Wien - BV: Katalog d. griech. Handschr. d. Österr. Nat.-bibl., I 1961, II 1969, III 1976, IV 1984; V 1992; Antikes u. mittelalt. Buch- u. Schriftwesen, 1961; E. byzantin. Rechenb. d. 15. Jh., 1963; Prooimion - Elemente d. byzantin. Kaiseridee in d. Arengen d. Urkunden, 1964; Reich d. Neuen Mitte - D. christl. Geist d. byzantin. Kultur, 1965; D. byzantin. Katz-Mäuse-Krieg, 1968; Johannes Chortasmenos, 1969; Byzantinist. Grundlagenforsch., 1973; D. hochsprachl. profane Literatur d. Byzantiner, 2 Bde. 1978; Anonyme Metaphrase zu Anna Komnene, Alexias XI-XIII, 1981; Schreiben u. Lesen in Byzanz, 1989; Lexikon d. griech. u. röm. Mythologie, 8. A. 1988; Prochoros Kydones, Übers. v. Werken d. hl. Augustinus, 1984, 1990. Herausg.: Jahrb. d. Österr. Byzantinistik (1954ff.), Wiener Byzantinist. Studien (1964ff.), Byzantina Vindobonensia (1965ff.) - 1968 Wilhelm-Hartel-Preis; 1972 Ehrendoktor Univ. Chicago u. Univ. Thessaloniki, 1982 Univ. Helsinki, 1987 Univ. Athen; 1959 korr., 1962 wirkl. Mitgl., 1973-82 Präs. Österr. Akad. d. Wiss. - Liebh.: Kammermusik.

HUNGER, Roland

Studienrat (Deutsch, Englisch) Gesamtschule Niendorf in Hamburg (s. 1980), Mitgl. Verb. Dt. Schriftsteller (s. 1979) - Holsteiner Chaussee 239, 2000 Hamburg 61 - Geb. 13. Juli 1950 Salzwedel, verh. s. 1985 m. Freya, geb. Graebert, 2 Töcht. (Francisca, Susanna) - Stud. Univ. Hamburg; 1. u. 2. Staatsex. 1978 u. 1980 ebd. - 1972/73 Community Organizer sow. Herausg. e. Stadtteilztg. in Chicago, USA; 1988 stv. Vors. (Gründungs-)Vorst. Friedrich-Bödecker-Kreis Hamburg. Fr. journalist. Tätigk. - BV: Chicago-Gettolyrik, 1978; D. Atlas-Reiseged. (m. Joachim Minnemann), 1980; Escape-Gesch. u. Ged., 1984; Paul Dieroff (1928-44), 1986; Im Volkspark, 1990; Chicago - Lyrics from the Near Northwest Side, 1991; Freiheit f. Jack Mapanje, 1991; Hartmann's Bazaar, 1992. Herausg.: Louis Michel Lepeletier (1979); D. Faustbuch d. Christl. Meynenden (1981, m. Anne Frings); D. erste unvermeidl. Hamburger Annäherung (Anthol. 1982); Texte u. Geburten à la carte (1982, m. Stefanie Möbus). Veröff. in Anthol. u. Ztschr. - Liebh.: Südost-, Süd-, Ostasien-Reisen - Spr.: Engl.

HUNGERKAMP, Georg

Dr., Kaufmann, Inh. Porzellan-Nientimp, pers. haft. Gesellsch. Aloys Hungerkamp KG, bde. Bocholt, Präs. Fachverb. d. Dt. Eisenwaren- u. Hausrathandels, Düsseldorf - Westend 2-6, 4290 Bocholt/W. - Geb. 22. Febr. 1934 - Vorst.-Mitgl. Bundesverb. Dt. Stahlhdl., Düsseldorf; Mitgl. Präsidialrat Hauptverband d. dt. Einzelhandels (HDE), Köln; Beiratsmitgl. Patria-Versich. AG, Köln; stv. Vors. d. Einzelhandelsverb. Bocholt-Rhede-Isselburg; AR-Vors. d. Forum Tisch- und Raumkultur, Werbegem. d. Dt. Fachh. f. Porzellan-Glas-Keramik-Bestecke.

HUNING, Alois

Dr. phil., Prof. f. Philosophie Univ. Düsseldorf (s. 1980), PH Neuss (1973-80), Bürgermeister v. Wülfrath (s. 1989) - Weißdornweg 12, 5603 Wülfrath - Geb. 21. Febr. 1935 Drantum/Wiehengeb. (Vater: Johannes H., Arbeiter; Mutter: Maria, geb. Bartke), kath., verh. s. 1968 m. Brunhilde geb. Fedtke, 3 S. (Mathias, Christian, Tobias) - Stud. Phil., Theol., Gesch. Münster, Leuven, Paris. Promot. 1964 Leuven - 1965-68 Doz. Franziskaner-Hochsch. Münster, dann Leit. VDI-Hauptgruppe Mensch u. Technik Düsseldorf. CDU - BV: u. a. D. Schaffen d. Ingenieurs, 3. A. 1987 - 1979 Ehrenmed. Verein Dt. Ingenieure (VDI) - Spr.: Franz., Engl.

HUNKE, Sigrid

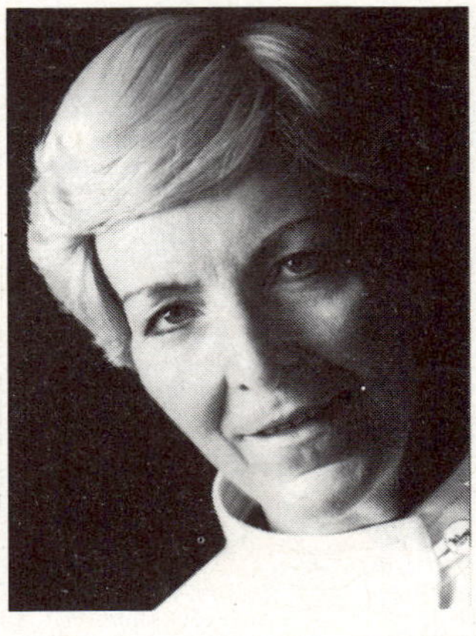

Dr. phil., Kulturphilosophin, Schriftstellerin - Naheweg 2, 5300 Bonn (T. 23 26 54) - Geb. 26. April 1913 Kiel (Vater: Heinrich H., Verlagsbuchhändler; Mutter: Hildegard, geb. Lau), verh. s. 1942 m. Peter H. Schulze, 3 Kd. (Prof. Dr. Hagen; Dr. med. Sigrun, Helga) - Univ. Kiel, Freiburg, Berlin (Religionswissensch., Phil., Psych., Mittlere Geschichte; Promot. 1940). Ehrenpräs. Sigrid-Hunke-Ges. (gegr. 1973), Hon. Member of the Supreme Council for Islamic Affairs (Kairo, s. 1973) - BV: Am Anfang waren Mann u. Frau - Vorbilder u. Wandlungen d. Geschlechterbeziehungen, 1955 (erw. Neuaufl. 1987); Allahs Sonne üb. d. Abendland - Unser arab. Erbe, 1960/87 (12 Übers.; Taschenbuchausg.; GA. üb. 900 Ts.); Werden und Vergehen - Feierlieder, 1965; Das Reich ist tot - es lebe Europa / Eine europ. Ethik, 1965; Dein denk ich - Liebeslieder, 1967; Eichendorff - Lieder f. Konrad Adenauer, 1967; Lieblingslieder Konrad Adenauers, 1969; Europas andere Religion - D. Überwindung d. religiösen Krise, 1969; D. Ende d. Zwiespalts - Z. Diagnose u. Therapie e. kranken Gesellschaft, 1971; La vraie Religion de l'Europe, 1985; Europas andere Religion im Bild, 1973; D. nach-kommunist. Manifest - D. dialekt. Unitarismus als Alternative, 1974; Kamele auf d. Kaisermantel - Dt.-arab. Begegn., 1976; Glauben und Wissen - D. Einheit europ. Religion u. Naturwissenschaft, 1979 (Neuaufl. 1987); Europas eig. Religion - D. Glaube d. Ketzer, 1981; Todwas ist dein Sinn, 1986; V. Untergang d. Abendlandes z. Aufgang Europas, 1989; Allah ist ganz anders - Vorurteile, Fälschungen u. Plagiate, 1990. Kleine Kompos. u. Liederzyklen - 1981 Kant-Plak.; 1985 Schiller-Preis d. dt. Volkes; 1988 Gr. Stern d. ägypt. Pour le Mérite f. Wiss. u. Kunst Höchste Stufe - Liebh.: Kochen, Filmen, Musik - Lit.: O. Wetzel, Echo zu d. Büchern v. S. H. (1973). Mitteilungen d. Sigrid-Hunke-Ges. e. V. (Hrsg. O. Wetzel); Festschr. z. Schiller-Preis; 1985 H. Thiele.

HUNKEMÖLLER, Jürgen

Dr. phil., Prof. f. Musikwissenschaft - Jurastr. 1, 7075 Mutlangen - Geb. 20. Febr. 1939 Coesfeld - Promot. 1968 Heidelberg - S. 1973 Doz. u. 1976 Prof. PH Schwäb. Gmünd. S. 1969 Lehrbeauftr. MHS Heidelberg-Mannheim. 1989/90 Gastprof. Univ. Kiel - BV: Mozarts frühe Sonaten f. Viol. u. Klav., 1970; Béla Bartók, Musik f. Saiteninstr., Schlagzeug u. Celesta, 1982.

HUNKEN, Karl-Heinz

Dr.-Ing., o. Prof. f. Siedlungswasserbau u. Wassergütewirtschaft - Bandtäle 1, 7000 Stuttgart-Büsnau 80 - Geb. 5. Okt. 1919 Mannheim - 1966 o. Prof. Univ. Stuttgart (1964 a.o. Prof.; 1971-80 Rektor).

HUNNIUS, Klaus

Dr. phil., Prof. f. Roman. Philologie TU Berlin (1982ff.) - Wassmannsdorfer Chaussee 82, 1000 Berlin 47 - Geb. 9. Mai 1933 Duisburg, kath., verh. s. 1967 m. Gerlinde, geb. Gollais, 2 Kd. (Matthias, Sabine) - Promot. (1959) u. Habil. (1974) Bonn - S. 1964 Studienrat u. - prof. (1971), apl. Prof. (1977) - BV: D. Ausdruck d. Konditionalität im mod. Franz., 1960; D. Modusgebrauch n. d. Verben d. Gemütsbeweg. im Franz., 1976 - 1975 Straßburg-Preis.

HUNOLD, Gerfried Werner

Dr. theol. (habil.), o. Prof. f. Theol. Ethik - Bubengasse 34, 7401 Nehren/Württ. (T. 07473 - 2 15 25) - Geb. 18. April 1938 Oldenburg/O. (Vater: Franz H., Kaufm.; Mutter: Käthe, geb. Steden), kath. - Theol. Abschlußex. 1966; Promot. 1971, Habil. 1978 (Bonn) - S. 1971 Lehrtätigk. Münster, Bonn, Köln, Aachen, Tübingen (1981 Ord.) - BV: Ethik im Bannkr. d. Sozialontol., 1974. Herausg.: Erschaffe mir e. neues Volk (1982); D. Welt f. morgen (1986); Forum Interdisziplinäre Ethik. Mithrsg.: Theol. Quartalschr.; Tübinger Theol. Stud.; Texte z. Theologie - 1983 Hon.-Prof. Phil.-Theol. Hochsch. Münster; 1986 Mitgl. Europ. Akad. f. Umweltfragen - Spr.: Engl., Franz., Ital., Holl.

HUNOLD, Heinz

Dipl.-Ing., Prof. f. Betriebslehre, Fertigungstechnik u. Unternehmensführung GH Paderborn (Fachber. Maschinentechnik II, Meschede) - August-Engel-Str. 14, 5779 Eversberg.

HUNSTEIN, Werner

Dr. med., o. Prof. f. Innere Medizin - Schloß-Wolfsbrunnen-Weg 41, 6900 Heidelberg - Geb. 8. Aug. 1928 Kassel - S. 1964 (Habil.) Lehrtätigk. Univ. Freiburg/Br., Göttingen (1969 apl. Prof.), Heidelberg (1971 Ord.). Fachveröff.

HUNTER,

s. Obermaier, Hannes

HUNTER, Jack

s. Lehmann, Hans M.

HUNZINGER, Claus-Hunno

Dr. theol., Prof. f. Neues Testament u. spätantike Religionsgesch. Univ. Hamburg - Pappelstieg 13, 2000 Norderstedt (T. 525 15 85) - Geb. 15. Sept. 1929 Schwerin/Meckl. (Vater: Wilhelm H., Pastor; Mutter: Ida, geb. v. Storch), ev., verh. s. 1957 m. Elisabeth, geb. Hertzberg, 3 Kd. (Petra, Renate, Christa) - Gelehrtensch. d. Johanneums Hamburg; 1947-51 Univ. Heidelberg u. Göttingen (Ev. Theol.), Theol.Ex. Hamburg (1952, 56). Promot. (1954) u. Habil. (1956) Göttingen - S. 1956 Lehrtätigk. Univ. Göttingen u. Hamburg (1962 ao., 1968 o. Prof.). 1959/60 Gastdoz. Drew Univ. Madison (USA). 1954/55 u. 1956/57 Mitarb. Edition Qumran-Texte Jerusalem. Wiss. Buch- u. Ztschr.beitr. - Spr.: Engl.

HUNZINGER, Moritz

Geschäftsführer u. Gesellschafter d. Unternehmensgruppe Moritz Hunzinger - Sömmerringstr. 8, 6000 Frankfurt/M. 1 (T. 069 - 15 20 03-0; Fax 069 - 15 20 03-22) - Geb. 26. Jan. 1959 Frankfurt am M., ledig, T. Nadine-Diana - Gymn. Frankfurt u. St. Gallen/Schweiz; 1977 Graduation v. d. US-Militärakad. Valley Forge (Wayne, Pennsylvania) - Geschäftsf. u. Gesellsch. Hunzinger Indu-

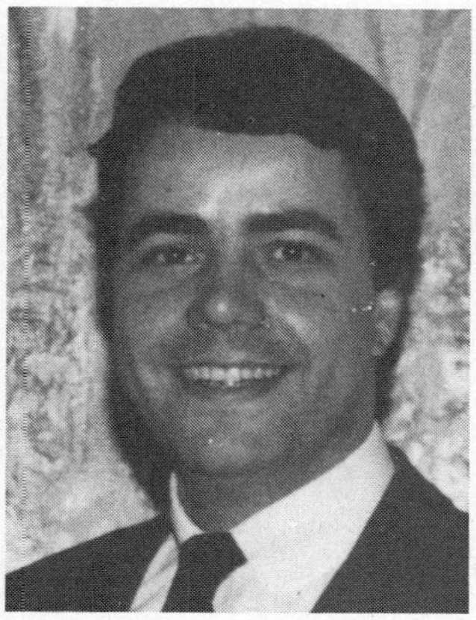

striewerte GmbH, Deckelbaum-Gerard-Hunzinger Ltd. (Washington u. New York) u. d. Beratungsges. f. Öffentlichkeitsarb. Moritz Hunzinger Public Relations GmbH; Geschäftsf. TC Trade Consulting GmbH, Air Play Holding GmbH, Frankfurt/M.; Eigentümer A+I Aktueller Informationsdienst (vormals Handelsblatt-Gruppe); Vorst.-Vors. Ges. f. Parlam. Informationsreisen gemeinn.; AR-Vors. SMA Spezialmasch.bau Holding AG, München/Frankfurt am M., Gespers GmbH, Lennestadt, GFI Ges. f. Inform.wirtsch. GmbH, Frankfurt, E & P Einkaufs- u. Produktionsges. GmbH, Frankfurt; AR-Mitgl. d. Sondermasch.- u. Werkzeugbau-GmbH, Chemnitz, u. d. Sondermasch.- u. Werkzeugbau Haldensleben GmbH, Haldensleben; stv. AR-Vors. Erma-Werke Waffen- u. Masch.fabrik, Dachau b. München; Präs. Bundesverb. priv. Kapitalanleger; Vizepräs. Wiss. Ges. f. Arthroskopische Chir.; Präsid.-Mitgl. Steuben-Schurz-Ges.; Vorst.-Mitgl. CDU-Sozialaussch.; stv. VR-Vors. Ges. f. Kommunalbau u. Infrastrukturentwicklung GmbH, Frankfurt am M./Trier; Beiratsvors. d. Fa. Carl Pohl Nachf., Guben/Brandenburg - Herausg.: Modell Transportbörse - D. Verkehrsmarktord. d. Zukunft (1986); Mut zum Dialog - Wege zu e. europ. Industriepolitik (v. Dr. Martin Bangemann) - 1985 Guinness-Buch d. Rekorde f. d. gr. Uhr d. Welt - Liebh.: Politik u. Architektur - Spr.: Engl.

HUONKER, Gunter

Rechtsanwalt, Staatsminister a. D. (1979-82), MdB (s. 1972; Wahlkr. 169/Ludwigsburg) - Schützenstr. 13, 7410 Ludwigsburg/Württ. (T. 92 33 86) - Geb. 24. Febr. 1937 Schwenningen, ev., verh., 1 Kd. - Gymn. Schwenningen; 1 J. USA-Aufenth.; Stud. Rechtswiss. u. Volksw. Beide jurist. Staatsex. - Gf. Vorst.-Mitgl. d. Verb. d. Westd. Wohnungswirtschaft. S. 1968 Bundesmin. f. wirtschaftl. Zusammenarb. (Leit. Min.büro); s. 1972 MdB; 1979-82 Staatsmin. b. Bundeskanzler; b. Okt. 1982 Parlam. Staatssekr. Bundesmin f. Finanzen. SPD.

HUPE, Erich

Dr. jur., Prof. f. Straf-, -prozeßrecht u. Kriminol. Univ. Marburg (s. 1972), Mitgl. Hess. Justizprüfungsamt, Wiesbaden (1972 ff.) - An d. Schülerhecke 5, 3550 Marburg/L. - Geb. 19. März 1932 Minden/W. (Eltern †), ev. - Kant-Gymn. Bad Oeynhausen; 1953-58 Univ. Marburg (Rechtswiss.). Jurist. Staatsprüf. 1958 u. 64; Promot. 1967 - BV: u. a. D. System d. Allg. Strafrechtslehre, 1970; Mitverf.: Jugendkriminalität u. Resozialisierung, 1975. Mitarb.: Handwörterb. z. Dt. Rechtsgesch. (1974 ff.) - Spr.: Engl., Franz.

HUPE, Klaus

Dr. med., Chefarzt Allg. Chirurg. Abt. Städt. Paracelsus-Klinik, Marl, Honorarprof. Univ. Marburg - Im Natrop 2, 4370 Marl.

HUPFAUF, Lorenz

Dr. med. dent., o. Prof. f. Zahnärztl. Prothetik - Universität (Med. Fak.), 5300 Bonn - Geb. 28. März 1926 - S. 1960 (Habil.) Lehrtätigk. Mainz (1966 apl. Prof. f. ZMKheilkd.) u. Bonn (1972 Ord., 1982/83 Dekan Med. Fak.). 1976 u. 84 Vors. Dt. Ges. f. Zahnärztl. Prothetik u. Werkstoffkd.; 1977/78 1. Vors. Vereinig. d. Hochschullehrer f. Zahn-, Mund- u. Kieferheilkd. - Mithrsg. Praxis d. Zahnheilkd.; Üb. 80 Fachaufs.

HUPKA, Herbert

Dr. phil., Publizist, MdB (1969-87) - Lessingstr. 26, 5300 Bonn 1 (T. 21 51 84) - Geb. 15. Aug. 1915 Diyatalawa/Ceylon (Vater: Prof. Dr. Erich H., Physiker; Mutter: Therese, geb. Rosenthal), kath., verh. s. 1957 m. Eva, geb. Zink, S. Thomas - Gymn. Ratibor/OS; Univ. Halle u. Leipzig (German., Gesch., Geogr., Phil.; Promot.) - 1945-57 Mitarb. Radio München/Bay. Rundfunk (Leit. Abt. Kultur/Erzieh. u. Ostfragen), 1957-58 Programmdir. Radio Bremen, 1959-64 Pressechef Kurat. Unteilb. Dtschl., s. 1964 fr. Journ. S. 1954 stv. bzw. Bundesvors. (1968) Landsmannschaft Schlesien (1948 mitbegr.). 1972 SPD verlassen, Mitglied CDU - Bundesvors. Ost- u. Mitteldt. Vereinig. CDU/CSU (1977-89), jetzt Ehrenvors.; Präs. Ostdt. Kulturrat; Vizepräs. Bund d. Vertriebenen; stv. Vors. Rundfunkrat Deutsche Welle - BV: Ratibor - Stadt im schles. Winkel, 1962; Schles. Credo - Reden u. Aufs. aus zwei Jahrzehnten, 1986. Mitverf.: Schlesien - D. gr. Buch d. 260 Bilder, 1963, 2. A. 1967; Meine schles. Jahre, 1964; Schles. Panorama, 1966; Große Deutsche aus Schlesien, 1969 (3. A. 1985). Herausg.: Schlesien (1954, 6. A. 1965), Breslau (1955, 5. A. 1965), Max Herrmann-Neisse: Im Fremden ungewollt zuhaus (1956), D. Oder, e. dt. Strom (1957), Otto Julius Bierbaum: D. Reimkarussell (1961), 17. Juni - Reden z. Tag d. dt. Einheit (1964), Einladung n. Bonn (1965, 3. A. 1973), Ostpolitik im Kreuzfeuer (1971), Menschliche Erleichterungen (1974); Schlesien - Städte u. Landschaften (1979, 3. A. 1985); Meine Heimat Schlesien - Erinn. an e. geliebtes Land (1980, 2. A. 1985), Letzte Tage in Schlesien (1981, 6. A. 1991); Mut z. Wende (1985); Schlesien - geliebt u. unvergessen (1989); Breslau - geliebt u. unvergessen (1990); Alltag in d. Weimarer Republik (1990) - 1984 Bayer. VO; 1986 Gr. BVK - Spr.: Engl., Franz - Lit.: Hans-Ludwig Abmeier/Helmut Neubach: F. unser Schlesien - Festschr. f. H.H. (1985).

HUPPERT, Bertram

Dr. rer. nat., o. Prof. f. Mathematik - Universität, 6500 Mainz - Geb. 22. Okt. 1927 Worms/Rh. - S. 1957 (Habil.) Lehrtätigk. Univ. Tübingen u. Mainz (gegenw. Ord. u. Mitdir. Math. Inst.). Facharb.

HUPPERT, Erwin

Prof., Hochschullehrer a. D. - Sauberbruchstr. 13, 6500 Mainz - Zul. Prof. f. Metall Univ. Mainz (Fachbereich Kunsterzieh.).

HUPPERT, Jürgen

Dr. rer. oec., Dipl.-Ökonom, Hauptgeschäftsf. IHK Arnsberg - Twifelerweg 24, 4770 Soest (T. 02921-7 78 80) - Geb. 23. Febr. 1941 Dortmund (Vater: Werner H., Bankbeamter; Mutter: Erna, geb. Becker), ev., verh. s. 1967 m. Eva, geb. Rokohl, 3 Kd. (Frank, Julia, Tim) - Gymn. Dortmund; Stud. Univ. Münster, Köln u. Bochum (Wirtsch.wiss.) Promot. Bochum - 1968-73 Wiss. Assist., 1973-76 pers. Ref. Hptgeschäftsf. IHK Dortmund, s. 1977 Geschäftsf., s. 1980 stv. Hauptgf., s. 1991 Hauptgf. IHK Arnsberg.

HUPPERTZ, Franz

Bezirkssekretär, Geschäftsf. SPD/Bez. Niederrhein - Kavalleriestr. 22, 4000 Düsseldorf 1; priv.: Quizinusstr. 59, 4044 Kaarst 2 - Geb. 12. April 1927 Rheydt (Vater: Franz H., Arbeiter; Mutter: Wilhelmine, geb. Jennes), ev., verh. s. 1953 m. Jakobine, geb. Vandenhouten, 2 T. (Cornelia, Petra) - Volkssch.; kaufm. Lehre - S. 1948 Parteifunkt.

HUPPERTZ, Hermann Otto

Prof., Mathematiker - Tannenweg, 2733 Vorwerk - Gegenw. Prof. f. Math. u. ihre Didaktik Univ. Bremen.

HUPPERTZ, Hubert

Prof. f. Leibeserziehung u. ihre Didaktik Erziehungswiss. Hochschule Rheinland-Pfalz/Abt. Koblenz - Trebetastr. 11, 5500 Trier-Mariahof.

HUPPERTZ, Norbert

Dr. phil., Prof. f. Allg. Pädagogik u. Sozialpäd. PH Freiburg - Hauptstr. 49, 7801 Oberried/Br. - Geb. 12. April 1938 Konzen (Vater: Johann H., Weber; Mutter: Mathilde, geb. Esser), kath., verh. s. 1968 m. Monika, geb. Scharte, 4 Kd. (Eva-Maria, Ansgar, Cornelius, Adrian) - Stud. Erziehungswiss. u. Phil. - Erzieher; Fachhochschullehrer - BV: Elternarbeit v. Kindergarten aus, 18. A. 1974; Supervision - E. problemat. Kapitel d. Sozialarb., 1975; Grundfragen d. Päd., 1975; Rollenspiel u. Vorschulmappe, 1975; Elternmitsprache im Kindergarten, 1977; Bilderb. u. didakt. Spiele, 1977; Wie Lehrer u. Eltern zusammenarbeiten u. D. Wertkrise d. Menschen, 1979; Zusammenarbeit v. Kindergarten u. Grundschule, 1980; Geliebte Kinder - liebende Kinder, 1981; D. Kindergarten stellt sich vor, 1984; D. Leitung d. Kindergartens, 1986.

HURKA, Herbert

Dr. rer. nat., Prof. f. Spez. Botanik u. Direktor d. Botanischen Gartens, Univ. Osnabrück - Finkenstr. 2, 4401 Havixbeck/W. - Habil. 1972 Tübingen - 1975-82 Univ. Münster, s. 1983 Univ. Osnabrück.

HURRELMANN, Klaus

Dr. soz., Prof. f. Sozial- u. Gesundheitsforsch. - Wertherstr. 122, 4800 Bielefeld 1 - Geb. 10. Jan. 1944 Gdingen (Vater: Kurt H., Kapitän; Mutter: Elisabeth, geb. Albrecht), vd., verh. s. 1971 m. Dr. Bettina, geb. Ahrendts, 2 Kd. (Achim, Annette) - Stud. Soziol., Psych., Päd. Freiburg, Münster, Berkeley. Habil. 1975 Bielefeld - S. 1975 Prof. Univ. Essen u. Bielefeld (1979). Sprecher d. Sonderforsch.ber. Prävention u. Intervention; Leit. Zentr. f. Kindheits- u. Jugendforsch.; Leit. v. Forsch.projekten im Ber. Bildungs- u. Jugendforsch.; Mitbegründer Forsch.zentrum f. Gesundheitsforsch. - BV: Abweich. Verhalten in d. Schule, 1973; Erziehungssystem u. Gesellsch., 1975; Leist. u. Versagen, 1981; Lebensphase Jugend, 1985; Schulerfolg u. Schulversagen, 1986; Social Structure and Personality, 1988; Sozialisation u. Gesundheit, 1988; Human Development, 1989; Belastung im Jugendalter, 1989. Herausg.: Health Hazards in Adolescence (1990), u. Handb. f. Sozialisationsforsch. (1991) - Spr.: Engl.

HURRLE, Rüdiger

Unternehmer, gf. Gesellschafter v. z. Z. 21 Fachkliniken m. 3.500 Betten - Birkenbosch 14, 7601 Durbach - Geb. 23. Dez. 1936 Rastatt/Baden-Württ., verh. s. 1970 m. Gertraud Porsch, Dipl.-Soziol. - Wirtschaftsgymn., Kommunalverw.dst.; Volkswirtsch.-Stud. - B. 1964 Leit. Kultur-, Messe- u. Verkehrsamt d. Stadt Offenburg; b. 1972 Mitgl. d. Geschäftsfg. Burda GmbH; s. 1973 selbst. Untern. Ehrenämter in Musik- u. Sportorg. - 1985 Verdienstmed. d. Ld. Baden-Württ. - Liebh.: Zeitgenöss. Kunst (Bildhauerei, Malerei), Sport, Ökologie.

HURRLE, Theodor

Gewerkschaftssekretär, MdL Baden-Württ. (s. 1972; Wahlkr. 57/Rastatt) - Freiligrathweg 5, 7560 Gaggenau/Baden (T. 3 79 00) - Geb. 8. Dez. 1919 Ottenau/Baden, verh., 4 Kd. - Volkssch.; Werkzeugmacherlehre Daimler-Benz. Meisterprüf. 1948 - B. 1957 Daimler-Benz, dann IG Metall. 1956 ff. Mitgl. Stadtrat Gaggenau (1968 stv. Oberbürgerm.); 1959 ff. MdK Rastatt. 1940-45 Wehrdst. SPD s. 1954.

HURST, Harald

Lehrer, Schriftst. - Marktstr, 12-14, 7505 Ettlingen T. 07243 - 7 77 79) - Geb. 29. Jan. 1945 Buchen, ledig, Sohn Pablo Harald - 2. Staatsex. Angl./Roman. Univ. Mannheim u. Heidelberg - Lehrauftr. (Fachhochsch. Karlsruhe, Vollzugsanst. Bruchsal); fr. Mitarb. b. Rundf. - BV: Lottokönig Paul, 1981; Freidagnachmiddag, 1983; Menschengeschichten, 1983; Höllenangst (Bearb. f. Sandkorn Fabriktheater), 1985; Ich Bin So Frei, 1986, Neuaufl. 1991; D. Zwiebelherz, 1987; De Polizeispielkaschte, 1990 - 1986 u. 87 Preise f. mundartl. Prosa d. Reg. Bez. Nordbaden; 1988 Stip. d. Kunststiftg. Baden-Württ.; 1989 Stip. d. Min. f. Wiss. u. Kunst Baden-Württ. - Spr.: Engl., Franz., Span.

HURWITZ, Harold

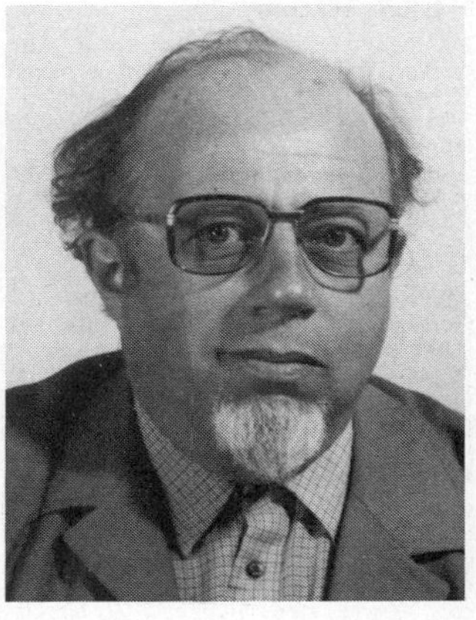

Dr. phil., Prof. f. Politische Soziologie FU Berlin (s. 1967) - Kilstetter Str. 30, 1000 Berlin 37 - Geb. 13. Jan. 1924 Hartford CT, USA, verh. m. Margarete, geb. Klase - Stud. Columbia Univ. (MA), FU Berlin (Dr. phil.) - S. 1946 in Deutschl.; 1946-49 Mitarb. US Militärreg., anschl. Leitung v. Forschungsprojekten f. DGB, VCJM, Ztschr. D. Monat; Senator f. Sozialwesen Berlin. Aufbau u. Betreuung demoskopisches Forschungsprogramm Berliner Senat - BV: D. heimliche Leser, Beitr. z. Soziol. d. geistigen Widerstands, 1966; Stunde Null d. dt. Presse, D. amerik. Pressepolitik in Deutschl. 1945-49, 1972; Publikationsreihe: Demokr. u. Antikommunismus in Berlin n. 1945: Bd. 1: D. polit. Kultur d. Bevölkerung u. d. Neubeginn konservativer Politik, 1983; Bd. 2: Autoritäre Tradierung u. Demokratiepotential in d. sozialdemokr. Arbeiterbewegung, 1984; Bd. 3: D. Eintracht d. Siegermächte u. d. Orientierungsnot d. Deutschen 1945-46, 1984; Bd. 4: D. Anfänge d. Widerstands, Teil I: Führungsanspruch u. Isolation d. Sozialdemokraten, Teil II: Zw. Selbsttäuschung u. Zivilcourage: D. Fusionskampf, 1990; Aufs. u. a. in: The New Leaders, IWK, u. Lit. im Techn. Zeitalter.

HUSCHKE von HANSTEIN, Fritz

s. Hanstein, von, Fritz Huschke

HUSEMANN, Klaus

Dr., Parlamentarischer Staatssekretär im Sächs. Staatsministerium f. Kultus - Annaberger Str. 15, O-9200 Freiberg/Sachsen (T. 2 23 61) - Geb. 28. Dez. 1942 Meißen, verh. s. 1969 m. Kathrin, geb. Sandig, 3 Kd. (Stephan, Christoph, Anne) - Stud. 1961-67 TU Magdeburg; Dipl.-Ing. 1967; Promot. 1971; Habil. 1978 Freiberg - 1990 Landesschulrat v. Sachsen. MdL, CDU-Landesvorst. Sachsen - Liebh.: Musik - Spr.: Russ.

HUSLAGE, Walter W.
Vorstandsvorsitzender Bank C.I.C.-Union Européenne AG, Frankfurt/M. - Landgrafenstr. 70, 6380 Bad Homburg v.d.H. - Geb. 29. Aug. 1940 - AR-Mand. u. a.

HUSMANN, Mathias
Generalmusikdirektor in Ulm/Donau - Zu erreichen üb. Ulmer Theater, Olgastr. 73, 7900 Ulm - Geb. 21. Juni 1948 (Vater: Fritz H., Graphiker; Mutter: Adelheid Zur, Pianistin), verh. m. Frauke Wehrmann, Sängerin - Dirig., Komp. u. Liedbegleiter.

HUSS (ß), Walter
Dr. rer. nat., Prof. a. D. Inst. f. Tierernährung Univ. Hohenheim - Steinwaldstr. 33, 7000 Stuttgart 70 (Steckfeld) (T. 457 96 76) - Geb. 17. Juli 1913 Stuttgart - S. 1961 (Habil.) Lehrtätigk. LH bzw. Univ. Hohenheim (1967 apl. Prof. f. Tierernähr. u. Futtermittelkde.) - BV: Tierernähr. u. Futtermittelkde., 1987. Handb.beitr.

HUSS, Werner
Dr. theol., Dr. phil. habil., Prof. f. Alte Gesch. Univ. Bamberg - Dr.-Thomas-Dehler-Str. 23, 8600 Bamberg (T. 5 85 16) - Geb. 8. Sept. 1936 Schwabmünchen (Vater: Rudolf H.; Mutter: Creszentia, geb. Fischer), verh. s. 1968 m. Karin, geb. König, 3 Kd. (Bernhard, Elke, Wolfgang) - Synodale 1959 Dillingen; Promot. 1967, Staatsex. 1971, Habil. 1975, alles München - S. 1978 Prof. f. Alte Gesch. Univ. Bamberg - BV: D. Gemeinde d. Apokalypse d. Johannes (Diss.), 1968; Außenpolitik Ptolemaios' IV., 1976; Beitr. z. Alten Gesch., 1983; Gesch. d. Karthager, 1985 - Spr.: Latein, Griech., Engl., Franz., Ital.

HUSSING, Dieter
Geschäftsführer Kreiswerke Hanau GmbH (1969-76) - Katharina-Belgica-Str. 19, 6450 Hanau (T. 25 43 19) - Geb. 21. Mai 1936 - 1975 Offz.kreuz d. nat. VO. d. Rep. Gabun; 1980 Ehrenbrief Land Hessen; 1982 BVK.

HUSSMANN, Walter

Hauptgeschäftsführer Deutscher Eissport-Verband - Betzenweg 34, 8000 München 60 (T. 81 82 0 + 81 82 76; Telefax 81 82 36) - Geb. 13. Nov. 1927 Duisburg, 2 Söhne (Ralf, Andreas) - Hauptgeschäftsf./Generalsekr. Dt. Eissport-Verb., Dt. Eishockey-Bund, Bund Dt. Wintersportverb., Leit. d. Geschäftsst. Haus d. Eissports, München; Org. u. Durchführung v. Meistersch.: 1968 Eishockey-Junioren-Europameistersch., Garmisch-Partenkirchen, 1973 Eiskunstlauf-Europameistersch., Köln, 1974 Eiskunstlauf-Weltmeistersch., München, 1975 Eishockey-Weltmeistersch., München u. Düsseldorf 1983 Eishockey-Weltmeistersch., Dortmund, Düsseldorf u. München; Mannschaftsleitg. Eissport Olymp. Wintersp.: 1964 Innsbruck, 1968 Grenoble, 1972 Sapporo, 1976 Innsbruck (stv. Chef de Mission), 1980 Lake Placid, 1984 Sarajewo - 1972 Gold. Ehrenmed. Jap. Eissport-Verb., u. Ehrenmed. Rumän. Eissport-Verb.; 1975 WM-Ehrennadel in Silber m. Brillanten (Bundesrep. Deutschl.); 1983 Gold. IIHF-Med. m. Ehrenurkunde (Intern. Eishockey-Verb.); 1986 BVK am Bde.; 1988 Gold. Ehrennadel Dt. Eishockey-Bund.

HUSSY, Karl
I. Bürgermeister (s. 1978) - Rathaus, 8722 Bergrheinfeld/Ufr. - Geb. 17. Febr. 1920 Waldaschaff - Zul. Verwaltungsamtm. CSU.

HUSTADT, Herbert
Dr. jur., Hauptgeschäftsführer Bau-Berufsgenossenschaft Wuppertal - Viktoriastr. 21, 5600 Wuppertal 1 (T. 0202 - 39 83 42) - Geb. 16. Juni 1930 Bochum, ev., verh. m. Petra, geb. Höher - Stud. Rechtswiss. Univ. München u. Bonn; 2. jurist. Staatsex. Düsseldorf; Promot. (Versich.-Recht) Univ. Köln 1971 - Spr.: Engl., Franz.

HUSTON, Joseph P.
Ph. D., o. Prof. f. Psychologie - Seidenweg 66, 4000 Düsseldorf - Geb. 29. Sept. 1940 (Vater: John K. H.; Mutter: Eleonore, geb. Mauerer), 3 Kd. (Alexander, Julia, David) - Ph. D. 1969 Boston/USA (Exper. Psych.) - 1969-71 Tschechosl. Akad. d. Wiss. Prag (Inst. f. Physiol.); 1971-77 Univ. Zürich (Pharmak. Inst.); s. 1977 Univ. Düsseldorf (Ord.). Spez. Hirnverhaltensforsch.

HUTAREW, Georg
Dr.-Ing., o. Prof. (emerit.) für Wasserkraftmaschinen u. Pumpen TH bzw. Univ. Stuttgart (s. 1949) - Dürrbeinstaffel 4, 7000 Stuttgart 70 (T. 47 37 01) - Geb. 1. Dez. 1906 Wien (Vater: Joh. H., Ing.; Mutter: geb. Zaunegg), verh. s. 1943 m. Emmi, geb. Crüsemann - TH Wien - Industrietätigk. (1937 Obering. Gebr. Sulzer AG., Ludwigshafen/Rh., 1945 techn. Leit. Turbinenfabrik Arzberg/Ofr., 1946 Bauleit. u. Konstrukteur Oberösterr. Kraftwerke AG., Linz/D.). S. 1954 dt. Chefdeleg. Techn. Aussch. 4 Intern. Elektrotechn. Kommiss. (IEC) BV: Pumpen, 1943; Regelungstechnik, 1969; Techn. Hydraulik, 1974.

HUTH, Erich
Dr. med., o. Prof. f. Kinderheilkunde - Görresstr. Nr. 24, 6800 Mannheim-Feudenheim - S. 1954 (Habil.) Lehrtätigk. Med. Akad. bzw. Univ. Düsseldorf (1960 apl. Prof.) u. Univ. Heidelberg (1966 o. Prof. u. Dir. Kinderklinik/Klinikum Mannheim); zul. Chefarzt Städt. Kinderklinik Mannheim. Facharb.

HUTH, Karl
Dr. med., Chefarzt Innere Abteilung/Diakonissenkrankenhaus, Frankfurt, Honorarprof. f. Inn. Med. Univ. Gießen - Holzhausenstr. 72-92, 6000 Frankfurt/M. - Geb. 28. Febr. 1933 Dt.-Krone - Promot. Univ. S. 1968 (Habil.) Lehrtätigk. Gießen u. Frankfurt (1971 Prof., 1974 Hon.Prof.). Facharb.

HUTH, Rupert
Dr. rer. pol., Prof., Vizepräsident Hochschulrektorenkonfz. (HRK), stv. Vorsitzender Fachhochschulrektorenkonfz. (FRK) - Tiefenbronner Str. 65, 7530 Pforzheim (T. 07231 - 60 31 12) - Geb. 5. Dez. 1934 Würzburg, kath., verh. s. 1961 m. Freya, geb. Haub, T. Christine - Stud. Volkswirtschaft; Promot. Univ. Würzburg - Rektor FH f. Wirtschaft Pforzheim; stv. Vors. Landesrektorenkonfz. Baden-Württ.; stv. VR-Vors. Studentenwerk Karlsruhe; Mitgl. im Kurat. d. Dt. Akad. Austauschdienstes (DAAD), u. in d. Deutsch-Franz. Hochschulkommiss. - BV: Einführung in d. Werbelehre, 1980; D. Auslandsbeziehungen Staatl. Fachhochsch. in d. Bundesrep. Dtschl.; 1987;

Fachhochschulführer, 1989 - BVK am Bde. - Liebh.: Sport, Musik - Spr.: Engl.

HUTSCHENREUTER, Karl
Dr. med., Dr. med. h.c., Prof. - Semmelweisstr. 5, 6650 Homburg/Saar - S. 1963 Prof. Univ.-Kliniken Homburg, 1969/70 Präs. Dt. Ges. f. Anästhesie u. Wiederbelebung, 1974-79 Präs. Berufsverb. Dt. Anästhesisten; s. 1977 Präs. Dt. Akad. f. anästhesiol. Fortbild. Üb. 250 Fachveröff. - 1974 Ernst v. Bergmann-Plak.

HUTTEN, Helmut G.
o. Univ.-Prof. f. Elektro- u. Biomedizin.-Technik, TU Graz (s. 1991) - Geb. 9. Jan. 1936 Backnang (Vater: Ulrich H. Oberlandwirtsch.rat; Mutter: Berta, geb. Munz), verh. s. 1965 m. Heide, geb. Wesselmann, 3 Kd. (Elke, Dagmar, Volker) - Promot. 1969 TH Darmstadt; Habil. 1972 Univ. Mainz.

HUTTERER, Franz

Rektor, Schriftst. - Koboldstr. 16, 8000 München 83 (T. 089 - 601 57 51) - Geb. 11. April 1925 Neufutog (Jugosl.) - Kinderb., Erz.; Übers. aus d. Serbokroat.; Verf. u. Herausg. v. Schulbuchwerken f. d. Deutsch- u. Geschichtsunterr.; Mithrsg. d. Südostdt. Vierteljahresblätter - Mitgl. Künstlergilde Esslingen; Vors. Südostd. Kulturwerk München; Kurat.-Mitgl. Ostd. Kulturrat Bonn - 1964 Ostd. Jugendbuchpreis f. Bevor d. Eis bricht; 1966 Förderpr. d. Landes Baden-Württ.; Kulturpr. d. Donauschwaben.

HUTTERLI, Kurt
Schriftsteller - Luisenstr. 30, CH-3005 Bern - Geb. 18. Aug. 1944 Bern, verh. s. 1966 m. Marianne Büchler, 2 Kd. (Priska, Manuel) - Univ. Bern; Sekundarlehramt - BV: aber, 1972; D. Centovalli, 1973; Herzgrün, 1974; felsengleich, 1976; D. Faltsche, 1977; D. Matterköpfen, 1978; E. Hausmann, 1979; finnlandisiert, 1982; Ueberlebenslust, 1984; Elchspur, R. 1986; Baccalà, Kriminalgesch. aus d. Tessin, 1989; Gaunerblut, 1990; Mir kommt kein Tier ins Haus, Jugendr. 1991; Stachelflieder, 1991; D. sanfte Piratin, Jugendr. 1992; mehrere Theaterstücke u. Hörsp. - 1971 Gedichtpreis Stadt Bern; 1972 u. 78 Buchpreis Stadt Bern; 1976 Jugendtheaterpreis SADS; 1982 Welti-Preis f. d. Drama (Schweiz. Schiller-Stiftg.); 1987 Anerkennungspreis d. Bernischen Ges. f. d. Volkstheater.

HUTTMANN, Arnold
Dr. med., Prof. f. Geschichte d. Med. RWTH Aachen, Internist u. Facharzt f. Kardiologie - Maria-Theresia-Allee 179, 5100 Aachen (T. 7 73 57) - Geb. 4. Jan. 1912 Brașov (Rumän.) (Vater: Josef H., Kaufm.; Mutter: Rosa, geb. Weinreb), verw. s. 1975, 2 S. (Georg, Peter) - Ab 1929 Med.-Stud. Dt. Univ. Prag (Promot. 1935) - 1932-35 Assist. Propäd. Klinik Prag; 1946-49 Kardiol. Poliklinik Brașov (Rumän.); 1949-73 Kardiol. Chefarzt Brașov; 1973-82 Vertrauensarzt Aachen. 1976-79 Lehrauftr. Gesch. d. Med. RWTH Aachen; s. 1979 Honorarprof. Aachen - BV: Hilfstafeln z. elektrokardiograph. Diagnostik, 1950 (engl. u. franz. Übers.); D. Med. in Kronstadt, 1959; Handb.beitr. - Spr.: Franz., Rumän., Ungar.

HUTTNER, Gottfried
Dr. rer. nat., Prof. f. Anorgan. Chemie u. Strukturchemie Univ. Heidelberg (s. 1986) - Neckarstaden 10, 6900 Heidelberg - Geb. 1. Aug. 1937 Ludwigshafen/Rh. (Eltern: Dr. Karl (Chemiker) u. Paula H.), 5 Kd. (Jakob, Barbara, Dorothea, Benedikt, Sebastian) - Gymn. Burghausen; Univ. u. TU München (Chemie). Promot. (1966) u. Habil. (1972) München (TU) - Doz. u. Wiss. Rat TU München; Prof. f. Anorgan. Chemie Univ. Konstanz (1977); Prof. Univ. Heidelberg s.o. Etwa 300 Publikationen.

HUVENDICK, Jürgen
Dr. jur., Bankdirektor, Vorstandsmitgl. Dt. Centralbodenkredit-AG., Köln - Kaiser-Wilhelm-Ring 27/29, 5000 Köln 1 (T. 0221 - 572 12 91) - Geb. 20. Okt. 1940 Essen (Vater: Hermann H., LG-Dir.; Mutter: Anneliese, geb. Bracksieck) - Gymn., Jura-Stud (Refer., Ass. u. Promot.) - B. 1983 stv., dann o. Vorst.-Mitgl. Dt. Centralbodenkredit-AG.

HUYN, Hans, Graf
Regierungsdirektor, MdB (s. 1976; Wahlkr. 210) - Bundeshaus, 5300 Bonn (T. 16 26 75) - Geb. 3. Juli 1930 Warschau (Vater: Hans Graf H., Diplomat; Mutter: Liselotte, geb. v. Philipp), kath., verh. s. 1959 m. Rosemary, geb. Altgräfin zu Salm-Reifferscheidt, 4 Kd. (Johannes, Marie-Christine, Franz Ferdinand, Maria Assunta) - Maximilians-Gymn. München, Ausl.sschulen (Abit.) - Stud. d. Rechtswiss., Phil., Gesch., Spr. Univ. München u. Ausl.; 1. jur. Staatsexprüf. 1954 München; Dolmetscherex. - 1955-65 Ausw. Amt Bonn (Ausl.sposten: 1956 EWG-Verhandl. Brüssel; 1957 Tunis u. Dublin; 1959 Tokio; 1961 Legationsrat u. ständ. Vertr. d. dt. Botsch. Manila, 1964 wieder Bonn (polit. Abt.), 1965 (nach Ausscheiden a. eign. Wunsch) publizist. Tätigk., 1969 Bundesfinanzverw. (1972 Reg.dir.), nach Beurlaub. wiss. Assist. u. außenpolit. Ref. CDU/CSU-Fraktion Dt. Bundestag. CSU - BV: D. Sackgasse - Dtschl. Weg in d. Isolierung, 1966; D. Tiroler Weinb., 1969; D. Moskauer Vertrag v. 12. Aug. 1970, 1970; Versprochen - gehalten?, 1974; Weder Frieden noch Freiheit, 1975; D. Kreml bittet z. Kasse, 1975; D. Angriff - D. Vorstoß Moskaus z. Weltherrschaft, 1978; Ihr werdet sein wie Gott, 1988; Die Doppelfalle, 1989. Buchbeitr. Herausg.: Ostpolitik im Kreuzfeuer (1971), Nora Gräfin Kinsky: Russisches Tagebuch (1976); Fünf vor Zwölf - D. Welt nach Afghanistan, 1980; F. Frieden in Freiheit (1982); Sieg ohne Krieg (1984); Weinland Südtirol (1985) - Liebh.: Ski, Bergwandern - Spr.: Engl., Franz., Span., Ital.

HUYS, Lambert

Dr. phil., Oberstudienrat a. D. - Uelzener Str. 73a, 3140 Lüneburg - Geb. 26. Aug. 1908 Ankum Kr. Bersenbrück (Vater: Lambert H.), kath., verw. - Univ. Münster/Westf. und Innsbruck. Promot. 1934; Staatsex. 1935 - S. 1938 höh. Schuldst. Norden u. Lüneburg (1944 Studien-, 1955 Oberstudienrat), 1940-45 Wehrdst., ab 1952 Ratsherr u. Senator Lüneburg, 1957-72 MdB, 1972 ff. VRsmitgl. Filmförderungsanstalt, Berlin. CDU (Kreis- u. stv. Bezirksvors.) - BV: Stadt u. Klerus in Osnabrück im späten Mittelalter, 1935 (Diss.) - 1973 Gr. BVK.

HYAMS, Elke

geb. Schletz

s. Sommer, Elke

HYMMEN, Friedrich Wilhelm

Publizist, Chefredakteur Informationsdienst Kirche u. Rundfunk/Evangelischer Pressedienst (epd), Frankfurt/M. (1958-78) - Anne-Frank-Str. 14, 8700 Würzburg (T. 0931 - 7 19 74) - Geb. 8. Juni 1913 Soest/W. (Vater: D. Johannes H., Pfarrer, Vizepräs. Ev. Oberkirchenrat, 1878-1951), ev., verh. m. Gerda, geb. Gauger, 2 Kd. - Gymn.; Stud. German. u. Gesch.; redaktionelle Ausbild. - 1937-38 stv. Hauptschriftl. Ztschr. Wille u. Macht, dann fr. Schriftst., b. 1942 (Entlass. n. schw. Verwund.) Wehrdst., ab 1949 Presseref. Kriegsblindenbd.Initiator Hörspielpreis d. Kriegsblinden (Vors. Preisgericht) - W: 26 Häuser, N. 1935; Die Pfuscher, N. 1935; Zw. schiefen Wänden, Erz. 1936; Tramp m. Malkasten, Erz. 1937; D. Vasall, Trag. 1937; Beton, Dr. 1938; D. Petersburger Krönung, Trag. 1940; Briefe an e. Trauernde, 1942; D. 7 Schönsten, Tanzsp. 1944; D. Majestätsbeleidigung, N. 1949; D. Kabel/Fakten u. Illusionen, 1975. Schriftl.: Monatsschr. D. Kriegsblinde u. Kriegsblinden-Jb. (1951-60) - 1942 Hermann-Löns-Preis, 1943 Literaturpreis Stadt Hamburg, 1979 Adolf-Grimme-Preis, 1979 Hans-Bredow-Med.

HYND, Ronald

Ballettdirektor u. Choreograph - Zu erreichen üb. Bayer. Staatsoper, Nationaltheater, 8000 München (T. 089 - 218 53 35) - Geb. 22. April 1931 London, verh. s. 1951 m. Annette Pase (Ballerina, Ballettmeisterin), T. Louise - Ballettschule Marie Rambert u.a., London - 1949-51 Solist Ballett Rambert; ab 1952 Royal Ballett London (Gruppentänzer, 1954 Solist, 1958 Prinzipal); 1970-73 u. ab 1984 Ballettdir. Bayer. Staatsoper, dazw. freiberufl. Choreograph - Tanz-Hauptrollen: Siegfried (Schwanensee), Albrecht (Giselle), Florimund (Dornröschen), u.v.a. - Liebh.: Musik, Gartenarbeit - Spr.: Deutsch, Engl. (Mutterspr.).

I

IBACH, Harald

Dr. rer. nat., Univ.-Prof. f. Experimentalphysik - Kalkbergstr. 167, 5100 Aachen - Geb. 15. April 1941 Rheine, ev., verh. s. 1963 m. Elke, geb. Heeren, 2 Kd. (Kirsten, Wolfram) - B. 1975 Doz., dann o. Prof. TH Aachen (KFA Jülich). Entwickelte d. Elektronen-Energieverlustspektroskopie - BV: Festkörperphysik, (m. H. Lüth) 1980, 3. A. 1990; Electron Energy Loss Spectroscopy and Surface Vibrations, (m. D. L. Mills) 1982; Solid State Physics (m. H. Lüth), 1990. Herausg.: Electron Spectroscopy for Surface Analysis (1977) - Spr.: Engl.

IBACH, Helmut

Dr. phil. habil., Ltd. Wiss. Direktor i. R. - Am Hochfeld 40, 8019 Glonn b. München (T. 08093 - 15 01) - Geb. 24. März 1912 Ludwigshafen/Rhein (Vater: Gustav I., Beamter; Mutter: Sabina, geb. Becht), kath., verh. s. 1939 m. Elisabeth, geb. Adam, 3 Kd. (Thomas, Petra, Sabina) - Gymn. Mannheim; Univ. Heidelberg, Freiburg, Leipzig (Gesch., German., Staatswiss., Publiz.). Promot. (1936) u. Habil. (1940) Leipzig - 1937-39 Assist. Althochd. Wörterb., 1939-46 Assist. m. Lehrauftr. Univ. Heidelberg, dazw. 1940-41 u. 1942-45 Soldat, Lektor Goethe-Inst. Brüssel, 1947-57 Redaktionsmitgl. Wort u. Wahrheit (b. 1949), Rhein. Merkur (1949-57), Neues Abendl. (1952-55), Gründungsleit. kath. Akad. Bayern; 1957-62 Dozent an d. Schule der Bundeswehr für Innere Führung, 1962-65 Bundesverteidigungsmin.; 1965-69 Offiziersch. d. Luftwaffe, Neubiberg, 1969-70 Stellv. Leiter des Wiss. Inst. f. Erziehung u. Bildung in d. Streitkräften, Siegburg, 1970-74 Heeresoffizierschule München, 1974-76 Führungsakademie d. Bundeswehr, Hamburg, s. 1976 Ruhest. u. fr. Publiz. S. 1982 Ehrenvors. Bayer. Presseclub - BV: Leben u. Schr. d. Konrad v. Megenberg, 1938; Wortschatz u. Begriffswelt d. althochd. Benediktinerregel, 1956/61; Dt. Bürgerkd., 1960 (Mithrsg.: F. Kuhn); Kl. Feldpostille 1961; Lechfeld - Schicksalsfeld, 1966 - Donatkreuz I. Kl. Souv. Ritterorden v. Malta, BVK I. Kl., Comtur Gregoriusord. - Liebh.: Griechenlandkd. - Spr.: Neugriech., Franz., Engl. - Bek. Vorf.: Carl Benz (ms.).

IBACH, J. Adolf

Fabrikant, Mitinhaber Pianofortefabrik Rud. Ibach Sohn, Schwelm - Barmer Str. 82, 5830 Schwelm/Westf. - Geb. 5. Jan. 1911 Berlin - Mitgl. d. Ehrenrats d. Dt. Musikrats.

IBACH, Karl

Bundesvorsitzender Zentralverband demokrat. Widerstandskämpfer u. Verfolgtenorg. (ZDWV) - Müggenburg 60, 5600 Wuppertal 2 (T. 0202 - 52 13 28) - Geb. 3. April 1915 Elberfeld, verh. s. 1950 m. Erika, geb. Ezold, S. Karl - Realgymn.; Buchhandelslehre, Verbandsgeschäftsf. u. -präs.; Redakt.; s. 1957 Beisitzer Musterungsaussch. Kreiswehrersatzamt Wuppertal; s. 1961 Verwaltungsrichter Düsseldorf; 1956-61 Stadtverordn. Wuppertal; s. 1965 1. Vizepräs. u. s. 1986 Präs. d. Fédération Intern. Libre des Déportés et Internés de la Résistance (FILDIR), Paris - BV: Kemna, Wuppertaler KZ-Lager 1933/34, 1948, Neuaufl. 1981. Herausg.: Freiheit u. Recht, D. Stimme d. Widerstandskämpfer f. e. fr. Europa (Ztschr.) - 1981 BVK I. Kl.; 1985 Gr. BVK; 1985 Ehrenring Stadt Wuppertal; 1982 Orden Polonia Restituta - Spr.: Franz.

IBACH, Rolf

Geschäftsführer Rud. Ibach Sohn Pianofortefabrik - Wilhelmstr. 43, 5830 Schwelm/W. - Geb. 11. Dez. 1940.

IBAÑEZ, Roberto

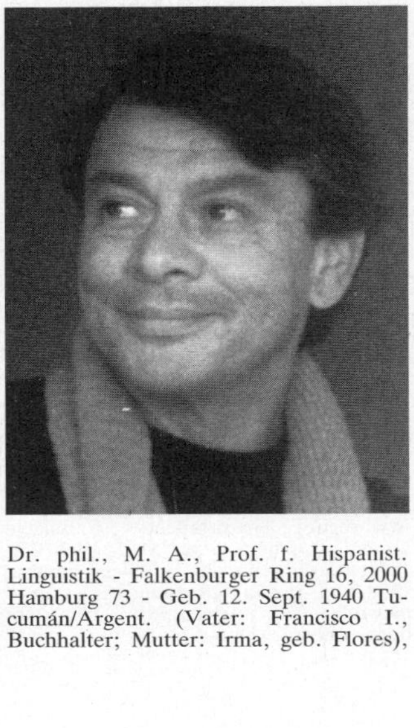

Dr. phil., M. A., Prof. f. Hispanist. Linguistik - Falkenburger Ring 16, 2000 Hamburg 73 - Geb. 12. Sept. 1940 Tucumán/Argent. (Vater: Francisco I., Buchhalter; Mutter: Irma, geb. Flores), led. - Stud. Allg. u. Roman. Sprachwiss. M. A. (1971) u. Promot. (1972) Köln - S. 1975 Prof. Univ. Hamburg - BV: Negation im Spanischen, 1972 - Spr.: Span., Franz., Engl., Portug., Ital.

IBEL, Wolfgang

Justizamtmann, MdL Hessen (s. 1970 u. 74 Aussch.-vors.) - Frankfurter Str. 44, 6250 Limburg/L. (T. 6298) - Geb. 11. Juni 1934 Limburg - Gymn. Limburg - S. 1953 hess. Justizdst. 1960 ff. MdK (1964 Vors. Haupt- u. Finanzaussch., 1968 Fraktionsf.). 1963 ff. Bezirksvors. Jg. Union West-Hessen. CDU (1969 Kreisvors.).

IBEN, Gerhard

Dr. phil., Prof. f. Heil- u. Sonderpädagogik unt. bes. Berücks. d. Didaktik d. Lernbehinderten Univ. Frankfurt/M. - Eichwald 14, 6351 Bad Nauheim-Wisselsheim.

IBRAHIM, Fouad Naguib

Dr. rer. nat., Prof. f. Geografie Univ. Bayreuth - Hans-Holbein-Str. 49 A, 3050 Wunstorf 1 (T. 05031 - 1 27 41) - Geb. 3. Dez. 1938 Damanhour/Ägypten (Vater: Naguib I.; Mutter: Fayka Habib Matta), kopt.-orth., verh. s. 1965 m. Barbara, geb. Krechel, 2 Kd. (Isis, Mariam) - B.A.Ain Shams 1958 Univ. Kairo; Staatsex. f. d. höh. Lehramt 1971 Univ. Hannover, Promot. 1975 ebd., Habil. 1979 Univ. Hamburg - 1972-75 Lehrtätigk. Univ. Hannover; 1975-81 Wiss. Assist. Univ. Hamburg; s. 1981 Prof. f. Geogr. Univ. Bayreuth - BV: D. Handwerk in Tunesien, (Diss.) 1975; Desertifikation in Nord-Darfur/Sudan, (Habil.schr.) 1980; Nil- u. Assuan-Hochstaudamm, 1982 (auch engl. u. arab.); Migration u. Identität im Sudan, 1985; Handwerk in Darfur, 1987; Kyrillos VI, 1990 - Spr.: Engl., Arab.

IBRÜGGER, Lothar

Dipl.-Ing., Stadt- u. Regionalplaner, MdB u. MdEP (1978/79) - Bastaustr. 10a, 4950 Minden (T. 20684) - Geb. 24. Dez. 1944 Bad Elster (Vater: Dipl.-Ing. Heinz I.; Mutter: Regina, geb. Gutek), verh. s. 1967 m. Imina, geb. van Delden - Stud. TU Berlin - Freiberufl. Tätigk. als Stadt- u. Regionalplaner, Lehrauftr. Städtebau FHS - Spr.: Engl.

IBSCH, Bruno

Bürgermeister a. D. - Woge 4, 3250 Hameln 1 (T. 05151 - 6 21 27) - Geb. 1. Nov. 1924 Herrmannsdorf/Schles. (Vater: Fritz I., Bäckerm.; Mutter: Klara, geb. Thamm), kath., verh. s. 1948 m. Hanna, geb. Uber, 4 Töcht. (Gabriele, Gisela, Annemarie, Claudia) - Volkssch.; kaufm. Ausb.; Verwaltungslaufbahn in d. Sozialversich.; bde. Fachprüf. - S. 1964 Mitgl. d. Stadtrates Hameln, mehrere J. 1. Bürgerm. u. CDU-Frakt.-Vors. Mitgl. Kreistag Hameln-Pyrmont- Jetzt Landesoberamtsrat, Landesprüfer LVA Hannover - Abt.KV-.BdV-Vors. Hameln-Stadt - Bundesvors. d. Neumarkter (Schles.) - BVK; Dt. Feuerwehrmed..

ICKSTADT, Heinz

Dr. phil., o. Prof. f. Nordamerik. Literatur FU Berlin - Lansstr. 5-9 (John-F.-Kennedy-Inst.), 1000 Berlin 33 - Geb. 18. Aug. 1936 Mainz, verh. m. Leanore, geb. Friedland, Tänzerin u. Choreographin, 2 Söhne (Markus, Michael) - Stud. Angl., Amerik. u. German. Univ. Mainz, Freiburg, Berlin, Notre Dame, USA; Promot. 1968 - 1970-78 Wiss. Assist. Univ. München, 1974/75 Americ. Council of Learned Soc. Fellow Harvard Univ., s. 1978/79 Prof. Kennedy-Inst. - BV: Hart Crane (hg. Thomas Pynchon). Veröff. in Fachztschr. zu Lit. u. Kultur d. späten 19. Jh. in d. USA, amerik. Moderne u. Postmoderne.

IDELBERGER, Karlheinz

Dr. med., Prof. h. c., o. em. Prof. f. Orthopädie - Hasselstr. 38, 4044 Kaarst 2 - Geb. 16. April 1909 Barmen (Vater: Karl I.; Mutter: Elisabeth, geb. v. Nievenheim), ev., verh. m. Dr. med. Annemarie, geb. Selmayr, 2 Kd. - Univ. Würzburg, Greifswald, Innsbruck, München (Med. Staatsex. 1934. Promot. 1936) - Wiss. Assist. Kaiser-Wilhelm-Inst. f. Genealogie u. Demogr. u. Orthopäd. Univ.sklinik München, 1942 Privatdoz., 1941-45 Wehrdst., ltd. Arzt Orthopäd. Abt. Landeskrankenanst. Westerstede/O. u. Chir. Univ.klin. Göttingen, 1950 apl. Prof., 1953 o. Prof. u. Klinikdir. Univ. Gießen, 1960 dass. Med. Akad., jetzt Univ. D'dorf - BV: D. Zwillingspathol. d. angeborenen Klumpfußes, 1939; D. Erbpathol. d. sog. angebl. Hüftverrenk., 1951; Lehrb. d. Kinderorthopädie, 1959; Lehrb. d. Orthop., 4. A. 1984 - Ehrenmitgl. Soc. Française d'Orthopédie et de Traumatologie, Mitgl. Soc. Intern. d'Orthop. et de Traumatol. - Liebh.: Kunstgesch., Gesch., Sprachen, Klavier.

IDEN, Peter

Journalist, Theater- u. Kunstkrit. - Eckenheimer Landstr. 282, 6000 Frankfurt/M. (T. 541480) - Geb. 11. Sept. 1938 Meseritz/Mark - Johanneum Lüneburg; Univ. Frankfurt u. Wien (Phil., Gesch., Theaterwiss.) - U. a. Redakt. Frankf. Rundschau; Gründ. u. Aufbau Museum f. Mod. Kunst Frankfurt - BV: Üb. d. Wirklichkeit, 1963; Eduard Bond, Monographie, 1973; D. Schaubühne, 1978; Theater als Widerspruch, 1983; Gesellschaft - was ist das?, Bilder f. Frankfurt, 1985. Mithrsg.: Neues dt. Theater (1971) - 1972 Mitgl. PEN-Zentrum BRD - Spr.: Engl. (1955-56 Kalifornien-Aufenth.). Prof. Hochsch. f. Musik, Frankfurt, s. 1980.

IGNÁTIEFF, Michail

Balalaika-Konzertsolist - Silberdistelweg 5, 2000 Hamburg 65 (T. 536 67 70) - Geb. 23. Jan. 1910 Petersburg (Vater: Ewgéni, Kaufm.; Mutter: Nadéschda, geb. Alexandrowna), russ. orth., verh. s. 1960 m. Nadia, geb. Drangmeister - Autodidakt; Musiktheorie Klindworth-Scharwenka-Konservat., Berlin (Prof. Rich. Kursch) - S. 1931 Konzertreisen in Europa; eig. Bal.-Abende; Gastsp. im Rundf., s. 1936 auch im Fernsehen; Schallplattenaufn. b. Electrola, His Master's Voice, Victor (1935) u. Decca (1951). Bearb. russischer, ukrain. u. weißruss. Volksweisen f. Balalaika Solo u. m. Klav. - BV: Schule d. künstler. Bal.-Spiels, 1951 dt.-russ., 1968 engl.-russ.; Komp. f. Bal. u. Klavier; Bal.-Alben; Übers. russ. Volkslieder - Griffbrett-Entw. f. 31-bünd. Konzert-Bal. (3 Oktav.) - Liebh.: Poesie - Spr.: Russ. - Lit. Fritz Buek, D. Bal. u. ihre Meister, 1937; Michael Goldstein, Michail Ignátieff u. d. Bal., 1978; div. Pressekritiken in Europa.

IHDE, Gösta B.

Dr. rer. pol., Dipl.-Kfm., o. Prof. f. Betriebswirtschaftslehre Univ. Mannheim (s. 1970) - Mollstr. 32, 6800 Mannheim - Geb. 29. März 1938 Rostock - Promot. 1966; Habil. 1969 - BV: Grundl. d. Rationalisierung, 1970; Logistik, 1972; Größenersparnisse d. Distribution, 1976; Distributionslogistik, 1978; Transport, Verkehr, Logistik, 2. A. 1991.

IHLAU, Fritz

Dr. phil., Komponist - Lüdorf Nr. 27, 5632 Wermelskirchen 2 (T. 02193-8 83) - Geb. 28. Aug. 1909 Hannover, ev., verh. s. 1941 m. Ursula Salewski (Schauspielerin), 2 Kd. (Olaf, Helga) - Abit. 1930, Stud. Musikwiss., Lit.- u. Theaterwiss., Gesch. u. Zeitungswiss. Univ. Marburg u. München, Promot. 1935 Univ. München; 1936 Spezialausb. Reichstonmeisterschule v. Radio Frankfurt/Main; s. 1936 Tonmeister am ehemal. Reichssender Königsberg/Pr.; Soldat; s. 1945 Komponist u. Red.; 1950 Tonmeister WDR Köln; s. 1952 Erster Tonmeister; 1961-74 zusätzl. Hauptprogrammgestalter gehobene Unterhaltungsmusik - Werke: Zigeuner-Rhapsodie; Serenade f. Flöte, Oboe u. Streichorch.; Poème passionel; Weihnachtslieder-Suite; Canzonetta; Dünen u. Meer. Üb. 100 Orchesterwerke - 1984 Ehrenurkunde Stadt Wermelskirchen; 1985 GEMA-Ehrenmed.; 1986

BVK am Bd. - Liebh.: Gartenarb., Basteln - Spr.: Franz., Engl.

IHLE, Hermann-Adolf

Hauptgeschäftsführer Dt. Landwirtschafts-Ges. - Zimmerweg 16, 6000 Frankfurt/M. (T. 7 16 80) - Geb. 1925 - S. 1962 DLG (1968 Geschäfts-, 1972 Hgf.) - 1985 Max-Eyth-Denkmünze in Silber.

IHLE, Tobias

Prof. f. Musik u. Didaktik d. Musikerzieh. Erziehungswiss. Hochsch. Rheinl.-Pfalz/Abt. Worms, Prof. f. Tonsatz Univ. Mainz - Merianstr. 1, 6520 Worms/Rh.

IHLENFELDT, Hans-Dieter

Dr. rer. nat., Prof. f. Botanik, insb. Morphologie u. Systematik - Siebentunnelweg 13, 2083 Halstenbek - Geb. 17. Juli 1932 Friedrichsort/Kiel - Promot. 1958 - S. 1964 (Habil.) Lehrtätigk. Univ. Hamburg (1971 Prof.). Üb. 50 Facharb. - 1961 Carl-Christiansen-Preis.

IHM, Peter

Dr. rer. nat., Prof. u. Direktor Inst. f. Med. Biometrie Univ. Marburg (s. 1966) - Bunsenstr. 3, 3550 Marburg - Geb. 29. Dez. 1926 Darmstadt (Vater: Dr. phil. Hans I., Bibliothekar; Mutter: Wilhelmine, geb. Bellaire), 3 Kd. - Univ. Freiburg/Br. u. Paris - 1960-66 Beamter Europ. Atom-Gemeinsch. - Spr.: Franz., Engl., Ital.

IHMANN, Georg

Lyriker, Schriftst. - Tilsiter Weg 6, 8225 Traunreut (T. 08669 - 25 38) - Geb. 27. Juni 1927 Grottkau/Schl., ev., verh. s. 1954 m. Lore, geb. Gayditza, 2 Kd. (Susanne, Christian) - 1947-51 Gesangsstud. f. Oper u. Konz. - B. 1961 Sänger (Aufg. d. Berufs aus gesundheitl. Gründen, Kriegsbeschäd.); 1960-70 Leit. Laienspielgr. VHS Traunreut. Kulturref. Schles. Landsmannsch. - BV: Aus d. Dunkel in d. Licht, Bild-Gesch. 1983; D. Leben schenkt mir Sinne, Lyrik-Schallpl. 1985; Humoris causa, Ged.; Liebe, d. sich Worte formt, Ged.; D. Zeit stellt mir d. Fragen, Ged. Kinderhörspiele (Rundfunk), Hörsp., Laiensp., Bühnenst., u.a. ... und suchten nur d. Liebe (1963); D. Tankwart u. sein Hobby (1963); König David (1982), Jahresringe, Ged. 1992 - Grand Prix 1980, 3. Pr. im Cassettenwettb. Brüssel; 1984 2. Preis Lyrik-Wettb. Witten; 1982 Diploma di Merito Univ. Salsomaggiore (f. schriftst. Arb.); Preise f. d. beste Tonbandaufn.; 1986 Rudolf Descher-Feder f. schriftst. Schaffen; 1986 Ehrenmed. in Silber f. bes. Verdienste in d. Kultur v. VdK Deutschl.; 1989 Kulturpreis d. Stadt Traunreut f. d. schriftst. Tätigk. - Interessen: Eigenprod. v. Bandaufn. f. blinde u. sehende Hörer im Ring d. Tonbandfreunde - Zahlr. Zeitungsber.; Rezens.

ILG, Anton

Mechanikermeister, MdL Baden-Württ. (s. 1960, CDU) - Weingärten 62, 7340 Geislingen/Steige (T. 211) - Geb. 30. März 1919 Geislingen, kath., verh., 3 Kd. - Maschinenschlosserlehre, Meisterprüf. 1948 - Werkzeugschlosser; 1939-45 Arbeits- u. Wehrdst.; s. 1952 Betriebsratsvors. Maschinenfabr. Geislingen. Ämter: Stadtrat, Kolpingsfamilie, IG Metall - 1977 Gr. BVK.

ILGNER, Rainer

Dr. phil., Stellvertretender Sekretär d. Dt. Bischofskonferenz - Kaiserstr. 163, 5300 Bonn 1 (T. 0228 - 10 32 91) - Geb. 12. April 1944, kath. - 1971-75 Geschäftsf. Cusanuswerk, 1979-91 Leit. Zentralst. Bildung d. Dt. Bischofskonferenz.

ILGNER, Siegfried

Dipl.-Ing., Vorstandsmitglied Vereinigte Kammgarn-Spinnereien, Delmenhorst - Stedinger Str. 37b, 2870 Delmenhorst - Geb. 24. Febr. 1926 Hermsdorf/Rsgb. (Vater: Alfred I., Kaufm.; Mutter: Rose, geb. Lange), kath., verh. s. 1956 (Ehefr.: Gisela) - Abit., Dipl.-Ing. - Dir. Phrix; Geschäftsf. G. v. Delden (1969); Vorstandsmitgl. VKS (1974; Verkauf/Finanzen) - Liebh.: Briefm. - Spr.: Engl.

ILLERHAUS, Edmund

Prof., Konzertsänger u. Hochschullehrer - Am Pferdskamp 44, 4030 Ratingen 8 - Geb. 1. Dez. 1936 Duisburg (Vater: Edmund I., Bankkfm.; Mutter: Maria, geb. Scheidtmann), kath., verh. s. 1963 m. Barbara, geb. Ehm, 2 Kd. (Christian, Susanne) - 1956-63 Robert-Schumann-Konservat. Düsseldorf (Meisterkl. Prof. Martienßen-Lohmann) - S. 1969 Gesangskl. Folkwang-Hochsch. bzw. Musikhochsch. Ruhr, Essen. Konzerte In- u. Ausl. Funk u. Ferns. Schallpl.

ILLES, Peter

Dr. med., Prof. Pharmakologisches Inst. Univ. Freiburg (s. 1985) - Hermann-Herder-Str. 5, 7800 Freiburg (T. 0761-203-34 65) - Geb. 10. Aug. 1942 Budapest/Ung., griech-kath., verh. s. 1981 m. Dr. Patrizia, geb. Rubini, 3 Kd. (Laura, Monica, Peter) - Stud. Med.; Approb. u. Promot. 1967 Univ. Budapest - 1967-78 wiss. Angest. Pharmakologisches Inst. Univ. Budapest; 1981-85 wiss. Angest. Pharmakologisches Inst. Univ. Freiburg; 1977-78 Gastwissenschaftler Pharmakologisches Inst. Univ. Lund, Schweden; 1978-81 MPI f. Psych. München - Arbeitsgeb.: präsynaptische Modulation d. noradrenergen u. kolinergen Neurotransmission - BV: Mechanism of receptor-mediated modulation of transmitter release, 1986; Regulatory roles of opioid peptides, 1988 - Liebh.: Lit., Sport - Spr.: Ung., Engl.

ILLIG, Leonhard

Dr. med., em. o. Prof. f. Dermatologie u. Venerol. - Ringstr. 26, 7815 Kirchzarten (T. 69 45) - Geb. 29. Aug. 1920, ev. - S. 1957 (Habil.) Lehrtätigk. Univ. Marburg, Freiburg (1963; 1964 apl. Prof.), Gießen (Ord. u. Dir. Klinik f. Haut- u. Geschlechtskrankh.) - BV: Lehrb. d. Angiologie, 1959 (m. Ratschow); D. terminale Strombahn, 1961. Zahlr. Einzelarb. üb. physikal Allergie d. Gefäßreaktion b. d. Psoriasis u. d. lokale Shwartzman Phänomen u. Melanom-Zytol. u. -Therapie; Melanom-Früherkennung u. Laien-Aufklärung - Liebh.: Musik, Bergsteigen - Spr.: Engl.

ILMER, Walther

Oberregierungsrat i. R., Schriftsteller (Ps. Claude Morris, Ralph M. Walters), Vorst.-Mitgl. Karl-May-Ges. - Letterhausstr. 31, 5300 Bonn 1 (T. 0228 - 62 13 98) - Geb. 4. März 1926 Köln, ev., verh., 2 Kd. - Abit. 1944; staatl. gepr. Dolm. 1956 - 36 Kriminalrom. (dar. D. Netz, 1958; Totentanz in Mersley Hall, 1958); zahlr. Ess. u. wiss. Beitr. z. Karl-May-Forsch. (s. 1974) - VO Bundesrep. Deutschl. - Interessen/Liebh.: Karl-May-Forsch., Anglo-amerik. Lit., Bergwandern, Radwandern, Musik (Verdi, Chopin, Mozart) - Spr.: Engl.-amerik. - Bek. Vorf.: Heinz Wieck, Prof. d. Phil. Univ. Leipzig (Urgroßonkel) - Lit.: Schmidtkes Pseudonym-Spiegel, Jahrb. u. Mitteil. d. Karl-May-Ges., Nachschlagewerke.

ILSCHNER, Bernhard

Dr. rer. nat., Dipl.-Phys., Prof., Werkstoffwissensch. - Ch. de Ponfilet 55, CH-1093 Conversion - Geb. 13. Dez. 1928 Danzig (Vater: Friedrich I., Bankdir.; Mutter: Dr. phil. Liselotte, geb. Voss), ev., verh. I) s. 1954 m. Dr. rer. nat. Christa, geb. Gensch († 1975), 2 Kd. (Susanne, Carola); II) s. 1979 m. Erika, geb. Giem, Pfarrerin, 2 Kd. (Friederike, Benjamin) - Gymn.; Abit. 1946; Stud. Univ. Rostock, Jena (1946-50); Dipl. 1950; Promot. 1954 Bonn; Habil. 1963 Göttingen - 1950-51 Wissensch. Mitarb. Akad. d. Wissensch. Berlin; 1952-54 Vacuumschmelze AG., Hanau; 1957 Mass. Inst. of Technol. (MIT); 1958-60 Abt.sleit. Zentralforschung Fried. Krupp; 1961-65 Oberassist. Univ. Göttingen; 1965ff. o. Prof. u. Inst.vorst. Univ. Erlangen-Nürnberg; 1968-69 Dekan Techn. Fak.; 1969-71 Leit. d. Hochschulplanungskomm. u. Prorektor; 1972-75 Rektor d. Univ.; ab 1982 o. Prof. Dépt. des Matériaux, Ecole Polytechnique Fédérale de Lausanne - BV: Hochtemperatur-Plastizität (wissensch. Monogr.), 1973; Werkstoffwiss., Lehrb. 1982, 2. A. 1990; ca. 80 Fachveröff. - 1975 Bayer. Verdienstord.; 1984 Bayer. Maximilians-Orden f. Wiss. u. Kunst - 1977-78 Vors., 1987 Ehrenmitgl. Dt. Ges. f. Metallkunde, 1990 Indian Soc. Mater. Sci., 1991 Indian Inst. of Metals - Spr.: Engl., Franz.

ILSEMANN, von, Wilhelm

Dr., Vorstandsvorsitzer i.R. - Überseering 35, 2000 Hamburg 60 - S. 1963 Vorst.-Mitgl., stv. -vors. (1970) u. Vors. (1979-81) Dt. Shell AG., Hamburg. 1975-87 Präs. Ständ. Rat Welt-Erdöl-Kongr. - 1983 Gr. BVK, 1985 Stern dazu.

ILTGEN, Erich

Dipl.-Ing., Landtagspräsident Sachsen (s. 1990) - Heinrich-Zille-Str. 11, O-8020 Dresden (T. 47 43 66) - Geb. 10. Juli 1940 Köln, kath., verh. s. 1965 m. Eva-Maria, geb. Becke, 4 Kd. (Christian, Gerald, Anett, Michael) - Schlosser; Abit.; Dipl.-Ing. - Bauleit.; Vorb. v. Investit., Dombaumeister, Bauamtsleit. b. Bischöfl. Ordinariat Bistum Dresden-Meißen; Ordinariatsrat; Moderator Runder Tisch Dresden, Sächs. Forum - Liebh.: Sport, Radsport, Leichtathletik - Spr.: Russ.

ILTING, Karl-Heinz

Dr. phil., o. Prof. f. Philosophie Univ. Saarbrücken (s. 1966) - Winnweg 42, 6670 St. Ingbert/S. (T. 6347) - Geb. 5. März 1925 - Habil. 1962 Kiel - Zul. Doz. Univ. Kiel - BV: Platons Theorie d. Wirklichkeit, 1962; Hegels Vorles. ü. Rechtsphilos., 1973/74; Hegel, Religionsphilosophie, 1978.

ILZIG, Karl F.

Dipl.-Ing., Geschäftsf. Original Hanau Heraeus GmbH u. Dir. Heraeus GmbH Unternehmensbereich Geräte, bde. Hanau - Ad.-Stifter-Str. 10, 6450 Hanau/Main - Geb. 7. Aug. 1917 - Beiratsmitgl. Technik RKW, Mitgl. Dt. Gesellsch. f. Lichtforschung.

IMDAHL, Heinz

Kammersänger, Mitgl. Bayer. Staatsoper, Staatsoper Wien u. Staatstheater am Gärtnerplatz - Chiemgauhof, 8212 Übersee (T. 08642 - 351) - Geb. 6. Aug. 1924 Düsseldorf (Vater: Willi I.; Mutter: K., geb. Göbel), kath., verh. s. 1959 m. Hanny, geb. Holzner, 2 Kd. (Martin, Christof) - Gesangsstud. Hochsch. f. Musik Köln (Lehrer: B. Pütz).

IMDAHL, Hermann

Dr. med., Prof., Direktor a. D. Chirurg. Klinik St.-Johannes-Hospital (1983-87) - Johannesstr. 9-11, 4600 Dortmund 1 (T. 18 431); priv.: Do.-Bitterm., Bittermarkstr. 66 - Geb. 25. Febr. 1922 Aachen (Vater: Josef I., Bankdir.; Mutter: Emilie, geb. Krabbel), kath., verh. s. 1951 m. Inge, geb. Delbrück, 3 Kd. (Ulrike, Charlotte, Andreas) - Gymn. Aachen (Kaiser Karl); Univ. Münster u. Bonn. Promot. 1948; Habil. 1961 - S. 1961 Lehrtätigk. Univ. Bonn (1966ff. apl. Prof. f. Allg. Chir.; 1963-67 Oberarzt Chir. Klinik). 1967-83 Chefarzt, 1983-87 Dir. Chir. Klinik St. Johannes-Hospital Dortmund. Wiss. Filme: Röntgenkinematogr. Funktionsanalyse d. terminalen Oesophagus (1965 Silbermed. II. Festival Intern. d'Cinéma Médical Nantes), Röntgenkinem. Differentialdiagnose Achalasie-Cardiacarcinom (m. Prof. Janker); D. Taktik d. totalen Gastrektomie m. isoperistaltischer Dünndarminterposition - E. Filmvergl. aus 8 dt. Kliniken (Bayer/Leverkusen) - BV: D. terminale Oesophagus, 1963. Chir. d. Hiatusbrüche u. d. Zwerchfells, 1969. Abdominalchir. im Kindesalter, 1973; Erworbene Hiatusbrüche, Refluxerkrankg. u. Therap., in: Med. Welt 25, 1974; Verfahrenswahl b. Ulcusblutung, 1978; Op.-Indikat. Appendicitis. Therapiewo., 1979; Appendicitis: Überseh. oder voreilige Diagn.?, 1979; Behandlung infizierter u. infektionsgefährd. Wunden, 1980; Was leistet d. extramucöse Cardiomyotomie f. d. Achalasie?, 1982; Akuter Thorax - e. Verbundthema d. Gesamtchir., Langenbecks Archiv 361, 1983; Chir. Techn. d. Cholecystektomie, 1984; Welche Schleimhautveränderungen m. Epithelumbau rechtfertigen am Magenstumpf e. Nachresektion aus praeventiver Sicht?, 1984; Stellungn. z. Ergehen u. Wohlbefinden Gastrektomierter m. isoperistaltischem Dünndarmersatz, 1984; D. akute Thorax, 1986; Welche Technik schützt vor e. Nahtinsuffizienz in e. termino-terminalen Colonanastomose, 1987; Bewusstseinsstörungen als Risikofaktor in d. Chir., 1988; Bedeutung d. funktionellen CT z. Risikominderung b. Eingriffen wegen akuter Pankreatitis, 1988; Chir. u. Medien auf d. Suche n. Konfliktlösungen. D. reduzierte Blick - d. Medien e. ärztliches Ärgernis. Was stört Chirurgen an d. Medien?, 1988; Prinzipien onkolog. Chir. - interdiszipl. Behandlungsstrategien, 1989; Perioperative Probl. b. Alkoholikern u. Patienten m. Hirndurchblutungsstörungen, 1990. Ztschr.veröff., Vortr. u. Veröff. in Kongreßberichten. Zahlr. Einzelveröff. (Speiseröhrenerkr.; Kardia-Magenchir.; Kinderchir.; Thrombose u. Embolie, Gerinnungsphysiol.; Infektionskrankh.) - 1985 Vors. u. 1987 Ehrenmitgl. Vereinig. Niederrh. Westf. Chir.

IMEYER, Gerd-Winand

Dr. rer. pol., Dipl.-Kfm., Generaldirektor, Vorstandsvors. Hanse-Merkur Versicherungsgruppe - Neue Rabenstr. 3-12, 2000 Hamburg 36 - Geb. 6. Dez. 1934 Osnabrück (Eltern: Friedrich (Oberstudienrat) u. Hilde I.), ev., verh. s. 1969 m. Petra, geb. Kolmitz, T. Annette - Lehre Papierind.; Univ. Münster u. Hamburg (Dipl.-Kfm., Promot.) - 1960 b. 1964 Verbandswesen; 1964-68 Mineralölind.; s. 1968 Versich.sw.

IMHÄUSER, Günther

Dr. med. (habil.), em. o. Prof. f. Orthopädie - Frangenheimstr. 17, 5000 Köln 41 (T. Büro: 0221 - 41 33 22; priv.: 40 65 30) - Geb. 18. Aug. 1912 Olpe/W. - 1944 Doz. Univ. Leipzig, 1952 apl. Prof. Univ. Hamburg, 1966 Ord. Univ. Köln. Emerit. 1978 - BV: Behandlung v. Fußdeformitäten im Säuglings-, Kindes- u. Erwachsenenalter; Probl. d. Hüftchir., insbes. Behandl. d. Koxarthrose, d. Hüftluxation u. d. Epiphysenlösung - 1980 Erich-Lexer-Preis; Ehrenmitgl. Dt., Österr., Ungar., Jap., Thail. u. Franz. Orthopäd. Ges.; 1986 Gr. BVK.

IMHOF, Arthur

Dr. phil., Prof. f. Neuere Geschichte FU Berlin - Habelschwerdter Allee 45, 1000 Berlin 33 (T. 030 - 838 45 17) - Geb. 20. April 1939 Naters (Schweiz) - Promot. 1965 Zürich; Habil. 1973 Gießen - 1973-75 Doz. Univ. Gießen, s. 1975 Prof. Dir. d'études associé à l'Ecole des Hautes Etudes en Sciences Sociales Paris 80, 81. Gastprof. in Großbrit., Belgien, Brasilien, Australien u. Neuseeland. Vize-Präs. Commiss. Intern. de Démographie Histor. Gesch. d. Neuzeit - BV: D. Friede von Vervins 1598, 1966; Grundzüge d. nord. Gesch., 1970; Bernadotte, 1970; Aspekte d. Bevölkerungsentw. in d. nord. Ländern 1720-50, 1975; Soz.-gesch. u. Med., 1975 (m. O. Larsen); Einführ. in d. Histor. Demograph., 1977 (ital. 1981); D. gewonnenen Jahre, 1981; D. verlorenen Welten, 1984; V. d. unsicheren z. sicheren Lebenszeit, 1987. Herausg.: Histor. Demograph. als Soz.-gesch. (1975), Biol. d. Menschen in d. Gesch. (1980). Mithrsg.: Mensch u. Gesundheit in d. Gesch. (1980). Div. Fachaufs.

IMHOFF, Hans

Konsul, Fabrikant, AR-Vors. Stollwerck AG, Köln (s. 1974) u. Concordia-Chemie AG, Oberhausen - Eilendorfer Str. 5, 5000 Köln-Braunsfeld - Geb. 12. März 1922 Köln (Vater: Fritz I.), verh. m. Gerburg, geb. Schmidt - Automobilind. (Ford); nach 1945 Lebensmittelgroßhdl. (selbst.); s. 1947 Fabrikant; s. 1981

Mehrheitsgesellsch. Sprengel GmbH, Hannover (Holding f. Stollwerck AG u. weitere Schokoladen-Firmen).

IMHOFF, Hans-Diether
Vorstand Vereinigte Elektrizitätswerke Westf. AG (VEW), Dortmund (s. 1982), Oberstadtdir. a.D. - Rotgerweg 22, 4600 Dortmund-Lücklemberg - Geb. 19. Febr. 1933 Duisburg (Vater: Hans I., Bankdir.; Mutter: Emilie, geb. Barbion), ev., verh. s. 1957 m. Maria, geb. Brunner, Sohn Michael - Helmholtz-Gymn. Essen; Univ. Bonn u. Freiburg/Br. (Rechtswiss.). Gr. jurist. Staatsprüf. 1961 Düsseldorf - 1961-82 Stadtverw. Dortmund (Rechtsrat, 1964 Beigeordn., 1967 Oberstadtdir.); b. 1982 AR-Vors. VEW, dann Vorst.-Mitgl. SPD s. 1957 - Spr.: Engl., Franz. - Mitgl. Lions-Club.

IMHOFF, Leo
Hotelkaufmann, Präsident Dt. Hotel- u. Gaststättenverband DEHOGA (s. 1971) - Graf-Bernadotte-Str. 9, 4300 Essen 1 - Geb. 28. Nov. 1921 Essen (Vater: Hubert I.; Mutter: Elisabeth, geb. Dietz), kath., verh. s. 1951 m. Gisela, geb. Düttmann, 2 Kd. (Hans-Hubert, Eva-Maria) - Abit. 1940 - BVK 1. Kl.

IMHORST, Günter
Steuerberater, Vorstandsmitglied DATEV e.G. - Brahmsstr. 3, 4150 Krefeld - Geb. 6. Juli 1934, verh. s. 1961 - Spr.: Engl.

IMIELA, Hans-Jürgen
Dr. phil., Prof., Kunsthistoriker, Akad. Dir. Univ. Mainz - Unterer Michelsbergweg 16, 6500 Mainz (T. 06131 - 83 17 28) - Geb. 5. Febr. 1927 Hannover (Vater: Georg I., Geschäftsf.; Mutter: Alma, geb. Becker), ev., ledig - 1947-55 Stud. Kunstgesch., Archäol., Vor- u. Frühgesch. Univ. Mainz; Promot. 1955, Habil. 1975 - 1945-47 u. 1955/56 Nieders. Landesgalerie Hannover; 1956-60 Assist. TH Darmstadt; s. 1960 Univ. Mainz - BV: Max Slevogt, 1968; Max Liebermann als Zeichner, 1970; Bruno Müller-Linow, 1972; Wilhelm Loth, Zeichn., Druckgraphik, 1973.

IMIG, Harald
Assessor, Geschäftsführer Neusser Produktenmarkt e. V. - Friedrichstr. 40, 4040 Neuss/Rh. (T. 26101).

IMM, Günther
s. Bischof, Heinz

IMMENDORF, Anton
Präs. Handwerkskammer Aachen, Ges. Fa. Käsmacher GmbH & Co. KG, Kunststoffverarbeitung - Malmedyer Str. 1, 5190 Stolberg/Rhld. - Geb. 20. Okt. 1921 Büsbach (Vater: Edmund I., Bauuntern.; Mutter: Maria, geb. Worms), kath., verh. s. 1944 m. Lisbeth, geb. Hasenack, 3 Kd. (Edmund, Uwe, Heidrun) - Gr. BVK; Ordem do Mérito Indostrial Rep. Portugal; Ehrenbürger d. RWTH Aachen - Liebh.: Sportfischerei - Spr.: Engl.

IMMENGA, Ulrich
Dr. jur., Prof. - Platz der Göttinger Sieben 5, 3400 Göttingen (T. 0551 - 39 48 71) - Geb. 5. Juni 1934 Helmstedt, ev., verh. s. 1962 m. Ingeborg, geb. Mark, 3 Kd. (Dirk, Frank, Silke) - Bankl.; Stud. Göttingen, Berlin, Saarbrücken, Würzburg, Ann Arbor (USA); Promot. 1966; Habil. 1970 - 1971 Wiss. Rat u. Prof. Univ. Bielefeld, 1971-74 o. Prof. Lausanne; s. 1974 o. Prof. u. Dir. Abt. f. Intern. u. Ausl. Wirtsch.recht Univ. Göttingen, 1979-89 Mitgl. u. 1986-89 Vors. d. Monopolkommission, 1985 Gastprof. Georgetown Univ. Washington, D. C., 1987 Gastprof. Paris I, 1988 Gastprof. Kobe/Japan - BV: Wettbewerbsbeschränkungen auf staatl. gelenkten Märkten, 1970; Beteiligungen von Banken in anderen Wirtsch.zweigen, 1976; Polit. Instrumentalisier. d. Kartellrechts?, 1976; Großkommentar z. Gesetz gegen Wettbewerbsbeschränk.

(Mithrsg. u. -autor), 2. A. 1992; Strompreise zw. Kartell- u. Preisaufsicht, 1982; Grenzen d. kartellrechtl. Ausnahmebereichs Arbeitsmarkt, 1989 - Spr.: Engl., Franz., Span.

IMMENKAMP, Aloys
Dr. med., Dr. med. dent., Prof., Ltd. Arzt Kieferchir. Abt. Raphaelsklinik, Münster - Klosterstr. 2, 4400 Münster/W. (T. 42714) - Geb. 8. Sept. 1906 Münster/W. (Vater: Gerhard I., Sekr.; Mutter: Elisabeth, geb. Specht), verh. 1934 - B. 1944 Privatdoz., dann apl. Prof. Univ. Münster (Zahnheilkd.) - BV: D. elektr. Schneiden in d. Zahnheilkd., 1934; Basale u. extraovale Leistungsanästhesien, 1940; D. örtl. Schmerzausschalt. in d. Zahn-, Mund- u. Kieferheilkd., 1955; Chir. Kieferorthop., 1957; Allgemeinanästhesie u. örtl. Betäubung i. d. Zahn-, Mund- u. Kieferheilkd., 1970.

IMMENKÖTTER, Herbert
Dr. theol., Univ.-Prof. Univ. Augsburg - Universitätsstr. 10, 8900 Augsburg (T. 0821-59 88 26) - Kath., verh. s. 1967, 2 Kd. (Christoph, Elisabeth) - Stud. Univ. Münster, Innsbruck, Freiburg; Promot. 1969; Habil. 1974 Freiburg - S. 1980 Prof. f. Bayer. Kirchengesch. in Augsburg - BV: D. Geistl. Rat in Münster, 1972; Um d. Einheit d. Kirche, 1974; D. Augsburger Reichstag 1530, 1978; D. Confudatio d. Confessio Augustana, 1980; Hieronymus Vehus, 1982; D. fromme Revolte, 1984; Ecclesia militans, 2 Bde. 1988.

IMMENROTH, Lydia
Dr. phil., o. Prof. f. Textilgestaltung PH Ruhr, Dortmund (seit 1975) - Wilhelm-Dresing-Str. 10, 4600 Dortmund 50 - Geb. 6. Okt. 1919 Gelsenkirchen - Promot. 1968 - BV: Textilwerken, 1970. Aufs.

IMMER, Klaus
Dipl.-Landwirt, MdB (s. 1972; Wahlkr. 146/Neuwied) - Bergstr. 20a, 5320 Altenkirchen/Westerw. (T. 563) - Geb. 9. März 1924 Manslagt/Ostfriesl., ev., verh., 5 Kd. - Gymn. (Abit.), landw. Lehre; Univ. Bonn (Landw.); 1950-52 Gutsverwalter; 1952-53 Beratungstechniker; 1953-59 Landjugendref. Ev. Kirche Rhld.; s. 1959 Doz. u. Geschäftsf. Ev. Landvolkshochsch. Altenkirchen, 1944-45 Wehrdst. 1952 b. 1953 GVP; s. 1957 SPD (1969 Ortsvors.); Stv. Mitgl. Synod. d. EKD; Mitgl. ÖTV.

IMMERMANN, Udo
Hauptgeschäftsführer u. I. Syndicus Handelskammer Bremen (1981ff.) - Am Markt 13, 2800 Bremen 1 (T. 0421 - 3 63 70) - Geb. 7. April 1935 - Vorst.-Mitgl. Rationalisierungs-Kurat. d. Dt. Wirtschaft, Bremen.

IMMESBERGER, Helmut

Dr. jur., Regierungsdirektor a. D., Vorstandsmitgl. Gasanstalt Kaiserslautern AG - Rostocker Str. 72, 6750 Kaiserslautern - Geb. 24. Febr. 1934 Bad Dürkheim (Vater: Wilhelm I., Dipl.-Ing.

(FH); Mutter: Luise, geb. Schaumlöffel), kath., verh. s 1957 m. Doris, geb. Pillat, 4 Kd. (Jutta, Stephan, Thomas, Petra) - Univ. Mainz (Jura, Staatsex. 1957 u. 1961, Promot. 1962) - 1972-85 stv. Leit. Finanzamt Kaiserslautern. 1974-90 Mitgl. d. Stadtrats v. Kaiserslautern (1978-85 CDU-Fraktionsvors.). S. 1984 CDU-Fraktionsvors. d. Planungsgem. Westpfalz - BV: Z. Problematik d. Unabhängigk. d. Abg. im Dt. Bundestag (Diss.), 1962; Recht d. Konzessionsabgaben, Loseblattkomment. (27. Ergänz.), 1992 - Ehrenbürger v. Davenport/USA - Liebh.: Eisenbahnwesen, Philatelie - Spr.: Franz., Engl., Latein - Lit.: Nachschlagewerke.

IN DER SMITTEN, Franz-Josef
Dr. rer. nat., Dipl.-Phys., o. Prof. f. Nachrichtentechnik, Berg. Univ.-GH Wuppertal - Händelstr. 5, 5000 Köln 40 (Widdersdorf) (T. 0221 - 50 12 81) - Geb. 24. Febr. 1929 (Vater: Julius i. d. S., Techn. Angest.; Mutter: Lamberti, geb. Theißen), kath., verh. s. 1958 m. Karola, geb. Werneke, 2 Kd. (Joachim, Renate) - Univ. Köln (Physik; Dipl. 1958, Promot. 1961), TH Aachen (Habil. 1974) - 1953-75 WDR Köln (Chefing.); 1966-77 TH Aachen (Lehrbeauftr., Priv.doz.), s. 1975 Berg. Univ.-GH Wuppertal (o. Prof.).

IN (SCHUN-LAI), Rolf-Günter
Dipl.-Ing., Prof. f. Spangebende Werkzeugmaschinen, Meßtechnik u. Vorricht. GH Paderborn - Erwin-Rommel-Str. 44. 4790 Paderborn/W.

INBAL, Eliahu
Dirigent, Chefdirigent Radio Sinfonic Orchester Frankfurt am Main (1974-90) - Zu erreichen üb. Hessischer Rundfunk - Bertramstr. 8, 6000 Frankfurt 1 (T. 155371) - Geb. 16. Febr. 1936 Jerusalem (Vater: Jehuda Joseph I.; Mutter: Leah Musseri), verh. s. 1968 m. Helga, geb. Fritzsche, 3 Kd. (Daniel, Dalia, David), 1952-56 Musikhochsch. Jerusalem, Conservat. Nat. Sup. Paris, 1960-62 Dirigkurse b. Celibidache. - S. 1963 Gastdirig. in Musikzentren Europas, Amerikas, Israels, u. a. Mailänder Scala, Santa Cecilia Rom, New Philharmonia, BBC, Royal Phil. London, Israel Philharmonic Orch., Salzburger Festspiele 1969, Holland Festival 1969, Berliner Festwochen 1969 u. 1977-78, Luzerner F. 1974, Glyndbourne Festival 1981; z. Z. regelm. Gastdirigent, bes. beim Châtelet, Paris, Wiener Symphonikern, Hamburg. Staatsoper, Züricher Opernhaus u. Philharmonie London; Chefdirig. b. Teatro la Fenice in Venedig. Für d. Schallplatte u. a. Gesamtaufnahmen Schumann, Scriabin, Mahler, Ravel, Berlioz, Stravinsky, Schostakovitsch mit NPO London u. RSO Frankfurt, Wiener Symphonikern, Orch. Nat. de France - 1963 1. Preis Intern. Dirig.wettb. Guido Cantelli; 1988 Dt. Schallplattenpr.; 1990 Ordre des Arts Et des Lettres, Paris - Liebh.: Malerei, Photographie, High Fidelity - Spr.: Engl., Franz., Ital., Hebr.

INCIARTE, Fernando
Dr. phil., o. Prof. u. Direktor Philosoph. Seminar/Univ. Münster (s. 1975) - Am Kreuztor 8, 4400 Münster/W. - Geb. 30. Mai 1929 Madrid - Promot. 1952 Rom u. 1956 Köln; Habil. 1968 Freiburg/Br. - BV: Transzendent. Einbildungskraft: z. Fichtes Frühphil. im Zusammenhang d. transzendent. Idealismus, 1970; Forma Formarum: Strukturmomente d. thomist. Seinslehre im Rückgriff auf Aristoteles, 1970; Eindeutigk. u. Variation: D. Wahrung d. Phänomene u. d. Problem d. Reduktionismus, 1973; El Reto del Positivismo Lógico, 1974; ferner 73 Aufs. in in- u. ausl. Fachztschr. (1967-91), Dok. d. Tagungen Lindenthal-Inst. Köln (s. 1973).

INDEN, Wilhelm
Vorstandsmitglied Ford-Werke AG. (Fertigung) - Ottopl. 2, 5000 Köln 21 Geb. 9. Sept. 1927.

INDERMARK, Klaus
Dr. rer. nat., o. Prof. f. Informatik II RWTH Aachen (s. 1975) - Soerser Weg 6, 5100 Aachen.

INDERTHAL, Klaus
Dr. phil., Prof. f. Neuere dt. Literaturgeschichte u. Allg. Lit.wiss. Univ. Gießen - Brunnenstr. 2, 6305 Großen-Buseck - Zul. Doz.

INDLEKOFER, Karl-Heinz
Dr. rer. nat., Prof. f. Mathematik Univ.-GH Paderborn (s. 1974) - Füllekengrund 12, 4799 Borchen-Dörenhagen - Geb. 2. Jan. 1943 Wertheim/M., kath., verh. s. 1972 m. Irmgard, geb. Krosch, T. Dorothee - Gymn. Konstanz; Univ. Freiburg/Br. u. Frankfurt/M. - Promot. 1970 Freiburg, Habil. 1974 Frankfurt - Zul. Univ. Frankfurt - BV: Zahlentheorie, Lehrb. 1978. Zahlr. Fachaufs.

INEICHEN, Gustav

Dr. phil., Prof., Akad. d. w. Padua - Schlegelweg 3, 3400 Göttingen - Geb. 6. Juni 1929 Luzern (Schweiz), verh. 1956-81, gesch., 2 Söhne (Wolfram, Markus) - Promot. 1957 Fribourg; Habil. 1963 Zürich - B. 1965 Lehrtätig. Univ. Zürich, dann Göttingen (o. Prof. f. Roman. Sprachwiss.), 1970-75 Dir. Schweiz. Inst. in Rom. Fachvers.; 1985 Gastprof. in Nanjing/China, u. 1986 u. 88 in Perugia/Ital.

INGENDAHL, Werner
Dr. phil. habil., Prof. f. Germanistik u. Didaktik d. Dt. Sprache Univ.-GH Wuppertal - Wotanstr. 4, 5600 Wuppertal 1 - Geb. 13. Juli 1939 Oberhausen (Vater: Wilhelm I., Ingenieur; Mutter: Elisabeth, geb. Hocks), 3 Kd. (Gesa, Kai, Lea Marie) - Promot. 1970; Habil. 1974 - Schuldst. - BV: D. metaphor. Prozeß, 1971; Aufsatzerzieh. als Hilfe z. Emanzipation, 1972; Sprechen u. Schreiben, 1975; Handlungsorient. Dt.unterr. (1977) (m.a.). Herausg. Erziehungsziel: Sprachl. Verständig., 1978. Projektarb. im Deutschunterr. (1974); Szenische Spiele im Dt.unterr. (1981); Umgangsformen: Prod. Meth. z. Erschl. poetischer Texte (1991); Sprachliche Bildung im kulturellen Kontext (1991) - Spr.: Engl.

INGENKAMP, Heinz Gerd
Dr. phil., Prof. f. Klass. Philologie Univ. Bonn (1980 ff.) - Albertus-Magnus-Str. 35a, 5300 Bonn 2 - Geb. 22. Nov. 1938 Krefeld - Promot. 1966; Habil. 1970 - BV: Unters. zu d. pseudoplaton. Definitionen, 1967; Plutarchs Schriften üb. d. Heilung d. Seele, 1971. Fachaufs.

INGENKAMP, Karlheinz
Dipl.-Psych., Dr. phil., Univ.-Prof. - Trifelsstr. 42, 6741 Leinsweiler (T. 06345 - 14 70) - Geb. 20. Dez. 1925 Berlin, verh. s. 1948 m. Eva, geb. Tschiene, 3 Söhne (Thomas, Frank, Stephan) - 1947-56 Stud. Gesch., Dtsch., Päd., Psych., Phil. in Berlin; 2. Staatsex. f. d. Höh. Lehramt 1952; Dipl.-Psych. 1956; Pro-

mot. 1961; Habil. (Erziehungswiss.) 1968 Berlin - 1945-70 Lehrer, Studienrat, Oberstudienrat, Oberstudiendir., Priv.-Doz. Berlin; 1971ff. Prof. f. Päd. in Rheinl.-Pfalz - BV: D. dt. Schulleistungstests, 1962; Z. Problematik d. Jahrgangskl., 1969; Lehrb. d. Päd. Diagnostik, 1985 (Übers. griech., franz., russ.); Diagnostik in d. Schule, 1989 - 1986 BVK am Bde. - Liebh.: Seekriegsgesch. - Spr.: Engl., Franz. - Lit.: Petillon/Wagner/Wolf (hg.): Schülergerechte Diagnose. Festschr. z. 60. Geb. (1986).

INGWERSEN, Hans

Realschullehrer, MdL Schlesw.-Holst. (1971-79) - Kiefernweg 5, 2280 Westerland/Sylt (T. 2 31 44) - Geb. 3. April 1914 Husum, ev., verh., 2 Kd. - Oberrealsch. Husum (Abit.); 1934-36 Hochsch. f. Lehrerbild. Kiel; 1938-39 Hochsch. f. Leibesüb. Berlin - Ab 1936 Volksschulu. Sportlehrer (1939), Kriegsdst. (Luftnachr., zul. Oblt. d. R.), s. 1954 Realschullehrer Westerland (Konrektor). 1962ff. Stadtvertr. u. Magistratsmitgl. (Finanzdezern.) Westerland; MdK Südtondern. CDU 1959-86 (Mitgl., im Wirtsch.-, Volksbild.- u. Finanzaussch., Sprecher d. CDU Frakt. f. Fremdenverkehr, Vors. d. Arbeitskr. (Leitlinien d. Fr. Politik in Schlesw.-Holst.), Vors. Inselverb. Sylt.

INKIOW, Dimiter

Schriftsteller - Wohlfahrtstr. 19a, 8000 München 45 - Geb. 10. Okt. 1932 Haskovo (Bulgarien), verh. s. 1980 m. Elisabeth Grothaus, 2 Kd. (Janaki, Susanne) -- Theater-Akad. Sofia, Ex. 1958, Dipl.-Regiss. 1965 Emigration in d. USA; s. 1966 Programm-Red. Radio Freies Europa; Autor v. Satiren, Kinder- u. Jugendbüchern - BV: D. Puppe, d. e. Baby haben wollte; Reise n. Peperonien; D. fliegende Kamel; Ich u. meine Schwester Klara; E. Igel im Spiegel; D. kl. Jäger; D. Hase im Glück; Inkiow's schönstes Lesebuch, Herkules d. stärkste Mann d. Welt, Griechische Sagen, D. singende Kater u.a. Theaterstücke, FS u. Radiosend., u.a. Als d. Menschen noch nicht so klug waren (Radioserie) - Liebh.: Bücherschreiben, Skifahren, Reisen, Angeln - Spr.: Bulg., Dt., Engl., Russ. - Lit.: Kürschners Literaturlex., Lex. d. Kinderlit.

INSENHÖFER, Hans (Johannes)

Metzgermeister, Präs. Handwerkskammer f. Mittelfranken in Nürnberg (s. 1964), Vors. Landesinnungsverb. f. d. Bayer. Fleischerhandw., München, Vors. Dt. Fleischerverb., Frankfurt/M., Präsidialmitgl. Zentralverb. d. Dt. Handwerks, Bonn, u. Bayer. Handwerkstag, München, Mitgl. Bayer. Senat, München (s. 1967) - Galvanistr. 12, 8500 Nürnberg (T. 446057) - Geb. 6. Juni 1907 Nürnberg, ev., verh. s. 1934 m. Frieda, geb. Rottenberger, 2 Söhne (Klaus, Dieter) - Volkssch.; Metzgerhandw. - Versch. ARsmandate u. Ehrenmitgliedsch. - 1969 Gr. BVK.

INTELMANN, Arthur C.

Dramaturg u. Lektor - Veerstücken 5g, 2000 Hamburg 60 (T. 040 - 51 98 18) - Geb. 6. Juli 1955 Lindau, ev., verh. m. Claudia, geb. Guderian (Autorin), T. Linda - Stud. Musikwiss., Romanistik Univ. Hamburg, Violoncello; 1981-83 Dramat. f. alle Sparten u. Öffentlichkeitsarb. Stadttheater Gießen; 1983-85 Musikdramat. Theater u. Philharm. Essen; 1986-88 Chefdramat. Pfalztheater Kaiserslautern; 1988/89 Chefdramat. u. Leit. d. Öffentlichkeitsarb. Opernhaus Dortmund; 1989/90 Fortbildung Betriebswirtsch./Marketing; ab 1990 Editorial Manager b. Sony Classical, Hamburg.

INTHOFF, Wilhelm

Dr. rer. nat., Prof., Wiss. Rat Inst. f. Theoret. Physik Univ. Mainz - Heinrich-Becker-Str. 4, 6530 Bingerbrück.

INTORP, Leonhard

Dr. phil., em. Univ.-Prof. (Eur.Ethnologie) - Seminarstr. 25, 5960 Olpe/Biggesee - Geb. 26. April 1927 Olpe (Vater: Leo I., Steueramtm.; Mutter: Katharina, geb. Harnischmacher), verh. m. Elisabeth, geb. Lange - 1947-52 L. 1958-63 Stud. Phil., Theol., Eur.Ethnologie Paderborn, München, Münster; Promot. - S. 1967 Hochschuldst. - BV: Westf. Barockpred. in volkskdl. Sicht, 1964.

IPFLING, Heinz-Jürgen

Dr., Prof. f. Päd. Univ. Regensburg - Eichendorffstr. 9a, 8400 Regensburg (T. 9 56 75) - Geb. 21. Juni 1936 München (Vater: Hans I., Ind.kfm.; Mutter: Franziska, geb. Haller), kath. verh. s. 1963 m. Ursula, geb. Schleussing - 1967ff. Leiter d. Abt. Berufswiss. im Bayer. Lehrer- u. Lehrerinnenverb.; 1974ff. Präs. Michael-Sailer-Ges., s. 1975 Vors. Arb.krs. Hauptsch. Herausg. v. Ztschr. u. Buchreihen; zahlr. Veröff. z. Schulpäd.

IPPEN, Hellmut

Dr. med. (habil.), Dipl.-Chem., Prof., Direktor d. Univ.-Hautklinik Göttingen - Springstr. 67, 3400 Göttingen - Geb. 15. März 1925 - S. 1959 Privatdoz. u. apl. Prof. (1965) Med. Akad. bzw. Univ. D'dorf (Dermatologie u. Venerol.) - BV: Lichtschäden u. -schutz durch Kosmetika, 1957; Porphyria cutanea tarda, 1959; Hautphysiol. u. -pathol., 1964 (m. Stüttgen); Allergie u. Dermatol., 1965 (m. Stüttgen); Index Pharmacorum, 1968, 2. A. 1972; Dermatol. Photobiochemie, 1971; Porphyria Congenita, 1980; Photodermatoses, 1981. Etwa 330 Einzelarb. - 1969 Curt-Adam-Preis (f. d. wiss. Arbeit: Lichtkrankh. d. Haut); 1972 BVK I. Kl.

IPSEN, Detlev

Dr. phil., Prof. Univ. Kassel - Goethestr. 20, 3500 Kassel - Geb. 2. Juli 1945 Innsbruck (Vater: Gunther I., Hochschullehrer; Mutter: Lotte I., Hausfrau) - Univ. Mannheim (Dipl.-Soz. 1970, Promot. 1974) - 1969-79 Assist. Univ. Mannheim; ab 1979 Prof. in Kassel. Ständ. Kolumnist Ztschr. Arch. - BV: Org. v. Forsch. u. Lehre (m. G. Portele), 1976; Teilmärkte u. Wirtschaftsverh. (m. a.), 1980; Heirate nie d. Berg hinauf. Üb. d. Modernisierung e. Region, 1982; Kommunale Wohnungspolitik, 1984; Markt u. Raum (m. a.), 1986; Ökologie u. Technik im ländlichen Raum, 1990, Stadt u. Raum (m. a.), 1991 - Soziol. Analysen (m. a.), 1991. Zahlr. wiss. Veröff. z. Raumentw., Wohnungsmarkt.

IPSEN, Jörn

Dr. jur., o. Prof. f. Öfftl. Recht Univ. Osnabrück - Luisenstr. 41, 4550 Bramsche (T. 05461 - 44 96) - Geb. 17. Juni 1944 Weihe/Kr. Harburg, verh. s. 1971 m. Dorothea, geb. Kölbl, 2 Kd. (Nils Christian, Birga Kristin) - Abit. 1964 Flensburg; 1964-66 Bundeswehr (Ltn. d. R.); 1966-70 Jura-Stud. Univ. München u. Göttingen; Stip. Studienstiftg. d. Dt. Volkes; 1. jurist. Staatsprüf. 1970, Promot. 1974, 2. jurist. Staatsprüf. 1976, Habil. 1980 - S. 1981 Prof. Osnabrück; Gf. Dir. d. Inst. f. Kommunalrecht - BV: Richterrecht u. Verfassung, 1975; Rechtsfolgen d. Verfassungswidrigkeit v. Norm u. Einzelakt, 1980; Staatsorganisationsrecht, 2. A. 1989; Nieders. Kommunalrecht, 1989 - Liebh.: Musik, Kunstgesch., Lit. - Spr.: Engl., Franz.

IPSEN, Knut

Dr. jur., o. Prof. f. Völker- u. Staatsrecht (s. 1974), Rektor Ruhr-Universität Bochum (s. 1979) - Nevelstr. 59, 4630 Bochum-Weitmar (T. 431266) - Geb. 9. Juni 1935 Hamburg (Vater: Dr. jur. Hans-Henning, Ltd. Reg.sdir.; Mutter: Ruth, geb. Riekes), ev., verh. s. 1963 m. Heike, geb. Becker, 2 Kd. (Björn, Goede) - Altes Gymn. Flensburg; Univ. Kiel; 1. u. 2. Staatsex. 1962 bzw. 1967 - 1967-74 wiss. Assist. Inst. f. Intern. Recht u. Doz. (1973) Univ. Kiel. Fachmitgliedschaften. 1986 Bundeskonventionsbeauftr. DRK; 1986 Dr. jur. h.c. Univ. Krakau; 1987 LL.D. h.c. Univ. Sheffield. Zahlr. Fachveröff. - Spr.: Engl., Franz.

IRGEL, Lutz

Direktor, Vorsitzender Geschäftsltg. Collo GmbH, Bornheim-Hersel, COLLO Austria Ges. mbH, Salzburg, u. IRGEL Nederland B.V., Geleen - Hangweg 12, 5205 St. Augustin 1-Birlinghoven (T. 02241 - 33 12 29) - Geb. 20. April 1935 Erfurt (Vater: Walter I., Kaufm.; Mutter: Margarete, geb. Homburg), ev., verh. s. 1959 m. Inge, geb. Grotheer, 3 Kd. (Markus, Pamela, Carsten) - Handelsschule; Lehre (Ind.-kaufm.) - S. 1964 Fa. Collo. Sozialrichter Köln - BV: D. Marktmacher, 1973; V. Verkäufer z. Starverkäufer, 1975; Mitteiltechnik, Medien - Märkte - Meinungen, 1975; Prakt. Kaufmannswissen, 1980; Kaufleute heute, 1989 - Kurator d. Donaueurop. Inst. Wien; Österr. Ehrenkreuz f. Wiss. u. Kunst; BVK - Spr.: Engl. (Dolmetscherex.).

IRION, Dieter A.

s. Jrion, Dieter A.

IRLE, Gerhard

Dr. med., Honorarprof. GH-Univ. Wuppertal, Ltd. Arzt Stiftung Tannenhof (1966-87) - Falkensteinstr. 3, 4500 Osnabrück - Geb. 21. Jan. 1922 Witten/R. (Vater: Friedrich I., Pfarrer i. R.; Mutter: Luise, geb. Kleffmann), ev., verh. s. 1954 m. Ickea, geb. Burmeister, 2 Kd. (Hanno, Mirjam) - 1956-60 Med.rat Gütersloh, 1960-76 Oberarzt Univ.-Nervenklinik Tübingen - BV: D. Psychiatr. Roman, 1965; Depressionen, 1974 - Spr.: Engl., Franz.

IRLE, Martin

Dr. rer. nat., Dipl.-Psych., o. Prof. f. Sozialpsychologie - Theodor-Heuss-Str. 4, 6940 Weinheim/Bergstr. (T. 64100) - Geb. 26. Jan. 1927 Witten/R. - S. 1962 (Habil.) Lehrtätigk. WH bzw. Univ. Mannheim (1964 Ord.) - BV: Berufsinteressen-Test, 1955; Soz. Systeme, 1963; Macht u. Entscheidungen d. Organisationen, 1971 - Vorstandsmitgl. Assoc. for the Advancement of Exper. Social Psych. - Spr.: Engl. - Rotarier.

IRMEN, Hans-Josef

Dr. phil., Prof. f. Musik u. ihre Didaktik Univ.-GHS Essen - Virnich 4, 5352 Zülpich - Geb. 13. April 1938 Mönchengladbach (Vater: Hans I., Ingenieur; Mutter: Therese, geb. Fischelmanns), kath., verh. s. 1962 m. Elisabeth, geb. Kimmel, 3 Kd. (Elisabeth, Marietheres, Michael) - Gymn. Mönchengladbach (Abit. 1957); PA Aachen (Staatsprüf. 1959); Musikhochsch. Köln (Staatsprüf. 1967); Univ. Köln (Promot. (Musikwiss.) 1969) - 1978-80 Ord. PH Rhld., 1980-86 RWTH Aachen, 1986ff. Univ.-GHS Essen. Leit. Mitbegr. Intern. Musikkurse Kloster Steinfeld (1974-84); Dirig. Düsseldorfer Bachverein (1976-85); Vors. Arbeitsgem. f. Rhein. Musikgesch. Köln (1978-81) - BV: G. J. Rheinberger als Antipode d. Cäcilianismus, 1970. Herausg.: Beiträge z. Musikreflexion, 7 Bde. (1974ff.); Neufassung v. W.A. Mozarts Requiem (1977); Musica Prisca (1980ff.); Rekonstruktion v. J. S. Bachs Markus-Passion (1987); Mozart, Mitgl. geheimer Gesellschaften (1988); Hänsel u. Gretel, Stud. u. Dok. zu E. Humperdincks Märchenoper (1989). Zahlr. weit. Fachveröff. (19 Jh.).

IRMER, Hans-Ulrich

Ing., Metallflugzeugbauer, Geschäftsführer Barock-Bürochemie GmbH Dresden (s. 1990) - Schützenhofstr. 149, O-8023 Dresden (T. 051 - 57 18 76) - Geb. 4. Jan. 1941 Halle/S., verh. s. 1979 m. Brigitte, geb. Scheler, Tochter Daniela - 1957-60 Lehre als Metallflugzeugbauer; 1960-63 Stud. Ing.-Schule f. Flugz.bau Dresden; 1963-71 Technologe, techn. Sachbearb., Gruppenleit., Abt.-leit. VEB Vereinigte Bäckereimasch.-werke Halle (Habämfa) u. VEB Starkstromanl.bau Halle; 1971-90 Gruppenleit., Abt.leit., Bereichsleit., Werksdir. VEB Kombinat Robotron - Liebh.: Rudern, Lesen, sächs. Gesch., Oper/Operette - Spr.: Russ.

IRMER, von, Otto

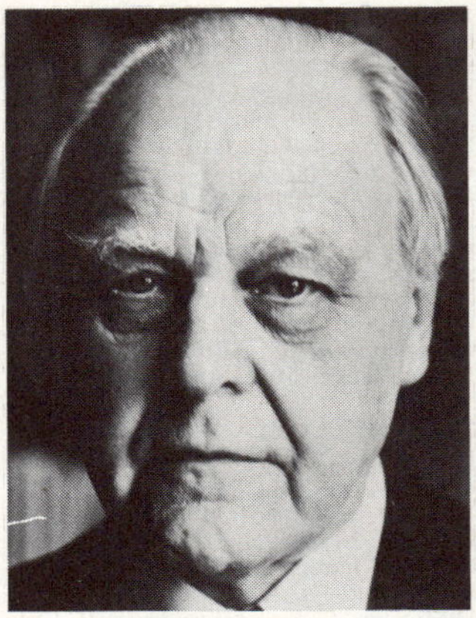

Prof. Erziehungswiss. Inst. Univ. Köln - Blücherstr. 2, 5000 Köln 50 (T. 0221 - 39 38 44) - Geb. 6. April 1903 Riga, ev., verh. - Staatl. Musikhochsch. u. Univ. Köln - Urtextforscher u. Doz. - BV: Urtextausg. klass. Musik in 4 Spr. (Gesamtaufl. ca. 1,2 Mio.) v. Bach, Beethoven, Haydn, Mozart, Schubert, Schumann, Telemann; E. Weg z. Musizieren am Klavier, 4 Bde.; Musik alter Meister, Zweistimmig auf d. Klavier zu spielen; Pelikan-Werkreihe (leichte b. mittelschwere Originalwerke); Neue Hausmusik; Sonaten alter Meister; Klavierb. f. d. Jugend; Johann Sebastian Bach, Weg seines Lebens, Weg seines Schaffens; Johann Sebastian Bach, E. Komponisten-Porträt - 1989 BVK am Bde. - Interessen: Randgeb. d. Musikwiss. (Gesch., Kunstgesch., Soziol., Weltlit.) - Lit.: Hans Peter Lörsch, E. Weg z. Musizieren am Klavier, e. Analyse (Univ. Mainz).

IRMER, Ulrich (Uli)

Rechtsanwalt, MdB - Konradstr. 10, 8000 München 40 (T. 089 - 22 33 87) - Geb. 19. Jan. 1939 Bochum, gesch., T. Nikola - 3 J. Volkssch., 8 J. Gymn., 1 J. High-School Michigan, USA, Abit.; Stud. Phil., Theol., Lit., Gesch., Politol. Tübingen, Hamburg u. Bonn, Jurastud. u. beide jurist. Staatsex. München - 1979-84 Mitgl. d. Europ. Parlaments u. d. Beratenden Vers. sowie d. Parität. Aussch. d. Lomé-Abkommens; s. 1985 Mitgl. Exekutiv Komit. d. Europ. Liberalen u. Demokraten (ELD); s. 1987 MdB (Ausw. Aussch., Rechtsaussch.) u. Mitgl. d. Parlam. Vers. d. Europarats u. d. WEU; außenpolit. Sprecher u. Vors. Arbeitskreis I (Außen-, Sicherheits-, Europa- u. Entwickl.politik) d. FDP-Bundestagsfrakt. - Liebh.: Lit., Musik, polit. Kabarett - Spr.: Engl., Ital., Franz.

IRMSCHER, Hans Dietrich

Dr. phil., o. Prof. f. neuere dt. Literaturwissenschaft - Ahrstr. 25, 5000 Köln 40 (T. 02234 - 7 66 88) - Geb. 2. Febr. 1929 Althaldensleben - Univ. Tübingen u. Göttingen. Promot. 1955 Göttingen; Habil. 1969 Köln - S. 1970 Wiss. Rat u. Prof. bzw. Ord. (1972) Univ. Köln - BV: Immanuel Kant - Aus d. Vorles. d. J. 1762-64, 1964; Adalbert Stifter - Wirklichkeitserf. u. gegenständl. Darstell., 1971; D. handschriftl. Nachlaß J. G. Herders (zus. m. E. Adler), 1979; Keller, Stifter u. d. Bildungsroman d. 19. Jh., 1983; D. Schachspiel als Metapher. Bemerkungen z. komödiantischen Denken Friedrich Dürrenmatts, 1983; Beobachtungen z. Problem d. Selbstbestimmung im dt. Bildungsroman am Beispiel v. Goethes Roman Wilhelm Meisters Lehrjahre, 1984; Goethe u. Herder, 1988; Aneignung u. Kritik naturwiss. Vorstellungen b. Herder, 1989.

IRNGARTINGER, Hermann

Dr. rer. nat., Prof., Chemiker - Siegfriedstr. 12, 6905 Schriesheim - Geb. 1. Jan. 1938 Aschaffenburg - Promot. (1969) u. Habil. (1973) Heidelberg - S. 1973 Lehrtätigk. Univ. Heidelberg (gegenw. Prof. f. Organ. Chemie). Fachaufs.

IRNICH, Werner

Dr.-Ing., Prof. f. Biomedizinische Elektronik, Leiter Inst. f. Med. Technik Univ. Gießen - Zu erreichen üb. Inst. f. Med. Technik, Aulweg 123, 6300 Gießen (T. 0641 - 702-26 95) - Geb. 16. März 1934 Anrath - Dipl.-Hauptprüf. 1960, Promot. 1968, Habil. 1975 - 1962-68 Assist. Inst. f. Theoret. Elektrotechnik RWTH Aachen; 1968-79 Wiss. Mitarb. (zul. als Akad. Oberrat Abt. Inn. Med.) RWTH Aachen; s. 1979 Prof. u. Inst.-Leit. in Gießen. 1973-78 gf. Redakt. Ztschr. Biomed. Technik; s. 1978 Senior Editor Ztschr. Pacing and Clinical Electrophysiol. (PACE); s. 1981 Gf. Zentralreg. Dt. Arbeitsgem. Herzschrittmacher; Mitgl. VDE-Unterkommitt. Elektr. betr. Implantate (1983-87 Obmann ebd.) - BV: Einf. in d. Bioelektronik, 1975; Elektrotherapie d. Herzens, 1976; Ein Beitrag z. Sicherheit v. Implantaten; üb. 200 Publ. z. versch. Geb. d. Medizintechnik.

IRSIGLER, Franz

Dr. phil., Prof. f. Geschichtl. Landeskunde Univ. Trier - Falkensteinerhof 2, 5503 Konz-Niedermennig (T. 06501 - 1 32 90) - Geb. 18. Sept. 1941 Großuretschlag (Vater: Josef I., Landwirt; Mutter: Anna, geb. Harsch), verh. s. 1983 m. Helga, geb. Straubel, 2 Töcht. (Eva Maria, Franziska Andrea) - Human. Gymn., Abit. 1961, 1963-68 Stud. Gesch. u. Soziol. München u. Saarbrücken; Promot. 1968, Habil. 1974 Bonn - 1961-63 Wehrdst.; 1968-74 Wiss. Assist. Univ. Bonn; 1974-77 Wiss. Rat u. Prof. Univ. Bielefeld; s. 1977 o. Prof. Univ. Trier - Buchveröff. u. Fachaufs.

ISAY, Wolfgang-Hermann

Dr.-Ing., Prof. f. Angew. Mechanik - Roter Hahn 48, 2000 Hamburg 72 - Geb. 23. Febr. 1928 Berlin - Promot. u. Habil. Berlin - S. 1956 Hochschultätigk. (1960 nebenamtl. Prof. TU Dresden; 1962 apl. Prof., 1968 Wiss. Rat u. Prof. Univ. Hamburg) - BV: Z. Theorie d. Voith-Schneider-Propellers, 1956; Propellertheorie, 1964. Div. Einzelarb.

ISCHE, Friedrich

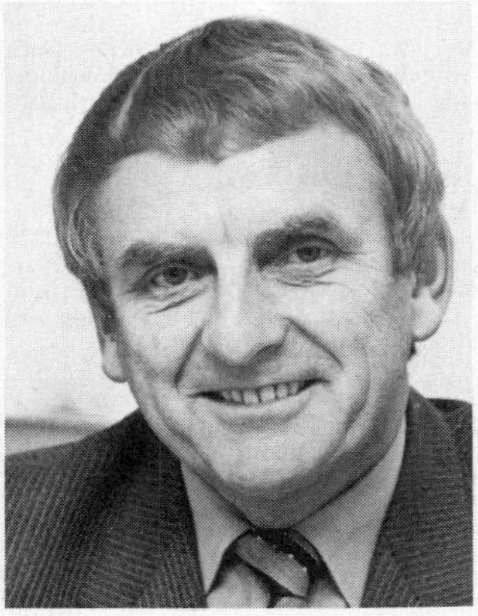

Dr. rer. nat., Dipl.-Chemiker Präsident Confédération Intern. des Cadres (CIC, 1982-85, s. 1986 Vizepräs.) - Jakob Fischer-Str. 5, 6095 Gustavsburg - Geb. 4. Nov. 1925 Hameln (Vater: Friedrich I., Angest.; Mutter: Josephine, geb. Klenke), ev., 2 Kd. (Eva, Martin) - TH Hann. (Chemie), Dipl. 1953, Promot. 1955 - 1971-80 Vors. Sprecheraussch. Ltd. Angest., 1979-81 Präs. ULA; 1976-87 Leit. Bildungspol. Abt. Hoechst AG, seitd. fr. Management-Trainer; s. 1988 Fachberater (Consultant) b. d. Europ. Commiss. Brüssel. 1975-78 Vors. Verb. angest. Akad. u. Ltd. Angest. chem. Ind. (VAA), Vizepräs. Fédération Intern. Cadres de Chimie et Ind. Annexes (FICCIA), AR Hoechst AG u. a. Funkt. - 1981 BVK am Bde. - Spr.: Engl., Franz.

ISCHEBECK, Friedrich

Dr. rer. nat., Prof., Mathematiker - Martin-Luther-Str. 24, 4400 Münster/W. - Geb. 15. Juli 1940 Wuppertal - Promot. 1967; Habil. 1973 - S. 1973 Lehrtätigk. Univ. Münster - BV: Kommutative Algebra (2 Coautoren) 1989; Einladung z. Zahlentheorie, 1992.

ISELER, Albrecht

Dr. phil., Dipl.-Psych., Prof. f. Psychologie FU Berlin (s. 1971) - Devrientweg 6, 1000 Berlin 45 (T. 771 89 04) - Geb. 13. Dez. 1939 Aachen - Promot. 1967 - BV: Leistungsgeschwindigkeit u. -güte, 1970.

ISENBERG, Günter

Export-Kaufmann, Geschäftsf. FUGA-FIL-Saran GmbH & Co., Raesfeld - Geb. 5. Jan. 1936, kath., verh. s. 1961 m. Christa, geb. Schöny, 2 Söhne (Christoph, Oliver) - Abit. 1956; Lehre Niedieck AG-Girmes Werke AG; 1959-60 Auslandsaufenth. im Tochteruntern. De Ball of Canada; Marketing-Dipl. Insead (European Inst. of Basics and Administration, Fontainebleau) - 1970 Prok., 1976 Dir., 1982 Vorst. Niedieck (Verkaufstätigk. weltweit); Vors. TV Lobberich; Mitgl. Städtepartnerschaftskommitee - Liebh.: Sport, Musik - Spr.: Engl., Franz., Ital., Span.

ISENBURG, Wilhelm

Dr., Geschäftsführer Bundesverb. Feuerlöschgeräte u. -anlagen e. V., Bundesverb. Unterird. u. Oberird. Lagerbehälter e.V.; Dt. Ladenbau-Verb., alle Hagen - Westerfeld 30, 5805 Breckerfeld/W. - Geb. 14. Sept. 1928.

ISENDAHL, Walter M.

Bundesrichter a.D. - Westendallee 97a, 1000 Berlin 19 (T. 3 04 86 86) - Geb. 17. Jan. 1914 Berlin (Vater: Walther I., Konteradm., Abwehrchef im 1. WK.; Mutter: Elsa, geb. v. Haller), verh. s. 1940 m. Edith, geb. Stielau, 3 Kd. (Karin, Helga, Claus) - Realgymn. Berlin (Kleist); Univ. Kiel u. Berlin (Rechtswiss.). jur. Ass. 1949 - 1940-46 Wehrdst. u. Kriegsgefangensch.; Bezirksamt Zehlendorf (jurist. Ref.); Verwaltungsgericht Berlin (VGrat, zul. -dir.); 1963-80 Bundesverw.gericht ebd. (Bundesrichter). CDU s. 1980 - Rechtsritter d. Johanniter Ordens - Liebh.: Musik, Geschichte - Spr.: Engl., Franz.

ISENRATH, Hans Paul

Bildhauer, Prof. Kunstakademie Münster - Zu erreichen üb. Kunstakad. Münster, Scheibenstr. 109, 4400 Münster.

ISENSEE, Josef

Dr. jur., Prof. f. Öfftl. Recht u. Direktor Jurist. Seminar Univ. Bonn - Meckenheimer Allee 150, 5300 Bonn - Geb. 10. Juni 1937 Hildesheim - Promot. 1967; Habil. 1970 - S. 1971 Ord. Univ. Saarbrücken u. Bonn. Bücher u. Einzelarb - 1986 Karl-Voßler-Preis Freistaat Bayern.

ISER, Wolfgang

Dr. phil., o. Prof. f. Engl. Philologie - Zur Halde 38, 7753 Allensbach 4 (T. 07533 - 32 30) - Geb. 22. Juli 1926 Marienberg - Habil. 1957 Heidelberg - S. 1960 Ord. Univ. Würzburg, Köln (1963), Konstanz (1967). 1970-71 Research Fellow, Center f. the Humanities, Wesleyan Univ., 1973-74 Res. Fellow, Netherl. Inst. f. Advanced Study, Wassenaar, Niederl.; 1978 Fellow, Princeton University; 1985/86 Fellow, Inst. for Advanced Study, Hebräische Univ., Jerusalem; 1991 Fellow, Rockefeller Foundation; s. 1968 versch. Gastprof. in USA u. Kanada - BV: D. Weltanschauung Henry Fieldings, 1952; Walter Pater - D. Autonomie d. Ästhetischen, 1960 (engl. 1987); D. Appellstruktur d. Texte, 4. A. 1974 (engl. 1971, jap. 1972, hebr. 1975, holl. 1978, türk. u. korean. 1979, dän. 1981, ital. 1985, poln. 1986, span. 1987); Spensers Arkadien-Fiktion u. Gesch. in d. engl. Renaissance, 1970 (engl. 1981); D. implizite Leser, 1972 (engl. 1974, ital. 1991); D. Akt d. Lesens, 1976 (engl. 1978, jap. 1982, franz. 1985, span. 1987, ital. 1988, chin. 1991, korean. 1992); D. Artistik d. Mißlingens, 1979 (engl. 1981); Sterne: Tristram Shandy, 1987 (engl. 1988); Shakespeares Historien, 1988; Prospecting. From Reader Response to Literary Anthropology, 1989, D. Fiktive u. d. Imaginäre. Perspektiven lit. Anthropologie, 1991 (engl. 1993). Zahlr. Einzelarb. - Mitgl. Heidelberger Akad. d. Wiss.; Ehrenmitgl. British Comparative Literature Assoc. u. Modern Language Assoc. of America; Honorary Foreign Member American Acad. of Arts and Sciences; Acad. Europaea; Ständ. Gastprof. Univ. of California, Irvine.

ISERLOH, Erwin

Dr. theol., Dr. phil. h. c., o. Prof. f. Mittlere u. Neuere Kirchengeschichte - Domplatz 29, 4400 Münster/W. (T. 46610) - Geb. 15. Mai 1915 Beeck b. Duisburg, kath. - Univ. Münster (Phil., Gesch., Theol.). Priesterweihe - 1951-54 Privatdoz. Univ. Bonn u. Lehrstuhlvertr. Univ. Münster; 1954-64 o. Prof. Theol. Fak. Trier; s. 1964 o. Prof. Univ. Münster; 1968 ff. Mitgl. Histor. Kommiss. Westfalens; s. 1976 Domkapitular Münster/Westfalen - BV: D. Eucharistie in d. Darstell. d. Johann Eck, D. Kampf um d. Messe in d. ersten Jahren d. Auseinandersetz. m. Luther, Gnade u. Eucharistie in d. phil. Theol. d. Wilhelm v. Ockham, Handb. d. Kirchengeschichte IV. Zahlr. Einzelveröff. Mithrsg.: u. a. Theolog. Revue; Corpus Catholicorum; Reformationsgesch. Stud. u. Texte - 1971 Ehrendoktor St. Louis Univ./USA (D. of Letters); 1969 korr., 1972 o. Mitgl. Akad. d. Wiss. u. d. Lit., Mainz, 1985 Gr. BVK.

ISERMANN, Rolf

Dr.-Ing., Dr. h. c., Prof. TH Darmstadt - Am Hermertsberg 2A, 6104 Seeheim-Jugenheim 1 (T. 06257 - 8 42 92) - Geb. 20. Aug. 1938 Stuttgart (Vater: Rudolf I., Dipl.-Ing.; Mutter: Luise, geb. Dongus), ev., verh. s. 1970 m. Helge, geb. Rappold, 2 Söhne (Michael, Thomas) - Dipl.-Ing. Masch.Bau 1962 TH Stuttgart, Promot. 1965 u. Habil. 1968 Univ. Stuttgart - 1969 Privatdoz., 1972 Wiss. Rat u. Prof. Univ. Stuttgart; 1977 Prof. TH Darmstadt - BV: Experiment. Analyse v. Regelsystemen, 5. A. 1971; Prozeßidentifikation, 1974; Digitale Regelsysteme, 1977, 2. A. 1987; Digital Control Systems, 1981; Identifikation dynamischer Prozesse, 1988; Adoptive Control Systems 1992 - Spr.: Engl.

ISERMEYER, Christian-Adolf

Dr. phil., Dr. ès lettr. h. c., Prof. f. Kunstgeschichte - Grube 4, 2000 Hamburg 55 - Geb. 9. Juli 1908 Goslar/Harz (Vater: Dr. August I., Arzt; Mutter: Elisabeth, geb. Ebbecke) - Stud. München, Göttingen, Montpellier, Paris - S. 1949 (Habil.) Lehrtätigk. Univ. Hamburg, Bordeaux - BV: Florentiner Wandmalerei, 1937; Runge, 1940; Blumenthal, 1947; Vasari, 1950; Verrocchio u. Leopardi - D. Reiterdenkmal d. Colleoni, 1963; D. Jagdbilder v. Rubens, 1965; Empire (Heyne Stilkunde F) 1977; Blumenthal, Werkverzeichnis 1988; La chiesa di San Giorgio Maggiore (Corpus Palladianum) 1988 - Spr.: Engl., Franz., Ital., Russ.

ISRAEL, Walter

Dr. phil., o. Prof. f. dt. Sprache, Literatur u. Didaktik Päd. Hochschule Ruhr, Dortmund - Holunderweg 15, 5800 Hagen/W. (T. 51450) - Geb. 29. Okt. 1923 - S. 1960 Hochschultätigk. Freiburg, Dortmund, Bielefeld (Doz.), Hagen (1964 Ord.), Dortmund (1977 Ord.). Facharb.

ISSEL, Wilhelm

Dr. rer. nat., Zoologe, Museumsdir. i. R. - Waldheimstr. 14, 8900 Augsburg (T. 0821 - 88 06 45) - Geb. 9. Juni 1915 Frorath/Rhld. (Vater: Peter I., Volksschullehrer), kath., verh. s. 1950 m. Dr. Brigitte, geb. Langenstein, 2 Töcht. (Angela, Dorothea) - Gymnasium Neuwied; Univ. Bonn u. München (8 Sem. Med., 6 Naturwiss.; Promot. 1948) - B. 1954 Assist. Vogelschutzwarte Garmisch-P., b. 1977 Kustos Naturwiss. Museum Augsburg. 1938/39 Ornithol. Exped. Südwestafrika, 1952 Exped. S. M. Exkönig Leopold v. Belg. Mittelamerika. Erf.: Spezialkasten z. Ansiedl. v. Fledermäusen in Forsten z. biol. Schädlingsbekämpf.; Verf. z. naturgetreuen Nachbild. v. Pflanzenteilen f. museale Darstell. Veröff. üb. Fledermäuse (Spezialgeb.). Div. Mitgliedsch. - Liebh.: Basteln - Spr.: Franz.

ISSEN, Roland

Dipl.-Volksw., Vorsitzender DAG, AR-Vors. Vermögensges. d. DAG u. Dt. Angestellten Wohnungsbau AG, Hamburg, Vorst.-Mitgl. Bundesanst. f. Arbeit, Nürnberg, AR-Mitgl. Dt. Angest. Wohnungsbau AG, Hamburg, Dt. Lufthansa AG, Köln/Frankfurt. u. GEHAG, Gemeinnützige Heimstätten AG, Berlin, VR-Mitgl. d. Treuhandanstalt, Berlin - Edwin-Scharff-Ring 75, 2000 Hamburg 60 - Geb. 7. Jan. 1938, verh. m. Anneliese, geb. Mahn, T. Sandra - Stud. Wirtschaftswiss. u. Polit.-wiss. - SPD.

ISSERSTEDT, Jörg

Dr. rer. nat., Prof. f. Astronomie Univ. Würzburg - Schlesierstr. 63, 8713 Marktbreit (T. 09332 - 42 31) - Geb. 10. März 1939 Wuppertal (Vater: Max I., Kaufm.; Mutter: Irene, geb. Günther), verh. s. 1974 m. Dr. med. Karin, geb. Berkermann - 1961-67 Univ. Bonn (Promot. 1967), Habil. 1975 Univ. Bochum - 1967-75 wiss. Assist. Univ. Bochum; 1976-80 Oberassist. Univ. Würzburg; s. 1980 Prof. Zahlr. Arb. auf d. Geb. d. galakt. u. extragalakt. Astronomie.

ISSING, Ludwig J.

Dr. phil., Dipl.-Psych./USA, o. Prof. f. Medienpsychologie u. Medienpädagogik FU Berlin (s. 1980) - Goldschmidtweg 49, 1000 Berlin 49 - Geb. 17. März 1940 Würzburg - Univ. Würzburg, London, Rochester (USA). M.A. 1966 Rochester; Promot. 1971 Würzburg - Prof. f. Psych. PH Saarbrücken, 1972 Prof. f. Medienforsch. PH-Berlin. Vorst. d. Kommunikationsverb. Weiterbildung Berlin e.V. u. d. Ges. f. Päd. u. Information; Wiss. Leit. d. Inst. f. Medien in d. Aus- u. Weiterbildung gGmbH. Bücher u. Aufs. - BV: D. programmierte Unterricht in den USA heute, 1967; Programm. Schulfernsehen, 1971; Unterrichtstechnologie u. Mediendidaktik, 1976; Bildschirmtext in d. berufl. Aus- u. Weiterbild., 1985; Bildschirmtext macht Schule, 1985; Blickbewegungsforsch. u. Bildverarb., 1985; Btx im Hochschulbereich, 1986; Medienpäd. im Informationszeitalter, 1987; Ausbildungsangebote z. Medienpäd., 1989 - Spr.: Engl., Franz.

ISSING, Otmar

Dr. rer. pol., Prof., Mitgl. d. Direktoriums d. Deutschen Bundesbank - Georg-Sittig-Str. 8, 8700 Würzburg - Geb. 27. März 1936 Würzburg, verh. s. 1960 m. Sieglinde, geb. Böhm - Univ. Würzburg (Dipl.-Volksw. 1960). Promot. (1962) u. Habil. (1965) Würzburg - 1965-67 Privatdoz. u. Doz. (1966) Univ. Würzburg, 1967-73 o. Prof. Univ. Erlangen-Nürnbg., 1973-90 o. Prof. Univ. Würzburg; 1991 Honorarprof. Univ. Würzburg. Mitgl. Verein f. Socialpolitik, List-Ges., American Economic Assoc., Akad. d. Wissenschaften u. d. Literatur - BV: Monetäre Probleme d. Konjunkturpolitik in d. EWG, 1964; Leitwährung u. intern. Währungsordnung, 1965; Indexklauseln u. Inflation, 1973; Einführung in d. Geldtheorie, 8. A. 1991; Investitionslenkung in d. Marktwirtschaft?, 1975; Kleineres Eigentum - Grundlage unserer Staats- u. Wirtschaftsordnung, 1976 (zus. m. W. Leisner); Einf. in d. Geldpolitik, 4. A. 1992. Fachaufs.

ITSCHERT, Hans
Dr. phil., o. Prof. f. Amerikanistik - Am Staden 29, 6600 Saarbrücken (T. 62800) - Geb. 25. Mai 1925 - S. 1961 (Habil.) Lehrtätigk. Univ. Mainz u. Saarbrücken (1963 ao., 1964 o. Prof., 1988 i.R.). 1964-90 Vorst.-Mitgl. d. Studentenwerks im Saarland e.V. - BV: Studien z. Dramaturgie d. Religious Festival Play b. Christopher Fry (1963). Herausg.: D. amerik. Drama v. d. Anfängen b. z. Gegenw., Ars interpretandi, Bd. 5 (1972) u. weit. Fachveröff. - Verdienstplakette d. Dt. Studentenwerks - Liebh.: Sprech- u. Musiktheater.

ITZENPLITZ, Eberhard
Dr. phil., Regisseur - Denninger Str. 108, 8000 München 81 (T. 91 35 45) - Geb. 8. Nov. 1926 Holzminden (Vater: Hans-Jürgen I., Oberstl.; Mutter: Hildegard, geb. Langemeyer), ev., verh. s. 1954 m. Gisela, geb. Karge, S. Stephan - Stud. Phil., Kunstgesch., German. Promot. 1953 Göttingen - 1961-64 Prokurist u. Leit. Abt. Fernsehspiel Bertelsmann-Konzern, 1966-72 gf. Gesellsch. München-Film GmbH. Regie: 11 kurze Kinofilme, dar. Gläserne Wunder (1955) u. Kl. Monte-Carlo-Story (1957); Fernsehsp.: 6 Personen suchen e. Autor (1964), Exil (1965), Prüfung e. Lehrers (1968), Bambule (1970), Federlesen (1973), Partner (1974), Wanderungen durch d. Mark Brandenburg (n. Fontane, 1985), Anna u. Franz (1986), Schwarzenberg (1988), Letzten Sommer in Kreuzberg (1990), Gerichtstag (1992), Theaterinsz. in Hamburg (Thalia) u. Zürich (Schauspielh.). Div. Veröff. in Fachb. u. Ztschr. - 1967 Jak.-Kaiser-Preis (f.: Begründung e. Urteils); 1970 Adolf-Grimme-Preis in Silber (f.: D. Dubrov-Krise); 1973 DAG-Fernsehpr. in Gold (f.: Tod im Studio); 1984 J. Kaiser-Preis (f.: Für'n Groschen Brause); 1985 Spez. Preis Festival Bludens, Österr. (f.: Ibras Heimkehr); 1991 DAG-FS-Preis in Gold (f. Moffengriet) - Liebh.: Sportfliegerei (Mitgl. Dt. Aero-Club), Fotogr., mod. Malerei - Spr.: Engl.

IVEN, Hans
Bundesbeauftragter f. d. Zivildienst (1970-83) - Stresemannstr. 2, 5160 Düren/Rhld. (T. 5 44 43) - Geb. 25. März 1928 Birkesdorf/Rhld., kath., verh., 2 Kd. - Volkssch.; Maschinenschlosserlehre (Eisenbahnausbesserungswerk Jülich) - Ab 1951 Gewerksch. d. Eisenbahner Dtschl. (Sekr.) u. DGB (1956 Vors. Kreisaussch. Düren-Jülich). 1956 ff. Mitgl. Stadtrat Düren u. Kreistag ebd.; 1957-69 MdB SPD s. 1946 (1960 Vors. Unterbez. Düren-Jülich-Monschau-Schleiden).

IVERSEN, Gerd
Dr. med., Internist, Psychotherapie/Psychoanalyse, ehem. Schriftl. Schlesw.-Holst. Ärzteblatt u. Präs. d. Ärztekammer - Am Ihlsee 25b, 2360 Bad Segeberg (T. 04451 - 8 38 17 u. 8 18 22) - Doz. d. Akademie f. mediz. Fortbildung d. Ärztekammer S.-H.; Vors. Dt. Gesellsch. f. ärztl. Hypnose u. Autogen. Training; Mitgl. d. Leitung d. Nordd. Psychotherapietage Lübeck; Kurat.-Mitgl. d. Dt. Kollegiums f. psychosom. Medizin, d. Dt. Ges. f. analyt. Psych. u. d. World Inst. for living learning (grad.).

J

JABLONKA, Hans
Ing. grad., Vors. d. Geschäftsfg. d. Klöckner-Wilhelmsburger GmbH, Geesthacht, ER-WE-PA Maschinenfabrik & Eisengießerei GmbH, Erkrath, Gf. Magnetor, Präs. American Wilhelmsburger Maschinenfabrik, Detroit (USA), Chairman of the Board Michigan Precision Industries, Inc., Detroit (s. 1973) - Götensberg 7, 2051 Escheburg (T. 04152 - 3673) - Geb. 8. Jan. 1924 Hindenburg (Eltern: Erich (Beamter) u. Hilde J.), verh. s. 1946 m. Ruth, geb. Bahn, 2 Söhne (Uwe, Bernd) - Ausbild. Metall-Flugzeugbauer; Stud. Breslau (Ing. grad.).

JABLONSKI, Günther F.

Vorstand d. Brokerhauses Hornblower Fischer AG - Ulmenstr. 37, 6000 Frankfurt/M. - Geb. 22. März 1931 - AR-Vors. Betonwerke STANGL AG; Principal u. Ass. Member: New York Stock Exchange, NASD, National Futures Ass., Chicago Mercantile Exchange, Chicago Board of Trade - Spr.: Dtsch., Engl.

JACHNOW, Helmut
Dr. phil., o. Prof. f. Slavistik Univ. Bochum (s. 1976) - Harpener Hellweg 265, 4630 Bochum - Geb. 6. Febr. 1939 Kienitz/Lebus, ev., verh. s. 1966 m. Waltraud, geb. Müller, 3 Kd. (Maria, Alexander, Joachim) - Stud. Slav. u. Angl. Berlin (W) u. Sarajewo - Zul. Wiss. Assist. Univ. Konstanz - BV: u. a. D. slav. Personennamen in Berlin b. z. tschech. Einwanderung im 18. Jh., 1970; Sowjet. Soziolinguistik - Genese u. Probleme, 1974 (m. W. Girke); Wortbildung u. ihre Modellierung, 1978; Z. Erklärung u. Modellier. diachroner Wortbildungsprozesse, 1980; Handb. d. Russisten, 1984; Probleme d. Textlinguistik, 1989. Mithrsg. Bochumer Slav. Beiträge u. Slav. Studienbücher - Liebh.: Ethnol., Musik - Spr.: Russ., Serbokroat., Tschech., Engl.

JACKISCH, Paul J. B.
Rentenberater, Rechtsbeistand Sozialversicherungsrecht, AR-Flughafen Bremen GmbH (1971-88), MdBB (1967-87) - Sögestr. 15, 2800 Bremen 1 - Geb. 25. Jan. 1933 Bremen, kath., verh., 4 Kd. - Gymn. Königsberg/Pr.; 1945-48 sowjet. Internierungslager; Elektrikerhandw.; Lehrgänge f. soz. Fragen - 1952-64 Monteur Packmaschinenind., 1964-66 Angest. Eigentumsberat. (Münster), s. 1966 fr. Rentenberat. u. Rechtsbeist. Sozialversich.recht. CDU s. 1959.

JACKWERTH, Ewald
Dr. rer. nat., Prof. f. Analyt. Chemie - Auf der Bokkenbredde 39, 4600 Dortmund-Aplerbeck - Geb. 3. Jan. 1932 Brambauer - Stud. Chemie - S. 1968 (Habil.) Lehrtätigk. Univ. Bochum (1972 apl. Prof., 1978 Wiss. Rat u. Prof.). Üb. 120 Fachaufs.

JACOB, Adolf
Geschäftsf. Dr. Jacob Chem. Fabrik KG./Nahe-Chemie GmbH. - Planiger Str. 34, 6550 Bad Kreuznach/N.; priv.: Soonblick 15 - Geb. 23. Juni 1930.

JACOB, Carl Heinz
Kanzler d. Kath. Univ. Eichstätt - Ostenstr. 26, 8078 Eichstätt/Bay.

JACOB, Dietger
Prof., Leiter e. Hochschulkl. f. Gesang, Musikhochschule Köln (s. 1974) - Möhlmannweg 4a, 2000 Hamburg 55 (Blankenese) (T. 040 - 86 29 68) - Musikhochsch. Köln (Violine, Gesang) - 1950-59 Konzert- u. Opernks.; 1959-65 Programmgestalter u. Produz. EMI; 1961-70 Leit. Ausbildungs- u. Meisterkl. f. Sologesang Konservat. Dortmund; 1968-73/74 Leit. Gesangstudio Hbg. Staatsoper (Prof. Rolf Liebermann); s. 1984 Intern. Sommerakad. Mozarteum Salzburg, Meisterkurse Gesang.

JACOB, Hans
Dr. med. (habil.), o. Prof. f. Psychiatrie u. Neurol. - v.-Harnack-Str. 19, 3550 Marburg/L. (T. 65434) - Geb. 13. Okt. 1907 Pirna/Sa. (Vater: Mediziner) - 1940-59 Doz. u. apl. Prof. (1946) Univ. Hamburg, Leit. Neuropathol. Abt. ebd. u. Chefarzt Neurol. Abt. Allg. Krkhs. Altona, s. 1959 Ord. u. Dir. Univ.s-Nervenklinik Marburg - BV: D. Erlebniswandel b. Späterblindeten, Wahrnehmungsstörungen u. Krankheitserleben, Neuropathol. d. zentralnerv. Entwicklungsstörungen, Klinik u. Neuropathol. d. infektiösen Erkrankungen d. Zentralnervensystems. Einzelabschn.: Handb. d. spez. Pathol., Anat. u. Histol., Hb. d. allg. Pathol., D. nervale Gewebe.

JACOB, Helmut
Dr. agr., Prof. f. Grünlandlehre Univ. Hohenheim - Fruwirthstr. 23, 7000 Stuttgart-Hohenheim - Geb. 10. April 1940 Leipzig - Prom ot. 1970 - Zul. Doz. Gießen.

JACOB, Herbert
Dr. rer. pol., Dr. h.c. o. Prof. f. Betriebswirtschaftslehre - v.-Melle-Park 5, 2000 Hamburg 13 (T. 41 23 46 52) - Geb. 25. Febr. 1927 Frankfurt/M. (Vater: Otto J., Obertelegrapheninsp.; Mutter: Margarete, geb. Engel), neuapostol., verh. s. 1957 m. Marlis, geb. Brovot, 3 Kd. (Uwe, Imke, Maik) - Univ. Frankfurt (Dipl.-Kfm. u. Volksw. 1951, Promot. 1954). Habil. 1958 Köln - 1951-53 Wirtschaftsprüfungsges., 1954-1959 Assist. u. Privatdoz. (1958) Univ. Köln, 1959-61 ao. Prof. TH München, s. 1961 o. Prof. Univ. Hamburg (Dir. Inst. f. Unternehmensforsch. u. Sem. f. Industriebetriebslehre u. Organisation), Vors. Verb. d. Hochschullehrer f. Betriebswirtschaft, 1964-66 - BV: D. Bewertungsproblem in d. Steuerbilanzen, 1961; Preispolitik, 2. A. 1971; Z. Standortwahl d. Unternehmungen, 3. A. 1976; Investitionsplanung u. Investitionsentscheidung m. Hilfe d. Linearprogrammierung, 3. A. 1976; Kl. Investitionsrechnung, 3. A. 1984; Preisbild. u. Preiswettbew. in d. Industriewirtsch., 1985. Herausg.: Schriften zur Unternehmensführung, s. 1967; Allg. Betriebswirtschaftslehre, 5. A. 1988; Industriebetriebslehre, 4. A. 1990; zahlr. Einzelarb. - 1981 Univ. Istanbul Dr. h.c.; Med. d. Wirtsch.-Univ. Helsinki - Philatelist - Spr.: Engl.

JACOB, Robert E.
Geschäftsf. Dr. Jacob Chem. Fabrik KG./Nahe-Chemie GmbH., Bad Kreuznach, Rhodanid Chemie GmbH., Köln - Krötenpfuhler Weg 8, 6550 Bad Kreuznach - Geb. 12. Jan. 1939.

JACOB, Ruthard
Dr. med., o. Prof., Lehrstuhl f. Physiologie II Univ. Tübingen (s. 1971) - Kelteräckerstr. 3, 7407 Rottenburg 19 (Oberndorf) - Geb. 23. August 1925 Tauberbischofsheim - Promot. 1953 - S. 1966 (Habil.) Lehrtätigk. Univ. Würzburg u. Tübingen (1971 Ord.). Fachveröff.: Handb.beitr. u. Bücher (Editor) a. d. Bereich d. exp. Cardiology. Mithrsg. d. intern. Ztschr. Basic Research in Cardiology - 1967 Fraenkel-Preis Dt. Ges. f. Kreislaufforsch.; 1991 Seb. Kneipp-Preis - Spr.: Engl.

JACOB, Wolfgang
Dr. med., Prof., Wiss. Rat - Beethovenstr. 4, 6900 Heidelberg - Geb. 18. Sept. 1919 Bremen - Promot. 1944; Habil. 1966 - Lehrtätigk. Univ. München, TU ebd. u. Univ. Heidelberg. Em. Dir. d. Abt. f. Arb.- u. Sozialhygiene u. Gesundheitsplanung d. Univ. Heidelberg. Monogr.: Mediz. Anthropol. im 19. Jh., Mensch-Natur-Gesellsch., 1967; Kranksein u. Krankheit, 1978; V. d. Medizin z. Pathosophie, 1991. Üb. 300 Facharb.

JACOB-FRIESEN, Gernot
Dr. phil., Prof. f. Ur- u. Frühgeschichte Univ. Göttingen (s. 1982) - Ludwig-Beck-Str. 13, 3400 Göttingen (T. 0551 - 2 22 49) - Geb. 15. Mai 1926 Hannover (Vater: Dr. phil. Karl-Hermann J.-F., Prof., Dir. Niedersächs. Landesmus. (†); Mutter: Elfriede, geb. Vehse), ev., verh. m. Maria, geb. Schnath (†), S. Holger - Ratsgymn. Hannover, Univ. Göttingen u. Bonn, Promot. Bonn 1951, Habil. Köln 1963 - Prakt. Mus.ausb. - Zahlr. Ausgrab.; 1957-82 Univ. Köln, 1965 Doz., 1968 Wiss. Rat u. Prof., 1982 C4-Prof. Univ. Göttingen - Zahlr. Fachveröff.

JACOBI, Bernd
Dipl.-Phys., Prof. f. Physik (Experimental u. Angew.) GH Wuppertal - Zum Lohbusch 53, 5600 Wuppertal 1.

JACOBI, Claus
Redaktionsdirektor im Axel Springer Verlag - Axel-Springer-Platz 1, 2000 Hamburg 36 - Geb. 18. Febr. 1927 Hamburg (Vater: Kfm.) - Journ. Zeit (1947-52), Spiegel (1952-69, Bonner Korresp., 1956 Washington-Korresp.), 1961 Chefredakt.); Welt am Sonntag (1970-71; Chefredakt.) u. Wirtschaftswoche (1972-74); 1976-88 wieder Chefredakt. WamS - BV: D. menschl. Springflut, 1969; Uns bleiben 100 Jahre, 1986; Fremde, Freunde, Feinde, 1991.

JACOBI, Eugen
Fabrikant, Geschäftsf. Jacobi GmbH., Hennef - Sövener Str. 46, 5002 Hennef/Sieg - Geb. 31. Jan. 1914 Hennef, verh. m. Helga, geb. Schneider - Dipl.-Ing., Dipl.-Kfm.

JACOBI, Gert
Dr. med., Prof. f. Kinderheilkunde Univ. Frankfurt (s. 1973) - Theodor-Stern-Kai 7, 6000 Frankfurt/M. - Geb. 10. Febr. 1933 - Promot. 1957 Düsseldorf (Med. Akad.) - Zul. Univ. D'dorf. Üb. 150 Veröff.

JACOBI, Hans
Dr. med., o. Prof. f. Frauenheilkd. u. Geburtshilfe (emerit. Univ. Bonn) - 2279 Nebel/Amrum - Geb. 22. Juli 1901 Werningerode/Harz - Habil. 1933 Greifswald - 1939-44 Prof. Univ. Heidelberg (ao.) u. Straßburg (1941 o.). Facharb.

JACOBI, Hans
Dr. med., Prof., Chefarzt Kinderabt./Allg. Krankenhaus, Celle (s. 1976) - Lindenstr. 18, 3100 Celle - Geb. 19. Febr. 1934 Kiel (Vater: Dr. jur. Fritz J. †; Mutter: Liselotte, geb. Schräpler), ev., verh. s. 1962 m. Karin, geb. Popp, 5 Kd. (Karsten, Birgit, Dirk, Axel, Katrin) - Gymn. Köln (Abit. 1954); Univ. Berlin, Wien, Freiburg Göttingen (Med. Staatsex. 1959). Promot. 1959 Göttingen - S. 1970 (Habil.) Lehrtätigk. Univ. Freiburg/Br. (1976 apl. Prof. f. Kinderheilkd.). 1970/71 USA. Üb. 40 Facharb.

JACOBI, Hans-Werner
Dipl.-Volksw., Geschäftsf. Dt. Konditorenbund - Speickerstr. 13, 4050 Mönchengladbach 1 (T. 33 1 37).

JACOBI, Heinz
Schriftsteller - Waltherstr. 28, 8000 München 2 - Geb. 1944 Frankfurt - BV: Idiotikon, 1968; Beichtspiegel, 1972;

Basta, 1984; Deutschdeutsch, 1990; Tod u. Teufel, 1991; u.a. Herausg. u. Hauptverf. Martin-Greif-Bote, 12 Bde. u. 3 Sonderbde. (s. 1973).

JACOBI, Horst

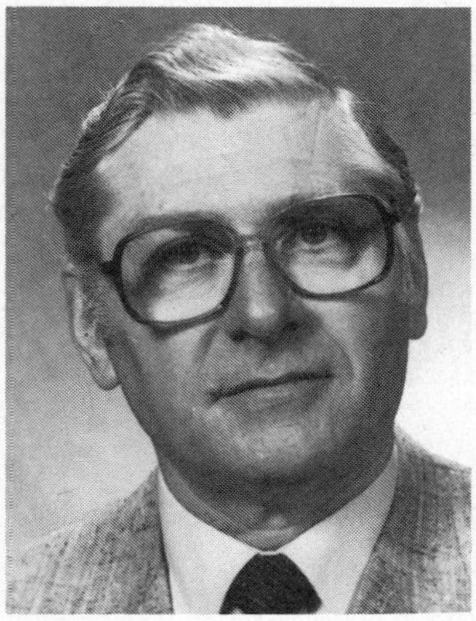

Künstleragent - Grillparzerstr. 30, 6100 Darmstadt 12 (T. 06151 - 37 39 00; Telefax 06151 - 37 75 80) - Geb. 2. April 1927, verh. - Inh. Intern. Künstleragentur H. J. im Auftrag d. Bundesanst. f. Arb. im Bereich Show u. Unterhaltung - Prod. v. Unterhaltungsprogr. im Show-Ber., Spezialist f. U-Musik u. Artistik - Bronzene Verdienstplak. Stadt Darmstadt; Ehrenpräs. Darmstädter Narrhalla v. 1846 - Spr.: Engl.

JACOBI, Karl-Wilhelm

Dr. med., Prof. f. Augenheilkd. - Friedrichstr. Nr. 18, 6300 Gießen - Geb. 22. Jan. 1933 - Promot. 1960 - S. 1969 (Habil.) Lehrtätigk. Univ. Köln u. Gießen (1972 Prof.). Rd. 150 Facharb.

JACOBI, Kurt

Dr. rer. pol., Vorstandsmitgl. Schmalbach-Lubeca-Werke AG., Braunschweig (1962-71), Industrieberater - Holzmindener Str. 32, 3300 Braunschweig - Geb. 24. Nov. 1909 Frankfurt/M. - Div. Ehrenstell., dar. Vors. Interessengemeinsch. Aerosole (IGA) u. Vizepräs. Föderation europ. Aerosolverb. (FEA).

JACOBI, Martina

Prof., Leiterin Seminar f. Rhythmik Staatl. Hochsch. f. Musik Freiburg/Br. - Beethovenstr. 6, 7800 Freiburg i.Br.

JACOBI, Renate,

geb. Tietz

Dr. phil., Prof. f. Islamkunde/Arabistik - Am Homburg 25, 6600 Saarbrücken (T. 0681 - 3 17 37) - Geb. 1. Febr. 1936 Volzrade/Meckl. (Vater: Hans-Günther T., Landw.; Mutter: Käte, geb. Schliemann) - Promot. 1963 Tübingen; Habil. 1970 Saarbrücken - S. 1970 Prof. Univ. Saarbrücken - BV: Studien z. Poetik d. altarab. Qaside, 1971. Div. Einzelarb.

JACOBI, Wolfgang

Dr. rer. nat., Prof., Direktor Inst. f. Strahlenschutz/GSF Forschungszentrum f. Umwelt u. Gesundheit (s. 1972) - Ingolstädter Landstr. 1, 8042 Neuherberg/Obb. - Geb. 17. Mai 1928 Frankfurt/M. - Promot. 1953; Habil. 1962 - 1953-57 Wiss. Mitarb. MPI f. Biophysik, Frankfurt; 1957-72 Abteilungsleit. Hahn-Meitner-Inst. f. Kernforsch., Berlin (Strahlenphysik). S. 1962 Lehrtätigk. TU Berlin (1967 apl. Prof.) u. München (1976) - BV: Strahlenschutz-Grundl., 1972 - Üb. 200 Einzelarb. Mithrsg.: Ztschr. Atomkernenergie - 1981 Umweltschutzpreis d. Friedrich Flick-Förderungsstiftg.; Mitgl. Intern. Commission on Radiaton Protection (ICRP), 1988 Rolf Sievert Preis d. Intern. Radiation Protection Assoc. (IRPA).

JACOBITZ, Karlheinz

Dr.-Ing., Prof. f. Wasserversorgung, Abwasserbeseitigung u. Raumplanung TH Darmstadt - Ostpreußenstr. 8, 6100 Darmstadt 13.

JACOBMEYER, Wolfgang

Dr. phil., Zeitgeschichtler, Prof. f. Neuere u. Neueste Geschichte u. Didaktik der Geschichte Univ. Münster - Pferdegasse 1, 4400 Münster - Geb. 27. Juli 1940 Hannover, ev., verh. s. 1966 m. Dr. Jutta, geb. Kirchberg (Oberstudienrätin), 2 Töcht. (Hannah, Rebecca) - 1961-68 Stud. Univ. Hamburg, Oxford, Göttingen; Staatsex. 1968 Göttingen, Promot. 1971 Bochum, Ass. d. Lehramts 1971 Hildesheim, Habil. 1985 Hannover - 1971-78 wiss. Ref. Inst. f. Zeitgesch. München; 1978-91 stv. Dir. Georg-Eckert-Inst. f. Intern. Schulbuchforsch. Braunschweig. Mitgl. wiss. Beirat Körber-Stiftg. (Schülerwettbew. Gesch. um d. Preis d. Bundespräs.); Mitgl. Arbeitskr. Gesch. Niedersachs. n. 1945; Mitgl. wiss. Beirat f. d. Gedenkstätte Bergen-Belsen - BV: Poln. Widerstand im 2. Weltkrieg, 1972; Diensttageb. d. Generalgouverneurs Frank, 1975; Gesch. d. DPs in Westdeutschl., 1985; Publ. z. osteurop. Zeitgesch. - 1983 Mehnert-Preis DVA, Stuttgart - Liebh.: Kammermusik (Violine, Viola) - Spr.: Engl., Franz., Poln.

JACOBS, Egon

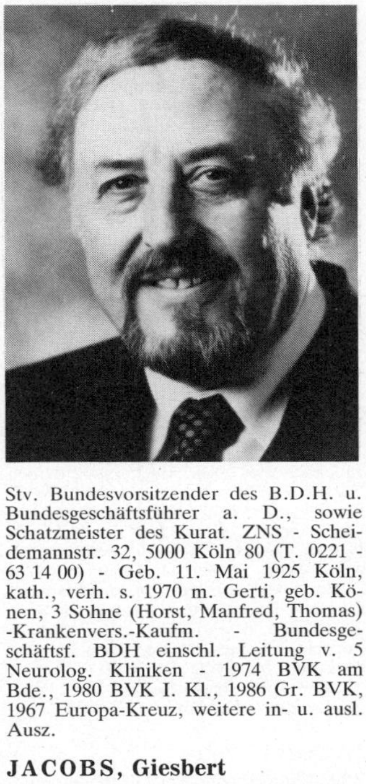

Stv. Bundesvorsitzender des B.D.H. u. Bundesgeschäftsführer a. D., sowie Schatzmeister des Kurat. ZNS - Scheidemannstr. 32, 5000 Köln 80 (T. 0221 - 63 14 00) - Geb. 11. Mai 1925 Köln, kath., verh. s. 1970 m. Gerti, geb. Könen, 3 Söhne (Horst, Manfred, Thomas) -Krankenvers.-Kaufm. - Bundesgeschäftsf. BDH einschl. Leitung v. 5 Neurolog. Kliniken - 1974 BVK am Bde., 1980 BVK I. Kl., 1986 Gr. BVK, 1967 Europa-Kreuz, weitere in- u. ausl. Ausz.

JACOBS, Giesbert

Dr. med., Prof., Chefarzt (Chirurg) - Städt. Krankenhs. (Weinberg 1), 3200 Hildesheim - Geb. 4. Nov. 1935 - B. 1971 Privatdoz., dann apl. Prof. Univ. Düsseldorf (Chir.); 1981 Med. Hochsch. Hannover.

JACOBS, Günther

Dipl.-Ing., Vorstandsmitglied Feldmühle AG i.R. - Rosenstr. 21, 4005 Meerbusch 1 (T. 02105 - 3656) - Geb. 3. Juli 1927 Dresden (Vater: Dipl.-Ing. Kurt J.; Mutter: Margarete, geb. Menzel), ev., verh. s. 1958 m. Ruth, geb. Spiegel, 4 Kd. (Annette, Ulrich, Beate, Klaus) - Stud. Papiering.wesen TH Darmstadt; Dipl.ex. 1954 - 1954-91 Feldmühle AG - Spr.: Engl. - Rotarier.

JACOBS, Heinz

Fabrikant, Vors. Bundesverb. Sargindustrie, Eppstein - Kirchhecke 14, 5162 Niederzier-Selhausen - Geb. 19. Mai 1922.

JACOBS, Herbert

Dr. jur., Rechtsanwalt, Vorstandssprecher d. Volksbank Neuss eG - Hölderlinstr. 10, 4005 Meerbusch 1 - Geb. 28. Dez. 1933 Keppeln/Kleve (Vater: Hans J., Polizeim. †; Mutter: Maria, geb. Bültjes †), kath., verh. s. 1965 m. Sabine, geb. Fischer, 2 Töcht. (Annedore, Caroline) - Comeniusgymn. Düsseldorf; Univ. Köln, Heidelberg, Berlin (W.). Gr. jurist. Staatsprüf. 1965 Düsseldorf; Promot. 1964 Köln - DRK-Justitiar Kreisverb. Grevenbroich; Schatzmeister Lebensschutz e.V., Neuss; Mitgl. Kulturaussch. d. Stadt Meerbusch u. d. Kreises Neuss - BV: Rechtsphil. u. polit. Phil. bei John Stuart Mill, 1964 (Diss.) - Liebh.: Musik, Kunst, Wandern - Spr.: Engl., Franz. - Rotarier.

JACOBS, Herbert

Dr. rer. nat., Prof., Chemiker - Driverweg 42, 4600 Dortmund 50 - S. 1973 Wiss. Rat u. Prof. TH Aachen (Lehrgeb. Anorgan. Chemie).

JACOBS, Jan

Dr. jur., Versicherungsangest., Mitgl. Hbg. Bürgerschaft (s. 1978) - Hellkamp 67, 2000 Hamburg 19 - Geb. 7. Dez. 1943 Celle, verh. s. 1973 (Ehefr.: Birgit), 2 Kd. (Inga, Leif) - N. Wehrdst. Bundesmarine (gegenw. Korvettenkapt. d. R.) - Stud. Rechtswiss. Tübingen u. Hamburg. Staatsex. 1971 u. 75 - S. 1975 Albingia. CDU (1974 Kreisvors. Eimsbüttel u. Mitgl. Landesvorst.) - BV: D. EWG in d. Völkerrechtsdoktrin d. Sowjetunion, 1978 - Spr.: Russ., Engl.

JACOBS, Jürgen

Ph. D., Prof. f. Zoologie, Ökologie, Evolution, Populationsgenetik Univ. München (s. 1967) - Dorotheenstr. 15, 8000 München 82 (T. 439 44 12) - Geb. 5. Jan. 1930 - Mehrj. Studientätigk. USA u. Dänemark. Fachveröff. - Spr.: Engl.

JACOBS, Jürgen Carl

Dr. jur., Dr. phil., Prof. f. Neuere dt. Literatur - Lindenburger Allee 26, 5000 Köln 41 - Geb. 17. Mai 1936 Aachen - Promot. 1962 u. 64 - 1971 Privatdoz. Univ. Köln; 1972 Wiss. Rat u. Prof. Univ. Bonn; gegenw. o. Prof. Berg. Univ. Wuppertal. Mitarb. FAZ - BV: u. a. Wielands Romane, 1969; Krügers Komödien, 1970; Wilhelm Meister u. s. Brüder - Unters. z. dt. Bildungsr., 1972; Prosa d. Aufklärung, 1976; D. dt. Schelmenroman, 1983; Lessing, 1986.

JACOBS, Karl

Dr. phil., Oberstudiendirektor a. D., Schriftst. - Stattropstr. 7, 4300 Essen 1 (Huttrop) (T. 27 04 15) - Geb. 1. Juni 1906 Essen, kath., verh. s. 1933 m. Anneliese, geb. Weber, 2 Kd. - Burggymn. Essen; Univ. Bonn, Lausanne, München, Köln (Promot. 1929) - 1937-71 höh. Schuldst. Essen (1946 Luisensch.) - W: Retter Till, Sp. 1924; D. weiße Ritter, Sp. 1926; Mummenschanz, Sp. 1927; Span. Schwänke, Sp. 1928; Meier Helmbrecht, Sp. 1930; D. Jesuskind in Flandern, Dr. 1932 (m. Felix Timmermans); Pietje Booms, Kom. 1934; D. sanfte Kehle, Kom. 1936 (m. Timmermans); Pieter Brueghel, Dr. 1943 (m. dems.); D. unsichtbare Hand, Dr. 1944 (m. dems.); Fünfe ziehen n. Bremen, Msp. 1945; Schneider Siebenstreich, M.kom. 1948; König Drosselbart, M.kom. 1948; Felix Timmermans, Lebenstage u. Wesenszüge e. Dichters, 1949; Delphine, Lsp. 1955. Herausg.: D. schönsten Gesch. d. Herzens, 1939; Flandern erzählt, Lachendes Flandern, 1942; D. Strom, Leseb. f. höh. Sch., 8 Bde. 1949 ff.; Geschenkte Jahre, 1975. Übers.: Felix u. Lia Timmermans, Stijn Streuvels, Ernest Claes, u. a. Herausg.: Großeltern u. Enkel, 1972. 1972 Ritter franz. Orden Palmes Académiques - Spr.: Franz., Engl., Niederl. - Rotarier.

JACOBS, Konrad

Dr. rer. nat., o. Prof. f. Math. Statistik - Hänflingweg 4, 8520 Erlangen - Geb. 24. Aug. 1928 Rostock (Vater: Dr. Werner J., Univ.-Prof.; Mutter: geb. Eilers), ev., verh. s. 1956 m. Annemarie, geb. Kreppel, 5 Kd. (Ursula, Susanne, David, Dorothee, Nils) - Gymn. München; 1947-54 Univ. ebd. u. Hamburg (Math., Physik) - 1954-56 Stip. Dt. Forschungsgem. (Math. Forschungsinst. Oberwolfach), 1956-58 Assist. Univ. München, 1958/59 Diätendoz. Univ. Göttingen, seith. Ord. ebd. u. Univ. Erlangen-Nürnberg (1965) - BV: Neuere Meth. u. Ergebn. d. Ergodentheorie, 1960; Lecture Notes on Ergodic Theory, 1963 (Aarhus); Measure and Integral, 1978 (Academic Press, New York); Einf. in d. Kombinatorik, 1983; Resultate 1 u. 2, 1987/90; Discrete Stochastics, 1991; Invitation to Mathematics (engl. Übers. v. Resultate 1), 1992. Übers.: Lavelle, Zwei metaphys. Betrachtungen (franz.); Richarz, 1983; Berlekamp-Conway-Guy, Gewinnen Bd. IV (engl.) - Bek. Vorf.: Dr. Konrad Eilers, Jagdschriftst.; Dr. Werner Jacobs, Zoologe.

JACOBS, Kurt H.

Dr. rer. pol., Prof. f. Sonder- u. Heilpädagogik sow. Berufspäd. d. Behinderten u. Dissozialen Univ. Frankfurt/M. (s. 1975) - Katzenlückstr. 39, 6238 Hofheim 6/Ts. - Geb. 3. Juli 1937 Gelsenkirchen (Vater: Hermann J., Unternehmer; Mutter: Anna, geb. Schmidt), verh. s. 1986 m. Britta M.A., geb. Geldmacher, 2 S. (Stephan, Dominik) - Abit. 1959; Dipl.-Hdl. 1965; Dipl.-Kfm. 1966; Promot. 1968 - 1970-75 Hochschullehrer Dortmund - BV: Lernbehinderte auf d. Weg in d. Arbeitswelt, 1978; Berufsvorbereit. in d. Sonderschule, 1979; Autismus, 1984; Autist. Jugendliche, 1984 - Liebh.: Musik, Kunst (Plasik), Camping - Spr.: Engl., Franz. - Lit.: Chr. Hofmann: D. Stöhnen nie gelernt, Ztschr. Zusammen Heft 7, Juli 1982, S. 18-20.

JACOBS, Manfred

Dr., o. Prof. f. Kirchen- u. Dogmengesch. Univ. Münster - An der Vogelrute 49, 4400 Münster-Wolbeck (T. 02506 - 72 31) - Geb. 5. Nov. 1928 Neustrelitz, ev., verh. s. 1960 m. Dr. Barbara, geb. Hornig, 3 Kd. (Angelika, Kristina, Jürgen) - Promot. 1958; Habil. f. Kirchen- u. Dogmengeschichte 1966 Univ. Hamburg.

JACOBS, Otto H.

Dr. rer. pol., Dipl.-Kfm., o. Prof. f. Betriebswirtschaftslehre Univ. Mannheim (s. 1971), Rektor Univ. Mannheim (1988-94), Vors. d. Landesrektorenkonfz. Baden-Württ. (1990-92) - Grenzweg 4, 6805 Heddesheim - Geb. 12. Okt. 1939 Bracht, verh. s. 1967, 2 Kd. - Thomaeum Kempen; Univ. Stud.-Köln, Berlin, Aachen. Dipl.-Kfm. 1964 Köln; Promot. 1966 Aachen; Habil. 1970 Regensburg - Steuerberat.; Hochschull.; 1973-74 Dekan - AR-Mand. - BV: Grenzen d. industriellen Køstenrechnung aus kostentheoret. Sicht, 1968; Bilanzierungsprobleme in d. Ertragssteuerbilanz, 1971; Steueroptimale Rechtsform mittelständ. Unternehmen, 1978; Betriebl. Kapital- u. Substanzerhalt., 1979; Intern. Untern.besteuer., 1983, 2. A. 1991; Untern.besteuer. u. Rechtsform, 1988; EDV-gestützte Jahresabschlußanalyse, 1988. Üb. 80 Fachaufs. - Spr.: Engl., Franz.

JACOBS, Ulrich

Vorstandsmitgl. Vereinigte Seidenwebereien AG./VERSEIDAG (s. 1972) 4150 Krefeld - Geb. 1928.

JACOBS, Werner

Filmregisseur u. Autor - Söltlstr. 18, 8000 München 90 (T. 64 35 62) - Geb. 24. April 1909 Berlin (Vater: Ludwig J., Stereotypeur; Mutter: geb. Kadow), verh. s. 1945 m. Gertrud, geb. Hart, 2 Söhne (Prof. Dr. Joachim, Hans) - Oberrealsch. Steglitz - S. 1930 Schnittm., Regieassist. u. Filmregiss. (1949) - Filme: Straßenserenade (1952), Gitarren d. Liebe (1953), André u. Ursula (1954), San Salvatore (1955), D. Bettelstudent (1956), D. einfache Mädchen (1957), D. Graf v. Luxemburg (1958), Münchhausen in Afrika (1959), Im Weißen Rößl (1960), Mariandl (1961), D. lust. Witwe (1962), D. Musterknabe (1962), Heimweh n. St. Pauli (1963), Hilfe - meine

Braut klaut! (1964); Heidi (1965), Tante Frieda (1966), D. sündige Dorf (1966), D. Mörderclub v. Brooklyn (1966), Wenn Ludwig ins Manöver zieht (1967), D. Heiden v. Kummerow (1967), Lümmel-Filme (1968ff.), Charley's Onkel (1969), D. Dubarry (1973), D. fliegende Klassenzimmer (1973) - 1950 Bundesfilmpreis (Kurzf.: Modebummel).

JACOBS, Willibald
Verbandsdirektor Prüfungsverb. Dt. Bäcker- u. Konditorengenoss. - Rhöndorfer Str. 87, 5340 Bad Honnef 1 - Wirtschaftsprüfer.

JACOBS, Wolfgang
Dr. rer. pol., Geschäftsführer Irle Deuz GmbH, Netphen-Deuz, Walzen Irle GmbH, ebd. - Giersbergstr. 127, 5900 Siegen 1 - Geb. 7. März 1928 Mülheim/R.

JACOBSEN, Hans-Adolf

Dr. phil., Dr. h. c., em. o. Prof. Sem. f. Polit. Wiss. Univ. Bonn - Klosterweg 26, 5300 Bonn-Buschdorf (T. 67 20 95) - Geb. 16. Nov. 1925 Berlin (Vater: Maxim J.; Mutter: Margarete, geb. Vogelsang), ev., verh. 1952 m. Dorothea, geb. Kaltheuner, 6 Kd. (Margarete, Sabine, Christiane, Hans, Eva, Martin) - Promot. 1955; Habil. 1966 Bonn - 1961-63 Dir. Forsch.inst. Dt. Ges. f. Ausw. Politik (1973ff. Direktoriumsmitgl.); 1964 Doz. u. Prof. (1969) Univ. Bonn; Gastprof. Los Angeles, Columbia Univ., San José u. Defense College (Tokyo); 1969-89 Sprecher Beirat f. Innere Führ. Bundesmin. f. Verteidig.; s. 1976 Mitgl. Dir. Ostkolleg, Köln; 1980-83 Vors. Kurat. Dt. Ges. f. Friedens- u. Konfliktforschg.; 1990-92 Vors. Unabh. Komm. f. d. künftigen Aufg. d. Bundeswehr; korr. Mitgl. d. poln. Akad. d. Wiss. (Krakau) - BV: Zahlr. Studien u. Dok. zur Geschichte d. 2. Weltkrieges (1956-1978); NS-Außenpolitik 1933-38, 1968; Mißtrauische Nachbarn, Dt. Ostpolitik 1919-70; KSZE Bd. I u. II, 1973 u. 1978; Von d. Strategie d. Gewalt z. Politik d. Friedenssicherung, 1977; Karl Haushofer, Leben u. Werk, 2 Bde., 1979. Mithrsg.: Bundesrep. D. u. Volksrep. Polen (1979); World War II. policy and strategy (1979); Contemporary Germany (1984); Demokratie u. Diktatur (1987); D. Weimarer Republik (1987); Deutsche Sicherheitspolitik 49-89 (1989); Bonn-Warschau 1945-91 (1992); Deutschland – Rußland im 20. Jh. (1992) - Film: Dt. Ostpolitik, Bismarck bis Brandt, 1973 - Gr. BVK; Ehrenkreuz d. Bundeswehr in Gold - Liebh.: Musik, Sport - Spr.: Engl., Russ., Franz.

JACOBSEN, Jens
Schiffsmakler, Vorstandssprecher HADAG Seetouristik u. Fährdienst AG., Hamburg, Geschäftsf. Hadag/Jens-Gruppe ebd. u. a. - Tönninger Weg Nr. 119, 2000 Hamburg 52 - Geb. 4. April 1936 Wandsbek/Hamburg (Vater: Herbert J., Kraftfahrer; Mutter: Annemarie, geb. Krüger), verh. in 3. Ehe (1976) m. Ines-Maria, geb. Kuhle, 3 Kd. (Maren,

Jörg, Anouchka) - N. Mittl. Reife Lehre - Zul. Prokurist - Liebh.: Segeln, Reisen - Spr.: Engl.

JACOBSEN, Uwe
Sprecher d. Geschäftsführung Saarbrücker Zeitung Verlag u. Druckerei GmbH, Präs. Infeurope S.A., Luxembourg, Präs. Euroscript S. à R.L., ebd., Hon.-Konsul v. Costa Rica - Gutenbergstr. 11-23, 6600 Saarbrücken (T. 0681 - 502 10 00) - Geb. 1. Febr. 1936 Kiel.

JACOBSKÖTTER, Wolfgang
Vorstandsmitgl. Bremer Silberwarenfabrik AG., Bremen-Sebaldsbrück - Diedrich-Wilkens-Str. 1, 2800 Bremen 2 - Geb. 19. Juni 1911 Toba/Thür. - Stud. Ass.ex. U. a. Sprecher Arbeitsgem. d. Dt. Bestekkind.

JACOBSOHN, Helmuth
Dr. phil., Prof. (emerit.) - Schückingstr. 24, 3550 Marburg/L. (T. 25793) - Geb. 8. Mai 1906 München (Vater: Prof. Dr. H. J.; Mutter: geb. Flemming), verh. 1945 m. Erika, geb. Bühler - Stud. Ägyptologie, Archäol., Gesch. - S. 1951 (Habil.) Privatdoz. u. apl. Prof. (1964) Univ. Marburg (Ägyptol. u. Allg. Religionswissensch.). Fachveröff.

JACOBY, Gerhard
Dr.-Ing., Prof., Geschäftsf. Trebel GmbH., Ratingen - Stetteritzring 79, 6101 Roßdorf 2 - Geb. 12. Sept. 1933 Mannheim - Promot. 1961 Hannover - Tätigk. Dt. Forschungs- u. Versuchsanst. f. Luft- u. Raumfahrt/Inst. f. Festigkeit, Mülheim, u. Carl Schenck AG., Darmstadt, 1972 ff. Honorarprof. TH Aachen (Betriebsfestigk. v. Leichtbaukonstr.). Üb. 50 Facharb. - 1968 Hugo-Junkers-Preis.

JACOBY, Heiner
Kaufmann, Vors. Verb. d. Dt. Importeure oriental. Teppiche im Bundesgebiet - Zu erreichen üb.: Gutleutstr. 169-71, 6000 Frankfurt/M.1.

JACOBY, Hildegard (Hilla)

Fotografin - Spessartstr. 15, 1000 Berlin 33 (T. 821 18 15) - Geb. 20. April 1922 Berlin, verh. m. Max Moshe J. - Schausp.; Leit. e. Kindertheaters; Regiss. Bild. Kunst: Objekte aus gefund. Material (Trash Art); Autorin: u. a. Kinderb. Wer rettet Tina?; s. 1973 Fotografin u. Autorin. Zus. m. Ehem. Max Moshe J. Fotobildbd.: Shalom, The Land of Israel, Schweden, Hallelujah Jerusalem, New York, Wir leben auf d. Dorf (Kinderb.), Jesus, Hoffnung d. 80er Jr., The Jerusalem Passionplay, Liebe deinen Nächsten, D. Juden - Gottes Volk, Ich bin bei dir, Fürchte dich nicht, Damit wir leben können, D. Wunder Israel, Mit Jesus unterwegs, 1990 - Fotoausst. (m. Max J.) Berlin u. London - Kodak Fotobuchpreis (m. Max J., 2mal).

JACOBY, Karl-Heinz
Weihbischof - Windstr. 4, 5500 Trier/

Mosel (T. 7105 - 370) - Geb. 11. Aug. 1918 Göttelborn/Saar (Vater: Jakob J., Steiger; Mutter: Veronika, geb. Spies), kath. - Stud. Phil. u. Theol. - S. 1949 Kaplan, Bischöfl. Geheimsekr. (1952), Konviktsdir. (1959), Weihbischof Trier (1968) - Spr.: Franz.

JACOBY, Max Moshe

Bildjournalist u. Buchautor - Spessartstr. 15, 1000 Berlin 33 (T. 821 18 15) - Geb. 8. Juni 1919 Koblenz (Vater: Hans J., Kaufm.; Mutter: Meta Brahms), verh. m. Hildegard (Hilla), geb. Gerberding - Fotogr. Ausbild. Berlin u. Buenos Aires (Georges Friedman) - Tätigk. Argentinien, USA, Dtschl. u. in div. and. Ländern. Fotos: Länder, Städte, Menschen; Portraits v. Persönlichk. aus Kunst, Wiss., Politik u. Wirtsch.; Ind.- u. Werbefotogr. - Insges. 23 Foto-Bildbde., Mitarb. an a. Büchern, Veröff. in intern. Magazinen. BV: u.a. Theater I u. II; Confrontation; Berlin-Impressionen; Marcel Marceau; Käthe Kollwitz; Riemenschneider; Symposium europ. Bildhauer I u. II; Josef Karsch. Ab 1977 m. Ehefrau Hilla als Co-Fotograf: Shalom, 1978; The Land of Israel, 1978; Schweden, 1978; Hallelujah Jerusalem, 1980; New York, 1981; Wir leben auf d. Dorf, 1981; Jesus, Hoffnung f. d. 80er J., 1981; The Jerusalem Passion Play, 1982; D. Juden, Gottes Volk, 1983; Liebe deinen Nächsten, 1984; Ich bin m. dir, 1985; Fürchte dich nicht, 1985; Damit wir leben können (10 Gebote), 1987; D. Wunder Israel, 1988; Mit Jesus unterwegs, 1990. Ausst.: One-man shows in Buenos Aires, Wien, Berlin, Mailand, London, Tokio; intern. Gruppenausst. - 4 Goldmed. u. and. Ausz.; 1987/88 Kulturpreis d. Stadt Koblenz; Kodak Fotobuchpreis (m. Hilla J., 2mal) - Liebh.: Musik - Spr.: Engl., Span. - Lit.: Fernseh-Berichte üb. Max J., 1976 u. 77.

JACOBY, Peter
Prof., Hochschullehrer, Kapellmeister, Pianist, Gesangspädagoge - Matthias-Claudius-Weg 9, 4930 Detmold - Geb. 10. Jan. 1937 Weißenstein (Vater: Edgar J., Apotheker; Mutter: Barbara, geb. Frankhaenel), ev., verh. I) (1963-82) m. Ruth, geb. Billeter, 3 T. (Susanne, Christine, Ulrike); II) s. 1982 m. Shoko, geb. Shimizu, 1 T. (Julia Mariko) - Musikhochsch. Detmold u. Köln; Univ. Köln (1960-63 Musikwiss., Gesch.) - 1962 Solorepetitor Essen; 1966 Kapellm. Kaiserslautern; 1973 Doz. f. Künstler. Partienstud. Detmold (Hochsch. f. Musik Detmold/NWD Musikakad.) - Spr.: Engl. - Bek. Vorf.: Lucas Cranach d. Ä.

JACOBY, Peter
Wirtschaftsass., MdL Saarland, Vorsitzender d. CDU-Landtagsfraktion (s. 1990) - Auf den Ellern 23, 6601 Saarbrücken-Bübingen (T. 06805 - 88 31) - Geb. 27. April 1951 Saarbrücken (Vater: Hans J., Rektor; Mutter: Hildegard, geb. Weber), kath., ledig - Stud. Soziol.- u. Rechtswiss. (Dipl.-Soz. 1977) - Refer., Wirtschaftsass. - 1979-85 Vors. d. Jungen Union; s. 1980 MdL, 1985 Parlam. Ge-

schäftsf., 1986-90 Landesvors. d. CDU Saar.

JACOBY, Wolfgang Robert
Dr. rer. nat., Prof. f. Geophysik u. -dynamik, Seismol. Univ. Mainz (s. 1984) - Zu erreichen üb. Inst. f. Geowiss., Postf. 39, Becherweg 21, 6500 Mainz 1 - Geb. 3. Dez. 1936 Reval/Estl. (Vater: Dipl.-Ing. Hans J.; Mutter: Sylvia, geb. Borell) - Stud. Phys., Geophys. - 1967-72 Res. Scientist Ottawa/Can., 1972-84 Prof. f. Geophysik Univ. Frankfurt, in- u. ausl. Fachmitgl.sch. - Liebh.: Malerei - Spr.: Engl.

JACTA, Maximilian
s. Schwinge, Erich.

JÄCK, Gottlieb
Sägewerksbesitzer, Vors. Verb. Bad. Sägewerke, Karlsruhe - Brücklesägmühle, 7501 Marxzell/Baden (T. 07248 - 254).

JÄCK, Reiner
Industrie-Kaufm., Leiter Referat Tourismuswirtsch., Senatsverw. f. Wirtsch. u. Technologie, Berlin - Priv.: Naheweinstr. 18, 6551 Bretzenheim - Geb. 19. Okt. 1939 Chemnitz, ev., verh., 2 Kd. - 1966-78 Vizepräs. Verb. d. Reservisten d. Dt. Bundeswehr; s. 1991 stv. Landesvors. Berlin; 1969-81 Mitgl. Executiv-Committee d. Interallied Confed. of Reserve Officers; 1. Vors. Gastland Nahe, 1986-88 1. Vors. Waldhilfe, Bad Kreuznach, 1980-89 Kreisvors. Europa Union Dtschl., Bad Kreuznach, s. 1990 Ehrenvors.; Hptm. d. Res. - Commandeur de Ordre Souverain et Militaire du Temple de Jerusalem - 1982 BVK am Bde. - Spr.: Engl. - Rotarier.

JÄCKEL, Eberhard
Dr. phil., o. Prof. f. Neuere Geschichte Univ. Stuttgart (s. 1967) - Keplerstr. 17, 7000 Stuttgart 1 (T. 121 34 50) - Geb. 29. Juni 1929 Wesermünde (Vater: Dipl.-Ing. Wilhelm J.; Mutter: Margarete, geb. Hellweg), ev. - 1949-55 Stud. Gesch. Univ. Göttingen, Tübingen, Freiburg/Br., University of Florida (USA), Paris - 1955-61 Wiss. Assist., 1961-66 Doz. Kiel; 1962-63 Gastprof. Chandigarh (Indien); 1967-1968 Oxford (Engl.), 1972-73 Tel Aviv (Israel); 1969-71 Dekan Univ. Stuttgart - BV: Frankreich in Hitlers Europa, 1966 (auch franz.); Hitlers Weltanschauung, 1969 (auch ital., amerik., franz., poln., hebr., jap.), erw. Neuausg. 1981; Deutsche Parlamentsdebatten, 1970/71; Hitler. Sämtl. Aufzeichn. 1905-24, 1980; Hitlers Herrschaft, 1986 (auch poln., hebr.); Umgang m. Vergangenheit, 1989 - 1973 Mitgl. PEN-Zentrum BRD - Spr.: Engl., Franz.

JÄCKEL, Hartmut
Dr. jur., LL. M. (Yale), Staatssekretär a. D., Prof. f. Polit. Wissenschaft FU Berlin - Ithweg 16, 1000 Berlin 37 (T. 813 20 17) - Geb. 30. Sept. 1930 Wesermünde (Vater: Wilhelm J., Dipl.Ing.; Mutter: Margarete, geb. Hellweg), ev., verh. m. Dr. jur. Margarete, geb. Mühl, 3 Kd. (Martin, Bettina, Laura) - 1950-54 Stud. Rechtswiss. Tübingen, Heidelberg u. Freiburg/Br. (1. jurist. Prüf. 1955); 1955-57 u. 1960-62 Wiss. Assist. Inst. f. öffntl. Recht Univ. Freiburg; 1957-58 Stud. Yale Law School, 1959-60 Wiss. Assist. am Inst. de Droit comparé Univ. Paris; Promot. 1963 Freiburg, Habil. 1970 - 1963 Lehrbeauftr. Otto Suhr-Inst. FU Berlin; s. 1970 Prof. m. d. Schwerp. Innenpolitik, Verfass.recht, Bezieh. zw. BRD u. DDR; 1974-77 Erster Vizepräs. FU Berlin; 1974-78 Vorst.-Mitgl. DAAD; 1977-81 Senatsdir. (Staatssekr.) b. Senator f. Wiss. u. Forsch. Berlin; s. 1991 Vors. d. Dt. Ges. f. Politikwiss. - Zahlr. Veröff.

JAECKEL, Jörg
Dr., Präsident Bundesschuldenverw. (s. 1982) - Landgraf-Philipp-Ring 29, 6380 Bad Homburg v. d. H. (T. 06172 - 3 98 98) - Geb. 24. Juni 1928 Siegen (Vater: Dipl.-Ing. Hans J.; Mutter: Marianne, geb. Beikler), ev., verh. s. 1965 m. Christa, geb. von Rosen, 3 Kd. -

1948-57 Stud. d. Rechte u. Refer.zeit, u.a. 1950/51 in USA, Promot. 1955 Marburg, jurist. Staatsex. 1957 - 1957/58 VDMA, Frankfurt; s. 1958 Bundesdst.: zun. Bundesmin. f. Wirtsch.; 1967-71 stv. Exekutivdir. Weltbank Washington u. 1971/72 b. Ständ. Vertret. b. d. Europ. Gemeinsch. Brüssel; 1973 Bundesmin. d. Finanzen. Fachveröff., u. a. Staatsschuldenwesen in Lehrbuch d. öfftl. Finanzrechts (Hrsg. F. Klein), 1987 - 1989 BVK I. Kl.

JAECKEL, Peter

Dr. phil., Museumsdirektor i. R. - Warngauer Str. 49, 8000 München 90 - Geb. 18. Mai 1914 Berlin (Vater: Prof. Willy J., Kunstmaler, 1888-1944; Mutter: Charlotte, geb. Sommer, Konzertsängerin, 1894-1950), ev., verh. s. 1940 m. Charlotte, geb. Woischnik - Arndt-Gymn. (Richtersche Stiftg.) u. Univ. Berlin (Promot. 1941) - 1946-48 Doz. Hochsch. f. Angew. Kunst Berlin; 1950-70 wiss. Angest. Staatl. Münzsamml. München. 1968 ff. Lehrbeauftr. Univ. München (Islam. Münzkd.). Mitgl. Ges. f. histor. Waffen- u. Kostümkd., Ehrenmitgl. Dt. Ges. f. Heereskd.; Präs. Vereinig. d. Waffen- u. Militärgesch.-Mus. - Veröff. üb. Numismatik u. Waffenkd. - 1975 Bayer. VO. - Liebh.: Zinnfiguren - Spr.: Engl., Franz.

JÄCKER, Horst

Industriekaufmann, stv. Bürgermeister Werdohl, MdL NRW (s. 1985), Generalagent Zürich Versicherungen - Obere Heide 5e, 5980 Werdohl (T. 02392-78 56) - Geb. 21. März 1941 Werdohl, ev., verh. s. 1966 m. Doris, geb. Bals, 2 Töchter (Ulrike, Kristina) - 1961-63 Lehre z. Industriekaufm. S. 1968 CDU-Vors. Werdohl - Liebh.: Sport, Vors. Schwimmverein Werdohl.

JAECKLE, Erwin

Dr. phil., Chefredaktor, Schriftst. - Drusbergstr. 113, CH-8053 Zürich (Schweiz) (T. 53 65 63) - Geb. 12. Aug. 1909 Zürich, protest., verh. m. Anna, geb. Treadwell - Gymn. u. Ev. Lehrersem. Zürich; versch. Univ. (German. u. Phil.) - Verlagslektor Schweiz u. Ausl. 1943-71 Chefredakt. Tagesztg. Die Tat; 1962-77 Schriftleit. Lit. Tat. 1942-50 Mitgl. Gemeinderat Stadt Zürich (1944/45 Präs.); 1947-62 Mitgl. Nationalrat - BV: D. Trilogie Pan, Lyr. 1934; V. Geist d. gr. Buchstaben, Ess. 1937; Rudolf Pannwitz, E. Darstell. s. Weltbildes, 1937; D. Kelter d. Herzens, Lyr. 1943; Bürgen d. Menschlichen, Ess. 1945; Schattenlos, Ged. 1945; Phänomenologie d. Lebens, 1951; Kl. Schule d. Redens u. Schweigens, 1951; Ged. aus a. Winden, Lyr. 1956; ABC v. Zürichsee, 1956 (m. Zeichn. v. Hanny Fries); Glück in Glas, Ged. 1957; Elfenspur, Ess. 1958; D. Goldene Flaute, 1959; D. Phänomenol. d. Raums, 1959; Aber v. Thymian duftet d. Honig, Ged. 1961 (m. Z. v. H. Fries); D. Himml. Gelächter, Ged. 1962; Im Gitter d. Stunden, Ged. 1963; D. Ochsenritt, Ged. 1967; D. Botschaft d. Sternstraßen, Ess. 1967; Zirkelschlag d. Lyrik, Ess. 1967; D. Zürcher Literaturschock, Bericht 1968; Nachr. v. d. Fischen, Ged. 1969; Signatur d. Herrlichkeit. D. Natur i. Gedicht. Ess. 1970; D. Osterkirche, 1970; Evolution d. Lyrik, Ess. 1972; Dichter u. Droge, Ess. 1973; Eineckged., 1974; D. Zürcher Freitagsrunde, E. Beitr. z. Lit.gesch., R. 1975; Rud. Pannwitz u. Alb. Verwey im Briefwechsel, 1976; Das wachsende Gedicht, m 9 Orig. Holzschn. v. Oskar Dalvit, Ged. 1976; Meine Alamann. Gesch., 2 Bde. 1976; Baumeister d. Unsichtb. Kirche, Lessing - Adam Müller - Carus, Ess. 1977; Schattenpfad, Frühe Erinn., 1978; D. Farben d. Pflanze, Ess. 1979; Niemandsland d. Dreißigerjahre, Erinn. Band 2, 1979; Auf d. Schwelle v. Weltzeitaltern, Ess. 1981; Verschollene u. Vergessene: Rudolf Pannwitz, 1983; V. Sichtbaren Geist, Naturphil., 1984; Zeugnisse z. Freitagsrunde, 1984; Ernst Jüngers Tageb. d. Jh., 1986; Auf d. Nagel geschrieben, Aphor. 1986; Paracelsus u. d. Exodus d. Elementargeister, Lit.-gesch. 1987; D. Johanneische Botschaft, Rel.gesch. 1988; D. Idee Europa, Kulturgesch. 1988; D. komplementären Lehren d. transzendentalen Erkenntnistheorie u. d. erkenntniskonstituierenden Evolutionstheorie, 1989; Erinnerungen an D. Tat 1943-71, Erinnerungen Bd. 3; D. Fülle d. Verzichts, Ged. 1990; Geleit durch meine Pansophie, 1991 - Ehrengaben Kanton u. Stadt Zürich, C.-F.-Meyer-Preis f. Lyrik 1958; 1974 Literaturpreis der Stadt Zürich; 1977 Bodensee-Lit.preis Stadt Überlingen; 1985 Paracelsusring d. Stadt Villach; 1985 Kogge-Lit.preis d. Stadt Minden; 1986 Wolfgang Amadeus Mozart-Preis d. Goethe-Stiftg.; 1988 Lit.preis d. Stiftg. f. abendländische Besinnung; 1990 Widmungsband d. Humboldt-Ges. Mitgl. PEN-Club u. Paracelsus-Ges.; Ritter Militär- und Spitalorden St. Lazarus v. Jerusalem.

JÄCKLE, Josef

Dr. rer. nat., Prof. f. Theoret. Physik - Erfurter Str. 13, 7750 Konstanz/B. - Geb. 25. Nov. 1939 München - Promot. 1969, Habil. 1973 - Lehr- u. Forschungstätigk. Univ. Konstanz. Spezialgeb.: Theorie nicht-kristalliner Festkörper - BV: Einführung in d. Transporttheorie, Lehrb. 1978.

JÄGER, Adolf Otto

Dr. rer. nat., o. Prof. f. Psych. FU Berlin - Limonenstr. 16, 1000 Berlin 45 (T. 832 50 83) - Geb. 25. Juni 1920 Usseln/Waldeck (Vater: Karl J., Pastor; Mutter: Addy, geb. Winckler), ev., verh. s. 1947 m. Ingeborg, geb. Deutsch, 3 Töcht. (Renate, Sabine, Katrin) - Gymn. Korbach/Waldeck, Univ. Göttingen. Dipl.-Psych. 1954; Promot. 1958 Göttingen; Habil. 1965 Gießen - 1955-65 Ltd. Psychologe u. (b. 1985) Vorstandsmitgl. Dt. Ges. f. Personalwesen; 1965-68 Leit. Abt. f. Arbeits- u. Betriebspsych. Univ. Gießen; s. 1968 o. Prof. FU Berlin; 1970 Gründer Inst. f. Psych. im FB Erz. Wiss. FU Berlin; s. 1958 Mitgl. Testkurat. BdP u. Dt. Ges. f. Psych. - BV: Dimensionen d. Intelligenz, 1967, 3. A. 1973; Prognose u. Bewährung in d. psych. Diagnostik, 1966 (m. K. Holzkamp u. F. Merz). Herausg.: Diagnostica (s. 1967) - Spr.: Engl.

JÄGER, Alfred

Dr. theol., Prof. f. Systemat. Theologie Kirchl. Hochsch. Bethel, Bielefeld (s. 1981) - Remterweg 44, 4800 Bielefeld/W. 13 (T. 0521 - 144 37 49) - Geb. 2. Nov. 1941 St. Gallen (Schweiz), ev.-ref., verh. s. 1966 m. Anna-Barbla, geb. Gabathuler - Univ. Zürich, Rom, Göttingen, Basel, Princeton/N.J. (Theol.). Promot. 1967; Habil. 1977 (beides Basel) - 1969-75 Pfarrer Wolfhalden/Appenzell (Schw.); 1975-81 Studentenpfr. u. Doz. Hochsch. St. Gallen - BV: Reich o. Gott - Z. Eschatologie Ernst Blochs, 1969; Gott - Nochmals Martin Heidegger, 1978; Gott - 10 Thesen, 1980 (ital. 1984); Mut z. Theologie, 1983; Diakonie als christl. Unternehmen, 1986.

JÄGER, Annette

Oberbürgermeisterin d. Stadt Essen (s. 1989) - Zu erreichen üb. Rathaus, 4300 Essen 1 - Geb. 7. Juli 1937 Essen, verh. - Kaufm. Angestellte. S. 1984 Ratsmitgl.; AR-Vors. d. Messe Essen GmbH.

JAEGER, Arno

Dr. rer. nat., o. Prof. f. Wirtschaftslehre, insbes. Methoden quantitativer Analyse (s. 1970) u. Direktor Inst. f. Unternehmungsführ. u. Unternehmensforsch. Univ. Bochum (s. 1971) - Nußbaumweg 25, 4630 Bochum (T. 7 26 11) - Geb. 10. Juli 1922 Berlin (Vater: Gustav J., Dipl.-Kfm.; Mutter: Amalie, geb. Beau), ev. - Leibniz-Gymn. Berlin; Univ. ebd. (1940/41) u. Göttingen (1946-49); dazw. Wehrdst.; 1949/50 Brit. Council Forschungsstip. Univ. Manchester - 1950-1952 Lecturer Univ. Coll. Ibadan/Nigeria; 1952/53 Res. Associate Univ. of Illinois, Urbana; 1953-70 Prof. (Assoc., 1959 Full, 1968 Charles Phelps Taft Prof.) u. 1961-70 Dir. of Graduate Studies Univ. of Cincinnati; 1961-69 Visit. Lecturer Math. Assoc. of America;

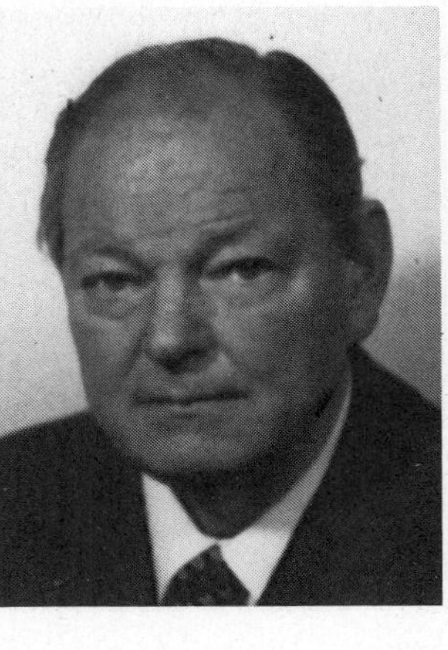

Gastprof. Univ. Würzburg (1956), Berlin (Freie; 1957), Göttingen (1957), Miami Univ. (Oxford, Ohio; 1958), München (1958 u. 1962), Mannheim (1965), Karlsruhe (1966, 67 u. 68), Tongji-Univ. Shanghai (1982). Mitgl. zahlr. in- u. ausl. Fachges. - BV: Introduction to Analytic Geometry and Linear Algebra, 3. A. 1967; dt.: G. B. Dantzig, Lineare Programmierung u. Erweiterungen, 1966; Lineare Wirtschaftsalgebra, 1969 (m. K. Wenke); Lineárna hospodárska algebra, 1978 (m. K. Wenke); in chines. Übers. 1981; Lineare Algebra u. Lineare Optimierung, 1987 (m. G. Wäscher). Mithrsg.: Ökonometrie u. Unternehmensforsch., Bochumer Beiträge z. Unternehmungsführ. u. Unternehmensforsch. - 1965 Fellow Graduate School, Univ. Cincinnati - Liebh.: Schmalfilmamateur - Spr.: Engl., Franz.

JÄGER, Claus Ludwig

Senator f. Wirtschaft, Mittelstand u. Technologie (s. Dez. 1991) - Postfach 10 15 29, Zweite Schlachtpforte 3, 2800 Bremen 1 (T. 0421 - 3 97-1) - Geb. 17. Okt. 1943 Schaumburg (Vater: Alfred J., Kaufm.; Mutter: Caroline, geb. Knübel), ev.-luth., verh. s. 1972 m. Christiane, geb. Oehlerking, 2 Kd. - Schulen Bremen (amerik. High-School-Dipl. 1962, Abitur 1964); Jurastud. Berlin, Göttingen; 1. jur. Staatsex. 1971 Oldenburg, 2. jur. Staatsex. 1974 Hamburg - Spr.: Engl.

JAEGER, Erhard

Dipl.-Ing., Prof. f. Maschinen- u. Verfahrenstechnik in d. Gießerei Univ. GH Duisburg - Innstr. 1, 4020 Mettmann.

JAEGER, Gerd

Dipl.-Ing., Vorstandsmitgl. AG. Kühnle, Kopp & Kausch, Frankenthal - Im Weidengarten, 6719 Battenberg/Pfalz (T. 06359 - 2992) - Geb. 6. April 1930 - Spr.: Engl., Franz. - Rotarier.

JAEGER, Gerta

Fabrikantin, Inh. Porzellanfabrik Marktredwitz Jaeger & Co. - Am Gericht 2, 8590 Marktredwitz/Mfr. - Geb. 6. Aug. 1911 Düren/Rhld.

JÄGER, Gertrud

Dr. rer. pol., Versicherungsdirektorin i.R. - Hardefuststr. 12, 5000 Köln 1 - Geb. 6. April 1925 Wirges (Vater: Heinrich J., Lehrer; Mutter: Paula, geb. Görgen), kath., led. - Dipl.-Math. Göttingen; Promot. Köln - S. 1970 Vorst.-Mitgl. u. -vors. (1974) Berlin Kölnische Krankenversich. a.G.; 1989 Vorst.-Mitgl. Berlin-Kölnische Lebensversich. a.G., alle Köln.

JÄGER, Gottfried

Prof. f. Fotografie FH Bielefeld - Obernstr. 21, 4800 Bielefeld 1 (T. 0521 - 6 35 42) - Geb. 13. Mai 1937 Burg b. Magdeburg (Vater: Ernst J., Fotograf; Mutter: Gerda, geb. Colbrunn), verh. s. 1957 m. Ursel, geb. Gawlick, 2 Kd. (Gabriele, Markus) - Lehre als Fotograf; Stud. Staatl. Höh. Fachsch. f. Photogr., Köln (Dipl.-Ing.) - 1960 Techn. Lehrer Werkkunstsch. Bielefeld; 1971 Prof. f. Fotogr. (Lehrgeb.: Künstler. Grundl. d. Fotogr. u. Fotografik) Bielefeld; 1986 Präs. d. Fotografischen Akad. GDL, Ges. Dt. Lichtbildner, Leinfelden-Echterdingen; Fotograf. Arbeitsgeb.: Generative Fotogr. (systemat.-konstrukt. Richtung) - BV: Apparative Kunst, 1973 (m. H. W. Franke); Generative Fotogr., 1975 (m. K. M. Holzhäuser); Carl Strüwe - D. fotogr. Werk 1924-1962, 1982; Bildschaffende Konzepte, 1987; Bildgebende Fotografie, 1988; Fotoästhetik. Z. Theorie d. Fotografie. Texte 1965-1990, 1990; Licht Bild Raum. Fotogene Projekte 1980-1990, 1992.

JÄGER, Hans

Dr., Vorstandsvorsitzender Colonia Versicherung AG, Colonia Lebensversich. AG - Colonia-Allee 10-20, 5000 Köln 80 - Geb. 9. Aug. 1941 - Stud. Math. (Dipl.).

JÄGER, Hans Wolfgang

Mitglied d. Geschäftsltg. Haindl Papier GmbH, Augsburg i. R. (b. 1988) - 8900 Augsburg - Geb. 8. Nov. 1922 Rheine - Vorst.-Mitgl. Verb. Dt. Papierfabr., Bonn; Beirat Dt. Holzwirtschaftsrat, Wiesbaden - 1981 BVK, 1987 BVK I. Kl.

JAEGER, Hans-Jürgen

Master of Laws (Michigan), Rechtsanwalt, ehem. Fraktionsvorsitzender FDP-Fraktion Bayer. Landtag (b. 1982) - Carl-Schwarz-Str. 15, 8162 Schliersee - Geb. 1931, verh., (Ehefr.: Hiltrud, Ärztin), 3 Kd. - FDP (1970-82 MdL, dann Frakt.-Vors.) - 1980 Bayer. VO; 1983 BVK.

JÄGER, Hans-Wolf

Dr. phil., Prof. f. Dt. Literaturgesch. Univ. Bremen (s. 1972) - Hohenlohe Str. 22, 2800 Bremen - Geb. 16. April 1936 Saarbrücken (Vater: Johann J.; Mutter: Katharina, geb. Maringer), verh. 2) s. 1975 m. Sabine, geb. Schulte, 2 T. Anne Maximiliane (aus 1. E.), Karoline (aus 2. E.) - Stud. d. Phil., Theol., Psych., German.; Promot. 1960 Freiburg - BV: Pol. Kategorien in Poetik u. Rhetorik, 1970; Pol. Metaphorik im Jakobinismus u. Vormärz, 1971; D. Lit. Vormärz, 1973 (m. a.); J. W. v. Goethe: D. Leiden d. jungen Werthers, 4. A. 1989; Reineke Fuchs, 1986. Herausg.: J. H. Campe: Briefe aus Paris (1977); Reise u. soziale Realität am Ende d. 18. Jh. - Graphik u. Malerei 18.-20. Jh.; Reisen im 18. Jh. Neue Unters. (1986); Europ. Reisen d. Aufklärungszeit (1992) - Spr.: Engl., Franz.

JÄGER, Heinrich

Dr. phil., Prof. f. Didaktik d. Geographie Univ. Frankfurt/M. - Burgweg 9, 6106 Roßdorf.

JAEGER, Heinz

Dr. med., Arzt, Präs. Bund Dt. Philatelisten - Tumringerstr. 228, 7850 Lörrach (T. 07621 - 8 44 14) - Geb. 8. Mai 1924 Grafenhausen (Vater: Dr. Alfred J., Arzt; Mutter: Jenny, geb. Wertmann), kath., verh. s. 1952 m. Lore, geb. Schilling - Med.-Stud., Facharzt f. inn. Med. - S. 1973 Präs. d. BDPh. - BV: Handb. d. altbad. Freimarken ab 1851 (Mitverf.) - Zahlr. philat. Verbandausz.; 1982 BVK, 1987 BVK I. Kl. - Spr.: Franz. - Lit.: Philat. Fachlit.

JAEGER, Heinz Roger

Gf. Gesellschafter Egeria International GmbH (s. 1981) - Nürtinger Str. 63, 7400 Tübingen 1 (T. 07071-8 82-0) - Geb. 31. Okt. 1935 Göttingen, verh. s. 1960 m. Doris, geb. Lachenmann, 3 Kd. (Henrik, Judith, Katharina).

JÄGER, Heinz-Gerd

Dipl.-Ing., Prof. f. Datenverarb. u. Digitaltechn. GH Paderborn (Fachber. Nachrichtentechn., Meschede) - Anton-Bange-Str. 10, 5778 Meschede.

JÄGER, Helmut

Dr. phil., o. Prof. f. Kulturgeogr. Univ.

Würzburg - Georg-Heppel-Str. 25, 8708 Gerbrunn/Ufr. (T. Würzburg 70 69 86) - Geb. 27. Juni 1923 Biedenkopf (Vater: Hermann J., Steueramtm.; Mutter: Marie, geb. Höhn), ev., verh. s. 1955 m. Barbara, geb. Lutz, 2 Kd. - Univ. Göttingen. Promot. Göttingen; Habil. Würzburg - S. 1956 Lehrtätigk. Univ. Würzburg, Göttingen (1961 apl. Prof.), Würzburg (1963 Ord. u. Mitdir. Geogr. Inst.). Emerit. 1991 - Vorst.-Mitgl. Zentralaussch. f. Dt. Landeskd.; Mitgl. Histor. Kommiss. f. Nieders., Inst. of British Geographers, Akad. f. Raumforsch. u. Landesplan., Kommiss. f. bayer. Landesgesch. - BV: Entwicklungsperiode agrarer Siedlungsgebiete im mittleren Westdtschl. s. d. frühen 13. Jh., 1958 (Würzbg. Geogr. Arb. 6); Histor. Geogr., 1973; Großbritannien, 1976; Entwicklungsprobl. europ. Kulturlandschaften, 1987; Irland, 1990. Herausg.: Handb. f. Heimatforsch. in Nieders. (1965), Historisch-geogr. Atlas d. Preußenlandes (s. 1978); Probleme d. Städtewesens im industr. Zeitalter (1978); Stadtkernforschung (1987) - Spr.: Engl., Franz., Latein.

JÄGER, Herbert

Dr. jur., Prof. f. Strafrecht u. Kriminalpolitik - Zeppelinallee 70, 6000 Frankfurt/M. - Geb. 14. Mai 1928 Hamburg - Promot. (1957) u. Habil. (1966) Hamburg - Univ. Gießen (1966) u. Frankfurt (1972). Veröff.: Verbrechen unter totalitärer Herrschaft (1967); Makrokriminalität (1989). Hrsg.: Kriminologie im Strafprozeß (1980).

JÄGER, Hermann

Kaufmann, Geschäftsf. d. Herm. Jäger Verwaltungsges. mbH, Herm. Jäger GmbH & Co., Vermietungsges. IBV, Immobilien Verwaltungsges. mbH, alle Bad Breisig - Stillachstr. 19, 8980 Oberstdorf - Geb. 9. Dez. 1919 Grünberg/Hessen (Vater: Georg J., Architekt; Mutter: Cornelia, geb. Jakoby), ev., verh. s. 1945 m. Erna, geb. Rohrer, 2 S. (Hans-Jörg, Klaus-Dieter) - Abit.; Stud. Bauing. (durch Krieg abgebr.) - S. 1945 selbst., 1946-78 Kompl. d. Georg Jäger & Sohn KG, Grünberg/Hessen - Ehrenvors. d. Verb. Holzind. u. Kunstoffverarb. Hessen e.V.; Vizepräs. Hauptverb. d. Dt. Holzind.; Mitgl. Mittelstandsaussch. BDI Köln, Wirtschaftsbeirat VHU Vereinig. Hess. Unternehmerverb., Präsid.-Mitgl. Arge Holz, Düsseldorf - 1977 BVK - Liebh.: Gesch., Politik - Spr.: Engl., Franz.

JAEGER, Jost

Dr. med., Univ.-Prof., Chefarzt Frauenklinik/Ev. Krankenhaus - Franz-Fischer-Str. 6, 4330 Mülheim/R. (T. 0208 - 39 06 72) - Geb. 23. Juni 1926 Unna, verh. m. Gisela, geb. Hötter, 3 Kd. - Approb. u. Promot. 1952 Marburg, Habil. 1963 - 1969 apl. Prof. Univ. Heidelberg, 1983 Univ. Düsseldorf (Geburtsh. u. Gynäkol.). Üb. 50 Publ., dar. Buchmitverf.

JÄGER, Julius-Alfred

Archimandrit Mgr., Oberstudienrat, Repräsentant d. Griech.-Kath.-Melchitischen Patriarchats in d. BRD (s. 1975) - Lessingstr. 4, 7920 Heidenheim/Brenz 1 (T. 07321 - 2 11 27) - Geb. 18. Jan. 1928 Heidenheim/Brenz (Vater: Julius Friedrich J., Bankkfm. †; Mutter: Maria, geb. Weißenberger †1984), röm.-kath. - Hellenstein-Gymn. Heidenheim (Abit. 1950); Stud. Univ. Tübingen (Theol., Gesch., Phil.), Theol. Staatsexamen 1954 Tübingen, danach Priestersem. Rottenburg. Priesterweihe 1955 u. 1974 Archimandritenweihe - 1955-65 Seelsorge; 1965ff. Schuldst. - Kriegsauszeichngn. (EK I u. II, Silb. Verwundetenabz.); 1968 Gold. Sportabz., Gold. Ehrenz. BRK, Silb. Ehrenz. Württ. Fechterbd., Rettungsschwimmabz. der DLRG + DRK in Gold; 1982 Wasserwachtplak. DRK in Gold, 1983 Ehrennadel DLRG, 1984 Ehrenmitgl. HSB. 1971 Priesterfamiliare des Deutschen Ordens St. Marien zu Jerusalem, 1972 Kirchl. Kommandeurkr. mit Stern des Ordens vom Hl. Lazarus in Jerusalem, 1974 Goldmünze

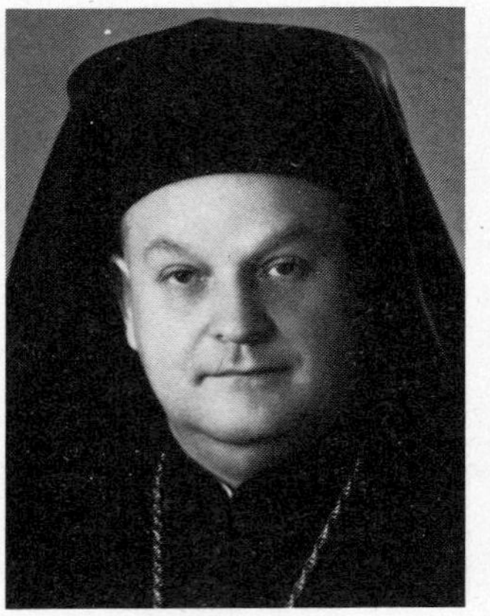

Stadt Heidenheim, 1975 Großoffz. des Patriarchal. Verdienstord. vom Hl. Kreuz von Jerusalem, 1980 gr. Johann-Hinrich-Wichern-Plak. Diakon. Werk Dtschl. - Liebh.: Oriental.- u. Kirchen- wie Profangeschichte, Dogmatik, Ökumene u. Orthodoxie, Sport (Fechten, Schwimmen) - Spr.: Engl., Lat. u. a. m.

JAEGER, Klaus

Dr. rer. soc. (habil.), o. Prof. f. Allg. Volkswirtschaftslehre FU Berlin - Reichsportfeldstr. 10, 1000 Berlin 19 (T. 030 - 304 27 13) - Geb. 2. Jan. 1942 Berlin - Dipl.Volksw. Univ. Heidelberg 1966. Prom. 1971 Univ. Konstanz. Habil. 1973 Univ. Konstanz. Privatdoz. Univ. Konstanz - BV: Altersstrukturveränd., Ersparnis u. wirtschaftl. Wachstum, 1972 (Diss.); Wachstumstheorie - e. kapitaltheoret. fundierte Einführung, 1980.

JÄGER, Ludwig

Dr., Univ.-Prof., Direktor German. Inst. RWTH Aachen - Theresienstr. 18, 5100 Aachen - Geb. 24. Okt. 1943, verh. - Stud. Univ. Heidelberg (MA 1969); Promot. 1975, Habil. 1978 Univ. Düsseldorf - S. 1987 Vorst. d. Dt. Ges. f. Sprachwiss. (DGfS) - BV: F. de Saussure. Zu e. Rekonstruktion s. Sprachidee, 1975; Erkenntnistheoret. Grundfragen d. Linguistik, 1979; Zeichen u. Verstehen, 1986; Z. historischen Semantik d. dt. Gefühlswortschatzes, 1987. Insz.: Dramaturgie Nathan d. Weise Salzburger Festsp. (1984) - Liebh.: Theater, Malerei - Spr.: Franz., Engl., Latein.

JAEGER, Malte

Schauspieler u. Regisseur - Ottostr. 6, 8000 München 2 (T. 595114) - Geb. 4. Juli 1911 Hannover (Vater: Malte J., Zeitungsverleger; Mutter: Christine, geb. Müller), ev., verh. m. Elisabeth, geb. Schreiber - Reifeprüf. Hbg.-Altona; kaufm. Lehre; Schauspielsch. - Provinzbühnen, 1936-45 Preuß. Staatstheater Berlin, dann vornehml. Gastsp. (u. a. Bremen, Stuttgart, Berlin, München). Üb. 25 Filme, dar. Wunschkonzert, D. Strom. Philharmoniker, D. dunkle Tag, Rätsel d. Nacht, Via mala, D. Mann m. Lebens. Fernsehen - Liebh.: Antiquitäten, alte Bilder, Reiten, Autofahren.

JAEGER, Nils

Dr. rer. nat., Prof. f. Physikal. Chemie Univ. Bremen, Arbeitsgeb.: Struktur u. Funktion v. Zeolithkatalysatoren; physikal.-chem. Oszillationen; Halbleiterelektroden - Albersstr. 18, 2800 Bremen - Geb. 29. Sept. 1936 Breslau.

JÄGER, Oskar

Dr. rer. pol., Dipl.-Kfm., - Obere Wende 40, 4800 Bielefeld 15 - Vorstandsmitglied KATAG AG., Bielefeld.

JÄGER, Renate

Dipl.-Lehrerin, Mitglied d. Bundestages (s. 1990) - Jägerstr. 24, O-8060 Dresden (T. 57 56 42) - Geb. 17. Juni 1941, verh. s. 1965 m. Dr. Hans-Ulrich J., 3 Kd. (Martin, Robert, Uta) - Grundsch.lehrerin Inst. f. Lehrerbild. Weißenfels; Fachlehrerin f. Musik Lehrerweiterbild.-inst. Berlin-Weißensee; Dipl.Lehrerin f. Russ. Päd. Hochsch. Dresden - 1963/74 Lehrerin Cossebande; 1972/73 Aufenth. UdSSR; 1975-87 Lehrerin Dresden, 1987-90 Fachsch.lehrerin am Inst. f. Lehrerbildung Radebeul. 1989 Mitbegründerin d. SPD Dresden; 1990 Abg. d. Volkskammer; s. 1990 stv. Vors. d. Aktion Humane Schule e.V. Sachsen - Liebh.: Musik, Ausgleichssport, Lesen, Galeriebesuche - Spr.: Russ.

JAEGER, Richard

Dr. jur., Bundesmin. a. D. - Bannzeile 20, 8918 Dießen/Ammersee - Geb. 16. Febr. 1913 Berlin (Vater: Dr. jur. Heinz J., zul. Dir. Städt. Versicherungsamt München; Mutter: Elsbeth, geb. Dormann), kath., verh. s. 1939 m. Rose, geb. Littner (Philologin), 6 Kd. (Maria-Theresia, Doris-Elisabeth, Beatrix, Christine, Heinrich-Wolfgang, Ruth-Walburga) - Maximilians-Gymn. München; Univ. ebd. (Promot. 1948), Berlin, Bonn, Ass.ex. 1939 - 1936-39 jurist. Vorbereitungsdst. (1940 z. Gerichtsass., 1943 z. Amtsgerichtsrat ernannt), 1939-45 Wehrdst., 1947-48 Regierungsrat Bayer. Staatsmin. f. Unterr. u. Kultus, anschl. rechtskund. I. Bürger- u. Oberbgm. (1949) Eichstätt; 1949-80 MdB (CSU/CDU); 1953-65 Vors. Bundestagsvizepräs. u. Vors. d. Bundestagsaussch. f. Verteidigung; 1965-66 Bundesminister d. Justiz; 1967-76 Bundestagsvizepräs. 1957-90 Präs. Dt. Atlant. Ges.; s. 1984 Leit. dt. Delegation b. d. UN-Menschenrechtskommiss. Genf. CSU s. 1946 - Bayer. VO., Großkreuz VO. d. BRD (1967) u. d. Sylvesterordens, span. Zivildienstorden, portugies. Christusorden, VO. Duarte (m. Stern), Sánchez y Mella Dominikan. Rep. - Bek. Vorf.: Dr. med. Lucas J., MdL Bayern (Urgroßv.).

JÄGER, Volker

Dr. rer. nat., Prof. f. Org. Chemie Univ. Würzburg - Otto-Hahn-Str. 77, 8708 Gerbrunn (T. 70 71 20; dstl.: 0931 - 88 83 26) - Geb. 22. Sept. 1942 Nürnberg - Dipl.-Chem. 1969 Univ. Erlangen-Nürnberg, Promot. 1970 ebd., Habil. 1979 Univ. Gießen - Assist.-Tätigk. in Brüssel (1968/69), Louvain (Belgien, 1969-71), Cambridge/Mass. (USA, 1971-73); 1973-79 Doz. Univ. Gießen; ab 1980 Prof. Univ. Würzburg; 1981 Gastprof. Univ. Wisconsin (USA), 1986 Gastprof. Rennes (Frankr.) - BV: Alkine, (in: Meth. d. Org. Chemie, Bd. 5/2a) 1977 - 1970 Fak.preis Univ. Erlangen-Nürnberg; 1979 Heisenberg-Stip - Spr.: Engl., Franz.

JÄGER, Willi

Dr. rer. nat., o. Prof. f. Angew. Mathematik Univ. Heidelberg - Klingenteichstr. 9, 6900 Heidelberg - Zul. o. Prof. Univ. Münster (Math.).

JÄGER, Wolfgang

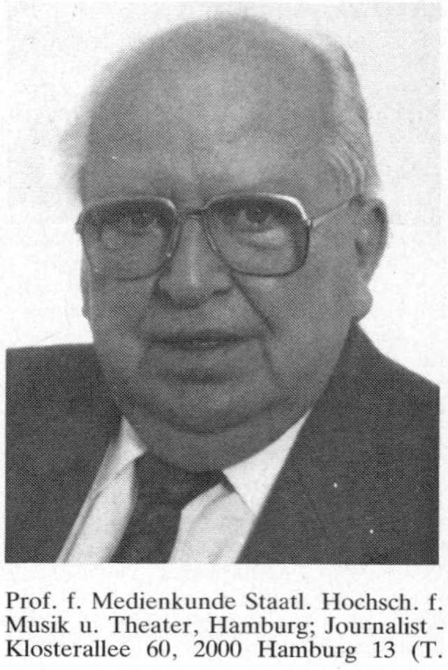

Prof. f. Medienkunde Staatl. Hochsch. f. Musik u. Theater, Hamburg; Journalist - Klosterallee 60, 2000 Hamburg 13 (T. 420 93 04) - Geb. 11. April 1920 Hamburg (Vater: Prof. Dr. phil. Fritz J., Sinologe; Mutter: Elsa, geb. Kurz), ev., verh. s. 1961 m. Heike, geb. Feilitz, T. Ursula - Gelehrtensch. d. Johanneums u. Univ. Hamburg (Lit., Kunstgesch., Filmpsych.) - 1948-84 NWDR bzw. NDR (1950 Leit. Jugendfunk (b. 1964), 1953 zugl. Echo d. Tages (b. 1954), 1961 stv., 1964 Leit. Hauptabt. Wort (b. 1970), 1969 stv., 1972-82 Programmdir. Hörfunk), Initiator Live-Send. Abend f. jg. Hörer (1954-65 Leit., 136 Folgen). Zahlr. Rundfunkmskr. u. Publ. z. Zeitgesch. - 1982 Prof. Musikhochsch. 1982-85 stv. Vors. u. s. 1986 Kurat.-Mitgl. Akad. f. Publiz. Hamburg - Spr.: Engl.

JAEGER, Wolfgang

Direktor, Vorstandsmitgl. Feldmühle AG, Düsseldorf, Geschäftsf. Nord-Ostsee, Schiffahrts- u. Transportges. mbH u. Continentale Versicherungsvermittlungs GmbH - Freiherr-v.d.-Leyenstr. 3, 4005 Meerbusch-Büderich - Geb. 28. April 1930 Kiel, verh. s. 1961, 2 Kd. (Katharina, Felix) - Univ. Hamburg. Dipl.-Holzwirt - Beirat Gerling Konzern, Köln, Dt. Bank AG, Düsseldorf, Berlinische Lebensversich. AG, Wiesbaden. Präsident Directeur Général Feldmühle Holding France SA; Chairman of the Board Feldmühle Judd Paper Ltd., London; Pres. Feldmühle Espana SA, Barcelona - Spr.: Engl.

JÄGER, Wolfgang

Dr. phil., o. Prof. f. Wiss. Politik - Kirnerstr. 14, 7800 Freiburg/Br. - Geb. 24. Aug. 1940 Niedereschach (Vater: Alban J., Verwaltungsangest.; Mutter: Martha, geb. Giesler), kath., verh. s. 1967 m. Roselyne, geb. Esmiol, 2 Kd. (Christoph, Sylvia) - Promot. (1969) u. Habil. (1973) Freiburg - 1980 Ablehnung Lehrst. Univ. Tübingen (vorm. Theodor Eschenburg) u. 1991 Lehrst. Univ. Mainz (vorm. Hans Buchheim). 1988 Richter Staatsgerichtshof Baden-Württ. - BV: Polit. Partei u. parlamentar. Opposition, 1971; Öffentlichkeit u. Parlamentarismus, 1973; Partei u. System, 1973; D. neue Elite, 1975 (m. D. Oberndörfer); Umweltschutz als polit. Prozeß, 1976 (m. H.-O. Mühleisen); Geschichte d. Bundesrep. Deutschl., Bde. 5/I u. 5/II, 1986 u. 1987 (m. K. D. Bracher u. W. Link); Fernsehen u. Demokratie, 1992 - Spr.: Engl., Franz. - Bek. Vorf.: Heinrich Hansjakob (Ps. Hans am See), Pfarrer u. Volksschriftst. Haslach u. Freiburg, 1837-1916 (Urgroßonkel ms.).

JAEGER, Wolfgang

Dr. med., em. o. Prof. f. Augenheilkunde - Mozartstr. 17a, 6900 Heidelberg (T. 47 37 26) - Geb. 29. Dez. 1917 Schwäb. Hall (Vater: Dr. med. Ernst J., Augenarzt; Mutter: Cornelie Müller), verh. s. 1950 m. Dr. med. Hildegard Breiling - Univ. Freiburg, Leipzig, München, Heidelberg. Promot. u. Habil. Heidelberg - S. 1953 Lehrtätigk. Univ. Heidelberg (1958 Ord. u. Dir. Augenklinik), 1986 emerit. Schriftf. Dt. Ophtalmol. Ges. - BV: D. Heilung d. Blinden in d. Kunst, 1960; D. Illustrationen v. P. P. Rubens z. Lehrb. d. Optik d. Franciscus Aquilonius, 1976; D. Erfind. d. Ophthalmoskopie, 1977; Augenvotive, 1979; D. Blinde Tobias u. s. Heilung in Darstellungen Rembrandts (m. Julius Held), 1980. Üb. 400 Einzelarb. a. d. gesamt. Gebiet d. klin. Ophthalmol. m. Schwerp.: Sinnesphysiol., Genetik, Pharmakol., Stoffwechselkrankh., Untersuchungsmeth., Sozialophthalmol., Gesch. d. Augenheilkd. - Mitgl. Leopoldina u. Heidelberger Akad. d. Wiss.; Academia ophthalmologica internationalis; Ehrenmitgl. Americ. Acad. of Ophthalmology, Dt. Ophth.-Ges., österr. Ophth.-Ges., griech. Ophth.-Ges., ital. Ophth.-Ges. u. Ophth.-Ges. Wolgograd (UdSSR) - Spr.: Engl., Ital. - Rotarier.

JAEGER, Wolfgang

Kaufm. Angestellter, MdL Nordrh.-Westf., stv. Vorsitzender d. Ausschusses f. Städtebau u. Wohnungswesen - Darler Heide 64, 4650 Gelsenkirchen-Buer (T. 0209 - 7 15 88) - Geb. 6. Jan. 1935 Gelsenkirchen, kath., verh. s. 1961 m. Christel, geb. Dombrowski, 2 Töcht. (Barbara, Gabriele) - CDU (Stadtverordn. s. 1964, MdL 1970-75 u. s. 1980; CDU-Kreisvors. 1983-87), s. 1987 Landesvors. d. CGB-Nordrh.-Westf. - Ehrenring Stadt Gelsenkirchen - BVK.

JÄGER-JUNG, Maria

Prof. Hochsch. f. Musik u. Darst. Kunst, Frankfurt - Am Wallgraben 5, 6457 Maintal 3 (T. 06181 - 43 12 35) - Geb. 26. März 1915 Hanau (Vater: Peter J., Bundesbahnbeamter; Mutter: Helene, geb. Bringmann), ev., verh. 1950-69 m. Prof. Dr. Rolf Jäger †, Sohn Lorenz - 1939-43 Stud. Hochsch. f. Musik Frankfurt/M.; Staatl. Prüf. f. Privatmusiklehrer in Klavier, Cembalo u. Orgel 1942, Staatl. Prüf. f. Organisten u. Chorleit. 1943 - S. 1942 Lehrbeauftr. f. Klavier u. Cembalo Dr. Hoch's Conservat. u. v. 1947-85 Hochsch. f. Musik Frankfurt; Gründ. Studio f. Alte Musik; Konz. m. hist. Instrumenten; Rundfunkaufn., Schallpl. - 1943 Musikpreis Stadt Frankfurt; 1973 Honorarprof.

JÄGERSBERG, Otto

Schriftsteller - Yburgstr. 1a, 7570 Baden-Baden (T. 2 33 35) - Geb. 19. Mai 1942 Hiltrup/W. - Schule Hiltrup; Lehre Münster - U. a. Buchhändler (Berlin, Zürich, München) u. Redakt. (Köln) - BV: Weihrauch u. Pumpernickel, 1964; Nette Leute, 1967; D. Waldläufer Jürgen, 1969; Cosa Nostra, 1971; D. Kindergasthaus, 1973; D. Herr d. Regeln, R., 1983. Fernsehsp.: Weihrauch u. Pumpernickel, Nette Leute, Land, Immobilien, D. Ansiedlung, D. Pawlaks (Serie) - Mitgl. PEN-Zentrum BRD.

JAEGGI, Eva Maria,

geb. Schaginger

Dr. phil., Prof. f. Klin. Psychologie TU Berlin - Forststr. 25, 1000 Berlin 37 - Geb. 12. Febr. 1934 Wien (Vater: Benno Sch., Generalpostdir.; Mutter: Maria, geb. Freund), verh. s. 1961 m. Urs Jaeggi, T. Rahel - Promot. 1957 Univ. Wien, Habil. 1978 FU Berlin - 1957-72 Tätigk. Psychotherapeutin (u. a. Leit. Studentenberatungsst. Bochum); 1972 Assist.-Prof. FU Berlin; s. 1978 Prof. f. Klin. Psych. TU Berlin - BV: Auch Fummeln muß man lernen, Sachb. 1978; Kognitive Verhaltenstherapie, Wiss. Buch 1979; Wir Menschenbummler. Wege u. Umwege e. Psychotherap., Sachb. 1983; Andere verstehen (m. a.), Wiss. Buch, 1984; Wenn Ehen älter werden (m. Hollstein), Sachb. 1985; Psychol. u. Alltag, Wiss.-B. 1987. Ztschr.art. - Liebh.: Lit. (spez. Biogr. u. Autobiogr.) - Spr.: Engl., Franz. - Bek. Vorf.: Benno Schaginger, Generalpostdir. v. Österr. (Vater) - Lit.: Gibt es auch Wahnsinn, hat es doch Methoden ... Wissensch.-B. (m. a.), 1990.

JÄGGI, René C.

Vorstandsvorsitzender adidas AG - Adi-Dassler-Str. 2, Postf. 11 20, 8522 Herzogenaurach (T. 09132 - 8 40) - Geb. 17. Dez. 1948, verh.

JAEGGI, Urs

Dr. rer. pol., Prof. f. Soziologie, Schriftsteller, Maler - Fritschestr. 66, 1000 Berlin 10 (T. 342 89 86) - Geb. 23. Juni 1931 Solothurn/Schweiz (Vater: Josef J., Notar; Mutter: Emma, geb. Jäggin), Tochter Rahel - Bankausbild.; Stud. Nationalök. u. Soziol. - Promot. (1954) u. Habil. (1964) Bern - 1959-61 Assist. Univ. Münster (Sozialforschungsst. Dortmund); 1961-66 Assist., Privatdoz. (1964) u. ao. Prof. (1965) Univ. Bern; s. 1966 o. Prof. Univ. Bochum, s. 1972, o. Prof. FU Berlin, Inst. f. Soziologie - Mitgl. i. Präsidium d. P.E.N. Zentrums - BV: D. gesellschaftl. Elite, 1960; D. Angestellte im automat. Büro, 1963 (m. H. Wiedemann); D. Angestellte i. d. Industriegesellsch., 1966 (Bern); Ordn. u. Chaos (1968); Macht u. Herrschaft i. d. Bundesrepublik (1969); Lit. u. Polit., 1971; Kapital u. Arbeit i. d. Bundesrepublik, 1973; Sozialstruktur u. polit. Syst. (Hrsg.), Köln 1976; Theoret. Praxis. Probl. e. strukturalen Marxismus, 1976; Theorien d. Hist. Materialismus, 1977 (Hrsg. m. A. Honneth); Brandeis, R. 1978; Was auf d. Tisch kommt, wird gegessen, Essay 1981; Grundrisse, R. 1981; D. Komplizen, R. 1982 (Erstveröff. 1965); E. Mann geht vorbei, R. 1982 (Erstveröff. 1968); Vers. üb. d. Verrat, 1984; Rimpler, R. 1987; Soulthorne, R. 1990. Ausst.: Berlin, Solothurn, Leibzig, Bochum, Bern - 1981 Ingeborg-Bachmann-Preis; 1987 Kunstpreis Kanton Solothurn - Spr.: Engl., Franz.

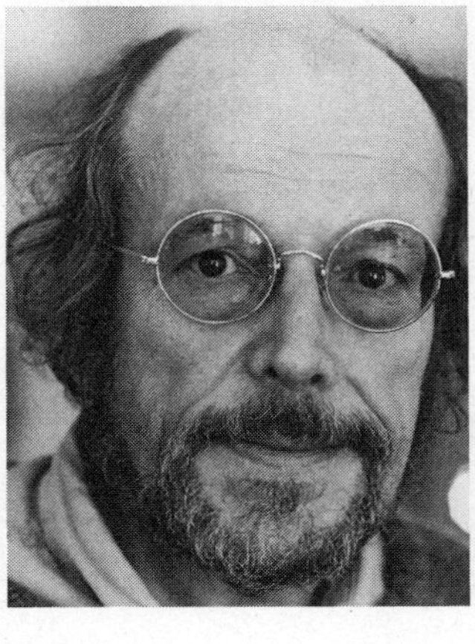

JÄHNICHEN, Rolf

Dr. agr., Sächsischer Staatsminister f. Landwirtschaft, Ernährung u. Forsten (s. 1990) - Dstl.: Albertstr. 10, O-8060 Dresden (T. 5 99 00) - Geb. 11. Mai 1939 Helmsdorf, kath., verh. s. 1963 m. Margarete, geb. Merwart, 3 Töcht. (Beate, Gerlinde, Martina) - Stud. Landwirtsch.wiss. Univ. Leipzig, Dipl. 1963; Promot. 1971 - 1963-64 Agronom in LPG Parkow; 1965-70 Arbeitsgruppenleit. Wiedernutzbarmachung v. Bergbaukippen b. Rat d. Bezirkes Leipzig; 1970-90 stv. Vors. u. Prod.leit. LPG Neukirchen; Mai 1990-Nov. 1990 Landrat in Borna; s. Nov. 1990 Staatsmin.

JÄKEL, Dieter

Dr. rer. nat., Prof. f. Geographie FU Berlin - Lefèvrestr. 6, 1000 Berlin 41 - Geb. 19. Juni 1933 Langneundorf (Vater: Erhard J., Landw.; Mutter: Elisabeth, geb. Warmer), ev., Sohn Kai - 1957/58-61 Univ. u. Sporthochsch. Köln; 1961/62 Univ. Innsbruck; 1962-64 FU Berlin (1961 Dipl.-Sportlehrer, 1964 Staatsex. in Gesch. u. Geogr., Promot. 1969); Habil. 1984 - S. 1972 Prof. Berlin. Forschungsreisen in d. Tibestigebirge/Tschad, in d. zentr. Sahara, in d. Taklamakan, Nordtibet, d. Qilian-shan u. d. Badan-Jirin Wüste in China. Leit. Forsch.station Bardai/Tibesti, Rep. Tschad. Schriftleit. u. Herausg. Berliner Geogr. Abhandl.

JÄKEL, Ernst

Dr., Ministerialrat a. D., IHK-Hauptgeschäftsf. i. R. - Graf-von-Galen-Str. 10, 4800 Bielefeld 1 - Geb. 8. Aug. 1913.

JAENE, Hans Dieter

Journalist, Chefredakteur a. D. - Remstaler Str. 15, 1000 Berlin 28 (T. 030 - 401 39 58) - Geb. 19. Sept. 1924 Nowawes/Potsdam (Vater: Hanns J., Oberst a. D.; Mutter: Grete, geb. Weirich), ev., verh. s. 1952 m. Ingeborg, geb. Keppler, 2 Kd. (Claudia, Stephan) - Winckelmann-Schule Stendal (Abit. 1942); Redakt.svolont. Diese Woche/Der Spiegel - 1947-57 Redakt. D. Spiegel (1959-1966 stv. Chefredakt.); 1958 Redakt. Stern; 1966-75 Ferns.journ. (1972 ff. stv. Leit. ZDF-Sendereihe Kennzeichen D); 1976-82 Chefredakt. Dt. Welle; dann fr. Journ. - BV: Der Spiegel - e. Nachrichtenmagazin, 1968; Kreuzpunkt Berlin, 1973; Blickpunkt Europa, 1975; Berlin lebt, 1979; 1000 Jahre Deutschland, 1990 - 1968 BVK - Liebh.: Eisenbahnwesen - Spr.: Engl.

JÄNICH, Klaus

Dr. rer. nat., Prof., Lehrstuhlinh. f. Mathematik Univ. Regensburg - Utastr. 20c, 8400 Regensburg.

JAENICKE, Günther

Dr. jur., o. Prof. f. Öfftl. u. Intern. Recht - Waldstr. 13, 6906 Leimen bei Heidelberg - Geb. 5. Jan. 1914 Halle/S., verh. s. 1982 m. Margarete, geb. Najork - Univ. Halle u. Heidelberg; Promot. 1937, Habil. 1957 - 6 J. Kriegsdst., Richter, Synd., Rechtsanw., Abt.-Leit. Max-Planck-Inst. f. ausl. öfftl. Recht u. Völkerrecht, s. 1959 Ord. Univ. Frankfurt/M. u. 1968 Dir. Inst. f. ausl. u. intern. Wirtschaftsr. Frankfurt - 1967-69 u. 1972-74 Prozeßvertr. Bundesrep. Dtschl. vor Intern. Gerichtshof, 1974-82 Rechtsber. dt. Deleg. auf UN-Seerechtskonf., s. 1973 Richter am Europ. Nuclear Energy Tribunal. Wiss. Mitgl. Max-Planck-Ges., Vors. Dt. Verein f. Intern. Recht - Mitherausg.: Ztschr. f. ausl. öfftl. Recht u. Völkerrecht - Gr. BVK.

JAENICKE, Joachim

Dr. rer. nat., o. Prof. f. Mathematik TU Braunschweig (s. 1971) - Rotdornweg 6, 3340 Wolfenbüttel - Geb. 7. Sept. 1931 Berlin (Vater: Fritz J.; Mutter: Hedwig, geb. Hennig), verh. s. 1958 m. Edith, geb. Hohendorf), 2 Kd. (Martin, Christina) - 1950-55 TU Berlin. Promot. (1957) u. Habil. (1967) Berlin. Zul. Wiss. Rat u. Prof. Univ. Dortmund. 1971 Gastprof. Univ. Jyväskylä (Finnl.). Facharb.

JAENICKE, Lothar

Dr. phil., em. o. Prof. f. Biochemie - Kaesenstr. 13, 5000 Köln 1 (T. 31 57 25, Inst.: 31 13 31) - Geb. 14. Sept. 1923 Berlin (Vater: Dr. phil. Johannes J., Chemiker; Mutter: Erna, geb. Buttermilch), verh. s. 1949 m. Dr. Doris, geb. Heinzel, 4 Kd. (Kora, Stephan, Thomas, Hannah) - S. 1954 Lehrtätigk. Univ. Marburg, München (1957; 1961 apl. Prof.) Köln (1962 ao., 1963 o. Prof.). Zahlr. Fachveröff. 1962 Paul Ehrlich-Ludwig Darmstaedter-Preis; 1971 Mitgl. Rhein.-Westf. Akad. d. Wissensch., u. 1989 Dt. Akad. d. Naturf. Leopolding; 1978 Korresp. Mitgl. Bayer. Akad. d. Wissensch.; 1979 Otto Warburg Med. GBCh.; 1984 Richard Kuhn Med. GDCh; 1985-88 Mitgl. Wissenschaftsrat; 1986 Wiss. Mitgl. Wissenschaftskolleg Berlin.

JÄNICKE, Martin

Dr. phil., Prof. f. Vergl. Analyse polit. Systeme FU Berlin, MdA - Patschkauer Weg 51, 1000 Berlin 33 - Geb. 15. Aug. 1937 Buckow, verh. s. 1963, 2 Kd. (Julika, Johannes) - Dipl. (Soziol.) 1963, Promot. 1969 FU Berlin, Habil. 1970 - S. 1971 Prof. f. Vergl. Analyse polit. Systeme FU. 1974-76 Planungsberater Bundeskanzleramt; 1975 Vorst. bzw. Beirat Dt. Vereinig. f. Polit. Wiss.; Beirats-Vors. Wiss.zentrum Berlin (b. 1982) u. Inst. f. Zukunftsforsch. (b. 1982); Wiss. Beirat Ztschr. Natur, Ztschr. f. Umweltpolitik u. Umweltrecht sowie Ztschr. f. angewandte Umweltforsch.; Beirat Inst. f. ökolog. Wirtschaftsforsch.; Mitgl. d. Fachaussch. Soz.wiss. d. Dt. UNESCO-Kommiss., Energiebeirat Sen. f. Stadtentw. u. Umweltschutz Berlin; Leit. d. Forschungsstelle f. Umweltpolitik FU Berlin. 1981-83 MdA Berlin - BV: D. dritte Weg, 1964; Totalitäre Herrschaft, 1971; Wie d. Ind.system v. s. Mißständen profitiert, 1979; Staatsversagen, 1986 (engl. Übers. 1990). Herausg.: Herrschaft u. Krise (1973), Polit. Systemkrisen (1973), Umweltpolitik (1978), V. uns d. gold. neunziger Jahre? (1985). Mithrsg.: Wissen f. d. Umwelt (1985).

JÄNICKE, Otto

Dr. phil., Prof. f. Roman. Philologie Univ. Marburg - Wehrdaer Weg 3, 3550 Marburg/L..

JAENICKE, Rainer

Dr. phil. nat., o. Prof. f. Biochemie - Universitätsstr. 31, 8400 Regensburg - Geb. 30. Okt. 1930 Frankfurt/M. (Vater: Dr. phil. Johannes J., Chemiker), verh. s. 1956 m. Agathe, geb. Calvelli-Adorno, 3 Kd. - Univ. Frankfurt. Promot. (1957) u. Habil. (1963) Frankfurt - S. 1964 Lehrtätigk. Univ. Frankfurt (1968 apl. Prof.) u. Regensburg (1970 Ord.).

JAENICKE, Walther

Dr. rer. nat., em. o. Prof. f. Physikal. Chemie - Sperlingstr. 53, 8520 Erlangen (T. 09131 - 4 52 30) - Geb. 28. April 1921 Berlin (Vater: Dr. phil. Johannes J., Chemiker; Mutter: Erna, geb. Buttermilch), verh. s. 1951 m. Lotte, geb. Schaeder, 3 Kd. (Reinhard, Judith, Bettina) - Promot. 1946; Habil. 1953 - Assist. Univ. Jena u. Berlin, 1949 Max-Planck-Inst. f. physikal. Chemie, Göttingen, 1953 Privatdoz., 1959 apl. Prof. TH Karlsruhe, 1963 o. Prof. Univ. Erlangen-Nürnberg. Emerit. 1988. Veröff. üb. Kinetik heterogener Reaktionen, Elektrochemie, schnelle Reaktionen, wiss. Photogr. - Lit.: J. Appl. Phot. Eng. 3 (1977) 70 A; Ber. Bunsenges. Phys. Chem. 90 (1986) 325.

JAENISCH, Sigbert

Dr. rer. nat., Prof. f. Mathematik Univ. Gießen - Am unteren Rain 10, 6300 Gießen.

JÄNNER, Michael

Dr. med., Prof., Dermatologe - Rögenfeld 31c, 2000 Hamburg 67 - S. 1972 Prof. Univ. Hamburg (Dermatol. u. Venerol.).

JÄRKEL, Peter

Techn. Direktor, Geschäftsf. EURO Hausgeräte GmbH., Neunkirchen - Nußbaumstr. 19, 6650 Homburg/Saar - Geb. 11. Jan. 1941.

JÄSCHKE, Kurt-Ulrich

Dr. phil., Prof. f. Geschichte d. Mittelalters u. Historische Hilfswiss., Histor. Inst. Saarbrücken - Am Botanischen Garten 4, 6600 Saarbrücken 11 (T. 0681 - 302 31 93) - Geb. 6. März 1938 Danzig-Langfuhr (Vater: Hans J., Behördenangest.; Mutter: Gertrud, geb. Schwerdtfeger), ev., verh. s. 1964 m. Renate, geb. Kreck, 2 Kd. (Dirk-Markus, Ruth) - 1957-63 Stud. Angl., ev. Theol. u. Gesch. Münster u. Bonn, Staatsex., Promot. 1963 u. 1964 Bonn, Habil. 1969 Marburg - 1964 Wiss. Assist. Univ. Marburg, 1969 Priv.doz., 1971 Prof. ebd., 1975 Univ. Saarbr. - Wiederentd.: D. ält. Halberstädter Bischofschronik (a. d. ausg. 10. Jh.) 1970 - BV: Burgenbau u. Landesverteid. um 900, 1975; Wilhelm d. Eroberer - sein doppelter Herrschaftsantr. im J. 1066 (wiss. Unters.), 1977; D. Anglo-Normannen (histor Darst.), 1981; Imperator Heinricus (Unters. u. Edition), 1988; Nichtkönigliche Residenzen im spätmittelalterl. England (wiss. Unters.), 1990; Notwendige Gefährtinnen. Königinnen d. Salierzeit als Herrscherinnen u. Ehefrauen (darst. Unters.), 1991; Mehr als 1250 Jahre Heilbronn (wiss. Unters. als Festvortrag), 1991. Herausg.: Fs. f. Helmut Beumann (1977) - 1964 Bonner Univ.-preis; s. 1979 Mitgl. Dt. Kommiss. f. d. Bearbeitung d. Regesta Imperii; s. 1983 Mitgl. Kommiss. f. Saarl. Landesgesch. u. Volksforsch. - Liebh.: Streichquartett spielen (Viol.) - Spr.: Engl., Franz., Ital.

JAESCHKE, Lothar

Dr.-Ing., Prof., Vors. d. Geschäftsf. Uhde GmbH. (s. 1981) - Friedrich-Uhde-Str. 15, 4600 Dortmund 1 - Geb. 15. Nov. 1930 Frankfurt/M - 1951-56 Stud. Maschinenbau TH Darmstadt - B. 1971 Farbw. Hoechst, dann Uhde. 1984ff. Honorar-Prof. TH Darmstadt.

JAESCHKE, Ursula

Dr. theol., Wiss. Rätin, Prof. f. Ev. Theologie u. ihre Didaktik GH Duisburg - Nachtigallenweg 25, 4710 Geldern 3.

JÄTZOLD, Ralph

Dr. rer. nat., Prof. f. Kultur- u. Regionalgeographie - Unterm Wolfsberg 48, 5500 Trier/Mosel - Geb. 6. Dez. 1933 Leipzig - Promot. 1959; Habil. 1966 - S. 1966 Lehrtätig. Univ. Tübingen, Heidelberg (1967; 1970 apl. Prof.), Trier (1971 Ord.) - BV: u. a. D. wirtschaftsgeogr. Struktur v. Südtansania, 1971. Mithrsg.: Trierer Geogr. Stud. (1974 ff.), Farm Management Handbook of Kenya (1982/83).

JAGDT, Reinhard L.

Dipl.-Phys., Geschäftsführer Jagdt Consult GmbH - Kapellenstr. 30, 6500 Mainz - Geb. 16. Mai 1930 Braunsberg - Univ. Jena (Physik; Dipl.-Phys. 1959) - Brasilian. Honorarkonsul f. Rhld.-Pfalz; Mitgl. Vollvers. IHK Rheinhessen, Technol.beirat d. Ld. Rhld.-Pfalz; Vorst.-Mitgl. d. Freunde d. Univ. Mainz, d. Consularischen Corps Rheinl.-Pfalz u. d. AGFB AG f. Beteiligungen an Telekommunikationsuntern., Mainz; AR-Mitgl. d. BFE AG, Mainz; Vorst.-Vors. Kulturfonds Mainzer Wirtschaft, Beiratsvors. d. Eltec Elektronik GmbH, Mainz - 1980 BVK, 1986 BVK I. Kl.

JAGENLAUF, Michael

M. A., Dr., Univ.-Prof. Lehrstuhl Erwachsenenbildung Univ. d. BUndeswehr Hamburg - Klosterkamp 43, 2120 Lüneburg - Geb. 16. Nov. 1939 Wuppertal, ev., verh. s. 1969 m. Helga, geb. Reuss, 4 Töcht. (Marcella, Pippa, Silja, Stina) - Abit.; Lehrerstud.; Realschullehrer; Stud. d. Päd., Psychol. u. Soziol. Univ. Bochum; M. A. 1970; Promot. 1973 - Versch. ehrenamtl. Tätig., Vors. d. Ges. z. Förd. d. Erlebnispäd., Vors. d. Päd. Beirats v. Outward Bound Deutschland - BV: Volkshochschule im Urteil ihrer Mitarbeiter, 1970; Technik, Wirtschaft u. Ges. in d. Schule, 1971; Erwachsenenbildung in Schweden, 1979. Üb. 70 Fachart. in Erwachsenen- u. Jugendbildung (Didaktik, Ansätze, Modelle, Evaluation, Erlebnispädagogik) Mitherausg./Redakt. d. Ztschr. Grundlagen d. Weiterbildung - Liebh.: Reisen, Natursport, Malen.

JAGNOW, Gerhard

Dr. rer. nat., Mikrobiologe, Abteilungsleiter Inst. f. Bodenbiologie/FAL (Ökologie d. Bodenbakterien, bes. Stickstoffbindung), Braunschweig (s. 1968), apl. Prof. f. Mikrobiol. TU ebd. (s. 1974) - Ohmstr. 25, 3300 Braunschweig - Geb. 25. Febr. 1926 Brünn/Eisfeld, verh. s. 1957 m. Susanne, geb. Deli - Promot. 1956 Göttingen, Habil. 1968 Gießen - 1959-68 Forschungstätig. Sudan u. DFG (1964) - BV: D. Humushaushalt trop. Böden u. s. Beeinflussung durch Klima, Bodennutzung, Trocknung u. Erhitzung, 1967; Biotechnologie u. ihre Einführung m. Modellversuchen (W. Dawid), 1985. 110 Einzelarb.

JAGODA, Bernhard

Staatssekretär a.D., MdB (1980-87 u. s. 1990 Landesliste Hessen) - Am weißen Stein 31, 3578 Schwalmstadt 1 (T. 06691 - 28 46) - Geb. 29. Juli 1940 Kirchwalde/ OS - Volkssch.; Verwaltungslehre; 1960-63 Abendlehrg. VHS (Mittl. Reife); Inspektoren-Prüf. 1972 - S. 1965 Hess. Verw.schulverb. CDU s. 1965, Landesvorst.-Mitgl.

JAGODZINSKI, Heinz

Dr. rer. nat., em. o. Prof. f. Kristallographie u. Mineralogie - Lärchenstr. 14, 8035 Gauting/Obb. (T. München 850 32 99) - Geb. 20. April 1916 Aschersleben (Vater: Ernst J., Mittelschullehrer; Mutter: Sophie, geb. Papajewski); ev., verh. s. 1942 mit Margarete, geb. Brandenburg †1991, 3 Kd. (Wolfgang, Erika, Ingeborg) - Univ. Greifswald u. Göttingen (Math., Physik). Promot. 1941 Göttingen; Habil. 1948 Marburg - S. 1948 Lehrtätig. Univ. Marburg, Univ. Würzburg (1957 apl. Prof.), TH Karlsruhe (1959 o. Prof. u. Dir. Mineral. Inst.), Univ. München (1963 o. Prof. u. Vorst. Inst. f. Kristallogr. u. Mineral.; 1968/69 Dekan Naturwiss. Fak.). Spez. Arbeitsgeb.: Strukturforsch. m. Röntgen- u. Korpuskularstrahlen. 1966-68 Vors. Dt. Mineral. Ges.; Mitgl. Executive Committee (1963-69) u. Vizepräs. Intern. Union of Crystallogr. (s. 1972), Senat (1965 ff.) u. Hauptausssch. (1967 ff.), Dt. Forschungsgem., Mitgl. General Committee, Intern. Council of Scientific Unions (s. 1974), Standing Finance Committee (1976), Vors. App.-Ausschuß, Klassensekr. math.-nat. Klasse d. Bayer. Akad. d. Wiss. (s. 1986). Zahlr. Fachveröff. - Mitgl. Dt. Akad. d. Wiss. (o.). Österr. Akad. d. Wiss. (Korresp.Mitgl.), Max-Planck-Inst. f. Biochem. (wiss.), Ehrendoktor, Fr. Becke-Med. Österr. Min.Ges., A.G. Werner-Med. Dt. Min.Ges. - 1983 Membre d'Honneur Société Française de Minéralogie et de Cristallogr.; 1984 BVK I. Kl.; 1991 Ehrenmitgl. Dt. Mineral. Ges. - Spr.: Engl., Franz.

JAGSCHIAN, Valentin

Dr. med., Prof., Chirurg (Chefarzt) - Städt. Krankenanstalten (Ölmühlenstr.), 4800 Bielefeld/W. - S. Habil. Privatdoz. u. apl. Prof. FU Berlin (Chir.).

JAHN, Claus

Präsident Dt.-Chilen. Industrie- u. Handelskammer, Dir. Emasa S.A. - Chamiza 6683, Santiago/Chile (T. 242 66 26) - Geb. 16. März 1938 Valparaiso (Chile), ev., verh. s. 1964 m. Nora, geb. Schacht, 2 Kd. (Alberto, Sylvia) - Kaufm. Lehre Robert Bosch GmbH, Stuttgart - Geschäftsf. u. VR Emasa S.A.; Präs. Baiersdorf, Chile S.A., Dir. Allianz Chile S.A. u. Emaresa S.A. (Chile). Präs. Dt.-Chilen. IHK. Präs. Golf Club Sport Fraces - BVK - Liebh.: Sport (Golf; Chilen. Feldhockey-Auswahl-Spieler), Musik (Klassik) - Spr.: Span., Engl., Deutsch.

JAHN, Egbert

Dr. phil., Prof. f. Politikwissenschaft Univ. Frankfurt/M. - Gagernring 96, 6233 Kelkheim - Geb. 26. Mai 1941 Berlin, verh. s. 1968 - Stud. Gesch., Politikwiss., Geogr., Päd. Marburg, Baden, Bratislava - 1977-79 Vors. Arbeitsgem. Friedens- u. Konfliktforsch.; 1979-83 Mitgl. Kurat. Dt. Ges. f. Friedens- u. Konfliktforsch.; 1986-87 Projektleit. am Zentrum f. Friedens- u. Konfliktforsch. Kopenhagen; 1974-89 Forsch.gruppenleit. d. Hess. Stiftg. Friedens- u. Konfliktforsch. - BV: D. Deutschen in d. Slowakei, 1971; Kommunismus - und was dann?, 1974; Elements of World Instability, (m. Y. Sakamoto, Hg.), 1981; Bürokrat. Sozialismus: Chancen d. Demokratisier.? Einf. in d. polit. Systeme kommunist. Länder, 1982; European Security: Problems of Research on Non-Military Aspects, 1987.

JAHN, Ernst-Henning

Realschullehrer a. D., MdL Niders. (s. 1970, CDU), Landtagsvizepräs. (s. 1990) - Hauptstr. 35, 3307 Watzum (T. 05331 - 16 72) - s. 1981 Landrat d. Landkreises Wolfenbüttel.

JAHN, Friedrich (Fritz)

Kommerzialrat Präs. Verwaltungsrat Wienerwald-Holding AG, Feusisberg/ Schweiz - Zu erreichen üb. Wienerwald GmbH, Hpt.-Verw., Eisenheimerstr. 61, 8000 München 21 - Geb. 29. Dez. 1923 Linz/Donau (Österr.), verh. (Ehefr.: Hermi), 2 Töcht. - Kellnerberuf; s. 1955 selbst. (Wirt Linzer Stüberl bzw. Wienerwald München; heute üb. 800 Gaststätten u. div. Hotels in aller Welt) - Bekannt als Hendl-König - Fernsehsend.: F. J. - Das ist Ihr Leben (ZDF, 8. Juli 1979) - 1971 Bayer. VO.; 1973 BVK; Gr. Österr. Ehrenz.

JAHN, Friedrich-Adolf

Dr. jur., Rechtsanwalt, Verfassungspolitischer Sprecher d. CDU/CSU-Bundestagsfraktion, MdB (s. 1972; Direktmand./Münster) - Veghe-Str. 14, 4400 Münster - Geb. 7. Mai 1935 Münster, kath., verh., 3 Kd. - Abit. 1955 Münster; 1955-59 Univ. Münster u. Freiburg (Rechtswiss.). Jurist. Staatsprüf. 1959 u. 1963; Promot. 1961 - 1964-65 Wiss. Assist. Univ. Münster; 1965-67 Regie-

rungsass. u. -rat Reg.präs. Münster; 1967-69 Ref. u. Beigeordn. Landkreistag NRW, Düsseldorf; 1969-72 Kreisdir. Münster; 1969-81 Lehrbeauftr. Univ. Münster (Übungen im Öffl. Recht). - CDU s. 1971 (1974-85 Vors. Münster); 1982-87 Parl. Staatssekr. Bundesmin. f. Raumordn., Bauwesen u. Städtebau, 1987-91 Parl. Saatssekr. Bundesmin. d. Justiz; 1991-92 Vors. d. Bundestagsausssch. f. Raumordnung, Bauwesen u. Städtebau. s. Febr. 1992 Verfassungspolit. Sprecher d. CDU/CSU-Bundestagsfraktion - Spr.: Engl.

JAHN, Fritz

Dr. jur., Oberkreisdirektor Kr. Springe - Hindenburgstr. 10, 3257 Springe/Deister - Geb. 13. Febr. 1919 Wieda/Harz - Univ. Göttingen (Rechts- u. Staatswiss.). Ass.ex.

JAHN, Gerhard

Bundesminister a. D. - Bismarckstr. 15, 3550 Marburg - Geb. 10. Sept. 1927 Kassel, ev., verh. in 2. Ehe m. Dipl.-Psych. Ursula, geb. Müller, 3 Kd. aus 1. Ehe (dar. S.) - Friedrichs-Gymn. Kassel; 1943-45 Luftwaffenhelfer u. Arbeitsdst.; n. Abit. (1947) Univ. Marburg (Rechtswiss.). Gr. jurist. Staatsprüf. 1956 - Ab 1957 Rechtsanw. u. Notar (1966) Marburg; 1967-69 Parlam. Staatssekr. Ausw. Amt; 1969-74 Bundesjustizmin. S. 1956 Stadtverordn. Marburg (Fraktionsvors.), 1962-74 Vorsteher); 1957-90 MdB. 1961 Parlam. Gf. SPD-Fraktion, 1963-65 Rücktr. Spiegel-Affaire, 1965-67 u. wied. s. 1975 parlam. Gf SPD-Fraktion. 1975-79 u. 1981-82 Vertr. Bundesrep. Dtschl. Menschenrechtskommiss. Vereinte Nationen. 1979 Präs. Dt. Mieterbund, Köln; AR-Mitgl. Dt. Vermögensberat. AG Herausg.: Herbert Wehner - Wandel u. Bewährung/Schriften u. Reden 1930-80 u. Herbert Wehner - Zeugnis, (1982) 1978 Gr. BVK m. Stern u. 1984 Schulterbd. - Liebh.: Fotogr.

JAHN, Hans-Edgar

Dr. rer. pol., Dipl. sc. pol., Publizist u.

Verleger, MdB (1965-80), MdEP (1969-79), Präs. Pommersche Abgeordnetenversammlung (s. 1962), Leiter bzw. Präs. Arbeitsgemeinsch. Demokrat. Kreise (1951-69) - Lindenallee 9, 5300 Bonn 2 - Geb. 21. Nov. 1914 Neustettin, ev., verh. I) m. Annemarie, geb. Altmann †, 2 Kd., II) Irmgard, geb. Rother - Univ. Berlin (1937-42) u. Graz (1958-59) - 1933-37 Marinesoldat; 1942-47 Wehrdst. (zul Ltn. d. R.) u. Kriegsgefangensch.; s. 1948 Publizist; s. 1958 Herausg. Monatsschr. Polit. Welt (Bad Godesberg). CDU s. 1947, 1970-77 Vors. Landesverb. Braunschweig, s. 1977 Ehrenvors. LV Braunschweig - BV: Vertrauen - Verantw. - Mitarb., 1953; Rede - Diskussion - Gespräch, 1954; Univ. o. Informationsarbeit d. westl. Demokratien, 1954; Ges. u. Demokr., 1955; Lebendige Demokr., 1956; Weltpolit. Wandlungen v. ausgeh. Mittelalter b. z. Beginn d. Atomzeitalters, 1956; Für u. wider d. Wehrbeitrag, 1957; Wir u. d. Zeit, 1958; V. Bosporus n. Hawaii - 14 Stationen e. Weltreise/14 Herausford. d. Weißen Mannes, 1962; V. Feuerland n. Mexiko - Lateinamerika am Scheideweg, 1962; V. Kap n. Kairo - Afrikas Weg in d. Weltpolitik, 1963; Pommersche Passion, 1964, Neuaufl. 1980; CDU u. Mitbestimmung, 1969; D. dt. Frage v. 1945 b. heute, 1985; Ostpommern, Bildbd. 1987; An Adenauers Seite, 1988. Mithrsg.: Taschenb. f. Wehrfragen (m. K. Neher, 1956ff.) - 1973 BVK I. Kl. - Liebh.: Touristik - Spr.: Engl., Franz.

JAHN, Karl-Heinz

I. Bürgermeister (s. 1978) - Rathaus, 8901 Langweid a. Lech (Schwaben) - Geb. 11. April 1946 Augsburg - Zul. Betriebsw. CSU.

JAHN, Klaus

Geschäftsf. Bundesverb. Zeitarbeit/ Dienstleist. auf Zeit - Jungfernstieg 38, 2000 Hamburg 36.

JAHN, Paul Hugo

Rechtsanwalt, Bürgermeister a. D. - Strählerweg 49, 7500 Karlsruhe 41 (T. 0721 - 4 21 89) - Geb. 29. Juni 1916 Kapellen - Jurastod. Berlin, München; Austauschstud. USA, Refer., Ass. - S. 1946 RA, 1962-66 Stadtrat, 1966-81 Bürgermeister Stadt Karlsruhe - 1976 BVK, 1981 BVK I. Kl. - Liebh.: Freizeitgärtner - Spr.: Engl., Franz., Ital.

JAHN, Reinhard

Autor (Ps. Hanns-Peter Karr) - Postf. 101813, 4300 Essen 1 (T. 0201 - 76 56 99) - Geb. 19. Okt. 1955 Saalfeld/ Thür., ev., ledig - Stud. Publiz. u. Kommunikationswiss. Univ. Bochum; M.A. 1983 - 1984 Mitbegr. Bochumer Krimi-Archiv; Organisator zahlr. Veranstalt. zum Thema Kriminalroman (Tatort Gladbeck 1986 u. 88); fr. Autor; Hörsp. f. alle dt. u. viele europ. Stationen - BV: Stop d. Juwelenbande, 1979; Stop d. Falschmünzern, 1981; ... beziehungsweise Mord, 1985; Mord!, 1991; Das Morden geht weiter, 1992. Hörsp.: Totes Kapital (1979); Unerkannt (1979); D.

weiße Nacht (1979); Lebenslänglich (1980); Finale in Frankfurt (1982); Höhenflug (1981); Schneewittchen (1984); Zwischenbericht (1984); D. Affäre Nassauer (1984); Keine Versprechungen (1984); Dies ist e. Überfall (1984); Pourquoi Madame Robinson est-elle morte (1985); D. lange Abschied (1986); Backstage od.: Weine nicht, wenn d. Regen fällt (1987); Lift (1987); Hallo Nachbar (1988); Schönes Wetter (1988); E. ruhiger Mieter (1988); Nachtfahrt (1988); D. Gedenktafel (1989); D. Intrigant (1989); Blackbox B1 - D. Leben ist d. halbe Tod (1989); Blackbox B1 - D. Leben, d. Liebe, d. Tod (1990); Blackbox B1 - Nachtexpress (1990); Strasse frei (1992) - 1988 Walter-Serner-Preis; 1990 Literaturpreis d. Stadt Aachen (Walter Hasenclever-Preis); 1990 Literaturpreis Ruhrgebiet (Förderpreis) - Spr.: Engl.

JAHN, Reinhold
Dipl.-Kfm, Dipl.-Brauerei-Ing., Aufsichtsratsvorsitzender TREMONIS GmbH, Dortmund - Arndtstr. 45, 4600 Dortmund 1 - Geb. 11. Juni 1926.

JAHN (-DEESBACH), Wilhelm

Dr. agr. habil., Univ.-Prof. f. Pflanzenbau u. -züchtung, Justus-Liebig-Univ. - Ludwigstr. 23, 6300 Gießen u. Geb. 16. Juli 1929 Deesbach/Thür. Wald - Abit. Rudolstadt; Stud. Landwirtsch. u. Chemie in Jena; Promot. 1955 (Agrikulturchemie), Habil. 1960 - Ab 1953 wiss. Assist., ab 1956 wiss. Oberassist., 1960 Doz. Humboldt-Univ. Berlin; ab 1961 Doz. u. dann Prof. in Gießen - Mehr als 100 wiss. Publ., Schwerpunkte Ökophysiol. d. Nahrungspflanzen, ernährungsphysiol. u. technol. Qualität pflanzlicher Nahrungsrohstoffe - Gr. Engagement f. Problemlösungen im System Vegetation - Wild - Jagd - Roemer-Med. (f. bes. Verdienste in Forsch. u. Lehre auf d. Gebiete d. Getreidewiss.) - Spr.: Engl.

JAHNECKE, Joachim
Dr. med., Prof., Chefarzt Innere Abteilung/St.-Johannes-Hospital, Bonn - Kölnstr. 54, 5300 Bonn - Prof. Univ. Bonn.

JAHNKE, Henner
Vorstand Kühlhaus Lübeck AG - Im Trentsaal 11, 2400 Lübeck - Geb. 1. Nov. 1937.

JAHNKE, Ingolf
Bürgerschaftsabgeordn. (s. 1974) - Beim Schlump Nr. 50, 2000 Hamburg 13 - CDU.

JAHNKE, Jürgen
Dr. rer. nat., Dipl.-Psych., Prof. f. Päd. Psychologie PH Freiburg - Weberdobel 11, 7801 Buchenbach-Unteribental/Br. - Geb. 26. Okt. 1939 Helmstedt.

JAHNKE, Karl
Dr. med., Prof., Direktor Med. Klinik i.R. Kliniken d. Stadt Wuppertal, Wuppertal - Stud. d. Med. u. Phil. Univ. Bonn, Leipzig, Rostock; Promot. 1944 Univ. Rostock, Habil 1957 u. Priv. Doz. 1956-67 Oberarzt 2. Med. Univ.-Klinik Düsseldorf; 1962 apl. Prof. f. innere Med., Univ. Düsseldorf - VB: D. Bluteiweißkörper in d. Ultrazentrifuge (m. W. Scholtan), 1960, Handb. - Beiträge: Hdb. d. Diabetes, 1971; Hdb. d. inn Med. (Hyperlipid., Diabetes), 1974, 1975; üb. 250 wiss. Einzelarb. (Kohlenhydrat- u. Fettstoffw., Adipositas, Ernährungsmed.) - 1966 Curt-Adam-Preis Berlin; 1979 Ehrenmitgl. Dt. Ges. f. Ernährung; 1981 Paul-Langerhans-Plakette; 1981 Gerhardt-Katsch-Medaille d. Dt. Diab.-Ges.; 1984 Ernst-Kofranyi-Med. d. Akad. f. Ernährungsmed., 1984 BVK I. Kl.; 1992 Ehrenmitgl. Dt. Diabetes-Ges.; Mitgl.: Dt. Diab.-Ges., Dt. Ges. f. Endokrinologie, Dt. Ges. f. Verdg. u. Stoffw.-Krankh., Dt. Ges. f. Ernährung, Kurat. Dt. Diabetes-Stiftg.

JAHNKE, Volker

Dr. med., Prof., Direktor HNO-Klinik, Univ.-Klinikum Rudolf Virchow, Berlin - Bernadottestr. 9, 1000 Berlin 33 (T. 030 - 825 68 63) - Geb. 6. Sept. 1937 Stettin, gesch., 2 Kd. (Kim, Nina) - Ärztl. Prüf. 1961 Univ. Hamburg, Approb. 1964 Hamburg, M.Sc. 1964 Montréal, Habil. (u. Priv.-Doz.) 1970 Marburg - 1971 Prof., 1977 apl. Prof. München. Forschungsstip., Asisst. u. Oberarzt Univ.-Kliniken München, Hamburg, Marburg, Stockholm, Marburg - BV: Krankheiten d. Zunge. In: Hals-Nasen-Ohren-Heilkd. in Praxis u. Klinik, Bd. III (2. A. 1978) - 1968 u. 69 1. u. 2. Preis American Acad. of Ophthalmology and Otolaryngology f. Grundlagenforsch. in d. HNO-Heilkd.; 1971 Diplomate of the American Board of Otolaryngology; 1972 Fellow of the American Acad. of Ophthalmology and Otolaryngology; 1973 Fellow of the American College of Surgeons; 1979 Corresponding Member of the American Acad. of Facial Plastic and Reconstructive Surgery - Liebh.: Sport (aktiv Ski, Schwimmen) - Lit.: Who's Who in Medicine 5th Edition (1981); Kürschners Dt. Gelehrten-Kalender (1980).

JAHR, John
Vorstandsmitglied Gruner + Jahr AG & Co./Druck- u. Verlagshaus - Alsterufer 1, 2000 Hamburg 36; priv.: 60, Brabandstr. 39 - Vater: John J., Verleger †.

JAHR, Rüdiger
Dr. rer. nat., Direktor Physikal.-Techn. Bundesanstalt, Braunschweig, apl. Prof. f. Physik TU ebd. (s. 1976) - Otto-Hahn-Str. 12, 3300 Braunschweig.

JAHR-STILCKEN, Angelika
Chefredakteurin Schöner Wohnen, HÄUSER, Schöner Wohnen Decoration, schöner essen, Herausgeberin Marie Claire, essen & trinken, Neues Wohnen - Geb. 26. Okt. Berlin, ev., verh. m. Rudolf Stilcken, 2 Kd. - Stud. Psych., Phil., German. Univ. Hamburg u. München; Volont. D. Welt, Trainee McCall's, Vogue (New York) - Spr.: Engl. Franz.

JAHRMÄRKER, Hans
Dr. med., Prof., Extraordinarius f. Inn. Medizin, ehem. Med. Klinik Innenstadt, Univ. München (Kardiol., Intensivmed.) - Karl-Valentin-Str. 9, 8022 Grünwald/ Obb. (T. München 641 24 34).

JAHRREISS (ß), Heribert
Dr. phil., Prof. I. Physikal. Institut Univ. Köln (Oberflächen- u. Dünnschichtphysik) - Nassestr. 36, 5000 Köln 41 (T. 46 23 52) - Geb. 15. Jan. 1924 Leipzig (Vater: Prof. Dr. jur. Dr. h. c. Hermann J., Rechtsgelehrter; Mutter: Elfriede, geb. Hothorn) verh. s. 1952 m. Ingeborg, geb. Kunkel, 2 Kd. (Wolfgang, Ricarda) - S. 1959 (Habil.) Lehrtätig. Köln (1968 apl. Prof. f. Physik, 1970 Wiss. Rat u. Prof., 1980 Prof.). 1974-83 Generalsekr., 1983-86 u. 1989-92 Vizepräs., 1986-89 Präs. Intern. Union f. Vakuumforsch.; - techn. u. -anwend. - BV: Einführung in d. Physik, 1977, 4. A. 1985. Facharb.

JAIDE, Walter G.
Dr. phil., Prof., Direktor Forschungsstelle f. Jugendfragen Hannover - Hindenburgstr. 19, 3000 Hannover (T. 81 83 75) - Geb. 10. Mai 1911 Berlin (Vater: Franz J., Kaufm.; Mutter: Luise, geb. Stoewer) - Realgymn. u. Univ. Berlin (Theol., Psych., Phil., Altgerman. nord. Philol., Nationalök.; Promot. 1936) - S. 1948 Doz. u. o. Prof. (1958) Päd. Hochsch. Hannover (Psych.; 1963-65 Rektor), SPD - BV: D. Berufswahl, 1961; E. neue Generation?, 1961; D. Verhältnis d. Jugend z. Politik, 3. A. 1965; D. jg. Staatsbürger, 1965; Leitbilder heutiger Jugend, 1968; Jg. Arbeiterinnen, 1969; Jugend u. Demokr., 1970; Achtzehnjährige zw. Reaktion u. Rebellion, 1978; Jugendliche im Bildungsurlaub, 1979; Junge Hausfrauen im Fernsehen, 1980; Wertewandel?, 1983; Generationen e. Jahrhunderts, 1988; Des Lebens Poesie, 1991. Mitarb.: D. jg. Arbeiterin, 3. A. 1960; Bilanz d. Jugendforsch., 1989. Herausg.: Jugend in doppelten Dtschl. (1977), DDR-Jugend (1990). Gutachten f. Min. BRD u. d EG-Kommiss. Zahlr. Aufs. z. Kinder- u. Jugendpsych.; Beitr. z. Funkuniv. RIAS - Mitgl. PEN-Zentr. BRD - Liebh.: Kunstgesch. - Spr.: Franz., Engl., Schwed.

JAINSKI, Paul
Dr.-Ing., Prof., Wiss. Mitarb. Bundesverkehrsmin. (1953 b. 76) - Virchowstr. 1, 5300 Bonn-Duisdorf (T. 62 13 02) - Geb. 14. März 1911 Berlin (Vater: Anton J., Stellwerksmeister; Mutter: Hedwig, geb. Förster), kath., verh. s. 1940 m. Ursula, geb. Maase, 3 Kd. (Veronika, Peter, Thomas) - TH Berlin u. Darmstadt (Elektro- u. Lichttechnik). Promot. 1938; Habil. 1960 - B. 1938 Assist. TH Berlin (Beleuchtungstechn. Inst.), dann Laborleit. Fa. Dr.-Ing. Schneider & Co. (Lichttechn. Spezialfabrik), Frankfurt/ M., 1941-47 Kriegsdst. (Luftw.) u. Gefangensch., 1948-53 Laborleit. Eisenbahn-Versuchsanstalt München. S. 1955 Lehrbeauftr. u. Honorarprof. (1962) TH Darmstadt (Lichttechnik). 60 Facharb. - DIN-Ehrennadel; Ehrenmitgl. Lichttechn. Ges. - Liebh.: Gartenbau - Spr.: Engl., Franz.

JAKOB, Günter
Legationsrat I. Kl., Wirtschaftsref. Botschaft d. BRD in Bangkok - P. O. B. 2595, Bangkok (Thailand).

JAKOB, Karl-Heinrich
Bergassessor a. D., Gf. Vorstandsmitglied Gesamtverb. d. dt. Steinkohlenbergbaus, Unternehmensverb. Ruhrbergbau - Friedrichstr. 1, Postf. 10 36 63, 4300 Essen 1; priv.: Vittinghoffstr. 78, 4300 Essen 1 - Geb. 11. Mai 1924 - Hauptgeschäftsf. Wirtsch.vereinig. Bergbau; Vorst.-Vors. Verein v. Freunden TU Clausthal; stv. Vorst.-Vors. Ruhrinst. f. ges.polit. Forsch. u. Bildung, Essen, stv. VR-Vors. Treuhandst. f. Bergmannswohnstätten im rhein.-westf. Steinkohlenbezirk GmbH, Essen; VR-Mitgl. Rheinisch-Westf.-Inst. f. Wirtschaftsforschung, Essen, VR Bergbau-Forsch. GmbH, Essen; AR Verlag Glückauf GmbH, Essen; Beirat Aktionsgem. Dt. Steinkohlenreviere GmbH, Düsseldorf.

JAKOB, Wolfgang
Dr. jur., o. Prof. f. Öfftl. Recht, Finanz- u. Steuerrecht Univ. Augsburg (s. 1974) - Römerstr. 33, 8000 München - Geb. 12. Nov. 1941 Aschaffenburg (Vater: Julius J.; Mutter: Elisabeth, geb. Weiland), kath., verh. s. 1966 m. Ursula, geb. Pistner, 2 Kd. (Catherine, Dominique) - Stud. Würzburg u. München; Promot. 1966; Habil. 1974, bde. München - 1969-74 RR u. ORR Bay. Staatsmin. d. Finanzen, gleichz. s. 1971 Wiss. Assist. Univ. München.

JAKOBI, Gerhard
Vorstandsmitglied Bank f. Gemeinwirtsch. i. R., Frankfurt - Günther-Groenhoff-Str. 2, 6000 Frankfurt/M. 90 - Geb. 15. Febr. 1925 - AR-Mand. u. a.

JAKOBS, Eduard
Bürgermeister, MdL Saarl. (1970-73) - Am Waldeck 4, 6638 Dillingen/S. (T. 73075) - Geb. 27. Aug. 1920 Völklingen/ S., kath., verh., 3 Kd. - N. Arbeits- u. Kriegsdst. Univ. München u. Freiburg (Rechts-, Staatswiss., Nationalök.) - Jurist. Staatsprüf. 1949 u. 52 - S. 1956 Bürgerm. Stadt Dillingen. CDU. MdL (1974 Mand. niedergel.).

JAKOBS, Günther
Dr. jur., o. Prof. f. Strafrecht, Rechtsphilosophie - Adenauerallee 24-42, 5300 Bonn 1 - Geb. 26. Juli 1937 Mönchengladbach - Promot. (1967) u. Habil. (1971) Bonn - 1971 wiss. Rat u. Prof. Bochum; 1972 o. Prof. Kiel, 1976 Regensburg, 1986 Bonn.

JAKOBS, Hermann
Dr. phil., o. Prof. f. Mittelalterl. u. Neuere Geschichte u. Histor. Hilfswiss. Univ. Heidelberg (s. 1975) - Landfriedstr. 1, 6900 Heidelberg - Geb. 2. März 1930 Hagen (Vater: Franz J., Masch.Mstr.; Mutter: Auguste Sybille, geb. Elfert), kath., verh. s. 1951 m. Gisela, geb. Reile, 3 Kd. (Ekkehard, Dörthe, Eva) - Promot. 1959 u. Habil. 1966 Köln u. 1975 Heidelberg (Ord.) - BV: D. Hirsauer, 1961; D. Adel in d. Klosterreform v. St. Blasien, 1968; Regesta pontificum Romanorum. Germania Pontificia IV, 1978; Eugen III. u. d. Anfänge europ. Stadtsiegel, 1980; Kirchenreform u. Hochmittelalter (Oldenburg Grundriß d. Gesch. 7), 1984, 2. A. 1989 - 1979 Fürstabt-Martin-Gerbert-Preis St. Blasien; 1973 Mitgl. d. Ges. f. Rhein. Gesch.kunde; 1976 Mitgl. d. Hist. Kommiss. Baden-Württ.; 1979 Korrespr. Mitgl. Göttinger Akad. d. Wiss.; 1982 Mitgl. d. Commission Intern. de Diplomatique - Spr.: Engl., Franz., Ital.

JAKOBS, Horst Heinrich
Dr. jur., o. Prof. f. Bürgerl. u. Röm. Recht - Bismarckstr. 7, 5300 Bonn - Geb. 24. Nov. 1934 - Promot. 1963; Habil. 1969 - S. 1971 Ord. Univ. Bochum u. Bonn. Bücher u. Aufs.

JAKOBY, Richard
Dr. phil., Prof., Hochschulpräsident - Ostfeldstr. 61, 3000 Hannover 71 - Geb. 11. Sept. 1929 Dreis Kr. Wittlich (Vater: Johannes J., Lehrer; Mutter: Katharina, geb. Nels), kath., verh. s. 1955 m. Irmgard, geb. Mohr, 3 Kd. (Stefan, Markus, Eva) - Gymn. Trier (Friedrich Wilhelm) u. Wittlich (Cusanus); 1949-54 Univ. u. Hochschulinst. f. Musik Mainz. Promot. 1955 - 1959-64 Hochschulinst. f. Musik Mainz (1962 Doz. u. Abt.leit.); 1962-64 zugl. Konservat. ebd.; s. 1964 Hochsch. f. Musik u. Theater Hannover (Prof., Abt.leit.), 1969ff. Dir., 1979ff. Präs.), 1978-88 Präs. Dt. Musikrat, s. 1989 Ehrenpräs. - BV: J. S. Bach, D. musikal. Opfer, 1965 (Werkanalyse); D. Kantate, 1968; Schulmusikal. Praktikum,

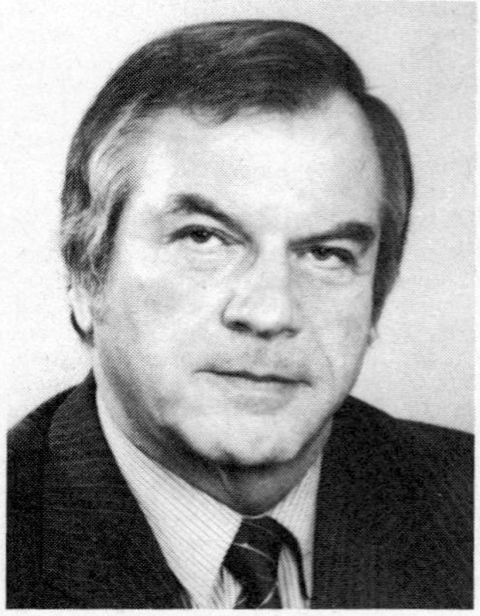

1969 (m. E. Forneberg); Z. Wandel d. Musikanschau., 1981. Musikkrit. (AZ u. a.). Herausg.: Musikpäd. Schriftenreihe; Ztschr.: Musik u. Bildung, u. a. (1968ff.) - Liebh.: Sport - Spr.: Engl., Franz. - Rotarier (1968/69 Präs. Rotary Club Hannover-Eilenriede).

JAKSCH, Hans Jürgen

Dr. rer. pol., Prof. f. Volkswirtschaftslehre (Ökonometrie) Univ. Heidelberg - Beethovenstr. 34, 6919 Bammental - Geb. 15. März 1930 Riga, ev., verh. m. Anna Katharina, geb. Schmidt, 2 Kd. - Stud. Volkswirtschaftslehre u. Math. Univ. Frankfurt/M.; Dipl.-Volksw. 1954, Dr. rer. pol. 1957, Habil. Volkswirtsch.lehre 1965 - 1966-75 Prof. f. Ökonometrie Univ. Tübingen. Facharb. - Spr.: Engl., Franz., Span. - Rotarier.

JAKUBASS, Franz H.

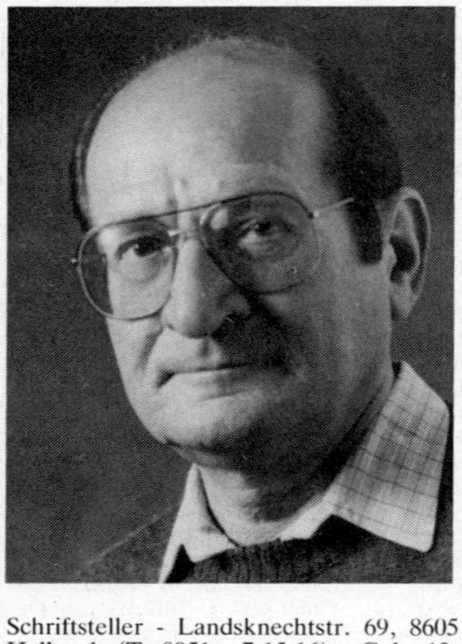

Schriftsteller - Landsknechtstr. 69, 8605 Hallstadt (T. 0951 - 7 15 16) - Geb. 13. Nov. 1923 Gelsenkirchen, kath., verh. s. 1947 m. Ilse, geb. Kassner, 4 Kd. - Mittl. Reife; Ausb. f. d. gehob. Beamtendst. - Abteilungsleit. f. Berufsberat. Arbeitsamt Bamberg (b. 1987); s. 1969 Lehrbeauftr. Univ. Bamberg - BV: Schritt f. Schritt, Erz. 1969; Karl Rud. Grumbach, ehedem Abt d. Klosters St. Georgenberg b. Ficht in Tirol, Ess. 1981; Wie d. Schildbürger e. Brand löschten, Laiensp. f. Kinder 1983; D. Silberhochzeitsreise, R. 1984; E. toter Mann im Sarg, Hörsp. 1981 u. 82; Lucky, Schlucky u. Mecky im Wunscheland, Hörsp. f. Kinder 1983; D. verlorene Sohn, Hörbild 1984; D. Geständnis, Hörsp. f. Kinder 1985; Pater Alfred Delp - Opfer d. Hitlerjustiz, Hörbild 1985; V. d. Kanzel z. Schafott, Hörbild 1986; D. Kaisers neue Kleider, Hörsp. 1986; D. unkluge Gutsherr u. d. undumme Kutscher, Hörsp. 1987; D. Brüderlichkeit Schatten, Hörsp. 1987; Hofprediger u. Revolutionär: Eulogius Schneider, Hörbild 1986; D. Frost u. d. beiden Brüder, Hörsp. 1988; D. Piratenschatz, Hörsp. 1989; Obrist v. Münster auf Burg Lisberg, Hörbild 1989; V. d. Gleichheit d. Menschen, Freilichtsp. 1989; Ich bin d. Doktor Eisenbarth, Hörbild 1990; In Schilda bellt die Katz' so grün - Erz. v. Schildbürgern u. Schlaubergern, 1990; Mustapha ben Suliman Ali u. d. Glück, Hörsp. f. Kinder 1991; O,o Hans!, Hörsp. 1990; D. Geist von Lisberg, Freilichtspiel 1991; D. König u. sein Narr, Hörsp. 1992; Setzt auf's Klosterdach den roten Hahn - v. Bauernkrieg in Franken, Hörbild 1992. Zahlr. Märchen (gesend. im Rundf.); Kurzgesch. in Ztg. u. Ztschr. Fachb.: Was willst Du werden, Wolfgang?, 1976; D. Betriebserkund. im Rahmen d. Arbeitslehre, 1974; Fachveröff. üb. Berufswahl, Berufskd. - Liebh.: Gesch., Lit., hist. Berufskd. - Spr.: Engl.

JAKUBEIT, Barbara

Dipl.-Ing., Architektin, Präsidentin d. Bundesbaudiréktion (s. 1990) - Berlin/ Bonn - Geb. 18. Febr. 1945 Konstanz, verh. s. 1972 m. Prof. Dipl.-Ing. Johannes Heinz J. - Baupraktikum; Stud. 1964-70 TU Karlsruhe, 2. Staatsprüf. - 1980-88 Leit. d. Bauamtes in Baden-Baden; 1988-90 Ref. b. d. Oberfinanzdirekt. Karlsruhe - BV: Schloß Gottesaue Karlsruhe, 1989; u. zahlr. Fachveröff. Bauwerke: LG u. AG Baden-Baden, Finanzamt Bruchsal, Wiederaufb. Kurhaus Baden-Baden, Wiederaufb. Schloß Gottesaue in Karlsruhe - Mehr. Arch.preise; 1991 Hugo-Häring-Preis d. BDA - Liebh.: Kunst, Musik, Lit. - Spr.: Franz.

JALASS, Jan

Bürgerschaftsabgeordn. - Zu erreichen üb.: Schleppkontor GmbH., Ausrüstungskai 7, 2000 Hamburg 50; priv.: 54, Spannskamp 31a.

JAMNIG, Hermann

Dipl.-Ing., Geschäftsf. Friedr. Gust. Theis Kaltwalzwerke GmbH., Hagen - An der Egge 26c, 5800 Hagen/W.

JANCKE, Egbert

Vorsitzender d. Deutschen Beamtenbundes (DBB-Berlin) - Mommsenstr. 58, 1000 Berlin 12 - Geb. 12. Febr. 1933 Gelsenkirchen, ev., verh. s. 1957 m. Evelyn, geb. Hedtke, 2 Kd. (Jacqueline, Goesta) - Abit. 1952 Hildesheim; Stud. Univ. Göttingen u. Berlin - Lehrer, Rektor, Oberschulrat; s. 1986 Vors. d. DBB-Berlin; Vorst.-Mitgl. d. Verw.-Akad. Berlin; Mitgl. d. Rundfunkrats d. SFB, u. a.

JANCKE, Walter

Dr. rer. pol., Dipl.-Kfm., Unternehmensberater - Auf der Bieth 7, 4000 Düsseldorf 31 - Geb. 30. April 1924 Hannover (Vater: Dr. med. Carl-Emil J., Chirurg; Mutter: Dr. phil. Lune, geb. Buchner, Geologin), ev., verh. s. 1953 m. Irmela, geb. Tölken, 3 Kd. (Sabine, Bettina, Christian) - Gymn. Gelsenkirchen; Univ. Göttingen u. Köln (Rechts- u. Staatswiss.). Dipl.- Kfm. (1952) u. Promot. (1955) Köln - S. 1955 ltd. Industriefunktionen - BV: Strukturprobleme bei progress. Leistungslöhnen, 1955 (Diss.); Verkaufen - aber m. Gewinn, 1962 (auch span. u. holl.) - Liebh.: Fotogr. - Spr.: Engl., Franz., Russ. - Bek. Vorf.: Max Buchner, Begr. DECHEMA u. ACHEMA-Ausstell. (Großv. ms.).

JANDER, Hans

Konzertpianist, Prof. f. Klav. Staatl. Hochsch. f. Musik Rheinland/Musikhochsch. Köln - Beethovenstr. 17, 5354 Weilerswist.

JANDL, Ernst

Dr. phil., Prof., Schriftsteller - Postfach 227, A-1041 Wien (Österr.) (T. 650 95 00) - Geb. 1. Aug. 1925 Wien (Vater: Viktor J., Bankbeamter; Mutter: Luise, geb. Rappel), kath., gesch. - Gymn. u. Univ. Wien. Lehramtsprüf. 1949; Promot. 1950 - S. 1949 Wr. Schuldst. (Gymnasialprof.). 1952-53 German Assistant East Barnet Grammar School, London. SPÖ s. 1951 - BV/Ged.: Andere Augen, 1956; Laut u. Luise, 1966 (auch Schallpl.: Ernst Jandl liest Sprechged., 1968); Sprechblasen, 1968; D. künstl. Baum - Ged. 1957-69, 1970; Flöda u. d. Schwan, 1971. Hörspiele. Übers. Mitregie u. Hauptrolle: Traube (Fernsehsp. 1971); Dingfest, 1973; Übung m. Buben, 1973; D. Männer, 1973; Serienfuß, 1974; Wischen möchten, 1974; Für alle, 1974; Alle freut, was alle freut, 1975; D. schöne Kunst d. Schreibens, 1976; D. Bearbeitung d. Mütze, 1978; Aus d. Fremde, 1980; D. gelbe Hund, 1980; selbstporträt d. schachspielers als trinkende uhr, Ged. 1983; D. Öffnen u. Schließen d. Mundes (Frankfurter Poetik-Vorles.), 1985; Gesammelte Werke (3 Bde.), 1985; Idyllen, 1989, Stanzen, 1992 - Lit.preis Stadt Wien; 1968 Hörspielpreis d. Kriegsblinden (f.: 5 Mann Menschen, m. Friederike Mayröcker); 1974 Georg-Trakl-Preis f. Lyrik, Österr. Würdigungspreis (Staatspr.) 1978; 1980 Mülheimer Dramatikerpreis - 1970 Mitgl. Akad. d. Künste Berlin, 1981 Dt. Akad. f. Sprache u. Dicht. Darmstadt; 1983 Anton-Wildgans-Preis d. österr. Ind.; 1984 Gr. Österr. Staatspreis; 1984 Georg-Büchner-Preis; 1986 Korr. Mitgl. Akad. d. Künste d. DDR; 1986 Ehrenmed. d. Stadt Wien in Gold; 1987 Bayer. Akad. d. Sch. Künste; 1987 Kasseler Lit.preis f. grotesken Humor; 1989 Frankfurter Hörspielpreis; 1990 Peter-Huchel-Preis; 1991 Österr. Ehrenzeichen f. Wiss. u. Kunst - Liebh.: Jazz - Spr.: Engl. - Würdigungen: Andreas Okopenko (Wort in d. Zeit, 1/ 1964) u. Max Bense (Manuskripte, 18/ 1966), Ernst Jandl, Materialienb. 1982; Ernst Jandl, Texte, Daten, Bilder (Hg. Klaus Siblewski), 1990.

JANECKE, Heinz

Dr. rer. nat., Prof. f. Angew. Pharmazie - Laubestr. Nr. 21, 6000 Frankfurt/M. (T. 617181) - Geb. 17. April 1911 Osterburg/ Altm., verh. m. Dr. Margarete, geb. Kittel - TH Braunschweig, Univ. Frankfurt/M. Apoth.; Lebensmittelchem. - S. 1953 (Habil.) Privatdoz. u. apl. Prof. (1960) Univ. Frankfurt/M. (1963 Wiss. Rat Pharmaz. Inst.). Etwa 70 Fachveröff.

JANERT, Klaus Ludwig

Dr. phil., Dipl.-Phil., VDB, em. o. Univ.-Prof., ehem. Direktor d. Inst. f. Indologie Univ. Köln (1963-89) - Hauptstr. 54, 6589 Hattgenstein - Geb. 9. März 1922 Wittenberge (Vater: Dr. med. Ludwig J., Medizinalrat; Mutter: Elisabeth, geb. Schneider), ev., verh. s. 1986 m. Ilse, geb. Pliester, 2 Kd. (Sibylle, Philipp) - Stud. Indol., Tamilistik, Indogerman., Slaw. Promot. 1954 Frankfurt/M.; Habil. 1962 Tübingen - Zul. Doz. Univ. Tübingen. Mitgl. Dt. Morgenl. Ges., Verein Dt. Bibliothekare, Corr. Mem. Veshveshv. Vedic Res. Inst. Hoshiarpur, Intern. Assoc. of Tamil Res., VR Glasenapp-Stiftung, Dt.-Nepal. Ges. - Fachveröff.: Ind. Handschr. Verzeichn. m. N. Poti 1-11 (1991), Studien z. d. Aśoka-Inschr. 1-10 (1973), Annot. Bibliography of the Catalogues of Indian Mscr. 1 (1965), Nachitextedition m. I. Pliester-Janert 1-5 u. 11-15 (1991); Nachi-Handschr. Verzeichn. m. J. F. Rock 1-5 (1980); Handbook of Naxi 1 (1988), u. a.

JANERT, Wolf-Rüdiger

Dr. jur., Rechtsanwalt, Hauptgeschäftsf. Verb. Angest. Führungskräfte (VAF), Köln - Hohenstaufenring 43-45, 5000 Köln 1 (T. 0221 - 21 17 55 u. 24 27 34); priv.: Im Salzgrund 2, 5000 Köln 50 - Geb. 13. April 1941 Königberg/Pr.

JANETSCHEK, Albert

Schuldirektor, Schriftst. - Haydngasse 12, A-2700 Wiener Neustadt - Geb. 27. Sept. 1925 Hochwolkersdorf/b. Wiener Neustadt, kath., verh. s. 1948 m. Grete J., Sohn Berthold - Lehrerbildungsanst. Wiener Neustadt (Abschl. 1950); Schatzm. Niederösterr. PEN-Club; Mitbegr. Literaturkr. Podium-Schloß Neulengbach; Mitgl. Österr. PEN-Club u. Europ. Autorengem. D. Kogge - BV: Auskunft üb. Adam, 1968; Notration f. d. Zukunft, 1972; Notizen üb. Wendelin, 1976; Wia Dgrisdbamzugaln in Süwababia, 1977. Spez. Arbeitsgeb.: sat. Dichtung in hochdeutsch u. in Wiener Mundart - 1964 Kulturförderungspreis; 1981 Landeskulturpr., 1984 Kulturpr. Wiener Neustadt - Bek. Vorf.: Emil Tietze, Hofrat, ehem. Dir. Geol. Reichsanst. Wien (Urgroßv.) - Lit.: Elisabeth Schicht, in: Wer im Werk d. Lohn gefunden; Dr. Joseph Strelka, A. J., in: D. Dt. Lyrik 1945-1975, hg. v. Klaus Weissenberger.

JANICH, Peter

Dr. phil., Univ.-Prof. f. Philosophie Univ. Marburg (s. 1980) - Carl-Strehl-Str. 16, 3550 Marburg (T. 06421 - 2 48 96) - Geb. 4. Jan. 1942 München, verh. s. 1967 m. Annemarie, geb. Fried, 3 Kd. (Nina, Eva, Benedict) - Stud. Univ. Erlangen, Hamburg (Physik, Phil.); Promot. 1969 Erlangen - 1969/70 Gastdoz. Austin/Texas; 1971-80 Prof. Univ. Konstanz - BV: Wissenschaftstheorie als Wissenschaftskritik (m. F. Kambartel u. J. Mittelstraß), 1974; D. Protophysik d. Zeit. Konstruktive Begründung u. Gesch. d. Zeitmessung, 2. A. 1980, engl. Übers. als Bd. 30 in: Boston Studies in the Phil. of Science, 1985; Euklids Erbe. Ist d. Raum dreidimensional?, 1989, Grenzen d. Naturwiss., 1992 - Spr.: Engl., Franz., Ital.

JANIK, Dieter

Dr. phil., Dr. phil. h. c., Prof. f. Roman. Philologie Univ. Mainz - Carl-Orff-Str. 51, 6500 Mainz 33 - Geb. 31. Juli 1939 Neudek (Sudetenland), verh. m. Bärbel, geb. Rau, 2 Söhne (Viktor, Oliver) - BV: Gesch. d. Ode u. d. „Stances" v. Ronsard b. Boileau, 1968; Die Kommunikationsstruktur d. Erzählwerks. Ein semiologisches Modell, 1973; Magische Wirklichkeitsauffassung im hispanoamerikanischen Roman d. 20. Jh. Geschichtl. Erbe u. kulturelle Tendenz, 1976; Literatursemiotik als Meth., 1985; D. spanische Eroberung Amerikas. Akteure, Autoren, Texte (m. Wolf Lustig), 1989. Herausg.: D. Franz. Lyrik (1987).

JANK, Gerhard

Dr. techn., Prof., Mathematiker - Erckensstr. 10, 5100 Aachen - Geb. 29. Okt. 1941 Wien (Vater: Josef J., Arzt; Mutter: Anna, geb. Rohrwild), verh. s. 1965 m. Waltraud, geb. Hüttner, 2 Kd. (Sabina, Wolfgang) - 1961-66 TH Graz (Physik). Promot. 1968; Habil. 1972 (beides Graz) - S. 1972 Lehrtätigk. TH Graz u. Aachen (1976 Wiss. Rat u. Prof.). Üb. 20 Fachaufs. - 1971 Förderungspreis Theodor-Körner-Stiftg. f. Kunst u. Wiss. Wien; 1972/73 Stip. Alexander-v.-Humboldt-Stiftg. Bonn - Spr.: Engl.

JANKE, Georg

Dr. med. dent., Prof., Leiter Prothet. Abt./Univ.klinik f. Zahn-, Mund- u. Kieferkrankheiten Marburg - Fontanestr. 2, 3550 Marburg/L. (T. 23769) - Geb. 18. Juli 1911 Konitz/Westpr. - S. 1956 (Habil.) Privatdoz. u. apl. Prof. (1963) Marburg (Zahnärztl. Prothetik). Fachveröff.

JANKE, Wilhelm

Dr. phil., Dipl.-Psych., o. Prof. f. Psychologie u. Vorst. Inst. f. Psych. - Domerschulstr. 13, 8700 Würzburg - Geb. 15. Febr. 1933 Ortshausen - Promot. 1961 Marburg; Habil. 1967 Gießen - S. 1967 Lehrtätigk. Univ. Gießen (1969 Prof.), Düsseldorf (1971 Ord.) u. Würzburg. Bücher u. Aufs., insb. z. Physiol. Psych., Pharmakopsychol., Biol. Psychol. v. Streß, Methoden in d. Diagnostik.

JANKE, Wolfgang

Dr. phil., Prof. f. Philosophie - In d. Follmühle 25, 5068 Odenthal-Voiswinkel (T. Berg. Gladb. 7 86 00) - Geb. 8. Jan. 1928 Beuthen/OS. - S. 1962 (Habil.) Lehrtätigk. Univ. Köln (1968 apl. Prof.), s. 1975 o. Prof. Univ. Wuppertal - BV: Leibniz - D. Emendation d. Metaphysik, 1963; Fichte - Sein u. Reflektion/Grundl. d. krit. Vernunft, 1970; Historische Dialektik, 1977; Existenzphilosophie, 1982 - 1988 Präs. d. Intern. Fichte-Ges.

JANKER, Josef W.
Schriftsteller - Marienburger Str. 32, 7980 Ravensburg/Württ. (T. 9 23 87) - Geb. 7. Aug. 1922 Wolfegg/Württ. (Vater: Schumacher; Mutter: † 1925), verh. (Ehefr.: Barbara), 2 Söhne (Christoph, Vincenz) - Volkssch.; Zimmererl.; Meistersch.; Fernstud. Bautechnik -Wehrdst. (Pioniere); spät. versch. Tätigk. (durch Kriegsbeschädig. beeintr.) - BV: Zwischen zwei Feuern, 1960 (TB 1986); Mit d. Rücken z. Wand, 1964; Aufenthalte, 1967; D. Umschuler, 1971, vierbändige Werkausg. 1988; E. willkommener Auftrag, 1991. Hörbericht: D. Fall Schalk, 1973; Ansichten & Perspektiven, 1974/75/76/77/78/79/80/81; D. Telegramm, 1977 - 1968 Rompreis Villa Massimo; 1971 Mitgl. PEN-Zentrum BRD; 1972 Zweit. Schubart-Preis, 1974 Ehreng. Bayr. Akad. d. Schönen Künste, 1975 Förderpreis SWF, 1977 Kunstpreis Ravensburg-Weingarten, 1981 BVK, Staatsstip. Bad.-Württ. - Lit.: Gottfried Just: Reflexionen; Klaus Nonnenmann: Dt. Lit. d. Gegenwart; Heinrich Böll: Neue pol. u. lit. Schriften (1973); Manfred Bosch: Lit. Krit. Lexikon (1980); Franz Lennartz: Dt. Schriftst. d. Gegenwart (1987); Johann P. Tammen: die horen (1989).

JANKNECHT, Alfons
Dr. rer. pol., Dipl.-Kfm., Geschäftsf. Schlaraffia-Werke Hülser & Co. KG. (s. 1971) - Schlaraffiastr. Nr. 1-10, 4640 Wattenscheid - Geb. 15. Okt. 1932 - Zul. Gf. Rex Hünnebeck GmbH., Lintorf.

JANKO, Wolfgang Heinrich
Dr. rer. comm., Dipl.-Kfm., Prof. f. Informatik u. Betriebswirtschaftslehre - Doppelng. 30c, A-3400 Klosterneuburg - Geb. 7. Aug. 1943 Groß-Siegharts (Österr.) (Vater: Dr. Otto J., Mittelschullehrer; Mutter: Irene, geb. Rusz), kath., verh. s. 1975 m. Dr. Eva, geb. Szabo - Dipl.-Kfm. 1965, Promot. 1968, Habil. 1975 - 1968-75 Univ.-Assist.; 1975-78 Doz.; 1978-80 Prof. f. Informatik; 1980-86 o. Prof. f. Betriebswirtschaftslehre Univ. Karlsruhe; 1986ff. o. Prof. f. Betriebswirtschaftslehre u. Datenverarb. Wirtsch.-Univ. Wien. Buchveröff. - Liebh.: Sport (Tennis, Ski), Musik - Spr.: Engl., Franz., Ital.

JANKO, Zvonimir
Dr., o. Prof., f. Mathematik - Blumenthalstr. 35, 6900 Heidelberg - Geb. 26. Juli 1932 Bjelovar (Jugosl.) - Stud. Math. Promot. Zagreb - S. 1964 Lehrtätigk. Australien, USA u. BRD (1972 Univ. Heidelberg). Üb. 40 Facharb.

JANNAUSCH, Doris

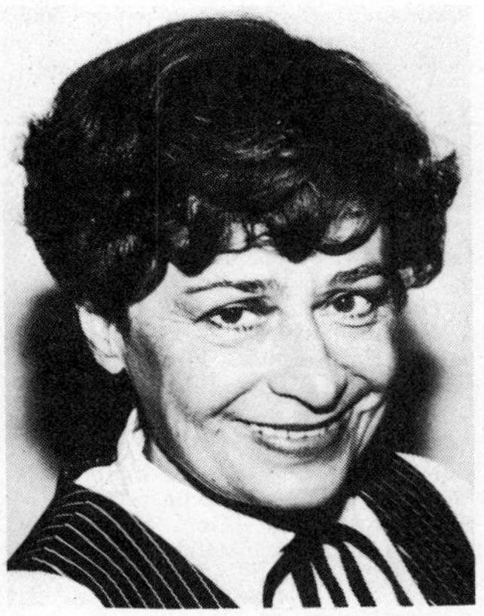

Schriftstellerin - Birkenlohe-Mühlhalde 9, 7071 Ruppertshofen (T. 07176 - 5 46) - Geb. 30. Aug. 1925 Teplitz-Schönau, verh. s. 1957 m. Günter Schmidt, Conferencier - 1941-44 Schausp.- u. Dramaturgiestud. Aussig/Elbe - Mitgl. Bödecker-Kr.

JANNOTT, Edgar
Dr., Vorstandsvorsitzer Victoria Holding AG, Victoria Lebensversich. AG, Victoria Versich. AG, alle Berlin - Victoriapl. 1, 4000 Düsseldorf 1 - AR-Vors. Victoria Rückversich. AG, Berlin, DAS Dt. Automobil Schutz Allgemeine Rechtsschutz-Versich.-AG, München, Victoria Krankenversich. AG, Düsseldorf, Victoria Intern. AG f. Beteiligungen, ebd.

JANNOTT, Horst K.
Dr. iur. h. c., Assessor, Vorstandsvorsitzender Münchener Rückversicherungs-Ges. - Königinstr. 107, 8000 München 40 (T. 38 91-0) - Geb. 1. Febr. 1928 Gotha/Thür. - Stud. Rechtswiss. - S. 1954 Münch. Rückversich. (1969 Vorst.-Vors.). Zahlr. AR-Mand., dar. Vors.: Berlin. Lebensversich. AG, Berlin u. Wiesbaden, Hamburg-Mannheimer Versich.-AG, Hamburg, Hermes Kreditversich. AG, Berlin u. Hamburg, Karlsruher Lebensversich. AG, Karlsruhe; AR-Mitgl. Degussa AG, Frankfurt, Dresdner Bank AG, Frankfurt, Hoechst AG, Frankfurt, MAN AG, München, Mannesmann AG, Düsseldorf, Wiener Allianz Versich.-AG, Wiener Allianz Lebensversich.-AG, bde. Wien, VEBA AG, Düsseldorf; Beirat Bayer. Landesbank Girozentr. München, Bundesaufsichtsamt f. d. Versich.wesen Berlin; Mitgl. intern. Beirat Banca Nazionale del Lavoro Rom, Creditanstalt-Bankverein Wien; zahlr. Mitgliedsch. im Ausl.; Präsid.-Mitgl. Dt. Gruppe d. Intern. Handelskammer, Köln, Gesamtv. d. Dt. Versicherungswirtsch., Köln. Ehrensenator Max-Planck-Ges. z. Förd. d. Wiss., Göttingen, u. Ludwig-Maximilians-Univ. München; Vorst. Dt. Verein f. Versich.-wiss., Berlin; I. Vorst.-Vors. Münchener Univ.ges. e.V., München - 1976 Bayer. VO.; 1980 BVK I. Kl.; 1988 Gr. BVK m. Stern.

JANNSEN, Gert
Dr., Prof. f. Geowissenschaften u. ihre Didaktik Univ. Oldenburg - Sandweg 260, 2900 Oldenburg/O. - Grüne. 1983-85 MdB (Landesliste Niedersachsen).

JANNSEN, Sigrid
Dr. rer. nat., Prof. f. Mikrobiologie Univ. Oldenburg - Wichelnstr. 40, 2900 Oldenburg/O. - Zul. Assistenzprof. FU Berlin (Biochemie u. -physik).

JANOTA, Johannes
Dr. phil., o. Prof. f. Germanistik/Mediävistik Univ. Augsburg (s. 1983) - Postf. 11 07 13, 8900 Augsburg 11 - Geb. 30. Mai 1938 Brünn - Promot. 1966; Habil. 1973 - 1987-91 Vors. Dt. Germanistenverb. - Bücher u. Einzelarb.

JANOWITZ, Gundula
Kammersängerin - Floßgasse 4, A-1020 Wien/Österr. - Geb. 2. Aug. 1937 Berlin (Vater: Theodor J. †; Mutter: Else, geb. Neumann), T. Katharina - Konservat. Graz; Stip. Bayreuth - S. 1960 Wiener Staatsoper (v. Karajan entdeckt), Opernensemble Metropolitan Opera New York, Deutsche Oper Berlin, Städt. Bühnen Frankfurt, Teatro Colon Buenos Aires, Staatsoper München, Gast a. allen führ. Opernfestsp. (Bayreuth, Salzburg, Edinburgh) u. gr. Opernbühnen d. Welt (London, Paris, Rom, Mailand, Madrid, Tokio, Stockholm). Schallpl. Dt. Grammophon, Columbia - 1963 Rich.-Wagner Med. Bayreuth, 1969 Österr., 1974 Berliner Kammersängerin. Zahlr. Opernfilme. 1970 Stiftg. Gundula-Janowitz-Künstlerförderungsfonds - Preise: Orfeo d'or, Grand Prix de disque, Deutscher Schallplattenpreis 1978, Joseph-Marx-Musikpreis Steiermark 1978, Ehrenmitgl. d. Wiener Staatsoper 1981 - Liebh.: Lit. (Hofmannsthal, Schnitzler).

JANOWSKI, Bernd
Dr., o. Prof. f. Alttestamentliche Theologie Univ. Heidelberg (s. 1991) - Weberstr. 12, 6900 Heidelberg (T. 06221 - 47 54 33) - Geb. 30. April 1943 Stettin, ev., verh. s. 1968 m. Christine, geb. Bärmann - Stud. Ev. Theol., Ägypt., Assyriol. 1966-72 Univ. Tübingen; 1. Theol. Ex. 1972; Promot. 1980; Habil. 1984 - Lehrtätigk.: 1972-86 Univ. Tübingen, 1985 Kiel, 1986-91 Univ. Heidelberg. (1985 Ruf nach Bern, 1985 Hamburg, 1987 Zürich, 1991 Heidelberg) - BV: Sühne als Heilsgeschehen, 1982; Rettungsgewißheit u. Epiphanie d. Heils, Bd. I 1989. Herausg.: Chr. Barth. D. Errettung v. Tode (1987); Jahrb. f. Bibl. Theol., (s. 1986ff.); Forsch. z. AT (s. 1991ff.); Wiss. Monographien z. A. u. NT (s. 1991ff.); K. Koch. Spuren d. hebr. Denkens (1991); M. L. Henry, Hüte dein Denken u. Wollen (1992); Gefährten u. Feinde d. Menschen (1992); Religionsgeschichtl. Beziehungen zw. Kleinasien, Nordsyrien u. d. AT (1992).

JANOWSKI, Marek
Chefdirigent Nouvel Orchestre Philharmonique de Radio France, Paris (s. 1984), zugl. Chef Gürzenich-Orch. Köln (s. 1986) - Zu erreichen üb. Gürzenich-Orch., Postf., 5000 Köln - Geb. 18. Febr. 1939 - B. 1973 I. Kapellm. Staatsoper Hamburg, dann GMD Freiburg (1973-75) u. Dortmund (1975-79). S. 1979 freischaff. Gastdirig. führ. Orch. u. Opernhäuser in Europa, USA u. Südamerika. Zul. Generalmusikdir. Bühnen Stadt Köln. Zahlr. Schallplattenaufn - 1976 Dt. Schallpl.Preis.

JANSCHE, Rudolf
Dipl.-Kfm., Prof., Geschäfsführer ICI Pharma - Postf. 10 31 09, 6900 Heidelberg - Geb. 6. Dez. 1933 - Senator e. h. Univ. Heidelberg.

JANSEN, Erich
Chefredakteur DIMITAG (in d. Standortpresse GmbH.), Geschäftsf. u. Chefredakt. Presseplan GmbH. - Bonner Talweg 33, 5300 Bonn (T. 225926 u. 225920).

JANSEN, Gerd
Dr. med., Dr. phil., Univ.-Prof., Institutsleit. Arbeitsmedizin d. Univ. Düsseldorf - Oberer Pustenberg 6, 4300 Essen 16 - Geb. 14. Juli 1928 Solingen - Staatl. Gewerbearzt, Nordrh. Prof. f. Arbeits- u. Sozialmed. Univ. Mainz, s. 1979 Düsseldorf. Forschungs- u. Lehrtätigk. Max-Planck-Inst. f. Arbeitsphysiol. u. Univ.-Klinikum Essen.

JANSEN, Günther
Bürgermeister a. D., Minister f. Arbeit u. Soziales, Jugend, Gesundheit u. Energie Schlesw.-Holst. (s. 1988) - Brunswiker Str. 16/22, 2300 Kiel - Geb. 14. Juli 1936 Eutin (Vater: Gerhard J., Techniker; Mutter: Katharine, geb. Petersen), ev., verh. s. 1973 m. Sabine, geb. Watzlaw, 2 Kd. (Sebastian, Johanna-Katharina) - Verw.ausbild. - MdB (b. 1988), SPD-Landesvors. Schlesw.-Holst. (1975-87).

JANSEN, Hans-Helmut
Dr. med., Prof., Direktor Pathol. Inst./Städt. Kliniken Darmstadt - Grafenstr. 9, 6100 Darmstadt (T. 10 77 15) - Geb. 17. Juni 1926 Bochum - S. 1960 (Habil.) Lehrtätigk. Univ. Kiel, Heidelberg u. Frankfurt; gegenw. apl. Prof. f. Allg. Pathol. u. pathol. Anat. - Üb. 100 Fachveröff.

JANSEN, Ivo
Dipl.-Braumeister, Kaufmann, pers. haft. Gesellsch. Lupofresh Allfeld & Egloff, Nürnberg - Höhenweg 15, 8562 Hersbruck (T. 09151/33 60) - Geb. 3. Juni 1939 Brückenau, verh., 1 Kd. - Oberrealsch., Handelssch.; Ausb. als Brauer u. Mälzer (Stud. TH München-Weihenstephan); Mitinh. e. intern. Hopfenhandelsgr. - Erf.: Trocknungssyst. f. Hopfenprod. - Liebh.: Golf - Spr.: Engl.

JANSEN, Kurt
Kaufm., Inh. Martin Jansen, GmbH & Co. KG, Schiffswerft/Maschinenfabrik/Reederei, Leer; Präs. IHK f. Ostfriesl. u. Papenburg - Industriestr., 2950 Leer/Ostfriesl. (T. 45 61) - Geb. 26. März 1921, verh. s. 1945 m. Ingrid, geb. Frank, Sohn Ingo - 1971ff. Vorst.-Mitgl. Verb. Dt. Schiffbauind., AR-Mitgl. Hansa Linie AG, Bremen -Spr.: Engl., Holl.

JANSEN, Leonhard
Schriftsteller - Borner Str. 70, 4057 Brüggen/Ndrh. (T. 02163 - 54 11) - Geb. 26. Juli 1906 Mönchengladbach (Vater: August J., Kunstfärberm./Pianist; Mutter: Katharina, geb. Erdweg), röm.-kath., verh. s. 1928 m. Elisabeth, geb. van Eck, 2 Kd. (Elisabeth, Bruno) - Tischlerhandwerk - S. 1957 Leiter d. Volkshochsch., Brüggen/Niederrh. - BV/R.: D. Straße e. Frau, 1955; D. Bartels, 1961; In d. helle Nacht, 1963; E. Licht bleibt uns, 1964; D. letzte Morgen, 1970; Von dieser Stunde an, 1971; Wer kann es mir sagen, 1975; Nach Sonnenuntergang, 1982; D. Jahre d. Adam Dankert, 1983; D. krummen Wege d. Bartholomäus Überspringer; Wer war Kamper, 1988; D. Leben d. Gertrud P., 1992. Erz.: Menschen u. Gruppen, 1948; Unser ist d. Erde, 1974; Als es hell u. dunkel ward, 1978; D. Geschichte d. Peter Kohnert, 1979; Bevor d. Zeit verrinnt, Besuch am Weihnachtsmorgen, 1981; Auch d. Enkel wollen leben, 1982; D. Narr u. s. Fürst, 1984; Und es kam niemand, 1986; Unerhört, 1990; Ged.: ... und darüber d. Sterne, 1965; D. Regen brennt, 1971; Schatten im Stundenschlag, 1976; Wann kam d. Stunde, 1981; Wind streicht um d. Haus, 1986; Wer hält es auf, 1986; Schneide Fenster in d. Gräue, 1988. Bühnenst.: Wer trägt d. Schuld, Sch., 1948; Martin - heute, 1973; So konnte es sein, 1974; D. Jagdvergehen, D. hereingelegte Graf, D. Narr, Kom. (UA 1989); Viele Erz. Gedichte im Rundfunk - 1970 Literaturpreis VdK u. Werner-Jaeger-Med., 1980 Rheinlandtaler d. Landschaftsvers. Rhld., 1981 Ehrennadel Stadt Mönchengladbach, 1981 Plak. Heimkehrerverb. Dtschl., 1986 Goldene Ehrennadel VdK Dtschl., 1989 Ehrenbürger d. Gemeinde Brüggen - Liebh.: Gründer u. Leit. Brüggener Spielschar - Lit.: Roman Bach: L. J., Heimatb. d. Kr. Kempen-Krefed, 1970; Margret Cordt: Porträt d. Brüggener Schriftst. L. J. in Band 30, Schr. Reihe d. Kr. Viersen, 1979.

JANSEN, Leonhard Wilhelm
Geschäftsführer Karl Huber Verpackungswerke, Öhringen (s. 1980) - Hohenlohestr. 2, 7110 Öhringen - Geb. 7. Dez. 1932 Düsseldorf, verh., 3 Kd. - Abit., kaufm. Lehre, Harvard Business School in Boston/USA u. Vevey/Schweiz (1964 u. 77) - 1959-63 Fordwerke AG, Köln, u. Ford Motor Comp., Detroit/USA (Zonenltr. Afrika, Marketing Manager) - 1964-73 Volkswagen of America, Inc., Englewood Cliffs, USA, u. Volkswagenwerk AG, Wolfsburg (Vorst.-Assist., Ltr. Verkaufsorganisation, Ltr. Marketing Inland); 1974-76 VEBA-Glas AG, Essen (Vorst. Vertrieb); 1977 Stinnes AG, Mülheim/Ruhr (Geschäftsf. Feste Brennstoffe); 1978-80 Hagen AG, Soest (Vorst. Vertrieb); Vors. Verb. Metallverpackungen, Düsseldorf - Liebh.: Literatur, Theater, Sport (1951 Dt. Juniorenmeister Kugelstoßen) - Spr.: Engl., Franz., Span.

JANSEN, Peter
Ing.(grad) VDI, Hoechst AG, Werk Knapsack - Württemberger Weg 16, 5047 Wesseling - Geb. 16. Jan. 1929 Brühl, kath., verh. - Lehrerbildungsanst.; techn. Lehre; Staatl. Ingenieurschule Köln; Mitgl. in versch. intern. techn. Industrieaussch. S. 1979 Vors. DAG-Gewerkschaftsrat, Hamburg; AR-Vors. DAG Technikum, Essen; stv. AR-Vors. DAG-Vermögensverwalt., Hamburg, d. DAWAG, Hamburg. Ehrenamtl. Richter BAG, Mitgl. CDU-Stadtratsfrakt. Wesseling, MdK Erftkreis - Fachveröff.

Wärme- u. Kälteschutz - 1990 Gr. BVK, u. a. Ausz.

JANSEN, Peter P.
Dr. theol., Prof. f. Religionspädagogik Univ. Bonn - Dorfstr. 38, 5307 Wachtberg-Villiprott - Geb. 27. Aug. 1912 Köln (Vater: Josef J., Kaufm.; Mutter: Luise, geb. Schmitz), kath. - Gymn. Köln; 1933-39 Stud. Phil. u. Theol. Univ. Bonn u. Tübingen, 1952-57 Sozialwiss. u. Religionspäd. Univ. Bonn u. München (Promot.). Priesterweihe 1939 Köln - 1939-48 Kaplan Riegelsberg/Saar, Kyllburg, Mülheim/R. u. Porz/Rh., 1953-59 Dozent Berufspäd. Inst. Köln, anschl. Vertr. Lehrstuhl f. Kath. Sozialpäd. Phil.-Theol. Hochsch. Bamberg, s. 1964 o. Prof. Päd. Hochsch. Ruhr/Abt. Hamm u. Univ. Bonn (1968). 1987 Ernennung zum Prälaten - BV: D. Entproletarisierung u. Schulbildung, 1959; Erfahrung u. Glaube, 1971; Relig.-Unterr. in d. Primarstufe, 1974; Orientierungen. Relig.-Unterr. im 5. u. 6. Schulj., 1974; Den Glauben finden, 1979; versch. Schulfernsehsend.

JANSEN, Peter Wilhelm
Dr. phil., Redakteur, Hauptabteilungsleiter Kultur Hörfunk SWF - Kirchstr. 16a, 7562 Gernsbach 3 (T. 07224 - 20 70) - Geb. 11. Nov. 1930 Elsdorf (Vater: Anton J., Schneider; Mutter: Wilhelmine, geb. Vogt), kath., verh. s. 1958 m. Anneliese, geb. Busch, 3 Kd. (Michael, Klaus, Anna Catharina) - Gymn.; Lehre Verlagsbuchh.; Univ. Köln, Marburg, Freiburg (Deutsch, Gesch.) - 1950-52 Verlag Kiepenheuer & Witsch; 1959-62 Redakt. D. Mittag, Düsseldorf; 1962-64 WDR, Köln; 1964-66 Feuill.redakt. Frankf. Allg. Ztg.; s. 1966 Südwestfunk, Baden-Baden. Herausg.: Reihe Film (s. 1974) - Liebh.: Film - Spr.: Engl., Franz.

JANSEN, Rolf H.

Dr.-Ing., Univ.-Prof., Inhaber eig. Ing.-Büro (s. 1986) - Neanderstr. 5, 4030 Ratingen 1 (T. 02102 - 8 30 95) - Geb. 24. Juni 1946 Köln - Abit. 1965 Köln; 1967 Ltn. d. Reserve; Dipl.-Ing. f. Elektrotechnik 1972 RWTH Aachen, Promot. 1975 - 1976 Obering.; s. 1977 fr. wiss. Mitarb. SEL Pforzheim, 1981/82 hauptberufl.; 1979-86 Prof. f. Allg. u. Theoret. Elektrotechnik Univ. Duisburg. Subcontractor u. Senior Chief Res. Engineer v. Plessey Res., Engl. Ca. 80 meist englischspr. Publ., 2 Patente - 1979 Preis d. Nachrichtentechn. Ges. d. VDE; s. 1982 Mitgl. Editorial Board versch. intern. elektrotechn. Fachjourn.; 1985-87 Vors. Dt. MTT-Chapter d. IEEE/New York; 1987 Disting. Microwave Lecturer d. IEEE; 1989 Nominierung z. Fellow d. IEEE; 1989 Mitgl. Electro Magnetics Acad. am MIT, Cambridge, USA - Liebh.: Mikrowellentechn.; Rechnergestützter Entwurf integrierter Mikrowellenschaltungen; Theorie elektromagn. Felder; Meßtechn.; Bauelemente-Simulation; Rechnergestützte Meßtechn. - Spr.: Engl., Franz.

JANSEN, Walter
Dr. rer. nat., Prof. f. Didaktik d. Chemie Univ. Oldenburg - Bloherfelder Str. 48, 2900 Oldenburg/O. - Geb. 31. Dez. 1938, verh. s. 1966 m. Christine, geb. Wulf, T. Ursula - Stud. Chemie u. Math.; Promot. 1966 - 1969 Akad. Rat PH Bonn, 1970 Prof. PH Flensburg, 1977 o. Prof. Univ. Oldenburg - 10 Bücher, mehr als 150 Veröff. in chem. Ztschr.

JANSEN, Wilhelm
Dr., Geschäftsf. Feinmech. Werke Mainz GmbH. - Braunwiesstr. 13, 6500 Mainz-Mombach; priv.: Industriestr. 56-58 - Geb. 14. Juli 1921.

JANSEN, Wolfram
Geschäftsführer d. Industrie- u. Handelskammer Ostwestfalen zu Bielefeld, Zweigstelleneit. Paderborn (s. Juli 1991) - Gierswall 4, 4790 Paderborn - Geb. 1. April 1953 Geilenkirchen, kath., verh. s. 1984 m. Ruth, geb. Schulte - Jurastud. Bonn; 1. jurist. Staatsex. 1980, 2. jurist. Staatsex. 1985; 1980/81 Studienaufenth. in Spanien - 1985-87 jurist. Mitarb. b. Hermes-Kreditversich. AG Hamburg, Abt. Ausfuhrgarantien u. Bürgschaften; 1987-91 Geschäftsf. Dt.-Paraguay. IHK - Spr.: Engl., Franz., Span.

JANSOHN, Heinz
Dr. phil., Prof. f. Philosophie Univ. Koblenz-Landau/Abt. Landau - Am heiml. Eck 12, 6740 Landau-Nußdorf.

JANSON, Hermann
Dr. jur., Vorsitzender d. Verwaltungsrates ALBERDINGK BOLEY GMBH - Postfach 4 46, 4150 Krefeld 11 - Geb. 31. Aug. 1931.

JANSON, Oskar
Dr. rer. pol., Sprecher d. Vorst. Thyssen Niederrhein AG. Hütten- u. Walzwerk, 4200 Oberhausen 1 (1973-84) - Ruhrtalstr. 180, 4300 Essen-Werden - Geb. 11. Juni 1919 Sassenheim - Zuv. Vorstandsmitgl. Thyssen Handelsunion AG, Düsseldorf u. Dt. Edelstahlwerke GmbH., Krefeld.

JANSON, Rainer
Dr. med., Prof. Univ. Bonn, Chefarzt f. Radiologie Städt. Krankenhaus Leverkusen - Dhünnberg 60, 5090 Leverkusen - Geb. 13. Juni 1942 - Med. Staatsex. u. Promot. 1967 Bonn, Habil. 1977 - S. 1980 Prof.

JANSSEN, Ernst-Günter
Dr. med., em. Prof., Chefarzt Kinderklinik Akad. Lehrkrankenhaus Kaiserslautern (s. 1965) - Auf dem Bännjerrück 38, 6750 Kaiserslautern (T. 50927) - Geb. 27. Okt. 1920 Oldenburg/O. (Vater: Bernhard J., Fabrikant; Mutter: Marca, geb. Orlopp), ev., verh. s. 1950 m. Jutta, geb. Ritzauer, 2 Kd. (Peter, Jens) - Univ. Berlin, Würzburg, Danzig, Innsbruck, Hamburg (Med. Staatsex. 1947; Promot.) - S. 1958 (Habil.) Lehrtätigk. Med. Akad. bzw. Univ. Düsseldorf (1964 apl. Prof.) u. Univ. Saarbrücken (1966), Lehrbeauftr. Joh. Gutenberg-Univ. (1977) - Vorstandsmitgl. Arbeitsgemeinsch. Perinatale Medizin Rheinland-Pfalz, Mitgl. Wissensch. Beirat Bund diabet. Kinder, Mitgl. Sachverst.beirat b. Bundesmin. f. Arbeit u. Sozialordnung, Bonn; Ehrenmitgl. ungar. Ges. f. Kinderheilk. - Üb. 80 Fachveröff. z. Kinderheilkd. - Spr.: Engl. - Rotarier.

JANSSEN, Franzjoseph
Dr., Druckkaufmann, Gf. Gesellsch. Johannes Weisbecker GmbH & Co. KG - Voltastr. 77, 6000 Frankfurt/M. 90 (T. 069-793 07 11) - Geb. 8. April 1928 Kempen, kath., verh., 2 Kd. (Ulli, Martin) - Abit. Kempen; Stud. german. u. Theaterwiss. (Promot. 1956 München) - VR-Mitgl. Frankfurter Spark. v. 1822; Vorst.-Mitgl. Gutenberg-Ges. f. Geschichte u. Gegenwart d. Druckkunst, Mainz; Vorst. Landesverb. Druck Hessen; Mitgl. Vertreterers. Landesversicherungsanst.

JANSSEN, Gerhard
Dr. rer. nat., Prof. f. Mathematik - Riesengebirgsweg 21, 3340 Wolfenbüttel - Geb. 27. April 1937 Berlin (Vater: Ludwig J.; Mutter: Käthe, geb. Gade), verh. s. 1965 m. Anneliese, geb. Lücker, 4 Kd. - Promot. (1969) u. Habil. (1974) Braunschweig - S. 1965 TU Braunschweig (1974 Doz., 1978 apl. Prof. u. Prof.) - BV: Topolog. Räume u. topol. Algebra(i. V.).

JANSSEN (ß), Günther
Assessor, Verbandsdirektor Bundesverbände d. Träger d. landw. Sozialversicherung - Waldstr. 10, 4018 Langenfeld - Geb. 21. Juni 1926 Neuss (Vater: Dr. rer. pol. Wilhelm J., Syndicus; Mutter: Hertha, geb. Wilmers), kath., verh. s. 1953 m. Erna, geb. Merg, 2 Töcht. (Elke, Eva) - Univ. Berlin u. Mainz, 1. u. 2. Jur. Staatsex.

JANSSEN, Hans-Karl
Dr. rer. nat., o. Prof. f. Theoret. Physik Univ. Düsseldorf (s. 1976) - Am Eichelkamp 152, 4010 Hilden - Zul. Doz. TH Aachen.

JANSSEN, Heinrich
Kath. Weihbischof, Regionalbischof f. d. niederrhein. Teil d. Bistums Münster, Beauftr. f. d. kath. Seelsorge im Bundesgrenzschutz - Kapitel 2, 4232 Xanten.

JANSSEN, Heinz
Kommunalbeamter, MdL Nordrh.-Westf. (s. 1970) - Rudolf-Stosberg-Str. 17, 5630 Remscheid-Lennep (T. 63616) - Geb. 27. Juni 1932 Bremen, verh., 2 Kd. - Gymn. (Mittl. Reife); Verwaltungsausbild. Beide Prüf. - Stadtverw. Bremen u. Remscheid (u. a. Stadtamtm.). SPD s. 1965 (1969 stv. Unterbezirksvors.).

JANSSEN, Horst
Maler - Mühlenberger Weg 22, 2000 Hamburg 55 (T. 869337) - Geb. 14. Nov. 1929 - Werke haupts. Privatbesitz - BV: Ballhaus Jahnke - Radierungen, 1970 (hg. v. Wieland Schmied); Zeichnungen, 1970; Minusio, 1971; Norweg. Skizzenb. 1972; Neue Zeichnungen, 1972 - 1964 Darmstädter Kunstpreis, 1968 Graphikerpreis Biennale Venedig, 1974 Schillerpreis Stadt Mannheim. 1968 o. Mitgl. Akad. d. Künste Berlin.

JANSSEN, Jan Peters
Dr. phil., Prof., Wiss. Rat u. Prof. Inst. f. Sportwissenschaft/Univ. Bochum (Sportpsych.) - Cranachstr. 44, 4630 Bochum.

JANSSEN, Peter
Rechtsanwalt, Vorsitzender Dt. Hängegleiterverb. Fachverb. d. Drachenflieger u. Gleitsegler in d. Bundesrep. Deutschl. (s. Gründ. 1979) - Klosterwachtstr. 17, 8180 Tegernsee - Geb. 6. Sept. 1947 - BV: Drachenfliegen f. Anfänger u. Fortgeschrittene, 1976; Drachenfliegen, 1984; Gleitschirmsegeln, 1987; Snowboarding, 1988; Gleitschirmsegeln f. Meister, 1989; Neuer Spaß am Skifahren, 1991. Herausg.: Drachenfliegen f. Meister (1983) - Liebh.: Rudern, Drachenfliegen, Ski - Spr.: Engl.

JANSSEN, Walter
Dr. phil., Dr. Litt. h. c./Univ. Caen, vorm. stv. Direktor Rhein. Landesmuseum u. apl. Prof. Univ. Bonn, s. 1980 Ordinarius f. Vor- u. Frühgesch. Univ. Würzburg - Residenzplatz 2, 8700 Würzburg - Geb. 5. Sept. 1936 Kassel - Univ. Göttingen. (Promot. 1963; Habil. 1972) - Bücher u. Aufs. z. Vor- u. Frühgesch. u. Archäol. d. Mittelalters.

JANSSEN (ß), Werner
Dr. med., o. Prof. f. Rechtsmedizin Univ. Hamburg - Butenfeld 34, 2000 Hamburg 54 (T. dst.: 468 21 30) - Geb. 24. Sept. 1924 Mülheim/Ruhr - S. 1959 (Habil.) Lehrtätigk. Univ. Leipzig, Heidelberg (1963); apl. Prof., Oberarzt; Hamburg (1968 Ord. u. Inst.dir.). Fachveröff.

JANSSEN, Wilhelm
Dr. phil., Ltd. Staatsarchivdirektor, Leit. Nordrh.-Westf. Hauptstaatsarchiv Düsseldorf (s. 1972), Hon.-Prof. f. Histor. Hilfswiss. Univ. Münster/W. - Kalkstr. 14a, 4000 Düsseldorf 31 - Geb. 6. Mai 1933 Köln - Spez. Arbeitsgeb.: Rhein. Landesgesch.

JANSSEN (ß), Willibald
Dr. rer. pol., Dipl.-Ing., Dipl.-Volksw. - Trierer Str. 64, 5300 Bonn 1 - Geb. 5. Aug. 1918 Hommersum (Vater: Wilhelm J.; Mutter: Theodora, geb. Janßen), kath., verh. s. 1944 m. Ilse, geb. Müller, T. Angelika - TH Aachen, München, Hannover (Elektrotechnik); Univ. Bonn (Wirtschafts- u. Rechtswiss.). Dipl.-Ing. 1950; Volksw. 1956; Promot. 1959 - 1950-70 Stadtwerke Bonn (Abt.leit.), Velbert (1956; Werkleit.), Wolfsburg (AG; 1964; I. Werkl.), 1966 Vorst.-Vors.), Würzburg (Vors. d. Geschäftsfg. Würzbg. Versorgungs- u. Verkehrsges. mbH u. Würzbg. Hafen- u. Lagerhausbetriebe), Generaldir., 1971-83 Vorst.-Mitgl. Überlandwerk Unterfranken AG, 1980-83 Ehrenvors. d. Förderergers., 1981 Vorst.-Mitgl. Kreisverb. Würzburg Bayer. DRK u. v. a. - BV: D. Grenzkostenproblem in d. Elektrizitätswirtsch., 1959; D. Energieversorg. v. heute u. morgen, 1980; Kostenrechnung u. Kalkulation f. leit.-gebundene Energien, 1983; Energieversorgung ohne Kernenergie?, 1986, u. zahlr. and. - 1970 Gold. Sportabz.; 1978 Silb. u. goldene Ehrennadel BRK, 1979 BVK u. BVK I. Kl., 1980 Ehrennadel f. Blutspender in Gold, 1981 Ehrensenator Fachhochsch. Würzburg-Schweinfurt, 1983 Ehrennadel in Gold d. BRK, Ehrenzeichen DRK, 1984 Hon.-Prof. FHS Würzburg-Schweinfurt, Ehrenzeichen u. Ehrennitgl. d. Tierschutzverein Würzburg, Ehrennadel d. Wasserwacht in Gold - Spr.: Engl., Franz., Niederl.

JANSSEN, Wolfgang
Aufsichtsratsvorsitzender BAG (Buchhändler-Abrechnungsges.) (s. 1989) - Wilke-Steding-Str. 27, 4590 Cloppenburg - Geb. 5. Juni 1927 - 1973-80 Vors. Landesverb. d. Buchhändler u. Verleger in Niedersachs., Hannover; Vorst. Börsenverein Dt. Buchhandel, AR BAG, Vors. d. Sortimentenausch. im Börsenverein d. dt. Buchhandels, Frankf. (alles b. 1989) - 1991 BVK am Bde.

JANSSEN(ß), Hans
Gewerkschaftler, Vorstandsmitgl. IG Metall - Wilhelm-Leuschner-Str. 79-85, 6000 Frankfurt/M. - Geb. 7. Juli 1924 - Langj. Gewerkschaftstätigk. (1977ff. Tarifexperte).

JANTSCH, Franz
Dr. theol., Pfarrer, Schriftst. - Hauptstr. 68, Hinterbrühl b. Wien - Geb. 24. Aug. 1909 Kaiserdorf, kath. - Univ. Wien (Promot. 1937) u. Münster (Theol.) - BV: Auf d. Veitsberg, R. 1947; D. Leben m. Jesus in uns. Zeit, 1947; Nikodemus, Kurzgesch. 1948; Zw. Wien u. Basel, R. 1948; D. Brautfahrt, Erz. 1949; Aber, aber, Herr Schuster, R. 1949; Ich war in Fatima; Mariazell; Joseph v. Na-

zareth; Judas Thaddäus; Ich komme v. Himmel, 1950; Wir fahren n. Lourdes, 1953; Ave Maria, 1954; Maria d. Hilfe d. Christen, 1954; Märchen v. lb. Gott, 1954; Verkündet d. Evangelium, 1956; Hl. Heimat, lebend. Kriche, 1957; Marian. Österr., 1957; Engel Gottes - Schützer mein, 1961; Aus d. Bibel beten, 1964; D. Konzil u. Du, 1966; Man kann auch anders predigen, 1970; Seelsorge im Aufbruch, 1984; Wenn's hoch geht, 80 Jahre, 1989 - 1942 Adalbert-Stifter-Preis.

JANTSCHER, Lothar

Dr. rer. nat., Univ.-Prof. f. Mathematik TU Clausthal - Zeppelinstr. 38, 3380 Goslar 1 - Geb. 14. April 1925 - Habil. 1966 Braunschweig - S. 1966 Lehrtätigk. TU Braunschweig (Wiss. Rat u. Prof.) u. Clausthal (1971 o. Prof. u. Inst.dir.). Facharb. u. Lehrbücher.

JANTZEN, Günter

Dr. med., Leitender Ministerialrat im Min. f. Umwelt u. Gesundheit Rheinl.-Pfalz a. D. - Weimarer Str. 13, 6507 Ingelheim am Rhein - Geb. 8. Mai 1924 Münster, verh. s. 1948 m. Rose-Marie, geb. Behrens, 2 Kd. (Michaela, Jan-Peter) - Stud. Med. Berlin u. Kiel; Promot. 1948; Weiterbild. z. Arzt f. Inneres, f. Arbeitsmed., f. Öffentl. Gesundheitswesen - Arzt Städt. Krkhs. Kiel, Gesundheitsamt Kiel; 1964-72 Ltd. Arzt d. Verbindungsstelle d. Bundesanstalt f. Arbeit in Istanbul; 1972-89 Ref. u. vertr. Abt.-Leit. Gesundheit im Min. f. Umwelt u. Gesundheit Rhdl.-Pfalz - 1957 Einführung privatärztl. Vorsorgeuntersuchungen v. Kleinkindern - Buchbeitr. z. Med.gesch. - Ehrenmitgl. Landesverb. Rhld.-Pfalz d. Ärzte d. öffentl. Gesundheitsdienstes; 1989 BVK am Bde. - Spr.: Engl. - Lit.: Laudatien in d. Ztschr.: Dt. Ärztebl. (1989); Ärztebl. Rhld.-Pfalz (1989); D. Off. Gesundheitswesen (1989); Sozialpädiatrie (1989).

JANTZEN, Hinrich

Lehrer, Konrektor an e. Grundschule, Schriftst. - Zum Steinmorgen 8, 6228 Eltville-Erbach (T. 06123 - 6 11 96) - Geb. 26. Mai 1937 Berlin, 2 Kd. (Silke, Alexander) - Ausb. Grund-, Haupt- u. Realschullehrer Univ. Freiburg/Br. u. Frankfurt/M. 1. Staatsex. 1963, 2. Staatsex. 1966 - 2 J. Oberlehrer Jugendstrafanst. Wiesbaden; 4 J. Vorst.-Mitgl. Vereinig. Jugendburg Ludwigstein; 3 J. Schriftleit. Ludwigsteiner Blätter; 1962-68 Leit. Arbeitskr. f. dt. Dichtung - BV: Gesch. d. Ludwigsteins 1415-1960, 1960; Jugendkultur u. Jugendbeweg. - Studie z. Stell. u. Bedeut. Gustav Wynekens innerhalb d. Jugendbeweg., 1963, 2. A. 1969; Namen u. Werke - Biogr. u. Beitr. z. Soziol. d. Jugendbew. (bisher 5 Bde.), 1972-82; Dichterbiogr. in Einzelausg. (Hans Heyck, Heinz Ritter, Hermann Claudius, Wilhelm Schloz, Suse v. Hoerner-Heintze, Werner May, Alma Rogge, Ernst v. Dombrowski, Ludwig Finckh) - Liebh.: Buchbinden, Antiquariat, Flohmarkt - Spr.: Engl. - Bek. Vorf.: Dr. Hermann Jantzen, Germanist, Geheimer Regierungs- u. Oberschulrat (Großv.); Prof. Dr. Friedrich Holdefleiß, Landwirtschaftl. (Urgroßv.) - Lit.: Kürschners Dt. Lit.-Kalender.

JANTZEN, Jens Carsten

Dr., Prof. f. Mathematik Univ. Oregon/USA (s. 1988) - 124 High St., Eugene, Oregon 97401 (T. 503 - 344 89 21) - Geb. 18. Okt. 1948 Störtewerkerkoog (Vater: Ewald J., Ltd. Reg.-Dir.; Mutter: Annelene, geb. Steensen), ev., led. - Stud. Kiel u. Bonn, Promot. 1973, Habil. 1978-85 - Prof. Univ. Bonn, 1985-88 Univ. Hamburg - BV: Moduln m. e. höchsten Gewicht, 1980; Einhüllende Algebren halbeinfacher Lie-Algebren, 1983; Representations of Algebraic Groups, 1987.

JANTZEN, Karl-Heinz

Arbeitsdirektor u. Mitgl. d. Gf. VFW/Fokker GmbH, Bremen, Finanzsenator a. D. (Rücktr. 1978) - Züricher Str. 114, 2800 Bremen 44 - Geb. 18. Sept. 1921 Hamburg, verh. s. 1949, Tochter - Volkssch.; Werkzeugmacherlehre - U. a. Lehrlingsausbilder Hanseat. Kettenwerk; 1943-48 Wehrdienst und Kriegsgefangensch.; 1948-56 Werkzeugm. Hamburg; 1956-68 Sekr. IG Metall Hamburg, Sachbearb. IG Metall Frankfurt/M. (Vorstandsverw.; 1957) u. I. Bevollm. IG Metall Bremen (1960); s. 1968 Senator f. Arbeit u. Gesundheitswesen, 1971-76 Senator f. Arb. u. Wirtsch. bzw. Wirtsch. u. Außenhdl., zul. Senator f. Finanzen Bremen, 1963-68 Mitgl. Brem. Bürgersch. SPD s. 1950.

JANTZEN, Wolfgang

Dr. phil., Dipl.-Psych., Prof. f. Behindertenpädagogik Univ. Bremen - Hildesheimer Str. 47, 2800 Bremen.

JANY, Hans-Werner

Kaufmann, Vors. Jany-Gruppe, Vorstandsvors. Vereinigte Altenburger u. Stralsunder Spielkarten-Fabriken AG, Leinfelden/Stuttgart (1983-88) - Am Sonnenhang 11, 7035 Waldenbuch; 2615 Briarcove Drive, Plano, TX, 75074, USA - Geb. 4. Okt. 1952 Potsdam (Vater: Werner J., Pianist, Komp. †; Mutter: Anita J. v. Battaszek, Künstlerin, s. dort), verh. s. 1978 m. Lady of Ling Hall P. Ann Taylor, 3 Kd. (Alexander, Amanda, Victoria) - B.A. 1974 Millsaps College; M.B.A. 1977 Southern Meth. Univ.; jurist. Univ. Köln - 1972-75 Untern. in USA; 1975-76 Continental Grain, Paris; 1976-78 Untern. u. Berater in Dallas/Texas; 1978-80 Tätigk. in Asien u. Austr., Owens-Corning Fiberglas, Toledo/Ohio; 1980-82 Unternehmensberater Booz Allen & Hamilton, Düsseldorf; s. 1982 Vors. Jany-Gr. (Privatinvestoren); 1983-88: Vorst. Spielkarten-Fabriken, Geschäftsf. Fantasy Spiele Verlags-GmbH u. Bielefelder Spielkarten GmbH, Managing Director Altenburg Ltd., Leeds; 1986-89 P.D.G., France Cartes, S.A., Nancy & Paris - Spr.: Engl., Franz., Span.

JANY von BATTASZEK, Anita

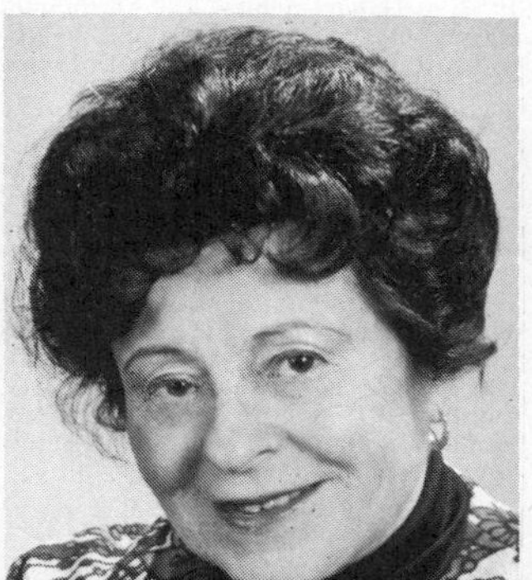

Künstlerin in Holzintarsien - Zu erreichen üb. Studio Nord, In der Ohe 17, 3016 Seelze 5 (T. 05137 - 33 47) - Geb. 2. März 1922 Trossingen, verh. s. 1950 m. Werner Jany (Komp., Pianist), verw., 2 Kd. (Hans-Werner [s. dort], Verena) - PH Berlin, Frankfurt, Lauenburg (Staatsex.) - Bis 1979 Lehrerin f. Musik u. Kunst; Violinstud.; 1962-67 Konzertmeister Nordhorner Kammerorch. Kinderoper: Andi u. d. Silberfische (ZDF); Kinder- u. Volkslieder. 1987 Mitgl. Ärzteorch. Hannover (1. Violine). Bildintarsien (Ausst. 1982 in Dallas, Taos, Carmel; 1983 Düsseldorf u. Berlin; 1984 in Stuttgart; 1985 in Kassel; 1986 Locarno u. Berlin; 1987 Stockholm u. Osnabrück; 1988 Bremen u. Ludwigsburg; 1989/90 Paris, Wanderausst. d. OLB in 14 norddt. Städten u. Bonn; 1991 Hameln, Marienbad (CSFR), Rathenow (O), Celle, Hamburg, Wilhelmshaven). Aquarellmalerin - 1983 u. 86 Intern. Holzkunstpreis Intern. Assoc. of Woodworking Artisans, USA.

JANZ, Dieter

Dr. med., em. o. Prof. f. Neurologie - Spandauer Damm 130 (Klinikum Rudolf Virchow), 1000 Berlin 19 - Geb. 20. April 1920 Speyer/Rh. - S. 1955 (Habil.) Lehrtätigk. Heidelberg (zul. apl. Prof. u. Oberarzt Nervenklinik) u. FU Berlin (1973 Ord. u. Klinikdir., s. 1988 emerit.). Mitgl. Epilepsie-Kurat., Bonn. Stv. Vors. Stiftung Michael, Heidelberg; Mitgl. Wiss. Kurat. Forsch.stätte Evang. Studiengem., Heidelberg. Zahlr. Fachveröff. Mithrsg. intern. Fachztschr. - Korr. Mitgl. Amer. Neurol. Ass.; Ehrenmitgl. med. Fak. Univ. Santiago (Chile); Chilen. nervenärztl. Ges., ital., mexik. u. jugosl. Liga gegen Epilepsie.

JANZ, Hans-Werner

Dr. med., Prof., Psychiater u. Neurologe - Natels Heideweg 16, 3002 Wedemark 2 - Geb. 24. Juni 1906 Widminnen/Ostpr. (Vater: Dr. med. Eugen J., Medizinalrat; Mutter: Gertrud, geb. Reck), ev., verh. s. 1935 m. Antonia, geb. Hellwich - Approb. 1931; Promot. 1932 - 1934-46 Wiss. Assist. Univ.s-Nervenklin. Königsberg u. Leipzig, 1941 Privatdoz. (Leipzig), 1948-76 Ärztl. Dir. Wahrendorffsche Krankenanst., Ilten, 1950-68 Privatdoz. u. apl. Prof. (1952) Univ. Hamburg, s. 1968 Honorarprof. Med. Hochsch. Hannover, u.a. s. 1950 Mitgl. Nieders. Landesgesundheitsrat, s. 1961 Arzneimittelkommiss. Dt. Ärzteschaft, s. 1967 Beirat Bundesgesundheitsamt, 1971-75 Enquête-Kommiss. üb. d. Lage d. Psychiatrie in d. BRD u. W.-Berlin - BV: Aufgaben d. Suchtbekämpf. in d. ärztl. Praxis, 4. A. 1960; Psique y Fármaco, 1962 (Madrid); Psyche u. Pharmakon - Ergebnisse u. Probleme d. psychiatr. Pharmakotherapie, 1963; Le nihilisme moderne comme probléme psychopathologique, 1964; Kritisches z. Psychosomatik u. ihrer Kritik. Wiener Klinische Wochenschr., 1969; Z. Problematik d. Hoffnung in d. Psychotherapie. Ztschr. f. Psychotherapie u. mod. Psychologie, 1968. Zahlr. Einzelarb. (auch Hand- u. Lehrbuchbeitr.) - Verdienstkr. I. Kl. Nieders. VO, BVK I. Kl. - Liebh.: Musik - Spr.: Engl., Span.

JANZ, Walter

s. Krautkrämer, Horst

JANZARIK, Werner

Dr. med., em. o. Prof. f. Psychiatrie Univ. Heidelberg - Voßstr. 4, 6900 Heidelberg - Geb. 3. Juni 1920 Zweibrücken, verh., 7 Kd. - 1959 Priv.-Doz., 1965 apl. Prof., 1973 o. Prof. - BV: Dynam. Grundkonstellationen in endogenen Psychosen, 1959; Schizophrene Verläufe, 1968; Themen u. Tendenzen d. deutschsprachigen Psychiatrie, 1974; Strukturdynamische Grundl. d. Psychiatrie, 1988 - 1980 Mitgl. Dt. Akad. d. Naturforscher (Leopoldina), Halle/S.

JANZEN, Siegfried

Dipl.-Ing., Direktor i. R. - Kurstift Mozart, 8229 Ainring 1 - Geb. 8. Juli 1905 Liegnitz/Schles. (Vater: Paul J., Telegraphening.; Mutter: Helene, geb. Christiani), ev., verh. s. 1938 m. Wiltrud, geb. Mayr, 3 Kd. (Sigrid, Brigitte, Peter) - Luitpold-Oberrealsch. München; TH ebd. u. Dresden (Techn. Physik). Dipl.-Ing. 1929 - 1928-70 Siemens (Entwicklungstätigk. auf d. Gebiet d. Akustik, Rundfunk-Prüffeldltg., Revisions- u. Ausbildungswesen, 1950 Leit. Generalsekretariat, zul. Präsidialbüro). Entd.: Eichung d. Lautstärkeneinheit Phon. Div. Mitgliedsch. - 1961 Oskar-v.-Miller-Plak., 1966 O.-v.-Miller-Med. in Gold; 1964 Bayer. VO.; 1970 Ehrenbürger TU München, 1973 Med. München leuchtet - Liebh.: Musik, Kunst, Fotogr. - Spr.: Engl.

JANZEN, Wolf-Rüdiger

Assessor, Hauptgeschäftsf. IHK Kiel - Lorentzendamm 24, 2300 Kiel 1; priv.: Niemannsweg 71, 2300 Kiel 1 (T. 0431 - 51 94-215) - Geb. 9. April 1941 - AR-Vors. Technologie-Transfer-Zentrale Schlesw.-Holstein (TTZ); Vors. Stiftg. Kieler Presse-Klub, Beratungsst. Innovation u. Technol. Transfer (BITT) Schlesw.-Holst. u. d. Vereins Jugend in Arbeit Kiel e.V.; AR Wirtschaftsaufbaukasse, Kieler Flughafen GmbH, alle Kiel; Beirat Inst. f. anwendungsnahe Technologieentw. (ITW), Wedel, Investitionsbank, Radio Schlesw.-Holst. (RSH), TV Schlesw.-Holst.; Stiftungsrat Technologiestiftg. Geomar.

JANZHOFF, Günter

Dipl.-Ing., Vorstandsmitglied W. Schlafhorst AG & Co. - Schongauer Str. 8, 4050 Mönchengladbach 1 (T. 02161-8 66 17) - Geb. 23. Dez. 1934 Dortmund, verh., 2 Töcht. - TH Aachen (Dipl.-Ing. 1961) - Liebh.: Asiat. Kunst - Spr.: Engl.

JAPPE, Georg

Dr. phil., Schriftsteller, Publizist (Bild. Kunst, Philos., Lit.) - Sachsenring 57, 5000 Köln 1 (T. 31 88 59) - Geb. 7. Mai 1936 Köln (Vater: Dr. Hajo J., Ob.studienrat; Mutter: Dr. Gioia, geb. Schubring), ev., verh. s. 1961 m. Elisabeth, geb. Kluytenaar, 2 Kd. (Anselm, Alrun) - Gymn., Abit. 1955, Stud. Theaterwiss., Philos., Promot. Wien 1961 - 1962 Hochschulref. KMK, s. 1962 Hörsp.-Lektor, s. 1963 Lit.-Kritiker, s. 1964 Kunstkritiker, s. 1966 ständ. fr. Mitarb. Frankf. Allg. Ztg., s. 1975 b. Die Zeit; Prof. f. Kunsttheorie Hochsch. Bild. Künste Hamburg - BV: Strategy: Get Arts, Düsseldorf-Edinburgh 1970 (Co-Autor); Dokumente z. aktuellen Kunst 1967-70, 1972 (Co-Autor); M. Tafel war daneben, 1975; Ich war guter Dinge, aber ..., 1976; Mementi, 1980; Haikubuch, 1981; Schreibpegel Bleckede, 1987; OmU, 1988; Muttersprachschnellkurs, 1990. Zahlr. in- u. ausl. Zeitsch.- u. Buchbeitr. - Vizepräs. AICA - Liebh.: Bibliophile Ausg., Ornithologie - Spr.: Engl., Franz., Ital., Nieder. - Bek. Vorf.: Paul Schubring (Großv.), Hans v. Marées (Urgroßonkel).

JARASS, Hans Dieter

Dr. jur., LL.M., Univ.-Prof. f. Öfftl. Recht Ruhr-Univ. Bochum - Baumhofstr. 37d, 4630 Bochum 1 (T. 0234 - 700 28 18) - Geb. 29. Sept. 1945 (Vater: Hans J., Beamter; Mutter: Anni, geb. Göbel), verh. m. Gabriela, geb. Mattschas (Rechtsanw.), 2 Töcht. (Nina, Julia) - 1. jurist. Staatsex. 1970 München, Master of Laws 1972 Harvard/Cambridge (USA), Promot. 1974 München, 2. jurist. Prüf. 1974 ebd., Habil. 1977 München - BV: Politik u. Bürokratie, Monogr. 1975; Freiheit d. Massenmedien, Monogr. 1978; Freiheit d. Rundfunks v. Staat, 1981; Wirtschaftsverw.recht, Lehrb., 2. A. 1984; Bundes-Immissionsschutzgesetz, Komm. 1983; Konkurrenz v. Genehmigungen, 1984; Ordnung d. Rundfunks, 1986; Neues Umweltrecht u. bestehende Anlagen, 1987; Umweltverträglichkeitsprüfung b. Industrieanlagen, 1987; Grundgesetz, Komm. 1989; EG-Richtlinie z. Umweltverträglichkeitsprüfung, 1989; Kartellrecht u. Landesrundfunkrecht, 1991; Rechnungsprüfung bei Rundfunkanstalten, 1992 - Preise: 1974 Univ. München; 1975 Verein f. Kommunikationsforsch. Bonn.

JARCHOW, Friedrich

Dr.-Ing., o. Prof. f. Maschinenelemente u. Getriebetechnik - Am Ruhrstein 37, 4300 Essen-Bredeney - Geb. 3. Juni 1926 - B. 1960 Assist. TH München, dann Industrietätigk. (Entwicklungsleit. Rheinstahl), s. 1970 Ord. Univ. Bochum. Emerit. s. 1991. Üb. 60 Aufs.

JARCHOW, Hans-Joachim

Dr. sc. pol., o. Prof. f. Volkswirtschaftslehre - Ludwig-Beck-Str. 11, 3400 Göttingen (T. 2 24 11) - Geb. 16. Aug. 1935 Oldenburg/Holst. (Vater: Rudolf J., Bankkfm.; Mutter: Dorothea, geb. Dohm), ev., verh. s. 1965 m. Dörthe, geb. Badendieck, 2 Kd. - Frhr.-v.-Stein-Gymn. Oldenburg; Univ. Hamburg u. Kiel. Promot. u. Habil. Kiel - S. 1967 Ord. Univ. Göttingen (Allg. Wirtsch.-theorie, Geld, Währung u. Außenwirtsch.) - BV: Theoret. Stud. z. Liquiditätsproblem, 1966; Theorie u. Politik d.

Geldes, Bd. I, 8. A. 1990 u. Bd. II, 5. A. 1988; P. Rühmann, Monetäre Außenwirtsch., Bd. I, 3. A. 1991 u. Bd. II, 2. A. 1989 - Spr.: Engl.

JARCHOW, Otto

Dr. rer. nat., Prof. f. Mineralogie - Isestr. 93, 2000 Hamburg 13 - S. 1971 Prof. Univ. Hamburg.

JARCK, Christian Leonhard

Dr. jur., Rechtsanwalt, Unternehmensberatung - Zitzewitzstr. 10, 2000 Hamburg 70 (T. 040-65 21 888) - Geb. 19. Nov. 1926 Wesel.

JARMARK, Stanislaus Eugen

Dr.Ing., Dr. päd. habil., Geschäftsführer COMPUSYS GmbH - Westring 109, 4796 Salzkotten (T. 05258 - 58 53) - Geb. 17. Nov. 1927 Radojewitz, kath., verh. s. 1964 m. Maria, geb. Marchwicki, 2 Töcht. (Eva, Hanna) - 1951 Bautechniker; 1955 Bauing., Architekt; Dipl.-Päd. Univ. Poznan 1965; Prom. (Dr. päd.) Univ. Poznan 1970; Habil. (Dr. päd.) in Bildungstechnol. ebd. 1977; 1975 Filmregiss. B. 1980 Leit. Inst. f. Bildungstechnol. Techn. Univ. Poznan; 1982-84 Inst. f. Kybernetik Paderborn; 1984-85 Teachwareautor Dr. Knabe GmbH Korschenbroich; s. 1985 Geschäftsf. s. o. - 2 Pat.; 64 Veröff., 41 Filme (techn.-did. u. dok. Filme); Bildungstechnol.; Computer in d. Hochschuldidaktik; Film u. DIA-Bilder in d. Didaktik; Herausg. Ztschr. Computer Enzyklopädie - Liebh.: neue Technik, Computer, Film u. Fotogr. - Spr.: Poln., Engl., Russ., Esperanto.

JAROSCHKA, Walter

Dr., Generaldirektor d. Staatl. Archive Bayerns - Schönfeldstr. 5-11, 8000 München 22.

JAROSLAWSKA, Halina

Dr. rer. oec., Prof. f. Ökonomie, insb. Polit. Ök. d. Sozialismus u. Intern. Wirtschaftsbezieh., Univ. Bremen - Heidland 9, 2801 Fischerhude.

JAROSLAWSKI, Jan

Dr. rer. pol., Prof. f. Theorie d. Polit. Herrschaftssysteme Univ. Bremen - Heidland 9, 2801 Fischerhude.

JARREN, Otfried

M.A., Dr. phil., Univ.-Prof. an der Univ. Hamburg - Zu erreichen üb. Inst. f. Journalistik, Univ. Hamburg, Allende-Platz 1, 2000 Hamburg 13 (T. 040 - 41 23-54 48) - Geb. 9. Nov. 1953 Neumünster/Holst., ev., verh. s. 1991 m. Dr. Annette Verhein-J. - Stud. Publizistikwiss., Politikwiss., u.a.; M.A., Promot. Münster - 1979-89 Wiss. Mitarb., Hochschulassist. u. gf. Wiss. Mitarb. an d. FU Berlin - BV: Kommunale Kommunikation, 1984; Lokalradio, 1985; Massenmedien in Berlin, 1987; Lokale Medien u. polit. Kultur, 1989; Medienlandschaft im Umbruch, 1990 - Spr.: Engl., Span.

JASCHEK, Hilmar

Dr.-Ing., o. Prof. f. Systemtheorie d. Elektrotechnik Univ. Saarbrücken (s. 1975) - Jahnstr. 58a, 6602 Dudweiler/Saar - Geb. 6. April 1936 Brünn/Mähren, verh. s. 1963, 2 Kd. - 1956-61 TH München (Elektrotechnik; Dipl.-Ing. 1961). Promot. (1967) u. Habil. (1970) München - 1961-75 Wiss. Assist. (Inst. f. Meß- u. Regelungstechnik) u. Doz. (1970) TH München. Mitgl. Reaktor-Sicherheitskommiss. Zahlr. Facharb. - 1981 BVK - Liebh.: Musik - Spr.: Engl., Holl.

JASCHICK, Johannes

Dipl.-Kfm., Geschäftsf. Arbeitsgem. d. Verbraucher (AGV), Bonn (s. 1968), Vors. Verbraucherausssch. Bundesmin. f. Ernährung, Landw. u. Forsten ebd. (s. 1968), Sprecher Verbraucherbeirat b. Bundesmin. f. Wirtschaft (s. 1982), Mitgl. Wirtsch. u. Sozialaussch. EG, Brüssel (s. 1974) - Wipperfürther Str. 59a, 5060 Bergisch Gladbach 1 (T. 02202 - 5 16 39) - Geb. 13. Aug. 1929 Hindenburg (Vater: Max J., Bankdir.; Mutter: Stefanie, geb. Scholl), kath., verh. s. 1956 m. Renate, geb. Mitzka, 3 Kd. (Maria, Ivo, Blanka) - 1950-54 Univ. Köln (Dipl.-Kfm. 1954) - U. a. 1964-68 Abt.sleit. Bund dt. Konsumgenoss., Hamburg.

JASCHKE, Dieter

Dr. rer. nat., Prof., Hochschullehrer Univ. Hamburg - Schmiedesberg 2b, 2057 Reinbek - Geb. 21. April 1942 Breslau, ev., verh. s. 1967 m. Ute, geb. Fehrmann - Stud. Univ. Hamburg (Geowiss.); Promot. 1974; Habil. u. Lehrbefugnis Geogr. 1979; 1983 Prof.; 2. Vors. u. gf. Vorst.-Mitgl. Geogr. Ges. Hamburg; Mitgl. Lauenburg. Akad. f. Wiss. u. Kultur; Mitgl. Austral. Ges., Mitgl. Forum f. Wirtschaft u. Arbeit - BV: D. australische Nordterritorium: Potential Nutzung u. Inwertsetzbarkeit s. natürl. Ressourcen, 1979; D. agrarische Tragfähigkeit Australiens, 1987; Regionalatlas Kreis Herzogtum Lauenburg, 1989 - Liebh.: Reisen, Bergwandern, Segeln - Spr.: Engl., Franz.

JASCHKE, Helmut

Dr. theol., Prof. PH Karlsruhe - Amselweg 3, 7500 Karlsruhe 31 (T. 0721 - 70 78 59) - Geb. 18. Dez. 1942 München, kath., verh., 3 Kd. - Stud. Kath. Theol., Gesch. u. Wiss. Politik; Staatsex.; Promot. (Kath. Theol.) - BV: Und nahm sie in seine Arme. E. Theol. f. Kd. in Gesch., Bde. 1-2, 1984/85; Gib mir d. Fesseln. E. Weihnachtsmeditation, 1983; Psychotherapie a. d. Neuen Testament. Heilende Begegnungen m. Jesus, 1987; Verwandlungsgesch. E. Erstkommunionb., 1987; Aus der Tiefe rufe ich, Herr, zu Dir. Psychotherapie aus d. Psalmen, 1989; D. Tochter d. Jairus. (Un)biblische Gesch. f. junge Christen zw. 12 u. 15, 1990; Böse Kinder - böse Eltern? Erziehung zw. Ohnmacht u. Gewalt, 1990.

JASKULSKY, Hans

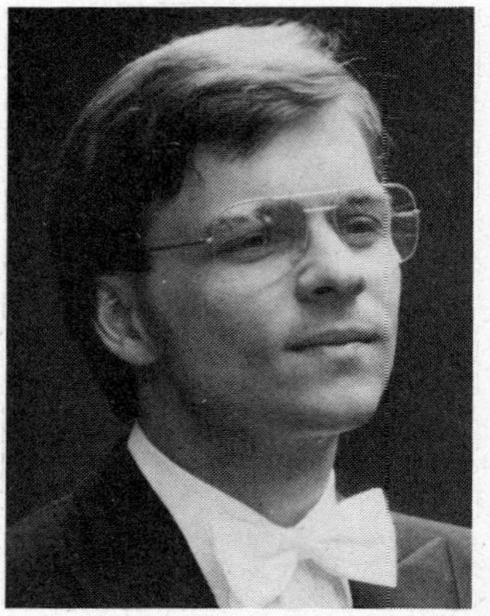

Dr., Univ.-Musikdirektor Ruhr-Univ. Bochum - Gerther Str. 62, 4630 Bochum (T. 0234 - 85 03 42) - Geb. 8. Nov. 1950 Konstanz, verh. m. Mechthild, geb. Schipke, 2 Kd. (Ute, Mathis) - Stud. Schulmusik, German.; Dirigentenkl. b. Prof. Helmuth Rilling u. Prof. Jiri Starek; Staatsex. bzw. künstl. Reifeprüf., Promot. 1980 Franfurt (Musikwiss.) - Dirigententätigk. im In- u. Ausl.; Vortragsreisen; Leit. d. Ber. Musik (Univ.-Musikdir.) am Mus. Zentrum Univ. Bochum; s. 1990 Dozent f. Orchesterleitung an d. Musikhochsch. Frankfurt a. M. - BV: Franz Schubert, D. lateinischen Messen, 1986 - Chor- u. Orch.konzerte, Rundf.- u. Schallplattenaufnahmen - Liebh.: Musiktheater, Bild. Kunst, Lit. - Spr.: Engl. - S. 1984 Mitgl. bei Rotary International.

JASMUND, Karl

Dr. phil., em. o. Prof. u. Direktor Minerolog.-Petrogr. Inst. Univ. Köln (1956-80) - Kerpener Str. 4, 5000 Köln 41 (T. 41 32 82) - Geb. 19. Jan. 1913 Hagenow/Meckl. (Vater: Heinrich J., Kaufm.; Mutter: Frieda, geb. Puls), verh. s. 1939 m. Waltraut, geb. Roese - Promot. 1939, Habil. 1952 - Zul. Privatdoz. Univ. Göttingen - BV: D. silikat. Tonminerale, 1951, 2. A. 1955. Zahlr. Fachaufs. - 1981 Ehrenmitgl. Dt. Bodenkundliche Ges.; 1982 Abraham-Gottlob-Werner Med. d. Dt. Mineralogischen Ges.

JASPER, Gotthard

Dr. phil., o. Prof. f. Polit. Wissenschaft - Lerchenweg 7, 8525 Uttenreuth (T. 09131 - 5 53 15) - Geb. 24. Sept. 1934 Gadderbaum jetzt Bielefeld, verh. s. 1964, 2 Kd. - Promot. 1960 Univ. Tübingen. 1961-66 wiss. Assist. Univ. Erlangen-Nürnberg; 1966-69 Akad.Rat Univ. Konstanz; 1969-74 o. Prof. f. Polit. Wiss. PH Westfalen-Lippe (zeitweilig Rektor); s. 1974 Univ. Erlangen-Nürnberg, 1986-90 Vizepräs., s. 1990 Rektor d. Univ. Erlangen-Nbg. - Veröff. zu Problemen d. Weimarer Republik, d, Nationalismus u. z. Demokratie d. Grundgesetzes.

JASPER, Klaus

Ministerialdirigent, Abteilungsleiter Innovation, Forschung, Technologie b. Bayer. Staatsmin. f. Wirtschaft u. Verkehr - Prinzregentenstr. 28, 8000 München 22 (T. 089 - 21 62-23 35) - Geb. 20. Sept. 1940, verh. s. 1965 m. Ingeborg J., 3 Kd. (Andrea, Heike, Klaus-Jörg) - Stud. Jura - Vorst.-Mitgl. Förderkr. Neue Technol.; AR-Mitgl. Bayer. Wagnisbeteiligungsges., Bayer. Zentr. f. Ost-West-Managem.-Training GmbH, WiSo-Führungskräfte-Akad.; AR Fraunhofer-Management-Ges.; VR Landesgewerbeanst. Bayern.

JASPER Manfred

Dr. rer. pol., Dipl.-Volksw., Gesellschafter u. Geschäftsf. Kettenfabrik Unna GmbH & Co. KG, u. Kettenfabrik Mester GmbH - Jägerweg 20, 4750 Unna (T. 02303 - 88 06 50) - Geb. 2. Aug. 1925 Unna-Massen, gesch., 3 Söhne (Ingo, Torsten, Martin) - Stud. Volksw. Univ. Münster (Staatsex. 1949, Promot. 1954) - Handelsrichter LG Dortmund, Sozialrichter Dortmund; Vorst. Fachverb. Ketten - BVK - Spr.: Engl., Franz.

JASPERS, Hansgert

Dr. rer. pol., Dipl.-Kfm., Geschäftsführer LP Lease Produkt GmbH - Unter den Eichen 7, 6200 Wiesbaden - Geb. 18. Juni 1934 - Banklehre Dt. Bank AG, Essen; Dipl. u. Promot. Univ. Köln - 1962-65 wiss. Ref. Rhein.-Westf. Inst. f. Wirtschaftsforschung Essen; 1965-68 Vorstandsassist. Thyssendraht AG, Hamm; 1968-77 Dir. National-Bank AG, Duisburg; 1978-88 Vorst.-Mitgl. Geestemünder Bank AG, Bremerhaven - Spr.: Engl.

JASPERT, Bernd

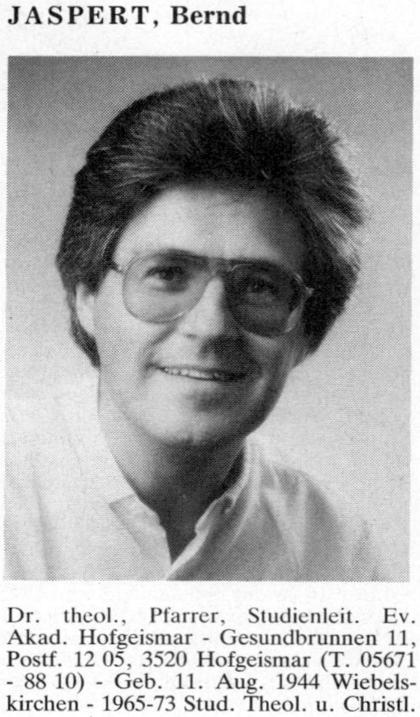

Dr. theol., Pfarrer, Studienleit. Ev. Akad. Hofgeismar - Gesundbrunnen 11, Postf. 12 05, 3520 Hofgeismar (T. 05671 - 88 10) - Geb. 11. Aug. 1944 Wiebelskirchen - 1965-73 Stud. Theol. u. Christl. Archäologie Univ. Marburg; 1. u. 2. theol. Ex. 1973-75; Dr. theol. 1974 - 1974-89 Pfarrdienst Ev. Kirche v. Kurhessen-Waldeck; s. 1989 Akad. Hofgeismar (Fachgeb.: Gesundheitswesen, Medizin, Soziales, Psychologie, Diakonie, Behinderte, Gerontologie, Dialog d. Religionen, Geschichte, Kirchengeschichte) - BV (Monogr.): D. Regula Benedicti - Regula Magistri-Kontroverse, 1975, 2. A. 1977; Studien z. Mönchtum, 1982; Bibliographie d. Regula Benedicti 1930-80, 1983; Sackgassen im Streit m. Rudolf Bultmann, 1985 (korean. 1986); Frömmigkeit u. Kirchengeschichte, 1986; Benedikts Botschaft am Ende d. 20. Jh., 1987; Paul Tillich (m. C. H. Ratschow), 1987; Theologie u. Geschichte. Ges. Aufs. I, 1989. Herausg.: P. Gordan, Zeugen d. Zukunft (1969), Im Blickpunkt: D. Mensch (1971); W. Zeller, Frömmigkeit in Hessen (1970), Theologie u. Frömmigkeit, Ges. Aufs. I-II (1971-78); K. Barth - R. Bultmann, Briefwechsel 1922-66 (1971, 2. A. 1992; span. 1973, engl. 1981); Regulae Benedicti Studia. Annuarium Internationale (s. 1972, 16 Bde.); Regulae Benedicti Studia. Supplementa (s. 1974, 11 Bde.); Traditio - Krisis - Renovatio aus theol. Sicht (m. R. Mohr), (1976); Rudolf Bultmanns Werk u. Wirkung (1984); H. Seuse - J. Tauler, Mystische Schriften (1988); Familie, Wohnstätte, Gemeinde (1990); Geschichte v. unten (1990); Musik u. Bild. Kunst in d. Therapie kranker Kinder u. Jugendlicher (1991); D. letzte Ruhe (1991); Betreuungsgesetz u. Betreuungsvereine (1991, 2. A. 1991); Bibel u. Mythos (1991); Erinnern - Verstehen - Versöhnen (1992); Leiden u. Weisheit in d. Mystik (1992). Zahlr. Aufs. u. Rez. im In- u. Ausland zu theol., phil. u. kunsthist. Themen.

JASTORFF, Bernd

Dr. rer. nat., Prof. f. Bioorgan. Chemie Univ. Bremen - Lindenstr. 73, 2806 Oyten 1 - Geb. 23. Sept. 1942 (Vater: Heinrich, Maurer; Mutter: Juliane, geb. Klaus), verh. m. Sigrid, geb. Kruse, 3 Kd. (Anke, Wiebke, Jan) - Stud. Chemie Univ. Kiel, Promot. 1970 - MPI Exp. Medizin, Abt. Chemie, Göttingen, 1973 Prof. Univ. Bremen.

JATHO, Kurt

Dr. med., o. Prof. f. Hals-, Nasen- u. Ohrenheilkd. - Med. Univ. Lübeck, Ratzeburger Allee 160, 2400 Lübeck - Geb. 6. Dez. 1918 Hannover (Vater: Alfred J., Kaufm.; Mutter: Else, geb. Wahnschaffe), ev. - S. 1954 (Habil.) Lehrtätigk. Univ. Köln (1960 apl. Prof.) u. Med. Univ. z. Lübeck (1966 o. Prof. u. 1967 em. Dir. HNO-Klinik). Spez. Arbeitsgeb.: Klin. Otologie, Rhino-Laryngologie, Phoniatrie, Neurootologie. Audiol. Fachveröff.

JATZKEWITZ, Horst

Dr.-Ing., Prof. f. Physiol. Chemie - Oberföhringer Str. 163, 8000 München 81 (T. 95 31 26) - Geb. 1. Sept. 1912 Graudenz/Westpr. (Vater: Ernst J.; Mutter: Margarete, geb. Thies), ev., verh. s. 1947 m. Elsa, geb. Brandt, 2 Kd. (Till, Annegret) - Oberrealsch.; Chemiestud., vorwieg. TH Berlin (Dipl.-Ing. 1938). Promot. 1941 Berlin; Habil. 1959 München - 1945-51 Assist. Max-Planck-Inst. f. Biochemie; s. 1952 Leit. Biochem. Arbeitsgruppe u. Abt. MPI f. Psychiatrie (1967 wiss. Mitgl., 1969 Dir. a. Inst., 1978 Em.). Spez. Arbeitsgeb. Neurochemie. S. 1959 Privatdoz. u. Hon.-Prof. (1965) Univ. München. Fachmitgliedsch. Zahlr. wiss. Veröff. - Spr.: Engl., Franz.

JAUCH, Dieter

Dr. rer. soc., stv. Chefredakteur Zeitung Schwarzwälder Bote, Oberndorf - Taläckerstr. 10/2, 7238 Oberndorf (T. 07423 - 65 79) - Geb. 11. März 1944 - Dipl.-Soz. 1972 Univ. Mannheim, Promot. 1975 Univ. Hohenheim - 1975-78 Leit. Wirtschaftsredakt. Ztg. Schwarzwälder Bote, Oberndorf; 1979-83 Leit. Wirtschaftsredakt. Ztg. Rheinpfalz Ludwigshafen; s. 1983 Leit. Wirtschaftsred. u. s. 1987 stv. Chefredakt. Ztg.

Schwarzwälder Bote Oberndorf - BV: Auswirk. d. Verwaltungsreform in ländl. Gemeinden, 1975; Agrarsoziol. Orientierungen (Hrsg.), 1987.

JAUCH, Gerd

Journalist, Hauptredaktionsleiter ZDF i. R. - 7800 Freiburg - Geb. 27. Nov. 1924 Villingen/Schwarzwald, ev., verh., T. Jutta - Jurastud.; jurist. Staatsex. - 1946-57 fr. Journ.; 1957-62 Redakt. f. Landespolitik dpa Stuttgart; 1962-89 ZDF, zun. b. 1970 Nachrichtenchef, b. 1984 Leit. d. Redaktion Recht u. Justiz, 1984-89 Leit. Hauptredaktion Ges.-u. Bildungspolitik u. d. Sendereihe Wie würden Sie entscheiden? - BV: Lexikon Recht, 1983 - BVK; Adolf-Grimme-Preis; Wilhelmine-Lübke-Pr.; Fernsehpr. d. Dt. Anwaltvereins - Spr.: Engl., Franz.

JAUD, Ludwig
Bürgermeister, MdL Bayern (1966-74) - Schillerstr. 3, 8960 Kempten/Allgäu - Geb. 21. Okt. 1919 München, kath., verh., 1 Kd. - Volkssch.; Maschinenbauerlehre, Verw.sprüf. 1948 - 1939-45 Arbeits- u. Kriegsdst.; Angest. Landratsamt Kempten; s. 1960 Bürgerm. Gde. St. Mang. 1952 ff. MdK Kempten (1966 Fraktionsvors.). SPD.

JAUERNIG, Othmar
Dr. jur., o. Prof. f. Bürgerl. Recht u. Prozeßrecht - Turnerstr. 14, 6900 Heidelberg - Geb. 12. Mai 1927 Eisenach/Thür. (Vater: Dr. theol. h. c. Dr. jur. Reinhold J., Kirchenrat; Mutter: Elise, geb. Rose), ev., verh., s. 1958 m. Erika, geb. Wolff, Sohn Stefan - Univ. Frankfurt/M. Promot. u. Habil. Frankfurt S. - 1961 ao., s. 1962 o. Prof. Heidelberg - BV: D. fehlerhafte Zivilurteil, 1958; Verhandlungsmaxime, Inquisitionsmaxime u. Streitgegenstand, 1967; 40 Jahre Bundesgerichtshof (zus. m. Claus Roxin), 1991; Zivilprozeß (23. A. 1991); Zwangsvollstreckungs- u. Konkursrecht (19. A. 1990); Bürgerl. Gesetzbuch (Hrsg.; Komm. §§ 1-240, 854-1296; AGBG §§ 1-7, 23, 24), 6. A. 1991. Div. Einzelarb.

JAUMANN, Anton
Bayerischer Staatsminister f. Wirtschaft u. Verkehr (b. 1988), Mitgl. Bayer. Landtag s. 1958 - 8861 Ehingen a. Ries, Ortsteil Belzheim (T. Amt: München 21621) - Geb. 5. Dez. 1927 Belzheim b. Nördlingen (Vater: Bauer) - Progymn. Oettingen u. Obersch. Nördlingen (Abit. 1948); Phil.-Theol. Hochsch. Dillingen u. Univ. Würzburg (Volksw., Rechtswiss.; Begr. Ring christl.-demokr. Studenten). Gr. jurist. Staatsprüf. 1957 - Ab 1944 Wehrdst.; n. Entlass. aus amerik. Gefangensch. Mitarb. elterl. Hof; ab 1957 Rechtsanw.; 1958-63 Geschäftsf. Landesverb. d. Bayer. Groß- u. Außenhandels; 1963-1967 Generalsekr. CSU; 1966-70 Staatssekr. Bayer. Finanzmin.; 1970 Bayer. Staatsmin. f. Wirtsch. u. Verkehr. Mitgl. des Bundesrates u. Vors. Wirtschaftsausssch. d. Bundesrates sowie d. Wirtschaftsministerkonferenz d. Länder -

1976 Gr. BVK m. Stern, 1981 Schulterbd. dazu, 1979 Großkreuz m. Schulterbd. u. Stern St. Sylvester-Orden; 1980 Liberian. Orden Stern v. Afrika; 1982 Gr. Gold. Ehrenz. m. Stern Rep. Österr. - Liebh.: Musik (Bach, Mozart).

JAUN, Sam
Übersetzer u. Schriftst. - Graffenriedweg 12, CH-3007 Bern; u. Weimarische Str. 6, 1000 Berlin 31 - Geb. 30. Sept. 1935 - BV: u.a. D. Wirklichk. d. Chefbeamten, Erz. 1977; D. Weg z. Glasbrunnen, R. 1983; D. Barbara, Erz. 1984; D. Brandnacht, R. 1986; D. Feierabendzeichner, R. 1992 - Versch. Preise u. Stip.

JAUNICH, Horst
Gewerkschaftssekretär, MdB (s. 1972) - Untere Haul 3, 4730 Ahlen/W. (T. 8 38 04) - Geb. 7. Juni 1930 Breslau, verh., 3 Kd. - Volkssch.; kaufm. Lehre (Großhandel); Maurerhandw. - 1944-48 Kaufm. Angest.; 1949-58 Maurer; s. 1960 Angest. ÖTV (b. 1962 Sekr., dann Geschäftsf., s. 1972 beurl.). AR-Vors. d. Stadtwerke Ahlen GmbH, d. Bäderges. Ahlen GmbH, d. Gas- u. Wasserversorgung Ahlen GmbH u. d. Stadthalle Ahlen GmbH. 1957-75, ab 1984 Ratsmitgl., s. 1984 Bürgerm. Ahlen. SPD s. 1952 (1968-75 Vors. Unterbez. Hamm, 1975-81 Vors. Unterbez. Warendorf, 1975-85 Vors. Stadtverb. Ahlen) - 1984 BVK I. Kl.; 1987 Ehrenmed. d. Rates d. Stadt Ahlen.

JAUS, Albert
Backwarenfabrikant, gf. Gesellsch. Karl Jaus & Söhne, Stuttgart (s. 1937, Gründ.) - Stammheimer Str. 41-43, 7000 Stuttgart-Zuffenhausen - Geb. 11. Juli 1912 Bad Cannstatt, verh. (Ehefr.: Hedwig) - Div. Ehrenstell. - 1973 BVK.

JAXTHEIMER, Wilhelm
Dipl.-Kfm., Geschäftsf. Fachverb. Bau-, Möbel- u. Industrie-Halbzeuge aus Kunststoff - Am Hauptbahnhof 12, 6000 Frankfurt/M.; priv.: Röderweg Nr. 31, 8750 Aschaffenburg - Geb. 1. Jan. 1936 Regensburg (Vater: Wilhelm J.; Mutter: Maria, geb. Schöpf), ev., verh. s 1962 m. Ingrid, geb. Walldorf, 2 Kd. - Oberrealsch.; Univ. Frankfurt u. Würzburg (Betriebsw.; Dipl. 1962) - Spr.: Engl., Franz.

JEBSEN-MARWEDEL, Hans
Dr. phil. habil., Hon.-Prof. f. Glastechnik - Höhenrieder Weg 5, 8132 Tutzing (T. 08158 - 30 05) - Geb. 25. Okt. 1899, verw., 3 Kd. - Univ. Heidelberg, Köln, TH Aachen (Chemie, Physik) - Vorlesungen TH Aachen. Glasind.; Prokurist-Vorst.-Mitgl. Fraunhofer-Ges. f. angew. Forsch., Ehrenmitgl. - BV: Glastechn. Fabrikationsfehler, 3. A. (übers. in Russ.); Glas in Kultur u. Technik - Ehrenmitgl. Dt. Glastechn. Ges. Frankfurt; Otto Schott Denkmünze; Fraunhofer-Denkmünze - Liebh.: Phil. - Spr.: Franz. - Bek. Vorf.: F. Voelcker, Mitgründer Senckenberg-Ges. (Urgroßv.).

JECK, Albert
Dr. oec. publ., o. Prof. f. Volkswirtschaftslehre - Steinfurther Weg 7, 2300 Kiel (T. 681094) - Geb. 3. Juli 1935 Lindau (Vater: Albert J., Lehrer; Mutter: Maria, geb. Dreher), verh. m. Sabine, geb. Sedelmeier, T. Nicola - Stud. Univ. München; Promot. 1962; Habil. 1968 - S. 1968 Lehrtätig. Univ. München (Privatdoz.) u. Kiel (1969 Ord.).

JEDELE, Helmut
Dr. phil., Prof., Geschäftsf. Mavis Produktions-Ges. f. audiovisuelle Medien mbH, Grünwald - Graf-Seyssel-Str. 7, 8022 Grünwald/Obb. (T. München 649648) - Geb. 31. Okt. 1920 Heilbronn/N. (Vater: Richard J.; Mutter: geb. Edelmann), verh. 1952 m. Dr. med. Irmgard, geb. Fellhauer, 3 Kd. (Markus, Stefan, Andrea) - Univ. Tübingen u. Mainz (Theaterwiss., German., Phil., Psych.; Promot. 1952; Diss.: Reproduktivität u. Produktivität im dramat. Rundfunk) - B. 1959 Südd. Rundfunk, dann Bavaria; 1976-84 Präs. Hochsch. f. Fernsehen u.

Film, München - 1984 Gr. BVK - Sportl. Betätig. (Volleyball, Eisstockschießen).

JEGGLE, Utz
Dr. phil., Prof. f. Kulturwissenschaft Univ. Tübingen - Neckarhalde 17, 7400 Tübingen (T. 07071 - 4 23 90) - Geb. 22. Juni 1941 Nagold (Vater: Georg J., Dipl.-Ing.; Mutter: Gertrud, geb. Arzt), verh. s. 1981 in 2. Ehe m. Jutta, geb. Gutwinski, 2 S. (Moritz, David) - Univ. Tübingen (Promot. 1968, Habil. 1978) - S. 1981 Prof. Ludwig-Uhland-Inst. f. empir. Kulturwiss. Univ. Tübingen - BV: Judendörfer in Württ., 1968; Kiebingen - e. Heimatgesch., 1978; Leben auf d. Dorf, 1978; Feldforschung, 1984; D. Kopf d. Körpers, 1986.

JEHLE, Bernhard
Fabrikant, gf. Gesellsch. Hochrhein-Textil GmbH. - Bergseestr. 41, 7880 Säckingen/Hoh.; priv.: Lindenmatten 7 - Geb. 17. Nov. 1916 - Textiling.

JEHNE, Wolfram
Dr. rer. nat. (habil.), o. Prof. u. Direktor Math. Inst. Univ. Köln (s. 1965) - Am Mühlenberg 57, 5070 Bergisch Gladbach (T. 7401).

JEISMANN, Karl-Ernst
Dr. phil., o. Prof. f. Neuere Geschichte u. Didaktik d. Geschichte Univ. Münster - Geb. 11. Aug. 1925 - Oberstudienrat (Münster); 1971 Habil. (Bochum); 1974-78 Rektor PH Westf.-Lippe; 1978-84 Dir. Georg Eckert Inst. f. internat. Schulbuchforsch., Braunschweig - Schüttorfweg 1, 4400 Münster/W. - Verh. s. 1952 m. Ursula J., geb. Rohrschneider, 3 Kd. - BV: D. Problem d. Präventivkriegs im europ. Staatensystem; Zur Didaktik d. Gesch.; Zur internat. Gesch.bewußtsein; Zur dt. Bildungs- u. Sozialgesch.; „Das preußische Gymnasium in Staat u. Gesellschaft, 1787-1817", 1972; Gesch. als Horizont d. Gegenw. D. Zusammenhang v. Vergangenheitsdeutung, Gegenwartsverständnis u. Zukunftsperspekt., 1985. Herausg.: Handb. d. dt. Bildungsgesch. (1987) - BVK I. Kl.

JEITER, Wolfram

Dipl.-Ing., Präsident u. Prof. d. Bundesanstalt f. Arbeitsschutz (BAU) - Vogelpothsweg 50-52, 4600 Dortmund 1 (T. 0231 - 176 32 01) - Geb. 27. Dez. 1935 Wittlich, kath., verh. s. 1959 m. Rita, geb. Acker, 3 Kd. (Gaby, Ruth, Joachim) - Handelssch. Mayen; Bergsch. Siegen; Dipl.-Ing. Fachricht. Bergbau Aachen; Bergrefer., Bergass. 1967 Bonn - 1967-69 Bergaufsichtsdienst Düren; 1969-82 Bundesarbeitsmin., Abt. Arbeitsrecht/Arbeitsschutz (zul. Referatsleit.); s. 1982 s.o. - BV: Unfallverhütungsvorschr. Lärm, Komment. 1975; Rechtsvorschr. im Bereich d. Elektrotechnik, Komment. 1979; D. neue Gerätesicherheitsges., Komment. 1980; Explosionsschutz elektr. Anlagen, Komment. 1980 - Liebh.: Windsurfen.

JEITSCHKO, Wolfgang
Dr. phil. o. Prof. f. Anorgan. Chemie -

Universität, 4400 Münster - Geb. 27. Mai 1936 Prag (Vater: Karl J., Kaufm.; Mutter: Agnes, geb. Maier), verh. s. 1964 m. Dr. Marieluise, geb. Fichtner, Journalistin, 3 Söhne (Andreas, Thomas, Peter) - 1956-64 TH u. Univ. Wien (1960). Promot. 1964 - 1962-64 Forschungslabor. Metallw. Plansee AG, Reutte; 1964-66 Univ. of Pennsylvania; 1966-67 Univ. Wien; 1967-69 Univ. of Illinois; 1969-75 E. I. du Pont Co. Wilmington; 1975-79 Univ. Gießen (Prof.); 1979-82 Univ. Dortmund (Ord.); 1982ff. gf. Dir. Anorgan.-Chem. Inst. Univ. Münster; Gastprof.: 1976 Univ. Genf, 1977 Univ. Liège, 1979 Univ. Rennes, 1985 Cornell Univ., 1992 I.I.T. Madras - Zahlr. Veröff. üb. intermetall. u. hochschmelz. Phasen, Halbleiter, ferroelektr. u. -elast. Festkörper, Ionenleit. - 1991 Kurnakov-Med. d. Inst. f. Anorg. u. Allgem. Chemie d. Akad. d. Wiss. d. UdSSR.

JEKAT, Friedrichkarl
Dr. rer. nat. (habil.), Direktor Chem. Untersuchungsanstalt Oberhausen, Honorarprof. f. Ernährungswiss. Univ. Gießen - Kastanienweg 11a, 4630 Bochum.

JEKÉLI, Lotte

Prof., Konzertpianistin - Wilhelminenstr. 24a, 6200 Wiesbaden - Geb. 2. Juni Eisenach/Thür. (Vater: Julius J., Pastor; Mutter: Gertrud, geb. Kühn, Stud.rätin), ev. - Musikhochsch. Weimar, Trossingen, Stuttgart (Lehrer: W. v. Horbowski, A. Cortot, A. B. Michelangeli, R. Serkin) - Gegenw. Prof. f. Klav. Univ. Mainz. LP: L. J. spielt Beethoven u. Chopin; CD: Klavierkonzerte v. Sterkel u. Mozart (RBM Mannheim) - 1960 Bundesausw. Junger Künstler (Dt. Musikrat) - Liebh.: Bild. Kunst - Spr.: Ital., Engl., Franz. - Bek. Vorf.: Prof. Karl Kühn, Verf. franz. Lehrb. (Großv. ms.).

JEKEWITZ, Udo
Dipl.-Volksw., Hauptgeschäftsführer Bundesverb. Materialwirtschaft, Einkauf

u. Logistik, BME - Waidmannstr. 25, 6000 Frankfurt/M. 70.

JELDEN, Georg
Prof. d. Musik - Oppelner Str. 18, 6900 Heidelberg - S. Jahren Prof. Staatl. Hochsch. f. Musik u. darstell. Kunst Stuttgart (Gesang).

JELEN, Frieder
Pfarrer, Mitglied d. Landtages Mecklenburg-Vorpommern (s. 1990) - Dorfstr. 22, Pf. 139, O-2331 Middelhagen/Rügen - Geb. 29. Sept. 1943 Kittlitz, Kr. Löbau/OL, ev., verh., 2 Kd. (Cornelius, Jorinde) - Stud. Theol. 1962-67 Greifswald u. Rostock; 1. u. 2. Theol. Ex. - Assist. am Ökumen. Inst. d. EKU Berlin; Persönl. Ref. d. Bischofs zu Greifswald; Pfarrer in Göhren-Middelhagen/Rügen; Mitgl. d. letzten Volkskammer d. DDR; Gründ. d. Verb. Insula Rugia z. Schutz, z. Pflege u. Entwickl. d. Insel Rügen; Vorst.-Mitgl. d. Stiftg. Umwelt u. Natur Mecklenb.-Vorpom. - Liebh.: Umweltpolitik, Kulturpolitik, Lit. (Lyrik).

JELESIJEVIĆ, Vladeta
Dr. med., Prof. f. Thorax-, Herz- u. Gefäßchir. Univ. Münster, Oberarzt Chir. Univ.-Klinik - Linckensstr. 131, 4400 Münster - Geb. 30. Mai 1928 (Vater: Dr. med. Miodrag J., Chir.; Mutter: Nada, geb. Ristić), orth., verh. s. 1969 m. Dr. med. Hanna, geb. Alpermann, S. Miodrag - Abit. 1946; Promot. 1955 u. 1974 - S. 1981 Prof.

JELINEK, Elfriede
Schriftstellerin - Jupiterweg 40, A-1140 Wien (T. 972 97 13); Sendlingerstr. 42, 8000 München (T. 26 78 71) - Geb. 20. Okt. 1946 Mürzzuschlag/Steiermark (Vater: Dr. techn. Friedrich J., Dipl.-Ing., Chemiker; Mutter: Olga, geb. Buchner), verh. s. 1974 m. Gottfried Hüngsberg - Abit., Univ. (Theaterwiss., Kunstgesch.), Konservat. (Orgel, Klavier, Geige, Kompos.) - Fr. Schriftst.: Romane, Theaterstücke, Drehbücher. - BV: u. a. Wir sind Lockvögel, Baby 1970; Michael, 1972; D. Liebhaberinnen, 1975; bukolit, 1979; D. Ausgesperrten, 1980; D. Klavierspielerin, R. 1983; Oh Wildnis, oh Schutz vor ihr, 1985; Lust, 1989 - 1978 Roswitha v. Gandersheim-Med.; 1986 Heinrich-Böll-Preis - Liebh.: Mode - Spr.: Engl.

JELINEK, Richard
Dr.-Ing., em. o. Prof. f. Grundbau u. Bodenmechanik TH München (s. 1954) - Falkweg 56, 8000 München 60 (T. 88 19 79) - Geb. 12. März 1914 Wien (Vater: Franz J., Rechnungsrat; Mutter: geb.-Studnicka), kath., verh. I) 1939 m. Ilse, geb. Hofmann († 1965), 3 Kd. (Monika-Maria, Verena-Renate, Michael-Richard), II) 1966 Heide, geb. Gebauer, 2 Kd. (Elisabeth-Stefanie, Susanne-Sophie) - Oberrealsch. u. TH Wien (Bauing.wesen; 2. Staatsprüf. 1938, Promot. 1943) - BV: Bodenmechanik, 1954 (m. Terzaghi), 1977 Baurat h. c. - Mitgl. Forschungsges. f. Straßenwesen u. Dt. Ges. f. Erd- u. Grundbau, Schweiz. Ges. f. Bodenmechanik, Intern. Ges. f. Boden- u. Felsmechanik.

JELITTE, Herbert
Dr., o. Prof. f. Slav. Philologie Univ. Gießen (s. 1971; 1972/73 u. 1987/88 Dekan Fachber. 11) - Reinborner Weg 12, 6273 Waldems-Niederems (T. 06087 - 3 94) - Geb. 11. Febr. 1933 Peiskretscham/OS., kath., verh. s. 1962 m. Christel, geb. Bastian - Human. Gymn. Wiesbaden, Stud. d. slav. Philol., Geschichte, Politik - Promot. z. Dr. phil. Frankfurt a. M. 1960, Staatsex. f. Lehramt an Gymnasien Frankfurt a. M. 1961 - Wiss. Assist. 1962-69, Habil. 1969, Doz. 1969-70. 1972/73 u. 1987/88 Dekan - BV: Studien z. Adverb u. z. Adverbialbestimmung im Altkirchenslavischen, 1961; Sowjetruss. Textlinguistik 1 u. 2, 1976; Festschrift f. Heinz Wissemann, 1977; Transformationsarten u. Transformationsanalysen, 1977; Formen der Textkohärenz im Russischen, 1978; D. abstrakten Nominalbild. im Russ., 1 u. 2, 1982; Vergl. Stud. z. poln. Spr. u. Lit., 1982; D. russ. Nomina abstracta d. 18. u. beginnenden 19. Jh., T. 1, 1984, T. 2, 1992; Jubiläumsschr. z. 25 j. Bestehen d. Inst. f. Slavistik Univ. Gießen, 1986; D. russ. Nomina abstracta d. 19. Jh., T. 1, 1987, T. 2, 1988; D. russische Sprache im Vergleich z. polnischen u. deutschen Sprache, 1988; D. russ. Nomina astracta d. 20. Jh., T. 1, 1990, T. 2, 1991; D. Beziehungen d. Wortbildung zu bestimmen Sprachebenen u. sprachwissenschaftl. Richtungen, 1991; 80 weitere umfangreiche Beiträge in wiss. Zeitschriften u. Sammelbänden - Spr.: Slav. Spr., Engl., Franz., Lat., Griech.

JELITTO, Rainer Johannes
Dr. rer. nat., Dipl.-Phys., Prof. f. Theor. Phys. Univ. Frankfurt (s. 1972) - Hardtbergweg 13, 6240 Königstein 1 (T. 06174 - 2 33 74) - Geb. 7. Dez. 1937 Beuthen/Oschles. (Vater: Georg J., Bankkfm.; Mutter: Angela, geb. Neugebauer), kath., verh. s. 1967 m. Rita, geb. Renner, 3 Kd. (Markus, Patrick, Annika) - Promot. 1969 Kiel; Habil. 1971 ebd. - 1969-71 Wiss. Assist. u. 1971 Doz. Univ. Kiel, 1972 Gastprof. Univ. München. Mitgl. Wiss. Ges. Univ. Frankfurt/M. - BV: Theoretische Physik 1-6, 1982-85 - Liebh.: Segeln - Spr.: Engl., Franz., Ital. Lions-Club Hochtaunus.

JENA, von, Peter
Vorstandsmitgl. Berliner Commerzbank AG., Berlin 30 - Im Dol 49, 1000 Berlin 33 - Geb. 6. Aug. 1933 - Div. Mandate.

JENČ, Frantisek
Dr., Prof. f. Theoret. Physik Univ. Marburg - Am Richtsberg 76, 3550 Marburg/L..

JENDORFF, Bernhard
Dr. phil., Prof. f. kath. Religionspädagogik Univ. Gießen, Dekan FB 07 (1978/79 u. 1987/88) - Sandfeld 18c, 6300 Gießen (T. 3 28 80) - Geb. 23. Sept. 1940 Frankfurt/M., kath., verh. s. 1968 m. Elisabeth-H., geb. Schmidt, 2 Söhne (Alexander, Dominic) - Human. Gymn. Frankfurt a.M.; Stud. Phil., kath. Theol. u. klass. Philol.; Promot 1969 - BV: Jesus u. seine Zeit, 1973; Tradition u. Gegenwart, 1974; fragen-denken-beten, 1975; D. Logosbegriff, 1976; Z. Person: Jesus v. Nazareth, 1976; Zielgruppen Jesu, 1977; Leistungsmessung im Religionsunterr., 1979; Kirchengesch. - wieder gefragt!, 1982; Hausaufgaben im Religionsunterr., 1983; Pfarrgemeinderäte u. Relig.unterr., 1989; Religion unterrichten - aber wie?, 1992. S. 1981 Mithrsg. Gießener Schriften z. Theol. u. Relig.päd., Bd. 1-5 (1981-89). Weit üb. 100 Ztschr.veröff. üb. didakt. u. method. Probleme d. Relig.unterr.

JENISCH, Jakob
Prof. f. Theaterarb. Staatl. Hochsch. f. Musik Ruhr/Folkwang-Hochsch. - In der Borbeck 52, 4300 Essen 16 - Spiel- u. Theaterpäd., Medienpäd., Univ. Essen. Lehrauftrag.

JENKE, Manfred
Hörfunkdirektor WDR (s. 1974) - Wallrafplatz 5, 5000 Köln 1 (T. 0221 - 2202200) - Geb. 4. April 1931 Istanbul (Vater: Willy J., Kaufm.; Mutter: Marguerite, geb. Eichwede), ev., verh. s. 1954 m. Margarete, geb. Herdieckerhoff, 2 Kd. (Martin, Eva) - 1950-1951 Journ. Ausbild. Hannover - 1950-52 Hannoversche Presse; 1953-56 Welt der Arbeit; 1956-73 NDR, zul. Hauptabt.sleit. Information - BV: D. nationale Rechte, 1967 - Spr.: Engl.

JENKIS, Helmut Walter
Dr. rer. pol., Prof., Verbandsdirektor - Krebsgasse 9 A, 3008 Garbsen 1 (T. 05137 - 7 11 60) - Geb. 22. Nov. 1927 Petrellen/Ostpr. (Vater: Martin J., Bauuntern.; Mutter: Else, geb.Kurps), ev., verh. s. 1960 m. Sonnhilt, geb. Preussger - Stud. Wirtsch.- u. Sozialwiss., intern. Wirtsch.bezieh. Hamburg, Brügge, Luxemburg, Bonn, Freiburg - 1950-57 in d. Wohnungsw.; 1957-66 UN-Beamter; 1966-91 Verb.dir.; stv. AR-Vors. d. Magdeburger Wohnungswirtsch. GmbH. UN-Berater: Reg. Zypern 1973, 1977, 1981; Reg. Iran 1974/75, 1975/76; Reg. Island 1975, 1977; Sultanat Oman 1982/83. Gastprof. Univ. of Queensland Brisbane/Austr. - BV: Größe u. Größenstruktur gemeinnütz. Wohnungsunternehmen, 1970; Ursprung u. Entwickl. d. gemeinnütz. Wohnungswirtschaft, 1973; Gemeinnützige Wohnungsunternehmen - privilegierte Unternehmen?, 1975; Wohnungswirtsch. u. Wohnungspol. i. beiden deutsch. Staaten, 1976; Wohnungsbedarfsprognosen - Fehlprognosen?, 1977; Leistung - e. inhum. Anspruch?, 1980; D. gemeinn. Wohnungswirtsch. zw. Kritik u. Reformvorschlägen, 1980; D. gemeinn. Wohnungswirtsch. zw. Markt u. Sozialbild., 1985; Genossenschaftl. Förd.auftr. u. Wohnungsgemeinnützigk. - e. Widerspruch?, 1986; D. Steuerbefreiung gemeinn. Wohnungsuntern. im Widerstreit d. Interessen, 1987; Gesellsch., Wirtsch., Wohnungswirtsch. (Festschr.), 1987. Herausg.: Kommentar z. Wohnungsgemeinnützigkeitsrecht (1988); Kompendium d. Wohnungswirtsch. (1991); Sozialutopien - Barbarische Glücksverheissungen? (1992) - Korr. Mitgl. d. Akad. f. Raumforsch. u. Landesplanung, Hannover, u. d. Wissenschaftl. Beirates d. Ges. f. öfftl. Wirtschaft - BVK I. Kl. - Liebh.: Sammeln v. Ikonen, Reisen - Spr.: Engl., Franz.

JENKNER, Siegfried
Dr. disc. pol., Prof. f. Politikwissenschaft, Univ. Hannover, Fachber. Erziehungswiss. (s. 1978) - Wiesenstr. 2, 3000 Hannover 1 - Geb. 14. Nov. 1930 Frankfurt/M. - Univ. Leipzig u. Kiel, Hochsch. f. Sozialwiss. Wilhelmshaven (Dipl.-Sozialwirt 1960), Promot. 1965 Univ. Göttingen - 1965-69 Geschäftsf. Zentralstelle f. ausw. Seminarkurse Univ. Göttingen; 1969-78 Prof. PH Niedersachsen, Abt. Hannover - BV: Arbeitsteilung, allseit. Entwicklung d. Menschen u. polytechn. Bildung, 1966; Klassenbild. u. Sozialschichtung, (m. B. Seidel), 1968; Wege d. Totalitarismus-Forschung, (m. B. Seidel), 2. A. 1974; Legitimationsproblematik bildungspol. Entscheidungen, (m. G. Stein), 1976; D. Schule in d. freiheitl. demokrat. Grundordnung d. Bundesrepublik, 1980; Schulvielfalt in Hannover (m. K. Schmitz), 1991; D. Recht auf Bildung u. d. Freiheit d. Erziehung in intern. Erklärungen u. Übereinkommen, 1992.

JENNE, Josef
Dr. phil., Prälat, Prof. - Von-Schirp-Str. 18, 4300 Essen 16 - Geb. 22. Okt. 1921 Menden/Sauerland - Leit. Kirchenmusik-Sem., Vors. Prüfungskommiss. f. Kirchenmusiker.

JENNERWEIN, Simon
s. Kirner, Georg-Simon

JENNINGER, Philipp
Dr. jur., Botschafter d. Bundesrepublik Deutschland in Österreich (s. 1991) - Metternichgasse 3, A-1030 Wien - Geb. 10. Juni 1932 Rindelbach/Württ., kath., verh. (Ehefr. Ina) - 1969-90 MdB; 1973-82 1. Parlam. Geschäftsf. d. CDU/CSU-Bundestagsfrakt.; 1982-84 Staatsmin. b. Bundeskanzler, 1984-88 Präs. d. Dt. Bundestages - Liebh.: Volksmusik, Literatur, Gartenarbeit.

JENS, Uwe
Dr. rer. pol., Prof., Volkswirt, MdB (s. 1972; Wahlkr. 82/Wesel I) - Rönskenstr., 4223 Voerde/Rhld. (T. 0228 - 16 37 59) - Geb. 2. Okt. 1935 Hamburg (Vater: Hans-Peter J., im Krieg gef.; Mutter: Dorothea, geb. Borgeest), verh. s. 1963 (Ehefr.: Dr. med. Ingeborg), 3 Kd. (Helge, Arne, Maren) - Volkssch. Hamburg; kaufm. Lehre; n. Abit. (Abendgymn.) Univ. Hamburg u. Tübingen (Volksw.) - B. 1957 kaufm. Angest., dann versch. Tätigk. (u. a. Hafenarb. u. Verkaufsfahrer), 1967-72 Ref. f. Wirtschaftspolitik SPD-Bundestagsfraktion (1970 Vors. Personalrat). Honorarprof. an d. Univ. Bochum. SPD s. 1966 (stv. Vors. Landesaussch. d. SPD in NRW) - BV: Beziehungen zw. d. Lohnstruktur u. d. Lohnniveau, 1970 (Diss.); Alternativen z. Macht, 1980; D. Weltwirtschaft. Herausforderung, 1986. Herausg.: D. Umbau (1991) - Liebh.: Klass. Musik, Sport (1952 Hbg. Jugendm. Viererkajak) - Spr.: Engl.

JENS, Walter
Dr. phil., Dr. phil. h. c., o. Prof. u. Direktor d. Seminars f. Allg. Rhetorik Univ. Tübingen, 1979 Univ.Med. Tübingen - Sonnenstr. 5, 7400 Tübingen - Geb. 8. März 1923 Hamburg (Vater: Walter J., Dir.; Mutter: Anna, geb. Martens), ev., verh. s. 1951 m. Dr. phil. Inge, geb. Puttfarcken (Verf.: Dichter zw. rechts u. links, 1971), 2 Söhne (Tilman, Christoph) - Johanneum Hamburg; Univ. ebd., Freiburg/Br. (Promot. 1944), Tübingen. Habil. 1949 Tübingen - S. 1949 Lehrtätigk. Tübingen (1956 apl., 1963 ao., 1967 o. Prof.); 1986 Prof. Univ. Hamburg - BV: Nein - D. Welt der Angeklagten, R. 1950 (auch franz. (außerd. dramatis. u. Fernsehsp.fass.), holl., jap., span., ital.); Der Blinde, Erz. 1951 (auch franz., jap., ungar., amerik., argent., tschech.); Vergessene Gesicher, R. 1952 (auch franz.); D. Mann, d. nicht alt werden wollte, R. 1955 (auch franz. u. ital.); D. Stichomythie in d. frühen griech. Trag., 1955; Hofmannsthal u. d. Griechen, 1955; D. Testament d. Odysseus, Erz. 1957 (auch poln. u. tschech.); Statt e. Literaturgesch., Ess. 7. erw. A. 1978; Moderne Lit. - mod. Wirklichkeit, Ess. 1958; D. Götter sind sterblich, Tageb. 1959; Dt. Literatur d. Gegenw. - Themen/Stile/Tendenzen, 1961; Zueignungen - 11 lit. Porträts, 1962; Herr Meister - Dialog üb. e. Roman, 1963; Euripides - Büchner, Ess. 1964; V. dt. Rede, Ess. 1969; Am Anfang d. Stall - am Ende d. Galgen/Jesus v. Nazareth,1972; D. Fall Judas, 1975; Republikanische Reden, 1976; E. dt. Universität. 500 Jahre Tübinger Gelehrtenrepublik, 1977; Zur Antike, Ess. 1978; Aischylos, Die Orestie, Übers., 1979; Ort d. Handlung ist Dtschl., Ess. 1981. Fernsehsp.: D. rote Rosa, 1966; Fernsehen - Themen u. Tabus, 1973; D. Verschwörung, D. tödliche Schlag - 2 Fernsehsp., 1974; Div. Hörsp. Herausg.: D. barmherz. Samariter, 1973; Assoziationen, 1978ff.; Warum ich Christ bin, 1979; In letzter Stunde - Aufruf z. Frieden, 1982; D. Untergang, Drama 1983; In Sachen Lessing, 1983; Kanzel u. Katheder, 1984; Momos am Bildschirm, 1984; Dichtung u. Religion (m. H. Küng), 1985; Roccos Erzählung (Texte zu Fidelio v. Beethoven), 1985; D. Friedensfrau (n. Aristophanes), 1986; Theol. u. Lit., 1986; Das A u. das O - D. Offenbarung d. Johannes, 1987; Dt. Lebensläufe, 1987; Feldzüge e. Republikaners, 1988 - 1969 Ehrendoktor Univ. Stockholm, 1953 Preis der Freunde der Freiheit (R.: Nein), 1956 Schleußner-Schüller-Preis Hessischer Rundfunk (Hörsp.: Ahasver), 1959 Preis Kulturkr. BDI, 1963 Schwed.-dt. Kulturpreis, 1968 Lessing-Preis Stadt Hamburg, 1976 Fernsehpreis DAG; 1981 Heinrich-Heine-Preis Stadt Düsseldorf; 1984 Ehrung 20. Adolf-Grimme-Preis (f. Fernsehkrit.); 1984 Hbg. Med. f. Kunst u. Wiss.; 1987 Ehrendoktor Univ. Athen; 1988 Theodor-Heuss-Preis; o. Mitgl. Akad. d. Künste Berlin, Fr. Akad. d. Künste Hamburg, Dt. Akad. f. Sprache u. Dicht., Darmstadt; Präs. PEN-Zentrum BRD (1976), Akad. d. Künste d. DDR (1986) - Lit.: Herbert Kraft, D. lit. Werk v. W. J. (1976); Manfred Laufs, W. J. (1980); Ulrich Berls, W. J. als polit. Schriftst. u. Rhetor. (1984); Festgabe f. W. J. (1988).

JENSEN, Hans-Peter
Dr. med., em. o. Prof. f. Neurochir. Univ. Kiel - Karolinenweg 23, 2300 Kiel - Geb. 7. Nov. 1921 Leipzig (Vater: Agathon J., Ing.; Mutter: Anneliese, geb. v. Lackum), verh. 1953 m. Dr. med. Reta, geb. Pauls - Univ. Leipzig (1942-44) u. Frankfurt/M. (1945-48). Promot. 1949 Frankfurt; Habil. 1959 Würzburg - 1959-71 Lehrtätigk. Würzb. (1965 apl. Prof. f. Chir., insb. Neurochir.), s. 1971 o. Prof.

Kiel. Mitgl. Dt. Ges. f. Chir. (1953) u. f. Neurochir. (1958) sow. Londoner Royal Soc. of Med. (1954), 1972 Internat. Soc. for Pediatric Neurosurgery, 1980 American Acad. of Neurological Surgeons, 1981 Pan African Ass. of Neurol. Sciences, 1982 Congress of Neurological Surgeons - BV: Chirurgie d. Nervensystems u. d. Wirbelsäule, Grundriss d. ges. Chir. (2 Bde.), 1960; Schädel-Hirn-Verletz. u. Wirbelsäulen-Rückenmarks-Verletz., in: Traumatol. in d. chir. Praxis, 1965; Pädiatr. Neurochir., 1967 (ital. 1969); Mißbild. d. Rückenmarks. Handb. d. Neurochir., VII/1, 1969; Neurochir. Behandl. d. Gesichtsschmerzes, 1974. Über 150 Einzelarb.

JENSEN, Jens Christian

Dr. phil., Prof., Ltd. Museumsdirektor Kunsthalle Kiel (1971-90), Wiss. Berater d. Slg. Georg Schäfer, Schweinfurt - Hofweg 8, 2000 Hamburg 76 - Geb. 11. Mai 1928 Lübeck, verh. in 2. Ehe s. 1976 m. Angelika, geb. Forwick, 4 Kd. (Jan, Hinnerk, Jochen, Bettina) - Stud. German., Archäol., Theol., Kunstgesch.; Promot. 1956 Heidelberg - Kustos Kurpfälz. Mus. Stadt Heidelberg. Vors. Heidelberger Kunstverein, gf. Vors. schlesw.-holst. Kunstverein - BV üb. C. Ph. Fohr, 1968; Carl Spitzweg, 1971/76/80; Caspar David Friedrich, 1974; Paul Wunderlich, 1980; Philipp Otto Runge, 1977; Aquarelle u. Zeichnungen d. dt. Romantik, 1978; Adolph Menzel, 1982; Paul Eliasberg, 1983; Malerei d. Romantik in Deutschl., 1985; Harald Duwe, 1987, Emil Schumacher Maroc, 1987; Helmut Pfeuffer, 1988; D. junge Lucebert, 1989; Anders Zorn, 1989 - Spr.: Engl.

JENSEN, Uwe

Richter a. D., Staatssekretär Justizmin. Schlesw.-Holst. (s. 1988), MdL Schlesw.-Holst. (1979-88) - Strandweg 5, 2386 Stexwig (T. 04621 - 3 21 29; 0431 - 889 28 01) - Geb. 10. März 1943 Arenholz/Schlesw.-Flensburg - SPD.

JENSEN, Uwe

Dr. rer. nat., Prof., Wiss. Rat Botan. Inst. Univ. Köln (s. 1968) - Parkstr. 35, 5042 Erfstadt-Liblar (T. Lechenich 2971) - Geb. 16. Juni 1931 Eberswalde b. Berlin - Promot. 1966 Kiel - Facharb.

JENSSEN, Christian

Schriftsteller - Am Kellersee, 2420 Eutin - Geb. 2. März 1905 Krefeld (Vater: Christian J.; Mutter: Martha, geb. Reidel), verh. 1927 m. Liselotte, geb. Höller (†), 1968 m. Ingrid, geb. Martensen - Gymn., Stud. German. u. Päd. Hamburg u. Köln (4 Sem.) - B. 1934 Redakt., Kunstkrit., Verlagslektor (Schaffstein, Köln), dann fr. Schriftst., n. 1945 Vors. Schlesw.-Holst. Schriftst.verb. u. Eutiner Dichterkr., s. 1959 Schriftl., 1981 Chefredakt. Ztschr. D. Rotarier - W: Albert Ballin, Biogr. 1929; Hans Fr. Blunck, Leben u. Werk, 1935; Jungfrau Maleen, Msp. 1936; Licht d. Liebe, Frauenbildn. 1938; Gesang in d. Schären, Erz. u. Ged. 1940; Kraft d. Herzens, Frauenbildn. 1940; D. Fest am Niederrhein, Erz. 1944; D. stille Ruhm, Frauenbildn. 1947; Selma Lagerlöf, Biogr. 1948; Gesetz u. Schöpfung, Ess. 1948; D. Stall im Licht, Sp. 1950; Lob d. Frauen, Frauenbildn. 1953; Das Sonnen-, Mond- u. Sternenkleid, Msp. 1957; D. Gänsehirtin am Brunnen, Msp. 1959; Lit. Reise durch Schlesw.-Holst., 1974; Ich trag ein Licht in Händen, Ged. 1975; Ostholstein, 1977; Märchen u. Sagen v. Menschen u. anderen wundersamen Wesen in Norddeutschland, 1978; Schlesw.-Holst., wo es am schönsten ist, 1984 - 1949 o. Mitgl Dt. Akad. f. Sprache u. Dichtung - 1967-77 Präs., ab 1977 Ehrenpräs. Europ. Märchenges. - 1957 BVK; 1982 Schlesw.-Holst.-Med.; 1985 Ehrennadel Land Schlesw.-Holst. - Rotarier.

JENSSEN, Jens

Dr. rer. pol., Dipl.-Kfm., Dipl.-Volksw., Vorstandsmitglied Ruhrkohle AG - Rellinghauser Str. 1, 4300 Essen 1 - Geb. 15. Dez. 1935 Göttingen, verh. s. 1959 m. Dr. med. dent. Rosemarie, geb. Hilsnitz, 2 Kd. - Industriekaufm.; Stud. Volks- u. Betriebswirtsch. Göttingen, Promot. 1973 Göttingen.

JENSSEN, Wolfgang

Dipl.-Volksw., Wirtschaftsprüfer u. Steuerberater - Felsenstr. 7, 5568 Daun (T. 06592 - 70 21) - Geb. 8. Okt. 1942 Stolpmünde - Gymn. (Abit. 1963). Stud. Volksw. Köln (Dipl.-Volksw. 1968), Mitgl. Verbandsgemeinderat Daun (s. 1969), Kreistag Daun (s. 1974), 1. Beigeordn. d. Stadt Daun.

JENTSCH, Christoph

Dr. phil., o. Prof. f. Geographie Univ. Mannheim (s. 1973) - Lorscher Ring 17b, 6710 Frankenthal - Geb. 21. Dez. 1931 Niederwartha - Promot. 1960; Habil. 1971 - Zul. Prof. Saarbrücken (1971) u. Stuttgart (1972) - BV: D. Brunecker Becken, 1962; D. Nomadentum in Afghanistan, 1973. Fachaufs.

JENTSCH, Hans-Joachim

Dr. jur., Rechtsanwalt u. Notar, Justizminister in Thüringen (s. Nov. 1990) - Alfred-Hess-Str. 8, O-5082 Erfurt; Heinrich-Pette-Str. 2c, 6200 Wiesbaden - Geb. 20. Sept. 1937 Fürstenwalde, ev., verh. s. 1965 m. Dr. med. Doris, geb. Beinhoff, T. Annette - Stud. d. Rechtsu. Staatswiss.; Ass.ex. 1966 - S. 1966 RA, s. 1977 Notar - 1976-82 MdB; 1982-85 Oberbürgermeister Stadt Wiesbaden; 1987-90 MdL Hessen.

JENTSCH, Joachim

Dr. rer. nat., Prof. f. Organ. Chemie u. Biochemie Univ. Hamburg (s. 1975) - Franz-Rabe-Str. 45, 2081 Bönningstedt.

JENTSCH, Jürgen

Gewerkschaftssekretär, MdL Nordrh.-Westf. (s. 1985) - Eggestr. 44b, 4830 Gütersloh 1 (T. 05241 - 4 89 05) - Geb. 6. Sept. 1939, ev., verh. s. 1970 m. Elisabeth, geb. Mußmann, S. Sören - Schlosserlehre - S. 1980 Gewerkschaftssekr.; s. 1975 Rat Stadt Gütersloh (Vors. Werksaussch.), s. 1978 AfA-Unterbezirksvors.; s. 1989 Landesvors. d. Aktion Jugendschutz NW e.V.; s. 1992 Kreisvors. d. Arbeiterwohlfahrt Gütersloh - Liebh.: Schmalfilm, Briefmarken.

JENTSCH, Werner

Dr. theol., Kirchenrat, Prof. i. R. - Heinrich-Schütz-Weg 30, 8000 München 60 (T. 883218) - Geb. 3. April 1913 Chemnitz/Sachsen, ev., verh. s. 1939 m. Hildegard, geb. Strohmeyer, 3 Kd. - Gymn. Bautzen, Fürstensch. St. Afra, Meißen (Abit.); Univ. Leipzig (Promot.) u. Berlin - Ev. Jugendarb. (Leipzig, Berlin, Ostd. Jungmännerw.), ab 1936 Leit. Sem. f. Ev. Jugendarb., Berlin, 1939-43 Standortpfarrer ebd., 1943-45 Wehrdst. u. Kriegsgefangensch., 1945-46 Leit. Dt. Sekretariat YMCA-Kriegsfegangenenhilfe Italien (Theol. Sem. Rimini), 1947-48 Jugendleitersch. Norton Camp (Engl.), 1948-51 Generalsekr. Arbeitsgem. CVJM (Großstadtarb.), 1951-54 Theol. Ref. Reichsverb. d. Ev. Jungmännerbünde Dtschl., Kassel, 1954 Pfarrer Stadtkirche Bad Hersfeld, 1955-65 Dir. Ev. Akad. Hofgeismar, 1965-68 Doz. Sem. f. Katechetik (Ev. Kirche v. Westf.) Bochum, 1948-68 ökumen. Mitarb. Weltbd. YMCA, 1968 Studentenpfr. PH/Univ. München, 1970 Leiter Religionspäd. Arbeitsstelle München. S. 1972 Abt.leit. Fachhochschulstudiengang f. R.päd. u. Kirchl. Bild.arb. Abt. München, Augustana-Gesamthochsch., 1977 Leiter d. Evang. Briefseelsorge - BV: u. a. Urchristliches Erziehungsdenken, 1951; Christl. Stimmen z. Wehrdienstfrage, 1952; Europa als Frage an uns, 2. A. 1953; Aufstand jg. Christen, 1955; Sachl. Vergebung, 1958; Vielfalt u. Einfalt, 1966; Zwischenbemerkung - Univ.-theol. u. Gemeindefrömmigk., 1968; Ökumene im Entwurf (Pariser Basis), 1968; Handb. d. Jugendseelsorge, 6 Bde., I (Gesch.), 1977, II (Theol.), 1977, III, 1 (Praxis: Inf.), 1973, III, 2 (Dok.), 1973, IV, 1 (Stufenseelsorge), 1981, IV, 2 (Gesprächsseelsorge), 1986, IV, 3 (Briefseelsorge u. Gruppenseelsorge), i.V.; Prediger u. Predigt, 1978; Schreiben befreit: Einführg. i. d. Briefseelsorge, 1981; D. Seelsorger, 1982, 3 A. 1984. Mithrsg.: Erwachsenenkatechismus (4. A. 1982) - 1983 BVK - Spr.: Engl., Franz.

JENTSCHKE, Willibald

Dr. phil., em. Prof. u. Direktor Inst. f. Experimentalphysik II Univ. Hamburg, Generaldir. CERN, Genf (1971-75) - Kiefernweg 18, 2080 Pinneberg (T. 6 16 59) - Geb. 6. Dez. 1911 Wien (Vater: Willibald J.; Mutter: geb. Urbanitsch), verh. s. 1953 m. Ingeborg, geb. Fielitz - Univ. Wien - 1948-56 Forschungs- u. Lehrtätigk. Univ. Illinois (Prof.). Emerit. 1980. 1958-70 Dir. DESY, Hamburg. Fachveröff. - 1963 o. Mitgl. Akad. d. Wiss. u. d. Lit., Mainz, ao. Mitgl. Akad. d. Wiss. Wien.

JENTSCHURA, Hansgeorg

Sparkassendirektor - Johannisthaler Chaussee Nr. 184, 1000 Berlin 47 - Geb. 20. März 1933 - Vorst. Sparkasse d. Stadt Berlin West.

JENTZSCH, Bernd

Schriftsteller - Valdergasse 13, 5350 Euskirchen - Geb. 27. Jan. 1940 Plauen/Vogtland (Vater: Hans J., Schriftsetzer; Mutter: Hildegard, geb. Mehnert, Schneiderin), ev., gesch., S. Stefan - 1960-65 Stud. German. u. Kunstgesch. Univ. Leipzig u. Jena (Dipl. in bd. Fäch.) - 1967-74 Verlagslektor, 1974-76 fr. Schriftst., 1977-88 Verlagslektor, 1989-92 wissensch. Mitarbeiter, 1992 Gründungsdir. d. Dt. Literaturinst. Leipzig, Ernennung z. Prof. - BV: Alphabet d. Morgens, Ged. 1961; Jungfer im Grünen, Erz. 1973; D. Muskel-Floh Ignaz v. Stroh, Kinderb. 1974; Ratsch u. ade!, Erz. 1975; D. bitterböse König auf d. eiskalten Thron, Kinderb. 1975; In stärkerem Maße, Ged. dtsch. u. schwed. 1977; Quartiermachen, Ged. 1978; Berliner Dichtergarten u. and. Brutstätten d. reinen Vernunft, Erz. 1979; D. Wirkung d. Ebers auf d. Sau, Kinderb. 1980; Irrwisch, E. Ged. 1980 u. 1985; D. Kaninchen v. Berlin od. V. d. strengen Ordnungen, Erz. 1983; Rudolf Leonhard, Gedichteträumer, Ess. 1984; Schreiben als strafb. Handlung, Ess. 1985. Poesiealbum 276: Bernd Jentzsch, Ged. 1991; Von d. visuellen Wohlhabenheit. D. Autor u. s. buchästhetischen Ansichten,. Ess. 1991; D. alte Lust, sich aufzubäumen. Ausw. 1992; Flöze, Schriften 1992; Sachsengras, Nachsichten, 1992. Herausg. intern. Lyrikreihe: Poesiealbum (1967-76); s. 1980 Reihen: Walter Literarium, D. kl. Walter u. D. Rüsselspringer (zus. m. J. Seuss); 1987-89 Rowohlt Jh.; Lit.-Ztschr.: Hermannstraße 14 (zus. m. H. Heißenbüttel, 1978-81). Fernsehfilme: Ged. u. Gespr., 1975; D. geliebte Stadt, 1982 - 1978 Werkjahr Stadt Zürich; 1982 Gastprof. Oberlin College, Ohio/USA; 1982 Förderpr. Dt. Ind.; 1985 Werkpr. Kanton Solothurn; 1987 Märkischer Kulturpr.

JENTZSCH, Dietrich

Dr. rer. nat., Dipl.-Chem., Unternehmer - Wiesengrund 9, 4600 Dortmund 30 (T. 8 08 40; TTX 2304309=DRJEN) - Geb. 7. März 1928 Dresden (Vater: Walter J., Kaufm.; Mutter: Suse, geb. Mensing), ev., verh. s. 1951 m. Barbara, geb. Hildgendorff, 6 Kd. (Cornelia, Andreas, Franziska, Markus, Matthias, Martina) - Stud. TH Dresden; Promot. 1952 ebd. - 1953-56 Forsch.sinst. Ne-Metalle, 1956-59 Inst. f. Spektrochem., Dortmund, 1959-75 Bodenseewerk, Überlingen, 1975-79 CEAG, Dortmund, 1979-81 Fischbach, Neunkirchen, s. 1981 Inhaber ACA-Inst. f. Managementberat. u. Training. Patentinh. Fachmitgl.sch. - BV: Gas-Chromatographie, 3. A. 1975; Detektoren in d. Gas-Chromatogr., 1970 (m. E. Otte) - Liebh.: Hausmusik (Querflöte), Kochen - Spr.: Engl., Franz. - Bek. Vorf.: Pfarrer C. Mensing (Großv.).

JENTZSCH, Klaus

Senator, Abteilungsleiter in d. Landeszentrale f. polit. Bildung Baden-Württ., Lehrbeauftragter Rhetorik - Weilerhalde 41, 7400 Tübingen (T. 07071 - 4 51 06) - Geb. 13. Febr. 1933, ev., ledig - Kaufm. Ausb.; Stud. Betriebs- u. Volkswirtsch. Bonn - Lehrbeauftr. Univ. Tübingen u. and. Hochsch.; 12 J. Landesvors. d. Freien Deutschen Autorenverb. Baden-Württ., s. 1992 Ehrenvors. - BV: Sterben wir aus?, 1980; Was geht uns d. ältere Mensch an?, 1982; Rhetorik-Lehrb., 1992 - Liebh.: klass. Musik, Reisen - Spr.: Engl.

JERGER, Artur

Dr., Verwaltungsdirektor Hess. Rundfunk - Bertramstr. 8, 6000 Frankfurt/M. 1.

JEROFKE, Hans-Christoph

Geschäftsf. Ferrum GmbH. - Dr.-Franz-Grabowski-Str. 6, 8901 Dinkelscherben/Schw..

JERUSALEM, Siegfried

Opernsänger - Südring 9, 8501 Eckental - Geb. 17. April 1940 Oberhausen, ev., verh. s. 1980, 2 Kd. (Eva, David) - S. 1949 Klavierstunden, 1950 Geigenunterr.; 1955-60 Musikstud. Folkwangschule Essen (Hauptf. Fagott u. Klavier, Nebenf. Geige); ab 1962 Gesangsunterr. (ab 1971 b. Hertha Kalcher, Stuttgart) - 1961 1. Fagottist Hofer Symph.; 1962 1. Fagottist Schwäb. Symph.-Orch. - Reutlingen; 1962 1. Liederabend; 1971-77 2. Fagottist Radio-Symph.-Orch. Stuttgart - Partien: Zigeunerbaron (ZDF, als Fagottist u. als Sänger), 1975; Lohengrin, Darmstadt u. Aachen 1976, Hamburg, Zürich u. Stuttgart 1977 u. Münchner Festsp. 1978, Met New York 1980, Mailänder Scala 1981; Froh u. junger Seemann in: Tristan, Bayreuth 1977; Tamino in: Zauberflöte, Berlin 1978; Parsifal, Wiener Staatsoper 1979; Iphigenie auf Tauris, München 1979; Florestan in: Fidelio, New Orleans 1981; Walther v. Stolzing in: D. Meistersinger v. Nürnberg, Bayreuth 1981; Lenzki in: Eugen Onegin, Stuttgart 1981; Loge Metropolitan Opera 1987; Idomeneo Metropolitaa Opera 1988. Oper- u. Konzert-Gastvertr. Berlin, Hamburg, München, Stuttgart, Zürich, Genf, Wien, Paris, New York, San Franzisko, London, Leipzig u. Dresden. Bayreuth. Festsp. (Parsifal, Lohengrin, Froh) 1979 u. 1980. Schallpl.: Martha, Hoffmanns Erz., Violanta, Schwanda, d. Dudelsackpfeifer, Leonora, Lust. Witwe, Evangelimann, Zauberflöte, Fidelio, Walküre, Jahreszeiten (v. Haydn), zusätzl. zwei Arienpl. FS-Rollen: Zigeunerbaron, D. Opernball, D. lust. Witwe, Parsifal - 1982 Grammy Awards (f. d. Pl. Violanta) - Liebh.: Tennis, Fotografieren - Spr.: Engl.

JESBERG, Karl-Heinz

Dipl.-Ing., Prof., Geschäftsf. Verkehrsbetriebe Peine-Salzgitter GmbH. - Postf., 3320 Salzgitter 1.

JESCHAR, Rudolf

Dr.-Ing., Prof. u. gf. Direktor Inst. f. Energieverfahrenstechnik d. TU Clausthal (s. 1966) - Roseneck 1, 3380 Goslar - Geb. 17. Juni 1930 Löwenberg/Schles., ev., verh. s. 1959 (Ehefr.: Ilse), 2 Kd. (Viola, Marc) - Gymn. Norden/Ostfriesl.; TH Aachen (Dipl.-Ing. 1955, Promot. 1957) - 1955-64 Eisenhüttenind. - Spr.: Engl.

JESCHECK, Hans-Heinrich

Dr. jur., em. o. Prof. f. dt. u. ausl. Strafrecht, -prozeß- u. Zivilprozeßrecht sow. Forstliche Rechtskunde - Schwaighofstr. 4, 7800 Freiburg/Br. (T. 7 37 33) - Geb. 10. Jan. 1915 Liegnitz/Schles. (Vater: Justizrat Erich J.; Mutter: Gabriele, geb. Hoffmann), ev., verh. s. 1951 m. Liselotte, geb. Iltis - Landgerichts-, Oberlandesgerichts- u. Min.rat (Bundesjustizmin.); s. 1954 Ord. u. Dir. Inst. f. Ausl. u. Intern. Strafrecht (1966 MPG) Univ. Freiburg (1965/66 Rektor). Ehrenmitgl. Intern. Juristen-Kommiss. Genf; Ehrnpräs. d. Association Intern. de Droit Pénal; s. 1987 stv. Vors. d. Ges. f. Rechtsvergleichung - BV: D. Verantwortlichkeit d. Staatsorgane n. Völkerstrafrecht, 1952; Pressefreiheit u. militär. Staatsgeheimnis, 1964 (Vortrag); Lehrb. d. Strafrechts, Allg. T. 4. A. 1988; Fälle u. Lösungen, 1978; Strafrecht im Dienste d. Gemeinschaft, 1980 - 1966 Ehrenmitgl. Jap. Ges. f. Strafrecht, Dr. jur. h. c. (1975 Stockholm; 1978 Waseda Univ. Tokio u. Sung-Kyun-Kwan-Univ. Seoul; 1980 San Martin de Porres Lima; 1981 Coimbra; 1984 Löwen; 1988 Bologna); ausl. Mitgl. d. Akad. d. Wiss. d. Niederl., Finnland u. Norw. sowie d. Grossherz. Inst. Luxemburg - Spr.: Engl., Franz., Ital., Span. - Rotarier.

JESCHKE, Dieter

Dr. med., Univ.-Prof. f. Präventive u. Rehabilitative Sportmed. TU München, Leit. Poliklinik f. Präventive u. Rehabilitative Sportmed. ebd., lt. Mitgl. Zentralinst. f. Sportwiss. TU (alles s. 1986) - Connollystr. 32, 8000 München 40 - Geb. 1937 - Zul. Prof. f. Inn. Med. u. Kardiol. sow. ärztl. Dir. Abt. Sportmed. im Zentrum Inn. Med. Univ. Tübingen .

JESCHKE, Norbert

Dr.-Ing., Direktor, Vorstandsvorsitzender Samson AG. (s. 1973), 1971-73 stv.; Hon.-Prof. Univ. Kaiserslautern (s. 1982) - Weismüllerstr. 3, 6000 Frankfurt/M. (T. 4009-0).

JESCHKE, Wolf Dietrich

Dr. rer. nat., Dipl.-Chem., Prof. f. Botanik - St.-Bruno-Str. 17, 8702 Estenfeld/Ufr. - Geb. 9. Okt. 1931 Kiel - Promot. 1960 Mainz - S. 1972 (Habil.) Lehrtätigk. Univ. Würzburg (b. 1978 Wiss. Rat u. Prof., dann Prof.). Spez. Biophysik. Üb. 30 Fachaufs.

JESSE, Walter

Vorstandsvorsitzer Hüttenwerke Kayser AG, Vors. Fachvereinig. Metallhütten u. Umschmelzwerke, Düsseldorf - Drosselweg 7, 4670 Lünen (T. 02306 - 5 34 07) - Geb. 7. März 1917 Hohensee - Spr.: Engl. - Rotarier.

JESSEN, Claus-Uwe

Dr. med., Prof. f. Physiologie Univ. Gießen - Amselweg 13, 6301 Krofdorf-Gleiberg.

JESSEN, Eike

Dr.-Ing., Prof. TU München - Lange Str. 28, 8132 Tutzing (T. 08158 - 39 43) - Geb. 28. Aug. 1933 Göttingen (Vater: Jens J., Nationalökonom, Widerstandskämpfer), ev., verh. s. 1965 m. Inge Nagler, 2 T. (Anna, Julia) - Stud. TU Berlin (Elektr. Nachrichtentechnik); Dipl. 1960, Promot. 1964 - 1964 Entwicklungsleit. Rechner AEG-Telefunken. 1972ff. Prof. Univ. Hamburg, Hochsch. d. Bundeswehr, TU München; 1987 Vors. Dt. Forschungsnetz - BV: Arch. digitaler Rechenanlagen, 1975; Rechensysteme, (m. R. Valk) 1986 - Liebh.: Musik - Spr.: Engl.

JESSEN, Jens

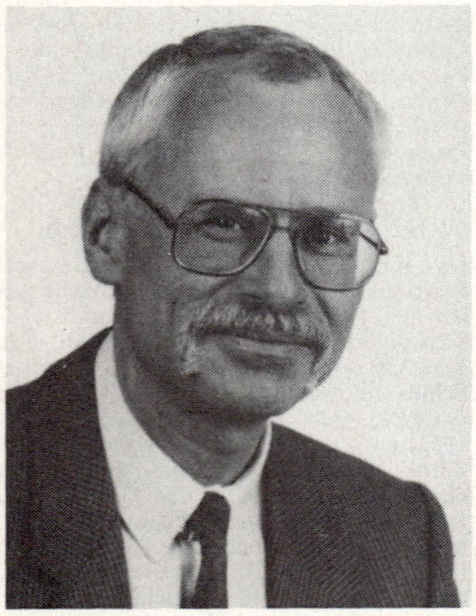

Dr. rer. pol., Hauptgeschäftsführer Kassenärztliche Vereinigung Hessen - Lion-Feuchtwanger-Str. 61, 6500 Mainz 42 - Geb. 21. April 1942 Mülhausen/Elsaß (Vater: Kurt J., Kaufm.; Mutter: Helga, geb. Grob), kath., verh. s. 1970 m. Hiltrud, geb. Hüwel, 3 Kd. (Jan, Annika, Jörn) - Banklehre; Univ. Münster; Promot. 1973 (üb. textile Marktwirtsch.) - 1974-90 Hauptgeschäftsf. d. Landesärztekammer Rheinl.-Pfalz; Vors. Med. Forum Gesundheit; Vorst.-Mitgl. Intern. Ges. f. Gesundheitsökonomie - Mitarb. Dt. Ärzteblatt, Dt. Arzt, region. Ztschr.

JESSEN, Uwe

Dr. jur., Präsid. Finanzgericht Berlin (s. 1967) - Am Anger 5a, 1000 Berlin 33 (T. 8326567) - Geb. 7. Juni 1925 - Zul. Kammergerichtsrat Berlin. Mitgl. Wahlprüf.sgericht Berlin, VG Ev. Kirche Berlin-Brandenburg, Lehrbeauftr. FU, Kurator Kirchl. Hochsch. Berlin.

JESSERER, Gertraud

Schauspielerin - Wasag. 11, A-1090 Wien (T. 34 41 06) - 1981 Gold. Kamera Hörzu.

JESSNITZER, Kurt

Dr. jur., Vizepräsident a. D. Oberlandesgericht Hamm - Pfitznerstr. 40, 4700 Hamm/W. (T. 02385 - 85 80) - Geb. 8. Okt. 1912 Kairo/Ägypt. - BV: D. gerichtl. Sachverständige - E. Handb. f. d. Praxis auf wiss. Grundl., 9. A. 1988; Dolmetscher - E. Handb. f. d. Praxis d. Dolmetscher, Übers. u. ihrer Auftraggeber im Gerichtsbeurkund.- u. Verw.-verf., 1982; Kommentar z. Bundesrechtsanwaltsordnung, 5. A. 1990 - Mitgl. Lions-Club.

JESSURUN, Berndt Jürgen

Techn. Kaufm., Industrieberatg. - Harthauserstr. 27 b, 8000 München 90 (T. 089 - 64 33 54) - Geb. 17. Juli 1918 Hamburg (Vater: Willy J., Kaufm.; Mutter: Alice, geb. Stockinger), protest., verh. s. 1948 m. Luise, geb. Siebel - Hohe Schule (Abit.); 1937-38 Sprachstud. Engl., Frankr., Ital.; 1938-39 Maschinenschlosser-Praktikum - 1939-43 Luftwaffe; 1944-45 MAN (Einkauf); 1945-52 Bayer. Kraft-Transp. GmbH. (Geschäftsf.); 1953-64 DEMAG AG (Delegierter Ferner u. Naher Osten u. Gerant Paris); 1964-71 Krauss-Maffei AG (Vorst.-Mitgl.). 1970-71 Vors. Vereinig. Dt. Lokomotivfabriken u. Exportförderungsverb. d. Lokomotivind.; 1971-73 Generalbevollm., 1973-75 Delegierter d. Präsid.rates d. Schoeller-Gr., München-Zürich-Kopenhagen - Liebh.: Golf - Spr.: Engl., Franz., Ital.

JETTER, Karl

Dr. rer. pol., Wirtschaftsjournalist - Zu erreichen üb. Frankfurter Allg. Zeitung, 11 rue de Miromesnil, Paris 8e (T. 42 65 49 87) - Geb. 2. Juni 1929 Bad Waldsee/Württ. (Vater: Karl J.; Mutter: Agnes, geb. Muschel), kath., verh. s. 1957 m. Elisabeth, geb. Haerle, 3 Söhne (Hans, Karl, Frieder) - Stud. Nationalök. Tübingen, München, Paris. Promot. 1955 Tübingen - S. 1955 FAZ (1958 Stuttgart, 1962 Paris) - BV: Große Berge f. kleine Leute, 1980; Auf Ski, am Seil, im Sattel: Extremtouren in aller Welt, 1990 - Liebh.: Reisen, Bergsteigen, Skifahren - Spr.: Franz., Engl.

JETTER, Kurt

Dr. rer. nat., Prof. f. Mathematik Univ. Duisburg - Auf der Forst 10, 4300 Essen 18 (Kettwig) (T. 02054 - 8 19 90) - Geb. 4. März 1947 Balingen-Zillhausen (Vater: Gotthilf J., Schreiner; Mutter: Hildegard, geb. Spieß), ev., verh. s. 1973 m. Angelika, geb. Hipp, 2 T. (Natalie, Annika) - Stud. Math. u. Physik (Staatsex. 1971); Promot. 1973 Univ. Tübingen, Habil. 1978 Fernuniv. Hagen - S. 1979 C3-Prof. f. Math. in Duisburg.

JETTER, Werner

Dr. theol., em. o. Prof. f. Prakt. Theologie (s. 1961) u. Leit. Inst. f. Prakt. Theol. (1968-89) Univ. Tübingen - Im Rotbad 42, 7400 Tübingen (T. 6 54 68) - Geb. 4. Febr. 1913 Schorndorf (Vater: Hermann J., OPostinsp.; Mutter: Maria, geb. Bader †), ev., verh. s. 1941 m. Dora, geb. Rieß, 5 Kd. (Margarete, Elisabeth, Gottfried, Christoph, Hanna) - Lateinsch. Schorndorf; Ev.-Theol. Sem. Maulbronn u. Blaubeuren; Univ. Tübingen, Zürich, Marburg (Theol.). Promot. 1952 Tübingen - 1935-61 Vikar u. Pfarrer (1942). 1939-45 Wehrdst. - BV: D. Taufe b. jg. Luther, 1954; Warum verbirgst du dein Antlitz? - Pred. üb. Hiob, 1955; Wem predigen wir? - Notwend. Anfragen an Prediger u. Hörer, 1964; Taufgeleit, 1965; Unterwegs m. d. Wort, Lesepred. 1966; Wir rufen dich an, Gebete 1967, 2. A. 1988; Christl. Tag- u. Nachtgedanken, 1967; Prakt. Theol., 1967; Was wird aus d. Kirche? - Beobacht., Fragen, Vorschläge, 1968; Üb. d. Geist, Vortr. 1968; Homiletische Akupunktur, 1976; Symbol u. Ritual, 1978, 2. A. 1986; Vertrauen lernen (Pred.), 1981; Gottesdienst u. Sakrament, Studientexte Nr. 21 Funkkolleg Relig., 1985; Art. Katechismuspredigt TRE, 1988. Mithrsg.: Monatsschr. f. Pastoraltheol., Pred. f. Jedermann - Liebh.: Kirchenmusik - Spr.: Franz., Engl. (Schr.).

JETTMAR, Karl

Dr. phil., o. Prof. f. Ethnologie - Friedrichstr. 2, 6900 Heidelberg (T. 16 06 07) - Geb. 8. Aug. 1918 Wien (Vater: Rudolf J., Maler, Prof. Kunstakad. Wien † 1939; Mutter: Maria, geb. Mayer † 1950), kath., verh. m. Dr. Senta, geb. Heidrich, 2 Kd. (Gabriele, Martin) - Realgymn. Mödling; 1936-41 Univ. Wien (Ethnol., Urgesch., Volkskd.). S. 1958 Prof. Univ. Wien (ao.), Mainz (1961 o.), Heidelberg (1964 o.). Spez. Arbeitsgeb.: Archäol. Nord- u. Zentral-, Ethnol. Südasiens - BV: D. frühen Steppenvölker, 1964 (in alle Weltspr. übers.); D. Religionen d. Hindukusch, 1975. Herausg.: Antiquities of Northern Pakistan (Vol. 1 1989). Div. Einzelarb. - Ord. Mitgl. Dt. Archäol. Inst.; Mitgl. Akad. d. Wiss., Heidelberg - Spr.: Engl., Franz., z. Unterhalt. Russ., Schwed.

JEZIOROWSKI, Jürgen

Oberkirchenrat, Pressereferent Luth. Kirchenamt (s. 1969) - Kollenrodtstr. 64, 3000 Hannover 1 (T. 62 10 14; Telefax 511 - 626 12 11) - Geb. 18. Sept. 1936 Würzburg, ev., verh. m. Inge, geb. Mäusbacher, 3 Kd. (Thomas, Marja, Jörg) - Stud. Theol. Basel, Berlin, Erlangen - BV: Studenten im Aufbruch, 1968. Herausg.: Kirche vor d. Herausforderungen d. Zukunft (1970) u. Luth. Gemeinsch. i. Kontext Afrika (1977); Kein Platz f. Kinder (1978); D. fröhl. Gottlieb (1979); Stadt ohne Kinder (1980); Leben als Last (1986); Kirche im Dialog (1988); Von d. Begleitung Sterbender (1989); Gespräche üb. d. Angst (1991 m. Eugen Drewermann); Eugen Drewermann - d. Streit um d. Glauben geht weiter (1992). Zahlr. Fernseh- u. Hörfunkbeitr. zu Kinder- u. Jugendproblemen.

JEZIORSKY, Klaus Jürgen

Landrat im Landkreis Schönebeck, MdL Sachsen-Anhalt - Garbsener Str. 11, O-3300 Schönebeck - Geb. 2. Jan. 1951 Beendorf, ev., verh. s. 1976 m. Marita, geb. Elbing, 2 Kd. (Bianka, Michael) - Abit.; E.-Monteur; Bankkaufm.; E.-Ing. - Vors. d. Innenaussch. Landtag; AR-Mitgl. d. Chem. Anhaltinische Fabriken Schönebeck.

JIRMANN, Friedrich

Dipl.-Brauereiing., gf. Gesellsch. Wicküler-Küpper-Brauerei KG. a.A. (s. 1972) - Bendahler Str. 31, 5600 Wuppertal-B. - Geb. 25. Dez. 1922 - Vor Umwandlung Vorstandsmitgl. WKB AG.

JOACHIMI, Paul

Dr., Ministerialdirektor - Bundesministerium f. Städtebau, Raumordnung u. Bauwesen - Langenbergsweg 102, 5300 Bonn-Bad Godesberg - S. Jahren Bundesmin. f. Wohnungswesen u. Städtebau bzw. f. Städtebau, Raumordnung u. Bauwesen.

JOB, Michael

Dr. phil., Prof. Univ. Marburg, Sprachwissenschaftler - Himbornstr. 26, 3550 Marburg (T. 06424 - 20 03) - Geb. 4. Jan. 1948 Göttingen, verh. m. Dr. phil. Ulrike Hillringhaus, S. Nikolai - Stud. Allg. u. Vergl. Sprachwiss., Roman., Phil.; Promot. 1974 Univ. Bochum, Habil. 1984 - 1974 Wiss. Assist., 1985-88 Prof. f. Vergl. Sprachwiss. Univ. Bochum, 1988-91 Prof. f. Allg. Sprachwiss. Univ. München, s. 1991 Prof. f. Allg. u. Vergl. Sprachwiss. Univ. Marburg - BV: Probleme e. typolog. Vergl. iberokaukasischer u. indogerm. Phonemsysteme, 1977.

JOBST, Dionys

Dr. jur., Rechtsanwalt, Bundenbahndirektor a. D., MdB (s. 1969, CDU/CSU-Fraktion; Wahlkr. 220/Schwandorf) - Frankengraben 2, 8418 Teublitz/Opf. (T. 09471 - 96 00) - Geb. 5. Sept. 1927 Teublitz, verh., 3 Kd. - Zuvor Bundesbahndir.; s. 1983 AR-Mitgl. Erste Bayer. Basaltstein AG, Steinmühle; Vors. Verkehrsaussch. im Dt. Bundestag; Vors. dt.-jap. Parlamentariergr. - 1980 Bayer. VO.

JOBST, Ernst

Dr., Ministerialrat, Vors. Verein z. Schutz d. Bergwelt - Zu erreichen üb.: Praterinsel 5, 8000 München 22 - Herausg. Vereinsjahrb.

JOCH, Winfried

Dr. phil., o. Univ.-Prof. f. Sportwissenschaft an d. Westf. Wilhelms-Univ. Münster - Horstmarer Landweg 62b, 4400 Münster - Geb. 17. Febr. 1935 Salmünster - Üb. 250 Facharb. u. a. Theorie e. pol. Päd., 1971; Polit. Leibeserziehung u. ihre Theorie im NS-Dtschl., 1976; Schüler-Leichtathl., 1982, 2. A. 1987; Ausdauerleistungsfähigkeit im Kindes- u. Jugendalter, 1983; Jugendleichtathletik (m. D. Augustin), 1988; Rahmentrainingsplan f. d. Grundlagentraining, 1990; Rahmentrainingspläne f. d. Aufbautraining: Bd. 1 - 6 1991/92; D. sportliche Talent, 1992. Herausg. d. Lehrbeilage D. Lehre d. Leichtathletik, Köln; d. Reihe Edition Leichtathletik, Aachen.

JOCHEM, Hans

Dipl.-Ing., Architekt BDA (freischaffend) - Hasselmannsweg 10, 2070 Ahrensburg (T. 04102 - 4 11 11) - Geb. 4. Juli 1923 Hamburg-Harburg, ev., verh. s. 1947 m. Ingrid, geb. Carstensen, 3 Kd. (Thomas, Susanne, Matthias) - Praktikum Krupp AG Harburg, FH Hamburg; Ex. 1947 Dipl.-Ing. Hochbau - 1947-57 Bauleitung b. Arch. Rudolf Klophaus Hamburg: Operettenhaus, Thalia-Theater + Thalia-Hotel Wuppertal, Kino UFA-Duisberg, Commerzbank AG, Neues Hamburg, Neuspar, Hotel Europäischer Hof, 4 City-Hof-Hochhäuser am Hauptbahnhof, u.a. S. 1957 selbst. Architekt in Hamburg m. Peter Hauske, Architekt BDA, Neubauten: Büro- u. Lagerhäuser in Hamburg, Berlin, Kiel, Bremen, u.a. Bürohochhaus AUSTRALIA, dito Wessel-Haus; Michaelis & Co, Helm AG, Siemens AG, Maihak AG, E. Merck & Co., Opel-Bleck, Scharfe Gebr. Arzneimittel, Windsorcastle, Deutsche Bank Zweigstellen, Deutsche Shell u.v.a. - Liebh.: Klass. Musik, Oper, Malerei, Ahnenforschung, Tennis, Wandern - Spr.: Engl., Franz., Latein.

JOCHEM, Josef

Minister a. D., Schulrat a. D. - Hermannstr. 109b, 6680 Neunkirchen - Geb. 24. März 1922 Wiesbach/Saar, kath., verh. s. 1948, 4 Kd. (Magda, Adalbert, Peter, Werner) - Hum. Gymn., Lehrersem. Saarbrücken; 1965-75 Schulrat. 1975-85 MdL; 1977-80 Min. f. Kultus, Bildung u. Sport - 1979 BVK I. Kl.; Saarländischer VO.

JOCHEM, Rudolf

Rechtsanwalt und Notar, Justitiar Bundesarchitektenkammer/Körpersch. d. öfftl. Rechts - Königswinterer Str. 709,

5300 Bonn 3; Kl. Frankfurter Str. 2, 6200 Wiesbaden - Geb. 12. April 1944.

JOCHEMS, Helmut
Dr. phil., o. Prof. f. Didaktik d. Engl. Sprache GH Siegen - Schützenstr. 25, 5910 Kreuztal-Littfeld.

JOCHHEIM, Kurt-Alphons
Dr. med., em. Prof., ehem. Leiter Rehabilitationszentrum Univ. zu Köln u. Inst. f. Rehabilitation u. Behindertensport Deutsche Sporthochsch. Köln - Sperberweg 10, 5042 Erftstadt-Lechenich - Geb. 20. Jan. 1921 Hamburg (Vater: Carl J., Kaufm.; Mutter: Caroline, geb. Schroeder), kath., verh. s. 1948 m. Eleonore, geb. Rost, 3 Kd. (Matthias, Andrea, Bettina) - Univ. Halle/S. u. Hamburg (1939-40, 1942-1946). Promot. 1946 Hamburg; Habil. 1958 Köln - B. 1950 Allg. Krkhs. Heidberg, Hamburg, dann Univ.klinik Köln (1958 Privatdoz., 1964 apl. Prof. f. Neurologie u. Psychiatrie), 1965 Prof. Dt. Sporthochsch. Köln. Emerit. 1986. Vors. Dt. Vg. f. d. Rehab. Behind. - BV: Grundl. d. Rehabilitation in d. Bundesrep. Dtschl., 1958; Rehabilitation, 1975; D. neurol. Gutachten, 1984; über 200 Einzelbeitr., 1978 Rehabilitationspreis; 1978 Poppelreuter-Medaille; 1984 BVK I. Kl. - Liebh.: Graphik (Sammler), Reiten, Segeln - Spr.: Engl. - Bek. Vorf.: Benjamin Gartner (ms.).

JOCHIM, Gerd
Dipl.-Volkswirt, Hauptgeschäftsführer Industrie- u. Handelskammer Stade für d. Elbe-Weser-Raum (s. 1991) - Zu erreichen üb. IHK Stade f. d. Elbe-Weser-Raum, Am Schäferstieg 2, 2160 Stade (T. 04141 - 60 66 22) - Geb. 20. Sept. 1938 Stade, ev., verh. - Stud. Volkswirtsch. Tübingen, Göttingen, Würzburg - Spr.: Engl., Franz.

JOCHIMS, Brigitta
Prof. f. Flöte Staatl. Hochsch. f. Musik Rheinl./ Musikhochsch. Köln - Flurstr. 27, 5160 Düren.

JOCHIMS, Johannes
Dr. rer. nat., Prof. f. Chemie Univ. Konstanz - Jacob-Burckhardt-Str. 10, 7750 Konstanz/B. - Zul. Wiss. Rat u. Prof.

JOCHIMS, Raimer
Dr. phil., Maler, Prof. f. Malerei u. Kunsttheorie Staatl. Kunsthochsch. Frankfurt (s. 1971) - Dürerstr. 10, 6000 Frankfurt/M. (T. 069 - 60 50 08-26) - Geb. 22. Sept. 1935 Kiel (Vater: Dr. med. Johannes J., Arzt; Mutter: Elisabeth, geb. Menck), ev., verh. s. 1963 m. Heinrike - Stud. Phil. u. Kunstgesch. Spez. Form der Farbe. Zahlr. Ausstell. In- u. Ausl. Kataloge: Kunstverein Frankfurt (1982); Ritter-Verlag Klagenfurt (1986) - BV: D. Maler Antonio Calderara, 1972; Visuelle Identität, 1975; Steine, 1984; Zeichnungen Kerber, 1985.

JOCHIMS, Wilfried
Prof., Konzert- u. Opernsänger, Prorektor d. Hochschule f. Musik Köln (s. 1990), stv. Dir. (s. 1986) - Flurstr. 27, 5160 Düren - Geb. 3. Dez. 1936 - Stud. German., Phil. u. Musik Univ. u. Musikhochsch. Köln; 1961 Staatsex., 1962/63 Konzertex. (Bühnenreife) - Schallpl. u. Konzertreisen In- u. Ausl. (Amerika, Indien, Austral., Europa); 1979/80 Forsch.auftr. Centre Pompidou (IRCAM), Paris üb. Schädelmess. u. akust. Untersuch. an Berufssängern; Lehrauftr. u. Lernlaborleit. Staatl. Hochsch. f. Musik Rhld., Köln (Mitgl. d. Senats) - 1964 Musikpreis Deutsch. Musikrat.

JOCHIMSEN, Luc
Dr. phil., Leiterin d. ARD GERMAN TELEVISION, London Bureau (s. 1991) - Zu erreichen üb. ARD GERMAN TELEVISION, London Bureau, DIADEM HOUSE, 10-12 Great Chapel Street, London W1V 3AL - Geb. 1936 Nürnberg - 1956 Abit. Frankfurt; Stud. Soziol., Politik, Phil. Univ. Hamburg u. Münster; Promot. 1961 - 1961-70 fr. Rundf.-Autorin f. d. Feature-Redakt. NDR, HR, SFB, SWF; ab 1970 freiberufl. Fernseh-Autorin; 1975 Redakt. Panorama; 1985-88 ARD-Korresp. in London; 1988-91 Leiterin d. Redaktion Feature/Auslandsdok. d. NDR - BV: Hinterhöfe d. Nation - D. Grundschul-Misere in d. Bundesrep. Deutschl., 1971; Kennen Sie Bebel's Frau? - Sozialismus als Männersache, 1981 - 1971 Grimme Preis (f. WDR-Prod. Schulreform); Alexander-Zinn-Preis d. Stadt Hamburg; 1984 Prix-Italia (f. d. NDR-Film Umgang).

JOCHIMSEN, Reimut

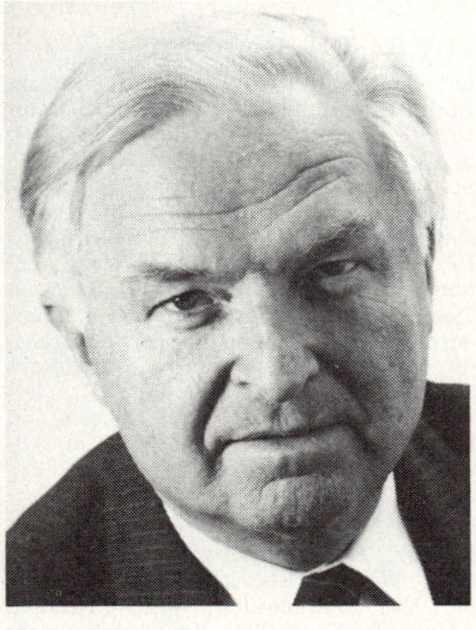

Dr. rer. pol., Univ.-Prof. a. D., Staatssekretär a. D., Staatsminister a. D., Präs. d. Landeszentralbank in Nordrh.-Westf. - Berliner Allee 14, Postf. 11 48, 4000 Düsseldorf 1 (T. 0211 - 8 74 22 14 (Pers. Referent); Fax 0211 - 8 74 22 25; Telex 8588694 zbd); Bismarckallee 14, 5300 Bonn 2 (T. o228 - 35 24 88) - Geb. 8. Juni 1933 Niebüll/Schleswig (Vater: Johannes J., Oberstud.dir.; Mutter: Vera, geb. v. Harder u. v. Harmhove), verh. s. 1961 m. Dr. Margarethe, geb. Müller, 2 Kd. (Maren, Jasper) - Gymn. Flensburg; Univ. Bonn, Cambridge (Harvard), Bologna (Johns Hopkins), Freiburg/Br. (Wirtschafts- u. Sozialwiss.). Dipl.-Volksw. (1957), Promot. (1959) u. Habil. (1964) Freiburg - 1957-64 Assist. Univ. Freiburg; 1959-61 u. 64 Gastprof. Bologna; s. 1964 o. Prof. Univ. Kiel (Dir. Sem. f. Wirtsch.politik u. Inst. f. Regionalf.; 1969-70 Rektor designatus); 1970-73 Bundeskanzleramt (Leit. Planungsabt.); 1973-78 Staatssekr. Bundesminist. f. Bildung u. Wissensch., 1978-80 Min. f. Wiss. u. Forschung NRW; 1980-85 Min. f. Wirtsch., Mittelstand u. Verkehr NRW; 1985-90 Min. f. Wirtschaft, Mittelstand u. Technol. NRW; 1974-77 u. 1980-86 Mitgl. d. Rates d. Univ. d. Vereinten Nationen, Tokio; Mitgl. Rat. d. Weltinst. f. Wirtschaftsentwickl.-Forsch. d. Univ. d. Vereinigten Nationen, Helsinki; 1978-90 Mitgl. d. Bundesrates; 1980-90 amtierender od. stv. VR-Vors. Westd. Landesbank Girozentrale Düsseldorf; s. 1980 stv. u. 1988-90 Vors. Wirtschaftsmin.konfz. d. Länder d. Bundesrep. Dtschl. Div. Mitgl.sch. SPD s. 1965 - O. Mitgl. Akad. f. Raumf. - BV: Ansatzpunkte d. Wohlstandsökonomik, 1961; Theorie d. Infrastruktur, 1966; Aufgaben d. Wirtschaftspolitik in Schlesw.-Holst., 1967; Ziele u. Strukturen d. Univ., 1968; Theorie u. Praxis d. Infrastrukturpolitik, 1970; Gebietsreform u. regionale Strukturpolitik - D. Beispiel Schlesw.-Holst.s, 1971 (m. a.); Gegenstand u. Meth. d. Nationalökonomie, 1971; Studienplatznachfr. u. Absolventenbilanz e. Univ., 1972; Aktive Strukturpolitik z. Modernisierung d. Volksw., 1974; Perspektiven d. Bildungspolitik b. sich wandelnden wirtschaftl. u. gesellschaft. Bedingungen, 1977 (auch engl., franz., jap.); Z. Energiepolitik d. Landes Nordrh.-Westf., 1980; Z. Verhältnis v. Wiss. u. Politik, 1981; Räuml. Politik in d. Bewähr., 1982; KVR-Rede, 1983; MWMT-Reden, 1985. Versch. Herausg. - Vors. OECD-Expertengruppe - 1975 BVK I. Kl., 1978 Gr. BVK, 1984 Stern, 1988 Schulterbd. dazu; 1989 Gr. Silb. Ehrenzeichen m. Stern d. Rep. Österreich; norwegischer Orden; VO NRW; Dr. rer. pol. h.c. Univ. Dortmund - Liebh.: Mod. Kunst - Spr.: Dän., Engl., Ital.

JOCHMUS, Ingeborg
Dr. med., Prof. f. Kinderheilkunde u. Psychosomat. Medizin d. Kindesalters - v.-Manger-Str. 12, 4400 Münster/W. - Geb. 7. Juli 1919 Kassel - Promot. 1945 - S. 1969 (Habil.) Lehrtätigk. Univ. Münster (1972 apl. Prof.; gegenw. Prof. u. Leit. Psychosomat. Abt./Kinderklin.) - BV: D. psych. Entwickl. diabet. Kinder u. Jugendl., 1971. Div. Einzelarb.

JOCHUM, Peter
Dr., Generalbevollmächtigter d. ESPE Stiftg. & Co. Produktions- u. Vertriebs KG, Seefeld/Obb. - Pointweg 5, 8031 Hechendorf/Pilsensee - Geb. 30. April 1924 - Stud. Chemie (Dipl.).

JOCHUMS, Arno
Dipl.-Berging., Gesellschafter Hauhinco Maschinenfabrik G. Hausherr, Jochums GmbH & Co. KG, Essen, Hauptvorst. VDMA, Frankfurt, AR Rheiner Maschinenfabrik Windhoff AG, Rheine - Hans-Luther-Allee 11, 4300 Essen 1 - Geb. 5. Dez. 1913 - Ehrenbürger TU Clausthal; BVK I. Kl., 1984 Gr. BVK; Gr. Verdienstmed. VDMA; Kammer-Ehrenz. in Gold IHK Essen; 1989 Ehrenplak. d. Stadt Essen.

JOCKEL, Rudolf

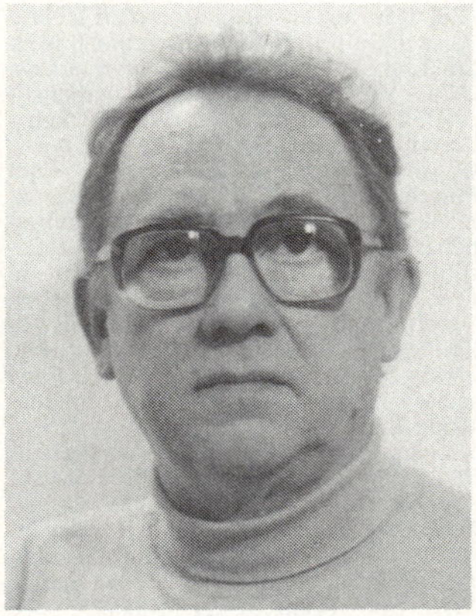

Dr. phil., Kulturhistoriker, Schriftsteller, Doz. Goethe-Inst. - Stennerstr. 4, 5860 Iserlohn (T. 02371 - 2 80 83); priv.: Teichstr. 68, 5870 Hemer u. Barkhausstr. 70, 6100 Darmstadt - Geb. 1. März 1928 Darmstadt (Vater: Dr. med. Rudolf J., Arzt f. Naturheilverf., 1888-1975; Mutter: Elisabeth Anna, geb, Rink, 1895-1964), verh. s. 1964 m. Grazia Paternò del Grado - Georg-Büchner-Sch. Darmstadt (Abit. 1948); 1948-52 Stud. d. Phil., Theol., Ethnol., Orientalistik Univ. Tübingen (Promot. 1952) - 1953-56 Doz. VHS u. fr. Schriftst., gleichz. 1954-55 Lektor Ullstein-Taschenb. Verlag, s. 1957 Doz. u. Leit. an versch. Goethe-Inst. (b. 1961 Ebersberg/Obb., 1961-65 Staufen/Brsg., 1965-75 Turin, 1975-80 Luxemburg, 1980-85 München, 1985-88 Oslo, 1988ff. Iserlohn). 1953 Mitgl. Martin-Behaim-Ges., 1958 Intern. Ges. f. Religionsgesch. , 1967 Centro Studi Piero Gobetti, Turin, 1979 Hochkirchl. Ver. Augsb. Bek., 1981 Hochkirchl. St. Johannes-Brudersch. (1983-92 Sekr. d. Apostol. Vorstehers) - BV: Götter u. Dämonen, 1953, 3. A. 1977, Neuausg.: D. gr. Mythen d. Menschh., 1990; Islam. Geisteswelt, 1954, 2. A. 1981; D. lebend. Religionen, 1958; 5. A. 1967. Übers.: S. Radhakrishnan Ind. Phil., 2 Bde. 1955-56; S. Radhakrishnan Weltanschauung d. Hindu, 1962 - 1973 Komturkr. VO. Ital. Republ.; 1975 Silb. Med. Stadt Turin; 1975 Ehrenschild Resist. Turin; 1980 Göllenen Héil Luxemburg; 1981 Komturkreuz VO Luxemburg - Liebh.: Philatelie, Numismatik, Gesch., Religion, Reisen, Malen - Spr.: Engl., Franz., Ital. - Vorf.: Baumeister Gustav Jockel (1857-1914) Lauterbach/Hess. (Baumeister-Jockel-Brunnen, Denkmal Lauterbach); mütterl.seits: Witigonen v. Rosenberg (Rožmberk), Herren v. d. Rose, u.a.: Vítek v. Prčic (Witiko), 1169 kgl. Truchseß u. Burggraf in Prag, †1194; Vok I., 1257 Marschall v. Böhm., 1259 Stifter Zisterz.-Abtei Hohenfurth/Moldau, 1260 steir. Lds-Hptm. †1262; Peter I., heir. Piastin Viola v. Teschen, Witwe Kg. Wenzels III., Onkel v. Kaiser Karl IV., 1323 böhm. obst. Ldricht. u. Kämm., 1336 Vizekg. v. Böhm., Stifter d. got. Altars v. Hohenfurth (jetzt Mus. Georgs-Klost. Hradschin Prag) †1347.

JOCKENHÖVEL, Albrecht
Dr. phil., Prof. f. Vor- u. Frühgeschichte Univ. Münster - Domplatz 20-22, 4400 Münster; priv.: Oberlindau 84, 6000 Frankfurt/M. 1 - Geb. 6. Juni 1943 Wiesbaden (Vater: Karl-Heinz J., Oberstfeldm. RAD, gef. 1943; Mutter: Gudrun, geb. Müller), verh. s.1975 in 2. Ehe m. Annemie, geb. Poth, 4 Kd. (Oliver, Tobias, Julia, Anna) - 1964-69 Univ. Frankfurt (Vor- u. Frühgesch.). Promot. Frankfurt - S. 1969 Univ. Frankfurt (1972 Prof.); 1987 Univ.-Prof. Münster. Spez. Bronzezeit - Buchbeitr.: D. Rasiermesser in Mitteleuropa (Prähistor. Bronzefunde VIII, 1; 1971) u. D. Rasiermesser in Westeuropa (ebd. 2; 1980); s. 1985 Herausg. d. Reihe Prähist. Bronzefunde. Zahlr. Fachaufs. - 1976 korr. Mitgl. DAI - Spr.: Engl.

JOCKUSCH, Brigitte M.
Dr. rer. nat., Univ.-Prof., Biologin - Treptower Str. 77, 4800 Bielefeld 1 (T. 0521 - 10 25 46) - Geb. 27. Sept. 1939 Berlin, verh. s. 1967 m. Prof. Dr. Harald J., 2 S. (Arne, Wolf) - Staatsex. f. Höh. Lehramt 1964, Promot. 1967 Univ. München, Habil. 1972 Tübingen - EMBO-Mitgl., 1985-89 Vizepräs. Dt. Ges. f. Zellbiol., Gründungssprecherin u. amtierende Sprecherin d. Sonderforsch.ber. Pathobiol. zellulärer Wechselwirk. Üb. 60 Originalveröff. in intern. Fachztschr. d. Zellbiol. - 1987 Kulturpreis d. Stadt Bielefeld - Liebh.: Musik d. Vorklassik u. d. Moderne (ausübend Spinnett) - Spr.: Engl.

JOCKUSCH, Harald
Dr. rer. nat., Prof. f. Entwicklungsbiologie Univ. Bielefeld (s. 1981), Prorektor f. Forsch. u. Wiss. Nachwuchs ebd. (1989-92) - Univ. Bielefeld, Postf. 86 40, 4800 Bielefeld 1 (T. 0521 - 106 56 18) - Geb. 5. März 1939 Frankfurt - Stud. Biologie, Biochemie Univ. Frankfurt, Tübingen, München; Promot. 1966, MPI f. Biologie Tübingen (Prof. G. Melchers) - 1977-81 Prof. f. Neurobiologie Univ. Heidelberg; wiss. Beiratsmitgl. Dt. Ges. Bekämpfung d. Muskelkrankheiten - BV: D. entzauberten Kristalle, 1973; Hal Jos: verflogen ist d. inseljahr im nu, 1970; Viren, Zellen, Organismen in: Bergmann-Schaefer, Physik, 1992; Ei u. Schädel sie zerbarsten, 1989. Ausst.: 1974 Tübingen, 1989 Bielefeld ZiF (45 J. Biographik).

JODL, Hans-Jörg
Dr. rer. nat., Prof. f. Physik Univ. Kaiserslautern - Menzelstr. 1, 6750 Kaiserslautern - 1963-68 Physikstud. TU München, Promot. 1972, 2. Staatsex. f. d. Lehramt an Gymn. 1973, Habil. 1983.

JÖBGES, Horst
Rechtsanwalt, Vorstandsmitglied Städtische Werke Krefeld AG (s. 1971), Versicherungsverb. Dt. Eisenbahnen (s. 1979; Vorst.-Vors. s. 1989), Kommunaler Schadenausgl. westd. Städte (s. 1989), VR-Mitgl. Autoschadenausgl. Dt. Gemeinden u. Gemeindeverb. (s. 1984), stv. Beiratsmitgl. Haftpflichtverb. öfftl. Verkehrsbetr. (s. 1988) - Schönwasserstr. 234, 4150 Krefeld (T. 02151 - 59 61 95) - Geb. 12. Febr. 1941 Krefeld (Vater: Peter J., Elektroschweißer †; Mutter: Käthe, geb. Stoffels †), kath. - I. u. II.

Jurist. Ex. 1967 u. 71 - 1970-71 Bürgerm. Krefeld, 1970-75 Ratsherr ebd. - Liebh.: Altsprach. Lit., Eishockey, Skat - Spr.: Engl., Franz.

JÖCKEL, Heinrich

Möbelkaufm. (Möbelhaus Heinrich Jöckel KG.), Vizepräs. IHK Friedberg - Kaiserstr. 17, 6360 Friedberg/Hessen.

JOEDICKE, Jürgen

Dr.-Ing., Prof., Freier Architekt (BDA), Arbeitsgebiete: Krankenhausbau, Sport-, Bürobauten. Wichtigster Bau: Klinikum II, Nürnberg (1982-93, Joedicke u. a.) - Dornröschenweg 76, 7000 Stuttgart 80 (T. 71 26 78) - Geb. 26. Juni 1925 Erfurt (Vater: Arthur J., Kaufm.; Mutter: Frieda, geb. Nitzschke), ev., verh. s. 1951 m. Rosemarie, geb. Rapp, 2 Kd. (Jochen, Ingrid) - Obersch. Erfurt (Himmelspforte); Betonbauerlehre (Gesellenprüf.); Hochsch. f. Baukunst u. bild. Künste Weimar (Dipl.-Ing. 1950). Promot. 1953 Stuttgart - S. 1951 Assist., Lehrbeauftr. (1953), Doz. (1958), apl. (1963) u. o. Prof. (1967) TH bzw. Univ. Stuttgart (Lehrstuhl f. Grundl. d. mod. Arch. u. Entwerfen) - BV: Gesch. d. mod. Arch., 1958 (auch schweizer., engl., amerik., ungar., franz., ital., chin., russ. Ausg.); Bürobauten, 1959 (auch schweizer. u. engl. Ausg.); Für e. lebendige Baukunst, 1965 (jap. Ausg.); Schalenbau, 1963 (auch schweiz., engl., franz., holl., jap. Ausg.); Architektur u. Städtebau, 1964; Hugo Häring, 1965; Mod. Architektur, 1969 (auch engl., franz., span. Ausg.); Angew. Entwurfsmethodik f. Arch., 1975; Archit. im Umbruch - Gesch. - Entwickl. - Ausblick, 1981; das andere bauen, 1982; Raum u. Form in d. Architektur, 1985 (auch jap. Ausg.); Arch.gesch. d. 20. Jh. - V. 1950 bis zur Gegenwart, 1990 (auch ital. Ausg.). - Herausg.: Dokumente d. Mod. Arch. (Reihe) - 1969 Hugo-Häring-Preis (BDA Bad.-Württ.), 1976 Ehrenmitgl. Ungarischer Architektenverb. MESZ, 1980 Dr. h.c. Akad. f. bild. Künste Istanbul, 1984 Dr. E.h. Univ. Dortm.

JÖHNK, Max-Detlev

Dr. sc. pol., Prof. f. Ökonometrie u. Statistik Univ. Hannover - Beekestr. 118, 3000 Hannover 91.

JOEL, Klaus

Geschäftsführer Telefunken Systemtechnik GmbH (s. 1989) - Sedanstr. 10, 7900 Ulm - Geb. 6. Mai 1929 Oldenburg/O. (Vater: Georg J., Ministerpräs. a. D. (s. XIII. Ausg.)); Mutter: Hertha, geb. Ernst), vd., verh. s. 1956 m. Doris, geb. Miemietz, 2 Kd. (Frauke, Tomke) - Oberrealsch.; 1948-49 Höh. Handelssch.; 1949-50 kaufm. Lehre Industrie - S. 1951 AEG (1973-85 Vorst.-Mitgl. AEG-Kabelwerke), 1985-89 Generalbevollm. AEG AG.

JÖNCK, Uwe

Dr., Vorstandsmitglied ESSO AG - Kapstadtring 2, 2000 Hamburg 60 - Geb. 3. Juni 1934.

JÖNS, Dietrich

Dr. phil., o. Prof. f. Neuere dt. Literaturgeschichte Univ. Mannheim (s. 1966) - Sonnenbergweg 18, 6945 Hirschberg/Bergstr. (T. 06201 - 5 27 93) - Geb. 10. Nov. 1924 - Habil. 1965 Kiel - 1972-75 External Examiner u. Berat. f. Studienaufbau f. Dt. a. d. Chinese Univ. of Hongkong. 1973 Gastprof. Univ. of Waterloo/Canada, 1982-85 Prorektor Univ. Mannheim - BV: Begriff d. histor. Zeit b. Herder, 1956; D. Sinnen-Bild b. A. Gryphius, 1966; S. v. Birken: Prosapia (zus. m. H. Laufhütte), Biogr. 1988. Div. Fachveröff.

JÖNSSON, Claus

Dr. rer. nat., Prof. f. Angewandte Physik - Rutenweg 7, 7400 Tübingen 2 (T. 07071 - 7 31 35) - Geb. 26. Mai 1930 Berlin (Vater: Alwin J., Dipl.-Ing.; Mutter: Eva, geb. Volkmann), ev., verh. s. 1958 m. Ute, geb. Krapoth, 4 Kd. (Nikolai, Katja, Franziska, Frithjof) - Schule Hamburg-Volksdorf, Univ. Hamburg u. Tübingen (Physik b. Prof. Möllenstedt), Dipl. 1956, Promot. 1961, Habil. 1970, apl. Prof. 1973. 1961-66 Assist., 1966-73 Akad. Rat, 1973-78 Wiss. rat u. Prof., s. 1978 Prof. alles Inst. f. Angew. Physik, Univ. Tübingen.

JÖRDENS, Friedrich

Direktor - Hannoversche Str. 7, 3220 Alfeld/Leine - Geschäftsl. Alfelder Eisenwerke Carl Heise Kom.-Ges. vorm. Otto Wesselmann & Cie.

JÖRDER, Ludwig

Dr. jur., Hauptgeschäftsführer Westfalenhallen Dortmund GmbH - Mallinckrodtstr. 136, 4600 Dortmund 1 - Geb. 22. Juli 1946 Arnsberg, gesch., T. Julia - Jurastud., 2. Staatsex. 1975, Promot. 1977.

JÖRG, Hans

Dr. phil., Univ.-Prof. f. Angew. Erziehungswiss. - Henri-Dunant-Str. 2, 6671 Rentrisch/Saar - Geb. 31. Jan. 1923 Duisburg, kath., verh. s. 1945 m. Waltraud, geb. Back, 5 Kd. (Winfried, Karlhans, Georg, Astrid, Michael) - Gymn. (dav. 6 J. Belg.); Univ. Freiburg u. Mainz (Päd., Psych., Phil., Roman., Soziol., Gesch., Theol.). Volks- u. Realschulex. 1946 u. 55; Promot. 1959 - 1946-61 Volksschullehrer u. Rektor; s. 1961 Dozent u. Prof. (1965) Päd. Hochsch. Paderborn (1961/62), Saarbrücken (1962-78), Univ. Saarbrücken ab 1978 (Erziehungswissensch. m. Schwerp. Schulpäd./Allgem. Didaktik) - BV: D. Entwickl. d. Volksschulwesens im Kr. Kreuznach, 1960; D. Päd. Hochsch. u. d. Landsch., 1962; Polit. Bildung im 9. Schulj., 1964; Die moderne französische Schule, 1965; Päd. Reformbestreb. neurer Zeit u. ihre Auswirk. auf d. Schulbaurichtlinien in d. Ländern d. BRD, 1969; Unterr.praxis, 1970; Von d. Eigenfibel z. Arbeitsl., 1970; D. Saarland, 1972; Wir drucken - Lesedruckspiele I u. II, 1971-76. Übers.: G. de Landsheere, Einf. in d. Päd. Forsch. (2. A. 1971); Didakt. Spiele z. Denk-, Sprach-, Form- u. Bewegungsbeherrsch. 1-4, 1974; Die Päd. d. Célestin Freinet u. die Schulreform in Frankr., 1979; Moderne Schule u. d. Schulw. in Frankr., 1979; Praxis d. Freinet-Päd., 1980; Erziehung ohne Zwang, 1981; Wir drucken uns. Fibel selbst, 1985; So macht Schule Freude, 1985; Erzieh. ohne Zwang, 2. A. 1985; Kooperation als Fundament d. Freinet-Päd., 1986; Arbeitsmeth. d. Freinet-Päd. - e. franz.-dt. Experiment, 1986; D. Fernsehverhalten v. Grundschülern u. seine Auswirk. auf d. schul. Leistung, 1987; Schüler drucken ihre Fibel selbst, 1991 - Spr.: Franz., Engl., Niederl., Ital.

JÖRG, Sabine

Dr. phil., Medienforscherin u. Schriftst. - Ludwigshöher Str. 46, 8000 München 71 (T. 089 - 791 45 49) - Geb. 10. Nov. 1948 Alsfeld/Hessen, ev., verh. m. Dieter J., T. Dorothea - Dipl.-Psych. 1972 Univ. Bochum; Promot. 1975 Bochum - Forsch. z. Unterhaltung im Fernsehen, Konzeptentw. v. Kinderprogr., Unters. z. visuellen Wahrnehmung - BV: Per Knopfdruck durch d. Kindheit, 1987; Und Freunde werden wir doch, 1990; versch. Kinder-, Jugend- u. Sachbücher - Liebh.: Lit. d. 19. Jh., München - Spr.: Engl., Franz. Latein.

JÖRGENSEN, Gerhard

Dr. med., Prof., Intern., Präs. Bundesverb. Dt. Schriftst.ärzte (1974-78) - Stauffenberg-Ring 13, 3400 Göttingen (T. 2 23 28) - Geb. 20. Nov. 1924 Heide/Holst., 2 Kd. (Dr. Rainer Georg J., Bodenwiss. Univ. Göttingen, Astrid, Zahnärztin) - S. 1963 (Habil.) Lehrtätigk. Göttingen (1969 apl. u. 1974 o. Prof. f. Humangenetik); 1974-82 Vors. Dt. Hochsch.aussch. f. Leibesübungen. S. 1974 Insel-Redakt. Münchner Med. Wochenschr. 1974-78 Präs. Bundesverb. Dt. Schriftstellerärzte (BDSÄ); 1975-88 Vors. Freier Dt. Autorenverb. Landesverb. Nieders. FDA; s. 1977 Vizepräs. Dt. Autorenrat. S. 1979 Oberstarzt d.R. d. Bundesw. - BV: 10 Buchveröff.; üb. 300 wiss. Arb., dar. mehrere Monogr. Mitarb. an üb. 80 Anthol. (Ps. Spottlieb Freundlich, Ironicus, Seufzlinde) - 1968 Lebensrettungsmed.; mehrere lit. Ausz., mehr. Ehrenmitgl.sch., u.a. Ehrenvors. FDA-Landesverb. Nieders. - Bek. Vorf.: Johann Jörgensen, Fernsehredakt. (Vetter).

JOERGER, Konrad

Dr. phil., Dipl.-Psych., Prof. f. Päd. Psychologie - Lilienweg 8, 7835 Teningen 3 (T. 07663 - 15 06) - Geb. 8. Aug. 1929 Bruchsal - Promot. 1960 München - S. 1969 Prof. PH Freiburg - BV: Gruppentest f. d. soz. Einstell., 2. A. 1973; Einf. in d. Lernpsych., 7. A. 1980; Lernprozesse b. Schülern, 1. A. 1975; Lernanreize, 1980.

JOERGES, Bernward

Dr. phil., Prof. Wissenschaftszentrum Berlin f. Sozialforsch. - Reichpietschufer 50, 1000 Berlin 30 (T. 030 - 2 54 91-0); u. TU Berlin - Geb. 1. Sept. 1937, kath. - Stud. Univ. Tübingen, Bonn, Saarbrücken, Bombay (Psych. Dipl.); Promot. (Soziol.); Habil. (Soziol.) 1976 Stuttgart - 1985 Gastprof. London School of Economics, 1987 Univ. of Uppsala - BV: u.a. Community Development in Entw.ländern, 1967; Beratung u. Technol.transfer, 1974; Gebaute Umwelt u. Verhalten, 1977; Verbraucherverhalten u. Umweltbelastung, 1982; Public Policies and Private Actions, 1987; Technik im Alltag, 1988 - Liebh.: Reisen.

JOERGES, Christian

Dr. jur., Prof. f. Zivilrecht, Recht d. Intern. Wirtschaftsbezieh. Univ. Bremen (s. 1974) - Bulthauptstr. 34, 2800 Bremen - Geb. 27. Sept. 1943 Weißenfels, verh. s. 1971 m. Annette Rothenberg-Joerges, 2 Töcht. (Johanna, Charlotte) - Promot. 1970 - 1982-87 stv. Dir. Zentrum f. Europ. Rechtspolitik, Bremen; 1985/86 Stip. Netherlands Inst. for Advanced Studies, Wassenaar, NL; 1987/88 Prof. Europ. Hochschulinst., Florenz; s. 1989 Teilzeit-Prof. f. Wirtsch.recht unter bes. Berücksichtigung d. Europ. Wirtsch.-recht, Europ. Hochschulinst. Florenz - BV: Z. Funktionswandel d. Kollisionsrechts, 1971; Bereicherungsrecht als Wirtschaftsrecht, 1977; Verbraucherschutz als Rechtsprobl., 1981; Vertriebspraktiken im Automobilersatzteilsektor, 1985; D. Sicherheit v. Konsumgütern u. d. Entw. d. Gemeinschaft (zus. m. J. Falke, H. W. Micklitz, G. Brüggemeier), 1988; Critical Legal Thougt: An American-German Debate (zus. m. D. M. Trubek), 1989.

JÖRIS, Hans

Dr. rer. pol., Wirtschaftsprüfer u. Steuerberater, Vorst. Dt. Revisions AG, Frankfurt, u. Treuhand Vereinigung AG, Frankfurt, Geschäftf. mehrerer Tochterges. - Linderner Str. 28, 5138 Heinsberg (T. 02452 - 29 19) - Geb. 18. Dez. 1927 Heinsberg, kath. - Dipl.-Kfm. 1956, Promot. 1960, Steuerberat. 1964, Wirtschaftsprüfer 1965 - Mitgl. in berufsst. u. wirschaftspolit. Gremien - Spr.: Engl., Franz.

JÖRNS, Klaus-Peter

Dr. theol., o. Prof. f. Prakt. Theologie, Direktor Inst. f. Rel.-Soz. u. Gemeindeaufbau Kirchliche Hochschule Berlin (s. 1981) bzw. FB Theologie d. Humboldt-Univ. Berlin (s. 1992) - Conradstr. 5, 1000 Berlin 39 (T. 805 33 60) - Geb. 13. April 1939 Stettin (Vater: Dr. phil. nat. Gerhard J.; Mutter: Gertrud, geb. Beiker), ev., verh. m. Dr. med. Wiltrud, geb. Kernstock, 3 Kd. (2 Kd. aus 1. Ehe) - 1959-64 Stud. Univ. Bonn, Göttingen (Theol. u. Soziol.); Promot. 1967 Göttingen - 1964-67 Vikar Brühl/Köln; 1968-78 Pfarrer Gödenroth/Heyweiler (Hunsrück); 1978-81 Prof. Theol. Sem. Herborn (Dill). Hauptarbeitsgeb.: Homiletik, Liturgik, Gemeindeaufbau, Seelsorge, Suizidforschung - BV: D. hymnische Evangelium, 1971; Nicht leben u. nicht sterben können, 1979, 2. A. 1986; D. Auto bin ich?, 1982; D. Lebensbezug d. Gottesdienstes. Stud. zu seinem kirchl. u. kulturellen Kontext, 1988; Krieg auf unseren Straßen. D. Menschenopfer d. automobilen Ges., 1992. Herausg.: Predigtmeditationen zu Continuatexten (1985); Stichwort: Gemeindeaufbau (1986); Advent-Weihnachten-Epiphanias (1987); Predigtanalyse als Weg zur Predigt (1989, m. R. Bohren); Karwoche, Osterzeit, Pfingsten, Trinitatis (1991). Mithrsg.: Berliner Theol. Ztschr., Pastoraltheol., Göttinger Predigtmeditationen - Spr.: Engl.

JÖSCH, Wilhelm G.

Dr. rer. pol., Verleger (Stein-Vg., Offenbach u. Baden-Baden, Stein-Vg. AG, Neuchâtel/Schweiz), gf. Gesellsch. Geoplan GmbH, Offenbach, Dt. Asphaltverb., Dt. Asphaltinst., Labor. f. Baustoffprüf. GmbH, Fachverb. Natursteinind. - Geleitstr. 105, 6050 Offenbach/M. - Geb. 17. Juli 1932.

JOEST, von, Carl August

Land- u. Forstwirt - 5047 Eichholz-Hof b. Wesseling u. F-57132 La Baronne Avricourt/Lorraine - Geb. 2. Sept. 1921 Eichholz - Teilh. Zuckerind. Aufsichts- u. Beiratsmand.

JOEST, Wilfried

Dr. theol., em. Prof. f. Systemat. Theologie - Im Herrnloh 14, 8520 Buckenhof/Mfr. (T. Erlangen 51213) - Geb. 3. April 1914 Karlsruhe (Vater: Friedrich J., Dekan; Mutter: Emma, geb. Schroth), ev., verh. s. 1946 m. Ruth, geb. Leers - Vikar Mannheim u. Weinheim, 1948 Privatdoz. Univ. Heidelberg, 1953 Prof. Augustana-Hochsch., Neuendettelsau, 1956 Ord. Univ. Erlangen, jetzt -Nürnberg (emerit. s. 1981).

JÖTTEN, Robert

Dr.-Ing., o. Prof. u. Direktor Inst. f. Stromrichttechnik u. Antriebsregelung TH Darmstadt (s. 1963) - Am Steinernen Kreuz 11, 6100 Darmstadt (T. 51522) - Geb. 12. Febr. 1920 - Zahlr. Fachveröff.

JOFFE, Josef

Journalist, Ressortleiter Außenpolitik Süddeutsche Zeitung - Zu erreichen üb. Süddeutsche Zeitung, Sendlinger Str. 80, 8000 München 2 - 1983 Theodor-Wolff-Preis 1982 (f.: Taktik schlägt Technik).

JOHANEK, Peter

Dr. phil., Prof. f. Westfälische Landesgeschichte u. Mittelalt. Geschichte Univ. Münster, Dir. d. Inst. f. vergl. Städtegesch., Münster, Vors. d. Histor. Kommiss. f. Westf. (s. 1990) - Sentruper Höhe 40, 4400 Münster - Geb. 28. Aug. 1937 Prag (Vater: Wilhelm J.; Mutter: Hildfriede, geb. Ritt), kath., verh. s. 1965 m. Dr. Ingeborg, geb. Buchholz - Stud. Univ. Würzburg u. Wien; Promot. 1967 Würzburg, Habil. 1979 - 1972-80 wiss. Assist. Würzburg; 1979-81 Privatdoz. ebd.; s. 1981 Prof. in Münster - BV: D. Frühzeit d. Siegelurkunde im Bistum Würzburg, 1969; D. Vogel-Story, 1972 - Liebh.: Kriminalromane.

JOHANN, A. E.

s. Wollschläger, A. E. J.

JOHANNEMANN, Eugen

Präsident d. Finanzgerichts Düsseldorf - Zu erreichen üb. Finanzgericht Düsseldorf, Ludwig-Erhard-Allee 21, 4000 Düsseldorf 1 - Geb. 8. Febr. 1935.

JOHANNES, Dieter

Dipl.-Ing., Ltd. Bibliotheksdirektor, Leit. Univ.bibl. Kaiserslautern (s. 1970) - Paul-Ehrlich-Str., 6750 Kaiserslautern - Geb. 2. Jan. 1938 Lörrach/Baden (Vater: Valentin J., Rentn.; Mutter: Angelika, geb. Seul), kath., verh. s. 1969 m. Traute, geb. Birkenhauer, S. Holger - TH Karlsruhe (Elektrotechnik; Dipl. 1966); Ausbild. Höh. Bibl.dst. (Ass.ex.) - Spr.: Engl.

JOHANNES, Ralph

Dipl.-Ing., Architekt HBK, Berlin, Prof. f. Methodisches Entwerfen - Rüstermark 30, 4300 Essen-Stadtwald (T. 47 00 37) - Geb. 24. Okt. 1929 Danzig (Vater: Wil-

helm J., Holzkaufm.; Mutter: Carla, geb. v. Lübbers), ev., verh. s. 1967 m. Ursel, geb. Elsner, 3 Kd. (Christian, Astrid, Nils Wilhelm) - Realgymn. Danzig; Hochsch. f. bild. Künste Berlin, Regent Polytechnic London, Pratt Inst. New York - Special Assist. Pratt Inst. New York; Wiss. Mitarb. Hochsch. f. Gestalt. Ulm; Doz. Folkwangsch. f. Gestalt. Univ. Essen - BV: Danzig in memoriam, 1971; V. Bergford üb. Bergford, 1979. Fachveröff. - Spr.: Engl.

JOHANNES, Wilhelm
Dr. phil., Prof., Lehrstuhlinh. f. Petrologie Univ. Hannover - Veilchenweg 4, 3006 Burgwedel 1 - Mitgl. Nieders. Akad. d. Geowiss.

JOHANNIMLOH, Norbert
Studiendirektor im Hochschuldienst Univ. Münster, Schriftst. - Anton-Aulke-Str. 18, 4400 Münster (T. 02506 - 23 56) - Geb. 21. Jan. 1930 Verl, Kr. Gütersloh, kath., verh. s. 1956 m. Lieselotte, geb. Graefen, 2 Kd. (Martin, Charlotte) - Stud. German., Kunstgesch., Altphilol. Univ. Münster - 25 J. Redakt. Lit. Westfalenspiegel - BV: En Handvöll Rägen, plattd. Ged. 1963; Wir haben s. langem abnehmenden Mond, Ged. 1969; Appelbaumchaussee, R. 1983, Taschenbuchausg. 1988; Riete-Risse, Ged. 1991; Plattd. Hörsp. (WDR, NDR, Radio Bremen) - 1963 Klaus-Groth-Preis Stiftg. FVS Hamburg; 1977 Hörspielpreis WDR - Lit.: W. Freund-Spork, Zu N. J. Appelbaumchaussee, in: Grabbe-Jahrb. 1983; H. Niemeyer, J. Erinner. Appelbaumchaussee, in: Die Zeit 36 (1984).

JOHANSEN, Ulla Christine
Dr. phil., Prof., Direktorin Inst. f. Völkerkd. Univ. Köln i.R. - Lindauer Str. 9, 5000 Köln 41 (T. 0221-430 19 83) - Geb. 17. Juni 1927 Reval, ledig, S. Ralf - Stud.; Promot. 1954, Habil. 1968 - 1985-89 Vors. Dt. Ges. f. Völkerkd.

JOHANSON, Lars
Dr. phil., Prof. (Turkologie) Univ. Mainz (s. 1973) - Sem. f. Orientkunde, Postf. 3980, 6500 Mainz; priv.: Backhaushohl 10, 6500 Mainz (T. 06131 - 36 81 25) - Geb. 8. März 1936 Köping/Schweden (Vater: Nils, Beamter; Mutter: Birgit, geb. Pettersson), ev., verh. s. 1987 m. Éva Á., geb. Csató, 2 Kd. (Karin, Andreas) - Stud. Univ. Uppsala, Wien, Stockholm, Istanbul (German., Slavist., Orientalist.); Habil. 1971 Uppsala u. 1973 Mainz - S. 1971 Privatdoz. Uppsala u. 1972 Umea; 1979-80 Prof. i. V. Islamwiss. u. Turkol. Frankfurt/M.; 1973ff. Inh. Sonderforschungsst. f. Turkol. Schwed. Humanist. Forschungsrat; Vors. European Seminar on Central Asien Studies; Gastprof. Univ. Forschungsinst., Istanbul; Mitgl. wissenschaftl. Ges. Univ. Frankfurt/M., Kőrösi Csoma-Ges., Budapest, Türk Dil Kurumu, Ankara - BV: Turkiet, 1967; Aspekt im Türkischen, 1971; Alttürkisch als dissimilierende Sprache, 1979; Pluralsuffixformen im Südwesttürk., 1981; Linguistische Beiträge z. Gesamtturko-

logie, 1991; Strukturelle Faktoren in türkischen Sprachkontakten, 1992. Herausg. d. Reihe: Turcologica, Fachveröff. - Spr.: Engl., Franz., Russ., Schwed., Türk.

JOHN, Antonius

Dr. rer. pol., Honorarprof., Wirtschaftsjournalist u. Publizist (s. 1948 in Bonn), Chefredakteur - Kurfürstenpl. 24, 5300 Bonn-Röttgen (T. 25 16 21) - Geb. 6. Okt. 1922 Ahlen/W., kath., verh., 5 Kd. - Langj. Bonn-Korresp. Handelsbl. u. Rhein. Merkur, 1972-86 Sprecher Dt. Bauernverb., ab 1986 Wirtschaftswiss. Forsch.-Inst. Agrarwirtsch., Bonn u. Bonner Red.büro f. Wirtsch. u. Politik (BRWP). 1984 Univ.-Prof. f. Politik u. Zeitgesch. Univ. Koblenz; vorh. (s. 1965) Lehrbeauftr. PH Ruhr/Abt. Dortmund (Wirtschaftswiss. u. ihre Didaktik) u. Erzieh.wiss. Hochsch. Rheinl.-Pfalz, 1974 Gastvorles. in d. Sowjetunion. Mitbegr. Dt.-Tunes. Ges. 10 J. Vorst. Dt. Presseclub, Mitgl. Kgl. Span. Akademie d. Wissensch. (med.), La Coruna, Mitgl. ZDF-Fernsehrat, u. in div. Beratungsgremien in Wirtschaft u. Politik, Gründ. Dt. Agrarkollegium. Bevollm. Estn. Exilreg. (Stockholm) f. Dtschl. Reserveoffz. (Stabsoffz.) - BV: Zahlr. Bücher zu histor., wirtschaftsw., agrarwirtschaftl., wirtschaftspäd. u. polit. Themen - Kriegsauszeichn., in- u. ausl. Orden u. Ehrenz.; dar. 1963 Ital. Nationalpreis Agricultura Nuova; 1977 BVK, 1988 BVK I. Kl.; 1986 Wilh.-Niklas-Med. d. Bundesernährungsmin. - Liebh.: Histor. Dokumentationen, Forsch. zur Zeitgesch., Jagd.

JOHN, Erhard
Dr. habil., Dr. sc., em. Prof. - Wilhelm-Wild-Str. 11, O-7031 Leipzig - Geb. 14. Okt. 1919, verh. s. 1944 m. Erika, geb. Tauchnitz, 4 Kd. (Eva-Maria, Matthias, Constanze, Klaus-Peter) - Gymn.; Stud. Karls-Univ. Prag u. Humboldt-Univ. Berlin; Promot. Dr. phil. 1956; Habil. Dr. phil. habil.; Stud.unterbrech. (Krieg u. Gefangensch.) 1942-54 1951-54 Dir. Landesvolkshochsch. Sachs.; 1964-69 Dir. Inst. f. Ästhetik, Leipzig; 1969-71 stv. Dir. f. Forsch., Sekt. Kulturwiss.; 1964 Gründ. Inst. f. Kulturtheorie u. Ästhetiktheorie Univ. Leipzig - Veröff. zu Fragen d. Ästhetik (2-bänd. Monogr.), populäre Darst. (insg. 5 A. u. e. Neubearb.); Probl. d. Kultur u. Kulturarb. (Erw.- od. Freizeitpäd., Übers. UdSSR, CSFR, Bulg., Jap.). Herausg. u. Hauptautor v. zahlr. Veröff. (Bücher, Brosch., Konferenzprotok., nat. u. intern.); zahlr. Lehrmaterialien Ästhetik; ca. 100 Beitr. in Dt. Ztschr. f. Phil., Weimarer Beitr., Pädagogik sowie phil. u. päd. Fachztschr. d. CSSR, Bulg., Ung. - UdSSR - Verdienter Aktivist, Vaterland. VO in Silber - Liebh.: Sport (bes. Fußball u. Eishockey) - Spr.: Russ., Tschech., Engl., Bulg., Lat., Griech.

JOHN, Klaus W.
Dr.-Ing., o. Prof. f. Geologie u. -technik Univ. Bochum (s. 1971) - Haarmannsbusch 114a, 4630 Bochum.

JOHN, Siegfried
Dr. med., Prof. f. Medizin FU Berlin, Sportarzt, Taucherarzt, Präs. DLRG (1983ff.) - Kottbusser Damm 7, 1000 Berlin 61 (T. 030 - 691 90 59) - Geb. 18. Mai 1927 Lindenthal, verh. s. 1983 m. Ursula, geb. Strubel, 2 Kd. (Sabine, Peter) - Med.-Stud. Univ. Halle/S., Leipzig, FU Berlin; Approb. 1953, Promot. 1963, Habil. 1976 - 1963-70 Landesverbandsarzt DLRG 1970-76 Landesverbandspräs. DLRG, Landesverb. Berlin; s. 1976 Hochschullehrer PH Berlin; s. 1980 FU Berlin - Erf.: Hochdruckbehandl. m. Mischgasen b. durch Tauchunfall Querschnittgelähmten. Ca. 80 Publ. Jugend-Fernsehsend. Hallo Freunde (ZDF) - Alle Ausb.- u. Ehrungsabz. d. DLRG; 1983 Ehrenplak. Senat v. Berlin - Liebh.: Tauchen, Schwimmen, Fliegen, Handball (Oberligaspieler Sportclub Charlottenburg Berlin SCC) - Spr.: Engl. Lat.

JOHN, Steffen
Dr. med., Prof. f. Chirurgie, Chefarzt chirurg. Abt. Augusta-Kranken-Anstalt Bochum, Akad. Lehrkrankenhaus (s. 1978) - Bergstr. 26, 4630 Bochum 1; priv.: -1, Lessingstr. 22 - Geb. 29. Sept. 1938 Chemnitz (Vater: Martin J., Ing.; Mutter: Hilde, geb. Sander), ev., verh. s. 1967 m. Martina, geb. Butz, 3 Kd. (Andreas, Ann-Kathrin, Tanja-Michaela) - Stud. Med. Univ. Münster, Lausanne/Schweiz, Freiburg - 1976 Ltd. Oberarzt Chir. Klinik Klinikum Steglitz d. FU Berlin, 1978 Chefarzt Chir. Abt. - Ca. 70 Publik. in in- u. ausländ. Fachzeitschr. üb. Bauch- u. Gefäßchirurgie - Liebh.: Politische Geschichte - Spr.: Engl., Franz.

JOHNA, Rudolf
Amtsrat, MdL Schlesw.-Holst. (Wahlkr. 24/Neumünster) - Sachsenring 77, 2350 Neumünster (T. 04321 - 2 46 22; 0431 - 596-20 88) - Geb. 12. März 1933 Frauenfeld/Oberschlesien - SPD.

JOHNEN, Hans
Dr. rer. nat., Wiss. Rat, Prof. f. Mathematik Univ. Bielefeld - Am Pulverbach 13, 4800 Bielefeld 1 - Geb. 26. Febr. 1940 Mittelberg/Allg. - Promot. 1970 Aachen (TH); Habil. 1973 Bielefeld.

JOHNEN-BÜHLER, Kurt
Prof. f. Ästhetik u. Kommunikation u. Videodesign FH Bielefeld (s. 1977) - Detmolder Str. 124b, 4800 Bielefeld 1 (T. 0521 - 2 34 03) - Geb. 11. Mai 1944 Wiesbaden, T. Elina-Lucia - Lehre als Schaufenstergestalter, Dipl.-Fachl. f. Kunst u. Werken Wiesbaden; Gymnasiall. Hochsch. f. bildende Künste Kassel (Kunsterziehung u. Werken) - Filmemacher, Mitgl. Jury-Filmtage Salzgitter; Gründer u. Gründungsmitgl. mehrerer filmkultureller Org.; 1. Vors. F.W. Murnau-Ges. - BV: Film-Arbeitstexte f. d. Kunstunterr., 2. A. 1984 (m. Jost Lohrmann); Medien in d. sozialen Arbeit, 1988.

JOHNS, Bibi
Sängerin u. Schauspielerin - Geb. 21. Jan. Björskog/Schweden (Vater: Bertil Jonsson, Fuhruntern.; Mutter: Anna, geb. Karlsson), ev., gesch. v. Michael Pfleghar - Liebh.: Fotografieren, Lesen, Malen - Spr.: Engl., Deutsch, Schwed.

JOHNSEN, Uwe
Dr. rer. nat., Abteilungsleit. Dt. Kunststoff-Inst., Darmstadt, Honorarprof. f. Physik TH ebd. - Martin-Biebesheimer-Str. 8, 6146 Alsbach 1 - U. a. Privatdoz.

JOHNSTON, Robert
Kaufm., Geschäftsl. MDS Deutschl. GmbH./Elektron. Datenverarbeitungsanlagen - Oskar-Jäger-Str. 175, 5000 Köln 30 - Geb. 18. Dez. 1929.

JOKOSTRA, Peter
Schriftsteller - In der Stehle 38, 5461 Kasbach - Geb. 5. Mai 1912 Dresden, verh. s. 1963 m. Annemarie, geb. Hintz,

2 Töcht. (Florine, Simone) - Stud. Phil., Psych., German. - 1946-49 Kreisschulrat; 1950-56 Lektor; 1960-62 Werbeleit. - BV: Mag. Straße, Lyrik 1959; Hinab zu d. Sternen, Lyrik 1960; Herzinfarkt, R. 1961; D. Zeit hat keine Ufer, Südfranz. Tageb. 1963; Einladung n. Südfrankr., Reisechronik 1966; D. gewendete Haut, Lyrik 1966; Bobrowski u. a., Chronik 1967; Als d. Tuilerien brannten - D. Aufst. d. Pariser Komm. 1871, 1970; D. gr. Gelächter, R. 1974; Feuerzonen, Lyr. 1976; Südfrankr. f. Kenner, Reisechronik, 1979; Heimweh nach Masuren, Autobiogr. 1982; Don Quijote in Mecklenburg, R. 1990. Herausg. (Anthol.): Ohne Visum - Lyrik, Prosa, Ess. geflohn. Autoren (1964), Keine Zeit f. Liebe? - Liebeslyrik heute (1964), Tuchfühlung - Neue Dt. Prosa (1965), Liebe, 33 Autoren v. heute - Anthol. 1974. Literaturkrit. (D. Welt d. Lit., Christ u. Welt u. a.) - 1965 Andreas-Gryphius-Preis; 1979 Kunstpreis Rheinland-Pfalz; 1967 Med. Amicus Poloniae; 1972 Mitgl. PEN-Zentrum BRD; Ehrengast d. Villa Massimo, Rom.

JOLMES, Lothar
Dr. rer. pol., Geschäftsführer Zentralverb. d. dt. Seehafenbetriebe, Hamburg - Schimmelmannstr. 58, 2070 Ahrensburg - Geb. 14. Okt. 1929 Düsseldorf (Vater: Werner J., Buchhändler; Mutter: Betty, geb. Tödt), kath. - Gymn. Düsseldorf; Univ. Köln (Volks-, Betriebs- u. Verkehrswiss.; Dipl.-Kfm.- 1957, Promot. 1959) - S. 1959 EWG-Ref. u. Geschäftsf. (1965) ZDS - Üb. 1000 Fachveröff. - Liebh.: Gesch. (auch Marine u. Lufft.), Sportfliegen - Spr.: Engl., Franz., Ital.

JONAS, Bertold
Dipl.-Psych., Prof. f. Sportwiss. Univ. d. Fr. Hansestadt Bremen - Potsdamer Str. 8, 2800 Bremen (T. 23 39 09).

JONAS, Claudia
s. Eitzert von Schach, Rosemarie

JONAS, Hans

Dr. phil., Dr. h.c. mult., Alvin Johnson Prof. of Philosophy Emeritus, New School for Social Research New York - 9 Meadow Lane, New Rochelle, NY 10805/USA (T. 914 - 6 33-75 75) - Geb. 10. Mai 1903 Mönchengladbach, jüd., verh. s. 1943 m. Eleonore, geb. Weiner, 3 Kd. (Ayalah, Jonathan, Gabrielle) - 1921-28 Stud. Univ. Freiburg, Berlin, Heidelberg, Marburg; Promot. (Dr. phil.) 1928 Marburg - 1933 Emigration; 1938/39 u. 1946-48 Lecturer Hebrew Univ. Jerusalem; 1949/50 McGill Univ. Montreal; 1950-54 Prof. Carleton Univ. Ottawa; 1955-76 Grad. Fac. New School f. Soc. Res. New York; Gastprof. u. a. 1958 Princeton Univ., 1961 Columbia Univ. New York, 1966/67 Union Theol. Sem. New York, 1968, 69 u. 70 Univ. of Chicago, 1977 Univ. of Calif. Riverside, 1982/83 Univ. München (Eric Voegelin Prof.) - BV: Deutsch: Augustin u. d. paulinische Freiheitsproblem, 1930, 1965; Gnosis u. spätantiker Geist I, 1934, 1964; dass. II, 1, 1954; Zw. Nichts u. Ewigkeit,

1963; Organismus u. Freiheit, 1973; D. Prinzip Verantwortung, 1979 (engl., franz., ital., serbokroat. Übers.); Macht od. Ohnmacht d. Subjektivität?, 1981; Technik, Med. u. Ethik, 1985; D. Gottesbegriff nach Auschwitz, 1987; Wiss. als persönl. Erlebnis, 1987; Materie, Geist u. Schöpfung, 1988; Philosophische Unters. u. metaphysische Vermutungen, 1992. Engl.: The Gnostic Religion, 1958, 1963 (holl., ital., franz., jap. Übers.); The Phenomenon of Life, 1966, 1982; Philosophical Ess. 1974, 1980 (ital. Übers.); The Imperative of Responsibility, 1984 - 1962 D.H.L. h.c. Hebrew Union College; 1973 Ehrenpräs. Intern. Gnosis-Kolloquium Stockholm; 1976 D.L.L. h.c. New School f. Soc. Res.; 1976 Dr. theol. h.c. Univ. Marburg; 1978 H.K. Beecher Award The Hastings Center; 1984 Dr. Leopold Lucas Preis Univ. Tübingen; 1987 Friedenspreis d. dt. Buchhandels; 1988 Gr. BVK; 1989 Ehrenbürger Stadt Mönchengladbach; 1990 Dr. phil. h. c. Univ. Bamberg, 1991 Dr. phil. h.c. Univ. Konstanz, 1992 Dr. phil. h.c. FU Berlin - Spr.: Engl., Franz., Hebr. - Lit.: Barbara Aland (Hrsg.), Gnosis. Festschr. f. Hans Jonas (1978); Stuart f. Spicker (Hrsg.), Organism, Medicine and Metaphysics. Ess. in Honor of Hans Jonas (1978); Joan P. Culiani, Gnosticismo e pensiero moderno: Hans Jonas (1985); Wolfgang E. Müller: D. Begriff d. Verantwortung b. Hans Jonas (1988); Matthias Rath: Intuition u. Modell: Hans Jonas u. d. Ethik d. wiss.-lichen Zeitalters (1988); Johannes Wendnagel: Ethische Neubesinnung als Ausweg aus d. Weltkrise?

JONAS, Michael

Dipl.-Volksw., Vorstandsvorsitzender Stadtwerke Düsseldorf AG i.R., Geschäftsf. Niederrh.-Berg. Gemeinschaftswasserwerk GmbH, ebd., Gf. d. Wasserübernahme Neuss-Wahlscheid GmbH, Gf. d. Düsseldorfer Stadtwerke Ges. f. Beteilig. mbH u. Umschlagsges. f. Kraftwerksbrennstoffe Düsseldorf mbH - Erdgasse 4, 5177 Titz-Opherten - Geb. 17. Mai 1927.

JONAS, Udo

Dr. med., o. Prof. f. Urologie Medizinische Hochschule - Konstanty-Gutschow-Str. 8, 3000 Hannover 61 (T. 0511 - 532-36 49) - Geb. 2. Dez. 1942 Wien - Urolog. Univ.-Klinik Mainz - 1980-87 Ord. Urolog. Univ. Leiden/Niederl.; s. 1987 Leit. d. Urolog. Klinik d. MH Hannover.

JONECK, Walter

Fabrikant, gf. Gesellsch. Peter Kaiser GmbH. (Schuhfabrik) - Hohenzollernstr. 88, 6780 Pirmasens/Pfalz - 1972-75 Präs. Hauptverb. d. Dt. Schuhind.

JONES, Brynmor Llewelyn

B.A. hons, A.L.C.M., Maestro, Dirigent, Komp., Musikal. Leit. Berliner Kammeroper (s. 1981) - Traunsteiner Str. 8, 1000 Berlin 30 (T. 030 - 213 22 73) - Geb. 27. März 1950 - 1968-71 Stud. Univ. of East Anglia, Norwich; Bachelor of Arts f. Musik; gleichz. Dirig. d. Univ.kammerchores u. -orchesters, musikal. Leit. d. Univ.opernges.; 1971/72 Guildhall School of Music and Drama, London; 1972 Canford Conductors Course; 1974 Associate Pianoforte Diploma A.L.C.M.; 1976/77 Conservatorio di Musica Guiseppe Verdi, Mailand, Diploma di Direzione d'Orchestra; 1976 Mozarteum Sommerakad., Salzburg (Dirig.kurs m. Otmar Suitner); 1978 Wiener Meisterkurse, Wien (Dirig.kurs m. Witold Rowicki) - Dirig. e. weitumfass. Bereichs aus d. Orch.- u. Chorrepertoire in vielen führend. Konzerthäusern Europas; 1972-76 Musikal. Leit. d. Corelli Choir and Orchestra u. Seren Orchestra (Konzerte, Wettbew., Festivals in Engl.); s. 1981 an d. Berliner Kammeroper, (u.a.) zuletzt u.a.: Haydn, Armida; Rudzinski, Manekiny; Vieru, D. Gastmahl d. Schmarotzer; Paisiello, D. Barbier v. Sevilla; Cavalli, L'Egisto; Henze, Elegie f. junge Liebende; Rossini, Il Signor Bruschino u. L'Occasione fa il Ladro; Händel, Orlando; Jörns, Europa u. d. Stier; Strawinsky, The Rake's Progress; Britten, D. sündigen Engel; Händel, Agrippina; Peter Maxwell Davies, D. Leuchtturm; Milhaud, D. arme Matrose; Mozart, Il re Pastore; Cimarosa, D. heimliche Ehe - Dirig. f. zeitgenöss. Musik: Konzerte, Sendungen u. Schallplattenaufn., u.a. mit d. Scharoun Ensemble, RIAS Kammerchor, NDR Sinfonieorch., Hannover u. Berliner Kammeroper - Eig. Kompos.: Musik f. 3 Hörspiele, Orch.partituren f. 16 Spielfilme, u.a. Bella Donna, 1982, D. Bulle u. d. Mädchen, 1985, D. Milliardenspiel, 1988, D. Skipper, 1990, Dort oben im Wald (FS-Serie Tatort), 1989, D. Spiegel, 1984, E. Blick u. d. Liebe bricht aus, 1986 - BV: 10 Jahre Berliner Kammeroper, 1991.

de JONG, Herbert

Dr.-Ing., Techn. Geschäftsführer SMS Hasenclever Maschinenfabrik GmbH, Düsseldorf - Edefalter 2, 4044 Kaarst 2 - Geb. 16. Nov. 1929 Köln, verh. m. Irmgard, geb. Pronath - TH Aachen (Promot. 1961).

JONTZA, Georg

s. Krämer, Karl-Emerich

JOOP, Wolfgang

Designer, Modeschöpfer - Badestr. 21, 2000 Hamburg 13 - Geb. in Potsdam - Zun. Moderedakt. u. Schausp.; s. Jahren Top-Kollektionen, Prêt-à-Porter-Mode in Stoff u. Leder. S. 1981 Zusammenarb. m. Fa. Erle (rd. 100 Angest. fertigen nur Joop-Mode). Gastprof. Hochsch. d. Künste, Berlin.

JOOS, Hans

Dr. rer. nat., Wiss. Mitarb. Dt. Elektronen-Synchroton/Desy, Hamburg (s. 1963), Honorarprof. f. Theoret. Physik Univ. Hamburg (s. 1965) - Seegrabenweg 67, 2083 Halstenbek (T. 42770) - Geb. 31. Dez. 1926 - Facharb.

JOOS, Wolfram F.

Techn. Direktor, Vorstandsmitgl. Universitätsdruckerei H. Stürtz AG., Präs. Inst. f. Rationalisierung in d. Druckind. (IRD) - Beethovenstr. 5, 8700 Würzburg; priv.: Trautenauer Str. 35 - Geb. 13. Juli 1933 Stuttgart (Vater: Carl J., Geschäftsf.; Mutter: Rösi, geb. Esslen), kath., verh. s. 1960 (Ehefr.: Johanna), 2 Kd. (Angela, Tilman) - N. Abit. Schriftsetzerlehre (Meisterprüf.); Akad. f. d. Graph. Gewerbe München (Ing.). Mitgl. Industrieaussch., Energieaussch., IHK Würzburg-Schweinfurt - Liebh.: Musik - Spr.: Engl., Franz.

JOOSS (ß), Rainer

Dr. phil., Prof. f. Geschichte - Föhrenweg 1, 7300 Esslingen/N. - Geb. 9. April 1938 Stuttgart (Vater: Dipl.-Ing. Emil J., Oberstudiendir.; Mutter: Gertrud, geb. Schuon), ev., verh. s. 1971 m. Hannelore, geb. Buchholz, 3 T. (Elisabeth, Barbara, Margarete) - Friedrich-List-Gymn. Reutlingen; Univ. Tübingen u. Wien (Gesch., Lat.). Promot. 1969 - S. 1971 Doz. u. Prof. (1974) PH Esslingen - BV: Kloster Komburg im Mittelalter, 1971; Fragen an d. Gesch., 2. Bd. 1974 (m. a.); Esslingen im MA, 1976.

JOOSTEN, Bernhardine

Dr. troph., Prof. f. Hauswirtschaftswiss. u. Didaktik d. Haushaltslehre Univ. Dortmund - Kellerstr. 20, 4300 Essen 16 - Geb. 14. Juni 1935 Essen (Vater: Leonhard J.; Mutter: Bernhardine, geb. Pellender) - 1958 Volksschullehrerin, 1970 Dipl.-Trophologin, 1975 Promot. z. Dr. troph. - 1970 Akad. Rätin, 1972 Akad. Oberrätin, 1976 Studienprof., 1978 Prof.

JOPPICH, Ingolf

Dr. med., Prof. f. Kinderchirurgie, Direktor d. Kinderchir. Klinik d. Univ. München im Dr. v. Haunerschen Kinderspital - Geb. 26. Okt. 1936 (Vater: Prof. Dr. med. Gerhard J., Ord. f. Pädiatrie; Mutter: Emilie, geb. Noll), ev., verh. s. 1963 m. Dr. med. Uta, geb. Lindemann, 2 Kd. (Sonka, Robin) - 1955-60 Med.-Stud. Univ. Göttingen, Berlin u. Wien; Staatsex. 1960 u. Promot. 1961 Göttingen, Habil. 1971 München - 1969-73 Oberarzt Kinderchir. Klinik Univ. München; 1973 Klinikdir. Mannheim; 1990 Ord. f. Kinderchir. München. Über 100 wiss. Veröff., div. Buchbeitr.

JORDAK, Karl

Prof., Bibliothekar a.D. Universitätsbibliothek Wien u. Österr.-National-Bibl. - Bernoullistr. 4/18, A-1220 Wien (T. 0222-23 25 29) - Geb. 10. Aug. 1917 Wien, kath., verh. s. 1940 m. Viktoria, geb. Kotlan, 2 S. (Dietmar-Peter, Rainer-Armin) - Realgymn., Matura, Stud. German., Kunstgesch. u. Bibl.-Wiss. Univ. Wien (staatl. Diplom, Prof. h.c.) - Landessekr. im polit. Dienst, Bibl. Univ. Wien u. Österr. Nationalbibl.; Leit. Bibl. Museum f. angew. Kunst. Sendereihen f. Lit. Österr. Rundfunk. Mitarb. versch. intern. Ztschr. usw. - BV: Wiener Biedermeier, 1960; D. Universität Wien 1365-1965, 1965; D. Fallen d. Nacht, 1965; D. veränderte Welt, 1967; D. Werk d. Malers Franz Heinrich Bilinski, 1968, 2. A. 1969; Aschengewollte Schrift, 1971; Wirklichk. u. Schau, Texte, 1982; Ligurischer Sommer, 1983; u.a. - 1959 Förderungspreis f. Lit. Wiener Kunstfonds; 1969 Theodor-Körner-Preis f. Lit. u. Preis Stadt Wien f. Lit. - Liebh.: Kunsthistor. Entdeck., Franz. Lit. - Lit.: Richard Vogel: Mord u. Tod m. tausend Namen - D. Schriftst. K. J., 1973.

JORDAN, Erich

Stadtrat a. D., Ortsgerichtsvorst. v. Kassel (b. 1984), Ehrenvors. ÖTV Kassel (s. 1965; 1950-65 Vors.), Sozialpolit. Aussch. SPD Hessen-Nord (s. 1966) - Gilsastr. 15, 3500 Kassel - Geb. 7. Juni 1912 Kassel - Realsch. (Mittl. Reife); Lehre LVA Hessen-Nass. - B. 1933 (Entlass. aus polit. Gründen) Verw.angest.; ab 1935 Angest. Vereinigte Innungskrankenk. Kassel; Wehrdst. u. Kriegsgefangensch.; 1946-54 Geschäftsf. VIK Kassel; 1954-65 stv. Gf. AOK Kassel; s. 1965 Stadtrat ebd. S. 1956 Stadtverordn. Kassel; 1962-66 MdL Hessen. SPD bereits vor 1933.

JORDAN, Ernst

Fabrikant, 2. Bürgermeister Stadt Riedenburg, Hauptgesellsch. Max Prinstner GmbH & Co. KG, Holzpappenfabrik (gegr. 1872), Vors. Verb. Dt. Handpappenfabriken, München, Vorst. in d. FFW Riedenburg - Neuenkehrsdorf 10, 8422 Riedenburg - Geb. 7. Sept. 1924 Beilngries - Stud. TH München (Dipl.-Brauing.) - Stadtrat.

JORDAN, Friedrich

Prof., Hochschullehrer a. D. - Gaustr. 6, 6504 Oppenheim - Zul. Prof. f. Graphik Univ. Mainz (Fachbereich Kunsterzieh.).

JORDAN, von, Gerhard

Dr. jur., Vorstand i. R. Württ. u. Bad. Vers.-AG, Heilbronn (b. 1979) - Burg Ehrenberg, 6927 Bad Rappenau-Heinsheim - Geb. 7. Jan. 1914 Striegau/Schles., verh. m. Helga, geb. v. Günther †, 3 Kd. - Gr. jur. Staatspr. 1941 Berlin - 1978-80 Vorstand Nordd. Vers. - BV: Diana, 1980; Polnische Jahre, 1984; Unser Dorf in Schlesien, 1986; Den Schwachen hilf - RR Johanniterorden, BVK - Lions-Club.

JORDAN, Hermann L.

Dr. rer. nat., Prof., Vorsitzender Vorstand Dt. Forschungs- u. Versuchsanstalt f. Luft- u. Raumfahrt, Köln i. R. - Victor-Gollancz-Str. 3, 5170 Jülich - Geb. 28. Juni 1922.

JORDAN, von, Hilda

Geschäftsführerin Gemeinn. Wohnungsgesellschaft mbH Hessen (GWH), Frankfurt/M. - Kreuzallee 5a, 6380 Bad Homburg v. d. H. - Geb. 7. Nov. 1933.

JORDAN, Horst

Dr. jur., Hauptgeschäftsführer IHK Wuppertal-Solingen-Remscheid i.R. (1966-90) - Falkenberg 91, 5600 Wuppertal 1 - Geb. 24. Juli 1923 Berlin - 1952-66 IHK Wiesbaden (1959 stv. Hgf.); Mitgl. versch. Aussch. Bezirksplanungsrat Düsseldorf (s. 1976) - BV: Kl. Handb. d. Firmenrechts, 1967; Wie d. Gesetz es befiehlt, d. öfftl.-rechtl. Aufg. e. IHK, 1971; Selbstverw. in Aktion, 1980; Sachb.-Übers. - 1981 BVK, 1986 BVK I. Kl.; Ehrenring Stadt Wuppertal.

JORDAN, Horst-Dieter

Kaufm., gf. Gesellsch. W. & L. Jordan, Kassel, Präs. Arbeitsgem. Holz (s. 1982) - Leuschnerstr. 35, 3500 Kassel - Geb. 13. Nov. 1928 - Vors. Bundesverb. Dt. Holzhandel (b. 1982).

JORDAN, Jörg

Staatsminister im Hessischen Ministerium f. Landesentwicklung, Wohnen, Landwirtschaft, Forsten u. Naturschutz - Hölderlinstr. 1-3, 6200 Wiesbaden - Geb. 1939.

JORDAN, Kurt

Dipl.-Ing., Univ.-Prof., Abteilungsvorst. (Abt. Nuklearmeßtechnik u. Strahlenschutz) u. Prof. Med. Hochsch. Hannover (s. 1970) - Heistergarten 20, 3004 Isernhagen 4 - Geb. 6. Febr. 1930 Hamburg (Vater: Wilhelm J., Kaufm.; Mutter: Marianne, geb. Pickert), ev., verh. m. Ingrid, geb. Uhl, 2 Tōcht. (Elke, Heike) - Oberrealsch. Coburg; 1949-54 TH München - 1954-70 Frieseke & Hoepfner GmbH, Erlangen (Laborleit.), s. 1977 Vorst.-Mitgl. Dt. Ges. f. Nuklearmed., Beiratsmitgl. Eur. Ass. of Nuclear Medicine, u. Normenaussch. Radiologie im DIN; Mitgl. Dt. Ges. f. Med. Physik u. Dt. Röntgenges. - BV: Radiologie, 1978; Handb. Med. Radiolog., 1980 u. 88. Div. Einzelarb. - Spr.: Engl.

JORISSEN, Hans

Dr. theol., em. o. Prof. f. Dogmatik u. Theol. Propädeutik - Loestr. 19, 5300 Bonn 1 (T. 22 58 04) - Geb. 19. Nov. 1924 Frelenberg, kath. - Habil. 1963 Münster - 1963 Doz. Univ. Münster; 1966 Ord. Univ. Bonn - BV: Die Entfaltung d. Transsubstantiationslehre b. z. Beginn d. Hochscholastik, 1965. Zahlr. Fachaufs. Mithrsg.: Disputationes theologicae (1975ff.); Bonner Dogmatische Stud. (1987ff.).

JORSWIECK, Eduard

Dr. med., Dipl.-Psych., Prof. f. Sonderschulpädagogik u. -didaktik Päd. Hochsch. Berlin - Schlettstadter Str. 49, 1000 Berlin 37 (T. 8111277) - Geb. 23. Sept. 1919 - S. 1956 Lehrtätigk. PH Berlin (1963 Prof.). Fachveröff.

JOSEF, Konrad

Dr. phil., Prof., Direktor Inst. f. Heilpädagogik d. Päd. Hochsch. Kiel (s. 1968) - Allensteiner Weg 92, 2300 Kiel-Stift (T. 32 24 52) - Geb. 18. Nov. 1925 Breslau (Vater: Albert J., Gutsverwalter; Mutter: Martha, geb. Kasseck), kath., verh. s. 1954 m. Katharina, geb. Hoffmann, 2 Kd. (Elisabeth, Andreas) - Stud. Berlin (Psych.) u. Zürich (Heilpäd.). Promot. 1958 - 1946-49 Volksschullehrer, 1949-50 Fachlehrer (Math., Physik), 1950-58 Sonderschullehrer (b. 1954 Hilfssch., dann Erziehungsschwierigen-Heime), 1958-64 Wiss. Assist., 1964-68 Dozent - BV: Gemütspflege b. Schwererziehbaren, 1958; Musik als Hilfe in d. Erziehung geist. Behinderter, 1967; Lernen u. Lernhilfen b. geist. Behinderten, 1968; Spracherziehungshilfen, 1969; Früherziehung b. geist. behinderten u. entwicklungsverzög. Kindern, 1971 (m. Ehefr.); Verminderung von Sonderschulbedürftigkeit, 1973; Musikinstrumente f. Behinderte, 1975; Sprachstörungen, 1976; Die Sprachheilvorklasse - ein Weg zur sonderpäd. Prävention; Bewegen - Spielen - Sprechen, 1981; Sozialerziehung Geistigbehinderter 1981, 2. A. 1982, u. ca. 80 weitere Veröff. Herausg.: Geistigbehindertenpäd. (Schriftenreihe).

JOSEPH, Klaus
Dr. med., Prof. f. Klin. u. Exper. Nuklearmedizin Univ. Marburg - Am Kornacker 51, 3551 Wehrda.

JOST, Bernhard
Vorstandsmitgl. Union u. Rhein Versicherungs-AG., Berlin/München - Dr.-Max-Str. 8, 8022 Grünwald/Obb. (T. München 6411705) - Geb. 21. Aug. 1919 Fulda.

JOST, Eike
Dr., Univ.-Prof. f. Sportpädagogik Univ. Lüneburg, FB Kulturwiss. Inst. f. Spiel- u. Bewegungserziehung - Postf. 24 40, 2120 Lüneburg - Promot. 1970 - 1971-73 Ref. Inst. f. Sportwiss. Köln; 1973-75 Wiss. Rat u. Prof. Univ. Hamburg.

JOST, Elisabeth
Oberstudienrätin, MdL Rhld.-Pfalz - Hauptstr. 364, 6580 Idar-Oberstein - Geb. 26. Mai 1934 - SPD.

JOST, Erich
Dr. rer. nat., Prof. f. Zellbiologie - Heinrich-Buff-Ring 58-62, 6300 Gießen - Geb. 22. Juli 1937 Trier (Vater: Josef J., Arbeiter; Mutter: Maria J.), verh. s. 1971 m. Eva, geb. Panknin, S. Philipp.

JOST, van, J. J.
s. Berndt, Karl-Heinz.

JOST, Jürgen
Dr., Prof., Hochschullehrer, Math. Inst. Univ. Bochum (s. 1984) - Am Erlenkamp 27, 4630 Bochum - Geb. 9. Juni 1956, kath. - Stud. Math., Physik, Volkswirtsch., Phil. Univ. Bonn (1975-80 Studienstiftg. d. Dt. Volkes); Dipl. u. Promot. 1980; Habil. 1984 - Forschungsaufenth. Princeton, Canberra, San Diego, Berkeley, Harvard - BV: Harmonic Maps between Surfaces, 1984; Harmonic Mappings between Riemannian Manifolds, 1984; Nonlinear Methods, 1988; Twodimensional Geometric Variational Problems, 1991 - Spr.: Lat., Griech., Engl., Franz., Ital., Russ., Chin.

JOSTARNDT, Laurenz
Dr. med., Prof., Chefarzt Chirurg. Klinik St. Johannes-Hospital (s. 1987) - Dstl.: Johannesstr. 9-13, 4600 Dortmund 1 (T. 1 84 31); priv.: Carl-von-Ossietzky-Str. 20, 4600 Dortmund 50 - Geb. 16. Dez. 1944 München (Vater: Dr. Laurenz J., Chefarzt a. D.; Mutter: Anneliese, geb. Schönwald), kath., verh. s. 1974 m. Dorothea, geb. Kreissl, 4 Kd. (Kristina, Philipp, Felix, Clemens) - Gymn. Neuburg/Donau, Univ. München, Marburg, Kiel; Promot. 1971; Habil. 1982 - S. 1982 Lehrtätigk. Univ. Kiel (s. 1978 Assist. bzw. Oberarzt Chir. Klinik); 1987ff. apl. Prof. f. Allg. Chir. - BV: Auswirkungen d. intraluminären Druckerhöhung auf d. Sauerstoffversorg. d. Kanincheníleums u. ihre pharmakol. Beeinflussbarkeit, 1976; Hemodynamic parameters and blood gas analysis in the normal and cirrhotic rat, 1978; Klin. u. manometrische Funktionsanalyse d. Sphinkter ani nach transanalen Eingriffen im Rektum, 1979; D. aktuelle Stand d. praeoperativen Dickdarmreinigung, 1979; Indikationen f. d. temporären u. ständigen Anus praeter, 1980; Stomakomplikationen u. deren Behandlung, 1980; Kontrollierte, prospektive, randomisierte Studie z. Wert d. systemischen Antibioticumprophylaxe m. Cefotaxim in d. elektiven Dickdarmchirurgie, 1980; D. systemische Abtibioticumprophylaxe in d. elektiven Colonchirurgie, 1981; D. Bedeut. d. Manometrie in d. Funktionsdiagnostik d. analen Kontinenz, 1984; D. anorektale Kontinenz n. manueller u. maschineller Anastomosennah. Ergebnisse e. kontroll. Studie in d. Rektumchir., 1984; Pathogenese u. Morphol. d. analen Fistelerkrankung, 1984; Aspekte z. Pathomorphologie u. Therapie d. analen Fistelerkrankung, 1984; D. Bedeutung v. Nahttechnik u. Anastomosenlokalisation f. d. Kontinenzfunktion nach tiefer Rektumresektion, 1985; Funktionelle Pathomechanismen d. Analfissur, 1986; D. Bedeut. d. endorektalen Sonographie in d. Diagn. d. Rektumcarcinoms u. s. Lokalrezidives, 1986; D. pyogene Infektion im Analbereich u. ihre Rezidivneigung, 1986; Analfistel u. Sphinkterspasmus, 1986 - Spr.: Engl.

JOSTEN, Johann Peter
Schreinermeister, Stadtbürgermeister, MdB (1953-80; Wahlkr. 149/Ahrweiler) - Liebfrauenstr. 52, 6532 Oberwesel/Rh. (T. 205) - Geb. 15. Juli 1915 Oberwesel (Vater: Schreiner), kath., verh. m. Christel, geb. Lambrich, 6 Kd. - Volkssch. u. Gymn. (4 J.); Schreinerhandw.; Tischlerfachsch. Detmold, Techniker- u. Werkm. Prüf. - 1938-45 Soldat (verw.) - 1945 Übern. väterl. Betr. - 1946 Beitr. CDU; Mitbegr. Ortsverb. Overwesel u. Kreisverb. St. Goar; 1947-57 Kreistagsmitgl. u. Fraktionsvors., 1947-53 MdL Rhld.-Pfalz; 1951-58 Landesvors. Junge Union; Ehrenvors. Landesmittelstandsvereinig. CDU Rheinl.-Pf., MdB s. 1953, Tätigk. i. Bundestags-Aussch.

JOSUTTIS, Manfred
Dr. theol., o. Prof. f. Prakt. Theologie - Hagenring 39, 3403 Friedland (T. 05504 - 74 62) - Geb. 3. März 1936 Insterburg/Ostpr. (Eltern: Richard (Polizeibeamt.) u. Käthe J.), ev. - 1955-60 Kirchl. Hochsch. Wuppertal, Univ. Göttingen u. Bonn (Ev. Theol.). Promot. 1962 Bonn - 1960-62 Wiss. Assist. KH Wuppertal; 1962-68 Gemeindepfarrer; s. 1968 Ord. Univ. Göttingen - BV: D. Gegenständlichkeit d. Offenbarung, 1965; Gesetzlichkeit in d. Predigt d. Gegenw., 1966; Predigten z. Geschichte Davids, 1968; Praxis d. Evangeliums zw. Polit. u. Relig., 1974; Religion u. d. Droge, 1972; D. heilige Essen, 1980; D. Pfarrer ist anders, 1982; D. permanente Passion, 1982; Dogmatismus, 1985; Rhetorik u. Theologie, 1985; D. Kampf d. Glaubens im Zeitalter d. Lebensgefahr, 1987; D. Traum d. Theologen, 1988; Üb. alle Engel, 1990; D. Weg in d. Leben, 1991.

JOURDAN, Johannes

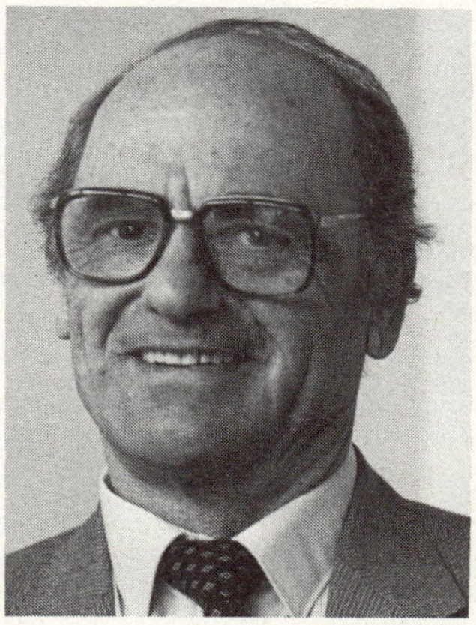

Ev. Pfarrer i. R., Schriftst., Klein-Verleger - Hans-Sachs-Weg 44, 6100 Darmstadt (T. 06151 - 37 69 73) - Geb. 10. Mai 1923 Kassel, ev., verh. s. 1952 m. Gertrud, geb. Meseck, 3 Kd. (Barbara, Uta, Martin) - Stud. Theol. - Gemeindepfarrer, 1990/91 Errichtung e. Übergangsheimes f. Aussiedler u. Hausverw. b. 2000 - BV/Lyrik: Sein Schrei ist stumm; Ehre sei Gott in d. Tiefe; Vertikale Horizonte; Mein Leben ist Gnade; Auf IHN hofft mein Herz; Gott kommt zu uns; Antwort bin ich; Arheilgen - Von d. Seele e. Ortschaft; Danke, daß du mich gewollt hast.; Szenisches Oratorium Israel Schalom (Text) - E. Tannenbaum erzählt; Familien-Gottesdienst, Werkb. Texte z. 40 relig. LP's: Lieder u. Orat. Kinder-Musical: Gib nicht auf!; Oratorium Messias (Text). Herausg.: 4 relig. Lyrik-Anthol. Fachveröff. in theol. Ztschr. - Intern. Adolf-Kolping-Plakette in Bronce; Johann Heinrich Merck-Med. d. Stadt Darmstadt - Liebh.: Musik-Management/Komp. v. Kinderliedern.

JOUSSEN, Jakob
Dr. rer. nat. (habil.), Wiss. Rat, Prof. f. Geometrie Univ. Dortmund - Kl. Schwerter Str. 44, 4600 Dortmund 41 - Zul. Privatdoz. Dortmund.

JRION, Dieter A.
Journalist, Geschäftsf. salaction public relations GmbH - Adenauerallee 10, 2000 Hamburg 1 (T. 040 - 24 82 30) - Geb. 17. Febr. 1940 Neuenbürg/Baden (Vater: Heinrich J., Kaufm.; Mutter: Mina, geb. Leistner), verh. s. 1963 m. Tea, geb. Ingwersen, T. Tanja - Ehrenbürger Nashville/Te., USA.

JUCHEMS, Heribert
Dipl.-Volksw., Geschäftsf. Arbeitsgem. Selbst. Unternehmer e. V. (ASU) - Mainzer Str. 238, 5300 Bonn 2 (Mehlem) (T. 34 30 44-47) - B. 1969 Geschäftsf. Bundesverb. Junger Untern. d. ASU.

JUCHEMS, Rudolf Hans
Dr. med., Prof., Internist, Kardiologe, Chefarzt - Kirchnerstr. 18, 8750 Aschaffenburg (T. 9 34 56) - Geb. 30. Juni 1929 Würselen/Aachen, kath., verh. s. 1961 m. Dr. Olga, geb. Hahn, 5 Kd. (Eva, Alexander, Karin, Bettina, Markus) - Couvengymn. Aachen; Stud. Univ. Erlangen, Bonn. Assist. Mayo Clinic, Rochester, Minn./USA u. Univ. Würzburg; Promot. 1956 Bonn; Habil. 1964 Würzburg - S. 1970 apl. Prof. f. Innere Med. Univ. Würzburg, s. 1970 Chefarzt u. 1974 Ärztl. Dir. Städt. Krankenanst. Aschaffenburg - BV: Ganzkörperplethysmographie z. Messung d. Zeit- u. Schlagvolumens, 1970; Klin. Phonokardiographie, 3. A. 1975 (ital. 1974); Herz-Kreislaufkrankh., e. Einf. 1981; Kardiopulmonale Reanimation (Kurs: Herz-Lungen-Wiederbelebung), 1986; Kardiopulmonale Reanimation durch Ersthelfer, 1988. Etwa 130 Einzelveröff. - Mitgl. bzw. Vorst. versch. wiss. Ges.; Dt. Beirat f. Erste Hilfe u. Wiederbeleb., New York Acad. of Sciences, Dt. interdiscipl. Ver. Intensivmed., Dt. Ges. int. Intensivmed., Dt. Ges. Herz-Kreisl.forschg., Europ. Res. Council, Dt. Herzstiftg. u.a. - Spr.: Engl.

JUCHHEIM, Moritz K.
Fabrikant (M. K. Juchheim GmbH & Co./Meß- u. Regeltechnik f. Temperatur, Druck, Feuchte) - Moltkestr. 13-31, 6400 Fulda; priv.: Dokkumstr. 13 - Geb. 4. Juli 1910 - 1947 ob. Firmengründ. (vorh. Teilh. Gebr. Juchheim).

JUCKEL, Lothar
Dipl.-Ing., Architekt u. Fachpubl. - Kurfürstendamm 188-189, 1000 Berlin 15 (T. 030 - 881 80 90) - Geb. 20. Aug. 1929 Königsberg/Pr., verh. m. Dipl.-Ing. Arch. Ingrid, geb. Flade, 2 Kd. (Georg, Bettina) - Abit. 1948, Maurerlehre; Arch.- u. Städtebaustud. TU Berlin, Dipl. 1957 - S. 1957 fr. Arch. Berlin; 1957-60 wiss. Assist. v. Prof. Hans Scharoun, Inst. f. Städtebau TU Berlin; 1960-64 Pers. Ref. v. Oberbaudir. Prof. Werner Hebebrand, Baubehörde Hamburg; 1964-70 Dir. d. Schulbauinst. d. Länder in Berlin; 1979-81 Dir. d. Bauausst. Berlin GmbH; 1978-86 Chefredakt. Stadt-Ztschr. f. Wohnungs- u. Städtebau. Vors. Landesgr. Berlin d. Dt. Akad. f. Städtebau u. Landesplanung - BV: Hommage à W. Hebebrand, 1964; W. Hebebrand: Z. Neuen Stadt, 1969; Haus Wohnung Stadt, 1986; H. Scharoun, in: Baumeister, Arch., Stadtplaner, 1987; Berliner Fassaden... od. d. Wiederkehr alter Stadtbilder, 1988. Herausg. d. Edition StadtBauKunst (s. 1988). Zahlr. Veröff. in in- u. ausl. Fachztschr. Schul- u. Wohnungsbauten in Berlin, Dortmund, Köln, Wesel - Liebh.: Forschungsgeb. Stadtentw. u. Eisenbahnwesen (Westeuropa).

JUD, Rudolf

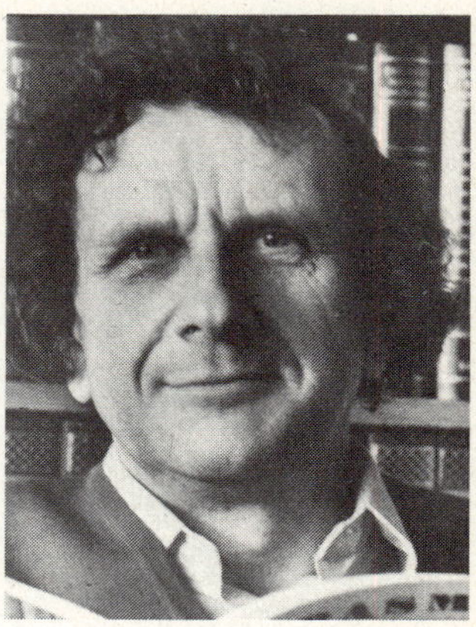

Dr. phil., Prof., Herausgeber u. Redakt. Literaturztschr. Erasmus (s. 1947) - Alexandraweg 26, 6100 Darmstadt (T. 06151 - 2 31 80) - Geb. 21. Okt. 1923 Kaltbrunn/Schweiz (Vater: Peter A. J., Betriebsleit./Elektrizitätsversorg.; Mutter: Agnes, geb. Giger), kath., verh. s. 1950 m. Dr. phil. Elisabeth, geb. Schmid, T. Sibylle - 1937-44 Gymn. Einsiedeln (Benediktiner); Univ. Fribourg, Zürich, Wien. Promot. 1949 - Privatgelehrter (Historiker m. Schwerp. auf Franz. Revolution u. Allg. Kriegsgesch.) - BV: Stalins Werke, 1953; Truman, 1957; Gesicht d. geisteswiss. Verlags, 1957; Linksrhein. Korps d. k.k. Generals Hotze 1796, 2. A. 1959; Geisteswiss. Buch d. Schweiz in d. Nachkriegszeit, 1961; Ordine et vigilantia, 2. A. 1966; Götz u. Tell, 1979; Im Schatten d. wissenschaftl. Kritik, 1985; Texte zu W. Eikels Kalligraphie-Kal., 1987 u. 88; Gerühmt u. geschmäht - A. Paul Weber als Rückgrat e. Ztschr., 1990. Div. Herausg. - 1965 Prof.-Titel Österr. Reg.; 1957 Johann-Heinrich-Merck-Ehrung Stadt Darmstadt; 1965 Palmes Académiques Franz. Reg.; 1983 BVK I. Kl.; 1990 A. Paul Weber-Plak.

JUE, Jürgen
s. Scheutzow, Jürgen W.

JÜDE, Hans-Dieter
Dr. med. dent., Prof. f. Zahn-, Mund- u. Kieferheilkunde, insb. Prothetik, Direktor Abt. f. Zahnärztl. Prothetik Univ.klinik u. Poliklinik f. ZMK-Krankh., Hamburg - Martinistr. 52, 2000 Hamburg 20 (T. 040 - 468 32 67) - Geb. 29. Nov. 1940 Delbrück - S. 1978 Prof. Univ. Würzburg.

JÜHE, Hanno
Rechtsanw., Geschäftsführer Verb. Dt. Ölmühlen - Kronprinzenstr. 24, 5300 Bonn 2 - Geb. 12. April 1930.

JÜHLING, Peter
Dipl.-Ing., Direktor i. R. Siemens AG - Schloßpl., 5, 8630 Coburg/Ofr.; priv.: Obere Klinge 9a, 8630 Coburg - 1983 BVK I. Kl.; 1987 Bayer. VO.; Ehrenpräs. IHK zu Coburg; Ehrensenator FH Coburg.

JÜNEMANN, Heinz-Robert
Dr. jur., Stadtdirektor Ahaus - Schorlemerstr. 50, 4422 Ahaus (T. 02561 - 7 22 66) - Geb. 6. Jan. 1936 Münster (Vater: Philipp J., Bankangest.; Mutter: Maria, geb. Thanscheidt), kath., verh. s. 1966 m. Dr. med. Inge, geb. Tentler, 4 Kd. - 1956-60 Jurastud. Univ. Münster u. München; 1. jurist. Staatsprüf. 1960 Hamm, Promot. 1964 Univ. Münster, 2. jurist. Staatsprüf. 1965 Düsseldorf - 1965-73 Landesverw. NRW (zul. Reg.-Dir.); s. 1973 Stadtdir. Ahaus - Liebh.: Briefmarken, Brieftauben - Spr.: Engl.

JÜNEMANN, Reinhardt
Dr.-Ing., Dr. h. c., Univ.-Prof. f. Förder- u. Lagerwesen Univ. Dortmund (s. 1972), Leit. d. Fraunhofer Inst. f. Materialfluß u. Logistik (s. 1981) - Emil-Figge-Str. 75, 4600 Dortmund 50 - Geb. 9. Aug. 1936 Thaldorf - Zul. TU Berlin - BV: Systemplanung f. Stückgutlager, 1971; Materialfluß u. Logistik - Systemtechn. Grundlagen m. Praxisbeispielen, 1989.

JÜNGEL, Eberhard Klaus
Dr. theol., D. D., Prof. - Schwabstr. 51, 7400 Tübingen - Geb. 5. Dez. 1934 Magdeburg (Vater: Kurt J., Elektrom.; Mutter: Margarete, geb. Rothemann), ev. - Stud. Naumburg/S., Sprachenkonvikt Ost-Berlin, Univ. Zürich, Basel; Promot. 1961; Habil. 1962; 1962 Ordination z. Pfarrer d. ev. Kirche - 1959-66 Sprachenkonvikt Ost-Berlin (Repetent u. Doz.), 1966-69 o. Prof. f. Syst. Theol. Univ. Zürich, s. 1969 o. Prof. f. Syst. Theol. u. Rel.phil. u. Dir. Inst. f. Hermeneutik Univ. Tübingen; s. 1990 Gastprof. Univ. Halle-Wittenberg. S. 1973 Mitgl. Synode d. EKiD; s. 1981 Mitgl. Heidelberger Akad. d. Wiss.; s. 1981 Vors. Theol. Aussch. d. EKU; s. 1985 stv. Richter Staatsgerichtshof Baden-Württemb.; s. 1987 Ephorus Ev. Stift Tübingen; s. 1987 Mitgl. Norweg. Akad. d. Wiss., Oslo - BV: Paulus u. Jesus, 6. A. 1986; Zum Ursprung d. Analogie, 1964; Gottes Sein ist im Werden, 4. A. 1986; Tod, 4. A. 1990; Unterwegs zur Sache, 2. A. 1988; Gott als Geheimnis d. Welt, 6. A. 1992; Zur Freiheit e. Christenmenschen, 3. A. 1991; Entsprechungen: Gott-Wahrheit-Mensch, 2. A. 1986; Barth-Studien, 1982; Z. Wesen d. Friedens, 1983; Glauben u. Verstehen, 1985; Unterbrechungen, Predigten, 1989; Wertlose Wahrheit, 1990 - 1985 Ehrenpromot. z. D. D. d. Univ. Aberdeen.

JÜNGER, Ernst
Schriftsteller - 7945 Langenenslingen 1/ Württ. - Geb. 29. März 1895 Heidelberg (Vater: Dr. Ernst J., Chem.; Mutter: Lily, geb. Lampl), verh. I) 1925 m. Gretha, geb. v. Jeinsen (Verf.: D. Palette; Silhouetten) † 1960, 2 Söhne (Ernst gef., Alexander), II) Dr. Liselotte, verw. Lohrer, geb. Bäuerle - Stud. Phil. u. Zool. Univ. Leipzig u. Neapel - S. 1925 fr. Schriftst.; im 2. Weltkrieg Hptm. (Kompaniechef, u.a. in Frankr., ab 1943 Kaukasus). Zahlr. Reisen in alle Welt - BV: u. a. In Stahlgewittern, 1920; D. Arbeiter, 1932; Blätter u. Steine, 1934; Afrikan. Spiele, 1936; D. Abenteuerl. Herz, 1938; Auf d. Marmorklippen, 1939; Gärten u. Straßen, 1942; Strahlungen, 1949; Heliopolis, 1949; Üb. d. Linie, 1950; D. Waldgang, 1951; D. Gord. Knoten, 1953; Jahre d. Okkupation, 1958; An d. Zeitmauer, 1960; D. Weltstaat, 1960; Subtile Jagden, 1967; Annäherungen - Drogen u. Rausch, 1970; Federbälle - Anmerk. üb. Spr. u. Stil, 1970; D. Zwille, 1973; Zahlen u. Götter, 1974; Philemon u. Baucis, 1974; Eumeswil, 1977; Siebzig verweht, 2 Bde. 1981; Ges.ausg. b. Klett, Stuttgart (10 Bde. 1960/65); Sämtl. Werke (18 Bde. 1978-83); Bibliogr. v. H.-P. des Coudres, 1970; D. Arbeiter, 1982; Autor u. Autorschaft, 1984; Gefährliche Begegnung, 1985 - 1917 Hausorden v. Hoh., 1918 Pour le mérite; 1955 Kulturpreis Bremen, 1956 Goslar, 1960 Ehrengabe Kulturkr. BDI, 1965 Immermann-Preis Düsseldorf; 1970 Frhr.-v.-Stein-Med. in Gold F.V.S.-Stiftg., Hamburg; Ehrenbürger Wilflingen (1960) u. Rehburg (1965), Schiller- Gedächtnispr. Land Baden-Württemberg (1974), 1959 Gr. BVK, 1977 Stern dazu; 1985 Schulterbd. dazu; 1977 Aigle d'or d. Stadt Nizza, 1976 Hon.Chief of Tallah (Liberia), 1979 Méd. de la Paix Stadt Verdun; 1980 VO Land Baden-Württ.; 1981 Prix Europa-Littérature Fondation Intern. pour le Rayonnement des Arts et des Lettres; 1981 Prix Mondial Cino-del-Duca; 1981 Gold. Med. d. Humboldt-Ges.; 1982 Goethe-Preis Stadt Frankfurt/M.; 1982 Honorary Member of the Intern. Nomenclature Committee, Division of Lit.; Dipl. d'Honneur u. Médaille de la Ville de Montpellier; 1983 Premio Circeo d. Associazione per l'Amicizia Italo-Germanica (Vereinig. f. Ital.-Dt. Freundsch.); 1986 Bayer. Maximiliansorden - Sammelt Käfer u. Insekten z. Schulung s. Beobachtungsgabe - Lit.: K. O. Paetel, E. J., D. Wandlung e. dt. Dichters u. Patrioten, 1946; H. Becher S. J., E. J., Mensch u. Werk, 1949; H. R. Müller-Schwefe, E. J., 1951; G. Loose, E. J., Gestalt u. Werk, 1957; E. J., 1974; Christian Graf v. Krockow, D. Entscheidung - E. Unters. üb. E. J., 1958; H.-P. Schwarz, D. konservat. Anarchist - Politik u. Zeitkritik E. J., 1962; K. O. Paetel, E. J., 1962 (rororo-Monogr.); H. L. Arnold, Wandl. u. Wiederkehr, 1965 (Festschr.); Farbige Säume, 1965 (Festschr.); Gisbert Kranz, E. J. symbol. Weltbild, 1968; Volker Katzmann, E. J. Magischer Realismus; K. H. Bohrer, D. Ästhetik des Schreckens. D. pessimistische Romantik u. E. J. Frühwerk - Bs. Ehrung: E.-J.-Med. (geschaffen 1971 v. Bildhauer Rudolf Triebel); Bronzekopf von Prof. Wimmer, München, 1974; u. v. Wolf Ritz, Aachen, 1979 u. Arno Breker, 1980/81. Porträtzeichnungen v. Horst Janssen, 1977 u. 1980 - Bruder: Friedrich Georg † 1977, (s. XVII. Ausg.).

JÜNGER, Helmut
Verleger, Gesellsch. u. Geschäftsf. d. Jünger Verlagsgruppe Offenbach/ Frankfurt, d. av-edition München, u. RGG-Verlag Braunschweig, AR Burckhardthaus-Laetare Verlag Offenbach, Salzland-Druck u. Verlag, Magdeburg - Gravenbruchring 93, 6078 Neu-Isenburg - Geb. 28. Juli 1930 Frankfurt (Vater: Philipp J., Kfm.; Mutter: Kreszentia, geb. Hößß), kath., verh. s. 1961 m. Helga, geb. Manitz, 3 Kd. (André, Britta, Silke) - Gymn., Buchhändlerschule, Lehre als Verlagskfm. - Spr.: Engl., Franz.

JÜRES, Ernst August
Dr. phil., fr. o. Prof. f. Soziologie Hochsch. f. Wirtsch. u. Politik Hamburg (1973-86) - Geestwiesenweg 14, 2090 Winsen/Luhe (T. 04171 - 53 57) - Geb. 16. Okt. 1920 Münster, ev., verh. s. 1953 m. Birgit, geb. Andersen, 3 Kd. (Christiane Maria, Peter Laurids, Torben Tillmann) - Stud. vergl. Sprachwiss., Sprachen u. Sozialwiss.; Promot. 1952 Univ. Mainz - 1953-59 Sozialforschungsstelle Dortmund; 1960-72 Tätigk. in Ind. u. Verb. - BV: D. Gesellschaftsbild d. Arbeiters (m. and.), 1957, 4. A. 1972; Technik u. Industriearbeit (m. and.), 1957, 2. A. 1964; Erfahr. m. Arbeitern, 1967; Gewerkschaftspolitik d. KPD nach d. Krieg, D. Hamburger Werftarbeiterstreik 1955 (m. H. Kuehl), 1981 - Spr.: Dän., Franz., Engl.

JÜRGENS, Franz-Heinrich
Dipl.-Hdl., Oberstudienrat, MdL Nordrh.-Westf. (s. 1966) - Ingendorfer Str. 28, 5025 Stommeln/Rhld. (T. 02238 - 3203) - Geb. 21. Sept. 1924 Köln, verh., 2 Kd. - Obersch.; Stud. Wirtschaftspäd. - s. 1953 kaufm. Berufs- u. Handelsschuldst. SPD (stv. Ortsvors.).

JÜRGENS, Günter
Dr. jur., Beamter, Oberfinanzpräsident Köln - Riehler Pl. 2, 5000 Köln 1 (T. 0221 - 7 72 71) - Geb. 16. April 1928 Düsseldorf, kath., verh., 3 Kd. - Jurastud. Univ. Köln; 1. jurist. Staatsprüf. 1952, 2. 1956, Promot. 1954 - S. 1957 Finanzverw. d. Ld. Nordrh.-Westf.; s. 1962 Bundesmin. d. Finanzen, 1970-86 Leit. Bundesfinanzakad. Siegburg - BVK.

JÜRGENS, Hans W.
Dr. rer. nat., Dr. agr., Prof. Univ. Kiel, Hon. Prof. Univ. Mainz, Direktor Anthropolog. Inst. Univ. Kiel - Im Wiesengrund 16, 2300 Kiel-Schulensee (T. 65937) - Geb. 29. Juni 1932 Wolfenbüttel (Vater: Dr. jur. Hans J.; Mutter: Ilse, geb. Roloff), ev., gesch., Sohn Martin - Stud. Anthropol., Landw., Betriebsw. - S. 1960 (Habil.) Lehrtätigk. Kiel u. afrik. Univ; 1974-79 Dir. Bundesinst. f. Bevölkerungsforsch., Wiesbaden. Div. Mitgliedsch. (1970 ff. Präsid. Dt. Afrika-Gesellsch., Bonn) - BV: Asozialität als biol. Problem, 1960; Familiengröße u. Bildungsweg, 1964; Beitr. z. Typenkunde b. Menschen (m. Vogel), 1964; Beitr. z. Binnenwanderung in Liberia, 1965; Unters. z. Binnenwand. in Tanzania, 1968; Partnerwahl u. Ehe, 1973; The Face of Africa, 1975; Kinderzahl - Wunsch u. Wirklichk. (m. Pohl), 1975; Transpiration u. Mikroklima, 1988; Computermodelle d. menschlichen Körpers (m. Aune), 1989; International Data on Anthropometry, 1990. Herausg.: Ztschr. f. Morphol. u. Anthropol.; Mankind Quarterly (Washington D.C.); Beiträge zu Bevölkerungsfragen - 1968 Herig-Med. - Liebh.: Bibliophilie - Spr.: Engl. - Rotarier.

JÜRGENS, Heinrich
Landwirt, Nieders. Minister f. Bundesangelegenh. (1986-90), MdL - Wilhelm-Kopf-Platz 1, 3000 Hannover (T. 0511 - 3 03 00); u. Öftinghausen 3, 2831 Ehrenburg (T. 04275 - 3 71) - Geb. 28. Juli 1924 Öftinghausen (Vater: Fritz J., Landwirt; Mutter: Dora, geb. Logemann), ev., verh. s. 1950 m. Hilda, geb. Störer, 3 Kd. (Henning, Volker, Lutz) - Obersch.; landw. Lehre; Meisterdipl. 1954 - 1942-45 Wehrdst.; s. 1945 Landw. Div. Ehrenstell. 1960 Ratsmitgl., 1968 Bürgerm. 1974 Samtbürgerm. Schmalförden; 1964 Kreistagsabgeordn., 1968-77 Landrat Kr. Grafschaft Diepholz. 1954-60 (Auflös.) DP, dann FDP (1970 Mitgl. Landesvorst., 1978-91 Landesvors.). 1974-78 Vizepräs. Nieders. Landtag u. MdL, s. 1982 wieder MdL; 1979-84 Mitgl. Europ. Parlament.

JÜRGENS, Jörg
Dr. med., Prof., Internist, ehem. Chefarzt d. I. Med. Klinik St. Markuskrankenhaus, Akad. Lehrkrankenh. Joh. Wolfg. Goethe Univ. Frankfurt am Main - Geb. 30. Juni 1918 Goslar/Harz, ev., verh. s. 1946. m. Gisela, geb. Weise, S. Dr. med. Kay - S. 1951 (Habil.) Lehrtätigk. Univ. Berlin u. Frankfurt/M.

JÜRGENS, Jürgen
Prof., Universitätsmusikdirektor, Dirigent - Oderfelder Str. 11, 2000 Hamburg 13 (T. 040 - 48 83 63) - Geb. 5. Okt. 1925 Frankfurt/M. (Vater: Walter J., Ing.; Mutter: Hertha, geb. Schulder), ev., verh. s. 1983 m. Ursula, geb. Hasenmeyer - 1939-44 Gymn. Frankfurt; 1948-55 Hochsch. f. Musik Freiburg - Chorleit., Dirig., Univ.-Prof., Leit. Monteverdi-Chor Hamburg - BV: Domenico Scarlatti: Stabat Mater, 1972; Monteverdi: Marien-Vesper, 1977; Alessandro Scarlatti: Madrigale, 1980; Chormusik v. Spohr, Hauptmann, Lortzing, Rossini, Genée, 1986-89 - Brahms-Med. Stadt Hamburg; Bartok-Med. Stadt Debrecen; Inter. Wettbewerbs- u. Schallplatten-Pr.; Mitgl. Fr. Akad. d. Künste Hamburg; 1985 Biermann-Rathjen-Med. Stadt Hamburg; 1991 Brahms-Med. d. Stadt Hamburg - Liebh.: Kunsthandw., Poesie - Spr.: Engl., Ital.

JÜRGENS, Maria
Dr., Oberlandwirtschaftsrätin - Hardehausen, Abt-Overgaer-Str. 1, 3530 Warburg 2 - Geb. 28. Mai 1928, kath., ledig - Abit. 1947; Stud. BPI Stuttgart, Univ. Bonn (Erziehungswiss.); Promot. 1982 Bonn - Doz. Kath. Landvolkshochsch. Anton-Heinen Hardehausen; Kurat.-Mitgl. Mallinckrodthof Borchen; Vorst. Förderverein - Veröff. zu Fragen d. Landfrauenbildung - BVK - Spr.: Engl., Latein.

JÜRGENS, Udo
(eigtl. Udo Jürgen Bockelmann), Prof., Sänger, Komponist, Textdichter, Schriftst. - Zürich - Geb. 30. Sept. 1934 Österreich, gesch., 2 Kd. (Jonny, Jenny) - Kärntner Landeskonservat. Klagenfurt -Nebst vielen anderen Ausz.: 1966 Sieger Grand Prix Eurov.; 1979 Gold. Kamera; 1981 2. Preis World Popular Song Festival & Best Country Song of the Year v. ASCAP; 6 Gold. Europas. Mehr. Male erfolgreichster Tourneekünstler d. Jahres. Üb. 60 Mio. verkaufte Schallpl. - S. 1989 Goodwill-Ambassador UN.HCR - BV: Smoking & Blue Jeans, 1984.

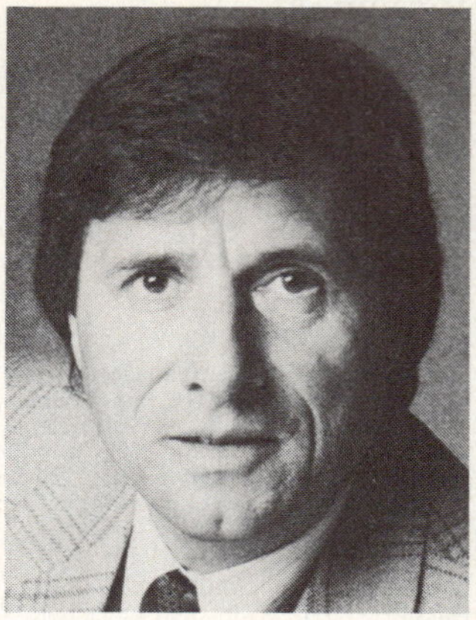

JÜRGENSEN, Carl
Dr. rer. hort., Prof. f. Berufsdidaktik d. Gartenbaues - Hirtenweg 15, 3016 Seelze 2 - Dekan FB Gartenbau d. Univ. Hannover.

JÜRGENSEN, Harald
Dr. sc. pol., o. Prof. f. Volkswirtschaftslehre, insb. Außenw. u. Verkehrspolitik - Bellevue 37, 2000 Hamburg 60 (T. 279 13 65) - Geb. 14. Okt. 1924 Garding (Vater: Carl J., Postoberamtm.; Mutter: geb. Evert), ev., verh. s. 1978 m. Dorothee, geb. Göring, S. Stefan - Dipl.-Volksw. (1950) u. Promot. (1952) Kiel - 1952 wiss. Ref. Inst. f. Weltw. Kiel, 1953 Assist., 1955 Privatdoz. Univ. Münster/ W., 1959 Ord. Univ. Saarbrücken (Wirtschaftswiss.), 1960 Univ. Hamburg (gegenw. Dir. Inst. f. Europ. Wirtschaftspolitik, Inst. f. Verkehrswiss. u. Sozialökonom. Sem.), Vizepräs. Überseeclub Hamburg - BV: D. westeurop. Montanind. u. ihr gemeinsamer Markt, 1955; Probleme d. Finanzierung d. Investitionen in Entwicklungsländern, 1959; Produktivitätsorientierte Regionalpolitik, 1965; Konzentration u. Wettbewerb im Gemeinsamen Markt, 1968 (Mitverf.); Initiativen d. Gegenw. - Chancen d. Zukunft. Bevölkerung u. Wirtsch. in d. Region Zürich, 1973 (Mitverf.); Probl. d. intern. Anpassungsprozesses. Ind. Anpassungserford. aus Kapazitätserweit. in Entw.ländern, 1981 (Mitverf.); Verkehrspolitik in d. Periode d. Ressourcenverknappung, 1985; Intern. Wettbewerbsfähigk. dt. Untern. Bestandsaufn. u. Zukunftsperspektiven, 1986; Überforderte Märkte? - Wirtsch.perspektiven nach d. Crash auf d. Finanzmärkten, 1987; V. quantitativen z. qualitativen Wachstum, 1987; Verwaltete od. gestaltete Zukunft - HB Südwest setzt positive Akzente in d. Stadtentw. Zürichs, 1988 - 1969 Heinrich-Plett-Preis - Liebh.: Segelsport - Spr.: Engl., Franz.

JÜRGENSEN, Jürgen
Steuerbeamter a. D., MdL Nieders. (s. 1970, SPD) - Wullenweberstr. 12b, 2130 Rotenburg/Wümme (T. 7334).

JUERGING, Karl Heinz
MdL Rhld.-Pfalz, Mitglied Kreistag Alzey-Worms, 3. Kreisdeputierter - An den Mühlen 1, 6501 Wörrstadt-Rommersheim (T. 06732 - 26 64) - Geb. 14. Febr. 1935, verh.

JÜRSS, Lisa
Kunsthistorikerin u. Museumsrätin, amtier. Direktorin d. Staatlichen Museums Schwerin (s. 1990) - Kunstsammlungen, Schlösser u. Gärten - Alter Garten 3, O-2750 Schwerin - Geb. 13. Febr. 1940 Schwerin, led. - Stud. Kunsterzieh., Gesch. 1962-66 Univ. Greifswald - S. 1966 am Schweriner Kunstmuseum, s. 1968 Leit. d. Gemäldegalerie, s. 1973 stv. Dir., s. 1985 Dir. d. Kunstsammlungen - Veröff. zu d. Gemäldebeständen d. Einrichtung u. zu Sonderausstell., vor allem

auf d. Gebieten holländ. Malerei d. 17. Jh. sowie Malerei in Mecklenburg.

JÜSTEN, Richard

Dr.-Ing., Prof. f. Meßtechnik u. Sicherheitstechnik GH Paderborn (Fachber. EL. Energietechnik, Soest) - Wiesenstr. 17, 4770 Soest/W.

JÜTEN, van, Grit

Opernsängerin (Lyr. Sopran) - Derner Str. 221, 4600 Dortmund 16 (T. 0231 - 85 16 38) - Geb. 17. April 1944 Hamburg (Vater: Bernhard, Oberst; Mutter: Carla), kath., verh. s. 1968 m. Dipl.-Ing. Hanno Bauer (Arch.) - 1963-67 Musikhochsch. u. Univ. München - Opern- u. Konzerts. (Engagements München, Nürnberg, Mannheim; 1977ff. intern. Gastspieltätigk.). U. a. Urauff.: Cornelia Faroli (Oper v. Rafael Kubelik, 1972 Olympiade München) u. Chenaux (v. Richard Müller-Lampertz, 1980 Brixi-Messe Eurovision). Schallpl. (Opern, Lieder) - 2 I. Preise b. intern. Musikwettbew. - Liebh.: Segeln - Spr.: Engl., Ital.

JÜTTING, Dieter H.

Dr., Prof. Univ. Münster - Drostestr. 4, 4400 Münster - Geb. 4. Jan. 1943 Neu-Oldenberg (Vater: Johann J., Beamter; Mutter: Alwine, geb. Schapmann), verh. s. 1966 m. Traudel, geb. Abeler, 2 Kd. (Johannes, Henrike) - Bundesb.-Lehre; später 2. Bildungsweg: Stud., Staatsex., Promot. - Beamter Dt. Bundesb.; dann wiss. Laufbahn - BV: Freizeit u. Erwachsenensport, 1976.

JÜTTING, Gerd

Dr. med., Prof., Chefarzt (Gynäkologe) - Am Kirchberg 6, 2409 Gleschendorf/SH - B. 1968 Privatdoz., 1974 apl. Prof. TH Aachen, 1981 apl. Prof. Med. Univ. zu Lübeck, Chefarzt geb.-gynäk. Kreiskrkhs. Eutin.

JÜTTNER, Alfred

Dr. jur., Syndikus Hochsch. f. Polit. München i. R., Mitgl. Kurat. Senat u. Lehrkörper d. HS.P.W. - Hechtseestr. 63a, 8000 München 80 (T. 40 10 07) - Geb. 17. März 1917 - O. Mitgl. Sudetend. Akad. d. Wiss. u. Künste - BV: D. europ. Einigung, 1966; Wahlen u. Wahlrechtsprobl., 1970; D. dt. Frage, 1972; Taschenb. d. europ. Parteien u. Wahlen, 1977 (zus. m. H.-J. Liese); D. Hochsch. f. Politik. Festschr. z. 40jährigen Bestehen (1990). Zahlr. Aufs. in Sammelw. u. wiss. Ztschr. - BVK am Bde.

JÜTTNER, Egon

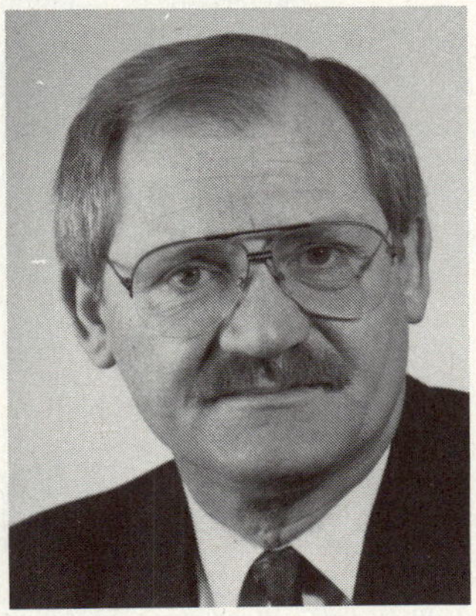

Dr. phil., Univ.-Prof. Bundeswehr München (s. 1976) u. MdB (s. 1990) - Bundeshaus, 5300 Bonn 1 - Geb. 20. Mai 1942, kath., verh. s. 1968 m. Ursula, geb. Keller, 2 Kd. (Thomas, Julia) - Stud. 1961-68 Univ. Saarbrücken u. FU Berlin; Promot. 1969 FU Berlin - 1984-91 Stadtrat Mannheim - Bücher u. zahlr. Zeitschriftenart. üb. Bildungsfragen - Spr.: Engl., Franz., Schwed.

JÜTTNER, Guido

Dr. rer. nat., Prof. f. Geschichte d. Pharmazie FU Berlin - Zu erreichen üb. Inst. f. Gesch. d. Medizin, Klingsorstr. 119, 1000 Berlin 45; priv.: Niedstr. 36, 1000 Berlin 41 - Geb. 2. Sept. 1939.

JÜTTNER, Siegfried

Dr. phil., Univ.-Prof. f. Romanistik Univ. Duisburg - Am Ostbahnhof 16, 4030 Ratingen 1 - Geb. 9. März 1941 - Staatsex. Franz. Gesch. 1966; Promot. 1968; Habil. 1974 - 1974 Wiss. Rat u. Prof. Univ. Düsseldorf; 1983 o. Prof. Univ. Duisburg s. o. Forschungsschwerp.: Lit. d. Aufklärung in Europa u. Lateinamerika.

JUG, Karl

Dr. phil. nat., Univ.-Prof. f. Theoret. Chemie Univ. Hannover - Raarangerweg 2, 3257 Springe 2 (T. 05045 - 63 84) - Geb. 12. Sept. 1939 Essen (Vater: Karl J., Bergmann; Mutter: Ida, geb. Libuda), ev., verh. s. 1964 m. Ulrike, geb. Sünderhauf, 3 Kd. (Silke, Sven, Birgit) - Stud. Univ. Frankfurt/M. (Dipl.-Phys. 1964; Promot. 1965) - 1967-74 USA (Res. Assoc. Illinois Inst. of Technol., Assist. (1969) u. Assoc. Prof. (1971) Saint Louis Univ.). 1975-78 wiss. Rat u. Prof. TU Hannover. 1970 Gastprof. Florida State Univ., Tallahassee, 1971 Johns Hopkins Univ., 1972 u. 73 Univ. Stuttgart, 1987 Indian Inst. of Technol., Madras, 1989 Jagiellonische Univ. Krakau. In- u. ausl. Fachmitgl.sch. - BV: Mathematik in d. Chemie, 1981. Üb. 100 Einzelarb. in intern. Ztschr. f. Chemie - 1984 Korr. Mitgl. Académie Européenne des Sciences, des Arts et des Lettres; 1988 Mitgl. New York Acad. of Sciences - Spr.: Engl., Franz.

JUHL, Paulgeorg

Dr. sc. pol., Dipl.-Volksw., Dipl.-Kaufm., Prof. f. Wirtschaftswissenschaft u. Wissenschaftsethik FH Offenburg (s. 1991, Kurator s. 1990, Prorektor s. 1991) - Weingartenstr. 97, 7600 Offenburg (T. 0781 - 3 09 80) - Geb. 23. März 1950 Berlin, ev.-method., verh. s. 1971 m. Marlene, geb. Werfl, 3 Söhne (Christoph Mathias, Peter Benjamin, Thomas David) - 1970-75 Stud. Univ. Erlangen-Nürnberg, 1979-81 Univ. Kiel (Volkswirtsch., Theol., Phil., Betriebswirtsch.); Dipl.-Volksw. 1974, Dipl.-Kaufm. 1975; Ord. 1982 Mainz; Promot. 1983 Kiel - 1973-75 Forsch.inst. f. Genoss.wesen Univ. Erl.-Nürnb.; 1975-81 Inst. f. Weltwirtsch. Univ. Kiel; 1981-91 Prof. f. Volkswirtschaftslehre FH Offenburg, 1989-91 Fachbereichsleit. - BV: Dt. Direktinvestitionen in Lateinamerika, 1979; Direktinvestitionen in Entwicklungsländern u. d. Einfluß politischer Risiken, 1983; Durch Worte d. Liedes verkündigen, 1985; Hoffnung erkennen, 1987; Damit Du nicht so allein bist, 1989; D. Christ u. d. liebe Geld, 1991 - 1985 Kurzgeschichtenpreis; 1986 1. Förderpreis d. Ev. Buchhilfe - Liebh.: pastorale Gemeindearb., Musik, Hund, Kurzgesch., Schreiben - Spr.: Lat., Griech., Hebr., Engl., Franz.

JUHNKE, Harald

Schauspieler - Taubertstr. 16a, 1000 Berlin 33 (T. 8 26 16 71) - Geb. 10. Juni 1929 Berlin, (Vater: Polizist †), verh. I) m. Sybill Werden (Tänzerin, Schausp.), 1 Sohn, II) Susanne Hsiao (Schausp.), S. Oliver - Bühne: u. a. Liliom, Alfie, Bluntschi; Film: D. Stärkere, Heldentum n. Ladenschluß, D. grünen Teufel v. Monte Cassino u. a.; 1979ff. Showmaster ZDF-Send. Musik ist Trumpf - BV: D. Kunst, e. Mensch zu sein, Memoiren 1980; Alkohol ist keine Lösung, 1982 - 1978 Gold. Vorhang Theaterclub Berlin - 1981 Gold. Kamera Hörzu.

JUHNKE, Klaus-Jürgen

Dr. rer. pol., Dipl.-Kfm., Kaufm. - Krampengrund 9, 2000 Hamburg 67 (T. 603 97 46) - Geb. 16. Jan. 1937 Schleswig (Vater: Emil J., Studienrat, gef.; Mutter: Ilse, geb. Madsack), ev., verh. s. 1965 m. Karin, geb. Jüncke, 2 Kd. (Klaus-Andreas, Stephanie) - Univ. Hamburg (Betriebsw.slehre) - 1963-66 Assist. Univ. Hamburg u. Bonn (Lehrstühle f. Industrie- u. Verkehrspolitik); Geschäftsf. Vereinigte Tanklager u. Transportmittel GmbH., Hamburg - BV: D. Bedeutung u. Gestalt. d. Eisenbahnen f. d. Personenverkehr in Ballungsräumen, 1966 - Liebh.: Fotogr., Musik, Sport - Spr.: Franz., Engl.

JUHR, Norbert-Christian

Dr. med. vet., Prof. f. Versuchstierkunde u. -krankheiten FU Berlin - Krahmerstr. 6, 1000 Berlin 45.

JUILFS, Johannes

Dr. rer. nat., Prof. f. Theoret. Physik - 2893 Husumerdeich üb. Nordenham (T. 04733 - 3 17) - Geb. 15. Dez. 1911 Hannover (Vater: Arthur J., Kaufm.; Mutter: geb. Welz), verh. s. 1960 m. Hannelore, geb. Bartsch - Univ. Berlin (Math., Physik, Chemie, Musik). Promot. (1938) u. Habil. (1945) Berlin - 1940-45 Lehrauftr. Univ. Rostock; spät. Leit. u. Geschäftsf. VHS Helmstedt; ab 1950 Leit. Abt. Physik Textilforschungsanstalt Krefeld; s. 1955 Privatdoz. u. apl. Prof. (1958) TH bzw. TU Hannover (1963/64 u. 1965ff. Lehrstuhlvertr.; 1967ff. Leit. Abt. Struktur d. Materie); 1964/65 Lehrstuhlvertr. Univ. Göttingen; 1977-79 Sem.-Dir., 1977ff. Hon.-Prof. - BV: Physik d. Gegenw. m. C. F. v. Weizsäcker 1952 (2. A.; auch engl. (2. A.) u. poln.). Zahlr. Facharb.

JULIER, Jürgen

Dr. phil., Direktor Staatl. Schlösser u. Gärten Berlin (s. 1984) - Luisenpl. (Charlottenburger Schloß), 1000 Berlin 19 - Geb. 1942 Rheinpfalz - Univ. Heidelberg - 1976-84 Bayer. Landesamt f. Denkmalpflege München (zuständ. f. d. Bereich Westl. Unterfranken). 1982ff. Lehrbeauftr. Univ. Bamberg.

JUNCKER, Klaus

Dr. rer. pol., Direktor (m. Generalvollmacht) Deutsche Bank AG - Sophienruhe 6, 6232 Bad Soden-Neuenhain - Geb. 21. Sept. 1943 Berlin, verh. - Abit. 1962; Banklehre, Promot. 1971 - Beiratsmitgl. d. DGM Deutsche Ges. f. Mittelstandsberatung GmbH u. GEFA Ges. f. Absatzfinanz. mbH, Wuppertal; Redaktionsbeirat Ztschr. Bank u. Markt; VR-Mitgl. b. Banco Comercial Transatlántico S.A., Barcelona; AR-Mitgl. Firmen-Lebensversich.-AG d. Deutschen Bank, Wiesbaden - BV: Marketing im Firmenkundengeschäft, 1979; Rationalisier. im Kreditwesen, 1979 - Spr.: Engl., Franz.

JUNG, Alfred

Prof., Historiker - Hechinger Str. 30, 7410 Reutlingen 2 - Gegenw. Prof. f. Gesch. PH Esslingen.

JUNG, Claudia Cornelia

Solotänzerin - Parsbergstr. 53, 8034 Germering (T. 089 - 84 34 95) - Geb. 9. April 1961 München (Vater: Adolf J., Rektor; Mutter: Christel-Karin, geb. Wanzke), ev., verh. s. 1984 m. Hankiewicz Wojchiech - Human. Gymn.; 1976-79 Stud. Musikhochsch. München, Abt. Ballett; weit. Ausbildungsstätten: Paris, Lissabon, New York, Moskau, Varna, Rom, Rovinji, Ljubljiana, Sitges, Wien, San Francisco - 1979-81 Engagem. Solotänzerin Städt. Bühnen Augsburg; 1981-85 Dt. Oper am Rh., Düsseldorf/Duisburg; ab 1985 Solotänzerin Dt. Oper Berlin. Gastsp. in d. ganzen Welt - 1979 Kulturförderungspreis f. interpret. Kunst München; 1980 Bronzemed. Intern. Ballettwettb. Varna/Bulg.; 1981 Bronzemed. Intern. Ballettwettb. Bolschio-Theater Moskau; 1982 Kulturförderungspr. Germering; 1983 Förderpr. Bayern - Spr.: Lat., Engl., Franz.

JUNG, Dieter

Dr. rer. nat., o. Prof. u. Direktor Mineralog.-Petrogr. Inst. Univ. Hamburg (s. 1967) - Grindelallee 48, 2000 Hamburg 13 - Geb. 19. Nov. 1927 Fischbach/S. - Promot. u. Habil. Saarbrücken - Etwa 30 Fachveröff.

JUNG, Dieter

Vorstandsmitglied Verseidag AG (1981ff.) - Industriestr. 56, 4150 Krefeld - Zul. Vorst. VOKO-Gruppe, Gießen.

JUNG, Eberhard

Dr.-Ing., Hüttendirektor i. R. - Unterer Hof, 3561 Biedenkopf-Breidenstein - Geb. 11. Nov. 1902 Biedenkopf/Hessen (Vater: Kommerzienrat Albert J.; Mutter: Botilde, geb. v. Fransecky), ev., verh. s. 1927 m. Manuela, geb. Stückelberg v. Breidenbach, 4 Kd. (Liselotte Meinecke; Dr.-Ing. Johann-Heinrich; Sibylle Schulze, Gisela Klernent) - TH Aachen u. Stuttgart, Bergakad. Clausthal - Langj. Tätigk. Eisen- u. Stahlbereich. Div. Ehrenstell., dar. Vors. Fachverb. Heiz- u. Kochgeräte-Ind. (1949-72) u. Vizepräs. Wirtschaftsverb. Eisen-, Blech- u. Metallwaren-Ind. Versch. Mandate - 1970 Ehrenpräs. Comité Européen des Fabricants d'Appareils de Chauffage et de Cuisine Domestiques; 1972 Ehrenvors. FHuKI; BVK; Gr. Verdienstkreuz d. VO. d. Bundesrep. Deutschland 1973; Robert Schuman-Med. d. E.-G. - Liebh.: Geschichte - Spr.: Franz., Engl.

JUNG, Elwin

Dr. jur., Rechtsanwalt, Vorstandsmitglied d. IRSW (Unabh. Inst. f. Rechts-, Sozial- u. Wirtsch.wiss.), Bonn - Ebertplatz 4, 5000 Köln 1 - Geb. 23. Febr. 1931 Oberohmbach (Vater: Emil J. (selbst.); Mutter: Maria, geb. Theiss), verh. s. 1979 m. Sophie Roswitta, geb. Felter - Univ. Mainz u. Freiburg (Philol., Rechts- u. Staatswiss.). Jurist. Staatsex. 1956 u. 61. Promot. 1969 Köln (Diss.: D. Serienschaden in d. Allg. Haftpflichtversich.) - 1964-67 LG-Rat Mainz. Ab 1967 Gerling-Konzern, Allg. Versich.-AG (b. 1968 Vorst.-Assist.), ab 1969 Dir., 1970-81 Vorst.-Mitgl. d. Gerling-Konzern, Rechtsschutz-Versich.-AG, Köln, 1983-85 AR-Mitgl. KVDB-Rechtsschutz-Vers.-AG, Bad Windsheim - Spr.: Engl., Franz.

JUNG, Ernst Friedrich

Dr. jur., Botschafter a. D. - Uhlandstr. 41, 5300 Bonn 2 (T. 36 32 77) - Geb. 25. Sept. 1922 Celle, ev., verh. s. 1958 m. Brigitta, geb. Müller v. Blumencron, 3 Kd. (Dorothee, Hubertus, Christoph) - Gymn. Andreanum Hildesheim, Zehlendorfer Gymn. Berlin; Univ. Göttingen, Breslau, Freiburg/Br., Lausanne, 1963-64 Harvard-Univ. Cambridge/Mass., 2. Jurist. Staatsprüf. 1950 Hannover; Promot. 1950 Göttingen - 1941-43 Wehrdst.; s. 1950 Ausw. Dienst. AA, Gesandtschaft Luxemburg, EWG-Kommiss. Brüssel, Botschaft Tokio u. London, 1971 Botschafter Lagos/Nigeria, 1975 Beigeordn. Generalsekr. f. polit. Angelegenh. d. NATO Brüssel; 1978 Leit. Deleg. d. BRD b. d. Truppenvermind.verhandl. (MBFR) Wien; 1981 Botschafter z.b.V., Auswärtiges Amt, Bonn (Beauftragter f. Nord-Süd-Verhandlungen); 1984 Botschafter Budapest, 1991 Exekutiv-Sekr. d. 1. Sitz. d. Rats d. KSZE Berlin.

JUNG, Franz

Verbandsdirektor, Geschäftsf. Saarl. Städte- u. Gemeindetag - Ensheimer Str. 96, 6670 St. Ingbert - Geb. 17. Okt. 1908 St. Ingbert (Vater: Peter J.), verh. s. 1935 m. Cäcilie, geb. Nau - Schule u. Verwaltungsakad. - S. 1927 Kommunalverwalt. (1936 Bürgerm. Rohrbach, 1937 Saarwellingen), s. 1957 Saarl. Städte- u. Gemeindetag.

JUNG, Franz Josef

Dr. jur., Rechtsanwalt u. Notar, MdL Hessen - Schloßplatz 1, 6200 Wiesbaden (T. 0611 - 35 05 31) - Geb. 5. März 1949, kath., verh. s. 1972 m. Beate, geb. Spiegler, 3 Kd. (Meike, Anika, Marco) - Abit. Gymn. Geisenheim, Stud. Rechtswiss., Promot. 1978 (Prof. Dr. Hans Heinrich Rupp) Univ. Mainz - 1973-83 Mitgl. Bundesvorst. JU Dtschl., s. 1981 stv. Bundesvors., 1972-87 Kreistagsmitgl. Rheingaukreis bzw. Rheingau-Taunus-Kr., s. 1983 MdL, b. 1991 Generalsekr. d. CDU Hessen, Parlament.

Geschäftsf. CDU Fraktion - Zahlr. Veröff. u.a.: Farbige Kennzeichn. v. Stimmzetteln - e. Verstoß geg. d. Grundsatz d. geheimen Wahl, 1985 - Liebh.: Fußball, Tennis - Spr.: Engl.

JUNG, Fredo
Kapellmeister, Chefdirigent Landestheater Altenburg (s. 1987) - Friedrich-Ebert-Str. 23, O-7400 Altenburg (T. 31 49 02) - Geb. 9. Febr. 1949 Gotha/Thür., ev., verh. s. 1976 m. Erika, geb. Bätzel, 3 Kd. (Isabella, Markus, Bertram) - Abit. 1967; Stud. Kapellmeister 1967-72 Weimar, Ex. 1972 - 1972-76 Solorepetitor am Dt. Nationaltheater Weimar; 1976-87 Städt. Bühnen Erfurt; s. 1979 als Kapellmeister - BV: Opus Humoris Nr. 1 (1976) b. Nr. 18 (1989) f. Orchester (musikal. Parodien) - An o.g. Theatern bish. üb. 30 Opern, 15 Operetten, 15 Musicals (u.a. West Side Story), ca. 50 Konzertprogramme u. 1 Ballett einstudiert.

JUNG, Fritz
Dr. med. dent., o. Prof. f. Zahn-, Mund- u. Kieferheilkunde (emerit.) - Oderstr. 25, 6500 Mainz - Geb. 7. Juni 1903 Neurode/Eulengeb. (Vater: Josef J., Dentist; Mutter: Selma, geb. Honig), kath., verh. m. Dr. med.Brigitte, geb. Kikillus - Gymn. Glatz; Univ. Breslau u. Würzburg - S. 1949 (Habil.) Lehrtätigk. Univ. Mainz (1963 Ord. u. Klinikdir.). Zahlr. Fachveröff.

JUNG, Fritz
I. Bürgermeister (s. 1966) Rathaus, 8912 Kaufering/Obb. - Geb. 29. Sept. 1923 Bulkes - Zul. Regierungsangest. SPD.

JUNG, Gerhard
Dr. med., Prof., Chefarzt (Frauenklinik) - Kreiskrankenhaus Schwäb. Gmünd, 7075 Mutlangen/Württ. - Geb. 22. Sept. 1924 Duderstadt - Promot. 1952 - S. 1962 (Habil.) Privatdoz. u. apl. Prof. (1968) Univ. Tübingen (Frauenheilkd. u. Geburtsh.) - BV: Enzyme d. Ovariums, 1965 (m. Paul A. König).

JUNG, Günther
Dr. rer. nat., Prof., Chemiker (Organ. Chemie/Biochemie) - Ob der Grafenhalde 5, 7400 Tübingen 1 - Geb. 2. Sept. 1937 Tübingen - Promot. 1967 Tübingen - S. 1971 (Habil.) Privatdoz. u. apl. Prof. (1973) Univ. Tübingen (gegenw. Doz. Inst. f. Organ. Chemie). 1967-68 USA-Aufenth. Üb. 200-Facharb.

JUNG, Hans
Dr. jur., Oberbürgermeister a. D. - Einsteinstr. 3, 6750 Kaiserslautern/Pfalz (T. 7 69 99) - Geb. 15. März 1930 Kaiserslautern (Vater: August J.; Mutter: Hedwig, geb. Conrad); ev., verh. m. Margarete, geb. Wittka, 2 Töchter (Elke, Petra) - S. 1962 Beigeordn. u. Obgm. (1967) Kaiserslautern - Vorst.-Mitgl. Bayer. Brauerei-Schuck-Jaenisch AG Kaiserslautern (b. 1985). S. 1985 RA - BVK - Spr.: Engl., Franz. - Rotarier.

JUNG, Helman
Musiker, Prof. f. Fagott Staatl. Hochsch. f. Musik Westf.-Lippe/Nordwestd. Musikakad. Detmold (s. 1976) - Amselweg 14, 4930 Detmold - Geb. 11. Mai 1943 München (Vater: Helmut J., Verwaltungsinsp.; Mutter: Hildegard, geb. Zähle), ev., verh. s. 1978 m. Monica, geb. Mühleise, 2 Kd. (Christian, Elena) - Musikhochsch. Detmold (Künstler. Reifeprüf. 1965) - S. 1967 Solofag. Bamberger Symphoniker. Schallpl. (Soli, Kammermus.); Rundfunkprod. - 1965 Förderungspreis Münchener Rundfunkwettbew. - Spr.: Engl.

JUNG, Helmut
Dr. med., Chefarzt HNO-Abt./Krankenhaus Marienhof, Prof. Univ. Mainz (n. b.) - Rudolf-Virchow-Str. 7, 5400 Koblenz.

JUNG, Hermann Karl
Dr. phil., Leiter Abt. 6 im Bundeskanzleramt (Bundesnachrichtendienste, Koordinierung d. Nachrichtendienste d. Bundes) Bonn - Burg Schweinheim 9, 5350 Euskirchen-Schweinheim (T. 02255 - 68 66) - Geb. 1. Juli 1930 Sausenheim, ev., verh. s. 1964 m. Felicitas, geb. Proksch, 3 Töcht. (Barbara, Beatrice, Isabel) - 1941-50 Human. Gymn. Ludwigshafen; b. 1958 Stud. Rechtswiss., Mittl. u. Neuere Gesch. u. Geogr. Univ. Heidelberg. Promot. 1960 - 1960-68 Wiss. Mitarb. Kommiss. f. Dt. Kriegsgefangenengesch. München; 1968-70 Bundesmin. d. Verteidigung; 1970-83 Sekr. Ausw. Aussch. Verw. d. Dt. BT; s. 1983 Bundeskanzleramt - BV: D. dt. Kriegsgefangenen in Gewahrsam Belgiens, d. Niederlande u. Luxemburgs, 1966; D. Ardennenoffensive 1944/45. E. D. dt. Kriegsgefangenen in d. USA, 1973 - Liebh.: Jagd, Wandern, Lesen, Musik - Spr.: Engl., Franz., Latein, Altgriech.

JUNG, Horst
Dr. rer. nat., Prof. f. Biophysik u. Strahlenbiol. - Hildesheimer Stieg 41, 2000 Hamburg 61 - Geb. 2. Jan. 1937 Mannheim (Vater: Ernst J., Bankkfm.; Mutter: Emma, geb. Keller), gesch., 3 Kd. (Roman, Alexander, Nikola) - Bunsen-Gymn. u. Univ. Heidelberg (Dipl.-Phys. 1961). Promot. 1964 Heidelberg - S. 1968 (Habil.) Lehrtätigk. Univ. Heidelberg u. Hamburg (1973 Ord. u. gf. Dir. Inst. f. Biophys. u. Strahlenbiol./Fachber. Med.). Councillor Intern. Assoc. for Radiation Research; Board member Europ. Soc. for Radiation Biol. - BV: Molekulare Strahlenbiol., 1969 (m. H. Dertinger; engl. 1970, russ. 1973, jap. 1974, chines. 1979). üb. 100 Einzelarb.

JUNG, Horst-Wilhelm
Dr. phil., Prof. f. Erziehungswissenschaft (Geschichts- u. Politikdidaktik) Univ. Hamburg (s. 1975) - Isestr. 53, 2000 Hamburg 13 - BV u.a.: Studienbuch Geschichtsdidaktik. Determinanten u. Positionen d. histor. Lernens, 1978; Historisches Lernen. Didaktik d. Geschichte (m. G. v. Staehr), 1983; Historisches Lernen II. Methodik d. Geschichte. M. e. Unterrichtsmodell (m. G. v. Staehr), 1985; Historische Friedensforsch. u. histor. Lernen (m. G. v. Staehr), 1986; Historische Friedensdidaktik. Konzeption u. Modelle (m. G. v. Staehr), 1989; Wende-Didaktik u. historisch-politisches Lernen. Deutsch-deutsche Reflexionen (m. G. v. Staehr, H. Wermes, W. Zschietzschmann), 1991.

JUNG, Hugo
Dr. med., o. Prof. u. Direktor Frauenklinik Med. Fak. TH Aachen (s. 1967) - Fichthang 9, 5100 Aachen (T. 7 20 50) - Geb. 6. März 1928 Jägersburg - Habil. 1963 Freiburg/Br. - Facharzt.

JUNG, Johanna
Dr. phil., Prof. f. Systemat. Pädagogik u. Gesch. d. Päd. - Am Horbach 9, 7505 Ettlingen - Geb. 29. Sept. 1915 Gleiwitz/OS., ev. - Hochsch. f. Lehrerbild.; Univ. (Päd.). Promot. 1942 Berlin, 1942-45 Assist. v. Prof. Ed. Spranger - N. Volksschulpraxis Lehrerbild. (Päd. Hochsch. Göttingen, PH Kaiserslautern, Päd. Akad. Bonn (Prof.), PH Karlsruhe (Prof.)) - BV: D. Ethos d. Erziehers.

JUNG, Josef
Dr. rer. nat., o. Prof. f. Biologie Univ. Augsburg (s. 1970) - Moosstr. 16, 8031 Eichenau.

JUNG, Karl
Fabrikant, Geschäftsführer Jung Freizeitmöbel GmbH, Burbach, Julon Rohr GmbH, Siegen, AR-Vors. Bertrams AG, Siegen - Obere Staudenbergstr. 19, 5908 Neunkirchen - Geb. 23. Aug. 1927.

JUNG, Karl
Ministerialdirektor, Leit. Abt. Gesundheitspolitik, Krankenversich. Bundesmin. f. Arbeit u. Sozialordnung - Rotdornweg 65, 5300 Bonn 2 - Geb. 7. Sept. 1930, verh., 2 Kd. - Jura-Stud.; 1. u. 2. Staatsex.

JUNG, Karl-Philipp
Dr. rer. nat., Chemiker, Vorstandsvors. Südd. Chemiefaser AG., Kelheim - Pechlerbergstr. 27, 8420 Kelheim/Donau - Geb. 5. Sept. 1910 Alzey/Rhh.

JUNG, Klaus
Dr. med., Prof. f. Sportmedizin Univ. Mainz - Rembrandtstr. 60, 6500 Mainz - Geb. 13. März 1942 Speyer (Vater: Dr. med. Fritz J., Augenarzt; Mutter: Marianne, geb. Schön), ev., verh. s. m. Gisela, geb. Brenner, 3 Kd. (Benjamin, Daniela, Dinah) - Human. Gymn. (Abit. 1961); Med.-Stud. Univ. Freiburg, Berlin, Wien u. Hamburg; Staatsex. u. Promot. 1967, Habil. 1977 Münster, Prof. 1982 Univ. Mainz - 1980 Lauftreffwart Dt. Leichtathletikverb., 1980 Vors. Wiss. Beirat d. Arbgr. d. langlaufd. Ärzte, 1988 Verbandsarzt d. Dt. Turner-Bund - BV: Erfolge kurklin. u. ambul. Rehabilitation nach Herzinfarkt, 1980; Phänomen 100-km-Lauf, 1981; Sportl. Langlaufen - D. erfolgr. Weg z. Gesundheit, 1984; Sport u. Ernähr. - Leistungssteig. d. Alternativernähr., 1984; Brutalisierungserschein. im Sport, (zus. m. I. Mönnich), 1984; D. zweite Leben - Gesundh., Sport, Ernährung nach d. Herzinfarkt, 1985; Gymnastik als Therapie (m. U. Wollring), 1986; Gesundheitserhaltung f. jedes Lebensalter - leicht gemacht, 1986; D. Schweizer Waffenläufe - Langlauf n. Schweizer Präzision (m. B. Lenz), 1986 - Liebh.: Archäol., Anthropol. - 1981 Pilotprojekt Deutschlandlauf (1100 km in 20 Tagen), 1987 1000-km-Lauf in 20 Tagen mit 110 Teiln.; 1988 Vier-Jahreszeiten-Kur (AOK) - Spr.: Engl., Franz., Ital.

JUNG, Klaus-Dieter
Dirigent, 1. Kapellmeister Stadttheater St. Pölten (s. 1991) - Neugebäudeplatz 3/3/12, A-3100 St. Pölten - Geb. 8. Dez. 1958 Weimar, verh. s. 1990 m. Violeta, geb. Mirzea, Sohn Philipp - Abit.; Spezialschule f. Musik Weimar; Dirig.stud. Musikhochsch. Berlin, Ex. u. Dipl. 1984 1984-86 Studienleit. Opernhaus Erfurt; 1986-91 1. Kapellmeister Theater d. Stadt Plauen - Dirigate in allen Bereichen d. Musiktheaters (Oper, Operette, Musical, Ballett), daneb. Konzerttätig. - Bek. Vorf.: Prof. Dr. Hans Rudolf J., Musikwiss. (Vater).

JUNG, Paul
Dr. phil., Prof. f. Grundschulpädagogik Erziehungswiss. Hochsch. Rheinl.-Pfalz/Abt. Koblenz - Brandenburgstr. 16, 5400 Koblenz-Horchheim.

JUNG, Rainer
Dr., Geschäftsführer Fachverb. Kunststoff-Konsumaren im GKV, Am Hauptbahnhof 12, 6000 Frankfurt/M. (T. 271 05 31); priv.: Am Steinernen Kreuz 20, 6101 Messel - Geb. 11. Nov. 1943 - VR-Mitgl. Sparkasse Darmstadt.

JUNG, Richard
Dr.-Ing., Prof. für Kraft- und Wärmewirtsch. TH Aachen (apl.; s. 1972) - In d. Delle 1, 5270 Gummersbach 1 - Geb. 15. Jan. 1912 Eschhofen - Promot. 1957; Habil. 1968 - Industrietätig. - BV: D. Berechnung u. Anwend. d. Strahlgebläse, 1960; Beitr. angew. Strömungsforsch. z. Entw. d. Kohlenstaubfeuerung, 1969. 40 Einzelarb. - VDI-Ehrenz.

JUNG, Rudolf
Dr. phil., Prof. FH f. Bibliotheks- u. Dok.-Wesen Köln - An der Ronne 66, 5000 Köln 40 - Geb. 19. Okt. 1937 Frankfurt, ev., verh. s. 1970 m. Erika, geb. Becker - Stud. German., Gesch., Röm. Provinzialarchäol. Univ Frankfurt; Staatsex. 1965; Promot. 1967, Referendarex. 1969 - 1975 Bibl.dir., 1981 Prof., 1982-86 Rektor FHBD Köln - BV: D. Gründung d. Pfälz. Landesbibl. u. Entw. b. 1945, 1971; Lichtenberg-Bibliogr., 1972; Kölner Bibl.führer, 1984; 60 J. bibl ioth. Ausbildung in Köln, 1989. Einf. in Bibl.Kunde, Neubearb. 1990. 35 Fachveröff. bes. z. Bibliogr. u. alphabet. Katalogisierung; zahlr. Art. im Lexikon d. ges. Buchwesens, 2. A. 1985ff. - Liebh.: Musik, Lesen, Irland-Lit. - Spr.: Engl., Franz.

JUNG, Till
Dr. med. dent., em. Univ.-Prof. f. Zahnärztl. Prothetik (1969-90) Med. Hochsch. Hannover - Bergener Str. 15a, 3000 Hannover 61 - Geb. 25. Dez. 1924 Alzey - Etwa 130 Fachveröff.

JUNG, Ulrich
Chefredakteur Offenbach-Post - Pommernstr. 5, 6053 Obertshausen 2 - Geb. 13. Sept. 1948, kath., verh. s. 1971 m. Annette, geb. Berger - Abit., Päd. u. Publ. Volontariat b. d. Westf. Nachr. Münster - 1975-83 stv. Chef v. D., Leit. Wirtschaftsredaktion Westf. Nachr.; 1984/85 Pressespr. Bundespostmin.; s. 1985 Chefredakt. Offenbach-Post - Spr.: Engl.

JUNG, Volker
Dipl.-Ing., Vorstandsmitglied d. Siemens AG (s. 1991) - Wittelsbacherplatz 2, 8000 München 2 (T. 089 - 234-39 00) - Geb. 28. Aug. 1939, verh. s. 1964 m. Heide, geb. Treßelt - Stud. Elektrotechnik/Nachrichtentechnik, TH München, Dipl.-Ing. 1964 - Chairman Siemens Stromberg-Carlson, Boga Raton/Florida/USA - 1989 Doctor of Engineering h.c., Florida Atlantic Univ., USA - Spr.: Engl.

JUNG, Volker

Dipl.-Politologe, Gewerkschaftssekretär, MdB (s. 1983) - Bundeshaus, 5300 Bonn 1 (T. 0228 - 16 93 31) - Geb. 24. Febr. 1942 Berlin, ev., verh. s. 1969 m. Karin, geb. Cholewa - Stud. Polit. Wiss. u. Volksw. FU Berlin - Gewerkschaftssekr. DGB-Bundesvorst. AR-Mitgl. Feldmühle Nobel AG u. Qualitäts- u. Edelstahl AG Brandenburg. SPD (stv. Vors. UB Düsseldorf, s. 1980). Vors. Arbeitsgruppe Energie d. SPD-Bundestagsfraktion.

JUNG, Walter
Prof., Extraord. f. Didaktik d. Physik Univ. Frankfurt/M. (Abt. f. Erziehungswiss.) - Grundweg 13, 6101 Seeheim/Bergstr..

JUNG, Werner
Dr. rer. pol., Prof. f. Wirtschaftswiss. u. Friedens- u. Konfliktforsch. FU Berlin - Württembergallee 28, 1000 Berlin 19 (T. 030 - 305 48 82).

JUNG, Wilhelm
Bäckermeister, MdB (s. 1983; Wahlkr. 186/Lörrach-Müllheim) - Obereckstr. 3, 7850 Lörrach (T. 07621 - 4 64 33) - Geb. 26. März 1928 Lörrach, ev., verh., 5 Kd. - Volksschule, Gymn., Bäckerlehre, Meisterprüf. 1952 - Inh. e. Bäckerei. 1965-74 Obermeister Bäckerinn. Lörrach, Kreishandwerksmeister, stv. Landesinnungsmeister im Bad. Bäckerhandw., 1971 Vizepräs. u. s. 1974 Präs. Handwerkskammer Freiburg; Vorst.-Vors.: Innungskrankenk. Lörrach (s. 1958) sowie Landesverb. Bad.-Württ. u. Bundesverb.; Stadtrat Lörrach; 1964-80 MdL Baden-Württ. (1974-80 stv. Frakt.-Vors.); VR-Mandate, Präs. in Gesangvereinen. CDU s. 1962.

JUNGBAUER, Helmuth
Dr., Hauptgeschäftsführer d. Industrie- u. Handelskammer f. Oberfranken Bayreuth (s. 1988) - Rathenaustr. 2, 8580 Bayreuth - Geb. 23. Dez. 1941 Sarau/Böhmen, kath., verh. s. 1971 m. Helga, geb. Schulz, 3 Söhne (Florian, Andreas, Ludwig) - Human. Gymn. in Niederbayern; Volkswirtsch.lehre u. Sozialwiss. Univ. Würzburg u. München; Promot. 1971 - 1968-70 wiss. Assist. b. Prof. Dr. Erich Carell Univ. Würzburg; 1971-73 Tätigk. in d. Wirtsch.abt. d. Reg. d. Oberpfalz in Regensburg (Schwerpunkte: gewerbliche u. kommunale Wirtsch.förderung, Frachthilfen, Preisangelegenh.); 1974 Bayer. Staatsmin. f. Wirtsch. u. Verkehr, s. 1979 Pers. Ref. d. damaligen Staatssekr. Dr. Georg Frhr. v. Waldenfels, 1987/88 v. Staatssekr. Alfons Zeller - Liebh.: Musik - Spr.: Engl., Ital.

JUNGBLUT, Gertrud
Dr. phil., o. Prof.in f. Didaktik d. engl. Sprache Univ. Osnabrück, Standort Vechta - Häherstr. 6, 2848 Vechta - Geb. 27. März 1931 Gelsenkirchen - 1. Staatsex. 1960, Promot. 1963, 2. Staatsex. 1965 - 1966-68 Wiss. Ref. Dt. Inst. f. Fernstud. Univ. Tübingen; 1968 Prof. f. Didaktik d. engl. Spr. Univ. Osnabrück (1974-75 Mitgl. Gründungsaussch. d. Univ.) - BV: Fachdidaktik als Wiss., (in: H. Reisener, Hrsg., Fremdspr. in Unterr. u. Stud.) 1974; ca. 25 Beiträge in Fachztschr. u. Sammelbänden.

JUNGBLUT, Michael

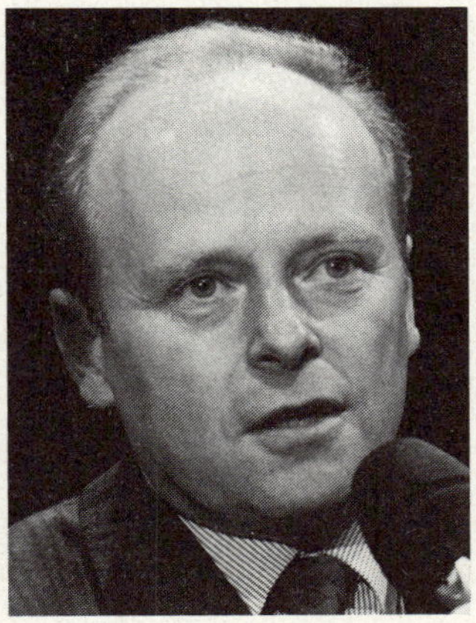

Dipl.-Volksw., Journalist, Leiter d. Hauptred. Wirtschaft b. ZDF - Zu erreichen üb. ZDF, Postfach 4040, 6500 Mainz 31 - Geb. 14. Nov. 1937 Düsseldorf, ev., 2 Kd. - Stud. Volkswirtsch., Dipl. 1965 - S. 1965 Wirtschaftsjourn. b. d. ZEIT; s. 1986 ZDF - BV: u. a. Kapitalismus, 1969; D. Reichen u. Superreichen in Dtschl., 1971; Nicht vom Lohn allein, 1973; Japan-Report, 1981; Je mehr er hat, je mehr er will, 1981; D. Wohlstand entläßt s. Kinder, 1983; Wirtschaftswunder ohne Grenzen, 1990 - 1980 Ludwig-Erhard-Preis f. Wirtschaftspubliz.; 1991 Herbert-Quand-Medienpreis, Ernst-Schneider-Preis.

JUNGBLUT, Peter W.
Dr. med., Prof., Direktor Max-Planck-Inst. f. experiment. Endokrinologie - Postfach 61 03 09, 3000 Hannover 61 - S. Habil. Privatdoz. u. apl. Prof. Univ. Münster/W. (Physiol. Chemie) - 1981 Johann-Georg-Zimmermann-Wiss.-Preis Med. Hochsch. Hannover.

JUNGBLUT, Reiner Maria
Dr. med., Wiss. Rat (Abteilungsvorst. Med. Klinik A), Prof. f. Med. Strahlenkunde Univ. Düsseldorf (s. 1972) - Am Mühlenbusch 3, 5657 Haan/Rhld. - Geb. 4. Dez. 1931 Haan - Promot. 1957; Habil. 1970 - BV: Klin.-exper. Studie z. Armlymphographie unt. bes. Berücks. d. Mamma-Karzinoms, 1971. 50 Aufs.

JUNGBLUTH, Adolf
Ing., Vorstandsmitgl. Salzgitter AG. i. R., Honorar-Prof. f. Arbeitswiss. Betriebspraxis TU Hannover - Am Walde 1, 3340 Wolfenbüttel - Geb. 24. Jan. 1909 Lüttich/Belg. (Vater: Adolf J., Werkm.; Mutter: geb. Hilligloh), konfessionsl., verh. s. 1933 m. Gerda, geb. Jung, 1 Kd. - Staatl. Ing.sch. Wuppertal - Betriebsing., -leit. u. Vorstandsmitgl. Industrie (zul. Hüttenwerke Salzgitter AG u. Salzgitter AG) - BV: Arbeitsdir. u. Betrieb, 1957; Arbeitswiss. Gesichtspunkte b. d. Ind.planung, 1964; Angew. Arbeitswiss., 1968; D. arbeitenden Menschen - Ihre Geschichte u. ihr Schicksal, 1984; Arbeitswirtschaft, 1990 - 1966 Philipps-Plak. Univ. Marburg; Gr. Verdienstkr. d. Nieders. Verdienstordens, Großmeister d. Arbeitswissensch. d. TU Berlin, Carl-Friedrich-v.-Siemens-Med.; 1976 Kulturpreis DGB - Spr.: Franz.

JUNGBLUTH, Heinrich
Dr. med., Ärztl. Direktor Klinik Seltersberg/LVA Hessen, Honorarprof. für Inn. Medizin Univ.Gießen (s. 1974) - Gaffkystr. 9, 6300 Gießen - Geb. 16. Jan. 1923 - Promot. 1951; Habil. 1970 - Rd. 50 Fachveröff.

JUNGBLUTH, Karl-Heinz
Dr. med., Prof. f. Unfallchirurgie - Pfeilshofer Weg Nr. 12, 2000 Hamburg 65 - S. 1973 Prof. Univ. Hamburg (Dir. Abt. f. Unfallchir./Chir. Klin.).

JUNGBLUTH, Otto
Dr.-Ing., Prof. f. Stahlbau TH Darmstadt - Frankensteiner Str. 99, 6100 Darmstadt 13.

JUNGE, Christian
Dr. rer. nat., Dr. h. c. Prof., emer. Mitgl. Max-Planck-Ges. (s. 1968), spez. Arbeitsgeb.: Chemie d. Atmosphäre - Wihelm-Beck-Str. 15, 7770 Überlingen (T. 6 69 74) - Geb. 2. Juli 1912 Elmshorn/Holst. (Vater: Eduard J., Holzhändler; Mutter: Bertha, geb. Schmidt), ev., verh. s. 1939 m. Ingeborg, geb. Greiser, 2 Kd. (Heike, Elke) - Stud. Meteorol. u. Geophysik Graz, Hamburg, Frankfurt/M. Promot. (1935) u. Habil. (1952) Frankfurt/M. 1937-45 u. 1947-50 Meteorologe Dt. Wetterdienst; 1950-53 Privatdoz. Univ. Ffm.; 1953-61 Senior Scientist Cambridge Air Force Research Center, Bedford, Mass. (USA); 1962-68 o. Prof. u. Dir. Inst. f. Meteorol. u. Geophys. Univ. Mainz; 1968-78 Dir. Max-Planck-Inst. f. Chemie (Otto-Hahn-Inst.), Mainz; 1975 b. 79 Präs. Assoz. f. Meteorol. u. Atm. Physics (IAMAP) - Entd. e. weltweiten Sulfat-Aerosolschicht i. d. Stratosphäre - BV: Air Chemistry and Radioactivity, New York 1963 (erste umfass. Darstell. d. Fachgeb. d. Luftchemie). 1964 Mitgl. Dt. Akad. d. Naturforscher (Leopoldina); 1967 Fellow, 1978 Honorary Member, Amer. Meteorol. Society; 1968 Alfred-Wegener-Med. Dt. Meteorol. Ges.; 1973 Carl-Gustav-Rossby-Med. Amer. Meteorol. Society; 1974 Korresp. Mitgl. Bayer. Akad. d. Wiss.; 1976 Korresp. Mitgl. Mainzer Akad. d. Wiss. u. Lit.; 1978 Dr. phil. nat. h. c. Univ. Frankfurt/M.; 1978 Foreign Honorary Member, Amer. Acad. of Arts and Sciences - Gr. BVK; 1985 Symons Memorial Medal Royal Meteorol. Soc. London - Spr.: Engl.

JUNGE, Ewald
Dipl.-Ing., Vorstandsmitglied i.R. Wolff Walsrode AG, Walsrode - Am Hoop 11, 3036 Bomlitz - Geb. 24. Juni 1916 Hamburg - Stud. Chemie.

JUNGE, Friedrich-Wilhelm

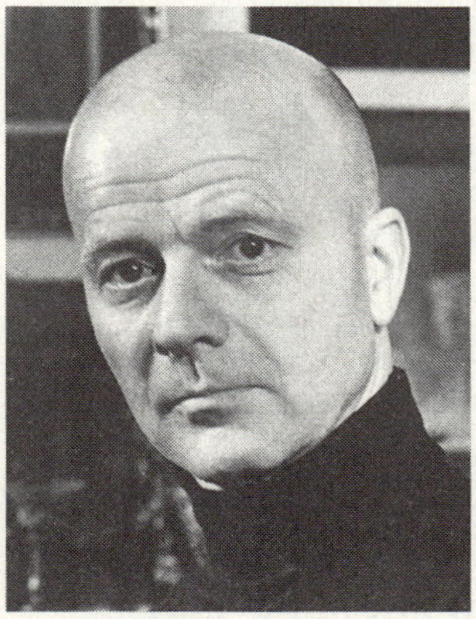

Schauspieler, Direktor Dresdner Brettl - Schevenstr. 4, O-8054 Dresden - Geb. 15. Juli 1938 Schwerin, verh. - Theaterhochsch. Leipzig - 1990 Gründungsmitgl. Neuer Sächs. Kunstverein; 1991 Gründungspräs. Rotary-Club Dresden; Mitgl. Rundfunkrat MDR - Engagements u.a. Staatsschauspiel Dresden, Volksbühne Berlin, Bayer. Staatsschauspiel München.

JUNGE, Harald
Dr., Geschäftsf. Bavaria Atelier-Ges. mbH., München 90 - Wettersteinstr. 12, 8021 Großhesselohe - Geb. 29. Dez. 1934.

JUNGE-HÜLSING, Gerhard
Dr. med., Prof., Chefarzt Med. Klinik Städt. Kliniken Osnabrück - Natruper-Tor-Wall 1, 4500 Osnabrück (T. 3234342) - Geb. 12. Juli 1928 Castrop-Rauxel - S. 1962 (Habil.) Lehrtätigk. Münster (1967 apl. Prof. für Inn. Med. und Med. Strahlenkd.). Facharb. - 1973 Dr. Günther-Buch-Preis 1972 (f. d. Arb.: Veränd. d. Bindegewebsstoffw.); 1977 Ernst-v.-Bergmann-Plakette f. Verdienste um d. ärztl. Fortbildung - Spr.: Engl., Schwed.

JUNGEHÜLSING, Hans
Dr. agr., Prof., Wirtschaftsberater LK Westf.-Lippe, Münster - Parkallee 39, 4400 Münster/W. (T. 314074) - Geb. 30. März 1928 Osnabrück - S. 1961 (Habil.) Lehrtätigk. Univ. Kiel (1967 apl. Prof.; Landw. Betriebs- u. Arbeitslehre) - BV: Z. Organisation grünlandstarker Betriebe, 1962. Fachaufs. - Spr.: Engl., Franz. - Rotarier.

JUNGEN, Peter
Dipl.-Volksw., Geschäftsführender Gesellschafter DIH Deutsche Industrie-Holding (s. 1991) - Bockenheimer Landstr. 42, 600 Frankfurt 1 - Geb. 21 Aug. 1939 (Vater: Werner J., Kaufm.; Mutter: Therese, geb. Roßbach), kath., verh. s. 1980 m. Renate, geb. Rodrian, 2 Kd. (Katharina, Philip) - Gymn. Aachen (Abit. 1959); Stud. Wirtschaftswiss. Univ. Köln u. Cleveland; Dipl.-Volksw. 1965 - 1966-68 Assist. Otto Wolff v. Amerongen, 1969 Prok. Otto Wolff AG, 1969-72 Leit. Vorstandssekr. ebd.; s. 1972 Vorst. Weserhütte AG; 1984 Vorst. Otto Wolff AG; 1987 Vorst.-Vors. Strabag Bau-AG; 1980-86 Vizepräs. VDMA; 1984-86 Mitgl. d. Präsid. BDI. 1983 Präs. Dt.-Austral. Ges. Frankfurt - Liebh.: Langstreckenlauf, Geschichte - Lit.: Jungens Jagd, in: Industriemagazin Nr. 4 (1984); Personality Profile, in: World Mining Equipment (1984).

JUNGFER, Hedda
Dipl.-Psychologin, MdL Bayern (s. 1978, Wahlkr. Oberbay.) - Stupfstr. 16, 8000 München 19 - Geb. 1940 Berlin, verh. s. 1965, Sohn - Zul. Schule Miesbach (Abit. 1961); Handelssch.; Stud. Psych., Anthropol., Päd. München. Dipl.-Psych. 1968 - Kaufm. Angest.; Schulpsych. Unterrichtsforsch. SPD s. 1965 (Kreisvors. Neuhausen-Maxvorstadt).

JUNGFER, Heinz
Dr.-Ing., Prof. - Spanische Allee 107, 1000 Berlin 38 (T. 8031621) - Geb. 16. Juni 1910 Berlin - S. 1962 (Habil.) Lehrtätigk. TU Berlin (apl. Prof. f. Hochfrequenztechnik). Fachveröff.

JUNGHANNS, Klaus
Dr. med., Prof., Chefarzt Chirurg. Klinik/Kreiskrkhs. Ludwigsburg - Harteneckstr. 81, 7140 Ludwigsburg/Württ. (gegenw. apl. Prof. f. Chir.) - Div. Facharb.

JUNGHANS, Erhard
Bürgermeister, MdL Baden-Württ. (s. 1964) - Uissigheimer Str. 9, 6987 Külsheim/Baden (T. 531) - Geb. 27. Jan. 1925 Weinheim/Bergstr. (Vater: Werkmeister), kath., verh. s. 1948, 4 Kd. - Volks- u. Handelssch.; ab 1939 Lehre Stadtverw. Weinheim. Verw.sprüf. 1951 u. 54 - 1942-45 Wehrdst. (4 × z. T. schwer verwundet); Stadtverw. Weinheim (zul. Verw.sinsp.); 1956-57 Beamter Bundeswehr-Standortverw. Mannheim; s. 1957 Bürgerm. Stadt Külsheim. 1949-55 Bezirkssenior Hess. Odenwald-Jugend (Kolpingsfamilie). 1952-57 MdK Bergstr. (1956 Fraktionsvors.). CDU.

JUNGHANS, Hans-Jürgen
Dipl.-Ing., MdB (1957-87) - Dahlenbergweg 10, 3320 Salzgitter 51 - Geb. 27. Jan. 1922 Hannover, ev.-luth., verh. s. 1948 m. Irmgard, geb. Friedrichsen, 2 T. (Angelika, Petra) - Abit.; Hochsch. (Dipl.) - 1972-84 Vorst.-Mitgl. Salzgitter AG. 1964-83 Mitgl. d. SPD-Fraktionsvorst., 1969-83 Vors. Arbeitskr. Wirtsch. d. SPD Fraktion - Gr. BVK m. Stern - Spr.: Engl.

JUNGHANS, Marianne
Schriftstellerin - Laschenhütte 45, 4154 Tönisvorst 1 (T. 02151 - 79 07 45) - Geb. 15. Mai 1923 Krefeld, kath., verh. s. 1951 m. Dr. Gerhard J., T. Cordula - Handelsabit. 1939 Krefeld - BV: Kreuzweg d. Herrn, 1965; Man nennt mich Lassie, 1967; Doch Du in allen Dingen, 1972; Lampions am Brückenbogen, 1975; Station Vita, 1976; Aus d. Gebirgen d. Schwermut, 1977; Muscheltraum u. Sterngesang, 1978; Alle atemlosen Spiele, 1980; Hinter d. Glasberg, 1982; Da steht d. Gänsedieb, 1983; In gepflegtem Rasen, 1984; Singen will ich d. Land, 1985; Wie d. Same d. Löwenzahns, 1986; D. d. Zeichen setzt, 1986; Die Spanne d. Sommers, 1988; Aber noch zählt d. Licht, 1990. Herausg. Erich Bockemühl: Auf allen Wegen verzweigt (1985); Wahr-Nehmungen (1986); Immerwährender Lyrikkalender (1990). Mitarb. Ztg. u. Ztschr., Anthol., Rundf., Ferns. - 1974 Lyrikpreis; 1975 Federkiel Interessengem. deutschspr. Autoren; 1977 Mauern, intern. Wettb. d. Lit.-Union; 1978 Lyrikpr. Stadt Osnabrück; 1979 Hans. Huldreich-Büttner-Gedächtnispr.; 1980 Karl-Friedr.-Koch-Plak.; 1980 Stip. Land NRW; 1982 silb. Senfkorn Haiku-Wettb.; 1986 Leserpreis d. Ges. d. Lyrikfreunde, Innsbruck; 1990 Japan. Anerkennungspreis f. Haiku, Matsuyama-shi, Ehime; 1991 Lit.preis Düsseldorfer Buch; 1991 1. Preis im Wettbew. Erkrather Lit.tage - Spr.: Engl., Franz. - Lit.: Wilh. Bortenschlager; Dt. Lit.-Gesch. II (1978); Spektr. d.

Geistes (1978); Gisbert Kranz, Lit. u. Leben, D. Bildged. II (1981).

JUNGK, Albrecht

Dr. rer. hort., Prof. f. Agrikulturchemie Univ. Göttingen - Landwacht 5, 3400 Göttingen - Geb. 13. Dez. 1929.

JUNGK, Axel E.

Dr. rer. nat., Dipl.-Chem., Vorstandsvorsitzender Brockhues AG, Walluf (Rheingau) - Hechtsheimer Str. 44, 6500 Mainz (T. 06131 - 8 19 12) - Geb. 23. Nov. 1943 Neunkirchen (Vater: Paul J., selbst. Kaufm.; Mutter: Gertrude, geb. Schneider), verh. s. 1967 m. Françoise, geb. Bele, 2 Kd. (Frédéric Matthias, Caroline Sylvie) - S. 1967 Chemie-Stud. Univ. Heidelberg u. Weizmann-Inst. of Science, Israel - 1972-77 wiss. Mitarb. Metallges.; Vorst.-Mitgl. Brockhues AG - Liebh.: Klass. Musik, Segeln - Spr.: Engl., Franz.

JUNGK, Dieter

Dr. phil., Prof. u. Direktor Sem. f. Berufspäd. TU Hannover - Quantelholz 12F, 3000 Hannover (T. 79 94 20) - Geb. 6. Okt. 1929 Kreiensen, ev., verh. s. 1963 m. Gisela, geb. Hackenberg), 2 Kd. (Carsten, Gunnar) - BV: Probleme d. soz. Aufstiegs berufstätiger Jugendlicher, 1968; Berufsbild u. Studienplan, 1975 (m. a.); Berufsausbildung f. nichtakad. Berufe, 1984.

JUNGK, Klaus

Dr. phil., Komponist - Kaiserstuhlstr. 29, 1000 Berlin 38 (T. 8038137) - Geb. 1. Mai 1916 Stettin (Vater: Dipl.-Ing. Ernst J., Dir.; Mutter: Ursula, geb. Haltermann), gottgl., verh. s. 1945 m. Jutta, geb. Löffler - Gymn. Stettin u. Stralsund; Loewe-Konservat. Stettin; Univ. Berlin (Musikwiss., Akustik, German.); Ausbild. Flöte (Prof. Hans Frenz, Dt. Oper Berlin) - 1938-42 Filmtonmeister; 1945-48 Tonregiss.; 1948-54 Cheftonm.; s. 1954 stv. Leit. Hauptabt. Musik u. Leitg. E-Musik SFB. Mitgl. IMZ u. AIBM. Üb. 80 Kompos., dar. Klavier-, Kammermusik-, Orch.w., Lieder; Bühnen- u. Hörspielmus. - BV: Wie e. Tonfilm entsteht, 1951; Musik im techn. Zeitalter - V. d. Edisonwalze z. Bildplatte, 1971 - Philatelist - Spr.: Arab., Engl., Franz., Span., Russ.

JUNGK, Peter Stephan

Schriftsteller - 4, rue Parrot, F-75012 Paris - Geb. 19. Dez. 1952 Santa Monica/Calif., USA, jüd., ledig - 1974-76 Ausb. American Film Inst., Los Angeles/Calif. - BV: Stechpalmenwald, 1978; Rundgang, 1981; Shabbat, A rite of Passage in Jerusalem, 1985; D. Franz Werfel Buch, 1986; Franz Werfel, Biogr. 1987; Tigor, 1991. Buch u. Regie: TV-Film üb. Leo Perutz (f. ORF/ZDF). Fr. Mitarb. Frankfurter Allgem. Magazin.

JUNGK, Robert

Dr. phil., Prof. Schriftsteller - Steingasse 31, A-5020 Salzburg (Österr.) (T. 7 51 27) - Geb. 11. Mai 1913 Berlin, isr., verh. s. 1948 m. Ruth, geb. Suschitzky, S. Peter - Mommsen-Gymn. Berlin; Univ. ebd., Paris, Zürich (Promot. 1945) - Autor u. Mitregiss. Kulturfilme Straßbg. Münster u. Simbolos eternos (Span. Kathedralen), Journ. u. Auslandskorresp. schweiz. Ztg. u. Ztschr. Paris, London u. Washington, Mitarb. Observer, London. S. 1968 Lehrbeauftr. u. Honorarprof. (1970) TU Berlin (Zukunftsforsch.). 1964ff. Präs. Mankind 2000, London; s. 1987 Gründer u. Dir. d. Intern. Bibl. f. Zukunftsfragen, Salzburg. Gründungs- u. Kurat.mitgl. Inst. f. Zukunftsforsch., Berlin. Initiator Intern. Konfz. f. Zukunftsforsch. (Oslo 1967, Kyoto 70, Bukarest 1972) - BV: u. a. Wachsfiguren - D. Leben d. Madame Tussaud, 1939 (unt. Ps. A. de Stael); D. Kampf d. Schweiz um d. Pressefreiheit 1823-29 (Ps. R. Baum); D. Zukunft hat schon begonnen, 1952 (1973: 14 Übers., GA. 1,3 Mill.); Heller als tausend Sonnen, 1956 (15 Übers., GA. 2,3 Mill.); D. Schöpfung u. d. menschl. Wille, in: Wie leben wir morgen?, 1957 (Kroener); Strahlen aus d. Asche - Gesch. e. Wiedergeburt 1959 (17 Übers., GA. 900 Ts.); D. große Maschine, 1966 (6 Übers., GA. 220 Ts.); Menschen im Jahr 2000, 1969; Vorauswissen ist Macht - Versprechen u. Gefahren d. Zukunftsforsch., 1969; Terrassenturm u. Sonnenhügel - Intern. Experimente f. d. Stadt 2000, 1970 (m. Werner Filmer); D. Jahrtausendmensch, 1973 (8 Übers.), Der Atomstaat, 1978 (bish. 8 Übers.); Zukunftswerkstätten, 1981; Menschenbeben - D. Aufstand gegen d. Unerträgliche, 1983; Projekt Ermutigung, 1988; Zukunft zw. Angst u. Hoffnung, 1990. Herausg.: Modelle f. e. neue Welt (Buchreihe Desch, 1964ff.), Technologie d. Zukunft (1970), Menschheitsträume (1971) - 1958 Prix Hachette Weltausstellung Brüssel; 1960 Joseph-E.-Drexel-Preis; 1961 Intern. Friedenspreis Lüttich; 1970 Wilhelm-Bölsche-Med. in Gold; 1978 Deutscher Naturschutzpreis; Mitgl. Österr. PEN-Club u. PEN-Zentrum BRD (1972); 1989 Ehrenbürger d. Stadt Salzburg - Liebh.: Lesen, Wandern - Spr.: Engl., Franz., Ital. - Vater: Max, Schausp. u. Regiss. (eigl. Baum, nahm spät. d. Namen Jungk an); Mutter: Elli, geb. Bravo, ebenf. Schausp.

JUNGK, Theodora, geb. Jung

Kammerschauspielerin - Esmarchstr. 78, 2300 Kiel (T. 0431 - 8 31 70) - Geb. 1. April 1913 Gera, ev., verw. (Ehemann: Robert Jungk), Sohn Karl-Peter - Schauspielsch. - 1932ff. fast alle Charakterrollen (ernst, heiter) - 1978 50j. Bühnenjubiläum - Liebh.: Bücher; sammelt Elefanten u. Clowns - Spr.: Engl. - Lit.: Peter Dannenberg, Immer wenn es Abend wird.

JUNGKURTH, Horst

Generalleutnant a. D. - Petersbergstr. 11, 5340 Bad Honnef - Geb. 24. Jan. 1933 Osnabrück, ev., verh. m. Inga, geb. Eick, 3 Kd. (Marcus, Anja, Sascha) - Abit.; Stud. Geisteswiss. - Fliegerische Verwendungen, u.a. Kommodore e. Kampfgeschwaders, Kommandeur d. 3. Luftwaffendiv., Befehlshaber d. 4. Alliierten Takt. Luftflotte, Stellv. d. Generalinspekteurs d. Bundeswehr, Inspekteur d. Luftwaffe - Gr. BVK; gold. Bundeswehr-Ehrenkreuz; Gran Cruz de la Orden del Mérito Aeronáutico, con distintivo blanco/Spanien; The Legion of Merit (Degree of Commander) USA; Order of National Security Merit, Tong - Il Medal/Rep. Korea; Gorkha-Dakshina-Bahu 2 Kl./Nepal - Liebh.: Mod. Malerei, Reisen - Spr.: Engl., Franz.

JUNGLAS, Hermannjosef

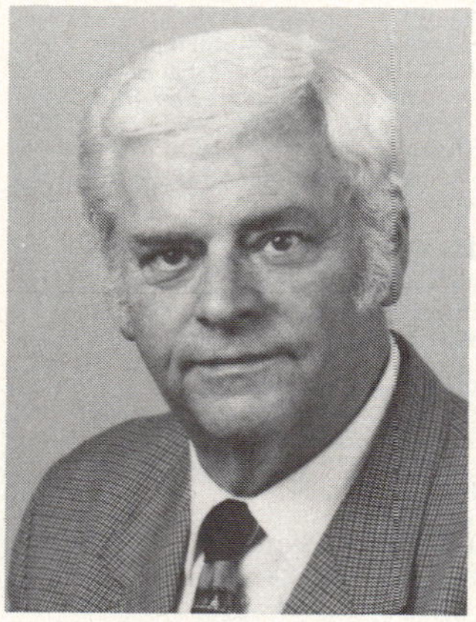

Präsident Dt. Laienspielverb. - Holzstr. 2, 6500 Mainz 1 (T. 06131 - 22 23 27 u. 22 15 75) - Geb. 16. Juli 1929 Mayen/Eifel (Vater: Joh. J., Sozialmin. Rhld.-Pfalz), kath., verh. s. 1952 m. Elisabeth, geb. Hülse, 3 Kd. (Mario, Hermannjosef, Christiane) - Stud. German. u. Theaterwiss. Univ. Mainz - 1. Vors. Dt. Bildungswerk - BV: Trost im Jahr, Lyrik 1972; Im Jahresbogen, Lyrik 1982 - 1973 Bundesverdienstmed., 1988 BVK - Spr.: Engl., Franz. - Bek. Vorf.: Prof. Joh. Peter J., Bonn, Religionsgelehrter.

JUNGMANN, Horst

Dr. med., Prof., Wiss. Rat Curschmann-Inst., Timmendorf - Wrangelpark 11, 2000 Hamburg 52 - Geb. 16. Mai 1921 Leipzig - S. Internist 1960 (Habil.) Lehrtätigk. Univ. Hamburg (1967 apl. Prof.; Balneologie u. Med. Klimatol.). Fachveröff.

JUNGMANN, Horst

Beamter, MdB (s. 1976, Wahlkr. 6/Plön-Neumünster) - Schwentineweg 6, 2320 Wittmoldt - Geb. 24. Sept. 1940 Grafenort/OS., ev., verh., 2 Kd. - N. Mittl. Reife Lehre Bundespost. Verw.sprüf. f. d. gehob. nichttechn. Dienst - 1959-70 Soldat auf Zeit Bundesmarine (zul. Oberbootsm. d. R.); s. 1971 Beamter Bundeswehrverw. (Reg.sinsp.). 1970-71 u. 1974-76 MdK Plön. SPD s. 1966.

JUNGMANN, Karl-Heinz

Vorsitzender DGB-Landesbezirk Hessen (s. 1987) - Günthersburgallee 10, 6000 Frankfurt/M. 1 - Geb. 16. April 1944, gesch., 2 Kd. (Grit, Wibke) - Lehre Dt. Bundesbahn - 1962-66 Polizeibeamter; s. 1966 in hauptamtl. Gewerkschaftsfunktionen, b. 1987 ÖTV (zul. Vors. in Frankfurt/M.); Mitgl. Rundfunkrat d. HR; Beiratsmitgl. d. LZB Hessen; stv. Bundesvors. d. Reichsbanner Schwarz-Rot-Gold.

JUNGNICKEL, Dieter

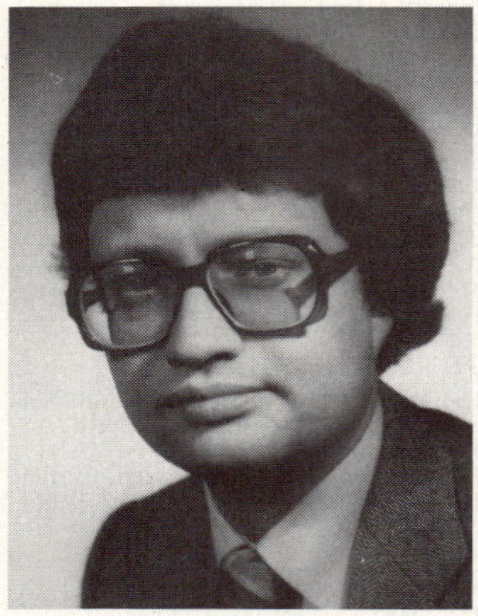

Dr. rer. nat., Prof. f. Mathematik - Birkenallee 1, 6301 Biebertal-Krumbach - Geb. 20. März 1952 Berlin (Vater: Heinz J., Buchhalter; Mutter: Ilse, geb. Beier), ev. - Gymn. Steglitz (Abit. 1971), 1971-75 FU Berlin, 1973/74 Univ. of London, Dipl.-Math. FU Berlin 1975, Promot. FU Berlin 1976, Habil. FU 1978 - 1975-78 Assist. FU, 1976/77 Visit. Assist. Prof. Univ. of Florida, 1978-80 Assist.prof. TU Berlin, 1979/80 Fellowship Europ. Science Program, 1980 Heisenberg-Stip., s. 1980 Prof. Univ. Gießen, 1987/88 Visit. Prof. Univ. of Waterloo, Canada (Intern. Scientific Exchange Award NSERC) - BV: Transversaltheorie, 1982; Design theory, 1985; Graphen, Netzwerke u. Algorithmen, 1987, 2. A. 1990 (überarb. u. erw.) - Liebh.: Musik, Lit., Gesch. - Spr.: Engl.

JUNGNICKEL, Wolfgang

Dr. med. vet., Amtstierarzt, MdA Berlin (1971-75) - Rheinstr. 29, 1000 Berlin 41 (T. 8527602) - Geb. 30. April 1928 Bernau b. Berlin, verh. 3 Kd. - 1946-52 Humboldt- u. Freie Univ. Berlin (Veterinärmed.; Promot. 1952) - N. wiss. Assistenz fr. Praxis; s. 1964 Leit. Veterinäramt Steglitz. CDU s. 1955 (u. a. stv. Kreisvors. Schöneberg).

JUNGRAITHMAYR, Herrmann Rudolf

Dr. phil., Prof. f. Afrikanistik Univ. Frankfurt/M. (s. 1985) - Unter dem Gedankenspiel 56, 3550 Marburg-Wehrda - Geb. 7. Mai 1931 Eferding/Österr. (Vater: Martin J.; Mutter: Luise, geb. Weiss), ev., verh. s. 1966 m. Ellen, geb. Wöhrmann, 3 Kd. (Martin, Wolfgang, Therese) - Abit. Linz 1950, Univ. Wien u. Hamburg - 1956-59 Doz. Goethe-Inst., Kairo, 1968/69 Gastprof. Howard Univ., Washington D.C., 1971-85 Prof. Univ. Marburg, 1985 Univ. Frankfurt am Main, 1. Vors. Dt. Morgenl. Ges.; Vorst.-Mitgl. Wiss. Ges., Frankfurt; Président de l'Assoc. Méga-Tchad, Paris - BV: D. Ron-Sprachen, 1970; Einführung in d. Hausa-Spr. (zus. m. W. Möhlig), 3. A. 1986; Märchen aus d. Tschad, 1981; Chadic Lexical Roots (zus. m. K. Shimizu), 1981; Lexikon d. Afrikanistik (zus. m. W. Möhlig), 1983; Einführung in d. Ful-Sprache (zus. m. A. Abu-Manga), 1989; Lexique Bidiya (zus. m. Kh. Alio), 1989; Lexique Mokilko, 1990; A. Dictionary of the Tangale Language, 1991 - Liebh.: Afrikan. Sprachen u. Kulturen - Spr.: Engl., Franz., Arabisch, Hausa.

JUNGWIRTH, Christoph

Dr. phil., Prof. f. Biochem. Virologie - Königsberger Str. 44, 8700 Würzburg - Geb. 5. Juni 1935 Wien - Promot. 1960; Habil. 1967 - S. 1978 Prof. Univ. Würzburg/Fachber. Med. (Abt.leit. u. Prof. Inst. f. Virol. u. Immunbiol.). Fachaufsätze.

JUNGWIRTH, Johann

Dr. med., Prof., Gerichts- u. Versicherungsmediziner - Hans-Sachs-Str. 5, 8000 München 5 (T. 240873) - Geb. 3. April 1920 Kösching - S. 1957 (Habil.) Lehrtätigk. Univ. München (1964 apl. Prof.; 1970 Abt.svorsteher u. Prof.). Fachveröff.

JUNIOR, Peter

Dr. phil. nat., Prof. f. Physik Univ. Frankfurt - Holzhecke 10, 6000 Frankfurt/M..

JUNK, Günther

Fabrikant (Albert Köhler KG/Pappenfabrik, Gengenbach), Vorstandsmitgl. Arbeitgeberverb. d. Papierind. BW, Stuttgart (s. 1966), Stadtrat Gengenbach (s. 1956) - Grünstr. 55, 7614 Gengenbach/Schwarzwald - Geb. 22. Jan. 1920 Löwenberg/Schles. (Vater: Hans J., Studienrat; Mutter: Elfriede, geb. Jaworski), ev., verh. s. 1944 m. Gisela, geb. Köhler, 4 Kd. (Hans-Henning, Holger, Wolfgang, Claudia) - Reform-Realgymn. Löwenberg u. Reform-Gymn. Düsseldorf/Rethelstr. (Abit. 1938) - S. 1956 Geschäftsf. Pappenind. (Gengenbach); 1977-86 Präs. IHK Südl. Oberrhein, Freiburg, Ehrenpräs. ebd. - 1981 BVK I. Kl.

JUNK, Wolfgang Johannes

Dr. rer. nat., Priv.-Doz., Leiter d. AG Tropenökologie, Max-Planck-Inst. f. Limnologie (s. 1980) - Zu erreichen üb. August-Thienemannstr. 2, 2320 Plön (T. 04522 - 8 02-1) - Geb. 24. Juni 1942, verh. s. 1972 m. Karola Dorothea, geb. Gisewsky, 2 Töcht. (Iris, Verena) - Stud. Zool., Botanik, Chem., Meereskunde, Limnol. Univ. Bonn, Freiburg u. Kiel; Promot. 1970 Kiel; Habil. 1990 Hamburg - 1976-80 Leit. Abt. Hydrobiol. u. Binnenfischerei am brasil. Amazonas-Forschungsinst. (INPA) - Etwa 70 Veröff. z. Tropenökol. - S. 1981 Mitgl. Akad. d. Wiss. v. Sao Paulo; 1991 Korr. Mitgl. d. Bras. Akad. d. Wiss. - Spr.: Engl., Franz., Portug.

JUNKER, Albert

Dr. phil., em. o. Prof. f. Roman. Philologie - Lerchenhain 1, 8700 Würzburg - Geb. 25. Sept. 1908 Aschaffenburg (Vater: Christoph J.; Mutter: geb. Lotz), kath., verh. s. 1947 m. Eva, geb. Schlaegel, 4 Kd. - Univ. Frankfurt, Paris, München (Promot. 1931 b. Karl Voßler) - 1937 Studienrat Dt. Obersch. Rom (b. 1943), 1947 Privatdoz., 1951 apl. Prof. Univ. Würzburg, 1954 ao., 1958 o. Prof. Univ. Erlangen, 1965 Univ. Würzburg. Veröff. z. Gesch. u. z. Roman. Sprach- u. Lit.gesch., zul.: Wachstum u. Wandlungen im neuesten ital. Wortschatz, 1955; Forschungsstand z. Rolandslied, 1956; D. Bedeut. d. franz. Geistes im Rahmen d. europ. Kultur, 1956, franz. 1958; D. Thema d. Hand in d. mod.-franz. Lit., 1967 - 1936 Preis Dt.-Ital. Kulturinst., Köln; 1961 Kommandeurkreuz d. ital. Verdienstordens; 1965 Orden Palmes académiques; 1981 Grand Prix du Rayonnement français de l'Acad. Française.

JUNKER, Detlef

Dr. phil. habil., Historiker, Prof. Univ. Heidelberg (s. 1975) - Waldblick 7, 6906 Leimen 2 (T. 06226 - 74 47) - Geb. 20. Juni 1939 Pinneberg (Vater: Walter J., Prokurist; Mutter: Margarethe, geb. Grevsmühl), I) verh. 1964-82 m. Heike, geb. Thiedemann, 2 Kd. (Claudia, Julia); II) s. 1983 m. Anja, geb. van der Schrieck - Redakt.volont.; Stud. Kiel; Promot. 1967; Research Fellow Yale Univ. (USA) 1970/71; Habil. 1974 Stuttgart - BV: Die Deutsche Zentrumspartei und Hitler 1932/33, 1969; D. unteilbare Weltmarkt. D. ökonom. Interesse in d. Außenpolitik d. USA 1933-41, 1975; Franklin D. Roosevelt, 2. A. 1989; Kampf um d. Weltmacht. D. USA u. d. Dritte Reich 1933-45, 1988. Mithrsg.: Dt. Parlamentsdebatten 3 Bde. (1970/71); Deutschland u. d. USA 1890-1985 (1986). Aufs. z. Gesch. d. USA, z. dt. Gesch. u. z. Gesch.theorie. Herausg.: Persönlichkeit u. Geschichte (s. 1990) - Lions.

JUNKER, Hans Dieter

Dr. phil., o. Prof., Kunstpädagoge, Kunstwissenschaftler u. Zeichner - Riedstr. 8, 6458 Rodenbach 1 - Geb. 6. Aug. 1936 Hanau/M. (Vater: Johannes J., Mutter: Katharina, geb. Zeller), verh. s. 1964 m. Traudel, geb. Newiger, 2 Kd. (Kathrin, Martin) - Stud. 1956-62 Univ. u. Landeskunstsch. Mainz (Kunstpäd., -gesch., German., Phil.) - 1962-67 höh. Schuldst.; s. 1967 Lehrst. f. Bild. Kunst EWH Rhld.-Pf./Abt. Worms. S. 1978 Abt. Koblenz; s. 1990 Lehrst. f. Kunstwiss. u. Bildende Kunst Univ. Koblenz/Landau. Mithrsg.: Ztschr. f. Kunstpäd. (1973-75). Zahlr. kunstwiss. u. -päd. Veröff. sowie Zeichn. in Ztschr. u. Sammelw.

JUNKER, Heinrich

Volkswirt, MdB (s. 1961; Wahlkr. 103/Bielefeld-Land) - Am Ehrenkamp 13, 4814 Senne I/W. (T. Bielefeld 49777) - Geb. 15. April 1923 Liemke/W. (Vater: Josef J., Arbeiter; Mutter: Elisabeth, geb. Klesener), kath. - Volkssch.; 1937-39 kaufm. Lehre; 1949 bis 1951 Akad. für Gemeinw. Hamburg - Wehrdst.; 1946-49 Angest. Gemeindeverw. Brackwede; 1952 Sekr. Gewerksch. ÖTV Bielefeld; 1953-55 Ref. Bundesvorst. SPD; s. 1956 Doz. u. 1957-61 Heim VHS Bergneustadt (Friedrich-Ebert-Stiftg.). SPD s. 1947 (Mitgl. Parteivorst.) - BV: Menschenwürd. Gesellschaft n. kath. Soziallehre, ev., Sozialethik u. demokr. Sozialismus, 1960 (Mitverf.) - 1977 Ital. VO. Gran Ufficiale - Liebh.: Segeln.

JUNKER, Horst

Geschäftsführer Fachverb. d. Stahlrohrmöbel-Industrie u. Verb. d. freien Rohrw. - Kaiserswerther Str. 135, 4000 Düsseldorf 30.

JUNKER, Johannes

Missionsdirektor Lutherische Kirchenmission (Bleckmarer Mission) e.V. - Ohofer Weg 12, 3176 Meinersen - Geb. 25. Mai 1932 Lomnitz/Rsbg., luth., verh. s. 1957 m. Sophia-Maria, geb. Wischnewski - Missionssem. Bleckmar; Luth. Theol. Hochsch. Oberursel, Kirchl. Hochsch. u. Univ. Hamburg - 1958-65 Missionar Südafrika; 1965-73 Pfarrer Hagen; 1973-84 gf. Kirchenrat Hannover. Herausg.: Missionsblatt Luth. Kirchenmission (Bleckmarer Mission).

JUNKER, Karin

Journalistin, Mitglied d. Europäischen Parlaments - Feldstr. 82, 4000 Düsseldorf 30 - Geb. 24. Dez. 1940 Düsseldorf -

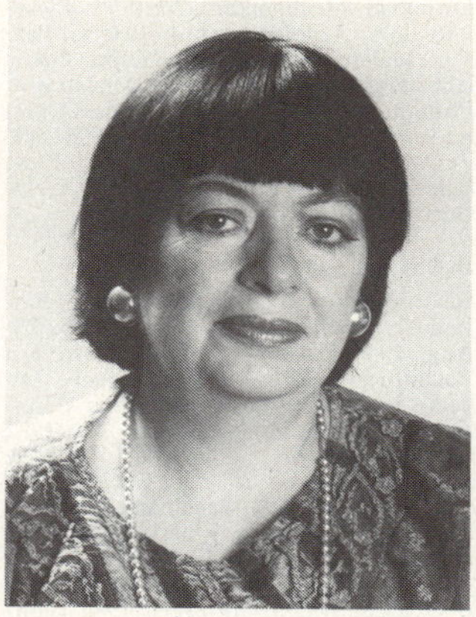

Vors. d. Arbeitsgemeinsch. Sozialdemokrat. Frauen; SPD-Bezirksvorst.-Mitgl. Niederrhein; WDR-Rundfunkrätin; Mitgl. d. SPD-Parteivorst.; stv. Vors. d. SPD-Bundesmedienkommiss.; Vizepräs. d. Außenwirtsch.aussch. d. Europ. Parlaments; Mitgl. d. paritát. Vers. EG/AKP.

JUNKERS, Wilhelm

Dr. rer. nat., Prof. f. Mathematik Univ.-GH Duisburg (s. 1974) - Heltorfer Mark 35, 4000 Düsseldorf 31 - Geb. 1. Aug. 1928 Rheydt - Promot. 1969; Habil. 1971 - Zul. apl. Prof. Univ. Bonn - BV: Mehrwert. Ordnungsfunktionen, 1971.

JURGENSEN, Manfred

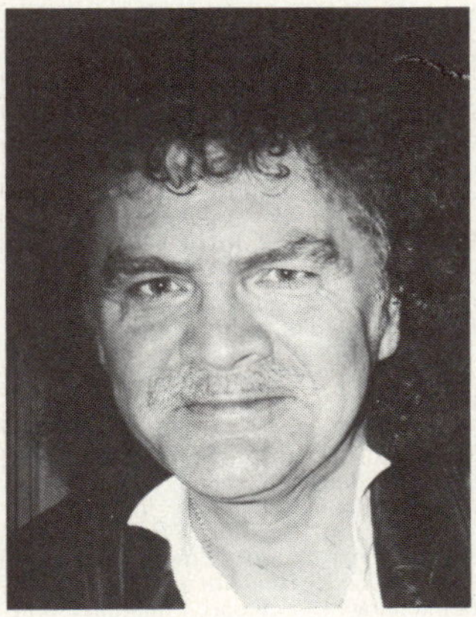

D. Litt., Dr. phil., M.A., FWLA, o. Prof. Univ. Queensland (Australien), Schriftsteller, Kritiker, Verleger - A 81/32 Highpoint, Swann Road, Taringa 4068, Queensland, Australia - Geb. 26. März 1940 Flensburg, verh. s. 1986 m. Ulrike, geb. Fischer - B.A. Univ. Melbourne 1964, M.A. 1966, Promot. Univ. Zürich 1968; Doctor of Letters Univ. Queensland 1991; s. 1981 o. Prof. f. dt. Sprache u. Lit. (Personal Chair) s. o. - BV: Symbol als Idee, 1968; Stationen, Lyr. 1968; Aufenthalte, 1969; Max Frisch: D. Dramen, 1968, 2. A. 1972; Max Frisch: D. Romane, 1970, 2. A. 1972; Dt. Literaturtheorie d. Gegenw., 1972; Wehrersatz (R.), 1972; Grass: Kritik, 1973; Böll: Untersuchungen, 1975; a kind of dying, Ged. 1976; Frisch: Beiträge, 1977; D. fiktionale Ich, 1977; Innere Sicherheit, 1979; Erzählformen d. fiktionalen Ich, 1979; a winter's journey, Ged. 1979; south africa transit, Ged. 1979; Handke: Ansätze, 1979; Bernhard: Annäherungen, 1981; Ethnic Australia, 1981; Ingeborg Bachmann: D. neue Sprache, 1983; Thomas Bernhard: D. Kegel im Wald, 1983; The Skin Trade, Ged. 1983; Dt. Frauenautoren d. Gegenw., 1984; Wolf: Darstellungen, 1984; The Unit, Drama 1984; Versuchsperson, R. 1985; A Difficult Love, R. 1985; waiting for cancer, Ged. 1985; Frauenlit., 1985; Beschwörung u. Erlösung, 1985; Karin Struck: E. Einführung, 1985; K. Leopold: Selected Writings, 1985; Breakout, R. 1986; Selected Poems 1972-85, 1986; Native Poison/D. Gift d. Heimat, 1987 (Film); The German Presence in Queensland, 1987; Australian Writing Now, 1988; Dt. Reise, 1988; Johnson: Ansichten, 1989; The Partiality of Harbours, Ged. 1989; My Operas Can't Swim, Ged. 1989; Eagle & Emu. A History of German-Australian Writing, 1989; Outrider 90: A Year in Australian Literature, 1990; Intruders, Erz. 1990; Double Shadows Counter Years, Ged. 1992; u. a. Herausg. Queensland Studies in German Lit.; Dt.-Australische Studien; Outrider. Mithrsg. Seminar. Zahlr. Beitr. in wiss. Fachztschr. - Mitgl. Intern. P.E.N., Humboldt-Fellow; 1986 Fellow World Literary Acad. FWLA (Cambridge); I.V.G. (Int. Verein. Germanisten), Carlton F. C. (Melbourne); Australian National Book Council; Australian Soc. of Authors; Fellowship of Australian Writers - Liebh.: Cricket, klass. Musik - Spr.: Engl., Span., Franz. - Lit.: Elizabeth Perkins, The Writings of M. J.

JURISCH, Joachim

Dipl.-Ing., Geschäftsführer Permutit Gesellschaft mbH Berlin - Fontanestr. 3, 8523 Baiersdorf - Geb. 14. Juli 1923 Berlin (Vater: Paul J., Beamter; Mutter: Elfriede, geb. Barck), ev., verh. s. 1949 m. Dr. Herta J. - TU Berlin (Dipl.-Ing.) - Spr.: Engl., Franz.

JURKAT, Wolfgang Bernhard

Dr., Prof. f. Math. Univ. Ulm (s. 1976) - Helmholtzstr. 18, 7900 Ulm - Geb. 26. März 1929 Gerdauen/Ostpr. (Vater: Bernhard J., Stud.Dir.; Mutter: Margarete, geb. Glang) - Promot. 1950 u. Habil. 1952 Tübingen - S. 1952 Doz. ebd.; Assoc. Prof. Univ. of Cincinnati (1954), Ohio State Univ. (1956), Syracuse Univ. (1957; 1958-75 Prof.; 1976 Distinguished Prof.); 1962-64 Forschungsprof. Kernforschungsanl. Jülich; Gastprof. Univ. Marburg u. Gießen (1959/60), Göttingen (1960), FU Berlin (1960/61), TH Aachen (1961), Köln (1965/66/67), Bonn (1965/66, 1967/68, 1969), Ulm (1970-75), Univ. of Ill./Urbana (1973), Univ. of S.Cal./L.A. (1981/86), Univ. de Strabourg (1987). In- u. ausl. Fachmitgl.sch. Üb. 100 Veröff. wiss. Ztschr.

JURKOVIC, Vilo

Dr. med., Internist (Versorgungskrkhs. Bad Pyrmont), Prof. f. Inn. Med. Med. Hochsch. Hannover (s. 1961) - Hermann-Löns-Str. 2, 3280 Bad Pyrmont.

JURNA, Ilmar

Dr. med. (habil.), Prof. f. Pharmakologie u. Toxikol. - Lieselottenstr. 23, 6650 Homburg/Saar (T. 5113) - Geb. 16. Aug. 1929 Berlin - B. 1968 Privatdoz., dann Prof. Univ. d. Saarl., Saarbrücken. Fachveröff.

JURT, Joseph

Dr. phil., Prof. Univ. Freiburg - Im Gärtle 11, 7800 Freiburg (T. 55 13 87) - Geb. 10. März 1940 Willisau-Land (Schweiz) (Vater: Joseph J.; Mutter: Marie, geb. Koch), kath., verh. s. 1967 m. Marie-Louise, geb. Zemp, 2 Kd. (Pascal, Marie-Chantal) - 1962-66 Univ. Fribourg u. Paris (Roman. u. Gesch.; Promot. 1966); 1970-73 Stud. in Paris (Lit.soziol.); Habil. 1978 Regensburg - 1966-70 Seminarprof.; 1974-76 Wiss. Assist.; 1976-80 Akad. Rat; ab 1980 Univ.-Prof. - Verf. u. Hrsg. v. 5 Büchern (mehr. Bde.) in franz. Spr.; Franz.sprachige Gegenwartslit. 1918-86/87 (1989) - 1970-73 Forsch.stip.; 1991 Korr. Mitgl. d. Akad. v. Besançon; 1992 Chevalier im franz. Ordre des Palmes Académiques.

JURZIG, Wolfgang G. W.

Dipl.-Ing., Hauptabteilungsleiter Streckendienst u. Navigation Deutsche Lufthansa AG, Frankfurt/M. - Am Seeberg 16, 6380 Bad Homburg v.d. Höhe 1 - Geb. 17. Febr. 1935 Breslau/Schles., ev., verh. s. 1964 m. Ingrid, geb. Oberhofer, 2 Töcht. (Sabine, Katrin) - Abit. 1953 Ehrenberg-Obersch. Delitzsch/Sachsen; Stud. Flugzeugbau u. -entwurf TH Dresden; Dipl. 1959 - 1959-60 Entwurfsing. Flugzeugwerke Dresden; 1960 Hamburger Flugzeugbau; s. 1960 Flugmechaniker Dt. Lufthansa AG; 1963-71 Gruppenleit.; 1971-78 Leit. Abt. f. Aeronaut. Karten, s. 1978 Leit. Hauptabt. Streckendienst u. Navigation. 1976 Member of the Alumni Stanford Univ. (Stanford Executive Progr.); 1981-84 Leit. Aircraft Noise and Emiss. Advisory Committ. d. Intern. Air Transport Assoc. (IATA), Montreal, P.Q., s. 1983 Umweltschutz Komit. d. Assoc. of Europ. Airlines (AEA), Brüssel, s. 1988 Leit. d. Luftfahrtkommiss. u. Mitgl. d. wissenschaftl. Beirates d. Dt. Ges. f. Ortung u. Navigation, Düsseldorf - Vorträge u. Veröffentl. z. Bekämpfung d. Fluglärms u. flugbetrieblichen Problemen.

JUSSEN, Heribert

Dr. phil., em. Univ.-Prof., Hochschullehrer, Sonderpädagogik - Rehabilitation u. Päd. d. Gehörlosen u. Schwerhörigen - Am Inselweiher 19, 5040 Brühl (T. 02232 - 4 36 19) - Geb. 19. Okt. 1925 Aachen - Stud.: Päd. u. Sonderpäd., Allgem. Sprachwiss. u. Phonetik, Psychologie Päd. Hochschule u. Friedrich-Wilhelm-Univ. zu Bonn; Promot. Allgem. Sprachwiss. - 1959 Doz. Heilpäd. Inst. Pädag. Hochsch. Köln. 1962 Ernenn. z. Prof. u. Dir. Heilpädag. Inst. S. 1966 Dir. Seminar für Hör- u. Sprachgeschädigtenpädag. d. Heilpäd. Fak. Univ. Köln. Mitgliedsch. in Fachverb. - BV: D. Erschließung d. verbalen Denkkr. im Taubstummenunterr., 1961; Lautbild. b. Hörgeschäd. - Abriß e. Phonetik (m. M. Kloster Jensen), 1974, 1991; Manuelle Kommunikationshilfen b. Gehörlosen - D. Fingeralph. (m. M. Krüger), 1975; Päd. d. Gehörlosen u. Schwerhörigen. Handb. d. Sonderpäd. (m. O. Kröhnert), Bd. 3 1982; Chancen f. Hörgeschädigte (m. H. Claußen), 1991. Herausg.: Handb. d. Heilpädag. in Schule u. Jugendhilfe (1967); Textkonstitution in einf. Sprache u. ihre Probleme (1976); D. Heilpäd. Fak. zu Köln - Geschichte, Gegenwartsprobleme, Perspektiven (1991). Mithrsg. mehr. Sonderpäd. Handb. u. Schriftenreihen, Veröff. i. Sammelwerken, Lexika u. Fachzeitschriften.

JUST, Eberhard

Dr. rer. nat., Prof. f. Chemie m. Schwerp. Theorie u. Praxis d. naturwiss. Unterrichts Univ. Bremen - Buesstr. 9, 2807 Achim (T. 04202 - 85 78) - Geb. 11. Dez. 1938 Frankfurt/M. - BV: Energiestoffwechsel Berlin, 1976 (zus. m. K. Schlösser).

JUST, Manfred

Dr. jur. utr., Prof. f. Röm. Recht, Antike Rechtsgesch. u. Bürgerl. Recht - Friedenstr. 31, 8700 Würzburg - B. 1977 Doz., dann Ord. Univ. Würzburg (Mirvorst. Inst. f. Kirchenrecht, Röm. Recht u. Vergl. Rechtsgesch.).

JUST, Marin

Dr. phil., Prof. f. Musikwissenschaft - Am Sonnenberg 16, 8700 Würzburg - Geb. 1930 Uslar - Promot. 1960; Habil. 1972 - S. 1978 Prof. Univ. Würzburg. Div. Facharb.

JUST, Otto H.

Dr. med., o. Prof. f. Anaesthesiologie - Waldgrenzweg 11, 6906 Ziegelhausen/N. - Geb. 27. Jan. 1922 Lauda/Baden - S. 1956 (Habil.) Lehrtätigk. FU Berlin u. Univ. Heidelberg (bei beiden Leit. Abt. f. Anaesthes. Chir. Klin.). Zeitw. Präs. Dt. Ges. f. Anaesthesie (1959 ff.).

JUST, Wolfram W.

Dipl.-Ing., ETH, MBA INSEAD, Arch. SIA, Inh. International Consulting to Top Management (Management and Company Audits, Acquisitions and Mergers, Top Executive Search, External Personnel Management), Präs. Les Estates Inc., New York (Real estate development in Eastern Long Island, N.Y.) - Orellistr. 5, CH-8044 Zürich (T. 01 - 261 59 64; Fax 01 - 252 04 23) - Geb. 18. Mai 1940 Dresden - Gelehrtensch. d. Johanneums Hamburg, ETH Zürich; INSEAD, Fontainebleau - 1965-70 wissensch. Hochschultätigk. u. techn. Productmanagement; s. 1970 beratend tätig; s. 1981 zus. real est. devel. Geschäfte - Industrieclub Düsseld., Deutsch-Japan. Ges. Düsseld., Club Baur au Lac, Zürich - Liebh.: Filmen, Malen, Klass. Musik, Hochseesegeln - Spr.: Engl., Franz., Schweizerdt., Ital.

JUST-DAHLMANN, Barbara
Dr. jur., Amtsgerichtsdirektorin, Schriftst. - Meerwiesenstr. 53, 6800 Mannheim 1 - Geb. 2. März 1922 Posen, ev., verh. s. 1951 m. Helmut J., 1 Kd. - Stud. Rechtswiss. Univ. Freiburg/Br.; Promot. b. Prof. Schönke - Assist. b. Erik Wolf (Rechtsphil.); b. 1979 Oberstaatsanw. Mannheim. B. 1980 1. Vors. Ev. Akademikerschaft - BV: Tageb. e. Staatsanwältin; Simon; Aus allen Ländern d. Erde; D. Kompass meines Herzens - Begegn. m. Israel, 1984 - Theodor-Heuss-Med.; Moses-Mendelssohn-Preis - Interesse: Judentum - Spr.: Poln.

JUSTUS, Harald C.
Kaufm., Mitinh. Friederich Justus & Co., Justus Technik GmbH. (Industrie-Anlagen), Riensch & Held, alle Hamburg, Vizepräs. Bundesverb. d. Dt. Groß- u. Außenhdl., Bonn - Waldstr. 6, 2057 Reinbek - Geb. 14. Febr. 1932.

JUTZ, Christian
Dr. rer. nat., Univ.-Prof. f. Organ. Chemie - Sonnenweg 18, 8131 Berg/Obb. (T. Starnberg 5 11 12) - Geb. 8. Juli 1925 München (Vater: Adolf J., Kunstmaler; Mutter: Marie, geb. Roos), verh. 1956 m. Traudl, geb. Eberler, 2 Söhne, 1 Tochter - TU München (Chemie; Dipl.-Chem. 1951). Promot. (1954) u. Habil. (1960) München - S. 1960 Lehrtätigk. TH München (1966 Univ.-Prof.). Emerit. 1991. Fachveröff. - Liebh.: Lit., Musik, bild. Kunst, Astronomie.

JUTZI, Peter
Dr. rer. nat., Prof. f. Anorgan. Chemie Univ. Bielefeld (s. 1979) - Geschwister-Scholl-Str. 18, 4800 Bielefeld 1 - Geb. 21. Okt. 1938 Duisburg - Promot. 1965 Marburg; Habil. 1971 Würzburg - 1971-79 Lehrtätigk. Univ. Würzburg (1974 Wiss. Rat u. Prof., 1978 Prof.). Üb. 150 Fachveröff.

JUX, Ulrich
Dr. phil., Dipl.-Geologe, o. Prof. f. Paläontologie - An d. Jüch 30, 5060 Bergisch Gladbach (T. 3 24 28) - Geb. 2. April 1929 Hoffnungsthal (Vater: Dr. Anton J., Hauptschulrektor; Mutter: Sofie, geb. Härtl), kath., verh. s. 1960 m. Herta, geb. Meese, 2 Kd. (A. Oliver; Annelis) - Gymn. Berg. Gladbach; Univ. Köln, München, Kairo (Naturwiss.). Promot. (1953) u. Habil. (1958) Köln - 1954-59 Univ. Köln (Assist. Geol. Inst.); 1959-61 Univ. Baton Rouge (USA); s. 1961 Univ. Köln (b. 1979 ao., dann o. Prof. u. Dir. Geol. Inst.). 1968-70 Univ. Kabul (Afghanistan). Wiederh. im Vorst. Berg. Geschichtsv.; Beiratsvors. Unt.-Landschaftsbeh. Stadt Köln - BV: Paläozoische Riffe u. Faunen, reg. Ged. Bergisches Land, oriental. Paläozoikum und Kreide, Paläo-Ökologie, Isotopen-Geochemie u. Palynologie. Zahlr. Fachaufs. u. Buchveröff. - 1983 Rheinlandtaler - Spr.: Engl., Franz.

K

KAACK, Heino
Dr. phil., Univ.-Prof. f. Sozialwissenschaftliche Informatik, insb. Verwaltungsinformatik - Tannenstr. 11, 5451 Kurtscheid - Geb. 19. Juni 1940 Kiel (Vater: Adolf K., Techn. Angest.; Mutter: Helene, geb. Reissmann), verh. s. 1966 m. Ursula, geb. Tuliszka, S. Tobias - Promot. 1965 Kiel; Habil. 1971 Hamburg - S. 1972 Prof. Erziehungswiss. Hochsch. Rheinland-Pfalz bzw. (s. 1990) Univ. Koblenz-Landau, Abt. Koblenz; 1972 ao. Prof., 1973 o. Prof. Politikwiss., 1979 Politikwiss. u. Sozialwiss. Informatik, 1990 FB Informatik, 1991 Leit. Forsch.stelle f. Verw.informatik; 1977-87 Hon.-Prof. f. Polit. Wiss. Univ. Bonn - Veröff. insb. z. Soziologie polit. Org. (Parteien-, Wahl- u. Elitenforsch.) sowie z. Verwaltungsinformatik.

KAADEN, Oskar-Rüdiger
Dr. med. vet., Abteilungsvorsteher (Inst. f. Virologie) u. Prof. f. Virol. Tierärztl. Hochsch. Hannover (s. 1977) - In der Bebie 80, 3000 Hannover 72 - 1976 b. 77 Privatdoz. Univ. Gießen.

KAAS, Nikolaus
Dr. rer. oec., Dipl.-Kfm., Prof. f. Betriebswirtschaftslehre, insb. Marketing, Univ. Frankfurt/M. (s. 1977) - Zu erreichen üb. FB 2, Senckenberganlage 31-33, 6000 Frankfurt - Geb. 12. Nov. 1940 Saarlouis (Vater: Nikolaus K., Angest.; Mutter: Rosa, geb. Mathieu), kath., gesch., 2 T. (Verena, Julia) - Abit. 1960 Saarlouis (Gymn.); Matrosenprüf. 1965 Bremen (Handelsmarine); Dipl.-Kfm. 1968, Promot. (1972) u. Habil. (1976) Saarbrücken - Zul. Wiss. Assist. Univ. Saarbrücken - BV: Diffusion u. Marketing, 1973; Empir. Preisabsatzfunktionen b. Konsumgütern, 1977 - Spr.: Franz., Ital., Engl.

KAASE, Heinrich E. A.
Dr. rer. nat., Prof. f. Lichttechnik TU Berlin (s. 1987) - Einsteinufer 19, 1000 Berlin 10 - Geb. 28. April 1941 Melle (Vater: Dipl.-Ing. Heinrich K.; Mutter: Hermine, geb. Helms), ev., verh. s. 1970 m. Apothekerin Veronika, geb. Fodschuk, T. Kristina - Dipl.-Phys. 1970, Promot. 1975 TU Braunschweig - 1970-87 Phys.-Techn. Bundesanst. Braunschweig PTB (s. 1980 Leit. d. Labor. Optoelektronik d. PTB); s. 1987 Univ.-Prof. TU Berlin - 81 Fachveröff. Mitarb. u. Vors. in zahlr. Fachaussch.

KAASE, Max Willy
Dr. rer. pol., Prof. f. Politische Wissenschaft - Ludwig-Beck-Str. 22, 6800 Mannheim 1 (T. 0621 - 81 42 12) - Geb. 14. Mai 1935 Krefeld (Vater: Dr. Walter K., Dir.; Mutter: Elisabeth, geb. Eicker), verh. s. 1991 m. Dr. phil. Petra Maria, geb. Bauer, S. Dominic - Realgymn. Krefeld, Univ. Köln (Dipl. Volksw. 1959), Promot. 1964 Univ. Mannheim, Habil. 1972, 1980 Prof., Lehrst. f. Polit. Wiss. u. Intern. Vergl. Sozialforsch. Univ. Mannheim - 1978ff. Vors. Zentrum f. Umfragen, Methoden u. Analysen (ZUMA), Mannheim; 1987-92 Mitgl. Wissenschaftsrat - Liebh.: Mod. Graphik, Sport, Musik - Spr.: Engl., Franz. (Grundk.).

KAAT, te, Erich H.
Dr. rer. nat., Prof. f. Experimentalphysik, Rektor a.D. Univ. Dortmund - Forstbann 9, 4600 Dortmund 50 (T. 0231-73 60 45) - Geb. 27. Dez. 1937 Hamminkeln (Vater: Wilhelm t. K., Kaufm.; Mutter: Brigitta, geb. Lübbering), kath., verh. s. 1964 m. Antje, geb. Witte, 3 Kd. (Jens, Kai-Hendrik, Silke) - Staatl. Gymn. Wesel (Abit. 1957), 1958-61 Univ. München, 1961-70 Münster, Dipl. 1965, Promot. 1969 - B. 1970 Assist. Univ. Münster, 1970-72 Consultant IBM USA, 1972 KFA Jülich, 1972-91 Univ. Dortmund, Physik. 1974-76 Senat, 1976-78 Rektor Univ. Dortmund; s. Okt. 1991 Wissenschaftl. Geschäftsf. d. Hahn-Meitner-Inst. GmbH, Berlin - Liebh.: Geige (Kammermusik) - Spr.: Engl., wen. Franz.

KABALLO, Winfried
Dr. rer. nat., Prof. f. Math. (Analysis) - Bornsgasse 3a, 5400 Koblenz 1 - Geb. 25. April 1952 Koblenz (Vater: Hans K., Orthopäd.-Mechaniker; Mutter: Lieselotte, geb. Arnold), verh. s. 1985 m. Paz, geb. Mallari, S. Michael - Gymn. Oberlahnstein; Univ. Mainz u. Kaiserslautern; Promot. 1974, Habil. 1977 (bde. Univ. Kaiserslautern) - 1977 Doz., 1978 apl. Prof., 1979 Wiss. Rat u. Prof., 1980 Prof. (alles Univ. Dortmund), s. 1985 DAAD-Gastprof. Univ. of the Philippines.

KABEL, Heidi
Schauspielerin - Zu erreichen üb. Ohnsorg-Theater, 2000 Hamburg - Geb. 27. Aug. 1914 Hamburg (Vater: Ernst K., Buchdrucker; Mutter: Agnes, geb. Ölkers), verh. m. Hans Mahler (Dir. Ohnsorg-Theater) † 1970, 3 Kd. - S. 1932 Ohnsorg-Theater. Ausschl. Volksst. Film; Fernsehen (Serie: Kleinstadtbahnhof) - Autorin: Sachbücher, schöne Literatur, Memoiren - 1981 Bürgermeister-Stolten-Med. (f. Kunst u. Wiss.); 1982 Silb. Maske Hbg. Ohnsorg-Theater; 1983 Richard-Ohnsorg-Preis; 1984 Bambi; 1985 Gold. Kamera Hör zu; 1986 Silb. Lorbeerblatt; 1990 Bambi II.

KABEL, Rainer
Dr. phil., Prof., Hauptabteilungsleiter im Sender Freies Berlin u. Honorarprof. f. Medien- u. Kulturwirtschaft TU Berlin u. f. Politikwiss. FU Berlin - Bergengruenstr. 60, 1000 Berlin 38 - Geb. 27. Nov. 1936 Neumünster/Holst., ev.-luth., verh. m. Sigrid, geb. Wege, 3 Kd. (Clemens, Xenia, Basil) - Univ. Kiel u. Zürich (Phil., Politol., Literaturwiss. u. Kunstgesch.), Promot. 1965, Prof. f. Politikwiss. 1973. 1963 Kulturamtsangest Neumünster, Assist. Programmdir. Saarl. Rundf.; 1964 Abt.leit. SR, 1966 Volkshochschuldir. Gelsenkirchen, 1967 auch Museumsdir. ebd., 1970 Hauptabt.leit. SFB, 1973 Prof. PH Berlin, 1980 Prof. TU Berlin u. Fachbereich Politische Wiss. d. Freien Univ. Berlin, im SFB zust. f. Medienforschung u. -planung, Datenschutz. Gesellsch. d. Firma Möller + Kabel, Medienberater - Bücher üb. Friedensforsch., Medientechn. (Satelliten), Gesellschaftl. Auswirkungen neuerer Techniken, Medien; Ztschr.aufs., Hörfunk- u. Fernsehsend.

KABELITZ, Dieter
Dr. med., Prof., Direktor d. Abt. Immunologie, Paul-Ehrlich-Inst., Langen - Friedlandstr. 11, 6915 Dossenheim (T. 06221 - 86 18 19) - Geb. 1. Jan. 1951, ev., verh. s. 1987 m. Sabine, geb. Winkelmann, 2 Kd. (Franziska, Robin) - Stud. Med., Univ. Freiburg u. TU München; Promot. 1979 (summa cum laude), München; Habil. 1985 Ulm - 1979-83 DFG-Stipendiat in Uppsala (Schweden) u. New York (USA); 1983-88 Wiss. Ass., Univ. Ulm; 1988-92 C3-Prof., Univ. Heidelberg, Spezialgeb. Immunologie; Zelluläre Immunabwehr b. Menschen - üb. 100 wiss. Veröff. im Ber. d. Immunologie - 1989 Alfred-Krupp Förderpr. f. Hochqualifiz. Hochschullehrer - Liebh.: Ski, Tennis, Wandern, Klass. Musik - Spr.: Engl., Franz. - Bek. Vorf.: Prof. Hans Busch (Großvater), berühmter Physiker.

KABELITZ, Hanns-Joachim
Dr. med., Prof., Medizinaldirektor, Chefarzt Med. Klinik Städt. Krankenanstalten Bayreuth (s. 1964) - Zul. Brandenburger Str. 49, Bayreuth - Geb. 23. Febr. 1920 Liegnitz/Schles., verh. s. 1945 m. Dr. med. Eva, geb. Busch, 2 Kd. (Anne, Dieter) - Gymn. Liegnitz; Univ. Breslau, Med. Staatsex. Münster - S. 1956 (Habil.) Privatdoz. u. apl. Prof. (1963) Univ. Erlangen bzw. -Nürnberg (Innere Med.). Spez. Arbeitsgeb.: Hämatologie, Kardiologie, Toxoplasmose - BV: Zytologie d. Defensivreaktionen d. menschl. Knochenmarks, 1958; Klinik d. erworbenen Toxoplasmose, 1962; Lexikon u. Atlas d. Elektrokardiogr., 1966 - Spr.: Engl., Franz. - Rotarier.

KABUS, Wilhelm
Bürgermeister a. D. - Sponholzstr. 2, 1000 Berlin 41 (T. 8521138) - Geb. 11. Okt. 1918 Kreis Rybnik/OS. - Volkssch.; Lehre; Ausbild. im Allg. Maschinenbau u. als Bauing. - 15 J. Bauleiter u. Gutachter fr. Wirtschaft; zul. 5 J. techn. Hauptsachbearb. Senatsverw. f. Bau- u. Wohnungswesen; 1975-83 Bürgerm. Schöneberg. Vors. Diözesanrat d. Katholiken in Berlin (1972 wiedergew.). Bezirksverordn. Sch'berg (1963 Fraktionsvors.). CDU s. 1956, Bezirksstadtrat f. Bau u. Wohnungsw. (s. 1965).

KABUSS (ß), Siegfried
Dr. rer. nat., Prof. f. Organ. Chemie - Reutebachgasse 65, 7800 Freiburg/Br. - Geb. 11. Mai 1931 Lauenburg/Pommern (Vater: Erich K., Kaufm.; Mutter: Helene, geb. Hocke), verh. s. 1960 m. Christa, geb. Tobergte, OStR, 2 T. (Bettina, Isabel) - Stud. Univ. Hamburg, Marburg u. Freiburg; Dipl. Chem. 1959, Promot. 1963, Habil. 1969, alle Freiburg - 1975 Prof. Univ. Freiburg. Ca. 30 Fachveröff. in Fachztschr.

KACZMARCZYK, Norbert
Dr.-Ing., Prof. f. Mathematik u. Systemtheorie GH Paderborn (Fachber. Nachrichtentechnik, Meschede) - Weidenstr. 5, 5778 Meschede.

KACZMAREK, Norbert
Dipl.-Pol., Senatsdirigent, Geschäftsf. Dt. Städtetag, Landesverb. Berlin - Berliner Rathaus, O-1020 Berlin-Mitte (T. 030 - 26 95-23 00) - Geb. 18. Febr. 1942 Potsdam-Babelsberg.

KACZYNSKI, Reiner
Dr. theol., Lic. phil., Prof. f. Liturgiewissenschaft Univ. München, Direktor d. Herzogl. Georgianums - Professor-Huber-Platz 1, 8000 München 22 - Geb. 11. Mai 1939 Breslau (Vater: Kurt K., Oberreg.dir. †; Mutter: Klara, geb. Barnowski), kath., ledig - 1958-65 Univ. Gregoriana Rom (Priesterweihe 1964); 1967-71 Theol. Fak. Trier; Promot. 1971 - 1965-67 Kaplan; 1971-76 Mitarb. Gottesdienstkongregation (Vatikan); s. 1980 Prof. (C4) in München - BV: D. Wort Gottes in Liturgie u. Alltag d. Gden. d. Johannes Chrysostomus, 1974; Enchiridion documentorum instaurationis liturgicae (I), 1976, (II), 1988 - Spr.: Ital.

KADE, Gerd C.
Vorstandsmitglied Horten AG., Düsseldorf - Am Dreilinden 8, 4000 Düsseldorf-Gerresheim - Geb. 2. Juli 1927 Düsseldorf - Präs. Außenhandelsverein ig. d. Dt. Einzelhandels, Köln; Vizepräs. Foreign Trade Assoc., Brüssel/Köln - Ehrenvors. Übersee-Import-Messe (Partner d. Fortschritts); 1982 BVK I. Kl.

KADELBACH, Gerd
Dr. phil., Dr. phil. h. c., Rundfunkjournalist, Honorarprof. f. Schule u. Massenkommunikationsmittel Univ. Frankfurt/Abt. f. Erziehungswiss. (s. 1967) - Neuhaußstr. 6, 6000 Frankfurt/M. (T. 59 33 34) - Geb. 8. Jan. 1919 Pitschen/OS. (Vater: Prof. D. Gerhard Schulze-Kadelbach, Ord. f. Theologie Univ. Jena), ev., verh. s. 1943 m. Lieselotte, geb. Sengebusch, 3 Kd. (Ursula, Gerhard, Stefan) - Gymn.; Stud. Phil., Altphilol., German. - B. 1945 Wehrdst.; 1945-53 Lehrer u. -bildner Würzburg; 1953-56 Schul- u. Kulturdezern. Mannheim; s. 1956 Leit. Hauptabt. Bildung u. Erzieh. Hess. Rundfunk; Begr. u. Leit. Funk-Kolleg d. ARD-Rundfunkanst. - BV: Frör, Religionspäd., Bd. VIII 1955; Erlebte Gesch., 6 H. 1960/61; Schulfunkbibliogr., 1960; Dtschl. n. d. II. Weltkr. - Beitrag f. d. Unterricht in Zeitgesch. u. Gemeinschaftskd., 1965. Herausg.: Wiss. u. Ges., 1967; Erzieh. z. Mündigkeit - Gespräche m. Theodor W. Adorno, 1969; Bildungsfragen d. Gegenwart, 1974; Leben heißt Lernen, 1976 - Liebh.: Architektur, Hunde - Spr.: Engl., Franz. - Bek. Vorf.: Prof. D. Martin Schulze, Ord. f. Theol. Univ. Königsberg/Pr. (Lehrer v. Karl Barth u. Iwand).

KADEN, Heiner
Dr. rer. nat. habil., Prof., Chemiker, Direktor d. Forschungsinstituts Kurt Schwabe, Meinsberg (s. 1984) - Fa-

brikstr. 69, O-7301 Meinsberg (T. Waldheim/Sa. 30 74) - Geb. 20. Sept. 1938, verh. s. 1988 m. Dr. sc. med. Angela, geb. Trinks (Augenärztin), 2 Kd. (Nils, Astrid) - 1956-62 Chemiestud.; Promot. 1967 (beides TU Dresden); Habil. 1977 Bergakad. Freiberg - S. 1984 Hon.-Prof. Bergakad. Freiberg - 1990 Innovationspreis d. dt. Wirtsch. f. d. neuen Bundesländer (d. Institut 1991 verliehen). S. 1991 o. Mitgl. d. Sächs. Akad. d. Wiss. zu Leipzig.

KADEN, Rudolf

Dr. med., Prof., vormals Hautklinik/Andrologie Univ.-Klinikum Steglitz - Sulzaer Str. 20, 1000 Berlin 33 (T. 825 59 20) - Geb. 22. Nov. 1916 Dresden (Vater: Hans K., Juwelier; Mutter: Martha, geb. Lehmann), ev., verh. s. 1960 m. Ingrid, geb. Jadrniczek, 2 Töcht. (Iris, Doris) - Univ. Leipzig. Approb. 1945 - S. 1955 (Habil.) Lehrtätigk. FU Berlin (1961 apl. Prof. f. Dermatol. u. Venerol., 1971 Prof. f. Androl., Leiter Arbeitsgr. Kryosperma-Forsch. Entd.: Fertigkryoprotektivum Steritec R f. Humansperma-Depotanlagen (m. D. Schöne) - BV: Neue Untersuchungsergebnisse in d. Pilzbiologie, 1957; Fortschr. d. Fertilitätsforsch. III, 1976. Ca 70 Fachveröff. üb. Andrologie u. Sperma-Kryokonservierung - Liebh.: Buntfotogr., Tennis (Mitgl. Blau-Weiß) - Spr.: Engl., Franz.

KADENBACH, Bernhard

Dr. phil., Prof. f. Biochemie Univ. Marburg - Vogelsbergstr. 33, 3550 Marburg/L. 7 - Geb. 21. Aug. 1933 Luckenwalde/Mark (Vater: Bernhard K., Bildhauer; Mutter: Elfriede, geb. Brix), kath., verh. s. 1964 m. Helke, geb. Mosner, 2 Kd. (Andreas, Verena) - Dipl.-Chem. 1959 Berlin; Promot. (Biochemie) 1964 Marburg; Habil. 1970 Konstanz - Spez. Arbeitsgeb.: Biochemie d. Mitochondrien, Molekulare Grundlagen mitochondrialer Myopathien u. d. Alterns.

KADER, Theo

Fabrikant, gf. Gesellsch. Julius Boos jr. GmbH., Wuppertal, Vors. Industrieverb. Dt. Bandweber u. Flechter ebd. - Liegnitzer Str. 16, 5600 Wuppertal-Barmen - 1970 BVK.

KADEREIT, Joachim

Dipl.-Ing., Prof. f. Wasserbau, Techn. Hydraulik u. Wasserbaul. Versuchswesen GH Siegen - Damaschkestr. 15, 5900 Siegen 1.

KADERSCHAFKA, Franz R.

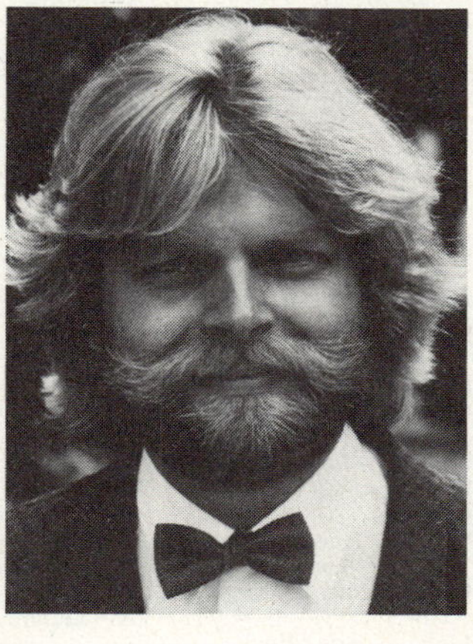

Pianist, Komponist, Musikproduzent, Drehbuchautor, PR-Manager - Zauberstr. 7, 8000 München 80 (T. 089 - 470 72 63) - Geb. 28. Dez. 1952 Waiblingen/Württ. (Vater: Josef K., Bankbeamter; Mutter: Maria, geb. Streit), led. - Musikstud. Karlsruhe, Freiburg, Berlin - Theaterpianist (Tribüne) u. Lehrbeauftr. Musiksch. Berlin (R'dorf) - Zahlr. Instrumentaltitel in d. Unterhalt. (u. a. Chansons f. Waltraut Haas, Mol-dau-Mädels, Arnold Marquis u. f. bek. Orch.). Bek. ZDF-Serien: Erkennen Sie die Melodie?, Traumland Operette, Musik macht Spaß. Herausg. v. Schallpl.; akt. Piano-LP: Sounds of Christmas (Supiler Records), Liebestraum. Manager bek. Künstler - Editionen - Liebh.: Lesen, Musik, Kunst, Reisen - Spr.: Engl., Lat.

KADOW, Eberhard

Vorstandsvorsitzender i.R. Eschweiler Bergwerks-Verein (EBV) - Roermonder Str. 63, 5120 Herzogenrath Kr. Aachen - Geb. 1922 - B. 1968 Bezirksleit. IG Bergbau; s. 1968 EBV (Vorstandsmitgl., Arbeitsdir.), 1979 stv., 1983 Vorst.-Vors.

KADUK, Bernhard

Dr. med., Dr. med. habil., Univ.-Prof. - Frauenlobstr. 2, 8000 München 2 (T. 089 - 532 87 71) - Geb. 12. Nov. 1945, kath. - Stud. Univ. Erlangen, Innsbruck, Zürich; Promot. 1973; Habil. 1981 - 1983 Univ.-Prof.; 1986 Chefarzt Inst. f. Pathologie Klinikum Bamberg. Spez. Forschungsgeb.: Allg. Pathologie u. Pathologische Anatomie, Gastroenterologie, Kardiomyopathie, Hyperthermie, Iatrogene Pathologie (Therapie) - 100 Publ. in nationalen u. intern. Ztschr. - Liebh.: Mod. Malerei, Barockmusik, Lit. (Biogr.).

KÄFER, Otto

Dr. med. (habil.), Chefarzt d. Augenklinik d. Stadt Heilbronn/Neckar, apl. Prof. f. Augenheilkd. Univ. Heidelberg, Schriftleit. Zentralblatt f. Ophthalmol. Springer-Verlag, Heidelberg - Gundelsheimer Str. 68, 7100 Heilbronn - Geb. 18. Juni 1937 Stuttgart, verh. s. 1965 m. Gisela, geb. Dominik, 3 Töcht. (Anne, Lotte, Margret).

KAEGBEIN, Paul

Dr. phil., em. Univ.-Prof. f. Bibliothekswissenschaft Univ. Köln (1975-90) - Eichenhainallee 14, 5060 Bergisch-Gladbach 1 (Frankenforst) (T. 02204 - 6 84 71) - Geb. 26. Juni 1925 Dorpat (Vater: Paul K., Versicherungsmathematiker; Mutter: Elfriede, geb. Meyer), ev., verh. s. 1950 m. Irene, geb. Borkowski, 2 Töcht. (Irene, Christine) - Humboldt-Univ. Berlin (Gesch., German., histor. Hilfswiss.). Promot. (1948) u. Bibl.fachprüf. (1951) Berlin (Ost) - 1951-52 Bibl. Humboldt-Univ. Berlin; 1952-75 Bibl. TU Berlin (1962-75 Dir.), 1964 Lehrauftr. f. Bibl.wiss. u. Dokumentation TU Berlin, 1970 Honorarprof., 1975-81 Dir. Bibl.-Lehrinst. Köln - BV: Dt. Ratsbüchereien b. z. Reformation, 1950; Vier Jahrzehnte baltische Gesch.forsch., 1987. Herausg.: D. Universitätsbibl. auf d. Industrieausstell. (1. 2. 1970), Fritz Rörig, Wirtschaftskräfte im Mittelalter (1959, 2. A. 1971), Bibliothekswiss. als spezielle Informationswiss. (1986, 2. A. 1989), Evald Blumfeldt u. Nigolas Loone, Bibliotheca Estoniae historica 1877-1917 (1987), Dt. Bibliothekskataloge im 19. Jh. (1992), Antje Marx, International directory of experts in library history (1992). Mithrsg.: Bibliothekspraxis, Bd. 1-25 (1971-83), Bibliothekarische Kooperation (1974), Bibl. als Inform.vermittl. (1979), Dissert. in Wiss. u. Bibl. (1979), Inspel. Official organ of the IFLA Div. of Special Libraries. Vol. 9ff. (1974ff.), Ztschr. f. Bibl.wesen u. Bibliographie, Jg. 22-37 (1975-90), Bibl. Forschung u. Praxis. Jg. 1ff. (1977ff.), Buch u. Ztschr. in Geistesgesch. u. Wiss. Bd. 1-2 (1977-79), Intern. Library Review. Vol. 10-21 (1978-89), Quellen u. Stud. z. balt. Gesch., Bd. 4ff. (1982ff.), Education for information. Vol. 1-9 (1983-91), D. Bibl.wesen in Einzeldarst. (1984ff.), Staatliche Initiative u. Bibliotheksentwicklung s. d. Aufklärung (1985), D. Univ. Dorpat/Tartu, Riga u. Wilna/Vilnius 1579-1979 (1987), Proceedings of the Brit.-German Sympos. on Education and Training in the Information Fields (1987); Beitr. z. Bibl.theorie u. Bibl.-gesch., Bd. 1ff. (1989ff.); Schriften d. Baltischen Hist. Kommiss., Bd. 1ff. (1989ff.); Library history research in the intern. context (1990); Studies on research in reading and libraries (1991) - 1976 Ehrenmitgl. Intern. Ass. of Technolog. Univ. Libraries u. 1981 Arb.gem. d. Spez.bibl.; 1983 Mitgl. Beta Phi Mu. Intern. Library Science Honor Soc. - Spr.: Engl.

KÄHLER, Erich

Dr. phil., o. Prof. f. Mathematik (emerit.) - Mozartstr. 42, 2000 Wedel (T. 04103 - 8 65 35) - Geb. 16. Jan. 1906 Leipzig (Vater: Ernst K., Mutter: Elsa, geb. Götsch), ev., verh. s. 1938 m. Luise, geb. Günther († 1970), s. 1972 m. Charlotte, geb. Schulze, 3 Kd. (Helmuth, Gisela †1988, Reinhard †1966) - Univ. Leipzig. Promot. Leipzig; Habil. Hamburg - 1930 Privatdoz. Univ. Hamburg, 1936 o. Prof. Univ. Königsberg, 1948 Univ. Leipzig, 1958 TU Berlin (1964 Honorarprof.), 1964 Univ. Hamburg - BV: Einf. in d. Theorie d. Systeme v. Differentialgleichungen, 1934; Geometria Aritmetica, 1958; D. innere Differentialkalkül, 1963; Wesen u. Erscheinung als math. Prinzipien d. Phil., 1965; Saggio di una dinamica della vita, 1973; Monadologie, 1975; Also sprach Ariadne, 1984; D. Poincaré-Gruppe, 1985 - 1949 Mitgl. Sächs. Akad. d. Wiss., Leipzig; 1955 o. Mitgl. Dt. Akad. d. Wiss., Berlin; 1957 Dt. Akad. d. Naturforscher (Leopoldina), Halle/S.; 1961 ausl. Mitgl. Accad. Nazionale dei Lincei, Rom; 1987 ausl. Mitgl. Istituto Lombardo (Accad. di Scienze e Lettera).

KAELBLE, Hartmut

Dr. phil., Prof. f. Sozialgeschichte Humboldt-Univ. Berlin (s. 1991) - Süntelsteig 3, 1000 Berlin 37 - Geb. 12. April 1940 - Promot. 1966; Habil. 1971 - BV: Industrielle Interessenpolitik in d. Wilhelm. Ges., 1967; Berliner Unternehmer währ. d. früh. Industrialisierung, 1972; Probl. d. Modernisier. in Dtschl. (zus. m. H. Matzerath u. a.), 1978; Histor. Mobilitätsforsch., 1978 (engl. 1986); Industrialisierung u. soz. Ungleichheit (1983, engl. 1986); Soz. Mobilität u. Chancengleichheit im 19. u. 20. Jh. (1983, engl. 1986); Arbeit, Mobilität, Partizipation, Protest (zus. m. J. Bergmann u.a.), 1986; Auf d. Weg z. europäischen Gesellschaft, 1987 (franz. 1988, engl. u. ital. 1990); D. regionale Erwerbsstruktur im Dt. Reich u. in d. Bundesrep. 1895-1970 (zus. m. R. Hohls), 1989; Regionen im hist. Vergl. (zus. m. J. Bergmann u.a.), 1989; Soziale Mobilität in Berlin 1825-1957 (zus. m. R. Federspiel), 1990; Nachbarn am Rhein. Entfremdung u. Annäherung d. franz. u. dt. Ges. s. 1880, 1991. Herausg.: Gesch. d. soz. Mobilität s. d. industriell. Revolution; Income Distribution in Historical Perspektive (zus. m. M. Thomas u.a., 1991); D. Boom 1948-73 (1991).

KÄMMERER, Hermann

Dr. rer. nat., Prof., Chemiker - Friedrich-v.-Pfeiffer-Weg 5, 6500 Mainz (T. 32 02 48) - Geb. 25. Juli 1911 Mailand (Vater: Adam K., auslandsd. Kaufm. † 1924; Mutter: Klara, geb. Braun), kath., verh. s. 1940 m. Antonie, geb. Pfaff, 4 Kd. (Hermann Christian, Evemarie, Hans Georg, Hans Martin) - Dipl.-Chem. 1939; Promot. 1941 - S. 1952 Lehrtätigk. Univ. Mainz (Wiss. Rat Organ.-Chem. Inst.; apl. Prof.; 1966 Abt.svorsteher u. Prof.). 1953, 57 u. 78 Gastprof. Univ. Saarbrücken, Univ. Barcelona u. Le Mans. Üb. 200 Buch- u. Ztschr.beitr.

KAEMMERER, Kurt

Dr. med. vet., em. Prof. f. Pharmakologie, Toxikologie u. Pharmazie - Jägerstr. 25, 5300 Bonn - Geb. 19. März 1920 (Vater: Friedrich K., Kaufm.; Mutter: Marie, geb. Hohmann), ev., verh. s. 1948 m. Gerda, geb. Streppel, S. Harald - Gymn. Kassel; Tierärztl. Hochsch. Hannover; Promot. 1944 Hannover; Habil. 1951 Bonn. Tierärztl. Kreisex. 1951 - 1943-45 Veterinäroffz.; 1945 b. 1955 Assist. TiäH Hannover u. Univ. Bonn; 1951 b. 1964 Privatdoz. u. apl. Prof. (1957) Univ. Bonn; 1955-64 Leit. Vet. med. Inst. Farbenfabriken Bayer AG., Wuppertal-E.; s. 1964-85 Ord. u. Inst.dir. TiäH Hannover; 1967-76 Bundesgesundheitsrat; 1976-78 Präs. d. wiss. Futtermittelaussch. d. EG; Mitgl. Gesamtaussch. DLG u. zahlr. and. Aussch. Üb. 250 Fachveröff., 2 Monographien 1973 u. 78 - Ehrenmitgl. Soc. Ital. de Sci. Vet., Max-Eyth-Med., 1981 Henneberg-Lehmann-Preis, Ehrenmitgl. d. DSA - Liebh.: Hess. Gesch.

KÄMMERLING, Werner

Prof. f. Gitarre Staatl. Hochsch. f. Musik Westf.-Lippe - Heimstättenweg 28, 5060 Berg. Gladb. 2.

KÄMPER, Herbert

Kunstmaler - Stresemannstr. 38a, 7500 Karlsruhe 21 - Geb. 31. März 1929 Karlsruhe, kath. - 1950-57 Stud. Kunstakad. Karlsruhe (Prof. K. Hubbuch u. Prof. W. Becker) - 1973/74 Gastlehrer Staatl. Akad. d. bild. Künste Karlsruhe; Mitgl. städt. Kunstkommiss. Karlsruhe, Künstlerbd. Baden-Württ. Kunstricht.: Figürl. Malerei u. Graphik (weibl. Akt u. Bildnis). U.a. bauverbundene Arbeiten (Wandmalerei, Glasmalerei, Bronzearb.); öfftl. Portraitaufträge. Arb. in öfftl. u. priv. Kunstbesitz - 1955 Studienstift. d. Dt. Volkes; 1956 Kulturpreis Stadt Karlsruhe f. Graphik; 1960 Stip. Kulturkr. im Bundesverb. d. Dt. Ind.; 1960 Kulturpr. Stadt Karlsruhe f. Malerei; 1961 Pfalzpr. f. Graphik; 1962 Rompr. Villa Massimo, Rom - Lit.: Publ. d. Ausst. Villa Massimo Rom; Sigbert Fischer/Helmut Goettl: Graphik Press München (1970); Herbert Kämper: Malen in Öl (ZDF 1983); Herbert Kämper: Ölmalerei (ZDF 1987); Herbert Kämper: Ölmalerei (Video 1987; Falkenverlag, ZDF, Pelikan); Herbert Kämper, Ingeborg Becker: Hobby Ölmalerei (1987); Herbert Kämper - Ingeborg Becker: La peinture à L'Huile (1990). Kataloge d. Künstlerbundausst. Baden-Württ.

KÄMPF, Robert

Dr. agr. (habil.), Prof., Fachhochschullehrer - Helmholtzweg 4, 7440 Nürtingen - B. 1971 Privatdoz., dann apl. Prof. TU München (Acker- u. Pflanzenbau).

KÄMPFEL, Hans Walter

Generalmusikdirektor - Martinstr. 2, 8011 Zorneding/Obb. (T. 25 41) - Geb. 22. Juni 1924 Dünzing b. Ingolstadt (Vater: Hans K., Lehrer; Mutter: Maria, geb. Pfister), kath. - Abit. 1942; Staatsex. Akad. d. Tonkunst München, 1947 - 1947-50 Solorepetitor Bayer. Staatsoper München, 1950-55 Kapellm. Städt. Bühnen Gelsenkirchen, 1955-57 Chefdirig. Städt. Bühnen Augsburg, 1957-58 Opernchef Stadttheater Zürich, 1958-62 GMD Aachen, 1961 b. 1965 Bremen, spät. Hamburg u. Kaiserslautern. Gastdirig. In- u. Ausl. (auch Japan). Div. Bühnenmusiken.

KÄMPFER, Frank

Dr. habil., M. A., o. Prof. f. Geschichte - Magdalenenstr. 7, 4400 Münster (T. 5 61 04) - Geb. 30. Juli 1938 Rostock - FU Berlin, Belgrad (Gesch., Kunstgesch., Slavistik); Habil. 1976 Univ. Heidelberg - S. 1979 Dir. Hist. Sem. Univ. Münster - BV: Historie v. Zartum Kasan, 1969; D. russische Herrscherbild, 1978; D. polit. Plakat, 1985; Peters d. Großen Jugendjahre, 1989.

KAEMPFERT, Manfred

Dr. phil., Prof. German. Sem. Univ. Bonn - Markt 35, 5300 Bonn 1 - Geb. 16. Okt. 1936 Trier, ev., verh. s. 1966 m. Barbara K.-Weitbrecht, T. Ulrike - Stud. ev. Theol., German., Phil. Univ. Bonn u. Heidelberg; Staatsex. 1961 Bonn, Promot. German. 1968 Bonn, Habil. 1977 ebd. - 1964-75 Wiss. Assist. am German. Sem. Univ. Bonn, anschl. Akad. Rat; Lehrtätigk. im linguist. u. mediävist. Bereich. Forsch.schwerp.: Semantik, Textlinguistik, Gesch. d. Literaturspr. - BV: Säkularisation u. neue Heiligkeit. Religiöse u. religionsbez. Spr. b. Fr. Nietzsche, 1971; Wort u. Wortverwendung, 1984. Herausg.: Probleme d. relig. Sprache (1983).

KÄPPEL, Bodo
Bürgermeister a.D. - 6467 Hasselroth/OT Neuenhaßlau (T. 06055 - 8 29 61) - Geb. 25. Juni 1926 Großgräfendorf, Kr. Merseburg (Vater: Franz K., Bauer; Mutter: Elsa, geb. Knobloch), ev., verh. s. 1961 m. Christa, geb. Siegismund - Mittel- u. Landwirtschaftssch. m. Abschl. - 1949-56 polit. Häftling in SBZ/DDR - 1989 BVK am Bde. - Liebh.: Sport, Lesen, Schallpl., Reisen - Spr.: Engl.

KAERNER, Hans-Christian
Dr. rer. nat., Prof. Univ. Heidelberg, Fak. f. Biologie, Abt.-Leit. DKFZ Heidelberg - Trübnerstr. 32, 6900 Heidelberg.

KÄRNER, Hermann
Dr.-Ing., Prof. f. Hochspannungstechnik TU Braunschweig (s. 1977) - Waldweg 2 E, 3340 Wolfenbüttel.

KAES, Max
Dr. med., o. Prof. f. Psychiatrie (emerit.) - Artur-Kutscher-Pl. 2, 8000 München 40 - Ab 1970 TU München.

KAESBACH, Karl H.
Prof., Journalist (Ps.: Werner Heimburg) - Willroidstr. 6/1, 8000 München 90 (T. 64 69 48) - Geb. 16. Juli 1918 München (Vater: Hans Theodor K., Konsul; Mutter: Paula, geb. Lindelauf), kath., verh. - Realgymn. (Abit.); Ztg.setzer; Buchhändlerprüf.; Stud. Ztg.wiss. Berlin, Bonn, Paris, Wien, Barcelona (Sprachdipl.) - 1935-43 Leit. Berliner Büro ausw. Ztg.; 1943-45 Leit. Zentralredakt. Transocean. Europapress, Berlin; n. 1945 Leit. Schweizer Pressebüro, Baden-Baden; Mitgründ. Tiroler Tageszeitung, Innsbruck (s. 1961 Leit. Dtschl.-Redakt.); Redakt. Münchner Illustr.; 1954-60 Presse- u. PR-Dir. Bavaria Film- u. Fernsehges.; s. 1961 Generalsekr. u. Vorst.-Mitgl. Dt. Ges. f. Kommunikationsforsch.; Redakt.mitgl. Monatsztschr. Münchner Leben; Lehrbeauftr. f. Gesch. u. Entwickl. d. Massenmed. Erz.wiss. Fak. Univ. München - BV: Dt. Handwerksbuch, 1936; Treffpunkt-Barcelona, 1937; Lexikon d. publiz. Berufe, 1967 - Mitgestalter Dokument. Farbfilm Eucharist. Weltkongreß Pro mundi vita - Ritterkreuz d. St. Gregorius-Ord.; Tiroler Adlerorden in Gold; BVK I. Kl. - Liebh.: Reiten, Eislaufen - Gold. Reitersportabz. - Spr.: Engl., Franz., Span. (Dolmetscherprüf.) - Mitgl. Lions Intern.

KAESCHE, Helmut
Dr. rer. nat., o. Prof. f. Korrosion u. Oberflächentechnik - Humboldtstr. 27, 8520 Erlangen (T. 2 72 11) - Geb. 16. Dez. 1928 Aachen (Vater: Wilhelm K.), verh. s. 1957 m. Dr. rer. nat. Barbara, geb. Krischer, 3 Kd. - Stud. Chemie - S. 1962 (Habil.) Lehrtätigk. TU Berlin (apl. Prof. f. Korrosion u. Metallschutz) u. Univ. Erlangen-Nürnberg (1970 Ord. u. Vorst. Inst. f. Werkstoffwiss. IV); zeitw. wiss. Mitarb. Bundesanstalt f. Materialprüf., Berlin - BV: D. Korrosion d. Metalle, 1. A. 1966, 2. A. 1979. Fachaufs.

KÄSEBORN, Hans-Günther
Dr. rer. pol., Dipl.-Kfm., Prof. f. Wirtschaftswissenschaft Univ. Dortmund - Benninghofer Str. 311, 4600 Dortmund 30.

KÄSEMANN, Ernst
Drs. h. c., o. Prof. f. Neues Testament (emerit. 1971) - Eduard-Haber-Str. 13, 7400 Tübingen-Lustnau (T. 2 49 34) - Geb. 12. Juli 1906 Dahlhausen b. Bochum (Vater: August K., Lehrer; Mutter: Lina, geb. Cramer), ev., verh. s. 1935 m. Margrit, geb. Wizemann, 3 Kd. (Ulrich, Eva, Elisabeth †) - Univ. Bonn, Marburg (Lic. theol. 1931), Tübingen - 1933 Pfarrer Gelsenkirchen, 1946 Ord. Univ. Mainz, 1951 Univ. Göttingen, 1959 Univ. Tübingen - BV: Leib u. Leib Christi, 1933; D. wandernde Gottesvolk, 1939 (auch amerik.); Exeget. Versuche u. Besinnungen, 2 Bde. 1960/64 (auch engl., span., ital., jap., franz., korean.); Jesu letzter Wille n. Joh. 17, 1966 (auch engl., ital., jap., span.); D. Ruf d. Freiheit, 1968 (auch norw., engl., ital., portug., span., jap., korean.); Paulinische Perspektiven, 1969 (auch engl., ital., portug., korean.); D. Neue Testament als Kanon, 1970; An d. Römer, 1973 (auch engl., jap.); Kirchl. Konflikte, 1982 - Theol. Ehrendoktor Univ. Marburg (1947), Durham, Edinburgh (bde. 1967), Oslo (1969); Yale (1985) 1971 Burkitt-Med. Brit. Acad. London, 1977 Bürgermed. Stadt Tübingen; Mitgl. d. Acad. d. Sciences Religieuses, Brüssel, Honorary member d. amerik. Society of Biblical Literature - Lit.: Pierre Gisel, Vérité et Histoire, La théologie dans la Modernité. Ernst Käsemann, 1977; Bernhard Ehler, D. Herrschaft d. Gekreuzigten, 1986; David V. Way, The Lordship of Christ, 1991.

KAESER, Carl
Dipl.-Ing., gf. Gesellschafter Kaeser Kompressoren GmbH, Coburg, Geschäftsf. Kaeser Kompressoren BVBA, Antwerpen/Belgien - Hahnweg 82, 8630 Coburg (T. 09561 - 640-0) - Geb. 14. April 1914 München, kath., verh. - Stud. Maschinen- u. Motorenbau TH München; Dipl.ex. 1937 - Präs. VR Kaeser Kompressoren AG, Zürich (Schweiz); AR Kaeser Compresseurs S. A., Lyon (Frankr.); Chairman Kaeser Compressors Inc., Fredericksburg VA (USA); Gesellsch. Kaeser Kompressoren Ges. m. b. H. Linz/Österr.; Vorst.-Mitgl. Verein d. Bayer. Metallind. Bezirksgr. Coburg; Mitgl. VDMA Fachgem. Kompr. u. Vakuumpumpen, Frankfurt - Spr.: Engl., Franz.

KÄSER, Klaus-Dieter
Student, MdL Baden-Württ. - Günterstalstr. 33, 7800 Freiburg (T. 0761 - 70 21 02) - Geb. 4. Mai 1961, ledig - Stud. Geogr., Politik u. Gesch. f. Lehramt (unterbr. z. Wahrn. d. Mand.) - D. Grünen (1982-84 Landesvorst.) - BV: D. kl. Friedens-ABC, 1982; Verkehr im ländl. Raum (m. Gerd Hickmann), 1986; Trau keinem über Tempo 30 (m. Gerd Hickmann), 1988 - Liebh.: Katzen, Eisenbahnfahren - Spr.: Engl.

KÄSMAYR, Benno
Verleger (Maro Verlag), Rettenbergen - Rettenberger Str. 17, 8906 Gersthofen 2 (T. 08230 - 90 90) - Geb. 5. April 1948, verh., 5 Kd. (Daniel, Miriam, Anneli, Sarah, Hannah) - Stud. Wirtsch.- u. Sozialwiss. Univ. Augsburg; Dipl.-Ökonom 1974 - BV: D. sog. Alternativpresse, 1974; Bücher, d. man sonst nicht findet, (Hg.) 1974 u. 76; D. Container verändert d. Landschaft, (Hg.) 1984; Black Box, (Hg.) 1988.

KAESS, Herbert
Dr. med., Prof., Chefarzt Städt. Krankenhaus München-Bogenhausen - Englschalkingerstr. 77, 8000 München 81 - S. Habil. Lehrtätigk. Univ. Heidelberg (apl. Prof. f. Inn. Med. (LMU)), Schwerpkt. Gastroenterologie-Hepatologie.

KÄSS, P.
Prof. f. Mathematik Univ. Heidelberg/ Fachhochsch. Heilbronn (Studiengang Med. Informatik) - Siegfried-Gumbel-Str. 8, 7100 Heilbronn/.

KÄSTLE, Hermann
Kaufmann, Vors. Fachverb. d. Großhandels in Binderei- u. Gärtnereibedarfsartikeln - Zu erreichen üb. Großhandelsverb. f. Floristen u. Gärtnerbedarf, Feldstr. 64, 4000 Düsseldorf 30.

KÄSTNER, Heinz
Kaufmann, gf. Alleingesellsch. WESTAMAT Ges. z. Be- u. Vertrieb v. Münzautomaten u. Freizeiteinricht. mbH; AR-Mitgl. Sigert Verlag, Braunschweig; Ehrenpräs. DAGV (Dt- Automaten-Großhandelsverb.) - 3580 Fritzlar-Rothhelmshausen - Geb. 25. Mai 1920.

KÄTZEL, Lutz
Landesgeschäftsführer SPD Sachsen - Am Pietschebach 8, O-9900 Plauen - Geb. 21. Sept. 1954, ledig - Dipl.-Ing. techn.-wiss. Gerätebau.

KÄUFER, Christoph
Dr. med., Prof., Chefarzt Chirurg. Klinik Henriettenstift Hannover (s. 1975) - Marienstr. 80, 3000 Hannover (T. 289 22 31) - Geb. 29. Mai 1935 Mönchengladbach (Vater: Dr. med., Dr. med. dent. Hans K., Arzt u. Zahnarzt; Mutter: Cicely, geb. Lovelace), kath., verh. s. 1963 m. Marie, geb. Augelli, 5 Kd. (Mark, Patrick, Michael, Stephan, Katherine) - Stud. München, Bonn; Promot. 1961; Habil. 1969 - 1973 Prof. Fachmitgl.sch. - BV: D. Hirntod, 1969 (m. a.); Hirntodbestimmung, 1975-80; Chirurgie u. Krankenpflege, 1985 - 1975 Gold. Sportabz. - Spr.: Engl., Franz.

KÄUFER, Hugo Ernst

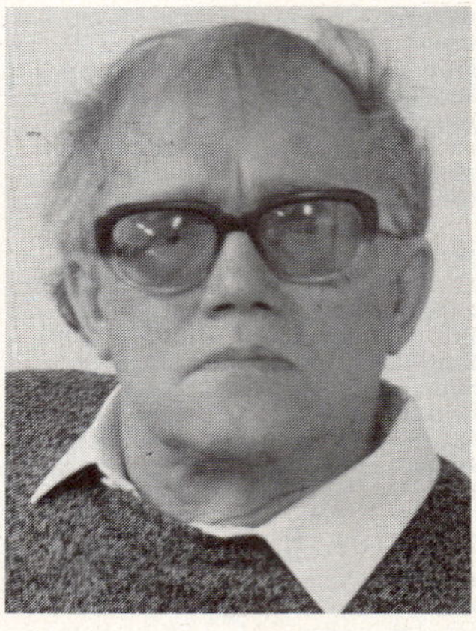

Dipl.-Bibl., städt. Büchereidirektor a. D., Schriftst. - Lilienthalstr. 13, 4630 Bochum 5 (T. 49 07 13) - Geb. 13. Febr. 1927 Witten/Ruhr (Vater: Hugo K.; Mutter: Margarete, geb. Plätz), ev., verh. s. 1953 m. Mathilde, geb. Waning, T. Dorothee - 1953-57 Biblioth. Lehrinst. NRW (Staatsex.) - 1945-53 Verwaltungsdst.; 1957-66 Ref. Stadtbücherei Bochum; ab 1966 Lektor; 1977-87 Dir. Stadtbüchereі Gelsenkirchen. SPD s. 1962 - BV: Wie kannst du ruhig schlafen?, Ged. 1958; Mensch u. Technik i. Zeichen d. zweiten industr. Revolution, 1958; D. Botschaft d. Kindes, Ged. 1962; Und mittendrin e. Zeichen, Ged. 1963; D. Werk Heinrich Bölls, Ess. 1963; D. Abenteuer d. Linie, Ess. 1964; Spuren u. Linien, Ged. 1967; Report, Ged. 1968; Im Namen d. Volkes, Ged. 1972; Bezugsverhältnisse, Ged. 1975 (dt. u. franz.); Leute bei uns gibts Leute, Ged. u. Aphor. 1975; Standortbestimmungen, Aphor. 1975; Rußlandimpressionen, Ged. 1976; Unaufhaltsam wieder Erde werden, Ged. 1976; Massenmenschen Menschenmassen, Ged. u. Aphor. 1977; Demokratie geteilt, Ged. u. Aphor. 1977; Stationen, ges. Ged. 1947-77; Wir, Ess. 1977; So eine Welle lang, Ged. 1979; Schreiben u. schreiben lassen, Aphor. 1979; Autobiogr. Skizzen, 1980; Solange wir fragen, Ged. 1980 (dtsch. u. schwed.); D. Holzschneider Hap Grieshaber, Ged. 1981; Letzte Bilder, Ged. 1982; Rabasseda malt e. Porträt, Ged. 1983; Leichter im Gepäck, Ged. 1983; Üb. d. gesunde Volksempfinden u. a. Anschläge, Aphor. 1983; Zeit wird es, Ged. 1983; Zeit-Gedichte, 1984, Kehrseiten, Aphor. 1984; D. Worte d. Bilder, Ged. 1986; V. Büchern, Bibl., Lesern u. Autoren, Vortr. 1986; Hugo Ernst Käufer, Bibl., Autor, Herausg., Auswahlbibliogr. 1950-86, 1986; Bei Licht besehen, Aphor. 1987; In späten Jahren, Ged. u. Aphor. (dt. u. niederl.), 1989; Chopins Klavier, Ged. 1989; Kartoffelkrautfeuer, Erzählged. 1991. Herausg.: D. Neue China (Samml. 1960); Afrika zw. gestern u. morgen (Samml. 1962); D. Sowjetunion heute (Samml. 1964); Nordamerika heute (Samml. 1967); Beispiele (Anthol. 1971); Anstöße (Ged. u. Prosa, 3 Bde. 1970-74); Revier heute (Anthol. 1971); Für e. andere Deutschstunde (Anthol. 1971); Baukloh, Werkausw. 1972; Dienst an Büchern, Lesern u. Autoren, Festschr. f. Fritz Hüser 1973; Kurt Küther, E. Direktor geht vorbei, Ged. 1974; Sie schreiben zw. Moers u. Hamm, Anthol. 1974; Nordrh.-Westfalen liter., Anthol. 4 Bde. 1974-75; Sie schreiben zw. Goch u. Bonn, Anthol. 1975; D. betroffene Metall, Anthol. 1975; Rose Ausländer, Ges. Ged. 1976; Kurt Schnurr, Mitten im Strom, Ged. 1976; Reinhart Zuschlag, Tagesgespräche filtern, Ged. u. Prosa 1976; Sie schreiben zw. Paderborn u. Münster, Anthol. 1977; Sie schreiben in Gelsenkirchen, Anthol. 1977; Sie schreiben in Bochum, Anthol. 1980; Beiträge z. Arbeiterlit., 3 Bde. 1977-80; Im Angebot, Anthol. 1982; Soziale Bibliotheksarbeit, Gutacht. 1982; Gelsenkirchener Bibliogr., 2 Bde. 1984; Schulter an Schulter, Ged. 1985; Liselotte Rauner, Kein Grund zur Sorge, Ged. 1985; Erika v. Nordheim, Geh behutsam um mit d. Licht, Ged. 1985; Büchereiarbeit in Justizvollzugsanst. 1965-68, 1986; Bürger brauchen Büchereien, Dok. 1986; Für uns begann harte Arbeit, Anthol. 1986; Annette Rühmann, aber unten auf der erde, Ged. 1987; Karl Taefler, Wo wir d. Bleiben verteidigen, Ged. 1987; Augenblicke d. Erinnerung, Anthol. 1991. Mitarb.: D. Romanführer, Bd. 7-19 1956-84; Reclams Romanführer, Bd. 2-4 1963-68; Christl. Themen in d. Literatur d. Welt, Bd. 1-2 1964-65. Texte zu Kammerkantaten: Straßen ohne Ende, 1951; An Bethlehem denken, 1968 (vertont v. Robert Ruthenfranz) - 1967 Mitgl. VS, 1968 D. Kogge, 1974 PEN-Club - Liebh.: Mod. Graph. u. Plastik, afrik. Plastik, alte Bücher, Schallpl., Gartenarb. - Spr.: Engl.

KÄUTNER, Klaus
Dr. rer. oec., Prof. f. Volkswirtschaftslehre, insb. volksw. Planung u. Org. sowie Finanzwiss., GH Wuppertal - Essener Str. 76a, 4320 Hattingen/Ruhr 16.

KAEVER, Matthias J.
Dr., Prof. f. Geologie/Paläontologie Univ. Münster (s. 1971) - Görlitzer Str. 13, 4400 Münster (T. 2 43 59) - Geb. 4. Aug. 1929 Heerlen/Niederl. (Vater: Arnold K., Berging.; Mutter: Elisabeth, geb. Engels), kath., verh. s. 1956 m. Dipl.-Ing. Ria, geb. Hassenkamp, 2 Töcht. (Kathrin, Bettina) - Univ. Hannover u. Münster. Promot. 1958. 1959-65 Afghanistan; s. 1966 Univ. Münster - BV: D. alttertiären Großforaminiferen SE Afghanistans, 1970; Invertebraten d. Kreide Westf., 1974 (7. A. 1990); Invertebraten d. Jura Westf., 1976 (5. A. 1990); Invertebraten d. Oberdevon Westf., 1980 - Liebh.: Roman. Sakralbauten, Golf - Spr.: Engl., Niederl.

KAFFARNIK, Hans
Dr. med., Prof. f. Inn. Med. Univ. Marburg - In d. Görtzbach 6, 3551 Wehrda.

KAFFKA, Rudolf
Pfarrer i. W., MdB (s. 1961, Wahlkr. 158/Frankenthal; SPD) - Taubengartenhohl 19, 6718 Grünstadt/Pfalz (T. 27 98) - Geb. 14. Juni 1923 Radeberg/Sa. (Vater: Johannes K., Prokurist; Mutter: Gertrud, geb. Leipert), ev., verh. s. 1954 m. Brigitte, geb. Fehmann, 3 Kd. (Sabine, Christian, Annette) - Gymn. Dresden; 1946-50 Univ. Heidelberg (Theol.) - 1941-45 Wehrdst. (zul. Ltn. Artl.); Labour Service Chaplain; 1956-61 Pfr. Annweiler/Pf. - 1974 Gr. BVK - Liebh.: Malerei - Spr.: Engl.

KAFFKE, Helga
Malerin, Grafikerin - Friedrich-Engels-Str. 2, O-2792 Schwerin (T. 084 - 37 59 19) - Geb. 18. Nov. 1934 Leipzig, verw., 3 Kd. (Marko, Kattrin, Annette) - 1949-52 Fotolithographin; 1954-59 Stud. Hochsch. f. Grafik u. Buchkunst Leipzig, Dipl. - Werke: Mecklenb. Landschaft; Porträts; 1984 Wandbild v. Fischer u.

Syner Fru (Ferienheim Fritz Reuter, Schwerin).

KAFITZ, Dieter

Dr. phil., Prof. f. Neuere dt. Literaturgeschichte Univ. Mainz - Am Frankenhag 5, 6500 Mainz.

KAFKA, Klaus

Dipl.-Ing., Prof., Lehrstuhlinh. f. Entwerfen u. Gebäudelehre Univ. Hannover - Schloßwender Str. 1; priv.: Baurat-Marx-Allee 20, 4600 Dortmund.

KAGEL, Mauricio

Prof. f. Neues Musiktheater Staatl. Hochsch. f. Musik Rheinl./Musikhochsch. Köln, Komponist - Wolfgang-Müller-Str. 18, 5000 Köln 51 - Geb. 24. Dez. 1931 Buenos Aires/Argent., jüd. - Stud. Lit. u. Phil. - Komp. E-Musik, instrument. Theater - Werke u.a.: Exotica, Klangwehr, Zwei-Mann-Orch., Staatstheater, Mare Nostrum, D. Erschöpf. d. Welt, D. Triebun, Eigentümer d. Welt, Aus Deutschl. (Liederoper, 1981), Finale (1982) - 1983 Frankfurter Mozart-Med.; BVK I. Kl.; Commandeur dans L'Ordre des Arts et des Lettres, Frankr. - Lit.: K.-Monogr. v. Werner Klüppelholz.

KAGENECK, Graf, Clemens

Bankkaufmann, gf. Gesellsch. Bankhaus Hardy & Co. GmbH., Frankfurt/M. - Brendelstr. 23, 6380 Bad Homburg v. d. H. - Geb. 17. Okt. 1913 Berlin.

KAGERER, Karl

Dipl.-Ing., Landschaftsarchitekt, Honorarprof. TU München (1971 ff.) - Freisinger Landstr. 3b, 8045 Ismaning/Obb..

KAHL, Günter

Dr. phil. nat., Prof. f. Botanik Univ. Frankfurt/M. (s. 1972) - Kolpingstr. 6, 6453 Seligenstadt/M. - Geb. 7. März 1936 Offenbach/M. - Promot. 1966; Habil. 1971 - 1969-70 USA, 1977 Polen, 1978 Japan, 1980 Frankr., 1984-86 USA, 1989 Japan, 1990/91 Costa Rica, Mexiko, Syrien, 1992 Costa Rica, Kolumbien, Syrien - BV: Biochemistry of Wounded Plant Tissues, 1978; Molecular Biology of Plant Tumors, 1982; Architecture of Eukaryotic Genes, 1987; Dictionary of Gene Technology, 1992 - 1981 Senckenberg-Preis - Spr.: Engl., Franz.

KAHL, Peter W.

Dr. phil., o. Prof. f. Erziehungswissenschaft u. Didaktik d. engl. Sprache u. Lit. Univ. Hamburg (s. 1972) - Eichenkoppel 25, 2000 Hamburg 65 (T. 6021632) - Geb. 29. Juni 1929 Hamburg (Vater: Wilhelm K., Lehrer; Mutter: Olga, geb. Lemmermann), ev., verh. s. 1956 m. Susanne, geb. Haack, 2 Söhne (Peter, Gerhard) - 1938-47 Obersch. Bad Segeberg; dazw. Kriegsdst. u. Gefangensch.; 1949 b. 1953 Univ. Hamburg, Cardiff, New York/Columbia (Päd., Psych., Engl.). Promot. 1961 Hamburg - 1953-58 Schuldst. Hamburg; 1958-72 Assist., Doz. (1961) u. Prof. (1967) Univ. Hamburg (Fachbereich Erz.wiss.) - BV: Mutter- u. Fremdsprache im Englischunterr. d. Volks- u. Mittelsch., 1961; Innovation durch Curriculumentwicklung, 1978; Kommunik. orient. Tests als Bestandteil e. längerfristigen Innovationsstragie, 1980. Herausg.: Technik u. Arbeitsformen d. Sprachlabors (1965, 2. A. 1968); Tests im. Fremdsprachenunterr. Herausg.: u. a. Sprachlaborprogramme, Ztschr. Engl., Entw. d. Leistungstests Englisch ALTEG-10.

KAHL, Reinhard

Lehrer, MdL Hessen - Holzweg 23, 3559 Allendorf/Eder (T. 06452 - 14 78) - Geb. 4. Okt. 1948 Allendorf, ev., verh. s. 1975 m. Anita, geb. Weikard, Sohn Oliver - Abit. Frankenberg; Stud. Univ. Gießen; Staatsex. f. d. Lehramt an Grund-, Haupt- u. Realsch. - 1972-83 Schuldst. (Konrektor e. Grund-, Haupt- u. Realsch.). S. 1983 Hess. Landtag; stv. Fraktionsvors. d. SPD-Landtagsfraktion, Bildungspolit. Sprecher, Vors. d. Kurat. d. Landeszentrale f. politische Bildung u. Kulturpolit. Aussch. d. Hess. Landtages.

KAHLE, Dietrich

Dr. rer. nat., Prof., Ordinarius f. Didaktik d. Mathematik Univ. Göttingen (b. 1978 PH Nieders./Abt. Göttingen) - Berliner Str. 43, 3406 Bovenden.

KAHLE, Ernst-Friedrich

Dipl.-Volksw., Managing Director u. AR-Mitglied Munich Reinsurance Company of South Africa Ltd. - P O Box 6636, Johannesburg 2000, Südafrika (T. 002711 - 497 00 00) - Geb. 15. März 1927 Bonn (Vater: Prof. D. Dr. Paul Ernst K., em. Prof. Univ. Bonn, Träger hoher Ausz.), 4 Kd. (Maria, Henriette, Paul, Georg) - Schulausb. in Dtschl. u. Engl.; Stud. Univ. Oxford u. Bonn; Agrarökonom u. Volksw. - AR-Mitgl. Credit Guarantee Insurance Corp. of Africa, Swaziland Royal Insurance Corp., Fire Protection Assoc. of Southern Africa; AR-Vors. Lombard Guarantee Insurance Company Limited; Mitgl. Council d. South. African Insurance Assoc., Vors. Soweto Science Education Stiftg., u. Bellavista Schulstiftg. - BVK I. Kl. - Spr.: Engl., Franz., Span.

KAHLE, Günter

Dr. phil., o. Prof. f. Mittlere u. Neuere Geschichte unt. bes. Berücks. d. Iber. u. Lateinamerik. Gesch. Univ. Köln (s. 1968) - Universität, 5000 Köln 41 - Geb. 11. Juli 1927 Berlin - S. 1966 (Habil.) Lehrtätigk. Univ. Köln. Fachveröff., auch Bücher (zul. Simon Bolivar u. d. Deutschen) - 1964 Erich-Lübbert-Preis; 1968 Orden de Mayo al Mérito (Großoffz.) v. Argentinien; 1984 Orden de Andrés Bello (Kommandeur) v. Venezuela; 1986 Orden Aguila Azteca (Offz.-kreuz) v. Mexiko. 1962 korr. Mitgl. Inst. Paraguayo de Investigaciones Históricas, 1973 Acad. Paraguaya de la Historia, 1985 phil.-hist. Kl. d. Österr. Akad. d. Wiss.

KAHLE, Heinz-Gerhard

Dr. rer. nat., o. Prof. f. Experimentalphysik - Elbinger Str. 30d, 7500 Karlsruhe-Waldstadt (T. 682691) - Geb. 8. März 1925 Göttingen (Vater: Dr. Karl K., Oberstudienrat; Mutter: Helene, geb. Gruben), ev., verh. s. 1955 m. Ina, geb. Andrussow, 3 Kd. (Gabriele, Martin, Eckhard) - Gymn. Göttingen (Abit. 1943); 1945-52 Univ. ebd. u. TH Darmstadt (Physik). Promot. (1955) u. Habil. (1958) Darmstadt - 1952 Assist. TH Darmstadt, 1958 Privatdoz. ebd., 1962 ao. (Dir. Physikal. Inst.), 63 o. Prof. Univ. Karlsruhe, 1975–81 Prorektor. Veröff. üb. Spektren u. Magnetismus v. Ionen in Kristallen - Liebh.: Musik - Spr.: Engl.

KAHLEN, Wolf

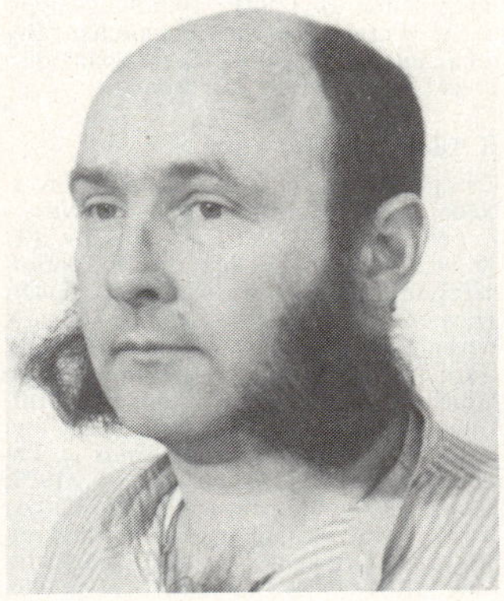

Künstler, Prof. f. Bildhauerei, FB Architektur, TU Berlin - Ehrenbergstr. 11, 1000 Berlin 33 (T. 030 - 831 37 08 u. 831 34 35) - Geb. 7. Jan. 1940 Aachen, verh. s. 1964 m. Barbara, geb. Helke, S. Timo - Stud. in versch. Künsten, Kunsterzieh., Amerik., Finnisch; Staatsex. als Kunsterzieher, Meisterschüler d. Hochsch. d. Künste Berlin, 1960-61 Stud. Werkkunstsch. Braunschweig. 1961-64 Staatl. Hochsch. f. Bild. Künste Berlin, 1964 Ateneum Helsinki, 1965-66 Columbia Univ. New York - 1966-76 Kunsterzieher Berlin; 1976-82 Seminarleit. f. Kunsterzieherausbild; s. 1982 Prof.; 1971 Initiator d. Videothek d. Neuen Berl. Kunstvereins, 1973 u. 74 d. Aktionen d. Avantgarde, s. 1981 Direktor d. Ruine d. Künste Berlin, s. 1985 tibetologische Forschungen u. Veröff.; 1991 Gastprof. Univ. Hangzhou/China, u. 1992 Bauhaus Dessau - S. 1962 Einzelausstellung in West- u. Osteuropa, USA, Mittel-/Südamerika, Japan, Asien; Intern. Gruppenausstell. in aller Welt, wie Documenta 6 Kassel 1976, Werke in Museen wie: Nationalgalerie Berlin, Mus. of Modern Art New York, Nagaoka Museum Japan, Mus. Mönchengladbach, Hamburger Kunsthalle, Lenbach Haus München, Mus. Sztuki Lodz, etc. Videoskulpturen, Raumsegmente, Videoart, Performance, Fotografie, Architektur, Texte, Klang-Installationen - 1969 Villa Romana Preis Florenz; 1965/66 Daad-Stip. New York; 1977 Villa Massimo Pr. Rom; 1980/81 P.S. I-Prize New York. Div. Kataloge u. Bücher wie: 25 Video-Arb., 1975; Fotos-Video-Performance, 1978; Arb. m. d. Zufall, 1981/82; Videoskulpturen, 1969-86, u. a. - Spr.: Engl., Span.

KAHLENBERG, Friedrich P.

Dr. phil., Präsident des Bundesarchivs, Koblenz (s. 1989), Honorarprof. f. Verwaltungslehre u. mod. Aktenkd. Univ. Mannheim (s. 1973), Gastdoz. Hochsch. Film u. Ferns., München (s. 1976) - Schöneckermühle, 5407 Post Oppenhausen (T. 06745 - 3 77) - Geb. 29. Okt. 1935 Mainz - Promot. 1962 Mainz - S. 1964 Bundesarch. - BV: Kurmainzische Militärpolitik im 17. u. 18. Jh., 1963; D. Berichte Eduard Dawids als Reichsvertreter in Hessen 1921-1927, 1970; Dt. Archive in West u. Ost. Zur Entw. d. Staatl. Archivwesens s. 1945, 1972; Abenteuer Revolution. D. SWF-Film Lenz oder d. Freiheit (m. D. Mack), 1986; Vier Jahrzehnte Rundf. im Südwesten (m. F.J. Heyen), 1986; Aus d. Arbeit d. Archive. Beitr. z. Archivwesen, z. Quellenkunde u. z. Gesch., 1989. Aufs. z. Landesgesch., z. Archivwesen, z. Gesch. d. Rundf. u. Films. Mithrsg. Studienkreis Rundf. u. Gesch., Mitteilungen.

KAHLER, Franz

Bankdirektor - Käuzchensteig 3, 1000 Berlin 33 (T. Büro: 31 09 - 0) - Geb. 6. Okt. 1919 Sprottau, kath., verh. s. 1951 - Gymn.; Banklehre - B. 1940 (Einberuf.) Stadtsparkasse Sprottau; 1950 b. 1963 u. 1964-69 Bank f. Gemeinwirtsch. AG (1964 Leit. Niederlass. Berlin); 1963-64 Bank f. Wirtschaft u. Arbeit zu Berlin AG. (Vorstandsmitgl.); s. 1969 Berliner Bank AG. (Vorstandsmitgl.). ARsmandate.

KAHLER, Otto

Schulrat a.D., MdL Bayern a.D. - Thölauer Str. 26, 8590 Marktredwitz/Fichtelgeb. (T. 09231 - 8 18 80) - Geb. 9. Aug. 1920 - 1970ff. MdL. Stv. Bundesvors. D. Naturfreunde, Präsid.-Mitgl. d. Intern. Alpenschutz-Kommiss. (CIPRA). SPD - BV: Alpenschutzprogr. d. Naturfreunde.

KAHLFUSS (ß), Hans-Jürgen

Dr. rer. nat., Leiter Gesamthochschulbibliothek Kassel, Landesbibl. u. Murhardsche Bibl. d. Stadt Kassel (s. 1976) - Diagonale 10, Postfach 10 14 69, 3500 Kassel; priv.: Am Fuchsberg 9, 3507 Baunatal 1 - Geb. 27. Aug. 1936 Königsberg/Pr. (Vater: Bruno K., Oberstudienrat; Mutter: Elsa, geb. Ulrich), ev., verh. s. 1965 m. Gisela, geb. Hanßen, 2 Kd. - Abit. 1956; Staatsex. f. d. höh. Lehramt (Math., Geogr.) 1962 Kiel; Promot. 1964 ebd.; Bibl.ass. 1966 Köln - 1966-70 Bibl.ass. u. -rat Kiel; 1970-76 Bibl.oberrat u. Leit. Senckenberg-Bibl. Frankfurt/M.; 1976 Bibl.-Dir. u. Leit. GhB/LMB, 1981 Ltd. Bibl.-Dir.; s. 1985 Vors. Verein f. hess. Gesch. u. Landeskd. Publ. z. Flurvermess. u. Hochschulkartensamml. - 1966 Wissenschaftspreis Stadt Kiel - Spr.: Engl.

KAHLKE, Winfried

Dr. med., o. Prof. f. Hochschuldidaktik m. bes. Berücks. d. Did. d. Medizin Univ. Hamburg (s. 1974) - Am Karpfenteich 19, 2000 Hamburg 63 - Geb. 30. Dez. 1932 Brokstedt (Vater: Dr. Simon K., Pfarrer; Mutter: Friederike, geb. Ketels), ev., verh. s. 1961 m. Heidi, geb. Meyer, 4 Kd. (Friederike, Sabine, Nikolas, Dominik) - Promot. 1960 Heidelberg - S. 1971 (Habil.) Lehrtätigk. Univ. Heidelberg u. Hamburg (1974 Prof.). Viele Facharb. üb. Risikofaktoren, Adipositastherapie u. ärztl. Ausb. - Liebh.: Musik - Spr.: Engl.

KAHLOW, Günter

Geschäftsführer Fischer-Fertighaus GmbH - Rathauspl. 4-6, 8465 Bodenwöhr (T. 09434 - 3 99-0).

KAHMANN, Uli

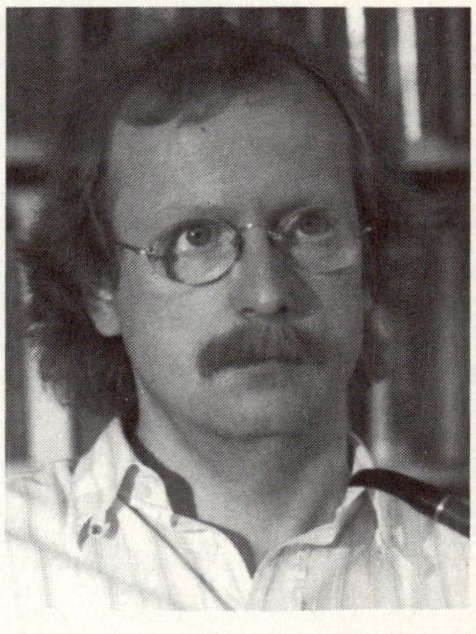

Autor - Kalkbreede 12, 4800 Bielefeld 14 (T. 0521 - 45 17 72) - Geb. 12. Sept. 1952 Isingdorf-Arrode, led. - Kaufm. Lehre (Metallbranche); 1976 Abit. (2. Bildungsweg); Stud. (Päd., Soziol., Psych., Literaturwiss.) Univ. Bielefeld; Dipl.-Päd. 1984 Bielefeld - 1984-89 künstler. Leiter Trotz-Alledem-Theater, Bielefeld - Konzept., Org. u. Leit. v. Kultur-Festivals, u.a.: Spätfrühling, Bielefeld, 1979, 1980, 1982; schau spiel, 1. Woche d. Kinder- u. Jugendtheat. Bielefeld, 1981; 1. Bielefelder Videotage, 1981; Spielzeit-Theatertreff. in Bielefeld, 1984; Schultheaterwoche im Kr. Herford, 1985; Intern. Kindertheatertreffen schau + spiel, 1987. Regie: Ja Bär Nein Bär (Dt. Erstauff. durch Trotz-Alledem-Theater 1984 Bielefeld); Videofilme (zus. m. Kurt Johnen); Blütezeit, 1979; D. Kapitalismus ist nicht zu trauen, 1982/85; Theaterst.: Don Juan - D. Verlierer v. Sevilla (UA 1989); Adam & Edam (UA 1990).

KAHN, Ludwig W.

Dr. phil., em. Prof., Germanist u. Literaturhistoriker - 9 Atherstone Road, Scarsdale, N. Y./USA 10583 (T. 914 SC 3 - 5364) - Geb. 18. Okt. 1910 Berlin, jüdisch, verh. 1941-81 m. Tatyana, geb. Uffner (†), 2 Kd. (Andrée, Miriam) - Fichte-Gymn. Berlin; Univ. ebd., Paris (Sorbonne), wied. Berlin, Bern (Promot. 1934), London (M. A. 1936) - S. 1937 Lehrtätigk. Univ. Rochester, Bryn Mawr College (1941), Vassar College (1943), New York City College (1947; Prof.), Columbia Univ. New York (Gebhard Prof. of German 1967). Gastprof. TH Stuttgart; 1959/60), Columbia Univ. New York (1966), Yale Univ. New Haven, Conn. (1968 u. 1979), City of New York Graduate Center (1971); Dir. Dt. Haus Columbia Univ. New York (b. 1979) u. Germanistic Society of Amerika (b. 1989) - BV: Shakespeares Sonette in

Dtschl., 1934 (Bern); Social Ideals in German Literature, 1939 (New York); Literatur u. Glaubenskrise, 1964 (Stuttgart, ital. Übers. 1977, Rom). Zahlr. Zeit- u. Festschr.beitr. Mithrsg.: Germanic Review (b. 1989) - 1951-52 Faculty Fellow, 1959-60 u. 1969-70 Fulbright Senior F., 1969-70 Guggenheim F., 1975 BVK I. Kl. - Liebh.: Theaterbesuche - Spr.: Engl., Franz. - Vater: Dr. Bernhard K., führend in Philanthropie u. Sozialarb., zul. europ. Dir. American Joint Distribution Commitee (1876-1955).

KAHN-ACKERMANN, Georg

Journalist - Sterzenweg 3, 8193 Ammerland/Obb. (T. 2 06) - Geb. 4. Jan. 1918 Berlin (Vater: Lucian, Rechtsanw.; Mutter: Maria, geb. Gretor), kath., verh. s. 1945 m. Rosemarie, geb. Müller-Diefenbach, 3 Kd. (Susanne, Michael, Cordelia) - Gymn. Starnberg/Obb., Hof Oberkirch, Trogen (Schweiz); Stud. Naturwiss. - Journ., 1939-45 Wehrdst., Leit. Münchener Pressebüro, ab 1948 Reporter u. Kommentator Bayer. Rundfunk u. Mitarb. Münchener Abendztg. 1953-74 MdB, 1974-79 Generalsekr. Europarat, stv. Vors. VR Dtschl.funk u. Dt. Welthungerhilfe, Schatzm. Vereinig. ehem. Mitgl. d. Dt. Bundestags. VR u. Ehrenpräs. V.G.WORT, Europaunion Mitgl. Landesvorst. Bayern, 1991 Vors. Europakommiss. d. DJV. S. 1956 MdK Wolfratshausen. SPD s. 1946 - BV: Trost d. Reben (Weinbrevier); D. verlorenen Inseln, 1978 - 1968 Bayer. VO.; 1971 Gold. Ehrennadel Bayer. Journalisten-Verb.; 1972 gr. BVK, 1973 Hilal v. Pakistan, 1975 Großkreuz VO d. Fürstentum Lichtenstein, 1978 Großkreuz d. O. Maria d. Kath. (Span.) - Liebh.: Kochen - Bek.Vorf.: Maria Slavona, Malerin (Großm.).

KAHNT, Günter Alfred

Dr., Univ.-Prof. f. Acker- u. Pflanzenbau Univ. Hohenheim - Schurwaldstr. 5/1, 7024 Filderstadt 1 (T. 0711 - 70 31 55) - Geb. 13. Febr. 1929 Audigast (Vater: Alfred K., Landw.; Mutter: Elly, geb. Schulze), ev. - Stud. Halle/S. u. Göttingen; Promot. ebd.; Habil. Stuttgart-Hohenheim - 1976-79 Präs. Intern. Soil Till Res. Org. - BV: Ackerbau ohne Pflug, 1976 (dtsch., russ., span.); Wachstumswirk. stereo isomerer Zimtsäurederivate, 1971; Gründüngung, 1981 (auch russ., span., bulg., ungar.); Biol. Pflanzenbau, 1986 (auch russ.) - Ehrenprof. d. Akad. d. Landw.-wiss. Urumgui, Xinjiang, VR China - Spr.: Engl.

KAHRS, Wolfgang

Senator f. Rechtspflege, Strafvollzug u. Bundesangelegenh. Fr. Hansestadt Bremen (s. 1971) - Drontheimer Str. 13, 2800 Bremen-Lesum (T. 63 16 61) - Geb. 17. Jan. 1933 Bremen, ev., verh., 3 Kd. - Gymn.; Stud. Volksw. u. Rechtswiss. Jurist. Staatsex. Oldenburg (1959) u. Hamburg (1965) - Ab 1966 Anwaltspraxis. 1967-71 Mitgl. Brem. Bürgerschaft. SPD s. 1961.

KAHSNITZ, Rainer

Dr., Prof., Hauptkonservator Germanisches Nationalmuseum, Hon.-Prof. f. mittelalterl. Kunstgesch. Univ. Augsburg - Kartäusergasse 1, 8500 Nürnberg - Geb. 5. Sept. 1936 Schneidemühl, kath., led. - 1. u. 2. jurist. Staatsex. in Nordrh.-Westf. 1960 u. 1966; Promot. (Kunstgesch.) 1971 Univ. Bonn - BV: D. Werdener Psalter in Berlin, 1979; D. Gold. Evangelienbuch v. Echternach, Kommentarbd. z. Faksimileausg., 1982; Aufs. u. Ausstellungskataloge z. mittelalterl. Kunst.

KAICK, van, Gerhard

Dr. med., Prof. Univ. Heidelberg, Leiter Abt. f. Onkolog., Diagnostik u. Therapie Dt. Krebsforschungszentrum Heidelberg (s. 1977) - Blumenthalstr. 24, 6900 Heidelberg (T. 06221 - 40 13 72) - Geb. 21. April 1935 Karlsruhe (Vater: Karl-Heinrich v. K., Kaufm.; Mutter: Hilda, geb. Bischoff), kath., verh. s. 1963 m. Erika, geb. Tutzschke, 2 Kd. (Birgit, Thomas) - Med.-Stud. Univ. Heidelberg (Staatsex. 1961, Promot. 1962).

KAINDL, Günter

Dr. rer. nat., o. Prof. f. Experimentalphysik FU Berlin - Ilsensteinweg 3, 1000 Berlin 38 - Geb. 1. Jan. 1940 Friedberg/Bay., kath., verh. s. 1970 m. Ursula, geb. Strobl - Physik-Stud. TU München; Promot. 1969 (b. Prof. R. L. Mössbauer) - Mehrj. Forsch.aufenth. Lawrence Berkeley Labor. Univ. of California/Berkeley u. IBM Thomas J. Watson Res. Center Yorktown Heights/USA.

KAIRIES, Hans-Heinrich

Dr. rer. nat., Prof. an der TU Clausthal, Inst. f. Mathematik (s. 1975) - Wilhelm-Raabe-Str. 11, 3360 Osterode/Harz - Geb. 7. Febr. 1940 Hannover - Promot. u. Habil. Braunschweig - 1974 apl. Prof. Aufs.

KAISER, Arnim

Dr. phil., Prof. f. Allg. Pädagogik Univ. d. Bundeswehr München (s. 1985) - Zu erreichen üb. Univ. FB Pädagogik, Werner-Heisenberg-Weg 39, 8014 Neubiberg (T. 089 - 6004-2081/2050) - Geb. 30. Juni 1944 Solingen, verh. m. Ruth, geb. Leidig - Univ. Bonn (1. philol. Staatsprüf. 1972, Promot. 1974, Habil. 1979). 1981-85 Prof. f. Allg. Didaktik Univ. Trier - BV: Strukturprobl. d. Curriculum, (Diss.) 1975; Literaturunterr., (m. R. Kaiser) 1977; Theorie qualitat. Bildungsplan., (Habil.schr.) 1980; Studienb. Päd., (m. R. Kaiser) 1991; Sinn u. Situation, 1985; Bildungsarb. m. Erwachsenen, 1986; Gesellige Bildung, 1989.

KAISER, Dieter R.

Dr. rer. pol., Dipl.-Kfm., Geschäftsf. Rowenta-Werke-GmbH., Offenfach/M. (seit 1966) - Grüner Weg 11, 6240 Königstein/Ts. - Geb. 24. Juni 1932 Neu-Isenburg (Vater: August K., Kaufm.; Mutter: Sophie, geb. Röger), verh. s. 1958 m. Renate, geb. van Kaick, 2 Kd. (Sven O., Dirk H.) - Stud. d. Wirtsch.- u. Sozialwiss. Univ. Frankfurt/M.; Dipl.ex. 1955; Promot. 1959 - Vors. Verb. d. Dt. Feuerzeug-Ind., Düsseldorf - 1985 BVK - Lions-Club.

KAISER, Diethelm

Dr. med., Prof. f. Pädiatrie Freie Univ. Berlin - Fröhner Str. 23, 1000 Berlin 20 - Geb. 29. Sept. 1932 - Promot. 1961; Habil. 1971 - 1966 Wiss. Assist. FU Berlin; 1970 Oberarzt Univ.s-Kinderklin. Bern (Schweiz). Üb. 80 Facharb. - 1974 Adalbert-Czerny-Preis (Dt. Ges. f. Kinderheilkd.).

KAISER, Dietlind,

geb. Planer

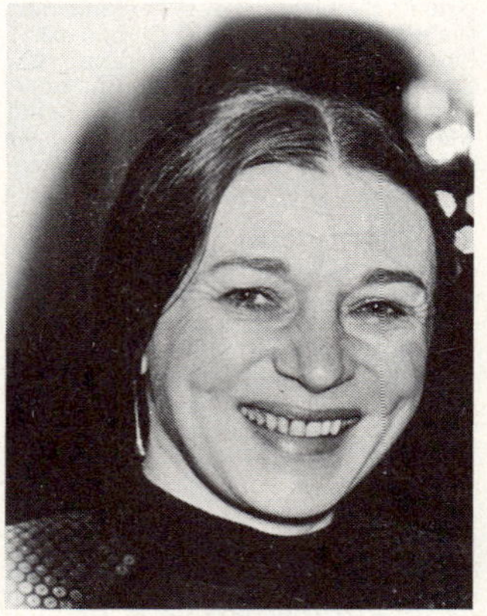

Lektorin, literarische Agentin, Übers., Schriftst. - Frankfurter Str. 6/82, 7410 Reutlingen (T. 07121 - 6 35 44) - Geb. 22. Okt. 1943 Kranichau Krs. Torgau, ev., verh. s. 1983 m. Stephan Kaiser (s. dort) - Abit. 1964 Stuttgart - 1964-69 Assist. Ernst Klett Verlag Stuttgart; 1969-74 Lektorin in d. Verlagen D. Beste Stuttgart, 1974-78 Rainer Wunderlich Tübingen, 1979/80 Rowohlt Reinbek; s. 1980 freiberuflich - Herausg. d. Knaur-Krimi-Reihe u. v. Anthol.; Fachveröff.; zahlr. Übers. v. Romanen (u. a. Stephen Greenleaf, Morris L. West, Joseph Wambaugh, Margaret Forster, Sara Paretsky) u. Sachb. (u. a. Biographie v. Richard Burton) - 1986 Bertelsmann Literaturpreis - Liebh.: Kochen - Spr.: Engl., Amerik.

KAISER, Dorothea

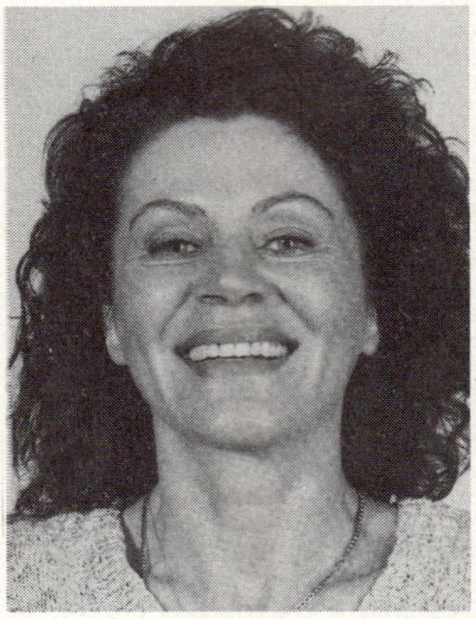

Schauspielerin, Sprecherin - Brunsberg 39h, 2000 Hamburg 54 (T. 040 - 560 18 34) - Geb. 29. Sept. 1940 Fulda, led. - Päd.-Stud.; Schausp.- u. Gesangsausb. - Theaterengagements in: München, Basel, Düsseldorf, Berlin, Südamerika, Frankfurt, Wuppertal, Kassel, Hannover, B. Hersfeld, Recklinghausen, Hamburg. Zahlr. Klass. Rollen: Maria Stuart, Elisabeth Titania, Eboli, Play Strindberg, Virginia Woolf sow. Rollen in Brecht u. Th. Bernhardt-Stücken. FS (Bellas Tod, Einer von uns, Schwarzwaldklinik, Tage d. Angst, Flucht nach London) u. div. Synchronarb. (Anne Bancroft, Patricia Neal), Tourneen, Musicals (Ich steig aus, Marlene-Mythos, Revuen.

KAISER, Elmar

Geschäftsführer ZVEI Fachverb. Kabel u. isolierte Drähte, Elektro-Isoliermaterial, AR-Mitgl. Kabelwerk Oberspree GmbH - Unter Goldschmied 3, 5000 Köln 1 (T. Büro: Köln 20 46-1) - Geb. 16. Jan. 1928.

KAISER, Franz-Josef

Dr. phil., o. Prof. f. Wirtschaftswissenschaften u. Didaktik d. Wirtschaftslehre Univ. Paderborn - Karl-Severing-Str. 1, 4790 Paderborn-Elsen/W. - Geb. 9. Jan. 1935 Linneperhütte - Promot. 1968 Hamburg - Zul. Prof. Univ. Bremen - BV: Arbeitslehre, 3. A. 1974; Entscheidungstraining, 2. A. 1976; D. Fallstudie, 1983; Telekolleg Volkswirtschaftslehre II, 1987; Handlungsorientiertes Lernen in Kaufmännischen Berufsschulen, 1987 - 1983 Ernst-Schneider-Preis f. beste Schulfernsehsend.

KAISER, Gerhard

Dr. phil., Dr. phil. h. c., o. Prof. f. Neuere dt. Philologie u. Literaturwiss. - Kapellenweg 39a, 7800 Freiburg/Br. (T. 40 24 26) - Geb. 2. Sept. 1927 Tannroda/Thür. - 1946-49 Musikhochsch. u. Dt. Theater-Inst. Weimar; 1949-54 Univ. Berlin (Humboldt) u. München (Gesch., German., Phil., Geogr.). Promot. 1956 München; Habil. 1962 Mainz. o. Prof. Univ. Saarbrücken (1963) u. Univ. Freiburg (1966) - BV: Pietismus u. Patriotismus im lit. Dtschl., 2. A. 1973; Klopstock - Religion u. Dicht., 2. A. 1975; Aufklärung, Empfindsamkeit, Sturm u. Drang, 4. A. 1991; Vergötterung u. Tod - D. themat. Einheit von Schillers Werk, 1967; D. Dramen d. Andreas Gryphius, 1968 (Hrsg.); Günter Grass, Katz u. Maus, 1971; Antithesen - Zw.bilanz e. Germanisten, 1973; Benjamin-Adorno, Zwei Studien, 1974; Neue Antithesen e. Germanisten 1974-75, 1976; Wandrer u. Idylle. Goethe u. d. Phänomenol. d. Natur in d. dt. Dicht. v. Gessner b. Gottfr. Keller, 1977; Von Arkadien nach Elysium. Schiller-Studien, 1978; Dichtung als Sozialisationsspiel. Stud. zu Goethe u. Gottfried Keller, 1978 (m. F. A. Kittler); Bilder lesen. Stud. z. Lit. u. bild. Kunst, 1981; Gottfried Keller. D. gedichtete Leben, 2. A. 1987; Gottfried Keller. E. Einführ., 1985; Augenblicke dt. Lyrik. Ged. v. Martin Luther b. Paul Celan, 4. A. 1991; Gesch. d. dt. Lyrik v. Goethe b. Heine, 1988; Gesch. d. dt. Lyrik v. Heine b. z. Gegenwart, 1991; Mutter Natur u. d. Dampfmaschine. E. lit. Mythos im Rückbezug auf Antike u. Christentum, 1991 - 1975 o. Mitgl. Heidelberger Akad. d. Wiss.; 1990 Dr. phil. h. c. Univ. de Liège - Lit.: Zdenko Škreb: Gerhard Kaiser, in: Filološkog Pregleda (1975); G. Buhr, F. A. Kittler, H. Turk (Hg.): D. Subjekt d. Dichtung. Festschr. f. Gerhard Kaiser (1990).

KAISER, Gerold

Prof., Kunsterzieher - Schulmannstr. 18, 7987 Weingarten/Württ. - Gegenw. Prof. PH Weingarten. Mitgl. Bund dt. Kunsterzieher, Hannover.

KAISER, Gert

Dr. phil., o. Prof. f. Ältere Germanistik Univ. Düsseldorf - Lilienweg 15, 4020 Mettmann-Metzkausen - Geb. 18. Juni 1941 Hardheim/Odenw., verh. s. 1964 m. Dietlinde, geb. Zabeschek, S. Hanno Friedrich - Promot. 1966, Habil. 1972 Univ. Heidelberg - 1972 Wiss. Rat u. Prof. Univ. Heidelberg; 1977 Lehrst. Univ. Düsseldorf; 1980 Dekan Phil. Fak.; 1983 Rektor Univ. Düsseldorf. 1988 Präs. Wiss.zentrum Nordrh.-Westf. - BV: Beiträge z. d. Liedern d. Minnesängers Rubin, 1969; Textausleg. u. ges. Selbstdeut. D. Artusromane Hartmanns v. Aue, 1973, 2. A. 1978; D. tanzende Tod, Mittelalterl. Totentänze, hrsg. übers. u. komment., Taschenb. 1983.

KAISER, Günther

Dr. jur., Dres. h.c., Prof., Direktor Max-Planck-Inst. f. ausl. u. intern. Strafrecht Freiburg - Burgstr. 10, 7830 Emmendingen (T. 4 23 00) - Geb. 27. Dez. 1928 Walkenried/Südharz, ev., verh. s. 1955 m. Charlotte, geb. Knoblich, 2 Kd. (Peer Stephan, Anna-Bettina) - 1945-48 Maurerlehre, 1949-51 Braunschweig-Kolleg, 1951-56 Univ. Tübingen u. Göttingen, 1. Staatsprüf. 1956, 2. 1960, Promot. 1962, Wiss. Assist. u. Akad. Rat 1963-70 Univ. Tübingen, Habil. 1969 - 1970 Wiss. Mitgl. Max-Planck-Inst., 1973 Dir., 1971 Prof. f. Kriminologie u. Strafrecht Univ. Freiburg u. Zürich (1982) - BV: Zahlr. Veröff. üb. Kriminol. u. (Jugend)-Strafrecht u.a. Randal. Jugend, 1959; Jugendrecht u. Jugendkriminalität, 1973; Ges., Jugend u. Recht, 1977; Jur. Studienkurs. Kriminologie, Jugendstrafrecht, Strafvollzug (zus. m. H. Schöch), 3. A. 1987; Strafvollzug im europ. Vergleich, 1983 (engl. 1984); Kriminologie-Einführung, 8. A. 1989 (span. 1978, russ. 1979, chin. 1983, ital. 1983, jap. 1987); Lehrbuch d. Kriminologie, 2. A. 1988; Strafvollzug, 4. A. 1991 (m. a.); Kl. Kriminol. Wörterbuch, 3. A. 1992 (m. a.).

KAISER, Hanns

Dr. med., Prof., Internist, Rheumatologe - Jesuitengasse 12, 8900 Augsburg (T. 15 12 94) - Geb. 13. Juni 1921 Lindau/B., ev., verh. - BV: Cortisontherapie, 9. A. 1992; Techniken d. Injektion, 6. A. 1987; Praxis d. Cortisontherapie, 3. A. 1992; Chronische Polyarthritiden, 2. A. 1988; Cortison - D. Gesch. e. Medikaments, 1988; MEMO Rheumatologie, 1990.

KAISER, Hans

Ltd. Regierungsschuldirektor, Leit. d. Schulabteilung b. d. Bezirksreg. Weser-Ems - Mentruper Esch 30, 4506 Hagen/Teutoburger Wald (T. 05401 - 9 01 51).

KAISER, Heinz

Dr., Oberstudienrat, MdL Bayern (s.

1978, Wahlkr. Unterfranken) - Am Hüterchen 11, 8765 Erlenbach/M., Geb. 27. Sept. 1941 St. Pölten/Österr. (Vater: Konrad K., Steuersekr.; Mutter: Marie, geb. Sammer), kath., verh. s. 1977 m. Ingrid, geb. Berger, 3 Kd. (Conrad, Maximilian, Maria) - Oberrealsch. Ansbach (Abit. 1961); Univ. Erlangen-Nürnberg u. Würzburg (Wirtschaftswiss., Geogr., Sozialkd.). Staatsex. 1967 u. 69; Promot. 1974 (Würzburg) - S. 1969 Hermann-Staudinger-Gymn. Erlenbach. 1972 ff. Stadtratsmitgl. Erlenbach; 1974-78 Mitgl. Bezirkstag Unterfr.; 1976 ff. MdK Miltenberg. 1976 ff. SPD-Kreisvors. - Mitgl. Rundfunkrat Bayr. Rundfunk.

KAISER, Helga

Malerin (Radierungen) - Goethestr. 23, 6242 Kronberg (T. 06173 - 43 49) - Geb. 24. Mai 1941 Frankfurt/M. (Vater: Heinrich K., Vertreter; Mutter: Aenne, geb. Reh) - Städelsch. Frankfurt (Prof. Lammeyer): fr. Malerei; b. Friedlaender, Paris: Radierung - BV: Katzenlieder, Ged. u. Rad. 1979 - Kunstw.: u. a. Serien v. Radier.: Wasser, Exil, Gärten - 1960 Silbermed. f. Radier. Vineta, Rom; intern. Ausst. Hochsch.

KAISER, Hermann-Josef

Dr. phil., o. Prof. f. Musikpädagogik, Gf. Vors. d. Wiss. Sozietät Musikpädagogik - Sülldorfer Kirchenweg 118A, 2000 Hamburg 55 - Geb. 7. Febr. 1938 Vechta/O. (Vater: Louis K., Beamter; Mutter: Maria-Sophia, geb. Landscheidt), verh. s. 1975 m. Brigitte, geb. Kühn, 4 Kd. (Martin, Judith, Sarah, Lea) - 1957-63 Musikhochsch. Köln (Kompos.; Meistersch. B. A. Zimmermann); 1957-63 Univ. Bonn u. Köln (Phil., Päd., German.). Beide Staatsex. 1960 (Höh. Schuldst.) u. 67; Promot. (Phil.) 1969 (Bonn) - Fr. Komp.; 1966-69 Schuldst.; 1969-71 Wiss. Assist. Univ. Bonn (Päd.); 1972 Wiss. Rat u. Prof. Univ. Münster (Erziehungswiss.); 1973-76 Ord. Kunsthochsch. Berlin, 1976-88 Ord. Univ. Münster, s. 1988 Ord. Univ. Hamburg - BV: Augustinus - Zeit u. ‚memoria', 1969 (auch jap.); Statist. Grundkurs, 1972 (auch span.); Musik in d. Schule?, 1982; Musikdidaktik (m. E. Nolte), 1989 - Kompos.: Prélude à gouache (1959), Sonate f. Flöte-solo (1962), Pas de deux pour deux pianos (1962), Elixiere (1963-65).

KAISER, Herwig

Dr. jur., Autor, Dramaturg Schauspielhaus Graz - Theodor Körnerstr. 47, A-8010 Graz - Geb. 9. Jan. 1958 Graz, verh. - Promot. 1982 Graz - BV/Theaterstücke: Sepp, 1980; Ein-Tritt ins Leben, 1981; Bis aufs Blut, 1982; M. d. Rücken zur Wand, 1983; Susie, (m. Franz Bäck), 1985; Tlansit, 1986; Teatro Instabile, 1987 - Spr.: Engl., Franz.

KAISER, Joachim

Dr. phil., Prof., Theater-, Lit.- u. Musikkritiker - Rheinlandstr. 4b, 8000 München 40 (T. 32 51 69) - Geb. 18. Dez. 1928 Milken/Ostpr., ev., verh. s. 1958 m. Susanne, geb. Dopffel - Gymn.; Univ. Göttingen, Frankfurt/M., Tübingen (Promot.) - Ab 1951 Mitarb. FAZ u. Frankfurter Hefte, 1954-58 Redakt. Hess. Rundfunk, dann Feuilletonredakt. Südd. Ztg., s. 1977 o. Prof. Staatl. Hochsch. f. Musik u. Darstellende Kunst, Stuttgart - BV: Grillparzers dramat. Stil, 1961; Kl. Theatertageb., 1965; Große Pianisten unserer Zeit, 1965/72; Hamlet heute - Essays u. Analysen, 1965; Beethovens 32 Klav.sonaten u. i. Interpreten, 1975; Erlebte Musik, 1977; Mein Name ist Sarastro, 1984; Wie ich sie sah ... u. wie sie waren. Zwölf kl. Porträts, 1985; D. Musen auf d. Spur - Reiseber. aus drei Jahrzehnten, 1986; Leonard Bernsteins Ruhm, 1988; Erlebte Literatur, 1988; Leben m. Wagner, 1990 - 1964 Mitgl. PEN-Zentrum BRD; 1970 o. Mitgl. Bayer. Akad. d. Schönen Künste u. 1977 Dt. Akad. f. Sprache u. Dichtung. 1965 Theodor-Wolff-, 1970 Johann-Heinrich-Merck-Preis.

KAISER, Joseph H.

Dr. jur., Dr. rer. pol. h. c., Prof. f. Dt. u. Ausl. öfftl. Recht, Völkerrecht, Recht d. Gemeins. Marktes u. Kirchenrecht Univ. Freiburg (s. 1955) - Werthmannplatz, 7800 Freiburg/Br. - Geb. 12. April 1921 Altenhundem/W. (Vater: Heinrich K., Landw. u. Kaufm.; Mutter: Antonie, geb. Mues) - Habil. 1954 Bonn - BV: D. polit. Klausel d. Konkordate, 1949; D. polit. Streik, 2. A. 1959; D. Repräsentation organisierter Interessen, 1956; 2. A. 1978; Prolegomena zu e. Rechtslehre v. Ges. u. Staat, 1956; Z. Anwend. v. Art. 85 Abs. 3 d. EWG-Vertrages auf Gruppen v. Kartellverträgen - Fragen d. Zuständigk. d. Rates u. d. Kommiss., 1964; Presseplan., 1972; D. Parität d. Sozialpartner, 1973; D. Recht d. Presse-Grosso, 1979; Herausg.: Planung, 6 Bde. 1965/72; Planungsstudien, 1970ff. - 1991 Komtur-Kreuz d. Fürstentums Liechtenstein. VO; 1982 Gold. Kreuz v. Berge Athos; 1985 Gr. BVK. m. Stern; Gr. Gold. Ehrenzeichen d. Rep. Österreich.

KAISER, Karl

Dr. rer. pol., Prof. f. Politische Wissenschaft, Direktor Forschungsinst. Dt. Ges. f. Ausw. Politik (s. 1973) - 5300 Bonn-Bad Godesberg - Geb. 8. Dez. 1934 Siegen/W. (Vater: Walter K., Genossenschaftsdir.; Mutter: Martha, geb. Müller), ev., verh. s. 1967 m. Deborah, geb. Strong (USA), 3 Kd. (Andreas, Markus, Jessica) - Gymn. Siegen; Stud. Wirtschafts- u. Politikwiss.; Dipl.-Kfm. 1958 Köln, D. E. S. - Sc. Pol. Grenoble, 1960-63 Oxford, Promot. 1962 Köln, Habil. 1969 Bonn - 1963-68 Doz. Center f. Intern. Affairs Harvard Univ.; 1968-69 Prof. John Hopkins Univ., Bologna (Ital.); 1969-74 Ord. Univ d. Saarl., Saarbrücken; 1974-91 Prof. Univ. Köln; s. 1991 Ord. Univ. Bonn. Vors. Kurat. d. Dt. Ges. f. Friedens- u. Konfliktforsch. (1970-73); Mitgl. Wehrstruktur-Komm. (1970); Mitgl. Sachverständigenrat f. Umweltfragen (1971-78); s. 1975 Vorst.-Mitgl. Atlantik-Brücke. SPD - BV: EWG u. Freihandelszone, 1963; German Foreign Policy in Transition, 1968 (auch ital.); Friedensforsch. in d. Bundesrep., 1970; Strukturwandlungen d. Außenpolit. in Großbrit. u. d. Bundesrep., 1970 (auch engl.); D. europ. Herausforderung u. d. USA, 1973 (auch engl., franz., ital., jap.); Kernenergie u. Intern. Politik, Sicherheitspolit. vor neuen Aufgaben, 1977, Amerika und Westeuropa 1978 (auch amerik.); Dt.-arab. Bezieh., 1981; D. Sicherheit d. Westens 1981; Kernenergie ohne Atomwaffen, 1982. Herausg.: Jahrb. D. Intern. Politik (m. and.); Confidence-Building Measures (1983). Mithrsg.: Weltpolitik (1985); Deutsch-franz. Sicherheitspolitik (1986; auch franz.); D. Stille Allianz. Deutsch-britische Sicherheitskooperation (1987; auch engl.); Weltraum u. intern. Politik (1987). Mitautor: Europas Zukunft im Weltraum (1988) u. Beobachtungssatelliten f. Europa (1990); Deutschlands Einigung. D. intern. Aspekte (1991); Internationale Klimapolitik (1991); Deutschland u. d. Irak-Konflikt (1992) - 1973 Prix Adolphe Bentinck; 1986 Atlantic Award NATO; 1989 C.B.E. (Grossbrit.) - Liebh.: Musik, Segeln - Spr.: Engl., Franz.

KAISER, Karlheinz

Dr. rer. nat., Prof. FU Berlin - Carstennstr. 47c, 1000 Berlin 45 (T. 8173567) - Geb. 11. Dez. 1924 Wermelskirchen - S. 1962 (Habil.) Lehrtätigk. Univ. Köln u. FU Berlin (1963; 1968 apl. Prof. f. Allg. Geol. u. Phys. Geogr.). Fachveröff.

KAISER, Maria Regina

Dr. phil., Althistorikerin, Schriftst. - Lübecker Str. 7, 6236 Eschborn/Ts. - Geb. 29. Dez. 1952, 2 Kd. (Bettina, Thomas) - 1971-76 Stud. Alte Gesch., Klass. Archäol., Hilfswiss. d. Altertumskd., Kunstgesch. Univ. Frankfurt; Promo. 1976 - 1976-86 wiss. Mitarb. Univ. Frankfurt - BV: D. stadtröm. Münzprägung d. Commodus. Unters. z. Selbstdarstell. e. röm. Kaisers, 1980; Lukios u. hundert Löwen, 1980; Lukios, Neffe d. Kaisers, 1983; D. Habicht blieb am Himmel stehn, 1987; Lukios u. d. Pferde d. Freiheit, 1990; Lukios, Sammelbd. 1991. Div. Fachveröff. - 1988 Preis d. Leseratten d. ZDF (f. D. Habicht).

KAISER, Mathias

Rechtsanwalt, gf. Vorsitzender Bundesverb. Dt. Vertriebsfirmen (BDV) - Leonistr. 6, 8000 München 71 (T. 089 - 755 18 12) - Geb. 2. Nov. 1946 Wetzlar, kath., verh. s. 1970 - Gymn. Gießen (Abit. 1966); 1966-72 Jurastud. Univ. Gießen - 1975 Geschäftsf. BDV; s. 1980 gf. Vors. - Mitverf.: Rechtslexikon f. Verkauf u. Werbung (Fachgeb. Wettbewerbsrecht), 1977 - Spr.: Engl.

KAISER, Matthäus

Dr. theol., Lic. jur. can., o. Prof. f. Kirchenrecht - Minoritenweg 6, 8411 Sinzing/Opf. (T. Regensburg 3 13 27) - Geb. 15. Aug. 1924 Kirchweidach (Vater: Georg K., Landw.; Mutter: Therese, geb. Mußner), kath. - Phil.-Theol. Hochsch. Passau u. Univ. München (Kath. Theol.). Promot. 1955; Lic. 1956; Habil. 1964 - Ab 1951 Kaplan Diözese Passau, 1956-65 Lehrtätigk. PhThH Passau (1964 ao. Prof.), 1961-65 nebenamtl. Kirchenanwalt u. Richter Kirchl. Gericht d. Diöz. Passau, s. 1965 Ord. Univ. Bochum u. Regensburg (1968); Prälat (1981). Emerit. 1989 - BV: D. Einheit d. Kirchengewalt nach d. Zeugnis d. Neuen Testament u. d. Apostol. Väter, 1956; D. gute Glaube im Codex Iuris Canonici, 1965; Geschieden u. wieder verheiratet, 1983 - 1983 BVK; 1984 Ehrensenator Univ. Passau.

KAISER, Otto

D. Dr. theol., o. Prof. f. Altes Testament - Am Krappen 29, 3550 Marburg/L. 1 - Geb. 30. Nov. 1924 Prenzlau, ev. - Gymn. Eberswalde; Stud. Theol., Promot. (1956) u. Habil. (1957) Tübingen - S. 1961 ao. u. 1962 o. Prof. Univ. Marburg. Veröff. z. atl. Exegese, Religionsgesch. u. -philosophie. Herausg.: BAW u. mehrere wiss. Reihen.

KAISER, Peter

Dr. rer. nat., Prof. f. Zoologie Univ. Hamburg (s. 1973) - Am Brabandkanal 8, 2000 Hamburg 60 - Geb. 25. Aug. 1919 Hamburg - Promot. 1949; Habil. 1964 - Üb. 50 Facharb.

KAISER, Philipp

Dr. theol., Prof. f. Phil. Grundfragen d. Theol., Kath. Univ. Eichstätt - Adalbert-Stifter-Weg 5, 8078 Eichstätt - Geb. 9. Jan. 1929 Würzburg (Vater: Ferdinand K.; Mutter: Ursula, geb. Uttinger), kath., ledig - Theol. Ex. 1954, Priesterweihe 1955, Promot. 1966, Habil. (Dogmatik) 1971 - 1955-60 Kaplan, 1960-68 Spiritual, 1968-70 wiss. Assist., 1971-74 Univ.-Doz., 1974-76 o.ö. Prof. f. Theol. Paderborn; s. 1976 o. Prof. in Eichstätt - BV: D. Gott-menschl. Einig. in Christus als Problem d. spekulativen Theol. s. d. Scholastik, 1968; D. Wissen Jesu Christi in d. lat. (westl.) Theol., 1981; Evolutionstheorie u. eth. Fragestell. (hrsg. m. D. S. Peters), 1981; Evolutionstheorie u. Schöpfungsverständnis (hrsg. m. D. S. Peters), 1984.

KAISER, Reinhold

Dr., Univ.-Prof. f. mittelalterliche Geschichte Univ. Zürich (s. 1990) - Langfurristr. 1c, CH-8353 Elgg (T. 052 - 48 19 75) - Geb. 5. Jan. 1943 Wuppertal, verh. s. 1968 m. Marie-Thérèse, geb. Guyot, 3 Kd. - Stud. Roman. u. Gesch. Univ. Köln, Dijon, Poitiers, Bonn; Promot 1971; Habil. 1979, beide Bonn - 1978-81 Landesverwaltungsrat Amt f. rhein. Landeskd.; 1981-90 Univ.-Prof. f. mittelalterliche Geschichte Univ. Essen - BV: Unters. z. Gesch. d. Civitas u. Diözese Soissons (Rhein. Archiv 89), 1973; Bischofsherrschaft zw. Königtum u. Fürstenmacht (Pariser Hist. Studien 17), 1981; Rhein. Städteatlas V, 30; VI, 36; VII, 38; VIII, 45, 46, 1979, 80, 82 u. 85; Documentation numismatique de la France médiévale (m. M.-Th. Kaiser-Guyot), 1982 - Spr.: Engl., Franz., Ital., Latein.

KAISER, Rudolf

Dr. phil., Prof. - Johanna-Kirchner-Str. 9, 3200 Hildesheim (T. 4 17 41) - Geb. 1. April 1927 Meinkenbracht/Sauerl. (Vater: Johannes K., Bauer; Mutter: Maria, geb. Kotthoff), kath., verh. s. 1955 m. Rita, geb. Koch, 3 Kd. (Michaela, Thomas, Christian) - Gymn. Theodorianum Paderborn; Univ. Münster, Freiburg, Bonn (Phil., Engl., Lat.). Promot. Bonn - 1954-64 Höh. Schuldst.; s. 1964 o. Prof. Univ. Hildesheim (Engl. Spr. u. ihre Didaktik). 1963/64 Fulbright-Stip. USA - BV: Amerika - in didakt. Perspektive, 1978; This Land is Sacred - Views and Values of North American Indians, 1986; D. Stimme d. großen Geistes. Prophezeiungen u. Endzeiterwartungen d. Hopi-Indianer, 1989; Gott schläft im Stein - Indianische u. abendländische Weltansichten im Widerstreit, 1990; In Einklang m. d. Universum - Aus d. Leben d. Hopi Indianer, 1992; D. Erde ist uns heilig - D. Reden d. Chief Seattle u. anderer indianischer Häuptlinge, 1992; Indianischer Sonnengesang - Texte d. Weisheit u. Spiritualität nordamerik. Indianer, 1992 - Spr.: Engl., Lat.

KAISER, Rudolf

Dr. med., em. o. Prof. f. Frauenheilkunde - Seutterweg 17, 7900 Ulm - Geb. 1. April 1920 Calw/Württ. (Vater: August K., Studienprof.; Mutter: Hedwig, geb. Lachenmann), verh. s. 1954 m. Dr. med. Irmingard, geb. Stromeyer - Stud. Berlin, Tübingen, Danzig. Promot. 1944 Tübingen; Habil. 1958 München - S. 1947 Univ. München (1958 Privatdoz., 1964 apl. Prof.) u. Köln (1971 Ord. u. Klinikdir.). Spezialgeb.: Gynäk. Endokrinol. u. Onkol. Üb. 500 Fachveröff. Autor v. Lehrb. u. Monogr.

KAISER, Rudolf

Ehrenvorsitzender Gesamtverb. d. Dt. Brennstoffhandels Bonn/Kassel u. Verb. d. Südwestdt. Brennstoffhandels Mannheim - Faißtstr. 40, 7100 Heilbronn (T. 07131 - 7 53 24) - Geb. 14. Mai 1924.

KAISER, Stephan

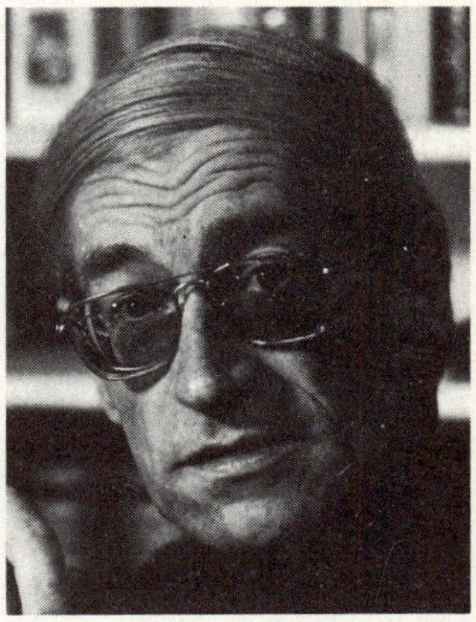

Dr. phil., Schriftsteller, Übers., Lexikograph - Frankfurter Str. 6/82, 7410 Reutlingen (T. 07121 - 6 35 44) - Geb. 23. Juni 1929 Nürnberg, kath., verh. s. 1983 m. Dietlind Vetter, geb. Planer, 3 Töcht. aus 1. Ehe (Katrin, Nikla, Dorkas) - Abit. 1949 Stuttgart; Stud. German., mittl. u. neuere Gesch., Kunstgesch. Univ. Tübingen; Promot. 1966 - 1957-62 u. 1966-74 Lektor im Verlag Das Beste, Stuttgart; 1978-89 Mitgl. Verb. Dt. Schriftst. (VS) - BV/R: Max Beckmann, D. Maler, s. Werk u. s. Zeit, 1962; D. Besonderheiten d. dt. Schriftsprache in d. Schweiz, Bd. I 1969, Bd. II 1970; D. Mord als schöne Kunst betrachtet, 1977; D. Lesespiegel 1-4, 1976-78; 2 Kinderhörspielpl., 1977 u. 80; 9 Romanübers. aus d. Amerik. (1983-86) - 1981 Dt. Kinder- u. Jugendschallplattenpreis - Liebh.: Schildkröten - Spr.: Amerikan. -

Lit.: Peter Roos, in: Genius loci (1978); Gespräche üb. Lit. u. Tübingen (1986).

KAISER, Wilhelm

Dipl.-Ing., Prof. f. Konstruktionstechnik, insb. Konstruktionslehre, GH Wuppertal - Ittertaler Str. 46, 5600 Wuppertal 11.

KAISER, Willi

Gewerkschaftssekr., MdL Bayern (s. 1975) - Lichtenbergerstr. 26, 8674 Naila (T. 09282 - 17 93) - Geb. 1932 - SPD.

KAISER, Wolfgang

Geschäftsführer Fritz Ahrberg GmbH., Fleischwarenfabrik (s. 1969) - Koblenzer Str. 25, 3000 Hannover - Geb. 17. Mai 1928 Marburg/L. - Zul. stv. Vorstandsmitgl. Kunstmühle Tivoli, München.

KAISER, Wolfgang

Dr. rer. nat., Dr. h. c. rer. nat., o. Prof. f. Experimentalphysik - Techn. Univ., 8000 München - Geb. 17. Juli 1925 - B. 1964 Wiss. Mitarb. Bell Telephone Murray Hill (USA), dann Ord. TH bzw. TU München. Etwa 230 Fachveröff. - 1982 Max-Born-Preis; 1986 Lippincott-Preis; 1988 o. Mitgl. Bayer. Akad. d. Wiss.; 1989 Mitgl. Acad. Europaea; 1990 Foreign Assoc. NAS.

KAISER, Wolfgang

Dr.-Ing., Dr.-Ing. E.h., o. Prof. f. Nachrichtenübertrag. u. Institutsdir. Univ. Stuttgart (s. 1967), Vors. Forschungsaussch. d. Münchner Kreises (1978ff.), AR-Mitgl. Standard Elektrik Lorenz AG/SEL, Stuttgart (1978ff.) - Breitscheidstr. 2 (T. 0711 - 1 21-36 30) - Geb. 22. Febr. 1923 Schöntal/Jagst (Vater: Adalbert K., Rektor; Mutter: Hilda, geb. Scheurle), kath., verh. s. 1951 m. Klara, geb. Thoma, 2 Töcht. (Doris, Birgit) - 1947-54 Stud. Elektrotechnik (Nachr.techn.) Stuttgart. Dipl.-Ing. 1951; Promot. 1954 - 1954-67 SEL (1963 Dir. f. Entw./Geschäftsber. Datentechn.) - BV: Two-Way Cable Television, 1977; Kabelkommunikation u. Informationsvielfalt, 1978; Elektron. Textkommunik., 1978; Kommunik. üb. Satelliten, 1981; Telekommunik. als Berufschance, 1982; Interaktive Breitbandkommunik., 1982; Integrierte Telekommunikation, 1984; Entw. Linien d. Breitbandkomm., 1985; Wege zu besseren Fernsehbildern, 1987; Glasfaser bis ins Haus, 1991 - Fellow Inst. of Electrical and Electronic Engineers New York; 1982 Mitgl. Heidelbg. Akad. d. Wiss.; 1982 Verdienstmed. Ld. Baden-Württ.; BVK I. Kl. - Spr.: Engl.

KAJA, Hans

Dr. rer. nat., Prof., Wiss. Abt.svorsteher Botan. Inst. Univ. Münster - Breul 21, 4400 Münster/W. - Geb. 21. Jan. 1927 - S. 1959 (Habil.) Lehrtätigk. Münster (1966 Abt.svorst. u. Prof.). Fachaufs.

KAKIES, Dieter

Dr. jur., Rechtsanwalt (spez. Gewerbl. Rechtsschutz u. Presserecht) - Abteistr. 39, 2000 Hamburg 13 (T. 34 61 59) - Geb. 20. Febr. 1936 Memel (Vater: Martin K., Schriftst.; Mutter: Helene, geb. Lange), ev., verh. s. 1963 m. Ilse, geb. Bahnsen - 1954-60 Univ. Hamburg, Freiburg, München, Brüssel (Rechtswiss., Volksw.) - BV: Rechtsbrevier f. Autofahrer, 1961 - Spr.: Engl., Franz.

KAKIES, Peter

Dipl.-Math., Vorstandsmitglied Hamburg-Mannheimer Versich.s.-AG., Hamburg - Auf den Schwarzen Bergen 1, 2107 Rosengarten 5 - Geb. 30. Nov. 1928.

KALB, Bartholomäus

Landwirt, Industriekaufm., MdL Bayern (s. 1978, Wahlkr. Niederbay.; CSU) - 8351 Künzing 2 - Geb. 13. Aug. 1949 Mamming/Dgf. - 1972ff. Gemeinderat u. 2. Bürgerm. Künzig; 1978ff. MdK Deggendorf. Div. Parteifunkt.

KALB, Dieter

Dipl.-Ing., Prof. f. Tragwerklehre GH Paderborn (Fachber. Arch., Höxter) - Hermann-Löns-Str. 4, 3474 Boffzen.

KALB, Klaus Gero

Dr. rer. nat., Wiss. Angestellter am Zentrum f. Datenverarb. u. Prof. f. Mathematik am FB Math. Univ. Mainz - Sertoriusring 207, 6500 Mainz - Geb. 1941 - Promot. 1969, Habil. 1978, 1972-73 Prof. U. de los Andes, Bogotá (Kolumbien), 1979, 85 u. 89 Gastprof. ebd. Mathematik: Funktionalanalysis, insb. Operatortheorie; Computer-Algebra; Gesch. d. Math. Mitgl. Dt. Math. Vereinig. (DMV).

KALB, Werner

Dr. jur., Verbandsgeschäftsführer - Innstr. 15, 8000 München 86 (T. 98 95 16) - S. 1954 Geschäfts- bzw. Hauptgeschäftsf. (1967) Verein d. Bayer. Chem. Industrie; s. 1959 Geschäftsf. Arbeitgeb.verb. d. Kunststoffverarb. Ind. in Bayern.

KALBAUM, R. Günther

Dipl.-Kfm., Vorstandsvors. i. R. Hamburg-Mannheimer Versicherungs-AG., Hamburg (1975-85) - Hexentwiete 31, 2000 Hamburg 56 (T. 81 40 88) - Geb. 5. Okt. 1920 Berlin - Wirtschaftsprüfer u. Steuerberater; 1966-70 Vorstandsmitgl. Dt. Revisions- u. Treuhand-AG (Treuarbeit), Hamburg.

KALBE, Hans H.

Rechtsanwalt, Hauptgeschäftsf. Hauptverb. d. Deutschen Holzindustrie u. verw. Industriezweige, Verb. d. Deutschen Möbelindustrie - An den Quellen 10, 6200 Wiesbaden (T. 3 93 05); priv.: Schönbrunn, 7580 Bühl - Geb. 5. Jan. 1925 Karlsruhe (Vater: Dr. Hans K., Zahnarzt; Mutter: Else, geb. Roth) - Univ. Frankfurt/M. u. Würzburg (Rechtswiss.) - Spr.: Engl.

KALBECK, Florian

Dr. phil., Prof., Dramaturg, Schriftst. - Starkfriedgasse 58, A-1190 Wien (T. 0043 0222 - 47 22 04) - Geb. 6. Juni 1920 Wien (Vater: Paul K., Regiss., Schauspiellehrer), verh. s. 1971 m. Dr. Judith Pór, 2 Kd. (Antonia aus 1. Ehe, Daniel) - Gymn. Wien (Matura 1938); Univ. Basel; Promot. 1947 (Phil., Psych., German.) - 1947-57 Dramat. u. Chefdramat. Theater i. d. Josefstadt, Wien; 1957-82 Dramat. u. Redakt. ORF; 1965-77 Lehrer f. Fernsehdramat. Hochsch. f. Musik u. darst. Kunst, Wien. Zahlr. Übers. u. Bearb. f. Bühne u. Ferns.; Bühnenwerke, Fernsehsp., Ess., Vorträge etc. Bühnenwerke: Hohenbühl, Kom. 1985 (Theater in d. Josefstadt); u. a.; Fernsehsp., Dokumentarsp.: Rebell in d. Soutane, 1970 (ORF); Theodor Kardinal Innitzer, 1971 (ORF); D. Frau Gerti, 1976 (ORF u. BR); E. Spaziergang, Erz.-Filmb. Jakob Laub) 1977 (ORF); u.v.a. - BV: D. Haus d. Schwestern Linsky, R. 1990 - 1970 u. 76 Fernsehpr. Österr. Volksbildung; 1980 Prof.-Titel; 1990 Ehrenkreuz f. Wiss. u. Kunst - Liebh.: Phil., Lit., Bergsteigen - Spr.: Engl., Franz. - Bek. Vorf.: Max Kalbeck, Schriftst., Theater- u. Musikkritiker, Brahms-Biograph (Großv.).

KALBFUSS (ß), Georg Theobald

Landrat d. Landkreises Bad Dürkheim (s. 1989) - Am Limburgberg 4, 6702 Bad Dürkheim-Grethen (T. 06322 - 79 32 02) - Geb. 21. Juni 1940 Bad Dürkheim (Vater: Theobald K., Maurer; Mutter: Elsbeth, geb. Ruf), kath., verh s. 1962 m. Heidi, geb. Weiß, 2 Töcht. (Marion, Anja) - Gymn., mittl. Reife 1956; 1956-61 Verw.lehre u. Ausb. f. d. gehob. Dst. Kommunalverw. u. staatl. inn. Verw. (Prüf. 1961, Note 1); 1962-63 Ausb. z. Steuer- u. Gemeindeeinnehmer (Prüf. 1964, Note 1); 1963-67 Verw.- u. Wirtsch.akad. (Kommunaldipl. 1967, Note 1) - 1961-71 Verw.beamter (zul. Stadtkämmerer) Stadt Bad Dürkheim, 1971-89 Bürgerm. Kreisstadt Bad Dürkheim. S. 1973 zahlr. Mitgl.sch., u. a. Bezirkstag Pfalz - Liebh.: Musik, handwerkl. Arbeiten - Spr.: Engl., Franz., Latein.

KALBHEN, Dieter Abbo

Dr. rer. nat., (Inst. f. Pharmakologie u. Toxikol.), Prof. f. Biochem. Pharmak. u. Toxik. Univ. Bonn (s. 1972) - Reuterstr. 2b, 5300 Bonn - Geb. 27. Jan. 1934 Husum/Nordfriesl. - Stud. Braunschweig, Paris (Sorbonne), Bonn, Berkeley. Promot. 1962, Habil. 1969 - Forschungstätigk. USA. Üb. 140 Veröff. - Entd.: Chemilumineszenz-Phänomene (Arzneimittel) - 1980 Curt-Adam-Preis Berlin; 1981 Carol-Nachman-Preis (f. Rheumatol.) Wiesbaden.

KALDEN, Joachim Robert

Dr. med., o. Prof. u. Vorst. Inst. f. Klin. Immunologie Univ. Erlangen-Nürnberg (s. 1977) - Krankenhausstr. 12, 8520 Erlangen.

KALDENKERKEN, van, Karl-Heinz

Dr. jur., Rechtsanwalt, Oberstadtdirektor a. D. - Hobsweg 82, 5300 Bonn 1 (T. dstl. 72 63 60, Telefax 726 36 77; T. priv. 25 65 66) - Geb. 10. April 1925 Düsseldorf, kath., verh. s. 1951 m. Annemarie, geb. Berghahn, 5 Kd. (S. Rolf † peruanische Anden) - Gymn. Düsseldorf; Univ. Köln (Rechtswiss.), Promot. 1950; Ass. 1953. S. 1953 Stadtverw. Düren (Rechtsrat, Stadtkämmerer) u. 1959-74 Stadtverw. Viersen (Oberstadtdir.), 1974-76 Vorst. Komm. Gemeinschaftsst. f. Verwaltungsvereinfachung, Köln; 1976-87 Stadtverw. Bonn (Oberstadtdir.) - Ehrenbürger Lambersart (Frankr.); 1975 BVK am Bde., 1979 BVK I. Kl.; 1987 Gr. BVK.

KALENBORN, Heinz

Dipl.-Ing., Prof., Architekt - Klausingstr. 11, 4000 Düsseldorf (T. 435 02 64, 437 00 49) - Geb. 21. Aug. 1927 Düsseldorf (Eltern: Hans u. Kunigunge K.), kath., verh. s. 1953 m. Margret, geb. Höhn, T. Nina - Betonbauerlehre; Bauzeichner; Stud. TH Stuttgart - Bek. Bauwerke: Zentralfriedhof Rheinhausen, Calvinkirche D'dorf, Gewerksch.haus Textil, ebd., Schulzentrum Kaarst - 1969-74 insg. 8 BDA-Plaketten f. hervorragende Bauten d. Nachkriegsz. - Liebh.: Engl. Graphik 19. Jh. - Spr.: Engl.

KALFF, Günter

Dr. med., o. Prof. f. Anästhesie - Orthstr. 10, 5100 Aachen-Laurensberg - Geb. 5. Juli 1932 Aachen - Promot. 1959; Habil. 1970 - S. 1973 Ord. TH Aachen (Med. Fak.).

KALFF, Karl

Staatsrat Senatsbehörde f. Arbeit, Jugend u. Soziales Fr. u. Hansestadt Hamburg a. D. - Hamburger Str. 47, 2000 Hamburg 76.

KALICH, Johann

Dr. med. vet., Dr. med. vet. h.c., Dr. med. vet. h.c., em. o. Prof. f. Tierhygiene - Westerholzstr. 5, 8000 München 60 (T. 888 89 52) - Geb. 24. Dez. 1917 Banja-Luka/Jugosl. (Vater: Franz K., Landw.; Mutter: Elisabeth, geb. Wirth), kath., verh. s. 1970 m. Anneliese, geb. Assfalg - O. Prof. (1964) Univ. München (Lehrstuhl f. Tierhyg.); 1967-70 Dekan u. Prodekan Tierärztl. Fak., 1970-74 komm. Vorst. Inst. f. Pharmakol., Toxikol. u. Pharmazie, ebd., s. 1971 Vizepräs. u. Ehrenmitgl. Intern. Ges. f. Tierhygiene. 1977 Dr. med. vet. h. c. d. Vet.med. Univ. Budapest u. 1990 d. Tierärztl. Hochsch. Wien. 1983 emerit. Zahlr. Fachveröff. - Liebh.: Kunstgesch., Winter- u. Wassersport - Spr.: Serbokroat.

KALINKE, Helmut

Dr. agr., Dipl.-Gärtner, Prof., ehem. Leiter Inst. f. Betriebsw. u. Marktforsch. d. Forschungsanstalt f. Weinbau, Gartenbau, Getränketechnol. u. Landespflege, Geisenheim (s. 1956) - Nothgottestr. 11, 6222 Geisenheim/Rhg. (T. Geisenheim 85 36) - Geb. 20. März 1920 Strebitzko Kreis Militsch (Vater: Alfred K., Bäcker; Mutter: Martha, geb. Cierpinski), ev., verh. s. 1948 m. Gertrud, geb. Smollich, T. Gisela - N. Abit. Gärtnerlehre; Stud. Weihenstephan, Frankfurt u. Gießen - Betriebsleit. u. Geschäftsf. e. Forstbaumschuluntern. Div. Fachmitgliedsch. - Brosch.: Methode u. Ergebnisse arbeitswiss. Unters. im Gartenbau, 1964; Die Weinwirtschaft Frankreichs, Geisenheim 1977; D. dt. Wein- u. Getränkemarkt in Zahlen m. e. Exkurs üb. d. intern. Wein- u. Getränkemarkt, 1985 u. zahlr. Veröff. üb. Weinb. d. BRD u. europ. Länder - 1981 Ritterkeuz franz. VO (Landw.); 1981 BVK am Bde.; 1983 Ital. Ord. Cavalliere Ufficiale; 1985 Encomienda (Spanien); 1985 Ehrenplak. in Gold f. bes. Verd. (Land Hessen); 1986 BVK I. Kl.; 1986 Goldenes Ehrenz. f. Verd. um d. Rep. Österr.; 1986 Ehrenteller d. dt. Winzergenoss.; 1990 Ehrenteller Dt. Raiffeisenverb. e.V. Bonn; 1991 Komturkreuz d. VO. d. Rep. Italien - Liebh.: Kunst, Gesch., Musik - Spr.: Engl.

KALINOWSKI, Horst Egon

Maler u. Bildhauer, em. Prof. - Postfach 14 03 24, 4000 Düsseldorf 14 (T. 0211 - 67 13 57) - Geb. 2. Jan. 1924 Düsseldorf (Vater: Josef K., Kaufm.; Mutter: Maria, geb. Mataré), kath., led. - 1934-42 Reform-Realgymn. Düsseldorf (Fürstenwall); 1945-48 Kunstakad. Düsseldorf; 1950-52 Acad. de la Grande Chaumière Paris, 1949-50 Stud. Rom u. Venedig (Mosaiktechnik). Emerit. 1989 - 1965-89 Lehrer an d. Staatl. Kunstakad. Karlsruhe - Zahlr. Arbeiten, dar. Caissons, plast. Konstruktionen aus Holz u. Leder, Collagen, Radierungen, Papiers collés, großformatige Bilder. Zahlr. Ausstell. im In- u. Ausl. Buchillustr.: Jap. Gedichte (1964), D. Sonnengesang d. Franz v. Assisi (1965), D. Schöpfungstage (1967) - S. 1965 Mitgl. Akad. d. Künste, Berlin; 1965 Carl-Einstein-Preis d. jg. dt. Kunstkritik; 1967 I. Preis f. Plastik Münchener Haus d. Kunst (Burda-Preis); 1992 Preis d. Heitland Foundation, Celle - Spr.: Franz. - Bek. Vorf.: Prof. Ewald Mataré, Bildhauer, 1887-1965 (s. XIV. Ausg.).

KALINOWSKY, Lothar B.

Dr. med., Neurologe u. Psychiater, Honorarprof. f. Psych. Freie Univ. Berlin - 155 East 76th Street, New York, N. Y. 10021 (USA) - Geb. 28. Dez. 1899 Berlin (Vater: Alfred K., Anwalt; Mutter: Anna, geb. Schott), ev., verh. s. 1925 m. Hilde, geb. Pohl, 2 T. - Stud. Berlin, Heidelberg, München - 1923-33 Assist. Hamburg, Wien, Breslau, Berlin; 1933-39 Psychiatr. Univ.-Klinik Rom; 1940-58 New York Psychiat. Inst.; 1959 Clinical Prof. of Psychiatr., New York Medical College, New York - BV: Shock Treatments, Psychosurgery and other Somatic Treatments in Psychiatry (with P. H. Hoch), 1952; Biological Treatments in Psychiatry (with H. Hippius u. H. E. Klein), 1982; u.a. Facharb.

KALITZKE, Johannes

Komponist, Dirigent - Finkenplatz 6, 5000 Köln 60 (T. 0221 - 712 25 19) - Geb. 12. Febr. 1959 Köln, ev., ledig - Abit. Künstlerisches Dipl. 1982 Köln - Künstler. Leit. d. Musikfabrik NRW (Ensemble f. Neue Musik), Düsseldorf u. d. FORUM f. Neue Musik, Gelsenkirchen; Vorst. d. Ges. f. Neue Musik Ruhr, (GNMR) - Veröff.: Trio infernal (Koch/Schwann); Nachtschleife (collegyo); D. Labyrinth d. Lieder (Wergo) u.a. - Kompos.: macchina d'autunno f. Klavier u. Tonband, berceûse intégrale f. Orch. u. Tonband, jardins paradoxaux f. 2 Stimmen u. Orch., D. Labyrinth d. Lieder f. 5 Stimmen, Orch. u. Tonband, Nachtschleife f. Vokalsextett - 1981 Ensemblia-Preis Mönchengladbach; 1986 Johann-Wenzel-Stamitz Pr.; 1990 Bernd-Alois-Zimmermann-Pr. Köln - Liebh.: Film, Novelle Cuisine - Spr.: Engl., Franz.

KALKA, Michael

Dr. jur., Versicherungsdirektor - Robert-Schuman-Str. 51, 5100 Aachen - Vorstandsmitgl. Aachener u. Münchener Lebensversich. AG, Aachen.

KALKBRENNER, Karlernst
Dipl.-Kfm., Vorstandsvorsitzender u. Vertriebsvorstand d. Olympia AG, Wilhelmshaven - Zu erreichen üb. Olympia AG, Postf. 960, 2940 Wilhelmshaven - Geb. 13. März 1929 Alsfeld (Vater: Karl K., Kaufm.), verh. m. Charlotte, geb. Ortlieb - Stud. Rechtswiss. u. Betriebswirtsch. Univ. Mainz u. Frankfurt/M. (Dipl. 1953) - 1954-57 Dt. Revisions- u. Treuhand AG., Frankfurt/M.; 1957-58 Wissenschaftl. Assist. Univ. Frankfurt/M.; 1958-64 Dir.ass. u. Verkaufsl. Rosenthal AG, Selb; 1965-66 Mitinh. Intermarketing GmbH, Bad Homburg, Geschäftsf. Porwand Patentverwertung GmbH, Darmstadt, 1967-70 Leit. Markenbild-Information u. Training, Rosenthal AG, 1970-81 Personalleiter, Vorst.-Mitgl. (1976ff.), Arbeitsdir. (1981ff.), zul. Dr.-Ing. h.c. F. Porsche AG, Stuttgart, 1981-84 Vorst.-Mitgl. u. Arbeitsdir. Rosenthal Technik AG, stv. Vorst.-Mitgl. u. Arbeitsdir. Glas- u. Porzellan AG, General-Bevollm. Rosenthal AG, Mitgl. d. Vorst. d. AEG AG - Kurat.-Mitgl. Dt. Sporthilfe.

KALKMANN, Ulf
Dipl.-Kfm., Geschäftsführer Fachverb. Tabakw. f. Nordwestdtschl. u. a. - Zu erreichen üb. Fachverb. Tabakwaren f. Nordwestdeutschl., Schaartor 1, 2000 Hamburg 11 - Geb. 14. Okt. 1949.

KALLEE, Ekkehard
Dr. med., em. Univ.-Prof. Med. Univ.-Klinik Tübingen - Zu erreichen üb. Med. Univ.-Klinik, 7400 Tübingen - Geb. 30. Jan. 1922 Feuerbach/Württ. (Vater: Prof. Albert K., Landgerichtsdir. † 1956 (s. XII. Ausg.)); Mutter: Helene, geb. Schmolz), ev., verh. s. 1965 m. Barbara, geb. Weigmann, S. Stephan - B. 1940 Gymn.; n. 1944 Stud. Med. Promot. 1950; Habil. 1961 - S. 1951 Leit. Isotopenlabor. Med. Univ.klinik Tübingen. 1955/56 Fellow Max Kade Foundation Rochester N.Y. (USA). Spez. Arbeitsgeb.: Nuklearmediziner; klin. Nuklearchemie u. Exper. Med., insb. Schilddrüsenstoffw., Proteinchemie, Insulin, Immunologie. Fachveröff. - Spr.: Engl., Ital., Neugriech., Franz., Span. - Bek. Vorf.: Eduard v. K., Generalstabschef, Biedermeier-Maler, Archäologe (Urgroßv.; Tübingen: Kalleehöhe); Richard K., Pfarrer, Archäol. (Großv.; Stuttgart: Kalleestr.).

KALLENBACH, Ingemar
Präsident Schwed. Handelskammer in d. Bundesrep. Deutschl. - Zu erreichen üb. Schwed. Handelskammer, Berliner Allee 32, 4000 Düsseldorf 1.

KALLENBACH, Reinhard
Dipl.-Ing., Direktor i. R. - Kriegsbergstr. 32, 7000 Stuttgart - Geb. 21. Aug. 1917 Barcelona/Span., verh. m. Jutta, geb. Ballach - B. 1960 Direktionsassist. EVS, dann Geschäftsf. Kernkraftwerk Baden-Württ. Planungs-GmbH u. Kernkraftwerk Obrigheim GmbH, 1968/69 Leit. Kraftwerkabt. EVS, 1969-82 Vorst.-Mitgl. Energieversorgung Schwaben AG (EVS), u. Geschäftsf. Kernkraftw. Philippsburg GmbH, u. Kernkraftwerk Süd GmbH. AR- u. VR-Mand., dar. Vors.

KALLENBERG, Fritz
Dr. phil., Prof. f. Neuere Geschichte - Rilkeweg 11, 6100 Darmstadt - Geb. 19. Sept. 1923 Tübingen - B. 1964 Mitarb. Inst. f. Europ. Geschichte Mainz, dann Lehrtätigk. TH Darmstadt.

KALLER, Hans
Dr. med., Prof., Pharmakologe - Mittlere Bergerheide 18, 5600 Wuppertal 1 (T. 72 15 28) - Geb. 12. April 1923 Beuthen/OS. (Vater: Gottfried K., Kaufm.; Mutter: Gertrud, geb. Myrtek), kath., verh. s. 1948 m. Charlotte, geb. Grabe, 3 Kd. (Hans, Sabine, Stefan) - Gymn. Beuthen; 1941-48 m. Kriegsdienstunterbr. Univ. Breslau u. Göttingen. Promot. (1948) u. Habil. (1961) Göttingen - 1950-62 Med. Forschungsanst. d. Max-Planck-Ges., Göttingen (Pharmak. Abt.); 1962-87 Farbenfabr. Bayer AG, Wuppertal (Inst. f. Pharmakokinetik), s. 1987 Ruhestand. S. 1961 Lehrtätigk. Univ. Göttingen (1968 apl. Prof.). Bes. Arbeitsgeb.: Pharmak. d. vegetat. Systems u. d. Blutgerinnung, Pharmakokinetik - Liebh.: Fotogr., Musik, elektron. Datenverarb. - Spr.: Engl.

KALLFELZ, Hans Carlo
Dr. med., Abteilungsvorstand (Abt. f. Pädiatr. Kardiologie) u. Prof. Med. Hochsch. Hannover (s. 1974) - Am Walde 6b, 3004 Isernhagen 1.

KALLINICH, Günter
Dr. rer. nat., Prof., Abt.svorst. Inst. f. Pharmazie u. Lebensmittelchemie Univ. München - Rosenheimer Str. 2, 8000 München 80 (T. 481311) - Geb. 20. Juni 1913 Halberstadt/Harz, ev., verh. s. 1947 m. Gisela, geb. Thormann, T. Angela - S. 1961 (Habil.) Privatdoz. u. apl. Prof. (1965) München. Spez. Arbeitsgeb.: Gesch. d. Pharmazie - BV: 200 J. Pharmazie an d. Univ. Ingolstadt, Landshut, München - 1760-1960, 1960; Schöne alte Apotheken, 1975.

KALLIS, Anastasios
Dr. phil., Dr. theol., Prof. f. Orthodoxe Theologie - Pastorsesch 12, 4400 Münster (T. 0251 - 21 24 01) - Geb. 14. Aug. 1934 Naoussa/Griechenl. (Vater: Nikolaos K.; Mutter: Evangelia, geb. Gadinis), orth., verh. s. 1965 m. Ursula, geb. Holschbach, 2 Kd. (Ines, Klaus Tasso) - Stud. Theol., Phil., Päd., Gesch.; Dipl.-Orth. Theol. 1956 Thessaloniki, Promot. 1964 u. 1974 - 1965-79 Wiss. Mitarb., s. 1979 Prof. - BV: D. menschl. Wille, 1965; D. Mensch im Kosmos, 1978; Orthodoxie - Was ist das?, 1979, 5. A. 1991; Dialog d. Wahrheit, 1981; D. Göttliche Liturgie d. Orthodoxen Kirche, 1989.

KALLMANN, Günter
Musiker, Chorleiter, Komponist - Karlsruher Str. 14, 1000 Berlin 31 - Geb. 19. Nov. 1927 Berlin (Vater: Rudolf K., Konditorm.; Mutter: Käthe, geb. Abraham), ev., verh. s. 1957 m. Helga, geb. Singer, 1 Kd. (Ruby) - 1949 Musikstud. Städt. Konservat. Berlin; 1959-61 Gesangstud. b. Prof. Gottschalk - S. 1949 Musiker, s. 1957 Sänger, s. 1961 Chorleit. (Günter-Kallmann-Chor), s. 1967 Komponist - Div. Kompos. d. U-Musik; 8 Gold. Schallpl. - Liebh.: Klass. Musik, Reisen, Sport, Kochen - 1977 Gold. Sportabz. - Spr.: Engl., Franz., Latein.

KALLRATH, Helmut
Dr. jur., Präsident Landessozialgericht f. d. Ld. Nordrh.-Westf. - Zu erreichen üb. Landessozialgericht, Zweigertstr. 54, 4300 Essen 1 - Geb. 25. März 1932.

KALLWEIT, Walter
Bürgerschaftsabgeordneter - Blinkfüer 25, 2820 Bremen 71 - Mitgl. Brem. Bürgersch. (SPD).

KALM, Ernst
Dr., Prof. f. Tierzucht, Direktor Inst. f. Tierzucht u. Tierhaltung Univ. Kiel (s. 1978) - Schmalholt 1, 2301 Achterwehr (T. 04340 - 83 51 + 0431 - 880 25 86) - Geb. 12. Sept. 1940 Wittingen (Vater: Ernst K., Großhandelskfm.; Mutter: Grete, geb. Berndt), ev., verh. s. 1963 m. Erika, geb. Drewes, 2 Kd. (Christian, Ulrike) - 1957-59 landw. Lehre; 1960/61 Höh. Landbausch.; 1961-63 kaufm. Lehre (1963-64 Mischfutterind.); 1966-70 Stud., Promot. 1970, Habil. 1977 in Tierzucht u. Haustiergenetik - 1972 wiss. Assist. Göttingen; s. 1978 o. Prof. u. Dir. Inst. f. Tierzucht u. Tierhaltung Univ. Kiel; Leit. Versuchsbetrieb Karkendamm (Milchviehhaltung, Futteraufnahme); 1983-85 Dekan Agrarwiss. Fak. Univ. Kiel. AR-Mitgl. d. Uelzener Allgem. Versich.-Ges. Forschungsschwerp.: Wachstum, Futteraufnahme b. Rind u. Schwein, Zuchtwertschätzung, Markerunterstützte Selektion.

KALMAR, Carlos
Musiker, Generalmusikdirektor d. Stuttgarter Philharmoniker - Zu erreichen üb. Stuttgarter Philharm., Schickhardtstr. 5, 7000 Stuttgart 1 - Geb. 26. Febr. 1958 Montevideo - Gastkonzerte in Dtschl., USA, Span., Ital., Österr., Belgien, Holland; Gastdirigent Staatsoper Wien, Hamburg, Opernhaus Zürich.

KALMÁR, Peter
Dr. med., Prof. f. Herz- u. Gefäßchirurgie sow. Exper. Kardiol. - Hilgendorfweg 29, 2000 Hamburg 55 - B. 1976 Privatdoz., dann Univ. Hamburg.

KALMBACH, Gudrun
Dr. rer. nat., Prof. f. Mathematik - Engelgasse 4, 7900 Ulm - Geb. 27. Mai 1937 Großerlach (Vater: Johannes K., Hauptlehrer; Mutter: Elise, geb. Wizemann) - Obersch.; Stud. Tübingen, Göttingen (Chemie, Math.), Promot. Math. 1966 - 1967-75 Assist. Prof. Univ. of Illinois, Massachusetts, Penn. State Univ./USA, 1975ff. Prof. Univ. Ulm - BV: Orthomodular Lattices, Acad. Press, 1983; Measures and Hilbert Lattices; World Scientific Publ., 1986; Diskrete Mathematik, 1988; Talent development in mathematics, science and technology I, II, AEGIS, 1989 - Liebh.: Musik - Spr.: Engl.

KALNEIN, Graf, Wend
Dr. phil., Prof., Museumsdirektor i. R. - Bayerham 70, A-5201 Seekirchen (T. 06212 - 64 27) - Geb. 24. Mai 1914 Ludwigslust, ev., verh. s. 1959 m. Livia, geb. Freiin v. Thielmann, 3 Kd. (Heinrich, Albrecht, Alexandra) - Maximilian-Gymn. München (Abit.); Univ. Grenoble, München, Heidelberg, Bonn (Kunstgesch., Roman., Slaw.; Promot. 1952) - 1952-54 Assist. Univ. Bonn (Kunsthistor. Inst.); 1954-61 Leit. Markgräfl. Bad. Samml. Salem u. Zähringer Mus. Baden-Baden; 1961-63 Abt.-leit. Hess. Landesmus. Kassel; 1964-79 Dir. Kunstmus. Düsseldorf; s. 1979 Hon.-Prof. Univ. Salzburg. Spez. Arbeitsgeb.: Kunst d. 17. u. 18. Jh. sow. mod. - BV: D. kurfürstl. Schloß Clemensruhe in Poppelsdorf, 1955; Meisterw. d. Markgräfl. Bad. Samml. im Neuen Schloß (Zähr. Mus. Baden-Baden), 1960; Art and Architecture in France in the 18th Century, 1970; Schloß Anif, 1988 - Spr.: Franz., Engl., Ital., Span., Russ. - Rotarier.

KALSCHEUER, Bernhard
Botschafter d. Bundesrep. Deutschl. in Kongo-Brazzaville (s. 1986) - Zu erreichen üb. B.P. 20 22, Brazzaville/Congo - Geb. 6 August. 1926 Köln (Vater: Peter Anton K.; Mutter: Else, geb. Mörs); verh. s. 1954 m. Helga Annelore, geb. Betz, T. Claudia - Prüf. f. d. Postverwaltungsdst. 1950; b. 1956 Ausl.-Postdst.; seith. Ausw. Dienst; Ausl.-Posten in Ghana, Kamerun, Kambodscha, Äthiopien, Trinidad, Tobago m. zwischenzeitl. Aufenth. in Bonn; zul. Generlkonsul in Recife/Brasilien - Liebh.: Archäol., ant. Numismatik, Gesch., Malerei, Leichtathl. - Spr.: Franz., Engl., Ital., Span., Port.

KALSCHEUER, Hans D.
Dr., Vorstandsvorsitzer Allgäuer Alpenmilch AG. - Prinzregentenstr. 155, 8000 München 80.

KALTEFLEITER, Werner
Dr. rer. pol., Prof. f. Politische Wissenschaft, Vizepräsident Univ. Kiel (1975-81) - Bismarckallee 2, 2300 Kiel (T. 0431 - 33 78 22) - Geb. 21. April 1937 Hagen/Westf. (Vater: Hugo K., Kantor; Mutter: Karola), ev., verh. s. 1964 m. Dr. Vera, geb. Gemmecke, 2 Kd. (Roland, Viola) - Abit. 1957, Univ. Köln (Wirtsch.- u. Soz.wiss.), Dipl.-Volksw. 1961, Assist. Forsch.inst. f. Polit. Wiss. Univ. Köln 1961-66, Promot. 1963, Habil. 1968 - 1968/69 Forsch.aufenth. Harvard Univ. Cambridge/USA. - 1969 Priv.-Doz. Köln, Vertr. Lehrst. f. Polit. Wiss. Univ. Saarbrücken, 1970 Lehrst.-Vertr. Univ. Köln, 1970-75 Dir. Soz.wiss. Forsch.-Inst., 1970/71 Wiss. Rat u. Prof. Univ. Köln, 1971 o. Prof. u. Dir. Inst. f. Pol. Wiss. Univ. Kiel, 1975-81 Vizepräs. Univ. Kiel, 1983 Dir. Inst. f. Sicherheitspolitik, Univ. Kiel; 1984-86 Vors. Medienkommiss. Kabelversuchsprojekte in d. Bundesrep. Deutschl.; 1986-90 Mitgl. Fernsehrat d. ZDF - Div. Veröff., meist üb. Probl. d. Politik (Bücher u. Aufs.) - BVK am Bde.

KALTENBACH, Martin
Dr. med. (habil.), Prof. f. Inn. Med. u. Leit. Abt. f. Kardiologie/Zentrum d. Inn. Med. Univ. Frankfurt/M. (s. 1971) - Falltorweg 8, 6072 Dreieich - Geb. 23. Sept. 1928 Lörrach/B. - BV: Belastungsunters., 1974; Kardiologie-Information, 1987 u. 89. Üb. 1000 Einzelarb.

KALTENBRUNNER, Gerd-Klaus

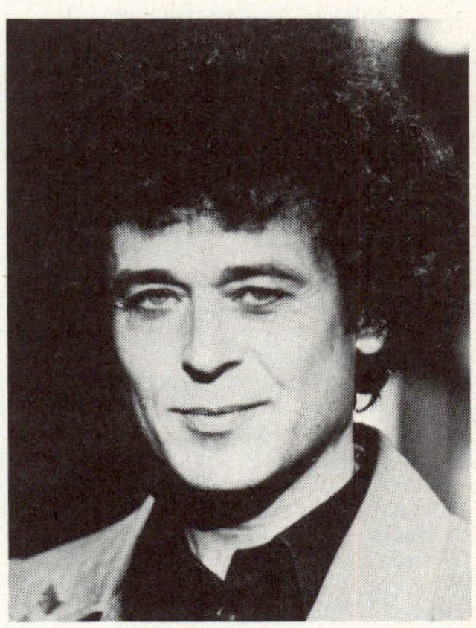

Schriftsteller, Herausg. - Im Ölmättle 12, 7842 Kandern - Geb. 23. Febr. 1939 Wien - Mitgl. Akad. Rat Humboldt-Ges. (s. 1980) - BV: Hegel u. d. Folgen (Hg.), 1970; Rekonstrukt. d. Konservatismus (Hg., m.a.), 1972, 3. A. 1978; Konservatismus intern. (Hg., m.a.), 1973; D. schwierige Konservatismus. Definitionen-Theorien-Porträts, 1975; EUROPA: S. geist. Quellen in Porträts aus zwei Jahrtausenden, 3 Bde. 1981-85; ELITE - Erziehung f. d. Ernstfall, 1974, 3. A. 1990; Wege d. Weltbewahrung, 1985; V. Geist Europas, Landschaften - Gestalten - Ideen, 1987; Was ist deutsch? V. d. Unvermeidlichkeit, eine Nation zu sein, 1988; Vom Geist Europas, Mutterland Abendland, Bd. 2, 1989; Franz v. Baaders Erotische Philosophie, 1991; Vom Geist Europas, Sternbilder - Schattenrisse - Spiegelungen, Bd. 3, 1992; D. Nonne v. Dülmen u. ihr Dichter-Chronist (A. K. Emmerich u. C. Brentano), 1992. Herausg.: Taschenb.-Magazin INITIATIVE (s. 1974, b. 1987 75 Bde.) - 1985 Pirkheimer-Med.; 1985 Baltasar-Gracián-Preis f. Ess.; 1985 Anton-Wildgans-Preis d. Vereinig. Österr. Industrieller; 1986 Konrad-Adenauer-Preis f. Lit.,; 1987 Aires-Vassalo e Silva-Preis d. Ges. Estudos Luso-Brasileiros (Lissabon); 1988 Mozart-Preis d. Goethe-Stiftg.; 1991 Essay-Preis d. PEN-Clubs Liechtenstein.

KALTENSTEIN, Ursula
Hausfrau, Mitglied Brem. Bürgersch. (s. 1967) -Augspurgstr. 5, 2850 Bremerhaven-Lehe (T. 8 16 58) - Geb. 16. Jan. 1927 Bremerhaven, ev., verh. - Obersch. Bremerhaven (Abit. 1947); 1947-49 Päd. Hochsch. Bremen - 1949-65 Schuldst. Bremerhaven. SPD s. 1963 (Mitgl. Landesfrauenaussch.).

KALTENTHALER, Albert
Dr. oec., Dipl.-Kfm., Unternehmensberater - Amundsenstr. 6, 8590 Marktredwitz (T. 09231-8 18 27) - Geb. 3. Jan. 1926 - 1966-83 Vorstandsmitgl. Rosenthal AG, Selb; s. 1983 AR-Mitgl. Loher AG, Ruhstorf/Rott, s. 1984 AR-Vors. AGROB AG, München - Spr.: Engl., Franz., Ital., Schwed., Span.

KALTHEGENER, Bernd
Dr. oec. publ., Dipl.-Kfm., Vorstandsmitglied CEAG Industrie-Aktien u. Anlagen AG, Bad Homburg v.d.H., CEAG DOMINIT AG, Dortmund - Dr.-Max-Str. 73, 8022 Grünwald (T. 6 49 24 55) - Geb. 23. Juli 1929 Essen - AR-Vors. DETA-Akkumulatorenwerk GmbH, Bad Lauterberg, AR-Mitgl. Friemann & Wolf GmbH, Duisburg.

KALTHEUNER, Herbert
Dr., Fabrikant (Fa. Adolf Pühl, Plettenberg) - Schlieffenstr. 5, 5970 Plettenberg/W. - Vors. Fachvereinig. Unterlegescheiben, Hagen; ARsmitgl. H. B. Seissenschmidt AG., Plettenberg.

KALTNER, Georg
I. Bürgermeister (s. 1978) - Rathaus, 8851 Buttenwiesen/Schw. - Geb. 24. Juni 1924 Lauterbach - Zul. Bauing. CSU.

KALTSCHMID, Jochen
Dr. rer. pol., Dipl.-Hdl., Prof. f. Erziehungswissenschaft Univ. Heidelberg - Danziger Str. 20, 6095 Mainz-Gustavsburg (T. 06134 - 5 13 98) - Geb. 17. April 1933 Giengen (Brenz) (Vater: August K., ltd. Angest.; Mutter: Margot, geb. Silberhorn), ev., verh. s. 1961 m. Helga, geb. Schumann, T. Astrid, S. Gerd (Pfleges.) - Kaufm. Lehre, Dipl.-Hdl. 1958, Dr. rer. pol. 1962, Lehrermächt. 1966 - 1962-68 Wiss. Ass. Univ. (WH) Mannheim, 1968-70 Doz., 1970-73 Prof. PH Reutlingen, s. 1973 Prof. f. Allg. Erzieh.wiss., Soz. d. Erzieh. u. Erwachs.bild. Univ. Heidelberg; 1974-75 u. 1985-87 Prodekan - BV: Menschsein in d. ind. Ges., 1965; MV Projektstudien z. Arb.lehre, 1974; Verh. v. Erzieh.wiss. u. Wirtsch.päd., 1976; MH Erzieh.wiss. u. Soziolog., 1977; MH Sozialisat. u. Erzieh., 1978; Die Schülerrolle, 1978; Bild. in Stufen, 1979; MH Erwachsenensozialisation u. Erwachsenenbildung, 1986; Didaktik d. Erwachsenenbildung, 1986; Biographie u. Pädagogik, 1988; Bildung u. lebenslanges Lernen, 1988 - Liebh.: Lit., Musik, Wandern, Reisen - Spr.: Engl.

KALTWASSER, Franz Georg
Dr. phil., Direktor Bayer. Staatsbibliothek - Ludwigstr. 16, 8000 München - Geb. 6. Nov. 1927 Nordhausen/Harz (Vater: Dipl.-Ing. Georg K.; Mutter: Mathilde, geb. Menge), kath., verh. s. 1958 (Ehefr.: Sabine), 2 Kd. (Tillmann, Stephanie) - Promot. 1953 München - Beirat-Vors. Stiftg. Preuß. Kulturbesitz, Beiratsmitgl. Dt. Bibliothek, Frankfurt u. Dt. Museum, München - Mitherausg.: Ztschr. f. Bibl.wesen u. Bibliogr. Fachaufs.

KALTZ, Bernhard
Dr., Geschäftsführer Verb. rhein. Schiffahrtspediteure - Weberstr. 77, 5300 Bonn (T. 21 00 95); priv.: Wegastr. 10, 5530 Stotzheim - Geb. 18. Jan. 1930.

KALUSCHE, Dietmar
Dr. rer. nat., Prof. f. Biologie u. ihre Didaktik PH Ludwigsburg - Görlitzer Weg 14, 7120 Bietigheim-Bissingen - Geb. 14. März 1944 Breslau, ev., verh. s. 1971 m. Irmgard, geb. Lentz, 2 Kd. - Gymn. Öhringen u. Stuttgart; TH Stuttgart, Univ. Hohenheim - BV: Bodenbiol. Praktikum, 1975 (m. G. Brucker); Ökologie, 1978; Schulb. Kl. 5/6 - Biol. (i. V.) - 1976 Aulis-Förderpreis - Liebh.: Entomol. - Spr.: Engl.

KALUZA, Theodor
Dr. rer. nat., o. Prof. f. Mathematik - Nötelweg 4, 3000 Hannover 91 (T. 49 12 33) - Geb. 14. Okt. 1910 Königsberg/Pr., kath., verh. s. 1945 m. Ingemarie, geb. Bücker, 2 Kd. - S. 1947 (Habil.) Lehrtätigk. TH Braunschweig (1953 ao. Prof.) u. TH bzw. TU Hannover (1954 o. Prof.; 1966-68 Rektor; 78 em.) - Mitgl. Braunschweig. Wiss. Ges. Fachveröff. - Liebh.: Segeln, Tennis - Spr.: Engl. - Rotarier - Großv.: Prof. Dr. Max K., Anglist; Vater: Prof. Dr. Theodor K., Mathematiker.

KALVIUS, Georg Michael
Dr. rer. nat., Prof., Direktor Physik Department TU München-Garching - Seefelder Str. 3, 8000 München 70 - Geb. 10. Febr. 1933 - Promot. 1961 München (TH) - 1963-70 USA-Tätigk. Facharb.

KAMBARTEL, Friedrich
Dr. rer. nat., o. Prof. f. Philosophie Univ. Konstanz (s. 1966) - Hussenstr. 3, 7750 Konstanz (T. 07531 - 2 14 71) - Geb. 17. Febr. 1935 Münster/Westf., ev., verh. s. 1960 m. Gisela, geb. Binschus, 3 Kd. (Elisabeth, Ruth, Thomas) - Gymn. u. Univ. Münster; Promot. (Math.) 1959; Habil (Phil.) 1966 - 1960-66 wiss. Assist. Univ. Münster (Phil. Sem.). Spez. Arbeitsgeb.: Logik, Sprachphil., Wissenschaftstheorie, Phil. d. Math., Prakt. Phil. - BV: Orthonormale Systeme u. Randintegralformeln in d. Funktionentheorie mehrerer Veränderlichen, 1960; Erfahrung u. Struktur, 1968 u. 1976; Was ist u. soll Phil., 1968 u. 1974; Wissenschaftstheorie als Wissenschaftskritik (m. P. Janich u. J. Mittelstraß), 1974; Theorie u. Begründung - Stud. z. Phil.- u. Wissenschaftsverständnis, 1976; Phil. d. humanen Welt, 1989. Herausg.: Prakt. Phil. u. konstrukt. Wissenschaftstheorie (1974). Mithrsg.: G. Frege, Nachgelassene Schriften (1969 u. 1983); G. Frege, Wiss. Briefwechsel (1976); B. Bolzano, Math.-phys. u. phil. Schriften 1842-43 (m. G. Gabriel u. M. Gatzemeier, 1989) - Spr.: Engl., Franz., Latein.

KAMBYLIS, Athanasios
Dr. phil., Prof. f. Byzantin. u. Neugriech. Philologie - Mittelweg 90, 2000 Hamburg 13 - B. 1978 Wiss. Rat u. Prof., dann Prof. u. Lehrstuhlinh. Univ. Hamburg.

KAMINSKI, Gerhard
Dr. phil., em. o. Prof. f. Psychologie Univ. Tübingen - Steinbößstr. 72, 7400 Tübingen (T. 8 21 71) - Geb. 19. Sept. 1925 Steinau/Oder (Vater: Ernst K., Regierungsrat; Mutter: Gertrud, geb. Pfeiffer), ev., verh. s. 1954 m. Gerda, geb. Bosdorf, 3 Kd. (Katharina, Claudia †1980, Sebastian) - Obersch. u. Gymn. Berlin; Humboldt- u. Freie Univ. Berlin (Dipl. 1952) - 1952 Assist., 1962 Akad., 1968 Wiss. Rat FU Berlin, 1968 Ord. Univ. Tübingen, Leit. Abt. f. Allg. u. Ökolog. Psych. d. Psych. Inst. Univ. Tübingen. Emerit. 1990 - BV: D. Bild v. Anderen, 1959; Verhaltenstheorie u. -modifikation, 1970; Kinder u. Jugendl. im Hochleistungssport (m. Mayer u. Ruoff), 1984. Herausg.: Umweltpsychol. (1976), (übers. in Ital. u. Span.); Ordnung u. Variabilität im Alltagsgeschehen (1986) - Liebh.: Musik, Bild. Kunst - Lit.: P. Day, U. Fuhrer u. U. Laucken (Herausg.): Umwelt u. Handeln, Festschr. (1985).

KAMINSKI, Hans
Dr. rer. pol., Prof. f. Arbeitslehre Univ. Oldenburg (s. 1980) - Ammerländer Heerstr. 67-97, 2900 Oldenburg; priv.: Immenweg 53 - 1987/88 Dekan FB 3 d. Univ. Oldenburg, s. Okt. 1988 Vizepräs. d. Univ. Oldenburg. Wissenschaftl. Berater im Modellversuch Neue Technologien u. Schule f. d. Fach Arbeit/Wirtsch. in Nieders. - BV: Grundl. Elemente e. Didaktik d. Wirtschaftserzieh., 1977; Verbrauchererzieh. in d. Sekundarstufe I, 1978; Telekolleg Volkswirtschaftslehre (m. Prof. Dr. F.-J. Kaiser), 1987ff. Herausg. Wirtschaft - Handwörterb. z. Arbeits- u. Wirtschaftslehre (m. Kaiser, 1981). Mithrsg. d. Zschr. arbeiten + lernen. Zahlr. Veröff. z. Did. d. ökonom. Bild. Zahlr. Schulferns.filme z. Arb.- u. Wirtsch.lehre, 1983 (gem. m. Prof. D. F. J. Kaiser), ausgez. m. d. Sonderpr. Schulferns. d. Ernst-Schneider-Pr. d. dt. IHK.

KAMINSKI, Heinz
Honorar-Prof., Gründer Sternwarte Bochum, Inst. f. Umwelt- u. Zukunftsforsch., Fernerkundung d. Erde m. Mitteln d. Weltraumtechnik (Globalökologie) - Blankensteiner Str. 200a, 4630 Bochum (T. 0234 - 4 77 11) - Geb. 15. Juni 1921 Bochum (Vater: Johann K., Stahlarbeiter; Mutter: Wilhelmine, geb. Brodoch), ev., verh. s. 1950 m. Johanna, geb. Hoffmann, 3 Kd. (Heinz-Rainer, Christiane, Anette) - Staatl. Ing.Schule Essen. 1948-60 Labor- u. techn. Betriebsltr., s. 1960 hauptamtl. Dir. Sternwarte Bochum - Ca. 100 Publ. z. Fernerkundung d. Erde, Weltraumkunde u. Gesellschaftspol. - Friedrich-Harkort-Plak. d. Wirtschaftspubl. Vereinigung NW; Gold. Sportabz., DLRG-Leistungsschein - Liebh.: Natur- u. Gesellschaftswiss. - Spr.: Engl. - Rotarier.

KAMINSKI, Wolfgang, gen. Max
Künstlermanager im Auftrag d. Bundesanst. f. Arbeit - Dahlienweg 2, 5804 Herdecke (T. 02330 - 1 33 44) - Geb. 24. Febr. 1952 Heide/Holst., ev., verh. s. 1972 m. Ingrid, geb. Löbbecke, S. Jens - Ausbild. z. Industriekaufm.; spät. auch freiberufl. Journ. u. Fotogr. f. div. Ztg. u. Illustrierten - Exklusiv unt. Vertrag stehende Künstler: Roy Black †, Karel Gott, Tommy Steiner, Helmut Zacharias, Engelbert, Daliah Lavi, Kristina Bach, Gipsy Vagabonds - Spr.: Engl.

KAMINSKY, Gerhard
Dr. rer. nat., Prof. f. Arbeitswissenschaft - Bernhard-Ihnen-Str. 42, 2057 Reinbek (T. 7 22 69 47) - Geb. 1. Dez. 1919 Königsberg (Vater: Fritz K., Reeder; Mutter: Johanna, geb. Bahr), verh. s. 1951 m. Dr. Charlotte, geb. Kröger, S. Alexander - Univ. Königsberg (Med.) u. Hamburg (Naturwiss.). Promot. (1950) u. Habil. (1959) Hamburg - S. 1959 Lehrtätigk. Hamburg (1965 Wiss. Rat u. Prof.; 1970 Prof.). Kriegsdst. Oberstltn. d. R. d. Bundeswehr. Mitgl. Lions Intern. - BV: Arbeitsablauf u. Bewegungsstudien (zus. m. H. Schmidtke), 1960 (poln. 1966); Gestaltung v. Arbeitsplatz u. -mittel, 1963; Physiol. Arbeitsgestalt., 1968; Praktikum d. Arbeitswiss., 2. A. 1980; Ergonomie am Arbeitsplatz, 2. A. 1980 (m. Hettinger u. Schmale); Energieverbrauchstafeln, (m. Hettinger u. Spitzer) 6. A. 1982. Üb. 140 Einzelarb. - Rechtsritter Johanniterord. - Liebh.: Briefmarken - Spr.: Engl.

KAMINSKY, Hans Heinrich

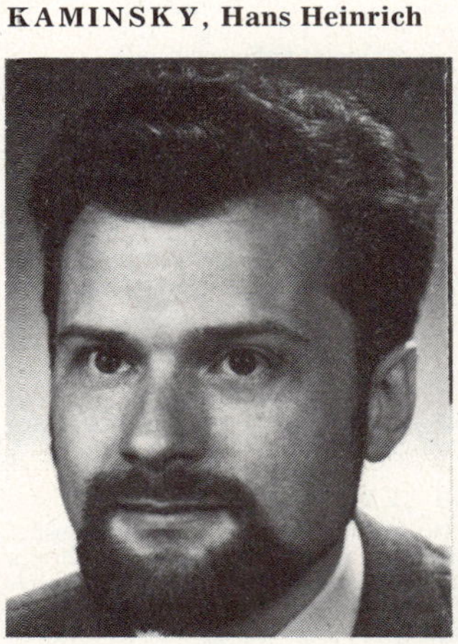

Dr. phil., Prof. f. mittelalterl. Geschichte u. Histor. Hilfswiss. Univ. Gießen (s. 1972) - Seltersweg 52, 6300 Gießen - Geb. 9. Mai 1938 Leverkusen (Vater: Dr. Fritz K., Ing.; Mutter: Anna Marie, geb. Schäfer), led. - Gymn. Leverkusen (Abit. 1958) Stud. Univ. Köln; Promot. 1968. 1966-72 Wiss. Assist., 1972 Prof., 1981-85 Stadtrat Gießen. Begründ. d. Bibliogr. Zentr. d. Mittelalterforsch. - BV: Studien z. Reichsabtei Corvey in d. Salierzeit, 1972; (m. O. Ehrismann): Lit. u. Gesch. im Mittelalter, 1976 - Liebh.: Münzsammler (Mittelalter) - Spr.: Engl., Franz., Ital.

KAMINSKY, Walter
Dr. rer. nat., Prof. u. Dir. f. Techn. u. Makromolekulare Chemie Univ. Hamburg (s. 1977) - Buschweg 52, 2080 Pinneberg (T. 04101 - 6 49 50) - Geb. 7. Mai 1941 Hamburg, verh., 3 Kd. - Chemie-Stud. Univ. Hamburg. S. 1976 Prof. f. Angew. Chemie Univ. Hamburg; 1979 Ruf an Univ. Oldenburg u. Karlsruhe. Arbeitsgeb.: Homogene Ziegler-Natta-Katalyse, Polymerisation v. Olefinen u. Pyrolyse v. Kunststoffabfällen, Altreifen u. Klärschlamm in d. Wirbelschicht. Üb. 100 Veröff. u. 10. Pat. Mitgl. GDCh, DECHEMA, VDI, Naturforscher u. Ärzte; 1988 Förderpreis f. d. Europ. Wiss.; 1991 Karl Heinz Beckurts-Preis.

KAMKE, Detlef
Dr. phil. (habil.), o. Prof. f. Experimentalphysik Univ. Bochum (s. 1963) - Platanenweg 42, 4630 Bochum - Geb. 10. Aug. 1922 Hagen/W. - Zul. Doz. Univ. Marburg. Emerit. 1987 - Fachveröff.

KAMLAH, Ehrhard
Dr. theol., Prof. f. Neues Testament - Rembrandtstr. 45, 6500 Mainz-Lerchenberg (T. 06131 - 73017) - Geb. 1. Okt. 1925 Göttingen, ev. - S. 1962 (Habil.) Lehrtätigk. Univ. Mainz - BV: D. Form d. katalog. Paränese im Neuen Testam., 1964.

KAMM, Bertold
Vizepräsident d. Bayer. Landtags - Schlaunstr. 21, 8500 Nürnberg - Geb. 10. Mai 1926 Schorndorf/Württ. - Oberrealsch. Schorndorf u. Bad Cannstatt, 1947-50 Univ. Tübingen u. Erlangen - 1944-46 Wehrd. u. engl. Kriegsgef., 1950-55 Leit. versch. Jugendwohnh. Nürnberg, Landesvors. Arbeiterwohlfahrt Bayern, Vorstandsmitgl. Inst. f. Sozialpol. u. Arbeitsr., München. SPD s. 1947 - 1983 BVK I. Kl.

KAMM, Fritz
Direktor Dresdner Bank AG Filiale Mainz, Landesschatzm. d. DRK Rhld.-Pfalz - Zu erreichen üb. Dresdner Bank AG, Große Bleiche 15, 6500 Mainz.

KAMM, Helmut
Dr. phil., Prof. f. Schulpädagogik PH Weingarten - Wagnerstr. 16, 7987 Weingarten/Württ..

KAMMANN, Werner
Bürgermeister, Kaufm., MdL Nieders. (s. 1974) - Rugenbargsweg 18, 2190 Cuxhaven (T. 4 84 72) - B. 1968 Ober-, dann I. Bürgerm. SPD.

KAMMEL, Roland
Dr.-Ing., o. Prof. f. Metallhüttenkunde TU Berlin (s. 1969) - Str. d. 17. Juni 135/ TU, 1000 Berlin 12 (T. 3141) - Geb. 10. Jan. 1925 Schatzlar - Zul. Doz. f. Galvanotechnik TH Aachen. Facharb., Vors. Dt. Ges. f. Galvanotechnik (1971), Düsseldorf - Reden-Plak.; Springorum-Denkmünze; 1971 Ehrendoktor Keio Univ. Tokio (Japan).

KAMMENHUBER, Annelies

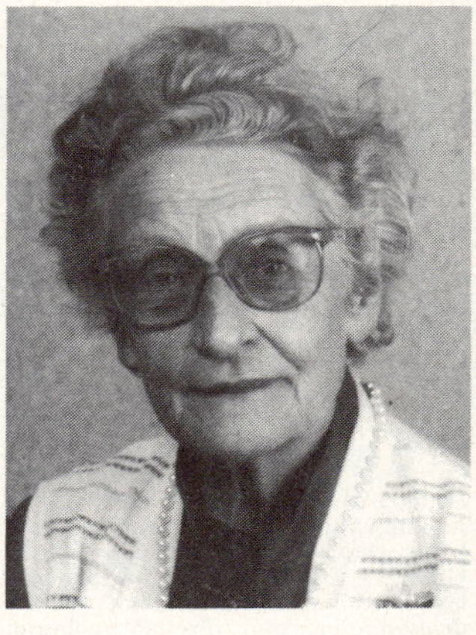

Dr. phil., Prof. - Schneckenburgerstr. 11, 8000 München 80 (T. 4 70 37 49) - Geb. 19. März 1922 Hamburg (Vater: Georg

K., Schlosserm.; Mutter: Maria, geb. Hawranek), kath. - Univ. Hamburg u. München (Indogerman., Roman., Indol., Lat.). Promot. (1950) u. Habil. (1958) München - S. 1958 Privatdoz. u. apl. Prof. (1964) Univ. München (Hethitologie u. altkleinasiat. Sprachwiss. sowie Altiranistik); s. 1968 zugl. Prof. Pontificio Istituto Biblico Rom (Hethitol.). Fachmitgliedschaften - BV: Hippologia hethitica, 1961; D. Arier im Vorderen Orient, 1968; Materialien z. e. hethitischen Thesaurus, 1974ff.; J. Friedrich † - A. Kammenhuber, Hethit. Wörterbuch, 2. A. 1975ff.; Orakelpraxis, Träume u. Vorzeichenschau b. d. Hethitern, 1976 - Spr.: Franz., Engl.

KAMMER, Werner M.

Studiendirektor, gf. Vorstandsmitgl. Gesellsch. f. rationale Verkehrspolitik (s. 1970) - Bromberger Str. 5, 4000 Düsseldorf 13 - Geb. 10. Nov. 1928 Haan (Vater: Ferdinand K., Techniker; Mutter: Auguste, geb. Simon), ev., verh. s. 1955 m. Christel, geb. Sichelschmidt, 2 S. (Martin, Eckhard) - Schloßgymn. Benrath; Univ. Köln (Math., Phys., Phil.; Staatsex. 1954) - S. 1954 höh. Schuldst. Verkehrspolit. Aufs. - Liebh.: Bergsteigen, Barockmusik - Spr.: Engl.

KAMMERER, Hans

Dipl.-Ing., o. Prof. f. Entwerfen Univ. Stuttgart - Hardtstr. 39, 7055 Stetten/Württ. (T. Waiblingen 42974) - Arch. - 1973 o. Mitgl. Akad. d. Künste Berlin - Spr.: Engl., Franz. - Rotarier.

KAMMERER, Hans E.

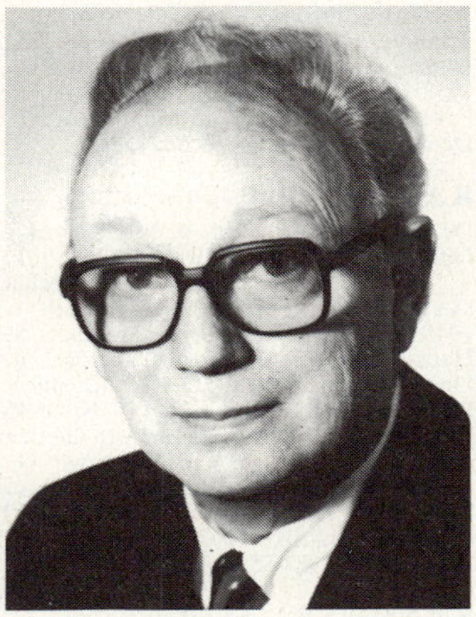

Direktor, Vorstandsvors. SVG/Straßenverkehrsgenoss. Südbaden, Freiburg (s. 1947), u. BZG/Bundeszentralgenoss. Straßenverkehr, Frankfurt/M. (s. 1978), gf. Vorst. Verb. d. Verkehrsgew., Freiburg (1949ff.) Vorst. TÜV/Techn. Überwachungsverein Südwest, Mannheim (1956ff.), VR-Vors. HGK/Handelsges. f. Kraftfahrzeugbedarf GmbH & Co. KG, Düsseldorf (1975ff.), Beiratsvors. Prüfungsverb. d. Dt. Verkehrsgenoss., Hamburg (1979ff.), stv. Vors. DVWG/Dt. Verkehrswiss. Ges., Freiburg (1973ff.), u. a. - Maria-Theresia-Str. 2-4, 7800 Freiburg/Br. - Geb. 9. März 1924 Freiburg (Vater: Adolf K., Ing.; Mutter: Martha, geb. Middelborg), kath., verh. s. 1947 m. Maria, geb. Leppert, S. Michael - Nach Reifezeugn. (1940) Speditionslehre - Gold. Ehrennadel Bundesverb. d. Dt. Güterfernverk. (1959), ADAC (1975), Dt. Genoss.verb. (1984), Dt. Motoryachtverb. (1984), Verdienstmed. Land Baden-Württ. (1985); 1972 BVK - Liebh.: Yachtsport.

KAMMERMEIER, Anneliese,

geb. Wagner

Geschäftsf. Gesellsch. Westra Electronic Gmbh Welden (s. 1974) - Obere Weinbergstr. 6, 8901 Welden b. Augsburg (T. 08293 - 61 12) - Geb. 12. Mai 1933 Geltendorf (Vater: Peter W., Schreinerm.; Mutter: Therese, geb. Drexel), kath., verh. s. 1958 m. Anton K., 3 Kd. (Claudia, Anton-René, Simon) - Prakt. Ausb., Selbststud. -Hausfrau, s. 1978 Marktgemeinderätin - Liebh.: Sport, Flugsport (PPL) - Spr.: Engl.

KAMMERMEIER, Anton Josef

Dipl.-Chem., Geschäftsführer, Gesellsch. Westra-Electronic GmbH Welden (s. 1968) - Obere Weinbergstr. 6, 8901 Welden b. Augsburg (T. 08293-61 12) - Geb. 12. Aug. 1923 Mindelheim (Vater: Anton K., Kaufm.; Mutter: Elisabeth, geb. Stückle), kath., verh. s. 1958 m. Anneliese, geb. Wagner, 3 Kd. (Claudia, Anton-René, Simon) - Stud. Univ. München (Organ. Chemie), Dipl. 1955 - B. 1961 Rheinhold & Mahla (Entwicklgsltr.), b. 1968 Kunststoffwerk Pfersee Augsburg (Mitgr., Gesch.f. Ges.sch.), s. 1968 WESTRA ELECTRONIC GMBH Welden (Gründer, Gesch.f. Ges.sch. - Entd.: Patente Kunstst.schäume u. Elektroakustik - Liebh.: Flugsport, Motorsport (PPL) - Spr.: Engl., Franz., Ital.

KAMMERMEIER, Fritz

Fabrikant (Südd. Messer-, Sägen- u. Werkzeugfabrik Fritz Kammermeier, Straubing) - Dr.-Otto-Höchtl-Str. 5, 8440 Straubing/D. (T. 6360) - Langj. Vizepräs. IHK f. Niederbayern (Passau).

KAMMERMEIER, Helmut

Dr. med., Univ.-Prof., Physiologe - Richtericher Str. 19, 5100 Aachen - Geb. 26. April 1932 - Promot. 1958; Habil. 1968 Univ. Freiburg - S. 1971 Prof. H3/C3 TH Aachen/Med. Fak. (Leit. Lehr- u. Forsch.Geb. Physiol., insb. Herz- u. Kreislaufphys.). Zahlr. Facharb. - Mitgl. Editorial Board: Journal of Molecular and Cellular Cardiology; Basic Research Cardiology; Mitgl. New York Acad. Sci; versch. Wiss.Ges.

KAMMERMEIER, Rupert

Dr. rer. agr., Brauereidirektor, Mitgl. Unternehmensleitg. Karlsberg Brauerei KG Weber, Homburg - In der Mulde 5, 6650 Homburg-Sanddorf (T. 06841 - 10 52 21) - Geb. 10. Jan. 1935 Freiburg i. B., kath., verh. s. 1960 m. Helga, geb. Schreck, 3 Kd. (Markus, Beate, Arno) - Ausb. Brauer + Mälzer (Dipl. Brau-Ing.); Promot. 1962 Univ. München - Mitgl. u. Vors. in div. Verbandsgrem. - Liebh.: Photographie, Film, Reisen, Bergwandern - Spr.: Engl., Franz.

KAMMHOLZ, Axel

Dipl.-Volksw., Ltd. Regierungsdirektor Bundeskartellamt - Schädestr. 8, 1000 Berlin 37 (T. 030 - 815 73 70) - Geb. 15. März 1937 Berlin, ev., verh. s. 1963 m. Gisela, geb. Neumann, 3 Kd. (Christiane, Claudia, Andreas) - Abit. 1955; 1956-59 kaufm. Lehre Siemens in Bayern u. Berlin; 1959-63 Stud. Volkswirtschaft u. Publiz. FU Berlin; Dipl.-Volksw. - S. 1963 Mitarb. Bundeskartellamt. FDP (1968/69 Vors. Dt. Jungdemokraten, Landesverb. Berlin, Vors. Arbeitsgr. Wettbewerb Bundesfachaussch. Wirtschaft u. Verbraucher d. FDP). 1971-75 Mitgl. Bezirksverordnetenvers. Steglitz, 1985-89 u. s. 1991 MdA Berlin; 1989-90 Vors. d. Parlam. Arbeitsgruppe d. FDP in Berlin; Mitgl. im Präsid. d. Abgeordnetenhauses, s. 1991 stv. Fraktionsvors.

KAMMHOLZ, Günter

Dipl.-Ing., Aufsichtsratsmitglied Leuna AG - Lüdemannsweg 15, 4650 Gelsenkirchen-Buer - Geb. 4. Aug. 1926.

KAMP, Erich

Kraftfahrzeughandwerker, MdL Nordrh.-Westf. (s. 1975) - Hebbelstr. 7, 5828 Ennepetal (T. 02333 - 2482) - Geb. 10. Okt. 1938 - SPD.

KAMP, Hans

Dipl.-Kfm., Geschäftsführer Rokal Armaturen GmbH. - 4054 Nettetal 1-Lobberich.

KAMP, Norbert

Dr. phil., Prof. f. Geschichte, Präsident Univ. Göttingen (s. 1979) - Leipziger Str. 236B, 3300 Braunschweig-Stöckheim (T. 61 00 55) - Geb. 24. Aug. 1927 Niese/Lippe (Vater: Otto Kamp, Tischlerm.; Mutter: Valerie, geb. Steier), kath., verh. s. 1958 m. Dr. Rosemarie, geb. Füllner, 3 Kd. (Hermann, Lorenz, Dorothee) - 1949-55 Stud. Univ. Göttingen; Promot. 1957 Göttingen; Habil. 1969 Münster; 1957-61 Stip. Dt. Historisches Inst. Rom - 1961-69 Univ. Münster (wiss. Assist., 1969 Privatdoz.); 1969-70 TU Berlin, s. 1970 o. Prof. f. mittelalterl. Gesch. TU Braunschweig (1972 amt. Dekan, 1974-75 Dekan phil. Fakultät, 1975-76 Prorektor, 1976-78 Rektor). 1980-86 Vors. nieders. Landeshochschulkonfz. - BV: Kirche u. Monarchie im staufischen Königreich Sizilien, Bd. I T. 1-4 1973/82 - 1986 Mitgl. Akad. d. Wiss. Göttingen u. d. Accademia Pontaniana Napoli.

KAMP, Rolf

Dr. jur., Kaufmann, Ehrenmitgl. Bundesverb. d. Deutschen Flachglasgroßhandels - Ahse-Ufer 8, 4700 Hamm 1 - Geb. 29. Nov. 1911.

KAMPE, Walther

Weihbischof v. Limburg (1952-84) - Ferdinand-Dirichs-Str. 12, 6250 Limburg/L. (T. 29 52 84) - Geb. 31. Mai 1909 Wiesbaden, kath. - Priesterw. 1934 - U. a. Seelsorger Auslandsdeutsche Bessarabien u. Siebenbürgen - BV: D. Konzil im Spiegel d. Presse, 1963 - 1982 Gr. BVK.

KAMPER, Dietmar

Dr. phil., Prof. f. Soziologie - Massolleweg 9B, 1000 Berlin 22 - Geb. 5. Okt. 1936 Erkelenz (Vater: Theo K., Unternehmer; Mutter: Magdalene, geb. Esser), kath., verh. s. 1965 m. Silvia, geb. Breitwieser (Bildh.), 2 Töcht. (Solveig, Signe) - Gymn. Odenkirchen u. Erkelenz; Sporthochsch. Köln (Dipl.); Univ. Tübingen u. München. Univ. Marburg (1978 Vizepräs.) u. FU Berlin - BV: Geschichte u. menschl. Natur, 1973; Abstraktion u. Gesch., 1974; Z. Gesch. d. Körpers, 1975; Üb. d. Wünsche, 1976; Dekonstruktionen, 1979; Z. Gesch. d. Einbildungskraft, 1981; Z. Soziologie d. Imagination, 1986; Hieroglyphen d. Zeit, 1988. Mitverf.: Studienf. Sozialisierungs-1974, Wissenschaftstheorie 1975, Im Schatten d. Milchstraße. Erfahr. a. d. Camino de Santiago 1981; D. Wiederkehr d. Körpers, 1982; Selbstkontrolle, 1982; D. gefangene Einhorn, 1983; D. Schwinden d. Sinne, 1984; D. Andere Körper, 1984; Lachen, Gelächter, Lächeln, 1986; D. Heilige, 1987; D. sterbende Zeit, 1987; D. Schicksal d. Liebe, 1988; D. erloschene Seele, 1989; D. Schein d. Schönen, 1989; Transfigurationen d. Körpers, 1989 - Liebh.: Reisen (Mittelalter. Stätten Europas), Sport (1959 Dt. Hochschulm. Weitsprung u.4 × 100 m-Staffel) - Spr.: Engl., Franz.

KAMPER, Ingrid P.

Dr. med., Ärztin f. Neurologie u. Psychiatrie, Psychoanalytikerin, Lehranalytikerin DGPT, DPG, AÄGP u. DAGG - Jöhrensstr. 5, 3000 Hannover 71 (T. 0511 - 52 67 33) - Geb. 25. Sept. 1942 Düsseldorf - Stud. Wirtsch.- u. Sozialwiss. u. Soziologie Köln, Med. Hannover; Promot. (üb. Depression b. Kd.) 1975 - 1975-77 Wiss. Assist. u. Forsch. Neurol. Univ. Klinik Düsseldorf (neurolog. Psychosomatik), 1977-80 Psychiatr. Klinik Med. Hochsch. Hannover (Suicidalität); s. 1980 fr. Praxis u. Forsch. zu unbewußten Phantasien, Unternehmensberatung u. Supervision - Interessen: Naturschutz, Lit., Reisen - Spr.: Engl., Franz.

KAMPER, Wolfgang

Dipl.-Kfm., Aufsichtsratsmitglied Rheinwohnungsbau GmbH u. Neue Schauspiel GmbH, Düsseldorf - Wildenbruchstr. 81, 4000 Düsseldorf 11 (T. 57 19 63) - Geb. 31. Okt. 1930 Dortmund (Vater: Norbert K., Kaufm.; Mutter: Elisabeth, geb. Kotthoff), kath. - Volont. Schloemann AG, D'dorf; Stud. Univ. Innsbruck, Köln (Dipl.ex. 1955) - Ratsherr, s. 1975 Bez.vorsteher Stadtbez. 4 D'dorf; Vors. Theatergemeinde D'dorf (s. 1969); Vors. Landesverb. d. Theatergemeinden NRW - Liebh.: Theater, Lit.

KAMPF, Henning E.

Geschäftsführer McCORMICK GmbH (s. 1963) - Sperberstr. 45, 6232 Bad Soden 1 - Geb. 6. Juli 1933 Athen/Griechenl., ev., verh. s. 1982 m. Antje A., geb. Jenautzke, 2 Kd. (Markus, Melanie) - Ausb. in versch. Ländern (Iran/Ungarn/Schweden) - S. 1973 stv. AR-Vors. Black & Decker GmbH, s. 1979 Vors. Abpackersparte Fachverb. Gewürzind.; Handelsrichter LG Frankfurt; Großhandelsaussch. IHK Frankfurt; Vors. Europ. Gewürz-Verb. ESA - Liebh.: Sport (Langstreckenlauf), klass. Musik - Spr.: Engl., Schwed.

KAMPF, Sieghard-Carsten

Dr. med., Chefarzt, Bürgerschaftsabgeordn. - Zu erreichen üb. Marien-Krankenhaus, Alfredstr. 9, 2000 Hamburg 76; priv.: Sievekingsallee 10 - Geb. 6. Dez. 1942 Züllichau, verh. m. Heide-Gundula, geb. Brüggemann, 2 Kd. - 1962-68 Stud. Phil. u. Med.; Promot. (Biochem.) 1969 - B. 1972 wiss. Assist. Univ.-Krkhs. Eppendorf, Hamburg; s. 1974 Oberarzt; Facharzt f. Labor.med., Mikrobiol., Transfusionsmed. - S. 1978 Mitgl. Hbg. Bürgersch. CDU.

KAMPF, Wolfgang-Dietrich

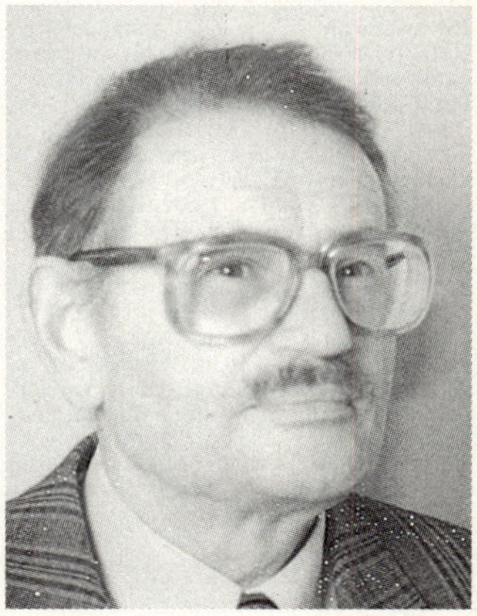

Dr. rer. nat., Prof. f. Hygiene u. Mikrobiol. - Hindenburgdamm 27, 1000 Berlin 45 - Geb. 3. Okt. 1928 Dessau; ev., verh. m. Helgard, geb. Wermke, Dipl.-Psychol., 2 Kd. (Andreas, Marcus) - 1954-59 Bundesanstalt f. Materialprüf. (BAM) Berlin, ab 1959 Inst. f. Hygiene FU Berlin.

KAMPFFMEYER, Hans

Dr. rer. pol., Generalsekr. a. D. - Adolf-Reichwein-Str. 34, 6000 Frankfurt/M. (T. 56 16 69) - Geb. 23. Mai 1912 Karlsruhe - 1950-56 Geschäftsf. Gewobag, Frankfurt/M., 1956-71 Bau- u. Planungsdezern. Stadt Frankfurt, AR-Mand. - 1962 Ehrenplak. d. Stadt Frankfurt, 1970 Heinrich-Plett-Preis, 1973 BVK I. Kl., 1984 Stadtältester Stadt Frankfurt.

KAMPHAUS, Franz

Dr. theol., Kath. Bischof v. Limburg (s. 1982), Honorarprof. f. Homiletik Univ. ebd. (s. 1974), Vors. d. Kommiss. f. Entwicklungsfragen (insbes. Misereor) d. Dt. Bischofskonfz. - Roßmarkt 4, 6250 Limburg 1 - Geb. 2. Febr. 1932 Lüdinghausen, kath. - Promot. 1968 - B. 1973 Hochschultätigk. (zul. Wiss. Rat u. Prof.) - BV: V. d. Exegese z. Predigt, 3. A. 1971 (auch holl. u. slow.); Leidenschaft f. Gott (m. Bours), 1981; Vom Tod zum Leben, 1982; Was dir zum Frieden dient, 1983; D. Stein kam ins Rollen, 1986; D. Preis d. Freiheit, 1987; Briefe an junge Menschen, 1988; Was d. Stunde geschlagen hat, 1990; Entschieden leben, 1991.

KAMPHAUSEN, Artur
Hauptgeschäftsf. Bundesverb. d. Dt. Flachglas-Großh. e.V., Geschäftsf. Ges. Kelasa Flachglas-Förderungs-Dienst GmbH, d. Bundesverb. d. Dt. Isolierglasherst. u. Spiegelglas-Lagerhalter-Verein e.V. - Gotenring 17, 5000 Köln 21 (T. 88 33 84) - Geb. 3. Febr. 1923, kath., verh. s. 1951, T. Ingrid - Univ. Bonn u. Köln (Staats- u. Rechtswiss.). I. jurist. Staatsex. 1949 - Zul. (1963-68) Glasind. Hbv.

KAMPMANN, Helmut
Journalist - Geisbachstr. 45, 5400 Koblenz 1 - Geb. 14. Febr. 1921 Koblenz - Univ. Bonn (German.) - S. 1946 Osnabrücker Tagebl., D. Welt, Bonner General-, Kölner Stadt-Anzeiger, Expreß (stv. Chefredakt.), b. 1986 Rhein-Ztg., Koblenz (Chefredakt.). Mitgl. Inst. f. Publizist. Bildungsarb. u. Lions Intern. - BV: Wenn Aberglauben d. Welt verhext, 1954; D. Lokalredaktion, Sammlung I, 1978; Agenturen u. Reporter, 1979; Lokalredaktion, Sammlung II, 1981; Zeitungsgesch., 1986; D. Wächterpreis d. Tagesztg., 1988; Koblenzer Presse-Chronik, 1988.

KAMPMANN, Lothar
Prof., Hochschullehrer - Hilsingstr. 14, 4618 Kamen-Methler (T. 02307 - 3093) - S. Jahren Päd. Hochsch. Ruhr/Abt. Dortmund (gegenw. o. Prof. f. Bild. Kunst u. ihre Didaktik).

KAMPS, Burkhard
Rechtsanwalt, Vorstandsmitgl. RHEINHYP Rheinische Hypothekenbank AG - Zu erreichen üb. RHEINHYP Rheinische Hypothekenbank AG, Postf. 16 06 55, 6000 Frankfurt/M. - Geb. 5. Aug. 1925 - Landesbeir. NRW Commerzbk. AG; AR d. Wohnstättenges. Mark GmbH, Lüdenscheid; stv. AR-Vors. Westwoning B.V., Brielle - Rotarier.

KANDELER, Riklef
Dr. rer. nat., Prof. f. Botanik - Am Modenapark 13, A-1030 Wien - Geb. 18. Juni 1927 Berlin (Vater: Dr. jur. Hermann K., Justitiar; Mutter: Martha, geb. Brandt), verh. s. 1952 m. Dorothea, geb. Busch (†1976) - 1946-51 Univ. Berlin (Humboldt, Freie) u. Mainz (Botanik) - 1960ff. (Habil.) Lehrtätigk. Univ. Würzburg (1966 Wiss. Rat u. Prof.); s. 1972 o. Prof. Univ. f. Bodenkultur Wien. Fachveröff.

KANDIL, Fuad

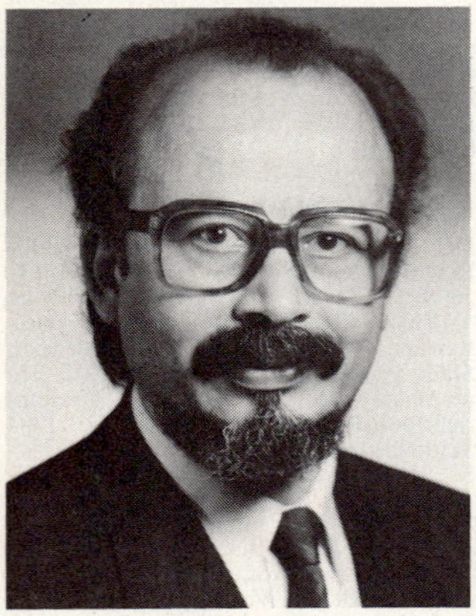

Dr. rer. pol. habil., Dipl.-Ing., Wiss. Referent f. Sozialwiss., apl. Prof. f. Entwicklungssoziologie u. Kultursoziol. Univ. Karlsruhe - Waldstr. 10, 7500 Karlsruhe (T. 0721 - 2 98 26) - Geb. 3. Sept. 1936 Tanta/Ägypten, Muslim, verh. s. 1962 m. Marie-Luise, geb. Pfennig, 2 Kd. (Lamya, Firyal) - Dipl.-Ing. 1964; Bibl. Fachprüf. 1967; Promot. (Wirtschaftswiss.) 1974; Habil. (Soziol.) 1981; apl. Prof. 1989 - Mitgl. d. Interfakult. Inst. f. Angewandte Kulturwiss. u. d. Inst. f. Regionalwiss. an d. Univ. Karlsruhe - BV: Traditionale Werte im Entwicklungsprozeß, 1975; Nativismus in d. Dritten Welt, 1983; Mitverf.: Re-Islamisierung u. Entwicklungspolitik, 1982. Zahlr. Aufs. z. Problemen d. multikulturellen Ges. u. d. christl.-islam. Dialogs - Spr.: Arabisch, Engl.

KANDLBINDER, Hans Karl
Dr. phil., Dipl.-Kfm., A. M., Investment Beratung f. Institutionelle Anleger - Hammerschmiede 3, 8018 Grafing/Obb. (T. 08092 - 61 53) - Geb. 12. Dez. 1931 Passau (Vater: Karl K., Beamter †1958; Mutter: Käthe, geb. Lindinger), kath., verh. s. 1959 m. Helma, geb. Zilk, 4 Kd. (Rebekka, Markus, Miriam, Jessika) - 1951-59 Doppelstud. Phil. u. Betriebsw. München, Berlin, Kopenhagen, Duke Univ., Univ. of North Carolina u. California, Fribourg, Bonn, Montpellier, Den Haag, Madrid; Ausbild. Dt. Bank. Dipl.-Kfm. u. Promot. München, A. M. Durham - U. a. Dir. Henschel u. Philips Lebensversich. v. 1871; gf. VR G & S-SICAF, Luxembourg. Lehrbeauftr. Univ. Münster u. Passau (Finanzw./Versich.betriebslehre) - BV: Gewinn- u. Verlustrechnung, 1973; Spezialfonds, 1979; Liquidität aus Debitoren, 1980; Spezialfonds als Anlageinstrument, 1991. Üb. 40 Einzelarb. - 1976 Ritter v. Hl. Grab zu Jerusalem (Päpstl. Orden) - Spr.: Engl., Franz., Span., Niederl.

KANDLER, Otto
Dr. rer. nat., Dipl.-Geol., Prof. Geograph. Inst./Univ. Mainz - Königsberger Str. 11, 6531 Waldlaubersheim - Geb. 29. Juli 1939 Mainz - Promot. (1970) u. Habil. (1975) Mainz - Fachveröff.

KANDLER, Otto
Dr. rer. nat., Dr. h. c. dupl., em. Prof. f. Botanik - Ernst-v.-Romberg-Str. 13, 8000 München 50 (T. 141 63 20) - Geb. 23. Okt. 1920 Deggendorf/Ndb. (Vater: Karl K.; Mutter: Therese, geb. Katzdobler), kath., verh. s. 1953 m. Dr. Gertraud, geb. Schäfer, 3 Töcht. (Maja, Barbara, Susanne) - Promot. 1949 - 1949-57 Assist. Botan. Inst. Univ. München (1953 Privatdoz.); 1957-60 Dir. Bakt. Inst. Südd. Versuchs- u. Forschungsanst. f. Milchw. Weihenstephan; s. 1960 Ord. TH (angew. Botanik) u. Univ. München (allg. Botanik, 1968), 1986 emerit. Mitgl. Dt. Botan. Ges., zahlr. weitere in- u. ausl. botanische u. mikrobiologische Ges. Spez. Arbeitsgeb.: Stoffwechselphysiol., Mikrobiol. - 1971 Mitgl. Dt. Akad. d. Naturforscher (Leopoldina), Halle/S., Mitgl. Bay. Akad. d. Wiss. - Spr.: Engl.

KANDOLF, Heinz
Lehrer, MdBB - Kastanienweg 18, 2850 Bremerhaven - Geb. 5. Jan. 1920 Oppeln/OS. - Gymn. Oppeln (Abit.); Lehrerausbild. Bamberg - 1938-44 Arbeits- u. Wehrdst. (schwerkriegsvers.), n. 1945 Lehrer u. Schulleit. Landgemeinden, s. 1957 Schuldst. Bremen. 1963-67 u. s. 1971 Mitgl. Brem. Bürgerschaft. CDU.

KANDORFER, Pierre A.
Dr. phil., Film-Regisseur, Autor, Prod. - Steinrutschweg 19, 5000 Köln 71 - Geb. 17. Aug. 1943 Peilenstein, kath., verh. m. Helga, geb. Terjung, T. Michelle - Stud. (Promot.); Redaktionsvolont., Regie-Assist. - Redakt.; 1970-75 ständ. fr. Mitarb. WDR-Fernsehen Köln: fr. Autor, Regiss. u. Prod. v. Fernsehfilmen (f. div. deutschspr. Fernsehsender); 1976-83 Lehrbeauftr. u. Leit. Sem. Filmgestalt. FHS Düsseldorf; dzt. Geschäftsf. ATN TV Dr. Kandorfer GmbH (Köln) u. American Television News Inc. (Los Angeles) - BV: Lehrb. d. Filmgestalt. - Theoret.-techn. Grundl. d. Filmkd., 1978 u. 83; Schriftenreihe z. Film- u. Fernsehkd. (bisher 5 Bde.); u.a. - Üb. 250 Filme (vor allem FS).

KANEHL, Franz-Joachim
Prof., Dr., Dr. h. c. mult., Luftfahrtunternehmer, Wiss. Mitarb., Beauftr. Reg. v. Grenada/West Indies, Leit. Dt.-Bol. Info-Zentrum f. Wirtsch. u. Tourism., Intern. Beratungen f. Vertretungen - Humboldtstr. 11, 4000 Düsseldorf (T. 0211 - 68 11 11) - Geb. 6. Nov. 1947 Düsseldorf (Vater: Dr. Josef K., Apotheker; Mutter: Elise, geb. Lange), ev., gesch. - Humboldt-Gymn. Düsseldorf; National E. Univ. London, Sheffield, Techn. Staatsuniv. Bolivien, Kath. Staatsuniv. La Paz, Bolivien - Spez. Arbeitsgeb.: Krit. Unterschallaerodynamik, Turbulenz, Grenzschicht. Entd.: Krit. Ablös. d. Grenzschicht im hohen Unterschallbereich - Vizekanzler weltl. Orden v. hl. Kreuz zu Jerusalem (s. 1973), Kommand. I. Kl. OHCJ; Tempelherren-Orden - Mitgl. CDU s. 1970; Lions, OHCJ - Liebh.: Klass. Musik, Sportfliegen, Reiten, Golf, Tennis, Photograph., Antiquitäten - Spr.: Engl., Franz., Span., Latein - Bek. Vorf.: Heinrich v. Kleist.

KANELLAKOPULOS, Basil
Dr. rer. nat. (habil.), Chemiker, apl. Prof. f. Radiochemie Univ. Heidelberg - Rheinstr. 12, 7514 Eggenstein-Leopoldshafen.

KANERT, Otmar
Dr. rer. nat., o. Prof. f. Exper. Physik Univ. Dortmund (Lehrst. III) - Hessenbank 18, 4600 Dortmund 50.

KANIG, Gerhard
Dr. rer. nat., Prof., Chemiker (BASF) - Saarlandstr. Nr. 40, 6700 Ludwigshafen/Rh. - Geb. 11. April 1917 Berlin (Vater: Paul K., Postbeamter; Mutter: Elisabeth, geb. Großkopf), verh. s. 1946 m. Eleonore, geb. Guse - Univ. Berlin. Promot. u. Habil. Berlin - S. 1959 Lehrtätigk. TU Berlin u. Univ. Frankfurt/M. (1963; 1966 apl. Prof. f. Physikal. Chemie u. Kolloidchemie). S. 1973 Honorarprof. Fachaufs.

KANIUTH, Eberhard
Dr. rer. nat., o. Prof. f. Mathematik Univ.-GH Paderborn - Von-Vincke-Str. 78, 3490 Bad Driburg - Geb. 30. Nov. 1937 Landsberg/W. - Promot. 1967; Habil. 1971 - Wiss. Rat TU München (1973-77); s. 1977 o. Prof. Paderborn. Fachveröff.

KANKELEIT, Egbert
Dr. rer. nat., o. Prof. f. Strahlen- u. Kernphysik TH Darmstadt (s. 1966) - Gersprenzweg 10, 6100 Darmstadt-Eberstadt (T. 55566) - Facharb.

KANN, Achim
Dr. rer. pol., Vorstandsvorsitzender Frankona Rückversicherung AG - Maria-Theresia-Str. 35, 8000 München 80.

KANN, van, Hanns
Dipl.-Kfm., Dipl.Ing., Geschäftsführer Dt. Zeppelin-Reederei-Vemögensges. mbH - Drei-Linden-Str. 21, 6232 Bad Soden 2 - Geb. 25. Dez. 1926 - öbv Sachverst. f. Betriebsorg., Betriebsbewertung u. Sachverst. f. Betriebsunterbrechung in d. Bauwirtschaft.

KANN, Hans-Joachim
Dr. phil., Studiendirektor, Schriftsteller - Martin-Grundheber-Str. 11, 5500 Trier (T. 0651 - 8 01 60) - Geb. 4. April 1943 Neuwied, kath., verh. s. 1969 m. Frankie Sue, geb. Burnett, S. Alexander - 1962-68 Stud. German., Angl. u. Amerikan. Univ. Mainz, Lawrence/Kansas; Promot. 1957; Staatsex. 1968 Mainz; Refer.ex. 1970 Trier - 1968 wiss. Assist. Mainz; 1968/69 Assist.-Prof. Fayetteville/Arkansas (f. Deutsch); s. 1970 Lehrer f. Deutsch u. Engl. Gymn. Trier (s. 1978 Studiendir.); Fachberater Engl. - BV: 26 Bücher/R. u.a.: D. Stecher, 1975; D. dritte Arm v. rechts, 1980; Novellen: Echo e. Stadt, 1980; Zwischensteinzeit, 1984. Lyrik: Zeitungsortung, 1975; Grabungsschnitte, 1975; Altsonette, 1978. Drama: Affentheater, 1981. Sachb.: HB-Atlas Trier, 1984; Röm. Ziegelstempel, 1985; D. dritte Arm v. rechts, 1988 - Liebh.: Archäol., Sprachwiss. - Spr.: Engl., Franz.

KANNEBLEY, Günter
Dr.-Ing., Chemiker, Ehrenvors. Arbeitsgem. Verstärkte Kunststoffe, Frankfurt/M. (s. 1968) - Knüfersmannweg 5, 4100 Duisburg - Geb. 16. März 1925 Berlin (Vater: Otto K., Kaufm.; Mutter: Marie, geb. Fischer), ev., verh. s. 1955 m. Renate, geb. Sorge, 2 Kd. (Birgit, Michael) - Gymn. u. TU Berlin (Dipl. 1948, Promot. 1952). Ind.-Berater Kunststofftechn./Faserverbundwerkstoffe. Mitarb.: Kunststoff-Handb. (Bd. VI-II) - Liebh.: Musik, bild. Kunst - Spr.: Engl., Franz. - Div. Verfahrenspatente.

KANNEGIESSER, Herbert
Dipl.-Ing., Fabrikant, Geschäftsf. Kannegiesser & Co. Maschinenfabrik GmbH. u. Kannegiesser Apparatebau GmbH., Kompl. Herbert Kannegiesser KG., alle Vlotho, VRspräs. Kannegiesser Maschinen AG., Ziefen (Schweiz) - 4973 Vlotho/Weser - Geb. 25. April 1915 Aue/Erzgeb.

KANNICHT, Richard Reinhold
Dr. phil., Prof. Univ. Tübingen - Haldenbachstr. 15, 7400 Tübingen-Pfrondorf (T. 8 11 79) - Geb. 5. Okt. 1931 Arendsee (Vater: Reinhold K., Pfarrer; Mutter: Erika, geb. Clément), ev., verh. s. 1957 m. Irmgard, geb. Kersten - S. 1965 (Habil.) Doz. Univ. Würzburg u. 1969 o. Prof. f. Klass. Phil. - BV: Euripides, Helena m. Kommentar, 2 Bde. 1969; Tragicorum Graecorum Fragmenta Vol. 1, 2. A. 1986; Vol. 2, 1981; Vol. 5 in Vorb. Fachveröff. - Spr.: Engl.

KANNT, Hans S.
Dipl.-Ing., Direktor i.R. - Wakenitzstr. 75, 2400 Lübeck - Geb. 22. Nov. 1917 Treuburg/Ostpr., verh. - 1937-44 TH Danzig - 1945-58 AG Weser (1950 Dir., 1952 Vorst.); 1959-78 Flender Werft AG (Vorst.) - Ehrenämter u. Mandate - Silb. Denkmünze Schiffbautechn. Ges.

KANOLD, Hans-Joachim
Dr. rer. nat., em. Prof. d. Mathematik - Güldenstr. 41, 3300 Braunschweig (T. 1 72 42) - Geb. 29. Juli 1914 Breslau (Vater: Bruno K., Kaufm.), ev., verh. s. 1945 m. Hermine, geb. Friedenthal, S. Hans-Wilhelm - Reform-Realgymn. u. Univ. Breslau (Math., Physik, Chemie). Promot. 1941; Habil. 1944 - S. 1945 Lehrtätigk. Univ. Heidelberg, Gießen (1950; 1954 apl. Prof.), TH bzw. TU Braunschweig (1955; 1959 ao., 1960 o. Prof., 1963 Dir. Inst. f. Math. B), 1980 emerit. Facharb. - 1971 Braunschweig. Wiss. Ges., 1983-85 Generalsekr.

KANOWSKI, Siegfried
Dr. med., Prof. f. Gerontopsychiatrie - Helmstedter Str. 11, 1000 Berlin 31 - Geb. 23. Febr. 1935 Berlin - Promot. 1966 - S. 1971 (Habil.) Lehrtätigk. FU Berlin (1972 Leit. Abt. Gerontopsych./Psych. Klinik). Facharb.

KANSTEIN, Ingeburg
Schriftstellerin, Schausp. - Schlüterstr. 81, 2000 Hamburg 13 (T. 040-410 33 94) - Geb. 28. Sept. 1939 Ratingen, ev., ledig - Staatl. Hochsch. f. Musik, Stuttgart (Abt. Schausp.), Ex. 1962 - BV: 9 Kinder- u. Jugendb., u.a.: Abhauen, d. letzte Chance; Versuch zu leben; D. soll zu uns gehören; Barfuß über's Stoppelfeld. Jugendtheaterst.: Braune Locken od. d. rechte Weg (UA Dt. Theater Göttingen 1985) - 1981 Arbeitsstip. Hbg. Kulturbehörde; 1984 Leserattenpreis; 1985 Kinderhörspielpreis terre des hommes; 1986 Dt. Jugendliteraturpr. (Auswahlliste); 1986 Stip. Stuttgarter Schriftstellerhaus - Interessen/Liebh.: Pflegekinder, Klavierunterr., klass. Musik - Spr.: Engl., Span.

KANSY, Dietmar
Dr.-Ing., Bundestagsabgeordneter, Vors. d. Arbeitsgruppe Raumordnung, Bauwesen u. Städtebau d. CDU/CSU Bundestagsfraktion, AR Deutschbau - Steinbockgasse 9, 3008 Garbsen 1 - Geb. 18. Juli 1938 Breslau, kath., verh. s 1965, 2 Kd. - TU Berlin u. Univ. Hannover (Dipl. 1964, Promot. 1979) - S. 1965

Entwurfsing. im Tiefbau; s. 1980 MdB (CDU).

KANTCHEFF, Slava

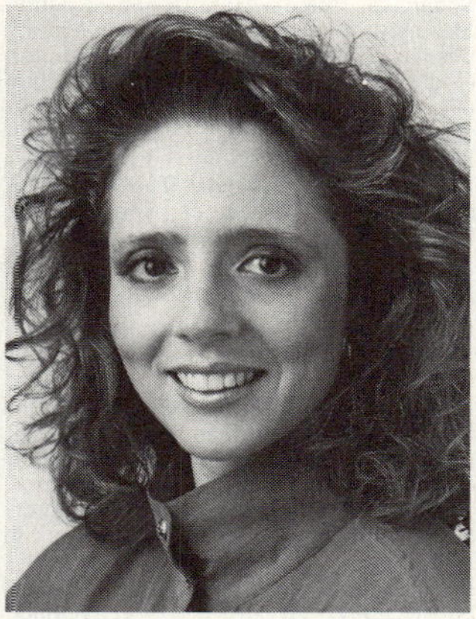

Konzertpiainistin - Zu erreichen üb. Postf. 21 29, 7302 Ostfildern 3 - Geb. 15. Juli 1959 Wiesbaden, verh. s. 1986 m. Peter Horton (Chansonnier, Git., Komp.) - Ausb. Klavier Wiesbaden, Nizza, Paris (Pierre Sancan); Stud. Musikwiss. Sorbonne - S. 1982 5 LP, 4 CD (u.a. Chopin, Schumann, Mendelssohn).

KANTEL, Dietrich

Rechtsanwalt - Dechenstr. 2, 5300 Bonn 1 (T. 0228 - 65 55 18) - Geb. 1. Juni 1954 Bonn, ev., verh. s. 1980 m. Annette, geb. Hüschelrath, Geschäftsf., 3 Töcht. (Verena, Friederike, Teresa) - Abit. 1975 in Hagen/Westf.; Bundeswehr (Res.Offiz.) 1975-77; Stud. Rechtswiss. 1977-83 Bonn; 1 jurist. Staatsex. 1983, 2. jurist. Staatsex. 1988 Köln - S. 1988 RA in Bonn; gf. Vors. Dt. Afghanistan Komitee, Bonn-Peshawar (Pakistan); Vors. Stiftg. Hilfe in Not e.V., Bonn u. Dt. Lettischer Wirtschaftsrat; Vorst.-Mitgl. Dt. Afganistan Komitee e.V. Dt.-Estnischer Wirtschaftsrat, Bonn-Riga, Dt. Königsberger Wirtschaftsrat, Dt.-Litauer Wirtschaftsrat, Förderverein f. staatsb. Bildung e.V. - BV: D. Militarisierung d. Ges. in d. DDR, 1981. Angola, Freies Land, 1992 - Liebh.: Gesch., Entw.politik, Kochen, Musizieren (Cello) - Spr.: Engl., Portug.

KANTEL, Willy Johannes

Dr. jur., Rechtsanwalt, Direktor i. R. u. Studienleit. Südwestf. Studieninstitut f. kommunale Verwalt., Hagen (s. 1954) - Blücherstr. 21, 5800 Hagen/W. (T. 2 45 23) - Geb. 11. Febr. 1920 Danzig (Vater: Paul K., Kanalmeister; Mutter: Hedwig, geb. Westphal), ev., verh. s. 1942 m. Irene, geb. Gunia, 4 Kd. (Ute, Gudrun, Dietrich, Volker) - Schulen Danzig u. Magdeburg; ab 1938 Sparkassenlehre; Univ. Mainz u. Münster (Rechts- u. Staatswiss.; Promot. 1951). Ass.ex. 1952 - 1939-45 Wehrdst. (Offz., zul. Komp.-chef); 1952-53 Gerichtsass. u. Staatsanw.; 1953-54 Ref. Dt. Sparkassen- u. Giroverb. 1959-63 Dir. Höhere Fachsch. f. Sozialarb. (nebenamtl.). 1967 Major d. R. - BV: Kommentar z. Mantelvertrag Haben-, Sollzins- u. Wettbewerbsabkommen d. Kreditinstitute, 1955; Gemeindeverfass. u. -verw., Lehrb. 1978 - EK I u. Silb. Verwundetenabz.; 1963 DRK-Ehrenz. - Liebh.: Gartenarb., Basteln.

KANTER, Gustav

Dr. rer. nat., Dr. phil. h.c., Univ.-Prof. f. Pädagogik d. Lern- u. Geistigbehinderten Univ. Köln (s. 1980) - Nauheimer Str. 5, 5000 Köln 51 - Geb. 9. Jan. 1927 Ludwigshafen/Rh. (Vater: Dr. Gustav K., Volkswirt; Mutter: Rose, geb. Weinzierl), kath., verh. s. 1962 m. Maria, geb. Mock, 2 Kd. (Felix, Anna-Maria) - Gymn.; Stud. Psych., Päd., Sonderpäd., Physiol. Dipl.-Psych. (1962) u. Promot. (1967) Marburg - 1967-70 Prof. PH Lüneburg, 1970-80 o. Prof. PH Rhld./Abt. f. Heilpäd. Köln (1976-78 Rektor) - BV: Sonderpäd. III, 1973; Päd. d. Lernbeh., 1977. Herausg.: Texte z. Lernbeh.didaktik (8 Bde. 1975-84) - 1982 Dr. phil h.c. Fernuniversität Hagen; 1988 BVK I. Kl.

KANTER, Kurt

s. Scheutzow, Jürgen W.

KANTOWSKY, Detlef

Dr. phil., Prof. f. Soziologie Univ. Konstanz - Kaiserpfalzstr. 76, 7762 Bodman/B. - Geb. 13. Febr. 1936 Berlin, verh. s. 1963 m. Ingrid, geb. Brinkmann, 2 Kd. (Jan, Anja) - Stud. Univ. Kiel, Heidelberg u. Benares; Entw.wiss. u. -polit. Stud. in versch. Ländern Asiens (insbes. Indien u. Sri Lanka) u. Afrikas; Mitbegr. u. -herausg. d. Vierteljahreszeitschrift Intern. Asienforum; 1970ff. Gründer d. Sektion Entwicklungssoziologie in d. Dt. Ges. f. Soziologie - BV: Dorfentw. u. Dorfdemokr. in Indien, 1970; Indien, Ges.struktur u. Politik, 1972; Evaluierungsforsch. u. -praxis in d. Entw.hilfe, 1977; Sarvodaya - The Other Development, 1980; Tibetische Jugendliche in d. Schweiz, 1982; Recent Research on Ladakh, 1983; Ek or Sarvodaya (Hindi-Übers. d. 1980 ersch. engl. Studie), 1984; Von Südasien lernen, 1985; Bilder u. Briefe aus e. indischen Dorf, 1986; Recent Research on Max Weber's Studies of Hinduism, 1986; Indien - Gesellschaft u. Entwicklung, 1986. Herausg.: Assimilation, Integration, Isolation - Fallstudien z. Eingliederungsprozess südostasiatischer Flüchtlinge in d. Bundesrep. Dtschl., 2 Bde., (m. Michael Blume, 1988).

KANTZENBACH, Erhard

Dr. rer. pol., Prof. f. Volkswirtschaftslehre - Hilgendorfweg 3, 2000 Hamburg 55 - Geb. 28. Jan. 1931 Hannover (Vater: Dr. Ernst K., Meteorol.; Mutter: Lisa, geb. Struckmeyer), verh. s. 1961 m. Gerda, geb. Kohlermann, 3 Kd. (Birgit, Astrid, Holger) - Stud. 1952-57 Göttingen, Berlin, Chapel Hill N.C. USA., Promot. 1959 Münster; Habil. 1965 Hamburg - 1967-71 Ord. Univ. Frankfurt, 1971-75 Univ.-Präs., 1975-89 Univ. Hamburg Dir. Inst. f. Ind. u. Gewerbepolit., 1974-86 Mitgl. u. 1979-86 Vors. Monopolkommiss., s. 1989 Präs. d. HWWA-Inst. f. Wirtsch.forschung. SPD s. 1954 - BV: u. a. Möglichk. u. Grenzen d. Konjunkturpolitik in Europa, 1959; D. Funktionsfähigk. d. Wettbewerbs, 2. A. 1966 - 1986 BVK I. Kl.

KANTZENBACH, Friedrich Wilhelm

Dr. theol., Prof. f. Kirchen- u. Dogmengeschichte - Scheidter Str. 5c, 6601 Saarbrücken - Geb. 30. Aug. 1932 Stettin (Vater: Fritz K., Studienrat), ev., verh. s. 1957 m. Elisabeth, geb. Kuhr, 2 Söhne (Andreas, Achim) - Stud. Theol. u. Phil. - 1956 Privatdoz. Univ. Erlangen; 1958 Prof. Augustana-Hochsch. Neuendettelsau; 1965 o. Prof. Inst. f. Ökumen. Forsch. Strasbourg; 1968 wied. Prof. AH, s. 1982 Prof. Univ. d. Saarlandes (auf Lebenszeit). Deleg. Weltkirchenkonfz. Montreal 1963; Beob. II. Vatikan. Konzil Rom 1965; o. Mitgl. Kommiss. f. Landesgesch. Bayer. Akad. d. Wiss.; Ehrenmitgl. Wiss. Albert-Schweitzer-Ges. - BV: Das Ringen um die Einheit d. Kirche im Jh. d. Reformation, 1957 (auch engl.); D. Erweckungsbewegung, 1957; Evangelium u. Dogma, 1959; D. Erlanger Theol., 1960; Kirchengesch., 8 Bde. 1964-69; Gestalten u. Typen d. Neuluthertums, 1968. Biogr.: Schleiermacher, 6. A. 1985; Herder, 4. A. 1986; Albert Schweitzer; Luther, 3. ital. A.; Christentum in d. Gesellschaft, 2 Bde. 1975/76, 2. A. 1988; Programme der Theologie, 3. A. 1984; Aktion u. Reaktion, Katholizismus d. Gegenwart, 1978; Ev. Geist u. Glaube im neuzeitl. Bayern, 1980; D. Bergpredigt, 1982; Credo, 1985; Politischer Protestantismus, 1987; Christentum begreifen. Chancen u. Bedingungen neuzeitl. Christentumsgesch., 1987; Traditionen Europas im Spiegel v. Literatur, 1988; Georg Forsters Tochter. Therese, d. blonde Polin, 1989; D. Christliche am Christentum, 1989. Zahlr. Einzelarb. Herausg.: Oecumenica/Jahrb. f. Ökumen. Forsch. (1965ff.), Zeitschr. f. Rel.- u. Geistesgeschichte (s. 1978).

KANUS-CREDÉ, Helmhart

Dr. phil., Verleger (Antigone-Verlag) - Carl Laute-Str. 14, 3559 Allendorf-Eder (T. 06452-18 00) - Geb. 26. März 1925 Sagan, ev., verh. s. 1956 m. Irmgard, geb. Laute - Human. Gymn. (Abit. 1943 Göttingen); Stud. Islamwiss. u. ev. Theol.; Promot. 1955 Tübingen, 1. Theol. Ex. 1960 Darmstadt - 1957 Wiss. Assist. Ökumen. Sem. Marburg; 1963 Assist.-Prof. (USA); 1970 Gründ. Antigone-Verlag - BV: Bewältigte Vergangenheit, 1972; An d. Pforten d. Himmels, 1983. Herausg.: Iranist. Mitteil. (s. 1967); Im Lande d. Großkönigs (1985) - 1952 1. dt. Austauschstud. nach Iran - Liebh.: Musik, Tiere - Spr.: Engl., Franz., Russ., Schwed., Pers., Türk, Klass. Arab., u.a.

KANY, Manfred

Dr.-Ing., Honorarprof. f. Geotechnik Univ. Erlangen - Vestner Str. 5b, 8502 Zirndorf - Geb. 31. Mai 1922 Auersmacher/S., kath., verh. s. 1953 m. Anneliese, geb. Welters, 2 Söhne (Klaus-Reinhold, Roland) - Dipl.-Ing. (Bauing.) 1950 Darmstadt, Promot. 1954 ebd. - S. 1955 Leit. Grundbauinst.; s. 1973 Direkt.-Mitgl. Landesgewerbeanst. Bayern, s. 1987 im Ruhest. - BV: Berechnung v. Flächengründ., 2 Bde. 1959, 2. A. 1974 (türk. Übers. 1966, griech. Übers. 1979); D. Berechnung elast. Gründungsbalken auf nachgiebigem Untergrund (m. E. de Beer, H. Graßhoff), 1966; Wasserdurchlässigk. u. Filtereigensch. fester poröser Körper (m. H. Heinisch), 1977; zahlr. Beitr. in: Veröff. d. Grundbauinst. d. LGA, Grundbautaschenb., Fachztschr. u. Kongreßberichten - 1981 Honorarprof. - Interesse: Entw. v. Computerprogr. f. Bodenmechanik.

KANZ, Ewald

Dr. med., em. o. Prof. f. allg. Hygiene u. Mikrobiologie - Naupliastr. 95, 8000 München 90 - Geb. 10. Mai 1917 Illertissen/Bay. - Habil. 1949 München - 1949-76 Lehrtätigk. Univ. u. TU München (1968 apl. Prof.); 1955-76 Dir. Inst. f. Angew. Hyg. d. Fraunhofer-Ges. München; 1976ff. o. Prof. f. Krankenhaushyg. Univ. Hamburg (1980 emerit.) - BV: Hospitalismus-Fibel, 2. A. 1966; D. Aseptik in d. Chir., 1971 (auch span.). D. Praxis d. Krankenhaushyg. - Gestern u. heute, 1987 (m. C. Kanz). Ca. 150 Veröff. in wiss. Fachztschr.

KANZ, Heinrich

Dr. phil., Prof., Direktor Seminar f. Allg. Päd., Univ. Bonn, Zweitmitgliedsch. in d. Phil. Fak. (s. 1991) - Adolfstr. 157, 5420 Lahnstein - Geb. 27. April 1927 Bensheim - S. 1963 Doz. u. s. 1968 Prof. PH Koblenz bzw. Rhld.-Pfalz/Abt. Koblenz (Systemat. Päd., Gesch. d. Päd., Phil.; 1969 Rektor, 1971 o. Prof.), 1974/75 Lehrauftr. Univ. Trier, 1977 o. Prof. f. Allg. Pädagogik PH Rheinland, Abt. Bonn - BV: Europ. Schulerziehung, 1964; D. Sinn heut. Philosophierens, 1967; D. humane Realismus Justus Mösers, 1971; Einf. in d. Päd. Phil., 1971; Seinsdemut, 1986; Einf. in d. Erziehungsphil., 1987. Herausg.: Schr. v. Justus Möser, Klemens v. Alexandrien, Wilhelm Flitner; Ideologiekritik in d. Erz.wiss., 1972; Einf. in d. erz.wiss. Grundstudium, 1973; Lernprakt. Ideologiekritik, 1974; Päd. Zeitgesch. (1945-59), Bd. 1 1975; Gesamtherausg.: Dt. Päd. Zeitgeschichte (1960-1973), Bd. 2 1977 u. (1974-79), Bd. 3 1983; D. Nationalsozialismus als päd. Probl. Dt. Erziehungsgesch. 1933-1945, 1984; Dt. Erziehungsgesch. 1945-85 in Quellen u. Dokumenten, 1987; Justus Möser als Alltagsphilosoph d. dt. Auf-Klärung (Textausw. m. Einleitung), 1988; Bundesrepublik. Bildungsgesch. 1949-89 (Quellen z. Erwachsenen- u. Seniorenbildung), 1989; H. G. Reichert: Schönheit u. Nutzen d. Waldes, 1989; D. Nationalsozialismus als päd. Problem. Dt. Erziehungsgesch. 1933-45, 2. verbesserte u. erw. A. 1990; Josef Gieles: Studentenbriefe 1939-42 (m. Agnes Kanzgieles).

KAP-HERR, Freiherr von, Peter

Bankier, Mitinh. d. Berenberg Bank - Joh. Berenberg, Gossler & Co., Hamburg - Geb. 22. Aug. 1934 Gleiwitz, ev., verh. m. Eleonore, geb. Prinzessin zu Hohenlohe-Jagstberg, 2 Söhne (Philipp, Fabian) - Vorst.-Mitgl. Ostasiatischer Verein, Hamburg; Beiratsmitgl. Privatdiskont AG., Frankfurt; Vors. Länderaussch. Indonesien Ostasiat. Verein, Hamburg - Spr.: Engl., Franz.

KAPALLE, Marcel

Dipl.-Ing., Vorstandsmitglied GEHAG Gemeinn. Heimstätten-AG., Berlin 33 - Terrassenstr. 51, 1000 Berlin 38 (T. 8018870) - Geb. 19. Okt. 1910 - Arch.

KAPFERER, Clodwig

Dr. rer. pol., Prof., Institutsdir. i. R. - Heilwigstr. Nr. 57, 2000 Hamburg 20 (T. 47 90 50) - Geb. 29. April 1901 Freiburg/Br. (Vater: Heinrich K., Notar; Mutter: geb. Würth), kath., verw. (s. 1979) - Univ. Freiburg, Berlin, Würzburg, Erlangen (Wirtschaftswiss.; Promot. 1922) - 1922-29 Ref. u. Abt.sleit. Zweigst. Nürnberg Auswärtiges Amt f. Außenhandel; 1929-48 Marktforscher (Mitbegr. Ges. f. Marktforsch. Hamburg); 1948-63 Dir. Hbg. Welt-Wirtschafts-Archiv - BV: Exportförderung, Bd. I: Markt-Analyse, 1929, 2. A. unt. d. Titel: D. Exportgeschäft, 1933; D. Recht d. Kaufmanns im Ausland, Bd. VIII: Italien 1930 (m. Dr. Linhard u. Dr. Sacerdoti); Grenzen deutscher Autarkie, 1932; Export-Gegenstand der Forschung und Lehre, 1935; Exportbetriebslehre, 1935 (m. Dr. Schwenzner); D. Auslandsvertreter, 1937; Das Recht des Kaufmanns im Ausland, Bd. V: Frankr. 1937 (m. Dr. Dietz), 2. A. 1960 (Mithrsg.); D. Exportofferte 1937; Psyche d. Umwelt - Völkerpsych. Betracht. aus d. dt. Gegenw., 1948; Gedanken z. Außenhandelsförd., 1949; Außenhandelsförd. als wirtschaftspolit. Aufgabe, 1950; Schwed. Handels- u. Verfahrensrecht, 1954 (Mithrsg.); Unabhäng. techn. Beratung - ihre Bedeut. f. d. Erschließ. unterentwickelter Gebiete u. f. d. dt. Ausfuhr, 1955; Market Research Methods in Europe, 1955; Les Techniques de l'Étude des Marchés Europe, 1955; Sicherung unserer Ausfuhr durch Hebung d. Kaufkraft in Rohstoffländern, in: Festschr. 50 J. Hbg. WWA, 1958; Bericht üb. d. Conference on Market Research on a European Scale, 1960; L'Etude des Marchés Europeens, 1960; Quellen f. statist. Marktdaten, 1963; Marktforsch. in Europa, 1963; Kooperative Marktforsch., 1965 (m. W. K. A. Disch); Absatzprognose, 1966 (m. Disch); Absatzw. Produktpolitik, 1967 (m. Disch); Kapferer's Marketing Wörterbuch, 1979; Ein Leben f. d. Information, 1983; Beitr. üb. Außenhandelsnachrichtendienst in: Handwörterb. d. Sozialwiss., 1956; üb. Amtl. Statist. u. Absatzw. u. üb. Statist. Marktdaten in: Handwörterb. Absatzw., 1974; üb. Exportmarketing in: Marketing-Enzyklop., 1974; sowie Fachbeitr. in Zeitungen - 1964 Wilhelm-Vershofen-Gedächtnismed. (Ges. f. Konsumforsch., Nürnberg) - Spr.: Engl., Franz., Span.

KAPFERER, Wolfgang

Kaufmann (Kapferer GmbH & Co. KG. Mosbach), Vizepräs. IHK Rhein-Neckar - Am Sonnenrain 40, 6950 Mosbach (T. 80 80).

KAPITZKE, Gerhard

Buchautor, Maler, Illustrator - Kronsbergerstr. 2, 3000 Hannover 71 (T. 0511-152 05 02) - Geb. 19. Nov. 1926 Hannover - 1947-52 Stud. Fr. Malerei u. Grafik Hannover - BV: Ponyreiten ernstgenommen, 1964-84; Junge, Mädchen, Mann u. Frau, 1. u. 2. Bd. 1970-72; Wildlebende Pferde, 1973; Pferdesport v. A-Z, 1977; Staatsgestüte, 1979; Frankr. f. Pferdefreunde, 1981; Freizeitreiten, 1982; Südspanien f. Pferdefreunde, 1984, u.a. - Ausst. im In- u. Ausl. - Liebh.: Bild. Kunst, Lit., Musik, Hippologie.

KAPITZKI, Herbert W.

Prof., Designer - Markweg 36, 7277 Wildberg (T. 07054 - 79 47) - Geb. 24. Febr. 1925 - Doz. Hochsch. f. Gestaltung Ulm (aufgelöst); s. 1970 o. Prof. Hochsch. d. Künste Berlin (Grafik-Design).

KAPLAN, Reinhard W.

Dr. phil., em. Prof. f. Mikrobiologie - Jungbrunnenweg 41, 4800 Bielefeld (T. 75 03 99) - Geb. 30. Aug. 1912 Glauchau/Sa. (Vater: Josef K., techn. Beamt.; Mutter: geb. Strauss), verh. s. 1938 m. Charlotte, geb. Röschke, 2 Kd. (Rosemarie, Hans-Gerhard) - Realgymn. Glauchau; Univ. Leipzig (Botanik, Zool., Chemie, Geol.; Promot. (Bot.) 1937) - Ab. 1937 Assist. Kaiser-Wilh.-Inst. f. Züchtungsforsch., Müncheberg; 1940-45 Wehrdst. (Sanitäter); 1945-55 Leit. Abt. f. Mutationsforsch. Max-Planck-Inst. f. Züchtungsforsch., Voldagsen; 1952-55 Privatdoz. Univ. Marburg; 1953-55 Wiss.ler Columbia Univ. New York (Gast); s. 1955 ao. u. o. Prof. (1963) Univ. Frankfurt (Dir. Inst. f. Mikrobiol.), 1977 emerit. 1959-62 Vors. Verb. Dt. Biologen. Üb. 140 Veröff. z. Mutationsgenetik, insb. d. Mikroben u. üb. Urspr. d. Lebens. Buch: Ursprung d. Lebens, 1. A. 1972, 2. A. 1978.

KAPLONY-HECKEL, Ursula

Dr. phil., Prof. f. Ägyptologie m. Schwerpunkt spätptolemäische Texte z. Wirtschaft in demotischer Schrift Univ. Marburg - Sauer's Gäßchen 4, 3550 Marburg/L..

KAPP, Bernhard

Dr., Fabrikant, Geschäftsführer Kapp GmbH Werkzeugmaschinenfabrik Coburg, Vors. Verein Dt. Werkzeugmaschinenfabr. (VDW), Frankfurt, Vize-Präs. CECIMO (Europ. Komit. f. d. Zusammenarb. d. Werkzeugmaschinenindustrien) Brüssel, AR-Mitgl. IVECO, Amsterdam, Messe AG Hannover, Masch.fabrik Gildemeister AG, Bielefeld, u. Masch.fabrik Trumpf GmbH + Co., Stuttgart - Callenberger Str. 52-58, 8630 Coburg (T. 09561 - 64 40) - Geb. 19. März 1921 Stuttgart (Vater: Otto K., Fabr.; Mutter: Gertrud, geb. Raasch), verh. s. 1949 m. Eva, geb. Waldrich - S. 1953 selbst. - Gr. Verdienstkreuz Nieders. VO., Bayer. VO. - Spr.: Engl., Franz. - Rotarier.

KAPP, Helmut

Rechtsanwalt, Hauptgeschäftsf. Verb. Beratender Ingenieure (VBI) - Am Fronhof 10, 5300 Bonn 2 - Geb. 5. Jan. 1934 Koblenz - Stud. Gesch. u. Jura Bonn, Köln, Paris, Luxemburg, Speyer - Beirat Inst. f. Mittelstandsforsch.; Präsidiumsmitgl. Gemeinschaftsaussch. d. Technik GdT - Spr.: Engl., Franz.

KAPPACHER, Walter

Schriftsteller - Stöcklstr. 2, A-5020 Salzburg (Österr.) - Geb. 24. Okt. 1938 Salzburg - BV: Morgen, R. 1975, NA 1992; D. Werkstatt, R. 1975, NA. 1981; Rosina, Erz. 1978; D. ird. Liebe, Erz. 1979; D. lange Brief, R. 1982; Gipskopf, Erz. 1984; Cerreto, Erz. 1988; Touristomania, Erz. 1990. Hör- u. Fernsehsp. - Div. Ausz., dar. staatl. Förderungspreis f. Lit.

KAPPE, Dieter

Dr. sc. pol., Dipl.-Volksw., o. Prof. f. Soziologie u. Sozialpädagogik Univ. Dortmund - Thon-Prikker-Str. 13, 5800 Hagen 1 (T. 5 77 92) - Geb. 1. März 1931 Bremen.

KAPPELER, Andreas

Dr. phil., Prof. f. osteurop. Geschichte Univ. Köln - St.-Georg-Str. 17g, 5000 Köln 40 - Geb. 20. Sept. 1943 Winterthur/Schweiz - 1962-69 Stud. Univ. Zürich u. Wien; Promot. 1969 Zürich, Habil. 1979 ebd. - 1970-76 Wiss. Assist. Univ. Zürich; 1979-82 Oberassist.; s. 1982 Prof. Köln - BV: Ivan Groznyj im Spiegel d. zeitgenöss. Ausl. Druckschr., 1972; Rußlands erste Nationalitäten, 1982; Rußland als Vielvölkerreich, 1992. Herausg.: Umbau d. Sowjetsystems (1989); D. Russen. Ihr Nationalbewußtsein (1990).

KAPPELER, Detlef

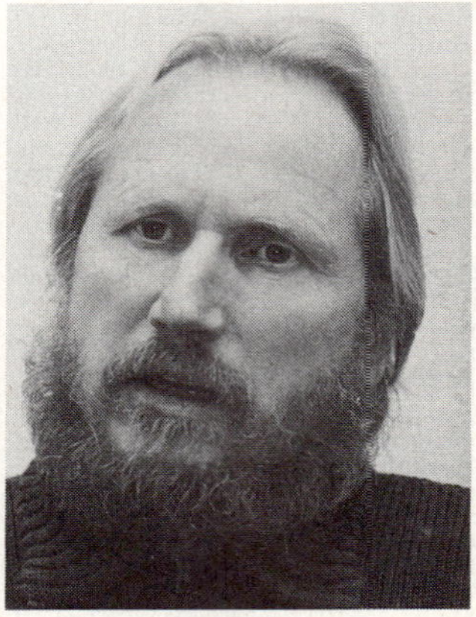

Dipl.-Ing., o. Prof., Lehrstuhlinh. f. Malerei u. Graphik Univ. Hannover, Vertr. d. realist. Malerei - Geb. 23. Juli 1938 Stettin - BV: u. a. Forsch.bericht Univ. Hannover, 1980; Freiburger Univ.blätter, 1980. Einzelausst. u. Kataloge: u. a. Hamburger Kunsthalle (1971); Bielefelder Kunsthalle (1973); Kunstverein Hannover (1975); Museum Bochum (1976); Salecina (1980); Grenzzeichen Freistadt/Oberösterr. (1981); Goethe-Inst. Paris u. Bremen (1983) - Förderpreis Nieders.; 1966 Kunstpreis f. Arch. u. Malerei; 1972 Stip. cité intern. des arts Paris; 1973 Stip. Lichtwarkpreis Stadt Hamburg - Lit.: Gottfried Sello: Kunst d. Welt heute (1970); Werner Hofmann: Katalog Hamburger Kunsthalle (1971); Peter Spielmann: Katalog Museum Bochum (1976); Burghart Schmidt: Kunstform im Wirklichkeitsbezug, in: Werk u. Zeit (1/1978); Negative Utopie n. 1984, in: Katalog Herausg. Dieter Ronte, Dieter Schrage, Orwell 1984 Museum mod. Kunst Wien (Palais Liechtenst.); Burghart Schmidt: Denk mal ans Denkmal, in: Kunstpresse, Nr. 3, 1. Jg (Sept. 1988); J.P. Tammen: D. K. D. Ossietzky-Projekt, in: D. Horen, Nr. 153, 34. Jg. (1. Quart. 1989); Dieter Ronte: Katalog (m. e. Vorwort v. Walter Momper) zu d. Ausstellungs- u. Veranstaltungsprojekt Auf d. Suche n. Carl v. Ossietzky, durchgeführt im Literarischen Colloquium Berlin u. v. Kulturverein in d. Galerie am Chamissoplatz (1990); Carl von Ossietzky Raum-Ensemble f. d. Univ. Oldenburg (1991).

KAPPELSBERGER, Ruth

Schauspielerin, Fernsehmoderat. Bayer. Rundf. - Am Hohenberg 9, 8137 Berg/Starnberger See (T. Starnberg 5 05 26) - Verh. m. Fred Bertelmann (Sänger u. Schausp.), T. Kathrin - Zeitw. MdK Starnberg/parteilos - 1984 Goldmed. Bayer. Rundf. (f. langj. Tätigk.).

KAPPEN, Ludger

Dr. rer. nat., Prof. f. Botanik, Lehrst. Ökophysiologie u. Inst. f. Polarökologie Univ. Kiel (s. 1981, vorm. Würzburg) - Jacobystr. 8, 2300 Kiel.

KAPPERT, Gunter

Dipl.-Ing., Prof., Staatssekretär Min. f. Wirtschaft, Technologie u. Verkehr Nieders. (1990-92) - Friedrichswall 1, 3000 Hannover (T. 12 01) - Geb. 27. Dez. 1927 Stettin, ev., verh. s. 1954 m. Toni, geb. Rettig, T. Sabine - Dipl. 1957 TU Braunschweig (Bauing.wesen) - 1958-64 Stadtplanungsamt Braunschweig; 1964-68 Verb. Großraum Hannover (Regionalplanung); 1968-71 Nieders. Innenmin. (Landesplanung); 1971-90 Nieders. Staatskanzlei (Planungsstab); s. 1976 Lehrtätigk. Univ. Hannover - Spr.: Engl.

KAPPES, Franz-Hermann

Dr. iur., Rechtsanwalt u. Lehrbeauftragter, MdB - Darmstädter Str. 71, 6140 Bensheim - Geb. 5. Nov. 1938, kath., verh. m. Rita, geb. Helferich, 3 Kd. - Stud. Rechtswiss. u. Phil. - 1977-85 Landrat d. Kr. Darmstadt-Dieburg, davor Min.-Rat Staatskanzlei Rhld.-Pfalz; Obmann d. CDU/CSU-Fraktion im Rechtsaussch. d. Dt. Bundestages; o. Mitgl. d. Gemeinsamen Verfassungskommiss. v. Bundestag u. Bundesrat.

KAPPEY, Fritz

Dr. med., Chirurg, Prof. f. Chir. Univ. Mainz (n. b.) - Gundelbachstr. 26, 6940 Weinheim/Bergstr. - Geb. 2. Nov. 1930 Langelsheim (Vater: Dr. med. Wilhelm K., prakt. Arzt; Mutter: Auguste, geb. Denzer), ev., verh. s. 1960 (Ehefr.: Gisela), 3 Kd. (Sabine, Axel, Götz) - Obersch. Goslar; Univ. Heidelberg u. Göttingen. Promot. Göttingen; Habil. Mainz - B. 1975 Oberarzt Univ. Mainz, dann ltd. Abteilungsarzt Städt. Krkhs. Weinheim. Spez. Thorax- u. Gefäßchir. Zahlr. Fachveröff. - Spr.: Engl., Franz.

KAPPLER, Ekkehard

Dr. oec. publ., Dipl.-Kfm., o. Prof. f. Wirtschaftswiss., Leiter d. Takeda-Inst. f. Organisationstheorie u. Organisationsentw. in d. Wirtsch., Gründungsbeauftr. Nagai-Witten/Herdecke Univ., Japan (s. 1990), Gründungsdekan d. wirtschaftswiss. Fak. Univ. Witten/Herdecke - Stockumer Str. 12, Postf. 62 60, 5810 Witten 6 (T. 02302 - 66 93 12) - Geb. 11. Aug. 1940 Breslau, ev., verh., 4 Kd. - Stud. Univ. München; Promot. 1970; Habil. 1972 - 1967-72 Lehr- u. Forschungstätigk. Univ. München, 1973 Münster, 1973-84 Wuppertal, 1980/81 Wien, s. 1979 Lissabon, s. 1984 Witten/Herdecke - BV: Systementw., 1972; Arbeitsqualität in Org. (m.a.), 1978; Unternehmensstruktur u. Unternehmensentw., 1980 - Spr.: Engl.

KAPPUS, Wolfgang

Dr. phil., Dipl.-Kfm., Dipl.-Volksw., Fabrikant (M. Kappus/Seifen-Kosmetika, Offenbach), Puhl & Co Seifenfabrik, Berlin, KAPPUS SEIFEN GmbH Riesa & Co Riesa (Sachsen), Vizepräs. IHK Offenbach (s. 1976) u. a. - Stettiner Str. 2, 6056 Heusenstamm/Hessen - Geb. 10. Mai 1933 Offenbach/M. (Vater: Alfons K., Kaufm.; Mutter: Ilse, geb. Martin), freirel., verh. s. 1959 m. Evelyn, geb. Bonke, 2 Töcht. (Patricia, Cordula) - Schule Offenbach (Abit. 1952); Univ. Frankfurt u. Genf; Dipl. 1956 u. 57 Frankfurt, Promot. 1985 ebd. - Spr.: Engl., Franz.

KAPS, Karl-Heinz

Dr.-Ing., Techn. Vorstand Frank AG - Postfach 1361, 6340 Dillenburg - Geb. 3. Juni 1931 Dessau - Vors. Landesverb. Hessen d. Dt. Gießereiverb.

KAPS, Peter

Steuerbevollmächtigter, MdL Bayern (1966-82) - Maria-Ward-Str. 11, 8265 Simbach/Inn (T. 367) - Geb. 7. Aug. 1917 Rabenbrunn/Ndb. (12. Kind e. Landwirts), kath., verh., 4 Kd. - Volkssch.; Handwerkslehre; Privatinst. f. Betriebsw.slehre u. Wirtschaftsrecht J. Kietzmann, München. Prüfung als Helfer in Steuersachen 1949 - Landespolizei u. Wehrmacht (Kriegseinsatz an versch. Fronten); s. 1949 selbst. 1955 ff. stv. Bezirksvors. Jg. Union Niederbay. MdK Pfarrkirchen (Fraktionsvors.). CSU s. 1954 (1959 Kreisvors.).

KAPUSTE, Falco

1. Solotänzer Deutsche Oper am Rhein, Düsseldorf (s. 1970) - Hohegrabenweg 23, 4005 Meerbusch 1 (T. 02105-31 89) - Geb. 12. Dez. 1943 Oels/Schlesien, verh. s. 1970 m. Elke, geb. Göhmann, T. Nadine - Stud. Akad. Hannover b. Yvonne Georgi, Jan de Ruiter; Paris Peretti, V. Gsowsky - 1963 Wiesbaden, 1964 Staatsoper Hamburg, 1965-70 Dt. Oper Berlin; Gastsp. Paris, Marseille, Madrid, Barcelona, Edinburgh, Südamerika, Südafrika, Polen - Hauptrollen: Apollon Musagete (Balanchin) Berlin/Düsseldorf; Giselle, Schwanensee, The Invitation (McMillen), Der Tod und das Mädchen (Walter), Symphonie fantastique (Walter); Sacre, Fantaisies - 1972 u. 1973 tz-Rose (München), Goldmed. Spanien - Liebh.: Tennis, Surfen, Tauchen, Motorsport, Hobbykoch - Spr.: Engl., Franz.

KAPUSTIN, Peter

Dr. rer. nat., Prof., Vorstand Inst. f. Sportwiss. - Hochgernstr. 3, 8252 Taufkirchen (Vils) (T. 08084 - 13 95) - Geb. 10. Juni 1942, ev.-luth., verh. s. 1966 m. Maximiliane, geb. Schnappauf, 3 Kd. (Natascha, Tatjana, Peter) - Stud. f. höh. Lehramt München; Ex. 1966; Promot. 1974 München - Vizepräs. d. Bayer. Landes-Sportverb. u. Ausschußvors. f. Breitensport im Deutschen Sportbund - BV: Senioren u. Sport, 1980; Familie u. Sport, 1991. Herausg.: D. zeitgemäße Sportverein (1978); Beitr. zu Grundfr. d. Sports u. d. Sportwiss. (1981) - Liebh.: Sport, Volkstheater - Spr.: Engl., Franz., Span.

KARAS, Harald

Journalist - Am Rupenhorn 4, 1000 Berlin 19 (T. 304 09 71) - Geb. 9. April 1927 Ottendorf, verh. m. Karin, geb. Piesche - S. 1960 Leit. Berliner Abendschau u. Stadtgespräch (1984) SFB (Fernsehen) - 1983ff. Vors. Journ.-Club Berlin - 1971 BVK.

KARASCHEWSKI, Horst

Dr. rer. nat., o. Prof. f. Didaktik d. Mathematik - Humboldtstr. 48, 4800 Bielefeld (T. 6 97 17) - Geb. 26. Jan. 1912 Dt.-Eylau (Vater: August K., Zollassist.; Mutter: Amanda, geb. Zemke), ev., verh. s. 1953 m. Fridel, geb. Krämer - Univ. Königsberg, Marburg, Berlin (Math., Physik). Mittelschullehrerprüf. u. Prüf. f. d. Lehramt an höh. Schulen - Ab 1934 Volks- u. Mittelschuldst., 1946-52 Dozent f. Math. Päd. Akad. Wuppertal, seither Doz. u. o. Prof. Päd. Hochsch. u. Univ. Bielefeld - BV: Ganzheitl. Rechnen, 2 T. 1951/54 (I. 2. A. 1957); Wesen u. Weg d. ganzheitl. Rechnens, 1966 - Spr.: Engl., Franz.

KARASEK, Hellmuth

Dr. phil., Journalist, Redakt. Wochenztg. Der Spiegel, Hamburg - Jungfrauenthal 22, 2000 Hamburg 13 - Geb. 4. Jan. 1934 Brünn, 4 Kd. (Daniel, Manuel, Laura, Nikolas) - BV: Carl Sternheim, 1966; Max Frisch, 1967; Deutschland, deine Dichter - D. Federhalter d. Nation, 1970; Brecht - d. jüngste Fall e. Klassikers, 1978; D. Wachtel, Komödie, UA 1985, Hitchcock, e. Komödie, UA 1987, Theaterkrit. - Mitgl. Gruppe 47 und PEN-Zentrum BRD; Jury d. Ingeborg-Bachmann-Preises, Klagenfurt.

KARASEK, Horst

Schriftsteller - Feldbergstr. 28, 6000 Frankfurt/M. 1 - Geb. 7. Okt. 1939 Wien - BV: D. Gasthaus Z. Faß o. Boden, 1973; Propaganda u. Tat, 1975; D. Kommune d. Wiedertäufer, 1977; Belagerungszustand!, 1978; D. Fedtmilch-Aufstand, 1980.

KARBUSICKY, Vladimir

Dr. phil., Prof. f. Systemat. Musikwissenschaft - Lehmkuhlskamp 25, 2110 Buchholz/Nordheide - Geb. 9. April 1925 Velim/Böhmen (Vater: Josef K., Eisenbahnbeamter; Mutter: Judith, geb. Kvapil), ev., verh. s. 1964 m. Maria, geb. Horvath, 3 Kd. (Maria, Beatrix, Peter) - 1945-53 TH u. Univ. Prag (1948) - 1954-68 Tschech. Akad. d. Wiss. Prag; 1968 b. 1976 PH Rhld. Köln; s. 1976 Univ. Hamburg (Prof.) - BV: u. a. Ideologie im Lied, 1973; Empir. Musiksoziol., 1975; Musikw. u. Ges. 1977; Gustav Mahler u. s. Umwelt, 1978; Systemat. Musikwiss., 1979; Anfänge d. hist. Überliefer. in

KARBUSICKY — **KARLSSON**

Böhmen, 1980; Grundriß d. musikal. Semantik, 1986; Kosmos-Mensch-Musik, 1990 - Spr.: Tschech., Russ., Franz., Engl. - Lit.: Studien z. Systemat. Musikwiss., Festschr. f. V. K. (1986).

KARCHER, Fritz-Henning
Dr. rer. nat., Geschäftsf. i. R. - Am Reiertsberg 20, 6645 Beckingen/Saar (T. 278) - Geb. 16. Nov. 1911 Kiel (Vater: Guido K., Fregattenkapt. a. D.; Mutter: geb. Oldekop), ev., verh. s. 1939 m. Hildegard, geb. Ehlert, 3 Kd. - Ritterakad. Brandenburg/H.; Univ. München, Göttingen, Königsberg (Biol.) - S. 1953 Gf. Karcher. Div. Veröff. (Archiv f. Hydrobiol., Ztschr. f. Fischerei u. a.) - 1972 GR. BVK, 1975 Saarl. VO. - Liebh.: Imkerei, Botanik - Spr.: Franz., Engl., Span., Norw. - Rotarier.

KARCHER, Hermann
Dr. rer. nat., Univ.-Prof. Math. Inst. Univ. Bonn (s. 1971) - Thüringer Allee 132, 5205 St. Augustin 2.

KARCHER, Wolfgang G.
Dr. jur., Prof. f. Organisation u. Verw. v. Bildungseinricht. TU Berlin - Landauer Str. 4, 1000 Berlin 33 - Geb. 21. April 1940 Kindsbach/Pfalz (Vater: Rudolph K., Studienrat †; Mutter: Inga, geb. Lindemann, Oberstudienrätin), ev., verh. s. 1966, 2 Kd. (Birgit, Heiko) - Naturwiss. Gymn. Verden/Aller; Stud. Rechts- u. Politikwiss. Univ. Berlin, Tübingen u. Columbia, S.C. (jurist. Staatsex. 1966 u. 1971 Berlin); Promot. 1970 Univ. Tübingen - 1971-73 wiss. Angest. Gesamthochschulrat Baden-Württ.; 1974/75 Hausmann; s. 1975 Prof. in Berlin; s. 1980 Inst. f. Medienpäd. u. Hochschuldidaktik - BV: Studenten an priv. Hochsch. z. Verfass.recht d. USA, 1971; D. Scheitern d. Hochschulreform (m. a.), 1976; D. Hochschulwesen in Indonesien u. d. übr. ASEAN-Staaten. E. Bibliogr., 1981; D. indones. Hochschuler. Struktur u. Funkt.weise im Licht staatl. Vorschr., 1983 - Hrsg. m. H.-J. Axt u. B. Schleich: Ausbildungsod. Beschäftigungskrise in d. Dritten Welt? Kontroversen üb. neue Ansätze in d. berufl. Bild., 1987.

KARCHETER, Walter
Dipl.-Ing., Geschäftsführer, Präs. Landesverb. d. Vereidigt. Sachverst. Bayern e.V. - Nelkenstr. 17, 8012 Ottobrunn b. München - Geb. 13. Okt. 1923 Grenzach (Vater: Hermann K., Analytiker; Mutter: Emma, geb. Salzmann), verh. s. 1955 m. Margret, geb. Struck, 2 Kd. (Anne, Jochen) - 1943-50 Ing.-Stud. FH Köln, Ex. 1950 - 1956-58 Geschäftsf. Wuppertal; 1958-79 Geschäftsf. Ottobrunn. 1981 Präs. Landesverb. d. vereidigt. Sachverst. Bayern; s. 1980 freiberufl. öffntl. best. u. vereid. Sachverst. Heizung-, Lüftung- u. Klimatechnik.

KARDOS, Georg (György)
Dirigent, 1. Kapellmeister Bühnen Hansestadt Lübeck - Zu erreichen üb. Bühnen d. Hansestadt, Fischergrube 5-21, 2400 Lübeck - Geb. 21. April 1937 Budapest, verh., 1 T. - Stud. Kompos. Konservat. Budapest; Stud. Dirig. Musikhochsch. Hamburg - B. 1976 2. Kapellmeister Staatstheater Hannover; b. 1979 Koordinierter 1. Kapellm. Stadttheater Aachen; b. 1982 1. Kapellm. Staatstheater Karlsruhe - 1960/61 Musikal. Leit. Ballett Pecs (Fünfkirchen/Ungarn); 1979/80 Premieren Karlsruhe: Andrè Chènier, Aida, u.a.; 1983 Flandern Oper (Gent, Antwerpen): Tannhäuser.

KARENBERG, Leutfried
Dipl.-Kfm., Dipl.-Volksw., Aufsichtsratsmitglied Babcook-BSH AG, Erste Kulmbacher Aktienbrauerei AG - Parkstr. 29, 4150 Krefeld-Uerdingen - Geb. 25. Okt. 1924 - Zul. Geschäftsf. DEG Dt. Finanzierungsges. f. Beteiligungen in Entwicklungsländern GmbH.

KARG, Hans-Georg
Vorstandsvorsitzer Gemeinnützige Hertie-Stiftung z. Förderung v. Wissenschaft,

Erziehung, Volks- u. Berufsbildung, Frankfurt u. Vorst.-Vors. Hertie-Stift., Hamburg - Postf. 71 04 61, 6000 Frankfurt/M. 1 - Geb. 29. Aug. 1921 Berlin (Vater: Georg K. † 1972, s. XVI. Ausg.), verh.

KARG, Heinrich
Dr. med. vet., Prof. TU München, o. Prof. f. Physiol. d. Fortpflanzung u. Laktation (s. 1970), Direktor Inst. f. Physiol. Südd. Versuchs- u. Forschungsanstalt f. Milchwirtschaft, Weihenstephan (s. 1967) - Osterwaldstr. 53, 8000 München 40 (T. 3 61 36 13) - Geb. 31. Mai 1928 München - S. 1959 (Habil.) Lehrtätig. Univ. München/Tierärztl. Fak. (1965 apl. Prof. f. Physiol., physiol. Chemie, Ernährungsphysiol. u. Endokrinol.). 1974/75 Präs. Dt. Ges. f. Endokrinol. u. 1976/77 Dt. Ges. f. Milchwiss. 1984 Dr.med. vet. h.c. (Tierärztl. Hochschule Hannover), 1985 Martin-Lerche-Forschungspreis (Dt. Vet. med. Ges.) - Zahlr. Fachveröff.

KARG, Theodor
Oberfinanzpräsident, Leit. OFD Saarbrücken - Präsident-Baltz-Str. 5, 6600 Saarbrücken.

KARGER, Adolf
Dr. rer. nat. (habil.), o. Prof. f. Geographie (s. 1969) - Gaussweg 8, 7400 Tübingen 3 (T. 7 22 32) - Geb. 23. Okt. 1929 Reitendorf/Mähren - Zul. Privatdoz. Univ. Gießen - BV: D. Sowjetunion als Wirtschaftsmacht, 3. A. 1983; Sowjetunion, 3. A. 1986 - Spr.: Russ., Serbokroat., Engl. (Lehrtätig. USA).

KARGER, Reinhard
Komponist, Musiker - Herkulesstr. 24, 3500 Kassel (0561 - 10 21 90) - Geb. 3. Mai 1953 Tübingen, ledig, T. Johanna Esther - 1972-80 Kompos.stud. Stuttgart, Utrecht, Los Angeles, Freiburg - 1985-87 Leit. d. Schauspielmusik an d. Staatstheater Kassel, seith. freier Komponist - Liebh.: Tischtennissport - Spr.: Engl., Franz., Span.

KARGER, Wolfgang
Dr. rer. nat., Prof., Leit. Arbeitsgruppe f. Physiologie d. Membranen Univ. Bochum - Albert-Schweitzer-Str. 2, 4630 Bochum 1 (T. 0234 - 70 11 17) - Geb. 6. April 1923 Magdeburg - S. 1965 Prof. Bochum.

KARGL, Herbert
Dr. rer. pol., Dipl.-Wirtschaftsing., Univ.-Prof. f. Betriebswirtschaftslehre u. Betriebsinformatik, Univ. Mainz - Saarstr. 21, 6500 Mainz.

KARIGER, Albert

Dr. rer. pol., Dipl. Kfm., Geschäftsführer Club-Kraftfutterwerke GmbH, Hamburg - Beethovenstr. 15, 6940 Weinheim - Geb. 11. Sept. 1927, verh. s. 1961 m. Annemarie, geb. Sperl, 2 Kd. (Jörg-Christian, Ute Eva-Maria) - Stud. Wirtschaftswiss. Univ. Mannheim u. Saarbrücken; Dipl.-Kfm. 1960, Promot.

1963 - Vors. Mannheimer Produktenbörse (s. 1974); Vorst.-Mitgl. Fachverb. Futtermittelind., Bonn, Europ. Warenbörse Strassburg, FEFAC Brüssel; div. Aussch. IHK Mannheim, Berufsgenossensch. Mannheim - BV: D. Entw. d. Mischfutterind. in Deutschl., 1963. Ca. 50 Fachaufs. in Ztg. u. Ztschr. - 1980 BVK - Spr.: Engl., Franz.

KARIMI-NEJAD, Abbas
Dr. med., Prof. f. Neurochirurgie - Koppensteinstr. 1, 5000 Köln 41 (T. 0221-478 41 42) - Geb. 28. Dez. 1931 Iran (Vater: Ali K.; Mutter: Fatimah), verh. s. 1960, 3 Kd. - Schulausb. Iran, Stud. u. Univ.-Laufb. in Deutschl. - S. 1974 Prof. u. wiss. Rat Univ. Köln - Entd.: Behandl. d. Atemstörungen b. Hirnschädig., operat. Behandl. d. Halswirbels. - Üb. 100 Publ., 6 Buchbeitr.

KARKOSCHKA, Erhard
Dr. phil., Prof., Komponist - Nellinger Str. 45, 7000 Stuttgart-Heumaden - Geb. 6. März 1923 Ostrau (Vater: Dipl.-Ing. Robert K.; Mutter: Olga, geb. Urban), verh. m. Rothraut, geb. Leiter, 4 Kd. (Dietlind, Erich, Oliver, Urs) - Gymn. Mähr. Ostrau; Musikhochsch. Stuttgart (Künstlerreife Komposition u. Dirigieren); Univ. Tübingen (Promot.) - 1948-67 Lehrbeauftr. LH bzw. Univ. Hohenheim u. Leit. Hohenheimer Schloßkonzerte; s. 1958 Dozent u. Prof. MH Stuttgart. 1962-70 Vorst.-Mitgl. Inst. f. Neue Musik u. -erzieh. Darmstadt; 1974-80 Präs. Ges. f. neue Musik BRD. Autor div. Orchester-, Chor-, Orgel- u. Kammermusikwerke, elektr. Mus., multimediale u. andersartige Werke - BV: D. Schriftbild d. neuen Musik, 1966 (engl. 1972, jap. 1977); Analyse neuer Musik, 1976; Neue Musik hören, 1981 - Mehrere Preise, dar. 1957 Stadt Stuttgart u. 1971 Johann-Wenzel-Stamitz-Preis; 1982 Montserrat. Komp.aufträge u. a. von CCP Manila, Biennale Zagreb, Rhein. Philharmonie, Deutscher Sängerbund - Liebh.: Astronomie - Spr.: Tschech., Engl.

KARL, Emil
I. Bürgerm. (s. 1960) - Rathaus, 8403 Bad Abbach/Ndb. - Geb. 17. Dez. 1919 Abbach (Vater: Johann K.; Mutter: Emilie, geb. Reisinger), verh. m. Elisabeth, geb. Lang, 4 Kd. - Zul. Verwaltungsangest. Überparteil. Liste.

KARL, Fred
Dr. rer. pol., Akademischer Rat f. Soziale Gerontologie GH Kassel-Univ. - Arnold-Bode-Str. 10, 3500 Kassel (T. 0561 - 804-29 32) - Geb. 13. Juni 1947 Neumarkt-St. Veit/Oberbay., gesch., T. Julia - Buchhändler; Ausbildereignerprüf., Dipl.-Soziol. 1973 Univ. Regensburg; Promot. 1988 GH Kassel - 1990 Ausb. z. Lehrer f. Tai Chi u. Körperarbeit - 1985-89 Projektleit. Zugehende Beratung alter Menschen; s. 1986 Koordinator Aufbaustudiengang Soziale Gerontologie GH Kassel; s. 1990 Akad. Rat - BV: Soziale Bibliotheksarbeit, 1980; D. Bürgerinitiativen, 1981; Alte Menschen im Stadtteil, 1988; D. neuen Alten (m. W. Tokarski), 1988; Neue Wege in d. sozialen Altenarbeit, 1990; Neustart u. Partnerschaft im Alter (m. I. Friedrich), 1991 - 1986 Mitinh. Max Bürger Preis d. Dt. Ges. f. Gerontologie; 1988 Georg Forster Preis Kasseler Hochschulbund.

KARL, Georg
Dr., Landrat Kr. Deggendorf (s. 1978; CSU/Fr. Wählergemeinsch.) - Landratsamt, 8360 Deggendorf/Ndb. - Geb. 9. April 1939 Landshut - Staatsdst. (zul. Regierungsdir.).

KARL, Helmut
Dipl.-Verwaltungswirt (FH), 1. Bürgermeister der Stadt Garching/Obb., Vors. d. SPD-Kreistagsfraktion München-Land - Rathaus, 8046 Garching/Obb. - Geb. 15. Mai 1937 Garching (Eltern: Adam u. Franziska K.), kath., verh. s. 1965 m. Inge, geb. Wachter, 2 Kd. (Armin, Jochen) - Kreisrat SPD (s. 1966).

KARL, Johann-Josef
Dr. med. (habil.), Prof., Extraordinarius f. inn. Medizin spez. Endokrinologie i.R. - Berrschestr. 7, 8000 München-Pasing (T. 88 51 00) - Geb. 31. Okt. 1919 München, verh. m. Dr. Marie Luise, geb. Hesele - B. 1968 Privatdoz., dann apl. Prof. München (Inn. Med.). Fachveröff.

KARLBERG, Erik
Dipl.-Kfm., Geschäftsf. Electrolux GmbH., Hamburg - Hogenfelder Str. 2a, 2000 Hamburg 61 (T. 5501347) - Geb. 14. April 1924 Ålghult/Schweden (Vater: Johan G. K., Direktor; Mutter: Nanny, geb. Samuelsson), verh. s. 1955 m. Marit, geb. Pihl, 3 Kd. (Pär, Ulf, Annika) - HH Stockholm (Dipl. 1951) - 1950-55 AB Electrolux, Stockholm; s. 1955 Electrolux GmbH., Hamburg (1966 Geschäftsf.) - Liebh.: Bridge - Spr.: Schwed., Dt., Engl.

KARLOWA, Elma
Schauspielerin - Paul-Heyse-Str. 19, 8000 München 2 (T. 53 62 05) - Geb. 12. März 1936 Zagreb (Vater: Ingenieur; Mutter: Gymnasialprof.), led. - Theaterausbild. Bühne, Film (üb. 20 Rollen), Fernsehen - Liebh.: Schreiben, Zeichnen, Stofftiersamml., Peddigrohrflechten.

KARLSDOTTIR, Maria
s. Novak, Helga M.

KARLSON, Peter

Dr. rer. nat. (habil.), Dr. sc. h. c., Dr. Dr. rer. biol. hum. h. c., Prof. u. Direktor Physiol.-Chem. Inst. Univ. Marburg (1964-87) - Haselhecke 32, 3550 Marburg - Geb. 11. Okt. 1918 Berlin (Vater: Friedrich K., Kaufm.; Mutter: Ludmilla, geb. Perli), verh. s. 1945 m. Dr. Lieselotte, geb. Poschmann - Stud. Chemie (Dipl.-Chem. 1940). Promot. 1942 - Wiss. Mitarb. Max-Planck-Inst. f. Biochemie Tübingen bzw. München; Privatdoz. u. apl. Prof. (1953) Univ. Tübingen u. München. Emerit. 1987 - BV: Kurzes Lehrb. d. Biochemie, 1960 (13. A. 1988, (übers. in 15 Spr.); Pathobiochemie (m. Gerok u. Groß), 2. A. 1982. Üb. 200 Einzelveröff. - 1967 Wiss. Mitgl. Max-Planck-Inst. f. Biochemie (ausw.); 1969 Mitgl. Dt. Akad. d. Naturforscher (Leopoldina); 1974 Feldberg-Preis; 1976 korr. Mitgl. Société de Biol., Paris; 1983 Ehrendoktor Fak. f. Theoret. Med. Univ. Ulm; 1986 Ehrendoktor Univ. Louis Pasteur, Straßburg, 1987 Univ. Athen; 1980 korr. Mitgl. Bayer. Akad. d. Wiss.; 1987 Euricius Cordus-Med. Univ. Marburg (FB Humanmed.); 1987 Ehrendoktor Univ. Athen - Entdeckte Wirkungsmechanismus d. Hormone durch Genaktivierung.

KARLSSON, Gustav H.
Dr. phil., o. Prof. u. Direktor Seminar f. Byzantinistik Freie Univ. Berlin - Malvenstr. 6, 1000 Berlin 45 (T. 8 38 29 32) - Geb. 6. Okt. 1909 Schweden - S. 1959 Univ. Upsala (Doz.) u. FU Berlin (1966 Ord.). Fachveröff.: Codex Upsaliensis

Graecus 28 (team work), 1981. Herausg.: Romers Lit. (1961) u. a. Übers.

KARMANN, Wilhelm
Ehrenvorsitzender Karmann-Unternehmensgruppe, Osnabrück - Gutenbergstr. 37, 4500 Osnabrück (T. 58 11) - Geb. 4. Dez. 1914 Osnabrück (Vater: Wilhelm K., Firmengründer † 1952; Mutter: Mathilde, geb. Elsinghorst † 1965), verh. m. Christiane, geb. Kemper, 3 Kd - AR Deilmann AG, Bentheim; Beirat Deutsche Bank, Bezirk Bielefeld; Beiratsvors. Karmann-Ghia do Brasil, São Bernardo do Campo/Bras.: Ehrenmitgl. Präs. Ind.- u. Handelskammer Osnabrück-Emsland - Gr. BVK; Gr. Verdienstkreuz d. Nieders. VO.

KARNAPP, Walter
Dipl.-Ing., o. Prof. f. Freihandzeichnen u. Perspektive TH bzw. TU München (ab 1959; emerit.) - Landshuter Allee 154, 8000 München 19 (T. 15 14 32) - Geb. 11. Sept. 1902 Baarenhof/Danzig - 1928 Dipl.-Ing. TH Danzig. 1934-36 Stip. Dt. Archäol. Inst. Berlin (Konstantinopel, Athen); 1939-45 o. Prof. TH Danzig; 1949-59 Baupfleger Stadt Essen - BV: D. Stadtmauer v. Iznik (Nicäa), 1938 (m. A. M. Schneider); D. Stadtmauer v. Resafa in Syrien, 1976; Denkmäler antiker Arch., Bd. 11, 1976 - 1931 Schinkelplak. f. städtebaul. Wettbew.; 1939 korr., 1969 o. Mitgl. Dt. Archäol. Inst. Berlin.

KARNICK, Manfred
Dr. phil., Prof. f. Dt. Philologie Univ. Göttingen (1982ff.) - Papenwiese 2a, 3402 Scheden OT Meensen - Geb. 13. Aug. 1934 Berlin (Vater: Martin K., Realschullehrer; Mutter: Else, geb. Ulrich), ev. - 1954-62 Stud. Univ. Hamburg u. Freiburg, 1. Staatsex. 1962, Promot. 1966, bde. Freiburg; 2. Staatsex. 1967 in Bremen; Habil. 1977 in Freiburg - 1967-80 Akad. Rat u. Wiss. Assist.; 1980 Prof. Univ. Freiburg. 1985 u. 1990 Gastprof. USA (Urbana/Ill.) - BV: Wilhelm Meisters Wanderjahre od.: D. Kunst d. Mittelbaren, 1968; Dürrenmatt, Frisch, Weiss, 1969 (m. a.); Rollenspiel u. Welttheater, 1980 - Nieders. Literaturkommiss.

KARNICK, Rudolf
Dr. h. c., Prof., Pädagoge - Solitüder Str. 5, 2390 Flensburg - U. a. Prof. f. Schulpäd. PH Flensburg.

KAROLI, Hermann
Dr. rer. pol., Dipl.-Kfm., Wirtschaftsprüf. - Am Ruhrstein 37, 4300 Essen-Bredeney - Geb. 27. März 1906 Hahnbach/Siebenb. (Vater: Rudolf K., Pfarrer; Mutter: Emma, geb. Fleischer), ev. - Univ. Leipzig u. Innsbruck - U. a. Vorstandsmitgl. Dt. Revisions- u. Treuhand-AG, Berlin (1938); Wehrdst. (schwer verwundet), längere Kriegsgefangenschaft; s. 1950 wie oben. B. 1972 AR-Vors. BMW (10 J.) - Rotarier.

KAROTKA, Werner
Bürgerschaftsabgeordneter - Zu erreichen üb.: Baubehörde/Hauptabt. Stadtreinig., Bullerdeich Nr. 19, 2000 Hamburg 26; priv.: 13, Hartungstr. 12 - S. 1978 Mitgl. Hbg. Bürgersch. SPD.

KAROW, Heinz
Hauptgeschäftsführer FDP/Landesverb. Nieders. - Walter-Gieseking-Str. 22, 3000 Hannover.

KAROW, Otto
Dr. phil. (habil.), em. o. Prof., ehem. Direktor Ostasiat. Seminar Univ. Frankfurt/M. (s. 1960) - Kurstift, Kaiser Friedrich-Promenade 57a, 6380 Bad Homburg v. d. H. (T. 40 94 83) - Geb. 29. Sept. 1913, ev. verh. s. 1936 m. Elisabeth, geb. Geier - 1951-60 Privatdoz. u. apl. Prof. (1957) Univ. Bonn (Japanol.). Spez. Arbeitsgeb.: Ostasiat. Philol. u. Kulturwiss. m. bes. Berücks. Südostasiens - BV: D. Ursprung d. Torii, 1943 (m. Dietrich Seckel); D. Illustrationen d. Arzneibuches d. Periode Shao-hsing v. J. 1159, 1956; Opera Minora, 1978. Herausg.: Indones.-Dt. Wörterb. (1962, 3. A. 1986); Vietnamesisch-Dt. Wörterbuch (1972); Veröfftl. d. Ostasiat. Seminars d. Johann-Wolfg.-Goethe-Univ., Frankfurt/M. Mitverfass.: Java u. Bali - Buddhas, Götter, Helden, Dämonen, 1980; Terrakottakunst d. Reiches v. Majapahit in Ostjava, 1987; Symbolik d. Buddhismus-Tafelband, 1989. Mithrsg.: Studien z. Japanol. Div. Einzelarb.

KARPE, Hans-Jürgen
Dr.-Ing., Prof., Leiter Inst. f. Umweltschutz Univ. Dortmund - Am Mühlengraben 5, 5810 Witten (T. 02302 - 8 55 51) - Geb. 19. März 1942 Berlin, 2 Söhne (Jan, Leif) - Dipl.-Ing. u. Dr.-Ing. Univ. Karlsruhe - S. 1985 Dir. Wissenschaftszentrum d. Vereinten Nationen, New York. Vors. Förderverein Umwelttechnol., Vorst. IDNR, Mitgl. Moskau Energy Club - Zahlr. Veröff. z. Umweltschutz u. -planung, Umweltschutz in Entw.ländern - Spr.: Engl., Franz., Portug.

KARPP, Heinrich
Dr. phil., Lic. theol., D. theol., em. o. Prof. f. Religionspädagogik u. Kirchengesch. - Kiefernweg 2H, 5205 St. Augustin 1 (T. 02241 - 34 19 21) - Geb. 10. Dez. 1908 Köln (Vater: Johannes K., Obersteuerinsp.; Mutter: Katharine, geb. Rose), ev., verh. s. 1935 m. Elfriede, geb. Köster, 4 Kd. - Univ. Bonn, München, Marburg (Klass. Philol., Phil., Theol.) - 1933-56 höh. Schuldst.; s. 1950 Privatdoz. u. Prof. Univ. Bonn (1959 Ord.) - BV: Unters. z. Phil. d. Eudoxos v. Knidos, 1933; D. Alte Testam. in d. Gesch. d. Kirche, 1939; Probleme altchristl. Anthropol., 1950; Schrift u. Geist b. Tertullian, 1955. Herausg.: Karl Holl, Briefw. m. Adolf v. Harnack; D. frühchristl. u. mittelalterl. Mosaiken in S. Maria Maggiore zu Rom (1966); D. Buße (1969, franz. u. ital.); Textb. z. altkirchl. Christologie (1972); m. H. Görgemanns: Origines. 4 Bücher von den Prinzipien (Text, Übers., 1976, 2. A. 1985); V. Umgang d. Kirche m. d. Hl. Schrift. Ges. Aufs. (1983); Schrift, Geist u. Wort Gottes. Geltung u. Wirkung d. Bibel in d. Gesch. d. Kirche. Von d. Alten Kirche bis z. Ausgang d. Reformationszeit (1992).

KARR, Hanns-Peter
s. Jahn, Reinhard

KARR-BERTOLI, Julius

Dirigent - Sommerstr. 9, 8000 München 90 (T. 089 - 651 47 89) - Geb. 21. Juni 1920 München (Vater: Julius K., Konzertmeister; Mutter: Magda, geb. Badschild), kath., verh. s. 1957 in 3. Ehe m. Charlotte, geb. Langesee, T. Julia - 1936-40 Akad. Tonkunst, München (Dirig.-Ex. 1939), 1. Dirigat m. 18 J. an d. Bayer. Staatstheatern - 1941 Solorepetitor Reichenberg, 1942-45 Opernkapellm. Dortmund, 1945-60 freiberufl. Bayer. Rundf.; 1961ff. Dirig.tätig. in aller Welt (u. a. m. d. Leningrader Philharmonikern, d. Bukarester Staatsphilharmonie, d. Berliner Philharmonikern, d. Münchner Philharmonikern u. d. Orchestre Colonne v. Paris) als Münchner Musikbotsch. 1990 Konzerttätig. in Nordamerika; erste Konzerte u. in Münchner Schwesterstädten Kiew u. Saratow (Rußland). Erneute Gasttätigk. auf Cuba m. Mozart u. Dvořák: erster dt. Dirig. in Tirana (Albanien) m. drei Arbeitsperioden - Konz., Rundf.-Prod., Schallpl.; Exp. f. klass. Musik - Zahlr. Ehr., u. a. ständ. korr. Mitgl. d. Prager Dvořák-Ges.; Hon. appointment to the National Board of advisers of the American. Biograph. Inst., USA, Mitgl. London Dvořák-Soc., Intern. Siegfr.-Wagner-Ges., Karl-May-Ges.; Ehrenpräs. versch. Musikinst.; BVK, Med. München leuchtet, 1990 BVK I. Kl.; Ehrenpräs. versch. musik. Institutionen; London-Dvořák-Society, Karl-May-Ges. Hamburg, Atlanta/USA - Liebh.: Bergsteigen, Skifahren, Lesen, Musik - Spr.: Engl., Ital., Span. - Bek. Vorf.: Friedr. Bürklein, Baumeister d. Maximilianstr. in München (Urgroßonkel), Großm. Bürklein bek. Sängerin, Großv. Bertoli bek. Münchner Schausp.

KARRAS, Christa

Dr. phil., Dipl.-Psych., Staatssekretärin im Niedersächsischen Frauenministerium (s. 1990) - Marienstr. 30, 3300 Braunschweig - Geb. 15. Okt. 1946 Hamburg, 1 Tocht. - Lehre Bürogehilfin; Abendgymn. Braunschweig; Stud. Psychol. TU Braunschweig; Promot. 1989 Univ. Hannover - 1982-87 Wiss. Mitarb. Inst. f. Polit. Wiss. Univ. Hannover; 1987-90 Frauenref. Landtagsfraktion DIE GRÜNEN Hannover - S. 1975 aktiv in autonom. Frauenbewegung - als Mitbegr. versch. Frauenzentr. sowie d. Braunschweiger Frauenhauses; AR-Vors. Inst. Frau u. Ges. Hannover - BV: D. neue Frauenbewegung im lokalen polit. Kräftefeld - Untersuchung zum Wandel d. Politikverständnisses u. d. polit. Praxis (10 Jahre autonome Frauenbewegung (1971-1981) in Braunschweig), 1989; D. Frauen gehört die Hälfte des Himmels (Das Hannoversche Modell eines Frauengrundkurses) (m. E. Lembeck, K. Penschke u.a.), 1991

KARRASCH, Heinz
Dr. rer. nat., Prof. f. Geoökologie, Geomorphol., Klimatol., Nordamerika Geograph. Inst. Univ. Heidelberg - Im Neuenheimer Feld 348, 6900 Heidelberg (T. 06221 - 56 45 78); priv.: Satzenbuckelweg 4, 6919 Bammental (T. 06223 - 4 03 81) - Geb. 11. März 1935 Allenstein (Vater: Albert K., Bauing.; Mutter: Elisabeth, geb. Kompa), ev.-luth., verh. s. 1965 m. Herlinde, geb. Oberndorfer - Promot. 1969 Göttingen, Habil. 1971 FU Berlin - BV: D. Phänomen d. klimabed. Reliefasymmetrie, 1970; Flächenbild. unt. periglazialen Klimabed.?, 1972; Die klimatischen u. aklimat. Varianzfaktoren d. periglazialen Höhenstufen in d. Gebirgen West- u. Mitteleuropas, 1977; Studien z. photochem. Smog in amerik. u. dt. Ballungsgeb., 1980; Luftqualität u. Mortalität in Berlin (West), 1985.

KARRER, Wolfgang
Prof. f. U.S.-Literatur Univ. Osnabrück - Zu erreichen üb. Univ., Postf. 4469, 4500 Osnabrück (T. 0541 - 969 42 59) - Geb. 3. Dez. 1941 Potsdam (Vater: Karl-Heinz K., Arzt; Mutter: Lisa, geb. Mundhenke), verh. s. 1971 m. Maria, geb. Roman, T. Katja - Promot. 1969 Univ. Bonn - 1969-74 Wiss. Assist. Univ. Bochum; 1974-76 Assoc. Prof. St. Louis/USA; 1976ff. Prof. Univ. Osnabrück - BV: Daten engl. u. am. Lit., 2 Bde., 1973 u. 1979; Parodie, Travestie, Pastiche, 1977. Herausg.: Afro-American Novel since 1960 (1982); Minority Literatures in North America (1990) - Liebh.: Jazz, Blues, Film - Spr.: Engl., Franz., Span., Latein - Bek. Vorf.: Philipp Jacob Karrer (Urahn).

KARRICH, Hans-Joachim

Dipl.-Volksw., Vorsitzender des Vorstandes Königsbacher Brauerei AG, Koblenz (s. 1966), Brauerei A. Bonnet & Cie. GmbH, Meisenheim (s. 1969), Geschäftsf. Königsbacher Biervertrieb GmbH, Trier (s. 1961), Richmodis-Bräu GmbH, Köln (s. 1967), Brauerei z. Walfisch GmbH, Aachen (s. 1969), Bad Emser Getränkevertriebs-GmbH (s. 1971), Süddt. Königsbacher Biervertriebs-GmbH, Backnang (s. 1973), Friedrich Niederquell GmbH, Bad Honnef (s. 1981), Bierzentrale Leleithner GmbH, Frankfurt (s. 1981), Königsbacher USA Export GmbH (s. 1988), Nassauer Löwenbräuerei GmbH (s. 1988), u. Königsbacher-Werbe GmbH, Koblenz, Bellthal-Moselsprudel GmbH, Kobern; AR-Vors. Hirschbrauerei AG, Düsseldorf (s. 1972), u. Dauner Sprudel GmbH, Daun (s. 1980), Vorst.-Mitgl. Brauerbd. Hessen-Mittelrhein, Frankfurt (s. 1967); Mitgl. Presse- u. Informations- u. Wettbewerbsaussch. u. Delegiertenvers. Dt. Brauerbund; Beiratsmitgl. Frankfurter-Allianz-Versicherungs-AG, Frankfurt/München (s. 1968), Dresdner Bank, Frankfurt, Kommunale Betriebsges. Andernach (s. 1980), Konsumgüterauss. Bundesverb. d. Dt. Industrie (s. 1967); Mitgl. IHK Koblenz (s. 1972); Handelsrichter, Finanzrichter u. s. - 5400 Koblenz - Geb. 2. März 1930 Königsberg, ev., verh. s. 1954 m. Gabriele, geb. Michels, 2 Kd. (Claudia, Manfred) - Univ. Freiburg u. Heidelberg (Volks-, Betriebsw., Soziol., Psych., Rechtswiss. Phil.; Dipl.-Volksw. 1953) - BV: Als Gast in China, 1978 - 1981 BVK am Bd., 1986 BVK I. Kl.

KARST, Heinz
Brigadegeneral a.D. - Melcherleshorn 8, 7752 Mittelzell (T. 07534 - 73 92) - Geb. 1. Dez. 1914 Aachen (Vater: Karl K., Dipl.-Ing.; Mutter: Elisabeth, geb. Potthoff), kath., verh. s. 1942 m. Irmgard, geb. Kulecki, T. Renate - Stud. German., Gesch. u. Phil. - 1952-56 Dienstst. Min. Blank (Schule d. Bundeswehr f. inn. Führung), 1956-59 Kommand. Panzer-Aufkl.-Lehrbatl. 11, 1959-63 Ref. f. Erzieh. u. Bild. im Führungsstab d. Streitkräfte, 1963-68 Kommand. Panzer-Gren.-Brigade 32 Schwanewede, 1968-70 General f. Er-

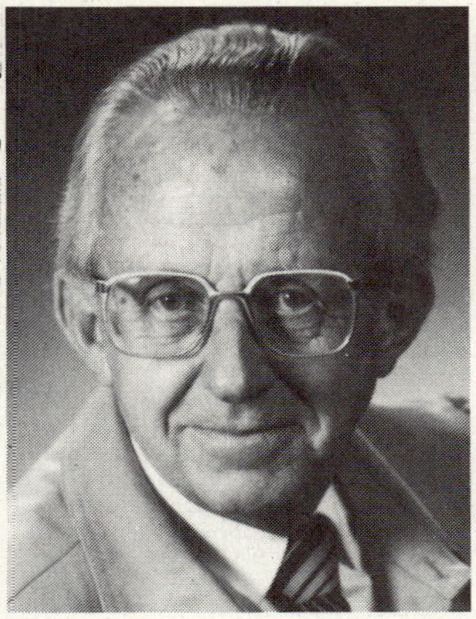

zieh.- u. Bild. im Heer - BV: D. Bild d. Soldaten, 3. A. 1969; Unterführerunterricht, 1958 (seither zahlr. Aufl.). Zahlr. Beitr. in Fach- u. Nachschlagewerken - Kriegsorden; 1970 Gr. BVK - Liebh.: Lit., Gesch., Phil. - Spr.: Franz., Engl.

KARST, Theodor

Dr. phil., Prof. f. Dt. Sprache u. Lit. u. ihre Didaktik - Ganghoferstr. 92, 7410 Reutlingen - Geb. 22. Sept. 1934 Ludwigshafen/Rh. (Vater: Adolf K., Fernmeldetechn.; Mutter: Emma, geb. Sauerbrunn), ev., verh. s. 1960 m. Hannelore, geb. Kessel, 2 Kd. (Sabine, Matthias) - Schule Neustadt/Weinstr. (Abit. 1954); Univ. Heidelberg, München, Mainz (German., Gesch., Phil.). Staatsex. 1960 u. 62. Promot. 1960 Mainz - 1960-64 Gymnasiallehrer; 1964-68 Assist. Prof. Princeton-Univ. (USA); s. 1968 Doz. u. Prof. (1970) Prof. PH Reutlingen; s. 1986 Prof. PH Heidelberg - BV: D. kurpfälz. Oberamt Neustadt, 1960; D. Univ. Heidelberg u. Neustadt a. d. W. (m. P. Moraw), 1963; Kindheit in d. mod. Lit., 2 Bde. 1976/77 (m. R. Overbeck u. R. Tabbert). Herausg.: Texte aus d. Arbeitswelt s. 1961 (1974), Reportagen (1976), Kinder- u. Jugendlektüre (2 Bde. 1978/79); Lehrzeit, Erz. a. d. Berufswelt (1980); Gesch. v. Erwachsenwerden (1987). Mithrsg. u. Mitverf. Leseb.: Leserunde (3 Bde. 1980/81); Lehrerhandb. Leserunde (3 Bde. 1980/81); Leserunde 5-9 (5 Bde. 1985-89); Lehrerhandb. (5 Bde. 1988-90); Mei Sprooch - dei Red. Mundartdicht. in Bad.-Württ. (1989) - Spr.: Engl., Franz.

KARST, Uwe Volker

Dr., Dipl.-Päd., Prof. f. Pädagogik Univ. Bielefeld - Billinghauser Str. 173, 4937 Lage (T. 05232 - 74 87) - Geb. 15. Juli 1946 Merseburg (Vater: Horst K., Rektor; Mutter: Hannelore, geb. Klein, Lehrerin), ev., verh. s. 1977 m. Brigitte, geb. Steinker, 2 T. (Leslie-Corinne, Katja-Kristin) - Gymn. Speyer, Worms, Frankenthal; Stud. Gesch., Deutsch, Päd., Soziol. Univ. Mainz, Berlin, Siegen, Bielefeld (Dipl. 1972, Promot. 1976/77, Habil. 1980/81) - 1972-73 Gymnasiallehrer; 1974-80 Wiss. Assist. f. Päd.; 1980-82 Priv.-Doz.; ab 1982 Prof. f. Päd. Div. Beiräte. Zahlr. Forschungsprojekte v. Bundes- u. Landesmin., Kommun. Großverb. u. Großstädten in d. Ber. Sport, Freizeit, Wohnumfeld, Kultur, Schule; Publ. in Univ.-Bibl. einsehbar - Liebh.: Tennis, Segeln, Prod. Techniken - Spr.: Engl., Franz., Latein, etwas Russ.

KARSTEN, Alfred

Dr. rer. pol., Geschäftsführer d. Mannheimer Versorgungs- u. Verkehrsges. m.b.H., Vorst.-Mitgl. - Maiblumenhof 4, 6800 Mannheim 31 (T. 0621 - 74 43 19) - Geb. 20. Nov. 1924 Hindenburg/Oberschl. (Vater: Franz K., Kaufm.; Mutter: Maria, geb. Wagenknecht), kath., verh. s. 1950 m. Irmgard, geb. Ibbeken, 2 Kd. (Beate, Moritz) - Stud. Wirtsch.- u. Sozialwiss. in Wilhelmshaven u. Hamburg, Promot. 1960 Univ. Hamburg - S. 1978 Arbeitsdir. u. Geschäftsf. Mannheimer Versorg.- u. Verkehrsges. mbH (MVV), s. 1982 stv. Vors. d. Geschäftsfg.; Vorst.-Mitgl. Stadtwerke Mannheim AG, Mannheimer Verkehrs-AG, Energie- u. Wasserwerke Rhein-Neckar AG.

KARSTEN, Detlev

Dr. rer. pol., o. Prof. f. Wirtschaftswissensch. u. Didaktik d. Wirtschaftslehre Univ. Bonn (s. 1975) - Lupinenweg 13, 5300 Bonn-Holzlar (T. 0228 - 48 18 91) - Geb. 4. Nov. 1935 Hagen, verh. s. 1966 m. Christine, geb. Henz, 2 T. (Elisabeth, Susanne) - 1955-59 Stud. Wirtschaftsing. TH Darmstadt; Promot. 1964; Habil. 1972 - 1959-64 Assist. Inst. f. Volkswirtsch. TH Darmstadt; 1964-70 Gastprof. Univ. Addis Abeba; 1970-75 Lehrtätigk. Univ. Stuttgart; ab 1975 Prof. - BV: Wirtschaftsordnung u. Erfinderrecht, 1964; The Economics of Handicrafts in Traditional Soc., 1972 - Spr.: Engl.

KARSTEN, Erich

Dr. jur., Direktor Dresdner Bank AG (s. 1967) - Gravenbrucher Weg 36, 6056 Heusenstamm (T. 06104 - 23 09) - Geb. 4. Mai 1930 Munkacz/CSR (Vater: Richard K., Offz.; Mutter: Rose, geb. Balint), kath., verh. s. 1956 m. Ilse, geb. Brehm, 2 Kd. (Christopher Jörg, Dorrit Bettina) - Jurastud. Univ. Heidelberg; 1. u. 2. jurist. Staatsprüfung - 1959-65 Dt. Bank AG; 1966 DSK-Bank, München. AR Dresdner Bauspar AG; VR Dr. Lübke GmbH Immobilien; Mitgl. Ausschuß (vorh. Kommiss.) f. Privatkundengeschäft u. Marketing d. Bundesverb. dt. Banken e.V., Köln; Gesellschafterraussch. Dresdner Vermögensberat.ges. mbH; Beirat Höchster Porzellanmanufaktur GmbH - Spr.: Engl.

KARSTEN, Ulrich

Geschäftsf. Ethicon GmbH., Johnson & Johnson GmbH., bde. Norderstedt - Barghof 5, 2000 Norderstedt - Geb. 26. Nov. 1923.

KARSUNKE, Yaak

Schriftsteller - Westfälische Str. 34, 1000 Berlin 31 - Geb. 4. Juni 1934 Berlin (Vater: Dipl.-Ing.; Mutter: Verlagsprokuristin) - N. Abit. 3 Sem. Jurastud. u. 2 J. Schauspielsch. - 1965-68 Chefredakt. kürbiskern (München); s. 1990 Gastprof. an d. Hochsch. d. Künste Berlin - BV: u. a. Kilroy & andere, Ged. 1967; reden & ausreden, Ged. 1969; D. Apotse kommen, Kinderb. 1972; Josef Bachmann / Sonny Liston, Textmontagen 1973; Bauernoper/Ruhrkampf-Revue, 1976; da zwischen, Ged. u. e. Stück 1979; auf d. gefahr hin, Ged. 1982; D. Guillotine umkreisen, Ged. u. Texte (m. Bildern v. Arwed Gorella), 1984; Toter Mann, Kriminalr. 1989; Gespräch mit d. Stein, Ged. 1992. Theaterst.: D. Bauernoper - Szenen a. d. Schwäb. Bauernkrieg v. 1525 (m. Musik v. Peter Janssens), UA 1973 Tübingen; Germinal (n. Emile Zola), UA 1974 Frankfurt a. M.; Ruhrkampf-Revue (m. Musik v. Peter Janssens), UA 1975 Castrop-Rauxel; Unser schönes Amerika (m. Musik v. W. D. Siebert), MA 1976 Frankfurt/M.; Des Colhas' letzte Nacht (m. Musik v. W. D. Siebert), MA 1978 Berlin; Nach Mitternacht (nach Irmgard Keun), UA 1982 Osnabrück. Hörsp. u. Fernsehfilme - 1990 Dt. Krimi-Preis (f. Toter Mann) - Mitgl. PEN-Zentrum BRD.

KARTAUN, Joseph

Dr., Dipl.-Kfm., Vorstandsvorsitzender Grünzweig + Hartmann AG (s. 1979) - Geb. 14. Nov. 1928 Aachen (Vater: Wilhelm K., Elektro-Werkmeister; Mutter: Elisabeth, geb. Hensch), kath., verh. s. 1961 m. Karin, geb. Hunds, 2 Söhne (Joachim, Andreas) - Neusprachl. Gymn. Alsdorf (Abit. 1951); Wirtschafts- u. Sozialwiss. Univ. Köln. Dipl.-Kfm. 1955; Promot. 1958 - 1955-66 Leit. Mitarb. Vereinigte Glaswerke GmbH, Aachen; 1967-68 Geschäftsf. Oscar Gossler Isolierges. mbH, Hamburg; 1968-72 Geschäftsf. Glasfaser GmbH, Düsseldorf; s. 1972 Grünzweig + Hartmann AG. Vors. Fachvereinigung Mineralfaserind., Düsseldorf - Spr.: Franz., Engl.

KARTE, Helmut

Dr. med. (habil.), em. Prof., Chefarzt i. R. Kinderklinik St.-Anna-Stift, Ludwigshafen (s. 1960) - Auf dem Köppel 13, 6702 Bad Dürkheim (T. 6 30 59) - Geb. 4. Sept. 1920 Lichtenstein (Vater: Georg K., Lehrer; Mutter: Maria, geb. Scheller), ev., verh. s. 1945 m. Rita, geb. Brückner, 8 Kd. - Stud. Leipzig, Danzig, Göttingen - B. 1957 Privatdoz., dann apl. Prof. Univ. Göttingen (Kinderheilkd.), ab 1968 Univ. Heidelberg. Üb. 100 Ztschr.beitr. - BV: Therapie im Kindes- u. Jugendalter (m. H. Wolf u. U. Bürger), 1988. Mitarb.: H. Wiesener, Entwicklungsphysiol. d. Kindes (1964); Schoen/Südhof, Biochem. Befunde in d. Differentialdiagnose innerer Krankh. (3. A. 1975); Handb. d. Kinderheilkd. (Bd. VII 1966); H. K. Krüskemper, Therapie (1978) - Liebh.: Fotogr. - Spr.: Engl., Franz.

KARTEN, Walter

Dr. rer. pol., Dipl.-Kfm., Prof. f. Betriebswirtschafts- u. Versicherungsbetriebslehre - Zabelweg 18, 2000 Hamburg 67 - Geb. 18. Nov. 1934 Rheydt - Promot. 1965 - S. 1970 Prof. Univ. Hamburg - BV: Grundl. e. risikogerechten Schwankungsfonds f. Versich.suntern., 1966.

KARTHAUS, Ulrich

Dr. phil., Prof. f. Neuere dt. Literaturgeschichte u. -didaktik Univ. Gießen - Ebelstr. 18, 6300 Gießen - Geb. 19. Sept. 1935 Düsseldorf (Vater: Dr. Werner K., Komponist; Mutter: Hilde, geb. Cornelius), ev., verh. s. 1968 m. Dagmar, geb. Hüffmeier, 2 Kd. (Cornelia, Arnim) - Gymn. Düsseldorf; Univ. Köln u. Freiburg. Promot. 1964; Habil. 1974 - BV: D. andere Zustand - Zeitstrukturen im Werk Robert Musils, 1965; Sturm u. Drang u. Empfindsamkeit, 3. A. 1988; Impressionismus, Symbolismus u. Jugenstil, 3. A. 1992; Novelle, 1990 - 1988 Ordre des Palmes Acad. - Liebh.: Musik - Spr.: Lat., Franz. - Bek. Vorf.: Hermann K. (Großv.).

KARTSCHOKE, Erika

Dr. phil., Prof. f. Dt. Philologie (Ältere dt. Sprache u. Lit.) FU Berlin - Kyllmannstr. 6, 1000 Berlin 45.

KARTTE, Wolfgang

Dr. jur. h. c., Prof., Präsident Bundeskartellamt, Honorarprof. Univ. Bonn - Mehringdamm 129, 1000 Berlin 61 (T. 030 - 690 12 00) - Geb. 7. Juni 1927 Berlin (Vater: Vinzenz K.; Mutter: Gertrud, geb. Vogelgesang, kath., verh. m. Gerda, geb. Günder - Stud. FU u. Hochsch. f. Politik Berlin.

KARTZKE, Klaus

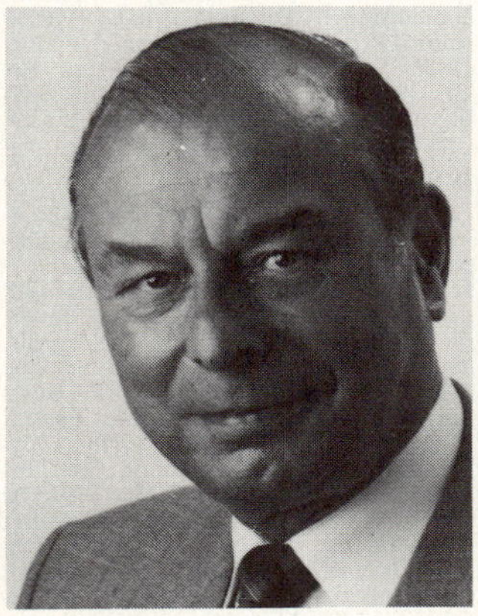

Dr. rer. pol., B. A., M. B. A., Aufsichtsratsmitglied Adam Opel AG (1987-92) - Haydnstr. 15, 6200 Wiesbaden - Geb. 5. März 1922 Berlin (Vater: Prof. Dr. phil. Georg K.; Mutter: Erna, geb. Hopfe), verh. s. 1954 m. Ingelore, geb. Gramm, 2 Kd. (Thomas, Susanne) - Gymn. Berlin-Treptow; Abit. 1940; Stud. Volks- u. Betr.wirtsch. Friedr. Wilh. Univ. Berlin, 1940/41 Wirtsch. Hochsch. Berlin, Dickinson College, Carlisle, Pa., USA (B.A. 1949 summa cum laude), Wharton Graduate Div. Univ. of Pennsylv., Philadelphia, USA (M.B.A. 1950); Promot. 1955 Univ. Mainz (magna cum laude) - 1951-86 Adam Opel AG (1951 Sachber. Finanzwirtsch. Abt.; 1956-58 Leit. Finanzwirtsch. Abt.; 1958-62 Assist. d. Einkaufsleit. (Vorst.); 1962-68 stv. Einkaufsleit.; 1968-86 Dir. Beschaffungswesen u. Vorst.-Mitgl.; s. 1982 zusätzl. verantw. f. Beschaffung d. kont.-europ. Werke; 1986 Ruhestand) - Gr. Goldenes Ehrenz. d. Rep. Österr.; Mitgl. Lions Club Wiesbaden-Mattiacum - Spr.: Engl., Franz.

KARWATH, Karl E.

Dr. jur., Aeronautischer Berater, Vorstandsmitglied Dt. Ges. f. Ortung u. Navigation, Düsseldorf - Friedensstr. 51, 6238 Hofheim (T. 06192 - 71 91) - Geb. 11. Aug. 1913 Wuppertal-Elberfeld (Vater: Emil N. K., Architekt; Mutter: Agnes, geb. Beckers), röm.-kath., verh. s. 1958 m. Renate, geb. Fuchs, 2 Kd. (Agnes Gabriele, Karl Michael) - Reform-Realgymn. (Abit. 1934); 1934-39 Stud. Jura u. Journalistik Univ. Köln; Promot. 1939 - Inst. f. Leibesübg.: Segelflug; 1940-45 Kriegsdst.: Nav.-Lehrer, Ltr. d. Nav.-Gruppe e. Flugzeugf.-Schule, Ref. f. Funknavigation, Sachverständiger f. engl./amerik. Nav.; 1945-51 Jurist. Tätigk. i. Vers.-Wirtsch.; 1952/53 Ausb.-Ref. Bundesanst. f. Flugsicherung; 1953-78 Deutsche Lufthansa (1956-73 Chef-Navigator, 1961-78 Hauptabt.-Leit. Streckendienst & Nav.); 1966 Lehrauftr. (Einf. in d. Nav. & Einf. in d. Flugsicherung) TU Braunschweig; 1972 Ernennung z. Hon.-Prof.; 1978-88 Vors. DGON; 1979-82 Präs. Int. Association of Inst. of Nav. - 1966 Fellow Royal Inst. of Nav., London; 1985 Membre d'honneur, Inst. Franc. de Nav.; 1986 Hon. Member Royal Inst. of Nav. London. S. 1947 zahlr. Veröff. u. Vortr. aus d. Fachgeb. Navigation.

KARWATZKI, Irmgard

Sozialarbeiterin (grad.), Parlam. Staatssekr. Bundesmin. f. Bildung u. Wiss. a. D. (1987-89), MdB (s. 1976) - Kettenstr. 3, 4100 Duisburg 1 - Geb. 15. Dez. 1940 Duisburg, kath. - Volkssch.; 1955-58 kaufm. Lehre; n. Bildungsreifeprüf. 1963-66 Höh. Fachsch. f. Sozialarb. (1967 staatl. Anerk.) - 1958-63 kaufm. Angest.; 1967-71 Diözesanref. Bund d. Kath. Jugend Essen; 1971-76 Ref. Kath. Fachhochsch. NWR. s. 1975 Ratsmitgl. Duisburg; 1979-83 Bürgerm. Stadt Duisburg; 1982-87 Parlam. Staatssekr. Bundesmin. f. Jugend, Familie, Frauen u. Gesundh. CDU s. 1960.

KARWECKI, Rolf

Bürgermeister a.D., Mitglied d. Landtages Hessen (s. 1991) - Rheinstr. 27, 3501 Habichtswald (T. 05606 - 65 01, Fax 65 02) - Geb. 28 Nov. 1950 Frankfurt/M. kath., verh., 2 Kd.

KARWETZKY, Rudolf

Dr. med. dent., o. Prof. u. Leiter Kieferorthopäd. Abt./Univ.sklinik f. Zahn-, Mund- u. Kieferkrankh. Münster - Gut Infel 16, 4400 Münster/W. (T. 7 40 90) - Geb. 8. April 1923 Weidenau/Sudetenl. - S. 1963 (Habil.) Lehrtätigk. Münster (1968 apl. Prof. f. ZMKheilkd.). Üb. 80 Fachaufs.

KARZEL, Helmut

Dr. rer. nat., o. Prof. f. Geometrie - An d. Grundbreite 15, 8031 Weßling - Geb. 15. Jan. 1928 Schöneck (Vater: Dipl.-Landw. Karl K.; Mutter: Luise, geb. Dahlmann), ev., verh. s. 1955 m. Marianne, geb. Schmidt-Hidding, 4 Kd. (Dörte, Ulrike, Herbert, Barnim) - Univ. Freiburg/Br. u. Bonn (Math.). Promot. 1951 Bonn; Habil. 1956 Hamburg - S. 1956 Lehrtätigk. Univ. Hamburg (1962 apl. Prof.) u. TU Hannover (1968 Ord.). 1961 Assoc. Prof. Univ. Pittsburgh; 1967 u. 68 Gastlehrstuhl f. Math. TH bzw.

Univ. Karlsruhe, s. 1972 TU München. Üb. 50 Fachveröff. - Spr.: Engl.

KARZEL, Karlfried

Dr. med., (Inst. f. Pharmakologie u. Toxikol.), Prof. f. Pharmak. u. Toxik. Univ. Bonn (s. 1970) - Auf d. Steinchen 46, 5300 Bonn 1 - Geb. 30. Juli 1929 Posen (Vater: Dipl.- Landw. Karl K.; Mutter: Luise, geb. Dahlmann), ev., verh. s. 1960 m. Christine, geb. John, 2 Kd. (Anette, Rüdiger) - Schule Magdeburg (Abit. 1948); Univ. Freiburg (Med. Staatsex. 1955). Promot. (1957) u. Habil. (1965) Bonn - 1959-61 Forschungsstip. Univ. Edinburgh - BV: Allg. Pharmak., 1977 (m. R. Liedtke). Etwa 125 Einzelarb., u. a. D. exper. Lungenödem, in: Handb. d. exper. Pharmak. (Bd. 16/2, 1969) - Spr.: Engl.

KASACK, Wolfgang

Dr. phil., em. o. Univ.-Prof. f. Slavische Philologie - Schmerbachstr. 41, 5203 Much - Geb. 20. Jan. 1927 Potsdam (Vater: Hermann K., Schriftsteller; Mutter: Maria, geb. Fellenberg), ev., verh. I) s. 1953 m. Waltraut, geb. Schleuning †1976, II) s. 1978 m. Friederike, geb. Lagemann, 6 Kd. (Michael †1985, Andreas, Sebastian, Christiane, Daniel, Vincent) - 1947-53 Univ. Heidelberg, Göttingen; Dipl.-Dolm. f. russ. Sprache 1951 Heidelberg, Promot. 1953 Göttingen, o. Prof. 1969 Köln - 1956-60 Dt. Botsch. Moskau (Chefdolm.); 1960-69 Dt. Forsch.gem. Bonn; 1969-92 Prof. Univ. Köln - Vors. Verb. d. Hochschullehrer f. Slavistik (1974-79) - BV: D. Technik d. Personendarst. b. Nikolaj Vasil'evic Gogol', 1957; Leben u. Werk v. Hermann Kasack, 1966; D. Stil Konstantin G. Paustovskijs, 1971; Lexikon d. russ. Lit. ab 1917, 1976 (engl. Ausg. 1988, russ. Ausg. London 1988), 2 wesentl. ern. A. 1992; D. russ. Lit. 1945-82, 1983; D. Klassiker d. russ. Lit., 1986; Schicksal u. Gestaltung, Leben u. Werk W. Lindenbergs, 1987; Russian Lit. 1945-88, 1989 - 1981 Joh.-Heinrich-Voss-Preis d. Dt. Akad. f. Sprache u. Dichtung (f. Übers. a. d. Russ.).

KASBOHM, Peter

Dr. rer. nat., Prof. f. Naturwiss. Sachunterricht PH Flensburg - Schottweg 62, 2390 Flensburg.

KASCH, Friedrich

Dr. rer. nat. (habil.), o. Prof. u. Vorst. Mathemat. Inst. Univ. München (s. 1963) - Ulrichstr. 16, 8021 Icking/Obb. (T. 08178 - 5498) - Geb. 26. Mai 1921 Bonn - Zul. Doz. Univ. Heidelberg. Zahlr. Fachaufs.

KASCHE, Volker

Fil.Dr., Prof. f. Biotechnologie Techn. Univ. Hamburg-Harburg - Riensberger Str. 104, 2800 Bremen - Geb. 31. Aug. 1939 Hamburg, verh. m. Karin, geb. Arhammar, 3 Kd. - Univ. Uppsala fil. kand 1961, fil. lic 1964, fil. dr., docent 1971-73 - 1973-86 Prof. f. physik. Biologie Univ. Bremen. Bücher u. Einzelarb.

KASCHKAT, Hannes

Dr. jur. utr., Rechtsanwalt - Sterngasse 2, 8700 Würzburg (T. 0931 - 1 64 55 u. 1 64 56; Telefax 1 52 55) - Geb. 17. Juli 1941 Berlin (Vater: Alfred K., Lehrer; Mutter: Charlotte, geb. Kühn), ev., verh. m. Barbara, geb. Klein, 3 Söhne (Henning, Kilian, Robert) - 1. jurist. Staatsex. 1966, 2. Staatsex. 1970, Promot. 1976 - 1976-82 Vizepräs. Univ. Würzburg; Lehrbeauftr. f. DDR-Recht an d. Univ. Würzburg; gf. Vors. d. Ges. f. d. Einheit Deutschlands; Kurat.-Mitgl. d. Stiftg. Ostpreußen. Oberstltn. d. Res.

KASCHKE, Heinz

Kaufm., Stadtältester Berlin (1981), Landesgeschäftsf. FDP Berlin (1966-81) - Schloßstr. 67a, 1000 Berlin 19 (T. 342 57 49) - Geb. 27. März 1916 Berlin, verh. - Königstädt. Realgymn. Berlin (Abit. 1935); Lehre Dt.-Südamerik. Bank ebd. - 1939-45 Wehrdst.; 1945-70 Inh. Pelzbekleidungsfa. (Ernst Kaschke & Sohn KG.). B. 1933 Bünd. Jugend; s. 1945 LDP bzw. FDP, 1960-67 Vors. Bezirksverb. Charl., 1963-67 Landesschatzm. Berlin. 1963-76 MdA Berlin; s. 1980 Schatzm. Walther-Rathenau-Stift. e. V.; s. 1986 stv. Vors. Vereinigung ehem. Mitgl. d. Abgeordnetenhauses v. Berlin; s. 1990 Vors. d. Vereins d. Freunde d. Botanischen Gartens/Botanischen Museums Berlin - 1976 BVK am Bde.

KASEMIR, Hans-Dieter

Dr. med., Prof. f. Inn. Med. (s. 1977) - Universität, 7800 Freiburg/Br. - Geb. 14. Febr. 1934 - Endokrinologie, Allergologie.

KASER, Max

Dr. jur., Drs. h. c., o. Prof. f. Röm. u. Dt. Bürgerl. Recht (emerit. 1971) - Kurstift Mozart App. 334, 8229 Ainring 1 - Geb. 21. April 1906 Wien (Vater: Kurt K., Univ.-Prof.), verh. s. 1933 m. Erna Lehning - Schulen Salzburg, Czernowitz, Graz; Univ. Graz - 1931 Privatdoz. Univ. Gießen, 1933 o. Prof. Univ. Münster, 1959 Univ. Hamburg. 1971 Honorarprof. Univ. Salzburg - BV: Restituere als Prozeßgegenst., 1932, 2. A. 1968; Quanti ea res est, 1935; Röm. Recht als Gemeinschaftsordnung, 1940; Eigentum u. Besitz im älteren röm. Recht, 2. A. 1956; D. altröm. ius, 1949; Röm. Rechtsgesch., 1950, 2. A. 1967; D. röm. Privatrecht, 2 Bde. 1955/59, 2. A. 1971/75; Röm. Privatrecht, Kurzlehrb. 1960, 15. A. 1989 (auch engl., niederl., finn., span., jap.); Röm. Zivilprozeßrecht, 1966; Z. Methode d. röm. Rechtsquellenforschung, 1972; Üb. Verbotsges. u. verbotswidrige Gesch. im röm. Recht, 1977; Ausgewählte Schriften, 2 Bde. 1976/77; E. Jh. Interpolationenforsch. a. d. röm. Rechtsquellen, 1979; Röm. Rechtsquellen u. angew. Juristenmethode, 1986 - Ehrendoktor Univ. Rio de Janeiro (1958), Glasgow (1962), Paris (1965), Bordeaux (1966), Graz (1968), Innsbruck (1970), Pretoria (1972), Camerino (1975), Neapel (1992), Madrid (1992); 1959 o. Mitgl. Akad. d. Wiss. Göttingen u. 1972 Österr. Akad. d. Wiss., Wien, 1960 ausw. Mitgl. Accad. di Lettere e Scienze, Turin (1960), Istituto Lombardo di Lettere e Scienze, Mailand (1960), Accad. di Scienze Politiche e Morali, Neapel (1968), Accad. nazionale dei Lincei, Rom (1971), Akad. Athen (1988); Korr. Mitgl. Bayer. Akad. d. Wiss., München (1973), British Academy (1977); Ehrenmitgl. Soc. for the Promot. of Roman Studies (London 1975).

KASIMIER, Helmut

Staatsminister a. D., MdL Nieders. (s. 1963) - Ebelingstr. 49, 3000 Hannover (T. 64 14 04) - Geb. 17. Okt. 1926 Breslau, verh., Tochter - Volkssch.; kaufm. Lehre (Großhandel) - Wehrdst.; Bauhilfsarb.; Angest.; 1948-63 Parteisekr. 1952 ff. Mitgl. Stadtrat Hannover (1956 Vors. Schulaussch.). U. a. Bezirksvors. Jungsozialisten. SPD s. 1947; b. 1976 nieders. Finanzminister.

KASKE, Gerhard

Dr.-Ing., Geschäftsführender Gesellschafter d. Formbau GmbH Qualitätswerkzeuge z. Kunststoffverarbeitung - Bautzener Str. 3, O-7582 Bad Muskau; priv.: (T. 02365 - 3 23 59) - Geb. 7. Nov. 1925 Parchwitz/Schles., ev., verh. s. 1966 m. Jutta, geb. v. Hinüber, 3 Söhne (Gerold-Ulrich, Tordis-Almut, Burghard-Orgwin) - 1951-57 Stud. Physik, Math. u. Chemie FU Berlin; Dipl. (Physik) 1957 FU Berlin, Promot. 1964 TH Hannover - 1957 Hüls AG Marl, 1975-89 Dir. u. Leit. e. Sparte, 1989-90 Leiter Qualitätswesen; 1975-86 Geschäftsf. Katalysatorenwerke Hüls GmbH, Marl; Beiratsmitgl. Salzgewinnungsges. Westfalen GmbH, Ahaus-Greas 1975-91, Dt. Wiss. Ges. f. Erdgas, Erdöl u. Kohle (DGMK), Hamburg (1980-89), Aethylen-Rohrleitungs GmbH, Marl (1983-90), Recycling-Chemie-Niederrhein GmbH (1985-88). Beirat aus der Ind. d. Forschungsanlage Jülich GmbH, Jülich (1990); 1. Vors. Bundesgruppe Liegnitz (1976), DGMK-Bezirksgruppe Ruhr, Marl (1980-89); Vizepräs. Schles. Kreis-, Städte- u. Gemeindetag, Bonn (1985).

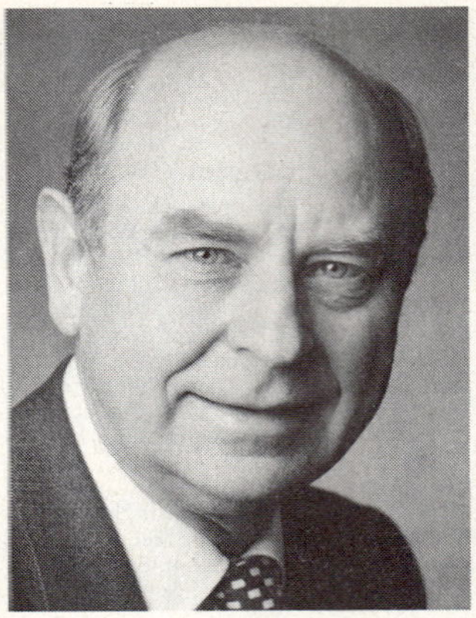

KASKE, Wolfgang

Dr. jur., Vorstandsvorsitzender d. Vorstände d. Volksfürsorge Versich.gruppe - An der Alster 57-63, 2000 Hamburg 1 (T. 040 - 2 86 50) - Geb. 28. April 1931 Königsberg.

KASKEL, Dieter

Dr. med., Chefarzt Kurfürstenklinik Bremen, apl. Prof. f. Exper. Ophthalmologie Univ. Bonn (s. 1974) - Almerstr. 18, 2800 Bremen - Zul. Doz. Bonn.

KASPAR, Wolfgang

Dr. med., Prof. d. Medizin Univ. Freiburg - Heinrich-v.-Stephan-Str. 25, 7800 Freiburg/Br. - 1984 Paul-Beiersdorf-Preis (f. Unters. z. unblut. Funktionsdiagnostik d. lk. Herzkammer u. d. Herzkreislaufes m. Ultraschall).

KASPER, Hans

MdL, Minister d. Finanzen u. stv. Ministerpräsident Saarland - Am Stadtgraben 6-8, Postf. 10 10, 6600 Saarbrücken (T. 0681 - 30 00-1) - Geb. 17. Jan. 1939 - AR-Vors. Landesentw.ges. Saar (LEG); stv. AR-Vors. Saarl. Investitions- u. Kreditbank AG (SIKB); Mitgl. Bundesvorst. d. Arbeiterwohlfahrt u. Mitgl. Parteirat d. SPD.

KASPER, Heinrich

Dr. med., Prof. f. Innere Medizin - Am Altenberg Nr. 34, 8700 Würzburg - B. 1978 Privatdoz., dann Prof. Univ. Würzburg.

KASPER, Hellmut

Dipl.-Ing., Geschäftsf. Fachgemeinsch. Feuerwehrfahrzeuge u. -geräte, Schweißtechnik u. Ölhydraulik u. Pneumatik im VDMA (3) - Weidebornweg 30, 6380 Bad Homburg v. d. H. (T. Büro: Frankfurt/M. 66031) - Geb. 25. April 1911 Hermannstadt.

KASPER, Hildegard

Dr. phil., Prof. f. Schulpädagogik (Grundsch.) PH Heidelberg - Schwabstr. 65, 7400 Tübingen.

KASPER, Walter J.

Dr. theol. habil., Bischof v. Rottenburg-Stuttgart (s. 1989) - Bischof-von-Keppler-Str. 7, 7407 Rottenburg A.N. 1 (T. 07472 - 1 69-2 24) - Geb. 5. März 1933 Heidenheim/Brenz (Vater: Franz-Josef K., Lehrer; Mutter: Theresia, geb. Bacher), kath., ledig - Stud. Phil. u. Theol. Habil. 1964 Tübingen - S. 1964 Ord. Univ. Münster/W. u. Tübingen (1970-89) - BV: D. Lehre v. d. Tradition in d. Röm. Schule, 1962; D. Absolute in d. Geschichte - Phil. u. Theol. d. Gesch. in d. Spätphil. Schellings, 1965 (ital. Übers.); Dogma unt. d. Wort Gottes, 1965 (auch franz., ital., holl., span., tschech. Übers.); D. Methoden d. Dogmatik, 1957 (auch engl., franz., span. Übers.); Glaube u. Gesch., 1970; Christsein ohne Entscheidung oder Soll d. Kirche Kinder taufen?, 1970; Einf. in d. Glauben, 1972 (ital., span., engl., portug., jap., korean., poln., schwed. Übers.); Jesus d. Christus, 1974 (engl., franz., ital., span., jap., korean., poln., kroat. Übers.); Z. Theologie d. christl. Ehe, 1977 (engl., ital., span., schwed., Übers.); Teufel, Dämonen, Besessenheit. Z. Wirklichkeit d. Bösen, 1978 (ital. Übers.); Zukunft aus d. Glauben, 1978 (engl. Übers.); D. Gott Jesu Christi, 1982 (engl., ital., franz., span. Übers.); Zukunft aus d. Kraft d. Konzils, 1986 (ital. Übers.); Was alles Erkennen übersteigt, 1987; Theologie u. Kirche, 1987 (engl., ital., span. Übers.); Kirche - wohin gehst du?, 1987; The Christian Understanding of Freedom and the History of Freedom in the Modern Era, 1988; Wahrheit u. Freiheit. D. Erklärung üb. d. Religionsfreiheit d. II. Vatikan. Konzils, 1988. Etwa 250 Einzelbeitr., Ztschr. u. Lexikonart. - Spez. Arbeitsgeb.: Theol.gesch. d. 19. Jh. - Mitgl. d. Heidelberger Akad. d. Wiss., d. Europ. Akad. d. Wiss. u. Künste u. d. Dt. Bischofskonfz.; Mitgl. d. Glaubenskommiss. u. Vors. d. Kommiss. Weltkirche d. Dt. Bischofskonfz.; 1985 Sondersekr. d. ao. röm. Bischofssynode; 1990 Ehrendoktor d. Catholic Univ. Washington DC; BVK I. Kl.; Ehrendoktor d. St. Mary's Seminary & Univ., Baltimore - Spr.: Engl., Franz., Ital.

KASSEBAUM, Wilfried

Konzertpianist, Prof. f. Klavier u. Didaktik f. Pianisten Hochsch. f. Musik/Nordwestd. Musikakad. Detmold - Am Hasselbach 8, 4930 Detmold 18 - Geb. 27. Nov. 1943 Löhne - Hochsch. f. Musik Detmold u. Conservatoire Nat. Sup. Paris.

KASSEBOHM, Wolfgang

Dipl.-Verwaltungsbetriebswirt, Flugleiter, Aviation Consultant, Geschäftsf. ATSC-Air Traffic Services Consulting GmbH, Bremen - Sandstücke 1, 2800 Bremen 61 - Geb. 30. Jan. 1932 Holzminden (Vater: Karl K., Bauing.; Mutter: Hedwig, geb. Vogt), verh. s. 1970 m. Sabine, geb. Nolting, 3 Kd. (Jörg-Wolfgang, Heinz-Joachim, Jens-Michael) - Freier Journalist; 1967-85 Vors. Verb. Dt. Flugleiter u. s. 1985 Ehrenmitgl. - Liebh.: Flugsport, Sport, Musik, Politik - Spr.: Engl.

KASSEL, Rudolf

Dr. phil. (habil.), o. Prof. f. Klass. Philologie Univ. Köln (s. 1975) - Wodanstr. 30, 5000 Köln 91 - Geb. 11. Mai 1926 Frankenthal - Zul. o. Prof. FU Berlin. Zahlr. Fachveröff., dar. Bücher - S. 1973 Korresp. Mitgl. Brit. Acad., s. 1977 ord. Mitgl. Rhein.-Westf. Akad. d. Wiss., s. 1979 Honorary Member Hellenic Society, 1985 D. litt. h. c. Oxf., 1991 ausw. Mitgl. Kgl. Niederl. Akad. d. Wiss.

KASSING, Altfrid

Dr. theol., Lic. phil. bibl., o. Prof. f. Kath. Theologie u. ihre Didaktik RWTH Aachen - Raerener Str. 91, 5100 Aachen-Lichtenbusch.

KAST, Werner

Dr.-Ing., o. Prof. f. Therm. Verfahrenstechnik u. Heizungstechnik - Im Hasengrund 11, 6101 Bickenbach - Geb. 19. Juni 1926 Halle/S. - S. 1962 (Habil.) Lehrtätigk. TH Aachen (Privatdoz. f. Stoffaustauschverfahren) u. Darmstadt (1967 Ord. u. Inst.-Dir.) - BV: Wärmeübertragung u. -spannung b. Rippenrohren, 1959 (m. Krischer); Konvektive Wärme- u. Stoffübertrag., 1974; D. wissenschaftl. Grundl. d. Trocknungstechnik (m. Krischer †), 1978; Trocknen u. Trockner in d. Produktion, 1989; Adsorption aus d. Gasphase, 1989 - 1965 Arnold-Eucken-Preis (Verfahrenstechn. Ges.).

KASTELEINER, Rolf

Dr. jur., Geschäftsf. Accumulatorenfabrik Sonnenschein GmbH., Büdingen - Am Hain 83, 6470 Büdingen/Oberhessen - Geb. 9. Juni 1924 Bad Ems - Rechtsanw., Vorst. Bund Kath. Unternehmer, Handelsrichter.

KASTEN, Arne
Rechtsanwalt, Geschäftsf. BDI-Landesvertr. Nordrh.-Westf. u. Landesverb. NRW/Verb. d. Chem. Ind. - Ivo-Beucker-Str. 43, 4000 Düsseldorf 1 - Geb. 31. Aug. 1941 Aachen - 1. jurist. Staatsex. 1970, 2. jurist. Staatsex. 1973 - VR KGG.

KASTEN, Hans
Dr. rer. pol., Univ.-Prof. f. Volkswirtschaftslehre - Brüder-Grimm-Str. 55, 6000 Frankfurt/M. - Geb. 23. Jan. 1920 Cuxhaven (Vater: August Carl K.; Mutter: Bertha, geb. Greiner), verw., 3 Kd. (Hans-Christoph, Holger, Christiane) - Dipl.-Volksw. 1944, Promot. 1947, Habil. 1951 - S. 1951 Lehrtätigk. Univ. Frankfurt/M. - BV: D. europäische Wirtschaftsintegration. Fachveröff. - Mitgl. Verein. f. Sozialpolitik-Royal Economic Society-List Ges.

KASTEN, Ingrid
Dr. phil., Universitätsprofessorin FU Berlin (s. 1987) - Zu erreichen üb. FU Berlin, Habelschwerdter Allee 45, 1000 Berlin 33 (T. 030 - 838 40 13) - Geb. 24. Juni 1945, S. Christopher - Stud. Phil., Roman., German. Univ. Hamburg; Promot. 1973 Hamburg; Habil. 1983 ebd. - 1974-83 Wiss. Assist. Hbg.; 1983-87 Prof. Hbg.; 1986 Vertretungsprof. in Heidelberg, 1987 in Göttingen; s. 1987 Univ.-Prof. FU Berlin - Publ. üb. d. dt.-roman. Lit.beziehungen im Mittelalter, z.B. Frauendienst b. Trobadors u. Minnesängern, 1986. Übers. v.: Chrétien de Troyes, Erec et Enide, 1979.

KASTENING, Bertel
Dr. rer. nat., Prof. f. Elektrochemie - Lofotenstr. 21, 2000 Hamburg 73 - Geb. 5. März 1929 Hamburg, ev., verh. m. Hiltraud, geb. Giese, 3 Kd. (Ariane, Boris, Mirko) - Univ. Kiel, Würzburg, Münster, Hamburg (Dipl.-Chem. 1955). Promot. 1958; Habil. 1966 - S. 1966 Privatdoz., apl. (1973) u. o. Prof. (1974) Univ. Hamburg (1977-83 gf. Dir. Inst. f. Physikal. Chemie, 1985-87 Sprecher FB Chemie); 1962-69 Wiss. Ass. Phil.-Theol. Hochsch. Bamberg; 1969-74 Abt.leit. KFA Jülich. Üb. 100 Fachaufs. - 1975 Océ-van-der-Grinten-Preis f. Umweltforsch.; 1986 Technologie-Transfer-Preis d. Bundesministers f. Forsch. u. Technol. - Spr.: Engl.

KASTL, Jörg
Botschafter a. D. - Römerstr. 4, 8000 München 40 - Geb. 21. Juni 1922 Berlin (Vater: Geh. Rat Dr. h. c. Ludwig K.; Mutter: Gertrud, geb. Otto), kath., verh. m. Eva L., geb. v. Essen, 2 Kd. - Rechtsstud. Lausanne u. München. 1. jur. Staatsprüf. S. 1951 Ausw. Dienst: Paris, Buenos Aires, Asuncion, Moskau, Washington, Brüssel - 1963 Pressesprecher des Auswärtigen Amts, 1967 Osteuroparef., 1969 Stellv. Generalsekr. f. pol. Angelegenh. NATO; Botsch. in Buenos Aires, Brasilia, Moskau, 3 J. Delegationsleit. KSZE-Konfz. Madrid - Spr.: Engl., Franz., Span., Portug., Russ.

KASTLER, José
Dr. phil., stv. Museumsdirektor d. Weserrenaissance-Museums, Lemgo (s. 1989) - Weserrenaissance-Museum Schloß Brake, Postf. 8 20, 4920 Lemgo - Geb. 13. Mai 1948 Lapugnoy/Frankr. - Lehre als Schriftsetzer; Staatsex. 1977 Gymnasiallehrer an d. GH Kassel; Stud. Kunstgesch. (Volkskunde, Pädagogik) Marburg; Promot. 1986 - BV: Heimatmalerei - d. Beispiel Oldenburg, 1988; Redaktion u. Beitr. in Ausst.-Kat. Renaissance im Weserraum, 1989, u. in G. Ulrich Großmann Renaissance entlang d. Weser, 1989, in Ausst.-Kat. Renaissance d. Renaissance, 1992; u. a. Veröff. zur Kunst u. Kulturgesch. d. 16. Jh.'s u. z. Malerei d. 19. u. frühen 20. Jh.'s. Leit. d. Ausst.: Residenz d. Renaissance (1990) - Liebh.: Zeichnen, Illustrationen (z. B.: Ida Pfeiffer Reise nach Madagaskar, 1981).

KASTNER, Eberhard
Fabrikant, gf. Gesellsch. GARDENA Kress & Kastner GmbH., Ulm, Vors. Industrievereinig. Gartenbedarf, Düsseldorf - Eugen-Bolz-Str. 76, 7900 Ulm - Geb. 6. Mai 1928.

KASTNER, Jürgen
Dr., Präsident Bundesbahndirektion Frankfurt - Friedrich-Ebert-Anlage 35, 6000 Frankfurt/M.

KASTNER, Michael
Dr. phil., Dr. med., Dipl.-Psych., Arzt, Univ.-Prof. - Oberer Ahlenbergweg 15a, 5804 Herdecke - Geb. 22. Jan. 1946 Bonn, verh. s. 1984 m. Bea, geb. Kobusch, 3 Töcht. (Miriam, Svea, Sinja) - 1968-72 Stud. Psych. Univ. Bonn; 1970-75 Stud. Phil. Bonn u. Aachen; 1975-82 Stud. Med. Aachen; Dipl.-Psych. 1972, Promot. 1974 u. 1983, Habil. 1982 - 1972-83 Wiss. Assist. RWTH Aachen; 1974-83 Lehrauftr. f. Päd. u. Entwickl.psychol. Musikhochsch. Aachen; 1983-90 Prof. Inst. f. Personal- u. Org.-Forsch. Univ. Bundeswehr München; s. 1990 Lehrstuhl f. Grundlagen u. Theorien d. Organisationspsychol. Univ. Dortmund. Forsch.-projekte z. Beanspruchung d. Kraftfahrers, v. Piloten, v. Führungskräften etc. S. 1982 Praxis als Prakt. Arzt m. d. Spezialis. auf Streß u. Depressionen; s. 1987 Inst. f. Arbeitspsych. u. Arbeitsmed. (IAPAM) in Herdecke, Stuttgart, Wessobrunn; zahlr. Industriekontakte (Vorträge Seminare Coaching) - BV: Streß u. Depressionen in e. umgrenzten Handlungsber., Diss. 1983, Pragmatic Validity, 1984; Personalmanagement heute, 1990; Personalmanagement - Denken u. Handeln im System, 1991 - Spr.: Engl., Franz.

KASTNING, Ernst
Dipl.-Politologe, MdB (s. 1983; Landesliste Nieders.; s. 1987 Wahlkreisabgeordn.) - Am Friesenkamp 3, 3062 Bückeburg - 1978 MdL Nieders. SPD.

KASTOVSKY, Dieter
Dr. phil., Univ. Prof. f. Engl. u. Amerik. Sprache u. Literatur, Univ. Wien (s. 1981) - Universitätsstr. 7, A-1010 Wien - Geb. 26. Dez. 1940 Freudenthal - Gymn. Esslingen; Univ. Tübingen, Berlin (FU), Besançon (Angl., Roman., German., Allg. Sprachwiss.). Promot. 1967 Tübingen - 1967-73 Wiss. Assist. Univ. Tübingen, 1973-81 o. Prof. f. Anglistik u. Linguistik GH Wuppertal - BV: Studies in Morphology, 1971; Semantik u. Wortbild., 1982. Herausg.: Perspektiven d. Wortbild. (1977); Probleme d. lexikal. Semantik (1979); Linguistics across historical and geographical boundaries. Festschr. f. Jacek Fisiak (1986); Luick Revisited. Papers read at the Luick-Symposium at Schloß Liechtenstein (1985); Historical English Syntax (1991); ca. 40 Aufs. z. engl. Morphologie, Wortbildung u. Semantik - Ehrenmed. d. Univ. Poznań u. d. Kommitt. f. Nationale Erziehung d. Volksrep. Polen; VO. d. Volksrep. Polen in Gold.

KASTOWSKY, Karl
Dipl.-Phys., Prof. f. Maschinentechnik, insb. Lehrgeb. physikal. u. math. Grundl., GH Wuppertal - Rudolf-Stosberg-Str. 94, 5630 Remscheid 11.

KASTRUP, Hans Adolf
Dr. rer. nat., o. Prof. f. Theor. Physik TH Aachen (s. 1972) - Berensberger Str. 45, 5120 Herzogenrath (T. 0241 - 15 95 99) - Geb. 4. Juli 1934 Bielefeld (Vater: Werner K.; Mutter: Martha, geb. Kraemer), ev., gesch., 4 Kd. (Martin, David, Philipp, Bettina) - Promot. 1962 München; Habil. 1964 ebd. - 1964-66 Forschungsaufenth. USA (Berkeley, Princeton); 1966-67 Gastprof. Univ. Bern; 1967-72 Wiss. Rat u. Prof. Univ. München; 1971 Gastprof. Univ. Hamburg - Liebh.: Mittelalterl. Geschichte - Spr.: Engl.

KASZTANTOWICZ, Ulrich
Dr. phil., Prof. f. Sonderpädagogik Univ. Marburg - Schwalbenweg 17, 3550 Marburg/L.

KATER, Hermann

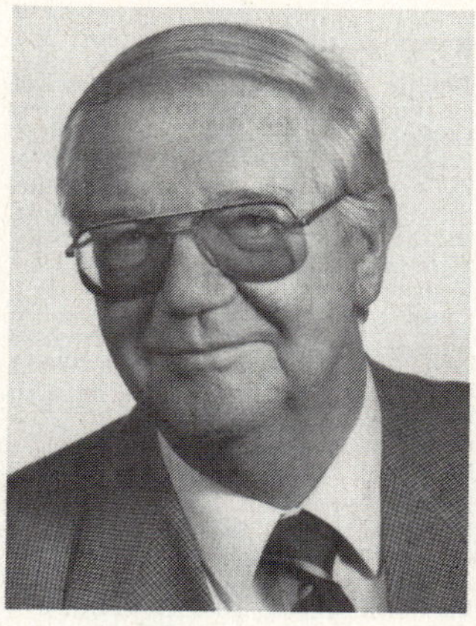

Dr. med., Journalist u. Arzt - Höhenweg 16, 3250 Hameln 5 (T. 05151 - 6 39 14 u. 6 68 00) - Geb. 22. Juli 1914 Hameln - Medizinstud. in Kiel, Würzburg, München u. Berlin. Staatsex. u. Promot. 1939 - 1939-45-Kriegsdienst, Chef e. Sanitätskompanie an d. Ostfront. 1946-81 Arzt f. Allgemeinmed. Hameln; nach Aufgabe d. ärztl. Tätigk. u. zahlr. Ehrenämter in ärztl. Org. s. 1981 nur noch journ. tätig. S. 1960 Mitgl. d. Dt. Journalistenverb., s. 1961 d. CDU, 1961, 1964, 1981, 1986 u. 1991 Ratsmitgl. d. Stadt Hameln - BV: u.a. Politiker u. Ärzte, Bild-Biogr. Sammlung 3. A. 1968 (fortgesetzt als Köpfe, Hg. Hartmannbund, Bad Godesberg); Atomkraftwerksgefahren aus ärztl. Sicht, 5. A. 1979; Hamelner Altstadtsanierung/Konzept, Kritik, Kompromiß, 1989. Autor weiterer Bücher u. Verf. v. etwa 500 Publ. üb. Zeitgesch., Sozialpolitik, Stadtsanierung, Umweltschutz, Katastrophenmedizin - 1977 Hartmann-Thieding-Plak.; 1978 BVK; 1985 Ehrenplak. Ärztekammer Nieders.; s. 1985 Ehrenmitgl. Hartmannbd.

KATH, Dietmar
Dr. rer. pol., o. Prof. f. Volkswirtschaftslehre, insb. Geld u. Kredit, Univ.-GH Duisburg (s. 1974) - Im Schommer 48, 4130 Moers (T. 02841 - 4 21 04) - Geb. 15. Juli 1937 Bremen (Vater: Alfred K., Kaufm.; Mutter: Charlotte, geb. Schumacher), ev., verh. s. 1963 m. Ida, geb. Rimpau - Wirtschaftsabit. 1957, Dipl.-Volksw. 1961, Promot. 1966, bde. Hamburg, Habil. 1974 Freiburg - BV: D. Bedeut. d. staatl. Sparens f. d. Kapitalbild. u. d. Wirtschaftswachstum, Berlin 1968. Mitherausg.: Kompendium d. Wirtschaftstheorie u. Wirtschaftspolitik, 2 Bde. 1980 (4. A. 1990) u. 81 (4. A. 1990); Öfftl. Finanzen, Kredit u. Kapital, 1985. Div. Beiträge z. Geldtheorie, Geld- u. Währungspolitik in wiss. Zeitschr. - Liebh.: Musik, Theater, Sport - Spr.: Engl., Span.

KATH, Fritz M.
Dr. phil., Prof. f. Erziehungswissenschaft (Berufspäd.) Univ. Hamburg (s. 1975) - Lenhartzstr. 8, 2000 Hamburg 20 - Geb. 19. April 1926 - Mechaniker; Ing., M. Sc. Ed., Promot. 1973 - Fachveröff. Didaktik u. Unterr.-Methodik u. -Moralerzieh.

KATH, Joachim
Unternehmensberater, gf. Gesellsch. K+K Kath & Krapp GmbH/Marketing u. Werbung (s. 1975) - Herzog-Heinrich-Str. 8, 8000 München 2 (T. 089 - 539 80 40; Telefax: 089-53980455) - Geb. 2. Jan. 1941 Kolberg/Pom., verh. s. 1970 m. Ursula, geb. Hofsäß, 2 Töcht. (Stefanie, Constanze) - Dipl.-Kommunikationsw. (Berlin) - 1965-74 Tätigk. intern. Beratungsuntern. - BV: D. Kreativ-Tief in Marketing u. Werb., 1974; Market. f. Manager, 1978; D. 100 Gesetze erfolgr. Werb., 1980; Top-Management-Psych., 1982; Ums Eckdenken macht klüger, 1983; Infogaps, 1984; Angriffsmarketing schlägt Defensivmarketing, 1985; Exzellente Marktkommunikation heute, 1986 - Liebh.: Malerei, Tennis - Spr.: Engl., Franz.

KATÓ, Ferenc
Dr. forest., Dr. h. c., Prof. f. forstl. Betriebswirtsch. - Im kleinen Felde 27, 3510 Hann. Münden (T. 05541 - 3 25 96) - Geb. 11. Dez. 1931 Debrecen/Ungarn (Vater: Gergely K., Arzt; Mutter: Maria, geb. Kertész), ref., verh. s. 1963 m. Sigrun, geb. Sack - Abit. 1951 Ungarn, Forststud. Univ. Sopron/Ung. (1952-56), Univ. Göttingen (1957-59), Dipl. 1959, Staatsex. 1963 Hannover, Promot. 1967 Hann. Münden, Habil. 1973 Göttingen - 1951/52 Hilfsagron. (Ungarn), 1959/60 Landwirtsch.skammer Rhld., 1963-66 wiss. Mitarb. Univ. Göttingen, 1966-74 wiss. Assist., 1974-79 akad. Rat, 1976-79 apl. Prof., s. 1979 o. Prof.; s. 1977 Mithrsg. Schriften forstl. Fak. Univ. Göttingen - BV: Unters. üb. d. Rotfäule d. Fichte, 1967; Üb. d. soziolog. u. qualitative Zusammensetz. gleichaltr. Buchenbest., 1978; Strukt. u. Einkommensbeitr. d. Bauernwaldes in Westf.-Lippe, 1978 (all. m. and.); Begründ. d. qualit. Gruppendurchforst., 1973; Einf. in d. Meth. d. Untern.forsch. f. Forstleute, 1977; Stat. u. klass. dyn. Verf. d. forstl. Investitionsrechnung, 1986; Forstl. Betriebswirtschaftslehre (ung.), 1991 - 1989 Ehrendoktor Univ. f. Forstwiss. u. Holztechnol. Sopron/Ungarn - Liebh.: Fotografieren, Malen, Holzschnitzerei - Spr.: Ung. (Mutterspr.), Deutsch, wenig Engl. u. Russ.

KATTENTIDT, Wolfhard
Dr. rer. pol., Dipl.-Kfm., Geschäftsf. Göppinger Kaliko GmbH, Eislingen, u. Bamberger Kaliko GmbH, Bamberg (s. 1970); Ressort: Finanzen/Verw., Personal, Materialwirtsch., Vorst. Kötitzer Ledertuch- u. Wachstuch-Werke AG, Düsseldorf, Verw. Eislingen (1971-79), AR Wohnbau Göppingen GmbH (s. 1975) - Justinus-Kerner-Str. 6/2, 7320 Göppingen (T. 07161 - 7 37 38) - Geb. 13. März 1934 Lingen/Ems, ev., 1 Kd. - Prakt. Ausbild. Steuerberat. u. Bank. Univ. Köln, Hamburg, Göttingen (Finanzen/Steuern). Diplomprüf., Promot. - Leitg. EDV Continental Gummi-Werke Hannover 1963-70.

KATTERLE, Siegfried
Dr. rer. pol., Dipl.-Kfm., Prof., Lehrstuhlinh. f. Volkswirtschaftslehre (Wirtschaftspolitik) Univ. Bielefeld (s. 1974) - Dünenweg 13, 4800 Bielefeld 14 - Geb. 14. Mai 1933 Hürben - Promot. 1962; Habil. 1973 - 1964-74 Mitarb. DGB/Wirtschafts- u. Sozialwiss. Inst. - BV: Normative u. explikative Betriebsw.lehre, 1964; Sozialwiss. u. -ethik, 1972; Relig. Sozialismus u. Wirtschaftsordn. (m. A. Rich), 1980; Wiss. u. Arbeitnehmerinter. (m. K. Krahn), 1980; Arbeitnehmer u. Hochschulforsch. (m. K. Krahn), 1981; Wirtschaftsstrukturen, neue Technologien u. Arbeitsmarkt (m. W. Elsner), 1984; Strukturwandel u. Wirtsch.politik in d. Region (m. W. Elsner), 1989; Alternativen z. neoliberalen Wende, 1989.

KATTMANN, Ulrich
Dr. rer. nat., Prof. f. Biologiedidaktik u. Humanbiol., Univ. Oldenburg - Mittellinie 71, Petersfehn 1, 2903 Bad Zwischenahn - Geb. 9. April 1941 Braunschweig, ev., verh. s. 1967 m. Karin, geb. Wendlandt, 2 S. (Jens, Thomas) - Stud. Biol., Chemie u. Theol. Univ. Göttingen u. Stud. Anthropol. u. Päd. Univ. Kiel; Staatsex. 1968 höh. Lehramt in Göttingen, Promot. 1977 Kiel - 1968-71 Lehrer an Gymn.; 1970-82 Wiss. Mitarb. am Inst. f. Päd. d. Naturwiss., Kiel; s. 1982 Prof. Univ. Oldenburg - BV: Sexualität d. Menschen, 1971; Biol. u. Relig., Unterrichtsentw. 1972; Rassen - Bilder v. Menschen, Sachb. 1973; Kennzeichen d. Lebend., Unterrichtsw. 1974ff.; Evolutionsbiol., Fachb. 1978; Bezugspunkt Mensch, Monogr. 1977; Fachdidaktik Biol., Lehrb. 1985; Handb. d. Biologie-

KATTMANN - 674 - KAUFMANN

unterr., Sekundarstufe I, Fachb. 1989ff.; Bioethik, Fachb. 1990 - Spr.: Engl.

KATZ, Casimir

Dr. rer. pol., Dipl.-Kfm., Geschäftsführer Dt. Betriebswirte-Vlg. GmbH, Casimir Katz Vlg. (Geschichte, historische Biogr.), Herausg. u. Chefredakt. EU-WID Europ. Wirtschaftsdst. - Bleichstr. 20-22, 7562 Gernsbach - Geb. 7. Sept. 1925 Lübeck (Vater: Dr. Helmut K.), verh. m. Christine, geb. Fischer - Betriebswirtsch.

KATZ, Klaus

Dr. phil., Prof. f. Medienwirtschaft/Medienmanagement u. Gründungsrektor d. Kunsthochsch. f. Medien Köln (s. 1991) - Am Urnenfeld 16, 5060 Bergisch Gladbach 2 (T. 02202 - 7 86 28) - Geb. 24. Aug. 1929 Freiberg/Sa. (Vater: Alfred K., Dipl.-Ing.; Mutter: Johanna, geb. Fromme), ev., verh. s. 1955 m. Gerda, geb. Paul, 3 Kd. (Martin, Stefan, Henriette) - Gymn. Chemnitz; Stud. Soziol., Gesch., Päd. u. Allg. Staatslehre Freiburg u. Heidelberg; Promot. 1954 - 1974 Fernsehpreis Philol.-Verb. NRW - Spr.: Engl.

KATZ, Norbert R.

Dr. med., Dr. rer. nat., Prof. f. Klinische Chemie u. Pathobiochemie Univ. Giessen - Gaffkystr. 11, 6300 Giessen.

KATZENSCHWANZ, Norbert

Dr.-Ing., geschäftsf. Gesellschafter Megamat GmbH + Co., Neuburg (ab 1984) - Krumbacher Str. 4, 8909 Neuburg/Kammel (T. 08283 - 2 90 10; Telefax 08283 - 29 01 55) - Geb. 16. Aug. 1935 - B. 1984 Vorst. Braunschweigische Masch.bauanstalt AG.

KATZENSTEIN, Bernd

Chefredakteur DM-Magazin - Kasernenstr. 67, 4000 Düsseldorf (T. 0211 - 887 24 01) - Geb. 11. Mai 1940 Zwickau, verh. s. 1980, 2 Kd. - Bankkfm.; Dipl.-Kfm. Köln; PMD-Programm Harvard Business School.

KATZENSTEIN, Dietrich Edgar

Dr. jur., Prof., Bundesverfassungsrichter a.D. (1975-87) - Geb. 19. März 1923 Hamburg (Vater: Edgar K., Kaufm.; Mutter: Mathilde, geb. Schröder), ev., verh. s. 1957 m. Nina, geb. Simms, 4 Kd. (Henriette, Jürgen, Jan, Sibylle) - Stud. Univ. Hamburg, Freiburg, Mainz (Rechtswiss., Theol.) - 1962-68 Verfassungsrichter Hamburg; 1965-75 Präs. Landeskirchenamt ebd.; s. 1984 Präs. Verfassungsgericht d. VELKD; s. 1986 Hon.-Prof. Univ. Tübingen; s. 1987 Präs. d. Seemannsmission - BV: D. föderale Struktur d. Bundesrep. Österr., 1957; ... d. Schweiz, 1959 - Enkel v. Hamburgs Bürgerm. Schröder, 1910-19 (ms.).

KATZOR, Horst

Bauing., Oberbürgermeister a.D. (1969-84) - Hinterm Rathaus 6, 4300 Essen-Heidhausen (T. 40 69 96) - Geb. 7. Sept. 1918 Lanz/Pom. (Vater: Max K., Schneiderm.; Mutter: Emma, geb. Sonntag), ev., verh. s. 1942 m. Liselotte, geb. Schmidtke, Tocht. Barbara - Gymn.; Zimmererlehre; Ing.sch. Stettin u. Königsberg/Pr. Ing.prüf. 1944 - 1982 Gr. BVK; Ehrenmitgl. The Kiwianis Club of Canada - Liebh.: Fußball, Tennis - Gold. Sportabz.

KATZSCHMANN, Ewald

Dipl.-Chemiker - Kranenbergstr. 54, 5810 Witten-Bommern (T. 02302 - 3 06 18) - Geb. 18. April 1913 Oschatz/Sa., ev. - Obersch. Oschatz; TH Dresden (Chemie) - S. 1937 Chem. Werke Witten (jetzt HÜLS AG Werk Witten). Zahlr. Erfind., u. a. Verf. z. Herstell. v. Terephthalsäuredimethylester/DMT (Rohprodukt f. Polyesterfasern) - 1965 Dechema-Preis 1964 (Max Buchner-Forschungsstiftg.).

KATZY, Dietmar

Studiendirektor a. D., MdL Nordrh.-Westf. (s. 1975) - Simpelvelder Str. 4, 5100 Aachen (T. 8 18 55) - Geb. 18. Juli 1935 CDU.

KAU, Felix Manfred

Dipl.-Ing., Consultant f. Industrielle Direktinvestitionen, Ländergruppe: USA, Mexiko, Spanien, Schweiz, BRD - Postfach 2505, 7900 Ulm (T. 0731-71 04 01); Postfach 810548, 8000 München (T. 089-93 14 07) - Geb. 3. Okt. 1935 Aachen (Vater: Ernst-Wilhelm K., Dipl.-Ing.), kath. - TU Stuttgart, Dipl. Verkehrswirtsch. 1961 - 1968-73 Verkaufsleit. Zeppelin Metallwerke GmbH; 1973-75 Verkaufsdir. Massey-Ferguson GmbH, 1975-77 Dir. Westfalia Werke KG - Liebh.: Tennis, Filmen, Reisen - Spr.: Engl., Span., Franz.

KAUDER, Knut

Dr.-Ing., Prof., Fakultät Maschinenbau Univ. Dortmund - Stuchteystr. 25, 4600 Dortmund 30 (T. 0231 - 48 25 40) - Geb. 22. Mai 1940 (Vater: Hans K., Angest.; Mutter: Charlotte, geb. Lüdecke), ev., verh. s. 1966 - Abit., TU Hannover (Masch.bau, Dipl. 1966, Promot. 1971) - B. 1969 Entw.ing., wiss. Assist., b. 1975 Obering. Univ. Dortmund, dann Hochschullehrer, 1980 Dekan Abt. Masch.-bau, 1981 Prodekan. 1989 Vorst. Förderverein Forschungszentrum Umwelttechnol. e.V., 1990 Prodekan; 1990-92 Sprecher d. Hochschullehrerrates, 1992 Dekan. Spez. Arbeitsgeb.: Forsch.-schwerp. Schraubenverdichter u. Schraubenmotoren, Technol. z. rationalen Energieverwendung - BV: Entwicklungsstand v. Schraubenverdichtern, 1979; D. Prinzip d. Schraubenmotors, 1984; Entwicklungsprobl. v. Schraubenmotoren, 1984; D. Dortmunder Sonnenofen, 1984; D. Heißgas-Schraubenmaschine - e. neues Antriebskonzept, 1986; D. Schraubenmotor z. Abwärmenutzung, 1987; Verschleißschutz f. Schraubenrotoren, 1990; Schraubenlader Motor System, 1991; Steuerungskonzepte f. Lader, 1990; Can Solar Energy be Used for Firing Bricks?, 1991.

KAUDEWITZ, Fritz

Dr. rer. nat., em. Prof. Inst. f. Genetik u. Mikrobiologie Univ. München (s. 1963) - Hermelinweg 5, 8000 München 90 (T. 6904261) - Geb. 11. März 1921 Breslau (Vater: Paul K., Lehrer; Mutter: Aloisia, geb. Sendler), kath., verh. s. 1951 m. Gertrud, geb. Wagner, 2 Söhne (Peter, Wolfgang) - Univ. Breslau u. Tübingen. Promot. (1949) u. Habil. (1956) Tübingen - 1949-59 Max-Planck-Inst. f. Biochemie (Tübingen), Virusforsch. (Tübingen; 1954), Vergl. Erbbiol. u. -pathol. (Berlin; 1960 Dir.). 1956-63 Privatdoz. u. apl. Prof. (1962) Univ. Tübingen, 1962-65 Honorarprof. FU Berlin. Mitgl. zahlr. Facheinricht. - BV: Molekular- u. Mikroben-Genetik, 1973; Genetik 1983. Zahlr. Fachveröff. - 1960 Emil-v.-Behring-Preis, 1962 Golden Plate Award Acad. of Achievement, Monterey (USA).

KAUER, Erhard

Dr. rer. nat., Dipl.-Phys., Prof., Direktor Philips GmbH, Forschungslabor. Aachen - Lambertzweg 6, 5106 Roetgen (T. 02471 - 39 29) - Geb. 1. Febr. 1928 Aussig (Vater: Eduard K., Industriekaufm.; Mutter: Elfriede, geb. Eder), kath., verh. s. 1955 m. Anna, geb. Sassmann, 2 Kd. (Ingrid, Harald) - Stud. Physik Univ. Göttingen, TH München (Dipl.-Phys. 1952, Promot. 1955) - S. 1967 Dir. Philips GmbH Forsch.labor. Aachen; jetzt i.R. - Segelflug-Gold-C m. 3 Diamanten - Spr.: Engl.

KAUERTZ, Alfred Gottfried

Schriftsteller (Ps. Jodokus) - Lötschgrabenweg, 6, CH-3904 Naters/Wallis - Geb. 10. Aug. 1926 Mönchengladbach, verh. s. 1956 m. Lieselotte, geb. Karthe, 2 Töcht. (Anette, Juliane) - Lehrersem.; Krankenpflegedipl.; Fernakad. Darmstadt (Lit. u. Journalistik) - BV: Arztromane, populärwiss. Serien (z.B. üb. Med.), hist. Hörsp. - Liebh.: Biol., Geol., Geogr. u. Völkerkd., Technik, Gesch. - Spr.: Engl.

KAUFFMANN, Egon

Oberpostinspektor, Mitgl. Brem. Bürgerschaft (s. 1967) - Süderwürden 15, 2850 Bremerhaven - Geb. 1. April 1929 Wesermünde, kath., verh., 6 Kd. - Schule Wesermünde (Mittl. Reife); 1954-55 Manhattan College New York - S. 1946 Postdst. (1967 Oberpostinsp.). Rendant Herz-Jesu-Gde. Bremerhaven. 1963-67 Stadtverordn. Bremerhaven. CDU s. 1951.

KAUFFMANN, Georg

Dr. phil. (habil.), o. Prof. u. Direktor Inst. f. Kunstgeschichte Univ. Münster (s. 1965) - Piusallee 116, 4400 Münster (T. 230 28 44) - Geb. 5. April 1925 Kiel (Vater: Prof. Dr. phil. Hans K., Kunsthistoriker; Mutter: Lida, geb. Scheder-Bieschin), verh. s. 1957 m. Gisela, geb. Deglau, 3 Kd. (Hans, Cosima, Clemens) - Univ. Bonn u. Paris (Sorbonne) - 1954-58 u. 1960-65 Univ. Bonn (zul. apl. Prof.); 1958-60 Kunsthistor. Inst. Florenz (stv. Dir.); 1974 The Institute for Advanced Study, Princeton N. J.; 1975 Akad. d. Wissenschaften, Düsseldorf; 1978 Membre Comité International d'Histoire de l'Art (CIHA), Paris; 1989 Koninklijke Acad. voor Wetenschappen van Belgie, Brüssel - BV: D. karoling. Psalter in Zürich u. s. Verhältnis z. Byzantin. Psalterillustration, 1956; Poussin-Studien, 1960; Reclams Kunstführer Florenz, 1962; Propyläen-Kunstgesch. - Bd. VIII: D. Kunst d. 16. Jh.s, 1970 - Spr.: Franz., Engl., Ital. - Bek. Vorf.: Felix Fürst Schwarzenberg (österr. Ministerpräs.).

KAUFFMANN, Thomas

Dr. rer. nat., em. o. Prof. f. Organ. Chemie - Weierstraßweg 5, 4400 Münster/W. - Geb. 20. Nov. 1924 Reutlingen (Vater: Fritz K., Hochschulprof.; Mutter: Dr. Gertrud, geb. Gradmann), ev., verh. m. Susanne, geb. Jackisch - Realgymn. Göppingen; 1942-46 Wehrdst. u. Kriegsgefangensch.; Univ. Würzburg u. TH Darmstadt (Chemie). Promot. (1956) u. Habil. (1960) Darmstadt - S. 1960 Lehrtätigk. TH Darmstadt (1961 Diätendoz.) u. Univ. Münster (1964 ao., 1968 o. Prof.). Emerit. 1990. Spez. Arbeitsgeb.: Synthesen m. Organometallverbind., Heterocyclische Chemie. 240 Fachveröff.

KAUFFMANN, Wolf-Dietrich

Dipl.-Geogr., Verwaltungsdirektor, Städt. Datenschutzbeauftragter, Leit. d. Rechnungsprüfungsamtes d. Hansestadt Lübeck - Smaragdweg 1, 2400 Lübeck - Geb. 5. Juni 1935 Berlin - Gymn.; TU/FU Berlin u. TH Braunschweig - 1964-69 wiss. Ref. Akad. f. Raumforsch. u. Landesplanung Hannover, s. 1970 Amtsleit. Lübeck; korresp. Mitgl. Akad. f. Raumforsch. u. Landespl., daselbst Mitgl. u. Geschäftsf. d. Landesarb.gemeinsch. Norddeutsche Bundesländer, Mitgl. d. Verb. Dt. Städtestatistiker, Redakt.beirat Statist. Jahrb. Dt. Gemeinden. Zahlr. Fachveröff. - Spr.: Engl.

KAUFHOLD, Hubert

Dr. jur., Dr. phil., Richter, Hon.-Prof. f. Antike Rechtsgesch. Univ. München - Brucknerstr. 15, 8000 München 80 (T. 089 - 47 80 74) - Geb. 19. März 1943 Braunschweig, kath., ledig - 1962-70 Stud. Rechtswiss. u. Orientalistik Univ. Münster, Göttingen, München; Promot. 1970 u. 1973, 2. jurist. Staatsprüf. 1973 - S. 1973 Richter u. Staatsanw. - BV: Syr. Texte z. islam. Recht, 1971; D. Rechtssamml. d. Gabriel v. Basra, 1976; Syr. Handschriften jur. Inhalts in südind. Bibl., 1989. Mithrsg.: Ztschr. Oriens Christianus - Korr. Mitgl. d. Österr. Akad. d. Wiss. (phil.-hist. Klasse); s. 1991 Leit. d. Sektion f. d. Kunde d. Christl. Orients d. Görres-Ges.

KAUFHOLD, Karl

Prof. f. Partiturspiel u. Klavier sow. Leit. Opernchorschule u. Oratorienensemble Staatl. Hochsch. f. Musik Rheinland/Musikhochsch. Köln - Pflasterhofweg 21, 5000 Köln 50 - Geb. 17. Sept. 1922 Leinefelde (Eichsfeld) - Stud. Musikhochsch. Köln (Klavier, Kompos., Dirigieren) - Gastdirig. Kölner Rundfunkchor. Zahlr. Kompos., dar. 5 Orgelsinfonien, Messen, Streichquartette, Lieder; Schallplatteneinspielungen d. Orgelsinfonien; viele Sendungen im WDR, ebenso öfftl. Konzerte; Entw. e. spez. Gehörbildungsmethode f. Sänger.

KAUFHOLD, Karl Heinrich

Dr., Dipl.-Volksw., Univ.-Prof. f. Wirtschafts- u. Sozialgesch. Univ. Göttingen (s. 1974) - Gehrenring 29, 3400 Göttingen (T. 79 22 95) - Geb. 29. Aug. 1932 Hildesheim (Vater: Karl K., Kunstschmiedem.; Mutter: Anni, geb. Wewior), kath., verh. s. 1958 m. Marianne, geb. Grabe - Stud. TH Hannover, Univ. Göttingen. Dipl.ex. 1965 - BV: D. Handwerk d. Stadt Hildesheim im 18. Jahrh., 1968; D. Metallgewerbe der Gf. Mark, 1976; D. Gewerbe in Preußen um 1800, 1978 - Spr.: Engl.

KAUFMANN, Arthur

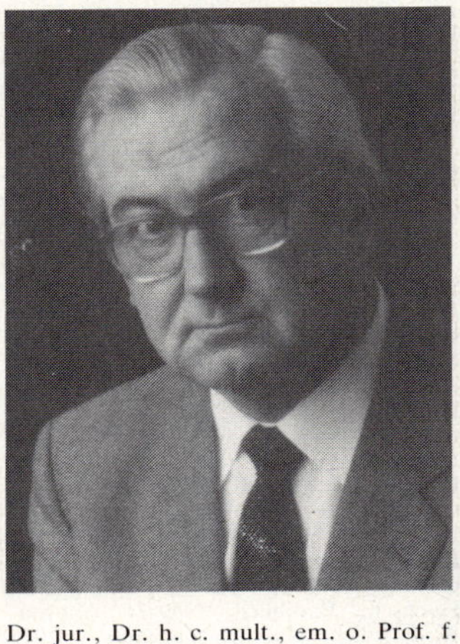

Dr. jur., Dr. h. c. mult., em. o. Prof. f. Straf-, -prozeßrecht u. Rechtsphil. - Longinusstr. 3, 8000 München 60 (T. 811 17 23) - Geb. 10. Mai 1923 Singen/Hohentwiel (Vater: Dr. Edmund K., 1949-51 württ.-bad. Finanzmin. (s. XIII. Ausg.); Mutter: Elisabeth, geb. Gsell), kath., verh. s. 1949 m. Dorothea, geb. Helffrich, 4 Kd. (Thomas, Gabriele, Mechthild, Judith) - Gymn. Mainz; Univ. Heidelberg (Promot. 1949). Gr. jurist. Staatsprüf. 1951 - 1952-57 Richter Karlsruhe; 1960 Wiss. Rat u. Privatdoz. Univ. Heidelberg; 1960-69 Ord. Univ. Saarbrücken; s. 1969 Ord. Univ. München, 1965 Gastprof. Keio Univ. Tokyo u. Univ. Sydney - BV: D. Unrechtsbewußtsein in d. Schuldlehre des Strafrechts, 1949 (Neudruck 1985); Naturrecht u. Geschichtlichkeit, 1957 (ital. 1959, jap. 1968); D. Schuldprinzip - E. strafrechtl.-rechtsphil. Unters., 1961, 2. A. 1976; Recht u. Sittlichk., 1964 (jap. 1968); Analogie u. Natur d. Sache - Zugl. e. Beitr. z. Lehre v. Typus, 1965, 2. A. 1982 (engl. u. jap. 1966, span. 1976); Schuld u. Strafe - Stud. z. Strafrechtsdogmatik, 1966, 2. A. 1983; Aktuelle Probleme d. Rechtsphil. (Ges. Reden u. Aufs.), jap. 1968; Wozu Rechtsphil. heute?, 1971 (auch jap. 1974, ital., span. 1972); Grundprobleme d. zeitgenöss. Rechtsphil. u. -theorie, 1971 (m. W. Hassemer, auch korean. 1974, 2. A. 1980, jap. 1975); D. Strafvollzugsref. - E. krit. Bestandsaufn., 1971; Rechtsphil. im Wandel - Stationen e. Weges, 1972, 2. A. 1984; Einführung in Rechtsphil. u. Rechtstheorie d. Gegenwart (m. W. Hassemer), 1977, 6. A. 1992 (jap. 1979; span. 1992); D. Parallelwert. in d. Laiensphäre - E. sprachphil. Beitrag z. allg. Verbrechenslehre, 1982 (griech. 1982, jap. 1983); Strafrecht zw. Gestern u. Morgen, 1983; Beiträge z. jurist. Hermeneutik, 2. A. 1992; Gerechtigkeit - d. vergessene Weg z. Frieden, 1986; Grundprobleme d. zeitgenöss. Rechtsphilosophie u. Strafrechtswiss. (Ges. Reden), jap. 1986; Gesetz u. Evangelium (m. W. Pannenberg), 1986; Gustav Radbruch - Rechtsdenker, Philosoph, Sozialdemokrat, 1987; Prozedurale Theorien d. Gerechtigkeit, 1989; Rechtsphil. in d. Nach-Neuzeit, 2. A. 1992; D. Gewissen u. d. Problem d. Rechtsgeltung, 1990; D. Recht d. Widerstehens einst u. heute, 1991. Herausg.: u. a. Radbruch-Schr., Widerstandsrecht, in: Wege d. Forsch. CLXXIII (1972); Münchener Ringvorles.: EDV u. Recht - Möglichk. u. Probleme (1973); Gustav-Radbruch-Gesamtausg. in 20 Bde. (1987ff.); Moderne Medizin u. Strafrecht (1989) - 1970 Ehrendoktor Keio Univ. Tokio sow. 1987 d. Univ. Athen; Honorary Pres. of the Intern. Assoc. for Philosophy of Law and Social Philosophy; Ehrenmitgl. Japanese Society of Criminal Law und Inst. for. Advanced Studies in Jurispudence, Univ. of Sydney; Intern. Vereinig. f. Rechts- u. Sozialphil., Assoc. Intern. du Droit Pénal, Görres-Ges. z. Pflege d. Wiss.; o. Mitgl. Bayer. Akad. d. Wiss. (Phil.-Hist. Klasse); Ehrenvors. d. Intern. Vereinigung f. Rechts- u. Sozialphil., Dt. Sektion; korr. Mitgl. d. niederländ. Akad. d. Künste u. Wiss., Utrecht.

KAUFMANN, Beat

Lic. oec. HSG, Vorstandsvorsitzer Schiesser AG. - Schützenstr. Nr. 18, 7760 Radolfzell/B..

KAUFMANN, Bruno Maria

Generalsekretär Europ. Lehrmittelverb. (s. 1952), Leit. Europ. Lehrmittelmessen (s. 1951) - Zu erreichen üb. Messe-Dir., Schäfegasse 11, 7806 Freiburg-Ebnet/Br. - Geb. 22. Mai 1920 Recklinghausen, kath., verh. s. 1950 m. Hilde, geb. Ruf, 3 Kd. (Brunhilde, Bruno, Berno) - Gymn. Univ. Leipzig u. Freiburg (Päd.) - 1946 Lehrtätigk.; 1947 Redakt. päd. Jugendztschr. Verlag Herder, Freiburg; 1948 Verlagsleit. Lehrmittelverlag Hans Witte; 1949-57 Geschäftsf. Dt. Lehrmittelverb.

KAUFMANN, Dieter

Dr., Techn. Direktor, Vorstandsmitgl. Kulmbacher Spinnerei, Kulmbach (s. 1968) - Wolf-Keller-Str. 7, 8650 Kulmbach/Ofr. - Geb. 23. Okt. 1926 Wurmlingen.

KAUFMANN, Ekkehard

Dr. jur., Dr. phil., em. o. Prof. f. Dt. Rechtsgeschichte, Bürgerl. Recht, Handels- u. Kirchenrecht Univ. Marburg (s. 1965 - Kirchspitze 4, 3550 Marburg/L. - Geb. 17. Febr. 1923 Frankfurt/M. - Gymn. u. Univ. Frankfurt (n. 1945; Gesch., Phil., Rechtswiss.). Promot. (phil. u. jur.) u. Habil. Frankfurt - 1958-65 Privatdoz. u. apl. Prof. (1963) Univ. Frankfurt. Rechtsanwalt.

KAUFMANN, Hans

Dr. phil. nat., Dr.-Ing. E. h., Generalbevollm. Dir. i. R. - Eichenstr. 18, 8134 Pöcking - Geb. 22. Dez. 1910 Königsberg/Ostpr. - B. 1976 Siemens AG. (zul. Leit. Zentrallabor. f. Datentechn.) - BV: Daten-Speicher, 1973; D. Ahnen d. Computers, 1974; Toledo, 1977 - 1976 Ehrendoktorwürde TH Aachen.

KAUFMANN, Hans Bernhard

Dr. phil., Honorarprof. f. Religionspäd. Univ. Münster (Fachber. Ev. Theol.) - Im Draum 16, 4400 Münster - Geb. 12. Dez. 1926 Breslau.

KAUFMANN, Heinz

Oberfinanzpräsident, Leit. OFD Hamburg - Rödingsmarkt 2, 2000 Hamburg 11.

KAUFMANN, Herbert

Maler, em. Prof. Hochschule der Künste Berlin (1967-90) - Rosenstr. 19, 4000 Düsseldorf 30.

KAUFMANN, Herbert J.

Dr. med., Prof. f. Kinderradiologie FU Berlin - Priv.: Im Dol 60b, 1000 Berlin 19; Klinik: FU Berlin, Univ.-Klinikum Charlottenburg, Kinderklinik u. Poliklinik KAVH, Abt. f. Päd. Radiol., Heubnerweg 6, 1000 Berlin 19 - Geb. 10. Juni 1924 Frankfurt (Vater: Dr. med. Eugen K., Arzt; Mutter: Gretel, geb. Fuchs), jüd., verh. s. 1953 m. Anita, geb. Boehme, 2 S. (Michael, Daniel) - Stud. Univ. Basel u. Genf; Staatsex. u. Promot. 1951 Basel - S. 1970 Prof. f. Kinderradiol. Univ. Basel; 1971-77 Prof. Radiol. Univ. of Pennsylvania; 1977-79 Gastprof. Paris; s. 1979 Berlin; Mitbegründ. Europ. Soc. Pediatric Radiology 1962/63, 4. Präs. 1967, Mitbegründ. Inst. Skeletal Soc. 1973/74, Präs. Berliner Röntgenges., 1985/86 - BV: Röntgenbefunde am kindl. Becken, 1964; Progress in Pediatric Radiology, 7 Bde. s. 1967 (Hg.). Übers.: Bone diseases of children (franz.-engl.) v. Pierre Maroteaux; Clinical Practice in Pediatric Radiology (franz.-engl.) v. Jacques Lefebvre; Birzle et al.: Radiology of trauma (dtsch.-engl.) - Ehrenmitgl. Röntgen-Ges. Brasilien, Tschechosl., Polen u. Spanien; Europ. Soc. Pediat. Radiol. - Spr.: Engl., Franz., Ital.

KAUFMANN, Horst

Dr. med., Prof., Direktor Radiolog. Klinik/Städt. Krankenanstalten Ludwigshafen - Bremserstr. 79, 6700 Ludwigshafen/Rh. - Geb. 19. April 1932 Düsseldorf - Promot. 1958 Tübingen - S. 1968 (Habil.) Lehrtätigk. (gegenw. apl. Prof. f. Med. Radiol. Univ. Heidelberg). Üb. 60 Facharb.

KAUFMANN, Inge

Dr. phil., Dipl.-Psych., Univ.-Prof. i.R. Univ. GH Paderborn - Heiersmauer 71, 4790 Paderborn/W. - Geb. 21. Juni 1925 Linz/D. - Stud. Psych., Philos., Päd., Psychopath., Biol., Musik Univ. Wien, Bonn, Köln - 1962 Dipl. psych. (Bonn), 1963 Dr. phil. (Bonn), ab 1970 Wiss. Rat u. Prof., 1980 Prof. a.L. (Paderborn) - BV: Fachztsch.veröff. üb. wiss. Unters. in Praxis Kinderpsychol. u. Kinderpsychiatr., Schule u. Psycholog., Ztschr. f. Heilpädag., Archiv ges. Psychol., u.a.; BV in eig. wiss. Reihe (Paderborn).

KAUFMANN, Klaus

Dipl.-Ing. - Schanzenstr. 36, 2870 Delmenhorst/O. (T. 04221 - 5 14 15) - Geb. 16. Juni 1912 Delmenhorst - S. üb. 30 Jahren Dt. Linoleum-Werke AG (b. 1968 stv. Vorst.-Mitgl., dann Berater) - Spr.: Engl., Franz. - Rotarier.

KAUFMANN, Peter

Dr. med., Prof. f. Anatomie RWTH Aachen - Camilluspark 14, NL-6291 CX Vaals - Geb. 25. März 1942 - Vorst. d. Abt. Anatomie II, 1978-84 Ltd. Oberarzt Abt. Anatomie Hamburg.

KAUFMANN, Raimund

Dr. med., o. Prof. f. Lasermedizin, Institut f. Lasermedizin Med. Einrichtungen d. Univ. - Moorenstr. 5, 4000 Düsseldorf (T. 0211 - 311 27 62) - Geb. 22. März.

KAUFMANN, Reinhard

Dipl.-Ing., Prof. - Heideweg 3, 2904 Hatten-Sandhatten - Geb. 28. Nov. 1929 Delmenhorst (Vater: Ludwig K., zul. Vorst.-Mitgl. Dt. Linoleum-Werke, Ehrenpräs. IHK Oldenburg (s. XVI. Ausg.); Oberschule; Straßenbauerlehre; Stud. Bauing.wesen. Dipl.-Ing. 1955 - B. 1962 freiberufl., dann TH (s. 1978 Univ.) Hannover (1964 Wiss. Rat u. Prof. 1978 Prof.). Partner Ing.Büro König, Wemheuer, Kaufmann in Hannover s. 1977. Spez. Arbeitsgeb.: Statik u. Stahlbau. Veröffentl.: Über das Ermüdungsverhalten d. Werkstoffs Stahl (m. Helmut Pfannmüller; Heft 1, Schriftenreihe d. Lehrst. f. Stahlbau/TH Hannover, 1960), D. Dauerfestigkeitsnachweis d. Berechnungsgrundl. f. Großgeräte in Tagebauen u. s. zuläss. Spannungen (m. Pfannmüller, H. 2 ob. Reihe, 1960), Aufgaben u. Probleme aus d. Arbeitswelt d. Ing. (Festschr. f. Pfannmüller, 1967) - Liebh.: Garten- u. Waldgestalt. - Spr.: Engl.

KAUFMANN, Walter

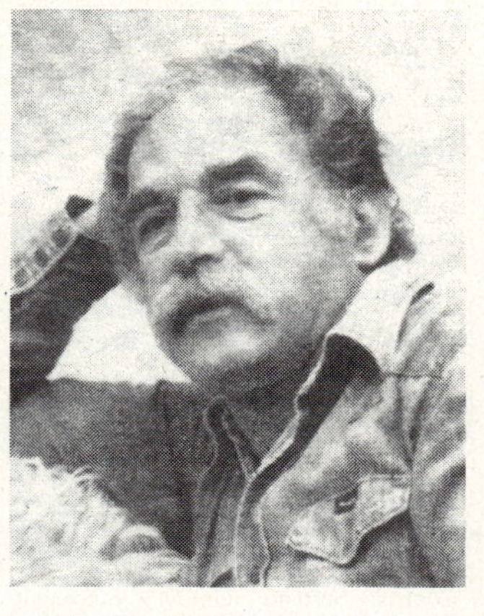

Schriftsteller, Generalsekretär Deutsches PEN Zentrum (Ost) - Wallstr. 85, O-1020 Berlin - Geb. 19. Jan. 1924 Berlin, verh. s. 1960 m. Angela Brunner (Schauspielerin), 2 Töcht. (Rebekka, Deborah) - BV: Stimmen im Sturm, R. 1953 (Übers. in 5 Spr.); Am Kai d. Hoffnung, Erz., 1990; D. Zeit berühren, Skizzen 1992 - Lit.preise: 1967 Heinrich Mann Preis; 1961 u. 1965 Fontane Pr. - Spr.: Engl. - Lit.: Manfred Jurgensen: W. K., The GDR Connection (Brisbane 1992).

KAUFMANN, Werner

Dr. med., em. o. Prof. f. Innere Medizin, ehem. Direktor Med. Klinik Merheim u. Poliklinik Univ. Köln - Priv: Franz-Seiwert-Str. 21, 5000 Köln 41 - Geb. 14. Nov. 1924 Zorge, ev., verh. s. 1953 m. Lissi, geb. Bürger, 2 Söhne - 1947-53 Med.-Stud. Göttingen u. Marburg; 1975/76 Dekan Med. Fak. Univ. Köln; 1977-81 Ärztl. Dir. Klinikum Köln-Merheim - BV: u. a. Inn. Med. in Praxis u. Klinik, 1973, 3. A. 1985 (m. and.); Pathophysiol., 3. A. 1985 (m. and.); Brain and Heart Infarkt I u. II, 1977 u. 1979; Therapie-Handbuch (m. and.), 1983; Lehrbuch d. Inneren Med. (m. and.), 1984; Internistische Differentialdiagnostik, 2. A. 1991. Ca. 500 Publ. z. Inn. Med. - 1961 Fraenkel-Preis d. Dt. Ges. f. Kreislaufforsch. - Spr.: Engl., Franz., Lat.

KAUKE, Walter

Dr. jur., Beigeordneter Stadt Gelsenkirchen - Gabelskamp 54, 4650 Gelsenkirchen - Geb. 25. Juni 1920, kath., verh. s. 1952 m. Marianne, geb. Andrée, T. Ingeborg - 1939-41 Stud. Rechts- u. Staatswiss. Univ. Halle, Leipzig, 1946-49 Univ. Köln u. Bonn, 1. u. 2. jurist. Staatsprüf. 1948 u. 52, Promot. 1950 Univ. Köln - 1952-60 Finanzverw. Land NW, 1960-65 Stadtverw. Lünen, s. 1965 Beigeordn. Stadt Gelsenkirchen. Zahlr. Veröff. - Liebh.: Gesch., Musik, Lit. - Spr.: Engl., Franz.

KAUL, Alexander

Dr. rer. nat., Prof., Präsident d. Bundesamtes f. Strahlenschutz - Okerstr. 13, 3340 Wolfenbüffel - Geb. 13. Febr. 1934 Salzwedel (Vater: Dr. Alexander K., Min.Dir.; Mutter: Käte, geb. Neuber), ev., verh. s. 1962 m. Marly, geb. Bangert, Sohn Dirk-Oliver Alexander - Gymn. (Abit. 1953) Bensheim; TH Darmstadt, Univ. Frankfurt. Dipl.-Phys. 1960; Promot. 1965 Frankfurt; Habil. 1970 Berlin; Ernenn. z. Prof. 1970 - Präs. VI. Wiss. Tag. Ges. f. Med. Physik 1975; Vors. Deutsche Ges. f. Med. Physik - BV: D. Strahlungsbelast. v. Patienten b. d. nuclearmed. Anwend. offener radioakt. Stoffe, 1973; Radiopharmaka - biokinet. Daten u. Ergebnisse v. Dosisneuberechn., 1974; D. natürl. Strahlenexposition d. Menschen, 1974; Med. Phys. in Forsch. u. Praxis, 1976; Strahlenschutzkurs für Ärzte, Umgang mit offenen radioaktiven Stoffen, 1977; Internal Radiation Dose in Diagnostic Nuclear Medicine, 1978. Ca. 400 wiss. Veröff. - Liebh.: Lit., Musik - Spr.: Engl., Franz.

KAUL, Helmut

Dr. rer. nat., Prof. Mathemat. Institut Univ. Tübingen - Gottl.-Daimler-Str. 29, 7415 Wannweil.

KAUL, Henning

Dipl.-Ing., Mitglied d. Landtages Bayern (s. 1986) - Mittelfeldstr. 8, 8755 Alzenau (T. 06023 - 3 05 75) - Geb. 1. Febr. 1940 Berlin, ev., verh. s. 1967 m. Hiltrud, geb. Ritter, T. Anke - Lehre Starkstromelektrik.; Stud. Elektrotechn. Frankfurt a.M., Dipl. - 6 J. Ing.-Büros; 16 J. leit. Angest. d. Chem.-Ind.; s. 1990 Vors. d. Landtagsaussch. f. Landesentwickl. u. Umweltfragen - Spr.: Engl.

KAUL, Walter

Journalist, Schriftst. - 2244 Süderdeich/Holst. - Geb. 1901 Berlin - Mitarb. Berliner Börsen-Courier u. n. 1945 D. Kurier (b. 1966 Feuill.redakt.). Hauptinteresse: Tanz u. Film. Arbeiten üb. Eddie Cantor, Busby Berkeley, Ludwig Berger, Douglas Fairbanks u. Wilhelm Dieterle.

KAULA, Karl

Vorstandsmitglied Barmer Ersatzkasse, Vors. Verb. d. Angestellten-Krankenkassen, stv. Vors. DAG - Sperberkamp 26, 2000 Hamburg 71 - Geb. 8. Juli 1928 - Div. AR-Mand.

KAULER, Kurt

Dipl.-Kfm., o. Vorstandsmitgl. HAG AG., Bremen - Eichendorffstr. 4, 2800 Bremen (T. 236792) - Geb. 24. Juli 1930 Außig (Vater: Rudolf K., Maschinensetzer; Mutter: Milda, geb. Sasum), kath., verh. s. 1959 m. Christa, geb. Hoffmann, 2 Kd. (Andreas, Karsten) - Stud. Univ. Erlangen - 1965 Marketing-Dir., 1968 stv. u. 1971 o. Vorstandsmitgl. HAG AG. (Ber. Marketing u. Vertrieb) - 1975 ff. Präs. Dt. Marketing d. Dt. Gruppe d. Intern. Handelskammer, Paris; Vorst.smitgl. Markenverb. - Spr.: Engl.

KAUP, Ludger

Dr. rer. nat., Prof. f. Mathematik Univ. Konstanz (s. 1972) - Höhenweg 37, 7750 Konstanz - Geb. 30. Mai 1939 - Stud. Münster, Erlangen. Promot. 1965; Habil. 1969. Spez. Arbeitsgeb.: Komplexe Analysis, Algebr. Topologie, Algebr. Geometrie - BV: Sur la topologie des surfaces complexes compactes. Les Presses de L'Université de Montréal, (m. G. Barthel, S. Kilambi) 1982, Holomorphic Functions of Several Variables (m. B. Kaup) de Gruyter, 1983.

KAUP, Peter

Dipl.-Ing., Prof., Lehrstuhlinh. f. Baukonstruktion u. Entwerfen Univ. Hannover - Schloßwender Str. 1, 3000 Hannover; priv.: Gaissacher Str. 22, 8000 München 70 - Arch.

KAUP, Wilhelm

Dr. rer. nat., o. Prof. f. Mathematik Univ. Tübingen (s. 1971) - Im Rotbad 64, 7400 Tübingen 1 - Geb. 30. Okt. 1937 - Promot. 1962 - Habil. 1966.

KAUP, Wilhelm F.

Journalist u. Autor - Im stillen Winkel 26, 4300 Essen-Margarethenhöhe (T. 0201 - 71 54 50) - Geb. 29. Sept. 1929 Wattenscheid, kath., verw. - Mitgl. Vereinig. dt. Reisejourn. - Spr.: Engl.

KAUPEN-HAAS, Heidrun

Dr. rer. pol., Prof. f. Medizin. Soziologie - Rainweg 6, 2000 Hamburg 20 - S. 1975 Prof. Univ. Hamburg (Fachber. Med.).

KAUPERT, Günther

Dr.-Ing., Fabrikant, pers. haft. Gesellsch. Dr.-Ing. Kaupert KG., Formen- u. Maschinenbau, Erndtebrück, u. Dr.-Ing. Kaupert KG, Verpackungswerk, Marburg - Thüringer Str. 1, 5927 Erndtebrück (T. 02753 - 608-0, Fax 02753 - 608-38) - Geb. 10. Juni 1919 Schmalkalden (Vater: Friedrich K., Kaufm.; Mutter: Lina, geb. Johannes), ev., verh. s. 1945 m. Irmgard, geb. Bodderas, 2 Töcht. (Birgit, Kerstin) - In- u. Ausl.patente f. Verpackungen u. -maschinen - Spr.: Engl.

KAUSCH, Walter

Dr. rer. nat., Wiss. Rat u. Prof. - Wallfahrtsweg 5, 5300 Bonn (T. 211461) - Geb. 30. März 1920 Völklingen/Saar (Vater: Friedrich K., Konditor; Mutter: Mathilde, geb. Hoffmann), ev., verh. s. 1961 m. Margarethe, geb. Volk - TH Darmstadt (Naturwiss., Biol., Botanik). Promot. (1953) u. Habil. (1960) Darmstadt - S. 1948 wiss. Tätigk. TH Darmstadt (1952 Assist.; 1961 Doz.) u. Univ. Bonn (1964 Kustos; 1967 apl. Prof.; 1970 Wiss. Rat u. Prof.). Spez. Arbeitsgeb.: Physiol. Pflanzenökologie. Mitarb.: Knaurs Pflanzenreich in Farben (Niedere Pflanzen) - Spr.: Engl., Franz.

KAUSCH, Walter Franz

Regisseur, Autor - Kirchenstr. 41, 8034 Germering/Obb. (T. 089 - 841 71 53) - Geb. 12. Febr. 1928 Frankfurt/M., verh. m. Elisabeth, geb. Bäurer - Schauspielsch. Frankfurt - 32 Bühneninsz. (1959-75); viele Fernsehsp. (1967ff.; dar. Serien: Unt. Ausschl. d. Öffentlichkeit/SWF, Ausgerissen - Was nun?/HR, Christian u. Christiane/SWF, D. glückliche Familie/BR), Zwei Halbe sind noch lange kein Ganzes/ARD.

KAUSS, Heinrich

Dr. rer. nat., o. Prof. f. Pflanzenphysiologie Univ. Kaiserslautern (s. 1971) - Spinozastr. 22, 6750 Kaiserslautern - Geb. 1. März 1935 Bad Dürkheim - Promot. 1961; Habil. 1965 - Zul. Prof. Univ. München. Üb. 100 Facharb.

KAUT, Ellis

Schriftstellerin - Dr.-Böttcher-Str. 23, 8000 München 60 - Verh. m. Kurt Preis - Zahlr. Kinderb. (bek. üb. Pumuckl; auch Film u. TV-Serie: Meister Eder u. s. Pumuckl) - 1957 Hörspielpreis BR; 1971 Schwabinger Kunstpr.; 1980 Med. München leuchtet; BVK I. Kl.; Ernst Hoferichter-Preis; 1985 Bayer. VO.

KAUTH, Hans

Dipl.-Volksw., Arbeitsdirektor, Vorstand Continental AG - Leunisweg 11, 3000 Hannover 71 (T. 51 26 78) - Geb. 22. März 1935 Frankfurt.

KAUTTER, Hansjörg

Dr. phil., Dipl.-Psych., Prof. f. Sonderpädagogik u. Psych. PH Ludwigsburg - Rappenberghalde 60, 7400 Tübingen - Geb. 23. Juni 1936.

KAUTZ, Joachim-Rüdiger

Dr. jur., Vorstandsmitgl. Hermes Kreditversicherungs-AG., Hamburg - Kiefernhöhe 10, 2110 Buchholz i. d. N./Holm-Seppensen - Geb. 11. März 1929 Schneidemühl.

KAUTZKY, Rudolf

Dr. med., em. Prof. f. Neurochirurgie - Julius-Vosseler-Str. 5, 2000 Hamburg 54 (T. 56 59 84) - Geb. 7. Nov. 1913 Wien (Vater: Dr. Heinrich K., Sektionschef), kath., verh. s. 1948 m. Dr. Katarina, geb. Sauerlandt, 3 Kd. (Heinrich, Wolfgang, Marianne) - Schottengymn. u. Univ. Wien - Krkhs.assist. Wien, Berlin, Hannover, Hamburg; s. 1945 Leit. Neurochir. Abt. Neurol. Univ.sklin. Hamburg (1950 Privatdoz., 1959 ao., 1966 o. Prof.) (1979 emerit.) - BV: Neurol.-Neurochir. Röntgendiagnostik (m. K. H. Zülch), 1955; Neuroradiologie auf neuropath. Grundl. (m. K. J. Zülch, S. Wende u. A. Tänzer), 1976. Rd. 130 Veröff. z. Fach, Ärztl. Ethik u. Theol. - Korr. Mitgl. Skand. Ges. f. Neurochirurgie, Kopenhagen, Societa italiana di Neurochirurgia, Americ Association of Neurol. Surgeons; 1981 Ehrenmitgl. Dt. Ges. f. Neurochir.

KAUTZMANN, Theo

Geschäftsführer d. Weinwerbung Südl. Weinstr. e. V., MdL Rheinl.-Pfalz - Kolmarer Str. 76, 6740 Landau (T. 06341 - 3 20 80) - Geb. 20. April 1948 Landau, kath., verh. m. Christiane, geb. Glaser, 2 Kd. (Robert, Karoline) - Weinhandelskaufmann - CDU - Liebh.: Sport.

KAUTZSCH, Christof

Prof., Hochschullehrer - Odenwaldstr. 2, 6909 Walldorf - Gegenw. Prof. f. Werken u. Technik PH Heidelberg.

KAWLATH, Arnold-Jürgen

Dr. rer. pol., Dipl.-Volksw., Geschäftsführer KCG-Kawlath-Consulting-GmbH (s. 1988), gf. Gesellsch. Schubert & Salzer GmbH, Ingolstadt (s. 1991), Geschäftf. in d. Tochterunternehmen (s. 1990): Schubert & Salzer Eisenguß GmbH, Schubert & Salzer Feinguß GmbH, Schubert & Salzer Ingolstadt-Armaturen GmbH, Schubert & Salzer Control Systems GmbH, Ingolstadt-Rosenstr. 15, 4152 Kempen 1 - Geb. 2. Aug. 1938 Duisburg (Vater: Erwin K., Werbefachmann; Mutter: Antonie, geb. Kaschub), verh. s. 1986 m. Ursula, geb. Haack, 5 Kd. (Sonja, Bertram, Tobias, Maximilian, Jennifer) - Dipl. 1963 Univ. Mainz; Wiss. Assist. Inst. f. Revisionswesen, Promot. 1969 Münster. Lehrbeauftr. Univ. Münster, 1970-72 Vertrieb Volvo BM Maschinenber., 1972-76 Geschäftslt. Volvo Deutschld. Vertriebsges., s. 1976 Vertriebsdir. Deutsche Fiat AG; 1979-82 stv. Geschäftsf. VOLVO Dtschl. GmbH, Dietzenbach; 1982-85 Vorst.-Mitgl. Girmes-Werke AG u. Grefrath Velour AG; 1985/86 Geschäftsf. Appel & Frenzel GmbH, Düsseldorf; 1986/87 selbst. Untern.berater; 1988-90 Generalbevollm. Gießereiprod. u. Armaturenber. b. Schubert & Salzer Maschinenfabrik AG, Ingolstadt - BV: Theoret. Grundlage d. Qualitätspolitik, 1967 - Liebh.: Segeln, Reiten - Spr.: Engl., Franz., Schwed.

KAWOHL, Marianne

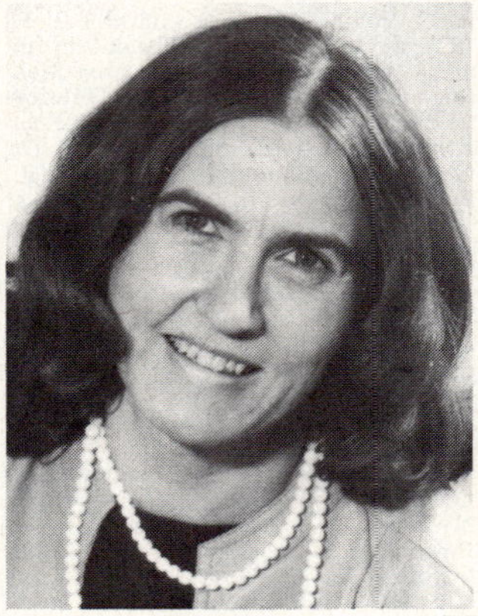

Dipl.-Päd., Schriftstellerin, Psychologin - Gutleutstr. 4, 7800 Freiburg i. Br. (T. 0761 - 47 38 59) - Geb. 14. Juli 1945 - Stud. Päd., Theol., Psych. u. German. - Buchübers., Redakt., Vortragstätigk. u. Rundfunkmitarbeit; Psycholog. u. Pädagog. Berat., u. a. - BV: ... und heirate nie! - nie?, Sachb. 1977; Tränen, d. niemand zählt ... Niemand?, R. 1977 (auch Finn.); Umwege, R. 1978; Im Schweigen vor d. Ewigen, Lyr. 1979; Liebe, d. alle (m)eint, Lyr. 1980 (auch in Blindenschrift); Was d. Wind zusammenweht, Lyr. 1981 (auch in Blindenschrift); Im Willen Gottes - Worte der hl. Julie Billart, 1981; Ich gestatte mir zu leben, Sachb. 1984; Geöffnete Hände, Lyr. 1984; D. Seinen gibt Gott Schlaf - Üb. d. Bedeut. d. Schlafes in d. Bibel u. in d. Therapie, Sachb. 1984; Nächte bestehen - Nächte vergehen, Lyr. 1985; Semantische Liebkosungen - Stürmischer als d. Wind, Wortsp., Lyr. 1986; Ich gestatte mir zu weinen - Wie man Traurigkeit durch Tränen überwindet, Sachb. 1987; Von Gott verlassen? - Meditationen zu d. sieben letzten Worte Jesu am Kreuz, 1988; Was Dir d. Träume sagen, Sachb. 1989; Heilkraft d. Musik, Sachb. 1989; Einkehr d. Seele, Lyrik/Aphorismen 1990; Mach dich mal wieder schön! - Psychotherap. Erfahrungen m. Kleidung, Sachb. 1990; Ich gestatte mir zu weinen, Text-Bild-Band 1992 - 2. Preis b. intern. Lyrik-Wettbewerb d. Wittener Künstlers Karlheinz Urban z. Thema Soli Deo Gloria - Spr.: Engl.

KAYMER, Günter

Dr. phil., o. Prof. f. Engl. Sprache u. Didaktik PH Rhld./Abt. Bonn - Hauptstr. 27, 5202 Hennef 1-Altenbödingen.

KAYN, Roland

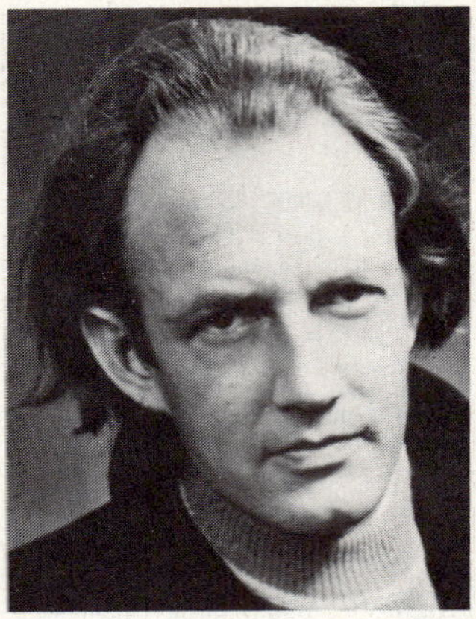

Komponist, Programm-Ref. am Goethe-Inst. Amsterdam/Niederl. (s. 1970) - Zuidereind 124, 1243 KL's-Graveland/NL - Geb. 3. Sept. 1933 Reutlingen, ev., verh. s. 1971 m. Lydia, geb. Onrust, T. Ilse-Emily - 1952-55 Stud. Musikhochsch. Stuttgart u. Kirchenmusiksch. Esslingen (Organistenex. 1955), sow. Staatl. Musikhochsch. Berlin, Kompos. b. Boris Blacher - 1959-84 Arbeitsaufenth. an d. Studios f. Elektron. Musik in Warschau, Köln, München, Mailand, Brüssel u. Utrecht; 1964-70 Lektor f. Neue Musik, NDR Hamburg - Erf. d. Kybern. Prozeß-Steuerung in instrum. u. elektron. Musik - Werke (instrumental): Metanoia f. gr. Orchester 1950-52, Neukomposition 1988-90; Evokation u. Tokkata f. Orch., 1955, Neufassung 1987; Metamorphosen f. Klarinette u. Orch., 1956, Neufassung 1988; Sequenzen f. Orch., 1957; Tage f. Neue Musik (UA, Hannover), 1969; Aggregate f. Blechbläser, Streicher u. Schlagw., 1958, Intern. Ferienkurse f. Neue Musik (UA, Darmstadt, 1959); Vectors I f. Kammerorch. (UA, Biennale Venedig, 1961); Phasen f. Sprachklänge u. 4 Schlagzeuggr. (UA, Biennale Venedig, 1962); Schwingungen f. 5 Klanggr. 1961/62 (UA, Festival Palermo, 1963); Inerziali f. 5-20 Spieler (UA, Donaueschingen, 1965); Allotropie f. multiple Instrumentalformationen (UA, Festival Warschauer Herbst, 1966); Signals f. 7 Klanggr. 1964-66, Reihe d. neue werk (UA, NDR Hamburg, 1966); Engramme f. 15 Spieler, 1971-74 (UA, SDR Stuttgart, 1980); Ektropie f. 1-4 Chöre u. 1-4 Orch., 1973-75; Gyron f. 1-4 Ensembles, 1975/76; Vectors III f. Orch., 1972-77; Syn f. Chöre u. Orch., 1977; Chreodes f. Chor u. Orch., 1982/83; Supra f. Orch., 1988; Mitra-sounding ways per orchestra, 1990-92. Elektronisch: Cybernetics 1966 (UA, NDR Hamburg, 1969); Entropy PE 31, 1966-70 (UA, Staatsoper Hamburg, 1970); Simultan, Kybernetisches Projekt f. 1-5 Räume, 1970-72 (UA, Rijksmuseum Vincent van Gogh Amsterdam, 1976); Eon, 1975 (UA, Beethovenhalle Bonn, 1975); Makro, 1977/78 (UA, Muziekcentrum Utrecht, 1980); Choregraph. Fassung: Cosmic Circus v. Jo Roehrig, Ensemble Theater-Action, Fr. Akad. d. Künste, 1980; Infra, 1978/79 (UA, NOS-Radio Hilversum, 1982); Tektra, 1980 (UA, Muziekcentrum Utrecht, 1981); Ready-made I, II, 1982 (UA, Ars Electronica Linz, 1984); Scanning, 1982/83; Assemblage, Collage, Décollage, 1984; Cybernetic Serendipity, 1987; An Artificial Acoustic Environment, 1989; Transfluxion, 1990; Syzygy dynamical units, 1991. Zahlr. Schallplatten - 1958 Förderungspreis d. Bachpreises Hamburg; 1958 1. Preis Musikfestival Kairuzawa/Tokio; 1959 Rom-Preis; 1963 u. 64 Preise d. IGNM, Sektion Italien; 1965 Villa-Serpentara-Stip. d. Fr. Akad. d. Künste Berlin u. Preis d. 4. Biennale Paris - Spr.: Franz., Ital., Holl.

KAYSER, Beate

Dr. phil., Redakteurin, Feuilleton-Leit. tz München - Schleissheimer Str. 274, 8000 München 40 (T. 308 79 13) - Geb. in Hannover (Vater: Frederik K., Kunstmaler; Mutter: Ingeborg, geb. Meyer), ev., verh. m. Dr. Helmut Schmidt-Garre †1989, S. Jan - Univ. München (German., Psych., Theater- u. Musikwiss.).

KAYSER, Dinah

s. Friedrich, Anita

KAYSER, Ernst-Dieter

Dipl.-Ing., Prof. f. Nachrichten-, Schaltungs- u. Verstärkertechnik GH Wuppertal - Dietrich-Bonhoeffer-Str. 61, 5608 Radevormwald.

KAYSER, Gustav-Adolf

Dr.-Ing., Prof. f. Grundgebiete u. Bauelemente d. Nachrichtentechnik GH Duisburg - Husumer Str. Nr. 4, 4330 Mülheim-Saarn.

KAYSER, Hans

Dr. phil., Museumsdirektor a. D. - Bergstr. 63, 6900 Heidelberg (T. 48 02 10) - Geb. 18. Jan. 1911 Teutleben (Vater: Wilhelm K., Pfarrer; Mutter: Hildegard, geb. Stolzenberg), ev., verh. s. 1941 m. Gisela, geb. Grabensee, 2 Kd. (Sabine, Julius) - Gymn. Gotha u. Eisenach; Univ. München u. Heidelberg. Promot. 1935 - 1937-40 Assist. Herzogl. Museum Gotha; s. 1941 Assist. u. Dir. (1943) Roemer-Pelizaeus-Museum Hildesheim. Vorstandsmitgl. Verein f. d. Kunde d. Natur u. Kunst d. Fürstentums Hildesheim (Museumsverein) - BV: D. Tempelstatuen ägypt. Privatleute im A. R. u. M. R., 1936; Göttl. Tiere, 1960; Kl. Gesch. d. Archäol., 1963; D. Mastaba d. Uhemka - E. Grab in d. Wüste, 1964; 100 Tore hatte Theben - Histor. Stätten am Nil, 1965; D. Pelizaeus-Museum zu Hildesheim, 1967; Ägypt. Kunsthandw., 1968. Versch. Museumsführer (Ägyptologie, Heimatkd.); Die ägyptischen Altertümer im Roemer-Pelizaeus-Museum in Hildesheim, 1973 - 1953 korr. Mitgl. Dt. Archäol. Inst.; 1967 Ordre National du Tschad.

KAYSER, Hans J.

Dr.-Ing., Prof. f. Straßenwesen, Erd- u. Tunnelbau RWTH Aachen, Präsident Dt. Straßenliga - Zu erreichen üb. Dt. Straßenliga, Kaiserpl. 14, 5300 Bonn 1, u. RWTH Aachen, Mies-van-der-Rohe-Str. 1, 5100 Aachen.

KAYSER, Hans-Wolfgang

Dr. med., Prof., Mitgl. d. Med. Fak. d. Rhein.-Westf. Techn. Hochsch. Aachen Gynäkologie u. Geb.hilfe, vormals wiss. Rat u. Prof. Klin. Anstalten TH Aachen u. Chefarzt d. Itertal-Klinik - Eisenhütte 21, 5100 Aachen-Walheim (T. 5 87 44) - Geb. 10. Okt. 1911 W'tal, ev., verh. m. Lieselotte, geb. Wack, 3 Kd. - Univ. Göttingen, Münster, Berlin, Freiburg. Promot. 1936 Freiburg; Habil. 1947 Kiel - 1936 Assist. Univ. Freiburg (Pharmak. u. Physiol. Inst.), 1939 Univ.s-Frauenklinik Kiel, 1947 Privatdoz., 1953 apl. Prof. ebd., 1955 Chefarzt Städt. Frauenklinik Aachen, 1957 umhabil. Univ. Bonn, 1968 wie oben. 1969 Vors. Niederrhein.-Westf. Ges. f. Geburtshilfe u. Gynäk. Arbeiten üb. Röntgenunters. - Liebh.: Musik - Bek. Vorf.: Geheimrat

Prof. Dr. Rudolf H. Lotze, Ord. d. Phil. Göttingen u. Berlin (Urgroßv. ms.).

KAYSER, Rolf
Dr.-Ing., Prof., Leiter Inst. f. Siedlungswasserwirtschaft TU Braunschweig (s. 1970) - Adolf-Bingel-Str. 2, 3300 Braunschweig - Geb. 11. Sept. 1931 Oldenburg/O. (Vater: Wilhelm K., Maurerm.; Mutter: Wally, geb. Rüthemann), ev., verh. s. 1958 m. Gisela, geb. Fehlauer, 4 Kd. - N. Abit. Maurerlehre; Stud. Bauing.wesen. Dipl. (1958) u. Promot. (1967) Braunschweig - 1959-66 Wiss. Assist. TU Braunschweig; 1967-69 Obering. TH Wien; 1969-70 Forschungsassist. Univ. of Texas - BV: Sauerstoffzufuhr v. Abwasserbelüftern unt. Betriebsbedingungen, 1967 - 1966 Karl-Imhoff-Preis - Spr.: Engl.

KAYSER, Uwe
Dr. jur., Rechtsanwalt, Geschäftsf. GEFA Ges. f. Absatzfinanzierung mbH, Wuppertal, GEFA-Leasing GmbH, ebd. - Am Pfaffenbusch 17, 4000 Düsseldorf 12 - Geb. 23. Sept. 1940 Wohlau/Schlesien, alt-luth., verh. s. 1965 m. Renate, geb. Eichhorn, 2 S. (Joachim, Christian) - Gymn. Berlin, Stud. Rechtswiss. FU Berlin, Univ. de Lausanne, Philipps-Univ. Marburg/Lahn; Promot. 1967 Marburg/Lahn - Member of Board Dt. Credit Corp., Deerfield/Ill.; Vorstandsmitgl. Bundesverb. dt. Leasingges. (s. 1982) - BV: Auswahl d. Richter in d. engl. u. amerik. Rechtspraxis, 1969; Mitautor: Bankrecht u. Bankpraxis.

KAZMIERZAK, Herbert J.
Dr. rer. pol., Vorstandsvors. Hessische Landesbank (s. 1986) - Girozentrale -, Frankfurt/M. - Geb. 28. Sept. 1931, verh., 3 Kd.

KECK, Albert
Dipl.-Ing., Senator e. h., Aufsichtsratvorsitzender VDO Adolf Schindling AG, Schwalbach/Ts., u. d. BOGE AG, Eitorf - Schöne Aussicht 39, 6236 Eschborn 2 (T. Kronberg 6 17 24) - Geb. 21. April 1928 (Vater: Hermann K., Beamter; Mutter: Cäcilie, geb. Steinwandel), kath., verh. s. 1955 m. Anna-Maria, geb. Herr, 3 Kd. (Eberhard, Andreas, Christine) - Lehre Uhren- u. Feinmechanik; Ausbild. Feinwerktechnik.

KECK, Ernst W.
Dr. med. (habil.), Prof., Abteilungsdirektor Univ.-Kinderklinik Hamburg (s. 1968) - Papenkamp 6, 2000 Hamburg 52 (T. 040 - 82 70 86) - Geb. 30. Aug. 1927 - Stud. d. Med. - Mehrj. USA-Aufenthalt (Mayo-Klinik Rochester). Vorles. üb. Kardiologie - BV: Pädiatr. Kardiol., Lehrb. 4. A. 1989 (auch span., ital., portug., jugosl.) - 1969 Mitgl. American College of Cardiology (FACC); 1976-79 Präs. Assoc. of European Paediatric Cardiologists - Spr.: Engl.

KECK, Rudolf W.
Dr. phil., Univ.-Prof. f. Schulpädagogik - Binderstr. 22, 3200 Hildesheim - Geb. 16. Okt. 1935 Schwäb. Gmünd, kath.,

verh. s. 1966, 2 Kd. (Christian, Friederike) - N. Abit. (1956 Bruchsal) PH Schwäb. Gmünd (b. 1959) u. Univ. Tübingen (Päd., Phil., Soziol., Gesch.; b. 1966). Promot. 1966 Saarbrücken - S. 1967 Lehrtätig. PH Hildesheim bzw. Univ. Hildesheim (1972; Ord.) - BV: Gesch. d. Mittl. Schule in Württ., 1968; Zielorient. Unterrichtsplanung, 1975; Hausaufg. - empir. untersucht, 1978; Kooperation Elternhaus-Schule, 1978; Schulleben konkret, 1979; Erzieh. ist unteilbar, 1981; Unterrichten gliedern, zielorientiert lehren, 1983; Friedrich Spee v. Langenfeld, 1985; Medien zw. Kultur u. Kult, 1987; Englisch-Didaktik zw. Fachwiss. u. Allg. Didaktik, 1988; Fachdidaktik zw. Allg. Didaktik u. Fachwiss. (m. Köhnlein u. Sandfuchs), 1990. Mitarb.: Handwörterb. d. Schulpäd. (1973/75);. Intern. Encyclop. of Educ., 1985. Herausg.: Unterrichten u. Erziehen (1979); Documenta Paedagogica (1981); Beiträge z. Hist. Bildungsforsch. (s. 1985); zahlr. Veröff. z. Didaktik u. Bildungsgesch. in Fachztschr. - Vors. Hist. Kommiss. d. Dt. Ges. f. Erziehungswiss., Vors. Museumsverein Hildesheim.

KECK, Werner
Dipl.-Kfm., Prof. f. Betriebswirtschaftslehre, Finanzierung u. Bankbetriebslehre GH Siegen (s. 1971) - Peenemünder Str. 6, 4000 Düsseldorf 13 - Geb. 6. Dez. 1940 Gleiwitz/OS. (Vater: Eugen K.; Mutter: Else, geb. Heiland), ev., verh. s. 1962 m. Heidemarie, geb. Jannaber, 5 Kd. (Werner, Eugen, Sören, Arndt, Barbara) - Arndt-Gymn. Osnabrück; Univ. Münster (Dipl. 1965) - 1965 Klöckner Revisionsges., Duisburg; 1967 Industriekreditbank, Düsseldorf; 1969 Philips Electrologica, Siegen - Liebh.: Musik, Sport - Spr.: Engl., Franz.

KEEL, Anna

Malerin - Hottinger Str. 35, CH-8032 Zürich (T. 0041 - 147 10 25) - Geb. 16. April 1940 Karlmarxstadt, ev., verh. s. 1962 m. Daniel K., 2 Söhne (Jakob, Philipp) - 1962 Hammersmith School of Art London; 1963-65 Schülerin v. Albert Pfister (Zeichnen u. Malen) - BV: Bilder u. Zeichnungen, 1976; Porträtzeichnungen, 1979; Zeichnungen, 1983; Bilder u. Zeichnungen, 1987; Polaroid-Katalog, Modelle v. Anna Keel, 1988; Modelle, 1988; Bilder, Zeichnungen u. Skulpturen, 1991. Ausst. I.: Personaggi di Anna Keel, Galleria Paverio Mailand 1987 (Portrait, Stilleben, Akte). 1988 Einzelausst. im Folkwang Museum Essen, Ausst. z. B. Zürich u. Mailand (Compagnia del Disegno, 1992) - 1984 Stip. Akad. d. Künste Berlin - Liebh.: Menschen - Spr.: Engl., Franz., Ital. - Bek. Vorf.: Eduard Stucken, Schriftsteller (Urgroßonkel) - Lit.: Federico Fellini, Vorw. zu Bilder u. Zeichnungen (1976); Wieland Schmied, Jan McEwan in Kat. (1987); Bilder + Zeichg. Dumont; Kat. Dumont: Modelle (1988); Kat. Dumont: Bilder, Zeichnungen u. Skulpturen (1991, Vorwort Doris Dorrie).

KEEL, Daniel
Verleger Diogenes Verlag Zürich - Zu erreichen üb. Diogenes Verlag, Sprecherstr. 8, CH-8032 Zürich (T. 01 - 254 85 11) - Geb. 10. Okt. 1930 Einsiedeln/Schweiz (Vater: Joseph K.; Mutter: Andrée, geb. Sutter), kath., verh. s. 1962 m. Anna, geb. Diekmann, 2 Söhne (Jakob, Philipp) - Ausb. als Buchhändler - Liebh.: Lit., Kunst - Spr.: Engl., Franz.

KEESE, Angela
Dipl.-Psych., Prof. f. Psychologie d. Sprachbehinderten PH Heidelberg - Witzlebenstr. 18, 8500 Nürnberg.

KEESE, Dietmar
Dr. oec. publ., Wiss. Mitarbeiter Univ. d. Bundeswehr, München - Joh.-Sebastian-Bach-Str. 12, 8000 München 19 - Geb. 6. Febr. 1933 Bremen, ev., verw., 3 Töcht. (Elisabeth, Brigitte, Katharina) - Kaufm. Lehre; Dipl.-Kfm. 1958 München, Dipl. in Europ. Stud. 1960 Saarbrücken, M.A. (Econ.) 1962 Univ. Pittsburgh PA/USA, Promot. 1964 Univ. München - S. 1966 Stadtrat München, s. 1982 Vors. SPD-Stadtratsfraktion.

KEESMANN, Karl-Ingo
Dr. rer. nat., Dipl.-Chem., Prof. Univ. Mainz (s. 1974) - Kurt-Schumacher-Str. 28, 6501 Zornheim (T. 06136 - 4 45 57).

KEFER, Linus
Prof., Schriftsteller - A-5230 Mattighofen/Inn - Geb. 21. Juli 1909 Garsten (Öst.), kath., verh. s 1937 m. Luise, geb. Riessner, 2 Kd. - Realsch. (Matura) u. Lehrerseminar; journ. Ausbild.; 1930-33 u. 1949-60 Lehrer, 1933-40 u. 1945-49 Pr. Schriftst. u. Redakt., 1940-45 Soldat, 1960-74 Beamt. Oberöst. Landesreg. (Kulturabt.) - BV: D. Sturz d. Blinden, R. 1938, NA. 1952 (m. Illustr. v. Prof. A. Kubin); D. Nacht d. Hirten, Ged. 1943; D. Sommergöttin, Ged. 1951; D. verschlossene Zimmer, Erz. 1959; Weissagungen d. Regenmacher, Ged. 1969. Filme: Land zwischen Donau u. Inn, Gesang üb. d. Äckern, Fenster z. Glück u. a.; Hörsp.: E. Winterabend (1966), Neubearb.: Oliver Goldsmith, D. Vikar v. Wakefield, 1953 (illustr. v. Kubin); Mitarb. an Sammelbd. f. Lyrik u. Prosa - 1965 Prof. h. c. (Österr.); 1943 Lit.preis Gau Oberdonau, 1951 Österr. Adalbert-Stifter-Preis Land Oberösterr., 1963 Lit.preis Dr.-Theodor-Körner-Stiftg. Wien - Liebh.: Reisen, Wandern.

KEGEL, Eberhard
Dr. jur., Berater KG Schneider-Senator Verkaufs-GmbH & Co., Hamburg - Am Ihlsee 16A, 2360 Bad Segeberg (T. 04551 - 8 23 38) - Geb. 27. Aug. 1914 Zethlingen (Vater: Paul K., Superint.; Mutter: Else, geb. Volland), ev., verh. s. 1940 m. Käthe-Lotte Le Fèvre †, 3 Kd. (Barbara, Dorothea, Eberhard) - Abit. 1933 Stendal; 1933-37 Jura-Stud. (Refer. u. Promot. 1938) - B. 1979 Geschäftsf. u. Gesellsch. Nordd. Polygraphika GmbH & Co. u. KG Schneider-Senator, bde.

Hamburg - Liebh.: Klass. Lit., Sammeln alter Stiche - Spr.: Engl., Latein, Griech.

KEGEL, Gerhard
Dr. jur., Dr. h.c., em. o. Prof. f. Intern. Recht - Am Steinrausch 3, 5533 Hillesheim (T. 06593 - 3 34) - Geb. 26. Juni 1912 Magdeburg (Vater: D. Dr. Martin K., Oberkonsistorialrat; Mutter: Wilhelmine, geb. Schönbach), ev., verh. s. 1940 m. Irmgard, geb. Vethake, 4 Kd. - Univ. Erlangen, Göttingen, Berlin - 1936-41 Assist. u. Ref. Kaiser-Wilhelm-Inst. f. Ausl. u. Intern. Privatrecht, Berlin; s. 1945 Assist., Privatdoz. (1946) u. Ord. (1950-78) Univ. Köln - BV: Probleme d. Aufrechnung, 1938; Einwirkung d. Krieges auf Verträge, 1941 (m. Rupp u. Zweigert); Art. 1-11, 13-31 EGBGB, in: Soergel, Kommentar z. BGB, 1984; Intern. Privatrecht, 1987; The Crisis of Conflict of Laws, in: Recueil des Cours, II 1964 - Ehrendoktor.

KEGEL, Helmut
Dipl.-Ing., Dr.-Ing. E. h. - Mozartstr. Nr. 38, 4010 Hilden/Rhld. (T. 02103 - 4 43 43) - Geb. 3. Juli 1914 Bochum (Vater: Prof. Dr. h. c. Karl K., zuletzt Ordinarius f. Bergbaukd. Bergakad. Freiberg (s. XIII. Ausg.); Mutter: Hilda, geb. Riemer), ev., verh. s. 1943 m. Hedwig, geb. Müller, 2 Kd. (Margret, Gert) - Reform-Realgymn. Freiberg/-Sa.; TH München, Bergakad. Freiberg, TH Aachen (Dipl.-Ing. 1949) - 1946-52 Betriebsassist. u. -ing. Hüttenwerk Oberhausen; s. 1952 Assist. d. Geschäftsfg., Geschäfts- (1955), Hauptgeschäftsf. (1966) u. gf. Vorstandsmitgl. (1967/79) VDEh. 1968/79 Mitgl. Aussch. f. Techn. Forsch. Kommiss. d. Europ. Gemeinschaften - 1978 Gr. BVK - Spr.: Engl., Franz.

KEGEL, Johannes
Dipl.-Ing., stv. Landrat Landratsamt Pirna (s. 1990) - Karl-Liebknecht-Str. 16, O-8300 Pirna 1 (T. 6 23 47) - Geb. 22. Aug. 1954 Dresden, ev., led. - Stud. Maschinenbau 1973-77 TU Dresden, Dipl.-Ing. - S. 1990 Dezern. f. Kultur, Jugend u Soziales - 1986 Kunstpreis d. Gewerksch. (f. Amateurfilmprojekt üb. d. Wiederaufbau d. Semperoper Dresden) - Liebh.: Filmerei, Belletristik s. d. Jh.wende, Oper, Konzert - Spr.: Engl., Russ.

KEGEL, Otto H.
Dr. phil. nat., Prof., Lehrstuhlinh. f. Mathematik (s. 1970) - Universität, 7800 Freiburg/Br. - Geb. 20. Juli 1934 Bethlehem (USA) - Promot. (1961) u. Habil. (1966) Frankfurt/M. - S. 1966 Lehrtätig. Tübingen, Köln, London, Freiburg - BV: Locally finite groups (m. B. A. F. Wehrfritz), 1973.

KEGEL, Wilhelm H.
Dr. rer. nat., Wiss. Rat, Prof. f. Astrophysik Univ. Heidelberg - Dreikreuzweg 73, 6903 Neckargemünd - Zul. Privatdoz. Heidelberg.

KEGELMANN, Gerald
Prof., Rektor Staatl. Hochschule f. Musik Heidelberg-Mannheim - N 7, 18, 6800 Mannheim 1.

KEHL, Johann
Ing. öc., Geschäftsführer u. Gesellschafter MÖLIN GmbH Roßwein (s. 1990) - Dresdener Str. 41, O-7300 Döbeln (T. 66 96) - Geb. 2. März 1942 Udvari (Ungarn), ev., gesch., 2 Kd. (Frank, Katharina) - Rundfunk- u. Fernsehmechaniker, Ing. öc., Stud. 1978-92 m. Abschluß als Ing. öc. - 1982-90 Vors. d. PGH Tischler Roßwein; 1989 Mitbegr. SPD Sachsen; 1990 stellv. Landesvors. SPD Sachsen; Mitgl. Sächs. Landtages, Aussch. f. Wirtsch. u. Arb., Arbeitskreis Wirtsch. u. Finanzen; s. 1991 stellv. Landesvors. d. AG Selbst. in

d. SPD - Liebh.: Segeln, Surfen, Wirtsch.lit., Steuerrecht.

KEHLE, Helmut
Dr. agr., Aufsichtsratsmitglied d. Verlags Schwäbischer Bauer GmbH, Vorst.-Vors. d. Obstbaugenoss. Ravensburg - Albertshofen 5, 7980 Ravensburg (T. 0751/2 34 39) - Geb. 14. Jan. 1922 Riedingen (Vater: Gustav K., Müller u. Kaufm.; Mutter: Berta, geb. Blersch), kath., verh. s. 1954 m. Rosemarie, geb. Bauknecht, 3 Töcht. (Brigitte, Rosemarie, Susanne) - Obersch.; LH Hohenheim (1950 Dipl.-Landw., 1952 Promot.) - 1950-53 Assist. LH Hohenheim (Inst. f. landw. Betriebslehre); 1953-55 Landw. Fachberat. Kali-Chemie AG, Hannover - Hauptgeschäftsf. i. R. d. Landesbauernverb. Württ.-Hohenzollern e.V., Ravensburg; Chefredakt. i. R. u. Geschäftsf. i. R. d. Verlags Schwäbischer Bauer GmbH; Vors. i. R. d. Kreisbauernverb. Ravensburg.

KEHLER, Dieter
Regisseur u. Autor - Hunnebüll, 2263 Stedesand (T. 04662 - 41 04) - Geb. 26. Dez. 1949 Berlin, ledig - 1966-72 Stud. Theaterwiss., Publiz., Soziol., Politol. FU Berlin - Regiss. (Film, Fernsehen, Theater), Autor - Theater: u.a. Dt. Kleinstädter (1957 Frankfurt), Bitterer Honig (1976 Stuttgart), Dear Daddy (UA. 1977 Frankfurt), Acapulco, Madame (1978 Frankfurt), D. Falle (1979 Hamburg), Blithe Spirits (1980 Hamburg), Todesfalle (UA. 1981/82 Hamburg/Stuttgart), D. Reigen (1983 Schleswig), Treppauf Treppab (1984 Hamburg/Stuttgart), Revanche (1985/86 München/Stuttgart), Anne Frank (1987 Frankfurt), Gigi (1987 Hamburg), PIAF (1992 Frankfurt), D. Ehe d. Herrn Mississippi (1992 Stuttgart Schauspielhaus). Werbefilme. TV-Filme: u.a. St. Pauli Landungsbrücken (1979-81), Kontakt bitte, Unheiml. Gesch. (1982-84), Rummelpl.gesch. (1985), Detektivbüro Roth (1986), Kasse bitte (1987/88), Auch d. noch (1988), Drei Damen v. Grill (1988), Sandkastendjangos (1988), Zwei Schlitzohren in Antalya (1989), Tatort (1990), Blizzards (1990), Marlene (Tournee 1990/91), Ich, Dieter Howald - Dt. Kinopreis - Spr.: Franz., Engl., Niederl.

KEHLMANN, Michael
Prof. s. 1980, Regisseur, Schriftst. - Rud. Waisenhorng. 77, A-1235 Wien - Geb. 21. Sept. 1927 Wien (Vater: Eduard K., Ministerialrat; Mutter: Hilde, geb. Bass), verh. s. 1974 m. Dagmar, geb. Mettler, S. Daniel - Stud. German. u. Phil. - 1956-58 Oberspiell. Hess. Rundfunk (Fernsehen); s. 1988 Hauptabt.-Leit. Fernsehspiel b. ORF Wien; s. 1991 freiberufl. tätig. Div. Schauspielrollen. Üb. 100 Fernseh- u. 80 Bühneninsz. - BV: D. Eine deutsche Stunde, 1948; Televisionen, 1963. Versch. Theaterst. u. Fernsehspiele - 1966 Kainz-Med. Wien - Spr.: Engl.

KEHR, Günter
Dr. phil., Prof., Musiker (Geiger, Dirig.) - Friedrich-Naumann-Str. 9, 6500 Mainz (T. 8 91 98) - Geb. 16. März 1920 Darmstadt, ev., verh. s. 1945 m. Friedel, geb. Harth, s. 1980 verh. m. Flötistin Renate, geb. Hinterleitner †1989, 2 Söhne (Stefan, Christof) - Gymn. Darmstadt u. Mainz; Univ. Köln (Promot. 1941) u. Berlin (Musikwiss.); Geigenausbild. Alma Moodie u. Prof. Hermann Zitzmann, Köln - 1953 b. 1961 Dir. Peter-Cornelius-Konservat. Mainz (Leit. Ausbildungskl. f. Violine); b. 1960 zugl. Doz. Inst. f. Musik ebd.; s. 1960 Leit. Kammermusikkl. Musikhochsch. Köln. Geiger Kehr-Trio; Leit. Mainzer Kammerorch.; Gastdirigent. Konzertreisen in allen Weltteilen. Einspielung zahlr. Schallplatten. Zahlr. Herausg. u. Fachveröff.

KEHR, Theodor Christian
Diverse Beirats- u. Aufsichtsrats-Mandate, Spezialgebiet: tätiger Beirat bzw. berichterstattender AR - Flurstr. 11, 2057 Wentorf/Hbg. (T. 040 - 7202409) - Geb. 30. Okt. 1924 Bad Kripp (Vater: Theodor K., Dir.; Mutter: Ola, geb. Imkamp), kath., verh. s. 1952 m. Ingeborg, geb. Schmitte), 2 Kd. (Eva-Carola, Angelika) - Humboldt-Gymn. Köln (Abit.); Kriegsdienst (akt. Offizier Dt. Luftw., sowj. Kriegsgefangensch.) - 1950-64 Bresges-Gruppe Rheydt/Mönchengladbach (Verkaufsdir., Generalbevollm.), 1965-77 Otto Versand Hamburg, Vorstandsmitgl. Vertrieb u. Beteiligungen; ARs- u. Beiratsmandate.

KEHR, Wolfgang
Prof., Dr. phil., Direktor Univ.sbibliothek Freiburg (s. 1967) - Werthmannplatz 2, 7800 Freiburg/Br. (T. 203 - 39 01) - Geb. 8. Juli 1931 Darmstadt - Univ. Mainz u. Marburg (Angl., German., Phil., Päd.). Promot. 1957; II. Bibliothekarex. 1959 - Stadt- u. Univ.sbibl. Frankfurt/M. (1964 Oberbibl.srat) - Herausg.: Z. Theorie u. Praxis d. Modernen Bibl.swesens, Handb. Bd. 1-3 (1976).

KEHREIN, Peter
Buchhändler, Verleger - Engerser Str. 40, 5450 Neuwied (T. 02631 - 98 83-0) - Geb. 30. Okt. 1938 Neuwied, ev. - Bankkfm. u. Buchhändler - 1968-76 im Prebyterium d. Ev. Marktkirchengemeinde, Neuwied; 1971-74 Vors. ERFA-Gruppe Eifel-Pfalz; 1986-88 AR Marketing-Ges. Roter Punkt, Leonberg; 1988-94 1. Vors. Landesverb. d. Verleger u. Buchhändler Rhld.-Pfalz, Mainz Mithrsg. Neuwied, Bildbd. (1982) - Liebh.: Chorsingen, Violoncello - Spr.: Engl., Franz.

KEHREN, Jakob
Dr. jur., Vorstandsmitglied i.R. - Am Hirschsprung 63, 1000 Berlin 33 - Geb. 15. Jan. 1922 Kleve, verh., 2 Kd. - Vorstandsmitgl. National-Bank AG., 1967-81 Vorst. Berliner Bank AG., Berlin. Vors. Sozialpolit. Aussch. Bankenverb. Berlin. Beirats- (u. a Vors. WKV Waren-Kredit-Bank GmbH., Berlin) u. AR-Mandate.

KEHRER, Fritz
Dr. phil., Prof., Hochschullehrer f. Päd. - H.-Wißmann-Str. 19, 7140 Ludwigsburg-Neckarweihingen (T. 07141 - 52167) - Geb. 4. Juni 1922 Crailsheim/Württ. - S. 1957 Lehrtätig. Päd. Inst. Stuttgart u. Päd. Hochsch. Ludwigsburg (1962); Prof. f. Systemat. u. histor. Pädagogik), 1965-71 Prorektor u. Rektor PH Ludwigsburg.

1970-71 Vors. Rektorenkonferenz Bad.-Württ. S. 1985 i. R. Facharb.

KEHRER, Hans
Dr. med., Prof., Kinder- u. Jugendpsychiater - Hittorfstr. 46, 4400 Münster/W. (T. 8 13 46) - Geb. 19. Dez. 1917 Stuttgart (Vater: Prof. Dr. med. Ferdinand K., 1925-53 Ord. u. Dir. Univ.s-Nervenklinik Münster (s. X. Ausg.); Mutter: Erna, geb. de Lemos), ev., verh. m. Nora, geb. Leistner, 2 Kd. (Tom, Sabine) - Gymn. Münster; 1937-44 Univ. Freiburg/Br., Berlin, Prag, Münster - B. 1956 Assist., dann Oberarzt. s. 1966 Leit. Kinder- u. Jugendpsychiatr. Abt. Univ.-Nervenklinik Münster (1951 Privatdoz., 1957 apl. Prof.), s. 1985 Leit. Inst. f. Autismusforsch. Münster - BV: D. Hydrocephalus internus et externus, 1955; D. cerebrale Gefäßklerose, 1959; Kindl. Autismus, Basel 1978; Autismusbibliogr. 1985 u. 1991. Publ. über Verhalt.therapie, Anorexia nervosa - Liebh.: Musik, mod. Kunst - Spr.: Engl., Franz. - Bek. Vorf.: Ferd. Adolf K., Begr. d. konservativen Kaiserschnitts (Großv.); Caroline Flachsland, Frau d. Dichters Johann Gottfried v. Herder.

KEHRIG, Manfred
Dr. phil., Oberst a. D. u. d. R., Ltd. Archivdirektor Bundesarchiv-Militärarchiv - Wiesentalstr. 10, 7800 Freiburg/Br.

KEIDEL, Wolf-Dieter
Dr. med., Prof. f. Physiologie - Am Mailwald 8, 8520 Erlangen (T. 2 15 35) - Geb. 14. Dez. 1917 Geimersheim/Bay. (Vater: Georg K.; Mutter: Fanny, geb. Dotterweich) - Univ. Würzburg, Wien, München - S. 1949 (Habil.) Privatdoz., apl. (1955) u. o. Prof. (1961) Univ. Erlangen bzw. -Nürnberg. Alumnus School for advanced Study MIT Cambridge/USA. Mitgl. in- u. ausl. Fachges. Zahlr. Veröff. (Sinnesphysiol., bes. Gehör u. Vibrationssinn, u. Informationsverarb. im menschl. Zentralnervensystem) - Silb. Med. Univ. Graz; Mitgl. New York Acad. of Sciences, Fellow Acoustical Soc. of America, Finn. Akad. d. Wiss., Dt. Akad. d. Naturforscher (Leopoldina).

KEIENBURG, Siegfried
Fabrikant, gf. Gesellsch. Karl Keienburg Hebezeug- u. Kranbau GmbH & Co. u. Keienburg GmbH, bde. Essen; Beirat VDMA, Handelsrichter - Burggrafenstr. 5, 4300 Essen 1 - Geb. 21. Juli 1920 - Ing. - BVK am Bde.

KEIL, Annelie
Dr. phil., Prof. f. Erziehungswissensch. (Schwerp.: Allg. Päd. u. Sozialp.) Univ. Bremen - Landstr. 16, 2856 Sandstedt-Rechtebe.

KEIL, Christoph
Dr. jur., Rechtsanwalt, Geschäftsf. Verein dt. Versicherungsmakler, Syndikus Jauch & Hübener - Katharinenstr. 4, 2000 Hamburg 11 (T. 040-360 52 88) - Geb. 15. Aug. 1936 Dresden (Vater: Prof. Dr.-Ing. Karl K.; Mutter: Alice, geb. Gebhardt), ev., verh. s. 1970 m. Jutta-Irene, geb. Krebs, 3 Kd. (Annette, Caroline, Christopher) - 1953-62 Ausb. Handelsschiffskapitän auf gr. Fahrt A 6; Begabtenabit. 1963; Stud. Rechtswiss. Univ. Göttingen; Promot 1973 Göttingen u. Ass.ex. Hamburg.

KEIL, Eduard
Dipl.-Volksw., Geschäftsführer Bad. Sparkassen- u. Giroverb. - Augustaanlage 33, 6800 Mannheim.

KEIL, Ernst-Edmund

Schriftsteller, Rezitator, Übersetzer - Orsbeckstr. 13, 5483 Neuenahr-Ahrweiler - Geb. 12. Dez. 1928 Huckingen - Stud. German., Angl., Kunstgesch.; 1. u. 2. Staatsex. 1957 u. 1960 Bonn - Studienass. in Oberhausen u. Mülheim, Studienrat in Krumbach/Schw. u. Landshut/Niederbay., zul. in Bonn; 1963-73 German.-Prof. Univ. Valencia/Spanien; später Verlagslektor, Redakt., Rezitator, Verleger, Schriftst. u. Übers. (VS, VdÜ, Shakespeare-Ges., Ibero-Club) - BV: Recuerdo. Zeilen d. Erinnerung, Ged. 1979; Ende u. Anfang, Ged. 1980; Einladung nach Schuld I u. II, Ged. 1982/84; Licht d. Levante I u. II, Ged. u. Prosa 1983/84; Augenblicke früh, Ged. 1986; Vernissage, Ged. 1986; Rückkehr nach Ithaka, Ged. 1986; Jahrentlang, Ged. 1986; Tod e. Puppe, Prosa 1980; Hund m. Dame, Prosa 1984; Hommage à Kafka, Prosa 1988; Rückkehr a.d. Ahr, Prosa 1990 (2. A. 1992); Tod eines Dichters, Deutsches Requiem, Dr. 1991; Junker Ohnehos, Eine deutsch-deutsche Tragikomödie, Dr. 1991; D. Spieler od. d. Jüdin aus Neapel, Dr. 1992; Übers.: W. Shakespeare, Ausgew. Sonette 1980, (2. A. 1992) Fray Luis de León, Ausgew. Ged. 1989; Rodrigo Rubio, Gepäck d. Liebe, R. 1967; Ignacio Aldecoa, Bitter wie e. Zitronenschale, Erz. 1969; ferner Dramen v. A. Casona, B. Vallejo, M. Mihura, J. Diaz, O. Dragún; Anthologien (span./deutsch); Gryphius, Novalis, Hölderlin, Frühexpressionismus; Übers. ins Span.: Goethe, Brecht, P. Weiss, Hochhuth, Michelsen, N. Sachs, Schnurre, Eich, Elsner. Herausg. mehrerer Leseb., v. LiterAHRisches, Liter. Ztg. f. d. Landkr. Ahrweiler, u. Mithrsg. u. Lit. Ztschr. u. Ztg. sow. zweier Jahrb. - 1979 (3. Preis) Joseph-Dietzgen-Preis f. Kurzgesch. - Liebh.: Grafik, Fotografie - Spr.: Engl., Franz., Span. - Lit.: div. Besprech. in Ztg. u. Ztschr., Vorworte (Prof. Ludwig Schrader, Prof. B. Kreutzberg, Margarete Kubelka, S. Tyralla-Noel).

KEIL, Gerhard
Pädagoge, stv. Landrat a. D. Kr. Gießen, MdL Hessen (1976-85) - Rosenweg 38, 6302 Lich 1 (T. 06404 - 74 92) - Geb. 28. April 1945 Beuern/Hessen, verh. s. 1974 m. Waltraud, geb. Stöppler - Lehrerstud. Gießen - Päd. Leit. Stv. Bezirksvors. CDU Mittelhessen - Liebh.: Jagd, Sport - Spr.: Engl., Span.

KEIL, Gundolf

Dr. med., Dr. phil., o. Prof. d. Geschichte d. Medizin - Birkentalstr. 6, 8707 Veitshöchheim/Ufr. - Geb. 17. Juli 1934 Wartha/Schles. (Vater: Walther K., Kaufm. Direktor; Mutter: Lucie, geb. Bremer), kath., verh. s. 1968 m. Annemarie, geb. Flach - Univ. Heidelberg (Klass. Philol., German., Geowiss., Volkskd.; Promot. 1961), Göttingen u. Bonn (Med.; Promot. 1969). Habil. 1971 Freiburg/Br. - S. 1973 Ord. u. Vorst. Inst. f. Gesch. d. Med. Univ. Würzburg. 1969 Prof. Univ. Stockholm; 1971-73 Kommiss. Dir. Inst. f. Gesch. d. Med. Univ. Marburg; 1974/75 u. 1976 Vors. Physik.-med. Ges. Würzburg; s. 1982 Mitvorst. (s. 1986 geschäftsf. Vorst.) Gerhard-Möbus-Inst. f. Schlesienforsch. Univ. Würzburg. Viele Facharb. (auch Bücher). Herausg.: D. Cirurgia Peters v. Ulm (1961); D. Kurze Harntraktat d. Breslauer Codex Salernitanus (1989); Würzburger medizinhist. Forsch. (1975ff.); Fachprosaforsch. (1974); Fachprosa-Stud. (1982); Nürnberger Kodex Schürstab (1981/83); gelêrter der arzenîe, ouch apotêker. Beitr. z. Wiss.-gesch. (1982); DFG, Kommiss. f. Humanismusforsch.: Namensregister zu d. Mitt. I-XII (1987); Sudhoffs Archiv. Zeitschr. f. Wiss.gesch. (1985ff.). Mithrsg.: Fachlit. d. Mittelalters. Festschr. G. Eis (1968); Guy de Chauliac: Chirurgia magna, Lyon 1585 (1976); D. dt. Lit. d. Mittelalters. Verfasserlexikon, 2. A. (1978ff.); Ars medica, Abt. IV: Landessprachige u. mittelalterl. Med. (1978ff.); Scripta. Mediaeval and Renaissance Tests and Studies (1980ff.); Medizin im mittelalterl. Abendland (1982); Caspar-Stromayr, Practica copiosa (1983); Würzburger medizinhist. Mitteilungen (1983ff.); Humanismus u. Medizin (1984); Arzt u. Poet (1983-84); Fortschr. d. Med. (ab Bd. 102, 1984ff.); Istorgia dalla Madaschegna. Festschr. N. Mani (1985); Psychiatrie auf d. Wege z. Wiss. (1985); Schlesien als Aufgabe interdisziplinärer Forsch. (1986); Schlesische Forsch. (1986ff.); Wissenslit. im Mittelalter (1987ff.); D. Humanismus u. d. oberen Fak. (1987) - 1954 Scheffel-Preis; 1976 Orden Ritter v. Hl. Grab zu Jerusalem - Liebh.: Fernwanderungen, Feldornithol., Gehölzflora - Spr.: Niederl., Engl., Franz.

KEIL, Harald G. G.

Dr.-Ing. Prof. f. Ingenieurwissenschaften Univ. Hamburg - Starweg 40, 2070 Ahrensburg (T. 04102 - 5 73 02) - Geb. 18. Nov. 1933 Striegau/Schles. (Vater: Herbert K., Verm.-Rat; Mutter: Johanna, geb. Goebel), ev., verh. s. 1961 m. Gabriele, geb. Bertram, 2 Kd. (Andreas, Antje) - Ing.-Stud., Dipl. 1961 TH Hannover, Promot. 1974 TU Hannover - 1961 wiss. Angest. Univ. Hamburg, 1969 Wiss. Rat; 1980 Prof. Univ. Hannover; 1983 TU Hamburg-Harburg; s. 1986 Univ. Hamburg - Spr.: Latein, Engl., Franz.

KEIL, Hilger

Präsident Landesarbeitsgericht Frankfurt - Adickesallee 36, 6000 Frankfurt/M.; priv.: Berliner Str. 11, 3550 Marburg - Geb. 12. April 1937, verh., 3 Kd.

KEIL, Siegfried

Dr. phil., Dr. theol., o. Prof. f. Sozialethik Univ. Marburg (s. 1986) - Vogelsbergstr. 27, 3550 Marburg - Geb. 24. April 1934 Kiel (Vater: Otto K., Tischlerm.; Mutter: Anni, geb. Völcker), ev., verh. s. 1959 m. Ingeborg, geb. Kolbe, 4 Kd. (Gernot, Hartmut, Volkmar, Hiltrud) - Hebbel-Sch., Kiel; Univ. Kiel, Tübingen, Marburg. Promot. 1959 (th.) u. 61 (ph.) Kiel; Habil. 1969 Marburg - 1972-80 Prof. f. Sozialpäd. PH Ruhr, Dortmund (1979 Rektor); 1980-86 Prof. Univ. Dortmund. S. 1973 Präs. Ev. Aktionsgem. f. Familienfragen, Bonn - BV: Sexualität, 1966; Aggression u. Menschlichkeit, 1970; Familien- und Lebensberatung, 1975; Emanzipatorische Familienarbeit, 1981; Studienreform u. Handlungskomzeptenz, 1981 - 1982 Gold. Sportabz.; 1986 BVK am Bde. - Spr.: Engl.

KEIL, Wolfgang

Dr. rer. nat., Dipl.-Psych., Wiss. Rat (Psycholog. Institut), Prof. f. Psych. m. bes. Berücks. d. Päd. Univ. Münster (s. 1974) - Veghestr. 26, 4400 Münster/W. - Geb. 28. Jan. 1944 Ingelheim/Rh. - Promot. 1969 Mainz; Habil. 1973 Münster - BV: Kommunikation u. Rezeption, 1974.

KEILHACK, Irma,

geb. Schweder

Senatorin a. D. - St.-Jürgen-Str. 32, 2000 Hamburg 72 (T. 644 87 32) - Geb. 25. Jan. 1908 Hamburg, verh. s. 1935 m. Adolf K. (s. XIV. Ausg.), 1 Kd. - Volkssch.; kaufm. Lehre; Fach- u. allg. bild. Kurse, 1/2 J. Heim-VHS Tinz - Angest. Privatbetriebe, Genoss. u. b. 1933 SPD, spät. fr. Berufstätigk., n. 1945 ehrenamtl. Mitarb. Vorstandsgremien SPD u. kommunale Einrichtungen Hamburg, 1949-61 MdB (Mitgl. SPD-Frationsvorst.), s. 1958 Mitgl. SPD-Vorst., 1961-70 Senator u. Präses Jugendbehörde Hamburg, 1966-74 Mitgl. Hbg. Bürgersch.

KEILHOLZ, Georg Erwin

Realschulrektor, MdL Bayern (CSU, 1974-78) - Von-Ketteler-Str. 11, 8553 Ebermannstadt (T. 09194 - 612) - Geb. 1930 Bamberg.

KEILHOLZ, Inge

Schriftstellerin - Haus Nr. 34 1/2, 8975 Balderschwang - Geb. 13. Juli 1929 Hannover, ev., verh. s. 1954 m. Dr. Ing. Friedrich K., 6 Kd. (Adelheid, Constanze, Ulrich, Bettina, Friederike, Wieland), 3 Pflegekd. (Raphaela, Uwe, Patrick) - Abit.; Direktionssekr.; Stud. Belletristik - BV: Kurzgesch., Kinder- u. Jugendb., u.a. Wie viele Beine hat Tiburtius?, 1975; Unser kl. Langschläfer, 1976; Neuaufl. m. neuem Titel: Nicht so eilig, nicht so hastig; Cornelia u. ihr Meerschweinchen, 1976; Turbulente Wochen, 1976; Ratz, Struppi u. Frau Poppelbaum, 1977; Was ist m. Tiburtius los?, 1977; Ernesto u. d. zottelige Pony, 1978; Besuch auf d. Heidehof, 1978; ... und zwei Ponys, 1979 - Beitr. in Anthol. Ruhrtangente u. Spiegelbild; Advent, Weihnachten, Jahreswende - Liebh.: Sport, Musik - Spr.: Engl., Franz.

KEILING, Horst

Dr. sc. phil., Prof., Landesarchäologe f. Mecklenburg-Vorpommern - Cottbuser Str. 2, O-2790 Schwerin (T. 32 24 20) - Geb. 28. Juli 1934 Dresden, verh. s. 1959 m. Gerlinde, geb. Löbel, Tochter Silke - Stud. 1953-57 Humboldt-Univ. Berlin, Dipl. 1957; Promot. 1964; Habil. 1984 - S. 1981 Dir. d. Museums f. Ur- u. Frühgesch. Schwerin, Forsch.stelle. S. 1991 Landesamt f. Bodendenkmalpflege/Archäol. Landesmuseum - Archäol. Forsch. in Mecklenburg - Herausg. Jahrb. z. Bodendenkmalpflege in Mecklenb.; Autor Museumskataloge; versch. Bücher z. Vorröm. Eisenzeit (Archäol., Germanen) - Obermuseumsrat - Spr.: Engl., Russ.

KEILMANN, Ernst

Dr. rer. pol., Dipl.-Volksw., Fabrikant, Inh. u. Geschäftsf. Chemische Fabrik Badenia - Am Oberen Luisenpark 31, 6800 Mannheim 1 (T. 0621 - 41 67 45) - Geb. 18. April 1924 Bürstadt (Vater: Philipp K., Fabrikant; Mutter: Mathilde, geb. Gebhardt), kath., verh. s. 1973 m. Marlise, geb. Bender, T. Stefanie - Stud. Univ. Heidelberg; Dipl.ex. 1949; Promot. 1950 - Liebh.: Golf, Fotogr. - Spr.: Engl.

KEIM, Anton Maria

Dr. phil., Bürgermeister u. Kulturdezernent Stadt Mainz - Rathaus, 6500 Mainz - Promot. 1953 Univ. Mainz, wiss. Staatsex. 1954 ebd. - Studienrat, Doz.; ab 1972 Bürgerm. - Veröff. z. dt.-jüd. Gesch. in Rundf. u. Presse. Fernsehfilme, u. a. ... u. besehet d. Land wie es ist (Gesch. u. Gegenw. in Israel), ARD 1964-69 - 1974 Palmes Académiques; 1982 Leo-Baeck-Preis.

KEIM, Heinrich

Stadtdirektor - Rathaus, 3352 Einbeck - Geb. 14. Jan. 1917 Hannover - Div. Mandate.

KEIM, Karl

Dr. rer. pol., Prof., Wiss. Rat a. D., Betriebswirtschaftler u. Wirtschaftshistoriker - Stäffelesgäßle Nr. 2, 7410 Reutlingen - Geb. 7. März 1902 Reutlingen - Promot. 1925 - S. 1969 Honorarprof. Univ. Tübingen (Betriebl. Rechnungswesen u. Württ. Wirtschaftsgesch.). Facharb.

KEIM, Karl-Dieter

Dr. phil., Prof. f. Urbanistik u. Sozialplanung Univ. Bamberg (s. 1982) - Loreleiring 21, 6200 Wiesbaden - Geb. 5. April 1939 Tübingen, ev., verh. s. 1983 m. Huberta, geb. von Wedel, S. Moritz Ulrich - Gehob. Verwaltungsdienst 1961; Soziol.-Stud. (Dipl.) 1970 Univ. Mannheim; Promot. 1979 TH Darmstadt; Habil. (Soziol.) 1982 Univ. Hannover - 1961-66 Kommunalverw. Baden-Württ., 1970-82 wiss. Mitarb. Dt. Inst. f. Urbanistik Berlin; 1979 Gastprof. GH Kassel - BV: Milieu in d. Stadt, 1979; Wege z. Sozialplanung, 1985; Arbeit an d. Stadt, 1989.

KEIM, Wilhelm (Willi)

Dr. rer. nat., o. Prof. f. Techn. Chemie u. Petrolchemie - Brüsseler Ring 99, 5100 Aachen - Geb. 1. Dez. 1934 - Promot. 1964 - B. 1972 Industrie-, dann Lehrtätigk. (1973 Ord. u. Inst.dir. TH Aachen). Arbeitsgeb. Katalyse.

KEIM, Wolfgang

Dr. phil., Prof. f. Erziehungswissenschaft (Sekundarstufe I u. II/Erwachsenenbild.) Univ.-GH Paderborn (s. 1978) - Personstr. 54, 4790 Paderborn/W. - Geb. 16. Nov. 1940 Halle/S. (Vater: Werner K., Landger.dir.; Mutter: Edith, geb. Bartels), ev., verh. s. 1973 m. Ursula, geb. Kösters, S. Michael - Gymn. Remscheid; Univ. Tübingen, Münster, Mainz, Hamburg (Erziehungswiss., German., Gesch.). Promot. 1969 Mainz - 1971-72 Lehrer Walter-Gropius-Gesamtschule Berlin; 1972-78 Wiss. Assist., Wiss. Rat u. Prof. (1975) PH Rhld./Abt. Köln - BV: Lit. in d. Erwachsenenbild., 1971; Gesamtsch. - Bilanz ihrer Praxis, 2. A. 1976; Variable Unterrichtsplanung am Beisp. China, 2 Bde. 2. A. 1977; Schul. Differenzierung, 2. A. 1979; Sekundarst. I - Modelle/Probleme/Perspektiven, 1978; Kursunterr. - Begründungen, Modelle, Erfahrungen, 1987; Pädagogen u. Pädagogik im Nationalsozialismus - e. unerledigtes Probl. d. Erzieh.wiss., 3. A. 1991; Erziehung im Nationalsozialismus. E. Forschungsbericht. Beiheft z. Erwachsenenbildung in Österr., 1990; Erziehungswiss. u. Nationalsozialismus. E. krit. Positionsbestimmung. Studienheft 9 Forum Wiss., 1990. Herausg.: Studien z. Bildungsreform (1980ff.). Mithrsg.: Jahrbuch f. Pädagogik (1992ff.) - Liebh: Oper, Philatelie.

KEIMEL, Klaus

Dr. rer. nat., Prof. f. Mathematik TH Darmstadt - Floriansring 6a, 6104 Seeheim 1/Bergstr. - Geb. 22. Sept. 1939 Znaim, verh. s. 1966 m. Annie, geb. Frère, 3 Kd. - 1958-64 Univ. Tübingen. Promot. 1967 Tübingen; Docteur ès Sciences Mathématiques 1970 Paris; 1986/87 Dekan FB Mathematik.

KEINER, Gisela

Schauspielerin - Amandusstr. 2, 5167 Müddersheim - Geb. 29. Juni 1941 Krefeld (Eltern: Dr. phil. nat. Ludwig u. Gerda K.), verh. s. 1974 m. Wolfgang Mödder - Abit. (Franz. Examen) Schauspiel-, Tanz- u. Gesangsausbild. U. a. 1970-77 Städt. Bühnen Köln (Areusa, Ala, Alarica, Toinette, Natascha, Lydia, Judy, Molly u. a.). Vornehml. Gastsp. u. Fernsehen (trag. Rollen). Sprechen-Synchron - Liebh.: Tennis, Ski, - Spr.: Engl., Franz., Span., Ital.

KEIPERT, Helmut

Dr. phil., o. Prof. f. Slavistik Univ. Bonn (s. 1977) - Simrockallee 15, 5300 Bonn-Bad Godesberg - Geb. 19. Nov. 1941 Greiz - 1961-67 Univ. Bonn u. Marburg (Slav., Lat. Philol., Allg. u. Vergl. Sprachwiss.) - 1967-77 Wiss. Assist. (1974 Privatdoz.) - BV: D. Adjektive auf -tel'n - Studien zu e. kirchenslav. Wortbildungstyp, 1977-85.

KEISER, von, Dietrich

Dr. med., o. Prof. für. Med. Radiologie - Am Schliebachhang 60, 6900 Heidelberg (T. 802988) - Geb. 9. Nov. 1909 Worms - S. 1943 (Habil.) Lehrtätigk. Univ. Jena (1958 Ord.) u. Heidelberg (1966 Ord. u. Dir. Röntgeninst. u. Strahlenklinik/Klinikum Mannheim). Fachveröff.

KEISER, Helen

Schriftstellerin - Hennebühl 11, CH-6300 Zug - Geb. 27. Aug. 1926 Zug, ledig - Ausb. Graphik u. Dekoration; Stud. Gesch. u. Archäol. Univ. Zürich, Genf, St. Gallen, Rom u. Paris - Tätigk. in Zürich, Genf, Rom; s. 1957 Schriftst. - BV: 11 Bücher üb. Orient, Reiseberichte, Archäol.-gesch. B., Bildb. Arabien, Romane, 1958-85 - 1983 Kulturpreis Kanton Zug - Liebh.: Zeichnen, Malen, Reiten - Spr.: Franz., Engl., Ital., Arab.

KEISER, Horst

Dr. rer. pol., Verlagskaufmann, Vorstand Zeitschriften u. Marketing Axel Springer Verlag AG - Axel-Springer-Platz 1, 2000 Hamburg 36 (T. 34 72 43 34) - Geb. 17. Jan. 1936 Aachen, verh. s. 1968 m. Karin, geb. Bastian, S. Timo - Promot. 1965 Köln - 1968-70 Gf. Die Welt Verlagsges. mbH; 1975-82 Vors. Geschäftsber. Zeitungen Axel Springer Verlag AG, 1982-85 Vorst. Ztschr., 1985-91 Vorstand Marketing ebd.; AR-Mitgl. dpa; Vorst.-Mitgl. VDZ-Publikumsztschr.; Vizepräs. BDZV; Mitgl. Dt. Presserat.

KEITEL, Ernst

Selbst. Bau-Ingenieur, MdL Baden-Württ. (Wahlkr. 22, Schwäbisch Hall) - Kupferholzstr. 1, 7185 Rot am See (T. 07955 - 6 36) - Geb. 14. Okt. 1939 Rot am See-Brettheim - CDU.

KEITEL, Klaus

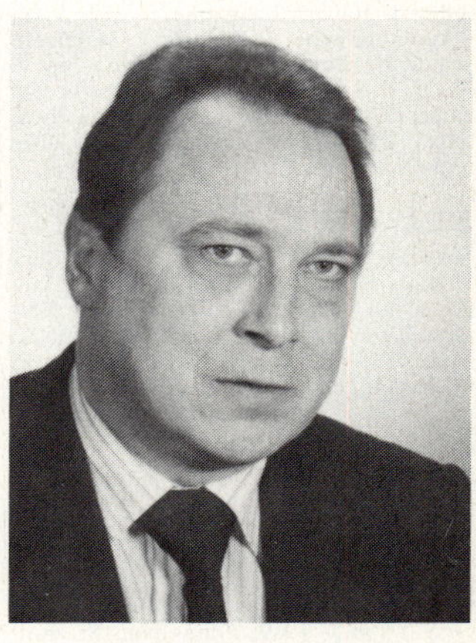

Dr. rer. oec., Dipl.-Wirtschaftler, Präsident d. Landtages Sachsen-Anhalt (s. 1990) - Carl-Robert-Str. 11, O-4020 Halle - Geb. 5. Febr. 1939 Naumburg/Saale, verh. s. 1962 m. Gisela, geb. Richter, 3 Kd. (Margret, Markus, Uta) - 1953-57 Obersch. Franckesche Stiftg. Halle; Fachsch. Finanzwirtsch. Gotha; Stud. Martin-Luther-Univ. Halle; Promot. A - 1963-67 Dt. Notenbank Halle; 1967-90 Zucker- u. Stärkeind. Halle - Liebh.: Belletristik, klass. Musik.

KEITEL, Ulrich

Dipl.-Volksw., Geschäftsführer Industrieverb. Putz- u. Pflegemittel - Einsiedlerstr. 11, 6000 Frankfurt/M. 50 (T. Büro 069 - 255 63 61, priv. 069 -

KEITEL 57 38 78) - Geb. 24. Febr. 1929 Kassel (Vater: Dr. phil. Hellmuth K.; Mutter: Marie, geb. Heinemann), verh. s. 1964 m. Reinhild, geb. Kollat, 2 Kd. - Realgymn. Kassel; Stud. Univ. München u. Frankfurt/M.; Dipl. 1962 Frankfurt/M. - VR Frankfurter Sparkasse - Stadtverordn. Frankfurt/M. - Römerplak. Stadt Frankfurt/M. in Bronze, Silber u. Gold - Spr.: Franz., Engl.

KEIZ, Günter

Dr. phil., Honorarprof. f. Fischereibiologie, Ministerialrat a. D. - Meisenweg 1c, 8011 Vaterstetten/Obb. (T. 08106 - 18 32) - Geb. 1. Okt. 1924 Berlin-Charlottenburg (Vater: Willy K., Konstrukteur; Mutter: Johanna geb. Rambow), verh. I) 1949-66 m. Katharina geb. Imhof †, T. Dagmar; II) s. 1969 m. Brigitta, geb. Altinger - Univ. Berlin u. Marburg; Promot. Univ. Marburg. S. 1974 Honorarprof. f. Fischereibiol. TU München. 1954-66 Leit. Teichwirtschaftl. Abt. Wielenbach/Obb. d. Bayer. Biol. Versuchsanst.; 1966-88 Leit. Ref. Fischereiwesen im Bayer. Staatsmin. f. Ern., Landw. u. Forsten München; s. 1960 Lehrauftr. f. Fischereibiol. TU München, Landw. Fak. Freising-Weihenstephan - Einf. d. staatl. Fischprüfung u. d. Fischgesundheitsdst. in Bayern - BV: Mitverf. Fischereirecht in Bayern (Altnöder-Braun-Keiz) - BVK; Ehrenteller d. Bayer. Staatsmin. f. ELF., Anerkennungsgabe f. Natur- u. Umweltschutz d. Binding-Stiftg., Vaduz, an d. Mitgl. d. internat. Arbeitsgr. Seeforelle; zahlr. Ehrenzeichen u. Verdienstmed. bayer. Fischereiorg., Assn. Americ. Rod and Gun Clubs Europe.

KEJWAL, Karl
Dr.-Ing., Baurat a. D., o. Prof. f. Bautechnik u. Holzbau TH bzw. TU Hannover (s. 1960) - Hauptstr. 27a, 3001 Isernhagen F (T. 05139 - 3502) - Geb. 21. März 1915 Wien (Vater: Karl K.), verh. m. Rosel, geb. Bauer.

KEJZLAR, Radko
Dr. phil., Prof. f. Neuere skandinavische Literaturen Univ. München - Weinbergsiedlung 11, 8301 Obersüssbach - Geb. 29. März 1930 Úpice/ČSFR (Vater: Ferdinand K.; Mutter: Anna, geb. Mil), verh. s. 1955 m. Ingeborg, geb. Thien, T. Gita - Abit. 1949 Trautenau; Promot. 1953 Prag, Habil. 1968 ebd. - 1955-70 Inst. f. mod. Phil. d. Akad. d. Wiss. Prag; 1961-72 Lehrauftr. Univ. Prag; 1980 Prof. München - BV: Henrik Ibsen, 1956; Ludvig Holberg u. d. dän. Theater, 1959; Gesch. d. norweg. Lit. 1814-1970, 2 Bde. 1967 u. 1974 (alle in tschech. Spr.); Lit. u. Neutralität, 1984 - 1975 Sankt-Olavs-Med.

KEKULÉ, von, Friedrich
Ges. Hauptgeschäftsführer Data-Print GmbH, Vors. Theatergemeinde Berlin, u. Lessing-Hochsch., Berlin, Präs. Bund d. Theatergemeinden, Bonn, AR-Vors. Theater-Rundschau Verlags-GmbH, AR-Mitgl. Theater d. Westens GmbH, u. VR-Mitgl. d. Berliner Pfandbrief-

Bank - Weinholdweg 4 a, 1000 Berlin 22 (T. 030 - 21 99 96-0) - Geb. 16. Dez. 1930 Weimar - MdA Berlin 1969-81 - CDU s. 1959 (Vorst. Wirtschaftsrat d. CDU, LV Berlin) - 1983 BVK.

KELÂMI, Alpay
Dr. med., Prof. f. Urologie (Rekonstruktive Chirurgie) FU Berlin - Brahmsstr. 32, 1000 Berlin 45 (T. 030 - 798 27 48) - Geb. 10. Jan. 1936 Nikosia, Zypern (Vater: Mehmet K., Beamter; Mutter: Naile, geb. Dedezade), Islam, verh. s. 1965 m. Serin K. - Univ. Heidelberg, Freiburg, Hamburg, FU Berlin (Promot., Habil.) - S. 1971 Prof. f. Urol. FU Berlin, Klinikum Steglitz - Entd.: Versch. Operat.verf., Instr. u. Prothesen im urol. u. androl. Ber. - BV: Atlas of Operative Andrology, 1980; 135 wiss. Veröff. - Liebh.: Sprachen, Theater, Musik, Reisen - Spr.: Dtsch., Engl., Türk., Franz., Span.

KELBER, Fridtjof
Bürgerschaftsabgeordn. - Ulmenhang 2, 2000 Hamburg 80 - S. 1970 Mitgl. Hbg. Bürgerschaft. CDU.

KELCH, Franz
Konzert- u. Oratoriensänger (Baßbariton), Gesangspädagoge - Feichthofstr. 59, 8000 München 60 (T. 880838) - Geb. 1. Nov. 1915 Bayreuth, kath., verh. m. Elisabeth, geb. Hasselwander, 10 Kd. - Oberrealsch. Bayreuth (Abit.); Ausbild. H. Klinik-Schneider, Nürnberg u. Akad. d. Tonkunst, München, Bachsänger, bes. Christus d. Passionen. Konzerttätig. In- u. ausl.; Rundf. u. Schallpl. (mehrmals Grand Prix).

KELCH, Werner
Dr. phil., Chefregisseur d. Oper - Ortwinstr. 33, 1000 Berlin 28 (T. 401 10 67) - Geb. 27. Jan. 1911 Zossen b. Berlin (Vater: Albert K.; Mutter: Elisabeth, geb. Koswig), ev., verw., Sohn - Realgymn. u. Univ. Berlin (Promot. 1937) - Dramat. u. Regiss. Berlin (Schiller-Theater), Essen, Prag, 1946-48 Oberspiell. Städt. Oper Berlin, dann Gastregiss. (u. a. Wien, Zürich, Berlin, München, Paris, Madrid, Moskau, Venedig, Lissabon) u. Lehrbeauftr. f. Opernregie FU Berlin (1953). Insz.: Jeanne d'Arc auf d. Scheiterhaufen (Welturauff.), Elisabeth Tudor (Welturauff.), Totentanz, Peter Grimes, Armer Matrose, Dantons Tod, Jenufa, D. Revisor, Schwanda, d. Dudelsackpfeifer, Wozzek, Elektra, Pelleas u. Melisande, Wenn ich König wär', Tannhäuser u. a. Kulturfilme: 2 Seidenschuhe, Antlitz u. Gebärde; Fernsehf.: Liebestrank, Graf Ory, Tiefland, Postillon v. L. (auch Schallpl.) in textl. Neufass.), Mädchen v. Elizondo.

KELER, von, Hans
D. theol., Landesbischof i. R., Mitgl. d. Rates d. EKD - Heinrich-Schütz-Str. 13, 7033 Herrenberg - Beauftr. d. Rates d. EKD f. Aussiedler- u. Vertriebenenfragen.

KELER, Sigrid
Mitglied d. Landtages Mecklenburg-Vorpommern - Gdansker Str. 5, O-2590 Ribnitz-Damg. - Geb. 26. Mai 1942 Herrnstadt (Schles.), verh. m. Jan, geb. Mehle, 2 Kd. (Daniela, Peter) - Stud. Dipl. Wirtschaftl. 1965 Leipzig.

KELL, Adolf
Dr. rer. pol., Dipl.-Hdl., o. Prof. f. Berufspädagogik - Güterweg 14, 5900 Siegen 21 - Geb. 23. Febr. 1934 Berlin - N. Mittl. Reife Ausbild. Radiofachhandel; Reifepr. 1956 (Externer); FU Berlin (Wirtschafts- u. Erziehungswiss.). Promot. 1970 - 1963 b. 1970 Doz. Wirtschaftsakad. Berlin; 1970-73 OStud.R. u. Wiss. Rat u. Prof. Univ. Münster; s. 1974 Ord. GH Kassel u. Siegen (1977) - BV: D. Vorstellungen d. Verbände u. Berufsausbild., 1970; Schulverfass. Thesen/Konzeptionen/Entwürfe, 1973; Berufswahlunterr. in d. vorberufl. Bildung, 1974 (m. Dibbern u. Kaiser); Berufsbild. in d. BRD, 1976 (m. Lipsmeier), Grundbildung, 1978 (m. Schenk),

Jugendl. ohne Hauptschulabschluß in d. Berufsgrundbildung (2 Bde), 1984, (2 Bde), 1986; Lernen u. Arbeiten, 1989; Berufsqualifizierung u. Studienvorb. in d. Kollegschule, 1989; Modellversuche z. Doppelqualifikation/Integration, 1990.

KELLER, Albert
Dr. phil., Prof. f. Erkenntnistheorie u. Sprachphil., Jesuit - Kaulbachstr. 31a, 8000 München 22 (T. 089 - 23 86-0) - Geb. 30. April 1932 Nieder-Roden/Hessen, kath., ledig - Stud. Phil., Psych., Fundamentalttheol. 1958-62; Promot. 1962, Stud. Theol. 1962-66 Gregoriana Rom (Lizentiat in Theol.) - 1967 Doz. Hochsch. f. Phil., Berchmanskolleg Pullach; s. 1969 Ord. f. Erkenntnistheorie u. Sprachphil. Hochsch. f. Phil., Phil. Fak. SJ, Pullach (ab 1971 München); 1970-76 Rektor d. Hochsch.; 1976-86 Leit. Inst. f. Kommunikationsforsch. u. Medienarb. Hochsch. f. Phil. München; 1984/85 Gastprof. Georgetown Univ. Washington/USA - BV: Sein od. Existenz? D. Auslegung d. Seins b. Thomas v. Aquin in d. heutigen Scholastik, 1968; Sprachphil., 1979. Herausg.: Was sollen wir tun? D. Gebote Gottes (1981); Allg. Erkenntnistheorie (1982) - Spr.: Engl., Ital., Franz.

KELLER, Armin
I. Bürgermeister (1974-86) - 8752 Mainaschaff/Ufr. - Geb. 30. Juli 1931 Fechenbach - Zul. Geschäftsf. CSU.

KELLER, Berthold
Gewerkschafter, Mitgl. DGB-Bundesvorst. (s. 1978), Vors. Gewerksch. Textil-Bekleidung (s.1978) - Roßstr. 94, 4000 Düsseldorf 30 - Geb. 1927 Konstanz/Baden - Zuschneider u. Betriebsratsvors. Kleiderfabrikation Konstanz; s. 1952 Gewerksch. Textil-Bekleid. (1972 Vors., 1978 Vors.); s. 1988 Präs. Intern. Textil-Bekleid.- u. Lederarbeiter-Verein., s. 1981 Präs. Europ. Regionalorg. Intern. Textil-, Bekleid.- u. Lederarbeiter-Verein. u. Präs. Europ. Gewerksch.ausch. Textil, Bekleid., Leder - 1981 BVK I. K.; 1985 Gr. BVK.

KELLER, Christian Brar
Dipl.-Kfm., Geschäftsf. CYCLO-Getriebebau Lorenz Braren GmbH, Indersdorf - Weidenstr. 4, 8031 Eichenau/Obb. - Geb. 3. Sept. 1937 München (Eltern: Christian u. Keike K.), ev., verh. s. 1973, 2 Kd. - Dipl.-Kfm. 1968 Mannheim.

KELLER, Claus
Buchhändler u. Verleger, Mitinhaber Francckh-Kosmos Verlags GmbH & Co. - Pfizerstr. 5-7, 7000 Stuttgart 1 - Geb. 7. Nov. 1946 Stuttgart, verh. m. Helga, geb. Rudo.

KELLER, Cornelius
Dr., Dipl.-Chem., Prof. u. Leit. Fortbildungszentrum f. Technik u. Umwelt Kernforschungszentrum Karlsruhe - Berliner Str. 73, 7500 Karlsruhe 21 - Geb. 16. Aug. 1931 Donaueschingen - BV: The Chemistry of the Transuranium Elements, 1971; D. Kernbrennstoffkreisl., 1978; Experimente z. Radiochemie, 1980; Radiochemie, 1990.

KELLER, Dietmar
Dr phil. habil., Lehrer, Mitglied d. Deutschen Bundestages - O-1113 Berlin - Geb. 17. März 1942 Chemnitz, verh. m. Dr. Gisela K.-Oechelhaeuser, geb. Eckart - Stud. Gesch. u. Journal.; Dipl. Lehrer; Promot. 1969 u. Habil. 1976 Karl-Marx-Univ. Leipzig - 1977-84 Sekr. Bezirkksleit. d. SED Leipzig; 1984-88 Stellv. d. Min. f. Kultur d. DDR; 1989-90 Staatssekr. u. Min. f. Kultur d. DDR - BV: Minister auf Abruf, 1990; Nachdenken üb. Deutschland, Bde. 1-5, 1990,

1991; Biermann u. kein Ende, 1991 - Liebh.: Kunst, Lit., Sport - Spr.: Russ.

KELLER, Eberhard
Dr.-Ing., Prof. f. Baustofflehre u. -statik GH Siegen - Talsperrenstr. 24, 5912 Hilchenbach-Allenbach.

KELLER, Emil Wolfgang
Dipl.-Volksw., Kaufm., MdL Rheinl.-Pfalz (s. 1975), Minister d. Finanzen Rhld.-Pfalz (b. 1991) - Burgstr. 104, 6780 Pirmasens (T. 4 47 57) - Geb. 6. März 1932 Pirmasens (Vater: Heinrich K., Amtsgerichtsdir.; Mutter: Alice, geb. Weis), ev., verh. s. 1958 m. Christiane, geb. Lützeler, 3 Kd. (Heinrich, Kathrin, Barbara) - Human. Gymn. (Abit. 1951); Stud. Volkswirtsch.lehre Univ. München; Dipl. 1956 Freiburg - 1960ff. Stadtrat Pirmasens. CDU (s. 1969 Kreisvors.) - Spr.: Franz.

KELLER, Friedrich
Dr.-Ing., Prof. f. Audiologie - Kilianstr. 5, 7800 Freiburg/Br. - Geb. 18. Febr. 1933 Freiburg (Vater: Prof. Dr. med. Friedrich K., Gynäkologe; Mutter: Dorothee, geb. Merkel), ev., verh. s. 1964 m. Hildegard, geb. Zuber, 2 Kd. (Friedrich, Christine) - Gymn. Freiburg; TH Stuttgart u. München (Dipl.-Ing. 1957). Promot. 1960 München; Habil. 1971 Freiburg - 1960-64 Siemens AG, München (Laboring.); s. 1964 Univ. Freiburg (Leit. Abt. Klin. Audiometrie/HNO-klin.; 1974 Wiss. Rat u. Prof., 1978 Prof.) - BV: Techn. Hilfe b. d. Rehabilitation Hörgeschädigter, 1973, 2. A. 1980 - Liebh.: Musik - Spr.: Engl. - Bek. Vorf.: Prof. Dr. Adolf Merkel, Strafrechtslehrer Prag, Wien, Straßburg, 1836-96; Friedrich Dürck, Maler München, um 1840/Schönheitengal. Nymphenburg (beide ms.); 1980 Gabriel-Decroix-Preis.

KELLER, Friedrich Michael
Dr. jur., Sprecher d. Vorstandes d. EVO AG Offenbach - Römerstr. 2, 6057 Dietzenbach - Geb. 7. Mai 1943 Landsberg/Warthe (Vater: Dr. Peter K., RA; Mutter: Christiane, geb. Bahr), ev., ledig - Gymn. (Abit.); 1964-69 Jurastud.; 1. u. 2. Staatsprüf., Promot. 1971 - 1973-74 Richter LG Wiesbaden; Pers. Ref. Hess. Justizmin., Parlam.ref., Presseref.; 1975 Magistratsdir. Stadt Frankfurt/M.; 1976-88 Bürgerm. Dietzenbach; 1989-92 Landrat d. Kreises Offenbach; AR-Vors. Offenbacher Baugenoss.; VR-Mitgl. Bez. Spark. Langen-Seligenstadt - BV: Zur Inneren Pressefreiheit (Diss.) - Spr.: Franz.

KELLER, Fritz
Verleger Franckh-Kosmos Verlagsgruppe - Alexanderstr. 32, 7000 Stuttgart 1 (T. 0711 - 24 12 72) - Geb. 29. April 1956 (Vater: Rolf K., Verleger, ehem. langj. Vorsteher Börsenverein d. dt. Buchhandels), verh. s. 1987 m. Angelika, geb. Throll, T. Victoria - Fachhochsch.reife 1973; Lehre als Verlagskaufm. b. Weise's Hofbuchhandlung, Stuttg., u. Ernst Klett

Verlag, Stuttg. - Liebh.: Heimatgesch. Stuttg. u. Württ. - Spr.: Engl.

KELLER, Günther Montanus
Ingenieur, Unternehmer, Publizist, gf. Gesellsch. Promotor Verlags- u. Förderungsges. mbH - Zu erreichen üb. Hardtstr. 26, 7500 Karlsruhe 21 - Geb. 26. Mai 1926 Mainz, verh. s. 1955 m. Ilse, geb. Sauerwein, 2 Töcht. (Andrea, Susanne) - Ingenieur (Kälte-, Heizungs- u. Klimatechnik); Gründer Promotor Verlag; Herausg. e. intern. anerkannten Fachztg.; Mitgl. in dt. u. ausl. techn.-wiss. Vereinigungen; Fellow of ASHRAE (American Society of Heating, Refrigerating and Air conditioning Engineers) - Zahlr. Veröff. u. Vortr.

KELLER, Hagen
Dr. phil., Prof. f. Mittelalterl. Geschichte - Zu erreichen üb. Hist. Seminar, Dompl. 20-22, 4400 Münster (T. 0251 - 83 43 16) - Geb. 2. Mai 1937 Freiburg/Br. - Stud. Freiburg. Promot. 1962; Habil. 1972 - Wiederh. Wiss. Angest. Dt. Histor. Inst. Rom; s. 1973 Doz. u. Prof. (1976) Univ. Freiburg; s. 1982 Prof. Univ. Münster; Dir. d. Inst. f. Frühmittelalterforschung; s. 1988 Sprecher d. Sonderforschungsbereichs 231 Pragmatische Schriftlichk. im Mittelalter; s. 1990 Sprecher d. Graduiertenkollegs Schriftkultur u. Gesellschaft im Mittelalter; Mitgl. d. Wiss. Beirats d. Dt. Hist. Inst. Rom - BV: Kloster Einsiedeln in otton. Schwaben, 1964; Adelsherrschaft u. städt. Ges. in Oberitalien, 1979; Heinrich I. u. Otto d. Gr., 1985 (m. Gerd Althoff); Zw. regionaler Begrenz. u. universalem Horizont. Deutschl. im Imperium d. Salier u. Staufer (Propyläen Gesch. Deutschl., Bd. 2), 1986. Herausg.: Frühmittelalterliche Studien (s. 1988); Arb. z. Frühmittelalterforsch. (s. 1990). Mithrsg.: Münstersche Mittelalter-Schriften.

KELLER, Hans
Regierungspräsident i.R. - Friedrich-Ebert-Str. 14, 6730 Neustadt/Weinstr. (T. 850-5 17) - Geb. 6. Mai 1920 Kusel (Vater: Hermann K.; Mutter: Eleonore, geb. Linn), ev., verh. s. 1944 m. Hedwig, geb. Scherer, 3 Kd. (Lieselotte, Hans-Christian, Hannelore) - Gymn.; Stud. Rechtswiss. Univ. Heidelberg u. Mainz, Hochsch. f. Verw.wiss. Speyer. Gr. jurist. Staatsprüf. - 1954 Reg.rat Innenmin. Rhld.-Pfalz; 1955 Landrat Zell/Mosel; 1966 Präs. Bezirksreg. Rheinhessen-Pfalz. CDU - Spr.: Franz.

KELLER, Hans Alfred
Fabrikant, pers. haft. Gesellsch. Siegwerk Farbenfabrik Keller, Dr. Rung & Co., Siegburg (s. 1945) - Alfred-Keller-Str. 55, 5200 Siegburg (T. 02241 - 30 40) - Geb. 4. Febr. 1922 Siegburg (Vater: Alfred K., Fabrikant; Mutter: Eleonore, geb. Zanders), ev., verh. m. Veronika, geb. Digeon v. Monteton, 2 Kd. - Schule Schloß Salem (Abit.).

KELLER, Heimo
Dr. rer. nat., o. Prof. f. Anorgan. Chemie Univ. Heidelberg - Panoramastr. 3, 6906 Leimen.

KELLER, Heinz
Dr., Hauptgeschäftsf. Handwerkskammer d. Saarlandes - Hohenzollernstr. 47-49, 6600 Saarbrücken; priv.: Villinger Str. 17, 6605 Friedrichsthal - Geb. 10. Juli 1928.

KELLER, Joachim
Dr. phil. nat., Prof. f. Physik Univ. Regensburg - Weiherweg 28, 8400 Regensburg - Geb. 12. Juni 1939 Eltville/Rh. - Promot. 1968; Habil. 1972.

KELLER, Jörg
Dr. rer. nat., Prof. f. Mineralogie u. Petrologie - Albertstr. 23 b, 7800 Freiburg/Br. - Geb. 29. Oktober 1938 Freiburg, verh. s. 1963 m. Gundula, geb. Jochmann, 3 Kd. - Stud. Geol. (Dipl.). Promot. 1966 - S. 1972 (Habil.) Lehrtätigk. Univ. Freiburg (1977 Prof.), 1983-87 Prorektor f. Forsch.). Üb. 70 Fachaufs. - Spr.: Engl., Franz., Ital.

KELLER, Josef
Verleger - Münchner Str. 5, 8131 Berg 1-Kempfenhausen - Geb. 1905 Düren/Rhld.

KELLER, Karl Heinz

1. Bürgermeister d. Stadt Karlstadt, Landkreis Main-Spessart (s. 1990) - Rathaus, 8782 Karlstadt/Ufr. - Geb. 26. Febr. 1949 Karlstadt - Zul. Amtsrat. SPD.

KELLER, Karlheinz
Präsident a.D. Oberlandesgericht Karlsruhe - Reinhold-Schneider-Str. 39, 7800 Freiburg i. Br. (T. 6 92 90) - Geb. 24. Mai 1921 Baden (Vater: Volksschullehrer), kath., verh. m. Dipl.-Psych. Edeltraud, geb. Maier, 3 Kd. - Gymn. u. Univ. Freiburg (Rechtswiss.) - Kriegsdst. (zul. Ltn.). 1970-75 LG-Präs. Freiburg; 1975-86 Präs. OLG Karlsruhe. S. 1979 Mitgl., 1983-88 Präs. Staatsgerichtshof Bad.-Württ., Präs. Kirchensteuervertr. Erzdiözese Freiburg. S. 1989 Vorst.-Mitgl. Landesanst. f. Kommunikation Baden-Württ. Mitbegr. Jg. Union; 1953-70 Mitgl. Freibg. Gemeinderat (CDU) - 1986 Gr. BVK m. Stern; 1988 Verd.med. Bad.-Württ.; 1988 Komtur d. Greg. Ordens.

KELLER, Lorose

Schauspielerin, Malerin, Autorin - Kalk-Mülheimerstr. 343, 5000 Köln 80 (T. 0221 - 62 26 02) - Geb. 28. Juli 1932, gesch. (Ex-Mann Maler Mike Rose), 2 Kd. (Maya, Ivo) - Abit.; Dolmetscherex. u. Cambridge Degree in London; 1952 Sprachstud.; 1959 Gesangs- u. Schauspielausb. Staatl. Hochsch. f. Musik in Hamburg - B. 1960 Engagements als Schausp. u. Sängerin an Stadttheatern u. Privatbühnen u. Prod. in Fr. Gruppen - BV: Deutsch-Deutsches Verhör, 1973; Vom Flüstern lauter als Schreien, 1981; Apokalypsaia - d. 13. Weltwunder. Endzeitsatire, 1991 (auch als Video- u. Tonkassette). Erste Filmrolle b. Fellini (La Duchessa) im Kinofilm: La voce delle Luna (1990). Theaterrollen u.a. Elisabeth in Maria Stuart, Königin in Hamlet, Elektra, Medea, Lady Macbeth, Kassandra, Mutter Courage, Mephisto. Kunstricht. in d. Malerei: phantast. Realismus - Liebh.: Weltreisen, Film - Spr.: Engl., Ital. - Vorf.: Rachel von Varnhagen (Ururahne).

KELLER, Otfried
Landgerichtspräsident i. R. - Zeppelinstr. 15, 3550 Marburg/L. (T. 4 27 39) - Geb. 28. April 1911 (Vater: Dr. phil. Otto K.; Mutter: Ida, geb. Stieh), ev., verh. s. 1943 m. Gertrude, geb. Weidmann, 3 Kd. (Georg-Ulrich, Christian, Edith) - 1929-32 Stud. in Freiburg, München u. Gießen, 1936-45 Wehrmacht, 1945-51 Staatsanw. u. Erst. Staatsanw. in Darmstadt u. Frankf., 1951-55 Oberreg.Rat im Hess. Justizmin., 1955-57 Landgerichtsdir., zul. stv. Landgerichtspräs. Darmstadt, 1957-80 Präs. LG Marburg; 1974-80 stv. Mitgl. Hess. Staatsgerichtshof - BV: D. Gerichtsorg. d. Raumes Marburg im 19. u. 20. Jh., 1982; D. Justitiare d. Univ. Marburg 1566-1969, 1984; Richter u. Soldat, 1989 - Kriegsausz., Hess. VO.

KELLER, Peter
Dipl.-Ing. (FH), M.A., Diözesansekretär, MdB (Landesliste Bayern) - Gassenwiese 17, 8705 Zellingen (T. 09364 - 97 56) - CSU.

KELLER, Rainer
Dr. rer. nat., o. Prof. f. Zoologie u. Direktor Inst. f. Zoophysiologie Univ. Bonn (s. 1977) - Endenicher Allee 11-13, 5300 Bonn - Geb. 22. Sept. 1936 Berlin - Promot. 1964; Habil. 1970 - 1971-77 Prof. FU Berlin u. Univ. Ulm (1973). Buchart. u. zahlr. Arb. in Fachzeitschr. Arbeitsgeb.: Endokrinologie u. Stoffwechselphysiol. v. Wirbellosen, spez. Neuroendokrinologie v. Arthropoden, Struktur, Funktion u. Verbreitung v. Neuropeptiden.

KELLER, Reiner
Dr. rer. nat., Dr. h.c., em. o. Prof. f. Geographie u. Hydrologie - Schwarzwaldstr. 18, 7812 Bad Krozingen/Baden (T. 32 04) - Geb. 1. Jan. 1921 Jünkerath/Eifel, kath., verh. m. Dr. Margareta, geb. Haffennegger, T. Hildegard - Univ. Bonn (Geogr., Geol., Math., Physik). Promot. (1944) u. Habil. (1951) Bonn - S. 1951 Lehrtätig. Univ. Bonn (1958 apl. Prof.) u. Freiburg (1965 o. Prof. u. Inst.dir.). Emerit. 1988. U. a. Präs. Hydrolog. Kommiss. Intern. Geogr. Union (1964 ff.), Generalsekr. Commission on Water Research (COWAR/ICSU, 1972-77); Vors. Nat. Komitee BRD f. d. Intern. Hydr. Programm (1971-89). Spez. Arbeitsgeb.: Hydrol. u. Klimatologie - BV: u. a. Gewässer u. Wasserhaush. d. Festlandes, 1961 (1962 Leipzig, 1965 Moskau); Eifel-Ville-Börde, 1964; D. Gr. Seen Nordamerikas, 1969; Hydrologie, 1980. Herausg.: Abflußregime u. Wasserhaushalt (Bd. I 1968, Bd. II 1972); Hydr. Atlas d. BRD (Bd. I 1978, Bd. II. 1979); Tsukuba Symp.on Hydrology (1980); Hydrology of Humid Tropical Regions IAHS Publ. 140 (1983). Zahlr. Einzelarb.; Hydrological Maps, UNESCO Paris, 1977; Hydrolog. Atlas BRD, 1978 - 1976 Ehrenmitgl. Serb. Geogr. Ges. Belgrad; 1986 Dr. h.c. Univ. München; 1972-89 Präs. Tanz-Turnier-club Rot-Weiß Freiburg; Ehrennadel d. Dt. Tanzsportverb. u. a. Sportausz. - Liebh.: Musik, Tanzsport - Lit.: Festschr. f. R. K., Beitr. z. Hydr. Sonderh. 2 (m. Lit.verz. u. Biogr., 1981); Beitr. z. Hydr. (1986); Chr. Schneider. Forsch. in d. BRD (Hg., 1983); Münch. Geogr. Abh. (Bd. 4 1987) u.a.

KELLER, Roland
o. Prof. Hochschule f. Musik u. darstellende Kunst Wien, Pianist - Sportweg 10, A-3001 Mauerbach (T. 0043222 - 97 61 96) - Geb. 18. April 1949 Blaubeuren (Vater: Martin K., Lehrer; Mutter: Waltraut, K.), verh. s. 1972 m. Kanae, geb. Noguchi, 2 Kd. (Jun Pascal, Tomo Raffael) - Stud. 1960-68 Stuttgart, 1968-70 Genf (Virtuos.), 1970-72 München (Meisterkl.) - S. 1968 Konzerttätigk., Rundf, Schallpl., 1978-86 Prof. Musikhochsch. Lübeck, s. 1986 Leit. e. Konzertfachkl. Hochsch. f. Musik u. darstell. Kunst Wien - Preise b. intern. Wettbew. Bern (1970), Lissabon (1971), München (1972), Bozen (1973) - Spr.: Franz., Engl., Jap.

KELLER, Rolf
Dr. jur., Prof., Ministerialdirigent - Gleiwitzer Str. 22, 7250 Leonberg 1 - Geb. 19. Juni 1935 Stuttgart, kath., verh. s. 1964, 1 Kd. - Univ. Tübingen u. München (Rechtswiss.). Jurist. Staatsex. 1959 u. 64; Promot. 1966 - 1964-65 Richter Calw, 1965-67 Staatsanw. Tübingen, 1967-81 Tätigk. Justizmin. BW, 1981-84 Ltd. Oberstaatsanwalt (Leit. d. Staatsanwaltsch. Stuttgart), seither Ministerialdirigent im Justizmin. BW, Honorarprof. d. Univ. Tübingen - BV: Grundlagen u. -formen d. Rechts, 1971, 8. A. 1989 (m. R. Haase); Strafrecht, Ausgw. Problemkreise f. Studium u. Examen, 1984. Herausg.: Fortpflanzungsmed. u. Humangenetik - Strafrechtl. Schranken (m. H.-L. Günther), 2. A. 1991; Kommentar z. Embryonenschutzgesetz (m. H.-L. Günther u. P. Kaiser), 1992. Mitarb.: Münch. Kommentar z. BGB.

KELLER, Rudi
Dr. phil., M. A., Prof. f. Germanist. Sprachwissenschaft Univ. Düsseldorf (s. 1978) - Walder Str. 12, 5657 Haan/Rhld. - Geb. 4. Okt. 1942 Mannheim - Univ. Heidelberg. Promot. Heidelberg; Habil. Düsseldorf - BV: Wahrheit u. kollekt. Wissen, 1974; Sprachwandel. V. d. unsichtbaren Hand in d. Sprache, 1990. Übers.: L. Hjelmslev, Prolegomena zu e. Sprachtheorie (1974).

KELLER, von, Rupprecht
Dr. jur., Botschafter i. R. - Traubinger Str. 44, 8132 Tutzing (T. 08158 - 74 22) - Geb. 19. März 1910 Berlin (Vater: Dr. Friedrich v. K., dt. Botsch.; Mutter: Irene, geb. v. Landmann), kath., verh. s. 1948 m. Christa, geb. v. Reck, 2 Kd. (Eugen, Cordula) - Ehrenbürger v. Winnipeg/Kanada - Liebh.: Gesch., Schwimmen, Skifahren - Spr.: Engl., Franz., Span. - Bek. Vorf.: Eugen v. K., Kgl. bayr. Generallt.; Robert v. Landmann, Kgl. bayr. Kultusmin. (s. auch XVIII. Ausg.).

KELLER, Stephan
Dr., Botschaftsrat, Wirtschaftsref. Botschaft d. Bundesrep. Deutschl. in Griechenl. - POB 3071, 10210 Athen/Griechenl.

KELLER, Thomas
Beigeordn. Generaldirektor d. UNESCO (s. 1987) - 7, place Fontenoy, 75007 Paris (T. 45 68 10 00) - Geb. 6. Mai 1937, verh., 2 Kd. - Stud. (Dipl.-Polit.) - 1963-67 wiss. Mitarb. Friedrich-Ebert-Stiftg., 1968-70 Doz. u. Leit. Fondation Tsiranana, Tananarive/Madagaskar, 1970-75 Generalsekr. Dt. Unesco-Kommiss.; 1975-77 Dir. Europ. UNESCO-Zentr. f. Hochschulbild.; 1978-87 versch. Dir.stellen b. d. UNESCO Paris - Spr.: Franz., Engl.

KELLER, Will
Dr. phil., Herausgeber MERIAN, d. Monatsheft d. Städte u. Landschaften (gegr. 1948) - Harvestehuder Weg 45, 2000 Hamburg 13 (T. 44 18 82 73); priv.: 55, Sülldorfer Heideweg 11 (T. 87 39 12).

KELLER, Wolfgang
Dr.-Ing., Dipl.-Phys., Vorstandsmitglied Siemens AG, Bereichsvorst.-Mitgl. KWU - Postfach 32 20, 8520 Erlangen.

KELLER-STRITTMATTER, Lili-Lioba
Graphische Mitarbeiterin Lilke - Seestr. 94, CH-8266 Steckborn/TG (T. 054 - 61 23 42) - Geb. 10. Jan. 1942 Breisach,

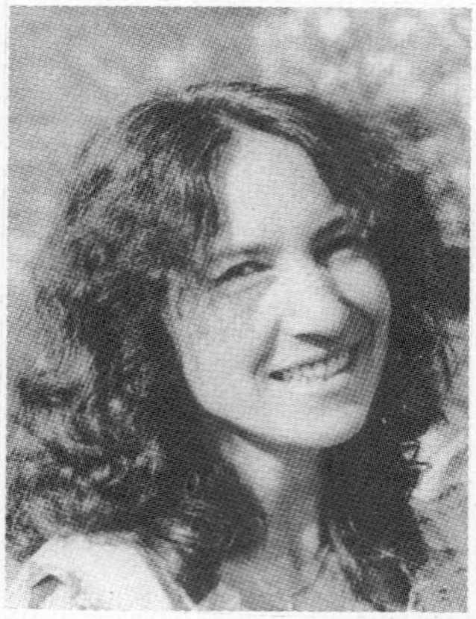

kath., verh. s. 1966 m. Hansuli Louis K., 2 Söhne (Hansuli, Martin) - BV: Besuche dich in d. Natur, 1983; Ged. z. Verschenken, 1984/85; Wunder d. Augenblicks, 1986; Geliebte Zuflucht, 1989; Staubwölkchen, Lyrik u. Prosa, 1988; Vergissmeinnicht Haiku, Senryu, 1988; Leises Staunen - Verweilen, Haiku, Senryu, Tanka, 1990. Viele Ged. vertont u. in versch. Sprachen übersetzt. In üb. 85 Anthol. vertreten - 1985 Lyrik-Preis Intern. AWMM Luxemburg. PEN-Mitgl. in dt. u. schweiz. Schriftsteller-Verb. - Liebh.: Musik, Lesen, Improv.-Tanz.

KELLERER, Albrecht M.

Prof. f. Strahlenbiologie, Leit. d. Strahlenbiolog. Inst. d. Ludwig-Maximilians-Univ. München, Dir. d. Inst. f. Strahlenbiologie d. GSF, Neuherberg - Schillerstr. 42, 8000 München 2, Ingolstädter Landstr. 1, 8042 Neuherberg - Geb. 13. Okt. 1935 Altötting (Vater: Prof. (em.) Hans K.; Mutter: Agnes, geb. Bruchhausen) - Stud. (Phys., Math.) Univ. Berlin, München, Harvard - 1970-75 Prof. of Radiation Biophys. Columbia Univ. New York; 1975-90 Prof. f. Med. Strahlenkunde.

KELLERER, Hans G.

Dr. rer. nat., o. Prof. f. Mathematik - Ichoring 38a/Math. Inst., 8021 Icking (T. 23941) - Geb. 2. Okt. 1934 Essen - Habil. 1963 München - S. 1965 Ord. Univ. Bochum und München (1973). Facharb. - Spr.: Engl. (Forschungsaufenth. Berkeley/USA).

KELLERMANN, Alfred

Dr. jur., Bundesrichter Bundesgerichtshof (s. 1969) - Herrenstr. 45a, 7500 Karlsruhe - Geb. 1920 (?), verh. - 1958-69 Bundeskartellamt (1968 Dir. u. Leit. Beschlußabt. III). Aufs. u. Abt. z. Wettbewerbsrecht. Mithrsg.: Ztschr. Wirtschaft u. Wettbew. - Liebh.: Klass. Musik, Tennis- u. Skisport.

KELLERMANN, Günter

Dr. phil., Wiss. Rat, Prof. f. Anglistik, insb. Didaktik d. Engl. Sprache, GH Duisburg - An d. Niers 7a, 4170 Geldern.

KELLERMANN, Ulrich

Dr. theol., Prof. f. Altes Testament Univ. Münster, Pfarrer - Tilsiter Str. 75, 4330 Mülheim/Ruhr (T. 37 53 21) - Geb. 28. März 1936 Wuppertal (Vater: Otto K., Konditor; Mutter: Frieda, geb. Völkmann), ev., verh. s. 1963 m. Hille, geb. Kauermann, 3 Kd. (Jochen, Sebastian, Uta) - Stud. ev. Theol. Univ. Wuppertal, Tübingen, Bonn u. Münster; 1. theol. Ex. 1962; 2. theol. Ex. u. Promot. 1965; Habil. 1975 Münster; apl. Prof. 1980 ebd. - 1970 Lehrauftr. f. Gesch. u. Theol. d. Judentums im hellenist. Zeitalter Kirchl. Hochsch. Wuppertal; 1975 Privatdoz. f. Altes Testament Univ. Münster. Mitgl. d. Prüfungskommiss. u. d. Ständigen Theolog. Aussch. d. Ev. Kirche im Rheinl. - BV: Nehemia-Quellen, Überlief. u. Gesch., 1967; Messias u. Gesetz, 1971; Gottes neuer Mensch, 1978; Auferstanden in d. Himmel. 2. Makkabäer 7 u. d. Auferst. d. Märtyrer, 1979 - Interessen: Theol. u. Gesch. d. Frühjudentums.

KELLERMEIER, Jürgen

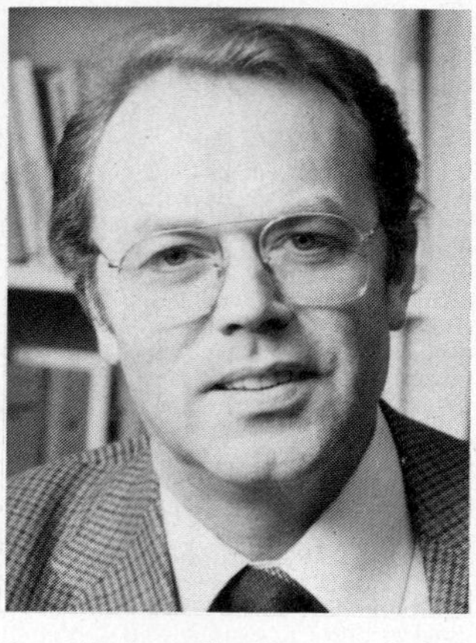

Dr. phil., Journalist, Programmdirektor Norddt. Rundfunk (s. 1988) - Geb. 13. April 1939 Bielefeld, ev., verh. s. 1965 m. Ursula, geb. Imkamp, S. Jens Peter - Stud. d. Gesch., Pol., German.; Promot. 1964 - 1966-76 Bonner Korrespond. NDR; 1976-80 stv. Chefredakt. u. 1980-88 Chefredakt. Nordd. Rundfunk Hamburg, Programmdir. HF (1988/89), Programmdir. FS (s. 1990) - BV: Dtschl. 1976. Gespr. m. Willy Brandt u. Helmut Schmidt, 1976.

KELLERSOHN, Heinrich

Dr. phil., o. Prof. f. Didaktik d. Geographie Univ.-GH Siegen - An der Engelsfuhr 37, 5060 Berg. Gladbach 2.

KELLERT, Wolfgang

Bankdirektor, Mitglied d. Geschäftsleitung d. Deutschen Bank AG, Filiale Leipzig - Martin-Luther-Ring 2, O-7010 Leipzig - Geb. 18. Juli 1939 Reichenbach, ev., verh. s. 1968 m. Ursula, geb. Hahn, Tocht. Claudia - AR-Vors. Lunke & Sohn AG, Witten; AR-Mitgl. Leuna-Werke AG, Merseburg, u. Union bau AG, Hoyerswerda; Mitgl. Kurat. 300 Jahre Leipziger Oper.

KELLETAT, Alfred

Dr. phil., em. Prof. f. Dt. Philologie - Rothenburgstr. 5, 1000 Berlin 41 - Geb. 31. Juli 1916 Königsberg/Pr. (Vater: Heinrich K.; Mutter: Martha, geb. Reichert), verh. s. 1966 m. Gertrud, geb. Dittrich - Gymn. Königsberg; Univ. Königsberg, Prag, Tübingen (German., Kunstgesch., Päd.). Promot. 1949 - 1950-55 Leit. Hölderlin-Archiv; s. 1957 Doz. u. Prof. (1962) Päd. Hochsch. Berlin. Gastprof. USA (1964 u. 69), Dänemark (1966), Kanada (1970). Herausg.: Werke v. Simon Dach, Grimmelshausen, Göttinger Hain, Novalis, Hölderlin, Mörike, Breeser Blätter, Bobrowski-Colloquium, 1989 - Fruchtblätter, Freundesgabe f. A. K. (z. 60. Geb.) (1977); Jahresringe. Summa bibliographica 1949-81 (1981).

KELLETAT, Dieter

Dr. rer. nat., Prof. f. Phys. Geographie Univ. Essen - Zu erreichen üb. Univ. Essen (FB 9-Geogr.), Universitätsstr. 5, 4300 Essen 1; priv. Gneisenaustr. 97, 4330 Mülheim/R. 1 - Geb. 29. Jan. 1941 Altena/W. - Promot. 1968; Dipl.-Geogr. 1969; Habil. 1973 - Apl. Prof. TU Braunschweig, Abt. Vorst. u. Prof. Univ. Hannover, jetzt Prof. Univ. Essen. Spez. Arbeitsgeb.: Hochgebirge, Küsten, Mittelmeerländer, Nordamerika, Australien, Ozeanien, Polargebiete. 100 Facharb. u. Monogr.

KELLMANN-HOPPENSACK, Jutta

Dipl.-Soziol., Bürgerschaftsabgeordnete f. d. SPD Bremen (s. 1991) - Zwickauer Str. 15, 2800 Bremen 1 - Geb. 26. Sept. 1945, verh. s. 1977 m. Dr. Thomas Hoppensack, 2 Kd. (Ansas, Nikolai) - Verw.lehre; Stud. Soziol., Phil. u. Sozialgesch. Hamburg u. Bremen, Dipl. - 1986-90 Vors. d. Arbeitsgemeinsch. sozialdemokrat. Frauen in Bremen - Liebh.: Ökolog. Gärtnern, Theater - Spr.: Engl., Franz. - Bek. Vorf.: Josef Jux Bürgerm. e. Ortes in Ostpreußen (Großvater).

KELLNDORFER, Hans

Vorstandsmitgl. Bayer. Landesanst. f. Aufbaufinanzierung, 1985 ff. Vizepräs. LfA. - Königinstr. 15, 8000 München 22; priv.: Lerchenfeldstr. 10 - Geb. 11. Dez. 1925 - Stud. Rechtswiss. Gr. jurist. Staatsprüf.

KELLNER, Horst

Dr. jur., Dr. sc., Prof., Ordinarius f. Zivilprozeßrecht an d. Humboldt-Univ. Berlin, MdA (s. 1991) - Ribnitzer Str. 12, O-1095 Berlin (T. 922 25 08) - Geb. 7. Febr. 1930 Berlin-Neukölln, verh. s. 1986 m. Ingeborg, geb. Toenhardt, 4 Kd. (Bernhard, Dagmar, Halka, Alexander) - Stud. Rechtswiss. 1948-51, Promot. 1957, Habil. 1964 (alles Berlin), Promot. Dr. sc. 1971 - 1968 Dekan Jur. Fak.; 1973-76 Dir. Sekt. Rechtswiss. Humboldt-Univ. Berlin. 1990 Mitgl. d. Stadtverordnetenvers. Berlin - BV: Tätigkeit d. Gerichte in Arbeitsrechtssachen, 1966; Zivilprozeßrecht (Lehrb.), 1980 - Spr.: Engl.

KELLNER, Hugo

Vors. Richter Bundesverw.sgericht - Hardenbergstr. 31, 1000 Berlin 12 - Geb. 6. Aug. 1914.

KELLNER, Ulrich

Dr. jur., Ministerialrat Bundesfinanzministerium Bonn - Auf dem Girzen 10, 5307 Wachtberg-Pech (T. 0228 - 32 61 53) - Geb. 14. Mai 1924 Kassel (Vater: Adam K., Oberreg.s- u. Oberschulrat; Mutter: Katharina, geb. Goldmann), kath., verh. s. 1954 m. Dr. Elisabeth, geb. Kox, 3 S. (Hanns-Ulrich, Martin, Josef) - Jura-Stud. 1946-49 Würzburg. Promot. 1958 Würzburg - 1942-45 Kriegsteiln.; s. 1954 Bundesfinanzmin., div. ARsmand. (Ind.-Untern. a. d. Bundesvermögen) - 1973 BVK am Bd., 1977 BVK I. Kl.

KELLY, Petra Karin

Politologin, EG-Verwaltungsrätin a.D., MdB (1983-90; Fraktion d. Grünen, 1983/84 Fraktionssprecherin im Bundestag), Mitgl. Ausw. Aussch. (1983-85, danach stv. Mitgl.), Mitgl. Unteraussch. Fragen d. EG - Bundeshaus HT 718, 5300 Bonn - Geb. 29. Nov. 1947 Günzburg, led. - Kath. Mädcheninternat Günzburg (b. 1960), High School Georgia u. Virginia (USA); 1966-70 Univ. Washington (Polit. Wiss.), B.A.; 1970-71 Univ. Amsterdam (gleichz. Forsch.-Assist. Europa-Inst.), Masters Degree - 1971 EG-Kommiss. (Praktikantin); s. 1972 Verw.rätin im EG-Wirtsch.- u. Sozialaussch. (Aufg.ber.: europ. Sozialpolitik, Gesundheitsfragen). Mitgl. Gustav-Heinemann-Initiative, Humanistische Union, Dt. Friedensges. Vereinig. Kriegsdienstgegner, Bundesverb. Bürgerinitiativen Umweltschutz; Versöhnungsbund u. Ges. f. bedrohte Völker; Mitiniatorin d. Krefelder Appells u. d. Bertrand Russell Foundation for a nuclear free Europe; Gründ. u. Vors. Grace P.-Kelly-Vereinig. z. Unterstütz. d. Krebsforsch. f. Kinder. SPD (b. 1979), dann 1979/80 Mitbegründerin d. Grünen (1980-82 Sprecherin). Z. Zt. SAT 1 - Moderatorin (Die Umweltreportage m. P. Kelly) - BV: Um Hoffnung kämpfen; Hiroshima; A Nuclear Ireland; Tibet - E. vergewaltigtes Land (m. G. Bastian), 1988; Mit d. Herzen denken, 1990. Herausg.: Liebe gegen Schmerzen; Tibet klagt an! (m. G. Bastian, 1990); Gernika + die Deutschen (1992); The Anguish of Tibet. Initiierte die erste intern. Anhörung über Tibet u. Menschenrechte in Bonn, 1989 - 1982 Alternativer Friedens-Nobelpreis; 1983 Preis Frau d. J. amerik. Frauenorg. Women Strike for Peace - Lit.: Monika Speer, P. K. K. - Politikerin aus Betroffenheit, 1984.

KELM, Bert

Dipl.-Ing., Inhaber Scanraad Aps, Kongsmark/Dänemark (intern. Ind.berat.) - Dt. Büro: Isestr. 141, 2000 Hamburg 13 (T. 040 - 460 11 12) - Geb. 29. März 1931 - U. a. Geschäftsf. Dominitwerke GmbH (b. 1970), Vorst.-Vors. CEAG Dominit AG, Dortmund (b. 1972), u. VARTA Batterie AG Hannover (b. 1981).

KELM, Edwin

Vorsitzender Landsmannschaft d. Bessarabiendeutschen - Florianstr. 17, 7000 Stuttgart 1.

KELM, Hartwig

Dr. phil. nat., Ph. D., Prof., Intendant Hess. Rundfunk (s. 1986) - Fuchshohl 77, 6000 Frankfurt 50 (T. 52 49 90) - Geb. 15. April 1933 Schmalkalden (Vater: Theodor K., Justizbeamter; Mutter: Auguste, geb. Huth), kath., verh. s. 1963 m. Dr. Brigitte, geb. Schad - Realgymn.; Chem.stud.; Dipl.-Ex. 1961 Frankfurt; Promot. 1962; Habil. 1970 ebd.; Ph. D. 1965 State Univ. New York - 1965 Assist. Prof. State Univ., 1970 Honorar- u. 1972 Prof., 1975 Vizepräs., 1979 Präs. Univ. Frankfurt/M. Mitgl. Ges. Dt. Chem. u. Bunsenges. f. Phys. Chemie. In- u. ausl. Fachveröff. - Liebh.: Kulturpol., Musik - Spr.: Engl.

KELM, Werner

Dr. jur., Stadtdirektor, Geschäftsf. Westf. Bauindustrie GmbH. - Klausenerstr. 44, 4400 Münster/W. (T. 74213) - Geb. 9. Dez. 1921 Kiel (Vater: Dipl.-Ing. Walther K., Ministerialdirig.; Mutter: Carla, geb. Hölck), ev., verh. s. 1951 m. Dr. med. Hannelore, geb. Mangels, 3 Kd. (Susanne, Christiane, Christopher) - 1946-50 Stud. Rechtswiss.; 1950-51 USA-Stip. (Los Angeles). Staatsprüf. 1950 u. 55; Promot. 1956 (Frankfurt/M.) - B. 1961 Ref. Dt. Städtetag, Köln, dann Beig. Stadtverw. Münster (Arbeitsgeb.: Wohnungswesen, Wohnbauförd., Zivilschutz, Berufsfeuerwehr, Wirtschaftsförderung); u. a. Mitgl. zahlr. Aussch. Dt. Städtetag; 1. Vors. Arb.gem. Kommun. Wirtsch.förd. Nordrh.-Westf. (1971-75; zul. 1. Vors.). Zahlr. Veröff. z. Verw.recht u. z. Kommunalpol. - Liebh.: Musik, Sport - Gold. Sportabz. - Spr.: Engl., Franz.

KELTER, Jochen

Schriftsteller - Hauptstr. 87, CH-8274 Tägerwilen TG (T. 0041-72/69 23 53) - Geb. 8. Sept. 1946 Köln, gesch. - Stud. Lit.- u. Sprachwiss. - Mitgl. PEN-Zentrum BRD, Schweizer Autoren-Gr. Olten, Verb. dt. Schriftst. (VS); s. 1988 Sekr. Gruppe Olten; s. 1989 Präs. Europäischer Schriftstellerkongreß - BV: Zwischenbericht, 1978; Land d. Träume, 1979; Unsichtbar ins taube Ohr, 1982; Laura, 1984; D. Sprung aus d. Kopf, 1984; D. steinerne Insel, 1985; Finstere Wolken, Vaterland, 1986; Nachricht aus d. Inneren d. Welt, 1986; Derfrangers Zeit, 1988; E. Ort unterm Himmel, 1989; Achtundsechzig folgende, 1991; In d. besten aller Welten, 1991; Verteidigung d. Wörter, 1992 - 1982 Literaturförderpreis New York; 1984 Literaturpreis Stadt Stuttgart; 1987 Kulturpreis Kanton Thurgau - Spr.: Engl., Franz., Ital.

KELZ, Heinrich P.

Dr. phil., Prof. f. Phonetik - Friedrich-Breuer-Str. 77, 5300 Bonn 3 - Geb. 7. Nov. 1940 Beuel (Vater: Heinrich K., Kaufm.; Mutter: Gertrud-Alice, geb. Radermacher), verh. s. 1989 m. Irene, geb. Böhler, 1 Kd. (Mahalia) - Beethoven-Gymn. Bonn; Lyz. Châteauroux/Frankr.; Kalamazoo College/USA; Univ. Bonn. Promot. 1969; Habil. 1973 - S. 1969 Univ. Bonn (1973 Leit. Sprachlernzentrum; 1974 Prof.). Lehrtätigk. USA, Japan, Philippinen, China, Cuba - BV: Phonolog. Analyse des Pennsylvania-Deutschen, 2. A. 1971; Phonet. Probleme im Fremdsprachenunterr., 1976; Phonet. Grundl. d. Aussprachescchulung,

2 Bde. 1977/78; Sprachlehrforsch. (m. W. Heindrichs u. F. W. Gester), 1980; Chines. Aussprache (m. W. J. Chiao), 2. A. 1985; Mabuhay Einführung ins Filipino, 1981, 4. A. 1989; Deutsche Aussprache, 1982, 2. A. 1991; Fachsprache, 2 Bde. 1983/87; Wörterb. Deutsch-Filipino (m. H. F. Samson), 1986, 2. A. 1988; Beitr. z. Phonetik d. Thailändischen (m. M. Kummer), 1989; Wirtschaftsdeutsch, 1991 - Spr.: Engl., Franz., Span.

KEMLEIN, Magdalene

Dr. paed., Musikerzieherin, stv. Direktorin d. Musikschule Bautzen - Kretschmerstr. 12, O-8053 Dresden (T. 33 34 05) - Geb. 23. Dez. 1930 Dresden, ev., led. - Schulmusikstud. Weimar, Staatsex. 1953; Stud. Klavierpäd. Dresden, Dipl. 1967; Aspirant. Univ. Halle; Promot. 1957 Päd. Berlin - 1956-58 Oberassist. HS f. Musik, Weimar; 1958-91 Musikerz. u. stv. Dir. d. Musiksch. Bautzen - S. 1958 Musiktherap. Abt. Psychotherap. Krkhs. Dresden-Neustadt; s. 1967 Begründ. u. Leit. Mädchenkammerchor Musiksch. Bautzen - BV: D. Improv. in ihren gegenwärt. Ersch.-formen u. als Mittel d. Schulmusikerzieh., unveröff. Diss. 1956; Meth. Leitfaden f. d. Liedspiel, 1972; Zeitgenöss. Klangelemente in techn. u. gehörbild. Übungen, 1970; Veröff. im Rahmen d. Lehrplanwerkes f. Musiksch. - 1972 Schallplatt.prod.: All mein Gedanken, die ich hab, 1972; Wir sind d. Musikanten, 1983; 50 Bearb. f. Dt. Volkslieder, 1979; zahlr. Archivprod. f. Sender Berlin, Cottbus, Dresden v. dt., sorbisch. u. intern. Chorliedern, u.v.a.m. - 1979 Med. f. Verdienste im künstler. Volksschaffen; 1985 Med. f. verdienstv. Förder. d. sorbisch. Volkskunst; 1988 Med. f. persönl. Verdienste um d. Stadt Bautzen - Liebh.: Lyrik, Rezitation - Spr.: Engl., Russ. - Lit.: Aufs. in d. Bautzner Kulturschau u. in Dresdner Tagesztg.

KEMME, Ferdinand

Dr., Dipl.-Volksw., Hauptgeschäftsführer im Verein d. Getreidehändler d. Hamburger Börse - Kontor 24, 2000 Hamburg 11 (T. 36 20 25) - Geb. 30. Mai 1929 - Hauptgeschäftsf. im Zentralverb. d. Dt. Getreide-, Futter- u. Düngemittelhandels, Bonn, Sekr. d. Euromarket Federation of Animal Protein Importers and Traders (EFAPIT).

KEMMELMEYER, Karl-Jürgen

Dr. phil., Univ.-Prof. f. Musikpädagogik Hochsch. f. Musik u. Theater Hannover - Wöhlerstr. 3, 3000 Hannover 1 (T. 0511 - 66 50 19) - Geb. 27. Jan. 1943 Augsburg (Vater: Karl K., Kaufm.; Mutter: Erna, geb. Harnisch), ev., verh. s. 1986 m. Renate, geb. Josupeit - 1962-71 Stud. Musikakad. Detmold (Schulmusik, Kirchenmusik, Kompos.; Ex. Kirchenmusik, Künstler. Reifeprüf. [Orgel], 1. u. 2. Staatsex. Gymn.); 1965-73 Univ. Münster (Angl., Musikwiss., Päd., Phil.; Promot. 1973) - 1970-72 Wiss. Assist. PH Westf.-Lippe Münster; 1972-78 Akad. Oberrat PH Ruhr Dortmund; 1965-76 Dirig. Stud. Kammerorch. Münster, 1964-76 Konzerttätigk. als Organist. Ab 1974 Vorst.-Mitgl. versch. Fachverb.; s. 1990 Präsid.-Mitgl. d. Landesmusikrates Nieders.; 1979-81 Mitarb. ORF Wien u. NDR (1987); 1979-82 wiss. Begleit. VdM-Projekt: Instrumentalspiel m. behinderten Kindern - BV: D. gedruckten Orgelwerke O. Messiaens, 1974; D. Schlager, 1976 (m. R. Wehmeier); Reihe: Dortmunder Beitr. z. Musik in d. Sonderpäd., ab 1981 (m. W. Probst); Schulb. Spielpläne, ab 1984 (m. a. u. Hrsg.) - Kompos.: Vier Lieder, 1964 - Liebh.: Segeln, Arch., Orgelbau - Spr.: Engl., Franz.

KEMMINER, Karlheinz

Dipl.-Kfm., Geschäftsführer Fachverb. Schloß- u. Beschlagind. - Offerstr. 12, 5620 Velbert 1 (T. 02051 - 43 67-69) - Geb. 31. Jan. 1940, ev., verh. s. 1972 m. Wilma, geb. Wilkesmann, 4 Söhne (Markus, Karsten, Daniel, Benjamin) -

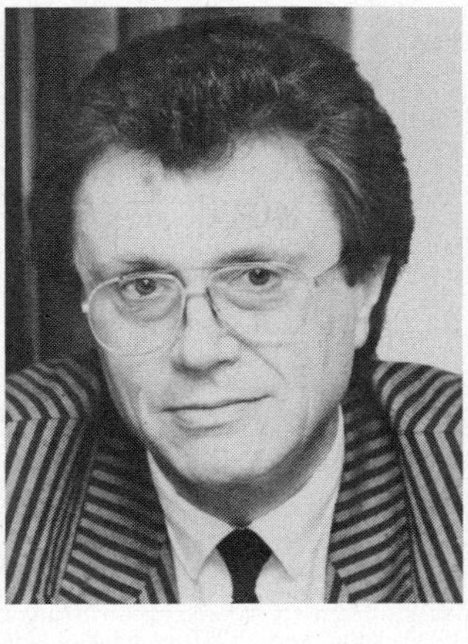

Geschäftsf. Gütegemeinsch. Schlösser u. Beschläge, Velbert; Gf. u. Vorst.-Mitgl. Forschungsvereinig. f. angew. Schloß-, Beschlag- u. präventive Sicherheitstechnik, Velbert; Mitgl. d. Dt. Akkreditierungsrates (DAR); AR-Mand. - BV: Standort Ausland (m. and.), 1987.

KEMMLER, Lilly

Dr. phil., Dipl.-Psych., em. Univ.-Prof., Psycholog. Inst. I Univ. Münster - Magdalenenstr. 7, 4400 Münster/W. (T. 5 61 02) - Geb. 19. Nov. 1924 Bottrop - Univ. Münster u. München. Promot. Münster; Habil. Münster - S. 1967 Lehrtätigk. Münster (1969 o. Prof.). Fachveröff., auch Bücher.

KEMMLER-SACK, Sibylle

Dr. rer. nat., Prof. f. Anorgan. Chemie Univ. Tübingen - Moltkestr. 10, 7400 Tübingen 1.

KEMNA, Friedhelm

Journalist, Chefredakteur General-Anzeiger, Bonn - Justus-von-Liebig-Str. 15, 5300 Bonn 1 - Geb. 14. Nov. 1925 Dortmund - B. Ende 1972 Südostasien-Korresp. d. WELT, 1972-83 stv. Chefredakteur d. WELT.

KEMP, Friedhelm

Dr. phil., Schriftsteller u. Übersetzer - Widenmayerstr. 41, 8000 München 22 (T. 22 01 58) - Geb. 11. Dez. 1914 Köln - BV: Baudelaire u. d. Christentum, 1939; Dichtung u. Sprache, 1965; Kunst u. Vergnügen d. Übersetzens, 1965; ... d. Ohr, d. spricht, Spaziergänge e. Lesers u. Übersetzers, 1989. Zahlr. Herausg. (dar. 1968: Dt. geistl. Dichtung aus 1000 Jahren u. 1960: Dt. Liebesdicht. aus 800 J.) u. Übers. (Franz., Engl.) - 1958 Förderungspreis Kulturkr. Bundesverb. d. Dt. Ind., Köln, 1963 Übersetzerpreis Dt. Akad. f. Sprache u. Dicht., Darmstadt, 1965 Preis Stiftg. z. Förd. d. Schrifttums, München, 1970 Prix de d'Ile Saint-Louis; 1962 o. Mitgl. Bayer. Akad. d. Schönen Künste; 1965 Mitgl. PEN-Zentrum BRD; 1980 o. Mitgl. Dt. Akad. f. Sprache u. Dicht., Darmstadt.

KEMP, Wolfgang

Dr. phil., Prof. f. Kunstgeschichte Univ. Marburg - Biegenstr. 11, 3550 Marburg (T. 06421 - 28 30 11) - Geb. 1. Mai 1946 Frankfurt/M. (Vater: Alexander K., Kaufm.; Mutter: Cäcilie, geb. Nienaber), kath., verh. s. 1970 m. Dr. Ellen, geb. Hühn - 1965-70 Stud. (Promot. 1970, Habil. 1978) - 1970-73 Lehrtätigk. Univ. Bonn; 1974 GH Kassel, s. 1983 Univ. Marburg. 1973 u. 1978 Gastprof. Univ. Marburg; 1981 Gastprof. Univ. of Calif., Los Angeles; 1986 Gastprof. Harvard Univ.; 1987/88 Fellow Getty Center, Santa Monica - BV: Natura, 1973; Foto-Essays, 1978; ... e. wahrhaft bild. Zeichenunterr. überall einzurichten. Zeichnen u. Zeichenunterr. d. Laien, 1978; Theorie d. Fotogr., 3 Bde. 1978-83; D. Anteil d. Betrachters, 1983; John Ruskin, 1983; D. Betrachter ist im Bild, 1985; Sermo Corporeus. D. Erz. d. mittelalterl. Glasfenster, 1987.

KEMPE, Alice

s. Gardos, Alice

KEMPE, Erika,

geb. Wiegand

Journalistin (Ps. Erika Kempe-Wiegand) - Eilbeker Weg 65a, 2000 Hamburg 76 (T. 040-20 83 19) - Geb. 14. Okt. 1925 Heringen/Werra, ev., verh. s. 1946 m. Fritz K., 2 Kd. (Stephan, Elisabeth) - Ab 1946 Volont. D. Welt-Redakt. ebd.; Mitarb. v. Ztg., Ztschr., Rundf., Fernsehen, Mitarb. d. Ehem. b. photogesch. Veröff. (z.B. Daguerreotypie in Deutschl., 1979) - BV/Kinderb.: Marietta m. d. Kreidestrich, 1966; Beate, d. Fünferkönigin, 1967; D. Kunst d. Camera im Jugendstil, 1986 (m. Heinz Spielmann).

KEMPE, Stephan

Dr. rer. nat., Geologe, Doz. Univ. Hamburg - Barmbeker Ring 52B, 2054 Geesthacht - Geb. 24. Aug. 1949 (Vater: Prof. Fritz K.; Mutter: Erika K.), verh. s. 1977 m. Christhild, geb. Ketz, Lehrerin - Promot. 1976; Habil. 1983, beides Hamburg - Forschungen z. globalen Kohlenstoffkreislauf, z. Geochemie d. Frischwassers, z. Höhlenbildung, z. Entw. d. Ozeans (Hypothese d. frühen Soda-Ozeans) u. z. anthropogenen Belastung d. Meere. Üb. 90 Publ. u. Bücher.

KEMPEN, van, Simon

Konsul, Industrieller, stv. Aufsichtsratsvors. Traub-Gruppe - 7313 Reichenbach/Fils - Geb. 2. Aug. 1916 - Konsul v. Monaco f. Baden-Württ.

KEMPER, Bernhard

Fabrikant - Im Klostergarten 12, 4724 Wadersloh-Liesborn - Geb. 9. Jan. 1927, kath., verh. s. 1949 m. Gertrud, geb. Freitag, 4 Kd. (Franz-Bernd, Hermann, Elisabeth, Maria).

KEMPER, Fritz H.

Dr. med., Prof. f. Pharmakologie u. Toxikol. - Hohenholter Str. 87, 4400 Münster/W. (T. 02534 - 72 06) - Geb. 9. Febr. 1927 Köln - S. 1958 (Habil.) Lehrtätigk. Univ. Münster (1964 apl. Prof., 1970 Ord. u. Inst.dir.). Mitgl. Dt. Ges. f. Inn. Med., Dt. Ges. f. Endokrinol., Dt. Ges. f. Pharmak. u. Toxikol., Royal Soc. of Med. (London) - BV: Röntgenschichtverf. (m. R. Griesbach), Ullmann: Umwelt, Metalle in d. Umwelt. Üb. 200 Einzelveröff. - 1969 Ruf Lehrstuhl f. Pharmak. u. Toxikol. Münster; Leit. Umweltprobenbank f. Human-Organproben; Präs. Med. Fakultätentag-BRD - Rotarier.

KEMPER, Gustav Wilhelm

Dr. rer. pol., Geschäftsführer Gütegemeinsch. Pharma-Verpackung e.V., Offenbach/M. - Theodor-Körner-Str. 18, 6053 Obertshausen/Hessen - Geb. 1. Febr. 1926.

KEMPER, Hans-Georg

Dr. phil., o. Prof. f. Neuere dt. Literaturgesch. Univ. Gießen (s. 1991) - Am Holzapfelbaum 21, 6301 Biebertal (T. 06409 - 97 77) - Geb. 18. Mai 1941 Königsberg - 1960-78 Univ. Tübingen (Staatsex. 1966, Promot. 1969, Habil. 1977) - 1978-91 o. Prof. Ruhr-Univ. Bochum - Bücher u. Aufs. z. dt. Lit. d. 16., 17., 18. u. 20. Jh.

KEMPER, Heinz

Vorstandsmitgl. Donaukraftwerk Jochenstein AG., Passau - 8391 Kirchberg/Ndb..

KEMPER, Herbert

Dipl.-Kfm., gf. Gesellschafter Gebr. Kemper Metallwerke GmbH. & Co., Olpe.

KEMPER, Martin

Prof., Musikwissenschaftler - Stuttgarter Str. 17, 7514 Eggenstein-Leopoldshafen - Geb. 23. Juni 1935 Hamm/W. (Eltern: Josef (Musikdir.) u. Luise K.), kath., verh. m. Elisabeth, geb. Schipp, 2 Kd. - Schule, Musikhochsch., Univ. (Musik, German., Phil., Päd.) - S. 1969 Lehrtätigk. PH Karlsruhe (1971 Prof. f. Didaktik u. Methodik d. Musikunterr.). Mitarb. WDR. Vors. Werkgem. Musik. Facharb. u. Rundfunksend.

KEMPER, Wolfgang

Kaufmann, Vorstandsvorsitzender Hoechst Portuguesa SARL - Rua D. Alfonso Henriques 40, , 2765 Estoril/Portugal (T. 00351 - 1 - 268 43 22) - Geb. 5. Juni 1930 Olpe (Vater: Dr. Walter K.; Mutter: Therese, geb. Zeppenfeld), kath., verh. s. 1962 m. Elisabeth, geb. Wallrabe, 2 S. (Peter, Markus) - Abit. 1950 - 1956 ff. Vorst.-Vors. Hoechst Portuguesa SARL. 1977-81 Präs. Dt.-Portug. IHK - 1981 Compturorden m. Stern (Portugal); 1983 BVK - Liebh.: Golfspielen - Spr.: Engl., Franz., Portug.

KEMPF, Alfons

Weihbischof - Ottostr. 1/2, 8700 Würzburg - Geb. 30. Jan. 1912 Albstadt/Ufr. (Vater: Ludwig K., Bauer; Mutter: Maria, geb. Kress), kath. - 1937 Kaplan; 1945 Pfarrer; 1960 Weihbischof.

KEMPF, Eugen Karl

Dr. rer. nat., Prof. f. Geologie u. Paläontologie - Karl-Schurz-Str. 8, 5000 Köln 41 (T. 0221-43 65 20) - Geb. 16. April 1932 Köln (Vater: Eugen K., Bäckermstr.; Mutter: Maria, geb. Huppertz), kath., verh. s. 1961 m. Elisabeth, geb. Winands, 2 Kd. (Ursula, Andreas Gregor) - Stud. Naturwiss. s. 1956 Univ. München, Bonn u. Köln; Dipl.-Geol. 1963, Promot. 1965, Habil. 1971 -1946-57 Bäckerhandw. (Meister); 1964-73 Wiss. Assist., 1973-74 Priv.doz., 1974-80 apl. Prof., s. 1980 Prof. Geol. Inst. Univ. Köln - BV: Index and Bibliography of Nonmarine Ostracoda, Bde. 1-4, 1980; Index and Bibliography of Marine Ostracoda, Bde. 1-2, 1986 - Liebh.: Turniertanz. - Spr.: Engl.

KEMPF, Harald

Dipl.-Betriebsw., Wiss. Angest., Mitgl. Hbg. Bürgerschaft (s. 1970) - Kroonhorst 120, 2000 Hamburg 53 (T. 834603; dstl.: 34912481, Behörde f. Wirtsch., Verkehr u. Landwirtsch.) - SPD.

KEMPF, Karl

Botschafter d. Bundesrep. Deutschl. in Kathmandu/Nepal - Kantipath, Postfach 2 26, Kathmandu/Nepal (T. 22 17 30) - Geb. 25. Juni 1924 - Zul. Generalkonsul in Izmir/Türkei.

KEMPF, Peter

Dr. med., Prof. f. Chirurgie Univ. Mainz, Chefarzt Chir. Abt. Stadtkrankenhaus Rüsselsheim - Unterhof, 6501 Gau Bischofsheim - Geb. 16. April 1940 Sprendlingen - berufl. Schwerp.: Tumorchir. u.-nachsorge.

KEMPF-PALMBACH, Wilhelm (alias Wilhelm Kempf)

Dr. phil., Prof. f. psych. Methodenlehre u. Statistik Univ. Konstanz (s. 1977) - Kreuzäckerweg 4, 7750 Konstanz/B. - Geb. 1. Juni 1947 Klagenfurt/Österr. (Vater: Friedrich K., Fabrikant; Mutter: Elisabeth, geb. Sprinzl), verh. s. 1989 m. Ute, geb. Palmbach, T. aus 1. Ehe Mei-Li Kempf - Univ. Wien (Psych., Stat.). Promot. 1970 - 1970 Wiss. Assist. Univ. Erlangen; 1973 Wiss. Rat Univ. Kiel - BV: Konfliktlösung u. Aggression, 1978; Z. Neuorientierung d. Aggressionsforsch., 1979; Medienkrieg od. D. Fall Nicaragua, 1990. Div. Herausg. - Spr.: Engl., Span.

KEMPFF, Diana

Schriftstellerin - Wallgraben 14, 8193 Ammerland/Obb. - Geb. 11. Juni 1945 Thurnau/Ofr. (Vater: Prof. Wilhelm K., Konzertpianist, s. XVII. Ausg.) - BV: Vor allem d. Unnützliche, Ged. 1975; Fettfleck, R. 1979; Hinter d. Grenze, R. 1980; D. vorsichtige Zusammenbruch, Prosa 1981; Herzzeit, Ged. 1983; D. Wanderer. Fantasie, 1985; D. blaue Tor, 1989 - 1986 Kleist-Preis.

KEMPFLE, Baldur

Dr. med. dent., Prof. f. Zahnärztl. Chirurgie u. Kieferchir. FU Berlin (Leit. Abt. f. Zahnärztl. Chir./Zahnklinik) - Rheinstr. 66, 1000 Berlin 41.

KEMPFLER, Herbert

Dr. jur., Rechtsanw., MdL Bayern (s. 1978) - Einfeldstr. 9, 8330 Eggenfelden (T. 08721 - 3319) - Geb. 11. Juli 1931 München, kath., verh. s. 1958 m. Gertraud, geb. Weisbacher, 2 Kd. (Karin, Klaus) - Dom-Gymn. Freising, Stud. Rechtswiss. Univ. München u. Heidelberg, polit. Wiss. Hochsch. f. Politik München, Promot. Univ. München. Kreisrat, CSU-Kreisvors., MdL (s. 1978) - Spr.: Engl., Franz.

KEMPKES, Michael

Versicherungsmathematiker - Birkendonk 1, 4150 Krefeld - Geb. 7. März 1949 Krefeld (Vater: Johannes K.; Mutter: Magdalena, geb. Eßers), kath., verh. s. 1983 m. Almuth, geb. Weilandt, T. Sarah - 1967-81 Stud. Math. Köln; s. 1975 Rat Stadt Krefeld (1981-90 Vors. SPD-Frakt.). VR-Mitgl. Sparkasse Krefeld; AR-Mitgl. Krefelder Bau GmbH, u. Wohnstätte Krefeld AG - Liebh.: Eisenbahnen - Spr.: Engl., Lat.

KEMPNER, Robert

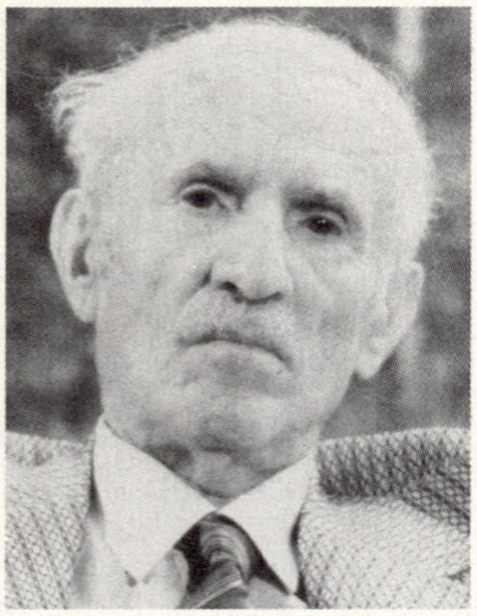

Dr. jur., Dr. phil. h. c., Prof. h. c., Rechtsanwalt, polit. Wissenschaftler, Sachverst. f. Intern. Recht - Feuerbachstr. 21, 6000 Frankfurt/M. (T. 72 20 45); 112 Lansdowne Court, Lansdowne, Pa. 19050/USA (T. 215 - MA 3 - 63 42) - Geb. 17. Okt. 1899 Freiburg/Br. (Vater: Sanitätsrat Dr. med. Walter K., Hygieniker; Mutter: Prof. Dr. Lydia, geb. Rabinowitsch, Bakteriologin (erster weibl. Prof. in Preußen), verh. m. Benedicta Maria, geb. Hahn, Autorin von Büch. üb. Verfolg. Geistl. u. Nonnen in d. NS-Zeit (+ 1982), 2 Söhne - Univ. Berlin, Breslau, Freiburg (Promot.), Pennsylvania/USA - 1923 Ref. b. Strafverteid. Dr. Frey, 1926 Gerichtsass. Berlin, 1928-33 (Entlass. v. Göring) Justitiar Polizeiabt., Reg.- u. Oberreg.rat Pr. Innenmin. (Mitschöpfer d. Pr. Polizeiverw.gesetzes), Doz. Dt. Hochsch. f. Politik u. Pr. Polizei-Inst., jurist. Mitarb. Ullstein-Verlag ebd. (befürwortete 1931 amtl. Strafverfolg. Hitlers weg. Vorb. z. Hochverr. u. Meineids, s. Ausweis u. Auflös. d. NSDAP), 1934 b. 1935 Devisenberat., n. Gestapoverhaft. (1935) ausgewandert, Prof. u. Dir. Istituto Fiorenza, v. d. Gestapo in Florenz verhaftet, sodann Nizza, 1938 Beruf. Univ. Pennsylvania (Inst. f. Staats- u. Kommunalwiss.), Sonderberat. f. Intern. Recht u. europ. Staats- u. Verw.kd. Amerik. Justiz- u. Kriegsmin., n. Kriegsende Abt.leit. d. Chefanklägers (Jackson) b. Intern. Mil.tribunal Nürnberg, Anklagevertr. geg. Reichsinnenmin. Frick, Göring u. Hitlers Diplomaten verhört, ab 1947 amerik. Hauptankläger Wilhelmstr.-Prozeß geg. Kabinettsmitgl., Staatssekr. u. Diplomaten d. III. Reiches wegen Mitwirk. am Holocaust u. a. Euthanasie-Morden. Mitentdecker d. Wannsee Protokolls. Gastprof. Univ. Erlangen, s. 1951 Rechtsanw. LG Frankfurt (Straf-, Zivil- u. Entschädigungssachen) u. Rechtsberat. ausl. Reg., Nebenklägervertr. in zahlr. Strafprozessen, z. B. wegen Ermord. d. Schriftst. Felix Fechenbach, im Warschauer Ghettoprozeß, in Proz. wegen Endlösung d. Judenfragen, Berlin, Proz. wegen Ermordung von Anne Frank u. Edith Stein, Sachv. im Eichmann-Prozeß, Jerusalem, Frankr., Holland u. Polen - BV: Dt. Polizeiorg. (in: Litchfield's Lehrb., 1953); Eichmann u. Komplicen (1961, auch ivrith); SS im Kreuzverhör, D. III. Reich im Kreuzverhör (1969, auch franz. u. polnisch); D. verpaßte Nazi-Stopp; Ankläger einer Epoche, Lebenserinn. (1983); Justizdämmerung, 1932/1963; Hitlers Griff nach dem Ullstein Verlag, 1977 (Pseudonym Eike v. Repkow); D. Ermordung v. 35000 Berliner Juden (1970); Amerik. Militärgerichte in Deutschl. (in: D. Freiheit d. Anderen, Festschr. f. Martin Hirsch); Erinner. an d. Preuß. Innenmin. (in: Preußen u. d. Sozialdemokr., Schriftenreihe d. Franz-Neumann-Archiv); Görings Schuld am Reichstagsbrand (1984). Herausg.: Sling-Richter u. Gerichtete (1929/1969), Dt. Ausgabe v. Warren Report (Ermord. Kennedys); Edith Stein u. Anne Frank (auch holl.) - Zwei v. Hunderttausend (1968); Mithrsg.: KKK - Kommentar z. Polizeiverw.gesetz, Drews: Polizeirecht (1932), Urteil im Wilhelmstr.-Prozeß (1950). Zahlr. Ztschr.beitr. u.a. üb. Albanien u. Jugoslavien. Zahlr. Rundf.- u. Fernsehsendungen u.a. in USA u. BRD - 1970 Ehrenbürger Univ. Jerusalem; 1969 Carl.-v.-Ossietzky.-Med., Silb. Med. Univ. Prag. Gr. BVK m. Stern u. Schulterbd. (1985), 1975 Wilhelm-Leuschner-Med., 1986 Dr. phil. Univ. Osnabrück, 1949 Orden Polonia Restituta, 1980 Ausz. v. Yad Vashem - Vorb. d. Wiederaufnahme des Reichstagsbrandprozesses - Besitzt gr. Privatsammlung v. Kriminalprozessen.

KEMPOWSKI, Walter

Landlehrer, Schriftst. - Haus Kreienhoop, 2730 Nartum - Geb. 29. April 1929 Rostock (Vater: Karl-Georg K., Reeder; Mutter: Margarethe, geb. Collasius), ev., verh. s. 1960 m. Hildegard, geb. Janssen, 2 Kd. (Karl-Friedrich, Renate) - Obersch.; Lehre Druckereikfm.; n. Abit. Päd. Hochsch. Göttingen. Staatsex. 1960 u. 63 - 1948-56 polit. Häftling; s. 1956 Schriftst.; s. 1960 Landlehrer, Gastdoz. in Essen, Kalifornien, Hamburg, Mainz u. Oldenburg. 1980 Gründg. d. Biogr. Archivs - BV: Im Block - E. Haftbericht, 1969; Tadellöser + Wolff, R. 1971; Uns geht's ja noch gold, Familienr. 1972; Haben Sie Hitler gesehen? - Dt. Antworten / E. Befrag., 1973; Immer so durchgemogelt - Erinner. an uns. Schulzeit, 1974; D. Hahn im Nacken, 1974; E. Kapitel f. sich, R. 1975; Alle unter einem Hut, 1976; Aus großer Zeit, R. 1978; Unser Herr Böckelmann, 1979; Haben Sie davon gewußt? E. Befrag. 1979; Kempowskis Einfache Fibel, 1980; Schöne Aussicht, R. 1981; Beethovens Fünfte, Materialien 1982; Böckelmanns Tafelgesch., 1983; Herzlich willkommen, R. 1984; Haumiblau, Kindergesch. 1986; Hundstage, R. 1988; Sirius - e. Art Tagebuch, 1990; Mark u. Bein. Eine Episode, 1992 - Hörsp.: Ausgeschlossen (1972), Träumereien am elektr. Kamin (1972), Haben Sie Hitler gesehen? (1973), Beethovens Fünfte (1976), Moin Vaddr läbt (1981), Führungen (1983), Alles umsonst (1984) - 1972 Lessing-Förderpreis Hamburg, 1973 Raabe-Preis Braunschweig; 1973 Mitgl. PEN-Zentrum BRD; 1974 Gryphius-Förderpreis; 1976 Karl-Sczuka-Preis (für Hörsp. Beethovens Fünfte); 1979 BVK I. Kl.; 1979 Niedersachsen-Preis; 1980 Bambi-Preis; 1981 Hörspielpreis d. Kriegsblinden u. Jakob-Kaiser-Preis 1980 (FS.: E. Kapitel f. sich) - Liebh.: Musik, Gesch. - Spr.: Engl.

KEMPSKI, Hans Ulrich

Journalist, Sonderkorrespondent (s. 1987) - Birkhahnweg 2, 8000 München 82 - Geb. 3. Aug. 1922 Dramburg (Vater: Karl Th. K., Obervermessungsrat; Mutter: Thea, geb. Krakow), ev., verh. s. 1948 m. Inge, geb. Balven, 2 Söhne (Prof. Dr. med. Oliver, Jan, Werbetexter) - Gymn. (Abit.); Journalistenschule - Chefkorresp. s. 1949 u. Mitgl. d. Chefredakt. d. Südd. Ztg. Politische Reportagen üb. wichtige Ereign. i. d. ganzen Welt - BV: D. Kreml öffnet s. Tore; Rote Sonne üb. gelber Erde - 1972 Bayer. VO; 1973 PEN-Club - Liebh.: Fischen.

KEMPSKI, Hans Werner

Dr. med., Prof., Internist, Tropenmed. u. Pathol. - RA 1644 Sucursal Vitoria, B. A., Calle Martin Rodriguez 556-564, Buenos Aires (Argent.) - Geb. 1. März 1910 Schwerin/Meckl. (Vater: Prof. Dr. phil. nat. Karl E. K., Phytopathologe u. - genetiker, auf Exped. im paraguay. Chaco-Gebiet 1946 in Asuncion †, div. Ehrungen, u. a. trägt e. Zone b. Puerto Casado (Paraguay) s. Namen (s. auch X. Ausg.); Mutter: Maria, geb. Sünn † 1975), kath., verh. 1947 m. Juliana, geb. Danninger, 3 Kd. (Theodor, Arzt; Irene, Elsa) - Gymn. Schwerin/Meckl. u. Feldkirch/Vorarlb.; Stud. Univ. Innsbruck, Wien, Hamburg (Promot.) - S. 1938 Klin. pathol. mikrobiol. Lehr- u. Forschungstätigk. Bolivien (Univ. S. Bolivar; Begr. u. 1. Dir. Lucha Anti-Verminosa, Gesundheitsmin.), USA (Idaho, Algiers, New Orleans, Louisiana), Argent. (Univ. Tucuman, Reg. Med. Inst. Miss. Resistencia, Heine-Med.-Inst. u. Mikrobiol. Inst. Buenos Aires). 1954 Gründ. Dt.-Argent. Wiss. Ges. Buenos Aires. Gastvortr. dt., europ., afrikan., asiat. Univ. - Zahlr. Facharb. üb. Schonprophylaxe b. Schwangerschaftsstörungen, Entstehungsweise d. Kinderlähmung m. Infektions- u. Immunisationsmodus üb. Verdauungstrakt, Grundl. d. Schluckimmunisierung, Rolle d. Darms b. Prophylaxe u. Therapie v. Erkrankungen d. Respirationstrakts einschl. Lungenkrebs, Intestinal-Physiopathol. u. Krebsentsteh., Virosen, Malignosen u. Darmlymphsystem, Darm-Herz-Lungen-Blutweg v. Mikroorganismen zus. m. Fetten, Gerbstoffe in Pflanzen u. Oralimmunisation - 1966 Phoenix-Med. Univ. Hiroshima/Japan; Mitgl. Dt. Tropenmed. Ges. u. versch. Ehrenmitgliedsch. - Spr.: Engl., Span., Franz., Ital., Griech. - Großv.: Magistratsdir. Breslau.

KEMPSKI, Ritter von, Josef

Repräsentant Bankhaus Sal. Oppenheim jr. & Cie., Köln/Frankfurt am Main - Jägerhofstr. 25, 4000 Düsseldorf - Geb. 12. Sept. 1925 Budapest.

KEMPSKI RAKOSZYN, von, Jürgen

Dr. phil., Prof. Privatgelehrter, Honorarprof. (s. 1972) f. Philosophie Univ. Bochum, Dir. Inst. f. Methoden- u. Strukturforsch. (s. 1981) - 4630 Bochum (T. 0234 - 38 06 14); priv.: Lange Str. 32, 3492 Brakel (T. 05272 - 5 43) - Geb. 20. Mai 1910 Osnabrück (Vater: Herbert v. K., Ing.; Mutter: Irmgard, geb. v. d. Wense), ev., verh. s. 1942 m. Valerie, geb. Gunst, 3 Kd. (Harald, Diotima, Korinna) - Ratsgymn. Osnabrück; 1930-35 Stud. Univ. Freiburg/Br. u. Berlin - Lehrtätigk. TH Hannover (1954-56 Lehrbeauftr. f. Math. Logik), Univ. Hamburg (1955-56 Gastprof. f. Phil.) u. Münster (s. 1958 Lehrb. u. Hon.-Prof. (1961) f. Logik d. Sozialwiss.). Mitgl. Dt. Vereinv. f. mathemat. Logik u. Grundlagenforsch., Internat. Vereinig. f. Rechts- u. Sozialphilos.; Ges. f. Wirtschaftswiss. (Verein f. Socialpol.); Ges. f. Methoden u. Strukturforsch. - BV: Charles S. Peirce u. d. Pragmatismus, 1952; Grundleg. zu e. Strukturtheorie d. Rechts, 1961; Brechungen, 1964; Recht u. Politik, 1965; Vers. üb. d. Zärtlichkeit, 1983; D. phil. Tagebuch, 1984; D. Geheimnis d. weibl. Blicks (üb. d. Odyssee), 1987; Gesamm. Schriften I, 1987. Mitherausg.: Archiv f. Rechts- u. Sozialphil. (1938-44), Archiv f. Phil. (1947-64), Archiv f. Math. Logik u. Grundlagenforsch. (s. 1950) - 1965 Mitgl. PEN-Zentrum BRD - Liebh.: Bücher - Spr.: Engl.

KEMPSKI von RAKOSZYN, Hans W.

s. Kempski, Hans Werner

KEMTER, Manfred

Dr. jur., Präsident Arbeitsgericht Berlin (s. 1972) - Borstellstr. 55, 1000 Berlin 41 (T. 7962286) - Geb. 30. Mai 1924 - Zul. Dir. LAG Berlin.

KENDEL, Kristian

Dr. med. (habil.), Prof., Chefarzt Neurol. Klinik, Akad. Lehrkrankenhaus Lahr - Zu erreichen üb. Lehrkrankenhaus, 7630 Lahr - B. 1977 Doz., dann apl. Prof. Univ. Freiburg/Br. (Neurol. u. Neurophysiol.).

KENDZIA, Rudolf

Betriebswirt, Geschäftsführer d. VORTRAG-BUCH-REISE Verlagsges. f. polit. Bildung mbH in Berlin - Beifußweg 26 A, 1000 Berlin 47 (T. 030 - 661 34 16) - Geb. 21. April 1938, verh. s. 1962 m. Edeltraud, geb. Michaelis, 2 Söhne (Alexander, Konstantin) - Lehre als Verlagskaufm. Verlag f. Radio-Foto-Kinotechnik, Berlin - 1962-87 gf. Gesellsch. Bodenbeläge-Textilien-Raumausstattung BTR GmbH, Berlin; 1987/89 freiberufl. tätiger Betriebsberat.; 1989/90 MdA Berlin, Fraktion DIE REPUBLIKANER - Liebh.: Gesch. (insb. Zeitgesch.) - Spr.: Engl.

KENN, Karl-Heinz

Dipl.-Ing., Landtagsabgeordneter NRW - Spessartweg 8, 4100 Duisburg 17 - Geb. 22. Nov. 1926 Duisburg (Vater: Friedrich-Wilhelm K., Arbeiter; Mutter: Emilie K.), verh. s. 1954 m. Hannelore, geb. Elsner, 3 Kd. (Werner, Jutta, Achim) - 1961-74 MdK Moers u. Rat d. Stadt; s. 1975 MdL - Techn. Veröff. u. a.: Schweißen u. Schneiden; Ausb. v. geschweißten Rahmenecken - BVK - Liebh.: Garten, Wandern, Schwimmen, Singen, Tanzen, Skat, Kegeln, Musik.

KENNER, Hedwig

Dr. phil., em. o. Prof. f. Klass. Archäologie - Kundmanngasse 26, A-1030 Wien (T. 72 40 503) - Geb. 20. April 1910 Wien (Vater: Anton v. K., Maler), kath., led. - Gym. u. Univ. Wien - S. 1936 Assist., Doz. (1942), Prof. (1951) u. Ord. (1961) Univ. Wien - BV: Corpus vasorum antiquorum, 1942; D. Fries d. Tempels v. Bassae-Phigalia, 1946; D. Bäderbezirk v. Virinum, 1947; D. Theater u. d. Realismus in d. griech. Kunst, 1955; Weinen u. Lachen in d. griech. Kunst, 1960; D. Phänomen d. verkehrten Welt in d. griech.-röm. Antike, 1970; D. Mädchen v. Antium, 1971; D. Apoll von Belvedere, 1972; Röm. Wandmalereien d. Magdalensberges, 1985 - O. Mitgl. österr. u. Dt. Archäol. Inst.; korr. Mitgl. österr. Akad. d. Wiss.; Gr. Ehrenz. Rep. Österr., Goldmed. Stadt Wien; Gr. gold. Ehrenz. v. Kärnten; 1984 gold. Doktordipl. Univ. Wien. - Bek. Vorf.: Friedrich v. K., Archäologe, erster Vindobonaforscher (Großonkel).

KENTLER, Helmut

Dr. phil., Dipl.-Psych., Prof. f. Sozialpädagogik Univ. Hannover - Westermannweg 5 E, 3000 Hannover 21 (T. 0511 - 79 11 51) - Geb. 2. Juli 1928 Köln (Vater: Dipl.-Ing. Hans K.; Mutter: Hildegard, geb. Fischer), led., 2 S. (Hans-Joachim, Michael) - Promot. 1975 Hannover - BV: Jugendarbeit in d. Industriewelt, 1962; Sexualerzieh., 1970; Eltern lernen Sexualerzieh., 1975; Taschenlexikon Sexualität, 1982; D. Menschlichkeit d. Sexualität, 1983; Sexualwesen Mensch, 1984; Leihväter - Kinder brauchen Väter, 1989 - Spr.: Engl., Franz.

KEPPER, Hans

Journalist, Leiter NDR-Studio Bonn - Dahlmannstr. 24, 5300 Bonn 1 (T. 0228 - 22 44 01); Stieldorferhohn 40, 5330 Königswinter 41 (T. 02244 - 16 88) - Geb. 24. Sept. 1933 Kassel (Eltern: Otto u. Marie K.), ev., verh. m. Heide, geb. Reimers, 2 Kd. (Nikolaus, Kartini) -

KEPPER - 685 - KERN

Staatsex. German., Gesch., Polit. Wiss. - Redakt. b. UPI, Spiegel, Frankfurter Rundschau (1967-71 Pariser Korresp., 1972-76 Korresp. in Bonn); 1976 Bonner Korresp. NDR; s. 1981 Leit. NDR-Studio Bonn - Spr.: Engl., Franz.

KEPPLER, Horst
Dipl.-Ing., Vorstandsmitgl. Stelcon AG., Essen - Max-Planck-Str. 8, 4130 Moers-Rhld. - Geb. 18. Febr. 1924.

KEPPLINGER, Hans Mathias
Dr., Univ.-Prof., Dekan Fachbereich Sozialwiss. Univ. Mainz (s. 1990) - Zu erreichen üb. Univ. Mainz, 6500 Mainz (T. 06131 - 39 25 79) - Geb. 20. Mai 1943 Mainz, kath., verh. m. Lieselotte, geb. Schmuck, 2 Kd. (Philipp Johannes, Hannah Kristina) - Stud. Politikwiss., Gesch., Publiz. in Mainz, München, Berlin, Promot. 1970 Mainz, Habil. 1977 - 1970-78 wiss. Mitarb. v. Elisabeth Noelle-Neumann am Inst. f. Publiz., Mainz; 1982 o. Prof. Univ. Mainz; 1982-84 1. Vors. d. Dt. Ges. f. Publiz. u. Kommunikationswiss. - BV: Angepaßte Außenseiter. Was Journ. denken u. wie sie arbeiten, 1979; D. aktuelle Berichterstattung d. Hörfunks, 1985; Darstellungseffekte. Exper. Unters. z. Wirkung v. Pressefotos u. Fernsehfilmen, 1987; Künstl. Horizonte. Folgen, Darst. u. Akzeptanz v. Technik in d. Bundesrep., 1989 - 1978-82 Heisenberg-Stip. d. Dt. Forschungsgem. - Liebh.: Segeln - Spr.: Engl., Franz.

KERBER, Adalbert
Dr., o. Prof. f. Math. Univ. Bayreuth (s. 1978) - Schlosshof Birken 21, 8580 Bayreuth (T. 6 80 09) - Geb. 29. Juni 1939 Steinheim/M. (Vater: Prof. Dr. phil. Ottmar K., Kunsthistoriker, s. dort; Mutter: Franziska Maria, geb. Volk), kath., verh. s. 1963 m. Dieta, geb. Adams, 2 Töcht. (Anne, Uta) - Abit. 1958; Staatsex. 1963; Promot. 1966; Habil. 1970 - Wiss. Assist. (1966) u. Oberassist. (1970), Wiss. Rat u. Prof. f. Math. TH Aachen (1972), o. Prof. Univ. Bayreuth (s. 1978) - BV: Representations of Permutation Groups I u. II, 1971/75; The Representation Theory of the Symmetric Group, (m. G. James) 1981; Algebraic Combinatorics via Finite Group Actions, 1991; Math. Grundlagen f. Wirtschaftswissenschaftler, 1991.

KERBER, Bernhard
Dr. phil., o. Prof. f. Kunstgeschichte Univ. Bochum (1971-80), Hochschule d. Künste, Berlin (s. 1980) - Hektorstr. 2, 1000 Berlin 31 - Geb. 9. Mai 1938 Steinheim/M. (Vater: Prof. Dr. phil. Ottmar K., Kunst- u. Kulturhistoriker (s. dort); Mutter: Walburga, geb. Volk), verh. s. 1965 m. Monika, geb. Müller, 2 Kd. (Markus, Christiane) - Promot. 1963 Münster; 1963-65 Bibliotheca Hertziana Rom; Habil. 1969 Bochum - S. 1963 Univ. Bochum - BV: Burgund u. d. Kathedralskulpturen, 1967; Andrea Pozzo, 1971; Amerikan. Kunst n. 1945, 1971; Erich Reusch, 1978; Gerhard Wittner, 1981; Bochums Bauten, 1982; Eberhard Viegener, 1982; Sigi Zahn, 1986; Eberhard Viegener. D. druckgraphische Werk, 1990 - 1967 Straßburg-Preis F.V.S.-Stiftg. Hamburg.

KERBER, Robert
Dr. phil., o. Prof. f. Makromolekulare Stoffe, Vorst. Inst. f. Techn. Chemie - Techn. Univ., 8000 München - Geb. 23. April 1925 Fulpmes (Österr.) - Habil. 1959 München - S. 1966 o. Prof. TU Berlin u. München (1973). Fachveröff.

KERBER-GANSE, Waltraut
Dr. phil., Prof. f. Sozialpädagogik TU Berlin - Kommandantenstr. 23, 1000 Berlin 45.

KERBS, Diethart
Dr., Prof. f. Kunstpäd. Hochsch. d. Künste Berlin - Schillerstr. 10, 1000 Berlin 12 - Geb. 19. Aug. 1937 Berlin - BV: Histor. Kunstpäd., 1976. Herausg.: Edition Photothek, s. 1983.

KERBY, William E.
Dr. rer. nat., Prof. f. Mathematik Univ. Hamburg (s. 1977) - Bickbargen 21, 2083 Halstenbek - Zul. Doz. TU Hannover.

KERÉKJÁRTÓ, von, Margit
Dr. phil., Prof. f. Medizin. Psychologie - Justus-Vosseler-Str. 122, 2000 Hamburg 54 - Geb. 26. April 1930 Szeged (Ung.) - Promot. 1961 - S. 1967 (Habil.) Lehrtätigk. Univ. Hamburg (1972 Wiss. Rätin u. Prof.; 1975 o. Prof. u. Abteilungsdir. II. Med. Klinik) - BV: D. Asthmatiker, 1967 (m. A. Jores). Herausg.: Med. Psych. (1974 ff.); Mithrsg.: Ztschr. f. Med. Psych. (1974 ff.).

KERFIN, Gerhard
s. Bielicke, Gerhard.

KERKER, Armin
Publizist - Dorfstr. 46, 2251 Witzwort (T. 04864 - 6 01) - Geb. 31. Juli 1943 Gadderbaum, ev., verh. s. 1969 m. Dr. Elke, geb. Hein, T. Frauke - Stud. German., Byzantinistik u. Neogräzistik Univ. Marburg, Köln, Bochum - 1976-80 Programmleit. Goethe-Inst. Jaunde (Kamerun) - BV: Ernst Jünger - Klaus Mann, 1974; Verhältnisse, 1976; Aus d. Köpfen an d. Tafel, 1976; Storms Friesland, 1984; Kreta, 1985; Im Schatten d. Paläste, 1987; Griechenland - Entfernungen in d. Wirklichkeit, 1988. Übers.: Jannis Ritsos, Steine, Wiederholungen, Gitter (1979); Henri Lopes, D. strafversetzte Revolution (1980); Giorgos Skourtis, D. Alte George (1985); Jannis Ritsos, Unter d. Augen d. Wächter (1989). Fernsehfilme: E. Traum v. Leben u. Brot (WDR 1987); E. Tag im Mai (WDR 1988) - Spr.: Engl., Franz., Neugriech.

KERKHOFF, Heinrich
Betriebswirt, Unternehmensberater, Inh. Kerkhoff Unternehmensberatung - Ahornstr. 58, 4235 Schermbeck/Niederrh. - Geb. 2. Aug. 1931 Essen, verh., 2 S. - Ausbild. z. Möbelkaufm.; Stud. Betriebswirtsch.; geprüfter Betriebswirt - 20 J. prakt. Handelserf., davon 12 J. in ltd. Posit.; s. 1972 freiberufl. Berater u. Trainer.

KERKMANN, Heinz
Bankdirektor, Vorstandsmitgl. i. R. Bayer. Landesbank, München - Georg-Kalb-Str. 14, 8023 Großhesselohe (T. 79 55 30) - Geb. 17. Mai 1921 Kleve - Div. Mandate. 1973 Bayer. VO; 1982 Gr. BVK.

KERLER, Anneliese
Bäuerin, Mitgl. Bayer. Senat - Premach 25, 8909 Ursberg/Schwaben - 1981 Bayer. VO.

KERLER, Richard
Journalist, Schriftst., Verlagsleiter Burda GmbH, München - Lerchenweg 11, 8220 Traunstein - Geb. 9. Juli 1939, kath., verh. s. 1968 m. Christine, geb. Sopart, Journ. u. Buchautorin, 2 Töcht. (Pamela, Miriam) - 1959-67 Stud. Betriebsw. München u. am Dolmetscher-Inst. München - Redakt. Ztschr. Freundin; Leitg. Redaktionsmanagement Ztschr. Jasmin, Eltern u. Twen; Gf. Redakt. Jasmin; Leitg. Auslandsgesch. Gruner + Jahr in Spanien; Redaktionsdir. Vogel Verlag KG, Würzburg, Redakt. München; Vorst. Markt & Technik Verlag AG, Haar b. München - BV: Üb. 60 Bücher (z.T. m. Ehefr. Christine), u.a. Skischule, 2. A.; Warum d. Bayern d. Größten sind, 2. A.; Weiß-Blaue Weltanschauungen; Windsurfing f. Fortgeschrittene, 4. A.; München wo?, 10. A., Traumjob - D. hundert besten Firmen in Dtschl.; D. 100 besten Karriere-Gesetze - Liebh.: Sport (vor allem Skilaufen u. Windsurfen) - Spr.: Engl., Span., Ital.

KERLER, Werner
Dr. rer. nat., Prof. f. Theoret. Physik Univ. Marburg - Bruchwiesenweg 11, 3550 Marburg/L.

KERLL, Karl-Heinz

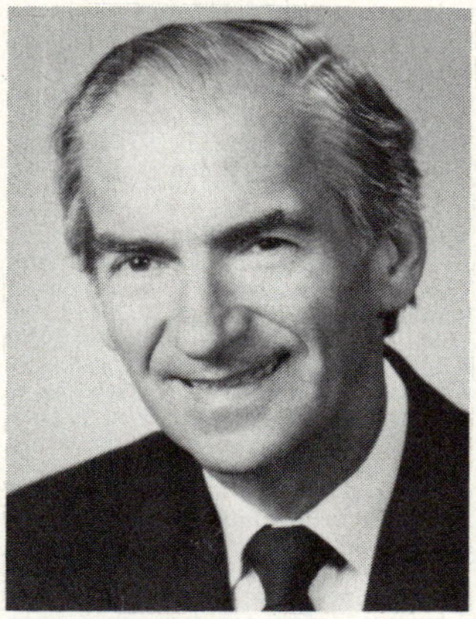

Dipl.-Chem., VDI, Geschäftsführer - Studtstr. 17, 4400 Münster (T. 0251 - 29 53 24) - Geb. 1. März 1930 Münster, ev., verh. s. 1959 m. Helga, geb. Liebeskind, S. Helfried - 1962-70 Vors. Tauchsportclub Münster; 1962-80 Präs. Landesverb. Nordrh.-Westf. im Verb. Dt. Sporttaucher (LV NRW VDST); 1966-80 Vizepräs. Verb. Dt. Sporttaucher (VDST); s. 1978 Mitgl. Executivbüro Confédération mondiale des activités subaquatiques (CMAS); s. 1983 Vizepräs. CMAS, Präs. Sportkomit. CMAS; s. 1982 Deleg. CMAS in d. General Assoc. of Intern. Sports Federations (GAISF); s. 1983 EXCO-Mitgl. Intern. World Games Assoc. (IWGA); s. 1989 Vizepräs. Arbeitsgemeinsch. Ausb. im Tauchsport an d. Hochschulen (AATH) - BV: CMAS Sports Committee Manual, 1987 (engl., franz.); CMAS Fin Swimming Manual, 1987 (engl., franz.) - 1975 Gold. Ehrennadel VDST; 1980 Gold. Ehrenplak. LV Nordrh.-Westf. VDST, Ehrenpräs. LV Nordrh.-Westf. VDST; 1980 Gold. Ehrennadel CMAS; 1984 Sportplak. Land Nordrh.-Westf.; 1987 Goldmed. CMAS; 1987 BVK am Bde.; Ehrenmitgl. versch. in- u. ausl. Sportvereine u. Sportverb. - Liebh.: Sport - Spr.: Engl., Franz., Neugriech., Russ. - Lit.: Glenzdorfs Intern. Genealogen-Lexikon.

KERMEL, Heinz-Joachim
Dr. jur., Rechtsanwalt u. Notar - Travemünder Landstr. 260a, 2400 Lübeck 14 - Geb. 31. Jan. 1930 Kattowitz (Vater: Wilhelm K., Elektriker; Mutter: Helene K.), ev.-luth., verh. s. 1956 m. Ingeburg, geb. Hett, 3 Töcht. (Christiane, Cornelia, Renate) - Jura-Stud. - 1960-66 Vors. Schlesw.-Holst. Tischtennisverb. (1966 silb. Ehrennadel); 14 Jahre Vors. Nordd. Tischtennisverb.; 1973-79 Vize-Präs. DTTB (Dt. Tischtennis-Bd.; 1974 Gold. Ehrennadel), Vors. Rechtsaussch. DTTB; 1977-79 Mitgl. ITTF (Intern. Table-Tennis-Federation); s. 1966 Beisitzer Landessportverb. Schlesw.-Holst. - 1979 Gold. Ehrennadel Landessportverb.; 1984 Sportplak. Land Schlesw.-Holst. - Liebh.: Angeln, Tennis - Spr.: Engl., Poln.

KERMER, Wolfgang
Dr. phil., Prof. f. Kunstgesch., Staatl. Akademie d. bild. Künste Stuttgart - Birkenwaldstr. 213 D, 7000 Stuttgart (T. 25 75-0) - Geb. 18. Mai 1935 Neunkirchen/Saar (Vater: Franz K., Kapellm.; Mutter: Luise, geb. Kunz), kath., verh. m. France, geb. Buisson - Realgymn. Neunkirchen/Saar; Hochschulinst. f. Kunst- u. Werkerziehung u. Univ. Saarbrücken (1956-57); Kunstakad. u. TH Stuttgart (1957-61); Kunsterz.ex.; Univ. Tübingen (1961-66; Kunstgesch.); Promot. b. Prof. Schrade (Diss.: Studien z. Diptychon in d. sakralen Malerei) - Mitarb. am Lehrst. f. Zeichnen u. Modellieren d. TH Stuttgart (1961/62); s. 1966 Lehrtätigk. Kunstakad. Stuttgart (1970 Doz.; 1972 Prof.), 1971-84 Rektor ebd. - Vors. Landesverb. Württ. im Bd. Dt. Kunsterzieher (1971-72); Vors. Kuratorium Max-Lütze-Medaille (1976-88) - BV: W. Kermer - Hannes Neuner, Fragen - Antworten, 1979; Gunter Bohmer u. d. Stuttgarter Kunstakad., 1987; Willi Baumeister, Typographie u. Reklamegestaltung, 1989; D. schöpferische Winkel - Z. Kunstlehre Willi Baumeisters, 1991. Zahlr. Fachveröff., dar. Der Zukunft geöffnet oder in Zukunft offen? Zu Struktur u. Situation d. Stuttgarter Kunstakad. (Baden-Württ., 1969, Heft 7, S. 19ff.; Heft 8-9, S. 31ff.); Einige Aspekte d. Kunstlehre Willi Baumeisters (Festschr. 175 J. Friedrich-Eugens-Gymn. Stuttgart 1971, S. 126ff.); Sam Herman, 1974; Arbeiten d. Glaswerkstätte d. Staatl. Akad. d. bild. Künste Stuttgart, 1974; Symposion Leonberger Heide, 1974; Venini-Murano, 65 Gläser d. Samml. Kermer, 1975; Willi Baumeister: Lithographien u. Radierungen, gedruckt v. Erich Mönch, 1975; Aus d. Klasse f. Allg. künstler. Ausb. Prof. Hugo Peters, 1976; Karl Rössing z. 80. Geb., 1977; Druckgrafik austral. Kunststudenten, 1978; Z. Geschichte d. Textil-Abteilung (Akad.-Mitt. 8, 1978, S. 36 ff.); Johannes Hewel, 1978; Hommage à Baumeister, 1979; Z. Kunstlehre Willi Baumeisters - E. Vorschlag Baumeisters z. Reform d. künstler. Elementarunterr. aus d. J. 1949 (Willi Baumeister - D. Spätwerk 1945-55, 1979, S. 129ff.); Studienarbeiten d. College of Fine Arts d. Seoul National Univ., 1979; Staatl. Akad. d. bild. Künste Stuttgart, D. Prof. d. Fachgr. Grafik-Design, Innenarch. u. Design, 1981; Entwürfe u. Bühnenbilder, Kl. Prof. Jürgen Rose, 1981; F. H. Ernst Schneidler z. Gedenken, 1982; Staatl. Akad. d. bild. Künste, Stuttgart (Gründe u. Hindergründe, Inf. Min. f. Wiss. u. Kunst Baden-Württ., Nr. 2, 1982); Staatl. Akad d. bild. Künste, Stuttgart , D. Werkstätten u. ihre Lehrer, 1982; Staatl. Akad. d. bild. Künste Stuttgart, Klassen f. fr. Kunst, 1985; Z. Gründung d. Inst. f. Buchgestaltung an d. Stuttg. Akad. (Walter Brudi - Graphik, Malerei), 1987; Österr. Künstler d. Gegenw., Arb. auf Papier, Samml. Kermer, Gal. im Taxispalais Innsbruck, 1987; D. Stuttg. J. Alfred Hrdlickas (Texte u. Bilder z. 60. Geb. d. Bildhauers A.H.), 1988; Daten u. Bilder z. Akad.-Gesch. (Staatl. Akad. d. bild. Künste Stuttgart, E. Selbstdarst.), 1988. Herausg. u. Bearb.: Akad.-Mitteilungen (s. 1972-78), Beitr. z. Gesch. d. Staatl. Akad. d. bild. Künste Stuttgart (s. 1975) - 1984 BVK - Spr.: Engl., Franz. - Lit.: G. Petzold, D. Kunstakad. sucht mehr Kontakt (Stuttgarter Leben, 1975, Heft 3); Für W.K., Staatl. Akad. d. bild. Künste Stuttgart (1984); A. Hannes, D. Samml. W.K., Glasmus. Frauenau, München/Zürich (1989).

KERN, Adolf
Prof., Hochschullehrer - Seelenbachweg 8, 7070 Schwäbisch Gmünd - U. a. Prof. f. Musikerziehung m. Didaktik u. Methodik Päd. Hochsch. Schwäb. Gmünd.

KERN, Ernst Heinz

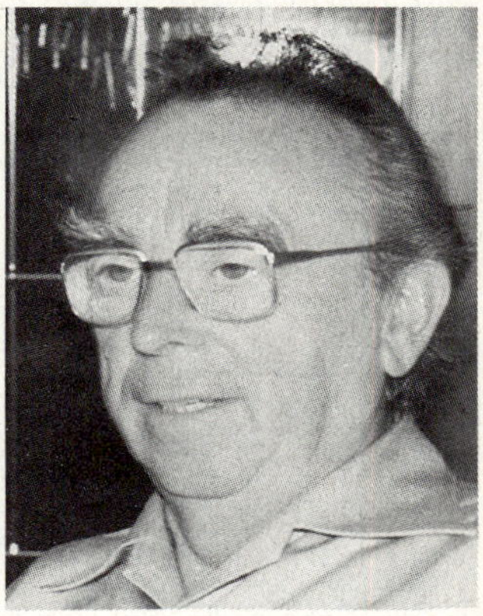

Industriekaufmann, Direktor i.R. Tonwerke Kandern GmbH, Schriftst. (Ps.

Enzio Enrici), gepr. Astrologe (DAV), Graphologe (MSI) - Sitzenkircher Str. 8, 7842 Kandern (T. 07626 - 70 17) - Geb. 30. Dez. 1919 Rochlitz (Vater: Erich K., Tischler; Mutter: Frieda, geb. Stelzer), ev., verh. s. 1946 m. Elfriede, geb. Jäglin, S. Ulrich - Kaufm. Berufsschule Geithain; kaufm. Lehre Braunkohlenwerke Borna b. Leipzig - 1952 Handlungsbevollm., 1953 Einzelprok., 1961-83 Geschäftsf. Tonwerke Kandern GmbH - BV: Venus im Skorpion, Ged. 1981; Mond im Widder, Ged. 1982; Mars in d. Waage, Ged. 1984; Besuch bei Scardanelli, Erz. u. Ged. 1985; In Anthol. Leuchtfeuer u. Gegenwind, Ged. 1987; Wie Tautropfen im Morgenlicht, Ged. 1988; div. astrol. Fachartikel in ASTROFORUM (Schweiz) 1987-91 - 1980 BVK - Liebh.: Malerei - Spr.: Engl., Franz., Ital.

KERN, Georg

Filmproduzent (1950ff. eig. Firma f. Werbe-, Lehr- u. Dokumentarfilme) - Danziger Str. 11, 6600 Saarbrücken (T. 0681 - 81 83 67); priv.: Höhenweg 102, 6601 Scheidterberg - Geb. 20. Mai 1915 Jauer/Schles. (Vater: Otto K., Fabr. †; Mutter: Luise, geb. Merbach †), verh. m. Helga, geb. Lutz (Schnittm.), 4 Kd. (Rosemarie, Susanne, Oliver-Frederick, Stefanie) - Ausbild. Gauß-Sch. u. Epoche-Color-Film AG. Berlin - Kameram. u. Regiss. (Tobis, DEFA). Als bes. wertvoll eingestuft: Heilendes hl. Wasser Lourdes (1948) u. Raumkompos. Günter Maas (1970) - Liebh.: Fischen, Jagen, Tennis.

KERN, Günther

Dr. med., Prof., Frauenarzt - Haus Aimée Suzanne, Wylenstr., CH-6354 Vitznau (T. 041 - 83 12 03) - Geb. 23. Nov. 1923 Gießen - S. 1962 (habil.) Lehrtätigk. Köln (1968 apl. Prof. f. Geburtshilfe u. Gynäkol.). Experimentelle u. klin. Arb. z. Frühdiagn. d. Cervixkrebses - BV: Carcinoma in situ. Vorstadium d. Gebärmutterhalskrebses, 1964; Preinvasive Carcinoma of the Cervix, Theory and Practice, 1968; Gynäkologie - E. kurzgefaßtes Lehrb., 3. A. 1977 (auch engl., franz., span., ital., portug., japan.); Handbuchart. in: Käser et al.: Gynäkol. u. Geburtshilfe, 1967 - Spr.: Engl. - Rotarier.

KERN, Hans

Studiendirektor a.D., MdL Nordrh.-Westf. - Agathaberg 20, 5272 Wipperfürth - Geb. 29. Jan. 1933 Wipperfürth, kath., verh. s. 1961 m. Ruth, geb. Paffenholz, 4 Kd. (Johannes, Edith, Christian, Peter) - Abit. 1953; Stud. Math., Phys., Info; 1. Staatsex. 1958, 2. Staatsex. 1960 - B. 1985 Lehrer; 1961-83 Doz. Staatl. Studienkolleg Univ. Köln; Rat Wipperfürth (Fraktionschef). SPD - Liebh.: Reisen - Spr.: Engl., Franz.

KERN, Hartmut

Dr. rer. nat., Wiss. Mitarb. Inst. f. Biotechnologie Forschungszentrum Jülich (s. 1961), apl. Prof. f. Botanik TU Hannover (s. 1974) - Lövenicher Str. 29, 5172 Linnich/Rhld. - Geb. 6. Febr. 1929 Reußendorf (Vater: Emanuel K., Rektor; Mutter: Charlotte, geb. Stober), ev., verh. in 2. Ehe (1975) m. Gerti, geb. Wittmer, 3 Kd. (Martina, Ulrich, Christine) - Schule Bielefeld (Abit. 1950); Univ. Münster (Biol., Chem.; Staatsex. 1956). Promot. 1956 Münster; Habil. 1966 Hannover - Tätigk. MPI f. Züchtungsforsch. Köln u. Univ. Münster - Liebh.: Lit., Gesch., Jagd, Wandern, Garten - Spr.: Engl.

KERN, Helmuth

Senator a. D., Geschäftsführer TOPOS Personalberatung GmbH - Heilwigstr. 39, 2000 Hamburg 20 - Geb. 4. Dez. 1926 Hamburg, verh. - Johanneum Hamburg u. Joachimsthalsches Gymn. Templin; Univ. Hamburg u. Heidelberg (Phil., Soziol.) - 1944 (n. Notabit.) - 45 Wehrdst., dann Studium, ab 1949 väterl. Betrieb, 1952-58 kaufm. Leit., Prok. u. Geschäftsf. versch. Papierverarbeitungsbetriebe, 1958-66 Gf. u. Vorstandsmitgl. in Firmen d. dt. Hochseefischerei. AR-Vors. Gesamthafenbetriebs-Ges., Schiffsmaklerei Rostock AG u. Ohnsorg-Theater GmbH; 1976-91 Vorst.-Vors. d. Hamburger Hafen- u. Lagerhaus-AG. 1957-82 MdHB; 1966-76 Senator u. Leit. Behörde f. Wirtschaft u. Verkehr, 1971-72 zugl. 2. Bürgerm. Div. Mandate (Hbg. Betriebe). S. 1978 Präs. Unternehmensverb. Hafen Hbg.

KERN, Horst Ernst

Dr. disc. pol., Dipl.-Sozialwiss., Prof. Univ. Göttingen (s. 1977) - Stegemühlenweg 25, 3400 Göttingen (T. 70 51 76) - Geb. 29. Sept. 1940 Wien (Vater: Ernst K., Beamter; Mutter: Hilde, geb. Lowitz), verh. s. 1965 m. Dr. Bärbel, geb. Angerstein, T. Anne - Hochsch. f. Soziawiss. Wilhelmshaven, FU Berlin, Univ. Göttingen - 1964-70 wiss. Assist., 1971-77 Wiss. Rat u. Prof. bzw. o. Prof. TU Hannover - BV: Industriearbeit u. Arbeiterbewußtsein, 1971 Studiena., 1977 (m. M. Schumann); D. soziale Prozeß b. techn. Umstellungen, 1972 (m. M. Schumann), Arbeitsbeding. im Kampf, 1979, Emp. Sozialforsch., 1982; Ende d. Arbeitsteilung?, 1984 (m. M. Schumann), Mme. Doctorin Schlözer, 1988 (m. B. Kern) - Liebh.: Segeln, Ski, Reisen - Spr.: Engl., Franz., Ital.

KERN, Horst Frank

Dr. med., Prof. f. Cythobiologie u. -pathol. Univ. Marburg (Bereich Humanmed.) - Am Steinherd 6, 3577 Ebsdorfergrund 5.

KERN, Karl-Günter

Dr. rer. nat. (habil.), Prof. Landesforstmeister - Forstamt, 6732 Edenkoben/Pf. - Geb. 20. Juni 1929 Bad Kreuznach/N. - B. 1971 Privatdoz., dann Prof. Univ. Freiburg/Br. (Forstl. Ertragskd.) - BV: Wachstum u. Umweltfaktoren im Schlag- u. Plenterwald, 1966.

KERN, Matthias

Komponist - Kreuzwippe 17, 3012 Langenhagen/Hann. (T. 0511 - 74 14 01) - Geb. 31. Mai 1928 Neuendettelsau/Mfr. (Vater: Helmut K., Dekan; Mutter: Jakobe, geb. Pilger), ev., verh. s. 1955 m. Ilse, geb. Lüns, 5 Kd. (Christoph (†1972), Barbara, Elisabeth, Monika, Burkhard) - Kompositor. Ausbild. Prof. Komma u. Reda (1950-55 Folkwangsch. Essen) - S. 1954 Kantor Essen, Duisburg (1957), Idar-Oberstein (1958), Hannover (1965). 1960 Leitg. u. Wiedergründ. Chorgemeinschaft a.d. Nahe; 1967-79 Herrnhäuser Kirchenmusiktage in 2-3jährl. Turnus. 1975 Gründ. Kantoreigem. Hannover; 1979ff. Doz. Westf. Landesmusiksch. Herford. Konzerte im In- u. Ausland, div. Rundfunkaufnahmen (NDR, SFB, BR). Zahlr. Reisen als Orgelsolist, Gastdozent u. Komponist nach Schweden u. USA: u.a. Yale Univ., Union Theol. Seminary, N.Y.C.; in Colleges; Orchesterw., Kammer-, Ballett-, Klavier- u. Orgelmusik sow. Lieder - Composer in Residence Carthage College 1983 von dort d. Ehrendoktorw. e. Dr. of Music. - Spr.: Engl.

KERN, Norbert Heinrich

Landrat Kreis Hersfeld-Rotenburg - Homberger Str. 159a, 6430 Bad Hersfeld (T. dstl.: 06621 - 8 72 58) - Geb. 8. Febr. 1933 Marburg (Vater: Gottfried K.; Mutter: Dora, geb. Brückner), verh. s. 1977 m. Heide-Lore, geb. Hanstein, 3 Söhne (Sandor, Felix, Max) - Jura-Stud. Univ. Frankfurt u. Marburg; 1. u. 2. jurist. Staatsex. - 1962-73 Jurist b. Staatsanw.sch., Dt. Bundesbahn u. Inn. Verw., zul. Regierungsdir.; Doz. Hess. Verw.schulverb. Kassel; s. 1974 1. Kreisbeigeordn., s. 1976 Landrat - Spr.: Engl.

KERN, Otto

Textilkaufmann, Ehrenpräsident Centralvereinig. Dt. Handelsvertreter- u. Maklerverb., Beirat d. Präsid. IHK Frankfurt/M., Ehrenvors. d. Wirtsch.-verb. d. Handelsvertreter in Hessen, Konsul i.R. - Leopoldweg 5, 6380 Bad Homburg v. d. H. (T. 06196 - 4 88 31) - Geb. 9. Aug. 1914 Freiburg (Vater: Heinrich K., Bibliothekar; Mutter: Else, geb. Heim), verh. m. Luise, geb. Schwinn, 3 Kd.

KERN, Peter

Dr. phil., Prof. f. Allg. Pädagogik PH Freiburg (s. 1982) - Torstr. 7, 7860 Schopfheim/Baden - Geb. 9. Mai 1940 Liegnitz/Schles. - Stud. Göttingen (Päd. Phil., German.) u. Hannover/TU (Päd., Phil., Soziol.). Beide Lehrerprüf.; Promot. 1972 - 1963-65 Lehrer; 1965-70 Wiss. Assist.; 1970-73 Seminarleit. u. Rektor; Geschäftsf. Stiftg. Phoenix z. Förderung d. ganzheitl. Denkens u. Handelns, St. Gallen - BV: Einf. in d. Vergl. Päd., 1973 (auch jap.); Polit. Päd. - Päd. Politik, 1973; m. P. Runde: Typologie d. Bildungsvoraussetz. in d. Polit. Erwachsenenbild., 3 Bde. 1977 (Kurzfass. Sammelbd. 1980); Päd. im Atomzeitalter, (m. H.-G. Wittig) 1982, 2. A. 1984; Notwendige Bildung, (m. H.-G. Wittig) 1985; Ethik u. Wirtschaft, 1990.

KERN, Peter Christoph

Dr. phil., Prof. f. Didaktik d. Dt. Sprache u. Literatur PH Freiburg - Kirchweg Nr. 5, 7808 Waldkirch - Geb. 2. Juni 1937 Garmisch-Partenkirchen.

KERN, Richard

Dr. rer. nat., wiss. Rat, Prof. f. Physiologie (Lehrst. I) Univ. Heidelberg (Fak. f. Naturwiss. Medizin) - Hildastr. 6, 6909 Walldorf - Geb. 21. Aug. 1932 - Promot. 1966; Habil. 1970 - 1973ff. apl. Prof. Üb. 30 Fachaufs.

KERN, Tyll-Dietrich

Dr. jur., Dipl.-Volksw., Rechtsanw., Synd. Bayer. Warenbörse, München, gf. Gesellsch. Solaris Grundstücksverwertungs-GmbH ebd. - Spitzstr. 2, 8031 Hechendorf/Pilsensee - Geb. 15. Nov. 1940.

KERN, Walter

Dr. phil., Dr. theol., em. o. Prof. f. Fundamentaltheol. - Postfach 569, A-6021 Innsbruck - Geb. 10. Januar 1922 Haslach/Kinzigtal (Vater: Wilhelm K., Kaufm.; Mutter: Rosa, geb. Wetterer), kath. - Stud. Phil. Freiburg/Br. (1940-41), Pullach (1947-50), Rom (1950-52), Theol. Innsbruck (1952-56) - S. 1957 Lehrtätigk. Berchmanskolleg Pullach (1960 ao. Prof.) u. Univ. Innsbruck (1969 o. Prof.). Vertr. Phil.-Theol. Hochsch. Frankfurt/M. (1958 u. 60) u. Freising (1964-68) - BV: Gesch. d. europ. Phil. d. Neuzeit, 2 Bde. 1962/63; Atheismus-Marxismus-Christentum, 1976, 2. A. 1979; Disput um Jesus u. um Kirche, 1980; Theol. Erkenntnislehre (m. F.-J. Niemann), 1981, 2. A. 1990 (auch ital., korean., kroat., span.); Geist u. Glaube (Hg. K. H. Neufeld), 1992. Herausg.: Warum glauben? (3. A. 1967, auch ital. (5. A. 1975), span., poln.); Phil. in Einzeldarst. (8 Bde. 1965-69); Innsbrucker theol. Stud. (s. 1978 38 Bde.); Handb. d. Fundamentaltheol. (m. H.J. Pottmeyer u. M. Seckler, 4 Bde. 1985-88 auch ital.) - Bes. Interesse: Erforsch. d. Phil. Hegels.

KERN, Werner

Dr. rer. pol., Univ.-Prof. f. Betriebswirtschaftslehre - Bismarckstr. 5-7, 5000 Köln 50 (T. 39 22 15) - Geb. 14. Mai 1927 Berlin (Vater: Dr. jur. Günther Kern, Generalint.; Mutter: Charlotte, geb. Ackermann), ev., verh. s. 1958 m. Gerda, geb. Berthold, S. Hans-Günther - 1948-53 TH Darmstadt (Wirtschaftsing.-wesen; Diplomprüf.) - S. 1960 (Habil.) Lehrtätigk. TH Darmstadt TH Braunschweig (1964 o. Prof.), Univ. Köln (1967 o. Prof.); 1983/84 Vors. Verb. d. Hochsch.-Lehrer f. Betriebswirtsch. - BV: D. Messung industrieller Fertigungskapazitäten und ihrer Ausnutzung, 1962; Operations Research, 1964, 6. A. 1987; Optimierungsverfahren in d. Ablauforganisation, 1966; Industriebetriebslehre, 1970; Investitionsrechnung, 1974; Forschung u. Entwickl. in d. Unternehmung (m. H.-H. Schröder), 1977; Ind. Produktionswirtsch., 5. A. 1992; Zeitaspekte in betriebwirtschaftl. Theorie u. Praxis (m. H. Hax u. H.-H. Schröder), 1989. Herausg.: Handwörterb. d. Produktionswirtsch. (1979). Div. Einzelarb.

KERNCHEN, Eberhard

Dr.-Ing., Prof., Hochschullehrer - Altvaterstr 13, 1000 Berlin 38 - Geb. 1. Nov. 1935, verh. s. 1963 m. Waltraut, geb. Oellrich, 2 T. (Angela, Anette) - Stud. TU Berlin (Bauing.wesen); Dipl.-Ing. 1963; Promot. 1968 - S. 1971 Hochschullehrer f. Techn. Mechanik TU Berlin; s. 1988 am ZID d. TU Berlin, Leit. d. Abt. Informationsverarb. in d. Gebäudeplanung; s. 1991 Sprecher d. Hochschul-Arbeitskreises IVAR (Informationsverarb. f. Architekten u. Raumplaner) - BV: Informationsverarb. in d. Lehre f. Arch. u. Designer, 1987; CAAD-Fortschritte bei uns u. unseren Nachbarn, 1991 - Liebh.: Segeln, Surfen.

KERNER, Hans

Dr. rer. nat., o. Prof. f. Mathematik Univ. Bayreuth - Furtwänglerstr. 80, 8580 Bayreuth - Geb. 31. Aug. 1932 Landshut - Promot. 1958, Habil. 1965 München; 1967 Wiss. Rat u. Prof. Univ. München; 1971 Prof. Univ. Frankfurt; 1975 Prof. Univ. Bayreuth.

KERNER, Hans-Jürgen

Dr. jur., o. Prof. f. Kriminologie Univ. Tübingen (s. 1986) - Am Keltengrab 3, 7400 Tübingen 3 - Geb. 8. Dez. 1943 Herxheim b. L., kath., verh. s. 1975 m. Annemarie, geb. Sternberger, 3 Kd. - Stud. München, Berlin, Tübingen (Habil 1975) - S. 1975 Wiss. Rat u. Prof. Univ. Bielefeld; s. 1977 o. Prof. u. Dir. Sem. f. Jugendrecht u. -hilfe Univ. Hamburg; s. 1978 Richter OLG Hamburg; 1980-86 Ord. u. Dir. Inst. f. Kriminol. Univ. Heidelberg, s. 1986 Ord. u. Dir. Inst. f. Kriminol. Univ. Tübingen. Ab 1983 Vors. Dt. Bewährungshilfe, Bonn; Vizepr. (ab 1985) u. Präs. (ab 1990) Wiss. Kommiss. Société Int. d. Criminologie (Paris); ab 1986 Vors. Ges. f. d. gesamte Kriminol., Tübingen; ab 1988 Präs. Neue Kriminologische Ges.

KERNER, Max

Dr. phil., Prof., Historiker - Reimser Str. 19, 5100 Aachen - Geb. 1. Dez. 1940 - Promot. 1969 - S. Habil. Lehrtätigk. TH Aachen (1978 apl. Prof. u. Leit. Lehrgeb. f. Mittlere u. Neuere Geschichte) - BV: Stud. z. Dekret d. Bischofs Burchard v. Worms, 2 Bde. 1971; Johannes v. Salisbury u. d. log. Struktur s. Policratius, 1977; Ideologie u. Herrschaft im Mittelalter, 1982; ... e. finstere u. fast unglaubl. Gesch.? Mediävistische Notizen z. U. Ecos Mönchsroman D. Name d. Rose, 1987.

KERNIG, Claus-Dieter

Prof., Dr. phil., Ordinarius f. Politikwiss. Univ. Trier (s. 1974) - Christophstr. 9, 5500 Trier - Geb. 5. Sept. 1927 Berlin (Vater: Willy K., Journ.; Mutter: Helene, geb. Dietel), ev., verh. s. 1956 m. Henni, geb. Hansen, 3 Kd. (Nepomuk, Barbara, Charlotte) - Stud. Phil. (b. Martin Heidegger), Politikwiss. (b. Arnold Bergstraesser) - 1958 wiss. Assist. Marburg; 1968 Lehrbeauftr., spät. Honorarprof. Freiburg - BV: Sozialismus, Theoriegesch., 1979; Sowjetsystem u. Demokrat. Ges., vgl. Enzyklop., 6 Bde., 1966-72; zahlr. Arbeiten, Ostforsch. - Liebh.: Ski, Bergsteigen - Spr.: Engl., Russ., Hebr. - Bek. Vorf.: Vlad. Kernig, Arzt in Petersburg.

KERP, Lothar

Dr. med., Prof. f. Innere Medizin - Im Oberfeld 12, 7800 Freiburg/Br. - Geb. 1. Mai 1929 - S. 1964 (Habil.) Lehrtätigk. Univ. Freiburg (1971ff. Ärztl. Direktor) - 1966 Karl-Hansen-Preis.

KERPEN, Hans-Heinz

Fabrikant, gf. Gesellsch. Kerpen-Gruppe (s. 1966), Chairman of Kerpen special Ltd., London - Vicht Feldstr. 22, 5190 Stolberg (T. 17214) - Geb. 26. Aug. 1931 Lohmühle (Vater: Heinz K., Ing.; Mutter: Tony, geb. Schulte), kath., verw. s. 1987, 3 Kd. (Hans-Heinz, Claudia Desirée, Julia Kristina) - Goethe-Gymn. Stolberg; TH Aachen - Liebh.: Kunst- u. Lit.sammeln (vorwieg. zeitgenöss.) - Spr.: Engl., Franz.

KERRUTT, Günter

Dr. rer. nat., Dipl.-Chem., Prof. f. Chemie u. ihre Didaktik Univ. Münster - Raiffeisenring 28, 4408 Dülmen-Buldern (T. 02590 - 46 29) - Geb. 14. Juni 1930 Legenquell/Ostpr. (Vater: Alfred K., Lehrer; Mutter: Eva, geb. Weinreich), ev., verh. s. 1962 m. Sigrun, geb. Sonnenberg, T. Christiane - TH Hannover (Dipl.-Chem. 1958, Promot. 1962); Habil. 1971 - S. 1973 Prof. PH Münster - 1962-72 Chem. Werke Hüls AG (Forsch., Anwendungstechnik); 1972 Wiss. Rat u. Prof. PH Münster; 1973 Lehrst. f. Chemie u. ihre Didaktik, 1980 Univ. Münster - 10 Pat. auf d. Geb. d. makromolekularen Chemie - Spr.: Engl.

KERSBERG, Herbert Rino

Dr. rer. nat., o. Prof. f. Geographie u. ihre Didaktik Päd. Hochsch. Ruhr/Abt. Hagen - Cunostr. 92, 5800 Hagen/W. (T. 53171) - Spez. Arbeitsgeb.: Vegetationsgeogr., Oekologie.

KERSCHBAUMER, Marie-Thérèse

s. Kurz-Goldenstein, Marie-Thérèse

KERSCHE, Peter

Leiter Landesergänzungsbücherei Kärntner Landesreg., Klagenfurt - Mozartstr. 35, A-9020 Klagenfurt (T. 0-42-22-23-80-13) - Geb. 1. Mai 1945 Mixnitz/Steiermark, kath., verh. s. 1974 m. Dr. Gunhild, geb. Molzbichler, S. Arno - Matura 1965 Graz; 1965-71 Stud. Slawist. u. German. Univ. Graz (ohne Abschl.) - Autor, Übers. (aus d. Slowen. u.a.), Bibliograph, Lexikograph, Redakt. Literaturztschr. LOG (1978-82); 1981-82 Archivar Robert Musil-Archiv Klagenfurt; s. 1982 Leit. Landesergänzungsbücherei; s. 1983 Redaktionsbeirat slowen. Kulturztschr. Celovski zvon. Mitgl. in versch. Autoren-Vereinig. - BV: Bibliogr. d. Lit. Jugosl. in dt. Übers. 1775-1977, 1978 - 1975 Arbeitsstip. f. Lit. Kärntner Landesreg.; 1977 Theodor-Körner-Preis; 1982 Literaturpreis Land Kärnten - Spr.: Slowen., Serbokroat., Engl.

KERSCHENSTEINER, Jula

Dr. phil., Prof. f. Klass. Philologie - Griegstr. 13, 8000 München 40 (T. 35 34 60) - Geb. 5. Aug. 1917 München (Vater: Prof. Dr. med. Hermann K., Krankenhausdir.; Mutter: geb. Albrecht) - S. 1959 (Habil.) Lehrtätigk. Univ. München (1966 apl. Prof.) - BV: Platon u. d. Orient, 1945; Kosmos - Quellenkrit. Unters. zu d. Vorsokratikern, 1962; D. myken. Welt in ihren schriftl. Zeugn., 1970; Platon, Laches, 1975; Platon, D. Briefe, 1967 (m. W. Neumann). Div. Einzelarb. - Liebh.: Münzen - Bek. Vorf.: Georg K., Pädagoge.

KERSCHER, Josef

I. Bürgermeister (s. 1971) - Rathaus, 8319 Velden/Ndb. - Geb. 21. Dez. 1932 Velden - Zul. Verwaltungsangest. CSU.

KERSCHER, Rudolf

Dr. rer. nat., Dipl.-Phys., Vorstand Fritz Thyssen Stiftg. (s. 1976) - Am Römerturm 3, 5000 Köln 1 (T. 23 44 72) - Geb. 15. April 1928 Würzburg (Vater: Josef K., Werkm.; Mutter: Therese, geb. Schmidmüller), kath., verh. s. 1967 m. Ursula, geb. Hübner, 3 S. (Oliver, Alexander, Felix) - Stud. Naturwiss. Univ. Würzburg; Dipl.ex. 1951; Promot. 1954 - 1952-55 Physikal. Inst. Univ. Würzburg (wiss. Assist.), 1955-57 Fa. Carl Zeiss (wiss. Mitarb.), 1958-62 DFG, 1962-76 ständ. Vertr. Generalsekr. Stiftg. Volkswagenwerk - BV: Memorandum Weltraumforschung, 1961 (m. a.); Leitung, Planung, Verw. d. Forschung, 1962 (m. a.); D. Stiftg. Volkswagenwerk, 1972 - Spr.: Engl.

KERSCHGENS, Karl

Staatssekretär a. D. Min. f. Umwelt u. Energie Land Hessen (b. 1987), MdL Hessen, Fraktion Die Grünen - Stud. kath. Theol. u. Rom. Philol. - 1965-68 Pfarrdst., 1971-82 Berufsberater f. Abiturienten u. Hochschüler, 1982-85 MdL Hessen, 2. Vors. d. Vereins Leben nach Tschernobyl.

KERSIG, Hans

Dr. rer. pol., Dipl.-Kfm., Konsul, Inh. Dr. Hans Kersig u. Dr. Kersig Wohnungsbauges. mbH., bde. Kiel - Lindenallee 22, 2300 Kiel - Geb. 18. Dez. 1902 - ARsmandate u. a. - Österr. Konsul f. Schlesw.-Holst.

KERST, Alexander

Schauspieler - Lucile-Grahn-Str. 44, 8000 München 80 - Geb. 23. Febr. 1924 Prag - Theater, Film, Fernsehen (tragende Rollen).

KERSTEN, Heinrich

Dipl.-Kfm., Vorstandsmitglied Thyssen Handelsunion AG, Düsseldorf (s. 1982) - Grazer Str. 3, 4100 Duisburg 28 - Geb. 15. Aug. 1929.

KERSTEN, Helga,

geb. Schmidt

Dr. rer. nat., Prof., Biochemikerin - Platenstr. 17, 8520 Erlangen (T. 2 73 37) - Geb. 17. Nov. 1926 Hannover (Vater: Ludwig S., Kaufm.), verh. 1955 m. Prof. Dr. med. Walter K. (s. dort) - Stud. Chemie - S. 1964 (Habil.) Lehrtätigk. Univ. Münster (1969 apl. Prof.) u. Erlangen-Nürnberg (1970 apl. Prof.), 1989 Dekan Naturwiss. Fak. Fachveröff.

KERSTEN, Karl

Dr. phil., Prof., Ltd. Direktor archäol. Landesmuseum d. Univ. Kiel, Landesarchäologe a. D. Schleswig (Schloß Gottorp) - Schubystr. 100a, 2380 Schleswig (T. 81 33 89) - Geb. 8. Aug. 1909 Stade/Elbe - S. 1944 (Habil.) Doz. u. apl. Prof. (1951) f. Ur- u. Frühgesch. Univ. Kiel. 1962ff. - BV: Z. älteren nord. Bronzezeit, 1935; Vorgesch. d. Kr. Steinburg, 1939; Vorgesch. d. Kr. Herzogtum Lauenburg, 1951; Vorgesch. d. Nordfries. Inseln, 1958 (m. P. La Baume); Funde d. ält. Bronzezeit i. Pommern, 1958; Urgesch. d. Naturschutzparkes Wilsede, 1964; D. Funde d. ält. Bronzezeit d. nord. Kreises in Dänemark, Schleswig-Holst. u. Nieders., Bde. I-IX, XVII, 1973-91 (m. Ekkehard Aner †).

KERSTEN, Martin

Dr.-Ing., Prof., Präsident Physikal.-Techn. Bundesanstalt, Braunschweig (1961-69; Rücktr.) - Am Hohen Tore 4 A / 381, 3300 Braunschweig (T. 808381) - Geb. 28. April 1906 Zittau/Sa. (Vater: Studienrat Carl K., Verf. bautechn. Lehrbücher (s. X. Ausg.); Mutter: Magdalene, geb. Lamprecht), ev., verh. m. Cläre, geb. Roth, 3 Kd. - TH u. Univ. Berlin (Physik). Promot. 1942 TH Stuttgart - 1930-46 Laborphysiker u. Abt.sleit. Siemens & Halske AG., Berlin, 1946-51 o. Prof. f. Experimentalphysik TH Dresden u. Univ. Jena (1947), 1951-55 Laborleit. Vacuumschmelze AG., Hanau, Ab 1952 Lehrbeauftr. u. Honorarprof. (1954) f. Metallphysik Univ. Frankfurt/M., 1955-61 o. Prof. u. Dir. Inst. f. Werkstoffe d. Elektrotechnik TH Aachen u. Mitdir. KFA-Inst. f. Reaktorwerkst. Jülich, s. 1962 Honorarprof. f. Physik TH bzw. TU Braunschweig. 1967-68 Präs. Dt. Physikal. Ges.; s. 1964 Mitgl., s. 1970 Ehrenmitgl. Intern. Kommiss. f. Maß u. Gewicht; 1963-66 Mitgl. Wiss.rat, 1968-76 Mitgl. Dt. UNESCO-Kommiss. Veröff. üb. ferromagnet. Hysterese u. reversible Permeabilität, Magnetische Werkstoffe, Energie- u. Umweltschutzprobleme u. a. in Mitteil. TU Braunschw. u. Physik. Blätter - 1949 Mitgl., s. 1951 ausw. Mitgl. Sächs. Akad. d. Wiss.; 1964 Mitgl. Braunschweig. Wiss. Ges.; 1968 Gr. BVK - Lit.:E. Buchwald, Phys. Bl. 66, S. 145; Friedr. Hund, Phys.Bl. 76, S. 172.

KERSTEN, Paul

Dr. phil., Redakteur NDR-Fernsehen (Kultur- u. Wiss.), Schriftst. - Schottmüllerstr. 38, 2000 Hamburg 20 (T. 040 - 460 15 84) - Geb. 23. Juni 1943 Brakel - Promot. 1970 Univ. Hamburg - BV: D. Metaphorik in d. Lyrik v. Nelly Sachs, Diss. 1970; D. alltägl. Tod m. Vaters, Erz. 1978; Absprung, R. 1979; D. toten Schwestern, Prosa 1982; Briefe e. Menschenfressers, R. 1987; Abschied v. e. Tochter, R. 1990 - Fernsehfilm: D. Traurigkeit, die töten kann - 1982 Film- u. Fernsehpreis Dt. Ärzteverb. (f. FS-Film).

KERSTEN, Walter

Dr. med., o. Univ.-Prof., Direktor Inst. f. Biochemie Univ. Erlangen-Nürnberg - Platenstr. 17, 8520 Erlangen (T. 09131-2 73 37) - Geb. 6. Juli 1926, kath., verh. s. 1955 m. Prof. Dr. rer. nat. Helga, geb. Schmidt - Med. Staatsex. 1954 Marburg; Promot. 1954 Marburg - S. 1968 Ord. Univ. Erlangen; Dekan Med. Fak., Sprecher d. Sonderforsch.-Ber. Grundl. d. Früherkennung d. Krebses.

KERSTIENS, Ludwig

Dr. phil., Prof., Leiter Landesstelle Baden-Württ. d. Dt. Inst. f. Bildung u. Wissen (s. 1964) - Brahmsweg 12, 7987 Weingarten (T. Ravensburg 4 53 02) - Geb. 6. Nov. 1924 Münster/W. (Vater: Ferdinand K., Oberreg.rat; Mutter: Luise, geb. ten Hompel), kath., verh. s. 1954 m. Brigitte, geb. de Werth, 2 Söhne (Norbert, Wolfgang) - Gymn.; Univ. Münster/W. (Phil., Päd., Dt., Lat.; Promot. 1951) - 1955-62 Studienrat Münster; s. 1962 Dozent u. Prof. (1966) Päd. Hochsch. Weingarten (Allg. u. histor. Päd.; 1968-71 Rektor); s. 1988 Prof. a. D. Vors. Christophorus (1952-54) u. -rat (1957-61); Vors. Bild.werk Diözese Rottenburg-Stuttg. (1973-83) - BV: Filmerzieh. - E. Einf. in d. Filmpäd., 1961, 3. A. 1968; D. Mensch erschließt sich d. Welt, 1967; D. gebildete Mensch, 1966; Medienkunde in d. Schule, 1968, 2. A. 1971; Modelle emanzipator. Erz., 2. A. 1975; Unterr.thema Massenkommunikation, 1976; Erziehungsziele - neu befragt, 1978; Versteht uns doch. Eltern u. Jugendliche, 1979; Erziehungsziele u. Schulwirklichk., 1980; Verbindl. Perspektiven menschlichen Handelns, 1983; D. Gewissen wecken, 1987; Erziehungsziel: Humanes Leben, 1991. Herausg.: Elternbildung (1976) - 1983 Ritterwürde päpstl. Silvesterorden; 1986 Wissenschaftspreis Städte Ravensburg u. Weingarten; 1987 BVK am Bde.

KERSTING, Günter

Dr. med. (habil.), o. Prof. u. Direktor Inst. f. Neuropathologie Univ. Bonn (s. 1967) - Lutfriedstr. 4, 5300 Bonn (T. 624255) - Spr.: Engl., Franz., Holl. - Rotarier.

KERTELGE, Karl

Dr. theol., o. Prof. f. Exegese d. Neuen Testaments - Isolde-Kurz-Str. 19, 4400 Münster/W. - Geb. 28. April 1926 Selm/W., kath. - Promot. 1967; Habil. 1969 - S. 1969 Ord. Trier u. Münster (Seminardir.). Mitgl. Rhein.-Westf. Akad. d. Wiss., Düsseldorf; s. 1987 Vors. Dt. Ökumen. Studienaussch. Bücher u. Aufs.

KERTZ, Peter

Dr. phil., Prof., Regisseur, Musikschriftsteller - Kirchweg 6c, 8000 München 70 (T. 723 33 81) - Geb. 4. Juni 1934 Nürnberg (Vater: Heinrich K., Maler; Mutter: Margarete, geb. Schill) - Insz.: Staatstheater a. Gärtnerplatz, München; Hess. Staatstheater Wiesbaden u. Kassel, Musiktheater im Revier Essen, Aachen, Darmstadt, Gastsp. in Holland u.a. S. 1981 Ord. f. Operndarst. Staatl. Hochsch. f. Musik München.

KERTZ, Walter

Dr. rer. nat., o. Prof. f. Geophysik u. Meteorol. TU Braunschweig (s. 1960) - Pestalozzistr. 2, 3300 Braunschweig (T. 332349) - Geb. 29. Febr. 1924 Remscheid (Vater: Dr. phil. Gustav K., Pastor; Mutter: geb. Heinzelmann), ev., verh. s. 1950 m. Ruth, geb. Friedrich - Univ. Bonn u. Göttingen. Dipl.-Math. (1948), Promot. (1950) u. Habil. (1958) Göttingen - 1950-60 Assist. Univ. Göttingen (Geophysikal. Inst.) - BV: Atmosphär. Gezeiten, in: Handb. d. Physik, 1957; E. neues Maß f. d. Feldstärke d. erdmagnet. äquatorialen Ringstromes, 1958; Einf. in d. Geophysik, 1969 ff. - Spr.: Engl.

KERZ, Josef

Geschäftsf. Helvetia Conserven GmbH., Groß Gerau - Engelspfad 1, 6080 Groß-Gerau.

KESEL, Fritz

Dr. oec. publ., Dipl.-Kfm., Wirtschaftsprüfer u. Steuerberater - Sternwartstr. 20, 8000 München 80 (T. 089-98 82 65) - Geb. 8. Okt. 1924, ev., verh. s. 1950 m. Margot, geb. Hussendörfer, 3 Kd. (Ulrike, Sabine, Florentin) - Abit. 1942; 1946-48 Stud. Betriebsw. Univ. München; Promot. 1951 - S. 1957 Wirtschaftsprüf. u. Steuerberat.; dzt. selbst. 1981-91 AR-Vors. Dt. allg. Treuhand AG (Datag), München - Spr.: Engl., Franz.

KESELING, Gisbert

Dr. phil., Prof. f. German. u. Dt. Philologie Univ. Marburg - Goethestr. 22, 3550 Marburg/L.

KESPER, Erich

Direktor i.R., Aufsichtsratsmitglied Continentale Sachversich. (1987), Würzburger Unfallversich. (1989) - Driescher Hof 5, 4330 Mülheim/Ruhr (T. 0208 - 42 22 34) - Geb. 20. Mai 1921 Essen, ev., verh. s. 1950 m. Elisabeth, geb. Wissemann, 2 Kd. (Silvia, Petra) - Mittl. Reife, kfm. Lehre - 1967-68 Abteilungsleiter Continentale Krankenversich. AG, 1969-76 Prok., s. 1975 Abt.-Dir., 1977-86 Vorst. Continentale Sachversich. AG Dortmund, s. 1987 AR-Mitgl. ebd. - Liebh.: Philatelie, Mineralogie - Spr.: Engl.

KESPOHL, Dieter

Dipl.-Ing., Prof. f. Baustofftechnologie, Bauschäden Univ. Kaiserslautern, öbuv Sachverständiger - Rotentalstr. 33, 6755 Hochspeyer (T. 06305 - 2 65) - Zul. Prof. Univ. Trier.

KESSEL, von, Immo

Botschaftsrat I. Kl. Botschaft Mexiko-Stadt (s. 1988) - Postf. 15 00, 5300 Bonn 1 - Geb. 24. Mai 1934 Lüneburg (Vater: Mortimer v. K., General; Mutter: Dorothee v. Kessel), gesch., 3 Töcht. (Annabel, Sophie, Julie) - Gymn. Goslar (Abit.) Stud. Rechts- u. Staatswiss. Univ. Bonn, Paris, München; Referendarex. 1960, Assessorex. 1964 (Düsseldorf) - Ausw. Dst. (Auslandsposten Kairo, Mexiko u. Helsinki, 1974-77 MBFR-Deleg. Wien, 1977-80 Ausw. Amt Bonn (Lateinamerikaref.); 1980-84 Generalkonsulat Boston, 1984-88 Lille, ab 1988 Botschaft Mexiko.

KESSEL, Siegfried

Dr. rer. nat., o. Prof. f. Mechanik - Ravensweg 42, 4600 Dortmund 41 - Geb. 27. Mai 1933 Wüstewaltersdorf - Promot. 1960 - S. 1972 Ord. Univ. Dortmund.

KESSELER, Karlheinz

Dr. med., Prof., Wiss. Rat Physiol. Inst. Univ. Bonn (s. 1969) - Beethovenpl. 10, 5300 Bonn (T. 633010) - B. 1967 Privatdoz., dann apl. Prof., Bonn.

KESSELER, Wolfram

Dr. iur., Organisations- u. Personalberater - Dültgenstaler Str. 38, 5650 Solingen 19 (Wald) (T. 31 78 65) - Geb. 20. Dez. 1930 Düsseldorf (Vater: Lic. Dr. Kurt K., Oberstudiendir., Pastor †; Mutter: Herta, geb. Schaade †), ev., verh. s. 1964 m. Dr. Karin, geb. Königs (Ärztin), S. Fabian - Univ. Köln u. Freiburg; Hochsch. f. Verw.swiss. Speyer. Jurist. Staatsprüf. 1954 u. 58 Düsseldorf; Promot. 1959 Köln - 1959-62 Ref. Landkreistag NRW; 1962-64 Stadtrat Witten/Ruhr (jurist. Beigeordn.), 1964-76 Stadtkämmerer Solingen, 1974 zugl. Stadtdir.; 1976 RA Düsseld., 1977-81 zugl. Inst.-Leit. IFO Inst. GmbH, Bonn, dann fr. Berater. CDU (u. a. 1950/51 Mitgl. Deutschlandrat Junge Union u. 1972-76 Bundesparteigericht); s. 1965 Aussch.-Mitgl. Landschaftsverb. Rhld. - BV: Geschichtl. Entwicklung intern. Verw.abkommen im dt. Recht, 1960.

KESSLER, Albrecht

Dr. phil., o. Prof. f. Meteorologie u. Klimatol. - Heubuck 37, 7801 Horben/Br. - Geb. 1. Okt. 1930 - Promot. 1959 Heidelberg; Habil. 1968 Hannover - S. 1969 Prof. Univ. Bonn u. Freiburg (1972) - BV: u. a. Globalbilanzen v. Klimaelementen, 1968; Heat balance climatology, 1985.

KESSLER, Alfons

Dr.-Ing., Prof. f. Hochfrequenztechnik TH Darmstadt - Wilhelmstr., 6107 Reinheim 1 - Geb. 4. Juni 1931 Neuwied - Promot. 1967 - Zul. Wiss. Rat u. Prof.

KESSLER, Carl

Senatspräsident i. R., Mitgl. Ev. Kirchenleitg. West u. Provinzialsynode d. Ev. Kirche Berlin-Brandenburg (Vors. Ordnungs-/Rechtsaussch.), b. 1972, stv. Vors. Berliner Stadtsynodalverb. u. Vors. Stadtsynodalvers. b. 1973 - Düppelstr. 2, 1000 Berlin 37 (T. 8017954) - Geb. 12. Dez. 1903 Flensburg (Vater: Carl K., Landgerichtsrat; Mutter: Clara, geb. Zinkeisen), ev., ledig - Gymn. Köln u. Nordhausen; Univ. München, Kiel, Halle (Rechtswiss., Volksw.) - Landrichter (1936 Ruhest. § 6 Berufsbeamtenges.); 1944-45 KZ Buchenwald; 1945-49 Oberreichsbahnrat; 1950-68 Kammergerichtsrat u. Senatspräs. (1960) KG Berlin. 1948-57 Lehrbeauftr. TU Berlin (1948-50 Synd.) - Liebh.: Reisen, Violinspiel.

KESSLER, Christoph

Dr. rer. nat., Privatdozent Biotechnologie Univ. München (s. 1991) - Schloßbergweg 11, 8021 Icking-Dorpen - Geb. 2. Juni 1949 Wiesbaden (Vater: Franz K., Univ.-Musikdir.; Mutter: Ilse, geb. von Zelewski, Dipl.-Chem.), ev., verh. s. 1976 m. Susanne, geb. Michels - Gymn. Erlangen; Abit. 1969; Stud. Chemie 1969-76 Univ. Erlangen u. München; Promot. 1979 Univ. München; Habil. 1990 Univ. München - S. 1980 b. Boehringer Mannheim GmbH; s. 1985 Abt.-leit. Genetik u. Biochem. Forsch.zentrum ebd.; Vorst. Philharmoniker Isartal e.V. - Entd.: Digoxigenin - Indikatorsysteme zum nichtradioaktiven Nachweis v. Nucleinsäuren - BV: Nachweis von DNA, 1990; Nonradioactive Labeling and Detection of Biomolecules, 1992; ca. 100 Fachveröff. u. Patente üb. nichtradioaktive bioanalyt. Nachweissysteme sowie molekularbiolog. Enzyme - Liebh.: Klass. Orch.- u. Kammermusik - Spr.: Engl.

KESSLER, Claus

Dr.-Ing., Vorstandsmitglied Siemens AG - Wittelsbacher Platz 2, 8000 München 2 (T. 089 - 234-31 00) - Geb. 2. März 1930 Berlin (Vater: Christoph K., Ing.; Mutter: Hildegard, geb. Holl), ev., verh. s. 1954 m. Monika, geb. Stangl, 3 Söhne (Stephan, Christoph, Michael) - Physik-Stud. TU Berlin, TH Karlsruhe (Dipl.-Phys. 1951, Promot: 1954). S. 1951 Siemens-Schuckertwerke bzw. Siemens (1970 Werkleit. Schaltwerk Berlin, 1973 Leit. Werkgruppe Meß- u. Prozeßgeräte, 1977 Leit. Hauptber. Werke, 1981 Leit. Unternehmensber. Datentechnik), 1984 Leit. Unternehmensber. Kommunikations- u. Datentechnik, 1989 Zentralabt. Produktion u. Logistik - Spr.: Engl.

KESSLER, Eckhard

Dr. phil., Prof. Univ. München - Konradstr. 7, 8000 München 40 (T. 089 - 33 14 16) - Geb. 22. Mai 1938 Habelschwerdt (Vater: Walter K., Ing.; Mutter: Erika, geb. Reichert), ev., verh. s. 1964 m. Rose, geb. Goes - Staatsex. 1963, Promot. 1968, Habil. 1975, alles Univ. München - 1977 Gastprof. Columbia Univ. New York; 1979-82 Dir. Dt. Studienzentr. Venedig; s. 1980 Prof. Univ. München; s. 1984 Hrsg. Humanistische Bibliothek; s. 1990 Vizepräs. Foundation for Intellectual History - BV: D. Problem d. frühen Humanismus. S. phil. Bedeut. b. Coluccio Salutati, 1968; Theoretiker human. Gesch.schreib. (Hrsg.), 1971; Petrarca u. d. Gesch. Gesch.schreib., Rhetorik, Phil. im Übergang v. Mittelalter z. Neuzeit, 1978. Mithrsg.: Cambridge Hist. of Renaissance Phil. (1988) - 1981 Premio Montecchio.

KESSLER (ß), Elmar

Geschäftsführer Bundesbahn-Versicherungsanstalt - Karlstr. 4-6, 6000 Frankfurt/M..

KESSLER, Erich

Dr. phil., o. Prof. u. Vorst. Botan. Inst. Univ. Erlangen-Nürnberg (1964) - Jungstr. 23, 8520 Erlangen (T. 5 16 00) - Geb. 23. Mai 1927 Bremen (Vater: Dr. phil. Erich K., Studienrat; Mutter: Margarethe, geb. Stivarius), ev., verh. s. 1959 m. Heide, geb. Jansen, Tocht. Sabine - Gymn. Bremen; Univ. Marburg (Botanik, Chemie, Physik). Promot. (1953) u. Habil. (1957) Marburg - 1952-64 Assist. u. Doz. (1957) Univ. Marburg. 1967/68, 1972/1973 u. 1977/78 Gastprof. USA. Mitgl. Dt. Botan. Ges. (1952), Jap. Soc. of Plant Physiol. (1960), Internat. Phycol. Soc. (1961). Forschungsgeb.: Stoffwechselphysiol. u. Biochemie d. Pflanzen; Chemotaxonomie d. Algen. Zahlr. Handbuch- u. Ztschr.beitr. - Spr.: Engl.

KESSLER, Erwin

Dr. med., Prof. f. Chirurgie - Oberer Laubenheimer Weg 21, 6500 Mainz - Geb. 24. Mai 1930 Bous/Saar (Vater: Wilhelm K., Lehrer; Mutter: Anna, geb. Roth), kath., verh. s. 1966 m. Eva, geb. Boltz, 2 Kd. (Werner, Stephanie) - Gymn. Saarlouis; Univ. Freiburg. Approb. 1956; Promot. 1957; Habil. 1969 - S. 1970 Oberarzt, apl. Prof. (1972) u. wiss. Rat u. Prof. (1974) Univ. Mainz. Fachaufs. - Spr.: Franz., Engl.

KESSLER (ß), Franz

Dr. phil., Universitätsmusikdirektor a.D. - Jungstr. 22, 8520 Erlangen (T. 5 12 79) - Geb. 30. April 1914 Neuß/Rh. (Vater: Karl K., Eisenbahninsp. † 1933; Mutter: Katharina, geb. Seulberger † 1978), ev., verh. s. 1944 m. Ilsetraut, geb. v. Zelewski, 3 Kd. (Matthias † 1986, Christoph, Maria-Barbara) - Musikhochsch. Berlin, Univ. ebd. (1934-37) u. Mainz (1946-49) - 1937-41 Organist St. Marien Danzig; 1945-59 Kantor u. Org. Lutherkirche Wiesbaden; 1951-59 Lehrbeauftr. Univ. Mainz (Kirchenmusik); 1960 Univ.musikdir. Erlangen (1971 Akad. Dir.) u. Org. Neustädter Univ.kirche ebd. S. 1983 Mitarb. Inst. f. Ostdeutsche Musik in Bergisch-Gladbach.

KESSLER (ß), Franz Rudolf

Dr. phil., o. Prof. f. Physik u. Direktor Inst. f. Halbleiterphysik u. Optik TU Braunschweig (s. 1964) - Am Walde 42, 3300 Braunschweig - Geb. 11. Aug. 1927 Düren/Rhld. (Vater: Dr. H. Albert K., Oberstudiendir. †; Mutter: Anna, geb. Dönch †), kath., verh. s. 1956 m. Hedwig, geb. Kahlscheuer, 2 Kd. (Rainer, Monika) - Gymn. Düren; Univ. Köln u. Freiburg/Br. Promot. 1954 Köln; Habil. 1959 Saarbrücken - 1959-64 Privatdoz. Univ. Saarbrücken, 1967-69 Leit. Abt. Math., Physik u. Geowiss., 1971-73 Dekan Naturwiss. Fak. d. TU Braunschweig, 1987-89 Dekan FB f. Physik u. Geowiss. TU Braunschweig. S. 1969 o. Mitgl. d. Braunschweig. Wiss. Ges. Hauptarbeitsgeb.: Festkörperphysik. Fachveröff., insbes. üb.: opt. Eigenschaften d. Halbleiter - BV: Kernenergiegewinn. u. Kernstrahl., 2. A. 1974 - S. 1978 Kurator Phys. Techn. Bundesanst. (PTB) Braunschweig; 1986 Prof. Honorífico de la Universidad Mayor de San Simón, Cochabamba, Bolivien.

KESSLER, Franz-Josef

Dr. med., Chefarzt (Innere Abt./Malteser-Krankenhaus, Bonn-Hardtberg 1973-91), apl. Prof. f. Innere Med. Univ. Bonn (s. 1970) - Am Sonnenhang 8, 5300 Bonn-Ippendorf.

KESSLER, Gerhart

Dr.-Ing., em., o. Prof. Inst. für Elektr. Antriebstechnik TU München (s. 1965) - Gernerstr. 3, 8000 München 19 (T. 157 48 41) - Geb. 1. Febr. 1914 - Zul. Wiss. Mitarb. Siemens-Schuckertwerke AG., Erlangen.

KESSLER, Hans Hubert

Dr. theol., Prof. f. Systemat. Theol. Univ. Frankfurt - Sodener Weg 43, 6232 Bad Soden-Altenhain (T. 06174 - 2 13 15) - Geb. 12. März 1938 Schwäbisch Gmünd (Vater: Hubert K., Zimmerm.; Mutter: Klara, geb. Forster), kath., verh. s. 1969 m. Heidrun, geb. Kilian, T. Anette - Stud. d. Phil., Theol., Päd. Univ. Tübingen, Würzburg, München - BV: D. theol. Bedeutung d. Todes Jesu, 2. A. 1971; Erlösung als Befreiung, 1972; Sucht d. Lebenden nicht b. d. Toten. D. Aufersteh. Jesu Christi in bibl., fundamentaltheol. u. system. Sicht, 1985, 2. A. 1987 (span.: Salamanca 1989, DDR-Lizenzausg.: Leipzig 1989); Reduzierte Erlösung? Z. Erlösungsverständnis d. Befreiungstheol., 1987; D. Stöhnen d. Natur. Plädoyer f. e. Schöpfungsspiritualität u. Schöpfungsethik, 1990.

KESSLER, Heinrich

Richter am Bundesgerichtshof a. D. - Steigenhohl Nr. 23, 7505 Ettlingen (T. 3528) - Geb. 15. Mai 1906 München (Vater: Reichsgerichtsrat D. Dr. Friedrich Jakob K.; Mutter: Hedwig, geb. Antz), ev., verh. s. 1932 m. Elisabeth, geb. Broich, 5 Kd. - Univ. Tübingen, München, Leipzig, Erlangen - S. 1932 Justizdst. (1960 BGH).

KESSLER, Heinz-Gerhard

Dr.-Ing., o. Prof. f. Lebensmittelverfahrenstechnik u. Molkereitechnol. TU München (s. 1974) - Agnes-Bernauer-Str. 174, 8000 München 21 - Geb. 2. Juni 1932 Gießen - Promot. 1961 Darmstadt; Habil. 1968 München - U. a. Leit. Südd. Versuchs- u. Forschungsanst. f. Milchwirtsch., Weihenstephan.

KESSLER (ß), Helmut

Dr. rer. pol., Dipl.-Kfm., gf. Präsident Westf.-Lipp. Sparkassen- u. Giroverb. - Prothmannstr. 1, 4400 Münster (T. 210 46 00) - Geb. 18. März 1930 Bad Godesberg - Vorst. Dt. Sparkassen- u. Giroverb., Bonn; stv. VR-Vors. Westdt. Landesbank Girozentr. Düsseldorf/Münster, Westf. Provinzial-Versich. - Versich. d. Sparkassen, Münster; VR Dt. Girozentr. - Dt. Kommunalbank - Berlin u. Frankfurt a.M., WestLB Intern. S.A., Luxembourg; AR Buchungszentr. westf.-lipp. Sparkassen GmbH, Münster u. WestLB Europa AG.

KESSLER, Herbert

Prof. f. Bildende Kunst/Kunstgeschichte Univ. Lüneburg - Georg-Soltwedel-Str. 15, 2121 Deutsch Evern/Lüneburg - Maler u. Grafiker - 1980 Kulturpreis Lüneburg.

KESSLER, Herbert

Dr. iur., Prof., Rechtsanwalt - Riedlach 12, 6800 Mannheim 31 (T. 0621 - 77 12 35) - Geb. 8. Dez. 1918 Mannheim, verh., 3 Kd. - Human. Gymn.; Stud. Rechtswiss.; 1. u. 2. jurist. Staatsprüf.; Promot. Univ. München - Präs. Humboldt-Ges. f. Wiss., Kunst u. Bildung; 1. Vors. Sokratische Ges. - BV: u.a. D. Wahre in d. Vielfalt, 1963; Im Nichts zu wohnen, 1963; Gogarten oder In d. Vorhöfen, 1966; D. Wille z. Wert, 1975; D. schöne Wagnis, 1975; Warum Sokrates modern ist, 1975; D. offenbare Geheimnis, 1977; Bauformen d. Esoterik, 1983; Tödliche Anstöße, 1984; Lebenslinien, 1984; Vor offenen Türen, 1986; D. Welt d. Menschen, 1992 - Lit.: Hanno Beck (Hg.): Einblicke in d. Werk Herbert Kesslers (1988).

KESSLER (ß), Hermann

Dr., Oberbürgermeister a.D. - Wenzel-Parler-Weg 3, 8860 Nördlingen/Schw. - Geb. 19. Apr. 1914 Nördlingen - Oberstudienrat. CSU - 1982 Bayer. VO.

KESSLER, Horst

Dr. rer. nat., o. Prof. Organ..-chem. Inst. TU München - Friedrich-Stoltze-Str. 53, 6231 Schwalbach - Geb. 5. April 1940 Suhl/Thür. (Vater: Walter K., Kaufm.; Mutter: Gertrud, geb. Heym), ev., verh. s. 1964 m. Elke, geb. Wiebach, 3 Kd. (Wolfram, Uta, Bernhard) - Stud. Leipzig, Tübingen; Promot. 1966; Habil. 1969 bde. Tübingen - 1971-89 o. Prof. Univ. Frankfurt - 1986 Otto-Bayer-Preis; 1988 Max Bergmann Med. - Liebh.: Musik - Spr.: Engl.

KESSLER (ß), Joachim

Dr. rer. nat., o. Prof. f. Physik - Tondernstr. 18, 4400 Münster/W. - Geb. 19. Sept. 1930 Aschersleben (Vater: Robert K., Ing.; Mutter: Frieda, geb. Sasse), ev., verh. s. 1957 m. Dagmar, geb. Krießbach, 3 Töcht. (Margrit, Anja, Christina) - Obersch. Aschersleben; Univ. Berlin (Dipl.-Phys. 1954). Promot. (1959) u. Habil. (1964) Karlsruhe - S. 1959 TH bzw. Univ. Karlsruhe (Assist., 1964 Doz., 1968 apl. Prof.) u. Univ. Münster (1971 Ord.). 1966-67 Gastprof. Rice u. Stanford Univ. (USA). 1975 Joint Inst. for Laboratory Astrophysics, Univ. of Colorado. Spez. Arbeitsgeb.: Atomphysik, Elektronen- u. Photonenstoßprozesse - BV: Polarized Electrons, 1976 u. 1985. Zahlr. Fachveröff. (BRD, USA) - 1968 Freudenbergpreis - Liebh.: Musik - Spr.: Engl.

KESSLER (ß), Rainer

Dr. jur., Ministerialdirektor, Amtschef Bayer. Staatskanzlei - Barer Str. 11, 2. Gartenhaus, 8000 München 2 (T. 59 75 20) - Geb. 9. Aug. 1919 Metten (Vater Franz K., Oberstadtbaurat; Mutter: Maria, geb. Steininger), kath., verh. s. 1944 m. Eva-Maria, geb. Lehmann, 3 Kd. (Ulrike, Andrea, Stephan) - Gymn.; Stud. Rechtswiss. Staatsex. 1951 u. 53 - Akt. Offz.; b. 1947 Kriegsgefangensch. (Ägypten); s. 1953 bayer. Staatsdst. (Finanzverw.; 1963-67 Leit. Dienstst. d. Bevollm. d. Freistaates Bayern b. Bund; s. 1967 Leit., s. 1982 Amtschef Staatskanzlei) - 1969 Bayer. VO; 1976 Gr. BVK, 1984 Stern dazu - Liebh.: Aquarellmalerei - Spr.: Franz., Ital.

KESSLER, Reinhold

Geschäftsführer Arbeiterwohlfahrt Bezirksverb. Rheinl./Hessen-Nassau - Dreikaiserweg 4, 5400 Koblenz (T. 1 30 06-0).

KESSLER (ß), Richard

Dr., Landrat Kr. Neuburg-Schrobenhausen (s. 1984) - Landratsamt, Platz d. Dt. Einheit 1, 8858 Neuburg/Donau (T. 08431 - 5 73 00); priv.: Bullbug 16 - Geb. 1940 - Zul. Mitgl. Bayer. Landtag. CSU - 1986 BVK.

KESSLER, Rolf

Dipl.-Kfm., Geschäftsführer Kessler & Co. KG - Bischofsweg 61, 6000 Frankfurt/M. 70 - Geb. 16. Febr. 1903.

KESSLER, Rudolf

s. Keßler, Franz-Rudolf

KESSLER (ß), Walter

Unternehmer, Präs. Handwerkskammer Flensburg - Zu erreichen üb. Johanniskirchhof 1, 2390 Flensburg (T. 0461-86 61 12) - Geb. 13. Dez. 1918 Gersweiler/Saar.

KESTEN, Hermann

Drs. phil. h. c., Schriftsteller - Zu erreich. üb. Ullstein-Verlag, Lindenstr. 76, 1000 Berlin 61 - Geb. 28. Jan. 1900 Nürnberg (Vater: Isaak K., Kaufm.; Mutter: Ida, geb. Tisch), verh. s. 1929 m. Toni, geb. Warowitz - Stud. Phil., German., Kunstgesch., Nationalök. Erlangen u. Frankfurt/M. - Cheflektor Gustav Kiepenheuer Verlag, Berlin (1927-

33), u. Allert de Lange Verlag, Amsterdam (1933-40); 1975ff. Vors. Erich-Kästner-Ges., München, u. Stiftg. H.-K.-Lit.preis Vlg. R. S. Schulz, Percha - BV: (bis zu 20 Übers.): u. a. Josef sucht d. Freiheit, R. 1928; E. ausschweifender Mensch, R. 1929; Babel, Dr. 1929; D. Liebesehe, N. 1929, zul. 1946; Glückl. Menschen, R. 1931, zul. 1948; D. Scharlatan, R. 1931; D. Gerechte, R. 1934; Ferdinand u. Isabella, R. 1936/73; König Philipp II., R. 1938, zul. 1950 unt. d. Titel: ich, d. König Philipp II., 1973; D. Kinder v. Guernica, R. (aus dem spanischen Bürgerkrieg) 1939, zul. 1960; D. Zwillinge v. Nürnberg, R. 1947, zul. 1951; Kopernikus u. s. Welt, Biogr. 1948, zul. 1973 (500. Geburtstag); D. fremden Götter, R. 1949; Casanova, R. 1952; M. Freunde, d. Poeten, 1953, zul. wesentl. erweit. 1959; E. Sohn d. Glücks, R. 1955; Dichter im Café, Ess. 1959; D. Geist d. Unruhe, Ess. 1959; Bücher d. Liebe, 4 R. 1960; D. Abenteuer e. Moralisten, 1961; D. 30 Erz., 1962; Ich lebe nicht in d. Bundesrep., 1963 (List-Tb.); Lauter Literaten - Porträts, Erinn. 1963; Meine Freunde, d. Poeten, 1964; D. Zeit d. Narren, R. 1966; D. Gerechte, R. 1967; D. Lust am Leben - 3 Porträts (Boccaccio, Aretino, Casanova), Ess. 1968; E. Optimist, Ess., 1970; E. Mann v. 60 Jahren, R. 1972; Revolutionäre m. Geduld, Ess. 1973; Ich bin der ich bin, Verse e. Zeitgenossen, 1974. Zahlr. Herausg. (u. a. Heine, Lessing, Zola, Tucholsky, Kallinikow), Europa heute - Prosa u. Poesie s. 1945 (Anthol., 2 Bde. 1963), Dt. Lit. im Exil - Briefe europ. Autoren 1939-49 (1964) u. Übers.; Gesammelte Werke in 20 Bdn., (TB) 1981-84 - 1928 Kleist-Preis-Ehrung, 1954 Kulturpreis Nürnberg, 1969 Premio Calabria, 1974 Büchner-Preis, 1977 Nelly-Sachs-Preis Stadt Dortmund; korr. Mitgl. Akademie d. Wiss. u. d. Lit., Mainz, u. Dt. Akad. f. Sprache u. Dicht., Darmstadt; 1978 Dr. phil. h. c. Univ. Erlangen-Nürnberg; 1980 Ehrenbürger Stadt Nürnberg; 1982 Ehrendoktor FU Berlin. Mitgl. PEN-Zentrum BRD (1968 Vizepräs., 1972 Präs., 1976 Ehrenpräs.) - Spr.: Engl., Franz., Ital. - Lit.: Thomas Mann, Heinrich Mann, Alfred Döblin, Stefan Zweig, Joseph Roth u. a.

KESTING, Marianne

Dr. phil., Prof. f. Allg. u. Vergl. Literaturwiss. - Leithmannswiese 15a, 4630 Bochum - Geb. 16. März 1930 Bochum - Stud. Musik Freiburg, Literatur- u. Theaterwiss. München. Promot. 1957; Habil. 1971 - Langj. Literaturkrit. Zeit u. FAZ; s. 1971 Lehrtätigk. Univ. Bielefeld (1972 Prof.) u. Bochum - BV: D. ep. Theater, 1959; Bertolt Brecht, 1959; Panorama d. zeitgenöss. Theaters, 1962; Vermessung d. Labyrinths - Stud. zu. mod. Ästhetik, 1965; Entdeckung u. Destruktion - Z. Strukturumwandl. d. Künste, 1970; Auf d. Suche n. d. Realität - Krit. Schriften z. mod. Lit., 1972; D. Dichter u. d. Droge, 1973; D. Diktatur d. Photogr., 1980. Div. Herausg. - 1971 Mitgl. PEN-Zentrum BRD.

KETELSEN, Gerda

Freischaffende Künstlerin, Autodidakt - 2391 Steinbergkirche - Geb. 20. Jan. 1935 Hannover, verh. in 2. Ehe s. 1976, 7 Kd. (Birgitt, Wolfgang, Marina, Hartmut, Silke, Gunnar, Wiebke) - Vorst. Kunst- u. Kulturverein Kappeln e.V. (Ausstell.); Kursleit. f. Malerei (Ortskulturring Steinbergkirche, Familienbildungsstätte Kappeln) - Ausstell. u.a. 1988 Kunstmus. Konservesgarden/Faaborg-Dänemark; 1990 Einzelausst. Neustädt. Palais Schwerin; 1991 Kunstfestival Nyborg-Dänemark, Rauminstall. -

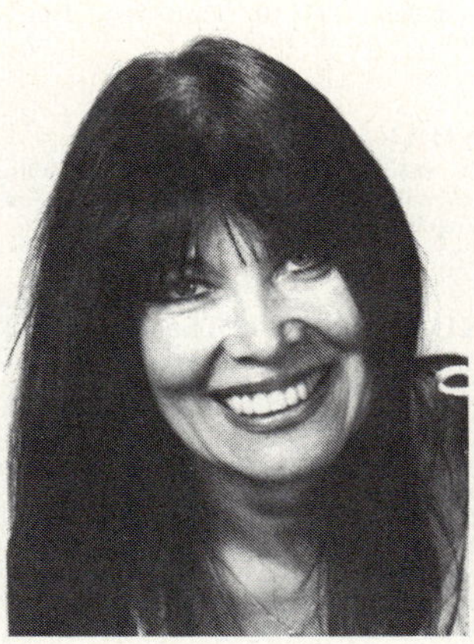

Liebh.: Priv. Initiative f. kulturelle Verbindungen.

KETELSEN, Uwe-Karsten

Dr. phil., Prof. f. Neuere dt. Literaturwissenschaft unt. bes. Berücks. sozialgeschichtl. Betrachtungsweise Univ. Bochum - Am Varenholt 78, 4630 Bochum.

KETELSEN, Uwe-Peter

Dr. med., Prof., Oberarzt Univ.-Kinderklinik Freiburg, Leiter Laborber. f. elektronenmikroskopische u. histochem. Diagnostik u. Erforsch. neuromuskulärer Erkrankungen (s. 1982) - Schwabenstr. 31, 7819 Denzlingen - Geb. 12. Okt. 1940 Kiel, ev., verh. m. Brigitte, geb. Cassau, 2 S. (Andreas, Olaf) - 1961-67 Medizinstud. Univ. Freiburg; Med. Staatsex. u. Promot. 1967 Freiburg; Ärztl. Approb. 1970; Habil. 1976 Freiburg. 1982 apl. Prof. Univ. Freiburg - Mitgl. Dt. Ges. f. Kinderheilkd., Europ. Ges. f. Pathol., Dt. Ges. f. Elektronenmikroskopie, Dt. Ges. f. Neuropathol.; wiss. Beirat Dt. Ges. Bekämpfung d. Muskelkrankheiten - Entd.: Pathogenetische Mechanismen u. a. b. Duchenne-Muskeldystrophie, Myasthenia gravis, stoffwechselbedingten u. kongenitalen Myopathien; Morpholog. u. serolog. Charakterisierung d. Thymus Ammenzelle. Üb. 80 Veröff. in Sammelwerken, Lehrb. u. Fachztschr., bes. z. Thema myogener u. neuromuskulärer Erkrankungen - 1978 Ehrenmitgl. Brasil. Ges. f. Muskelkrankheiten u. Uruguayschen Ges. f. Kinderheilkd.; 1983 Duchenne-Erb-Preis Dt. Ges. Bekämpfung d. Muskelkrankheiten - Liebh.: Lit., Musik - Spr.: Engl., Latein.

KETTELER, Freiherr von, Clemens

Landwirt, Vors. Arbeitsgem. d. Grundbesitzerverb., Bonn, AR-Mitgl. Dt. Bauernsiedlung - Dt. Ges. f. Landentwickl. GmbH. (DGL), Düsseldorf - Harkotten 1a, 4414 Sassenberg/W. 2 - Geb. 20. Juli 1935.

KETTELHACK, Dietrich Rudolf

Dr., Aufsichtsratsvorsitzender 3M Medica GmbH, Borken - Mühlenstr. 21, 4280 Borken/W. - Geb. 19. Juni 1924.

KETTENBACH, Richard

Kaufm. Dir. i. R. d. Sektkellereien Henkell & Co., Wiesbaden-Biebrich - Bieberichter Allee 142, 6200 Wiesbaden - Geb. 23. Jan. 1906 Wiesbaden (Vater: Heinrich K.; Mutter: Anna, geb. Möller), verh. s. 1944 m. Gerda, geb. Becker - 1921-71 Henkell & Co. Stadtverordn. u. stv. Stadtverordn.vorsteher v. Oestrich-Winkel; Mitgl. Ortsbeirat v. Hallgarten/Rhg. - BVK am Bd., Sportplak. Land Hessen, Ehrenbrief Land Hessen, Gold. Ehrenz. DOG - Liebh.: Tennis, Hockey, Jagd, Gesang.

KETTERL, Werner

Dr. med., Dr. med. dent., o. Prof. f. Konservierende Zahnheilkunde - Universität (Klinik für ZMKkrankh.), 6500 Mainz - Geb. 14. Jan. 1925 (Vater: Alois K., Zahnarzt; Mutter: geb. Halder), verh. s. 1953 m. Susanne, geb. Vogel, 2 Kd. - Stud. München - S. 1960 (Habil.) Lehrtätigk. Univ. München u. Mainz (1965ff. ao., bzw. o. Prof., Präs. Dt. Gesellsch. f. Zahn-, Mund- u. Kieferheilkunde (1977-1981) - BV: Einf. in d. marginalen Parodontopathien, 1963 (Mitverf.). Üb. 200 Fachaufs.

KETTIG, Konrad

Dr. phil., Prof., Direktor Univ.sbibliothek Berlin/Freie (s. 1968) - Krottnaurerstr. 13, 1000 Berlin 38 (T. 8032024) - Geb. 2. März 1911 Goslar/Harz (Eltern: Karl (Obering.) u. Marie K.), verh. s. 1944 m. Hedwig, geb. Boenig - Stud. Polit. Wiss., Gesch., German. - Zul. Leit. Senatsbibl. Berlin. S. 1969 Honorarprof. FU Berlin (Bibl.swiss.) (1955 ff.).

KETTLER, Georg

Dr. jur., Stv. I. Syndicus Handelskammer Bremen, Geschäftsf. Wirtschaftsvereinig. Groß- u. Außenhandel Nordsee, Vereinig. d. am Honighandel beteiligten Firmen d. Bundesgebietes, Verein brem. Importeure - Richard-Dehmel-Str. 28, 2800 Bremen (T. Büro: 3661) - Geb. 9. Sept. 1906 Bremen (Vater: Christian K.; Mutter: Minna, geb. Hacke), verh. s. 1932 m. Helene, geb. Remmert - Univ. Freiburg, München, Kiel, Göttingen (Promot. 1929). Ass.ex. 1932 Hamburg - S. 1934 HK Bremen.

KETTNER, Bernd-Ulrich

Dr. phil., Prof. f. Linguistik d. Deutschen - Lindenweg 11, 3550 Marburg/L. - Geb. 1. Okt. 1939 Braunschweig - Wilhelm-Gymn. Braunschweig; Univ. Göttingen u. Groningen (Ndl.). Staatsex. u. Promot. 1968 Göttingen - B. 1963 Univ. Groningen, dann Marburg (1972 Prof.) - BV: Flußnamen im Stromgebiet d. ob. u. mittl. Leine, 1972 - 1970 Conrad-Borchling-Preis F.V.S.-Stiftg. Hamburg - Spr.: Niederl., Engl.

KETTNER, Hans

Bezirksbürgermeister a. D. - Nestorstr. 6, 1000 Berlin 31 - Geb. 16. Dez. 1919 Bischofswerda/Sa., 2 Kd. - Volks-, Handelssch. u. -lehranst.; kaufm. Lehre - 1937-46 Luftwaffe (Oltn.), dann kaufm. Angest., 1955-63 Sekr., jetzt Besitzer v. 2 Reisebüros. SPD Schöneberg; 1958-63 MdA Berlin; 1963-69 Bez.stadtrat (Jugend u. Sport); 1969-71 Bez.bürgerm. Schöneberg. SPD s. 1950 - 1976 BVK; 1984 Ehrenz. d. DRK; 1967 Gold. Sportabz.

KETTNER, Heinz

Geschäftsführer SVA Südwestdt. Verlagsanstalt GmbH & Co. Mannheim - Kapellenpl. 3, 6800 Mannheim-Seckenheim (T. 47 22 57) - Geb. 13. März 1926 Mannheim, ev.

KETTRUP, Antonius

Dr. rer. nat., Univ.-Prof. f. Ökologische Chemie TU München (s. 1990), Direktor Inst. f. Ökologische Chemie im GSF-Forsch.zentrum f. Umwelt u. Gesundheit GmbH, Neuherberg (s. 1990) - Rumbecker Höhe 10, 5760 Arnsberg 2 - Geb. 26. März 1938 Arnsberg - Stud. Chemie. Promot. 1966 Münster; Habil. 1971 Bochum - Etwa 250 Facharb.

KETZEL, Eberhart

Dr. rer. pol., Leiter Abt. Wissenschaftliche Dienste, Forsch. u. Dokumentation d. Dt. Sparkassen- u. Giroverb., gf. Vorst.-Mitgl. d. Ges. z. Förd. d. wissenschaftl. Forsch. üb. d. Spar- u. Girowesen e.V., Redakt. d. Ztschr. Kredit u. Kapital - Simrockstr. 4, 5300 Bonn 1 (T. 0228 - 2 04-2 40) - Geb. 3. Jan. 1939 Berlin, ev., verh. s. 1983 m. Dorothe, geb. Terweiden, 2 Söhne (Volker, Andreas) - 1953-56 Bankkaufm.; Dipl.-Volksw. 1966 Saarbrücken, Promot. 1969 Saarbrücken - 1969-77 Ref. Dt. Sparkassen- u. Giroverb.; 1979-86 Leit. Volksw. Abt. Landesbank Rhld.-Pfalz; s. 1987 Dt. Sparkassen- u. Giroverb., Redaktion Kredit u. Kapital - BV: Teilhabersteuer, 1969; D. Notenbank (Mitaut.), 1976; D. Kreditwesen in d. Bundesrep. Dtschl., 1982; Allg. Kreditwesen, 1988 - Liebh.: Sport (Segeln, Ski), Musik/Ballett - Spr.: Engl., Span.

KEUL, Heinrich

Senatsdirektor a. D., Staatssekr. a. D. - Löwenzahnweg 41-43, 1000 Berlin 47 (T. 661 32 29) - Geb. 11. Juni 1918 Bad Ems, kath., verh. s. 1940 m. Erika, geb. Hinze, T. Renate vereh. Pischon - Ing. - 1936-45 Luftwaffe (Offizier); 1946 b. 1952 CDU - Fraktionsgeschäftsf. Stadtverordnetenvers. Groß-Berlin u. Abgeordnetenhaus Berlin; 1947-48 Herausg. Ztg. JA - Jg. Generation; 1952-55 Dezern. Hauptjugendamt Berlin; 1955-63 Senatsdir. Senatsverw. f. Jugend u. Sport ebd., dann u. a. Gf. Investitions- u. Betriebsges. mbH, 1966-67 Gründ. Motelraststätten- u. Tankstellenges., 1967-73 Berater Fa. Werner Weiss GmbH & Co. KG, 1949-78 gf. Vorst.-Mitgl. Ges. f. christl.-jüd. Zusammenarb. 1946-50 Stadtverordn. Berlin; 1954-67 Bezirksverordn. Neukölln (1965-67 stv. Bezirksverordnetenvorst.). CDU s. 1946 (1965-71 Ortsvors. Rudow); 1967-75 MdA Berlin - 1976 BVK I. Kl. - Stadtältester v. Berlin.

KEUNE, Friedrich W. J.

Dr. rer. nat., Prof., Honorarprof. f. Strömungslehre TH bzw. Univ. Karlsruhe (s. 1965) - Zum Sandfeld 26, 5064 Rösrath 1/Rhld. (T. 3987) - Geb. 26. Okt. 1908 Zwickau (Vater: Friedrich K., Fabrikdir.; Mutter: Luise, geb. König), ev., verh. in 2. Ehe (1946) m. Ruth, geb. Brasse, 7 Kd. (Marie-Luise, Achim, Gabriele, Jörg, Dietmar, Felicitas, Desiree) - 1928-33 TH Dresden (Angew. Math., Mech., Physik). Promot. 1938 Dresden; Habil. 1965 Aachen - Aerodynam. Versuchsanstalt, Göttingen (1935 ff.), Heinkel-Flugzeugwerke, Entwurfsbüro, Rostock/Wien (1939/45), KTH Stockholm/Flugtechn. Inst. (1950 ff.); 1955-74 ltd. Wissenschaftler Dt. Forsch.- u. Versuchsanst. f. Luft- u. Raumfahrt, Porz-Wahn, i. R. (1975 ff.), Lehrauftr. u. Priv.Doz. RWTH Aachen (1956/69) - BV: Singular. Verfahren d. Strömungslehre, Lehrb. 1975; 68 Forsch.-Ber. in Fachlit. - Liebh.: Klass. Musik, Briefm. - Spr.: Engl., Schwed., Franz. - Lit. Zeitschr. Flugwiss. 10/1973.

KEUNE, Heinz

Rechtsanwalt, Geschäftsführer Industrieverband Giessereichemie/Verb d. Chem. Ind. - Karlstr. 21, 6000 Frankfurt/M. 1 - Abg. d. Verbandstages d. Umlandverb. Frankfurt (UVF).

KEUNE, Werner

Dr. rer. nat., Dipl.-Ing., Univ.-Prof. f. Angew. Physik Univ.-GH Duisburg (s. 1975) - Elisabethstr. 125, 4170 Geldern - Geb. 11. Juni 1939 Saarbrücken.

KEUNECKE, Helmut

Dr. sc. pol., Hauptgeschäftsf. IHK Dortmund (1964-80) - Birkenhang 5, 4600 Dortmund 50 - Geb. 23. Aug. 1912 Stettin (Vater: Otto K., Kaufm.; Mutter: Hedwig, geb. Jaenecke), ev., verh. I) 1936 m. Elfriede, geb. Rahlf, 3 Töcht. (Gudrun, Ingrid, Adelheid), II) 1968 Margot, geb. Massier, 2 Kd. (Gundula u. Eberhard) - Gymn.; Univ. Berlin u. Kiel (Volksw.; Dipl.-Volksw. 1945, Promot. 1946) - 1931 Pommersche Feuersozietät; Inst. f. Weltw. Kiel; 1947 Leit. Zweigst. Neumünster IHK Kiel; 1962 Gf. IHK Düsseldorf - BV: D. Wettbewerb in d. Versicherungswirtsch., 1946; An d. Zukunft denken, 1980 - 1989 Gr. BVK; 1990 Ehrenbürger d. Univ. Dortmund - Rotarier.

KEUSEN, Gunther

Künstler, Prof. f. Freie Graphik Kunstakad. Münster - Zu erreichen üb. Kunstakademie Münster, Scheibenstr. 109, 4400 Münster - Geb. 1939 Düsseldorf - Arbeitsgeb.: Freie Graphik, Malerei u. (visuelle) Poesie. S. 1982 Malerei m. Früchten u. Säften d. Holunders.

KEUTEL, Jürgen
Dr. med., Wiss. Rat (Kinder- u. Poliklinik), Prof. f. Pädiatr. Kardiologie Univ. Bonn (s. 1977) - Adenaueralle 119 (Klin.), 5300 Bonn.

KEUTH, Ulrich
Dr. med., Prof., Ärztl. Direktor Landeskinderklinik, Neunkirchen-Kohlhof - 6680 Neunkirchen-Kohlhof/Saar (T. 06821 - 31031) - Geb. 17. Nov. 1927 Saarbrücken (Vater: Dr. Paul K., Syndikus; Mutter: Margarete, geb. Ebeling), ev., verh. s 1959 m. Katrin, geb. Welter, 3 Kd. (Barbara, Burkhard, Ulrich) - Gymn. u. Univ. München (Med. Staatsex. 1952). Promot. 1952 München; Habil. 1962 Köln - S. 1971 Ärztl. Dir. Landeskinderklinik Neunkirchen-Kohlhof. S. 1962 Lehrtätig. Univ. Köln u. Saarbrücken (1968 apl. Prof. f. Kinderheilkd.). Spez. Arbeitsgeb.: Neonatologie - BV: D. Membran-Syndrom d. Früh- u. Neugeborenen, 1965. Zahlr. Buchbeiträge u. Einzelarb. - Liebh.: Gesch., Volkskd., Musik, bild. Kunst - Spr.: Engl.

KEUTNER, Herbert
Dr. phil. (habil.), Prof., Direktor Kunsthistor. Inst. (1969-81) - Via Giuseppe Giusti 44, I-50121 Florenz (Ital.) (T. 575957) - Geb. 2. Jan. 1916 - B. 1967 Doz. FU Berlin, dann Ord. TH Aachen (Kunstgesch.) - BV: Sculpture Renaissance to Rococo, 1969. Div. Einzelarb.

KEUTNER, Richard Josef
Dr. jur., Vorstandsmitgl. Bank f. Landw. AG., Köln (b. 1969) - Morsdorfer Str. 14, 5000 Köln-Lindenthal - Geb. 21. Juli 1914 - Handelsrichter LG Köln.

KEUTSCH, Wilfried
Dr. phil., Prof. f. Englisch PH Ludwigsburg (s. 1972) - Friedrich-Hartmann-Str. 30 II, 7252 Weil der Stadt 2 - Geb. 9. Mai 1937 Saalfeld - Promot. 1969 - Facharb.

KEVEKORDES, Franz-Josef
Dipl.-Ing., Prof. f. Informatik GH Paderborn - Lichtenturmweg 27, 4790 Paderborn/W.

KEVENHÖRSTER, Paul
Dr. rer. pol., Prof. Univ. Münster, Inst. f. Politikwissenschaft - Platz der Weißen Rose, 4400 Münster/Westf. (T. 0251 - 83 93 59) - Geb. 5. Juni 1941 Schwerte (Vater: Walter K., Dipl.-Ing., Ltd. Regierungsbaudir.; Mutter: Elfriede, geb. Schäfer-Tusch), kath., verh. s. 1966 m. Gisela, geb. Drerup, 3 Kd. (Uta, Eva, Ina) - 1961-67 Stud. Wirtschafts- u. Politikwiss. Univ. Köln, Bonn, Hamburg, Pennsylvania, Sophia, Tokyo (Dipl.-Volksw. 1965, Dipl.-Kfm. 1966 Univ. Köln; Promot. 1968, Habil. 1973 Bonn) - 1973 Privatdoz. Univ. Bonn; 1974 Wiss. Rat u. Prof. TU Braunschweig; 1974 o. Prof. PH Westf.-Lippe; 1980 Prof. Münster. 1982-88 Kurat. Dt. Stiftg. f. intern. Entwicklung (DSE) - BV: D. polit. System Japans, 1969; Wirtsch. u. Politik in Japan, 1973; D. Rätesystem als Instrument z. Kontrolle polit. u. wirtsch. Macht, 1974; D. imperative Mandat, 1975; Politik im elektronischen Zeitalter, 1984; Gemeindedemokratie in Gefahr?, 1987; Entw.beitr. durch Dialog u. Training, 1988.

KEWENIG, Wilhelm A.
Prof. Dr. jur., LL.M. (Harvard), Partner, Hengeler, Mueller, Weitzel, Wirtz, Rechtsanwälte - Bockenheimer Landstr. 51, 6000 Frankfurt/M. 1 - Geb. 20. Juni 1934 Köln (Vater: Dr. Otto K., Richter; Mutter: Anneliese, geb. Matzerath), kath., verh. s 1964 m. Marianne, geb. Düren, 2 Kd. (Stephan, Philipp) - Univ. Freiburg, Bonn, Paris, Köln, Beirut (Libanon), Harvard Law School - 1971-89 o. Prof. f. Staats- u. Völkerrecht u. Dir. Inst. f. Intern. Recht Univ. Kiel; 1973/74 Rektor Univ. Kiel; 1976-79 Vors. Wiss.rat 1981-89 Mitgl. Abg.-Haus v. Berlin u. d. Senats, zul. als Senator Inneres (1986-89) - Bücher u. Einzelarb. -

1984 Gr. BVK - Liebh.: Lesen, Musik, Garten - Spr.: Engl., Franz.

KEWITZ, Helmut
Dr. med., o. Prof. f. Klin. Pharmakologie - Kaunstr. 2, 1000 Berlin 37 (T. 801 61 51) - Geb. 25. Juli 1920 Berlin, verh. s. 1952 m. Irmtraud, geb. Jarhmann, 2 Töcht. - S. 1954 (Habil.) Privatdoz., apl. Prof. (1960), Ord. (1962) u. Ärztl. Dir. (1982-88) FU Berlin. Emerit. 1988. 1991/92 Lehrstuhl-Vertretung Charité Berlin. Zahlr. Fachaufs. Herausg. mehrerer Bücher u. Ztschr.

KEYL, Hans-Günther
Dr. rer. nat., em. o. Prof. f. Genetik - Äskulapweg 22, 4630 Bochum-Querenburg (T. 70 11 73) - Geb. 16. Sept. 1923 Frankfurt/M. (Vater: Dr. Friedrich K., Studienrat; Mutter: Elisabeth, geb. Heusinger), ev., verh. s 1954 m. Dr. Ilse, geb. Krollpfeiffer, 2 Kd. (Cornelius, Caroline) - Gymn. Frankfurt/M.; Univ. Marburg, TH Darmstadt, Univ. Gießen (Zool., Botanik, Chemie, Physik). Promot. 1955 Gießen; Habil. 1965 Tübingen. Emerit. 1988 - 1955ff. Wiss. Mitarb. Max-Planck-Inst. f. Meeresbiol. Wilhelmshaven. Fachveröff. z. cytogenet. u. molekularbiol. Genomanalyse - Spr.: Engl., Franz.

KEYMER, Ullrich
Dr. agr. (habil.), Ministerialdirigent a. D., apl. Prof. f. Landw. Betriebslehre TU München (1968ff.) - Johann-Strauß-Str. 7, 8013 Haar/Obb. - Geb. 25. Juni 1917 - Früher Bayer. Staatsmin. f. Ernährung, Landw. u. Forsten, München.

KEYSER, Curt
Bergrat a. D., Vorstandsvors. Lippeverb., Dortmund - Lemberger Feld 3, 4600 Dortmund-Lücklemberg - Geb. 23. Febr. 1911 Bochum - 1961-74 Vorst.smitgl. Klöckner-Werke AG., Duisburg, u. Klöckner Bergbau AG., Castrop-Rauxel. Vorst.smitgl. Wirtschaftsvereinig. Bergbau, Bonn. ARs- u. Verwaltungsratsamt.

KEYSERLINGK, Graf von, Diedrich
Dr. med., Prof., Anatom - Templergraben 55, 5100 Aachen - Geb. 12. Juli 1937 Königsberg/Pr. - Promot. 1966 - S. 1972 (Habil.) Lehrtätig. FU Berlin (Prof.) u. TH Aachen/Med. Fak. (1978 Wiss. Rat u. Prof./Lehrgeb. Anat.) - s. 1983 Lehrst. I Inst. f. Anatomie TH Aachen. Üb. 100 Fachveröff.

KHAN, Mohammed Hussein

Dr. med., D. Sc., Internist, Prof. f. Innere Medizin (Hämatologie) Univ. Frankfurt - Gerauer Str. 15, 6000 Frankfurt 71 - Geb. 2. Febr. 1933 Peshawar/Pakistan (Vater: Haji Mohammed Umar K., Grundbesitzer; Mutter: Chuhara, geb. Muhmand), Islam, verh. s. 1964 m. Dr. Helga, geb. Schenk, 3 Kd. (Mansur, Almas, Kareem) - Promot. 1962 Heidelberg u. 1969 Hokkaido; Habil. 1971 Frankfurt - S. 1971 Lehrtätig.

Frankfurt (1972 ff. Prof. bzw. Hon.-prof.). Etwa 30 Facharb.

KHAN, Nazir Ahmad
Dr. med., Prof. f. Hals-, Nasen- u. Ohrenheilkunde Freie Univ. Berlin - Am Vogelherd 14, 1000 Berlin 19.

KHOURY, Adel Theodor
Dr., Prof. Univ. Münster (s. 1970) - Buchenallee 35, 4417 Altenberge (T. 02505 - 35 00) - Geb. 26. März 1930 Tebnine/Libanon, kath. - Stud. Univ. Beirut, Lyon; Habil. (Dr. ès Lettres) 1966 Lyon - 1966 Doz., 1970 H. Leit. Sem. f. Religionswiss. Univ. Münster - BV: Manuel II, Paléologue: Entretiens avec un musulman, 1966; Les théologiens byzantins et l'Islam, 1969; D. theol. Streit d. Byzantiner m. d. Islam, 1969; Georges de Trébizonde et l'union islamochrétienne, 1971; Polémique byz. contre l'Islam, 1972; Einführung in d. Grundlagen d. Islams, 2. A. 1981; Begegnung m. d. Islam. E. Einf., 3. A. 1986; Toleranz im Islam, 2. A. 1986; Gebete des Islams, 1981; Apologétique byzantine contre l'Islam, 1982; Un modèle d'Etat islamique: l'Arabie Saoudite, 1983; Islamische Minderheiten in d. Diaspora, 1985; Christentum u. Christen im Denken zeitgenössischer Muslime, 1986; Georges de Trébizonde: De la vérité de la foi des chrétiens, 1987; D. Koran, Übers. 1987; So sprach d. Prophet. Worte aus d. islam. Überlieferung, 1988; D. Islam: s. Glaube - s. Lebensordnung - s. Anspruch, 1988. Herausg.: Lexikon relig. Grundbegriffe: Judentum, Christentum, Islam (1987); D. Koran, Arabisch-Dt., Übers. u. wiss. Kommentar, I (1990), II (1991), III (1992); Wer war Muhammad? Lebensgesch. u. prophetischer Anspruch (1990); Was ist los in d. islamischen Welt: D. Konflikte verstehen (1991); Was sagt der Koran z. Heiligen Krieg? (1991); Islam-Lexikon, 3 Bde. (1991, m. L. Hagemann u. Peter Heine). Mithrsg. d. Reihe: Antwort d. Weltreligionen (s. 1983). Zahlr. Aufs. - Spr.: Arab., Franz., Engl.

KHOURY, Raif Georges
Dr. phil., Licencié ès lettres, Prof. f. Islamwiss. - Danziger Str. 8, 6905 Schriesheim b. Heidelberg - Geb. 22. April 1936 Khabab (Syr.), kath., verh. s 1960 m. Marliese, geb. Krebs - Promot. 1966, Habil. 1970 - S. 1975 Prof. Univ. Heidelberg. Fachb. u. Aufs. - Chevalier dans l'Ordre d. Palmes Académiques (Frankr.); korr. Mitgl. d. Irakischen Akad. d. Wiss., d. Ägyptischen Akad. d. Wiss. u. d. Univ. Heliopolis, Kairo.

KHUON, Ulrich
Chefdramaturg Theater Konstanz - Grünenbergweg 65, 7750 Konstanz - Geb. 31. Jan. 1951 Stuttgart (Vater: Gerhad K., Filialdir.; Mutter: Johanna, geb. Rühle), kath., verh. s. 1966 m. Marianne, geb. Mast, 2 Kd. (Alexander, Nora) - Stud. Jura, German., Theol. (Staatsex.) - 1976-80 Kritiker d. BZ, Freiburg; 1980 ff. Chefdramat. Theater Konstanz.

KHUON-WILDEGG, von, Ernst
Prof., Publizist - Gebr.-Batscheider-Str. 8, 8024 Deisenhofen/Obb. (T. München 613 16 10 u. 613 30 14) - Geb. 11. Aug. 1915 München (Vater: Ernst v. K., Direktor; Mutter: Anna, geb. Colassowitz), kath., verh. s. 1940 m. Maria, geb. Stuckenberger, S. Ernst-Ulrich - Abit.; Privatstud. Kulturgesch. u. Gesch. d. Naturwiss. - S. 1934 Rundfunkberichter RS München u. SWF (1948 Korresp. Wiss. u. Technik, s. 1954 vornehml. Fernsehen (ARD), 1963-78 Chefreporter), seitdem fr. Autor; 1939-45 Kriegsberichter Luftw. - BV: Claus Kuon u. s.

Nachkommen, Familiengesch. 1948; Helium, R. 1949; Gold auf dunklem Grund, R. 1954 (Bertelsmann-Preis 1954); Abenteuer unseres Jahrhunderts, Bildtextbd. 1960 (auch span.); Gestern vor tausend Jahren, 1961 (ebenf. span.); D. Unsichtbare sichtbar gemacht, 1968 (auch engl.); D. sieben Weltwunder, 1969. Herausg. (m. and.): Waren d. Götter Astronauten? - Wissenschaftler diskutieren d. Thesen Erich v. Dänikens (1970; zahlr. Übers.); Kulturen - Völker u. Reiche vergang. Zeiten, 1973; Diese unsere schöne Erde, 1979; D. Sieben Weltwunder d. Antike in Monumente d. Welt, 1985; Abenteuer Wissenschaft - Begegnungen m. unserem Jh., 1986 u. 88. Hörspiele u. üb. 250 Dokumentarberichte Ferns. (erstmals Schritt ins Weltall, 1954; zul. 30 Folgen Träume, d. keine blieben). Kulturfilme (Autor bzw. Mitautor): u. a. Schöpfung ohne Ende (Bundesfilmpr. 1957), D. mag. Band (Bundesfilmpr. 1960), Sehen u. Erkennen, Nobel führte sie zusammen, Filmdokumentation d. Tagungen d. Nobelpreisträger in Lindau 1951-90. Mithrsg.: Forsch. - Kritisch gesehen (1979) - 1957 Herschel-Med., 1958 Joseph-E.-Drexel-Preis, 1963 Diesel-Med., 1965 Adolf-Grimme-Preis, 1969 Siegfried Hartmann-Med. in Silber, 1970 Hermann-Oberth-Med. in Gold; 1979 Peter-Henlein-Med.; 1980 Goldmed. Accad. Italia; 1980 BVK I. Kl.; 1982 Gold. Zentaur; 1983 Ernennung z. Professor (Bad.-Württemb. Landesreg.); 1984 Weltpreis d. Kultur (Centro Studi e Ricerche delle Nazioni) Salsomaggiore, 1984 Nicolaus-Copernicus-Med., 1987 Title Honoris Causa of Doctor of Art d. Univ. Interamericana de Ciencias Humanisticas, Florida, USA, Mitgl. Dt. Ges. f. Luft- u. Raumfahrt, Kurat.-Mitgl. Hermann-Oberth-Ges., Dt. Ges. f. Photographie, Fellow d. Brit. Interplanetary Soc., Techn.-lit. Ges., Kollegium d. Med.journ., Kurat.-Mitgl. d. Stiftg. Öffentlichkeitsarbeit f. d. Wissenschaft, Mitgl. Georg-Agricola-Ges., Mitgl. Ges. Dt. Naturforscher u. Ärzte; Korr. Mitgl. d. Acad. Cosmologica Nova - Liebh.: Biogr., Mineralien, Muscheln - Spr.: Engl., Franz. - Bek. Vorf.: Johann K. v. W., General unt. Prinz Eugen - Lit.: u. a. Mühlbauer: Ungeschminkte Prominenz, 1964; Virchow: D. 100 v. Fernsehen, 1973; Iatas-Belser: Persönlichkeiten Europas, 1976.

KHUON-WILDEGG, von, Ernst-Ulrich
Werbekaufmann, Inhaber v. Khuon & Partner Werbung, München - Alte Gartenstr. 16, 8024 München-Deisenhofen (T. 089 - 613 60 20 u. 613 30 38) - Geb. 30. März 1943 München, kath., verh. s. 1967 m. Helga, geb. Eickler, 2 Kd. (Patrizia, Alexander) - Lehre Gebrauchsgraphik, Werbefachausb. - Auslandswerbung Fa. Siemens; Prok. u. Etatdir. Heye, Needham Werbeagentur; s. 1968 selbst. - BV. D. 333 besten Jagdwitze. Div. Fachveröff. - Nat. u. intern. Preise f. gute Werbung u. Funk-Werbung -

Liebh.: Jagd, Motorsport, Tennis - Spr.: Engl., Franz.

KIALKA, Hans
Vorstandsmitgl. i.R. Audi NSU Auto Union AG./Ressort Produktion (b. 1981) - Ettingerstr. 16, 8070 Ingolstadt - Geb. 7. April 1918.

KIAUSCH, Elisabeth
Präsidentin Hamburger Bürgerschaft (s. 1991), Mitgl. Hambg. Bürgerschaft (s. 1970) - Rathaus, 2000 Hamburg 1 (T. 36 81-0) - 1987-91 Senatorin. SPD.

KICK, Franz-Wilhelm
Oberstudienrat, MdL Bayern (s. 1970) - Lindenstr. Nr. 33, 8540 Schwabach/Mfr. (T. 2109) - Geb. 1925 - SPD - 1980 Bayer. VO.

KICK, Hans
I. Bürgermeister Stadt Landau/Isar (s. 1978) -Rathaus, 8380 Landau/Ndb. - Geb. 3. Juni 1917Landau - Bäckerm. CSU.

KICK, Wilhelm
Dr.-Ing., Geodät, Honorarprof. f. Geographie Univ. Regensburg (s. 1977) - Macheiner Weg 35, 8400 Regensburg - Geb. 11. März 1913 Eichstätt (Vater: Hans K., Steuersekr.; Mutter: Walburga, geb. Hilpert), freirelig., verh. s. 1939 m. Etelka, geb. Balogh, 2 S. (Wilfried, Bernhard) - TH München - 1939-78 Reichs- bzw. Bundesbahn Villach, Regensburg, München. Glaziolog. Exped. Karakorum (1954), Himalaya (1958), Hindukusch (1966), Himalaya (1987). Himalaya-Arb. - BV: Sag es unseren Kindern, Widerstand 1933-45 (Beisp. Regensburg).

KICKARTZ, Peter
Dr. jur., Kanzler Technische Univ. Clausthal - Adolph-Roemer-Str. 2 A, 3392 Clausthal-Zellerfeld - Geb. 16. Febr. 1942 Raumland/Krs. Wittgenstein, kath., verh. m. Antonie, geb. Winandy, 3 Kd. - Gymn. Aachen; Abit. 1961; Soldat auf Zt. d. Bundesw. b. 1964; Stud. Rechtswiss. Univ. Bonn; 1. Staatsex. 1968; 2. Staatsex. 1973; Promot. 1983 Mannheim - B. 1975 Dt. Univ.-Ztg., alsdann Ref. Westd. Rektorenkonfz. f. Hochschulrecht u. Strukturreform; b. 1979 wiss. Ass. Lehrst. f. Öfftl. Recht u. Rechtsphil. Univ. Mannheim (Prof. Dr. Gerd Roellecke); 1979-89 Ref. Präsidialabt. Justus-Liebig-Univ. Gießen.

KIECHLE, Ignaz
Landwirt, Bundesminister f. Ernährung, Landwirtsch. u. Forsten (s. 1983), MdB (s. 1969, CDU/CSU-Fraktion; Wahlkr. 242/Kempten) - 8960 Kempten-Reinharts 2/Allgäu (T. 7 33 17) - Geb. 23. Febr. 1930 Reinharts (Vater: Georg K., Landw.), verh. m. Cilly, geb. Räth, 4 Kd. - CSU - 1980 Bayer. VO, 1979 BVK.

KIECK, Wolfgang
Kaufm. Angest., Mitgl. Hbg. Bürgerschaft (s. 1977) - Lambert-Strus-Weg 19, 2000 Hamburg 65 - Geb. 29. Juli 1946 Blankenese, verh., 2 Kd. - Wirtschaftsgymn. (Abit. 1966) - S. 1972 Hamburger Hochbahn AG. (Abt. PR u. Werb.). SPD s. 1966.

KIEF, Heinrich

Dr. med., Prof., Direktor Exper. Pathologie Hoechst AG, Frankfurt/M.-Höchst (1964-85) - Im Haderheck 30, 6240 Königstein/Ts. (T. 06174 - 17 75) - Geb. 29. Nov. 1919 Reilingen/Baden (Vater: Georg K., Landw.; Mutter: Lina, geb. Astor), ev., verh. s. 1953 m. Dr. jur. Ingeborg, geb. Herzig - Realgymn. Schwetzingen (Abit. 1939); Univ. Göttingen, Heidelberg, Prag, Heidelberg (Med. Staatsex. 1947). Promot. 1948 Heidelberg; 1951-57 Univ. Münster; Habil. 1961 Tübingen - S. 1961 Lehrtätigk. Univ. Tübingen u. Frankfurt/M. (1968 apl. Prof. f. Allg. Pathol. u. pathol. Anat.). Spez. Arbeitsgeb.: Pathomorphol., Diabetes, Fettstoffw., exper. u. toxikol. Pathol. - BV: Studien z. Morphol. d. Neutralfettstoffw., 1964; Lokalisierende Faktoren f. Arterien-Venenverschlüsse, 1970 (m. W. Rotter u. D. Gross); Kardiogener, bakteriotoxischer u. Volumenmangelschock, 1972 (m. D. Gross, H. Lutz, K. Messmer u. R. Schmutzler); Iron Metabolism and its Disorders, 1975; Beiträge i. Lehrb. d. Pathologie, hrsg. v. W. Rotter, F. K. Schattauer, 1975, 78 u. 85. Div. Einzelarb., dar.: Pathomorphologie d. Langerhans'schen Inseln b. Diabetes mellitus d. Menschen u. Orthol. d. Langerhans'schen Inseln d. Menschen (bde. Handb. f. Exper. Pharmak., Bd. XXXII/1) - 1971 Mitgl. Australasian College of Biomedical Scientists, Intern. Akad. f. Pathologie, Ehrenbürger Univ. Graz - Bek. Vorf.: Johann Jakob Astor, 1763-1848 (ms.).

KIEFER, Albert
Prof., Ordinarius f. Kunsterziehung Univ. Frankfurt - Sophienstr. 1-3, 6000 Frankfurt/M.; priv.: Murgtalstr. 26, 7550 Rastatt 17.

KIEFER, Georg
Dr. phil., Prof. f. Visuelle Kommunikation Hochschule f. Bildende Künste Braunschweig (s. 1975) - Wilhelm-Bode-Str. 6, 3300 Braunschweig - Geb. 11. Juni 1937 Stuttgart, 2 Kd. (Cid, Till) - 1957-61 Kunsthochsch. Stuttgart (Ind.-Designer), als Maler zahlr. Ausst. im In- u. Ausl.; 1965-69 Soziol., Politik, Phil., Ästhetik; Magister 1967; Promot. 1969 - 1970 Prof. HdK Berlin, Produktionskollektiv Kreuzberg. 1989 Entw. e. Solar-Medeinmobils - BV: Erziehung u. Ungehorsam, 1968; Kritische Semiotik, 1977; Lernen f. d. Praxis, 1982; Metodologia e Técnicas de Formação, 1988. Ausst. (Konstruktivismus) u.a.: Stuttgart, Frankfurt, Düsseldorf, Dortmund, Berlin, Brüssel, Zürich, Mailand - Liebh.: Meth. d. Arbeiterbildung, Kultursemiotik.

KIEFER, Günter
Dr. phil. nat., Prof. f. Zellbiologie - Albertstr. 19, 7800 Freiburg/Br. - Geb. 20. April 1929 Sprendlingen - Promot. 1957 Frankfurt/M. - S. 1967 (Habil.) Lehrtätigk. Univ. Gießen u. Freiburg/Med. Fak. (1968 ff. Wiss. Rat u. Prof. bzw. Prof.). Üb. 80 Aufs.

KIEFER, Hans
Dr. rer. nat., Dipl.-Phys., Prof. Univ. Karlsruhe - Max-Planck-Str. 7, 7514 Eggenstein-Leopoldshafen (T. 2 11 20) - Geb. 29. Juli 1923 Pforzheim (Vater: Prof. Dr. phil. Karl K.; Mutter: Marta, geb. Huber), ev., verh. s. 1956 m. Ursula, geb. Streib, 3 Kd. (Stefanie, Hans, Carolin) - Stud. d. Phys. Univ. Karlsruhe; Dipl.ex. 1955; Promot. 1956; Habil. 1965 - 1956-64 Leit. Strahlenmeßabt. u. 1964-69 Schule f. Kerntechn., s. 1969 Abt.leit. Strahlenschutz u. Sicherheit, 1978-88 Leiter Hauptabt. Sicherheit Kernforschungszentrum, Karlsruhe - Erf.: Großflächenproportionalzählrohr - BV: Strahlenschutzmeßtechnik, 1964; Überwachung d. Radioaktivität im Abwasser u. Abluft, 1967; Radiation Protection Measurement, 1972 (alle m. Maushart); Strahlen u. Strahlenschutz, 1986 (m. Koelzer). Ca. 160 Einzelarb.

KIEFER, Heinz J.
Dr. rer. oec., Prof. f. Informationsuntern. u. -strukturen Univ. Navarra, Pamplona (s. 1977), Vorst.-Vors. Wiss. Beirat Ruhrinst. f. ges. Forsch. u. Bild., Essen (1972-90) - Frankenstr. 311, 4300 Essen (T. 44 37 97) - Geb. 19. Mai 1927 - Stud. Volksw. - B. 1966 Rhein. Stahlwerke, Essen (Leit. Abt. Statistik u. Volksw.), d. b. 1972 Vorst.-Mitgl. Rheinstahl AG, Essen, s. 1990 Büro f. strat. Studien. Veröff. zu Medienproblemen u. Ges.politik.

KIEFER, Herbert
Dr. med., Prof., Internist, Leit. Radiolog. Sektion/Dt. Klinik f. Diagnostik, Wiesbaden (s. 1970) - Dresdener Ring 23, 6200 Wiesbaden - Geb. 8. Okt. 1928 Düren/Rhld., kath., verh. s. 1960 m. Brigitte, geb. Ruf, 4 Kd. (Gerold, Irmtraud, Isabel, Sigbert) - Promot. 1954 - S. 1968 (Habil.) Lehrtätigk. Univ. Freiburg/Br. (1974 apl. Prof. f. klin. Radiol.). Fachveröff.

KIEFER, Jürgen
Dr. rer. nat., Dipl.-Phys., Prof. f. Biophysik Univ. Gießen (s. 1971) - Am Dornacker 4, 6301 Wettenberg 2 (T. 06406 - 15 87) - Geb. 29. Nov. 1936 Hagen (Vater: Egon K., Verlagsleit.; Mutter: Ruth, geb. Hunger), ev., verh. s. 1962 m. Waltraud, geb. Staub, 2 Kd. (Anja, Ingmar) - Stud. d. Physik Univ. Gießen, München, Berlin; Promot. 1965; Habil. 1970 - 1976/77, 1981/82 u. 1988/89 gf. Dir. Strahlenzentrum Univ. Gießen. In- u. ausl. Fachmitgl.sch. - BV: Radiation and cellular control process, 1976; Ultraviolette Strahlen, 1976; Biolog. Strahlenwirk., 1981, 2. A. 1989; Biological Radiation Effects, 1990 - Liebh.: Musiktheater, Arch. - Spr.: Engl.

KIEFER, Reinhard
Schriftsteller - Suermondplatz 11, 5100 Aachen (T. 0241 - 2 19 57) - Geb. 12. Okt. 1956 Nordbögge/Westf., ev., led. - Stud. German., Ev. Theol., Phil. Aachen; 1. Staatsex. 1984; Promot. 1990 - BV: Zwölf Poeme, 1983; e. geheimnis in oberwald, 1984; Aus d. messingstadt, Ged. 1990; Text ohne Wörter. D. negative Theologie im lyrischen Werk Ernst Meisters, 1992. Herausg.: Ernst Meister: Sämtl. Ged. (1985ff.); Musiknovellen d. 19. Jh. (1987); M. blaues Klavier. Dt. Musikged. aus sieben Jh. (1988); Ernst Meister: Sämtliche Hörspiele (Bd. 1, 1990); Ernst Meister: Liebesgedichte (1991) - 1987 Lit.förderpreis Stadt Aachen.

KIEFER, Wilhelm
Dr. agr., Weinbau-Techniker, Prof., Doz. f. Weinbau, Ltr. Inst. f. Weinbau Forschungsanst. f. Weinbau, Gartenbau, Getränketechnologie u. Landespfl., Geisenheim - Winkeler Str. 66, 6222 Geisenheim/Rhg. - Geb. 1. Mai 1931 Mommenheim/Rhg. (Vater: Adam K., Winzer; Mutter: Anna, geb. Berkes), kath., verh., 4 Kd. - Höh. Schule (Abit.); Weinbaulehre; Stud. Landw. Betriebs- u. Volksw. Dipl.-Landw. - 7 J. wiss. Assist.; s. 1964 Inst.sleit.; s. 1978 Honorarprof. Univ. Gießen.

KIEFER, Wolfgang
Dr. rer. nat. habil., Prof. f. Physikal. Chemie Univ. Würzburg (s. 1988) - Am Gemeindeweg 31, 8702 Eisingen - Geb. 12. Febr. 1941 Pforzheim (Vater: Kurt K., Architekt; Mutter: Berta, geb. Olpp), ev., verh. s. 1969 m. Gisela, geb. Masur, 2 Kd. (Bernd, Karin) - Dipl.-Phys. 1967; Promot. 1970; Habil. 1977 - Prof. f. Experimentalphysik Univ. Bayreuth (1977-85); o. Prof. f. Experimentalphysik Univ. Graz/Österr. (1985-88). Üb. 130 Facharb., Herausg. 3 Bücher.

KIEFERLE, Wolfgang
Physiker u. Metallurge, Gf. Gesellsch. Firmengr. Metallbehandlung u. Plasmatechnik GmbH, Fronreute-Staig, Stutensee-Blankenloch u. Frankfurt/M.; Techn. Dir. Thermion AG, Zürich, u. Rudolf & Partner Inc., Los Angeles/USA - Lindenstr. 23, 7981 Grünkraut (T. 0751-6 32 67) - Geb. 8. Febr. 1949 Ravensburg, kath., verh. s. 1977 m. Barbara, geb. Bosch, Sohn Alexander - Stud. Physik 1975 u. Metallurgie 1977 (Kiel u. Stuttgart) - Pat. üb. Wärmebehandl. u. Beschicht. auf d. Gebiet d. Plasmabehandl. - Gründungsmitgl. Arbeitskr. Plasmawärmebehandl. u. Plasmabeschicht. - BV: Plasmatrieren - e. neues Härteverf., 1984 - Spr.: Engl.

KIEFFER, Karl Werner
Dipl.-Ing., Stiftungsratsmitglied Stiftung Ökologie u. Landbau (ehem. Georg-Michael-Pfaff Gedächtnisstiftg., Bad Dürkheim - Weinstr. Süd 51, 6702 Bad Dürkheim (T. 06322 - 86 66) - Geb. 30. Nov. 1912 Stafford (Engl.) (Vater: Emil K., Dipl.-Ing.; Mutter: Elisabeth, geb. Regnault), ev., verh. s. 1952 m. Dagi, geb. Diehl, 3 Kd. (Peter, Susanne, Johannes) - TH Berlin - Kurat.-Mitgl. Dt. Umweltstiftg., Germersheim, Stifterverb. f. d. Dt. Wiss., Essen, Öko-Inst., Freiburg, Walter-Raymond-Stiftg., Köln; Ehrensenator d. Univ. Kaiserslautern - BV: D. kritische Schwelle, 1975; Konsequenzen d. Krise, 1978; Öko-Tageb. e. Managers, 1982 - 1977 Theodor-Heuss-Preis, 1990 Vital Umweltschutzpreis - Spr.: Engl., Franz.

KIEFL, Josef
I. Bürgermeister Stadt Plattling (s. 1978) - Rathaus, 8350 Plattling/Ndb. - Geb. 11. Juli 1923 - Zul. Verwaltungsoberamtm. CSU.

KIEFNER, Hans
Dr. jur. (habil.), o. Prof. f. Röm. u. Bürgerl. Recht. Neuere Privatrechtsgesch. u. Kirchenrecht - Laerbrockweg 22, 4405 Nottuln-Schapdetten - Geb. 30. April 1929 Blaubeuren/Württ. - S. 1964 Ord. Univ. Münster; s. 1968 Oberlandesgerichtsrat OLG Hamm. Facharb.

KIEHL, Marina
Grafik-Designerin, Skiläuferin, Olympiasiegerin 1988 - Hermine-Bland-Str. 11, 8000 München 90 - Geb. 12. Jan. 1965, ledig - Mittl. Reife, Graphik Designer Ausb. - 1983 Junioren-Weltm., 1985, 86 Weltcupsiegerin, 1988 Olympiasiegerin, 7-fache Dt. Meisterin (Ski alpin) - 1988 Gold. Ehrenring d. Landeshauptstadt München - Spr.: Engl., Franz., Ital.

KIEHL, Reinhardt
Dr. rer. nat., o. Prof. f. Mathematik Univ. Mannheim (s. 1970) - Bunsenstr. 19, 6900 Heidelberg 1.

KIEHM, Günter
Verbandsdirektor a. D., MdB (Landesliste Nieders.) - Obere Mark 7, 3013 Barsinghausen 1 - SPD.

KIEKENAP, Bernhard
Dr.-Ing., Generalbevollmächtigter Hastrabau-Wegener GmbH. & Co. KG., Langenhagen, Honorarprof. f. Konstruktiven Straßenbau Univ. Hannover - Elmblick 7, 3301 Schapen - Geb. 19. Nov. 1930.

KIEL, Ernst
Oberstudiendirektor, ehem. Präs. Dt. Lehrerverb. - Regerstr. 29, 5620 Velbert 1 - Geb. 1924 Schlesw.-Holst. - 1981ff. Präs. Intern. Verb. d. Lehrer an Sekundarsch. (FIPESO). CDU.

KIEL, Gerhard
Dr. phil., Prof., Pädagoge - Schädestr. 6, 1000 Berlin 37 - Geb. 16. Aug. 1922 - Promot. 1955 - S. 1970 (Habil.) Privatdoz., Prof. (1971) bzw. Hon.-Prof. (1972) FU Berlin; s. 1972 o. Prof. Hochsch. d. Künste, Berlin. Emerit. 1987 Erziehungswiss.

KIELBURGER, Bernd
Bürgermeister in Königsbach-Stein, MdL Baden-Württ. (Wahlkr. 44, Enz), medienpolit. Sprecher, Vors. Fernsehaussch. SDR - Goethering 36, 7537 Remchingen-Singen (T. 07232 - 7 15 35) - Geb. 24. Aug. 1947 Pforzheim - SPD.

KIELMANN, Henry
Regisseur u. Drehbuchautor - Böhmersweg 5, 2000 Hamburg 13 (T. 040 - 45 46 97) - Geb. 11. Febr. 1929, verh. s. 1962 m. Annemarie, geb. Röttger - Theater-, Rundf.- u. Fernsehregiss. u. Schausp.; Autor f. Theater und FS.

KIELMANSEGG, Graf von, Carl N.
Gutsbesitzer, Assessor, Präs. Hildesheimer Landschaft - 3201 Heinde b. Hildesheim (T. 05064 - 414) - Geb. 3. Febr. 1908 Budapest (Vater: Eduard Graf v. K., Offz.; Mutter: Gabriele, geb. Fürstin Wrede), verh. 1951 m. Anneliese, geb. Fischer - Univ. Innsbruck, München, Bonn (Rechtswiss.) - Spr.: Engl., Franz. - Rotarier.

KIELMANSEGG, Graf von, Johann Adolf
General i. R. - Batzenbergstr. 7, 7812 Bad Krozingen/Br. - Geb. 30. Dez. 1906 Hofgeismar/Hessen (Vater: Adolf Graf v. Kielmansegg, Rittm.; Mutter: Eva, geb. v. Werner), ev., verh. s. 1933 m. Mechthild, geb. Freiin v. Dincklage (Hannover), 4 Kd. (Johann Adolf, Peter, Ulrike, Lewine) - Klostersch. Roßleben (Abit.) - 1926-46 Berufssoldat, ab 1930 Offz., 1926-37 Truppenverwend., 1937-39 Kriegsakad. Berlin, 1939-42 1. u. 6. Panzerdiv., 1942-44 OKH (Generalstab d. Heeres), 1944-45 Kdr. Panzergrenadierregt. 111, 1946-47 Schriftst. u. Mitarb. Ztg., 1948-50 Verlagsangest., 1950-55 Dienstst. Blank u. Bundesverteidigungsmin., 1955-58 Nat. Mil. Repräsentant BRD Shape, Paris, 1959-60 stv. Kdr. 5. Panzerdiv., Koblenz, 1960-63 Kdr. 10. Panzergrenadierdiv., Sigmaringen, 1963 b. 1966 Oberbefehlsh. Verbündete Landstreitkräfte Europa-Mitte, Fontainebleau, 1966-68 Oberbefehlsh. Verbünd. Streitkräfte Europa-Mitte, Brunssum, Dt. Ges. f. auswärtige Politik, Bonn, United States Strategic Inst., Washington DC, u. Inst. for Foreign Policy Analysis, Cambridge, USA; Beirat Militärgesch. Forschungsamt - BV: D. Fritsch-Prozeß 1938, 1949; Unbesiegbar? China als Militärmacht, 1985 - 1964 Frhr.-v.-Stein-Preis Hamburg; 1968 Gr. BVK m. Stern u. Schulterbd.; Kommandeur Legion d'Honneur u. Legion of Merit - Liebh.: Geschichte, Geogr., Kriminalrom. - Spr.: Engl., Franz. - Rotarier - Bek. Vorf.: Philipp Melanchthon, Johann Adolf v. K. (Kanzler Herzogtum Schlesw.-Holst. - Gottorp, Gründer Univ. Kiel), Reinhold v. Werner (Vizeadmiral, Marineschriftst.) - Lit.: Consilio non Imperio (auch engl. u. franz.).

KIELMANSEGG, Graf von, Peter
Dr. phil., o. Prof. f. Politikwiss. Univ. Mannheim - Lortzingstr. 6, 6940 Weinheim - Geb. 27. Juni 1937 Hannover (Vater: Johann Adolf Graf K., General a.D.; Mutter: Mechthild, geb. Freiin v. Dincklage), ev., verh. s. 1964 m. Walpurgis, geb. Gräfin v. Schweinitz, 3 Kd. (Ulrike, Andreas, Sebastian) - Human. Gymn.; Univ. Bonn, Kiel, Tübingen, Oxford (Rechtswiss. u. Gesch.); - 1976/77 Prof. Georgetown Univ. Washington D.C., 1977-79 stellv. Vors. Vereinig. f. Politikwiss., 1980-85 Mitgl. Wiss.rat. - BV: Volkssouveränität, 1977; Deutschl. u. d. 1. Weltkrieg, 2. A. 1980; Nachdenken üb. d. Demokratie 1980; D. Experiment d. Freiheit, 1988; Lange Schatten, 1989 - Sigmund Freud-Preis f. wissenschaftl. Prosa 1983 - Spr.: Engl.

KIELWEIN, Gerhard
Dr. jur., o. Prof. f. Dt. u. ausl. Strafrecht, -prozeßrecht u. Kriminologie - Am Botanischen Garten 2, 6600 Saarbrücken (T. 33934) - Geb. 7. Jan. 1922 Stuttgart - 1953 Privatdoz. Univ. Freiburg/Br., 1956 ao., 1958 o. Prof. Univ. Saarbrücken (1962-64 Rektor) - BV: Straftaten gegen d. Vermögen im engl. Recht, 1955; Auslandsd. Strafrecht, 4. A. 1953 (m. Schönke) - 1965 Ehrenmitgl. Japanese Soc. of Criminal Law.

KIENAST, Burkhart
Dr. phil., Prof. f. Altorientalistik - Universität, 7800 Freiburg/Br. - Geb. 3. Juli 1929 Berlin - S. 1961 (Habil.) Lehrtätigk. Heidelberg, Erlangen, Freiburg (1973 Ord.).

KIENAST, Dietmar
Dr. phil., em. o. Prof. f. Alte Geschichte - Jeisstr. 19, 8037 Neu-Esting (T. 08142 - 2 05 79) - Geb. 22. Aug. 1925 Berlin - S. 1963 (Habil.) Lehrtätigk. Univ. Frankfurt/M. (Privatdoz.), Marburg (1965 Ord.), Düsseldorf (1972 Ord.). Emerit. 1990 - BV: Cato, d. Censor. Augustus, Römische Kaisertabelle - O. Mitgl. Dt. Archäol. Inst.

KIENBAUM, Gerhard
Dipl.-Ing., Minister a. D., Unternehmensberater, Gesellschafter u. Beiratsvors. Kienbaum u. Partner - Zeppelinstr. 20, 5270 Gummersbach (T. 02261 - 703(0)-102 - Geb. 12. Okt. 1919 Wuppertal.

KIENDL, Harro
Dr. rer. nat., o. Prof. f. Elektr. Steuerung u. Regelung Univ. Dortmund - Deipenbecke 16, 5810 Witten-Bommern.

KIENE, Werner
Direktor, Mitgl. Brem. Bürgerschaft (s. 1959, SPD) - Alter Postweg 58, 2850 Bremerhaven-Sp. (T. 81641) - Geb. 10. Okt. 1923 Bremerhaven, ev., verh., 2 Kd. - Oberrealsch. (Abit.); 1945-47 Praktikum Bauw.; 1947-49 Bau- u. Ing.sch. Bremen (Ex. als Tiefbauing.) - 1942-45 Wehrdst.; 1949-65 Stadtbauverw. Bremen; s. 1965 Verkehrsges. Bremerhaven AG. (Vorstandsmitgl.) - Liebh.: Tischtennis (Vorstandsmitgl. Ttverb. Nieders.).

KIENECKER, Friedrich
Dr. phil., Dr. theol., o. Prof. Gesamthochsch. Paderborn - Auf d. Matte 15, 4790 Paderborn-Wewer - Geb. 12. Mai 1920 Hamm/W. - S. 1959 Hochschullehrer PH Paderborn; 1970-72 Rektor PH Westf.-Lippe. Lehrgeb. Neuere u. neueste dt. Lit.gesch., Didakt. d. Deutschunterr.s - BV: D. Mensch in d. mod. Lyrik, 1970, 5. a. 1975; D. Mensch im mod. Drama, 1973; D. Mensch in d. Lit. d. Experiments, 1974.

KIENER, Franz
Dr. phil. (habil.), Prof. am Inst. f. Psychologie TU Berlin - Altdorferstr. 29, 8409 Tegernheim (T. 09403 - 5 73) - Geb. 17. April 1910 Krandorf - B. 1969 Privatdoz., dann apl. Prof. TU (Psych.) - BV: Kleidung, Mode u. Mensch - Versuch e. ausdruckspsych. Deutung, 1956; Hand, Gebärde u. Charakter - Z. Ausdruckskunde d. Hand u. ihrer Gebärden, 1961; D. Wort als Waffe - Z. Psychologie d. verbalen Aggression, 1983.

KIENER, Lorenz
I. Bürgermeister (s. 1978) - Rathaus, 8080 Emmering/Obb. - Geb. 29. Febr. 1920 Emmering - Kfm. Angest. SPD.

KIENHOLZ, Manfred
Dr. med., Prof., Leiter CHEMOBAK Forschungs- u. Unters.labor., Aschaffenburg - Darmstädter Str. 125, 8750 Aschaffenburg - Geb. 9. Juni 1925 Wetzlar/L. - U. a. Chefarzt Zentrallabor./Stadtkrkhs. Aschaffenburg. S. 1961 (Habil.) Privatdoz. u. Hon.-Prof. Univ. Gießen (Med. Bakteriologie u. Virol.) - 1962 Wilmar-Schwabe-Preis.

KIENITZ, Klaus-Peter
Rechtsanwalt, Vorstandsmitglied Ruhrkohle Niederrhein AG - Bergschenweg 101, 4133 Neukirchen-Vluyn (T. 02845 - 2 82 38) - Geb. 15. Febr. 1934, verh., 3 Kd. - Vorst.-Mitgl. Kunstring Folkwang e.V., Essen; versch. AR- u. Beiratsmandate.

KIENLE, Adalbert
Dipl.-agr.-oec., stv. Generalsekretär Deutscher Bauernverband e.V. - Godesberger Allee 142-148, 5300 Bonn 2 (T. 0228-81 98-2 77) - Geb. 26. Okt. 1948, verh. - Landw.-Stud.

KIENLE, Paul
Dr. Ing., o. Prof. f. Experimentalphysik am Physik Department d. TU München - Zu erreichen üb. TU München, James-Franck-Str., 8046 Garching - Promot. 1957, Habil. 1962 - Lehre u. Forsch. auf d. Gebiet d. Kernphysik an d. TH Darmstadt (1963-65) u. TU München. Aufbau u. Leitung d. Beschleuniger-Labors d. LMU u. TU München; Leitung v. Forsch.arb. an d. Ges. f. Schwerionenforsch. Darmstadt (GSI). S. 1984 wissenschaftl. Geschäftsf. d. GSI. Ausbau d. GSI m. Schwerionensynchrotron u. Speicherring.

KIENZLE, Bertram
Dr. phil. habil., Prof. f. Philosophie - Ladenburger Str. 80, 6900 Heidelberg (T. 06221 - 47 22 83) - Geb. 3. Juni 1948 Freiburg (Vater: Ernst K., Beamter; Mutter: Johanna Ruth, geb. Holzer), verh. s. 1976 m. Alexandra, geb. Andrejew - 1967-73 Univ. Freiburg (Promot. 1973), Habil. 1979 Univ. Heidelberg - 1973-81 Wiss. Assist. Phil. Sem. Univ. Heidelberg, 1979-86 Priv.doz. f. Phil. Univ. Heidelberg, 1986-90 Prof. f. Phil. ebd., s. 1990 Priv.doz. f. Phil. Univ. Heidelberg, Lehrstuhlvertr. Univ. Münster - BV: D. semantische Form d. Guten, 1983. Herausg.: Dimensionen d. Selbst (1991, m. H. Pape).

KIENZLE, Paul
Dr. med. vet., Ministerialdirigent (a. D. s. 1976), Honorarprof. f. Angew. Tierseuchenhygiene LH bzw. Univ. Hohenheim (s. 1964) - Schillerstr. 16, 7142 Marbach/N. - Geb. 24. Juni 1911 Marbach/N. (Vater: Paul K., Regierungsveterinärrat; Mutter: Lina, geb. Geßwein), ev., verh. s. 1941 m. Elfriede, geb. Spiegel, 4 Kd. (Liesbeth, Siegfried, Klaus, Christel) - Gymn. Ludwigsburg; Stud. Veterinärmed. München, Wien, Hannover. Staatsex. 1935 München - B. 1939 Tierärztl. Landesunters.samt Stuttgart, dann Kriegsdst. (Stabsveterinär d. R.), 1945-48 (Berichterstatter) u. s. 1954 Innenmin., ab 1972 Ernährungsmin. Stuttgart (1958 Hauptberichterst. u. Leit. Abt. Veterinärwesen), dazw. 1948-54 Reg.sveterinärrat Ludwigsburg I u. III. Vors. mehrerer Tierzuchtvereine - BV: Tiergesundheitslehre, 1957, 7. A. 1975; Das Schlachttier- u. Fleischbeschaugesetz, 6. A. 1974 - Ehrenvors. ADAC-Club Marbach (Motorsportclub) - Liebh.: Musik - Spr.: Franz., Engl.

KIENZLE, Ulrich
Leiter HR Außen-Politik d. ZDF, Mainz (s. 1990) - Postf. 40 40, 6500 Mainz - Geb. 9. Mai 1936 Neckargröningen, ev., verh. - Stud. Politik, German., Kunstgesch. - 1963 Reporter SDR; 1966/67 Redakt. WDR-FS; 1968 Chef Abendschau Baden-Württ.; 1974-77 ARD-Korresp. Arabien; 1977-80 Südafrika-Korresp.; 1980-90 Chefredakt. Radio Bremen - BV: Südafrika - Weiße in d. Wagenburg, 1982 - Eduard Rhein-Preis f. Beirutreportage Blutiger Sommer - Spr.: Engl., Franz.

KIENZLER, Klaus
Dr. theol., o. Prof. f. Fundamentaltheol. Univ. Augsburg - Zu erreichen üb. Universität, Universitätsstr. 10, 8900 Augsburg (T. 0821 - 5 98-63 9/6 49) - Geb. 28. Mai 1944 Triberg (Vater: Fritz K. †; Mutter: Josephine, geb. Wörz), kath., ledig - Stud. Rom (bacc. phil. 1967, lic. theol. 1971) u. Freiburg (Promot. 1975, Habil. 1979) - 1971 Priester; 1980 Prof. in Augsburg - BV: Logik d. Aufersteh., 1976; Anselm v. Canterbury, 1981; Einlad. z. Glauben, 1979; Relig.-Kirche-Gott, 1982; Sein u. Schein d. Relig., 1983; Spuren d. Erlösung, 1986; Mythos u. Glaube, 1986; Auf d. Suche nach d. verborgenen Gott, 1987; Religionsphil. heute, 1988; Versöhnung in d. jüd. u. christl. Liturgie, 1990; D. neue Fundamentalismus, 1990; Max Josef Metzger, 1991 - Spr.: Engl., Franz., Lat., Ital., Span., Griech., Hebr.

KIEP, Walther Leisler
Landesminister a.D., pers. haft. Gesellsch. Gradmann & Holler, Frankfurt - Zu erreichen üb. Gradmann & Holler, Lyoner Str. 26, 6000 Frankfurt/M. 71 - Geb. 5. Jan. 1926 Hamburg (Vater: Dr. rer. pol. Leisler K. †, zuletzt Generaldirektor Hamburger Landesbank (s. XIV. Ausg.); Mutter: Eugenie, geb. vom Rath †), ev., verh. s. 1950 m. Charlotte, geb. ter Meer, 5 Kd. (Edmund, Walther, Michael †, Charlotte, Christiane) - Schulen Hamburg, Istanbul (b. 1939), Frankfurt/M. (Abit. 1943); n. Kriegsende Stud. Gesch. u. Volksw. (o. Abschluß); kaufm. Lehre Metallges. AG (Frankfurt) - 1948-55 Insurance Company of North America (zul. Hauptbevollm. f. Dtschl.), dann Gradmann, Holler & Co. (gf. Gesellsch.). Kaptltn. d. R. CDU s. 1961 (1967-76 Präsid.-Mitgl. Hess. CDU u. Landesschatzm., s. 1971 Mitgl. Bundespräsid. u. Bundesschatzm.); 1965-76 MdB (1965-69 Vors. Aussch. f. Entw.-Hilfe); 1976-80 nieders. Minister d. Finanzen; 1982-83 (Mandatsniederl.) MdHB. AR VWAG; AR-Vors. Deutsche ICI GmbH; Mitgl. Board Bank of Montreal u. ICI PLC, London. 1984ff. Vors. Atlantik-Brücke, Bonn/Hamburg - BV: Good bye America - Was dann?, 1972; A new challenge f. Western Europe, 1974 - Liebh.: Gesch. - Spr.: Engl., Franz. - Rotarier - Bek. Vorf.: Jacob Leisler, 1689-91 Gouverneur v. New York.

KIEPE, Heinz
Dr. rer. pol., Dipl.-Hdl., Prof. f. Betriebswirtschaftslehre, insb. Betriebsw. Steuerlehre, Univ.-GH Siegen - Holunderweg 21, 5900 Siegen.

KIEPE, Helmut
Fabrikant, Königl. Dänischer Konsul a. D. - Industriestr. 4, 5108 Monschau/Imgbr. (T. 02472 - 33 88) - Geb. 17. Juni 1912 Düsseldorf - (Vater: Theodor K., Ing.; Mutter: Margarethe, geb. Holz), verh. 1938 m. Elisabeth, geb. Hering.

KIER, Olaf
Dipl.-Ing., Textiling., Betriebswirt, Geschäftsf. Gesellschafter CHB München - Bergblickstr. 6, 8959 Rieden a. F. - Geb. 1. Juni 1934 Wuppertal-Elberfeld - AR-Vors. Thorey, Mernig, Tricot Fashion AG, Limbach-Oberfrohna, u. Textilwerke Mülsen GmbH, Mülsen St. Jacob; VR Fabromont AG Schmitten/Schweiz.

KIERA, Hans-Georg
Dr. rer. pol., Geschäftsführer Wirt-

schaftsförderung Kassel GmbH (s. 1989) - Obere Karlsstr. 15, 3500 Kassel (T. 0561 - 77 60 14-16). Geb. 26. Juli 1944 Antonienhütte - Stud. Volkswirtsch u. Polit. Wiss.; Dipl.-Volksw. 1971, Dr. rer. pol. 1973, beides Mannheim - 1974-77 Ref. Rheinisch-Westf. Inst. f. Wirtschaftsforsch. RWI, Essen; b. 1989 Geschäftsf. Wirtschaftsverb. Stahlbau u. Energietechnik SET.

KIERDORF, Hans
Direktor, Geschäftsf. Weig-Himmelmann & Co. GmbH., Fröndenberg/Ruhr, Nord-Westdt. Papierrohstoff GmbH. & Co., Mayen, Tecnokarton GmbH., Mayen u. hfm. Dir. Moritz J. Weig, Bergisch Gladbach - Amselweg 3, 5070 Bergisch Gladbach - Geb. 3. Aug. 1920.

KIEREY, Karl-Joachim
Dipl.-Politologe, Freier Unternehmensberater (1989-91), Generalsekretär d. CDU Berlin (s. 1991) - Rolandstr. 3, 1000 Belrin 38 - Geb. 26. Nov. 1940 Nordhausen/Harz, verh. s. 1969 m. Mechthild, geb. Sennlaub, S. Alexander - 1960-67 Stud. Polit. Wiss., Gesch. FU Berlin u. Univ. Frankfurt/M., 1968-70 Doz. u. Lektor Pol. Akad. Eichholz Konrad-Adenauer-Stiftg.; 1970-77 Leit. Abt. Öffentlichkeitsarb. CDU-Bundesgeschäftsst.; 1977-79 Landesgeschäftsf. CDU-Landesverb. Berlin, 1979-85 Leit. Hauptabt. Öffentlichkeitsarb. CDU-Bundesgeschäftsst., 1985-87 Staatssekr. b. Senator f. Wirtsch. u. Arbeit, 1987-89 Staatssekr. b. Senator f. Justiz u. Bundesangelegenh. - Spr: Engl., Franz.

KIERMAIER, Albin Josef
Kaufmann, Präs. Dt. Modellfliegerverband - Am Eichet 3, 8949 Kammlach (T. 08261 - 42 78) - Geb. 1. März 1935 Aisingerwiese b. Rosenheim (Vater: Josef K., Maurer), kath., verh. s. 1958 m. Brunhilde, geb. Klöcker, 2 T. (Birgit, Christa) - Kaufm. Ausb. Rosenheim - 1978 Ref. Seglerschlepp im DMFV; 1982 Präs. DMFV.

KIERMEIER, Friedrich
Dr. rer. techn., em. o. Prof. f. Milchwirtschaft u. Molkereiw. - Egilbertstr. 29, 8050 Freising/Obb. (T. 13702) - Geb. 22. Juli 1908 Dresden (Vater: Paul K., Tapezierer; Mutter: geb. Klotz), verh. s. 1934 m. Hedwig, geb. Weidinger, 2 Kd. - TH Dresden (Promot. 1936) u. Karlsruhe - 1932 Assist. TH Dresden (Prof. Dr. E. Komm), 1937 Inst. f. Lebensmittelchemie Reichsinst. f. Lebensmittelfrischhalt., Karlsruhe (Prof. Dr. K. Täufel), 1938 Abt.sleit. das., 1942 Inst. f. Lebensmitteltechnol., München, 1949 Mitgl. Dt. Forschungsanst. f. Lebensmittelchemie ebd., 1953 Dir. Chem. u. Physikal. Inst. Südd. Versuchs- u. Forschungsanst., Weihenstephan, 1957 Ord. u. Dir. Milchw. Inst. TH München - BV: Beitr. z. Vorratstechnik v. Lebensmitteln, 1945. Üb. 450 Einzelarb. Herausg. u. Schriftleit. d. Z Lebensm. Unters. Forsch. Herausg. Schr.reihe Grundl. u. Fortschritte d. Lebensmittelunters. u. Lebensmitteltechnol. Mithrsg.: 3. A. Ullmanns Enzyklopädie d. techn. Chemie (1952ff.), 2. A. Handb. d. Lebensmittelchemie (1965ff.) - 1968 Max-Eyth-Med.; Julius König Med. f. Lebensmitteltechnik - Spr.: Engl.

KIERSCH, Gerhard
Dr. rer pol., Dipl.-Pol., Prof. f. Intern. Politik u. vergl. Lehre FU Berlin (Schwerpunkte Frankreich u. Westeuropa) - Söhtstr. 4, 1000 Berlin 45 (T. 833 71 80) - Geb. 2. Mai 1939 Luban (Polen) - Stud. Sozial- u. Polit. Wiss. Wilhelmshaven, Hamburg, Bordeaux, Berlin u. Paris - Zahlr. Veröff. z. franz. u. europ. Politik, u.a. (m. R. Seidelmann:) Eurosozialismus u. D. demokrat. Aternative, 1979; (m. R. Klaus u.a.:) Berliner Alltag im Dritten Reich. Fotographierte Zeitgesch., 1981; D. jungen Deutschen, 1986 - 1989 Chevalier de l'Ordre National du Mérite.

KIERZEK, Matthias
Dr. rer. pol., Geschäftsf. Fuldaer Verlagsanstalt GmbH. (s. 1975) - Rangstr. 3-7, 6400 Fulda - Geb. 16. Febr. 1950 Fulda (Vater: Heinrich K., Verleger; Mutter: Eleonore, geb. Pausinger), verh. s. 1977 m. Mira, geb. Velevska, 2 Kd. (Alexander, Sonja) - Abit. 1968 Fulda; Dipl.-Ökon. 1972 Gießen; Promot. 1975 ebd. - Liebh.: Schach.

KIES, Ludwig
Dr. rer. nat., Prof. f. Allg. Botanik u. Sassenburger Weg 16a, 2000 Hamburg 73 - Geb. 2. März 1938 Hermsdorf/Sa. - Promot. 1962; Habil. 1970 - S. 1972 Prof. Univ. Hamburg. Vornehml. Zellbiol. Fachveröff. u. Filme.

KIESBAUER, Hannelore
Schauspielerin, Dramaturgin, Regisseurin - Lietzenburger Str. 4, 1000 Berlin 30 (T. 211 47 11) - Geb. 10. Nov. 1940 Teplitz-Schönau, gesch., T. Arabella - Max-Reinhardt-Sem. Wien - Engagem. in Graz, Wiesbaden, Bonn, Köln, Karlsruhe, Stuttgart, Frankfurt, Berlin; s. 10 J. Dramat. u. Managerin Hansa Theater Berlin - Zahlr. Bühnenrollen; FS-Aufz., u. a. Serie: Z. kleinen Fisch - Liebh.: Pilze, Kräuter, Sport, Fotogr., Musik (Oper), Lit. - Spr.: Franz., Engl., Span.

KIESECKER, Horst
Rechtsanw., MdL Baden-Württ. (s. 1972) - Seilerstr. 6, 7470 Albstadt-Tailfingen, verh., 3 Kd. - Kepler-Gymn. Ulm (Abit. 1954); Univ. Tübingen u. Freiburg (Rechts- u. Staatswiss.). Jurist. Staatsex. 1958 (Freiburg) u. 62 (Stuttgart) - U. a. Staatsanw. Ulm; b. 1974 Bürgerm. Tailfingen. 1971 ff. MdK Balingen. SPD.

KIESEKAMP, Fritz
Landrat - 4558 Bersenbrück Bez. Osnabrück, Deierort 14, 4550 Bramsche - Geb. 25. Okt. 1914 Epe (Vater: Rudolf E.), verh. m. Erna, geb. Müller - Landw.; s. 1956 Kreislandw. - 1969 BVK I. Kl.; 1981 Gr. BVK; 1984 Gr. Verdienstkr. d. Nieders. VO u. Nieders. Sparkassenmed. in Silb.; 1986 Ehrenring d. Großkr. Osnabrück f. 20 j. Tätig. als Landrat, u. Gold. Ehrennadel d. Landvolkes Hannover.

KIESELACK, Heinz
Dipl.-Ing., Baumeister, Ehrenpräs. Bund Dt. Baumeister, Architekten u. Ingenieure (BDB), Bonn - Tönninger Weg 142, 2000 Hamburg 52 (T. 80 39 04) - Geb. 10. Sept. 1911 Berlin, verh. s. 1938, 2 Kd. - Handwerkslehre; Ing.stud.; Baum.-prüf. 1943 Stettin - B. 1945 Berliner Bauuntern. Herm. Streubel KG (u. a. Prok. Stettin u. Hamburg); spät. eig. Baufa. Hamburg. Spez. Arbeitsgeb.: Kunsthistor. u. denkmalpfleger. Sanierungsarb.

KIESELBACH, Kurt
Chefredakteur Zeitschrift D. Dt. Arzt, Bonn - Bussardstr. 137, 5205 Sankt Augustin 1 (T. 02241 - 33 15 78) - Geb. 6. Mai 1938, verh. s. 1962 m. Doris, geb. Busley, 2 Töcht. (Sabine, Dagmar) - S. 1975 Chefredakt. Hartmannbund-Ztschr. D. Dt. Arzt, Bonn; s. 1988 Geschäftsf. im Hartmannbund-Verb. - BV: Köpfe - 400 Porträts namhafter Persönlichk. aus d. Gesundheitswesen, 1981 u. 1988.

KIESER, Alfred
Dr. rer. pol., o. Prof. f. Betriebswirtschaftslehre u. Organisation - Dürerstr. 125, 6800 Mannheim 25 - Geb. 26. März 1942 Würzburg (Vater: Heinrich K., Fabrik.; Mutter: Anna, geb. Gutbrod), verh. s. 1972 in 2. Ehe m. Brigitte, geb. Gentz, 2 Kd. (Bettina, Claire) - Gymn. Buchen, Abit. 1961, Univ. Würzburg, Dipl.-Kfm. 1966 Köln, Promot. 1969, Habil. 1972 - 1969-73 Assist. Sem. f. Org. Univ. Köln; 1974-77 Prof. Org. u. Pers.-wirtsch. FU Berlin, s. 1977 Prof. f. Org. Univ. Mannheim - BV: Untern.wachstum u. Produktinnovation, 1970; Org., 1976 (m. H. Kubicek), 3. A. 1992;

Org.theorien, 2 Bde., 1978, Übers. ins Jap. 1981/82 (m. H. Kubicek); D. Einf. neuer Mitarb. in d. Untern., 1985, 2. A. 1990 - Spr.: Engl.

KIESER, Rolf
Jurist, Schriftsteller - Gagenbergstr. 50, 7030 Böblingen - Geb. 25. April 1941 Schorndorf - Stud. Rechtswiss. Univ. München u. Tübingen; 1. jurist. Staatsprüf. 1965, 2. 1968 - BV/Romane: Explosion d. Regenbogens, 1973; Nach Süden, 1975; Hollywood Boulevard, 1980. Erz.: Go-Go, 1979 - Liebh.: Lit., Reisen - Spr.: Engl., Lat., Franz., Ital., Span. - Bek. Vorf.: Prof. Friedrich v. Kieser, 1790-1858, Verf. math. Werke (Urgroßv.).

KIESEWETTER, Ekkehard

Regisseur, Schauspieler Städt. Bühnen Erfurt - Juri-Gagarin-Ring 22/0206, O-5020 Erfurt (T. 6 16 36) - Geb. 24. Febr. 1934 Ludwigslust/Mecklenb., led., 5 Kd. (Andreas, Katja, Michael, Corinna, Alexander) - Abit.; 1957 Schauspieldipl. d. Theaterhochsch. Leipzig - Schausp. Theater Gera; Schausp. u. Regiss. Theater Greiz; Schausp., Regiss., stv. Schauspieldir., DNT Weimar; Schauspieldir. Landestheater Halle; 1974-91 Schauspieldir. Erfurt - Insz. u.a.: D. Aufstieg auf d. Fudschijama (Aitmatow); Hühnerköppe (Spiro); Blaue Pferde auf rotem Gras (Schatrow); Lysistrate (Aristophanes); Gespenster (Ibsen); Onkel Wanja/Drei Schwestern (Tschechow); Amadeus (Shaffer); D. Benachrichtigung (Havel); D. traurige Gesch. v. Friedrich d. Großen (Heinrich Mann/Alexander Lang); Skandal in Chioggia (Goldoni); Prometheus in Fesseln /Aischylos); Legende v. Glück ohne Ende (Plenzdorf) - 1984 Kunstpr. d. DDR.

KIESEYER, Herwarth
Dipl.-Ing., Prof. f. Allg. Elektro- u. Nachrichtentechnik, insb. Digital- u. Impulstechnik, GH Wuppertal - Göckinghofstr. 58, 5830 Schwelm.

KIESGEN, Karl-Heinz
Dr. jur., Rechtsanwalt, Geschäftsf. Fachverb. d. Gewürzind. - Godesberger Allee 157, 5300 Bonn 2; priv.: Am Schörnen 10 - Geb. 13. Juni 1942 Godesberg.

KIESL, Erich
Rechtsanwalt, Oberbürgermeister a.D., Staatssekretär a.D., MdL Bayern - Zu erreichen üb. Bayer. Landtag, Maximilianeum, 8000 München 85 (T. 089 - 41 26-0) - Geb. 26. Febr. 1930 Pfarrkirchen (Vater: Georg K., Postsekr.), kath., verh. s. 1959 m. Edda, geb. Hilpoltsteiner, 5 Kd. (Rupert, Edigna, Severin, Korbinian, Benedikt) - Univ. München; Jurist. Staatsex. 1959 - 1960-66 Stud. 1969 Bezirksvors. CSU München; 1970-78 Staatssekr. bayer. Innenmin.; 1978-84 Oberbürgerm. München; 1984-86 Vors. CSU-Stadtratsfraktion; s. 1986 Mitgl. d. Bayer. Landtags, Präs. Ständ. Konfz. d. Gemeinden

u. Regionen Europas (1983 wiedergew.) - 1983 Ehrenring Münch. Philharmoniker; 1984 Maximilian-Graf-Montgelas-Preis - Liebh.: Sport, Jagd, bayer. Heimatpflege.

KIESOW, Gottfried
Dr. phil., Hess. Landeskonservator, Honorarprof. f. Denkmalpflege Univ. Frankfurt/M., Vors. Vereinig. d. Landesdenkmalpfleger in d. BRD - Idsteiner Str. 7, 6200 Wiesbaden.

KIESS, Friedrich Wilhelm
Dr.-Ing., Baudirektor a. D., Geschäftsf. i. R. - Marper Schulweg 15, 5600 Wuppertal 2 (T. 0202 - 59 51 70) - Geb. 30. März 1911 Stuttgart, verh. 2 Kd. - Stud. Bauing.wesen TH Stuttgart; Diplomex. 1933; Promot. 1954 TH Aachen - 1950-65 stv. u. 1965-76 Geschäftsf. Wupperverb. - BV (Mitverf.): Lehr- u. Handbuch d. Abwassertechnik, Bd. III 1969. Üb. 50 Fachveröff. - Rotarier.

KIESSELBACH, Marianne
Dr. phil., Bildhauerin - Bakenhof, 4150 Krefeld-Linn (T. 571357) - Geb. 23. Mai 1913 Köln (Vater: Peter M., Beamter; Mutter: Maria, geb. Christoph), kath., verh. s. 1935 m. Prof. Dr. med., Dr. phil. Anton K. (s. dort) - Abit. 1932, Stud. Kunstwerksch. Köln u. Univ. Köln, Münster, Bonn, Greifswald (Kunstgesch., Phil., German.). Promot. 1942 Greifswald - S. 1962 Bildhauerin - W.: Portraits bek. Persönlichk. (Otto Hahn, Sonja Gräfin Bernadotte u. a.), Brunnen (Atom-Br. Biblis b. Mainz, RWE Essen, Vogel-Br. Insel Mainau u. a.), Gartenplastiken, Med. u. Plak. - Mosaike - 1973 Médaille d'Argent de la Société Arts, Sciences, Lettres, Paris; 1979 Goldmed. Accad. italia delle Arti e del Lavoro, Salsomaggiore; 1980 K. F. Koch-Plak., Düsseldorf; 1981 Med. Univ. Düsseldorf. Mitgl. Malkasten Düsseldorf - Liebh.: Biedermeiermöbel - Spr.: Franz., Engl., it. - Bibl. Künstler Nordrh.-Westf., Bd. 6 1970; Lexikon d. zeitgen. europ. Künstler, Accad. Italia delle Arti e del Lavoro, 1980; Künstlerkompendium Bd. 2 Nürnberg-Wien, 1982.

KIESSLING (ß), Hans
Dr.-Ing., Dipl.-Ing., Prof. f. Entwerfen, insb. Gemeinschaftsbauten, u. Baukonstruktion GH Siegen - Paul-Bonatz-Str. 9-11, 5900 Siegen 21; priv.: Vierlingstr. 6a, 6710 Frankenthal/Pf. - Geb. 8. März 1935 Frankenthal/Pf.

KIESSLING (ß), Werner
Dr. med., Prof., Dermatologe - Leopoldstr. 5, 7530 Pforzheim (T. 3 29 80) - Geb. 6. Febr. 1920 Mannheim. S. 1961 (Habil.) Lehrtätig. Univ. Heidelberg (1969 apl. Prof. f. Haut- u. Geschlechtskrankh.; Konsilarius f. Andrologie Hautklinik). Zahlr. Fachveröff.

KIESSLING (ß), Werner

Präsident Verb. d. Heimkehrer Deutschlands - Konstantinstr. 17, 5300 Bonn 2 (T. 0228 - 36 40 97) - Geb. 24.

Juni 1914 Greiz-Dölau, ev., verw., 3 Kd. (Jörg, Elke, Helge) - Abit. 1934 Gera/Thür. - Generaldelegierter Confédération Intern. des Anciens Prisonniers de Guerre (CIAPG); Präsid.-Mitgl. Dt. Rat Europ. Bewegung; stv. Vors. Stiftungsrat d. Heimkehrer-Stiftg. - 1976 Ernst-Reuter-Plak.; 1977 Commendatore; 1983 Gr. BVK, 1989 Stern dazu; 1984 Gold. Ehrenzeichen f. Verdienste um d. Rep. Österr. - Spr.: Franz.

KIESSWETTER (ß), Karl
Dr., Prof. f. Erziehungswissenschaften unt. bes. Berücks. d. Mathematikdidaktik Univ. Hamburg (s. 1978) - v.-Melle-Park 8, 2000 Hamburg 13; priv.: Stormarnstr. 71a, 2070 Ahrensburg.

KILBINGER, Heinz
Dr. med., Prof. f. Pharmakologie u. Toxikol. Univ. Mainz - Schwedenstr. 63, 6203 Hochheim - Geb. 28. Febr. 1939.

KILIAN, Hanns-Georg
Dr. rer. nat., o. Prof. f. Experimentalphysik - Universität, 7900 Ulm/Donau - Geb. 8. Nov. 1925 Dessau - S. 1965 (Habil.) Lehrtätigk. Univ. Marburg (1969 apl. Prof.) u. Ulm (1969 Ord.). - Exekutiv-Editor v. Colloid & Polymer Science - Borchers-Plak., Zsigmondi-Preis, Merckle-Forschungs-Preis.

KILIAN, Michael
Dr. iur., o. Univ.-Prof. Juristische Fakultät Halle (s. 1992) - Kastanienweg 16, 7400 Tübingen (T. 07071 - 6 85 32) - Geb. 13. Febr. 1949 Geislingen/Steige (Vater: Alfred K., Reg.baudir.; Mutter: Erna, geb. Maurer), ev., verh. s. 1991 m. Marianne, geb. Zweimüller - Stud. Rechtswiss. Tübingen, 1973 1. u. 1976 2. Iur.-Staatsprüf.; Promot. 1986, Habil. 1990 in Tübingen - BV: Internationale Umweltorganisationen, 1986; Nebenhaushalte d. Bundes, 1992. Herausg. v. Sammelbd. zu Lit. u. Recht - Liebh.: Literatur - Spr.: Engl., Franz.

KILIAN, Peter
Schriftsteller - Rheinstr. 52, CH-8212 Neuhausen/a. Rheinfall - Geb. 5. März 1911 Neuhausen/Rheinfall, verh. - 15 J. Forschungslabor. Metallind. - BV: u. a. D. Braut aus Westf., R. 1959; Arbon - Kl. Stadt am Bodensee, Monogr. 1964; Abele Bernardon, Erz. 1968. Jugendschr. Herausg.: D. Bär u. a. Schweizer Hirtensagen (1968) - 1955 Georg-Fischer-Preis - Liebh.: Spaziergänge.

KILIAN, Rudolf
Dr. theol., o. Prof. f. Alttestamentl. Exegese Univ. Augsburg (s. 1971) - Kalterer Weg 8, 8904 Friedberg - Geb. 19. Aug. 1934 Ulm/D., kath. - Priesterweihe 1961 - BV: Literarkrit. u. formgeschichtl. Untersuchung d. Heiligkeitsgesetzes, 1963; D. vorpriesterl. Abrahamsüberliefer., 1966; D. Verheißung Immanuels, 1968; Isaaks Opferung, 1970; Ich bringe Leben in euch, 1975; Jesaja 1-39, 1983; Jesaja 1-12, 1986.

KILIAN, Walter
Dr., Ministerialdirektor Min. f. Arbeit, Gesundheit u. Sozialordnung Baden-Württ. (s. 1984) - Rotebühlpl. 30, 7000 Stuttgart 1 (T. 6 67 31)

KILIAN, Werner
Dr. jur., Botschafter in Harare/Simbabwe (s. 1988) - P.O.Box 2168, Harare/Simbabwe - Geb. 8. April 1932 Mainz, verh., 5 Kd. - Jurastud. Univ. Bonn, Berlin, Genf; 2. jurist. Staatsex. 1961 - S. 1961 Ausw. Dienst; Auslandsposten in London, Kabul, Bukarest - BV: Neue Tendenzen z. Einschränkung d. Meeresfreiheit, 1966.

KILIAN, Wolfgang
Dr. jur., Prof. Univ. Hannover (s. 1974; 1976/77 Dekan) f. Wirtschafts- u. Zivilrecht, Rechtsinformatik, Rechtstheorie, Leiter Inst. f. Rechtsinformatik d. Univ. - Hanomagstr. 8, 3000 Hannover (T. 449 81 60) - Geb. 3. Febr. 1939 Frankfurt/M., verh. s. 1968 m. Sigrid, geb. Hilligen, S. Gregor - Stud. Univ. Frankfurt; Promot. 1966; Habil. 1973 - 1968-74 Univ. Frankfurt (Wiss. Assist.; 1972 Doz.), 1977-88 1. Vors. Gesellsch. f. Rechts- u. Verwaltungsinformatik, Leit. Inst. f. Rechtsinformatik Univ. Hannover; Rufe an d. Univ. Hamburg (1981) u. Saarbrücken (1987) - BV: D. Staatl. Hochsch. f. Bildende Künste in d. Bundesrep. Dtschl., 1967; Reformversuch m. Stud.anfängern an d. Rechtswiss. Fakultät d. Univ. Frankfurt (m. Laatz), 1971; Jurist. Entscheidungen u. elektron. Datenverarb., 1974; Personalinformationssysteme in dt. Großuntern., 1981; Rechtsfragen d. med. Forsch. m. Patientendaten, 1983; Haftung f. Mängel d. Computersoftware, 1986; Telearbeit u. Arbeitsrecht (m. Borsum/Hoffmeister), 1987, Rechtsfragen grenzüberschreitender Datenflüsse, (m. Bothe), 1992; sow. zahlr. weit. Fachveröff. - 18 Gold. Sportabz. - Spr.: Engl.

KILIMANN, Manfred Klaus

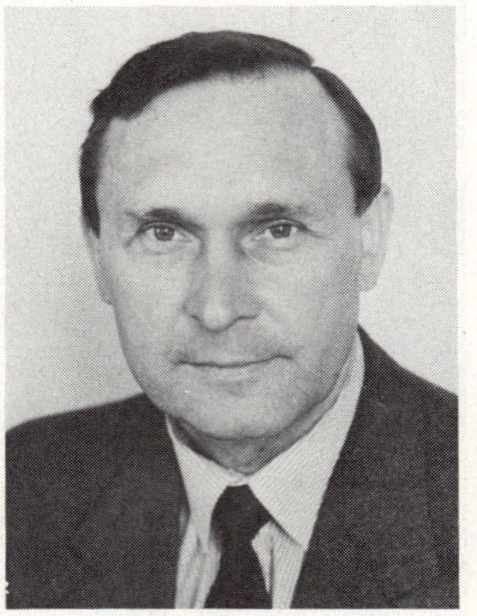

Dr. rer. nat. habil., Oberbürgermeister Rostock - Trojanstr. 3, O-2530 Warnemünde (T. 0081 - 38 12 04) - Geb. 11. Okt. 1938 Ortelsburg, verh. s. 1962 m. Gisela, geb. Ruschke - 1956-61 Stud. Physik Rostock, Dipl. 1961; Promot. 1966; Habil. 1978 Rostock - Spr.: Russ., Engl., Span.

KILL, Eberhard
Dipl.-Ing., Vorstandsmitglied Siemens AG - Werner-v.-Siemens-Str. 50, 8520 Erlangen (T. 09131 - 72 45 14) - Geb. 16. Febr. 1932 Herne/Westf. - TH Aachen (Maschinenbau).

KILLERMANN, Wilhelm
Dr. rer. nat., Univ.-Prof. f. Didaktik d. Biologie - Konrad-Kuhn-Str. 32, 8898 Schrobenhausen - Geb. 8. Juli 1930 Schrobenhausen (Vater: Wilhelm K.; Mutter: Maria), kath., verh. s. 1958 m. Rosemarie, geb. Koschatzky, 2 Kd. (Edith, Doris) - Gymn., Univ. Freiburg u. München, Stud. Naturw., 1. u. 2. Staatsex. 1954 u. 1956, Promot. 1962, Habil. 1970, o. Prof. 1971 - 1957-66 Stud.-Rat, 1966-71 Doz., 1971ff. Prof., Lehrst.inh. Univ. München, s. 1977 Inst.-leit. - BV: Landschaftsökolog. u. vegetationskundl. Untersuch., 1972; Biologieunterr. heute, 1974, 9. A. 1991; Biologie i. Unterr.mod., 1978, 2. A. 1980. Zahlr. Einzelarb. Herausg.: Münchner Schriften z. Didaktik d. Biologie, 8 Bde. (1983ff.) - 1965 Preis Verein Naturschutzpark (f. Diss.).

KILLINGER, Erich Trutz
Dr.-Ing., Gf. Gesellschafter Dambach-Werke GmbH, u. Dambach Industrie Anlagen GmbH - Nelkenstr. 28, 7560 Gaggenau - Geb. 20. Febr. 1937, verh. m. Martine, geb. Josserand, 2 Kd. (Stefanie, Markus) - TH Karlsruhe (Dipl.-Ing.) - Beirat Fa. Kapp & Co., Coburg. Lehrbeauftr. d. Univ. Karlsruhe - Spr.: Engl., Franz.

KILLINGER, Hans Helmut
Dr. jur., Schiffsmakler u. Reeder - Mattentwiete 8, 2000 Hamburg 11 (T. 040 - 3 60 11) - Geb. 7. Juli 1926 Rostock, ev., verh. s. 1958 m. Marietta, geb. Fritzel, 4 Kd. (Johann, Elisabeth, Beate, Olav) - Stud. Rechtswiss. Univ. Berlin u. Köln; 1. u. 2. Staatsex., Promot. 1960 Köln - Gesellsch. oHG in Fa. Aug. Bolten, Wm. Miller's Nachf., Hamburg; Gf. Gesellsch. TT-Line, Olau-Line, Steuerkommiss. Verb. Dt. Reeder; Vors. Vereinig. Hbg. Schiffsmakler u. Schiffsagenten, u. Zentralverb. Dt. Schiffsmakler; Plenumsmitgl. Handelskammer Hamburg - Spr.: Engl.

KILLMANN, Erwin
Dr. rer. nat., Prof. f. Techn. Chemie - Erdinger Pl. 1, 8046 Garching/Obb. - Geb. 5. Sept. 1933 Dittersbach - Promot. 1959; Habil. 1969 - S. 1975 Abteilungsvorst. u. Prof. bzw. Prof. (1978) TU München. Üb. 50 Fachveröff.

KILLMANN, Peter A.
Dipl.-Ing., Geschäftsführer Marsteller & Killmann GmbH & Co. KG, Essen - Emil-Kemper-Str. 43, 4300 Essen 18 (T. 02054 - 60 41-42) - Geb. 1. Okt. 1937 - Vors. Essener Unternehmensverb.; Vizepräs. IHK Essen, Mülheim/R., Oberhausen; Handelsrichter LG Essen - Liebh.: Segelfliegen.

KILLMANN, Renate
Tänzerin - Urbanstr. 9, 7800 Freiburg (T. 0761 - 2 61 63) - Geb. 27. Juni 1958 - Ausb. Inst. f. Bühnentanz, Köln, Scuola di Balletto (R. Bertschinger), Lugano; Bühnenreifeprüf. 1978 Frankfurt - S. 1978 Tänzerin an versch. dt. Bühnen, u.a. Städt. Bühnen Hagen, Osnabrück, Staatstheater Oldenburg, Städt. Bühnen Freiburg. Erste choreograph. Arbeiten am Freiburger Theater. S. 1986 freischaffend tätig als Tänzerin, Choreographin f. Oper, Schauspiel u. Tanztheater an versch. dt. Bühnen. Tanzworkshops in Jazz u. Mod. Dance.

KILLMAYER, Wilhelm
Prof., Komponist - Ainmillerstr. 33, 8000 München 40 - Geb. 21. Aug. 1927 München - Hochschultätigk. - 1982 Musikpreis Stadt Braunschweig (f. d. musikal. Gesamtschaffen); 1983 BVK.

KILLY, Walther
Dr. phil., em. Prof. f. Neuere dt. Sprache u. Lit. - Calsowstr. 17, 3400 Göttingen - Geb. 26. Aug. 1917, verh. m. Eva, geb. Hirschfeld †1987 (Vater: Dr. phil. Hans E. H., u. a. Ministerialdir. u. Senatspressechef Berlin † 1971; s. XVI. Ausg.) - Promot. Tübingen, Habil. Berlin - S. 1959 Ord. Univ. Berlin/Freie, Göttingen (1960), Bern (1971). 1969 Gastprof. Univ. of California (USA) - BV: Wandlungen d. lyr. Bildes, 5. A. 1967; Üb. Georg Trakl. 3. A. 1967; Dt. Kitsch - E. Versuch m. Beispielen, 5. A. 1967; Wirklichkeit u. Kunstcharakter - 9 Romane d. 19. Jh.s, 2. A. 1968; D. dt. Lit. 1880-1933, 1947. Herausg.: Zeichen d. Zeit - E. dt. Leseb., 4 Bde. 1958/62 (zahlr. A.); Bildungsfragen, 1971; Elemente d. Lyrik, 1972; Schreibweisen - Leseweisen, 1982; Literaturlexikon, 1988ff. - 1983 Niedersachsen-Preis; 1990 Siegm. Freud Preis f. wiss. Prosa d. dt. Akad.; 1966 o. Mitgl. Akad. d. Wiss., Göttingen; 1971 PEN-Zentrum BRD.

KIMMEL, Hans
Hauptabteilungsleiter Internat. Angelegenheiten ZDF - Am Hohen Wald 17, 6229 Schlangenbad - Geb. 25. Aug. 1929 Wiesbaden, verh. s. 1984 m. Sibylle v. Eicke u. Polwitz, 4 Kd. (Lukas, Karena, Samuel, Maximiliane) - Gymn. Wiesbaden; Univ. Mainz u. Cordoba/Argent. - Wiss. Übers., zahlr. Arb. z. Intern. Medienfragen - Spr.: Engl., Franz., Span., Ital.

KIMMEL, Willibald
Rechtsanwalt u. Lehrbeauftr., MdL Baden-Württ. (1960-84) - L 9, 7, 6800 Mannheim (T. 0621 - 2 89 16) - Geb. 18. Juli 1929 Pößneck/Thür., kath., verh., 1 Kd. - Obersch.; Univ. Würzburg u. Heidelberg (Rechts- u. Staatswiss.). As-s.ex. 1956 - S. 1957 Anwaltspraxis Mannheim.

KIMMESKAMP, Heinrich Otto
Dr.-Ing., Prof. f. Elektrotechnik RWTH Aachen, Ltd. Bundesbahndirektor a.D. - Birkhofstr. 11, 4044 Kaarst 2 (T. 02101 - 51 40 06) - Geb. 28. Nov. 1922 Essen, kath., verh. s. 1961 m. Hildegard, geb. Osterspey, T. Ulrike - 1933-40 Human. Gymn. Gelsenkirchen (Abit.); 1949-53 Stud. Maschinenbau (Eisenbahntechnik) TH Aachen (1953 Dipl.-Ing., 1956 Promot. Bauing.-Wesen) - 1954-56 Bauref. DB, Bauass., s. 1956 ltd. Tätigk. DB. Beratertätigk. f. Verkehrsuntern. in Asien, Afrika u. Südamerika, Leit. Verkehrs- u. Finanzstudie f. d. Metro Sao Paulo (1967/68), s. 1978 auch Sachverst. f. verkehrstechn. Projekte in Entwicklungsländern im Auftr. d. Kreditanst. f. Wiederaufbau. S. 1974 Lehrauftr. RWTH Aachen - BV: Energiewirtsch. u. Kostenrechnung im Vekehr, 1986; Entw. d. elektronischen Triebfahrzeuge - 1985 Honorarprof. - Liebh.: Gesch., (Mittelalter u. Neuzeit), Studienreisen - Spr.: Engl., Franz.

KIMMICH, Erika Gertrud

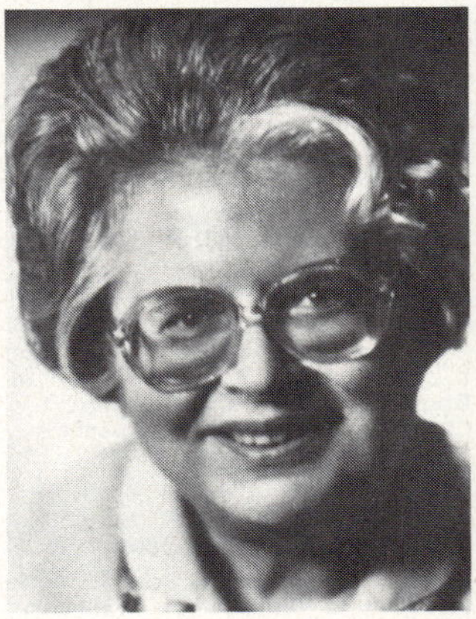

Dr., Prof. Seminar f. Erziehung u. Didaktik I Stuttgart (b. 1987) - Heiligenbergstr. 86, 7000 Stuttgart 30 - Geb. 10. Febr. 1925 Eschenau/Kr. Heilbronn (Vater: Richard K., Notar; Mutter: Emma, geb. Renner), ev., ledig - 1971-89 Mitgl. Württ. Landessynode, s. 1973 EKD-Synode, 1979-91 Mitgl. d. Rates d. EKD, s. 1979 Mitgl. d. Bildungskammer d. EKD; s. 1988 Vorst.-Mitgl. Informationsdienst d. Ev. Allianz (idea); s. 1991 2. Vors. Gemeindetag unter d. Wort; u.a. - 1992 Verdienstmed. d. Landes Baden-Württ. - Bek. Vorf.: Andreas v. Renner, kgl. württ. Finanzmin. (Urgroßonkel).

KIMMICH, Rainer Helmut
Dr. rer. nat., Prof. f. Physik - Albecker Steige 106, 7900 Ulm - Geb. 9. Okt. 1941 Stuttgart - S. 1976 Leit. Sektion Kernresonanzspektroskopie Univ. Ulm.

KIMMIG, Wolfgang
Dr. phil., em. o. Prof. f. Vor- u. Frühgeschichte - Burgholzweg 104, 7400 Tübingen (T. 4 94 20) - Geb. 28. Aug. 1910 Konstanz/B. (Vater: Dr. Wolfram K., Jurist; Mutter: Else, geb. Rothe), ev., verh. s. 1936 m. Suse, geb. Weber, 2 Kd. - Schloßsch. Salem; Univ. Frankfurt, Berlin, Marburg, Freiburg (Promot. 1936). Habil. 1942 Freiburg - 1936-45 wiss. Mitarb. u. Direktorialassist. (1940) Rhein. Landesmus. Trier (1938 Stip. Dt. Archäol. Inst.), 1939-45 Wehrdst. (1940-41 Mitgl. Dt. mil. Kunstschutz Paris), 1946-55 Doz. u. apl. Prof. (1952) Univ. Freiburg/Br., Bad. Landesarchäologe, s. 1955 o. Prof. Univ. Tübingen - BV: u. a. D. Urnenfelderkultur in Baden, 1940; Vorzeit an Rhein u. Donau, 1958, 2. A. Schätze d. Vorzeit, 1965; D. Kirchberg

b. Reusten, 1965; D. Heuneburg an d. oberen Donau, 1983; D. Kelten in Baden-Württ., (m. K. Bittel u. S. Schiek) 1981; D. Kleinaspergle. Stud. zu e. Fürstengrabhügel d. frühen Latènezeit, 1988. Üb. 123 Fachaufs. Herausg.: Bad. Fundberichte (b. 1956); Führer z. vor- u. frühgesch. Denkm. in Baden-Württ. (s. 1968); Heuneburgstudien in: Röm.-German. Forsch. (s. 1991) - O. Mitgl. Dt. Archäol. Inst., korr. Mitgl. Heidelberger Akad. d. Wiss., Istituto Italiano di Pre- e Protostoria, Istituto di Studi Etruschi ed Italici, Schweizer Ges. f. Urgesch., Honorary Corr. Member of The Prehistoric Soc. of Great Britain, Ehrenvors. Ges. f. Vor- u. Frühgesch. in Württ. u. Hohenzollern n. 20jähr. Tätigk.; 1981 Emil Vogt-Preis (f. Europ. Urgesch.), Zürich - Bek. Vorf.: Otto u. Gustav Lilienthal (ms.).

KIMMINICH, Otto
Dr. jur. (habil.), M. A., o. Prof. f. Öfftl. Recht - Killermannstr. 6, 8400 Regensburg (T. 3 28 54) - Geb. 1. April 1932 Niklasdorf (Vater: Otto K., Postbeamter; Mutter: Emilie, geb. Monert), kath., verh. s. 1958 m. Annemarie, geb. Heunisch - Oberrealsch. Freiwaldau u. Erlangen; Stud. Rechtswiss. u. Volksw. Erlangen u. Würzburg sow. Univ. of Virginia. Volksw. Ex. 1955; jurist. Staatsex. 1955 u. 59 - Verw.beamter; 1961-63 Privatdoz. Univ. Würzburg; s. 1963 o. Prof. Univ. Bochum u. Regensburg (1967), Präs. Dt. Nansen-Ges., u. Otto Benecke Stiftg. - BV: D. intern. Rechtsstatus d. Flüchtlings, 1962; Rüstung u. polit. Spannung - Studien z. Problem d. intern. Sicherheit, 1964; Asylrecht, 1968; Völkerrecht im Atomzeitalter - D. Atomsperrvertrag u. s. Folgen, 1968; D. Souveränität d. BRD, 1970; Dt. Verfassungsgesch., 1971, 2. A. 1987; D. Moskauer Vertrag 1973, 2. A. 1973; Einführ. in d. öfftl. Recht, 1972; Humanit. Völkerrecht - Humanit. Aktion, 1972; D. Recht d. Umweltschutzes, 1972, 2. A. 1974; Menschenrechte, 1973; Atomrecht, 1974; Einf. in das Völkerrecht, 1975, 3. A. 1987; Schutz d. Menschen in bewaffneten Konflikten, 1979; Rechtsprobl. d. polyetnischen Staatsorg., 1985; Umweltschutz-Prüfstein d. Rechtsstaatlichk., 1987. Mithrsg.: Ztschr. f. Wiss.recht; Archiv d. Völkerrechts, Ztschr. f. Ausländerrecht. Mitarb.: Bonner Kommentar z. Grundgesetz (1963ff.) - 1961 I. Preis intern. Wettbew. z. Weltflüchtlingsjahr; 1980 Plak. Bund d. Vertriebenen; BVK; Komturkreuz d. VO FL Liechtenstein; BVK am Bde. - Spr.: Engl., Franz., Span.

KIMPEL, Dieter
Dr. phil., Prof., Leiter d. Inst. f. Architekturgeschichte Univ. Stuttgart - Keplerstr. 11, 7000 Stuttgart 1 (T. 0711 - 1 21 - 32 90) - Geb. 18. Jan. 1942 Krefeld - Promot. 1970 Univ. Bonn - 1970-71 Stip. Zentralinst. f. Kunstgesch. 1971-79 wiss. Assist. Inst. f. Kunstgesch. TU München; 1979-89 Prof. f. Kunst- u. Arch.gesch. Univ. Oldenburg - BV: Notre-Dame in Paris, (Diss.) 1970; Paris-Stadtbaugesch., 1982; Gotische Architektur in Frankr., 1985 (m. R. Suckale).

KIMPEL, Dieter Heinrich
Dr. phil., Prof. f. Sprachtheorie, Literaturästhetik, Neuere Dt. Lit.gesch. Univ. Frankfurt (T. 1972, Dekan 1990/91) - Frankfurter Str. 86/18, 6054 Rodgau 3 - Geb. 15. Juni 1935 Kassel (Vater: Wilhelm K., Ing.; Mutter: Elisabeth, geb. Wagner), ev. - Stud. d. Phil., Päd., d. Philol., Gesch., Geogr. Univ. Marburg, Göttingen, Wien, Frankfurt; Promot. 1962 Wien. 1981 u. 1984-86 Gastprof. Univ. of California, Los Angeles - BV: D. Roman d. Aufklärung, 1967, 2. A. 1976; Meth. Praxis d. Lit.wiss., 1975; Mehrsprachigkeit in d. dt. Aufklärung, 1985; Mitarbeit an Propyläen Geschichte d. Literatur Bd. 4 (1983) u. Bd. 5 (1984).

KIND, Dieter
Dr.-Ing., Präs. Physikalisch-Technische Bundesanstalt, Braunschweig u. Berlin, Honorarprof. TU Braunschweig (s. 1975); Präs. d. Comité International des Poids et Mesures (CIPM), Paris (s. 1984), Senat Max-Planck-Ges. (s. 1990) - Bundesallee 100, 3300 Braunschweig - Geb. 5. Okt. 1929 Reichenberg/Böhmen (Vater: Dipl.-Ing. Hans K.; Mutter: Gertrud, geb. Hoffmann), ev., verh. s. 1954 m. Waltraud, geb. Wagner, 3 Kd. (Matthias, Christine, Andreas) - Obersch. Reichenberg (1939-45) u. Freiberg/Sa. (1945-47); TU Berlin, TH München (Dipl.-Ing. 1951). Promot. 1957 - B. 1957 Assist. TH München, dann Direktionsassist. u. Handlungsbevollm. Meßwandler-Bau GmbH., Bamberg, 1962-75 o. Prof. u. Dir. Inst. f. Hochspannungstechnik TU Braunschweig - BV: Einführ. in d. Hochspannungsversuchstechnik, 1972 (engl. 1978); Hochspannungs-Isoliertechnik (m. Kärner), 1982 (engl. 1984) - Spr.: Engl.

KINDER, Hans-Peter
Dr. rer. nat., Prof. f. Mathematik (Schwerp.: Math. Statistik u. Unternehmensforsch.) Univ. Bremen - Hauptstr. 5 m, 2804 Lilienthal.

KINDERMANN, Alan
Dr., Vorstandsvorsitzender Credit- u. Volksbank eG., Wuppertal, Beiratsmitgl. Westd. Genossenschafts-Zentralbank eG, Düsseldorf - Oberwall 8, 5600 Wuppertal 2 - Geb. 20. März 1926 Lodz.

KINDERMANN, Gottfried-Karl
Dr. phil., Drs. jur. h. c., o. Prof. u. Vorst. Seminar f. Intern. Politik Univ. München - Maillinger Str. 26, 8000 München 19 (T. 19 19 79) - Geb. 13. April 1926 - S. 1965 (Habil.) Lehrtätig. Univ. Freiburg/Br., Salzburg u. München (1967 Ord.), 1979/80 Gründungsvors. World Assoc. f. Intern. Relations. Bücher, Buchbeitr. u. Fachaufs. - Ehrendoktorate Univ. Yeungnam/Korea (1976) u. Taiwan/China (1981).

KINDERMANN, Hans
Vorsitzender Richter am Landgericht a.D., Vors. DFB-Kontrollausschuß - Zu erreichen üb. Othellostr. 45, 7000 Stuttgart 80 - Geb. 10. Febr. 1922, verh. - S. 1967 Dir. LG Stuttgart - 1975 Gold. Ehrennadel Dt. Fußballbund; 1992 BVK I. Kl.

KINDERMANN, Hans Gerhard
Dr., Fabrikant, Gesellsch. Kindermann & Co. GmbH, Ochsenfurt, gf. Gesellsch. Kindermann & Co. Photo GmbH Berlin - Hohestadtersteige 16, 8703 Ochsenfurt/M. - Geb. 7. Sept. 1916 Hamburg - 1964 Gold. Linse f. Verdienste um d. europ. Photogr. - 1978 Bayer. VO; 1981 BVK I. Kl.

KINDERMANN, Peter
Dipl.-Ing., Geschäftsführer Industrieverb. Polyurethan-Hartschaum (IVPU), u. Überwachungsgemeinsch. Polyurethan-Hartschaum (ÜGPU) - Kriegerstr. 17, 7000 Stuttgart 1 - Secretary-general BING, Federation of European Polyurethane rigid foam Assoc.

KINDERMANN, Udo
Dr. phil., o. Prof. d. Lat. Philologie d. Mittelalters Univ. zu Köln (s. 1991) - Hutweide 9, 8520 Buckenhof - Geb. 19. Juli 1941 Breslau, verh. s. 1965 m. Elisabeth, geb. Falkner, 2 Kd. (Paul, Lore) - BV: Satyra, 1978; Zw. Epos u. Drama, 1987; D. Dichter v. Heiligen Berge, 1989.

KINDERMANN, Wilfried
Dr. med., Prof., Arzt f. innere Medizin, Kardiologie u. Sportmedizin - Knappenstr. 11, 6603 Sulzbach/Saar (T. 06879 - 46 54) - Geb. 4. Sept. 1940 Halle/Saale, ev., verh. s. 1966 m. Ingrid, 2 Kd. (Michael, Petra) - Gymn. Meerane/Sachsen (Abit. 1958); Med. Staatsex. 1967 Hamburg, Promot. 1967 Hamburg, Habil. 1977 Freiburg - S. 1978 Ord. f. Sportmed. Univ. d. Saarl., 1988 Ruf auf d. Lehrstuhl f. Sportmed. m. Schwerp. Inn. Med. FU Berlin - Vors. u. Mitgl. in versch. Gremien d. Dt. Sportbundes u. Dt. Ges. f. Sportmed., Mitgl. d. Schriftleit. u. Wiss. Beirat versch. in- u. ausl. Ztschr. - Versch. med. BV (Verf. u. Herausg.). Üb. 250 wiss. med. Veröff. - 1976 Carl-Diem-Preis Dt. Sportbund; 1989 Ernst v. Bergmann Plak. Bundesärztekammer - 1962 Europameister 4 × 400 m-Lauf - Spr.: Engl.

KINDL, Helmut
Dr. phil., Prof. f. Biochemie Univ. Marburg - Blaue Hofstatt 8, 3551 Ginseldorf.

KINDLER, Heinz
Dr.-Ing., Prof. u. Direktor Inst. f. Allg. Nachrichtentechnik Univ. Hannover - Hindenburgallee 37, 3007 Gehrden 1.

KINDLER, Helmut
Verleger, Gründer Kindler Verlag GmbH, München - Seestr. 268, CH-8700 Küsnacht (T. 9100350) - Geb. 3. Dez. 1912 Berlin (Vater: Otto K., Kriminalbeamter; Mutter: geb. Klimpke), ev., verh. s. 1945 m. Nina, geb. Ade, T. Georgette - Ab 1930 Regieassist. u. Redakt. (1936) Berlin, 1943-45 Gestapohaft, seith. Verleger (b. 1948 Berlin, dann München, s. 1960 auch Zürich) - BV: Berlin - Brandenburger Tor, 1956. Herausg.: u. a. Kindlers Literatur-Lexikon, Kindlers Malerei-Lexikon, Grzimeks Tierleben, D. Psychol. d. 20. Jhrh.s u. Kindlers Enzyklopädie D. Mensch; Autobiogr. e. dt. Verlegers. Z. Abschied ein Fest (1991) - Zeitw. Chilen. Konsul d. Regierungsbez. Oberbayern; 1969 Mitgl. PEN-Zentrum BRD - Spr.: Engl.

KINDLER, Karl Friedrich
Dr. phil., Prof. f. Polit. Wissenschaft Päd. Hochsch. Freiburg (b. 1970), Präsident Oberschulamt Südbaden (1970-89) - Fürstenbergstr. 22, 7800 Freiburg/Br. (T. 73532) - Geb. 19. Jan. 1924 Endingen, kath., verh., 2 Kd. - Stud. d. Gesch., Politol., Roman., German. - 1965-71 Mitgl. Freiburger Gemeinderat - 1978 Chevalier dans l'Ordre d. Palmes Acad.; 1990 Officier dans l'Ordre d. Palmes Acad.; 1983 BVK am Bde.; 1988 BVK I. Kl.; 1973 Ehrenbecher d. Stadt Endingen a.K.; 1976 Ehrenplak. d. Stadt

Bad Dürrheim/Schwarzw.; 1989 Med. in Silb. d. Landkreises Waldshut.

KINDLER, Uwe
Dr. med., Prof., Chefarzt (Internist) - Virchowstr. Nr. 20 (Ev. Krankenhs.), 4200 Oberhausen 1 - B. 1975 Privatdoz., dann apl. Prof. Univ. Düsseldorf (Inn. Med.).

KINDSMÜLLER, Werner

Geschäftsführer d. Landesverbandes Schleswig-Holstein SPD - Schwentineweg 6, 2320 Wittmoldt (T. 04522 - 34 94) - Geb. 22. Jan. 1954, verh. m. Ulrike, geb. Bruckner, S. Jakob - Stud. German., Gesch. u. Sozialwiss., Regensburg; Ex. 1981 - 1981-85 Bundesvors. d. Sozialistischen Jugend Deutschlands - Die Falken - Spr.: Engl., Ital.

KINDT, Hildburg
Dr. med., Prof., Facharzt f. Neurologie u. Psychiatrie, Psychotherapie Univ. Freiburg - Hauptstr. 5, 7800 Freiburg - Geb. 1941 Rostock - Promot. 1971 Univ. Freiburg; Habil. 1977 ebd. BV: Gesch. d. Kinderpsychiatrie, 1971; Katatonie, 1980; Psychisch krank, 1982 - Spez. Arbeitsgeb.: Grundlagenforsch. d. Psychiatrie, Psychopathol. u. Psychotherapie, Ethik u. Rechtsfragen.

KINGES, Heinrich
Dr. rer. nat., o. Prof., Biologe - Neue Mainzer Str. Nr. 111, 6500 Mainz-Hechtsheim - Geb. 18. Okt. 1912 Winnweiler/Pfalz (Vater: Jakob K., Gärtnermeister; Mutter: Johanna, geb. Rahm), ev., verh. s. 1950 m. Annelore, geb. Bauer, 2 Kd. (Ursula, Jürgen) - Lehrerbildungsanstalt; 1956-60 Univ. Mainz (Botanik, Geogr., Geol.). 2. Lehrerprüf. 1937, Realschullehrerprüf. 1955; Promot. 1960 - 1933-38 Volksschullehrer; 1939-54 Auslandsschuldst. Südwest- u. -afrika; 1954-56 Volks-, 1956-62 Realschull.; s. 1962 Doz. u. Prof. Päd. u. Erzieh.swiss. Hochsch. Rhld.-Pfalz, Abt. Worms. Div. Fachveröff. -

Pflanzen- u. Briefmarkensammler - Spr.: Engl., Afrikaans.

KINKEL, Klaus

Dr. jur., Bundesaußenminister (s. 1992) - Adenauerallee 99-103, 5300 Bonn 1 - Geb. 17. Dez. 1936 Metzingen/Kr. Reutlingen (Vater: Ludwig K., Arzt; Mutter: Charlotte, geb. Klaus), röm.-kath., verh. s. 1961 m. Ursula, geb. Vogel, 4 Kd. (Petra, Boris, Andrea, Susanne) - Gymn. Hechingen (Abit. 1956); Stud. Tübingen, Bonn, Köln (Rechtswiss.); 1. jurist. Staatsex. 1960; Promot. 1964 (Dr. jur.); 2. jurist. Staatsex. 1965 - 1965-68 BzB im Geschäftsbereich BMY, Landratsamt Balingen; 1968-74 BMY, Abt. ös., pers. Ref. BM Genscher, Leit. Min.-Büro; 1974-78 Leit. Leitungsstab AA, Leit. Planungsstab AA; 1983-87 Präs. Bundesnachrichtendst.; 1982/83 u. 1987-91 Staatssekr. Bundesmin. d. Justiz; 1991/92 Bundesjustizmin.

KINNE, Otto

Dr. rer. nat., Prof., Meeresbiologe - Nordbünte 30, 2124 Oldendorf/Luhe - Geb. 30. Aug. 1923 Bremerhaven (Vater: Otto K., Postbeamter; Mutter: Käthe, geb. Koch), verh. s. 1982 m. Helga K., geb. Ackermann, S. Stephan - Univ. Tübingen u. Kiel. Promot. (1952) u. Habil. (1958) Kiel - S. 1953 Wiss. Assist., Privatdoz. (1958) u. Prof. (1967) Univ. Kiel; 1958 u. 1960 Associate Prof. Univ. Toronto (Kanada); 1962 Dir. u. Prof. bzw. Ltd. Dir. u. Prof. (1965) Biol. Anstalt Helgoland; s. 1984 Dir. Ecology Institute, Oldendorf. Zahlr. in- u. ausl. Fachmitgliedsch., dar. Guggenheim Fellow (1961) - BV: Marine Ecology - Handb. üb. Meeresökologie, 1969; Handb. üb. Krankh. d. Meerestiere, 1979; Excellence in Ecology, 1987. Herausg.: Marine Biology, Marine Ecology Progress Series, Diseases of Aquatic Organisms. Etwa 170 Einzelarb. - Liebh.: Basteln, Gartenarb. - Spr.: Engl.

KINNE, Rolf

Dr. med., Prof., Wiss. Mitglied u. Direktor Max-Planck-Inst. f. Systemphysiol. Dortmund - Rheinlanddamm 201a, 4600 Dortmund 1 - Geb. 27. Sept. 1941 Berlin (Vater: Karl-Heinz K., Oberreg.rat; Mutter: Luise, geb. Pätschke), ev., verh. s. 1966 m. Priv.-Doz. Dr. Evamaria, geb. Saffran - 1960-66 Stud. Med. u. Chemie. Promot. 1968, Habil. 1970 - 1968-80 Max-Planck-Inst. f. Biophysik, Frankfurt; 1980-84 Prof. u. Lehrst. f. Physiol. u. Biophysik Albert-Einstein-Coll. of Med. New York; 1986 apl. Prof. f. Physiol. Chemie Univ. Düsseldorf. Fachaufs. - 1980 Robert F. Pitts Lecture Ship; 1981 Fellow, New York Acad. of Sciences; 1976 Honorarprof. f. Biochemie; 1989 Homer W. Smith Award - Spr.: Engl., Franz.

KINNEBROCK, Hans-Jürgen

Dr., Dipl.-Kfm., Geschäftsf. Bamberger Mälzerei GmbH. (s. 1971) u. Donau Malz Bamberger Mälzerei & Co. - Altenburger Str. 103, 8600 Bamberg - Geb. 14. April 1931.

KINSHOFER-GÜTHLEIN, Christa

Kauffrau, Skiläuferin - Münchener Str. 44, 8200 Rosenheim (T. 08031 - 3 20 95) - Geb. 24. Jan. 1961 München, kath., verh. s. 1985 m. Reinhard Güthlein - Gymn., mittl. Reife Abschl. Sprachensch. - Zwei Kindersportgeschäfte Rosenheim u. München. Vorst.-Mitgl. Olymp. Ges. - 1979 Weltcupgesamtsieg; 1980 Silbermed. Lake Placid; 1980 Vizeweltm.; 1988 Silber u. Bronzemed. Calgary; 8 Weltcupsiege, 8 dt. Meistertitel. 1980 Sportlerin d. J.; 1980 u. 1981 Skisportlerin d. J.; Silb. Lorbeerblatt; Ehrenbürgerin d. Stadt Miesbach - Liebh.: Lesen, Diskutieren, Einkaufen, Dekorieren, Flohmärkte - Spr.: Engl., Franz. - Bek. Vorf.: Kinshofer, Miterbauer d. alten Pinakothek München (Ururgroßv.).

KINTZI, Heinrich

Dr. jur., Generalstaatsanw. b. OLG Braunschweig - Dompl. 1, 3300 Braunschweig.

KINZ, Helmut J.

Dr.-Ing., Aufsichtsratsvorsitzender ALLWEILER AG, Radolfzell, Mitgl. Wiss. Beirat Krausskopf-Verlag GmbH, Mainz - Im Rosengärtle 4b, 7500 Karlsruhe 41 - Geb. 22. Aug. 1930, kath., verh. s. 1958 m. Paula-Maria, geb. Maurath, 2 T. (Carola-Christine, Sabine) - TH Karlsruhe, Dipl. 1955, Promot. 1964 - Wiss. Assist. Karlsruhe, b. 1979 Geschäftsf. SEW-EURODRIVE GmbH, Bruchsal, 1980-83 Vorst. Motoren-Werke Mannheim; 1983-86 Vors. d. Geschäftsltg. Fa. Werner & Pfleiderer GmbH, Stuttgart; Vors. Geschäftsfg. DODUCO-Edelmetall GmbH, Pforzheim. Versch. Beiratsmand. - Liebh.: Jagd - Spr.: Engl. - Rotarier.

KINZE, Michael

Dr.-Ing. habil., Präsident Sächsisches Landesamt f. Umwelt u. Geologie - Wasastr. 50, 8122 Radebeul (T. 0051 - 71 43 80) - Geb. 18. Juni 1939, ev., verh. s. 1963 m. Dr. Helga, geb. Voigt, 2 Töcht. (Claudia, Maria) - Dipl.-Ing. 1963 TH Dresden; Promot. Dr. techn. 1965 TH Budapest u. Dr.-Ing. habil. 1969 TU Dresden - 1966-90 Mitgl. d. Ev.-Luth. Landessynode Sachsen; s. 1977 Commission on World Service, Luth. Weltbund - BV: Spannungen u. Verformungen in Staudämmen, 1971 - Liebh.: Drechseln, Garten.

KINZEL, Walter

Dr. rer. nat., Dr. med. habil., Univ.-Prof., Leiter Abt. f. Med. Psychol. u. Psychopathometrie Psych. Klinik Univ. Erlangen - Paul-Gossen-Str. 34, 8520 Erlangen (T. 09131 - 30 15 88) - Geb. 2. Nov. 1932 Königswalde Kr. Glatz/Schles., ev., ledig - Stud. Univ. Mainz, Köln (Psych.); Dipl. 1963 Köln; Promot. 1971 ebd.; Habil. 1975 Erlangen - Arbeitsgeb.: Körperliche begründbare Psychosen, Konstruktion Med.-Klin.-Tests, wissenschaftstheoretische Begründung d. Psychopathometrie - Präs. Dt. Ges. f. Med. Psych. u. Psychopathometrie; Vorst.-Mitgl. Dt. Ges. f. Neurotraumatologie u. Klinische Neuropsych.

KINZELBACH, Ragnar

Dr. rer. nat., Univ.-Prof. TH Darmstadt - Flotowstr. 55, 6100 Darmstadt - Geb. 12. April 1941 Germersheim (Vater: Rudolf K., Buchhändler; Mutter: Gertrud, geb. Glaser), verh. s. 1967 m. Barbara, geb. Schmitt, 2 Kd. (Urs, Iris) - Promot. 1967, Habil. 1971, bde. Mainz - B. 1982 Prof. Darmstadt - Spez. Arb.-geb.: Systematik, Zoologie Nahost; Hydrobiol. von großen Flüssen, Ästuaren, Stränden; Ökol. - BV: Spez. Zoologie; Rheinökologie; Fächerflügler (Strepsiptera); Ökologie, Naturschutz, Umweltschutz; Zoology Middle East - Liebh.: Gesch. d. alten Orients - Spr.: Engl., Franz., Lat., Griech., Arab.

KIP, Manfred

Journalist, Pressesprecher Bundesverb. mittelständ. Wirtschaft, Bonn - Gansweide 6, 5308 Rheinbach (T. 02226 - 64 29) - Geb. 26. Mai 1929 Neuenhaus/Bentheim (Vater: Karl K., Zeitungsverleger; Mutter: Luise, geb. Stäter), ev., verh. s. 1978 in 2. Ehe m. Bärbel, geb. Breitmeyer, 5 Kd. (Michael, Alexander, Sibylle, Ina, Arno) - Abit. 1948; 1952-55 Stud. Publiz., Neuere Gesch. u. Öfftl. Recht Univ. Münster - Tätigk. an versch. Ztg.; 1962-88 Redakt. f. Politik u. Wirtsch. b. WDR in Köln u. im Studio Bonn. Mitgl. d. FDP-Frakt. im Rat d. Stadt Rheinbach. S. 1985 Vors. FDP-Ortsverband Rheinbach - Liebh.: Sammeln alter Eisenbahn-Modelle - Spr.: Engl., Lat.

KIPER, Gerd

Dr.-Ing., em. o. Prof. u. Direktor i.R. Inst. f. Maschinenelemente u. Getriebetechn. Univ. Hannover (1967-85) - Wolfsberg 16, 3257 Springe 5 - Geb. 25. Nov. 1919 Berlin - Industrietätigk. - BV: Katalog einfachster Getriebebauformen (1000 S.), 1982 - 1967 VDI-Ehrenplak; 1981 Fritz-Kesselring-Ehrenmed. VDI.

KIPER, Manuel

Dr. rer. nat., Biologe, wiss. Mitarbeiter d. Bundestagsfrakt. d. GRÜNEN (s. 1987) - Helstorfer Str. 19, 3000 Hannover 61 (T. 0511 - 53 74 61) - Geb. 24. Mai 1949 Berlin (Vater: Prof. Dr. Gerd K., Univ. Hannover), verh. s. 1977 m. Angelika, geb. Busse, 2 Töcht. (Anja Christina, Nele Mareike) - Stud. Chemie u. Biol., Ex. 1974, Promot. 1977 Univ. Hannover - 1981-84 Ratsherr u. Beigeordn. Stadt Hannover; 1984-87 Landesgeschäftsf. d. GRÜNEN Nieders. 1981-84 AR Stadtwerke Hannover - Herausg.: D. Unsichtbaren - Krieg m. Genen u. Mikroben (1988); Biologische Waffen (m. J. Streich, 1990); Seuchengefahren aus d. Retorte (1992).

KIPPENHAHN, Rudolf

Dr. phil. nat., Prof. - Rautenbreite 2, 3400 Göttingen (T. 0551 - 2 47 14, Fax 0551 - 2 29 02) - Geb. 24. Mai 1926 Bärringen/Böhmen (Vater: Rudolf K., Berufsschuldirektor; Mutter: Alma, geb. Belz), kath., verh. s. 1955 m. Johanna, geb. Rasper, 3 Töchter (Ruth, Karin, Eva) - Obersch. St. Joachimsthal; Stud. Math. Univ. Halle/S. (1945-48) u. Erlangen (1948-51). Dipl.-Math. 1950; Promot. 1951; Habil. 1958 - 1951-57 Assist. Remeis-Sternw. Bamberg, dann Wiss. Mitarb. u. Wiss. Mitgl. (1963) Max-Planck-Inst. f. Astrophysik München, 1970 Mitgl. Braunschw. Wiss. Ges. u. Akad. d. Wiss. Göttingen, 1965-75 o. Prof. Univ. Göttingen, 1975-91 Dir. Inst. f. Astrophys. am Max-Planck-Inst. f. Physik u. Astrophysik u. Honorarprof. Univ. München. Spez. Arb.geb.: Theor. d. Aufbaus u. Entwickl. d. Sterne - BV: Elementare Plasmaphysik, B. I 1975 (m. C. Möllenhoff); Hundert Milliarden Sonnen. Geburt, Leben u. Tod d. Sterne, 1980; Licht v. Rande d. Welt, 1984; Unheimliche Welten: Planeten, Monde u. Kometen, 1987; Stellar Structure and Evolution (zus. m. A. Weigert (Hamburg)), 1990; D. Stern, von d. wir leben, 1990; Abenteuer Weltall, 1991. Üb. 100 Fachaufs. - 1972 Mitgl. Dt. Akad. d. Naturforscher (Leopoldina) Halle/S., 1973 Carus-Med. d. Leopoldina; 1974 Carus-Preis Stadt Schweinfurt; 1986 Lorenz-Oken-Med.; Assoc. Royal Astronom. Soc., London; Bayer. Akad. d. Wiss., München - Spr.: Engl.

KIPPER, Peter

Gf. Gesellschafter Grün-Optik Wetzlar GmbH, Grün Analysengeräte-Gesellschaft mbH, bde. Wetzlar, u. V & W-Levior Kunststofftechnik GmbH & Co., Binau - Industriestr. 27-31, 6330 Wetzlar-Nauborn; priv.: Waltgerweg 21, 4800 Bielefeld/W. - Geb. 8. Nov. 1935 - AR Stodiek AG, Bielefeld; Beirat Dresdner Bank AG, Düsseldorf; Beirat Nordstern Versich. Köln; Mitgl.vertr. Alte Leipziger Versich., Oberursel, Mitgl. d. Kuratoriums Nürnb. Akad. f. Absatzwirtsch., Nürnberg, Vors. Verein d. Freunde u. Förderer d. Musik- u. Kunstschule, Bielefeld.

KIPPIG, Bernd

Dipl.-Ing.-Ökonom, Kaufmann, Präsident Handelsverband Sachsen e.V. (s. 1990), AG Verband Einzelhandel - Zu erreichen üb. Kurt Kippig KG, Müllerstr. 21, O-9002 Chemnitz (T. 038352 - 41 23 34) - Geb. 4. Nov. 1952, ev., verh. s. 1989 m. Andrea, S. Carsten - Stud. Betriebswirtsch. 1971-75 TH Chemnitz - S. 1990 Vizepräs. Verein d. Arbeitgeberverb. Sachsen e.V. (VAS).

KIRCHAMMER, Hellmuth

Regisseur, Leiter d. Hauptabt. Unterhaltung (Hörfunk) Bayer. Rundf. i. R. (1974-89), Vors. Verein Freunde d. Münchner Volkstheaters - Feilitzschstr. 14, 8000 München 40 - Geb. 25. Mai 1924 Griesbach im Rottal/Ndb., kath., verh. m. Lilian Westphal-K., Journ., Schausp., Regiss. - Gymn.; Seeoffiziersausb./Ltn. z. See; Schauspielunterr. - Schausp., Regiss.; 1952-54 Dramat. u. Leit. Schauspiel Stadttheater Ingolstadt; 1954-74 Dramat. u. Regiss. in d. Hauptabt. Unterhaltung b. Bayer. Rundf. - Schauspielinsz. (Ingolstadt, Freilichtbühne Luisenburg); Hörspielinsz. (Bayer. Rundf. München) - Bek. Vorf.: Franz Xaver von Schönwerth (Urgroßonkel).

KIRCHBERGER, Sonja

Schauspielerin - A-1180 Wien - Geb. 9. Nov. 1966, ledig, T. Janina - Zahnarzttechnikerin 1981-85; Schauspielsch 1988-90 - Rollen: Venusfalle (1988); 2 Münchner in Hamburg (1989); Cafe Meineid (1989); Peter Strohm (1989); Sisi (1990); Alarmstufe Eins (1990); D. wahre Geschichte üb. Männer u. Frauen (1991); Twin Peaks (1991); Amok (1992); K+K (1992); Theater: D. Blattlaus - Spr.: Engl.

KIRCHDORFER, Anton Maria

Dr., Ginseng-Forscher - Zu erreichen üb.: Droemer-Knaur-Verlag, Rauchstr. 9-11, 8000 München 80 - BV: Ginseng - Legende u. Wirklichkeit, 1980.

KIRCHER, Robert

Einzelhandelskaufm. (Fa. Kircher-Ludwig, Fulda), Vizepräs. IHK Fulda - Mittelstr. 13-17, 6400 Fulda.

KIRCHESCH, Günther

Dr.-Ing., Gf. Gesellschafter Kirchesch + Partner GmbH - Kaiserstr. 44-46, 4000 Düsseldorf - Geb. 21. Okt. 1926 Andernach/Rh. - 1947-51 TH Karlsruhe.

KIRCHFELD, Hans-Gerd

Dr. jur., Ehrenvorsitzender Außenhandelsverband Nordrh.-Westf., Vorst. Bundesverb. d. Dt. Exporthandels e.V., Mitgl. Präsid. Bundesvorst. d. dt. Groß- u. Außenhandels - Uhlenhorstweg 17, 4330 Mülheim/Ruhr - Geb. 14. März 1922.

KIRCHGÄSSNER (ß), Alois

I. Bürgermeister - Mechenharder Str. 27, 8765 Erlenbach/Ufr. - Geb. 15. Dez. 1927 Erlenbach, kath., verh. m. Maria, geb. Gobs - Verwaltungslehre; Bayer. Verw.sch. - 1942-47 u. s. 1960 Stadtverw. Erlenbach (1964 I. Bgm.); 1947-60 Landratsamt Obernburg. 1978ff. Bezirksvors. Unterfr. u. Landesschatzm. Bayer. Gemeindetag. CSU - Liebh.: Musik, Fotogr.

KIRCHGÄSSNER, Bernhard

Dr. rer. pol., Dipl.-Kfm., Prof. - Jahnstr. 14, 6800 Mannheim-Feudenheim (T. dstl.: 0621 - 292/5156, priv.: 0621 - 79 40 08) - Geb. 28. Juni 1923 Karlsruhe - S. 1963 (Habil.) Lehrtätigk. WH bzw. Univ. Mannheim (1969 apl., 1973 o. Prof.). Emerit. 1991 - Vors. d. Südwestd. Arbeitskr. f. Stadtgeschichtsforschung - BV: Wirtsch. u. Bevölk. d. Reichsstadt Eßlingen im Spätmittelalter, 1963; Einführung in d. Wirtsch.gesch./Grundriß d. dt. Wirtsch.- u. Sozialgesch. b. z. Ende d. Alten Reiches, 1979. Fachveröff.

KIRCHGÄSSNER, Gebhard

Dr. rer. soc., Ordinarius f. Volkswirtschaftslehre u. Ökonometrie an d. Hochschule St. Gallen (s. 1992) - St. Galler-Str. 106d, CH-9032 Engelburg - Geb. 15. April 1948 Konstanz, kath., verh. s. 1976 m. Maria, geb. Verhaagh, T. Monika - 1973 Dipl.-Volksw. Univ. Konstanz; Promot. 1976; Habil. 1981 - 1984-92 Univ.-Prof. für Volkswirtschaftslehre/Finanzwiss. an d. Univ. Osnabrück - BV: Einige neuere Verfahren z. Erfassung kausaler Beziehungen zw. Zeitreihen, 1981; Optimale Wirtschaftspolitik u. d. Erzeugung politisch-ökonomischer Konjunkturzyklen, 1984; Homo oeconomicus, 1991 - Liebh.: Bergsteigen, Skifahren - Spr.: Engl.

KIRCHGESSNER, Manfred

Dr. agr., Dr. agr. h. c., Dr. med. vet. h. c., Dr. agr. h. c., o. Prof. Inst. f. Ernährungsphysiologie TH bzw. TU München (s. 1961) - Burgrainer Str. 20, 8050 Freising/Obb. (T. 71 34 01) - Geb. 21.

Mai 1929 Gerichtstetten/Baden, kath., verw., 2 Töcht. (Gudrun, Cordula) - LH Hohenheim (Agrarwiss.; Dipl.-Landw. 1952), TH Stuttgart (Chemie). Promot. u. Habil. Hohenheim - 1955-61 Assist. u. Privatdoz. LH Hohenheim (Ernährungsphysiol.) - BV: Fütterung u. Milchzusammensetzung, 1965 (auch engl.; m. H. Friesecke u. G. Koch); Wirtstoffe in d. prakt. Tierernährung, 1966 (m. Friesecke); Tierernähr., 7. A. 1987. 940 wiss. Einzelarb. - 1958 Oskar-Kellner-Preis, 1972 Henneberg-Lehmann-Preis; 1981 Fingerling Med.; 1982 Ehrendoktor Univ. Gießen; 1984 Mitgl. Dt. Akad. d. Naturforscher/Leopoldina, Halle/S.; 1986 Roche Research Prize; 1987 Ehrendoktor LM Univ. München; 1987 Uovo d'Oro Premio Internationale per la Zootecnia; 1988 Hugo Neubauer Ausz.; 1990 Ehrendoktor Humboldt Univ. Berlin.

KIRCHHEIM, E. Heinrich

Dipl.-Kfm., gf. Gesellschafter Holding Kirchheim GmbH & Co. - Talstr. 41, 7000 Stuttgart 1 - Geb. 20. Mai 1932, verh., 2 Kd. (Klaus, Christiane) - Stud. Maschinenbau TH Stuttgart; Dipl.-Kfm. Köln - Stv. AR-Vors. Stuttgarter Bank AG; Präs. Wirth u. Schwaar Fluidtechnik AG, Zürich; stv. Vorst. Schachklub Cannstatt; Beiratsmitgl. ISW, Freiburg; Pres. Nass Controls Ltd., New Baltimore, MI 48047, USA - Spr.: Engl. - Bek. Vorf.: General Heinrich Kirchheim (Vater).

KIRCHHEIM, Hartmut

Dr. med., Wiss. Rat, Prof. f. Physiologie Univ. Heidelberg - Maaßstr. 51, 6900 Heidelberg - Geb. 9. Nov. 1934 Allenstein/Ostpr. - Promot. 1961 Gießen; Habil. 1970 Heidelberg - S. 1972 Prof. FU Berlin u. Heidelberg (1973). Üb. 20 Fachaufs.

KIRCHHOF, Johannes K. J.

Dr. med., Prof., Neurologe u. Psychiater - Wilramstr. 25, 8000 München 80 (T. 403386) - Geb. 17. März 1909 Bremen (Vater: Dr. med. Josef K., Arzt; Mutter: Ludwina, geb. Vollmer), kath., verh. s. 1947 m. Maria-Antonie, geb. Borucki, 5 Kd. (Corinna, Christoph, Sixtus, Arabella, Silvia) - Altes Gymn. Bremen; Filmschule München; Univ. München, Freiburg, Heidelberg, Königsberg, Berlin, Innsbruck, Wien (Med., Filmwiss.). Promot. Berlin; Habil. Bonn - 1949-68 Privatdoz. u. apl. Prof. (1958) Univ. Bonn; 1959-65 Lehrstuhlprof. Univ. Izmir (Türkei); s. 1968 Leit. Abt. Bild u. Film/TU München u. Psych. Poliklinik; s. 1974 priv. - BV: D. menschl. Antlitz im Spiegel organ.-nervöser Prozesse, 1960. Zahlr. Einzelveröff. Filmarb., dar. Mim. Reaktionen d. klass. Psychosen - Liebh.: Filmwiss. - Spr.: Engl., Ital., Franz., Span., mod. Griech., Türk.

KIRCHHOF, Paul

Dr. jur., Prof., Bundesverfassungsrichter (s. 1987), Direktor Institut f. Finanz- u. Steuerrecht Univ. Heidelberg (s. 1981) - Friedrich-Ebert-Anlage 6-10, 6900 Heidelberg 1 (T. 06221 - 54 74 57) - Geb. 21. Febr. 1943 Osnabrück (Vater: Ferdinand K., Bundesrichter (s. dort); Mutter: Liselotte, geb. Kersten), kath., verh. s. 1968 m. Jutta, geb. Hellbrügge, 4 Kd. (Paulus, Charlotte, Gregor, Friederike) - Gymn. Karlsruhe; Stud. Univ. Freiburg, München. Promot. 1968; Habil. 1974 - 1975-81 o. Prof. Münster (Dir. Inst. f. Steuerrecht), s. 1981 o. Prof. Heidelberg (Dir. Inst. f. Finanz- u. Steuerrecht) - BV: Besteuerungsgewalt u. Grundgesetz, 1973; Verwalten u. Zeit, 1975; Verwalten d. mittelbares Einwirken, 1976; Unterschiedliche Rechtswidrigk. in e. einheitl. Rechtsordn., 1978; D. Verfassungsauftrag z. Länderfinanzausgl., 1982; D. Steuerwerte d. Grundbesitzes, 1985; Wiss. in verfaßter Freiheit, 1986; D. Bestimmtheit u. Offenheit d. Rechtsspr., 1987; D. Gesetzgeb.auftr. z. Schutz d. geist. Eigentums gegenüb. mod. Vervielfältigungstechniken, 1988; Empfiehlt es sich, d. Einkommensteuerrecht z. Beseitig. v. Ungleichbehandl. u. z. Vereinfach. neu zu ordnen?, 1988. Herausg. v. Sammelw.: Handb. d. Staatsrechts d. Bundesrep. Dtschl. (Bd. I u. II 1987, Bd. III 1988, Bd. VI 1989, Bd. IV 1990, m. J. Isensee); Einkommensteuergesetz, Kommentar (Bd. I, II u. III 1986, Bd. IV 1987, Bd. V u. VI 1988, Bd. VII 1989, Bd. VIII 1990, Bd. IX 1991, m. H. Söhn). Mithrsg. v. Schr.-reihen: Rechtsstaat in d. Bewährung; Münsterer Beitr. z. öfftl. Recht; Steuerwiss.; Verfassungs- u. Verw.recht unt. d. Grundgesetz; Ztschr. Steuer u. Wirtsch.; Dt. Steuerrecht; Ztschr. f. d. gesamte Handels- u. Wirtschaftsrecht; Deutsches Verwaltungsblatt.

KIRCHHOF, Roland

Dr. jur., Oberstadtdirektor Stadt Herne - Friedrich-Ebert-Pl. 2, 4690 Herne 1 (T. 02323 - 16-22 22) - Geb. 24. Nov. 1943 - Jurastud. in Würzburg, Tübingen, München; 2. Staatsex. 1969; Promot. 1970 - Reg. v. Unterfranken; Reg.präs. Arnsberg; Beigeordn. d. Landkreistages NRW in Düsseldorf - BV: Kommentar z. Kreisordnung NRW, 2. A. 1989.

KIRCHHOFF, Bodo

Dr. phil., Schriftsteller - Zu erreichen üb. Suhrkamp-Verlag, Lindenstr. 29-35, 6000 Frankfurt/M. 1 - Geb. 6. Juli 1948 Hamburg - S. 1979 fr. Schriftsteller - BV: D. Kind oder d. Vernicht. v. Neuseeland, Theaterst. (UA Saarbrücken) 1979; Ohne Eifer, ohne Zorn, Nov. 1979; Body-Building, Theaterst. (UA Saarbrücken) 1979; Body-Building, Erz.-Schausp.-Ess. (e. Thema in 3 lit. Formen) 1980; An d. Rand d. Erschöpf. weiter, Einpers.st. (UA Frankfurt) 1980; Schauspiel, Ess. 1980; D. Einsamk. d. Haut, Erz. 1981; Wer sich liebt, 1981; Glücklich ist, wer vergißt, Theaterst. 1982; Zwiefalten, R. 1983; Mexikanische Novelle, 1984; Dame u. Schwein, 1985; D. verdammte Marie, Theaterst. (UA Graz, Steirischer Herbst) 1986; Ferne Frauen, 1987; Infanta, R. 1990; D. Sandmann, R. 1992.

KIRCHHOFF, Hans Georg

Dr. phil., Prof., Hochschullehrer - Wittheniusweg Nr. 5, 4600 Dortmund 41 (T. 451244) - Geb. 7. Juni 1930 Rommerskirchen (Vater: Dr. Emil K., Bürgerm.; Mutter: Maria, geb. Werle), kath., verh. s. 1956 m. Carola, geb. Wildenhof, 3 Söhne (Guido, Felix, Stefan) - Gymn.; Stud. Gesch. u. German. Promot. 1955 Köln - 1955-56 Forschungsstip.; 1956-64 höh. Schuldst.; 1964-66 Wiss. Rat Univ. Köln; s. 1966 o. Prof. Päd. Hochsch. Ruhr in Dortmund, s. 1980 Univ. Dortmund (Landesgesch. u. Didaktik d. Gesch.) - Zahlr. Veröff. z. rh.-westf. Landesgesch. u. z. Gesch.Didaktik - 1981 Rheinlandtaler Landschaftsverb. Rhld.; 1990 Festschrift - Spr.: Engl., Franz.

KIRCHHOFF, Heinz

Dr. med., o. Prof. u. Direktor Univ.-Frauenklinik Göttingen (s. 1954) - Ernst-Curtius-Weg 11, 3400 Göttingen - Geb. 4. Juni 1905 Wilhelmshaven (Vater: Dr. med. dent., Zahnarzt), ev., verh. s. 1934 m. Ilse, geb. Dormann († 1962), 4 Kd. - Univ. Tübingen, München, Hamburg - Assist. u. Oberarzt Univ.-Frauenklin. Kiel u. Leipzig (Prof. R. Schröder), dazw. fachärztl. Ausbild. f. Röntgenol. Prof. Hans Meyer, Bremen, 1944-54 Chefarzt Städt. Frauenklin. Lübeck, 1954-73 Dir. Univ.-Frauenklinik Göttingen. 1967/68 Präs. Dt. Ges. f. Gynäk. Bes. Arbeitsgeb.: Strahlentherapie, Krebsbekämpf., Geburtsmechanismus, Genitaltuberkulose, Soziol. in Bezieh. z. Geburtshilfe u. Gynäk. S. 25 J. Aufbau e. Samml. Muttergottheiten, Fruchtbarkeitssymbole u. Mutterschaft (Gleichstellung u. Gleichwürdigung d. Frau als Spenderin d. Lebens) im Inst. f. Völkerkunde d. Univ. Göttingen - BV: D. lange Becken, 1949. Üb. 150 Beitr. in Fachorganen - 1957 Ehrenmitgl. Ges. f. Geburtsh. u. Gynäk., Castilla (Span.), u. Türk. Gynäk. Ges.; 1964 Mitgl. Dt. Akad. d. Naturforscher (Leopoldina), Halle/S. (1969 Med. Adjunkt f. Nieders.) - Liebh.: Kunstgesch.

KIRCHHOFF, Jochen F.

Dr.-Ing., gf. Gesellschafter Stephan Witte & Co., Iserlohn (Familienuntern.); Präs. Nordrh.-Westf. Metallarb.-Verb. u. Landesvereinig. NRW d. Arbeitgeberverb. - Im Bürgergarten 9, 5860 Iserlohn - Geb. 21.April 1927 - 1953-68 Vorstandsmitgl. Dt. Babcock & Wilcox-Dampfkesselwerke AG., Oberhausen (1963 Vorst.).

KIRCHHOFF, Paul Gerhard

Dr. med., o. Prof. f. Herz- u. Gefäßchirurgie u. Klinikdir. Univ. Bonn (s. 1977) - Klinikgelände, 5300 Bonn-Venusberg - Doz. Univ. Göttingen.

KIRCHHOFF, Thomas-Friedrich

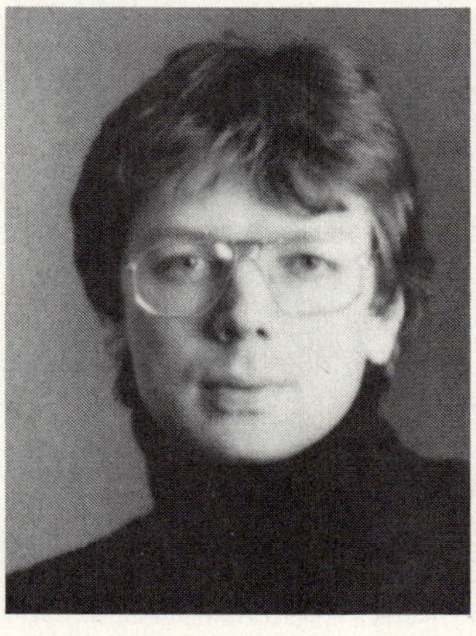

freischaffender Musiker, Gitarrist - Dördelweg 24, 5860 Iserlohn (T. 02371 - 2 46 55) - Geb. 4. Sept. 1960 Iserlohn, ev., verh. - 1981-84 Musikstud. Westf. Musikhochsch.; 1985-87 Gitarrestud. London b. David Russell - Gründer u. 1. Vors. d. Kultursymposion M Iserlohn; Gründer d. Albeniz-Guitar-Duo - Schallplatten: Albeniz-Guitar-Duo interprête (1986); A-G-D classique italienne (1987); Duo m. d. Flötistin Doris Dietz. Werke v. Händel, Truhlar, Legnani (1987); A-G-D interprète Albinoni, Bach, Mozart, Chopin, Mussorksky, Tschaikowsky (1988); A-G-D interprète Rodrigo (1990); A-G-D interprète Vivaldi-Konz. f. Gitarren u. Orch. (1990). Dt. Erstauff. v. Joaquin Rodrigo Concierto Madrigal f. 2 Git. u. gr. Orch. (1988 in Essen). UA. d. dem Albéniz-Duo gewidmeten Konzertes f. 2 Git. u. Orch. v. Harald Genzmer, geb. 1909 (1991 in Oldenburg). S. 1991 spielt T. K. zus. m. d. kanad. Gitarristin Dale Kavanagh im Amadeus Guitar Duo (CD m. Werken v. Tedesco, Domeniconi u. C. Franck, 1992); Initiator d. intern. Gitarre-Symposions Iserlohn (jährl. im August) - Liebh.: Lit. (Klassik), Malerei u. Bildhauerei, Sprachen - Spr.: Engl., Neugriech. - Bek. Vorf.: Dr. Friedrich Kirchhoff (Großv.), Dr. Jochen F. Kirchhoff (Onkel) - Lit.: classical guitar (1985); Gitarre u. Laute (1987), Fono Forum (1988).

KIRCHKNOPF, Andreas

Dipl.-Ing., Dr.-Ing. E. h. - Königswarter Str. 31, 8000 München 90 (T. 643775) - Geb. 28. Dez. 1909 Graz-Eggenberg (Österr.) - Ämter in versch. Fachgremien - Liebh.: Fotografieren, Schwimmen, Skilaufen.

KIRCHMEIER, Otto

Dr. rer. nat. (habil.), Wiss. Mitarbeiter Südd. Versuchs- u. Forschungsanstalt f. Milchwirtschaft, Weihenstephan, apl. Prof. f. Milchwiss. u. Biochemie TU München (s. 1972) - Griesfeldstr. 16, 8050 Freising/Obb. - BV: Chemie d. Eiweißkörper, 1968; Phasenumwandlungen in d. Technologie d. Milch, 1987; Phase changes in the Technology of Milk, 1991.

KIRCHMEYER, Helmut Franz

Dr. phil., Prof., Rektor Robert-Schumann-Hochsch., Düsseldorf (s. 1988), Lehrbeauftr. f. Dokumentationswesen Köln - Breite Str. 70, 4040 Neuss: (T. 13878) - Geb. 30. Juni 1930 Düsseldorf (Vater: Peter K., Landesbeamter; Mutter: Franziska, geb. Habets), kath., verh. m. Dr. med. Eva Maria, geb. Berke, 4 Kd. (Monika, Dorothea, Peter, Angelika) - Hum. Gymn., Konservat. D'dorf, Univ. Köln u. Bonn (Musikwiss., German., Phil., Rechtswiss. Kirchengesch.) - B. 1972 Doz. Rhein. Musiksch. Köln, dann TH Aachen u. Lehrbeauftr. Bibl.-Lehrinst. Nordrh.-Westf.; 1973-88 Dekan Robert-Schumann-Inst. Düsseldorf - BV: Strawinsky, 1958; Liturgie am Scheideweg, 1962; Wagner in Dresden, 3 Bde. 1967-72; Aufbruch d. jungen Mus., 1970; Strawinskys russ. Ballette, 1974; Wagner im Exil, Dokumente 2 Bde. 1986; Quellentexte Musikkritik, 1990 - 1975 Richard-Wagner-Med. Stadt Bayreuth; 1985 BVK; 1992 Korr. Mitgl. d. Sächs. Akad. d. Wiss. zu Leipzig - Liebh.: Dendrologie.

KIRCHNER, Alfred

Generaldirektor d. Staatl. Schauspielbühnen Berlin (s. 1990/91) - Bismarckstr. 110, 1000 Berlin 12 - Geb. 22. Mai 1937 Göppingen (Vater: Julius K., Schriftl.; Mutter: Alice, geb. Bonatz), ev., verh. m. Erica, geb. Heidrich, T. Katja-Maria - Max-Reinhardt-Sch. Berlin (Hilde Körber, Roma Bahn) - Assist. v. Peter Zadek Theater Bremen. 1972-79 Oberspielleiter am Württembergischen Staatstheater Stuttgart, 1979-86 Oberspielleit. am Stadttheater Bochum, 1986-89 Mitgl. d. Direktion d. Burgtheaters Wien. Insz.: u. a. Guys and Dolls (Dt. Erstauff. 1969 Bremen), Canterbury Tales (D. E. 1970 Bremen), D. Coup v. Trafalgar (D. E. 1970 Schausp.haus Bochum), Kinderspiele (UA. 1971 Staatsth. Stuttg.), D. falsche Münze (D. E. 1972 Bochum), Changing Room (D. E. 1972 Stuttg.), Frühlings Erwachen, D. kahle Sängerin (Stuttg.), D. Unvernünftigen sterben aus (1975 Residenztheat. München), D. Sauspiel (UA. 1975 Schauspielhaus Hamburg), Sonntagskinder (UA. 1976 Staatstheat. Stuttgart), Sommernachtstraum (1977 Staatstheat. Stuttgart, Theater d. Nationen), D. Sturm (1978 Schillertheater Berlin), Heilige Johanna d. Schlachthöfe (1979 Bo-Fabrik Bochum, Holland-Festival u. ZDF), Soldaten (1980 Oper Frankfurt, Holland-Festival, Brüssel), Dario Fo Hohn d. Angst (1981 Schaupielhaus Bochum u. WDR-Fernsehen), P. P. Zahl Johann Georg Elser (UA. 1982 Schauspielh. Bochum), Udo Zimmermann D. wunders. Schustersfrau (UA. Staatsoper Hamburg), Thomas Bernhards Üb. allen Gipfeln ist Ruh (UA. Ludwigsburger Festspiele, Bochum u. ZDF), Maskenball, Eugen Onegin (1982-84 Oper Frankfurt), Der eingerichtete Kranke (1983 Bochum u. WDR-Fernsehen), Kaufm. v. Venedig (1984 Residenztheater München u. ZDF), D. Räuber (Bochum), Henzes We come to the river, Santa Fe, USA, Herr Puntila u. sein Knecht Matti (1985 Bochum u. Liveübertrag. WDR-Fernsehen), D. Räuber (1986 New York), D. Nachtwache (1987 Burgtheater, Theatertreffen Berlin), Arturo Ui (1988 Burgtheater Berlin, DDR u. Theatertreffen, Don Giovanni (1988 Oper Amsterdam), Die Minderleister (UA. Burgtheater, Caowantschina Staatsoper Wien u. Liveübertragung ORF).

KIRCHNER, Christoph

Dr. rer. nat., Prof. f. Zoologie u. Morphol. d. Vertebraten Univ. Marburg - Am Weinberg 3a, 3550 Marburg/L..

KIRCHNER, Dieter

Dr. jur., Hauptgeschäftsf. Gesamtverb. d. metallindustriellen Arbeitgeberverb./ Gesamtmetall (s. 1968) - Volksgartenstr. 54a, 5000 Köln (T. 33 99-0) - Geb. 1934 - M. 18 J. Abit., 22 Refer.ex., 24 Promot., 26 Ass.ex. - S. 1962 Gesamtmetall (Justitiar u. Geschäftsf.). RA. S. 1968 Vorst.-Mitgl. Berufsgenoss. d. Feinmechanik u. Elektrotechnik, s. 1973 Inst. d. Dt. Wirtsch.; s. 1977 AR-Mitgl. Océ van der Grinten (s. 1983 AR-Vors.). S. 1971 ehrenamtl. Beisitzer b. Bundesarbeitsgericht.

KIRCHNER, Erich

Dr. med., o. Prof. f. Anästhesiologie u. Institutsdir. Med. Hochsch. Hannover (s. 1969) - Kahlendamm Nr. 1, 3000 Hannover 51 - Geb. 25. April 1928 Fürth/Bay. - Promot. 1955 - Zul. Privatdoz. Univ. Marburg. Zahlr. Facharb.

KIRCHNER, Fritz

Fabrikant Fränk Leuchten GmbH, Jacobs & Co GmbH, beide Königsberg/Bay. - Hellinger Str. 206, 8729 Königsberg/Bay. (T. 09525 - 8 82 15) - Geb. 24. Nov. 1925.

KIRCHNER, Hellmut

Dr. jur., Gf. Gesellschafter TVM (Techno Venture Management) GmbH & Co., München - Ismaninger Str. 102, 8000 München 80 - Geb. 11. Okt. 1947 Troisdorf (Vater: Wilhelm K., Dipl.-Ing.; Mutter: Gerda, geb. Hintze), ev., verh. s. 1980 m. Irene, geb. Dessauer, 3 Kd. (Theresia, Antonia, David) - Abit. Nürnberg; Stud. Rechtswiss. u. Betriebsw. Univ. Würzburg, Lausanne, München; Ass. 1973, Promot. (Steuerrecht) 1974 Köln - 1974 Dt. Ges. f. wirtsch. Zusammenarb. (DEG), Köln; 1977 Münchener Rückversich. AG; 1978 Matuschka Gruppe; 1980 Geschäftsf.; 1983 s.o. - Spr.: Engl., Franz., Ital. - Bek. Vorf.: Wilhelm Kirchner, Bankier in Würzburg (Großv.).

KIRCHNER, Johannes-Henrich

Dr.-Ing., Prof. f. Arbeitswissenschaft TU Braunschweig (s. 1974) - Am Honigbleek 7, 3300 Braunschweig - Geb. 24. Jan. 1942 Potsdam - Promot. 1971 - S. 1973 TH Darmstadt - BV: Arbeitswiss. Beitrag z. Automatisierung, 1972. - BV: Ergonomische Leitregeln z. menschengerechten Arbeitsgestaltung, 1974 (m. and.); Ergonomische u. sicherheitstechn. Gestaltung v. Gabelstaplern, 1979; Arbeit in Entwässerungsbetr., 1981 (m. and.); Turngeräte, 1986 (m. and.); Handwagen, 1986 (m. and.); Aufbauten Lastkraftwagen - Gefährdungsanalyse, 1987 (m. and.); Arbeitssitze, 1987 (m. and.); Ergonomie f. Konstrukteure u. Arbietsgestalter 1990 (m. and).; Räumlich-ergonomische Gestaltung, 1990 (m. and.); Arbeitsplätze in Umschlag- und Lageranlagen von Speditionsunternehmen, 1991 (m. and). Div. Fachaufs.

KIRCHNER, Kurt

Dr. rer. nat. (habil.), Prof., Chemiker (DECHEMA-Inst.) - Postf. 970146, 6000 Frankfurt/M. 97 - B. 1972 Privatdoz., dann apl. Prof. TU München (Techn. Chemie).

KIRCHNER, Ottmar

Dr. jur., Rechtsanw., Fachanw. f. Steuerrecht, Vorstandsmitgl. Deurag-Deutsche Rechtsschutzversich. AG., Wiesbaden, allein. Geschäftsf. Diana Grundstücksges. mbH., München - Robert-Koch-Str. 6, 6200 Wiesbaden - Geb. 3. Juni 1924 Nürnberg (Vater: Albert K., RA; Mutter: Frieda, geb. Weyrauch), ev., verh. s. 1957 m. Dr. Ingeborg, geb. Kettner, 2 Kd. - Univ. Erlangen-Nürnberg (Jura, Volksw.).

KIRCHNER, Walter

Dr. rer. nat., o. Prof. f. Angew. Entomologie u. Didaktik d. Biologie (1973ff.) - Schmithofer Str. 51, 5100 Aachen-Walheim - Geb. 6. Jan. 1934 Würzburg (Vater: Joseph K., Abteilungsleiter; Mutter: Elise, geb. Hofmann), kath., verh. s. 1963 m. Elfriede, geb. Pabst, 4 Kd. (Martin, Susanne, Annette, Tobias) - Gymn. u. Univ. Würzburg (Zool., Bot., Chem.). Promot. 1963 Würzburg - S. 1968 PH Rhld. (b. 1973 Abt. Bonn, dann Aachen), s. 1980 RWTH Aachen, 1978-80 Dekan.

KIRCHNER, Wilhelm

Dr. rer. pol., Dipl.-Kfm., Direktor Provinzial-Feuerversicherungsanst. d. Rheinprovinz, Düsseldorf - Himmelgeister Landstr. 75, 4000 Düsseldorf 13 (T. 0211-75 01 74) - Geb. 23. Febr. 1943 Düsseldorf, kath., verh. s. 1967 m. Dr. Helga, geb. Broichgans, Sprecherzieherin, 2 Kd. (Michael, Cornelia) - Versicherungskaufm. 1959 IHK Düsseldorf; Abit. 1968; Versicherungsfachwirt 1972 Düsseldorf; Dipl.-Kfm. 1976 Univ. Köln, Promot. 1984 ebd. - 1. Vors. Verein Dt. Versicherungsfachwirte (VDVF), Köln - Interessen: Mikrocomputeranw., Aus- u. Weiterbildungsfragen, Verbandstätigk. - Spr.: Engl., Lat.

KIRCHRATH, Phyllis

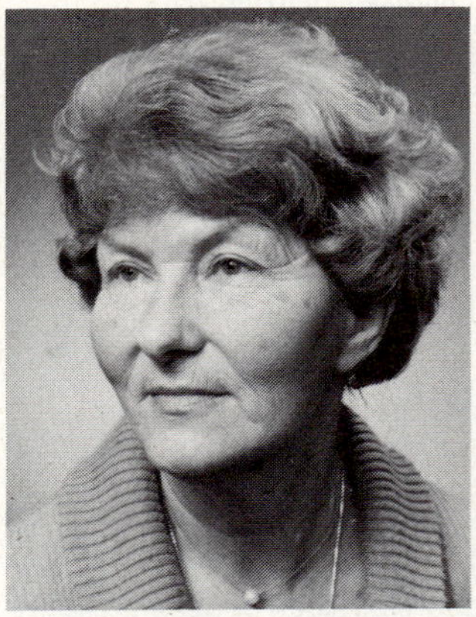

Lyrikerin - August-Burberg-Str. 31, 4020 Mettmann - Geb. 13. Nov. 1920 Hohenroda/Hessen - 5 Lyrikbde.: Grübeleien, Im Fadenkreuz, Erlebtes/Erdachtes, D. Schweigen d. Zikaden, Glasauge Himmel-Klette Hoffnung, 1992 - Liebh.: Griech. Mythen, alte Musik u. mod. Kunst.

KIRKENDALE, Warren

Dr. Dr. h. c., o. Univ.-Prof., Lehrst. f. Musikwiss. Univ. Regensburg (s. 1983). Musikhistoriker - Universitätsstr. 31, 8400 Regensburg - Geb. 14. Aug. 1932 Toronto, kath., verh. s. 1959 m. Prof. Dr. Ursula, geb. Schöttler, Musikhistorikerin, 3 Töcht. - B.A. 1955 Univ. Toronto; Dr. phil. 1961 Univ. Wien; Dr. h.c. 1986 Univ. Pavia - 1963 Library of Congress, Washington; 1963-67 Prof. Univ. Southern Calif., Los Angeles; 1967-83 Duke Univ., Durham, N.C.. Mitgl. d. Ges. z. Herausg. v. Denkmälern d. Tonkunst in Österr. - BV: Fuge u. Fugato in d. Kammermusik d. Rokoko u. d. Klassik, 1966 (rev. engl. Ausg. 1979); L'Aria di Fiorenza, 1972; Madrigali a diversi linguaggi, 1975; The Court Musicians in Florence during the Principate of the Medici, 1992 - 1955 u. 1957 Stip. Dt. Akad. Austauschdst., 1960 d. Canada Council, 1970 u. 1983 d. National Endowment f. the Humanities, 1974 d. American Council of Learned Societies, 1975 u. 1982-83 Visiting Scholar, Harvard Univ. Center f. Ital. Renaiss. Stud. Florenz, 1987 Ehrenmitgl Accad. filarmonica Bologna, 1988/89 Akademiestip. VW-Stiftg. - Liebh.: Kunst- u. Lit.gesch., Bergsteigen - Spr.: Engl., Ital., Lat., etw. Franz. u. Griech. - Lit.: G. Kuykendall, History of the Kuykendall Family (1919); Riemann-Musiklexikon, D. Musik in Gesch. u. Gegenw., New Grove Dictionary of Music.

KIRMSE, Gerda Adelheid

Dr. med., Allgemeinärztin i. R., Malerin, fr. Schriftstellerin (Ps. Adelheid Ringloo) - Berliner Str. 22, 6800 Mannheim 1 (T. 0621 - 41 39 67) - Geb. 21. Febr. 1918 Rautenkranz, ev., led. - 1937-39 Pharmazeut. Tätigk.; pharmazeut. Vorex. 1939; Stud. Med. 1939-43 Univ. Freiburg, München, Heidelberg; Staatsex. u. Promot. 1943 Freiburg; Klin. Ausb. in Simmern u. Mannheim; 1978-83 11 Sem. Zeichnen VHS Mannheim u. Weinheim - Ärztl. Tätigk., zul 1952-78 Allgemeinpraxis in Mannheim; Leit. Haiku-AG Heidelberg Akad. f. Ältere (s. 1988) - BV: Mancherlei Blätter, 1970; V. Unterwegs, 1970; Im Lande Wilhelm Tells, 1977; Werkzeug Wir, 1979; Zeitenlauf, 1981; Pälzer Allerlei (Adelheid Ringloo), 2. A. 1986; Gottfried Benn, Arzt u. Dichter, 1986; Wanderschaft u. Einkehr, 2. A. 1988; D. Botin, 1988; D. Weberknecht auf d. Kopfkissen, 1990; Davongekommen aus Bombenhagel u. Seuchenzügen - Erlebnisbericht e. Ärztin, 1991. Einzelausst. Weinheim (1982 u. 83), Weinstadt-Endersbach (1983), Mannheim (1985), sow. populärwiss. Vortragstätigk. - Spr.: Engl., Franz., Lat., Ital., Griech. - Bek. Vorf.: Christian Beyer, Kassel (Onkel) - Lit.: Margret Buerschaper: D. dt. Kurzged. in d. Tradition japan. Gedichtformen (1987).

KIRMSE, Wolfgang

Dr. phil., o. Prof. f. Organ. Chemie - Äskulapweg 1, 4630 Bochum (T. 702461) - Geb. 26. Juni 1930 - S. 1959 (Habil.) Lehrtätigk. Univ. Mainz, Marburg (1964 ao., 1967 o. Prof., Bochum (1970 o. Prof.). Facharb..

KIRNER, Georg-Simon

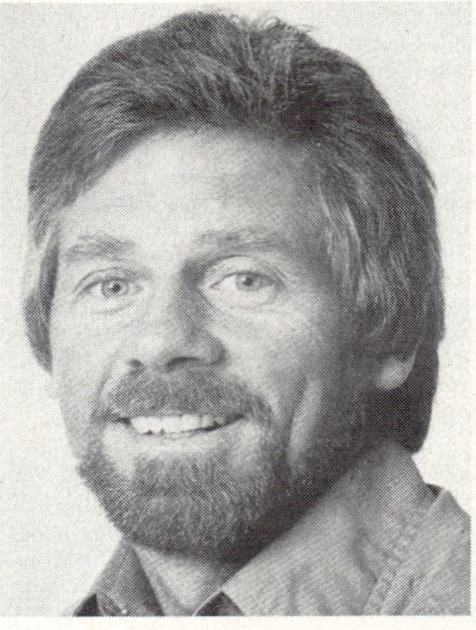

Kaufm. Angestellter, Schriftsteller (Ps. Simon Jennerwein) - Eichhörnchenweg 22, 8011 Baldham (T. 08106 - 16 14) - Geb. 12. Febr. 1936 Holzkirchen (Vater: Georg K.; Mutter: Anna, geb. Danzl), kath., verh. s. 1965 m. Renate, geb. Dietrich - BV: Meine Freunde, d. Kopfjäger, 1980 (auch in franz.); Ladakh - Allein durch d. Land d. Götter u. Dämonen, 1981 (als Taschenb. d. Monats ausgez.); Leben m. Gefahr u. Abenteuer; Mein Tibet, mit d. Fahrrad auf dem Dach d. Welt, 1991 - Fernsehen: Samstagsclub, Drehscheibe, Abendschau, Menschen '87, Kandidat b. Mensch-Meier, Fleckerlteppich, WWF-Club (WDR), D. Abenteurer Kirner (ZDF), sow. versch. Kulturmagazine u. 21 Radiosend. 2 x 8 Folgen in Bild d. Frau; 2 x 6 Folgen TV-Hören u. Sehen - Liebh.: Musik - 1980 Gold. Sportabz. - Spr.: Engl., Franz.

KIRSCH, Arnold

Dr. rer. nat., Univ.-Prof. em., Mathematik m. Schwerpunkt Didaktik - Asternweg 12, 3500 Kassel-Ha. (T. 0561 - 88 62 17) - Geb. 13. Jan. 1922 Sagan/Schles. (Vater: Dr. med. Robert K., Augenarzt; Mutter: Marianne, geb. Richter), ev., verh. s. 1952 m. Gerta, geb. Eickhoff, 3 Kd. (Andreas, Susanne, Dorothea) - Schule Sagan (Abit. 1939); 1945-51 Univ. Göttingen u. Bern (Math., Physik). Promot. 1951 Bern - 1953-63 Lehrer an höh. Schulen; 1963-66 Studienrat im Hochschuldst.; 1966-71 Prof. PH Göttingen; s. 1971 Prof. Gesamthochsch. Kassel (Univ.); Mitgl. zahlr. wiss. Gremien - BV: Elementare Zahlen- u. Größenbereiche, 1970; Affine Geometrie d. Ebene (m. F. Zech), 1972; Mathematik wirklich verstehen, 1987. Üb. 90 Fachaufs. - Spr.: Engl.

KIRSCH, Augustin

Dr. phil., Prof., Direktor Bundesinst. f. Sportwiss. Köln 41 (Müngersdorf) (1973-90), Honorarprof. Dt. Sporthochsch. Köln, Präs. Dt. Leichtathletik Verb. (1970-85), Vizepräs. Nat. Olymp. Kom. (s. 1977), Präs. Weltrat f. Sportwiss. u. Leibeserziehung (1983-90), Mitgl. d. Präsid. d. Intern. Leichtathletik-Verb. (s. 1981) - Carl-Diem-Weg 4, 5000 Köln 41; priv.: Bernard-Eyberg-Str. 23, 5060 Berg.-Gladbach (T. 02204 - 6 77 11) - Geb. 14. Sept. 1925 Oberhausen/Rheinl. (Vater: Augustin K., Stadtoberinspektor; Mutter: Anna, geb. Haubrich), kath., verh. s. 1952 m. Ingeborg, geb. Kapuste, 3 Kd. (Kerstin, Wolfgang, Christian) - 1947-50 Sporthochsch. Köln (Dipl.-Sportlehrer) - 1946-51 Univ. Köln (Gesch., Engl.). 1. u. 2. Staatsex.; Promot. 1952 - 1953-64 Stud.ass. u. -rat, 1964-73 Oberstud.rat u. Studienprof.; 1973-90 Dir. Bundesinst. f. Sportwiss., Köln - BV: Jugendleichtathletik, 4. A. 1974; Method. Übungsreihen in d. Leichtathl., 6. A. 1980; Grundriß d. Sportunterrichts, 3. A. 1975; Lernziele u. -prozesse im Sport d. Grundsch., 1975; Medien in Sportunterr. u. Training, 1984; AV-Päd. Sportunterr., 1976. Zahlr. Sportlehrfilme u. Arb.streifen - 1948 Dt. Meister 4 × 400 m-Staffel - 1990 Gr. BVK - Spr.: Engl.

KIRSCH, Botho

Stv. Chefredakteur u. Leiter Osteuropa-Redaktion Deutsche Welle, Köln - Zum Eschental 9, 5063 Overath (T. 02206 - 34 41) - Geb. 22. Dez. 1927 Königsberg/Pr. (Vater: Fritz K.), verh. m. Gerda, geb. Köters - Stud. Soziol. u. Nationalök. Berlin u. Heidelberg - Korresp. Frankfurter Rundschau u. Stuttgarter Ztg. Moskau (1960-61), 1962 Auslandsred. Spiegel, gegenw. wie oben - BV: Sturm üb. Eurasien - Moskau u. Peking im Kampf um d. Weltherrschaft, 1970; Kalter Friede - was nun? - D. Konfliktstrategie d. Sowjets, 1974; China - Gefahr oder Chance?, 1976; Zw. Marx u. Murks - So wirtschaftet d. Osten, 1980; Westdrall-Ostdrift, 1985; D. Gorbatschow-Masche, 1987.

KIRSCH, Erich A.

Bürgermeister a. D., Großhandelskaufm., Inh. Erich Kirsch KG., Großhdls.haus f. Fahrzeugbedarf, Müllheim/Baden, gf. Ges. Zweirad-Ring GmbH - Oelbergstr. 18a, 7840 Müllheim - Geb. 2. Mai 1910.

KIRSCH, Hans-Christian

Schriftsteller (Ps. Frederik Hetmann) - Mittelstr. 27, 5431 Nomborn (T. 06485 - 12 62) - Geb. 17. Febr. 1934 Breslau, verh., 2 Kd. - 1954-60 Stud. Sprachen, Politik, Päd. - Zeitw. Verlagslektor. Ausgedehnte Aufenth., u. a. Engl., Frankr., Span., Griechenl., USA - BV/Ged.: Hekates Gesang, Aber mein Lied ist nicht gelb; R.: Mit Haut u. Haar, Blues f. Ari Loeb, Bericht f. Telemachos, Deutschlandlied, Einladung n. Irland, Ich habe sieben Leben, D. Gesch. d. Ernesto Che Guevara, Und küßte d. Scharfrichters Tochter, 1978; Rosa Luxemburg u. ihre Zeit, Biogr., 1976; Mit Haut u. Haar (Neuaufl. 1977); Freispruch f. Sacco + Vanzetti, 1978; Georg B. oder Büchner lief zweimal v. Gießen n. Offenbach u. wieder zurück, 1981; Tilman Riemenschneider - E. dt. Schicksal, 1981; William Morris - e. Mann gegen d. Zeit, 1982; Bettina u. Achim, 1983; Hinter d. Schwarzdornhecke. Irische Märchenerzähler - ihre Geschichte u. ihre Geschichten, 1984; Schlafe, meine Rose. D. Leben d. Elisabeth Langgasser, 1984. Märchenbücher; Sachb.: Bildung im Wandel, Schule gestern, heute, morgen (1979). Herausg.: Der spanische Krieg in Augenzeugenberichten (1967); Mithrsg.: Lyr. Blätter (1956ff.) - 1962 Eichendorff Lit.preis, 1965 Jugendbuchpreis (f. Amerika-Saga), 1973 Dt. Jugendbuchpreis, Friedrich-Gerstäcker-Preis, 1976 - 1971 Mitgl. PEN-Zentrum BRD.

KIRSCH, Joachim

Dr. med., Dr. med. dent., Chefarzt i.

KIRSCH, R., Honorarprof. f. Chir. Med. Hochsch. Hannover - Am Speckenberg 10, 3033 Schwarmstedt (T. 16 16) - Geb. 27. Nov. 1907 Chemnitz (Vater: Dr. med. dent. Ernst K., Zahnarzt), ev., verh. s. 1937 m. Dr. Ursula, geb. Günther, 3 Kd (Jens, Angret, Amrei) - Staatsgymn. Chemnitz; Univ. Greifswald, Edinburgh, Halle, Leipzig. Dr. med. dent. 1931, Dr. med. 1936; sportakad. geprüfter Turn- u. Sportlehrer - S. 1945 Chefarzt Chir. Abt. Auswejchkrkhs. Schwarmstedt u. Krkhs. Oststadt Hannover (1959). Zahlr. fachwiss. Veröff. - 1958 DRK-Ehrenz.; 1972 Gr. Verdienstkr. d. Nieders. VO.; 1967 Fellow Royal Soc. of Med.; 1973 Hon.-Prof. Med. Hochsch. Hannover - Liebh.: Segeln - Spr.: Engl.

KIRSCH, Karl
Dr. med., Univ.-Prof. f. Physiologie FU Berlin - Kadettenweg 60, 1000 Berlin 45 - Arbeitsgeb.: Angew. Physiol., Weltraum-, Arbeits-, Sport-, Klimaphysiol.

KIRSCH, Sarah
Schriftstellerin - Zu erreichen üb. Dt. Verlags-Anstalt, Neckarstr. 121-25, 7000 Stuttgart 1 - Geb. 16. April 1935 Limlingerode, St. Moritz - Univ. Halle (Biol.) Dipl.) - Stud. Biologie (Dipl.) - B. 1977 DDR, dann BRD - Neben Erz. u. Kinderb. vornehml. Ged.: Landaufenthalt, 1967; D. Vögel singen im Regen am schönsten, 1968; Es war d. merkwürd. Sommer, 1974; Rückenwind, 1977; Drachensteigen, 1979; Erdreich, 1982; Katzenleben, 1984; Irrstern, 1986; Allerlei-Rauh, 1988; Schneewärme, 1989 - 1976 Petrarca-Pr., 1983 Gandersheimer Lit.pr. (Med.), 1984 Hölderlinpr. Bad Homburg.

KIRSCH, Theodor
Dr. med., Dr. med., dent., o. Prof. f. Zahn-, Mund- u. Kieferheilkd. - Rob.-Koch-Str. 40, 3400 Göttingen (T. 392852) - Geb. 5. Mai 1912 Hoffenheim - S. 1953 (Habil.) Lehrtätig. Univ. Heidelberg (apl. Prof.), Mainz (1964 ff. ao. bzw. o. Prof.), Göttingen (1968 o. Prof.) - BV: D. Begutacht. in d. ZMK-heilkd., 1967; Strahlengefährd. u. -schutz in d. zahnärztl. Praxis, 1962; D. Chemotherapie in d. Zahn-, Mund- u. Kieferheilkd. 2. Norddt. Therapiegespr. 1971, 1972; Beitr. z. Fehlentw. d. Kiefer nach Spaltoperat. Fortschritte d. Kiefer- u. Gesichtschirurgie, Bd. XVI/XVII 1973; Diagnostik u. operat. Indikat. d. odontogen. u. rhinogen. Kieferhöhlenerkrank. Laryngolog.-Rhinolog., Otologie, 1973. Fachaufs.

KIRSCH, Werner
Dr. oec. pupl., o. Prof. f. Betriebswirtschaftslehre - Wartawie 25a, 8036 Herrsching (T. 08152 - 34 09) - Geb. 13. Dez. 1937 Augsburg (Vater: Erwin K.; Mutter: Lotte, geb. Böhner), verh. m. Barbara, geb. Frowein - S. 1968 (Habil.) Lehrtätig. Univ. Mannheim (Privatdoz.), Mannheim (1969-75 Ord.) u. Univ. München (s. 1975 Ord.) - BV: Entscheidungsprozesse, 3 Bde. 1970/1971; Betriebswirtschaftl. Logistik, 1973.

KIRSCH, Winfried
Dr. phil., Prof. f. Musikwissenschaft - Hartmann-Ibach-Str. 68, 6000 Frankfurt/M. 60 (T. 069 - 45 78 80) - Geb. 10. April 1931 Dresden - Stud. u. musikal. Ausbild. (Klav., Dirig.). Promot. (1958) u. Habil. (1971) Frankfurt - S. 1971 Lehrtätig. Univ. Frankfurt. Chordirig. Bücher u. Aufs.

KIRSCH, Wolfgang
Senator a. D., Rechtsanw. u. Notar, Präs. Ehrengerichtshof f. Rechtsanw. in Berlin - Winfriedstr. 23, 1000 Berlin 37 (T. 8113613) - Geb. 12. Sept. 1913 Berlin (Vater: RA) - Univ. Berlin u. München - 1939-45 Wehrdst., 1946-48 Richter u. Staats-, dann Rechtsanw. Berlin, dazw. 1963-67 Senator f. Justiz. Zeitw. Bezirksverordn. Zehlendorf. FDP (1967 Bezirksvors. Zhldf.).

KIRSCH, Wolfgang
Dr. jur., Oberkreisdirektor Kreis Warendorf - Londoner Str. 21, 4410 Warendorf 1 - Geb. 18. Febr. 1950 Frankfurt, kath., verh. s. 1972, 4 Kd. - 1968-74 FU Berlin u. Univ. Bonn; 1. jurist. Staatsex. 1974, 2. Staatsex. 1977, Promot. 1978 - 1978-80 Regierungsrat z.A. Bundesamt f. Zivilschutz; 1980-86 Stadtdir. Stadt Wipperfürth; s. 1987 Oberkreisdir. Kreis Warendorf.

KIRSCHBAUM, Hertha,
geb. Wittmann
Verlagsangestellte, Schriftstellerin (Ps. Wittmann-Kirschbaum) - Adalbertstr. 54, 8000 München 40 (T. 089 - 271 01 51) - Geb. 14. Dez. 1921 Triest (Mutter: Rosa Wittmann), verh. s. 1951 m. Karl K., S. Christian - Handelsschule - Bis zur Verheiratung stmk. Landesbeamtin (Verwaltungsdienst), heute Verlagtätigk., Schriftst. - BV: 13 Lyrikbd., zul. Tanz d. Lichts, 1981; 13 Prosabd. (meist im Selbstverlag), kl. Sonderdrucke, Anthol., Bildwerke. Dia-Vorträge. Herausg. - Förderungskreis Knittelfeld Steiermark - Liebh.: Musik, Wandern, Bergsteigen, Bücher.

KIRSCHKE, Dieter
Dr. sc. agr., Prof. f. Agrarökonomie TU Berlin - Podbielskiallee 64, 1000 Berlin 33 - Geb. 18. Juli 1952, ev., verh. m. Kristina, geb. Gade, 2 Töcht. - Stud. Agrarwiss. u. Volkswirtsch.lehre Göttingen; Dipl.-Ing. agr. 1976, Dipl.-Volksw. 1978; Promot. 1981, Habil. 1985 Kiel - 1976-79 Wiss. Tätigk. Univ. Göttingen, 1979-85 Univ. Kiel, 1981/82 Univ. of Calif. Berkeley; s. 1987 TU Berlin; 1985-87 operationelle Tätigk. in d. europ. Entw.hilfe (EG-Kommiss.). Arbeitsgeb.: europ. u. intern. Agrarpolitik, Politiken z. Förd. d. Agrarentw.

KIRSCHKE, Georg
Dipl.-Kfm., Geschäftsführer/Gesellschafter TF Tierfood Fachmarkt GmbH. Köln - Widderstr. 19, 5020 Frechen-Königsdorf - Geb. 21. Juli 1930 Berlin (Vater: Paul K., Fleischermeister; Mutter: Else, geb. Wellsow), ev., verh. s. 1952 m. Gisela, geb. Dittmer - Abit.; Kaufm. Lehre; Hochsch. (Betriebsw.).

KIRSCHNER, Hartwig
Dr. med., Prof., Chefarzt Chir. Abt. Allg. Krankenhaus Altona - Westend 3, 2000 Hamburg 2 - Geb. 28. Juli 1922 - B. 1965 Privatdoz., dann apl. Prof. Univ. Hamburg. Fachveröff.

KIRSCHNER, Horst
Dr. med. dent., Prof. f. Zahnärztl. Chirurgie-Oralchir. Univ. Gießen - Richard-Wagner-Str. 24, 6300 Gießen - Geb. 20. Aug. 1932 Langen 1976 Lehrst. ZMK (Oralchir.) Univ. Gießen; o. Prof. u. Dir. ebd. 83 wiss. Arb. (auch Buchbeitr.). Arbeitsgeb.: klin. u. exper. Oralchir. - 1968 Miller-Preis; 1972 Prix du Girso; 1982 Jahresbestpreis Dt. Ges. ZMK.

KIRSCHNER, Klaus
Werkzeugmacher, MdB (s. 1976) - Bozenhardstr. 39, 7238 Oberndorf/N. - Geb. 4. Nov. 1941 Aistaig/N., ev., verh., 1 Tochter - 1955-76 Industrietätig. (Betriebsrat), dazw. 1965-66 Wehrdst., Versich.vertr. AOK Rottweil, Mitgl. Bundes- u. Landesvorstand d. Arbeitsgr. f. Arbeitn.fragen in d. SPD. SPD s. 1962 (Kreisvors.), s. 1971 Stadtrat Oberndorf. Vors. Enquete-Kommiss. Strukturreform Gesundheitswesen.

KIRSCHNER, Peter
Dr. med., Prof., Chefarzt Abt. Unfallchir. St. Vincenz Krkhs. Mainz (s. 1982) - Am Fort Weisenau 7, 6500 Mainz - Geb. 22. April 1941 St. Joachimsthal (Vater: Dr. med. Walter K., Arzt; Mutter: Agnes, geb. Runkl), kath., verh. s. 1967 m. Hanna, geb. Klier - Stud. Univ. Frankfurt/M., Freiburg u. Gießen. Staatsex. 1967 u. Promot. 1968 Univ. Gießen; Habil. 1978 Mainz - 1967-71 St. Marienkrkhs. Siegen, 1971-75 Chir. Univ.klinik Mainz, 1975-81 Unfallchir. Univ.klinik Mainz.

KIRSCHNER, Werner
Dipl.-Ing. Verfahrenstechnik TU Braunschweig, MdL Nieders. (s. 1974), Vorst. SPD-Landtagsfraktion - Ostlandstr. 23, 3152 Ilsede 1 (Ölsburg) - Sprecher f. d. Ber. Wiss. u. Kunst (SPD-Landtagsfrakt.); Vors. Fachaussch. Sport d. SPD in Nieders.; AR-Vors. ONS.

KIRSCHSTEIN, Bettina
Dr. phil., Prof. f. Dt. Philologie (Ältere dt. Sprache u. Lit.) FU Berlin - Undinestr. 9, 1000 Berlin 45.

KIRSCHSTEIN, Rüdiger
Schauspieler, Regisseur, Autor - Wartenburgstr. 17, 1000 Berlin 61 (T. 030 - 215 80 07) - Geb. 11. Jan. 1941 Breslau, verh. s. 1967 m. Rita, geb. Leska - Folkwang-Hochsch. Essen-Werden, Dramat. u. Schauspielausb. - Tätigk. an versch. Theatern, Mitbegr. d. neuen krit./inhaltl. Schauspielarb. (Schaubühne am Halleschen Ufer Berlin); s. 1972 freischaff. Künstler: Theater, Film, Fernsehen - 1983 Brummi-Preis d. Fernfahrer-Innung; 1987 Montevideo Viglietti-Pr. f. intern. Kulturschaffen; 1989 starlight-Preis d. ARD - Spr.: Engl., Franz., Span.

KIRST, Reiner F.

Chefredakteur Main-Post, Schweinfurter Tagblatt, Main-Tauber-Post, Bote v. Haßgau (s. 1987) - Berner Str. 2, 8700 Würzburg (T. 0931 - 60 01-3 40) - Geb. 21. Juni 1951 - Stud. Germann., Roman., Phil., Päd. Univ. Frankfurt; Staatsex. f. Lehramt an Gymn. - 1973-76 Publik Forum; 1978-87 Frankf. Allgem. Ztg. B. 1987 Bundesvorst. Dt. Journalistenverb.; s. 1988 Mitgl. Dt. Unesco Kommiss.

KIRSTE, Rudolf
Dr., Dipl.-Chem., Univ.-Prof. Univ. Mainz - Hegelstr. 42, 6500 Mainz - Geb. 15. April 1935 Berlinchen/Neumark (Vater: Gustav K., Pfarrer; Mutter: Herta, geb. Ullrich), ev., verh. s. 1977 m. Ulrike, geb. Weis, 2 Kd. (Vinzenz, Dominique) - Studium Humboldt-Univ. Berlin; Promot. 1960 Mainz; Habil. 1965 ebd. - 1966-71 Privatdoz., 1971 apl. Prof., 1988 Univ.-Prof. f. Phys. Chemie (Entd.: Bestimmung d. Konformation von Makromolekülen im amorphen Festkörper durch Neutronenstreuung, 1972) - Spr.: Engl.

KIRSTEN, Till A.
Dr. rer. nat., Prof., Physiker, Wiss. Mitarb. MPI f. Kernphysik, Heidelberg (Arbeitsgruppenleit.; s. 1970) - Saupfercheckweg 4, 6900 Heidelberg - Geb. 2. April 1937 Leipzig (Vater: Kurt K., Steuerberater; Mutter: Elsa, geb. Heidler), verh. s. 1976 m. Emiko, geb. Fujie, T. Nadja - Stud. Univ. Göttingen, Heidelberg; Dipl.-Phys. 1961 u. Promot. 1964 Heidelberg. MPI Kernphysik, s. 1975 apl. Prof. Univ. Heidelberg; Principal Investigator, NASA Lunar Program (1971-85); Projektleiter Gallex Solar Neutrino Experiment - Entd.: Doppelter Betazerfall - 1970 Röntgenpreis Univ. Gießen - Liebh.: Schach - Spr.: Engl.

KIRSTEN, Wulf
Schriftsteller, Sekretär d. Dt. Schillerstiftung Weimar (s. 1990) - Paul-Schneider-Str. 15, O-5300 Weimar - Geb. 21. Juni 1934 Klipphausen/Kr. Meißen, verh. s. 1964 m. Sofia, geb. Bordon, 2 Söhne (Holm, Jens) - Kaufm. Lehre; Päd.stud. 1960-64 Leipzig; Staatsex. - 1965-87 Verlagslektor Weimar; s. 1987 freischaffender Schriftsteller - BV: Satzanfang, Ged. 1970; D. Bleibaum, Ged. 1977; D. Schlacht b. Kesselsdorf/Kleewunsch, Prosa 1984, 3. A. 1990; D. Erde b. Meißen, Ged. 1986 - 1972 Fürnbergpreis; 1985 Johannes-R.-Becher-Pr.; 1987 Peter-Huchel-Pr.; 1989 Heinrich-Mann-Pr.; 1990 Ev. Buchpreis.

KIRTSCHIG, Kurt
Dr.-Ing., Dipl.-Ing., Prof. f. Baustoffkunde u. Materialprüfung sowie Ingenieurmauerwerk, Univ. Hannover - Westermannweg 31, 3000 Hannover 21 (T. 791753) - Geb. 15. Febr. 1928 Breslau (Vater: Hermann K., Maurerpolier; Mutter: Viktoria, geb. Twardawa), kath., verh. s. 1955 m. Sigrid, geb. Fahlbusch, 2 Kd. (Jürgen, Bärbel) - Stud. Bauing.wesen TU Hannover; Promot. 1961; Habil. 1971 - 60 Fachveröff. - Spr. Engl.

KIRZINGER, Sebastian
I. Bürgermeister Stadt Mainburg (s. 1978) - Rathaus, 8302 Mainburg/Ndb. - Geb. 5. Nov. 1940 Mainburg - Zul. Sparkassenangest. CSU.

KISCH, Horst
Dr. phil., Prof. f. Anorganische Chemie - Genglerstr. 18, 8520 Erlangen (T. 09131-30 42 75) - Geb. 31. Juli 1942 Bistritz/Siebenb., ev., verh. s. 1967 m. Hille, geb. Seiler, 3 Töcht. (Hille, Hedda, Heidrun) - Stud.; Promot. 1969 Univ. Wien; Habil 1977 Univ. Dortmund - 1968-84 wiss. Mitarb. Max-Planck-Inst. f. Strahlenchemie; 1972 Forschungsaufenth. an d. Univ. of Calif., San Diego; 1983 Gastdoz. Inst. of Physical and Chemical Res., Japan; 1984 Prof. Univ. Erlangen-Nürnb., Inst. f. Anorg. Chemie.

KISEL, Gerhard
Marketing-Direktor, Geschäftsf. 4P Nicolaus Kempten - Schraudolphstr. 5, 8960 Kempten (T. 0831-2 67 38) - Geb. 16. März 1938 Kempten, kath., verh. s. 1962 m. Karin, geb. Matzig, 2 T. (Angela, Petra) - Banklehre (Hypo-Bank Kempten) 1955-58; Stud. Betriebswirtsch. (berufsbegleit.) Univ. Augsburg, Ndl. Kempten 1964-68 (Betriebsw. VWA) - S. 1977 Vorstandsmitgl. FFI (Fachverb. Faltschachtel-Ind.), s. 1980 Mitgl. Executive Committes d. ECMA (European Carton Makers Assoc.), 1985-89 Präs. ECMA - Spr.: Engl., Franz.

KISHON, Ephraim
Schriftsteller, Theater- u. Filmregisseur - Hamitnadev 48, Afeka/Israel (T. 03 - 41 23 32) - Geb. 23. Aug. 1924 Budapest (Vater: David K., Bankdir.; Mutter:

Elisabeth, geb. Steiner), jüd., verh. s. 1959 in 2. Ehe m. Sarah, geb. Lipovitz, 3 Kd. (Rafi, Amir, Renana) - Kunsthochsch. u. Univ. Budapest (Kunstgesch.) - Dipl.-Lehrer f. Metallskulpturen - BV: 48 Bücher in 30 Sprachen, u.a. Satiren: Drehn Sie sich um, Frau Lot, 1962; Wie unfair, David, 1967; D. Blaumilchkanal, 1972; Kein Öl, Moses? 1974; Abraham kann nichts dafür, 1984; Beinahe d. Wahrheit, 1985; Picasso war kein Scharlatan, 1986; Paradies neu zu vermieten; Kamel im Nadelöhr; Undank ist d. Welten Lohn, 1990; Kishon f. Steuerzahler, 1991 - 5 Filme u. zahlr. Theaterst. - Intern. Preise, z. B. dt. Orden wider d. tier. Ernst; 1984 Goldene Kamera; 3 Gold. Globe Awards u. zwei Nominier. f. d. Oskar - Liebh.: Schachcomputer, Billard, Pferde - Spr.: Engl., Deutsch, Ungar., Hebr. - Bek. Vorf.: Immanuel Silberstein, Wunderrabbi (Urgroßv.).

KISKALT, Hans
Dr. jur., Stadtrat a. D., Rechtsanw. u. Notar (s. 1971) - Hammarskjöldring 47, 6000 Frankfurt/M. (T. 576969) - Geb. 2. Juni 1921 Freiburg/Br., ev., verh. s. 1949 m. Antoinette, geb. Ullrich, S. Bernd - Stud. Rechtswiss. Beide Staatsex. - 4 1/2 J. Kriegsdst. (Panzereinheit); 1950 Reg.ass. Freiburg, 1957 Stadtrechtsrat das., 1959 Dolzeipräs. Darmstadt, 1963 Reg.vizepräs. ebd., 1965 Stadtrat Frankfurt. S. 1971 RA u. Notar Frankfurt. CDU - BV: Kommentar z. Gewerbeordnung (3 A.); Dt. Polizeirecht; D. Haus in Islington, R.; D. Aufstand 20.07.44, Schausp.; Kom.; Prosa, Lyrik - Liebh.: Musik (selbst ausübend).

KISKER, Gunter
Dr. jur., o. Prof. f. Öfftl. Recht Univ. Gießen (s. 1967) - Waldstr. 74, 6307 Leihgestern (T. 06403 - 61030) - Geb. 20. Febr. 1925 Bielefeld - Habil. 1967 Tübingen. Fachveröff.

KISKER, Klaus Peter

Dr. rer. pol., Prof. f. Allg. Volkswirtschaftslehre, Polit. Ökonomie FU Berlin u. Humboldt-Univ. Berlin (Spez. Arbeitsgebiet: Nationale u. intern. Konzentration, Konjunktur- u. Wachstumstheorie, Regional- u. Strukturpolitik) - Eiderstedter Weg 12, 1000 Berlin 38 (T. 030 - 802 71 55) - Geb. 16. Nov. 1942 Bielefeld - Promot. 1963; Habil. 1970. Research Ass. Harvard U. 1965-67 - BV: D. Erbschaftsteuer als Mittel d. Vermögensredistribution, 1964; SPD in d. Krise, 1976; Multinationale Konzerne, 1982; Wirtschaftswunder Berlin?, 1987; Schwarzbuch EG-Binnenmarkt, 1991 - Zahlr. Einzelarb. z. Marx. Theorie, Konzentration, Gewerksch.politik, Vermögensverteilung, EG 92. Herausg. Ztschr. f. sozialist. Politik u. Wirtsch.

KISS, Gabor
Dr. phil., o. Prof. f. Soziologie PH Ruhr, Dortmund - Marktstr. 258, 4630 Bochum - Zul. Wiss. Rat u. Prof. Univ. Bielefeld.

KISSACK, Brian
Bankkaufm., Vorstandsvorsitzender Chemical Bank Aktiengesellschaft, Frankfurt (s. 1982) - Max-Baginski-Str. 46, 6232 Bad Soden/Ts. (T. 06196-2 84 14) - Geb. 24. Juni 1943 Douglas, Isle of Man, verh. s. 1968 m. Noele, geb. Tutton, 2 Kd. (Nicola, Christopher) - BA Univ. London, Lehrerex. ebd. - S. 1966 Citybank London; 1976-78 Citybank Fankfurt; s. 1981 Geschäftsleit. Chemical Bank ebd.; s. 1982 Vors. Vereinig. d. Auslandsbanken in Dtschl., ebd. - Spr.: Deutsch, Franz.

KISSEL, Otto Rudolf
Dr. jur., Prof., Präsident Bundesarbeitsgericht - Graf-Bernadotte-Platz 5, Bundesarbeitsgericht -, 3500 Kassel-Wilh. (T. 561-31 06-200/201) - Geb. 8. Jan. 1929 Frankfurt, ev., verh. s. 1956, 1 Kd. - BV: Neuere Territorial- u. Rechtsgesch. d. L. Hessen, 1962; Komment. z. Hess. Beamtenges. u. z. Hess. Disziplinarord., 1971; Bericht u. Verw. in Hessen, 1971; D. dreistuf. Aufbau d. in. ord. Gerichtsbark., 1972; Üb. d. Zukunft d. Justiz, 1974; Immer Ärger m. d. Beamten, 1976; Ehe u. Ehescheidung, 2 Bde. (zus. m. and.), 1977; Kommentar z. Gerichtsverfass.gesetz, 1981; D. Justitia, Reflexionen üb. e. Symbol, 1984; div. Aufs. - 1984 Gr. BVK; 1982 Honorarprof. Univ. Gießen.

KISSELER, Marcel
Dr., Geschäftsf. Präsidiumsmitglied Zentrale zur Bekämpfung unlauteren Wettbewerbs, Gf. Vorst.-Mitgl. Dt. Schutzverb. gegen Wirtschaftskriminalität, beide Frankfurt - Quellenweg 5, 6380 Homburg v. d. H. (T. 06172 - 1 21 50) - Geb. 7. Sept. 1927.

KISSLING (ß), Reinhold
Dr. agr., Dipl.-Landwirt, Präsident u. Vorstandsmitgl. Württembergischer Genossenschaftsverband, Raiffeisen/Schulze-Delitzsch e. V. i.R. - Heilbronner Str. 41, 7000 Stuttgart 1; priv.: Kirchhausener Str. 26, 6927 Bad Rappenau-Bonfeld - Geb. 10. Okt. 1926 - Vorst.-Vors. Südd. Zuckerrübenverwertungsgenoss. eG, Ochsenfurt/Main; AR-Vors. WLZ Raiffeisen AG, Stuttgart; AR Südzucker AG, Mannheim/Ochsenfurt, südbank AG, Stuttgart, Genoss. Zentralbank AG Stuttgart, Stuttgart - BVK I. Kl.; Senator e. h. Univ. Hohenheim.

KISTENMACHER, Hans
Dr. rer. pol., Prof. f. Raum- u. Umweltplanung Univ. Kaiserslautern - Friedrich-Ebert-Str. 1, 6719 Neulingen - Zul. Prof. TU Hannover.

KISTER, Willi
Dipl.-Ing., Vorsitzender d. Geschäftsführung Digital Equipment GmbH - Freischützstr. 91, 8000 München 81 - Geb. 11. April 1942 Bochum, verh., 1 T. - Stud. Elektrotechnik TH Aachen; Ausb. z. Hardware- u. Software-Projekting. - S. 1969 Digital Equipment GmbH, 1970-73 Vertriebsbüro Hannover, europ. Marketing Manager f. techn.-wiss. Datenverarb., 1974-80 Europa-Manager Europazentrale Genf, 1980 Vors. d. Geschäftsfg.; AR-Mitgl. Digital Equipment Intern. GmbH Kaufbeuren, europ. Zentrum f. Technol. u. Fertigung v. Speichergeräten, Vorst.-Mitgl. Fachgem. BIT im VDMA.

KISTERS, Theodor
Dipl.-Ing., stv. Vorstandsmitglied Dt. Babcock Anlagen AG, Oberhausen - Flensburger Zeile 21, 4150 Krefeld-Bockum (T. 02151-4 22 58) - Geb. 15. Juli 1935 Krefeld, verh., 3 Kd. - Div. Patente.

KISTLER, Alfons
I. Bürgermeister Stadt Abensberg (s. 1978) - Rathaus, 8423 Abensberg/Ndb. - Geb. 9. Dez. 1915 Deutldorf - Zul. Red. CSU.

KISTLER, Fritz
Präsident a. D. - Dar-es-Salaam-Str. 10, 8000 München 82 (T. 430 48 26) - Geb. 1. Juli 1912 München - Abit. - S. 1931 Stadtpark. München (1953 Dir.), 1957 Leit., 1970 Vorst.-Vors./Präs.). Ehrenämter u. Mandate u. a. s. 1960 AR Continentale Lebensversich. a.G., München, s. 1962 Gemeinnütz. Wohnungsverein München 1899, s. 1985 AR-Mitgl. Münchner Kapitalanlage AG, München, s. 1986 Continentale Krankenversich. a.G., Dortmund - 1974 Bayer. Verdienstord.; 1977 Dr.-Chr.-Eberle-Med. in Gold, 1977 München leuchtet in Gold - Spr.: Engl., Franz.

KISTNER, Klaus-Peter
Dr. rer. pol., Prof., Lehrstuhlinh. f. Betriebswirtschaftslehre Univ. Bielefeld (s. 1974) - Elisabethstr. 17, 4803 Steinhagen - Geb. 14. Juli 1940 Frankfurt/M. (Vater: Karl K., Angest.; Mutter: Doris, geb. Johann), verh. s. 1967 m. Ilse, geb. Fellmann - Friedrich-Ebert-Gym. Bonn; Univ. Bonn u. Frankfurt/M. - Dipl.-Volksw. 1965; Promot. 1969; Habil 1972 (alles Bonn) 1965-74 Wiss. Angest. - BV: Betriebsstörungen u. Warteschlangen, 1974; Produktions- u. Kostentheorie, 1981; Optimierungsmethoden, 1988; Produktionsplanung (m. M. Steven) - Spr.: Engl., Franz.

KITTEL, Gerhard

Dr. med., Prof., Hals-Nasen-Ohrenarzt u. Phoniater, Vorstand Sprach- u. Stimmabt. Univ. Erlangen-Nürnberg - Waldstr. 1, 8520 Erlangen - Geb. 4. März 1925 Berolzheim (Vater: Stefan K., Rektor; Mutter: Eliese, geb. Büttner), kath., verh. s. 1965 m. Hanne, geb. Schlüter, 2 Söhne (Karsten, Lars) - 1935-43 Realgymn. Mosbach; 1946-51 Univ. Würzburg. Promot. 1951; Habil. 1967 - 1961-68 Geschäftsf. Dt. Ges. f. Sprach-Stimmheilkd. Begr. Union Europ. Phoniater (Vorst.), 1980 Präs. AG. Dt. Phon., s. 1983 Präs. Dt. Ges. f. Phoniatrie u. Pädaudiologie u. Mitgl. Generalsekr. UEP - BV: D. Hypoxydose d. Cochlea durch CO, 1968. Üb. 150 Einzelarb. (u. a. Erstbeschreib. v. Ohrmißbild. n. Thalidomid; Computeranalysen: Hör-Stimm-Sprachstör., Erstbeschr. d. Farb-TV-Lupen-Mikro-Stroboskopie) 1969 E.-W.-Baader-Preis, 1980 Gutzmann-Med. (Charité); 1982 Ehrenmitgl. österr. Ges. Logopäd. Phon. Pädaudiol.; 1984 Board-Mitgl. UEP; 1985 Ehrenmitgl. Ungar. Ges. Phonetik, Phoniatrie, Logopädie; 1986 Vice-Präs. UEP; 1987 Präs. UEP; 1988 Ehrenmitgl. d. poln. otolaryngologischen Ges.; Ernst v. Bergmann Plak.; Karel-Marcin-Kowski Med. Univ. Posen; Diploma honoris causa d. UEP; Ehrenmitgl. Otolaryngologische Ges. d. CSFR.

KITTEL, Hans Friedrich
Dipl.-Gewerbel., Obering., Geschäftsführer Normenausch. Dental, Feinmechanik u. Optik, Schmuck sow. Uhren - Westliche Str. 56, 7530 Pforzheim (T. 07231 - 35 70 58).

KITTEL, Norbert
Werbefachmann, gf. Gesellsch. PRO-MAR MÜNCHEN Werbeagentur GmbH & Co. KG, Hamburg-München, Mitinh. Dreistern Verlag Gross u. Kittel - Rückertstr. 4, 8000 München 2 - Geb. 15. März 1928 Tarnowitz (Vater: Gerhard K., Techn. Kaufm.; Mutter: Margarethe, geb. Fuhrmann), kath., verh. s. 1958 m. Sieglinde, geb. Possmann, 2 Kd. (Jeanette, Alexander) - Abit., Fachausbild. Werbefachl. Inst. München.

KITTELMANN, Peter
Rechtsanwalt, MdB (Berlin), Außenwirtschaftspolitischer Sprecher d. CDU/CSU-Bundestagsfraktion - Bundeshaus, 5300 Bonn - Geb. 17. Juli 1936 Stendal/Altmark, verh., 3 Kd. - N. Übersiedl. Berlin Abit. (1956) u. Stud. Veterinärmed. u. Rechtswiss. Jurist. Staatsprüf. 1965 u. 69 - Ab 1970 Anwaltspraxis. 1967-71 Mitgl. Bez.verordn.vers. Tiergarten (Stadtrat, stv. Bgm.); 1971 MdA Berlin; s. 1976 MdB, Mitgl. Europarat u. westeurop. Union, Vors. d. Arbeitsgruppe Europa d. CDU/CSU-Bundestagsfraktion, Mitgl. d. Fraktionsvorst., Vors. d. Landesgr. d. Berliner CDU-Bundestagsabgeordneten. CDU (s. 1969 Kreisvors. CDU Tiergarten, s. 1981 stv Landesvors. CDU Berlin).

KITTNER, Dietrich
Kabarettist, Schriftsteller, Regisseur, Theaterleiter - Theater am Küchengarten, Stephanusstr. 29, 3000 Hannover 91 (T. 0511 - 44 55 85) u. Bischofsholer Damm 88, 3000 Hannover 1 (T. 0511 - 85 13 33, Fax 0511 - 283 49 80) - Geb. 30. Mai 1935 Oels (Vater: Dr. Ernst K., Zahnarzt; Mutter: Ruth, geb. Goldert), verh. s. 1960 m. Christel, geb. Strohmeyer, S. Konrad - Abit.; 1957-61 Stud. Jura u. Gesch. Univ. Göttingen, 1960-61 Leit. Göttinger Studentenkabaretts D. Leid-Artikler (1962-66 Berufskabarett); ab 1966 Solokabarett: Kittners krit. Kabarett (Tourneetheater m. jährl. 230 Vorstellg. in BRD, Schweiz, Österr., DDR, Luxemburg, Niederl., CSSR, Italien, Schweden, Finnl., Jugoslawien); ab 1975 eig. Theater an d. Bult, Hannover, u. s. 1986 eig. Theater am Küchengarten, ebd. - BV: Bornierte Ges., 1969 u. 1979; Dollar gehts nimmer, 1975 u. 1978; Krisenstab frei, 1979 (ges. Texte, Bd. 1-3); Kittners logischer Garten, 1977; Wie e. Gesetz entsteht, 1979; Vor Jahren noch e. Mensch, 1984; D. zehnte Muse - Gesch. aus dem Alltag e. Unangepaßten, 1983; bissiger Mund, Kabarett-Texte, 1985; Gags & Crime - weit. Gesch. aus d. Leben e. Unangepassten, 1989; zahlr. weit. Schr. - 17 LP, u. a. Heil d. Verfass., 1977; D. rote Feuerwehrmann, 1978; D. Volk auf's Maul (Doppel-LP), 1979; Vorsicht, bissiger Mund (Doppel-LP), 1981; Damit d. Leben d. Bombe besiegt; Maden in Germany (Doppel-LP), 1984; Hai-Society (Doppel-LP), 1988; D. Ei d. Kohlumbus: DROGE DEUTSCHLAND, 1992 - 1960-92 21 Kabarett-Progr. (D. Jüngste: D. Ei Kohlumbus: DROGE DEUTSCHLAND); FS-Insz.: Missionsabend f. Bürger (ARD); Dein Staat d. bekannte Unwesen (ARD). Zahlr. weit. Film-, FS- u. Funkbeitr. - Div. Chansons u. Lieder - 1976 Theaterpreis

Hannoversche Presse; 1980 Dt. Schallplattenpreis; 1984 Dt. Kleinkunstpreis; 1990 Gr. Nieders. Verfassung-Schutz-Preis - Liebh.: Bücher, Jazz, Briefmarkenfälsch. - Spr.: Engl., Ital., Serbokroat., Latein - Lit.: Dr. Ingeborg Stiehler: Kabarett im Soloritt, 1979; Lex. d. Unterhaltungskunst, 1977; Rainer Otto/Walter Rösler: Kabarettgesch., 1977 u. 1981; Ingo v. Münch: D. Kabarettist m. d. Gasmaske, 1976; Lothar Kusche: D. K. u. s. Staatstheater, 1976; Claus Budzinski: Pfeffer ins Getriebe, 1982; Reinhard Hippen: Sich fügen heißt lügen, 1981; Frauke Deissner-Jenssen: Radikaler im öffentl. Dienst, 1983; Erhard Jöst: E. proletarischer Kabarettist, 1985; Reinhard Hippen: Kabarett aus d. Koffer, 1985; Michael Skasa: 25 J. kämpfender Kabarettist, 1985; Wer lacht denn da? Claus Budzinski, 1989.

KITZINGER, Manfred

Rechtsanw. u. Notar, Fachanwalt f. Steuerrecht, stv. ARsvors. Treukredit AG, Bonn, AR Treu-Kredit f. Grundeigentum u. Verwaltung AG., München - Reichenbachweg 20, 6240 Königstein/Ts. - Geb. 23. April 1927 Frankfurt (Vater: Kaufm.; Mutter: Elisabeth, geb. Küch), ev., verh. s. 1960 m. Inge, geb. Kürschner.

KITZLINGER, Baptist

Landrat Kr. Passau (s. 1970) - Landratsamt, 8390 Passau/Ndb. - Geb. 3. Juni 1920 Sandbach - Bäckerm. CSU.

KITZLINGER, Otto

Fabrikant (Fertigbau Otto Kitzlinger KG.) - Neckarstr. 3, 7247 Sulz/Neckar - 1981 ff. Vors. Dt. Fertigbau-Verb., Stuttgart.

KIVELITZ, Hans

Dr. med., Chirurg (Chefarzt Chir. Klinik), apl. Prof. Univ. Düsseldorf (s. 1977) - Zu den Rehwiesen 9, 4100 Duisburg.

KIWE, Tilman

Schauspieler, Regisseur, Drehbuchautor, Dokumentarfilmer (Ps. Jan Tilman) - Melanchthonstr. 15, 8000 München 83 (T. 089 - 60 46 59) - Geb. 7. Juni 1915 Aachen (Vater: Henrich Hubertus K.; Mutter: Marie, geb. Fischer-Neuss), kath., verh. s. 1953 in 3. Ehe m. Isabel Strauss, Opernsängerin, 2 Kd. (Angela, Jan) - Stud. Ethnol. Univ. Köln u. Johns-Hopkins Baltimore - S. 1946 Schausp., Regiss., Drehbuchautor, Dokumentarfilmer. Entd.: Felsbilder d. Likan Antai (Ureinwohner d. Atacama), 1953 - BV: Geschichten v. unterwegs - Wüste, Kupfer u. d. heilige Carmen, 1953 - 17 Dokumentarfilme, u. a. Marga Windward Islands, D. Gold v. Marga, D. Ruf d. Condors, Perlenkette d. Götter, Aufersteh., Schinderhannes, D. Geierwally, Arzt v. Stalingrad; Spielfilme, u. a. Gesprengte Ketten; FS-Serie: Hafenpolizei, Kommiss. Peters - Spr.: Engl., Franz., Span. - Lit.: Zeutzschel, Biogr.; Schausp.-Lexikon.

KIWIT, Walter

Dr. jur., Oberkreisdirektor Rhein-Sieg Kreis (s. 1983) - Bernhardstr. 27, 5200 Siegburg - Geb. 27. Juli 1931 Wanne-Eickel (Vater: Wilhelm K., Oberbürgerm.; Mutter: Dr. Elisabeth, geb. Becker), kath., verh. s. 1961 m. Ursula, geb. Koch, 2 S. (Urban, Gregor) - Gymn.; Stud. Rechtswiss. Jurist. Staatsprüf. 1956 u. 60 - 1961-63 komm. Gemeindedir. Neubeckum; 1963-70 Regierungspräs. Köln; 1965-66 Wehrbeauftr.; s. 1970 Rhein-Sieg-Kr., s. 1977 Kreisdir., s. 1983 Oberkreisdir. Rhein-Sieg-Kr. AR-Vors. Rhein-Sieg-Verkehrsges., Verb.-Vorst. Verkehrsbund Rhein-Sieg - Spr.: Engl.

KIWIT, Wilhelm

Dipl.-Ing., Dr.-Ing. E. h., Techn. Vorstandsmitglied Vereinigte Elektrizitätswerke Westfalen AG, Dortmund (s. 1982) - Opherdickerstr. 40, 4755 Holzwickede (T. 02301 - 20 95) - Geb. 6. Dez. 1926 Münster/Westf., kath., verh. s. 1959 m. Doris, geb. Kassner, 4 Kd. (Angela, Wolfram, Ralf, Dorothee) - Stud. Elektrotechnik, Dipl.-Ing. - 1986/87 1. Vors. Dt. Verbundges.; 1985 Hochspannungs- u. Hochleistungskabel VDEW - 1986 Dr.-Ing. E. h. Univ. Dortmund.

KIYEK, Karl-Heinz

Dr. rer. nat., o. Prof. f. Mathematik GH Paderborn - v.-Galen-Str. 13, 4790 Paderborn-Elsen/W.

KLÄGER, Max

Dr. phil., Prof. f. Kunstpädagogik PH Heidelberg (s. 1971) - Am Blumenstrich 35a, 6903 Neckargemünd-Dilsberg - Geb. 11. April 1925 Stuttgart - Promot. 1956 - BV: Schrift u. Typogr. im Unterr., 1969; D. Bild u. d. Welt d. Kindes, 1974; Bild u. Buchst., 1975 (auch engl.); Jane C.-Symbolisches Denken in Bildern u. Sprache, 1978; Phänomen Kinderzeichnung, 1989 - 1985 BVK - Spr.: Engl.

KLÄMBT, Dieter

Dr. rer. nat., Prof., Botaniker - Am alten Forsthaus Nr. 29, 5300 Bonn-Röttgen - Geb. 25. Nov. 1930 Calau (Vater: Max K., Ziegler; Mutter: Elisabeth, geb. Eckert), ev., verh. m. Christa, geb. Rotter, 3 Kd. (Christian, Tilman, Petra) - Höh. Schule; Gärtnerlehre; 1951-57 Univ. Bonn (Biol.). Promot. u. Habil. Bonn - B. 1963 Privatdoz., 1970 Wiss. Rat u. Prof. Univ. Bonn. Spez. Arbeitsgeb.: Pflanzenphysiol., Molekularbiol. d. Entw.

KLÄR, Karl-Heinz

Dr., Historiker, Staatssekretär, Chef d. Staatskanzlei d. Landes Rheinland-Pfalz - Peter-Altmeier-Allee 1, 6500 Mainz 1 (T. 06131 - 16 47 03) - Geb. 16. Jan. 1947 Bildstock (Saar), ev. verh. s. 1975 m. Renate, geb. Schmidt, 2 Kd. (Erik, Tatjana) - Promot. 1979 Bonn - Korrektor, Lektor, Archivar; 1980-83 Hochschulassist. GH Kassel, 1983-87 Büroleit.; Redenschreiben b. Willy Brandt; 1987-91 Abt.leit. Politik im SPD-Vorst. - BV: D. Zusammenbruch d. 2. Internationale, 1981. Herausg.: Lexikon d. Sozialismus (1986); D. Wähler d. extremen Rechten Bd. I-III (1989).

KLAER, Wendelin

Dr. rer. nat., o. Prof. f. Geographie - Universität, 6500 Mainz - Geb. 27. Juli 1925 Zwinge - S. 1961 (Habil.) Lehrtätigk. Univ. Heidelberg (1966 apl. Prof.) u. Mainz (1970 Ord.).

KLÄRE, Helmuth

Kaufmann, gf. Gesellsch. Menke & Co. GmbH, Plenarmitgl. Handelskammer Hamburg (s. 1971, 1978-81 Präsidium), Vorst.-Mitgl. Waren-Verein d. Hamburger Börse (1963-81, 1976-79 Vors.) u. Wirtschaftsvereinig. Groß- u. Außenhandel (1964-92, 1969-76 Vors.), alle Hamburg - Gr. Reichenstr. 27, 2000 Hamburg 11 - Geb. 28. Juni 1923 Hamburg (Eltern: Anton (Kaufm.) u. Maria K.), ev., verh. in 2. Ehe (1963) m. Helga, geb. Liess, S. Andreas - Wilhelm-Gymn. Hamburg (Notabit. 1942) - 1975-80 Präs.-Mitgl. Bundesverb. Dt. Groß- u. Außenhdl. - Spr.: Engl.

KLÄUI, Wolfgang

Dr. phil., Dr. rer. nat. habil., Prof. f. Anorgan. Chemie - Zu erreichen üb. Univ. Düsseldorf, Inst. f. Anorganische Chemie u. Strukturchemie, Lehrstuhl I, 4000 Düsseldorf - Geb. 28. April 1945 - Univ. Zürich (Promot. 1973); Habil. 1979 Univ. Würzburg - 1981 Prof. Univ. Würzburg, 1982 TH Aachen, 1991 Univ. Düsseldorf. Arbeitsgeb.: Metallorgan. Chemie u. Komplexchemie d. Übergangsmetalle.

KLAFKI, Wolfgang

Dr. phil., Prof. f. Erziehungswiss. Univ. Marburg (s. 1963) - Erfurter Str. 1, 3550 Marburg/L. (T. 4 17 31) - Geb. 1. Sept. 1927 Angerburg/Ostpr. (Vater: Adolf K., Oberstudienrat; Mutter: Lotte, geb. Braemer), ev., verh. s. 1957 m. Hildegard, geb. Ufer, 3 Kd. (Angelika, Monika, Hans-Wolfgang) - 1937-44 Obersch. Angerburg; 1946-48 Päd. Hochsch. Hannover; 1952-57 Univ. Göttingen (Promot. 1957) u. Bonn (Päd., Phil., German.) - 1948-52 Lehrer ländl. Volkssch. Nieders.; 1957-61 Assist. u. Doz. PH Hannover; 1961-63 Assist. u. Oberassist. Univ. Münster/W. - 1966ff. Vorst.-Mitgl. Dt. Ges. f. Erziehungswiss., 1986-88 Vors.; 1968-71 Vors. Kommiss. f. Lehrplan-Revision d. Sekundarstufe Hess. Kultusmin.; 1968-70 Leitung Funkkolleg Erzieh.wiss. - BV: D. päd. Problem d. Elementaren u. d. Theorie d. kategorialen Bildung, 4. A. 1964; Studien z. Bildungstheorie u. Didaktik, 11. A. 1979 (tschech. 1968); Pestalozzis Stanser Brief, 5. A. 1990; Geisteswiss. Päd. am Ausgang ihrer Epoche - Erich Weniger, 1968 (m. I. Dahmer u. a.); Arbeitslehre in d. Gesamtsch., 5. A. 1971 (m. W. Schulz u. F. Kaufmann); Integrierte Gesamtschule u. Comprehensive School, 2. A. 1972 (m. A. Rang u. H. Röhrs); Erziehungswiss., 3 Bde. (m. Koautoren), 1970/71; Probleme d. Curriculumentwickl. (m. K. Lingelbach u. H.-W. Nicklas), 2. A. 1972; Aspekte kritisch-konstruktiver Erziehungswiss., 1976 (jap. 1984); Das Marburger Grundschulprojekt (m. Koautoren), 1977; Didaktik u. Praxis (m. G. Otto u. W. Schulz, 2. A. 1979; Geisteswiss. Pädagogik, 8 Tle., 1978, 82, 84; Schulnahe Curriculumentw. u. Handlungsforsch. (m. a.), 1982; D. Pädagogik Theodor Litts, 1982; Kategoriale Bildung u. kritisch-konstruktive Päd., dän. 1983; Neue Stud. z. Bild.theorie u. Didaktik. 2. A. 1991; Verführung, Distanzierung, Ernüchterung. Kindheit u. Jugend im Nationalsozialismus. Autobiograph. aus erziehungswiss. Sicht, 1988; Erziehung - Humanität - Demokratie. Erziehungswiss. Schule an d. Wende z. 21 Jh., 1992 (japan). Übers. v. Aufs., Büchern u. Bücherteilen ins Engl., Franz., Span., Tschech., Griech., Jap., Chines., Ital., Dän., Israel., Niederl. Div. Herausg. - Liebh.: Lit., Musik, bild. Kunst - Spr.: Engl.

KLAFS, Ulrich

Dr.-Ing., Geschäftsf. Zarges Leichtbau GmbH., Weilheim (s. 1974) - Weinhartstr. 7, 8120 Weilheim/Obb. - Geb. 3. Okt. 1935 Marienwerder (Vater: Ernst K., Beamter; Mutter: Helene, geb. Warias), ev., verh. s. 1969 m. Ursula, geb. Kückendahl, 2 Kd. (Axel, Kora) - TH Hannover (Maschinenbau; Dipl. 1964, Promot. 1969) - 1969 Betriebsleit. Poppe & Potthoff; 1971 Gf. Rothrist Rohr GmbH. - Liebh.: Segeln, Ski, Reisen.

KLAGES, Günther

em. Univ.-Prof. - Angerburger Str. 9, 3200 Hildesheim - Geb. 26. Juli 1922 - Prof. f. Ev. Theol. u. Religionspäd. Univ. Hildesheim; Rektor PH Alfeld; Dekan PH Nieders., Abt. Hildesheim; Prorektor d. Hochsch. Hildesheim - BV: Problemunterr. - D. Bergpredigt - D. Zukunft?, 1972; Jeremia, 1973; D. Bibel im Religionsunterr., 1974; Weltreligionen u. Christentum im Gespräch - D. Weltreligionen im Unterr., 1977; Religiöser Gruppenprotest - D. außerkirchl. Gruppen als Herausford. an d. Kirchen, 1979; Orientierung u. Praxis - D. Bibel im fachspezifischen Religionsunterr., 1982; Martin Luther im Religionsunterr., 1984; Lutherdekade 1983 - D. Reformation in Hildesheim, 1984; Prophetie im Unterr., 1986. Ca. 50 wiss. Ztschr.aufs.

KLAGES, Helmut

Dr. rer. pol., Prof., Inh. Lehrstuhl f. Soziologie Hochsch. f. Verw.wiss. Speyer (s. 1975) - Bergstr. 45, 6900 Heidelberg - Geb. 15. April 1930 (Vater: Emil K., Kaufm.; Industrievertr.; Mutter: Amanda, geb. Weber), ev., verh. - Abit. 1949 Nürnberg, Dipl.-Volksw. 1953 Erlangen; Promot. 1955 Hamburg; Habil. (Soziol.) 1961 Nürnberg - 1961-64 Lehrtätigk. Univ. Münster/W., 1964-74 TU Berlin - BV: u. a. Üb. d. gesellschaftl. Funktion d. sozialwiss. Intelligenz, 1962; Techn. Humanismus, 1964; Rationalität u. Spontaneität, 1967; Soziol. zw. Wirklichkeit u. Möglichkeit, 1968; Gesch. d. Soziol., 1969; Planungspolitik, 1970; D. unruhige Ges. 1975; Methodik d. Org.änd., 1978; Wertwandel u. ges. Wandel, (Hrsg. m. P. Kmieciak) 1979; Überlasteter Staat - verdrossene Bürger?, 1981; Wertorientierung u. Staatsbezug (m. W. Herbert), 1983; Wertorientierungen im Wandel, 1984 (2. A. 1985); Arbeitszeitverkürzung pauschal od. individuell? (m. Ph. Herder-Dorneich u.a.), 1984; Selbsthilfe als ordnungspolit. Aufgaben (m. F. Fürstenberg u. Ph. Herder-Dorneich), 1984; Wege aus d. Pflegenotstand (m. G. Buttler u.a.), 1985; Arbeitsperspektiven angewandter Sozialwiss., 1985; Sozialpsychol. d. Wohlfahrtsges. (m. G. Franz u. W. Herbert), 1987; Wertedynamik, 1988; Mitarbeitermotivation als Modernisierungsperspektive (m. G. Hippler), 1991. Zahlr. Fachaufs. - Spr.: Engl.

KLAGES, Manfred

Dipl.-Kfm., Fleischermeister, pers. haft. Gesellsch. Heinrich Klages KG, Göttinger Wurst- u. Fleischwarenfabrik - Reinhäuser Landstr. 18a, 3400 Göttingen (T. 0551-50 75 50) - Geb. 11. April 1951 Göttingen, kath., verh. s. 1983 m. Paulette, geb. Savary, 2 Kd. (Thomas, Anne-Marie) - Abit. 1971; Fleischerlehre (Gesellenprüf. 1974); Stud. Betriebsw. (Dipl. 1976); Meisterprüf. 1980 - Spr.: Franz., Engl.

KLAGES, Wolfgang

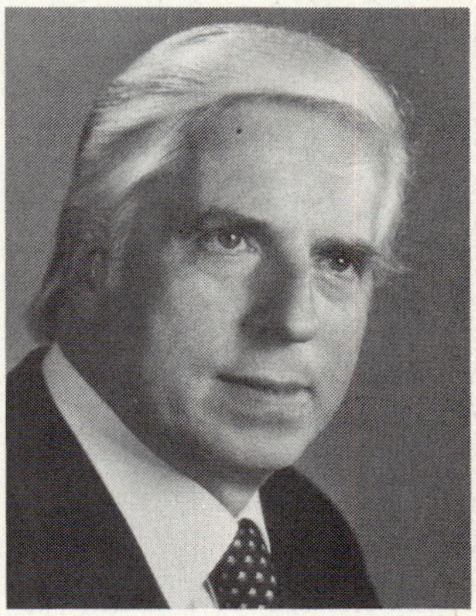

Dr. med., em. o. Prof. f. Psychiatrie - Am Lorch 15, 3550 Marburg 9 - Geb. 15. April 1924 Wilhelmshaven - Stud. Med. u. Psychol. Göttingen; s. 1959 (Habil.) Lehrtätigk. Med. Akad. bzw. Univ. Düsseldorf (1965 apl. Prof.) u. TH Aachen/Med. Fak. (1968 o. Prof.). 1968-89 Dir. Psychiatr. Klinik Med. Fak. Aachen - BV: D. Spätschizophrenie, 1961; D. menschl. Antrieb, 1967; D. sensible Mensch, 1978 (dt., span.) u. 1991. Üb. 100 Fachaufs.

KLAIBER, Bernd

Dr. med. dent., Prof. f. Zahnheilkunde, Ärztl. Direktor Poliklinik f. Zahnerhaltung u. Parodontologie Univ. Würzburg - Pleicherwall 2, 8700 Würzburg (T. 0931 - 3 14 06) - Geb. 10. Sept. 1948 Karlsruhe - Stud. Zahnheilkd. Univ. Freiburg (Ex. 1972, Promot. 1973, Habil. 1980) - Zahlr. Fachveröff.

KLAIBER, Joachim

Dr. phil., Generalintendant - Charles-Ross-Ring 47, 2300 Kiel - Geb. 7. März 1908 Stuttgart (Vater: Rudolf K., Polizeipräs. Stuttgart (s. X. Ausg.); Mutter: Gertrud, geb. Camerer), ev., verh. s. 1954 m. Carla, geb. Henius (Konzertsängerin) - Univ. Tübingen, München, Freiburg/Br., Berlin (Theater-, Literatur-, Kunstwiss.) - 1932-38 Dramat., Schausp. u. Spiell. Lübeck, Stettin, Heilbronn, 1938-44 Oberspiell. d. Oper Essen u. Straßburg/Els. (1941), ab 1946 Int. Kaiserslautern, Oberspiell. Aachen, Hannover u. 1951-58 Mannheim (Nationaltheater), 1958-63 Int. Bielefeld,

1963-76 Generalint. Kiel. 1972ff. Mitgl. Dt. Musikrat. Zahlr. Insz. im In- u. Ausl. -BV: D. Aktform im Drama u. auf d. Theater, 1936 - 1976 Gr. BVK; 1982 Kunstpreis d. Landes Schlesw.-Holst. f. d. 1. exper. Opernstudio in d. BRD u. f. seine Förd. avantgardist. Musik.

KLAIBER, Walter
Dr. theol., Bischof d. Ev.-methodist. Kirche - Wilhelm-Leuschner-Str. 8, 6000 Frankfurt 1 (T. 069 - 23 93 73) - Geb. 17. April 1940 Ulm, ev.-methodist., verh. s 1965 m. Dr. med. Annegret, geb. Kaiser, 3 S. (Christoph, Jonas, Simon) - Gymn. Ulm u. Tuttlingen; Univ. Göttingen u. Tübingen; Promot. 1972 Tübingen - 1965-69 Gemeindepastor Nürnberg; 1969-71 Assist. Univ. Tübingen; 1971-89 Doz. f. Neues Testament; 1977-89 Dir. am Theol. Sem. d. Ev.-methodist. Kirche, Reutlingen; s. 1989 Bischof - BV: Rechtfertigung u. Gemeinde, 1982; Ruf u. Antwort, 1990.

KLAMANN, Dieter

Dr. techn., Prof., Mitglied Geschäftsltg. Esso AG (Hauptber. Forsch., Entwickl., Anwendungs-, Produktentechnik) (1968-84) - Forsthöhe 24, 2104 Hamburg 92 (T. 796 32 22) - Geb. 27. Mai 1924 Berlin (Vater: Kurt K.; Mutter: Käthe, geb. Mau), ev. s 1957 m. Elfriede, geb. Schönewald, 2 Söhne (Dr. Jörg-Dieter, Uwe Matthias) - Paulsen-Realgymn. Berlin; TH Wien (Chemie; Dipl.-Ing. 1950). Promot. 1951 Wien; Habil. 1958 Berlin - 1949-54 TH Wien (Assist.) u. TU Berlin (1955 Assist., 1956 Oberassist., 1958 Privatdoz., 1965 apl. Prof. f. Angew. Organ. Chemie); 1960-67 Leit. ESSO-Forschungszentrum Hamburg; 1967/68 Forsch.dir. USA. Arbeiten üb. Sulfonsäure-, organ. Hetero-Verbind., chem. Konstitution u. physikal. Eigensch., chem. Technol., Tenside, Carbene (zahlr. Patente). Vors. Fachaussch. Mineralöl- u. Brennstoffnormg. (1972-86), Vors. zahlr. Aussch. v. Bundesmin., d. Dt. Inst. f. Normung (DIN), d. BDI. Üb. 100 Fachveröff., dar.: Schmiermittel, in: Ullmanns Enzyklopädie d. techn. Chemie (1964, 1981, 1990) - BV: Schmierstoffe u. verwandte Prod., 1982, 1984 (übers. engl., 1988 russ.). Herausg.: Erdöl, Erdgas, Kohle (s. 1972); Houben-Weyl Meth. d. organ. Chemie (s. 1976) - 1951 Krafft-Med. TH Wien (13. Träger), 1983 BVK, Beuth-Med. DIN, 1985 gold. Abzeichen d. Kraftfahrerschutz e.V., 1986 15. Ehrenmitgl. d. DGMK, 1990 gold. Ehrennadel BBS - Spr.: Engl.

KLAMBERG, Horst
Dr. phil., Prof. f. Anorgan. u. Analyt. Chemie Univ. Marburg - Nelkenweg 5, 3554 Cappel.

KLAMROTH, Klaus
Dipl.-Ing., Direktor Beteiligungen, Treuhandanstalt Berlin, Niederlassung Halle (s. 1991) - Am Büchsenackerhang 38, 6900 Heidelberg-Ziegelhausen - Geb. 8. Nov. 1933 Halberstadt (Vater: Dr. jur. Kurt K., Bundesrichter † 1961; Mutter: Ilse, geb. Loesener †1989), ev., verh. s. 1954 m. Helga, geb. Meier, 4 Töcht. (Kerstin, Christiane, Brigitte, Silke) - Dom-Gymn. Halberstadt; TU Berlin (Verfahrenstechnik; Dipl. 1959) - U. a. Geschäftsf. Julius Montz GmbH, Hilden; Vorst.-Vors. Pfaudler-Werke AG; 1979 Vorst.-Mitgl., 1984-90 Vorst.-Vors. Fachgem. Verf.techn. Maschinen u. Apparate/VDMA, 1981-90 Vorst.-Mitgl. DECHEMA; 1984-90 Beiratsmitgl. VDI-Ges. Verfahrenstechn. u. Chemie-Ing.wesen - Spr.: Engl.

KLANTE, Diethard
Regisseur u. Autor - Ascheringer Weg 6, 8134 Pöcking - Geb. 3. Jan. 1939 Oeslau (Vater: Alfred K., Fabrikant; Mutter: Erna, geb. Carl), ev., verh. s. 1968 m. Hilde, geb. Schmitt-Lermann (s. dort), T. Johanna - Stud. Phil. u. Theaterwiss. - BV: Aktion Abendsonne, in: Dt. Hörspiele d. 70er J., 1980 - Arbeiten f. d. Fernsehen u. a.: Regie: Es lebe d. Tod, 1969; Gnadenbrot, 1974; E. herrlicher Tag, 1975; Defekte, 1980; D. Priwalowschen Millionen, 1982; D. Schwarzen Brüder, 1983. Drehb. u. Regie: Nachricht aus Colebrook, 1971; V. Türken u. Menschen, 1973; Lauter anständige Menschen, 1976; Kameraden, 1978; Aktion Abendsonne, 1979; D. Frau im rosa Mantel u. Schlaflose Tage, 1982; Hauptsache: leben..., 1983; Betrogene Liebe, 1985; Ekkehard, 1989. Drehb.: Deutschstunde, 1970; D. Herz aller Dinge, 1972.

KLAPPERICH, Hans-Joachim
Geschäftsführer Panavia Aircraft GmbH (s. 1981) - Arabellastr. 16, 8000 München 81 - Geb. 2. Jan. 1930 Oberhausen/Rhld. - Ausb. Industriekaufm. Ruhr-Chemie AG, Oberhausen; Stud. Wirtschaftswiss. u. Recht Univ. Freiburg, Köln u. Bonn; 1. u. 2. jurist. Staatsex. 1960 - 1960 Richter LG Duisburg u. Ass. Rechtsabt. WASAG-Chemie AG, Essen; 1966 Leit. d. Vertragswesens dt.-amerik. AVS-Programm u. Ressort Vertrieb u. Vertragswesen Untern.bereich Flugzeuge MBB; s. 1969 (Gründ.) Dir. Ber. Finanzen u. Vertragswesen Panavia Aircraft GmbH, München, s. 1981 s. o.

KLAPPROTH, Eberhard
Rechtsanwalt, Sozietät RA Thümmel, Schütze & Partner - Hauptstr. 90, 7000 Stuttgart 1; Hopfengartenweg 20, 7300 Esslingen/N. (T. 0711 - 37 07 17) - Geb. 6. Dez. 1921 Torgau (Vater: Johannes K., Pfarrer; Mutter: Mathilde, geb. Rapmund), ev., 3 Kd. - OLG u. LG Stuttgart; 1966 - Jan. 1990 Oberbürgermeister.

KLAR, Günter
Dr. rer. nat., Prof. f. Anorgan. Chemie - Tulpensteig 11, 2000 Norderstedt - B. 1977 Doz., dann Prof. Univ. Hamburg.

KLARE, Karl
Landwirt, MdL Nieders. (s. 1963) - 2839 Mellinghausen 17 (T. Siedenberg 341) - Geb. 14. Sept. 1922 Mellinghausen - Volks-, Landw.s- u. Höh. Landbauschi. Landw.smeister - Bürgerm. Gde. Mellinghausen; MdK Diepholz. CDU.

KLARMANN, Alfred
Direktor Rosenthal AG, Geschäftsf. d. Keramischen Handelsges. mbH - Coubertinstr. 4, 8590 Marktredwitz (T. 09231 - 8 10 26) - Geb. 23. Jan. 1933, ev. - Stv. AR-Vors. Explotaciones Ceramicas Españolas S.A., Madrid.

KLASCHKA, Franz
Dr. med., Prof. f. Dermatologie u. Venerol. FU Berlin - Nienkemperstr. 15, 1000 Berlin 37 - Geb. 28. Nov. 1930 Triebitz - Zul. Privatdoz. Üb. 80 Facharb.

KLASEN, F. G.
Dipl.-Ing., Inhaber Ingenieurbüro f. Kältetechnik - Gotenstr. 14-16, 2000 Hamburg 1 (T. 23 25 96) - Geb. 4. Dez. 1911.

KLASEN, Hans
Dipl.-Phys., Prof. f. Physik GH Paderborn (Fachber. Nachrichtentechnik, Meschede) - Berghausen 1, 5778 Meschede - Geb. 1. Juni 1936.

KLASEN, Sepp
Richter am Bayer. Landessozialgericht a. D., Rechtsanwalt, MdL Bayern (s. 1970) - 8126 Hohenpeißenberg (T. 08805 - 7 77) - Geb. 1935 - SPD - 1980 Bayer. VO, 1984 Bayer. Verdienstmed. in Silber; 1988 BVK I. Kl.

KLASSEN (ß), Theodor F.
Dr. phil., Prof. f. Erziehungswissenschaft Univ. Gießen - Waldstr. 20, 6301 Fernwald 2.

KLATT, Hans-Adolf
Rechtsanw., Vorstandsmitgl. ARAG Allg. Rechtsschutz-Versicherungs-AG, Düsseldorf - Am Hain 7, 4000 Düsseldorf 30 - Geb. 8. Dez. 1933.

KLATT, Heinz
Dr. jur., Rechtsanwalt - Nußzeil 39, 6000 Frankfurt/M. (T. 069 - 52 60 30) - Geb. 8. Juni 1921 Berlin (Vater: Hermann K.; Mutter: Margarethe, geb. Zach), ev., verh. s 1947 m. Liselotte, geb. Hermkes, 3 Kd. (Eva-Maria, Hans-Joachim, Heinz-Peter) - Univ. Göttingen, Bonn u. Köln (Rechtswiss., Ex. 1949), Promot. - 1951-59 DRV Leit. d. Rechtsabt., 1959-70 Gf. DRV, 1970-86 Hauptgeschäftsf., 1959-70 Gf. Willy-Scharnow-Stift., 1971-86 Gf. Kurat.-Mitgl. - BV: Recht d. Touristik, Touristik & Verk. - 1976 BVK; Gr. Ehrenz. d. Rep. Österr.; 1986 BVK I. Kl.; Sternorden Ungarn - Liebh.: Mod. Kunst - Spr. Engl., Franz.

KLATT, Sigurd
Dr. oec., o. Prof. f. Volkswirtschaftslehre - Universität, 8700 Würzburg - Geb. 2. Jan. 1928 Sompolno (Polen) - S. 1962 (Habil.) Lehrtätig. Univ. Hamburg (1963 Doz.) u. Univ. Würzburg (1965 Ord. u. Vorst. Inst. f. Industrie- u. Verkehrspolitik) - BV: Z. Theorie d. Industrialisier. Hypothese üb. d. Bedeutg., Wirk. u. Grenzen e. vorwiegnd durch techn. Fortschr. induzierten wirtsch. Wachstums, (Bd. 1 Buchreihe: D. ind. Entw.) 1959; D. ökonom. Bedeutung d. Qualität v. Verkehrsleistungen, 1965; Systemsimulation in d. Raumplan., (m. J. Kopf u. B. Kulla) 1974; Einf. in d. Makroökonomie, 2. A. 1989. Herausg.: Strukturwandel u. makroökon. Steuer (m. M. Willms, 1975); Perspektiven verkehrswissenschaftl. Forsch. (1985). Div. Einzelarb.

KLATT, Wolfgang
Bürgerschaftsabgeordneter - Erasmusstr. 1a, 2800 Bremen 1 - S. 1971 Mitgl. Brem. Bürgerschaft. SPD.

KLATTEN, Werner E.

Vorsitzender d. Geschäftsführung v. SAT 1 - Otto-Schott-Str. 13, 6500 Mainz 32 (T. 06131 - 9 00-6 00) - Geb. 20. Aug. 1945 Esslingen/Neckar, verh., 1 Kd. - Stud. Jura 1966-73 - Spr.: Engl., Franz., Lat.

KLAUCK, Hans-Josef
Dr. theol., Prof. f. Neutestamentliche Exegese Univ. Würzburg - St. Mauritiusstr. 22, 8702 Estenfeld b. Würzburg (T. 09305 - 13 28) - Geb. 6. April 1946 Hermeskeil (Vater: Franz K., Bahnbeamter; Mutter: Anna, geb. Maier), kath., ledig - Dipl.-Theol. 1972 Univ. Bonn, Promot. 1977 Univ. München, Habil. 1980 ebd. - 1975-81 Wiss. Assist. u. Privatdoz. Univ. München; 1981-82 Prof. Univ. Bonn; s. 1982 Ord. Univ. Würzburg (Kath.-Theol. Fak.) - BV: Allegorie u. Allegorese in synoptischen Gleichnistexten, 1978; Hausgemeinde u. Hauskirche im frühen Christentum, 1981; Herrenmahl u. hellenist. Kult, 1982; 1. Korintherbrief, 1984; Brot v. Himmel, 1985; 2. Korintherbrief, 1986; Judas - e. Jünger d. Herrn, 1987; 4. Makkabäerbuch, 1989; Gemeinde - Amt - Sakrament, Aufsatzsamml. 1989; Johannesbriefe, 3 Titel 1991/92 - Liebh.: Klass. Musik, Lit., Reisen - Spr.: Engl., Franz., Ital., alte Spr.

KLAUE, Siegfried
Dr. jur., Prof. f. Publizistik FU Berlin, Direktor Bundeskartellamt - Beerenstr. 40, 1000 Berlin 37 (T. 030 - 801 57 40) - Geb. 10. Juni 1931 Medessen, ev., verh. s. 1956 m. Erica, geb. Roth, 3 Kd. (Elisabeth-Ulrike, Hans-Martin, Friederike-Sophie) - Stud. Rechts- u. Staatswiss. Univ. Berlin u. Mainz; 1. u. 2. Staatsex. Berlin, Promot. Mainz - 1958 Bundeskartellamt; 1967 Pressekommiss. Dt. Bundestag; 1969 Leit. Rechtsabt. u. 1970 Vors. e. Beschlußabt. Bundeskartellamt. Zahlr. Veröff. z. Kartellrecht, Wirtschaftsrecht u. -politik sowie Medienpolitik - Honorarprof. FU - Liebh.: Grafik, spez. Daniel Chodowiecki.

KLAUER, Karl Josef
Dr. phil., Univ.-Prof. f. Erziehungswissenschaft - Hans-Böckler-Allee 19, 5100 Aachen - Geb. 10. März 1929 Sargenroth, kath., verh. m. Elisabeth, geb. Stehle, 2 Kd. (Cornelia, Dr. Christoph) - Stud. Päd., Psych., 1. Lehrerprüf. 1950, 2. 1953, Sonderschullehrer 1952; Promot. Dr. phil. (Psych.) 1958 Mainz, Habil. (Päd. Psych.) 1967 Düsseldorf - 1963 Prof. f. Lernbehindertenpäd. Köln, 1968 f. Päd. TU Braunschweig, s. 1976 Ord. u. Dir. Inst. f. Erziehungswiss. TH Aachen - BV: 14 Bücher. 115 Abhandl. z. Päd. Psych., Päd. u. Sonderpäd. sowie z. Trainingsforsch.

KLAUS, Bernhard

Dr. theol., Dr. h.c., o. Prof. f. Prakt. Theologie - Spardorfer Str. 53, 8520 Erlangen (T. 2 49 62) - Geb. 12. Febr. 1913 Falkenhain (Vater: Wilhelm K., Lehrer; Mutter: Helene, geb. Schmidt), ev., verh. 1941 m. Charlotte, geb. Encke - Promot. 1941 Berlin; Habil. 1957 Erlangen - Geistl. Berlin; Lehrer Erlangen; s. 1957 Privatdoz. ao. (1959) u. o. Prof. (1964) Univ. Erlangen-Nürnberg (Vorst.

Inst. f. Prakt. Theol.). Zahlr. Veröff. - 1961 Ehrendoktor Univ. Münster/W.

KLAUS, Dieter

Dr. med., Prof., Chefarzt Medizin. Klinik/Städt. Kliniken Dortmund - Beurhausstr. 40, 4600 Dortmund (T. 5 42 - 2 17 60) - Geb. 1. Jan. 1927 Dresden, ev., verh., 3 Kd. (Dr. Ute, Kerstin, Antje) - 1946-51 Medizinstud. Jena, 1957 Facharzt inn. Med., 1971 Prof. inn. Med.; 1973-76 Dir. Med. Poliklin. Marburg, s. 1976 Dir. Med. Klinik Dortmund; s. 1987 Vors. dt. Hochdruckliga - BV: Kardiologie-Hypertonie, 1975, 79 u. 86; Nephrologie, 1983; Infektionskrankheiten, 1989 - Spr.: Engl.

KLAUS, Francois

Ballettdirektor Staatstheater Bern, Schweiz (s. 1991) - Sulgenrain 12, CH-3007 Bern - Geb. 10. Nov. 1947 Cannes/Frankr., verh. s. 1972 m. Robyn, geb. White, 2 Söhne (André, Philippe) - Ballett-Ausb. b. J. Sedowa u. Marika Besobrasova - Erstes Engagem. Genf u. Paris, Stuttgart, München; dann Erster Solist in Hamburg - Hauptrollen: München: in Schwanensee (Choreogr. John Cranko); Hamburg: u.a. in E. Sommernachtstraum, Dornröschen, Artus Sage, Wie es Euch gefällt, III. Sinf. v. Gustav Mahler, Matthäus Passion u. Mozart 338; im Repertoire auch D. Widerspenstigen Zähmung (Petruchio), Don Juan, Romeo u. Julia (Romeo, Mercutio), Onegin. Eig. Choreogr.: Preface, D. kl. Meerjungfrau, D. Geizige u. d. Kinder, E. Orchesterentführung, Hambürg-Hammabürgi, Hammamelis Coxinus Zauberer, Juan's Traum, Sospiri - Pas de Beux, Scarlatti 4 Sonaten. Verfilmung: Hauptrolle Mahler III, Sinf. (Neumeier), Kamiliendame (M. Duval). Herausg. Trarcois Klaus (Autobiogr.) - Interessen: Klavier, Segeln, Biol. - Spr.: Engl., Deutsch, Franz.

KLAUS, Franz

Ing., Fabrikant, gf. Gesellsch. Klaus Union (s. 1972), fusioniert aus Franz Klaus Masch.- u. Apparatebau (s. 1946) u. Union-Armaturen GmbH. (s. 1957), Bochum - Dürerstr. 12, 4630 Bochum - Geb. 29. Mai 1909 - Tätigk. Schweißsektor - Div. Ausz. ACHEMA.

KLAUS, Joachim

Dr. rer. pol., o. Prof. f. Volkswirtschaftslehre Univ. Erlangen-Nürnberg (s. 1967) - Ziegenstr. 104, 8500 Nürnberg (T. 590946) - Geb. 7. Juli 1934 Iglau/CSR (Vater: Dipl.-Ing. Hermann K.; Mutter: Bertl, geb. Hauser), kath., verh. s. 1968 m. Hannelore, geb. Weber, 3 Kd. (Barbara, Alexander, Dorothea) - Univ. Erlangen u. Freiburg (Dipl.-Volksw. 1957). Promot. 1959; Habil. 1966 (Freiburg) - U. a. 1960-61 Bundeswirtschaftsmin., Bonn. Mitgl. Verein f. Socialpolitik u. List-Ges., s. 1969 Hon.prof. Univ. Salzburg, 1977-79 Dekan Wirt.- u. Soz.wiss. Fak. Univ. Erlangen-Nürnberg - BV: D. Veränderungen d. Lohnstruktur, 1959; Preisniveau u. Wirtschaftswachstum, 1969; Produktions- u. Kostentheorie, 1974; Inflationstheorie, 1974; Stadtentwickl.spolitik, 1977. Div. Einzelarb. - 1967 Preisträger Aachener Preisausschr. z. Gedächtnis an D. Hansemann - Liebh.: Reisen, Musik, Sport - Spr.: Engl., Franz., Ital.

KLAUS, Michael

Schriftsteller - Hansemannstr. 7, 4650 Gelsenkirchen (T. 0209 - 20 03 68) - Geb. 6. März 1952 Brilon, (Vater: Heinrich K., Maschinenschlosser; Mutter: Hedwig K., geb. Kleinowski), kath., verh. s. 1978 m. Gundula, geb. Kleu, S. Roman - Stud. German., Kunstgesch. u. Kunst Univ. Bochum u. Essen - BV: Ganz normal, Ged. 1979; Otto Wohlgemuth u. d. Ruhrlandkreis, 1980; D. Fleck, R. 1981; Nordkurve, R. 1982; Unheimlich offen, Sat. 1985; Und d. Kerle lechzen, Reportagen 1986; Brüder z. Sonne z. Freizeit, Sat. 1987. Herausg.: Nachwehen (1982). Mithrsg.: U. das ist unsere Gesch. Gelsenkirchener Leseb. (1984); Für uns begann harte Arbeit (1986). Drehb. z. Fernsehspiel Schluß! Aus! Feierabend! (1989). Hörsp. - 1981 Förderungspreis Land NRW; 1988/89 Stip. Dt. Literaturfonds Darmstadt.

KLAUSEWITZ, Wolfgang

Dr., Prof., Zoologe u. Museologe, Leiter Abt. Zoologie I (1971-87) u. stv. Dir. (1976-87) Naturmuseum u. Forschungsinst. Senckenberg, Vors. Dt. Museumsbund (1975-83), Generalsekr. Europ. Ichthyologen-Union (1979-89) - Berliner Str. 10, 6370 Oberursel - Geb. 20. Juli 1922 Berlin (Vater: Wilhelm K., Ing.; Mutter: Anna, geb. Winter), ev., verh. s. 1948 m. Rita, geb. Willmann - Stud. Biol. Promot. 1952 - S. 1952 Naturmus. u. Forsch.inst. Senckenberg, Frankfurt (s. 1954 Leit. Sektion Ichthyolog.) - Entd.: 40 neue Fischarten - BV: Fische u. Fischartige, im Handb. d. Biol., 1961; Fische, 1969; Kleine Meeres-Aquaristik, 1969; Umwelt 2000, 1973, 4. A. 1986 (m. Schäfer u. Tobias); Handb. d. Meeres-Aquaristik, 3 Bde., 1976, 2. A. 1988; 66 Jahre Deutscher Museumsbund, 1984, Chronik d. Senckenb. Naturf., Ges. 1992. Herausg.: Unsere Umwelt als Lebensraum (m. J. Illies, 1973); Museumspädagogik (1976). Üb. 200 Fachveröff. - 1974 Ehrenpreis f. Gewässerschutz; 1987 Goethe-Plak. Land Hessen; Ehrenmitgl. Dt. Museumsbund (1983), Europ. Ichthyologen-Union (1988), Assoc. Franc. Ichtyol. (1988) - Liebh.: Museologie, Schreiben, Produkt. naturkundl. Fernsehsend. (bisher insges. 15) - Spr.: Engl., Franz. - Bek. Vorf.: Carl v. Clausewitz, preuß. General.

KLAUSS, Heinrich

Fabrikant, geschäftsf. Gesellsch. Toschi Produktions-GmbH., Vors. Arbeitgeberverb. d. chem. Industrie im Unterwesergebiet, Bremen; Vorst.-Mitgl. Vereinig. Arbeitg.-Verb. Bremen - Rockwinkler Heerstr. 67, 2800 Bremen-Oberneuland - Geb. 13. Mai 1912 Bremen (Vater: Heinrich K., Kaufm.; Mutter: Louise, geb. Pieper) - Ehrenamtl. Richter LAG Bremen.

KLAUSSNER (ß), Georg

I. Bürgermeister (s. 1978) - Rathaus, 8933 Untermeitingen/Schw.; priv.: Wendelsteinstr. 4 - Geb. 2. Juni 1949 Forchheim, kath., verh. s. 1970 m. Christa, geb. Schauerte, 3 Töcht. (Sandra, Marion, Jennifer) - Dipl.-Verwaltungswirt, 1978 Vors. Verw.gemeinsch. Lechfeld u. Schulverb. Untermeitingen, s. 1984 Vors. Wasserzweckverb. d. Lechfeldgemeinden. CSU.

KLAUTKE, Siegfried

Dr. rer. nat., o. Prof. f. Didaktik d. Biologie Univ. Bayreuth - Universitätsstr. 30/NW I; priv.: Heinrich-Schütz-Str. 9, 8580 Bayreuth - Geb. 9. Jan. 1936 Kl. Marwitz/Ostpr.

KLAWE, Gustav

Fabrikant (Fa. Gustav Klawe Wittgensteiner Holzwarenind., Berleburg) - Moltkestr. 7, 5920 Bad Berleburg/W. (T. 2392) - Geb. 16. Aug. 1903 - 1969 BVK I. Kl.

KLEBE, Giselher

Komponist, Prof., Präsident Berliner Akad. d. Künste (1986-89) - Bruchstr. 16, 4930 Detmold 1 - Geb. 28. Juni 1925 Mannheim (Vater: Franz K.; Mutter: Gertrud, geb. Michaelis), ev., verh. s. 1946 m. Lore, geb. Schiller, 2 Töcht. (Sonja, Annette) - Gymn.; Städt. Konservat. Berlin; Schüler v. Boris Blacher - Prof. Nordwestdt. Musikakad. Detmold - Orchesterw.: D. Zwitschermaschine, Deux Nocturnes, 5 Sinfonien, Rhapsodie, Adagio u. Fuge m. e. Motiv aus Richard Wagners Walküre, Konzert f. Klarinette u. Orch., Konzert f. Harfe u. Orch., Konzert f. Violoncello u. Orch. u. a.; Kirchenmusik: 2 Messen, Stabat Mater, Weihnachtsoratorium; Kammermusik: Sonaten, Röm. Elegien (Goethe) f. Sprecher, Klavier, Cembalo u. Kontrabaß, Elegia Appassionata f. Klaviertrio, 3 Streichquartette, Duettini f. Flöte u. Klavier, Concerto a cinque f. Klavier, Cemb., Harfe, Schlagz. u. Kontrab.,

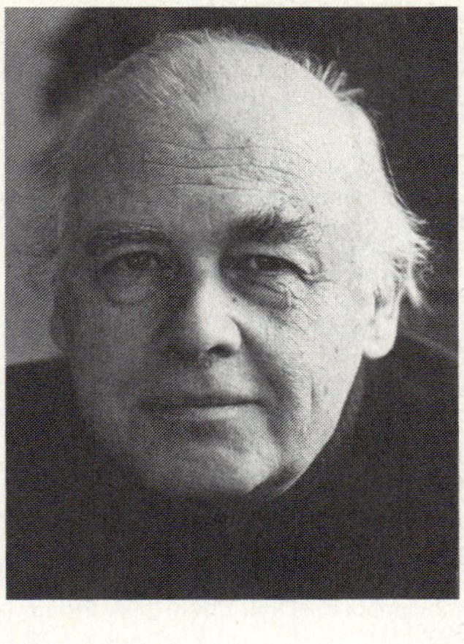

Klavierquintett; Vokalwerke: Lieder, Orator. Warum hat d. Sonne einen Aschenrand; Ballett: Signale, Menagerie; Opern: D. Räuber (n. Schiller), D. Ermordung Cäsars, Alkmene, Figaro läßt sich scheiden, Jakobowski u. d. Oberst, D. Märchen v. d. schönen Lilie, E. wahrer Held, D. jüngste Tag, D. Fastnachtsbeichte - 1952 Kunstpreis Berlin, 1954 Kompr f. Rhapsodie Intern. Tagung D. Musik im XX. Jh. Rom, 1959 Gr. Kunstpreis Nordrh.-Westf., 1964 Marzotto-Preis (Ital.), Bernhard-Sprengel-Preis, 1965 Annette-v.-Droste-Hülshoff-Preis Stadt Soest; Mitgl. Akad. d. Künste Berlin, d. Fr. Akad. d. Künste Hamburg, u. d. Akad. d. schönen Künste, München; 1970 BVK; 1975 BVK I. Kl. - Liebh.: Fotogr.

KLEBER, E. Werner

Dr. phil., Prof. f. Vergl. Erziehungswiss. u. Allg. Didaktik Univ.-GH Wuppertal - Gaußstr. 20, 5600 Wuppertal (T. 0202 - 439-23 13) - Geb. 15. Aug. 1936 Hofheim (Vater: Wilh. K., Arbeiter; Mutter: Lina, geb. Schauß), ev., verh. s. 1960 m. Gerda, geb. Geipel, 3 Kd. (Carola, Michaela, Hjalmar) - 1959-61 Univ. Frankfurt u. PH Kiel (Phil., Psych., Politik, Päd.); Lehrerex. 1962 u. 65; 1966/67 Heilpäd. Inst. Kiel (Ex.); 1967-72 Univ. Kiel (Psych., Soziol., Päd. Dipl. 1970), Promot 1972 - 1962-65 Lehrer; 1966-70 Sonderschullehrer; 1970-72 ao. Rat Heilpäd. Inst. Kiel; 1972/73 Doz.; 1973-76 o. Prof. PH d. Saarlandes (Leit. Inst. f. Unterr.-Forsch.); 1977-81 Prof. Univ. Hamburg (ab 1978 Projektleit. Sonderpäd. Forsch.); s. 1981 Prof. in Wuppertal. 1979/80 Gastprof. Univ. Southampton, 1982 Univ. St. Barbara (USA) - BV: 14 Bücher, u. a. Lehrb. d. Sonderpäd., 3. A. 1978; Lernverh. v. Schulversagern, 1973; Grundkonzept e. Lernbeh.päd., 1980; Mitverf. v. 24 B., Veröff. in Fachztschr. - Mitgl. Dt. Ges. f. Psych.; Dt. Ges. f. Erzieh.wiss. u. a. intern. Fachorg.

KLEBER, Karl-Heinz

Dr. theol., Prof. f. Moraltheologie Univ. Passau - Tannenstr. 3, 6700 Ludwigshafen/Rhein (T. 0621 - 53 17 72) - Geb. 22. Jan. 1929 Stuttgart (Vater: Dr. Hermann K., Dipl.-Ing., Chemiker; Mutter: Maria, geb. Compes), kath., ledig - Abit. 1948 Ludwigshafen; Synodalex. 1952 Speyer, Ex. z. Befähig. als Relig.-Lehrer an höh. Schulen 1959 Speyer, Promot. 1968 Mainz, Habil. 1976 ebd. - 1953 Kath. Priester, Seelsorgearb., 1959-61 Leit. Erziehungsanst.; 1961-71 Relig.-Lehrer Gymn. Ludwigshafen; 1971-76 Doz. Königstein; 1976-78 Studiendir. Gymn. Ludwigsh.; s. 1978 Ord. f. Moraltheol. Univ. Passau - BV: Z. Gesch. d. Sexualmoral, 1971; D. Christ u. d. Armut (in: Person im Kontext d. Sittl.) 1979; Gerechtigk. als Liebe, 1982; Einf. in d. Gesch. d. Moraltheol., 1985; Migration u. Menschenwürde, 1988; Sein u. Handeln in Christus, 1988; An d. Grenzen ethischer Belastbarkeit, 2. A. 1990.

KLEBERGER, Ilse,

geb. Krahn

Dr. med., Ärztin, Schriftst. - Cimbernstr. 16, 1000 Berlin 38 (T. 803 58 28) - Geb. 22. März 1921 Potsdam (Vater: Wilhelm Krahn, Kaufm.; Mutter: Elisabeth, geb. Fechner), ev., verh. s. 1949 m. Prof. Dr. med. Kurt-Eberhard K. (s. dort), T. Andrea - Lyzeum Schneidemühl (Abit. 1940); Univ. Berlin u. Tübingen. Med. Staatsex. 1946 Berlin; Promot. 1947 Tübingen - S. 1949 ärztl. Praxis Berlin. Mitgl. GEDOK - BV: Wein auf Lava, R. 1966; Berlin unterm Hörrohr, 1976; Damals mit Kulicke, 1978; E. Gabe ist e. Aufgabe, Käthe-Kollwitz-Biogr., 1980; Preuße, Bürger u. Genie - Adolph Menzel, Biogr. 1981; D. Nachtstimme, R. 1982 (auch poln.); D. Wanderer im Wind. Ernst-Barlach-Biogr., 1984; D. Vision v. Frieden. Bertha-v.-Suttner-Biogr., 1985; Unsere Oma (auch engl., amerik., span., tschech., poln., chines., hebr.); Ferien m. Oma (auch engl., amerik., span., poln., hebräisch); Albert Schweitzer - d. Symbol u. d. Mensch, Biogr. 1989; Schwarz-weiß-kariert, R.; Christine 15 - Hinter d. Fassade, R. 1988; Wo liegt Eden?, R. 1990; Der eine u. d. andre Traum - Heinrich Vogeler, Biogr. 1991 - Liebh.: Bücher, Musik, Schmalfilm - Spr.: Engl.

KLEBERGER, Kurt-Eberhard

Dr. med., Prof., Chefarzt i. R. Schloßpark-Klinik Berlin/Charlottenburg (1970-85) - Cimbernstr. 16, 1000 Berlin 38 (T. 803 58 28) - Geb. 15. April 1920 Berlin, ev., verh. s. 1949 m. Dr. med. Ilse, geb. Krahn (Schriftstl.; s. Ilse Kleberger), T. Andrea - S. 1958 (Habil.) Lehrtätigk. FU Berlin (1965 apl. Prof. f. Augenheilkd.; 1950-69 Oberarzt Univ.-Augenklinik Städt. Krkhs. Westend, zul. stv. Leit.) - 1966 Mitgl. New York Acad. of Sciences.

KLEDZIK, Ulrich J.

Ltd. Oberschulrat a.D., Prof. f. Didaktik PH Berlin (s. 1969) u. TU Berlin Inst. f. Arbeitslehre (s. 1980) - Imbrosweg 64b, 1000 Berlin 42 - Geb. 22. Dez. 1927 Meseritz - Bücher u. Aufs. z. Päd. d. Jugendstufe, Arbeitslehre, Gesamtsch. - 1985 Hon.-Assoc. Education Univ. of London; 1988 Fellow Coll. of Preceptors/ London; BVK I. Kl.

KLEE, Bernhard

Generalmusikdirektor Stadt Düsseldorf (s. 1977) - Ehrenhof 1 (Tonhalle), 4000 Düsseldorf - Geb. 1936.

KLEE, Ernst

Publizist - Alexanderstr. 37, 6000 Frankfurt/M. 90 - Geb. 15. März 1942 Frankfurt, ev. - BV: u.a. Behindertenreport, 1974; Psychiatrie-Report, 1978; Euthanasie im NS-Staat, 1983; Was sie taten - Was sie wurden. Ärzte, Juristen u. andere Beteiligte am Kranken- od. Judenmord, 1986; Schöne Zeiten. Judenmord aus d. Sicht d. Täter u. Gaffer, 1988; Persilscheine u. falsche Pässe. Wie die Kirche den Nazis halfen, 1991 - 1971 Kurt-Magnus-Preis ARD; 1981 Fernsehpreis Dt. Akad. d. Darstell. Künste 1982 Adolf-Grimme-Preis.

KLEE, Hans Dieter

Leiter Afrika-Redaktion Deutsche Welle (s. 1969) - Raderberggürtel 50, 5000 Köln 51 (T. 0221 - 389 49 01) - Geb. 25. April 1930 Saarburg, Bez. Trier, ledig - Stud. Univ. Köln, Heidelberg (Rechtswiss.); 1. jurist. Staatsex. - Wiss. Hilfskraft am Ostkolleg d. Bundeszentrale f. Heimatdienst, anschl. Inst. f. pol. Wiss. Univ. Köln, Vorst.-Mitgl. d. Dt. Ges. f. Kommunikationsforschung; Mitgl. d. International Institute of Communications - 1990 BVK - Liebh.: Medienpolitik, insbes. in Entwicklungsländern, Musik, Gesch. - Spr.: Engl., Franz.

KLEE, Manfred

Dr. med., Wiss. Mitarbeiter MPI f. Hirnforschung, Frankfurt-Niederrad, Honorarprof. f. Neurophysiologie Univ. Frankfurt/M. - Theodor-Heuss-Str. Nr. 27, 6078 Neu-Isenburg - Geb. 23. Juni

1930 Giesensdorf - Promot. 1966 Berlin (FU); Habil 1972 Frankfurt - Mehrj. Tätigk. Buffalo (USA). Rd. 50 Facharb. - 1965 Hans-Berger-Preis.

KLEE, Marie-Elisabeth,

geb. Freiin v. Heyl zu Herrnsheim

Vorsitzende Dt. Komitee d. Kinderhilfswerks d. Vereinten Nationen (UNICEF) - Zu erreichen üb. UNICEF, Höninger Weg 104, 5000 Köln - Geb. 13. Jan. 1922 Worms (Vater: Ludwig, Frhr. v. Heyl), ev., verh. 1945-56 m. Dr. Eugen K., Botschafter †, verw. - Stud. Gesch. - 1961-72 MdB.; 1965ff. Europarat (Mitgl. Ältestenrat u. stv. Vors. Kulturaussch.); 1970-73 Vizepräs. WEU-Westeurop. Union (als 1. Frau); 1973-78 Leit. Auslandsref. im Kultusmin. Rhld.-Pfalz; s. 1985 Unicef. Versch. Ehrenämter, u. a. 1970-90 Präs. Stresemann-Ges. u. Vizepräs. Dt.-Atlant. Ges. CDU - Interesse: Lateinamerika - Spr.: Engl., Franz., Span.

KLEE, Otto Karl

Dr. rer. nat., o. Prof. f. Hydrobiologie Univ. Tübingen - Beethovenstr. 12, 7403 Ammerbuch 1-Entringen (T. 07073 - 64 38) - Geb. 17. Dez. 1928 Frankfurt/M., ev., verh. s. 1960 m. Brigitte, geb. Stech, 2 Kd. (Barbara, Alexander) - Spez. Arbeitsgeb.: Hydrobiol., Angew. Zool. - BV: Reinig. industr. Abwässer, 1970; Praktikum d. Wasser- u. Abwasserunters., 1972; Kein Trinkwasser f. morgen, 1973 (auch franz., holl., dän., engl.); Lehrb. d. Hydrobiol., 1975; Handb. d. Aquarienkunde (auch holl., ital.), 1980; Angew. Hydrobiologie, 1985 - 1973 Wilhelm-Bölsche-Med. (f. gutachtl. Arbeiten z. Reinhalt. d. Bodensees) - Liebh.: Malerei, Dressur- u. Jagdreiten.

KLEE, Rainer

Dr. rer. nat., Prof. f. Biologiedidaktik Univ. Gießen - Hellenweg 34, 6301 Fernwald 1.

KLEEDEHN, Bärbel

Dipl.-Ökonom, Ministerin d. Finanzen d. Landes Mecklenburg-Vorpommern (s. 1990) - Gartenstr. 13, O-2200 Greifswald-Eldena - Geb. 29. Juli 1952 Schwerin, ev., verh. s. 1972 m. Dipl.-Ing. Wolfgang, geb. Schmidt, 3 Kd. (Manuela, Christina, Andreas) - Abit., Industriekaufm., Stud. Handelshochsch. Leipzig, Dipl.-Ökonom - 1975-89 Sachbearb.; Wirtschaftsleit.; Objektleit. Kernkraftwerk Greifswald; 1989 Finanzsenatorin d. Hansestadt Greifswald - Liebh.: Dt. Lit., Klass. Musik - Spr.: Franz., Russ.

KLEEMANN, Dieter

Hauptgeschäftsführer d. Deutsch-Belgisch-Luxemburg. Handelskammer - Avenue du Boulevard 21, B-1210 Bruxelles (T. 02/218 50 40, Fax 02/218 47 58) - Geb. 28. Sept. 1931 Bielefeld - Generalsekr. Belg.-Dts. Schule f. Industrie u. Handel, Brüssel.

KLEEMANN, Erich Julius

Gf. Gesellschafter Kunststoffe Heinrich Brinkmann GmbH, Heinrich Brinkmann Anlagenverpacht. GmbH + Co KG, Weber & Kleemann GmbH, alle Dreieich - Scholdererweg 29, 6000 Frankfurt/M. 70 (T. 069-68 35 89) - Geb. 22. Okt. 1935 Frankfurt, kath., verh. s. 1956 m. Elli, geb. Hoferer, Sohn Thomas - Techn. Kaufmann - Liebh.: Geschichte, Rudersport - Spr.: Engl.

KLEEMANN, Georg

Wissenschaftsjournalist, Schriftst. - Am Kräherwald 183, 7000 Stuttgart 1 - Geb. 14. Nov. 1920, verh., 2 Kd. - BV: u. a. Wegwerfmenschen - naturwiss. Märchen, 1980; D. Steinzeitmensch in uns, 1959; Feig, aber glücklich, 1978; Zeitgenosse Urmensch, 1963; D. Urmenschen auf d. Spur, 1978; D. Kater Henriette, 1964; D. Schwäb. Alb, 1982; D. Hohenloher Land, 1985; D. Schwarzwald, 1986; D. Rhein, 1990; D. Neckar, 1992. Herausg. Schwäb. Curiosa (1974).

KLEEMANN, Otto

Dr. phil., habil. em. o. Prof. f. Vor- u. Frühgeschichte - Ringstr. 43, 5300 Bonn-Beuel 3 (T. Inst.: Bonn 73 72 27) - Geb. 10. Febr. 1911 Straßburg/Els., verh. s. 1937 m. Charlotte, geb. Joppien, 2 Kd. (Peter, Ines) - Promot. 1933 - 1933-45 Assist. Landesmuseum f. Vorgesch. Ratibor, Dresden u. Königsberg (1936 stv. staatl. Vertrauensm. f. kulturgeschichtl. Bodenaltertümer in Ostpr.); s. 1943 Doz., apl. (1954), ao. (1964) u. o. Prof. (1968) Univ. Bonn (b. 1956 Leit., dann Dir. Inst. f. Vor- u. Frühgesch.). Fachveröff.

KLEEMANN, Wolfgang

Dr. rer. nat., Dipl.-Phys., Prof. f. Experimentalphysik Univ.-GH Duisburg - Wedauer Str. 208, 4100 Duisburg 28 - Geb. 5. April 1942 Nordhausen (Vater: Hermann K.; Mutter: Marianne, geb. Arndt), verh. s. 1976 m. Marita, geb. Schlepphorst - Dipl.-Phys. 1966, Promot. 1968, Habil. 1972 - 1972 Univ.-Doz.; 1975 Wiss. Rat u. Prof.; 1981 Prof. (C4); Gastforscher b. Univ. Paris, Orsay (1973, 1981, 1990) bzw. Villetaneuse (1986), b. Univ. Calif. Santa Barbara (1986) bzw. Santa Cruz (1990), b. Univ. Metz (1991). Rd. 120 Veröff. z. Festkörperspektroskopie in Fachztschr. - Spr.: Engl., Franz.

KLEESPIES, Franz-Josef

Syndikus, Hauptgeschäftsf. Handwerkskammer Unterfranken - Steubenstr. 9, 8700 Würzburg (T. 0931-7 32 50) - Geb. 4. Aug. 1943 Wohnrod (Vater: Josef K., Landwirt; Mutter: Margarete, geb. Keßler), kath., verh. s. 1972 m. Elisabeth - Human. Gymn.; Jura-Stud. Univ. Würzburg - S. 1974 Mitgl. d. Verw.aussch. Arbeitsamt Würzburg, s. 1980 Vorst.-Mitgl. AOK Wbg. - BV: Mitverf. Fachb.: Was jeder Handwerk. wissen muß - Liebh.: Ant. Gesch. (Kunst- u. Kulturgesch.), ostafrikan. Kunst u. -handw., Mineralien - Spr.: Engl., Franz.

KLEFFEL, Paul-Georg

Generalleutnant a.D. - Basteistr. 3, 5300 Bonn 2 - Geb. 7. Sept. 1920, ev. - Dienst Wehrmacht u. Bundeswehr - Ritterkreuz d. EK; Gr. BVK.

KLEIBEL, Franz

Dr. med., Prof. f. Klin. Radiologie (Onkologie) Univ. Heidelberg - Jahnstr. 21b, 6900 Heidelberg - Geb. 1. März 1922 Petrila/Siebenb. - Promot. 1950; Habil. 1965 - Üb. 100 Publ.

KLEIBER, Carlos

Operndirektor Musiktheater Bayer. Staatsoper - Max-Joseph-Pl. 2, 8000 München (T. 089 - 2 18 51) - 1981 brit. Ausz. f. d. Londoner Othello-Produktion.

KLEIBER, Wolfgang

Dr. phil., Prof. f. Deutsche Philologie u. Volkskunde Univ. Mainz (s. 1970) - Bebelstr. 24, 6500 Mainz (T. 06131 - 36 67 86) - Geb. 21. Nov. 1929 Freiburg (Vater: Hans K., Oberforstrat; Mutter: Friedel, geb. Schelhaas), ev., verh. s. 1961 m. Isolde, geb. Kugler, 3 Kd. (Johannes, Marie-Luise, Ursula) - Stud. (Deutsch, Franz., Gesch.) Univ. Freiburg; Promot. 1955; Staatsex. 1959; Ass.ex. 1962; Habil. (Germ. Philol.) 1968 - 1968-70 Privatdoz., 1975/76, 1988 Fachbereichsdekan (FB 13, Phil. I) Univ. Mainz; Vorst.-Mitgl. Inst. f. Geschichtl. Landeskunde - BV: Diss. Flurnamen von Kippenheim u. Kippenheimweiler, 1957; Lautbibl. d. dt. Mundarten (Burkheim/Breisach), 1959; Otfrid von Weißenburg, 1971; Otfrid v. Weißenburg (WdF 419), 1978; Z. sprachgeogr. Struktur d. dt. Winzerterminologie, 1980; Hist. Südwestdt. Sprachatlas, 2 Bde., 1980 (m. and.). Herausg.: Symposion E. Christmann (1987). Mithrsg.: Festschr. Karl Bischoff (1975) - 1975 Korr. Mitgl. Mainzer Akad. d. Wiss. - Spr.: Franz., Engl.

KLEIBOHM, Klaus

Dr. phil., Dipl.-Math., Prof. f. Mathematik (Operations Research) Univ.-GH Paderborn - Paderbruch 14, 4790 Paderborn/W.

KLEIFELD, Otto

Dr. med., Prof., Augenarzt - 5541 Rommersheim/Kr. Bitburg-Prüm (T. Trier 4 85 44) - Geb. 31. Aug. 1920 - S. 1955 (Habil.) Privatdoz. u. apl. Prof. (1961) Univ. Bonn. Hauptarbeitsgeb.: Linsenstoffwechsel, klin. Arb. u. Probl. d. Gemeinschaftspraxis.

KLEIHAUER, Enno

Dr. med., Prof., Kinderarzt - Universität, 7900 Ulm/Donau - B. 1969 Univ. München (Privatdoz.; Abt.leit. Kinder-Klinik), dann Univ. Ulm (o. Prof.; Ärztl. Dir.). Facharb.

KLEIHUES, Josef Paul

Dipl.-Ing., o. Prof. f. Entwerfen u. Architekturtheorie Univ. Dortmund - Schlickweg 4, 1000 Berlin 38; Haus Schwickering, 4408 Dülmen-Rorup - Geb. 11. Juni 1933 Westf. - Gymn. Rheine (Abit. 1955) - 1955-59 Arch.-Stud. TU Berlin (Hauptdipl.); 1959/60 Stip. Ecole Nationale Superieure de Beaux-Art, Paris - 1962 Gründ. eig. Büro; s. 1973 o. Prof. Univ. Dortmund, Abt. Bauwesen, Lehrst. f. Entwerfen u. Arch.theorie. 1971-73 Erarbeit. Berlinat-Erlaß z. Stadtbild u. Stadtraum im Auftrag d. Senators f. Bau- u. Wohnungswesen; 1974 Initiator Forsch.vorhaben: Wohnen u. Arbeiten im Ruhrgeb.; Durchführ. Dortmunder Arch.tage (1975, 76, 77, 78) u. Arch.-Ausst. (1977, 78); 1979 Planungsdir. f. Neubaugeb. Intern. Bauausst. Berlin - Herausg. Dortmunder Arch.-Hefte, sowie d. Schr.reihe z. Intern. Bauausst.: D. Neubaugeb.; 1986 Berufung als Irwin S. Chanin Distinguished Intern. Prof. an d. Cooper Union f. the Advancement of Science and Art (School of Architecture), New York - Bauwerke: u.a. Hauptwerkstatt d. Berliner Stadtreinig. (1969), Block 270 in Berlin Wedding, 1. Rekonstrukt. e. Baublockes n. d. 2. Weltkrieg (1972), Neubau Krkhs. Neukölln (1973/85), Ausb.zentrum Benediktinerkloster Gerleve (1979), Museum f. Vor- u. Frühgesch. Frankf. (1980-88), 1985 Museum Lütze u. Städt. Galerie Sindelfingen (s. 1987 im Bau), 1986 Dt. Klingenmuseum Solingen (s. 1987 im Bau), 1987 Museum Henninger u. Städt. Galerie Kornwestheim (s. 1988 im Bau), Stadtplanungen u.a. f. Berlin, Groningen, Pforzheim, Santiago de Compostela u. Turin. Div. Ausst.beteilig., u.a.: 1. Arch.-Biennale Venedig u. Bau e. Fassade in d. Strada Novissima, 1984 Revision d. Moderne, 1986 Vision d. Moderne im DAM Frankf., 1985 The European Iceberg Ontario, 1989 The Museum Projects, New York, 1991 Architetture museali, Rom - 1967 Kunstpreis Junge Generation Berlin; 1968 Arch.-Preis Bauen m. Ziegeln, 1971 Bauen m. Kalksandstein, 1975 Beton; 1988 BVK I. Kl.; 1989 Hon. Fellow The Americ. Inst. of Architects.

KLEIHUES, Paul

Dr. med., o. Prof. f. Neuropathologie Univ. Zürich (s. 1983), Direktor Inst. f. Neuropathol., Universitätsspital, Zürich - Gladbachstr. 19, CH-8006 Zürich - Geb. 21. Mai 1936 Rheine/Westf. - Promot. 1962 Univ. Münster; Habil. 1972 Univ. Köln; 1976-83 Prof. f. Neuropathol. Univ. Freiburg.

KLEIN, A. Wilhelm

Prof., Generaldirektor - Perlengraben 2, 5000 Köln 1 - Geb. 12. Mai 1922 Köln, verh., 3 Kd. - Versicherungslehre; Selbststud. - S. 1945 Gothaer Versich.-ges./3 (1957 Bezirksdir., 1960 stv., 1961 o. Vorst.-Mitgl., 1970 -vors.), Vorst.-Vors. v. Gothaer Versicherungsbank, Goethaer Rückversich. AG u. Gothaer Krankenversich. AG, AR-Vors., stv. AR-Vors. u. Beiratsmandate versch. Unternehmen; Handelsrichter Köln. S. 1984 Honorarprof. d. FH Köln - Liebh.: Sport (Golf, Ski, Schwimmen).

KLEIN, Adalbert

Dr. phil., Prof., Direktor a. D. Hetjens-Museum (einziges dt. Inst. f. Geschichte u. Technol. d. Kunstkeramik) - Schulstr. 4/Palais Nesselrode, 4000 Düsseldorf-Benrath; priv.: Südallee 26 - Geb. 2. April 1913 Düsseldorf (Vater: Heinrich Adolf K., Ingenieur; Mutter: Elisabeth, geb. Compes), verh. s. 1942 m. Helga, geb. Schumacher, s. 1962 m. Helga, geb. Paulus - Univ. München u. Berlin - S. 1939 Hetjens-Mus. Div. Fachveröff. u. a. Keramik aus 5000 Jahren (auch engl.); Dt. Fayencen; Fayencen aus Europa; Jap. Keramik v. d. Jomon-Zeit b. z. Gegenw. (dt.-franz. u. engl. Ausg.); Deutsche Keramik von d. Anfängen b. zur Gegenwart; üb. hundert Meisterwerke aus d. Hetjens-Museum.

KLEIN, Albert

Dr. phil., Prof. f. Deutsche Sprache u. Literatur u. ihre Didaktik Univ. Dortmund (s. 1980) - Teichstr. 72, 5860 Iserlohn - Geb. 7. Jan. 1939 Tauberbischofsheim (Vater: Leo K., Oberstudiendir.; Mutter: Mathilde, geb. Göbel), verh. s. 1964 m. Dörte, geb. Walbrecker, 2 Kd. (Hortense, Johann Peter) - Univ. München, Münster, Bochum (German., Soziol., Publiz.). Promot. 1968 - 1980-82, 1990-92 Dekan Abt. 15 d. Univ. Dortmund - BV: D. Krise d. Unterhaltungsromans im 19. Jh., 1969; Triviallit., 1977. Beitr. z. neueren dt. Lit. u. Massenlit.

KLEIN, Albert

Dr., I. Bürgermeister - Gesellstr. 69, 7530 Pforzheim (T. 6 32 00) - Geb. 17. April 1921 - Zul. Stadtdir. Witten/Ruhr - Spr.: Engl. - Rotarier.

KLEIN, Armin

Dr. jur, Bürgermeister Stadt Bad Homburg (s. 1962), Mitgl. Präs. Hessischer Städtetag - Am Rabenstein 54, 6380 Bad Homburg (T. 2 42 42) - Geb. 15. Juni 1922 Dresden (Vater: Johann K., Fabrikdir.; Mutter: Johanna, geb. Böswetter), ev., verh. s. 1950 m. Else, geb. Platt, 2 Kd. (Elke, Uwe) - 1945-48 Univ. Hamburg u. Bonn (Rechts- u. Staatswiss.). Promot. 1950 Bonn; Ass.ex. 1952 Düsseldorf - 1952-62 Stadtverw. Bad Godesberg (Beigeordn. u. Stadtrechtsdir.) - Div. Kriegsausz. (1945 Ritterkreuz) - Liebh.: Lit., Sport - Spr.: Engl., Franz.

KLEIN, Eberhard

Dr. rer. nat., Dipl.-Chem., Prof., ehem. Direktor (Leitg. Forschung u. Entw. Agfa-Gevaert AG, Leverkusen) - Kalmüntener Str. 57, 5060 Berg.-Gladbach 2 (T. 02202 - 8 45 00) - Geb. 12. Aug. 1925 Gummersbach, ev., verh. s. 1952 m. Eva-Maria, geb. Lau, 2 Söhne (Martin, Christian) - Obersch. Gummersbach; 1945-52 Univ. Bonn u. TH Aachen. Promot. u. Habil. Aachen - S. 1952 Farbenfabriken Bayer AG, L'kusen/Agfa-Photofabrik (1964 wie oben); s. 1982 Giesecke + Devrient-GmbH München; s. 1958 Lehrtätigk. TH Aachen (1964 apl. Prof. f. Physikal. Chemie (Wiss. Photogr.)). Mitarb.: Agfa (Bde. III u. IV); Mithrsg.: D. Grundlagen d. Photogr. Prozesse mit Silberhalogeniden. Zahlr. Fachaufs.

KLEIN, Eckart

Dr. jur., o. Univ.-Prof. f. Öfftl. Recht, Völker- u. Europarecht Univ. Mainz - Ebersheimer Weg 35, 6500 Mainz 1 (T. 06131 - 5 36 70) - Geb. 6. April 1943 Oppeln (Vater: Rudolf K., o. Univ.-Prof.; Mutter: Sonja, geb. Stromeyer), ev., verh. s. 1969 m. Ulrike, geb. Scherenberg, 3 Kd. (Philipp, Oliver, Anne Désirée) - Univ. Heidelberg (1. jurist. Staatsprüf. 1968, Promot. 1973, Habil. 1980), 2. jurist. Staatsprüf. 1971 Stuttgart - 1974-76 Wiss. Mitarb. BVG; 1976-81 Ref. Max-Planck-Inst. f. Völkerrecht Heidelberg; s. 1981 Prof. Univ. Mainz. S. 1984 Richter im Nebenamt am OVG Rhld.-Pfalz; s. 1987 Mitgl. Schiedsgerichtshof u. d. Gemischten Kommiss. f. d. Abkommen üb. dt. Auslandsschulden; s. 1992 Mitgl. StGH Bremen - BV: D. verfass.rechtl. Problematik d. ministerialfreien Raumes, 1974; Statusverträge im Völkerrecht, 1980; D. Vertragsrecht intern. Organisationen (m. M. Pechstein), 1985; D. Selbstbestimmungsrecht d. Völker u. d. dt. Frage, 1990; Lehrbuch d. Verfassungsprozeßrechts (m. E. Benda), 1991; Handkommentar EWh - Vertrag (m. K. Hailbronner, S. Magiera, C. Müller-Graf), 1991 - Liebh.: Belletristik - Spr.: Engl., Franz.

KLEIN, Engelbert

Generalkonsul, Verleger - Hubertusallee 18, 1000 Berlin 33 (T. 891 53 26) - Geb. 31. Juli 1906 Frechen/Rhld., kath., verh. s. 1933 m. Leni, geb. Amlong, 2 Töcht. (Dipl.-Volksw. Renate u. Gabriele) - B. 1945 Verw.dir. Haus d. Metalle, Berlin. Herausg.: Ztschr. METALL - 1965 Generalkonsul d. Zentralafrik. Republik.

KLEIN, Erich

Dr. med., Prof., ehem. ltd. Chefarzt Städt. Krankenanstalten u. Chefarzt 1. Med. Klinik, Bielefeld - Zu erreichen üb. Lessingstr. 50, 4800 Bielefeld - Geb. 28. Dez. 1920 Brandenburg/H. (Vater: Arthur K., Kaufm.; Mutter: Margarete, geb. Wernitz), ev., verh. s. 1947 m. Ingeborg, geb. Richter, T. Bettina - Univ. Berlin, Leipzig, Jena (Med., Phil.; Promot. 1948). Fachärztl. Prüf. 1955 München; Habil. 1958 Düsseldorf - Klinikum Leipzig, Stuttgart, Würzburg, Düsseldorf (zul. Oberarzt II. Med.; 1958 Privatdoz., 1963 apl. Prof.). Spez. Arbeitsgeb.: Stoffwechsel- u. Schilddrüsenkrankh., Nuclearmed. 13 B. üb. Endokrinol. (teils Hrsg.), üb. 280 Einzelarb. u. Vortr., 1 Tonbildschau, 1 Film üb. Schilddrüsenprobleme - 1960 Hörlein-Preis. 1963-68 Sekr. Dt. Ges. f. Endokrinol., 1974-76 Vors. Dt. Schilddrüsensektion, 1985 u. 88 Ehrenmitgl. - Liebh.: Musik - Spr.: Engl., Franz.

KLEIN, Ernst

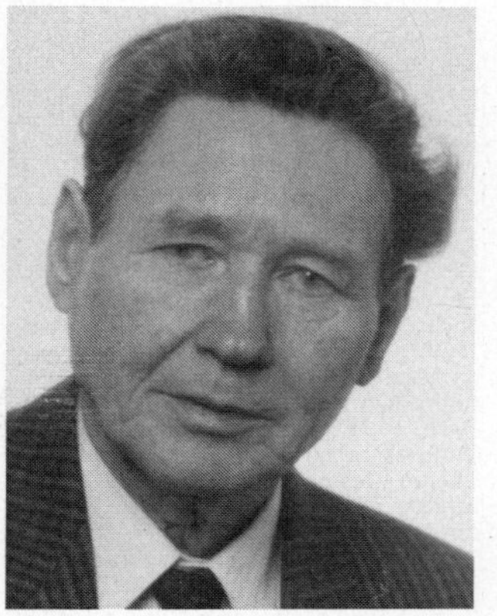

Dr. phil., o. em. Prof. f. Wirtschafts- u. Sozialgeschichte Univ. Saarbrücken (s. 1968) - Puccinistr. 19, 6600 Saarbrücken (T. 5 48 84) - Geb. 4. Jan. 1923 Gladbeck/W. (Vater: Ernst K., Bergmann; Mutter: Margarete, geb. Ewen), ev., verh. s. 1953 m. Ursula, geb. Neef, T. Margret - 1933-41 Obersch. Hamburg; 1947-51 Univ. Halle/S. (Staatsex. 1951). Promot. 1952 Halle; Habil. 1963 Hohenheim - Oberschullehrer Wernigerode (1951) u. Wiss. Mitarb. Dt. Akad. d. Wiss. Berlin (1956); 1959-68 Assist. u. Privatdoz. (1963) LH bzw. Univ. Hohenheim - BV: V. d. Reform z. Restauration, 1965; D. Entwickl. d. Pfluges im dt. Südwesten, 1966; D. histor. Pflüge d. Hohenheimer Samml., 1967; D. akad. Lehrer d. Univ. Hohenheim, 1968; Gesch. d. dt. Landw., 1969; D. engl. Wirtschaftstheoretiker d. 17. Jhs., 1973; Gesch. dt. Landw. im Ind.zeitalter, 1973; Gesch. d. öfftl. Finanzen in Dtschl., 1974; Deutsche Bankengesch., 1982; Gesch. d. saarl. Steinkohlengrube Sulzbach-Altenwald, 1987 - Liebh.: Musik - Spr.: Engl., Franz.

KLEIN, Erwin

Dr. rer. nat., Prof. f. Exper. Physik FU Berlin - Kommandantenstr. 93, 1000 Berlin 45 (T. 030 - 838 35 81) - Geb. 16. Jan. 1935.

KLEIN, Franz

Musiker, Prof. f. Klarinette Staatl. Hochsch. f. Musik Rheinl./Musikhochsch. Köln - Schubertstr. Nr. 35a, 5090 Leverkusen 5.

KLEIN, Franz

Dr. jur., Prof., Präsident Bundesfinanzhof, München (s. 1983) - Ismaninger Str. 109, 8000 München 80 (T. 089 - 9 23 10) - Verh. m. Dr. Erika, geb. Maunz, 4 Kd. - Stud. Rechts- u. Staatswiss. Univ. Freiburg, München u. Bonn; Promot. 1954; 2. jurist. Staatsprüf. 1958 - 1958 Finanzverw. Rhld.-Pfalz; 1966 Ref. f. Finanzverfass.recht, spät. Unterabt.-leit. Steuerreform im Bundesfinanzmin.; 1972 Ministerialdir. Staatskanzlei Rhld.-Pfalz, 1982 Amtschef Landesvertr. Rhld.-Pf. Bonn; 1981 Hon.-Prof. Univ. Trier, 1988 Hon.-Prof. Univ. Passau (Finanz- u. Steuerrecht); 1983 Richter u. Präs. BFH. Vorst.-Mitgl. Dt. Steuerjurist. Ges. u. Münchener Jurist. Ges. - BV: Kommentar z. Grundges., 7. A.; Kommentar z. BVG-Ges.; Loseblatt, Kommentar z. EStG (3. A.), KStG, KfzStG (2. A.), AO (4. A.) u. KapVerkStG (2. A.).

KLEIN, Fritz

Programmdirektion Deutsches Fernsehen - Arnulfstr. 42, 8000 München 2 - Geb. 23. März 1937 (Vater: Willy K.; Mutter: Margot, geb. Freytag), ev., verh. m. Bärbel, geb. Kröger, 2 T. (Stephanie, Natalie) - 1959-87 NDR, s. 1987 Koordinator f. Sport in d. ARD - Liebh.: Golf, Malen - Spr.: Engl.

KLEIN, Gerhard

Dr. phil., Prof. f. Sonderpädagogik - Schloßgartenstr. 105, 7417 Pfullingen - Geb. 21. März 1932, ev., verh. s. 1965 m. Regine, geb. Weirich, 4 Kd. (Andreas, Barbara, Uta, Johannes) - Stud. Päd., Phil., Psych. u. Psychopath. Univ. Tübingen u. Bonn. Promot. 1964 - S. 1965 Doz. u. Prof. Inst. bzw. Fachber. Sonderpäd. PH Ludwigsburg - BV: Persönlichkeitsentw. in d. Schule, 1965; Sonderpäd. 1, Frühförderung, 2. A. 1975; Lernbeh. Kinder u. Jugendl., 1985; D. Kind als Akteur s. Entwickl. (m. H. Kautter, W. Laupheimer, H.-S. Wiegand), 1988. Mithrsg.: Texte z. Lernbeh.päd. (4 Bde., 1973-84).

KLEIN, Günter

Dr. rer. pol., Dipl.-Kfm., Wirtschaftsprüfer (gf. Gesellsch. Warth & Klein GmbH., Düsseldorf, Wirtschaftsprüfungsges., Honorarprof. f. Wirtschaftsprüf. u. Unternehmensberat. Univ. Bonn (s. 1971) - Geibelstr. 20, 4000 Düsseldorf-Grafenberg - Geb. 30. Dez. 1926.

KLEIN, Günter

Oberregierungsrat a.D., Mitgl. Brem. Bürgerschaft (s. 1963; 1967 Mitgl. Haushaltsaussch.; 1975 Vors. Petitionsaussch.; 1971-73 Fraktionsvors.) - Vor d. Heisterbusch 12, 2820 Bremen 77 - Geb. 27. Mai 1930 Wuppertal-Barmen, ev., verh. - Gymn. Wuppertal; 1950-54 Univ. Köln (Rechtswiss., Volksw., Soziol.). Gr. jurist. Staatsprüf. 1959 Düsseldorf - 1959-60 Dezern. Landesverw. D'dorf; 1960-68 Rechtslehrer u. -berat. Schule d. Techn. Truppen Bremen (Bund); s. 1968 Rechtsberat. u. Wehrdisziplinaranw. 4. Luftwaffendiv. Bremen (Bund). CDU (1969; 74 stv. Vors. Landesverb. Bremen). S. 1962 Mitgl. CDU-Landesvorst.

KLEIN, Günter

Dr. theol., o. Prof. f. Neues Testament - Potstiege Nr. 12, 4400 Münster - Geb. 12. Jan. 1928 Barmen, ev. - S. 1961 Lehrtätigk. Univ. Bonn (Doz.), Kiel (1964 Ord.), Münster (1967 Ord.) - BV: D. 12 Apostel, 1961; Theol. d. Wortes Gottes, 1964; Rekonstruktion u. Interpretation, 1969; Ärgernisse, 1970; Predigten, 1971.

KLEIN, Hans

Dr. rer. pol., Dipl.-Kfm., Vorsitzender d. Geschäftsführung Burkhardt + Weber GmbH (B + W), Reutlingen, u. Burkhard GmbH, Maschinenfabrik, Pfullingen - Seitenhalde 72, 7417 Pfullingen - Geb. 18. Febr. 1930.

KLEIN, Hans

Journalist, Bundesmin. f. besondere Aufgaben, Chef Presse- u. Informationsamt d. Bundesregierung (1989/90), Vizepräs. d. Dt. Bundestages (s. Dez. 1990) - Welckerstr. 11, 5300 Bonn 1 - Geb. 11. Juli 1931 - 1987-89 Bundesmin. f. wirtschaftl. Zusammenarbeit. CSU.

KLEIN, Hans Hugo

Dr. jur., Univ.-Prof., Bundesverfassungsrichter (1983ff.), Staatssekretär u. MdB a.D. - Zu erreichen üb. Bundesverfassungsgericht Karlsruhe - Geb. 5. Aug. 1936 Karlsruhe, ev., verh., 2 Kd. - Gymn. Karlsruhe; Univ. Heidelberg u. München. Jurist. Staatsprüf. 1957 u. 1961; Promot. 1961, Habil. 1967 - S. 1967 Lehrtätigk. Univ. Heidelberg u. Göttingen (1969 o. Prof. f. Öfftl. Recht). Fachveröff. CDU. 1972-83 MdB, 1982/83 Parlam. Staatssekr. Bundesjustizmin.

KLEIN, Hans-Joachim

Dr. rer. pol., Landrat Landkr. Darmstadt-Dieburg (s. 1985) - Soderstr. 104, 6100 Darmstadt - Geb. 20. Aug. 1942 Darmstadt (Vater: Herbert K., Landgerichtsdir.; Mutter: Minna, geb. Meier), ev., verh. s. 1967 m. Christiane, geb. Merzinsky, 2 T. (Ann-Kristin, Katrin) - Gymn.; Stud. Dipl.-Wirtschaftsing. 1969; Promot. 1972 - S. 1972 Hess. Min. f. Wirtschaft u. Technik, Wiesbaden (1977 Leit. Unterabt. Gewerbl. Wirtsch.) - Bek. Kraulschwimmer (Dt. Rekorde, Europa- u. Weltrek. (1964 200 m), 3 Silber-, 1 Bronzemed. Olymp. Spiele Tokio) - 1964 Silb. Lorbeerbl. - Spr.: Engl.

KLEIN, Hans-Wilhelm

Dr. phil., em. o. Prof. f. Roman. Philologie - Nizzaallee 36a, 5100 Aachen (T. 15 62 31) - Geb. 29. Okt. 1911 Krefeld (Vater: Richard K., kaufm. Angest.), kath., verh. s. 1939 m. Charlotte, geb. Schultz †1986, 2 Kd. (Wolfgang, Renate) - Univ. München, Dijon, Tübingen, Bonn (Latein, Roman.) - 1937-51 höh. Schuldst. (Studienrat); s. 1951 Lektor u. Honorarprof. f. Franz. (1961) Univ. Münster; 1963-69 Ord. u. Seminardir. Univ. Gießen; s. 1969 Ord. u. Inst.-Dir. RWTH Aachen; emerit. 1977 - BV: Idiomat. franz. Redensarten, 1937; Engl. Synonymik, 1951; Les Mots dans la phrase, 1956; Franz. Sprachlehre, 1958; Latein u. Volgare in Italien, 1957; Französisch - e. krit. Bibliogr., 1960; Phonetik u. Phonologie d. heut. Franz., 1963; Übers. d. altfranz. Rolandliedes, 1963; D. Reichenauer Glossen, 1968; Schwierigk. d. dt.-franz. Wortschatzes, 1968; Grammatik d. heutigen Französisch (m. H. Kleineidam), 1983; D. Chronik v. Karl d. Großen u. Roland (Edition d. Aachener Pseudo-Turpin), 1986. Herausg.: Beitr. z. roman. Philol. d. Mittelalters - 1970 Officier dans l'Ordre des Palmes académiques - Lit.: Lebendige Romania, Festschr. f. H.-W. Klein (1976); Franz. Sprachlehre u. bon usage, Festschr. f. H.-W. Klein (1986).

KLEIN, Heijo

Dr., Prof., Kunsthistoriker, Univ. Bonn - Bismarckallee 27, 5300 Bonn 2 (T. 0228 - 3 64-0 01) - Geb. 2. Juli 1936 Köln (Vater: Eugen K., selbst. Buchbinder; Mutter: Gertrud, geb. Beth-Joest), kath., verh. s. 1977 m. Dr. Ildikó, geb. Bednay - Promot. 1971 Köln, Habil. 1980 Bonn - 1969-73 Lektor Mus. d. Stadt Köln; 1973-80 wiss. Assist. PH Rheinl.; s. 1981 Prof. in Bonn - BV: Marmorier. u. Arch., 1976; Sachwörterb. d. Drucktechnik u. graph. Kunst, 1976, 8. A. 1991 (übers. Serbokroat., Niederl.); 40 Künstler-Kat., Aufs. in Fachztschr., Wiss. Veröff. üb. Kunst d. 20. Jh., Kunstsammlung u. -vermittlung, Druckgraphik, Buchkunst - Spr.: Lat., Engl., Dän., Franz., Ital.

KLEIN, Heinrich

Landrat a. D., MdB (s. 1976, Wahlkr. 146/Dieburg) - Am Geiersberg 16, 6114 Groß-Umstadt - Geb. 13. Dez. 1932 Hergershausen, ev., verh., 2 Kd. - Gymn. (Mittl. Reife); Ausbild. u. Angest. BP; 1957-58 Akad. d. Arbeit - 1958-62 Redakt. u. Pressechef SPD Hessen-S., 1963-70 Redakt. Inst. f. Angew. Sozialwiss., 1970-76 Landrat Kr. Dieburg, 1960-70 MdK Dieburg; 1970 ff. MdL Hessen. SPD s. 1950.

KLEIN, Heinrich

Dr. phil., Prof. f. Allg. Didaktik u. Grundschulpäd. - Lassallestr. 2, 6750 Kaiserslautern - Geb. 17. April 1925 Braubach - Promot. 1962 - S. 1963 Lehrtätigk. PH Kaiserslautern u. EWH Rhld.-Pf./Abt. Landau (1970 Prof., 1973 Ord.) - BV: Steine erzählen, Sachb. 1978; D. Entwickl. v. Sprache, Denken u. Lernen i. Grundschulalter, 1982; Elektrischer Strom. Unterrichtseinheit f. d. Sachunterr., 1984; Sachunterr. in Praxis u. Theorie, 2 Bde. 1988/89. Herausg.: Landauer Schriften z. Grundschulpäd. (1988ff.). Bücher u. Aufs.

KLEIN, Heinrich Julius

Dr. rer. pol., Dipl.-Volksw., stv. Vorsitzender d. Unternehmensrates Schott Glaswerke, Mainz - Zu erreichen üb. Schott Glaswerke, 6500 Mainz - Geb. 26. Okt. 1923 Marienburg/Westpr. (Vater: Heinrich Wilhelm K., Kaufm.; Mutter: Johanna, geb. Huse), verh. s. 1955 m. Dr. med. Liesel, geb. Schürmeyer - Stud. d. Rechts- u. Wirtsch.wiss.; Promot. 1955 - AR-Vors. Ohl Ind.technik, Theodor Ohl AG, Limburg; stv. AR-Vors. EC Consulting Group AG, Düsseldorf; AR-Mitgl. Buderus AG, Wetzlar, Siemens-Nixdorf Informationssysteme AG, Paderborn; Vorst. Dechema Frankfurt; Ehrenpräs. Bundesverb. Glasind.; Präs. Mineralfaserind., Düsseldorf; Vors. Bezirksbeirat Dt. Bank AG, Mainz; Beirat Bayer. Versich.bank, München; VR Landesbank Rheinl.-Pfalz, Mainz, EC Consulting Group Holding AG, Zürich, Kurtz GmbH & Co., Reutlingen - 1979 BVK, 1984 BVK I. Kl.; 1983 Ehrenbürger Stadt Yonkers, N.Y./USA; 1986 Méd. d'Honneur du Conseil Général de la Moselle; 1987 Chevalier de l'Ordre National du Mérite; Bayer. VO.; Ehrenbürger Staat Connecticut/USA; 1988 Gold. Ehrenz. m. Ehrenbrief d. Stadt Zwiesel; Gr. BVK; 1990 VO d. Landes Rheinl.-Pfalz - Liebh.: Moderne Kunst, Reiten - Spr.: Engl., Franz.

KLEIN, Heinz-Peter

Dipl.-Kfm., Vors. Verb. d. Dt. Lederwaren- u. Kofferind., Offenbach - Am Aussichtsturm 8, 6050 Offenbach-Bieber - Geb. 17. Okt. 1939.

KLEIN, Hemjö

Vorstandsmitglied d. Deutschen Bundesbahn - Friedrich-Ebert-Anlage 43-45, 6000 Frankfurt/M. 1 (T. 069-265 61 01) - Geb. 21. Juli 1941, kath., verh., 2 Kd. - Spr. Engl., Ital.

KLEIN, Herbert

Dr. rer. pol., Dipl.-Volksw., Generaldirektor i.R. Feuerversich.anst. Saarland u. Lebensversich.anst. Saarland, Saarbrücken - Raiffeisenstr. 4, 6601 Saarbrücken-Bübingen (T. 06805 - 17 44) - Geb. 9. Dez. 1928 Ludwigshafen (Vater: Ernst K., Archit.; Mutter: Emilie, geb. Holdmann), ev., verh. s. 1976 in 2. Ehe m. Ingrid, geb. Zabler, 2 Töcht. (Birgit, Anette) - Dipl. 1951, Promot. 1953 - Div. Tätigk. in d. Versich.wirtsch. - BVK I. Kl. - Spr.: Engl.

KLEIN, Horst

Dr. phil. nat., Prof. f. Angew. Physik Univ. Frankfurt/M. - Taunusstr. 43, 6078 Neu-Isenburg.

KLEIN, Horst G.
Dr. phil., Prof. f. Roman. Philologie Univ. Frankfurt/M. - In den Unterwiesen 1, 6239 Kriftel/Ts. - Geb. 26. Mai 1944 Sodow (Vater: Karl K.; Mutter: Mathilde, geb. Cebulla), verh. s. 1977 m. Silvia, geb. Bodtke - Stud. Roman. Phil., Klass. Phil. u. Politikwiss. Univ. Frankfurt, Bukarest, Strasbourg, Promot. 1969; s. 1972 Prof. Univ. Frankfurt - BV: Das Verh. d. tel. Verben, 1969; Einf. i. d. rumän. Sprache, 1972; Tempus, Aspekt, Aktionsart, 1974; Einf. i. d. Lateinamerikastudien, 1979 - Spr.: Engl., Franz., Span., Ital., Portug., Rumän., Russ.

KLEIN, Jan
Dr., Prof., Direktor d. Abteilung Immungenetik Max-Planck-Institut f. Biologie, Tübingen (s. 1977) - Corrensstr. 42, 7400 Tübingen - Geb. 18. Jan. 1936, verh. s. 1969 m. Dagmar, geb. Bednorova, 3 Söhne (Norman, Daniel, Pavol) - B.S. Botanik, Prague 1955; M.S Botanik, Prague 1958; Ph. D. Genetik, Prague 1964 - 1975-78 Prof. Dept. Microbiology, Texas; s. 1986 Prof. Dept. Microbiol. Immunol., Univ. Miami - BV: Immunolgy, Oxford 1990; Natural History of the Major Histocompatibility Complex New York 1982; Immunology, New York 1982. Herausg.: 2 wiss. Ztschr. - Versch. wiss. Ehrungen - Liebh.: Musik, Kunst, Lit. - Spr.: Engl., Russ.

KLEIN, Joachim
Dr. rer. nat., Univ.-Prof. f. Biotechnologie TU Braunschweig (s. 1985) - Hühnerkamp 21, 3300 Braunschweig - S. 1984 wiss. Geschäftsf. d. GBF, Ges. f. Biotechnol. Forsch. mbH, Braunschweig.

KLEIN, Jürgen

Dr. phil. habil., Univ.-Prof. f. Engl. Literaturwiss. sowie Geistes- u. Kulturgesch. Großbrit. Univ. Siegen (s. 1987), E. M. Arndt Univ. Greifswald, Inst. f. Angl. u. Amerik. - Steinbecker Str. 15, O-2200 Greifswald (T. 0822 - 21 00) - Geb. 24. Okt. 1945 Detmold (Vater: Oswald K,, Beamter; Mutter: Luise, geb. Brandt), ev. - Grabbe-Gymn. Detmold (Abitur 1965); 1965-73 Univ. Marburg (Angl., Phil., Soziol., Politikwiss.); Promot. 1973 Marburg; Habil. 1981 Siegen - 1973 wiss. Assist., 1982 Prof. in Siegen, Lehrstvertr. Heidelberg (1985), Siegen (1986). Gastprof. Univ. Greifswald (s. SS 1991). S. 1989 Vors. J. H. Alsted Ges. an d. Univ.-GH Siegen - BV: D. Got. Roman u. d. Ästh. d. Bösen, Monogr. 1975; Byrons romant. Nihilism. Monogr. 1979; Theoriegesch. als Wissenschaftskritik. Monogr. 1980; F. Bacon, Neu-Atlantis, (Hrsg.) 1982; Engl. zw. Aufkl. u. Romantik, Samml. 1983; Radikales Denken in Engl.: Neuzeit, Monogr. 1984; Virginia Woolf, Monogr. 1984; Denkstrukt. d. Renaiss., Monogr. (Hrsg.), 1984; Stud. lesen Joyce, Samml. 1984; Beyond Hermeneutics, 1985; Astron. u. Anthropoz. D. Copernic Wende b. Donne, Milton u. d. Cambridge Platonists, 1986; Anfänge d. engl. Romantik 1740-80, 1986; Wahrheit, Richtigkeit u. Exaktheit (Hrsg. m. H. D. Erlinger), 1986; Francis Bacon od. d. Modernisierung Englands, 1987; J.H.Alstedt, Herborns calv. Theol. u. Wiss. im Spiegel d. engl. Kulturref. d. frühen 17. Jh. (Hrsg. m. J. Kramer), 1988; Lit.theorie u. engl. Modernismus im frühen 20. Jh., 1991. Herausg. d. Buchreihen: Aspekte d. engl. Geistes- u. Kulturgesch. (1984ff., bish. 24 Bde. ersch.); Kultur-Lit.-Kunst; Britannia, Texts in Engl.; Allgemeine Sprach- u. Literaturwiss. (zus. m. Günter Weise). Zahlr. Einzelarb. - Liebh.: Bild. Kunst, Architekturgesch., europ. Kulturgesch.

KLEIN, Jürgen Winfried
Dr.-Ing., o. Prof. f. Elektronik Univ. Bochum (s. 1973) - Tanneneck 20, 4320 Hattingen (T. 25643) - Geb. 31. Juli 1930 Deuz (Vater: Friedrich-Wilhelm K.; Mutter: Klara, geb. Börner), ev., verh. s. 1957 m. Maria, geb. Jäger - Stud. d. Nachrichtentechnik TH Aachen - B. 1973 Ind.tätig. (Forsch. u. Entwickl.), s. 1961 Lehrtätig. Fachmitgl.sch. Div. Patente. Zahlr. Fachveröff.

KLEIN, Karl
Dr. phil., o. Prof. f. Engl. Philologie u. Literaturwiss. Univ. Saarbrücken (s. 1966) - Am Botanischen Garten 3, 6600 Saarbrücken (T. 3023161).

KLEIN, Karl
Dr. theol., o. Prof. f. Fundamentaltheologie Gesamthochschule Siegen - An der Hager 8a, 5901 Wilnsdorf 3.

KLEIN, Karl
Bundesvorsitzender d. Gewerkschaft Dt. Lokomotivführer u. Anwärter - Westendstr. 50, 6000 Frankfurt/M. 1.

KLEIN, Karlheinz
Dr.-Ing., Prof. f. Konstruktion Univ.-GH Duisburg - Frielinghausstr. 41, 4390 Gladbeck - Geb. 3. April 1931 Essen (Vater: Karl K.; Mutter: Änne, geb. Valentin), verh. m. Hannelore, geb. Ruland, 2 Kd. - TH Aachen (Dipl.-Ing. 1957) - Spr.: Engl., Franz.

KLEIN, Klaus-Peter
Dr. phil., Unternehmensberater, Publizist, Prof. Univ. Münster (s. 1983) - Henkenbergstr. 67, 4630 Bochum 1 (T. 0234 - 79 36 09) - Geb. 7. Okt. 1948 Wiesbaden, verh. s. 1971 m. Doris, geb. Eckart, S. Klemens Alexander - Stud. Univ. Würzburg, Bochum (Studienförd. Friedrich-Ebert-Stiftg.); Promot. 1976 Bochum; Habil. 1981 Münster - Mitarb. Berufsbildungsmaßnahmen d. Bundesanst. f. Arbeit; sozialwiss. Forschungs- u. Gutachtertätigk. f. d. Bundesreg.; Mitgl. versch. Unternehmensbeiräte - BV: Chancen u. Probleme d. berufl. Integration v. Schulabgängern, 1974; Zukunft zw. Trauma u. Mythos, 1976; Grundprobleme d. Linguistik, 1979, 2. A. 1982; u.a.m. - Liebh.: Sport, Musik - Spr.: Engl., Franz., Ital., Lat. - Bek. Vorf.: Anton v. Klein (1748-1810), Geheimer Rat, Prof. u. Schriftst. zu Mannheim (Urururururgroßvr.); Ludwig v. Klein (1813-81), Eisenbahnpionier in Österr., Rußl., Württ. u. Bayern (Ururgroßvr.).

KLEIN, Kurt
Schulamtsdirektor, Schriftst. - Haselwanderstr. 11, 7613 Hausach (T. 07831 - 61 25) - Geb. 18. Okt. 1930 Villingen, kath., verh. s. 1960 m. Maria, geb. Waidele, 3 T. (Annemarie, Christina, Regine) - Abit.; PH, 1. Staatsex. 1952 - Ab 1952 Schuldst.; ab 1973 Schulaufsichtsdst., 1982/84 Präs. u. s. 1985 Vizepräs. Hist. Verein f. Mittelbaden - BV: Einer findet d. Weg, 1977; Rund um d. Pfaden, 1977; Heinrich Hansjakob - e. Leben f. d. Volk, 1977; Land um Rhein u. Schwarzwald, 1977; Rund um d. Brandenkopf, 1980; D. kl. Hansjakobweg, 1981; Geheimnisvoller Schwarzwald, 1983; V. Auto auf d. Wanderpfad, 1983; Rund um d. Kalenderjahr, 1983; D. gr. Hansjakobweg, 1985; Verborgener Schwarzwald, 1987; Reise durch d. Ortenaukreis, 1990; Unbekannter Schwarzwald, 1991 - Ehrengabe d. Regierungspräs.; Ehrenplak. Schwarzwaldverein (f. Verdienste um Wandern, Natur u. Heimat); Silb. Hansjakobmed. Stadt Haslach/Schwarzw.; 1985 Ehrenmitgl. d. Historischen Vereins f. Mittelbaden; 1986 Landesehrennadel; 1987 Hebelgast u. Heimatmed. d. Landes Baden-Württ.; 1991 Heimatpreis d. Ortenaukreises - Liebh.: Heimat- u. Volkskd., Wandern, Brauchtumspflege - Spr.: Franz., Engl.

KLEIN, Lutz Hans
Bürgermeister Stadt Battenberg (Eder) - Narzissenweg 25, 3559 Battenberg (T. 06452 - 30 56) - Geb. 30. Okt. 1943 Breitscheid, kath., verh. m. Doris, geb. Adler, 2 Kd.

KLEIN, Manfred
Vorstandsmitglied Rheintuch Schwartz & Klein AG./Weberei - Malmedyer Str. 30, 4050 Mönchengladbach 1 - Geb. 5. Nov. 1929.

KLEIN, Marie Adelheid
s. Aretin, von, Annette

KLEIN, Paul-Günther
Dr. med., o. Prof. f. Med. Mikrobiologie - Luisenstr. 11, 6500 Mainz-Gonsenheim (T. 47 42 09) - Geb. 23. Okt. 1919 Schässburg/Rumän. (Vater: Dr. Albert K., Seminarprof.; Mutter: Frida, geb. Petrowitsch), verh. s. 1949 m. Hilde, geb. Ludwig, 4 Kd. (Joachim, Dorothea, Alexander, Stella) - 1938 b. 1944 Univ. Klausenburg, Tübingen, Heidelberg. Promot. 1947 Heidelberg - Assistenzarzt Karlsruhe u. Düsseldorf, 1956-61 Privatdoz. Med. Akad. Düsseldorf, dazw. 1956-59 Research Assiociate Cornell Univ. New York, s. 1961 Ord. u. Inst.-dir. Univ. Mainz. Emerit. 1990 - BV: Pathol. u. Bakt. d. Endokarditis, 1953 (m. R. Böhmig); Bakt. Grundl. d. chemotherapeut. Labor.spraxis, 1957 - Liebh.: Kammermusik - Spr.: Rumän., Ung., Franz., Engl., Span., Ital.

KLEIN, Peter
Bankkaufmann, Vorstandsvors. Deutscher Genossenschafts-Verlag eG, Wiesbaden, Vors. d. Geschäftsf. Raiffeisendruckerei GmbH, Neuwied - Gottfried-Kinkel-Str. 1, 6200 Wiesbaden - Geb. 11. Mai 1937 Hamburg.

KLEIN, Peter
Dr. phil., Dipl.-Phys., Prof. f. Erziehungswissenschaft unt. bes. Berücks. d. Physikdidaktik Univ. Hamburg (s. 1976) - Babendiekstr. 13, 2000 Hamburg 55 - Geb. 14. März 1940, Breslau, kath., verh., 1 Kd. - 1965 Dipl.-Phys., 1975 Dr. phil. (Pädagogik, Univ. Köln).

KLEIN, Peter
Textile Consulting, Unternehmensberatung, Marketing-Direktor NINO AG (1986-88) - Bahnhofstr. 51 c, 4418 Nordwalde/W. - Geb. 1930 - 1977-81 Generalbevollm. NINO AG, Nordhorn, 1981-85 Geschäftsf. C. & F. Fraling GmbH & Co.

KLEIN, Richard
Dr. phil., Studiendirektor, apl. Prof. f. Alte Geschichte Univ. Erlangen-Nürnberg (s. 1976) - Kleestr. 9, 8508 Wendelstein - Geb. 11. Dez. 1934 - BV: Tertullian u. d. Röm. Reich, 1968; Symmachus - Eine tragische Gestalt d. ausgehenden Heidentums, 1971; D. Streit um d. Victoriaaltar, 1972; Kaiser Constantius II. u. d. christl. Kirche, 1977; D. Romrede d. Aelius Aristides, 2 Bde., 1981 u. 83; D. Sklaverei in d. Sicht d. Bischöfe Ambrosius u. Augustinus, 1988.

KLEIN, Richard Rudolf
Prof., Komponist - Heftricher Str. 15, 6246 Glashütten 2 (T. 06174 - 6 14 10) - Geb. 21. Mai 1921 Nußdorf/Pfalz, ev., verh. m. Anneliese, geb. Schühle, 3 Kd. (Susanne, Anette, Tobias) - Musikstud. Trossingen u. Stuttgart - S. 1949 Lehrtätigk. Musikakad. Detmold u. -hochsch. Frankfurt/M. (1960). Kompos.: u. a. szen. Orat. Schwarze Sonne, Kammeroper Nachtvögel, Sinfoniae sacrae, Psalmen, weltl. Kantaten, 3 Orchesterpartien, 12 Kammerkonzerte, Klavier-, Kammer-, Chormusik, Schulwerke - Kunstpreise Bonn (1954), Stuttgart (1956) u. Rhld.-Pf. (1965).

KLEIN, Rolf
Dr. jur., Präsident Nieders. Landesrechnungshof, Hildesheim i.R. - Gustav-Freytag-Str. 9, 3007 Gehrden - Geb. 11. April 1927 Emmerich.

KLEIN, Rudolf
Dr. rer. nat., Prof. f. Theoret. Physik - Im Frauengarten, CH-8272 Triboltingen (Schweiz) - Geb. 19. Nov. 1935 Brandenburg - Promot. 1963 Braunschweig - Tätigk. Zürich u. Princeton; s. 1972 (Habil.) Doz. u. Prof. Univ. Konstanz. Etwa 50 Fachaufs.

KLEIN, Thomas
Dr. phil., Univ.-Prof. f. Neuere Geschichte - Gunzelinweg 6, 3550 Marburg - Geb. 6. Juni 1933 Berlin (Vater: Peter K., Sozialpädagoge; Mutter: Elisabeth, geb. Joneleit), ev., verh. s. 1959 m. Gitta, geb. Kuhlenbäumer, 2 Töcht. (Eva-Maria, Monika) - Frhr.-v.-Stein-Sch. Berlin (Spd.); 1951-58 FU Berlin u. Univ. Göttingen - B. 1966 FU Berlin u. Univ. Hamburg, seith. Univ. Marburg (1972 Prof.) - BV: D. Kampf um d. II. Reformation in Kursachsen, 1962; Gesch. Thüringens, Bd. III 1967; Grundriß z. dt. Verwaltungsgesch./Prov. Sachsen, 1975; .../Prov. Hessen-Nassau, 1979; .../Kleinere Länder, 1981; .../Sachsen, 1982; .../Thüringen, 1983; 1983ff.; Provinz Hessen-Nassau u. Waldeck, 1866-1945, in: D. Werden d. Landes Hessen, 1986; Leitende Beamte d. allg. Verw. in d. preuß. Provinz Hessen-Nassau u. in Waldeck 1867-1945, 1988; D. Hessen als Reichstagswähler...1867-1933, Bd. 1: Provinz Hessen-Nassau 1867-1918, 1989, Bd. 2.1 ...1918-1933, 1992. Herausg.: D. Regierungsbez. Kassel 1933-36 (1985); D. Lageberichte d. Geheimen Staatspolizei üb. d. Provinz Hessen-Nassau 1933-36 (1986). Schriftleit.: Hess. Jahrb. f. Landesgesch. (1976-89).

KLEIN, Ullrich
Schriftsteller (Ps.: Klein-Ellersdorf) - Eulerstr. Nr. 41A, 7000 Stuttgart-Rohr (T. 74 12 78) - Geb. 28. Aug. 1912 Königsberg/Pr. (Vater: Prof. Dr. jur. Peter K., Rechtslehrer), kath., verh. m. Pia-Maria, geb. Knapp - Sänger Landestheater Salzburg, Regiss. u. Dramat. Stadttheater Heidelberg, Chefdramat. Dt. Opernhaus Berlin, Dramat. Württ. Staatstheater Stuttgart - W: D. Störenfried, Lsp. n. Roderich Benedix 1946; E. Franziskus-Legende, Sch. 1948; Unt. d. Zeichen d. Kreuzes, Sch. n. Calderon de la Barca 1950.

KLEIN, Wilhelm (Willi) Paul
Geschäftsführer Sport + Medien Rheinland-Pfalz GmbH - Rheinallee 1, 6500 Mainz (T. 06131 - 28 14 68); priv.:

Turnstr. 5, 5410 Höhr-Grenzhausen (T. 25 97) - Geb. 4. Aug. 1921 (Vater: Edmund K.; Mutter: Hedwig, geb. Ketterer), ev., verh. m. Liesel, geb. Ohlenschläger, 4 Kd. (Sigrid, Gisela, Dietrich, Bertram) - S. 1952 Schatzm. Verein Mittelrh. Sportpresse; s. 1966 Lehrauftrag Sportlehrerausbild. Mainz u. Trier; s. 1970 Mitgl. Bundesaussch. f. Breitensport Dt. Sportbund. Herausg.: Dt. Sporthandb., Mithrsg.: Regelwerk d. Dt. Sports (1970-74); Schriftenreihe z. Dt. Sporthandb. (1980), Mitautor: Heitere Gesch. aus d. Welt d. Sports (1981) - Carl-Diem-Plak. Dt. Leichtathletikverb.; Gold. Sportabz.; BVK I. Kl.; VO Land Rheinl.-Pfalz - Liebh.: Theater, Musik - Spr.: Engl., Franz.

KLEIN, Wolfgang
Rechtsanwalt, Geschäftsf. Industrieverb. Gewebe aus Baumwolle u. and. Fasern (s. 1970) - IV Gewebe: Frankfurter Str. 10, Postf. 54 29, 6239 Eschborn (T. 06196 - 4 29 42; Telefax: 06196 - 4 29 44; Telex: 407 25 87) - Geb. 7. Nov. 1928 Berlin (Vater: Helmut K.; Mutter: Dorothea, geb. Bath), verh. m. Marianne, geb. Spreu.

KLEIN, Wolfgang
Dr. phil., Prof., Direktor Max-Planck-Inst. f. Psycholinguistik - Wundtlaan 1, NL-6525 XD Nijmegen - Geb. 3. Febr. 1946 - Promot. 1970 Saarbrücken; Habil. 1972 Heidelberg - 1972-76 Wiss. Rat u. Prof. Univ. Heidelberg, 1976-80 o. Prof. Univ. Frankfurt, Adjunct-Prof. Univ. Peking. Hon.-Prof. Univ. Frankfurt, Heidelberg u. Peking - BV: u. a. Parsing, 1971; Variation in d. Sprache, 1974; Einf. in d. Computerlinguistik, 1974; Developing grammars, 1979; Zweitspracherwerb, 1984; Utterance Structure, 1992.

KLEIN-BLENKERS, Fritz
Dr. rer. pol. (habil.), Dipl.-Kfm., o. Prof. d. Betriebswirtschaftslehre - Nußbaumer Berg 36, 5060 Bergisch Gladbach-Paffrath - Geb. 23. Nov. 1924 Köln - S. 1967 Ord. Unv. Erlangen-Nürnberg u. Köln (1970). Dir. Sem. f. Allg. Betriebsw.lehre, Handel u. Absatz Univ. Köln; Dir. Inst. f. Handelsforschung Univ. Köln. Zahlr. Fachveröff.

KLEIN-ELLERSDORF
s. Klein, Ullrich

KLEIN-HELMKAMP, Georg
Dipl.-Ing., Prof. f. Entwerfen, insb. Wohnungs- u. Sportbauten, sow. Techn. Aufbau GH Paderborn (Fachber. Arch., Höxter) - Gerhart-Hauptmann-Str. 29, 3470 Höxter.

KLEIN-ILBECK, Herbert
Unternehmensberater Metallgesellschaft AG, Frankfurt/M. - Cockerillstr. 69, 5190 Stolberg/Rhld.; priv: Rotsch 2 - Geb. 15. Sept. 1927.

KLEINADEL, Wilhelm

Schriftsteller - Buchenweg 7, 2944 Wittmund/Ostfriesl. (T. 69 04) - Geb. 28. Aug. 1907 Wiesbaden, ev., verh. m. Susanne, geb. Haug - Mittelsch. u. Gymn. (OI); Schriftsetzerlehre - Redaktionssekr., Redakt., 1939-45 Wehrdst., danach versch. Berufe, s. 1971 Redakt. Harlinger Heimatkal. - BV: Auf d. Brücke z. Morgen, 1934; D. Frühlingskreis, 1936; Sturmtage, 1938; D. Fischer v. Annensiel, 1954; Kiek mal rin, Kl. Gesch., 1978. Größere Erz. in Ztschr.: Wenn Gottes Stunde schlägt (1949), Heye Schoonen (1951), Wie d. Kirche v. Willmsfehn entstand (1952) - 1963 Indigenat d. Ostfries. Landschaft.

KLEINAU, Wolffjürgen
Versicherungsdirektor i.R. - Taunusstr. 1, 6200 Wiesbaden (T. 5331); priv.: Behringstr. 4a (T. 56 51 69) - Geb. 26. Juli 1917 - 1970-83 Vorst.-Mitgl. R + V Allg. Versich. AG. - Rotarier.

KLEINE, Karl-Heinz
Dr. rer. pol., Dipl.-Volksw., Verbandsdirektor i.R. - Mauerkircherstr. 181, 8000 München 81 (T. 089-98 20 10) - Geb. 22. Dez. 1921, kath., verh. s. 1951 m. Dr. phil. Gisela, geb. Pohlmann, 2 Kd. (Thilo, Nikola) - Dipl.-Volksw. 1949 Univ. Münster, Promot. 1952 Univ. Köln - 1963-84 Dir. Baugewerbeverb. Westf. Dortmund; b. 1984 Vorst. Landesversicherungsanst. Westf. Münster, Bauberufsgenoss. Wuppertal, Urlaubsu. Lohnausgleichskasse d. Bauwirtsch. Wiesbaden, Beirat Vereinigte Haftpflichtversich., Hannover - 1981 Ehrenring d. Dt. Baugewerbes; 1984 BVK - Liebh.: Gesch., Zeitgesch., Wirtschaftspolitik - Spr.: Engl., Franz.

KLEINE, Norbert
Dr. rer. nat., Univ.-Prof. a. D., Biophysiker - Schloßweg 9, 7802 Merzhausen (T. Freiburg 40 27 49) - Geb. 28. März 1928 Gelsenkirchen (Vater: Friederich K., Ing.; Mutter: Helene, geb. Gottlob), kath., verh. s. 1953 m. Elisabeth, geb. Gress, 3 Kd. (Brigitte, Matthias, Andreas) - Univ. Freiburg (Naturwiss., Dipl.-Phys. 1950). Promot. (1954) u. Habil. (1963) Freiburg - 7 J. Industrietätigk. (Apparateentwickl., Grundlagenforsch.); s. 1958 Blutspendedst. Med. Univ.klinik Freiburg (Privatdoz.; Prof.); s. 1988 i. R. Versch. Verfahrenspatente. Üb. 150 Veröff., haupts. Biophysik d. Blutes u. Nuclearmed. - 1964 Oehlecker-Preis - Liebh.: Sport (jährl. gold. Dreikampfnadel; 1. Vors. USC-Freiburg 1968-72 u. 1974-77), Musik, Meteorologie, Motorflug, Handwerken (Do it yourself) - Spr.: Engl.

KLEINE, Tilmann Otto
Dr. med., Prof. f. Klin. Neurobiochemie u. Klin. Chemie - Am Grassenberg 24, 3550 Marburg/L. - Geb. 4. Nov. 1936 Heidelberg (Vater: Dr. med. Hugo K., Gynäkologe, Hochschullehrer u. Schriftst.; Mutter: Lydia, geb. Bauer, Ärztin), verh. s. 1973 m. Barbara, geb. Spiess (Apothekerin), 2 Kd. (Arne, Riklef) - Gymn. Ludwigshafen; Univ. Heidelberg, Zürich, Hamburg. Promot. 1963; Habil. 1968 - S. 1970 Univ. Marburg (Leit. Klin.-Chem. Labor.; 1971 Prof.). Üb. 200 Facharb. - BV: Neue Labormethoden f. d. Liquordiagnostik, Methodenhandbuch, 1980 - 1970 Homburg-, 1973 Martini-Preis - Liebh.: Musik (Geige), Landw. - Spr.: Engl., Franz.

KLEINE, Wolfgang
Regierungspräsident Halle - Zu erreichen üb. Bezirksregierung, Willi-Lohmann-Str. 7, O-4020 Halle - Geb. 28. Mai 1942 Fürstenwalde/Spree - Spr.: Engl., Franz.

KLEINEBERG, Karl-Ignaz
Dipl.-Ing., Prof. f. Elektro- u. Mikrowellentechnik GH Paderborn (Fachber. Nachrichtentechnik, Meschede) - Buchenweg 4, 5778 Meschede.

KLEINEBRECHT, Jürgen
Dr. rer. nat., Prof. f. Humangenetik Univ. Frankfurt - Oberfeldstr. 36, 6000 Frankfurt - Geb. 27. Jan. 1940 Gelsenkirchen-Buer (Vater: Paul K., Studiendir.; Mutter: Hilde, geb. Schult), verh m. Claudia, geb. Pahl, 2 S. (Ben, Martin) - 1959-66 Stud. Math., Biol. (Promot. 1966, Habil. 1977) - S. 1980 Prof.; stv. gf. Dir. d. Inst. f. Humangenetik - BV: Arzneimittel in d. Schwangerschaft, 1982.

KLEINEIDAM, Hartmut
Dr. phil., Prof. f. Romanistik/Linguistik Univ.-GH Dusiburg - Zünslerweg 3, 4600 Dortmund 30 - Geb. 1. März 1939.

KLEINEN, Franz Alois
Stadtdirektor Stadt Geilenkirchen - An der Linde 36, 5130 Geilenkirchen (T. 02451 - 6 70 74) - Geb. 9. Okt. 1925 Übach (Vater: Alois K., Schneidermeister; Mutter: Katharina, geb. Mingers), kath., verh. s. 1950 m. Paula, geb. Deckers - 1940-42 Kaufm. Berufsfachsch. u. Handelsssch.; 1949-55 Lehrg. f. d. mittl. u. gehob. nichttechn. Beamtendienst - 1942-63 Beamter Kreis Heinsberg; 1964-71 Amtsdir. Amt Immendorf-Würm; 1972-80 Beigeordn. Stadt Geilenkirchen; s. 1980 Stadtdir. ebd.

KLEINEN, Günter
Dr. phil., Prof. f. Musikpädagogik m. Schwerp. Funktion musikal. Massenkultur Univ. Bremen - Humboldtstr. 187, 2800 Bremen - Geb. 10. Jan. 1941 Köln, verh. in 2. Ehe m. Brigitte, geb. Kellersmann, 3 Kd. (Thomas, Katharina, Johanna Maria) - Abit. 1960; Toningenieurprüf. 1963; Promot. 1967; Lehrerprüf. 1974; Habil. 1976 - S. 1984 Vorst. Dt. Ges. f. Musikpsych. - BV: Exper. Studien z. musikal. Ausdruck, 1968; Z. Psych. musikal. Verhaltens, 1975; Massenmusik. D. befragten Macher, 1983; Aufs. z. d. Themen: neue Technologien, musikal. Begabung, Sozialisation, Lebenswelten, Wahrnehmung. Mitverf.: Beispiel Fernsehwerb. (m. Rudolf Schönhöfer), 1974; Tontechnik - Montagen- Collagen/ Medien im Musikunterr. (m. Hartmut Lägel), 1974; Musik verbindet. Musikal. Lebenswelten auf Schülerbildern (m. Rainer Schmitt), 1991. Mitarb./Schulb.: Musik aktuell (1971), Liedermagazin (1975), Musikunterr. Sekundarst. I (1979), Musikunterr. Sekundarst.: Folklore u. Musik im Alltag (1985) - Spr.: Engl.

KLEINER, Diethelm
Dr. rer. nat., Prof. f. Mikrobiologie Univ. Bayreuth - Zu erreichen üb. Univ., 8580 Bayreuth (T. 0921 - 55 25 95).

KLEINER, Hartmann
Dr. jur., Rechtsanwalt, Hauptgeschäftsf. Zentralvereinig. Berliner Arbeitgeberverb. u. Arbeitgeberverb. d. Berliner Metallind. (1981ff.) - Am Schillertheater 2, 1000 Berlin 12 (T. 030 - 310 05-0) - Geb. 1942 - S. J. ZBA.

KLEINER, Horst

Vorstandsvorsitzender Bausparkasse Schwäb. Hall AG (s. 1986) - Crailsheimer Str. 52, 7170 Schwäbisch Hall - Geb. 29. März 1937 Stockach/Bodensee - U.a. 1971ff. Vorst. Südwestd. Genossenschafts-Zentralbank AG, Frankfurt/Karlsruhe.

KLEINER, Jürgen
Botschafter d. Bundesrep. Deutschl. in Lagos/Nigeria (s. 1992) - POB 728, 15, Eleke Crescent, Vic. Isld., Lagos/Nigeria - Geb. 16. Nov. 1933 Marburg, verh., 4 Kd. - Stud. Rechtswiss.; 2. jurist. Staatsprüf. 1964 - S. 1964 Ausw. Dienst (AA Bonn; Botsch. Oslo, Ständ. Vertreter d. Botsch. in Seoul u. Budapest, 1985-92 Botsch. in Seoul). Veröff. z. Thema Korea.

KLEINERMEILERT, Alfred
Dr. theol., Weihbischof - Predigerstr. 16, 5500 Trier (T. 73301) - Geb. 30. März 1928 Müsch (Vater: Wilhelm K., Installateur; Mutter: Apollonia, geb. Magor), kath. - Gymn. Ahrweiler; Priestersem. Trier; Univ. Rom (Gregorianum); Theol. Fak. Trier - 1954 Kaplan Saarbrücken; 1957 Religionslehrer Merzig; 1963 Dir. Bischöfl. Konvikt Linz/Rh.; 1968 Weihbischof Trier - Spr.: Lat., Engl., Franz., Ital.

KLEINERT, Detlef
Rechtsanwalt u. Notar, MdB (s. 1969) - Bödekerstr. 73, 3000 Hannover (T. 62 80 81) - Geb. 26. Juli 1932 - Vorst.-Mitgl. WertGarantie Techn. Versich. AG. FDP (Kreisvors. Hannover-Stadt; Schatzm. Nieders.)

KLEINERT, Hagen
Ph. D., o. Prof. f. Theoret. Physik - Liebensteinstr. 6, 1000 Berlin 33 - Geb. 15. Juni 1941 Festenberg/Schles. (Vater: Walter K., Beamter; Mutter: Hedwig, geb. Ruby), kath., verh. s. 1974 m. Dr. phil. Annemarie, geb. Ludwig - TH Hannover, Georgia Inst. of Technology Atlanta, Univ. St. Louis, Madison, Univ. of Colorado, Boulder (alles USA) - S. 1967 FU Berlin (Wiss. Rat u. Prof., 1971 ao., 1976 o. Prof.). Üb. 200 Fachveröff. - BV: Gauge Fields in Condensed Matter, 1989; Path Integrals in Quantum Mechanics, Statistics, and Polymer Physics, 1990; Resummation of Divergent Perturbation, Series 1991 - Liebh.: Lit., Tanz - Spr.: Engl., Ital., Franz., Span., Russ., Griech.

KLEINERT, Matthias

Generalbevollmächtigter d. Daimler-Benz AG, Leit. d. Öffentlichkeitsarbeit u. Wirtschaftspolitik - Zu erreichen üb. Daimler-Benz AG, Postfach 80 02 30, 7000 Stuttgart 80 - Geb. 9. März 1938 Berlin - 1958-63 Stud. Polit. Wiss. Dt. Hochsch. f. Politik u. FU Berlin; Dipl.-Politologe 1963 - 1964-69 wiss. Mitarb. Zentralstelle f. Gesamtd. Hochschulfragen; 1969 Redaktion Rias Berlin - Ministerialdirig. u. Pressechef Landesreg. Baden-Württ.; 1984-87 Staatssekr. Staatsmin. Baden-Württ. u. Sprecher d. Landesreg.

KLEINERT, Ursula
Staatssekretärin f. Gesundheit b. d. Senatsverw. f. Gesundh. u. Soziales Berlin

a. D. - An der Urania 12-14, 1000 Berlin 30 (T. 030 - 21 22-26 00) - VR-Mitgl. d. Dt. Klassenlotterie Berlin.

KLEINERT-LUDWIG, Annemarie

Historikerin, Literaturwissensch., Schriftst. - Liebensteinstr. 6, 1000 Berlin 33 (T. 030 - 831 23 09) - Geb. 1. Febr. 1947 Geseke/W., kath., verh. s. 1974 m. Prof. Hagen K. - Stud. Univ. Münster, Grenoble, Berlin; Promot. 1976 FU Berlin - 1975-82 wiss. Mitarb. FU Berlin u. Univ. Hannover; 1983-84 Forsch.-Aufenth. Berkeley, Pasadena, Santa Barbara, Paris; 1985/86 Assist.-Prof. Univ. of California, San Diego; s. 1986 FU Berlin - Spez. Arbeitsgeb.: Frankr. im 19. Jh. - BV: Werke d. jungen Schriftst. Honoré de Balzac (1819-1822); D. frühen Modejournale in Frankreich, 1980; Porträt e. Künstlerin: Eva Evdokimova, 1981 (auch engl.); Le journal de La Mesangère: Un Document de L'Histoire Parisienne, 1990; zahlr. Aufs. in Fachztschr., Vortr. an dt., amerikan., franz. u. ital. Univ. - Liebh.: Sprachen, Reisen - Spr.: Engl., Franz., Ital., Span. - Lit.: La Jolla Light (1986).

KLEINEWEFERS, Herbert

Dr. jur., Oberlandesgerichtspräsident, Mitgl. Verfassungsgerichtshof Rheinl.-Pfalz - Reichenspergerplatz 1, 5400 Koblenz - Geb. 10. April 1909 Krefeld, kath., verh. s. 1938 m. Dr. jur. Anneliese, geb. Rody (RA) - Univ. Bonn u. München (Rechts- u. Staatswiss.) - 1951 Bundesrichter BGH Karlsruhe; 1963 Präs. OLG Koblenz. Spez. Arbeitsgeb.: Versich.srecht. Viele Veröff., insb. z. Arzthaftungs- u. Verkehrsrecht - Spr.: Franz. - Bek. Vorf.: Johannes K., Begr. gleichnam. Krefelder Maschinenfabrik.

KLEINEWEFERS, Paul

Dipl.-Ing., Industrieller, Senator E.h. (Univ./TH Karlsruhe), Gesellsch. Kleinewefers-Gruppe (Maschinen, Apparate, Anlagen; m. Tochterges. In- u. Ausl.) - Gutenbergstr. 63, 4150 Krefeld (T. 75 15 67) - Geb. 22. Jan. 1905 Krefeld (Vater: Dr.-Ing E. h. Johannes K., Firmengründer; Mutter: Maria, geb. Ziellenbach), kath., verh. s. 1930 m. Eva, geb. Diepers, 5 Kd. (Eva, Jan, Gerd, Antje, Henner) - 1924-30 TH Karlsruhe u. Hannover - 1936 ff. Geschäftsf. Unternehmen, s. 1970 AR-Vors., s. 1976 Ehrenvors., div. Beiräte - BV: Jahrgang 1905, Autobiogr. 1977; Art. in Fachztschr. - 1959 Gold. Diesel-Med. - Spr.: Franz., Engl. - Lit.: Neue Dt. Biographie, 1978.

KLEINFELDER, Hellmuth

Dr. med., Prof., Vorstand III. Med. Klinik Klinikum Nürnberg i.R. - Haydnstr. 10, 8500 Nürnberg 20 - Geb. 1. Juni 1919 Stadtprozelten - S. 1958 (Habil.) Privatdoz. u. apl. Prof. (1964) Würzburg (Innere Med.). Zahlr. Fachveröff.

KLEINHAMMES, Hans-Jürgen

Maler u. Graphiker - Geißenäckerstr. 25, 8510 Fürth/Bay. - Geb. 16. Nov. 1937 Augsburg - Kunsthochsch. Dresden u. Hamburg - 1971ff. Lehrauftr. Kunstakad. München; 1972ff. Gastdoz. Kunsthochsch. Frankfurt - Abstrakt (s. Hbg. Künstlermonogr.: H.-J. K., 1979) - Entdeckte den Stilbegriff d. Neuen Landschaft (1965).

KLEINHENZ, Gerhard

Dr. rer. pol., o. Prof. f. Volkswirtschaftslehre m. Schwerp. Wirtschaftspolitik Univ. Passau - Innstr. 27, 8390 Passau (T. 0851 - 50 93 71) - Geb. 1940, kath., verh. s. 1965 m. Hannelore, geb. Löhlein, S. Michael - Gymn. Münnerstadt; Univ. München (Volksw.; Dipl. 1964). Promot. 1969 Berlin (TU); Habil. 1976 Augsburg; 1978-81 Dekan Wirtschaftswiss. Fak. Univ. Passau. Mitgl. wiss. Beirat b. BMFuS - BV: Probleme wiss. Beschäftigung m. d. Sozialpolitik, 1970; Z. polit. Ökonomie d. Konsums, 1979 - Spr.: Engl.

KLEINHERNE, Herbert

Dipl.-Berging., Geschäftsführer Ruhrkohle Bergbau u. Umwelt GmbH - Am Rosengarten 20, 4350 Recklinghausen (T. 2 33 87) - Geb. 24. April 1924 - Vorstandsmitgl. Märk. Steinkohlengewerksch., Heessen; Vorst. Bergbau AG, Gelsenkirchen; zul. (b. 1986) Vorstandssprecher Bergbau AG Lippe, Herne - Spr.: Engl. - Rotarier.

KLEINHERNE, Walter

Direktor, Gf. Gesellschafter Ges. f. Hüttenwerksanlagen mbH, Düsseldorf - Düsseldorfer Str. 189, 4000 Düsseldorf 11 (T. 57 80 31) - Geb. 18. Sept. 1927 Halle/S. (Vater: Wilhelm K., Fabrikant; Mutter: Carla, geb. Comte), kath., verh. s. 1957 m. Carola, geb. Dingel - Abit.; Banklehre - Tätigk. b. Banken, Handelsuntern. u. Eisen- u. Stahlind. im In- u. Ausl.; 1956-67 Dir. u. Werksleit. Masch.fabrik Buckau R. Wolf AG, gleichz. Vorst. Bohn & Kähler AG; ab 1968 Geschäftsf. Ges. f. Hüttenwerksanl. mbH, s. 1971 gf. Gesellsch. - Liebh.: Golf, Bridge - Spr.: Engl., Franz.

KLEINHEYER, Bruno

Dr. theol., o. Prof. f. Prakt. Theologie (Liturgiewiss.) Univ. Regensburg - Bergstr. 23, 8411 Sinzing/Opf. (T. 31633) - Geb. 22. April 1923 Hüls (Vater: Franz K., Kaufm.), kath. - BV: D. Priesterweihe im röm. Ritus, 1962; D. Erneuerung d. Hochgebets, 1969.

KLEINHEYER, Gerd

Dr. jur., o. Prof. f. Bürgerl. Recht u. Dt. Rechtsgeschichte - Steinergasse 58, 5305 Alfter (T. 02222 - 55 57) - Geb. 2. Aug. 1931 Berlin (Vater: Heinrich K.), verh. m. Agnes, geb. Kessel - Univ. Bonn. Promot. 1959; Habil. 1967 - 1967 Ord. Univ. Regensburg; s. 1973 Ord. Univ. Bonn, Dir. Inst. f. Dt. u. Rhein. Rechtsgesch. - BV: Staat u. Bürger im Recht, V. Wesen d. Strafgesetze in d. neueren Rechtsentwickl., D. kaiserl. Wahlkapitulationen, Z. Rechtsgestalt v. Akkusationsprozeß u. peinl. Frage im frühen 17. Jh.; Dt. Juristen aus fünf Jh., 3. A. 1989 (jap. Ausg. Tokio 1983).

KLEINING, Gerhard

Dr. phil., Prof. f. Soziologie - Elbchaussee 159, 2000 Hamburg 52 - S. 1977 Prof. Univ. Hamburg.

KLEINJOHANN, Franz-Egon

Konzertpianist, Prof. f. Klavier Staatl. Hochsch. f. Musik Rheinl./Musikhochsch. Köln - Paulistr. 1, 5000 Köln 41.

KLEINKNECHT, Konrad

Dr. rer. nat., o. Prof. f. Exper. Physik Inst. f. Physik Univ. Mainz - Staudinger Weg 7, 6500 Mainz - Geb. 23. Apr. 1940 Ravensburg - Stud. München, Heidelberg (Promot. 1966, Habil. 1971) - 1966-69 Europ. Kernforschungszentrum CERN Genf; 1972-85 Ord. Univ. Dortmund (Aufbau Fachricht. Elementarteilchenphysik); s. 1985 Ord. Univ. Mainz, 1988 Harvard Univ., Cambridge, Mass. - BV: Detektoren f. Teilchenstrahlung, 1984, 2. A. 1987; Detectors for particle radiation, 1986. Mithrsg.: Proc. Int. Conf. on Neutrino Physics and Astrophysics Dortmund (1984, m. E. A. Paschos); Particles and Detectors. Festschr. f. J. Steinberger (1986, m. T.D. Lee); Proton-Antiproton Interactions and fundamental Symmetries (1989, m. E. Klempt). Buchbeitr., üb. 150 Facharb. - 1990 Leibniz-Preis d. Dt. Forsch.-gemeinsch.

KLEINKNECHT, Theodor

Dr. jur., Prof., Ministerialrat u. Generalstaatsanwalt a. D. - Spittlertorgraben 29, 8500 Nürnberg (T. 26 82 30) - Geb. 18. Aug. 1910 - Stud. Rechtswiss., Gr. jurist. Staatsprüf. - S. 1968 Honorarprof. Univ. Erlangen-Nürnberg (Straf- u. - prozeßrecht) - BV: Begründer u. Mitbearb. d. KMR, Kommentar z. Strafprozeßordnung, 1.-4. A. (1950 b. 1960); ab 1961 Alleinverf. d. v. Schwarz bis z. 22. A. bearb. Kommentars z. Strafprozeßordnung m. d. Bezeichnung „Kleinknecht", 35. A. 1981, s. 1983 „Kleinknecht/Meyer", ab 40. Aufl. bearb. v. Dr. Lutz Meyer-Goßner, Richter am BGH. 1985 Kleinknecht-Festschrift Strafverfahren im Rechtsstaat - 1971 BVK I. Kl., 1980 Bayer. VO - Rotarier.

KLEINLOGEL, Alexander

Dr. phil., Prof. f. Klass. Philologie Ruhr-Univ. Bochum - Unterfeldstr. 13a, 4630 Bochum 1 - Geb. 15. Juli 1929 Mannheim (Vater: Ludwig K., Monteur; Mutter: Stanislawa, geb. Krystalska), kath., verh. s. 1957 m. Karin, geb. Hackler, 3 Kd. (Cornelia, Verena, Achim) - 1948-52 Univ. Heidelberg (Klass. Philol., Angl.); 1966-68 Bochum (Math.); Promot. 1953 Heidelberg, Habil. 1980 Bochum - 1953-60 u. 1964-65 Schuldst.; 1960-64 Forschungsarb. (DFG); s. 1965 Univ. Bochum; 1968-69 Center for Hellenic Studies, Washington D.C./USA; s. 1981 Prof. Univ. Bochum - BV: Gesch. d. Thukydidestextes im MA, 1965; wiss. Publ. in Fachztschr. Mithrsg.: Samml. griech. u. lat. Grammatiker.

KLEINMANN, Horst Joseph

Journalist, Schriftst., Ressortleit. Politik Wiesbadener Kurier - Dieselstr. 19, 6200 Wiesbaden 1 (T. 0611 - 42 82 80) - Geb. 24. April 1929 Schwäbisch Gmünd, verh. s. 1967 m. Dagmar, geb. Clößner, T. Sandra Corinna - 1953/54 Redakt. Schwarzwälder Bote, Oberndorf/N., 1954-60 Schwabenverlag, Ellwangen/J. - BV: Geheimnisvolle Balearen, 1981 u. 84; Bewegte Tage in Hohenzollern, 1986; Acerca de S'Arxiduc y su familia, 1986; Erzherzog Ludwig Salvator - Mallorcas ungekrönter König, 1991 - 1984 Trofeo d. Fomento del Turismo de Mallorca; Journ.- u. Literaturpreise - Interessen: Bücher, Zeitgesch. d. Balearen - Spr.: Engl., Franz.

KLEINMANN, Reinhard

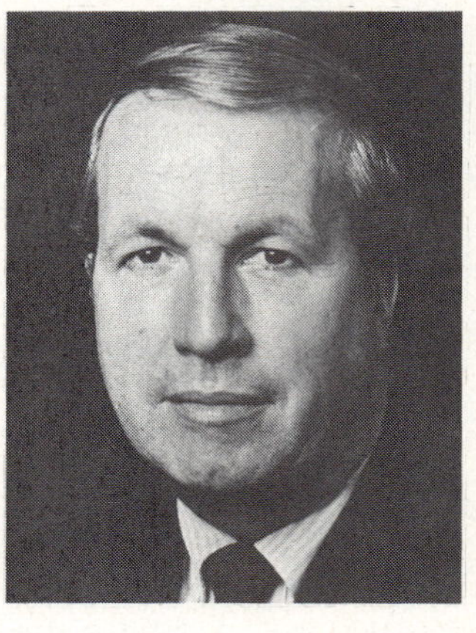

Chefredakteur Fernsehen Südwestfunk (s. 1986) - Zum Keltenring 1, 7570 Baden-Baden (T. 07221 - 2 49 22) - Geb. 16. Febr. 1933 Münster, kath., verh. s. 1956 m. Christel Eicken, 3 Kd. (Bettina, Thomas, Lambert) - Gymn. Hechingen (Hohenz.), Abit.; Stud. Soziol. u. Gesch. Münster - 1958-60 Volontär Westf. Nachr.; 1961/62 Redakt. Stuttgarter Ztg.; 1963-65 Ltd. Redakt. heute (ZDF); 1966-79 Erster Redakt. WDR; 1980-85 Korresp., Kommentator Bericht aus Bonn, Studio Bonn (ARD) - Spr.: Franz., Ital., Kroat.

KLEINOW, Walter

Dr. rer. nat., Prof. f. Zoologie Univ. Köln - Rothusener Weg 63, 5042 Erftstadt (T. 02235 - 51 39) - Geb. 19. Jan. 1936 Herzberg, verh. s. 1968, 3 Kd. - Promot. 1966 Univ. München; Habil. 1974 ebd. - 1967-74 wiss. Assist. Inst. f. Physiol. Chemie München, 1974 ff. Prof. Zool. Inst. Univ. Köln.

KLEINPOPPEN, Hans

Dr. rer. nat. et. habil., Prof., Lehrstuhlinh. f. Experimentalphysik Univ. Stirling (Schottl.), Forsch.zusammenarbeit m. Univ. Bielefeld (s. 1978) - 27 Kenningknowes Rd., Stirling (Schottl.) - Geb. 30. Sept. 1928 Duisburg, ev., verh. s. 1958 m. Renate, geb. Schröder - Promot. 1961; Habil. 1967 - Mehrj. Hochschultätigk. in Dtschl., USA u. Schottl. Vors. div. Intern. Konfz.; Fellow Royal Soc. Edinburgh; Fellow American Physical Soc.; Fellow Royal Astronomical Soc., London; Fellow Inst. of Physics, London; Fellow Royal Soc. of Arts, London - BV: Physics of One- and Two-Electron Atoms, 1968; Electron and Photon Interactions with Atoms, 1976; Coherence and Correlation in Atomic Collisions, 1978. Progress in Atomic Spectroscopy, 4 T. 1978/79/84/87; Inner-Shell and X-Ray Physics of Atoms and Molecules, 1981; Fundamental Processes in Energetic Atomic Collisions, 1983; Fundamental Processes in Atomic Collision Physics, 1985; Fundamental Processes of Atomic Dynamics, 1988. Mithrsg.: Plenum-Serie Physics of Atoms and Molecules - Liebh.: Musik - Lit.: Festschr. gewidm. z. 60. Geb.: Coherence in Atomic Collision Physics (1988, hg. v. H. J. Beyer, K. Blum, R. Hippler).

KLEINSASSER, Oskar

Dr. med. (habil.), Prof., Wiss. Rat, Oberarzt Univ.s-Hals-, Nasen- u. Ohrenklinik Köln - Kaesenstr. 13, 5000 Köln (T. 319409) - Geb. 1. Dez. 1929 Kirchdorf (Österr.) - B. 1968 Privatdoz., dann apl. Prof. Köln (HNOheilkd.). Fachveröff.

KLEINSCHMIDT, Arnold

Dr. med., em. o. Prof. Med. Hochsch. Lübeck - Moislinger Allee 197, 2400 Lübeck (T. 891564) - Geb. 12. Mai 1910 Freiburg/Br. (Vater: Prof. Dr. med. Otto K., Chirurg; Mutter: Anita, geb. Springer), ev., verh. s. 1946 m. Johanna, geb. Tröger, 3 Söhne (Johann, Christian, Robert) - Univ. München, Heidelberg, Berlin. Habil. Mainz - 1935-43 Assistenzu. Oberarzt II. Med. Univ.klinik (Charité) Berlin (Prof. v. Bergmann); 1943-45 Lazarettätigk.; ab 1947 Oberarzt Med. Univ.-Poliklinik Mainz (1949 Privatdoz., 1954 apl. Prof.); zul. Ord. f. Inn. Med. Med. Hochsch. Lübeck (emerit. 1980). Zahlr. Veröff. üb. vegetatives Nervenssystem, Kreislauf-, Stoffwechsel-, Nierenkrankh. u. Elektrolytstörungen. Mitarb. Dennig, Lehrb. d. Inneren Med., 1958/68 (Kap.: Krankh. d. Harnapparates); Handb. d. Inn. Med., Bd. VIII 1968 (Kap.: Klin. Methoden d. morpholog. u. funktionellen Nierendiagnostik) - Gold. Sportabz. - Spr.: Engl., Franz. - Rotarier.

KLEINSCHMIDT, Georg

Dr. rer. nat., Prof. f. Geologie - In den Weingärten 6, 6106 Erzhausen - Geb. 3. Jan. 1938 Berlin - Stud. Tübingen (Promot.) - 1972-85 Prof. TH Darmstadt, s. 1985 Univ. Frankfurt. Fachaufs. - 1979/80, 1981/82, 1982/83, 1987/88, 1988/89, 1990/91 Teilnahme an dt. Antarktisexpeditionen GANOVEX 1, 2, 3, 5, 6 u. GEISHA - Korresp. Geol. Bundesanst. Wien u. Naturwiss. Vereinig. Kärnten.

KLEINSCHMIDT, Gert

Dr. phil., o. Prof. f. Deutsche Sprache u. Lit. u. ihre Didaktik PH Rhld./Abt. Köln (s. 1970), Univ. Köln (s. 1980) - Vord. Büchel 63, 5064 Rösrath 1 - Geb. 19. Aug. 1932 Limburg/L. - Promot. 1965 Tübingen - Bücher u. Einzelarb.

KLEINSORGE, Hellmuth

Dr. med., Prof., Internist, Pharmakologe, Herausg., Schriftleit. bzw. Mitarb. Med. Fachztschr., Fak. f. Klinische Medizin, Mannheim der Univ. Heidelberg - Am Wiesbrunnen 33, 6730 Neustadt 13 (T. 6 61 01) - Geb. 12. April 1920 Bonn (Vater: Joseph K., Regierungsdir.), kath., verh. m. Dr. med. Hansi, geb. Wild, Tochter Britta - Univ. Halle, Jena, Leipzig. Promot. (1945) u. Habil. (1950) Jena - 1953 Prof. m. vollem Lehrauftr.,

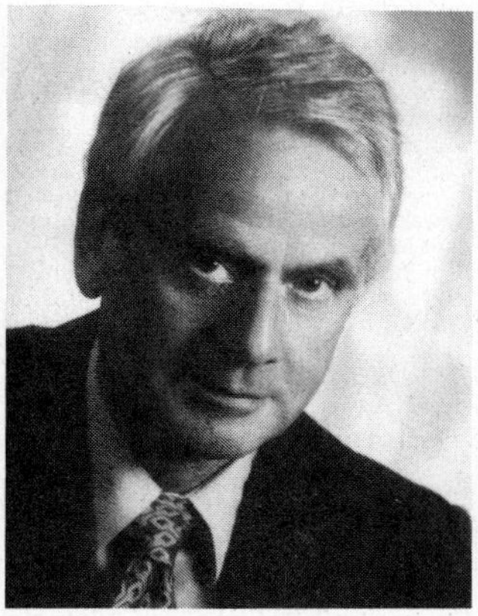

1956 m. Lehrstuhl Univ. Jena; 1970 Prof. Univ. Heidelberg, Med. Direktor BASF/ Knoll AG, Ludwigshafen (1969-81); 1981-87 Hautgeschäftsf./wiss. Berater d. Med. Pharmazeut. Studienges. Mainz, Paul-Martini-Stiftg.; S. 1976 Zulassungskommiss. A, Bundesgesundheitsamt Berlin - BV: u. a. Phenothiazinderivate, 1958; Psychotherapie in Klinik u. Praxis, 1959 (m. Klumbies); Therapie inn. Erkrankungen, 1972; Diagnose v. Arzneimittelallergien, 1968 (m. Raab; auch jap.); Differentialdiagnose innerer Erkrankungen, 1969 (m. Dutz u. Schulz); Arzneimittelprüf. - Arzneimittelrecht, 1979 (m. Hasskarl); Forschung am Menschen, 1985 (m. Hirsch u. Weißauer); Kontrollierte Arzneimittelstudien, 1986; Hypnose-Methodik u. Indikationen, 1986; Kleine Pharmakologie, 1987 (m. Hofmann); Klinische Arzneimittelprüfung, 1987 (m. Steichele u. Sander); Selbstentspannung, 1991 (auch holl. u. span.). Üb. 400 Einzelarb. - Versch. Ehrenmitgliedsch. (u.a. Marburger Bund) - 1963 Purkinje-Med.; 1980 Ernst-von-Bergmann-Plak.; 1983 u. 1985 Gold. Ehrenreflexhammer d. Marburger Bundes; 1987 BVK am Bde.; 1989 Mehring-Minkowski-Med.; Ehrenmed. Fachverb. d. Ärzte f. Klinische Pharmak.

KLEINSTEUBER, Fritz

Kaufm., Dr. rer. pol., Dipl.-Volksw., Hauptgeschäftsführer Dt.-Indones. Industrie- u. Handelskammer/EKONID (s. 1986) - POB 31 51, Jakarta 10002 (Indonesien); u. Mühlenstr. 8, 2942 Jever - Geb. 12. Jan. 1939 Jever, verh. s. 1974 m. Asti, geb. Maharadjo, 3 Kd. - Dipl.-Volksw. 1965 Freiburg i.Br. - 1968-70 Marketingleit. SINALCO AG; 1970-74 Geschäftsf. Kienbaum Unternehmensberat., 1975-80 WELLA AG, Darmstadt; 1981-86 selbst. Beratung Süd-Ost Asien; 1986 Hauptgf. Dt. Indones. Industrie- u. Handelskammer.

KLEINSTEUBER, Hans J.

Dr. rer. pol., Prof. f. Polit. Wissenschaft, vergleichende Politikwiss., Zweitmitgl.-schaft Journalistik, Leit. Arbeitsst. Politik u. Medien - Ottersbekallee 21, 2000 Hamburg 20 - Geb. 5. Juni 1943 Lemgo (Vater: Dr. Hanns K., Oberbaurat; Mutter: Ilse, geb. Rüger) - Stud. FU Berlin u. USA - B. 1975 FU Berlin, dann Univ. Hamburg (Prof.) - BV: u. a. Fernsehen u. Geschäft, 1973; Die USA - Politik, Wirtsch., Ges., 1974, Neuausg. 1984; Staatsintervention in d. USA, 1977; Rundfunkpolitik, 1980, 1982; Radio u. Fernsehen in d. Bundesrep. (et. al.), 1990; D. unterschätzte Medium, 1991. Herausg.: Electronic Media and Politics in Western Europe (1986, et. al); EG-Medienpolitik (1990, et. al.); Radio - Das unterschätzte Medium (1991).

KLEINSTÜCK, Hermann

Dr. jur., Staatssekr. a.D., Vorstand Software AG, Darmstadt, stv. AR-Vors. HEAG, Darmstadt - Ludwig Buchnerstr. 15, 6100 Darmstadt - Geb. 9. Mai 1933 Frankfurt/M. (Vater: Dr. Erwin K., Volksw.rat; Mutter: Elisabeth, geb. Neuschaefer), ev., verh. s. 1959 m. Ursula, geb. Beiser, 3 Kd. (Carola, Frank, Till) - Liebig-Realgymn. Darmstadt; Univ. Frankfurt, Freiburg, London, Oxford (Rechtswiss.) - 1962-73 Rechtsanw. u. Notar. Vors. Darmst. Kunstverein (s. 1970); 1973-87 Präs. Hess. Brandversicherungskammer, Darmstadt; 1987-91 Staatssekr. FDP s. 1960 - Liebh.: Frühmittelalt. Kunst, Jugendstil - Spr.: Engl., Franz.

KLEINSTÜCK, Johannes Walter

Dr. phil., em. o. Prof. f. Engl. Sprache u. Kultur - Poggfreedweg 45, 2000 Hamburg 73 (T. 672 92 98) - Geb. 28. Febr. 1920 Dresden (Vater: Dr. phil. Hans K., Oberstudiendir.; Mutter: Hildegard, geb. Schaarschmidt), ev., verh. m. Renate, geb. Mudra, S. Christian - Promot. Leipzig; Habil. 1954 - S. 1954 Lehrtätigk. Univ. Hamburg (1961 apl. Prof.; 1966 Wiss. Rat u. Prof.; 1969 Ord.), 1962-64 Gastprof. Univ. Lissabon, 1968 Univ. Algier u. 1980 Univ. Bordeaux. Emerit. 1982 - BV: Unters. zu Marlowes „Faust“, 1947; Chaucers Stellung in d. mittelalterl. Lit., 1956; W. B. Yeats oder D. Dichter in d. mod. Welt, 1963; Mythos u. Symbol in engl. Dichtung, 1964; T. S. Eliot, 1966; Wirklichkeit u. Realität - Kritik e. mod. Sprachgebrauchs, 1971; Verfaulte Wörter, 1974; D. Erfind. d. Realität, 1980; Fortschritt auf Widerruf, 1989 - Spr.: Engl., Franz., Lat., Griech., Portugies., Russ.

KLEISS, Manfred

Dr. rer. nat., Ltd. Bibliotheksdirektor, Leit. Universitätsbibl. Mannh., Lehrbeauftragter f. Klimatologie, Meteorologie u. physik. Geographie Univ. Mannheim - Schloß, 6800 Mannheim 1.

KLEISS, Wolfram Hermann

Dr.-Ing., Prof., I. Direktor Dt. Archäol. Inst. Teheran (s. 1971) - POB 11365-6371, Teheran (Iran) - Zu erreichen üb.: Podbielski Allee 69, 1000 Berlin 33 - Geb. 17. Nov. 1930 Berlin (Vater: Fritz K., Beamter; Mutter: Ilse, geb. Haferkorn), ev., verh. s. 1967 m. Helene, geb. Schulz - Friedr.-Ebert-Sch. Berlin, Abit. 1950, TU Berlin. Dipl.-Ing. 1956; Promot. 1959 - 1957-59 Mitarb. Röm.-German. Kommiss. d. Archäol. Inst. Frankfurt/M., 1959-60 Stip., 1961-65 Ref. f. Bauforsch. Abt. Istanbul, 1966-71 II. Dir. Dt. Archäol. Inst. Teheran. Erforsch. Urartu in Iran, 1968-78 Leit. Ausgrab. Bastam in Iranisch-Azerbaidjan, Mitarb. Takht-I Suleimangrab. in Iran 1960-64 u. Bisutun 1966-67 - Zahlr. Veröff. z. Arch. u. Kulturgesch. Urartus, NW-Irans, z. Byzantin. Baukunst u. z. Islam. Architektur. S. 1979 intensive Erforsch. u. Bauaufnahmen d. iran. Karavanenbauten - o. Mitgl. Dt. Archäol. Inst. (s. 1971 Mitgl. Zentraldir.); 1984 BVK - Spr.: Engl., Franz.

KLEIST, Hans-Ulrich

Dipl.-Ing., Dipl.-Wirtsch.-Ing., Mitinhaber Wagenbach & Partner, Intern. Kooperationen, Königstein - Neckarsteinacher Str. 2, 6148 Heppenheim/ Bergstr. (T. 06252 - 29 49) - Geb. 10. Mai 1937 Bad Freienwalde/O., ev., verh. s. 1968 m. Waltraud, geb. Schimming, Sohn Bodo-Michael - TH Aachen (Metallhüttenkd., Dipl.-Ing. 1962; Wirtschaftswiss., Dipl.-Wirtsch.-Ing. 1965) - 1965-67 Vereinigte Leichtmetallwerke, Bonn (Techn. Beratung); 1967-69 Alco-Bauzubehör-Ges. (Verkaufsleit); 1969-70 W. R. Grace GmbH, Norderstedt (Manager Marketing Services); 1970-78 Schülke & Mayr GmbH, Norderstedt (Marketing Dir.); 1978-88 Detia-Freyberg-Unternehmensgruppe, Laudenbach/ Bergstr. (Geschäftsf.), 1986-88 Degesch GmbH, Frankfurt u. deren div. Auslandstöchter (Managing Dir.). 1972-78 Vorst. Marketing Club Hamburg, 1984-88 Vorstand IPS (Industrieverb. Pflanzenschutz).

KLEIST, Ingo

Bürgerschaftsabgeordneter, Vizepräs. Bundesverb. Dt. Gartenfreunde - Fuhlsbüttler Str. 790, 2000 Hamburg 63; priv.: Annenstr. 32, 2000 Hamburg 4 - S. 1978 Mitgl. Hamburger Bürgerschaft SPD; s. 1982 stv. Fraktionsvors. SPD.

KLEIST, Frfr. von, Sabine

Dr. ès Sc., Dr. med., Prof., Institutsdirektorin Med. Fak. Univ. Freiburg (s. 1978) - Stefan-Meier-Str. 8, 7800 Freiburg/Br. (T. 761-203-40 20/21) - Geb. 2. Dez. 1933 Berlin, ev., verh. s. 1959 m. Dr. F. Frhr. v. Kleist, 2 Töcht. - Stud. Med. Chicago u. Ffm.; Staatsex. u. Promot. Univ. Frankfurt/M.; 2. Promot. Paris (Sorbonne); 1978 Lehrstuhl f. Immunbiol. Univ. Freiburg - S. 1986 stv. Vorst. Dt. Krebshilfe - Entd.: Tumor assozierte Antigene (z.B. Karzinoembryonales Antigen (CEA) - BV: D. Carzinofötale Antigen, 1981 - 1972 Prix ESSEC Paris; 1989 BVK I. Kl.; 1989 Hartmann-Thieding Med. - Spr.: Engl., Franz.

KLEIST-RETZOW, von, Heinrich

Dipl.-Volksw., Direktor, Vorst. Sachtleben AG. f. Bergbau u. chem. Industrie, Köln - Amselweg 36, 5070 Bergisch Gladbach - Geb. 21. Sept. 1929 Kieckow - AR-Mandate.

KLEJDZINSKI, Karl-Heinz

Dr., Wiss. Mitarbeiter, MdB (Landesliste NRW) - Könzgenstr. 33, 4408 Dülmen (T. 02594 - 39 74) - SPD.

KLEMANN, Hartmut

Journalist, Chefredakt. Neue Post, tina u. auf einen Blick - Burchardstr. 11, 2000 Hamburg 1 - Geb. 9. Okt. 1933.

KLEMANN, Jürgen

Senator f. Schule, Berufsbildung u. Sport - Bredtschneiderstr. 5, 1000 Berlin 5 - Geb. 16. Dez. 1944 Berlin-Pankow, verh., 1 Sohn - 1963-68 Stud. d. Rechtswiss. Berlin, u. Heidelberg - 1969 1. u. 1973 2. jurist. Staatsprüf. - 1973-79 Bundesanstalt f. Arbeit, zul. stv. Dir. Arbeitsamt II; 1979-81 Bezirksstadtrat, 1981-91 Bezirksbürgermeister in Berlin-Zehlendorf.

KLEMENT, Erhard

I. Bürgermeister (s. 1978) - Rathaus, 8734 Maßbach/Ufr. - Geb. 5. Nov. 1942 Marienbad/Sudetenland - Zul. Kreisamtm.

KLEMENTZ, Lothar F.

Geschäftsführer SERVICE BANK GmbH v. 1954, WKV Werbeges. mbH, bde. Köln - Westendstr. 95, 6000 Frankfurt/M. - Geb. 24. Mai 1936 - AR-Mitgl. Verlag f. Absatzwirtsch. GmbH, Bonn; Beiratsmitgl. Bankenfachverb. e.V., Bonn; VR-Mitgl. Schufa Schutzgemeinsch. f. allg. Kreditsich. GmbH, Köln; Delegiertenratsmitgl. Eurofinas Europ. Vereinig. d. Verb. v. Finanzierungsbanken, Brüssel.

KLEMER, Almuth

Dr. rer. nat., Prof., (C-4) Organ.-Chem. Inst. Univ. Münster (s. 1966) - Orléansring 23, 4400 Münster/W. (T. 0251 - 7 42 36) - Geb. 12. Febr. 1924 Bassum, ev., led. - Univ. Gießen u. Münster (Chemie; Dipl.-Chem. 1950). Promot. (1952) u. Habil. (1958) Münster. Lehrtätigk. Münster (1964 apl. Prof.). Spez. Arbeitsgeb.: Kohlenhydratchemie. Mitarb.: Fritz Micheel, Chemie d. Zucker u. Polysaccharide (2. A. 1956, Leipzig); F. Micheel u. A. Klemer, Sammelref. Glycosyl Fluorides and Azides in Advances in Carbohydrate Chemistry, Bd. 16, 1961, Acad. Press New York and London; Handb. d. Lebensmittelchemie (Bd. I 1965; Beitr. Kohlenhydrate, Glykoside; Natürl. vorkommende Glykoside) - 1971 BVK.

KLEMIG, Roland

Dr. phil., 1. Vorsitzender Berufsgruppe Bildjourn., Fotografen u. a. (s. 1974), VR-Vors. VG Bild-Kunst (s. 1974) - Kleineweg 154, 1000 Berlin 42 (T. 785 86 54) - Geb. 2. Juni 1923 Dresden

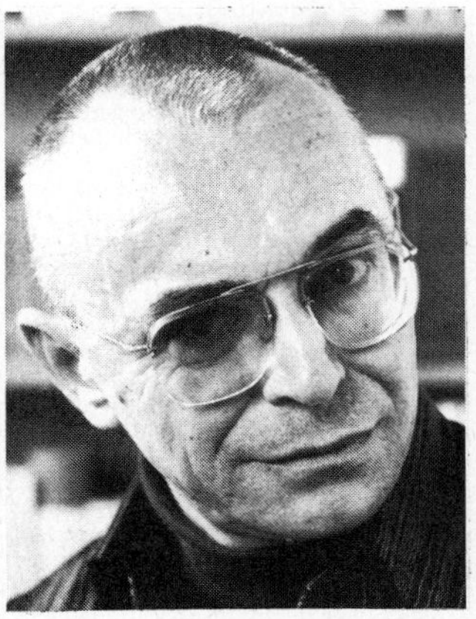

(Vater: Paul K., Staatsbeamter; Mutter: Maria-Martha, geb. Klauke), verh. s. 1956 m. Eva-Maria, geb. Pütz-Groddeck - FU Berlin (Betriebsw. u. Theaterwiss.) - 1956-59 Geschäftsf. Schriftst.-Verb.; 1960-62 Gf. Wirtsch.-Verb. Graph. Gewerbe; 1960-66 Gf. Graph. Ind.; 1966-86 Leit. Bildarchiv Preuß. Kulturbesitz. S. 1987 Sachverst. f. Pressefotografie, Fotobewertung u. Archivierung - BV: Juden in Preußen, 1981; Jews in Germany, 1983-87 USA.

KLEMKE, Gerold

Kaufmann, Oberbürgermeister Stadt Hildesheim (1981-91) - Wiesenstr. 25B, 3200 Hildesheim (T. 05121 - 86 97 25) - Geb. 5. Dez. 1938 Fraustadt/Niederschl. (Vater: Otto K., Spediteur; Mutter: Elli, geb. Weigt), kath., verh. s. 1964 m. Elisabeth, geb. Bowe, 3 Kd. (Anette, Burkhard, Carolin).

KLEMM, Alfred

Dr. rer. nat., Dr. phil. h. c., Prof. f. Physikal. Chemie - Saarstr. 23, 6500 Mainz (T. 30 51) - Geb. 15. Febr. 1913 Leipzig (Vater: Dr. Wilhelm K., Verleger, Dichter; Mutter: Erna, geb. Kröner), ev., verh. s. 1939 m. Hannelore, geb. Rothe, 8 Kd. (Silvia, Michael, Alfred, Tamina, Ebba, Aja, Imma, Albrecht) - Lyceum Alpinum Zuoz; Univ. München (Promot. 1938) - S. 1939 Kaiser-Wilhelm- bzw. Max-Planck-Inst. f. Chemie (1958 wiss. Mitgl.). S. 1954 (Habil.) Univ. Mainz (1958 apl. Prof.). S. 1985 Verleger Dieterich'sche Verlagsbuchhandlung, Mainz. Forschungsgeb.: Physikal. Chemie der Isotope. Verleger u. Herausg.: Ztschr. f. Naturforsch. (s. 1946) - Spr.: Engl., Franz. - Rotarier - Bek. Vorf.: Alfred Kröner (Großv.), Verleger.

KLEMM, Dietrich D.

Dr. rer. nat., Prof. f. Mineralogie, Geologie, Geochemie - Ed.-Schenk-Str. 38b, 8000 München 40 (T. 089-359 53 25) - Geb. 29. Jan. 1933 Ludwigshafen/Rh. (Vater: Dr. Ing. Richard K., Chemiker; Mutter: Irmgard, geb. Siebert), verh. s. 1961 m. Rosemarie, geb. Kipphan, 3 T. (Judith, Katharina, Friederike) - Gymn. Heppenheim, Stud. Frankfurt u. Heidelberg, Promot. 1959, Habil. 1963 - S. 1969 Prof. Univ. München - BV: Time- and Stratabound ore deposits. (gem. m. H. J. Schneider) - Bek. Vorf.: Geologieprof. Gustav Klemm (Großvater); Kulturhist. Gustav Friedrich Klemm (Urgroßvater).

KLEMM, Günther

Dr. phil., Oberstudiendir. i. R., Dozent Kirchl. Hochsch. Wuppertal (s. 1945) - Schwerinstr. 11, 5600 Wuppertal-B. (T. 505540) - Geb. 27. Juni 1908 Altwasser/ Schles. (Vater: Wilhelm K., Modelleur; Mutter: Marie, geb. Koehl), ev., verh. s. 1936 m. Wilma, geb. Landwehr, 3 Kd. (Wiltrud, Klaus-Walter, Ute) - Stud. German., Ev. Theol., Gesch., Phil. Promot. 1933; Staatsex. 1934 u. 36 - S. 1940 Studien-, Oberstudienrat (1950) u. - dir. (1953); 1945-51 Fachleit. f. Deutsch

Studiensem. W'tal. - BV (Monogr.): Christian Morgenstern, 1933; Walther v. d. Vogelweide, 1940; Werner Bergengruen, 1949, 4. A. 1958; Gottfried Benn, 1958; Gesch. d. dt. Philosophieunterrichts, 1978 - Liebh.: Theater, Sport (Tennis, Hockey) - Spr.: Griech., Lat., Franz. - Bek. Vorf.: v. Manteuffel (Pr. Ministerpräs.), Fürstenberg (Maler).

KLEMM, Hansjürgen
Dr.-Ing., Univ.-Prof. f. Physikal. Chemie Univ.-GH-Paderborn - Theresienstr. 22, 4790 Paderborn (T. 05251 - 5 68 67) - Geb. 5. Juni 1930 Lodz (Polen), verh. s. 1960 m. Renate, geb. Scheske, Lehrerin, 2 Kd. (Antje, Sven-Jürgen).

KLEMM, Lothar
Rechtsanwalt u. Notar, MdL Hessen (1982 bis April 87, u. s. Okt. 1987) - Darmstädter Str. 7, 6451 Neuberg - Geb. 9. Sept. 1949 Hochstadt (Kr. Hanau/jetzt Maintal 3), verh. - Abit. 1968 Hanau/ Stud. Rechtswiss. Univ. Frankf./M.; 1. jurist. Staatsex. 1975, 2. jurist. Staatsex. 1978 - S. 1978 Rechtsanw. in Hanau, s. 1985 Notar in Hanau. S. 1968 SPD. S. Febr. 1988 Landesgeschäftsf. SPD Hessen. S. 1974 MdK Main-Kinzig-Kreis (s. 1981 stv. Vors. Kreistag, s. 1985 Vors.); s. 1988 stv. Vors. Untersuchungsausssch. 12/1 u. 12/2. Stv. Vors. SPD-Landtagsfrakt., s. 1991 Vors.

KLEMM, Peter
Dr. iur., Staatssekretär im Bundesfinanzmin. (s. 1989) - Graurheindorfer Str. 108, 5300 Bonn 1 (T. 0228 - 682 42 60) - Geb. 20. Okt. 1928 Jena, ev., verh. s. 1954 m. Gisela, geb. Doermer, 2 Kd. (Dr. Edzard, Suzanne) - Stud. Rechtswiss. Jena u. Marburg; 1956 Promot., 1958 Ass. Frankfurt/M. - 1958 Hess. Steuerverw.; 1964 Bundesfinanzmin., 1979 ständ. Vertr. d. Haushaltsabt.leit.; 1986 Leit. Zentralabt. - 1972 Komandeur d. Verdienstkr. d. Souveränen Malteserritterordens; 1978 BVK.

KLEMM, Peter
Dipl.-Volksw., Geschäftsführer Bundesverband Druck - Biebricher Allee 79, 6200 Wiesbaden (T. 0611 - 80 31 81) - Geb. 16. Mai 1952 Wiesbaden, kath., verh. s. 1989 m. Erika, geb. Davis, S. Mathias - Dipl.-Volksw. 1978 Univ. Mainz - BV: Machtkampf e. Minderheit, 1984; D. Griff nach d. Öffentlichkeit, 1989.

KLEMME, Jobst-Heinrich
Dr. rer. nat., Prof. f. Mikrobiol. Univ. Bonn (s. 1973) - Am Hügel 4, 5486 Berg - Geb. 20. Okt. 1941 Werste, Kr. Minden (Vater: Heinrich K.; Mutter: Klara, geb. Lindau), ev., verh. s. 1968 m. Dr. Brigitte, geb. Berger, 2. T. (Annegret, Bärbel) - Stud. Biol. u. Chemie Göttingen u. Erlangen. Promot (1967) u. Habil. (1973) Göttingen. 1969-71 Res. Assist. Indiana Univ. Bloomington/USA - Mitgl. Verb. Dt. Biol. (VDB), Vereinig. Allg. Angew. Mikrobiol. (VAAM), Bund f. Umwelt u. Naturschutz. Zahlr. Fachveröff.

KLEMMER, Paul
Dr. rer. pol., o. Prof. f. Wirtschaftslehre u. -politik Univ. Bochum (s. 1971) - An d. Pfannenschmiede 9, 4322 Sprockhövel - Mitgl. Akad. f. Raumforsch. u. Landesplan.; Präs. d. Rhein-Westf. Inst. f. Wirtschaftsforsch. (RWI), Essen; Beiratsmitgl. f. Raumordn. - Veröff. z. Regional. Strukturpolitik, Raumordn., Konjunkturpolitik, Arbeitsmarktpolitik u. Umweltpolitik.

KLEMMERT, Oskar
Dr. jur., Oberbürgermeister a. D., Ministerialdirektor a. D. - Schellingstr. 26a, 8700 Würzburg (T. 0931 - 8 56 77) - Geb. 7. Nov. 1925 Würzburg (Vater: Justizrat Dr. Adam K., Rechtsanw.; Mutter: Hella, geb. Leffler), kath., S Kd. (Marita, Hella, Oskar) - Realgymn., 1945-49 Stud. Philos. u. Jura Univ. Würzburg, 1949 I. jur. Staatsprüf.; 1952 Promot., 1953 II. jur. Staatsprüf. - 1953-55 Bundesinnenmin.; 1955-58 Dt. Bundestag (Verw.); 1958-67 Stadt Kitzingen (Obgm.). 1967 Bayer. Vertr. Bonn (Dienststellenleit.; Min.rat, -dirig., 1971 -dir.) 1988 i. R. CSU - 1975 Bayer. VO; 1986 BVK I. Kl.

KLEMPT, Eberhard
Dr. rer. nat., Prof. Inst. f. Physik, Privatdoz. f. Experimentalphysik Univ. Mainz - Hegelstr. 45, 6500 Mainz.

KLENERT, Otto
Bürgermeister Bad Friedrichshall (s. 1948), MdL Baden-Württ. (s. 1964) - Yorckstr. 36, 7107 Bad Friedrichshall/ Württ. (T. 63 23) - Geb. 14. Febr. 1915 Karlsruhe, ev., verh., 2 Kd. - Abit. - Verw.slaufbahn f. d. gehob. Dienst, 2 J. Wehrmacht, ab 1938 AA Berlin (1 1/2 J. Konsulatssekr. Stockholm), 1940-45 Kriegsdst. (2 1/2 J. Chef e. Schützenkomp. Nordfinnl.), 1947-48 Wirtschaftsmin. Stuttgart (Sachbearb.). MdK Heilbronn u. a. CDU.

KLENK, Fritz
Dr. phil., Prof., Hochschullehrer i. R. - Hofackerstr. 17, 7141 Steinheim/Murr - Zul. Prof. f. Geschichte Päd. Hochsch. Ludwigsburg.

KLENK, Hans Dieter
Honorargeneralkonsul v. Panamá - Viermorgenweg 4, 6500 Mainz 23 (T. 06131 - 47 31 74 od. 47 68 72; Fax 06131 - 47 75 80) - Geb. 8. Febr. 1933, ev., verh. s. 1953, 4 Kd. (Heike, Susanne, Ingo, Markus) - Ind.-Kfm. u. Ing. Verfahrenstechnik/Papiererzeugung u. -verarbeitung - 1960 Dir., 1972-84 pers. haftender Gesellsch., b. 1990 Gesellsch. Hakle-Werke Hans Klenk & Co., Mainz, 1990 selbst. Berater.

KLENK, Hans-Dieter
Dr. med., Dipl.-Biochem., Prof. u. Leiter Inst. f. Virologie Univ. Marburg (s. 1986) - Oberhof 11, 6307 Linden - Geb. 25. Juni 1938 Köln - S. 1971 (Habil.) Lehrtätigk. Univ. Gießen (1973 Prof.). Üb. 150 Facharb.

KLENK, Helmut
Dr., Dipl.-Ing., Bezirksdirektor Nordd. Hagelversich., Weingutsbesitzer Mehlstr. 20-22, 6509 Framersheim/Alzey (T. 06733 - 3 64) - Geb. 17. Jan. 1930 Worms (Vater: Hermann K., Landwirt; Mutter: Emilie, geb. Busch), ev., verh. s. 1955 m. Doris, geb. Beyer, 2 Kd. (Ute, Hans-Ulrich) - 1951-58 Stud. Agrarwiss. Univ. Bonn (Dipl. 1954; Promot. 1958) - Gründungsmitgl. Petersberg-Kellerei e.G., Gau-Odernheim; Mitgl. d. Südwestfunk-Verwaltungsrates - 1984 BVK - Liebh.: Fotografieren.

KLENK, Volker
Dipl.-Volksw., Betriebsdirektor - In der Ziegelklinge 13, 7000 Stuttgart 1 (T. 640 58 95) - Geb. 22. März 1938 Stuttgart (Vater: Fritz K., Hauptlehrer; Mutter: Margarete, geb. Kirchdörfer), verh. s. 1970 m. Renate, geb. Kortmann - Stud. d. Volkswirtsch. Univ. Tübingen u. Berlin (Freie) - 1976-80 MdL Bad.-Württ. FDP - Spr.: Engl., Franz.

KLENKE, Günther
Vorstandsmitglied Axel Springer Verlag AG, Hamburg - Kochstr. 50, 1000 Berlin 61 u. Axel-Springer-Platz 1, 2000 Hamburg 36 (T. 040 - 34 72 36 05-06) - Geb. 31. März 1924 Berlin (Eltern: Heinrich u. Margarete K.), ev., verh. s. 1948 m. Ilse, geb. Beck, 2 Kd. (Gabriele, Matthias) - Lehre Verlagskaufm. Berlin - 1948-60 Management Training Personnel Management Advisor, USAF; 1960-66 Personnel Manager Auer-Ges., Berlin; s. 1966 Axel Springer Verlag AG (1974 Prok., 1975 Personal-Dir., 1983 Vorst.). Mitgl. Gesamtvorst. Verb. d. Druckind. Berlin-Brandenburg u. Verb. d. Druckind. Nord, Hamburg; Vorst. -Mitgl. Sozialpolit. Aussch. Bundesverb. Druck, Wiesbaden; stv. Vors. Sozialpolit. Aussch. Bundesverb. Dt. Zeitungsverleger, Bonn; Mitgl. Sozialpolit. Aussch. Verb. Dt. Ztschr.verleger, Bonn. Richter

Bundessozialgericht Kassel u. Landesarbeitsgericht Berlin - BVK I. Kl.

KLENKE, Werner
Dr.-Ing., Prof. (Leit. Lehrgeb. Thermodynamik d. Wärme- u. Stofftransports/Inst. f. Thermodyn.) TU Braunschweig (s. 1972) - Kleiner Zimmerhof 7, 3340 Wolfenbüttel - Geb. 14. Nov. 1932.

KLENNER, Wolfgang
Dr. rer. oec., Prof. f. Wirtschaft Ostasiens Univ. Bochum (s. 1984) - Hombergstr. 7, 4322 Sprockhövel (T. 02324 - 7 93 98) - Geb. 6. Nov. 1942 Trautenau (Vater: Dr. Josef K., Rechtsanw.; Mutter: Friederike, geb. Wanka), verh. s. 1976 m. Dr. Makiko, geb. Hamaguchi, 2 Töcht. (Isabel, Florence) - Stud. Berlin, Singapore, Hong Kong, Bochum; Promot. 1978 - 1979-84 Leit. d. China-Sektion am HWWA-Inst. f. Wirtsch.forsch., Hamburg. 1981/82 Gastwissenschaftler b. d. Chines. Planungskommiss. u. Univ. of Intern. Business and Economics Peking; 1985 Gastprof. Univ. Tokyo - BV: Ordnungsprinzipien im Industrialisierungsprozeß d. VR China, 1979; D. Wandel in d. Entwicklungsstrategie d. VR China, 1981; The Chinese Economy, 1983; Trends of Economic Development in East Asia, 1989 - Spr.: Engl., Franz., Chin., Jap.

KLEPPA, Jürgen
Persönlich haftender Gesellschafter Grunelius KG Privatbankiers - Myliusstr. 33, 6000 Frankfurt - Geb. 5. Febr. 1935 Witten/Ruhr.

KLEPPER, Regina
Sängerin (Sopran) - Unterer Katzenbergweg 11, 8700 Würzburg (T. 0931 - 6 34 30) - Geb. 5. April 1957 Baden-Baden (Vater: Wilhelm K., Konzertmeister; Mutter: Rosemarie, geb. Schuchard), kath., verh. s. 1982 m. Prof. Dr. Dr. h. c. Winfried Böhm, T. Katharina - Musikhochsch. Hannover u. München; Konzert- u. Opernex., Meisterklassendipl. (Prof. Ernst Haefliger) 1981 München - S. 1981 Engagem. Bayer. Staatstheater am Gärtnerplatz München; Operngastsp. u. a. Hamburg, Zürich, Florenz u. Pretoria - Partien: u. a. Pamina, Sophie, Gretel, Ännchen, Blondchen, Jungfer Anna, Gabriele (D. Nachtlager in Granada). Zahlr. Rundfunk-, Fernseh- u. Schallplattenprod., u. a. Erste Lieder großer Meister (m. Erik Werba) - 1978 Preis Intern. Schubert-Wolf-Liedwettbew. Wien; 1980 Preis Mozartfest-Wettbew. Würzburg; 1981 Preis Dt. Musikrat-Wettbew. Bonn - Spr.: Ital.

KLEPSCH, Egon A.
Dr. phil., Dozent MdB (s. 1965; Wahlkr. 150/Koblenz), Präsident d. Europ. Parlaments (s. Jan. 1992) - 97-113 Rue Belliard, B-1040 Bruxelles - Geb. 30. Jan. 1930 Bodenbach/Sudetenl. (Vater: Kaufm. Angest.), kath., verh. s. 1952 m. Anita, geb. Wegehaupt, 6 Kd. (3 S., 3 T.) - Stud. Gesch., Polit. Wiss., Geogr. Promot. 1954 Marburg - 1955-59 Ref. Büro Bonner Berichte; s. 1959 Doz. f. Intern. Politik Wiss. Forschungs- u. Lehrstab Bundeswehr, Landes- (1955-57 Hessen) u. Bundesvors. Jg. Union (1963-69); 1964ff. Präs. Intern. Union Jg. Christl. Demokr. Europas; 1973ff. Mitgl. Europ. Parlam.; s. Dez. 1990 Vizepräs. d. Deutschen Rates d. Europäischen Bewegung; s. 1989 Präs. d. Europa-Union Deutschland; s. 1991 Mitgl. im Rundfunkrat d. Deutschlandfunkes; 1977-92 Vizepräs. d. EVP; 1977-82 u. 1984-92 Vors. d. EVP-Fraktion, 1982-84 Vizepräs. d. Europ. Parlaments. CDU s. 1951 - Liebh.: Schach.

KLES, Werner
Kaufmann, Geschäftsf. Weberei Engels GmbH, Mönchengladbach - Eisvogelweg 20, 4050 Mönchengladbach 4 (T. 02166 - 5 39 72) - Geb. 10. Okt. 1932 Saarbrücken, verh. s. 1957 m. Helene, geb. Bier, 2 Kd. (Jutta, Detlev) - LDT, Nagold - Spr.: Franz.

KLESCZEWSKI, Reinhard

Dr. phil., Prof. f. Romanistik Univ. Düsseldorf - Badeniastr. 12, 4044 Kaarst 1 - Geb. 17. Jan. 1933 Königsberg/Pr. (Vater: Gustav K., Lehrer; Mutter: Frieda, geb. Hein), ev., verh. s. 1965 m. Frauke, geb. Koerbel, 2 Kd. (Bert, Mario) - 1953-62 Stud. Roman., Angl., Phil. u. Päd. (m. Unterbr.) Univ. Kiel (Promot. 1962); 1955/56 Bologna; 1957-58 Paris, 1958-59 Assist. Teacher Uxbridge b. London; Staatsex. (Gymn.) 1963; Habil. 1978 - 1963-65 wiss. Assist; 1965-72 Akad. (Ober)Rat; 1972-78 Assist.-prof. Univ. Saarbrücken; 1979-82 Doz. Univ. Düsseldorf; s. 1982 Prof. D'dorf - BV: D. franz. Übers. d. Cortegiano v. B. Castiglione, 1966. Herausg.: Italia viva. Festschr. H. L. Scheel (m. W. Hirdt, 1983); Italien. Literatur in dt. Sprache (m. B. König, 1990).

KLESPER, Ernst
Dr. rer. nat. habil., Dr. h. c., Prof. f. Makromolekulare Chemie, RWTH-Aachen - Josef-Ponten-Str. 54, 5100 Aachen - Geb. 8. Dez. 1927.

KLESSINGER, Martin
Dr. rer. nat., o. Prof. f. Theoret. Organ. Chemie - Görlitzer Str. 108, 4400 Münster/W. (T. 24 81 28) - Geb. 14. Sept. 1934 Berlin (Vater: Johann K., Oberstud.rat; Mutter: Ruth, geb. Osburg), ev., verh. s. 1965 m. Heidi, geb. Ussling, 2 Kd. (Sabine, Stephan) - Abit., Dipl.-Chem. 1959, Promot. 1961, Habil. 1968 - B. 1970 Assist. Univ. Göttingen, 1970 Abt.vorst. Chem. Labor. Freiburg, 1971 o. Prof., Dir. Org.-Chem. Inst. Univ. Münster, 1976/77 Dekan Math.-nat. Fak. Univ. Münster - BV: Mehrelektronenmodelle in d. Organ. Chemie, 1968; Elektronenstruktur organischer Moleküle, 1982; Lichtabsorption u. Photochemie organischer Moleküle (m. I. Michl), 1989. Herausg.: Strukturen organischer Moleküle (1987) - Liebh.: Kammermusik (Bratsche) - Spr.: Engl.

KLESSMANN (ß), Christoph
Dr. phil., Prof. f. Zeitgesch. Univ. Bielefeld - Neuköllner Str. 17, 4800 Bielefeld 1 - Geb. 13. Nov. 1938 Jöllenbeck/Bielef., verh. s. 1967, 2 Kd. - Stud. Gesch. u. klass. Philol.; Staatsex. 1965; wiss. Mitarb. Ostkolleg, Köln; Promot. 1969 - 1970-76 wiss. Ass. Univ. Bochum - BV: D. Selbstbehauptung e. Nation, 1971; Poln. Bergarb. im Ruhrgeb. 1870-1945, 1978; D. dopp. Staatsgründ. Dt. Gesch. 1945-55, 1982; Zwei Staaten, e. Nation. Dt. Gesch. 1955-70, 1988. Zahlr. Aufs. u. Rez. z. dt. u. poln. Gesch. d. 19./20. Jh.

KLESSMANN (ß), Eckart
Schriftsteller - Am Herrenhaus 2, 2411 Niendorf/St. (T. 04156 - 75 39) - Geb. 17. März 1933 Lemgo/Lippe - BV: Einhornjagd, Ged. 1963; Die Welt d. Romantik, Kulturgesch. 1969; Prinz Louis Ferdinand v. Preußen (1772-1806), Gestalt e. Zeitenwende, 1972; Undines Schatten, Ged. 1974; Caroline - D. Leben d. Caroline Michaelis-Böhmer-Schlegel-Schelling, Biogr. 1975; Seestücke, Ged. 1975; Unter unseren Füßen - neue arch. Funde im Deutschland, 1978; Die dt. Romantik, 1979; Telemann in Hamburg (1721-1767), 1980; Botschaften f. Viviane, Ged. 1980; Gesch. d. Stadt Hamburg, 1981; E.T.A. Hoffmann od. D. Tiefe zw. Stern u. Erde, Biogr. 1988; Napoleon - Lebensbilder, 1988; D. Mendelssohns. Bilder aus e. dt. Familie, 1990. Herausg.: Napoleons Rußlandfeldzug in Augenzeugenber. (1964); Deutschl. unter Napoleon in Augenzeugenber. (1965); D. Befreiungskriege in Augenzeugenber. (1966); Hamburger Weihnachtsbuch (1982); Unter Napoleons Fahnen. Erinner. lipp. Soldaten 1809-14 (1991); D. vier Jahreszeiten, Ged. (1991); Lyrische Porträts (1991) - Textautor v. Auf Goethes Spuren v. Michael Ruetz (1968); Hamburg bei Licht v. Jaschi Klein (1981) - Versch. Übersetz. - Mitgl. PEN-Zentrum BRD, Freie Akademie d. Künste in Hamburg, Akad. d. Wiss. u. d. Literatur in Mainz.

KLETT, Michael
Verleger, pers. haft. Gesellsch. d. Firma Ernst Klett GmbH + Co., Stuttgart - Rotebühlstr. 77, 7000 Stuttgart 1 (T. 66 72-0) - Geb. 19. Febr. 1938 Stuttgart (Vater: Ernst K.).

KLETT, Thomas
Dr. - Rotebühlstr. 77, 7000 Stuttgart 1 (T. 66720) - Geb. 19. Sept. 1944 Tübingen - Pers. haft. Gesellsch. d. Firma Ernst Klett, Stuttgart.

KLETT, Werner
Filmproduzent u. Regiss. - Arno-Holz-Str. 15, 1000 Berlin 41 (T. 7 92 64 06) - Geb. 22. Okt. 1928 Berlin (Vater: Fritz K., Verleger; Mutter: Elly, geb. Euler, Verlegerin), ev., verh. s. 1967 m. Marina, geb. Mey, 2 Kd. (Oskar, Sophie) - 1947 Abit., 1947-49 Theolog. Hochsch. Dillingen, 1949-53 Univ. Erlangen (German., Gesch.), 1953-59 Tätigk. Verlagswesen (Stuttgart, New York) - S. 1959 Inh. Filmprod. Werner Klett, Berlin. Vorst. Dt. Stiftg. f. Filmkunst; Vorst. Bundesverb. dt. Film- u. AV Produzenten, Vorst. Jerxheimer Kunstverein - Filme: Kein Mann ohne Revolver (1967), Omnibus (1969), Werwölfe (1972), D. Chinesen (1974), Cinematograms I-VII (1978), Autobahn (1979), Elektrizität (1980), D. grüne Max (1981), D. Oberwirt (1982), D. Landarbeiter (1983), Michels Dorf (1984), Bahnhof Nirwana (1985), Überall u. nirgendwo (1986), D. letzte Nacht d. Würgers (1987) - Dt. Wirtschaftsfilmpreis, Intern. Agrarfilm Preis, Bundesfilmpreis, Bundesfilmprämie, Fernsehpreis d. Eduard Rhein Stiftg., Mention de qualite, Paris, Premio di qualita, Rom, Preis d. dt. Filmtheater (HDF).

KLEUSBERG, Herbert
Dr. med., Bezirksbürgermeister a. D., Stadtältester v. Berlin - Voigtländerzeile 9, 1000 Berlin 20 - Geb. 20. Jan. 1914 Berlin - Oberrealsch. Berlin, Abit., 1943-49 Stud. Med. Univ. Berlin, Staatsex. u. Promot. 1949 - 1933-36 Amts- u. Gemeindeverw. Eichwalde b. Berlin (Ausbild.), 1936-38 Soldat, 1938-39 Industrietätigk. (Kodak AG, Berlin), 1939-44 Kriegsdst. (Wegen Schwerbeschäd. vorz. entl.), 1949-58 Krkhs.zeit, b. 1967 Arzt im öfftl. Gesundheitsdst. (1960 Amtsarztex., stv. Amtsarzt), v. 1967-79 Bürgerm. Bezirk Spandau, Facharzt f. Innere Med, Arzt f. Öfftl. Gesundheitswesen u. Sportarzt (betreute u. a. d. Dt. Olympiamannsch. 1960 in Rom). 1959-61 Bezirksverordn. Spandau, 1961-67 MdA Berlin. SPD s. 1945 - Auszeichn. Brit. Königin m. d. OBE (Honorary Officer of the Civil Division of the Most Excellent Order of the British Empire), 1976 Verl. d. Verdienstkr. 1. Kl. d. Verdienstord. d. Bundesrepublik Deutschland (1979) - Liebh.: Wassersport (Ehrenvors. Rudervereinig. Berlin 78).

KLEVER, Manfred
Dipl.-Ing., Vorsitzender d. Geschäftsfg. Gutbrod-Werke GmbH Saarbrücken - Scheidter Str. 40, 6601 Scheidterberg (T. 0681 - 81 51 32) - Geb. 8. Febr. 1934 Freiburg, ev., verh. s. 1961 m. Christa, geb. Müller-Sohler, 2 Tächt. (Andrea, Alexandra) - Werkzeugmacher; Ing.-Schule Iserlohn (Dipl.-Ing. FH); TH Aachen: Fertigungstechnik u. Betriebslehre (Dipl.-Ing. TH) - Vors. d. Geschäftsf. Gutbrod-Werke GmbH, Saarbücken, zuständ. f. Entw., Prod., Mat.-Wirtsch., Qualität - Div. Patente.

KLEVER, Peter
Pfarrer i.R., Schriftst. - Am Uhrturm 22a, 3000 Hannover 81 (T. 0511 - 83 61 46) - Geb. 14. Juni 1934 Crossen/O., ev. - 1952-57 Theologiestud.; 1. Staatsex. 1957, 2. Staatsex. 1960; 1977-79 Sozialpädagogikstud. (ohne Abschl.) - Pfarrer Erlangen, München, Coburg - BV: Z. Leben erwachen, 1981; Wo d. Himmel d. Erde berührt, 1981; Wege z. Glauben u. Leben, 1982; Hoffnung findet Wege, 1983; Wenn d. Herbst kommt, 1984; Es soll nicht dunkel bleiben, 1985; Wend dein Gesicht d. Sonne zu, 1986; Glanz fand ich auch, 1987; Sehet d. Menschen, 1987; Ich zünde e. Kerze für dich an, 1987; Vor d. Himmel e. Zaun, 1988; Damit ich finde, was ich suche, 1988; Ich reiche dir meine Hand, 1989; Dein Abend wird sein wie d. Morgen, 1989; Ich bin dir zugeneigt, 1989; Sich selbst erfahren, 1990; Du, 1990; Einsam, 1990; Zeig mir d. Weg z. Glauben, 1990; Gott sieht uns v. unten, 1990; Nimm dir etwas Zeit, 1991; D. Leben hat viele Muster, 1991; Z. Entfaltung kommen, 1991; Unter d. Wolken, 1991; Dem Fest entgegengehen, 1991; Frieden eröffnen, 1992; Weiß ich den Weg auch nicht, 1992; Gottesdienste anders feiern, 1992; Wie ein Baum gepflanzt am Wasser, 1992; Ins Leben gerufen, 1992; Aufmerksam werden, 1992.

KLEWIN, Wilfried
Unternehmensberater PR u. CI - August-Bebel-Str. 35, 6806 Viernheim - Geb. 26. Aug. 1930 Dortmund (Vater: Georg K., Stadtinsp.; Mutter: Hedwig, geb. Lübbert), verh. s. 1958 m. Rosemarie, geb. Herpich, Sohn Christian - 1951-56 Stud. Zeitungswiss. u. Literaturgesch. München - 1957 Redakt. Siemens Mitt.; 1965 Leit. Abt. Öffentlichkeitsarb. Preussag AG; 1975 Dir. Zentralber. Öffentlichkeitsarb. Asea Brown Boveri AG; 1977 Doz. Dt. Inst. f. Public Relations (DIPR); Seminarleit. Zentrum f. Unternehmungsfg., Zürich - Spr.: Engl.

KLEWITZ, Elard
Dr. phil., Prof. f. Grundschulpädagogik FU Berlin - Hortensienstr. 57, 1000 Berlin 45.

KLEWITZ, Martin
Dr., Landeskonservator i. R. - Nelkenstr. 20, 6670 St. Ingbert - Geb. 26. Febr. 1917 Mühlhausen/Thür. - Stud. Hochfrequenztechnik (Dipl.Ing.) u. Kunstgesch. (Dr.) - 1952-82 Staatl. Konservatoramt Saarbrücken (s. 1964 Leiter) - 1963-89 Vors. Dt. Parität. Wohlfahrtsverb. Rhld.-Pfalz u. Saarl. - VO d. Saarl.

KLEY, Gisbert
Dr. jur., Ministerialrat a. D., Direktor i. R. - Zul. Ahornallee 4, 8023 Pullach/Oberbayern - Geb. 3. Aug. 1904 Meseritz (Vater: Dr. jur. Max K., Oberverwaltungsgerichtsrat; Mutter: Else, geb. Schäfer), ev., verh. s. 1935 m. Edelgarde, geb. v. Witzleben, 6 Kd. (Gisbert, Gottfried, Max Dietrich, Donata, Andreas, Karl-Ludwig) - Gymn. Berlin (Abit. 1922); Univ. Heidelberg (Promot. 1928), München, Berlin (Rechtswiss.). Jurist. Staatsprüf. 1926 u. 30 - Justizdst. (Richter); Reichswirtschaftsmin., Berlin (Ass.); Bundesernährungsmin., Bonn (zul. Min.rat); 1950-69 Siemens & Halske AG., Berlin/München, u. Siemens-Schuckertwerke AG., Berlin/Erlangen bzw. Siemens AG., Berlin/München (stv. bzw. o. Vorstandsmitglied). Funktionen Facheinricht. u. EKD. 1969-72 MdB. B. 1968 CDU, dann CSU - 1973 Gr. BVK, 1981 Stern dazu; 1976 Bayer. VO. - Liebh.: Geschichte, Kunst, Lit. - Spr.: Franz.

KLEY, Hans K.
Dr. med., Internist (Oberarzt Medizin. Klinik), apl. Prof. f. Inn. Med. Univ. Düsseldorf (s. 1978) - Harffer Str. 71, 4040 Neuss.

KLEY, Max Dietrich
Vorstandsmitglied BASF Aktiengesellschaft, Ludwigshafen/Rhein - Zu erreichen üb. BASF AG, Carl-Bosch-Str. 38, 6700 Ludwigshafen - Geb. 26. Febr. 1940 Berlin, verh. s. 1966 m. Monika-Marlene, geb. v. Kriegsheim, 3 Kd.

KLEY, Walter
Dr. med., em. o. Prof. f. Hals-, Nasen- u. Ohrenheilkunde - Waldkugelweg 14, 8700 Würzburg (T. 0931 - 8 24 66) - Geb. 12. Mai 1921 Germersheim/Rhein, ev., verh., 2 Kd. - Oberrealsch. Würzburg; Univ. Erlangen u. Würzburg - S. 1952 (Habil.) Lehrtätigk. Univ. Würzburg (1958 apl. Prof.) u. Mainz (1966 Ord. u. Klinikdir.), s. 1975 Ord. u. Klinikdir. Univ. Würzburg, emerit. 1987. Ref. VIII. Intern. Kongreß 1965 Tokio u. XXXIX. Dt. HNO-Ärztetagung 1968 Bad Reichenhall; 1976/77 Präs. Dt. Ges. f. HNO-Heilkunde, Kopf- u. Halschir., u. 1981 Dt. Ges. f. Plastische- u. Wiederherstellungschir. Zahlr. Fachveröff. - 1964 Ehrenmitgl. Span. Ges. f. Oto-Rhino-Laryngologie, 1979 Österreichische Ges. f. Hals-Nasen-Ohren-Heilkunde, Kopf- u. Halschirurgie; 1982 Ung. Ges. f. Oto-Rhino-Laryngologie, 1989 Bundesverb. d. Kehlkopflosen; 1991 Dt. Ges. f. Plastische- u. Wiederherstellungschir.; 1987 BVK am Bde.

KLEYBOLDT, Claas
Vorsitzender Vorstände Colonia Konzern AG, Nordstern Allg. Versich. AG u. Nordstern Lebensversich. - Gereonstr. 43-65, 5000 Köln 1 - Geb. 4. Sept. 1937 - 2. jurist. Staatsex. 1968.

KLEYE, Werner Alexander
Univ.-Prof. a.D. - Rotenfelser Weg 5, 1000 Berlin 46 (T. 030 - 774 29 37) - Geb. 27. Nov. 1925 Berlin, verw. - 1952 Dipl.-Bibl.; 1967-73 Leit. Stadtbüch. Berlin-Tiergarten; 1967-75 ehrenamtl. Finanzrichter; 1973-77 Leit. Staatl. Prüfungsamt f. Bibl. Berlin; 1974-80 Mitgl. u. zeitw. Vors. d. Informationsbeir. d. Senats v. Berlin, 1973 Gründer d. Literarischen Werkstatt Moabit, 1977-91 Prof. FU Berlin - BV: Am Anfang steht d. Auswahl. Rheinfelden: Schäuble VI., 1989; Mein Traumberuf war es nicht, 1990. Üb. 1000 Buchbespr. in Tagesspiegel, FAZ, Buchanzeiger u.a. Zahlr. Beiträge in Fachztschr. u. Büchern, z.B. Lex. d. Kinder- u. Jugendlit.

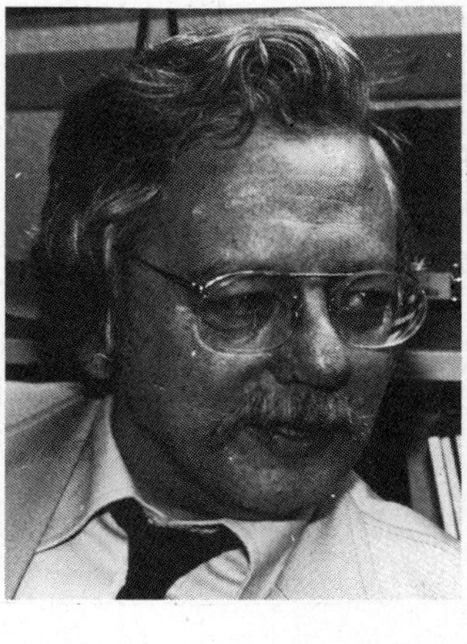

KLICHE, Heinz
Vorstandsmitglied WOLKO Schuhfabrik AG. - Hermann-Wolf-Str. 9, 7100 Heilbronn/N.-Sontheim.

KLICK, Roland
Filmregisseur, Produzent u. Drehbuchautor - Postf. 30 65, 1000 Berlin 30 - Geb. 4. Juli 1939 Hof (Vater: Karl K., Arzt), ev., verw., S. Alexander - Gymn. (Abit.); Stud. Theaterwiss., Kunstgesch., Phil. u. German. - Div. Fenseh-Arbeiten; Kino-, Kurz- u. -Spielfilme als Drehbuchautor, Regiss. u. Produz., u. a. Kinofilme: Weihnacht, Ludwig, Bübchen, Deadlock, Supermarkt, Lieb Vaterland magst ruhig sein, Derby Fever (USA), White Star (m. Dennis Hopper, Terrance Robbay, Luke Askew), abgedreht 1982, Fertigstellung Ende 1982; Schluckauf, 1987; FS: Jimmy Orpheus, Derby Fever - Div. Festivalpreise, u. a. Golddukaten (Mannheim), Film Society Award, Silb. Drachen (Krakau), Colonel on the Staff of the Governor of Kentucky (USA), Prix du Bureau d'Information du Court Métrage (Tours), 4 Bundesfilmpreise in Gold - Liebh.: Musik, Reisen, Kino - Spr.: Engl., Franz., Ital. - Lit.: Film-Lexikon.

KLIE, Werner
Dr. jur., Apotheker (Rathaus-Apotheke Dr. Johannes Klie, Hamburg 1), Präs. Apothekerkammer Hamburg (s. 1951), Vorstandsmitgl. Berufsgenoss. f. Gesundheitsdienst u. Wohlfahrtspflege (s. 1953), Mitgl. Conseil Fédération Intern. Pharmaceutique (s. 1956) u. Bundesgesundheitsrat (s. 1958), Lehrbeauftr. f. Apothekengesetzgeb., Arzneimittelrecht u. Geschichte d. Pharmazie Univ. Hamburg (s. 1956) - Sanderskoppel 37, 2000 Hamburg 65 (T. 5362281; Apotheke: 362201) - Geb. 28. April 1908 Hamburg (Vater: Dr. phil. Johannes K., Apoth.; Mutter: Anna, geb. Persoon), ev., verh. s. 1938 m. Irmgard, geb. Richers, 4 Kd. (Hans-Werner, Ursula, Barbara, Thomas) - Realgymn. d. Johanneums Hamburg; Stud. Rechtswiss. München, Berlin, Hamburg, Jena, Pharmaz. Kiel u. Berlin. Promot. 1931; Pharmaz. Staatsex. 1935 - 1936 Übern. väterl. Apotheke (m. Bruder Dr. phil Hans-Emil); im Krieg Stabsapoth. 1956-64 Präs. Bundesapoth.kammer; 1961-62 Präs. Groupement Pharmac. de la Communauté Européenne (Brüssel); 1968 Korrespond. Mitgl. Schweiz. Apothekerverein; 1973 Gr. Verdienstkr. d. Verdienstord. d. BRD; 1973 Hans Meyer-Medaille - 1964 BVK I. Kl. - Liebh.: Kunstsamml. - Spr.: Engl. - Rotarier.

KLIE-RIEDEL, Kriemhild
Zeitkritische Lyrikerin, fr. Publizistin - Steinbachweg 3, 3510 Hann. Münden (T. 05541 - 3 40 01) - Geb. 12. Juli 1914 Hann. Münden, verw., 2 Kd. - Ehem. Schriftleit. - Mitbegründ. u. Vorst.-Mitgl. Freie Humanisten Hann. Münden -

Veröff.: zeitkrit. Ged.bde., u.a. Oben ohne - Ansichten e. ungeschminkten Frau, Unter dem stillen Mond. Ged. nicht nur zum Träumen - 1984 Gold. Bundesehrenz. am blauen Bd.

KLIEBHAN, Harald
Dr.-Ing., Dipl.-Berging., Hauptgeschäftsführer Wirtschaftsvereinig. Bergbau i.R. - Zitelmannstr. 9-11, 5300 Bonn; priv.: Eichendorffweg 19, 5308 Rheinbach - Geb. 21. Aug. 1927.

KLIEFOTH, Friedrich
Sparkassendirektor, Vorstandsvors. Sparkasse zu Lübeck - Kapitelsdorfer Kirchweg 4, 2400 Lübeck - Geb. 24. Nov. 1919.

KLIEGEL, Maria
Cellistin, Prof. f. Cello Staatl. Hochsch. f. Musik Rheinland-Köln - Dagobertstr. 38, 5000 Köln 1 - Geb. 14. Nov. 1952 - 1981 1. Preis Concours Rostropovitch Paris.

KLIEGEL, Wolfgang
Dr. rer. nat., Univ.-Prof. (Lehrgeb. Pharmazeut. Chemie) TU Braunschweig (s. 1971) - Beethovenstr. 55, 3300 Braunschweig - Geb. 15. Mai 1938 Striegau/Schles. - Promot. 1966 Münster; Habil. 1970 Braunschweig - BV: Bor in Biologie, Med. u. Pharmazie, 1980. Zahlr. Facharb.

KLIEM, Detlef
Dipl.-Ing., Geschäftsführer Normenausschluss. Verpackungswesen im DIN e.V. - Burggrafenstr. 4-10, 1000 Berlin 30; priv.: 27, Biedenkopfer Str. 2 - Geb. 6. Mai 1944 Osterode/Harz (Vater: Hermann K., Verwaltungsangest.; Mutter: Gerda, geb. Wiese), ev., verh. s. 1967 m. Bärbel, geb. Schulze, 2 S. (Torsten, Christian) - Humboldt-Gymn. u. TU Berlin (Biotechnol.) - S. 1970 DIN/ Dt. Inst. f. Normung, Berlin - Liebh.: Orgelmusik, Angeln, Wandern - Spr.: Engl.

KLIEM, Kurt
Dr. phil., Prof. a. D., Landrat Landkr. Marburg-Biedenkopf (s. 1985) - Im Lichtenholz 60, 3550 Marburg; priv. Im Buch 10, 3557 Ebsdorfergrund-Beltershausen - Zul. Prof. f. Politikwiss. Univ. Gießen.

KLIEMANN, Carl-Heinz
Prof., Maler u. Graphiker - Tassilostr. 17, 8032 Gräfelfing (T. 089 - 85 24 06) u. Rüsternallee 37, 1000 Berlin 19 - Geb. 8. Juni 1924 Berlin, ev., verh. s. 1946 m. Helga, geb. Radler, 1 Sohn - Gymn. (Abit.); Hochsch. f. bild. Künste Berlin. S. 1950 freischaffend; 1950-51 Doz. Meistersch. f. d. Kunsthandwerk Berlin; s. 1966 o. Prof. TH bzw. Univ. Karlsruhe (Lehrstuhl f. Malerei u. Graphik). Holzschnitte, Wand-, Tafelbilder, Aquarelle, Pastelle - 1950 Kunstpreis Stadt Berlin; 1953 Stipendium Kulturkr. im BDI, 1955 Preis Modernes Museum Ljubljana, 1958 Villa-Romana-Preis,

1970 v.-Faber-Castell-Preis; 1965 Ehrenmitgl. Akad. f. Zeichenkunst Florenz; 1982 BVK - Lit.: Hans Platte, Farb. Graphik unserer Zeit (Belser-Verlag, Stuttgart); Wolf Stubbe, Graphik d. 20. Jh. (Rembrandt-Vg., Berlin); Eberhard Roters, D. Grafik von C.-H. K. (Cantz, Stuttgart); Gunther Thiem, D. dt. Holzschnitt im 20. Jh. (Cantz, Stuttgart 1984).

KLIEMANN, Peter
Dr. phil., Journalist, Programmdirektor - Bertramstr. 8, 6000 Frankfurt 1 (T. 069 - 155 22 78) - Geb. 15. Juli 1930 Berlin (Vater: August K., Industriekfm.; Mutter: Johanna, geb. Pfitzner), ev., verh. s. 1964 m. Annelore, geb. Braun, T. Christiane - Obersch. Berlin (Abit. 1948); 1948-49 Redaktionsvolont.; 1949-58 Stud. German. u. Angl. ebd. (FU). Promot. 1958 - 1958-61 Feuill.redakt. D. Tagesspiegel Berlin, Lektor TU u. FU ebd., s. 1962 Lit.redakt., Leit. Abt. Lit. (1967) u. Dir. Kult.Progr. Dtschl.funk Köln (1974-87), s. 1987 Hörfunkdir. Hess. Rundfunk Frankfurt/M. - BV: Lit. im Rundfunk, 1967; D. Sortimentsbuchhandel d. Zukunft, 1968 - 1973 Friedrich-Perthes-Preis Börsenverein d. Dt. Buchhandels - Spr.: Engl., Franz.

KLIEMT, Walter
Dr. rer. pol., Dipl.-Kfm., Oberstadtdirektor a. D., Vorstandsmitgl. i. R. Vereinigte Elektrizitätswerke Westfalen AG. (VEW), Dortmund (1967-82) - Josef-Cremer-Str. 19, 4600 Dortmund (T. 412495; dstl.: 4384206) - Geb. 21. Jan. 1920 Mönchengladbach, verh. s. 1949 m. Anneliese, geb. Bresges, Sohn Dr. Hartmut - Stud. Wirtschafts- u. Sozialwiss. Dipl.-Kfm. 1947; Promot. 1948 - 1948-51 Ref. Arbeitsmin. NRW, Düsseldorf, 1952-54 Beigeordn., 1955-67 Oberstadtdir. Dortmund. AR-Mandate. 1962-70 MdL NRW (zeitw. stv. Fraktionsvors.). SPD s. 1945 - 1969 Gr. BVK.

KLIER, Freya

Schriftstellerin, Regisseurin - Oranienstr. 103, 1000 Berlin 61 (T. 030 - 251 97 55) - Geb. 4. Febr. 1950 Dresden, verh. m. S. Krawczyk, T. Nadja - Dipl.-Schausp. 1975 Leipzig; Dipl.-Regiss. 1982 Berlin - Freischaffende Regiss. - DDR Bürgerrechtl. - BV: Abreiss-Kalender, 1988; Lüg Vaterland, Erziehung in d. DDR, 1990; Insz.: Shakespeare, Moliere, Dürrenmatt, Majakowski (Berlin, Schwedt, Halle) - 1984 Staatspreis f. hervorrag. Regiearb. - Liebh.: Politik, Gesch., Lit., Theater - Spr.: Engl., Franz., Russ.

KLIESING, Georg
Dr. phil., Oberstudienrat a. D. - Am Feuerschlößchen 12, 5340 Bad Honnef (T. 23 97) - Geb. 10. Febr. 1911 Honnef (Vater: Wilhelm K., Lehrer; Mutter: Elisabeth, geb. Esch), kath., verh. s. 1949 m. Irmgard, geb. Düsing, 2 Kd. - Gymn. Honnef; Univ. Bonn (Phil., Rechts- u. Staatswiss., Gesch., German.; Promot. 1932) - 1936-39 Studienass., 1939-49 Wehrdst. (Offz.) u. sowjet. Gefangensch., 1950-53 Studienrat Herzogenrath u. Bad Godesberg, MdK Siegkr., Mitgl. Landesvorst. Rhld. Jg. Union, s. 1953-76 MdB, 1958 Mitgl. Berat. Vers. d. Europarates u. Vers. d. Westeurop. Union (1959 Vizepräs.). CDU (1964 Vors. neugegr. Bundesausschuss. f. Verteidigungspolitik). 1930-33 Mitgl. Windthorstbd. - 1965 Gr. BVK m. Stern, Ehrenmitgl. Interparlament. Union u. d. Dt. Atlantischen Ges.

KLIESS (ß), Werner
Produzent, Gesellsch. d. Monaco Film GmbH, München (s. 1985), Geschäftsf. d. Odeon Film GmbH, Wiesbaden (s. 1989) - Zu erreichen üb. Odeon Film GmbH, Unter den Eichen, 6200 Wiesbaden (T. 0611 - 58 94 22) - Geb. 24. Dez. 1939 Stosnau/Ostpr., verh. s. 1961 m. Christa, geb. Möller, 2 Kd. (Franciska, Sebastian) - Univ. Hamburg (German., Theaterwiss.) - B. 1969 Filmkritiker (Ztschr. film); b. 1979 Dramaturg, Produzent (Bavaria); b. 1985 Redaktionsleit. (ZDF) - BV: Sturm u. Drang, 1966; Genet, 1967; D. babylonische Turm, Hörsp. 1972; D. Mann v. Manassas, Schausp. 1975; Treffpunkt Friedhof, Fernsehdrehb. 1975; Wie schreibt man e. Fernsehkrimi?, Sachb. 1987.

KLIETMANN, Wolfgang
Dr. med., Privatdozent, Arzt f. Labormed., Mikrobiol. u. Infektionsepidemiologie, Dir. Institut f. Labormedizin, zugl. Med. Untersuchungsstelle d. Kreise Wesel u. Kleve in Moers - Schürmannsgraben 30, 4130 Moers 1 (T. 02841 - 1 06 16) - Geb. 21. August 1936 Geisa/ Rhön (Vater: Fritz K., Studienrat; Mutter: Helene, geb. Leibelt), ev., verh. s. 1991 m. Doris, geb. Kossel, 2 Kd. (Bettina, Maximilian) - Gymn. (Abit.); Med.stud. Univ. Münster, Paris (Dipl. d'Etudes de Civilisation Franc., Sorbonne 1962), Freiburg; Staatsex. 1965, Promot. 1967, bde. Freiburg; Ex. of the Council for Foreign Medical Grad., Evanston/Ill. 1966; Habil. 1973 Aachen (Med. Mikrobiol. u. Virologie) - S. 1965 Univ.tätigk. Freiburg u. 1970-72 Assoc. Scientist The Wistar Inst., Philadelphia/ Penns. (USA), 1973 Rhein.-Westf. TH Aachen (Habil.), b. 1974 Priv.-Doz. Univ. Tübingen, 1974-78 Friedr.-Miescher-Laboratorium, Max-Planck-Inst. f. Virusforsch. Tübingen, 1978 Dir. Inst. f. Labormed. Moers - Fachveröff. üb. Med. u. Infektionskrankh. Herausg. Aktuelle Tumormarker (1985); Labormanual (1986, 2. A. 1991); AIDS-E. Synopsis (1987, 2. A. 1991) - Liebh.: Golf - Spr.: Engl., Franz.

KLIEWER, Heinz-Jürgen
Dr. phil., Prof. f. Deutsch einschl. d. Didaktik Erziehungswiss. Hochsch. Rheinl.-Pfalz/Abt. Landau - Raiffeisenstr. 23, 6740 Landau-Mörzheim.

KLIEWER, Werner
Generalsekretär Dt. Gehörlosen-Sportverb. (s. 1971) - Adolfstr. 3, 4300 Essen - Geb. 29. März 1938 Danzig, ev., verh. s. 1965 m. Rosemarie, geb. Altes - Ausb. z. Schriftsetzer - 1974-90 2. Verbandsvors. Gehörlosen-Sportverb. Nordrh.-Westf., s. 1990 1. Vors.; 1974-86 Generalsekr. Intern. Gehörlosen-Weltschachverb.; s. 1987 Generalsekr. European DEAF Sport Org. - Liebh.: Bücher, Reisen.

KLIMA, Milan
Dr. rer. nat., Prof. f. Anatomie Univ. Frankfurt/M. (s. 1971) - Schönbornring 28, 6078 Neu-Isenburg 2 - Geb. 23. Jan. 1932 Prag - Promot. 1956 Prag; Habil. 1971 Frankfurt/M. - BV: Anat. d. Menschen, 1975. Üb. 50 Einzelarb.

KLIMEK, Hans-Joachim
Präsident Oberpostdirektion Dortmund - Postfach 1200, 4600 Dortmund (T. 199 - 5101).

KLIMEK, Theodor
Dr. phil., Prof. f. Engl. Sprache u. ihre Didaktik Hochschule Lüneburg (vorh. PH Nieders./Abt. Lüneburg) - Fasanenweg 4, 2121 Vögelsen.

KLIMKE, Helmut
Assessor, Geschäftsf. Arbeitsstelle f. Jugendseelsorge d. Dt. Bischofskonfz. - Carl-Mosterts-Pl. 1, 4000 Düsseldorf 30.

KLIMKE, Jürgen
Geschäftsführer u. Mitinh. e. PR-Agentur, MdHB (s. 1982) - Ziegeleiweg 1a, 2000 Hamburg 63 - Geb. 2. Juli 1948 Hamburg, ev., verh., 4 Kd. (Sarah-Susanne, Benjamin, Jonathan, Johanna) - Stud. Rechtswiss. Parlam. Geschäftsf. CDU-Frakt.

KLIMKE, Wolfgang
Studiendirektor i. R., Lyriker - Tulpenweg 6, 4190 Kleve -Geb. 7. Sept. 1919 Oberschles. - verh. - Stud. Wien, Halle, Köln - Höh. Schuldst.; Herausg. dt. u. engl. Schullektüre (Th. Wolfe, St. Crane, E. Jünger, Franz Kafka u. a.) - BV/Lyrik: Unter kosmischen Feuern Daseinslicht, 1981; M. Augen d. Lebens, 1982; Gewaltige Nähe, 1984; Stunde d. Windrose, 1986; Unschuld, gnade dir Gott, 1989; Das Jetzt in d. Händen, 1992.

KLIMKEIT, Hans-Joachim
Dr. phil., o. Prof. f. Vergl. Religionswissensch. - Nelkenweg 23, 5308 Rheinbach - Geb. 22. Juli 1939 Ranchi (Ind.) - Promot. 1964 Bonn - S. 1968 (Habil.) Lehrtätig. Univ. Bonn (1972 Ord. u. Seminardir.) - BV: D. Wunderverständnis Ludwig Feuerbachs in religionsphänomenol. Sicht, 1965; Antireligiöse Bewegungen in mod. Südindien, 1971; D. polit. Hinduismus, 1981; Manichaean Art and Calligraphy, 1982; D. Begegnung v. Christentum, Gnosis u. Buddhismus an d. Seidenstraße, 1986; D. Seidenstraße, 1988; Hymnen u. Gebete d. Religion d. Lichts, 1989; D. Buddha. Leben u. Lehre, 1990.

KLIMM, Anton
Dipl.-Brauing., Brauereidirektor i. R., stv. AR Hasen-Brauerei, Augsburg - Petzetstr. 5, 8000 München 60 - Geb. 25. Nov. 1917, kath. - TH München (Fak. f. Brauwesen Weihenstephan) - U. a. Vorstandsmitgl. Brauerei Wulle AG., Stuttgart, u. AG. Hackerbräu, München (b. Fusion Vorstandsvors.), Ehrenmitgl. Brau- u. Malzmeisterbund.

KLIMMER, Otto-Rudolf
Dr. med., Prof., Pharmakologe u. Toxikologe - 8771 Neustadt/Main - Geb. 6. März 1911 Ludwigshafen/Rh. - S. 1941 (Habil.) Lehrtätigk. Univ. Würzburg u. Bonn (1955 apl. Prof.; 1964 Wiss. Rat) - BV: Abriß d. Toxikologie u. Therapie f. Ärzte b. Vergiftungen durch Pflanzenschutz- u. Schädlingsbekämpfungsmittel, 2. A. 1971; Vergiftungen im Kindesalter, 2. A. 1966. Zahlr. Einzelarb.

KLIMMT, Reinhard
Historiker, MdL Saarland (s. 1975) - Am Zoo 1, 6600 Saarbrücken 3 - Geb. 16. Aug. 1942 - SPD - Vors. SPD-Landtagsfraktion u. SPD-Unterbez. Saarbrücken, Mitgl. d. SPD-Parteivorst., Vors. d. Medienkommiss. b. SPD-Parteivorstand.

KLIMT, Ferdinand

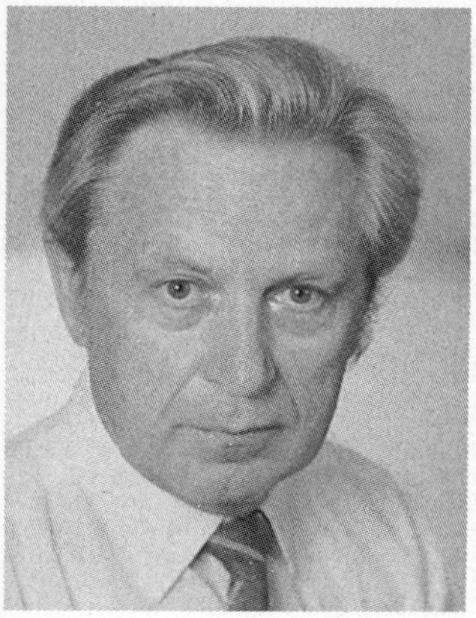

Dr. med. habil., o. Prof. f. Sportmedizin u. Pädiatrie, Lehrstuhl f. Sportmed. Philipps-Univ. Marburg - Am Heier 17, 3556 Weimar-Roth (Marburg) (T. 06426 - 77 88) - Geb. 25. Juni 1927 Auscha, verh. s. 1960 m. Waltraud, geb. Berndt, 3 Töcht. (Beatrix-Michaela, Constanze, Caroline) - Approb. u. Promot. 1954 Rostock, Habil. 1967 Berlin - 1954 Kreiskrkh. u. Poliklinik Neustrelitz: Assist.-Arzt, Kreissportarzt u. -venerologe; 1956 Sportarztanerkennung, 1957 Univ.-Kinderklinik Jena: Assist.-Arzt, Leit. Röntgenabt.; s. 1960 Arzt f. Kinderheilkd. Berlin (Städt. Klinikum Berlin-Buch, I. Kinderklinik, später Chefarzt klin. Bereich d. Inst. f. Infektionskrankh. im Kindesalter, Leit. Forschungsabt. Leistungsmed. im Kindesalter d. Dt. Akad. d. Wiss. zu Berlin, Stadtbezirkssportarzt); 1973 Univ. Gießen: Sportmed.; 1974 Inst. f. Arbeitsmed. Univ. Dortmund: Leit. Abt. Ergometrie; 1975 Univ. Hamburg, Inst. f. Leibesübungen: Leit. Sportmed., Gf. Dir.; 1978 Univ. Marburg: Leit. Sportmed. Bereich, Gf. Dir. Mehrere kooperative Forsch.aufenthalte im Ausland. Forsch.schwerp.: Körperl. sow. sportl. Belastbarkeit u. Leistungsfähigkeit im Kindes- u. Jugendalter, Schulsport u. -freistellungen, Leistungsschwächen u. Sport - 1966 Rudolf-Virchow-Preis.

KLINDER, Henry

Schauspieler, Regisseur (s. 1984), Oberspielleiter Bühnen d. Stadt Quedlinburg (s. 1987) - Stieg 28, O-4300 Quedlinburg - Geb. 25. Juli 1951 Quedlinburg, ev., verh. s. 1986 m. Kerstin, geb. Weigt, 2 Kd. (Paul, Paula) - 1970 Abit.; 1972-74 Stud. Theaterwiss.; 1980 Schauspieldipl. - 1980-86 Engagem. am Landestheater Eisenach; s. 1986 Bühnen d. Stadt Quedlinburg - Hauptrollen in: E. flog üb. d. Kuckucksnest (McMurphy); Prinz v. Homburg (Homburg); D. zerbrochene Krug (Adam); Cromwell (Oliver Cromwell); D. Widerspenstigen Zähmung (Petruchio) - Insz.: 2 UA. (D. Franzosen kommen, Harzschützen); Märchen u. Jugendst., Heiratsantrag v. Tschechow; D. Insel v. Fugard; D. Schlappschwanz v. Langliney; Extremities v. Mastrosimone.

KLINDWORTH, Dieter

Dipl.-Kfm., gf. Gesellschafter Procedo Ges. f. Exportfactoring D. Klindworth mbH Wiesbaden - Rehweg 13, 6200 Wiesbaden-Heßloch (T. 06121 - 54 13 72) - Geb. 31. Juli 1934 Berlin (Vater: Willi K., Beamter; Mutter: Maria, geb. Rink), kath., verh. s. 1967 m. Johanna, geb. Schmid, S. Thorsten - Stud. Wirtschaftswiss. - Gf. Gesellsch., Mitgl. Wirtschaftsrat; Fachveröff.

KLING, Albert

1. Bürgermeister Stadt Friedberg (s. 1978) - Rathaus, 8904 Friedberg/Schw. - Geb. 27. Febr. 1938 Augsburg - Zul. Amtsrat. CSU.

KLING, Bernhard

Dipl.-Ing., Prof. f. Fördertechnik u. Stahlbau GH Duisburg - Hasenstr. 69, 4220 Dinslaken.

KLING, Hansgeorg

Gymnasiallehrer, Studiendirektor, stv. Vors. d. Hess. Turnverbandes - Goldsternweg 16, 3500 Kassel - Geb. 19. Mai 1936 Kassel, ev., verh. m. Siglinde, geb. Becker, 2 T. (Silke, Wiebke) - 1956-62 Stud. Univ. Marburg, Wien (German., Geogr., Politik) - 1977-85 Vors. Akad. Turnbd.; 1978-82 Bundeskulturwart Dt. Turner-Bd., 1986-90 Bundespressewart Dt. Turner-Bund - BV: Fest u. Feier im Verein, 3. A. 1990 - Walter-Kolb-Plak. d. DTB - Liebh.: Wagner-Opern, Bergsteigen, Skilanglauf - Spr.: Engl., Franz.

KLING, Karl

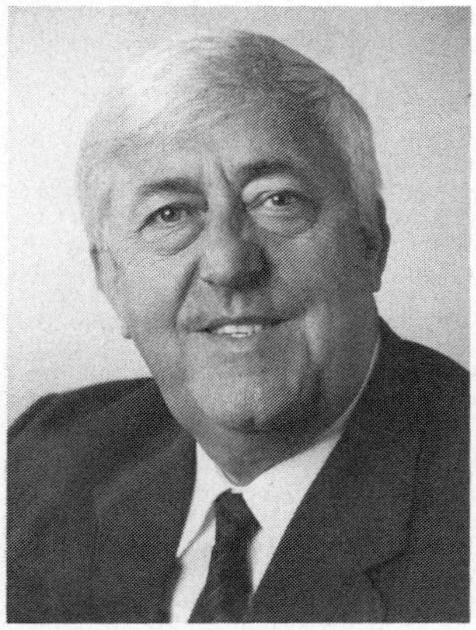

Dipl.-Ing., Mitglied d. Bayer. Landtags - Burgauer Str. 34, 8908 Krumbach (T. 08282 - 94-0) - Geb. 18. Dez. 1928 Krumbach (Vater: Karl K., Baumeister; Mutter: Luise, geb. Böck), kath., verh. s. 1961 m. Christl, geb. Munding, 3 Kd. (Toni, Susi, Margret) - TU München (Dipl. 1954) - S. 1954 Freiberufl. Tätigk. (Ing.-Ges. f. Bauwesen im In- u. Ausl. tätig). MdL Bayern; Präs. d. Bayer. Ingenieurkammer-Bau; Präs. Allgäu-Schwäb. Musikbd.; MdK Günzburg; Stadtrat Krumbach. Pat. üb. Rammkernschappe f. geol. Aufschlußbohr. - Aufs. u. Vortr. - Zahlr. Ingenieurbauwerke im In- u. Ausl. (Saudi-Arabien, Libyen, Irak, Sudan, Venezuela) - BVK - Liebh.: Musik, Politik - Spr.: Engl.

KLING, Robert

Fabrikant, gf. Gesellsch. Robert Kling Wetzlar GmbH., Oberbiel, u. Robert Kling Wetzlar Handelsges. mbH., Wetzlar - Bieler Str. 7, 6331 Oberbiel (T. Wetzlar 44753) - Geb. 23. Okt. 1911 - Ing. - Spr.: Engl. - Rotarier.

KLINGBEIL, Hans

s. Seeliger, Rolf

KLINGE, Heiko

Verlagskaufmann, Oberbürgermeister d. Stadt Hildesheim (1975-81) - Propsteihof 39, 3200 Hildesheim - Geb. 25. Juli 1942 Hildesheim (Vater: Paul K., Kaufm.; Mutter: Margarete, geb. Flägel), kath., verh. s. 1968 m. Heidi, geb. Jaite, 2 Kd. (Ingo, Inken) - S. 1968 gf. Gesell. Bernward Verlag GmbH, Hildesheim, Geschäftsf. Calig-Verlag GmbH, München; 1983-87 Präs. Verb. Dt. Zeitschriftenverleger.

KLINGE, Martin

Dipl.-Ing., Direktor - Grünewaldstr. 9, 4040 Neuss/Rh. - Geb. 21. März 1909 Breslau - U. a. Vorstandsmitgl. BAUBOAG AG. bzw. Julius Berger-Bauboag AG. (gegenw. -vors.) u. Grün & Bilfinger AG. (1971 ff. Vorstandsmitgl.).

KLINGE, Oskar

Dr. med., Prof., Chefarzt/Leit. Patholog. Inst. (1975 ff.) - Stadtkrankenhaus, 3500 Kassel - Geb. 15. Juni 1933 Hannover - Promot. 1957 - S. 1967 (Habil.) Lehrtätigk. Univ. Würzburg (1973 apl. Prof. f. Allg. Pathol. u. Pathol. Anat.). Üb. 70 Facharb.

KLINGE, Volker

Dipl.-Math., Prof. f. Angew. Mathematik GH Siegen - Am Nordstern 37, 5900 Siegen.

KLINGEL, Hans

Dr. rer. nat., Prof. f. Zoologie - Hackelkamp 5, 3300 Braunschweig - Geb. 29. März 1932 Ludwigshafen/Rh. - Promot. 1958 - 3 J. Wiss.ler Serengeti-Proj. (Tansania); s. 1967 (Habil.) Lehrtätigk. TU Braunschweig. Facharb. u. Filme (Arthropoden, Equiden, Flußpferd, Dromedar). Freilandforsch. in Afrika, Asien u. Australien - Spr.: Engl., Franz., Suaheli, Kizungu.

KLINGELE, Werner F.

Dr. rer. pol., Generalkonsul a. D., Fabrikant, geschäftsf. Gesellsch. Klingele Papierwerke GmbH & Co., Wellkistenwerke Remshalden b. Stuttgart/Delmenhorst/Hilpoltstein b. Nürnbg./Werne, Villmar b. Frankfurt, Papierfabrik Weener/Ostfr., Ehrenpräs. Hauptverb. der Papier u. Pappe verarb. Ind., Frankfurt/M. (s. 1968; 1948-68 Präs.), Ehrenvors. Verb. d. Wellpappenind., Darmstadt (s. 1964; vorher Vors.), Vorst.-Mitgl. Landesverb. d. Baden-Württ. Ind., Stuttgart (s. 1983; 1962-72 Vors.; 1972-83 stv. Vors.), Vizepräs. Fédération Européenne des Fabricants de Carton Ondulé, Paris (1952-61 u. 1964-72; 1961-64 Präs.), Vorst.-Mitgl. ICCA (1963-64 Präs.) - Gustav-Siegle-Str. 50, 7000 Stuttgart (T. 63 83 03) - Geb. 5. Okt. 1915 Heidelberg (Vater: Alfred K., Fabrikant; Mutter: Elisabeth, geb. Holfelder), kath., verh. s. 1960 m. Dr. Brigitte, geb. Ogrinz, 2 Kd. (Jan Haiko, Fiona) - Gymn. Heidelberg; Univ. Basel, Genf, Heidelberg (Promot. 1938) - Kgl. Schwed. Generalkonsul f. BW; 1968 BVK I. Kl., 1975 Gr. BVK; 1979 Kommandeurkreuz Kungl. Nordstjärneorden; 1981 Verdienstmed. Land Baden-Württ. - Liebh.: Golf, Tennis, Wasser-Motorsport, Helicopterpilot - Spr.: Franz., Engl., Span. - Rotarier.

KLINGELHÖFER, Rolf

Dr., Dipl.-Phys., Prof. Univ. Karlsruhe (s. 1971) - Eisbergweg 24, 7504 Weingarten (T. 07244 - 8011) - Geb. 3. Aug. 1926 Kassel (Vater: Paul K., Kaufm.; Mutter: Helma, geb. Strack), Ehefrau: Barbara (verh. s. 1958), 3 Kd. (Ritva, Jörg, Kai) - Stud. d. Phys. Univ. Marburg - 1957-59 wiss. Assist. Univ. Marburg; 1959 b. 65 wiss. Mitarb. GfK Karlsruhe, s. 1965 Lehrtätigk. Univ. Karlsruhe. Patente - Spr.: Engl.

KLINGEMANN, Hans-Dieter

Dr. rer. pol., Prof. f. Polit. Wissenschaft FU Berlin (s. 1980; 1983ff. stv. Vors. Zentralinst. f. sozialwiss. Forsch.) - Hohenzollerndamm 90, 1000 Berlin 33 (T. 030 - 825 89 46) - Geb. 3. Febr. 1937 Einbeck/Hann. (Vater: Heinz K., Großhandelskfm.; Mutter: Irmgard, geb. Giebel), ev., verh. s. 1964 m. Ute, geb. Thomas, T. Julia - Univ. Köln (Wirtschafts- u. Sozialwiss.; 1961 Dipl.-Kfm.). Promot. 1966; Habil. 1978 (Soziol.) - 1974-80 stv. Dir. Zentrum f. Umfragen, Methoden u. Analysen Mannheim; 1978ff. Privatdoz. Univ. Mannheim; 1981ff. Vorst. Arbeitsgem. sozialwiss. Inst. u. a. 1982/83 Vizepräs. Intern. Soc. of Political Psych.; 1985 Vors. d. Ständ. Kommiss. f. Forsch. u. wiss. Nachwuchs FU Berlin; 1986/87 Präs. Intern. Soc. of Political Psych. - BV: Bestimmungsgründe d. Wahlentscheid., 1969; Polit. Radikalismus, 1972 (m. F. U. Pappi). Herausg.: Computerunterstützte Inhaltsanalyse in d. empir. Sozialforsch. (1984); Mithrsg.: Polit. Psych. (1981), Wahlen u. poli. System (1983) - Liebh.: Klass. Musik - Spr.: Engl., Franz.

KLINGEMANN, Horst

Dr. med., Chefarzt Medizin. Klinik II/Krankenhs. Siloah, Hannover, Honorarprof. f. Inn. Med. Med. Hochsch. ebd. - Menschingstr. 16, 3000 Hannover.

KLINGEN, Helmut

Dr. rer. nat., o. Prof. f. Mathematik - Zu erreichen üb. Math. Inst. Univ. Freiburg, Albertstr. 23b, 7800 Freiburg; priv.: Reinhard-Booz-Str. 22, 7802 Merzhausen (T. Freiburg 40 25 40) - Geb. 16. Dez. 1927 Viersen/Rhld. (Vater: Michael K., Stud.rat; Mutter: Emma, geb. Hertzer), kath., verh. s. 1962 m. Anita, geb. Steinert, 2 Söhne (Christoph, Philipp) - Univ. Göttingen (Math., Physik). Promot. u. Habil. Göttingen - S. 1957 Lehrtätigk. Univ. Göttingen, Marburg (1960), Heidelberg (1961), Freiburg (1962 ao., 1963 o. Prof.). Gastprof. Univ. of California, Berkeley (1958/59), Inst. for Advanced Study, Princeton (1965/66) u. Tata Inst. of Fundamental Research, Bombay/Ind. (1968). Zahlr. Fachaufs. - Spr.: Engl., Franz.

KLINGENBECK, Fritz

Prof., Theaterdirektor, Lehrer f. Tanz. u. Tanzschrift, Schriftst. - Singerstr. 11c, A-1010 Wien (T. 5 22 05 73) - Geb. 22. April 1904 Brünn/Mähren, kath., verh. s. 1957 m. Lieselotte, geb. Mracek - Choreograph. Inst. Rudolf v. Laban (bedeutender Tanzreformator), Berlin; Max-Reinhardt-Sem., Wien - 1927-29 Mitarb. R. v. Labans (1928 Erf. Grundprinzip d. Tanzschrift), 1929-38 Ballettm. Wien, Pressemitarb. Berlin, Breslau, Wien, 1939-40 Opernregiss. Wiener Volksoper, 1940-44 Int. Gaubühne Niederdonau, Baden (b. 1942), u. Städt. Bühnen Brünn, 1948-55 (Gründer) Leit. Theater f. Vorarlberg, Bregenz, 1955-57 Dir. Stadttheater u. Kammersp. Klagenfurt, 1957-62 Int. Landestheater Salzburg, 1962-65 Dir. Theater an d. Wien, Wien, s. 1970 in d. Direktion Theater in d. Josefstadt, ebd., 1950-52 Leit. Bregenzer Festsp. - BV: D. Tänzerin Rosalia Chladek, 1936; Unsterbl. Walzer, 1939; Laßt Blumen sprechen, 1940; Im neuen Glanz d. Theater an d. Wien, 1963; D. Zauberflöte, 1965; Stille Nacht - Heilige Nacht, 1968. Fernsehdrehb.: G'schichten aus dem Theater an d. Wien (3 Folgen), Stille Nacht - Hl. Nacht, Max Reinhardts Theater in d. Josefstadt, B. u. LP 1972. 1961 Prof.-Titel; 1960 Max-Reinhardt-Med., 1961 Prämie f. Theaterdir., 1973 Gold. Ehrenzeichen f. Verdienste um d. Land Wien, 1974 Gr. Ehrenz. f. V. um d. Rep. Österr., 1974 Ehrenring d. Schauspieler d. Theaters in d. Josefstadt, Ehrenkreuz f. Kunst u. Wiss. I. Kl. - Sammelt Uhren, Bilder u. Gläser.

KLINGENBERG, Gerhard

Theaterdirektor, Regisseur Burgtheater Wien, Schauspielhaus Zürich u. Schillertheater Berlin - Wohnhaft in Zürich/Schweiz - Geb. 11. Mai 1929 (Eltern: Hans (Privatbeamter) u. Marie K.), kath., verh. m. Hedi, geb. Marek, S. Reinhard - Städt. Konservat. Wien (Schauspiel- u. Regiekl.) - S. 1948 Bühnen St. Pölten, Klagenfurt, Innsbruck, Berliner Ensemble (1956), 1962-68 Städt. Bühnen Köln u. Frankfurt/M., Schauspielhaus Düsseldorf, Hamburg u. Zürich, Münchner Kammerspiele; dann Regiss. u. Dir. Burgtheater Wien (1971-76 Dir.), 1977-82 Dir. Schauspielhaus Zürich, ab 1986 Intendant Renaissance-Theater Berlin. Zahlr. Theater- u. Fernsehinsz., Shakespeare-Übersetzungen (Intern. Kritikerpreis u. Fernsehpreis Dt. Akad. f. Darstell. Kunst) - Ehrenkreuz für Kunst u. Wiss. I. Kl. d. Rep. Österreich - Liebh.: Reisen u. Jacht Amorata.

KLINGENBERG, Hans-Dieter

Dipl.-Volksw., Geschäftsführer G. L. Rexroth GmbH., Lohr - Bergstr. 14, 8770 Lohr/M. - Geb. 10. Mai 1928.

KLINGENBERG, Heinz

Dr. phil. (habil.), Prof. f. German. Philologie Univ. Freiburg (s. 1973) - Dr.-Baslerstr. 56, 7800 Freiburg/Br. - Geb. 9. Okt. 1934 Nauen - BV: Runenschrift - Schriftdenken - Runeninschr., 1973; Edda - Samml. u. Dicht., 1974.

KLINGENBERG, Martin

Dr. rer. nat., o. Prof. f. Physikalische Biochemie - Allgäuer Str. 106, 8000 München 71 (T. 75 04 39) - Geb. 5. Dez. 1928 Rostock (Vater: Paul Friedrich, Pastor; Mutter: Henny, geb. Duncker), verh. s. 1959 m. Silvaine K., geb. Handrich, 3 Kd. (Elisabeth, Catherine, Anne) - Univ. Heidelberg. Promot. 1954 Physik. Chemie-Wiss. tätig in Biochemie Univ. Philadelphia, Marburg u. München - 250 wiss. Veröff. auf d. Geb. d. Bioenergetik, Biomembranen u. Molekularbiologie von Membran-Protein, intrazelluläre Kompartmentierung u. Stoffwechsel.

KLINGENBERG, Wilhelm

Dr. rer. nat., o. Prof. f. Mathematik - Am Alten Forsthaus 42, 5300 Bonn 1 - Geb. 28. Jan. 1924 Rostock - S. 1954 (Habil.) Lehrtätigk. Univ. Hamburg (Privatdoz.), Göttingen (1957; 1961 apl. Prof.), Mainz (1963 Ord.), Bonn (Ord.). Üb. 90 Fachveröff. 12 Monographien u. Lehrb. - 1979 Mitgl. Akad. Wiss. Lit. Mainz.

KLINGER, Elmar

Dr. theol., Prof., Lehrstuhlinh. f. Fundamentaltheologie u. Vergl. Religionswiss. u. Mitvorst. Inst. f. Systemat. Theol. Univ. Würzburg (s. 1976) - Am Exerzierpl. 5, 8700 Würzburg.

KLINGER, Hanns

Dr. rer. nat., o. Prof. f. Statistik u. Dokumentation Univ. Düsseldorf (s. 1966) - Universitätsstr. 1, 4000 Düsseldorf - Geb. 12. April 1926 Reichenberg, verh. s. 1959 m. Waltraud, geb. Heinisch, 2 Kd. (Ursula, Christoph) - Univ. Göttingen (Dipl.-Math. 1953, Promot. 1958) - B. 1966 Assist. Univ. Göttingen (Inst. f. Math. Statistik).

KLINGER, Heinz

Dr., Vorstandsmitglied Isar-Amperwerke AG. - Brienner Str. 40, 8000 München 2 - S. 1978 Vorst. IA (b. 1981 stv., dann o. Mitgl.).

KLINGER, Kurt

Prof. h.c., Schriftsteller, Dramaturg - Robert Hamerlinggasse 12/3, A-1150 Wien - Geb. 11. Juli 1928 Linz/Österr., led. - Handelsakad.; Stud. German. u. Theaterwiss. - Chefdramaturg in Düsseldorf, Frankfurt, Hannover, Zürich; s. 1978 stv. Leit. Österr. Gesellsch. f. Lit. - BV: u.a. D. vierte Wand, Prosa 1967; Schauplätze (5 Dramen), 1971; Löwenköpfe, Ged. 1977; Auf d. Limes, Ged. 1980; D. Kirschenfest, Ged. 1984; Theater u. Tabus, Ess. 1984; Zeitsprung, Ged. 1987; Erinnerung an Gärten, Prosa 1989. Herausg. d. Monatsschr. Lit. u. Kritik (s. 1979) - 1984 Georg-Trakl-Preis; 1986 Anton-Wildgans-Preis; 1988 Csokor-Pr.; 1988 Ehrenkreuz f. Wiss. u. Kunst d. Rep. Österr.; 1988 Gold. Ehrenmed. Stadt Wien - Liebh.: Archäol., Gesch. - Spr.: Engl., Franz., Ital. - Lit.: u.a. Vogelsang: Österr. Dramatik d. Gegenwart; Gotthard Böhm: Dramatik in Österr. (s. 1945); Kindlers Lit.gesch. d. Gegenwart; Lex. d. Weltlit. (Kröner Verl.); Joseph P. Strelka: Kurt Klingers Literary Work.

KLINGHOLZ, Rudolf

Dipl.-Ing., Baurat a. D., Vorstandsmitgl. Grünzweig & Hartmann u. Glasfaser AG, Ludwigshafen - Panoramastr. 20, 6719 Battenberg/Pfalz - Geb. 13. Mai 1914 Gummersbach.

KLINGMÜLLER, Ernst

Dr. phil., Oberlandesgerichtsrat (OLG Koblenz) a.D., em. o. Prof. f. Bürgerl. Recht, Versicherungs- u. Handelsrecht Univ. Köln (s. 1961, emerit. 1982) - Wilhelm-Leibl-Str. Nr. 9, 5000 Köln 50 (T. 35 35 34) - Geb. 29. Sept. 1914 Berlin, ev., verh. s. 1945 - Promot. Berlin; Habil. Berlin (1943) u. Karlsruhe (1951) - 1944-45 Doz. Univ. Berlin; 1951-61 Doz. TH Karlsruhe. Wiss. Mitgl. Inst. f. Versich.-Wiss., Köln; Wiss. Dir. Dt. Orient-Inst., Hamburg; AR-Mitgl. DKV, Köln; Ehrenmitgl. British Insurance Law Assoc. (BILA), London - BV: Gesch. d. Wafd-Partei im Rahmen d. Gesamtpolit. Ägyptens, 1937; Kl. Auslandskd. v. Ägypten, 1944; Arab. Führergestalten, 1944; Gesch. Ägyptens s. 1799, 1958; D. arab. Welt in d. Neuzeit, 1958. Mitarb. Historia Mundi, Handb. d. Orientalistik (Mod. Arab. Orient), Handwörterb. d. Völkerrechts, f. Sozialwiss., d. Versich.-wesens. Mithrsg.: Ztschr. Versich.recht, Reihe Beitr. z. Privat- u. Wirtschaftsrecht FS 1974 - Spr.: Franz., Engl., Arab. - Lit.: FS (m. Bibliogr.), 1974.

KLINGMÜLLER, Gepa

Univ.-Prof. - Niederkasseler Kirchweg 93, 4000 Düsseldorf 11 (T. 0211 - 57 44 42) - Geb. 1. Sept. 1930 Halle a. d. Saale, ledig - Stud. Kunstakad. Düsseldorf; 1. u. 2. Staatsex. - Oberstudienrätin; Akad. Oberrätin; 1982 Univ.-Prof. Member of CIETA; s. 1972 Initiatorin u. Mitbegr. Fachverb. Arbeitskr. Textilunterr. an allg. bild. Schulen; Künstlergr. Textilkunst Düsseldorf; Künstlervereinig. Düsseldorfer Künstlerinnen; BBK - Bund bild. Künstler; Veröff.: Richtlinien f. Gymn. (m. a.), Ztschr. Kunstpäd., Textile Plastik, 1984. Einzelausst. in Museen u. Kunstvereinen, u. a. Düsseldorf (1974), Münster (1974), Verden (1976), Koblenz (1981), Düsseldorf (1982 u. 1986), Bayreuth (1982), Paderborn (1983). Teiln. an zahlr. Gruppenausst., u. a. Düsseldorf (1981-89), Paderborn (1983), Heidelberg (1983), Warschau (1984), Lodz (1984), Bienale Szombathely (1984, 1986), Köln (1984, 1988), Krefeld (1985), Innsbruck (1985), Rheine (1987), Hannover (1987), Augsburg (1987), Singen (1987), Wever-Soest (1987), Bonn (1987/88) - Liebh.: Studienreisen n. Europa, USA, Indien - Bek. Vorf.: Prof. Dr. Jacob Volhard, Urgroßv. (Urgroßv.); Prof. Dr. Dr. h. c. Franz Volhard, Inn. Med. (Großv.) - Lit.: Dr. K. Eitelbach, Gepa Klingmüller, Koblenz Mittelrhein Museum (1981); Franz Heinz, Wenn ich e. Zeichen wäre (1981).

KLINGMÜLLER, Volker

Dr. med., Dr. rer. nat., Prof., Direktor i.R. Klin.-Chem. Inst./Klinikum Mannheim Univ. Heidelberg - Leibnizstr. 21, 6800 Mannheim (T. 44 41 53) - Geb. 5. Jan. 1909 Kiel, verh. m. Henriette, geb. Paquet - Stud. Med. u. Chemie - S. 1951 (Habil.) Univ. Hamburg (1957 apl. Prof.) u. Heidelberg - BV: Biochemie, Physiol. u. Klinik d. Glutaminsäure, 1955; Metabolism. opt.-akt. Verbb. im Körper; Pharmakokinetik; Säure-Basen-Haushalt. Zahlr. Einzelarb. - Verein f. Naturkd., Viola Forsch.ges. - Eltern s. Georg K. (Bruder).

KLINGMÜLLER, Walter

Dr. rer. nat., o. Prof. f. Genetik Univ. Bayreuth - Walchenseestr. 10, 8580 Bayreuth - Geb. 13. Juli 1929 Halle/S. - Promot. 1958; Habil. 1967 - 1972ff. Prof. Univ. München - BV: Genmanipulation u. Gentherapie, 1976. Herausg.: Genforsch. im Widerstreit (1980, 86 u. 92); Erbforsch. heute (1982); Azospirillum: Genetics, Physiology, Ecology (1982, 83, 85 u. 87); Risk Assessment for Deliberate Releases (1988). Mithrsg.: Trends in Molecular Genetics (1985). Editor in Chief: Microbial Releases. Etwa 150 Einzelarb.

KLINGNER, Edwin

M. A., Dipl.-Bibl., Prof. - Birkenwaldstr. 159 A, 7000 Stuttgart 1 (T. 0711 - 25 28 34) - Geb. 21. Juli 1932 Hameln (Vater: Edwin K., Kaufm.), ev., verh. s. 1967 m. Irmgard, geb. Stöcker - M. A. 1967 Heidelberg; Dipl.Bibl. 1973 Stuttgart - 1969 Redakt. Stuttgart; 1978 Prof. FH f. Bibliothekswesen Stuttgart - BV: Provence. Landschaft u. Kunst (m. W. Stuhler), 1961; Arnolt Bronnen. Werk u. Wirkung, 1974; Wissenschaftskunde (m. G. Helbig), 2 Bde. 8. A. 1988; Kleine Gesch. d. franz. Lit., 1990. Herausg. u. Autor: D. Auskunftsdienst an Öfftl. Bibl. (1985) - Liebh.: Bild. Kunst, Fotogr. - Spr.: Engl., Franz., Span. - Lit.: Buchh. heute (1977); ID - Informations-Dienst (1978).

KLINGNER, Klaus

Dr. jur., Justizminister Schlesw.-Holst. (s. 1988), MdL Schlesw.-Holst. (s. 1971) - Sülzberg 13, 2060 Bad Oldesloe (T. 51 35) - Geb. 14. Dez. 1935 Potsdam, verh., 2 Kd. - 1956-60 Univ. Hamburg u. Kiel (Rechtswiss.; Promot. 1964). Jurist. Staatsex. 1960 u. 64 - S. 1964 Richter SH. 1970-71 MdK Stormarn. SPD s. 1966.

KLINGSZOT, Rüdiger

Redakteur, Ressortleiter Rhön- u. Saalepost Bad Neustadt - Marktplatz 18, 8740 Bad Neustadt/S. (T. 09771 - 20 60) - Geb. 17. Juli 1952 Bad Neustadt (Vater: Karl K., Kaufm.; Mutter: Hildegard, geb. Schmidt), kath., verh. s. 1978 m. Ruth, geb. Spindler - Schriftsetzer-Lehre; 1974 Volont. Main-Post Würzburg - S. 1976 Ressortleit. Rhön- u. Saalepost Bad Neustadt - BV: Erinnerungen; Female (nach gleichn. Fotoausst.), 1983 - Liebh.: Reisen, Fotogr. - Spr.: Engl.

KLINK, Dieter

Dr. rer. pol., Volkswirt, Bürgerschaftspräsident - Warendorfer Weg 12, 2800 Bremen 41 - Geb. 11. Nov. 1930 Peiskretscham/OS., verh., 2 Kd. - Obersch. Kattowitz u. Bremen; Stud. Volksw. Wilhelmshaven, Innsbruck, Hamburg, USA u. Frankr. - Zeitw. b. Senator f. Wirtsch. u. Außenhandel Bremen (zul. Regierungsdir.). S. 1959 Mitgl. Brem. Bürgersch. (b. 1970 Vizepräs., dann Präs.). SPD s. 1951.

KLINK, Hans-Jürgen

Dr. rer. nat., Prof., Geograph - V.-Broich-Str. 15, 5100 Aachen-Richterich - Geb. 25. Okt. 1933 Neusalz/Oder (Vater: Willy K., Kaufm.; Mutter: Marianne, geb. Puche), ev., verh. s. 1966 m. Brigitte, geb. Wiegand, 2 Kd. (Martina, Thorsten) - Univ. München, Erlangen, Göttingen (Geogr., Biol., Chem., Bodenkd.) - B. 1969 Bundesforschungsanst. f. Landeskd. u. Raumordnung (Ref.), dann Univ. Bonn (Habil. 1974), s. 1976 TH Aachen (Wiss. Rat u. Prof.), s. 1979 o. Prof. Ruhr-Univ. Bochum (spez. Biogeogr. u. Geoökol., Landeskd. v. Mitteleuropa) - BV: Naturräuml. Gliederung d. Ith-Hils-Berglandes, 1966 u. 1969; Pflanzengeogr., 1978; Vegetationsgeogr., 1983; Handb. geoökol. Kartierung u. Bewertung, 1988/89; Bundesrep. Deutschl., Teil: Landesnatur 1990, Siedlungsökologie Ruhrgebiet, 1990 - Liebh.: Naturforsch., Gesch.

KLINK-HECKMANN, Ursula

Dr. med. dent. habil., Prof., em. Zahnärztin - Dethardingstr. 101, O-2500 Rostock (T. 2 59 81) - Geb. 4. Juni. 1928 Oppeln/OS., ev., verh. s. 1975 m. Siegfried K. - Abit. 1946; Stud. Zahnheilkde. 1946-50 Halle; Promot. 1950; Habil. 1960, Fachzahnarzt f. Kieferorthopädie 1955 - 1958-88 Leit. d. kieferorthop. Abt. Univ. Rostock; 1960 Doz., 1965 Prof. m. Lehrauftrag, 1969 o. Prof. Univ. Rostock; 1983-88 Dir. d. Poliklinik f. Kieferorthop. u. Kinderzahnheilkde. d. Med. Fak. Univ. Rostock - BV: Lehr. d. Kieferorthopädie (gem. m. E. Bredy), 3. A. 1990. 130 wiss. Publikat. in Fachztschr. - 1965-89 Übers. d. Amer. Journal Orthodontics f. Zentralblatt d. Ztschr. Zahn-, Mund- u. Kieferheilkde. - 1988 Korr. Mitgl. d. Stomatolog. Ges. Polen; 1992 Ehrenmitgl. d. Dt. Ges. f. Kieferorthopädie - Liebh.: Klass. Musik, Pflanzen- u. Tierwelt - Spr.: Engl. - Lit.: E. Bredy, in: ZMK 76 1988, S. 363-364; H. Graf, in: Stomatol. DDR 38 1988, S. 355-356.

KLINKE, Erhard D.

Leitender Ministerialrat, Leiter d. Referatsgruppe Forsch., Wissenstransfer, EG-Angelegenh. im Kultusmin. d. Landes Schlesw.-Holst. - Zu erreichen üb. Kultusmin., Gartenstr. 6, 2300 Kiel - Geb. 27. März 1934 Berlin, verh., 1 Tocht. - Jura-Stud. - 1965-75 Bundesforschungs- u. Bundesbildungsmin.; 1975-87 Präs. Med. Univ. Lübeck.

KLINKE, Heinz-Hermann

s. Reichenbach-Klinke, Heinz-Hermann

KLINKE, Rainer

Dr. med., Prof. f. Physiologie Univ. Frankfurt (s. 1977), Geschäftsf. Dir. Zentrum d. Physiologie - Theodor-Stern-Kai 7, 6000 Frankfurt/M. 70 - Geb. 8. März 1936 Landsberg/OS. (Vater: Karl K.; Mutter: Brunhilde, geb. Gottwald), kath., verh. s. 1966 m. Anneliese, geb. Lenders, 2 Kd. (Annette, Oliver) - Gymn./Oberrealsch. Forchheim; Univ. Erlangen, Wien, Heidelberg (Med. Staatsex. 1960). Promot. 1960 Heidelberg; Habil. 1969 Berlin (FU) - Prof. FU Berlin (dazw. 1973/74 Univ. Keele), 1980-86. Spez. Sinnes- u. Neurophysiol. Facharb.; Lehrbuchbeitr. Mithrsg.: Zeichnerkenn. durch biol. u. techn. Systeme (1971, m. Grüsser); Ototoxic side effects of diuretics, 1981 (m. and.); Hearing-Physiological Bases and Psychophysics (1983, m. Hartmann); Co-editor Exp. Brain Res., Hearing Res. - Mitgl. Wiss Ges. Univ. Frankfurt, Dt. Physiol. Ges., Europ. Brain Behav. Soc., Europ. Neurosc Assoc., Dt. Ges. f. Hals-Nasen-Ohrenheilkd., Ass. Res. Otolaryngol. Ges. Gesundheit u. Forsch., Soc. Franc. d'Acoustique Commiss. Auditory Physiol. of the Int. Union Physiol. - Spr.: Engl.

KLINKENBERG, Hans-Martin

Dr. phil., o. Prof. f. Mittlere Geschichte - Weißer Str. 106, 5000 Köln 50 (T. 0221 - 35 41 46) - Geb. 1. April 1921 Köln - S. 1953 (Habil.) Lehrtätigk. Univ. Köln (1960 apl. Prof.) u. TH Aachen (1964 Ord.). Zahlr. Fachveröff.

KLINKENBERG, Philipp

Direktor i.R. Genossenschaftsverb. Rheinland (Raiffeisen) - Landgrafenstr. 107, 5000 Köln 41 (T. 40 17 87) - Wirtschaftsprüf.

KLINKENBERG, Tillmann

Dr. rer. pol., Unternehmensberater, Autor - Lärchenweg 8, 3444 Wehretal 4 (T. 05651 - 4 08 91) - Geb. 20. Jan. 1925 Hüls b. Krefeld (Vater: Jakob K., Unternehmer; Mutter: Anna, geb. Acker), kath., 4 Kd. (Martina, Andreas, Carl-Rudolf, Raina) - Abit.; Ing.-Offz.-Ausbild.; Lehre Kfz.-Mechan.; Stud. Bonn (Dipl.-Volksw. 1953) u. Köln (Dipl.-Kfm. 1955) - S. 1955 Dir.assist. Kabelwerk Vohwinkel; 1958-63 selbst. Unternehmensberater; 1963-69 Gf. Prometheus, Eschwege; 1. Vors. Naturlandstiftg. Hessen Kreisverb. Werra-Meißner; 1970-90 Geschäftsf. Fröhlich & Wolff GmbH, Hess. Lichtenau; s. 1990 Unternehmensberater, Gf. VEGRO Textilwerke GmbH Kirschau - BV: Hundeabrichtung ohne Zwang, 1979; D. folgsame Hund, 1990 - BVK - Spr.: Engl., Franz.

KLINKHAMMER, Ferdinand

Dr. rer. nat., Geschäftsführer Dt. Ärzte-Verlag GmbH. - Dieselstr. 2, 5000 Köln 40; priv.: Nerzweg 21 - Geb. 16. Okt. 1928.

KLINKHAMMER, Georg

Dr. jur., Rechtsanwalt, Landrat i. R. - Im Herrengarten 17, 5414 Vallendar (T. 0261 - 67 18 99) - Geb. 22. Juli 1925 Junkerath, kath., verh. s. 1953 m. Kunigunde, geb. Kremer, 3 Kd. (Jutta, Georg, Bernd) - Jura, gr. Staatsprüf. 1954; Promot. 1954 Mainz - 1961-70 Landrat in Montabaur, 1970-89 Landrat in Koblenz; 1975-90 AR-Mitgl. RWE, s. 1990 Mitgl. im Wirtschaftsbeirat d. RWE Energie AG - BVK am Bde., BVK I. Kl. - Liebh.: Tennis, Jagd - Spr. Engl.

KLINKHAMMER, Otto

Programmdirektor Hörfunk Saarl. Rundfunk - Zu erreichen üb. Saarl. Rundf., Postf. 10 50, Funkhaus Halberg, 6600 Saarbrücken.

KLINKMÜLLER, Erich

Dr. rer. pol., o. Prof. f. Volkswirtschaftsl. u. Dir. Abt. Wirtsch. Osteuropa Inst. FU Berlin - Garystr. 55, 1000 Berlin 33 (T. 8 38 36 16) - Geb. 21. Okt. 1928 Berlin, kath., verh. s. 1964, 2 Kd. (Andreas, cand. rer. nat., Veronika cand.ing.) - Stud. Humboldt- u. Freie Univ. Berlin - 1959/60 Res. Assoc. Harvard Univ. Cambridge/Mass., Assoc.prof. 1960 Univ. of Hawaii, 1964 San Francisco State Coll., 1966/67 Univ. of California at Santa Barbara, 1967/68 Univ. of Arizona at Tucson, 1968/70 St. Louis Univ., s. 1970 o. Prof. FU Berlin - BV: D. Außenhandelsverflechtung d. sowjet. Besatzungszone Dtschl., 1959; D. wirtschaftl. Zusammenarbeit d. RGW-Staaten, 1960; Üb. interdiszipl. sozialwiss. Forsch. in d. USA u. andernorts, 1986; Die SU ist keine Supermacht, 1988.

KLINKOTT, Manfred

Dr.-Ing., Prof. f. Baugeschichte Univ. Karlsruhe - Karl-Weysser-Str. 23, 7500 Karlsruhe 41 (T. 0721 - 40 42 93) - Geb. 20. Aug. 1936 Berlin (Vater: Dr. Kurt K., Oberstud.rat; Mutter: Elisabeth, geb. Möffert), ev., verh. s. 1970 m. Isolde, geb. Hertel, 2 Kd. (Hilmar, Reinhard) - 1957-65 TU Berlin (Arch.; Dipl. 1965, Promot. 1971), Habil. 1978 Univ. Karlsruhe - 1965-72 wiss. Assist.; 1972-79 Akad. Rat Univ. Karlsruhe; 1979-80 Doz.; s. 1980 Prof. in Karlsruhe - BV: Martin Gropius u. d. Berliner Schule, 1971; Islam. Baukunst in Afghanistan, 1982; Berliner Backsteinarchitektur, 1987.

KLINZ, Wolf R.

Dr. oec., Dipl.-Kfm., MBA, Mitglied d. Konzernleitung Landis & Gyr AG, Zug (Schweiz) - CH-6301 Zug - Geb. 13. Sept. 1941 Wien (Eltern: Dr. phil. Albert u. Adele K.), ev., verh. s. 1968 m. Rotraut, 3 Kd. (Dagmar, Kerstin, Fabian) - Human. Ratsgymn. Hannover (Abit. 1960); Stud. Wirtschaftswiss. Paris (Sorbonne), Wien (Hochsch. f. Welthdl.) u. Insead, Fontainebleau; Dipl.-Kfm. 1963, Promot. 1965, MBA 1966 - 1966-70 Industrietätigk. in Engl. u. USA, 1970-81 McKinsey & Co. Inc., Düsseldorf u. Paris, s. 1976 Partner; 1981-84 Geschäftsf. Vereinigte Glaswerke GmbH, Aachen u. Sprecher d. Geschäftsfg. Sekurit-Glas Union GmbH, Aachen; s. 1984 Vorst.-Mitgl. Landis & Gyr AG (Leit. Unternehmensber. Kommunikation). Div. Konzernges. im Ausl. - Spr.: Engl., Franz., Span.

KLINZING, Hans Gerhard

Dr. rer. soc. habil., apl. Prof. f. Schulpädagogik Univ. Tübingen, Hon.-Prof. Univ. Stuttgart - Brahmsweg 19, 7400 Tübingen (T. 07071 - 29 60 89) - Geb. 8. März 1940 Hannover, ev., verh. m. Dr. rer. soc. Gisela, geb. Eurich, 2 Kd. (Candida, Jens-Gerrit) - Stud. Gesch., German., Kunstgesch., Phil., Politik, Päd. Univ. Göttingen, Hamburg, Marburg, Tübingen; Staatsex. 1969 u. 1971; Promot. 1975; Habil. 1983 - 1971 wiss. Assist.; 1983 Priv.-Doz.; 1984 Prof. f. Schulpäd. Univ. Tübingen (Zentrum f. Neue Lernverfahren); 1988 Hon.-Prof.; 1989 apl. Prof. - BV: Microteaching-Training kommunikativer Fertigkeiten (Unterr. in Dokumenten: 1 Beiheft, 2 Filme), 1978 (Mitautor); Lehrfertigkeiten u. ihr Training, 1981 (m. G. Klinzing-Eurich); Training kommunikativer Fertigkeiten z. Gesprächsführung u. f. Unterr., 1983; ca. 50 Fachveröff. in intern., amerik., austral. u. dt. Fachztschr. - Spr.: Engl.

KLIPPEL, Diethelm

Dr. jur., Prof. f. Dt. Rechtsgesch. u. Bürgerl. Recht Univ. Gießen - Graudornstr. 4, 6301 Fernwald-Albach - Geb. 7. Jan. 1943, verh. s. 1979, 3 Kd. - Stud. Univ. Marburg, Nottingham, Gießen; 1. u. 2. jurist. Staatsex. 1971 u. 1976; Promot. 1975; Habil. 1982 Regensburg - 1984 Prof. Univ. Gießen, 1986 Univ. Bielefeld, 1987 Univ. Gießen - BV: Politische Freiheit u. Freiheitsrechte im dt. Naturrecht d. 18. Jh., 1976; Juristische Zeitgesch., 1985; D. zivilrechtl. Schutz d. Namens, 1985 - Spr.: Engl., Franz., Lat.

KLIPPEL, Karl Friedrich

Dr. med., Prof., Urologe, Chefarzt urol. Abt. Allg. Krankenhaus Celle - Siemensplatz 4, 3100 Celle; priv.: Am Försterbach 7, 3100 Celle - Geb. 9. Jan. 1944 Schotten (Vater: Dr.-Ing. Friedrich K.; Mutter: Marie, geb. Skaara), ev., verh. s. 1968 m. Traute, geb. Hißbach, 3 T. (Annika, Carolin, Nina) - 1964-70 Stud. Mainz u. Lübeck. Med. Staatsex. BRD u. USA - Wiss. Tätigk. Univ. Mainz, Zürich, Frankfurt, Bonn, New York, St. Gallen, Stockholm. S. Habil. Lehrtätigk. Univ. Mainz. Spez. Arbeitsgeb.: Tumoren, Organersatz. Fachbuchbeitr. u. a. - Interessen: Theol. (Zweitstud.) - Spr.: Engl., Franz., Norweg.

KLIPPEL, Susanne

Autorin, Fotografin u. Filmerin - Schützenstr. 9, 2000 Hamburg 50 - Geb. 29. Juli 1952 Wittlich/Mosel, ledig, T. Jenny Maria Katharina - Fr. Waldorfsch. Am Kräherwald (Abit.); 1971-72 Stud. Malerei Karlsruhe u. Hamburg - BV: Lieber sich gesund schimpfen als krank heulen, 1977; Schwarz war ihr Haar, d. Augen wie zwei Sterne so klar, 1979; Straßenrandbilder, 1980. Filme: D. Reise d. Pilgrim Number One, 1987; Sad Movies always make me cry, 1988; Le bruit dans la Cuisine, 1989. Hörsp.: Die Buchstabenhütte (NDR 3, 1989); Ein ziemlich milder Winter (NDR 3, 1990); 38,0 Grad (NDR 3, 1991) - Liebh.: Ethnol., Alltagsforsch., Relig., Reisen, Tanzen, Kochen.

KLIPPERT, Werner

Schriftsteller, Kritiker u. Hörspielregisseur, Rundfunkrat als Vertr. d. Schriftstellerverb. (s. 1988) - Bliesgersweiler Mühle, 6601 Kleinblittersdorf - Geb. 22. April 1923 Offenbach/M., ev., verh. s. 1954 m. Ria, geb. Wullinger (Schausp.), 3 Kd. (Marion, Klef Thomas, Corodina Christine) - 1946-54 Stud. Univ. Frankfurt/M. (German., Gesch., Theaterwiss., Phil., Soziol.; Staatsex. 1954); Schauspielsch. - Ab 1948 fr. jounalist. Tätigk. (Feuill., Theater- u. Kunstkrit.); 1954-65 Gymnasiallehrer; 1965-67 Dramat. Hess. Rundfunk; 1967-70 Chefdramat. f. Hörsp. Nordd. Rundf.; 1970-86 Leit. d. Abt. Hörspiel Saarländ. Rundfunk. 1964-67 Lehrbeauftr. Univ. Frankfurt (Theorie u. Praxis d. Hörspiels). 1959-65 Jurymitgl. Hörspielpreis d. Kriegsblinden - BV: Elemente d. Hörspiels, 1977. Mitarb. Reclams Hörspielführer (1969). Herausg.: Vier Kurzhörspiele (1976) u. Hörspiele saarländ. Autoren (1982); Scheiß Krieg - zwei Erz. (1991). Div. Hörspielpublikationen.

KLIPPING, Gustav

Dr.-Ing., Prof., Hochschullehrer - Limastr. 28, 1000 Berlin 37 - S. Habil. Lehrtätigk. FU Berlin (gegenw. apl. Prof. f. Physik).

KLITZING, von, Klaus

Dr. rer. nat., Prof. f. Festkörperphysik, Direktor Max-Planck-Inst. f. Festkörperforschung, Stuttgart (s. 1985) - Heisenbergstr. 1, 7000 Stuttgart 80 (T. 0711 - 686 05 71) - Geb. 28. Juni 1943 Schroda/Posen (Vater: Bogislav v. K., Oberforstm.; Mutter: Anny, geb. Ulbrich), ev., verh. s. 1971 m. Renate, geb. Falkenberg, 3 Kd. (Andreas, Christine, Thomas) - Dipl. 1969 TU Braunschweig; Promot. 1972 Univ. Würzburg; Habil. 1978 ebd. - 1980-84 Prof. TU München - 1981 Walter-Schottky-Preis; 1982 Hewlett-Packard-Europhysics-Preis; 1985 Nobelpreis f. Physik (f. Entd. d. quantisierten Hall-Effektes, jetzt Klitzing-Effekt gen.) als 15. Deutscher; 1986 Ehrenbürger Gde. Ismaning.

KLITZSCH, Eberhard

Dr. rer. nat., Prof. Fachber. Bergbau u. Geowissenschaften TU Berlin - Ernst-Reuter-Platz 1, 1000 Berlin 10 (T. 31 42 28 06) - Geb. 18. Aug. 1933 Remda (Vater: Rudolf K., Förster; Mutter: Hertha, geb. Grünewald), ev., verh. m. Eva-Maria, geb. Michaelis, 3 Kd. (Michael u. Barbara a. 1. Ehe, Christina) - Schulpforta; FU Berlin

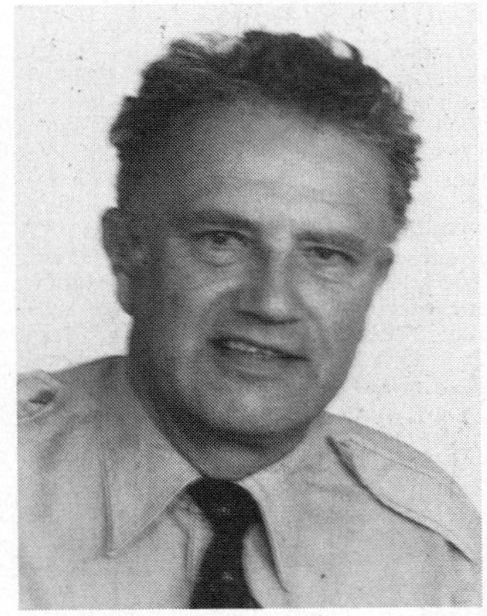

(Dipl.-Geol. 1957, Dr. rer. nat. 1958, Habil. TU 1969 üb. Strukturgesch. d. Zentralsahara), 1959-67 Explorationsgeol. Sahara; 1965-66 Dir. Petr. Expl. Soc. Libyen, s. 1969 Prof. Fachber. Bergbau u. Geowiss. TU Berlin, Sprecher d. Sonderforsch.ber. Geowiss. Probl. arider Gebiete, Ehrenmitgl. Geological Soc. of Africa, s. 1972 Leiter div. Forschungsprojekte d. DFG in Nordafrika, 1977-83 Vorst.-Mitgl. Ges. f. Erdkde. Berlin. Etwa 100 Facharb. - 1988 BVK - Spr.: Engl.

KLOCK, Franz-Joachim

Dipl.-Kfm., Lehrbeauftragter an d. Univ. München (Buchwissenschaft) - Mühlenstr. 24, 8045 Ismaning - Geb. 11. März 1937 - Mithrsg.: Ztschr. Buchmarkt; Fachveröff. - Spr.: Engl., Franz.

KLOCKE, Aloys

Dr. phil., Oberstudiendirektor - Binkeweg 5, 7801 Umkirch/Br. - Geschäftsf. Schulleit. Freiburger Gymn. (s. 1975); Ehrenvors. d. Bundesvereinig. d. Oberstudiendir.; Beiratsmitgl. Univ. - BVK.

KLOCKE, Jürgen

Hotelkaufmann, Geschäftsf. Westfalenhalle GmbH. (s. 1972) - Rheinlanddamm 200 (Hotel Westfalenhalle), 4600 Dortmund 1 - Geb. 22. Sept. 1938 Dortmund (Vater: Friedrich K., Pädagoge; Mutter: Margarete, geb. Kiffel), ev., verh. s. 1963 m. Helmy, geb. Schnerzinger, 3 Kd. (Mark, Dirk, Janine) - Gymn.; Lehre Hotelfach; Hotelfachsch. Heidelberg (DEHOGA-Dipl.) - 1964-72 Verkaufsleit. Dortmunder Union-Brauerei AG. - Spr.: Engl., Ital., Franz. (z. Verständig.).

KLOCKHAUS, Ruth

Dr. rer. pol., Univ.-Prof. f. Wirtschafts- u. Sozialpsychologie - Westtorgraben 13, 8500 Nürnberg (T. 26 42 65) - Geb. 17. Aug. 1923 Berlin - Promot. 1968 - S. 1974 (Habil.) Doz. u. Prof. Univ. Erlangen-Nürnberg. Div. Mitgliedsch. - BV: Einstellung z. Wohnumgeb. - Empir. Studie an 2 Wohnarealen in Nürnberg, 1975; Psych. d. Schulvandalism. (m. B. Habermann-Morbey), 1986; Vandalistisches Verhalten Jugendlicher (m. A. Trapp-Michel), 1988.

KLOCKOW, Dieter

Dr. rer. nat., Wiss. Rat., Prof. f. Anorgan. Chemie Univ. Dortmund - Knappstr. 1a, 4600 Dortmund 30 - Geb. 16. Nov. 1934 Landsberg - Promot. (1965) u. Habil. (1970) Freiburg - Fachaufs.

KLÖCK, Friedrich-Karl

Dr. med., Prof., Frauenarzt - Laurentiusstr. 10, 5100 Aachen-Laurensberg - B. 1975 Privatdoz., dann apl. Prof. TH Aachen/Med. Fak. (Gynäkologie u. Geburtshilfe).

KLÖCKER, Ingo

Dr.-Ing., Prof. f. Konstruktion u. Werkstofftechnik FH Nürnberg, Designer - Robert-Schumann-Str. 9 B, 8510 Fürth (T. 0911 - 72 94 94, Fax 0911 - 72 02 64) - Geb. 25. Okt. 1937 Stuttgart - TU Stuttgart (Masch.bau, Dipl. 1962 Daimler Benz); Hochsch. f. Gestalt., Ulm (Ind.-Design); Promot. 1980 Hannover - 1962 Konstrukteur u. Entw. Maschinenbau, Feinwerktechnik, Fahrzeugtechnik; 1969 Design-Manager; 1972 Leit. Forsch. u. Entw., 1979 Techn. Geschäftsf.; 1972-84 Lehrbeauftr. u. Honorarprof. TU Braunschweig, s. 1980 Prof. FH Nürnberg. Mitarb. Südd. Ztg. München - BV: Design v. Investitionsgütern, 1969; Produktgestalt., 1981 - S. 1988 Materialbilder als künstlerische Arbeiten m. Ausstellungen im In- u. Ausland - Spr.: Engl., Franz.

KLÖCKER, Michael

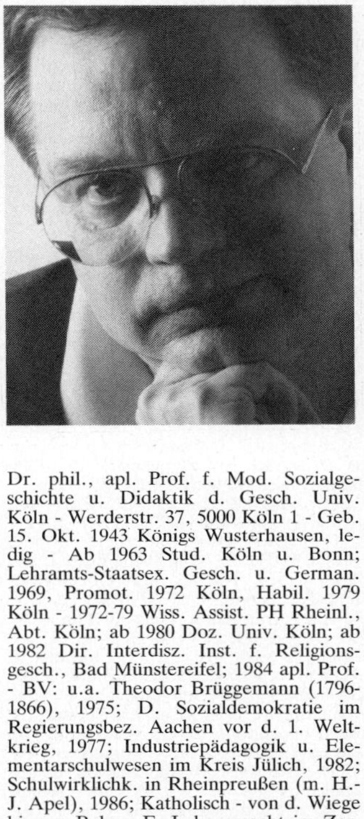

Dr. phil., apl. Prof. f. Mod. Sozialgeschichte u. Didaktik d. Gesch. Univ. Köln - Werderstr. 37, 5000 Köln 1 - Geb. 15. Okt. 1943 Königs Wusterhausen, ledig - Ab 1963 Stud. Köln u. Bonn; Lehramts-Staatsex. Gesch. u. German. 1969, Promot. 1972 Köln, Habil. 1979 Köln - 1972-79 Wiss. Assist. PH Rheinl., Abt. Köln; ab 1980 Doz. Univ. Köln; ab 1982 Dir. Interdisz. Inst. f. Religionsgesch., Bad Münstereifel; 1984 apl. Prof. - BV: u.a. Theodor Brüggemann (1796-1866), 1975; D. Sozialdemokratie im Regierungsbez. Aachen vor d. 1. Weltkrieg, 1977; Industriepädagogik u. Elementarschulwesen im Kreis Jülich, 1982; Schulwirklichk. in Rheinpreußen (m. H.-J. Apel), 1986; Katholisch - von d. Wiege bis zur Bahre. E. Lebensmacht im Zerfall?, 1991. Herausg.: Schulvorschr. f. d. nied. Bildungssektor im 19./20. Jh. (ab 1985). Mithrsg.: D. Arbeiterbeweg. in d. Rheinlanden (ab 1974); Kölner Veröff. z. Religionsgesch. (ab 1983); Ethik d. Relig. - Lehre u. Leben (5 Bde., 1984-86); Miteinander - was sonst? Multikulturelle Ges. im Brennpunkt (1990); Ortstermine (ab 1991). Zahlr. Veröff. in Fachb., Fachztschr., Massenmedien.

KLÖCKER, Rolf

Dr. rer. pol., Dipl.-Kfm., Geschäftsf., Mitglied Kommission f. Öffentlichkeitsarbeit Bundesverb. d. Pharm. Industrie - Weidachweg 88/6, 7900 Ulm Söflingen (T. 0731-38 66 13) - Geb. 28. Juli 1931 Dortmund-Marten, verh. s. 1970 m. Elke, geb. Lücke, 2 Kd. (Karsten, Arne) - Kaufm. Lehre, Wirtsch.-wiss. Stud. in Münster u. Köln; Dipl. 1962 Köln; Promot. 1967 Köln - Kurat.-Mitgl. AIESEC, Lokal-Komitee-Köln, Mitgl. Marketing-Club, Köln - BV: D. Werbekonstanten in d. Markenartikelwerb., 1967; Marktanteils-Ziele u. Marktanteils-Investitionen, Verkaufsleit.-Handb., 1982 - Liebh.: Reiten, Tennis, Skilaufen, Segeln, Musik - Spr.: Engl.

KLÖCKNER, Heinz

Zeitungsverleger (Buersche Zeitung) - Hagenstr. Nr. 15, 4660 Gelsenkirchen-Buer (T. 3 73 64); priv.: Brüninghoff 20, 4350 Recklinghausen - Geb. 13. Sept. 1916 Hamburg (Vater: Robert K., Kaufm.; Mutter: Elsa, geb. Steisinger), verh. s. 1959 m. Annemie, geb. Bauer,

Verlegerin u. Chefredakteur, Sohn (Kurt-Rolf).

KLÖCKNER, Michael

Mitglied d. Europa-Parlaments (s. 1984) - Wohnh. in Berlin; zu erreichen üb. Europ. Parlam., Europazentrum, Kirchberg, Postf. 16 01, Luxemburg (T. 00352 - 4 30 01) - DIE GRÜNEN.

KLÖCKNER, Wilhelm

Dipl.-Ing., Vorstandsvorsitzender i. R. - Schwanenstr. 1c, 6800 Mannheim 51 (T. 79 23 09) - Geb. 4. April 1913 Kronstadt (Rumänien) - S. 1955 Grün & Bilfinger AG bzw. Bilfinger + Berger Bau AG (1958 stv., 1960 o. Vorst.-Mitgl., 1971-79 Vorst.-Vors.) - 1982 BVK I. Kl.

KLÖHN, Gottfried

Dr. phil., Univ.-Prof. Englische Sprache Univ. Landau/Pfalz - Martinstr. 10, 6200 Wiesbaden - Geb. 1. Febr. 1929 Prittisch - Obersch. Schwerin/W. u. Wittstock/D.; Stud. Potsdam, Berlin (FU), Gießen (Angl., Amerik., Päd., Sport) - 1955 Studienrefer., 1956 Wiss. Assist., 1961 Hochschullektor, 1965 Akad. Rat, 1971 Akad. Dir., 1971 ao., 1974 o. Prof.

KLÖNNE, Arno

Dr. phil., Prof. f. Soziologie Univ.-GH Paderborn - Annette v. Droste-Str. 10, 4790 Paderborn - Geb. 4. Mai 1931 Bochum - BV: u. a. D. dt. Arbeiterbeweg., 1989; Jugend im Dritten Reich, 1990; Rechts-Nachfolge, 1990.

KLOEPFER, Michael

Dr. jur., o. Prof. f. Öfftl. Recht, Finanz-, Wirtschafts- u. Umweltrecht Univ. Trier u. Lausanne - Sickingenstr. 16, 5500 Trier/Mosel (T. 0651 - 4 19 32) - Geb. 1. Sept. 1943 Berlin (Vater: Fritz K., Schulrat; Mutter: Lydia, geb. Willer), ev. - 1973 Doz. Univ. München, 1974-76 Prof. FU Berlin, s. 1976 o. Prof. Univ. Trier, 1977 Richter am Oberverwaltungsger. Rheinl.-Pf., 1979-83 Wiss. Dir. Inst. f. Agrarrecht u. Umweltrecht; 1979-80 Dekan Fachber. Rechtswiss. Univ. Trier; s. 1986 Dir. Inst. f. Umwelt- u. Technikrecht ebd.; s. 1988 Vors. Wiss. Kommiss. Umweltgesetzbuch - BV: Grundrechte als Entstehenssicherung u. Bestandsschutz, 1970; Vorwirkung v. Gesetzen, 1974; Zum Grundrecht auf Umweltschutz, 1978; Systematisierung d. Umweltrechts, 1978; Öffentl. Recht, 1976, 84; Datenschutz als Grundrecht, 1980; Gleichheit als Verfassungsfrage, 1981; Kernkraftwerk u. Staatsgrenze, 1981; Umweltschutz, 1981-90; Chemikaliengesetz, 1982; Umweltrecht, 1989; Umweltstaat, 1989; Umweltgesetzbuch (Mitverf.), 1990; D. Umweltrecht in d. dt. Einigung, 1991. Üb. 150 Aufs. u. Einzelarb. - 1969 Preis Univ. München - Spr.: Engl., Franz.

KLOEPFER, Rolf

Dr. phil., o. Prof. f. Roman. Philologie Univ. Mannheim (s. 1971) - Mozartstr. 25, 6900 Heidelberg - Geb. 25. Jan. 1942 München (Vater: Eberhard K., Kaufm.; Mutter: Hedwig, geb. v. Cornides), verh. s. 1963 m. Françoise, geb. Chomard, 4 Kd. (Thomas, Sylvianne, Jeanne, Benjamin) - Stud. In- u. Ausl. Promot. 1966; Habil. 1971 - 1979 Vorst. Dt. Romanisten-Verb., ab 1985 Vorst. d. Dt. Ges. f. Semiotik (Hrsg. v. MANA) - BV: D. Theorie d. lit. Übers., 1967; Sprachl. Konstituenten mod. Dichtung, 1970; Poetik u. Linguistik, 1975; Trenet. Verzauberung u. techn. Medien im Chanson, 1986; Ästhetik in d. Werbung. D. Telespot in Europa als Symptom neuer Macht, 1991. Veröff. üb. Lit.- u. Übers.-theorie, Semiotik, Medien u. Lit.gesch. (Rimbaud, Cervantes, Diderot, Borges, Christa Wolf u.a.).

KLÖPFFER, Walter

Dr. phil., Chemiker (C.A.U. GmbH Frankfurt am Main), n. b. Prof. f. Physikal. Chemie Univ. Mainz - Am Römerhof 35, 6000 Frankfurt/M. 90.

KLÖPPER, Rudolf

Dr. rer. nat., Prof., Geograph - Goerdelerweg 1, 3400 Göttingen (T. 22240) - Geb. 13. Juli 1913 Peine, unitar., verh. s. 1965 m. Ilse, geb. Fastenau, 4 Kd. - Univ. Marburg, Wien, Göttingen. Promot. 1938; Habil. 1951 - 1938-47 Bezirksplanung Aurich u. Hannover, dazw. 1939-45 Wehrdst., 1947-52 Assist. TH Braunschweig (1951 Privatdoz.), 1952-62 Wiss. Rat Bundesanst. f. Landeskd. u. Raumforsch. Bad Godesberg, ab 1956 zugl. Lehrtätigk. Univ. Mainz (apl. Prof.), 1962-64 apl. Prof. Univ. Freiburg/Br., bis 1978 Abt.svorst. (Wirtschaftsgeogr.; Geogr. Inst.) u. Prof. Univ. Göttingen, s. 1978 im Ruhestand - BV: Nordwestd. Industriekleinstädte, 1941; Zentrale Siedlungen in Nieders., 1953; Kreisbeschreibung Ludwigshafen/Rh., 1957; Zentralörtl. Gebietsgliederung v. Rhld.-Pfalz, 1957 (m. J. Körber) - 1965 korr., 1968 o. Mitgl. Akad. f. Raumforsch. u. Landesplanung, Hannover - Spr.: Franz., Engl.

KLÖS, Heinz-Georg

Dr. med. vet., Dr. med. vet. h. c., Prof., Zoodirektor i.R., s. 1991 AR-Vors. d. Tierpark Berlin-Friedrichsfelde GbmH - Budapester Str. 32, 1000 Berlin 30 (T. 25 40 10) - Geb. 6. Jan. 1926 Elberfeld (Vater: Dr. Heinrich K., Chemiker), ev., verh. s. 1956 m. Ursula, geb. Duske, 3 Kd. (Ursula, Heiner, Susanne) - 1947-52 Univ. Gießen - 1945-47 Volontär u. 1953 wiss. Assist. Zool. Garten Wuppertal; 1954-56 Dir. Zool. Garten Osnabrück; 1956-91 Dir. Zool. Garten Berlin; Präs. d. Freundeskreises Tiermedizin d. Veterinärmed. Fak. Leipzig e.V. S. 1960 Lehrbeauftr. u. Honorarprof. (1970) FU Berlin/Veterinärmed. Fak. (Zootierzucht u. -halt.). Div. Ehrenstell., dar. Ehrenvors. Zooges. Osnabrück, Ges. Naturforscher Freunde, Berlin, Aegintha, Bund d. Vogelfreunde, Berlin, Volksbund f. Naturschutz, Berlin, Cypria, Berlin; Vors. Triton, Ges. f. Vivarienkunde, Berlin; Kurat.-Mitgl. Zool. Garten Osnabrück; Präs. Intern. Union of Dir. of Zool. Gardens, sow. zeitw. Präs. Verb. Dt. Zoodir. - BV: V. d. Menagerie z. Tierparadies - 125 J. Zoo Berlin, 1969; Paradies für wilde Tiere, 1972; Zootierkrankh., 1976; Handbook of Zoo-Medicine, 1982; D. Berliner Zoo im Spiegel s. Bauten 1841-1989 (m. Ehefr.), 1990. Herausg.: D. Urwald unterm Glasdach (1983); Tierwelt hinter Glas. D. Zoo-Aquarium Berlin (1988). Mithrsg.: Grzimeks Tierleben (1973); Übers. aus d. Engl.: Bestimmungsschlüssel f. Wassergeflügel (m. Ehefr., 1962) - 1982 Gr. BVK, 1986 Stern dazu; 1982 Wilhelm-Pfeiffer-Med.; 1986 Gold. Arche; 1984 Gold. Naturschutzmed. d. Zool. Ges. San Diego, USA; 1984 scientific fellow d. Zool. Ges., London; 1988 Silb. Reiher d. Forschungsgem. Wilhelminenberg Wien, 1991 Ernst-Reuter-Plak.; 1991 Konrad-Lorenz-Med.; 1991 Humboldt-Plak.; 1991 Oskar-Röder-Ehrenplakette - Spr.: Engl. - Rotarier.

KLOESER, Robert

Außenhandelskaufmann Süßwaren, Geschäftsf. u. Gesellsch. Trawigo-Firmengruppe - Am alten Kaninsberg 10-12, 5102 Würselen (T. 02405 - 6 10; Telefax 02405-61300) - Geb. 21. Juli 1928 Aachen - Div. Ehrenämter u. Verbandstätigk. - Bes. Interessen: EDV, Finanzwesen, Bürotechnik, Lebensmittelrecht.

KLÖTZER, Walter T.

Dr. med., Dr. med. dent., Prof. f. zahnärztliche Prothetik, Med. Zentrum f. Zahn-, Mund- u. Kieferkrankheiten Univ. Marburg - Georg-Voigt-Str. 3, 3550 Marburg - Geb. 13. Febr. 1932 Neuss (Vater: Dr. Theo K.; Mutter: Anny, geb. Paulus), verh. - Zahnärztl. Staatsex. 1955, Ärztl. Staatsex. 1965, Promot. 1959 u. 1968, alle München, Habil. 1972 Tübingen - 1955-67 Wiss. Assist. München, 1967-69 Wiss. O.Assist. Zürich, 1969-70 Forsch.- u. Lehrauftr. Univ. Connecticut/USA, 1971-76 Oberarzt u. Prof. Tüb., 1976 Prof. u. Vorst. Zahnärztl. Prothetik Marburg - Ca. 120 wiss. Publ., 5 Lehrbuchbeitr. - Spr.: Engl., Franz.

KLÖTZER, Wolfgang

Dr. phil., Ltd. Archivdirektor i.R., Honorarprof. f. Geschichte d. Stadt Frankfurt Univ. Frankfurt (s. 1973) - Karmelitergasse 5, 6000 Frankfurt/M. (Stadtarchiv); priv.: Weißdornweg 24, 6070 Langen - Geb. 8. April 1925 Wiesbaden (Vater: Dr. phil. Karl K., Chemiker; Mutter: Frida, geb. Bräuer), ev., verh. s. 1954 m. Ingrid, geb. Astor, 3 Kd. (Dorothee, Ralf, Ulrich) - 1946-51 Univ. Mainz (Promot.); 1952-54 Archivsch. Marburg - 1952-54 Hess. Staatsarch. Wiesbaden; 1954-60 Bundesarch. Koblenz; s. 1960 Stadtarch. Frankfurt. 1960ff. Geschäftsf. Frankfurter Geschichtsverein. 1984ff. Geschäftsf. Frankf. Hist. Kommiss. - BV: Mark u. Haingericht im Rheingau, 1953/56; Dt. Liberalismus im Vormärz, 1959; Frankfurt 1866, 1966; Clotilde Koch-Gontard, 1969; Bankiers sind auch Menschen, 1973; Frankfurt ehemals, gestern u. heute, 1979; Taunus u. Rheingau, 1980; Alt-Frankfurter Photoalbum, 1981; Frankfurt in d. 20er Jahren, 1983; D. Frankfurter Altstadt, 1983; Beitr. z. Frankf. Kulturgesch., 1985; D. Paulskirche, Symbol dt. Einheit, 1985; Zu Gast im alten Frankfurt, 1990; Frankfurt in Fotografien v. Paul Wolff, 1991. Herausg.: Arch. f. Frankfurts Gesch. u. Kunst (1960ff.) u. Stud. z. Frankf. Gesch. (1960ff.) - 1957 Rheingauer Kulturpreis; 1959 Herman-Haupt-Plak.; 1980 Friedrich-Stoltze-Büste; 1991 BVK - Liebh.: Reiten - Rotarier.

KLÖTZNER, Ulrich

Verwaltungsdirektor, Geschäftsf. Dt. Theater in Göttingen GmbH. - Theaterpl. 11, 3400 Göttingen.

KLOFT, Alfred

Ministerialdirigent, Presse- u. Informationsamt d. Bundesreg. - Oderstr. 71, 5300 Bonn-Ippendorf (T. 28 10 53) - Geb. 6. Juli 1922 Erbach/Ts., kath., verh. s. 1948 m. Gertrud, geb. Horn, 4 Söhne (Ewald, Bernhard, Matthias, Michael) - Univ. Bonn u. Frankfurt (Rechts- u. Staatswiss.). Jurist. Staatsprüf. 1947 u. 1951 - 1951 Richter LG Limburg; s. 1952 Refer. Rechts- u. Kabinettssachen im Presse- u. Informationsamt d. Bundesreg. (1966 Abt.sleit.). Mitgl. Rundfunkrat Dt. Welle (1967-69) u. Dtschl.funk (1969-73) - 1968 BVK; 1973 BVK I. Kl.

KLOFT, Hans

Dr. phil., Prof. f. Alte Geschichte Univ. Bremen - Wernigeroder Str. 36, 2800 Bremen (T. 0421 - 49 18 15) - Geb. 10. April. 1939 Düsseldorf (Vater: Johannes K., techn. Zeichner; Mutter: Mathilde, geb. Jüntgen), kath., verh. m. Beate, geb. Jaecker, 1 T. (Annabelle Katharina) - Gymn. Düsseldorf, 1960-64 Stud. Gesch. u. klass. Philol. Univ. Köln, Promot. 1968, Habil. 1974, Ass. 1968-71. 1971-73 akad. Rat, 1973-77 Oberrat, 1977 o. Prof. Bremen - BV: Liberalitas Principis, Stud. z. Prinzipatsideologie, 1970; Einführung in d. Stud. d. Gesch. (m. E. Boshof u. K. Düwell), 1984; Prorogation u. außerordl. Imperien, 1977. Hrsg.: Ideologie u. Herrschaft in d. Antike (1979); Der Nachlaß Adolf Erman (1982); Arbeit u. Arbeitsverträge in d. griech.-röm. Welt (1984); Fürsorge u. Sozialmaßnahmen, Z. Eigenart antiker Sozialpolitik (1989); Einf. in d. Wirtschaftsgesch. d. griech.-röm. Welt (1992).

KLOFT, Werner J.

Dr. rer. nat., em. o. Prof. f. Zoologie, Direktor Inst. f. Angew. Zoologie (b. 1990) - Endenicher Allee 5, 5300 Bonn - Geb. 17. Juni 1925 Erbach/Ts. (Vater: Friedrich K., Elektroing.; Mutter: Helene, geb. Rauch), verh. s. 1947 m. Erika, geb. Sturm, 2 Kd. (Iris, Arnfried) - Univ. Berlin, Prag (Dt.), Würzburg. Promot. (1948) u. Habil. (1956) Würzburg - S. 1947 wiss. u. Lehrtätigk. Univ. Würzburg (1963 apl. Prof.) u. Bonn (1965 Ord.; 1970/71 Dekan naturwiss. Fakultät). Spez. Arbeitsgeb.: Ernährungsphysiol. v. Insekten u. Radioisotopenanw. in d. Entomol. - BV: D. Waldhonigbuch, 1965 (m. a.); Lab.training. Manual Radioisotopes in Entomol., 1976; Ökologie d. Tiere, UTB 729, 1978, 2. A. 1987 (m. M. Gruschwitz); Waldtracht u. Waldhonig in d. Imkerei (hg.) 1985. Zahlr. Handbuch- u. Ztschr.beitr. - 1961 Fellow Acad. of Zoology Agra (Ind.) - Spr.: Engl., Franz.

KLOIBER, Walther Michael

Geschäftsführer u. Mehrheitsgesellsch. Kleiderfabrik Kloiber GmbH, Komplementär J. u. W. Kloiber KG, bde. Seefeld - Hauptstr. 40, 8031 Seefeld - Geb. 4. Nov. 1939.

KLOKE, Adolf

Prof. Dr., Direktor u. Prof. a. D. - Marinesteig 6, 1000 Berlin 38 (T. 803 80 53) - Geb. 29. Mai 1921 Paderborn/W., kath., verh. s. 1951 m. Waltraud, geb. Schmidt, 3 Kd. (Adolf, Hildegard, Monika) - Univ. Göttingen (Landw., Agrikulturchemie); Dipl.-Landw. 1949. Promot. 1951; Habil. 1960; 1951-59 Assist. Univ. Göttingen (Inst. f. Agrikulturchemie), 1959-81 Leit. Inst. f. nichtparasit. Pfanzenkrankh. d. BBA. 1982-86 Leit. Abt. f. ökol. Chemie d. Biolog. Bundesanst. f. Land- u. Forstwirtsch., Berlin/Braunschweig, Lehrtätigk. TU Berlin, Gutachtertätigk. üb. Bodenschutz u. Bodensanierung - BV: D. Humusstoffe d. Bodens als Wachstumsfaktoren, 1963. Etwa 270 Einzelarb., insbes. üb. Probleme des Umweltschutzes u. d. Schwermetalle im Boden.

KLOOCK, Josef-Wilhelm

Dr. rer. pol., Prof. f. Wirtschaftswiss. - Berliner Str. 24, 5042 Erftstadt (T. Köln 0221-470-44 51, dstl.) - Geb. 31. Juli 1935 Zülpich, kath., verh. s. 1964, 3 Kd. - Human. Gymn.; Univ. Köln, Göttingen, Regensburg (Math., Wirtsch.wiss.), Dipl.-Math. Köln 1963, Promot. Wirtsch.wiss. Köln 1967, Habil. Betriebswirtsch. Regensburg 1970 - 1971 Univ.-doz. ebd., s. 1972 Univ.-Prof. f. Betriebswirtsch.lehre Univ. Köln - BV: Betriebswirtsch. Input-Output-Mod., 1969; Kosten- u. Leist.rechn., Lehrb., (m. and.) 6. A. 1991; Prod. Vahlens Kompendium d. Betriebswirtsch.lehre (m. and.), 2. A. 1989; Bilanz- u. Erfolgsrechnung, 1990.

KLOOS, Karl-Heinz

Dr.-Ing., Prof. f. Werkstoffkunde TH Darmstadt - Georgenstr. 9, 6104 Seeheim 1.

KLOOSE, Hans-Otto

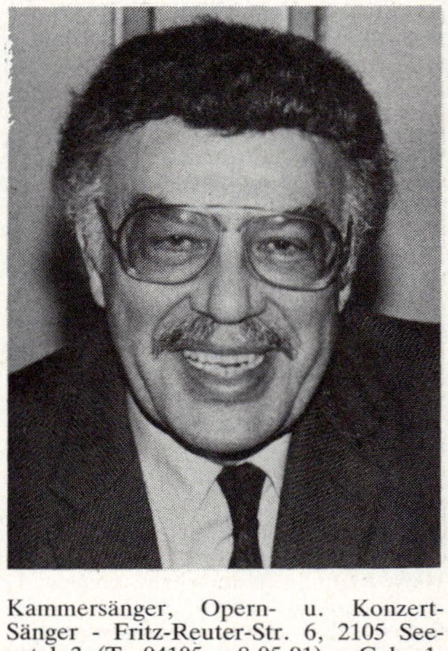

Kammersänger, Opern- u. Konzert-Sänger - Fritz-Reuter-Str. 6, 2105 Seevetal 3 (T. 04105 - 8 05 91) - Geb. 1. Febr. 1924 Osnabrück, ev., gesch., T. Alexandra - Konservat. Osnabrück u. Musikakad. Detmold - S. 1959 Mitgl. d. Hbg. Staatsoper; 1973 Titel Kammersänger (Senat d. Hansestadt Hamburg).

Theaterengagements: Detmold, Mannheim, Gelsenkirchen, Lübeck, Wuppertal, Köln u. Hamburg. Gastsp.: Berlin, Düsseldorf, Köln, Frankfurt, Paris, Wien, Salzburg, Nizza, Barcelona, Dublin, Montreal, Stockholm, New York u.a. - Hauptrollen: Don Giovanni, Marquis Posa, Eugen Onegin. Graf in Figaros Hochzeit, Troubadour, Capriccio, Wildschütz, Wolfram, Escamillo u.a.

KLOPFER, Heinz
Dr.-Ing. (habil.), Prof. f. Konstruktive Bauphysik/Univ. Dortmund - Ostenallee 58, 4700 Hamm 1 - Geb. 9. Mai 1936 Stuttgart - Dipl. Bauing.wesen 1960 Stuttgart - Zul. Privatdoz. Univ. Stuttgart - BV: Wassertransport durch Diffusion in Feststoffen, 1974; Anstrichschäden, 1976.

KLOPPENBORG, Josef
Assessor, Geschäftsf. Ärztekammer Berlin - Klaus-Groth-Str. 3, 1000 Berlin 19 - Stud. Rechtswiss.

KLOPPSTECH, Klaus
Dr. rer. nat., Prof. f. Entwicklungsphysiologie Univ. Hannover - Am Wiesenhof 120, 2940 Wilhelmshaven.

KLOPSCH, Paul
Dr. phil., em. o. Prof. Lehrstuhl f. Lat. Philologie d. Mittelalters Univ. Erlangen-Nürnberg (1966-88) - Rabenweg 3, 8520 Erlangen (T. 4 79 58) - Geb. 2. Jan. 1920 Düsseldorf (Vater: Jakob K.), verh. s. 1953 m. Eva, geb. Zahn, 2 Kd. - Promot. u. Habil. Köln. Emerit. 1988 - Facharb. - Festschr. f. P. K. (Göppingen 1988).

KLOSA, Josef Franz

Dr. rer. nat., Dipl.-Chem., Forschungschemiker - Jänickestr. 13, 1000 Berlin 37 - Geb. 16. Juni 1921 Halbendorf/OS, kath., verh. s. 1950 m. Evelyn, geb. Czayka (†1983), 3 Kd. (Ellen, Clement, Daniela) - Volkssch.; Gymn. Oppeln; Abit.; Stud.; Dipl.-Chem.; Promot. 1945 Breslau - Wiss. Assist. b. Prof. Lettré Göttingen; b. 1952 Forschungschemiker Schering-Ost; 1953-60 Chefchemiker Asal; 1961ff. selbst. Forschung - Mehrere Pat. - BV: Entw. u. Chemie d. Arzneimittel, 5 Bde. 1952; Organische Chemie (m. Prof. Dr. Müller), 12. A. ab 1953; Zw. Geist u. Materie, 1975; D. Wunder v. Konnersreuth, 1976 - Lit.: Poggendorff-Handb. d. exakten Wissenschaften, Bd. 6 (1965).

KLOSE, Hans
Kanzler Musikhochschule Lübeck - Jerusalemsberg 4, 2400 Lübeck 1.

KLOSE, Hans-Ulrich
Dr. jur., Richter, MdL Nordrh.-Westf. (s. 1966), Justitiar Apothekerkammer Nordrhein - Geschwister-Scholl-Str. 10, 4052 Korschenbroich/Rhld. (T. 02161 - 64 16 23) - Geb. 29. März 1935 Rüdersdorf/Mark, ev., verh., 2 Kd. - Obersch.; Univ. Berlin u. Köln (Rechts-, Wirtschafts- u. Polit. Wiss.). Promot.

1963 - 1958-59 Landesvors. Ring Christl.-Demokr. Studenten NRW. S. 1961 Mitgl. Kreistag Grevenbroich u. Neuss (stv. Fraktionsvors., Vors. Sozialaussch.). CDU s. 1952 (Vors. Ev. Arbeitskr. CDU Nordrh.-Westf.; Kreisvors. Neuss; 1. Vizepräs. d. Landtags Nordrh.-Westf.). Mitgl. Landesvors. d. Ev. Kirche im Rhld, Presbyter Ev. Kirchengem. Korschenbroich.

KLOSE, Hans-Ulrich
I. Bürgermeister a.D. Hamburg (1974-81, Rücktr.), MdB (s. 1983; Wahlkr. 18/Hbg.-Harbg.), Schatzm. SPD (s. 1987) - Ollenhauerstr. 1, 5300 Bonn - Geb. 14. Juni 1937 Breslau, verh. s. 1973 in 2. Ehe m. Elke, geb. Ernst, 2 Kd. aus 1. u. 2 Kd. a. 2. Ehe - Gymn. (Abit. 1957) Bielefeld; Stud. Univ. Freiburg, Hamburg (Rechtswiss.). Staatsprüf. 1961 u. 65 - Jugendstaatsanwalt (b. 1970) - SPD (s. 1964), 1966 stv. Landesvors. Jungsozialisten, 1968 stv. Landesvors. SPD, 1981ff. Mitgl. Hamburger Bürgerschaft, 1973 Innensenator, 1984-88 Mitgl. Fraktionsvorstand (Bundestag) - 1981 Ehrenbürger Lima - Liebh.: Malerei, Motorsport, Literatur.

KLOSE, Horst
Dr. jur., Rechtsanwalt, gf. Gesellsch. MERO-Firmengruppe, Würzburg - Dürrbachtal 30, 8700 Würzburg (T. Würzburg 9 57 51) - Geb. 13. März 1926 Stettin (Vater: Hans K., Kaufm.; Mutter: Martha, geb. Röske), ev., verh. s. 1954 m. Melita, geb. Mengeringhausen (Rechtsanw.), 3 Söhne (Roland, Ingo, Oliver) - Marienstifts-Gymn. Stettin; Univ. Erlangen (Rechtswiss.). Gr. jurist. Staatsprüf. Fachmitgl.sch., Beiratsmand, Aufsichtsratsmand., Vizepräs. d. Dt. Schutzvereinig. f. Wertpapierbesitz e.V., Düsseldorf - Liebh.: Jagd - Spr.: Engl. - Mitgl. Lions-Club Würzburg.

KLOSE, Joachim
Dr. med., Dr. rer. nat., Prof. f. Humangenetik FU Berlin (Klinikum Charlottenburg) - Habelschwerdter Allee 26, 1000 Berlin 33 - 1986 Sarstedt-Forschungspreis (f. Frühdiagnose v. Protein- u. Gendefekten).

KLOSE, Karl-Dieter
Prof., Mathematiker - Schmidbachstr. 5, 7141 Beilstein-Schmidhausen - Geb. 24. April 1940 Oppeln, verh. s. 1971 m. Heidrun, geb. Droth - Univ. Frankfurt/M. - Prof. f. Math. PH Ludwigsburg; 1982-86 Rektor PH Ludwigsburg.

KLOSE, Odo
Prof. Designer - Am Freudenberg 19, 5600 Wuppertal 2; u. Designstudio Friedrich-Engels-Allee 254, 5600 Wuppertal 2 - Prof. GH Wuppertal. Lehrber.: Ind. Design, Konzeptin u. Entwurf, Techn. Gestalt.; Forsch.- u. Entw.projekte im Fahrzeug-, Masch.- u. Gerätebau, Werkzeuge, Möbel u. Sitzgerät, Sport- u. Spielgerät, Verpack.

KLOSE, Werner
Dipl.-Math., Versicherungsdirektor - Rheidter Weg 19, 5024 Pulheim-Stommeln - Geb. 5. Febr. 1929 Berlin (Vater: Willi K.; Mutter: Minna, geb. Kurz), kath., verh. s. 1957 (Ehefr.: Charlotte), 3 Kd. (Beate, Matthias, Ursula) - Friedrichswerdersches Gymn. u. FU Berlin (Dipl. 1954) - Agrippina Lebensversich. AG, Köln (1962 Prok., 1971 Abt.dir.) 1975 stv. Vorst.-Mitgl., 1989 o. Vorst.-Mitgl.). Math. Sachverst.

KLOSE, Wolfgang Dietrich
Dr. rer. nat., o. Prof., Vorstandsmitglied Kernforschungszentrum Karlsruhe - Zu erreichen üb. Postfach 36 40, 7500 Karlsruhe 1 - Geb. 1. Jan. 1930, verh. s. 1953 m. Christine, geb. Kümmel, 2 Kd. - Stud. Mathematik u. Physik; Dipl. 1953; Promot. 1956 Berlin; Habil. 1964 Erlangen - 1967 o. Prof. Univ. Saarbrücken, 1976 Hon.-Prof. Univ. Karlsruhe.

KLOSSIKA, Walter H.

Dipl.-Ing., Generalbevollmächtigter Berliner Elektro Holding AG, Strategische Unternehmensverbindungen - Lenauweg 5, 3340 Wolfenbüttel (T. 05331 - 4 44 25) - Geb. 7. Sept. 1930 Ulm, ev., verh. s. 1960 m. Margrit, geb. Finke, 2 Kd. (Christine E., Jörg J.) - Ausb. Rundfunkmechaniker; Stud. Hochfrequenztechnik Oskar v. Miller-Polytechnikum München - 1954 Laboring.; 1966 Werkleit.; 1970 Dir. AEG-Telefunken; 1972 Vorst. Telefunken Computer; 1975 Dir. Olympia Werke AG; 1981 Geschäftsf. Kyocera Corp. Pat. auf d. Halbleitergeb. - Spr.: Engl., Franz.

KLOSTERHALFEN, Herbert
Dr. med., o. Prof. f. Urologie - Alte Landstr. 216, 2000 Hamburg 65 (T. 5 36 27 22) - S. Habil. Lehrtätigk. Univ. Hamburg (1966 Ord. und Klinikdir.). Facharb.

KLOSTERKEMPER, Horst
Dipl.-Ing., Dipl. Wirtsch.-Ing., Geschäftsführer Düsseldorfer Messegesellschaft mbH - NOWEA - Postf. 32 02 03, Stockumer Kirchstr. 61, 4000 Düsseldorf 30 (T. 0211 - 45 60-4 10; Telefax 0211 - 45 60-6 68) - Geb. 1938 - Liebh.: Tennis (Initiator u. Gestalter Mannschaftsturnier World Team Cup Rochus-Anlage D'dorf).

KLOSTERMANN, Gerald Franz
Dr. med., Prof., Dermatologe, ehem. Chefarzt Agnes-Karll-Krankenh. Hannover-Laatzen (1972-85) - Wohlenhauser Str. 45, 3072 Marklohe-Wohlenhausen - Geb. 22. Jan. 1920 Blankenburg/Harz (Vater: Franz K., Zahnarzt; Mutter: Elisabeth, geb. Meurer), verh. I.) m. Christel, geb. Daalmann, 3 Söhne (Manfred, Gerald, Eberhard), II.) m. Karoline Sophie, geb. Freiin v. Hadeln - Gymn. Blankenburg; Univ. Freiburg, Leipzig, Göttingen. Promot. (1945) u. Habil. (1958) Göttingen - Univ. Hautkliniken Göttingen (1947-53) Erlangen (1953-55) u. wied. Göttingen (1955-72); 1958 Privatdoz., 1959 Oberarzt, 1964 apl.

Prof., 1970 Prof. u. Abt.vorst. (f. Dermatol. Histol.) - Div. Ehrenämter, dar. 1965-71 Vorst. Dt. Dermatol. Ges., 1973-74 Vors. Akad. ärztl. Fortbildung Nieders., 1974-78 Vorst. Ärztekammer Nieders. - BV: Pigmentfleckenpolypose - Klin., histolog. u. erbbiolog. Studien am sog. Peutz-Syndrom, 1960; D. diagnost. Blick - Atlas z. Differentialdiagnose innerer Krankh., 1964 u 1970 (m. Südhof u. Tischendorf; auch span., engl., ung., franz., ital., jap., tschech.) - 1985 Ehrenplak. d. Ärztekammer Nieders. - Spr.: Engl., Span.

KLOSTERMANN, Henning

Dr. rer. nat., Dipl.-Geogr., Mitglied d. Landtages Mecklenburg-Vorpommern (s. 1990), Umweltpolitischer Sprecher d. SPD - Alte Rostocker Str. 8, O-2300 Stralsund (T. 29 23 30) - Geb. 3. April 1938 Sondershausen, ev., verh. s. 1972 m. Gisela, geb. Gumz, S. Dirk - Stud. 1958-63 Univ. Greifswald, Dipl.-Geogr.; Promot. 1970 - Tätigk.: Küstenschutz, Wasserhaush.forsch., Hydrol., Umweltsch., Natursch.; Fachübers. (freiberufl.) - Ztschr.veröffentl. - Liebh.: Landsch.ästh., -fotogr., Initiator e. Umweltgr. (jetzt BUND) - Spr.: Engl.

KLOSTERMEIER, Karl-Heinz
Dipl.-Volksw., Intendant Radio Bremen (s. 1985) - Bürgermeister-Spitta-Allee 45, 2800 Bremen 33 - Geb. 22. Aug. 1936 Hemmingen (Vater: Karl K., Schlosser; Mutter: Lina, geb. Habenicht), ev. - Volkssch.; Verwaltungslehre; n. Abit. (Abendgymn.) Stud. Theaterwiss., Wirtschafts- u. Sozialwiss. München, USA, Berlin. B. A. 1963 USA; Dipl.-Volksw. 1966 Berlin (FU) - 1953-60 Stadtverw. Hannover; 1968-77 NDR Hamburg, 1977-85 Betriebsdir. RB. SPD - Spr.: Engl.

KLOSTERMEYER, Wilhelm
Dr. med., Prof., Wiss. Abteilungsvorsteher TH Aachen (Abt. Chirurgie) - Scheurenstr. 2, 5100 Aachen (T. 72540) - Geb. 29. Juni 1908 - S. 1940 (Habil.)

Lehrtätigk. Univ. Hamburg u. TH Aachen (1966 Abt.svorst. u. Prof.); zeitw. Chefarzt Chir. Klinik Städt. Krankenanstalten Aachen. Facharb.

KLOTEN, Heinrich
Dipl.-Landw., Präsident LK Rheinland, Bonn (s. 1970), Alt-Präs. (s. 1991) - Holterhöfe 9, 4156 Willich 2 - Geb. 5. März 1920 Willich, kath., verh. s. 1961, 4 Kd. - Gymn.; Stud. Landw. - 1973 BVK I. Kl., 1980 Gr. BVK.

KLOTEN, Norbert
Dr. rer. pol., Dr. h. c., Prof. - Im Hopfengarten 24, 7400 Tübingen (T. 6 26 70) - Geb. 12. März 1926 Sinzig/Rh. (Vater: Johannes K., Kaufm.; Mutter: Katharina, geb. Mongs), kath., verh. s. 1953 m. Dr. Annemie, geb. Münzel, 3 Kd. (Ilka, Jan, Kristin) - Realgymn. Honnef; 1944 u. 1946-48 Univ. Bonn (Dipl.-Volksw. 1948) - 1949-56 Assist. Univ. Bonn (1956 Privatdoz.); 1957-58 Gastprof. Bologna Center John Hopkins Univ. Baltimore/USA; 1958-59 Lehrstuhlvertr. Univ. Bonn u. Tübingen; 1960-76 Ord. Univ. Tübingen; s. 1976 Hon.-Prof., 1976-92 Präs. LZB Baden-Württ. u. Mitgl. d. Zentralbankrats d. Dt. Bundesbank. S. 1967 Mitgl. Landesarbeitsgem. d. Akad. f. Raumforsch. u. Landesplan. Baden-Württ., s. 1967 Wiss. Beirat, Bundeswirtschaftsmin., s. 1992 Vors. 1967-69 Wiss. Sachverständigengremium Planungsstab b. Bundeskanzleramt, 1969-76 Sachverst.rat z. Begutacht. d. gesamtwirtsch. Entwickl. (1970-76 Vors.), Mitgl. List Gesellschaft, s. 1979 Mitgl. d. Vorst., 1968 Mitgl. Ges. f. Wirtschafts- u. Sozialwiss., Ver. f. Socialpolitik, 1966 Mitgl. Inst. Finance Public, 1972 Mitgl. wiss. Direkt. d. Dt. Ges. f. Auswär. Politik, 1972 Mitgl. wiss. Beraterkr. d. Fritz Thyssen Stift. s. 1980 Mitgl. d. Kurat., 1972 Vorst.-Mitgl. Adolf-Weber-Stift., 1979 Mitgl. Trilateral Commiss., 1979 Vorst.-Vors. d. Ges. f. Angew. Wirtschaftsforsch. Tübingen, 1982 Vorst.-Mitgl. d. Freunde d. Hebräischen Univ., Stuttgart, 1983 Vorst.-Mitgl. Christl. Jugenddorfwerk Deutschl., 1987 Mitgl. d. Kurat. d. Stiftg. Volkswagenwerk - BV: D. Eisenbahntarif im Güterverkehr - Versuch e. theoret. Grundleg., 1959; Z. Entw. d. Geldwerts in Dtschl., 1980 (m. a.); D. Staat in d. Sozialen Marktwirtsch., 1986. Handbuch-u. Ztschr.beitr., u. a. Paradigmawechsel in d. Geldpolitik?, 1988, in: Ztschr. f. Wirtsch.- u. Sozialwiss.; Wege zu e. Europ. Zentralbanksystem, 1988, in: EUROPA-ARCHIV; D. Transformation v. Wirtsch.ordnungen - Theoretische, phänotypische u. politische Aspekte, 1991, in: Walter Eucken Inst., Vorträge u. Aufs. Nr. 132. Mithrsg.: Systeme u. Meth. in d. Sozialwiss., Festgabe f. Erwin v. Beckerath (1964); Obst-Hintner: Geld-, Bank- u. Börsenwesen, Buchreihe Wirtsch. u. Gesellschaft - 1980 Ehrendoktor Univ. Karlsruhe (Wirtschaftswiss.) - Liebh.: Lit., Sport - Spr.: Engl., Ital. - Rotarier.

KLOTZ, Günther
Dr. sc. phil., Prof. f. englische Literatur - Berolinastr. 9, O-1020 Berlin (T. Fax 429 72 74) - Geb. 17. Mai 1925 Trachenberg/Schlesien, verh. s. 1962 m. Sigrid, geb. Bachmann, 2 Kd. (Sebastian, Susanne) - Abit. 1943 Bunzlau, Stud. 1948-52 Greifswald u. Jena, Promot. 1955 HU Berlin - 1956-70 Verlagslektor, 1970 wiss. Mitarb. d. Akad. d. Wiss., Dr. sc. 1977 - 1984 Prof. Emerit. 1990 - 1967 Redakt. d. 1984 Herausg. d. Shakespeare-Jahrbuchs, 1991 Vizepräs. d. Dt. Shakespeare-Ges. - BV: D. Werturteil d. Erzählers im Tatler u. Spectator, 1960; Individuum u. Ges. im engl. Drama d. Gegenwart, 1972; Alternativen im brit. Drama d. Gegenwart, 1978; Britische Dramatiker d. Gegenwart, 1982; ca. 80 wiss. Artikel; ca. 40 dt. Ed. engl. u. amerik. Literatur; Übers. von Mark Twain, L.Hughes, A. Sillitoe u.a.

KLOTZ, Heinrich
Dr. phil., Prof. f.Kunstgeschichte Univ. Karlsruhe (s. 1989) - Kaiserstr. 64, 7500 Karlsruhe 1 - Geb. 20. März 1935 Worms/Rh. (Vater: Martin K.; Mutter: Emilie, geb. Seibert), verh. s. 1964 m. Gertrud, geb. Hooss, 3 Kd. (Martin, Katharina, Elisabeth) - Univ. Frankfurt/M., Heidelberg, Freiburg/Br., Göttingen. Promot. (1963) u. Habil. (1965) Göttingen - Ehem. Gründungsdir. Dt. Architekturmuseum Frankfurt, Gründungsdir. Zentrum f. Kunst u. Medientechnol. Karlsruhe, Gründungsrektor d. Staatl. Hochsch. f. Gestaltung Karlsruhe. Gastprof. FU Berlin, Yale u. Washington Univ. USA - BV: Brunelleschis Frühwerk, 1970; Arch. im Widerspruch, 1974 (auch engl., franz., jap.); Keine Zukunft f. uns. Vergangenh., 1976; D. röhr. Hirsche d. Arch., 1977; Arch. in d. Bundesrep., 1977; Gestalt. e. neuen Umwelt, 1978; Revision d. Moderne, 1984; Moderne u. Postmoderne, 1984; D. Neuen Wilden in Berlin, 1984; D. Arch. d. 20 Jh. (Ausst.katalog), 1989; Von d. Urhütte z. Wolkenkratzer, 1991.

KLOTZ, Helmuth

Dr. med., Arzt f. Allgemeinmedizin, Präsident Landesärztekammer Hessen, Frankfurt (s. 1986) - Broßstr. 6, 6000 Frankfurt/M. 90 (T. 069 - 79 48-0); priv.: Bismarckstr. 11, 6100 Darmstadt (T. 06151 - 2 15 47) - Geb. 1. März 1929 Roding/Bay. Wald, verh. s. 1955 m. Dr. med. Elly, geb. Holzmann, 4 Kd. - S. 1978 Vizepräs. Bundesärztekammer, Köln; 1978-87 Bundesvors. d. Berufsverb. d. Prakt. Ärzte u. Ärzte f. Allgem.med. Deutschl. (BPA) e.V., seitd. Ehrenmitgl. - 1988 BVK - Liebh.: Angeln.

KLOTZ, Volker
Dr. rer. nat., Prof. f. Mathematik GH Siegen - Hölderlinstr. 3, 5900 Siegen 21 - Stud. Math.

KLOTZ, Volker
Dr. phil., o. Prof. f. Literaturwissenschaft (Neuere dt. Lit.) Univ. Stuttgart (s. 1971) - Rotebühlstr. 97, 7000 Stuttgart 1 (T. 61 22 62) - Geb. 20. Dez. 1930 Darmstadt, verh., 3 Kd. - 1951-58 Univ. Frankfurt/M. (Dt. u. Engl. Lit., Kunstgesch.). Promot. 1959; 1960-68 wiss. Assist. TU Berlin; Habil. 1968 - Theaterkrit., Dramaturg. Gastprof. In- u. Ausl. - BV: Bertolt Brecht, 1957; Geschlossene u. offene Form in Drama, 1960; Kurze Kommentare zu Stücken d. Ged., 1962; D. erzählte Stadt, 1969; Bühnen-Briefe, 1972; Dramaturgie d. Publikums, 1976; Abenteuer-Romane, 1979; Bürgerl. Lachtheater, 1980; D. europ. Kunstmärchen, 1985; Operette, 1991; Literaturbeamter auf Lebenszeit (1991). Mitverf.: Gesch. d. dt. Dichtung, 1962. Herausg.: Niebergalls Datterich (1963); Z. Poetik d. Romans (1965); Erich Arendts Ged. (1966). Mithrsg.: Bausteine zu e. Poetik d. Moderne (1987); Carl Malss' Werke (1988) - 1969 Mitgl. Karl-May-Ges.; 1975 Mitgl. PEN-Zentrum BRD; 1990 Humboldt-Prof. d. Danish Res. Acad.

KLOTZ, Walter
Dr. rer. nat., Prof. f. Mathematik TU Clausthal (apl.) - Mühlenstr. 15, 3392 Clausthal-Zellerfeld - Vorher Privatdoz.

KLOTZBACH, Günter
Dr.-Ing., Hüttendirektor i. R. - Tannenstr. 27, 4330 Mülheim/Ruhr-Speldorf (T. 5 08 13) - Geb. 16. Febr. 1912 Essen - Fast 35 J. Krupp - 1974 Ehrenmitgl. Americ Iron and Steel Inst., 1978 Ehrenmitgl. Iron and Steel Institute of Japan, 1979 Ehrenmitgl. Verein Dt. Eisenhüttenleute - Spr.: Engl., Franz. - Rotarier.

KLOTZBÜCHER, Alois
Dr. phil., Ltd. Bibliotheksdirektor i. R. - Gibbenhey 2, 4600 Dortmund 50 - Geb. 6. Juni 1930 Tübingen (Vater: Anton K., Arbeiter; Mutter: Anna, geb. Krauß), kath., verh. s. 1968 (Ehefr.: Margund) - Buchhändlerlehre; n. Begabtenabit. Stud. Polit. Wiss., Gesch., Soziol., German. Bibliothekarprüf. 1960; Promot. 1964 (Erlangen); Bibl.ass.ex. 1967 - Buchhandel, Verlagswesen, Werbung. Bibl.ass. (1967), -rat (1970), Oberbibl.rat (1971), Bibl.dir. (1974), Ltd. Bibl.dir. (1976) - BV: Formen d. Integration u. Zentralisation d. wiss. Stadtbibl. u. d. öfftl. Bücherei, 1969; Von Büchern u. Bibliotheken in Dortmund. Beitr. z. Bibliotheksgesch. einer Industriestadt (Hrsg.), 1982; Lit. Leben in Dortmund. Beitr. z. Gesch. v. Lit., Buchhandel u. Vereinen (Hrsg.), 1984 - Liebh.: Lit., Wandern - Spr.: Engl., Franz.

KLUCKE, Helmut
Stv. Aufsichtsratsvorsitzender Dt. Kalisyndikat GmbH, Berlin, AR-Mitgl. Wintershall AG, Kassel u. Mitteldeutsche Kali AG, Sondershausen, Beirat Dresdner Bank AG, Gerling-Konzern - Heinrich-Schütz-Allee 151, 3500 Kassel - Geb. 25. Febr. 1922.

KLÜBER, Josef
Lederwarenfabrikant - Hanauer Str. 99, 8755 Alzenau/Ufr. - Ehrenmitgl. IHK Aschaffenburg (jahrel. Vizepräs.); BVK I. Kl.

KLÜKEN, Norbert

Dr. med., Dr. h. c., Univ.-Prof., Prof. h. c. mult., Angiologe u. Dermatologe - Crousstr. 43, 4150 Krefeld - Geb. 4. Mai 1920 Krefeld (Vater: Wilhelm K.; Mutter: Maria, geb. Roether), verh. m. Monika, geb. van de Sand, 4 Kd. - Stud. Univ. Halle/Sa. u. Marburg/La.; Promot. 1945; Habil. 1958 Univ. Saarbrücken; Ernennung zum Prof. 1964 - S. 1958 Lehrtätig. Univ. Saarbrücken, Bochum, Essen; em. Dir. d. v. ihm gegründ. Klinik u. Poliklinik f. Angiologie d. Univ. Essen.; viermalige Verleihung d. Titels Prof. honoris causa, d. höchsten akad. Ehrung, die e. Univ. verleiht, u. a. von d. ältesten Univ. d. nord- u. südamerik. Kontinents, d. auch heute sehr bedeutenden Univ. San Marco in Lima; Mitbegr. d. dt. Ges. f. Angiologie. Präs. Curatorium Angiol. Intern., Dt. Ges. f. Phlebol., Ehrenpräs. Dt. Ges. f. Phlebol., Intern. Union of Angiology, Mitgl.sch. im Vorst. nationaler u. intern. Ges.; mehr als 30 Ehrenmitgl.sch. intern. Fachges. - BV: 39 Monographien. Hrsg.: u. a. Ztschr. Folia Angiologica (3-sprach.), Documenta Angiologorum, Ergebn. d. Angiologie u. Phlebologie; üb. 350 wissenschaftl. Fachveröff. - Officier des Palmes academiques (Rep. Frankreich), BVK am Bde.; Med.: René Fontaine in Gold, Faculdade Medicina de Coimbra (Portugal), Angiol.-Ecologie Univ. Pisa, Universidade nat. de Asuncion, Purkyne Univ. Prag, A. Lindenberg Univ. Sao Paulo, v. Bergmann Bundesärztekammer - Spr.: Franz., Engl.

KLÜMPER, Armin

Dr. med., Prof. f. Klin. Radiologie u. Sportmed., Ärztl. Dir. u. Sporttraumatologie d. Mooswald-Klinik Freiburg - An den Heilquellen 6-8, 7800 Freiburg/Br.

KLÜNDER, Jürgen
Dr. phil., Direktor Dt. Institut f. Puppenspiel - Steinring 113, 4630 Bochum 1 (T. 0234 - 4 77 78) - Geb. 9. Nov. 1940 Hamburg, verh. (Ehefr.: Ginny), 2 T. (Heide, Edwina) - Stud. Theaterwiss. (Promot.) - Spr.: Engl.

KLÜNNER, Lothar
Journalist, Schriftst., Übers. (Ps. Leo Kettler) - Mommsenstr. 26, 1000 Berlin 12 (T. 030 - 324 25 91) - Geb. 3. April 1922 Berlin - Stud. Theol. u. Kunstgesch. Univ. Tübingen u. Berlin; Schreibt Lyrik, Kurzprosa, Ess. u. Übers. alter u. mod. franz. Poesie; Mitarb. Berliner Malerkabarett in d. Badewanne (1950); Funkautor (Leo Kettler) - BV: Ged.: Wagnis u. Passion, 1960; Windbrüche, 1976; Gegenspur, 1977; Befragte Lichtungen, 1985; D. Rattenleier, 1989 (Leo Kettler); Immer m. zwei Musen im Bund, 1990; Warum nicht Ithaka?, 1992; Prosa: Abfuhr u. sieben Ermittl. z. Poetik, 1985; Briefe aus Retentúdoparadix, 1992. Übers. v. Apollinaire, Blanchot, Blasonneurs d. 16. Jh., Breton, Chagall, Char, Dupin, Éluard, Goll, Jarry, Lorca, Nerval, Péret, Ponge u.a. Herausg.: Johannes Hübner, Gedenkb., Bd. 1 Ged., Bd. 2 Im Spiegel (1983). Mithrsg.: Speichen - Jahrb. f. Dichtung (1969-71).

KLÜNTER, Peter
Dr., Direktor i.R. Landwirtschaftskammer Rheinland u. Höhere Forstbehörde Rhld. (b. 1984) - Endenicher Allee 60, 5300 Bonn 1 - Geb. 19. März 1919.

KLÜTSCH, Albert
Rechtsanwalt, MdL Nordrh.-Westf. (1980-90), MdK Erftkr. (1975-89) - Düsseldorfer Str. 3, 5047 Wesseling/Rhld. (T. 02236 - 4 82 34) - Geb. 7. Juni 1944 Wesseling (Vater: Heinrich K.; Mutter: Elfriede, geb. Berg), kath., verh. s. 1970 m. Ingrid, geb. Krüger, S. Karsten - Schule Landsberg/Lech (Abit. 1963); 1965-69 Univ. Bonn u. München (Rechts- u. Staatswiss.). Jurist. Staatsex. 1970 (Bonn) - Nr. 74 (Düsseldorf) - 1974-80 Richter Arbeitsgericht; s. 1981 RA. 1975-79 Stadtverordn. Wesseling - Liebh.: Mythol., Sport - Spr.: Engl., Franz., Ital., Span., Russ., Malayisch.

KLÜTSCH, Karl

Dr. med. (habil.), Prof., Chefarzt I. Med. Klinik Kreis- u. Stadtkrankenh. Wetzlar - 6330 Wetzlar - Geb. 31. Mai 1926 Leverkusen (Vater: Wilhelm K., Mutter: Sybilla, geb. Richarz), kath., verh. s. 1967 m. Dr. Ingrid, geb. Landschütz, 3 Kd. (Karl-Christoph, Ruth, Karola) - Carl-Duisberg-Gymn. Leverkusen (Abit. 1944); Stud. Univ. Würzburg; Facharztausbild. Hamburg, Zürich, Galveston/USA - Zahlr. wiss. Publ., Hand- u. Fachbuchbeiträge - Spr.: Engl.

KLÜVER, Detlef

Dipl.-Ing., Bürgerschaftsabg. (1974-78) - Zickzackweg 27c, 2000 Hamburg 52 - Geb. 20. Sept. 1940 Hamburg, verh. s. 1965 m. Monika, geb. Krüger, 2 Kd. (Meike, Karen) - Christianeum Hamburg (Abit.); Stud. Maschinenbau TU Hannover (Dipl.ex. 1966) - FDP s. 1967 (1971-75 Mitgl. Landesvorst. Hamburg).

KLÜVER, Karl-Joachim

Dipl.-Ing., ltd. Baudirektor Bundesamt f. Seeschiffahrt u. Hydrographie, ständ. Vertr. d. Präs., Leit. d. Abt. Schiffsvermessung - Bernhard-Nocht-Str. 78, 2000 Hamburg 4.

KLÜWER, Carl

Dr. med., Prof., Psychoanalytiker, ehem. Therap., Leit. Haus Sommerberg, Hoffnungsthal, Honorarprof. f. Psychoanalyt. u. -therapeut. Probleme d. Kindes- u. Jugendalters Univ. Bochum - Am Zaarshäuschen 22, 5060 Berg. Gladbach-Refrath - Geb. 8. Nov. 1921.

KLUG, Annelies Ilona

Pressesprecherin im Bundesministerium f. Gesundheit, Leiterin d. Pressereferates - Koblenzer Str. 112, 5300 Bonn 2 - Geb. 7. März 1943 Krazau Kr. Reichenberg (Vater: Josef K., Textilkfm.; Mutter: Anna, geb. Knapp), kath. - Mädchengymn. Kempen; Univ. Münster u. Köln (German., Publ., Roman.). Beide Staatsex. f. d. Lehramt an Realsch. - Ref. CDU-Bundesgeschäftsf. (Management u. Problemfindung) u. CDU-Bundesgeschäftsst. (Frauen- u. Familienfragen). Redakt.: Frau + Politik (Ztschr.); Geschäftsf. d. Frauenvereinig. d. CDU/CSU u. d. Europa-Sektion in d. CDU/CSU; Chefredakt. MIT-Magazin; Pressespr. d. Mittelstandsvereinigung d. CDU/CSU; Redaktion d. Dienstes Direkt aus Europa d. Interfraktionellen Arbeitsgr. Mittelstand (DKM) d. Europ. Parlamentes - Spr.: Engl., Franz.

KLUG, Horst

Kaufmann, gf. Gesellsch. Horst Klug GmbH - Raderberger Str. 154-160, 5000 Köln 51 - Alleiniger Gesellsch. Klug Verw. GmbH, Gesellsch. Klug Vollreinigung & Wäscherei GmbH & Co. KG.

KLUG, Ulrich

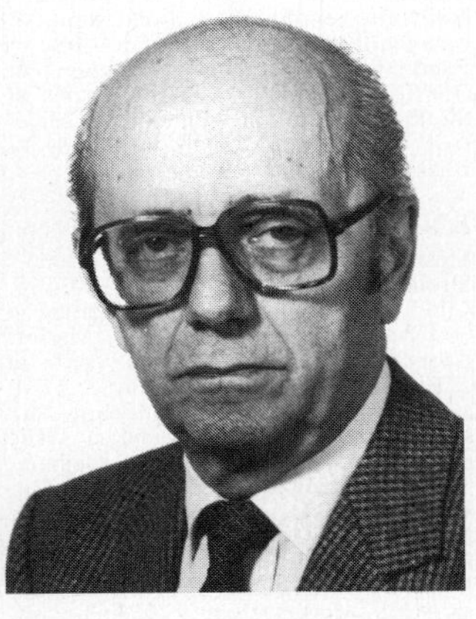

Dr. jur., em. o. Prof., Justizsenator a. D. - Albertus-Magnus-Platz, 5000 Köln 41 - Geb. 7. Nov. 1913 Barmen (Vater: Dr. Georg K., Syndikus Dt. Ind.- u. Handelstag; Mutter: Hertha, geb. Dross), verh. s. 1940 m. Ruth-Marion, geb. Beling, T. Angelika - Grunewald-Gymn. u. Univ. Berlin (Promot. 1938), Ass.ex. 1940 Berlin - 1950 Privatdoz. Univ. Heidelberg; 1953 Dir. Commerz- u. Creditbank AG, Karlsruhe; 1956 ao. Prof. Univ. Mainz; 1960 o. Prof. Univ. Köln (Dir. Kriminalwiss. Inst.). 1971-74 Staatssekr. Justizmin. NRW, 1974-77 (Rücktr.) Justizsenator Freie u. Hansestadt Hamburg, zugl. Vors. Rechtsaussch. Bundesrat. Aus FDP 1982 ausgetr. - BV: D. zentrale Bedeutung d. Schutzgedankens f. d. Zweck d. Strafe, 1938; Jurist. Logik, 4. A. 1982 (auch span.); Aktienstrafrecht, 2. A. 1975; Presseschutz im Strafprozeß, 1965; Problemas de filosofía del derecho, 1966; Skept. Rechtsphilosopie u. Humanes Strafrecht, Bd. 1 u. 2, 1981. Zahlr. Einzelarb. - Prof. h. c. Univ. Córdoba (Argent. 1965); korr. Mitgl. Akad. d. Wiss. u. d. Lit., Mainz; Mitgl. PEN-Zentrum BRD; Beiratsmitgl. Humanist. Union - Liebh.: Mod. Kunst.

KLUGE, Alexander

Der. jur., Rechtsanwalt, Schriftst., Filmregiss. - Hochschule f. Gestaltung, 7900 Ulm; priv.: Schumannstr. 64, 6000 Frankfurt/M. 1 (T. 74 92 30) - Geb. 14. Febr. 1932 Halberstadt (Vater: Dr. med. Ernst K.; Mutter: Alice, geb. Hausdorf) - Gymn. Halberstadt u. Berlin; Univ. Marburg (Rechtswiss.; Promot. 1956). Ass.ex. 1958 Frankfurt/M. - RA Berlin u. München. Doz. Hochsch. f. Gestalt. Ulm - BV: D. Univ.selbstverw., 1958; Kulturpolitik u. Ausgabenkontrolle, 1961 (m. Prof. Hellmut Becker); Lebensläufe, Erz. 1962 (auch engl.); Schlachtbeschreibung - D. Untergang d. 6. Armee, 1964 (auch franz. u. schwed.); D. Artisten in d. Zirkuskuppel: ratlos/Die Ungläubige/Projekt Z./Sprüche d. Leni Peickert, 1968. Filmregie: Brutalität in Stein (1959), Amore (1960), Rennen (1961), Lehrer im Wandel (1963), Portrait e. Bewährung (1965), Abschied v. gestern (1966), D. Artisten in d. Zirkuskuppel: ratlos (1968), D. große Verhau (1971), Willi Tobler u. d. Untergang d. 6. Flotte (1972; UA. ZDF), Gelegenheitsarbeit e. Sklavin (1973), D. starke Ferdinand (1976; bes. wertvoll/Filmbewert.st.), D. Macht d. Gefühle - Mitgl. Verb. Deutscher Film- u. Fernsehproduzenten, Oberhausener Gruppe, Gruppe 47 - 1961 u. 64 I. Preis Oberhausener Kurzfilmtage, 1964 Berliner Kunstpreis Jg. Generation (f.: Lebensläufe), 1966 Bayer. Staatspreis f. Lit., 1967 ital. Literaturpreis Isola d'Elba (Schlachtbeschreib.), Bundesfilmpreis/Filmband in Gold (Abschied v. gestern), 1968 Gold Löwe v. San Marco (D. Artisten in d. Zirkuskuppel: ratlos), 1969 Bundesfilmpreis/Filmbd. in Gold (D. Artisten in d. Zirkuskuppel: ratlos); 1979 Bundesfilmpreis/Filmbd. in Silber (D. Patriotin); 1983 Preis Intern. Vereinig. d. Filmkrit. Biennale (f.d. letzten Film); Mitgl. PEN-Zentrum BRD; 1975 Filmbd. in Gold Filmfestsp. Berlin; 1972 o. Mitgl. Akad. d. Künste Berlin; 1982 Mitgl. Dt. Akad. f. Sprache u. Dicht., Darmstadt - Lit.: Rainer Lewandowski, A.K. u. Filme v. A.K. (2), 1980.

KLUGE, Alfred

Dr. med., Prof., Chefarzt Patholog. Abt. - Reinhard-Nieter-Krankenhaus, 2940 Wilhelmshaven - Geb. 30. April 1928 - S. 1964 (Habil.) Lehrtätigk. Münster (1969 apl. Prof. f. Allg. Pathol. u. pathol. Anat.). Üb. 30 Fachaufs.

KLUGE, Arpad

Dr. med. habil., Prof., Arzt f. Laboratoriumsmed. u.Transfusionsmed., Leiter d. Blutbank u. Labor-EDV Institut f. Immunologie u. Serologie Univ. Heidelberg - Buchenhainweg 20, 6905 Schriesheim - Geb. 31. März 1930 Berlin-Charl. - Promot. 1957, Habil. 1971, apl. Prof. 1980 - Ca. 80 Arbeiten, u.a. Mitverf.: The Computer and Blood Banking.

KLUGE, Eike-Erik

Dr. rer. nat., Wiss. Rat, Prof. f. Physik Univ. Heidelberg - Mozartstr. 15, 6900 Heidelberg - Geb. 6. Jan. 1938 - Promot. 1966; Habil. 1971 - Wiss. Tätigk. CERN, Genf. Üb. 60 Fachveröff.

KLUGE, Gabriele

Dramaturgin Theater f. d. Jugend am Nationaltheater Mannheim (s. 1986/87) - T 6, 19, 6800 Mannheim (T. 0621 - 2 64 00) - Geb. 17. Sept. 1956 Freiburg - Stud. German. u. polit. Wiss. - Regieassist. Theater Freiburg; Gründg. e. eig. Konzertagentur f. Jazz; Dramat. Theater Heilbronn; z. Z. selbständig tätig - Lieb.: Jazz, Fotogr. - Spr.: Engl., Franz.

KLUGE, Hans-Jürgen

Dr. rer. nat., Prof. Inst. f. Physik, Privatdoz. f. Experimentalphysik Univ. Mainz (s. 1975) - An d. Platzäckern 24, 6500 Mainz 33 - Geb. 25. April 1941 - Promot. 1970 Heidelberg - 1974-75 CERN, Genf. Facharb.

KLUGE, Harold

Dr., Vorstandsvorsitzer Deutscher Lloyd Lebens- u. Versicherungs-AG. (2) - Karlstr. 10, 8000 München 2 - S. 1980 Vorst. DL (1981 ff. Vors.).

KLUGE, Inge-Lore

Dr. phil., Prof. f. Japanologie Inst. f. Ostasienkunde Univ. München (s. 1978) - Am Schloßpark 14, 8035 Gauting (T. 089 - 850 47 93) - Geb. 2. Sept. 1919 Prenzlau/Uckermark, ev., ledig - Stud. Univ. Berlin; Dipl. Dolm. f. Jap.; Promot. 1950; Habil. 1971 Tübingen - 1949-61 wiss. Arbeitsleit. Dt. Akad. d. Wiss. Berlin; 1962-64 wiss. Assist. Univ. München, 1964-71 Tübingen; 1972 wiss. Rätin. S. 1981 Gastprof. Univ. Erlangen-Nürnberg. 1984 Vize-Präs. d. DJG in Bayern; 1990 stv. Vors. d. Ges. f. Japankunde - BV: Miyoshi Kiyoyuki, s. Leben u. s. Zeit, 1958 - Spr.: Engl., Franz., Jap.

KLUGE, Karl-Josef

Dr. phil., Univ.-Prof. f. Erziehungsschwierigenpädagogik Univ. Köln - Postf. 10 04 36, 4060 Viersen 1 - Geb. 25. März 1933 Essen - Promot. 1968 - Seit 1969 Hochschulprof., 1971-77 Dir. Heilpäd. Landesjugendheim Viersen, s. 1979 Mitgl. (u. Mitbegr.) im Wiss. Beirat EREW-Inst.; Gutachtenbeauftr. Bundesmin. f. Jugend, Familie u. Gesundheit; Gründ. u. Chairman f. multinat. Forschercamps f. Kinder u. Jugendl. (s. 1985). Mitgründ. Eurotalent, u. Intern. Council z. Förd. d. Management-Nachwuchs u. junger Führungskräfte; Präs. Eurotalent-Kommiss. f. Enrichmentprogr. - BV: Päd. d. Schwererziehbaren, 2. A. 1973; Sie prügeln sich u. leisten wenig, 1975; Kölner Verhaltensauffälligenpädagogik, 1975; Einführung in d. Heimpäd. d. Gegenw. 1979; Heimerziehung - ohne Chance?, 1982; Familie als Erziehungsinstitution, Bd. 1-5, 1982; Entw. im Heim, T. 1-5, 1984; D. verborgene Kraft: Hochbegabung-Talentierung-Kreativität, 2 Bde. 1985 (Hrsg. u. Verf.). Herausg.: Lernen - E. Dialog zw. Schülern u. Lehrern unter erschwerten Bedingungen, 2 Bde. in 4 Teilen 1990; D. Therapeuten Kolleg. E. Text- u. Bilddokumentation v. Teilnehmern in erw. Fort- u. Weiterbildungsseminaren. Herausg. u. Mithrsg.: Lehrb., Begründer Schriftenreihe: Berichte z. Erziehungstherapie u. Eingliederungshilfe München (1980). Mithrsg.: Mit Vergnügen Forschen u. lernen. Bild- u. Textdok. d. Univ. Sommercamps, Bd. 1 u. 2 (1987 u. 88). Üb. 130 Einzelarb. - 1983 Janusz-Korczak-Med. d. Intern. Korczak-Ges. u. d. Univ. Warschau; 1990 Med. d. Univ. Warschau; 1991 Südtiroler Adler.

KLUGE, Manfred

Dr. rer. nat., Prof. f. Botanik TH Darmstadt - Franz-Liszt-Weg 3, 6104 Seeheim-Jugenheim 1 - Geb. 21. April 1936, verh. m. Dr. rer. nat. Helga, geb. Müller, 2 Söhne - Abit. 1957; Staatsex. Lehramt 1962; Promot. 1964 Darmstadt; Habil. 1969 - 1970 Abt.-Leiter TU München; 1974 Prof. TH Darmstadt. Arbeitsgeb.: Ökophysiol. u. Biochemie d. Pflanzen - BV: Crassulacean Acid Metabolism, 1978; Botanik - e. grundlegendes Lehrb. (m. M. Lüttge u. G. Bauer), 1988. Zahlr. wiss. Einzelveröff. Mithrsg. versch. wiss. Ztschr. - Mitgl. in versch. wiss. Ges.

KLUGE, Norbert

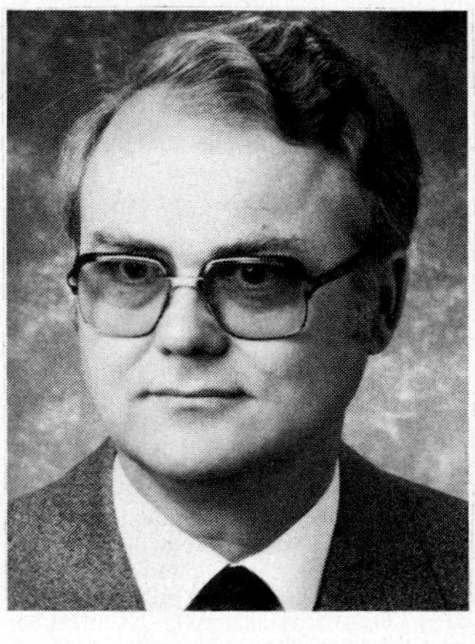

Dr. phil., Prof. f. Pädagogik Univ. Koblenz-Landau/Abt. Landau - Am Neuberg 23, 6740 Landau 21/Pf. - Geb. 13. Dez. 1935 Essen (Vater: Karl K.; Mutter: Maria, geb. Biermann), kath., verh. s. 1964 m. Christine, geb. Jochem, 2 Kd. (Klemens, Kathrin) - Univ. Köln u. Mainz sow. PH Koblenz (Päd., Psych., Phil., Lat., Gesch.). Beide Lehramtsprüf.; Promot. 1964 - S. 1964 Lehrtätigk. PH Karlsruhe, PH Trier (1971 ao. Prof.) u. EWH Landau (1974 o. Prof., 1974-76 Dekan, 1975/76 Abt.-Dekan) S. 1985 Vors. Arbeitsgem. Sexualpäd. Forsch., s. 1987 Vors. Dt. Ges. f. Geschlechtserziehung, s. 1988 Leit. d. Forschungsst. f. Sexualwiss. u. Sexualpäd. Gastprof. Israel u. Schweiz, II. Vortragsreisen in Südamerika (1989, 1992) - BV: D. Unterrichtsspiel, 1968; Päd. Verhältnis u. Erziehungswirklichk., 1972; Einf. in d. Sexualpäd., 1978; Spielen u. Erfahren, 1981; Einführung in die Systematische Pädagogik, 1983; Sexualerziehung statt Sexualaufklärung, 1985; Lehrhilfen z. Unterr.thema AIDS in d. BRD (zus. m. S. Wenzel), 1988; AV-Medien in d. Sexualerziehung, 1989. Div. Herausg., u.a.: Handb. d. Sexualpäd. (2 Bde. 1984); D. Liebe auf d. Spur. Begleitb. z. TV-/Video-Spielfilmserie üb. Liebe u. Sexualität (1989); Jugendsexualität (1990) - Spr.: Engl.

KLUGE, Rolf-Dieter

Dr. phil., o. Prof. f. Slavistik - Lerchenstr. 12, 7401 Neustetten 1/Kr. Tübingen (T. 07472 - 225 02) - Geb. 26. Juni 1937 Pirna/Elbe (Vater: Dr. phil. Paul K., Stud.dir.; Mutter: Margarethe, geb. Thiergen), ev.-luth., verh. s. 1962 m. Inge, geb. Braun, 3 Kd. (Dietmar, Dagmar, Sabine) - Stud. Univ. Mainz, FU Berlin. Staatsex. 1961, Promot. 1965, Habil. 1975 - 1966-72 wiss. Assist. Mainz; 1972-75 Ass.-Prof. Mainz; 1975 Prof. Univ. Mainz u. Freiburg/Br.; 1982 o. Prof. Univ. Tübingen; 1987 Advisory Prof. Heilongjiang Univ. Harbin (VR China) - BV: Westeuropa u. Rußland im Weltbild Aleksandr Bloks, 1967; Vom krit. z. sozialist. Realismus, 1973; A. Barac: Geschichte d. jugosl. Literaturen, 1977; D. russ. Symbolismus, 1985, 2. A. 1988; Perestrojka - von innen gesehen, 1990. Herausg.: Gegenwartslit. in Osteuropa u. d. DDR (1982); Aspekte d. Science Fiction in Ost u. West (1985); Tausend Jahre Russ. Kirche. Geschichtl. Wirkungen. Perspektiven (1989); Anton P. Čechov - Werk u. Wirkung, 2 Bde. 1990 - Liebh.: Kinderlit. - Spr.: Engl., Russ., Poln., Serbokroat., Sloven, Bulg. (Franz., Lat.).

KLUGE, Wolfhard

Dr. phil., Prof. f. Sprachwissenschaft u. Didaktik d. Dt. Sprache Univ. Gießen - Schillerstr. 50, 6302 Lich (T. 06404 - 73 23) - Geb. 18. Mai 1933 Volkersdorf/

Schles., verh. m. Barbara, T. Anjuscha - Beitr. z. Tempussystem, z. dt. Substantivgroßschreib., Kritik d. Sprachunterr. Mitverf. v. Arbeitsb. Deutsch, MIT-Spr., cvk-Grammatik-Kurs.

KLUGMANN, Norbert
Journalist, Schriftst., Drehbuchautor - Wiesenstr. 45a, 2000 Hamburg 20 - Geb. 27. Aug. 1951, verh. s. 1981 m. Karin, geb. Hoffknecht (Schausp.) - 1970-79 Stud. Soziol., Psych., Päd. Univ. Hamburg - BV: D. Schwede u. d. Schwarze, 1986; Heißer Herbst, kalte Hirsche, 1987; Heinz Erhardt, dieser Schelm, 1987; D. Hinrichtung, 1988; D. Dresdner Stollen, 1989; Niebuhr u. Marks, 1989; D. Scheidungsparty, 1989; D. Pendel d. Pentagon, 1990; Neues aus Wortleben, 1991; Krieg d. Sender, 1991 - 1980 Hamburger Stadtteilschreiber; 1982 Hans-im-Glück-Jugendbuchpreis; 1985 Preis d. Leseratten d. ZDF; 1986 Dt. Krimi-Preis.

KLUMBACH, Hans
Dr. phil., Museumsdirektor a.D., Honorarprof. f. Röm.-German. Archäologie Univ. Mainz - Schneckenburger Str. 11, 6500 Mainz - Geb. 26. April 1904 - Zul. langj. Dir. Röm.-German. Zentralmuseum, Mainz. Zahlr. Veröff. z. Religions- u. Waffengesch. sow. üb. Kunsthandw.

KLUMP, Brigitte
Autorin, Publizistin - Seepromenade 5, 8124 Seeshaupt am Starnberger See - Geb. 23. Jan. 1935 Groß-Linichen/Pom. - 1954-61 Stud. Journalistik DDR; Stud. Publiz., German. u. Theaterwiss. West-Berlin - Regiepraxis Berliner Ensemble (Theater Bertolt Brechts); Autorin (Fachgeb.: polit. Lit.); 1980-89 priv. Beschwerdef. b. d. Vereinten Nationen f. Sammelbeschwerden - BV: D. rote Kloster, e. dt. Erzieh., 1978, TB m. Erweit. 1981, Wiederaufl. 1986; Freiheit hat keinen Preis, e. dt.-dt. Report, 1981, TB 1983; Zeitgesch., autobiogr. (Bücherbestenliste SWF) - 1984 BVK.

KLUMPP, Werner
Wirtschaftsminister Saarland a.D., Präs. Sparkassen- u. Giroverb. Saar (s. 1982) - Ursulinenstr. 46, 6600 Saarbrücken - Geb. 12. Nov. 1928 Baiersbronn, ev., verh. s. 1957 m. Edith, geb. Mühldorfer, 3 Kd. - 1952/53 Stud. Univ. Tübingen, 1953-58 Stud. Rechts- u. polit. Wissensch. ebd., 1. u. 2. jurist. Staatsprüf. - 1964-66 Assist. Univ. Saarl., 1966-68 Richter a. Sozialger. f. d. Saarl. (Sozialgerichtsrat), 1968-74 Oberreg.rat, später Reg.dir. Minist. f. Arbeit, Sozialordnung u. Gesundheitsw. d. Saarl., 1974/75 Präs. Stadtverb. Saarbrücken, 1970-84 Landesvors. d. FDP-Saar u. Mitgl. Bundesvorst. d. FDP, 1975-77 Fraktionsvors. d. FDP-Landtagsfrakt. 1977-82 (Rücktr.) Minister f. Wirtschaft, Verkehr u. Landwirtsch. d. Saarl. S. 1982 VR-Vors. Landesbank Saar Girozentrale; s. 1990 AR-Vors. Saarland-Versich. AG; AR-Mitgl. SKG Bank u. Saarländische Investitionskreditbank (SIKB); Beiratsmitgl. Landeszentralbank im Saarland u. Saarberg-Interplan GmbH; s. 1988 Vorst.-Vors. Stiftg. Saarl. Kulturbesitz - 1979 Gr. BVK.

KLUNCKER, Heinz
Gewerkschaftler, 1952-83 (Rücktr.) Gewerksch. Öfftl. Dienste, Transport u. Verkehr u. ehem. Mitgl. DGB-Bundesvorst. (1964-82) - Theodor-Heuss-Str. 2, 7000 Stuttgart (T. 209 72 10); priv.: - Silberwaldstr. 42, Sillenbuch - Geb. 20. Febr. 1925 Wuppertal (Vater: Handwerker), verh. m. Ilselore, geb. Remy, 2 Kd. (Angela, Michael) - Volkssch.; kaufm. Lehre; Akad. f. Gemeinwirtschaft (2 J.) - B. 1943 Industrieangest., dann Arbeits- u. Wehrdst., 2 J. amerik. Kriegsgefangensch., spät. Parteisekr. Wuppertal, 1952-83 (Rücktr.) Angest. Gewerksch. ÖTV (1964 Vors.) - Liebh.: Bücher (bes. amerik. Realisten, Soziologie), Musik (bes. amerik. Folklore, Jazz), Radiobasteln.

KLUNZINGER, Eugen
Dr. iur., Prof. f. Bürgerl. Recht, Handels-, Gesellschafts- u. Steuerrecht Univ. Tübingen, MdL Baden-Württ. (Wahlkr. 5, Böblingen/Sindelfingen) - Klaffensteinstr. 1, 7030 Böblingen - Geb. 9. Okt. 1938 Böblingen - Vors. d. Landtagsaussch. f. Wiss. u. Kunst - Verf. mehrerer Lehrb., insbes. üb. Handels- u. Gesellschaftsrecht. CDU.

KLUSEN, Ernst A.
Dr. phil., Regisseur - Golzheimer Platz 9, 4000 Düsseldorf 30 (T. 0211 - 454 12 91) - Geb. 9. Okt. 1936 Krefeld (Vater: Prof. Dr. Ernst K.; Mutter: Gertrud, geb. Arnold), verh. s. 1964 m. Eva, geb. Karthaus, 2 Kd. (Anna, Jascha) - Musikhochsch. Saarbrücken, Univ. Köln (Musikwiss., Theaterwiss., Kunstgesch.; Promot. 1970) - S. 1970 fr. Regiss., Schausp., s. 1983 auch Oper. 1978-83 Lehrbeauftr. f. szen. Unterr. Staatl. Hochsch. f. Musik Köln; 1983-85 Szen. Leit. ebd. - BV: Johann Wilhelm Wilms (1772-1847), 1975, New York 1984. Übers.: Theaterst. (aus d. Niederl. u. Franz. ins Deutsche), 1972ff.

KLUSSMANN (ß), Hans-Jürgen
Selbst. Unternehmensberater (s. 1986) - Hempenkamp 7, 2000 Hamburg 67 (T. 603 70 31; Fax 603 26 22) - Geb. 3. Okt. 1930 - B. 1986 Vorstandssprecher Edeka Zentrale AG, Hamburg.

KLUSSMANN, Paul Gerhard
Dr. phil., o. Prof. - Hattinger Str. 323a, 4630 Bochum 1 (T. 43 47 49) - Geb. 25. Febr. 1923 Bielefeld (Vater: Karl K., Geschäftsf.; Mutter: Luise, geb. Hufendiek), ev., verh. s. 1966 m. Marianne, geb. Linke, 2 Töcht. (Dorothee, Gabriele) - 1933-41 Ratsgymn. Bielefeld; 1946-53 Univ. Münster (German.). Promot. 1955 Münster - 1956-58 Lehrer, Wiss. Assist. German. Inst. Univ. Münster, 1965-71 o. Prof. PH Westf.-Lippe/Abt. Siegerl. (Dt. Sprache u. Lit.), seither o. Prof. Ruhr-Univ. Bochum (Neuere dt. Lit.) - BV: Stefan George - Z. Selbstverständnis d. Kunst u. d. Dichters in d. Moderne, 1961. Mitarb.: D. dt. Lyrik (1956), D. dt. Drama (1958), Lit. u. Ges. (1963), Dt. Dichter d. Moderne (1966), Dt. Dichter d. 19. Jh. (1968), Hugo v. Hofmannsthal - Wege d. Forsch. (1968), Unters. z. Lit. als Gesch.: H. Heine (1973); Handb. d. dt. Erz. (1981); Gedichte u. Interpret.: Klassik u. Romantik (1984); D. Idylle. E. Bildform i. Wandel (1986). Herausg.: Stefan-George-Kolloquium (1971); Thomas-Mann-Symposion (1978); Jahrb. z. Lit. in d. DDR (1980ff.); Karl-Wolfskehl-Kolloquium (1983); Idylle u. Modernisierung (1986) - Spr.: Engl., Franz. - Lit.: Wege d. Lit.wiss. Festschr. f. P.G.K., hg. v. Jutta Kolkenbrock u. a. (1984).

KLUTH, Gerhard
Dr., Dipl.-Volksw., Hauptabteilungsleiter (Finanzierung) Siemens AG - Wittelsbacherplatz 2, 8000 München 2 (T. 2 34-47 80) - Geb. 26. Juli 1937 Fürth, verh. m. Margrit, geb. Birkenthal, 1 Kd. - Univ. München u. Bonn - S. 1970 Siemens.

KLUTHE, Reinhold
Dr. med., Prof. f. Innere Medizin - Wasserackerstr. 1, 7800 Freiburg/Br. - Geb. 8. Juli 1928 Dillingen/S. - S. 1964 Lehrtätigk. Univ. Freiburg (1970 Prof.) - BV: Diätb. f. Nierenkranke (m. H. Quirin), 5. A. 1985; Lehrb. d. Ernährungstherapie (m. K. Huth), 1986.

KLUXEN, Kurt
Dr. phil., o. Prof. f. Mittlere u. Neuere Geschichte - Rabenweg 1, 8520 Erlangen (T. 4 79 50) - Geb. 10. Sept. 1911 Bensberg (Vater: Heinrich K., Mittelschullehrer; Mutter: Anna, geb. Witter), kath., verh. s. 1955 m. Marianne, geb. Krüppel, 3 Kd. (Christoph, Andrea, Gabriele) - Realgymn. Köln-Deutz; 1930-32 Päd. Akad. Bonn; 1939 u. 1947-50 Univ. Köln (Gesch., Phil., Dt.; Promot.); 1950-51 Univ. Glasgow (Polit. Wiss.) - 1954-63 Privatdoz. u. apl. Prof. (1960) Univ. Köln; 1955-60 Prof. Päd. Akad. Bonn; 1960-63 Prof. u. Rektor Päd. Hochsch. Neuss; s. 1963 Ord. Univ. Erlangen-Nürnberg - BV: D. Begriff d. necesittà im Denken Machiavellis, 1949 (Diss.); D. Problem d. polit. Opposition - Entwickl. u. Wesen d. engl. Zweiparteienpolitik im 18. Jh., 1956; Parlamentarismus, 1967, 5. A. 1980; Politik u. menschl. Existenz bei Machiavelli, 1967; Engl. Geschichte, 1968; Geschichtstheorie, 1974; Geschichte v. Bensberg, 1976; Geschichtstheorie II, 1981; Gesch. u. Problematik d. Parlamentarismus, 1983; Gesch. Englands, 3. A. 1985; Engl. Verfassungsgesch./Mittelalter, 1987.

KLUXEN, Wolfgang
Dr. phil., Dr. theol. h. c., o. Prof. d. Philosophie - Humboldtstr. 9, 5300 Bonn 1 - Geb. 31. Okt. 1922 Bensberg - 1962 Prof. Päd. Hochsch. Neuss; 1964 o. Prof. Univ. Bochum; 1969 Univ. Bonn. Zeitw. Gastprof. USA, Tokyo, Leuven. 1972-82 Präs. Société Intern. pour l'Etude de la Phil. médiévale; 1978-84 Präs. Allg. Ges. f. Phil. in Deutschl. - BV: D. Phil. Ethik b. Thomas v. Aquin, 1964; J. Duns Scotus, Tract de primo principio (Übers., Komment.), 1974; Ethik d. Ethos, 1974; Thomas v. Aquin im phil. Gespräch, 1975. Herausg.: Sprache u. Erkenntnis im Mittelalter, 2 Bde. (1981), Tradition u. Innovation (1987). Mithrsg.: Beitr. z. Gesch. d. Phil. u. Theol. d. Mittelalters, 34 Bde. (s. 1970) - 1975 o. Mitgl. Rhein.-Westf. Akad. d. Wiss.; 1982 Gregorius-Orden; 1987 Komtur; 1983 Ehrendoktor theol. Fak. Univ. München; Gr. BVK - Rotarier.

KNAB, Doris
Dr. phil., Prof. f. Erziehungswissenschaft Univ. Tübingen - Wilhelmstr. 119, 7400 Tübingen (T. 07071 - 5 10 64) - Geb. 9. Juli 1928 Stuttgart, kath., ledig - Ab 1948 Univ. Tübingen u. München (Deutsch, Gesch., Franz., Päd.); 1. u. 2. Staatsprüf. f. d. höh. Lehramt 1955 u. 57 Tübingen, Promot. 1960 München - Schuldienst an Gymn.; 1959-64 wiss. Ref. Dt. Aussch. f. d. Erzieh.- u. Bildungswesen Bonn; 1964-71 Wiss. Mitarb. Max-Planck-Inst. f. Bild.forsch. Berlin; 1971-82 Dir. Dt. Inst. f. wiss. Päd. Münster; s. 1982 Inst. f. Erzieh.wiss. I Univ. Tübingen (Arbeitsber. Schulpäd.); s. 1976 Honorarprof. PH Münster, s. 1980 Univ. Münster - BV: D. Annolied. Probl. s. lit. Einordn., (Diss.) 1962; zahlr. Beitr. z. Bildungspolitik u. Schulreform, z. Probl. d. Curriculumforsch., z. Frauenbild. u. z. Lehrerfortbild. - Spr.: Franz., Engl.

KNABE, Joachim
Dr. rer. nat., o. Prof., em. Direktor Inst. f. Pharmaz. Chemie Univ. Saarbrücken (s. 1965) - Mecklenburgring 31, 6600 Saarbrücken (T. 81 86 81) - Geb. 18. Jan. 1921 Wilsdruff/Sa. - Apoth.; Lebensmittelchem. - Zul. Doz. TH Braunschweig - BV: Lehrb. d. pharmaz. Chemie, 12. A. 1991 (m. Auterhoff †/Höltje). Üb. 200 Einzelarb. - Mitgl. Dt. Akad. d. Naturforscher Leopoldina; Carl Mannich-Med.; Hermann Thoms-Med.

KNACKE, Ottmar
Dr. rer. nat., em. o. Prof. f. Metallurgie d. Kernbrennstoffe u. Theoret. Hüttenkunde - Alt Haarener Str. 237, 5100 Aachen (T. 0241 - 16 11 26) - Geb. 15. Nov. 1920 Neiße - S. 1953 (Habil.) Lehrtätigk. TH Aachen (1960 Ord., 1977-80 Rektor). Fachveröff.

KNACKSTEDT, Günter
Dr. phil., Botschafter d. Bundesrep. Deutschl. in Lissabon (s. 1992) - Apartado 1046, 1001 Lissabon/Portugal (T. 003511 - 352 39 61) - Geb. 29. Juli 1929 Berlin (Vater: Willy K., Mutter: Anni, geb. Wiebigke), ev. - Stud. Gesch. u. Volkswirtsch. Frankfurt, Paris, Cincinnati/USA, Harvard/USA, Promot. 1958 Cincinnati - 1958/59 Redakt. Ztg. Cincinnati Enquirer, 1959/60 Chefredakt. Ztschr. You and Europe, s. 1960 AA (Ausl.-Posten: Havanna, Caracas, Madrid), 1979-85 Botsch. d. BRD Luxemburg, 1985-88 b. Europarat Straßburg, 1988/89 in Santiago, 1989-92 in Warschau - BV: Lexikon Weltgesch., 1955/56; Umgang m. Venezolanern, 1965 - Spr.: Franz., Engl., Span., Letzeburgisch, Portug.

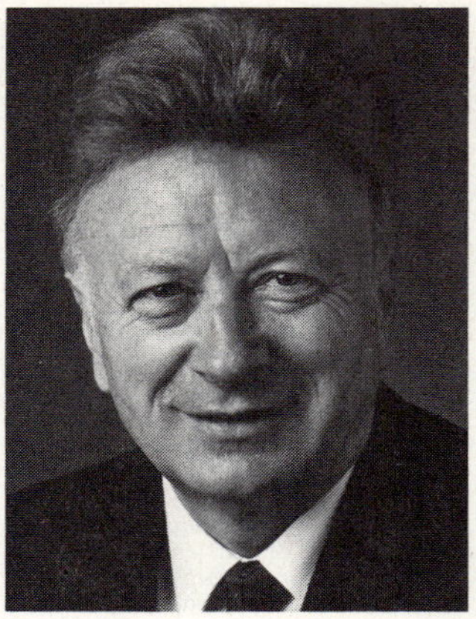

KNAHL, Herbert
Dr.-Ing., Vorstandsmitglied SKW Trostberg AG - Dr. A. Frank-Str. 32, 8223 Trostberg - Geb. 27. April 1934.

KNAISCH, Karl-Ernst
Dipl.-Kfm., Dipl.-Ing., Sprecher d. Geschäftsfg. Voith Turbo GmbH & Co. KG, Crailsheim, Gf. Voith Turbo Beteiligungsges. mbH, Crailsheim, Chairman Voith Transmissions, Inc., York, PA 17405/USA - Haldenstr. 17, 7180 Crailsheim-Wittau - Geb. 25. April 1927 Wuppertal - Mitgl. AR Gemeinn. Baugenoss. Crailsheim. Ehrenamtl. Richter AG Heilbronn - Spr.: Engl., Franz. - Rotarier.

KNALL, Bruno
Dr. rer. pol., o. Prof. f. Volkswirtschaftslehre (Entwicklungsökonomie) - Gerbersruhstr. 101, 6908 Wiesloch - Geb. 22. Febr. 1924 Hermannstadt (Vater: Rudolf K., Beamter; Mutter: Emilie, geb. Handel), ev., verh. s. 1954 m. Ursula, geb. Langholz - Brukenthal-Gymn. Hermannstadt; 1947-52 Univ. Nancy u. Paris (Rechtswiss., Volksw.). Lic. en droit 1950 Paris; Promot. 1954 Paris - S. 1952 Univ. Kiel (Inst. f. Weltw.) u. Heidelberg (1968 Ord. u. Dir. Südasien-Inst.) - BV: Methoden u. Techniken d. Entwicklungsprogrammierung, 1969; Local Government and Rural Development in Nepal, 1975; Popular Participation in Development, 1978; Länderstudie Pakistan, 1979; Community Development u. ländl. Entw. in Sri Lanka, 1981; Entwicklungsländer u. Weltwirtsch., 1986; Querschnittsevaluierung kofinanzierter Projekte Bundesmin. f. wirtschaftl. Zusammenarb. u. Intern. Fund for Agricultural Development (IFAD), 1989; Impact and Problems of the Decentralization Policy of His Majesty's Government Nepal-Case Study of Bhaktapur District, 1989.

KNAPE, Walter
Musikdirektor, Dirig., Komp., Doz. - Strandstr. 16, 2190 Cuxhaven 103 (T. 4 76 97) - Geb. 14. Jan. 1906 Bernburg/S. (Vater: Albert K., Gastw.; Mutter: Leokadia, geb. Mrozek), luth., verh. in 2. Ehe (1973) m. Ilse, geb. Cordes, 2 Kd. aus 1. E. - Konservat. Magdeburg; Musikhochsch. Leipzig; Univ. ebd. u. Halle (Musikwiss., Phil., Päd., Geman., Theol.) - Staatsex. 1930 - 1939-48 Musikfachlehrer Dessau (dazw. Kriegsdst. 1939-45); 1947-56 Chordirig. Leipzig (1950 Dir. Singakad.); 1954-56 Lehrer Musikhochsch. Berlin (Ost); 1957 Musikfachl. Markkleeberg; 1957-60 Leit. Colleg. music. Univ. Hamburg. Lehrer in Hannover u. Cuxhaven. Gastdirig. erstrang. Orch. - 70 J. GEMA-Mitgl. Üb. 85 Kompos. (Orch., Kammerm., Lieder,

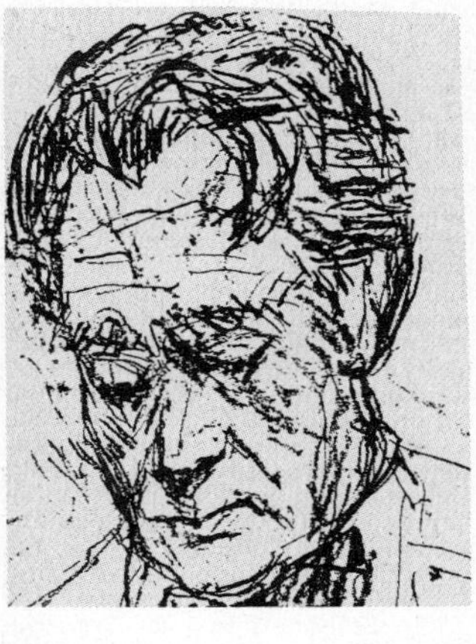

Chöre); Mitgl. Dtsch.-Komp.-Verb., Musikforsch., Künstlergilde - BV: Karl Friedrich Abel, ein frühklassist. Komp., 1973: 1. Ges.Ausg. (1960-76) Abels-Komp. (16 Bde.) - 1971 Franz-Schubert-Med.; 1984 Pro-Arte-Med.; 1986 Schloßmed. Stadt Cuxhaven; 1990 VO - Liebh.: Eisenbahnwesen, Gartenpflege - Spr.: Franz., Engl. - Würdig. In- u. Ausl.

KNAPP, Fritz Peter

Dr. phil., Prof. f. Deutsche Philologie - Ältere dt. Literaturwissenschaft Univ. - Hofbrook 42, 2300 Kronshagen - Geb. 6. Juli 1944 Wien, kath., verh. s. 1968 m. Gunna, geb. Zag, 2 Kd. - Promot. 1968, Habil. 1973 - 1976 ao. Prof. Univ. Wien; 1982 Prof. Univ. Passau; s. 1992 Univ. Kiel Dir. d. Germanist. Seminars - BV: Similitudo, Bd. 1, 1975; D. Selbstmord in d. abendl. Epik d. Hochmittelalters, 1979; D. latein. Tierepos, 1979; D. Ligurinus d. Gunther v. Pairis (Faksimile-Ausg.), 1982; Chevalier errant u. fin'amor, 1986; 60 Aufs. in Fachztschr.

KNAPP, Gerhard P.

Dr. phil., o. Prof. f. dt. u. vergleichende Literaturwiss. Univ. of Utah (s. 1972), 2. Dept. of Languages and Literatures, University of Utah, USA - Salt Lake City, UT 84112 (T. 801-581-46 09), 2. Wohns.: b. H. Knapp, Riedeselstr. 36, 6100 Darmstadt - Geb. 4. Aug. 1943 Bad Kreuznach, kath., verh. s. 1975 m. Dr. Mona, 4 Töcht. (Julia, Cordelia, Elaine, Johanna) - Stud. dt. u. vergl. Literaturwiss., Phil., Psych., Soziol. Univ. Frankfurt u. Berlin; Akad. Abschlußprüf. TU Berlin; M.A. 1968; Promot. 1970 TU Berlin - 1968-70 wiss. Assist. TU Berlin; 1970-72 Assist. Prof. f. German., Lakehead Univ., Thunder Bay, Canada; 1977/78 Gastprof. f. Neuere dt. Lit., Univ. Amsterdam - Autor u. Ko-Autor v. 22 Büchern u. Monogr. Herausg. u. Mithrsg. v. 33 Büchern; Autor v. 50 Aufs. u. Beitr. in Ztschr., Sammelbde. u.a.; 85 Rezensionen u. Kritiken auf d. Geb. d. dt. u. vgl. Literaturwiss., Literaturgesch., Phil. u. Soziol. - Spr.: Engl., Franz., Ital., Lat. - Bek. Vorf.: Otto Knapp, Schriftst., 1874-1954 (Großv.) - Lit.: Dt. Lit.-Lexikon; Dictionary of American Scholars; Intern. Who's Who in Education (Engl.); Dictionary of Intern. Biography (Engl.).

KNAPP, Helmut

Dr. rer. nat., Dipl.-Phys., o. Prof. Institut f. Thermodynamik u. Anlagentechnik TU Berlin, berat. Prof. Zhejiang Univ. Hangzhou, PRC - Griegstr. 42b, 1000 Berlin 33 (T. 825 85 06) - Geb. 1923 Heilbronn, verh. s. 1956 m. Dorothee, geb. Liebendörfer, 4 Kd. - 1940-44 Flugzeugf.; 1944-48 POW N.-Afrika; 1948-54 Stud. Phys. TH Stuttgart; 1954-70 Verfahrenstechn. Ind.: 1956-67 Anlagenbau USA; 1967-70 Leit. F + E Labor; ab 1970 Prof. (Lehre: Thermodynamik, Therm. Grundoperat., Kältetechnik; Forschung: Stoffeigensch., Trennprozesse, Berechnungsmeth.). Zahlr. Fach- u. Lehrb., üb. 200 Publ. u. Vorträge.

KNAPP, Josef

Kammersänger, Ehrenpräs. Österr.-Bayer. Ges. - Destouchesstr. 33, 8000 München 23 (T. 398829) - Geb. 4. März 1906 Klagenfurt/Kärnten (Vater: Johann K., Zimmermeister), kath., verh. s. 1933 m. Elisabeth, geb. Glaser, 3 Töcht. (Elisabeth, Maria, Adelheid) - 1927-33 Hochsch. f. Musik u. darstell. Kunst Wien - S. 1933 Spielbariton Staatsoper Wien (b. 1935 u. 1947-53), Berlin (1935-37) u. München (s. 1937). Zahlr. UA., dar. Wolf-Ferrari, Egk, Orff, Mark Lothar - 1960 Gold. Ehrenz. Rep. Österr. - Liebh.: Bildhauerei u. Kunsttischlerei.

KNAPP, Manfred

Dr. phil., Prof. f. Politikwissenschaft, insbes. Intern. Beziehungen Univ. d. Bundeswehr, Hamburg - Beethovenstr. 24, 2072 Bargteheide - Geb. 14. April 1939 Viernheim (Vater: Franz Jakob K., Ing.; Mutter: Lydia, geb. Brückmann), kath., verh. s. 1968 m. Rita, geb. Lanius, 2 Kd. (Markus, Sabine) - TH Darmstadt; Staatsex. f. d. Lehramt an Gymn. 1966; Promot. 1971 Univ. Marburg, Habil. 1978 Univ. Frankfurt - 1968-70 wiss. Assist. Univ. Marburg; 1970-72 Univ. Frankfurt; 1972-80 Doz. in Frankfurt, 1980-81 Prof.; 1981-83 Prof. Univ. Münster; 1983ff. Prof. Univ. d. Bundeswehr Hamburg - BV: D. Stimme Amerikas - Auslandspropaganda d. USA unter d. Reg. John F. Kennedys, 1972; D. USA u. Deutschl. 1918-1975 (m. a.), 1978. Herausg.: D. dt.-amerik. Bezieh. nach 1945 (1975); Von d. Bizonengründung z. ökonomisch-polit. Westintegration (1984). Mithrsg.: Einf. in d. Intern. Politik (1990).

KNAPP, Werner

Dr. med., em. o. Prof. f. Hygiene u. Med. Mikrobiologie, Vorst. Inst. f. Klin. Mikrobiol. u. Infektionshygiene Univ. Erlangen-Nürnberg (1967-83) - Jahnstr. 9, 8526 Bubenreuth b. Erlangen (T. 2 55 99) - Geb. 9. Sept. 1916 Tübingen - Med. Staatsex. 1941 - S. 1954 (Habil.) Lehrtätigk. Univ. Tübingen (1959 apl. Prof.) u. 1963-67 Bern (ao. Prof.). Zahlr. Fachveröff. u. Buchbeiträge - 1967 Pasteur-Med. in Silber (Paris); 1977 Aronson-Preis (Berlin); Mitgl. New York Acad. of Sciences.

KNAPP, Wolfgang

Dr., Prof., Geschäftsführendes Vorstandsmitglied Saarl. Städte- u. Gemeindetag - Talstr. 9, 6600 Saarbrücken - Geb. 16. Aug. 1944.

KNAPPE, Joachim

Dr. rer. nat., o. Prof. f. Biochemie - Friedrich-Ebert-Anlage 35, 6900 Heidelberg - Geb. 31. März 1929 München - Promot. 1957; Habil 1963 - S. 1970 Ord. Univ. Heidelberg. Facharb.

KNAPPE, Karl-Adolf

Dr. phil. habil., Kunsthistoriker, a.o. Prof. f. Mittlere u. Neuere Kunstgesch. Univ. Erlangen-Nürnberg (s. 1978) - Riemenschneiderstr. 9, 8520 Erlangen (T. 4 37 67) - Geb. 3. Jan. 1930 Nürnberg - BV: Albrecht Dürer u. d. Bamberger Fenster in St. Sebald in Nürnberg, 1961; (m. K. Oettinger): Hans Baldung Grien u. Albrecht Dürer in Nürnberg 1963; Albrecht Dürer. D. graphische Werk, 1964.

KNAPPERTSBUSCH, Götz

Aufsichtsratsmitglied Commerzbank AG - Breite Str. 25, 4000 Düsseldorf 1 (T. 0211 - 82 71) - Geb. 1. Dez. 1928 Elberfeld - AR-Mand. - Spr.: Engl.

KNAPPERTSBUSCH, Peter

Dipl.-Kfm., Dr. rer. pol., Vorstandsmitglied Ibero-Amerika Verein e.V. - Alsterglacis 8, 2000 Hamburg 36 - Geschäftsf. Deutsche Ibero-Amerika Stiftg., Hamburg; AR-Vors. Zentrum f. Handelsförd. (ZfH) GmbH, Hamburg; Beirat Triton Belco AG, Hamburg; Beirat Dresdner Bank AG; Mitgl. d. Kurat. Hamburger Sparkasse, Hamburg.

KNATHS, Hans-Wolfgang

Fabrikant (Carl Giesecke & Sohn, Göttingen), Vizepräs. IHK Hannover-Hildesheim - Schieferweg Nr. 4, 3400 Göttingen (T. 4 23 08/09).

KNAUER, Georg Nicolaus

Dr. phil., em. Prof. f. Klass. Philologie Univ. of Pennsylvania, Philadelphia, Pa. (USA) (s. 1975) - Department of Classical Studies University of Pennsylvania, 720 Williams Hall, Philadelphia, Pa. 19104-6305, USA - Geb. 26. Febr. 1926 Hamburg (Vater: Dr. med. G. A. K., Arzt; Mutter: Ilse, geb. Groothoff), verh. s. 1951 m. Dr. Elfriede, geb. Overhoff, S. Georg Lorenz - Gelehrtensch. d. Johanneums Hamburg; Univ. ebd., Frankfurt/M., Göttingen (Klass. Philol.). Promot. 1952 Hamburg; Habil. 1961 Berlin - 1952-54 Thesaurus Ling. Lat., München; s. 1954 FU Berlin (Assist., 1961 Privatdoz., 1962 Wiss. Rat, 1964 ao., 1966 o. Prof.). Emerit. 1988. 1957-58 British Council Scholarship, London; 1965 Gastprof. Yale Univ. (USA); 1969 Nellie Wallace Lecturer Oxford Univ.; 1976 Gastprof. Columbia Univ. (USA); 1970/74 Gründungs- u. Vorstandsmitgl. Notgemeinsch. f. e. freie Univ.; 1973-74 Member Institute for Advanced Study, Princeton (USA); 1978-82 u. 1985-88 Chairman, Department of Classical Studies, U. of P.; 1979/80 Guggenheim Fellowship. Visiting scholar American Academy in Rome; 1984/85 Nat. Endowment for the Humanities Fellowship; 1985 Resident American Acad. in Rome - BV: Psalmenzitate in Augustins Konfessionen, 1955 (Diss.); D. Aeneis u. Homer, 1964 (Habil.schr.), 2. 1979 - Spr.: Engl.

KNAUER, Hans-Jürgen

Dr. rer. pol., Dipl.-Kfm., Vorstandsvorsitzender Stinnes AG, Mülheim - Humboldtring 15, 4330 Mülheim 12 - Geb. 25. Juni 1931 Lübeck, verh. (Ehefr.: Thea) - Vorst.-Mitgl. VEBA AG; AR-Mitgl. Commerzbank AG; Beiratsmitgl. Allianz Versich.-AG.

KNAUER, Norbert

Dr. agr., Univ.-Prof. - Buschberg 8, 2300 Altenholz (Kiel 17) (T. Kiel 32 14 03) - Geb. 13. Sept. 1923 Pickau (Vater: Otto K.; Mutter: Elisabeth, geb. Procksch), kath., verh. s. 1952 m. Gerlinde, geb. Theiner, 2 Kd. (Reingard, Wolfram) - Realgymn.; Höh. Landbausch.; Univ. Kiel (Agrarwiss.; Dipl.-Landw. 1951). Promot. 1953 u. Habil. 1962 Kiel - S. 1962 Lehrtätigk. Univ. Kiel, s. 1979 Dir. Inst. f. Wasserwirtsch. u. Landschaftsökol. Univ. Kiel. Spez. Arbeitsgeb.: Vegetationskd. u. Landschaftsökol., Naturschutz, Landschaftspflege. 1974-83 Landesbeauftr. f. Naturschutz u. Landsch.pflege in Schlesw.-Holst.; Vors. Dt. Landeskulturges. - BV: Üb. d. Brauchbarkeit d. Pflanzenanalyse als Maßstab f. d. Nährstoffversorgung u. d. Düngebedürfnis v. Grünland, 1963; Ergebnisse d. Kieler Dauerdüngungsversuche m. Phosphat u. Kali, 1965 (m. J. Kröhnlein); Spez. Pflanzenbau (m. G. Fischbeck u. K.-U. Heyland); Vegetationskd. u. Landschaftsökol., 1981 - BVK I. Kl. - Spr.: Engl.

KNAUER, Peter SJ

Dr. theol., Prof. f. Fundamentaltheologie Phil.-Theol. Hochsch. St. Georgen - Offenbacher Landstr. 224, 6000 Frankfurt/M. 70 (T. 069 - 60 61-271) - Geb. 5. Febr. 1935 Berlin, kath. - Human. Gymn. Canisius-Kolleg Berlin, Stud. Phil. u. Theol. in Pullach, Leuven, Münster; Promot. 1969 Münster - S. 1953 Jesuit, 1964 Priesterweihe, s. 1969 Doz. f. Fundamentaltheol.; Gastdoz. Innsbruck, Bogotá, Quito, Guayaquil, Santiago de Chile, Mexico D.F. - BV: Verantw. d. Glaubens, 1969; D. Glaube kommt v. Hören, 1978, 6. A. 1991; Unseren Glauben verstehen, 1986, 4. A. 1991; übers. v. Ignatius v. Loyola - Spr.: Engl., Franz., Span., Schwed.

KNAUER, Ulrich

Dr. rer. nat., Prof. f. Mathematik (Algebr. Methoden) Univ. Oldenburg (s. 1975) - Nedderend 51, 2900 Oldenburg - Geb. 10. April 1942 Breslau - Stud. d. Math. Univ. Tübingen, Berlin (Freie), Duke Univ. USA; MA 1966; Promot. 1971 - 1971-75 wiss. Assist. Univ. Bielefeld - Spr.: Engl., Franz., Russ.

KNAUF, Heinrich

Dr. med., Prof. f. Physiologie u. Inn. Med. Univ. Freiburg (s. 1977; apl.) - Hugstetterstr. 55, 7800 Freiburg/Br. - Geb. 24. Mai 1938 Offenbach/M. - Promot. 1964, Habil. f. Physiol. 1970 MPI f. Biophysik Frankfurt/M. - S. 1971 Med. Univ.-Klinik Freiburg (Habil. f. Inn. Med. 1976).

KNAUFF, Hans Georg

Dr. med., Prof. - 2155 Westhill Wynd, W. Vancouver B.C. V7S 2Z3/Canada (T. 604-922-10 55)- Geb. 8. Juli 1927 Bad Hersfeld (Vater: Friedrich K., Kaufmann; Mutter: Sophie, geb. Sauer), ev., verh. s. 1956 m. Sigrid, geb. Keppner, 2 Töcht. (Ursula, Barbara) - Gymn. Bad Hersfeld; Univ. Erlangen, Freiburg, Basel, Heidelberg. Promot. 1953 Heidelberg; Habil. 1961 München - 1953-63 Wiss. Assist. Heidelberg, London, München (1961 Privatdoz.), 1963 Oberarzt Med. Klinik Univ. Marburg, 1967 apl. Prof., 1971 Univ.-Prof., s. 1983 i. R. Üb. 100 Fachaufs. - Spr.: Engl., Lat., Griech.

KNAUP, Norbert

Dipl.-Kfm., Geschäftsführer Fachverb. Elektro-Haushalt-Kleingeräte, Elektro-Haushalt-Großgeräte, Elektro-Hauswärmetechnik (2)/ZVEI - Stresemannallee 19, 6000 Frankfurt/M. 70; priv.: 6368 Bad Vilbel - Geb. 20. Jan. 1939.

KNAUS, Albrecht

Dr. phil., Verleger, 1978 Begründer d. Albrecht Knaus Verlags GmbH - Neumarkterstr. 18, 8000 München 80 (T. 089 - 431 89-445/6) - Geb. 5. Mai 1913 - Buchhändler- u. Verlagsausb. Hugendubel, München, Verlagstätigk. Piper (1939ff.), nach 1956 Scherz & Goverts, Propyläen/Ullstein, Droemer, ab 1966 Leiter, ab 1973 Mitgesellsch. Hoffmann u. Campe; 1978 m. Verlagsgr. Bertelsmann Albrecht Knaus Verlag, Hamburg, 1984 Übersiedl. d. Verlags nach München.

KNAUSS, Erwin

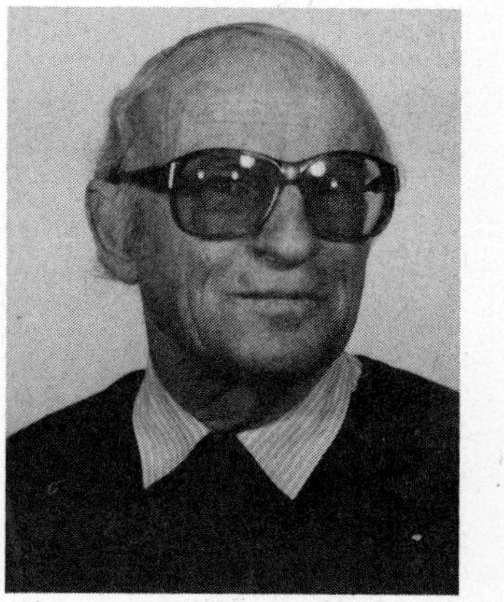

Dr. phil., Prof. f. Sozial- u. Kulturwissenschaften, Stadtarchivar i.R. - Georg-Philipp-Gail-Str. 14, 6300 Gießen - Geb. 20. April 1922 Gießen (Vater: Gustav K.; Mutter: Elisabeth K.), ev., verh. s. 1948 m. Lilo, geb. Mack, 2 Kd. (Rudi, Christa) - Stud. Gesch., Politik, Päd., Sportwiss. Univ. Marburg; Promot. 1963, M. A. (Gesch.) - 1946-60 Lehrer Gießen, 1961-63 Abt. f. Erziehungswiss. (AfE) Justus Liebig Univ. Gießen, 1963-66 Realschullehrer Gießen, 1966-74 Lehrerbild. Päd. Fachinst. Fulda, 1974 Doz. FH Gießen-Friedberg. Hrsg. Mitteil. Oberhess. Gesch.verein Gießen (s. 1975), s. 1991 Ehrenvors. - BV: D.

1200j. Londorf u. d. Rabenau, 1958; D. polit. Kräfte u. d. Wählerverhalten im Landkr. Gießen, 1961; Gemarkungs- u. Allmendentw. in Gießen, 1963; Zw. Kirche u. Pforte - 1200 J. Gießen-Wieseck; D. jüd. Bevölker. Gießens 1933-1945, 4. A. 1987; Z. Gesch. Gießens u. seines Umlandes, 1987 - 1964 Mitgl. Hist. Kommiss. f. Hessen u. Waldeck; 1971 Mitgl. Hess. Hist. Kommiss.; 1969 Mitgl. Kommiss. f. d. Gesch. d. Juden in Hessen - Liebh.: Orts- u. Landesgesch., Zeitgesch., Politik, Sportwiss. - 1988 Gold. Sportabz.; 1991 BVK u. a. Bde.; 1991 Gold. Ehrennadel d. Stadt Gießen - Spr.: Engl.

KNAUSS, Fritz Ernst
Dr. rer. pol., Dipl.-Volksw., Ministerialdirigent Beteiligungsverw. Bundesfinanzmin. - Fritz-Schäffer-Str. 18, 5300 Bonn 1 (T. 21 52 97) - Geb. 24. Aug. 1928 Niteroi, ev., Sohn Alexander - 1948-51 Univ. Tübingen (Wirtschaftswiss.). Promot. 1953 - 1948 Ausbild. Deutsche Bank, 1951-53 Importhandel; 1954 b. heute Staatsdienst; 1961-64 stv. Generalsekr. f. d. Konzentrations-Enquete Bundesamt f. gewerbl. Wirtsch., Frankfurt/M.; AR-Mand. - BV: Unternehmenskonzentration in d. westl. Welt (m. Vogel, Hermanns), 1967; Privatisierung in d. Bundesrep. 1983-90. Bilanz u. Perspektiven, 1990 - Spr.: Engl.

KNAUST, Cilly

Dipl.-Sportlehrerin i. R., Mädchengymn. d. Ursulinen (b. 1988), stv. Vors. im Stadtsportbd. Krefeld (1968-89) - Am Kiesenrott 1, 4150 Krefeld 1 (T. 02151 - 56 02 27) - Geb. 1. Nov. 1930 Oberhausen, kath., ledig - Dipl. f. Turnen, Sport u. Gymnastik 1953 Dt. Sporthochsch. Köln - 1970-90 Vizepräs., s. 1990 Präs. Rhein. Turnerbund; 1975-89 Präsid.-Mitgl. Landessportbd. Nordrh.-Westf., 1989 Ehrenmitgl. ebd.; 1977-89 Vors. Aussch. f. Freizeit- u. Breitensport Landessportbd. Nordrh.-Westf.; 1978-82 Mitgl. Bundesaussch. f. Breitensport im DSB - 1965 Ehrennadel DTB; 1976 Ehrenteller Stadt Krefeld; 1978 Sportplak. Land Nordrh.-Westf.; 1980 Ehrenbrief DTB, Ehrenmitgl. d. Sportjugend Stadtsportbd. Krefeld; 1986 Walter-Kolb-Plak. DTB; 1990 Silbermed. SSB (f. Stadtsportbd.) Krefeld - Spr.: Engl., Franz.

KNAUTH, K. Alfons
Dr. phil., Univ.-Prof., Roman. Philologie Univ. Bochum - Königstr. 76, 5300 Bonn 1 - Geb. 9. Febr. 1941 - BV: D. poetische Bedeutung d. Farbe in Verlaines Lyrik, 1966; Invarianz u. Variabilität lit. Texte, 1981; Literaturlabor - La muse au point, 1986. Mitbegründ. u. herausg. d. Ztschr. Dichtungsring s. 1981.

KNEBEL, Gerda
Dr. phil., Prof. f. Klass. Philologie m. bes. Berücks. d. Griech. Sprache - Märkerweg 2b, 2000 Hamburg 61 - S. 1971 Prof. Univ. Hamburg.

KNEBEL, Hans
Dr. jur., Direktor i. R., AR-Ehrenmitgl. Touristik Union International GmbH. & Co., Hannover - Am Zollstock 34, 6380 Bad Homburg v. d. H. (T. 41227) - Geb. 5. April 1909 Berlin, verh. m. Liselotte, geb. Loewel - Univ. Berlin, Freiburg/Br. (Promot. 1934), München - S. 1936 Reichsbahn u. Touristik - 1970 Gold DER-Kreis - Rotarier.

KNEBUSCH, Manfred
Dr. rer. nat., Prof., Lehrstuhlinh. f. Mathematik Univ. Regensburg (s. 1973) - Lärchenstr. 12, 8401 Pentling/Opf. - Geb. 2. Febr. 1939 - Promot. (1964) u. Habil. (1968) Hamburg - Zul. apl. Prof. Univ. Saarbrücken - BV: Algebraic theory of quadratic forms (m. Winfried Scharlau) 1980; Locally semialgebraic spaces (m. Hans Delfs), 1985; Weakly semialgebraic spaces, 1989; Einführung in d. reelle Algebra (m. Claus Scheiderer), 1989. Facharb.

KNECHT, Willi Ph.
Journalist - Berliner Str. 62, 1000 Berlin 31 (T. 87 34 57) - Geb. 24. Febr. 1929 Düsseldorf - ProSport, Verlag f. Sport u. Kultur, München - s. Berlin (Geschäftsf. u. Chefredakt. d. Edition Olympische Sport Bibliothek) - BV: D. geborstenen Ringe, N. Tokio u. zurück, Verschenkter Lorbeer, Partnerschaft auf Raten, D. ungleichen Brüder, Amateur '72; D. Medaillenkollektiv; D. Boykott - 1974 Ernst-Reuter-Preis; 1981 Preis d. Europ. Sportpresse (UEPS).

KNEF, Hildegard
Schauspielerin, Schriftstellerin, Chanson-Sängerin - Zu erreichen üb. Agentur Lentz, Holbeinstr. 4, 8000 München 80 - Geb. 28. Dez. 1925 Ulm, ev., verh. in 3. Ehe m. Paul v. Schell, T. Christina aus 2. E. m. David Cameron - Lyzeum; Zeichenstudio und Nachwuchsschule Ufa Babelsberg - Bühnen Berlin (1945 ff. u. 1960 Schloßpark-Theater) und New York (1955 u. 1956 Imperial-Theater; fast 600mal D. Rolle d. Ninotschka, in: Silk Stockings); 1961 u. 1964/65 Tournee-Theater. Üb. 50 Filme u. a.: D. Mörder sind unter uns, Zw. Gestern u. Morgen, Film o. Titel (Preise Locarno u. Mailand), D. Sünderin, Es geschehen noch Wunder, Nachts auf d. Straßen, Decision before Dawn, Diplomatic Courier, Snow of Kilimandscharo, La Fête d'Henriette, Alraune, Illusion in Moll, The Man between, E. Liebesgesch., Gefährl. Urlaub, Trilby, Geständnis unt. vier Augen, Madeleine u. d. Legionär, La Fille de Hambourg, Subway in the Sky, D. Mann, d. sich verkaufte (1959 Bundesfilmpreis), Lulu, D. Dreigroschenoper (Spelunken-Jenny), The Lost Continent, Keiner stirbt für sich allein, FEDORA u. a.; Fernsehen. Chansons u. Lieder (m. eig. Texten); 1966 u. 1980/81 vier Chanson-Tourneen - BV: D. geschenkte Gaul - Bericht aus m. Leben, 1970 (dt. Aufl. üb. 600 Ts.; zahlr. übers., Ges.A. üb. 3 Mio.); Ich brauche Tapetenwechsel, Texte 1972; D. Urteil, 1975; Nicht als Neugier, 1978; So nicht, 1982 - 1968 Gold. Schallpl.; 1972 Edison-Preis, 1975 BVK I. Kl.; 1979 Preis Filmfestival Karlsbad f. d. beste Frauenrolle. Zahlr. Schallplatten m. ca. 300 Chansons. - 1977 Bundesfilmpreis in Gold (Filmband) - Liebh.: Musik, Malerei - Spr.: Engl., Franz. - Lit.: Hildegard Knef - Tournee, Tournee, 1980.

KNEFÉLI, Wilhelm
Dr. jur., Ministerialdirigent a. D. (s. 1977) - Freihorstfeld 39, 3000 Hannover-Kirchrode - Geb. 23. Juni 1912 Meuselbach, ev., verh. s. 1942 m. Ingeborg, geb. Kluge, 2 Kd. (Barbara, Hans-Christoph) - 1932-35 Univ. Heidelberg, München, Jena (Rechtswiss.). Gr. jurist. Staatsprüf. 1939.

KNEIB, Gerhard
Landwirt u. Obstbaumeister, Präsident d. Fachverb. Obst u. Gemüse d. Bauernverb. Rheinl.-Pfalz-Süd, MdL (s. 1975) - Neugasse 12, 6501 Zornheim - Geb. 27. Aug. 1941 Zornheim, verh., 4 Kd. - Landwirtsch. Fachsch., Landwirtsch.- u. Obstbaulehre; 1969 Gärtnermeisterprüf., Fachricht. Obstbau; 1964 Übernahme d. elterl. Obst- u. Weinbaubetriebes. S. 1958 CDU. 1968 Mitgl. d. Gemeinderates Zornheim, s. 1970 Mitgl. d. Kreistages Mainz-Bingen. Vors. d. Aussch. f. Landwirtschaft, Weinbau u. Forsten im Landtag Rheinl.-Pfalz; Vors. d. Landesagrarausch. d. CDU sowie Mitgl. d. Bundesagrarausch.; Vorst.-Mitgl. Vereinigte Großmärkte f. Obst u. Gemüse, Ingelheim; AR-Vors. Winzergenoss. Nierstein; Vors. d. Weinbauausch. d. Landwirtschaftskammer Rheinl.-Pfalz; Präsid.-Mitgl. im Weinbauverb. Rheinhessen - 1983 BVK am Bde.; 1987 BVK I. Kl.

KNEIDL, Rudolf Karl
Prof., Regisseur, Bühnenbildner - Fürstenwall 163, 4000 Düsseldorf 1 - Geb. 22. Aug. 1940 Nürnberg, 3 Kd. (Kathrin, Franziska, Clare Anna) - 1959 Bau- u. Möbelschreiner Nürnberg - S. 1974 Prof. f. Bühnenbild Kunstakad. Düsseldorf - Opernregie u. Ausstattung: Gluck, Alkestis (Frankfurt), Strawinsky, Rake's Progress (Opernhaus Frankfurt); Regie u. Ausstattung: Brecht, Im Dickicht d. Städte (Berlin), Brecht, Trommeln in d. Nacht (Frankfurt), Schwarz, D. Schneekönigin (Stuttgart), Müller, D. Schlacht (Arnheim/Holl.), Gorki, Vassa Schelessnova (Zürich), D. bestrafte Brudermord (Düsseld., Zürich), Krankheit d. Jugend - 1986 Kulturpreis Stadt Nürnberg - Spr. Engl.

KNEIF, Tibor
Dr. phil., Prof. f. Musikwissenschaft - Kurfürstendamm 105, 1000 Berlin 31 - Geb. 9. Okt. 1932 Preßburg - Promot. Budapest (jur. 1955) u. Göttingen (phil. 1963) - S. 1971 (Habil.) Lehrtätig. FU Berlin (1973 Prof.) - BV: Musiksoziol., 2. A. 1975; Sachtex. Rockmusik, 3. A. 1980.

KNEIFEL, Hans
Direktor i. R., Versicherungskaufm., Vorst. Pharmapool, Alte Leipziger Versicherungsgr. u. Zenith-Versich. - Schreyerstr. 36, 6242 Kronberg/Ts. - Geb. 2. Juli 1926, verh. s. 1951 m. Gertrud, geb. Unruh - Gymn., Abendhochsch. (Stud. Jura) - AR Alte Leipziger Gruppe Zenith, Rechtsschutz-Union.

KNEIFEL, Johannes
Dr., Dr. rer. pol., Generalkonsul v. Mauritius (Amtsbezirk: Bayern, Baden-Württ., Saarland, Rheinl.-Pfalz, Hessen), Präs. Ges. Dtschl.-Mauritius - Dstl.: Landwehrstr. 10, 8000 München 2 (T. 089 - 55 55 15); priv.: Oertlinweg 8, 8000 München 90 (T. 089 - 66 46 39 od. 55 58 93) - Geb. 16. Dez. 1939, ev - 22 Buchveröff. z. Luftverkehrswesen u. Luftverkehrsrecht.

KNEIP, Gustav

Komponist, Vorsitzender d. IDK Interessenverb. Deutscher Komponisten - Willinghusener Landstr. 70, 2000 Barsbüttel Bezirk Hamburg (T. Hamburg 670 01 69) - Geb. 3. April 1905 Beningen (Vater: Postbeamter), verh. in 2. Ehe m. Maria Corbe (Konzertsäng.) 3 Kd. - Musikhochsch. Köln - 1927-45 Tätigk. Westd. Rundf. u. Sender Saarbrücken (1937; Hörsp.komp., Tonmeister (1930), Musikref. (Volksmus., 1934), Abt.- (Unterhalt., 1934) u. Hauptabt.leit. (Kunst u. Unterh., 1939)) - W: Oper Heliodor (1927), Kom. Op. Des Pudels Kern (1928), Rundf.op. Christkinds Erdenreise (1929, erste), Kantate D. dt. Vaterunser (1931), Op. Breton. Hochzeit (1941), Schinderhannes (1943), Pompeji, Orch.w., Kammermus., 32 Volksliedkantaten - BV: Robert Schumann (Zur Aktualität romant. Musik), Norbert Linke - G. Kneip. Herausg.: Dtschl. im Volkslied (1957), Hans v. Bülow im Urteil berühmter Dirigenten (1979); Urheber ABC f. Komp., Musikbearb., Textdichter (1982, 2. stark erw. A. 1990); Schlesw.-Holst. im Volkslied, 1983 - 1983 Ehrenbürger s. Geburtsortes Beningen/Lothr.; 1991 Louis-Pinck-Preis d. FVS-Stiftung (f. Verdienste um d. Erhaltung d. lothringischen Volkslieder) - Liebh.: Angelsport.

KNEISSL (ß), Ulrich
Dr. rer. nat., o. Prof. Inst. f. Strahlenphysik Univ. Stuttgart - Höhenstr. 103, 6301 Wettenberg 1.

KNEISSLER, Heinz
Geschäftsführer NEFF-WERKE GmbH., Bretten - Erich-Heckel-Str. 37, 7500 Karlsruhe 41 - Geb. 2. Dez. 1919.

KNEITZ, Gerhard
Dr. rer. nat. habil., Prof. f. Angew. Zool. Univ. Bonn (s. 1974) - An der Immenburg 1, 5300 Bonn; priv.: Hans Gebhardt-Str. 40, 8702 Remlingen (T. 09369 - 13 97) - Geb. 22. Juni 1934 Aschaffenburg (Vater: Alfons K., DB-Ing.; Mutter: Anna, geb. Schuck), röm.-kath., verh. m. Ingeborg, geb. Schober, 5 Kd. (Stephan, Eva Maria, Angela, Peter, Annegret) - Stud. Biol. Würzburg u. München - s. 1966 Vors. Naturwiss. Verein Würzburg, s. 1980 2. Vors. Bund Naturschutz in Bayern, s. 1979 Bayer. Naturschutz in Bayern, wiss. Beirat BUND - 1979 Bayer. Umweltmed., 1983 BVK a. Bde.; 1987 Lindahl Med. Wü.

KNEITZ, Herbert

Fabrikant, Vorstand u. Dir. Wilhelm Kneitz & Co. AG, Velours- u. Möbelstoffweberei - Herbert-Kneitz-Str. 29, 8655 Wirsberg/Ofr. - Geb. 24. Sept. 1914, verh. - 1969 BVK I. u. II. Kl.; 1979 Bayer. VO, Oberfrankenmed., Ehrenring, Gold. Bürgermed., Ehrenbürger d. Marktgemeinde Wirsberg.

KNELL, Heiner
Dr. phil., Prof. f. Klass. Archäologie - Graupnerweg 42, 6100 Darmstadt - Geb. 9. Okt. 1937 Darmstadt - Promot. 1964 Freiburg - S. 1971 (Habil.) Lehrtätig. TH Darmstadt - BV: Archäol., 1972; Perikleische Baukunst, 1979; Grundzüge

d. griech. Architektur, 1980; Vitruvs Architekturtheorie, 1985. Aufs.

KNELLER, Eckart

Dr. rer. nat., o. Prof. f. Werkstoffe d. Elektrotechnik - Vossegge 23, 5810 Witten 3 (T. Inst.: 23 00) - Geb. 1. Jan. 1928 Magdeburg (Vater: Dr.-Ing. Friedrich K.), verh. m. Brigitte, geb. Quaß, 2 Kd. (Jo, Don) - TH Stuttgart (Physik, Math.). Promot. (1951) u. Habil. (1960) Stuttgart - S. 1960 Lehrtätigk. TH Stuttgart (1966 apl. Prof.) u. Univ. Bochum (1967 Ord. u. Dir. Inst. f. Werkstoffe d. Elektrotechnik); 1968/69 u. 1987 Dekan Fak. f. Elektrotechnik - BV: Ferromagnetismus, 1962; Magnetism and Metallurgy (m. A. E. Berkowitz), 1969. Versch. Buchbeitr., u.a. Handb. d. Physik. Zahlr. Einzelarb. - 1962 Masing-Gedächtnispreis; 1971 o. Mitgl. NRW Akad. d. Wiss. Düsseldorf; 1988-91 Sekr. d. Klasse f. Natur- Ing.- u. Wirtsch.wiss., 1990/91 Vizepräs.

KNEMEYER, August

Optiker- u. Uhrmachermeister, MdL Nieders. (s. 1974) - Bielefelder Str. 4, 4501 Laer (T. Bad Rothenfelde 9267) - CDU.

KNEMEYER, Franz-Ludwig

Dr. jur., Prof. f. Öfftl. Recht, insb. Verwaltungsrecht - Unterdürrbacher Str. 353, 8700 Würzburg - Geb. 3. Mai 1937 Münster/W., verh. s. 1962 m. Gisela, geb. Freudiger - Univ. Münster u. München (Rechtswiss.). Promot. 1964 Münster; Habil. 1969 Bochum - S. 1970 Ord. Univ. Würzburg (Mitvorst. Inst. f. Rechtsphil., Staats- u. Verw.recht). Vorst. Kommunalwissenschaftl. Forsch.-zentrum Würzburg; Präs. Dt. Juristen-Fakultätentag - BV: u. a. Lehrfreiheit, 1969; Regierungs- u. Verwaltungsreformen in Dtschl. zu Beginn d. 19. Jh., 1970; Bayer. Kommunalrecht, 7. A. 1991; Gebietsreform u. Landesplanung, 1980; Bayer. Verwaltungsrecht, 2. A. 1985; Polizei- u. Ordnungsrecht, 4. A. 1991; Staats- u. Verwaltungsrecht in Bayern, 5. A. 1988; Bankgeheimnis, 1986; Europ. Charta d. kommunalen Selbstverwaltung, 1989. Herausg.: Schr. z. öfftl. Verw.; Kommunalforsch. f. d. Praxis; Entscheidungssamml. z. Kommunalrecht; Kommunalrecht - Kommunalverw. Zahlr. Einzelarb. - 1984 BVK; Komm. Verdienstmed.

KNESER, Martin

Dr. rer. nat., o. Prof. f. Mathematik - Merkelstr. 39, 3400 Göttingen (T. 41758) - Geb. 21. Jan. 1928 Greifswald - S. 1953 (Habil.) Lehrtätigk. Univ. Heidelberg, Saarbrücken (1958 ao. Prof.), München (1959 o. Prof.), Göttingen (1963 o. Prof.) 1982 Carl-Friedrich-Gauß-Med.

KNESSL, Lothar

Prof., Pressechef u. Programmchefredakteur Wiener Staatsoper - Pohlgasse 8/3, A-1120 Wien (T. 0/222 - 83 81 65) - Geb. 15. April 1927 Brünn, kath., verh. s. 1961 m. Elisabeth, geb. v. Temnitschka, 2 Töcht. (Katharina, Karolina) - Realgymn.; Stud. Musik- u. Theaterwiss. Univ. Wien, Konservat. Brünn, Musikakad. Wien - Kultur- u. Feuilletonredakt. (u.a. 1959-66 Neues Österreich); Publizist; 1969-87 Leit. Pressebüro Österr. Bundestheater; Begründer u. Leit. Studio neuer Musik; s. 1971 Hörf. ORF; s. 1986 Lektor Univ. Wien, Musikwiss. Inst. - BV: Humor am Rand d. Notenlinien, 1965; Ernst-Krenek, Monogr. u. Analyse, 1967; Musik im Biedermeier, 1969, u.a. - Komponist v. Vokal- u. Kammermusik (Auff. b. d. Wiener Konzerthausges. u. im ORF) - Liebh.: Ökologie, Kunst d. 20. Jh. - Spr.: Engl., Tschech.

KNIEHL, Hans-Joachim

Dr. oec. publ., Vorstandsmitglied Dyckerhoff & Widmann AG. - Erdinger Landstr. 1, 8000 München 81 - Geb. 6. Juli 1933 - Dipl.-Kfm., M.A. Vorst. Finanzen; Beirat Dresdner Bank (Bayern), AKV - Allgemeine Kreditversich. AG, Südwestdt. Landesbank, Johns Hopkins Univ., Bologna; Dozent ebs., European Business School; Mitgl. Arbeitskreis Baubetriebswirtsch. d. Schmalenbach Ges. Dt. Ges. f. Betriebswirtsch.; Vors. Betriebswirtschaftl. Arbeitsaussch., Bayer. Bauind.verb. - Spr.: Engl., Franz.

KNIEL, Adrian

Dr. phil., Prof. f. Behindertenpädagogik GH Kassel (s. 1980) - Rengershäuser Str. 25, 3500 Kassel (T. 0561 - 47 18 77) - Geb. 2. Mai 1943 Stuttgart (Vater: Wolfgang K., Elektroing.; Mutter: Mathilde, geb. Schlatter), verh. s. 1968 m. Christiane, geb. Jurka, 2 T. (Sarah, Ina) - 1964-71 Stud. Soziol. Univ. Erlangen-Nürnberg, FU Berin, Univ. Mannheim (Dipl.-Soz. 1971), Promot. 1977 Univ. Bochum, Staatsex. Lehramt an Sondersch. 1980 PH Ruhr Dortmund - 1971-74 Wiss. Ref. Dt. Bildungsrat; 1974-79 Wiss. Assist. Inst. f. Päd. Ruhr-Univ. Bochum; 1980 Akad. Rat Abt. f. Heilpäd. PH Rheinl. Köln; s. 1980 Prof. GH Kassel; 1987-91 Aufbau d. Schulwesens f. Geistigbehinderte in Togo (Westafrika) - BV: D. Schule f. Lernbehinderte u. ihre Alternativen, 1979; Behinderte Kinder in Regelkindergärten, 1984; Welchen Kindergarten soll unser Kind besuchen?, 1986; Integration Behinderter Kinder im Vorschulalter - Modelle u. Perspektiven, 1987. Herausg.: Sozialpäd. im Wandel, (1984). Mithrsg.: Schulversuche z. Integration behinderter Kinder in d. Allg. Unterr. (1976) - Spr.: Engl., Franz.

KNIEPER, Rolf

Dr. jur., Prof. f. Bürgerl. Recht u. Wirtschaftsrecht, Jurist. Berater d. Zentralafrik. Rep. - Zu erreichen üb. Univ. Bremen, Postfach, 2800 Bremen - Geb. 15. Mai 1941 Unna/W. - Promot. 1968 - Fachb. u. -aufs. Mithrsg.: Ztschr. Krit. Justiz (1974ff.).

KNIEPERT, Andreas

Dr. Ing. habil., Landesvorsitzender Thüringen FDP, Fraktionsvors. d. FDP im Thür. Landtag - Freiherr-v.-Stein-Allee 38, O-5300 Weimar - Geb. 11. April 1950 Löbau, verh. s. 1986 m. Dr. Editha, geb. Vogt, S. Claudius - Mechaniker, Verfahrenstechn., Dipl.-Ing., Dr.-Ing., Dr.-Ing. habil., wiss. Assist. Hochsch. f. Architektur u. Bau Weimar, Bereichsleit. Verfahrenstechn.

KNIEPS, Hans Joachim

Stv. Vorstandsvorsitzender Bank für Gemeinwirtschaft, Frankfurt/M. - Mittl. Reisberg 16, 6380 Bad Homburg v. d. H. - Geb. 7. Okt. 1929 - AR-Mand.

KNIERIEM, Hans-Jürgen

Dr. med., Prof., Chefarzt Inst. f. Pathologie, Ev. Krankenhaus Bethesda Duisburg - Heerstr. 219, 4100 Duisburg - Geb. 8. Sept. 1936 Essen (Vater: Dr. Walter K., Chirurg; Mutter: Hildegard, geb. Lüers), ev., verh. s. 1963 m. Ingeborg, geb. Tacke, 3 Kd. - Univ. Freiburg/Br., Düsseldorf, Zürich (Med.). Promot. 1961; Habil. 1969 - S. 1969 Lehrtätigk. Univ. Düsseldorf (1973 apl. Prof. f. Allg. Pathol. u. Pathol. Anat.). 1965-66 USA-Aufenth. - BV: Morphologie d. totalen AV-Blocks, 1974 (m. E. Finke). Üb. 120 Einzelarb. - 1970 Edens-, 1973 Arthur-Weber-Preis - Spr.: Engl.

KNIERIM, Herbert

Geschäftsf. Vorstandsmitglied u. Verbandsdir. d. Bundesvereinigung Mittelständischer Bauunternehmen (BVMB) (s. 1964) - Büro: Bonn (T. 63 53 37 u. 63 29 26) - Ges. u. Gf. d. Versich. Vermittl.Stelle Mittelständ. Bauunt. GmbH, Bonn; Geschf. Präs. d. Dt. Liga f. Luft- u. Raumf., Bonn/München; Senator E. h., Ritter St. Georgsorden, Wirtschaftsjurist - Dresdner Str. 6, 5308 Rheinbach (T. 43 25) - Geb. 21. Juli 1924 Eschwege/Werra (Vater: Reinhard K., Bildhauer u. Steinmetzm.; Mutter: Anna, geb. Eckhardt), ev., verh. m. Ingeborg, geb. Wiegandt (Gf. u. Journalistin), S. Ralph Alexander - Gymn. 1934-41 Eschwege; 1947-51 Univ. Marburg (Rechts- u. Staatswiss., Staatsex.), 1941-45 Wehrdst. (Res.-Offz.); 1957-61 Synd.

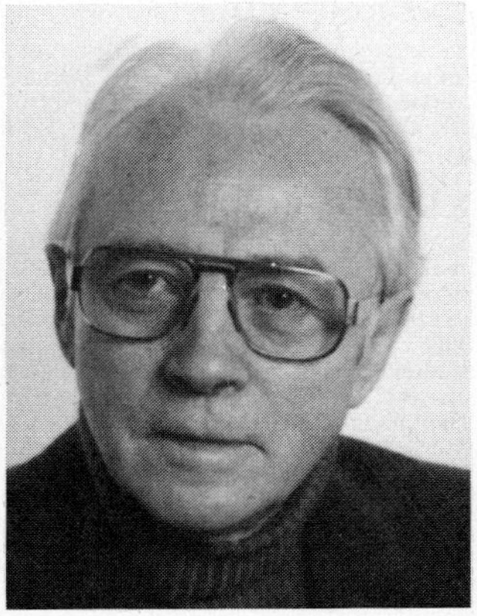

u. Pressechef Landesverb. Bauind. NRW, 1962-64 Chefred. Baufachpresse, 1963-66 MdL, Landtag NRW (Wirtsch.- u. Bauaussch. Landtag NRW), s. 1964 Presse- u. Inform.Dienst Bau-Wirtschafts-Dienst f. Untern., seitdem Verfass. d. Leitart. Bericht zur Lage (dt. u. intern. Bauwirtsch.Pol., Mittelstandsfragen, Wettbewerbsfragen, insbes. Kartellrecht); Mitgl. Arb.Kr. Bau-Fach-Presse, Mitgl. Intern. Assoc. of the Build. and Constr. PR. IBP, Den Haag; u. a. EK I u. Nahkampfsp. u. Verwund.-Abz., Panzerkampfabz. - Liebh.: Orgel, Hausmusik - Spr.: Lat., Franz.

KNIES, Wolfgang

Dr. jur., Prof. - Univ., 6600 Saarbrücken 11 - Geb. 9. Nov. 1934 Mainz (Vater: Dr. Hans K., Bibliotheksrat; Mutter: Dr. Erna, geb. Schudt) - Abit. 1954; Stud. Rechtswiss. Mainz u. München; jur. Staatsex. u. Promot. 1966, Habil. 1970 München - S. 1971 o. Prof. f. Staats- u. Verw.recht, Finanz- u. Steuerrecht Univ. d. Saarl., Kultusmin. Saarl. (1980-84), 1984/85 Min. f. Rechtspflege u. Bundesratsangelegenh., 1987/88 Kultusmin. Nieders. - BV: Schranken der Kunstfreiheit als verfassungsrechtl. Problem, 1967; Steuerzweck u. Steuerbegriff, 1976.

KNIGGE, Wolfgang

Dr. forest., em. o. Prof. f. Forstbenutzung Univ. Göttingen - Am Ebelhof Nr. 18, 3400 Göttingen (T. 3 17 07) - Geb. 27. Febr. 1920 Oberammergau/Obb. - S. 1957 (Habil.) Privatdoz. u. Ord. (1959) Univ. Göttingen (Dir. Inst. f. Forstbenutz.; 1978-80 Rektor). 1968-69 Gastprof. Univ. Valdivia (Chile), 1970/71 Univ. Berkeley (USA). Vizepräs. Dt. Forstverein; 1981-84 Präs. Intern. Acad. of Wood Science - BV: Unters. üb. d. Bezieh. zwischen Holzeigensch. u. Wuchs d. Gastbaumart Douglasie, 1958; D. Pappel (m. a.), 1958; Grundriß d. Forstbenutz. (m. H. Schulz), 1966; Walderschließung (m. P. Dietz u. H. Löffler), 1984. 250 Fachaufs. - 1969 Mitgl. Intern. Acad. of Wood Science, Paris; 1969 korr. Mitgl. Forstwiss. Ges. Finnlands.

KNIOLA, Franz-Josef

Minister f. Stadtentwicklung u. Verkehr Nordrhein-Westf. (s. 1990) Breitestr. 31, 4000 Düsseldorf - Geb. 4. Febr. 1943 - SPD.

KNIPFER, Hermann

Stadtrat u. Vorsitzender d. FBU/FDP-Fraktion im Augsburger Stadtrat, Landtagsabgeordneter a. D. - Leisenmahd 57, 8900 Augsburg (T. 0821 - 8 57 07; Fax 0821-15 90 27)) - Geb. 9. Aug. 1934 - 1970-86 Landtagsabgeordn.; 1. Vorst. d. Freiwilligen Feuerwehr Obh.; Vors. d. Freien Bürger Union - 1980 Bayer. VO.; 1982 BVK am Bde.; Silb. Ehrenring d. Stadt Augsburg; 1986 Verfassungsmed. in Silber.

KNIPPER, Otto

Unternehmer (Büromaschinengroßhandel), Präs. Bundesverb. Bürotechnik, Düsseldorf - Hauptstr. Nr. 122, 5650 Solingen.

KNIPPERS, Rolf

Dr. med., Prof. f. Molekulare Genetik - Koberleweg 17, 7750 Konstanz/B. - Geb. 18. April 1936 Mülheim/R. - Promot. 1962; Habil. 1969 - 3 J. Aufg. USA (Pasadena); 1970-72 Arbeitsgruppenleit. MPG Tübingen; S. 1973 Ord. Univ. Konstanz - BV: Molekulare Genetik, 4. A. 1984. Einzelarb.

KNIPS, Werner

Kaufm. Direktor, Geschäftsf. Gutehoffnungshütte Schwerte GmbH., Schwerte, Vorstandsmitgl. Fachvereinig. Niete u. a. - Waldstr. 1, 5841 Schwerte/Ruhr - Geb. 16. Mai 1910.

KNIRSCH, Peter

Dr. rer. pol., Dipl.-Volksw., o. Prof. f. Wirtsch. u. Techn. in Osteuropa FU Berlin (s. 1970) - Goethestr. 33, 1000 Berlin 37 (T. 801 62 55) - Geb. 23. Dez. 1928 Mährisch Ostrau (Vater: Dr. Hans K., Prokurist; Mutter: Maria, geb. Matzner), kath., verh. s. 1954 m. Inge, geb. Nun, 2 Kd. (Bernhard, Walter) - Stud. TH München; Dipl.ex. 1953 Erlangen; Promot. 1959 u. Habil. 1968 Berlin - 1956-68 wiss. Angest. bzw. Assist. FU Berlin; 1968-70 Abt.sleit. Österr. Inst. f. Wirtsch.sforschung Wien - BV: Lage u. Entwickl. d. Sowjetwirtsch. nach d. XXII. Parteitag, 1961; Strukturen u. Formen zentraler Wirtschaftsplanung, 1969 - Spr.: Engl., Franz., Russ.

KNISSEL, Walter Richard

Dr.-Ing., Dipl.-Ing., o. Prof. u. Direktor Inst. f. Bergbaukde. u. Bergwirtschaftslehre TU Clausthal (s. 1974) - Am Dammgraben 8, 3392 Clausthal-Zellerfeld (T. 05323 - 8 25 67) - Geb. 13. Dez. 1934 Landstuhl/Pfalz (Vater: Jakob K., Bürgerm.; Mutter: Karolina, geb. Krück), ev., verh. s. 1961 m. Anneliese, geb. Schmidt, 4 Kd. (Anja, Jens, Jörn, Holger) - Stud. TH Aachen; Promot. 1965 - B. 1974 Betriebsdir. Steinkohlenbergbau Sophia-Jacoba - 1965 Borchers-Plak. TH Aachen - Liebh.: Musik - Spr.: Engl. - Rotarier.

KNITTEL, Georg

Dr.-Ing., o. Prof. f. Baustatik - Ludwig-Thoma-Str. Nr. 1, 8022 Grünwald/Obb. (T. München 6 49 20 78) - Geb. 3. Nov. 1918 Prag - S. 1957 Ord. TH Hannover (Dir. Inst. f. Baukonstruktionen) u. München (1965; Vorst. Inst. f. Baustatik). Fachveröff.

KNITTEL, Wilhelm

Dr. jur., LL. M. (Harvard), Staatssekretär Bundesverkehrsmin. - Robert-Schuman-Platz 1, 5300 Bonn 2 (T. 0228 - 300 22 00) - Geb. 10. März 1935 Breslau (Vater: Walter K., Kaufm.; Mutter: Charlotte, geb. Kupke), kath., verh. s. 1966 m. Barbara, geb. Danilof, 2 Töcht. (Stefanie, Gabriele) - 1. Jur. Staatsex. 1959, 2. Ex. 1963, Promot. 1962, alle Univ. München; LL.M. Harvard Law School 1964 - 1964-69 u. 1971/72 Bayer. Justizmin., 1970 Amtsrichter, 1973-74 Vors. Richter LG, 1974-78 Pers. Ref. CSU-Vors. u. 1978-80 Bayer. Min.präs. Franz Josef Strauß, 1981-83 Leiter Rechtsabt. Bayer. Staatskanzlei, 1984-87 Amtschef Bayer. Staatsmin. d. Justiz - BV: Geltendes u. nicht geltendes Ausl.-recht im IPR, 1963; Z. Problem d. Rückwirk. b. Änder. d. Rechtspr., 1965 - 1979 Kommandeur d. Königl. Nordstern-O. (Schweden); 1985 BVK; 1986 Bayer. VO - Liebh.: Reisen, Segeln - Spr.: Engl., Franz.

KNIZIA, Klaus

Dr.-Ing., Dr.- Ing. E. h., Prof., Vorstandsvorsitzer Vereinigte Elektrizitätswerke Westfalen AG (VEW), Dortmund - Rheinlanddamm 24, 4600 Dortmund 1 - Geb. 18. Juni 1927, verh. (Ehefr.: Monika) - 1948-53 TH Karlsruhe, Promot. 1958 - 1953-63 Kraftwerksbau, 1963-68 Geschäftsf. L & C Steinmüller GmbH. Gummersbach. Vorst.-Mitgl. (1970-80

Vors.) VGB Techn. Vereinig. Großkraftwerksbetreiber e.V., Essen; Geschf.: Kernkraftwerke Lippe-Ems GmbH, Hamm, Hochtemperatur-Kernkraftw. Ges. mbH, Hamm Uentrop, Gemeinschaftsw. Hattingen GmbH, Hattingen, Europ. Ges. z. Auswertung v. Erfahrungen b. Planung, Bau u. Betrieb v. Hochtemperaturreaktoren GmbH (EURO-HKG) Hamm-Uentrop; AR-Mitgl. Dt. Ges. f. Wiederaufarbeitung v. Kernbrennstoffen mbH, Hannover; AR Gewerkschaft Auguste Victoria, Steinkohlenbergbau Marl, Veba Kraftwerke Ruhr AG, Gelsenkirchen-Buer; Beirat Nordd. Landesbank-Girozentrale Hannover, Westd. Landesbank-Girozentrale Düsseldorf, Allianz-Versich. AG München; Präs.mitgl. Dt. Atomforum Bonn; Kurat.mitgl. VdTÜV Essen - BV: D. Thermodynamik d. Dampfkraftproz., 1966; Verzagen u. versagen? - Nein danke!, 1979; Energie - Ordnung - Menschlichkeit, 1981; D. Gesetz d. Geschehens, 1986 - Ehrenpräs. DNK Nation. Komit. d. Weltenergiekonferenz f. d. Bundesrep. Dtschl. Düsseldorf, Hon.-Prof. Univ. Dortmund.

KNOBBE, Heinrich

Direktor, Geschäftsf. Hans Esser Ges. f. Ind.- u. Rohrleitungsbau mbH, Gelsenkirchen, ESKOH Industriemontagen GmbH - Königswiese 11, 4650 Gelsenkirchen - Geb. 4. Nov. 1929, verh., 2 Kd.

KNOBLICH, Georg

Dr. jur., Bundesrichter - Herrenstr. 45a, 7500 Karlsruhe - Geb. 22. Dez. 1923 - B. 1971 LG Düsseldorf (Dir.), dann BGH.

KNOBLICH, Herbert

Dr. rer. nat. habil., Präsident d. Landtages Brandenburg (s. 1990) - Breite Str. 23, O-1560 Potsdam (T. 966 10 01) - Geb. 11. Juni 1939 Alt-Jauer/Schles., verh. s. 1962 m. Hannelore, geb. Traeder, T. Caterina - 1957-61 Stud. TH u. Päd.Inst. Dresden, Staatsex. 1961; Dipl. 1970; Promot. A 1970; Promot. B 1986 - 1970-90 Assist., Oberassist. u. Doz. an d. PH Potsdam - Liebh.: Musik, Gartenarbeit - Spr.: Russ., Engl.

KNOBLICH, Klaus

Dr. rer. nat., o. Prof. f. Angewandte Geologie (Ing.- u. Hydrogeologie) Univ. Giessen - Finkenweg 19, 6301 Linden-Mühlberg - Geb. 20. Okt. 1936 - Pomot. 1964; Habil. 1969.

KNOBLOCH, Eberhard

Dr. phil., Prof. f. Geschichte d. exakten Wiss. u. d. Technik TU Berlin (s. 1980) - Frohnauer Str. 117, 1000 Berlin 28 - Geb. 6. Nov. 1943 Görlitz (Vater: Walter K., Tischlerm.; Mutter: Anni, geb. Görlitz), ev., 2 Kd. (Marcus, Stephanie) - Gymn. Berlin; 1962-67 FU Berlin (Math., Klass. Philol.), 1970-72 TU Berlin (Wissenschafts- u. Technikgesch.). Staatsex. 1967 u. 69 Berlin. Promot. (1972) u. Habil. (1976) Berlin (TU) - BV: D. math. Studien v. G. W. Leibniz z. Kombinatorik, 1973, Textbd. 1976; G. W. Leibniz - E. Dialog z. Einf. in d. Arithmetik u. Algebra, 1976; D. Beginn d. Determinantentheorie, Textbd. 1980; Mariano Taccola, De rebus militaribus, 1984; Maß, Zahl u. Gewicht (m. M. Folkerts u. K. Reich), 1989; G. W. Leibniz. Sämtl. Schriften u. Briefe, Bd. VII, 1 (m. W. Contro), 1990. Herausg.: Historia Mathematica (s. 1986). Mithrsg.: Z. Werk Leonhard Eulers (1984); Science Networks-Historical Studies; Studia Leibnitiana, Bollettino di Storia delle Scienze Matematiche, Ganita Bhārati, Rivista di storia della scienza - Effekt. Mitgl. d. Académie Internationale d'Histoire des Sciences. Fachgutachter Dt. Forsch.gem. - Liebh.: Orgelsp., Schwimmen, Bergsteigen - Spr.: Engl., Franz., Russ., Griech., Lat.

KNOBLOCH, Ekkehard

Dr. jur., I. Bürgermeister - Rathaus, 8035 Gauting/Obb. - Geb. 7. Mai 1940 Berlin - Rechtsanw. CSU/parteifrei.

KNOBLOCH, Günter

Versicherungskaufmann, Vorst.-Vors. Ideal Lebensversicherung AG, Berlin - Milinowskistr. 20b, 1000 Berlin 37 priv.; Kochstr. 66, 1000 Berlin 61, dstl. - Geb. 24. Juni 1931 Berlin.

KNOBLOCH, Hans Werner

Schriftsteller - Rueßstr. 29, 8000 München 50 (T. 089 - 812 14 60); Via Bestone 6, I-25010 Tremosine-Bazzanega (T. 0039365 - 95 13 93) - Geb. 25. Febr. 1928 Chemnitz (Vater: Werner K., Kaufm.; Mutter: Lie, geb. Samtleben), ev.-luth., verh. s. 1948 m. Trudl, geb. Hautmann - Oberrealsch.; Staatsakad. f. Musik u. darst. Kunst Wien - Spez. Arbeitsgeb.: Hörspiel - BV: D. Geschenk d. Seidenprinzessin, 1964; Auf unserer Insel tut sich was, 1966; Stups, 1970; D. Gäste d. Herrn Pippinello, 1972; D. Geheimnis d. Göttin Silingshi, 1973; Hauptgewinn e. Kalb, 1978 - Liebh.: eig. Hund u. Katze - Spr.: Engl., Ital.

KNOBLOCH, Hans Wilhelm

Dr. rer. nat., o. Prof. f. Mathematik Univ. Würzburg (s. 1970) - Fr.-Stadelmayer-Str. 11, 8700 Würzburg (T. 0931 - 7 13 31) - Geb. 18. März 1927 Schmalkalden - 1957-65 Lehrtätigk. Univ. Würzburg, München, Aarhus (Dänem.), TU Berlin (Dir. Math. Inst.). Fachveröff.

KNOBLOCH, Heinz

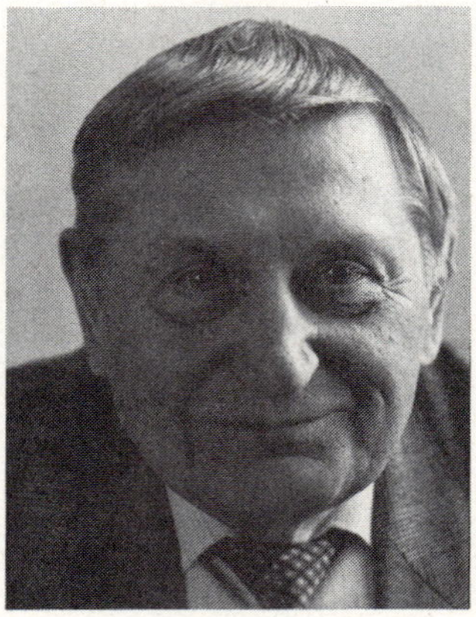

Schriftsteller, Journalist, Herausgeber - Masurenstr. 4, O-1100 Berlin - Geb. 3. März 1926 Dresden, verh. s. 1953 m. Helga, geb. Leutloff, 2 Kd. (Dagmar, Daniel) - Obersch.; Staatsex. 1960 Leipzig Dipl.-Journ. - S. 1948 Journ. im Berliner Verlag; s. 1953 Wochenpost; 1956-68 dort Feuilletonchef; 1968-88 Feuilletonrubrik "Mit beiden Augen" wöchentlich; s. 1962 Buchautor - BV: Herr Moses in Berlin, 1979; Berliner Grabsteine, 1987; Meine liebste Mathilde, 1985; Stadtmitte umsteigen, 1979; Schlemihls Garten, 1989; D. jüdischen Friedhöfe Berlins (m.a.), 1991; Geisterbahnhöfe (m.a.), 1992 - 1965 Heinrich-Heine-Preis; 1986 Lion-Feuchtwanger-Pr. u.a. - Lit.: Krit. Lexikon z. deutschsprachigen Gegenwartslit., Lieferung 34. 1990 - Martina Landmann: Großstadterfahrungen d. Flaneurs, 1989.

KNOBLOCH, Johann

Dr. phil., em. o. Prof. f. Allg. u. vergl. Sprachwissenschaft - Venusbergweg 34, 5300 Bonn (T. 21 71 58); Innrain 81, Innsbruck (T. 71 58 22) - Geb. 5. Jan. 1919 Wien (Vater: Theodor K.; Mutter: Elisabeth, geb. Schulte), kath., verh. s. 1947 m. Gertrud, geb. Edelmann - Dt. Gymn. Znaim; Univ. Wien (Sprachwiss., Slaw., Altoriental. Philol.). Promot. 1944 Wien; Habil. 1951 Innsbruck - S. 1951 Lehrtätigk. Univ. Innsbruck (b. 1955 u. 1957-63; 1961 o. Prof.), Greifswald (1955-57; Prof. m. vollem Lehrauftr.), Bonn (1963). Ausw. Mitgl. d. Istituto Lombardo, Mailand (s. 1971); Mitgl. Innsbr. Ges. z. Pflege d. Geisteswiss. u. Gypsy Lore Soc. Liverpool (korr.); Vorst.-Mitgl. Ges. f. dt. Spr. (1980-87) - BV: Romanitexte aus d. Burgenland, 1953; Sprachwiss. Wörterb., Bd. 1, 1986; Sprache u. Religion I, 1979, II, 1983, III, 1986; Kulturhist.-Wortforsch., I 1991 - 1983 Gr. Ehrenz. Rep. Österr. - Spr.: Franz., Engl., Tschech., Russ. - Lit.: A.-J. van Windekens, J. K., Löwen (1960); Lebenslauf u. Schriftenverz. in: Sprachwiss. Forsch., Festschr. (1985).

KNOBLOCH, Martin

Dr.-Ing., Vorstandsmitglied Mannesmann DEMAG AG, Duisburg (b. 1981) - Am Kaldenberg 6, 4006 Wittlaer - Geb. 14. Okt. 1923 - Zul. Generalbevollm. Standard Elektrik Lorenz AG. (Repräsentant f. Berlin).

KNOCH, Otto Bernhard

Dr. theol., Prof. f. Bibl. Einleitungswissenschaften u. Kerygmatik - Steinweg 15, 8390 Passau - Geb. 7. Jan. 1926 Sindelfingen/Württ., kath. - Promot. 1959 - B. 1971 Dir. Kath. Bibelwerk Stuttgart, dann Prof. Univ. Passau (1971 Ord.). Emerit. 1991. Geschäftsf. Kath. Bibelanstalt GmbH Stuttgart (Einheitsübers.). Zahlr. Bücher u. Einzelarb. zu bibl. Themen - 1985 BVK am Bde.

KNOCH, Peter

Dr. phil., Prof. f. Geschichte PH Ludwigsburg (s. 1972) - Brahmsweg 23, 7000 Stuttgart-Bottnang - Geb. 3. März 1935 Aachen - Promot. 1965 - Assist. Univ. Stuttgart.

KNOCH, Wendelin

Dr. theol., o. Prof. f. Dogmatik u. Dogmengeschichte Theol. Fak. Bochum - Bahnhofstr. 15, 4320 Hattingen/Ruhr - Geb. 20. Aug. 1943 Bonn, kath., ledig - Univ. Bonn, München, Münster; Ex. 1967, Promot. 1972 Münster, Habil. 1981 Bonn - 1981-83 Priv.-Doz. Bonn; ab 1983 Prof. Paderborn, 1984-86 Rektor Theol. Fak. - BV: D. Einsetzung d. Sakramente durch Christus, 1983; D. Frühscholastik u. ihre Ekklesiologie, 1992 - Lieb.: Ital. Kunst- u. Kulturgesch. - Spr.: Engl., Ital.

KNOCHE, Karl-Friedrich

Dr.-Ing., o. Prof. f. Techn. Thermodynamik (s. 1969) - Wiesenweg 87, 5100 Aachen - Geb. 24. Dez. 1933 - Stud. Masch.bau TH Braunschweig. Dipl. 1958; Promot. 1961 (b. Prof. Bošnjaković); Habil. 1964 Univ. Stuttgart - Arbeiten auf d. Gebiet Verbrennungsforsch. u. Energieumwandl. - BV: Technische Thermodynamik.

KNOCHE, Michael

Dr. phil., Direktor d. Herzogin Anna Amalia Bibliothek, Weimar - Platz der Demokratie 1, O-5300 Weimar (T. 06421 - 76 72 00) - Geb. 26. April 1951 Werdohl/Westf. - Stud. Theol., Phil., German., Staatsex. 1977/78; Promot. 1985 Tübingen - Bibliothekarausb. 1978-80 Karlsruhe u. Köln - Wiss. Mitarb. Univ. Köln, Springer-Verlag Heidelberg; Lektor Erich Schmidt-Verlag, Berlin - BV: Volkslit. u. Volksschriftenvereine im Vormärz, 1986. Herausg.: V. Göschen b. Rowohlt, (1990).

KNOCHE, Wilhelm

Dr. rer. nat., Prof. f. physikal. Chemie Univ. Bielefeld - In den Barkwiesen 29, 4800 Bielefeld 1 - Geb. 16. Nov. 1937 Mettmann, verh. s. 1963 m. Edeltraut, geb. Milde, 5 Kd. (Ruth, Dorothee, Christoph, Judith, Eva) - 1957-62 Physikstud. Univ. Göttingen (Dipl. 1962, Promot. 1965) - 1965-66 Cornell-Univ. N.Y./USA; 1967-81 MPI (biophysikal. Chemie) Göttingen; 1982 Prof. Univ. Bielefeld. Erf.: Apparat. z. Mess. schneller chem. Reaktionen (Pat.) - BV: Fundamentals of Chemical Relaxation, 1973 (m. H. Strehlow); zahlr. Veröff. in Fachztschr.

KNOCKE, Britta

Solotänzerin - Lemförderstr. 10, 3000 Hannover (T. 0511 - 88 08 14) - Geb. 22. Okt. 1966 Kiel - Opernballettschule Kiel; John-Cranko-Schule Stuttgart - Rollen in: 1987 Giselle; Nußknacker; Cinderella; Schwanensee; Feuervogel; Rockballett Love or War; Romeo u. Julia. Film üb. Hannover, u.a. - 1989 Förderpreis f. junge Künstler - Spr.: Engl.

KNODEL, Klaus

Dr., stv. Vorstandsvorsitzender Landesbausparkasse Württemberg - Vollandstr. 6, 7000 Stuttgart 70 (T. 0711-76 32 41) - Geb. 30. März 1934 Stuttgart (Vater: Dr. Erwin K., LG-Dir.; Mutter: Klara, geb. Wörnle), ev., verh. s. 1962 m. Hilke, geb. Frank, 2 Kd.

KNÖBEL, Horst

Kaufmann, Komplementär Westfalia-Werke Franz Knöbel & Söhne KG./PKW-Anhänger, Anhängevorrichtungen, Wohnmobile - Am Sandberg 45, 4840 Rheda-Wiedenbrück/W. - Geb. 7. Mai 1936, verh. - Spr.: Engl. - Rotarier.

KNÖBEL, Werner

Fabrikant, Komplementär Westfalia-Werke Franz Knöbel & Söhne KG., Pkw-Anhänger, Anhängevorrichtungen, Wohnmobile - Am Sandberg 45, 4840 Rheda-Wiedenbrück - Geb. 27. Sept. 1942.

KNÖCHEL, Walter

Dr. rer. nat., Dr. med., o. Prof. f. Biochemie Universität Ulm (s. 1990) - Oberer Eselsberg, 7900 Ulm (T. 0731 - 176 33 52) - Geb. 7. Febr. 1945 Marburg (Lahn), verh. s. 1990 m. Sigrun, geb. Plessow - Stud. Chemie u. Med. FU Berlin, Dipl.-Chem. 1969; Promot. Dr. rer. nat. 1972; med. Staatsex. 1975; Dr. med. 1976; Habil. Biochemie 1977 - 1980-90 AG Leit. u. Prof. Inst. f. Molekularbiol. u. Biochem. FU Berlin - Üb. 80 Publ. zur Molekularbiol. u. Entw.-biol.; Genexpression während d. Embryonalentwickl. (z.B. in Nature, Proc. Natl. Acad. Sci. USA, J. Mol. Biol., EMBO J., Cell Diff., Eur. J. Biochem. etc.) - 1984 Otto Mangold Preis d. Ges. f. Entwick.biol.

KNÖDLER, Werner Friedrich

Vorstandsmitglied u. Arbeitsdir. Blohm + Voss AG, Hamburg (s. 1978) - Hemmingstedter Weg 123 d, 2000 Hamburg 52 - Geb. 18 April 1926 Hamburg (Vater: Friedrich K.; Mutter: Ida, geb. Schopinski), verh. m. Sylvia, geb. Kornath, 3 Kd. (Manfred, Kirsten, Stefan).

KNÖDLER, Wilhelm

Dipl.-Kfm., Vorstandsmitglied Magirus-Deutz AG (s. 1977; Bereich: Vertrieb) - Schillerstr. 2, 7900 Ulm (Donau) - Geb. 20. Jan. 1925.

KNÖFEL, Dietbert

Dr. rer. nat., habil., Prof. f. Bau- u. Werkstoffchemie Univ.-GH Siegen - Goldener Spiegel 2, 5900 Siegen - Geb. 28. Mai 1936 - BV: Baustoffkorrosion, 1975 u. 1982 (übers. engl. 1978); Holzschutz, 1979 u. 1982; Bautenschutz mineral. Baustoffe, 1979; Baustoffchemie, 1975, 1980 u. 1982.

KNÖLKER, Ulrich

Dr. med. habil., Univ.-Prof., Direktor Klinik f. Kinder- u. Jugendpsychiatrie Med. Univ. Lübeck (s. 1986) - Triftstr. 139, 2400 Lübeck (T. 0451 - 400 24 00) - Geb. 14. Dez. 1942 Osnabrück, verh. - Med.-Stud., Habil. 1985 - Kinderarzt, Kinder- u. Jugendpsychiater, Psychotherapie, 1979-86 Oberarzt Univ.-Klinik. f. Kinder- u. Jugendpsychiatrie Würzburg - BV: Zwangssyndrome im Kindes- u. Jugendalter, 1987. Zahlr. Buchbeitr. u. Publ.

KNOELL, Dieter Rudolf

Dr. phil., M. A., Sozialwissenschaftler, Schriftst., Publiz. - Schlettstadter Str. 33, 6740 Landau/Pf. (T. 06341 - 3 03 39) - Geb. 2. Jan. 1951 Landau - Magisterex. (Phil.) 1977 Berlin; Promot. 1991 Koblenz-Landau - Lehrbeauftr. f. Soziol. u. Germanistik Univ. Koblenz-Landau - BV: D. Gesunden u. d. Normale. Z. Kritik d. Psychoanalyse, 1973; Z. Lage d.

Nation. Sekundenb. (Aphorismen) 1978; Ästhetik zw. Krit. Theorie u. Positivismus. Stud. z. Verhältnis v. Ästhetik u. Politik, 1986; Z. gesellschaftl. Stellung d. Kunst, 1992. Mitarb. versch. Ztschr. - Liebh.: Klavierspielen, Malen - Spr.: Engl., Lat., Franz.

KNÖPFEL, Konrad
Unternehmer, AR-Vors. Sandoz AG./ Pharmaz. Erzeugnisse - Deutschherrnstr. 15, 8500 Nürnberg - Zuvor Vorst.-Vors. Sandoz.

KNÖPFEL, Willi
Dipl.-Kfm., Geschäftsführer AKF Kreditbank GmbH & Co. - Friedrich-Ebert-Str. 90, 5600 Wuppertal 1 (T. 3 99-0) - Geb. 20. Sept. 1948.

KNÖPFLE, Franz
Dr. jur., Dipl.-Volksw., Prof. f. öff. Recht Univ. Augsburg (s. 1972); Rektor Hochschule f. Politik München (s. 1972) - Universitätsstr. 2, 8900 Augsburg (T. 5 98-1) - Geb. 27. Aug. 1926 Lindau/B. - 1966 o. Prof. Hochsch. f. Verw.wiss. Speyer (1969-71 Rektor), 1973-79 Präs. Univ. Augsburg. Zahlr. Fachveröff. - 1981 Bayer. VO; 1984 Bayer. Verfassungsmed. in Silber u. Komturkreuz päpstl. Gregorius-Orden, 1987 Gr. BVK.

KNÖPFLE, Robert
Dr. jur., o. Prof. f. Bürgerl. Recht, Handels- u. Wirtschaftsrecht Univ. Regensburg (s. 1967) - König-Philipp-Weg 17, 8400 Regensburg - T. 0941 - 9 17 71) - Geb. 30. Mai 1931 Lindau/B. (Vater: Franz K., Oberstudiendir.; Mutter: Laura, geb. Ellgaß), kath., verh. s. 1974 m. Verena-Alexandra, geb. Hartmann, Historikerin - Obersch.; Univ. München (Rechts- u. Wirtschaftswiss.) - 1958-67 Hohe Behörde d. Montanunion - BV: D. Bestimmung d. Schutzumfangs d. Patente, 1959; D. Rechtsbegriff Wettbewerb u. d. Realität d. Wirtschaftslebens, 1966; Wettbewerbsrecht d. Montanunion im Gemeinschaftskomm., 1972; Zulässigkeit u. Eignung d. Maßstabes d. Alsob-Wettbewerbs f. d. Mißbrauchsaufs. üb. Versorgungsuntern., 1975; D. marktbezogene Unlauterkeit, 1983; D. Problematik d. Zusammenschlußkontrolle nach d. GWB, 1986; D. Fehler beim Kauf, 1989 - Liebh.: Lit., Ski - Spr.: Engl., Franz.

KNÖPP, Herbert
Dr. rer. nat., Präsident Bundesanstalt f. Gewässerkunde, Koblenz i.R. - Goethestr. 5, 5400 Koblenz (T. 34317) - Geb. 27. Nov. 1926 Neu-Bamberg (Vater: Ernst K., Lehrer; Mutter: Tosca, geb. Dittmar), ev., verh. s. 1954 m. Dr. Ulrike, geb. Wilke (Lehrerin), 2 Kd. (Dagmar, Eberhard) - Realgymn. u. TH Darmstadt (Dipl.-Biol. u. Promot. 1951) - 1951-53 Univ. Gießen (Wiss. Assist.); s. 1953 Bundesanst. f. Gewässerschutz (Wiss. Mitarb., Ref. f. Angew. Limnol., Leit. Naturwiss. Abt., 1973 Präs.). Etwa 80 wiss. Veröff. Mitverf.: D. biol. Wasserbau an d. Bundeswasserstr. u. ATV-Lehr- u. Handb. d. Abwassertechnik - Liebh.: Bild. Kunst - Spr.: Engl.

KNÖPPEL, Karl H.
D. D., Pastor, Präses Bund Freier evangelischer Gemeinden (s. 1973), Präs. Vereinig. ev. Freikirchen, Hauptvorst. d. Dt. Evangelischen Allianz - Seelberstr. 27, 5900 Siegen - Geb. 14. Juli 1928 Grüne/Iserlohn, ev., verh. s. 1953 m. Christa, geb. Stepczynski, 9 Kd. - 1947-51 Stud. Theol. - 1952-65 Gemeindepastor; 1965-73 Generalsekretär - 1977 Ehrendoktor.

KNOERNSCHILD, Eugen M.
Dr.-Ing., Prof., Leiter Dt. Versuchsanstalt f. Luft- u. Raumfahrt e. V. i. R. - Birkenwaldstr. 155, 7000 Stuttgart (T. 290335) - Geb. 27. Jan. 1906 - Honorarprof. TH Aachen (1964 ff.; Elektr. Raumfahrtantriebe) u. Univ. Stuttgart (1968 ff.; Einf. in d. elektr. Antriebe f. Weltraumfahrzeuge).

KNÖRR, Karl
Dr. med., em. o. Prof. f. Gynäkologie u. Geburtshilfe - Universität, 7900 Ulm/D. - Geb. 12. Nov. 1915 Zeltlingen/Mosel (Vater: Karl K.; Mutter: Maria, geb. Ehlen) - Univ. Bonn u. Berlin. Promot. 1941 Bonn; Habil. 1956 Tübingen - 1941-45 Kriegseins.; s. 1945 Univ.klin. Münster/W., Tübingen (1956 Privatdoz., 1962 apl. Prof.), Ulm (1967 Ord.), emerit. 1981. Buch- u. Ztschr.veröff. - 1987 Ehrenmitgl. d. Oberrheinischen u. 1990 d. Dt. Ges. f. Gynäkologie u. Geburtshilfe; 1986 Ehrenbürger d. Univ. Ulm.

KNÖRR-GÄRTNER, Henriette
Dr. med., Prof., Frauenärztin - Steinhövelstr. 16, 7900 Ulm/D. - Geb. 1. Aug. 1916 - S. 1953 (Habil.) Lehrtätig. Univ. Tübingen (1959 apl. Prof.) u. Ulm (1967, s. 1968 Leit. Abt. Klin. Genetik), emerit. 1979. Vorles. üb. Geburtshilfe u. Gynäk. bzw. Klin. exper. Strahlenbiol. u. Humangenetik. Fachveröff. Mitgl. in- u. ausl. wiss. Ges.

KNÖRZER, Wolfgang
Dr. rer. soc., Prof. f. Erziehungswissenschaft PH Schwäb. Gmünd - Tannbachweg 2, 7075 Mutlangen/Württ. - Geb. 25. Juli 1935 (Vater: Erwin; Mutter: Elisabeth, geb. Haag), verh. s. 1977, 1 Kd. - Stud. Phil., kath. Theol., Erzieh.wiss., Psychol. Univ. Tübingen u. Konstanz; Dipl. in Theologie; Promot. 1974. 1965-70 wiss. Referent b. Kath. Bibelwerk Stuttgart, versch. religionspäd. Veröff.; s. 1975 Doz., dann Prof. PH Schwäb. Gmünd. Schwerpunkte: Lernmotivation, Schulangst, Päd. Psychol., Grundschulpäd. Versch. Veröff. üb. empir. Unters. an Gesamtsch., kombinierte Grundschulklassen, Hauptschulabschlußprüf., Schulanfang, Anfangsunterricht.

KNÖSEL, Dieter
Dr. rer. nat., Prof., Abt.-Dir. Abt. Pflanzenschutz/Inst. Angew. Botanik Univ. Hamburg - Marseiller Str. 7, 2000 Hamburg 36 - Geb. 31. Mai 1927 Braunschweig - B. 1962 Privatdoz., dann apl. Prof. Hohenheim, 1974 Univ. Hamburg. Etwa 90 Fachaufs.

KNOKE, Karl-Heinz
Betriebswirt, Geschäftsführer Verb. d. Dt. Drehteile-Industrie - Leostr. 22, 4000 Düsseldorf 11.

KNOKE, Siegfried
Dr.-Ing., Prof. f. Didaktik d. Chemie Päd. Hochsch. Hannover (C.-H.-Becker-Hochsch.) - Glatzer Weg 13, 3005 Hemmingen-Westerfeld.

KNOKE, Udo
Dr., Generalbevollmächtigter Münchener Rückversicherungs-Ges. - Königinstr. 107, 8000 München 40 - Geb. 18. Mai 1934 - ARsmand.

KNOLL, Helmut
Dr.-Ing., Vorstandsmitglied EWAG Energie- u. Wasserversorgung AG., Nürnberg, Geschäftsf. Städt. Werke Nürnberg GmbH. ebd. - Wernher-v.-Braun-Weg 7, 8502 Zirndorf - Geb. 20. März 1921 - Vors. Verb. Bayer. Gas- u. Wasserw., München.

KNOLL, Joachim H.

Dr. phil., o. Prof. f. Pädagogik Ruhr-Univ. Bochum (s. 1964) - Breite Str. 159, 2000 Hamburg 50 (T. 38 40 00) - Geb. 23. Nov. 1932 Freystadt - 1952-56 Univ. Erlangen (Gesch., Volksw., German., Geistesgesch.) - 1961-64 Prof. Päd. Hochsch. Bonn - BV: Führungsauslese in Liberalismus u. Demokratie, 1957; Jugend - Politik - Polit. Bildung, 1962; Päd. Elitebildung, 1964; Ansichten z. Gegenw., 1965; Gemeinschaftskunde, 1965; Festschr. z. Eröffnung d. Univ. Bochum, 1965 (m. H. Wenke); Erwachsenenbildung - Erwachsenenqualifizierung in d. Bundesrep., 1966 (m. H. Siebert u. G. Wodraschke); Aufbau u. Struktur d. dt. Bildungswesens, 1967 (auch franz., engl., span.); Wilhelm v. Humboldt, 1967 (auch engl., franz., span.); Erwachsenenbildung -qualifizierung / Dokumentation, 1968 (m. H. Siebert); Jugend u. Kulturpolitik, 1968 (m. G. Wodraschke u. J. Hüther); Politik u. Bildung - Wilhelm v. Humboldt / Darstellung u. Dokument, 1968; Erwachsenenbildung - Aufgaben/Möglichkeiten/Perspektiven, 1972; Einf. in d. Erwachsenenbild., 1973; Lebenslanges Lernen, 1974; Fr. A. Lange, 1975; Pro u. Contra BRAVO (m. R. Stefen), 1978; V. d. Nationalerziehung z. Weiterbildung (m. K. Künzel), 1980; Bildung intern., 1980; Jugendztschr. im Videozeitalter, 1985; Motivation for Adult Education, 1985; D. zwiespältige Generation (m. J. H. Schoeps), 1985. Viele Einzelarb. Herausg.: Intern. Jahrb. d. Erwachsenenbild. (1966ff.), Beih. zum Intern. Jahrbuch (1980ff.). Mithrsg.: Universitas (1963ff.), Bild. u. Erzieh. (1975ff.) - Festschr. z. 50. Geb., Weiterbild. durch Medien (m. Bibl.) 1982.

KNOLL, Renate
Dr. phil., Studienprof. f. Neuere dt. Literatur u. vergleichende Literaturwiss. - Im Eichengrund 5, 4409 Havixbeck (T. 02507 - 76 26) - Geb. 1. Mai 1933 Heiligenbeil/Ostpr. (Vater: Wilhelm K., Kreisbaumeist. †1964, Mutter: Gertrud, geb. Woelke †1987), ev. - Abit., Stud. German., Gesch., Phil. Univ. Marburg, Tübingen, Göttingen, Zürich, Heidelberg. (Promot. 1961), Päd. Prüf. f. d. Lehramt an höh. Schulen 1963 - 1961-68 Höh. Schuldst., 1968/69 DAAD-Lekt. Univ. Helsinki, s. 1972 Studienprof. German. Inst. Abt. neuere dt. Lit. u. vgl. Lit.wiss. Univ. Münster - BV: Johann Georg Hamann u. Friedrich Heinrich Jacobi, 1963; Johann Georg Hamann u. sein Kreis, 1980. Herausg.: J. G. Hamann (1730-88) Quellen u. Forsch., (Ausstellungskatalog 1988). Aufs. u. Beitr. in Fachztschr. u. intern. wiss. Publ. Geist u. Zeichen. Festschr. f. Arthur Henkel, 1977; Acta d. intern. Hamann-Colloquiums (hg. v. B. Gajek), 1979; Bd. III 1987; Bd. V 1990; Studies on Voltaire and the eighteenth century, 1989; Herder Today. Contributions from the intern. Herder Conference, 1990 u.a. - 1960 Preismed. d. Univ. Heidelberg - Interessen: Gesch., Phil., Theol. - Spr.: Engl., Franz. - Lit.: Wilhelm K. (Vater, Dokument. d. Vertreibung d. Deutschen, 1957, Nachdruck 1984).

KNOLL, Wolfgang
I. Kreisbeigeordneter Main-Taunus-Kr. a. D., Geschäftsf. Ges. z. Rekultivierung d. Kiesgrubenlandschaft Weilbach GmbH (GRKW), Flörsheim, 1982 Bundesvors. d. Vereinig. Liberaler Kommunalpolitiker, Fremdenverkehrsverb. Main + Taunus (1980ff.), AR-Mitgl. Hess. Industriemüll AG (1980ff.) u. a. - Philipp-Kremer-Str. 18, 6233 Kelkheim/Ts. - Geb. 21. März 1929 Cunnersdorf/Schles., ev., verh. - FDP (u. a. stv. Vors. Bundesfachausch. f. Kommunalpolitik, Bonn).

KNOLL-KÖHLER, Elisabeth
Dr. med., Prof. f. Pharmakologie u. Toxikol. FU Berlin - Angerburger Allee 49, 1000 Berlin 19.

KNOLLE, Gerdt
Dr. med., Dr. med. dent., apl. Prof. Univ. Düsseldorf, Facharzt f. Mund- u. Kieferkrankheiten - Frankfurter Str. 77, 6050 Offenbach - Geb. 1932 Schlotheim.

KNOOP, Bert
Dr. rer. pol., Dipl.-Kfm., Geschäftsführer Zentralverb. d. Kürschnerhandwerks, Bad Homburg, Ges. z. Förd. d. Kürschnerhandw. mbH, Dt. Pelz-Institut, Chefredakt. Fachztschr. pelz intern., alles Bad Homburg - Dornholzhäuser Str. 13, 6370 Oberursel 4 - Geb. 6. Mai 1934.

KNOOP, von, Dietrich
Vorstandsvorsitzender Didier-Werke AG/Feuerfeste Erzeugnisse - Lessingstr. 16, 6200 Wiesbaden.

KNOOP, Kurt E.
Stv. Hauptgeschäftsführer Industrie- u. Handelskammer Frankfurt/M. i.R. - Börsenplatz 4, 6000 Frankfurt 1 - Geb. 28. Jan. 1928, ev., verh., Jura-Stud. Univ. Kiel; 1. Staatsex. Schleswig, 2. Staatsex. 1956 Hamburg - Vors. Bezirksvereinig. Rhein-Main Dt. Verkehrswiss. Ges. (DVWG) - Spr.: Engl., Franz.

KNOP, Gerhard
Dr. rer. nat., em. o. Prof. f. Experimentalphysik - Waldmeisenweg 6, 5300 Bonn 1 - Geb. 21. Aug. 1923 Celle - S. 1963 ao. bzw. o. Prof. (1967) Univ. Bonn.

KNOP, Jan
Dr. rer. nat., Prof. u. Ltd. Regierungsdirektor Rechenzentrum Univ. Düsseldorf - Thienhausener Str. 57, 5657 Haan (T. 02129 - 66 42) - Geb. 29. Sept. 1940 Cilli/Steiermark - Vater: Prof. Dr. Liebfried K., Dipl.-Chemiker, Hochschullehrer; Mutter: Sidonie, geb. Weber), kath., verh. s. 1972 m. Mathilde, geb. Heiliger, 2 Kd. (Richard, Verena) - 1958-60 Univ. Wien; 1960-67 Univ. Hannover; Dipl.-Phys. 1967 Hannover, Promot. 1979 Univ. Düsseldorf - 1968-70 wiss. Assist.; 1970-73 Siemens AG (Leit. Systmberat.); 1973 Dir. Rechenzentrum Univ. Düsseldorf - BV: Wirtschaftlichk. d. Datenverarb., 1982; Einsatz d. Datenverarb. in d. Hochschulmed., 1983; 100 Aufs. in wiss. Ztschr. - Spr.: Engl., Franz. - Bek. Vorf.: Jan Knop, Kaiserl. Rat f. d. Finanzwesen Wien (Großv.).

KNOPF, Jan
Dr. phil., Prof., Univ.-Lehrer, Publizist, Theaterkritiker, Regisseur - Kapellenstr. 22, 7500 Karlsruhe (T. 0721 - 38 74 49) - Geb. 10. Juli 1944, 2 Kd. (Jan, Peggy) - Stud. Dt. Philol., Phil., Gesch.; Promot.

1972 u. Staatsex. 1972 - 1977 Priv.-Doz., 1984 Prof. Univ. Karlsruhe; s. 1978 fr. Theaterkritiker; s. 1988 fr. Regiss.; s. 1989 Leiter Arbeitsst. Bertolt Brecht, Karlsruhe - BV: Geschichten z. Gesch., 1973; Frühzeit d. Bürgers, 1978; Friedrich Dürrenmatt, 4. A. 1988; Brecht-Handb., 2 Bde. 1980 u. 1984; Bertolt Brechts Buckower Elegien, 1986. Herausg. d. Brecht-Journals (bish. 2 Bde. 1983 u. 86); J. P. Hebels sämtl. Kalendergesch. (1986). Mithrsg. d. Gr. Komm. Berliner u. Frankfurter Brecht-Ausg. in 30 Bde. - Liebh.: Schwimmen, Musik.

KNOPP, Guido
Dr. phil., Leiter ZDF-Redaktion Zeitgeschichte - Schubertstr. 54, 8759 Hösbach (T. 06021 - 5 33 88) - Geb. 29. Jan. 1948 Treysa, ev., verh. s. 1975 m. Friederike, geb. Brückner, 2 Söhne (Guido, Konstantin) - Stud. Univ. Frankfurt, Amsterdam, Würzburg; Promot. 1975 Würzburg - 1976/77 Auslandschef Welt am Sonntag, 1978 FAZ; s. 1978 ZDF, u.a. Leit. d. Reihe Fragen z. Zeit; s. 1978 Leit. d. Kongress-Reihe Aschaffenburger Gespräche - BV: Hitler heute, 1979; Preussen heute, 1982; Wir u. d. Russen, 1983; Warum habt ihr Hitler nicht verhindert?, 1983; Nation Deutschl.?, 1984; Gesch. im FS, 1988; D. Lied d. Deutschen, 1988; D. Saat d. Krieges, 1989; D. dt. Einheit, 1990 - 1985 u. 86 Jakob-Kaiser-Preis; 1988 Europ. Fernsehpreis v. Reims; 1990 BVK; Telestar (D. Dt. Fernsehpreis) - Spr.: Engl., Ital.

KNOPP, Norbert
Dr. phil., o. Prof. f. Kunstgeschichte Kath. Univ. Eichstätt - Oberer Seeweg 20, 8151 Starnberg (T. 08151 - 1 59 79) - Geb. 23. Jan. 1935 Koblenz (Vater: Johannes K., Arzt; Mutter: Magdalene, geb. Moeren, Ärztin), kath., verh. s. 1970 m. Catherine De Domenico, 4 Kd. (Johannes Sebastian, Maria-Theresia, Francesca Isabella, Caecilia) - Abit. 1953; Stud. Malerei (Geitlinger) u. Kunsterzieh. (Akad. München), Kunstgesch. (Univ. München), Promot. 1964, Habil. 1978 - 1965/66 Assist. Mus. Bochum; 1966-80 Assist. u. Akad. Rat TU München - BV: D. Gartenbelvedere, 1966; D. Frauenkirche z. München u. St. Peter, 1970 - Liebh.: Musik - Spr.: Lat., Engl., Franz., Ital.

KNOPP, Werner
Dr. jur. (habil.), Prof., Präsident Stiftung Preuß. Kulturbesitz, Berlin (s. 1977) - Miquelstr. 32, 1000 Berlin 33 (T. 030 - 823 32 91) - Geb. 31. Jan. 1931, verh. s. 1968 m. Ingeborg, geb. Schieferderker, ev.-luth. - 1969-70 o. Prof. f. Bürgerl. Recht, Handels- u. Wirtschaftsrecht Univ. Münster (1970-74 Rektor; 1974-77 Präs. Westdt. Rektorenkonf.).

KNORPP, Klaus
Dr. med., Prof. f. Innere Medizin, insb. Kardiopulmonologie, Univ. Gießen - Waldstr. 69, 6301 Linden-Leihgestern - Zul. Doz.

KNORR, Dietrich
Dr. med., Prof., Leiter d. Abt. pädiatrische Endokrinologie i. R., Univ.-Kinderklinik - Lindwurmstr. 4, 8000 München 2 (T. 08105 - 93 75) - Geb. 19. Sept. 1923 München - Habil. 1963. 1969 apl. Prof. f. Kinderheilkd., Arbeitsgeb.: Hormone im Kindes- u. Pubertätsalter. Forsch.arb.: Steroidstoffwechsel, congenitale Stör. d. Steroidstoffw., Adrenogenitales Syndrom, Formen d. Intersexualität.

KNORR, Günther
Sparkassendirektor i. R., Vors. DRK-Kreisverb. Wuppertal - Humboldtstr. 20, 5600 Wuppertal 2 - Vorst.-Vors. Stadtspark. Wuppertal i. R. - Geb. 30. Jan. 1923 - BVK; Ehrenz. Dt. Rotes Kreuz.

KNORR, Helene
Bürgerschaftsabgeordnete - Dordrechter Str. 18, 2800 Bremen 66 - S. 1971 Mitgl. Brem. Bürgerschaft. SPD.

KNORR, Jürgen
Dipl.-Ing., Vorstandsmitglied Siemens AG (Bereich Halbleiter: Entwicklung, Fertigung, Vertrieb f. Integrierte Schaltungen, Diskrete Halbleiter) - Balanstr. 73, 8000 München 80 - Stud. TU Berlin, Dipl. f. Starkstrom-Elektrotechnik.

KNORR, Klaus
Dr. rer. nat., Prof. f. Experimentalphysik Univ. Mainz - Davidstr. 19, 6500 Mainz.

KNORR, Knut
Dr. rer. nat., Prof., Lehrstuhlinh. f. Mathematik Univ. Regensburg - Köferinger Weg, 8401 Alteglofsheim/Opf. - Geb. 18. Mai 1940 Lichtenfels - Promot. 1968 München; Habil. 1971 Regensburg - Zul. Prof. GH Wuppertal. Bücher u. Einzelarb.

KNORR, Lorenz

Publizist, Vize-Präs. Intern. Verbindungsforum d. Friedenskräfte, Mitgl. d. SprecherInnen-Rates der VVN/BdA (Vereinig. d. Verfolgten d. Nazi-Regimes/Bund d. AntifaschistInnen) (s. 1992) - Günthersburgallee 10, 6000 Frankfurt/M. (T. 069 - 43 29 21) - Geb. 18. Juli 1921 Eger/Tschechosl., verh. s. 1948 m. Elfriede, geb. Sperk, S. Reinhart - Schriftsetzer u. Buchdrucker; Lehrmeisterprüf. 1942 Nürnberg; Autodidakt. Stud. Päd. u. Politol. - B. 1945 Antifasch. Tätigk.; 1947-50 Landes-, 1950-60 Bundessekr. d. Sozialist. Jugend Dtschl. - D. Falken, verantw. f. Erziehung; Schriftleit. u. Erziehung u. Ges.; 1936-38 Vors. d. Soz.Arb.-Jugend in Eger; 1952 Präs. d. größten intern. Kinder-Rep. (Junges Europa d. Roten Falken) Schwangau; 1952-60 Vorst.- u. Büromitgl. d. Intern. Falken-Bewegung; Mitgl. d. Jugend- u. Kulturpolitischen Aussch. b. Parteivorst. d. SPD; 1959/60 Chefredakt. d. Jungen Gemeinschaft; 1960 Mitbegr. Dt. Friedens-Union u. Mitgl. d. Direkt. (b. 1985); 1978-80 maßgebl. bet. am Projekt Frieden u. Abrüstung d. Univ. Oldenburg; s. 1972 Gast-Kommentator u. Interview-Partner Radio Praha (Send. in dt. Sprache); s. 1984 Vize-Präs. Intern. Verbindungsforum d. Friedenskräfte; s. 1986 Mitgl. wiss. Kurat. d. ZMF (Zentr. f. marxist. Friedensforsch.) 1987-90 - BV: Dein Weg ins Leben, 1953; Gedanken z. sozialist. Erziehung, 1954; Mod. Zeltlagergestaltung - Theorie, Planung, Praxis, 1957; Jugend mit uns! Kl. Handb. d. sozialdemokrat. Vertrauensmannes f. Erziehungsfragen, 1958; Wahrheit hinter Gittern?, 1963; Frieden u. Abrüstung, 2 Bde., 1979/80; V. Wettrüsten z. Abrüstung, 2. A. 1979; Kl. Lexikon - Rüstung, Abrüstung, Frieden, 2. erw. A. 1982; Gesch. d. Friedensbewegung d. Bundesrep., 2. erw. A. 1984; Was hülfe es d. USA? - Z. Globalstrategie d. USA, 1984, erw. engl. Ausg. 1985; NATO - Gesch., Strategie, Atomkriegsplanung, 1985 (russ. Ausg. 1988); Wieder Krieg v. dt. Boden?, 1985; Arbeit statt Raketen, 1986; Unser Nachbar ČSFR - Staat im Herzen Europas (m. Kunstdr.beil.), 1988. Herausg.: D. Ausweig (1962-66). Zahlr. Ztschr.-Beitr. zu päd. Fragen u. (ab 1960) z. Sicherheitspolitik - 1937 I. Preistr. typogr. Lehrlingswettb. in d. ČSFR; 1965 Gold-Med. Tschechosl. Ges. f. Intern. Verständigung; 1981 Carl-von-Ossietzky-Med. d. DDR; 1987 Ehrenmed. Tschechosl. Rundf.; 1991 Johanna-Kirchner-Med. d. Stadt Frankfurt/M. (f. Widerstand gegen d. Nazi-Diktatur); u.v.a. - Liebh.: Fotogr., Bergsteigen, Kalligraphie - Lit.: Dr. W. Beutin in Kultur u. Gesellschaft 7/8-1986 u. 6. Geb: ...letztendl. erfolgr.; Blätter f. dt. u. intern. Politik, Sonderheft 274/1981; W. Hönig, Christ u. Welt 14.5.1959: Radikale Parteijugend; J. Weinmann, Egerländer Biogr. Lexikon, Bd. I. 1985; Nach Rückschlägen vorwärts - Im Streit für eine humane Welt. Lorenz Knorr z. 70. Geb. (Hrsg.): Heidi u. Wolfgang Beutin, Bodo Brücher).

KNORR, Ludwig
Dr. rer. pol., Verlagsdirektor a. D., Herausgeber d. Rhein-Neckar-Zeitung - Quinckestr. 59, 6900 Heidelberg - Geb. 27. März 1928 (Vater: Dr. Hermann K., Verleger), ev., gesch., 2 T. (Christiane, Inge) - Stud.; Promot. (Volkswirtsch.) - Gesellsch. u. Herausg. d. Rhein-Neckar-Ztg. Heidelberg - Spr.: Engl., Franz.

KNORR-ANDERS, Esther
Schriftstellerin, Journalistin u. Literaturkritikerin - Comeniusstr. 2, 6200 Wiesbaden (T. 0611 - 59 81 11) - Geb. 9. März 1931 Königsberg/Ostpr. (Vater: Otto A., Waffenstr.; Mutter: Charlotte, geb. Ziegler), ev., verh. s. 1964 m. Ernst Knorr - BV: D. Falle, Dokumentarbericht, 1966 (auch franz.); Kossmann, R. 1969 (auch franz.); D. Packesel, R. 1969; Blauer Vogel Bar, Prosa 1970; D. Gesang d. Kinder im Feuerofen, Prosa 1972; Örtel u. Aderkind, Erz. 1973; D. Kakteenhaus, Erz. 1975; Frau Models Haus am Wasser, Erz. 1976; D. Hundekrematorium, Einakter 1976; Jeder hat jeden Tag andere Nerven, Einakter 1976; R. Jakob u. Darja, 1977; Ligurische Küste, Ess. 1985; Franken, Ess. 1987; Ital. Riviera, Ess. 1987; Neuschwanstein, Ess. 1989; Salzburg, Ess. 1991 - 1972 I. Preis Ostdt. Kulturrat (Hörsp.- u. Erz.wettb.) f. Take (Funkerz.); 1975 Preis Ostdt. Kulturrat (Hörsp.-u. Erz.wettb) f. D. Mahlzeit (Funkerz.), 1977 Journalistenpreis Bundesarbeitsgem. d. fr. Wohlfahrtspflege; 1980 Andreas-Gryphius-Ehrenpreis; 1990 Dt. Journalistinnenpreis d. Ztschr. EMMA.

KNORR-CETINA, Karin
Dr., Prof. Fak. f. Soziol. Univ. Bielefeld - Postf. 86 40, 4800 Bielefeld 1 - Verh. s. 1969 m. Prof. Dr. Dietrich Knorr, 3 Kd. - Stud. d. Anthropol. u. Soziol. Wien. Wiss. Assist. Inst. f. Höhere Stud.; Ford Fellow Univ. of Calif., Berkeley; Research Scholar, Univ of Pennsylvania; Habil. Virginia und Wesleyan Univ. - BV: Advances in social Theory, 1981; The Manufacture of Knowledge, 1981 (Übers.: D. Fabrikation v. Erkenntnis, 1984); Science Observed (m. M. Mulkay), 1983; Epistemic Cultures: How Scientists Make Sense, 1991.

KNORRE, von, Erik
Dr. jur., Hauptgeschäftsführer Industrie- u. Handelskammer Offenbach am Main - Platz der Deutschen Einheit 5, 6050 Offenbach/M. - Geb. 7. Juli 1935 Riga (Vater: Dr. Werner v. K., Journ.; Mutter: Helen, geb. Baronesse v. d. Ropp), ev., verh. s. 1965 m. Barbara, geb. Mauve, 3 Kd. (Dorothea, Karl-Friedrich, Hans-Christoph) - S. 1969 Geschäftsf. Dt.-Finn. Vereinig.

KNOTEK, Otto
Dr. techn., o. Prof. f. Werkstoffkunde (Lehrstuhl II) - Templergraben 55, 5100 Aachen - Geb. 14. Okt. 1925 Bruck/Mur (Österr.) - S. 1957 (Habil.) Lehrtätig. TH Aachen (1965 apl. Prof.), 1970 Ord. u. Inst.-Dir.); dazw. zeitw. Fabrikdir. Über 200 Fachaufs.

KNOTH, Hermann
Maler, Grafiker, Schriftst. - Waldstr. 4, 2000 Norderstedt (T. 040 - 522 39 33) - Geb. 5. Jan. 1927 Hamburg-Altona, verh. s. 1986 m. Gunda, geb. Lindner, 3 S. (Peter, Michael, Ralf) - Malerlehre 1943, Meisterprüf. 1959, Kunststud. 1943 Posen - B. 1980 hauptberufl. Inh. e. Betriebes f. Dekorationsmalerei; nebenberufl. Mitbegründer Norderst. Kunstkreis u. Norderst. Kunstverein, Lit. Werkstatt; Gründer Norderstedter Malstudio. S. 1987 freischaffender Maler + Grafiker. Mitbegründer d. neuen Kunstverein MALIMU, Norderstedt. Ab 1989 großformatige Bilder u. figürl. Darstell. 1990 4 Gemälde f. d. Sitzungssaal im Norderstedter Rathaus - BV: Frau Tal liebt alte Schlösser, 1978. Anthol.: D. Hintermüller, 1983 - S. 1964 Holzschnitte u. Ölmalerei; Ausst. in Hamburg-Schlesw.-Holst., Museum Schönberg, Rathaus Norderstedt, Schweiz, Holland - 1985 Kunstpreis Altona, 1986 7. Preis Künstler sehen Norderstedt - Liebh.: Malerei, Klass. Musik, spielt Akkordeon, Phil. - Spr.: Engl. - Lit.: Dr. Wolfgang Beutin in Frau Tal liebt alte Schlösser.

KNOTH, Joachim
Dr. rer. pol., Prof. f. Betriebswirtschaftslehre, Wirtschaftsprüfer - Sarlandstr. 55, 6530 Bingen/Rh. 11 - Geb. 30. Sept. 1936 Frankfurt/M. (Vater: Wilhelm K., Bankprokurist; Mutter: Henriette, geb. Hartmann), kath., verh. s. 1963 m. Gerlinde, geb. Huff, 3 Kd. (Frank, Sylva, Claus) - Gymn.; Banklehre; Stud. Univ. Mainz u. Paris. Dipl.-Volksw. 1960; Promot. 1965; Habil. 1970 - S. 1970 Lehrtätig. Univ. Mainz - Spr.: Franz., Engl.

KNOTHE, Hans
Dr. med., o. Prof. f. Hygiene u. Bakt. - Universität, 6000 Frankfurt/M. - Geb. 10. April 1919 - S. 1951 (Habil.) Lehrtätig. Univ. Kiel (1957 apl. Prof.), 1962 Wiss. Rat u. Prof.) u. Frankfurt (1966 Ord.) - BV: Üb. d. Epidemiologie d. Tularämie, 1955.

KNOTHE, Wilhelm
Dr. med., Prof., ehem. Chefarzt Chirurg. Klinik/St.-Franziskus-Hospital, Bielefeld (s. 1971) - Fürstenstr. 33, 8183 Rottach-Egern - Geb. 27. März 1926 Recke - Promot. 1951 - S. 1964 (Habil.)

Privatdoz. u. apl. Prof. (1970) Univ. Gießen (Chir.). Facharb.

KNOTT, Roland
Landespräses des Kolpingwerkes Landesverb. Hessen (s. 1984), Diözesanpräses im Bistum Fulda, Vors. d. Kolpinghaus Fulda, Oberstudienrat in Fulda (s. 1976) - Kegelspielstr. 6, 6418 Hünfeld 1 (T. 06652 - 86 54) - Geb. 11. Okt. 1928 Köln (Vater: Karl K., Obering. VDI; Mutter: Anna, geb. Weiser), kath. - Gymn.; 1944-45 Kriegsteiln.; 1945-46 Praktikant im Elektr. u. Dampflokbau; Abit. 1948 Kassel; 1949-55 Stud. Phil. u. Theol. in Fulda; Priesterweihe; 1955 Pfarrerverweser in Kassel; 1956 Domkaplan in Fritzlar; 1964 Pfarrer in Friedewald/Heringen; 1972 Generalsekr. d. Bonifatiuswerkes in Paderborn; 1976-87 Mitgl. Generalrat d. Intern. Kolpingwerkes. 1986 Ern. z. Monsignore durch Papst Johannes-Paul II.

KNOTZ, Peter

Dr. phil., M.A., Geschäftsführer d. Internationalen Theaterinstituts, Zentrum BRD, Berlin - Trabenerstr. 5-7, 1000 Berlin 33 (T. u. Fax 030 - 891 25 30 - Geb. 24. Dez. 1955 Graz/Österr., kath., led. - Stud. German., Gesch., Kunstgesch. u. Medienkunde Univ. Graz, Passau, Berlin (Humboldt-Univ.) u. Wien; Staatsex. Magister u. Promot. - Sprach- u. Managementkurse: u.a. Adelphy Univ., Long Island (USA); Lektor an d. Univ. Graz, Klagenfurt u. Budapest; Öffentlichkeitsarbeit am Österr. Kulturinst. New York; Musik u. Theaterkritiker f. österr., dt. u. schweizer Tageszeitungen u. a. Die Presse - Aufsätze in Ztschr. und Kritiken in Tagesztg. - Liebh.: Theater, Musik, bild. Kunst, Tennis, Skifahren, Reiten, (Turnier-)Tanzen - Spr.: Engl., Franz.

KNUDSEN, Knud
Dr. phil., Bildhauer, Schriftst. - Höhenweg 35, 6350 Bad Nauheim (T. 28 70) - Geb. 16. Jan. 1916 Berlin (Vater: Prof. Dr. phil. Hans K., Theaterwissenschaft-

ler † 1971 (s. XVI. Ausg.); Mutter: Emmy, geb. Brecht † 1969), ev., verh. s. 1950 m. Doris, geb. Formella †1991, S. Björn - Kunsthochsch. u. Univ. Berlin (Promot. 1941); 1935-37 prakt. Ausbild. K. Stumpff (Graph. Techniken, Porträt, Akt). Porträtist vieler bek. Persönlichkeiten (Hauptmann, Jannings, Barlach, Planck, Wagner-Jauregg, Heinkel u. a.); Bronzegruppe D. Gespräch (1949, Worldbrotherhood-Gebäude New York); Porsche-Denkmal (1952, Stadt Wolfsburg), Monumentale Christusbronzen (1955, Lutherkirche Frankfurt/M.; 1956, Glendale Church, Los Angeles/USA); Mahnmale (u. a. Gr. Sandsteingruppe Soldaten-Friedhof Herborn), Bronzebüsten v. Heuss (1958, Stadt Frankfurt), Kennedy, Gollancz, Niemöller, Lilje, Mierendorff, Horkheimer, Kant-Denkmal (1969, Rüsselsheim) u. a. - BV: Lauter Sonderlinge, Erz. 1947; Köpfe ohne Maske, 1947 (Kunstmappe); D. Liebesbrevier, 1949; Plastik z. Nachdenken, 1964; John F. Kennedy in Bronze, 1965; D. 12 Temperamente, 1969; Vorbilder - Zeitbilder - Sinnbilder, 1974. Herausg.: Welt ohne Haß (1950), Treibjagd auf Sündenböcke (1951/68) - 1958 Kunstpreis VdK; 1976 BVK I. Kl. - Bes. Interessen: Angew. Psych. (Verständigungsarbeit zw. Religionen, Rassen u. Sozialpartnern) - Rotarier - Spr.: Engl., Franz., Span., Dän.

KNUDSEN, Knud
Minister a. D., Kaufmann u. Reeder - Neuhörn 1, 2370 Rendsburg/Holst. (T. 2 70 01) - Geb. 15. Sept. 1912 Wyk/Föhr, verh. s. 1938 m. Eike, geb. Ökkens, 4 Kd. - Obersch.; 1930-33 Berufsausbildung - Selbst. s. 1941 (Hauptgesellsch. Knud Knudsen Wohnungsbau KG u. Sartori & Berger, Kiel) - Liebh.: Golf (Clubpräs. Föhr).

KNÜPPEL, Gustav-Robert
Dr. rer. oec., Bürgermeister Hansestadt Lübeck a. D. (1976-88) - Claudiusring 38e, 2400 Lübeck (T. 62 22 62) - Geb. 27. März 1931 Kiel (Vater: Gustav-Hinrich K., Kaufm.; Mutter: Johanna, geb. Schwartz), ev., verh. s. 1957 m. Rosemarie, geb. Karstens, 2 Kd. (Ulf, Barbara) - Gymn. Kiel; Univ. Kiel u. Innsbruck. Dipl.-Volksw. 1955; Promot. 1956 - S. 1958 Stadtverw. Lübeck (b. 1968 Obersenatsrat, b. 1976 Finanzsenator, dann Bürgermeister). Mitgl. Ges. z. Förd. gemeinn. Tätigk. u. Lions-Club - 1988 Silberne Halbkugel d. dt. Nationalkomitees f. Denkmalschutz - Liebh.: Mod. Lit., Film, Sport - Spr.: Engl.

KNÜPPER, Paul
Kaufmann, MdL Rhld.-Pfalz (s. 1967) - Koblenzer Str. 131, 5440 Mayen/Eifel (T. 2557) - Geb. 5. Juni 1930 Mayen (Vater: Kaufm.), kath., verh., 3 Kd. - Volkssch.; kaufm. Lehre - Kaufm. Angest. (Einzelhandel); 1960 Übern. Familienbetrieb (Maschinenhandel). S. 1956 Mitgl. Stadtrat Mayen; im 1964 MdK ebd. Bezirksvors. Jg. Union. CDU s. 1954 (1965 Ortsvors.); Diözesanvors. i. Kolpingwerk, Bistum Trier.

KNÜRR, Alois
Dipl.-Ing., Geschäftsführer (Alleingesellsch.) Intern. Touristik Management (ITM) Verlags GmbH, AKM-Alois Knürr, München, Ges. f. Werbung Presse u. Öffentlichkeitsarbeit mbH - Sperberstr. 23, 8000 München 82 - Geb. 18. Jan. 1945 Bad Wiessee, kath., Ehefrau Elfriede, Sohn Andreas - Lehre als Werkzeugmacher, Stud. Maschinenbauer, Abendstud. VWA Betriebswirt - Spr.: Engl.

KNÜSEL, Guido
Dirigent, Prof. f. Dirigieren Staatl. Hochsch. f. Musik Ruhr/Folkwang-Hochsch., Chordir. Städt. Chöre Duisburg - Hufergasse 8, 4300 Essen 16 - Geb. 5. Juni 1940 CH-Luzern.

KNÜTEL, Rolf
Dr. jur., o. Prof. f. Röm. u. Bürgerl. Recht Univ. Bonn (s. 1977) - Huppenbergstr. 82, 5307 Wachtberg-Pech - Geb. 23. Dez. 1939 Hamburg - Promot. (1968) u. Habil. (1973) Hamburg - Zul. Privatdoz. Hamburg. Bücher u. Einzelarb.

KNÜTTER, Hans-Helmuth
Dr. phil., Prof. f. Polit. Wissenschaft Univ. Bonn (1972) - Proffgasse 8, 5303 Bonn 3 - Geb. 9. Mai 1934 Stralsund/Pom. (Vater: Rudolph K., Apotheker; Mutter: Emmy, geb. Sorge), ev., verh. s. 1980 m. Gabriela, geb. Schrey, 2 Kd. (Helke, Rudolf) - 1954-59 FU Berlin (Gesch., Polit. Wiss., Soziol.). Promot. 1960; Habil. 1971 - BV: Rechtsradikalismus im Nachkriegsdtschl., 1962 (2 A.); D. Juden u. d. dt. Linke in d. Weimarer Rep., 1971; D. Streit um d. polit. Bildung, 1975; D. realist. Wende in d. Polit. Bild., 1979; Theodor Litt u. d. Polit. Bildung d. Gegenwart, 1981.

KNURA, Gerda
Dr. rer. nat., Dipl.-Psych., o. Prof. f. Pädagogik d. Sprachbehinderten PH Rheinld./Abt. f. Heilpäd. Köln - Robert-Schumann-Str. 22, 5000 Köln 91.

KNUSSMANN (ß), Rainer
Dr. rer. nat., o. Prof. u. Direktor Inst. f. Humanbiologie Univ. Hamburg (s. 1972) - Allende-Platz 2, 2000 Hamburg 13 (T. 41 23 22 71) - Geb. 15. April 1936 Mainz (Vater: Jakob K., Rektor; Mutter: Maria Theresia, geb. Schneider), verh. s. 1960 m. Dr. Renate, geb. Reuschling, T. Elke - Hum. Gymn. Mainz (Abit.); Stud. d. Biol., Psychol., Geogr. Univ. Mainz; Promot. 1960 u. Habil. 1965 Mainz - 1960-69 Wiss. Assist. u. Privatdoz. (1965) Anthropol. Inst. Univ. Mainz; 1969-72 Prof. u. Abt.sleit. Diabetes-Inst. Düsseldorf. S. 1963 ministeriell benannter Sachverst. f. Erbbiol.; 1976-79 Vors. Ges. f. Anthropol. u. Humangenetik. In- u. ausl. Fachmitgl.sch. - BV: Humerus, Ulna u. Radius der Simiae, 1967; Vergl. Biologie d. Menschen, Lehrb. 1980; D. Mann - e. Fehlgriff d. Natur, 1982; Anthropol. - Handb. d. vergl. Biologie d. Menschen, 1988ff. - Liebh.: Turniertanz - Spr.: Engl., Franz. - Lit.: Persönlichkeiten Europas, Iatas-Vlg. Luzern.

KNUST, Dieter
Fachschriftsteller (Ps. Frank Peters) - Zöllner Str. 29, 5063 Overath-Untereschbach (T. 02204 - 7 36 70, Fax 7 21 95) - Geb. 22. Juli 1928 Berlin (Vater: Bernhard K., Jurist), verh. s. 1954, 2 Töcht. (Beate, Cornelia) - 1948-52 Stud. Physik u. Math. FU Berlin - 1948 Mitgründ. FU Berlin, Mitgl. d. 1. ASTA - S. 1962 ständ. Mitarb. ARD-Fernsehen z. Kfz.- u. Verkehrsfragen - BV: Am Anfang war d. Rad, 1964; Raketen-Antriebe, 1970; D. Verkehrsmisere in unseren Städten, 1973; Ideen werden Wirklichkt., 1977; D. Genie u. d. Gene, 1986 - 1976 u. 87 Goldmed. Christopherus-Stiftg. - Spr.: Engl., Franz.

KNUST, Herbert
Dr. phil., Prof. f. Deutsche u. Vergleichende Literaturgeschichte - 2006 Burlison, Urbana, Illinois 61801, USA (T. 217 - 384-72 91) - Geb. 9. Mai 1935 Köln (Vater: Wilhelm K.; Mutter: Paula, geb.

Emanuelsson), verh. s. 1963 m. Christa, geb. Gröbke, 3 Kd. (Stefan, Sabine, Sylvia) - Stud. Univ. München, FU Berlin, Tulane Univ.; M.A. (Angl.) 1958 Pennsylvania State Univ.; Ph.D. (Komparatistik) 1961 - 1963-65 Pennsylvania State Univ.; s. 1965 Univ. of Illinois; 1970-74 u. 1981/82 Dir. Progr. in Comparative Lit.; 1978-80 Dir. Illinois-Austria Exchange Progr. Baden, Wien; 1982-85 Head, Dept. of Germanic Langs and Lits.; 1985/86 u. 1991 Gast Univ. Göttingen - BV: Wagner, the King and the Waste Land, 1967; Theatrical Drawings and Watercolors by George Grosz (m. H. Landman), 1973; Materialien zu B. Brechts Schweyk im zweiten Weltkrieg, 1974; George Grosz, Briefe 1913-59, 1979; Bertolt Brecht: Leben d. Galilei, 1982, 5. erweit. A. 1990; Grenzerfahrung - Grenzüberschreitung. Festschr. f. P. M. Mitchell (m. L. Marx), 1989 - Spr.: Engl., Franz., Ital., Latein.

KNUTH, Peter W.
Journalist u. Schriftsteller (Ps.: Peter Wolfenberg) - Walter-Franck-Zeile 5, 1000 Berlin 47 (T. 668329) - Geb. 24. Dez. 1917 Berlin, ev., verh., 2 Kd. - BV: Bunte Blüten, R. 1936; Im Schatten d. gold. Spinne, R. 1936; D. Erinnerung, N. 1937; Im Strome d. Stunden, Erz. u. Ged. 1938. Presse: Erz., Kunstgesch., Feuill. - Bek. Vorf.: Friedrich K., Schriftst. u. Geschichtslehrer Univ. Greifswald (Freund Theodor Fontanes).

KOBBERT, Max J.

Dr. phil., Prof. f. Kunstdidaktik u. Psychologie Kunstakad. Münster (s. 1978) - Franz-Marc-Weg 71, 4400 Münster/W. - Geb. 28. Mai 1944 Königsberg/Pr. (Vater: Dr. Max K., Arzt; Mutter: Elli, geb. Klumbies), ev., verh. s. 1971 m. Gabriele, geb. Fehr, 2 Töcht. (Antje, Heike) - Gymn. Soest u. Münster; Univ. Münster u. Regensburg (Psych., Phil., Psychopathol., Physiol.). Promot. 1976 Münster - Zul. Wiss. Assist. Univ. Regensburg - BV: Kunstpsych., 1986. Fachveröff. z. Wahrnehmungs-, Rehabilitations-, Kunstpsych. u. Kunst f. Blinde - Liebh.: Spiele erfinden, z. B. D. verrückte Labyrinth.

KOBECK, Margit
Prof. f. Gesang Staatl. Hochschule f Musik Rheinland/Musikhochsch. Köln - Haus Bergfried, 5227 Herchen-Bahnhof 1.

KOBEL, Paul
Geschäftsf. Münchener Zeitungsverlag KG. (Münchner Merkur) - Geroltstr. 5, 8000 München.

KOBER, Alois
Fabrikant - Ortsstr. 47, 8871 Kötz 2 (T. 08221 - 8051) - Geb. 1. Juni 1908, verh. (Ehefr.: Hedwig), 3 Kd. (Herbert, Kurt, Willy) - 1974 Ehrenbürgerschaft Obdach (Österr.).

KOBER, Herbert
Unternehmer, Vorstandsvors. AL-KO Kober AG - Ichenhauser Str. 14, 8871

Kötz 2 (T. 08221 - 97-1) - Geb. 6. Aug. 1933 Großkötz (Vater: Alois K., Unternehmer; Mutter: Hedwig, geb. Huber), kath., verh. s. 1959 m. Cäcilie, geb. Christel, 3 Kd. (Roland, Harald, Susanne).

KOBER, Hermann
Journalist, Chefredakteur i. R. - Hauptstr. 147, 8702 Zell a. Main (T. 0931 - 46 10 16) - Geb. 19. Okt. 1924 Zell, kath., verh. s. 1952 m. Irene, geb. Sinnreich, 3 Kd. - Gründungsmitgl. Dt. Aussätzigen-Hilfsw. - BV: Im Dienste d. Aussätzigen, 1960; Hoffn. d. Ausgestoßenen, 1962; E. and. Afrika, 1968 - 1975 Bayer. VO; 1982 BVK I. Kl.

KOBER, Peter
Assessor, Hauptgeschäftsf. Handwerkskammer Lübeck - Breite Str. 10-12, 2400 Lübeck - Stud. Rechtswiss.

KOBER, Willy
Geschäftsführer Alois Kober GmbH, Maschinenfabrik - Kellerberg 1, 8871 Kötz 2 (T. 08221 - 9 72 97) - Geb. 8. März 1939, kath., verh., 2 Söhne (Raymond, Stefan) - Liebh.: Musik (Orgelspiel), Tennis - Spr.: Engl.

KOBERG, Wolfgang Rhaban
Dr. med., Dr. med. dent., o. Univ.-Prof. u. Direktor d. Klinik f. Zahn-, Mund-, Kiefer- u. Plastische Gesichtschirurgie Klinikum TH Aachen (s. 1973) - Gut Steeg 19, 5100 Aachen (T. 0241 - 7 18 45) - Geb. 7. Nov. 1936 Beckum/Bez. Münster (Vater: Dr. Fritz K., Zahnarzt; Mutter: Anna, geb. Fehling), kath., verh. s. 1964 m. Dr. med. Ingrid, geb. Eckhardt, 3 Kd. (Dr. Dr. Ann-Kristin, Irmela Nannette, Wolfgang Henrik Thorsten) - Hum. Gymn. (Abit. 1956); Stud. d. med. u. Zahnheilk. Univ. Münster, Paris, Marburg, Tübingen; Staatsex. 1961 (med.) u. 1962 (med. dent.) Tübingen; Promot. 1962 Mainz (med.) u. Tübingen (med. dent.); Habil. 1970 - 1964-73 Wiss. Assist. Univ.-Klinik f. Kiefer- u. Gesichtschir. u. Oberarzt (1970) Westd. Kieferklinik, bde. Düsseldorf. 1970-86 Generalsekr. Europ. Assoc. for Maxillo-Facial Surgery, s. 1974 Korr. Mitgl. Giornale Italiano di Chir. Maxillo-Facciale, 1976ff. Vorst.-Mitgl. Dt. Ges. f. Mund-, Kiefer- u. Gesichtschir. - BV: System d. Rehabilitation v. Patienten m. Lippen-Kiefer-Gaumenspalten, 1971 - 1971 Martin-Wassmund-Preis Dt. Ges. f. Mund-, Kiefer- u. Gesichtschir.; 1971 Miller-Preis Dt. Ges. f. Zahn-, Mund- u. Kieferheilkd.; 1986 Hon. Member European Assoc. for Cranio-Maxillo-Facial Surgery - Liebh.: Reisen in außereurop. Länder, Bergsteigen, Antiquitäten - Spr.: Engl., Franz.

KOBJELA, Detlef

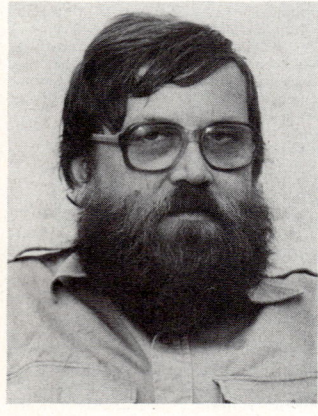

Komponist, Intendant Sorbisches National Ensemble Bautzen - Paul-Neck-Str. 119, O-8600 Bautzen (T. 0054 - 4 32 05) - Geb. 7. April 1944 Willmersdorf b. Cottbus, verh. s. 1967 m. Maria, geb. Pásztor, 2 Kd. (Miriam, István) - Stud. Musikpäd., German. u. Musikwiss. Humboldt-Univ. Berlin, Staatsex. 1967 - 1970-77 Musikdramaturg; freiberufl. tätig 1981-90 Chefdramaturg - Wichtigste Werke: Sinfonik: u.a. Krabat, sinf. Dichtg.; Concertino f. Oboe u. Streichorch.; Ballade f. Oboe, Violoncello u. Orch.; Reflexionen f. Viola, Violoncello u. Orch.; Tranquillo f. Streichquartett u. Orch.; Kolo Sostenuto f. Streicher; Kammermusik: u.a. Duo f. Violine u. Viola; Sätze f. Streichquartett; Sonatine f. Violoncello u. Klavier; Illustrationen f. Violoncello-Solo; Legende f. Streichquartett; Kunstlieder: u.a. Dein Leben kam zu mir, Zyklus f. Bariton u. Klavier; Gesänge f. Bariton, Violoncello u. Klavier; Weinlied, Nachtlied, Morgenlied f. versch. Besetzungen; Chorwerke, Ballettmusik u.a.m.

KOBLENZ, Babette
Komponistin - Magdalenenstr. 50, 2000 Hamburg 13 (T. 040 - 45 80 63) - Geb. 22. Aug. 1956 Hamburg - 1975-80 Stud. Musikhochsch. Hamburg (Viol., Klav., Musiktheorie, Kompos.) - BV: An d. Schwelle z. Sonnenkultur, 1984 - Werke: Hexenskat, mag. Oper; Grey Fire; Walking on the Sun; No Entry for the Lions Club; Songs; ALLA TESTA (1983/88) Licht/Musiktheater; Radar (1987) f. Klavier u. Orchester; Salpetriere f. 6 Perc.; Messe françoise (1991); Schallplatten-Portrait (1991); u. a. - Preis Jürgen-Ponto-Stiftg.; Hamburger Bach-Preis Stip.; Niedersächs. Schreyahn-Stip.; 1988 Rom-Preis Villa Massimo.

KOBLER, Michael
Dr. jur., o. Prof. f. Zivilrecht u. Dt. Rechtsgesch. - Innstr. 40, 8390 Passau (T. 0851 - 509204) - Geb. 3. Dez. 1933 München - Promot. (1960) u. Habil. (1967) München. 1967 UDoz. München, 1969 o. Prof. Univ. Mannheim, 1978 o. Prof. Univ. Passau. Fachveröff.

KOBLIN, Ingolf
Dr. med. habil., Dr. med. dent., Prof. f. Kiefer- u. Gesichtschirurgie Univ. München (s. 1983), Mund-Kiefer-Gesichtschirurg (plastische Operat.), Ltd. Arzt Abt. f. Mund-, Kiefer- u. Gesichtschir. am Krhs. d. Barmherz. Brüder, München - Maximilianstr. 10, 8000 München 22 (T. 089 - 22 55 19) - Geb. 24. Nov. 1936 Düsseldorf - 1956-65 Stud. Med. u. Zahnmed. Univ. München, Bonn u. Düsseldorf; Promot. u. ärztl. Prüf. 1962 Bonn, zahnärztl. Prüf. 1965, Promot. (Dr. med. dent.) 1968, Habil. Düsseldorf 1974 - S. 1970 Facharzt f. Mund-Kiefer-Gesichtschir.; 1976-83 Univ. Düsseldorf (Wiss. Rat u. Prof., 1980 apl. Prof.), s. 1983 Univ. München (apl. Prof.).

KOBURG, Ernst
Dr. med., Chefarzt, apl. Prof. f. Hals-, Nasen- u. Ohrenheilkunde Univ. Düsseldorf (s. 1972) - Klinik Dr. Reißer, 8070 Ingolstadt - Zeitw. Wiss. Rat u. Prof.

KOBUSCH, Ernst August
Dipl.-Betriebsw., Vorsitzender d. Geschäftsfg. Hannen Brauerei GmbH - Zu erreichen üb. Senefelderstr. 25, 4050 Mönchengladbach 1 (T. 02161 - 6 67(0)-2 84) - Geb. 25. Okt. 1943 Bielefeld, ev., verh. s. 1973 m. Ulrike, geb. Radermacher - Stud. d. Betriebswirtsch. Hochsch. f. Wirtsch. Bremen; Dipl.-Ex. 1966 - Liebh.: Golf, Fußball - Spr.: Engl., Niederl.

KOBYLETZKI, von, Dietrich
Dr. med., Prof., Chefarzt Geburtshilf.-Gynäkolog. Abt. am Marienhospital (akad. Lehrkrankenhaus) Gelsenkirchen - Abbendiekshof 2, 4650 Gelsenkirchen - Geb. 31. Mai 1926 Görlitz/Schles., kath., verh. s. 1964 m. Josefine, geb. Gerl, 3 Kd. (Alexandra, Gregor, Laura) - Staatsex. 1952 Erlangen; 1970 Privatdoz., 1973 apl. Prof. Univ. Heidelberg-Mannheim, s. 1970 Chefarzt. Wesentliche Grundl. d. Pharmakokinetik in Gynäk. u. Geburtshilfe b. klinischer Anwendung erarb. - Redaktionsmitgl. b. Intern. Journal of Feto-Maternal Medicine - Üb. 100 Veröff. u. Vorträge im In- u. Ausland - 1986 Semmelweis-Med.

KOCH, Albert
Schulrat a. D., MdL Bayern (s. 1970) - Schaumbergerstr. 1, 8632 Neustadt/Ofr. (T. 09568 - 6950) - Geb. 1921 - SPD.

KOCH, Alexander
Diplomsoziologe, Vorstandsmitgl. Braun AG., Konberg/Ts. (s. 1974), Vorst. Arbeitgeber-Verb. Metall, Frankfurt, Vorst.svors. Gesamtverb. d. Arbeitgeber Osthessen; Mitgl. Präsid. d. Vereinig. Hess. Arbeitgeber- u. Wirtsch.-Verb. - Am Schanzenfeld, 6242 Kronberg/Ts.; priv.: Darmstädter Str. 82, 6450 Hanau 7-Steinheim (T. 06181 - 61650) - Geb. 16. Nov. 1932 Hanau/M. (Vater: Alexander K., Pfarrer; Mutter: Alma, geb. Wetekam), ev., verh. s. 1956 m. Margret, geb. Schrecke, 2 Kd. (Christiane, Ivo) - Abit.; Lehre Ind.-Kfm.; Soziol. Univ. Frankfurt. Dipl. 1963 - 1963 Assist. Generaldir., dann Leit. Pers.-, Sozial- u. Ausbild.swesen Dt. Dunlop-Ges.; 1970 Dir. A. Teves GmbH./ITT, zul. Generalbevollm. - Liebh.: Sozial- u. Bild.spolit., Musik, Handwerken - Lions-Club - Spr.: Engl.

KOCH, Alfred
Dr. med., Prof. - Peter-Wust-Str. 39, 4400 Münster/W. (T. 29 36 57) - Geb. 23. Juni 1907 Münster (Vater: Bernhard K., Gymnasiallehrer; Mutter: Antonia, geb. Hellmann), verh. s. 1934 m. Marianne, geb. Feßler - S. 1944 (Habil.) Lehrtätigk. Univ. Halle/S. u. Münster (1951; 1957 apl. Prof.). Mitgl. American College of Sport Medicine. Zahlr. Fachveröff.

KOCH, August
Ehrenpräsident d. Bundesvereinig. Dt. Einkaufsverbände e.V. - Lindenstr. 20, 5000 Köln 1.

KOCH, Bernhard
Dr., Geschäftsf. Christl. Gewerkschaftsbund Deutschl. - Konstantinstr. 13, 5300 Bonn 2 (T. 35 70 61).

KOCH, Conrad
Dr. phil., Prof. f. Soziologie PH Freiburg/Br. - Bürenweg 216, CH-4146 Hochwald (Schweiz) - Geb. 24. Sept. 1920 Berlin/Charl. (Vater: Carl K., Kaufm.; Mutter: Elisabeth, geb. Osse), ev., verh. m. Marga, geb. Linnewedel, 4 Kd. (Ulrich, Peter, Barbara, Bernd) - Gymn. Fürstenwalde/Spree (Abit. 1940); 1945 Photographenlehre Celle (1950 Meisterprüf.); 1961-67 Stud. (Phil.); Promot 1967, 1951-60 Expeditionsphotograph, Venezuela u. Lat. Amerika. s. 1971 Hochschullehrer Freiburg. 1968 ff. Ausgrab. Süd- u. Zentralamerika - BV: La Colonia Tovar - Geschichte u. Kultur e. alemann. Siedlung in Venezuela, 1970; Genealogie u. Soziogr. del Municipio Tovar, 1972; D. didakt. Konzeption d. Computerunterstützten Unterrichts, 1977 - Spr.: Span., Engl.

KOCH, Dankmar
Dr. med., Internist (ltd. Arzt, ärztl. Direktor i. R.), apl. Prof. f. Innere Medizin Univ. Düsseldorf - 4000 Düsseldorf 31 - Geb. 18. März 1925, verh. m. Hella, geb. Holthausen, 3 Söhne (Stephen, Albrecht, Marc) - S. 1963 (Habil.) Lehrtätigk. Med. Akad. bzw. Univ. Düsseldorf (1968 Prof.).

KOCH, Dieter
Dipl.-Kfm., Geschäftsführer DNOL Deutsche Nah-Ost Linien GmbH & Co. KG - Ost-West-Str. 59, 2000 Hamburg 11 - Geb. 12. Okt. 1932.

KOCH, Dietrich-Alex
Dr. theol., Prof. f. Neues Testament Univ. Münster - Nicolaistr. 4, 4400 Münster-Roxel (T. 02534 - 89 68) - Geb. 22. Okt. 1942 Königsberg/Ostpr., ev. - Abit. 1963 Bremerhaven; Stud. Univ. Göttingen; Ex. 1971, Promot. 1973, Ordinat. 1974, Habil. 1983 Mainz - 1974-77 Pfarrer; 1977 wiss. Mitarb. Univ. Mainz. 1984 Prof.; ab 1985 Prof. Münster - BV: D. Wundererz. im MkEv; D. Schrift als Zeuge d. Evangeliums; Aufs.

KOCH, Eckart
Dr. jur., Univ.-Prof., Leit. d. Abt. Rechtswiss. u. Dekan d. Fachbereichs Math., Inform. u. Wirtsch.wiss. TU Braunschweig - Holzweg 3, 3176 Meinersen - Geb. 9. Jan. 1938 Essen (Vater: Wilhelm H. K., Journ.; Mutter: Anna, geb. Poganiatz), verh. s. 1985 m. Elke, geb. Halser, 2 Töcht. (Julia, Friederike) - Univ. Marburg, Bonn, Münster (Rechtswiss.). Gr. jurist. Staatsprüf. 1968. Promot. 1967, Habil. 1970 - Veröff. z. Wirtschaftsrecht.

KOCH, Ernst-August
Dr. rer. pol., Dipl.-Kfm., Geschäftsf. 1981 Lufthansa Service GmbH, Frankfurt - Westendstr. 5, 6074 Rödermark (T. 06074 - 90463) - Geb. 18. Jan. 1931 Stroit (Vater: August K., Bundesbahnbeamter; Mutter: Frida, geb. Fischer), ev., verh. s. 1969 m. Renate, geb. Deneke, 2 Kd. (Sabine, Matthias) - Stud. d. Volks- u. Betriebswirtsch. Univ. München, Göttingen; Promot. 1964 ebd. 1958-61 Assist. Univ. Göttingen; s. 1961 Dt. Lufthansa AG., Frankfurt u. Tochterges. (zun. Assist. Flugbetriebsdir. u. Geschäftsf. Condor (1964), 1968 Gf. Südflug, Stuttgart); 1969-78 Gf. Condor Flugdienst GmbH., Frankfurt;1978-81 Gf. Lufthansa Commercial Holding GMBH, Köln; 1970 ff. Handelsrichter LG Frankfurt/M.; 1979 ff. Lehrbeauftr. Fachber. Verkehrswesen/Touristik FHS Land Rhld.-Pfalz, Worms - Spr.: Engl.

KOCH, Frederick
Dr. rer. nat., o. Prof. f. Physik TU München - Schleißheimer Str. 17, 8046 Garching/Obb. - S. 1972 Ord.

KOCH, Friedrich

Dr. phil., Prof. f. Allg. Erziehungswissenschaft u. Sexualpäd. Univ. Hamburg (s. 1970) - v.-Melle-Park 8 (Inst.), 2000 Hamburg 13; priv.: 20, Heckscherstr. 51 - Geb. 19. Febr. 1936 Göttingen (Vater: Friedrich K., Lehrer; Mutter: Lydia, geb. Demmerich), verh. s. 1970 m. Dagmar, geb. Eckenbrecht (Studienrätin), T. Eva - 1954-57 Musikhochsch. Hamburg; 1963-65 PH Oldenburg; 1967-70 Univ. Hamburg. Promot. 1970 - Schul- u. Hochschulst. (1969 PH Lüneburg, 1970 Univ. Hamburg) - BV: Negative u. positive Sexualerzieh., 1971; Sexualpäd. u. polit. Erzieh., 1975; Bilanz d. Sexualpäd., 1977 (m. a.); Gegenaufklärung, 1979; Stichwörter z. Sexualerziehung, 1985 (m. a.); Sexuelle Denunziation, 1986; Schule im Kino, 1987; Sexualerziehung u. Aids (m. a.), 1992; Christian Fürchtegott Gellert - Poet u. Pädagoge d. Aufklärung, 1992 - Liebh.: Film, Wandern.

KOCH, Fritz
Dr. med., Prof., Kinderarzt - Auf d. Kronenberg, 6331 Dutenhofen Kr.

Wetzlar - Geb. 6. April 1909 Düren/Rhld. - S. 1951 (Habil.) Privatdoz. u. apl. Prof. (1956) Univ. Gießen (gegenw. Wiss. Rat u. Prof., Abt.svorst. Kinderklinik). Div. Veröff.

KOCH, Gebhard

Dr. med. (Habil.), Prof., Inst. f. Physiolog. Chemie Univ. Hamburg, Abt. Molekularbiologie - Grindelallee 117, 2000 Hamburg 13 - Geb. 19. Mai 1928 Sulzbach/Thür. - B. 1967 Privatdoz., dann apl. Prof. Univ. Hamburg (Virologie, Genetik, Molekularbiol.); 1975 o. Prof. Physiolog. Chemie. Fachveröff.

KOCH, Gerhard

Dr. med., em. o. Prof. f. Humangenetik u. Anthropol. - Hartmannstr. 105, 8520 Erlangen (T. 3 44 15) - Geb. 7. Febr. 1913 Neubrandenburg (Vater: Hermann K., Kaufm.; Mutter: Emma, geb. Augustin), verh. s. 1950 m. Ana-Maria, geb. Cudell - Gymn. Neubrandenburg; Stud. Med. Rostock, Königsberg/Pr., Breslau (Promot. 1940), Naturwiss. Frankfurt/M. - 1939 Stip. Dt. Forsch.gem. (Notgem. d. Dt. Wiss.); b. 1940 Volontärassist. Nervenklinik Rostock; 1946-47 wiss. Mitarb. Kaiser-Wilhelm-Inst. f. Hirnforsch., Dillenburg; 1947-49 Assist. Univ.-Nervenklinik Göttingen u. Tübingen; s. 1948 Facharzt f. Neurologie u. Psychiatrie; 1949-52 Studienaufenth. Lissabon u. Porto; 1952-65 Leit. Humangenet.-psychoneurol. Forschungsst. Univ. Münster (1954 Priv.-Doz., 1958 Doz., 1960 apl. Prof. 1963 Wiss. Rat u. Prof.); s. 1965 Ord. u. Inst.dir. Univ. Erlangen-Nürnberg - BV: Krampfbereitschaft, ihre genet. Grundl., 1955 (Rom); Krankh. d. Nervensystems (m. P. E. Becker), in: Humangenetik, Bd. V/1 1966; Genealog.-demogr. Unters. üb. Mikrocephalie in Westf., 1968. Herausg.: Bibliographica genetica medica, Bd. 1-21, 1973-86. Üb. 240 Einzelarb. u. a. Inhaltsreiche Jahre e. Humangenetikers. Mein Lebensweg in Bildern u. Dokumenten, Autobiogr. 1982, Euthanasie, Sterbehilfe. Eine dokumentierte Bibliogr. 1984, 2. A. 1990; D. Gesellsch. f. Konstitutionsforschung. Anfang u. Ende 1942-65, 1985; Down Syndrom, 1986 - 1967 Preis Michael-Stiftg.; korr. Mitgl. Soc. Argentina de Eugenesia (1952), Soc. Portuguesa de Neurologia e Psiquiatria (1952), American (1954) u. Japan Soc. of Human Genetics (1958), Soc. Brasileira de Genetica (1961), Neurogenet. Arbeitsgruppe Weltvereinig. f. Neurol. (1962), Wiss. Beirat Bundesvereinig. Lebenshilfe, Marburg/Lahn, Mitgl. New York Acad. of Sciences (1982), Goldenes Doktorjubiläum Univ. Breslau-Köln (1990). Gründungsmitgl. Ges. f. Konstitutionsforsch. 1949 u. Dt. Ges. z. Bekämpfung d. Mukoviszidose 1966 - Liebh.: Schmetterlinge, Farnkräuter - Spr.: Portugies., Franz., Engl. - Lit.: F. Arasa: Con motivo de los 60 años del Prof. G. K. (Fol. Clinica Intern. Barcelona T. 23 Nr. 10, 1973); M. Azevedo Fernandes: Prof. Dr. G. K. (O. Médico, Porto LXVI 1973), W. Lehmann, W. Grote: Gerhard Koch 65 Jahre. - Anthrop. Anz. 36 (1978) 239-240, M. Azevedo Fernandes: A jubilacão do Prof. Gerhard Koch. - O. Médico, Porto LXXXVII 1978. Sep. 513; G. Neuhäüser: Prof. G. Koch 70.- Uni-Kurier, Erlangen 9 (1983) 51-52 (Nr. 48, Mai 1983); Prof. G. Koch 75: Ärztl. Praxis XI (6. Febr. 1988), 266 u. Erlanger Tageblatt Nr. 30 (6./7. Febr. 1988); G. Schwanitz, G. Koch: (En homenaje al profesor Koch, en su septuagésisimo quinto aniversário), Fol. Hum. XXVI (1988) 261-264; H. Remschmidt: Prof. Dr. G. Koch. Z. Kinder-Jugendpsychiat. 16 (1988) 171-172.

KOCH, Günter

Dipl.-Math., Direktor i.R. ARAG Lebensversicherungs-AG, Versicherungsmathematischer Sachverst. u. Gutachter f. Altersversorgung u. Wirtsch.math., Lehrbeauftragter f. Versicherungsmath. Univ. München - Kormoranweg 8, 8000 München 82 (T. 430 71 14) - Geb. 26. März 1931 (Vater: Hans K., Postoberamtmann; Mutter: Eva, geb. Herriger), kath., verh. s. 1956 m. Hanni, 3 Kd.

(Hans-Günter, Uwe, Dagmar) - 1956 Dipl.-Math. wirtsch.wiss. Richtung (Math., Physik, Volks- u. Betriebswirtsch., Jura) Univ. Köln - Herausg. d. Ztschr. Münchener Blätter zur Versicherungsmath. - Spr.: Engl., Franz.

KOCH, Günter

Dr. phil., Dr. theol., apl. Prof. f. Systematische Theologie - Erwachsenenbildung, Akademiedirektor - Rabanus-Maurus-Str. 12, 8700 Würzburg-Lengfeld (T. 0931 - 27 29 54) - Geb. 1. Dez. 1931 Darmstadt (Vater: Georg K., Fabrikdir.; Mutter: Elisabeth, geb. Koch), kath., verh. s. 1963 m. Gabriele, geb. Spira, 5 Kd. (Lambert, Klara, Jakob, David, Katharina) - Gymn. Darmstadt (Abit. 1951), Stud. Erlangen, Heidelberg, Freiburg, Frankfurt, Würzburg; Promot. Freiburg 1958 u. Würzburg 1963, Habil. 1974 - 1963-77 wiss. Mitarb. Erw.bild., s. 1977 Leit. Kath. Akad. f. EB, s. 1974 Priv.Doz. Univ. Würzburg, s. 1980 apl. Prof. - BV: Augustins Lehre v. d. Teilhabe, 1958; D. Heilsverwirkl. b. Theodor v. Mopsuestia, 1965; Gesch. u. Strukt. d. Heils in d. Theol. d. Theod. v. Kyros, 1974; Jesus, d. Chr. u. Heiland, 1980 (auch kroat. u. niederl.); D. Ehe d. Christen. Lebensform u. Sakrament, 1981; Lernen in Bildungshäusern u. Akad., 1983; D. Heilsauftrag d. Kirche in Gesch. u. Gegenw., 1984 (auch niederl.); Sakramente, d. z. Christsein befähigen, 1985 (auch niederl.); Themengeb. Sakramentenlehre (33 Artikel), in: W. Beinert (Herausg.), Lexikon d. kath. Dogmatik, 3. A. 1991; D. dreieine Gott - Gott unsres Heils, 1987 (auch niederl.); Texte z. Theologie: Sakramentenlehre, 2 Bde. 1991. Herausg.: 3 Beitr. zu Fränk. Credo. Glauben in Franken s. Kilians Zeiten (m. J. Pretscher, 1989); Würzburger Domschule in alter u. neuer Zeit (m. J. Pretscher, 1990) - Liebh.: Paläontologie, Garten- u. Obstbau, Hausmusik.

KOCH, Guntram

Dr., Prof. f. Christl. Archäologie u. Byzantin. Kunstgeschichte Univ. Marburg - Pfarracker 12, 3550 Marburg-Bauerbach - Geb. 23. Jan. 1941 Naumburg (Vater: Wilhelm K., Studiendir.; Mutter: Helga, geb. Schröder), ev., verh. s. 1966 m. Priv.-Doz. Dr. Heidemarie, geb. Csollak (Iranistin), S. Ingmar - Promot. 1970, Habil. 1977 - 1970-77 Assist.; 1977-81 Doz.; s. 1981 Prof. - BV: Griech. Mythen auf röm. Sarkophagen, 1975; D. mythol. Sarkophage XII 6, Meleager, 1975; Röm. Sarkophage, 1982; Roman Funerary Sculpture. Catalogue of the Collections. The J. Paul Getty Museum, 1988.

KOCH, Hans

Dipl.-Kfm., Aufsichtsratsvorsitzender St. Ulrichswerk d. Diözese Augsburg - Rilkestr. 6, 8900 Augsburg 22 - Geb. 2. Sept. 1913 - Ehrenpräs. Bayer. Brauerbund, Bayer. Staatsmed., BVK I. Kl. - Rotarier.

KOCH, Hans

I. Bürgermeister (s. 1972) - Rathaus, 8974 Oberstaufen/Schw. - Geb. 23. Juli 1927 Oberstaufen - Zul. Regierungsdir. CSU - 1981 BVK I. Kl.

KOCH, Hans

Dipl.-Ing., Prof., Ministerialdirektor a. D. - Mauerkircherstr. 137, 8000 München 81 (T. 983055) - Geb. 10. März 1913 Halle/S. (Vater: Alfred K., Arch.), ev., verh. s. 1938 m. Margarete, geb. Guttenhöfer, 3 Kd. (Norbert, Ulrike, Angelika) - Reform-Realgymn.; TH München (Arch.; Dipl.-Ing. 1937) - S. 1949 Oberste Baubehörde/Bayer. Innenmin. (1969 Leit.) - BV: Bayer. Bauordnung, Komm. 1962, 8. A. 1978 - Bay. Verdienstorden 1971, Gr. BVK 1978 - Spr.: Engl., Franz.

KOCH, Hans Georg

Ministerialdirigent, Sprecher d. Landesregierung Baden-Württemberg - Richard-Wagner-Str. 15, 7000 Stuttgart 1 (T. 0711 - 215 32 22) - Geb. 22. Juli 1945 München, kath., ledig - Stud. Phil., Theol., u. German. 1964-71 München, Dipl., Staatsex. - 1972-75 Wiss. Assist. u. Lehrbeauftr. Bonn; 1975-78 Redakt. d. Herder Korrespondenz, Freiburg (sd. fr. Mitarb.); 1979-84 Parlam. Berater; 1985-91 Pressesprecher d. CDU-Landtagsfraktion, Stuttgart - Liebh.: Musik, Lit., Italien.

KOCH, Hans Joachim

Dr.-Ing., Vorstandsmitgl. Gas-, Elektrizitäts- u. Wasserwerke Köln AG., Köln - Wilhelm-Waldeyer-Str. 12, 5000 Köln 41 - Geb. 29. Febr. 1928 - Verbandsfunkt. u. Mand.

KOCH, Hans-Albrecht

Dr. phil., Prof., Direktor Universitätsbibliothek Europa Univ. Frankfurt/Oder - Große Scharrnstr. 59, O-1200 Frankfurt/O. (T. 0035 - 364 22 00) - Geb. 21. Juli 1946 Lübeck - Promot. 1970 Univ. Tübingen - 1970 wiss. Assist.; 1974 Bibl.-Rat, 1976 Doz., 1979 stv. Dir. Univ.-Bibl. FU Berlin; 1982-91 Dir. Staats- u. Univ.-Bibl. Bremen - 1992 Gründungsdir. d. Univ.-Bibl. d. Europa-Univ. Viadrina Frankfurt/O.; Prof. FU Berlin; Committee-Mitgl. Intern. Federation of Library Assoc. u. Ligue des Bibliothèques Européennes de Recherche - BV: D. dt. Singspiel, 1974; Hugo v. Hofmannsthal. Bibliogr., 1976; Bibliogr. d. dt. Sprach- u. Lit.wiss., (Bearb.) 1976-79; V. d. Informat. z. Dok., 1981; Sprachkunst u. Übersetzung, 1983; Dt. Biograph. Index 1-4, 1986; Hofmannstal. Erträge d. Forschung, 1989. Herausg.: Hofmannsthal: Operndicht. 4 (1976); Dt. Lit. in Titelblättern (1978); Intern. German. Bibliogr. (1981-83, Herausg. u. Bearb.); Welt d. Information (1990); European Research Library Cooperation (1991ff.) - Spr.: Engl., Franz., Lat., Griech., Ital.

KOCH, Hans-Joachim

Dr. jur., Prof. f. Öfftl. Recht u. Rechtsphilosophie, Geschäftsführer d. Forschungsstelle Umweltrecht (s. 1988), Richter am Hamburgischen OVG - Wendlohstr. 80, 2000 Hamburg 61 - Geb. 11. Okt. 1944 Leipzig - B. 1972 Doz. Univ. Frankfurt/M., nach Habil (1978) Prof. Univ. Hamburg - BV: Ermessensermächtig. u. unbest. Rechtsbegriffe im Verwaltungsrecht, 1979; Jurist. Begründungslehre, (m. Prof. Dr. H. Rüßmann) 1982; Allg. Verw.recht (m. R. Rubel), 2. A. 1992; Bodensanierung nach d. Verursacherprinzip, 1985; Grenzen d. Rechtsverbindlichkeit techn. Regeln im öffentl. Baurecht, 1986; Hamburgisches Staats- u. Verwaltungsrecht (m. Prof. Dr. Hoffmann-Riem), 1988; Baurecht, Raumordnungs- u. Landesplanungsrecht (m. R. Hosch), 1988; Immissionsschutz durch Baurecht, 1991. Herausg.: Jurist. Methodenlehre u. analyt. Phil. (1976); D. jurist. Meth. im Staatsrecht (1977); Schutz vor Lärm (1990); Umweltschutz in d. Europäischen Gemeinschaft (1991, m. Prof. Dr. Behrens).

KOCH, Hans-Reinhard

Dr. med., Prof., Augenarzt - Priv.: Am Zinnbruch 3, 5300 Bonn 1; dstl.: Klinik Dardenne, Friedrich-Ebert-Str. 23-25, 5300 Bonn 2 - Geb. 11. Juli 1941 Innsbruck, ev., verh. m. Helen, geb. Spowart, 4 Kd. (Fiona, Christoph, Konrad, Cordelia) - Stud. 1960-66 Univ. Bonn, Mainz, München (Med.); Promot. 1966; Habil. 1976. 1973 Facharzt f. Augenkrankh. - BV: 3 Bücher üb. Arzneimittelnebenwirkungen am Auge; ca. 100 Veröff. üb. versch. Themen d. Augenheilkd., insbes. Kataraktforsch., Toxikol. d. Auges, Mikrochir. - 1976 Heisenbergstip. - Liebh.: Musik, alte Möbel, Mikrocomputer - Spr.: Engl., Franz., Span.

KOCH, Harald

Dr. jur., Rechtsanw., Dipl.-Steuersachverst., Staatsminister a. D. - Hollmannstr. 30, 4600 Dortmund-Kirchhörde (T. 73 20 87) - Geb. 4. März 1907 Wilhelmshaven (Vater: Adolf K., RA u. Notar; Mutter: Elisabeth, geb. Eggers), ev., verh. s. 1949 m. Elfi, geb. Stoll, 2 Söhne (Jürgen, Harald) - Kaiser-Wilhelm-Gymn. Wilhelmshaven; Univ. Freiburg/Br., Berlin, Göttingen (Promot. 1931). Dipl.-Steuersachverst.; Gr. jurist. Staatsprüf. - Oldbg. Staatsdst., ab 1934 Angest. Wirtschaftsprüfungswesen u. Ind. (zul. Prokurist Eisenwerk-Ges., Maximilianshütte), n. Kriegsende Ministerialdir. f. Finanzen Oldenburg, 1946 Finanz- u. Wirtschaftsmin. das., vorübergeh. MdL Nieders., 1947-49 Hess. Wirtschafts- u. Verkehrsmin., 1949-53 MdB, 1951 Rechtsanw., 1952-68 Vorst.-Mitgl. u. 1968-72 stv. AR-Vors. Hoesch AG; 1956-86 Vorst.-Vors. Rhein.-Westf. Auslandsges. 1964-69 (Rücktr.) Mitgl. Sachverständigenrat u. Begutacht. d. gesamtwirtschaftl. Entwickl. in d. Bundesrepublik, Ehrenmitgl. Franz-Delitzsch-Ges., Friedrich-Ebert-Stiftg., Mitgl. Gr. Senat Christl. Jugenddorf-Werk (CJD) Göppingen, Seniorenrat SPD Bonn, u. a. SPD s. 1946. Publ.: Bankeinzahlungen u. -überweis. (1932), D. öfftl.-rechtl. Körperschaft im Umsatzsteuerrecht (1939), Rechtsform d. Sozialisierung unt. bes. Berücks. d. Sozialisierung in Hessen (1947), D. Sozialgemeinschaften (1948), D. Bedeut. d. Mitbestimmung f. d. Stellung d. Arbeitnehmer in Dtschl. (1958), Stellung d. Arbeitnehmer in d. mod. Wirtschaftspolitik (1960); 30 Jahre Hess. Verfass. (1979), Von d. Weimarer Verfass. z. Hitlerdiktatur (1979) - 1969 Gr. BVK m. Stern; 1977 Stadtplak. Dortmund; 1978 Eiserne Reinoldus Presseverein Ruhr; 1981 Ehrenbürger Stadt Dortmund; Ehrenpräs. Arbeitsgem. Ges. BRD-UdSSR; 1986 Ehrenpräs. Rhein.-Westf. Auslandsges., Dortmund; 1987 VO. Land Nordrh.-Westf.; 1991 Hans-Böckler-Preis d. D.G.B. - Bek. Vorf.: Reichsmin. Erich Koch-Weser, 1923-30 Vors. DDP (Onkel).

KOCH, Heidemarie

Dr., Iranistin, Privatdozentin Philipps-Univ. Marburg - Pfarracker 12, 3550 Marburg-Bauerbach (T. 06421 - 1 52 05) - Geb. 17. Dez. 1943 Merseburg/Saale,

Schottky, 2 Kd. (Martin, Simone) - Albert-Schweitzer-Sch. Berlin-Neukölln (Abit. 1961); Stud. Berlin; Promot. 1967 Berlin - Geschäftsf. Ev. Flüchtlingsseelsorge Berlin; Vorst.-Vors. Wazzeck-Stiftg. Berlin u. d. EJF (Evang. Jugend- u. Fürsorgewerk) - BV: Pontifex nicht Partisan. Kirche u. Staat in d. DDR, 1974; D. Wandervogel - es begann in Steglitz, 1987; Wer denkt noch an d. 13. August..., 1990 - 1987 BVK am Bde. - Spr.: Engl., Franz. - Rotarier.

KÖHLER, Günter

Dr. jur., Rechtsanwalt u. Notar, Geschäftsf. Vereinig. Bremer Schiffsmakler u. Schiffsagenten - Domshof 17, 2800 Bremen (T. 0421-3 69 90) - Geb. 14. Dez. 1927 Ritterhude, ev. - Stud. Rechtswiss.; Assessorex. 1956, Promot. 1953 Univ. Kiel - AR-Mand. - Spr.: Engl.

KÖHLER, Günther

Dr., Vorstandsmitglied Victoria Holding AG, Victoria Lebensversich. AG, Victoria Versich. AG, Victoria Rückversich. AG, alle Berlin, Victoria Intern. AG f. Beteiligungen, Düsseldorf, stv. AR-Vors. Vorsorge Lebensversich. AG, Berlin, AR-Vors. Victoria Kapitalanlageges. mbH, München - Victoriapl. 1, 4000 Düsseldorf 1 - 1962-74 Vermögensverw. Münchener Rück-Versich. Ges., München; 1974 stv., 1975-80 o. Vorst.-Mitgl. Bayern-Versich., München.

KÖHLER, Heinz

Dr. jur., Mitgl. d. Europäischen Parlaments (s. 1989), Vizepräs. d. Delegation d. Europ. Parlaments zu Norwegen - Burgstaller Weg 7, 8621 Mitwitz - Geb. 12. Mai 1942 Mitwitz - 1972-89 Landrat d. Landkreises Kronach; Vors. d. Fernwasserversorgung Oberfranken; Bezirksvors. d. Bayer. Roten Kreuzes f. Ober- u. Mittelfranken; Vors. d. Naturparkes Frankenwald; Bezirksvors. d. SPD in Oberfranken.

KÖHLER, Helga,

geb. Gohde

Turnierreiterin - Borsteler Dorfstr. 72, 2810 Verden/Aller - Geb. 21. Febr. 1925 Hamburg (Vater: Dr. Gohde; Mutter: geb. Bockhorn), ev., verh. s. 1950 m. Hans-Joachim K. (Hippologe), T. Jutta (Springreiterin) - Lyzeum; Ausbild. als Arzthilfe - U. a. 1949-54 Championat d. dt. Springreiterinnen, 1959 u. 1960 Dt. Meisterin, 1962 Vize-Europameisterin d. Springreiterinnen - 1954 Silb. Lorbeerbl. d. Bundespräs.; 1964 Bronzene Ehrennadel Intern. Reiterl. Vereinig. (Brüssel) f. 16 Nationenpreise.

KOEHLER, Hellmut

Dr. jur., Landgerichtsrat a. D., Inh. Brauerei W. Rummel, Darmstadt, Vors. Brauerbund Hessen-Mittelrhein, Frankfurt/M. - Havelstr. 4, 6100 Darmstadt (T. Büro: 75736) - Geb. 11. März 1912 Darmstadt.

KÖHLER, Helmut

Dr. jur., o. Prof. f. Bürgerliches, Handels- u. Wirtschaftsrecht, Rechtstheorie u. Rechtssoziol. Univ. Augsburg - Am Feldkreuz 13, 8901 Anhausen - BV: Unmöglichkeit u. Geschäftsgrundl. b. Zweckstörungen im Schuldverhältnis, 1971; Wettbewerbsbeschränkungen durch Nachfrager, 1977; Wettbewerbs- und kartellrechtliche Kontrolle der Nachfragemacht, 1979; BGB - Allgemeiner Teil, 21. A. 1991; Verbraucherschutzrecht in d. Marktwirtsch. (m. H. Gröner), 1987.

KÖHLER, Henning

Dr. phil., Prof. f. Neuere Geschichte FU Berlin - Willdenowstr. 12, 1000 Berlin 45 - Geb. 9. Aug. 1938, verh. s. 1963 m. Katharina, geb. Steuerwald, 2. Töcht. (Annette, Corinna) - Promot. 1966; Habil. 1972; 1981/82 Gastprof. Univ. Stanford; 1987/88 Visiting Member Institute for Advanced Study Princeton - BV: Arbeitsdst. in Dtschl., 1967; Autonomiebeweg. oder Separatismus?, 1974; Novemberrevolution u. Frankr. D. franz. Dtschl.politik 1918-1919, 1980; Gesch. d. Weimarer Rep., 1981; D. Ende Preußens in französ. Sicht, 1982; Adenauer u. d. rhein. Rep. D. erste Anlauf 1918-24, 1986. Mitverf.: Reichstagsbrand. Aufklärung e. hist. Legende, 1986.

KÖHLER, Herbert W.

Dr. jur., Gf. Vorstand i. R. Wirtschaftsvereinig. Stahl - Breite Str. 69, 4000 Düsseldorf (T. 82 91); priv.: Wildunger Str. 6, 4100 Duisburg 25 - Geb. 17. Dez. 1919 Peiskretscham/OS., kath. - Schule Oppeln (Abit.); 1938-45 Arbeits- u. Kriegsdst. (zul. Offz. Luftw.); Univ. Göttingen (Rechts- u. Staatswiss.; Promot. 1951) - 1953-60 Leit. Volksw. Abt. u. Konzernverw. e. Untern.; s. 1960 Wirtschaftsvg. Eisen- u. Stahlind., Düsseldorf (Hauptgeschäftsf. bzw. Gf. Vorst.). 1972-87 Bundestag; 1979-81 MdEP. Div. Ehrenämter, dar.: 1967-85 Mitgl. Board of Directors u. Exekutivkomitee Intern. Iron and Steel Institute; 1976-84 VR-Mitgl. Europ. Wirtschaftsvereinig. Eisen- u. Stahlind. EUROFER; 1960-72 u. 1988-90 Beratender Ausschuß Europ. Gemeinschaft f. Kohle u. Stahl; 1975-85 Beirat Westd. Landesbank Girozentr.; Vorst.-Vors. Wirtschaftsvereinig. d. CDU Rheinl. (1973-82), jetzt Ehrenvors., Schatzm. CDU Rheinl. (1973-81), Präsid.-Mitgl. CDU Nordrh.-Westf. (1975-81) - Zahlr. Ausz.: u. a. BVK I. Kl.; Gr. BVK; Großoffzierkreuz d. Ordens Rio Branco d. Rep. Brasilien; Gr. goldenes Ehrenz. d. Rep. Österr.; Komturkreuz d. VO d. Königreichs Spanien; Offizierskreuz d. Ordens d. Eichenlaubkrone d. Großherzogtums Luxemburg; Kommandeur d. belg. Krone; VO d. Landes Nordrh.-Westf. - Liebh.: Ornithologie, Botanik (Orchideen), Ausgrabungen, Numismatik.

KÖHLER, Horst

Vorstandsmitgl. Spinnerei u. Zwirnerei Ramie AG., Emmendingen - Burgweg 13, 7830 Emmendingen/Baden - Geb. 17. Juli 1919 Glauchau (Vater: Alfred K., Fabr.) - Landesverb.

KÖHLER, Horst

Dr. rer. nat., Prof., Physiker, Präs. Dt. Opt. Komitee (1969-77), Vice Präs. Int. Com. f. Optic ICO (1972-75), Vors. Dt. Ges. f. angew. Optik (1967-72) - Sauerbruchstr. 6, 7920 Heidenheim/Brenz - Geb. 15. Jan. 1913 Eisenberg/Thür. (Vater: Walter K., Kaufm.; Mutter: Martha, geb. Clauß), verh. s. 1938, m. Ursula, geb. Ritter, 4 Kd. (Sigrun, Gernot, Ekkehard, Cordula) - Univ. Jena (Physik, Math.). Promot. 1937 Jena; Habil. 1953 Stuttgart - S. 1937 Industrietätigk. (b. 1938 u. s. 1945 Carl Zeiss, Jena bzw. Oberkochen (Ltr. Zentralber. Forsch. u. Entwickl. i. R.), dazw. Electro-Acustik GmbH., Kiel). S. 1953 Privatdoz. u. apl. Prof. (1959) TH bzw. Univ. Stuttgart (Angew. Optik) - BV: Grundzüge d. Erschütterungsmessung, 1956; D. Fernrohre u. Entfernungsmesser, 1959; 30 J. Forsch. u. Entw. im Zeiss Werk Oberkochen, 1983. Üb. 100 Einzelveröfft. - S. 1982 Ehrenmitgl. Dt. Ges. f. angew. Optik u. Fellow of the Optical Society of America.

KÖHLER, Horst

Dr. rer. pol., Staatssekretär im Bundesmin. d. Finanzen, Bonn - Zu erreichen üb. Bundesministerium d. Finanzen, Graurheindorfer Str. 108, 5300 Bonn 1 - Geb. 22. Febr.1943 Skierbieszow/Polen, verh., 2 Kd. - Promot. 1977 - Mitgl. d. Verw.rates d. Treuhandanstalt; Stellv. Dt. Gouverneur d. Weltbank u. EBWE - Spr.: Engl.

KÖHLER, Joachim

Bergass., Hauptgeschäftsführer Unternehmensverb. Saarbergbau (s. 1989), Mitgl. d. Geschäftsfg. Gesamtverb. d. dt. Steinkohlenbergbaus - Mainzer Str. 95, 6600 Saarbrücken 3; priv.: Nelkenstr. 28, 6600 Saarbrücken (T. 0681 - 58 15 82) - Geb. 30. Juli 1929 Micheln/Krs. Calbe (Vater: Paul K., kaufm. Leit.; Mutter: Else, geb. Apelt), ev., verh. s. 1960 m. Annegret, geb. Lorch, 2 Kd. (Barbara, Christian) - Dipl.-Ing. Fachricht. Bergbau, TU Berlin 1955/56 Hochschulassist., 1956/59 Bergref., 1960/63 Direktions- u. Vorst. Assist., 1964/65 Betr.-Ing., ab 1966 Mitarb. beim Unternehmensverb. Saarbergbau, ab 1967 stv. Geschäftsf., ab 1973 Geschäftsf.; Vorst.-Mitgl. Bundesknappschaft, u. d. Statistik d. Kohlenwirtsch. e.V.; Mitgl. Vertretervers. Bergbau-Berufsgenoss.; Mitgl. Verw.-Aussch. LAA Rheinl.-Pfalz-Saarland; Landesarbeitsrichter; stv. Mitgl. Landesaussch. f. Jugendarbeitsschutz b. Min. f. Umwelt; Berufsbildungsaussch. IHK d. Saarlandes; Beiratsmitgl. Inst. d. dt. Wirtsch.

KÖHLER, Josef-Andreas

Dr. med. dent., Dr. med., em. o. UProf., ehem. Direktor d. UZahn- u. Kieferklinik Köln - Oberer Gaisbergweg 8a, 6900 Heidelberg - Geb. 30. Okt. 1911 - Privatdoz. 1949, apl. Prof. 1954, ao. Prof. 1956, o. Prof. Heidelberg 1964, Dir. o. gen. Klinik Köln 1965, Emerit. 1977 - BV: Diagnostik u. Therapie d. Kieferfraktur, 1951; Zahnärztl. Chirurgie, 2 Bde. 1953/56; Handb.-Beitr. Zähne u. Haut, 1960. Üb. 50 Einzelarb.

KÖHLER, Joseph

Präsident Dt. Landkreistag NW - Sander Str. 31, 4790 Paderborn-Elsen (T. 05254 - 5118) - Geb. 5. Juli 1920 Paderborn, verh., 2 Kd. - Volkssch. - Reichs- bzw. Bundesbahntätigk.; dazw. Wehrdst.; 1948-64 Geschäftsf. Gewerksch. d. Eisenbahner Dtschl., Paderborn; 1964 Landrat Kr. Paderborn. 1946-56 Gemeindevertr. Elsen; 1960-64 MdK Paderborn (zul. Fraktionsvors.); 1966ff. MdL NRW; s. 1972 Vors. Landkreistag NW, s. 1984 Präs. CDU s. 1946.

KÖHLER, Karl

Prof., Maler, Seminarleit. f. Kunstpädagogik - Bahnhofstr. 8 1/2, 8035 Gauting b. München - Geb. 29. Sept. 1906 Regensburg (Vater: Valentin K., Hotelbesitzer; Mutter: Emma, geb. Haiber), kath., verh. s. 1936 m. Elisabeth, geb. Bertram, 2 Söhne (Karl-Heinz, Rainer) - Gymn.; TH München; Akad. d. bild. Künste München (Malerei b. Prof. Karl Caspar; Bildh. b. Prof. Karl Knappe) - Gemälde u. Graphik in Privatsamml. in München, Berlin, Würzburg, Chicago/USA u. Gauting; 3 gr. Altarbilder Herz-Jesu-Kirche München, St. Thomas-Kirche München, St. Wilhelmskirche Oberschleißheim, Pfarr-Kirche Ammerland/Münzing - BVK a. Bde.; Bayer. VO.; 1979 Klinge-Kultur-Preis - Liebh.: Musik, Politik - Lit.: Nachschlagew.

KÖHLER, Kurt

Dr. med. h. c., Kanzler Univ. Erlangen-Nürnberg i. R., Präs. d. Dt. Ges. f. zeitgeschichtl. Fragen (s. 1988) - Gostenhofer Str. 25, 8520 Erlangen 23 (T. 09131 - 99 38 88) - Geb. 22. Mai 1926 Uttenreuth/Mfr., ev., verh. s. 1953 m. Marianne, geb. Schönleben, S. Peter - Univ. Erlangen-Nürnberg (Rechtswiss.) - 1956-60 Landratsamt Stadtsteinach; 1960-66 Reg. v. Oberfranken, Bayreuth (Ref.); 1966-88 Univ. Erlangen-Nürnberg (b. 1968 Synd., dann Kanzler).

KÖHLER, Monika,

geb. Schulz

Schriftstellerin, Föhrengrund 4, 2107 Rosengarten 5 (T. 040 - 796 52 90) - Geb. 9. April 1941 Berlin (Vater: Richard Schulz; Mutter: Marie, geb. Helbig), verh. s. 1963 m. Otto K. - BV: D. Früchte v. Machandelbaum, R. 1980; Ged. in versch. Anthol. - Liebh.: Nichteurop. Musik.

KÖHLER, Oskar

Dr. phil., Verlagsdirektor, Honorarprof. f. Universalgesch. Univ. Freiburg (s. 1963) - Sickingenstr. 35, 7800 Freiburg/Br. (T. 67870) - Geb. 23. Juni 1909 Karlsruhe (Vater: Stefan K., Obering.; Mutter: Emmy, geb. Umminger), kath., verh., 3 Kd. (Godehard, Christoph, Brigitta) - 1928-33 Univ. Freiburg (Gesch., Dt. Lit.-, Kunstgesch.). Promot. 1933 - S. 1948 Lektor u. Dir. Lexikogr. Inst. (1957) Verlag Herder, Freiburg - Mitgl. Görres-Ges. - BV: Bewußtseinsstörungen im Katholizismus, 1972. Mithrsg.: Saeculum (Jb. f. Universalgesch.) - Spr.: Lat., Franz., Engl. - 1962 Ruf Univ. München (Lehrstuhl f. Ztg.swiss.) abgelehnt.

KÖHLER, Oswin

Dr. phil., o. Prof. (emer. 1977) Inst. f. Afrikanistik Univ. Köln - Fürst-Pückler-Str. 40, 5000 Köln (T. 409274) - Geb. 14. Okt. 1911 Tiefthal - S. 1952 (Habil.) Lehrtätigk. Köln (1959 apl., 1962 o. Prof.) - BV: u. a. Gesch. d. Erforsch. d. nilot. Sprachen, 1955.

KÖHLER, Richard

Dr. rer. pol., o. Prof. f. Betriebswirtschaftslehre Univ. Köln, Direktor Marketing-Seminar sowie Institut f. Markt- u. Distributionsforsch. - Am Damm 4, 5000 Köln 50 - Geb. 30. Dez. 1936 Schweinfurt (Vater: Wilhelm K., Bankbeamter; Mutter: Babette, geb. Seufert), ev., verh. s. 1964 m. Barbara, geb. Carl, T. Christiane - Banklehre; Stud. d. Wirtsch.wiss. Univ. Würzburg u. Mannheim; Dipl.ex. 1962; Promot. 1965; Habil. 1973 Mannheim - 1963-71 Mitarbeit in WP-Praxis. Fachmitgl.sch.; 1983/84 stv. Vorst.-Vors. Verb. d. Hochschullehrer f. Betriebswirtsch. - BV: Entscheidungshilfen im Marketing, 1977; Beitr. z. Marketing-Management, 2. A. 1991. Herausg.: D. Führung d. Betriebes (1981). Mithrsg. d. Ztschr.: Die Betriebswirtschaft; Mithrsg. Kohlhammer Edition Marketing, Handb. of German Business Management u. Handwörterbuch d. Betriebswirtsch., 5. A. - S. 1983 o. Mitgl. Accad. Italiana di Economia Aziendale (Bologna) - Liebh.: Musik - Spr.: Engl., Franz.

KÖHLER, Rolf

Dipl.-Ing., Bauing. - Ginsterweg 2, 4400 Münster (T. 0251 - 31 50 74) - Geb. 22. Aug. 1927 Holzminden, ev., verh. s. 1953 m. Ursula, geb. Kaune, 2 T. (Doris, Beate) - Staatl. Gymn. Wolfenbüttel, Bauing.-Stud. TH Braunschweig (Dipl. 1952) - 1952 Hochschulassist.; 1953-76 Preussag AG; 1977-78 Brochier Bau GmbH; 1979-90 Geschäftsf. Gerhard Rode Rohrleitungsbau GmbH - 1970/71 Pres. Intern. Pipeline Contractors Assoc. (IPLCA); s. 1967 Vorst.-Mitgl. Rohrleitungsbauverb., b. 1989 Bundesverb. d. Firmen im Gas- u. Wasserfach FIGAWA, s. 1975-79 Vorst.-Mitgl. Dt. Verein Gas- u. Wasserfach (DVGW), 1975-90 Vorst.-Mitgl. Deliwa-Verein u.a. - BV: Tiefbauarb. f. Rohrleitungen, 1985 u. 1991, u. zahlr. Fachveröff. üb. Rohrleitungsbau (Ref. u. Doz. b. Sem. u. Veranst.) - 1982 DVGW-Ehrenring; 1989 RBV-Ehrenmitgl. - Liebh.: Foto, Reisen - Spr.: Engl.

KÖHLER, Siegfried

Prof., Generalmusikdirektor Hess. Staatstheater - Schloßallee 26, 6229 Schlangenbad 5 (T. 06129 - 21 39) - Geb.

Wetzlar - Geb. 6. April 1909 Düren/Rhld. - S. 1951 (Habil.) Privatdoz. u. apl. Prof. (1956) Univ. Gießen (gegenw. Wiss. Rat u. Prof., Abt.svorst. Kinderklinik). Div. Veröff.

KOCH, Gebhard
Dr. med. (Habil.), Prof., Inst. f. Physiolog. Chemie Univ. Hamburg, Abt. Molekularbiologie - Grindelallee 117, 2000 Hamburg 13 - Geb. 19. Mai 1928 Sulzbach/Thür. - B. 1967 Privatdoz., dann apl. Prof. Univ. Hamburg (Virologie, Genetik, Molekularbiol.); 1975 o. Prof. Physiolog. Chemie. Fachveröff.

KOCH, Gerhard
Dr. med., em. o. Prof. f. Humangenetik u. Anthropol. - Hartmannstr. 105, 8520 Erlangen (T. 3 44 15) - Geb. 7. Febr. 1913 Neubrandenburg (Vater: Hermann K., Kaufm.; Mutter: Emma, geb. Augustin), verh. s. 1950 m. Ana-Maria, geb. Cudell - Gymn. Neubrandenburg; Stud. Med. Rostock, Königsberg/Pr., Breslau (Promot. 1940), Naturwiss. Frankfurt/M. - 1939 Stip. Dt. Forsch.gem. (Notgem. d. Dt. Wiss.); b. 1940 Volontärassist. Nervenklinik Rostock; 1946-47 wiss. Mitarb. Kaiser-Wilhelm-Inst. f. Hirnforsch., Dillenburg; 1947-49 Assist. Univ.-Nervenklinik Göttingen u. Tübingen; s. 1948 Facharzt f. Neurologie u. Psychiatrie; 1949-52 Studienaufenth. Lissabon u. Porto; 1952-65 Leit. Humangenet.-psychoneurol. Forschungsst. Univ. Münster (1954 Priv.-Doz., 1958 Doz., 1960 apl. Prof. 1963 Wiss. Rat u. Prof.); s. 1965 Ord. u. Inst.dir. Univ. Erlangen-Nürnberg - BV: Krampfbereitschaft, ihre genet. Grundl., 1955 (Rom); Krankh. d. Nervensystems (m. P. E. Becker), in: Humangenetik, Bd. V/1 1966; Genealog.-demogr. Unters. üb. Mikrocephalie in Westf., 1968. Herausg.: Bibliographica genetica medica, Bd. 1-21, 1973-86. Üb. 240 Einzelarb. u. a. Inhaltsreiche Jahre e. Humangenetikers. Mein Lebensweg in Bildern u. Dokumenten, Autobiogr. 1982, Euthanasie, Sterbehilfe. Eine dokumentierte Bibliogr. 1984, 2. A. 1990; D. Gesellsch. f. Konstitutionsforschung. Anfang u. Ende 1942-65, 1985; Down Syndrom, 1986 - 1967 Preis Michael-Stiftg.; korr. Mitgl. Soc. Argentina de Eugenesia (1952), Soc. Portuguesa de Neurologia e Psiquiatria (1952), American (1954) u. Japan Soc. of Human Genetics (1958), Soc. Brasileira de Genetica (1961), Neurogenet. Arbeitsgruppe Weltvereinig. f. Neurol. (1962), Wiss. Beirat Bundesvereinig. Lebenshilfe, Marburg/Lahn, Mitgl. New York Acad. of Sciences (1982), Goldenes Doktorjubiläum Univ. Breslau-Köln (1990). Gründungsmitgl. Ges. f. Konstitutionsforsch. 1949 u. Dt. Ges. z. Bekämpfung d. Mukoviszidose 1966 - Liebh.: Schmetterlinge, Farnkräuter - Spr.: Portugies., Franz., Engl. - Lit.: F. Arasa: Con motivo de los 60 años del Prof. G. K. (Fol. Clinica Intern. Barcelona T. 23 Nr. 10, 1973); M. Azevedo Fernandes: Prof. Dr. G. K. (O. Médico, Porto LXVI 1973), W. Lehmann, W. Grote: Gerhard Koch 65 Jahre. - Anthrop. Anz. 36 (1978) 239-240, M. Azevedo Fernandes: A jubilacão do Prof. Gerhard Koch. - O. Médico, Porto LXXXVII 1978. Sep. 513; G. Neuhäuser: Prof. G. Koch 70.- Uni-Kurier, Erlangen 9 (1983) 51-52 (Nr. 48, Mai 1983); Prof. G. Koch 75: Ärztl. Praxis XI (6. Febr. 1988), 266 u. Erlanger Tageblatt Nr. 30 (6./7. Febr. 1988); G. Schwanitz, G. Koch: (En homenaje al profesor Koch, en su septuagésimo quinto aniversário), Fol. Hum. XXVI (1988) 261-264; H. Remschmidt: Prof. Dr. G. Koch. Z. Kinder-Jugendpsychiat. 16 (1988) 171-172.

KOCH, Günter
Dipl.-Math., Direktor i.R. ARAG Lebensversicherungs-AG, Versicherungsmathematischer Sachverst. u. Gutachter f. Altersversorgung u. Wirtsch.math., Lehrbeauftragter f. Versicherungsmath. Univ. München - Kormoranweg 8, 8000 München 82 (T. 430 71 14) - Geb. 26. März 1931 (Vater: Hans K., Postoberamtmann; Mutter: Eva, geb. Herriger), kath., verh. s. 1956 m. Hanni, 3 Kd.

(Hans-Günter, Uwe, Dagmar) - 1956 Dipl.-Math. wirtsch.wiss. Richtung (Math., Physik, Volks- u. Betriebswirtsch., Jura) Univ. Köln - Herausg. d. Ztschr. Münchener Blätter zur Versicherungsmath. - Spr.: Engl., Franz.

KOCH, Günter
Dr. phil., Dr. theol., apl. Prof. f. Systematische Theologie - Erwachsenenbildung, Akademiedirektor - Rabanus-Maurus-Str. 12, 8700 Würzburg-Lengfeld (T. 0931 - 27 29 54) - Geb. 1. Dez. 1931 Darmstadt (Vater: Georg K., Fabrikdir.; Mutter: Elisabeth, geb. Koch), kath., verh. s. 1963 m. Gabriele, geb. Spira, 5 Kd. (Lambert, Klara, Jakob, David, Katharina) - Gymn. Darmstadt (Abit. 1951), Stud. Erlangen, Heidelberg, Freiburg, Frankfurt, Würzburg; Promot. Freiburg 1958 u. Würzburg 1963, Habil. 1974 - 1963-77 wiss. Mitarb. Erw.bild., s. 1977 Leit. Kath. Akad. f. EB, s. 1974 Priv.Doz. Univ. Würzburg, s. 1980 apl. Prof. - BV: Augustins Lehre v. d. Teilhabe, 1958; D. Heilsverwirkl. b. Theodor v. Mopsuestia, 1965; Gesch. u. Strukt. d. Heils in d. Theol. d. Theod. v. Kyros, 1974; Jesus, d. Chr. u. Heiland, 1980 (auch kroat. u. niederl.); D. Ehe d. Christen. Lebensform u. Sakrament, 1981; Lernen in Bildungshäusern u. Akad., 1983; D. Heilsauftrag d. Kirche in Gesch. u. Gegenw., 1984 (auch niederl.); Sakramente, d. z. Christsein befähigen, 1985 (auch niederl.); Themengeb. Sakramentenlehre (33 Artikel), in: W. Beinert (Herausg.), Lexikon d. kath. Dogmatik, 3. A. 1991; D. dreieine Gott - Gott unsres Heils, 1987 (auch niederl.); Texte z. Theologie: Sakramentenlehre, 2 Bde. 1991. Herausg.: 3 Beitr. zu Fränk. Credo. Glauben in Franken s. Kilians Zeiten (m. J. Pretscher, 1989); Würzburger Domschule in alter u. neuer Zeit (m. J. Pretscher, 1990) - Liebh.: Paläontologie, Garten- u. Obstbau, Hausmusik.

KOCH, Guntram
Dr., Prof. f. Christl. Archäologie u. Byzantin. Kunstgeschichte Univ. Marburg - Pfarracker 12, 3550 Marburg-Bauerbach - Geb. 23. Jan. 1941 Naumburg (Vater: Wilhelm K., Studiendir.; Mutter: Helga, geb. Schröder), ev., verh. s. 1966 m. Priv.-Doz. Dr. Heidemarie, geb. Csollak (Iranistin), S. Ingmar - Promot. 1970, Habil. 1977 - 1970-77 Assist.; 1977-81 Doz.; s. 1981 Prof. - BV: Griech. Mythen auf röm. Sarkophagen, 1975; D. mythol. Sarkophage XII 6, Meleager, 1975; Röm. Sarkophage, 1982; Roman Funerary Sculpture. Catalogue of the Collections. The J. Paul Getty Museum, 1988.

KOCH, Hans
Dipl.-Kfm., Aufsichtsratsvorsitzender St. Ulrichswerk d. Diözese Augsburg - Rilkestr. 6, 8900 Augsburg 22 - Geb. 2. Sept. 1913 - Ehrenpräs. Bayer. Brauerbund, Bayer. Staatsmed., BVK I. Kl. - Rotarier.

KOCH, Hans
I. Bürgermeister (s. 1972) - Rathaus, 8974 Oberstaufen/Schw. - Geb. 23. Juli 1927 Oberstaufen - Zul. Regierungsdir. CSU - 1981 BVK I. Kl.

KOCH, Hans
Dipl.-Ing., Prof., Ministerialdirektor a. D. - Mauerkircherstr. 137, 8000 München 81 (T. 983055) - Geb. 10. März 1913 Halle/S. (Vater: Alfred K., Arch.), ev., verh. s. 1938 m. Margarete, geb. Guttenhöfer, 3 Kd. (Norbert, Ulrike, Angelika) - Reform-Realgymn.; TH München (Arch.; Dipl.-Ing. 1937) - S. 1949 Oberste Baubehörde/Bayer. Innenmin. (1969 Leit.) - BV: Bayer. Bauordnung, Komm. 1962, 8. A. 1978 - Bay. Verdienstorden 1971, Gr. BVK 1978 - Spr.: Engl., Franz.

KOCH, Hans Georg
Ministerialdirigent, Sprecher d. Landesregierung Baden-Württemberg - Richard-Wagner-Str. 15, 7000 Stuttgart 1 (T. 0711 - 215 32 22) - Geb. 22. Juli 1945 München, kath., ledig - Stud. Phil., Theol., u. German. 1964-71 München, Dipl., Staatsex. - 1972-75 Wiss. Assist. u. Lehrbeauftr. Bonn; seit 1975-78 Redakt. d. Herder Korrespondenz, Freiburg (sd. fr. Mitarb.); 1979-84 Parlam. Berater; 1985-91 Pressesprecher d. CDU-Landtagsfraktion, Stuttgart - Liebh.: Musik, Lit., Italien.

KOCH, Hans Joachim
Dr.-Ing., Vorstandsmitgl. Gas-, Elektrizitäts- u. Wasserwerke Köln AG., Köln-Wilhelm-Waldeyer-Str. 12, 5000 Köln 41 - Geb. 29. Febr. 1928 - Verbandsfunkt. u. Mand.

KOCH, Hans-Albrecht
Dr. phil., Prof., Direktor Universitätsbibliothek Europa Univ. Frankfurt/Oder - Große Scharrnstr. 59, O-1200 Frankfurt/O. (T. 0035 - 364 22 00) - Geb. 21. Juli 1946 Lübeck - Promot. 1970 Univ. Tübingen - 1970 wiss. Assist.; 1974 Bibl.-Rat, 1976 Dr., 1979 stv. Dir. Univ.-Bibl. FU Berlin; 1982-91 Dir. Staats- u. Univ.-Bibl. Bremen - 1992 Gründungsdir. d. Univ.-Bibl. d. Europa-Univ. Viadrina Frankfurt/O.; Prof. FU Berlin; Committee-Mitgl. Intern. Federation of Library Assoc. u. Ligue des Bibliothèques Européennes de Recherche - BV: D. dt. Singspiel, 1974; Hugo v. Hofmannsthal. Bibliogr., 1976; Bibliogr. d. dt. Sprach- u. Lit.wiss. (Bearb.) 1976-79; V. d. Informat. z. Dok., 1981; Sprachkunst u. Übersetzung, 1983; Dt. Biograph. Index 1-4, 1986; Hofmannsthal. Erträge d. Forschung, 1989. Herausg.: Hofmannsthal: Operndicht. 4 (1976); Dt. Lit. in Titelblättern (1978); Intern. German. Bibliogr. (1981-83, Herausg. u. Bearb.); Welt d. Information (1990); European Research Library Cooperation (1991ff.) - Spr.: Engl., Franz., Lat., Griech., Ital.

KOCH, Hans-Joachim
Dr. jur., Prof. f. Öfftl. Recht u. Rechtsphilosophie, Geschäftsführer d. Forschungsstelle Umweltrecht (s. 1988), Richter am Hamburgischen OVG - Wendlohstr. 80, 2000 Hamburg 61 - Geb. 11. Okt. 1944 Leipzig - B. 1972 Doz. Univ. Frankfurt/M., nach Habil (1978) Prof. Univ. Hamburg - BV: Ermessensermächtig. u. unbest. Rechtsbegriffe in Verwaltungsrecht, 1979; Jurist. Begründungslehre, (m. Prof. Dr. H. Rüßmann) 1982; Allg. Verw.recht (m. R. Rubel), 2. A. 1992; Bodensanierung nach d. Verursacherprinzip, 1985; Grenzen d. Rechtsverbindlichkeit techn. Regeln im öffentl. Baurecht, 1986; Baurecht, Raumordnungs- u. Hamburgisches Staats- u. Verwaltungsrecht (m. Prof. Dr. Hoffmann-Riem), 1988; Baurecht, Raumordnungs- u. Landesplanungsrecht (m. R. Hosch), 1988; Immissionsschutz durch Baurecht, 1991. Herausg.: Jurist. Methodenlehre u. analyt. Phil. (1976); D. jurist. Meth. im Staatsrecht (1977); Schutz vor Lärm (1990); Umweltschutz in d. Europäischen Gemeinschaft (1991, m. Prof. Dr. Behrens).

KOCH, Hans-Reinhard
Dr. med., Prof., Augenarzt - Priv.: Am Zinnbruch 3, 5300 Bonn 1; dstl.: Klinik Dardenne, Friedrich-Ebert-Str. 23-25, 5300 Bonn 2 - Geb. 11. Juli 1941 Innsbruck, ev., verh. m. Helen, geb. Spowart, 4 Kd. (Fiona, Christoph, Konrad, Cordelia) - Stud. 1960-66 Univ. Bonn, Mainz, München (Med.); Promot. 1966; Habil. 1976. 1973 Facharzt f. Augenkrankh. - BV: 3 Bücher üb. Arzneimittelnebenwirkungen am Auge; ca. 100 Veröff. üb. versch. Themen d. Augenheilkd., insbes. Kataraktforsch., Toxikol. d. Auges, Mikrochir. - 1976 Heisenbergstip. - Liebh.: Musik, alte Möbel, Mikrocomputer - Spr.: Engl., Franz., Span.

KOCH, Harald

Dr. jur., Rechtsanw., Dipl.-Steuersachverst., Staatsminister a. D. - Hollmannstr. 30, 4600 Dortmund-Kirchhörde (T. 73 20 87) - Geb. 4. März 1907) Wilhelmshaven (Vater: Adolf K., RA u. Notar; Mutter: Elisabeth, geb. Eggers), ev., verh. s 1949 m. Elfi, geb. Stoll, 2 Söhne (Jürgen, Harald) - Kaiser-Wilhelm-Gymn. Wilhelmshaven; Univ. Freiburg/Br., Berlin, Göttingen (Promot. 1931). Dipl.-Steuersachverst.; Gr. jurist. Staatsprüf. - Oldbg. Staatsdst., ab 1934 Angest. Wirtschaftsprüfungsorg. u. Ind. (zul. Prokurist Eisenwerk-Ges., Maximilianshütte), n. Kriegsende Ministerialdir. f. Finanzen Oldenburg, 1946 Finanz- u. Wirtschaftsmin. das., vorübergh. MdL Nieders., 1947-49 Hess. Wirtschafts- u. Verkehrsmin., 1949-53 MdB, 1951 Rechtsanw., 1952-68 Vorst.-Mitgl. u. 1968-72 stv. AR-Vors. Hoesch AG; 1956-86 Vorst.-Vors. Rhein.-Westf. Auslandsges. 1964-69 (Rücktr.) Mitgl. Sachverständigenrat u. Begutacht. d. gesamtwirtschaftl. Entwickl. in d. Bundesrepublik, Ehrenmitgl. Franz-Delitzsch-Ges., Friedrich-Ebert-Stiftg., Mitgl. Ger. Senat Christl. Jugenddorf-Werk (CJD) Göppingen, Seniorenrat SPD Bonn, u. a. SPD s. 1946. Publ.: Bankeinzahlungen u. -überweis. (1932), D. öfftl.-rechtl. Körperschaft im Umsatzsteuerrecht (1939), Rechtsform d. Sozialisierung unt. bes. Berücks. d. Sozialisierung in Hessen (1947), D. Sozialgemeinschaften (1948), D. Bedeut. d. Mitbestimmung f. d. Stellung d. Arbeitnehmer in Dtschl. (1958), Stellung d. Arbeitnehmer in d. mod. Wirtschaftspolitik (1960); 30 Jahre Hess. Verfass. (1979), Von d. Weimarer Verfass. z. Hitlerdiktatur (1979) - 1969 Gr. BVK m. Stern; 1977 Stadtplak. Dortmund; 1978 Eiserne Reinoldus Presseverein Ruhr; 1981 Ehrenbürger Stadt Dortmund; Ehrenpräs. Arbeitsgem. Ges. BRD-UdSSR; 1986 Ehrenpreis Rhein.-Westf. Auslandsges., Dortmund; 1987 VO. Land Nordrh.-Westf.; 1991 Hans-Böckler-Preis d. D.G.B. - Bek. Vorf.: Reichsmin. Erich Koch-Weser, 1923-30 Vors. DDP (Onkel).

KOCH, Heidemarie
Dr., Iranistin, Privatdozentin Philipps-Univ. Marburg - Pfarracker 12, 3550 Marburg-Bauerbach (T. 06421 - 1 52 05) - Geb. 17. Dez. 1943 Merseburg/Saale,

ev., verh. s. 1966 m. Prof. Dr. Guntram K., S. Ingmar - Stud. Georg-August-Univ. Göttingen; Promot. 1976; Habil. 1986 Marburg - BV: D. religiösen Verhältnisse d. Dareioszeit, 1977; Elamisches Wörterb. in 2 Teilen (m. W. Hinz), 1987; Verwaltung u. Wirtschaft im persischen Kernland z. Zeit d. Achämeniden, 1990 - Spr.: Engl., Neugriech., Ital., Türk., iran. Spr.

KOCH, Heinrich

Regisseur (Schauspiel, Oper, Fernsehen) - Drosselweg 5, 6082 Walldorf/Hessen - Geb. 22. Nov. 1911 Bad Godesberg (Vater: Dr. Otto K., Staatssekr.; Mutter: Gertrud, geb. Hasselblatt), ev., verh. s. 1957 m. Johanna, geb. Wichmann (Schausp.), verw. s. 1980 - Univ. Berlin u. Graz - Dt. Theater u. Kammersp. Berlin, Theater in d. Josefstadt Wien, Schauspielhaus Hannover (1943 Dir.) u. Hamburg (nach Kriegsende), Städt. Bühnen Frankfurt/M. (1956-68 Schauspieldir.). Viele Insz. In- u. Ausl. (auch Südamerika). Exper. Theaterversuche, u. a. Kochplatte (spez. Form d. Bühne) - 1956 o. Mitgl. Dt. Akad. d. Darstell. Künste; 1968 Ehrenmitgl. Städt. Bühnen Frankfurt u. Mitgl. Intern. Theaterinst. (ITI) - Spr.: Engl.

KOCH, Heinrich

Dr. med., Ltd. Medizinaldirektor i. R. - Ewiges Tal 41, 3550 Marburg 9 (T. 06420 - 12 13) - Geb. 27. Okt. 1916 Neukirchen Kr. Ziegenhain, ev., verh. s. 1944 m. Dr. med. Lotte, geb. Rehr, 2 Töcht. (Vera, Angelika) - Univ. Marburg u. Bonn - 1945-58 Assist. Univ.-Nervenklinik Marburg u. Tübingen, 1950 Facharzt Neurolog. u. Psychiatrie, 1958-60 Landesjugendpsychiater Rheinland, 1960-71 Dir. Rhein. Heilpäd. Landesjugendheim u. -erziehersem. Süchteln u. Lehrbeauftragter f. Jugendpsychiatrie u. Heilpäd. Med. Akad. bzw. Univ. Düsseldorf. 1971-74 Dir. Klinik f. Kinder- u. Jugendpsychiatrie d. Landeskrankenh. Weißenau u. Lehrbeauftr. Univ. Ulm; 1974-77 Dir. Klinik f. Kinder- u. Jugendpsychiatrie u. Fortbildungszentrum f. Klin. Heilpäd. Marburg/Lahnhöhe. Gründungsmitgl. Dt. Vereinig. f. Jugendpsychiatrie u. Union Europ. Jugendpsychiater; Beiratsmitgl. Allg. Fürsorgeerziehungstag - BV: Charakteropathien nach frühkindl. Hirnschäden, 1970 (m. Stutte); Jugenddissozialität, 1972 (m. Stutte); Klinische Heilpädagogik, 1973 - 1990 Hans Asperger Med. f. Verdienste um d. Heilpäd.; 1991 Hans Asperger-Med., Wien - Liebh.: Lit.

KOCH, Heinz

Fabrikant - Zu erreichen üb. Nogalda GmbH, Gärtnerweg 9, 6000 Frankfurt/M. - Geb. 19. Okt. 1904.

KOCH, Heinz W.

Redakteur, Leit. Musik-Redakt. im Feuilleton d. Badischen Zeitung - Basler Str. 88, 7800 Freiburg (T. 0761 - 49 63 23); priv.: In der Hofstatt 5, 7803 Gundelfingen (T. 0761 - 58 13 98) - Geb. 5. Juli 1938 Solingen, verh. s. 1964 m. Ulrike, geb. Groß - Mitarb. an Ztg. u. Ztschr. - 1983 Theodor-Wolff-Preis (f. Tristan am Plattenstand).

KOCH, Helmut

Dr.-Ing., Dr. rer. pol. h. c., Dipl.-Kfm., em. o. Prof. f. Betriebsw.lehre - Schützenstr. 7, 4400 Münster/W. (T. 46955) - Geb. 24. Sept. 1919 Oberlübbe/W. (Vater: Gustav K.; Mutter: geb. Burgbacher) - S. 1955 Ord. Univ. Frankfurt/M. u. Münster 1957; s. 1984 emerit. - Fachveröff.

KOCH, Helmut

Dr.-Ing., Regierungsbaudirektor a. D., apl. Prof. TH bzw. TU Hannover (s. 1948), ehem. Lehrbeauftragter Bergakad. bzw. TU Clausthal - Brucknerstr. 2, 6800 Mannheim (T. 40 62 03) - Geb. 23. Mai 1907 Hamburg (Vater: Fritz W. K., Lehrer), ev., verh. s. 1934 m. Hildegard, geb. Gerken, 3 Kd. - Staatl. Andreas-Realgymn. Hildesheim; TH Hannover (Dipl.-Ing. 1931, Promot. 1935). Habil. 1940 Hannover - BV: Handb. d. Schweißtechnologie - Lichtbogenschweißen, 1961 (span. 1965). Ehem. Hauptschriftl.: Ztschr. Schweißen u. Schneiden - 1952 Gastprof. TU Istanbul (Türk.); 1960 UNESCO-Experte Inst. of Technology Bombay (Ind.).

KOCH, Heribert F.

Dr. med. habil., Dr. med. dent., Prof. f. Kiefer- u. Gesichtschir. Univ. Düsseldorf, Arzt f. Mund-, Kiefer- u. Gesichtschirurgie, plast. Operationen, Chefarzt Mund-Kiefer-Gesichtschir. u. Plast. Operat. Ev. Krankenhaus Bethesda Mönchengladbach gGmbH (s. 1985) - Ludwig-Weber-Str. 15, 4050 Mönchengladbach 1 - Geb. 7. Febr. 1937 Bielefeld (Vater: Dr. Lorenz K., Zahnarzt), verh. m. Christa, geb. Dierksmeier, 2 Kd. (Simone, Christoph) - 1957-64 Stud. Med. u. Zahnheilkd.; Med. Staatsex. 1964, Zahnmed. Ex. 1964 Münster; Promot. Dr. med. u. Dr. med. dent. 1966 Münster; Habil. 1974 Düsseldorf - 1966-72 Assist. u. Oberarzt Univ. Düsseldorf, 1973-78 Ltd. Oberarzt, 1979 Komm. Dir. Klinik f. Kiefer- u. Plast. Gesichtschir. Univ. Düsseldorf, 1981-85 Ltd. Oberarzt Ev. Krkhs. Bethesda Mönchengladbach - BV: Karzinome d. Mundhöhle, Lymphogene Metastasierung - 1975 Miller-Preis d. Dt. Ges. f. Zahn-, Mund- u. Kieferheilkd.; 1976 Curt-Adam-Pr. d. Kongr. Ges. ärztl. Fortbildg. Berlin; 1987-90 Vors. Dt.-Österr.-Schweiz. Arbeitskr. f. Tumoren d. Kiefer- u. Gesichtsbereichs (DÖSAK) - Liebh.: Sport, klass. Musik, Fernreisen - Rotarier.

KOCH, Hermann

Komm. Beamter a.D., Bezirks- u. Kreisehrenvorsitzender d. Arbeiterwohlfahrt Bezirksverb. Mittelrhein e.V. - Uhlandstr. 20, 5160 Düren - Geb. 14. Febr. 1920 - BVK I. Kl.; VO. NRW; Bürgermed. Stadt Düren; Marie-Juchacz-Plakette.

KOCH, Jens-Jörg

Dr. rer. soc., Prof. f. Psychologie - Auf den Küten 10, 4796 Salzkotten - Geb. 5. Okt. 1939 - 1972-81 Prof. TH Darmstadt; s. 1981 Univ.-Prof. Univ.-GH Paderborn - BV: Lehrerstud. u. Beruf, 1972; Altruismus u. Aggression, 1976; Soz. Einfluß u. Konformität, 1977.

KOCH, Josef

Betriebsdirektor Eschweiler Bergwerks-Verein - Am Krähennocken 52a, 4630 Bochum - Geb. 8. März 1917.

KOCH, Jürgen

Dr. rer. nat., Prof. f. Biochemie Univ. Hohenheim - Garbenstr. 32, 7000 Stuttgart 70 - Zul. Privatdoz.

KOCH, Karl O.

Dr. jur., Ministerialdirektor a. D. - Giersbergstr. 16a, 5300 Bonn 3 - Geb. 7. Sept. 1918 Trier/Mosel, kath., verw. s. 1987, 3 Kd. - Stud. Rechtswiss. u. Volksw. Jurist. Staatsprüf. Koblenz u. Hamburg: Promot. Mainz - 1970-82 Leit. Steuerabt. BFM - BV: D. Steuergeheimnis, 1958 (m. Wolter); Kommentar z. Reichsabgabenordnung, 1963 (m. Becker u. Riewald); Handb. f. d. steuerl. Rechtsschutz, 1970; Komm. z. Abgabenordnung, 1977, 3. A. 1987 - 1976 Gr. BVK.

KOCH, Karl-Heinz

Rechtsanwalt, Staatsminister a.D. - Mergenthaler Allee 45-47, 6236 Eschborn - Geb. 14. Okt. 1924 Kassel - Obersch. Kassel; n. Kriegsdst. Univ. Frankfurt/M. (Rechtswiss.). Gr. jurist. Staatsprüf. 1953 - S. 1956 Anwaltspraxis Eschborn; AR Triumph Intern. AG, München, Triumph Intern. Holding GmbH, ebd., Hertie Waren- u. Kaufhaus GmbH, Frankfurt u. Berlin, VAL. Mehler AG, Fulda; VR Hess. Landesbank, Frankfurt, u. Naussauische Sparkasse, Wiesbaden. Stadtverordn.-Vorsteher Eschborn; MdK Main-Taunus-Kr. CDU.

KOCH, Klaus

Dr.-Ing. Leiter Arbeitsgruppe Eisenhüttenprozesse/Inst. f. Eisenhüttenkunde u. Gießereiwesen, apl. Prof. f. Eisenhüttenkd. u. Gießereiw. TU Clausthal - Moosholzweg 10, 3392 Clausthal-Zellerfeld 3.

KOCH, Klaus

Dr. theol., o. Prof. f. Altes Testament u. altorient. Religionsgesch. - Diekbarg 13a, 2000 Hamburg 65 (T. 608 05 05) - Geb. 4. Okt. 1926 Sulzbach (Vater: Wilhelm Eugen K., Pfarrer), ev., verh. s. 1978 m. Eva-Maria, geb. Koch - Stud. ev. Theol. Univ. Heidelberg, Bethel, Mainz u. Tübingen. 1954-56 Pfarrer in Jena, s. 1956 (Habil.) Lehrtätigk. Univ. Erlangen, Kirchl. Hochsch. Wuppertal (Prof.), Univ. Hamburg (1962 Ord. u. Seminardir.) - BV: D. Priesterschr. v. Exodus 25 b. Leviticus 16, 1958; D. Buch d. Bücher - Entstehungsgesch. d. Bibel, 2. A. 1970 (engl. 1968); Was ist Formgesch.? - Neue Wege d. Bibelexegese, 5. A. 1989 (engl. 1969); Kirche u. Theol. in d. demokr. Ges., 1969; Ratlos vor d. Apokalyptik, 1970 (engl. 1972); Amos, untersucht m. d. Methoden e. strukturalen Formgesch., 1976; Die Profeten I, 2. A. 1987 (engl. 1982) II, 2. A. 1988 (engl. 1982); D. Buch Daniel, 1980; Stud. z. alttestamentl. u. altorientalischen Religionsgesch., 1988; D. Wesen altägyptischer Religion im Spiegel ägyptologischer Forschung, 1989; Spuren d. hebräischen Denkens, Ges. Aufs. Bd. 1, 1991; Geschichte d. ägyptischen Religion, 1992.

KOCH, Kurt

Dipl.-Ing., Direktor Rheinische Stahlwerke AG., Essen - Jägerstr. 209, 4200 Oberhausen-Sterkrade - Geb. 22. März 1909 - Zul. Vorstandsmitgl. Rheinstahl Hüttenwerke AG. Essen.

KOCH, Lotte

Schauspielerin - Widdigerstr. 22a, 5000 Köln 51 (T. 374859) - Geb. 9. März 1913 Brüssel, kath., verh. s. 1948 m. Dieter v. Klipstein, T. Anja (geb. 1941) - Hochsch. f. Bühnenkunst (Luise Dumont), Düsseldorf - Dt., schweiz. u. österr. Bühnen. U. v. a. Luise, hl. Johanna, Helena. Film: u. a. Achtung, Feind hört mit!, Unser kleiner Junge, Anschlag auf Baku, D. Herz d. Königin, D. Strom, Friedem. Bach, Germanin, D. schwarze Robe, Du gehörst zu mir, Zugvögel, Und üb. uns d. Himmel, Morituri, Die Andere, Gesucht wird Majora, Madonna in Ketten, Export in Blond, Käpt'n Bay-Bay - Liebh.: Bücher, Garten, Blumen.

KOCH, Lutz

Kaufm. Angest., MdL Nordrh.-Westf. (s. 1975) - Moltkestr. 7, 4220 Dinslaken - Geb. 13. Jan. 1938 Duisburg, verh., 1 Kd. - Volkssch.; Elektrikerlehre; Techn. Abendsch. (6 Sem. Elektrotechnik m. Abschl.) - S. 1964 Hauptgruppenleit. Datenverarb. (Programmierung u. Systemanalyse). SPD s. 1962.

KOCH, Manfred

Dr. phil., Dipl.-Psych., o. Prof. f. Psychologie Erziehungswiss. Hochsch. Rheinl.-Pfalz/Abt. Koblenz (s. 1975) - Nordstr. 108, 5300 Bonn - Geb. 20. Okt. 1928 Düsseldorf (Vater: Dr. Erich K., Diplom-Kaufmann; Mutter: Ilse, geb. Hillebecht), ev. - Gymn. Innsbruck; Univ. Tübingen u. Zürich. Dipl.-Psych. 1952 Tübingen; Promot. 1954 ebd.; Habil. 1974 Bonn - 1970-75 Ref. Bundespresseamt Bonn - BV: D. Deutschen u. ihr Staat, 1975; D. Deutschenbild, 1977; D. Stoff, aus dem d. Dummheit ist, 1978 (auch ital.) - 1975 BVK - Liebh.: Skilaufen - Spr.: Engl., Franz. - Bek. Vorf.: Kräuterpfarrer Künzle (ms.).

KOCH, Marianne

Dr. med., Ärztin u. Schauspielerin - Am Höhenberg 27, 8132 Tutzing/Obb. - Geb. 19. Aug. 1931 München (Vater: Rudolf Koch, Kaufm.; Mutter: Maria, geb. Aumiller, Pianistin), kath., verh. 1953-72 m. Dr. med. H. Gerhard Freund, 2 Söhne (Thomas, Gregor) - Univ. München (9 Sem. Med.) - Film (etwa 80 Rollen): u. a. Schloß Hubertus, Ludwig II., Des Teufels General (1955 Bundesfilmpreis), Solange du lebst, Königswalzer, 2 blaue Augen, D. Ehe d. Dr. med. Danwitz, Salzbg. Geschichten, Wenn wir alle Engel wären, D. Stern v. Afrika, Vater sein dagegen sehr, D. Fuchs v. Paris, D. letzte Akkord, ... und nichts als die Wahrheit, D. Frau im besten Mannesalter, D. Landärztin, Heldinnen, Unter Ausschluß d. Öffentlichkeit, D. Fledermaus, F. e. Handvoll Dollars, Heißer Hafen Hongkong, D. Unnatürlichen; Fernsehen: Die Entführung aus d. Serail, Don Giovanni, Serie: Valerie u. d. Abenteuer, Shows: Steht's in den Sternen?, Meine Melodie, Rateteam: Was bin ich? (üb. 120 ×), D. Tod läuft hinterher, III nach 9 - BV: Darauf kommt es an! Kosmetik - Mode - Guter Benimm, 1956 (m. Ditta Gertler) - 1955 Bundesfilmpreis, 1970 Silb. Bildschirm TV Sehen u. Hören - Liebh.: Kochen, Kunstgesch., Sport, Fotogr. - Spr.: Engl., Franz., Span.

KOCH, Meinrad A.

Dr. med., Leiter d. AIDS-Zentrums d. Bundesgesundheitsamtes, Honorarprof. f. Virol. Univ. Gießen (vorh. Privatdoz.) - Reichpietschufer 74-76, 1000 Berlin 30 - Zul. MPI f. Virusforsch., Tübingen.

KOCH, Nikolaus

Dr. phil., Prof. - Alte Str. 49a, 5810 Witten/Ruhr - Geb. 2. Nov. 1912 Karthaus, kath. - Stud. Phil., German., Päd., Bibliothekswiss. - 1954 Dir. Päd. Zentralbücherei NRW; 1959 Prof. PH Ruhr (1980 Univ. Dortmund), emerit. 1981 - BV: D. moderne Revolution, 1951; D. päd. Bibl.wesen in Dtschl., 1965; Staatsphil. u. Revol.theorie, 1973; Dreinetzekonzeption/Medienverb./Curriculum, 1975; D. päd. Medienwesen in d. Diskussion, 1977; Europa zw. Weltrevolut. u. Konterrevolut., 1980; Medienpolit. Grundstrukt d. mod. Informations-, Bild.- u. Qualifikationssystems, 1980; Negative Anthropologie - offene Anthropologie, 1981; Blockfreies Europa, 1982; Situation u. Methode. Unters. d. Zusammenhänge krit. Grundverhaltens, 1986; D. Christenheit in d. vierten Revolution, 1988; Staatsapparat u. Gewissensprimat, 1988; D. Deutschen in d. vierten Revolution, 1989; D. Bildungsrevolution, 1990.

KOCH, Othmar

I. Bürgermeister Stadt Senden (s. 1964) - Rathaus, 7913 Senden/Schw. - Geb. 1. Sept. 1930 Hünfeld - Dipl.-Verwaltungswirt (FH). CSU.

KOCH, Paul

Dr. phil., Prof. f. Zoologie u. Genetik Univ. Marburg - An d. Eiche 2, 3575 Kirchhain.

KOCH, Paul-August

Dr.-Ing., Prof., Oberbaudirektor i. R. - Kemmerhofstr. 299, 4150 Krefeld (T. 56 06 50) - Geb. 6. April 1905 Radebeul/Sa. (Vater: Dr. Paul K., Chemiker; Mutter: geb. Möbius), verh. 1933 m. Elisabeth, geb. Greuner - TH Dresden u. Graz - Zeitw. Lehrtätigk. TH Dresden (1939ff. ao. Prof.); zul. 1956-70 Dir. Ing.sch. f. Textilwesen Krefeld. B. 1964 Lehrbeauftr., 1970 Honorarprof. TH Aachen (Mikroskopie in d. Textiltechnik). Bücher u. Facharb. - 1971 Gr. BVK - Spr.: Engl. - Rotarier.

KOCH, Peter

Dipl.-Ing., Präsident Dt. Bundesbahn a.D., Generalbevollm. Waggonfabrik Talbot KG, Vorstandsmitgl. Duewag AG, Krefeld, Vizepräs. d. Verb. d. Dt. Bahnindustrie e.V., Frankfurt, Vizepräs. Intern. Waggonverb. AICMR - Zu erreichen üb. Waggonfabrik Talbot, Jülicher Str. 215, 5100 Aachen (T. 0241 - 182 14 00); oder Duewag AG, Duisburger Str. 145, 4150 Krefeld 1 (T. 02151 - 45 02 00) - Geb. 31. Juli 1931 Berlin - 1972-77 Vorst.-Mitgl. Krauss-Maffei AG; 1977-83 Vorst.-Mitgl. Dt. Bundesbahn.

KOCH, Peter

Dr. jur., Prof., Versicherungsdirektor i. R. - Im Weingarten 19, 5100 Aachen - Geb. 13. März 1935 Erfurt (Vater: Hugo K., Revisor; Mutter: Berta, geb. Petersen), ev., verh. s. 1962 m. Luise, geb. Köllner, 3 Söhne (Wolfgang, Alexander, Joachim) - Wilhelms-Gymn. u. Univ. München (Rechtswiss.). Jurist. Staatsprüf. 1957 u. 61; Promot. 1961 (alles München) - S. 1969 Versicherungsw. (1971 Prok. Aachener u. Münch. Versich. AG, 1974 stv. Vorst.-Mitgl. Central Krankenversich. AG, 1976 Vorst.-Mitgl. u. 1980-83 Vorst.-Vors. Aachener Rückversich. AG). S. 1970 Lehrbeauftr. u. Honorarprof. (1979) TH Aachen (Versich.w., Bürgerl. Recht, Handels- u. Ges.recht). 1978ff. Vors. Arbeitsgem. f. Versich.gesch./Dt. Verein f. Versich.-wiss. - BV: Pioniere d. Versich.gedankens, 1968; Kl. Gesch. d. priv. Krankenversich., 1971; Einf. in d. Versich.-Schrifttum, 2. A. 1976; Bilder z. Versich.gesch., 1978; Was bringt d. Beschäftig. m. d. Versich.gesch.?, 1979; Versich.plätze in Dtschl., 1986; Allg. Versich.lehre, 2. A. 1988; Versich.wirtsch. - E. einführender Überblick, 3. A. 1991. Mithrsg.: Handwörterb. d. Versich. (1988) - Liebh.: Gesch. (einschl. Kunst- u. Literaturg.).

KOCH, Peter

Dr. rer. nat., Vorstandsvorsitzender DEA Mineraloel Aktiengesellschaft, stv. Vorst.-Vors. RWE-DEA Aktiengesellschaft f. Mineraloel u. Chemie - Überseering 40, 2000 Hamburg 60 - Geb. 27. Mai 1931, ev., verh., 3 Kd.

KOCH, Reinhard

Dr. med., Chefarzt Innere Abt./Pius-Hospital, Oldenburg, apl. Prof. f. Innere Medizin u. internist. Intensivmed. Univ. Münster/W. - Georgstr. 12, 2900 Oldenburg/O. - Geb. 3. Aug. 1938 Gescher/W. - Promot. 1963; Habil. 1972 - Etwa 50 Facharb. (Herzschrittm., -inf. u. -muskelstör.).

KOCH, Reinhard

Dr. rer. pol., Minister a. D., Direktor Saarbergwerke AG i. R. - Pasteurschacht 9, 6600 Saarbrücken - Geb. 18. Juli 1920 Sulzbach/Saar, ev., verh. s. 1949 m. Annemarie, geb. Beer, 2 Kd. (Ingrid, Dieter) - Obersch. Sulzbach (Abit. 1938); Univ. Heidelberg (Staats- u. Wirtschaftswiss.; Dipl.-Volksw. 1945). Promot. 1948 Mainz - Wehrdst. (schwer verwundet); n. vorzeit. Entlass. Stud.; 1948-49 saarl. Finanzverw.; 1949-65 Steuerref. IHK Saarbrücken; 1965-70 saarl. Min. f. Finanzen u. Forsten (b. 1967) u. f. Wirtschaft, Verkehr u. Landw. (1967ff.). 1956-60 I. Beigeordn. Sulzbach. 1965-70 MdL Saarl. B. 1972 (Austr.) FDP/DPS.

KOCH, Richard

Landwirt, Präs. Bezirksverb. Oberpfalz/Bayer. Bauernverb., Mitgl. Bayer. Senat - Ammerhofweg 1, 8401 Niedertraubling - 1980 Bayer. VO.

KOCH, Thilo

Journalist, Schriftsteller, Fernsehautor u. -Moderator, Chefredakteur, Kolumnist - Thilo Koch Weg 1, 7201 Hausen ob Verena (T. 07424 - 25 65) - Geb. 20. Sept. 1920 Canena bei Halle/S. (Vater: Ingenieur), ev., verh. s. 1944 m. Susanne, geb. Gaertner, 2 Kd. (Bettina, Thilo) - Univ. Berlin (Lit. u. Phil.) - 1960-64 Amerika-Korresp. Dt. Fernsehen. Etwa 200 Fernsehdokumentationen - BV: E. Jugend war d. Opfer, R. 1946; Stille u. Klang, Ged. 1947; Zwischen Grunewald u. Brandenburger Tor, Berliner Feuill. 1956; Gottfried Benn, Biogr. Ess. 1957; Berliner Luftballons, Feuill. 1958; Casanova, Ess. 1959; Zwischentöne - E. Skizzenb., 1963; Tageb. aus Washington, 3 Bde. 1963/64; Wohin d. Wegs, Dtschl.? - E. Wiedersehen, Kommentare, 1955; Briefe aus Krähwinkel, 1965; Neue Briefe aus Krähwinkel, 1967; Kämpfer f. e. neue Welt, 1968; 5 Jahre d. Entscheidung - Dtschl. n. d. Kriege 1945-49, 1969; D. Goldenen 20er Jahre, 1970; Ähnlichkeit m. lebenden Personen ist beabsichtigt, 1970; Interview m. Südamerika, 1971; Dtschl. war teilbar - D. 50er Jahre, 1972; D. Weltmächte im 20. Jh.: Nordamerika, 1972; Reporter-Report, 1973; Berlin ist wunderbar, 1985; So fing es an, 1988; Tischgespräche, 1989; Deutschland, 1991. Herausg.: Porträts dt.-jüd. Geistesgesch. (1961); D. 10 Gebote heute (3 Bde. 1972-75); Was die Menschheit bewegt (3 Bde. 1976-78); Unser Mann in . . . (1980); Freiheit d. ich meine (3 Bde. 1981) - 1959 Mitgl. PEN-Zentrum BRD (1970-76 Generalsekr.), s. 1975 Schatzm. Intern. PEN, London - BVK I. Kl.; Verdienstmed. d. Landes Baden-Württ. - Liebh.: Bücher - Lit.: Franz Lennartz, Dt. Schriftst. d. Gegenw., 1978.

KOCH, Traugott

Dr. theol., o. Prof. Univ. Hamburg (s. 1976) - Sedanstr. 19, 2000 Hamburg 13 (T. 41 23 38 06) - Geb. 20. Jan. 1937 Sulzbach/Thür. (Vater: Wilhelm K., Pfarrer i. R.; Mutter: Hildegard, geb. Meerwein), ev., verh. s. 1961 m. Ingeborg, geb. Schattemann, 2 Kd. (Susanne, Cornelius) - 1973-76 Lehrstuhlinh. Regensburg - BV: Differenz u. Versöhnung. Unters. z. Theologie G. W. F. Hegels, 1967; Negative Dialektik u. d. Idee d. Versöhnung (m. Kodalle u. Schweppenhäuser), 1973; Mit Gott leben, 1989; D. göttliche Gesetz d. Natur, 1991.

KOCH, Ulrich

Prof., Dozent f. Viola Staatl. Hochsch. f. Musik Freiburg/Br., 1. Solobratscher Sinf.-Orchester d. Südwestfunks Baden-Baden - Alte Weinstr. 25a, 7562 Gernsbach (T. 07224 - 23 85) u. Haus 33a, 7801 Bollschweil-St. Ulrich (T. 07602 - 2 28) - Geb. 14. März 1921 Braunschweig - 1989 Gastprof. Musashino Acad. Musical Tokyo - 1981 BVK.

KOCH, Ursula E.

O. Univ.-Prof. f. Kommunikationswiss. (Zeitungswiss.) Univ. München - Schellingstr. 36, 8000 München 40 (T. 089 - 272 32 66) - Geb. 2. Dez. 1934 Berlin (Vater: Dr. Ing. Gerhard K.; Mutter: Elisabeth, geb. Bühler), ev., gesch., T. Claudia - Übersetz., Dolm. 1955; 1963-67 1. Stud. Sorbonne (German., Lit., Phil., Dt. Gesch.); Promot. 1973 Paris; 1974-79 2. Stud. Sorbonne (Komm.wiss., franz. Lit., Wirt.gesch.); Habil. 1981 Paris - 1955-67 Übers., Dolm. in Stuttgart, München, Paris; 1967-81 wiss. Assist. Univ. Paris; 1981-86 Akad. Oberrat Univ. Paris; Leit. Forschungsinst. üb. d. BRD u. Berlin (Gründer: Prof. Pierre-Paul Sagave); s. 1986 o. Prof. Univ. München. S. 1975 Redaktionsmitgl. d. Pariser Fachztschr. Allemagne d'aujourd'hui - BV: Berliner Presse u. europ. Geschehen 1871, 1978; Angriff auf e. Monopol, 1981; Le Charivari. Gesch. e. Pariser Tagesztg. im Kampf um d. Rep. (1832-1882), 1984; Voisins et Ennemis. La Guerre des caricatures entre Paris et Berlin (1848-90), 1990. Mithrsg. d. Werke Enzyklopädie d. Bayer. Tagespresse u. Allemagne-France: deux paysages médiatiques - Frankr.-Deutschl.: Medien im Vergleich, 1990; D. Teufel in Berlin. Illustrierte polit. Witzblätter einer Metropole 1848-1890, 1991; ca. 40 Aufs., meist in dtsch. u. franz. Spr. - 1979 Straßburg-Preis FVS.-Stiftg.; 1990 Chevalier dans l'Ordre des Palmes académiques; Mitgl. mehr. wiss. Vereine - Liebh.: Sport, Reisen, Lit., Gesch. - Spr.: Engl., Franz. - Lit.: Wilmont Haacke, Publizistik, H.3-4 (1986).

KOCH, Volkward

Dr., Hauptgeschäftsf. Fachverb. d. Futtermittelind., Hauptschriftl. Ztschr. Kraftfutter - Buschstr. 32, 5300 Bonn 3 - Geb. 14. März 1927.

KOCH, Walter

Konsul, Kaufmann - Am Marstall 18-24, 3000 Hannover (T. 15717) - Mexikan. Konsul f. Nieders. (östl. d. Weser).

KOCH, Walter

Dr. phil., Chefchemiker August-Thyssen-Hütte AG., Duisburg-Hamborn (s. 1964), Honorarprof. f. Analyt. Chemie Univ. Köln (s. 1958) - Im Grund 29, 4000 Düsseldorf-Lohausen (T. 432687) - Geb. 16. Aug. 1909 Essen, ev., verh. s. 1937 m. Gertrud, geb. Heinbrock, 3 Kd. (Christa, Winfried, Peter) - Univ. Marburg, Wien, Köln, Münster (Chemie) - 1934-47 Fried. Krupp, Essen; 1947-63 Max-Planck-Inst. f. Eisenforsch., Düsseldorf (Abt.sleit.) - BV: Metallkundl. Analyse, 1965 - 1970 Fresenius-Preis Ges. Dt. Chem.

KOCH, Walter

Dr. phil., Prof. f. Geschichtliche Hilfswiss. Univ. München - Bergmannstr. 51, 8000 München 2 (T. 089 - 502 57 78) - Geb. 22. April 1942 Wien, kath. - Staatsex. (Lat., Griech.) 1965; Dr. phil. (Gesch.) 1967; Staatsprüf. d. Inst. f. österr. Geschichtsforsch. 1968, alles Wien - 1973 Mitgl. Kommiss. f. d. Herausg. d. Inschr. d. Dt. Mittelalters an d. Österr. Akad. d. Wiss., 1974 f. d. Wiener Diplomata-Ausg. d. Österr. Akad. d. Wiss.; 1983 Mitgl. Büro d. Commission Intern. d. Diplomatique; 1983 Mitgl. Inschriftenkommiss. d. Bayer. Akad. d. Wiss.; 1984 Mitgl. Kommiss. f. Bayer. Landesgesch. b. d. Bayer. Akad. d. Wiss.; 1985 Korr. Mitgl. Österr. Akad. d. Wiss. im Ausland; 1985 Kurat.-Mitgl. d. Corpus Inscriptionum Medii Aevi Helvetiae; s. 1985 Bearb. d. Diplome Ks. Friedrichs II. im Rahmen d. MGH; 1987 Kurat.-Mitgl. Inst. f. mittelalterliche Realienkd. d. Österr. Akad. d. Wiss.; 1988 Obmann d. Kommiss. d. Herausg. d. Inschr. d. Dt. Mittelalters an d. Österr. Akad. d. Wiss.; 1989 Mitgl. d. Comité Intern. de Paléographie Latine; 1990 Geschäftsf. d. Kommiss. f. d. Herausg. d. Urkunden Ks. Friedrichs II. u. d. Inschriftenkommiss. d. Bayer. Akad. d. Wiss.; 1992 Mitgl. Kommiss. f. Schrift- u. Buchwesen d. Österr. Akad. d. Wiss. - BV: D. Reichskanzlei in d. J. 1167-1174 (Denkschr. d. Österr. Akad. d. Wiss. phil.-hist. Kl. 115), 1973; D. Schr. d. Reichskanzlei im 12 Jh. (Denkschr. d. Österr. Akad. d. Wiss. phil.-hist. Kl. 134), 1979; Epigraphik 1982 (hg., Denkschr. d. Österr. Akad. d. Wiss. phil.-hist. Kl. 169), 1983; Lit.bericht z. mittelalterl. u. neuzeitl. Epigraphik (1976-84) (MGM Hilfsmittel 11), 1987; Epigraphik 1988 (hg., Denkschr. d. Österr. Akad. d. Wiss. phil.-hist. Kl. 213), 1990 - 1977 Jubiläumspreis Verlag Böhlau Wien.

KOCH, Walter A.

Dr. phil., o. Prof. f. Anglistik u. Semiotik - Markstr. 266, 4630 Bochum (T. 7 34 57) - Geb. 26. Juli 1934 Hamm/W. (Vater: August K., Ing.; Mutter: Karoline, geb. Röttgen), verh. in 2. Ehe (1968) m. Renate, geb. Melzer, 2 Kd. (Thomas aus 1., Morgan aus 2. Ehe) - Stud. Anglistik, Romanistik, Linguistik - 1963 Studienass.; 1965 Studienrat im Hochschuldst. Univ. Münster; 1968 o. Prof. Univ. Bochum (Lehrstuhl f. Angl. III); 1973 Lehrst. f. Angl. u. Semiotik - BV: Z. Theorie d. Lautwandels, 1963 (Diss.); Recurrence and a Three-Modal Approach to Poetry, 1966; V. Morphem z. Textem, 1969; Taxologie d. Englischen, 1971; Varia Semiotica, 1971; Es steigt e. Mensch, Lyr. 1972; Das Textem, 1973; Poetizität, 1981; Poetry and Science, 1983; Evolutionäre Kultursemiotik, 1986; Phil. d. Philol. u. d. Semiotik, 1986; Genes vs. Memes, 1986; Hodos and Kosmos, 1987; Phil. d. Philol. u. Semiotik, 1987; Wells of Tears, 1989; The Dawn of Language, 1991 - Spr.: Engl., Franz. u. a.

KOCH, Werner

Dr. med., Psychiater, Doz. Akad. f. Ärztl. Fortbildung - Parkstr. 38, 2400 Lübeck - Geb. 19. Nov. 1915 Lübeck (Vater: Dr. med. Friedrich K., Arzt; Mutter: Caroline, geb. Herkelmann), ev., verh. in 2. Ehe (1970) m. Petra, geb. Müller-Waegener, 2 Kd. (Caroline, Marcus) - Katharinum Lübeck; Stud. Kiel, Hamburg, Jena, Rostock. Med. Staatsprüf. u. Promot. 1941 - Träger der Ernst-von-Bergmann-Plakette 1981 - Spr.: Engl., Russ. - Mitinitiator Nordd. Psychotherapie-Tage Lübeck - Rotarier.

KOCH, Werner

Dr. agr., Prof. f. Phytopathologie u. Herbologie Univ. Hohenheim - Postf. 70 05 62, 7000 Stuttgart 70 - Geb. 18. Jan. 1933 Stuttgart - Promot. 1960 - S. 1969 (Habil.) Lehrtätigk. Hohenheim - BV: Unkrautbekämpfung, 1970; Grundlagen d. Unkrautbekämpfung, 1978 (m. and.). Herausg.: Krankheiten, Schädlinge u. Unkräuter im trop. Pflanzenbau (engl. 1977, dtsch. 1979, franz. 1981; span. 1982; m. and.). Mithrsg.: PLITS. 150 Fachaufs. - Mitgl. DFG-Senatskommiss. Pflanzenbehandl.mittel, FAO Panel of Experts on Improved Weed Management, Hon. Member Weed Science Soc. of America; Hohenheimer Univ.-Med. in Silber.

KOCH, Wilfried

Prof., Dirigent - Römerstr. 5, 8911 Eresing (T. 08193 - 84 12 - Geb. 28. Mai 1937 Bremen (Vater: Karl K., Prok.;

Mutter: Mia, geb. Benseler), ev., verh. s. 1965 m. Ulrike, geb. Heindl-Beaupré - 1959-62 Akad. f. Musik u. Darst. Kunst Wien (Klav.: Prof. H. Graf; Dirig.: Prof. H. Swarowsky) - 1962-69 Landestheat. Linz; 1969-81 Staatstheat. am Gärtnerpl. München (Kapellm. u. Chordir.). 1980 Doz. d. Hochsch. f. Musik, München. Zahlr. Verpflicht. als Gastdirig., u. a. Münch. Philharmoniker u. Mozarteum-Orch. Salzburg. Künstl. Leit. Musiksommer Klaus (Österr.) - 1980 Prof.-Titel Bayer. Kultusmin. - Liebh.: Segeln, Tennis - Spr.: Ital., Engl., Franz.

KOCH, Wilhelm

Dr. med., Prof., Orthopäde - Goethestr. 4, 4401 Roxel/W. (T. 7303) - Geb. 15. Sept. 1916 Gießen - S. 1954 (Habil.) Privatdoz. u. apl. Prof. (1960) Univ. Münster (1965 Wiss. Rat u. Prof. Orthopäd. Klinik). S. 1959 Schriftf. u. Beiratsmitgl. (1964) Dt. Ges. f. Rheumatolgie - BV: D. Ablagerung radioakt. Substanzen im Knochen, 1958.

KOCH, Wolfgang

Vorsitzer d. Geschäftsfg. Schindler Aufzügefabrik GmbH (Aufzüge/Fördertechnik) - Ringstr. 44-66, 1000 Berlin 42 - Geb. 29. Aug. 1930.

KOCH-RAPHAEL, Erwin

Komponist, Dozent Univ. Bremen, Vorst.-Mitgl. Zentrum f. elektroakustische Musik (ZeM Bremen), Bremer Mozartkreis - Hagenauer Str. 28, 2800 Bremen 1 - Geb. 11. Okt. 1949 Kempen (Vater: Dr. Josef K., Studienrat; Mutter: Elisabeth, geb. Reinert), kath., verh. s. 1978 m. Uta, geb. Kopplow, 2 Töcht. (Himiko Aglaja, Eva Margarita) - Gymn. Thomaeum Kempen; Tonmeisterdipl. 1976 TU u. Hochsch. d. Künste Berlin, Dipl. Kompos. u. Musiktheorie 1979 Hochsch. d. Künste Berlin (b. Isang Yun) - 1963-68 Organist Kempen; ab 1979 fr. Mitarb. RIAS Berlin; s. 1982 Hochschullehrer f. Kompos., Musiktheorie, Analyse Hochsch. f. Künste Bremen (HfK), Univ. Bremen; 1984 Mitbegr. Bremer Performancegruppe ganZeit - Musikw.: u. a. Solo: Spuren (1975/78), Sekitei (1979), Alas My Love (1981). Kammermusik: Nacht-Stücke (1974), Los Caprichos (1975), Jahreszeiten (1979), Septembertage (1983). Orch.musik: Land d. Nacht (1980), Kalte Zeiten (1984), Klavierkonz. Nr. 1 (1986), Composition No. 39 (1988), Composition No. 40 (1989). Opern: Jabberwhorl Cronstadt (1978); pax/Erasmus (1989). Elektron. u. Filmmusik - 1976 Kompos.-Preis Hitzacker; 1977 Kieler Orch.kompositionspreis; 1985 Bremer Förderpreis f. bes. kompositorische Leistungen; 1987/88 Stip. d. Citè Intern. des Arts Paris; 1991/92 SIEMENS-Projektstip. am Zentrum f. Kunst u. Medientechnologie Karlsruhe (ZKM) - Interessen: Kosmolog. u. anthropol. Fragen - Spr.: Engl., Franz., Neugriech., Latein, Altgriech.

KOCHAN, Barbara

Prof., Hochschullehrerin - Rauentaler Str. 3, 1000 Berlin 28 - Geb. 27. April 1944 Landeck - S. 1972 Prof. f. Grundschuldidaktik PH Berlin, s. 1980 TU Berlin; zeitw. (zul. 1991-93) Dekanin d. FB Erzieh.- u. Unterrichtswissenschaften. S. 1987 Leit. d. Forschungsprojekts D. Computer als Schreibwerkzeug f. Grundschulkinder; s. 1987 Mitgl. Europ. Fachgr. Word Processing and Literacy Skills; s. 1989 Development in Europe Commitee d. Intern. Reading Assoc. - BV: Rollenspiel als Meth. soz. Lernens (Sammelbd.), 1981; Taschenlexikon Grundsch. (hrsg. zus. m. Elisabeth Neuhaus-Siemon) 1979. Zahlr. Ztschr.-Aufs.

KOCHAN, Detlef C.

Prof., Ordinarius f. Didaktik d. Dt. Sprache u. Lit. TU Berlin - Rauentaler Str. 3, 1000 Berlin 28 - Geb. 29. Sept. 1925 Berlin (Vater: Dipl.-Kfm. Paul K.; Mutter: Charlotte, geb. Nickel), ev., verh. in 2. Ehe (1967) m. Barbara, geb. Benthin, S. Boris - Beide Lehrerprüf.; Staatsex. - Studienass., -rat; s. 1963 Hochschultätigk. (1972 o. Prof.) - BV: Linguistik u. Deutschunterr., 1973; Forschungen z. Dt.unterr., 2. A. 1974; Einhorn u. Dame. In: ABNG Bd. 27/1988; Lit. Spuren e. Symbolfigur: Orpheus z. Beispiel. In: Facetten dt. Literatur, 1989. Herausg.: Ansichten e. kommunikationsbez. Dt.unterr. (1974), Sprache u. kommunikative Kompetenz (1974); Lit.didaktik-Lektürekanon-Lit.-unterr. Amsterd. Beitr. z. neueren Germanistik (Bd. 30/1990). Mithrsg.: Literatur, Sprache, Didaktik (s. 1973); Praxis Deutsch (s. 1973); Grundschule (s. 1976). Zahlr. Ztschr.-Aufs.

KOCHAN, Günter

Prof., Komponist - Veltener Str. 13, O-1406 Hohen Neuendorf (T. Birkenwerder 30 80) - Geb. 2. Okt. 1930 Luckau, verh. s. 1952 m. Inge, geb. Schulze, 2 Kd. (Bettina, Michael) - Hochsch. f. Musik Berlin b. Noetel, Wunsch, Blacher 1946-50; Dt. Akad. d. Künste b. Hanns Eisler 1950-53 - S. 1950 Doz.; s. 1966 Prof. Hochsch. f. Musik Berlin (Ost); 1973-82 Vizepräs. Komponistenverb. d. DDR; 1966-92 Mitgl. d. Akad. d. Künste Berlin (Ost) - Kompositionen: 5 Sinf., 8 Orch.werke, 7 Solo-Konz., Kammermusik, Lieder, Oper, Kantaten u.a. - Kunstpreise DDR (u.a. Nationalpr.); 1964 Preis Montevideo ARC; 1978 Pr. Los Angeles.

KOCHANSKY, Gerhard

Dr. phil., Prof. f. Schulpädagogik unt. bes. Berücks. d. Vorschulpäd. PH Flensburg - Norderlück 26, 2390 Flensburg.

KOCHENDÖRFER, Albert

Dr. rer. techn., Prof., Physiker - Auf der Aue 17, 4030 Ratingen 1 (T. 02102 - 84 22 20) - Geb. 18. Dez. 1908 Stuttgart (Vater: Albert K., Kaufm.; Mutter: Karoline, geb. Dörr), ev., verh. s. 1948 m. Anna, geb. Kolb, S. Eberhard - Oberrealsch. Stuttgart-Feuerbach; 1928-33 Univ. Köln (Physik, Math., Chem.), 1935-36 TH Stuttgart (Promot. 1937) - 1937 Assist. Kaiser-Wilhelm-Inst. f. Metallforsch., Stuttgart, 1939 TH ebd., 1941 Doz., 1949 apl. Prof., 1951 Abt.sleit. Max-Planck-Inst. f. Eisenforsch., Düsseldorf, 1952 Honorarprof. Univ. Köln - BV: Plast. Eigenschaften v. Kristallen u. metall. Werkstoffen, 1941; Physikal. Grundl. d. Formänderungsfestigkeit d. Metalle, 2. A. 1967 - 1942 Max-Planck-Preis Dt. Physikal. Ges.; 1974 Heyn-Denkmünze Dt. Ges. Metallkde.; 1987 Erich Siebel-Gedenkmünze Dt. Verb. Materialprüfung.

KOCHER, Walter

Dr. phil., Prof. f. Teratologie FU Berlin - Klisto-Str. 14 a, 1000 Berlin 37 - Geb. 22. Mai 1923 - Promot. 1956 Zürich; Habil. 1966 Würzburg - Apl. Prof. Univ. Würzburg, s. 1975 Berlin. Fachveröff.

KOCHSIEK, Kurt

Dr. med., o. Prof., Direktor Med. Univ.-Klinik Würzburg - Mittlerer Neubergweg 34, 8700 Würzburg (T. 7 12 98) - Geb. 3. März 1930 Oerlinghausen (Vater: Adolf K., Dr. med.; Mutter: Martha, geb. Pferdmenges), ev.-ref., verh. s. 1960 m. Ulla, geb. Baronesse Staël von Holstein, 4 Söhne (Achim, Axel, Albrecht, Nikolaus) - 1950-55 Univ. Mainz, Göttingen, Zürich, Heidelberg; Promot. 1956 Heidelberg, Habil. 1963 Göttingen - S. 1963 Lehrtätigk. Univ. Göttingen (1968 apl. Prof.), 1973 o. Prof. Univ. Tübingen (Dir. Med. Klinik III); s. 1980 Univ. Würzburg - BV: D. hypertrophische obstruktive Kardiomyopathie, 1971; Herzinsuffizienz, 1981; Diuretika b. Hypertonie u. Herzinsuffizienz, 1984; üb. 300 Einzelarb. - 1983-89 Mitgl. u. 1987-89 Vors. Wiss. Rat; 1978-84 Vors. Fachaussch. prakt. Med. DFG; 1984-87 Chairman of the Working Group: Drug Therapy in Cardiology d. Europ. Soc. of Cardiology; 1985-91 Kurat.-Mitgl. Sandozstiftg. f. therapeutische Forsch.; 1987 Mitgl. Forsch.rat Rauchen u. Gesundheit; 1988 Vorst.-Mitgl. Dt. Ges. f. Innere Medizin (1990/91 Präs.); 1989 Mitgl. Dt. Akad. d. Naturforscher Leopoldina, u. Hochschulstrukturkommiss. Nieders.; 1989 Präs. Herbsttagung d. Dt. Ges. f. Herz- u. Kreislaufforsch.; 1989-91 Dekan d. Med. Fak.; 1991 Vors. Johann-Sebastian-Bach Ges. Würzburg e.V.; 1991 Mitgl. d. Landeshochschulstrukturkommiss. Berlin; 1991 Vors. d. Struktur- u. Berufungskommiss. Charité; 1991 Mitgl. d. Stiftungsrats d. Wilhelm Sander Stiftg. - 1989 Gr. BVK.

KOCK, Erich

Redakteur, fr. Schriftsteller - Wendelinstr. 25, 5000 Köln 41 - Geb. 19. Sept. 1925 Münster/Westf., kath., verh. - Stud. d. kath. Theol., Phil. u. German. - Ständ. Mitarb. b. Dtschl.funk, WDR, Bayer. Rundf., Süddt. Rundf., versch. Ztg. u. Zeitschr. - BV: u.a. Zwischen d. Fronten, 1964 (Paris 1966); Ludwig v. Beethoven, 1970 (London 1973); Rembrandt, 1977; Du Grund unserer Freude, 1979, 3. A. 1989; Winter in Wien, 1987; Es ist noch Zeit. Erfahrungen m. d. Älterwerden, 1989; In den Ecken hausen d. Engel, 1991. Filme u.a.: Warten (1966); Johannes XXII (1969); Wege ins Schweigen (1976); D. Kinder v. Bethlehem (1978) Kunstspektakel in d. Kirche (1989); Unterwegs m. Maria. Lourdes-Wallfahrt (1989); Not-wendig. Caritas in Dtschl. (1990); Der nicht bei seinem Leisten blieb - Adolph Kolping (1992) - Preis d. Presse u. d. Kritik; 1963 Festival d. UNDA in Monte Carlo; Silb. Taube; 1977 Kath. Journalistenpr.; 1990 Silb. Brotteller d. Dt. Caritasverb. - Spr.: Engl., Franz. - Lit.: Kürschner's Dt. Lit.kalender, Berlin/New York (1984); Sie schreiben zwischen Goch u. Köln, Wuppertal (1968); Autorinnen u. Autoren in Köln (1992); Literatur-Atlas NRW Köln (1992).

KOCK, Hans

Prof., Bildhauer - Oktaviostr. 70, 2000 Hamburg 70 (T. 689016) - 1945-47 Arch.-stud. TH Braunschweig, 1948-52 Stud. Landeskunstsch. Hamburg (Lehrer: Gerhard Marcks) - 1962 Villa-Romana-Preis (Florenz), 1969 Edwin-Scharff-Preis (Hamburg), 1972 Kunstpreis Schlesw.-Holst.; s. 1972 Mitgl. Freie Akad. d. Künste Hamburg; 1985 Plak. d. Freien Akad. d. Künste Hamburg; 1986 Senator-Biermann-Ratjen-Med. Hamburg; 1986 Hans-Kock-Stiftg. Kiel; 1987 Prof.

KOCK, Manfred

Dr. rer. nat., Prof. f. Physik - Fuhrenkamp 8, 3013 Barsinghausen - Geb. 27. Aug. 1939 Eutin - Dipl. Physik 1966, Promot. 1968, Habil. 1972 - S. 1978 Prof. Univ. Hannover, 1984 Dekan - Wiss. Veröff. auf d. Gebiet Plasma-, Atom-, Astrophysik, Optik, med. Physik.

KOCK, Walter-Dieter

Dr. jur., Oberbürgermeister - Zu erreichen üb. Rathaus, 3250 Hameln/Weser - Geb. 7. Mai 1926 Hameln - Rechtsanwalt u. Notar; Landschaftsrat; AR-Vors. Volksbank Hameln.

KOCK, Werner

Bürgermeister a. D., Vorsitzender d. Possehl-Stiftung Lübeck - Im Brandenbaumer Feld, 2400 Lübeck - Geb. 13. Okt. 1920 Lübeck, ev., verh. s. 1948 - Ausbild. kaufm. Tätigk. Lübecker Industrie (b. 1970 Prokurist). S. 1948 Mitgl. Lübecker Bürgerschaft (1955-56 u. 1964-66 I. stv., 1956-62 u. 1966-70 Stadtpräs.). SPD - 1958 Frhr.-v.-Stein-Gedenkmed.; 1971 BVK I. Kl.; 1970 Komturkreuz Orden d. Weißen Rose v. Finnland - Spr.: Engl., Schwed.

KOCKA, Jürgen

Dr. phil., Dr. h.c., Prof. f. Sozialgeschichte FU Berlin (s. 1988), ständiges Mitgl. d. Wissenschaftskollegs zu Berlin (s. 1991) - Leichhardtstr. 21, 1000 Berlin 33 - Geb. 19. April 1941 Haindorf/Sudeten (Vater: Josef K., Dipl.-Ing.; Mutter: Elisabeth, geb. Worf), kath., verh. s. 1967 m. Urte, geb. Schild - Stud. Gesch.s- u. Politikwiss., Soziol., Phil. Marburg, Wien, Berlin, Chapel Hill, N.C./M.A. 1965; Promot. 1968; Habil. 1972 - 1967-69 u. 1971-72 Wiss. Assist.; 1969/70 ACLS-Fellow Harvard - 1973-88 Prof. f. Gesch. Univ. Bielefeld (1983-88 Zentr. f. interdiszipl. Forsch.); 1975/76 Visiting Member, Inst. for Advanced Study, Princeton; 1983/84 Hist. Kolleg München; 1984 Gastprof. Univ. of Chicago; 1985 Hebr. Univ. Jerusalem; 1988/89 Wiss.kolleg Berlin; 1990 New School of Social Res. New York; s. 1990 Mitgl. d. Wissenschaftsrats - BV: Unternehmensverw. u. Angestelltenschaft am Beispiel Siemens 1897-1914, 1969; Klassenges. im Krieg. Dt. Sozialgesch. 1914-18, 1973; Unternehmer in d. dt. Industrialisierung, 1975; Angest. zwischen Faschismus u. Demokratie: USA 1850-1940 im intern. Vergl., 1977; engl. Übers.: White Collar Workers in America 1890-1940, 1980; Sozialgesch., 1977; D. Angest. in d. dt. Gesch., 1850-1980, 1981 (franz. Übers.: Les employés en Allemagne 1850-1980, 1989); Weder Stand noch Klasse. Unterschichten um 1800, 1990; Arbeitsverhältnisse u. Arbeiterexistenzen. Grundl. d. Klassenbildung im 19. Jh., 1990 - 1989 Dr. h.c. Erasmus-Univ. Rotterdam; 1991 Leibniz-Preis - Spr.: Engl., Franz.

KOCKLER, Helmut

Direktor, Geschäftsf. Sparkassen- u. Giroverb. Saar - Ursulinenstr. 46, 6600 Saarbrücken.

KOCKS, Günter

Dr. phil., Prof., Honorarkonsul d. Bundesrep. Deutschl. in Saskatchewan/Kanada - 3534 Argyle Road, Regina, Saskatchewan/Canada S4S 2 B 8 - Geb. 19. Dez. 1935 Mönchengladbach, verh. s. 1989 m. Judith, geb. Niebergall - Univ. Köln u. Bonn, Promot. 1965 - 1966-68 Lektor DAAD; 1968 Assist. Prof., 1970 Prof. in Kanada; s. 1977 Honorarkonsul in Kanada. Div. Veröff. ü. dt. Lit. - Spr.: Engl., Schwed., Jap.

KOCKS, Hans-Hermann

Assess., Hauptgeschäftsf. Handwerkskammer Trier - Loebstr. 18, 5500 Trier/M.; priv.: Zurmaienstr. 49.

KOCZIAN, von, Johanna

Schauspielerin, Buchautorin - Zu erreichen üb. Agentur Jovanovic, Kathi-Kobus-Str. 24/VII, 8000 München 40 - Geb. 30. Okt. 1933 Berlin, kath., verh. I) 1957 m. Dietrich Haugk (Regiss.), II) 1966 Wolf(gang) Kabitzky (Schallplattenprod.), T. Alexandra (Sandra) - Mozarteum Salzburg - S. 1953 Städt. Bühnen Wuppertal u. Berlin (1955), Residenztheater München (1959), Theater in d. Josefstadt Wien (1961). Bühne: u. a. Anne Frank, Ophelia, Kätchen, Haitang, Undine, Franziska, Mrs. Süllen (1972 Hamburg). Film: Viktor u. Viktoria, Petersburger Nächte, Wir Wunderkinder, Serenade e. gr. Liebe, Menschen im Netz, Verliebt - verlobt - verheiratet, Jacqueline, Heldinnen, Agatha, laß' d. Morden sein!, D. Ehe d. Herrn Mississippi, Unser Haus in Kamerun, Straße d. Verheißung, D. Liebeskarussell, Eliza, in My Fair Lady (Oper Frankfurt); Fernsehen: D. seidene Schuh, Stewardessen (Serie), Frau ohne Kuß, Reise n. Mallorca, Blinde Spiele (Kommissar-Serie 1973), Praxis Bülowbogen (Serie), Fragen Sie Frau Dr. Cora (Serie) - BV: 3 Jugendb., 1 Märchen, Phantastische Erz., Sommerschatten, R. - 1958 Preis Jg. Generation Stadt Berlin, 1959 Preis Verb. d. dt. Kritiker, Preis Theaterbesitzer (Gold. Maske), 1977 u. 1979 Gold. Vorhang als beliebteste Schauspielerin in Berlin f. Nächstes Jahr - Gleiche Zeit (Kom. am Kurfürstendamm). 5 Langspielplatten.

KODALLE, Klaus-Michael

Dr. phil., Univ.-Prof. f. Religionsphilosophie u. Sozialethik Univ. Hamburg - Loehrsweg 11, 2000 Hamburg 20 (T. 460 18 24) - Geb. 18. Okt. 1943 Gleiwitz/OS, ev., verh. s. 1982 m. Susanne, geb. Andersen, 3 Kd. (Bettina, Sophia, Severin) - Gymn. Arnsberg u. Düsseldorf; Stud. Univ. Köln (Phil., Päd., German.); Promot. 1969, Habil. 1983 Univ. Hamburg - Wiss. Assist. Univ. Regensburg u. Hamburg, 1983 Prof., Gastprof. FU Berlin, Ital., USA u. Israel

- BV: Th. Hobbes - Logik d. Herrschaft u. Vernunft d. Friedens, 1972; Politik als Macht u. Mythos. C. Schmitts polit. Theol., 1973; Negative Dialektik u. d. Idee d. Versöhnung, 1973 (m. T. Koch u. H. Schweppenhäuser); Unbehagen an Jesus. D. Herausforderung d. Psychoanalyse a. d. Theologie, 1978; D. Eroberung d. Nutzlosen. Kritik d. Wunschdenkens u. d. Zweckrationalität im Anschluß an Kierkegaard, 1988; Dietrich Bonhoeffer. Zur Kritik seiner Theologie, 1991. Herausg.: Tradition als Last (1981), Furcht u. Freiheit (üb. Th. Hobbes, 1982); Gegenw. d. Absoluten (1984); K.Ch.F. Krause (1781-1832). Stud. z. s. Phil. u. z. Krausismo (1985); Gott u. Politik in USA (1988). Mithrsg. d. Hobbes-Studies - Mitgl. d. Honorary Board d. Intern. Hobbes Assoc.

KODER, Johannes

Dr. phil., o. Prof. f. Byzantinistik Univ. Wien - (s. 1985) - Postg. 7, 1010 Wien - Geb. 26. Juli 1942 Wien (Vater: Rudolf K., Lehrer; Mutter: Elisabeth, geb. Reder), kath., verh. s. 1968 m. Alice, geb. Stengel, 2 Kd. (Barbara, Georg) - Univ. Wien. Promot. (1965) u. Habil. (1973) Wien - 1973-77 Doz. u. ao. Prof. (1977) Univ. Wien; 1978-85 Prof. Univ. Mainz - BV: Unters. z. Topographie u. Siedlungsgesch. d. Insel Euboia, 1973; Hellas u. Thessalia, 1976; Liutprand v. Cremona in Konstantinopel, 1980; Friedrich Rückert und Byzanz, 1982; D. Lebensraum d. Byzantiner, 1984. Herausg.: Hymnes du Syméon le Nouveau Théologien (3 Bde. 1969-73); Übers.reihe Byzantinische Gesch.schreiber (s. 1978). Etwa 60 Einzelarb. - Spr.: Engl., Franz., Neugriech.

KÖBBERLING, Johannes

Dr. med., Prof. f. Innere Medizin u. Endokrinologie, Leit. Med. Klinik Ferdinand-Sauerbruch Klinikum Wuppertal (s. 1986) - Am Freudenberg 85, 5600 Wuppertal - Geb. 23. April 1940 Lötzen (Vater: Jacob K., Arzt; Mutter: Milka, geb. Flügge), ev., verh. s. 1964 m. Dr. Gertrud, geb. Dunker, 3 Kd. (Anna Katharina, Johannes, Veronika) - 1960-5 Univ. Göttingen, Edinburgh/Schottl. - 1967-72 wiss. Assist., 1972-77 Priv.doz., s. 1977 Prof. f. Innere Med. - BV: The Genetics of Diabetes Mellitus, 1976 - 1979 F. Bertram-Preis Dt. Diabetes Ges. - Spr.: Engl.

KÖBELE, Bruno

Gewerkschafter, Bundesvorsitzender IG Bau-Steine-Erden (s. 1991) - Bockenheimer Landstr. 73-77, 6000 Frankfurt/M. (T. 069 - 743 72 01) - Geb. 10. Aug. 1934 Freiburg/Br., verh. s. 1979 m. Elsbeth, geb. Gutfleisch, Dipl.-Ing., 4 Kd. (Petra, Karin, Matthias, Tobias) - 1949-52 Maurerlehre Freiburg/Br. - Alter. AR-Vors. ZVK Bau; Vorst.-Vors. ULAK Bau, u. d. Malerhandwerks; AR Heidelberger Zement AG; Präs. Europ. Föderation Bau- u. Holzarb. in d. EG; verantw. f. d. Erstell. d. Stufenausb. in d. Bauwirtsch. Aufs. in Publ. d. DGB u. d. IG Bau-Steine-Erden - 1985 BVK I. Kl. - Liebh.: Musik, Wandern, Lesen, Modelleisenbahn.

KÖBERICH, Heiner

Oberstudienrat, Generalsekr. European Powerlifting Federation (EPF) - Emilstr. 42, 6100 Darmstadt - Geb. 30. Sept. 1939, verh. m. Edeltrud, geb. Kröner, 2 Kd. (Michael, Isabelle) - Abit., Staatsex. - Vors. Rechts- u. Satzungskomit. Intern. Powerlifting Federation, Vorst. Bundesverb. Dt. Gewichtheber; 1972 Sprecher d. Olymp. Gewichthebens, Sprecher u. Org. vieler Welt- u. Europameisterschaften im Powerlifting (Kraftdreikampf), Mitbegr. Dt.-Bulg. Ges. Darmstadt - Interessen: Computer-Programme zu Wettkämpfen u. Statistik in versch. Nationen - Spr.: Engl., Franz., Ital., Russ., Lat., Wollof, Suaheli.

KÖBERLE, Klaus

Geschäftsführer Landesgarantiekasse Schlesw.-Holst. GmbH, Kiel (s. 1987) - Düppelstr. 24, 2300 Kiel - Geb. 11. Febr. 1931 Hamburg (Vater: Franz K., Schriftst.; Mutter: geb. Schönfeldt, Journalistin) - Abit. 1949 Eutin - Abt. Lt. Landesbank S.H., 1966-73 Geschäftsf. Landesgarantiekasse S.H. GmbH, Kiel; 1973-78 1. Geschäftsf. Wohnungsbauges. Schlesw.-Holst. GmbH u. Sanierungs- u. Entwicklungsges. Schlesw.-Holst. GmbH, Kiel; 1979-86 gf. Gesellsch. Klaus Köberle GmbH, Baubetreuungen, Wohnungsbau; Vorst. d. Verb. d. Bürgschaftsbanken. 1961ff. Vors. u. Präs. Jg. Union SH, Sozialausschüsse d. CDU S.H., MdL. S.H. 1960-67 - Div. Fachveröff. z. Kreditwirtsch., Wohnungs- u. Städtebau, Gesellschafts- u. Sozialpolitik - BVK, Handelsrichter.

KÖBERLE, Rudolf

Dr. rer. pol., Dipl.-Kfm., Vors. Geschäftsführer Hukla Werke GmbH, Gengenbach - Germanstr. 27, 7730 Villingen (T. 07721 - 5 45 73) - Geb. 8. Dez. 1932 Brünn (Eltern: Rudolf u. Leopoldine K.), kath., verh. s. 1955 m. Vera, geb. Heck, 2 T. (Inez, Christine) - Stud. Univ. Mannheim; Promot. 1960 - 1960-69 Geschäftsf. Schaub-Lorenz und Graetz, 1969-73 Bostik, 1973-75 Marker, 1975-83 SABA, dann Geschäftsf. Thomson-Werke GmbH, Paris; 1983-85 Vorst. Grundig AG, Fürth - Liebh.: Lit., Archäol., Sport.

KÖBL, Ursula

Dr. jur., (habil.) Prof. f. Bürgerliches Recht, Arbeits- u. Sozialrecht u. Rechtssoziologie Univ. Gießen - Licher Str. 60, 6300 Gießen.

KÖBLER, Gerhard

Dr. jur., Prof. f. Dt. Rechtsgeschichte, Bürgerl. Recht u. Handelsrecht Univ. Innsbruck (s. 1985) - Innrain 52, A-6020 Innsbruck - Geb. 20. April 1939 Fürth (Vater: Wilhelm K., Angest.; Mutter: Emma, geb. Niedermeyer) - 1958-63 Univ. Erlangen u. Göttingen (Rechts-, Wirtschafts- u. Sozialwiss.). Promot. 1964; Habil. 1969 - 1972 Prof. Univ. Göttingen; 1975-85 Prof. Univ. Gießen; 1981/82 Dekan - BV: D. Recht im frühen Mittelalter, 1971; Wörterverzeichnisse zu d. dt. Volksrechten, 1977ff.; Rechtsgesch., 4. A. 1990; Lat.-German. Lexikon, 2. A. 1983; Neuhochdtsch-indogerman. Wörterbuch, 2. A. 1982; German. Wörterb., 2. A. 1982; Jurist. Wörterb., 5. A. 1991; Anfängerübung, 6. A. 1991; Bilder aus d. dt. Rechtsgesch., 1988; Histor. Lexikon d. dt. Länder, 3. A. 1990; Gotisches Wörterb., 1989; Deutsches Privatrecht d. Gegenwart, 1991. Herausg.: Wege europ. Rechtsgesch. (1987); Geschichtl. Rechtswiss.: Ars tradendo innovandoque aequitatem sectandi (1990).

KÖBLER, Ludwig

Bürgermeister d. Stadt Alfeld/Leine (1964-90) - Geb. 16. Febr. 1920 Michelstadt - 1978-86 MdL Nieders. - Ehrenbürger d. Stadt Alfeld; BVK I. Kl.

KOEBNER, Thomas

Dr. phil., o. Prof. f. Germanistik u. Medienwissenschaft Philipps-Univ. Marburg (s. 1983), u. Dir. Dt. Film- u. Fernsehakad. Berlin (s. 1990) - Blumenthalstr. 77, 5000 Köln 1 - Geb. 22. Juli 1941 Berlin - Promot. 1967, 1970-72 Doz. Köln, 1973-83 o. Prof. Wuppertal - Bücher u. Aufs. z. Lit.Gesch. d. 18. b. 20. Jh., zu Theater u. Musiktheater, Film u. Fernsehen; Herausg. u.a. von Tendenzen der deutschen Literatur s. 1945 (1971, Neuaufl. 1984), Weimars Ende. Prognosen u. Diagnosen 1930-1933 (1982); Neues Handb. d. Lit.wiss. (Bd. 20): Zwischen den Weltkriegen (1983). Mithrsg. v. Exilforsch. E. intern. Jahrb. (1983ff.); Medienwiss., E. Ztschr. f. Rezensionen (1984ff.); D. Mythos Jugend zw. Jh.wende u. Drittem Reich (1984); Deutschland nach Hitler. Zukunftspläne im Exil u. aus d. Besatzungszeit 1939-49 (1987); D. andere Welt. Kultur- u. Literaturgeschichtl. Studien z. Exotismus (1987); D. Kleine Fernsehspiel. Notate u. Referate (1988); Lit. u. and. Künste. E. Studienreihe (1989ff.). Autorenfilme. Elf Werkanalysen (1990), Unbehauste. Studien z. Lit. d. 20. Jh. (1992); Zurück zur Natur. Ideen d. Aufklärung (1992); Handlungen m. Musik. D. Oper als Zeitspiegel, Leidenschaftsdrama, Gesamtkunstwerk (1992).

KÖCHER, Franz

Dr. phil., Prof. f. Geschichte d. Medizin - Windscheidstr. 12, 1000 Berlin 12 - Geb. 27. Dez. 1916 Auma - Promot. (1949; Humboldt-U.) u. Habil. (1967; FU) Berlin - S. 1967 Lehrtätigk. FU Berlin (1969 Wiss. Rat u. Prof.; 1971 Prof.) - BV: D. babylon.-assyr. Medizin in Texten u. Unters., 1963 ff.

KÖCKLER, Wolfgang D.

Rechtsanwalt, Vorstandsvorsitzender Colonia Bausparkasse AG (s. 1974), stv. AR-Vors. Colonia Anlage-Dienst GmbH (s. 1978), Vorst.-Mitgl. Verb. d. Priv. Bausparkassen, Bonn (s. 1982), AR-Vors. Domus Verlag GmbH (s. 1983), AR-Mitgl. Colonia Finanz Beratungs- u. Vermittlungsges. mbH, Köln (s. 1987) - Meliesallee 28, 4000 Düsseldorf-Benrath (T. 71 71 90) - Geb. 12. Febr. 1932 Haan/Rh. (Vater: Dipl.-Ing. Wilhelm K.; Mutter: Hanna, geb. Voss), ev., verh. s. 1960 m. Kiki, geb. Goebel, 2 Töcht. (Christiane Barbara, Bettina Stephanie) - Naturwiss. Gymn. (Abit.); Stud. Rechts- u. Staatswiss. Ass.ex. 1962 Düsseldorf - RA Düsseldorf; 1963-70 Thyssen-Röhrenwerke; 1970-74 Geschäftsf. Kapitalanlage- u. Vermögensberat.ges.; VR-Mitgl. Europ. Bausparkassenvereinig. (EuBV); Vice Präs. Intern. Union of Housing Finance Inst.; AR-Mitgl. Rheinboden-Service Ges. f. Finanz.vermittl. mbH, Köln - Liebh.: Reisen, Sport, Bücher - Spr.: Engl.

KÖCKRITZ, von, Sieghardt

Dr., Ministerialdirektor, Leit. Abt. f. Angelegenh. d. Vertriebenen, Flüchtlinge, Kriegsgeschädigten u. kulturelle Angelehenh. Bundesinnenmin. - Graurheindorferstr. 198, 5300 Bonn 1.

KÖDER, Hans Dieter

Dipl.-Verwaltungswirt (FH), MdL Bad.-Württ. - Seestr. 28, 7049 Steinenbronn - Geb. 25. März 1940 Aalen - 1961-65 Landratsamt Aalen; 1965-70 Innenmin. Bad.-Württ.; 1970-80 Parlament. Berater b. Landtag v. Bad.-Württ.; s. 1980 MdL (Parlament: stv. Vors. d. SPD-Fraktion).

KÖGEL, F. X.

Fabrikant F. X. Kögel GmbH & Co., Fahrzeugwerke, Ulm - Postf. 2680, 7900 Ulm/D. - Geb. 8. März 1910 - S. 1934 (Firmengründ.) selbst.

KÖGEL, Herbert

Dipl.-Volksw., Geschäftsführer F. X. Kögel GmbH & Co. Fahrzeugwerke - Postf. 26 80, 7900 Ulm/Donau.

KOEGEL-DORFS, Helmuth

Kirchenrat, Beauftr. Ev. Kirchen b. Landtag u. Landesregierung v. Nordrh.-Westf. (s. 1985) - Rochusstr. 44, Postf. 32 03 69, 4000 Düsseldorf 30 (T. 0211-361 02 42) - Geb. 8 Sept. 1930 Duisburg-Hochfeld (Vater: Dr. Ing. Alfred K.; Mutter: Gertraud, geb. Dorfs), ev., verh. m. Gisela, geb. Schönfeld, 4 Kd. (Chris, Johannes, Cornelius, Amrei) - Stud. d. Theol., Sozial- u. Rechtswiss. 1950-58 Univ. Heidelberg, Bethel, Univ. Göttingen, Hamburg, Münster u. Graz; 1. u. 2. Theolog. Ex. 1955 u. 1960 Bielefeld, Ord. 1960 - Vikariat 1955 u. 1959 in Minden u. Menden; s. 1960 Pfarrer in Paderborn; s. 1970 Superintendent u. Leit. Kirchenkreis Paderborn; Kirchenrat - Spr.: Engl., Franz.

KÖGLER, Hubert

Dr. rer. nat., Geschäftsf. Ashland-Südchemie-Kernfest GmbH., Hilden - Am Ellerdahl 5, 4020 Mettmann/Rhld. - Geb. 22. Febr. 1931 - Stud. Chemie (Dipl.).

KÖHLE, Klaus Peter

Dr. phil., Prof. - Habichtstr. 29, 8031 Eichenau (T. 08141 - 88 89) - Geb. 2. Jan. 1940 München (Vater: Karl K., Kaufm.; Mutter: Dr. Johanna, geb. Kröner), kath., verh. s. 1968 m. Sieglinde, geb. Furtner, 2 Kd. (Jörg, Markus) - Stud. München; Promot. 1972 - Zun. Oberstudienrat, s. 1974 Prof. f. Didaktik d. Soz.lehre Univ. Regensburg - BV: Politik u. Gesch. im Unterr., Buchr. 1972ff.; Problemkreis Krieg u. Frieden, 1972 - Spr.: Engl., Franz., Span.

KÖHLER, Claus

Dr. rer. pol., Dr. rer. pol. h.c., Prof., Mitgl. d. Verwaltungsrates d. Treuhandanstalt u. Mitgl. d. Kurat. Inst. f. Empir. Wirtschaftsforsch., Berlin - Taunusstr. 5, 6242 Kronberg/Ts. - Geb. 5. März 1928 Berlin (Vater: Rudolf K., Industriekaufmann; Mutter: Charlotte, geb. Schumacher), verh. s. 1958 m. Dr. Ingeborg, geb. Rieckenberg - Dipl.-Volksw. 1949 Humboldt-Univ. Berlin; Promot. 1950 FU Berlin; Habil. 1961 TU Berlin - 1951-66 Bank- u. Finanztätigk. (1959 ff. Dir.); 1966-74 o. Prof. f. Volkswirtschaftslehre TU Hannover; 1969-74 Mitgl. Sachverständigenrat z. Begutacht. d. gesamtwirtschaftl. Entwickl.; 1974 Honorarprof. Univ. Hannover; 1981 Honorarprof. Univ. Frankfurt. 1974-90 Mitgl. d. Dir. d. Dt. Bundesbank - BV: D. Geldkreislauf, 1962; Orientierungshilfen f. d. Kreditpolitik, 1968; Geldw. I, Geldversorg. u. Kreditpolitik, 2. A. 1977; Geldw. II, Zahlungsbil. u. Wechselkurs, 1979; Geldw. III, Wirtschaftspolit. Ziele u. wirtschaftspolit. Strategie, 1983. Internationalökonomie. E. System offener Volkswirtschaften, 1990. Viele Fachaufs. - Liebh.: Mod. Graphik, Ostasiatica - Spr.: Engl.

KÖHLER, Dieter

Dr., Fabrikdirektor, Vorstand Berliner AG f. Industriebeteilig., Berlin - Warnenweg 13, 1000 Berlin 19 (T. 030 - 302 15 75) - Geb. 30. Nov. 1924 Halle/Saale (Vater: Arthur K., Zuckerfabrikdir.; Mutter: Hanna, geb. Weigelt), ev., verh. s. 1960 m. Sabine, geb. Wachsen, Tocht. Susanne - 1949-53 FU Berlin (Betriebsw.). Dipl.-Kfm. 1953 - Vorst. BELEVUE-IMMOB. AG; AR-Vors. SPRELA-Schichtstoff GmbH, Spremberg/NL; Beirat Lichtwer Pharma GmbH - Mitautor Handb. d. Vermögensanlage (hg. v. Dr. Carl Zimmerer) - Spr.: Engl.

KÖHLER, Dieter

Dr. jur., Kanzler d. Univ. Augsburg - Universitätsstr. 2, 8900 Augsburg - Geb. 6. Juli 1937 Leipzig, verh., 1 S. - Stud. d. Rechte Univ. München u. Köln; 1965 Promot. Univ. München - 1965-70 Tätigk. in d. inn. Verw. u. im Bayer. Kultusmin.; s. 1970 (Gründgsj.) Kanzler Univ. Augsburg. 1971-74 Mitgl. bayer. Hochschulplanungskommiss., 1974-79 VR-Vors. Studentenwerk Augsburg.

KOEHLER, Dietrich

Dr. jur. - Schillerstr. 6, 8200 Rosenheim - Geb. 21. April 1925 Berlin - B. 1967 stv. Vorst.-Mitgl. Aschaffenburger Zellstoffwerke AG., dann stv. bzw. o. Vorst.-Mitgl. (1968) Chem. Werke Hüls AG., Marl; 1983-87 Geschäftsf. Verb. d. chemischen Industrie, Frankfurt/M.

KÖHLER, Friedemann

Prof., Komponist - Wolffangelstr. 2, 6660 Zweibrücken (T. 43848) - Geb. 23. Dez. 1923 Eschwege (Vater: Musikdir. Otto-Andreas K.; Mutter: Antonie, geb. Duch), ev., verh. s. 1956 m. Elsbeth, geb. Knäpper, 4 Kd. (Michael, Andreas, Joachim, Mathias) - Mozarteum Salzburg, Staatl. Hochsch. f. Musik Köln, Univ. Mainz - 1949-51 Konzertmeister, 1962-67 Studienrat, 1968-72 Doz., s. 1972 Prof. - Zahlr. Kompositionen (f. Soloinstrumente u. -stimmen, Orch. u. Chöre, Kammermusiken) - Spr.: Franz., Engl.

KÖHLER, Günter

Dr. theol., Prof. f. Sozialethik u. Diakonie Ev. Fachhochsch. f. Sozialarb. u. -päd. Berlin (s. 1973) - Lupsteiner Weg 61a, 1000 Berlin 37 (T. 815 58 06) - Geb. 25. März 1941 Berlin (Vater: Arthur K., Kaufm.; Mutter: Gertrud, geb. Förster), ev., verh. s. 1963 m. Ilse, geb.

KÖHLER, Günter
Dr. jur., Rechtsanwalt u. Notar, Geschäftsf. Vereinig. Bremer Schiffsmakler u. Schiffsagenten - Domshof 17, 2800 Bremen (T. 0421-3 69 90) - Geb. 14. Dez. 1927 Ritterhude, ev. - Stud. Rechtswiss.; Assessorex. 1956, Promot. 1953 Univ. Kiel - AR-Mand. - Spr.: Engl.

KÖHLER, Günther
Dr., Vorstandsmitglied Victoria Holding AG, Victoria Lebensversich. AG, Victoria Versich. AG, Victoria Rückversich. AG, alle Berlin, Victoria Intern. AG f. Beteiligungen, Düsseldorf, stv. AR-Vors. Vorsorge Lebensversich. AG, Berlin, AR-Vors. Victoria Kapitalanlageges. mbH, München - Victoriapl. 1, 4000 Düsseldorf 1 - 1962-74 Vermögensverw. Münchener Rück-Versich. Ges., München; 1974 stv., 1975-80 o. Vorst.-Mitgl. Bayern-Versich., München.

KÖHLER, Heinz
Dr. jur., Mitgl. d. Europäischen Parlaments (s. 1989), Vizepräs. d. Delegation d. Europ. Parlaments zu Norwegen - Burgstaller Weg 7, 8621 Mitwitz - Geb. 12. Mai 1942 Mitwitz - 1972-89 Landrat d. Landkreises Kronach; Vors. d. Fernwasserversorgung Oberfranken, Bezirksvors. d. Bayer. Roten Kreuzes f. Ober- u. Mittelfranken; Vors. d. Naturparkes Frankenwald; Bezirksvors. d. SPD in Oberfranken.

KÖHLER, Helga,
geb. Gohde
Turnierreiterin - Borsteler Dorfstr. 72, 2810 Verden/Aller - Geb. 21. Febr. 1925 Hamburg (Vater: Dr. Gohde; Mutter: geb. Bockhorn), ev., verh. s. 1950 m. Hans-Joachim K. (Hippologe), T. Jutta (Springreiterin) - Lyzeum; Ausbild. als Arzthilfe - U. a. 1949-54 Championat d. dt. Springreiterinnen, 1959 u. 1960 Dt. Meisterin, 1962 Vize-Europameisterin d. Springreiterinnen - 1954 Silb. Lorbeerbl. d. Bundespräs.; 1964 Bronzene Ehrennadel Intern. Reiterl. Vereinig. (Brüssel) f. 16 Nationenpreise.

KOEHLER, Hellmut
Dr. jur., Landgerichtsrat a. D., Inh. Brauerei W. Rummel, Darmstadt, Vors. Brauerbund Hessen-Mittelrhein, Frankfurt/M. - Havelstr. 4, 6100 Darmstadt (T. Büro: 75736) - Geb. 11. März 1912 Darmstadt.

KÖHLER, Helmut
Dr. jur., o. Prof. f. Bürgerliches, Handels- u. Wirtschaftsrecht, Rechtstheorie u. Rechtssoziol. Univ. Augsburg - Am Feldkreuz 13, 8901 Anhausen - BV: Unmöglichkeit u. Geschäftsgrundl. b. Zweckstörungen im Schuldverhältnis, 1971; Wettbewerbsbeschränkungen durch Nachfrager, 1977; Wettbewerbs- und kartellrechtliche Kontrolle der Nachfragemacht, 1979; BGB - Allgemeiner Teil, 2. A. 1991; Verbraucherschutzrecht in d. Marktwirtsch. (m. H. Gröner), 1987.

KÖHLER, Henning
Dr. phil., Prof. f. Neuere Geschichte FU Berlin - Willdenowstr. 12, 1000 Berlin 45 - Geb. 9. Aug. 1938, verh. s. 1963 m. Katharina, geb. Steuerwald, 2. Töcht. (Annette, Corinna) - Promot. 1966; Habil. 1972; 1981/82 Gastprof. Univ. Stanford; 1987/88 Visiting Member Institute for Advanced Study Princeton - BV: Arbeitsdt. in Dtschl., 1967; Autonomiebeweg. oder Separatismus?, 1974; Novemberrevolution u. Frankr. D. franz. Dtschl.politik 1918-1919, 1980; Gesch. d. Weimarer Rep., 1981; Die Preußen in französ. Sicht, 1982; Adenauer u. d. rhein. Rep. D. erste Anlauf 1918-24, 1986. Mitverf.: Reichstagsbrand. Aufklärung e. hist. Legende, 1986.

KÖHLER, Herbert W.

Dr. jur., Gf. Vorstand i. R. Wirtschaftsvereinig. Stahl - Breite Str. 69, 4000 Düsseldorf (T. 82 91); priv.: Wildunger Str. 6, 4100 Duisburg 25 - Geb. 17. Dez. 1919 Peiskretscham/OS., kath. - Schule Oppeln (Abit.); 1938-45 Arbeits- u. Kriegsdst. (zul. Offz. Luftw.); Univ. Göttingen (Rechts- u. Staatswiss.; Promot. 1951) - 1953-60 Leit. Volksw. Abt. u. Konzernverw. d. Untern.; s. 1960 Wirtschaftsvg. Eisen- u. Stahlind., Düsseldorf (Hauptgeschäftsf. bzw. Gf. Vorst.) - 1972-87 Bundestag; 1979-81 MdEP. Div. Ehrenämter, dar.: 1967-85 Mitgl. Board of Directors u. Exekutivkomitee Intern. Iron and Steel Institute; 1976-84 VR-Mitgl. Europ. Wirtschaftsvereinig. Eisen- u. Stahlind. EUROFER; 1960-72 u. 1988-90 Beratender Ausschuß Europ. Gemeinschaft f. Kohle u. Stahl; 1975-85 Beirat Westd. Landesbank Girozentr.; Vorst.-Vors. Wirtschaftsvereinig. d. CDU Rheinl. (1973-82), jetzt Ehrenvors., Schatzm. CDU Rheinl. (1973-81), Präsid.-Mitgl. CDU Nordrh.-Westf. (1975-81) - Zahlr. Ausz.: u. a. BVK I. Kl.; Gr. BVK; Großoffizierkreuz d. Ordens Rio Branco d. Rep. Brasilien; Gr. goldenes Ehrenz. d. Rep. Österr.; Komturkreuz d. VO d. Königreichs Spanien; Offizierskreuz d. Ordens d. Eichenlaubkrone d. Großherzogtums Luxemburg; Kommandeur d. belg. Krone; VO d. Landes Nordrh.-Westf. - Liebh.: Ornithologie, Botanik (Orchideen), Ausgrabungen, Numismatik.

KÖHLER, Horst
Vorstandsmitgl. Spinnerei u. Zwirnerei Ramie AG., Emmendingen - Burgweg 13, 7830 Emmendingen/Baden - Geb. 17. Juli 1929 Glauchau (Vater: Alfred K., Fabr.) - Landesverb.

KÖHLER, Horst
Dr. rer. nat., Prof., Physiker, Präs. Dt. Opt. Komitee (1969-77), Vice Präs. Int. Com. f. Optic ICO (1972-75), Vors. Dt. Ges. f. angew. Optik (1967-72) - Sauerbruchstr. 6, 7920 Heidenheim/Brenz - Geb. 15. Jan. 1913 Eisenberg/Thür. (Vater: Walter K., Kaufm.; Mutter: Martha, geb. Clauß), verh. s. 1938, m. Ursula, geb. Ritter, 4 Kd. (Sigrun, Gernot, Ekkehard, Cordula) - Univ. Jena (Physik, Math.). Promot. 1937 Jena; Habil. 1953 Stuttgart - S. 1937 Industrietätig. (b. 1938 u. s 1945 Carl Zeiss, Jena bzw. Oberkochen (Ltr. Zentralber. Forsch. u. Entwickl. i. R.), dazw. Electro-Acustic GmbH., Kiel). S. 1953 Privatdoz. u. apl. Prof. (1959) TH bzw. Univ. Stuttgart - u. a. BV: Grundzüge d. Erschütterungsmessung, 1956; D. Fernrohre u. Entfernungsmesser, 1959; 30 J. Forsch. u. Entw. im Zeiss Werk Oberkochen, 1983. Üb. 100 Einzelveröfft. - S. 1982 Ehrenmitgl. Dt. Ges. f. angew. Optik u. Fellow of the Optical Society of America.

KÖHLER, Horst
Dr. rer. pol., Staatssekretär im Bundesmin. d. Finanzen, Bonn - Zu erreichen üb. Bundesministerium d. Finanzen, Graurheindorfer Str. 108, 5300 Bonn 1 - Geb. 22. Febr. 1943 Skierbieszow/Polen, verh., 2 Kd. - Promot. 1977 - Mitgl. d. Verw.rates d. Treuhandanstalt; Stellv. Dt. Gouverneur d. Weltbank u. EBWE - Spr.: Engl.

KÖHLER, Joachim
Bergass., Hauptgeschäftsführer Unternehmensverb. Saarbergbau (s. 1989), Mitgl. d. Geschäftsfg. Gesamtverb. d. dt. Steinkohlenbergbaus - Mainzer Str. 95, 6600 Saarbrücken 3; priv.: Nelkenstr. 28, 6600 Saarbrücken (T. 0681 - 58 15 82) - Geb. 30. Juli 1929 Micheln/Krs. Calbe (Vater: Paul K., kaufm. Leit.; Mutter: Else, geb. Apelt), ev., verh. s. 1960 m. Annegret, geb. Lorch, 2 Kd. (Barbara, Christian) - Dipl.-Ing. Fachricht. Bergbau, TU Berlin 1955/56 Hochschulassist., 1956/59 Bergref., 1960/63 Direktions- u. Vorst. Assist., 1964/65 Betr.-Ing., ab 1966 Mitarb. beim Unternehmensverb. Saarbergbau, ab 1967 stv. Geschäftsf., ab 1973 Geschäftsf.; Vorst.-Mitgl. Bundesknappschaft, u. d. Statistik d. Kohlenwirtsch. e.V.; Mitgl. Vertreterversammlg.; Mitgl. Verw.-Aussch. LAA Rheinl.-Pfalz-Saarland; Vorst. Mitgl. Landesausch. f. Jugendarbeitsschutz b. Min. f. Umwelt; Berufsbildungsaussch. IHK f. Saarlandes; Beiratsmitgl. Inst. d. dt. Wirtsch.

KÖHLER, Josef-Andreas
Dr. med. dent., Dr. med., em. o. UProf., ehem. Direktor d. UZahn- u. Kieferklinik Köln - Oberer Gaisbergweg 8a, 6900 Heidelberg - Geb. 30. Okt. 1911 - Privatdoz. 1949, apl. Prof. 1954, ao. Prof. 1956, o. Prof. Heidelberg 1964, Dir. o. gen. Klinik Köln 1965, Emerit. 1977 - BV: Diagnostik u. Therapie d. Kieferfraktur, 1951; Zahnärztl. Chirurgie, 2 Bde. 1953/56; Handb.-Beitr. Zähne u. Haut, 1960. Üb. 50 Einzelarb.

KÖHLER, Joseph
Präsident Dt. Landkreistag NW - Sander Str. 31, 4790 Paderborn-Elsen (T. 05254 - 5118) - Geb. 5. Juli 1920 Paderborn, verh., 2 Kd. - Volkssch. - Reichs- bzw. Bundesbahntätig.; dazw. Wehrdst.; 1948-64 Geschäftsf. Gewerksch. d. Eisenbahner Dtschl., Paderborn; 1964 Landrat Kr. Paderborn; 1946-56 Gemeindevertr. Elsen; 1960-64 MdK Paderborn (zul. Fraktionsvors.); 1966ff. MdL NRW; s. 1972 Vors. Landkreistag NW, s. 1984 Präs. CDU s. 1946.

KÖHLER, Karl
Prof., Maler, Seminarleit. f. Kunstpädagogik - Bahnhofstr. 8 1/2, 8035 Gauting b. München - Geb. 29. Sept. 1906 Regensburg (Vater: Valentin K., Hotelbesitzer; Mutter: Emma, geb. Haiber), kath., verh. s. 1936 m. Elisabeth, geb. Bertram, 2 Söhne (Karl-Heinz, Rainer) - Gymn.; TH München; Akad. d. bild. Künste München (Malerei b. Prof. Karl Caspar; Bildh. b. Prof. Karl Knappe) - Gemälde u. Graphik in Privatsamml. in München, Berlin, Würzburg, Chicago/USA u. Gauting; 3 gr. Altarbilder Herz-Jesu-Kirche München, St. Thomas-Kirche München, St. Wilhelmskirche Oberschleißheim, Pfarr-Kirche Ammerland/Münzing - BVK a. Bde.; Bayer. VO.; 1979 Klinge-Kultur-Preis - Liebh.: Musik, Politik - Lit.: Nachschlagew.

KÖHLER, Kurt
Dr. med. h. c., Kanzler Univ. Erlangen-Nürnberg i. R., Präs. d. Dt. Ges. f. zeitgeschichtl. Fragen (s. 1988) - Gostenhofer Str. 25, 8520 Erlangen (T. 09131 - 99 38 88) - Geb. 22. Mai 1926 Uttenreuth/Mfr., ev., verh. s. 1953 m. Marianne, geb. Schönleben, S. Peter - Univ. Erlangen-Nürnberg (Rechtswiss.) - 1956-60 Landratsamt Stadtsteinach; 1960-66 Reg. v. Oberfranken, Bayreuth (Ref.); 1966-88 Univ. Erlangen-Nürnberg (b. 1968 Synd., dann Kanzler).

KÖHLER, Monika,
geb. Schulz
Schriftstellerin, Föhrengrund 4, 2107 Rosengarten 5 (T. 040 - 796 52 90) - Geb. 9. April 1941 Berlin (Vater: Richard Schulz; Mutter: Marie, geb. Helbig), verh. s 1963 m. Otto K. - BV: D. Früchte v. Machandelbaum, R. 1980; Ged. in versch. Anthol. - Liebh.: Nichteurop. Musik.

KÖHLER, Oskar
Dr. phil., Verlagsdirektor, Honorarprof. f. Universalgesch. Univ. Freiburg (s. 1963) - Sickingenstr. 35, 7800 Freiburg/Br. (T. 67870) - Geb. 23. Juni 1909 Karlsruhe (Vater: Stefan K., Obering.; Mutter: Emmy, geb. Umminger), kath., verh., 3 Kd. (Godehard, Christoph, Brigitta) - 1928-33 Univ. Freiburg (Gesch., Dt. Lit., Kunstgesch.). Promot. 1933 - S. 1948 Lektor u. Dir. Lexikogr. Inst. (1957) Verlag Herder, Freiburg - Mitgl. Görres-Ges. - BV: Bewußtseinsstörungen im Katholizismus, 1972. Mithrsg.: Saeculum (Jb. f. Universalgesch.) - Spr.: Lat., Franz., Engl. - 1962 Ruf Univ. München (Lehrstuhl f. Ztg.swiss.) abgelehnt.

KÖHLER, Oswin
Dr. phil., o. Prof. (emer. 1977) Inst. f. Afrikanistik Univ. Köln - Fürst-Pückler-Str. 40, 5000 Köln (T. 409274) - Geb. 14. Okt. 1911 Tiefthal - S. 1952 (Habil.) Lehrtätig. Köln (1959 apl., 1962 o. Prof.) - BV: u. a. Gesch. d. Erforsch. d. nilot. Sprachen, 1955.

KÖHLER, Richard
Dr. rer. pol., o. Prof. f. Betriebswirtschaftslehre Univ. Köln, Direktor Marketing-Seminar sowie Institut f. Markt- u. Distributionsforsch. - Am Damm 4, 5000 Köln 50 - Geb. 30. Dez. 1936 Schweinfurt (Vater: Wilhelm K., Bankbeamter; Mutter: Babette, geb. Seufert), ev., verh. s. 1964 m. Barbara, geb. Carl, T. Christiane - Banklehre; Stud. d. Wirtsch.wiss. Univ. Würzburg u. Mannheim; Dipl.ex. 1962; Promot. 1965; Habil. 1973 Mannheim - 1963-71 Mitarbeit in WP-Praxis. Fachmitgl.sch.; 1983/84 stv. Vorst.-Vors. Wiss. Gesellschaft Hochschullehrer f. Betriebswirtsch. - BV: Entscheidungshilfen im Marketing, 1977; Beitr. z. Marketing-Management, 2. A. 1991. Herausg.: D. Führung d. Betriebes (1981). Mithrsg. d. Zeitschr.: Die Betriebswirtschaft; Mithrsg. Kohlhammer Edition Marketing, Handb. of German Business Management u. Handwörterbuch d. Betriebswirtsch., 5. A. - S. 1983 o. Mitgl. Accad. Italiana di Economia Aziendale (Bologna) - Liebh.: Musik - Spr.: Engl., Franz.

KÖHLER, Rolf
Dipl.-Ing., Bauing. - Ginsterweg 2, 4400 Münster (T. 0251 - 31 50 74) - Geb. 22. Aug. 1927 Holzminden, ev., verh. s. 1953 m. Ursula, geb. Kaune, 2 T. (Doris, Beate) - Staatl. Gymn. Wolfenbüttel, Bauing.-Stud. TH Braunschweig (Dipl. 1952) - 1952 Hochschulassist.; 1953-76 Preussag AG; 1977-78 Brochier Bau GmbH; 1979-90 Geschäftsf. Gerhard Rode Rohrleitungsbau GmbH - 1970/71 Pres. Intern. Pipeline Contractors Assoc. (IPLCA); s. 1967 Vorst.-Mitgl. Rohrleitungsbauverb., b. 1989 Bundesverb. d. Firmen im Gas- u. Wasserfach FIGAWA, s. 1975-79 Vorst.-Mitgl. Dt. Verein Gas- u. Wasserfach (DVGW), 1975-90 Vorst.-Mitgl. Deliwa-Verein u.a. - BV: Tiefbauarb. f. Rohrleitungen, 1985 u. 1991, u. zahlr. Fachveröff. üb. Rohrleitungsbau (Ref. u. Doz. b. Sem. u. Vortr.anst.) - 1982 DVGW-Ehrenring; 1989 RBV-Ehrenmitgl. - Liebh.: Foto, Reisen - Spr.: Engl.

KÖHLER, Siegfried
Prof., Generalmusikdirektor Hess. Staatstheater - Schloßallee 26, 6229 Schlangenbad 5 (T. 06129 - 21 39) - Geb.

30. Juli 1923 (Eltern: Emil u. Johanna K.), ev., verh. m. Rosemarie, geb. Lenz, S. Klaus-Dieter, Regiss. - Musikstud. (Harfe/Dirig.) - 1941/42 Harfenist/Dirig. Stadttheater Heilbronn; 1946-54 Dirig. Städt. Bühnen Freiburg; 1954-57 Kapellmeister Opernhaus Düsseldorf; 1957-64 Städt. Bühnen Köln; 1964-74 Generalmusikdir. Staatstheater Saarbrücken; s. 1974 GMD Staatstheater Wiesbaden; s. 1988 Chefdirig. Königl. Oper Stockholm, 1990 gleichz. GMD Dortmund. Musikalischer Oberleiter Bayer. Kammperoper - Musikwerke: Siebenschön-Ballett; Autofahrt ins Glück, 1947; Alles Kapriolen, Operette 1952; Sabine. sei sittsam, Musical n. Kotzebue 1967; Ladies an Gentlemen, Musik-Kom. 1970; Neubearbeit. versch. Opern, Orch.werke u. Lieder - 1973 Prof.-Titel Musikhochsch. d. Saarl.; 1978 BVK am Bde.; BVK I. Kl.; 1992 Ernennung z. Königlichen Hofkapellmeister durch d. schwed. König u. a.

KÖHLER, Ulrich
Dr. phil., o. Prof. f. Völkerkunde Univ. Freiburg - Inst. f. Völkerkunde, Werderring 10, 7800 Freiburg - Geb. 3. Mai 1937 Budapest, verh. s. 1974 m. Gisela, geb. Hörstgen - Univ. Freiburg (Dipl.-Volksw. 1962), Promot. 1968, Habil. 1976 Univ. Münster - 1965ff. Wiss. Assist. Freiburg u. Münster, 1973-75 Lehrstr.vertr. Univ. Hamburg u. Münster, 1976 Doz., 1977-87 Prof. Univ. Münster, s. 1987 o. Prof. Univ. Freiburg. 1979-81 Vors. Dt. Ges. f. Völkerkd. - BV: Gelenkter Kulturwandel im Hochland v. Chiapas/Mexiko, 1969 (Span. Übers. 1975); Čonbilal Č'ulelal, Grundformen mesoamerik. Kosmol. u. Rel. in e. Gebetstext auf Maya-Tzotzil, 1977. Herausg.: Z. Ethnographie d. Tzotzil v. Chenalhó, 1990; Altamerikanistik, E. Einf. in d. Hochkulturen Mittel- u. Südamerikas, 1990.

KÖHLER, Volkmar
Dr. phil., Parlam. Staatssekr. Bundesmin. f. wirtschaftl. Zusammenarbeit a. D. (1982-89), MdB (s. 1972) - Schulenburgallee 110, 3180 Wolfsburg (T. 6 17 86) - Geb. 20. Mai 1930 Hannover (Vater: Willi K., Realschulrektor; Mutter: Anneliese, geb. Jörns), ev., verh. s. 1957 m. Margret, geb. Solle, 2 Kd. (Michael, Christine) - Gymn. Hannover; Abit. 1949; Univ. Göttingen (Musikwiss., German., Kunst-, Wirtschaftsgesch. Päd.); Promot. 1956 - B. 1958 Doz. Erwachsenenbild., dann Angest. Volkswagenwerk (Hauptabt.leit. u. Leit. Führungsausbild.). 1964-76 Ratsherr Wolfsburg (1969-72 Bürger- u. Oberbgm. a. D.). 1981ff. Vizepräs. Aussch. f. Wirtsch. u. soz. Interparlam. Union. CDU s. 1963 - BV: Aspekte d. aktuellen Entwicklungspolitik, 1981 - Liebh.: Musik, Theater, Kunstgesch., Seefahrt - Spr.: Engl. - Mitgl. Lions Club.

KÖHLER, Werner
Dipl.-Ing., Prof., Werksdirektor i. R. Stahlwerke Peine-Salzgitter AG. - Ernst-Moritz-Arndt-Str. 55, 3150 Peine - Geb. 12. Febr. 1910 Köln (Vater: Dr.-Ing. Gustav K., Bergwerksdir.; Mutter: Marie, geb. Büchtemann), verh. m. Christa, geb. Gauß - S. 1937 Ilseder Hütte bzw. Stahlw. Peine-Salzgitter, dazw. 1952-57 August-Thyssen-Hütte. S. 1962 Lehrbeauftr. u. Honorarprof. (1969) Bergakad. bzw. TU Clausthal (Planung u. Bau v. Eisenhüttenanlagen - Ehrenteller Stadt Peine f. gr. Verdienste.

KOEHLER, Werner
Fabrikant, Vorst. Papierfabrik August Koehler AG, Oberkirch - Hauptstr. 6, 6702 Oberkirch - Geb. 19. Mai 1914 Oberkirch (Vater: August K., Fabr.; Mutter: Else, geb. Jansen), kath., verh. - Ausbild. Köthen - S. 1939 Familienuntern. - Spr.: Engl., Franz.

KÖHLER, Wolfram
Dr. phil., Journalist, Historiker, Direktor a. D. Funkhaus Hannover NDR - Hohegrabenweg 90, 4005 Meerbusch 1 (T. 7 63 36) - Geb. 25. Juli 1924 Wüstegiersdorf/Schl. (Vater: Heinrich K., Stud.rat; Mutter: Margarethe, geb. Hasler), ev., verh. s. 1953 m. Ingetraut, geb. Raabe, 3 Kd. (Andreas, Susanne, Juliane) - 1949-53 Univ. Bonn - 1961-70 Journ. u. Ausl.korresp. Wien u. Paris; 1971-81 Studioleit. WDR; s. 1981 Dir. Funkhaus Hann. - 1980/81 Lehrauftr. Univ. Düsseldorf f. Neueste Gesch. - BV: D. Land aus d. Schmelztiegel - D. Entstehungsgesch. Nordrh.-Westf., 1961; Annahme verweigert - D. Volksbegehren gegen d. Kooperative Schule, 1978; D. Chef-Redakt. Theodor Wolff/Biogr. 1978 - Spr.: Franz., Engl.

KÖHLER-RECHNITZ, Inka
Schriftstellerin (Ps. Inka Rechnitz), Schauspielerin - Am Schlachtensee 26, 1000 Berlin 38 (T. 801 71 38) - Geb. 18. April 1918 Breslau, gesch., 2 Kd. (Thomas, Regiss. b. Südwestf., Julka) - Zahlr. Romane, Hörsp., Erz., Märchen (meist f. Kinder). E. Kinderfilm - Schauspielerisch tätig: Theater, Tourneen, Film, Fernsehen. Mitternachtstraum (Hauptrolle).

KÖHLERTZ, Fritz
Geschäftsf. Kernkraftwerk RWE-Bayernwerk GmbH., Grundremmingen - Max-Planck-Str. 10, 8871 Grundremmingen/Schw. - Geb. 15. Juli 1925.

KÖHN, Friedrich
Präsident Wasser- u. Schiffahrtsdirektion Nordwest - Schloßpl. 9, 2960 Aurich/ Ostfriesl.

KOEHN, Hans O.-A.
Dr. rer. nat., Geschäftsführer Dr. Koehn Unternehmensberat. Hamburg, Präs. Bundesverb. Altöl Hannover - Eichenallee 8, 2000 Hamburg 52 - Geb. 27. Nov. 1926 - Stud. Chemie.

KÖHN, Johannes
Dr. rer. nat., Mathematiker, apl. Prof. Univ. Erlangen-Nürnberg (s. 1977) - Dreibergstr. 5, 8520 Erlangen.

KÖHN, Kurt
Dr. med., Prof., Chefarzt Pathol. Inst. Schloßpark-Klinik, Kurfürstendamm 146, 1000 Berlin 31 - Geb. 26. Dez. 1915 Berlin, ev. - Univ. Königsberg/Pr., Halle/S., Berlin - 1954-59 Oberarzt FU Berlin (Pathol. Inst.); s. 1955 (Habil.) Privatdoz. u. apl. Prof. (1963) ebd. - BV: D. primäre Leberkrebs, 1955; Gestaltwandel klass. Krankheitsbilder, 1957; D. Lungenarterienbahn b. angeborenen Herzfehlern, 1958; Nase u. Nasennebenhöhlen, Kehlkopf u. Luftröhre, in: Doerr/Uehlinger, Spez. Pathol. Anatomie, Bd. IV 1968.

KÖHN, Lothar
Dr. phil., Prof. f. Dt. Philologie/Neuere deutsche Literatur - Sieben Eichen 4, 4403 Senden/W - Geb. 11. Nov. 1938 Berlin - Habil. 1974 Tübingen - S. 1976 Prof. Univ. Münster/W. Fachveröff.

KÖHNE, Anne-Lore
Dipl.-Volksw., Geschäftsführer Arbeitsgemeinschaft d. Verbraucherverbände e.V., Bonn - (T. dstl. 0228 - 64 89-0; priv. Veledastr. 6, 5000 Köln 1 - Geb. 14. Aug. 1943 Düsseldorf (Vater: Franz K., Landw.; Mutter: Maria, geb. Schöne), kath., verh. - Forschungsbeauftr. Inst. f. Sozialforschung u. Gesellschaftspolitik e. V., Köln (1969-73), Gf. Inst. (1972-74), Gf. Arbeitsgem. d. Verbraucherverbände e.V. (s. 1974) - BV: Mitbestimmung - Ausweg oder Illusion? (m. a.); Diskriminierungsprobl.: Familien m. behind. Kindern - Liebh.: Landwirtschaft, Nilpferde, Fußball - Spr.: Engl., Franz.

KÖHNE, Heinrich
Dr.-Ing., Prof. f. Energie- u. Stofftransport - Schönauer Friede 108, 5100 Aachen-Richterich - Geb. 5. Sept. 1939 Erfurt (Vater: Hans K., Apotheker; Mutter: Änne, geb. Ismar), verh. s. 1968 (Ehefr.: Marlis), 4 Kd. - 1958-64 TH Aachen (Dipl.-Ing. 1964). Promot. (1967) u. Habil. (1970) Aachen - S. 1970 Lehrtätig. TH Aachen (1974 apl. Prof.; gegenw. Prof. Fachgeb. Energie- u. Stofftr.) - BV: Digitale u. analoge Lösungsmeth. d. Wärmeleitungsgleich., 1970; D. Berechnung v. stoffl. u. energet. Ausgleichsvorg. m. Hilfe d. Matrixmeth., 1974.

KÖHNE, Josef
Dr. jur., Präsident Bundesdisziplinargericht a. D., Frankfurt - Taufsteinweg 21, 6000 Frankfurt/M. (T. 544846) - Geb. 6. Sept. 1913.

KÖHNE, Karl-Heinz
Dipl.-Ing., Vizepräsident i.R. Dt. Patentamt München (1971-81) - Schwanseestr. 64, 8000 München 90 - Senatspräs. Bundespatentgericht, München 1981 BVK I. Kl.

KÖHNE, Manfred
Dr. sc. agr., o. Prof. f. Agrarökonomie - Mittelbergstr. 14, 3401 Gleichen-Diemarden (T. 792548) - Geb. 22. Jan. 1939 Bredelar/W. (Vater: Martin K.), verh. m. Dorothea (Doris), geb. Jüdes - Habil. Göttingen - S. 1969 Wiss. Rat u. Prof. u. Dr. (1970) Univ. Göttingen. Fachveröff.

KÖHNE, Manfred
Dr.-Ing., Prof. f. Meß- u. Regelungstechnik/Simulationstechnik Univ. Siegen - Dirlenbacher Weg 11, 5902 Netphen 1-Herzhausen (T. 02733 - 41 62) - Geb. 21. Sept. 1938 Bielefeld - Dipl.-Ing. 1968 TH Darmstadt, Promot. 1975 Univ. Stuttgart, Habil. 1977 ebd. - 1969-76 Wiss. Assist. Univ. Stuttgart; 1977-79 Wiss. Rat u. Prof.; s. 1980 Prof. in Siegen - BV: Zustandsbeobachter f. Systeme m. verteilten Parametern - Theorie u. Anwend. (Habil.schr.), 1977. Ca. 50 Fachveröff.

KÖHNEN, Walter
Dr. rer. nat., Prof. f. Mathematik u. ihre Didaktik Univ. Düsseldorf (s. 1980) - Im Jagdfeld 41, 4040 Neuss/Rh. - Geb. 4. Aug. 1939 Sindelfingen/Württ. - Promot. 1969; Habil. 1973 - BV: Darst. Geometrie in d. Hauptschule, 1972; Einf. in d. Theorie d. metrischen Räume, 1978; Metrische Räume, 1988; Lös. d. Aufg. d. Buches Metrische Räume, 1988.

KÖHNKEN, Adolf
Dr. phil., Prof., Klass. Philologe - Rodderbergstr. 124, 5300 Bonn 2 - Geb. 28. Jan. 1938 Buxtehude - Promot. 1963; Habil. 1970 - B. 1967 TU Berlin; s. 1969 Univ. Bonn (1971 apl. Prof.) - BV: Apollonios Rhodios und Theokrit, 1965; D. Funktion d. Mythos b. Pindar, 1971.

KÖHNLECHNER, Manfred

Dr. jur., Heilpraktiker - Geb. 1925 Krefeld - Abit. u. Jurastud. Univ. Würzburg - 1990 Gastprof. an d. Semmelweis-Univ. f. med. Wiss. - 1957-70 Generalbevollm. d. Hauses Bertelsmann; 1972 Eröffnung e. Naturheilpraxis in Grünwald; 1974 Gründ. d. Manfred-Köhnlechner Inst. e.V.; 1985 Gründ. d. Manfred-Köhnlechner Stiftg. z. Förderung d. biologisch-naturheilkundl. Verfahren im Sinne d. Erfahrungsmed. Autor bzw. Herausg. v. 30 Büchern, wobei einige in d. Ztg. u. Ztschr. - 1989 skandinavischer Naturmedizin-Preis.

KÖHNLEIN, Manfred
Dr. theol., Prof. f. Ev. Theologie u. Religionspäd. PH Schwäb. Gmünd - Grünenbergstr. 9, 7070 Schwäb. Gmünd.

KÖHNLEIN, Wolfgang
Dr. rer. nat., Prof. f. Strahlenbiologie u. Biophysik - Ignatiusstr. 37, 4409 Havixbeck/W. - Geb. 1. Mai 1933 Lauerbach - Promot. 1962 Heidelberg - S. 1972 (Habil.) Lehrtätig. Univ. Münster (1974 apl. Prof.; gegenw. Prof.). Forschungsaufg. Kernforschungszentrum Karlsruhe (1959-64) u. Yale Univ./USA (1964-66), s. 1967 Univ. Münster. Üb. 90 Facharb., Forschungsgeb. Molekulare Strahlenbiol.

KÖHRER, Peter
Journalist, Mitarbeiter versch. Zeitungen u. Ztschr. - Theodor-Storm-Str. 13, 6000 Frankfurt/M. 50 (T. 0611 - 52 25 03) - Geb. 7. Okt. 1922 Berlin (Vater: Erich K., Journ. †; Mutter: Evy Peter, Primaballerina d. Hof- u. Staatsoper Berlin †), ev., verh. s. 1957 m. Maria, geb. Seelemeyer - Reformrealgymn. - 1945 Allg. Ztg. Berlin; 1945-55 Neue Ztg., Berlin; 1955-88 Ressortleit. Politik Abendpost/ Nachtausg. Frankfurt/M. - Liebh.: Politik, Gesch., Reisen, Lit., Musik.

KÖHRING, Klaus Heinrich
Dr., Prof. f. Fremdsprachendidaktik, Amerikanistik - Niedere Wiesen 9, 3252 Bad Münder 2 (T. 05042 - 85 12) - Geb. 2. Mai 1941 Mülheim/R. (Vater: August K., Bauuntern.; Mutter: Lina, geb. Tölle), ev., verh. s. 1976 m. Bärbel, geb. Bachen - Univ. Marburg u. Freiburg (Engl., Gesch.); Promot. 1965 Freiburg, Staatsex. 1966 - 1966/67 Gymnasiallehrer; 1967-69 Austauschlehrer in USA; s. 1969 Lehrtätig. Univ. Freiburg, Heidelberg, Hamburg u. Hannover - BV: Formen des Long Poem (Diss.), 1967; Instant Engl. Bd. 1, 1971 (3. A. 1977); Instant Engl., Bd. 2, 1972 (3. A. 1980); Begriffswörterb. Fremdspr.didaktik, 1973; Projects in Politics, 1975 (2. A. 1979).

KÖLBEL, Eckehard

Dipl.-Ing. geod., Technologe Ing.-Verm. Gera (s. 1977), MdL Thüringen (s. 1990) - Breitscheidstr. 6/283, O-6500 Gera (T. 0970 - 2 46 33) - Geb. 10. Okt. 1942 Leutenberg/Thür. (Vater: Otto K., Mittelschulrekt.), ev., verh. s. 1968 m. Bärbel, geb. Uhl, 2 Töcht. (Ulrike, Kirsten) - Lehre 1961-63 Top.D. Gotha; Stud. 1963-69 TU Dresden; Dipl.-Ing. 1969 - S. 1969 Truppführer (Saalfeld), s. 1971 Vorb.-Ing. (Erfurt) - Liebh.: Heimatgesch., Geograph., Geolog. - Spr.: Engl., Russ.

KÖLBEL, Herbert
Dr. phil., Dr. rer. nat. E. h., o. Prof. f. Techn. Chemie (emerit. 1973) - Limo-

nenstr. 14, 1000 Berlin 45 (T. 832 71 83) - Geb. 30. Aug. 1908 Wulsdorf b. Bremen, verh. m. Christiane, geb. Uhlig, 3 Kd. - Realgymn. Hannover; Univ. Freiburg u. Greifswald (Chemie). Promot. 1934 - 1934-36 Chemiker Kaiser-Wilhelm-Inst. f. Kohlenforsch., Mülheim/R. (Assist. b. Geheimrat Prof. Dr. Franz Fischer), dann Leit. e. Forschungsabt. u. Betriebsdir. (1943) Rheinpreußen AG. f. Bergbau u. Chemie, Homberg, s. 1953 Ord. u. Inst.sdir. TU Berlin (1961-63 Rektor). Vorstandsmitgl. DECHEMA. Entd.: Kölbel-Engelhardt-Synthese v. Kohlenwasserstoffen aus Kohlenoxyd u. Wasserdampf, Synth. v. Schmierölen u. -fetten, Flüssigphase-Synth. (zahlr. Patente) - BV: V. d. Flöte, 1951; Projektierung u. Vorkalkulation in d. chem. Industrie, 1960 (m. S. Schulze); Fertigungsvorb. in d. chem. Ind., 1967 (m. dems.); D. Absatz in d. chem. Ind., 1970 (m. J. Schulze) - 1966 Mitgl. Dt. Akad. d. Naturforscher (Leopoldina), Halle/S.; 1979 DECHEMA-Med. (f.: Techn. Realisierung d. Fischer-Tropsch-Synthese) - Liebh.: Musik (Querflöte u. Laute; b. 1953 Leit. Moerser Schloßkonzerte).

KOELBING, Dorothea
Regisseurin - Ortsstr. 15, 7842 Kandern 5, Riedlingen (T. 07626 - 2 08) - Geb. 11. Nov. 1956 Neuenburg a. Rh., ev., verh. - Stud. d. German. u. Gesch. Univ. Freiburg; M. A. 1981 - 1981-87 Regieassist. u. Regiss. Freiburger Theater; s. 1986 freiberufl. Regiss.; s. 1992 Leiterin d. Ressort's Theater d. Kulturwerkstatt Kaserne in Basel - Insz. Freiburg: Brecht, Furcht u. Elend d. 3. Reiches; Hoffmann, Wie Du; Borchert, Draußen vor d. Tür; Ahlfors/Borgmann, Gibt es Tiger im Kongo?; Mannheim: G. Friedrich, Jule, was ist los?; Oberhausen: R. Herfurtner, Geheime Freunde; Tübingen: M. J. Campoamor, 008 kommt aus dem Takt (Dt. Erstauff.); Reutlingen: T. Williams, D. Glasmenagerie; Oberhausen: Ken Campbell, Mr. Pilk's Irrenhaus; Göttingen: Rotter v. Thomas Brasch; Kassel: Tür u. Tor v. Ulrich Zaum.

KÖLBLIN, Rolf
Vorsitzender d. Geschäftsführung Gebr. Honsberg GmbH - Hastener Str. 22-26, 5630 Remscheid (T. 02191 - 8 98-3 00/3 01) - Geb. 21. Juli 1932.

KÖLL, Peter

Dr. rer. nat., Dipl.-Chem., Prof. f. Organ. Chemie (C4) Univ. Oldenburg - Gartenstr. 22, 2900 Oldenburg (T. 0441 - 50 48 64) - Geb. 1. Febr. 1941 Neumünster, verh. s. 1964 m. Magdalena, geb. Deutsch, 2 Kd. (Ann Esther, Jens Peter) - Abit. 1960 Hamburg; 1960-68 Stud. Chemie Göttingen u. Hamburg, Promot 1971 - 1968-75 Wiss. Assist. Inst. f. Organ. Chemie Univ. Hamburg; 1975ff. Prof. Univ. Oldenburg (1978-80 Dekan Math. Naturw. Fachber. Univ. Oldenburg, 1980-82 Vizepräs. Univ. Oldenburg, 1984/85 Dekan Fachber. Chemie Univ. Oldenburg). Ca. 150 Originalveröff. üb. Kohlenhydratchemie u. Biomassenutz. - 1981 Océ-van der Grinten-Preis f. Umweltschutz.

KOELLE, Heinz H.
Dr.-Ing., o. Prof., Mitgl. Direktorium d. Inst. f. Luft- u. Raumfahrt, Fachbereich Verkehrswesen TU Berlin (s. 1955) - Willdenowstr. 10, 1000 Berlin 45 (T. 769 15 80) - Geb. 22. Juli 1925 Danzig (Vater: Hermann K., Oberstlt. d. Schutzpolizei; Mutter: Anneliese, geb. Palfner), ev., verh. s. 1951 m. Elisabeth, geb. Trautmann, 3 Töcht. (Ingrid, Karin, Patricia) - TH Stuttgart (Maschinenbau) - 1952-54 Leit. Astronaut. Forschungsinst. Stuttgart; 1955-59 Leit. Projektabt. US Army Ballistic Missile Agency; 1960-65 Dir. f. Zukunftsplanung George C. Marshall Space Flight Center, National Aeronautics and Space Administration, Huntsville/USA - BV: Handbook of Astronautical Engineering, 1961 - 1952 Med. Franz. Aeroclub, 1963 Hermann-Oberth-Med. Dt. Ges. f. Raketentechnik u. Raumfahrt; 1955 Ehrenmitgl. DGfRuR; 1978 Mitgl. Intern. Acad. of Astronautics; 1978 Ehrenmitgl. f. Zukunftsfragen e. V.; 1980 Eugen-Sänger-Med. d. DGLR - Spr.: Engl. - Rotarier.

KÖLLER, von, Karsten
Dr. jur., Vorstandsmitglied RHEINHYP Rhein. Hypothekenbank AG (s. 1984) - Zu erreichen üb. RHEINHYP Rhein. Hypothekenbank AG, Postf. 16 06 55, 6000 Frankfurt/M. 1.

KÖLLER, Wilhelm
Dr. phil., Prof. f. Germanistik GH Kassel - Eberhard-Wildermuth-Str. 20, 3500 Kassel (T. 0561 - 28 20 72) - Geb. 23. April 1941 Stralsund - 1961-67 Stud. Univ. Freiburg u. Marburg (Promot. 1973) - 1968-70 Schuldienst Marburg; 1970-72 Lektor in Lund/Schweden; 1973-75 Akad. Rat Hannover; 1975 Prof. GH Kassel - BV: Semiotik u. Metapher, 1975; Zeichen, Text, Sinn (m. P. Rusterholz u. K. H. Spinner), 1977; Funktionaler Grammatikunterr., 2. A. 1986; Philosophie d. Grammatik, 1988.

KÖLLING, Georg
Dr. rer. nat., Prof. f. Kohlenchemie - Kiefernhalde 26, 4300 Essen 1 - Geb. 6. Dez. 1918 Zerbst - S. 1961 Lehrbeauftr. u. Honorarprof. (1969) Univ. Münster/W.

KÖLLMANN, Wolfgang
Dr. phil. (habil.), o. Prof. f. Sozial- u. Wirtschaftsgeschichte/Demographie Univ. Bochum (s. 1964) - Grenzberg 21, 4320 Hattingen 17 (T. 02324 - 41247) - Geb. 2. Jan. 1925 Wuppertal - Zul. Doz. Univ. Hamburg. Vors. Berg. Geschichtsverein (1973 wiedergewählt); Mitgl. Histor. Kommiss. Westfalens (1965); Mitgl. Union Intern. pour l'etude scientifique de la polulation (1957) - BV: Sozialgesch. d. Stadt Barmen im 19. Jh.; Friedrich Harkort, Bd. 1; Bevölkerungs-Ploetz, Bd. 4; Bevölk. in d. ind. Revolution (Aufs.sammelbd.). Div. Einzelveröff. Mithrsg.: Werke v. Friedrich Harkort (1961 ff.), Bevölk.sgesch. (1972) - 1962 Alfred-Grotjan-Med.; 1970 Crecelius-Med. - Spr.: Engl. - Rotarier.

KOELLREUTTER, Eberhard
Dipl.-Kfm., Vorstandsmitglied Bayer. Hausbesitzer-Versicherungs-Ges. a.G., München, Vorst.-Vors. Landesverb. Bayer. Haus- u. Grundbes. ebd. - Kiefernweg 21, 8130 Starnberg 2 - Geb. 8. Jan. 1925 - S. 1955 Landesverb. bayer. Haus- u. Grundbes.

KÖLPIN, Wilhelm Dieter
Dipl.-Ing., Inhaber Kölpin Metallbau Neubrandenburg - E.-Weinert-Str. 11, O-2000 Neubrandenburg (T. 4 16 56) - Geb. 9. Nov. 1946 Neubrandenburg, ev., verh. s. 1968 m. Brigitte, geb. Schönwald, 2 Kd. (Alexander, Andra) - Abit. 1965; Dipl.-Ing. Maschinenbau 1970 TU Dresden; SFJ TH 1973 Chemnitz - S. 1990 Präs. Handwerkskammer Neubrandenburg; 1992 Gründungsmitgl. RC Neubrandenburg - Liebh.: Lyrik- u. Kurzprosa-Schreiben (Anthol.), klass. Musik - Spr.: Engl., Russ.

KÖLSCH, Eckehart
Dr. rer. nat., o. Prof. f. Immunologie Univ. Münster (Dir. Inst. f. Immunologie) - Kolpingstr. 5, 4417 Altenberge/W. - Geb. 23. Sept. 1937 Kaiserslautern/Pf. (Vater: Kurt K., Lehrer; Mutter: Luise, geb. Klein), verh. s. 1966 m. Brigitte, geb. Grossestreuer, 3 Kd. - Promot. 1964; Habil. 1972 - Zul. Univ. Hamburg. Üb. 170 Fachveröff.

KÖLZER, Helmut
Dipl.-Ing., Dipl.-Ing., Architekt - Riesheimer Str. 27, 8032 Gräfelfing (T. 85 53 70) - Geb. 18. Juni 1931 Berlin (Vater: Prof. Dr. Joseph K., Mutter: Ida-Maria, geb. Barthel), ev., verh. s. 1964 m. Traudlind, geb. von Dücker, 3 Kd. (Tarja, Anja, Jens) - Stud. Bauing.-wesen (Dipl.-Ing.) u. Arch. (Dipl.-Ing.) TH München - 1958 Vorst.-Mitgl. Dt.-Finn. Ges. (Initiator Schüler- u. Stud.-austausch), 1972-85 Bundesvors., 1987 Ehrenvors. Herausg. u. Chefredakt. Dt.-Finn. Rundschau - 1967 Ritterkr. Ord. Weiße Rose (Finnl.); 1984 BVK; 1986 Komturkreuz d. Ordens d. Finn. Löwen - Liebh.: Philatelie - Spr.: Engl. - Lions-Club.

KÖLZOW, Dietrich
Dr. rer. nat., o. Prof. u. Vorstand Math. Inst. Univ. Erlangen-Nürnberg (s. 1971) - Ludwig-Thoma-Str. 21, 8520 Erlangen.

KÖMPEL, Tilmann
Vorstandsmitglied Thyssen Edelstahlwerke AG. (s. 1984) - Oberschlesienstr. 16, 4150 Krefeld/Rhld.

KÖNEKE, Udo
Konrektor a. D., MdL Nieders. (s. 1978), Bürgermeister Samtgemeinde Holtriem - Raiffeisenstr. 8b, 2941 Blomberg - SPD.

KÖNGETER, Walter
Dr.-Ing., Architekt, Prof. Staatl. Kunstakad. Düsseldorf - Rilkestr. 10, 4000 Düsseldorf.

KÖNICKE, Heiko
Geschäftsführer Nürnberger Messe- u. Ausstellungsges. mbH. - Weidmannstr. 7, 8500 Nürnberg - Geb. 9. März 1940.

KÖNIG, Benno

Dr. med., Prof. Fachgebiet Allgemeinmed. Univ. Mainz (s. 1977) - Prunkgasse 9, 6500 Mainz-Finthen (T. 06131 - 47 20 37, Fax 4 03 25) - Geb. 15. Febr. 1929 Finthen, kath., verh. s. 1958 m. Aenne, geb. Stein, 5 Kd. (Dr. med. Ortrud, Wolfram, Tassilo, Rupert, Guntram) - Ausb.: Arzt f. Allgemeinmed., Geburtshelfer, Arzt f. Arbeitsmed. - Zugarzt d. DRK; Vorst.-Mitgl. d. Stiftg. z. Förd. d. Lehre u. Forsch. in d. Allgemeinmed.; Präs. Dt. Ges. f. Allgemeinmed.; Wissenschaftl. Beirat d. Schmerzliga; Vorst.-Mitgl. Dt. Ges. z. Bekämpfung v. Fettstoffwechselstörungen u. deren Folgeerkrankungen (Lipid-Liga); Fortbildungsbeauftr. Kassenärztl. Vereinig. Rheinhessen; Mitgl. Weiterbildungs- u. Prüfungsaussch Bezirksärztekammer Rheinhessen, Landesvorst. Rhld.-Pfalz Berufsverb. d. prakt. Ärzte u. Ärzte f. Allgemeinmed. (BPA), Gebietsarztaussch. Allgemeinmed. d. Kassenärztl. Vereinig. Rheinhessen (KV), Onkolog. Arbeitskr. d. Kassenärztl. Vereinig. Rheinhessen, Aussch. f. Aus- u. Weiterb. u. Aussch. Allgemeinmed. Hartmannbd., Landesaltenbeirat d. Sozialmin. Rhld.-Pfalz, gf. Schriftleit. d. Ztschr. Fortschritte d. Diagnostik, wissenschaftl. Beirat d. Ztschr. Gerontologie, D. Arzt u. sein Recht; Mitgl. d. Transparenzkommiss. d. Bioaequivalenzkommiss. u. d. Sachverst.-Aussch. f. Verschreibungspflicht b. Bundesgesundheitsamt, Aussch. f. Arzneimittelwesen d. Bundesverb. d. BPA, 1977-88 Vorst. Kassenärztl. Vereinig. Rheinhessen, 1975-79 Sachverst.-Aussch. f. Prüfungsfragen b. Inst. f. Med. u. pharmazeut. Prüfungsfragen in Mainz - BV (Coautor): Hausarzt u. Patient, 1982; D. Fehldiagnose, 1988; Geriatrie in d. Allgemeinpraxis, 1989. Herausg.: D. Allgemeinmed. (2 Bde., 1988) - Inter.: Touristikmed., Flugmed. - Spr.: Engl.

KÖNIG, Carmen
Juristin, MdL Bayern (s. 1978, Wahlkr. Oberbay.) - Am Perlacher Forst 200, 8000 München 90 - Geb. 25. Sept. 1948 München (Vater: Erwin K., Stukkateurm.; Mutter: Elfriede, geb. Geiß) - Sophie-Scholl-Gymn. (Sozialwiss. Zweig) u. Univ. München (Volksw. u. Rechtswiss.). 1. u. 2. jur. Staatsex., Rechtsanwältin. 1971-74 Bezirksvors. Jungsozialisten Südbayern. SPD s. 1966 (1973ff. Mitgl. d. Parteirates); s. 1987 stv. Bezirksvors. d. SPD in Südbayern, s. 1986 Vors. d. Aussch. f. Bundes- u. Europaangelegenheiten d. Bayer. Landtages - Spr. Engl.

KÖNIG, Dieter
Dr.-Ing., Prof. f. Hochspannungstechnik TH Darmstadt - Langgässer Weg 12, 6100 Darmstadt (T. 06151 - 66 47 78) - Geb. 17. Juli 1935 Waldenburg/Schles. (Vater: Johannes K., Dipl.-Ing.; Mutter: Lucie, geb. Hirschmann), verh. s. 1963 m. Eveline, geb. Pfannschmidt, 2 Töcht. (Anja Sophie, Lilo Nicole Nina) - 1956-62 Stud. Elektrotechnik TH Braunschweig (Studienstiftg. d. Dt. Volkes); Dipl. 1962, Promot. 1967 - 1962-67 wiss. Assist., 1968 Obering., 1968-79 Industrietätigk.; 1968-70 Produktleit. BBC Mannheim; 1970-79 Versuchsfeldleit. f. Hochspannung u. Isolierst., Prok. Calor Emag E-AG Ratingen; s. 1979 Prof. TH Darmstadt (1983-85 Dekan FB Elektr. Energietechnik). Pat. u. Patentanm. auf d. Geb. d. fabrikfert. Hochspannungsschaltanlagen. Fachgremien: Intern. Hochspannungs-Konfz. CIGRE, Intern. Electr. Comm. IEC, VDE. Rd. 90 Veröff. - 1969 Preis IEEE-Electrical Insulation Conference, USA; 1974 Preis VDE - Liebh.: Lit., Bergwandern - Spr.: Engl.

KÖNIG, Eckard
Dr. phil., o. Prof. f. Allg. Pädagogik Univ. Paderborn (s. 1976) - Neuhäuserstr. 108, 4790 Paderborn - Geb. 9. März 1944 Königsberg - Oberrealsch. Coburg; 1963-70 Univ. Erlangen-Nürnberg. Promot. 1970; Habil. 1975 - 1969-76 Wiss. Assist. Univ. Erlangen-Nbg. 1991/92 Gründungsdekan PH Erfurt - BV: Theorie d. Erziehungswiss., 3 Bde. 1975/78; Basiswissen Philosophie, 1975; Diskuss. Unterr.vorber. - Verfahren u. Modelle (Hg. m. N. Schier, U. Vohland), 1980; Diskuss. Päd. Anthropol. (Hg. m. H. Ramsenthaler), 1980; Erziehungswiss. Forsch., (Hrsg. m. P. Zedler), 1982; M. Eltern arbeiten, (m. G. Volmer) 1982; Rezeption u. Verwendung erziehungswiss. Wissens (Hg. m. P. Zedler), 1989; Forsch.projekte zu subj. Verarbeit. neuer Technologien, Entwickl. v. Bildungskonzeptionen.

KÖNIG, Ekkehard
Dr. phil., Prof. an d. FU Berlin (s. 1988) - Walsroder Str. 199, 3012 Langenhagen -

Geb. 15. Jan. 1941 - Promot. 1970; Habil. 1973 - B. 1988 Prof. f. Engl. Sprachwiss. Univ. Hannover - Facharb.

KÖNIG, Ernst

Prof., Hochschullehrer - Hartmannstr. 16c, 1000 Berlin 45 - Gegenw. Prof. f. Grundschuldidaktik PH Berlin.

KOENIG, Fritz

Bildhauer, o. Prof. f. Plast. Gestalten TU München (s. 1964) - 8301 Ganslberg/Ndb. - Geb. 20. Juni 1924 Würzburg - o. Mitgl. Bayer. Akad. d. Schönen Künste, München, u. Akad. d. Künste Berlin.

KOENIG, Gerd

Gf. Gesellsch. Mietfinanz GmbH., Mülheim, Geschäftsf. Mietkauf GmbH., HVG Hochofen-Verw.sges. mbH. u. HVG Zweite Hochofen-Verwaltungsges. mbH., alle Mülheim/Ruhr, V.L.A. Vermiet.sges. Luftzerleg.sanlagen (1. u. 2.) GmbH., Mülheim - Nixhütter Weg 9a, 4040 Neuss - Geb. 9. Dez. 1927 - In- u. ausl. ARs- u. VRs.mand., dar. Vors. u. stv. Vors.

KÖNIG, Gert

Dr.-Ing., Dipl.-Ing., Prof. f. Massivbau TH Darmstadt (s. 1975) - In den Dellwiesen 20, 6242 Kronberg (T. 06173 - 6 44 64) - Geb. 2. Okt. 1934 Leipzig (Vater: Paul K., Reg.sbaurat; Mutter: Käthe, geb. Gerth), ev., verh. s. 1963 m. Jutta, geb. Zimmer, 2 Kd. (Ulrike, Anne-Katrin) - Thomassch. Leipzig, Friedrichsgymn. Kassel; Stud. Bauing.wesen TH Darmstadt; Dipl.ex. 1960; Promot. 1966; Habil. 1970 - S. 1971 Beratender Ing. f. d. Bauwesen - BV: Zur Sicherheit v. Bauten, Werners Baukalender 1974; Hochhäuser aus Stahlbeton, Beton-Kalender 1990; Spannbeton: Bewährung im Brückenbau, 1986.

KÖNIG, Gert Albrecht

Dr. phil., Wiss. Rat, Prof. f. Philosophie Univ. Düsseldorf (s. 1971) - Universitätsstr. 1, 4000 Düsseldorf 1 - Geb. 17. Dez. 1936 Höganäs (Schweden).

KÖNIG, Günter

Prof., Maler u. Kunsterzieher - Niklas-Vogt-Str. 19, 6500 Mainz - Prof. Univ. Mainz (Malerei u. Kunstdidaktik).

KOENIG, Günther

Dr. jur., Botschafter d. Bundesrep. Deutschl. in Libreville/Gabun - Zu erreichen üb. Botsch. Libreville, Postf. 1500, 5300 Bonn 1; priv.: Auf dem Ölsfeld 3, 5300 Bonn 2 - Geb. 31. Mai 1940 Düsseldorf (Vater: Dr. Karl K., Rechtsanw.; Mutter: Ellen, geb. Helfen), kath., verh. s. 1980 m. Ute Minke-Koenig, T. Helen Sibylle - Abit. 1959; nach Wehrdienst 1961-65 Stud. Rechtswiss. Univ. Genf, Berlin, Freiburg, Bonn u. Köln (1. jurist. Staatsex. 1965); anschl. Refer. u. Stud. Vew.-Akad. Speyer (Promot. 1967, 2. jurist. Staatsex. 1969) - 196-71 Rechtsabt. Hamburg. Landesbank u. Rechtsberater Öfftl. Bausparkasse Hamburg; 1971 Ausw. Amt, b. 1972 Attaché in Brüssel (EG-Kommiss. u. dt. EG-Vertr.), 1972-74 Planungsstab AA, 1974-77 Konsul in Madras, 1978-82 Polit. Abt. AA (Südostasien), zugl. Vorst. Juniorenkr. d. Diplomat. Corps, 1982 dt. Botsch. in Libreville/Gabun - Jurist. Veröff. üb. Rückzahlungsklauseln im Arbeitsrecht, zivilrechtl. Fragen d. Ladendiebstähle, u. a. - Liebh.: Fotogr. - Spr.: Engl., Franz.

KÖNIG, Gustav

Prof., Generalmusikdirektor - Am Brunnen 1, 4300 Essen-Bredeney (T. 44 11 55) - Geb. 12. Aug. 1910 Schwabach/Mfr., verh. m. Marie-Luise, geb. Schilp - Gymn. Augsburg; Univ. u. Akad. d. Tonkunst München - 1932-43 Kapellm. Osnabrück, Stettin (1934), Berlin (1936), Aachen (1941); s. 1943 GMD u. Leit. städt. Musikwesen Essen; s. 1956 außerd. Prof. Nordwestd. Musik-Akad. Detmold; s. 1980 Dirig. u. Prof. in Taiwan. Zahlr. Ur- u. Erstauff. v. Konzert- u. Opernw., u.a. Dt. Erstauff. v. Bergs Lulu; 1989 Chines. Erstauff. v. Webers Freischütz (169 J. n. d. Berliner Urauff.). Gastdirig. aller gr. dt. u. zahlr. ausl. Orch. - Chilen. Kritikerpreis - Spr.: Engl., Franz., Ital., Span.

KÖNIG, Hans

Bürgermeister i. R. - Am Herrenweiher 23, 5500 Trier/Mosel (T. 32486) - Geb. 29. April 1916 Berlin, ev., verh., 2 Kd. - Realsch. (Mittlere Reife); kaufm. Ausbild. - 1936-45 Arbeits-, Wehrdst. u. sowjet. Gefangensch.; Angest. Straßenbau- u. Arbeitsamt Trier; 1948-57 Amtsbürgerm. Kempfeld/Nahe; s. 1957 Beigeordn., Stadtkämmerer u. I. Bürgerm. (1959) Trier. 1951-71 u. 1975-79 MdL Rhld.-Pfalz (1967 Fraktionsvors.). SPD s. 1946 (u. a. Mitgl. Landesvorst.) - 1975 Gr. BVK.

KÖNIG, Hans

Dr. rer. nat., Prof., Dipl.-Chem. (Blendax-GmbH, Mainz) - Gertrud-Bäumer-Str. 34, 6200 Wiesbaden - Geb. 11. März 1930 Zeitz - Promot. 1956 Jena - S. 1970 (Habil.) Lehrtätigk. Univ. Mainz (n. b. Prof. f. Analyt. Chemie) - BV: Neuere Methoden z. Analyse v. Tensiden, 1971; Nuclear Magnetic Resonance Spectrometry of Anionic Surfactants in Anionic Surfactants-Chem. Analysis, 1977; Z. Analyse kosmetischer Präparate, 1983 u. 1984; 70 wiss. Veröff. in Fachztschr.

KÖNIG, Hans H.

Filmregisseur u. Autor - Wenzberg 1, 8021 Icking/Isar (T. 53 07) - Geb. 19. Aug. 1912 Berlin, ev., verh. m. Käte, geb. Schwager, 2 Kd. - Heese- Gymn., Berlin-Steglitz - BV: D. Lichtung, Ged. 1948; Legende d. Leidenschaft, R. 1962; D. 8. Himmel, R. 1963. Ess. u. Lyr. in: D. Wandlung, Neue Rundschau u. a. Filme: D. eingebildete Kranke, Rosen blühen auf d. Heidegrab, D. kl. Stadt will schlafen gehn, Hochstaplerin d. Liebe, Geliebtes Frl. Doktor, D. Fischer v. Heiligensee, D. Erbe v. Bruggerhof, Vergiß, wenn du kannst, Heiße Ernte; zahlr. Illustr.-R. unter Ps. Henry van Dam; Fernsehserie: Meine Frau Susanne.

KOENIG, Hans-Joachim

Geschäftsf. Industriewerke Lemm & Co. GmbH. - 5501 Geizenberg/Post Pluwig - Geb. 14. März 1916.

KÖNIG, Harald

Dr., Hauptgeschäftsführer Verband d. Cigarettenind. - Königswinterer Str. 550. 5300 Bonn 3.

KÖNIG, Heinz

Dr. rer. pol., Dr. rer. pol. h. c., o. Prof. f. Volkswirtschaftslehre (Lehrstuhl II) - Winterstr. 34, 6800 Mannheim-Pfingstberg (T. 87 35 33) - Geb. 25. Dez. 1927 Montabaur - S. 1958 (Habil.) Lehrtätigk. Univ. Mannheim (1962 Ord. u. Mitdir. Inst. f. Volksw.) - BV: Wachstum u. Entw. d. Wirtsch., 1968; Einf. in d. Spektralanalyse ökonom. Zeitreihen, 1972; Ausb. u. Arbeitsmarkt, 1983; Kontrolltheoret. Ansätze in makroökonometr. Modellen, 1985. Fachveröff. Herausg.: Wandlungen d. Wirtschaftsstruktur in d. BRD (1962) - Mitgl. Heidelberger Akad. d. Wiss.; Fellow Econometric Soc.

KÖNIG, Heinz

Dr. rer. nat., Dr. rer. pol. h. c., o. Prof. f. Mathematik - Auf Gierspel 36, 6601 Bischmisheim/Saar (T. Saarbrücken 894711) - Geb. 16. Mai 1929 Stettin (Vater: Josef K., Kaufm.; Mutter: Meta, geb. Bognitz) ev. I) 1954 m. Helga, geb. Bognitz, † 1979, II) s. 1980 m. Karin, geb. Grewin, S. Daniel - Univ. Kiel (Promot. 1952) - S. 1956 (Habil.) Lehrtätigk. Univ. Würzburg, TH Aachen (1960 ao. Prof.), Univ. Köln (1962 o. Prof.) u. Saarbrücken (1965). Üb. 60 Fachveröff. u. Einzelarb. üb. Hochschulprobleme. Mithrsg.: Archiv d. Math. (1965 ff.) - BV: Abstract Analytic Function Theory and Hardy Algebras (m. Kl. Barbey), 1977; Analysis I, 1984; Math. Wirtschaftstheorie (m. M. Neumann), 1986 - 1975 Officier de l'Ordre Grand-Ducal de la Couronne de Chêne (Luxembourg), 1984 Membre Corresp. Soc. Royale d. Sciences de Liège.

KÖNIG, Herbert

Regisseur Düsseldorfer Schauspielhaus - Arnoldstr. 16, 4000 Düsseldorf 30 (T. 0211 - 493 05 01) - Geb. 11. Febr. 1944 Magdeburg, verh. m. Dagmar Cron, Schausp., 3 Kd. - Stud. Theaterwiss. Univ. Leipzig - S. 1973 Insz. in d. DDR (Ostberlin, Magdeburg, Karl-Marx-Stadt, Dessau, Greifswald u.a.), Basel, Essen, Schaubühne Berlin, München. S. 1983 in Düsseldorf.

KÖNIG, Herbert L.

Dr.-Ing., Prof. f. Elektrophysik - Simmernstr. 5, 8000 München 40 - Geb. 1925 München - Promot. 1959; Habil. 1966 - S. 1967 Doz., Wiss. Rat, apl. Prof., 1979 Extraord. TU München, 1990 i.R. - 1968 USA-Aufenth. - BV: Unsichtbare Umwelt, 1975 (engl. Übers. 1981); D. Wünschelruten-Report, 1989; Umweltfaktor elektrischer Strom, 1992.

KÖNIG, Hermann

Dr. rer. nat., Prof. f. Mathematik Univ. Kiel - Holm 27, 2300 Molfsee - Geb. 24. April 1949 Verden (Eltern: Carl u. Irmgard K.), ev., verh. m. Jutta, geb. Gebauer - Univ. Bonn (Promot. 1974, Habil. 1977) - 1974-81 Wiss. Assist. Univ. Bonn; s. 1981 Prof. Univ. Kiel.

KÖNIG, Joachim

Dipl.-Volksw., Vorstandsvorsitzender Westf. Ferngas-AG - Lohbergstr. 75, 5804 Herdecke (Ruhr)-Ende - Geb. 22. Mai 1934 - Beirat Ruhrgas AG, Essen, u. Westdt. Landesbank Girozentrale, Düsseldorf/Münster.

KÖNIG, Jörg

Senator a. D. - Wentorfer Str. 38, 2050 Hamburg 80 - Geb. 1942 - S. 1974 Mitgl. Hbg. Bürgersch.; 1983/84 Senator Finanzbeh. SPD.

KÖNIG, Johanna

s. König-Hock, Johanna

KÖNIG, Johann-Günther

Dr. phil., Schriftsteller, Sales Director PYE International - Schweizer Str. 5, 2800 Bremen 1 (T. 0421 - 70 29 14) - Geb. 15. Aug. 1952 Bremen, verh. s. 1979 m. Joan, geb. Elvery, 2 Kd. (Georgina, Oliver) - Fachabit.; Dipl.-Sozialpäd. 1980. Promot. 1986 Bremen - Mitgl. Verb. Dt. Schriftsteller (VS); Mitgl. Verein Bremer Literaturkontor - BV: Verlieren ist kein Schicksal, 1976; Norderney, 1977; Stellungswechsel, 1978; D. Bremer Blockland, 1980; D. streitbaren Bremerinnen, 1981; D. feine Bremer Art, 1982; D. Gesch. d. Dorfes Fischerhude, 1983; Künstler in Fischerhude (m. a.), 1984; Z. Funktion d. Kinder- u. Jugendbibl. im Kommunikationsprozeß, 1986; Nachwort in: Friedo Lampe, D. Gesamtwerk, 1986; Heini Holtenbeen u. andere Bremer Originale, 1990; Goethe u. d. Heringe aus Bremen (m. B. Gleim), 1989; Literarischer Spaziergang durch Bremen, 1991; Bremen im Spiegel d. Literatur, 1991; Bremen v. A-Z, 1992. Herausg.: D. große Buch d. bremischen Humors (1987); Bremer Kindheiten (1989). Div. Rundfunkarb., Beitr. in Anthol.; Übers. aus d. Engl., Beitr. f. Fachb. - 1983/84 Promotionsstip. Friedrich-Ebert-Stiftg.; 1984 Reisestip. Ausw. Amt; 1985 Arbeitsstip. Kulturelle Stichting Amsterdam - Liebh.: Bremer Gesch., Kindheit in mod. Ges., Öfftl. Bibliothekswesen, Gesch. u. Weiterentw. - Spr.: Engl. - Lit.: Nieders. lit. (1981); Who's Who in Germany (1979); Who's who in Lit. (1982); Kürschnrs Literaturlex. (1984, 1987).

KÖNIG, Josef Walter

Germanist, Schriftsteller (Ps. Walter Grenzer) - Johann-Wiedemann-Str. 2, 8850 Donauwörth - Geb. 16. Febr. 1923 Hotzenplotz (Vater: Josef K., Gendarmeriebeamter; Mutter: Anna, geb.

Nießner), kath., verh. s. 1948 m. Janina, geb. Scheil - Stud. Univ. Prag u. München - BV: D. Schrifttum d. Ostsudetenlandes, Lex. 1964; Ihr Wort wirkt weiter, Ess. 1966; Donauwörth im Spiegel d. Lit., 1968; Straßenrandbemerk., Glossen 1972; Donauwörth, Monogr. 1974; Heimat im Widerschein, Ess. 1977; Schwarzes Kreuz auf weißem Grund, 1981; Vorderösterr., 1982; Donauwörth, literar. gesehen, 1984; V. Oettingen n. Freudenthal, 1985; Viktor Heeger, Leben u. Werk, 1985; E. Sammler erzählt, 1989; D. Heimatvertriebenen im Landkreis Donau-Ries, 1989; Aufbruch zur Bewährung, 1992 - 1969 Christophorus-Pr., 1972 Ehrenbrief Stadt Donauwörth; 1977 Christophorus-Anerkenn.-Pr.; 1984 AWMM-Kalenderpr.; 1984 AWMM-Buchpreis - Liebh.: Philatelie, Reisen - Spr.: Tschech.

KÖNIG, Karl

Dr. med., Prof., Psychoanalytiker - Humboldtallee 3, 3400 Göttingen (T. 0551 - 39 81 82) - Geb. 4. Nov. 1931 Reichenberg (Vater: Karl K., Arzt; Mutter: Angela, geb. Pauser, Kinderärztin), kath., verh. m. Dr. Gisela, geb. Baltzer, S. Peter - Promot. 1957 Univ. Heidelberg - S. 1968 Facharzt f. inn. Med. in Hamburg; 1971 Psychoanalyt. in Göttingen (Leit. Funktionsber. klin. Psychotherapie Erw. in Tiefenbrunn); s. 1981 Vorst. Abt. f. Klin. Gruppenpsychotherapie Univ. Göttingen - BV: Angst u. Persönlichkeit, 1981, 2. A. 1986; Praxis d. psychoanalyt. Therapie, 1991 - 1980 Ehrenmitgl. Franz. Ges. f. Gruppenpsychotherapie - Liebh.: Bild. Kunst - Spr.: Engl., Franz., Ital., Span.

KÖNIG, Karl-Heinz

Dr. phil. nat., Dipl.-Chem., Prof. f. Anorg. u. Analyt. Chemie Univ. Frankfurt - Zu erreichen üb. Inst. f. Anorgan. Chemie, Niederurseler Hang, 6000 Frankfurt 50 - Geb. 30. Mai 1926 Heinrichs/Thür. - Stud. Univ. Jena u. Frankfurt; Promot. (1957) u. Habil. (1964) Frankfurt - Liebh.: Lit., Kunstgesch. - Spr.: Franz., Engl.

KÖNIG, Klaus

Dr. jur., Dr. rer. pol., Univ.-Prof., Ministerialdirektor a. D. - Wimphelingstr. 5, 6720 Speyer (T. 06232 - 9 49 17) - Geb. 21. April 1934 Bad Schwarzbach/Schles., kath., verh. m. Inge, geb. Boden, 2 Kd. (Christiane, Michael) - Stud. Rechts- u. Staatswiss., Promot., Ass. jur., Habil. f. Öfftl. Recht u. Verwaltungslehre - Ab 1971 Prof. Hochsch. f. Verwaltungswiss. Speyer (1974-76 Rektor); 1982-87 Ministerialdir. Bundeskanzleramt - BV: Erkenntnisinteressen d. Verwaltungswiss., 1970; Koordination u. integrierte Planung in d. Staatskanzleien, 1976; Öfftl. Verw. in d. Bundesrep. Deutschl., 1981 (auch engl. u. franz.); Kritik öffentl. Aufgaben, 1989; Verwaltungsstrukturen d. DDR, 1991 - 1987 BVK I. Kl. - Spr.: Engl.

KÖNIG, Kurt

Dr. med. (habil.), Prof., Chefarzt - Herz-

Kreislauf-Klinik, 7808 Waldkirch i. Br. - S. 1970 apl. Prof. f. Inn. Medizin Univ. Freiburg/Br.

KÖNIG, Ludwig

Friseurmeister, Präsident Zentralverb. Dt. Friseurhandwerk - Tengstr. 36, 8000 München 40.

KÖNIG, Paul August

Dr. med., Prof., Gynäkologe - Gottlieb-Olpp-Str. 6, 7400 Tübingen (T. 6 31 90) - Geb. 10. Jan. 1926 Köln (Vater: Karl K., Fabrikant; Mutter: Sybille, geb. Hanke), kath., verh. m. Dr. Ursel, geb. Neeff, S. Stefan - Ärztl. Dir. Abt. f. präventive Gynäkol. u. Familienplanung Univ.-Frauenklinik Tübingen. Fachmitgl.schaften - BV: Histotopochemie v. Enzymen im menschl. Ovarium, 1965; Funktion u. Pathol. d. Ovariums, 1971 (m. V. Probst); Neue Aspekte in Diagn. u. Therapie d. Genitalcarcinoms d. Frau, 1973 (m. A. Pfleiderer) - Spr.: Engl., Franz.

KÖNIG, Rainer Wolfgang

Dipl.-Wirtschaftsing., Gesellschafter Fa. Sanicentral GmbH, Saarbrücken - Am Tilgesbrunnen 7, 6604 Saarbrücken-Güdingen (T. 87 15 11) - Geb. 1. Juli 1926 Neufechingen/Saar (Vater: Heinrich K., Geschäftsf.; Mutter: Marie, geb. Schwager), ev., verh. s. 1952 m. Dorothea, geb.Flad, 3 Söhne (Thomas, Stefan, Ulrich) - Gymn.; TH Darmstadt (Dipl.-Wirtsch.ing. 1952) - S. 1952 Fa. Sanicentral - Liebh.: Archäol., Segelsport - Spr.: Franz.

KÖNIG, Robert

Dr. phil., Dipl.-Psych., Prof. f. Psychologie Univ. Gießen - Zu erreichen üb.: Universität, FB Psych., Otto-Behaghel-Str. 10, 6300 Gießen - Geb. 4. Juli 1936 Gebrazhofen (Vater: Robert K., Elektromeister; Mutter: Paula, geb. Sproll), kath., verh. s. 1968 m. Elisabeth Pia, geb. Fonfara - Gymn. Salvator Kolleg Bad Wurzach (Abit. 1956 Saulgau); Stud. German., Gesch., Psych. u. Biol. Univ. München, Köln, Wien, Freiburg/Br. u. Gießen (Dipl.-Psych. 1963, Promot. 1969) - S. 1971 Prof. in Gießen; 1972 u. 78 Dekan. 1984 Vors. Arbeitskr. f. Wildbiol. u. Jagdwiss. Univ. Gießen; Vizepräs. d. GWUP (Ges. z. wiss. Untersuchung v. Parawiss.). Div. Fachpubl. z. Psych., Psychometrie, Biometrie, Zool. u. Wildbewirtsch.

KÖNIG, Walter

Dipl.-Landw., Geschäftsf. Bundesverband d. priv. Milchwirtschaft, VDW-Verb. Dt. Weinexporteure, stv. Vors. Export-Union f. Milchprodukte, smtl. Bonn - Bahnstr. 15, 5216 Niederkassel-Mondorf - Geb. 29. Febr. 1924.

KÖNIG, Walter

Prof., Pädagoge - Hermann-Ehlers-Str. 48-93, 7410 Reutlingen - Gegenw. Prof. f. Schulpäd. PH Reutlingen.

KÖNIG, Walter

Generalkonsul a. D. - Peter Kallenbachstr. 1, 5340 Bad Honnef 6 - Geb. 24. Okt. 1927 Fleischwangen/Württ., verh. m. Gisela, geb. Schiffmann, 3 Kd. (Jutta, Eckart, Wolfram) - Abit. 1946 Ravensburg, Dipl. Dolmetscher 1949 Germersheim, 1954 Bachelor of Science/Foreign Service Georgetown Univ. Washington, Master of Arts (Economics), 1956 George Washington Univ. Washington, Abschlußprüf. f. d. diplom. Kons. Dienst 1959 - 1951-56 Angest. Wirtsch.dst. GK Chicago u. Botsch. Washington, 1957-59 Attaché - Bonn-Paris-Bonn, 1960-63 Leg. Sekr./Leg. Rat Canberra, 1963-68 Konsul/Konsul I. Kl. Salisbury, 1969-73 Botsch.rat Den Haag, 1973-77 Ref.leit. AA Bonn, 1977-82 Gesandter Warschau, 1982-86 Botsch. Kinshasa, 1986-91 Generalkonsul San Francisco/USA - 1973 Commandeur, Orden v. Oranien u. Nassau; 1984 BVK; 1986 Commandeur Leoparden-Orden (Zaire) - Lieb.: Musik, Sport (Golf, Tennis, Jagd) - Spr.: Engl., Franz., Niederl. u. Poln.

KÖNIG, Wilfried

Dr.-Ing., Dr. h. c., o. Prof. f. Technologie d. Fertigungsverfahren, gf. Dir. Labor. f. Werkzeugmaschinen u. Betriebsl., Leit. Fraunhofer Inst. f. Produktionstechnol. (s. 1980) - Ebertstr. 86, 5120 Herzogenrath-Kohlscheid - Geb. 19. Okt. 1928 Rivenich/Rhld. - Max-Planck-Gymn. Trier; 1951-57 TH Aachen (Maschinenbau; Fertigungstechnik; Dipl.-Ing.). Promot. (1962) u. Habil. (1965) Aachen - S. 1965 Lehrtätigk. TH Aachen (1968 Abt.vorsteher u. Prof.; 1972 Ord.). Mitgl.: Collège Intern. pour l'Etude Scientifique des Techniques de Production Mécanique (CIRP), Verein Dt. Ing. (VDI), Verein Dt. Eisenhüttenleute (VDEh) u. dt. Ges. f. Metallkd. (DGM). 1989/90 Vizepräs., 1990/91 Präs. von CIRP (Coll. Int. pour L'Etude Sci. d. Techn. d. Prod. Méc.) - Fachveröff. - 1971 VDI-Ehrenring; 1980 Ehrendoktor Univ. Leuven; 1987 Herwart-Opitz-Med.; 1992 Frederick W. Taylor-Medal durch SME (Soc. of Manufacturing Engnineers) - Spr.: Engl.

KÖNIG, Wilfried A.

Dr. rer. nat., Prof. f. Organ. Chemie Univ. Hamburg (s. 1975) - Bahnstr. 95, 2056 Glinde.

KÖNIG, Wilhelm Karl

Schriftsteller - Seestr. 11, 7445 Bempflingen-Kleinbettlingen (T. 07123 - 3 54 09) - Geb. 27. Juni 1935 Tübingen, ev. - Schreinerlehre u. Fortb. z. Techn. Zeichner; 1963-64 Stud. Inst. f. Lit. Leipzig (Schriftstellerhochsch.; nicht abgeschl.) - 1. Vors. Mundartges. Württemberg; Herausg. Mundart-Ztschr. schwädds - BV: Ged.: lebens lauf, 1974; Dees ond sell, 1975; A Gosch wia Schwärt, 1977; Du schwäddsch raus, 1978; Hond ond Kadds, 1982; Roman: Näher z. Himmel oder D. Fall Karl Simpel, 1985; D. Sonderling, 1986; Grenzgänge, 1989 - Lit.: Fernand Hoffmann, Z. hochdt. u. mundartl. Werk d. schwäb. Lyrikers W. K. (1982).

KÖNIG, Wolfgang

Dr. rer. pol., Univ.-Prof., Rektor Wiss. Hochschule f. Unternehmensführung Koblenz (1986-88) - Weinbergstr. 39, 6460 Gelnhausen - Geb. 14. Aug. 1951, verh. m. Hannelore, 3 Kd. - Abit. 1970, Stud. Betriebswirtschaftslehre 1970-75 Univ. Frankfurt (Dipl.-Kfm.), Stud. Wirtschaftspäd. 1975-77 (Dipl.-Hdl.); Promot. 1979; Habil. 1985 - 1981/82 IBM Res. Labor. San Jose, California; 1985-90 Lehrst. f. Betriebswirtschaftslehre, insbes. Wirtschaftsinformatik u. Informationsmanagement Wiss. Hochsch. f. Unternehmensführung Koblenz; s. 1990 Lehrst. f. Betriebsdwirtsch.lehre, insbes. Wirtsch.informatik u. Informationsmanagement Univ. Frankfurt. 1987 Forsch.aufenthalt an d. Kellogg Grad. School of Management, Northwestern Univ., Chicago, Ill.; 1990 IBM Res. Labor. Yorktown Heights, New York - BV: Informationstechnol. d. Zukunft - Basis strategischer DV-Planung (m. J. Niedereichholz), 1986; Grundzüge d. Wirtschaftsinformatik (m.a.), 1991.

KÖNIG-HOCK, Johanna

Schauspielerin - (Ps. Johanna König) - Kurpromenade 68, 1000 Berlin 22 (T. 030 - 365 44 82) - Geb. 27. März Dresden (Vater: Max K., Gastronom; Mutter: Martha K.), ev., verh. s. 1957 m. Felix Hock - 1937 Solotänzerin Dresden/Berlin, 1954 Schausp. Berlin - 40 Filme (10 Hauptrollen); 1968-84 Fernseh-Werbefilme (Rolle d. Klementine); s. 1988 Fernseh-Serie Praxis Bülowbogen (bish. 30 Folgen) - 1977 Preis FIPRESCI (intern. Kritikerpr.) b. Filmfestival Locarno u. Bester Film d. J. b. London-Festival (f. d. Film Jane bleibt Jane).

KÖNIGBAUER, Josef

Dr. jur., Landesbankdirektor i. R., Vorstandsmitgl. Bayer. Landesbank/Girozentrale, München - Hubertusstr. 19a, 8022 Grünwald/Obb. (T. 649 20 76) - Geb. 4. Dez. 1921 - U. a. Leit. Bayer. Landesbausparkasse, München - 1972 Bayer. VO.

KÖNIGER, Hans

Dr. phil., Studiendirektor, Fachautor - Semmelweisstr. 16, 8500 Nürnberg 30 (T. 0911 - 54 13 93) - Geb. 4. Okt. 1939 Ellwangen/Jagst (Vater: Hermann K.; Mutter: Anna, geb. Gurdan), kath., verh. s. 1970 m. Hildegard, geb. Schatz, S. Felix - Abit. 1959 Schwäbisch Gmünd; 1959-64 Stud. Univ. Erlangen (Staatsex. German. u. Latinistik); 1964-66 Refer.; Promot. 1966 Univ. Erlangen - S. 1966 Lehrtätigk. Hans-Sachs-Gymn. Nürnberg; ab 1974 Studiensem. ebd. Beitr. in wiss. Ztschr., Jahrb. u. Sammelw. Herausg. neugerman. Ed.; Mithrsg. v. Unterr.werken u. -handb. Rezens. - BV: Gestalt u. Welt d. Frau b. Tacitus, 1966; Wilhelm Waiblinger. Werke u. Briefe, 5 Bde. (Veröff. d. Dt. Schillerges.) 1980-89; ders., Tagebücher 1821-26 (i.V.) - Interessen: Musik, bild. Kunst, Reisen, alte Dinge.

KOENIGS, Folkmar

Dr. jur., o. Prof. em. f. Handels- u. Wirtschaftsrecht TU Berlin (s. 1964) - Pücklerstr. 16, 1000 Berlin 33 (T. 832 40 57) - Geb. 12. Juni 1916 Düsseldorf (Vater: Gustav K., zul. Staatssekretär Reichsverkehrsministerium (s. X. Ausgabe); Mutter: Ingeborg, geb. Lange), ev., verh. s. 1953 m. Gerda, geb. Buchholz, 2 Kd. (Dagmar, Almut) - Arndt-Gymn. Berlin; Univ. Freiburg/Br., Königsberg/Pr., München, Innsbruck, Berlin (Rechtswiss.). Gr. jurist. Staatsprüf. - 1950-56 Univ. Hamburg (Assist.); 1956-57 Bundeswirtschaftsmin.; 1958-64 Bundeskartellamt (Reg.rat b. Ltd. Reg.dir.) - BV: Grundsatzfragen d. betriebl. Mitbestimmung, 1953; D. stille Gesellschaft, 1960. 43 Ztschr.beiträge - Liebh.: Wandern - Spr.: Engl., Franz., Russ.

KÖNIGSBERGER, Konrad

Dr. rer. nat., o. Prof. f. Höh. Mathematik - Annabergstr. 17, 8300 Landshut/Bay. - S. 1972 Ord. Univ. Würzburg u. TU München.

KOENIGSWALD, von, Wighart

Dr. rer. nat., o. Prof. f. Paläontologie Univ. Bonn - Nussallee 8, 5300 Bonn - Geb. 11. Sept. 1941 Potsdam, ev., verh., 2 Töcht. - Stud. Univ. Bonn, München; Promot. 1969 München; Habil. 1980 Frankfurt - 1971-75 Sonderforschungsbereich Palökologie Tübingen; 1977-87 Hess. Landesmuseum Darmstadt - 1986 Hon.-Prof. Univ. Frankfurt; 1987ff. Univ. Bonn - Spr.: Engl. - Bek. Vorf.: Prof. Dr. G.H.R. v. Koenigswald, Paläoanthropologe (Onkel).

KOENIGSWALDT, Hans

s. Einsle, Hans

KÖNITZ, Barbara

Hauptgeschäftsführerin Dt. Atlantische Ges. - Hasenweg 6, 5300 Bonn 1 (T. 0228 - 64 28 31) - Geb. 18. Febr. 1940 Dortmund, ev., ledig - Stud. Univ. Bonn, Köln, Madrid (Rechtswiss., politische Wiss., Neuere Gesch.) - 1965-70 wiss. Assist. Latein-Amerika-Abt. d. Arnold-Bergstraesser-Inst. f. kulturwiss. Forsch. Freiburg; 1970-77 wiss. Mitarb. Konrad-Adenauer-Stiftg.; 1978/79 Ref. f. politische Bildung b. Dt. Bundeswehrverb.; 1979-86 Ref. f. Kultur u. staatsbürgerl. Bildung in d. Bundesgeschäftsst. d. Bundes d. Vertriebenen; 1986-87 Generalsekr. d. Bundes d. Mitteldeutschen; s. 1988 Hauptgeschäftsf. Dt. Atlantische Ges. (1971-88 Vorst.-Mitgl.); Mitgl. Dt. Ges. f. Auswärtige Politik e.V. - BV: Gefahren e. dt. Sonderweges. Deutschlands Zukunft zw. Ost u. West?, 3. A. 1986; zahlr. Art. in in- u. ausl. Fachztschr. üb. dtschl.-, sicherheits- u. außenpolitische Themen - Liebh.: Opernmusik, Antiqutäten - Spr.: Engl., Franz., Span.

KÖNNECKE, Rolf W.

Vorsitzender des Vorstandes Braunschweigische Maschinenbauanstalt AG (s. 1982) - Julius-Rietz-Str. 3, 4000 Düsseldorf-Benrath - Geb. 1936 - B. 1982 Vorst.-Vors. Losenhausen Masch.bau AG, Düsseldorf.

KÖNNEKER, Barbara,

geb. Werner

Dr. phil., Prof. f. Dt. Philologie - Ludwig-Klemann-Weg 8, 6000 Frankfurt/M. - Geb. 29. Juli 1935 Berlin (Vater: Reinhold Werner, Bankbeamter; Mutter: Elisabeth, geb. Herzog), ev., verh. s. 1961 m. Ernst K. - Stud. German. Promot. 1960; Habil. 1965 - S. 1965 Lehrtätigk. Univ. Frankfurt (1971 Prof.) - BV: Wesen u. Wandlung d. Narrenidee im Zeitalter d. Humanismus, 1966; Hans Sachs, 1971; Dt. Lit. d. Reformationszeit, 1975; Dt. u. lat. Satire im 16. Jh., 1990.

KOEPCHEN, Hans-Peter

Dr. med., o. Prof. f. Physiologie - Kiebitzweg 7a, 1000 Berlin 33 (T. 8326776) - Geb. 16. Mai 1924 Rinteln/Weser (Vater: Dr. med. Walter K., Arzt; Mutter: Magda, geb. Scholz) - 1944-50 Univ. Göttingen. Promot. (1952) u. Habil. (1959) Göttingen - s. 1959 Lehrtätigk. Univ. Göttingen (1965 apl. Prof.), München (1966; 1967 Abt.sleit. Physiol. Inst.), Berlin/Freie (1969 Ord. u. Inst.s-dir.) - BV: D. Blutdruckrhythmik, 1962; mehr. Lehrbuchkap. in Gauer/Kramer/Jung: Physiol. d. Menschen, 1971-75. Mithrsg.: Central rhythmic a regulation (1974; m. W. Umbach). Zahlr. Einzelarb. - Liebh.: Musik.

KOEPCKE, Cordula

Freie Schriftstellerin - Heider Str. 33, 2300 Kiel 1 (T. 0431 - 33 19 07) - Geb. 3. Okt. 1931 Misdroy a. Wollin/Pommern, ev. - Stud. Gesch., Phil. u. Zeitungswiss. Mitgl. im Gesamtvorst. d. Verb. Schriftsteller in Schlesw.-Holst. e.V. - BV: u.a. Peru im Profil, 1962; D. Andenländer, 1966; Revolution - Ursachen u. Wirkungen, 1971; D. Frau u. d. Ges., 1973; Frauenbewegung, 1979; Wege z. Freiheit, 1979; Frauen im Wehrdst., 1982; Louise Otto-Peters, Biogr. 1981; Jochen Klepper, Biogr. 1983; Frauen zeigen Flagge, 1984; Johann Friedrich Oberlin, Biogr. 1984; Lou Andreas-Salomé, Biogr. 1986; Edith Stein, Biogr. 1991.

KOEPCKE, Hans-Wilhelm

Dr. rer. nat., Prof. f. Zoologie Univ. Hamburg (s. 1974) - Schopbachweg 2b, 2000 Hamburg 54 - Geb. 23. Juni 1914 Saatzig/Pom. (Vater: Johannes K.; Mutter: Erika, geb. Bartsch), verh. 1950 m. Dr. rer. nat. Maria, geb. v. Mikulicz-Radecki †, T. Juliane - Stud. Zool., Bot., Geol., Paläontol. Promot. 1941 Kiel; Habil. 1957 Hamburg - 1950-74 Doz. Univ. San Marcos, Lima (Peru) - BV: Synökologische Studien an d. Westseite d. peruanischen Anden, 1961; D. Lebensformen-Grundl. zu e. universell gült. biol. Theorie, 2 Bde. 1971/74; Über d.

möglichen Formen d. Lebens auf anderen Planeten, 1975.

KÖPF, Ernst Ulrich

Dr. oec. publ., Bürgermeister Baiersbronn a. D., derz. Gastdozent f. Forstpolitik an d. TU Dresden, Abt. Forstwirtschaft, Tharandt - 7292 Baiersbronn (T. 07442 - 65 71) - Geb. 29. Juni 1937 Stuttgart, ev., verh. s. 1964 m. Gunda, geb. Daum, 4 Kd. - 1956-61 Stud. Forstwiss. Freiburg u. München, 1962 Wirtschaftswiss. Syracuse (N. Y.), Promot. 1964 München, Habil. 1992 Dresden - 1966-72 Univ. Freiburg, Göttingen; 1972-74 Welternährungsorganis. Rom, 1975-81 Regionalverb. Franken (Heilbronn) - BV: Land um Alb, Enz u. Nagold (Wanderführer), 1972 (m. Scholz) - Spr.: Engl., Franz.

KÖPF, Gerhard

Dr. phil., Prof., Schriftsteller - Ariboweg 10, 8000 München 80 - Geb. 19. Sept. 1948 Pfronten/Allgäu - Germanistikstud.; Promot. 1974 München - Lehrtätigk. an versch. Univ.; 1984 Prof. f. Gegenwartslit. u. angew. Literaturwiss. Univ. Duisburg - BV: Innerfern, R. 1983; D. Strecke, R. 1985; D. Erbengemeinschaft, R. 1987; Hund u. Katz u. Maus, Schnecke, Butt u. Ratte, Erz. 1987; Eulensehen, R. 1989; Borges gibt es nicht, R. 1991; Bluff od. Das Kreuz d. Südens, R. 1991; Vom Schmutz u. v. Nest, Ess. 1991; Piranesis Traum, R. 1992; außerd. Erz., Hörspiele, Ess. Herausg. v. Anthol. Mithrsg.: D. Insel-Buch d. Faulheit; E. Schriftst. schreibt e. Buch ...; D. Buch d. Drachen - 1983 Preis d. Klagenfurter Jury b. Ingeborg Bachmann Preis; 1983 Jean Paul Förderpreis; 1984 Münchener Literaturjahr; 1985/86 Villa Massimo; 1986/87 Stadtschreiber v. Bergen; 1989 Förderpr. f. Lit. d. Berliner Akad. d. Künste; 1990 Wilhelm-Raabe-Preis. Mitgl. PEN.

KÖPF, Steffen Ernst

Cartoonist, Schriftst. - Düsseldorfer Str. 94, 4000 Düsseldorf 11 (T. 0211 - 55 39 10 od. 02694 - 12 73) - Geb. 7. Mai 1947 Stuttgart, verh. s. 1982 m. Gundi Wirtz-Köpf, 2 Kd. (Felix, Karlotta) - Werbekaufm., Art Director (Grafiker) in mehr. Werbeagt. in Düsseldorf u. London - BV: Je höher d. Absatz, ... desto steiler die Karriere, 1980 u. 82 (Bestseller); Also sprach Buchhändler Brönge, listige Bemerkungen e. Bücherwurms, 1980. S. 1979 jährl. Sportkalender - Liebh.: Golf, Skifahren, Squash, bekenn. Schwabe - Spr.: Engl., Franz.

KÖPF, Ulrich

Dr. theol. habil., o. Prof. f. Kirchengeschichte Univ. Tübingen, Direktor Inst. f. Spätmittelalter u. Reformation - Liststr. 24/1, 7400 Tübingen (T. 07071 - 2 42 02) - Geb. 19. April 1941 Stuttgart (Vater: Hans K.; Mutter: Johanna, geb. Mehne), ev., verh., 1 Kd. - Univ. Tübingen (Ev. Theol., Phil., Klass. Phil.; Staatsex. 1968); Promot. 1974 Univ. Zürich, Habil. 1978 München - 1980/81 Lehrstuhlvertr. Univ. Heidelberg; 1981 Prof. f. Kirchengesch. Univ. München; 1986 Univ. Tübingen - BV: D. Anfänge d. theol. Wiss.-Theorie im 13. Jh., 1974; Relig. Erfahr. in d. Theol. Bernhards v. Clairvaux, 1980. Mithrsg.: Geographia religionum; Martin Luthers Werke (Weimarer Ausg.); Archiv z. Weimarer Ausg. d. Werke Martin Luthers; Contubernium - Tübinger Beitr. z. Univ.- u. Wiss.gesch.; Spudasmata - Stud. z. Klass. Philol. u. ihren Grenzgebieten.

KÖPF-MAIER, Petra

Dr. med., Ärztin, Univ.-Prof. Inst. f. Anatomie FU Berlin - Königin-Luise-Str. 15, 1000 Berlin 33 - Geb. 25. Juli 1952 Hof/Bay., ev., verh. s. 1972 m. Prof. Dr. phil. Hartmut Köpf, T. Nike - Stud. Univ. Würzburg, Berlin (Bayer. Staatsstip. f. bes. Begabte); Promot. 1978; Habil. 1982 Berlin - 1984 Prof. f. Anat. Univ. Ulm; 1986 Prof. f. Anat. FU Berlin - Rd. 100 Fachveröff. in wiss. Sammelw. u. in 35 Ztschr. a. d. Geb. d. exper. Krebsforschung, bes. üb. morphol., zellkinet. u. pharmak. Studien an exper. u. menschl. Tumoren - Liebh.: Musik, Lit. - Spr.: Lat., Engl., Franz.

KÖPFLER, Thilo

Dr. jur., Vorstandsvorsitzender Deutsche Pfandbrief- u. Hypothekenbank Aktiengesellschaft, AR-Vors. Deutsche Bau- u. Bodenbank AG, Frankfurt - Paulinenstr. 15, 6200 Wiesbaden - Geb. 9. Mai 1939.

KÖPKE, Karl

Fotograf, MdL Sachsen-Anhalt (s. 1990) - Windthorststr. 7, O-3600 Halberstadt (T. 2 41 71) - Geb. 01. Jan. 1926 Rostock, ev., verh. s. 1951, 2 Kd. (Karin, Karl-Peter) - Fotografenmeister - 1950-89 selbst. Fotograf - Liebh.: Fotografie, Segelflug, Wandern, Philat. - Spr.: Engl.

KOEPP, Joachim Manfred

Geschäftsführer SCP Cater Partner Regionalges. Mitte GmbH, u. SCP Cater Partner Ereignisgastronomie GmbH, Vizepräsident DEHOGA Dt. Hotel- u. Gaststättenverb. u. Präs. INTERN. HO-RE-CA, Union Gastgewerbl. National-verb., Zürich - Zu erreichen üb. Fa. SCP Cater Partner GmbH, Oststr. 10, 4000 Düsseldorf 1 - Geb. 20. Aug. 1927 - BVK.

KOEPPE, Hans-Rudolf

Konsul, Generaldirektor, VRsvors. Gisela-Quelle GmbH., Wildemann, Vorstandsmitgl. Verb. d. Brauereien v. Nieders., Hannover - Nienburger Str. 16, 3000 Hannover - Geb. 15. Mai 1911 Scharnikau - Dipl.-Braum. - Ecuador. Konsul v. Nieders.

KOEPPE, Hans-Werner

Dr. med., Prof., Internist - Heilmannstr. 7, 8000 München 71 (T. 089 - 79 97 26) - Geb. 8. Jan. 1916 Halle/Saale (Vater: Leonhard K., Augenarzt; Mutter: Gertrud, geb. Knote), ev., verh. s. 1944 m. Elfriede, geb. Schreiber, Tocht. Heidemarie - Abit., Med.-Stud. Promot., Habil. - S. 1955 apl. Prof.; 1945-58 1. Med. Klin. Halle; 1961-81 Schriftleit. d. med. Ztschr. Med. Klin. u. THdG; s. 1976 Schriftleit. Ztschr. Herz. TU München - Ehrenvorsitz d. Dt. Med. Fach- u. Standespresse - BV: Vom Hochdruck z. Herzinfarkt, Infektionskrankheiten - Liebh.: Opernmusik - Spr.: Engl.

KOEPPE, Peter

Dr.-Ing., Univ.-Prof. f. Theoret. Strahlenkunde u. Med. Informatik FU Berlin (s. 1970) - Endestr. 40, 1000 Berlin 39 - Geb. 21. Okt. 1932 Göttingen - Promot. (1961, TU) u. Habil. (1970, FU) Berlin.

KOEPPE, Sigrun

Kamerafrau, Regisseurin - Am Moor 80, 2082 Tornesch (T. 04122 - 5 25 35) - Geb. 27. Nov. 1936 Prietzen (Vater: Franz K., Dipl.-Ing.; Mutter: Elisabeth, geb. Glück), gesch., 3 Kd. (Ragna, Sirkka, Boris) - Abit. 1956 Rostock; 1956-58 Stud. Univ. Dresden, Ökonomie d. Schiffahrt; 1959-61 Stud. Babelsberg (Regie b. Prof. Maetzig u. Günther Reisch) - 1. weibl. Mitgl. e. Fang- u. Verarbeitungsschiffes m. Seefahrtsbuch in d. DDR - Regie: FS-Vorschulserie Maxifant u. Minifant, Jugendprogramm d. NDR, Joker, Filme f. Jugendl. - Liebh.: Segeln - 1960 Gold. Sportabz. (DDR), 1973 Gold. Sportabz. Frauen, Siegerin Kieler Woche als Steuerfrau, 1970/71/72 Wanderpokalinh. Golfklasse, Gewinnerin Senatspr. Stadt Hamburg.

KÖPPLER, Rudolf

Dr. jur., Oberbürgermeister Stadt Günzburg (s. 1970) - Reinertstr. 6, 8870 Günzburg/Schw. - Geb. 23. März 1936 Berlin (Vater: Eberhard K., Konditor; Mutter: Hildegard, geb. Otte), kath., verh. s. 1960 (Ehefr.: Ingelore), 3 T. (Carola, Stefanie, Astrid) - Gymn.; Stud. Rechtswiss. Beide jurist. Staatsprüf. - Zul. Oberregierungsrat - BV: D. Mitwirkung bei d. polit. Willensbild. d. Volkes als Vorrecht d. Parteien, 1974 (Diss.) - Liebh.: Lit. - 1971 Sportabz. - Spr.: Engl., Russ.

KOERBER, v., Eberhard

Dr. jur., Vorstandsvorsitzender Asea Brown Boveri AG Mannheim - Postf. 10 01 64, 6800 Mannheim 1 (T. 0621 - 4 38 10) - Geb. 11. Juni 1938 Stade - Stud. Rechtswiss. u. Volksw. Univ. Heidelberg, Lausanne, Göttingen; 2. jurist. Staatsex. - Mitgl. d. Konzernleitg. ABB Asea Brown Boveri AG Zürich, AR-Vors. Asea Brown Boveri AG Wien; Präsid.-Mitgl. ZVEI; VR-Mitgl. Bank Julius Bär & Co. AG, Zürich u. Bär Holding AG, Zürich; Geschäftsf. d. v. Finck'sche Verwaltungsges. mbH, München - BV: D. Staatstheorie d. Erasmus v. Rotterdam, 1967 - Spr.: Engl., Franz.

KÖRBER, Erich

Dr. med. dent., Prof. f. Zahnärztl. Prothetik Univ. Tübingen (s. 1968) - Osianderstr. 2-8, 7400 Tübingen - Geb. 26. Febr. 1925 Stuttgart - Promot. 1952, Habil. 1963 - 1968 Lehrstuhl f. zahnärztl. Prothetik - Vors. d. Arbeitsgemeinsch. Dentale Technologie - Üb. 100 Facharb. - 1964 Arnold-Biber-Preis.

KÖRBER, Friedrich

Dr. med., Prof. f. Physiolog. u. Klin. Chemie - Horazweg 31, 1000 Berlin 42 - Geb. 2. Mai 1934 Pethau/Sa. - Promot. (1964) u. Habil. (1970) Berlin (FU) - S. 1970 Wiss. Rat u. Prof. bzw. Prof. (1971) FU Berlin - BV: Praktikum d. Physiol. Chemie, 3. A. 1976 (m. Siegmund u. Schütte). Managing Editor: European Journal of Clinical Chemistry and Clinical Biochemistry. Üb. 20 Einzelarb.

KÖRBER, Gero

Prof., Hochschullehrer - Königsberger Str. 4a, 1000 Berlin 45 - Geb. 9. Juli 1940 - Gegenw. Prof. f. Didaktik d. Geographie FU Berlin.

KÖRBER, Karl-Heinz

Leiter d. Verpflegungsbetriebe Ford-Werke AG, Köln-Niehl, Präs. Bundesfachverb. Großküchen (s. 1978) - Rodenbusch 38, 4030 Ratingen 5.

KÖRBER, Kurt A.

Dr. rer. pol. h. c., Industrieller, Inh. Körber AG, Hamburg - Kampchaussee, 2050 Hamburg 80-Bergedorf (T. 72 50 22 49) - Geb. 7. Sept. 1909 Berlin (Vater: Paul K., Ing.; Mutter: Rosa, geb. Nickol), ev., verh. s. 1933 m. Anny, geb. Hiller - Real- u. Höh. Handelssch., Lehre AMG Chemnitz; Ing.sch. Mittweida (Ing.) - B. 1934 Techn. Dir. Universelle-Werke, Dresden, dann Inh. neugegr. Hauni-Werke (Spezialmasch. u. Fabrikanlagen f. tabakverarb. Ind.; 3.000 Beschäftigte; selbst. Fabrikationsstätten bzw. Niederlass.: USA, Irl., Südafrika, Argent., Brasilien, Mexiko, Großbrit., Ital., Schweiz, Frankr.). Hochfrequenzspezialist; Konstrukteur im Elektromaschinenbau. Üb. 190 eig. Patente (erstes Patent m. 15 J. f. e. automat. gesteuerte Radiosender-Ableseskala). Gründ. Tabaktechnikum Hamburg (1956-73); Initiator z. Gründ. Fachhochsch. Hamburg, Fachbereich 8 (Produktions-, Verfahrenstechnik u. Bioingenieurwesen); Gründ.: Körber Stiftg. z. Förd. v. Wiss. u. Forsch., Bild. u. Erz., kultur. Vorhaben u. Einricht. sowie Fürsorge f. ält. o. kranke Menschen; u. a. Bergedorfer Gesprächskreis, Schülerwettbewerb Dt. Gesch. um d. Preis d. Bundespräs., (dt.-amerik. Austauschprogr. jugendl. Arbeitn.), Rolf Liebermann-Preis f. Opernkomp., Boy-Gobert-Preis f. d. künstl. Nachwuchs Hbg. Sprechbühnen; zahlr. Ehrenstellungen: 1979 Ehrenmitgl. Hamburg. Staatsoper, 1980 Bürgerm. Stolten, Med. Fr. u. Hansestadt Hamburg - BV: Nachwuchsproblem in d. produz. Wirtsch., 1959; E. Betracht. üb. Denken u. Handeln in d. industr. Ges. unserer Zeit, 1960; D. Arbeitszeitproblem, 1961; Autonomie u. Automation, 1962; Gespräch mit sowjet. Wirtschaftspraktikern, 1962; D. Mensch am Arbeitsplatz, 1963; Kann unser Wohlstand gehalten werden?, 1963; D. angeklagte Zigarette, 1964; Geschenk oder Leistung?, 1965; D. Unternehmer, 1965; Östl. u. Westl. Gesellschaften in These u. Antithese, 1967; E. Unternehmer reist durch d. Sowjetunion, 1968 - 1960 Ehrendoktor Erlangen-Nürnberg; 1988 Ehrensenator Univ. Hamburg; Diesel-Med. in Gold, 1977 Frhr.-v.-Stein-Med., 1983 Silb. Med. d. Dt. Stiftg. - Amateurmaler u. Holzbildhauer - Spr.: Engl. - Kunstmäzen.

KÖRBER, Manfred J.

Leiter Hauptabteilung Presse u. Information, Pressespr. - Zu erreichen üb. Deutsche Bundesbank, Wilhelm-Epstein-Str. 14, 6000 Frankfurt 50 - Geb. 15. Sept. 1939 Berlin - Dipl.-Kfm.; Stud. 1966 Univ. Hamburg.

KÖRBER, Stefan

Dr.-Ing., Staatssekretär a.D., Mitglied d. Landtages Brandenburg - Robert-Koch-Str. 3, O-1800 Brandenburg (T. 03381 - 30 09 73) - Geb. 5. März 1947 Brandenburg, verh. s. 1971 m. Renate, geb. Vocke, 2 Töcht. (Kerstin, Ulrike) - Abit. 1965; Dipl.-Ing. 1971 (Techn. Kybernet./ Regelungstechn.); Dr.-Ing. 1975, alles TU Magdeburg; Päd.zusatzstud. 1986 - 13jähr. Tätigk. in d. gewerbl. Wirtsch. (Investitionen, Controlling),in d. Stahlind.; Dozent; Mitgl. 1. freigewählte Volkskammer d. DDR; parlam. Staatssekr. Wirtsch.min.; Vors. Wirtschaftsbauaussch. d. Landtages; Vertr. d. Min.-präs. im VR d. Treuhandanstalt; AR-Mitgl. - Patentinh.; Veröffentl. - Liebh.: Segelsport, Skisport - Spr.: Engl., Russ.

KÖRBER-GROHNE, Udelgard

Dr. rer. nat., Univ.-Prof. i. R. - Seestr. 58, 7346 Wiesensteig - Geb. 11. Juli 1923 Hamburg, 3 Kd. - 1950-61 Botanikerin Inst. f. Marschen- u. Wurtenforsch., Wilhelmshaven; 1961-69 Familienpause (3 Kd.), 1970-89 Univ. Hohenheim, Habil. 1970 Stuttgart. Lehre in System. Botanik u. Archäobotanik. Aufbau e. Abt. f. Archäobotanik m. Ausb. v. Diplomanden u. Doktoranden - BV: Bestimmungsschlüssel f. subfossile Gramineen-Früchte u. Juncus-Samen, 1964; Geobotanische Unters. auf d. Feddersen Wierde, 1967; D. biol. Reste aus d. hallstattzeitl. Fürstengrab v. Hochdorf, 1985; Nutzpflanzen in Deutschland, Kulturgesch. u. Biologie, 1987, 2. A. 1988. S. 1988 im Ruhestand. Forts. d. wissensch. Arb. Anlage römerzeitlicher Gärten, z.B. im Römerkastell Köngen (Württ.).

KÖRDING, Alfred

Dr. phil. nat., Prof. f. Kernphysik TH Darmstadt - Rödergraben 5, 6104 Seeheim 1 - Geb. 12. Okt. 1934 Ludwigshafen/Rh. - Promot. 1963, Habil. 1971.

KÖRLE, Hans-Heinrich

Dr. phil., Prof. f. Mathematik Univ. Marburg (s. 1971) - Schillerstr. 11, 3550 Marburg-Cappel - Geb. 7. April 1934 Kassel (Vater: Konrad K., Karosseriebaum.; Mutter: Erika, geb. Meyer), ev., verh. s. 1965 m. Monika, geb. Mauck, 3 Söhne (Reinhard, Markus, Ulrich) - Realgymn. Kassel; Stud. Math., Phys., Psych.; I. Staatsex. 1962; Promot. 1964; Habil. 1969 - 1964-66 USA - Fachaufs. - Spr.: Engl., Franz.

KOERNER, E. F. Konrad

Univ.-Prof. f. Allgemeine Sprachwissenschaft Univ. Ottawa, Kanada (s. 1976) - 119 Chemin des Capucines, Hull, Québec, Kanada (T. 819 - 778-79 35); u. Zum Dornbusch 16, 5250 Engelskirchen (T. 02263 - 32 15) - Geb. 5. Febr. 1939 Hofleben b. Thorn/Westpr., ev. - 1951-53 Oberrealsch. Ansbach; 1953-60 Moltkegymn. Krefeld; 1960-62 Militärdst. (zusätzl. Wehrüb. u. Spezialausb. Logistik sow. 1967 Beförd. z. Hauptmann d. Luftwaffe d. Res.); Stud. German., Angl., Philol., Päd., Phil., Kunstgesch. 1962 Univ. Göttingen, 1963/64 FU Berlin; Philosophicum 1965; 1. Staatsex. u. M.A. 1968 Gießen; Ph.D. 1971 Simon Fraser Univ. Vancouver B.C. Kanada - BV u.a.: Ferdinand de Saussure, engl. 1973 (Übers. in Span., Ungar. u. Jap., alle 1982); Études sanssuriennes, 1988; Practicing Linguistic Historiography, 1989. Gründer u. Herausg.: Ztschr. Historiographia Linguistica (1973ff.); Diachronica (1984ff.). Herausg.: Reihe Amsterdam Studies in the Theory and History of Linguistic Science - 1981 Bronze-Med. u. Diplome d'honneur Stadt Lille - Spr.: Engl., Franz. - Bek. Vorf.: Ernst Koerner (1846-1927), Landschafts- u. Marinemaler, Berlin (Urgroßv.) - Lit.: William Cowan & Michael K. Foster (hg.), E.F. Konrad Koerner Bibliography, Festschr. z. 50. Geb. (1989).

KÖRNER, Hans Joachim

Dr. rer. nat., o. Prof. f. Experimentalphysik TU München - Tannenstr. 3, 8011 Baldham/Obb. - S. 1974 Ord.

KÖRNER, Hans-Albrecht

Geschäftsf. CDU/Landesverb. Braunschweig - Zu erreichen üb.: CDU Landesverb., Gieselerwall 2, 3300 Braunschweig.

KÖRNER, Hans-Wolfgang

Versicherungsdirektor, Rechtsanw., Vorstandsmitgl. Frankona Rückversicherungs-AG. - Maria-Theresia-Str. 35, 8000 München 80 (T. 92281) - Geb. 20. Mai 1927 Mainz - Stud. Rechtswiss. Gr. jurist. Staatsprüf.

KÖRNER, Heiko

Dr. rer. pol., Prof. f. Volkswirtschaftslehre (Wirtschaftspolitik) TH Darmstadt (s. 1977) - Bruchmühlenweg 13, 6109 Mühltal 1 - Geb. 1932 - 1954-58 Univ. Tübingen, Frankfurt/M., Hamburg (Volksw.; Dipl.). Promot. (1965) u. Habil. (1970) Hamburg - Zul. 1972 ff. Wiss. Rat u. Prof. Univ. Hamburg - BV: Theoret. Grundl. d. Wirtschaftspolitik, 1977. Div. Einzelarb.

KÖRNER, Hermann

Bürgermeister - Klosterbergenstr. 27, 2057 Reinbek (T. Hamburg 7226929) - Geb. 23. Okt. 1907 - U. a. Geschäftsf. Elektrizitätswerk Reinbek-Wentorf GmbH., Reinbek - Frhr.-v.-Stein-Med. - Rettungsmed.

KÖRNER, Karl-Hermann

Dr. phil., Prof. f. Romanist. Sprachwissenschaft (franz., span., portug., ital., katal. Grammatik u. lateinamerik. Lit.) - An d. Paulikirche 1, 3300 Braunschweig - Geb. 8. März 1941 Rothkosteletz/Böhmen (Vater: Karl K., Kaufm. Angest.; Mutter: Emilie, geb. Butzke), kath., verh. s. 1967 m. Margret, geb. Riegg, 3 Kd. (Eva-Maria, Andreas, Elisabeth) - Univ. Marburg, Hamburg, Oviedo, Paris. Promot. 1967 - B. 1970 Doz. u. Wiss. Oberrat Univ. Hamburg, s. 1973 Univ.-Prof. TU Braunschweig; Gastprof. Bordeaux, Stockholm; Hon.-Prof. Göttingen - BV: D. Aktionsgem. finites Verb. u. Infinitiv im span. Formensystem, 1968; Einf. in d. semant. Stud. d. Franz., 1977; Korrelative Sprachtypologie, 1987. 60 Einzelarb. z. franz., span., ital., portug. Sprache u. Lit. - Spr.: Franz., Span., Portug., Ital., Engl. - Lit.: In: Repertorio de Hispanistas, 1980.

KÖRNER, Klaus

Dr. phil., Prof. f. Musikwissenschaft Univ. Köln - Universitätsstr. 77, 5000 Köln 41 (T. 40 11 96) - Geb. 8. Sept. 1936 Köln (Vater: Heinz-Joachim K., Doz. u. Dirig. Musikhochsch. Köln †; Mutter: Clara, geb. Wasser), kath., verh. m. Uta-Maria, geb. Dutz - Staatsex. in Schulmusik u. German. 1965; Promot. in Musikwiss. 1969; Habil. 1979 - Ab 1969 stv. Leit. an e. Jugendmusiksch.; s. 1971 Hochschuldst. Univ. Köln - BV: D. Musikleben in Köln um die Mitte d. 19. Jh., 1969; Akust. Reizüberflut., 1979; Basis d. Musiktheorie, 1980; u. a. Veröff. (Abhandl. üb. Bach, Beethoven, Schumann, Schostakowitsch, Cage) - Musikwerke: u. a. Burlesque f. 2 Klaviere u. Streichorch.; Capricen f. Solovioline; Petite Musique pour Deux f. Vc. u. Kl. - Liebh.: Kompos., Lit., Malerei, Bergtouren, Eisenbahnen - Bek. Vorf.: Prof. Karl Körner, Konzertm. im Kölner Gürzenich-Orch. (Großv.).

KOERNER, Ralf Richard

Dr. phil., Chefredakteur Münstersche Ztg. - Neubrückenstr. 8-11, 4400 Münster (T. 0251-59 20) - Geb. 28. Juni 1929 - Stud. Univ. Köln, Münster (Gesch., Publiz., German., Öfftl. Recht); Promot. - Mitgl. Jury Theodor-Wolff-Preis d. Bundesverb. Dt. Ztg.verleger - BV: So haben sie es damals gemacht - D. Propagandavorb. z. Österr.-Anschluß, 1958; GrundSätze, 1989.

KÖRNER, Theodor

Dr. jur., Verwaltungsdirektor, Landrat d. Landkreises Aichach-Friedberg (s. 1989) - Wiffertshauser Str. 11, 8904 Friedberg - Geb. 26. Sept. 1941 Inchenhofen, verh., S. Stephan - Abit. 1962; 1962-68 Univ. München; anschl. 1. jur. Staatsprüf.; 2. jur. Staatsprüf. 1971; Promot. 1975.

KOERNER, Valentin Theodor

Verleger, gf. Gesellsch. Verlag Valentin Koerner GmbH - Hermann-Sielcken-Str. 36, 7570 Baden-Baden (T. 2 24 23) - Geb. 4. Mai 1928 Braunschweig (Vater: Theodor K., Tischlerm.; Mutter: Hedwig, geb. Schnur), ev., verh. s. 1963 m. Sybille, geb. Freiin v. Gültlingen, 2 Kd. (Katharina, Tobias) - Gf. Gesellsch.: 1954 Librairie Heitz GmbH, 1971 Verlag Valentin Koerner GmbH. Mitgl. Synode d. Ev.-luth. Kirche in Baden.

KÖRNER, Wolfgang

Schriftsteller - Hamburger Str. 97, 4600 Dortmund - Geb. 26. Okt. 1937 Breslau - BV: Versetzung, R. 1966; Nowack, R. 1969; Wo ich lebe, Erz. 1974; Der Weg nach drüben R. 1976; U. jetzt d. Freiheit, R. 1977; I. Westen zu Hause, R. 1978; D. Zeit m. Michael, R. 1978; Meine Frau ist gegangen, Ess. 1979; Drogenreader, Ess. 1980; Noch mal v. vorn anfangen, dokument. Ess., 1981; Nach Skandinavien reisen, Ess., 1982; Kandinski o. Ein langer Sommer, R. 1984; D. einzig wahre Opernführer, Sat. Ess. 1985; Scharfe Suppen f. hungrige Männer, R. 1986; D. einzig wahre Schauspielführer, Sat. Ess. 1986; Willkommen in d. Wirklichkeit, Erz. 1987; D. einzig wahre Anlageberater, Sat. Ess. 1987; D. einzig wahre Karriereberater, Sat. Ess. 1988; D. goldene Elternbuch, Sachb. 1989. Übers. v. Romanen ins Amerik., Schwed. u. Dän. Fernsehspielf.: Versetzung (ARD 1968); Ich gehe nach München (ZDF, 1974); Büro, Büro (WWF 1982-90); Stahlkammer Zürich (WWF 1990) - Förderpreis f. Literatur zum Großen Kunstpr. Land Nordrh.-Westf.; Annette-v.-Droste-Hülshoff-Pr. 1973 - Spr.: Engl.

KÖRNER, Wolfgang Hermann

Schriftsteller - Hinterburg 21, 5507 Neumagen-Dhron (T. 06507 - 54 90) - Geb. 30. Juni 1941 Sindelfingen, ev., verh. s. 1974 m. Sabine, geb. Brüsehaber, Tocht. Sarah - S. 1961-67 Bauing.-Stud. TU Berlin - S. 1967 fr. Schriftst. (1973-78 Aufenth. in Ägypten) - BV/ Romane u. Erz.: Normalfälle, 1967; Krautgärten, 1970; D. Verschwörung v. Berburg, 1971; Katt im Glück, 1973; D. ägypt. Träume, 1980; D. Nilfahrt, 1984; D. Eremit, 1985; D. Weinschiff, 1987; D. deutschen Träume, 1990; D. französischen Träume, 1991 - 1973 Villa Massimo (abgelehnt) - Liebh.: Ägyptol., Zeichnen u. Malen, Mittelmeerraum - Spr.: Franz., Engl., etwas arabisch, ital. - S. 1988 Mitgl. P.E.N.

KÖRNICH, Heiko

Dr. jur., Vorstand O & K Orenstein & Koppel AG - Karl-Funke-Str. 30, 4600 Dortmund 1 (T. 0231 - 176 03 59) - Geb. 11. Juni 1939, ev., verh. m. Birgit, geb. Knolle, 3 Kd. (Birthe, Arne, Sinje) - Ass. 1967; Promot. 1971 Kiel - 1979-86 Geschäftsf. Waggon-Union GmbH Berlin/Siegen; 1984-86 Vorst. Thyssen Ind. AG Henschel, Kassel; s. 1986 Vorst. O & K Orenstein & Koppel AG, Berlin/ Dortmund - BV: D. arbeitsgerichtl. Beschlußverf. in Betriebsverfassungssachen, 1978.

KÖRPER, Fritz

Cand. theol., MdL Rhld.-Pfalz - Im Weiher 4, 6551 Rehborn - Geb. 14. Nov. 1954 - SPD.

KOERPPEN, Alfred

Prof., Komponist u. Dozent (Spez. Arbeitsgeb.: Komposition; Lehrer f. Komposition u. Musiktheorie) - Steinwedeler Weg 2, 3167 Burgdorf (T. 05136 - 34 34); Via Carizia 27, 04018 Sezze Romano (Ital.) (T. 0773 - 88 71 32) - Geb. 16. 12. 1926 Wiesbaden (Vater: August K.; Mutter: Marga, geb. Schmitz), verh. m. Prof. Barbara, geb. Boehr - Musisches Gymn. Frankfurt/M.; Ausbild. Kurt Thomas, Frankfurt/M. (spät. Prof. u. Thomas-Kantor Leipzig † 1973) - S. 1948 Lehrtätigk. Musikhochsch. Hannover. BV: Erfindungsübungen, Diesterweg-Verlag, Frankfurt - Kompos. Virgilius, Oper, Breitkopf & Härtel, Abenteuer auf d. Friedhof, Oper, Prometheus, Orat., Breitkopf, Stadtwappen, Orat., Arachne, Ballett, Parabel v. Dornbusch, Kantate, Möseler, Joseph u. s. Brüder, Chorerz. Zahlr. Chor- u. Kammerw. - 1960 Rompreis Villa Massimo; 1982 Niedersachsen-Preis; u. a. Ausz.

KOERPPEN, Barbara,

geb. Boehr

Prof. Hochsch. f. Musik u. Theater Hannover, Geigerin - Steinwedeler Kirchweg 2, 3167 Burgdorf; u. Via Carizia 27, I-04108 Sezze - Geb. 5. Jan. 1930 Stolp/Pom. (Vater: Dr. Günther Boehr, Jurist; Mutter: Gerta, geb. Richter), kath., verh. s. 1960 m. Prof. Alfred K. - Hochsch. f. Musik u. Theater Hannover - Lehrtätigk. Geigenkl. Hannover; Konz., Rundf.aufn. - Spr.: Engl., Ital.

KÖRTE, Gerrit

Dipl.-Ing., Schiffbaudirektor, Vorstandsmitgl. Howaldtswerke - Dt. Werft AG., Hamburg/Kiel (s. 1968) - Finksweg 29, 2000 Hamburg 95 (T. 7436 - 1) - Geb. 2. Febr. 1925 Altona - TH Karlsruhe - Esso Tankschiff Reederei GmbH., Hamburg, u. Howaldtswerke Hamburg AG. ebd. (1964-68 (Zusammenschl.) Vorstandsmitgl.). Vorstandsmitgl. Howaldtswerke Hamburg AG.

KÖRTGE, Peter

Dr. med., Prof., Internist, Chefarzt i. R. - Alter Postweg 9, 4930 Detmold (T. 05231 - 3 11 15) - Geb. 23. Aug. 1923 Berlin (Vater: Ernst A. K., Kaufm.; Mutter: Elisabeth, geb. Dittmar), ev., verh. s. 1957 m. Dr. Sigrid, geb. Stöppler - Obersch. (1933-43) u. Univ. Berlin (1943-50; Med. Staatsex.). Promot. (1954) u. Habil. (1962) Berlin (FU) - S. 1951 m. Unterbrech. FU Berlin (1966 Oberarzt I. Med. Klinik, 1969 stv. Klinikdir.; 1968 apl. Prof.). Spez. Arbeitsgeb.: Gastroenterologie. Handbuchbeitr. u. Ztschr.aufs. - Mitgl. New York Acad. of Sciences - 1985 BVK - Liebh.: Geschichte d. Mittelalters, Musik d. 18. u. 19. Jh. - Spr.: Engl., Franz.

KOERTING, Franz

Dr. oec. publ. - Wangardstr. 3, 2890 Nordenham - Geb. 13. April 1928 - Vorstandsmitgl. Nordd. Seekabelwerke AG., Nordenham - Spr.: Engl. - Rotarier.

KÖRTING, Heikedine

Rechtsanwältin, Regiss., Autorin (Ps. Pamela Punti), eig. Film- u. Videofirma Hamburg - Priv.: Herrenhaus, 2430 Hasselburg - Geb. 18. Juni 1945, ev., verh. s. 1979 m. Dr. Andreas Beurmann - Stud. Jura; 2. Staatsex. Hamburg - Rechtsanwalt, Kindertonträger-Prod., Geschäftsf. Kulturkr. Hasselburg. 1270 Hörsp. f. Kinder - 106 Gold. Schallpl., 8 Platin-Pl. - Spr.: Engl., Franz., Ital., Span.

KÖRTING, Wolfgang

Dr. rer. nat. (habil.), Wiss. Rat, Prof. f. Fischkrankheiten Tierärztl. Hochsch. Hannover (s. 1977) - Hitzackerweg 3a, 3000 Hannover 61 - Geb. 15. Juni 1940 Aussig/Böhmen (Eltern: Ernst (Prokurist) u. Emilie K.), kath. - Gymn. Wetzlar; 1961-68 Univ. Frankfurt u. München (1965) - Zul. Assist. u. Doz. Univ. München - Spr.: Engl., Franz.

KÖSEL, Edmund

Dr. phil., Prof. f. Schulpädagogik PH Freiburg - Spittelhofstr. 42, 7811 St. Peter/Br.

KÖSER, Reinhard

Verlagsgeschäftsf. (Nordwest-Zeitung) - Peterstr. 28-34, 2900 Oldenburg/O. - Geb. 9. Febr. 1938.

KÖSSEL, Hans

Dr. rer. nat., Prof. f. Molekulare Biologie (s. 1973) - Bachmättle 8, 7801 Stegen-Wittental/Br. - Geb. 20. Dez. 1934 Landsberg/Lech, kath., verh. s. 1959 m. Inge, geb. Heydkamp, 3 Kd. (Sabine, Hans-Ekkehard, Wolfram) - Stud. Chemie Univ. München; Dipl. 1960, Promot. 1962; Habil. 1969 - MPI f. Biochemie München, Enzyme Research Inst. Madison (USA), Univ.Inst. f. Biol. III Freiburg (1967ff.) - Forsch.arb. z. chem. Nucleinsäuresynthese, genet. Code, Sequenzanalyse v. Nucleinsäuren u. Molekularbiol. d. Pflanzen - BV: Molek. Biol., 2. A. 1973; Lexikon d. Biochemie, 1978; Lexikon d. Biol., 1983. Zahlr. Fachaufs. Manuskripte f. Rundf. u. Ferns. - Mitgl. d. EMBO, d. Ges. f. Biolog. Chemie u. d. Ges. f. Genetik - Spr.: Engl.

KÖSSEL, Karl

Dr. jur., Generaldirektor i. R. d. Volkswohl-Bund Versicherungen - Dahmsfeldstr. 58, 4600 Dortmund 50 (T. 73 16 10) - Geb. 23. Sept. 1917 - Stud. Univ. Berlin, Erlangen, München - Ehrenbeirat Zentrale zur Bekämpfung un-

KÖSSLER (ß), Henning
Dr. phil., o. Prof. f. Philosophie Univ. Erlangen-Nürnberg/Erziehungswiss. Fakultät (s. 1969) - Reinschartenweg 1, 8520 Erlangen (T. 45 03 06) - Geb. 27. April 1926 Braunschweig (Vater: Dr. Hans K.), verh. m. Ingeborg, geb. Engert, 3 Kd. - Univ. Göttingen (Phil., German., Theol.) - S. 1964 Univ.bereich Erlangen (u. a. ao. Prof. PH). Bücher u. Fachaufs. - 1982 BVK I. Kl.

KÖSSLING, Friedrich-Karl
Dr. med., Prof., Direktor Pathol. Inst./ Zentralkrkhs. Bremen - St.-Jürgen-Str., 2800 Bremen - Lehrtätig. Univ. Göttingen (Prof. f. Allg. Pathol. u. Pathol. Anat.).

KÖSTER, Alfons
Prof., Ordinarius f. Kunsterziehung (emerit.) - Roonstr. 71, 5000 Köln 1 - Zul. PH Rhld./Abt. Köln.

KOESTER, Berthold
Dr. jur., Prof. f. Intern. Wirtschaftsrecht, Honorarkonsul d. Bundesrep. Deutschl. f. Arizona (USA) - Equestrian Manor, 6201 East Cactus Road, Scottsdale, Arizona 85254/USA (T. 602 - 952-91 00) - Geb. 30. Juni 1931 Aachen (Vater: Dr. Wilhelm K., Medizinaldir.; Mutter: Margarete, geb. Witteler, kath., verh. s. 1961 m. Hildegard, geb. Büttner, 3 S. (Georg, Wolfgang, Reinhard) - 1951-54 Stud. Univ. Marburg u. Münster (Recht, Volksw., Phil., Kunst, Sprachen); 1. jurist. Staatsprüf. 1955, Promot. 1957 Münster, 2. jurist. Staatsprüf. 1960, Fachanw. f. Steuerrecht 1969; 1978-80 Stud. US-Verfass.-, Wirtsch.- u. Grundstücksrecht Univ. Arizona; Lizenz (Arizona Real Estate License) 1981 - 1957-60 Assist. Univ. Münster; 1960 Rechtsanw. Düsseldorf; 1960-64 Syndikus J. H. Vogeler & Co. KG u. 1964-70 Dir. Bankhaus Waldthausen & Co., Düsseldorf; 1970-82 Anwalt (f. Intern. Wirtschafts-, Ges.- u. Steuerrecht), ab 1979 in Phoenix, Arizona; 1978-81 Prof. f. Intern. Wirtschaftsrecht Amerik. Hochsch. f. Intern. Management Glendale, Arizona; 1981ff. Präsident Arizona Import-Export-Agentur u. Partner Applewhite, Laflin & Lewis, Real Estate Investments, Phoenix, Arizona; s. 1982 Honorarkonsul BRD Arizona. S. 1960 div. Ehrenämter u. Veröff. - Liebh.: Kunstgesch., Jagd - Spr.: Engl., Franz., Span. - Lit.: Intern. Nachschlagewerke.

KÖSTER, Hans

Verlagsbuchhändler, Inh. Verlag Karl Robert Langewiesche Nachf. Hans Köster (b. 1973), Königstein (D. Blauen Bücher, Langewiesche-Bücherei) - Am Grünen Weg 3, 6240 Königstein/Ts. (T. 21426) - Geb. 19. Sept. 1902 Halver/W. (Vater: Hermann K., Buchhändler; Mutter: Emma, geb. Siebel), ev., verh. in 2. Ehe (1944) m. Lieselott, geb. Cleppien, 4 Kd. (Hans-Curt, Peter-Tilmann, Klaus-Michael, Kersti-Susanne) - Reform-Gymn. Betzdorf-Kirchen; Buchhändlerlehre Kassel (Ernst Röttgers Buchhandl.) - S. 1956 Inh. Langewiesche - BV: Buch u. Leben; D. Buchhandel in Dtschl. (Paris, 1932).

KÖSTER, Heinrich
Dr. rer. nat., Prof. f. Mineralogie - Bahnhofstr. 40, 8011 Neubaldham/Obb. - S. 1970 Wiss. Rat u. Prof. bzw. Prof. (1978) TU München.

KÖSTER, Heinz
Dr. jur., Aufsichtsrat Deutsche Allg. Versich.-AG, Frankfurt/M., Zürich Kautions- u. Kreditversich.-AG, Frankfurt/M., Zürich International (Deutschl.) Versich.-AG, Frankfurt/M., AR-Vors. Zürich Rechtsschutzversich.-AG, Frankfurt/M. - Mainblick 3, 6240 Königstein-Falkenstein - Geb. 2. Juli 1931 Köln, verh. m. Maria-Katharina, geb. v. Thurn u. Taxis, 3 Kd. (Jürgen, Irene, Klaus) - Stud. d. Rechtswiss. Gr. jur. Staatsprüf.

KÖSTER, Heinz
Geschäftsf. Manusaar/Saarl. Metallwarenind. GmbH., Gf. Diehl & Eagle Picher GmbH., bde. Saarbrücken-Bübingen - 6601 Saarbrücken-Bübingen - Geb. 7. Dez. 1919.

KOESTER, Helmut
Dr. med., Prof., Direktor Frauenklinik/ Städt. Kliniken Dortmund - Beurhausstr. 40, 4600 Dortmund 1 - Geb. 25. Aug. 1928 Münster - Promot. 1954 Marburg - S. 1967 (Habil.) Privatdoz. u. Honorarprof. (1971) Univ. Gießen, seit 1979 Prof. (1986) Univ. Münster (Geburtsh. u. Frauenheilkd.). Üb. 100 Veröff. - 1978/ 79 Vors. Nordrh.-Westf. Ges. f. Gynäk. u. Geburtsh., 1980/84 Vorst.-Mitgl. Dt. Ges. f. Gynäk. u. Geburtsh.

KOESTER, Hermann
Wirtschaftsingenieur, Wirtschaftsberater BVW, övb Sachverständiger BVS, Bewertung industrieller Anlagen u. BU. Schäden - Bargkoppel 15, 2000 Norderstedt (T. 040 - 5226227) - Geb. 29. Sept. 1917.

KÖSTER, Jens-Peter
Dr. phil., M.A., Prof. f. Phonetik Univ. Trier - Tarforst, 5500 Trier/Mosel; priv.: Zur Kopp 28, 6643 Perl/Saarl. - Geb. 29. April 1942 Magdeburg (Vater: Werner K., Kunstmaler; Mutter: Ilse, geb. Brünjes), verh. s. 1969 m. Nicole, geb. Ehlinger, T. Stéphany - 1969-74 Wiss. Assist. Univ. Hamburg; s. 1974 Univ. Trier, Prof. f. Angew. Sprachwiss. (Phonetik), 1991 Prof. f. Phonetik - BV: Historische Entwicklung v. Syntheseapparaten, 1973; Köster et alii (Hrsg.): Hamburger Phonet. Beitr., 1972-85; Beitr. z. Phonetik u. Linguistik, 1985ff.; Speech Communication, 1982ff.

KÖSTER, Klaus
Dipl.-Volksw., Geschäftsf. Verb. Dt. Küstenschiffseigner (s. 1972) - Große Elbstr. 36, 2000 Hamburg 50 (T. 313435); priv.: Fasanenweg 1c, 2000 Wedel (T. 5681) - Geb. 30. Okt. 1942 Pinneberg (Vater: Nikolaus Heinrich K.; Mutter: Irmgard, geb. Jessen), verh. m. Barbara, geb. Kenter - Univ. Hamburg, Kiel (Dipl. 1969).

KOESTER, Lothar
Dr. rer. nat., Prof., ehem. Techn. Direktor Reaktorstation Garching TU München (Extraord.) - Max-Planck-Str. 53, 8046 Garching/Obb. - Geb. 19. Okt. 1922 Essen - Promot. 1953 - S. 1970 (Habil.) Lehrtätig. TU München (Prof. f. Experimentalphysik). Üb. 100 Fachveröff. - 1989 BVK.

KÖSTER, Peter E.
Geschäftsf. Emil Köster GmbH. - Emil-Köster-Str. 1, 2350 Neumünster/Holst. - Geb. 28. Nov. 1935 Neumünster.

KÖSTER, Rolf
Dr. rer. nat., Prof. f. Geologie - Fridtjof-Nansen-Weg 8, 2300 Kiel (T. 587660) - Geb. 31. Mai 1929 Plön - S. 1961 (Habil.) Lehrtätig. Univ. Kiel (1967 apl. Prof.). Üb. 40 Fachveröff.

KÖSTER, Thomas
Dipl.-Volksw., Dr. rer. pol., Geschäftsführer Rheinisch-Westf. Handwerkerbund Düsseldorf - Georg-Schulhoff-Str. 1, 4000 Düsseldorf 1 - Geb. 28. Okt. 1946 Menden/Sauerland, kath., verh. s. 1972 m. Beate, geb. Schlombs, 3 Kd. - Stud. Univ. Köln - Stv. Hauptgeschäftsf. Handwerkskammer f. d. Reg.bez. Düsseldorf - BV: D. Entw. kommunaler Finanzsysteme am Beisp. Großbrit., Frankreichs u. Deutschl. 1790-1980, 1984 - 1988 BVK am Bde.

KÖSTER, Udo
Dr. phil., Prof. f. Neuere Dt. Literaturwissenschaft - Baumkamp 57, 2000 Hamburg 60 - S. 1977 Univ. Hamburg.

KOESTER, Ulrich
Dr. rer. pol., o. Prof., Hochschullehrer Agrarökonomie - Manrade 15, 2300 Kiel (T. 0431 - 3 46 61) - Geb. 20. Mai 1938 Elbing (Vater: Egon Koester, Landwirt; Mutter: Paula, geb. Fähndrich), ev., verh. s. 1969 m. Ute, geb. Kleinert - 3 Kd. (Wolfram, Almut, Janna) - Stud. Landw., Volksw. - Dipl.-Landwirt, 1962 (Stuttgart-Hohenheim); Dipl.-Volksw. 1965 (Göttingen), Dr. rer. pol. 1968, Habil. 1971 - Wiss. Assist. 1965-71; Rat u. Prof., 1971-78 Univ. Göttingen - 1978 o. Prof. Univ. Kiel, 1968/69 Visiting Scholar Univ. Kalifornien, Berkeley USA, 1974 Gastprof. Econ. Department Buffalo USA, 1977/78 Gastprof. Nairobi/ Kenya; 1981-86 Visiting Research Fellow, IFPRI Washington, D.C. USA; 1989-91 Dekan d. Agrarwissenschaftl. Fak. Univ. Kiel. S. 1981 Mitgl. Wiss. Beir. b. Bundesmin. f. Ernähr., Landw. u. Forsten - BV: Allg. Analyse d. Nachfr. nach Nahrungs- u. Genußmitteln, 1968; Sektorale Preisentwickl. u. Geldwertstabilität, 1974; Alternat. d. Agrarpolitik (m. S. Tangermann), 1976; EG. Agrarpolit. in d. Sackgasse, 1977; Milchpreissenk. u. Einkommensübertrag., (m. C.-H. Hanf) 1980; Nutzen-Kosten-Unters. forstw. Zus.schlüsse, (m. D. Brabänder u. W. Hodapp) 1980; Grundzüge d. Landw. Marktlehre, 1981; Agrarwirtsch. u. Agrarpolitik in d. erweit. Gemeinschaft (m. R. v. Alvensleben u. H. Storck), 1981; Policy Options for The EC Grain Economy of the European Community: Implicat. f. Develop. Countries, 1982; Regional Cooperation to Improve Food Security in Southern and Eastern African Countries. Research Report No. 53. Intern. Food Policy Research Inst., 1986; The EC-ACP Convention of Lomé. (Forum No. 13), 1987 (m. R. Herrmann); Demand-Side Constraints and Structural Adjustment in Sub-Saharan African Countries. Intern. Food Policy Research Inst. Washington D.C. (m. A. Valdés u. H. Schafer), 1990 - Liebh.: Zeitgesch., Reisen - Spr.: Engl.

KÖSTER, Uwe
Dr. rer. nat., Prof. f. Werkstoffe u. Korrosion Univ. Dortmund - Auf dem Backenberg 13, 4630 Bochum (T. 70 60 50) - Geb. 14. März 1941 Reinbek b. Hamburg (Vater: Herbert K.; Mutter: Johanna, geb. Belusa), ev., verh. s. 1969 m. Doris, geb. Klatt, 2 T. (Vera, Anna-Christina) - Gymn. Celle; Univ. Göttingen (Physik); Promot. 1971 - 1969-80 Inst. f. Werkst. Ruhr-Univ. Bochum; 1976/77 IBM Res. Center Yorktown Heights/USA; s. 1981 Prof. Univ. Dortmund FB Chemietechnik - 1975 Masing-Preis Dt. Ges. Metallkd. - Liebh.: Genealogie.

KÖSTER, Wilhelm
Ing., Direktor - Hagemer Kirchweg 11, 4354 Datteln/W. - Geb. 22. Aug. 1922 - Vorstandsvors. Lohmann & Stolterfoht AG, Witten; Geschäftsf. G. L. Rexroth GmbH., Lohr.

KÖSTER-PFLUGMACHER, Annelore
Dr. rer. nat., Prof., Wiss. Rätin Lehrgebiet Anorgan. Chemie u. Elektrochemie u. Inst. f. Anorgan. Chemie TH Aachen - Kolpingweg 2, 4018 Langenfeld/Rhld. (T. 1 53 73) - Geb. 19. März 1919 Königsberg/Pr., verh. - S. 1953 (Habil.) Lehrtätig. Aachen (1960 apl. Prof. f. Anorgan. u. analyt. Chemie). Fachveröff. Übers.: A. Pflugmacher, Qualitative Schnellanalyse d. Kationen u. Anionen nach G. Charlot (3. A. 1961).

KÖSTERS, Hans Georg

Journalist, Redaktionsleit. Neue Ruhr Zeitung (NRZ) Essen (b. 30.04.1989). Ab Mai 1989 eigenes Redaktionsbüro, Kronprinzenstr. 13, 4300 Essen 1; priv.: Lührmannwald 23, 4300 Essen (T. 0201 - 71 26 04) - Geb. 18. Jan. 1924 Duisburg (Vater: Wilhelm K., Schriftst.; Mutter: Katharina, geb. Utsch), kath., verh. s. 1948 m. Gerde, geb. Hoppe, Sohn Volker - Abit. - 1945-47 Deutschlehrer an engl. Schulen, Übers., Dolmetscher; 1948 Journ., 1952-89 Redaktionsleit. - BV: die stadt, 1980 (m.a.); Margarethenhöhe, 1981; Essen Stunde Null, 1982; Die Aufsteiger, 1988; D. große Wurf, 1991 - 1972/73 Theodor-Wolff-Preis, 1982 Karl-Brunner-Preis - Liebh.: Lit. - Spr.: Engl.

KÖSTERS, Josef
Dr. med. vet., Prof., Fachtierarzt f. Geflügel, Inh. Lehrst. f. Geflügelkd., Leit. Inst. f. Geflügelkrankh. Univ. München - Erlenweg 8, 8042 Oberschleißheim (T. 089 - 315 36 86).

KOETSIER, Jan
Prof., Dirigent u. Komponist - Unterkagn 1, 8251 Heldenstein (T. 08082 - 247) - Geb. 14. Aug. 1911 Amsterdam (Vater: Jan Koetsier-Muller, Lehrer f. Atem- u. Sprechtechnik; Mutter: Jeanne, geb. Muller, Sängerin), verh. s. 1964 m. Margarete, geb. Trampe - 1927-35 Musikhochsch. Berlin - 1942-49 II. Dir. Concertgebouw, Amsterdam; 1950-66 Dir. Bayer. Rundfunk, München; 1966-1976 o. Prof. Musikhochsch. München; s. 1976 freischaff. Komponist. Orchesterw. (Symphonien, Konzerte, spez. f. Bläser, Suiten), Kammermusik, Orgelw., Klavierst., Lieder, Oper Franz Hals, Ballett Demeter, Orat. D. Mann Lot.

KOETSU, Brigitte
s. Baumgardt, Brigitte

KÖTTER, Ingrid
Autorin - Waldhäuser Str. 73, 7400 Tübingen (T. 07071-6 70 11) - Geb. 23. Juni 1934 Hagen, ev., verh. s. 1959 m. Helmut K., Dipl.-Ing., 2 Töcht. (Ina, Anne) - Lehre Großhandelskaufm. (Prüf. 1953 Hagen) - Sekretärin im Personalwesen - Autorin v. Kinderb., Drehb. u. Hörsp. - BV: Alle sagen Neuer zu mir, 1978; Manchmal bin ich nachts e. Riese, 1983; Kroko b. Zahnarzt, 1984; V. Supereltern kannst du träumen, 1985; D. Platzda, 1986; Für 20 Pfennig Bildsalat, 1987; Willi Wasserkatze, 1989; D. Kopftuchklasse, 1989.

KÖTTING, Bernd
Journalist, Herausg. u. stv. Chefredakt. Münchner Merkur (1983ff.) - Nimrodstr. 8, 8035 Gauting/Obb. (T./MM: 089 - 5 30 60) - Geb. 12. April 1938 Twist/W. (Vater: Hermann K., Kaufm.; Mutter: Helena, geb. Wolken), kath., verh. s. 1966 m. Christa, geb. Ehm, 2 Kd. (Jens, Eva-Julia) - Abit. 1960 Meppen; Staatsex. 1964 Münster - 1965 Redakt.; 1966 Ressortleit.; 1969 stv. Chefredakt. - Spr.: Engl.

KÖTTING, Bernhard
Dr. theol., em. o. Prof. f. Alte Kirchengeschichte, Christl. Archäol. u. Patrol. - Theresiengrund 24, 4400 Münster/W. (T. 8 14 44) - Geb. 29. März 1910 Stadtlohn/W., kath. - Gymn. Paulinum Münster; Univ. ebd., Freiburg, Bonn - 1934 Seelsorge, 1945 Studentenpfarrer, 1948 Privatdoz., 1951 o. Prof. u. Seminardir. Univ. Münster (1960/61 u. 1967/68 Rektor). Mitgl. Histor. Kommiss. Westfalens (1960) u. Arbeitsgem. f. Forsch. d. Ld. NRW (1964). 1974/75 Vors. d. Konfz. d. Akad. in d. BRD; 1977-86 Vors. Patrist. Kommiss. Dtschl. - BV: Peregrinatio religiosa, Wallfahrten in d. Antike u. im frühen Christentum, 1951; D. frühchristl. Reliquienkult u. d. Bestattung im Kirchengebäude, 1965; D. Zölibat in d. Alten Kirche, 1968; Toleranz u. Religionsfreiheit, 1977; Ecclesia peregrinans, Ges. Aufs. 1987 - 1963 Päpstl. Hausprälat; 1964 korr., 1970 o. Mitgl. Dt. Archäol. Inst.; Mitgl. Zentraldir.; 1964 o. Mitgl. Rhein.-Westf. Akad. d. Wiss., Düsseldorf (b. 1972 Sekr., 1972-75 Präs.), s. 1973 Domkapitular; 1984 Gr. BVK m. Stern; 1986 VO Land Nordrh.-Westf. - Lit.: Festschr. Pietas u. Philoxenia z. 70. Geb. (1980).

KÖTTNITZ, Werner
Dr.-Ing., Fabrikant, pers. haft. Gesellsch. u. Geschäftsf. Andreas Hofer Hochdruckapparatebau KG, Mülheim/R. - Robert-Koch-Str. 9, 4330 Mülheim/Ruhr (T. 0208 - 37 40 27) - Geb. 25. Aug. 1913 Düsseldorf - Spr.: Engl. - Rotarier.

KÖTZ, Hein
Dr. jur., Prof., Direktor Max-Planck-Institut f. ausl. u. internat. Privatrecht (s. 1979) - Mittelweg 187, 2000 Hamburg 13 (T. 040 - 4 12 71) - Geb. 14. Nov. 1935 Schneidemühl (Vater: Dipl.-Landw. Karl K.; Mutter: Dorothea, geb. Matthée), ev., verh. s. 1962 m. Gertrud, geb. Schrewe, 3 Kd. (Franziska, Jonas, Ulrike) - Promot. 1962; Master of Comp. Law 1963 Ann Arbor, Mich.; Habil. 1971 - 1973-75 Prorektor Univ. Konstanz, 1982-84 Mitgl. Wissenschaftsrat; 1986-88 Vizepräs. Dt. Forschungsgemeinsch.; Mitgl. Acad. Europaea; Gast Univ. Chicago, Tel Aviv, Uppsala - BV: Trust u. Treuhand, 1963; Einf. in d. Rechtsvergleichung, 2. A. 1984 (m. Zweigert); Deliktsrecht, 5. A. 1991 - 1976 Gold. Sportabz. - Spr.: Engl., Franz.

KOEVE, Eberhard
Dipl.-Volksw., Geschäftsführer a.D. Bundesverb. d. Dt. Stahlhandels/Gruppe Süd - Lindenstr. 53, 6239 Kriftel/Taunus.

KÖVES-ZULAUF, Thomas
Dr. phil., Prof. f. Klass. Philologie Univ. Marburg - Vogelsbergstr. 15, 3550 Marburg - Geb. 8. Aug. 1923 Kalaznó (Ungarn) - Stud. Budapest, Heidelberg, Zürich; Promot. 1946 Budapest; Habil. 1969 Marburg - Forsch.aufenthalte: Wien, Brüssel - S. 1971 Prof., 1972/73 u. 1980/81 Dekan; s. 1983 Korr. Mitgl. d. Soc. Hongroise d. Etudes Classiques - BV: Reden u. Schweigen. Plinius Maior üb. röm. Religion, 1972; Plinius d. Ältere u. d. röm. Religion. Aufstieg u. Niedergang d. röm. Welt II 16.2, 1978; Kl. Schr., 1988; Röm. Geburtsriten, 1990.

KOFFKE, Horst
Vorsitzender Arbeiterwohlfahrt d. Stadt Berlin - Hallesches Ufer 32-38, 1000 Berlin 61.

KOFLER, Leo
Dr. phil., Prof., Publizist - Lassallestr. 44, 5000 Köln-Mülheim - Geb. 26. April 1907 Chocimierz/Polen (Vater: Marcus K.; Mutter: Minna, geb. Weissmann), verh. in 2. Ehe (1951) m. Ursula, geb. Wieck - Univ. Wien. Promot. u. Habil. Halle/S. - Univ.sprof. (1947-51 Halle), s. 1971 Univ. Bochum (1974 Honorarprof.) - BV: Menschlichk. - Freiheit - Persönlichkeit, 1952; D. Fall Lukács, 1952; Marxismus u. Sprache, 1952; D. soziale Werden d. Gegenwart, 1954; Perspektiven d. sozialist. Humanismus, 1954; Gesch. u. Dialektik, 1955; Marxist. u. eth. Sozialismus, 1955; D. beiden Eliten zw. Nihilismus u. Humanismus, 1959; Staat, Ges. u. Elite zw. Humanismus u. Nihilismus, 1960; D. drei menschl. Probleme d. 20. Jh.s u. d. Problem d. Bildung, 1960; D. Ende d. Phil., 1961; Z. Theorie d. mod. Lit., 1962; D. proletar. Bürger, 1964; D. asket. Eros, 1967; Abstrakte Kunst u. absurde Lit., 1970; Stalinismus u. Bürokratie, 1970; D. Wiss. v. d. Ges., 1971; Technol. Rationalität, 1971; Dialektik u. Kultur, 1972; Aggression u. Gewissen, 1972; Soziol. d. Ideologischen, 1975.

KOFLER, Werner
Schriftsteller - Hetzgasse 8/24, A-1030 Wien - Geb. 23. Juli 1947 Villach/Kärnten - BV: Analo u. a. comics, 1973; Örtl. Verhältnisse, Lyrik/Prosa 1973; Guggile - V. Bravsein u. d. Schweinigeln, 1975; Ida H. - E. Krankengesch., Erz. 1978; Aus d. Wildnis, Erz. 1980; Konkurrenz, R. 1984; Amok u. Harmonie, Erz. 1985 - Div. Ausz., dar. 1976 Theodor-Körner-Preis, 1978 Andreas-Reischek-Preis, 1980 Bremer Förderpreis f. Lit., 1983 Prix Futura Berlin.

KOGELFRANZ, Siegfried
Kolumnist b. SPIEGEL - Promenadenstr. 12, 2000 Hamburg 61 (T. 040 - 58 73 85) - Geb. 14. Aug. 1934 St. Margarethen/Kärnten, verh. s. 1988 m. Monika, geb. Werner, 3 Kd. (Karin, Jörg-Michael. Jan-Martin) - Abit., abgebr. Staatswiss.-Stud.; Volont. - Redakt. Neue Zeit, Graz; stv. Chefredakt. Heute, Wien; Ressortchef Serie u. Ausland b. SPIEGEL - BV: D. Erbe v. Jalta, 1985 (ung. 1988); D. Vertriebenen, 1986; Sterben f. d. Freiheit, D. Spanische Bürgerkrieg, 1989 - Liebh.: Zeitgesch., Sprachen, Kochen - Spr.: Engl., Russ., Schwed.

KOGGEL, Hans-Josef
Kaufm. Angestellter, MdL Rhld.-Pfalz - Im Geispfad 26, 5401 Kobern-Gondorf - Geb. 30. Juli 1937 - CDU.

KOGLIN, Hans-Jürgen
Dr.-Ing., Dipl.-Ing., Prof. f. Energieversorgung Univ. d. Saarlandes, Saarbrücken (s. 1983), Vizepräs. f. Forsch. Univ. d. Saarl. (1988-91) - Eschberger Weg 115, 6600 Saarbrücken (T. 0681 - 81 79 38) - Geb. 16. März 1937 Porst (Vater: Walter K., kaufm. Angest.; Mutter: Marie, geb. Jeske), ev., verh. s. 1965 m. Erika, geb. Wink, 2 Kd. (Anne, Ebba) - Stud. TH Darmstadt; Dipl.ex. 1964; Promot. 1971; Prof. TH Darmstadt (1972-83) - Spr.: Engl.

KOHDE-KILSCH, Claudia
Tennisprofi, Siegerin Damen-Doppel Wimbledon 1987 (m. Helena Sukova) - 6600 Saarbrücken - Geb. 11. Dez. 1963 Saarbrücken.

KOHL, Hans-Rudolf
Dipl.-Volksw., Bankdirektor i. R., Geschäftsführer (Verkauf) bhh-Immobilien GmbH, Hannover - Landschaftstr. 8, 3000 Hannover 1; priv.: Am Lindenhofe 6, 3000 Hannover 81 - Geb. 15. Nov. 1929 Stendal/Altm.

KOHL, Helmut
Dr. phil., Dr. h.c., Bundeskanzler (s. 1982), Vorsitzender CDU, MdB (s. 1976) - Bundeskanzleramt, Adenauerallee 139-141, 5300 Bonn, u. Marbacher Str. 11, 6700 Ludwigshafen/Rhein-Oggersheim - Geb. 3. April 1930 Ludwigshafen (Vater: Hans K.; Mutter: Cäcilie, geb. Schnur), kath., verh. m. Hannelore, geb. Renner, 2 Söhne (Walter, Peter) - Oberrealsch. L'hafen; Univ. Frankfurt, Heidelberg (Rechts-, Staatswiss., Gesch.; Promot. 1958) - Kaufm. Angest.; 1954-61 stv. Landesvors. Jg. Union Rhld.-Pf.; 1959-76 MdL, 1961-63 stv., 1963-69 Fraktionsvors.; 1969-76 Ministerpräs. Rhld.-Pf.; CDU s. 1948 (1966 Landes-, 1969 stv., 1973 Bundesvors.); s. 1976 MdB (b. 1982 Vors. CDU/CSU-Bundestagsfrakt.) - 1979 Gr. BVK; zahlr. weitere in- u. ausl. Ausz.; mehrf. Ehrendoktor - Lit.: u.a. Frank Hermann, H. K. - v. Kurfürst z. Kanzler, 1976; Wolfgang Wiedemeyer, H. K. - Porträt e. dt. Politikers, 1976; Klaus Hofmann, H.K. - Kanzler d. Vertrauens, 1984; Werner Filmer/Heribert Schwan - Helmut Kohl, 1985; Konrad R. Müller/Peter Scholl-Latour, Helmut Kohl, 1990; Bernhard Vogel, D. Phänomen: Helmut Kohl im Urteil d. Presse, 1990 - Liebh.: Bücher (Biogr.), Musik (Vivaldi, Bach u. a.), Wandern, Schwimmen.

KOHL, Horst
Dr. rer. pol., Dipl.-Volksw., Hauptgeschäftsführer d. Hauptverbandes d. Papier, Pappe u. Kunststoffe verarb. Industrie (HPV) e. V. (s. 1974), Generaldelegierter d. Confédération Intern. d. Transformateurs de Papier et Carton Dans la Communauté Européenne (s. 1974), Geschäftsf. Fachverb. Geschäftsbücher-, Organisationsmittel- u. Lernmittel-Industrie e. V. (s. 1973), Geschäftsf. Fachvereinig. d. deutschen Kartonagen-Industrie e. V. (FKI) s. 1978 - Myliusstr. 25, 6000 Frankfurt/M. 1 - Geb. 23. März 1937 Hagen, ev., verh. s. 1964 m. Bärbel, geb. Zentner - Stud. d. Wirtsch.swiss. Tübingen. Dipl.-Volksw. 1961; Promot. 1968 Tübingen - 1960-68 Vortragstätigk. f. d. Arbeitsgem. D. Bürger im Staat; 1963-68 Wiss. Assist. Univ. Tübingen; 1967-68 Lehrauftr. Univ. Tübingen u. Wirtschafts- u. Verwalt.sakad. Stuttgart; 1969 Geschäftsf. HPV - BV: D. Koordinierung d. Konjunkturpolitik unter bes. Berücksicht. d. BRD, 1968 - Liebh.: Tennis, zeitgenöss. Kunst - Spr.: Engl.

KOHL, Josef
Dr. phil., Prof., Indologe - Seelbergstr. 2, 8700 Würzburg (T. 56714) - Geb. 22. Juli 1908 Katzengrün/Tschechosl. - S. 1940 (Habil.) Lehrtätigk. Univ. Bonn, Prag (1943), Würzburg (1948; 1957 apl. Prof.). Fachveröff.

KOHL, Karl-Heinz
Dr. phil., M. A., Univ.-Prof. f. Ethnologie, Inst. f. Ethnologie u. Afrika-Studien, Univ. Mainz - Postf. 39 80, 6500 Mainz (T. 06131 - 39 27 98) - Geb. 24. Nov. 1948 Fürth/Bay., ev., verh. s. 1976 m. Marita K.-Leitges, 2 Kd. - 1968-70 Stud. Religions- u. Geistesgesch., Phil. u. Gesch. Erlangen, Religionswiss., Ethnol. u. Gesch. FU Berlin; M.A. 1975, Promot. 1980, Habil. 1986; Forsch.aufenth. in Ost-Indonesien 1975, 83 u. 1986/87 - BV: Exotik als Beruf, 1979, 2. A. 1986; Entzauberter Blick, D. Bild v. Guten Wilden u. d. Erfahrung d. Zivilisation, 1981, 2. A. 1986; Abwehr u. Verlangen. Z. Gesch. d. Ethnol., 1987. Herausg.: Mythen d. Neuen Welt (Ausst.katalog, 1982); Foedera naturai (1989); D. Vielfalt d. Kultur (1990); Mythen im Kontext (1992).

KOHL, Norbert
Dr. phil., Prof. f. Engl. Philologie Univ. Freiburg - Sophienstr. 12, 6000 Frankfurt am Main 90 (T. 069 - 77 73 44) - Geb. 23. Aug. 1939 Mainz-Gustavsburg, kath., gesch., S. Alexander - Abit. 1959; 1959/60 Wehrdst.; 1960-66 Stud. Engl. Philol., Roman. Philol. u. Phil.; 1. Staatsex. u. Promot. 1966; 2. Staatsex. 1968; Habil. 1979 Freiburg - BV: D. Wortspiel in d. Shakespeareschen Komödie, 1966; Bibl. f. d. Stud. d. Angl., Bd. I: Sprachwiss., 1970, Bd. III/1 u. 2 (m. Konrad Schröder), 1972-73; London, 1979; Oscar Wilde, 1980; zahlr. Aufs. u. Edit. u. a. zehnbd. Ausg. d. Werke v. Oscar Wilde

u. Mark Twain - Liebh.: Wandern, Tennis, Schach - Spr.: Engl., Franz.

KOHL, Wilhelm
Dr. phil., Honorarprof. Univ. Münster, Staatsarchivdirektor, Leiter Staatsarchiv Münster (1971-79), Universitätsarchivar 1978 - Uferstr. 12, 4400 Münster-Angelmodde (T. 02506 - 75 16) - Geb. 9. Dez. 1913 Magdeburg (Vater: Willy K., Kaufm.; Mutter: Augusta, geb. Rabe), ev., verh. s. 1942 m. Anna-Luise, geb. Preußker - Stud. d. Gesch., Roman. Univ. Halle u. Göttingen (Staatsex. f. d. Höh. Lehramt) u. Inst. f. d. Archivwesen Berlin (Staatsex. f. d. Höh. Archivdst.) - S. 1939 Höh. Archivdst., s. 1964 Lehrauftr. f. Westf. Landesgesch.; Vors. Histor. Kommiss. f. Westf., Mitarb. Max-Planck-Inst. f. Gesch. - BV: Rhein. Urkunden a. d. Gräfl. Landsbergischen Archiv, 1962; D. Notariatsmatrikel d. Fürstbistums Münster, 1962; Chr. Bernhard v. Galen. Polit. Gesch. d. Fürstbistums Münster 1650-78, 1964; Behörden d. Übergangszeit, 1964; Urkundenregesten u. Einkünfteregister d. Aegidii-Klosters, 1966; 150 J. Landkr. Steinfurt 1816-1966, 1966; D. Urkunden d. Stadtarchivs u. d. Klosters Maria Rosa in Ahlen, 1966; Schwesternhäuser n. d. Augustinerregel, 1968; Klöster d. Augustiner-Chorherren, 1971; D. schwed. Korrespondenzen 1645/46, 1971; Regesten aus d. Archiv d. Klost. u. Stiftes Wietmarschen, 1973; D. Damenstift Freckenhorst, 1975; Urkunden u. Regesten z. Gesch. d. Pfarrkirchen d. Stadt Ahlen, 1976; D. Soester Nequamb., 1980; Gesch. d. Stadt Ahaus, 1980; Akten u. Urkunden z. Außenpolitik Christoph Bernhards v. Galen, 1981; Das Domstift St. Paulus zu Münster, 1982/89 - Kriegsausz.; BVK 1974; 1990 VO Land Nordrh.-Westf.; korr. Mitgl. Akad. d. Wiss. Göttingen - Spr.: Engl., Franz., Russ.

KOHLBRECHER, Alfons
Vorstandsmitglied NKK Bank AG - Ihme-Passage 3-5, 3000 Hannover 91 - Geb. 12. Jan. 1922 Pye.

KOHLEISS, Annelies,
geb. Bergmann
Dr. rer. pol., Vorsitzende Richterin Landessozialgericht i. R. - Ringelnatzweg 10, 7000 Stuttgart 75 (T. 0711 - 47 10 52) - Geb. 12. Nov. 1919 Kaiserslautern, ev., verw., T. Claudia - Stud. Staatswiss., Rechtswiss.; Ex. Dipl. rer. pol., Dr. rer. pol.; 1. u. 2. jurist. Staatsex. - Vorst.-Mitgl. Dt. Frauenrat; Vors. Rechtsaussch. d. Ev. Frauenarbeit.

KOHLEN, Heinz-Günter
Dr. jur., Vorstandsmitgl. Orenstein & Koppel AG., Berlin/Dortmund (1981 Ruhest.) - Graf-Adolf-Str. 65, 5840 Schwerte/Ruhr - Geb. 24. Aug. 1920.

KOHLENBACH, Eugen
Dipl.-Volksw., MdL Nieders. (s. 1976) - Heinrich-Vogeler-Weg 74, 2862 Worpswede (T. 04792 - 78 27) - Geb. 15.

Aug. 1930 Herne/Westf. - Vors. Aussch. f. Wiss. u. Kunst im Nieders. Landtag.

KOHLENBACH, Hans W.

Dr. rer. nat., Prof. f. Botanik - Feldbergstr. 46, 6000 Frankfurt/M. - Geb. 27. Juli 1925 Brühl - Promot. 1955 Bonn - S. 1965 (Habil.) Lehrtätigk. Univ. Frankfurt (1970 Honorarprof., 1971 Prof.) - Veröff. aus d. Bereich d. pflanzl. Entwicklungsphysiol., insbes. d. pflanzl. Zellkulturforsch.

KOHLENBERG, Karl Friedrich

Schriftsteller (Ps. Benno Frank) - Johannisberg 100, B-4731 Eynatten (T. 003287 - 85 13 65) - Geb. 15. Aug. 1915 Berlin (Vater: Friedrich K., Kaufm., Reeder, Konsul; Mutter: Margarete, geb. Vorberg), verh. s. 1952 m. Uta, geb. Fell, 2 Kd. (Oliver, Melanie) - 1935-37 Buchhandelslehre, 1937ff. Ethnologiestud. - Landwirtsch., Seefahrt. 1945-48 Redakt. Aachener Nachr., 1959-62 D. Yacht, s. 1963 Lektor u. fr. Autor in Aachen u. Eynatten - BV: 77 Buchveröff.: Jugenderz., Reiseber., Sachb., Übers. a. d. Engl., Romane: D. Straße d. Vagabunden, Reiseerz. 1944 u. 1948; Ben Ali u. s. Herde, Jugenderz., 1963 (Friedr.-Gerstäcker-Pr. 1966); (1944-70 insgesamt 34 Bücher). Ab 1970: Enträtselte Vorzeit, Sachb. 1970 u. 81; Enträtselte Zukunft, Sachb. 1972; D. Gewässer um Dänemark, Führer f. Sportschiffer, 1972 u. 82; Sie fuhren hinaus auf See, Gesch. (Übers.) 1972; V. d. Kreuzzügen z. d. Kreuzfahrten (Übers.), 1972; Yachtsport in Bildern (Übers.), 1973; D. Kanal v. Den Helder b. Landsend, 1974 u. 81; Marco Polo, histor. Lebensbild, 1974; Alexander v. Humboldt, histor. Lebensb., 1975; Unter Rebellen, Erz. 1975; Sprung in d. Grüne Hölle, Erz. 1975; Schätze im Dschungel, 1975; M. versiegelter Order, R. 1975; Piratenjagd, Jugenderz. (Neuaufl.) 1976; Ich runde d. Kap, Jugendroman (Neuaufl.) 1976; Sven Hedin, histor. Lebensbild 1976; M. Geheimauftrag in See, Jugenderz. (Neuaufl.) 1977; D. Eiserne Mann, R. 1977; Kara findet e. Freund, Jugenderz. (Neuaufl.) 1977; Inseln d. Täuschung, R. 1977/78; Apokalypse - Report e. Zukunft, R. 1981 u. Companhia Melhoramentos de Sao Paulo 1983; Drei Rosen f. d. Ritter, R. d. Stauferzeit, 1988; E. Schwert f. d. Kaiser, R. d. Stauferzeit, 2. T. 1989; Störtebeker, R. 1991 - BBC-Preis; 1966 Friedrich-Gerstäcker-Preis Stadt Braunschweig - Liebh.: Reisen. Seefahrt, Landwirtsch., Kulturgesch., Völkerkd., Sprachen - Spr.: Engl., Franz., Niederl., Dän. - Lit.: Dr. H. M. Werhahn, K. F. K. - Leben, Werk, Wirkung, 1982.

KOHLER, Alexander

Dr. rer. nat., Prof. f. Landeskultur - Blütenstr. 16, 7000 Stuttgart 70 - Geb. 10. Mai 1933 Weingarten - Promot. 1960 Tübingen; Habil. 1969 München - B. 1970 Doz. TU München, 1974 Prof. Univ. Hohenheim. 1965-67 Forschungstätigk. Chile. Etwa 70 Facharb.

KOHLER, F. Peter

Dr., Dt. Honorargeneralkonsul in Philadelphia (USA) - 1101 Core States Plaza, 5th and Market Streets, Philadelphia, Pa. 19106 (T. 215 - 9 22-74 15) - Em. Chefarzt Urol. Chirurgie Lank. Hosp. Philadelphia, Pa. Emer. Pres. Medical Club Phil. u. Med. Sic. Delaware County; Vorst.-Mitgl. u. Vicepres. German Soc. of Penna; Mitgl. Foreign Relations Committee of Phil. Mitgl. Phibeta Kappa Fellow National Science Foundation.

KOHLER, Friedrich

Dr. phil., em. Prof. f. Thermodynamik Univ. Bochum - Alte Markstr. 16, 4630 Bochum (T. 0234 - 38 27 51) - Geb. 22. Mai 1924 Wien, verh. m. Gisa, geb. Schaller, 3 T. (Isabella, Jutta, Barbara) - Chemiestud. Univ. Wien; Promot. 1950; Habil. 1959 - 1968-75 Prof. f. Chem. Physik Univ. Wien; Gastaufenthalte in USA u. Australien - BV: Liquid State, 1972; ca. 100 Fachveröff., bes. üb. Flüssigkeiten u. flüssige Mischungen - 1958 Theodor-Körner-Preis; 1965 Wegscheider-Preis.

KOHLER, Hansrobert

Dr.-Ing. habil., Dr. rer. nat., Dipl.-Phys., Prof. - Postf. 10 05 29, 6360 Friedberg 1 - Geb. 8. Febr. 1940 - Physik-Hauptdipl. 1967 Saarbrücken; Dr.-Ing. 1975 TU Berlin; Dr. rer. nat. 1976 Univ. Bremen; Habil. 1984 Hannover - 1970-77 Leit. Labor f. prüf- u. meßtechn. Laseranwendungen VFW-Fokker Bremen; s. 1977 Prof. FH Gießen-Friedberg; außerd. s. 1985 Priv.-Doz. Univ. Hannover - Mehrere Erf. auf d. Geb. d. berührungslosen Meßtechnik - BV: Basic-Trainer, 1984; Fortran-Trainer, 3. A. 1987; Pascal-Trainer, 2. A. 1988. Herausg.: Vieweg-Programmothek (ab 1984); Jahrb. Laser (ab 1988). Rd. 50 Veröff. aus d. Gebieten Laseranwendungen, mech. Schwingungen u. Meßtechnik - Liebh.: (Fern-)Reisen, Musik.

KOHLER, Heinz

Bauunternehmer (A. Köhler & Sohn KG., Böblingen), Präs. Handwerkskammer Stuttgart - Kniebisstr. 19, 7030 Böblingen/Württ. - Geb. 23. Juni 1924 - Ing.ausbild. - Stadtrat Böblingen. ARsmand.

KOHLER-KOCH, Beate

Dr. rer. pol., Dipl.-Volksw., Prof. Univ. Mannheim - Defregger Str. 19, 6700 Ludwigshafen - Geb. 28. Dez. 1941 Wuppertal - Stud. d. Wirtsch.- u. Politikwiss. Univ. Köln u. Kansas; Dipl.-Volksw. 1967 Köln; Promot. 1970 Köln - Wiss. Mitarb. Forschungsinst. f. Polit. Wissensch. u. Europ. Fragen, Univ. Köln; 1969-72 Geschäftsf. Bildungswerk Europ. Polit., Bonn; 1972-90 Prof. TH Darmstadt; Fachmitgliedsch.: s. 1969 Präs. Arbeitskr. Europ. Integration, Bonn; s. 1988 Vors. Dt. Vereinig. f. Politikwiss. - BV: D. Zukunft Europas, 1968; Wirtschafts- u. Währungsunion f. Europa, 2. A. 1971; D. Vertrag üb. d. Nichtverbreitung v. Kernwaffen u. d. Problem d. Sicherheitsgarantien, 1972; Modelle f. d. Bildungsurlaub, 1977; Polit. Umbruch in Südeuropa. Portugal, Griechenl. u. Spanien auf d. Weg z. Demokratie, 1981; Political Forces in Spain, Greece and Portugal, 1982; Regime in d. intern. Beziehungen, 1989. Herausg.: Erfolge u. Krisen d. Integration (1969); D. Süd-Erweiterung d. EG (1977); Technik u. intern. Politik (1986); D. Erweiterung d. EG nach Osten (1991) - Spr.: Engl., Franz., Span.

KOHLHAAS, Fritz

Prof., Theologe - Krummenackerstr. 72, 7300 Esslingen/N. - Geb. 15. Dez. 1904 Esslingen, ev. - 1947-72 Doz. u. Prof. (1972) PH Esslingen (Religionspäd.).

KOHLHAGEN, Norgard

Schriftstellerin - Haynstr. 5, 2000 Hamburg 20 (T. 040-46 56 73) - Geb. 20. Febr. 1941 Bad Lauterberg, verh. s. 1967 m. Helmut Hoeltje, Sohn Dominik - Stud. German. u. Roman.. Univ. Göttingen u. Marburg; dann Ausb. im Nachwuchsstudio d. NDR Hamburg - B. 1978 Redakt. Hamburg. S. 1985 Vorst. VS Hamburg - BV: Nicht nur d. Manne untertan, 1981; Sie schreiben wie e. Mann, Madame, 1982; Unsere frühesten Jahre sind nicht d. glücklichsten, 1983; Widerstand u. Träume, 1984; F. Mädchen verboten!, 1984; Was soll ich denn mit Mutters Traum?, 1986; Purpurrote Schattenspiele; 1986; D. Schöne u. d. Kluge, 1987; Mehr als nur e. Schatten v. Glück, 1990; Elsa Brändström. Annäherung an einen Mythos, 1991; D. verrückten Zwillinge, 1992; Tabubrecher, 1992 - Spr.: Franz.

KOHLHAMMER, Konrad

Verleger, Geschäftsf. Konradin-Verlag Robert Kohlhammer GmbH., p. h. Gesellsch. Druckhaus Robert Kohlhammer OHG., beide Leinfelden - Kalifenweg 45, 7000 Stuttgart 80 - Geb. 15. Nov. 1932.

KOHLHARDT, Manfred

Dr. med., apl. Prof. f. Physiologie Univ. Freiburg/Br. - Hermann-Herder-Str. 7 (Inst.), 7800 Freiburg/Br.; priv.:7801 Mengen/Freiburg- Geb. 5. Sept. 1934 Leipzig - C 3-Prof. - Spez. Arbeitsgeb.: Membranphysiol. u. -pharmakol. d. Herzens.

KOHLHASE, Hermann

Dr. jur., Landesminister a. D., Rechtsanw. - Klausingstr. 2, 4000 Düsseldorf (T. 43 43 82) - Geb. 24. April 1906 Bielefeld, verh., 1 Kd. - 1936-38 Stadtass. Bielefeld, 1938-40 Ref. Dt. Gemeindetag, Berlin, 1940-45 Dir. Gemeindeverw.s- u. Sparkassenschule, Düsseldorf, 1947-60 Anwaltspraxis, 1952-56 Ratsherr u. 1952-54 Oberbürgerm. Bielefeld, 1954-62 MdL Nordrh.-Westf. (FDP; 1955 Fraktionsvors.), 1956-58 Min. f. Wirtsch. u. Verkehr NRW, 1960-62 Beigeordn. Düsseldorf, 1962-66 Staatssekr. Kultusmin. NRW, 1966-70 Min. f. Landesplanung, Wohnungsbau u. öffentl. Arbeiten NRW - 1970 Gr. BVK m. Stern u. Schulterbd.

KOHLHAUSSEN, Martin

Vorstandssprecher Commerzbank AG - Commerzbank AG, Neue Mainzer Str. 32-36, 6000 Frankfurt 1 (T. 13 62-0) - Geb. 6. Nov. 1935 - AR-Mandate.

KOHLHEPP, Gerd

Dr. phil., M. A., o. Prof. f. Wirtschafts- u. Sozialgeographie - Hölderlinstr. 12, 7400 Tübingen - Geb. 21. März 1940 Mannheim - Promot. (1967) u. Habil. (1972) Heidelberg - 1972-78 o. Prof. Univ. Frankfurt/M., s. 1978 Tübingen (Ord. Geogr. Inst.). Vors. ADLAF (Arbeitsgem. Dt. Lateinamerika-Forsch.) - BV: Industriegeogr. d. nördl. Santa Catarina, 1968; Agrarkolonisation in Nord-Paraná, 1975; Amazonien, 1987; Itaipu. Socio-economic and ecological consequences of the Itaipu dam and reservoir on the Rio Paraná (Brazil/Paraguay), 1987. Herausg.: Ökol. Probl. in Lateinamerika (1987); Brasilien (1987). Herausg. u. Mithrsg. wiss. Fachztschr. u. Reihen. Zahlr. Einzelarb. u. Forsch.-projekte z. Raumforsch., Raumordn., Wirtsch.- u. Sozialgeogr. Lateinamerikas (v. a. Brasilien); Entwickl.länderforsch.

KOHLI, Martin

Dr. rer. pol., Prof. f. Soziologie FU Berlin - Uhlandstr. 141, 1000 Berlin 31 - Geb. 8. Mai 1942 Solothurn/Schweiz - Promot. 1972 Univ Bern, Habil. 1977 Univ. Konstanz. 1984-85 Inst. f. Advanced Study, Princeton. 1989 Gastprof. Harvard Univ. - BV (Auswahl): Stud. u. berufl. Laufbahn, 1973; Soziol. d. Lebenslaufs, 1978; Biographie u. gesellschaftl. Wirklichkeit, 1984; Je früher - desto besser?, 1989; Radikalisierte Aufklärung, 1989; Time for retirement, 1991; Liebe - Ehe - Elternschaft, 1992.

KOHLMAIER, Gundolf

Ph. D., Prof. f. Physikal. u. Theoret. Chemie Univ. Frankfurt (s. 1971) - Niederurseler Hang, 6000 Frankfurt 50 (T. 069 - 58 00 94 32) - Geb. 30. April 1933 Stuttgart (Vater: Friedrich K., Arch.; Mutter: Julie), ev., verh. s. 1974 m. Dr. Luita, geb. Zink - Stud. TH Stuttgart, TU Berlin, Univ. of Washington (M. S. 1959; Ph. D. 1962) - 1962-71 Assist. u. Oberassist., s. 1971 Prof. Univ. Frankfurt. Fachmitgl.sch. - BV: Chem. Elementarprozesse, 1968 (m. Hartmann u. a.); Chemie u. Umwelt, Kohlenstoffzyklus u. Treibhausklima, Ökosystemtheorie, globale Modelle d. Biosphäre - 1991 Philip-Morris Forsch.preis (Herausforderung Zukunft).

KOHLMANN, Ernst

Dr. jur., Rechtsanwalt, Geschäftsf. Arbeitsgemeinschaft f. Olefinchemie, Essen - Schmachtenbergstr. 147, 4300 Essen 18 (T. 02054 - 22 78) - Geb. 11. Nov. 1925 Hamm, ev., verh. s. 1958 m. Dr. phil. Anita, geb. Lunke, 4 Kd. (Katharina, Jan, Kai, Julia) - Jurastud. (Refer.-Ex. 1953, Ass.-Ex. 1957), Promot. 1956 - Spr.: Engl., Franz.

KOHLMANN, Günter

Dr. jur., Univ.-Prof. - Theresienstr. 86, 5000 Köln 41 (T. 0221 - 40 39 18) - Geb. 4. Okt. 1933 Hindenburg, kath., verh. s. 1976 m. Dorothea, geb. Schinkel, 5 Kd. (Patrick, Harald, Konstantin, Lucas, Anna Caroline) - Stud. Rechtswiss.; 1. u. 2. jurist. Staatsprüf.; Promot. 1960 Köln; Habil. 1968 Köln - 1969-71 o. Prof. Univ. Frankfurt; s. 1971 Univ. Köln, Dir. Kriminalwiss. Inst. - BV: Kommentar z. Steuerstrafrecht, 2 Bde., 1.-4. A. 1972-88; Kommentar z. GmbH-Strafrecht, s. 1975-84. Mithrsg. mehrerer Fachztschr.

KOHLMANN, Michael

Dr. rer. nat., Prof. f. Mathematik Univ. Konstanz - Teichgraben 18, 5205 St. Augustin 2 - Geb. 12. Dez. 1947 Essen (Vater: Ewald K., Rektor; Mutter: Elisabeth, geb. Pieper), verh. s. 1976 m. Eva, geb. Köhler, S. Benjamin - 1968-74 Math.-Stud. Univ. Bonn; Dipl. 1974, Promot. 1976, Habil. 1982 - 1982 Prof. Univ. Mannheim; 1982/83 Prof. Univ. Hamburg; s. 1983 Prof. Univ. Konstanz; 1987, 88, 90 u. 91 Gastprof. Univ. of. Alberta, Edmonton, Canada - BV: Stochastic Control and Stochastic Differential Systems, 1979; Stochastic Differential Systems, 1982, 1985, 1988 - Liebh.: Modellbau - Spr.: Latein, Engl., Franz. (Russ.).

KOHLMANN, Theodor

Dr. phil., Prof., Direktor Museum f. Dt. Volkskunde - Mommsenstr. 4a, 1000 Berlin 45 (T. 8 33 67 29) - Geb. 9. Juni 1932 (Vater: Ulrich K., Mutter: Ilse, geb. Kerrl), ev., verh. m. Caecilia, geb. Frohne, 3 T. (Barbara, Ulrike, Julia) - Stud. d. klass. Philol., Archäol. u. Volkskunde - 1960-62 Angest. Univ. Tübingen, 1962-68 Wiss. Angest. Museumsdorf Cloppenburg, Mus. f. Dt. Volkskunde Berlin, Staatl. Mus. Preuß. Kulturbes.; s. 1969 Prof. - BV: Zinngießerhandwerk u. Zinngerät in Oldenburg, Ostfriesland u. Osnabrück, 1972; Altes Zinn aus dem westl. Niedersachs., 1972; D. Papiertheater, Spielzeug, 1976; Wer spielt mit? 1978; Mit Schere u. Kleister, Ausschneidebogen u. Modellierkartons, 1979; Laienmaler aus Deutschl. u. Österr., 1979; Neuruppiner Bilderbogen, 1981; Traurige Schicksale d. Liebe. Moritatentafeln, 1982 - Liebh.: Mod. Graphik, hist. Kinderbücher - Spr.: Engl.

KOHLMEIER, Rudolf

Geschäftsführer Druck- u. Verlagshaus Frankfurt/M. GmbH - Gr. Eschenheimer Straße 16-18, 6000 Frankfurt/M. - Geb. 2. Juni 1923.

KOHLMEYER, Knut

Dr. med., em. Prof. f. Neuroradiologie Univ. Heidelberg, Fachkrankenhaus f. Psychiatrie u. Neurologie, Abt. f. Neuroradiologie - O-8701 Großschweidnitz.

KOHLMORGEN, Thomas

Vorstandsvorsitzender ESSO AG (1983ff.) - Kapstadtring 2, 2000 Hamburg 60 - Geb. 1928.

KOHLS, Ernst-Wilhelm
Dr. theol., Prof. f. Histor. Theologie Univ. Marburg (Fachbereich Ev. Theol.) - Lönsweg 8, 3551 Moischt b. Marburg - Geb. 24. Okt. 1931 Stettin (Vater: Franz K., Beamter; Mutter: Margarete, geb. Blümke), verh. s. 1962 m. Donate, geb. Krüger, 4 Kd. - Mitgl. d. Histor. Kommiss. f. Hessen - Üb 300 Aufs. in wiss. Ztschr., üb 30 Bücher, u. a.: Luther o. Erasmus, 2 Bd. 1972-78; Gebt d. Evangelium Raum, 1982; Vorwärts zu d. Tatsachen, 3. A. 1983; D. dt. Lutherforsch., 3. A. 1983; Mein Bibelkatechismus z. AT, z. NT u. z. Kirchengesch. - E. Orientierung f. d. ganze Theologiestud., 1983. Herausg.: histor. Quellen- u. Standardw., vor allem: D. ev. Katechismus v. Gengenbach aus d. J. 1545 (1960); Ev. Bewegung u. Kirchenordnung: Stud. u. Quellen z. Gengenbacher Kirchenordnung v. 1538 (1966); D. ev. Katechismen v. Ravensburg 1546/1733 u. Reichenweier 1547/1559 (1963); Ev. Katechismen d. Reformationszeit vor u. neben M. Luthers Kl. Katechismus (2. A. 1980); D. ersten ev. Märtyrer u. d. Schr. Luthers üb. d. flämischen Märtyrer d. J. 1523 (3. A. 1989); Gott lebt noch! D. Brief e. Wittenberger Studenten an s. Eltern v. J. 1523 (1975); D. Kl. Katechismus D. Martin Luthers m. Bildern v. R. Schäfer (3. A. 1989); D. Laienbibel d. Straße. Druckers W. Rihel m. 220 Zeichnungen v. Hans Baldung Grien v. J. 1540 (2. A. 1990). Herausg. d. Schulgutachten, d. Ulmer Kirchenordnung (1531), d. Hess. Juden-Ordnung als Beginn d. Toleranz (1538) v. Martin Bucer in M. Bucers Dt. Schr. (Bd. 2, 4 u. 7 1960ff.). Mithrsg. d. Ges. Aufs. v. Wilhelm Maurer: Kirche u. Gesch. (2 Bde. 1970).

KOHM, Eugen
Dipl.-Volksw., Kaufm. (Kohm KG., Karlsruhe), Vors. Bundesverb. d. Großabnehmer im Dt. Tabakwarengroßhandel, Bonn - Albring 3, 7500 Karlsruhe - Geb. 7. Jan. 1926.

KOHM, Willy
Kaufmann (Fa. Robert Klingel, Pforzheim) - Sachsenstr. 23, 7530 Pforzheim (T. 305214).

KOHN, Karl Christian
Kammersänger - Hochkönigstr. 12, 8000 München 82 (T. 439 12 34) - Geb. 21. Mai 1928 Losheim/Saar (Vater: Mathias K., Schuldir.), kath., verh. s. 1953 m. Anne, geb. Oehms, 2 Söhne (Christian, Andreas) - Musikhochsch. Saarbrücken (Abschluß- u. Gesangslehrerdiplom) - S. 1952 Stadttheat. Saarbrücken, Opernhaus Düsseldorf (1954), Städt. Oper (jetzt Dt. Oper) Berlin (1956), Staatsoper München (1958; Baß). Beherrscht d. ges. Baßfach in Oper u. Konzert; bes. bek. durch Mozart (Figaro, Leporello, Sarastro, Osmin). S. 1984 o. Prof. f. Sologesang d. Hochsch. f. Musik u. Darstellende Kunst - Mozarteum Salzburg - 1962 Bayer. Kammers.; 1967 Kritikerpreis span. Presse, 1976 BVK a. Bde. - Liebh.: Politik, Sport - Spr.: Ital.

KOHN, Roland
Bundestagsabgeordneter (s. 1983; Landesliste Baden-Württ.) - Bundeshaus, 5300 Bonn 1 - FDP.

KOHN, Rolf
Dr. med., Prof., Chefarzt (Internist) - Odenwald-Kurklinik, 6123 Bad König - S. Habil. Privatdoz. u. apl. Prof. Univ. Heidelberg (Inn. Med.).

KOHN, Werner
Fotograf, Künstler - Am Luitpoldhain 5, 8600 Bamberg, kath., led. - Fotografenlehre/ Fachsch. - Freischaff. Fotograf u. Künstler - BV: Bildbände: Wedding, 1983; Neukölln, 1984; Bamberg, 1987; 1968 in der Provinz, 1989; Verkehrszeichen, 1991; ca. 500 Einzel- u. Gruppenausstell. in üb. 50 Ländern; Veröff. in Büchern, Ztschr., Kalendern, Plakaten, Postern, Postkarten, Schallplatten - Mitgl. d. Dt. Ges. f. Photographie - 1980

Guinessbuch der Rekorde f. d. Fotoprojekt Verkehrszeichen - Liebh.: Film, Musik - Spr.: Engl. - Lit.: Ausstellungsbesprechungen in Tagesztg. u. Fachztschr.

KOHRT, Manfred
Dr. phil., Prof. f. German. Linguistik TU Berlin - Feurigstr. 22, 1000 Berlin 62 - Geb. 12. April 1947 Segeste/Kr. Alfeld, verh. s. 1975 m. Ulrike, geb. Sinner - Stud. Univ. Göttingen, Marburg (German. u. Geschichtswiss.); Promot. 1974 Marburg; Habil. 1983 Münster - BV: Koordinationsreduktion u. Verbstellung, 1976; Phonetik, Phonologie u. d. Relativität d. Verh., 1984; Problemgesch. d. Graphembegriffs, 1985; Theoret. Aspekte d. dt. Orthographie, 1987.

KOHUT, Karl
Dr. phil., Univ.-Prof. f. Roman. Literaturwiss. Kath. Univ. Eichstätt (s. 1982), Direktor d. Zentralinst. f. Lateinamerikastudien - Richard-Strauß-Str. 53, 8078 Eichstätt - Geb. 14. Sept. 1936 Olmütz (Vater: Karl K., Schreinerm.; Mutter: Anna, geb. Schmid), kath., verh. s. 1966 m. Dorothea, geb. Kantowski, 2 Kd. - Univ. Mainz u. Marburg. Promot. 1965 - 1972-74 Prof. Univ. Marburg; 1974-82 o. Prof. Univ.-GH Duisburg. Facharb. - BV: Was ist Literatur? - D. Theorie d. littérature engagée b. Jean-Paul Sartre, 1965; Las teorias literarias en España y Portugal durante los siglos XV y XVI, 1973 (Madrid); Escribir en Paris, 1983; Un universo cargado de violencia, 1990. Herausg.: Literatur d. Résistance und Kollaboration in Frankr. (3 Bde. 1983-84); D. Metropolen in Lateinamerika - Hoffnung u. Bedrohung f. d. Menschen (1986); Religiosidad popular en América Latina (1988, m. A. Meyers); Rasse, Klasse u. Kultur in d. Karibik (1989); Literatura argentina Loy. De la dictadura a la de mocracia (1989, m. A. Pagni); D. eroberte Kontinent. Historische Realität, Rechtfertigung u. literarische Darstellung d. Kolonisation Amerikas (1991); Palarra e. Poder. Os Intelechais na sociedade Brasileira (1991); Literatura mexicana hoy. Del 68 al ocasz de la revolucion (1991).

KOINECKE, Jürgen
Dipl.-Kfm., Geschäftsf. Gesellschafter d. Marketing - Institut GmbH, Wedel b. Hamburg - Fasanenweg 2, 2081 Holm (T. 04103 - 76 24) - Geb. 25. Febr. 1940 Hamburg, verh. s. 1966, 2 Söhne (Jan, Sven) - Abit. 1959 Hamburg; Dipl.-Kfm. 1964 Hamburg - 1964-68 H.F. & Ph.F. Reemtsma, Hamburg; s. 1968 selbst. Unternehmensberater - BV: Marketing-Praxis m. Handelsvertr., 1973; Marketing-Praxis, 1976; Handb. Marketing, 1978; D. Außendst. auf d. Prüfstand, 1978; Außendst. richtig entlohnen - mehr erreichen, 1978; Praxisorient. Pharma-Marketing-Planung, Arbeitsb. 1, 1978; D. mod. Pharma-Marketing, Arbeitsb. 2, 1978; Erfolgssteigernde Prämien- u. Provisionssysteme, Arbeitsb. 3, 1978; Arbeitshandb. Absatzförderung, 1978; Gewinnmanagement im Vertrieb, 1979; Grundzüge d. allg. Betriebsw.lehre d.

Marketing, 1979; D. Untern.-Handb., 1980; Verkaufsleit.-Serie, 1981-84; Motiviations-Systeme u. Techniken f. d. Außendst., 1980; Trainerleitfaden, 2 Bde., 1980; 1000 Prüfpunkte z. Entw. e. Vertriebskonzeption, 1983; Portfolio-Management in Marketing u. Vertrieb, 1983; D. besten Promot. Aktionen, Bd. 1 1985, Bd. 2 1987; Effizientes Verkaufsmanagement, 1990; Neue Wege d. Außendienst-Entlohnung, 1991; SO Schritte zur Optimierung d. Zusammenarbeit zw. Verkaufs-Außendienst u. Verkaufs-Innendienst, 1992 - Spr.: Engl.

KOIZAR, Karl Hans
Schriftsteller - Gänseblümchenweg 47, A-1220 Wien - Geb. 3. Nov. 1922 Wien (Vater: Anton K., Kunstmaler; Mutter: Antonia, geb. Seitner), kath., verh. s. 1961 m. Irene, geb. Bilek, T. Alexandra-Carolina - Journ., Pressechef, Doz., Autor (R.) - BV: Panzerspitze Normandie, 1975; Blut. Ruhm, 1976; Todeskdo. El Alamein, 1976; U-Boot-Falle Todesmeer, 1976; Stahlgewitter Stalingrad, 1976; D. Fall v. Berlin, 1977; Hölle v. Monte Cassino, 1977; Amelie - Rose im Sturm, 1977; U 91 - Satan d. Tiefe, 1978; Feuervögel üb. Tobruk, 1978; Operation Höllenfahrt, 1978; Teufelskerle üb. Kreta, 1979; SOS Titanic, 1979; Inferno am Westwall, 1979; Stern v. Afrika, 1980; Nacht üb. Narvik, 1980; Frühlingsfest, 1981; 90 J. Kino in Wien, 1986. Unter d. Pseudonym Marieluise v. Ingenheim: Sissy - E. Herz u. e. Krone, 1984; Sissy - Aus d. Tageb. e. Kaiserin, 1985; Sissy - Im Schloß d. Träume, 1986; Sissy - E. Walzer in Schönbrunn, 1987; Sissy - Schwarzer Diamant d. Krone, 1987; Sissy - Purpur u. Rebellen, 1988; D. Sanatorium d. Dr. Mirakel (unt. Ps. Rolf Shark), 1988; Sissy - Und ewig bleibt d. Liebe, 1989; D. Geheimnis d. Themse (unt. Ps. Rolf Shark), 1989; Sissy - Czardas u. Zigeunergeigen, 1989; D. Erforschung d. Jenseits, 1989; Sissy - Nichts bleibt als Erinnerung, 1990; Erzherzog Johann. D. Große Frühlingsliebe, 1990; D. Strauß-Saga, 1991 - Versch. Ausz. - Sammelt alte Filme - Spr.: Engl., Franz.

KOKEMOHR, Rainer
Dr. phil., Prof. f. Erziehungswissensch. unt. bes. Berücks. d. linguist. Aspekte d. Erzieh. Univ. Hamburg (s. 1974) - Meyersche Weg 45a, 2110 Buchholz - Geb. 24. April 1940 Rahden/W. - Promot. 1970; Habil. 1972 - Zul. Wiss. Rat u. Prof. PH Westf.-Lippe - BV: Zukunft als Bildungsproblem, 1973; Mithrsg.: Interaktionsanalysen in päd. Absicht (1985, m. W. Marotzki); Biogr. in komplexen Institutionen - Studentenbiogr., (2 Bde. 1989, 1991, m. W. Marotzki). Veröff. in Ztschr., Jahrb. f. Erziehungswiss. u. Enzyklop. Erziehungswiss.

KOKKELINK, Günther
Dr.-Ing., Prof. f. Stadtbaugeschichte, Inst. f. Bau- u. Kunstgesch. Univ. Hannover (s. 1974) - Ferdinand-Wallbrecht-Str. 34, 3000 Hannover 1 - Geb. 18. Juli 1932 - Vors. Bauhütte Hannover e.V.

KOKOTT-WEIDENFELD, Gabriele
Prof., Landtagsabgeordnete Rhld.-Pfalz (s. 1983), stv. Fraktionsvors. (s. 1989) - Layer Str. 42, 5400 Koblenz - Geb. 1. Mai 1948, kath., verh. - Stud. (Rechtswiss., Politikwiss.) Univ. Mainz u. Bonn; 1. u. 2. jurist. Staatsex. - Erst Reg.rätin, danach Richterin b. Verw.gericht. S. 1978 Prof. d. Rechtslehre im Fachbereich Sozialarb. FH Koblenz. Im Landtag zun. jugendpolit. Sprecherin; 1987-89 Vors. d. Aussch. f. Frauenfragen im Landtag, s. 1987 Vors. d. Rechts- u. Zulassungsaussch. d. Landeszentrale f. Privaten Rundfunk in Rheinl.-Pfalz.

KOKULA, Max
Vorstandsmitgl. Vereinigte Farbenglaswerke AG. - Bahnhofstr. 35, 8372 Zwiesel/Bay. (T. 823); priv.: Hochfeldstr. 7 - Rotarier.

KOLANOSKI, Hermann
Dr. rer. nat., Prof. f. Physik Univ. Dortmund - Erlenbruch 7e, 5810 Witten - Geb. 19. Juni 1945 Seltsch (Tschechosl.), verh. s. 1972 m. Maria, geb. Holly, 3 T. (Saskia, Julia, Martina)- Abit. 1965; Univ. Tübingen, Bonn (Physik); Dipl. 1972; Promot. 1977; Habil. 1983 - 1977-79 Forschungsstip. Stanford Univ., Calif.; s. 1980 Forschungsarb. Dt. Elektronensyndrotron Hamburg - BV: Two-Photon Physics at e+ e- Storage Rings, 1984.

KOLAR, Jörgen
Dr.-Ing., Dipl.-Ing., Dipl.-Wirtschaftsing., Prof., Betriebsdirektor u. Prokurist, Honorarprof. f. Luftreinhaltung u. Energie- u. Kraftwerkstechnik TU München (1977ff.) - Hochhaus am Plärrer, 8500 Nürnberg - EWAG Energie- u. Wasserversorg. AG u. VAG Verkehrs-AG Nürnberg.

KOLARZ, Henry
Schriftsteller - Berliner Platz 2, 2055 Aumühle (T. 04104-36 56) - Geb. 4. Febr. 1927 Berlin, gesch., Sohn André - BV: Verwandte in Moskau, 1963; D. Gentlemen bitten z. Kasse, 1965; D. Tod d. Schneevögel, 1970; Kalahari, 1977; D. roten Elefanten, 1981; D. Ehebrecher, 1983; u. a. Drehb. f. Fernsehen: D. Gentlemen bitten z. Kasse, 1966; D. Illegale, 1972; D. Scheck heiligt die Mittel, 1979; Tatort: Wodka-Bitter Lemon, 1976; Tatort: Finderlohn, 1977; D. roten Elefanten, 1986 u. a. - Liebh.: Afrika, Tennis, Musik - Spr.: Engl., Russ.

KOLATH, Hans-Hermann
Dr., Dipl.-Kfm., Geschäftsführer, Leit. Verkehrsabt. Dt. Industrie- u. Handelstag (1946-73) - Im Hohn 1, 5300 Bonn 2 (T. 0228 - 31 43 59) - Geb. 31. Okt. 1908 - 1936-45 IHK Halle/S. - Mitgl. nationaler u. internat. Verkehrsgremien.

KOLB, Anton
Dr. rer. nat., o. Prof. f. Biologie - An der Universität 2, 8600 Bamberg/Ofr. (T. 22129) - Geb. 5. Nov. 1915 Erasbach/ Opf. (Vater: Peter K., Landw.; Mutter:

Anna, geb. Winkler), kath., verh. s. 1948 m. Elisabeth, geb. Unterburger, 3 Kd. (Otto, Peter, Barbara) - Gymn.; Univ. Erlangen (Promot. 1945). Päd. Ex. 1947; Habil. 1952 - Wiss. Hilfskraft u. Assist. Univ. Erlangen (Zool. Inst.); s. 1954 ao. u. o. Prof. (1959) Univ. Bamberg. Veröff. u. Filme über Biol. einheim. Fledermäuse, Abwasserbiol., Versteinerungen im Jura. Wesentl. Erkenntnis: Zugehörigkeit d. Ammoniten zu Dibranchiata.

KOLB, Eberhard

Dr. phil., o. Prof. f. Geschichte Univ. Köln (s. 1979) - Kleiststr. 21, 5000 Köln 40 - Geb. 8. Aug. 1933 Stuttgart (Vater: Ernst K., Realschullehrer; Mutter: Hedwig, geb. Aldinger), ev., verh. s. 1960 m. Elka, geb. Schulga, 2 Söhne (Rüdiger, Hartmut) - Stud. d. Gesch., German., Latin. Univ. Tübingen, Bonn, Göttingen; Promot. 1960; Habil. 1969, o. Prof. Würzburg 1970, Köln 1979 - BV: D. Arbeiterräte in d. dt. Innenpol., 1962; Bergen-Belsen, 1962; D. Kriegsausbruch 1870, 1970; Vom Kaiserreich z. Weimarer Rep., 1972; D. Weimarer Republik, 1984; Europa vor d. Krieg von 1870, 1987; D. Weg aus d. Krieg: Bismarcks Politik im Krieg u. d. Friedensanbahnung 1870/71, 1989.

KOLB, Elmar

Maschinenbauing. (grad.), Geschäftsf., Präs. Bundesverb. d. Selbständigen, MdB (s. 1977) - Holzhäusern 33, 7992 Tettnang 1/Bodensee - Geb. 7. Jan. 1936 Bad Neustadt/S. (Vater: Lothar K., Verwaltungsoberinsp.; Mutter: Anna, geb. Schöning), kath., verh. s. 1962 m. Maria, geb. Müller, 3 T. (Susanne, Sybille, Ann-Kristin) - Realgymn. (Mittl. Reife); 1954-57 kaufm. Lehre; 1957-58 Maschinenschlosserprakt.; 1958-61 Ohm-Polytechnikum Nürnberg (Maschinenbau) - Tätigk. Ford Köln u. Zahnradfabrik Friedrichshafen, 1964 Gründ. Kolb Tiefbau KG. Meckenbeuren, 1971 Geschäftsf. Überf. n. Tannauer Bau GmbH Tettnang; 1982 Wiedereröff. Kolb Tiefbau KG; 1980-85 Präs. Bundesverb. d. Selbständ. (Dt. Gewerbeverb.). CDU s. 1967 (1971 Vors. Altkr. Tettnang, 1977 Bundesvorst. Mittelstandsvereinig., 1980 Präs. Bundesverb. d. Selbständigen, 1981 stv. Kreisvors. Bodenseekr.) - Liebh.: Kochen, Garten - Spr.: Engl.

KOLB, Ernst

Dr. med., o. Prof. f. Anaesthesie - Ismaninger Str. 22, 8000 München 80 - Geb. 25. Dez. 1930 Mainz (Vater: Dr. med. Carl K., Chirurg u. a. Chefarzt Städt. Krkhs. Ingelheim; Mutter: Therese, geb. Leisler), kath., verh. s. 1959 m. Dr. Eva, geb. Grünewald, 5 Kd. (Antonia, Emanuel, Julius, Sophie, Philipp) - Gymn. Mainz; Univ. ebd., Innsbruck, Heidelberg. Promot. 1955; Habil. 1962 - S. 1956 Univ.sklin. Heidelberg (1959 Leit. Anaesthesie-Abt.), Mainz (1962 Oberarzt Inst. f. Anaesth.), Berlin/FU (1963 ao., 1966 o. Prof.; 1968 Dir. Inst. f. Anaesthesiologie). Mitgl. Dt. u. Chilen. (1958; korr.) Ges. g. Anaesth. Veröff. üb. tiefe Unterkühl. u. Behandl. d. akuten Herzstillstands, Kälte u. Med. - Spr.: Engl.

KOLB, Ernst

Dr. rer. pol., Dipl.-Volksw., Syndikus Verb. d. Bauindustrie Südbaden (s. 1949) - Mathildenstr. 10, 7800 Freiburg/Br. (T. 36369) - Geb. 12. Aug. 1911 Kurpfalz - S. 1936 Bauwirtsch.

KOLB, Frank

Dr. phil., o. Prof. f. Alte Geschichte - Haselweg 32, 7400 Tübingen - Geb. 27. Febr. 1945 Merzbach - Gymn. Rheinbach; Univ. Bonn, Staatsex. (Gesch., Latein), Promot. - 1970/72 Research Assist. Princeton, 1973-77 Assist. - Prof. Berlin, 1977-86 o. Prof. Univ. Kiel, 1986ff. o. Prof. Univ. Tübingen - BV: Lit. Bez. zw. Cassius Dio, Herodian u. d. Historia Augusta, 1972; Agora u. Theater, Volks- u. Festvers., 1981; D. Stadt im Altertum, 1984; Diocletian u. d. erste Tetrarchie, 1987; Untersuchungen z. Historia Augusta, 1987.

KOLB, Gerd Dieter

Betriebswirt, Geschäftsf. Kennametal GmbH, Frankfurt - Dreieichstr. 26, 6382 Friedrichsdorf/Hessen - Geb. 7. Jan. 1937.

KOLB, Günther

M.A., Dr. rer. soc., Prof. f. Erziehungswissensch. PH Schwäb. Gmünd, Leit. d. Audio-Visuellen Zentr. d. PH - Messelsteinstr. 3, 7070 Schwäbisch Gmünd - Wissenschaftl. Schwerp.: Medienpäd.; Veröff. in einschläg. Publ.organen.

KOLB, Heinrich Leonhard

Dr., Dipl.-Wirtsch.Ing., Bundestagsabgeordneter - Ziegelhüttenstr. 43, 6113 Babenhausen 1 (T. 06073 - 72 00-0) - Geb. 8. Jan. 1956, ev., led. - Stud. Wirtsch.Ing.wesen 1974-79 TH Darmstadt, Dipl.; Promot. 1988 Univ. Göttingen - S. 1980 mittelständ. Untern. - BV: Marketing f. Zulieferunternehmen, Diss., 1988.

KOLB, Hermann

Ehem. I. Bürgermeister Stadt Illertissen - Falkenweg 13, 7918 Illertissen - Geb. 16. Mai 1927 Illertissen, kath., verh. s. 1951 m. Helga, geb. Vees, 4 Kd. - S. 1964 Sprecher Feuerwehren Schwabens; s. 1970 stv. Sprecher d. Feuerwehren Bay.; s. 1978 Vors. Feuerwehrheim Bayer. Gmain - CSU - 1976 BVK; 1980 Bayer. VO.; 1987 Gold. Ehrenring Stadt Illertissen; 1988 BVK I. Kl.

KOLB, Klaus

Dr. rer. nat., Dipl.-Physiker, Vorstand u. Geschäftsf. Gütezeichengemeinsch. Zerstörungsfreie Werkstoffprüf. (GZP), Stuttgart - Im Schüle 27, 7000 Stuttgart 1 (T. 0711 - 256 70 34) - Geb. 12. Dez. 1934 Frankfurt, ev., verh. s. 1962 m. Anne-Charlotte, geb. Paschen †1984, verh. in 2. Ehe s. 1989 m. Linde, geb. Rösler, T. (aus 1. Ehe) Annelie Katharina - Stud. Physik Stuttgart; Dipl. 1960, Promot. 1963 - Doz. u. Beirat Dt. Ges. f. Zerstörungsfreie Prüf.; Prüfstellenleit. Zerstörungsfr. Prüfungen u. Strahlenschutzmessungen Stuttgart; Sachverst. u.a. Min. f. Arbeit, Gesundh. u. Sozialordn. Baden-Württ. u. IHK Stuttgart, f. Zerstörungsfr. Werkstoffprüf. - BV: Grobstrukturprüf. m. Röntgen- u. Gammastrahlen, 1970; Materialprüf. m. Röntgenstrahlen, 1971 (m.a.); 54 Veröff. in Fachztschr. - Spr.: Engl.

KOLB, Rudolf

Verkaufsdirektor - Albert-Schweitzer-Str. 2, 6301 Linden/Hessen - Geb. 20. Jan. 1920 Sprendlingen (Vater: Philipp K., Fabrikant; Mutter: Elise, geb. Lieberbach), ev., verh. s. 1944 m. Ruth, geb. Schrauth, 2 Kd. (Hans, Gisela) - Realsch.; kaufm. Lehre; Höh. Handelssch.; Akad. f. Welthandel - 1961-75 Prok. u. stv. Geschäftsf. Tucker Metallwaren GmbH.; s. 1977 Gf. Inter Ölbrenner GmbH. - Spr.: Engl., Franz.

KOLB, Rudolf

Dr. rer. oec., Erster Direktor u. Geschäftsf. Verb. Dt. Rentenversicherungsträger (VDR) - Eysseneckstr. 55, 6000 Frankfurt/M. - Geb. 19. April 1927 Lindau b. Kulmbach, verh., 3 Kd. - Stud. Rechts- u. Wirtsch.wiss. 1947-54; Promot. u. jur. Ass.ex. 1954 - 1954 wiss. Mitarb. IHK Oberfranken, Bayreuth; 1955-65 LVA Oberfr. u. Mittelfr. (Bayreuth); 1965 Mitgl. Geschäftsf. d. LVA Obb., 1967-73 Vors. d. Geschäftsf. d. LVA Obb. (München); s. 1973 Geschäftsf. d. VDR. Mitarb. in Regierungskommiss.: Sachverst.-Kommiss. f. d. Sozialgesetzb., Kommiss. f. d. soz. Sicherh. d. Frau u. d. Hinterbliebenen, Kommiss. Alterssicherungssysteme - Zahlr. Ztschr.- u. Buchpubl. zu Fragen d. ges. Alterssicherung.

KOLBE, Gerd

Journalist, Bonner Korresp. d. Senders Freies Berlin - Ober der Linde 4, 5330 Königswinter 41 (T. 2 71 76) - Geb. 27. Dez. 1934 Köln, kath., verh. m. Anne-Marie, geb. Rousseau - Univ. Köln (Volks- u. Betriebsw.; Dipl.-Kfm. 1961) - Spr.: Engl., Franz.

KOLBECK, Heinrich

Dr. rer. pol., Dipl.-Kfm., Vorstandsmitglied Frankfurter Sparkasse (s. 1965), AR-Vors. Bankenunion Frankfurt am Main AG, stv. Vorst.-Mitgl. Hess. Sparkassen- u. Giroverb. - Cimbernstr. 24, 6238 Hofheim/Ts. - Geb. 22. Jan. 1928 Frankfurt/M., verh. s. 1957 m. Prof. Dr. Rosemarie, geb. Friedrich, 2 Kd.

KOLBECK, Rosemarie,

geb. Friedrich

Dr. rer. pol., Prof. f. Betriebswirtschaftslehre, insb. betriebl. Finanzw. - Cimbernstr. 24, 6238 Hofheim/Ts. - Geb. 26. Sept. 1924 Neukirchen, verh. s. 1957 m. Dr. Heinrich K. (Sparkassendir.), 2 Kd. - Promot. 1955 - S. 1967 (Habil.) Lehrtätigk. Univ. Frankfurt/M. (1971 Prof.) - BV: Bankbetriebl. Planung, 1971.

KOLBENHOFF, Walter

Journalist u. Schriftst. - Brahmsstr. 4, 8034 Germering/Obb. (T. München 841 27 00) - Geb. 20. Mai 1908 Berlin (Vater: Hermann Hoffmann, Buchdrucker; Mutter: Ida, geb. Lehnert), ev., verh. s. 1947 m. Isolde, geb. Walter, S. Dietram - Volkssch. - Journ., ab 1933 Ausl., im Krieg Soldat, b. 1949 Redakt. D. Neue Ztg., München, dann fr. Schriftst. Mitarb. Literaturztschr. D. Ruf (Herausg. Alfred Andersch u. Hans Werner Richter) - BV: Untermenschen, R. 1933 (Kopenhagen); Moderne Balladen, 1936 (Kopenhagen); V. unserem Fleisch u. Blut, R. 1947, Heimkehr in d. Fremde, R. 1949; D. Kopfjäger, R. 1960; D. Wochenende - E. Report, 1970; Schellingstr. 48, 1984; Bilder aus e. Panoptikum, Stories 1988 - Gruppe 47; 1972 Mitgl. PEN-Zentrum BRD; Ausz.: 1946 Literaturpreis d. Kriegsgefangenenztsch. Der Ruf, USA; 1953 Hörspielförderpreis d. Bayr. Rundf., 1975 Ehrengabe d. Stiftg. d. Schrifttums, München; 1984 Kulturpreis Gde. Germering; 1985 Tukan-Literaturpreis München; 1990 Günter-Eich-Preis Salzburg - Spr.: Engl., Dän.

KOLBERG, Franz

Dr. rer. nat., Wiss. Rat, Prof. f. Mathematik u. Elektron. Datenverarb. Univ. Münster (s. 1973) - Grüner Weg 34, 4405 Nottuln/W. - Geb. 22. Sept. 1928 Würselen/Rhld. - Tätigk. TH Aachen u. GH Siegen. Facharb.

KOLBOW, Walter

Verwaltungsjurist, MdB (Landesliste Bayern) - Gertraud-Rostosky-Str. 36, 8700 Würzburg (T. 0931 - 88 43 88) - SPD.

KOLBUS, Martin

Journalist - Zu erreichen üb.: Idsteiner Zeitung, 6270 Idstein/Ts. - 1983 Theodor-Wolff-Preis 1982 (f.: Endstation Kalmenhof).

KOLCK, Reinhold

Dr. rer. pol., Hauptgeschäftsführer d. Industrie- u. Handelskammer f. Ostfriesland u. Papenburg, Emden (s. 1990) - Ringstr. 4, Postfach 17 52, 2970 Emden (T. 04921 - 89 01 22) - Geb. 13. Febr. 1945, kath., verh., 2 Söhne (Gregor, Sebastian) - Abit. 1965; Stud. Volkswirtsch.lehre; Dipl.prüf. 1970 (m. Prädikat); 1974 Prüf. z. Dr. d. Staatswiss. (m. Prädikat) - 1970-73 Redakt. d. Mainzer Verlagsanstalt; 1974-76 Ref. d. IHK Stade; 1976-87 Geschäftsf. d. IHK Stade; 1987-90 Stadtkämmerer u. Wirtsch.dezernent d. Stadt Stade sowie Geschäftsf. STADEUM Kultur- u. Tagungszentrum GmbH - Spr.: Engl.

KOLCK, Walter

Dr. jur., Oberkreisdirektor i. R. d. Landkr. Meppen - Rotdornweg 10, 4470 Meppen Bez. Weser-Ems - Geb. 16. Dez. 1924 Ochtrup/W., verh. m. Ulrike, geb. Daldrup, 4 Kinder.

KOLK, zum, Anneliese

Präsidentin d. Bundesverbandes Tierschutz e.V. - Dr.-Boschheidgen-Str. 20, 4130 Moers 1 (T. 02841 - 252 44-46) - verw. - Präs. Europ. Komitée z. Schutz d. Pelztiere; Vors. Verb. artgerechte Nutztierhaltung; Executiv-Dir. in d. WELTTIERSCHUTZGES. London u. Boston; Mitgl. Tierschutzkommiss. b. BMC Bonn u.a. - Div. Bücher üb. d. Umgang mit Tieren. Herausg.: 88 Ausg. d. Ztschr. Tierschutz - BVK I. u. II. Kl. - Liebh.: Tiere, klass. Musik, Kunst - Spr.: Engl. - Bek. Vorf.: namhafte Wissenschaftler; Großvater Excelenz u. v. a.

KOLKMANN, Friedrich-Wilhelm

Dr. med., Prof., Chefarzt Patholog. Institut d. Landkr. Esslingen - Krankenhaus an d. Säer, 7440 Nürtingen - S. Habil. Lehrtätigk. Univ. Heidelberg (gegenw. apl. Prof.).

KOLL, Eckhard

Dipl.-Kfm., Vorstandsmitglied Holsten-Brauerei AG, Hamburg - Holstenstr. 224, 2000 Hamburg 50 - Geb. 12. Okt. 1939 Lüneburg - Zul. Vorst. Lüneburger Kronen Brauerei AG.

KOLLAR, Axel

Dr. jur., Vorstandsmitglied Westdt. Landesbank (WestLB), Düsseldorf (s. 1981) - Zu erreichen üb. Westdt. Landesbank, Herzogstr. 15, 4000 Düsseldorf - Geb. 23. Aug. 1935 Berlin - Ausb. Industriekfm.; Stud. Rechtswiss.; 1. u. 2. Jurist. Staatsprüf. 1960/1964, Promot. Intern. Recht. Rechtsanwalt - 1964 Rhein. Girozentrale (heute WestLB), 1969 Leitg. Euro-Kapitalmarktgesch., danach Leitg. Intern. Geschäft, 1976 Generalbevollm., Div. AR- u. VR-Mandate - Liebh.: Golf, Theater - Spr.: Engl., Franz., Span. - Rotarier.

KOLLAT, Horst

Bezirksstadtrat a. D. - Lübener Weg 6, 1000 Berlin 51 (T. 496 44 21) - Geb. 9. Nov. 1925 Berlin - 1946-51 Humboldt-Univ. Berlin (Gesch., German.; Dipl.-Phil.); 1. Lehrerprüf. 1947; Ass.ex. 1954 - 1957-63 Studienrat; 1963-69 Bezirksstadtrat f. Volksbildung; 1970/71 Ref. f. Unterr. u. Erzieh. b. Senator f. Schulwesen Berlin. 1975-85 MdA Berlin. S. 1985 fr. Mitarb. b. Landeszentr. f. polit. Bildungsarb. Berlin - 1989 BVK am Bde.

KOLLATH, Jürgen

Dr. med., Prof. f. Med. Strahlenkunde Univ. Frankfurt/M. - Breslauer Str. 26, 6051 Dietzenbach.

KOLLATZ, Udo

Dr. jur., Dr. rer. pol., Prof., Rechtsanwalt - Adenauerallee 11, 5300 Bonn 1 (T. 0228 - 21 97 98) - Geb. 1. März 1931, ev., verh. s. 1955 m. Elisabeth, geb. Engel - Stud. Rechts- u. Wirtschaftswiss.; 2. jurist. Staatsprüf. u. Dipl.-Volkswirt 1958 Frankfurt, Dr. rer. pol. 1962 Darmstadt, Dr. jur. 1963 Frankfurt - Richter; Verwaltungsdienst Hessen u.

Bonn; 1974-78 Staatssekr. im Bundesmin. f. wirtschaftl. Zusammenarbeit; Geschf. Bundeskurat. CARE Deutschland e.V. Herausg.: Dt. Ztschr. f. Wirtschaftsrecht - In- u. ausl. Orden; 1975 Hon.-Prof. TH Darmstadt - Spr.: Engl.

KOLLDEHOFF, Reinhard

Schauspieler - Rudolstädter Str. 123, 1000 Berlin 31 (T. 030 - 824 24 61) - Geb. 29. April 1914 Berlin (Vater: Wilhelm K., Postbeamter; Mutter: Emma, geb. Gehrmann), ev., verh. s. 1968 m. Helma, geb. Braun, 2 Kd. (Colette, René) - Schule (Abit.) u. Ausbild. Berlin - Theaterrollen unt. Karl-Heinz Martin u. Gustaf Gründgens. Rund 200 Filme (Regiss. Fritz Lang, Luchino Visconti, Claude Chabrol, Camus, Deray, Molinaro u.v.a.; dav. 26 franz., 6 ital., 6 engl., 6 amerik. - Gedreht in 27 Ländern d. Erde) - Liebh.: Politik, Reisen (bes. Afrika) - Spr.: Engl., Franz.

KOLLER, Dagmar

Sängerin - Zu erreichen üb.: Volksoper Wien, Währinger Str. 78, A-1090 Wien - Geb. 26. Aug. 1944 Klagenfurt, kath., verh. s. 1978 m. Dr. Zilk - Akad. darst. Kunst u. Musik - Hauptrollen in zahlr. Musicals u. Operetten auf gr. Bühnen v. Österr., Deutschl. u. d. Schweiz - Spr.: Engl.

KOLLER, Horst

Dr. oec., Dipl.-Kfm., Prof. f. Betriebswirtschaftslehre - Neubergstr. 4, 8707 Veitshöchheim/Ufr.. - Geb. 21. Juli 1934 Nürnberg - Promot. (1960) u. Habil. (1968) Univ. Erlangen-Nürnberg - S. 1970 Ord. (Lehrst. II) u. Mitvorst. Betriebsw. Inst. Univ. Würzburg - BV: Organisation d. Plankostenrechnung, 2. A. 1973; Simulation d. Planspieltechnik, 1969.

KOLLER, Ingo

Dr. jur., o. Prof. f. Bürgerl. Recht, Arbeits-, Handels- u. Wirtschaftsrecht Univ. Regensburg, Richter am OLG München - Voltzweg 4, 8000 München 71 - Geb. 10. März 1940 München - 1960-64 Univ. München (Rechtswiss.). 2. Staatsex. 1969. Promot. 1971; Habil. 1977 - B. 1984 o. Prof. in Passau, Rufe nach Gießen u. Berlin - BV: D. Gleichheitsmaßstab im Diskriminierungsverbot, 1972; D. Risikozurechnung b. Vertragsstörungen in Austauschverträgen, 1979; Kommissionsgeschäft, Handelskauf, Lagergeschäft, Großkomm. z. HGB, 1984, 86, 87; Transportrecht, 1990; ca. 125 Beiträge in Fachztschr.

KOLLER, Roland

Dr. jur., Polizeivizepräsident d. Landeshauptstadt München (1981-87), s. 1988 Leitg. Polizeipräsidium München - Ettstr. 2, 8000 München 2 - Geb. 16. Febr. 1942 München - Luitpold-Gymn. u. Univ. München - 1971-81 Bayer. Landeskriminalamt u. Polizeipräsid. Oberbay. (1973; u. a. Leit. Einsatzabt.).

KOLLER, Rudolf

Dr.-Ing., o. Prof. f. Allg. Konstruktionstechnik d. Maschinenbaues - Templergraben 55, 5100 Aachen - Geb. 25. Nov. 1934 Ingolstadt - Promot. 1964 - (1970 Ord. u. Inst.-Dir.) - BV: Konstruktionslehre f. d. Maschinenbau 1976, 79 u. 85; CAD-Automatisiertes Zeichnen, Darstellen u. Konstruieren, 1989.

KOLLHOSSER, Helmut

Dr., Univ.-Prof., Direktor Inst. f. Arbeits-, Sozial- u. Wirtschaftsrecht u. d. Forschungsstelle f. Versich.wesen, Richter am OLG a. D. - Drechslerweg 36, 4400 Münster - Geb. 22. April 1934 Wetter-Ruhr 2, ev., verh. s. 1961 m. Olgamaria, geb. Weckmann, 2 Kd. (Peter, Philipp) - Stud. Köln, Mainz; Promot. u. Habil. ebd. - S. 1970 o. Prof. Münster - BV: D. Anscheinsbeweis in d. höchstrichterl. Rechtsprechung, 1963; D. Verfahrensbeteiligten in d. freiwilligen Gerichtsbark., 1970. Zahlr. Veröff. z. Zivil-, Wirtsch.- u. Prozeßrecht - Spr.: Engl.

KOLLING, Alfons

Dr. phil., Hon.-Prof., Archäologe - Goethestr. 18, 6607 Quierschied-Göttelborn - Geb. 13. Sept. 1922, verh. m. Gerta, geb. Diancourt.

KOLLMANN, Franz Gustav

Dr.-Ing., Prof. f. Maschinenelemente u. Maschinenakustik TH Darmstadt (s. 1982) - Annastr. 20, 6100 Darmstadt - Geb. 15. Aug. 1934 Füssen (Vater: Franz K., Prof.†; Mutter: Otti, geb. Schoch), ev., verh. s. 1964 m. Barbara, geb. Hederich, 2 Töcht. - Stud. TH München, Dipl. 1956, Promot. 1961 - 1960-66 MAN Turbo GmbH; 1966-75 Krauss-Maffei AG; zul. Geschäftsf. Krauss-Maffei Austria Ges. mbH; 1975-82 o. Prof. TU Braunschweig; 1985/86 Gastprof. Cornell Univ./USA - BV: Welle-Nabe-Verbindungen, Konstruktionsb., 1984 - 1991 o. Mitgl. Akad. d. Wiss. u. Lit. Mainz.

KOLLMANN, Heinrich

Dipl.-Ing., Geschäftsführer Zeppelin-Metallwerke GmbH, Friedrichshafen, u. d. Zeppelin-Luftschiffbau GmbH, ebd. - 7990 Friedrichshafen - Geb. 14. Okt. 1924.

KOLLMANN, Roland

Dr. phil., Dipl.-Theol., Prof., Lehrer - Könzgenstr. 27, 4408 Dülmen/W.- Geb. 12. April 1935, verh. s. 1963 m. Dr. med. Marianne, geb. Leidinger, 3 Kd. (Barbara, Andreas, Marion) - 1954-59 Stud. Univ. Bonn (Phil., Kath. Theol.), 1960/61 Päd. Akad. Essen-Kupferdreh (Päd. Did.); Promot. 1970, Habil. 1974, bde. Münster - 1961-66 Lehrer, u.a. einklass. Landschule; s. 1966 Abgeordn. Lehrer u. Assist. PH Münster, 1973-77 Wiss. Rat u. Prof. ebd.; s. 1978 o. Prof. f. Kath. Theol. u. Religionspäd. Univ. Dortmund, s. 1990 Vors. d. AKK - BV: Bildung-Bildungsideal-Weltanschauung, 1972; Religionsunterricht unter erschwerenden Bedingungen, 1988; Lehrbriefe z. Religionsunterricht an Sonderschulen, 1990 u. 1992. Vortr. auf versch. Fachkongr. u. weit. Veröff. z. Gottesfrage, z. Didaktik d. Religionsunterr., d. Ausbild. d. Religionslehr. u. z. Religionspäd. Herausg. d. Reihen: Elementa theologiae u. Religionspäd. Perspektiven - 1970 Preis d. Westf. Wilhelms-Univ. - Liebh.: Sport, Musik, Violine (Quartett, Quintencircel Dülmen).

KOLLMANNSBERGER, Annemarie

Dr. med., Prof., Ärztin f. Neurologie u. Psychotherapie, Konzertpianistin - Lindenstr. 22, 8021 Baierbrunn - Geb. 27. April 1928 München (Vater: Georg K., Graphiker u. Päd.; Mutter: Eugenie, geb. Koller) - Konzertreifeprüf. Klavier 1953; Staatsex. 1958, Promot. 1959, Habil. 1969 - 1960-69 wiss. Assist.; s. 1975 Prof.; seith. Leit. Neurochir. Poliklinik Univ. München - BV: Taschenb. Neurol., 1978; Differentialdiagnose, neurol. Krankheitsbilder (Mitautor), 4. A. - Liebh.: Fotogr. - Spr.: Engl., Franz.

KOLLMANNSBERGER, Lorenz

I. Bürgermeister Prien a. Chiemsee (s. 1978) - Alte Bernauer Str. 21, 8210 Prien a. Chiemsee (T. 08051 - 49 39) - Geb. 7. Nov. 1940 Prien, kath., verh. s. 1967 m. Ulrike, geb. Poppe, 3 Kd. (Martin, Andreas, Barbara) - Stud. Univ. München, Staatsex. 1968 - Jurist; b. 1978 selbst. Rechtsanw.; Vors. Fremdenverkehrsverb. Chiemsee u. Abwasserverb. z. Reinhalt. d. Chiemsees. CSU (Mitgl. Kreistag Rosenheim, s. 1984 Fraktionssprecher).

KOLLMER-von OHEIMB-LOUP, Gert

Dr. rer. pol., Prof., Leiter d. Wirtschaftsarchivs Baden-Württ., Archivdirektor - Mülbergerstr. 9, 7300 Esslingen (T. 0711 - 35 33 72) - Geb. 20. Nov. 1949 Esslingen (Vater: Kurt Richard K., Kaufm.; Mutter: Sonja, geb. Weger de Santi), verh. s. 1991 m. Dr. med. Elvira von Oheimb-Loup, T. Gesina - Bankprakt. 1969; Stud. Nationalökonomie, Bankbetriebswirtsch., Wirtsch.- u. Sozialgesch., Gesch., landeskundl. Gesch. Univ. Tübingen; 1. u. 2. Staatsex. 1975 u. 1980; Promot. 1978 Tübingen - 1975 wiss. Mitarb. Akad. d. Wiss. u. Lit. Mainz; 1978 Staatsarchivref.; s. 1980 Leit. Wirtschaftsarchiv Baden-Württ.; s. 1983 Archivdir.; s. 1991 Hon.-Prof. f. Wirtsch.gesch. Univ. Hohenheim - BV: D. schwäb. Reichsritterschaft zwischen Westf. Frieden u. Reichsdeputationshauptschluß, 1979; Dokumentation z. Organisationsgesch. d. Hansa-Bundes (Quellensamml. z. Gesch. d. dt. Sozialpolitik 1867-1915), 1979; D. Familie Palm. Soz. Mobilität in ständischer Ges., 1984; Dokumentation z. Organisationsgesch. d. zentr. Arbeitgeberverb. (Quellensamml. z. Gesch. d. dt. Sozialpolitik 1867-1914), 1986. Mithrsg.: Schriftenreihe Beitr. z. südwestdt. Wirtsch.- u. Sozialgesch. (s. 1983) - Liebh.: Kunst, Lit., Musik - Spr.: Engl., Franz.

KOLLNIG, Karl

Dr. phil., Prof. f. Soziologie u. Politik - Am Zapfenberg 22, 6900 Heidelberg (T. 40 11 94) - Geb. 18. Febr. 1910 Seckenheim b. Mannheim, ev., verh. m. Dr. Erika, geb. Schattschneider (†) - Promot. 1933 - 1937-39 Els.-Lothr.-Inst. Frankfurt, 1948-57 höh. Schuldst. (zul. Oberstudienrat); s. 1957 Päd. Inst. bzw. Päd. Hochsch. Heidelberg (Prof.; 1965-71 Rektor, 1971-75 Prorektor). Mitgl. Kommission f. geschichtl. Landeskunde Baden-Württ. - BV: Die Zent Schriesheim, 1933; Mannheim - Volkstum u. - kd. e. Großstadt in ihren geschichtl. Grundlagen, 1938; Els. Weistümer, 1941; D. Pfalz nach d. 30j. Kriege, 1949; Wandlungen im Bevölkerungsbild d. pfälz. Oberrheingebietes, 1952; D. Weistümer d. Zent Schriesheim, Bad. Weistümer u. Dorfordn., 2. Bd. 1968; Polit.-Soziol. Wörterb., 1975; D. Weistümer d. Zent Kirchheim, Bad. Weistümer u. Dorfordn., 3. Bd. 1979; D. Weistümer d. Zenten Eberbach u. Mosbach, Bad. Weistümer u. Dorfordn., 4. Bd. 1985; Kurpfalz. Ereignisse u. Gestalten, 1986; Liselotte v. d. Pfalz, Herzogin v. Orléans. E. fürstliche Münzsammlerin, 1987; Astronomen auf Münzen u. Medaillen, 1988; Sternwartenmedaillen, 1990; Münzen u. Medaillen d. Johanniterordens auf Malta (zus. m. Inge Frese), 1990; Medaillen pfälzischer Kurfürsten in Heidelberg (zus. m. Inge Frese), 1992. Mithrsg.: 75 Jahre Lehrerbildung in Heidelberg (1979).

KOLLO, René

Opernsänger (eigtl. René Kollodzieyski) - Zu erreichen üb. Marguerite Kollo, Personal Artists Management, Wilhelmstr. 4, 8000 München 40 (T. 089 - 39 54 50) - Geb. 20. Nov. 1937 Berlin (Vater: Willi Kollo, †1988), verh. in 2. Ehe m. Beatrice Bouquet (Ballettänzerin aus Frankr.), T. Nathalie (aus 1. Ehe) - 1958-65 Gesangsstud. b. Elsa Varena, Berlin. Opernpartien in Braunschweig, Düsseldorf, Bayreuth, Mailand, New York (zuvor Schlagersänger) - Rollen: u.a. Tristan in Bayreuth (1981) - BVK; 1984 Bayer. Kammersänger - Bek. Vorf.: Walter K. (Großv.) u. Willi K. (Vater), bde. bek. Komp.

KOLLWITZ, Arne A.

Dr. med., Prof. Chefarzt Urolog. Abt. Franziskus-Krankenhaus Berlin (s. 1972) - Terrassenstr. 9, 1000 Berlin 38 (T. 8012043) - Geb. 3. Sept. 1930 Berlin (Vater u. Großv. Ärzte) - S. 1964 (Habil.) Lehrtätigk. FU Berlin (1969 apl. Prof.; zul. 1. Oberarzt Urol. Abt./Klinikum Steglitz). 1980 zugl. Ärztl. Dir. Franziskus-Krkhs. Facharb.

KOLMS, Heinz

Dr. rer. pol., o. em. Prof. f. Wirtschaftl. Staatswissenschaften - Max-Planck-Str. 24, 2300 Kiel (T. 62123) - Geb. 9. Febr. 1914 Berlin (Eltern: Max u. Gertrud K.), verh. m. Dr. rer. pol. Dipl.-Kfm. Brigitta, geb. Schieb, 4 Kd. - Promot. 1945 Berlin - 1948 Doz. Univ. Leipzig, 1949 Privatdoz., 1953 apl. Prof. FU Berlin, 1955 ao., 1960 o. Prof. TU ebd., 1963 Univ. Kiel. Mitgl. Verein f. Sozialpolitik - BV: u. a. Volksw. Gesamtrechnungen, Nationalbudgets u. ökonometr. Gesamtmodelle, in: Weltw. Archiv, Bd. 71, 1953; Marktw. u. Wirtschaftspolitik, 1958; Finanzwiss., 4 T. zul. 1974/76.

KOLO, Hans

Dipl.-Kaufm., MdL Bayern (s. 1970) - Bernatzkistr. 16, 8000 München 81 (T. 932691) - Geb. 1937 - SPD - 1981 Bayer. VO, 1984 Bayer. Verfassungsmed. in Silber, 1985 Bayer. Verfassungsmed. in Silber.

KOLOCZEK, Heinz-Jürgen

Oberbürgermeister Stadt Tuttlingen, früher Regierungsdirektor b. Innenmin. Stuttgart - Panoramastr. 12, 7200 Tuttlingen (T. 07461 - 9 92 15) - Geb. 8. Nov. 1943 Burg/Bez. Magdeburg, verh. s. 1968 m. Hiltrud, geb. Alber, 4 T. (Anja, Katja, Fabia, Thekla) - Jurastud. - Spr.: Engl., Franz.

KOLPE, Max

Schriftsteller (Ps.: Max Colpet) - Zul. 704, N. Beverly Drive, Beverly Hills, Cal./USA (T. Crestview 5 - 0884) - Geb. 19. Juli 1905 Königsberg, mos. - Obersch. Hamburg; TH Berlin - Mitarb. Berliner Tagebl., Tempo, Simplicissimus, Stachelschwein, Weltspiegel; Mitbegr. Kabarett Katakombe, Berlin; 1933 n. Frankr. emigriert (Dienst franz. Armee; Lager); s. 1948 USA (1953 eingebürgert) - BV: F. Erwachsene streng verboten, 1948. Bühnenst.: Pam-Pam (UA. 1937 Wien), Vive le Théâtre, Mannequin d. Glücks, The Cha-Cha Tree; Filme: Scampolo, Einmal möcht' ich keine Sorgen haben, Madame wünscht keine Kinder, D. Blaue v. Himmel, Abenteuer im Engadin, Mauvaise Graine, Premier Rendevous, Battament du Coeur, Derriere la Facade, Allemagne - anno zero (D. Jahr Null, m. Rossellini). Bek. Songs: Wo ist d. Mann?, Allein in e. gr. Stadt (Marlene Dietrich), Hoppla, jetzt komm' ich (Hans Albers), Einmal möcht' ich keine Sorgen haben (Max Hansen), D. Zeitfurie (Hilde Hildebrand) u. a.

KOLPING, Adolf Anton

Dr. theol., em. o. Prof. f. Fundamentaltheologie - Wiesenweg 13, 5300 Bonn (T. 62 28 12) - Geb. 12. Dez. 1909 Andernach/Rh. (Vater: Jos. K., Amtsgerichtsrat; Mutter: Kath., geb. Rach), kath. - Univ. Bonn (Promot. 1938) u. Freiburg/Br. - Seelsorge, 1945 Privatdoz. Univ. Bonn, 1949 Ord. Univ. Münster/W., 1962 Univ. Freiburg - BV: Anselms Proslogion-Beweis d. Existenz Gottes, 1939 Sacramentum Tertullianeum, Neue Unters. üb. d. Anfänge d. christl. Gebrauchs d. Vokabel sacramentum, 1948; Einf. in d. kath. Theol., 2. A. 1963; Kath. Theologie - gestern u. heute, 1964; Fundamentaltheol., Bd. I 1968, II 1974, III 1 1981; Unfehlbar? Eine Antwort, 1971; D. Fall Küng. Eine Bilanz 1975; Aufs. bes. Albertina; Prozeß Jesu, 1987; Kirche - komplexe Wirklichkeit, ges. Aufs. 1989. Rez. - 1961 Socius ordinarius

Pontificia Academia Mariana Internationalis Rom, Päpstl. Ehrenprälat - Bek. Vorf.: Adolf K., Gesellenvater († 1865).

KOLPINSKI, von, Hans-Walter

Präsident Trabrenn-Verein Mariendorf - Mariendorfer Damm 212-98, 1000 Berlin 42.

KOLTERMANN, Rainer

Dr. rer. nat., lic. phil. u. theol., o. Prof., Hochschullehrer - Offenbacher Landstr. 224, 6000 Frankfurt/M. 70 - Geb. 18. März 1931 Freudenfier/Westpr. (Vater: Martin K., Forstangest.; Mutter: Anna, geb. Knaps), kath. (s. 1952 Jesuitenorden) - Stud. Ordenhochsch. Tisis/Österr. (Lat., Griech., Alte Gesch., German.), Pullach (Phil.), Frankfurt/St. Georgen (Theol.), Univ. Frankfurt (Biol., Chem., Anthropol.). Priesterweihe 1962. Promot. 1969 Frankfurt; Habil. 1974 Würzburg - S. 1975 Doz. u. ao. Prof. (1978), o. Prof. (1984) OH St. Georgen (Naturphil.); s. 1976 Prof. Univ. Mainz (Zool.). Spez. Lernprozeß b. Bienen. BV: Naturphilosophie, 4. A. 1989. Veröff. in Ztschr. - Spr.: Lat., Engl., Span., Franz.

KOLVENBACH, Walter

Dr. jur., Rechtsanwalt, ehem. Mitgl. Direktorium u. Chefjustitiar Henkel KG a.A., Düsseldorf, AR Michelin-Reifenwerke KGaA, Karlsruhe, Vors. Rechtsaussch. IHK Düsseldorf (s. 1974), u. Verein z. Förd. d. Inst. f. Anwaltsrecht an d. Univ. Köln (1988), Schatzm. Forschungsinst. f. Wirtschaftsverfassung u. Wettbewerb, Köln (1987) - Peter-Roos-Str. 6, 4000 Düsseldorf 11 - Geb. 28. Jan. 1922 Düsseldorf, kath., verh. s. 1954 m. Irmgard, geb. Schmidt, 2 Söhne (Dirk, Ralf) - Präs.-Mitgl. Steuben-Schurz-Ges., D'dorf (s. 1975); Treasurer Intern. Bar Ass. (Weltorgan. d. Rechtsanw.). Zahlr. Veröff. in dt. u. engl. Spr. üb. d. Geb. Firmenrechtsabt. u. Mitbestimm. - 1982 BVK I. Kl.; 1987 Gr. BVK; Ehrenz. dt. Anwaltschaft; 1988 Hon.-Prof. d. Rechtswiss. Fak. d. Univ. Köln; 1990 Senator h. c. d. Heinrich-Heine-Univ. D'dorf - Spr.: Engl., Franz.

KOLWE, Armin

Dr. phil., Dipl.-Kfm., Vorstandsmitgl. Deutsche BP AG., Hamburg - Hummelsbütteler Weg 26, 2000 Hamburg-Hummelsbüttel (T. 5385617) - Geb. 7. Mai 1930 Milken/Ostpr. (Vater: Dr. Erich K., Oberreg.s- u. Veterinärrat; Mutter: Helene, geb. Czybulka), verh. s. 1957 m. Margarete, geb. Pistor, 2 Kd. (Matthias, Christine) - Wilhelmsgymn. Kassel; kaufm. Lehre; Univ. Frankfurt, FU Berlin. Promot. 1957 Berlin - S. 1975 Generalbevollm., ab 1977 o. Vorstandsmitgl. BP - Spr.: Engl.

KOLZEN, Hans Peter

Dr. rer. pol., Vorstandsmitglied Überlandwerk Nord-Hannover AG - Stresemannstr. 48, 2800 Bremen 11 (T. 0421 - 44 93-3 14) - Geb. 1. Juli 1938.

KOMAREK, Alfred

Schriftsteller - Porzellangasse 26/7, A-1090 Wien (T. 0043 - 222-34 91 91) - Geb. 5. Okt. 1945 Bad Aussee, kath., verw. - Juratud., bde. Staatsprüf. - Fr. Schriftst. f. Rundfunkanst. u. intern. Magazine - BV: u.a. Traum ist Regen, der in d. Himmel fällt, 1979; Tagschatten, 1980; Niederösterreich - d. sanfte Land, 1986; Steiermark - Harmonie d. Gegensätze, 1987; Salzburg, d. vielstimmige Symphonie, 1987; D. Maler Kumpf, 1987; Oberösterr.-Fleiß u. Fülle, 1988; Kärnten, d. heitere Herausforderung, 1988; Hommage an Österr., 1988; Burgenland, d. kleine Unendlichkeit, 1989; Tirol, d. erhabene Land, 1989; Gott hab uns selig, sehr österr. Gesch. 1989; Niemandsnacht, 1989; Vorarlberg, d. andere Land, 1990; Wien, Zauberspiel d. Wirklichk., 1990; Pflastersteins Weihnachten, 1990; Budapest, 1991; Sternbilder, 1991; Üb. Österreich, 1991; Österreichs Bergwelt, 1991; Zeitgeist f. beide Ohren, 1992; Ausseerland - d. Bühne hinter den Kulissen, 1992; Epigramme, Nov., Erz., Feuill. - Interesse: Sprache - Spr.: Engl. - Lit.: Kürschners Dt. Literaturkalender.

KOMMA, Karl Michael

Dr. phil., Prof., Komponist, Musikwiss.-ler - Walter-Rathenau-Str. 6, 7410 Reutlingen - Geb. 24. Dez. 1913 Asch/Böhmen (Vater: Georg K., Bankdir.; Mutter: Marie, geb. Adler), verh. 1940 m. Dr. Charlotte, geb. Scholze - Univ. Prag u. Heidelberg; Musikakad. Prag - 1936-39 Assist. Univ. Heidelberg, 1940-45 Dir. Franz-Schubert-Musiksch. Reichenberg; s. 1954 Doz. u. Prof. (1960) Musikhochsch. Stuttgart. Orchester-, Kammer-, Kirchenmusikw., Kantaten, Chöre, Lieder - BV: Gruppenkonzerte d. Bachzeit, 1938: D. Böhm. Musikantentum, 1960; Musikgesch. in Bildern, 1961; Ludwig van-Beethoven, opus 110, Faksimile-Ausg. u. Beiheft, 1967; Lieder u. Gesänge nach Dichtungen Friedrich Hölderlins, 1967; vom Wesen d. Musik. Ausgew. Aufsätze v. Arnold Schering, 1974 - Dittersdorf-, Parler-Preis, Preis Kulturkr. BDI, Stamitz-Preis (Ostd. Kulturpr.).

KOMMERELL, Burkhard

Dr. med., o. Prof., Ärztl. Direktor d. Inn. Med. IV d. Med. Univ.-Klinik Heidelberg, u. gf. Dir. d. Med. Univ.-Klinik + Poliklinik ebd. - Meisenweg 4, 6907 Nussloch - Geb. 23. Mai 1927 Stuttgart - Habil. Berlin - S. 1968 apl. u. o. Prof. (1972) Univ. Heidelberg (Leit. Ludwig-Krehl-Klinik). Fachveröff. ü. Gastroenterol. Klin. Schwerpunkt: Gastroenterol.

KOMNICK, Hans

Dr. rer. nat., Univ.-Prof. Inst. f. Zellbiologie Univ. Bonn (s. 1970) - Julius-Leber-Str. 41, 5309 Meckenheim - Geb. 27. Aug. 1934 Engelstein/Ostpr. - Promot. 1960; Habil. 1968.

KONDER, Peter Paul

Dr. rer. nat., Prof. f. Mathematik Univ. Mainz, Honorarprof. Univ. de Los Andes, Bogotá (Kolumbien) - Südring 311, 6500 Mainz 22.

KONECNY, Ewald

Dr. rer. nat., Prof. f. Kernphysik (b. 1975) u. Entwicklungsleitung f. Atemschutz- u. Gasmeßgeräte - Hirschbergstr. 10, 2406 Stockelsdorf (T. 0451-49 39 42) - Geb. 22. Juni 1935 Troppau (Vater: Franz K., Finanzbeamter; Mutter: Olga, geb. Sperner), kath., verh. s. 1960 m. Margrit, geb. Siméon, 3 Kd. (Sabine, Gabriele, Wolfgang) - Gymn. Nürnberg, (Abit. 1954), Physikstud. TH München, Dipl. 1959, Promot. TH München 1963, Habil. Univ. Gießen 1967 (Experimentalphysik) - 1969-75 Priv.doz. u. apl. Prof. TU München; 1975-80 Leit. Grundlagenentw. Drägerwerk AG Lübeck; s. 1981 Leit. d. Gesch.ber. Entwickl. u. Konstr. Drägerwerk AG Lübeck - Entd.: Massenspektrometrische Trennung v. Kernspaltungsfragmenten, Kernladungsvert. v. Spaltprod., Nachweis d. Formisomerie b. Spaltungsisomeren, Symmetrische u. asymmetr. Kernspalt. - Spr.: Engl.

KONECNY, Gottfried

Dr. h. c., Dr.-Ing., Dipl.-Ing., M. Sc., Geodät, o. Prof. f. Photogrammetrie TU Hannover (s. 1971) - Wartheweg 22, 3000 Hannover 71 (T. 0511 - 52 82 51) - Geb. 17. Juni 1930 Troppau/Sudeten (Vater: Franz K., Beamter; Mutter: Olga, geb. Sperner), kath., verh. s. 1958 m. Lieselotte, geb. Angstwurm, 2 Kd. (Susanne, Gottfried jr.) - Stud. d. Geodäsie TH München u. Ohio State Univ.; Dipl.ex. 1957; Promot. 1960, bde. München - 1959-71 Ltr. Vermessungswesen Univ. New Brunswick/Kanada. 1964 Expedition kanad. Arktis, 1965 Mount Kennedy-Exped. i. d. Yukon d. Nat. Geograph. Soc., Projektwissenschaftler Kameraprojekt 1. Europ. Spacelabmission, ESA, m. Space Shuttle, NASA, Mitgl. Dt. Ges. f. Photogrammetrie (1972-76 Vors.), Amerik. Ges. f. Photogr., Dt. Verein f. Vermess.wesen, Canad. Inst. of Surveying, Glaciol. Soc., Intern. Ges. f. Photogr. u. Fernerkund. (1976-80 Kongr. Dir., 1980-84 Generalsekr., 1984-88 Präs., ab 1988 1. Vizepräs.) - ca. 100 Fachveröff., Lehrbuch - 1971 Dr. h.c. Nationaluniv. Tucuman; 1985 Dr. Sc.hc. Univ. of New Brunswick, o. Mitgl. Braunschweig. Wiss. Ges., Sudetendt. Akad. d. Wiss. u. Künste, Intern. Acad. of Astronautics; 1986 Ehrenprof. Univ. Wuhan, China; 1990 BVK I. Kl.

KONEFFKE, Gernot

Dr. phil., em. Prof. f. Pädagogik - Darmstädter Str. 55c, 6101 Modautal 1-Ernsthofen - Geb. 28. Aug. 1927 Lauenburg/Pom. - Stud. Heidelberg (Promot.) - S. 1969 Prof. TH Braunschweig u. TH Darmstadt (1972). Emerit. 1990. Facharb.

KONEGEN, Norbert

Dr. rer. pol., Prof. f. Politikwissenschaft Univ. Münster - Fliederweg 69, 5000 Köln 40 - Geb. 16. März 1939 - AR-Vors. Gladbacher Aktienbauges., Mönchengladbach, d. Gladbau, Mönchengladbach 1; AR Rhotenberger AG, Frankfurt/M. Arbeitsgeb.: Polit. Ökonomie, Innenpolitik, Wiss.theorie - BV: Politik u. Kybernetik, 1973; Sozialismus u. Sozialisierung, 1975; Polit. Kommunikation, 1981; Veröff. z. Bildungsplan., 1978; Wiss.theorie, 1985; Veröff. z. Regionalpolitik, 1987; Veröff. z. Wissenschaftstheorie, 1988. Herausg.: Erkenntnistheorie u. politische Phil. (1992).

KONERMANN, Heinrich

Dr. med. vet., Direktor Tiergesundheitsamt/LK Westfalen-Lippe, Münster, apl. Prof. f. Allg. Geburgshilfe u. Gynäk. sow. spez. Geburtsh. u. Gynäk. d. Rindes Tierärztl. Hochsch. Hannover (s. 1974) - Anton-Aulke-Str. 49, 4401 Wolbeck/W. - 1968 ff. Privatdoz.

KONIETZKO, Johannes

Dr. med., Prof., Leit. Inst. f. Arbeits- u. Sozialmed. Univ. Mainz - Obere Zahlbacher Str. 67, 6500 Mainz 1 - Geb. 24. Juni 1934.

KONIETZKO, Nikolaus Franz-Josef

Dr. med., Prof., Chefarzt Pneumologie-Univ.klinik u. Ärztl. Dir. Ruhrlandklinik Essen-Heidhausen (s. 1985) - Tüschener Weg 40, 4300 Essen 16 - Geb. 6. Dez. 1938 Kieferstädtel (Vater: Dr. med. Karl K., Arzt; Mutter: Hildegard, geb. Tenschert), kath., verh. s. 1966 m. Traute, geb. Schmidt, 3 Kd. (Christian, Beate, Sebastian) - Abit. 1957; Med. Staatsex. 1963 Univ. München, Promot. 1963 ebd., Habil. 1974 Univ. Ulm - Nach Ausb. u. Facharzt 1974-76 Oberarzt Intensivstation Univ.-Klinik Ulm; 1976-85 Leit. Abt. f. Inn. Med. u. Funktionsdiagnostik Ruhrlandklinik; 1991 Univ.-Prof. Rd. 150 med. Publ., davon 50 Originalpubl. m. neuen Daten - BV: Lungenfunktionsprüf. m. Radionukliden, 1976; AIDS u. Lunge, 1988; Lungenemphysem b. schwerem Alpha 1-Pi-Mangel, 1989; Atlas d. Pulmonalen Funktionsdiagnostik (m. W. Petro), 1989; Lunge u. Arbeitswelt (m. U. Costabel u. P. C. Bauer), 1990; Asbest u. Lunge, 1992; Generalisierte Lungenparenchymerkrankungen (m. U. Costabel u. K. M. Müller), 1991; Pulmonale Hypertonie, Cor pulmonale (m. D. Nolte), 1991- Liebh.: Musik (Kläviersp.), Tennis - Spr.: Engl., Lat., Griech.

KONISZEWSKI, Gerhard Hans

Dr. med., Dr. med. habil., Prof., Leiter Städt. Augenklinik Nürnberg - Esperstr. 29, 8525 Uttenreuth - Geb. 23. Mai 1942 Passau, kath., gesch., 2 Kd. (Dorothea, Nikolaus) - Stud. d. Med. in Erlangen u. Innsbruck; Promot. 1970 Erlangen; Habil. 1979 ebd.; 1985 apl. Prof. - Spr.: Engl.

KONJETZKY, Klaus

Schriftsteller - Pilarstr. 8, 8000 München 19 - Geb. 2. Mai 1943 Wien - BV: Grenzlandschaft, Ged. 1966; Perlo peis ist e. isl. Blume, Erz. 1971; Poem v. grünen Eck, Ged. 1975; Was interessiert mich Goethes Geliebte, Sachb. 1977; D. Hebriden, Ged. 1979; Am anderen Ende d. Tages, R. 1981; F. wen schreibt der eigentlich?, Dok. (m. M. Bosch) 1973 - 1977 Mitgl. PEN.

KONNES, Manfred

Bürgermeister Wolfegg, Geschf. d. Fördergemeinsch. z. Erhaltung d. ländl. Kulturgutes e.V., Vors. d. Arbeitsgem. d. region. Freilichtmuseen in Bad.-Württ. - Maximilianplatz 7, 7962 Wolfegg 1 (T. 07527 - 62 71) - Geb. 19. Dez. 1941 Krefeld (Vater: Jakob K., Kaufm.; Mutter: Anna, geb. Görtz), kath., verh. s. 1968 m. Christa, geb. Back, 2 Kd. (Michael, Susanne) - 1957-61 Lehre Dt. Bundesbahn; Prüf. f. d. kommun. Verw. 1967 - S. 1971 Bürgerm. - Zahlr. Ämter, u. a. s. 1973 Kreisrat Ravensburg u. Mitgl. Regionalvers. Bodensee-Oberschwaben, s. 1976 Vors. Kommunalpolit. Vereinig. Kr. Ravensburg - Liebh.: Malerei, Volkskd., Museumswesen.

KONOLD, Wulf

Dr. phil., Musikwissenschaftler, Journalist, Chefdramaturg - In der Twiete 14, 2110 Buchholz - Geb. 29. Juni 1946 Langenau (Vater: Richard K., Bauing.; Mutter: Margarethe, geb. Schrammek), verh. s. 1987 m. Ulla, geb. Brilsky, 2 Söhne (Felix, Florian) - Abit. 1966, Stud. Kiel (1966-74), Musikhochsch. Lübeck (1968-72), Promot. 1975 Kiel - 1975 wiss. Assist. Univ. Kiel, 1975-76 Abt.Leit. b. Saarl. Rundf., 1977-78 freisch., 1978-81 Chefdramat. Musiktheater Nürnberg, 1981-87 Künstler. Berat. Staatsoper Hannover, Lehrbeauftr. Musikhochsch. ebd., s. 1988 Chefdramat. Hamburgische Staatsoper - BV: Weltl. Kantaten im 20. Jh., 1975; komment. Partiturausg. Beethoven, 5. Sinf., 1979; D. Streichquartett v. d. Anf. b. Franz Schubert, 1980 (dt., engl., jap.); Dt. Oper - einst u. jetzt, 1980 (auch engl. u. ital.); Felix Mendelssohn Bartholdy u. s. Zeit, 1984 (auch jap.); Komment. Partiturausg. Beethoven, Violinkonz., 1986; Claudio Monteverdi, 1986; Bernd Alois Zimmermann, 1986; Mendelssohns Symphonien, 1992 - Versch. Orch.- u. Kammermusikwerke, Exper. (Musiktheater) - Spr.: Engl., Ital. - Lit.: 3 Nachschlagewerke.

KONRAD, Heinz

Fabrikant, pers. haft. Gesellsch. Gamaschette-Konrad KG, Eppelheim - Schubertstr. 11, 6904 Eppelheim/üb. Heidelberg - Geb. 27. März 1923 AR-Vors. Verb. Südwestd. Kunststoffind., Mannheim, u. Bundesverb. dt. Kunststoffverarbeiter.

KONRAD, Johann Friedrich

Dr. theol., Prof. f. Ev. Theologie u. ihre Didaktik Univ. Dortmund - Strüningweg 25, 4600 Dortmund 41 - Geb. 25. Febr. 1932 Breslau (Vater: Prof. D. Dr. Joachim K., Hochschullehrer; Mutter: Gisela, geb. Altmann), verh. s. 1962 m. Dr. Ingeborg, geb. Burgbacher, 3 Kd. (Susanne, Stefan, Daniel) - 1975ff. Vorst.-Mitgl. Ges. f. christl.-jüd. Zusammenarb. Dortmund - BV: Abbild u. Ziel d. Schöpfung - Z. Exegese u. Theol. Karl Barths, 1962; Kalina u. Kilian - Handpuppensp. im Religionsunterr., 1975; Seid klug wie d. Schlangen - Fabeln f. d. relig. Erzieh., 1978; Hexen-Memoiren - Märchen entwirrt u. neu erzählt, 1981; Wo d. Blume zu finden ist, 1981; Wenn alte Adler wieder jung werden, 1981; Wo d. Flöte ertönt, 1984; Wenn Lügen lange Beine haben, 1985; Religionsunterricht im 2. Schuljahr, 1985; Hexen-Memoiren, TB 1986; Puppenspiele m. Märchen, TB 1988; D. Reise durchs Nadelöhr, Märchen TB 1988.

KONRAD, Klaus

Kreisverwaltungsdirektor a. D., MdB (s. 1969) - Strandallee 61, 2409 Haffkrug/Holst. (T. 6347) - Geb. 22. Dez. 1914 Berlin, ev., verh., 3 Kd. - Univ. Berlin (Rechts- u. Staatswiss.). Jurist. Staatsprüf. 1937 u. 41 - B. 1943 Reg.sass., dann Oberstabsint. Luftwaffe, 1947-49 Hilfsarb. u. Anwaltsass., dann Rechtsanw. u. Notar (1954) Eutin, s. 1956 Kreisverw.s- u. -oberverw.srat ebd. 1951-59 Stadtvertr. Eutin; 1951-56 MdK Eutin; 1962-69 MdL Schlesw.-Holst. SPD s. 1949 (1956-70 u. wied. s. 1975 Kreisvors., s. 1960 Mitgl., s. 1968 Vors. Revisionskommiss. SH).

KONRADI, Inge

Schauspielerin - Burgtheater, Wien - Geb. 27. Juli 1929 Wien - Gymn.; Reinhardt-Sem.; Ballettausbild. (alles Wien) - Mitgl. Volkstheater (6 J.) u. Burgtheater Wien (1954ff.). Salzburger Festsp. - Bühne: u. a. Franziska, hl. Johanna, Ophelia, Pygmalion, Christopherl, Piperkarcka, Rosl, Liliom, August August, Kaukas. Kreidekreis, Mirandolina, Gretchen, Klärchen, Onkel Wanja, Rosalinde, Puck, D. Lerche, Mutter Courage (Brecht), Sommergäste (Gorki), Der Schwierige (Hofmanstal); Filme: Rendezvous im Salzkammergut, Himml. Walzer, Bezaubernder Schwindler, Singende Engel, Eva im Frack u. a. S. 1960 Kammerschauspielerin. Ehrenmitgl. d. Wiener Burgtheater - Gold. Rathausmann; 1. Preis Festival Paris (1956 in Liebelei); Nestroyring; Raimundring; Gold. Ehrenz. Stadt Wien; Gold. Med. f. Verdienste in Kunst u. Wissensch.; Prof. am Reinhardtsem. Wien.

KONRATH, Norbert

Dr. rer. pol., Direktor, Leit. Konzernrevision Allianz AG - Königinstr. 28, 8000 München 44 - Geb. 24. Juni 1933, verh. - Stud. Jura u. Volkswirtsch. (Dipl., Promot. u. Ass.-Ex.).

KONS, Klaus

Sparkassendirektor, Vorst. Stadtsparkasse Köln (1981 ff.) - Habsburgerring 2, 5000 Köln 1 - Geb. 1933 (?).

KONSALIK, Heinz G.

s. Günther, Heinz

KONSTANTINOU, Evangelos

Dr. phil., Prof. f. Byzantinistik u. Neugriech. Philol. - Am Happach 26, 8702 Gerbrunn/Ufr. - B. 1978 Privatdoz., dann Prof. Univ. Würzburg.

KONTARSKY, Alfons

Konzertpianist, Prof. f. Klavier u. Klavier-Kammermusik Mozarteum Salzburg - Untersbergstr. 94, A-5084 Großgmain - Geb. 9. Okt. 1932 Iserlohn/Westf. (Vater: Paul K., Journalist; Mutter: Gertrud, geb. Koch), kath., verh. s. 1958 m. Christine, geb. Schotte, Cellistin, Sohn Matthias - Stud. an d. Hochsch. f. Musik Köln u. Hamburg b. Else Schmitz-Gohr, Maurits Frank u. Eduard Erdmann - 1981 Mitgl. d. Bayer. Akademie d. Schönen Künste; 1983 Mitgl. d. Dt. Musikrates.

KONTARSKY, Aloys

Prof. f. Klavier, Staatl. Hochsch. f. Musik Rheinland/Musikhochsch. Köln - Löwenburgstr. 27, 5000 Köln 41 - Geb. 14. Mai 1931 (Vater: Paul K.; Mutter: Gertrud), kath., verh. m. Gisela, geb. Saur, S. Christoph - 1951-57 Ausb. z. Pianisten, 1951-53 Stud. Phil., German., Musikwiss. - S. 1957 Konzerttätigk. In- u. Ausland, s. 1969 Prof. Musikhochsch. Köln.

KONZE, Hermann-Joseph

Chefredakteur Fuldaer Zeitung, 6400 Fulda (s. 1981) - Grundweg 11, 6400 Fulda (T. 0661-280-211) - Geb. 9. Mai 1930 Oberhausen (Vater: Friedrich K., Oberlokf.; Mutter: Katharina, geb. Flück), kath., verh. s. 1957 m. Gertrud, geb. Wehner, 3 Kd. (Tobias, Oliver, Isabel) - Hum. Gymn. Würzburg (Abit. 1950) - Redakt.volont.; 1954-62 Lokalchef Fuldaer Ztg.; 1962-72 Ressortleit. Politik Der neue Tag, Weiden; s. 1973 Chefredakt., auch v. Amberger Ztg. - Liebh.: Fotografieren, Zeitgesch. - Mitgl.: Ges. Kath. Publizisten, Lions - Spr.: Engl.

KONZELMANN, Gerhard

Journalist, Leiter Dokumentar. Abt. Südd. Rundf. (s. 1974) - Villa Berg, 7000 Stuttgart 1 (T. 288 27 70) - Geb. 26. Okt. 1932 Stuttgart (Vater: Alfred K., Bd.bahnbeamter; Mutter: Sophie, geb. Grafenberger), ev., verh. s. 1958 m. Irmingard, geb. Schäfer, 3 Kd. (Thomas, Christine, Stephan) - Gymn. (b. 1952); Stud. Philol. (b. 1957) - 1956 Fernsehjourn.; 1964 Mitgl. Programmdir. ARD; 1968 ARD-Korresp. Arabien. Fernsehdokument.: Yemen, Oman, Ägypten, Libyen, Sudan, Irak, Kreml u. Koran (Sowjet. Einfluß im Nahen Osten), Palästinens. Befreiungsbeweg. u. a. - BV: V. Frieden redet keiner - Zwischen d. Fronten im Nahen Osten, 1971; D. Schlacht um Israel, 1974; D. Araber, 1974; Suez - D. Kanal im Streit d. Strategen, Diplomaten, Ingenieure, 1975; D. Reichen aus d. Morgenland, 1975; Aufbruch d. Hebräer, 1976; Öl - Schicksal d. Menschheit, 1976; Sie alle wollten Afrika, 1978; Ölpest, 1979; Mohamed, 1980; D. Islam. Herausforderung, 1980; Arafat - Verhängnis oder Hoffnung, 1981, D. Nil, 1982; Jerusalem - 4000 J. Kampf um e. hl. Stadt, 1984 - Liebh.: Musikgesch. (bes. Musiktheaterentwickl. s. Monteverdi) - Spr.: Engl., Franz., Ital.

KONZELMANN, Gerhard

Dipl.-Kfm., Geschäftsführer, Vorst. Vereinig. Dt. Schmelzhütten (VDS); Vorst. Wirtschaftsvereinig. Metalle, Organisation Europ. Aluminium-Schmelzhütten (OEA) u. European Aluminium Association (EAA) - Am Westblick 13, 7910 Neu-Ulm/Pfuhl (T. 0731 - 71 96 46) - Geb. 7. Okt. 1936 Ulm (Vater: Karl K.; Mutter: Hedwig, geb. Brauch), ev., verh. s. 1966 m. Margot, geb. Ströhle, 2 Kd. (Alexander, Christiane) - Abit.; Stud. Betriebsw., Ex. u. Dipl. - Liebh.: Tennis, Skilauf, Jagd, Fischerei - Spr.: Engl., Franz.

KONZEN, Horst

Dr. jur., o. Prof. f. Bürgerl. Recht, Zivilprozeß-, Arbeits-, Handels- u. Gesellschaftsrecht - Auf der Irrlitz 26, 6228 Eltville 3 - Zul. Assistenzprof. Univ. Mainz.

KOOLMAN, Egbert

Dr. phil., Bibliotheksdirektor, Leit. Landesbibliothek Oldenburg (s. 1988) - Quellenweg 52b, 2900 Oldenburg - Geb. 10. Aug. 1938 Weener/Ems, ev., verh. s. 1965 m. Elke, geb. Wittern, 2 Kd. (Sebo, Antje) - Stud. 1958-67 Univ. Köln u. Göttingen; Promot. 1968 Göttingen; Bibl.-Refer. 1968-70 MuLB Kassel; Bibl. Fachprüf. 1970 Bibl.-Schule Frankfurt/M. - 1970-73 Fachref. MuLB Kassel (Bibl.-Rat); 1974-88 stv. Bibl.-Leit. LB Oldenburg (Bibl.-Oberrat) - BV: Gemeinde u. Amt, 1969; Briefe an Lotte Grimm (Mitarb.), 1972; L. E. Grimm, Ausstellungskatalog (Mitarb.), 1985; Oldenb. Bibliogr. 1599-1907, 1987; Oldenb. Bibliogr., 1974ff.; Katalog d. Kollegnachschriften in d. LB Oldenburg, 1989; Katalog d. Bänkellieder u. Jahrmarktdrucke in d. LB Oldenburg, 1990. Herausg.: Ludwig Emil Grimm: Briefe (1985); Schriften d. Landesbibl. Oldenburg (1988ff.). Mithrsg.: Quellen z. Brüder-Grimm-Forsch. (1988ff.) - 1977 Mitgl. Hist. Kommiss. f. Nieders. u. Bremen; 1977 Wiss. Rat d. Brüder Grimm-Ges.; 1989 Beiratsmitgl. Oldenb. Landschaft - Liebh.: Genealogie, Studentica - Spr.: Engl., Niederl.

KOOLMAN, Jan

Dr. rer. nat., Prof. Univ. Marburg, Biochemiker - Riedstr. 9, 3553 Coelbe-Marburg (T. 06421 - 8 48 90) - Geb. 7. Nov. 1943 Lübeck, verh. m. Gabriela, geb. Foitzik - Stud. Biochemie Univ. Tübingen; Dipl. 1969; Promot. 1972 Marburg, Habil. 1976 ebd. - Prof. Physiol.-Chem. Inst. Univ. Marburg.

KOOP, Günter

Dr., Abteilungsdirektor, Leit. Nieders. Landesverwaltungsamt (Statistik) - Heinrich-Spoerl-Str. 23, 3000 Hannover.

KOOPMANN, Helmut

Dr. phil., Prof. - Watzmannstr. 51, 8900 Augsburg (T. 66 29 91) - Geb. 15. Juni 1933 Bochum (Vater: Karl K., Stadtinsp.; Mutter: Dorothee, geb. Gröne), ev., verh. s. 1961 m. Susanne, geb. Liestmann, 3 Kd. (Anselm, Sebastian, Florian) - 1969-74 o. Prof. Bonn u. 1974ff. Univ. Augsburg; 1972 u. 1979 Gastprof. RAU Johannesburg Kansas State Univ., 1975 u. 1979 Univ. of North Carolina/USA, 1984 Washington Univ. St. Louis, USA - BV u.a.: Schiller, 1988; D. schwierige Deutsche. Stud. z. Werk Thomas Manns, 1988; Freiheitssonne u. Revolutionsgewitter. Reflexe d. Franz. Revolution im lit. Deutschland zw. 1789 u. 1848, 1989; Thomas Mann-Handb., 1990 - Spr.: Engl.

KOOTEN, van, Karl-Heinz

Dr. theol., Verbandsdirektor, Präs. d. IVSS (Intern. Verb. f. Schwerhörigenseelsorge) - Nürnberger Str. 6, 4460 Nordhorn.

KOPAC, Zdenek

Dr. rer. nat., Dipl.-Phys., Prof. f. Physik u. Bauphysik Univ.-GH Paderborn (Fachber. Bauwesen, Abt. Höxter) - Wiesengrund 3, 3474 Boffzen - Spez. Arb.geb.: Techn. Thermodynamik (Sonnenenergie, Wärmespeicher, Thermographie), Simulation d. therm. Verhaltens v. Gebäuden.

KOPECKY, Peter

Dr. med., Prof., Chefarzt (Gynäkologe) - Rathausstr. 58, 5100 Aachen-Laurensberg - Geb. 4. Juli 1936 Wien (Eltern: Peter (Arzt) u. Rudolfine K.), kath., verh. s. 1963 m. Martha, geb. Firmkranz, 3 T. (Karen, Uta, Britta) - Univ. Wien. Promot. 1961 Wien; Habil. 1970 Aachen - S. 1970 Privatdoz. u. apl. Prof. (1975) TH Aachen/Med. Fak. (Gynäk. u. Geburtsh.) - BV: Diagnostik u. Therapie d. Rhesus-Inkompatibilität, 1970. 120 Einzelarb.: Patent f. Oberflächenspannungsmessung (im Fruchtwasser); Hämodilutionsbehandlung b. d. Plazentainsuffizienz; Plast. Mammachirurgie; Osteoporose; Thromboembolieprophylaxe; EDV in Gebh. u. Gynäk.; 30 betreute Diss. - Liebh.: Kunst, Golf, Sport (Skilaufen) - Spr.: Engl., Span. - Bek. Vorf.: Prof. Dr. W. Beiglböck (Onkel).

KOPELEW, Lew

Dr. h. c., Forsch.-Prof., Germanist, Schriftsteller - Neuenhöfer Allee 41, 5000 Köln 41 - Geb. 9. April 1912 Kiew (Vater: Sinowij K., Agronom; Mutter: Sofija, geb. Kaganowa), verh. s. 1956 in 2. Ehe m. Raissa, geb. Orlowa, 4 Kd. (Maja, Jelena, Swetlana, Maria) - 1933-35 Stud. Phil. Univ. Charkow; 1935-38 Sprach. Inst. Moskau; 1938-41 Inst. Lit. Gesch. Philos. (JFLI) Moskau; Promot. 1941 - 1929-30 Lehrer (f. Erw.) Charkow; 1930-34 Arbeiter, Werkjourn. Charkow; 1941-45 Propaganda-Offz. an d. Front; 1945-54 polit. Häftling, 1956 rehabilitiert; 1957-60 Doz. f. intern. Pressegesch. Moskau; 1961-68 Forsch.-Auftr. Inst. f. Kunstgesch.; Dtschspr. Theater, 1968-77 freisch.; s. 1981 Gastprof. in Göttingen u. New York; s. 1982 Forsch.prof. Univ. Wuppertal. Zahlr. Veröff. in d. UdSSR, BRD, USA, u.a. Erinnerungstrilogie Aufbewahren f. alle Zeit, 1975; Und schuf mir e. Götzen, 1979; Tröste meine Trauer, 1981, m. H. Böll: Warum haben wir aufeinander geschossen?, 1981, u. Antikommunismus in Ost u. West, 1982; Im Willen zur Wahrheit, 1984; Wir lebten in Moskau, 1987; Und dennoch hoffen, 1991; Waffe Wort, 1991. Bücher üb. Goethe u. Brecht, Aufs. üb. dt., amerik. u. tschech. Lit. in BRD, USA, Frankr., Holland, u.a. autobiogr. Bücher - 1979 Friedr. Gundolf-Preis dt. Akad. f. Spr. u. Dicht.; 1981 Ehrendoktor Univ. Köln; 1981 Friedenspreis d. dt. Buchhdl.; 1983 Ehrendoktor New Scool Social Res. New York - Spr.: Engl., Franz., Poln., Ukrain.

KOPF, Günther

Senator, Dipl.-Ing., Direktor i. R. - Zu erreichen üb. D. Rosenhof, App. A122, Am Weissen Berg 7, 6242 Kronberg/Ts. (T. 06173 - 6 30 62) - Geb. 9. Okt. 1904 Düsseldorf - TH Stuttgart (Maschinenbau) - Jahrzehntel. Tätigk. Thyssen-Bereich (b. 1968 Vorstandsmitgl. Thyssengas AG) - 1956 Ehrensenator TH, jetzt Univ. Karlsruhe.

KOPF, Wilhelm

Dr. phil., Botschafter - 8671 Schwarzenbach/Wald - Geb. 2. Juli 1909 Schwarzenbach - Stud. Gesch., German., Rechtswiss. - Assist. Univ. Erlangen, Lektor Türk. Unterrichtsmin. u. Presseattaché Dt. Botschaft Ankara, n. Kriegsende Ref. Univ.verw. München, 1945-50 Reg.rat Bayer. Staatskanzlei, dann Tätigk. Bayer. Bevollm. b. Bund, s. 1952 Ausw. Dienst (Karachi, Rangoon, 1960-63 Botsch. Somal. Rep., 1963-66 Saudi-Arabien, 1966-68 Vietnam, 1971-74 Uganda, gegenw. Berater Saudi Arabien) - BV: Saudi-Arabien - Insel d. Araber, 1982; Erben d. Wüste, Saudiarabiens Weg, 1991 - 1969 BVK I. Kl. - Rotarier.

KOPFERMANN, Klaus

Dr., Prof. f. Mathematik Univ. Hannover - Neuwarmbüchener Str. 11, 3004 Isernhagen 5 (T. 05136 - 73 18) - Geb. 24. Aug. 1935 Soest (Vater: Johannes K.; Mutter: Gertrud, geb. Liemann), verh. s. 1974 m. Yvonne, geb. Bobillier - Univ. Münster (Promot. 1961), Habil. 1969 Univ. Hannover - S. 1972 Prof. in Hann. - BV: Math. Grundstrukturen, 1977; Funktionentheorie mehrerer komplexer Veränderlicher (m. W. Rothstein), 1982; Mathematische Aspekte d. Wahlverfahren, 1991 - Liebh.: Astronomie, Reisen - Bek. Vorf.: Prof. H. K., Physiker in Heidelberg.

KOPFSTEIN-GINTOWT, von, Ernst

Gesellschafter u. gf. Gesellsch. Kurbetriebe Vigaun/Österr. - Wechselpergerstr. 20, 8399 Rotthalmünster (T. 08533 - 14 44) - Geb. 2. März 1943 Wittingau, kath., verh. s. 1969 m. Margot, geb. Sperl, S. Ernst - Steuerberater 1970 - Liebh.: Antiquitäten, Tier- u. Porträt-Malerei, Sport - Spr.: Engl., Franz.

KOPINECK, Hermann-Josef

Dr. rer. nat., Prof., Physiker, Vors. Dt. Ges. f. Zerstörungsfr. Prüfung, Berlin - Wildbannweg 36, 4600 Dortmund-Kirchhörde - Geb. 15. Juni 1924 Mülheim/R. - Promot. 1951 - S. 1952 Hoesch Hüttenw. AG, Dortmund (1963 Chef Physikal. Forschungsabt.). 1972ff. Honorarprof. Univ. Münster (Technol. d. metall. Werkstoffe). Üb. 100 Facharb. Buchmitverf.: Metallphysik (1966), Analyt. Chemie in d. Eisenhüttenind. (1967), Neuzeitl. Verf. d. Werkstoffprüf. (1972) - 1982 Henry-Mierzijewski-Memorial-Med. Polish Soc. for Mechanical Engineers (SIMP), Warschau; 1983 Cerficate of distinction Brasilian Soc. for NDT (ABENDE) Saõ Paulo; 1985 BVK I. Kl.; 1985 Certificate of distinction Intern. Committ. for NDT (ICNDT); 1986 Ehrenmitgl. Chinese Mechanical Engineering Soc. (CMES), Peking; 1989 Dr.-Ing. E. h. TU Clausthal.

KOPKA, Ulrico

(eigtl. Ulrich Koepke) Komponist, Dozent f. Musikpsychologie - Im Kirchenfeld 22, 7802 Merzhausen/Freib. (T. 0761 - 40 40 01) - Geb. 17. Juni 1910 Bromberg - Stud. Klavier u. Kompos. b. Prof. G. Wehle, Scharwenka-Konservat. Berlin u. Stud. Wirtsch.wiss.; nach 1945 Weiterstud. d. Kompos. b. Dr. O. Baumann, Frankfurt - Lehrer an Wirtsch.sch., später Komponist (freiatonaler Stil; improv. b. rubato-Effekte; Mikromelodik) - üb. 40 Kompos. f. Kammermusik, Orgel u. Orch.; Auff. im Rundf. u. in öfftl. Konz.; Mikromelodik-Kompos. f. Orch., Orgel u. Stimmen - BV: Psycholog. Hintergründe d. Musikhörens, (Selbstverlag) 1982; Kompositionen als informationelle Prozesse, 1983. - 1985 Stamitz-Ehrenpr. durch Künstergilde Esslingen.

KOPLIN, Klaus

Dipl.-Ing., Direktor Luftfahrt-Bundesamt (s. 1988) - Flughafen, Postf. 37 40, 3300 Braunschweig (T. 0531 - 235 52 80).

KOPP, Ferdinand

Dr. jur., o. Prof. f. Öfftl. Recht, insb. Verwaltungsrecht, -lehre u. -prozeßrecht Univ. Passau - Innstr. Nr. 48390 Passau - Zul. Graz.

KOPP, Gerhard

Dipl.-Kfm., Geschäftsf. Mahle GmbH. - Pragstr. 26-46, 7000 Stuttgart 50 - Geb. 15. Jan. 1933.

KOPP, Horst

Dr., Prof. f. Geographie Univ. Tübingen - Bahnhofstr. 10/1, 7408 Kusterdingen 3 (T. 07071 - 3 49 24) - Geb. 12. Mai 1943 Dresden - S. 1979 Prof. in Tübingen; 1979 wiss. Koordinator d. TAVO. 1982 Vors. Dt. Jemenit. Ges. - BV: Agrargeogr. d. Arab. Rep. Jemen, 1981 - 1979 Emmy-Noether-Preis.

KOPP, Karl-Otto

Dr. rer. nat., Prof., Geologe - Römerhofweg 19, 8046 Garching - Geb. 12. März 1926 Bremen - Promot. 1951 Bonn - S. 1961 (Habil.) Lehrtätigk. TH bzw. TU München (1969 apl. Prof. f. Geol.) - BV: Geologie, 1971.

KOPP, Otto

Dr. rer. nat., ehem. Geschäftsführer Süd-West-Chemie GmbH, Neu-Ulm - Weserstr. 2, 7910 Neu-Ulm/D. - Geb. 14. März 1912 Köln, kath., verh. s. 1948 m. Liesel-Lotte, geb. Sprenger, T. Susanne - TH Darmstadt, Univ. Berlin (Chemie).

KOPP, Reiner

Dr.-Ing., o. Prof. f. Bildsame Formgebung - Kelmiser Str. 13, 5100 Aachen - Geb. 24. Dez. 1939 Stuttgart - Promot. 1968 - B. 1974 Industrie- (Leit. Fertigungsentw. Dornier AG.), dann Lehrtätigk. (Ord. u. Inst.sdir. TH Aachen). Fachveröff.

KOPP, Reinhold

Staatssekretär a.D., Chef d. Staatskanzlei d. Saarlandes (1985-91) - Am Ludwigsplatz 14, 6600 Saarbrücken (T. 0681-50 06-01) - Geb. 28. Juni 1949 Niederbexbach/S. - 1967-72 Stud. Rechts- u. Politikwiss. Univ. d. Saarlandes; 1. Staatsex. 1972, 2. Staatsex. 1975 - Wiss. Mitarb. Univ. d. Saarl.; 1975-80 Ref. Oberfinanzdir. (Bund) Saarbrücken, 1979-85 Mitgl. saarl. Landtag; 1980-82 parlam. Geschäftsf. SPD-Landtagsfrakt.; 1982-85 Rechtsanwalt.

KOPPE, Franz

Dr. phil. habil., o. Prof. - Hechtweg 1, 7752 Reichenau; Holsteinische Str. 23, 1000 Berlin 31 (T. 030 - 87 91 63) - Geb. 20. März 1931 Koblenz, verh. s. 1974 m. Elisabeth, geb. Neumann, S. Raphael - Stud. Phil., Roman., German., Kunstgesch.; Promot. 1971 Konstanz; Habil. (Phil.) 1976 Konstanz - S. 1983 Lehrst. Phil. Inst. f. Phil. u. Sozialwiss. Hochsch. d. Künste Berlin; s. 1985 Dir. ebd. Mitgl. Allg. Ges. f. Phil. in Dtschl. - BV: Literarische Versachlichung (Voltaire, Flaubert, Robbe-Grillet), 1977; Sprache u. Bedürfnis, 1977; Grundbegriffe d. Ästhetik, 1983 - Liebh.: Kammermusik - Spr.: Engl., Franz., Span.

KOPPE, Heinz W.

Dr. rer. nat., o. Prof. f. Theoret. Physik - 2309 Löptin/Holst. (T. Kirchbarkau 367) - Geb. 12. Mai 1918 Leipzig (Vater: Arthur K., Buchhändler), luth., verh. s. 1954 m. Leona, geb. Behm, 4 Kd. (Ursula, Margarete, Gerhard, Antonia) - Realgymn.; Akad. f. Technik Chemnitz, TH Danzig (Dipl.-Ing. 1941), Univ. Berlin (Promot. 1945) - 1946 wiss. Mitarb. Max-Planck-Inst. f. Physik, 1949 Assist. Prof. Univ. of Brit. Columbia, 1953 MPI f. Physik, 1954 Doz. Univ. Heidelberg, 1958 Research Assist. Prof. Univ. of Illinois/USA u. ao. Prof. Univ. München, 1963 o. Prof. u. Inst.sdir. Univ. Kiel - BV: Grundl. d. stat. Mechanik, 1949. Üb. 40 Einzelarb. - Mitgl. Dt. u. Amerik. Physikal. Ges. - Spr.: Engl.

KOPPE, Paul

Dr. rer. nat., Prof., Laborleiter Ruhrverb. Essen - Geb. 20. Jan. 1928 Koblenz, kath., verh. s. 1953 m. Jutta, geb. Kopp, 3 S. (Michael, Matthias, Bruno) - Chemie-Stud. Univ. Freiburg u. Darmstadt (Promot. 1960) - 1962-70 Dir. u. Prof. Bundesgesundheitsamt Düsseldorf; ab 1971 Ruhrverb. Essen. S. 1977 Lehrauftr. RWTH Aachen - Entd./Erf.: Biokarbon-Verf., Bitumenöser Haftkleber - BV: Einfluß d. Stauhaltung e. Flusses auf s. Wasserbeschaffenheit, 1984; Kommunales Abwasser, 1986 - 1980 Chemviron-Preis - Liebh.: Astronomie, Archäol. - Spr.: Engl., Franz.

KOPPE, Rolf

Landessuperintendent f. d. Sprengel Göttingen d. Ev.-luth. Landeskirche Hannover (s. 1988)- Von-Bar-Str. 6, 3400 Göttingen (T. 0551 - 5 63 61) - Geb. 21. Aug. 1941 Mahlum/Kr. Gandersheim (Vater: Rolf K., Pastor; Mutter: Hedwig, geb. Wolze), ev.-luth., verh. s. 1967 m. Ilse, geb. Hartmann, 2 T. (Mara, Cordula) - Gymn. Andreanum Hildesheim (Abit. 1961); Stud. ev. Theol. Heidelberg, Wien u. Göttingen; theol. Ex. 1966 u. 1969 - 1969-70 Forsch.assist. b. Luth. Weltbd. Genf; 1970-73 Gemeindepastor Hannover; 1973-78 Stud.insp. Predigersem. Rotenburg/Wümme; 1979-84 Leit. Presse- u. Informationsstelle d. Ev.-luth. Landeskirche Hannovers; 1984-88 Oberkirchenrat, Pressesprecher d. Ev. Kirche in Deutschland (EKD) - BV: Fünf Kirchen unter e. Dach - Ev. Heimatkd. v. Nieders. (Mithrsg.), 1981; Offene Türen - Begegnungen mit Christen in China (m. Eduard Lohse), 1986. Mithrsg.: Wer ist wo in d. ev. Kirche - Personen u. Funktionen (1989) - Liebh.: Reisen, Kriminalromane, Phil. - Spr.: Engl.

KOPPEL, Karl Heinz

Dipl.-Volksw., Geschäftsführer Singer GmbH., Eschborn/Ts. - Hofäckerstr. 41, 7500 Karlsruhe 1 - Geb. 13. April 1925 Karlsruhe (Vater: Karl K., Beamter †; Mutter: Aenne, geb. Klusmann †), ev., verh. s. 1956 m. Erika, geb. Pilz, 2 Kd. (Claudia, Holger) - Bismarck-Gymn. u. TH Karlsruhe (Volksw.; Dipl. 1949) - S. 1949 Großkonzern d. Maschinenbaus - Liebh.: Musik, Tennis, Garten - 1968 Gold. Sportabz. - Spr.: Engl., Franz.

KOPPEL, Uta

(Früher Lehr-Koppel), Schriftstellerin, Dozentin f. Literatur VHS Paderborn (s. 1978) - Horner Hellweg 88, 4790 Paderborn-Neuenbeken (T. 05252 - 62 51) - Geb. 8. Mai 1936 Altheide Bad/Schles., kath., 3 Kd. aus d. ersten Ehe mit d. Verlagslektor G. Lehr (Alexandra, Markus, Beatrix) - 1957-61 Stud. German. u. Theaterwiss. Univ. Mainz, Saarbrücken, Wien; Ex. (Phil. u. Päd.) 1960; Ausb. als Schausp. in Wien u. Wiesbaden (Prüf. vor d. Bühnengenoss. 1962 Frankfurt) - S. 1968 Lehrtätigk. an versch. Schulen, Inst., Hochsch. in Paderborn. S. 1988 Vorst.-Mitgl. d. KOGGE (Presseref.). Initiatorin u. Moderatorin d. Veranstaltungsreihe Ausl. Autoren lesen in d. Stadtbibl. Paderborn - BV: D. Taube in meiner Hand, Ged. u. lyr. Prosa 1976; Katja Pfifferling, Jugendb. 3 Bde. 1979-84; Wirf d. Netz, Ged. 1983; Ankunft ungewiß, Erz. 1987; Stein u. Lavendel-die Provence in Wort u. Bild, 1992; Öffnet mir die Türen. Geschichten u. Spiele z. Advents- u. Weihnachtszeit, 1992 - 1977 u. 84 Arbeitsstip. Ld. NRW; 1979 Drehbuchstip. Förderw. Hamburg; 1980 3. Preis Einakter-Wettbew.: D. Kind in unserer Ges. d. SPD in NRW; Mitgl. d. VS, sow. nat. u. intern. Autorenvereinig.

KOPPELMANN, Floris

Dr.-Ing., Dr.-Ing. E. h., Prof., Abteilungsleiter i. R. - Johann-Strauss-Str. 64, 8011 Baldham - Geb. 23. Mai 1903 Schüttorf (Vater: Gerhard K., Ing.), ev., verh. s. 1930 m. Alma, geb. Lorenzen, 4 Kd. (Gerhard, Karin, Antje, Hanna) - TH Hannover - 1930-68 Angest. Siemens-Schuckertwerke u. AEG Berlin (1940; Abt.sleit. Forschungsinst.). S. 1950 (Habil.) Lehrtätigk. TU Berlin (1958 apl. Prof. f. Elektr. Meßtechnik u. Schalter). Erf.: Kontaktgleichrichter u. Vektormesser - BV: Wechselstrommeßtechnik, 1956; Jesus nicht Christus, 1974; Z. 2000. Geb. Jesu, 1980.

KOPPELMANN, Gerd

Dr.-Ing., Dipl.-Ing., Prof. f. Physik TU Berlin (s. 1968) - Fritz-Reuter-Allee 50, 1000 Berlin 47 - Geb. 5. Sept. 1929 Berlin (Eltern: Prof. Otto (s. dort) u. Marianne K.), ev. - Stud. TU Berlin; Dipl.ex. 1955; Promot. 1959; Habil. 1965 - 1968/69 Gastprof. MTI, Massachusetts/USA - 1965 K. Scheel-Preis d. Berliner Phys. Ges.; 1992 Didaktik-Preis d. Dt. Phys. Ges.

KOPPELMANN, Udo

Dr. rer. pol., Dipl.-Kfm., o. Prof. f. Allgem. Betriebswirtschaftslehre, Beschaffung u. Produktpolitik - Judenpfad 7, 5000 Köln 50 (T. 02236 - 6 76 10) - Geb. 12. Juli 1939 Duisburg (Vater: Helmuth K., Kaufm.; Mutter: Hildegard, geb. Backhaus, Kauffrau), ev., verh. s. 1963 m. Lieselotte, geb. Körfer, 2 Kd. (Susanne, Simon) - Abit. 1959 Remscheid, Dipl. 1963 Köln, Promot. 1965 Köln, Habil. 1970 Köln - 1965-70 Assist., 1970-72 Priv.-Doz., 1972 o. Prof. Vorst.-Mitgl. Rat f. Formgebung/Dt. Designrat; 1990 Dekan WiSo-Fak., Köln - BV: Grundl. d. Verpackungsgestalt., 1971; Marketing, 1974, 3. A. 1991; Produktmarketing u. Warenverkaufskd., 1976; Grundl. d. Produktmarketing', 1978 (Tokio 1984), 2. A. 1987, 3. A. 1989; Produktwerbung, 1981 - Präs. Marketing-Club Köln/Bonn - Liebh.: Design, mod. Kunst - Spr.: Engl.

KOPPENFELS, von, Werner

Dr. phil., Prof. f. Anglistik u. Komparatistik - Boberweg 18, 8000 München 81 (T. 93 59 97) - Geb. 25. Nov. 1938 Dresden (Vater: Dr. Sebastian v. K., LG-Rat; Mutter: Edith, geb. Suessespeck), ev., verh. s. 1965 m. Brigitte, geb. Franz, 3 Kd. (Dagmar, Martin, Ingrid) - Human. Gymn. Erlangen; Stud. Angl./Roman. Heidelberg, München, Nizza; Promot. München 1967, Habil. München 1973 - 1970 Gastdoz. Univ. Sussex, Mitgl. d. Leit. d. Engl. Inst., s. 1976 Univ. München, 1986/87 Gastprof. Univ. of Virginia - BV: Bild u. Metamorphose, 1991. Herausg. u. Übers.: Th. Nashe, Jack Wilton (1970); Sir Th. Browne, Religio Medici (1978); Quevedo, Ausgew. Sonette (1980); John Donne, Alchimie d. Liebe (Ged. 1986); Robert Burton, Anatomie d. Melancholie (1988); Französische Dichtung I (1990, m. F. Kemp) - Liebh.: Kultur d. Romania - Spr.: Engl., Franz., Ital., Span.

KOPPENHAGEN, Klaus

Dr. med., Prof. f. Radiologie u. Nuklearmedizin FU Berlin - Lindenallee 50, 1000 Berlin 19.

KOPPENWALLNER, Ludwig

Sportjournalist - Hahndorfer Str. 12, 8000 München - Geb. 12. Jan. 1921 München (Vater: Ludwig K., Werksref.; Mutter: Hilde, geb. Söllner), kath., verh. s. 1946 m. Franziska, geb. Graf, 2 S. (Christoph, Michael) - 1938-40 Werbechef Waibel & Co., München; s. 1945 Sportredakt. u. -chef (1946) Südd. Ztg. ebd. 1940-45 Kriegsdst. - BV: Rudolf Harbig, 1952 (m. Erhard Huhle) - 1943 EK II; 1975 Bayer. VO., 1981 BVK - Liebh.: Sport (1939 Fünfkampf-Jugendm., 1947 u. 48 Dt. Hochsprungm., 1950 u. 51 Zweiter Zehnkampf), Musik - Spr.: Engl.

KOPPER, Gerd G.

M.A., Dr. phil., Prof. Univ. Dortmund f. Journalistik (Medienökonomie, Medienrecht, Medienpolitik) - Zu erreichen

KOPPER

üb. Univ. Dortmund FB 15, Postfach 50 05 00, 4600 Dortmund - Geb. 7. Juni 1941 Berlin, verh. - M.A. 1964 USA, Promot. 1967 FU Berlin - Doz.; Verlagslektor; OECD-Consultant; Planungs- u. Projektberat.; 1973 Gastforsch. Japan; 1976 Politik-Berat. Bonn; s. 1978 o. Prof. Univ. Dortmund; 1984-89 Spr. Begleitforschungskomm. Kabelpilotprojekt NRW; Vorst. Forsch.gr. Medienökonomie u. Kommunikationsplanung; Mitgl. Rundfunkgebührenkommiss. d. Bundesländer (KEF); Leit. d. gemeinn. Erich-Brost-Inst. f. Journalismus in Europa; Vorst. European Journalism Training Assoc. (EJTA) - BV: Zeitungsideol., 1972; Verlagsmedien in Japan, 1974; Massenmedien, 1982; Medien-Prozeß, 1991; Medien- u. Kommunikationspolitik, 1992. Herausg.: Marktzutritt b. Tageszeitg. (1984).

KOPPER, Hilmar
Vorstandssprecher Deutsche Bank AG (s. Dez. 1989) - Taunusanlage 12, 6000 Frankfurt/M. - Geb. 13. März 1935 - Vors., stellv. Vors. u. Mitgl. d. AR e. Reihe größ. Ges.

KOPPER, Joachim
Dr. phil., Dr. h.c., o. Prof. f. Philosophie - Universität, 6500 Mainz - Geb. 31. Juli 1925, verh. m. Ruth, geb. Herrmann - S. 1954 (Habil.) Lehrtätig. Univ. Saarbrücken (1960 apl. Prof.), Dt. Sporthochsch., Köln (1966 Ord.), Univ. Mainz (1969 Ord.) - BV: D. Metaphysik Meister Eckharts, 1955; Transzendentales u. dialekt. Denken, 1961; Reflexion u. Raisonnement im ontolog. Gottesbeweis, 1962; Reflexion u. Determination, 1976; Einf. in d. Philosophie d. Aufklärung, 1979; Ethik d. Aufklärung, 1983; D. Stellung d. Kritik d. reinen Vernunft in d. neueren Phil., 1984; D. transzendentale Denken u. dt. Idealismus, 1989 - Dr. h.c Univ. Dijon; korr. Mitgl. Acad. Sciences Arts et Belles-Lettres Dijon.

KOPPITZ, Hans-Joachim
Dr. phil., Prof. f. Buch- u. Bibliothekswesen sow. German. Philol., Leiter Inst. f. Buchwesen Univ. Mainz - Welderweg 18, 6500 Mainz; priv.: Carl-Orff-Str. 49, 6500 Mainz 33 - Geb. 8. Febr. 1924 - Promot. 1954; Habil. 1972 - 1976 o. Prof. - BV: Wolframs Religiosität, 1959; Grundzüge d. Bibliogr., 1977; Studien z. Tradierung d. weltl. mittelhochdt. Epik im 15. u. beginnenden 16. Jh., 1980; Gutenbergs Bild in d. dt. Lit., 1982. Herausg.: Gutenberg-Jahrbuch (s. 1979); D. Neugründung wissenschaftl. Bibliotheken in d. Bundesrep. Deutschl. (1990). Editeionen: Karl Bartsch: Jugenderinnerungen (1966); Franz Pfeiffer - Karl Bartsch: Briefwechsel (1969); Geschichts- u. Romanen-Lit. d. Deutschen (1973). Aufs. in Ztschr., Festschr., Jahrb., Lexika, u. a.

KOPPLIN, Günter
Fabrikant, Inh. Doormann + Kopplin, Schöneerg, Präsident Hauptarbeitsgemeinschaft d. Landmaschinenhandels u. -handwerks, Bad Godesberg - Bahnhofstr. 19, 2306 Schönberg - Geb. 28. Jan. 1920 - Fachmitgliedsch.

KOPTON, Boerries-Peter
Schriftsteller, bild. Künstler - Langer Rain 32, 8728 Hassfurt/M. - Geb. 23. Mai 1942 Frankfurt/M. - Doz. f. kreative Gestalt. VHS. Mitunterzeichner d. europ. Schriftst. gegen d. Atomkrieg - BV: Diesmal holzt man Bambus, 1969; V. Glück d. Friedens; D. Bauer Thanh Vui, 1975; Weltanthol.; D. Rechte Maß, 1977; Skizzen 70; J. Hassfurt, 1985 - Kunstwerke: Kupferplastik Hallenbad Königsberg, 1973; Regiomontanus 500 J. Exponate, D. Kosmos, 1976; Großkupferplastik Maintalhalle Hassbergkreis, 1977; Temperabild Blüte d. Lebens, Staatl. Nationalmuseum Majdanek, 1988; Kupferspringbrunnen Königsberg, 1988 - Interessen: Auslandsstudienreisen, Naturheilkd.

KORANSKY, Wolfgang
Dr. med., em. o. Prof. f. Toxikologie u. Pharmakol. - Fasaneweg 6, 3550 Marburg-Wehrshausen (T. Marburg 3 52 57) - Geb. 8. Mai 1921 - S. 1958 (Habil.) Lehrtätig. FU Berlin (1964 apl. Prof.) u. Univ. Marburg (1967 Ord. u. Inst.-dir.). Facharb.

KORB, Ernst
Bürgermeister Kämpfelbach - Hellbergstr. 26, 7539 Kämpfelbach (T. 07232 - 23 50) - Geb. 7. Dez. 1941 Lampertheim (Vater: Adam K., Kaufm.; Mutter: Elisabeth, geb. Marquardt), ev., verh. s. 1966 m. Christine K. - Realsch., Finanzsch. u. Verw.ssch. - S. 1969 Bürgerm.

KORB, Gerhard
Dr. med., Prof., Chefarzt Patholog. Institut/Städt. Krankenhaus Weiden - Söllnerstr. 15, 8480 Weiden/Opf. - Geb. 3. Febr. 1929 Iglau - Promot. 1956 Berlin; Habil. 1964 Marburg - S. 1969 apl. Prof. Univ. Marburg u. Regensburg (1973; Pathol. u. Exper. Morphologie). Üb. 100 Fachveröff.

KORBACH, Heinz
Regierungspräsident a. D. - Pechlerberg 6, 5400 Koblenz - Geb. 8. Dez. 1921 Koblenz, kath., verh. m. Klara, geb. Wolff, 4 Kd. - Volkssch.; kaufm. Lehre - Arbeits- u. Wehrdst.; Angest. Einzel- u. Großhandel; Landesekr. Jg. Union; Landesgeschäftsf. CDU; Amtsbürgerm. Weißenthurm; Landrat Landkrs. Ahrweiler; 1951-65 MdL Rhld.-Pfalz; 1971 Gr. BVK; 1976 Gr. Sebastianus Kreuz d. Hist. Deutsch. Schützenbruderschaften.

KORBMACHER, Benno
Dr., Geschäftsführender Vorstand d. Spielwarenmesse eG, Nürnberg - Karl-Schönleben-Str. 65, 8500 Nürnberg.

KORBMANN, Reiner
Chefredakteur bild der wissenschaft, Stuttgart (s. 1989) - Neckarstr. 121, 7000 Stuttgart 1 (T. 0711 - 26 31-310) - Geb. 1946 Bad Brückenau, verh. s. 1976 m. Anahide, geb. Atamian, S. Sebastian - 1969-77 Redakt. dpa, Hamburg; 1978-80 Redakt. Stern, Hamburg; 1980-82 Chefredakt. Umschau in Wissensch. u. Techn., Frankfurt; 1983-89 Chefredakt. Chip, München - S. 1983 Lehrauftr. f. Ztschr.- u. Wissensch.journalismus Univ. Eichstätt, Bamberg, Hohenheim, FU Berlin.

KORDES, Gert

Dipl.-Ing., Vorsitzender Verb. Berat. Ingenieure Baden-Württ. - Schauinslandstr. 10, 6800 Mannheim 1 (T. 0621 - 81 10 48) - Geb. 1929 - S. 1954 Berat. Ing. f. Bauwesen. Vereid. Sachverst., Prüfing. f. Baustatik. S. 1990 Präs. d. Ingenieurkammer Baden-Württ. - Spr.: Engl., Franz.

KORDINA, Karl
Dr.-Ing., Dr.-Ing. e.h., em. o. Prof. Inst. f. Baustoffe, Massivbau u. Brandschutz TU Braunschweig (s. 1959) - Im Heidekamp 13, 3300 Braunschweig (T. 311443) - Geb. 7. Aug. 1919 - Zahlr. Fachveröff.

KORDON, Klaus
Schriftsteller - Sedanstr. 16, 1000 Berlin 41 - Geb. 21. Sept. 1943 Berlin - 1982 Friedrich-Gerstäcker-Preis Stadt Braunschweig (f.: Monsun od. D. weiße Tiger); 1985 Zürcher Jugendbuchpreis: La Vache qui lit (f.: D. roten Matrosen od. E. vergessener Winter). 1988 1. Preis Senat von Berlin (f.: Wie Spucke im Sand); 1990 Niederländ. Jugendbuchpreis (f.: Wie Spucke im Sand); 1991 Zürcher Jugendbuchpreis (f.: Mit d. Rücken zur Wand); 1992 Gustav-Heinemann-Preis (f.: D. Lisa).

KORELL, Dieter

Dr. paed., Präsident d. Ges. f. Vor- u. Frühgesch. Bonn - Postfach 30 05 14, 5300 Bonn 1 (T. 0228 - 66 02 22) - Geb. 8. Juli 1927 Barmen/Düsseldorf m. Ilse, geb. Laxy, 4 Kd. (Helge, Gudrun, Ulrich, Harald) - Redakt. an Tageszeitg.; Stud. Allg. Gesch. (spez. Vor- u. Frühgesch.), German., Psychol., Politikwiss.. Allg. Päd. - S. 1950 Redakt. Essener Allg. Ztg. u.a.; s. 1968 Head Hung. Ztschr. Mannus, s. 1970 Mitteilungsbl. d. Ges. f. Vor- u. Frühgesch., s. 1971 Mannus-Bibl.; s. 1979 Lehrauftr. PH Ruhr zu Dortmund; s. 1981 Herausg. Buchreihen VFG A u. B. S. 1989 Mitgl. d. Akad. Ges. f. Dt.-baltische Kultur zu Tartu, Estland - BV: Dt. Gesch. aus dt. Sicht, 11 Bde., 1986-91; Du u. d. anderen - E. Beitr. z. menschl. Verhalten, 1976; Einf. in d. Vorgesch.kunde, 1980; Verschulungssystem u. Motivationsmangel als Ursachen f. d. Erfolgsverlust d. Schule - Bestandsaufn., Systemkritik, Zukunftsaussichten, 1983; D. Entw. d. dt. Lit. aus soziol. Sicht, 1984. Herausg. d. Wochenztg. Deutsche Gegenwart (s. 1991) - Lit.: Festschr. f. D. K. in 3 Bde., Bonn u. Wien 1987 (v. Hermann Maurer); Kürschners Dt. Gelehrten-Kalender, 14. Ausg., 2. Bd.

KORFF, Friedrich Wilhelm
Dr. phil., Prof., Schriftsteller - Burgbreite 8, 3015 Wennigsen 5 - Geb. 29. Dez. 1939 Hohenlimburg (Vater: Dr. med. Wilhelm K., prakt. Arzt; Mutter: Grete, geb. Eckart), ev., verh. s. 1969 m. Jutta, geb. Kneifel, 3 Kd. (Marie-Louise, Friederike, Tilman) - Promot. 1967 Basel; Habil. 1974 Hannover - S. 1974 Lehrtätig. Univ. Hannover (gegenw. Prof. f. Phil.) - Zahlr. phil. u. Lit. Veröff., u. a.: Diastole u. Systole - Z. Thema Jean Paul u. Adalbert Stifter, 1969; D. Katarakt v. San Miguel, Erz. 1974; D. rote Baron - Manfred v. Richthofen, Biogr. 1977; Drachentanz - E. Fliegerbuch, 1981; D. komische Kierkegaard, 1982 - Liebh.: Motoris. Drachenfliegen - Spr.: Engl., Franz., Lat., Griech.

KORFF, Ilka
s. Boesche-Zacharow, Tilly

KORFF, Wilhelm
Dr. theol., o. Prof. f. Christl. Sozialethik Univ. München - Westendstr. 115, 8000 München 2 (T. 502 17 65) - Geb. 29. Nov. 1926 Hilden (Vater: Jakob K., Gastronom; Mutter: Gertrud, geb. Krings), kath. - Promot. 1965 Bonn; Habil. 1972 - 1952-61 Kaplan, 1961-65 Studentenpfr., s. 1973 Prof. in Tübingen, s. 1979 München - BV: Ehre, Prestige, Gewissen, 1966; Norm u. Sittlichk., 1973, 2. A. 1985; Theol. Ethik, 1975; Kernenergie u. Moraltheol., 1979; Wie kann d. Mensch glücken?, 1985; Solidarität - Kommentar z. Enzyklika Sollicitudo rei socialis Papst Johannes Pauls II. (m. A. Baumgartner), 1988. Herausg.: D. Frieden sichern (1982). Mithrsg.: Handb. d. christl. Ethik (ev.-kath. Gemeinsch.werk, 3 Bde. 1978-82) - Mitgl. d. Acad. Scientiarum et Artium Europaea u. d. Rates v. Sachverständigen f. Umweltfragen - Spr.: Engl.

KORFMANN, Heinz-Diether
Dipl. rer. pol. (techn.), Dipl.-Dolm. (Engl.), Fabrikant, Geschäftsf. Maschinenfabrik Korfmann - Am Waldsaum 3, 5810 Witten-Bommern - Geb. 27. Jan. 1925 Witten (Vater: Heinrich K. †; Mutter: Hildegard, geb. Utermann †), ev., verh. s. 1951 m. Gisela, geb. Döpper, 4 Kd. (Eyla, Andrea, Heinrich-Ludwig, Dorothea) - Realgymn. Witten; Sprachenstud. Oxford/Wilton Park (Dolm.ex. 1946); Stud. TH Karlsruhe (Dipl.ex. 1952) - S. 1955 Prokurist Maschinenfabr. Korfmann. Vizepräs. Märk. Arbeitgeb.verb. - Vors. Vertr.versig. AOK Ennepe-Ruhr, u. VDMA-FG Bergbaumasch.; Vizepräs. I.H.K. Bochum - BV: In d. Kohle zw. Ganges u. Indus; Vom Waal zum Nil - 1944 EK II; BVK am Bde., BVK I. Kl.; Großoffz. d. ital. VO - Liebh.: Heimatkd. (s. 1972 Vors. Verein f. Orts- u. Heimatkd. Grafschaft Mark, Kommunalpolitik - Spr.: Engl., Franz., Holl., Ital. - Bek. Vorf.: Urgroßv. Reunert (führte Martinsöfen a. d. Kontinent ein) - Rotarier (1976/77 Vizepräs. Rotary Intern.).

KORFSMEIER, Karl-Hermann

Dr. rer. nat., Prof. f. Anatomie Univ. Münster - Gimbter Weg 57, 4402 Greven/W. - Geb. 10. Nov. 1939 Kiel, 3 Kd. (Carsten, Frauke, Thorsten) - Promot. (Zool.) 1965 Münster, Habil (Anat.) 1976 Würzburg - Arbeitsgeb. Histochemie v. Ovar, Brustdrüse; Hypothalamo-hypophysäre Systeme; Umweltschutz. Gründungsmitgl. Schutzgemeinschaft Ems.

KORGE, Horst
Prof., Hochschullehrer - Totilastr. 2, 1000 Berlin 42 - Geb. 15. Juli 1930 Berlin (Vater: Karl K., Maurer; Mutter: Rosa, geb. Pfennig), ev., verh. s. 1958 m. Ruth, geb. Dondaj, 2 S. (Ralf, Bernhard) - 1949-53 PH Berlin. S. 1953 Lehrer u. Hochschull. Berlin (1970 PH) 1980 TU Berlin, Zoologie). Mitgl. Dt. Entomol. Ges. (1969-76) u. Berliner Naturschutzverb. (1977ff.). Üb. 60

Fachveröff. (Entd. v. 150 Insekten- u. Spinnenarten Mitteleuropas u. Kleinasiens) - Spr.: Engl., Franz.

KORGER, Gerhard

Dr. phil., Prof., vorm. Direktor, stv. Leiter Geschäftsbereich Pharma u. Leit. Arzneimittelprod. weltweit Hoechst AG Frankfurt/M. - Robert-Stolz-Str. 122, 6232 Bad Soden a. T. (T. 06196 - 2 56 32) - Geb. 7. Mai 1928 Sternberg, verh. s. 1954 m. Martha, geb. Stever, 3 Kd. (Dr. med. Gerhard, Brigitte, Dieter) - 1946-52 Stud. Chemie Univ. Wien; Promot. 1952 Wien - 1952/53 post doc TH Darmstadt; 1953 Eintr. Farbwerke Hoechst AG; 10 J. pharma-synth. Arzneim.forsch. a. d. Gebieten Anthelmintika, Antimykotika, Desinfektionsmittel, orale Antidiabetika, Leberschutzstoffe, Sulfonamide, Diuretika, Totalsynthesen v. Naturstoffen. Erf.: Buclosamid/Jadit, Antimykotikum, 1954; Tolbutamid/Rastinon, 1955, erstes weltweit verwend. orales Antidiabetikum (ohne chemotherap. Wirkung). Aus wissenschaftl. Tätigk. üb. 700 Pat. weltweit, viele Fachveröff. - 1969 Mitgl. Bereichsltg. Pharma d. Hoechst AG, 1970 Abt.Dir., 1974 Dir., 1988 stv. Leit. Geschäftsber. Pharma. Ab 1969/70 bis z. Pensionierung 1991 in versch. Verw.gremien tätig, u.a. Board of Directors: HOECHST INDIA LTD. Bombay, HOECHST Orient S.A.A: Cairo; VR: HOECHST ITALIA SUD S.p.A. Scopitto, ALBERT-PHARMA S.p.A. Scopitto, Conseil de Surveillance: LABORATOIRES HOECHST S.A. Paris. 1982-90 Lektor Univ. Wien; 1985 ao. österr. Univ.-Prof., Wien - 16 zykl. Vorles. üb. Entwickl. u. Technol. d. Arzneimittel (Einführung, Chemotherapeutika 1+2, Psychopharmaka, Langstufensynthesen u. Langzeitprozesse, Ausgew. Struktur-Wirkungsbezieh. 1-3, Herzkreislaufmittel, Neuere Tendenzen in Forsch. u. Entw. 1+2, Betalactam-Antibiotika 1+2, Krebstherapeutika, Gentechnologie 1+2) - 1985 o. Mitgl. Sudetend. Akad. d. Wiss. u. Künste, München; 1987 Carl Freih. Auer v. Welsbach-Med. d. Ges. Österr. Chemiker; 1990 Ehrenmed. in Gold d. Stadt L'Aigle/Frankr.; 1991 Intern. Beirat Christian-Doppler-Ges., Wien; Ehrenplak. Univ. Wien; 1991 österr. Ehrenkreuz f. Wiss. u. Kunst I. Kl.; Ehrenbürger d. Stadt L'Aigle/Frankr.; 1992 Chevalier de l'Ordre National du Merite, Frankr.

KORHAMMER, Eva
Verlagsbuchhändlerin, Lektorin, Jugendbuchautorin u. Übers. - Röhrichtweg 29a, 3000 Hannover 71 (T. 0511 - 52 32 72) - Geb. 5. Mai 1932 Frankfurt/M., ev., verh. s. 1959 m. Werner K., 2 Kd. (Julia, Justin) - 1953-55 Stud. Univ. Frankfurt/M., Buchh.-Dipl. 1955 - 1955-60 Lektorat Verlage Diesterweg u. S. Fischer, s. 1960 Außenlektorin; BV: Übers. - BV: D. guten Sonntage, R. 1965; D. glückliche Wahl, Jugendb. 1968 (T. V. Floh im Ohr, Kinderb. 1972; Ich gehöre dazu, R. 1975; Zwilling gesucht! R. 1978 u. 1984; Reifezeit für Doris, R. 1983; Viel Theater in der Klasse,

R. 1983; Warum gerade Astrid?, R. 1984; Sandra M., Azubi, R. 1984; Nestwärme - nein danke!, R. 1984; Tanja, 14, Heimschülerin, R. 1985; Musik aus der Coladose, R. 1985; Fremde Federn, R. 1981; Weißt du, was los ist? R. 1981; Wo wohnst du, Mama? R. 1982; E. Art Schwester, R. 1987; Notfalls Spaghetti, R. 1988 u. 1990; Flicflac liebt Flohilde, Kinderb. 1988; Flutsch u. d. Schmuse-Krokodil, Kinderb. 1990; Flutsch u. d. Quassel-Hering, Kinderb. 1991; Echt klamottenmäßig, R. 1991; Spiegelbilder, R. 1992. Anthol. Lyr. u. Prosa: U. a. V. hohen Ufer, 1979, 82, 85; Niedersachsen literarisch, 1981; Siegburger Pegasus, Jahrb. 1982; Mädchen-Jahrb., 1984 u. 1985; Weihnachtsgesch. am Kamin, 1984, 87; Wenn ich e. Pferd hätte, 1988; Mädchenkalender, 1989. Ca. 30 Roman- u. Sachb.-Übers. aus d. Engl., Funk-Features - 1975 Gedok-Erzähler-Preis - Liebh.: Mode, Tanz - Spr.: Engl., Franz.

KORING, Lothar
Dr. rer. pol., Rechtsanwalt, Vors. AWo, Bremerhaven - Frühlingstr. 18, 2850 Bremerhaven (T. 0471 - 2 49 92) - Geb. 7. Jan. 1935 Dortmund (Vater: Wilhelm K., Bergmann; Mutter: Helene, geb. Hemmer), ev., verh. s. 1975 m. Louise, geb. Külken, S. Jan Christian - 1966-79 stv. Hauptgeschäftsf. IHK Bremerhaven; AR-Mitgl. ERGO Wirtschaftsprüfungs GmbH, Bonn. 1974-86 Mitgl. SPD-Landesvorst. Bremen, 1979-91 MdBB.

KORITNIG, Sigmund
Dr. phil., Prof., Mineraloge, Petrograph u. Geochemiker - Tilsiter Str. 5, 3406 Bovenden (T. Inst.: Göttingen 393863) - Geb. 25. Dez. 1912 Graz/Österr. (Vater: Dipl.-Ing. Otto K., Baurat; Mutter: Margarethe, geb. Schaffenrath) - Promot. 1939 Graz; Habil. 1951 Göttingen - S. 1951 Privatdoz., apl. Prof. (1957), Wiss. Rat u. Prof. (1964), Abt.vorsteher u. Prof. (1970) Univ. Göttingen (1964 Leit. Mineralbestimmungslabor., 1970 Abt. Mineralbestimmung Mineral.-Petrol. Inst.), 1978 emerit., 1980-86 Schriftleit. Aufschluss - 1964/65 Gastprof. Washington Univ., St. Louis (USA). Üb. 100 Veröff.

KORN, Heinz
Textdichter u. Komponist - Dohlenweg 5, 5020 Frechen-Königsdorf (T. 02234 - 6 37 60) - Geb. 2. Dez. 1923, verh. s. 1980 m. Helga, geb. Hoyer, 2 Kd. (Carmen, Wolfgang) - Musikstud. b. Prof. Ophoven, Düsseldorf - 1956-84 künstl. Dir. Gerig-Musikverlage Köln; s. 1977 Präs. Dt. Textdichter-Verb.; s. 1980 AR-Vors. d. GEMA - 1965 1. Preis Dt. Schlagerfestspiele f.: Mit 17 hat man noch Träume (Text u. Musik).

KORN, Hermann
Dr. rer. nat., Prof., Zoologe Univ. Erlangen-Nürnberg - Heckenweg 53, 8520 Erlangen - Geb. 4. Sept. 1932 Heilbronn/N. (Vater: Friedrich K., Korvettenkapt.; Mutter: Anna, geb. Mangold), verh. s. 1962 m. Dr. Hermine, geb. Kremer, T. Eva - Univ. Kiel u. Basel (Zool., Bot., Geol.). Promot. (1958) u. Habil. (1965) Kiel - S. 1965 Lehrtätig. Univ. Kiel u. Erlangen-Nürnberg (1972 Prof.) - BV: Morphogenese d. Tiere: Annelida (Ed. F. Seidel), 1982. Fachaufs. - Liebh.: Kunstgesch. - Spr.: Engl.

KORN, Peter J.
Direktor Richard-Strauss-Konservatorium (1967-87) - Rosenheimer Str. 123, 8000 München 80 (T. 089 - 41 81-415) - Geb. 30. März 1922 Berlin (Vater: Georg K., Kaufm.; Mutter: Elisabeth, geb. Heilborn), verh. s. 1951 m. Barbara, geb. Sheldon, 2 Kd. (Heidi, Antony) - Schulen Dtschl., Engl., Palästina; Musikausbild. Berlin (Musikhochsch.), London (Beltane School), Jerusalem (Konservat.), Los Angeles (Univ. of Southern California) - 1948-56 Dirig. selbstbegr. New Orchestra of Los Angeles; 1960-61 Kompos.lehrer Trapp'sches Konservat. München, s. 1978 Fernsehrat ZDF; s. 1977 AR GEMA, 1991 Ehrenmitgl. GEMA u. Dt. Komponistenverb.

Gastprof. Univ. Los Angeles (1964/65) u. A. Schweitzer College Churwalden (1965) - BV: Musikalische Umweltverschmutzung, 1975. Zahlr. Kompos., dar. Orchesterw. (u. a. 3 Sinfonien), Klavier- u. Kammermusik - 1968 Münchener Förd.preis f. Musik; 1984 Bayer. Verdienstorden - Spr.: Engl.

KORN, Renke
Schriftsteller, Regiss. - Calvinstr. 33, 1000 Berlin 21 (T. 030 - 393 65 98) - Geb. 14. Dez. 1938 Unna/W. - Univ. Münster (Staatsex. 1963), Göttingen, München (Dt., Gesch., Phil.) - Versch. Berufe (Dreher, Lehrer) - BV: u.a. Partner, 1971 (Szenen). Regie/Fernsehsp.: D. Architekt d. Sonnenstadt (1979), Tilt (1979), D. Rückkehr d. Träume (1983). ZDF-Serien: Sechs Millionen (1978), Hans im Glück aus Herne 2 (1983). Theaterstücke u. Hörsp. - 1972 Förderpreis f. Lit. NRW; 1976 Preis d. Jury RIFJ, Cannes; 1977 Förd.darlehen d. kurat. Junger Dt. Film, u. 1979 tz-Rose (f. Tilt); 1980 AWO-Preis; 1981 Lobende Erwähnung Prix Futura (f. Zuhaus unt. Fremden).

KORN, Walter

Stufenleiter (Realsch.) a. D., Mitglied d. Hess. Landtags (s. 1970), Vors. d. Kulturpolit. Aussch. - Niddastr. 12, 6457 Maintal 1 (T. 06181 - 44 13 33) - Geb. 7. Dez. 1937 Oberndorf, röm.-kath., verh. s. 1963 m. Christel, geb. Hohmann, 2 Kd. (Christoph, Sabine) - Abit. 1958; Lehrerstud., 1961-70 hess. Schuldienst (Math., Leibeserz.), 1970 Förderstufenleit., 1968-74 Stadtverordneter d. CDU; s. 1972 Mitgl. d. Kreistags; Mitgl. d. 6, 7, 8. u. 9. Bundesversamml.; 1972-80 stv. Kreisvors., 1980-90 Vors. d. CDU Main-Kinzig; s. 1976 stv. Vors. d. CDU-Bezirksverb. Osthessen, s. 1984 Mitgl. d. Landesvorst.; Mitgl. Bundesfachausch. Kulturpolitik d. CDU; 1981-87 Vors. Hess. Volkshochsch.verb.; Vors. Landeskurat. f. Erwachsenenbild., 1985-87 Mitgl. Bundesvorst. d. Dt. VHS-Verb.; s. 1981 Mitgl. Rundfunkrat d.

HR, s. 1983 Vors. d. Programmausch. Fernsehen d. HR u. stv. Mitgl. im Programmbeirat d. ARD - 1978 BVK, 1988 BVK I. Kl.

KORN, Walter
I. Bürgermeister, Rathaus, 8726 Gochsheim/Ufr. - Geb. 12. Juli 1936, SPD.

KORNADT, Hans-Joachim
Dr. phil., Prof. f. Päd. Psychologie u. Erziehungswiss. - Univ. d. Saarlandes, 6600 Saarbrücken - Geb. 16. Juni 1927 Stargard/Pommern (Vater: Curt K., Lehrer i. R.; Mutter: Katharina, geb. Bodenburg), ev., 4 Kd. - Gymn. Stargard u. Giessen (Abit. 1947); 1948-52 Univ. Marburg (Rechtswiss., Psych., Physiol., Soziol.; Dipl.-Psych. 1952). Promot. 1956 - 1954-57 wiss. Mitarb. Univ. Marburg, 1957-61 Assist. Univ. Würzburg, 1961-68 Doz. u. Prof. (1964) Päd. Hochsch. Saarbrücken, s. 1968 o. Prof. Univ. Saarbrücken (Dir. Inst. f. Erziehungswiss., stv. Dir. Sozialpsych. Forschungsst. f. Entwicklungsplanung). Mitgl. Dt. Ges. f. Psych., Ges. f. Arbeitswiss., Intern. Association f. crosscultural Psychol., Intern. Society f. Research on Aggression, wiss. Beirat Bundesmin. f. Wirtsch. Zus.-Arb., 1976-86 Vors. Psych. Beirat f. Testentw. KMK, 1975-81 Wiss.rat 1982-84 Präs. Dt. Ges. f. Psychol., 1988 stv. Vors., 1991 Vors. Beirat Dt. Inst. f. Japan-Studien, Tokio, 1989 Präs. Dt.-Jap. Ges. f. Sozialwiss. FDP - BV: Themat. Apperzeptionsverfahren, 1964, 1982; Situation u. Entwicklungsprobleme d. Schulsystems in Kenia, 2 Bde. 1968/70; Lehrziele, Schulleistung u. Leistungsbeurteilung, 1975; Aggression u. Frustration als psychol. Problem, (Hg.), Bd. 1 1981, Bd. 2 1991; Aggressionsmotiv u. Aggressionshemm., 2 Bde. 1982. Div. Fachaufs. - 1988 Japanese-German Research Award - Spr.: Engl.

KORNBICHLER, Heinz
Dr.-Ing., Dipl.-Ing., Dipl.-Kfm., Sprecher Geschäftsf. Uranit GmbH, Jülich - Gerhardshainer Str. 10, 6240 Königstein II - Geb. 16. Aug. 1925 Ingolstadt (Vater: Anton K.; Mutter: Elisabeth, geb. Heidenberger), verh. s. 1949 m. Ursel, geb. Schneekloth, 3 Kd. (Eva, Frieder, Christiane) - Dipl.ex. 1949 u. 1955; Promot. 1954, smtl. München - Mitgl. Atomforum.

KORNBLUM, Udo
Dr. iur., o. Univ.-Prof. f. Bürgerliches Recht, Handels- u. Wirtschaftsrecht, Zivilprozeßrecht Univ. Stuttgart (s. 1976) - Einsteinstr. 76, 7250 Leonberg - Geb. 6. Juni 1934 Danzig, ev., verh. s. 1969 m. Wiltrud, geb. Zscharn, S. Wolfgang - 1954-58 Stud. Univ. Frankfurt, Freiburg (Rechtswiss.), Staatsprüf. 1958 u. 1963; Promot. 1960; Habil. 1967 Frankfurt - 1967-71 Priv.-Doz.; 1971-76 Prof. Frankfurt.

KORNBRUST, Leo
Bildhauer - An der Damra, 6690 St. Wendel - Geb. 31. Aug. 1929 St. Wendel, verh. s. 1958 m. Felicitas, geb. Frischmuth, Schriftst. - 1951-57 Akad. d. bild. Künste München (Schüler v. Toni Stadler), 1959 Villa Massimo Rom, 1966 Cité des Arts Paris, 1978 Berufung a. d. Lehrst. f. Bildhauerei i. Verbind. m. Architektur d. bild. Künste München - Werke: Innenhofgestaltung Neues Arbeitsamt Saarlouis (1973), Straßengestalt. um Univ.-Bibl. Erlangen (1974), Mitarb. Gestalt. Fußgängerbereich um d. Stephansdom Wien; Einzel- u. Gruppenausst. im In- u. Ausl.; s. 1967 Teiln. an intern. Bildhauersymposien, u. a. St. Margarethen (Österr.) 1967, Kosice (CSSR) 1968, Klagenfurt, Europapark 1969, Oggelshausen am Federsee 1969, Nürnberg, Symp. Urbanum 1971, Initiator intern. Steinbildhauersymp. St. Wendel 1971/72, Initiator Straße d. Skulpturen im Saarl.: Hommage an Otto Freundlich - 1967 Albert-Weisgerber-Preis Stadt St. Ingbert; 1984 Saarl. Kunstpreis; 1985 Mia-Münster-Pr. Stadt St. Wendel.

KORNFELD, Fritz

Dr. med. vet. h. c., Vorstandsmitglied i. R. - Waldfrieden 9, 4300 Essen 1 - Geb. 27. Okt. 1921, kath., verh. m. Mathy, geb. Könisser, T. Martina - Handelsrichter LG Essen, Vorst. Deutsches Plakatmuseum. 1947-50 Entwicklung u. Einführ. automat. Geräte f. die Anwend. wässriger Lösungen von Desinfektionsmitteln (40 Veröff. hierzu) - Ehrenbürger Tierärztl. Hochsch. Hannover, Ehrenmitgl. Intern. Med. Ges. Japans, Gold. Ehrennadel Dokkyo Med. Hochsch. Jap. - Liebh.: Reimen, Schüttelreimen, Aphorismen, Definitionen (Ps.: Ron Kritzfeld) - Spr.: Engl., Franz.

KORNHUBER, Hans Helmut

Dr. med., Dr. h. c. (Brux.), o. Prof. f. Neurologie - Erh. Grözinger Str. 75, 7906 Blaustein (T. 0731 - 179 21 00) - Geb. 24. Febr. 1928 Metgethen/Ostpr. (Vater: Dr. med. Arnold K., Arzt; Mutter: Dr. med. Gertrud, geb. Wieberneit, Ärztin) - Univ. München, Göttingen, Freiburg, Basel, Heidelberg. Promot. 1955; Habil. f. Neurol. u. Neurophysiolog. 1963 - S. 1963 Lehrtätigk. Univ. Freiburg u. Ulm (1967 o. Prof.). 1965-66 Gast Johns Hopkins Univ. Baltimore (USA). Mitgl. Bárány Soc., Humboldt-Ges., Dt. Physiol. Ges., Dt. Ges. f. Neurol. - BV: Neurophysiol. u. Psychophysik d. visuellen Systems, 1961; Physiol. u. Klinik d. vestibul. Systems, 1966 (auch jap. u. span.); Tast- u. Lagesinn, 1972; Vestibular System, 1974; The somatosensory System, 1975; Üb. Religion, 1977; The brain-mind problem, 1978; Blickmotorik, 1978; Wahrnehmung u. Informationsverarb., 1978; Geist u. Freiheit als biolog. Probleme, 1978; Motivation, Motor and Sensory Processes of the brain, 1980; Präventive Neurol., 1982; Von d. Freiheit, 1984; Mit d. Multiplen Sklerose leben, 1984; Gehirn u. geistige Leistung, 1987; The human brain, 1988. Herausg.: Neurology, Psychiatry and Brain Research; Handbuch- u. Ztschr.beitr. - 1967 Hans-Berger-Preis Dt. EEG-Ges.; 1971 Wiss.-Preis Stadt Ulm; Hallpike-Nylen-Preis d. Bárány Soc.; Ehrenmitgl. Belg. Soc. Neurophysiol.; Ehrenmitgl. Chilen. Ges. Otoneurol. u. Ophthalmo-Neurol.; Honorarprof. Univ. Rosario; Mithrsg. Arch. Ital. Biol.; Lazarus v. Schwendi Med.; BVK - Liebh.: Phil., malt - Spr.: Engl. - Lit.: Deecke, Eccles, Mount-Castle: From Neuron to Action (1990).

KORNMANN, Gerhard

I. Bürgermeister (s. 1978) - Rathaus, 8884 Höchstädt/Donau (Schwaben) - Geb. 25. Febr. 1940 Haunstetten - Zul. Polizeihauptkommissar. SPD.

KORNMESSER, Hans-Jürgen

Dr. med., Prof. f. Hals-, Nasen- u. Ohrenheilkunde - Wittelsbacher Platz 1, 8000 München 2 - Geb. 28. April 1933 Kolberg - Promot. 1961 - S. 1969 (Habil.) Lehrtätigk. TU München (1975 apl. Prof. Zahlr. Facharb.

KORNRUMPF, Hans-Jürgen

Dr. phil., Prof. f. Islam. Philologie u. Islamkd. - Albrecht-Dürer-Str. 20, 7513 Stutensee 4/Baden - Geb. 18. Juli 1926 Berlin (Vater: Friedrich K., Kaufm.; Mutter: Ottilie, geb. Bellstedt), verh. in 2. Ehe (1955) m. Jutta, geb. Maeke - FU Berlin (Islamkd. u. Gesch.). Promot. 1955 Berlin; Habil. 1975 Mainz - 1956-58 Lektor Ankara; 1959-60 Doz. Kairo; 1961-66 Wiss. Mitarb. Hamburg; 1967-71 Wiss. Bibliothekar u. Lehrbeauftr. ebd.; s. 1971 Lehrb. u. Prof. (1975) Mainz (Univ.) - BV: VAR - Wirtschaftsstrukturwandel u. Entwicklungshilfe, 1967; Osman. Bibliogr. (m. Jutta K.), 1973; D. Territorialverw. im östl. Teil d. europ. Türkei 1864-78, 1976; Dass. 1878-1912/13, 1983; An Historical Gazetteer of Cyprus 1850-1987 (m. Jutta K.), 1990 - 1981 Plak. d. Türk. Regierung z. 100. Jahrestag d. Geburt Atatürks f. d. Ver-

breitg. d. türk. Kultur u. Kenntn. üb. d. mod. Türkei - Spr.: Engl., Türk., Arab.

KORSCHUNOW, Irina,

geb. Masterow

Schriftstellerin - Rasso-Siedlung 21, 8082 Grafrath/Obb. (T. 08144 - 5 22) - Geb. 31. Dez. 1925 Stendal/Altm., verh. s. 1954 m. Dr. rer. nat. Alex Korschunow - 1949-54 Univ. Göttingen (German., Angl.) - S. 1974 VR-Mitgl. VG Wort - Zahlr. Kinder- u. Jugendb. (übersetzt in viele Sprachen), u.a. D. Findefuchs, D. Sache m. Christoph u. Er hieß Jan; Romane: Glück hat seinen Preis, 1983; Der Eulenruf, 1985; Malenka, 1987; Fallschirmseide, 1990 (alle R. übers. in mehrere Spr.). Div. Fernsehdrehb., dar. D. Führerschein u. D. Urlaub - 1977 Münchner Tukan-Preis, 1979 Zürcher Kinderb.pr., 1980 Pr. D. Silb. Feder; 1985 Holländischer Jugendbuchpreis Silberner Griffel; 1987 Roswitha v. Gandersheim-Med., BVK I. Kl.; 1988 Andreas-Gryphius-Pr. (Ehrengabe); Mitgl. PEN.

KORTE, Bernhard

Dr. rer. nat., Dr. sc. techn. h. c., o. Prof. f. Operations Res. u. Direktor Inst. f. Ökonometrie u. Operations Res. Univ. Bonn (s. 1971), Dir. Forschungsinst. f. Diskrete Mathematik (s. 1987) - Im Erlengrund 26, 5305 Impekoven (T. 0228 - 64 17 08) - Geb. 3. Nov. 1938 Bottrop (Vater: Bernhard K.; Mutter: Agnes, geb. Schmidt), kath., verh. s. 1966 m. Sabeth, geb. Tenholter, T. Dagmar - Promot. 1967; Habil. 1971 - O. Prof. Univ. Regensburg (1970) u. Bielefeld (1971). Gastprof. Univ. Stanford, Waterloo, Cornell, Puc Rio, Pisa, Rom. Fachmitgliedsch. auf d. Geb. Math., Operations Research, Math. Optimierung, Kombinatorik. Zahlr. Buch- u. Ztschr.veröff. Herausg.: Mathematical Programming, Combinatorica, Discrete Applied Math., Annals of Appl. Math., Ztschr. f. Operations Res., Chinese Journal of Operations Research, Jap. J. of Applied Math., Optimization u.a. - S. 1985 Distinguished Senior Fellow Rutgers Center for Operations Research, Rutgers Univ. New Brunswick, USA; 1986 Großoffiz.-Kreuz d. VO d. ital. Rep.; 1987 Ehrendoktor Univ. Rom; 1988 Ehrenprof. f. Angew. Math., Acad. Sinica, Beijing; 1989 Prof. honorario Ponteficia Univ. Catolica, Rio de Janeiro; 1989 o. Mitgl. Rhein. Westf. Akad. d. Wiss., Düsseldorf; 1990 Prix Alexandre de Humboldt, deutsch-franz. Forsch.preis - Spr.: Engl., Franz., Ital.

KORTE, Friedhelm

Dr. rer. nat., o. Prof. u. Direktor Inst. f. Chemie TU München u. Inh. Lehrst. f. Ökol. Chemie Freising-Weihenstephan, Leit. Inst. f. Ökol. Chemie Ges. f. Strahlen- u. Umweltforsch. mbH., Neuherberg - Sonnenstr. 2, 8053 Attenkirchen (T. Attenkirchen 209) - Geb. 24. Nov. 1923 - S. 1954 (Habil.) Lehrtätigk. Univ. Hamburg u. Bonn (1955; 1964 ao., 1967 o. Prof.). Fachmitgliedsch. Wiss. Veröff.

KORTE, Helmut

Prof. f. Film- u. Fernsehwiss./Medienästhetik an d. Hochsch. f. Bildende Künste Braunschweig, Dir. d. Inst. f. Medienwiss. u. Film - Im Winkel 5, 3306 Lehre 1 (T. 05308 - 15 00) - Geb. 1942 Hamburg - Stud. Kunstpäd., Kunstgesch., Phil. an d. Hochsch. f. Bildende Künste Berlin u. d. FU Berlin; 1967 Meisterschüler d. Hochsch. f. Bildende Künste Berlin; 1. Staatsex. 1967 f. d. Höhere Lehramt; 2. Staatsex. 1970 - Ausst.tätigk. (Malerei, Druckgrafik), Film- u. Fotopraxis; 1975 Doz. f. Medientheorie u. Medienpäd. Hochsch. f. Bildende Künste Braunschweig, ab 1980 Prof. - Vorst.-Mitgl. in mehrer Fachverb. (z. Zt. Bundesvereinig. Medien, Bonn, Ges. f. Medien in d. Wiss., Göttingen, u.a.) - Projekte (Auswahl): Regionale u. überregionale Unters. z. Medienausb. u.. Medienforsch. (z.B. Medieumfrage Niedersachsen, 1991, jährl. Infodienst Film u. Fernsehen in Forsch. u. Lehre, s. 1987), Konzeption u. Entwicklung d. Mediendokumentationssystems KINECOM u. d. CNfA-Systems z. computergestützten Film- u. Fernsehanalyse, Unters. z. Spielfilmgesch. (Ästhetik), Strukturanalysen v. Lehr- u. Informationsfilmen, Fernsehsendungen, Konzeption u. Gestaltung v. Lehr- u. Informationsmedien etc. - BV: Publikationen (Autor, Herausg., Mithrsg.): u.a. Film u. Realität in d. Weimarer Republik, 1978 u. 1980; Systematische Filmanalyse, 1986 u. 1987; Action u. Erzählkunst - D. Filme v. Steven Spielberg, 1987; Filmanalyse interdisziplinär, 1988; Kunst u. Künstler im Film, 1990; Fischer Filmgeschichte, 5 Bde. (s. 1990, bish. 3 Bde.); zahlr. Aufsätze z. Filmgesch., Filmtheorie, Medienästhetik, Film- u. Fernsehanalyse, Mediendokumentation etc. in Fachztschr. u. Sammelbänden.

KORTE, Hermann

Dr. sc. pol., Prof. f. Soziologie Univ. Bochum - Schulte-Mönting-Str. 10, 4840 Rheda-Wiedenbrück - Geb. 28. März 1937 Münster - Zahlr. Veröff. u. a. z. Stadt- u. Regionalforsch., Int. Arbeitsmigration, Forsch.management, Zivilisationstheorie.

KORTE, Karl-Erich

Dr., Generalbevollmächtigter Klöckner-Werke AG, Chefjustitiar ebd. - Klöcknerstr. 29, 4100 Duisburg - Geb. 18. März 1932.

KORTENACKER, Wolfried

Dr. rer. oec., Dipl.-Kfm., stv. Vorstandsvorsitzender Thyssen Schachtbau GmbH, Mülheim - Ernst-Poensgen-Allee 7, 4000 Düsseldorf 11 - Geb. 27. Mai 1926.

KORTH, Albrecht

Dipl.-Volksw., Hauptgeschäftsführer Verb. d. Dt. Fruchtsaft-Industrie, Geschäftsf. Verb. d. dt. Fruchtwein- u. Fruchtschaumwein-Ind., u. Verein Pro-Traubensaft - Mainzer Str. 253, 5300 Bonn 2; priv.: Gringstr. 26 - Geb. 5. März 1931, ev., verh. s. 1962 m. Monika, geb. Wirthle, 2 Kd. (Stephen, Konstantin) - Stud. Frankfurt/M. u. Berlin - Stv. Vors. Baumann-Gonser-Stiftg.

KORTH, Michael

Dr., Pharmakologe, Privatdoz. TH München - Amalienstr. 73, 8000 München 40 - Geb. 1946 - 1985 Albert-Fraenkel-Preis Dt. Ges. f. Herz- u. Kreislaufforsch. (f. Arbeiten üb. positiv inotrop wirkende Substanzen am Herzen).

KORTHALS, Gernot

Dr., Präsident d. Landesrechnungshofs Schleswig-Holstein - Mercatorstr. 3, 2300 Kiel 1 (T. dienstl.: 0431 - 383-21 11) - Geb. 10. März 1940, verh. - BVK am Bde.

KORTING, Günter

Dr. med., o. Prof. f. Haut- u. Geschlechtskrankheiten - Am Eselsweg 7, 6500 Mainz-Bretzenheim (T. 34856) - Geb. 23. Sept. 1919 Hindenburg/OS. (Vater: Hans K., Kaufm.; Mutter: geb. Bronder), verh. s. 1942 m. Johanna, geb. Kühnert - Univ. Berlin u. Breslau. Med. Staatsex. 1943 - S. 1953 (Habil.) Lehrtätigk. Univ. Tübingen (1959 apl. Prof.) u. Mainz (1961 Ord. u. Klinikdir.) - BV: Z. Pathogenese d. endog. Ekzems, 1954. Üb. 400 Fachveröff., darunt. 14 Bücher, meist in mehrspr. Coedition - Mitgl. div. Akad., Ges. u. Beiräte.

KORTZFLEISCH, von, Gert

Dr. rer. pol., Dipl.-Kfm., o. Prof., Dir. Industriesem. u. Laboratorium f. Technol. Univ. Mannheim (s. 1962; 1964-66 Rektor) - Am Sonnenberg, 6101 Reichelsheim/Odw. (T. 15 43) - Geb. 3. Aug. 1921 Remscheid (Vater: Hermann v. K.; Mutter: Elisabeth, geb. Klophaus), ev., verh. s. 1957 m. Elisabeth, geb. Bausch - Berufsoffz., Kriegsgefangensch., Vermess.-Ing., Stud. Betriebswirtschaftslehre. Promot., Habil. Köln - Dir. Forsch.-Inst. BDVB; Präs. DABEI - BV: Grundl. d. Finanzplan., Betriebsw. Arbeitsvorbereit., Plan. in d. ind. Unternehm., Praxis d. Kurzfrist. Erfolgsrechn., Betriebswirtschaftslehre in d. zweiten ind. Evolution, Forschungsziele d. Betriebswirtschaftslehre - Mitgl. Club of Rome - Liebh.: Jagd, Fischen.

KORTZFLEISCH, von, Siegfried

Dr. theol., Publizist - Lenbachstr. 7, 2000 Hamburg 52 (T. 040 - 899 10 71) - Geb. 5. Juli 1929 Dresden, ev., verh. s. 1958 m. Ingrid, geb. Ehbrecht, 5 Kd. (Joachim, Valeska, Friederike, Magnus, Daniel) - Stud. Theol.; Promot. 1958 Göttingen; Ztgs-Volont. Düsseldorf - 1955-60 Studienleit. Ev. Akad. Bad Boll; 1960-69 stv. Leit. Ev. Zentralst. f. Weltanschauungsfragen, Stuttgart; 1970-81 Chefredakt. Lutherische Monatshefte, Hannover; 1982-86 stv. Chefredakt. Dt. Allg. Sonntagsblatt, Hamburg. Vorst.-Mitgl. Gemeinschaftswerk d. Ev. Publiz. (1974-90); Vors. Kurat. Evang. Medienakad. (1970-90) - BV: u.a. Verkündig. u. öfftl. Meinungsbildung, 1960; Mitten im Herzen d. Massen, 1963; Relig. im Säkularismus, 1967. Mithrsg.: Kirche u. Synagoge (2 Bde., 2. A. 1988) - Spr.: Engl. - Bek. Vorf.: Joachim v. K., General d. Infant. (Vater); Ida v. K., Gründ. d. Reifensteiner Schulen (Großtante).

KORWISI, Angela

Dipl.-Volkswirtin, Dipl.-Handelslehrerin, MdL Hessen f. d. Partei Die Grünen - Herzbergstr. 4, 6380 Bad Homburg - Geb. 4. Aug. 1955 Frankfurt/M., ev. - Dipl. 1979 Univ. Frankfurt - 1981-85 Stadtverordn. Bad Homburg; 1985-87 Kreistagsabg. Hochtaunuskreis; Mitgl. Petitions- u. Haushaltsaussch.

KORZ, Karl

Dr. iur., I. Bürgermeister - Berghalde 56, 6900 Heidelberg (T. 58 20 20) - Geb. 13. April 1932 Speyer, verh., 2 Kd. (Bettina, Christian) - Gymn. Speyer;

Univ. Heidelberg u. Mainz (Rechts- u. Staatswiss.). Gr. jurist. Staatsprüf. 1960 Mainz - 1962-67 Rechts- u. Oberrechtsrat Stadt Mainz; s. 1967 I. Bürgerm. Stadt Heidelberg. Spez. Arbeitsgeb.: Baudezernat, Wirtschaftsförd., Regionalplanung, Öffentl. Einrichtungen. CDU - BV: D. Schultheißen- u. Kämmerergericht in Speyer in d. J. 1294-1689 (Diss.) - Spr.: Engl., Franz.

KORZ, Roland

Dr. med., Prof., Internist, Gastroenterologe, Chefarzt St.-Marien-Krkhs. Siegen - Im unteren Buden 13, 5909 Netphen 1 (T. 02738 - 25 66) - Geb. 11. März 1939 Lauf b. Nürnberg, kath., verh. s. 1981, 2 Kd. - Abit. 1958; 1960-66 Med.-Stud.; Staatsex. 1966; Promot. 1966; Habil. 1978 - 1969-77 Assistenzarzt; 1977-84 Oberarzt RWTH Aachen; 1985ff. Chefarzt St.-Marien-Krkhs. Siegen - Zahlr. Veröff. in Fachztschr. - Spr.: Engl., Franz., Span.

KORZILIUS, Alfons

Geschäftsführer Verb. d. Krugfabrikanten d. Unterweserwaldkr. - 5412 Ransbach/Westerw. (T. 360).

KOSCHEL, Ansgar

Dr. phil., Generalsekretär Dt. Koordinierungsrat d. Gesellschaften f. Christl.-Jüd. Zusammenarbeit (s. 1990) - Windmühlstr. 2, 6000 Frankfurt/M. (T. 069 - 72 44 57) - Geb. 18. Okt. 1943 Seligenstadt, kath., verh. m. Dr. med. Margarethe, geb. Wittenbrink, 4 Kd. - Stud. Theol. Univ. Münster u. Tübingen (lic. theol. 1969); Stud. Päd. Univ. Frankfurt (Dipl.-Päd. 1973); Promot. 1981 Univ. Essen - 1976-82 Bundesvors. Dt. Pfadfindersch. St. Georg; 1977-79 Vors. Ring dt. Pfadfinderverb.; 1982-90 Generalsekr. Dt. Sektion d. intern. kath. Friedensbewegung Pax Christi - BV: Christl. u. marxist. Menschenbild, 1977; Dialog um Jesus m. Ernst Bloch u. Milan Machovec, 1982; verantwortl. Redakt.: Rundbrief d. DKR - Spr.: Engl.

KOSCHEL, Klaus

Dr. rer. nat., Dipl.-Chem., Prof. Univ. Würzburg, Biochemiker Virologe - Zu erreichen üb. Inst. f. Virol. u. Immunbiol. Univ., Versbacher Str. 7, 8700 Würzburg - Geb. 11. Sept. 1937 Berlin - Dipl.-Chem. 1964, Promot. 1966, Habil. 1972 Univ. Würzburg - 1979 apl. Prof. Univ. Würzburg, 1980 o. Prof. - 105 Publ. in intern. Biochem. u. Virol. Ztschr. Arbeitsgeb.: Störungen v. Nervenzellfunktionen durch Viren, Funktionen v. Biomembranen, molekulare Mechanismen d. Allgemeinanaesthesie - BV: Beitr. z. Humoral Immunity in Neurological Diseases, 1979; Beitr. z. Progress in Multiple Sclerose Research, 1980; Beitr. z. 400 J. Univ. Würzburg, 1982; Beitr. z. Molecular Aspects of Neurobiology, 1986 (m. R. Levi-Montalcini); u. a. - Liebh.: Kunstgesch., Archäol. (spez. Ägyptol.) - Spr.: Engl., Latein, Russ.

KOSCHNICK, Hans

Bürgermeister a. D. Freie Hansestadt Bremen (1967-85), MdB (s. 1987) - Rudolstädterweg 9, 2800 Bremen - Geb. 2. April 1929 Bremen (Vater: Dreher), verh. m. Christel, geb. Risse, S. Peter - Mittelschule - 1951-54 Gewerksch. ÖTV (Sekr.), Verw. Bremen (b. 1963 Oberreg.rat, dann Senator f. Inneres, 1965-67 zugl. Bürgerm. u. stv. Präs. d. Senats). 1963-85 Mitgl. Bundesrat (1970/71 Präs., 1981 Präs.); 1971/77 Präs. Dt. Städtetag; 1975/78 Präs. Vereinig. kommunaler Unternehmen; Präs. Intern. Gemeindeverb.; 1955-63 Mitgl. Brem. Bürgerschaft. SPD (1975-79 stv. Bundesvors.) - 1984 Prix France-Allemagne, Paris - Liebh.: Schach.

KOSCHORKE, Martin

Pastor, Schriftsteller, Doz. f. Ehe- u. Familienberat., Soziol. u. Sozialethik Ev. Zentralinst. f. Familienberatung Berlin - Lindenthaler Allee 10, 1000 Berlin 37 (T. 030-801 36 54) - Geb. 9. Okt. 1939 Königsberg/Pr., ev., verh. s. 1966 m. Françoise, geb. Galli, 2 Kd. (Ann, Miro) - Stud. Theol. u. Phil. Berlin, Heidelberg, Paris, Cambridge, Bonn, Stud. Soziol. Heidelberg, Freiburg, Berlin; versch. Ausbild. in Eheberat. u. Familientherapie - BV: u.a. Unterschichten u. Beratung, 3. A. 1984; Handb. Schwangerschaftskonflikt-Beratung (m. Jörg F. Sandberger), 1978 - Liebh.: Musik, Paddeln, Märchen, Spielen - Spr.: Franz., Engl.

KOSCHORKE, Ulrich

Dr. rer. nat., o. Prof. f. Mathematik (Lehrst. V) Univ. Siegen - Auf dem Alten Hof 11, 5902 Netphen 1 - Geb. 1. Febr. 1941 Königsberg (Vater: Manfred K., Pfarrer; Mutter: Emmy, geb. Jellinek), verh. s. 1979 m. Alba, geb. Aitken, 2 Kd. (Miriam, Raphael) - Beethoven-Gymn. Bonn; Stud. Univ. Bonn, FU Berlin, Paris (Sorbonne), Brandeis (USA); Promot. 1968; Habil. 1973 Bonn - 1968-75 Lehre u. Forsch. Rutgers Univ. u. City Univ. New York; 1971/72 u. 1975-77 Mitgl. SFB 40 (Theoret. Math.) Univ. Bonn; 1980/81 u. Frühj. 1990 Mitgl. Inst. for Advanced Study in Princeton; Sommer 1985 u. Winter 1989/90 Mitgl. Math. Sciences Research Inst. in Berkeley; s. 1977 Lehrst. Math. V Univ.-GH Siegen - BV: Singularities of framefields, 1981 - Liebh.: Kristalle, Wandern. Interesse: Kultur d. Turkmenen - Spr.: Engl., Franz. - Bek. Vorf.: Prof. Dr. Georg Jellinek, Staatsrechtslehrer Heidelberg, 1851-1911 (Urgroßv. ms.).

KOSCHWITZ, Hansjürgen

Dr. phil., Dr. disc. pol., Prof. f. Publizistikwiss. Univ. Göttingen - Bramwaldstr. 20c, 3400 Göttingen (T. 9 16 90) - Geb. 8. Aug. 1933 (Vater: Oskar K., Gymn.-dir.; Mutter: Hildegard, geb. Wengel), ev. - Stud. Sprach-, Lit- u. Soz.wiss.; Promot. 1962 u. 1968; Habil. 1971 - BV: Pressepol. u. Parteijournalism. in d. UdSSR u. d. Volksrep. China, 1971; Publizist. als Ges.wiss., 1973; Publizist. u. polit. System, 1974; Freiheit der Information oder Kommunikationsimperialismus?, 1977; Massenkommunikation in d. UdSSR, 1979 - Spr.: Engl., Franz., Russ., Chines.

KOSCHYK, Hartmut

Hauptmann d. R., MdB (s. 1990) - Zu erreichen üb. Bundeshaus, Walter-Flex-Str. 3, 5300 Bonn 1 (T. 0228 - 16 33 53) - Geb. 16. April 1959 Forchheim/Oberfr., verh., 3 Kd. - Abit. 1978 - 1979-83 Zeitsoldat Bundeswehr; danach Assist. e. Bundestagsabg., daneb. Stud. Gesch. u. Polit. Wiss.; 1982-88 Bundesvors. Schles. Jugend; 1987-91 Generalsekr. Bund d. Vertriebenen. S. 1978 Mitgl. CSU; Vors. Arbeitsgr. Vertriebene u. Flüchtlinge CDU/CSU-Bundestagsfrakt.

KOSEGARTEN, Bernd

Unternehmensberater (s. 1988) - Elbchaussee 564, 2000 Hamburg 55 - Geb. 6. Jan. 1934 - Zul. Vorst.-Vors. Harmstorf AG.

KOSENOW, Wilhelm

Dr. med., Prof., ehem. Direktor Kinderklinik Städt. Krankenanstalten Krefeld - Wilhelmshofallee 57, 4150 Krefeld (T. 02151 - 50 00 81) - Geb. 26. März 1920 Glashütte - S. 1953 (Habil.) Privatdoz. u. apl. Prof. (1959) Univ. Münster (b. 1961 Oberarzt Kinderklinik). 1961-86 Kinderkl. Krefeld - BV: Lebende Blutzellen im Fluoreszenz- u. Phasenkontrastmikroskop, 1956; Physiologie u. Physiopathol. d. weißen Blutzellen, 1962 (m. H. Braunsteiner; auch engl.); Mitarb. in Kinderheilkde., 7. A. 1987, u. Therapie d. Krankheiten d. Kindesalters, 3. A. 1985. Üb. 200 Einzelarb. Schriftltr. Ztschr.: „kinderkrankenschwester."

KOSFELD, Robert

Dr. rer. nat., em. o. Prof. f. Physikal. Chemie Univ. Duisburg - Dstl.: Lotharstr. 1, 4100 Duisburg; Priv.: In den Atzenbenden 30, 5100 Aachen - Geb. 28. Juni 1925 Iserlohn - Ca. 150 Ztschr.-Veröff. - Mithrsg. Reihe: NMR- Basic Principles and Progress; Advisory Bord: OMR- Organic Magnetic Resonance - Mitgl. DPG, GDCh, Dt. Bunsenges. f. Phys. Chemie, DECHEMA, ACS, Kolloid-Ges., Dt. Rheologische Ges. Spez. Arbeitsgeb.: Physik. Chemie u. Physik d. Kunstst., NMR-Spektroskopie. Fachberat.: Strahlenschutz u. Laboreinricht., Verwendung v. Kunststoffen in d. Technik.

KOSLER, Alois Maria

Dr. phil., Gymnasialprof. i. R., Verlagsberater, Verlagslektor (1964-88) - Südl. Auffahrtsallee 62, 8000 München 19 (T. 089 - 17 12 16) - Geb. 3. Aug. 1901 Tichau/OS. (Vater: Alois K., Schriftst., Rektor; Mutter: Josephine, geb. Borkert, Lehrerin), verh. s. 1948 m. Brigitte, geb. Schwartz, 3 Kd. (Barbara, Angelika, Michael) - Human. Gymn. Ratibor; Stud. German., Gesch., Angl., Phil. Univ. München, Freiburg/Br., Berlin, Breslau, Promot. 1929 Breslau - Stud.-Ass., Stud.-Rat (1936), Doz. Hochsch. f. Lehrerbild. Beuthen/OS. (LA: Dt. Sprache u. Methodik d. Deutschunterr.) (1939), Kriegsdst. (Infanterist), 1943 schwer verw. Gymn.-Lehrer (1946); 1953-66 Staatsdst. (zul. Ob.stud.rat). 1969-75 1. Vors. u. Geschäftsf. d. Wangener Kreises; b. 1986 Vorst.-Mitgl. Oberschles. Studienhilfe e.V. u. Lektor d. Oberschles. Heimatverlages. Spez. Arbeitsgeb.: Oberschles. Lit. u. Kulturgesch. - BV: D. preuß. Volksschulpolitik in Oberschl. 1742-1848, 2. A. 1984; Schles. Liebesgesch. (Anthol.) 1967, TB 1978; D. Pfarrherr v. Gieraltowitz (Anthol.) 1970, TB 1978; Profil d. Dicht. Oberschles., 1956; D. dt. Beitrag Oberschles. z. Kultur, 1972 u. 1977; Oberschl. Bildkalender (Bilder u. Texte z. ob. Landeskd. u. Gesch.), 1964-86; Joseph Freiherr v. Eichendorff (Arbeitshilfe Nr. 28/78), 3. A. 1988. Herausg. u. Mitverf.: Ratibor - Stadt u. Land an d. oberen Oder (1980). Mitverf. u. Mithrsg.: Schriftzeichen. Beitr. d. Wangener Kr. z. Idee d. Friedens (1975). Mitverf.: Festschr. f. Herbert Hupka (1985); Festschr. St. Matthias-Gymn. Breslau (1988); Schlesische Märchen v. Fink Bätzer 1908 (m. Michael Sachs, 1989) - EK II; Ehrenvors. Wangener Kreis, Ges. f. Lit. u. Kunst (D. Osten) e. V.; 1978 BVK a. Bde.; 1978 Siling-Ring d. Wangener Kreises; 1979 Oberschles. Kulturpreis, Hauptpreis Land NRW; 1981 Verdienstplak. Stiftg. Haus Oberschlesien; 1986 Pro-arte-Med. d. Künstlergilde (Eßlingen). Ehrenmitgl. Stiftg. Kulturwerk Schlesien (s. 1987) - Spr.: Engl., Franz.

KOSLOWSKI, Leo

Dr. med., em. o. Prof. f. Chirurgie - Kleiststr. 7, 7400 Tübingen - Geb. 29. Nov. 1921 Liebstadt/Ostpr. (Vater: Dr. med. Franz K., Arzt; Mutter: Hildegard, geb. Jorzig), kath., verh. s. 1951 m. Dr. med. Gisela, geb. Nussbaum, 3 Kd. (Peter, Annette, Stefan) - Herder-Sch. Mohrungen; Univ. Königsberg, Breslau, Würzburg, München. Approb. 1946 Bonn; Promot. 1950 Hamburg; Habil. 1958 Freiburg - B. 1948 Luisen-Hospital Aachen, dann Univ. Göttingen (Pathol. Inst., Chir. Klinik), ab 1956 Univ. Freiburg (I. Oberarzt; 1958 Privatdoz., 1963 apl. Prof.), s. 1968 Univ. Tübingen (Ord. u. Klinikdir.); emerit. 1987 - BV: Autolysekrankh. in d. Chir., 1958; Praktikum u. Verbrennungskrankh., 1960; D. frische Schädel-Hirn-Trauma aus d. Sicht d. Allgemeinchirurgen, 1970 (m. H. Richter); Physikal. Einwirk. (Kälte u. Wärme) im Siegenthaler, Klin. Pathophysiol., 1973 (m. F. Krause); Wiss. Grundlagen d. Chirurgie (dt. Ausg.) 1973 (m. W. Irmer); Lehrb. d. Chirurgie (m. W. Irmer u. K. A. Bushe), 1978, 3. A. 1987. Zahlr. Einzelarb. - 1958 Preis Dt. Ges. f. Unfallheilkd., 1977 BVK I. Kl.; 1982 Gr. BVK; 1985 Willy-Pitzer-Preis f. Rehabil. - Liebh.: Musik, Wasser-, Wintersport - Gold. Sportabz. - Spr.: Engl., Franz.

KOSLOWSKI, Peter

Dr. phil., Dipl.-Volksw., Direktor Forschungsinst. f. Phil. Hannover (s. 1987), Prof. f. Phil. u. Polit. Ökonomie Univ. Witten/Herdecke (s. 1985), Vorst.-Sprecher Civitas Ges. z. Förderung v. Wiss. u. Kunst, München (s. 1982) - Zu erreichen üb. Forschungsinst. f. Phil. Hannover, Lange Laube 14, 3000 Hannover 1 (T. 0511 - 164 09 10) - Geb. 2. Okt. 1952 Göttingen (Vater: Prof. Dr. med. Leo K., s. dort; Mutter: Dr. med. Gisela, geb. Nußbaum), kath. - Gymn. Freiburg i. Br. u. Tübingen - 1971-77 Stud. Univ. Tübingen, München, Virginia Polytechnic Inst./USA (Phil., Volkswirtsch., Soziol.); Aug. 1972- März 1973 Reise d. Ostafrika, Indien, Südostasien, Australien, Südpazifik u. Mittelamerika; 1976 Vors. Student. Sprecherrat d. Univ. München (vorm. AStA); M.A. 1977 München; Promot. 1979 München; Dipl.-Volksw. 1980 München - 1977-85 wiss. Assist. Inst. f. Phil. Univ. München, 1985-87 o. Prof. u. Leit. Inst. f. Phil. u. Stud. fundamentale Univ. Witten/Herdecke - BV u.a.: Z. Verhältnis v. Polis u. Oikos b. Aristoteles, 1976, 3. A. 1992; Gesellschaft u. Staat. E. unvermeidlicher Dualismus, 1982; Ethik d. Kapitalismus, 1982, 4. A. 1991 (auch engl.); Evolution u. Ges. E. Auseinandersetzung m. d. Soziobiol., 1984, 2. A. 1989; Staat u. Ges. b. Kant, 1985; D. postmoderne Kultur, 1987, 2. A. 1988 (ital. 1991, jap. 1992); Prinzipien d. Ethischen Ökonomie, 1988, 2. A. 1991 (span. 1988, franz. 1992); D. Prüfungen d. Neuzeit. Üb. Postmodernität, 1989; Wirtschaft als Kultur. Wirtschaftskultur u. Wirtschaftsethik, 1989; D. Kulturen d. Welt als Experimente richtigen Lebens. Entwurf f. e. Weltausstellung, 1990; Nachruf auf d. Marxismus-Leninismus, 1991; Gesellschaftl. Koordination. E. ontolog. u. kulturwissenschaftl. Theorie d. Marktwirtsch., 1991; D. Mythos d. Moderne. D. dichter. Phil. Ernst Jüngers, 1991; Gnosis u. Theodizee. Eine Studie üb. d. leidenden Gott d. Gnostizismus, 1992. Herausg. u. Mitautor: Economics and Philosophy (1985); D. religiöse Dimension d. Ges. (1985); Individual Liberty and Democratic Decision-Making (1987, deutsch 1989); Gnosis u. Mystik in d. Gesch. d. Philosophie (1988); Orientierung durch Phil. E. Lehrb. nach Teilgebieten (1991); Ethics in Economics, Business, and Economic Policy (1992); Neuere Entwicklungen in d. Wirtschaftsethik u. Wirtschaftsphil. (1992); Europa imaginieren. D. europ. Binnenmarkt als kulturelle u. wirtschaftl. Aufgabe (1992); Russ. Religionsphil. u. Gnostizismus. Philosophie nach d. Ende d. Marxismus (1992). Mithrsg. u. Mitautor: D. Verführung durch d. Machbare. Ethische Konflikte in d. mod. Med. u. Biol. (1983); Chancen u. Grenzen d. Sozialstaats (1983); Evolution u. Freiheit (1984, jap. 1991); Evolutionismus u. Christentum (1986); Moderne od. Postmoderne? (1986); Expertenwissen u. Politik (1990); General Equilibrium or Market Process? (1990). Herausg. d. Reihe Studies in Economic Ethics and Philosophy, Springer-Verlag Berlin - New York - Tokyo - 1989-90 Mitgl. Arbeitsgr. Genforsch. b. Bundesmin. f. Forsch. u. Technol., Bonn; Mitgl. d. Kurat. Max-Weber-Preis f. Wirtschaftsethik - Liebh.: Klaviersp., Ski - Lit.: S. Scheuermann: Kultur u. Selbstgestaltung, Koslowskis Vorstellungen z. postmodernen Jugendbildung, Dipl.-Arb. Univ. Würzburg (1989); G. Mucci: Moderno e il postmoderno. Koslowski, Lyotard e il cristianesimo, in: La Civiltà Cattolica, 142 (1991) 223-232; H.-L. Ollig: Phil. Zeitdiagnose im Zeichen d. Postmodernismus. Überlegungen z. jüngsten dt. Postmoderne-Diskussion, in: Theologie u. Philosophie, 66 (1991) 338-364.

KOSOK, Heinz

Dr. phil., o. Prof. f. Anglistik/Amerikanistik Univ.-GH Wuppertal (s. 1972) - Dornröschenweg 2, 5600 Wuppertal 1 - Geb. 21. März 1934 Wilhelmshaven (Vater: Richard K., Lehrer; Mutter: Hanny, geb. Ehlers), ev., verh. s. 1960 m. Gillian, geb. Lyel, 2 Kd. (Karen, Rainer) - Stud. Angl., German., Leibeserzieh., Päd. Marburg u. Bristol. Staatsex. 1959. Promot. 1961; Habil.

1971 - Zul. Prof. Univ. Marburg. Vors. Intern. Assoc. for the Study of Anglo-Irish Lit. (1982-85); 1. Vors. Anglistentag, Verb. dt. Anglisten (s. 1989) - BV: u. a. Sean O'Casey, 1972; D. engl. Roman im 19. Jh. (m. P. Goetsch u. K. Otten), 1973; D. engl. Drama im 18. u. 19. Jh., 1976; Literaturen in engl. Sprache (m. H. Prießnitz), 1977; Drama u. Theater im Engl. d. 20. Jh., 1980; Studies in Anglo-Irish Literature, 1982; O'Casey the Dramatist, 1985; Literary Interrelations (m. W. Zach), 3 Bde. 1987; Short Plays from Ireland, 1989; Gesch. d. anglo-irischen Lit., 1990. Ca. 90 Fachveröff., bes. z. neueren engl. Drama u. Theater sow. z. anglo-ir. Lit. Div. Herausg. (m. a.).

KOSSACK, Georg

Dr. phil. (habil.), em. o. Prof. f. Ur- u. Frühgeschichte Univ. München (s. 1975) - Pietzenkirchen 56a, 8201 Riedering - Geb. 25. Juni 1923 Neuruppin - 1955 Privatdozent Univ. München; 1959 Ord. u. Inst.dir. Univ. Kiel - BV: Studien z. Symbolgut d. Urnenfelder- u. Hallstattzeit Mitteleuropas, 1954; Südbay. währ. d. Hallstattzeit, 1959; Gräberfelder d. Hallstattzeit an Main u. fränk. Saale, 1970; Archsum auf Sylt 1: Einführung in Forsch.verlauf u. Landschaftsgesch., 1980; 2: Landwirtsch. u. Umwelt in Vor- u. Frühgesch. Zeit, 1987; Archäol. u. naturwiss. Unters. an Siedlungen im dt. Küstengebiet 1, 1984. Div. Einzelarb. z. Eisenzeit- u. Skythenforsch.

KOSSATZ, Gert

Dr.-Ing., Prof. - Auf der Reichen 7, 8110 Murnau am Staffelsee - Geb. 14. April 1929, verh. s. 1956 m. Dipl.-Ing. Christa, geb. Wutzler - Lehre Möbeltischler; Stud. TU Dresden u. Dt. Bauakad. (Dipl.-Ing. 1955, Promot. 1957, Habil. 1969), Umhabil. 1973 Univ. Karlsruhe - 1967-74 fr. Ing.; 1974-89 Inst.leit. Fraunhofer-Inst. f. Holzforsch. (WKI), Braunschweig; s. 1978 apl. Prof. Univ. Karlsruhe; s. 1985 Hon.-Prof. TU Braunschweig - Erf.: Halbtrockenverf. f. Gipsbauplatten; div. Verf. u. Vorricht. f. Leichtbauelemente - BV: D. Kunst d. Intarsia, 1954 (engl. Übers. 1960); Vergütete Hölzer, 1955; Betriebseinricht. - Wissensspeicher Projektier., Bd. 1 u. 2 1964-73; D. Betriebseinricht. in d. Holzind., 1963 - S. 1986 Fellow Intern. Acad. of Wood Science; 1986 Technol.-Transferpreis Bundesmin. f. Forsch. u. Technol.; 1991 BVK am Bde. - Lit. m. Veröff.-Verz.: Prof. G.K. 60 Jahre. Holz Roh- Werkstoff 47 (1989), S. 219-222.

KOSSBIEL, Hugo

Dr. rer. pol., Dipl.-Kfm., Prof. f. Betriebswirtschafts- u. Personalwirtschaftslehre - Maisebachstr. 7, 6246 Glashütten-Schloßborn - Geb. 31. Mai 1939 - Promot. 1966 Mannheim; Habil. 1971 Kiel - 1972 Prof. Univ. Hamburg; 1987 Prof. Univ. Frankfurt/M. - BV: D. Umsatzeinnahmen als Gegenst. d. unternehmer. Liquiditätsplanung u. -politik, 1968; Personalbereitstellung u. Personalführung, 1976.

KOSSENDEY, Thomas

Bundestagsabgeordneter, Regierungsdirektor a. D. - Alpenrosenstr. 10, 2905 Edewecht-Kleefeld - Geb. 4. März 1948 Berlin, kath., verh. s. 1973 m. Claudia, geb. Piterek, S. Jonas Heinrich - Stud. Rechts- u. Staatswiss. Univ. Köln, Münster - 1984-87 Leit. Büro Kultusmin. Hannover - Spr.: Engl., Latein, Griech.

KOSSIRA, Horst

Dr.-Ing., o. Prof. f. Flugzeug- u. Leichtbau TU Braunschweig (s. 1978) - Grünlandweg 45, 3340 Wolfenbüttel.

KOSSMANN, Horst

Dr. jur., Rechtsanwalt, Fachanw. f. Steuerrecht, Vorstand Sächsische Revisions- u. Treuhand AG, München/Köln, Beirat Anker Teppichfabrik, Düren - Gereonsdriesch 23, 5000 Köln 1 (T. 13 10 63; Telefax 0221 - 13 31 35) - Geb. 10. April 1927 Essen.

KOSSMEHL, Gerhard

Dr. rer. nat., Prof. f. Organ. u. Makromol. Chemie FU Berlin - Grabenstr. 38 F, 1000 Berlin 45 (T. 030 - 772 85 93) - Geb. 8. Okt. 1934 Berlin (Vater: Walter K., Elektroing.; Mutter: Johanna, geb. Katzinski), ev., verh. s. 1959 m. Erika, geb. Keßler, 2 Kd. (Sven-Oliver, Renate) - Chemiestud. (Dipl. 1960, Promot. 1963, Habil. 1970) - S. 1970 Prof. f. Organ. u. Makromolekulare Chemie. Arbeiten üb. elektrisch leitfähige Polymere, Flüssigkristallpolymere, Kontaktlinsenmaterialien sowie üb. Polymere m. spez. Eigensch., Elektropolymerisation - Liebh.: Musik, Lit., Malerei, Segeln - Spr.: Engl., Span.

KOSSOLAPOW, Line

Dr. phil., Prof. f. Erziehungswissenschaft Univ. Münster - Haus Vortlage, 4540 Lengerich/W. (T. 05481 - 63 56) - Geb. 18. Juli 1935 Kropotkin (Vater: Tichon K., Typograph; Mutter: Anna, geb. Mitzel), kath. - Abit. Osnabrück 1957, Stud. Erz.wiss., Phil., Gesch., Angl., Slaw.; Promot. 1968 Univ. Tübingen - 1969-70 Assist. Inst. f. Erz.wiss. Univ. Münster, 1970-73 Akad. Rätin, 1973-78 Wiss. Rätin u. Prof., 1978-81 Dir. Dt. Jugendinst. München, s. 1981 Lehrst. f. Erz.wiss. Univ. Münster - BV: Musische Erz. zw. Kunst u. Kreativität, 1975; Sozialisation im Kindergarten, in: Handb. d. Sozialisationsforsch., hg. Hurrelmann/Ulich, 1980; Kreativität u. Therapien, 1985 - Spr.: Engl., Franz.

KOSSWIG (ß), Wilhelm

Dr. rer. nat., em. Prof. f. Pflanzenkrankheiten u. -schutz - Lutfridstr. 16, 5300 Bonn 1 (T. 62 25 50) - Geb. 10. März 1910 Torgau - S. 1952 (Habil.) Privatdoz., apl. Prof. (1959), Wiss. Rat u. Prof. (1971) Univ. Bonn. Spez. Arbeitsgeb.: Biometrie. Fachveröff.

KOST, Arnulf

Dr.-Ing., Univ.-Prof. TU Berlin - Am Sandwerder 44, 1000 Berlin 39 - Geb. 16. März 1941 Berlin, verh. s. 1966 m. Regine, geb. Albertz, 4 Kd. (Stephanie, Sabine, Sebastian, Annika) - Stud. Elektrotechnik; Dipl.-Ing. 1967; Promot. 1973 Berlin - 1967-73 wiss. Assist. TU Berlin; 1973-79 Akad. Rat/Oberrat Univ. Dortmund; s. 1979 Prof. f. Grundlagen d. Elektrotechnik TU Berlin - Liebh.: Fotogr.

KOST, Rudi

Freier Journalist u. Autor - Weilerbachstr. 44, 7164 Unterfischach (T. 07973 - 65 08) - Geb. 5. Okt. 1949 Stuttgart, verh. s. 1972 m. Maria, geb. Kröll, 4 Kd. (Tina, Franz, Max, Paul) - 1968-70 Ztgsvolont.; 1975-78 Stud. PH Esslingen - 1970-75 Redakt.; 1978-85 Ressortleit. Esslinger Ztg. - BV: D. mod. dt. Kriminalroman, Bd. 1 1981, Bd. 2 1982; Üb. George Smiley, 1985; Was ist los m. Trimmel?, 1986; Easy-Praktikum, 1986; D. Schneider PC, 1986; Word Star 1512, 1987; GEM-Anwenderhandb., 1987; Framework, 1988; PC-File, 1988; PC-Write, 1988; d. Base-Lexikon, 1988; Qube Cale, 1988; Excel-Schulung, 1989; Spiele-Box 1 u. 2, 1989.

KOSTA, Heinrich Georg (Jiři)

Dr. rer. pol., Prof. Univ. Frankfurt (s. 1970) - Franz-Rücker-Allee 5, 6000 Frankfurt 90 (T. 70 15 05) - Geb. 2. Okt. 1921 Prag (Vater: Oskar K., Germanist; Mutter: Paula, geb. Lindt), verh. s. 1951 m. Helene, geb. Kohout, 2 Kd. (Ivana, Peter) - 1956-69 Lehr- u. wiss. Tätigk. Prag, dann Wien u. München - BV: D. technol. Fortschritt in Österr. u. d. Tschechoslowakei (m. Kramer u. Slama), 1971; Warenprodukt. im Sozialm. (m. J. Meyer u. S. Weber), 1973; Soz. Planwirtsch., 1974; Volksrep. China (m. J. Meyer), 1976; Abriß d. sozialök. Entwicklung d. Tschechosl. 1945-77, 1978; Wirtsch.demokratie in d. Diskussion (m. J. Huber), 1978; Wirtsch. u. Ges. Kritik u. Alternativen (m. U. Gärtner), 1978; F. e. ökonom. Reformpolitik (m. W. Meissner u. J. Welsch), 1981; Wirtschaftssyst. d. realen Sozialismus, 1984; Sozialismus u. Industrialisierung, (m. P. Gey u. W. Quaisser, 1985); Crisis and Reform in Socialist Economies (m. P. Gey u. W. Quaisser, 1987); Economics of the Socialist Countries (m. J. S. Berliner u. M. Hakogi, 1989) - Spr.: Engl., Franz., Tschech., Russ., Slowak.

KOSTA, Peter

Dr. phil., Hochschulassist. f. Slavische Sprachwiss. Univ. Frankfurt/M. - Castillostr. 9, 6380 Bad Homburg v.d.H. - Geb. 20. Sept. 1955 Prag/ČSFR (Vater: Prof. Dr. H. G. (Jiři) K. [s. dort]), verh. s. 1981 m. Marion, geb. Roos, 3 Töcht. (Anna-Katharina, Sophia-Helena, Lisa Kristina) - 1976-81 Stud. Slavische Philol., Indogerman. Sprachwiss. Frankfurt/M.; Magister 1981, Promot. 1985/86 - 1982-87 Wiss. Mitarb., s. 1987 Hochschulassist. Inst. f. Indogerman., Phonetik u. Slav. Philol. Univ. Frankfurt - BV: E. russ. Kosmographie aus d. 17. Jh., 1982 (Mag.Arb.); Probl. d. Švejk-Übers. in d. west- u. südslavischen Spr.; Linguist. Stud. z. Translation lit. Texte, 1986 (Diss.); Leere Kategorien in d. nordslav. Sprachen. Z. Analyse leerer Subjekte u. Objekte in d. Rektions-Bindungs-Theorie (Habil.schr.), 1991. Herausg. Studia Indogermanica et Slavica. Festgabe f. Werner Thomas z. 65. Geb. 1988. Mithrsg. d. Reihe Specimina philologiae Slavicae, München. Aufs. in slavist. u. linguist. Ztschr. u. Reihen - Liebh.: Violine, Gitarre (E- u. U-Musik), Sport (Eishockey, Tennis) - Spr.: Engl., Franz., Tschech., Russ., Serbokroat., u.a. - Bek. Vorf.: Dr. phil. Oskar K. (alias Peter Pont), Dichter u. Übers. (Großv.).

KOSTA, Tomas

Verleger, Inh. Literarische Agentur Peter Pont - Steinmetzstr. 6, 5060 Berg. Gladbach 1 - Geb. 19. April 1925 Prag, verh. s. 1948 m. Danica, geb. Nebuskova, 2 Kd. (Paula, Michal) - Gesellsch. d. tschechosl. Literatur- u. Theateragentur Aura-Pont, Prag; PEN-Zentrum BRD, Kurat. Friedrich-Ebert-Stiftg.; Berat. d. tschechosl. Botsch. in Bonn.

KOSTE, Walter

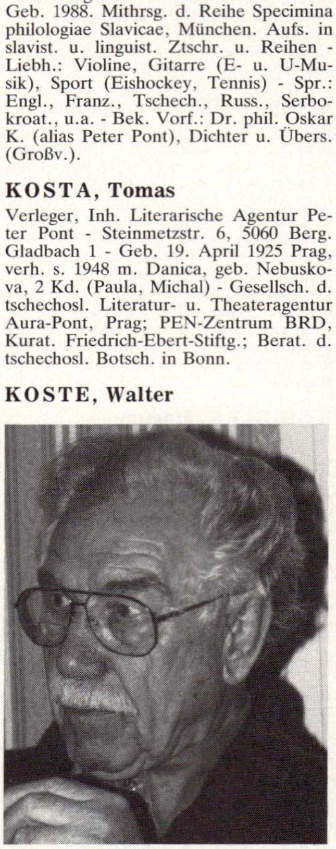

Dr. rer. nat. h. c., Realschulkonrektor i. R. - Ludwig-Brill-Str. 5, 4570 Quakenbrück - Geb. 19. Juli 1912 Stolp/Pommern (Vater: Adolf K., Beamter; Mutter: Ottilie, geb. Wilczewski), ev., verh. s. 1939 m. Hildegard, geb. Lück †1989, S. Peter - Abit. Stettin; PH Oldenburg u. Osnabrück, Univ. Osnabrück - Volks- u. Realschuldst. (Biol., Geogr.); Wiss. Tätigk., spez. Arb.geb.: Taxonomie, Biogeogr., Ökol. d. Rädertiere (Rotatoria), glob. Bearb. v. Expeditionsmaterial (Mitteleuropa, Südamerika, Westafrika, Thailand, Sri Lanka, Malaysia, Borneo, Indien, Burma, Kanada, Alaska, Australien incl. Tasmanien). Entd.: 54 neue Tierarten - BV: Bestimmungswerk Rädertiere/Rotatoria Mitteleuropas, Text- u. Tafelbd. 1978; Bestimmungswerk Koste & Shiel: Rotifera from Australian Inland Waters, Lief. I-IX, 1987-92. 126 Fachveröff. - 1980 Dr. rer. nat. h. c. Univ. Kiel; 1981 BVK; Honorary Member Quecket Microscopical Club, British Mus. London; Korr. Mitgl. Senckenberg. Naturforsch. Ges. Frankfurt/M.; Assoc. Member of Royal Soc. of South Australia, Museum Adelaide, Austral.; Korr. Mitgl. de Soc. de Ciencas Naturales LA SALLe, Caracas-Venezuela; Coll. Member, The Murray-Darling Freshwater Res. Centre, Alboury, N.S.W., Australien; Ehrenmitgl. Naturwiss. Verein Osnabrück - Lit.: Dr. h. c. W. K. z. 75 Geb., Prof. Dr. Jürgen Schwoerbel in: Arch. Hydrobiol.

KOSTEAS, Dimitris

Dr.-Ing., Prof. f. Metallbau TU München - Zu erreichen üb. Inst. f. Bauingenieurwesen III, Fachgeb. Stahlbau, TU München, Arcisstr. 21, 8000 München (T. 089 - 21 05 25 25); priv.: Klobensteiner Str. 14a, 8000 München 90 (T. 089 - 64 38 20) - Geb. 10. Juli 1939 Athen/Griechenl. (Vater: Antonis K., Dipl.-Ing., Präs. Griech. Staatsbahnen; Mutter: Henriette, geb. Stamatelaki), griech.-orth., verh. s. 1966 m. Dr.-Ing. Marina, geb. Kostaropoulou, S. Alexandros - Abit. College/Athen 1959, Dipl. 1965, Promot. 1970, Habil. (Priv.-Doz.) 1974, alle Univ. Karlsruhe - 1978 apl. Prof. Univ. Karlsruhe, 1979 Prof. TU München, Fellow The Welding Inst. Grossbrit. - BV: Geschweißte Aluminium-Konstrukt., 1978; Betriebsfestigkeitsnachweise (Stahlbau-Handb.), 1982; Fatigue Behaviour Alum. Weld. Joints - Analysis of Data (CAFDEE vol. 1 b. 4), 1986; Fatigue Behaviour - European Full Scale Tests, EAA 1989; Elements Fatigue Design of Aluminium Structures, EAA 1990. Üb. 130 Veröff. in- u. ausl. techn. Ztschr. - Spr.: Deutsch, Griech., Engl., Franz.

KOSTEDE, Norbert

Dr. soz. wiss., Privatdozent f. Politikwiss. Univ. Hannover, Bundesvorstandsmitgl. Partei D. GRÜNEN - Zu erreichen üb. D. Grünen, Colmantstr. 36, 5300 Bonn 1 - Geb. 4. Jan. 1948 - Publizist u. Autor versch. westd. Ztg. u. Ztschr. - BV: Staat u. Demokratie, 1980; D. Zukunft d. Stadt, 1983.

KOSTHORST, Erich

Dr. phil., o. Prof. f. Neueste Geschichte u. Didaktik d. Gesch. - Gleiwitzer Str. 88, 4400 Münster - Geb. 1. Dez. 1920, kath. - Stud. Gesch., German., Phil. - BV: D. dt. Opposition gegen Hitler zw. Polen- u. Frankreichfeldzug, 3. A. 1957; Von d. Gewerkschaft z. Arbeitsfront u. z. Widerstand, 1963; Jakob Kaiser - D. Arbeiterführer, 2. A. 1970; Jakob Kaiser - Bundesmin. f. gesamtdt. Fragen 1949-57, 2 A. 1985; Dtschl.politik d. Nachkriegsj., 1976; D. Teilung Dtschl., 1976; Geschichtswissenschaft - Didaktik, Forschung, Theorie (Hg.), 1977; Zeitgeschichte u. Zeitperspektive, 1981; Konzentrations- u. Strafgefangenenlager im Dritten Reich - Beispiel Emsland. Dok. u. Analyse z. Verhältnis v. NS-Regime u. Justiz. 3 Bde. 1983 (verkürzte Tb-Ausg. 1985); C. F. Goerdeler, in: Lill/Oberreuter: D. 20. Juli 1944 - Portraits d. Widerstands, 1984; Deutschlandbild u. Dt. Frage in d. Lehrplänen u. Unterrichtswerken f. d. Fach Gesch. in d. DDR s. 1949 (m. K.-E. Jeismann), 1986; D. Teilung Deutschlands als Problem d. Geschichtsbewußtseins. E. empirische Untersuchung (m. K.-E. Jeismann, B. Schäfer u. a.), 1987.

KOSZYK, Kurt

Dr. phil., Univ.-Prof. i.R. - Davidisstr. 25, 4600 Dortmund 1 (T. 0231 - 59 58 03) - Geb. 31. Mai 1929 Dortmund (Vater: Erich K., Journ.; Mutter: Johanna, geb. Meier) - Gymn. Promot. 1953 Univ. München; Habil. 1968 FU Berlin - 1953-57 Redakt.; 1957-77 Dir. Inst. f. Ztg.sforsch.; 1969-74 Prof. f. Publizistik u. Kommunik. Ruhr-Univ. Bochum; 1977-91 Prof. f. Journalistik Univ. Dortmund; 1977/78 Research Fellow St. Antony's College Oxford; 1991 Kurat.-Mitgl. d. Erich-Brost-Inst. f. Journalismus in Europa - BV: Dt. Presse im 19. Jh., 2. A. 1986; Dt. Pressepolitik im 1.

Weltkrieg, 1968; Dt. Presse 1914-45, 1972; Wirkungen d. Massenkommunik., 1972; D. Presse d. dt. Sozialdemokratie, 1980; Handb. d. Massenkommunikation, 1981; Die Zeitung als Persönlichkeit, 1982; Pressepolitik f. Deutsche 1945-49, 1986; Gustav Stresemann, 1989 - Spr.: Engl.

KOTHE, Siegfried

Prof., Hochschullehrer - Hermann-Ehlers-Str. 20/153, 7410 Reutlingen (T. 2 92 11) - Geb. 6. März 1924 Chemnitz/Sa. (Vater: Kurt K., Volksschullehrer; Mutter: Magdalena, geb. Neumann), ev., verh. s. 1955 m. Karin, geb. Neumann, 2 Töcht. (Bettina, Camilla) - Gymn. Chemnitz; Univ. Leipzig, TH Darmstadt (Math., Physik, Päd.) - Volks- u. Realschullehrer; 1958-63 Assist. Päd. Inst. Jugenheim; 1964-67 Oberstudienrat im Hochschuldst. Univ. Frankfurt/M.; s. 1967 Doz. u. Prof. (1968) Päd. Hochsch. Reutlingen (Didaktik d. Math.); ab 1987 Päd. Hochsch. Ludwigsburg - BV: Denken macht Spaß, 1968. Denkspiele f. Vorschulkd. (auch port., span., dän., fläm.).

KOTHGASSER, Alois M.

Dr. theol., Prof. f. Dogmatik u. Prorektor Phil.-Theol. Hochsch. Benediktbeuern (s. 1988) - Don Bosco-Str. 1, 8174 Benediktbeuern (T. 08857 - 88-2 25) - Geb. 29. Mai 1937 Lichtenegg (Österr.) - 1960-65 Theologiestud. Pontificio Ateneo Salesiano/PAS Turin Crocetta (Lic. theol.); 1965-68 Promot.-Stud. PAS Rom (Dr. theol.) - Ordenspriester Salesianer Don Boscos (SDB). 1968-80 ao. Prof. Päpstl. Univ. d. SDB in Rom; s. 1988 Prorektor s. o. - BV: Dogmenentw. u. d. Funktion d. Geistparakleten n. d. Aussagen d. Zweiten Vatikan. Konzils, Diss. 1969. Div. Fachveröff. - Spr.: Ital.

KOTOWSKI, Georg

Dr. phil., Prof. f. Wissenschaft v. d. Politik - Aßmannshauser Str. 10a, 1000 Berlin 33 (T. 8221389) - Geb. 12. Juni 1920 Thorn/Weichsel (Vater: Joseph K., Lehrer; Mutter: Helene, geb. Rink, beide †), kath., verh. s. 1956 m. Renate, geb. Werner, S. Bernhard - Reform-Realgymn.; 1945-49 Univ. Kiel u. Berlin (Gesch., Philol., Phil., Rechtswiss.). Promot. 1951; Habil. 1959 - S. 1948 Assist. Oberassist., Privatdoz. (1959), ao. (1963) u. o. Prof. (1966) FU Berlin (mitbegr.). 1959-69 MdA Berlin, 1969-72 MdB (Berliner Vertr.). Mitgl. Hist. Kommis. Berlin (s. 1958, wiederholt Vorst.-Mitgl., s. 1981 stv. Vors.). CDU s. 1954 (u. a. 1963 ff. Mitgl. Landesvorst. Berlin) - BV: Friedrich Ebert - E. polit. Biogr., Bd. I (D. Aufstieg e. Arbeiterführers - 1871-1917), 1963. Herausg.: Friedrich Meinecke - Polit. Schriften u. Reden, 1958; Histor. Leseb., Bd. III (1914-33), 1968 - 1968 BVK I. Kl.

KOTSCHENREUTHER, Hellmut

Theater-, Musikkritiker, Komponist - Mommsenstr. 56, 1000 Berlin 12 (T. 323 80 46) - Geb. 24. März 1926 Nürnberg - Oberrealsch. u. Konservat. Nürnberg; Kompos.: GMD Alfons Dressel u. Max Gebhard, Klav.; Franz Nemeskei, Dirig.: Wilhelm Schönherr - BV: Kleine Liebe zu Berlin - E. Brevier f. Berlin-Chauvinisten, 1961; Kurt Weill - Leben u. Werk, 1962; Kl. Geschichte Berlins - Berlinische Reminiszenzen, 1968; Das Reich der Drogen u. Gifte, Sachbuch, 1976.

KOTSCHI, Thomas

Dr. phil., Prof. f. Romanistik FU Berlin - Karl-Hofer-Str. 2, 1000 Berlin 37 - Geb. 21. Jan. 1940 - BV: Probleme d. Beschreibung lexik. Strukturen, 1974. Herausg.: Beiträge z. Linguistik d. Franz. (1981); Grammatik, Konvers., Interaktion. Beitr. z. Romanistentag 1983 (1985, m. Elisabeth Gülich) - 1985-87 stv. Vors. Dt. Romanistenverb.

KOTTENDORF, Paul

Dipl.-Volksw., Vorstandsmitglied Dt. Volksheimstättenwerk, Bonn u. DESWOS Dt. Entw.hilfe f. soz. Wohnungs- u. Siedlungswesen, Köln - Kleiststr. 1, 5060 Bergisch Gladbach 1 - Geb. 13. Nov. 1924 - AR-Vors. Aachener Siedlungs- u. Wohnungs GmbH, u. Aachener Allg. Baubetreuungs-GmbH, bde. Köln - Komturkreuz d. Gregoriusordens; BVK.

KOTTER, Klaus

Steuerberater, Präs. Intern. Bobverb. (F.I.B.T., s. 1980) - Blumenstr. 2, 8330 Eggenfelden - Geb. 27. Mai 1934 Prien/Chiemsee, kath., verh. s. 1962 m. Paula, geb. Haas, T. Petra - Human. Gymn. Traunstein; Univ. München (Betriebsw.) - S. 1960 selbst. Steuerberater. S. 1985 Präs. Dt. Bob- u. Schlittensportverb.; s. 1986 stv. Vors. Arbeitskr. Sport d. CSU; Mitgl. Solidaritätskommiss. IOC (als Vertr. d. intern. Wintersportverb.); s. 1979 Mitgl. Bundesaussch. f. Recht, Soziales u. Steuern d. Dt. Sportbd., s. 1983 Steueraussch. Bayer. Landessportverb., s. 1984 Schatzmeister Ost-West-Wirtschaftsclub - Liebh.: bild. Kunst (Chiemseemaler), Heimatkd. - Spr.: Engl.

KOTTER, Ludwig

Dr. rer. nat., Bürgermeister u. Kulturreferent d. Stadt Augsburg - Elisabethstr. 5, 8900 Augsburg (T. 0821 - 71 50 15) - Geb. 10. Jan. 1929 Augsburg, kath., verh. s. 1957 m. Ute, geb. Pfeifer, 2 Söhne - Gymn. St. Stephan Augsburg; Univ. München. Staatsex. 1953; Promot. 1954 - Vors. Kulturaussch. Bayer. Städtetag - Spr.: Engl. - Rotarier.

KOTTER, Ludwig

Dr. med., vet., Dr. med. vet. h. c., em. o. Prof. f. Hygiene u. Lebensmitteltechnol. tier. Ursprungs (s. 1960), Mitgl. Münchner Stadtrat (1978-84, CSU) - Schellingstr. 10, 8000 München 40 - Geb. 21. März 1920 Augsburg (Vater: Dominikus K., Gastw.; Mutter: Kreszentia, geb. Ertle), kath., verh. I) 1944 m. Elisabeth, geb. Fischer († 1965), 3 Kd. (Johanna, Thomas, Florentine), II) 1984 Helga Lennartz-Kotter - Volkssch.; Metzgerhandw. (Meisterprüf. 1946); n. Abit. Stud. Tiermed. u. Rechtswiss., derzeit Stud. d. Phil., Promot. (1951) u. Habil. (1957) München (Vorst. Inst. f. Hygiene u. Technol. d. Lebensmittel tier. Ursprungs; 1965-67 Rektor). 1970-83 wiss. Vertreter Stifg.-Vorst. Carl-Friedr.-v.-Siemens-Stiftg., München. Fachveröff. - 1971 Ehrendoktor Univ. Utrecht; 1965 Ehrenmitgl. Soc. Ital. delle Scienze Veterinarie; 1968 Bayer. VO; 1984 BVK I. Kl. - Spr.: Engl. - Rotarier; Münch. Herren-Club.

KOTTHAUS, Eva

Schauspielerin - Schaftriebweg 10, 6500 Mainz - Geb. 19. Mai 1932 Düsseldorf, verh. s. 1960 m. Rudolf Krieg (Regiss. u. Schausp.) †, 2 Kd. (Christopher, Nina) - 1951-53 Otto-Falckenberg-Sch. München - Engagem. in Tübingen, Krefeld, Augsburg, Max. Gorki Theater Berlin, Dt. Theater Berlin, Rezidenztheater München, Schauspielhaus Düsseldorf u. Frankfurt/M. Tourneen u. Gastsp. Filme: Kein Hüsung, Teufel v. Mühlenberg, Jahrgang 21, Himmel o. Sterne (Bundesfilmpreis 1956), Draußen v. d. Tür, Heißes Herz, D. 4. Platz, Bahnwärter Thiel; Fernsehen: u. a. D. 4. Platz, D. Verschwörung - Gr. Hersfeldpreis 1973 u. 1977 - Liebh.: Fotogr. - Spr.: Engl.

KOTTHAUS, Jörg P.

Ph. D., Prof., Ordinarius f. Experimentalphysik Univ. München (s. 1989) - Zu erreichen üb. Ludwig-Maximilians-Univ. München, Sektion Physik, Geschwister-Scholl-Platz 1, 8000 München 22 - Geb. 29. Mai 1944 Gräfenthal (Vater: Erich K., Kaufm.; Mutter: Annemarie, geb. Leistenschneider) - Abit. 1963 Düsseldorf; Dipl.-Phys. 1969 München; Ph. D. 1972 Santa Barbara (USA); Habil. 1977 München - 1973-78 Wiss. Assist. u. Rat (1978) TU München; 1978-89 o. Prof. f. Angew. Physik Univ. Hamburg - 1989 Fellow American Physical Soc.; 1991 Gentner-Kastler-Preis - Spr.: Engl.

KOTTHOFF, Ulric

Dr. jur., Ass., Hauptgeschäftsführer Elopak GmbH, Speyer - Bingertstr. 59, 6200 Wiesbaden - Geb. 10. Nov. 1935, verh. s. 1964 m. Gisela, geb. Erfurt, 2 Kd. (Sonja, Axel) - High School Atlanta/USA; Human. Gymn. Wiesbaden; Stud. Jura u. Volksw. Univ. Freiburg, Grenoble, Marburg; jurist. Staatsex. 1959 Frankfurt; Assessorex. Wiesbaden - 1964-75 Produktmanagement Procter & Gamble Deutschl. u. USA; 1975-77 Marketingdir. Henkell & Co; 1978 Alleingeschäftsf. Mallory; 1979-82 Geschäftsf. Marketing u. Vertrieb Dr. Carl Hahn - Spr.: Engl.

KOTTJE, Raymund

Dr. phil., Dr. theol., o. Prof. f. mittelalterl. u. neuere Geschichte, Hist. Hilfswiss. u. Archivkunde, Univ. Bonn - Im Sportfeld 15, 5330 Königswinter 21 (Rauschendorf) (T. 02244 - 57 40) - Geb. 23. Dez. 1926 Düsseldorf (Vater: Dr. Friedrich K., Studienrat; Mutter: Clara, geb. du Mont), kath., verh. 1976 m. Marianne Pesold, 2 Kd. (Johannes, Eva) - 1946-54 Stud. Gesch., Theol., lat. Philol. Univ. Köln, Bonn, München, Priestersem. Bensberg - 1954-60 Pfarr- u. Krkhs.seelsorger; 1961-65 Univ.assist. (dav. 2 J. Habilitandenstip. DFG); 1965 Habil. Bonn, 1965 Prof. Theol. Fak. Trier; 1967 Prof. Univ. Regensburg, 1973 Univ. Augsburg, 1980 Univ. Bonn - BV: D. Stift St. Quirin in Neuss b. z. J. 1485, 1952; Studien z. Einfluß d. Alten Testaments auf Recht u. Liturgie im frühen Mittelalter, 2. A. 1970; D. Bußbücher Halitgars v. Cambrai u. d. Hrabanus Maurus. Ihre Überlieferung u. ihre Quellen, 1980; m. B. Moeller: Ökumen. Kirchengesch., 3 Bde. (4 A. 1987ff.; ital. Übers. 1980/1); D. Tötung im Kriege. Ein moralisches u. rechtliches Problem im frühen Mittelalter, 1991.

KOTTLER, Adalbert

Dipl.-Ing., Prof. f. Kolbenmaschinen u. Fördertechnik GH Paderborn - Am Laugrund 14, 4790 Paderborn/W.

KOTTMANN, Alfons

Dr., Vorstandsmitglied i.R. Bayer AG, AR-Mitgl. Chemie AG Bitterfeld-Wolfen, Beiratsmitgl. Paguag GmbH u. Co u. Europlastic Pahl u. Pahl GmbH u. Co. - Menchendahler Str. 51, 5090 Leverkusen 3 - Geb. 22. Febr. 1922.

KOTTMANN, Alois

Prof. h.c. f. Violine Hochsch. f. Musik Frankfurt, Dr. Hoch's Konservat., Musikhochsch.-Inst. d. Univ. Mainz, fr. Musiker - Ostpreußenstr. 28, 6238 Hofheim/Ts. (T. 06192 - 35 47) - Geb. 20. Juni 1929 Großauheim/M. (Vater: Alois K., Silberschmied; Mutter: Barbara, geb. Kühn), kath., verh. m. Angelika Schaffer-K., 3 Kd. (Christiane, Franziska, Boris) - Abit. 1949; Violin-Stud. Hochsch. f. Musik u. Darst. Kunst Frankfurt/M.; solist. Ex. 1958 - 1957 Lehrer Odenwaldsch.; 1958 Doz. Dr. Hoch's Konservat.; 1962 Doz. f. Violine an der Hochsch. f. Musik Frankfurt/M.; 1968 Gründ. Collegium Instrumentale Alois Kottmann; 1978 Kommiss. Dir. Dr. Hoch's Konservat., Mitinitiator Gallus-Konz. Flörsheim/M., Intern. Musiktage Hofheim/Ts., u. Philippsruher Schloßkonzerte Hanau/M. Entw. e. neuen Akkord-Technik spez. f. Bach-Violin-Solo-Sonaten.

KOTTMEIER, Klaus

Geschäftsführer Deutscher Fachverlag GmbH, Frankfurt - Mainzer Landstr. 251, 6000 Frankfurt/M. - Geb. 16. Sept. 1933.

KOUBEK, Norbert

Dr. rer. pol., Prof. f. Wirtschaftswissenschaft (Schwerp. BWL, insb. Produktion u. Arbeitswirtsch.) Univ. Wuppertal (s. 1974) - Zum Danielshammer 1, 5630 Remscheid 1 - Geb. 15. April 1942 Lanz/Böhmen (Vater: Josef Wenzl, Steuerinsp.; Mutter: Margarete, geb. Lein), verh. s. 1967 m. Inge, geb. Holz, 2 Kd. (Nora, Jochen) - 1953-62 Freiherr-v.-Stein-Gymn. Fulda; 1962-66 Univ. Frankfurt/M. (Volksw.; Dipl.). Promot. 1969 Frankfurt - 1967-69 Wiss. Mitarb. Univ. Frankfurt/Inst. f. Kreditwesen; 1969 Mitarb. Kommission d. Europ. Gemeinsch. Brüssel; 1970-74 Wiss. Ref. Wirtschafts- u. Sozialwiss. Inst. d. DGB Düsseldorf; AR-Mitgl. DHS - Dillinger Hütte Saarstahl AG - BV: D. zeitl. Dimension d. Ausgaben im mod. Budget, 1969 (Diss.); Arbeitsorientierte Einzelwirtschaftslehre contra Kapitalorient. Betriebsw.lehre, 1973; Grundelemente e. Arbeitsorient. Einzelw.slehre, 1974; Betriebsw. Probleme d. Mitbestimmung, 1974, 2. A. 1980; Einzelwirtschaftl. Investitionsentscheid. u. Arbeitssysteme, 1982; Information, Mitbestimmung u. Unternehmenspolitik, 1984; Langfristige Innovationsstrategien u. Mitbestimmung in Untern. b. Neuen Werkstoffen, 1991; Unternehmensverfassung u. Mitbestimmung in Europa, 1991; Internationales Personalmanagement, 1992 - Spr.: Engl., Franz.

KOUTECKÝ, Jaroslav

Dr. h.c. mult., Prof., Hochschullehrer - Finkenstr. 7, 1000 Berlin 33 (T. 030 - 832 51 17) - Geb. 14. Okt. 1922 Kroměříž/CSFR (Vater: Jaroslav K., Advokat; Mutter: Jaroslava, geb. Vobrubová), verh. s. 1971 m. Vlasta, geb. Bonačić - Promot. 1951 Karls-Univ. Prag (Theoret. Physik) - 1953-70 Wiss. Mitarb. im Inst. f. Phys. Chem., Tschech. Akad. d. Wiss., 1966 Prof. Karls-Univ. Prag; 1970-73 Prof. f. Chemie Belfer Graduate School of Science, Yeshiva Univ., USA; 1973 Prof. FU Berlin - Üb. 250 Veröff. in wiss. Ztschr. - 1978 Ehrendoktor Univ. Reims, Frankr.; 1980 Ehrendoktor Univ. of Waterloo, Canada; 1962-72 Korr. Mitgl. Tschechoslov. Akad. d. Wiss. (ČSAV), 1989 Mitgl.-schaft in ČSAV erneuert; 1969 Mitgl. Int. Acad. of Quantum Molecular Sciences.

KOVÁCS, Herbert

Bezirksstadtrat a. D. - Neue Kreisstr. 31, 1000 Berlin 39 (T. 8051840) - Geb. 11. Febr. 1914 Berlin, ev. - Realgymn.; Stud. Sozialpäd. u. Religionswiss.; prakt. Ausbild. Bodelschwinghsche Anstalten - Kriegsdst. (zeitw. auch als Truppenpfarrer), Pfarrer pommersche Gemeinden, Lehrer Johannesstift Berlin-Spandau (Fürsorgeerziehungsdst.), Leit. Mustererwerkhof f. gestrauchelte Jugendl., Gemeindepfr., 1949-61 Leit. Jugendpflege Bezirksamt Schöneberg, seith. Sozialrat u. Bezirksstadtrat (1965) BA Zehlendorf (Abt. Jugend u. Sport). SPD s. 1945 - Liebh.: Kunstgesch., Musik, Sport - Spr.: Engl., Franz.

KOVAR, Karl-Artur

Dr. rer. nat., Prof. f. Pharmazeut. Chemie Univ. Tübingen - Forchenweg 20, 7400 Tübingen 1 (T. 07071 - 6 33 94) - Geb. 24. Juni 1938 Essen - Promot. 1966; Habil. 1972; 1984-86 Dekan Fak. f. Chemie u. Pharmazie Univ. Tübingen - BV: Identifizierung von Arzneistoffen, 5. A. 1985; D.Pharmaziepraktikant, 4. A. 1989; Rausch- u. Suchtmittel, 1983 -

Kurzfilme: Nachweis von Haschisch u. Marihuana (1. Preis auf d. Dt. Apoth. Tag Berlin 1973); Methoden d. Dt. u. Europ. Arzneibuches, 1976.

KOVATS, von, Georg
Bildhauer u. Maler - Herdweg 64, 6100 Darmstadt (T. 06151 - 4 84 66) - Geb. 12. Febr. 1912 Klausenburg/Siebenbürgen, kath., verh. s. 1938 m. Dorothea Schacht, Sängerin u. Gymnastiklehrerin, 2 Töcht. (Marianne, Angelika) - Human. Abit. Wien; Bildhauerlehre b. A. Riegele, Preßburg; 1933-35 Kunstakad. Budapest (b. Prof. Ferenc Sidlo), 1936-38 Kunstakad. Dresden (b. Karl Albiker), 1937 Rom, Paris, 1938-45 Kunstakad. Berlin (Meisterschüler b. R. Scheibe); 1945-55 freischaff. Bildhauer München-Gauting; s. 1955 fr. Bildhauer u. Maler Darmstadt. Mitgl. versch. Künstlerkreise (Berlin - Klosterstr., Montrouge Paris), Vorst.-Mitgl. Darmstädter Neue Sezession. Div. Ausstellungen u. Ausst.kataloge; Veröff. - J.-H. Merck-Med. d. Stadt Darmstadt - Spr.: Franz., Ital. - Lit.: Ulrich Gertz, Plastik d. Gegenwart, Berlin 1964; Günter Stahl (Hg.) Blätter um d. Freudenberger Begegnung (1987, 1989, 1991, 1992 m. Homm. a. G. v. K.); H. J. Müller (Herausg.), Butzbacher Künstler-Interviews (1980); Fernsehproträt HR III (1990) W. Stadler, P. Wiench (Red.), Lexikon d. Kunst in 12 Bd., Freiburg i.B. (1989), Bd. 7, S. 100.

KOVÁTS, Péter József

Dipl.-Volksw., Kaufmännischer Leiter Technolit, Grossenlüder (s. 1987) - Sachsenweg 3, 4800 Bielefeld 11 (Sennestadt) (T. 05205 - 2 07 82) - Geb. 16. Febr. 1938 Budapest (Vater: Tibor K., Dipl.-Landw.; Mutter: Erzsébet, geb. v. Kubinszky), verh. s. 1966 m. Rauthgundis Sigrid, geb. Nahrath, S. Zsolt Sönke - Abit. 1956 Szentendre/Ungarn; Dipl.-Volksw. 1966 Univ. Köln - 1969-71 Esso-Zentrale, Hamburg (Marketingplaner); 1971-73 Pohlschröder Dortmund (Abt.-leit. Marktforsch. u. Absatzplan.); 1973-76 Brennenstuhl, Tübingen (Marketing- u. Verkaufleit.); 1977-87 Metallit Bielefeld (Marketing- u. Einkaufsleit.). Konzeption u. Durchsetzungs d. Management by Innovation in d. Wirtsch. d. BRD durch Publ. u. Sem.vorträge. Zahlr. Veröff. - Liebh.: Geneal., Sumerol., Zukunftstechnol. - Spr.: Ungar., Engl.

KOWALA, Gerhard
Rechtsanwalt u. Notar a. D., Mitgl. Nieders. Staatsgerichtshof (1965-84) - Schwarzer Bär 2, 3000 Hannover 91 (T. 444425) - Geb. 19. Mai 1910 Hamburg - Schiller-Gymn. Posen; Univ. Krakau u. Posen. Gr. jurist. Staatsprüf. - Geschäftsf. Dt. Hk Warschau, Leit. Verb. d. IHK d. Generalgouvernements, IHK Warschau u. a. Org. d. gewerbl. Wirtsch., ab 1941 Anwaltspraxis Warschau, 1943-46 Wehrdst. u. Gefangensch., s. 1947 RA Hannover. U. a. Bundessprecher Landsmannsch. Weichel/Warthe, 1959 b. 1963 MdL Nieders. B. 1961 GB/BHE, dann FDP.

KOWALD, Rainer

Dr. agr., Prof. f. Landeskultur u. Abfallwirtschaft Univ. Gießen - Finkenbusch 1, 6301 Linden-Forst - Geb. 8. Sept. 1928 Bochum-Werne, verh. m. Hedwig, geb. Mühlenbrock, 2 S. (Jürgen, Volker) - Promot. Bodenkunde; Habil. Landeskultur - Lehrtätig. Landeskultur, Abfallwirtsch. Univ. Gießen

KOWALEWSKI, Joachim
Dr.-Ing., Honorarprof. f. Leichtbau TH Aachen (s. 1977) - Steinbüchelstr. 32, 5106 Roetgen/Rhld..

KOWALEWSKI, Sabina
Dr. med., Wiss. Rätin (Kinder- u. Poliklinik), Prof. f. Pädiatrie Univ. Bonn (s. 1976) - Waldstr. 108, 5300 Bonn-Bad Godesberg.

KOWALLIK, Klaus-Viktor
Dr. phil., Prof., Botaniker - Mommsenstr. 47, 4040 Neuss/Rh. 21 - Geb. 26. Juli 1939 Dresden (Vater: Dipl.-Kfm. Waldemar K.; Mutter: Ingeborg, geb. Starke), ev., verh. s. 1966 m. Brigitta, geb. Nowotny - Gymn. Bayreuth; Univ. Erlangen, Würzburg, Wien (Bot., Chem., Phil.). Promot. 1965 Wien; Habil. 1972 Marburg - S. 1972 Prof. Univ. Marburg u. Düsseldorf (1973 Wiss. Rat u. Prof.). Spez. Arbeitsgeb.: Cytologie, Entwicklungsgesch. d. Pflanzen, Molekulare Evolution d. Algen, Ultrastrukturforsch. Übers. u. Bearb. d. Lehrb.: Ultrastruktur d. pflanzl. Zelle (1974). Buch- u. Reviewartikel - Spr.: Engl.

KOWALSKI, Klaus

Univ.-Prof. f. Bild. Kunst u. visuelle Medien u. ihre Didaktik Univ. Hannover (s. 1979) - Osterwiesen 16, 3006 Großburgwedel (T. 05139 - 47 05) - Geb. 16. Juni 1929 Allenstein/Ostpr., ev., verh. s. 1959 m. Almut, geb. Plouda, 3 Kd. (Sebastian, Corinna, Domenica) - Gymn. (Abit. 1948 Heidelberg); 1948-50 Schreinerlehre (Gesellenprüf.); 1951-56 Kunstakad. Stuttgart (Graphik, Bildhauerei, Kunsterzieh.); 1958-63 Univ. Kiel (Kunstgesch.) - B. 1963 Studienrat, dann Hochschullehrer. Didakt. Ausstellungsschriften f. Kunsthalle Bielefeld, Lehmbruck-Museum Duisburg, Sprengel-Museum Hannover - BV: Wege z. Bild. Kunst, 1965; Praxis d. Kunsterziehung, 2 Bde. 1968/70; Male mit - Material z. Vorschulerz., 2 Mappen m. Begleith. 1970; ... fertig ist d. Mondgesicht, 1972 (auch finn. 1973, franz. 1975, portug. u. schwed. 1977, ital. 1978); Material f. Kunstunterr. 1974; D. Wirkung visueller Zeichen, Analysen u. Unterr.-beisp. f. d. Sekundarst. I, 1975; Kunst oder Kitsch?, 1976; Grundriß e. Didaktik d. Unterrichtsfachs Kunst u. Kommunikation, 1978; Methoden d. Bildanalyse Sek. II, Stundenblätter u. Schülerarbeitsheft 1982; Plastik-Stundenblätter u. Schülerarbeitsheft Sek. II, 1985; Druckgrafik Schülerarbeitsheft u. Lehrerbegleitheft, 1988; Plastik Sek. I, Schülerarbeitsheft u. Lehrerbegleitheft, 1992. Künstlerische Tätig.: Plastik, Druckgraphik; Einzelausst. Bremen (1968), Hannover (1969), Zons (1976), Bissendorf (1979), Meiborssen u. Syke (1980), Rabat, Nassachmühle, Jockgrim, Hornburg (1982), Kiel, Düsseldorf, Lienz (1983), Hannover, Bern, Lüneburg (1984), Itzehoe, München (1985), Bissendorf, Duderstadt, Weilheim/Teck (1987), Wunstorf, Kairo (1988), Bad Essen, Bad Gandersheim (1990). Werke in priv. u. öfftl. Besitz - Membre Artiste F.I.D.E.M. Paris - Spr.: Engl. - Lit.: Katalog Kreismuseum Zons (1978); Medaillenkabinett Nr. 8 (1983); Medaillenkabinett Nr. 11 (1986); Steinmetz + Bildhauer 8 (1988); Kunst/Päd./Wiss., Festschr. z. 60. Geb. Univ. Hannover (1989).

KOWALSKY, Hans-Joachim
Dr. rer. nat. (habil.), o. Prof. u. Direktor Inst. C f. Mathematik TH bzw. TU Braunschweig (s. 1963) - Am Schiefen Berg 20, 3340 Wolfenbüttel (T. 72837) - Geb. 16. Juli 1921 Königsberg/Pr. - 1958-63 Privatdoz. u. apl. Prof. (1959) Univ. Erlangen - BV: Topolog. Räume, 1961 (engl. 1964); Lineare Algebra, 7. A. 1975; Einführung in d. Lineare Algebra, 2. A. 1974; Vektoranalysis I u. II, 1974 u. 1976 - Mitgl. Braunschweig. Wiss. Ges.

KOWAR, Johann
Präsident Richterkomitee d. Intern. Schützen-Union - Salzstadelpl. 1, 8450 Amberg - Geb. 10. April 1920 Amberg, kath., verh. s. 1943 m. Elisabeth Seraphine Maria, geb. Heerde, 4 Kd. (Gabriele, Wolfgang, Birgit, Michael) - Oberrealsch., Wingate-Inst., Bayer. Verw.sch. - 12 J. Sportleit. Dt. Schützenbund; s. 1968 Mitarb. in Führungsgremien d. Intern. Schützen-Union; Vors. d. Ehrungsaussch. d. DSB - Erf.: Negativ-Schußlehre, Meßaufl. f. Schießscheiben, Meßspindel f. Scheiben - Ehrenmitgl. Dt. Schützenbund; 1986 Blaues Kreuz d. Intern. Schützen-Union u. BVK I. Kl. - Spr.: Engl., Franz.

KOWATSCH, Klaus
Regisseur, Schausp. - Herderstr. 10, 1000 Berlin 41 - Geb. 10. Juli 1953 Ebermannstadt, Lebensgefährtin: Annick Trellu, 2 Kd. (Yann, Fabian) - Abgeschl. Medizinstud., parallel Theaterkurse Univ. Erlangen - BV: Seiltänzer-Fragmente, 1976; Ubu-Revue, 1984; O König v. Preußen (UA 1980); Mirat: Ludwig, 1986 - Insz.: Handke, Kaspar (Rennes 1976); Voltaire, Candide (Berlin 1980); Schwarze Glut, mittelalterl. Musikspektakel (Berlin 1983); Fo, Mistero Buffo (Berlin 1985); Eisler, Johann Faustus (Reutlingen 1986) sowie Hörspielcassetten - Hauptrollen u.a. in Erich-Kästner-Revue; Kishon, Es war die Lerche; Da Costa, Frédéric et Voltaire; in dt. u. franz. Filmen, u. a. Hitlerjunge Salomon (Golden Globe, 1992) - Liebh.: Musik, Kinder, Küche, alternative Politik - Spr.: Franz., Ital., Engl.

KOZA, Ingeborg
Dr. phil., Univ.-Prof. f. Neueste Geschichte, Didaktik d. Geschichte u. Polit. Bildung Univ.-GH Siegen - Vor der Hurth 17, 5902 Netphen 2 - Geb. 30. April 1939 Bielefeld (Vater: Dipl.-Ing. Hans K.; Mutter: Margarete, geb. Bentfeld) - Staatsex. 1964; Promot. 1965; Habil. 1971 - BV: D. Problem d. Grundes in Heideggers Auseinandersetz. m. Kant, 1967; D. I. dt. Republik im Spiegel d. polit. Memoirenschrifttums, 1971; Völkerversöhnung u. europ. Einigungsbemühen, 1987; Dt.-britische Begegnungen in Unterr., Wiss. u. Kunst 1949-55, 1988.

KOZUSCHEK, Waldemar
Dr. med., o. Prof. f. Chirurgie Univ. Bochum, Chefarzt Chir. Klinik/Knappschafts-Krkhs. ebd. - Alte Str. 61, 5810 Witten-Bommern - Geb. 10. Mai 1930 Gleiwitz/OS. - Promot. 1964 - Zul. Prof. Univ. Bonn. Viele Facharb., auch Bücher.

KRAAK, Bernhard
Dr. phil., em. o. Prof. Dt. Inst. f. Intern. Pädagog. Forschung, Frankfurt (s. 1969) - Ringelbachstr. Nr. 200, 7410 Reutlingen (T. 23 03 44) - Geb. 30. Okt. 1922, ev., verh. s. 1949 m. Liselotte, geb. Seifert, T. Jutta - Dipl.ex. (Psych.) 1952 FU Berlin; Promot. 1956 ebd.; Habil. 1968 Tübingen - 1954-69 Dir. Ev. Höh. Fachsch. f. Soz.päd. Reutlingen; 1968-72 I. Vors. Berufsverb. Dt. Psych. - BV: Auswirkungen von Psych.unterr. auf soz. u. päd. Vorurteile, 1968; Soziale Praxis: Problemlösen u. Entscheiden, 1978; Ausbild. in Psych. f. Nicht-Psychologen, 1979; Berufl. Motivation u. berufl. Verhalten, 1984; D. riskante Weg v. d. Information z. Wissen, 1991 - Spr.: Engl.

KRAATZ, Herbert
Dr. phil., em. o. Prof. f. Allg. Techniklehre u. ihre Didaktik Univ. Hildesheim - Barstenkamp 25, 2300 Molfsee - Geb. 4. März 1922 Eisenach (Vater: Lokführer) - Ltd. Ing. Marine, Nachkriegsstud. z. Volks- u. Realschullehrer, u. Stud. Päd., Psych. u. Kunstwiss. Univ. Kiel - 10 J. Volks- u. Realschullehrer; o. Prof. f. Allg. Techniklehre u. ihre Didaktik Univ. Hildesheim (Dekan, Prorektor, 1977-81 Rektor). Veröff. z. Technikdidaktik, z. Entwicklung v. Wissen, Kreativität u. Verantwortung in e. techn. Grundbildung, üb. Technik als Herausforderung f. d. Allgemeinbildung.

KRABBE, Günter

Dr. phil., Schwarzafrika-Korrespondent d. FAZ, Vors. Verb. d. Auslandspresse Westafrikas (1960-64), u. Vors. Verb. d. Auslandskorresp. Ostafrikas, Nairobi (s. 1983) - P.O. Box 25272, Nairobi, Kenia - Geb. 11. Juni 1931 Berlin, jüd., verh. s. 1972 m. Ursula, geb. Mayer, 2 Söhne (David, Gabriel) - 1942-45 versch. Lager - 1950-56 Stud. Berlin; Dipl.-Pol. 1957, Promot. 1991 - 1946-49 Lokalrep. Märk. Volksstimme; 1952-56 Volontär u. Rep. Telegraf. 1956-58 Vors. Intern. Studentenbund ISSF. S. 1959 Ghana, Togo, Nigeria, Rhodesien, Kenia - BV: Afrika - d. and. Kontinent; D. schwarze Familie - Rotarier.

KRABBE, Katrin

Sprinterin, Weltmeisterin 1991 (100 u. 200 m) - Wohnhaft O-2000 Neubrandenburg - Geb. 22. Nov. 1969 Neubrandenburg - 1990 Europameisterin (100, 200 u. 4 x 100 m), 1991 Dt. Meisterin (100 u. 200 m) - 1991 Sportlerin d. Jahres.

KRABS, Otto

Dr. phil., Kreisdirektor a.D., Honorarprof. Univ. Bochum (Abt. f. Sozialwiss.) - Auf dem Rott 5, 4700 Hamm-Rhynern (T. 02385 - 82 22) - Geb. 12. Aug. 1931 Hamm-Mark (Vater: Wilhelm K., Ing.; Mutter: Elfriede, geb. Vogt), ev., verh. m. Annelie, geb. Elvers - Humanist. Gymn.; Stud. Univ. Göttingen, Kiel (Öffentl. Recht, Gesch., Philos.) - 1972 Kreisdir., 1974 Kämmerer - BV: u. a. Kommunale Informationspolitik in ihrer städt. Funktion (in: Festschr. f. Alfred Gleisner), 1974; Öffentlichkeitsarbeit, Presse, Film, Ferns., Werbung (in: Der Kreis, Handb., Bd. II), 1976; D. Standort d. kommunalen Selbstverwaltung in d. Funktionalreform (hg. v. Otto Krabs), 1977; Kernstadt u. ihr Umland, 1978; Kulturpolit. Aufgaben d. Kreise (in: Der Kreis, Handb., Bd. 4b), 1986; Regionale u. lokale Kultur, 1987 (Deutsch-Franz.-Engl.) - Liebh.: Verwaltungsgesch., Reisen, Kunst - Spr.: Lat., Engl.

KRABS, Werner

Dr. rer. nat., Prof. f. Mathematik TH Darmstadt (s. 1972) - Odenwaldstr. 37, 6104 Seeheim 1 - Geb. 25. April 1934 Hamburg - Stud. Math. Hamburg. Promot. 1963; Habil. 1968 - 1970-72 Wiss. Rat u. Prof. TH Aachen. Facharb.

KRACHT, Adolf

Bankkaufmann, Vorstandsvorsitzender d. Gerling-Konzern Versich.-Beteilig.-AG - Gereonshof, 5000 Köln 1 (T. 0221 - 1 44-44 44) - Geb. 6. Mai 1935 Beringstedt.

KRACHT, Friedrich

Dr. jur., Syndikus Th. Goldschmidt AG., Essen - Ahornstr. 39, 4300 Essen-Stadtwald - Geb. 14. Dez. 1928 - Rechtsanw.

KRACHT, Joachim

Dr. med., em. o. Prof. Zentrum f. Pathologie, Univ. Gießen (1968-89) - Langhansstr. 10, 6300 Gießen (T. 7 02-40 76) - Geb. 19. März 1924 Berlin (Vater: Hermann K., Bankbeamter), ev. - Univ. Berlin, Würzburg, Prag, Kiel. Promot. (1947) u. Habil. (1953) Kiel - 1947-49 Pathol. Inst. Univ. Kiel; 1949-54 Tbc-Forschungsinst. Borstel; 1955-68 Pathol. Inst. Univ. Hamburg (Oberarzt; 1959 apl. Prof.). Üb. 290 Fachveröff. - Spr.: Engl., Franz.

KRACHT, Klaus

Dr. phil., o. Prof. f. Japanologie, Dir. Sem. f. Japanol. Univ. Tübingen, Vors. Wiss. Beirat Japan-Kolleg Univ. Tübingen - Paul-Lechler-Str. 14, 7400 Tübingen 1 (T. 07071 - 29-69 85; Telefax 07071-29-3989) - Geb. 17. Aug. 1948 Dinslaken (Vater: Karl-Richard K., Kaufm.; Mutter: Ingrid, geb. Reese), ev., verh. s. 1988 m. Katsumi, geb. Tateno, S. Thorsten - Abit. 1967 Mülheim a. d. Ruhr; 1967-73 Stud. Japanol., Sinol., Gesch., Polit.Wiss. u.a., Univ. Bochum; Promot. (1973) u. Habil. (1982) Bochum - 1973-83 wiss. Angest. Bochum, 1982 Privatdoz. Univ. Bochum - BV: D. Ködökanki-jutsugi d. Fujita Tōko, 1975; Stud. z. Gesch. d. Denkens im Japan d. 17. b. 19. Jh., 1986; Jap. Geistesgesch., 1988; Japanologie an dt.-spr. Univ., 1990. Übers.: M. Kajima, Gesch. d. jap. Außenbeziehungen (1976). Herausg.: Veröff. d. Ostasien-Inst. d. Ruhr-Univ. Bochum (1974-84); Bochumer Jahrb. z. Ostasienforsch. (1978-83); Japan n. 1945 (1979); Transcultural Understanding and Modern Japan (1983); Japan u. Dtschl. im 20. Jh. (1984); IZUMI. Quellen, Stud. u. Materialien z. Kultur Japans (s. 1989) - Spr.: Engl., Franz., Latein, Ital., Span., Chin., Jap., Russ.

KRACHT, Peter

Kaufmann, Vors. Zentralverb. d. Tankstellen- u. Garagengewerbes - Zu erreichen üb.: Zentralverb. d. Tankstellen- u. Garagengewerbes, Dreieichstr. 42, 6000 Frankfurt/M. 70.

KRACKE, Rolf

Dr.-Ing., Prof. u. Direktor Inst. f. Verkehrswesen, Eisenbahnbau u. -betrieb Univ. Hannover (s. 1967) - Appelstr. 9A, 3000 Hannover - Geb. 11. Mai 1932 Berlin - 1957 Schinkel-Preis - Wiss. Beirat BMV, Verw.rat DB.

KRACKOW, Jürgen

Dr. jur., Direktor, Vors. d. Geschäftsf. Arbed Saarstahl GmbH, Völklingen (s. 1985 AR-Mitgl.) - Schumannstr. 100, 4000 Düsseldorf - Geb. 30. Mai 1923 Pitschen/OS. (Vater: Dipl.-Ing. Hanns K., Generaldirektor † 1969 (s. XV. Ausg.); Mutter: Ursula, geb. Gebauer † 1972) - Banklehre; Stud. Rechtswiss. - Bis 1967 Vorstandsmitgl. Berliner Maschinenbau AG. vorm. L. Schwartzkopff, Berlin, dann Vorstandsmitgl. AG. f. Industrie u. Verkehrswesen, Frankfurt/M., 1969-72 Vorstandsmitgl. u. -vors. AG. Weser, Bremen, 1972 (Okt. - Dez./Rücktr.) Vors. d. Gfg. Fried. Krupp GmbH., Essen. Präs. Saarl. Ind.-Verb., Saarbrücken - Spr.: Engl. - Rotarier.

KRADER, Lawrence

Dr. phil., Prof. i. R. f. Ethnologie FU Berlin - Brümmerstr. 52 (Inst.), 1000 Berlin 33 - Geb. 8. Dez. 1919 New York - Promot. 1954 - S. 1958 Ord. Bücher in engl. Spr. u. üb. 200 Einzelarb.

KRAEFT, Wolf-Dietrich

Dr. rer. nat., Dr. rer. nat. habil., o. Prof. f. theoretische Physik Univ. Greifswald (s. 1976) - Schröderstr. 19, O-2500 Rostock (T. 2 27 07) - Geb. 12. April 1934 Starlsund, verh. s. 1960 m. Reingard, geb. Merkel - Dipl. 1958, Promot. 1964, Habil 1968, alles Rostock - Wiss. Mitarb.; 1970 Doz. Univ. Rostock - BV: Theory of bound states and ionization equilibrium (m. W. Ebeling, D. Kremp), 1976; Quantum Statishis (m. D. Kremp, W. Ebeling, G. Röpke), 1986 - Spr.: Engl., Russ.

KRÄMER, Erich

Unternehmensberater - Herrengasse 10, 8860 Nördlingen - Geb. 27. Dez. 1926 - Vors. RG Verpackung im RKW; Vors. FN Verpackung im DIN; Beirat RKW-Technik - Lehrbeauftr. FH München, Rosenheim, Kempten u. Univ. Dortmund; Sachverst. Verpackung; Fachjournalist teli - BVK am Bd.; Gold. DIN-Ehrennadel; Silb. Bürgermed. Stadt Nördlingen; Feuerwehr-Ehrenz. Zahlr. Ämter u. Mitgliedsch. - Liebh.: Klass. Musik, Architektur - Spr.: Engl. - Rotarier.

KRÄMER, Erwin

Dr. rer. nat., Prof. f. Maschinendynamik TH Darmstadt - Isselstr. 12, 6100 Darmstadt 15.

KRÄMER, Erwin

Dr., Prof., Verbandsvors. - Zu erreichen üb.: Deutscher Paritätischer Wohlfahrtsverband, Heinrich-Hoffmann-Str. 3, 6000 Frankfurt/M. - Geb. 20. Aug. 1914 Königsberg/Pr. - 1974 Gründ.rektor u. b. 1982 Leit. Akad. f. Soz.arb. Bregenz. VR-Mitgl. Bethel; Vorst.-Mitgl. Dt. Verein f. öfftl. u. priv. Fürsorge u. Afet - Div. Veröff. z. Sozialpolitik, Sozialpäd. u. Sozialphil.

KRAEMER, Franz

Kaufmann, Ehrenpräs. Bundesverb. d. Dt. Möbelhandels - Zu erreichen üb. Frangenheimstr. 6, 5000 Köln 41; priv.: Koblenz - 1984 BVK.

KRÄMER, Gerd

Fernsehreporter - Hainbuchenweg 24, 7000 Stuttgart-Degerloch (T. 761781) - Geb. 19. Juli 1919 Stuttgart (Vater: Hugo K., Fabrikant; Mutter: Maria, geb. Schwarz), ev., verh. s. 1946 m. Eva, geb. Eckelt, 2 Söhne (Klaus Dieter, Wolf-Ulrich) - Reform-Realgymn. Stuttgart (Abit.), Arbeits-, Wehrdst. u. engl. Kriegsgefangensch. - S. 1945 SDR (Sportfunkleit. u. Reporter) u. ZDF (1962 Leit. Sportredaktion Stuttgart) - BV: D. Ruhm kennt keine Gnade, R. 3. A. 1964; An Tagen, da d. Endspiel war - 60 J. dt. Fußballmeistersch., 1962 (auch ital., span., holl.); Wie fern ist uns Olympia?, 1971. Mitverf.: Wie wir Weltmeister wurden, Düsenjäger d. Asphalts, D. Olymp. Spiele, 1960 - Liebh.: Sportspiele (Autor: D. Mittelstürmer bist du, D. Sportvagabund, Meine Mannschaft macht's) - Spr.: Franz., Engl., Ital.

KRÄMER, Hans Joachim

Dr. phil. (habil.), Prof., Philos. Seminar Univ. Tübingen - Käsenbachstr. 31, 7400 Tübingen 1 - Geb. 26. April 1929 Stuttgart - B. 1963 Univ.-Doz., 1969 apl. Prof. Univ. Tübingen, 1979 C 3 Prof. - BV: Arete bei Platon u. Aristoteles, 1959; D. Ursprung d. Geistmetaphysik, 2. A. 1967; Platonismus u. hellenist. Phil., 1971; Platone e i fondamenti della metafisica, 3. A. 1989; D. Ältere Akad., Ueberwegs Grundriß d. Gesch. d. Phil. 3, 1983; Plädoyer f. e. Rehabilitier. d. Individualethik, 1983; La Nuova Immagine di Platone, 1986. Ca. 40 Abh. u. Aufs. in Serien u. Ztschr. - Lit.: Würdigung FAZ (28.01.1987).

KRÄMER, Herbert

Vorstandsmitglied RWE AG Essen, Oberstadtdirektor a. D. - Sybelstr. 7-9, 4000 Düsseldorf - Geb. 26. August 1931 Freudenberg (Vater: Paul K., Bauuntern.; Mutter: Margarete, geb. Böcking), ev. - Stud. Rechts- u. Staatswiss.; 1. u. 2. jurist. Staatsprüf. 1952-55 Bonn u. Köln - 1964-69 Kreisdirektor Siegen, 1969-73 Stadtdirektor u. Kämmerer, 1974-78 Oberstadtdirektor in Bielefeld, 1978-86 Oberstadtdirektor Duisburg.

KRÄMER, Heribert

Dr. jur. utr., Präsident d. Wehrbereichsverwaltung II Hannover (1984-90) - 3000 Hannover (T. 0511 - 531 22 00) - Geb. 13. Dez. 1926 Koblenz, kath., verh., 2 Söhne - Stud. Rechts- u. Staatswiss. Joh.-Gutenberg Univ; Refer.ex. 1953, Gr. jurist. Staatsprüf. 1956, Promot. 1956 - 1957 Ref. Bundesmin. d. Verteid., 1958 Leitg. Justitiariats u. Pers. Ref. d. 1. Präs. d. Bundesamtes f. Wehrtechnik u. Geschaffung, 1960 Leit. e. Vertragsref., 1962 BMVg-Ref. Verf. Wirtsch., 1964 Ref. f. Personalplanung u. -einsatz im BMVg, 1968 Ministerialrat u. Referatsleit. Aus- u. Fortbild. d. Beamten u. Arbeitnehmer im BMVg, Leit. d. Prüfungsbehörde, 1982 Leitg. Ref. Militärseelsorge Kirchl. Angelegenheiten im BMVg; 1966-76 Mitgl. d. Bundespersonalausch. - 1978 BVK; 1986 BVK I. Kl. - Liebh.: Alpine Wanderungen, Musik.

KRÄMER, Hermann

Dr. iur., Landrat a.D. - Freiherr-v.-Stein-Str. 23, 6000 Frankfurt/M. - Geb. 24. Febr. 1919 Rüdesheim a. Rhein, kath., verh. m. Martha, geb. Rummel, 7 Kd. - 1959-66 Landrat Kreis Bernkastel (Mosel), 1966-79 Landrat Kreis Altenkirchen (Westerwald), 1966-73 Vors. Landkreistag Rheinl.-Pfalz. Begründer d. Cusanus-Ges. Bernkastel-Kues; Vors. d. A. Paul Weber-Ges. Ratzeburg - BV: Im Namen d. Volkes, 1982; A. Paul Weber-Waldbilder, 1985.

KRÄMER, Jan Emerich

Regisseur - Herrmann-Albertz-Str. 155, 4200 Oberhausen 1 (T. 0208-2 20 68) - Geb. 5. Okt. 1951 Düsseldorf (Vater: Dr. Karl Emerich K., Ps. Georg Forestier, Schriftst.), ev., ledig - 1973-80 Stud. Theater-, Film- u. Fernsehwiss., Kunstgesch. u. Niederl. Philol. Univ. Köln - Spr.: Engl., Niederl.

KRÄMER, Johannes

Dr. rer. nat., Prof. f. Landw. u. Lebensmikrobiologie Univ. Bonn (s. 1978) - Meckenheimer Allee 168, 5300 Bonn 1 - Geb. 4. April 1941 Hamm - Zul. Doz. u. apl. Prof. (1976) Bonn (Med. Mikrobiol. u. Immunol.).

KRÄMER, Jürgen

Dr. med., Prof. f. Orthopädie Univ. Bochum (s. 1981) - Gudrunstr. 56, 4630 Bochum - Geb. 5. März 1939 Berlin - Promot. 1964; Habil. 1972 - S. 1971 ltd. Oberarzt Orthop. Klinik D'dorf - BV: Biochem. Veränderungen im lumbalen Bewegungssegment, 1973; Funkt. Behandlung d. Hüftdysplasie, 1975; Bandscheibenbedingte Erkrankungen, 1978; Lehrb. d. Orthopädie, 1983; Bandscheibenschäden, Vorbeugen durch Rückenschule, 1986. 168 gedruckte Einzelarb. - 1973 Hufeland-Preis; 1987 Carl Rabl Preis.

KRÄMER, Julius

Dr. phil., Prof., Hochschullehrer - Horstheider Weg 41a, 4800 Bielefeld 1 (T. 88 96 85) - Geb. 5. Aug. 1928 Gütersloh (Vater: Paul K., Techn. Stadtoberinsp.; Mutter: Margarete, geb. Lückemann), ev., verh. s. 1954 m. Käthe, geb. Haberecht, 3 Söhne (Christoph, Eckhard, Thomas) - 1949-51 Päd. Akad.; 1954-61 Univ. (Erziehungswiss., Psych., Gesch., Sozialgesch.). Promot. 1961 - B. 1961 Volks-, dann Hochschullehrer, jetzt Prof. (1965; Lehrstuhl Schulpäd. u. Allg. Didaktik) Univ. Bielefeld - BV: Erziehung als Antwort auf d. soziale Frage, 1963 - Liebh.: Musik.

KRÄMER, Manfred

Dr. rer. nat., Wiss. Rat, Prof. f. Mathematik Univ. Bayreuth - Neptunstr. 1, 8580 Bayreuth-Aichig.

KRÄMER, Martin

Dr. rer. pol., Hauptgeschäftsf. Afrika-Verein - Geffckenstr. 13, 2000 Hamburg 20 - Geb. 9. Febr. 1931 Endingen (Vater: Philipp K.; Mutter: Fridericke, geb. Risch), kath., verh. s. 1963 m. Helga, geb. Lenhartz, 2 Kd. (Christoph, Dominik) - 1963-71 Dir. Dt. Inst. f. Afrika-Forschg. Mitgl. Americ. Econom. Ass. - BV: Entwicklungen, Entwickl.pol. in Kamerun, 1968. Herausg.: D. Afrika-Wirtsch. 1973/74 (1974) - 1975 Senegal. VO - Liebh.: Schach, Reisen - Spr.: Franz., Engl.

KRÄMER, Peter

Dr. theol., Lic. iur. can., Prof. f. Kirchenrecht u. kirchl. Rechtsgeschichte Kath. Univ. Eichstätt - Altersheimweg 21, 8078 Eichstätt (T. 08421 - 76 95) - Geb. 19. Febr. 1942 Dankerath (Vater: Heinrich K., Reg.-Dir.; Mutter: Elfriede, geb. Göbel), kath. - Theol.-Stud. (Lizentiat 1967 u. 1970, Promot. 1972) - 1967-68 Kaplan; 1972-73 Relig.lehrer; 1975-79 Assist. Univ. Bonn; 1979-80 Oberassist. ebd.; s. 1980 o. Prof. in Eichstätt - BV: Dienst u. Vollmacht in d. Kirche, 1973; Theol. Grundleg. d. kirchl. Rechts, 1977; Warum u. wozu kirchl. Recht?, 1979; Charismat. Erneuer. d. Kirche, 1980; Relig.freiheit in d. Kirche, 1981; Kirche d. freien Gefolgschaft, 1981; D. Selbstverständnis d. kath. Kirchenrechts: Christl. Glaube in mod. Ges. 29, 1982; Menschenrechte - Christenrechte: Ministerium Iustitiae. Festschr. H. Heinemann, 1985; Diözese u. Pfarrei, 1985; D. Recht d. Behindert. auf Ehe u. Familie, 1986; Theolog.-rechtl. Begründung d. Bischofskonfz., 1987; Kein neuer kirchl. Verein? Z. Ordnung f. d. charismatische Erneuerung im Bereich d. Deutschen Bischofskonfz., 1989; Bischofsamt u. synodale Verfass. - D. rechtl. Struktur d. Kirche nach d. II. Vatikan. Konzil, 1989; D. Ordnung d. Predigtdienstes, 1989; D. Bleibende im Wandel, 1990; Kirchenrecht I, Wort-Sakrament-Charisma. Studienbücher Theologie, 1992.

KRAEMER, Rolf-Dieter
Dr. phil., o. Prof. f. Musikpädagogik Univ. Augsburg - Schillstr. 100, 8900 Augsburg.

KRÄMER, Volker
Dr. rer. nat. habil., Prof. f. Kristallographie - Im Letzfeld 11, 7801 Schallstadt-Mengen - Geb. 18. Okt. 1940 Michelstadt - Dipl.-Min. 1966 München, Promot. 1968 München, Habil 1976 Freiburg - 1979 Prof. Freiburg.

KRÄMER, Walter
Dr., Bankier, Sprecher d. Geschäftsleitung J. A. Krebs, Privatbankiers - Münsterplatz 4, 7800 Freiburg/Br. (T. 0761 - 31 90 90) - Geb. 14. Mai 1935 Freiburg/Br. - Banklehre Dt. Bank AG; Stud. d. Volks- u. Betriebswirtsch. Univ. Berlin, München, Freiburg, Bochum u. Duke Univ. Durham N.C./USA.

KRÄMER, Walter
Dr. rer. pol., Prof. f. Wirtschafts- u. Sozialstatistik, FB Statistik Univ. Dortmund (s. 1988) - Fuhrenweg 42, 3050 Steinhude (T. 05033 - 58 78) - Geb. 21. Nov. 1948 Ormont/Eifel, verh. s. 1977 m. Doris, geb. Caspari, 2 Kd. (Denis, Eva) - Stud. Univ. Mainz (Math. u. Wirtschaftswiss.); Dipl. (Math.) 1976; Promot. 1979; Habil. 1984 Wien - 1980-81 Assistenzprof. Univ. of Western Ontario, Kanada; 1982-85 wiss. Ang. Inst. f. Höh. Stud. Wien; 1985-88 Prof. FB Wirtschaftswiss. Univ. Hannover; s. 1988 Prof. Univ. Dortmund - BV: Mehrere Bücher zu Sozialpolitik u. Statistik; üb. 50 Aufs. in nationalen u. intern. Fachztschr.

KRÄMER, Werner
Dr. phil., Prof., Präsident a. D. Dt. Archäolog. Institut (1972-79) - Klopstockstr. 5, 6200 Wiesbaden - Geb. 8. März 1917 Wiesbaden (Vater: Dr. Max K., Studienrat; Mutter: Martha, geb. Reichwein), kath., led. - Promot. München - 1947-56 Bayer. Landesamt f. Denkmalpflege, München (Abt.dir.); 1956-72 I. Dir. Röm.-German. Kommiss. DAI, Frankfurt/M. - Mitgl. DAI, Royal Irish Acad., Soc. of Antiquaries London, Schweiz. Ges. f. Urgesch., Inst. Italiano di Preistoria e Prostoria, Jugosl. Archäol. Ges., Brit. Acad. London, Bayer. Akad. d. Wiss. (korr.), Österr. Anthropol. Ges., Prehistoric Soc. of Great Brit., Wiss. Ges. Johann Wolfgang Goethe-Univ., Österr. Archäol. Inst., Koninkl. Acad. v. België, Wiss. Ges. Berlin - Gr. BVK; Bayer. VO; Leibniz-Med. Akad. d. Wiss. u. d. Lit., Mainz.

KRÄMER, Wilhelm
Dr.-Ing., Prof. f. Bauphysik, insb. Schall- u. Wärmeschutz, GH Siegen - Wollsbachstr. 9, 5900 Siegen 21.

KRÄMER-BADONI, Thomas
Dr. phil., Prof. f. Sozialwissenschaften (Schwerp.: Stadt- u. Regionalsoziol.) Univ. Bremen - Humboldtstr. 148, 2800 Bremen - (Vater: Dr. phil. Rudolf K.-B., Schriftst. †1989, s. XXVIII. Ausg.).

KRAENKEL, Gustav
Automobilkaufm., gf. Gesellschafter Autodienst Hermani, Vertr. Daimler Benz AG, Frankfurt, Mitgl. Vertr.-Aussch. Daimler Benz AG, Motor-Journalist - Albert-Schweitzer-Str. 76, 6000 Frankfurt 56 (T. 503404) - Geb. 28. Febr. 1920 Berlin (Vater: Gustav K., Kaufm.; Mutter: Maria, geb. Zevelevska), kath., verh. s. 1966 m. Sibylle, geb. Späing, 2 Kd. (Alexander, Esther) - 1937 Prinz-Heinrich-Gymn., Berlin; Stud. Düsseldorf (Betriebs-, Volksw.slehre, Rechtswiss.) - Komturkreuz Orden Santa Maria, Bologna u. Großkr. Knight of Malta; Kriegsausz. - Liebh.: Politik, Kulturgesch., Sport - 1937 Reichssieger 3 Tage Motorrad-Geländefahrt; 1938 Dt. Eishockey Junioren-Meister - Spr.: Engl.

KRÄNZLE, Hansjörg
Dipl.-Kfm., Geschäftsführer Dt. Airbus GmbH, zuständig f. Vertrieb, Flugzeugbetreuung u. Product Support - Kreetslag 10, 2103 Hamburg 95 (T. 74 37-0) - Geb. 27. Nov. 1936 Tübingen.

KRÄNZLEIN, Arnold
Dr. jur. utr., em. o. Univ.-Prof. Hauptarb.geb. Altgriech. Recht, Röm. Stadtrechte u. R. d. griech. Pap.Urkund. - Ziegelstr. 9u, A-8045 Graz/Österr. (T. 0316 - 64 41 23) - Geb. 26. März 1921 Berlin (Vater: Dipl.-Ing. Hermann K., Regierungsrat; Mutter: Charlotte, geb. Hellwig), verh. s. 1949 m. Ilse, geb. Mannigel, 3 Kd. (Sabine, Ute, Harald) - Gymn. Berlin; n. Kriegsdst. Univ. Erlangen (Promot. 1951, Ass.Ex. 1952), Habil. (Röm. Recht, Antike Rechtsgesch., Zivilrecht) Univ. Würzburg 1959 - Rechtsanw. Würzburg, s. 1952 Wiss. Assist. Univ. Würzburg, 1961 Priv.doz., s. 1965 ao. u. o. Prof. (1967) f. Röm. Recht Univ. Graz, Dekan 1972/73, Rektor 1974/75 - BV: Eigentum u. Besitz im griech. Recht d. 5. u. 4. Jh. v. Chr., 1963. Zahlr. Fachbeitr. Sammelw. u. Ztschr.

KRÄTTLI, Joseph
Vorstandsvorsitzender Eternit AG, Vors. Verb. d. Faserzement-Industrie - Ernst-Reuter-Platz 8, 1000 Berlin 10 - Geb. 24. Sept. 1931 Arosa (CH) - Deleg. d. VR Eternit Schweiz; Präs. Schweiz. Faserzementverb.

KRÄUSEL, Wolfgang
Dr. rer. nat., Prof., Geologe u. Paläontologe - Januarisweg 6, 6802 Ladenburg (T. 06203 - 5886) - S. Habil. Lehrtätigk. Univ. Heidelberg (gegenw. Wiss. Rat u. Prof.).

KRÄUSSLICH (ß), Horst
Dr. agr., Dipl.-Ing. agr., D. Dr. h. c., Univ.-Prof., Vorstand Lehrstuhl f. Tierzucht Tierärztl. Fakultät München (s. 1970) - Lärchenstr. 22, 8035 Gauting (T. 089 - 850 31 66) - Geb. 2. Aug. 1926 Fürth am Berg, ev., verh. s. 1954 m. Anneliese, geb. Knie, 2 Kd. (Renate, Hans-Georg) - 1945-47 Landwirtschaftslehre; 1948-51 Stud. TU München (Landwirtsch.); Dipl.; Promot. 1956 TU München - B. 1970 im Bayer. Staatsmin. f. Ernährung, Landwirtsch. u. Forsten München, Ref. f. Rinderzucht - BV: Rinderzucht, 1981 - 1973 Max-Eyth-Med. d. Dt. Landwirtschaftsges.; 1990 Ehrendoktor Agrarwissenschaftl. Univ. Gödöllö, Ungarn u. 1991 Tierärztl. Fak. LMU-München; 1987 Richard Goetze Med. Arbeitsgem. Dt. Rinderzüchter; 1991 Hermann v. Nathusius Med. Dt. Ges. f. Züchtungsk.; 1991 Silb. Staats-Med. Bayer. Staatsmin. f. E. L. u. F. - Liebh.: Bergwandern, Skifahren - Spr.: Engl.

KRAFFT, Alexander
Dr., Prof. f. Bildungsforschung u. -planung Univ. Oldenburg - Bismarckstr. 21, 2900 Oldenburg/O..

KRAFFT, Dietmar Roman
Dr. rer. pol., Prof. Univ. Münster - Wilh.-Raabe-Str. 4, 4400 Münster (T. 02534 - 4 62) - Geb. 28. Mai 1934 Beuthen (Vater: Georg K., Lehrer; Mutter: Magda, geb. Torka) - Dipl.-Kfm. 1960 Univ. Münster, Promot. 1963 ebd. - 1960-71 Wiss. Assist., 1971ff. o. Prof. Vorst. Inst. f. wirtsch.- u. sozialwiss. Bildung, Münster - BV: Fernkurs Wirtschaftslehre/Berufskd., 15 Bde., 1975-81; Studienmaterial Wirtschaftswiss., 5 Bde.

1991/92 - Interesse: Förder. d. Wirtschaftsbild., Wirtschaftl. Transformation Osteuropa - Spr.: Engl.

KRAFFT, Fritz
Dr. phil., Prof. f. Geschichte d. Pharmazie Univ. Marburg (s. 1988) - Zu erreichen üb. Inst. f. Gesch. d. Pharmazie, Roter Graben 10, 3550 Marburg (T. 28 28 28) - Geb. 10. Juli 1935 Hamburg (Vater: Carl K., Beamter; Mutter: Frida, geb. Hamann), ev., verh. in 2. Ehe s. 1969 m. Astrid, geb. Wagner, 3 Kd. (Angela, Andreas (1. E.); Birte) - Human. Gymn. Lübeck, Hamburg; Stud. d. Klass. Philol., Phil. u. Gesch. d. Naturwiss. Univ. Hamburg. Promot. 1962, Habil. 1968, bde. Hamburg - 1962-70 Wiss. Assist., bzw. Oberassist. Inst. f. Gesch. d. Naturwiss. Univ. Hamburg; 1970-88 Prof. f. Gesch. d. Naturwiss. Univ. Mainz. 1964-67 Vorst. Dt. Ges. f. Gesch. d. Med., Naturwiss. u. Technik, 1971-86 DFG-Senatskommiss. f. Humanismusforsch., s. 1974 Wiss. Beirat u. 1977-83 Präs. Ges. f. Wiss.gesch., 1981-89 Präs. Nationalkom. Bundesrep. Dtschl. in d. Intern. Union f. Gesch. u. Phil. d. Wiss. (Abt. Gesch. d. Wiss.); o. Mitgl. Acad. Intern. d'Histoire des Sciences, Dt. Akad. d. Naturforscher Leopoldina - BV: Vergl. Untersuchungen zu Homer u. Hesiod, 1963; Bau u. Bildung d. Weltalls, 1967 (m. B. Sticker); Otto von Guerickes sog. Magdeburger Versuche üb. d. leeren Raum, 1968 (m. H. Schimank u. a.); Dynam. u. stat. Betrachtungsweise in d. antiken Mechanik, 1970; Gesch. d. Naturwiss. Bd. 1, 1971; Naturwiss. Texte b. Kindler Bd. 1-7, 1971/72; Intern. Kepler-Symposium Weil d. Stadt 1971, 1973 (m. B. Sticker u. a.); Mathem. u. Naturwiss. a. d. Joh. Gutenberg-Univ., 1977; D. Verhältn. d. Humanisten zum Buch (m. D. Wuttke), 1977; Otto von Guericke, 1978; Humanismus u. Naturwiss., 1980 (m. R. Schmitz); Im Schatten d. Sensation - F. Straßmann, 1981; Naturwissenschafts- u. Technikgesch. in d. BRD u. in West-Berlin 1970-80, 1981, u. 1981-84, 1985; D. Selbstverständnis d. Physik im Wandel d. Zeit, 1982; Große Naturwissenschaftler - Biogr. Lex., 2. A. 1986. Herausg.: Berichte z. Wissenschaftsgesch. (1978ff.) - Spr.: Engl.

KRAFFT, Olaf
Dr. rer. nat., Dipl.-Math., o. Prof. TH Aachen (s. 1975) - Morinerweg 8, 5100 Aachen - Geb. 7. Jan. 1939 Beuthen/OS (Vater: Georg K., Lehrer; Mutter: Magdalena, geb. Torka), kath. - Stud. Univ. Münster; Dipl.ex. 1964; Promot. 1965; Habil. 1970, alle Münster - 1972-75 o. Prof. Univ. Hamburg. Fachmitgl.sch.

KRAFFT, Peter
Dr. phil., Prof., Klass. Philologe - Westenstr. 117a, 8078 Eichstätt - B. 1972 Privatdoz., 1976 apl. Prof. Univ. Bonn, 1978 o. Prof. Univ. Eichstätt.

KRAFT, Alfons
Dr. jur., o. Prof. f. Bürgerl. Recht, Handels-, Arbeits- u. Zivilprozeßrecht - Universität, 6500 Mainz - Geb. 29. Okt. 1928 - S. 1962 (Habil.) Lehrtätigk. Univ. Erlangen-Nürnberg, TH Darmstadt (1964 Ord.), Univ. Mainz (1967 Ord.) - BV: Interessenabwägung u. gute Sitten im Wettbewerbsrecht, 1963; D. Führung mehrerer Firmen, 1966; Warenzeichengesetz, Komm. 1967 (m. Storkebaum); Patent u. Wettbewerb in d. BRD, 1972; Kölner Kommentar z. Aktiengesetz, 2. A. 1986ff. (Mitarb.); Gemeinschaftskommentar z. Betriebsverfass.gesetz, 4. Bd. 1 1987 (m. Fabricius, Kreutz, Thiele, Wiese); Lernbuch Gesellschaftsrecht, 6. A. 1985; Soegel-Siebert, Komment. z. BGB, 11. A., §§ 611-630.

KRAFT, Colman W.
Univ.-Prof. - Dahlemer Web 71b, 1000 Berlin 37 - Geb. 23. Juni 1931 - Abt. f. Sprache, JFK-Inst., FU Berlin.

KRAFT, Ernst
Präsident a. D. Bundesbahndirektion Essen - Mirabellstr. 3, 8070 Ingolstadt-Mailing (T. 0841 - 3 64 37) - Geb. 5. Jan. 1921 Ansbach/Mfr. (Vater: Heinrich K., Kaufm.; Mutter: Lina, geb. Dingfelder), ev., verh. s. 1965 m. Ilse-Dore, geb. Pestel, S. Harald - 1946-49 Univ. Erlangen (Rechts- u. Wirtschaftswiss.). Gr. jurist. Staatsprüf. 1953 München - S. 1953 Dt. Bundesbahn (Nürnberg, Mainz, Hamburg, Stuttgart, München, Essen, Frankfurt/Hauptverw.). Div. Mand. - Liebh.: Klass. Musik (spielt Geige), Kunstgegenst. - Spr.: Franz., Engl.

KRAFT, Ernst
Former, MdL Nordrh.-Westf. (s. 1975) - Berliner Str. 1a, 4714 Selm (T. 02592 - 1608) - Geb. 25. Mai 1924 - CDU.

KRAFT, Ewald
Dr. med. dent., o. Prof. f. Zahnheilkunde - Hauschildstr. 3, 8000 München 71 (T. 79 78 22) - Geb. 16. Aug. 1922 Neu-Ulm/Donau (Vater: August K., Postbeamter; Mutter: Emmy, geb. Hilbrecht), ev., verh. s. 1951 m. Margret, geb. Seibel, 2 Söhne (Joachim, Ulrich) - 1947-50 Univ. Marburg (Zahnheilkd.). Promot. 1951 Marburg; Habil. 1959 Kiel - S. 1959 Lehrtätigk. Univ. Kiel (1964 apl. Prof.) u. München (1967 ao., 1968 o. Prof., Dir. Poliklinik f. Zahnärztl. Prothetik, 1969/70 Dekan d. Med. Fakultät). Emerit. 1990. Veröff. z. Physiol. d. Kauorgans, spez. Grundlagenforsch. z. Prothetik - 1974 Fellow d. Intern. College of Dentists; 1988 Ehrenmitgl. d. Dt. Ges. f. zahnärztl. Prothetik u. Werkstoffkd. - Liebh.: Reiten - 1963 Gold. Sportabz.

KRAFT, Gisela
Dr. phil., Schriftstellerin (Lyrik) - Trautenaustr. 8, 1000 Berlin 31 (T. 861 48 97) - Geb. 28. Juni 1936 Berlin - Stud. Islamwiss. - Vors. Neue Ges. f. Lit. Berlin. Übers. türk. Lyrik - BV: E. Nachts in d. Zeit, Ged. 1979; Itanbuler Miniaturen, Ged. 1981; (aus d. Türk.:) Nazim Hikmet, Epos v. Scheich Bedreddin, 1977; Aras Ören, Dtschl. e. türk. Märchen, Ged. 1979; Istanbuler Miniaturen, Ged. 1981.

KRAFT, Günther
Dr. rer. nat., habil. Chemiker, Honorarprof. Univ. Frankfurt/M. - Hans-Thoma-Str. 6, 6242 Kronberg/Ts. - Geb. 16. April 1923 Kehmstedt/Thür. - Promot. 1953; Habil. 1971 - U. a. Leit. Analyt. Labor./Metallges. AG., Frankfurt - BV: u. a. Elektr. Meth. in d. Chem. Analyse, 1962; Indikation v. Titrationen, 1972; Analysis of Non-Metals in Metals, 1981. Üb. 80 Aufs. - Ehrenmitgl. d. Ges. Dt. Metallhütten- u. Bergleute.

KRAFT, Hanspeter
Dr. phil., Prof. f. Math. - Zu erreichen üb. Math. Inst. Univ. Basel, Rheinsprung 21, CH-4051 Basel - Geb. 29. Febr. 1944 Basel.

KRAFT, Heinrich
D. theol., o. Prof. f. Kirchengeschichte -

Hamburger Landstr. 40, 2300 Kiel-Schulensee (T. 65416) - Geb. 1. Juli 1918 - 1954 Doz. Univ. Heidelberg, 1958 ao., 1963 o. Prof. Univ. Kiel - BV: Kaiser Konstantins religiöse Entwickl., 1955; Clavis Patrum Apostolicorum, 1964; D. Offenbarung d. Johannes, 1974; D. Entstehung d. Christentums, 1981; Einführung in d. Patrologie, 1991. Kirchenväterausg., Übers. u. a.

KRAFT, Helmut

Dr. med. vet., Prof. f. Innere Tiermedizin u. gerichtl. Tiermedizin - Am Blütenanger 23, 8000 München 50 - Geb. 27. Dez. 1927 Nürnberg (Vater: Konrad K., Dir.; Mutter: geb. Laurer), verh. m. Eleonore, geb. Prenzel, 3 Kd. (dar. Sohn) - Stud. München u. Zürich - S. 1954 Univ. München/Tierärztl. Fak. Üb. 100 Fachveröff. - 1983 BVK - Liebh.: Musik, Briefm.

KRAFT, Herbert

Dr. phil., o. Prof. f. Neuere dt. Lit.geschichte u. Dir. Germ. Inst. Univ. Münster (s. 1972) - Elsa-Brandström-Str. 9, 4416 Everswinkel (T. 02582 - 4 12) - Geb. 5. Juni 1938 Walsum - Gymn. Adolfinum Moers; Stud. Univ. Tübingen, Newcastle/GB (Germ., Angl., Phil., Päd.); Promot. 1962 Tübingen; Habil. 1970 ebd. - Wiss. Assist. (1963) u. Doz. (1970) Univ. Tübingen - BV: Schillers Kabale u. Liebe - D. Mannheimer Soufflierb., 1963; Poesie d. Idee - D. trag. Dicht. Friedr. Hebbels, 1971; Kunst u. Wirklichk. i. Expressionism., 1972; Kafka - Wirklichk. u. Perspektive, 1972; D. Geschichtlichk. lit. Texte - E. Theorie d. Edition, 1973; D. Schicksalsdr., 1974; D. lit. Werk v. Walter Jens, 1975; Um Schiller betrogen, 1978; Mondheimat - Kafka, 1983; "Mein Indien liegt in Rüschhaus", 1987; Editionsphilol., 1990; Someone like K. - Kafka's Novels, 1991. Herausg. (Schiller, A. Streicher, J. H. Merck, Hoffmann, Hebbel).

KRAFT, Kurt

Dr. phil., Prof., Chemiker - Im Gabelacker 8, 6900 Heidelberg (T. 41 20 94) - Geb. 22. Jan. 1907 Nürnberg (Vater: Dr. Leo K., Chemiker; Mutter: Iden, geb. Koch), ev., verh. s. 1944 m. Susanne, geb. Freudenberg (in 1. Ehe m. Gertrud, geb. Ritz 1938 verw.), 2 Töcht. (Andrea, Cornelia), 3 Kd. - Altes Gymn. Würzburg; Univ. Heidelberg, Berlin (Dipl.-Chem. 1930), München (Promot. 1932), Göttingen. Habil. 1935 München - 1932-37 (Assist. Chem. Univ.labor. Göttingen u. München, dann Leit. Forschungsabt. u. Vorst.-Mitgl. (1948) Knoll AG, Chem. Fabriken, Ludwigshafen. 1972-75 Vors. Gesellschafteraussch. Carl Freudenberg KG, Weinheim, 1957-72 pers. haft. Gesellsch. S. 1942 Privatdoz. u. apl. Prof. (1953) Univ. Heidelberg (Chemie). 1973-81 Vors. Univ.sges. Heidelberg. Patente auf d. Arzneimittelgebiet. Mitarb.: Ludwigshafener Chemiker (Kap.: Albert Knoll) - 1967 Ehrensenator TH Karlsruhe (jetzt Univ.) - Spr.: Engl.

KRAFT, Lothar

Dr. phil., Hauptgeschäftsführer Konrad-Adenauer-Stiftg., St. Augustin (s. 1984) - Karmeliterstr. 27, 5300 Bonn 3 - Geb. 18. Okt. 1935, kath., verh. s. 1969 m. Oberstud.-Rätin Margret, geb. Cordes, Sohn Tobias - Abit. 1954 Lindau; 1954/55 Kirchenmusiksch. Regensburg; 1955-59 Stud. Phil., Musikwiss., Soziol., Wirtschaftswiss. Univ. München u. 1959-62 Univ. Bonn (Promot.) - 1962-64 Assist.; 1964-69 Mitarb. CDU-Bundesgeschäftsst., dann Bundessekr. Junge Union Dtschl.; 1969-74 Vertr. Adenauer-Stiftg. Brasilien; 1974-84 Leit. Inst. f. Intern. Solidarität d. K.-Adenauer-Stiftg.; s. 1984 Hauptgf. s.o. - BVK; Brasilian. Orden - Liebh.: Musik - Spr.: Portug., Span., Engl.

KRAFT, Siegfried

Kanzler d. Univ. Heidelberg - Seminarstr. 2, 6900 Heidelberg (T. 54-21 00/01).

KRAFT, Sigisbert

Dr. theol., Bischof Katholisches Bistum d. Alt-Katholiken in Dtschl. - Gregor-Mendel-Str. 28, 5300 Bonn 1 (T. 0228 - 23 22 85) - Geb. 7. Sept. 1927, alt-kath., verh. m. Erentrud, geb. Sprenzel, 4 Kd. - 1962-85 Pfarrer, ab 1976 auch Dekan in Karlsruhe; b. 1985 Doz. f. Liturgiewiss.; 1985 Bischofsweihe - Veröff. z. Liturgiewiss. u. ökum. Themen.

KRAFT, Volker

Dr. med. vet., apl. Prof. FU Berlin, Leit. Arbeitsgr. Mikrobiol. Zentralinst. f. Versuchstierzucht, Hannover - Hermann-Ehlers-Allee 57, 3000 Hannover 91 (T. 0511 - 49 60 40) - Geb. 5. Mai 1941 Berlin (Vater: Dr. med. Gerhard K., Arzt u. Apotheker; Mutter: Friedel, geb. Wickel), ev., verh. s. 1969 m. Regine, geb. Tasche, 2 Kd. (Alexander, Anne) - Stud. FU Berlin; Staatsex. Veterinärmed. 1969, Promot. 1971, Habil. 1977, alles FU Berlin - 1975 Fachtierarzt f. Geflügel, Mikrobiologie u. 1982 f. Versuchstiere; ab 1984 apl. Prof. FU Berlin. Forschungsschwerp.: Virusinfektionen b. Versuchstieren u. d. Geflügels - Liebh.: Musik (Klavier) - Spr.: Engl.

KRAFT, Wolfgang

Dr., Präsident Hess. Finanzgericht Kassel - Ständepl. 19, 3500 Kassel.

KRAGES, Hermann D.

Holzkaufm., Alleingesellsch. Krages GmbH., Bremen - Giacometti 100, CH-7 Chur/Schw. - Geb. 7. Okt. 1909 Bremen (Vater: Louis K., Holzkfm.), verh. m. Ingeborg, geb. Honold (Inh. Hermann D. Krages Faserplattenwerk, Scheuerfeld/Sieg., Thermopal-Werk Ingeborg Krages, Leutkirch/Allg., Honold & Co., Bremen), 3 Söhne, 2 Töcht. - 5 J. Kriegsdst. (Flak.).

KRAGLER, Otto

Geschäftsführender Vorsitzender Verb. Dt. Heimat- u. Volkstrachtenvereine, u. Landesverb. Bayer. Heimat- u. Volkstrachtenvereine, München - Dorotheenstr. 21, 8000 München 82 (T. 089 - 439 44 48) - Geb. 24. Nov. 1924 München, kath., verh. s. 1950 - Vors. Biergerl-Theater u. Trachtenvereinig. Alt-München. Schriftleit. Trachtenzeitung - Med. in Silb.: München leuchtet, d. Freunden Münchens; BVK am Bde.; Verdienstmed. d. Dt. Heimatbundes, Bonn.

KRAH, Franz

I. Bürgermeister Stadt Pocking (s. 1967) - Rathaus, 8398 Pocking/Ndb. - Geb. 4. Juli 1920 Pocking - Zul. Amtsrat. SPD.

KRAHÉ, Paul

Präsident u. Generalsekretär Nothelfergemeinsch. d. Freunde - Auf d. Körnerwiese 5, 6000 Frankfurt/M..

KRAHL, Hartmut

Dr. med. habil., Prof., Orthopäde (Sportmedizin) - Girondellenstr. 26, 4300 Essen 1 - Ltd. Arzt Orthop. Klinik Alfried Krupp Krkhs. Sportmed. Inst. Essen e.V.; apl. Prof. Univ.-GH Essen; Verbandsarzt Dt. Tennis-Bund, Dt. Leichtathletik-Verb.

KRAHL, Hilde

Schauspielerin - Zu erreichen üb. Agentur Pilecki, Oettingenstr. 46, 8000 München 22 - Geb. 10. Jan. 1917 Brod/Save, verh. s. 1944 m. Wolfgang Liebeneiner (Regiss.) †1987, T. Johanna (Schausp.) - U. a. Theater in d. Josefstadt Wien, Dt. Theater Berlin, Kammersp. Hamburg, Burgtheater Wien. Bühne: Maria Magdalena, Nora, Maria Stuart u. Hauptrollen in Stücken v. Wilder, Anouilh, Sartre, Shaw, Brecht u. a. Film: Mädchenpensionat, Serenade, D. Postmeister, D. Weg zu Isabell, D. andere Ich, Komödianten, Anuschka, Meine Freundin Josefine, Großstadtmelodie, Träumerei, D. Gesetz d. Liebe, Liebe 47 (1949 Preis Filmfestsp. Locarno), Schatten d. Nacht, Meine Nichte Susanne, Wenn e. Frau liebt, Weiße Schatten, D. Weibsteufel, Herz d. Welt, D. Tor z. Frieden, 1. April 2000, Hochstaplerin d. Liebe, D. Mücke, Ewiger Walzer, Kinder, Mütter u. e. General, E. Frau genügt nicht?, Geheimnis e. Ärztin, Nacht d. Entscheidung, Mein Vater, d. Schauspieler, D. Glas Wasser (1961 Bundesfilmpreis/Filmband in Gold u. Preis d. Dt. Filmkritik), 90 Min. n. Mitternacht, Heute kündigt mir mein Mann; Fernsehen: u. a. D. Kaktusgarten, Duett im Zwielicht, Aus Mangel an Beweisen - 1964 Josef-Kainz-Med. Stadt Wien; 1966 Hersfeld-Preis; 1961 u. 80 Bundesfilmpreis/Filmbd. in Gold; 1983 BVK.

KRAHL, Paul

Dr. rer. nat., Prof. f. Allg. u. Anorgan. Chemie GH Paderborn - Geroldstr. 57, 4790 Paderborn/W. - Stud. Chemie.

KRAHL, Peter

Dr. med., Prof., HNO-Arzt - Hasencleverstr. 3, 5630 Remscheid (T. 342550) - Geb. 16. Dez. 1922 Berlin - S. 1957 (Habil.) Privatdoz. u. apl. Prof. (1964) Univ. Heidelberg (HNO-Heilk.). Veröff. u. Vorträge.

KRAHNEN, H. Joachim

Dr. rer. pol., Prof., gf. Gesellschafter Allgemeine Kapitalunion GmbH - Merianstr. 4, 6242 Kronberg/Ts. (T. 06173 - 18 28) - Verh., 4 Kd. - Versch. AR- u. Beirats-Mand.

KRAIKER, Gerhard

Dr. phil., Prof. f. Gesellschafts- u. Staatstheorie Univ. Oldenburg - Hartenscher Damm 81, 2900 Oldenburg - Leit. d. Fritz-Küster-Archiv f. Gesch. u. Lit. d. Friedensbewegung u. d. Forsch.-stellen Carl von Ossietzky u. Kurt Tucholsky - BV: Veröff. z. Entstehungsgesch. d. Bundesrep., z. polit. Ideengesch. d. Reform d. § 218, z. Carl von Ossietzky.

KRAINER, Alfred

Dr.-Ing., Dipl.-Berging., Sprecher d. Vorst. Clouth Gummiwerke AG., VRs-präs. IMAS AG., Griechenland (s. 1973) - de-Vries-Str. 8, 5000 Köln 60 - Geb. 27. Juni 1926.

KRAKAU, Knud

Dr. jur., o. Prof. f. Neuere Geschichte m. bes. Berücks. d. amerik. Gesch. FU Berlin (s. 1974) - Dürerstr. 31, 1000 Berlin 45 - Geb. 25. Juni 1934 Stettin - M.P.A. 1959 (Harvard/USA); Promot. 1967, Habil. 1972 - BV: Missionsbewußtsein u. Völkerrechtsdoktrin in d. Vereinigten Staaten v. Amerika, 1967; D. kuban. Revolution u. d. Monroe-Doktrin, 1968; Feindstaatenklauseln u. Rechtslage Deutschl. n. d. Ostverträgen, 1975. Herausg. (m. W.P. Adams) u. Verf.: Deutschl. u. Amerika-Perzeption u. hist. Realität (1985). Herausg. u. Verf.: Lateinamerika u. Nordamerika: Politik, Gesellschaft, Wirtschaft im historischen Vergleich (1992). Zahlr. Aufs. in wiss. Ztschr. zu Völkerrecht, Gesch. u. Außenpolitik d. USA.

KRAKAU, Willi

Kaufmann - Trentelmoorweg 40, 3150 Peine-Stederdorf (T. 05171 - 31 37) - Geb. 4. Dez. 1911 Schönebeck/Elbe, verh. s. 1938 m. Hildegard, geb. Schmidt, T. Monika - Realgymn. Magdeburg, Handelssch., 1937 Webereisch. m. Abschl. Berlin - 1954/55 Gausportleit. ADAC Niedersachsen; 1954-56 Mitgl. Oberste Natinale Sportbehörde/Automobilsport - 1931/32 Konstruktion e. Landskiffers u. Selbstbau - 1928-39 Rennruderer; 1932 Hollandbecher im Einer, 1936 Mitgl. Skuller-Olympia-Mannschaft in Berlin; 1931-35 Skilangläufer (Gewinner einiger Langläufe); 1932-39 Felskletterer; 1947-53 Automobil-Rennfahrer Formel I u. II; 1950 1. Dt. Teiln. an e. Grand Prix in Monza/Italien - 1932 Goldplakette Stadt Magdeburg u. Stadt Dessau f. sportl. Leistungen; Gold. Ewald-Kroth-Med. ADAC m. Eichenlaub; Silb. Fahrernadel ADAC - Liebh.: Bau hist. Schiffsmodelle, Sammlg. v. Flaschenschiffen u. Spritzgußschiffen, priv. Schiffmuseum (800-900 Modelle) - Spr.: Franz.

KRALL, Heribert A.

Dipl.-Ing., Dr.-Ing. E. h. - Lerchenweg 23, 8700 Würzburg - Geb. 16. März 1928 Süchteln (Vater: Hubert K., Lehrer; Mutter: Maria, geb. Hübges), kath., verh. m. Waltraud, geb. Niedenthal, S. Berthold - Stud. TH Aachen (Dipl.-Ing.); 1988 Ehrenpromot. TH Aachen - 1971-74 Präs. Verein Dt. Gießereifachleute. Zahlr. Patente f. horizont. Stranggießen - Spr.: Engl.

KRALL, Lothar

Oberst d. R., MdL Rhld-Pfalz a.D. (b. 1983), MdB a.D. - Akazienweg 61, 5400 Koblenz-Karthause - Geb. 15. Jan. 1924 Winningen/Mosel, ev., verh., 2 Töchter - Abit. 1942 - 1942 b. 1945 Luftwaffe (Jagdflieger, zul. Ltn.). 1948 ff. Univ. Mainz (Stud. Rechtswiss.), 1951-56 Bundesgrenzschutz (u. a. Sportlehrer), ab 1956 Bundeswehr (Flugzeug-, Hubschrauberf., Staffelkapt., Batl.skdr.; 1970 Oberst). 1970-76 Bundestag. FDP s. 1960.

KRALLE, Hendrik

Dirigent, Komponist, 1. Kapellmeister Brandenburgisches Staatstheater Cottbus (s. 1990) - Abt Richard Str. 1, 5568 Daun (T. 06592 - 76 47) - Geb. 26. Sept. 1951 Halle, ev., led., 2 Kd. (Stefan, Juliane) - Hochsch. f. Musik Leipzig, Staatsex. Flötist; 1968-73 Hochsch. f. Musik Berlin, Staatsex. Dirig. b. Prof. H. Fricke, Staatsex. Komponist b. Prof. Hohensee - 1973-79 Flötist Neubrandenburg. Philharmonie; 1979-86 Kpm. u. Musik. Oberleit. Dt. Folkloreensemble; 1986-89 Kpm. u. amt. Musik. Oberleit. Staatsoperette Dresden; 1. Kpm. Brandenburg - Aufführ.: alle wichtigen Opern v. Mozart, Strauß, Verdi, Puccini u.a. sowie e. umfangreiches Operettenrepertoire - Liebh.: Fotografie, Hochgebirgswanderungen, Kochen - Spr.: Ital., Engl., Russ.

KRAMANN, Bernhard Heinrich

Dr. med., Prof., Direktor Abt. f. Radio-Diagnostik Univ. Saarbrücken - Zu erreichen üb. Radiol. Universitätsklinik, Abt. Radio-Diagnostik, 6650 Homburg/Saar - Geb. 25. April 1940, verh. - Staatsex. 1966 Hamburg; Ausb. z. Facharzt; Habil. Klinikum rechts d. Isar TU München.

KRAMARZ, Joachim

Dr., Oberstudiendirektor - Kufsteiner Str. 8, 1000 Berlin 62 (T. 030 - 854 60 85) - Geb. 5. Juli 1931 Gleiwitz/Oberschles., kath., verh. s. 1956 m. Eleonore, geb. Bohmann, 3 Töcht. (Susanna, Judith, Ruth) - Stud. Schulmusik, German. u. Theaterwiss. FU Berlin u. Hochsch. f. Musik Berlin - Dir. Marie-Curie-Gymn. Berlin-W'dorf; Vors. Dt. Philologenverb. LV Berlin/Brandenburg; Vizepräs. Intern. Assoz. d. Theaterbesucherorg. (IATO); div. weit. Funktionen auf Ld.- u. Bundesebene - BV: D. Streichquartett, 1961; Stauffenberg, 1965. S. üb. 25 J. Theaterkritiken in Theaterrundschau - 1980 BVK - Liebh.: Sammlung v. Masken u. Theaterfiguren aus aller Welt - Spr.: Engl.

KRAMER, Friedrich-Wilhelm

Chefredakteur Norddeutscher Rundfunk (Hörfunk) (s. 1990) - Rothenbaumchaussee 132-134, 2000 Hamburg 13 (T. 040 - 41 56 24 22) - Geb. 20. Sept. 1947 Braunschweig, verh. s. 1976 m. Julia, geb. Paziak, 2 Töcht. (Susanne, Anja) - Stud. Polit. Wiss. u. Kommunikationswiss. in Braunschweig, Berlin u. Hamburg - 1970-78 Redakt. b. RIAS u. NDR sowie fr. Journalist; 1978-80 stv. Senatspressesprecher Hamburg; 1980-85 Erster Redakt. b. NDR; 1985-88 ARD-Korresp. in Warschau; 1988/89 stv. Leit. d. Hauptabt. Politik b. NDR - BV: Unbekannter Nachbar Polen, 1990 - 1976 Kurt-Magnus-Preis - Liebh.: Lesen, Schreiben, Tennis - Spr.: Engl., Franz., Poln.

KRAMER, Fritz

Staatsanw. a. D., MdL Hessen (1970-73). Landrat - Im Wolfsgarten 12, 6415 Petersberg - Geb. 5. Febr. 1938 Hindenburg/OS. - Univ. Mainz (Rechtswiss.). Jurist. Staatsex. 1963 u. 67 - S. 1967 hess. Justizdst. (1970 Staatsanw.). CDU s. 1956.

KRAMER, Gerd

Verbandsdirektor, Geschäftsf. Fremdenverkehrsverb. Schleswig-Holstein u. Heilbäderverb. Schlesw.-Holst. - Zu erreichen üb. Fremdenverkehrsverb. Schlesw.-Holst., Niemannsweg 31, 2300 Kiel 1.

KRAMER, Gustav

Dr. rer. nat., o. Prof. f. Physik - Kiefernweg 10, 2083 Halstenbek (T. Pinneberg 41883) - B. 1959 Assist. Univ. Heidelberg, 1959-61 Research Associate Univ. of Minnesota, Minneapolis u. Lawrence Radiation Laboratory, Berkeley, Californien, dann ao. u. o. Prof. (1966) Univ. Hamburg. Facharb. üb. Theoret. Kernphysik u. Theorie d. Elementarteilchen.

KRAMER, Hans

Dr. theol., o. Prof. f. Moraltheologie Univ. Bochum (1976) - Hustadtring 43, 4630 Bochum - Geb. 18. Dez. 1936 Essen - Promot. 1968; Habil. 1973 - BV: D. sittl. Vorentscheidung, 1970; Unwiderrufliche Entscheidungen im Leben d. Christen, 1974; Krankendst. d. Zukunft, 1974; Ethisch denken u. handeln (m. D. Bäuerle), 1980; Ehe war u. wird anders, 1982; Art. z. Moralpsychol. in Fachztschr.

KRAMER, Herbert J.

Dr. med., Med. Univ. Poliklinik, Prof. f. Inn. Med. Univ. Bonn (s. 1976) - Augustastr. 67, 5300 Bonn-Bad Godesberg - Geb. 24. Dez. 1939; Habil. 1972 - Univ. Saarbrücken (1972 Prof.). Fachveröff. - 1973 Theodor-Frerichs-Preis.

KRAMER, Hermann-Josef

Dr. phil., o. Prof. f. Leibeserziehung GH Paderborn - Weinberg 16, 4790 Paderborn/W.

KRAMER, Horst

Dr. forest., em. o. Prof. Inst. f. Forsteinricht. u. Ertragskunde Univ. Göttingen - Büsgenweg 5, 3400 Göttingen (T. 0551 - 39 34 70) - Geb. 11. Juni 1924 Eberswalde/Mark Brandenb. (Vater: Hans K., Oberforstmeister a. D., Elchjägermeister a. D.; Mutter: Gertrud, geb. Mehlhausen), ev., verh. m. Margarete, geb. Quickert, 3 Kd. (Jürgen, Christine, Ulrike) - Üb. 200 Fachveröff. - 1967 Jahrespreis Society of Foresters of Great Britain; 1984 Mitgl. L'Academie Royale D'Agriculture et de Sylviculture de Suede; Silb. Ehrenmed. d. Univ. v. Nuevo León, Mexiko.

KRAMER, Johann

Sozialarbeiter (grad.), Vors. Bundesverb. z. Förderung Lernbehinderter a.D. - Egerlandstr. 43, 8832 Weißenburg (T. 09141 - 21 20) - Geb. 6. Dez. 1937 Wettstetten (Vater: Josef K., Arbeiter; Mutter: Anna, geb. Funk), kath., verh. m. Liselotte, geb. Klinger †, 2 Kd. (Wilfried, Sibella) - 1969 Gründ. d. Lebenshilfe in Weißenburg (1969-89 1. Vors.); Beiratsmitgl. DPWV a.D., Landesverb. Bay.; Mitgl. Bezirksvorst. DPWV Mfr. a.D; Landesvors. Bayern Bundesverb. z. Förder. Lernbeh. a.D.; Kreisvors. Europa-Union; Landesvors. d. Bayer. Landesverb. f. Lern- Ausbildungs- u. Arbeitsbenachteiligte. CSU (1960 e. d. jüngsten Ortsvors. in Bayern) - 1981 BVK - Liebh.: Politik, Wandern.

KRAMER, Johannes

Dr. phil., Prof. f. Roman. Philologie Univ.-GH Siegen - Friedrich-Ebert-Anlage 51b, 6900 Heidelberg (T. 06221 - 1 52 85) - Geb. 25. Okt. 1946 Bückeburg (Vater: Hans K., Dolmetscher; Mutter: Annemarie, geb. Bienen), kath., verh. s. 1973 m. Bärbel, geb. Krebber - 1966-72 Stud. klass., roman. u. niederl. Philol. Univ. Köln; Promot. 1972, Habil. 1976 - 1972-73 Lektor f. Roman. Univ. Bonn; 1972-79 Assist. Roman. Sem. Univ. Köln; 1979 apl. Prof. f. Roman. Philol. ebd.; s. 1980 o. Prof. in Siegen - BV: Didymos' Ekklesiasteskomment., 1970 u. 72; Hist. Grammatik d. Dolomitenladinischen, 1976 u. 78; Introduzione alla filologia classica, 1979; Poesia sursilvana, 1981; Deutsch u. Ital. in Südtirol, 1981; Vocabolario ampezzano, 1982; Glossaria bilinguia, 1983; Zweisprachigkeit in d. Benelux-Ländern, 1984; Straßennamen in Köln z. Franzosenzeit, 1984; Aromunischer Sprachatlas, 1985; Antike Sprachform u. moderne Normsprache, 1985-87; English and Spanish in Gibraltar, 1987; Rätoroman. heute, 1987; J. H. Alsted u. Herborns calvinist. Theol., 1988; Ketzerei u. Ketzerbekämpfung in Wort u. Text, 1989; Etymolog. Wörterb. d. Dolomitenladinischen, s. 1989; D. Galloromanische in Dtschl., 1990; Sive Padi ripis Athesim seu propter amoenum (Fs. Pellegrini), 1991; D. zweispr. Individuum (Fs. Elwert), 1991; D. Frz. in Deutschland, 1992; Italianistik in Deutschland, 1992 - Spr.: Engl., Franz., Ital., Span., Rumän., Rätorom., Niederl., Afrikaans, Ungar. u. Griech.

KRAMER, Karl-Sigismund

Dr. phil., em. o. Prof. Seminar f. Volkskunde Univ. Kiel (s. 1966) - Am Augustinerberg 1/460, 8918 Dießen/Ammersee - Geb. 16. Jan. 1916 Halle/S. - Habil. 1961 München - Bücher u. Fachaufs. (üb. 100).

KRAMER, Klaus

Dr. phil., Dipl.-Sportl., Prof. f. Leibeserziehung PH Freiburg - Am Kohlbach 24, 7815 Kirchzarten.

KRAMER, Manfred

Postinspektor a. D., MdL Rhld.-Pfalz - Gustav-Ullrich-Str. 23, 6729 Bellheim - Geb. 6. Juli 1939 - CDU.

KRAMER, Peter

Dr. phil., Prof. f. Theoret. Physik Univ. Tübingen (Spez. Geb.: Symmetrie physik. Systeme, Quasikristalle) - Bangertweg 14, 7400 Tübingen - BV: Group Theory of Composite Nucleon Systems, 1981; Geometry of the Time-Dependent Variational Principle in Quantum Mechanics, 1981. Herausg.: Groups, Systems and Many-Body Physics (1980).

KRAMER, Rolf

Dr. rer. pol., Dipl.-Kfm., Vorstandsvorsitzender ASTA Medica AG - Weismüllerstr. 45, 6000 Frankfurt 1 - Geb. 10. Aug. 1934 Berlin-Schöneberg, verh. s. 1962 m. Rosemarie, geb. Redeker, 2 Kd. (Dirk, Elke) - Dipl.-Kfm., Promot.

KRAMER, Rudolf

Direktor, Geschäftsf. Malzfabrik Langkopf GmbH. u. A. Schilling GmbH., beide Peine - Emil-v.-Behring-Str. 6, 3012 Langenhagen - Geb. 4. Mai 1916 - Zul. Vorstandsvors. Lindener Aktien-Brauerei u. Lindener Gilde-Bräu AG.

KRAMER, Walter

Dipl.-Ing., Vorstandsmitgl. Anker-Werke AG. - Vennorter Str. 80, 4803 Steinhagen - Geb. 16. Jan. 1918 Bielefeld (Vater: Otto K., Generaldir.), verh. s. 1942 m. Beate, geb. Hergarden, 2 Söhne (Walter, Dietmar) - S. 1953 Anker-Bereich (1958 Vorst. Anker-Phoenix-Nähmaschinen AG., 1966 Anker-Werke AG.). VDI (1961 Vors. Teutob. Bezirksv.) - Spr.: Engl., Franz.

KRAMM, Bruno

Dr. phil. nat., Prof. f. Mathematik Univ. Bayreuth - Luitpoldstr. 18, 8580 Bayreuth - Geb. 20. Mai 1943 München - Div. Kompos., u. a. Klavierlieder.

KRAMMEL, Helmut

Dr. jur., I. Bürgermeister Stadt Lindenberg (1969-87), Rechtsanwalt - Sonnenhalde 3, 8989 Lindenberg/Allg. - Geb. 23. Juni 1933 München (Vater: Otto K., Bundesbahnbeamter; Mutter: Therese, geb. Stöckl), kath., verh. s. 1960 m. Edith, geb. Marquardt, 2 Kd. (Dorothea, Helmut) - Oberrealsch.; 1952-59 Univ. München u. Würzburg (Rechtswiss.). Gr. jurist. Staatsprüf. - 1960-69 Finanzass., Regierungs- u. Oberregierungsrat. CSU - Liebh.: Lit., Fotogr., Reisen - Spr.: Engl., Franz.

KRAMOLISCH, Walter

Dr. phil., em. Prof. f. Musikwissenschaft Univ. Göttingen - Baurat-Gerber-Str. 17, 3400 Göttingen - Geb. 1912 Neutitschein (Sudetenland) - BV: Joh. W. Kalliwoda i. MGG. VII. 1959; Gustav Becking z. Gedächtnis. E. Auswahl s. Schriften u. Beiträge s. Schüler, 1975; D. Mesto-Sätze i. Bartoks VI. Str. Quart. 1975; D.Vldsamml. v. Jos. G. Meinert (1817) u. Felix Jaschke (1818), 3 Bde. 1989; Zusammenfass. i. Schrift. d. sudetend. Akad. d. Wiss. u. Künste, 1989. Herausg.: Johann Schobert (ca. 1730-67) Sechs Sinfonien f. Cembalo op. 9 u. op. 10. Aus d. Nachlass v. Gust. Becking (1960).

KRAMOLOWSKY, Reinhard

Dr. rer. nat., Prof. f. Anorgan. Chemie - Carsten-Meyn-Weg 42, 2000 Hamburg 65 - B. 1977 Doz., dann Prof. Univ. Hamburg.

KRAMP, Horst

Vorstandsmitglied Schering AG, Berlin/Bergkamen - Ludolfingerweg 66, 1000 Berlin 28 (T. 401 81 33) - Geb. 15. April 1931 Hamburg - N. Abit. kaufm. Ausb. Nordd. Affinerie - B. 1964 Tochterfa. Pflanzenschutzges. (1958 Prok.), dann Schering (1977 Vorst.). Auslandserf. USA u. Japan. Div. Ehrenstell., dar. 1984ff. Präs. IHK Berlin.

KRAMPE, Christoph

Dr. jur., Prof. f. Bürgerl. Recht, Antike Rechtsgesch. u. Röm. Recht Univ. Bochum (s. 1978) - Markstr. 262, 4630 Bochum 1 - Geb. 18. Jan. 1943 Erfurt - BV: Proculi Epistulae, 1970; D. Konversion d. Rechtsgeschäfts, 1980; D. Garantiehaftung d. Vermieters f. Sachmängel, 1980; D. Unklarheitenregel, 1983. Mithrsg.: Quellen z. Handelsgesetzb. v. 1897 (1986-88).

KRAMPITZ, Gottfried

Dr. agr., Prof., Wiss. Rat - Kronprinzenstr. 16, 5300 Bonn - Geb. 2. Febr. 1927 Oberrathen/Schles. (Vater: Georg K., Rektor; Mutter: Klara, geb. Mack), verh. 1958 m. Marianne, geb. Strack - Promot. 1954; Habil. 1959 - S. 1959 Privatdoz. u. apl. Prof. (1965) Univ. Bonn (Ernährungsphysiol., Biochemie, bes. präbiol. chem. Evolution). Etwa 80 Fachveröff. - 1970 Oskar-Kellner-Preis.

KRAMPOL, Karl

Regierungspräsident d. Oberpfalz (1981 ff.) - Emmeramspl. 8, 8400 Regensburg - Geb. 14. Dez. 1928 Brünn - Stud. Rechtswiss. - U. a. Bayer. Innenmin. (wiederh.; zul. 1973-81 Leit. Abt. Öfftl. Sicherheit u. Ordnung), Landratsamt Schongau, Landespolizeidir. Oberbay. Bayer. Bereitschaftspol. (1970-73 Präs.).

KRANEIS, Michael

(Eig. Joachim Moeller) Schriftsteller - Bahnhofstr. 19, 6458 Rodenbach 1 - Geb. 13. Aug. 1944 (Vater: Friedrich Karl M.; Mutter: Anneliese, geb. Heß), ledig - Gymn.; Staatsbausch.; Ausb. z. Maurer, Hochbautechn. u. Landschaftsarch., Kassel - BV: Lichttücher; Spurrillen; Indien, Portrait e. Reise; Im Gras d. gem. Wüste; Baumkinder; Erde u. Himmel, R. 1988. Herausg.: Tage wie Tau, Ged. v. Brüning, Dohr, Malzahn; Strick mir keine Erpressungen in d. Pullover, v. V. Bardeck - 1986/87 Werkstip. d. Dt. Literaturfonds; 1989 Kulturpreis Main-Kinzig-Kreis - Liebh.: Reisen, Gärtnern, Lesen - Spr.: Engl.

KRANEIS, Rolf

Dipl.-Ing. (FH), Geschäftsf. Gesellschafter Gebr. v. d. Wettern GmbH - Alfred-Schütte-Allee 10, 5000 Köln 21 - Geb. 19. Jan. 1936.

KRANZ, Albert Richard

Dr. rer. hort., et. phil. nat. habil., Prof. f. Botanik (Pflanzengenetik) Univ. Frankfurt - Siesmayerstr. 70, 6000 Frankfurt/M. (T. 069 - 798 47 34) - Geb. 21. Jan. 1928 Gießen (Vater: Prof. Dr. med. Heinrich Wilhelm K., Augenarzt; Mutter: Dr. med. Aimée, geb. Spamer), ev., verh. s. 1959 m. Elke, geb. Richter - Goethe-Gymn. Frankfurt u. Realgymn. Wiesbaden; Gärtnerlehre Palmengarten Frankfurt; Stud. Univ. Mainz, Frankfurt u. TU Hannover; Promot. 1958; Habil. 1966; Prof. 1971 - BV: Wild- u. Primitivroggen, 1973 (Span. 1979); Hrsg.: Ztschr. Arabidopsis Information Service - 1983 esa Spacelab 1 Team Achievement Award; 1989 esa/Biokosmos 8-10 PI - Liebh.: Kammermusik (Flöte) - Spr.: Engl.

KRANZ, Gisbert

Dr. phil., Schriftsteller, Privatgelehrter, Präs. Inklings-Ges. - Erster Roter-Haag-Weg 31, 5100 Aachen (T. 0241 - 6 18 76) - Geb. 9. Febr. 1921 Essen, kath., verh. s. 1951 m. Brigitte, geb. Schölwer, 4 Kd. (Ursula, Annamaria, Margarita, Winfried) - BV: D. Bildged., 3 Bde. 1981-87; Was Menschen gern tun, 1979; Lex. d. christl. Weltlit., 1978; Sie lebten d. Christentum, 28 Biogr. 6. A. 1983; Ged. auf Bilder, 2. A. 1976; Engl. Sonette, 2. A. 1982; Stud. zu C. S. Lewis, 2. A. 1983; Niederwald u. and. Ged., 1984; Meisterwerke in Bildged. Rezeption v. Kunst in d. Poesie, 1986; D. Architekturged., 1988; Winfried Bonifatius, 1988; Menschsein in Freude üb. Singen, Lachen, Essen u. Trinken, 1989; Begegnungen m. Dichtern, 1990; Kafkas Lachen u.a. Schriften z. Lit., 1991; E. kath. Jugend im Dritten Reich, 1990; Warum wurden sie Despoten? Herodes, Nero, Richard III, Iwan d. Schreckliche,

Robespierre, Stalin, Ceauşescu, Hitler, 1992. Herausg.: Inklings-Jahrb. f. Lit. u. Ästhetik (s. 1983); G. K. Chesterton: Heitere Weisheit, ernste Späße (1988) - Liebh.: Wandern - Lit.: H. M. Werhahn: G. K. - D. Werk, 1971; Elmar Schenkel: Kafkas Lachen (m. Kranz-Bibliogr.), 1991.

KRANZ, Hartmut

Ehem. Vorstandsmitglied Braunschweig-Hannoversche Hypothekenbank, Hannover - An der Wietze 17, 3004 Isernhagen NB - Geb. 25. Juni 1930 - Stud. Rechtswiss. Gr. jurist. Staatsprüf.

KRANZ, Jakob

Dr. rer. nat., Univ.-Prof. f. Angew. Physik Univ. Düsseldorf (s. 1970) - Roseggerstr. 13, 4044 Kaarst 1 (T. 02101 - 6 72 54) - Geb. 23. April 1922 Düsseldorf (Vater: Fritz K., Intendant; Mutter: Elisabeth, geb. Hecker), kath., verh. s. 1945 m. Erika, geb. Epgert, 3 Töcht. (Andrea, Corinna, Simone) - 1945-48 Univ. Bonn (Dipl.-Phys. 1948). Promot. 1948 Bonn; Habil. 1954 München - 1956-70 Privatdoz., apl. Prof. (1963), Wiss. Rat u. Prof. (1966) Univ. München, 1983-87 Dekan d. Math.-Nat. Fak. Univ. Düsseldorf, 1987 emerit. Spez. Arbeitsgeb.: Ferromagnetismus, Interferenzoptik. Zahlr. Facharb. - Liebh.: Musik (Mozart) - Spr.: Engl., Franz.

KRANZ, Jürgen

Dr. agr., Dipl.-Ing. agr., Prof. f. trop. Phytopathologie i.R. Univ. Gießen - Rehschneise 75, 6300 Gießen (T. 4 38 75) - Geb. 5. Juli 1925 Augustenfelde/Pom. (Vater: Erich K., Landw.; Mutter: Elly, geb. Venzke), ev., verh. s. 1958 m. Brigitte, geb. Hoffmann, 3 Kd. (Dagmar, Astrid, Brigitte) - Stud. d. Agrarwiss. Univ. Bonn; Dipl.ex. 1953; Promot. 1957 - 1959-61 UN-Mission Libyen, 1961-65 Phytopathologe Guinea, 1965-67 wiss. Assist., s. 1967 Lehrtätigk. (zun. Priv.-Doz.; 1972 Prof.) - BV: Epidemics of Plant Diseases, 1974 (m. a.; russ. u. chines. 1979, 2. A. 1990); Diseases, Pests and Weeds in Tropical Crops, 1978 (m. a., dtsch., franz., span. A. 1979); Comparative epidemiology (m. a.), 1979; Experimental Techniques in Plant Disease Epidemiology (m.a.), 1988 - 1980 Hon. Fellow, Nat. Acad. Sci, India, Fellow Amerik. Phytopath. Soc. - Spr.: Engl., Franz.

KRANZBÜHLER, Wolf-Otto

Dr. jur., Rechtsanwalt - Karolinenpl. 5 a, 8000 München 2 (T. 089 - 28 83 68) - Geb. 28. Dez. 1940 (Vater: RA Otto K.), ev., verh., S. Christopher - Mitgl. Gesellsch.aussch. Röchling Ind. Verw. GmbH, Beirat Gebrüder Röchling KG.

KRAPOHL, Martin

Geschäftsf. Bundesinnungsverb. d. Messerschmiedehandwerks, Verb. Dt. Stahlwarenhändler u. Arbeitsgemeinschaft Dt. Messerschmiede u. Stahlwarenhändler - Außenwall 68, 4134 Rheinberg (T. 2932).

KRAPP, Andreas

Dr. phil., Dipl.-Psych., Prof. f. Erziehungswiss. u. Päd. Psych. Univ. d. Bundeswehr München - Mitterfeldstr. 9 a, 8045 Ismaning (T. 089 - 96 76 78) - Geb. 3. Juli 1940 Bamberg (Vater: Georg K., Holzkaufm.; Mutter: Anna, geb. Schmitt), kath., 2 Kd. (Lorenz, Kathrin) - Univ. München (Dipl. 1967, Promot. 1972, Habil. 1979) - BV: Beding. d. Schulerfolgs, 1973; Prognose u. Entscheid., 1979; Handlexikon z. Päd. Psych., 1981 (m. Hans Schiefele); Pädagogische Psychologie als Grundlage päd. Handelns, 1984 (m. Günter Huber u. Heinz Mandl); Pädagogische Psychologie, 1986 (m. Bernd Weidenmann u.a.). Div. Publ. z. Interessenforsch.

KRAPP, Annemarie

s. Maschlanka-Krapp, Annemarie

KRAPP, Clemens-August

Landrat, MdL Nieders. (s. 1974) - Lehmkuhlenweg 5, 2848 Vechta (T. 67 37) - CDU.

KRAPP, Edgar

Prof. Musikhochschule Frankfurt/M., Organist, Cembalist - Hauptstr. 15, 8029 Sauerlach-Altkirchen (T. 08104 - 14 84) - Geb. 3. Juni 1947 Bamberg, kath., verh. s. 1978 m. Dr. Maria-Christine, geb. Behrens, 2 Kd. - Abit. 1966; Ex. Schulmusik 1970, Meisterkl.-Dipl. Orgel 1971 Musikhochsch. München - 1969-71 Assist., 1972-74 Lehrauftr. Musikhochsch. München; 1974 ff. o. Prof. Musikhochsch. Frankfurt/M. - 1971 1. Preis ARD-Musikwettb. Orgel; 1983 Frankfurter Musikpreis.

KRAPP, Franzjosef

Dr. iur. utr., Dr. rer. pol., Rechtsanwalt u. Fachanwalt f. Steuerrecht, Honorary Member of the United States-Court of Military Appeals, Washington D.C. - Markt 31, 6500 Mainz - Geb. 27. April 1931 - Regierungsrat a. D., stv. Polizeipräs. in Mainz, Lehrbeauftragter.

KRAPP, Michael

Dr.-Ing. habil., Hochschuldozent f. Informatik, Chef d. Staatskanzlei Thüringen (s. 1990) - Am Lindenberg 42, O-6300 Ilmenau (T. 00672 - 81 59) - Geb. 22. Nov. 1944 Gera, ev., verh. s. 1970 m. Johanna, geb. Held, 2 Söhne (Clemens, Stephan) - Stud. Elektrotechn., Dipl.-Ing.; Promot. Dr.-Ing. 1974, Dr. sc. techn. 1981 TH Ilmenau - Wiss. Assist.; Abt.Leit. Robotron Erf.; Hochschuldoz. TH Ilmenau - Mehrere Patente - BV: Digitale Automaten, 1988 - Liebh.; Touristik, Bergsteigen - Spr.: Russ., Engl.

KRAPP, Otto

Dr. jur., Landesminister a. D., Generalstaatsanw. i. R. - Wienstr. 21, 2900 Oldenburg/O. (T. 52210) - Geb. 19. Mai 1903 Steinfeld/O., kath., verh. s. 1937 m. Thea, geb. Jürgens, 5 Kd. - Gymn. Carolinum Osnabrück; Univ. Freiburg/Br., Berlin, Göttingen - Ab 1931 Rechtsanw. Oldenburg u. Vechta (1945 auch Notar), 1941 zur Kriegsmarine eingezogen, n. Kriegsende vorübergeh. Oberkreisdir. Vechta, 1947-53 MdL v. Nieders., 1949-53 Landesvors. Dt. Zentrumspartei, 1950-53 (Rücktritt) Nieders. Min. f. Sonderaufg. bzw. d. Justiz (1950), 1953-68 Generalstaatsanw. OLG Oldenburg - 1968 Gr. BVK m. Stern.

KRAPP, Rolf

Dr. med., Oberkirchenrat i. R. - Planckstr. 19, 3400 Göttingen - Geb. 4. April 1921 Hannover (Vater: Hugo K., Landesbankrat (†); Mutter: Wally, geb. Bock (†)), ev., verh. s. 1945 m. Dr. phil. Helene-Marie, geb. Conradi, 2 Kd. (Dr. jur. Christiane, Dipl.-Ing. Martin) - Ratsgymn. Hannover; Univ. Göttingen, Bonn, Köln. Med. Staatsex. u. Promot. 1945 Göttingen; Theol.ex. 1956 Düsseldorf - 1945-47 Assistenzarzt Stadtkrkhs. Peine; 1947-50 Wiss. Mitarb. Stadtjugendpfarramt Hannover; 1950-60 Studentenpfr. Köln; 1960-65 Studienleit. (Gesundheitswesen) Ev. Akad. Bad Boll; 1965-70 Dir. Ev. Akad. Schleswig.-Holst., Bad Segeberg; 1970-86 Ref. im Kirchenamt d. EKD. Buch- u. Ztschr.-Beitr.

KRAPPINGER, Odo W.

Dr.-Ing., o. Prof. f. Schiffbau - Weg am Sportpl. 25e, 2000 Norderstedt (T. Hamburg 525 29 19) - Geb. 27. Juni 1928 Puch (Vater: Wilhelm K., Angest.; Mutter: Gertrud, geb. Zdralek), kath., verh. s. 1953 m. Angela, geb. Poledna, 2 Söhne (Michael, Wolfgang) - Höh. Bundeslehranstalt f. Maschinenbau Klagenfurt; TH Wien (Schiff- u. -maschinenbau; Dipl.-Ing.). Promot. TH Hannover; Habil. Univ. Hamburg - 1953-56 TH Hannover (Assist.); s. 1956 Univ. Hamburg (Assist., 1962 Oberassist., 1966 Doz., 1968 Ord. u. stv. Inst.sdir.). 1965-66 Univ. of Michigan/USA (Visiting Scientist). Spez. Arbeitsgeb.: Systemtechnik im Schiffbau. Mitgl. Schiffbautechn. Ges. Hamburg (1953) u. Quarterdeck Soc. Univ. of Michigan (1966). Üb. 60 Fachveröff.

KRAPPMANN, Lothar

Dr. phil., Prof. f. Soziologie d. Erziehung FU Berlin - Lützelsteiner Weg 43, 1000 Berlin 33 - Geb. 19. Nov. 1936 Kiel (Vater: Friedrich K., Oberstudiendir.; Mutter: Maria, geb. Endres), kath., 4 Kd. (Thomas, Matthias, Daniel, Johanna) - 1956-61 Stud. Theol., Phil. Theol. Hochsch. St. Georgen/Frankfurt (Abschlußex.); 1964-69 Stud. Soziol. Köln, Berlin (Promot. 1969) - 1962-64 Vors. Verb. Dt. Studentensch.; s. 1969 Wiss. Mitarb. MPI f. Bildungsforsch., s. 1989 Mitgl. d. Ltg.; 1976-80 Vors. Wiss. Beirat Dt. Inst. f. Wiss. Päd.; s. 1978 Mitgl. Wiss. Beirat f. Familienfragen Bundesmin. f. Familie u. Senioren - BV: Soziol. Dimensionen d. Identität, 7. A. 1988; zahlr. Aufs. in Fachztschr. z. Fragen d. Bildungswesens, d. psych. u. soz. Entw. v. Kindern. Herausg. od. Beirat versch. Fachztschr. - Spr.: Latein, Engl.

KRASEMANN, Hans Gerd

Dr. jur., Bankdirektor, Vorstandsmitgl. Bank Companie Nord AG, Kiel - Martensdamm 2, 2300 Kiel (T. 980 41 02) - Geb. 11. Sept. 1933 Bremen.

KRASEMANN, Willi

Kaufm., Kompl. Friedrich Krasemann, Möbelfabr. u. Einrichtungsh., Vizepräs. Erop. Möbelunion (s. 1982) - 6730 Neustadt/Weinstr. - Geb. 28. April 1913, verh. (Ehefr.: geb. Hagner), 2 Kd. - Ehrenvors. Verb. d. Holzind. Rheinl.-Pfalz, Vors. Präsid. u. VR Europa Möbel, Bonn; AR-Mitgl. Europa Möbel-Union Luxemburg; AR-Vors. Neustadter Volksbank; Vorst.-Mitgl. Einzelhandelsverb. Pfalz, Neustadt; Vereid. Sachverst. u. weit. Ehrenämter.

KRASKE, Bernhard W.

Geschäftsf. Gütermann & Co./Nähseidefabrik - 7809 Gutach/Br. - Geb. 26. Febr. 1929 - Textiling.

KRASKE, Konrad

Dr. phil., Lehrbeauftragter Univ. Freiburg/Br., Mitgl. Fernsehrat d. ZDF u. Vorstand Konrad-Adenauer-Stiftung - Benzenweg 12, 7828 Feldberg 4 (T. 07655 - 5 52) - Geb. 5. Juni 1926 Berlin (Vater: Dr. Werner K., Kaufm.; Mutter: Ludovika, geb. v. Heydebreck), ev., verh. s. 1953 m. Gudula, geb. Ehrensberger, 1 Kd. - Gymn. Berlin; 1943-46 Kriegsdst. u. Gefangensch.; 1946-51 Univ. Göttingen u. Freiburg/Br. (Gesch., Phil.) - S. 1953 hauptamtl. CDU (1954 stv., 1958-70 Bundesgeschäftsf., 1971-73 Generalsekr.), 1965-80 MdB.

KRASKE, Peter

Pfarrer, Präs. i. R. Kirchenkanzlei Ev. Kirche d. Union - Bereich Bundesrep. Deutschl. u. Berlin-West - Jebensstr. 3, 1000 Berlin 12 u. Kinkelstr. 33, Berlin 20 (T. 030 - 333 55 40) - Geb. 25. Febr. 1923 Berlin, ev., verh. s. 1954 m. Ruth, geb. Koehn †1991, 3 Kd. (Werner, Martin, Susanne) - 1946-51 Theol.-Stud. Berlin, Heidelberg u. Göttingen (Ex. 1951 u. 1953) - 1954-62 Pers. Ref. b. Bischof D. Dibelius; 1959-62 Konsistorialrat; 1962-69 Pfarrer in Berlin-Frohnau; 1969-77 Superintend. Berlin-Charlottenburg; 1973-79 Präses Synode d. Ev. Kirche Berlin-Brandenburg (Berlin-West); 1976-78 Präses Synode d. EKU - Bereich Bundesrep. Deutschl. u. Berlin-West.

KRASNEY, Otto-Ernst

Dr. jur., Prof., Vizepräsident Bundessozialgericht - Graf-Bernadotte-Pl. 6, 3500 Kassel-W'höhe - Geb. 16. Dez. 1932, verh. s. 1962 m. Renate, geb. Nachtweyh, 2 Kd. (Nina, Martin) - B. 1971 Landessozialgericht Nordrh.-Westf., dann Bundessozialgericht; Hon.-Prof. Univ. Gießen u. Kassel; Vorst.-Vors. Dt. Sozialrechteverb. - 1976 wiss. Preis Dt. Hauptstelle gegen d. Suchtgefahren.

KRASSER (ß), Rudolf

Dr. jur., o. Prof. f. Privat- u. Patentrecht - Hans-Denzinger-Str. 3, 8000 München 40 - Geb. 28. Sept. 1934 - Promot. 1959; Habil. 1970 - S. 1970 Lehrtätigk. Univ. (Wiss. Rat u. Prof.) u. TU München (1973 Ord.). Bücher u. Aufs.

KRATH, Herbert

Dipl.-Ing., Ministerialdirigent, Leit. d. AG Gesamtdeutsche Rundfunkversorgung, Bonn - Iltisweg 23, 5205 St. Augustin (T. 02241 - 33 53 23) - Geb. 2. Nov. 1929 Köln, ev., verh. s. 1957 m. Doris, geb. Dehner, 4 Kd. (Klaus-Jürgen, Ulrich, Wolfgang, Jutta) - Abit. 1951 Köln-Nippes; Stud. Nachrichtentechnik TH Aachen (Dipl. 1956); 2. Staatsex. 1959 (Bauass.) - 1959-86 Deutsche Bundespost; 1961-64 Sonderauftr. z. Aufbau d. Fernsehsendernetzes f. d. ZDF; 1968-70 Leit. Fernmeldeamt Gießen; 1970-86 Leit. Bereich Rundf. Kabelfernsehen u. Mobilfunk im Bundespostmin.; Geschäftsf. TKS Telepost Kabel-Service-Ges. mbH - BV: Rundfunkversorg. üb. Satelliten, in: Jahrb. d. DBP, 1979; Rundfunkversorg. d. Bundesrep. Deutschl. in: TB Telekommunik., 1982. Herausg. Handb. Neue Medien f. Hörfunk u. Fernsehen - Liebh.: Segeln - Spr.: Engl., Franz.

KRATSCHMER, Guido

Dipl.-Sportlehrer, Realschullehrer (Sport u. Biologie), Zehnkampf-Weltrekordler (1980) - Am Obstmarkt 41, 6500 Mainz/Finthen (T. 06131 - 47 43 23) - Geb. 10. Jan. 1953 Großheubach (Vater: Hubert K.†, Landwirt; Mutter: Gertrud, geb. Wirth †), kath., ledig - Prüf. z. Landwirtschaftsgehilfen 1970, Mittl. Reife 1972 Fallingbostel, Abit. 1977 Mainz; Stud. (Dipl. 1981), 1. Staatsex. (Biol.) 1986, 2. Staatsex. (Realsch. - Sport u. Biol.) 1988 - 1976-80 Silb. Lorbeerblatt f. Leist. als Leichtathlet - Im Zehnkampf: 1976 Silbermed. (8411 Pkt.), 1978 Europarekord Bernhausen (8498 Pkt.), 1980 Weltrekord Bernhausen (8649 Pkt.), 1981 u. 83 Europacupsieger im Mannschaftszehnkampf, 1984 4. Platz Olymp. Spiele Los Angeles m. 8326 Pkt. - 1980 Sportler d. Jahres, 1981 Rudolf-Harbig-Gedächtnis-Preis, 1984 VO. Land Rhld.-Pfalz - Liebh.: Natur, Fotogr., Freundschaften.

KRATZ, Franz

Dr. jur., Dipl.-Kfm., Geschäftsführer IPK Investment Partner Kapitalanlage-ges. mbH - Unter Sachsenhausen 2, 5000 Köln 1 - Geb. 30. Mai 1927 Mayen/Eifel (Vater: Jakob K., Malerm.; Mutter: Margarete, geb. Schüttler), kath., gesch., 2 Kd. (Corinna, Anno) - Univ. Köln (Rechts- u. Wirtschaftswiss.) - Beiratsmandate u. a.

KRATZ, Georg

Landrat a. D., Geschäftsf. i. R. Kommunalbau Rhld.-Pfalz, Mainz - Südring 367, 6500 Mainz 1 - Geb. 7. Okt. 1919 - Ass.ex. Mitgl. Synode d. EKD u. EKHN. Div. Mandate. S. 1970 zun. Vors. d. Verwaltungs.aussch u. s. 1980 d. Finanzaussch. d. Ev. Kirche; Mitgl. mehrerer weiterer kirchl. Gremien - BVK; Freiherr-vom-Stein-Plak. Land Hessen; Höchste Ausz. d. Vogelsbergkreis sow. d. Stadt Alsfeld, u. weitere Ausz.

KRATZ, Paul

Gewerkschaftssekretär, MdB (s. 1972) - Friedrich-Naumann-Weg 4, 4060 Viersen 1 - Geb. 13. März 1921 Eschweiler (Vater: Matthias K., Arbeiter; Mutter: Hubertine, geb. Brehmen), o. B., verh. s. 1947 m. Anna, geb. Thelen, 2 Söhne (Matthias, Peter) - Volkssch.; 1935-39 Stahlbauschlosserlehre; 1954 b. 1955 Akad. d. Arbeit - 1941-46 Kriegsdst. u. franz. Gefangensch. (1945); 1948-50 Walzwerker; 1950-54 Straßenbahnschaffner (Aachen); s. 1955 Gewerkschaftstätigk. (1957-62 Geschäftsf. Gewerksch. ÖTV; 1963 ff. I. Bevollm. IG Metall/Verwaltungsst. Viersen). 1954-73 Ratsmitgl. Viersen; 1970 ff. MdK Kempen-Krefeld. SPD s. 1952.

KRATZEL, Günter Friedrich
Dr. phil., Prof. f. Slav. Philologie - Volkmannsweg 5, 2150 Buxtehude-Dammhausen - Geb. 23. Dez. 1925 Hindenburg O.S. (Vater: Otto K., Kaufm. Dir. d. Borsig-Kokswerke GmbH; Mutter: Amalie, geb. Kubitza), kath., verh. s. 1952 m. Waltraut, geb. Reich, 2 Töcht. (Claudia, Cornelia) - 1943-46 Wehrd. u. Kriegsgef., Stud. Univ. Göttingen, Heidelberg, Bonn, Köln, Berlin (Philos., Dolm.-Inst., Slawistik, Osteur. Gesch.); Dipl. Dolmetscher (Univ. Heidelberg 1954) - Promot. 1963, Lektor f. Russ. Univ. Hamburg 1963-70; Wiss. Oberrat 1971, Wiss. Rat u. Prof. 1977, Prof. 1979 Univ. Hamburg. Dolm.-Tätigk. im Rahmen v. NS-Prozessen (u. a. in d. UdSSR 1973, 1975, 1978/79, 1983); Vorst.-Mitgl. d. Ges. z. Förderung Öfftl. Verantwortung, Hamburg; Mitgl. Fr. kirchl. Arb.kreis Glaube u. Weltansch. Bad Oldesloe - BV: D. Thorner Kantional v. 1587 u. s. dt. Vorlagen, 1963, Nachdr. 1979; Grundzüge d. Aspektgebrauches in d. russ. Spr. d. Gegenwart, 1971; Cantional Albo Piesni Duchowne, Thorn 1587 Komment. Nachdr. 1980; Sowjetismus. Moskau u. d. dt. Wirrnis, 1987; D. politatheistische Konstante im sowjetischen Umgestaltungsprozeß, in (Ed. W. Lackner): Perestrojka u. Religion (m. O. Basse, A. Schwan, H. Staak), 1989. Zahlr. Ztschr.aufs. - Liebh.: Alp. Segelfliegen, Bergsteigen, Klaviersp. - Lit.: in Festschr. f. Jerzy Kowalczyk (1991).

KRATZMEIER, Heinrich
Dipl.-Psych., Prof. f. Psychologie d. Hörgeschädigten PH Heidelberg (1966ff.) - Zeppelinstr. 3, 6900 Heidelberg - Geb. 3. Febr. 1930 Karlsruhe (Vater: Martin K., Schriftsetzer; Mutter: Anna, geb. Pfahler), kath., verh. s. 1955 m. Margarete, geb. Fischer, 4 Kd. (Monika, Wiltrud, Martin, Maria) - Univ. Freiburg, PH Karlsruhe, Univ. Heidelberg. Lehrerprüf. 1952 u. 57; Dipl.-Psych. 1956 - S. 1952 Lehrer, Sonder- (1957) u. Hochschull. (1962) - BV: u. a. D. Selbstbildtext, 1964; Kleinkindfibel, 1967; Fibelprogr. Lesenlernen, 1968; Kleinkindmath., 1970; Bilder-Wörter-Wissen, 3 Bde. 1971; System spiel. lernen, 4 Bde. 1972; Was Kinder brauchen, 1974; Dein Kind kann mehr, 1974; D. Lesehelfer, 1978; Eltern - Chance d. Kinder, 1979; Schule - unheimlich wichtig, 1982; Wenn Eltern fragen: Was sollen wir tun?, 1983; Leben - m. d. Behinderung, 1985; Konkrete Pädagogik im Leben m. Kindern, 1986; Du nervst mich - aber ich mag Dich, 1988; E. hörgeschädigtes Kind, 1989. Herausg.: Hilfe z. Selbsthilfe (1986ff., bish. 14 Bde.). Mithrsg.: Heidelbg. Sonderpäd. Schr. (1968ff., bish. 17 Bde.) - Spr.: Lat., Griech., Engl.

KRATZSCH, Erwin
Dr. med., Prof. f. Geburtshilfe u. Frauenkrankheiten - Kreutzerweg 9, 1000 Berlin 45 - Geb. 18. April 1921 - Promot. 1951 Kiel - S. 1971 Prof. FU Berlin (Klinikum Steglitz). Fachaufs.

KRATZSCH, Gerhard
Dr. phil., Prof. f. Geschichte Univ. Münster - Dondersring 10, 4400 Münster (T. 0251 - 79 12 11) - Geb. 14. Okt. 1920 Merseburg, ev., verh. s. 1951 m. Marie, geb. Jäger, 3 Söhne (Ernst, Gerhard, Ulrich) - 1957-62 Univ. Münster (Gesch., German.); Promot. 1967, Habil. 1971 - 1965-69 Wiss. Assist.; 1969-71 Akad. Rat; 1971ff. Wiss. Rat u. Prof.; s. 1980 Univ. Münster. Emerit. 1986 - BV: Kunstwart u. Dürerbd. E. Beitrag z. Gesch. d. Gebildeten im Zeitalter d. Imperialismus, 1969; Harry v. Arnim, Bismarckrivale u. Frondeur. D. Arnim-Prozesse 1874-1876, 1974; D. Gauwirtsch.apparat d. NSDAP im Gau Westf.-Süd, 1989; zahlr. Aufs.

KRATZSCH, Otger
Dr., Staatsrat b. Senator f. Häfen, Schiffahrt u. Verkehr d. Fr. Hansestadt Bremen - Kirchenstr. 4, 2800 Bremen 1 (T. 0421 - 361-22 18).

KRAUCH, Carl Heinrich
Dr. rer. nat., Prof., Chemiker, Vorstandsvorsitzender Hüls AG, Marl - Zu erreichen üb. Hüls AG, Postf. 13 20, 4370 Marl - Geb. 14. Sept. 1931 Heidelberg - Prof. Univ. Mainz (s. 1971). Vorst.-Mitgl. VEBA AG, Düsseldorf; AR-Vors. Hüls Troisdorf AG, Troisdorf; Präs. GDCh e. V., Frankfurt.

KRAUS, Alfred
Dr. med., Prof., Oberarzt d. Psych. Univ.-Klinik Heidelberg - Schauenburgstr. 35, 6901 Dossenheim - Geb. 4. Juli 1934 Mühldorf a. Inn, kath., verh. s. 1966 m. Berit, geb. Hägglund, 2 Töcht. (Anja, Kerstin) - Med.-Stud. München, Innsbruck, Heidelberg; Phil.-Stud. in Heidelberg; Med Staatsex. 1959, Promot. 1965, Habil. 1975 - BV: Sozialverhalten u. Psychose Manisch-Depressiver, 1977 (japan. Übers. 1984). Herausg.: Leib, Geist, Geschichte (1978). Publ. üb. Manisch-Depressive Krankh., Parkinsonismus, Anthropol. Phänomenol., Rollentheorie in d. Psych. u. a. - 1975 Redel-Preis; 1987 Egner-Preis - Spr.: Engl., Franz., Schwed.

KRAUS, Andreas
Dr. phil., o. Prof. f. Geschichte - Nederlingerstr. 30a, 8000 München 19 (T. 157 53 54) - Geb. 5. März 1922 Erding/Obb. (Vater: Karl K., Zimmermann; Mutter: Katharina, geb. Mayer), kath., verh. s. 1947 m. Maria, geb. Kastner - Univ. München - Promot. (1952) u. Habil. (1960) München - 1949-61 Gymnasiallehrer (Lat., Griech., Dt., Gesch.); 1962-67 ao. Prof. Phil.-Theol. Hochsch. Regensburg (Gesch.); 1967 o. Prof. Univ. Regensburg, s. 1977 o. Prof. Univ. München. Emerit. 1989 - BV: P. Roman Zirngibl v. St. Emmeram in Regensburg, 1956; Die historische Forschung an der Churbayer. Akademie d. Wiss., 1959; Vernunft u. Gesch., 1963; D. päpstl. Staatssekretariat unt. Urban VIII., 1964; D. Briefe P. Roman Zirngibls v. St. Emmeram in Regensburg, 1965; Civitas Regia, 1972; D. Translatio S. Dionysii Areopagitae v. St. Emmeram in Regensburg, 1972; D. naturwissenschaftl. Forschung an d. Bayer. Akad. d. Wiss. im Zeitalter d. Aufklär., 1978; Regensburg, Gesch. e. Stadt i. Bilddok., 1979 (zus. m. Dr. W. Pfeiffer); Bayer. Geschichtswiss. in drei Jh., 1979; Gesch. Bayerns, 1983; Grundzüge d. Gesch. Bayerns, 1984; Maximilian I., Bayerns großer Kurfürst, 1990 - O. Mitgl. Kommiss. f. bayer. Landesgesch. b. d. Bayer. Akad. d. Wiss., o. Mitgl. d. Bayer. Akad. d. Wiss., ao. Mitgl. d. Bayer. Benediktinerakad. - 1983 Bayer. VO. 1984 Bayer. Verfassungsmed. in Silber - Spr.: Engl., Franz., Ital.

KRAUS, Detlef
Prof., Konzertpianist - Heimhuder Str. 14, 2000 Hamburg 13 (T. 410 28 88) - Geb. 30. Nov. 1919 Hamburg (Vater: Friedrich K., Lehrer u. Schulleit.), ev., verh. s. 1955 m. Charlotte, geb. Poel, 3 Kd. (Hans-Gerhard, Peter, Juliane) - Obersch. Hamburg; 1936-39 Musikstud. Hamburg; 1938-42 Ausbild. Wilhelm Kempff Berlin u. Potsdam - S. 1941 Konzertsolist (Auftr. in üb. 40 Ländern, Europa, Nord- u. Südamerika, Naher u. Ferner Osten, einschl. Japan); Lehrer Schule f. Musik u. Theater Hamburg (1944-46), Konservat. Osnabrück (1950-59) u. Folkwang-Hochsch. Essen (s. 1957; gegenw. Prof.). 1982 Präs. d. Johannes-Brahms-Ges. Intern. Vereinig.; 1983 Corresp. Director of American Brahms Society. Div. Festivals. Schallpl. - 1948 Diplom Concours Intern. Genf, 1957 u. 59 Premio di Positano, 1961 Kulturpreis d. Stadt Kiel, 1975 Brahms-Preis Stadt Hamburg - Spr.: Engl., Span. - Rotarier.

KRAUS, Egon
Dr. phil., Prof. f. Musikerziehung Päd. Hochsch. Oldenburg - Uhlhornsweg 13, 2900 Oldenburg/O. (T. 55462) - Vors. Verb. Dt. Schulmusikerzieher; Leit. Verbindungsst. f. intern. Beziehungen (Bonn) Dt. Musikrat; 1972 ff. Präs. Intern. Ges. f. Musikerzieh.

KRAUS, Fritz Rudolf
Dr. phil., o. Prof. f. Sprachen u. Geschichte v. Babylonien u. Assyrien Reichsuniv. Leiden (s. 1953) - Lorentzkade 70, Leiden (Niederl.) - Geb. 21. März 1910 Spremberg - Univ. München u. Leipzig. Promot. 1935 - Ab 1937 Mitarb. Staatl. Archäol. Museen Istanbul/Türkei (Sachverst. f. Keilschriftforsch.) u. Lehrbeauftr. f. Sumerologie u. Altmesopotam. Gesch. Univ. ebd. (1942), 1950-53 ao. Prof. f. Altsemit. Philol. u. oriental. Archäol. Univ. Wien. Zahlr. Veröff.

KRAUS, Günther
Ing., Direktor - Schulstr. 12, 8521 Marloffstein/Mfr. (T. 09131 - 8271) - Geb. 25. Juni 1913 Schloß Thurn b. Laibach, kath., verh. s. 1937 m. Gudrun, geb. Sutkowski, T. Gabriele - Feinmechanikerlehre; HTL Gauß, Berlin - U. a. Obering. Siemens & Halske, Wien; s. 1960 Geschäftsf. P. Gossen & Co. bzw. Vors. d. Gfg. Gossen GmbH., Erlangen - Spr.: Engl.

KRAUS, Hans
Oberbürgermeister Gr. Kreisstadt Schwandorf (s. 1978) - Rothlindenstr. 22, 8640 Schwandorf 1/Opf. - Geb. 9. Juni 1939 Schwandorf (Vater: Johann K., Landw. u. Fuhrunternn.; Mutter: Karoline, geb. Meier), kath., verh. s. 1966 m. Helga, geb. Meier, 2 Kd. (Markus, Martina) - Oberrealsch. Schwandorf; n. Abit. Bundeswehr (Reserveoffz.); Univ. Würzburg (Rechts- u. Staatswiss.). Gr. jurist. Staatsprüf. 1968 - Landratsämter Burglengenfeld u. Schwandorf; 1975-78 Regierung Oberpfalz (Oberreg.srat) - Spr.: Lat., Engl.

KRAUS, Heinrich

Schriftsteller - Raiffeisenstr. 9, 6793 Bruchmühlbach-Miesau 2 (T. 44 58) - Geb. 9. Juni 1932 St. Ingbert - BV: u. a. Kurzschlüsse, Erz. 1965; Staub, R. 1967; Krawall in H., Hörsp. 1969; Zwische Dah un Dunkel, Hörsp. 1971; Etüden f. Halunken, Funk-Erz. 1973; V. Ochsen u. Eseln, Kindertheater 1975; Sigi Wulle, Jugendb. 1976; Haltestellen, Lyr. 1979; Unser Babbe, Mundart 1980; Sellemols, Nachdicht. 1981; Denen werd ich's zeigen, Jugendb. 1982; D. Buddik, Fernsehsp. 1983; Mei Hämelischkät, Mundart 1984; Jiwwe un driwwe, Funkroman 1985; Annäherungen, Lyr. 1986; Unkraut im Wind, Lyr. 1987; M'Pat sei Bombardon, Mundart 1988; Grickelmaus am Chausseeresch, Mundart 1989; D. ewisch Pläseer, Mundart 1990; Mord in Rischweiler, Nov. 1990; Arwed macht mied, Mundart 1991 - 1964 Sieger Erzählerwettb. saarl. Rundf.; 1978 Gold. Mundartzeile; 1984 Pfalzpreis f. Lit.; 1989 1. Preis Pfälz. Volksschauspiel-Wettbewerb; 1990 Gold. Schnawwel; 1991 1. Preis Gondrom-Wettbewerb f. Mundarttheater.

KRAUS, Helmut
Dipl.-Ing., Vorstandsmitgl. Fichtel & Sachs AG., Schweinfurt - Zur Wasserleitung 8, 8720 Schweinfurt - Geb. 3. Dez. 1932.

KRAUS, Helmut
Dr. rer. nat., o. Prof. f. Meteorologie u. Institutsdir. Univ. Bonn (s. 1978) - Auf d. Hügel 20, 5300 Bonn 1; priv.: Akazienweg 7, 5308 Rheinbach - Geb. 21. April 1930 - U. a. 1963 Leiter wiss. Nepal-Expedition, b. 1974 Akad. Dir. München, 1972-74 Intern. Scientific and Management Group for the GARP Atlantic Tropical Experiment, Bracknell (Engl.) u. Dakar, 1974-78 o. Prof. f. Bioklimatol. Univ. Göttingen, 1976-87 Executive Editor: Beitr. z. Physik d. Atmosphäre.

KRAUS, Jakob
Unternehmer, Präsident Weltverb. d. Maßschneiderhandw. München u. Vors. Bundesverb. d. Bekleidungshandwerks, München - Wormser Landstr. 16, 6720 Speyer/Rh.

KRAUS, Josef
Dipl.-Psych., Oberstudienrat, Präs. Deutscher Lehrerverb. (s. 1987) - Zikadenweg 6b, 8300 Landshut (T. 0871 - 6 86 74) - Geb. 4. Aug. 1949 (Vater: Dr. Joseph Kraus, Prof. f. Päd.), kath., verh. s. 1974 m. Erika, geb. Strößner, S. Christian - Stud. German., Psych., Sportwiss.; 1. Staatsex. 1977 Würzburg; Psych.-Dipl. 1978 ebd.; 2. Staatsex. (Lehramt Gymn.) 1980 Ingolstadt - S. 1988 stv. Vors. AG Gesundheit u. Umwelt; 1990 Mitgl. im Beirat f. Fragen d. Inneren Führung im Bundesmin. f. Verteidigung.

KRAUS, Joseph
Dr. phil., Prof. f. Pädagogik Kath. Univ. Eichstätt - Clara-Staiger-Str. 28, 8078 Eichstätt/Bay.

KRAUS, Ljubomir
Dr. rer. nat., Ph. Mr., Prof. f. Pharm. Biologie u. Analytische Phytochemie Univ. Hamburg (s. 1973) - Bundesstr. 48, 2000 Hamburg 13.

KRAUS, Manfred
Dr., Direktor - Tiergarten, 8500 Nürnberg - Geb. 4. Aug. 1928 - S. 1970 Dir. Tiergarten Nürnberg.

KRAUS, Otto
Dr. phil. nat., o. Prof. f. Zoologie - Rotbuchenstieg 15, 2000 Hamburg (T. 51 66 77) - Geb. 17. Mai 1930 Frankfurt/M., verh. s. 1957 m. Dr. Margarete, geb. Richter, T. Beate - Univ. Frankfurt/M. (Zool., Botanik, Geol., Paläontol.). Promot. 1955 u. Habil. 1965 Frankfurt/M. - S. 1965 Lehrtätigk. Univ. Frankfurt/M. (Privatdoz.) u. Hamburg (1969 Ord.). Facharb. - 1963 Mitgl., 1989 Präs. Internationale Commission on Zoological Nomenclature; 1970 korr. Mitgl. Senckenberg. Naturforschende Ges.; 1971 Mitgl., 1978-82 Präs. Joachim Jungius-Ges. d. Wiss. Hamburg, korr. Mitgl. Societas pro Fauna et Flora Fennica Helsingfors - Spr.: Engl., Franz.

KRAUS, Peter
Sänger, Schauspieler, Entertainer - Zu erreichen üb. PROMO*STAR, Kaiserplatz 7, 8000 München 40 (T. 089 - 33 52 71) - Geb. 18. März 1939 München, verh. m. Ingrid, geb. Braun, 2 Kd. (Gaby, Michael).

KRAUS, Rose
Dipl.-Kfm., Gesellsch. Maschinenfabrik Fr. Niepmann GmbH u. Co., Gevelsberg - Oehder Weg 13, 5830 Schwelm.

KRAUS, Rudolf
Parlamentarischer Geschäftsführer d. CSU-Landesgruppe im Deutschen Bundestag, MdB (1976-90 Wahlkr. 206 München-Ost, s. 1990 Wahlkr. 218 Amberg-Sulzbach-Neumarkt) - Buchenweg 30, 8454 Schnaittenbach - Geb. 27. Febr. 1941 Amberg/Opf., kath., verh., 2 Kd. - Kaufm. Lehre Schnaittenbach; 1960 Baukaufm. München; Verw.- u. Wirtsch.akad. (Betriebswirt);

1972 Prokura b. Kraftanlagen Heidelberg, Niederl. München; 1974 Prok. Rohrleitungsfa. Brochier, ab 1987 fr. Mitarb. - AR-Mitgl. AGIP, Mitgl.vertret. Mitgl.beirat Signal-Versich. S. 1962 Mitgl. CSU (1969-90 Kreisvors. im KV IV u. Mitgl. CSU-Bezirksvorst.; 1970-74 Mitgl. Bezirkstag Oberbayern.

KRAUS, Rudolf

Dr. phil., Dr. rer. pol., Honorarprof. Univ. Bochum, Ministerialdirigent - Hessestr. 2, 5060 Bergisch Gladbach 1 (T. 02204 - 8 31 70) - Geb. 27. Okt. 1929 Eschweiler, verh. s. 1960 m. Gisela, geb. Bohnenstädt, T. Elisabeth - Stud. Univ. Basel, Berlin, Freiburg, Fribourg, Mainz, München - Zahlr. Fachveröff. Spez. Arbeitsgeb.: Rechtsgrundl. u. Meth. d. Jugendhilfe, Sozialhilfe, Rehabilit., Ausländerrecht u. Sozialpolitik - Spr.: Engl., Franz.

KRAUS, Theodor

Dr. phil., Prof., I. Direktor Dt. Archäol. Inst. Rom a. D., Honorarprof. f. Klass. Archäol. Univ. Heidelberg (s. 1963) - Via Sardegna 79-81, Roma (T. 46 56 17) - Geb. 27. Mai 1919 Augsburg (Vater: Carl K., Großhdlskfm.; Mutter: Mathilde, geb. Schellewald), kath., verw. s. 1977, 3 Söhne (Tilman, Wolfram, Henning) - Univ. München. Promot. 1949 München; Habil. 1958 Heidelberg - 1950-53 Wiss. Hilfsarb. Röm.-German. Museum Köln, 1953-59 Assist. Univ. Heidelberg (Archäol. Inst.), 1959-61 Wiss. Ref. DAI Kairo, seither II. bzw. I. Dir. (1962) DAI Rom. Vizepräs. Assoc. Amici di Pompei - BV: Megar. Becher im Röm.-German. Zentralmuseum zu Mainz, 1951; D. Ranken d. Ara Pacis, 1953; D. Aphrodite v. Knidos, 1957; Hekate, 1960; D. Röm. Weltreich, 1967 (Propyläen-Kunstgesch. Bd. II); Lebendiges Pompeji, 1973 (m. L. v. Matt) - 1962 o. Mitgl. DAI (Zentraldir.); 1966 korr., 1968 o. Mitgl. Pontificia Accad. Romana di Archeologia, 1973 korr., 1975 wirkl. Mitgl. im Ausl. Österr. Archäol. Inst., 1973 ausw. Mitgl. Accad. di Archeologia, Lettera e Belle Arti Neapel.

KRAUS, Ursula

Oberbürgermeisterin Wuppertal (s. 1984) - Wegnerstr. 13-15, 5600 Wuppertal 2 (T. 0202 - 563 65 65) - Geb. 2. Aug. 1930 Neunkirchen/Saar, ledig - Industrie-Kauffrau - Vors. im Landesvorst. Städtetag Nordrh.-Westf.; Mitgl. im Hauptaussch. Dt. Städtetag; Mitgl. im Verkehrsverb. Rhein-Ruhr; Mitgl. Unterbezirksvorst. d. SPD; Mitgl. Parteirat d. SPD; Mitgl. Bezirksvorst. Niederrh. d. SPD; AR-Vors. Wuppert. Stadtwerke AG; Mitgl. Sparkassenrat Stadtsparkasse Wuppertal; Kurat.-Mitgl. Friedrich-Ebert-Stiftg.; Mitgl. Arbeiterwohlfahrt u. Arbeiter-Samariter-Bund - Spr.: Engl., Franz.

KRAUS, Willy (Wilhelm)

Dr. rer. pol., o. Prof. f. Wirtschaft Ostasiens u. Entwicklungspolitik - Oehder Weg, 5830 Schwelm (T. 3741) - Geb. 25. Aug. 1918 Düsseldorf - Univ. Wien, Bonn, Köln. - 1964 Ord. Univ. Gießen, 1966 Univ. Bochum - BV: Wirtschaftl. Entw. u. soz. Wandel in d. Volksrepublik China, 1979.

KRAUS, Wolfgang

Dr., o. Prof. u. gf. Direktor Inst. f. Chemie Univ. Hohenheim (s. 1975) - Haldenstr. 91, 7447 Aichtal (T. 07127 - 5 92 07) - Geb. 10. März 1931 Nürnberg (Vater: Otto K., Innenarch.; Mutter: Elli, geb. Schubert), ev., verh. s. 1960 m. Uta, geb. Binder, 2 Kd. (Stephan, Tina) - Gymn. Nürnberg u. Nördlingen; Stud. d. Chemie Bamberg u. Tübingen; Dipl.ex. 1958, Promot. 1962 u. Habil. 1967 Tübingen - S. 1974 Univ. Hohenheim (o. Prof.) - Mitgl. Ges. Dt. Chem., Royal Soc. Chem. London, Americ. Chem. Soc. - BV: Stereochemie u. Reaktivität organ. Verbindungen, 1974 - Liebh.: Tennis, klass. Musik - Spr.: Engl.

KRAUS, Wolfgang

Journalist, Schriftst. - Berggasse 4, A-1090 Wien - Geb. 13. Jan. 1924 Wien - BV/Ess.: D. 5. Stand, 1966/1990; D. stillen Revolutionäre, 1970; Kultur u. Macht, 1975; D. verratene Anbetung, 1978; D. Wiederkehr d. Einzelnen, 1980; Nihilismus heute, 1983; Spuren d. Paradieses. Üb. Ideale, 1985; Neuer Kontinent Fernsehen, 1989 - Begr. Österr. Ges. f. Lit. (1961).

KRAUS-MACKIW, Ellen

Dr. med., Prof., Ärztl. Direktorin für Augenheilkunde - dstl.: Univ. Augenklinik, Im Neuenheimer Feld 400, 6900 Heidelberg (T. 06221 - 56 66 36, Fax 56 54 74) - Geb. 30. Juni 1934 Frankfurt/M. (Vater: Carl K., Kaufm.; Mutter: Hertha, geb. Aller), verh. m. Prof. Dr. phil. Theodore Mackiw, S. Steven Robert - Promot. 1960 Frankfurt - S. 1970 (Habil.) Lehrtätigk. Univ. Heidelberg (1974ff. apl. Prof. f. Augenheilkd.; s. 1975 Ärztl. Dir. Abt. f. Orth.-, Pleoptik u. Motilitätsstör./Augenklin.); 1986 1. Vors. Ges. f. Angew. Orthoptik; s. 1989 in Zusammenarb. m. d. universitären Einrichtung Experim. Psychosomatik/ Forsch.gruppe Streß, Leit. Horst Mayer, Aufbau d. ersten Ergophthalmologischen Forschungsstelle PF 10 23 69 als Zugang zu e. modernen Ökologie d. Arbeit. Fachveröff.- Bek. Vorf.: Carl Aller, Maler (Großonkel).

KRAUSE, Albrecht

Ministerialdirigent a. D. - Friesenstr. 21, 5300 Bonn-Bad Godesberg - Geb. 10. Okt. 1920 Hamburg (Vater: Dr. August K.; Mutter: Edda, geb. Drude), ev., verh. 1953 m. Armgard, geb. Egidi, 4 Kd. (Dorothea, Ina, Philipp, Albrecht) - Stud. Rechtswiss., Politikwiss., Gesch., Spr.; Kriegsdst. (Reserveoffz.); Hptm. d. R. d. Bundeswehr; 1951-63 u. s. 1974 Bundesinnenmin.; Dt.-franz. Jugendwerk (1963 b. 1968 stv., 1968-74 Generalsekr.) - Kriegsausz., commandeur franz., belg. u. ital. Orden; 1972 Prix France-Allemagne; 1985 Gr. BVK.

KRAUSE, Alfred

Bundesbahnoberamtsrat a. D. - An der Herrenwiese 14, 5330 Königswinter 41 - Geb. 27. Jan. 1922 Gelsenkirchen, ev., verh. s. 1947 m. Waltraud, geb. Albert - 1941-46 Kriegsdienst; Vors. d. Wiss. Inst. Öfftl. Dienst (WIÖD); 1959-87 Bundesvors. d. Dt. Beamtenbundes - Mitgl. versch. AR - CDU - Gr. BVK, Ehrenvors. Dt. Beamtenbund - Liebh.: Fotogr., Jagd.

KRAUSE, Barbara Elisabeth,

geb. Schmid-Egger

Dr. phil., - Krauthausenstr. 15, 5100 Aachen - Geb. 12. Febr. 1945 Bad Dürrheim (Vater: Dr. Hans S.-E., Oberstudienrat; Mutter: Edith, geb. Schleinzer), kath. - Gymn.; Stud. Gesch., polit. Wiss., German. Staatsex. 1969; Promot. 1973 (Diss.: Klerus u. Politik in Böhmen um 1900) - 1969-70 Bundessprech. Junge Aktion d. Ackermann-Gemeinde; 1970-71 Ref. f. polit. Bild., 1972 b. 1978 Bundesvors. Bund d. Dt. Kath., Jugend (BDKJ) - Liebh.: Handwerkliches, Wandern, Musik - Spr.: Franz., Engl., Tschech.

KRAUSE, Christian

Brigadegeneral a.D., Fr. Journalist - Rostocker Str. 15, 5300 Bonn 1 - Geb. 8. Nov. 1918 Breslau - 1936 Berufssoldat; 1951 Verlagsangest. u. Redakt.; 1957 Bundeswehr; 1978 Fr. Journ. (u. a. Forsch.-Inst. Friedr.-Ebert-Stiftg.) - BV: Studien üb. Sicherheit u. Rüstungskontrolle (in dtsch. u. engl.); zahlr. Ztschr.-Beitr. u. Rundfunkkomment. - 1970 BVK I. Kl. - Spr.: Engl.

KRAUSE, Christian

Generalsekretär Dt. Ev. Kirchentag Fulda (s. 1985) - Magdeburger Str. 59, 6400 Fulda (T. 0661 - 60 10 91-95) - Geb. 6. Jan. 1940 Dallgow-Döberitz, verh. s. 1969 m. Stud.-Ass. Gertrud, geb. Szperalski, 4 Kd. (Katrin, Annette, Britta, Christopher) - 1960-66 Stud. Theol. Univ. Marburg, Heidelberg, Göttingen (dazw. Fulbright-Stip. Chicago, USA) - 1967 Vikariat Verden/Aller; Ordination in Genf z. Pfarrer d. Ev.-Luth. Landeskirche Hannover; 1966/67 u. 1969/70 Tätigk. Luth. Weltbd. Genf; 1971/72 Flüchtlingsdienst Dar-es-Salaam, Tanzania; 1972-85 Oberkirchenrat (m. Aufgabenschwerp. ökumen. Bezieh. u. Entw.-Dst.) Hannover - Interessen: Ökumen. Bezieh. u. intern. Politik, bes. Nord-Süd-Verhältnis; Reisen.

KRAUSE, Detlef

Dr. rer. pol., Prof. f. Sozialwissenschaften (Schwerp.: Bildungsplanung u. Analyse d. Arbeitsprozesse) Univ. Bremen - Eislebener Str. 35, 2800 Bremen.

KRAUSE, Dieter

Dr. rer. nat., Prof., Physiker, Leit. Zentralbereich Forschung u. Entwicklung Schott Glaswerke, Mainz - Hattenbergstr. 10, 6500 Mainz - S. Habil. Lehrtätigk. Univ. Mainz (gegenw. n. b. Prof.).

KRAUSE, Dieter

Dr. rer. pol., Dipl.-Hdl., Univ.-Prof. f. Betriebswirtschaftslehre, insb. Finanzierung, Berg. Univ.-GH Wuppertal - Brambecke 16, 5600 Wuppertal 23.

KRAUSE, Dieter

Dr. med., Prof. f. Physikal. Medizin u. Orthopädie - Griegstr. 40, 1000 Berlin 33 - Geb. 23. Mai 1932 Breslau - Promot. 1957 - S. 1971 Prof. FU Berlin (Klinikum Steglitz). Facharb.

KRAUSE, Egon

Ph. D., Prof. f. Strömungslehre - Fischweiher 4, 5100 Aachen - Geb. 27. Juli 1933 Ziegenort - Promot. 1966 New York - S. 1972 Wiss. Rat u. Prof. u. Ord. u. Dir. Aerodynam. Inst. (1973) TH Aachen. 1974 7. Reynolds-Prandtl-Lecture; 1976-82 Sprecher Sonderforsch.ber. 83 Strömungsmechanik u. Thermogasdynamik; s. 1980 Vorst.-Mitgl. Sonderforsch.ber. 25 Wirbelströmungen in d. Flugtechnik, s. 1983 2. Sprecher Sonderforsch.ber. künstliche Organe, 1. Sprecher Sonderforsch.ber. Raumflugzeuge - 1973-86 Hrsg. Abh. aus d. Aerodynam. Inst. d. RWTH Aachen.

KRAUSE, Egon

Dr. med., Prof. f. Chirurgie Univ. Frankfurt/M., Arzt f. Thorax- u. Cardiovasculäre Chir. sowie f. Gefäßchir. - An der Festeburg 11, 6000 Frankfurt (T. 069 - 47 92 26) - Geb. 18. März 1928 Kassel (Mutter: Frida, geb. Gundlach), ev., verh. s. 1957 m. Dr. Helma, geb. Gins - 1940-44 Oberrealsch. Halle/S.; Med. Staatsex. 1954/55 Univ. Frankfurt/M., Promot. 1955 - 1964-66 Leiter Chir. Abt. Dt. Krkhs. Rourkela, Indien. Prof. Abt. f. Thorax-, Herz- u. Gefäßchir. Univ. Frankfurt. Spez. Arbeitsgeb.: Cardiovasculäre Chir. (s. 1955) - Inh. Berufsflugzeugführerlizenz; Instrumentenflugberechtig. - Spr.: Engl.

KRAUSE, Friedrich W.

Dr. iur., o. Prof. f. Straf- u. Prozeßrecht sow. Kriminologie Univ. Würzburg (s. 1975) - Königsberger Str. 40, 8700 Würzburg (T. 0931 - 87782) - Geb. 5. Nov. 1920 Kiel - Promot. u. Habil. Kiel - 1967-75 o. Prof. Univ. Würzburg. Fachveröff. - Rotarier.

KRAUSE, Fritz E.

Kaufm. Direktor, Geschäftsf. Avio Chemie GmbH, Münster, Hansa Luftbild GmbH ebd., Photogrammetrie GmbH, München (1963-85), Präs. Verb. d. dt. Luftfahrt-Unternehmen, Wiesbaden (1968-75) - Gerhart-Hauptmann-Str. 33, 4400 Münster/W. (T. 3 12 78) - Geb. 29. Febr. 1920 Berlin (Vater: Fritz K., Kaufm.; Mutter: Helene-Erna, geb. Schulze), verh. in 2. Ehe (1950) m. Alheidis, geb. Gerdts, 3 Kd. (Rainer, Cornelia, Clemens) - B. 1938 Schule (Abit.); 1939-40 Kriegssch.; 1946-47 kaufm. Lehre - 1938-45 Luftwaffe (zul. Kdr. Gruppe III Nachtjagdgeschwader 11); 1953-61 Im- u. Export Hamburg (Einzelprok.); 1962 Luftfahrind. (Gf. Vertr. Koblenz); 1980-84 Vorst.-Mitgl. u. 1984-88 Beirat Dt. Ges. f. Photogrammetrie u. Fernerkundung; 1984-90 VR-Mitgl. GEOSAT Ges. f. satellitennutzende Vermessung GmbH, Mülheim - Spr.: Engl.

KRAUSE, Gotthard Heinrich

Dr. rer. nat., Dipl.-Chem., Prof. f. Pflanzenphysiologie Univ. Düsseldorf - Merianweg 33, 4010 Hilden (T. 02103 - 6 16 38) - Geb. 30. April 1937 Wermsdorf/Sachsen (Vater: Heinrich K., ev. Pfarrer; Mutter: Elfriede, geb. Herbst), ev., verh. s. 1966 m. Bärbel, geb. Heidemann, 2 Kd. (David, Berenike) - Univ. Bonn (Dipl.-Chem. 1964, Promot. 1966); Habil. 1973 Univ. Düsseldorf - 1970-73 wiss. Assist. Univ. Düsseldorf; 1974-78 Doz. ebd.; 1978/79 apl. Prof., ab 1980 Prof. in D'dorf; 1967-69 Forschungstätigk. in Berkeley u. Honolulu/ USA, 1976/77 u. 83/84 in Canberra, Australien. Forschungsarb. auf d. Geb. d. Photosynthese sowie Frostschädig. u. -resistenz d. Pflanzen - Spr.: Engl.

KRAUSE, Günther

Dr. sc. techn., Prof., Bundesminister f. Verkehr - Robert-Schumann-Platz 1, 5300 Bonn 2 - Geb. 13. Sept. 1953.

KRAUSE, Hans

Dr.-Ing., o. Prof. f. Lagerstättenforschung u. Rohstoffkunde - Paul-Ernst-Str. 6, 3392 Clausthal-Zellerfeld (T. 1491) - Geb. 5. Juli 1925 - S. 1960 (Habil.) Lehrtätigk. Bergakad. Clausthal, TH bzw. TU Hannover (1964 Abt.svorst. u. Prof.), TU Clausthal (gegenw. Ord.). Arbeitsgeb.: Mineral., Petrogr., Lagerstättenkd. Fachveröff.

KRAUSE, Hans Hellmut

Dr. jur., Rechtsanwalt, ehem. Hauptgeschäftsf. Verb. d. Metallind. Nordrh.-Westf. u. Landesvereinig. d. Arbeitgeberverb. Nordrh.-Westf. (s. 1973) - Uerdinger Str. 58-62, 4000 Düsseldorf

(T. 4 57 30) - AR Bavaria Film GmbH; VR Bundesanst. f. Arbeit, d. WDR.

KRAUSE, Hans-Georg

Dr. phil., Prof. f. Mittlere u. Neuere Geschichte Univ. Hamburg (s. 1977) - Hölderlinstr. 24, 2000 Hamburg 52 - Geb. 5. März 1926 Zerbst/Anh. (Vater: Paul K., Pastor; Mutter: Martha, geb. Hohmann), ev.-luth., verh. s. 1962 m. Ingrid, geb. Köchlin, 2 S. (Hans-Joachim, Ulrich) - Stud. Gesch., Klass. Philol., German., Rechtswiss. Staatsex. 1951 u. 54 Hamburg - 1954-61 Studienrat; 1962-77 Wiss. Rat u. Doz. - BV: D. Papstwahldekret v. 1059 u. s. Rolle im Investiturstreit, 1961.

KRAUSE, Horst

Solotänzer, Ballettpädagoge - Salzbergstr. 2, 3340 Wolfenbüttel 16 - Geb. 12. Jan. 1930 Alexandrow/Posen (Vater: Karl K., Kaufm.), ev. - Gymn. Lodz; Ballettsch. ebd., Bielefeld, Genf, New York - B. 1950 Tänzer Lübeck, dann Solotänzer Braunschweig, Düsseldorf (1952), Hannover (1954). U. a. Symphonie Phantastique (Poet), Unicorn (Poet), Mohr v. Venedig (Jago), Le Loup (Wolf) - Liebh.: Musik, ostasiat. Kunst, engl. Lit., mod. Graphik - Spr.: Poln., Engl.

KRAUSE, Jens

Dipl.-Ing., Staatssekretär a. D., Beratender Ingenieur, Geschäftsführer URBAN SYSTEM CONSULT, Berlin - Breisacher Str. 19, 1000 Berlin 33 (T. 831 60 54) - Geb. 27. Nov. 1942 Rendsburg - Stud. Bauing. TU Berlin; Dipl. Hauptprüf. 1971 - 1971-77 selbst. Planungsing.; 1977-83 Umlandverb. Frankfurt (Leit. Planungsabt.); 1983-88 Senat Berlin (Bau- u. Wohnungswesen).

KRAUSE, Jürgen

Dr. phil., Prof. f. Linguist. Informationswiss. Univ. Regensburg (s. 1981), Vors. Ges. f. Linguist. Datenverarb. (1980-83) - Postf. 397, 8400 Regensburg 1 - Geb. 21. Febr. 1944 Liebenthal/Schles. (Vater: Paul K.; Mutter: Erna, geb. Dettmer), verh. s. 1971 (Ehefr.: Ingrid), 2 Töcht. (Wera, Barbara) - 1965-71 Univ. Würzburg u. Regensburg (Dt., Gesch., Sozialkd.). Promot. (1975) u. Habil. (1981) Regensburg - BV: Mensch-Maschine-Interaktion in natürl. Sprache, 1982. Herausg.: Linguist. Datenverarb. (1982, m. I. Batori u. H. D. Lutz); Microcomputer u. Textverarb. (1984, m. H.-J. Niederehe); Inhaltserschließung v. Massendaten. Herausg.: D. Deutsche Patentinformationssystem (1990, m. C. Womser-Hacker); Computers and Humanities in Germany Special Issue Chum (1991); Computer Talk (1992, m. L. Hitzenberger) - Spr.: Engl., Franz.

KRAUSE, Jürgen

Dr. phil., Kunsthistoriker, Wiss. Referent Westf. Landesmuseum Münster (s. 1987) - Schützenstr. 15, 4400 Münster (T. 0251 - 5 70 79; dstl.: 590 72 00) - Geb. 21. Mai 1951 Berlin/W., led. - Stud. Kunstgesch., German., Gesch.; Promot. 1983 FU Berlin - 1983/84 Assist. b. d. Kölner Museen, Kunstgewerbemuseum, 1985-87 Wiss. Ref. ebd. - BV: Märtyrer u. Prophet. Studien z. Nietzsche-Kult in d. Bild. Kunst d. Jahrhundertwende, 1984 (Diss. 1983 FU Berlin) - Liebh.: Oldtimer-Restaurierung - Spr.: Engl., Franz., Lat.

KRAUSE, Jürgen

Dipl.-Betriebswirt, Geschäftsführer Vorwerk International AG - Verenastr. 39, CH-8832 Wollerau (T. 00411 - 784 69 11) - Geb. 15. März 1944.

KRAUSE, Klaus-Wilhelm

Dipl.-Ing., Prof. f. Grundlagen d. Elektro- u. Regelungstechnik GH Paderborn (Fachber. Nachrichtentechnik, Meschede) - Zul. Drehberg 42, 5778 Meschede.

KRAUSE, Martin

Dr. phil., Dr. theol., Prof. f. Ägyptologie (m. bes. Berücks. d. Koptologie) - Melchersstr. 30, 4400 Münster/W. (T. 28456) - Geb. 7. Sept. 1930 Planitz - S. 1965 (Habil.) Lehrtätigk. Univ. Münster (1969 apl. Prof., 1970 Wiss. Rat u. Prof., 1980 Univ.-Prof.). Fachveröff. - 1964 korr. u. 1977 o. Mitgl. DAI; 1966 Fellow Inst. of Coptic Stud. Cairo; 1975 korr. Mitgl. Inst. d'Egypte Cairo; 1976-80 Präs. Intern. Assoc. f. Coptic Stud.

KRAUSE, Peter

Dr., Richter LSG Mainz, Prof. f. Öfftl. Recht, Sozialrecht u. Rechtsphil. Univ. Trier - Weinbergstr. 12, 5501 Korlingen - Geb. 27. Febr. 1936 - Promot. Phil. u. Jura - Promot. (1966) u. Habil. (1973) - S. 1975 Ord. Univ. Trier - BV: u. a. Rechtsformen d. Verwaltungshandelns, 1974; D. Risiko d. Straßenverkehrsunfalls, 1975. Herausg.: Sozialgesetze 1 u. 2 (1980, 84 u. 87).

KRAUSE, Peter

Schiffsingenieur, Mitglied d. Abgeordnetenhauses v. Berlin CDU (s. 1991) - Zellestr. 15, O-1035 Berlin (T. 030 - 588 22 45) - Geb. 16. Jan. 1943 Klein Varchow, ev., verh. s. 1968 m. Christel, geb. Przybylla, 3 Kd. (Nils-Peter, Harriet-Kristin, Lars-Hinnerk) - Facharb., Motorenschloss. 1958-61; Schiffing. Ingenieurhochsch. f. Seefahrt Warnemünde 1968-70 u. 1972-73 - 1989-90 Landesgeschäftsf. Demokrat. Aufbruch (DA) LV Berlin; 1990 UAL Min. f. wirtschaftl. Zusammenarb. (MWZ) - Liebh.: Klass. Musik, Maritime Historie.

KRAUSE, Rainer

Dr. phil., Dipl.-Psych., Psychoanalytiker, Prof. f. Klinische Psychologie - Akazienweg 1, 6600 Saarbrücken 3 (T. 0681 - 81 59 55) - Geb. 5. Okt. 1942 Gemmrigheim (Vater: Dr. med. Fritz K.; Mutter: Dr. med. Hedwig, geb. Klink), verh. s. 1989 m. Evelyne, S. Sven-Mathias - Stud. Psych. Tübingen, Zürich (1964-69), Psychoanalyse (1970-78), 1976-78 Post Doctoral Research San Francisco/USA - 1969-73 Assist., 1976 O.Assis., Leit. Psych. Beratungsst., Privatdoz., Ord. f. klinische Psych.; Intern. Soc. f. Res. on Emotion, Intern. Psychoanalyt. Vereinig., Soc. f. Psychotherapyres., Dt. Psychoanalytische Ges., Dt. Ges. f. Psychologie - BV: Kreativität, 1972; Produkt. Denken, 1977; Affekt u. Sprache, 1981; Psychodynamik d. Emotionsstörungen, 1990 - Spr.: Engl., Franz.

KRAUSE, Rolf

Dr.-Ing., Prof. f. Meß- u. Versuchswesen d. Maschinenbaues (Kraft- u. Arbeitsmaschinen) GH Wuppertal - Woltersberg 1, 5600 Wuppertal 1.

KRAUSE, Rolf-Dieter

Fernseh-Journalist (ARD-Studio Brüssel), Korresp. Erstes Dt. Fernsehen f. Wirtsch.- u. Finanzpolitik, Mitgl. Dt. Presserat (1979-85) - 223/225 Rue de la Loi, B-1040 Brüssel, Belgien - Geb. 22. Febr. 1951 Lüneburg - 1978 Wächterpreis Dt. Tagespresse.

KRAUSE, Rudolf

Oberbürgermeister (s. 1970) - Rathaus, 8950 Kaufbeuren/Schw. - Geb. 11. Febr. 1931 Löwenberg - Zul. Rechtsanw.

KRAUSE, Siegfried M.

Dr. phil., Prof., Hochschullehrer, Schauspieler u. Spielleiter - Schönefelder Weg 31, 5600 Wuppertal - Geb. 19. März 1935 Wuppertal 1 (Vater: Martin K., Realschuldir.; Mutter: Ruth, geb. Löttgen), ev., verh. in 3. Ehe (1987) m. Elke, geb. Schmitt, 3 Kd. (Christoph, Eva-Maria, Iris) - Univ. Köln; 5 J. Schauspielausbild. Köln u. Essen. Promot. 1961 Köln; Habil. 1974 Dortmund - Schausp. u. Regiss. Bühne, Funk u. Ferns.; 1974 ff. Privatdoz. Univ. Dortmund, 1975 Prof. FHS Bochum. Spez. Aufg.: Theaterpäd. - BV: Leitf. z. Sprecherzieh., 1971; Z. soziol. Grundleg. e. Spielpäd., 1975; Z. Praxis d. Rollensp. in d. Schule, 1975; Darst. Spiel, 1976; Jugendtheater 1982 - Insz.: Becket (En attendant Godot), Ionesco (La Leçon), Strawinsky (D. Geschichte v. Soldaten); Rollen: Georg (Götz v. Berlichingen), Don Gil (... v. d. grünen Hosen), Pulcinella (V. Bergamo b. morgen früh), Ltn. Pedro (Gottes Utopia), Teufel (Gesch. v. Sold.), Luzman (Ritter v. Mirakel), Petruchio (D. Widerspenstigen Zähmung) - Spr.: Franz.

KRAUSE, Thomas

Dr. rer. nat., Prof. f. Makromolekulare Chemie TH Darmstadt - Robert-Stolz-Str. 7, 6101 Wixhausen.

KRAUSE, Tom

Opernsänger I. Hamburger Staatsoper - Leinpfad 14, 2000 Hamburg 60 - Geb. Helsinki, Finnl., verh. s. 1960 m. Jeane, geb. Meunier, T. Danielle - Kand. med. Univ. Helsinki; Wiener Musikakad. - Sänger in Hamburg (Staatsoper), Berlin, Wien, New York, Paris, Milano, Chicago, San Francisco, Salzburger Festsp. u.v.m. - üb. 65 Hauptrollen, u.a. Figaro, Philip, Golaud, Graf Almaviva, Don Giovanni, Amfortas; üb. 60 Schallplattenaufn. - 1963 The Harriet Lohenbach Price, 1965 Kammersänger Hamburg, 1973 National Academy of Recording Arts and Sciences, Best Opera Recording, 1985 Dt. Schallplattenpr. f. Aufn. Sibelius-Lieder; Edison Prize, Engl. Gramophone Award; 1990 Pro Finlandia Med.; 1990/91 Prof. Sibelius Akad. Helsinki; 1991 Jean Sibelius Med. - Spr.: Schwed., Finn., Ital., Engl., Franz.

KRAUSE, Walter

Prof., Landesminister a. D., - Schauinslandstr. 2, 6800 Mannheim (T. 812330) - Geb. 21. Dez. 1912 München (Vater: Martin K., Buchdruckobermaschinenm.; Mutter: Emma, geb. Hildebrandt), ev., verh. s. 1938 m. Anna, geb. Layer, T. Annelie - Univ. Heidelberg (Math. u. Naturw.; Staatsex. 1936) - 1938 Meteorologe, 1947 Doz. f. Math. Ing.sch. Mannheim, 1952-80 MdL Baden-Württ. (1961 u. 72 Fraktionsvors.), 1955 Bürgerm. Mannheim, 1966 Innenmin. u. stv. Min.präs. BW (b. 1972), 1973-80 1. stv. Landtagspräs. BW. SPD (1964 stv., 1966 Landesvors. BW) - 1972 Gr. BVK m. Stern u. Schulterband - Spr.: Engl., Franz. - Nichtraucher.

KRAUSE, Walter Erich

Dr. jur., Geschäftsführer Pfleiderer Industrie Beteiligungsges. mbH & Co., Neumarkt/Opf., AR-Vors. Vereinigte Kapselfabriken Nackenheim GmbH, Nackenheim (Rhein), AR Anton Heggestaller AG Unterbernbach/Bay., u. Sonni Spielwaren GmbH Sonneberg/Thür., stv. AR-Vors. Gebr. Pfeiffer AG, Kaiserslautern - Ingolstädter Str. 51, 8430 Neumarkt 1.

KRAUSE-BREWER, Fides

Journalistin - Zu erreichen üb.: Zweites Dt. Fernsehen, Studio 5300 Bonn - Geb. 1. Aug. 1919 München - S. Jahren Bonn-Korresp. ZDF. Fachgeb.: Wirtschafts- u. Sozialpolitik - Veröff.: D. Rentenrisiko - Ludwig-Erhard-Preis, 1984 Karl-Bräuer-Preis.

KRAUSKOPF, Rainer

Dr. rer. nat., Prof. f. Mathematik PH Ludwigsburg - Buchbergstr. 21, 7147 Eberdingen/Württ.

KRAUSNICK, Michail

Dr. phil., Schriftsteller - Richard-Lenel-Weg 13, 6903 Neckargemünd (T. 06223 - 64 68) - Geb. 30. Nov. 1943 Berlin, verh. s. 1969 m. Helga, geb. Wirth, 2 Kd. (Mattias, Gisela) - Stud. German. u. Soziol.; Promot. 1973 Heidelberg - Fr. Autor: Lyrik, Roman, Satire, Film, Hörspiel, FS-Spiel, Theater, Kabarett, TV-Unterhaltung - BV: Räuber, 1977; Im Schatten d. Wolke, 1980; Da wollten wir frei sein, 1983; Hungrig, 1984; D. Sache Mensch, 1985; D. Liebesverweigerer, 1986; BAPF, 1988; D. eiserne Lerche, 1990; Stichworte, 1990; Abfahrt: Karlsruhe, 1990; Verschüsselt u. verkabelt, 1991. Kinofilm: Grandison (1977). TV-Film: D. letzte Lied d. Mannefriedrich (1982). TV-Bücher: Wer 3 x lügt, 1976ff.; Hierzuland; Freitags Abend; Schatzkammer. Kabarett f. Kom(m)ödchen u. Thomas Freitag - 1984 Auswahlliste Dt. Jugendlit.preis u. Heinemann-Friedenspreis; 1991 Dt. Jugendliteraturpreis (f. d. Eiserne Lerche) - Spr.: Engl., Lat., Griech.

KRAUSS, Ernst

Dipl.-Ing., Geschäftsführer - Suppengasse 15, 7238 Oberndorf-Aistaig (T. 07423 - 27 39) - Geb. 27. Sept. 1938 Breitbrunn/Ch. (Vater: Günther K.; Mutter: Ruth, geb. Mey), ev., verh. s. 1963 m. Elisabeth, geb. Scheuer, 2 Söhne (Stefan, Matthias) - 1957-61 TH München (Masch.-, Flugzeugbau) - Mitgl. Tarif-Kommiss. Arbeitgeb.verb. SWH Metall - Spr.: Engl.

KRAUSS, Franz

Dr.-Ing., o. Prof. f. Tragwerkslehre TH Aachen (s. 1972; 1973-75 Dekan) - Steinbüchelstr. 18, 5106 Roetgen (T. 02471 - 31 35) - Geb. 20. Nov. 1928 Prag (Vater: Dr.-Ing. Karl K.; Mutter: Luise, geb. Göhler), kath., verh. s. 1958 m. Marianne, geb. Strathmann, 3 Kd. (Max, Wolfgang, Susanne) - Stud. TH Stuttgart; Dipl.ex. 1958 ebd. - 1958-62 Assist. TH Stuttgart; 1962-72 selbst. beratd. Ing. Erste Holz-Schalenbauten in Dtschl. - BV: Hyperbolisch-paraboloide Schalen aus Holz, 1969; Grundl. d. Tragwerklehre, Bd. 1, 1980; Bd. 2, 1985; Tabellen z. Tragwerklehre, 1980 - Liebh.: Klass. Musik, Wandern - Spr.: Engl., Ital.

KRAUSS, Hans-Ludwig

Dr. rer. nat., o. Prof. f. Anorgan. Chemie Univ. Bayreuth - Postfach 10 12 51, 8580 Bayreuth - Geb. 4. Juni 1927 Halle/Saale (Vater: Dr.-Ing. Ludwig K.; Mutter: Lore, geb. Schletterer), ev. - Realgymn. u. TH München (Chemie). Dipl.-Chem. 1951; Promot. 1955; Habil. 1959 (alles München) - S. 1959 Lehrtätigk. TH bzw. TU München (1955 apl. Prof.; 1966 Wiss. Rat u. Prof. Anorgan.-Chem.), 1969/70 Gastprof. George Washington Univ., Washington D. C., USA, 1970 o. Prof. Anorg. Chemie FU Berlin, 1976 o. Prof. Anorg. Chemie Univ. Bayreuth, 1979 Vizepräs. Univ. Bayreuth. Spez. Arbeitsgeb.: Oberflächen-Chemie u. heterogene Katalyse. Mitgl. Ges. Dt. Chemiker u. Dt. Bunsen-Ges. f. physikal. Chemie. Üb. 50 Fachveröff. - Liebh.: Musik, Marionetten - Spr.: Engl., Franz.

KRAUSS, Hartmut

Dr. med. vet., Prof. f. Infektionskrankheiten d. Tiere u. Zoonosen Univ. Gießen - Rosenpfad 3, 6306 Lang-Göns - Geb. 9. Nov. 1932 Schwabach - Wiss. Tätigk. Kenya.

KRAUSS (ß), Henning R.

Dr. phil., o. Prof. f. Roman. Literaturwiss. unt. bes. Berücks. d. Franz. Univ. Augsburg (s. 1975) - Baindlkircher Str. 7, 8904 Friedberg - Geb. 21. Okt. 1943 Neunkirchen/Saar (Vater: Rudolf K.; Mutter: Erna, geb. Burger), ev., verh. s. 1967 (Ehefr.: Dr. Christel), T. Ulrike - 1963 b. 1967 Univ. Heidelberg u. Grenoble, M. A. 1967; Promot. 1969; Habil. 1974 - 1987-89 Vors. Dt. Romanistenverb.; Off. Palmes Académiques - BV: D. Praxis d. littérature engagée im Werk Jean-Paul Sartres 1938-48, 1970. Herausg.: Altfranz. Epik (1978); Epica feudale e pubblico borghese - Per la storia poetica di Carlomagno in Italia (1980); Europ. Hochmittelalter (1981); Rom. Ztschr. f. Literaturgesch./Cahiers d'Histoire des Littératures Romanes (1977ff., m. Erich Köhler †); Psychoanalyt. Lit.-wiss. u. Lit.soziol. (1982); Klass. Texte d. rom. Mittelalters (1983ff.); Grundr. d. rom. Lit. d. Mittelalters, Bd. III (1985ff.); Schriftenreihe d. Phil. Fakultäten d. Univ. Augsburg (1985ff.); Lit d. Franz. Revolution (1988); Folgen d. Franz. Revolution (1989); Testi, Cotesti e Contesti del franco-italiano (1989) - Spr.: Engl., Franz., Ital., Span.

KRAUSS (ß), Hermann

Schlossermeister, Ehrenoberm. Schlosser-Innung Nürnberg, 1. Vors. f. Versorgungswerk f. d. Mfr.-Handwerk, Präs. Bundesverb. Metall, Vereinig. Dt. Metallhandw., Vizepräs. Intern. Metall-Union (IMU), Vorst.-Mitgl. Bundesvereinig. d. Fachverb. im Dt. Handwerk (BFH), Mitgl. Handwerksrat Zentralverb. d. Dt. Handwerks (ZDH) - Maxpl. 34, 8500 Nürnberg - Geb. 2. Jan. 1925, verh., 2 Kd. - BVK I. Kl.; Gold. Ehrennadel: Dt. Junghandwerkerbund, Hauptverb. d. Dt. Schlosserhandwerks, Fachverb. Metall Bayern, Bundesverb. Metall, Kreishandwerkerschaft Stadt + Land Nbg, V.D.K., Handwerkskammer f. Mittelfranken; Gold. Ehrenring Schlosser-Innung Nürnberg; Staatsmed. f. besondere Verdienste um d. bayer. Wirtschaft.

KRAUSS, Karl-Hermann

Dr. rer. pol., Vorstandsmitglied AGIV Aktienges. f. Industrie u. Verkehrswesen, Frankfurt - Klingenweg 17d, 6000 Frankfurt 60 - Geb. 12. Juli 1940 Augsburg (Vater: Hermann K., Kaufm.; Mutter: Pauline, geb. Dörrer), kath., verh. s. 1967 m. Ursula, geb. Kaspar, T. Michaela - Realgymn. Augsburg; Univ. München (Dipl.-Kfm. 1967) u. Univ. Hamburg (Promot. 1970) - 1959-63 Bankgesch. Hafner Augsburg, 1967-77 Frankfurter Bank bzw. Berliner Handels- u. Frankf. Bank (zul. Dir.), 1978-79 Kraftanlagen AG (Finanzdir.), s. 1980 Vorst.-Mitgl. AGIV Aktienges. f. Ind. u. Verkehrswesen. Div. AR.-Mandate (Vors.).

KRAUSS, Markus

Speditionskaufmann, Inh. d. Fa. Markus Krauss Berat. - Nachtigallweg 6, 2822 Schwanewede (T. 0421 - 62 10 64) - 1967-75 Mitgl. Brem. Bürgersch.; langj. Vorst.-Mitgl. Mittelstandsvereinig. CDU/CSU, ASU, BJU; Beauftr. d. Abt. Binnenschiffahrt im BDS. 1990 BVK am Bde.

KRAUSS, Otto

Geschäftsführender Gesellschafter Otto Krauss & Partner Unternehmensberatung - Ostendstr. 23, 8504 Stein (T. 0911 - 6 79 60, Fax 68 57 87) - Geb. 23. März 1928 Eiserfeld, verh.

KRAUSS, Walther

Dr. phil. (habil.), Prof. f. Physikal. Chemie - Gleißnerstr. 64, 8000 München 83 (T. 405379) - Geb. 28. Sept. 1903 Darmstadt - S. 1937 Lehrtätigk. Univ. Berlin u. München (1952; 1957 apl. Prof.). Fachveröff.

KRAUSS (ß), Wolfgang

Dr. rer. nat., o. Prof. f. Theoret. Ozeanographie - Rendsburger Landstr. 309, 2300 Kiel-Russee (T. 69226) - Geb. 1. Jan. 1931 Kühnheide/Erzgeb., ev., verh. s. 1957 m. Anneliese, geb. Pönitz, 2 Söhne (Matthias, Mark) - Obersch. Aue; Stud. Meteorol. Berlin u. Hamburg (Diplomprüf. 1953). Promot. 1955 Hamburg; Habil. 1959 Kiel - S. 1959 Lehrtätigk. Univ. Kiel (1963 Wiss. Rat u. Prof., 1967 o. Prof.) - BV: Einf. in d. Theoret. Ozeanogr., 1966 - Spr.: Engl.

KRAUSSE (ß), Hans-Werner

Dr., Hauptgeschäftsf. Arbeitsgem. Industriegruppe u. Verb. d. Dt. Spielwaren- u. Christbaumschmuck-Ind. - Königstr. 13, 8500 Nürnberg (T. 221537).

KRAUSSER, Peter

Dr. phil., Prof. f. Philosophie (Spez. Wissenschaftstheorie) FU Berlin - Curtiusstr. 10, 1000 Berlin 45 - Geb. 7. Juli 1922 Berlin, verh. s. 1947 m. Liselotte, geb. Bohnsack (Leiterin d. Akad. Auslandsamtes Univ. Göttingen), T. Daniela - Promot. 1956 - S. 1967 (Habil.) Lehrtätigk. Berlin (1971 Prof.). Gastprof. USA u. Kanada. Bücher u. Einzelarb. u. a. Kritik d. endlichen Vernunft. Diltheys Revolution d. allg. Wiss.- u. Handlungstheorie, 1968; Kants Theorie d. Erfahrung u. Erfahrungswiss., 1981.

KRAUTER, Edmund Friedrich

Dr. phil., Prof. (habil.), Geologiedirektor, Leiter Abt. Ing.-Geologie im Geologischen Landesamt Rheinl.-Pfalz - An der Goldgrube 39, 6500 Mainz (T. 5 37 81) - Geb. 9. Juni 1933 Mainz (Vater: Edmund Maria K.; Mutter: Maria, geb. Deußer), ev., verh. s. 1964 m. Christa, geb. Gude, 2 Kd. (Christian, Barbara) - Univ. Innsbruck u. Mainz - Deutsche Ges. f. Erd- u. Grundbau, Österr. Geol. Ges. Verein d. Straßenbau- u. Verkehrsing. - Liebh.: Skilauf, Tennis, Wassersport - Spr.: Engl., Franz.

KRAUTER, Karl-Günther

Dr. phil., Prof. f. Geographie PH Schwäbisch Gmünd - Kleine Hülengasse 9, 7300 Esslingen-Rüdern.

KRAUTH, Joachim

Dr. rer. nat., o. Prof. f. Psychologie Univ. Düsseldorf (s. 1976) - Himmelgeister Str. 50, 4000 Düsseldorf 1 - Geb. 13. Sept. 1941 Bocholt/W. - BV: D. Konfigurationsfrequenzanalyse, 1973 (m. G. A. Lienert); Grundl. d. Math. Statistik f. Bio-Wissenschaftler, 1975.

KRAUTKRÄMER, Elmar

Dr. phil., Prof. f. Geschichte - Neuhäuser Str. 58, 7815 Kirchzarten - Geb. 27. Mai 1927 Reich/Kr. Simmern - Promot. 1959 - S. 1971 Prof. f. neueste Gesch. PH Freiburg - BV: u. a. Dt. Gesch. n. d. II. Weltkr. 1945-49, 1962; D. Bundesrep. Dtschl., 1970; Intern. Pol. im 20. Jh., 1976/77; Israel u. Nahost, 1980; Frankreichs Kriegswende 1942. Darlan, Giraud, de Gaulle u. d. royalist. Utopie, 1989; Vichy-Alger 1940-42, 1991. Herausg. d. Reihe Zeitgeschehen (1981ff.). Spez. Forschungsgeb.: Gesch. d. II. Weltkrieges, bes. Frankr. 1940-46. Dazu umfangr. Aufs. in VfZ u. MGM sowie Beitr. in Sammelbde.

KRAUTKRÄMER, Günter Jakob

Dipl. rer. pol. (techn.), Gf. Gesellschafter Jacob Berg GmbH & Co, Budenheim - Gonsenheimer Str. 15, 6501 Budenheim (Mainz) (T. 06139 - 2 90 20) - Geb. 2. Mai 1939 Mainz, kath., 2 Kd. (Alexander, Christian) - Stud. TU Karlsruhe (techn. Dipl.-Volksw.) - Vorst.-Mitgl. Vereinig. d. Eisen- u. Metallind. Rheinl.-Rheinhessen, Koblenz, AR Mainzer Volksbank e.G., Mainz - Spr.: Engl., Franz., Span.

KRAUTKRÄMER, Horst

Dr. phil., Wissenschaftsjournalist (Ps.: Walter Janz), Redaktionsleiter Wissenschaft b. Süddeutschen Rundfunk - Postf. 10 53 09, 6900 Heidelberg 1; priv.: Am Bächenbuckel 22 (T. 06221 - 80 02 07) - Geb. 8. Juli 1937 Halberstadt, verh. m. Poldi, geb. Hellebrand, 2 Kd. - Spez. Arbeitsgeb.: Popularisier. d. Life-Sciences, Medizin u. Recht, Wiss.polit. - 1970 1. Preis d. Glaxo-Stiftg. f. europ. Wiss.-journ.; 1984 Upjohn-Fellowship; Mitgl. Arbeitskreis Medizinpublizisten.

KRAUTKREMER, Franz

Dipl.-Kfm., gf. Gesellschafter Schottel-Werft, Josef Becker GmbH & Co. KG, Spay, Präs. Schottel-Gruppe Ausl. u. a. - Im Mühren 41, 5401 Spay/Rh. - Geb. 22. Aug. 1927 Karbach, kath., verh. s. 1952 m. Anne, geb. Becker, 8 Kd. - Gymn.; Univ. Köln (Dipl. 1952) - Mitgliedsch. in versch. Org. u. Verb. - BVK I. Kl. - Liebh.: Musik - Versch. Erfindungen.

KRAUTWALD, Alfons

Dr. med., Prof., Internist - Reichsgrafenstr. 16, 7800 Freiburg/Br. - Geb. 5. Mai 1910 Breslau, kath., verh. s. 1937 m. Johanna, geb. Maikowski, 2 Töcht. (Dr. med. Leonore Möhring, Dr. med. Dorothea Maikowski) - Habil. 1943 Berlin - 1951-61 Prof. m. Lehrstuhl Humboldt-Univ. Berlin (Dir. II. Med. Klinik); s. 1962 apl. Prof. Univ. Freiburg. Spez. Arbeitsgeb.: Arzneitherapie - BV: Arzneiverordnungen, m. F. Jung 1958 (Leipzig); Digitalistherapie m. Hilfe v. Dosierungstabellen, 1969; Arzneimittel-Kodex - Klassifikation d. Arzneipräparate d. BRD, 1972. Zahlr. Fachaufs.

KRAUTWURST, Franz

Dr. phil., Prof., Musikwissenschaftler - Im Herrengarten 18, 8520 Buckenhof (T. Erlangen 5 21 05) - Geb. 7. Aug. 1923 München, ev., verh. m. Roswitha, geb. Strathmann, 4 Kd. - S. 1956 (Habil.) Lehrtätigk. Univ. Erlangen bzw. - Nürnberg u. Univ. Augsburg (1965 apl. Prof., 1971 Prof. HS 3, 1978 ao. Prof., 1980 o. Prof.). Fachveröff.

KRAWCZYK, Rudolf

Dr. rer. nat., Wiss. Rat (Lehrgeb. Theoret. Informatik) u. Prof. f. Inform. TU Clausthal - Bohlweg 2, 3392 Clausthal-Zellerfeld.

KRAWEHL, Rolf

Mitinh. Bumke Verlag KG, Dortmund, Geschäftsf. Verlag Krüger KG, Krüger Grundstücksges. KG, bde. Dortmund - Reinoldistr. 17, 4600 Dortmund 1 - Geb. 14. Febr. 1908 Essen - Vors. Westf. Kaufmannsgilde, Dortmund, Förderkr. Westf. Freilichtmus. techn. Kulturdenkmale, Hagen; Vize-Präs. Ges. f. Westf. Wirtschaftsgesch.; Mitgl. Börsenverein d. Dt. Buchhandels Kammergem. Öffentlichkeitsarb. d. nordrh.-westf. Ind.- u. Handelskammern; Ehrenmitgl. Ind.- u. Handelskammer Dortmund; Ehrenvors. Verb. d. Dt. Schirmind., Verb. d. Druckind. Bez. Dortmund. Ehem. Handelsrichter - BVK I. Kl.

KRAWIETZ, Werner

Dr. jur., Dr. rer. pol., Wiss. Rat, Prof. f. Öfftl. Recht, Rechtstheorie u. -soziol. Univ. Münster - Nienborgweg 29, 4400 Münster/W.

KRAWINKEL, Hubert

Dipl.-Ing., Architekt BDA, Univ.-Prof. f. Architektur/Umweltgestaltung Univ.-GH Paderborn (s. 1989), fr. Arch. (s. 1965) - Kilianstr. 20, 4790 Paderborn - 1975-89 Prof. f. Entwerfen Univ.-GH Paderborn, Abt. Höxter.

KRAWITZ, Günther J.

Dr.-Ing., Vorstand (Produktion) Motoren-Werke Mannheim (MWM) AG - Riedenerweg 12, 8130 Starnberg - Geb. 10. Jan. 1942 Bremen (Vater: Theo K.; Mutter: Sophie, geb. Sigmund), kath, verh. s. 1977 m. Dr. Monika Steisslinger-K., 3 Kd. (Thomas, Peter, Marion) - Facharbeiterprüf. 1961, Reifeprüf. 1964, Dipl.-Ing. 1970, Promot. 1976 - 1976-77 Assist. d. Vorst. M.A.N., 1977-83 Leit. Motorenbau M.A.N.; s. 1983 Vorst. MWM - Liebh.: Arch., Sport - Spr.: Engl., Franz., Lat.

KRAWITZ, Rudi

Dr. phil., Erziehungswissenschaftler - Alte Garten 3, 6229 Schlangenbad - Geb. 11. Dez. 1943 Brombach, verh. m. Christa, geb. Bitzer, 3 Kd. (Björn, Julia, Andreas) - Dipl.-Päd. u. Promot. - Grund- u. Hauptschullehrer; Sonderschullehrer; Akad. Oberrat Johannes Gutenberg-Univ. Mainz - BV: Päd. als Handlungsorientier., 1980; Pädagogik statt Therapie, ersch. 1992.

KRAYL, H.

Dipl.-Ing., Prof. f. Prakt. Informatik Univ. Heidelberg/Fachhochsch. Heilbronn (Studiengang Med. Informatik) - Silcherstr. 14, 7141 Steinheim.

KREBS, Adolf W.

Dr. rer. nat., Prof. f. Organ. Chemie - Haselweg 2, 2083 Halstenbek - Geb. 25. April 1931 Heidelberg (Vater: Kurt K., Chemiker; Mutter: Marie, geb. Peters), ev., verh. s. 1967 m. Christa, geb. Bühring - Univ. Heidelberg (Chemie; Dipl. 1958). Promot. (1961) u. Habil. (1971) Heidelberg - S. 1973 Prof. Univ. Heidelberg (apl.) u. Hamburg (1975 o.). 1962/1963 Research Associate Columbia Univ. New York. Üb. 100 Facharb. - Liebh.: Tennis, Bergsteigen - Spr.: Engl., Span.

KREBS, Albert

Dr. phil., Dr. rer. soc. h. c., Ministerialrat a. D., Honorarprof. f. Kriminologie, Gefängniswesen u. Sozialpäd. Univ. Marburg - Am Hang 13, 6370 Oberursel/Ts. - Geb. 7. Okt. 1897 Frankfurt/M. - Zahlr. Fachbeitr., u.a. Ztschr. f. Strafvollzug u. Straffälligenhilfe, Heilbronn, Ztschr. f. d. gesamte Strafrechtswiss., Berlin, Monatsschr. f. Kriminologie u. Strafrechtsreform - BV: August Hermann Francke u. Friedrich Wilhelm I. E. Beitr. z. Gesch. d. Schul- u. Anstaltswesens, 1925; Freiheitsentzug. Entwickl. v. Praxis u. Theorie s. d. Aufklärung, 1978; Albert Krebs, in: Pädagogik in Selbstdarstellungen. Bd. IV, 1982. Mithrsg.: Wilfried Huber/Albert Krebs, Adolf Reichwein 1898-1944. Erinnerungen, Forsch., Impulse. Paderborn (1981).

KREBS, Alfred

Karosseriebauobermeister, Ehrenkreishandwerksmeister, Ehrenpräs. Zentralverb. d. Dt. Karosserie- u. Fahrzeugtechnik, Ehrenmstr. d. Osnabrücker Handw. - Gr. Fledderweg 18, 4500 Osnabrück - Nieders. Verdienstkr. I. Kl., BVK I. Kl.

KREBS, Bernt

Dr. rer. nat., o. Prof. f. Anorgan. Chemie - Wilhelm-Klemm-Str. 8, 4400 Münster/W. (T. 0251 - 83 31 31) - Geb. 26. Nov. 1938 Gotha (Vater: Paul K., Lehrer; Mutter: Anna, geb. Peter), ev.-luth., verh. s. 1966 m. Heidi, geb. Bauermeister, 2 Töcht. (Susanne, Annette) - Promot. (1965) u. Habil. (1969) Göttingen - 1971-73 Prof. Univ. Kiel; s. 1973 Ord. Univ. Bielefeld u. Münster (Inst.-Dir.); Gastprof. Lyngby (Dänem.), La Plata (Argentinien), Brookhaven Nat. Lab. (USA). Herausg. v. 3 Monographien. Üb. 400 Facharb. - Spr.: Engl., Franz.

KREBS, Claudio

Präsident i. R. Dt. Handelskammer Chile (1975-79), Berater Vorst. Supermarktkette Las Brisas (s. 1981), Vize-Präs. Allianz Versich. AG, Chile (s. 1982) - Alonso de Camargo 5651, Santiago/Chile (T. 206118) - Geb. 28. Sept. 1914 Valparaiso/Chile (Vater: Hermann K., Kaufm.; Mutter: Marie, geb. Wilckens), ev., verh. s. 1942 m. Isa, geb. Wrege, 4 Kd. (Hans Joachim, Claus, Monica, Christiane) - Dt. Schule Valparaiso; kaufm. Lehre - 1937-44 I. G. Farbenind. Santiago, 1945-50 selbst. Kaufm.; s. 1951 BASF AG. Chile - 1974 BVK I. Kl. - Spr.: Span., Engl. - Rotarier.

KREBS, Diether
Schauspieler - Lessingstr. 16, 2000 Hamburg 76 - Geb. 11. Aug. 1947 Essen (Vater: Herbert K., Kaufm.; Mutter: Ingeborg, geb. Kenter), verh. s. 1979 m. W. B. v. Leoprechting, S. Moritz Till - Folkwang-Sch.. Essen (Hochsch. f. Musik, Theater u. Tanz) - Rollen: u. a. FS-Serien E. Herz u. e. Seele (WDR), Rudi Carells Tages-Show, Soko, Tatort u. Sketchup.

KREBS, Gerhard
Dr. phil., Prof. f. Psychologie - Hinrich-Fehrs-Str. 15, 2085 Quickborn - Geb. 14. März 1935 - B. 1977 Doz. (Wiss. Oberrat), dann Prof. Univ. Hamburg (Gesellschafts- u. Tiefenpsychol.).

KREBS, Günter
s. Krebs, Hans Günter

KREBS, Hans Günter

Dr.-Ing., em. Prof. f. Straßenbau u. Direktor Inst. f. Straßenbau u. Eisenbahnwesen TH bzw. Univ. Karlsruhe (s. 1965) - Heinr.-Weitz-Str. 24, 7500 Karlsruhe (T. 47 27 46) - Geb. 16. Aug. 1916 Koblenz (Vater: Marinebaurat Hans K., Fabrikdir.; Mutter: Ursula, geb. Bär), ev., verh. in 2. Ehe (1963) m. Hannelise, geb. Okrassa, T. Astrid-Maritta - TU Berlin (Bauing.wesen; Dipl.-Ing. 1950). Promot. 1955 Berlin - 1951-52 Hoch- u. Tiefbau AG., Berlin; 1952-56 TU Berlin (Assist.); 1956-65 Senator f. Bau- u. Wohnungswesen v. Berlin (Techn. Hauptref. f. Planung u. Entwurf v. Hauptverkehrsstr. u. Stadtautobahn); emerit. s. 1981. Veröff. d. Inst. f. Straßenbau u. Eisenbahnwesen d. Univ. Karlsruhe, 1968-81 - 1980 Ehrenmitgl. Forsch.ges. f. Straßen- u. Verkehrswes.; 1986 Lüer-Nadel - Spr.: Engl. - Bek. Vorf.:Großv.: Johannes K., Generallt. (1844-1940); ms.: Max Bär, Geh. Archivrat (1856-1926).

KREBS, Hartmut
Staatssekretär Min. f. Wirtschaft, Mittelstand u. Technologie v. Nordrh.-Westf. (s. 1990) - Haroldstr. 4, 4000 Düsseldorf - Geb. 17. Mai 1946 Isny/Allgäu - 1968-73 Stud. Volkswirtsch. u. Polit. Wiss. FU Berlin u. Univ. Saarbrücken; 1981-87 Staatskanzlei NRW; 1987-90 Min.dirig. Umweltmin. NRW; AR-Mitgl. IKB, Köln Messe, NOWEA,

Zenit, Ges. f. Wirtschaftsförderung, Entwicklungsges. Südraum Leipzig.

KREBS, Heinrich
Dr. med., Prof., Chirurg - Franz-Marc-Str. 20, 6900 Heidelberg - Geb. 15. Dez. 1927 Brünn - Promot. 1955; Habil. 1969 - S. 1973 Wiss. Rat u. apl. Prof. f. Chir. Univ. Heidelberg. Zahlr. Facharb.

KREBS, Helmut
Kammersänger, Prof. Musikhochsch. Frankfurt/M. (emerit.) - Im Dol 11, 1000 Berlin 33 (T. 831 14 63) - Geb. 8. Okt. 1913 Dortmund, ev., verh. I) 1947 m. Edith, geb. Berger († 1966); II) 1967 Marion, geb. Hofmann - Musikhochsch. Berlin - Ab 1937 Volksoper Berlin, 1941-45 Wehrdst., dann fr. Konzertsänger u. Tenor Städt. Bühnen Düsseldorf (1946), 1947 I. lyr. Tenor Städt. bzw. Dt. Oper Berlin (b. 1987), Festsp. Salzburg (1949 u. 52), Glyndebourne u. Edinburgh (1953), Schallpl.: Dt. Grammophon, Electrola, Erato (Paris). Hauptpartien: Belmonte, Tamino, Ferrando, Ottavio, Idamantes, Almaviva, David. Kompos.: Kantate Aus d. Testament d. Auguste Rodin (1954), Oper: D. Parasit (1957), Psalmen f. Solo, Chor u. Orch. (1959), Concertino f. Oboe u. Streichquart. (1960), 5 kl. Stücke f. Orch. (1961), Flötenquart. (1962), Concertino f. Fagott u. Streichorch. (1963), Klavier- u. Orch.lieder, 2 Messen, 2 Opern, Sinfonietta, 4 Streich-Quartette, 1 Streich-Trio, 1 Klavier-Trio, 1 Bläser-Trio u. 1 Bläser-Quintett - 1952 Kunstpreis Stadt Berlin; 1963 Berliner Kammers. - Liebh.: Filmen (Schmalf.) - Spr.: Franz., Engl., Ital., Holl.

KREBS, Karl
Dr. phil., Prof., Physiker - Altonaer Str. 10, 1000 Berlin 21 (T. Inst.: 31 42 26 16) - Geb. 18. Juli 1910 Arco/Südtirol (Vater: Carl K., Abteilungsdir.), ev., verh. s. 1943 m. Maria, geb. Metzler - Oberrealsch. (Wilm.), Univ. u. TH Berlin (Promot. 1936) - 1936 b. 1942 Stip. u. Assist. TH Berlin, 1942-43 Wehrdst., 1943-45 Ind.tätigk. (C. Lorenz AG.), s. 1945 Assist., Oberassist. u. Wiss. Rat (1963; Lehrst. f. Experimentalphysik II) TH bzw. TU Berlin (Habil. 1949; 1957 apl. Prof.). Üb. 40 Veröff. üb. Mikrowellen u. Interferenzspektroskopie - Liebh.: Segeln.

KREBS, Karl-Günter
Dr. phil., Prof., Direktor E. Merck, Darmstadt (s. 1959) - Dieburger Str. 199, 6100 Darmstadt (T. 7 46 36) - Geb. 20. Jan. 1909 Neuhaldensleben b. Magdeburg (Vater: Oswald K., Großhandelskfm.; Mutter: Martha, geb. Klose), verh. 1938 m. Gerda, geb. Nebel - Dipl.-Chem.; Apoth. - U. a. Generalsekr. Dt. Pharmaz. Ges. S. 1942 (Habil.) Lehrtätigk. Univ. Königsberg, Tübingen (1953); apl. Prof. f. Pharmazie) u. Frankfurt/M (1961 apl. Prof.); Hon.-Prof. 1973. Üb. 50 Fachveröff. Mithrsg.: D. Krkhs.apotheke (1951 ff.).

KREBS, Peter

Journalist, ARD-FS-Korrespondent f. Süd-Asien in Neu Delhi (s. 1986) - Kaulbachstr. 23, 2000 Hamburg 52 - Geb. 27. Okt. 1928 Berlin (Vater: Richard K., Stadtobersekr.; Mutter: Elli, geb. Kinne), ev., verh. s. 1956 m. Susanne, geb. Schneider, 3 Kd. (Jakob, Van (adopt. Vietnamesin), Simon) - FU Berlin (Politol., Psych.) - 1952-61 RIAS Berlin (Leit. Abt. Jugend u. Erzieh.); 1961-71 Bayer. Fernsehen/ARD (Redaktionsleit. Report); 1971-82 ARD FS-Korresp. in Tokio, 1982-86 Leit. Weltspiegel-Redaktion NDR Fernsehen - BV: Japan, 1979 (m. d. Ehefr.); D. Kinder v. Vietnam, 1984 - 1982 BVK; 1984 Adolf-Grimme-Preis in Gold (f. Kinder in Vietnam).

KREBS, Rolf
Dr. med., Prof. f. Pharmakologie, geschäftsf. Gesellschafter C. H. Boehringer Sohn, Mitgl. Unternehmensleitung - Am Molkenborn 6, 6500 Mainz - Geb. 13. Febr. 1940 Mainz - Promot. Mainz 1967, Habil. 1971, Priv.-Doz. 1971, Approbation 1972, apl. Prof. 1972, Arzt f. Pharmakol. 1972; Wiss. Rat u. Prof. 1973, Klin. Pharmakol. 1981; 1976-83 Leit. Ressort Med. Bayer AG, 1984-86 Forsch. u. Entw. Pharma, Bayer AG; 1986-89 stv. Geschäftsf. Bayer Italia S.p.a. - 1971 Boehringer Preis.

KRECEK, Heinz
Chef Deutscher Skipool, FIS-Beauftragter Damen Ski-Weltcup alpin, Bekleidungsausssch.-Mitgl. NOK, Mitgl. DSV-Präsid., Arbeitsgr. Spitzensport - Hubertusstr. 1, 8033 Planegg (T. 089 - 859 71 22) - Geb. 27. April 1930 München, kath., verh. s. 1960 m. Therese, geb. Egger, 2 Kd. (Andrea, Susanne) - Großhandelskaufm. - BV: DSV-Skipool, 1968 - Mitgl. in div. (FIS)-Komitees (Intern. Skiverb.); div. Ehrenbriefe u. Ehrennadeln v. dt. Sportverb. - Liebh.: Tennis - Spr.: Engl.

KRECHEL, Ursula
Dr. phil., Schriftstellerin - Wöhlerstr. 12, 6000 Frankfurt/M. 1 - Geb. 4. Dez. 1947 Trier/M. - BV: Selbsterfahrung u. Fremdbestimmung, Ess. 1975; Nach Mainz! Ged. 1977; Verwundbar wie in d. besten Zeiten, Ged. 1979; Zweite Natur, R. 1981; Lesarten, Ged. u. Komm. 1982; Rohschnitt, Ged. in 60 Sequenzen, 1983; Vom Feuer lernen, Ged. 1985; Aus d. Sonne, Theaterst. 1985; Kakaoblau, Ged. 1989; Sitzen Bleiben Gehen, Theaterst. 1990; D. Freunde d. Wetterleuchtens, Erz. 1990; Technik d. Erwachens, Ged. 1992; Mit d. Körper d. Vaters spielen, Ess. 1992.

KRECHER, Joachim
Dr. phil., Prof. f. Altorient. Philologie - Hollandtstr. 42, 4400 Münster/W. - Geb. 10. Juli 1933 Dresden - Promot. 1963; Habil. 1970 - S. 1971 Univ. Münster (1971 apl. Prof.; 1974 Wiss. Rat u. Prof.) - BV: Sumer. Kultlyrik, 1966.

KRECK, Joachim
Filmproduzent, Filmpublizist - Klopstockstr. 12, 6200 Wiesbaden - Geb. 11. Juli 1935 Frankfurt/M., verh. s. 1984 m. Detelina Grigorova-Kreck, geb. Grigorowa - 3 Kd. (Gregory, Catriona, Wladimir) - Ausb. Redakt.; Dokumentation im Dt. Inst. f. Filmkde., Redakt. D. Neue Film 1960-64 Leit. d. Abt. Information u. Dokumentation im Dt. Inst. f. Filmkde.; s. 1964 selbständig; s. 1989 Vorst.-Mitgl. d. Bundesverb. Dt. Film- u. AV-Produzenten e.V. - BV: Delmer Daves, 1972 - Filme als Prod. u. Regiss. u. a.: „No 1" (1973); D. Falschspieler (1980); E. Kohlenmine in Südwales (1983); Topsin (1985); Einsatz aus besonderem Anlaß (1987); D. Mann an d. Seitenlinie (1990) - 1984 Dt. Filmpreis (Filmband in Silber); 1984 Gold Hugo b. Filmfestival Chikago; u.a. - Liebh.: Musik, Sport - Spr.: Engl.

KRECK, Matthias
Dr. rer. nat., Dipl.-Math., Prof. f. Mathematik Univ. Mainz - Carl-Zuckmayer-Str. 9, 6500 Mainz 33 - Geb. 22. Juli 1947 Dillenburg - 1977 wiss. Rat u. Prof.; s. 1978 Prof. Univ. Mainz.

KRECK, Walter
D., o. Prof. f. Systemat. Theologie Univ. Bonn (emerit.) - Gregor-Mendel-Str. 26, 5300 Bonn - Geb. 7. Juni 1908 Weidelbach/Dillkr., ev. - BV: Grundfragen d. Dogmatik, 3. A. 1985; Tradition u. Verantwort., 1974; Grundfragen christl. Ethik, 4. A. 1990; Grundentscheid. in Karl Bartls Dogmatik, 1978; Kirche in d. Krise d. bürgerl. Welt, 1980; Grundfragen d. Ekklesiologie, 1981; Friedliche Koexistenz statt Konfrontation, 1988.

KRECKEL, Reinhard
Dr. phil., Prof., Soziologe - Am Rednitzhang 2, 8500 Nürnberg 2 (T. 0911 - 64 63 41) - Geb. 20. Nov. 1940 Nürnberg, ev., verh. s. 1964 m. Dr. Marga, geb. Schermutzki - Univ. Erlangen (FU), Paris, Aix-en-Provence, München (Soziol., Gesch., Phil.). Promot. 1969 - 1969 Assist. Univ. München; 1973 Lecturer Univ. Aberdeen; 1977 Wiss. Rat u. Prof. Univ. Erlangen-Nürnberg. 1979 Theodor-Heuss-Prof. New School for Social Research New York - BV: Soziol. Erkenntnis u. Gesch., 1972; Soziol. Denken, 1975; Soz. Ungleichheiten, 1983 - Spr.: Lat., Engl., Franz.

KRECKER, Lothar
Dr. phil., Prof. f. Soziologie Univ. Kaiserslautern - Lassallestr. 4, 6750 Kaiserslautern - BV: Dtschl. u. d. Türkei im Zweiten Weltkrieg, 1964; Frauen im Lehrerberuf, 1974; Gesamtschule als Angebotsschule, 1977; Aus 3 Jahrzehnten interdisziplinärer Existenz, 1984; Stud. z. Gesamtschulentwickl., 1986; Beitr. z. Bildungssoziol., 1988; Prognose u. Abschluss, 1992.

KREDEL, Elmar Maria
Dr. theol., Erzbischof von Bamberg (s. 1977), Kath. Militärbischof f. d. Dt. Bundeswehr (s. 1978) - Obere Karolinenstr. 5, 8600 Bamberg (T. 0951 - 5 02-0) - Geb. 24. Febr. 1922 Nürnberg (Vater: Georg K., Verwaltungsbeamter; Mutter: Josefine, geb. Weirather) - Stud. Theol. Bamberg u. Innsbruck (Promot.); Bibelwiss. Päpstl. Bibel-Inst. Rom (Lic.) - 1941-45 Wehr/Kriegsdst. u. Gefangensch.; s. 1950 (Priesterweihe) seelsorger. Tätigk. (1967 Domkapitular Bamberg) - 1975 Päpstl. Ehrenprälat; 1983 Ehren- u. Conventualkaplan souveräner Malteser-Ritterorden; 1983 BVK; Bayer. VO.; 1987 Ehrenbürger d. Städte Bamberg u. Hollfeld; 1990 Ehrensenator d. Otto-Friedrich-Univ. Bamberg.

KREEB, Heinz
Dr. rer. pol., Dipl.-Volksw., Direktor Neckarhafen Plochingen GmbH., Plochingen, Geschäftsf. Verein Neckarhafen Plochingen e. V. u. Rheinschiffahrtsverb. Konstanz e. V., Konstanz, Vorstandsmitgl. Oberrhein. Wasserstraßen- u. Schiffahrtsverb., Mannheim - Mozartstr. 39, 7310 Plochingen - Geb. 28. Febr. 1926.

KREEB, Karl Heinz
Dr. rer. nat., Prof., Botaniker, Ökologe - Dienstanschr.: Achterstr. NW 2, 2800 Bremen 33 - Geb. 25. Okt. 1927 Stuttgart, ev., verh. - Gymn. Eßlingen; Univ. Tübingen, TH Stuttgart (Biol., Chemie, Geol.). Promot. 1953; Habil. 1959 - S. 1953 LH Univ. Hohenheim (Assist., 1959 Privatdoz., 1965 apl. Prof., 1967 Wiss. Rat u. Prof.), s. 1976 Prof. f. Biologie Univ. Bremen (Schwerpunkt Pflanzenökologie, dazw. 1955-58 College of Agriculture Bagdad/Irak (Prof.) u. 1963 Univ. Neu-England/Austral. (Research fellow) - BV: Ökolog. Grundl. d. Bewässerungskulturen d. Subtropen, 1964; D. Hydratation u. Hydratur d. Protoplasmas d. Pflanzen u. ihre ökophysiol. Bedeut., 1970; Ökophysiol. d. Pflanzen, 1974; Methoden d. Pflanzenökologie, 1976; Ökologie u. menschl. Umwelt, 1979; Vegetationskunde, 1983; Waterstress (1. Herausg. Sympos.-Bd. IBC Berlin), 1990; Methoden Pflanze-

nökologie u. Bioindikation, 1990 - Liebh.: Musik, Elektronik - Spr.: Engl.

KREFELD, Heinrich

Dr. phil., Prof., Oberstudiendirektor i. R. - Wieteschstr. 51, 4440 Rheine/W. - Geb. 19. Mai 1922 Warburg/W., kath., verh. s. 1952 m. Hildegard, geb. Schmitz, 3 Kd. - 1945-51 Univ. Marburg (Klass. Philol., Archäol.). Promot. 1952 - 1962-86 Leit. Dionysianum Rheine. 1974-90 Lehrbeauftr. u. Honorarprof. (1977) Univ. Münster (Didaktik u. Methodik d. Klass. Sprachen) - BV: u. a. Res Romanae, 17. A. 1991; Hellenika, 7. A. 1988; Berufsvorb. u. grundleg. Geistesbild., 1967; Interpretationen lat. Schulautoren, 4. A. 1990; Impulse z. lat. Lektüre, 1979; D. Archipoeta, 1992; Seneca u. wir, 1992 - Spr.: Franz.

KREFT, August Ludwig

Gf. Gesellschafter Kreft & Partners GmbH Unternehmensberatung - Büro: Dorotheenstr. 42, 6380 Bad Homburg v. d. H. - Geb. 30. Dez. 1928 - 1948-67 Haniel-Konzern; 1968-88 Geschäftsf. Dt. Raiffeisen Warenzentrale, Frankfurt/M - Ehren- u. AR-Mand. in Verb. u. Unternehmen.

KREFT, Ekkehard

Dr., Prof. f. Musikgeschichte u. -analyse Univ. Münster u. Hagen - V.-Siemens-Str. 22, 4700 Hamm 1 (T. 02381 - 55 00) - Geb. 14. Juli 1939 Sagan/Schles. - Gymn. Datteln/Westf. (Abit.); Klavierstud. Folkwangsch. Essen (u. Orgelunterr.), Stud. Musikakad. Detmold (u. a. auch Kirchenmusik), Prüf. f. d. Künstler. Lehramt an Gymn.; ab 1962 Stud. Univ. Münster (German., Musikwiss., Phil., Päd.; Ex. Dtsch., Phil., Päd.), dann Univ. Köln u. Bonn, später Marburg (2. Prüf. f. Lehramt an Gymn. 1966); Promot. 1970, Habil. 1974 Univ. Münster - Vor d. Stud. Leit. e. Kammerorch., Mitwirk. Hochsch.-Konz. u. b. WDR Köln (Organist); Lehrauftr. an Gymn. Münster, Hamm; 1970 PH (jetzt Univ.) Münster, s. 1970 Doz., 1978 apl. Prof., 1980 Prof. (gleichz. Leit. Projekt Musik Fernuniv. Hagen). Entwl. e. Mod. z. Instrumentalausb. in Lehramtsstud.gängen. S. 1978 Leitg. Salonorch. Univ. Münster. Mitarb. an musikpäd. Kongressen, Lehrer- u. Erw.-Fortb.

KREFT, Friedrich

Dr. jur., Vors. Richter Bundesgerichtshof a. D., Karlsruhe, Honorarprof. Hochsch. f. Verwaltungswiss., Speyer (Staatl. Ersatzleitungen) - Rittnertstr. 14, 7500 Karlsruhe-Durlach (T. 4 23 14) - Geb. 19. Mai 1908, verh. m. Martha, geb. Dedert †, 4 Kd.

KREFT, Hans W.

Dipl.-Kfm., gf. Präsidialmitgl. Bundesverb. d. dt. Güternahverkehrs, Vorstandsmitgl. Tarifkommiss. d. allg. Güternahverkehrs, gf. Vorst. Bundes-Zentralgenoss. Straßenverkehr (BZG) eGmbH., ARsmitgl. Kravag Leben-AG., Beiratsmitgl. Prüfungsverb. Dt. Verkehrsgenoss., Schriftl. Fachztschr. D. Güterverkehr - Breitenbachstr. 1, 6000 Frankfurt/M.-Hausen (T. 770841); priv.: Rödelheimer Str. 24, 6236 Eschborn/Ts. - Geb. 17. Juni 1930 Ennigloh/W., ev., verh., 1 Kd. - Hochsch. f. Wirtschafts- u. Sozialwiss. Nürnberg u. Univ. München - Zul. Hauptgeschäftsf. Arbeitsgem. Güternahverkehr.

KREFT, Jürgen

Dr. phil., Prof. f. Erziehungswissenschaft (Didaktik d. Dt. Sprache u. Lit.) Univ. Hamburg (s. 1972) - v.-Melle-Park 8, 2000 Hamburg 13; priv.: Im Sandfeld 15, 2120 Lüneburg/Oedeme.

KREFT, Lothar

Dr.-Ing., Hauptgeschäftsf. Handwerkskammer Aachen (s. 1967) - Auf der Ell 10, 5100 Aachen (T. 52 69 26; Büro: 471-0) - Geb. 4. Juli 1926 - S. 1962 Handwerksorg.

KREGEL, Wilhelm

Dr. jur., Oberlandesgerichtspräsident a. D., Präs. Dt. Sportbund (1970-74, 1966-70 Vizepräs.) - Bürgermstr.-Pfannkuche-Str. 1, 2810 Verden/Aller (T. 04231 - 35 59) - Geb. 20. Februar 1909 Rümelingen/Luxemburg (Vater: Wilhelm K., Kaufm.; Mutter: Mathilde, geb. Pütz), ev., verh. s. 1939 m. Gertrud, geb. König († 1982) - Leibniz-Sch. Hannover; Univ. Marburg (Promot. 1931) u. Göttingen. Gr. Staatsprüf. 1934 Berlin - 1934 Gerichtsass., 1938 Landgerichtsrat Hannover, 1939-40 Reichsjustizmin. Berlin, 1940-45 Wehrdst. (zul. Hptm. d. Res.), 1943 Oberlandesgerichtsrat Celle, 1949-51 Nieders. Min. d. Justiz Hannover u. Mitgl. d. Justizprüfungsämter OLG Hamburg, 1950-51 Justizmin. Hannover, OLG Celle, 1957-66 stv. Vors., 1951 Bundesrichter BGH Karlsruhe, 1956 Präs. LG Verden, 1966-74 Präs. OLG Celle, 1960-74 stv. Mitgl. Nieders. Staatsgerichtshof, 1957-61 Vors. Akad. Turnbund, 1961-64 stv. Vors. Convent Dt. Akad.verb. (CDA), 1964-70 Vors. Dt. Turner-Bund, 1964-74 Mitgl. NOK f. Dtschl., 1965-79 Präsidium DOG, 1962-76 Syn. Ev.-luth. Landeskirche Hannovers. Mitarb.: RGR-Kommentar z. BGB (10.-12. A.), Achilles- Greiff, BGB (20. u. 21. A.) - Kriegsausz., dar. EK I u. Verwundetenabz. in Gold; 1973 Gr. BVK, 1974 Gr. VK. Nieders. VO., Ehrenmitgl. DSB (1974) u. DTB (1976) - Liebh.: Sport, insb. Turnen u. Reiten - Spr.: Franz. - Rotarier; Mitgl. d. Akad. Rates d. Humboldt-Ges. f. Wiss., Kunst u. Bildung.

KREHER, Richard P.

Dr. rer. nat., Dipl.-Chem., Prof. f. Organ. Chemie - Paul-Sattler-Weg 14, 4600 Dortmund-Lücklemberg (T. 0231 - 73 51 92) - Geb. 25. Jan. 1933 Lörzweiler/Rheinhessen - Promot. 1961; Habil. 1967 - 1967 Lehrtätigk. TH Darmstadt, 1971 Prof. ebd.; 1980 Prof. Med. Hochsch. Lübeck; Lehrstuhlinh. f. Chemie u. Dir. Inst. f. Chemie; 1983 Prof. f. Organ. Chemie an d. Univ. Dortmund - 100 Veröff. üb. Synthesen u. Reaktionen v. stabilen Stickstoff-Heterocyclen (u. a. 1H- u. 2H-Isoindole), Untersuchungen z. Bildung u. z. Nachweis v. instabilen Zwischenstufen (N-Diazonium-Ionen u. Nitrenium-Ionen) sowie z. Anwendung v. elektrophilen Aktivierungsreaktionen (Komplexierung, Alkylierung) in Fachztschr. Herausg. Symposiumbd.: Nonbenzenoid Aromatic Compounds (ISNA II) (1974); Mitherausg. d. Houben-Weyl: Meth. d. Organ. Chemie - Mitgl. Chemische Fachges. u. Rabanus-Maurus-Akad.

KREIBICH, Rolf

Dr. phil., Dipl.-Phys., Prof., Direktor u. Geschäftsf. IZT Inst. f. Zukunftsstudien u. Technologiebewertung, Berlin - Lindenallee 16, 1000 Berlin 19 (T. 030 - 302 90 08, Fax 030 - 302 95 79 - Geb. 2. Dez. 1938 Dresden, verh. m. Renate, geb. Fischer (Malerin u. Psychologin), 2 Kd. (Miriam, Mirco) - 1956-60 Stud. Physik u. Math. TU Dresden u. Humboldt-Univ. Berlin (1959) - 1960-64 Fritz Haber Inst. d. MPG; 1965-68 Stud. Sozialwiss. u. wiss. Assist. Inst. f. Soziol. FU Berlin; 1968/69 Leitg. Inst. f. Soziol. ebd.; 1969-76 Präs. FU Berlin; 1977-81 Dir. u. Geschäftsf. Inst. f. Zukunftsforsch. - BV: D. Wissenschaftsges. - V. Galilei z. High-Tech-Revolution, 1986; D. Zukunft d. Telearbeit, 1989; Ökologisch produzieren, 1991; Zukunftsforschung u. Politik, 1991. Herausg.: Evolutionäre Wege in d. Zukunft - Management Komplexer Systeme (1991). Veröff. z. Bildungs-, Wissenschafts- u. Technologiepolitik sowie z. Umwelt-, Arbeits- u. Innovationsstrukturpolitik, Zukunftsforschung.

KREIBOHM, Bernhard

Landtagsvizepräsident a. D., Vors. Arbeiterwohlfahrt, Landesaussch. Nieders. u. Bezirksverb. Hannover, AR-Mitgl. Studio Hamburg GmbH, Mitgl. d. Nieders. Landesrundfunkaussch. - Ebelingstr. 43, 3000 Hannover (T. 646 30 47) - SPD.

KREIBOHM, Henning

Oberkreisdirektor Kreis Herford (s. 1985) - Amtshausstr. 2, 4900 Herford (T. 05221 - 1 32 74) - Geb. 28. Nov. 1943, verh. - Jurist - 1977-85 Stadtkämmerer Stadt Herford.

KREIDLER, Joachim Franz

Dr. med., Dr. med. dent., Prof. f. Mund-Kiefer-Gesichtschirurgie - Brenntenhauweg 12, 7902 Blaubeuren-Seißen (T. 07344 - 43 02) - Geb. 17. Aug. 1938 Tübingen (Vater: Felix K., Zahnarzt; Mutter: Renate, geb. Baur), kath., gesch., 3 Kd. (Peter, Birgit, Barbara) - Gymn. Horb (Abit. 1957), Univ. Tübingen, Stud. Zahnheilkd., Staatsex. 1962, Promot. 1963; Univ. München, (Stud. Med.) Staatsex. u. Promot. 1969 - Habil 1976, 1970-76 Westd. Kieferklinik Univ. Düsseldorf, 1973 Facharzt f. Mund-Kiefer-Gesichtschir., 1977-79 O.Arzt RWTH Aachen, 1980 apl. Prof. RWTH Aachen, 1980 Ärztl. Dir. d. Klinik f. Mund-, Kiefer- u. Gesichtschirurgie im Bundesw.krkhs. Ulm, Lehrst. Mund-Kiefer-Gesichtschir. Univ. Ulm - BV: DNA-Gehalt u. Proliferationskinetik Karzinome d. Kiefer- u. Gesichtsber., 1976 - Liebh.: Jagd, Reiten - Spr.: Engl., Franz.

KREIENBAUM, Karl-Heinz

Schauspieler u. Regiss. - Rantzaustr. 31a, 2000 Hamburg 70 (T. 040 - 68 32 00) - Geb. 29. April 1915 Hamburg, verh. s. 1942 - BV: Niederdt. Theaterst.; Oh, Hannes, wat'n Geld, Schwank - Regie: Jährl. eine Insz. Ohnsorg-Theater, Hamburg. Als Schausp. jährl. 2 Hauptrollen ebd., zus. FS-Rollen - Liebh.: Segeln (auf d. Ostsee m. eig. Yacht).

KREIENBERG, Walter

Dr. med., Prof., Wiss. Mitarb. Physiol. Inst. Univ. Mainz, Präs. Landesärztekammer Rhld.-Pfalz u. danach Ehrenpräs. - Pascalstr. 7, 6750 Kaiserslautern - Geb. 22. Okt. 1911 Kaiserslautern - Habil. 1942 Breslau - S. 1948 apl. Prof. Mainz; 1959-86 Präs. Landesärztekammer Rhld.-Pfalz, dan. Ehrenpräs. Üb. 100 wiss. Veröff. - 1971 BVK I. Kl., 1977 Gr. BVK, 1984 Gr. BVK m. Stern, 1987 Paracelsus Med.

KREIKEBAUM, Hartmut

Dr. rer. pol., Dipl.-Volksw., Dipl.-Kfm., Master in Public Administration, Prof. f. Betriebswirtschafts-, insb. Industriebetriebslehre, Univ. Frankfurt (s. 1972) - Mertonstr. 17, 6000 Frankfurt/M. - Geb. 1. Febr. 1934 Werdohl/W. - Stud. Köln, Freiburg im Br., Harvard Univ.; Promot. 1960; Habil. 1970 - BV: Einf. in d. Organisationslehre, 1975; D. Anpassung d. Betriebsorganisation, 1975; Strategische Unternehmensplanung, 4. A. 1991; Kehrtwende z. Zukunft, 1988; Humanisierung d. Arbeit (m. Klaus-Jürgen Herbert), 1988; Arbeitsgestaltung u. Betriebsverfassung (m. Klaus-Jürgen Herbert), 1990; Integrierter Umweltschutz. E. Herausforderung an d. Innovationsmanagement, 3. A. 1992; Umweltgerechte Produktion. Integrierter Umweltschutz als Aufgabe d. Unternehmensführung im Industriebetrieb, 1992.

KREILE, Reinhold

Prof., Dr., Rechtsanwalt, Fachanw. f. Steuerrecht, MdB (1969-90) - Widenmayerstr. 32, 8000 München 22 - Geb. 1. Dez. 1929 Aschaffenburg, ev., verh. - Gymn.; Stud. Rechtswiss., Volksw., Musik - Vorst. u. Generaldir. d. GEMA (Ges. f. musikal. Aufführungs- u. mechan. Vervielfältig.rechte) Berlin u. München; Präs. d. Europ. Komitees d. CISAC, Paris; Vorst.-Mitgl. d. BIEM, Paris; Vicepräs. d. GESAC, Brüssel; AR-Vors. MGK Münchener Ges. f. Kabelkommunikation mbH; AR-Mitgl. Bayer. Handelsbank AG, Beiratsmitgl. Landesbank Rhld.-Pf., Dresdner Bank AG. Zahlr. steuerrechtl. u. urheberrechtl. Abh. - Spr.: Engl.

KREILINGER, Hans

Kaufmann, gf. Gesellsch. A. Kreilinger GmbH - Ludwigstr. 3-7, 8390 Passau (T. 3 40 81); priv.: Rosengasse 4 - Geb. 26. April 1923, kath., verh. s. 1951, 4 Kd. - 1980 BVK I. Kl.

KREINER, Josef

Dr. phil., o. Prof. f. Japanologie - Joseph-Roth-Str. 47, 5300 Bonn 2 - Geb. 15. März 1940 Wien - Promot. (1964) u. Habil. (1969) Wien - S. 1971 Ord. Univ. Wien u. Bonn, Korrespond. Mitgl. Österr. Akad. d. Wiss. (1980), Dir. Dt. Inst. f. Japan-Stud.stud., Tokyo (1988) - BV: D. Kultorg. d. jap. Dorfes, 1969; Deutschland-Japan, Historische Kontakte, 1984; Japan u. d. Mittelmächte, 1986. Mithrsg.: Beitr. z. Japanol. (1964-77); Bonner Ztschr. f. Japanol. (1979ff.).

KREINER, Siegfried

Theaterdirektor Sandkorn-Theater Karlsruhe - Kaiserallee 11, 7500 Karlsruhe (T. 0721 - 84 89 84) - Geb. 9. Febr. 1940 Amberg, ev., verh. m. Elke, geb. Bender, 3 Kd. (Stefanie, Matthias, Daniela) - Abit.; Stud. Päd., Psychol.; Dipl. 1978; dann weitere Studien Theaterwiss. u. Regie - Vors. v. Theater-Vereinig.; Schulleiter; Schultheater-Berater in BW; Theaterdirektor Sandkorn; Lehrbeauftr. Univ. Karlsruhe - Ca. 50 Insz. in d. letzten 7 Jahren, auch im Ausland, z. B. in Georgien/UdSSR - Spr.: Engl., Franz.

KREIS, Gabriele

Dr. phil., Autorin, Journalistin - Eppendorfer Landstr. 102, 2000 Hamburg 20 (T. 040 - 460 45 34) - Geb. 3. Febr. 1947 Mannheim, ledig - Stud. German., Romanistik, Phil., Erzieh.wiss. Univ. Hamburg u. Paris - Tätig f. Buchverlage, Ztschr.verlage, Rundfunk- u. Fernsehanstalten - BV: Frauen im Exil, 1984; Ich lebe in e. wilden Wirbel (Irmgard Keuns Briefe), 1988; Was man glaubt, gibt es. Das Leben der Irmgard Keun, 1991. Herausg.: Es geht mir verflucht durch Kopf u. Herz. Vergessene Briefe an unvergessene Frauen (1990) - 1988 Förderpreis f. Lit. d. Freien u. Hansestadt Hamburg.

KREISCHE, Werner

Dr. rer. nat., Prof. f. Experimentalphysik Physikal. Inst. d. Univ. Erlangen-Nürnberg (s. 1976) - Haberstr. 2, 8520 Erlangen - Geb. 2. Febr. 1935 - BV: Enzyklopädie f. Naturwiss. u. Technik (Mitaut.); Physik I, II.

KREISELMEYER, Kurt

Sportdirektor d. Marktes Oberstdorf-Roßbichlstr. 2a, 8980 Oberstdorf (T. 08322 - 30 10/56 39) - Geb. 7. Juli 1928 Kempten/Allg., verh. s. 1981 m. Marie Therese Freiin von Gumppenberg - 1963-79 Präs. d. Dt. Verb. f. d. Skilehrerwesen; 1971 Präs. d. Weltkongresses f. d. Skilehrerwesen in Garmisch-Partenkirchen; s. 1971 Präs.-Mitgl. im Intern. Verb. f. d. Skilehrerwesen; s. 1975 Präs. d. Intern. Verb. d. Ski-Instruktoren; s. 1978 verantwortl. Leit. d. Bundesleistungszentrums f. Eiskunstlauf in Oberstdorf m. angeschlossenem Sportinternat; s. 1979 Vizepräs. u. Schatzmeister im Dt. Verb. f. d. Skilehrwesen; 1973 u. 1981 Generalsekr. d. Skiflug-Weltmeistersch. in Oberstdorf; 1987 Generalsekr. d. Nordischen Skiweltmeistersch. in Oberstdorf.

KREISELMEYER, Michael

Landrat Kreis Merzig-Wadern - Landratsamt Merzig, Bahnhofstr. 44, 6640 Merzig - Geb. 29. Juli 1944.

KREISER, Klaus

Dr. phil., Prof., Lehrstuhlinhaber f. Türkische Sprache, Gesch. u. Kultur Univ. Bamberg (s. 1984) - Postf. 15 49, 8600 Bamberg (T. 0951 - 86 34 31) - Verh., 4 Kd. - 1965-72 Stud. Univ. München u. Köln, 1972-76 Univ. München - 1976-80 Dt. Archäol. Inst. Abt. Istanbul; 1981-84 Univ. München - Korr. Mitgl. Dt. Archäol. Inst.

KREISKORTE, Heinz

Dr.-Ing., Geschäftsführer TPS-Kreiskorte GmbH, Dortmund - Limbecker Postweg 33, 4600 Dortmund 30 - Geb. 30. Jan. 1926 Spedinghausen, ev., verh. s. 1959 m. Elisabeth, geb. Annemann, 4 Kd. - TH Aachen (Maschinenbau; Promot.).

KREISS (ß), Egbert

1. Direktor, Geschäftsführer Landesversicherungsanstalt Unterfranken - Friedenstr. 14, 8700 Würzburg 2.

KREISSIG, Ingrid

Dr. med., Prof. f. Augenheilkunde, Ärztl. Direktor Augenheilkunde III (Schwerpunkt: Netzhaut u. Glaskörperchirurgie) Univ.-Augenklinik Tübingen - Schleichstr. 12, 7400 Tübingen (T. 07071 - 29 37 44, Fax 07071 - 29 37 30) - Adjunct Prof. of Clinical Ophthalmology am New York Hospital - Cornell Medical Center, New York, USA.

KREITCZICK, Manfred

Landrat Kr. Kelheim (s. 1986) - Landratsamt Kelheim, 8420 Kelheim - Geb. 12. Febr. 1937 Finkenwalde/Kr. Randow b. Stettin - Zul. Postamtmann. CSU.

KREITER, Cornelius G.

Dr. rer. nat., Prof. f. Anorgan. Chemie Univ. Kaiserslautern - Dessauer Str. 20, 6750 Kaiserslautern - Geb. 8. Sept. 1937 Viseul de Sus (Rum.) - Stud. Chemie. Promot. 1964 Univ. München; Habil. 1971 TH München - Zul. Privatdoz. u. Wiss. Rat TH München. Fachaufs.

KREKE, Jörn M.

Dr. rer. pol., M. A., Generaldirektor - Weissensteinstr. 1a, 5800 Hagen/W. - Geb. 5. Mai 1940 - 1965 Vorst.-Mitgl.. 1969 Vorst.-Vors. Hussel Holding AG, Hagen; AR Hertie, Frankfurt/M.; Beirat WestLB, Düsseldorf, Dyckhoff, Köln, Urbana, Hamburg, Absatzwirtschaft, Düsseldorf, Colonia Versich. Köln; Kurat.-Mitgl. Univ. Witten-Herdecke, Kurt Hahn Stiftg., Salem - BV: D. Harmonisierung d. Mineralölsteuer in d. EWG (Diss.).

KREKEL, Hildegard

Schauspielerin - Isestr. 63, 2000 Hamburg 13 (T. 040 - 48 49 84) - Geb. 2. Juni 1952, gesch., 2 Töcht. (Miriam, Kim Sarah) - Rollen: D. jüngste Schwester Selma Knobbe b. d. Beauvais in Hauptmann's Ratten (m. Inge Meysel); 6 J. Rita in: Ekel Alfred. Zahlr. Theater u. FS-Stücke; s. 1985 Sesamstraße - Liebh.: Kochen, Frankreich, Bilder - Schwester: Lotti Krekel.

KREKEL, Lotti

Schauspielerin - Am Südpark 21, 5000 Köln 51 - Geb. 23. Aug. (Vater: Heinrich, Taucher; Mutter: Gertrud Dickopf), led. - Mittlere Reife, Abschl. Höhere Handelssch., Schauspielunterr. Lt. Tübinger Wickert-Inst. d. bek. Kölnerin. Interpretin volkstüml. Lieder im Schallplatten- u. Show-Geschäft; Bühnen- u. Fernsehauftr. s. d. 6. Lebensj. (Anfänge b. damaligen NWDR im Kinderfunk) - FS-Serien: MS-Franziska, Völz, Grete u. Josef, Z. letzten Instanz, Kumpel m. Chauffeur; Dreharb. in USA: Lohngelder f. Pitsville; Theater: Schneider Wibbel, Charleys Tante, D. Mann im Haus, D. Etappenhas, u.v.a.; Fernsehsp.: D. fröhliche Weinberg, Schönes Wochenende, Tim Frazer, Gesch. aus d. Heimat, D. Täter auf d. Spur, u.v.a. - Spr.: Engl.

KREKELER, Heinz L.

Dr. phil., Dr. h. c., Botschafter a. D., Europa-Kommiss. a. D. - Gut Lindemannshof, 4902 Bad Salzuflen 1 (T. 20076) - Geb. 20. Juli 1906 Bottrop/W. (Vater: Heinrich K., RA u. Notar; Mutter: Helene, geb. Lindemann), ev., verh. I) 1931 m. Ilse, geb. Goebel († 1963), S. Jürgen, II) 1964 Helga, geb. Finke - Realgymn. Bielefeld; Univ. Freiburg/Br., München, Göttingen, Berlin (Chemie; Promot. 1930) - 1930-34 Chemiker Edeleanu GmbH, Berlin, dann IG Farbenind. AG, Werk Oppau, s. 1945 Mitinh. F. Eilers Verlagsges. mbH, Bielefeld, bzw. Eilers & Schünemann Verlagsges. mbH, Bremen, 1950-58 Dt. Generalkonsul New York, Geschäftsträger (1951) u. Botschafter USA (1953), 1958-64 Mitgl. Kommiss. Europ. Atomgemeinsch. 1946 MdL Lippe; 1947-50 MdL NRW (1949 Mitgl. 1. Bundesvers. Bonn). Stv. Landesvors. FDP; Vizepräs. Dt. Gruppe Lib. Weltunion. Lehrbeauftr. Univ. Münster u. Hochsch. f. Polit. München - BV: D. Diplomatie, 1965; D. Außenpolitik - E. Einf. in d. Grundl. d. intern. Beziehungen, 1967; Wiss. u. Polit. 1975; Handwörterbuch Internat. Politik, Abschn. „Diplomatie“, 4. A. 1990; Beitrag z.: Erwartungen, krit. Rückblicke d. Kriegsgeneration, 1980; Gedanken zu Problemen unserer Zeit, 1984 - Ehrendoktor d. Rechte Univ. of South Carolina u. Xavier Univ., Cincinnati; Ehrenmitgl. American Chamber of Commerce in Germany; 1954 Gr. BVK m. Stern, 1971 Schulterbd. dazu; Großoffz. Ital. VO. u. belg. Leopold-Orden; Komturkreuz m. Stern St.-Gregor-Orden; 1986 Ehrenmitgl. Kreisverb. Lippe d. FDP; Drake-Med. Kreis Lippe u. Landesverb. Lippe - Bek. Vorf.: Dr. phil. Dr.-Ing. E. h. Karl K., Mitbegr. Farbenfabriken vorm. Friedr. Bayer & Co., Leverkusen - Lit.: Frank Lambach, D. Draht n. Washington (1976); Beate Neuss, Europa m. d. l. Hand (1988).

KRELLE, Wilhelm

Dr. rer. pol., Dr. oec. h. c., Dr. rer. soc. et eoc. h. c., Drs. rer. pol. h. c., em. o. Prof. f. Wirtschaftl. Staatswissenschaften - Am Domblick 15, 5300 Bonn-2 (T. 32 31 35) - Geb. 24. Dez. 1916 Magdeburg (Vater: Dr. jur. Willy K., Bankprokurist; Mutter: Elisabeth, geb. Dienemann), ev., verh. s. 1944 m. Rose-Alix, geb. Scholz (verw.), 4 Kd. (Rainer †, Axel, Heide, Gabriele) - Gymn. Magdeburg (Kloster Unser Lb. Frauen) u. Nordhausen/H.; 1943-44 Kriegsakad.; Univ. Frankfurt/M. (1941; Phil.), Tübingen (1945-46), Freiburg/Br. (1946-48; Math., Physik, Nationalök.; Dipl.-Volksw u. Promot. 1947, Dipl.-Phys. 1948) - 1935-45 Wehrdst., ab 1944 Generalstab; ab 1948 Assist. u. Privatdoz. f. Wirtschaftstheorie (1951) Univ. Heidelberg; 1953-54 Rockefeller Fellow Harvard Univ. u. Univ. Chicago; 1956-58 ao. Prof. f. Theoret. Nationalök. u. Ökonometrie Hochschule St. Gallen; s. 1958 o. Prof. Univ. Bonn. Mitgl. Ges. f. Wirtschafts- u. Sozialwiss. (Verein f. Sozialpolitik), 1974-78 1. Vors. fellow d. Econometric Soc., Schweiz, Ges. f. Volksw. u. Statistik, 1964-66 1. Vors. Dt. Ges. f. Untern.forsch. (DGU); Ehrenmitgl. Dt. Ges. f. Operations Res. (DGOR) - BV: Theorie wirtschaftl. Verhaltensweisen, 1953; Lohnhöhe u. Beschäftig., 1955 (m. H. Haller); Beitr. z. Theorie d. Produktion u. d. Einkommensverteil., 1956 (m. K. Brandt u. J. H. Müller); Lineare Programmierung, 1958 (m. H. P. Künzi); Volksw. Gesamtrechnung einschl. input-output-Analyse m. Zahlen f. d. BRD, 1959, 2. A. 1967; Preistheorie, 1960, 2. A. 1976; Verteilungstheorie, 1962; Nichtlineare Programmierung, 1962 (m. H. P. Künzi), 2. A. (m. v. Randow) 1979; Präferenz- u. Entscheidungstheorie, 1968; Überbetriebl. Ertragsbeteil. d. Arb.nehm., 1968 (m. a.); Produktionstheorie (T. I v. Preistheorie), 1969; Einf. in d. math. Optimierung, 1969 (m. H. P. Künzi); E. Prognosesystem f. d. wirtschaftl. Entwicklung d. BRD, 1969 (m. D. Beckerhoff, H. G. Langer, H. Fuss); Wachstumstheorie, 1972 (m. Gabisch); Erfahr. m. e. ökonometr. Prognosemodell in d. BRD, 1974; Gesamtwirtschaftl. Auswirkungen e. Ausweitung d. Bildungssystems, 1975 (m. Fleck u. Quinke); Personal Income Distribution (m. Shorrocks, ed.), 1978; Theorie d. wirtschaftl. Wachstums, 1985, 2. A. 1988; D. Maschinenbeitrag, Gesamtwirtsch. Auswirkungen alternat. Bemessungsgrundl. f. d. Arbeitgeberbeiträge z. Sozialversich., 1985 (m. D. Elixmann, H. Joerg, H. Kreuer, H. T. Sarrazin); Operations Res. and Economic Theorie (m. Hauptmann u. Mosler), 1984. Herausg.: Capital Flows and Exchange Rate Determination (m. L. Klein); Personal Income Distribution (1978, m. Shorrocks); Ökon. Prognose-, Entscheidungs- u. Gleichgewichtsmodelle (1986); Gossen u. seine Gesetze in unserer Zeit (m. Recktenwald, 1987); The Future of the World Economy (1989) - Ehrendoktor Hochsch. f. Wirtschafts- u. Sozialwiss. St. Gallen (1970), Univ. Wien (1971), Univ. Karlsruhe (1976), Univ. Münster (1981), Univ. Mannheim (1987); 1987 Gr. BVK - Liebh.: Musik, Bergsteigen - Spr.: Engl., Franz. - Rotarier.

KREMER, Arnold

Dr. h. c., Vorstandsvorsitzender SGZ BANK Südwestdeutsche Genossenschafts-Zentralbank AG - Karl-Friedrich-Str. 23, 7500 Karlsruhe 1 (T. 6 09 30) - Geb. 30. Sept. 1924 - Wirtschaftsprüfer u. Steuerberater.

KREMER, Dieter

Dr. phil., Univ.-Prof. f. Romanist. Sprachwissenschaft Univ. Trier - Goebenstr. 4, 5500 Trier (T. 0651 - 2 58 18) - Geb. 26. Nov. 1942 Waldbröl.

KREMER, Gerd Josef

Dr. med., Prof., Internist, Chefarzt - Rathenaustr. Nr. 19, 4330 Mülheim - Geb. 12. Nov. 1933 Düren (Vater: Dr. Alois K., Dir. Landesblindenanst. Düren; Mutter: Maria, geb. Wassen), kath., verh. s. 1964 m. Margret, geb. Ebben, 2 Kd. (Susanne, Barbara) - Promot. Köln; Habil. 1970 Mainz - Spez. Arb.sgeb.: Stoffwechsel, Diabetologie (Phytansäurestoffw., Refsum-Syndrom). Fachmitgl.-sch. - Spr.: Engl. - Rotarier.

KREMER, Hans

Dr.-Ing., o. Prof. f. Energieanlagetechnik Univ. Bochum - Rüsbergstr. 30, 5810 Witten/Ruhr 3 (T. 02302 - 7 75 84) - Geb. 5. Febr. 1934 - Dipl.-Ing. TH Aachen 1959; Promot. TH Karlsruhe 1964 - 1968 Priv.doz. TH Aachen, s. 1971 o. Prof. Wiss. Hochsch., s. 1968 Wiss. Leit. Gaswärme-Inst. e. V., Essen, Mitgl. Wiss. Beirat DVV, Wiss. Beirat VGB.

KREMER, Harry Andreas

Direktor d. Bayer. Landtags, Ministerialdirektor - Maximilianeum, 8000 München 85 (T. 41 26-2 03); priv.: Ulmenstr. 5, 8023 Pullach - Geb. 29. Okt. 1929, kath., verh. s. 1965 m. Barbara, geb. Koch, 4 Kd. (Michael Andreas, Dirk Johannes, Patrick Christopher, Anne-Katrin) - Stud. Rechts- u. Wirtsch.wiss. Univ. München, Bamberg u. Innsbruck; 2. jur. Staatsprüf. München 1957 - Höh. Bayer. Verw.dst.; 1964 Bundesmin. f. Wirtsch.Zusammenarb.; 1965 Bayer. Landesvertr. Bonn, zul. Min.Dirig., s. 1978 Dir. Bayer. Landtag; Lehrbeauftr. Hochsch. f. Politik München - Bayer. VO, 1984 BVK I. Kl.

KREMER, Hildegard,

geb. Strater

Journalistin u. Schriftst. (Ps. Hike) - Hülserbleck 36, 4050 Mönchengladbach 1 (T. 02161-60 34 85) - Geb. 16. Jan. 1935 Krefeld, verh. s. 1958 m. Albert K.d, Sohn Hans - Gymn. (Mittl. Reife); Textilingenieursch. Krefeld (Dipl.-Ing.) - BV: Blickpunkt: Leben, 1982; Wie mich mein Sohn erzieht, 1983; D. Geheimnisse d. Jeremias Tabbeldei, 1985; Aber ich lebe noch so gern - Notizen üb. Altwerden, Altsein u. Sterben, 1988 - Liebh.: Skifahren - Spr.: Engl.

KREMER, Karl

Dr. med., o. Prof. f. Chirurgie - Eifelhang 11, 4300 Essen-Bredeney - Geb. 21. Nov. 1915 Düsseldorf - S. 1957 (Habil.) Lehrtätigk. Med. Akad. bzw. Univ. Düsseldorf. Univ. Bochum (Ord.) u. wied. Düsseldorf (Ord.). 1975-76 Präs. Dt. Chir. Ges. Fachveröff. - 1958 Preis Niederrh.-Westf. Chirurgen-Vereinig.

KREMER, Klaus

Dr. phil., o. Prof. f. Philosophie - Hauptstr. 38, 5521 Meckel - Geb. 22. Nov. 1927 Düngenheim (Vater: Matthias K., Organist; Mutter: Anna, geb. Willems), kath., led. - 1948-54 Päpstl. Univ. Rom/Gregoriana (Phil., Theol.). Promot. (1958) u. Habil. (1964) Frankfurt/M. - S. 1965 ao. u. o. Prof. (1966) Theol. Fak. Trier. Spez. Arbeitsgeb.: Seins- u. Gotteslehre (Metaphysik) - BV: D. Metaphysikbegriff in d. Aristoteles-Kommentaren d. Ammonius-Schule, 1961; D. neuplaton. Seinsphil. u. ihre Wirkung auf Thomas v. Aquin, 1966, 2. A. 1971; Welt in Gott - V. Sein d. Dinge in Gott, 1969. Herausg.: Metaphysik u. Theol. (1980); Seele - Ihre Wirklichk., ihr Verhältnis z. Leib u. z. menschl. Person (1984); Um Möglichk. od. Unmöglichk. natürl. Gotteserkenntnis heute (1985). Zahlr. Aufs. in phil. Fachztschr. sow. zahlr. Art. im Hist. Wörterb. d. Phil. - 1984 Hon.-Prof. Univ. Trier.

KREMERS, Werner

Fabrikant (Bettenfabrik Paradies GmbH. Gebr. Kremers) - Rayener Str. 14, 4133 Neukirchen-Vluyn/Ndrrh. - Geb. 21. Febr. 1919 Vluyn - Abit. - N. Kriegsdst. u. Gefangensch. Familienuntern. (gegr. 1854). 20 J. Fraktionsvors. Stadtrat.

KREMERSKOTHEN, Josef

Dipl.-Ing., Architekt, Chefredakt. Ztschr. Schöner Wohnen - Krietkamp 4, 2000 Hamburg 65 (T. 536 58 17) - Geb. 29. April 1925 Gerlingsen, kath., verh. s. 1958 m. Heide, geb. Werner, 4 Kd. (Christine, Barbara, Stephan, Dominik) - Archit.-Stud. TH Karlsruhe.

KREMLING, Horst

Dr. med., Prof., Leiter Abt. Gynäk. Urologie Univ.s-Frauenklinik Würzburg - Gieshügeler Str. Nr. 28, 8702 Gerbrunn (T. 707151) - Geb. 27. Juli 1920 - S. 1955 (Habil.) Lehrtätigk. Würzburg (1963 apl. Prof. f. Geburtshilfe u. Frauenheilkd.). Üb. 100 Fachveröff.

KREMP, Herbert

Dr. phil., Chefkorrespondent Brüssel - Zu erreichen üb. D. Welt, Godesberger Allee 99, 5300 Bonn 2 (T. 3 04-1) - Geb. 12. Aug. 1928 München (Eltern: Johann (Kfm.) u. Elisabeth K.), kath., verh. s. 1956 m. Brigitte, geb. Steffal, 2 Töcht. (Sibylle †, Adrienne) - Gymn. Frankfurt/M. u. Aschaffenburg (Abit.); Univ. München (Phil., Gesch., Staatswiss.; Promot. 1954) u. Frankfurt/M. (Nationalök.) - 1956 Frankfurter Neue Presse, 1957 Rhein. Post, Düsseldorf, 1959 D. Tag, Berlin (Leit. Polit. Ressort), 1961 Rhein. Post (Bonn-Korresp., 1963 Chefredakt.), 1969 D. Welt (Chefredakt.); 1977-81 gleichz. Peking-Korresp., bis 1985 wieder Chefredakt. D. Welt, 1984-87 Mithrsg., Ztgen. d. Springer-Gr.; s. 1987 Chefkorresp. in Brüssel - BV: Am Ufer d. Rubikon - E. polit. Anthropologie; D. Bambusbrücke. Ein asiatisches Tagebuch; Wir brauchen unsere Geschichte - Nachdenken üb. Dtschl., 1988 - 1979 Theodor-Wolff-Preis 1978 (f.: WELT-Beitr. E. Regentag in Peking); 1984 Konrad-Adenauer-Preis

Dtschl.-Stiftg.; 1988 BVK I. Kl. - Spr.: Engl., Franz.

KREMP, Rudolf

Dr.-Ing., Vorstandsmitglied i. R. Agfa AG. u. Agfa-Gevaert AG., bde. Leverkusen (1957-76) - Ludwig-Thoma-Pl. 3, 8022 Grünwald - TH Stuttgart u. Hannover. Dipl.-Ing. 1934; Promot. 1941 - S. 1936 IG Farben- bzw. Bayer-Bereich (langj. Leit. Camerawerk München). Div. Ehrenämter - 1968 Ehrensenator TH München; 1962 Bayer. VO., 1971 Gr. BVK; 1965 Oskar.-v.-Miller-Med. in Gold; Ehrenmitgl. Vollvers. IHK München u. Obb.

KREMPEL, Friedrich

Dipl.-Ing. (FH), Gf. Vorstandsmitglied VDMA, Beiratsmitgl. LVI - Am Märchenwald 10, 7239 Epfendorf (T. 07404-17 28) - Geb. 12. Febr. 1932 Karlsruhe, ev., verh. s. 1954 m. Ruth, geb. Gemmi, 4 Kd. (Harald, Werner, Ralph, Sylvia) - Werkzeugmacherlehre 1948-51; 1951-54 Fachhochsch. Esslingen (Dipl.-Ing.) - Zahlr. Patente. Veröff. in techn. Fachztschr. - Spr.: Engl., Franz., Ital.

KREMPEL, Gerhard

Rechtsanwalt, MdL Rhld.-Pfalz (1967-83) - Gräfin-Hedwig-Str. 7, 5438 Westerburg (T. 30 87) - Geb. 4. Febr. 1931 Westerburg, kath., verh. 4 Kd. - Gymn. Hadamar u. Limburg; Univ. Mainz (Rechts- u. Staatswiss.). Gr. jurist. Staatsprüf. 1961 - S. 1961 RA. U. a. führ. Funktion Bund Europ. Jugend. MdK Westerwaldkreis (Fraktionsvors.) CDU s. 1949 (1963 Kreisvors.) - BVK I. Kl.

KREMPEL, Ralf H. B.

Erfinder, Kunstmaler, Autor, Leit. San Francisco Painter Magnate, Rincon Center 94119-3368 - 2400 Pacific Avenue, San Francisco, California 94115 (T. 415 - 922 6140); Galerist, Stadtgalerie Wiprechtsburg Groitzsch, Brühl 2, O-7222 Groitzsch b. Leipzig - Geb. 5. Juni 1935 Groitzsch/Sachsen, verh. 1967-85 m. Barbara, geb. v. Eberhardt, S. Karma - Erfinder e. neuen Kommunikationssystems (Visual Communication System, Krempel Code), Farben ABC d. visuellen Nachrichtenübermittl.; 3 Patente. Kunstausstellungen u. Photoexhibits, s. 1985 u. a. in Paris u. San Francisco - Liebh.: Kunstresearch, Fotogr., intern. Verständigung, 125 bereiste Länder - Spr.: Engl.

KREMPIEN, Burkhard

Dr. med., Prof., Pathologe - Bergheimer Str. 8, 6900 Heidelberg - S. Habil. Privatdoz. u. apl. Prof. Univ. Heidelberg (Allg. Pathol. u. Pathol. Anat.).

KREMPL-LAMPRECHT, Luise

Dr. rer. nat., Prof. f. Mikrobiologie - Ganzenmüllerstr. 37, 8000 München 50 - Habil. 1961 - Privatdoz., Hochschuldoz., apl. Prof., s. 1973 Extraord. TU München. S. 1990 i.R.

KREMS, Erich

Leit. Senatsrat a. D. - Immanuel-Kant-Str. 53a, 3280 Bad Pyrmont (T. 05281-60 61 09) - Geb. 17. März 1913 Berlin (Vater: Paul K., Tischler; Mutter: Pauline, geb. Burkhardt), verh. s. 1939 m. Gerda, geb. Neye, 3 Söhne (Hans Jürgen, Burkhardt, Wolfgang) - Staatsbausch. Berlin (Vermessungsing. 1934) - Ehrenvors. DAG, Landesverb. Berlin - BVK I. Kl. - Liebh.: Hausmusik - Spr.: Engl.

KREMS, Gerd

Dr. jur., Prof. - Bergstr. 110, 6900 Heidelberg (T. 06221 - 41 38 87) - Geb. 24. Okt. 1922 Mannheim (Vater: Karl K., Dir.; Mutter: Irma, geb. Schmidt), ev., verh. s. 1955 m. Liselotte, geb. Hauser, T. Angelika - Ehrenamtl. Richter Bundesarb.gericht. Mitgl. VR Bundesanst. f. Arbeit; Prof.; stv. Vors. Präsid. Europ. Ges. f. Kur- u. Erholung Wiesbaden; Vors. d. Vertretervers. d. Landesverb. d. Betriebskrankenkassen Baden-Württ. - Gr. BVK - Spr.: Franz.

KREMS, Gerhard

Monsignore, Leit. Akademie d. Diözese Paderborn/Kath. Akad. Schwerte - Bergerhofweg 24, 5840 Schwerte/Ruhr - Vors. d. Leiterkreises d. Kath. Akademien.

KREMS, Günter

Journalist, Leiter Bonner Studio d. Süddt. Rundfunks - Dahlmannstr. 11, 5300 Bonn 1 (T. 0228 - 21 30 15) - Geb. 16. Jan. 1938 Zittau, ev., verh., 2 Kd. - Jura-Stud. (Staatsex.).

KRENDLESBERGER, Hans

Dr. phil., Prof., Präsident d. Österr. Schriftstellerverb. - Franzensg. 16, A-1050 Wien (T. 222-566 48 85) - Geb. 17. Juni 1925 Scheibbs/Österr., kath. - Realgymn.; Univ. Wien (Promot. 1950) - 1950-66 Literaturchef Sendergr. Rot-Weiß-Rot, Linz; 1966-68 Dramat. Österr. Ferns., Wien; 1968-75 Regiss. Programmdir. Wien (ORF); 1975-84 Leit. f. Lit. u. Hörsp. ORF - BV: D. offene Labyrinth, vier Stücke 1982; weit. Bühnenst.: D. Bett; D. ital. Frühstück; D. Couch; Couchette; D. Trapezakt - 1967 Förderungspreis Stadt Wien; 1969 Österr. Staatspreis; 1972-82 Kulturpreis Land N.Ö.; 1975 1. Preis f. Lit. aus d. österr. Kunstfonds; 1976 Prof.-Titel; 1981 Ehrenkreuz f. Wiss. u. Kunst; 1984 Ehrenmed. in Gold Bundeshauptstadt Wien; u.a. - Spr.: Engl., Franz., Ital. - Lit.: Roman Rocek, Vorwort zu: D. offene Labyrinth; Elisabeth Schicht, Wer im Werk d. Lohn gefunden.

KRENGEL, Rolf

Dr. rer. pol., Prof., Dipl.-Kfm., Leiter Abt. Industrie Dt. Inst. f. Wirtschaftsforschung, Berlin (b. 1983), Honorarprof. f. Volksw.lehre FU Berlin (s. 1968) - Luisenstr. 28, 1000 Berlin 45 (T. 772 52 30) - Geb. 16. Sept. 1918 Nürnberg (Vater: Karl K., Fabrikdir.; Mutter: Paula, geb. Glaser), ev., verh. s. 1947 m. Dr. Ingeborg, geb. Strudthoff, S. Dr. Jochen - Realgymn.; TH Berlin (1938-39), TH u. Univ. München (1946-48). Dipl.-Kfm. 1947; Promot. 1948 - S. 1948 Hauptref. u. Abt.leit. (1954) DIfW. Zahlr. Fachveröff. - Spr.: Engl., Franz., Ital.

KRENGEL, Ulrich

Dr. rer. nat., Prof. f. Mathematik Univ. Göttingen - von-Bar-Str. 26, 3400 Göttingen - Geb. 9. März 1937 Deutsch Eylau (Vater: Johannes K., RA; Mutter: Christel, geb. Stern), verh. s. 1962 m. Beate, geb. Schilbach, 4 Kd. (Ute, Sven, Heike, Jesko) - 1956-61 Stud. Math., Phys., Chemie Univ. Göttingen u. München; Staatsex. 1961 u. 62 Göttingen; Promot. 1963 ebd.; Habil. 1966 Erlangen - 1964-66 Assist. Prof. Berkeley; 1966-68 Doz. Erlangen; 1968-71 Full Prof. Ohio State Univ.; 1971ff. Prof. Göttingen - BV: Ergodic Theorems., 1985; Einführ. in d. Wahrscheinlichkeitstheorie u. Statistik, 1988.

KRENGEL-STRUDTHOFF, Ingeborg

Dr. phil., Dramaturgin, Theaterwiss. - Luisenstr. 28, 1000 Berlin 45 (T. 030 - 772 52 30) - Geb. 8. Sept. 1920 Berlin, ev., verh. s. 1947 m. Prof. Dr. Rolf K., Sohn Jochen, Dr. - Stud. Theaterwiss., German., Gesch. Berlin u. Straßburg; Promot. 1945 Univ. Berlin - 1945-50 Verlagsdramat., 1951-53 Wiss. Assist. FU Berlin; Mitarb. Opernjournal, Bühnentechn. Rundschau, Bühne u. Parkett, Musik in Gesch. u. Gegenw., Ges. f. Theatergesch., Oxford Companion to the Theatre, Lexikon d. dt. Lit. - BV/Theaterst.: u.a. D. Gast, 1948; D. taube Acker, 1950; Übers. v. Dramen v. Priestley, Bridie, Fabbri; D. Rezeption Georg Büchners durch d. dt. Theater (1957); Theaterwiss. in Berlin (Mithg. 1966); Bühnenformen, Bühnenräume, Bühnendekorat. (Mitverf. 1974); Theater ... d. Nachwelt unverloren (Mitverf. 1987); In blauer Ferne. Von d. Kulissenbühne z. Königsberger Panoramischen Theater, Monogr. 1992 - Liebh.: Volkskunst, Mod. Graphik - Spr.: Engl., Franz., Ital.

KRENKEL, Werner

Dr. med., o. Prof. f. Neurochirurgie - Kaiser-Friedrich-Allee 21, 5100 Aachen - Geb. 5. Febr. 1924 Stettin - Promot. 1950; Habil. 1963 - S. 1974 Ord. TH Aachen (Med. Fak.) - BV: Klinik u. Elektroenzephalogr. im Frühstad. d. Hirngeschwülste, 1967. Rd. 100 Einzelarb.

KRENKEL, Werner A.

Dr. phil. habil., Prof. für Altertumswissenschaften u. Latinistik Univ. Rostock (s. 1975) - Ulmenmarkt 3, O-2500 Rostock 1 (T. 081 - 2 90 19) - Geb. 30. Okt. 1926 Altmittweida/Sa., ev., verh. s. 1950 m. Barbara, geb. Mühle, 3 Kd. (Matthias, Hendrikje, Almuth) - Stud. Lat., Arch., Engl.; Promot. 1957; Habil. 1963 Rostock - 1969/70 Gastprof. Columbia Univ. New York; 1974 Gastprof. Alexandria; 1990 Senator Univ. Rostock - BV: Lucilius: Satiren, 2 Bde. 1970; Pompejanische Inschriften, 2. A. 1963; Römische Satiren, 3. A. 1984; Plinius d. Jüngere: Briefe 1984; Erotica antiqua, 1990 - Life member of Columbia Univ. Seminars; Ehrenmitgl. Poln. Philol.verb. - Liebh.: Gärtnern - Spr.: Engl.

KRENN, Herwig

Dr. phil., Wiss. Rat, Prof. f. Roman. Philologie Univ. Bochum (s. 1973) - Querenburger Höhe 223, 4630 Bochum-Querenburg - Geb. 11. Juni 1940 - Promot. 1966; Habil. 1971 - BV: Mod. Portugies., 1971; D. grammat. Transformation, 1974. Etwa 50 Aufs.

KRENTZ, Klaus

Dr. med., Prof., Chefarzt - Am Blockhaus 50, 5100 Aachen - Geb. 30. Mai 1924 Berlin (Vater: Paul K., Oberstud.-dir. i. R.; Mutter: Agnes, geb. Neumann), ev., verh. s. 1957, 2 Kd. - Promot. u. Habil. Berlin - B. 1969 apl. Prof. Univ. Hamburg, dann TH Aachen (Inn. Med.). Spez. Arbeitsgeb.: Gastroenterologie, Gastritis, Magenkarzinom - BV: Gastroskopie, 1969; Synopsis d. Magenkrankheiten, 1974 (auch engl., span., ital., japan.) - 1969 Martini-Preis Hamburg - Spr.: Engl., Franz., Schwed., Norw.

KRENZER, Richard Philipp

Dr. phil., Prof. f. Allg. Erziehungswiss. Univ. Frankfurt/M. (s. 1972), Landesstellenleiter f. Hessen Dt. Inst. f. Bildung u. Wissen, Paderborn (s. 1976) - Sudetenstr. 15, 6054 Rodgau 3 (T. 06106 - 25 58) - Geb. 20. Juli 1928 Darmstadt (Vater: Hermann K., Bundesbahnbeamter; Mutter: Elisabeth., geb. Keller), kath., verh. s. 1954 m. Brigitte, geb. Fröbrich, 2 Kd. (Barbara, Thomas) - Stud. Univ. Mainz, Frankfurt/M., TH Darmstadt; Staatsex. f. Gymn. 1954 u. 56; Promot. 1959 - 1966/67 Gastprof. u. 1970 Forschungsaufenth. USA (Trenton, Princeton) - BV: Fördern u. Auslesen, 1967; Erziehungsdenken i. d. amerik. Kolonien, 1978; Erziehungsdenken in d. Vereinigten Staaten v. Amerika, 1984.

KRENZER, Rolf

Sonderschulrektor, Schriftst. - Johannstr. 11, 6140 Dillenburg (T. 02771 - 71 83) - Geb. 11. Aug. 1936 Dillenburg, ev., verh. m. Dagmar Domina (Illustratorin s. Bücher), 2 Kd. (Ingo, Kristina) - Abit.; Sonderschulstud. Marburg - Sonderschulrektor; Ltg. v. Fortbildungssem. f. Sonderschullehrer; Grundschullehrer, Erzieher u. Religionspäd. bd. Konfess. in d. Bundesrep., Schweiz, Österr. u. DDR; s. 1976 Ltg. v. Tagungen ev. Kinderakad. Hofgeismar - BV: Nur weil ich 5 Minuten zu langsam denke, 1990; D. kleine Lehrer, 4. A. 1990; E. Schwester so wie Danny, 1985; Sollte d. Fuchs einmal wiederkommen, 1986; Komm, wir gehen Hand in Hand, 1987; So war das m. Tommy, 1988; D. gr. Liederb. v. R. Krenzer, 1988; Septemberliebe, 1989; Wenn d. Eisblumen blühn, 1989; Deine Welt ist meine Welt, 1989; Ich freu' mich, daß du da bist, 1989; Außer d. Reihe, 1990; D. Märchen-Tram, 1990. Zahlr. Schallpl. u. MCs, u.a. Ich schenk dir e. Sonnenstrahl (1985); Hast du etwas Zeit für mich (1985); Erzähl mir keine Märchen (1991); Raupenbücher f. d. Kindergarten (1991). Treffpunkt-Cass. u. Bücher, u.a. Wenn Buln etwas zu essen hätte (1987) - 1986 Kinderakademieze d. ev. Akad. Hofgeismar; 1988 Züricher Kinderbuchpreis La Vache Qui Lit; 1991 Goldene Feder d. Vereins Literatur u. Schule, Marburg - Liebh.: Reisen, Singen u. Spielen, Anregungen z. Freizeitgest. - Spr.: Engl. - Lit.: Lexikon d. Jugendlit.

KRENZLIN, Anneliese

Dr. phil. nat., o. Prof. f. Kulturgeographie u. Länderkd. (emerit.) - Mozartstr. 1b, 6233 Kelkheim/Ts. - Geb. 26. Sept. 1903 Arnsberg/W. (Vater: Paul K., zul. Oberlandeskulturamtspräs.; Mutter: Julie, geb. Maas), ev. - Realgymnasiale Studienanst. Berlin-Steglitz; Univ. Freiburg/Br., Kiel, Berlin (Geogr., Gesch., German.; Promot. 1930). Habil. 1950 Rostock - 1934-39 Studienass. Berlin, 1939-46 Assist. Univ. Berlin, 1946-48 wiss. Mitarb. Inst. f. Bodenkartierung Berlin, 1948-52 Assist. u. Doz. Univ. Rostock, s. 1953 Doz., apl. Prof. (1956) u. Ord. (1961) Univ. Frankfurt/M. (1971 Mitdir. Geogr. Inst.). Emerit. 1971. 1971-83 Mitarb. d. Forschungsgr. Germania-Slavica im Hist. Sem. d. FU Berlin, s. 1965 Mitgl. Hist. Kommiss. Westberlin - BV: D. Hannoversche Wendland, 1932; Dorf, Feld u. Wirtschaft im Gebiet d. gr. Täler u. Platten östl. d. Elbe, 1952; Histor. u. wirtschaftl. Züge im Siedlungsformenbild d. westl. Ostdtschl., 1955; D. Entsteh. d. Gewannflur - n. Unters. im nördl. Unterfranken, 1961; D. Agrarlandschaft an d. Nordgrenze d. Besiedlung im intermontanen British Columbia, 1965. Mithrsg.: Rhein-Main. Forsch. u. Frankf. Geogr. Hefte - 1971 Robert Gradmann-Med. f. bes. Verd. auf d. Geb. d. Siedlungsgeogr.; Ehrenvors. Frankfurter Geograph. Ges.; 1990 Ehrenmitgl. Hist. Kommiss. zu Berlin.

KREPLIN, Joachim

Ass., Hauptgeschäftsführer Industrie- u. Handelskammer Düsseldorf - Ernst-Schneider-Pl. 1, 4000 Düsseldorf 1 (T. 0211-35 57-201) - Geb. 6. Sept. 1938 Berlin, verh. m. Charlotte, geb. Völzgen, Sohn Georg - Stud. Rechtswiss. Univ. München u. Kiel; Refer.-Ex. 1963 OLG Schleswig, Ass.- Ex. 1968 Hamburg/Schleswig - Frühere Tätigk. in BDI, DIHT, IHK Berlin, IHK-Vereinig. NRW - Spr.: Franz., Engl.

KREPPNER, Oskar

Dr. jur., Hauptgeschäftsf. Handwerkskammer f. Mittelfranken, Vorstandsmitgl. Landesversicherungsanstalt Ober/Mittelfr. (1976 ff.) - Sulzbacher Str. 11-15, 8500 Nürnberg 20; priv.: Maxtorgraben Nr. 31 - Geb. 27. Jan. 1931 Kitzingen/M. (Vater: Dr. Philipp K., Oberstudiendir.; Mutter: Edith, geb. Loschky), ev., verh. s. 1961 m. Ulrike, geb. Ulrich, 2 Kd. (Rudolf, Ingrid) - Gymn.; Univ. Würzburg (Rechts- u. Staatswiss.). Promot. 1962 - S. 1957 HK Nürnberg (1964 stv., 1976 Hgf.) - 1980 BVK a. Bd.

KRESING, Bruno

Generalvikar Erzbistum Paderborn (s. 1974) Dompl. 3, 4790 Paderborn/W. - Geb. 5. Sept. 1929 Hamm/W., kath. - Schule Hamm (Abit. 1950); Stud. Phil. u. Theol. Paderborn u. München. Priesterweihe 1955 Paderborn; Phil. Staatsprüf. 1962 u. 63 - 1955-58 Pfarrseelsorge; 1958-73 Religionslehrer u. Jugendseels., Studienrat f. Religion u. Gesch. Rats- u. Helmholtz-Gymn. Bielefeld; 1970 b. 1973 Beauftr. f. d. Religionsunterr. an höh. Schulen Erzb. Paderborn; 1973-74 Dir. Erzb. Theologenkonvikt Collegium Leonium Paderborn - 1974 Domkapitular; 1975 Päpstl. Ehrenprälat; 1984 Apostol. Protonotar.

KRESS, Otto Erich

Dipl.-Polit., Geschäftsführer TELLUX-Film GmbH, München, PROVOBIS-Film, Berlin/Hamburg, IFAGE-Filmproduktion GmbH, Wiesbaden - Unter den Eichen, IFAGE-Film-Haus, 6200 Wiesbaden - Geb. 11. Dez. 1926 Hammelburg/Ufr. (Vater: Stephan K., Kaufm.; Mutter: Helene, geb. Purwin), kath., verh. s. 1956 m. Christine, geb. Starbatty, 2 Töcht. (Celina, Nadina) - Stud. Jura, Publiz., Polit. Wiss. Berlin - Bundesfilmpreis (f. Porträtfilm Theodor Heuss u. Widerstand geg. Hitler).

KRESSE, Günter

s. Kresze, Günter

KRESSEL, Diether

Maler u. Graphiker - Hallerstr. 5a, 2000 Hamburg 13 (T. 422 78 60) - Geb. 17. Dez. 1925 Düsseldorf (Vater: Konrad K., Fabrikant; Mutter: Elsa, geb. Heldt), verh. m. Dorothea, geb. Wagner, 3 Kd. (Tilman, Caroline, Philipp Jonas) - U. a. Farbradierungen - 1968 Edwin-Scharff-Preis Stadt Hamburg.

KRESSL, Günther

Dr. med., Augenarzt, Schriftst., Grafiker, Maler - Bergstr. 21A, 2807 Achim (T. 04202 - 23 37) - Geb. 30. Aug. 1934, kath., verh. s. 1964 m. Otrun, geb. Weber, 2 Kd. (Christiane, Martin) - 1948-57 Privatstud. Klavier, Geige, Orgel, Kompos., versch. zeichner. Techniken. Grafik (Tiefdruck, Holzschnitt u.a.), 1955-60 Medizinstud. Univ. Münster, Wien, Tübingen; Staatsex. u. Promot. 1960 Tübingen - B. 1958 musikal. Kompos.; s. 1955 Veröff. v. Lyrik u. Prosa in üb. 70 Anthol.; s. 1970 bild. Kunst (Malerei, Grafik, Objekte, Collagen, Foto-Grafik u.a.); s. 1975 eig. Tiefdruckatelier (vorüberg. auch in Worpswede); s. 1991 freischaffend. S. 1975 rd. 20 Einzelausst. (u.a. in Lübeck, Rotenburg, Verden, Hemer, Delmenhorst, Bremen (Permanente Kunstschau in d. Böttcherstraße), Recklinghausen, Leer, Witten, Wiesbaden, Saarbrücken), Beteilig. an intern. Kunstmessen (u.a. Köln, Düsseldorf,

Aachen, Wien, Bayreuth, Koblenz, Basel) - Erf.: Künstler. Entw. d. Collagen-Fotogr. - BV/Grafik-Lyrik-Zyklen: Immaculata, 1975; Es war wohl im September, 1976; Mir war ich wär im Venusberg, 1977; Augen aus d. Teufelsmoor, 1979; Collagen-Zyklus zu Texten v. Werner Illing, 1986 - Bücher: Drehzeit, mit Augen des Krebses, (m. Jürgen Schwalm) 1978; Behutsam geb ich Linien, Lyrik u. Holzschn. 1984; Dein blaues Fenster, Lyrik u. Holzschn. s. 1975; mehrere Bücher als Unikate (handgeschr., handgezeichnet, z.T. m. Radier.) - 1985 Lyrikpreis - Liebh.: Sammeln v. Grafik u. bibliophilen Büchern, Musik, Moorwanderungen - Lit.: Portraits, Kunstztschr. d. Künstlerhof-Galerie (ab 1975); Dietmar Schultheis, Zugang z. scheinbar unverständl. Bildern: Intuition u. Emotion (in: Dt. Ärzteblatt, 1980), E. Handwerker im wahrsten Sinne d. Wortes (in: D. Kassenarzt, 1980), Archetypen wahr sein lassen (in: Musik u. Med., 1981), Aufdecken, was d. Vorstand nicht wahrhaben will (in: Praxis Kurier, 1982), Dr. Verena Flick (in: Kunst als Dialog, 1985), Ärzte sehen Gottfried Benn, Ärzte-Zeitung (1986).

KRETER, Herbert

Dr. phil., Dr. Lit. h. c., em. o. Prof. - Tieckweg 5, 3400 Göttingen - Geb. 15. März 1912 Göttingen - Univ. Bonn, Birmingham, Göttingen (Angl., Roman., Gesch., Musik- u. Politikwiss.). Promot. 1937 - S. 1941 Studienass., -rat (1944), Univ.slektor (1947), Doz. (1949) u. Prof. (1961) Päd. Hochsch. Göttingen (Lehrstuhl f. Didaktik d. neueren Sprachen; 1961-66 Rektor). 1959-60 Gastprof. La Verne College (USA); 1968-70 Senior Officer f. Bildungsplanung UNESCO Paris u. Addis Abeba; 1978 Univ. Göttingen - Herausg.: Bibliogr. f. d. Didaktik d. neueren Sprachen, bes. d. Englischunterr. - Dt. Veröff. 1890-1960 (1965) - 1960 Ehrendoktor La Verne College - Spr.: Engl., Franz.

KRETKOWSKI, Volkmar

Realschuldirektor i. R., MdB (s. 1976, SPD) - Zu erreichen üb. Bundeshaus, 5300 Bonn - Ev., verh., 2 Kd. - Stv. Vors. im Aussch. f. Verkehr, u. d. Kurat. d. Bundeszentrale f. polit. Bildung.

KRETSCHMANN, Hans-Joachim

Dr. med., Prof., Leiter Abt. f. Neuroanatomie Med. Hochsch. Hannover (s. 1971) - Habichtshorststr. Nr. 28b, 3000 Hannover - Geb. 9. Nov. 1928 Greifswald (Vater: Dr. Gerhard K.), verh. m. Dr. Britta, geb. Kraft, 1 Kd. - S. 1962 (Habil.) Lehrtätigk. Frankfurt (1968 apl. Prof.). Fachaufs.

KRETSCHMANN, Josef

Dr., Dipl.-Chemiker, Mitglied d. Direktoriums Henkel KGaA - Postfach 1.100, 4000 Düsseldorf - Geb. 6. Nov. 1929.

KRETSCHMANN, Rudolf

Dr. paed., Prof. f. Behindertenpädagogik Univ. Bremen - Kastanienweg 55, 2804 Lilienthal.

KRETSCHMANN, Winfried

Studienrat, MdL Baden-Württ. - Litschenberg 4, 7480 Sigmaringen-Laiz - Geb. 17. Mai 1948 Spaichingen/Kr. Tuttlingen, verh. s. 1975 m. Gerlinde, geb. Kienle, 3 Kd. (Irene, Johannes, Albrecht) - Stud. Biol. u. Chemie Univ. Hohenheim; 1. u. 2. Staatsex. f. d. Lehramt an Gymn. - 1980-84 Landtagsabg. (Grüne); 1986/87 Grundsatzref. Hess. Min. f. Umwelt u. Energie (unt. Joschka Fischer) - Spr.: Engl., Altsprachen.

KRETSCHMAR, Georg

D. theol., Prof. f. Kirchengeschichte u. Neues Testament - Pommernstr. 34, 8012 Ottobrunn/Obb. (T. 609 15 04) - Geb. 31. Aug. 1925 Landeshut/Schles. - 1953 Privatdoz. Univ. Tübingen; 1956 Ord. Univ. Hamburg; 1967 Ord. Univ. München. Emerit. 1990, seitd. im Dienst d. Dt. Evang.-Luth. Kirche in d. UdSSR - BV: Studien z. frühchristl. Trinitätstheologie, 1956; D. Reformation in Breslau, Bd. I, 1960; Gesch. d. Taufgottesdienstes in d. Alten Kirche (Leiturgia V), 1964/66; D. Offenb. d. Joh. D. Gesch. ihrer Auslegung im 1. Jh., 1985; Festkalender u. Memorialstätten Jerusalems in altkirchlicher Zeit (ADPV), 1987; Art. Kirchensprache (TRE 19, 74-92), 1989. Herausg.: Klassiker d. Theologie (Bd. I 1981; Bd. II 1982; zus. m. H. Fries). Bibliogr. in: Kirchengemeinsch. Anspruch u. Wirklichk. Festschr. f. G. K. v. W.-D. Hauschild - C. Nicolaisen - D. Wendebourg (1986). Zahlr. Einzelarb. - Theol. Ehrendoktor Univ. Tübingen, Theol. Inst. Cluj-Napoca, Inst. Catholique Paris.

KRETSCHMAR, Helmut

Prof. f. Gesang Hochsch. f. Musik Detmold, Präs. d. Bundesverb. Deutscher Gesangspäd., BDG - Waldeck 7, 4930 Detmold (T. 05231 - 8 80 32).

KRETSCHMAR-FISCHER, Renate

Prof. f. Klavier Hochsch. f. Musik Detmold - Allee 22, 4930 Detmold (T. 7 40 70).

KRETSCHMER, Dorothea

Prof. f. Unterrichts- u. Erziehungswiss./Medienpäd. FU Berlin - Welterpfad 11, 1000 Berlin 48.

KRETSCHMER, Paul

Beigeordneter, Stadtdirektor a. D. - Rathaus, 3450 Holzminden/Weser; priv.: Rosenhof 1 - Geb. 28. Okt. 1910 Rabisau, verh. m. Johanna, geb. Ellsel - Univ. Kiel u. Breslau (Rechts- u. Staatswiss.) - 1970 Nieders. VO. 1. Kl., 1972 Gr. BVK, 1974 Haarmann-Plakette f. verdiente Bürger d. Stadt Holzminden.

KRETSCHMER, Volker

Dr. med., Prof. Univ. Marburg, Facharzt f. Inn. Medizin - Am Kornacker 35, 3550 Marburg (T. 06421 - 8 43 21) - Geb. 5. Febr. 1943 Berlin (Vater: Fritz K., Arch., Heraldiker; Mutter: Elise, geb. Henning), verh. s. 1967 m. Birgitt, geb. Fischer, 2 Kd. (Heiko, Inka) - Abit. 1962 Schweinfurt; Med.-Stud. 1962-69 Marburg u. Gießen (Staatsex. 1969, Promot. 1972); Habil. 1980 - 1972 Assistenzarzt Univ. Gießen; 1972-74 Stabsarzt Bundeswehr Gießen; 1974-75 Med. Klinik Kreiskrkhs. Herford; 1976-81 Oberarzt Inst. f. klin. Immunol. u. Transfusionsmed. Univ. Gießen; ab 1981 Leit. Abt. f. Transfusionsmed. u. Gerinnungsphysiol. Univ. Marburg. Wiss. Arbeiten üb. autoimmunhämolyt. Anämien, Gewinn. u. Transfusion v. weißen Blutkörperchen, Thrombozytenfunktion, Thrombozytenpräparation u. -lagerung - BV: Leukozytenseparation u. -transfusion, 1981. Mithrsg.: Transfusionsmed. aktuell (jährl. ersch.) - 1972 Univ.-Preis f. beste med. Dissertation - Liebh.: Kammermusik, Sport - Spr.: Engl., Latein.

KRETSCHMER, Wolfgang

Dr. med., Prof., Psychiater u. Psychotherapeut - Spemannstr. 9, 7400 Tübingen (T. 61315) - Geb. 14. Febr. 1918 Bad Mergentheim (Vater: Prof. Dr. med. Ernst K., Psychiater u. Neurol. † 1964 (s. XIV. Ausg.); Mutter: Luise, geb. Pregizer) - Promot. 1942 Marburg; Habil. 1951 Tübingen - S. 1958 Prof. Univ. Tübingen - BV: D. Neurose als Reifungsproblem, 1951 (auch span.); Psych. Weisheit d. Bibel, 1956; Selbsterkenntnis u. Willensbildung im ärztl. Raume, 1958; Reifung u. Krise, 1972; Hysterie, 1974; Psychoanalyse im Widerstreit, 1982 - Ehrenmitgl. Soc. Chilena de Medicina Psicosomatica, Acad. de Med. de Antioquia, Soc. Antioquena de Psiquiatria (d. letzten beiden Kolumbien), Acad. de Medicina Valencia (Spanien).

KRETTEK, Otmar

Dr.-Ing., Dipl.-Wirtschaftsing., Prof. TH Aachen - Höhenweg 70, 5100 Aachen (T. 0241 - 8 58 66) - Geb. 6. Jan. 1934 Gleiwitz (Vater: Nikolaus K., Konrektor; Mutter: Elfriede, geb. Fedrowitz, Lehrerin), kath., verh. s. 1971 m. Brigitte, geb. Preissner, Gymn.-Lehrerin, 4 Kd. (Carsten, Imke, Nele, Sören) - BV: Ermittl. d. Laufeigensch. v. Schienenfahrz. bei regelloser Erregung, (m. J. Nöthen), 1973; Rollen, Gleiten, Schweben; Unkonvent. Verkehrsmittel im spurgebundenen Verkehr, 1976; Simulation d. Betriebsabl. v. S-Bahnen auf EDV unt. Berücks. d. fahrdynam. Verh. d. Fahrz. v. e. wirtsch. Fahrweise, 1978; Rechner. Simulation z. Herleit. v. Optimierungskrit. b. S-Bahnen, 1979; Unters. üb. d. Ursachen period. seitl. Ausfahr. in Gleisen v. Nahverkehrsbahnen m. Folger. f. d. Fahrzeugkonstruktion, (m. J. Nöthen), 1974; 76 wiss. Aufs. in Fachztschr. 3 Patente - Spr.: Poln., Engl.

KRETZENBACHER, Leopold

Dr. phil., Dr. jur. h.c., em. Prof. f. Dt. u. vergl. Volkskd. Univ. München - Clemensstr. 36, 8000 München 40 (T. 39 62 84) - Geb. 13. Nov. 1912 Leibnitz (Österr.) - Promot. u. Habil. Graz - S. 1961 Ord. Univ. Kiel u. München (1966) - BV: German. Mythen in d. ep. Volksdicht. d. Slowenen, 1941; Lebend. Volksschauspiel in d. Steiermark, 1951; Passionsbrauch u. Christi-Leiden-Spiel in d. Südostalpenländern, 1952; Frühbarockes Weihnachtsspiel in d. Steierm., 1953; Santa Lucia u. d. Lutzelfrau, 1958; D. Seelenwaage, 1958; Heimat im Volksbarock, 1961; Ringreiten, Rolandspiel u. Kufenstechen, 1966; Teufelsbündner u. Faustgestalten im Abendlande, 1968; Kynokephale Dämonen südosteurop. Volksdicht., 1968; Bilder u. Legenden, 1971; Versöhn. im Jenseits, 1972; Kettenkirchen in Bayern u. Österr., 1973; Südost-Überlieferungen z. apokryphen Traum Mariens, 1975; D. verletzte Kultbild, 1977; Legende u. Sozialgeschehen zw. MA u. Barock, 1977; Mystische Einhornjagd, 1978; Legendenbilder aus d. Feuerjenseits, 1980; Schutz- u. Bittgebärden, 1981; Griech. Reiterheilige als Gefangenenretter, 1983; Wortbegründetes Typologie-Denken auf mittelalterl. Bildwerken, 1983; Hiobs-Erinnerungen zw. Donau u. Adria, 1987; Ethnologia Europaea, 1986; Mürztaler Passion, 1988; Geheiligtes Recht, 1988; Volkskunde im Mehrvölkerraum, 1989; Wortlose Bilder- u. Zeichen-Litaneien im Volksbarock, 1991. Zahlr. Einzelarb. - 1969 o. Mitgl. Bayer. Akad. d. Wiss., München; 1971 korr. Mitgl. Österr. Akad. d. Wiss., Wien; 1974 Auswärt. Mitgl. Kgl. Gustav Adolfs-Akad. d. Wiss., Uppsala.

KRETZSCHMAR, Martin

Dr. rer. nat., Prof. f. Theoret. Physik Univ. Mainz - Am Finther Weg 16, 6500 Mainz 33.

KRETZSCHMAR, Rolf

Dr. med. (habil.), Pharmakologe, apl.

Prof. f. Pharmak. u. Toxikol. Univ. Freiburg/Br. (s. 1976), Leitung ZNS-Forschung u. Entw. Knoll AG - Knollstr., 6700 Ludwigshafen/Rh. - Geb. 29. März 1937.

KREUSCH, Erich Adalbert

Kaufmann, gf. Gesellschafter Fa. Kreusch & Partner GmbH, Intern. Consultants (Wirtschaftsförd., Projekt-Entw., Business-Development, Geschäftsanbahnung Europa, USA, UdSSR, VR China, Fernost, Unternberatung, Beteiligungsberatung, Technol.-Transfer), Düsseldorf, Gf. d. Tochterges. GWU Ges. f. Wirtsch.förd. u. Unternehmensberat. mbH, O-Halle/Saale, stv. AR-Vors. d. EWG Entwickl.- u. Wirtschaftsförd.ges. Bitterfeld mbH - Martin-Luther-Platz 28, 4000 Düsseldorf 1 (T. 0211 - 32 01 71; Telefax 0211 - 32 86 04; Telex 8588463); priv.: An der Pierburg 24, 4300 Essen 18 (02054 - 8 54 44) - Geb. 23. Nov. 1933, kath., verh. - Stud. Harvard Business School - S. 1962 ltd. Positionen in intern. Markenart.geschäft. 1972-76 Hauptgeschäftsf. Coca-Cola Ges. mbH Wien, 1977-86 Geschäftsf. f. dt. Geschäft d. Coca-Cola GmbH Essen (Vors. d. Geschäftsfg.), VR-Präs. Coca-Cola AG Zürich, Sen. Vice Präs. Coca Cola Comp. Atlanta/USA, Europe & Africa Group m. Verantw. f. Zentral-Europa - Mitgl. Intern. Handelskammer Paris, dt. Ges. f. ausw. Politik Bonn, Harvard Club Düsseldorf, Rotary Club Essen, Marketing Club Essen (Gründ.-Mitgl.). HBS Alumnus u.a. - Spr.: Engl.

KREUSER, Kurt

Ministerialdirektor a. D., Gf. Vorstandsmitgl. Bundesverb. Dt. Stiftungen e.V. (s. 1986) - Leonardusstr. 42, 5300 Bonn 2 - Geb. 6. Mai 1921 Merzig/S., verh. m. Inge, geb. Hauke - Polizeidst.; Tätigk. beim Hauptvorst. Gewerksch. ÖTV; 20 J. Senatsverw. Bremen; 1976-86 Generalsekr. Bund-Länder-Kommiss. f. Bildungsplanung u. Forschungsförderung, Bonn.

KREUSSER (ß), Wilhelm
Dr. Dr. med., Priv.-Doz., Chefarzt Med.-Klinik II Marien-Hospital Duisburg (s. 1984) - Zu erreichen üb. Marien-Hospital, Wanheimer Str. 167a, 4100 Duisburg - Geb. 6. April 1947, kath., verh. m. Gerda, geb. Schwab, 3 Kd. (Eva, Stefanie, Michael) - Stud. Univ. Würzburg, Heidelberg, Los Angeles; Habil. 1983 Heidelberg.

KREUTER, Dieter
Bezirksstadtrat a. D., Geschäftsf. GSW, Gemeinn. Siedl.- u. Wohnungsbauges. Berlin mbH, u. Vorst.smitgl. GEWOBAG, Groß-Berlin (s. 1978) - Fischerhüttenstr. 20, 1000 Berlin 37 (T. 8025566) - Geb. 19. April 1926 Berlin - Schulen u. Kunsthochsch. Berlin - Architekt.

KREUTER-TRÄNKEL, Margot
Schriftstellerin u. Malerin (Ps. Margot Kreuter, Margot Tränkel) - Kaiser-Otto-Str. 59, 5400 Koblenz (T. 0261 - 8 21 30) - Geb. 23. Juli 1929 Koblenz, verh. m. Oskar Tränkel, Tochter Petra - BV: 36 Jugendromane; Zeitungsart., Rundfunkbeitr. Kurzgesch. (1958-91) - Spr.: Engl.

KREUTZ, Daniel
Maschinenschlosser, MdL Nordrh.-Westfalen (D. GRÜNEN) - Brüsseler Str. 35, 5000 Köln 1 (T. 0221 - 25 29 74) - Geb. 10. Okt. 1954 Recklinghausen, ledig - Abit. 1973; 1973-81 Stud. German. u. Phil. Univ. Köln; Facharb.prüf. 1983 (IHK-Köln) - Ab 1985 Betriebsrat; 1986-90 Sprecher Landesarbeitsgem. GRÜNE & Gewerkschaften, ab 1987 Tarifkommiss. Schlosserhandwerk NRW d. IG Metall, 1989/90 gewerkschaftspolit. Sprecher im Landesvorst. D. GRÜNEN - Liebh.: Schlagzeugspiel - Spr.: Engl., Franz.

KREUTZ, Heinz

Kunstmaler - Im Seefeld 38, 8121 Antdorf (T. 08856 - 44 24) - Geb. 31. Dez. 1923 Frankfurt (Vater: Heinrich K., Photogr.; Mutter: Karoline, geb. Schröder), verh. s. 1980 m. Dorothee, geb. Hänlein, T. Cornelia - Mittl. Reife, Photographenlehre - Autodidakt, abstr. Malerei - 1970 b. 1972 Gastdoz. Hochsch. f. Gestalt., Offenbach/M. - BV: Farbenlehre, 1973 - Liebh.: Alte Orientteppiche u. Flachgewebe - Lit.: Juliane Roh, Kunst d. 60er J. u. Dt. Druckgraphik d. 60er J. (1973); Wieland Schmied Malerei nach 1945, Günther Ladstetter: Heinz Kreutz, Kunsthalle Mannheim (1981); Wolfgang Sauré: Z. Malerei v. Heinz Kreutz, in: d. kunst, Heft 2/86; Quadriga - Aufbruch in e. neue Malerei, Filmdok. v. Isolde Pech (1986); Ursula Geiger: D. Maler d. Quadriga (1987).

KREUTZ, Henrik
Dr. phil., Prof. f. Soziologie u. Sozialanthropologie Univ. Erlangen-Nürnberg - Kneippstr. 1, 8500 Nürnberg - Geb. 14. Nov. 1938 Budapest (Vater: Ferdinand K., Ing.; Mutter: Stefanie, geb. Bárány), kath., verh. s. 1960 m. Christine, geb. Zederbauer, 2 Kd. (Etelka, Gideon) - Promot. 1965, Habil. 1971 Univ. Wien - Tätigk. an Univ. Wien, Hamburg, Hannover u. Erlangen-Nürnberg. Leit. Forschungsinst. in Wien u. Münster - BV: Chance d. Weiterbild., 1971; Rollenerwart. d. weibl. Jugend, 1973; Soziol. d. Jugend, 1974 (Holländ. 1981); Soziol. d. empir. Sozialforsch., 1972; Youth and Social Chance, 1973. Herausg. Ztschr. Angew. Sozialforsch.; Empir. Sozialarbeitsforsch. (1978); Mitwirk. am Schlußbericht d. Enquete-Kommiss. Jugendprotest im demokrat. Staat, 1983; E. Alternative z. Industrieges.?, 1985; Pragmatische Soziologie, 1987 - Spr.: Engl., Ungar., Franz.

KREUTZ, Hermann-Josef
Dr. phil., o. Prof. f. Biologie (emerit.) - Birkhahnweg 9a, 4400 Münster/W. (T. 316337) - Geb. 26. Dez. 1904 Köln (Vater: H.-Josef K., Ingenieur), kath., verh. s. 1936 m. Johanna, geb. Kerp, 2 Töcht. (Hedwig-Elisabeth, Brigitte) - Univ. Köln u. Bonn (Naturwiss., Med., Phil.) - 1929-32 Realschullehrer; 1932-36 Univ.-sassist.; b. 1947 Studienrat; 1943 b. 1953 Fachleiter Studiensem. Köln; s. 1947 Doz. u. Prof. f. Biologie (1954 Päd. Akad. Münster bzw. Päd. Hochsch. Westf.-Lippe/Abt. Münster (1959-61 Rektor), Univ. Münster - 1970-82 Präs. Dt. Arbeitsgem. f. Jugend- u. Eheberatung - BV: Biol.-Hyg. Unterrichtswerk, 1949ff. Zahlr. wiss. Veröff. aus d. Grenzgeb. Biol. u. Päd. - Ritter d. Sylvester-Ordens.

KREUTZ, Josef
s. Kreutz, Hermann-Josef

KREUTZ, Peter
Dr. jur., Prof. f. Bürgerl. Recht, Arbeits-, Wirtschafts-, Handels- u. Gesellschaftsrecht Univ. Kiel (s. 1980) - Hohrott 25, 2305 Heikendorf/b. Kiel - Geb. 28. Nov. 1939 Darmstadt - Habil. 1978.

KREUTZBERG, Georg W.
Dr. med., Dr. h.c., Prof., Direktor, Leiter Abt. Neuromorphol./Nervenzellbiol. Max-Planck-Institut f. Psychiatrie, 8033 Martinsried b. München - Geb. 2. Sept.1932 (Vater: Dr. med. Josef K., Chirurg), kath., verh. m. Dr. med. Karin, geb. Franken - Gymn. Ahrweiler, Univ. Bonn, Wien, Innsbruck, Freiburg/Br.; Promot 1961 Freiburg/Br.; 1963/64, 1968 u. 1984 Gast an amerik. Univ., Habil. (Neuropathol.) TU München 1971, apl. Prof. 1977 - S. 1978 Wiss. Mitgl. MPI f. Psychiatrie München. Mitgl. Editorial Boards wiss. Ztschr., Councillor IBRO, Vizepräs. Intern. Ges. f. Neuropathol., Mitgl. Intern. Ges. f. Neurochemie, Akad. d. Wiss. New York, Präs. Dt. Ges. f. Zellbiol. u. a. - BV: Aspekte d. Zellbiol. u. Zellpathol. d. Neurons, 1975 (Japan. Übers. 1981); Physiol. and Pathol. of Dendrites, 1975; Development and Chemical Specificity of Neurons (m. a.), 1979; Cellular Biology of Ectoenzymes (m. a.), 1986; Processes of Recovery from Neural Trauma (m. a.), 1986; üb. 230 Veröff. in Handb. u. intern. wiss. Ztschr. - 1987 Rudolf-F.-Weiss-Preis; 1991 K. J. Zülch-Preis; Ehrendoktor MU Szedeg - Bek. Vorf.: Georg Kreuzberg, Entd. d. Apollinarisbrunnen (1852), Gründer v. Bad Neuenahr.

KREUTZBERGER, Alfred
Dr. rer. nat., o. Prof. f. Pharmaz. Chemie - Saarstr. 21, 6500 Mainz - Geb. 5. Dez. 1922 Königsberg, verh. s. 1949 m. Dipl.-Chem. Elfriede, geb. Seidenstücker, 2 Kd. (Ekkehard, Peter) - Univ. Göttingen, Königsberg, Greifswald u. Münster; Apoth. Dipl.-Chem. - 1952-62 Auslandstätig. in Columbus, Ohio u. Detroit, Michigan/USA. 1964 (Habil.) Lehrtätigk. Univ. Münster (1967 Wiss. Abt.vorsteher u. Prof.), Berlin/Freie (1972 o. Prof.) u. Mainz (1979 o. Prof) Etwa 240 Fachveröff. bes. z. Thema Arzneistoffsynthese.

KREUTZER, Hans Joachim
Dr. phil., o. Prof. f. Dt. Philologie (Literaturwiss.) Univ. Regensburg (s. 1977) - Dahlienweg 7, 8401 Pentling (T. 0941 - 9 85 34) - Geb. 21. Febr. 1935 Essen, ev., verh. s. 1965 m. Dr. Marianne K., geb. v. Lieres u. Wilkau - 1955-64 Stud. German., Musikwiss. u. Klass. Phil. Univ. Hamburg, München u. Zürich; Promot. 1964 Hamburg; Habil. 1975 Göttingen - 1983 Max Kade Gastprof. Univ. of Michigan, Ann Arbor. Lehr- u. Vortragstätigk. an zahlr. ausl. Univ. (England, Frankreich, Polen, Japan, Südkorea, VR China, Australien, Neuseeland, USA). - 1978ff. Präs. Heinrich-v.-Kleist-Ges. - BV: D. dichter. Entwicklung Heinrichs v. Kleist, 1968; R. Prutz, Gesch. d. dt. Journalismus (hg.); Überlieferung u. Edition. Textkrit. u. editor. Probleme, 1976; D. Mythos v. Volksbuch, 1977; Historia v. D. Johann Fausten. Krit. Ausg. (m. S. Füssel), 1988. Herausg.: Kleist-Jb. (1980ff.). Mithrsg.: Werke Kleists auf d. modern. Musiktheater (1977). Neben lit.wissenschaftl. Aufsätzen zahlr. Veröff. in Organen d. Musikwiss., teilw. übers. ins Engl., Ital., Korean., Jap.

KREUTZER, Hermann
Ministerialdirektor i. R. - Angerburger Allee 41, 1000 Berlin 19 - Geb. 3. Mai 1924 Saalfeld/Thür., konfessionslos, verh. s. 1956 m. Dorothee, geb. Fischer, S. Bernd - Obersch. (Reifezeugnis); Verw.sakad. - 1945-65 Verw.sangest., dazw. 1949 b. 1956 Polit. Haft SBZ bzw. DDR (v. sowjet. Militärtribunal in Weimar m. spät. Ehefr., Vater u. 3 Freunden zu je 25 J. Zwangsarb. wegen Parteitätigk. verurt.), 1965-67 Bezirksstadtrat f. Sozialwesen Berlin-Tempelhof, s. 1967 Min.dir. Bundesmin. f. gesamt- bzw. innerd. Fragen (b. 1969 Leit. Abt. II/Bonn, dann III/Berlin). 1959-65 Bezirksverordn. T'hof (1963-65 Fraktionsf.). SPD 1945-81.

KREUTZER, Winfried
Dr. phil., Prof. f. Roman. Philologie Univ. Würzburg - Fritz-Erler-Str. 20, 8700 Würzburg - Geb. 23. März 1940 Trautenau (CSSR) - BV: D. Imaginat. b. Baudelaire, (Diss.) 1970; Stile d. portugies. Lyrik im 20. Jh., 1980; Grundzüge d. span. Lit. d. 19. u. 20. Jh., 1982, 2. A. 1991 Estrutura e significação de Os Tambores de São Luis de Josué Montello, 1991 - Präs. d. Dt.-Iberischen Ges. Würzburg.

KREUTZKAM, Joachim
Dr. phil., Gf. Gesellschafter Gesellschaft f. Ethik, Bildung u. Management mbH - Bäckerstr. 23/24, 3380 Goslar 1 (T. 05321 - 27 68, Fax 05321 - 1 88 58) - Kath. - Zul. Kanzler Phil.-Theol. Hochsch. Frankfurt/M.

KREUTZKAMP, Norbert
Dr. phil., o. Prof. f. Pharmaz. Chemie - Reventlowstr. 23, 2000 Hamburg 52 - Geb. 28. Aug. 1923 Oberhausen - S. 1957 (Habil.) Lehrtätigk. Univ. Marburg, Berlin/Freie (1961 ao. Prof.), Hamburg (1963 o. Prof. u. Inst.sdir.). Fachveröff.

KREUTZKAMP, Theo
Dr. rer. nat., Prof. f. Mathematik Hochsch. Hildesheim - Mozartstr. 5, 3202 Bad Salzdetfurth.

KREUTZMANN, Heinz
Dr. phil., Parl. Staatssekretär a. D. - Scheibenweg 33, 3587 Borken Bez. Kassel (T. 05682 - 9323) - Geb. 23. Sept. 1919 Darmstadt (Vater: Emil K., Gendarmeriemeister; Mutter: Katharina, geb. Groß), ev., verh. s. 1944 m. Irmgard, geb. Altrogge, 3 Kd. (Birgit, Michael, Thomas) - Gymn. (Abit. 1938); n. 1945 Univ. Frankfurt/M. u. Göttingen (Gesch., German., Kunstgesch., Theaterwiss.). Promot. 1950 Göttingen - 1938-45 Arbeits-, Wehr- u. Kriegsd.; 1950-58 journalist. Tätigk.; 1958-63 Presse- u. Fremdenverkehrsref. Hess. Min. f. Wirtschaft u. Verkehr; 1963-69 Staatskommissar f. d. Zonenrandgebiete in

Hessen (1965 Reg.-Dir.); 1965-83 MdB; 1979-82 Parlam. Staatssekr. b. Bundesmin. f. Innerdt. Bezieh. 1950-66 führend im GB/BHE BV u. LV., s. 1966 SPD, s. 1970 Mitgl. La V u. Bezirk V. Hessen Nord - BV: Braunschweig u. d. dt. Dualismus, 1950; August v. Liebe - E. braunschweig. Staatsmann, 1956; Politik d. nationalen Mitte, 1956; Hessen, Land an d. Zonengrenze, 1964 - Liebh.: histor. u. kunstgesch. Studien.

KREUZER, Arthur

Dr. jur., Univ.-Prof. - Licher Str. 76, 6300 Gießen - Geb. 26. Sept. 1938, verh. s. 1971, 2 Kd. - 1968-71 Jugendrichter u. Doz., 1972-75 fr. Forsch. Habil. 1975 (Kriminologie, Strafr.), 1975-76 Lehrstuhlvertr. Univ. Hamburg, s. 1976 Univ.-Prof. f. Kriminol., Jugendstrafrecht u. Strafvollzug Univ. Gießen; 1991 Gründung d. Inst. f. Kriminologie an d. J.-L. Univ. Gießen. Mitgl. mehrerer kriminalpolit. Beratungsgremien - BV: Ärztl. Hilfeleistungspflicht b. Unglücksfällen, 1965; Drogen u. Delinquenz, 1975; Jugend - Drogen - Kriminalität, 1978, 3. neubearb. A. 1987; Soziale Rollen u. Delinquenzprobleme Heranwachsender, 1981; Drogenabhängigk. u. Kontrolle (m.a.), 1981; Polizei u. Sozialarbeit, 1981; Praxistauglichkeit d. Hehlereistraftatbestands (m.a.), 1986; Drogen - Kriminologie u. Therapie (m.a.), 1988; Drogenberatung u. Justiz im Konflikt (m.a.), 1990; Beschaffungskriminalität b. Drogenabhängigen (m.a.), 1991 (Preis d. Polizei-Führungsakad.); Alte Menschen als Täter u. Opfer (m.a.), 1992; 150 Publ. in Fachztschr. u. großen Tages- sowie Wochenztg. z. Verfassungs-, Straf-, Strafprozeß- u. Jugendrecht, zu Kriminalpolitik, Kriminologie u. Strafvollzug.

KREUZER, Gerhard

Dr. med., Prof. f. Geburtshilfe u. Gynäkologie - Zu erreichen üb. Zentralkrankenhaus Reinkenheide, Postbrookstr., 2850 Bremerhaven; priv.: Auerstr. 56 - Zul. FU Berlin (stv. Dir. Frauenklinik Charlottenburg).

KREUZER, Helmut

Dr. phil., o. Prof. f. Neuere dt. Philologie u. Literaturwiss. - Ludwigstr. 38, 5900 Siegen 21 (T. 0271 - 7 44 97) - Geb. 1. Nov. 1927 Feldstetten/Württ. (Vater: Alfred K., Kaufm.; Mutter: Anna, geb. Jakob), ev., verh. s. 1953 m. Ingrid, geb. Oßmann, Dr. phil. (lit. Pseudonym: Angelika Jakob) - Univ. Basel, Freiburg/Br., Göttingen, Tübingen - S. 1965 (Habil.) Lehrtätigk. TH Stuttgart, Univ. Saarbrücken (1967 Ord.), Bonn (1970) u. Gesamthochsch. Siegen, Gründungssenator (1972). Gastprof. Rice Univ. Houston (1965), Columbia Univ. New York (1966), Washington Univ. St. Louis (1970), Stanford (1971), Wisconsin-Madison (1974), Kairo (1976), Univ. of Houston (1977, 1979, 1981, 1983), California-Irvine (1989) - BV: D. Boheme, 1968, 1971; Veränderungen d. Lit.begriffs, 1975. Herausg.: Hebbel in neuer Sicht (2. A. 1969), Math. u. Dicht. (4. A. 1971), Lit. u. naturwiss. Intelligenz (1969 u. 87), Gestaltungs- u. Ges.sgesch. (1969), Dt. Dramaturgie d. Sechziger J. (1974), Lit. f. viele (Bd. 2 1976), Jh.ende - Jh.wende (Bd. 1 1976), Reihe Q (s. 1976), Lit.wiss. - Medienwiss. (1977), Fernsehforsch. - Fernsehkritik (1980), Sachwörterb. d. Fernsehens (1982); Friedrich Hebbel (1989); Pluralismus u. Postmodernismus, 2. A. 1991. Mithrsg.: Ztschr. f. Lit.wiss. u. Linguistik (s. 1971) u. Beihefte (s. 1975), Reihe Siegen (s. 1977), Entwickl. d. siebziger Jahre (1978), Fernsehsendungen u. ihre Formen (1979), Expressionismus, Aktivismus, Exotismus - Üb. d. österr. Autor Robert Müller (1981), Üb. Hermann Lenz (1981), Lit.wiss. u. empirische Methoden (1981), Forsch. z. Literatur- u. Kulturgesch. (s. 1983), Magazine - audiovisuell (1988) - Fernsehen in d. Bundesrep. Deutschl.: Perioden-Zäsuren-Epochen (1991) - 1971 Mitgl. PEN-Zentrum BRD - Spr.: Engl., Franz. - Lit.: Festschr. f. H.K.: Erkundungen (1987); Crossings (1990).

KREUZER, Ingrid

Dr. phil., Schriftstellerin (Ps. Angelika Jakob) - Ludwigstr. 38, 5900 Siegen - Geb. 21. März 1926 Pethau, ev., verh. s. 1953 m. Helmut K., Germanist - Stud. Kunstgesch., German., Archäol.; Promot. 1953 Tübingen - BV: (Ingrid Kreuzer): Studien zu Winckelmanns Ästhetik, 1959; Entfremdung u. Anpassung, 1972; Märchenform u. Individuelle Gesch., 1983; Lit. als Konstruktion, 1989. (Angelika Jakob): Amie, Erz. 1982; Flieg, Schwesterlein, flieg, Erz. 1984; Grauer Stein u. gelbe Flügel, Ged. 1986; D. Lady u. d. Boy, Erz. 1989; Rosinas Kostgänger, Erz. 1991.

KREUZHAGE, Jürgen

Verleger, Mitglied d. Geschäftsltg. Verlagsgr. Bertelsmann GmbH, Geschäftsf. Verlage C. Bertelsmann, Blanvalet, Wilhelm Goldmann, Albrecht Knaus u. Siedler, alle München - Neumarkter Str. 18, 8000 München 80 (T. 089 - 4 31 80-400); priv. Flemingstr. 36, 8000 München 81 (T. 089 - 98 85 04) - Geb. 19. Aug. 1936 Berlin (Vater: Eduard Günther K., Verleger; Mutter: Irma, geb. Adrio), gesch., 3 Kd. - Abit.; Lehre Verlagsbuchh.; mehrere Volontariate im In- u. Ausl. - B. 1980 Geschäftsf. Verlag Chemie, GmbH, Weinheim - Spr.: Engl., Franz.

KREY, Franz Heinrich

Mitglied des Bundestages - Zu erreichen üb. Bundeshaus, 5300 Bonn; priv.: Sander Str. 148, 5070 Bergisch Gladbach (T. 3 59 59) - Geb. 18. Febr. 1930 Bergisch Gladbach, kath., verh. m. Ingeborg, geb. Ludwig, 2 Kd. - Abit. 1951; Ausb. in Verlag u. Redakt. Köln. Rundschau - 1944/45 Fronthelfer u. Bürobote; 1958-61 Leit. Redakt. Köln-Land d. Köln. Rundschau; danach Geschäftsf. d. Publiz.- u. Werbung Verlags GmbH, Köln. Junge Union s. 1949 (1954-60 Kreisvors., 1956-61 Mitgl. Landesvorst. u. Deutschl.rat, 1961-64 Landesgeschäftsf. Rheinl.); CDU s. 1952, 1964-68 Stadtverb.Vors. Berg. Gladbach, 1964-66 stv., dann Landesgeschäftsf. Rheinl., s. 1975 Kreisvors. Rhein.-Berg. Kr.). 1965-74 Rat Stadt Berg. Gladbach, 1975-84 MdK, s. 1976 MdB; s. 1984 ehrenamtl. Bürgerm. Bergisch Gladbach.

KREY, Uwe

Dr. rer. nat. (habil.), Prof. f. Physik Univ. Regensburg - Rosenweg 2a, 8401 Penting/Opf. - Zul. Privatdoz. Univ. Hamburg.

KREY, Volker

Dr. jur., o. Prof. f. Straf- u. Strafprozeßrecht Univ. Trier, Richter OLG Koblenz - Mühlenstr. 58a, 5500 Trier - Geb. 9. Juli 1940 Stade - Promot. 1969 Bochum (Jahrespreis) - Zul. Wiss. Rat u. Prof. Bielefeld (1974) - BV: u. a. Stud. z. Gesetzesvorbehalt im Strafrecht, 1977; Keine Strafe ohne Gesetz, 1983; Z. Gewaltbegriff im Strafrecht, 2 Bde., BKA 1986 u. 88.

KREYE, Horst

Dr. phil., Prof. f. Allg. Sprachwissensch. u. Didaktik d. Dt. Sprache - Neuberger-dorfer Damm 38, 2862 Worpswede 3 - Geb. 9. April 1930 Hannover - Promot. 1970 - S. 1972 Prof. Univ. Bremen - BV: Satzform u. Stil, 1989; Textbausteine, Bd. 2-4, 2. A. 1987. Div. Facharb.

KREYE, Volker A.W.

Dr. med., Arzt f. Pharmakologie u. Toxikologie, Prof. f. Physiologie Univ. Heidelberg, 2. Physiol. Inst. - Im Emmertsgrund 38, 6900 Heidelberg - Geb. 9. Aug. 1940 Berlin.

KREYE, Walter A.

Schriftsteller, Journalist, fr. Mitarb. (Regiss. u. Sprecher) Radio Bremen - Achterdiek 4b, 2800 Bremen (T. 25 60 38) - Geb. 2. Juni 1911 Oldenburg, ev., verh. m. Luise, geb. Veit, 3 Kd. (Annegret, Edith, Walter) - Bis 1973 Leit. Abteil. Heimatfunk Radio Bremen. Herausg.: 2 Hörsp.-Bücher; Autor nddt. Lyrik-Bde., nddt. Bühnenstücke, hochdt. u. nddt. Hörsp. Übersetzer a. d. Niederl. u. Fläm. - Mitgl. Kogge u. Eutiner Dichterkreis - 1948 Méd. En reconnaissance pour service fraternel aux camarades de captivité. (Verleih. durch: Aide aux prisonniers de guerre - Genève); Chevalier d'honneur de l'ordre des Chev. de Provence; 1969 Richard-Ohnsorg-Preis; 1986 Senatsmed. f. Kunst u. Wiss. d. Fr. Hansestadt Bremen; 1988 Intern. Friedestrompreis d. Kreises Neuss.

KREYSA, Gerhard

Dr. rer. nat., Prof., Chemiker, Geschäftsf. d. DECHEMA (s. 1992) - Reichenberger Str. 10, 6393 Wehrheim (T. 06081 - 5 63 33) - Geb. 21. Sept. 1945 Dresden, kath., verh. s. 1968 m. Felicitas, geb. Arends, 2 Kd. (Juliane, Clemens) - Stud. 1964-68 TU Dresden; Promot. 1970; Habil. 1978 - Priv.-Doz. Dortmund; 1985 apl. Prof. Univ. Dortmund - 1973 wiss. Mitarb. Dechema-Inst., Frankfurt; 1978 Leit. d. Arbeitsgr. Elektrochemie Dechema-Inst.; 1986 stv. Geschäftsf. DECHEMA - 9 Patente - BV: Grundlagen d. Technischen Elektrochemie (m. E. Heitz), 1977 (engl. Übers. u. Überarb. 1986); 112 wiss. Veröff. in Ztschr. u. Monogr. - 1980 Chemviron-Preis; 1981 Dechema-Pr. 1980 d. Max-Buchner-Forschungsstiftg. - Spr.: Engl., Russ.

KREYSEL, Hans-Wilhelm

Dr. med., o. Prof., Direktor Haut- u. Poliklinik Univ. Bonn (s. 1978) - Venusberg, 5300 Bonn 1 (T. 0228 - 280 23 93) - Geb. 8. Aug. 1931 Cottbus - Med.stud.; Approb. 1958; Promot. 1960 Hamburg, Habil. 1968 ebd. - 1972 Oberarzt, 1976 Gf. Dir. Univ.-Hautklinik Hamburg. Arb.geb.: Bindegewebsforsch., Stoffwechselprobl. in d. Dermatol., Lipidstoffwechsel in d. Haut - 1973 Martini-Preis Hamburg; 1975 Konjetzny-Pr. f. Krebsforsch. Hamburg; 1976 Homburg-Pr. d. Coll. f. d. ärztl. Fortb. Regensburg; 1976 IFSCC Honory Mention Award Boston.

KRIBBEN, Klaus

Geschäftsführer, MdL Schlesw.-Holst. (s. 1975, Wahlkr. 43/Reinbek), Vors. CDU-Landtagsfraktion - Eulenkamp 24, 2057 Wentorf - Geb. 21. Okt. 1937 Köln, kath., verh. - Univ. München u. Münster (Rechtswiss.) - Anwaltsass., Tätigk. Untern. u. Org., 1969ff. Gf. Verb. d. Südostholst. Wirtsch.

KRICKEBERG, Klaus

Dr. rer. nat. (habil.), o. Prof. f. Wahrscheinlichkeitstheorie u. math. Statistik Univ. Heidelberg (s. 1958) - Am Schlierbachhang 45a, 6900 Heidelberg (T. 50665) - Geb. 1. März 1929 Ludwigslust/Meckl. (Vater: Dr. med. Walter K., Röntgenologe; Mutter: Lucie, geb. Isssertel), verh. s. 1952 m. Brigitte, geb. Holsten, 4 Kd. (Thomas, Stefan, Holger, Beate) - Franz. Gymn. u. Humboldt-Univ. Berlin (Promot. 1952). Habil. 1954 Würzburg - Research Associate Univ. of Illinois (1955) u. Wisconsin (1956); Doz. Univ. Hamburg (1958). Gastprof. Univ. Aarhus (1959-60) u. Columbia Univ., New York (1964-65) - Bek. Vorf.: Karl K., Schriftst. (Großv.).

KRIEBS, Karl

Kaufmann, Vors. Koblenzer Produktenmarkt - Zu erreichen üb.: Mauritiusstr. 40, 5400 Koblenz-Rübenach.

KRIECHBAUM, Frieda

Dr. phil., Prof. f. Systemat. Theologie u. Religionspäd. Univ. Gießen (s. 1972) - Elsa-Brändström-Str. Nr. 1, 6300 Gießen - Geb. 13. Aug. 1935 Gießen - Promot. 1965 Frankfurt - BV: Grundl. d. Theol. Karlstadts, 1967.

KRIEG, Benno

Dr., Dipl.-Chem., Prof. f. Chemie FU Berlin - Takustr. 3, 1000 Berlin 33 (T. 030 - 838 27 89) - Geb. 5. Juli 1931 - Dipl. 1959, Promot. 1963 Berlin - BV: Chemie f. Mediziner, 5. A. 1990.

KRIEG, Dieter

Prof. a. d. Kunstakad. Düsseldorf, Maler - Zu erreichen üb. Staatl. Kunstakad., Eiskellerstr. 1, 4000 Düsseldorf - Geb. 21. Mai 1937 - 1971/72 Gastlehrauftr. Kunstakad. Karlsruhe; 1975/76 Gastdozentur Städelschule, Frankfurt/M. - 1968 Preis d. Biennala Danuvius 68, Bratislava; 1969 Kunstpreis d. Böttcherstraße, Bremen; 1970 Darmstädter Kunstpreis; 1978 Venedig (Biennale Katalog); 1985 Karl Ströher-Preis; 1989 Int. Kunstpreis d. Landes Vorarlberg.

KRIEG, Herbert

Vorstandsmitgl. AG. f. Versorgungs-Unternehmen (AVU) - Brüderstr. 6, 5820 Gevelsberg/W.; priv.: Oberbraker Weg 75.

KRIEG, Hermann

Dr. med. (habil.), Prof., Chefarzt Städt. Frauenklinik Heilbronn - Städt. Frauenklinik, 7100 Heilbronn - Geb. 2. Febr. 1934 Jena (Vater: Hermann K., Lehrer; Mutter: Helene, geb. Lang), ev., verh. s. 1965 m. Michèle, geb. Sibué, 3 Kd. (Nicole, Marcel, Sebastian) - Med.stud. Univ. Greifswald, Tübingen, Heidelberg. Promot. 1958 Heidelberg; Habil. 1968 Würzburg - S. 1974 apl. Prof. f. Geburtshilfe u. Frauenheilkde. Univ. Würzburg.

KRIEG, Klaus Günter

Dipl.-Ing., Technischer Direktor, Mitglied d. Geschäftsleitung DIN Dt. Institut f. Normung - Burggrafenstr. 6, 1000 Berlin 30 - Geb. 23. März 1935 Berlin (Vater: Wilhelm K., Betriebsleit.; Mutter: Margarete, geb. Schipke), ev., verh. s. 1964 m. Helga, geb. Koesling, 2 Kd. (Regina, Mark) - Maschinenschlosserlehre Berlin; Maschinenbaustud. FHS ebd. (Ex. Dipl.-Ing. 1958) - S. 1967 DIN. Spez. Arbeitsgeb.: nationale Normung, Normenanwendung, Normungsgrundsätze, Schriftleit.: DIN-Mitteilungen + elektronorm. Bearb.: Klein - Einf. in d. DIN-Normen, Leitfaden d. DIN-Normen - Spr.: Engl.

KRIEG, Robert

Dr. med., Prof. f. Radiol. Univ. Gießen, Oberstarzt a.D. - Am Wäldchen 6, 4700 Hamm (T. 02385 - 54 84) - Geb. 2. Juni 1922 - Promot. 1957, Habil. 1970 - Arbeitsgebiete: Röntgenmorphologie; Bildqualität bei konventioneller Röntgendarstellung.

KRIEGEL, Heinz

Dr. med., Prof., em. Direktor GSF-Forschungszentrum f. Umwelt u. Gesundheit, Neuherberg - Ingolstädter Landstr. 1, 8042 Neuherberg/Obb. - Geb. 19. Mai 1922 Brandenburg (Havel) - Promot. 1953, Habil. 1966 - S. 1967 Lehrtätigk. Univ. Freiburg/Br., Univ. u. TU München (1972 Prof. f. Strahlenbiol.). Bücher u. üb. 150 Einzelarb.

KRIEGER, Albrecht

Dr. jur. h. c., Ministerialdirektor a.D., Leit. Abt. III (Handels- u. Wirtschaftsrecht) Bundesjustizmin. (1970-90) - Rotdornweg 67, 5300 Bonn 2 - Geb. 1. Mai 1925 Hamburg (Vater: Carl K., Ministerialrat Reichsjustizmin.; Mutter: Meta, geb. Rothermundt), ev., verh. s. 1951 m. Ursula, geb. v. Eicken, 4 Kd. - Gymn. Berlin; 1946-49 Stud. Rechts- u. Staatswiss. ebd. - S. 1953 BJM; s. 1969 Mitgl., s. 1975 stv. Vors. d. Kurat. Max-Planck-Inst. f. ausl. u. intern. Patent-, Urheber- u. Wettbewerbsrecht, München; 1979-81 Präs. Generalvers. d. Weltorg. f. geistiges Eigentum, Genf; s. 1982 Vors. EG-Interimsaussch. f. d. Gemeinschaftspatent; 1987-90 VR-Präs. d. Europ. Patentorg.; s. 1990 Vertrauensbevollm. b. Vorst. d. Treuhandanstalt in Berlin - 1972 Ehrendoktor Univ. München.

KRIEGER, Ernst

Vorstandsmitgl. Main-Gaswerke AG.,

Frankfurt/M. - Lahnweg 6, 6231 Niederhöchstadt/Ts. - Geb. 1. April 1928 - ARsmand.

KRIEGER, Horst

A. C., C. Eng., Techn. Direktor NDR (1972-77, i. R.) - Gazellenkamp 57, 2000 Hamburg 54 (T. 4131) - B. 1972 WDR (Hauptabt.sleit. Fernsehtechn.), dann NDR (Techn. Dir.). 1970-72 Leit. Progr. u. Produktion Dt. Olympia-Zentrum.

KRIEGER, Karl-Friedrich

Dr. phil., o. Prof. f. Mittelalterl. Geschichte Univ. Mannheim - Guntherweg 22, 6800 Mannheim 24 (T. 0621 - 292 54 02) - Geb. 5. Sept. 1940 Berlin, verh. s. 1965 m. Ursula, geb. Dörr, T. Christine - 1962-66 Stud. Univ. Kiel (Gesch. u. Rechtswiss.), 1. jurist. Staatsprüf. 1966; 1966/67 Studien- u. Forschungsaufenth. als Stip. d. franz. Reg. Univ. Poitiers/Frankr.; Promot. 1968, Habil. 1976. S. 1978 Universitätsdoz. Regensburg; s. 1982 o. Prof. Mannheim - BV: Ursprung u. Wurzeln d. Rôles d' Oléron, 1970; D. Lehnshoheit d. dt. Könige im Spätmittelalter ca. 1200-1437, 1979; Einf. in d. engl. Gesch. (m. H. Haan u. G. Niedhart), 1982; Gesch. Englands v. d. Anfängen bis z. ausgehenden 15. Jh., 1990; König, Reich u. Reichsreform im Spätmittelalter, 1992.

KRIEGER, Margarethe

Graphikerin, Kunstkritikerin - Mühltalstr. 93, 6900 Heidelberg (T. 06221 - 48 09 24) - Geb. 27. Apr. 1936 Mannheim (Vater: Dr. Carl K., Theologe; Mutter: Ingeborg, geb. Kieser), ev., verh. s. 1968 m. Jürgen Schütz - Gymn. Heidelberg; Univ. ebd. (Phil., German., Kunstgesch.); Kunstakad. Karlsruhe. Ass.ex. 1961 - Kunstkritikerin (1961 ff. Mannheimer Morgen); fr. Illustratorin. Zahlr. Zyklen u. Dichterporträts. Ausstell. In- u. Ausl. - BV: Willem Enzinck. Aus vielen Herbsten (Originallinolschnitte), 1960; Anna Maria Achenrainer, D. grüne Kristall (Originallinolschn.), 1960; Emil Ploss, Delta 61 (Pinselzeichnungen), 1962; Ludwig Friedrich Barthel, Hol über! (Rohrfederzeichn.), 1962; Holzschn. zu Brecht, 1966 (Vorwort: Karl Krolow); René de Obaldia, Flucht n. Waterloo, 1968; D. Plastiker Martin Mayer, 1971; D. gr. Zyklus Catcher u. Boxer, 1971; Dagmar v. Mutius: Versteck ohne Anschlag, bibliophile A. 1975; Der verlorene Sohn, Rohrfederzeichn. 1978; Don Quichotte, Rohrfederzeichn. 1979; D. Buch Ruth, 1980; Vivre, Ged. u. Rohrfederzeichn. (m. A. Simon) 1981 (in franz. Spr.); Gesicht u. Tag, Grafik u. Texte (m. R. Döringer-Siemers) 1982; Wort u. Traum, Ged., Zeichn., 1985 (m. Oskar Werner); Schattengrenze - neue Zeichnungen, biblioph. Ausg. 1986; Innstettens Traum v. Bert Nagel m. Rohrfederzeichn., 1986; Passages (m. Ana Simon), Ged./Zeichn. 1987; La Rose de Jéricho (m. Ana Simon, in franz. Spr.), Ged./Zeichn. 1988; Pont d'Orphée, Ged. v. Ana Simon m. Illustrationen v. M.K., 1989; Teresa v. Avila - Nada te turbe, Interpretationen d. Textes u. graph. Gestaltg. durch Rohrfederzeichn. v. M.K., bibliophile Ausg. signiert u. numeriert, 1990; Nora am Lenkrad, Texte u. Rohrfederzeichnungen (m. Hermann Klippel), 1991; Les Simons de Genève - dokumentarischer Band üb. Franç ois u. Michel Simon m. e. Bildanhang v. Porträts beider Künstler, 1992. Filme (graph. Ausgestalt.): La petite vendeuse des lampes n. Marcel Schwob (Regie: Ana Simon), 1987; Paroles de Monelle - film. Interpretation e. Textes v. Marcel Schwob durch Zeichn. v. M. K. (Buch u. Regie: Ana Simon), 1988 - 1968 Graphikerpr. Musée d'Art Moderne, Paris (Salon des Femmes Peintres), 1973 Preis an e. ausl. Künstlerin, Musée d'Art Moderne, Paris, 1978 Goldmed. Ital. Akad. d. Künste, 1979 Ehrengabe d. Zentralverb. d. Sozialversich. Dtschl. (ZdS), 1981 Kunstpreis Akad. Salsomaggiore, Parma, m. Ehrendipl. b. Premio d'Italia 1980; 1981 Mitgl. Cinemathèque Suisse, Lausanne (f. Rett. u. Schenk. d. cinématograph. Nachlasses v. Michel Simon); 1992 Wilibald-Kramm-Kunstpreis Heidelberg - Liebh.: Kurzfilme - Spr.: Engl., Franz.

KRIEGESKORTE, Werner

o. Prof. em., Hochschullehrer - Graf-Galen-Str. 8, 5060 Bensberg - em. o. Prof. f. Kunsterz. Päd. Hochsch. Rheinl. Abt. Köln.

KRIEGLER, Horst

Vortragender Legationsrat, Leit. Konsulat d. Bundesrep. Deutschl. in Concepción/Chile - Casilla 41-C, Concepción/Chile (T. 005641 - 23 09 73, 23 06 21).

KRIEGLSTEIN, Josef

Dr., Dr., Prof. f. Pharmakologie u. Toxikol. Univ. Marburg - Wilhelm-Busch-Str. 4, 3553 Cölbe.

KRIELE, Martin

Dr. jur., LL.M. (Yale), o. Prof. f. Allg. Staatslehre u. öfftl. Recht Univ. Köln, Direktor Seminar f. Staatsphilosophie u. Rechtspolitik, Richter am Verfassungsgerichtshof Nordrh.-Westf. (1966-88) - Richard-Wagner-Str. 10, 5090 Leverkusen 1 (T. 0214 - 5 15 64) - Geb. 19. Jan. 1931 Opladen (Vater: Dr. jur. Rudolf K., Ministerialdir. († 1973), s. XVI. Ausg.; Mutter: Constanze, geb. Henckels), verh. s. 1960 m. Dr. phil. Christel, geb. Grothues, 2 Kd. (Dorothea, Benedikt) - Stud. Rechtswiss. Gr. jurist. Staatsprüf.; 1963 Promot.; 1966 Habil.; s. 1967 Ord. Univ. Köln - BV: Kriterien d. Gerechtigkeit, 1963; Theorie d. Rechtsgewinnung, 1967, 2. A. 1976; Einführung in d. Staatslehre, 1975, 4. A. 1990; Legitimitätsprobleme d. Bundesrepublik, 1977; D. Menschenrechte zw. Ost u. West, 1977, 2. A. 1979; Recht u. prakt. Vernunft, 1979; Befreiung u. polit. Aufklärung, Plädoyer f. d. Würde d. Menschen, 1980, 2. A. 1986; Nicaragua - D. blutende Herz Amerikas, 1985, 4. A. 1986; D. demokratische Weltrevolution - Warum sich die Freiheit durchsetzen wird, 1987, 2. A. 1988; Freiheit u. Befreiung - Z. Rangordnung d. Menschenrechts, 1988; Recht, Vernunft, Wirklichkeit, Ausgew. Beitr. 1959-90, 1990. Mithrsg. u. Schriftl.: Ztschr. f. Rechtspolitik.

KRIENEN, Karlheinz

Oberstleutnant a. D., Präs. Dt. Billard-Bund (1952-64), Directeur Sportif Général d. Fédération Internationale de Billard (1956-61), Verlag u. Redaktion Billard-Ztg. (1957-64), Mitarb. b. div. Sportverlagen f. d. Fachgebiet Billard u. allg. Sportprobleme - Franziskanerstr. 8, 4050 Mönchengladbach 1 (T. 8 52 19) - Geb. 13. Aug. 1916 Mönchengladbach (Vater: Heinrich K., Juwelier), kath., verh. s. 1944 m. Anneli, geb. Johenneken, Lehrerin i.R., T. Dagmar, Dipl.-Trophologin Oberstudienrätin - Ehrenpräs. Dt. Billard-Bund, Ehrenmitgl. Confédération Europ. de Billard (CEB), Ehrenmitgl. Union Mondiale de Billard (UMB), Sportplak. Land Nordrh.-Westf. f. d. Jahr 1983; BVK I. Kl. - Liebh.: Geschichte, Politik u. Billard - Spr.: Franz.

KRIENEN, Norbert

Assessor, Rechtsanwalt, Geschäftsf. IHK Wuppertal-Solingen-Remscheid, Ltr. Bezirksst. Remscheid - Königstr. 49, 5630 Remscheid 1 (T. 02191 - 7 06 18) - Geb. 26. Nov. 1936 - 1972-77 Hauptgf. Berg. IHK, Remscheid; 1977-83 Gf. IHK Wuppertal-Solingen-Remscheid; s. 1983 Rechtsanw.

KRIENITZ, Gerhard

Dipl.-Ing., Direktor i. R., Honorarprof. f. Elektr. Bahnen TU Berlin (s. 1961) - Hoffmann-v.-Fallersleben-Pl. 2, 1000 Berlin 31 (T. 824 26 12) - Geb. 7. Okt. 1907 München, ev., verh. s. 1938 m. Angela, geb. Merk - Gymn. u. TH München. Dipl.-Ing. 1931; Regierungsbaum. 1935 - B. 1945 Reichsbahn, dann AEG bzw. AEG-Telefunken (Fachbereich Bahnen) - 1981 Ehrenvors. Dt. Maschinentechn. Ges. (DMG) - Mithrsg.: Glasers Annalen/Ztschr. f. Eisenbahnwesen u. Verkehrstechnik.

KRIER, Hubert

Dr. jur., Drs. h. c., Dr. phil. e. h., Botschafter a. D., ehrenamtl. Generalkonsul Paraguay f. Bayern u. Baden-Württ. (s. 1973) - Fritz-Reuter-Str. 25, 8000 München 60 (T. 88 27 57) - Geb. 3. März 1905 Wiesbaden (Vater: Paul-Alexander K., Bankier; Mutter: Jane, geb. Thiria), kath., verh. s. 1937 m. Hilde, geb. Waibel, 4 Kd. (Dr. Silvia-Irene Günther (vortr. Legationsrätin, AA), Dagmar, Dr. jur. Stephan-Alexander (Botschaftsrat, Botschaft Peking), Marion verh. Trebesch) - Gymn. Wiesbaden; Univ. Freiburg/Br., Frankfurt/M., Paris, London. Promot. 1927 Frankfurt; Engl.-Dipl. 1932 Univ. London - 1927-50 Teilh. Bankhaus Gebr. Krier, Wiesbaden/Frankfurt; 1940-43 Referats- u. Gruppenleit. (1942) Beauftr. f. d. Vierjahresplan, Berlin; 1950 b. 70 Ausw. Dienst Bonn (1950 Wirtschaftsref. Botschaft Brüssel, 1955 Polit. Abt. AA, Bonn, 1960 Leit. Konsulat Palermo, 1965 Botschafter Paraguay). Kurat.-Mitgl. Dt.-Hispan. Ges.; Vorst.-Mitgl. Dt.-Paraguayische Ges. Hamburg, 1980 Korresp. Mitgl. Staatl. Akad. f. Gesch.wiss., Asunción, Korresp. Mitgl. Institutión Cultural Argentino-Germana, Buenos Aires, u. Instituto Ulrico Schmidt, Buenos Aires, s. 1973 Förd. Mitgl. MPG - BV: Sizilien - gestern - heute - morgen, 1966; Tapferes Paraguay, 1973, 5. erw. u. wesentl. erg. A. 1986; Überblick üb. d. parag. Gesch., 3. überarb. A. 1981; Lateinamerikan. Probleme - a. Beisp. Parag.s, 1975; Paraguay - Herzland Südamerikas, 1977 (m. Gerhard Ponemunski) (5. A. 1986); Leprabekämpf. i. Paraguay, 1977; Sinopsis de la Historia Paraguaya, 1978; D. Deutschen i. Paraguay - Schicksal u. Leistung, 1979. Zahlr. Fachveröff. - 1970 Ehrendoktor Staatl. u. Kath. Univ. Asunción (2); 1955 Komtur Kgl. Belg. Kronenord.; 1968 BVK I. Kl.; 1970 Großkr. parag. Nat. Verdienst-Ord. m. Stern u. Schulterbd.; 1974 Gr. BVK; 1975 Dr. phil. e. h. Univ. Köln; Ehrenmitgl. Dt.-Parag. HK, Asunción; 1977 Bayer. VO. - Liebh.: Gesch., Geneal., Schwimmsport (1952 Gold. Sport- u. 1959 Gold. -leistungsabz.) - Spr.: Engl., Franz., Ital., Span. (b. allen Staatl. gepr. Gericht1. beeid. Dolmetscher), Holl., Lat., Griech. - Bek. Vorf.: Paul-Henri K. Dir. Dresdner Bank u. Präs. Mannheimer Wertpapierbörse (Großv.) - Brüder: Edmund, Hofbankier I.K.H. d. Großherzogin Charlotte v. Luxembg.; Pablo, Gen.-Dir. u. Verwaltungsrats-Deleg. Banco Comercial Transatlántico S.A., Barcelona/Madrid - Lit: Erik Emig, Dr. H. K. - e. Portrait (in Wiesbaden Internat. 1975).

KRIMMEL, Arthur

Dr. jur. can., o. Prof. f. Kirchrecht Phil.-Theol. Hochsch. Fulda (s. 1968) - Klosterstr. 5, 6418 Hünfeld (T. 06652 - 2025) - Geb. 6. Juni 1918 Sargenzell (Vater: Norbert K., Landw.; Mutter: Maria, geb. Enders), kath. - Gymn.; PhThH u. Univ. Promot. München - 1955-68 Prof. PhThH Hünfeld (Oblaten). 1954 ff. Vizeoffizial Diözesangericht Fulda - BV: D. Rechtsstellung d. außerh. ihres Verb. lebenden Ordensleute, 1957 - Spr.: Lat., Franz., Schr.: Ital., Span.

KRINGS, Heinz

Dipl.-Ing., Geschäftsf. Forschungsvereinig. Elektrotechnik b. ZVEI e. V. - Stresemannallee 19, 6000 Frankfurt/M. 70.

KRINGS, Hermann

Dr. phil., o. Prof. f. Philosophie - Zuccalistr. 19a, 8000 München 19 (T. 17 05 36) - Geb. 25. Sept. 1913 Aachen (Vater: Wilhelm K., Fabrikant; Mutter: Jenny, geb. Dechamps), kath., verh. s. 1949 m. Inge, geb. Birkmann (Schausp.; s. dort), 1 Kd. - Univ. Bonn u. München (Phil., Gesch., Theol.). Promot. (1938) u. Habil. (1951) München - 1938-49 wiss. Assist. u. 1951-60 Privatdoz. u. apl. Prof. (1958) Univ. München; s. 1961 Ord. u. Dir. Phil. Inst. Univ. Saarbrücken (1965-67 Rektor) u. München (Dir. Phil. Inst.; 1968-80; s. 1980 Emerit.). S. 1966 Mitgl. Dt. Bildungsrat (1970 b. 75 Vors.) - BV: Ordo - Philosophhistor. Grundlegung einer abendländischen Idee, 1941, 2. A. 1983; Fragen u. Aufgaben d. Ontologie, 1954; Meditation d. Denkens, 1956; Transzendentale Logik, 1964; Neues Lernen, 1972. Herausg.: Handb. phil. Grundbegriffe (1974); System u. Freiheit (1980) - 1973 Gr. BVK; 1973 Mitgl. Bayer. Akad. d. Wiss. - Lit.: Schr. v. H. K. aus d. J. 1940-73. Verzeichn. u. Beisp. (1973).

KRINGS, Josef

Oberbürgermeister - Sanddornstr. 67, 4100 Duisburg 29 (T. 76 66 66) - Geb. 21. Okt. 1926 Düsseldorf, verh. - Realsch.; Lehrerbildungsanstalt; Päd. Akad. Volks- u. Realschullehrerprüf. - B. 1988 Volks- u. Realschullehrer u. -dir. S. 1962 Ratsherr u. 1975 Oberbürgerm. Duisburg; 1966-70 MdL Nordrh.-Westf. SPD s. 1957.

KRINK-PEHLGRIMM, Stephanie

Managerin Prima Künstlermanagement - Bundesallee 141, 1000 Berlin 41 (T. 030 - 851 40 06) - Geb. 5. Sept. 1951 Berlin, verh. s. 1980 m. Frank Pehlgrimm, 2 Kd. - Management Jürgen v. d. Lippe, Gerd Dudenhöffer, u. a. - Spr.: Engl., Schwed.

KRINNER, Ida

Bäuerin, MdL Bayern (s. 1970) - 8304 Hadersbach/Ndb. (T. 09423 - 248) - Geb. 1926 - CSU - 1980 Bayer. VO, 1984 Bayer. Verfassungsmed. in Silber.

KRIPPENDORFF, Ekkehart

Dr. phil., Prof. f. Politologie FU Berlin - Lansstr. 5-9, 1000 Berlin 33 - Geb. 22. März 1934 Eisenach - Promot. (1959) u. Habil. (1972) Tübingen - BV: u. a. D. amerik. Strategie, 1970; Staat u. Krieg, 1985; Intern. Politik, 1986; Goethes Politik, 1988; Polit. Interpretationen, 1990; Reisebuch Italien (m. P. Kammerer), 1990; Politik in Shakespeares Dramen, 1992.

KRIPPENDORFF, Wolfgang Walter

Dipl.-Ing., Geschäftsf. u. Gesellsch. - In den Sandbergen 23, 2810 Verden-Eitze (T. 04231 - 8 88 33) - Geb. 25. Juni 1930 Freden/Leine (Vater: Walter K., Fabrikant; Mutter: Dipl.-Kfm. Elsbeth, geb. Walper), ev., verh. s. 1956 m. Kristin, geb. Koetzold, 4 Kd. (Stefan, Henning, Andrea, Ehler) - Städt. Obersch. (Abit. 1949) Alfeld/Leine; TH Hannover (Dipl.-Ing. 1954) - 1964-69 Arbeitsrichter; s. 1962 AOK-Vorst.; s. 1968 Vollvers. IHK; s. 1964 Ratsherr; CDU s. 1961 (div. Ämter) - Liebh.: Garten, Briefmarken, Schmalfilm - Spr.: Engl., Franz. - Rotarier.

KRISCHEK, Josef

Dr. med., Prof., Chefarzt Neurolog. Klinik Städt. Krankenanst. Osnabrück -

Albrechtstr. 38, 4500 Osnabrück (T. 3231) - Geb. 25. Aug. 1919 Münster/W. (Vater: Josef K., Regierungsinsp.), ev., verh. s. 1954 m. Ingeborg, geb. Schmitz, 3 Kd. (Rainer, Petra, Karsten) - Univ. Münster, Wien, Berlin (Med. Staatsex. 1945) - S. 1954 Privatdoz. u. apl. Prof. (1960) Univ. Münster - BV: D. Problem d. Neuritis unt. bes. Aspekt d. Bandscheibenvorfalls, 1955; Kopfschmerzen, 1958 - Spr.: Engl., Franz.

KRISCHER, Tilman

Dr. phil., Prof. f. Klass. Philologie FU Berlin (s. 1970) - Str. z. Löwen 24, 1000 Berlin 39 - Geb. 5. Juni 1931 - Promot. 1957 Frankfurt/M.; Habil. 1970 Berlin (FU) - BV: Formale Konventionen d. Homer. Epik, 1971.

KRISCHKE, Traugott

Prof., Redakteur - Zehntfeldstr. 255, 8000 München 82 (T. 089 - 430 77 89) - Geb. 14. April 1931, kath., verh. s. 1974 m. Susanna, geb. Foral, T. Katharina - Volkssch.; Gymn., Univ. Wien u. Göttingen - Dramaturg u. Regiss. (Hamburg, Wien, Göttingen); Redakt. (WDR, ZDF, BR) - Herausg. Ges. Werke v. Horváth; div. Publ. u. Drehbücher - Spr.: Engl.

KRISCHKER, Gerhard C.

Dr. phil., Lektor, Schriftst. - Unterer Kaulberg 9, 8600 Bamberg (T. 0951-5 64 93) - Geb. 24. Juni 1947 Bamberg, kath., verh. s. 1976 m. Kristin Anna, geb. Rauscher, 2 T. (Johanna, Katharina) - Stud. German. u. Gesch.; Promot. 1975 Erlangen - BV: Lyrik, Regionallit. - 1979 Literaturförderungspreis Stadt Nürnberg; 1980 Kulturpreis Oberfränk. Wirtsch.; 1985 Wolfram-von-Eschenbach-Förderpreis - Liebh.: Lit., Popmusik - Spr.: Lat., Griech., Engl.

KRISEMENT, Otto

Dr. phil. (habil.), o. Prof. f. Theoret. Physik Univ. Münster (s. 1965) - Carossastr. 21, 4400 Münster (T. 02534-484) - Geb. 21. Aug. 1920 Wiesdorf/Leverkusen, kath., verh. s. 1958 m. Esther, geb. Hoppe, 2 Töcht. (Vera-Marcelle, Esther-Nicole) - Wiss. Mitarb. Max-Planck-Inst. f. Eisenforsch., Düsseldorf; Privatdoz. TH Aachen. Üb. 50 Veröff. z. Metallphysik - 1960 Masing-Preis.

KRISHAN, Mircea

s. Craus, Mauriciu

KRISTEN, Kurt

Dr. med., Dr. med. dent., em. o. Prof. u. Direktor Univ.-Klinik u. Poliklinik f. Mund-, Kiefer- u. Gesichtschirurgie Heidelberg - Im Neuenheimer Feld 400, 6900 Heidelberg (T. 56 73 37) - Geb. 13. Juni 1924 Olbersdorf - Habil. 1962 Heidelberg - Zul. Univ. Köln (1967ff. apl. Prof. bzw. Wiss. Rat u. Prof.). 140 Fachaufs. - 1963 Jahrespreis Dt. Ges. f. Kieferorthop.

KRISTEN, Udo

Dr. rer. nat., Prof. f. Allg. Botanik, insb. Zellbiol. Univ. Hamburg - Zu erreichen üb. Univ. Hamburg, Inst. f. Allg. Botanik, Ohnhorststr. 18, 2000 Hamburg 52.

KRISTINUS, Friedrich

Dr. jur., Fabrikant, Vorstandsvorsitzender a. D. Martin Brinkmann AG, AR-Vors. a. D. Martin Brinkmann AG, Member of the Rothmans World Croup Advisory Board, pers. haft. Ges. Kristinus KG Hamburg, Beirat Dt. Bank AG - Alsterufer 34, 2000 Hamburg 36; priv.: Obersecki 21, Terrassenhaus, CH-6318 Walchwil - Geb. 28. Juli 1913 Wien.

KRISTOF, Walter

Dr. phil., Ph. D., Dipl.-Psych., Prof. f. Soziologie Univ. Hamburg (s. 1973) - Allende-Platz 1, 2000 Hamburg 13 - Geb. 18. Okt. 1931 Mähr.-Chrostau - Promot. 1960 Marburg; Habil. 1967 Gießen - Mehrj. USA-Aufenth. - BV: Unters. z. Theorie psych. Messens, 1969.

KRITZ, Hugo M.

s. Krizkovsky, Hugo

KRITZER, Karl-Heinz

Geschäftsführer Grund u. Boden GmbH, Grund u. Boden Treuhand GmbH, Grund u. Boden Baubetreuung GmbH, Grund u. Boden Wohnbau GmbH, modernes köln Ges. f. Stadtentw. mbH, Köln, W.T.C. Cologne World Trade Center Köln GmbH, Köln (s. 1989) - Weizenweg 39, 5000 Köln 41 (T. 0221 - 49 30 53) - Geb. 10. Juni 1928 Hohenlockstedt/Holst., verh. s. 1960 m. Ingeborg, geb. Weimar - Kaufm. Lehre - Aussch. f. Bau- u. Bodenrecht IHK Köln u. Bonn. Handelsrichter - BVK; Franz-Böhm-Med. Univ. Siegen - Spr.: Engl.

KRIVAN, Viliam

Dr. rer. nat., Dipl. Ing., Prof. f. Analytische Chemie, Radiochemie - Johann-Miller-Str. 28, 7900 Ulm-Jungingen - Geb. 10. Febr. 1933 Sklene Teplice/CSFR, verh. - TH Bratislava, Dipl. 1957, Promot. 1964, Habil. 1966 - 1970-76 MPI f. Metallforsch., Stuttgart; s. 1976 Leit. Sekt. Analytik u. Höchstreinig. Univ. Ulm - Entd.: Entw. Meth. f. d. extr. Spurenanalyse d. Elemente u. ihre Anw. in Reinststoff- u. Umweltforsch. - Üb. 170 Veröff. Mitherausg. u. Mitverf.: Nuclear Anal. Chem. (1972); Treatise on Anal. Chem., Nuclear Activ. and Radioisotopic Methods of Analysis (1986) - 1973 Gastprof. Texas A + M Univ., College Station/USA; 1979 Univ. of Michigan, Ann Arbor/USA.

KRIWET, Heinz

Dr. rer. pol., Dipl.-Volksw., Vorstandsvorsitzender Thyssen AG, Duisburg - Kaiser-Wilhelm-Str. 100, 4100 Duisburg 11 - Geb. 2. Nov. 1931 - AR-Vors. Thyssen Edelstahlwerke AG, Krefeld, Thyssen Handelsunion AG, Düsseldorf, Thyssen Industrie AG, Essen, Thyssen Stahl AG, Duisburg, Rheinische Kalksteinwerke GmbH, Wülfrath; AR-Mitgl. Asea Brown Boveri AG, Mannheim, Commerzbank AG, Frankfurt, RWE Energie AG, Essen, Allianz Lebensversich.-AG, Stuttgart, Pechiney Intern., Courbevoie; VR-Mitgl. Institute Intern. du fer et de la'Acier, Bruxelles.

KRIWITZ, Jürgen

Fernsehproduzent, Mitgesellsch. Neue Dt. Filmges. mbH, Müchen - Waldingstr. 48m, 2000 Hamburg 65 - Geb. 2. Juli 1942 Hamburg, verh., 2 Kd. - S. 1966 freiberufl. - Spr.: Engl.

KRIZ, Jürgen

Dr. phil., Prof. f. Psych. u. Sozialwiss. Univ. Osnabrück - In der Barlage 25, 4500 Osnabrück - Geb. 5. Dez. 1944 Ehrhorn/Soltau (Vater: Willy K.; Mutter: Irmgard, geb. Marcks), ev., verh. m. Dipl.-Päd. M.A. Gisela, geb. Stolle, 4 Kd. - 1964-68 Stud. Psych., Astron. u. Phil. Univ. Hamburg u. Wien (Promot. 1969) - 1967-70 wiss. Assist. Wien; 1970-72 Wiss. Rat Univ. Hamburg; 1972-74 Prof. f. Statistik Fak. f. Soziol. Univ. Bielefeld; 1974-80 o. Prof. f. Empir. Sozialforsch., Statistik u. Wiss.theorie Univ. Osnabrück, ab 1981 FB Psych. ebd. - BV: Statistik in d. Sozialwiss., 1973; Datenverarb. f. Sozialwiss., 1975; Methodenkritik empir. Sozialforsch., 1981; Sprachentwicklungsstörungen, 1984; Grundkonzepte d. Psychotherapie, 1985 (in mehr. Spr. übers.); Familientherapie: Kontroverses-Gemeinsames (m. v. Schlippe), 1986; Wiss.- u. Erkenntnistheorie (m. Lück u. Heidbrink), 1987; Facts and Artefacts in Soc. Science, 1988; Methodenlexikon f. Mediziner, Psycholgen, Soziologen (m. Lisch), 1988; Chaos u. Struktur, 1992; u.a.

KRIZ, Wilhelm

Dr. med., o. Prof. f. Anatomie Univ. Heidelberg - Karl-Mathy-Str. 5, 6800 Mannheim - Zul. Wiss. Rat u. Prof. Univ. Münster.

KROCKOW, Graf von, Christian

Dr. phil., fr. Wissenschaftler u. Publizist - Auf dem Bui 2, 3400 Göttingen-Nikolausberg - Geb. 26. Mai 1927 - Stud. Soziol., Phil., Staatsrecht. Promot. 1954 Göttingen - 1961-69 Prof. Päd. Hochsch. Göttingen, Univ. Saarbrücken (1965 Ord.) u. Frankfurt (1968 Ord.; Wiss. v. d. Politik) - BV: D. Entscheid. - E. Unters. üb. Ernst Jünger, Carl Schmitt, Martin Heidegger, 1958; Soziol. d. Friedens, 1962; Nationalismus als dt. Problem, 1970; Soziale Kontrolle u. autoritäre Gewalt, 1971; Sport u. Industrieges., 1972; Mexiko - Wirtschaft, Politik, Ges., Kultur, 1974; Sport - E. Soziol. u. Phil. d. Leistungsprinzips, 1974; Reform als polit. Prinzip, 1976; Herrschaft u. Freiheit, 1977; m. H. Fischer u. H. Schubnell: China - Das neue Selbstbewußtsein, 1978; Warnung vor Preußen, 1981; Gewalt f. d. Frieden?, 1983; Scheiterhaufen, 1983; D. Wandel d. Zeiten, 1984; D. Reise nach Pommern, 1985.

KROCKOW, Graf von, Matthias

Bankier, pers. haftender Gesellsch. Sal. Oppenheim jr. & Cie., KGaA, Frankfurt - Zu erreichen üb. Sal. Oppenheim jr. & Cie., KGaA, Bockenheimer Landstr. 18-20, 6000 Frankfurt/M. - Geb. 8. April 1949, verh. s. 1976 m. Gräfin Ilona v. K., geb. Baroness Ullmann, 4 Kd. - Dipl.-Kaufm. - AR-Mitgl. Rhein. Kapitalanlageges. mbH, Köln; AR-Vors. Fiat Automobil AG, Heilbronn; Beiratsmitgl. Privatdiskont AG u. DWS Dt. Ges. f. Wertpapiersp. mbH; Vorst.-Mitgl. Dt. Wertpapierbörse, alle Frankfurt - Liebh.: Tennis, Ski, Jagd.

KROEBEL, Werner

Dr. phil., o. Prof. f. Angew. Physik (emerit.) - Wehrbergallee 43, 2308 Schellhorn/Holst. (T. Preetz 2576) - Geb. 7. April 1904 Berlin, verh. m. Alma, geb. Böker, 2 Kd. - Real- u. Oberrealsch. Berlin; Univ. ebd. u. Göttingen (Promot. 1929 b. James Franck). Habil. 1942 Kiel - Ab 1929 Assist. Univ. Göttingen (J. Franck), 1935-38 Leit. Abt. Fernsehen Te-Ka-De, Nürnberg, 1938-46 Abt.leit. u. Prokurist Hagenuk Kiel, 1944-46 Univ.doz., 1946 Begr. u. Geschäftsf. Elektroinst. GmbH. (b. 1947), 1946 Begr. Inst. f. angew. Phys. Univ. Kiel; Dir. u. Univ.-Prof. bis 1972 Arbeitsgeb. in d. letzten Jahrzehnten Marine Parameter-Sensor, Schaltungs- u. Auswertungsforsch. Teiln. an zahlr. marinen Exped. bis in d. Gegenwart.

KROEBER-RIEL, Franco Werner

Dr. rer. pol., Univ.-Prof. f. Marketing u. Werbung, Direktor Inst. Konsum- u. Verhaltensforsch., Saarbrücken - Rückertstr. 7, 6600 Saarbrücken 3 (T. 0681 - 6 52 15) - Geb. 4. Dez. 1934 Brüssel/Belg. (Vater: Dr. Max K.-R., Weingutsbes.; Mutter: Aenne, geb. Pels Leusden), ev., verh. s. 1968 m. Christine, geb. Klaproth, 2 Töcht. (Annette, Julia) - Dipl.-Kfm. Univ. Köln 1956, Promot. TU Berlin 1963, Habil. TU Berlin 1968 - Dir. Inst. f. Konsum- u. Verhaltensforsch. Univ. d. Saarl., ehem. Präs. Dt. Werbewiss. Ges.; Mitgl. Zivilschutzkommiss. Bundesinnenmin. - BV: Konsumentenverhalten, 5. A. 1992; Werbung, 3. A. 1991. Mithrsg. Ztschr. z. Wiss. Theor. u. Zt.schriften z. Marketing - Assoc. f. Consumer Research, Assoc. for Exact Philosophy - Liebh.: Segeln, Pilze - Spr.: Engl., Franz.

KRÖGER, Bernd

Dr., Hauptgeschäftsführer Verb. Dt. Reeder, Hamburg - Möörkenweg 39a, 2050 Hamburg 80 - Geb. 20. März 1934.

KRÖGER, Erich

Dr. med., Prof., Medizinaldir. a. D., ehem. Leit. Landes-Hygiene-Inst. Oldenburg - Wöhlerstr. 6, 3400 Göttingen (T. 59496) - Geb. 16. April 1910 Altenbeken/W. - S. 1952 Privatdoz. u. apl. Prof. (1958) Univ. Göttingen (Hyg. u. Bakt.). Üb. 80 Fachveröff.

KRÖGER, Erich

Dr. med., D.T.P.H. (London), Prof., Präsident Akad. f. Öfftl. Gesundheitswesen - Auf'm Hennekamp 70, 4000 Düsseldorf 1 - Geb. 9. Juli 1940 Berlin - Promot. 1965 Göttingen; Habil. 1973 Heidelberg - 1978 apl. Prof. Univ. Heidelberg (Fak. f. Theoret. Medizin), 1980 Univ. Düsseldorf. Üb. 50 Facharb.

KRÖGER, Hans

Dr. rer. nat., Dr. med., Prof., Robert Koch-Inst./Bundesgesundheitsamt - Nordufer 20, 1000 Berlin 65 - Geb. 11. Febr. 1928 - Promot. 1953 u. 57 Kiel; Habil. 1963 Freiburg - S. 1970 apl. Prof. Freiburg u. Berlin (FU). Facharb.

KROEGER, Heinrich

Dr. rer. nat., o. Prof. f. Genetik - Am Zoo 10, 6600 Saarbrücken 3 (T. 811870) - Geb. 22. Mai 1930 Riga/Lettl. (Vater: Dr. jur. Erhard K., Jurist; Mutter: Tamara, geb. Vaatz-Noltein), ev., verh. s. 1965 m. Ursula, geb. Scherer, 4 Kd. (Anselm, Martina, Julian, Titus) - Gymn. Posen u. Ingolstadt; Stud. Biol. Regensburg u. Göttingen. Promot. 1957 Göttingen (Univ.); Habil. 1963 Zürich (ETH) - S. 1963 Lehrtätigk. ETH Zürich u. Univ. Saarbrücken (1968 Ord.). 1958/59 Gastforscher USA. Spez. Arbeitsgeb.: Genphysiol. Mitgl. Dt. Zool. Ges. (1961), Schweizer. Ges. f. Vererbungsforsch. (1962), Dt. Ges. f. Genetik (1969). Zahlr. Fachveröff., dar. 2 Handbuchbeitr. - Spr.: Engl., Franz., Span.

KRÖGER, Heinrich

Pastor, Beauftr. f. plattd. Verkündigung Landeskirche Hannover - Birkenstr. 3, 3040 Soltau (T. 05191 - 24 95) - Geb. 15. Okt. 1932 Ahrenswohlde (Vater: Hein K., Bauer; Mutter: Sophie, geb. Wichern), ev., verh. s. 1959 m. Johanna, geb. Vos, 4 Kd. (Sophia, Gelfo, Makrina, Gerfried) - 1952-57 Stud. Theol. Hamburg, Tübingen, Heidelberg u. Göttingen; 1. theol. Ex. 1957, 2. 1959; 1971, 79 u. 90 Kontaktstud. Göttingen - 1972-92 Vors. Arbeitsgem. plattd. Pastoren Nieders., danach Geschäftsf.; s. 1979 Vors. Freudenthal-Ges. Rotenburg/Wümme, s. 1988 Soltau, s. 1989 2. Vors. Inst. f. niederd. Spr., Bremen, s. 1990 Vors. Plattform Plattdüütsch in de Kark in Ost- u. Westd. - BV: Plattdüütsche Predigten ut us Tied, 1977; Plattdüütsch Lektionar, 1981; Freudenthal-Preisträger 1979-82, 1982; Bi em tohuus, 1984; Dat Licht in de Nacht, 1986 - 1986 Freudenthal-Preisträger 1983-86; 40 J. Freudenthal-Ges. 1989; Das Erbe der Brüder Freudenthal, 1991; Dor kummt een Schipp. Plattdüütsch Gesangbook, 1991, 2. A. 1992 - 1992 Quickborn-Preis - Liebh.: Lit. u. Gesch. - Lit.: Bibliogr. in: De Kennung 5 (1982).

KRÖGER, Klaus

Dr. iur., Prof. f. Verfassungs- u. Verwaltungsrecht Politikwiss. Univ. Gießen

(s. 1971) - Hölderlinweg 14, 6300 Gießen (T. 52240) - Geb. 7. Juli 1929 Meldorf/Holst. (Vater: Dr. Hugo K., StudR.; Mutter: Gertrud, geb. Gutzke), ev., verh. s. 1956 m. Claire-Louise, geb. Schmitt, 5 Kd. (Anima, Nicolaus, Marcella, Cordelia, Katharina) - Stud. Univ. Kiel, Bonn, Freiburg; Promot. 1961 - Nach Habil. (1970) Privatdoz. Univ. Gießen. Fachmitgl.sch. - BV: Widerstandsrecht u. demokr. Verf., 1971; D. Ministerverantwortlichk. in d. Verfassungsordn. d. Bundesrep. Dtschl., 1972; Grundrechtstheorie als Verfassungsproblem, 1978; Bundesdatenschutzgesetz, 3. A. 1991; Einf. in d. jüngere dt. Verfassungsgesch., 1988 - Spr.: Engl., Franz.

KROEGER, Matthias

Dr. theol., Prof. f. Kirchen- u. Dogmengeschichte - Boytinstr. 23, 2000 Hamburg 73 - S. 1971 Ord. u. gf. Seminardir. Univ. Hamburg (Fachber. Ev. Theol.).

KRÖGER, Peter

ARD-Beauftragter f. d. Intern. Funkausstellung Berlin Sender Freies Berlin - Masurenallee 8-14, 1000 Berlin 19.

KRÖHAN, Erich

Techn. Angest., MdL Nordrh.-Westf. (s. 1966) - Schöltgeshof 59, 4330 Mülheim/Ruhr (T. 72452) - Geb. 30. Nov. 1924 Berlin (Charl.), verh., 1 Kd. - Volkssch.; Maschinenbauerlehre - Maschinenschlosser; s. 1961 techn. Angest. S. 1956 Ratsherr Mülheim (stv. Fraktionsvors.; Vors. Sportaussch.). SPD s. 1947.

KRÖHER, Heinrich

Volkssänger - Mainzer Str. 14, 6780 Pirmasens (T. 06331-7 51 02) - Geb. 17. Sept. 1927, verh. s. 1951 m. Susi, geb. Treber, 2 S. (Michael, Johannes) - Ausb. Autoschlosser, Kaufm.; Abit. - Mit Zwillingsbruder Oskar als Volkssänger bekannt (Hein + Oss). 16 Langspielpl., 4 Liederb., Liedersamml., Fernseharb. als Darst. u. Sänger, Arrangeur, Komp. u. Textdichter. Konzerttourneen im europ. Ausl. u. Übersee, Mitbegr. Festival auf Burg Waldeck/Hunsrück - BV/Liederbücher: Das sind unsere Lieder; d. schwartenhalss; Servus Europa; Dialektserie: fHoyna Tsiyäuna - Musikfilme WDR: ... der e. Lied zu singen weiß; Soldatenklagen; D. Arme muß ins Feld; üb. d. Meere weit; Seemannslieder u. Shanties; Frischauf, mein Berggesell; Geh aus mein Herz (SWF-Serie, Buch u. Idee, Hauptdarst. zus. m. Oss) - 1982 Pfalz-Plak. - Liebh.: Schreiben, Reisen, Singen - Spr.: Engl., Franz.

KROEHL, Heinz

Dr. phil., Prof. Univ. Essen, Leiter Inst. f. Marketing u. Werbung - 6209 Burg Hohenstein/Rheingau-Taunus (T. 06120 - 36 00) - Geb. 5. Mai 1935 Mainz (Vater: Franz Heinrich K.; Mutter: Christine, geb. Wilbert), verh. s. 1965 m. Hildegard, geb. Leineweber, 2 Kd. (Raoul, Rixa) - Verlagslehre; Designausbild. Schweiz (Dipl.-Designer); Abit.; fr. Mitarb. (Journ.) b. Presse u. Hörf.; Stud. Publiz., Psych. u. Soziol. Univ. Mainz (Promot.) - Gründ. u. Geschäftsf. Kroehl Design Gruppe Frankfurt u. Düsseldorf - BV: Buch u. Umschlag im Text, 1983; Communication Design 2000 (auch franz. u. engl.), 1987; Semiotik d. Werbung, 1988; Int. Fachpubl. zu Kommunikation u. Marketing.

KRÖHNERT, Otto

Dr. phil., Prof. f. Erziehungswissenschaft (Gehörlosenpäd.) Univ. Hamburg (s. 1969) - Eidechsenstieg 14, 2000 Hamburg 53 - Geb. 10. Juli 1925 Flensburg - S. 1965 Lehrtätigk. Hamburg.

KRÖHNKE, Friedrich

Dr. phil., Schriftsteller - Albrechtstr. 125, 1000 Berlin 42 (T. 030 - 752 87 32) - Geb. 12. März 1956 Darmstadt - BV u. a.: Ratten-Roman, 1986; Zweiundsiebzig, Erz. 1987; Knabenkönig m. halb. Stelle, Erz. 1988; Was gibt es heut bei d. Polizei?, R. 1989; Leporello, Erz. 1989; Grundeis. E. Fall, 1990.

KROEKER, Immanuel

Dipl.-Ing., Prof., Architekt - Stolzingstr. 4, 8000 München 81 - Geb. 24. Jan. 1913 Wernigerode/Harz (Vater: Jakob K., Missionsdir.; Mutter: Anna, geb. Langemann), ev.-men., verh. s. 1939 m. Gertrud, geb. Fischer, T. Angelika - Realgymn. Wernigerode; TH Stuttgart - Assist. u. Lehrbeauftr. TH Stuttgart, Leit. Schulbau-Inst. München, fr. Arch., s. 1961 ao. u. o. Prof. (1964) Univ. (TU) Karlsruhe (Lehrstuhl f. Baukonstruktion u. Entwerfen II), Gutachter Baukonstruktionen u. -schäden. Vornehml. Schulen, u. a. Stuttgart, Stockdorf, Straßlach, Icking, München, Dachau, Starnberg. Wohnungen: Deggendorf, Straubing, Passau, München - BV: Moderne Schulen.

KRÖLL, Friedhelm

Dr. phil. habil., M.A., Wiss. Autor - Mathildenstr. 24, 8500 Nürnberg (T. 0911-55 41 04) - Geb. 7. März 1945 Tirschenreuth/Oberpfalz, kath., ledig - 1965-70 Stud. Soziol., Politol., Kommunikationswiss., Kunstgesch. Univ. Freiburg, Wien, Erlangen-Nürnberg; M.A. 1970, Promot. 1972; Habil. 1977 Erlangen-Nürnberg - 1972-78 Doz. Akad. d. Bild. Künste Nürnberg; 1982 Univ. Marburg; s. 1982 Univ. Münster (Kultursoziol.), 1987 Univ. Wien - BV: Bauhaus 1919-1933, 1974; D. Gruppe 47, 1977 u. 79; Vereine. Gesch. Politik. Kultur, 1982; Einf. in d. Gesch. d. Soziol. (m.a.), 1984; Vereine im Lebensalltag e. Großstadt, 1987 - Liebh.: Tafelbild-Malerei, Kommunalpolitik, Fußball - Spr.: Lat., Franz., Engl.

KROELL, Karl-Heinz

Präsident Oberlandesgericht Koblenz - Stresemannstr. 1, 5400 Koblenz (T. 0261 - 10 26 00) - Geb. 24. Dez. 1929 Mayen, kath., verh., 1 Kd.

KRÖLL, Walter

Dr. rer. nat., Prof. f. Theoret. Physik, Vorstandsvorsitzender d. Dt. Forschungsanstalt f. Luft- u. Raumfahrt (DLR) - Zu erreichen üb. Linder Höhe, 5000 Köln 90 - 1972-79 Gründ.rektor Univ. Essen GHS, 1978-82 Vizepräs. WRK, 1979-86 Präs. Univ. Marburg.

KRÖMER, Bernhard

Dipl.-Met., Prof. f. Leibeserziehung PH Reutlingen - Friedrichstr. 3, 7415 Wannweil.

KRÖMER, Eckart

Dipl.-Volksw., Dr. jur., Hauptgeschäftsf. i. R. IHK f. Ostfriesland u. Papenburg, Emden, Präs. Landessynode d. Ev.-luth. Landeskirche Hannovers - Ubbo-Emmius-Str. 2a, 2970 Emden (T. 2 43 08) - Geb. 13. April 1925 Plauen/V. (Vater: Dr. phil. Gotthard K., Studienrat; Mutter: Katharina, geb. Schöpff), ev.-luth., verh. s. 1952 m. Elisabeth, geb. Rietzsch, 4 Kd. (Andreas, Matthias, Stephan, Christiane) - Gymn. Plauen; 1946-51 Univ. Leipzig u. Göttingen (Wirtschafts- u. Rechtswiss.). Dipl.-Volksw. 1949 Leipzig; Promot. 1951 Göttingen 1951-58 Ref., stv. u. Geschäftsf. IHK Emden; 1958-60 stv. Gf. Gesamtverb. d. saarl. Großhandels, Saarbrücken; 1960-64 Gf. IHK Pforzheim; 1964 stv. u. 1967-90 Hgf. IHK Emden - BV: D. Sozialisierung in d. sowjet. Besatzungszone Dtschl. als Rechtsproblem, 1952 (Göttinger rechtswiss. Studien, H. 4); Kleine Wirtschaftsgeschichte Ostfrieslands u. Papenburgs, 1991 - Lehrabz. DLRG; Gold. Sportabz.; 1980 Ostfries. Indigenat; 1990 Offizier im Orden v. Oranien-Nassau; 1991 BVK am Bde. - Spr.: Afrikaans, Engl., Franz., Niederl. - Rotarier - Bek. Vorf.: D. Martin Luther (ms.).

KROEMER, Walter

Dr. h. c., Prof., Ehrensenator, Direktor a.D., Unternehmensberater (s. 1987) - Kollaukamp 18, 2000 Hamburg 61 (T. 040 - 58 15 49) - Geb. 21. Juli 1918 Düsseldorf (Vater: Carl K., Werksdir.; Mutter: Anna, geb. di Pecoroni), kath., gesch., S. Bernd - Realgymn. Mannheim, 1939-46 Kriegsdst., Offz. im Divisionsstab e. Panzer-Div., Gefangensch.; 1946-59 Prok., kaufm. Leit. u. Generalbevollm. in versch. ind. Großuntern.; b. 1966 kaufm. Dir. u. Mitgl. d. Geschäftsltg. d. Firmengruppe PEGULAN AG, Frankenthal/Pf.; anschl. gf. Dir. in d. Chem. u. Mineralöl-Ind.; 1968-86 allein. gf. Dir. Handelsgr. TECHNO-EINKAUF GMBH, d. TECHNO-Einkauf GmbH + Co. KG u. d. TECHNO-Marketing- u. Verlags-GmbH, alle in Hamburg; s. 1987 Inh. H.U.L-Hanseat. Untern.-Berat. Lübeck u. Hamburg u. gf. Inh. I.M.C.-Intern. Management u. Trading Consult., Hamburg. Fr. Fachpublizist in d. Bereichen: Automobil, Marketing, Absatz- u. Verkaufsförd. - BV: M. Handelsmarken d. Markterfolg sichern, 1982; Marktstrategische Konsequenzen e. dynam. Corporate-Identity, 1983; Durch Doppelstrategie d. Chancen f. mehr Markt nutzen, 1983; D. Reifen-Report, 1983/84; Do-it-yourself u. d. Autohaus, 1985/86; System Innovationen auf Teil-Märkten, 1986/87. Mithrsg.: Auto 2000-Grüne Welle ins 3. Jahrtausend (1986). Vize-Präs. Dt. Henry DUNANT Ges. f. Nächstenhilfe, Heidelberg, Vorst.-Mitgl. Staats- u. Wirtschaftspolit. Ges. Köln/Hamburg, u. d. Verb. f. Eigentumsförderung Köln sow. in versch. Fach- u. Wirtschaftsgremien; div. AR- u. Beiratsmand. im In- u. Ausland; Fachaussch. d. Stiftg. Warentest, Berlin; Beirat u. Mitgl. KUSTO-GmbH, Kunststoffverarb. Hannover; Ges. z. Förd. d. Forsch. f. Wirtschafts- u. Sozialwiss. an d. Hochsch. in St. Gallen/Schweiz; Mitgl. d. Deutsch-Österr. Handelskammer in Salzburg, Übersee-Club in Hamburg; Vers. e. Ehrbaren-Kaufmanns in Hamburg; Pro-Honore, Hamburg. Doz. f. Handelsmarketing - Zahlr. in- u. ausl. Orden u. Ehrenz. (Gr. Gold. Ehrenz. f. d. Verd. u. d. Rep. Österr.; VO Land Oberösterr.; Henry-Dunant-Med. in Silber, Techno-Plak. in Gold, Ehrenpreis Stadt Mainz); Rechtsritter im Tempelherren-Orden - Liebh.: Geschichtshist. Bücher u. Schriften, Malerei d. 17. u. 18 Jh. - Lions-Club s. 1959.

KRÖMMLING, Klaus-Dieter

Dipl.-Volksw., Syndikus, stv. Hauptgeschäftsführer IHK Hannover-Hildesheim - Fasanenweg 6, 3200 Hildesheim (T. 05121 - 26 29 69) - Geb. 13. März 1936 Magdeburg (Vater: Kurt K., Kaufm.; Mutter: Johanna, geb. Pagels), ev., verh. s. 1964 m. Gerda, geb. Schultz, T. Tracey - Abit. 1957, kfm. Lehre (Industriekfm.); Stud. Dipl.-Volksw. - S. 1964 IHK Hildesheim; 1968/69 Geschäftsf. dt.-bolivianische IHK, La Paz; Gf. Vorst-Mitgl. Freundeskr. Ägypt. Mus. - Liebh.: Reisen, Filmen, Ägyptologie - Spr.: Span., Engl.

KRÖNCKE, Adolf

Dr. med. dent., o. Prof. f. Zahn-, Mund- u. Kieferheilkunde - Rühlstr. 10, 8520 Erlangen (T. 51518) - Geb. 30. Aug. 1922 Göttingen (Vater: Dr. phil. Helmuth K.; Mutter: Frieda, geb. Wohlgemuth), ev., verh. s. 1949 m. Dr. med. dent. Sunnhild, geb. Gassmann, 2 Töcht. (Barbara, Ursula) - Promot. (1949) u. Habil. (1956) Hamburg - S. 1956 Lehrtätigk. Univ. Hamburg, Tübingen (1959); 1962 apl. Prof.; Abt.svorsteher Zahnärztl. Inst.), Erlangen (1964 ao., gegenw. o. Prof.; Vorst. Abt. f. Zahnerhalt. Klin. f. ZMKkranke) - BV: Freie Zucker im menschl. Nüchternspeichel u. deren Bezieh. z. Zahnkaries, 1958. Üb. 100 Einzelarb.

KRÖNER, Alfred

Prof., Geologe - Domitianstr. 36, 6500 Mainz-Finthen - Geb. 8. Sept. 1939 Kassel (Vater: Alfred K., Bauuntern.; Mutter: Sophie, geb. Kahlhöfer), verh. s. 1965 m. Marion, geb. Konrad, 2 Kd. (Petra, Thomas) - Goethe-Sch. Kassel; 1960-68 Stud. Geol. Clausthal, Wien, München, Kapstadt - 1969-77 Senior Research Fellow Univ. Cape Town; s. 1977 Ord. u. gf. Inst.dir. Univ. Mainz - BV: Precambrian Plate Tectonics, 1981; Precambrian Tectonics Illustrated, 1984; Archaean Geochemistry, 1984. Üb. 150 Art. in geowiss. Ztschr. - 1971 Jubilee Medal Geol. Soc. of South Africa - Liebh.: Musik, Reisen - Spr.: Engl.

KRÖNER, Ekkehart

Dr. rer. nat., o. em. Prof. f. Theoret. u. Angew. Physik - Bardiliweg 6, 7000 Stuttgart (T. 467655) - Geb. 17. Nov. 1919 Berlin (Vater: Dr. med. Walther K., Arzt; Mutter: Else, geb. Beutler), verh. s. 1951 m. Gertrud, geb. Hartmann, 2 Töcht. (Sigrid, Ursula) - 1929-37 Viktoria-Gymn. Potsdam; 1948-54 TH Stuttgart (Physik). Promot. (1956) u. Habil. (1959) Stuttgart - S. 1960 Lehrtätigk. TH Stuttgart (Doz.), Bergakad. bzw. TU Clausthal (1963 Ord.) u. Univ. Stuttgart (Ord.). 1961-62 Visiting Associate Prof. Massachusetts Inst. of Technology; 1966-67 Research Fellow of Applied Physics Harvard Univ.; 1985 emerit. (Univ. Stuttgart) - BV: Kontinuumstheorie d. Versetzungen u. Eigenspannungen, 1958 - 1961 Preis Dt. Physikal. Ges.; 1964 o. Mitgl. Braunschweig. Wiss. Ges.; 1970 ausw. Mitgl. Max-Planck-Inst. f. Metallforsch., Stuttgart - Bek. Vorf. (vs.): Johannes Kepler, Astronom (1571-1630).

KRÖNER, Hans

Dr. med., Prof. f. Physiolog. Chemie Univ. Düsseldorf - Kemperweg 20, 4052 Korschenbroich 3 - Geb. 22. Sept. 1932.

KRÖNER, Hans-Otto

Dr. phil., Prof. f. Klass. Philologie, insb. Latinistik, Univ. Trier - Jamiarius-Zick-Str. 107, 5500 Trier.

KRÖNER, Sabine

Dr. phil., Prof. f. Sportsoziologie Univ. Münster - Zu erreichen üb. Univ., FB Sportwiss., 4400 Münster - Geb. 29. Juli 1935 Krefeld - Abit. 1955; Ex. f. versch. Lehrämter 1958, 59, 62, 66; 1968-74 Zweitstud. (Promot. 1976 Gießen); s. 1978 Ausb. z. Gruppenleit. in Themenzentrierter Interaktion (TZI) nach Ruth Cohn - 1959-65 Lehrerin; 1965-75 Päd. Mitarb. Univ. Gießen; 1975-81 Wiss. Assist./Akad. (Ober-)Rätin Univ. Siegen; s. 1981 Prof. Univ. Münster - BV: Sport u. Geschlecht, (sportsoziol Diss.) 1976; Tennis - lernen u. spielen, Lehrb. f. Sch. u. Verein, 1974, 3. A. 1980 (holländ. 1983) - 1976 Preis f. Sport u. Geschlecht (Carl-Diem-Wettb.) - Liebh.: Klass. Musik, Tennis, Ski - Spr.: Engl., Franz.

KRÖNERT, Heinz

I. Bürgerm. Stadt Eltmann (s. 1978) - Rathaus, 8729 Eltmann/Ufr. - Geb. 24. Nov. 1938 Schweinfurt - Zul. Kaufm. Angest. CSU.

KRÖNERT, Wolfgang

Dr. rer. nat., apl. Prof. Rheinisch-Westf. Techn. Hochsch. Aachen, Inst. f. Gesteinshüttenkunde, öfftl. best. u. vereid. Sachverst. f. nichtmetall., feuerfeste Roh- u. Werkstoffe IHK Aachen - Dorfstr. 29, 5100 Aachen (T. 02408 - 51 17) - Geb. 7. Juni 1929 Berlin (Vater:

Hermann K., Techn. Kaufm.; Mutter: Gertrud, geb. Eisbrenner), ev., verh. s. 1969 m. Karin, geb. Vester, 4 Töcht. (Kerstin, Birgit, Gabriele, Silke) - Dipl.-Chem. 1954, Promot. 1961 - 1971 Privatdoz.; s. 1977 apl. Prof. f. Physikal.-Chem. Grundl. d. Keramik. Spez. Arbeitsgeb.: Grundl. u. Technol. d. feuerfesten Roh- u. Werkstoffe. 120 Veröff.

KRÖNIG, Bernd
Dr. med., Prof., Chefarzt Ev. Elisabeth-Krankenhs., Trier - Theobaldstr. 12, 5500 Trier/Mosel - Prof. f. Inn. Med. Univ. Mainz (n. b.).

KRÖNING, Volker
Senator f. Finanzen, Vorsitzender d. Senatskommission f. d. Personalwesen - Rudolf-Hilferding-Platz 1, 2800 Bremen 1 (T. 361 - 23 98).

KRÖNKE, Ernst
Dr. med. (habil.), Prof., Chefarzt Chirurg. Abt. St.-Markus-Krankenhaus, Frankfurt - An d. 3 Brunnen 27, 6000 Frankfurt/M. (T. 531437) - S. 1953 Lehrtätig. Univ. Jena (1957 Prof. f. Lehrauftr.) u. Marburg (1960 apl. Prof.).

KROEPELIN, Hans
Dr. phil., o. Prof. f. Chem. Technologie (emerit. 1970) - Hermann-Riegel-Str. 12, 3300 Braunschweig (T. 331186) - Geb. 28. Dez. 1901 Berlin (Vater: Hermann K., Schriftst.; Mutter: Hilda, geb. Louis), verh. s. 1934 m. Louise, geb. Grothe - Univ. Freiburg, Berlin, TH Berlin. Promot. 1926; Habil. 1930 - 1930 Privatdoz. Univ. Erlangen, 1935 Prof. Univ. Istanbul, 1937 Industrietätig., 1945 apl. Prof. Univ. Erlangen, 1946 Ord. TH Braunschweig (1963-64 Rektor). Facharb. - Mitgl. Braunschw. Wiss. Ges. (1960-62 Präs.); 1960 Ehren-, 1968 Rechts-Ritter Johanniter-Orden; korr. Mitgl. Société Royale des Sciences de Liège (s. 1971). 1973 Gr. VK. d. VO. Land Nieders.

KRÖPELIN, Traute
Dr. med., Univ.-Prof. f. Klin. Radiologie Univ. Freiburg, Ltd. Ärztin d. Sektion Medizin d. Abt. Röntgendiagnostik, Radiol. Klinik, Ärztin f. Radiologie u. Inn. Med. - Hugstetter Str. 55, 7800 Freiburg/Br. - Geb. Schwerin/Meckl. (Vater: Walter K., Rektor; Mutter: Ida, geb. Groth) - Staatsex. als Sozialarb.; Stud. Sozialwiss. u. Medizin; Med. Staatsex., Promot. 1965, Habil. 1972 - 1974 Wiss. Rätin u. Prof. - BV: Röntgenunters. b. akutem Nierenversagen, 1972; Nieren-Hochdruckkrankh., 1977. Handb.-beiträge; zahlr. Originalarb. Schwerpunkt: Rad. Beitr. üb. Nephrol.-Urol. u. art. Hypertonie, nieren-, gallengäng. KM, mod. bildgeb. Verf. u.a. - 1988 1. v. Senat d. Univ. gew. Frauenbeauftr. z. Förderung v. Wissenschaftlerinnen.

KRÖPLIEN, Manfred
Prof., Graphik-Designer, Rektor d. Staatl. Akad. d. bild. Künste Stuttgart - Fleischhauerstr. 43, 7000 Stuttgart 80 - Geb. 3. April 1937, verh.

KRÖPLIN, Wolfgang
Dr. sc., Chefdramaturg, stv. Intendant d. Leipziger Schauspiels u. Hon.-Doz. Theater-HS Leipzig (s. 1989) - Mansfelder Weg 30, O-7033 Leipzig (T. 47 12 07) - Geb. 29. Okt. 1941 Rostock, verh. s. 1969 m. Sigrid, geb. Lotzkat, T. Anja - Abit. 1960; Stud. Theaterwiss. Theaterhochsch. Leipzig 1964-68, Dipl. 1968; Promot. A 1978 Leipzig; Promot. B 1985 Humboldt-Univ. Berlin - 1968-73 Staatsschauspiel Dresden 1. Schauspieldramaturg; 1973-88 Theaterhochsch. Leipzig Assist., 1977-86 Oberassist., zuletzt Doz. f. Theaterwiss.; 1977-79 u. 1984-88 Leit. d. Theaterwiss. Abt.; 1988/89 Chefdramat. d. Leipziger Theaters - BV: D. Groteske - e. Gestaltungsweise im Drama u. Theater, 1981; Theater nebenan. Künstlerästhetiken in osteuropäischen Ländern, 1983 - Liebh.: Lesen, Reisen, Musik - Spr.: Engl., Russ.,

Poln. - Bek. Vorf.: Prof. Dr. Eckart Kröplin, Musikwiss. (Bruder).

KROÉS, Günter
Dr. rer. pol., Univ.-Prof. f. Raumplanung Univ. Dortmund (Fachgeb. Volkswirtsch., insb. Finanz- u. Haushaltsplanung), Bewert. öfftl.er Investitionen, Plan. im ländl. Raum, räuml. Org. v. Politik u. Verw. sow. reg. Entwickl.-Plan. in Entwickl.-Ländern - Pater-Kolbe-Str. 47, 4400 Münster - Gründungsvors. gemeinn. Verein z. Förd. ausl. Studenten in Dortmund; Partnerschaftsbeauftr. f. d. multinat. Postgrad. Prof. z. Ausbild v. Entw.-planern aus Entw.ländern; Vice-Präs. Ecovast (Europ. Council for the Village and Small Town) zugl. Gründ.-Vors. d. Dt. Sektion; Dekan d. FB Raumplanung.

KROESCHELL, Karl

Dr. jur., o. Prof. f. Dt. Rechtsgeschichte, Bürgerl. Recht, Handels- u. Landw.srecht - Werthmannpl., 7800 Freiburg/Br.; priv.: Schloßbergstr. 17, 7801 Au - Geb. 14. Nov. 1927 Hebenshausen (Vater: Dr. phil. Carl K., Landw.; Mutter: Teta, geb. Nickel), ev., verh. s. 1957 m. Ursula, geb. Scholz, 3 Töcht. (Elisabeth, Dorothea, Felicitas) - Gymn. Hann. Münden; 1947-51 Univ. Göttingen (Rechtswiss.; Promot. 1953). Habil. 1958 Freiburg/Br. - 1958 Doz. Univ. Freiburg; 1960 Ord. Univ. Göttingen (Dir. Abt. f. Dt. Rechtsgesch./Jurist. Sem. u. Inst. f. Landw.recht), 1975 wieder Freiburg (Dir. Inst. f. Rechtsgesch.). 1960 Istituto di Diritto Agrario Internazionale e Comparato, Florenz; 1965 Vorst. Dt. Ges. f. Agrarr., 1972 Akad. d. Wiss. Göttingen; 1989 Korr. Mitgl. Akad. d. Wiss Wien - BV: Weichbild - Stud. z. Struktur u. Entsteh. d. Stadtgemeinde in Westf.; 1960; Landw.srecht, 2. A. 1966; Haus u. Herrschaft im frühen dt. Recht, 1968; Dt. Rechtsgesch. I 1972, 10. A. 1992, II 1973, 7. A. 1989, III 1989 - 1963 Chevalier, 1972 Officier de l'Ordre du Mérite Agricole (Frankr.) - Spr.: Engl.

KRÖSKE, Joachim

Dr. rer. pol., Vorstandsmitglied Finanzen, Controlling, Hochbau u. Einkauf Deutsche Bundespost Telekom - Kellerberg 2, 2000 Hamburg-Barsbüttel (T. 040 - 711 95 43) - Geb. 19. Jan. 1944 Lausick/Sachsen, ev., verh., 2 Kd. - Stud. Betriebswirtsch.lehre Frankfurt; Promot.

KROETZ, Franz Xaver
Dramatiker u. Romancier, Verleger, Spielleiter, Schauspieler, Landwirt - Kirchberg 3, 8226 Altenmarkt (T. 08621 - 46 55) - Geb. 25. Febr. 1946 München (Vater: Beamter) - Schule München; Schauspielsch. ebd.; Reinhardt-Sem. Wien - Div. Berufe. BV: D. Mondscheinknecht, R. 1981. S. 1968 üb. 30 Theaterst., dar. Wildwechsel, Heimarbeit, Männersache, Stallerhof, Wunschkonzert, Globales Interesse, Oberösterreich, Sterntaler, Agnes Bernauer, Mensch Meier. DKP s. 1972 - 1971 Ludwig-Thoma-Med., 1972 Berliner Kunstpreis, 1973 Berliner Kritikerpreis f. Lit., 1974 Hannoverscher Dramatikerpreis, 1975 Wilhelmine-Lübke-Preis, 1976 Dramatikerpreis Mülheimer Theatertage.

KROGH, von, Jürgen Rudolf
Dr. rer. nat., Prof. f. Physik - Werderstr. 39, 6900 Heidelberg - Geb. 15. Okt. 1938 Bremen (Vater: Dr. Christian v. K., Anthropol.; Mutter: Franziska, geb. Ertl), verh. m. Chantal, geb. Besnard, 3 Kd. (Bonnie Jean, Alexander, Christopher) - Univ. München u. Univ. of Colorado/USA (Ph. D.).

KROGMANN, Klaus
Dr.rer. nat. (habil.), o. Prof. f. Analyt. Chemie - Str. d. Roten Kreuzes 80, 7500 Karlsruhe-Durlach (T. 472779) - Zul. Privatdoz. TH bzw. Univ. Stuttgart (Anorgan. Chemie).

KROGMANN, Werner
Dr. phil., Prof. f. Literaturwissenschaft (Schwerp.: Gesch. d. dt. Lit. 1750-1900 u. DDR-Lit.) Univ. Bremen - Paul-Singer-Str. 134, 2800 Bremen - BV: Z. Entwicklung tragischer Bauformen im dramatischen Schaffen Lessings, 1970; Christa Wolf. Konturen, 1989. Herausg.: Kritisches Lesen (1974ff.).

KROGOLL, Johannes
Dr. phil., Prof. f. Neuere Dt. Literaturwissenschaft - Grindealle 176, App. 4816, 2000 Hamburg - Geb. 24. April 1929 - Promot. 1968 Hamburg. S. 1969 Doz. z. Prof. (1977) Univ. Hamburg (zeitw. Wiss. Oberrat) - BV: Idylle u. Idyllik b. Jean Paul, 1972.

KROH, Hans Jürgen
Sonderschulrektor, MdL Rhld.-Pfalz - Traubenstr. 17, 6660 Zweibrücken - Geb. 24. Nov. 1944 - CDU.

KROHMANN, Elisabeth
Dr. phil., em. o. Prof. f. Schulpäd. u. Allg. Didaktik Univ. Dortmund. - Tu-

cholskystr. 12, 4600 Dortmund 1 (T. 59 33 15) - Geb. 25. Sept. 1920 Boppard/Rh., kath. - Mithrsg.: Vierteljahresschrift f. wiss. Pädagogik.

KROHN, Karsten
Dr., Prof. f. Organ. Chemie Univ. GH Paderborn - Brauerskamp 34, 3300 Braunschweig - Geb. 20. April 1944 Hanerau-Hademarschen (Vater: Hans-Peter K., Arzt; Mutter: Ingeborg, geb. Weber), ev., verh. s 1972 m. Odile, geb. Cornic, 2 Kd. (Nicolas, Caroline) - 1963-68 Chemiestud. Berlin u. Kiel (Dipl. 1968, Promot. 1971, Habil. 1979) - 1975-81 Hochsch.-Assist.; 1981-91 Prof. TU Braunschweig; 1984 Gastprof. USA (Madison, Wi.) - Entd. Totalsynthese, wichtige cytostat. Antibiotika (Anthracycline). Üb. 100 Publ. in Fachztschr. - 1982 Karl-Winnaker-Preis - Spr.: Engl., Franz.

KROHN, Rüdiger
Dr. phil., Prof. f. Dt. Philologie Univ. Karlsruhe u. Stuttgart - Richard-Wagner-Str. 8, 7500 Karlsruhe 21 (T. 0721 - 84 29 90) - Geb. 8. April 1943 - Stud. German., Angl., Theaterwiss. Univ. Heidelberg u. FU Berlin; Promot. 1974 Karlsruhe, Habil. 1979 ebd. - S. 1969 Lit.- u. Theaterkritik in Ztg., Ztschr. u. Rundf.; s. 1971 Lehrtätig. Univ. Karlsruhe; 1974-76 Univ. Oxford (Engl.); 1983/84 Univ. Hamburg; 1986 Univ. Wien; 1987 Univ. Salzburg; 1988/89 Univ. Hamburg. Publ. z. Lit. d. Mittelalters, z. Fachgesch. d. Germanistik u. z. Mittelalter-Rezeption in d. Neuzeit - Spr.: Engl., Franz.

KROHN, Wolfgang
Rechtsanwalt, Vorstandsmitgl. i.R. Braun AG (Finanzen u. Verw.), Frankfurt/M. - Frankfurter Str. 145, 6242 Kronberg/Ts. - Geb. 2. Juni 1930 Bucholtwelmen (Vater: Werner K., Kaufm.; Mutter: Hedwig, geb. Rosinus), ev., verh. s. 1959 m. Rosmarie, geb. Rütten - Stud. Rechtswissensch. Kiel u. Köln, Ref.-Ex. 1953, Ass.-Ex. 1958 - S. 1971 Braun AG (1971 Generalbevollm. u. Vorst.-Mitgl.); s. 1. Okt. 1987 (Ruhest.) Berater u. RA - Spr.: Engl.

KROKER, Eduard, S. V. D.
Dr. jur., Dr. phil., Prof. f. Philosophie Phil.-Theol. Hochsch. Königstein, Lehrbeauftr. f. Ostasiat. Recht Univ. Frankfurt/M., Honorarprof. Univ. Frankfurt - Bischof-Kaller-Str. 3, 6240 Königstein/Ts. (T. 43 03) - Geb. 2. März 1913 Ludgerstal (Vater: Karl K., Landw.; Mutter: Julie, geb. Lukasch), kath. - Promot. Freiburg/Br. u. Zürich - Lehrtätig. Peking (1939 Doz.), Nagoya/Jap. (1951 Prof.), Königstein (1961 Prof.); 1964-67 Rektor PhThH; 1972-78 Dir. Ostakad. Königstein e. V. - BV: D. Machtgedanke im Shang-Kün-shu, 1951; D. amtl. Samml. chines. Rechtsgewohnheiten, 3 Bde., 1965 (Übers., Einl. u. Komm.). Hrsg.: China a. d. Weg z. Gr. Harmonie, 1974; D. Gewalt in Politik, Religion u. Ges., 1976; Rechtspositivismus, Menschenrechte u. Souveränitätslehre in versch. Rechtskreisen, 1976; Kernenergie u. Humanität, 1981; Ehe u. Familie, 1982; Anspruchsges. am Ende, 1982; Beiträge z. Problem d. Friedens u. seiner Sicherung, 1983; Ökol. u. Ökonomie im Widerstreit, 1984. Redaktionsmitgl.: Justice Dans Le Monde, World Justice, Königsteiner Studien - Spr.: Engl., Franz., Chines.

KROKER, Evelyn
Dr., M. A., Leiterin Bergbau-Archiv - Am Bergbaumuseum 28, 4630 Bochum 1.

KROL, Gerd-Jan
Dr. rer. pol., Dipl.-Volksw., Prof. f. Wirtschaftswissenschaft u. Didaktik d. Wirtschaftslehre Univ. Münster - Haus Angelmodde 73, 4400 Münster (T. 02506 - 15 51) - Geb. 17. Juni 1943 Bentheim (Vater: Gerhard K., Weber; Mutter: Berndine, geb. Tannen), ev., verh. s. 1969 m. Gesine, geb. Becker, 3 Kd. (Daniela, Florian, Andrea) - 1963-68

Volksw.-Stud. Univ. Münster (Dipl. 1968, Promot. 1971) - 1968-71 wiss. Mitarb. Univ. Münster u. Augsburg; 1971-74 wiss. Assist. Augsburg; s. 1974 o. Prof. in Münster - BV: D. Wirtschaftsreform in d. DDR u. ihre Ursachen - Erfahr. m. d. administrativen Steuerungskonzeption, 1971. Veröff. zur Umwelt- u. Verbraucherpolitik, Wirtschaftspolitik u. Wirtschaftsdidaktik.

KROLICZAK, Hans

Schriftsteller - Zum Hedelsberg 47, 5000 Köln 50 (T. 02236 - 6 42 76) - Geb. 11. Aug. 1936 Stegers, Pomm. (Vater: Josef K., Gärtnereibes. †; Mutter: Anna, geb. Kanthak), kath., verh. s. 1960 m. Lydia, geb. Schatzschneider, 2 Kd. (Frank, Astrid) - Realsch., Gartenbaulehre, Polizei- u. Landeskriminalsch. - S. 1956 Polizei NRW; s. 1966 Kripo Köln (1967-88 Sachbearb. im 5. K., dann Berufsaufg.); 1974 Mitgl. Verb. Dt. Schriftst.; 1976 Förderstip. f. Lit. NRW-Kultusmin. - BV: Krimis u. and. Ged., 1976; Kein so harter Bursche, 1983; Rötpöl, 1985; Marmor, Tuff u. Beton, 1991. MA: u.a. Kölner Weihnachtsbuch, 1988; Lexikon Autorinnen und Autoren in Köln (m. Textproben), 1991; Lyrik, Kurzprosa, Hörsp., Kindererz., Drama, Kritik; insges. 30 Anthol.; zahlr. Ged. ins Engl. übers. (in DIMENSION, USA). 12 Lesungen am Kulturtelefon Kiel u. Lit.-Telefon Herne - 1978 Ehrenmitgl. Lit. Ges. Köln; 1989 Villa Massimo, Rom, Okt.-Dez. 1989 Künstlerdorf Schöppingen - Liebh.: Lesen, Fotogr., Filmen, Sport (Ski, Rad, Laufen, Schwimmen, Eislauf, Hockey), Musik (Klassik, Rock, Konz.) - Spr.: Engl. - Lit.: Portrait H. K. im WDR u. a.

KROLL, Jens M.

Dr. rer. nat., Verleger u. Wissenschaftsjourn. - Bergstr. 10, 8031 Seefeld/Obb. (T. 08152 - 71 60) - Geb. 20. Jan. 1942 Berlin (Vater: Werner K., Fachjourn. u. Verl., Gründ. Verb. d. Motorjourn. †1970 (s. XVI. Ausg.); Mutter: Erna, geb. Neumann), verh. s. 1965 m. Juliane, geb. Künzel, 3 Söhne (Sven, Olaf, Björn) - Stud. Univ. Berlin (FU) u. München (auch TH; Naturwiss., insb. Geowiss.). Dipl.-Geol. 1965; Promot. 1968 TU München (Mineralogie). Wiss. Mitarb., 1969 Doz. f. Geol./Mineralogie Fachhochsch. Landshut - S. 1965 Wiss.-journ. (u. a. Redakt. Fachbl. D. dt. Arzt) u. Verl. (1970: Herausg. div. Presse-Taschenb.). Inh. Kroll-Verlag (Garmisch, Seefeld). Mitautor: Handb. d. Mikroskopie in d. Technik (Bd. VII/1975). Üb. 50 wiss. Veröff. - Mitgl. Techn.-Lit. Ges. (TELI) - 1988 Gold. Groschen Kollegium d. Medizinjourn. - Liebh.: Naturwiss. Dokumente (Samml.), Mikrosk., Malen, Golf - Spr.: Engl.

KROLL, Rüdiger

Dr. rer. pol., Dipl.-Kfm., Direktor Nordwestdt. Klassenlotterie - Überseering 4, 2000 Hamburg 60 - Geb. 3. Mai 1937 Stettin, verh. m. Hanna, geb. Imhoff, 2 Kd. (Evelyn, Martin).

KROLL-PRÄTZ, Dieter

Opernregisseur u. Musikdramaturg - Salviastraat 10, NL-6351 Bocholtz - Geb. 21. Aug. 1954, ev., verh. - Stud. Musikwiss. Univ. Hamburg u. Hbg. Konserv.: Forsch. u. Lehre, Musiktheaterprojekte - S. 1987 Musikdramaturg Stadttheater u. Musikdir. Aachen. Musiktheatersz. Mozart L'oca del Cairo; Monteverdi, Canti Guerrieri et Amorosi; Gluck, le Cinesi; Mozart, Bastien u. Bastienne (b. 1987) - Spr.: Franz., Engl., Ital.

KROLL-SCHLÜTER, Hermann

Landwirt, Bürgermeister Stadt Warstein, MdB (s. 1972; Wahlkr. 120/Soest) - Effelner Weg 136, 4788 Warstein 2 (T. 02902 - 76840) - Geb. 1. März 1939 Belecke (Vater: Josef, Landw.; Mutter: Josefa, geb. Lackmann), kath., verh. s. 1972 m. Adelheid, geb. Köhne, 3 Kd. - Lw. Lehre; Dt. Landjugendakad. Fredeburg. Praktikum Engl. (1959) u. Frankr. (1960-61). Landw.m. 1965; Sozialdipl. - S. 1970 selbst. (elterl. Hof). 1967-73 Vors. Kath. Landjugendbeweg.; 1967 b. 70 Mitgl. Zentralkomitee d. Dt. Katholiken. CDU s. 1959.

KROLLMANN, Hans

Minister a. D., MdL Hessen (s. 1970; 1972/73 u. 1987/88 Fraktionsvors.) - Lindenstr. 5, 3500 Kassel (T. 36754) - Geb. 7. Nov. 1929 Werdau/Sa., verh. in 2. Ehe m. Ursula, geb. Rehberg, S. Steffen - Univ. Münster, Köln, Hamburg (Rechtswiss.). Jurist. Staatsprüf. 1954 (Hamburg) u. 1959 (Düsseldorf) - 1959-69 Stadtverw. Kassel. 1965 Polizeipräs., 1967 Stadtkämmerer; 1969-70 hess. Innenmin. (Staatssekr.), 1973-74 Min. f. Landw. u. Umwelt, 1974-84 Kultusmin., 1982-87 stv. Min.präs., 1984-87 Finanzmin. SPD (1979-87 Vors. Bez. Hessen-Nord, 1987/88 Landesvors.) - Liebh.: Lesen - Spr.: Engl.

KROLLPFEIFFER, Hannelore

Journalistin, Schriftst., stv. Chefredakt. Ztschr. Brigitte (b. 1987) (Ps. Ma Paritosh Lore) - Josthöhe 65, 2000 Hamburg 63 - Geb. 12. Aug. 1924 Berlin, Sannyasin, verw., T. Katrin - Mittl. Reife - Fr. Schriftst. (Romane u. Jugendb.) - BV: Romane: E. ideale Tochter, 1979; D. Zielgruppe, 1980; Jugendbücher: Alles nur euch zuliebe, 1981; Meine neue gr. Schwester, 1983; Tanzstundenzeit, 1985; D. Zeit m. Marie, 1986; Heiraten, Sachb. 1988; Alleinsein lernen, Sachb. 1991; Älterwerden ist ganz anders, Sachb. 1992 - Liebh.: Musik, Malerei - Spr.: Engl.

KROLOW, Karl

Dr. h. c., Schriftsteller - Rosenhöhe 5, 6100 Darmstadt (T. 7 73 80) - Geb. 11. März 1915 Hannover (Vater: Albert K., Verw.beamter; Mutter: geb. Lange), ev., verh. s. 1941 m. Luzie, geb. Gaida, 1 Kd. - Realgymn. Hannover; 1935-41 Univ. Göttingen u. Breslau (German., Roman., Phil.) - BV/Ged.: Hochgelobtes, gutes Leben, 1943; Gedichte, 1948; Heimsuch., 1948; Auf Erden, 1949; D. Zeichen d. Welt, 1952; Wind u. Zeit, 1954; Tage u. Nächte, 1956; Fremde Körper, 1959; Unsichtbare Hände, Gedichte 1962; Ausgew. Gedichte, 1963; Ges. Gedichte, I-III, 1965-85; Landschaften f. mich - Ged. 1963-65, 1966; Alltägl. Gedichte, 1968; Nichts weiter als leben, 1970; Zeitvergehen, 1972; D. Einfachheit halber, Ged. 1977; D. and. Leben, Erz. 1979; Sterblich, Ged. 1980; Im Gehen, Prosa 1981; Herbstsonett m. Hegel, Ged. 1981; Zwischen Null u. Unendlich, Ged. 1982; Herodot od. d. Beginn v. Gesch., Ged. 1983; Schönen Dank u. vorüber, Ged. 1984; Nacht-Leben od. geschonte Kindh., Prosa 1985; Gesammelte Ged. I-III, 1965-85; In Kupfer gestochen. Observationen, 1987; D. andere Seite d. Welt, Ged. 1987; Als es soweit war, Ged. 1988; Betracht.: V. nahen u. fernen Dingen, 1953; Poet. Tagebuch, 1966; Minuten-Aufzeichnungen, 1968; Flug üb. Heide, Moor u. grüne Berge - Niedersachsen/Nordhessen/Ostwestfalen, 1969; Dtschl., deine Niedersachsen - E. Land, das es nicht gibt, 1972; E. Gedicht entsteht - Selbstdeutungen/Interpretationen/Aufs., 1973; Ess.: Tessin, 1959, Schattengefecht, 1964; Unter uns Lesern, 1967; Melanie - D. Geschichte e. Namens, 1983. Übers.: Nachdicht. aus 5 Jh. franz. Lyr., 1948; Bestiarium (Apollinaire), 1956; D. Barke Phantasie, Zeitgenöss. franz. Lyrik, 1957; Paul Verlaine, 1957 - 1950 Lyrikpreis Erzählung, 1956 Georg-Büchner-Preis u. Preis Bundesverb. d. Dt. Industrie, 1965 Gr. Nieders. Kunstpr., 1983 Hess. Kulturpr.; 1975 BVK, Goethe-Plak. Ld. Hessen u. silb. Verdienstplak. Stadt Darmstadt; o. Mitgl. Dt. Akad. f. Sprache u. Dicht. (1966 u. 75 Vizepräs., 1972 Präs.), Mainzer Akad. d. Wiss. u. d. Lit., Bayer. Akad. d. Schönen Künste; Mitgl. PEN-Zentrum BRD - Univ.auftr. (1960-61 Gastdoz. f. Poetik Frankfurt/M., 1964 Lektoriat f. Poetik München) 1975 Stadtschreiber v. Bergen (Titelamt) u. Rainer-Maria-Rilke-Preis; 1976 Ehrendoktorwürde TH Darmstadt; 1983 Hess. Kulturpreis; 1985 Lit.preis Bayer. Akad. d. Schönen Künste; 1988 Friedrich-Hölderlin-Preis - Liebh.: Alte Musik, Wandern - Lit.: Rolf Paulus/Gerhard Kolter, D. Lyriker K. K. (1983).

KROLOW, Kurt-Dietrich

Dr. agr., Univ.-Prof. f. Vererbungs- u. Züchtungsforsch. FU Berlin, FB Biologie, Inst. f. angew. Genetik - Albrecht-Thaer-Weg 6, 1000 Berlin 33.

KROME, Adolf

Dr. jur. et rer. pol., Kaufm. (Fa. Aug. Krome, Osterode), Bürgermeister Stadt Osterode - Lindenstr. 30, 3360 Osterode/Harz - Geb. 28. Jan. 1900.

KROMER, Carl Theodor

Dr.-Ing., Direktor i. R., Honorarprof. f. Elektrizitätswirtschaft TH bzw. Univ. Karlsruhe (s. 1953) - Mercystr. 11, 7800 Freiburg/Br. (T. 75410) - Geb. 10. Aug. 1901 Freiburg/Br. (Vater: Max K., Fabrikant; Mutter: Elisabeth, geb. Krebs), verh. m. Marie-Luise, geb. v. Baerle-Kriekenbeck - TH Karlsruhe u. Stuttgart (Dipl.-Ing. 1922). Promot. 1930 Karlsruhe - Väterl. Fabrik u. Kraftübertragungswerk Rheinfelden. 1929-43 Ges. f. elektr. Unternehmungen, Berlin, 1943-67 Badenwerk AG., Karlsruhe (1943 Vorstandsmitgl., 1954 -vors.). Zahlr. Ehrenstell., darung. 1959-62 Präs. UNIPEDE/Intern. Vereinig. v. Erzeugern u. Verteilern elektr. Energie u. Ehrenmitgl. Dt. Nat. Kom. d. Weltenergiekonferenz - Ehrensenator Univ. Freiburg; Gr. BVK; Trustee Thomas Alva Edison Found. Southfield/USA.

KROMER, Wolfgang

Dr. med. habil., apl. Prof. f. Pharmakol. Med. Hochsch. Hannover (s. 1987) - Konst.-Gutschow-Str. 8, 3000 Hannover 61 - Geb. 5. Mai 1943 Gotha - Med.-Stud. Univ. Erlangen u. Würzburg; Promot. 1973, Habil. 1981 München - Facharzt f. Pharmakol. 1984 Forschungsaufenth. London. S. 1985 Leit. e. experiment. Forsch.abt. in d. pharmazeut. Ind. Zahlr. Fachpubl., vorn. auf d. Geb. d. Opiatforsch.

KROMKA, Franz

Dr. rer. soc., Dr. agr. habil., Univ.-Prof. Univ. Hohenheim, Land- u. Agrarsoziologe - Brunnhausgasse 3, 8050 Freising (T. 08161 - 9 46 83) - Geb. 7. Aug. 1944 Mariahof/Österr., verh. s. 1975 m. Juliane, geb. Freudenberg, 4 Kd. (David Franz, Jan Manuel, Eva Anette, Ulrike Sibylle) - Stud. Landw. Univ. f. Bodenkultur u. Soziol. Univ. Wien; Promot. 1975 Univ. Hohenheim, Habil. 1984 TU München - Mitgl. Forsch.ges. f. Agrarpolitik u. Agrarsoziol. Bonn; 1984 Gastdoz. Univ. of Zambia/Lusaka - BV: Soziokulturelle Integration u. Machtverhältnisse, 1975; Sozialwiss. Methodologie, 1984; V. Nutzen d. Ehrenamtes, 1985; Agrarsoziol. Orientierung, 1987; Unternehmen Entwicklungshilfe, 1991 - Liebh.: Sozialphil. u. Gesch., klass. Musik, Bergsteigen - Spr.: Engl., Franz.

KROMPHARDT, Jürgen

Dr. rer. pol., o. Prof. f. Volkswirtschaftslehre TU Berlin - Fontanestr. 1 a, 1000 Berlin 33 (T. 825 76 94) - Geb. 25. Nov. 1933 Kiel (Vater: Dr. sc. pol. Dr. rer. pol. h. c. Wilhelm K., Volksw.ler (s. dort); Mutter: Ilse, geb. Tetzner), verh. s. 1958 m. Doris, geb. Koblinsky, 2 Töcht. (Ina, Sophie) - Univ. Göttingen u. Kiel (Volksw.; Dipl.-Volksw. 1956). Promot. 1957 Kiel; Habil. 1967 Münster - 1958-65 u. 1967-68 Kommiss. d. Europ. Gemeinschaften (Brüssel), 1968-80 Prof. Univ. Gießen - BV: Strukturwandel u. Einkommensverteilung - D. Entwicklung in d. Nachkriegszeit, 1969; Wachstum u. Konjunktur - Grundl. ihrer theoret. Analyse u. wirtschaftspolit. Steuerung, 2. A. 1977; Konzeptionen u. Analysen d. Kapitalismus, 3. A. 1991; Arbeitslosigkeit u. Inflation - E. Einf. in d. makroökonomischen Kontroversen, 1987.

KRON, Heinrich

Kirchenpräsident der Ev. Kirche d. Pfalz (Prot. Landeskirche) i. R. - Dompl. 5, 6720 Speyer (T. 10 91 22) - Geb. 25.Mai 1923 Kaiserslautern (Vater: Johann K., Kirchendiener; Mutter: Elisabeth, geb. Wenz), ev., verh. s. 1951 m. Helgard, geb. Klink, 2 Kd. (Gerhard, Christiane) - Gymn. Kaiserslautern (Abit. 1942); Stud. Montpellier, Mainz - S. 1950 in d. Seelsorge (Vikar; 1954 Pfarrer Neuhofen u. Kaiserslautern-West (1960); 1965 Pfarrer u. Dekan Landau-Mitte); 1974 Oberkirchenrat Protestant. Landeskirchenrat d. Pfalz. 1960 Vors. Pfälz. Pfarrverein u. 1969 Verb d. Ev. Pfarrvereine in Dtschl. 1967 Mitgl. Landessynode, 1973 Synode d. EKD u. 1973 Protestant. Kirchenreg. Pfalz - 1983 Gr. BVK, 1988 Stern dazu.

KRONAST, Benedikt

Dr. rer. nat., Wiss. Rat u. Prof. f. Experimentalphysik Univ. Bochum (s. 1974) - Haarholzer Str. 22, 4630 Bochum - 1963 Wiss. am MPI f. Plasmaphysik, Garching; 1968 Section Head, National Res. Council of Canada.

KRONAUER, Brigitte

Schriftstellerin - Rupertistr. 73, 2000 Hamburg 52 - Geb. 29. Dez. 1940 Essen - BV: D. unvermeidl. Gang d. Dinge, Erz. 1974; D. Revolution d. Nachahmung, Lyrik/Prosa 1975; V. Umgang m. d. Natur, Erz. 1977; Frau Mühlenbeck im Gehäus, R. 1980; D. gemusterte Nacht, Erz. 1981; Rita Münster, R. 1983; Berittener Bogenschütze, R. 1986; Aufs. z. Literatur, 1987; D. Frau in d. Kissen, R. 1990; Schnurrer, Gesch. 1992 - 1985 Gr. Kunstpreis Berlin; 1987 Südwestfunk-Kritikerpreis; 1989 Ida-Dehmel-Preis; 1989 Heinrich-Böll-Preis d. Stadt Köln.

KRONAUER, Erich

Vorstandsmitglied Fichtel & Sachs AG (s. 1973; Geschäftsbereich Antriebstechnik) - Ernst-Sachs-Str. 62, 8720 Schweinfurt - Geb. 26. Okt. 1930 - AR-Vors. Nürnberger Hercules-Werke GmbH/Zweirad-Union, Nürnberg; AR-Mitgl. Sachs Industries S.A., Chépy/Frankr., Fichtel & Sachs Industries, New York; Präsid.-Mitgl. Verb. Fahrrad- u. Motorrad-Ind.; Beirat Messe- u. Ausstellungs-GmbH, Köln.

KRONAWITTER, Georg

Oberbürgermeister Stadt München - Rathaus, Marienpl. 8, 8000 München 1 (T. 089 - 2 33-1) - Geb. 21. April 1928 Oberthann Kr. Pfaffenhofen/Ilm (Vater: Landw.), verh. s. 1968 (Ehefr.: Hildegard), T. Isabella, S. Florian - Volkssch. Oberthann; landw. Ausbild.; Bäckerlehre; Lehrerbildungsanstalt Pasing (Lehramtsprüf. 1949 u. 51); n. Externer-Abit. (1952) Univ. München (Betriebs-, Volksw., Päd., Soziol.) - 2 J. Volksschullehrer München; 1959-66 Studien- u. Oberstudienrat; 1966-72 MdL Bayern; 1972-78 u. ab 1984 Oberbürgermeister Stadt München. 1984ff. stv. Vors. Bayer. Städtetag. SPD - 1979 Ludwig-Thoma-Med., Ehrenmitgl. Presse-Club München - Liebh.: Bergwanderungen.

KRONAWITTER, Karl Günther

Gewerkschaftssekretär, MdL Hessen (XII. Wahlp.) - Im Kreuzbruch 27, 6116 Eppertshausen (T. 06071 - 3 54 06) - Geb. 22. Dez. 1934 - SPD.

KRONBERG, Heinz-Jürgen

Mitglied d. Bundestages - Zinzendorfplatz 3, O-5103 Neudietendorf - Geb. 15. Juni 1959 Erfurt, ev., verh. s. 1982 m. Gabriele, geb. Kuhlmann, 2 Kd. (Anne Kathrin, Konstantin) - E.-Monteur m. Abit. 1978, Predigerausb. ev. Akad. Magdeburg 1986 - 1992 Sozialarb. Potsdam - Spr.: Engl.

KRONE, Günter

Dr. jur., Rechtsanwalt, Mitglied d. Sächsichen Landtages CDU (s. 1990) - Südstr. 65, O-7124 Holzhausen - Geb.

KRONE, Heinrich Adolf
Dr. med., Prof., Frauenarzt, ehem. Leiter d. Bamberger Frauenklinik - Viktor von Scheffel-Str. 20, 8600 Bamberg - Geb. 12. April 1925 Berlin (Vater: Dr. phil. Heinrich K., Bundesmin. a. D. †), kath., verh. s. 1953 m. Elisabeth, geb. Büchner (Tochter v. Prof. Dr. med. Franz B., Pathologe, Freiburg/Br. †), 6 Kd. (Andreas, Christoph, Stephan, Monika, Elisabeth, Gabriele) - Promot. 1950 Freiburg, Habil. 1960 München - S. 1960 Lehrtätig. Univ. München; s. 1967 Univ. Erlangen-Nürnberg, 1968 apl. Prof.; Lehrauftr. f. Sozialmed.; s. 1972 Univ. Bamberg (1962-84 Dir. d. Staatl. Frauenklinik u. Hebammenschule Bamberg) - BV: D. Bedeutung d. Eibettstörungen f. d. Entstehung menschl. Mißbildungen, 1961; Hebammenlehrbuch, 4. A 1983; Lehrb. f. Arzthelferinnen, 3. A. 1987; Schwangerschaft u. Niere (zus. m. W. Schulz), 1990; Bamberger Symposion, 1990. Üb. 120 Einzelarb.

KRONE, Winfrid
Dr. rer. nat., Dipl.-Chem., o. Prof. f. Humangenetik Univ. Ulm - Bei der Pilzbuche 57, 7900 Ulm-Böfingen - Geb. 26. März 1932 Sondershausen/Thür. (Vater: Gerhard K., Apotheker; Mutter: Agnes, geb. Fittbogen), ev., verh. s. 1962 m. Inge, geb. Krönner, 3 Kd. (Ursula, Ulrike, Susanne) - Promot. 1962 München, U. a. Mitgl. Ges. f. Naturforscher u. Ärzte, Ges. f. Biol. Chem., Dt. Ges. f. Zellbiol. - Spr.: Engl.

KRONEBERG, Hans-Günther
Dr. med., Prof., Pharmakologe - Gustav-Freytag-Str. 8, 5600 Wuppertal 11 (T. 74 38 38) - Geb. 24. Aug. 1919 Wittenberge - S. 1950 (Habil.) Lehrtätig. Univ. Rostock u. Frankfurt/M. (1957; 1961 apl. Prof. f. Pharmak. u. Toxikol.); Wiss. Dir. Bayer AG., Leverkusen. Zahlr. Fachveröff. - Spr.: Engl., Franz. - Rotarier.

KRONECK, Friedrich J.
M.A., Dr. jur., Botschafter u. Beauftr. d. Auswärtigen Amtes f. Verhandlungen betreffend d. Überleitung völkerrechtl. Verträge d. ehem. DDR, Bonn - Geb. 16. Juli 1931 Eggenfelden - verh. m. Joan Carole, geb. Danchak, 2 Söhne (Stephan Franciscus, Karl Christian) - Stud. Univ. München, Genf u. Colgate Univ./USA; M.A. 1953, 1. jurist. Staatsex. 1954 München; Promot. u. 2. jurist. Staatsex. 1958 München - 1955-58 Wiss. Assist. Univ. München; 1959 Ausw. Dienst, Auslandsverwend.: 1961 Jerusalem, 1961-66 Dt. NATO-Vertretung Paris, 1969-72 Generalkonsulat New York, 1976-81 Generalkonsul in Melbourne, 1985-87 Generalkonsul in Amsterdam, 1987 stv. Leit. d. Rechtsabt. d. AA, 1988-90 erster Botschafter d. Bundesrep. Deutschl. in d. Sozialist. Volksrep. Albaniens, Tirana - BV: The Organization of the Technical Cooperation Administration, 1953; D. völkerrechtl. Immunität bundesstaatl. Gliedstaaten v. ausl. Gerichten, 1958; Politische Aspekte d. Aufbaus e. amerik. Raketenabwehrsystems, 1967; Macht u. Zustimmung: Aspekte d. nuklearen Verteidig. innerh. d. nordatlant. Allianz Anfang d. sechziger Jahre - Mehrere ausl. Orden.

KRONEN, Heinrich
Dr. phil., em. o. Prof. f. Allg. Didaktik u. Schulpäd. Univ. Köln - Ad.-Kolping-Str. 11, 5020 Frechen - Geb. 17. Okt. 1921 Rheydt, kath. - Gymn. Mönchengladbach; PH Aachen u. Köln; Univ. Köln, Ohio State Univ. (USA). Promot. 1967 - 1947-64 Volks- u. Realschullehrer; Prof. PH Freiburg (1970), Bonn (1973), Köln (1975, Univ. 1980); 1985-87 Dekan Erziehungswiss. Fak. - BV: Prinzip d. Genese-Päd. Karl Magers, 1968; Unsere Welt - Gesch. f. Realsch., 2 Bde. 1970/71; Bildung u. Wortschatz im Englischunterr., 1972; Mediendid. 1980; Sozialpäd., 1980; Zeit als Faktor d. Bildungsinvestition, 1980; Wem gehört d. Schule?, 1981; Sachunterricht, 1981; ab 1984 Karl W. E. Mager, Ges. Werke (10 Bde.) - Liebh.: Gesch. (19. Jh.) - Spr.: Engl. (Dipl.-Dolm.), Franz., Ital.

KRONENBERG, Andreas
Dr. phil., Prof. f. Ethnologie Univ. Frankfurt (s. 1971) - Feldscheidenstr. 21, 6000 Frankfurt (T. 540820) - Geb. 30. Sept. 1931 Tarnow (Vater: Dr. Ferdinand, OLGrat; Mutter: Eugenia, geb. Hutny), kath., verh. s. 1958 m. Dr. phil. Waltraud, geb. Erhart, 2 Kd. (Martina, Arno) - Promot. 1955 Wien; Habil. 1969 Frankfurt - 1958-65 Governm. Anthropol. Rep. Sudan, 1965-71 Assist. Frobenius-Inst., Frankfurt. In- u. ausl. Fachmitgl.sch. - BV: D. Teda v. Tibesti, 1958; Logik u. Leben, 1972; Nubische Märchen, 1978; D. Bongo, 1981 - Liebh.: Segeln - Spr.: Arab., Engl., Franz., Poln.

KRONENBERG, Friedrich
Dr. rer. pol., Dr. rer. oec. h. c., Dipl.-Volksw., Generalsekretär Zentralkomitee d. dt. Katholiken (s. 1966), MdB (1983-90); Landesliste NRW) - Eschenweg 9, 5300 Bonn-Bad Godesberg (T. 323356) - Geb. 16. Febr. 1933 Gelsenkirchen (Vater: Friedrich K., Postbeamter; Mutter: Katharina, geb. Kasper), kath., verh. s. 1958 m. Elisabeth, geb. Schmidt, 3 Kd (Angela, Birgitta, Daniel) - 1943-54 versch. Gymn. (Abit. Gelsenkirchen); 1954-60 Univ. Münster (Wirtsch.s- u. Sozialwiss.). Dipl.-Volksw. 1958; Promot. 1960 (Diss.: Finanzpolit. Wirk. auf d. Vermögensverteil.) - 1958-60 Wiss. Mitarb. Inst. f. Christl. Sozialwiss. Univ. Münster; 1960-64 Hauptamtl. Leit. Dt. Pfadfinderschaft St. Georg; 1964-65 Angest. Bundesmin. f. Familie u. Jugend; zahlr. ehrenamtl. Tätig. u. a. Vors. Arbeitsgem. f. Entwicklungshilfe (s. 1970); Vors. Kommiss. f. Zeitgesch. (s. 1982) - 1982 Ehrendoktor Nanzan Univ. Nagoya/Japan; 1990 BVK am Bde.

KRONENBERGER, Franz-Rudolph
Verwaltungsangestellter, MdL Saarland (s. 1975) - Frankfurter Str. 4, 6688 Illingen - Geb. 1. Okt. 1939 St. Wendel - SPD.

KRONER, Michael

Dr. phil., Historiker, Publizist, hauptamtl. Archivpfleger Landkr. Fürth (s. 1985) - Ottostr. 31, 8507 Oberasbach (T. 0911 - 69 19 09) - Geb. 22. Dez. 1934, Weißkirch/Rumänien, ev., verh. s. 1960 m. Edith, geb. Rösler, 2 Söhne (Uwe, Volker) - Lehrerbild.anstalt Schäßburg m. Abit. 1950-54; Univ. Klausenburg Fak. f. Gesch. 1954-58; M.A., Promot. Dr. phil. 1972, Bukarest - 1958-68 Geschlehrer u. Dir. Gymn. Bistritz; 1968-78 Fachredakt. f. Gesch. d. Ztschr. Karpatenrundschau Kronstadt; 1978/79 wiss. Mitarb. Gesch.museum Kronstadt u. 1980-82 Germ. Nationalmus. Nürnberg - BV: 20 Titel z Gesch. d. Deutschen in Rumänien, Mittelfrankens u. üb. Nationalitätenprobl. in Südosteuropa, u.a. Interferenzen. Rumänisch-ungarisch-deutsche Kulturbeziehungen in Siebenbürgen, 1973; Stephan Ludwig Roth, 1977; Sächsisch-schwäbische Chronik, 1977; Nationale Minderheiten in Südosteuropa, 1992; Langenzenn. Vom Königshof zur Gewerbe- u. Industriestadt, 1978 - Spr.: Rumän., Russ. - Lit.: Enciclopedia istoriografiei romanesti, 1978.

KRONES, Paul
I. Bürgermeister (s. 1965) - Rathaus, 8182 Bad Wiessee/Obb.; priv.: Freihauswinkel 9 - Geb. 29. Sept. 1916 Dürnhausen - S. 1972 stv. Landrat - 1980 BVK; 1981 Ehrenbürger Gde. Bad Wiessee.

KRONS, Fritz
Direktor, stv. ARsvors. Köllmann-Werke AG., Düsseldorf - Brinker Weg 32, 5620 Velbert 11 - Geb. 27. Juni 1915 Köln (Vater: Johann K.), verh. m. Gertrud, geb. Obermanns - Zul. Vorstandsmitgl. Köllmann-Werke.

KRONSCHWITZ, Helmut
Dr. med., Prof., Chefarzt Anaesthesieabt./St.-Markus-Krkhs., Frankfurt, Honorarprof. f. Anaesth. Univ. ebd. - Am Eisernen Schlag 13, 6000 Frankfurt/M. - Geb. 30. Jan. 1928 Saalfeld - 1967ff. Privatdoz. Univ. Tübingen; 1973 Prof. Univ. Frankfurt. Zahlr. Publ. Herausg.: Verz. d. Ärzte f. Anästhesiol.

KRONSEDER, Hermann
Fabrikant, Vorstandsvorsitzender KRONES AG Hermann Kronseder Maschinenfabrik - Böhmerwaldstr. 5, 8402 Neutraubling - Geb. 3. Okt. 1924 Gailsbach (Eltern: Ludwig u. Katharina K.), verh. s. 1950 m. Inge, geb. Lichtinger, 4 Söhne (Volker, Harald, Norman, Gunther) - 1951 Firmengr. Hermann Kronseder Maschinenfabrik GmbH & Co., 1980 Umwandl. in e. AG, Niederlass. in Belgien, Brasilien, Dänemark, England, Frankreich, Hong Kong, Italien, Japan, Kanada, Kolumbien, Mexiko, Österr., Schweiz, Polen, Spanien, USA (rund 6.000 Mitarbeiter weltweit), Beteilig. an d. Firmen Anton Steinecker Maschinenfabrik GmbH, Freising, Seeger GmbH, Plüderhausen, KRONES S. A., Brasilien. Üb. 25 dt. Pat. auf d. Gb. d. Etikettier-, Inspektions- u. Füllmasch. f. Flaschen. Landesbeirat Commerzbank AG; Vorst.-Vors. d. Fachabt. Getränkemasch. (VDMA) - BV: Handb. d. Etikettiertechnik, 1970, 71, 76, 86; Krones Manual of Labelling Technology, 1979; Krones Handbook of Package Decoration Technology, 1988 - 1980 Staatsmed. f. bes. Verd. um d. bayer. Wirtsch.; 1984 BVK I. Kl., 1990 Dieselmed. in Gold.

KRONTHALER, Otto

Präsident Oberpostdirektion München (s. 1989) - Fritz-Berne-Str. 4, 8000 München 60 - Geb. 20. Nov. 1927 Passau, kath., verh., 2 Söhne (Stefan, Ulrich) - Volkssch. u. Human. Gymn. Augsburg; Stud. Rechtswiss. München; 2. jurist. Staatsprüf. 1955 - 1955 Postass. Oberpostdir. Düsseldorf, 1957 Oberpostdir. Münster, 1960 Bd.-Postmin.; 1968 Leitg. Bahnpostoberbetriebsamt West, Köln; 1969 Ref. Personalabt. BPM; 1972-89 Präs. Oberpostdir. Regensburg - 1976 Gr. Gold. Ehrenz. d. Rep. Österr.; 1984 BVK I. Kl.

KRONZUCKER, Hans-Dieter

Dr. phil., Journalist SAT 1 - Zu erreichen üb. SAT 1, Mexikoring 33, 2000 Hamburg 60 - Geb. 22. April 1936 München, verh., Kd. - Stud. Phil. u. Kulturgesch. München, Wien, Barcelona. Promot. 1962 - Ab 1962 WDR Köln/ Fernsehen (Regionalprogramm, Zeitgeschehen/Monitor, Weltspiegel), 1968-69 ARD-Korresp. Vietnam, anschl. Lateinamerika (Sitz Caracas), 1973-77 NDR Hamburg/Ferns. (stv. Chefredakt. Zeitgeschehen u. Leit. Weltspiegel), 1978-80 Leit. Heute-Journal ZDF, 1980-86 ZDF-Korresp. in Washington, 1986-88 erneut Leit. Heute-Journal, s. 1988 Ltr. Redaktion Abenteuer u. Legenden, s. 1990 Anchorman b. SAT 1 - BV (Herausg.): Kuba in d. Klemme (1981); Unser Amerika (1986); D. amerikanische Jahrhundert (1989); Abenteuer u. Legenden (1989); D. Tag d. Kondors (1991) - 1979 Bambi-Preis (Bild + Funk/Bunte); 1984 Bambi-Fernsehpreis Bild + Funk; 1988 Leo-M-Goodman Award; 1988 Lucius D.Clay Med.; 1989 Concord-Preis.

KROPAT, Wolf-Arno
Dr. phil., Ltd. Archivdirektor, Leit. Hess. Hauptstaatsarchiv Wiesbaden - Hans-Böckler-Str. 78, 6200 Wiesbaden (T. 0611 - 42 53 87) - Geb. 17. Aug. 1932 Görlitz (Vater: Bruno K., Reichsbankrat; Mutter: Martha, geb. Oeltze), verh. s. 1969 m. Ulla, geb. Schwartz - Stud. Gesch. u. Lat. Univ. Marburg u. Freiburg, 1. Staatsex. 1959, Promot. 1962, 2. Staatsex. (Archivass.) 1964 Marburg - S. 1964 Hess. Hauptstaatsarchiv Wiesbaden (1976 Archivdir.), 1979 Ltd. Archivdir.); s. 1971 Geschäftsf. Kommiss. f. d. Gesch. d. Juden in Hessen - BV: Reich, Adel u. Kirche in d. Wetterau v. d. Karolinger- b. z. Stauferzeit, 1965; Frankfurt zw. Provinzialismus u. Nationalismus, 1971; Juden v. Gericht 1933-45 (m. Ernst Noam), 1975; Hessen in d. Stunde Null 1945/47, 1979; Kristallnacht in Hessen, 1988.

KROPF, Heinz
Dr. rer. nat., Prof., Inst. f. Organ. Chemie Univ. Hamburg - Vogteistr. 18, 2000 Hamburg 90 (T. 7632211) - Geb. 11. Sept. 1926 - Stud. Chemie - S. 1960 (Habil.) Lehrtätig. Bergakad. Clausthal, Univ. Hamburg (1966 apl. Prof. f. Organ. Chemie), Univ. Kiel (Lehrauftr. chem. Techn.). Mithrsg.: Houben-Weyl, 4. A. u. erw. Folgebde. Fachaufs. - Marin-Drinov-Ehrenmed. d. Bulg. Akad. Wiss.

KROPFF, Bruno
Dr. jur., Prof., Ministerialdirig. i.R. - Tannenweg 4 (Röttgen), 5300 Bonn 1 (T. 25 25 48) - Geb. 7. Sept. 1925 Münster/

Westf. (Vater: Bernhard K., LG-Präs.; Mutter: Maria, geb. Sümmermann), kath., verh. s. 1961 m. Dorothea, geb. Lades, 3 Kd. (Martin, Beate, Daniela) - Univ. Münster, Freiburg, Paris (Jura). Lehrbeauftr. Univ. Bonn u. Jena. AR-Mitgl. mehr. Gesellsch. Kommentar u. Aufs. z. Aktien- u. Bilanzrecht - Spr.: Engl., Franz.

KROPFINGER, Klaus

Dr. phil., Prof. f. Musikwissenschaft FU Berlin - Hewaldstr. 10, 1000 Berlin 62 - Geb. Gera, verh. m. Dr. Helga v. Kügelgen (s. dort), Kunsthistorikerin, T. Anke - Abit.; Ausb. als Fräser, da Sohn e. Akademikers; Stud. Musikhochsch. Weimar (Schulmusik u. Klavier); Stud. Musikwiss., Kunstgesch., Ethnol. u. Phil. Univ. Bonn - Mitarb. Beethoven· GA; Prof. FU Berlin - BV: Wagner u. Beethoven. Unters. z. Beethovenrezeption R. Wagners, 1975; Klassik-Rezeption in Berlin (1800-1830), 1984; Gerettete Herausforderung: Mahlers 4. Symphonie-Mengelbergs Interpretation (Mahler-Interpretation), 1985; Händel, Israel in Egypt, 1986. Herausg.: Beethoven. Ballettmusik (Op. 43 u. WoO 1) (1970); Richard Wagner, Oper u. Drama (m. Kommentar 1984); Paul Hindemith, Orchesterwerke 1940-43 (1988) - Liebh.: Med., auch alternative Med., Umweltschutz, Reisen, Wandern, u. a. m.

KROPP, Jürgen

Redakteur u. Dramaturg - Steffensweg 209, 2800 Bremen 1 - Geb. 8. Mai 1955 Büdelsdorf - Stud. Phil., Dt. Literaturwiss., Philol. u. Kunstgesch. Univ. Kiel - BV: Tweibraken Rauh, 1988; Geschichten aus W., 1989; De dulle Greet, 1990; D. Sturz d. Herrn Leonberger, 1990; D. Amateursuppenkochwettbewerb, 1990; Över Kopp, 1992; D. Urfaust od. D. Hundertjahrfeier, 1992 - 1984 Förderpreis d. Klaus-Groth-Preises d. Stiftg. F.V.S.; 1985 Freudenthal-Preis.

KROPPENSTEDT, Franz

Staatssekretär Bundesinnenmin. - Graurheindorfer Str. 198, 5300 Bonn - Geb. 1. Mai 1931 Marburg (Vater: Franz K., Lehrer; Mutter: Margarethe, geb. Klammroth), ev., verh. s. 1959 m. Irmhild, geb. Köster, 3 Kd. (Katrin, Christian, Stefan) - Realgymn.; Stud. Rechtsu. Staatswiss., Volkswirtsch.; 1. u. 2. jurist. Staatsprüf. - BVG Berlin; Landratsamt Eschwege; versch. Abt. d. BMI; Präs. Statist. Bundesamt, Bundeswahlleit. (Mitgl. Wahlkreiskommiss.) - Veröff. in wiss. Ztschr. z. Probl. d. öfftl. Dienstrechts - Liebh.: Archäol., Gesch., Sport - Spr.: Engl., Franz.

KROSCHEL, Kristian

Dr.-Ing., Prof. f. Nachrichtentechnik Univ. Karlsruhe u. Inst. f. Informations- u. Datenverarbeitung d. Fraunhofer Ges. - Birkenweg 5, 7517 Waldbronn 2 (T. 07243 - 6 68 52) - Geb. 27. Dez. 1942 Chemnitz (Vater: Martin K., Kaufm.; Mutter: Dorothea, geb. Steiner), ev., verh. s. 1972 m. Christa, geb. Lichtenhäler, S. Jens Martin - Dipl.-Ing. 1967, Promot. 1971, Habil. (Nachrichtentechnik) 1974 - BV: Statist. Nachrichtentheorie, Bd. 1 1973, 2. A. 1986, Bd. 2 1974, 2. A. 1988; Digitale Signalverarbeitung, 1989, 2. A. 1992; Datenübertragung, 1991.

KROSCHINSKI, Kurt

Bankdirektor - Georgenstr. 19, 1000 Berlin 45 - Geb. 19. März 1933 Gleiwitz (Vater: Friedrich K., Steuerberater; Mutter: Elfriede, geb. Kilian), kath., ledig - Jura-Stud.; Bankkaufm. - Spr.: Engl.

KROSIGK, Konrad von

Dipl.-Volksw., Vorstand d. Werner-Reimers-Stiftung, Bad Homburg (s. 1979) - Am Wingertsberg 4, 6380 Bad Homburg v.d.H. - Geb. 12. Juni 1934 Bernburg/Anhalt, ev.-luth., verh. s. 1963 m. Deli, geb. Rohde, Tierärztin, 3 Kd. - Dipl.-Volksw. Tübingen 1963 - Rechtsritter Johanniter-O.; Vorst.-Mitgl. Lessing-Akad., Wolfenbüttel; Kurat.-Mitgl. M.C.A. Böckler-Stiftg., Bad Homburg - Spr.: Engl.

KROSS (ß), Eberhard

Dr. phil., Prof. f. Didaktik d. Geographie Univ. Bochum - Neulingsiepen 26, 4630 Bochum - Geb. 24. Juli 1938 Königsberg/Neum. (Vater: Karl K., Uhrmacherm.; Mutter: Elisabeth, geb. Page), ev., verh. s. 1970 m. Karin, geb. Dübel, 4 S. (Joachim, Ulrich, Martin, Philipp) - Gymn. Walsrode; Univ. Freiburg/Br. u. Göttingen. Beide Lehramtsprüf. f. höhere Schulen; Promot. 1968 Göttingen - BV: Fremdenverkehrsgeogr. Unters. in d. Lüneburger Heide; Indios in Peru (RCFP-Unterrichtsmodell); D. Barriadas v. Lima. Herausg.: Geogr.didakt. Strukturgitter. Mithrsg.: Geogr. heute; Terra Geogr.; Terra Erdkunde - Liebh.: Tennis, Bergwandern, Reisen - Spr.: Engl., Span.

KROSS, Hinrich Jürgen

Buchhändler, Schriftst. - Kaiserstr. 8, 6500 Mainz - Geb. 26. Aug. 1937 Hirschberg, ledig - Buchhandelslehre; Ausb. z. Fernsehredakt. ZDF Mainz - 1981 Redakt. Areopag-Jahrb. - BV: Ortungen, 1975/76; Inmitten, 1980; Kaltfront, 1984; angesichts, 1986; raumzeit, 1989; ungemach, 1990; Letzter Hand, 1991; On the Glacier/Auf dem Gletscher, 1992. Mithrsg.: Vom Verschwinden d. Gegenwart (1992) - Liebh.: Bild. Kunst u. Lit. - Spr.: Engl., Franz., Lat.

KROSS, Hubert

Intendant d. Theaters Nordhausen - Northeimer Str. 17, O-5500 Nordhausen (T. 82 89) - Geb. 13. Juli 1959 Leipzig - Stud. Theaterwiss. Leipzig - Vors. d. Landesverb. Thüringen d. Dt. Bühnenvereins - Bek. Vorf.: Hubert Kross, Komponist (Vater).

KROSS, Siegfried

Dr. phil., Prof. f. Musikwissenschaft - Ippendorfer Allee 5, 5300 Bonn 1 - Geb. 24. Aug. 1930 Wuppertal (Vater: Wilhelm K., Rektor; Mutter: Elfriede, geb. Schadewald), ev., verh. s. 1962 m. Dorothee, geb. Brand, 2 Kd. - Univ. Freiburg/Br. u. Bonn. Promot. 1957 - S. 1966 (Habil.) Lehrtätigk. Univ. Bonn (1970 Prof.) - BV: u. a. D. Chorw. Johannes Brahms, 2. A. 1963; D. Instrumentalkonz. b. G. Ph. Telemann, 1969; Max Reger in s. Zeit, 1973; Gesch. d. dt. Liedes, 1989. Herausg.: Dokument. z. Gesch. d. dt. Liedes (1973ff.). Div. Einzelarb. - Präsid.-Mitgl. Landesmusikrat NRW; Mitgl. Landes-Rundfunkkommiss. NRW - Spr.: Engl., Ital., Franz.

KROST, Wolfgang

Rechtsanwalt, Justitiar u. Vizepräs. Bundesverb. d. Wirtschaftsberater - Barbarossaplatz 10, 5000 Köln 1.

KROTT, Hugo M.

Dr. med., Prof., Internist, Neurologe u. Psychiater - Gänsbühl 2, 7980 Ravensburg (T. 0751 - 1 60 94); u. Genterstr. 13D, 8000 München 40 - Geb. 7. April 1934 Duisburg, verh. s. 1963 m. Dr. med. Eva, geb. Kurczer, S. Julian B. M. - Stud. Univ. Bonn, Marburg, Wien, Izmir, München; Habil. 1971 - 1966-68 Wiss. Assist. Univ. München u. Freiburg, s. 1971 Oberarzt Neurol. Univ.sklinik Ulm, s. 1975 apl. Prof. ebd. Fachmitgl.schaften - BV: Notfallmed. - Bd. 10 Klin. Anästhesiol. u. Intensivther., 1976; Handb. d. Psychosomatik, 1979; Metabolische u. entzündliche Polyneuropathien, 1984; Handb. d. Psychosomatik, 4. A. 1990 - Spr.: Engl.

KROTZ, Friedel

Dipl.-Chem., Inh. Rhein. Kammfabrik Franz Krotz GmbH. & Co. KG. u. Jacob Zimmermann, bde. Tönisvorst, Vors. Fachverb. Konsum-Kunststoffwaren, Frankfurt/M. - Buchenpl. 3, 4154 Tönisvorst 1 - Geb. 13. Nov. 1927.

KROTZINGER, Werner

Prof., Dozent f. Violine u. Kammermusik Folkwang-Hochsch. - Abtei, 4300 Essen-Werden - Geb. 1926 (?) - S. 1960 Folkwang-Hochsch. (1973 Dir.).

KRUBER, Dieter

Dr. phil., Prof. f. Sportwiss. Univ. Landau - Thüringenstr. 1, 6660 Zweibrücken - Geb. 30. Dez. 1939 Oppeln/OS. - Promot. 1967 - BV: u. a. Sport-Standardw. d. Lehrers, 3. A. 1981; Programm. Lehren u. Lernen im Sport, 4 Bde. 1975ff.; D. Sportstunde, 5. A. 1991; Arbeitskarten f. d. Sportunterr., 10 Bde.: Leichtathletik in d. Halle, 6. A. 1984; Übungskarten Familiensport, 2 Bde., 2. A. 1983 u. 2. A. 1987; Übungskarten z. Bewegungserziehung in Vor- u. Grundschule, 2 Bde., 2. A. 1986; Übungskarten z. Bewegungsschulung f. 7-14jährige, 2 Bde., 1987; Übungskarten, Wirbelsäulen- u. Fußgymnastik, 2. Bde., 1988 u. 1989. Ca. 120 Ztschr.aufs. in versch. Fachztschr.

KRUBER, Klaus Peter

Dr. rer. pol., Prof., Direktor Sem. f. Wirtsch./Politik u. ihre Didaktik PH Kiel - Olshausenstr. 75, 2300 Kiel - Geb. 12. Aug. 1944 Koblenz, verh., 1 Kd. - Stud. Univ. Bonn (Volkswirtsch.); Dipl. 1969; Promot. 1973 - 1969-72 wiss. Assist. Univ. Erlangen-Nürnberg; 1973-75 Univ.-GH Wuppertal; 1975ff. Prof. PH Kiel - BV: Unternehmensgrößen u. Wettbewerb, 1973; Konsum u. Arbeit. Einf. f. Lehramtsstud., 1977; Textilarbeit u. Verbrauchererziehung (m. G. Mosenthin), 1986; Handb. d. ök. Bildung (m.a.), 1991 - Spr.: Engl., Franz.

KRUBER, Manfred

Dipl.-Kfm., Bankier - Speerweg 69, 1000 Berlin 28 - Geb. 22. Aug. 1929 Berlin (Vater: Oswald K., Bankier; Mutter: Hedwig, geb. Meyer), ev., verh. s. 1960 m. Siegrun, geb. Lindemann, S. Marcus - Abit. Friedrichs-Werdersches Gymn. Berlin; Bachelor of Arts Univ. of Minnesota (USA); Dipl.-Kfm. Freie Univ. Berlin - B. 1956 Osram GmbH, Berlin/München (Direktionsassist.), dann Bankhaus O. Kruber, Berlin (1967 Generalbevollm.; 1976 Mitinh.) - Liebh.: Reisen - Spr.: Engl., Span.

KRUCK, Jürgen

Bau- u. Schweißfachingenieur, Geschäftsf. - Staufenstr. 9, 6232 Bad Soden 3 (T. 06174 - 4226) - Geb. 25. Sept. 1940 Frankfurt/M. (Vater: Hermann K., Bauuntern.; Mutter: Katharina, geb. Jost), ev., verh. s. 1965 m. Karoline, geb. Karsten, Sohn Jan-Dirk - 1954-57 Straßenbauerlehre, 1957-59 kaufm. Ausb.; Stud. Bauing.wesen, alle Frankfurt, u. Schweißtechn. Lehr- u. Versuchsanst. Mannheim - Bauing. 1962-67; Geschäftsf. (s. 1968 Kruck KG, s. 1980 Kruck GmbH, Straßenbau, s. 1970 Kruck GmbH, Rohrleitungsbau, 1986-88 Hach GmbH, Mauerwerksbau. Beirat Sozialkassen d. Bankwirtsch.; Mitgl. Sozialpol. Aussch. Zentralverb. d. Baugewerbes (ZDB), Bonn - Liebh.: Boote, Weine, Reisen.

KRUCK, Thomas

Dr. rer. nat., o. Prof. f. Anorgan. Chemie - Am Wachberg 9, 5042 Erfstadt-Bliesheim (T. Lechenich 41947) - Geb. 28. Jan. 1934 Aichach/Obb. (Vater: Thomas K., Bundesbahnbediensteter, †; Mutter: Zazilia, geb. Eberl), kath., verh. s. 1954 m. Juliane, geb. Finsterer, 2 Kd. (Ruperta, Thomas) - TH München (Chemie; Dipl.-Chem. 1959). Promot. (1961) u. Habil. (1964) München - S. 1964 Lehrtätigk. TH München (1965 Doz.) u. Univ. Köln (1966 Wiss. Rat u. Prof.; 1969 Ord. u. Inst.sdir.). Entd.: System d. Metalltriftfluorphosphin-Komplexe. Üb. 50 Fachveröff. - Liebh.: Völkerkunde, Volksmusik, Astronomie, Wasser- u. Tauchsport - Spr.: Engl.

KRÜCK, Friedrich

Dr. med., o. Prof. Univ. Bonn (s. 1973), Direktor Med. Univ. Poliklinik Bonn (1988) - Axenfeldstr. 1, 5300 Bonn-Bad Godesberg - Geb. 28. Aug. 1921 Karlsruhe (Vater: Georg K., ev. Pfarrer u. Dekan; Mutter: Katharina, geb. Klein), ev., verh. s. 1944 m. Marlies, geb. Scherer, S. Hans - Gymn. Landau; Univ. Heidelberg. Promot. 1950; Habil. 1960, bde. Heidelberg - 1957 Research Fellow Cornell Univ. New York, 1958 Stanford Univ. San Francisco; 1966-68 apl. Prof. Univ. d. Saarl. (1968-73 o. Prof. u. Dir. II. Med. Univ.klinik, Homburg/S.). Mitgl. Acad. of Sciences New York - BV (1962-88): Klin. Anwendungen d. Aldosteron-Antagonisten, Probleme d. Nephrologie, Transport u. Funktion intracellulärer Elektrolyte, Postoperative Störungen d. Wasser- u. Elektrolyt-Haushalts, Klin. Pharmak. d. Diuretika, Natriuretic Hormone, Endocrin. Regulation of Electrolyte Balance, Therapie-Handb., Pathophysiologie. Zahlr. Fachaufs. - Ritterkreuz - Spr.: Engl.

KRÜCKEBERG, Fritz

Dr. rer. nat., o. Prof. f. Angew. Mathematik, Leit. Inst. f. Meth. Grundl. d. Ges. f. Math. u. Datenverarb. - Am Kottenforst 65, 5300 Bonn-Röttgen (T. 25 22 60) - Geb. 19. April 1928 Dassel - S. 1967 (Habil.) Lehrtätigk. Univ. Bonn (1969 Ord.). AR-Mitgl. Intern. Forsch.- u. Begegnungszentrum f. Informatik, Schloß Dagstuhl (Wadern); 1988-91 Vors. Dt. Koordinierungsst. f. Informationstechn. Normenkonformitätsprüfung u. Zertifizierung b. DIN; 1971-80 Vors. Ges. f. Math. u. Datenverarb.; 1986-90 Präs. Ges. f. Informatik (GI); Mitgl. Max-Planck-Ges. Facharb. z. Math. f. Informatik, Text Kommunik.; Vors. Organ.komitee d. 1. intern. Olympiade in Informatik 1992 in d. Bundesrep.; Vors. Präsid.kreis Geschichte d. Informatik d. Ges. f. Informatik (GI) - BVK; Gold. DIN-Ehrennadel.

KRÜCKEBERG, Max

Dr., Kaufm., Ehrenpräs. Groß- u. Außenhandelsverb. Nieders., Hannover, Präsid.-Mitgl. Bundesverb. Groß- u. Außenhandel - Am Hoppenberg 7, 3255 Lauenau üb. Hameln - Geb. 17. Juli 1915.

KRÜCKELS, Heiner

Dipl.-Volksw., Leiter Verbindungsst. Rheinl.-Pfalz/Diakon. Werk d. Ev. Kirche im Rhld. - Mainzer Str. 86, 5400 Koblenz; priv.: Am Schloßpark 17, 5450 Neuwied - Geb. 4. Juli 1943 Zell/Wiesental.

KRÜCKEN, Anton

Dr. agr., Prof. Pflanzl. Produktion u. Pflanzenschutz Univ.-GH Paderborn (Fachber. Landbau, Soest) - Westufflerweg 25, 4760 Werl/W.

KRUEDENER, Freiherr von, Jürgen

Dr. oec. publ., Prof., Präsident Univ. d. Bundeswehr München (s. 1987) - Werner-Heisenberg-Weg 39, 8014 Neubiberg (T. 089-60 04-20 00) - Geb. 9. März 1938 Berlin, verh. 4 Kd. - Schule Birklehof Hinterzarten/Schwarzw.; Wehrdst.; Stud. Mannheim (Wirtschaftswiss.; Dipl.-Kfm. 1966), Promot. 1971 München - 1966-71 u. 1972-77 Wiss. Assist. Univ. Mannheim/München; 1977/87 Prof. f. Wirtsch.- u. Sozialgesch. Hochsch./Univ. d. Bundeswehr München (1978-80 Gründungsdekan Fak. f. Sozialwiss.); 1986/87 Visiting fellow St. Antony's Coll., Oxford - Bücher u. Aufs. z. Wirtschafts- u. Sozialgesch. - Bek. Vorf.: Juliane Baronin v. Krüdener, Schriftst., Pietistin (1764-1824).

KRÜGER, Arnd

Dr. phil., Prof. f. Sportwissenschaften - Im Hacketal 3, 3401 Waake (T. 05507 - 15 12) - Geb. 1. Juli 1944 Mühlhausen/Thür. (Vater: Walter K., Textiluntern.; Mutter: Minna, geb. Rose), ev., verh. s. 1972 m. Dr. phil. Barbara, geb. Weber, 3 Kd. (Julius, Myrthe, Noah) - 1964-71 Stud. Gesch., Engl., Phil., Sport Köln, Mainz, Los Angeles, B.A. (UCLA), Promot. Köln - 1971-74 gf. Redakt. Ztschr. „Leistungssport", Ref. f. Trainingswiss. Dt. Sportb., 1974-78 Wiss. Assist. Sem. f. Leibeserz. PH Berlin, 1978-3/80 Prof. Inst. f. Sportwiss. Univ. Hamburg, s. 1980 Prof. u. Inst.dir. Göttingen; Corresponding fellow American Acad. of Physical Education - Div. Ehrenämter. FDP - BV: (Mitverf.): D. Olymp. Spiele 1936 u. d. Weltmeinung, 1972; Sportführ. im 3. Reich, 1975; Sport u. Politik, 1975; Ursachen d. Schulsportmisere in Dtschl., 1979; Kl. Ratg. f. LA-Verletz., 1975; D. Berufsbild d. Trainers im Sport, 1980; Sport u. Ges. 1981; D. Anfänge d. mod. Sports in d. Renaissance, 1984; D. intern. Arbeitersport, 1985; Sportgesch.: Traditionspflege u. Wertewandel, 1985; Leibesübungen in Europa I. D. Europ. Gemeinschaft, 1985; Ritual and Record, 1990; u. a. Publ. - 1968 Olympiateiln. (1500 m-Lauf), 1962-69 11 mal Dt. Meister LA - Spr.: Engl., Franz., Span.

KRÜGER, Arnold

Geschäftsf., MdA Berlin (1973-79 u. 1983ff.) - Alemannenstr. 108, 1000 Berlin 28 - Geb. 13. Sept. 1920 Berlin - FDP.

KRÜGER, Barbara

Schriftstellerin - Monheimsallee 99, 5100 Aachen - Geb. 17. März 1944 Neustrelitz/Meckl., verh. m. Helmut Creutz, Schriftst., 2 S. - Aachener Klinikhilfe (MTA). Kurat. Ev. Studenten-Gde.; Mitgl. VS - BV: Mein Sohn Andi; Timmi wird unser Sohn; div. Anthol., Kindertheaterst. Insz.: Angsthasen, Mit-Gefühl. Kommentare im Rundfunk.

KRÜGER, Benno M.

Unternehmensberater (Krüger + Krüger Management- u. Personalberatung, Kulmbach) - Kulmitzweg 13, 8650 Kulmbach - Geb. 18. Febr. 1924 - Zuv. Geschäftsf. Vorwerk + Co. Möbelstoffw. GmbH, Wuppertal u. Kulmbach; Geschäftsf. Pohlschröder + Co KG, Dortmund; Dir. Geschäftsber. Einricht. Mauserwerke GmbH, Köln u. Waldeck; Vorst. Marketing u. Vertrieb d. Phywe AG, Göttingen - Mitgl. im BKU - Spr.: Engl. - Rotarier.

KRUEGER, Bernhard

Dr. phil., Prof., Ordinarius f. Allg. Didaktik - Am Spitzberg 15, 5400 Koblenz-Karthause - Geb. 4. Juli 1926 Berlin - Promot. 1963 - S. 1964 Lehrtätigk. PH Neuwied u. EWH Rhld.-Pf./Abt. Koblenz (1971 ao., 1972 o. Prof.).

KRÜGER, Bernhard

Dr. med., Prof. f. Chirurgie Freie Univ. Berlin, Chefarzt d. Chirurg. Abt. Krankenhaus Neukölln - Grabenstr. 11, 1000 Berlin 45 (T. 030 - 60 04-20 61) - Geb. 9. Juni 1931 Berlin, kath., verh. s. 1966 m. Heidemarie, geb. Hoffmann, 3 Kd. (Oliver, York, Colin) - Stud. Univ. Erlangen, Düsseldorf, FU Berlin; Promot. 1958; Priv.-Doz. 1972 - Prof. f. Chirurgie, 1973 Chefarzt.

KRÜGER, Christiane

s. Krüger-Bockelmann, Christiane

KRÜGER, Detlof

Regisseur - Käthe-Kollwitz-Str. 18, 7500 Karlsruhe-Durlach - Geb. 2. Mai 1915 Rostock (Vater: Felix K., Kaufm.; Mutter: Grethe, geb. Papenhagen), ev., verh. s. 1946 m. Senatspräs. Dr. jur. Gerda, geb. Nieland (s. unt. Krüger-Nieland), S. Christof - Gymn.; Schauspielunterr., 1936-50 Schauspieler, 1950-53 Oberspiell., 1953-62 Schauspieldir. Staatstheater Wiesbaden, s. 1962 Fernsehregiss., 1966-73 Int. Stadttheater Ulm, s. 1973 Regiss. u. Schausp. Bad. Staatstheather Karlsruhe , s. 1978 desgl. Stadttheater Basel. Dt. Fernsehanst. - Liebh.: Gärtnern - Spr.: Engl., Dän., Schwed.

KRÜGER, Dieter

Steuerberater, Ehrenpräsident dt. Steuerberaterverband, Bonn - Brandhorst 6, 3013 Barsinghausen 7 (T. 05035 - 4 82) - Geb. 7. Juli 1934 Zellin/O. (Vater: Wilhelm K., Polizeibeamter; Mutter: Käthe, geb. Wolter), ev., 3 Kd. (Guido, Torsten, Catrin) - 1952-55 Steuerfachsch. Hamburg - 1956-61 Verbandsprüf. Hannover, 1962-71 Steuerbevollm., 1971ff. Steuerberater. S. 1967 Vors. Verb. steuerberat. Berufe in Nieders.; 1974-90 AR Hann.-Lebensversich.; s. 1975 Präs. StB-Verband, Bonn; 1988-90 AR-Vors. Leistungsges. Nieders. HWG - 1983 BVK, 1989 BVK am Bde - Liebh.: Musik - 1952 Gold. Sportabz. - Spr.: Engl.

KRÜGER, Eberhard

Dr. med., Dr. med. dent., Prof. f. Zahn-, Mund- u. Kieferheilkunde - Sonnenscheinstr. 12, 5300 Bonn-Bad Godesberg (T. 78712) - S. 1962 (Habil.) Lehrtätigk. Univ. Bonn (1969 apl. Prof.).

KRÜGER, Erich

Dr.-Ing., Prof. f. Bautechnik Univ. Hamburg (s. 1977) - Babendiekstr. 22, 2000 Hamburg 55.

KRÜGER, Gerhard

Dr. phil. nat., o. Prof. f. Informatik/Telematik Univ. Karlsruhe - Schwarzwaldstr. 16, 7517 Waldbronn (T. 07243 - 6 60 06; Fax 07243 - 6 98 97) - Geb. 9. Juli 1933 Melsungen (Vater: Adalbert K., Kaufm.; Mutter: Margarete, geb. Appell), ev., verh. s. 1959 m. Erika, geb. Buciek, 3 Kd. (Thomas, Bettina, Frank) - Physik-Stud. Berlin (Dipl. 1958), Promot. 1959 Gießen - 1960-78 Kernforsch.zentrum Karlsruhe; 1971 o. Prof. in Karlsruhe (1981-83 Dekan). 1981ff. Vizepräs. Ges. f. Informatik, Bonn; 1983-85 Präs. d. Gesellsch. f. Informatik; Mitgl. Kuratorium Heinz-Nixdorf-Inst. Univ. (GH) Paderborn; Kurat. Konrad Zuse-Med., Bonn; VR Ges d. Freunde d. Univ. Jena e.V.; Vorst. Günter-Schroff-Stiftg. Straubenhardt - Spr.: Engl.

KRÜGER, Gert

Rechtsanwalt - Zu erreichen üb. Bruckhaus Westrick Stegemann, Freiligrathstr. 1, 4000 Düsseldorf 30 (T. 0211 - 4 97 90) - Geb. 26. Dez. 1940 Berlin; gesch., 2 Kd. (Felix, Anne) - Jura-Stud. in Tübingen u. Hamburg - Partner Anwaltssozietät Bruckhaus Westrick Stegemann - AR-Vors.: Küppersbusch AG, Gelsenkirchen, Migros Bank AG, Düsseldorf, Elektro-Apparate-Werke Berlin GmbH, Berlin; AR-Mitgl. Steigenberger Hotels AG, Frankfurt, Gebr. Happich GmbH, Wuppertal, Dresden Papier AG, Heidenau b. Dresden; Ges.Aussch. Joh. Vaillant GmbH & Co, Remscheid; Beiratsvors. Knight Wendling Consulting GmbH, Düsseldorf; Beir.-Mitgl. R. Woeste & Co GmbH & Co KG, Düsseldorf; Gebr. Lödige GmbH, Paderborn.

KRÜGER, Günter

Dr. jur. utr., Hauptgeschäftsführer Dt.-Ind. Handelskammer Bombay (s. 1971) - The Cottage, 45-B, Silver Oaks Estate, B. Desai Road, Bombay 400 026, (T. 362 44 47) - Geb. 1. Sept. 1937 Essen (Vater: Ernst Günter K. †; Mutter: Herta, geb. Verheyen), ev., verh. s. 1964 m. Dr. Inge, geb. Langbein - 1979 BVK a. Bde. - Liebh.: Segelsport - Spr.: Engl. - Rotarier.

KRÜGER, Hanfried

Dr. phil., D., Prof., Oberkirchenrat a. D. - Georg-Treser-Str. 32, 6000 Frankfurt/M. 70 (T. 069 - 65 21 18) - Geb. 12. April 1914 Schwerin/Meckl. (Vater: Heinrich K., Oberpostrat; Mutter: Käthe, geb. Rettig), ev., verh. s. 1941 m. Elsbeth, geb. Tuischer, 3 Kd. (Peter-Hinrich, Eckhard, Angela) - 1932-37 Univ. Freiburg/Br., Rostock, Hamburg, Kiel, Berlin, Marburg (Jura, Theol., Religionswiss.). Promot. (Religionswiss.) 1937 Marburg; Theol.Ex. 1938 u. 40 Hannover - 1938-51 Pfarrer Landeskirche Hannover; 1951-53 Kirchenrat Landeskirchenamt Hannover; 1953-79 Oberkirchenrat Kirchl. Außenamt d. EKD, Frankfurt. 1956-80 Leit. Ökumen. Centrale u. Geschäftsf. Arbeitsgem. christl. Kirchen; 1956-84 Schriftl. Ökumen. Rundschau. S. 1982 Honorarprof. Univ. Mainz - BV: Verständnis u. Wertung d. Mystik im neueren Protestantismus, 1938; Zeugnis f. alle Völker, 1966; Ökumene in Schule u. Gemeinde, 1973. Herausg.: Bis an d. Ende d. Erde (1962), Ökumene-Lex. (1983) - 1973 Ehrendoktor Luth. Akad. Budapest, 1989 Luth. Fak. Bratislava - Liebh.: Gesch., klass. Musik, schöne Lit. - Spr.: Engl., Lat., Griech., Hebr.

KRÜGER, Hans Joachim

Dr. phil., Prof. f. Soziolog. Univ. Gießen - Rhaban-Fröhlich-Str. 12, 6000 Frankfurt/M. 50 - Geb. 2. Nov. 1932 Berlin - Promot. 1964 - BV: Theologie u. Aufklärung - Unters. zu ihrer Vermittlung b. jg. Hegel, 1966.

KRÜGER, Hans-Helmut

Dr. jur., Partner Krüger & Uhen, Königstein - Frankfurter Str. 7, 6240 Königstein/Ts. (T. 06174 - 50 01) - Geb. 9. Febr. 1928 Berlin - 1968-70 Vorst.-Mitgl. Bank f. Brauindustrie, Frankf./M.; 1970-81 Vorst.-Mitgl. Dt. Länderbk. AG, ebd.; Mitgl. d. Beirats Brent Chemicals International GmbH, Heilbronn.

KRÜGER, Hardy

Schauspieler u. Schriftsteller - Maximilianstr. 23, 8000 München 22 - Geb. 12. April 1928 Berlin (Vater: Max K., Ing.; Mutter: Auguste, geb. Meier), verh. m. I) Renate Damrow (Schausp.), T. Christiane (Schausp., s. dort); II) Francesca Marazzi (Malerin), 2 Kd. (Malaika, Daniel); III) Anita Park (s. 1978) - Gymn.1945-56 - Bühnentätigk.: Berlin, Hamburg, Hannover, München, Stuttgart. Theatergastsp., Dichterles. Zahlr. Filme im In- u. Ausl.; Bundesrep. u.a.: D. Rest ist Schweigen, Alibi, Zwei unt. Millionen, Solange Du da bist, D. letzte Sommer; USA: Hatari, The Flight of the Phoenix, The Defector, The Secret of St. Vittoria, Wrong Is Right; Engl.: The one that got away, Bach. of Hearts, Blind Date, Barry Lyndon, A Bridge too Far; Frankr.: Taxi p. Tobruk, Sonntage m. Cybele, Le Chant du Monde, Le Franciscain du Bourges, Ital.: Lal Monaca di Monza; UdSSR: D. rote Zelt; Jugosl.: D. Schlacht an d. Neretva; Austral.: Blue Fin.; Fernsehen: Hardys Bordbuch (Prod. u. Regie), D. Messer, Weltenbummler (Buch u. Regie) - BV: E. Farm in Afrika, 1970; Sawimbulu, 1971; Wer stehend stirbt, lebt länger, 1973; D. Schallmauer, 1978; D. Frau d. Griechen, 1980; Junge Unrast, R. 1983; Sibirienfahrt, Tageb. e. Reise 1985; Frühstück m. Theodore, 1990 - Filmpreise Frankr., Belg., Jugosl.; 1983 Bundesfilmpreis; 1986 Goldene Kamera - Liebh.: Sportfliegerei, Reisen, Bücher, Musik - Spr.: Engl., Franz., Ital.

KRÜGER, Heinz

Dr. rer. nat., Prof. f. Physik Univ. Kaiserslautern - Bogenstr. 28, 6751 Trippstadt - Zul. Prof. Univ. Trier.

KRÜGER, Helmut

Dr. med., Chefarzt Psychiatr. Klinik Hans-Susemihl-Krankenh. Emden, apl. Prof. f. Psych. Med. Hochsch. Hannover (s. 1974) - Schleiweg 8, 2971 Hinte-Suurhusen - Geb. 14. Jan. 1934 Königsberg - Univ. Tübingen; Promot. 1959, Habil. 1971 - BV: Echoventrikulographie, 1972; D. Schizophrenien, 1981. Mitverf.: Gruppenarb. in d. Psychiatrie, 1973, 1981; Psychiatrie, 1973, 1976, 1980 - 1971 H. Simon-Preis.

KRÜGER, Horst

Schriftsteller - Mendelssohnstr. 49, 6000 Frankfurt/M. 1 (T. 74 62 65) - Geb. 17. Sept. 1919 Magdeburg, gesch. - Stud. Phil. u. Lit.wiss. - 1952-67 Leit. Lit. Nachtstudio Südwestfunk, Baden-Baden - BV: Zwischen Dekadenz u. Erneuerung, lit. Ess. 1952; D. zerbrochene Haus - E. Jugend in Dtschl., autobiogr. Erz. 1966; Stadtpläne - Erkundigungen e. Einzelgängers, Reiseprosa 1967; Dt. Augenblicke, 1969; Fremde Vaterländer - Reiseerfahrungen e. Deutschen, 1971; Zeitgelächter, 1973; Ostwest-Passagen, 1975; Poet. Erdkunde, 1978; Ludwig, lieber Ludwig - Ein Versuch üb. Bayerns Märchenkönig, 1979; Unterwegs - Ges. Reiseprosa, 1980; Spötterdämmerung - Lob- u. Klagelieder z. Zeit, 1981; Der Kurfürstendamm, Glanz und Elend eines Boulevards, 1982; Tiefer deutscher Traum - Reisen in d. Vergangenheit, 1983; Kennst du d. Land, Reiseerz. 1987. Div. Herausg. - 1970 Thomas-Dehler-Preis Bundesmin. f. innerdt. Fragen, 1972 Johann-Heinrich-Merck-Preis Dt. Akad. f. Sprache u. Dicht., 1973 Berliner Kritikerpreis, 1975 Ernst-Reuter-Preis, 1980 Goethe-Plak. Stadt Frankfurt/M.; 1983 Gold. Kamera HÖRZU; Präs.-Mitgl. PEN-Zentrum BRD, o. Mitgl. Dt. Akad. f. Sprache u. Dicht.

KRÜGER, Hubert

Dr.-Ing., em. o. Prof. f. Physik Univ. Tübingen (s. 1956) - Ahornweg 6, 7400 Tübingen - Geb. 16. Jan. 1914 Stettin, verh. s. 1941 m. Johanna, geb. Steffen, 3 Töcht. (Gabriele, Angela, Katrin) - Promot. 1938 Berlin, Habil. 1951 Göttingen - Entd. zus. m. H.G. Dehmelt (s. 1958 Prof. in Seattle, USA) d. Kernquadrupol-Resonanzen in Festkörpern (1949/50).

KRÜGER, Joachim

Dr.-Ing., o. Prof. f. Metallhüttenkunde u. Elektrometallurgie - Ronheider Weg 52, 5100 Aachen - Geb. 16. Juni 1933 Eberswalde - Promot. 1966 - S. 1971 (Habil.) Lehrtätigk. TH Aachen (1977 Ord. u. Inst.sdir.). Facharb.

KRÜGER, Jürgen

Einzelhandelskaufm., Vorstandsvorsitzender Hertie Waren- u. Kaufhaus GmbH, Frankfurt (s. 1988) - Zu erreichen üb. Hertie GmbH, Zentralverw., Herriotstr. 4, 6000 Frankfurt/M. 71 - Geb. 1941 Oppeln (Vater: Verkäufer/Bezirksleit. Berlin) - Mittl. Reife; Einzelhandelslehre Karstadt - 4 J. Verkäufer im Ausl. (Stockholm, New York, Paris); 16 J. Kaufhof (zul. 5 J. Vors. Geschäftsfg. I.T.S., Kaufhof Reiseveranstalter); 1982-84 Einkaufsleit. Metro Intern.; s. 1984 Hertie (Vorst. f. Verkauf, s. 1986 Vorst.-Spr.) - Liebh.: Musik (klass. u. mod.), Lesen, Sport - Spr.: Engl., Franz., Schwed.

KRÜGER, Karl-Ernst

Dr. med. vet., Prof., Tierarzt, Veterinärdir., Hon.-Prof. Tierärztl. Hochsch. Hannover - Fritz-Reuter-Str. 20, 2190 Cuxhaven (T. 04721 - 3 82 20) - Geb. 12. März 1931 Rathenow, ev., verh., 3 Kd. - Stud. Veterinärmed. 1950-55 Berlin u. Hannover - Fachtierarzt f. Lebensmittelhygiene u. f. öffentl. Veterinärwesen - Spr.: Engl.

KRÜGER, Klaus-Dietrich

Dr.-Ing., Mitglied d. Landtages Brandenburg, Fraktion d. SPD (s. 1990), Vors. d. Aussch. f. Wissensch. Forsch. u. Kultur - Platanenallee 33, O-1272 Neuenhagen - Geb. 26. Okt. 1936, verh. s. 1961 m. Ursula, geb. Lingmann, (Lehrerin), 3 Söhne (Torsten, Olaf, Jens) - Dipl. 1961 TH Ilmenau (Elektr. Ener-

gietechn.); Promot. 1975 als außerplanmäßig. Aspirant TH Ilmenau - Projektierungsing., Forschungsing.

KRÜGER, Kristian
Kaufm., Inh. Remy & Co., Hamburg, Vors. Vereinig. d. am Drogen- u. Chemikalien-Groß- u. Außenhandel beteil. Firmen (Drogen- u. Chemikalienverein) ebd. - Parkallee 44, 2070 Ahrensburg.

KRÜGER, Kurt
Dr. jur., Eisenbahndirektor i. R. - Eichhornstr. 56, 7750 Konstanz - Geb. 28. März 1909 Lübeck (Vater: Christian K., Baumeister), kath., verh. s. 1937 m. Leonie, geb. Moll, 6 Kd. (Rainer, Peter, Brigitte, Ursula, Michael, Rafael) - Katharineum Lübeck, Univ. München, Genf, Münster (Rechts- u. Staatswiss.; Promot. 1934). Beide jur. Staatsprüf. 1935-37. Wiss. Assist. f. Steuerr. u. Wirtschaftsprüf., 1937-51 jurist. Hilfsarb., Prok. (1939), stv. (1945), u. o. Vorst.-Mitgl. (1946) Dt. Eisenbahn-Ges. AG, Frankfurt/M., sowie mehr. Tochterges. d. AG f. Verkehrswesen. 1951-76 Vorst.-Mitgl. u. -Vors. (1955) Köln-Bonner Eisenbahnen AG, Köln. Mitgl. (1962-77) u. Vizepräs. (1970) d. VR d. Dt. Bundesbahn. 1971 Ehrenmitgl. Intern. Verb. f. öff. Verkehrsw., Brüssel, u. 1976 Bundesverb. Dt. Eisenbahnen, Köln. Zahlr. Abh. - BVK I. Kl. - Liebh.: Reiselit., Briefm., Musik.

KRÜGER, Lorenz
Dr. rer. nat., Prof., Lehrstuhlinh. f. Philosophie, insb. Wissenschaftstheorie, Univ. Göttingen (s. 1986) - Herzberger Landstr. 75, 3400 Göttingen - Geb. 3. Okt. 1932 Marburg/L. - Promot. 1959; Habil. 1972 - 1972 Gastprof. Univ. Berkeley (USA); 1973-81 Prof. Univ. Bielefeld; 1981-86 FU Berlin - BV: Rationalismus u. Entwurf e. univers. Logik b. Leibniz, 1969; D. Begriff d. Empirismus, 1973; The Probabilistic Revolution, 2 Bde. (Hg.), 1987 - Mitgl. d. Akad. d. Wiss. zu Göttingen u. d. Acad. Europaea.

KRÜGER, Manfred
Dr. phil., Prof. f. Philosophie u. Schöne Wiss., Schriftst. - Ermreuther Str. 25, 8500 Nürnberg 10 (T. 0911 - 52 84 91) - Geb. 23. Febr. 1938 Köslin/Pom., verh. s. 1962 m. Christine, geb. Petersen, 7 Kd. (Katharina, Franziska, Thomas, Markus, Michaela, Felix, Dorothea) - Oberrealsch. Ansbach; Stud. German., Roman., Phil. Univ. Heidelberg u. Tübingen; Promot. 1965 - 1966-73 Wiss. Assist. u. Lehrauftr. f. Literaturwiss. Univ. Erlangen; Doz., Vorstandsmitgl. Anthropos. Ges. in Dtschl. - BV: Gérard de Nerval, 1966; Nerval: Tempellegende, 1967/82; Wandlungen d. Tragischen, 1973; Nora Ruhtenberg, 1976; Bilder u. Gegenbilder, 1978; Wortspuren, 1980; Denkbilder, 1981; Nerval: Chimären, 1981; Lit. u. Gesch., 1982; Mondland läßt Sonne ein, 1982; Meditation, 1983; Nah ist er, ungesehn, 1983; Guillaume de

Lorris: D. Rosenroman, 1985; Anthrop. u. Kunst, 1988; Fragm. z. Ästhetik, 1992.

KRÜGER, Marlis
Dr. phil., Prof. f. Gesellschaftsanalyse Univ. Bremen - Kurfürstenallee 13, 2800 Bremen - Geb. 13. März 1940 Greifswald (Vater: Gerhard K., Studiendir.; Mutter: Gerda, geb. Hebel) - Stud. Hamburg, Freiburg, FU Berlin; Dipl.-Prüf. 1964; Promot. 1967 - 1964-67 wiss. Mitarb. Max-Planck-Inst. f. Bildungsforsch., 1967-72 CityCollege of New York (Assist. Prof.), u. 1972 Prof. f. Gesellschaftsanalyse Univ. Bremen - BV: Student i. Studium, 1969; Dissent Denied, 1975; Wissenssoziologie, 1981. Mithrsg.: Psychology and Social Theory - Spr.: Engl. (Amerik.), Ital., Franz., Span.

KRÜGER, Martin Maria
Direktor Richard-Strauss-Konservatorium München - Gasteig, 8000 München 80 (T. 089 - 418 14 15-6) - Geb. 11. Jan. 1954 Solingen, kath., verh. s. 1989 m. Karin, geb. Schmitt - 1971-78 Privatstud. Gitarre b. Siegfried Behrend; Schlagzeug b. Siegfried Fink u. Gitarre b. Dieter Kirsch Hochsch. f. Musik Würzburg; Künstler. Staatsprüf. Gitarre 1976 u. Schlagzeug 1977 - Freischaff. Gitarrist. 1982-87 Dir. Hermann-Zilcher-Konservat. Würzburg - Schallplatten Acanta, Audite, Bayer records, Calig (Kammermusik) - Liebh.: Lit. - Spr.: Engl., Franz.

KRÜGER, Mike
(eigentl. Michael Friedr. Wilh. Krüger), Sänger, Showmaster - Gorch-Fock Kehre 9, 2085 Quickborn - Geb. 1951 - Gelernter Betonbauer - Schlagersänger (Mein Gott, Walter; D. Nippel; u. a.); Schausp.- FS-Showmaster (Familien-Show Vier gegen Willi, 1986).

KRÜGER, Paul-Ullrich
Werbekaufm., Werbeberater (selbst.), Geschäftsf. Omnia Werbegesellschaft mbH & Co. KG, Bielefeld (1960-88), Gf. Vorst. Marketing-Club (1986-91), Bielefeld (Präs. 1972-86) - Elisabethstr. 3, 4800 Bielefeld 14 (T. 4 57 49) - Geb. 5. April 1925 Dresden (Vater: Paul K. †, Kammervirtuose; Mutter: Katharina, geb. Seidel †), ev., verh. s 1950 m. Liselotte, geb. Klett - Staatsgymn. (Abit.) Dresden; Ausbild. Verlags- u. Werbekfm. - 1942-45 akt. Offz.; 1945-60 Tätigk. Verlag u. Werb. in Hamburg. Vorst. Dt. Kinderschutzbd., Ortsverb. Bielefeld (s. 1979). FDP 1978-86, u. Vors. Kreisverb. Bielefeld - Mitautor Werbeleiter-Handb., 1973; Fachartikel Kompendium (1991); Autor: D. Markt als Aufgabe u. Chance (1991) - Kriegsausz. - Liebh.: Fotografie - 1969 Gold. Sportabz. - Spr.: Engl., Franz.

KRÜGER, Peter
Dr. phil., Prof. f. Neuere Geschichte Univ. Marburg - Haspelstr. 26, 3550 Marburg/L. - Geb. 17. Dez. 1935 - Abit. 1956 Goslar; Promot. 1962 München; Habil. 1972 Köln - 1966-74 Wiss. Mitarb. Ausw. Amt; 1973 apl. Prof. Köln; s 1975

o. Prof. Univ. Marburg. 1984 Fellow Woodrow Wilson Intern. Center for Scholars, Washington D.C. - BV: D. Beziehungen d. Rhein. Pfalz zu Westeuropa 1576-82, 1964; Eichendorffs polit. Denken, 1969; Deutschl. u. d. Reparationen 1918/19, 1973; D. Außenpolitik d. Rep. v. Weimar, 1985; Versailles, 1986; Kontinuität u. Wandel in d. Staatenordnung d. Neuzeit, 1991. Mitherausg.: Akten z. dt. ausw. Politik 1919-45 (1966-74).

KRÜGER, Rainer
Dr. o. Prof. f. Geographie Univ. Oldenburg (s. 1970; 1974 ff. Rektor) - Margaretenstr. 30, 2900 Oldenburg/O. - Geb. 12. Juli 1939 Schweidnitz (Vater: Dipl.-Volksw. Horst K.; Mutter: Elfriede, geb. Hoffmann), S. Oliver - 1958-64 Stud. Geogr., Angl., Phil., Päd. Göttingen u. Berlin (W) - Zul. Assist. Osteuropa-Inst./FU u. Doz. PH Berlin - BV: Topologie d. Waldhufendorfes n. Einzelformen u. deren Verbreitungsmuster, 1967. Zahlr. Einzelarb. - Spr.: Engl., Russ. - Bek. Vorw.: Franz-Otto K., Schauspieler (2. Grad).

KRÜGER, Ralf
Dr. rer. pol., Aufsichtsratsmitglied FROTTANA GmbH, Großschönau - Parkstr. 25, 6242 Kronberg - Geb. 1. Juni 1939 - AR-Mitgl. The Israel European Company ISROP S.A., Luxembourg, Albers & Scheiffele Beteiligungs AG, Moers, DEG - Dt. Finanzierungsges. f. Beteiligungen in Entw.ländern GmbH, Köln; AR Robert Bosch GmbH, Stuttg., Otto Wolff AG, Köln.

KRÜGER, Rolf
Dr. rer. pol., Univ.-Prof., Volkswirtschaftslehre -Hohenstaufenallee 84, 5100 Aachen (T. 0241 - 7 47 33) - Geb. 7. Jan. 1937 Troisdorf - Promot. 1966; Habil. 1971 - 1973 Wiss. Rat u. Prof. TH Aachen (Lehrgeb. Volksw.lehre).

KRÜGER, Rudolf
Dr. jur., o. Prof. f. Wirtschaftslehre d. Brauerei TU München (s. 1968) - Deutingerstr. 12, 8050 Freising/Obb. - Rechtsanw., Wirtschaftsprüfer u. Steuerberater.

KRÜGER, Thomas

Theologe, Senator f. Jugend u. Familie Senat Berlin (s. 1991) - Cäsarstr. 22a, O-1157 Berlin - Geb. 20 Juni 1959 Buttstädt, ev., ledig - Plast- u. Elastfacharbeit. 1978 Fürstenwalde; Stud. Theol. Sprachenkonvikt Berlin; 1. Ex. 1987; 2. Theol. Ex. 1989 Eisenach - 1989 Gründungsmitgl. SPD; 1990 Mitgl. Volkskammer (SPD); 1990/91 Stadtrat f. Inneres b. Magistrat Berlin (Ost). S. 1990 stv. Landesvors. d. Berliner SPD - Liebh.: Theater, Jazzmusik, Kunst - Spr.: Altspr., Engl., Franz., Russ.

KRÜGER, Ulrich F.
Mitglied d. Abgeordnetenhauses Berlin (s. 1991) - Kadettenweg 58, 1000 Berlin 45 (T. 030 - 833 22 94) - Geb. 2. April 1929 Berlin, Fr. ev. Gemeinden, verh. s

1954 m. Ingeborg, geb. Reiß, 6 Kd. (Gerhard, Madeleine, Barbro, Derek, Solvej, Karel) - Abit. 1947; Lehrerausb., 1. Staatsex. 1950, 2. Staatsex. 1953, Univ. Sonderkurs Otto-Suhr-Inst. FU 1967-69, Zusatzstud. FU Jurist. Fak. 1969-71 - Mitgl. div. Senatskomiss. z. Zt. Berliner Vollzugsbeirat; 1961 Gründungsmitgl. Freiw. Polizeireserve (FPR) Berlin (Hundertschaftsführer), Hptm. d. R. Bw (Luftwaffe a.D.), stv. Vors. Dt.-Israel.-Ges. Berlin, (DIG), stv. Vors. Polizeiarbeitskr. (PolAK) CDU Berlin; 1981-89 MdA, div. Parteiämter, zul. Kreisvorst.-Mitgl. CDU Kreuzberg - 1981 BVK am Bde., 1986 Dt. Sportabz. Gold; 1987 Bundeswehrleist.abz. in Gold - Liebh.: Bergwandandern, Musik, Reisen, Videofilmen - Spr.: Engl., Holl., Dän., Schwed.

KRÜGER, Walter
Dr. jur., Vorstandsvorsitzender d. Staatsbank Berlin (s. 1990) - Claudiusstr. 23a, 4000 Düsseldorf 30 - Geb. 21. Sept. 1925 Goldap - Jura-Stud. 1. Jurist. Staatsex. - 1952-1953 Dt. Waren-Treuhand AG Wirtschaftsprüf.ges., München/Nürnberg; 1959-90 Industriekreditbank AG - Dt. Industriebank, Düsseldorf; s 1990 Staatsbank Berlin.

KRUEGER, Werner
Ministerialdirektor a. D. - Gustav-v.-Veit-Str. 23, 5300 Bonn-Venusberg (T. 28 10 66) - Geb. 1. Jan. 1915 Bochum, kath. - Univ. Berlin (Ztg.swiss. u. Volksw.) - B. 1939 Redakt. Westf. Volksztg., dann Wehrdst. (zul. Oblt. d. R.), 1946-49 Parlamentsjourn. Landtag NRW, Zweizonen-Wirtschafts- u. Parlam. Rat, ab 1950 Mitarb. Presse- u. Informationsamt d. Bundesreg., 1952-54 u. 1956-66 stv. Bundespressechef (1961 Min.dir.), dazw. Chefredakt. Fernsehen NWDR Köln, 1967-69 Leit. Planungsstab Bundeskanzleramt. Gründungsmitgl. CDU.

KRÜGER, Werner
Dipl.-Ing., o. Prof., Lehrstuhlinh. u. Vorst. Inst. f. Haustechnik TU München (s. 1964) - Hainbuchenstr. 36, 8021 Taufkirchen (T. 6123365) - Geb. 20. Juni 1912 Berlin - Vors. Normenaussch. Heiz- u. Raumlufttechn. i. DIN. Fachveröff.

KRÜGER, Wilfried
Dr. rer. pol., Dipl.-Kfm., Prof. f. Betriebswirtschaftslehre Univ. Gießen (s. 1986) - Zu erreichen üb. Univ., FB Wirtschaftswiss., Licher Str. 62, 6300 Gießen (T. 0641 - 702 51 60); priv.: Nelkenstr. 30, 6305 Buseck 1 (T. 06408 - 78 58) - Geb. 1. Nov. 1943 Berlin - Stud. FU Berlin (Dipl.-Kfm. 1968); Promot. 1971 Univ. Freiburg; Habil. 1975 ebd. - 1964 Offsetdrucker; 1978-86 Ord. f. Betriebsführ. Univ. Dortmund - BV: Grundl., Probl. u. Instrumente d. Konflikthandhab. in d. Untern.; Konfliktsteuer. als Führungsaufg.; Macht in d. Untern.; Aufgabenanalyse; Zielbild. u. Bewert. in d. Organisationsplanung; Technik d. organisat. Problemanalyse; Grundlagen d. Org.plan.; Organisation d. Unternehm. - 1972 Karl-Guth-Preis.

KRÜGER, Wolfgang
Dr. phil., Fernsehdirektor RIAS-TV (s. 1990), u. Stellvertr. d. Intendanten von RIAS Berlin (s. 1.12.1991) - Zu erreichen üb. RIAS-TV, Voltastr. 5, 1000 Berlin 65 - Geb. 16. April 1950 Hennigsdorf, ev., verh. - Stud. Gesch. u. German. Univ. Düsseldorf; Promot. - Volont. Westf. Rundschau; Redakt. u. Reporter b. d. Bildztg.; Hörfunk- u. Fernsehredakt. b. WDR; Ref. d. Int. Friedrich Nowottny (WDR); 1988-90

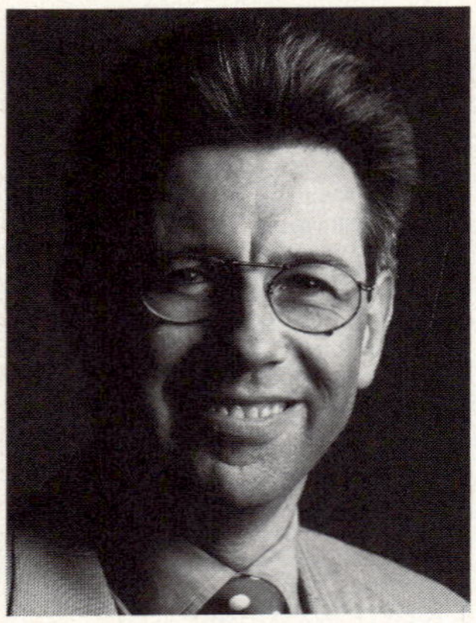

Chefredakt. RIAS-TV - BV: D. Entnazifizierung in Nordrh.-Westf., 1982.

KRÜGER-BOCKELMANN, Christiane

Schauspielerin (Ps.: Christiane Krüger) - Zu erreichen üb.: Agentur G. Lentz, Holbeinstr. 4, 8000 München 80 - Geb. 8. Sept. Hamburg (Vater: Hardy Krüger, Schauspieler (s. dort); Mutter: Renate Densow, Schauspielerin), ev., verh. s. 1974 m. Manfred Bockelmann, Fotograf; S. Tim Oliver - Cambridge-Ex., Franz. Sprach-Dipl. - BV: Magic Hollywood - Schauspiel Lausanne, Genf, Berlin. Film: 48 Std. b. Acapulco, Marquis de Sade, Doubleface, E. Mann geht in d. Falle, Little Mother. FS-Serien: Christa, Arsen Lupin 813, Graf v. Monte Christo, Mädchen a. d. Weltall, Kommissar, Derrick, D. Alte, Paul Temple, Tatort u. a. - Liebh.: Mod. Kunst - Spr.: Engl., Franz., Ital.

KRÜGER-(MÜLLER), Helga

Dr. phil., Prof. f. Familiensoziologie Univ. Bremen - Riensberger Str. 28b, 2800 Bremen 1 (T. 21 79 75) - Geb. 1. April 1940 Essen (Vater: Ernst-Günter K., Angest.; Mutter: Herta, geb. Verheyen), verh. s. 1974 m. Wilfried Müller, 2 Töcht. (Nina, Jana) - Abit. 1960; Stud. Univ. Paris, Marburg, Bogota (Kolumbien), Kiel; Staatsex. 1967, Promot. 1969 - 1970-71 Wiss. Assist. Univ. Bielefeld, 1971-74 Oberrätin Univ. Hamburg, s. 1974 Prof. Bremen. S. 1980 Ständ. AG Hochschultage Berufl. Bild.; 1981-83 Exp.-Kommiss. 6. Jugendbericht; s. 1984 Wiss. Beirat Soz.-Forschungsst. Dortmund; s. 1985 Mitgl. Forsch.schwerp. Arbeit u. Bildung d. Univ. Bremen; s. 1988 Mitgl. Sonderforsch.bereich 186 d. DFG Statuspassagen u. Risikolagen - BV: Hauptsache, e. Lehrst., Jugendl. vor d. Hürden d. Arbeitsmarktes, (m. W.R. Heinz u.a.) 1985; Verbesser. d. Chancengleichheit v. Mädchen in d. BRD. 6. Jugendbericht; Bundestagsdrucksache (m. G. Frasch u.a.), 1984; Privatsache, Kind - Privatsache Beruf ... u. dann hab ich ja noch Haushalt, Mann u. Wäsche, 1987; Bildungshierarchien. Gutachten z. Lehrerarb. in d. Ausbildung f. soz. Berufe. Reihe: Forsch.schwerp. Arbeit u. Bildung, Bd. 10 Bremen (Univ.) 1989 - Spr.: Engl., Franz., Span.

KRÜGER-NIELAND, Gerda

Dr. jur., Senatspräsidentin - Käthe-Kollwitz-Str. Nr. 18, 7500 Karlsruhe-Durlach - Geb. 22. Juni 1910 Bremen (Vater: Dr. jur. Ludwig Nieland, Richter b. Reichsgericht), verh. s. 1946 m. Detlof Krüger, 1966-73 Int. Stadttheater Ulm (s. dort), S. Christof - Univ. Freiburg u. Leipzig (Promot. 1934) - B. 1951 Rechtsanw. Hamburg, dann Richterin u. Senatspräs. (1965; erste Frau) Bundesgerichtshof Zivilsenat I).

KRÜLL, Herbert F.

Rechtsanwalt, Kroke Beisken Bank, Klückers Krüll, Düsseldorf - Königsallee 14; priv.: Rubensstr. 12, 4000 Düsseldorf - Geb. 9. Juni 1929 Buer (Vater: Josef K., Kaufm.; Mutter: Walburga, geb. Wingerter), verh. s. 1956 m. Ursula, geb. Rüsing, 2 Kd. (Thomas, Bettina) - Univ. Köln (Rechtswiss.) - Mitgl. East-West Committee d. Intern. Handelskammer, Paris, Außenhandelsaussch. IHK Düsseldorf - Liebh.: Konstruktivist. Malerei (Samml.) - Spr.: Engl., Franz.

KRÜMMEL, Hans-Jacob

Dr. rer. pol., Dr. iur. h. c., Dipl.-Kfm., o. Prof. d. Betriebswirtschaftslehre, Direktor Inst. f. Gesellschafts- u. Wirtschaftswiss., Direktor Banksem. u. Direktor Inst. f. d. Spar-, Giro- u. Kreditwesen - Gudenauer Weg 52a, 5300 Bonn-Ippendorf (T. 28 29 67) - Geb. 22. Okt. 1928 Darmstadt (Vater: Jacob K., Betriebsleit. Daimler-Benz AG.; Mutter: Emma, geb. Junge-Illies), kath., verh. s. 1959 m. Ingeborg, geb. Schlich, 2 Söhne (Thomas, Clemens) - 1951-59 Dt. Sparkassen- u. Giroverb., Bonn; 1959-64 Univ. Saarbrücken (Inst. f. Geld-, Bank- u. Börsenwesen; 1963 Privatdoz.); s. 1965 Univ. Bonn (Ord., 1979-81 Rektor) - Commandeur dans l'Ordre des Palmes Académiques; Gr. BVK.

KRÜMPELMANN, Justus

Dr. jur., Prof. f. Straf- u. -prozeßrecht Univ. Mainz - Am Eselsweg 30, 6500 Mainz.

KRÜSKEMPER, Gertrud M.,
geb. Ochel

Dr. phil., o. Prof. f. Med. Psychologie Univ. Bochum (s. 1977) - Hustadtring 147, 4630 Bochum 1 - Eltern: August (Kaufm.) u. Grete Ochel, kath., verh. s. 1956 m. Prof. Dr. med. Hans K., Internist (s. dort), T. Elena - Dipl.-Psych. Bonn; Dipl.-Kfm. Köln; Promot. Hannover (TU); Habil. ebd. (MH) - Zul. Privatdoz. Med. Hochsch. Hannover.

KRÜSS, James

Schriftsteller (Ps.: Markus Polder) - Apartado 8 Tafira Alta, Las Palmas de Gran Canaria (Span.) - Geb. 31. Mai 1926 Helgoland (Vater: Ludwig K., Werkm.; Mutter: Margaretha, geb. Friedrichs) - 1946-48 Päd. Hochsch. Lüneburg - 1947-48 Lehrer; 1948-51 Redakt. - BV (b. zu 41 Übers.): Heimkehr aus d. Kriege - E. Idylle, 1965; D. Harmlose, R. 1988, Kinderb.: u. a. D. Leuchtturm auf d. Hummerklippen, 1956; D. glückl. Inseln hinter d. Winde, 1958; Mein Urgroßv. u. ich, 1959 (1960 Dt. Jugendbuchpreis); Mein Urgroßv., d. Helden u. ich, 1967; Naivität u. Kunstverstand - Gedanken z. Kinderlit., 1969; Seifenblasen zu verkaufen, Anthol. 1972; D. Buch d. 7 Sachen z. Staunen u. Lachen, 1973. Über 60 Bilderbücher (größtent. in Übers.; 1964 Dt. Bilderbuchpreis, f.: 3 × 3 an e. Tag). Fernsehen: ABC u. Phantasie, James Tierleben. Liedertexte - 1968 Hans-Christian-Andersen-Preis (f. d. Gesamtw.); 1988 Marburger Literaturpreis; 1968 J.-K.-Schule Berlin (3. Grundsch. Tiergarten); 1981 J.-K.-Grundsch. Barmstedt, Kr. Pinneberg - Sammelt Bilderb. u. Volkslieder f. Kinder aus aller Welt - 1971 Mitgl. PEN-Zentrum BRD - Spr.: Engl., Fries., Holl., Serbokroat., Span.

KRÜSSELBERG, Hans-Günter

Dr. rer. pol., o. Prof. f. Volkswirtschaftslehre u. Wirtschaftspolitik Univ. Marburg - In den Opfergärten 4, 3557 Ebsdorfergrund 8 (T. 06424 - 59 49) - Geb. 31. Mai 1929 Wuppertal-Elberfeld - Gymn. Mettmann; Handwerkslehre; 1953-57 Univ. Köln (Wirtschafts- u. Sozialwiss.; Dipl.-Volksw.). Promot. (1962) u. Habil. (1968) Köln - S. 1968 Lehrtätigk. Univ. Köln (Privatdoz.), Bochum u. Marburg (1969 Ord., 1971/72 u. 1989/90 Dekan); 1981/82 Forschungsaufenth. Zentrum f. Interdisziplinäre Forsch., Bielefeld. S. 1973 Mitgl., 1978-84 Vors. wiss. Beirat f. Familienfragen; ab 1990 Mitgl. projektbegleitender Beirat Zeitbudgeterhebung (Statist. Bundesamt); ab 1991 Mitgl. d. Sachverst.-Kommiss. f. d. 5. Familienbericht d. Bundesreg. - BV: Organisationstheorie, Theorie d. Unternehm. u. Oligopol., 1965; Marktw. u. ökonom. Theorie, 1969; Verhaltenshypothesen u. Familienzeitbudgets - D. Ansatzpunkte d. Neuen Haushaltsökonomik f. Familienpolitik (m. M. Auge u. M. Hilzenbecher), 1986; Flexibilisierung d. Beschäftigungsverhältnisse (m. E. Gaugler), 1986. Herausg.: Vermögen in ordnungstheoret. u. ordnungspolit. Sicht (1980); Vermögen im Systemvergleich (1984); Markt, Staat u. Solidarität b. Adam Smith (m. F. X. Kaufmann, 1984); Grundbegriffe z. Ordnungstheorie u. polit. Ökonomik (m. A. Schüller, 2. A. 1991); Z. Transformation v. Wirtschaftssystemen (m. A. Schüller, 2. A. 1991). Fachveröff.

KRÜSSMANN (ß), Günther

Dipl.-Ing., Vorstandssprecher FLACHGLAS AG - Auf der Reihe 2, 4650 Gelsenkirchen - Geb. 13. Aug. 1926 - 1984 BVK.

KRÜTZFELDT, Hans-Jürgen

Regisseur u. Schauspieler - Schusterstr. 56, 6500 Mainz (T. 06131 - 22 02 75) - Geb. 2. Aug. 1931 Kiel - Jurastud., Schauspielausb., bde. Kiel - S. 1952 Regiss. u. Schausp. an vielen namhaften Theatern. Zahlr. Bühneninsz. 1984 ehrenamtl. Richter LAG Rhld.-Pfalz - Klass. u. mod. Rollen, z. B. Mephisto, Galilei, Salieri, George (in: Virginia Woolf) - Liebh.: Musik (Orgel), Elektronik.

KRÜTZFELDT, Werner

Dr. phil., Prof., Hochschullehrer, Vors. Arbeitsgem. Musikerziehung u. -pflege/ Dt. Musikrat, Bonn - Gründgensstr. 16, 2000 Hamburg 60 (T. 040 - 630 39 03) - Geb. 27. Sept. 1928 Kiel (Vater: Hans K., Rechtsanw. u. Not.; Mutter: Annemarie, geb. Müller), ev., 2 Kd. - Stud. Kompos., Schulmusik, Musikwiss. Staatsex. 1953; Promot. 1961 - S. 1954 Doz. (Musiktheorie) u. Prof. (Kompos./ Musikwiss.; 1968) Hochsch. f. Musik u. Darst. Kunst Hamburg. 1978ff. Präs. Landesmusikrat Hamburg; 1990 Vizepräs. Hochsch. f. Musik u. Darst. Kunst Hamburg. 1967-92 Bundesvors. Arbeitskreis f. Schulmusik (AfS). Zahlr. Facharb. - 1960 Bach-Preis (Stip.) - Spr.: Engl.

KRUFT, Hanno-Walter

Dr., Prof. Univ. Augsburg, Kunsthistoriker - Klausenberg 20, 8900 Augsburg 22 (T. 0821 - 99 24 49) - Geb. 22. Juni 1938 Düsseldorf (Vater: Augustin K., Kaufm.; Mutter: Johanna, geb. Lueg), ev., ledig - Univ. Bonn (Promot. 1964), Habil. 1972 TH Darmstadt - BV: Altichiero u. Avanzo, 1966; Domenico Gagini u. s. Werkstatt, 1972; Antonello Gagini u. s. Söhne, 1980; Gesch. d. Architekturtheorie, 1985, 3. A. 1991; Städte in Utopia, 1989 - S. 1991 o. Mitgl. d. Bayer. Akad. d. Wiss.

KRUG, Arno

Dr. med., Prof., Chirurg, Chefarzt - Theodor-Fontane-Str. 20, 8670 Hof/Saale (T. 09281 - 9 15 90) - Geb. 16. Febr. 1935 Schneidemühl, verh. s. 1956 m. Dr. med. Christine, geb. Hartwig, 4 Kd. (Ulrike, Torsten, Christian, Hannes) - Abit. 1953; Staatsex. (Med.) 1959 Marburg; Promot. 1959 Marburg; Habil. (Chir.) 1972 Kiel - 1978 Chefarzt Allg. Chirurgie Hof/Saale; 1978 apl. Prof. Kiel. 1965 Nachweis d. Frühinfarktes im Herzmuskel (Virchows Arch. 338, 339). 45 Veröff. in nat. u. intern. Ztschr. - 1972 USA Fortbildungsstip. d. Dt. Ges. f. Chir. - Liebh.: Sport, Musik, Theater, Lit. - Spr.: Engl.

KRUG, Detlef

Dr. rer. nat., Dipl.-Chem., Prof. f. Anorgan. Chemie Univ. Tübingen - Vischerstr. 5, 7410 Reutlingen - Geb. 4. Juni 1936 Frankfurt/M.

KRUG, Edgar

Vorstandsmitgl. Landeszentralbank in Nordrh.-Westf. - Berliner Allee 14, 4000 Düsseldorf 1 - Geb. 17. Juli 1931 Wuppertal.

KRUG, Franz

Richter a. D., MdL Bayern (s. 1970) - Am Treibweg Nr.35, 8552 Höchstadt/ Aisch (T. 09193 - 629) - Geb. 1935 - CSU.

KRUG, Helmut

Dr. hort., Prof. f. Gemüsebau - Ilmenauweg 13, 3016 Seelze 7 - Geb. 6. Juli 1925 Schönwerder (Vater: Wilhelm K., Landwirt; Mutter: Gertrud, geb. Kramer), ev., verh. s. 1954 m. Margot, geb. Voigt, 5 Kd. - Gärtnerlehre; Stud. Gartenbau. Dipl. 1954 Berlin (Humboldt); Promot. 1959 TU Hannover; Habil. 1963 ebd. - S. 1969 Prof. TU bzw. Univ. Hannover (gegenw. Leiter d. Inst.). Mithrsg.: Gartenbauwiss. (1970ff.) - BV: Gemüseproduktion (Paul Parey), 1986. Fachaufs. - Spr.: Engl.

KRUG, Hildegard Maria

Fremdsprachenlehrerin, Schriftst. - Spenglersruh 23, 6490 Schlüchtern (T. 06661 - 17 42) - Geb. 11. Jan. 1927 Danzig-Langfuhr, ev., led. - Ausb.: Vorbeck-Schule; 1949/50 staatl. anerk. Berufskolleg f. Fremdsprachen, Gengenbach - Veröff.: Bisher 53 Bde.; dar. 14 Bde. d. Kinder- u. Jugendserie üb. Fam. Wisselmann; 7 Bde. f. Senioren üb. Fam. Abendroth; 5 Bde. f. Kinder üb. Tom u. Toni; 6 Bde. aus d. Engl. übers. - Liebh.: Lit., Musik, Gartenbau - Spr.: Engl., Franz., Finn., Schwed.

KRUG, Manfred

Schauspieler - Zu erreichen üb. ZBF-Agentur, Kurfürstendamm 206, 1000 Berlin 15 - Geb. 8. Febr. 1937 Duisburg, verh. (Ehefr. Ottilie; Lehrerin), 3 Kd. (Daniel, Stephanie, Josephine) - Aufgewachsen in d. DDR, 11 Schulen; Schmelzer- u. Schauspielausb. - Darsteller im Film u. Fernsehen (auch Sänger) DDR; s. 1977 West-Berlin Div. Theaterrollen, dar. Dorfrichter Adam (D. Zerbrochene Krug). Üb. 40 Filme. Zahlr. Fernsehsp. (u.a. Kommissar Stoever/Tatort); u. -Serien (1986 Liebling-Kreuzberg, ARD). 10 Gesangspl. - Gold. Europa Saarl. Rundf. (f. erste West-LP).

KRUG, Ulrich

Dr., Fabrikant (Italmodell Kleider GmbH, Augsburg u. München) - Ulrichsberg 1, 8901 Stadtbergen - Ehrenvors. Verb. Bayer. Bekleidungsind., stv. Vors. Modekreis München, Messebeirat d. Mode-Woche-München.

KRUGLEWSKY-ANDERS, Lieselotte

Dr. rer. pol., Oberstudienrätin, Geschäftsf. Griffelkunst-Vereinig. Hamburg-Langenhorn e. V. (s. 1964), Mitgl. Hbg. Bürgerschaft (1949-74; b. 1953 FDP, dann SPD) - Böhmersweg 2, 2000 Hamburg 13 (T. 44 23 24) - Geb. 6. Mai 1915 Hamburg, verh. - Klostersch. Hamburg; Univ. ebd. u. Frankfurt/M. Promot. 1940 - 1940-44 Ref. Landw.amt Hamburg, Handelsschullehrerin (1942) u. Assist. Wirtschaftsprüf. (1943); s. 1952 Schuldst. ebd. (Handelssch.).

KRUGMANN, Günther

Werbekaufmann (p. h. Gesellsch. u. Geschäftsf. div. Hbg. Firmen), Vors. Fachverb. Film- u. Diapositivwerbung, Hamburg - Barkholt 41, 2070 Großhansdorf - Geb. 3. Juni 1926.

KRUIP, Julius

Präsident Wasser- u. Schiffahrtsdirektion Süd - Wörthstr. 19, 8700 Würzburg (T. 41051); priv.: Spitalrain 16, 8701 Reichenberg - Geb. 16. Juni 1929 Flachsmeer.

KRUKEMEYER, Hartmut

Dr. med., Prof., Facharzt f. Radiologie, Ärztl. Dir., Vizepräs. Verb. Dt. Privatkrankenanstalten - Paracelsus-Klinik, 4500 Osnabrück (T. 0541 - 6 40 66) - Geb. 11. Mai 1925 (Eltern: Wilhelm u. Emmy K.), ev., verw., S. Manfred - 1950-56 Stud. Univ. Münster, Hamburg u. Danzig. Stud.reisen in Hospitäler, u.

a. Majo Hospital, Rochester/USA; Karolinska Sjukhuset Radiumhemmet, Stockholm; Groote-Schuur-Hospital, Kapstadt - Ärztl. Dir. Paracelsus Kliniken in Dtschl. (einzige Klinik-Kette in Dtschl.); Präs. Paracelsus Healthcare Corp. Los Angeles/USA, Paracelsus France Sarl, Paris/Frankr., Paracelsus U.K. Ltd., London/Engl., Paracelsus Wien/Austria, Paracelsus St. Gallen/Schweiz; Vize-Präs. Verb. Dt. Privat-Krankenanst., Präs. Verb. Privat-Krankenanst. in Nieders. Fachveröff. im In- u. Ausl. - 1986 BVK I. Kl. - Liebh.: Skilaufen, Reiten (1954 Silb. Reitabz.) - Spr.: Engl., Franz.

KRUMBEIN, Wolfgang E.
Dr., Prof. f. Geomikrobiologie Univ. Oldenburg - Waldblick 32, 2905 Edewecht - Geb. 14. März 1937 - Promot. Würzburg 1966 - Wiss. Mitarb. Biol. Anstalt Helgoland, 1979-81 Vors. ISEB - Hrsg. u. Verfass.: Environmental Biogeochemistry and Geomicrobiology, 1978; Microbial Geochemistry, 1981; Ass. Ed. J. Geomicrobiol., üb. 50 Wiss. Veröfftl. Berater UNESCO Denkmalschutz - Spr.: Engl., Franz., Hebräisch.

KRUMHAAR, Dieter
Dr. med., Prof. f. Lungenheilkunde u. Lungenchirurgie, Chefarzt - Kladower Damm 221, 1000 Berlin 22 (T. 030 - 36501100) - Geb. 30. Dez. 1934 Berlin (Vater: Gustav K., Stud.rat; Mutter: Marianne, geb. Meyer), ev., verh. s. 1964 m. Birgit, geb. Schilfarth, 2 Söhne (Martin, Hartmut) - FU/TU Berlin - S. 1974 Ärztl. Dir., Chefarzt Lungenklin. Havelhöhe; 1979 apl. Prof. FU Berlin - 100 wiss. Publ. u. Buchbeitr. z. Lungen- u. Bronchialheilkd., Lungenchir., Chir., 1961-81 - Liebh.: klass. Lit., Oper, Theater, klass. Musik, Segeln, Skilaufen - Spr.: Engl., Franz., Lat.

KRUMHOFF, Joachim
Dr., Aufsichtsratsvorsitzender d. Mecklenburger Getreide AG u. d. FIHA-GmbH Berlin, Konsul der Republik Niger - Strandstr. 5, 2307 Strande - Geb. 26. Dez. 1924 Berlin.

KRUMHOLZ, Walter
Dr. phil., Honorarprof. f. Politik FU Berlin (1974), Consultant (Information Management) - Markgrafenstr. 88, 1000 Berlin 28 (T. 030 - 401 60 97) - Geb. 6. April 1924 Hannover - 1965-89 Wiss. Geschäftsf. d. Leitstelle Polit. Dokumentation FU Berlin; Mitgl. Faculty Intern. School for Information Management St. Barbara/Kalif., u. Western European Rd Table Information and Documentation - BV: Taschenlexikon d. Politik, 1960; Wie ein Gesetz entsteht, 1961; Berlin ABC. Geschichte, Politik, Wirtschaft, Kultur, 1969; D. polit. Dokumentation in d. Bundesrep. Dtschl., 1971; Sozialpolitische Erfordernisse d. weiteren Integration, 1971.

KRUMM, Hans
Dr. rer. nat., Prof. f. Mineralogie u. Petrol. Univ. Frankfurt - Bornweidstr. 34, 6000 Frankfurt/M. (Bergen-Enkheim) - Zul. Prof. Univ. Erlangen-Nürnberg.

KRUMM, Hans-Jürgen
Dr. phil., M. A., o. Prof. f. Sprachlehrforsch. Zentr. Fremdspr.inst. Univ. Hamburg (s. 1975) - Am Tie 20, 2100 Hamburg 90 - Geb. 19. Juli 1942 Wuppertal (Vater: Karl-Hermann K., Studienrat; Mutter: Marie, geb. Bertsch, Schulleit.), ev., 2 Kd. (Jörg Ulrich, Antje) - Stud. d. Angl., German., Päd. Psychol. u. Erziehungswiss.; M. A. 1970; Promot. 1972 - 1970-75 wiss. Assist. Zentrum f. neue Lernverf. Univ. Tübingen; Mitgl. wiss. Beirat DaF Goethe-Inst. - BV: Praxis im Fremdsprachenstud., 1976 (m. Müller). Übers.: Sinclair/Coulthard: Analyse der Unterrichtssprache (1977); Dtsch. f. ausl. Arbeiter (1980). Mitaut.: Mannheimer Gutacht. Deutsch a. Fremdspr. (1977, Bd. 2 1979); Fremdsprachenunterr. an d. Hochsch. 1984 (m. Börsch); Lehrerfortbildung Deutsch a. Fremdspr. (1986). Mithrsg.: Ztschr. Unterrichtswiss.; Jahrb. Deutsch a. Fremdspr.; Fremdsprache Deutsch; Mitveranst./-hrsg.: Frühjahrskonfz. z. Erforsch. d. Fremdspr.unterr. (s. 1980); Handb. Fremdsprachenunterr. (1989) - Spr.: Engl.

KRUMMACHER, Friedhelm
Dr. phil., o. Prof. f. Musikwissenschaft - Wippen 1, 2300 Kiel 1 (T. 0431 - 31 24 82) - Geb. 22. Jan. 1936 Berlin (Vater: D. Dr. Friedr.-Wilh. K., Bischof; Mutter: Helga, geb. Stalmann), ev., verh. s. 1964 m. Aina Maria, geb. Landfeldt, 2 Kd. (Annika, Lennart) - Staatl. Musiklehrerprüf. 1957; Stud. Berlin, Marburg, Uppsala, Promot. 1964 FU Berlin, Habil. 1972 Erlangen - 1965 wiss. Assist. Erlangen-Nürnberg, 1973 Priv.-doz. ebd., 1975 Prof. Musikhochsch. Detmold, 1976 o. Prof. Univ. Kiel, 1982-85 Doz. Sommerakad. J. S. Bach in Stuttgart - BV: Mendelssohn - d. Komponist, 1978; D. Choralbearb. in d. protest. Figuralmusik zw. Praetorius u. Bach, 1978; Mahlers III. Symphonie, 1991 - 1975 Mitgl. Vetenskapssocietet Lund, 1980-86 Vizepräs. Ges. f. Musikforsch., 1990 Jungius-Ges. d. Wiss., s. 1983 Vors. Ges. Brahms-Gesamtausg., s. 1986 stv. Vors. Musikgeschichtl. Kommiss. - Spr.: Schwed., Engl. - Bek. Vorf.: Friedrich-Adolf-Kr. (1767-1845), Theologe u. Schriftsteller - Lit.: Riemann, Herder- u. Brockhaus-Musiklexika.

KRUMMACHER, Hans-Henrik
Dr. phil., o. Prof. f. Neuere dt. Literaturgeschichte Univ. Mainz (s. 1967) - Am Mainzer Weg 10, 6500 Mainz-Drais (T. 47 75 50) - Geb. 24. Aug. 1931 Essen-Werden (Vater: Dr. theol. D. Dr. theol. h. c. Friedrich-Wilhelm K., Bischof zu Greifswald; Mutter: Helga, geb. Stalmann), ev., verh. s. 1956 m. Eva, geb. Wentscher, 5 Kd. (Katja, Cornelia, Andreas, Bettina, Regina) - Gymn. Berlin (Z. Grauen Kloster); Univ. Berlin (Humboldt), Heidelberg, Tübingen. Promot. Heidelberg; Habil. Köln - 1956-1958 Wiss. Mitarb. Schiller-Nationalmuseum Marbach/N.; 1958-67 Assist. u. Privatdoz. (1967) Univ. Köln - BV: D. ‚als ob' in d. Lyrik - Erscheinungsformen u. Wandlungen e. Sprachfigur d. Metaphorik v. d. Romantik b. zu Rilke, 1965; D. junge Gryphius u. d. Tradition - Stud. z. d. Perikopensonetten u. Passionsliedern, 1976. Herausg.: Neudrucke dt. Literaturw., Neue Folge (1975ff.); Eduard Mörike, Neue weltl. Lieder (1975); Briefe dt. Barockautoren. Probl. ihrer Erfass. u. Erschließ. (1978); Beitr. z. bibliograph. Lage in d. germanist. Lit.wiss. (1981); Geisteswiss. - wozu? Beispiele ihrer Gegenstände u. ihrer Fragen (1988). Mithrsg.: Eduard Mörike, Werke u. Briefe (1967ff.); Anton Ulrich Herzog zu Braunschweig u. Lüneburg, Werke (1982ff.); Zeit d. Moderne. Zur dt. Lit. v. d. Jh.wende b. zur Gegenw. (B. Zeller z. 65. Geb.tag, 1984) - 1984 o. Mitgl. Akad. d. Wiss. u. d. Lit., Mainz.- Bek. Vorf.: Friedrich Adolf Krummacher, Theologe, Parabeldichter (1767-1845)

KRUMME, Gustaf
Geschäftsf. Krahn Chemie GmbH., Hamburg - Birkenweg 28, 2085 Quickborn - Geb. 27. Juli 1928 Bad Salzuflen (Vater: Gustav K., Pfarrer; Mutter: Johanna, geb. Engelbrecht), ev.-ref., verh. s. 1955 m. Ursula, geb. Dietz, T. Carola - Gymn. Bad Salzuflen; Wirtschaftsobersch. Bielefeld; kaufm. Lehre Ind. Schötmar - S. 1951 Krahn (Außenhandel, Schwerp. USA u. Fernost) - Spr.: Engl.

KRUMNOW, Jürgen
Dr., Vorstandsmitglied Deutsche Bank AG, Frankfurt/M. - Taunusanlage 12, 6000 Frankfurt/M. - Geb. 18. Mai 1944 - AR-Vors. u. AR-Mitgl. e. Reihe namh. Ges.

KRUMSCHMIDT, Otto Erich
Tischlermeister, Vizepräs. Handwerkstag Hessen (s. 1980) - Milanstr. 4, 6200 Wiesbaden 13 - Geb. 12. Aug. 1927 Wiesbaden (Vater: Otto K., Tischlerm.), ev., verh. m. Waltraut, geb. Henneberger, 3 Kd. (Verena, Karl Otto, Susanne) - Meisterprüf. 1953 - 1979 Handwerkskammer Wiesbaden; ab 1991 Ehrenpräs. d. Handwerksfachverb. Hessen; 1974 Vors. Innungskrankenk. Wiesbaden, 1974 Vors. Landesverb. Innungskrankenk. - 1977 Ehrenbrief Land Hessen; 1984 BVK I. Kl.; 1982 gold. Ehrennadel hess. Tischlerhandw.; 1989 gold. Ehrennadel d. dt. Tischlerhandw.; 1987 Bürgermed. in Gold d. Landeshauptstadt Wiesbaden.

KRUMSIEK, Rolf
Dr. jur., Justizminister Nordrh.-Westf. (s. 1985) - Am Brucher Häuschen 95, 5600 Wuppertal 1 - Geb. 31. Aug. 1934, verh. - 1971-80 Oberstadtdir. Wuppertal; 1980-83 Staatssekr. u. Chef Staatskanzlei NRW; 1983-85 Minister f. Wiss. u. Forschung.

KRUMWIEDE, Hans-Walter
Dr. theol., Dr. phil., Univ.-Prof., Theologe - Calsowstr. 19, 3400 Göttingen (T. 5 85 90) - Geb. 13. Juli 1921 Hannover (Vater: Julius Müller-K., Architekt; Mutter: Rosa, geb. Andersen), ev., verh. s. 1957 m. Regine, geb. Langer, 4 Kd. (Sabine, Gebhard, Arnd, Rainer) - Univ. München u. Göttingen. Promot. 1949 (phil.) u. 1955 (theol.); Habil. 1955 (alles Göttingen) - S. 1955 Privatdoz., apl. Prof. (1961), Wiss. Rat u. Prof. (1967) Univ. Göttingen; Mitgl. Histor. Kommiss. Nieders. u. Bremen, Histor. Kommiss. DNK/Luth. Weltbund. Bibliogr. in Festschrift z. 70. Geb. (=Jb. Ges. f. nieders. Kirchengesch., 1991).

KRUNTORAD, Paul
Schriftsteller - Graben 11, A-1010 Wien I. (T. 0222-52 51 33; Fax 512 51 33) - Geb. 16. Juni 1935 B. Budweis, kath., verh. s. 1966 m. Putti, geb. Scherer - Matura; Stud. Psych. u. Slawistik Univ. Wien - 1968-72 Generalsekr. Österr. Inst. z. Förderung d. Künste in Österr., Mithrsg. u. Redakt. Neues Forum, Wien (b. 1972); 1981-83 Chefdramat. Schausp. Bonn - BV: S. - E. Modell, R. 1968; Kindlers Literaturgesch. d. Gegenw., Bd. Österr. (Mitarb.), 1976, TB 1980; Hansers Sozialgesch. d. dt. Literatur (Mitarb.), 1986, TB 1986; Ausstellung A.E.I.O.U. - Mythos Gegenwart: D. österr. Beitrag, 1985; Phantastischer Realismus u. Aktionismus, TB 1990; Geschichten aus d. Gesch. d. Tschechoslowakei, TB 1991; Spaziergänge durch Kafkas Prag, 1991 - 1966 Theodor-Körner-Preis - Spr.: Engl., Tschech.

KRUPKE, Hans-Joachim
Dr. med., Prof., Chefarzt Chirurg. Abteilung/St.-Vinzenz-Hospital - Im Tiefen Winkel 11, 5750 Menden (T. 02373 - 4232) - Geb. 11. Mai 1934 Elbing (Vater: Kurt K., Kaufm.; Mutter: Gertrud, geb. Wagner), kath., verh. s. 1963 m. Gertrud, geb. Gieseler, T. Katharina - Abitur 1955, Stud. Med. Univ. Münster, Staatsex. 1962, Promot. 1962, Habil. 1973. 1969 Facharzt f. Chir., 1974 Facharzt f. Unfallchir., s. 1974 Chefarzt Chir. Abt. Vincenz-Hospital, Menden - 1978 apl. Prof. Univ. Münster - Liebh.: Bildhauerei - Spr.: Engl.

KRUPP, Bruno
Oberstadtdirektor a.D., MdL Nordrh.-Westf. (1966-75) - Eibachhof-Holzer Str. 21, 5253 Lindlar - Geb. 5. Febr. 1928 Merkenich b. Köln (Vater: Peter K., techn. Angest.; Mutter: Maria, geb. Klein), kath., verh. s. 1947 m. Luise, geb. Schmitz, 2 Töcht. (Brigitte, Claudia) - 1956-71 Dir. AOK; 1971-75 Stadtkämmerer Leverkusen; 1975-89 Oberstadtdir. Stadt Leverkusen. (1964-71 Bürgermeister). SPD s. 1953 (1962-75 Vors. SPD Leverkusen) - Liebh.: Sportfischen.

KRUPP, Georg
O. Vorstandsmitglied Deutsche Bank AG - Taunusanlage 12, 6000 Franfkfurt/Main - Geb. 15. Juli 1936 - AR-Vors., stv. AR-Vors. u. AR-Mitgl. e. Reihe namh. Ges.

KRUPP, Hans-Jürgen
Dr. rer. pol., Prof., Senator, 2. Bürgermeister Hansestadt Hamburg - Alter Steinweg 4, 2000 Hamburg 11 - Geb. 15. April 1933 Elbing (Vater: Gerhard K., Pfarrer u. Superintendent; Mutter: Hella, geb. Liederwald), ev., verh. s. 1954 m. Ilse, geb. Weißkopf, 4 Kd. (Gotthard, Andreas, Christoph, Agnes) - Stud. TH Darmstadt, Univ. of Wisconsin. Dipl.-Wirtsch.-Ing. 1957; Promot. 1961 - 1957 Wiss. Assist., 1967 Privatdoz. TH Darmstadt; 1969 o. Prof. f. Sozialpolitik, 1970 Dekan Wirtsch.- u. Sozialwiss. Fak., 1973 Vizepräs., 1975 Präs. Univ. Frankfurt, 1979 Präs. Dt. Inst. f. Wirtschaftsforsch. (DIW), Berlin. B. 1984 Mitgl. Sachverständigenrat z. Begutacht. d. gesamtw. Entwickl. SPD - BV: Theorie d. personellen Einkommensverteilung, 1968; Möglichk. d. Verbess. d. Einkommens- u. Vermögensstatistik, 1975; Sozialpolitik u. Sozialberichterst. (m. W. Zapf), 1977; Alternativen d. Rentenreform '84 (m.a. Autoren), 1981.

KRUPPA, Claus
Dr.-Ing., o. Prof. f. Schiffshydrodynamik TU Berlin (s. 1964) - Lückhoffstr. 35, 1000 Berlin 38 (T. 8035307) - Geb. 3. Sept. 1931 Kanton (China) - Fachveröff.

KRUPPA, Hans
Schriftsteller - Schaffenrathstr. 40, 2800 Bremen 1 (T. 0421-21 65 90) - Geb. 15. Febr. 1952 Marl, ev., ledig - Stud. Angl. u. Sport Univ. Freiburg; Staatsex.; Referendarausb. f. d. Lehramt an Gymn. Bremen, 2. Staatsex. - 1979-81 Gymnasiallehrer Bremen; s. 1982 fr. Schriftst. - BV: Zaubersprüche, 1981; Wo liegt Euer Lächeln begraben? (Hg.), 1983; Nur f. Dich, 1983; Wo d. Liebe wohnt, 1984; Sei gut z. Dir, 1984; Nur wer sich liebt, 1984; E. gute Zeit, 1985; Schau mal rein, 1985; Liebesgedichte, 1986; E. Abend mit Dir, 1986; Mach Dir d. Tag zum Freund, 1986; Glücksmomente, 1986; Lust auf Leben, 1987; D. Glück ist immer unterwegs, 1987; D. Zauberbuch, 1987; Magische Momente, 1988; D. fliegenden Erdbeeren, 1988; D. Witz dabei, 1988; Kaito, 1988; Alltagswunder, 1988; Du lebst in mir, 1989; Mitgefangen - Mitgehangen, 1989. Herausg.: Warmer Regen (1988) - Liebh.: Musik, Tanz, Reisen - Spr.: Engl., Franz.

KRUSCHE, Dietrich
Dr., Prof. f. Deutsch als Fremdsprache Univ. München, Schriftsteller - Ingelsberger Weg 21, 8011 Zorneding - Geb. 25. Jan. 1935 Rippin (Vater: Waldemar K., Pfarrer; Mutter: Katharina, geb. Günther), verh. s. 1959 m. Gisela, geb. Maiss, 3 Kd. (Michael, Gerlind, Martin) - I. u. II. Staatsex. 1958-60, Promot. 1973, Habil. 1982 - Lektor (1961-63 Univ. Ceylon, 1966-69 Okayama/Japan); 1971-81 Leit. päd. Sem.; s. 1982 Prof. Univ. München - BV: Haiku. Beding. e. lyr. Gatt., 1970, 5. A. 1984; Kafka u. Kafka-Deut., 1973; Japan - konkrete Fremde, Ethnol., 1973, 2. A. 1983; Kommunikat. im Erzähltext, 2 Bde. 1978; D. Ruder auf d. Dach, Ged. 1979; Kiemspan steht auf, R. 1980; D. Fisch im Sand, Erz. 1980; Verzögerte Geburt, Ged. 1982; Literatur u. Fremde, 1985; Reisen. Verabredung m. d. Fremde, 1989; Klatschen m. einer Hand, Ged. 1990; u.a.m. - 1980 Ehrengabe Bayer. Akad. d. schönen Künste (Lit.).

KRUSCHE, Peter
D., Prof., Bischof f. d. Sprengel Hamburg d. Nordelb. Ev.-Luth. Kirche (1983ff.), Vors. Ev. Missionswerk (EMW) - Neue Burg 1, 2000 Hamburg 11 - Geb. 9. Juli 1924 Tutschin (Vater: Pastor in Polen), ev., verh. s. 1945 m. Dora, geb. Otto, 8 Kd. - 1967-83 Ord. u. Vorst. Inst. f. Prakt. Theol. Univ. München; s. 1984 Mitgl. Wissenschaftl.

Kurat. Forschungsstätte d. Ev. Studiengem. d. EKD Heidelberg - Facharb.

KRUSCHWITZ, Lutz

Dr. rer. pol., Dipl.-Kfm., Univ.-Prof. - Mellener Str. 33, 1000 Berlin 49 - Geb. 30. Jan. 1943 Berlin, verh. s. 1971 m. Ingrid, geb. Lück, 3 Kd. (Peter, Sabine, Hans) - 1962-64 kaufm. Lehre Siemens-Schuckertwerke AG Berlin u. Erlangen; 1964-68 FU Berlin (Betriebswirtsch.); Dipl. 1968; Promot. 1970; Habil. 1975 - 1975-85 Prof. f. Betriebswirtschaftsl., Investition u. Finanzierung TU Berlin; 1986-90 o. Univ.-Prof. f. Betriebswirtschaftsl., Investition u. Finanzierung Univ. Lüneburg, s. 1991 o. Univ.-Prof. f. Betriebswirtsch.lehre, insb. Bank- u. Finanzwirtsch. FU Berlin. S. 1989 Gastprof. Univ. Wien - BV: Investitionsrechnung, 4. A. 1990; Finanzmathematik, 1989.

KRUSE, Ferdinand

Landwirtschaftsmeister, MdL Nieders. (s. 1974) - 3079 Warmsen Nr. 45 (T. 269) - CDU.

KRUSE, Franz

Dipl.-Informatiker ERNO Raumfahrttechnik GmbH, Bremen - Elsflether Weg 3, 2874 Lemwerder (T. 0421 - 67 06 96) - Geb. 30. Mai 1951 Lohne, verh. s. 1982 m. Elisabeth Kuhl-Kruse, 3 Kd. (Michael, Gesa, Anja) - Stud. Informatik TH Darmstadt; Dipl. 1980 - 1976-82 Vors. Dt. Esperanto-Jugend, Hamburg; 1976-85 Vorstandsmitgl. Dt. Esperanto-Bd., Bad Hersfeld - Spr.: Engl., Franz., Span., Esperanto, Ital., Niederl.

KRUSE, Hans Jakob

Reedereikaufmann - Auguststr. 3, 2000 Hamburg 76 - Geb. 9. Okt. 1929 - Vorstandssprecher Hapag-Lloyd AG, Hamburg/Bremen. Aufsichts- u. Beiratsmandate.

KRUSE, Heinrich Wilhelm

Dr. iur., o. Prof. f. Steuerrecht Univ. Bochum (s. 1971) - Universitätsstr. 150, 4630 Bochum 1 - Geb. 4. Aug. 1931 Hamburg, ev., verh. s. 1960, 3 Kd. - Stud. d. Rechtswiss. Hamburg, München; Promot. 1956 München; Habil. 1970 Würzburg - 1960-71 Höh. Verwaltungsdst. Hamburg. 1981-87 Vorst.-Vors. Dt. Steuerjuristische Ges., Köln - BV: Abgabenordnung, 14. A. 1965/92 (m. Tipke); Steuerrecht - Allg. Teil, 3. A. 1973 (span. Übers. 1978); Grundsätze ordnungsgemäßer Buchführung, 3. A. 1978; Lehrb. d. Steuerrechts, Allg. Teil, 1991 (span. Übers. 1992).

KRUSE, Hellmut

Dr., Geschäftsf. Gesellschafter Wiechers & Helm GmbH & Co., Hamburg, Aufsichtsrat Beiersdorf AG, Hamburg, Dt. Bank AG, Frankfurt, MG Industriebeteiligungen, Düsseldorf, Horten AG, Düsseldorf, Phönix AG, Hamburg, SER Schiffselektronik Rostock GmbH, Rostock u. Hamburg-Mannheimer Sachversich.-AG, Hamburg - Heimhuder Str. 51, 2000 Hamburg 13 (T. 44 41 80) - Spr.: Engl., Franz., Span. - Rotarier.

KRUSE, Horst

Dr.-Ing., Prof. f. Kältetechnik - Planetenring 14a, 3008 Garbsen 1 - Geb. 1. Mai 1932 Nortorf/Holst. - Promot. 1964 - S. 1969 Abteilungsvorst. u. Prof. u. Ord. TH, TU bzw. Univ. Hannover. Fachaufs.

KRUSE, Horst Hermann

Dr. phil., M. A., Prof. f. Anglistik/Amerikanistik Univ. Münster - Sudmühlenstr. 172, 4400 Münster (T. 0251 - 324665) - Geb. 5. Febr. 1929 Ruhwinkel (Vater: Heinrich K.; Mutter: Emma, geb. Steen), ev., verh. s. 1959 m. Ursula, geb. Dieck, 2 Kd. (Bettina Maria, Anna Christina) - Stud. Univ. Kiel; Fulbright Stip. Cornell Univ., USA; A.C.L.S. Stipendiat Univ. of Pennsylvania, Harvard Univ., Univ. of California, Berkeley, USA - Master of Arts (Cornell 1954), Dr. phil. (Kiel 1959), Habil. Engl. Philologie (Kiel 1970). 1959-70 Wiss. Assist. Univ. Kiel, 1964-66 Habil.-Stip. Dt. Forschungsgem., 1970 Univ.-Doz. Kiel, s. 1971 Prof. an e. wiss. Hochsch., Kiel, s. 1972 o. Prof., Dir. Engl. Seminar Univ. Münster, 1973-74 u. 1980-81 Dekan - BV: D. Romane d. Flaming Youth, 1962; Mark Twains Life on the Mississippi: E. entstehungs- u. quellengesch. Unters. z. Mark Twains Standard Work, 1970; From Rags to Riches, 1974; Schlüsselmotive d. amerik. Lit., 1979; Popular Culture i. Amerika, 1981; Mark Twain and Life on the Mississippi, 1981. Mithrsg. Zeitschr. Literatur in Wissensch. u. Unterr. (s. 1968); Amerikastud./American Studies (s. 1982).

KRUSE, Joseph Anton

Dr. phil., Prof., Direktor Heinrich-Heine-Institut, Düsseldorf, Honorarprof. Univ. Düsseldorf - Feldstr. 39, 4000 Düsseldorf 30 (T. 0211 - 498 05 56) - Geb. 8. Juni 1944 Dingden b. Bocholt (Vater: Josef K.; Mutter: Anna, geb. Klein-Hitpaß), kath., gesch., 2 S. (Daniel, Fabian) - Univ. Bonn u. Düsseldorf (Promot. 1972 Bonn) - 1972/73 Wiss. Mitarb. Heine-Ausg. Düsseldorf; 1974/75 wiss. Assist. PH Neuss; s. 1975 Dir. Heine-Inst. Düsseldorf. 1977-81 2. Vors. Heine-Ges.; s. 1981 Geschäftsf. Heine-Ges. - BV: Heines Hamburger Zeit, 1972; H. Heine. Leben u. Werk in Daten u. Bildern, 1983, 2. A. 1992; Heine u. Düsseldorf, 1984; Denk ich an Heine. Biogr. lit. Facetten, 1986; Heinrich-Heine-Inst. (Museum), 1991. Herausg.: Heine-Jahrb., Heine-Studien u. Veröff. d. Heine-Inst. - Lit. BV u.a.: Gestern. Prosa, 1988.

KRUSE, Lenelis

Dr. phil., Univ.-Prof. Fern-Univ. Hagen, Hon.-Prof. Univ. Heidelberg (s. 1988) - Erlenweg 12, 6921 Lobbach - Geb. 16. Febr. 1942 Berlin, verh. m. Prof. Dr. C. F. Graumann - Dipl. Psych. 1966; Promot. 1972; Habil. 1976 Heidelberg - 1973/74 research associate City Univ. of New York; 1979-84 Heisenberg-Stip. S. 1991 Mitgl. d. Wissensch.rates - BV: Räumliche Umwelt, 1974; Privatheit als Problem u. Gegenstand d. Psych., 1980 - 1973 Univ. Preis Heidelberg (f. Diss.).

KRUSE, Margot

Dr. phil., o. Prof. f. Roman. Philologie - Von-Melle-Park 6, 2000 Hamburg 13 (T. 41232731) - Geb. 2. März 1928 Hamburg (Vater: Hans E. B. K., Exporteur), kath., led. - Schule Hamburg; Univ. ebd. (Promot. 1954) u. Freiburg/Br. (Roman. Philol., Lit.wiss., Phil.). Habil. 1959 Hamburg - S. 1959 Privatdoz., ao. (1961) u. o. Prof. (1963) Univ. Hamburg - BV: Das Pascal-Bild in d. franz. Lit., Habg. Romanist. Stud., Reihe A Bd. 41 1955; D. Maxime in d. franz. Lit., ebd. Bd. 44 1960. Mithrsg.: Romanistisches Jahrbuch (s. 1963).

KRUSE, Martin

Dr. theol., Bischof Ev. Kirche in Berlin-Brandenburg - Bachstr. 1-2, 1000 Berlin 21 (T. 390 91-0) - Geb. 21. April 1929 Lauenberg (Vater: Walter K., Pfarrer; Mutter: Gertrud, geb. Oppermann), ev., verh. s. 1959 m. Marianne, geb. Kittel, 4 Kd. (Jan-Hinrich, Susanne, Bernhard, Bettina) - Georgianum Lingen (Abit. 1947); Stud. d. Ev. Theol. Univ. Mainz, Heidelberg; Bethel u. Göttingen; Promot. 1969 Heidelberg - 1953-55 Vikar Linz/Donau; 1957-60 Stud.leit. Ev. Akad. Loccum; 1960-64 Pfarrer ebd.; 1964-70 wied. Predigersem. L. (Konventual-Stud.dir.); 1970-76 Landessuperintendent ev.-luth. Kirche Hannovers/Sprengel Stade; s. 1977 Bischof; 1983-91 Mitgl. Zentralaussch. d. Ökumenischen Rates d. Kirchen; 1985-91 Vors. d. Rates d. Ev. Kirche in Deutschland (EKD) - BV: Speners Kritik am landesherrl. Kirchenregiment u. i. Vorgesch., 1971. Festschr.- u. Ztsch.beiträge - Ehrenstiftsherr Kloster Loccum.

KRUSE, Max

Schriftsteller - Untermaxkron 38a, 8122 Penzberg (T. 08856 - 77 57) - Geb. 19. Nov. 1921 Bad Kösen/Saale (Vater: Prof. Max K., Bildhauer, u. a. Siegesbote v. Marathon/Berliner Nationalgalerie † 1942; Mutter: Käthe, geb. Simon, Puppengestalterin (s. XV. Ausg.) † 1968) - BV: Windkinder, Ged. 1968; Goldesel AG, R. 1971. Kinderb. (u. a. Löwe-Reihe, Urmel-Serie); Shaofangs Reise (Bericht); Federleicht, Ged. 1982; D. versunkene Zeit (Biogr.), 1983; Ägypten, d. Geschenk d. Nils (Bericht), 1984; Ich will keine Lady sein (musikalische Komödie); China (Bericht), 1985; D. Schattenbruder, R. 1985; D. Ritter, R. 1988; D. Morgenstern, R. 1990; La Primavera, R. 1991. Fernseh- u. -hörsp. - Mitgl. PEN-Zentrum BRD.

KRUSE, Rolf

Dipl.-Volksw., Vorsitzender d. CDU-Bürgerschaftsfraktion, Erster Vizepräs. d. Bürgerschaft (1983-89) - Wohldorfer Damm 11, 2000 Hamburg 65 - Geb. 19. Juli 1940 Hamburg, verh., 2 Kd.

KRUSE, Rolf

Dr. med., Prof., Ltd. Arzt Südwestdeutsches Epilepsiezentrum Kork - 7640 Kehl-Kork - Geb. 20. Nov. 1928 Leipzig - Promot. (1956) u. Habil. (1966) Heidelberg - Gegenw. apl. Prof. f. Kinderheilkd. Univ. Heidelberg. Publ. z. Epilepsie u. Neuropädiatrie - 1966 Michael-Preis, 1977 Bodelschwingh-Preis.

KRUSE, Waltraut,

geb. Ebbertz

Dr. med., Prof. f. Allgemeinmed. u. Psychotherapie RWTH Aachen, Bürgermeisterin Stadt Aachen - Kirchberg 4, 5100 Aachen (T. 0241 - 8 00 01 u. 8 00 02) - Geb. 12. März 1925 Aachen (Vater: Theodor E., Kaufm.; Mutter: Elisabeth, geb. Cron), kath., verh. s. 1949 m. Dr. med. Herbert K., 4 S. (Michael, Thomas, Christoph, Andreas) - Abit. 1943; 1943/44 Stud. Med. Akad. Danzig; 1945/48 Univ. Frankfurt; Staatsex. 1950 Univ. Bonn, Promot. 1951 - S. 1977 Lehrbeauftr. Aachen; ab 1983 Prof. RWTH Aachen. S. 1979 Bürgerm. Aachen - BV: Entspannung, 1.-4. A. 1974; Einf. in d. Autogene Training m. Kindern - E. Leitfaden f. d. Praxis, 1.-2. A. 1980 - Liebh.: Politik, Musik (Cembalo), Skilaufen, Lit. Bes. Interesse: Forsch. auf d. Geb. d. Drogen- u. Suchtkrankh. b. Kindern u. Jugendl., u. Behandlung chron. kranker Patienten.

KRUSE, Wolf Dieter

Unternehmer, Präsident Gesamtverb. d. Textilind. in d. Bundesrep. Deutschl. - Gesamttextil - Schaumainkai 87, 6000 Frankfurt 70 - Geb. 12. Jan. 1925 Barmen - Abit. 1945 Wuppertal (nach Kriegsgefangensch.); Ing.-Schule (Textiling. 1949) - 1949 Eintr. in großväterl. Fa. G. Wittenstein-Troost, Wuppertal (s. 1950 Geschäftsleitg.); 1974 Zusammenschl. m. Fa. H. Hausner + Sohn KG, Leutershausen (Mittelfranken), seither TVU Textilveredelungsunion (u.a. Prod. v. Handstrickgarnen). Stv. Vors. Arbeitgeberverb. d. rechtsrhein. Textilind.; 1979-82 Vors. Gesamtverb. d. dt. Textilveredelungsind.; s. 1982 Präsid.-Mitgl. Gesamttextil, Präsid.-Mitgl. Bundesverb. d. Dt. Ind. (BDI) Köln - 1986 BVK.

KRUSE-JARRES, Jürgen D.

Dr. med., Prof. f. Klin. Chemie u. Biochemie, Ärztl. Direktor d. Inst. f. Klinische Chemie u. Laboratoriumsmed. Katharinenhospital Stuttgart - Kriegsbergstr. 60, 7000 Stuttgart 1 - Geb. 14. Dez. 1937 Köln - Med. Staatsex. 1965 Bonn; Promot. 1965 Düsseldorf; Habil. 1971 Mannheim - S. 1965 Univ. München (Assistenzarzt), Mannheim (Wiss. Assist. u. Oberarzt), Freiburg (1971 Leit. Chir. Labor; 1974 Wiss. Rat u. Prof., 1977 apl. Prof.), s. 1980 Stuttgart; s. 1983 Erster Ärztl. Dir. Katharinenhospital; 1989-93 Präs. d. Dt. Ges. f. Laboratoriumsmedizin - BV: Blood Glucose Monitoring, 1977 (m. Molnar); Blutglucose, 1979; Klin. Chemie, 2 Bde. 1979; Zinkstoffwechsel, 1979; Laboratoriumsmed., 1987. 20 Buchbeitr., üb. 150 Einzelarb.

KRUSE-RODENACKER, Albrecht

Dr. rer. pol., Prof. f. Volkswirtschaftslehre (b. 1982), dan. untern. Tätigk. USA u. Kanada - Kurfürstendamm 36, 1000 Berlin 15 (T. 262 71 24) u. 12 Sheppard Street ST 300, Toronto, Ont., Kanada - Verh. m. Susan, geb. Statton - Stud. Wirtschaftswiss. (Paris, London, Madrid); Promot. 1956 Frankfurt/M., Habil. 1960 Berlin - Lehrtätigk. u. wiss. Publ. (Projektfinanzierung) sow. publizist. Tätigk. (Bücher, Beiträge, FS). Ab 1960 Jun. Consultant Lateinamerik.; ab 1963 Projektberat. f. EG-Kommiss. etc.; ab 1975 Projektleit. in Afrika u. Südostasien; ab 1982 Untern. in USA, Kanada u. Bundesrep. Ab 1991 IPD Regionalsprecher d. Treuhandanstalt Berlin u. Potsdam - Spr.: Engl., Franz., Span.

KRUSEN, Felix

Dr.-Ing., Prof., Lebensmittelchemiker - Peter-Schwingen-Str. 2, 5300 Bonn 2 (T. 0228 - 32 31 23) - Geb. 11. Mai 1925 Berlin - Humboldt-Sch. u. TU Berlin (1946-51; Lebensmittelchem. Staatsex.) - 1952-55 Industrieangest., 1955-59 Zollchemiker; s. 1959 Tätigk. Bundesernährungs- u. -gesundheitsmin. (1975; Leit. Planung). 1980ff. Honorarprof. Univ. Bonn - Dr.-Heinrich-Nicolaus-Med.

KRYSMANSKI, Hans-Jürgen

Dr. phil., o. Prof. f. Soziologie - Kellermannstr. 15, 4400 Münster/W. - Geb. 27. Okt. 1935 Berlin - S. 1967 (Habil.) Lehrtätigk. Univ. Münster (gegenw. Ord. u. Institutsdir.).

KRYSTKOWIAK, Bernhard F.

Kaufm., Mitgl. Hbg. Bürgerschaft (s. 1978) - Kleinsand 3, 2102 Hamburg 93 - Geb. 8. Sept. 1933 Wilhelmsburg/Harburg, kath. - Techn. Obersch.; kaufm. Ausbild. - S. 1952 Hoesch, Schulte & Schemmann GmbH., Hamburg 26 (Abteilungsleit. Bereich FRW/EDV). Div. Ehrenstell. (Kirche, Krkhs., Diakonie). 1964-78 Bezirksparlam. (dav. 8 J. Harburg). CDU.

KRYSTOF, Gerd-Olaf

Leiter d. HAL Satellitenfernsehen Südwestfunk Baden-Baden - Oberbannstr. 9, 7570 Baden-Baden 11-Steinbach (T. 07223 - 5 24 50) - Geb. 6. Sept. 1932 Lodz/Polen (Vater: Rudolf K., Buchhalter; Mutter: Eugenie, geb. Arnold), verh. s. 1959 m. Wilma, geb. Spörl, 2 Töcht. (Doris, Ute-Bettina) - Zuständig f. d. ARD-Satellitenprogramm Eins Plus; Satellitenbeauftragter Programm d. Südwestfunks.

KRYSZOHN, Wolfgang

Chefredakteur KIELER NACHRICHTEN (s. 1988) - Zu erreichen üb. Kieler Nachrichten, Fleethörn 1-7, 2300 Kiel 1 - Geb. 1942 Braunschweig - Kaufm. Ausbild. Ind.; Stud. Betriebsw. Braunschweig u. Hamburg - S. 1967 Hamburger Abendblatt (Chef v. Dienst, stv. Chefredakt.), Berliner Morgenpost

(1978 Chefred.), BILD am SONNTAG (1985-87 Chefred.).

KRZYSCH, Günter

Dr. agr., Prof., Inst. f. Nutzpflanzenforsch. TU Berlin - Am Dorfanger 36, 1000 Berlin 26 (T. 411 17 53) - Geb. 24. Febr. 1929 Berlin - S. 1962 (Habil.) Lehrtätigk. Berlin (Agrarmeteorol., Acker- u. Pflanzenbau).

KRZYWANEK, Hansdieter

Dr. med. vet., Prof. f. Physiologie FU Berlin (stv. Dir. Inst. f. Vet.-Physiol., -Biochemie, -Pharmak. u. -Toxikol.) - Markobrunner Str. 24, 1000 Berlin 33.

KUBACH, Hans Erich

Dr. phil. (habil.), Konservator a.D. Landesamt f. Denkmalpflege Rhld.-Pfalz, Speyer, Honorarprof. f. Kunstgesch., insb. Mittelalterl. Baukunst, Univ. Saarbrücken - Hans-Purrmann-Allee 19, 6720 Speyer/Rh. - Geb. 2. Sept. 1909 Köln - U. a. Doz. Univ. Erlangen - BV: Roman. Kirchen a. Rhein u. Maas, 1972; Archit. d. Romanik, 1974 (auch Ital., Franz., Span., Engl.); Roman. Baukunst a. Rhein u. Maas, 4 Bde. (m. A. Verbeek), 1976 u. 89; D. Dom z. Speyer, 3 Bde. (m. W. Haas), 1972. Zahlr. Einzelarb.

KUBACH, Rudolf

Dr. jur., Hauptgeschäftsf. IHK Schwarzwald-Baar-Heuberg (s. 1978) - Romäusring 4, 7730 Villingen-Schwenningen.

KUBALEK, Erich

Dr.-Ing., o. Prof. f. Werkstoffe d. Elektrotechnik Univ. Duisburg - Hasenwaldstr. 14, 5100 Aachen - Geb. 20. Juli 1936 Alt-Walddorf - Dipl.-Phys. 1962; Promot. 1967 - B. 1970 Abteilungsleit. Inst. f. Härtereitechnik Bremen, dann Wiss. Rat u. Prof. TH Aachen. Facharb.

KUBALL, Hans-Georg

Dr. rer. nat., Prof. f. Physikal. Chemie Univ. Kaiserslautern (s. 1972) - Römerweg 4, 6751 Stelzenberg - Geb. 25. Nov. 1931 - Promot. 1963; Habil. 1968 - Fachaufs.

KUBALLA, Wolfgang

Journalist, Korresp. Arbeitsgem. Korrespondenten in Wien - Zu err. üb. Rheinische Post, Zülpicher Str. 11, 4000 Düsseldorf - Geb. 18. Sept. 1938 Gleiwitz/Oberschl. (Vater: Georg K., Buchh.; Mutter: Hedwig, geb. Böhm), gesch., 2 Kd. (Alexander a. 1. Ehe, Beatrix a. 2. Ehe) - Stud. München, Bonn, Genf (German., Angl.) - 1962-64 Korresp. dt. Ztg. in Genf; 1964-68 Red.mitgl. Süddt. Ztg.; 1968-76 Korresp. dt. Ztg. Moskau, 1977-78 Osteuropa- u. Balkankorresp., Sitz Wien, 1978-90 Korresp. in London - BV: Ein Koloß wird umgebaut, 1975; Richtig reisen - Moskau, 1977; Mitverfass.: Richtig reisen - Wien, 1980; Richtig reisen - Irland, 1984 - 1990 Deutsch-Brit. Journalistenpreis - Liebh.: Fotografie - Spr.: Engl., Russ., Franz.

KUBASCHEWSKI, Ilse,
geb. Kramp

Filmproduzentin - Karlspl. 5, 8000 München 2 (T. 592361) - Geb. 18. Aug. Berlin (Vater: Postbeamter), verh. 1938 m. d. Filmkaufm. Hans W. K. († 1961) - Handelssch. - S. Lehrzeit Filmverleihgeschäft; zwischendurch Kinobesitzerin (Berlin) u. n. 1945 -pächterin (Oberstdorf/Allg.); 1949 Gründ. Gloria-Film, München; 1953 Divina-Filmprod. (u. a. D. Trappfamilie, Faust); 1973 J. K.-Filmprod. u. -vertrieb - 1969 BVK I. Kl.; 1984 Gold. Ehrenmed. SPIO; Bayer. VO. durch F. J. Strauß; Bank in Gold f. besondere Verdienste im dt. Film; Mehrere Bambi f. verkaufsbesten Film d. Jahres; Versch. ausländ. Filmausz. - Liebh.: Oper, Fotografie.

KUBATSCHKA, Horst

Mitglied d. Bundestages (s. 1990) - Weilerstr. 35, 8300 Landshut (T. 0871 - 7 27 07) - Geb. 10. Juni. 1941 Bielitz, ev., verh. m. Ute, geb. Riedel, 3 Kd. (Ulrike Annikki, Horst Werner, Markus Rüdiger) - Ing.-Prakt.; Stud. Chemie FH Nürnberg - Oblt. d. Reserve - 1964 besch. Regierung v. Ndb; s. 1978 Laborleit. am Wasserwirtsch.amt Landshut; SDP s. 1959 - Liebh.: Politik, Wandern, Radfahren, Fotograph., Kunst.

KUBE, Edwin

Dr. iur., Prof., Leiter Kriminalistisches Inst. d. Bundeskriminalamts (s. 1982) - Thaerstr. 11, 6200 Wiesbaden - Geb. 11. April 1938 Wichstadtl, kath., verh. s. 1969 m. Dr. Dagmar, geb. Keck, 2 Kd. (Hanno, Ina) - Stud. Univ. Heidelberg, Mainz (Rechtswiss. u. Kriminologie); Promot. 1963 Mainz - Innenverwaltung Baden-Württ., u. a. stv. Landrat; s. 1974 Bundeskriminalamt Wiesbaden; Hon.-Prof. f. Kriminol. u. Kriminalistik Univ. Gießen. Vorst.-Mitgl. d. Neuen Kriminologischen Ges. - BV: u. a. Städtebau u. Kriminalität, 1982; Systematische Kriminalprävention, 2. A. 1987. Mithrsg.: Police Research in the Fed. Rep. of Germany, 1991.

KUBECZKA, Karl-Heinz

Dr. rer. nat., o. Prof. f. Pharmazeut. Biologie (s. 1989) - Wisplerstr. 52, 2000 Hamburg 52 - Geb. 31. März 1935 Mähr.-Ostrau - Promot. 1967; Habil. 1973 - Lehrtätigk. Univ. Hamburg (1972 Wiss. Rat u. Prof.) u. Würzburg (1974 W. R. u. Prof., 1978 ao. Prof.), s. 1989 Univ. Hamburg. Arbeitsgeb.: Phytochemie, spez. Biochemie u. Analytik äther. Öle. Üb. 80 Fachaufs. - BV: Vorkommen u. Analytik äther. Öle, (Hrsg.) 1979; Ätherische Öle, (Hrsg.) 1982; Analysis of Essential Oils by Capillary G.C and 13 C NMR Spectroscopy, 1982 (m. a.); Dünnschichtchromatographie, in: Ullmanns Encyklop. d. techn. Chemie, 1980 - 1969 Preis Fak. f. Naturwiss. Univ. Karlsruhe, 1981 Ruf an d. Danmarks Farmaceutiske Højskole Kopenhagen, 1982 a. d. Univ. Bern.

KUBEL, Alfred

Ministerpräsident a. D. (1971-76), MdL Nieders. - Kursana Residenz, Dr. Harnier-Str. 2, 3280 Bad Pyrmont (T. 05281 - 16 25 29) - Geb. 25. Mai 1909 Braunschweig, verh. (Ehefr.: Hilde) - Mittelsch. Braunschweig; Drogistenlehre - U. a. Prokurist gummiverarb. Ind., 1937 verhaftet u. weg. Vorb. z. Hochverrat v. Volksgerichtshof zu 1 J. Gefängnis verurt., n. Kriegsende Geschäftsf. Braunschweig-GmbH. (jetzt Niedersachsen GmbH.) u. Generaldir. Dt. Asphalt Ag. d. Limmer d. Vorwohler Grubenfelder, Braunschweig, 1946 Ministerpräs. Braunschweig, s. 1946 m. kurzer Unterbrech. MdL Hannover bzw. Nieders. (SPD), 1946-55 Nieders. Min. (f. Wirtsch., dann f. Verkehr, 1948 f. Arbeit, Aufbau u. Gesundheit, 1951 d. Finanzen), anschl. Leit. Pressestelle Hannover Übersee-Post, Nürnberg, 1957-70 wied. Min. (f. Wirtsch. u. Verkehr, 1959 f. Ernährung, Landw. u. Forsten, 1965 d. Finanzen), 1965-70 Min. d. Finanzen, 1970-76 Min.-Präs. v. Niedersachsen, 1975 Bundesratspräsident, ab 1976 Ruhest. 1977-85 Vors. Kurat. Georg Eckert Inst. f. intern. Schulbuchforschung (Braunschweig), Mitbegr. u. AR-Vors. (b. 1978) Hannover-Messe - Nieders. Landesmed.; 1961 Gr. BVK m. Stern u. Schulterbd., 1971 Großkreuz des BV Ordens, 1976 Ernst-Reuter-Plak. in Silb. Stadt Berlin.

KUBELIK, Rafael

Dirigent u. Komponist - Im Sand, CH-6047 Kastanienbaum (Schweiz) - Geb. 29. Juni 1914 Bychory (Tschechosl.) (Vater: Jan K., bek. Geigenvirtuose; Mutter: Marianne, geb. Szell), verh. in 2. Ehe (in 1. 1961 verw.) s. 1963 m. Elsie, geb. Morison (Sopran), S. Martin aus 1. E. m. Ludmilla, geb. Bertlova - 1928-34 Konservat. Prag - 1936 Dirig. Tschech. Philharmonie Prag; 1939 musikal Dir. Nationaltheater Brünn; 1941-48 Chefdirig. Tschech. Phil. Prag; 1950-53 Chefdirig. Chicago Symphony Orch.; 1955-58 musikal. Dir. Covent Garden London; 1961-79 Chefdirig. Bayer. Rundfunk, zugl. 1973/74 musikal. Dir. Metropolitan Opera New York. Kompos. Opern: Veronika, D. Kaiser's neue Kleider, D. Blume d. kl. Ida, Tagesanbruch, Cornelia Faroli; 3 Requiems, 2 Symph., e. dritte Symph. in e. Satz, Orphikon, Symph. f. Orch., Sequenzen f. Orch., Peripetie f. Orgel u. Orch., Invocation f. Tenor, Knabenchor u. Orch. Stabat Mater, Missa f. Sopransolo u. Männerchor a capella; 6 Streichquartette, Trio concertante f. Klavier, Geigen, Violoncello, Violinkonz., Cellokonz., Quattro forme per archi; Lieder; Klaviermusik u. Geigenwerke - Gr. BVK; Bayer. VO; Chevalier de l'Ordre du Daneborg, Dänemark; Comtur Istrucao Publica, Portugal; Commandeur de L'ordre des Arts et Lettres, Frankr. Ehrenmitgl.: Bayer. Akad. d. Schönen Künste, München; Royal Academy of Music, London; Kgl. Schwed. Musikakad., Stockholm; Associazione Italiana Anton Bruckner, Vienna - Genova; Ehrendoktor American Conservatory of Music, Chicago; Gold. Karl-Amadeus-Hartmann-Med.; München leuchtet (Gold. Med. Stadt München); Gold. Gustav-Mahler-Med. Gustav-Mahler-Ges., Wien; Gold. Carl-Nielsen-Med., Kopenhagen; Med. Stadt Amsterdam; Mahler-Med. Bruckner-Soc. of America; Gold. Schlüssel Stadt Cleveland; Ehrendoktor d. Karlsuniv. Prag; Ehrenbürger d. Stadt Prag u. d. Stadt Brünn.

KUBELKA, Margarete

(eigentl. Margarete Kröhnke, geb. Kubelka), Schriftstellerin - Am Kiefernwald 68, 6100 Darmstadt 13 (T. 06151 - 55 23 9) - Geb. 14. Sept. 1923 Haida/ Nordböhmen, kath., verw., 4 Kd. (Claudia, Erhard, Karl, Friedrich) - Abit. 1942, Stud. German. u. Latein - Publ. v. Büchern, Herausg., Mitarb. f. Ztg. u. Ztschr., Anthol. u. Rundfunk - BV: Odysseus kommt zu spät, R. 1962; D. arme Heinrich Rosenkranz, R. 1964; Myrrhe f. d. Kind, R. 1985. Erz. u. a. Heilige sind auch Menschen, 1979; Kurkonzert, 1984. Ged. u. a. Absage an d. Mondlicht, 1972; Verhängte Spiegel, 1979; Ich werde Oma fragen, Kinder- u. Jugendb. 1983; Nachricht v. d. Insel, Ged. 1987; Till tut, was er will, Kinderb. 1988; Happy End, Erz. 1990; D. perfekte Weihnachtsbaum, Erz. 1991. Herausg. d. Sudetendt. Kalenders (s. 1989). Eisenbahnfahrt, Hörsp. 1980 - U. a. 1967 Sudetend. Kulturpreis f. Lit.; 1976 Andreas Gryphius-Preis; 1977 Gustav Leutelt-Med.; 1979 Erzählerpr. Bayer. Rundfunk; 1982 Adalbert Stifter-Med.; 1983 Bronzene Verdienstmed. Stadt Darmstadt; 1985 BVK; 1985, 88 u. 90 Lyrikpreis d. Künstlergilde; 1987 Graphikum-Literaturpreis; 1988 Joh. Heinrich Merck-Ehrung Stadt Darmstadt - Liebh.: Reisen, Samml. v. Taschentüchern aus aller Welt (ca. 1.000 St.) - Spr.: Engl., Lat., Tschech., Ital. - Lit.: Erhard Josef Knobloch in: Sudetend. Kultur-Almanach, 1969; Handlexikon Dt. Lit. in Böhmen, Mähren, Schlesien, 1976; Carl Heinz Kurz: Tangenten, 1977; Einigk. u. Recht u. Freiheit, 1981.

KUBICEK, Herbert

Dr. rer. pol., Prof. f. Angewandte Informatik Univ. Bremen - Univ. Bremen, FB 3, Bibliothekstr., 2800 Bremen 33 - Geb. 14. Aug. 1946 - Stud. Betriebsw.; Dipl.-Kfm., Promot. - Wiss. Assist. Organisationssem. Univ. Köln; 1977-88 Prof. f. Betriebw. Univ. Trier; Rufe GH Kassel u. Univ. Konstanz (abgelehnt). Vorst. d. Inst. f. Informations- u. Kommunikationsökologie e.V. (IKÖ), Bonn; Sprecher Verb. Sozialwissenschaftl. Technikforsch. d. BMFT - BV: Informationstechnol. u. org. Regel., 1975; Empir. Organisationsforsch., 1975; Org., (m. A. Kieser) 1977, 2. A. 1983 (japan. Übers. 1987); Org.theorien, 2 Bde., (m. A. Kieser) 1978 (japan. Übers. 1982); Interessenberücks. b. Technikeins., 1979; Gefahren d. informationstechnol. Entw., (m. J. Reese u. a.) 1979 (Span. Übers. 1982); Sozialpolit. Chancen d. informationstechnol. Entw., (m. B. P. Lange u.a.) 1982; Kabel im Haus - Satellit üb. Dach, 1984, 2. A. 1985; Messungen d. Organisationsstruktur (m. G. Welter), 1985; Mikropolis (m. A. Rolf), 1985, 2. A. 1986; Was bringt uns d. Telekommunikation? (m. P. Berger), 1990. Herausg.: Telekommunikation u. Ges.-Kritisches Jahrbuch d. Telekommunikation (1991).

KUBICKI, Stanislaw

Dr. med., Prof. f. Klin. Neurophysiol. - Onkel-Bräsig-Str. 46, 1000 Berlin 47 - Geb. 5. Juli 1926 - Promot. 1955 - S. 1967 (Habil.) Lehrtätigk. FU Berlin (1969 Prof.; 1974 Leit. Abt. f. Klin. Neurophysiol. Emerit. Üb. 200 Facharb.

KUBICKI, Wolfgang

Dipl.-Volkswirt, Rechtsanwalt, Landesvors. FDP Schleswig-Holstein (s. 1989), MdB (s. 1990) - Eggerstedtstr. 13, 2300 Kiel (T. 0431 - 9 67 47) - Geb. 3. März 1952, ev., verh., 2 Töcht. (Helen, Anneka) - Abit. 1970 Braunschweig; Ex. Volkswirtsch.lehre 1975 Univ. Kiel; 1. u. 2. jurist. Staatsex. 1982 u. 1985 - 1976/77 Mitarb. Unternehmensberat.; 1978-80 Mitarb. Steuerberat.büro; 1981-83 wiss. Assist. FDP-Landtagsfrakt. Schlesw.-Holst.; 1983-85 Refer. im jurist. Vorb.-dienst; 1985 Rechtsanwalt in eig. Sozietät - S. 1971 Mitgl. FDP; 1972/73 stv. Bundesvors. d. Liberalen Hochschulverb.; 1975/76 Landesvors. d. Jungdemokraten in Schlesw.-Holst.; 1976-88 FDP-Landesvorst.-Mitgl., zul. stv. Landesvors.; 1987-89 Vors. d. FDP-Kreisverb. Rendsburg-Eckernförde.

KUBIK, Kalle

Regisseur - Graumannsweg 39, 2000 Hamburg 76 (T. 040 - 229 73 68) - Geb. 28. Juni 1949, verh. s. 1977 m. Ullah Conrad-Kubik, 2 Kd. (Jan-Carl, Hannah) - Hochsch. f. Musik u. darst. Kunst (Max Reinhardt-Schule) Berlin - 22 Insz. in Köln, Düsseldorf, Hamburg, Stuttgart, Bonn.

KUBIN, Wolfgang

Dr., Prof. f. Chinesisch (s. 1985), u. Sinologie (s. 1989) Seminar f. Orientalische

Sprachen, Chines. Abt. Univ. Bonn - Ermekeilstr. 54, 5300 Bonn 1 (T. 0228 - 22 24 84) - Geb. 17. Dez. 1945 Celle, ev., verh. s. 1985 m. Suizi, geb. Zhang, 2 Kd. (Anna Rebekka, Aurel) - Promot. 1973 Bochum; Habil. (Sinologie) 1981 Berlin - BV: D. lyrische Werk d. Tu Mu, 1976; Essays in Modern Chinese Literature, 1982; Woman and Literature in China, 1985; Nachrichten v. d. Hauptstadt d. Sonne, 1985; D. durchsichtige Berg, 1985 (chin. 1990). Herausg. d. Ztschr. minima sinica u. OrienTierungen (s. 1989) u. d. Ausgewählten Werke von Lu Xun (6 Bde. Zürich 1992) - 1985 Hon.-Prof. Fremdsprachenhochsch. Chongqing (VR China).

KUBITSCHEK, Ruth-Maria

Schauspielerin - Trautenwolfstr. 8, 8000 München - Geb. 2. Aug. 1931 Komotau (Vater: Landw.), Sohn Alexander (aus d. Ehe m. Friedrich Götz) - Hochsch. f. Theater u. Musik Halle; Deutsches Theater-Inst. Weimar - Bühnenrollen: Puntila u. s. Knecht (Fina: Debut), George Dandin (Claudine), D. Räuber (Amalia), D. ehrb. Dirne (Lizzi), Don Carlos (Elisabeth), Othello (Emilie, unt. Fritz Kortner), Frau Warrens Gewerbe. Film: D. kl. u. d. gr. Glück, Thomas Müntzer, Senta auf Abwegen, Jacke wie Hose u. a. (alle DEFA); Fernsehen/Ost: Rose Bernd, Carmen, Hexen v Paris (Cathérine), West: Lysistrata (Lampito, u. Kortner), Don Carlos (Eboli), D. Trojan. Krieg findet nicht statt (Helena), D. sel. Edwina Black, D. ideale Gatte (Clevely), Melissa (3 T.), D. Vermächtnis (2 T.), Monaco Franz, Kir Royal - Friedericke v. Unruh (bde. Regie Helmut Dietl) - 1972 Gold. Bildschirm - Liebh.: Malen (Signet: R. K.), Musik (Mozart), Radfahren, Schwimmen.

KUBITZA, Werner

Studienprof. a. D., Ministerialrat a. D., MdL Bayern (1974-78) - Breslauer Str. 16, 8770 Lohr/M. (T. 9759) - Geb. 5. Febr. 1919 Breslau (Vater: Karl K., Rendant; Mutter: Martha, geb. Rauer), ev., verh. s. 1952 m. Anni, geb. Pfann, 5 Kd. (Frank, Petra, Volker, Alexander, Catharina) - 1929-37 Oberrealsch. (Abit.); 1946-50 Univ. Erlangen (Leibesüb., Dt., Engl., Religions- u. Geistesgesch., Phil.). Staatsex. 1950 u. 51 - 1951-61 Höh. Schuldst. Passau u. Lohr (1961-69 MdB, FDP), 1970-74 Bundesinnenmin., 1957-74 Bezirksvors. Unterfranken; Vors. Bundes-Arbeitsgemeinsch. liberaler Eltern u. Erzieher - Bayer. Verdienstorden 1976 - Liebh.: Lit., Sport - Spr.: Engl. - Rotarier.

KUBITZKI, Klaus

Dr. rer. nat., Prof. f. Systemat. Botanik - Ahornweg 96, 2083 Halstenbek - Geb. 3. Mai 1933 Niesky/Oberlausitz, verh. m. Ursula, geb. Linde, 3 Kd. - Promot. 1960 Kiel; Habil. 1968 Münster - 1968 Doz. Univ. München; 1974 Ord. Univ. Hamburg. Mehrf. Gastvorles. u. Forsch.reisen Südamerika. Arbeitsgeb.: Systematik u. Evolutionsbiol. d. Pflanzen, chem. Pflanzensystematik, Pflanzengeographie Südamerikas. Herausg.: Progr. in Botany; The Families and Genera of Vascular Plants; üb. 100 Facharb. u. 2 Bücher - Mitgl. Joachim Jungius Ges. d. Wiss. Hamburg u. Brasil. Akad. d. Wiss.

KUCERA, Gustav

Dr. jur., Prof. f. Wirtschaftspolitik - In der Worth 3, 3400 Göttingen (T. 0551 - 2 34 35) - Geb. 25. Nov. 1937 Wien (Vater: Gustav K., Kfm.; Mutter: Maria, geb. Pelikan), ev.ref., verh. s. 1975 m. Erika, geb. Sanitzer - Realgymn. Wien; Jura-Stud. Univ. Wien, Promot. 1960 - 1961/62 wiss. Sachbearb. Österr. Inst. f. Wirtsch.sforsch., 1962 Univ. Assist., 1974 Doz. Wien, 1975 Prof. Univ. Göttingen, 1986 Dir. d. Sem. f. Handwerkswesen an d. Univ. Göttingen - BV: D. Bedeutung d. Nichtpreiswettb. f. Wachstumsmod., 1977; Inst. Aspekte d. österr. Integrationspol. (m. Öhlinger u. Mayrzedt), 1976; Volkswirtschaftspolitik (m. Müller-Godeffroy), 1987; Deregulierung d. Handwerks (m. Stratenwerth).

KUCHEN, Wilhelm

Dipl.-Chem., Dr. rer. nat., o. Prof. f. Anorgan. Chemie Inst. f. Anorgan. Chemie u. Strukturchemie Univ. Düsseldorf - Zu erreichen üb. Heinrich-Heine-Univ., Universitätsstr. 1, 4000 Düsseldorf - Geb. 27. Mai 1926 Aachen - Promot. 1952, Habil. 1957 Aachen - 1954/55 Forsch.stip. d. DFG Cambridge/England; Lehrtätigk. TH Aachen (1964 apl. Prof.), Univ. Bonn (1961) u. Univ. Düsseldorf (1965 Ord.). Als Erfinder benannt in zahlr. dt. u. ausl. Patentschriften, Autor einer Vielzahl wissenschaftl. Veröff. in dt. u. intern. Fachztschr.

KUCHENBECKER, Detlef

Dr. phil., em. Prof. f. Pädagogik (s. 1991), entpfl. Ordinarius f. Vergleichende Pädagogik an d. FU Norddeutschland, Seevetal u. Prodekan d. Philosophischen Fakultät (b. 1992) - Königsberger Ring 8, 2340 Kappeln-Ellenberg (T. 04642 - 8 15 82) - Geb. 14. Mai 1940, 3 Kd. (Olaf, Gunnar, Lena) - Stud. d. Zoologie, Politol., Päd. u. Jura; Promot. Dr. phil. 1974 Univ. Hamburg - 1974-76 Wiss. Assist. Med.-Histor. Inst. d. Univ. Bonn, 1976-81 Univ. Hamburg im Fachber. Erz.wiss.; 1981-85 Hochschulassist. Univ. Hamburg, Mitgl. d. Forsch.aussch. d. Fachber. Erz.wiss.; 1986 Doz. an d. FU Norddeutschl. (wiss. Hochsch. in nichtstaatl. Trägerschaft e.V.); Mitgl. Carl Friedr. Gauß Ges e.V., Dt. Ges. f. Osteuropakunde e.V., Leopold v. Ranke Ges. e.V., D. Göttinger Arbeitskreis e.V. - BV: Universität Hamburg: Gegenwärtige didaktische Tendenzen z. Revision d. naturwissenschaftl. Unterrichts an d. Mittelschulen in d. UdSSR, Diss. 1974; Naturwissenschaftl. Unterricht in d. UdSSR, 1978; Entwicklungstendenzen d. sowjetischen Genetik, 1978 - Liebh.: Polit. Lit., Zeitgesch., Päd. - Spr.: Engl., Russ., Schwed.- Rezens.: D. Grille, 22.7.78 Die Welt; K. Frey, D. Dt. Berufs- u. Fachsch. 5(1979); Gegenwärtige Tendenzen im sowjet. Bildungsrecht, in: Systemwandel im Bildungs- u. Erzieh.wesen in Mittel- u. Osteuropa (O. Anweiler, Hrsg.), 1992.

KUCHER, Eckhard

Dr. rer. pol., Geschäftsführer Unternehmensberatung UNIC-University Connection, Bonn - Geb. 19. Okt. 1952 Schönheide, verh. s. 1980 m. Andrea, geb. Becker, 2 Kd. (Katharina, Carsten) - Stud. Univ. Bielefeld, Univ. of Georgia, Univ. of Chicago (Volks- u. Betriebswirtschaftsl.); Dipl. 1980; Promot. 1984 Bielefeld. Schwerp.: Management, Marketing u. EDV - S. 1983 1. Vors. Förderges. Marketing Univ. Bielefeld/Univ. Mainz; s. 1985 Geschäftsf. u. Gesellsch. UNIC GmbH - BV: Scanner-Daten u. Preissensitivität b. Konsumgütern, 1985. Herausg.: Wettbewerbsstrategien im Pharmamarkt (1989).

KUCHINKE, Kurt

Dr. jur., Univ.-Prof., o. Prof. f. Bürgerl. Recht u. Zivilprozeßrecht, Vorst. Inst. f. Bürgerl. Recht u. Handelsr. - Domerschulstr. 16 (Univ.), 8700 Würzburg - Geb. 27. Dez. 1926 Pleß/OS. - Habil. 1962 Würzburg - S. 1965 o. Prof. Univ. Bonn; 1968 o. Prof. Univ. Würzburg; Veröff. in Fachztschr. u. Sammelwerken - BV: Grenzen d. Nachprüfbarkeit tatrichterlicher Würdigung u. Feststellung in d. Revisionsinstanz, 1964; Zivilprozeßrecht, 1969; Erbrecht, 3. A. 1989.

KUCK, Conrad

Dr. rer. nat., Prof. f. Informatik GH Paderborn - Abtsbrede 84, 4790 Paderborn/W.

KUCK, Gerd Leo

Dramaturg Burgtheater Wien u. künstlerischer Dir. Schauspielhaus Zürich, Lektor Univ. Wien - Brunellengasse 57, A-1220 Wien - Geb. 16. April 1943 Wuppertal, verh. - Stud. Theaterwiss., German., Kunstgesch. Univ. Köln u. Freiburg - 1963-66 Dramat. u. Regieassist. Staatstheater Karlsruhe; 1966-69 1. Dramat. u. Regiss. Ulmer Theater, 1969-71 TAT Frankfurt/M.; 1971/72 Dramat. Staatstheater Stuttgart; 1972-75 Leit. Schauspiel-Dramaturgie u. Regiss. Staatstheater Kassel; s. 1975 Burgtheater; 1986-88 Dramaturg, 1988-92 stv. Schauspieldir. Staatstheater Stuttgart. 1973-75 Lehrauftr. f. Theaterwiss. Univ. Frankfurt - Insz.: Sperr, Koralle Meier; Goldoni, Mirandolina; Hatry, Notstandsübung; Ibsen, Bund d. Jugend - Spr.: Engl., Franz.

KUCKARTZ, Wilfried

Dr. phil., Prof. f. Allg. Pädagogik - Melatener Str. 6, 5100 Aachen - Geb. 29. März 1937 Aachen (Vater: Johannes K., Geschäftsf.; Mutter: Maria, geb. Müller), verh. s. 1969 m. Barbara, geb. Prossalendi, 2 Kd. (Sascha, Ludwig) - Gymn.; PH; Univ. (Phil., Psych., Päd.). Promot. 1965; Habil. 1970 - S. 1971 Prof. PH Westf.-Lippe/Abt. Münster, Rhld./Abt. Neuss (1975), Univ. Köln (1980) - BV: Sozialisation u. Erziehung, 2. A. 1971; Kritik d. päd. Technologie, 1974; Ludwig Klages als Erzieher, 1978; Hugo v. Hofmannsthal als Erzieher, 1981; Michael Ende: D. unendliche Gesch. - E. Bildungsmärchen, 1984; D. Zauberflöte - Märchen u. Mysterium, 1984; Frau Holle - E. Bildungsmärchen, 1986; Merlin. Mythos u. Gegenwart, 1988.

KUCKERTZ, Josef

Dr. phil., Dr. h.c., Prof., Musikwissenschaftler - Achenseeweg 41, 1000 Berlin 45 (T. 711 69 59) - Geb. 24. Nov. 1930 Würselen/Rhld. - Stud. Musikwiss., German., Alte Gesch. Promot. (1962) u. Habil. (1967) Köln - S. 1967 Lehrtätigk. Univ. Köln u. Berlin/FU (1980) - BV: Gestaltvariation in d. v. Bartók ges. rumän. Colinden, 1963; Form u. Melodiebild. d. karnat. Musik Südindiens, 2 Bde. 1970; Musik in Bûšehr (Südiran), 2 Bde. 1976 (m. Mohammad Taghi Massoudieh); Bhārūd, Vāghyā-muralī and the Daff-gān of the Deccan - Studies in the regional folk music of South India, 2 Bde. 1981 (m. B. Chaitanya Deva) - 1986 Ehrendoktor Päpstl. Inst. f. Kirchenmusik, Rom.

KUCKLÄNDER, Uwe

Dr., Prof. f. Pharmazeut. Chemie - Inst. f. Pharm. Chemie d. Univ. Düsseldorf, 4000 Düsseldorf 1, priv.: Bruchstr. 71, 5024 Pulheim/Stommeln.

KUCKUCK, Hermann

Dr. agr., Dr. h. c., o. Prof. f. Angew. Genetik (emerit.) - Herrenhäuser Str. 2, 3000 Hannover (T. 762 - 1) - Geb. 7. Sept. 1903 Berlin (Vater: Hermann K.; Mutter: geb. Vockrodt), verh. s. 1931 m. Erika, geb. Matthie, 4 Kd. (Ingrid, Gisela, Elke, Holger) - Kaiserin-Augusta-Gymn. Berlin-Charl.; landw. Lehre; LH Berlin (Promot. 1929). Habil. 1942 Univ. Berlin - 1929-36 Assist. Kais.-Wilh.-Inst. f. Züchtungsforsch., Müncheberg, 1936-46 Saatzuchtleit. Privatw., 1945-48 Privatdoz. u. o. Prof. (1946) Univ. Halle, 1948-50 Dir. Zentralforschungsanst. f. Pflanzenzücht., Müncheberg, u. o. Prof. Humboldt-Univ., Berlin, 1950-51 Lehrauftr. FU Berlin u. Gastwissenschaftler in Schweden, 1952-54 Experte FAO (Food and Agriculture Organization of the United Nations) im Iran, s. 1954 o. Prof. u. Dir. Inst. f. Angew. Genetik TH bzw. TU Hannover - BV: V. d. Wild- z. Kulturpflanze, 1934; Grundzüge d. Pflanzenzücht., Bd. I 4. A. 1972, II: Spez. Gartenbaul. Pflanzenzücht. 1957 (Samml. Göschen, 2. A. (als Gartenbauliche Pflanzenzüchtung)), 1979; Lehrb. d. Allg. Pflanzenzücht. (m. A. Mudra), 1950; Entw. u. Probleme neuzeitl. Pflanzenzücht., 1951; Grundzüge d. Pflanzenzüchtung (m. a.), 1985; Fundamentals of Plant Breeding (m. a.), 1991 - 1961 Ehrenmitgl. Inst. f. Pflanzenzücht. Svalöf (Schweden) - Spr.: Engl.

KUDELLA, Peter

Soldat, MdBB (CDU; s. 1975) - Krumme Reihe 2d, 2800 Bremen 21 (T. 64 56 75) - Geb. 20. Sept. 1941 Guttentag/OS, kath. - S. 1976 Vors. CDU-Soz.aussch. Bremen.

KUDER, Manfred

Dr. phil., Dr. h. c. (RC), Prof. f. Geogr., Europa- u. Afrikakunde, Lehrauftr. f. Zivilisation u. Landeskunde d. portug.-spr. Länder Univ. Köln - Kennedyallee 16, 5300 Bonn 2 (T. 0228 - 37 33 58) - Geb. 14. Sept. 1911 Frankfurt/O., verh. m. Marie, geb. Schultdrees - Stud. Univ. Berlin, Breslau (Geogr., German., Gesch., Soziol.) - 1955-60 Dir. Dt. Inst. Lissabon; 1960-75 Dir. Studienkolleg Univ. Bonn; 1975-78 Dir. Dt. Kulturzentr. Taipei; 1975-82 Prof. Fu Jen u. Tamkang Univ. Taipei; Vizepräs. Chin.-Dt. Kultur- u. Wirtschaftsverb.; Gastprof. National Taiwan Univ.; s. 1984 Lehrauftr. Univ. Köln; s. 1984 Präs. Dt. Ges. f. d. afrik. Staaten portug. Spr.; Präs. Dt.-Portug. Ges. Nordrh.-Westf.; korr. Mitgl. Hans-Staden-Inst. S. Paulo; Präsid.-Mitgl. Ibero-Club Bonn - BV: u. a. Landeskunde v. Uruguay, 1981; Regional Problems of the European Community, 1982; The Thames-Rhine-Rhone Axis, most developed central zone of the Europ. Community, 1982; Portugal-Skizzen, 1983; Deutsch-Portug. Kontakte in üb. 800 Jahren u. ihre wechselnde Motivation, 1984; D. Republik Kap Verde, 1985; Z. Landeswiss. d. Volksrep. Angola, 1986; Portugal-Landeskunde, 1986; Regionalgeogr. d. Europ. Gemeinschaft (chin.), 1986; D. Fünf (afrik. Staaten portug. Spr.) Landeskunde, Gesch., Politik, Kultur, Wirtsch., 1987. Herausg. u. Redakt. DASP-Hefte d. Dt. Ges. f. d. afrik. Staaten portug. Spr. (1985ff.). Mithrsg. Portugal-Magazin - 1978 Dr. h. c. (RC); Ehrenmed. d. Nat. Cheng Kung Univ.; Ehrenurkunde d. Kultusmin. Taiwan; 1985 Orden Infante Dom Henrique d. Rep. Portugal - Spr.: Engl., Franz., Portug.

KUDLEK, Manfred

Dr. rer. nat., Prof. f. Informatik - Schlüterstr. 70, 2000 Hamburg 13 - B. 1977 Doz., dann Prof. Univ. Hamburg.

KUDLIEN, Fridolf

Dr. phil., Prof., Medizinhistoriker - Goethestr. 3, 2300 Kiel (T. 92633) - Geb. 23. Nov. 1928 Berlin - Habil. 1963 Kiel - S. 1966 Wiss. Rat u. Prof. Inst. f. Gesch. d. Med. u. Pharmazie Univ. Kiel (Vorles. üb. Antike Med.). Üb. 30 Fachveröff.

KUDRNOFSKY, Wolfgang

Dr. phil., Autor, Regiss. - Rückaufg. 29, A-1190 Wien u. Knappertsbusch Str. 5, 8000 München 81 - Geb. 1. Mai 1927 (Vater: Raimund K.; Mutter: Josefine, geb. v. Bertrand), 2 Kd. (Andrea, Irenäus) - Realgymn. Wien; Univ. Wien (Promot. Psych. 1950); Graph. Lehr- u. Versuchsanst. Wien - Dramat. Sender Rot-Weiß-Rot (Wien); Redakt. Stern (Hamburg), Quick (München); Chefredakt. Bunte (Wien); Pressechef Columbia-Film (München). Generalsekr. IG-Autoren f. Dachverb. d. österr. Schriftstellerverb. - BV: Romane: Bubis Hochzeit, 1967; Der Messias, 1983; Ma-

rek, Matuschka & Co., Erz. 1987; Gassner, Gufler & Co., Erz. 1991. Sachb.: D. Mensch in seinem Zorn, 1970; V. 3. Reich z. 3. Mann, 1971; Z. Lage d. österr. Schriftst., 1972. Bühnenst.: Fall out, 1968; Frau Havel mal drei, 1963; Verhext, 1975; Kaffehaus-Revue, 1980; V. 3. Reich z. 3. Mann, Revue 1987. Zahlr. TV-Dokumentarfilme, TV-Spiele, Hörsp. u. Radio-Features - Mitgl. PEN-Club, Grazer Autoren-Vers. - Liebh.: Sport (Reiten, Ski, Surfen, Segeln) - Spr.: Engl. - Bek. Vorf.: Graf Henri Bertrand, Großmarschall b. Napoleon.

KÜBLER, Ewald Otto

Dipl.-Ing. (FH) - Rostocker Str. 10, 7300 Esslingen (T. 0711 - 31 22 31) - Geb. 31. März 1928 Esslingen, ev., verh. s. 1954 m. Ruth, geb. Kettenmann, S. Thomas Wolfgang - Schlosser, Maschinenbauing., Schweißfaching., Industrial Engineer, Refa-Ing. - Gründungsmitgl. Refa-Arbeitskr. Industrial Engineering u. 9 J. 1. Vors.; s. 1968 Vors. Verein d. Freunde d. FH f. Technik Esslingen u. s. 1985 Louis Schuler Fonds, Göppingen; s. 1990 Hegeringleit. d. Kreisjägervereinigung Esslingen - BV: Materialfluß in d. Einzelfertigung, Refa 1965 - 1983 BVK am Bde; 1988 Ehrensenator d. FH f. Technik, Esslingen.

KÜBLER, Friedrich

Dr. jur., Prof. f. Wirtschaftsrecht u. Bürgerl. Recht, insb. Bank- u. Medienrecht Univ. Frankfurt (s. 1976) - Am Burgenblick 5, 6240 Königstein (T. 06174 - 2 11 50) - Geb. 19. Okt. 1932 Reutlingen - Habil. 1966 Tübingen - S. 1966 Ord. Univ. Gießen u. Konstanz (1970); s. 1984 ständ. Gastprof. Univ. of Pennsylvania, Philadelphia. Fachveröff., auch Bücher.

KÜBLER, Hans-Dieter

Dr., Prof. f. Publikations- u. Medienwissenschaft am Fachbereich Bibliothek u. Information d. Fachhochschule Hamburg - Barenhorst 53, 4806 Werther (T. 52 03-48 75) - Geb. 23. Mai 1947, verh. m. Helga, geb. Vogel (Leit. d. Regenbogen-Gesamtsch. Spenge) - Stud. German., Gesch., Politik, Empirische Kulturwiss. Tübingen; Promot. 1975; Habil. 1980 Münster - Mitgl. d. Landes-Rundfunkkommiss. in NRW; Vorst.-Mitgl. d. Ges. f. Medienpäd. u. Kommunikat.kultur - BV: Unterhaltung u. Information im Fernsehen, 1974; Kinderfernsehen in d. Bundesrepublik u. d. DDR, 1981; Alte Menschen u. neue Medien, 1991.

KÜBLER, Jochen K.

Bürgermeister Öhringen - Peter-Rosegger-Str. 17, 7110 Öhringen (T. 07941 - 68 14) - Geb. 8. März 1953 Stuttgart-Bad Cannstatt, ev., verh. m. Dorothea K., 2 Kd. - Dipl.-Verw.Wirt FH; s. 1979 Bgm.; s. 1984 Doz. FH f. Öfftl. Verw., Ludwigsburg.

KÜBLER, Jürgen

Ph. D., Wiss. Rat, Prof. f. Theoret. Physik Univ. Bochum - Hustadtring 24, 4630 Bochum.

KÜBLER, Klaus

Dr., Vizepräsident a. D. Bundesgesundheitsamt, MdB (Landesliste Hessen) - Heidelberger Str. 42A, 6140 Bensheim (T. 06251 - 6 19 99) - Geb. 21. April 1936 Stettin - SPD.

KÜBLER, Klaus-Joachim

Dr. jur., Generalsekretär Zentralverb. d. Dt. Handwerks a. D. (1971-89) - Geb. 3. Dez. 1924 Zürich (Schweiz) (Vater: Bruno K., Kaufmann; Mutter: Käthe, geb. Wille), verh. s. 1951 m. Anneliese, geb. Johanning, T. Claudia - Stud. Rechts- u. Staatswiss. Univ. Kiel, 1. u. 2. Staatsex., Doktor jur. - 1971-89 Hauptgeschäftsf. Dt. Handwerkskammertag (DHKT) u. Bundesvereinig. d. Fachverb. d. Dt. Handwerks (BFH), Vorst.-Vors. Dt. Handwerksinst., Vorst.-Mitgl. Carl Duisberg Ges., Mitgl. Wirtschafts- u. Sozialaussch., Brüssel (1971-86), VR-Mitgl. Kreditanst. f. Wiederaufbau u. Dt. Ausgleichsbank - Zahlr. Beitr. z. Mittelstandspolitik - Gr. BVK m. Stern - Liebh.: Sprachen, Lesen, Reisen, Schwimmen - Spr.: Engl., Franz.

KÜBLER, Werner

Dr. med., Prof. f. Ernährung d. Menschen Univ. Gießen - Hein-Heckroth-Str. 23, 6300 Gießen - Geb. 19. April 1927 Reutlingen (Vater: Dr. med. Fritz K., Arzt; Mutter: Lene, geb. Fleischhauer), ev., verh. s. 1956 m. Ingeborg, geb. Warneke, 3 Kd. (Michael, Ulrike, Justus) - Approb. als Arzt u. Promot. 1952 Tübingen; Habil. f. Kinderheilkunde 1962 Kiel - S. 1963 klin. Chemiker Kiel; 1952-54 MPI Biochemie Tübingen; 1954-76 Univ.-Kinderklinik Kiel; 1964 Oberarzt; 1971 Prof. f. Stoffwechsel u. Ernähr., s. 1976 Univ. Gießen (1979/80 u. 1987/88 Dekan FB 19-Ernähr.- u. Haush.wiss.). S. 1970 Präsid. Dt. Ges. f. Ernähr.; 1976-86 Executive Committee, Group of European Nutritionists; 1979-90 DFG-Senatskommiss. f. Rückstände in Lebensmitteln; s. 1974 stv. Beiratsvors. BA f. Milchforsch. Kiel, s. 1980 d. Bundesforsch.anst. f. Ernährung, Karlsruhe, s. 1984 f. Fettforsch., Münster; 1982-86 Committee II/10 (Education of the Public), Intern. Union of Nutritional Sciences (IUNS); Entd. Grundl.formel d. Pharmakokinetik d. enteralen Resorption - Chefredakt. Ernähr.-Umschau (s. 1969) - BV: D. gesunde u. d. kranke Kind, (Hrsg. m. Catel, Dost, Oehme) 1976 u. 1979; Ernährungsbericht 1980 - 1970 Paul Martini-Preis f. Arb. u. Pharmakokinetik d. enteralen Resorption.

KÜBLER, Wolfgang

Dr. med., o. Prof. f. Inn. Med. - Hildastr. 3, 6903 Neckargemünd - Geb. 20. Okt. 1934 Reutlingen - S. 1967 (Habil.) Lehrtätigk. Univ. Köln, Düsseldorf (1972 apl. Prof.), Heidelberg (1974 Ord. u. Klinikdir. Inn. Med. III/Schwerp. Kardiol.) - BV: Tierexper. Unters. z. Herzstoffw. b. Herzinfarkt u. im Angina pectoris-Anfall, 1969.

KÜCHENHOFF, Erich

Dr. jur., Prof. f. Öfftl. Recht u. Polit. Wissensch. Univ. Münster - Dachsleite 65, 4400 Münster/W. - Geb. 30. Juni 1922 Liegnitz (Vater: Georg K., Studienrat), verh. m. Eva, geb. Greve, 3 Kd. (Peter, Barbara, Andreas) - 1973-75 MdL NRW, 1975-79 Rat Stadt Münster, s. 1980 Rundfunkrat WDR. S. 1980 SPD Parteirat. S. 1984 Beirat d. Humanistischen Union, s. 1986 Bundesvorst. d. Arbeitsgemeinsch. Sozialdemokrat. Juristen (ASJ), s. 1990 Beirat d. Gustav Heinemann-Initiative - BV: Allg. Staatslehre, (m. G. Küchenhoff) 8. A. 1977; Ausdrückl., stillschweig. u. ungeschriebenes Recht in d. bundesstaatl. Kompetenzverteil.; zugl. e. Beitr. z. Lehre v. d. Rechtsgewinn. u. z. Verfass.-recht d. USA, 1957; Wiedervereinigung durch Transföderation, 1959; Präsentationskapitulation d. Bundeskanzlers gegenüber d. Bundespräs.?, 1966; Mißtrauensantrag u. Vertrauensfrage-Ersuchen; zwei zuläss. Mittel parlament. Regierungskontrolle m. untersch. Funktionen, 1967; Möglichk. u. Grenzen begriffl. Klarheit in d. Staatsformenlehre, 2 Teilbde. 1967; D. Darst. d. Frau u. d. Behandl. v. Frauenfragen im Fernsehen, (Schriftenr. d. Bundesmin. f. Jugend, Fam. u. Gesundh., Band 34) 1975; Gewährbieten jederzeit. Verfassungstreue v. Bewerbern f. d. öff. Dienst u. Rechtsstaatlichk. (in: Hans Koschnick, D. Abschied v. Extremistenbeschluß), 1975; Tausendfält. Grundrechtsverletz. (in: Hermann Glaser, D. Nürnberger Massenverhaft.), 1981; Eine Bundesverfassung f. d. Dt. Volk bedarf d. Sozialen Grundrechtsbestimmungen, 1992; ab 1982 mehr. Beitr. in Sammelw. u. Ztschr. z. Verfassungsrechtfragen d. Atomwaffenstationierung u./od. e. geg. sie gericht. Widerstandsrechts od. zivilen Ungehorsams als aktiver Verfassungsschutz sowie zu Rechtsfragen d. Dt. Vereinigung, d. Verfassungsreform u. d. Golfkrieges - 1983 Fritz-Bauer-Preis d. Humanist. Union.

KÜCHENHOFF, Klaus Karl

Dr. jur., Richter Bundespatentgericht (BPG), Vorst. Dt. Richterbund - Ringstr. 78, 8017 Ebersberg (T. 08092 - 2 05 00) - Geb. 15. Juni 1933 Breslau (Vater: Prof. Dr. Günther K.; Mutter: Eleonora, geb. Klausa), kath., verh. s. 1957 m. Waltraut, geb. Schmidt, 4 Kd. (Helmut, Stefan, Volker, Renate) - Jurastud. Münster u. München, Promot., 1. u. 2. jur. Staatsprüf. Münster - Univ.-Assist.; 1960-62 Richter LG Dortmund, Beamter DPA, s. 1970 Richter BPG. Mitgl. Personalaussch. b. Bundesmin. d. Innern. Vorst.smitgl. Dt. Richterbd. Geschäftsf. Felix-Porsch-Stiftg. - Zahlr. Veröff. in Ztschr.; Mithrsg. ERMAN, Komment. z. BGB - Liebh.: Musik, Theater, Bergsteigen, Skitouren - Spr.: Engl.

KÜCHLE, Hans Joachim

Dr. med., Univ.-Prof., ehem. Direktor Univ.-Augenklinik Münster (1977-86) - Gasselstiege 435, 4400 Münster - Geb. 10. Febr. 1921 Stettin (Vater: Dipl.-Ing. Ludwig K.; Mutter: Hildegard, geb. Krain), verh. s. 1955 m. Ingrid, geb. Zeilinger, 2 Söhne (Michael, Oliver) - 1939-45 Univ. Breslau u. Berlin, Med. Staatsex. 1949 Münster; Promot. 1950 ebd.; Habil. 1956 München - S. 1956 Lehrtätigk. Univ. München (1962 apl. Prof.; 1957-64 Oberarzt Augenklinik), Chefarzt D'dorf (1966-77), Klin.direkt. Münster (1977-86). 1987-91 1. Vors. Berufsverb. d. Augenärzte Deutschl., s. 1991 Ehrenvors.; Mitgl. Dt., Schweiz., Österr., Franz. u. Niederl. Ges. f. Ophthalmologie - BV: Nervale Alteration u. Auge, 1958; Taschenb. d. Augenheilkd., 1965, 1978, 1991 (m. H. Busse); Almanach d. Augenheilkd., 1969, 1973 u. 1976; Kurz. Lehrb. d. Augenheilkd., 1969 (m. Prof. A. Nover); Mod. Augenheilkde. in d. Praxis, 1981; Augenerkrankungen im Kindesalter (m. H. Busse), 1985. Üb. 200 Einzelarb. - Spr.: Engl., Franz.

KÜCHLER, Wilhelm

Dipl-Kfm., MdL Hessen, Gf. Gesellschafter Wilhelm Küchler Rohrleitungsbau GmbH, Kronberg im Taunus - Burgerstr. 8a, 6242 Kronberg im Taunus (T. 06173 - 15 79) - Geb. 21. Juli 1936 Frankfurt/M., kath., verh. s. 1964 m. Gertrude, geb. Schiffels, 3 Kd. (Christoph, Petra, Anna-Maria) - Stud. Wirtschaftswiss. Frankfurt, Dipl. 1961 - 1961-64 Volont., 1964 Prokurist, 1970 gf. Gesellsch. Wilhelm Küchler Rohrleitungsbau GmbH, Kronberg im Taunus - Stv. Vors. Verb. Bauind. Hessen; s. 1970 AR, s. 1979 AR-Vors. Frankfurter Volksbank; AR-Vors. Zusatzversorgungskasse d. Bauwirtsch., Wiesbaden; 1982 MdL Hessen (stv. Vors. u. wirtschaftspolit. Sprecher CDU-Frakt.); s. 1981 stv. Vors. Parteibez. Untermain d. CDU (Frankfurt u. Umland) - Vizepräs. Bundesvereinig. d. Dt. Arbeitgeberverb. (BDA), u. Hauptverb. d. Dt. Bauind. (Vors. Soz. Pol. Vertretung); Mitgl. Landesvorst. Dt. Verein d. Gas- u. Wasserfaches (DVGW) Hessen, u. Präs. Bundesvereinig. Firmen im Gas- u. Wasserfach e.V. (FIGAWA). Rundfunkrat Hess. Rundf.; Landesvors. Wirtschaftsrat d. CDU Hessen - BVK I. Kl. - Liebh.: Roman. Kunst Gregorian, Geschichte - Spr.: Franz., Engl.

KÜCK, Günther

Vorstandsmitgl. Bankverein Bremen AG. (s. 1970) - Gustav-Brandes-Weg 7, 2800 Bremen 33 - Geb. 11. Nov. 1935 Ströhe, verh. m. Hanna, geb. Lampe.

KÜCKER, Wilhelm

Dr.-Ing., Architekt, Honorarprof. f. Arch. TU München (1975ff.), 1983ff. Präs. Bund Dt. Arch. (BDA) - Klopstockstr. 6, 8000 München 40.

KÜGELGEN, von, Helga,

geb. Meyer

Dr. med., Ärztin, MdL Rhld.-Pfalz (1975-87) - Elbinger Str. 11, 6550 Bad Kreuznach (T. 6 23 52) - Geb. 13. Febr. 1929 Kiel (Vater: Prof. Dr. med. Meyer, Kinderarzt; Mutter: Hildegard, geb. Paszkowski), ev., verh. s. 1954 m. Dr. med. Bernhard v. K., Chefarzt Med. Abt. Diakonie Krkhs. Bad Kreuznach, 4 Kd. (Oda-Renée, Ivar, Svea, Holger) - Univ. Freiburg u. Heidelberg (Studienstiftg. d. Dt. Volkes); Promot. 1964 Gießen - CDU (1971 Bezirksvors. Frauenvereinigung) - 1983 BVK am Bde., 1988 BVK I. Kl.

KÜGELGEN, von, Helga

Dr. phil., Kunsthistorikerin, Wissensch., Fachautorin - Hewaldstr. 10, 1000 Berlin 62 - Geb. Hamburg (Vater: Dr. med. Robert v. Kügelgen, Urenkel d. Landschaftsmalers Karl v. K.; Mutter: Helga Gräfin v. Holck, Nachfahrin d. Generalfeldmarschalls Henrik Reichsgraf v. Holck), verh. m. Prof. Dr. Klaus Kropfinger (s. dort), T. Anke - Stud. Kunstgesch., klass. Archäol., Altamerikanistik, Ethnol., Roman., Phil. Univ. Bonn, Freiburg, Mexico, Florenz; Promot. 1967 Bonn - Übers., Reiseführ., Lehrauftr.; 1968-78 wiss. Mitarb. Mexiko-Projekt Dt. Forschungsgem.; 1979 independent scholar - BV: Amico Aspertinis Malerisches Werk. E. Beitrag z. Bologneser Malerei d. ersten Hälfte d. Cinquecento, 1973; Europ. Buchexport v. Sevilla n. Neuspanien, 1973. Herausg.: Festschr. Erwin Walter Psalm (1983) - Liebh.: Lit., Musik, Fotogr., Politik - Spr.: Span., Franz., Engl., Ital. - Lit.: Handb. d. Dt. Lateinamerika-Forsch. (1980); Latinoamericanistas en Europa (1981, 85).

KÜGLER, Dietmar

Verleger u. Schriftsteller (Ps. John Gilmoor, Stephan Hamberg) - Rebbelstieg 37, 2270 Wyk auf Föhr (T. 04681 - 31 12) - Geb. 4. Juni 1951 Dolberg, ev., verh. m. Helga Margaret, verw. Thiele (Engländerin, Übers. u. Autorin) - Handelssch.; Verlagsvolont. - S. 1970 Redakt.; s. 1984 fr. Schriftst. u. Publiz., Verleger; Alleininh. Verlag f. Amerikanistik (Wiss. Fachverlag). Mitgl. Western History Assoc., Nevada, u. American Military Inst., Manhattan/Kansas (USA) - BV: D. US-Kavallerie, 1979; D. dt. Truppen im amerik. Unabhängigkeitskrieg, 1980; D. Dt. in Amerika, 1983; D. Texas Rangers, 1984; Buchserie: Entdecker u. Abenteurer, 1984; D. Duell - Kulturgesch. d. Zweikampfes, 1986; D. Armee d. Südstaaten im Amerik. Bürgerkrieg, 1987; General Robert E. Lee, Biogr. 1988; D. Schlacht v. Gettysburg, 1988; In d. Wildnis d. Freiheit, d. amerik. Pelzhandel, 1989; Gen. U.S. Grant, 1990; Bisonjagd, 1990, u. 20 weitere Sach- u. Jugendb., 24 Taschenb.western, u. a.: Als d. Regenbogen brach, 1979; D. letzte Rebell, 1980; D. Weg d. Mormonen, 1980. Herausg.: Buchreihe Nord u. Süd - D. Amerik. Bürgerkrieg; Fachztschr. Magazin f. Amerikanistik, wiss. Reprints (J. F. Frémort: Reise in d. Felsengebirge im J. 1844, F. Parkman: D. Jesuiten in Nordamerika, u. a.). Übers. v. G. A. Dorsey: Sonnentanz d. Ponca, 1987. Ständ. Mitarb. Fachztschr. Dt. Waffen-Journal, Schwäbisch Hall (D. einzige regelmäßige Kolumne in dt. Sprache üb. d. amerik. Pionierzeit), Stuttgart. FS: Aufbruch in d. Neue Welt (NDR), 1989, u.a. - 1982/83 Editorial Fellowship Western Historical Quarterly - Liebh.: Bibliophile Reiseberichte üb. Nordamerika, Antike Waffen d. US-Bürgerkrieges (Sachverst. f. US-Waffen d. 19. Jh.) - Spr.: Engl. - Lit.: Kürschner's Lit.-Kalender, u.a.

KÜGLER, Hans
Dr. phil., Prof. f. Deutsch PH Ludwigsburg - Rilkeweg 39, 7000 Stuttgart 40.

KÜGLER, Rudolf
Prof., Maler u. Graphiker - Hainbuchenstr. 54, 1000 Berlin 28 (T. 4013217) - Geb. 27. Sept. 1921 Berlin - Ausbild. Berlin (Schüler v. Max Kaus) - S. 1955 Lehrtätig. Kunsthochsch. Berlin (1956 Prof.). Zeichnungen, Aquarelle, Radierungen - 1959 Kunstpreis Böttcherstraße in Bremen.

KÜHBACHER, Klaus-Dieter
Minister d. Finanzen d. Landes Brandenburg (s. Nov. 1990) - Steinstr. 104-106, O-1597 Potsdam - Geb. 30. Okt. 1943 Heerlen/Niederl., verh., 3 Kd. - 1960-74 Ausb. (Diplom) u. Tätigk. im gehobenen Kommunaldienst; 1963-66 Abendstud. Verw.- u. Wirtsch.akad. Braunschweig (Dipl.). 1967/68 Bundeswehr (Reserveoffz.). 1968-76 Nebenamtl. Doz. an Fachhochsch. u. Verw. u. Sozialarb.) u. an d. Gemeindeverw.schule Braunschweig. 1974-76 MdL Nieders.; 1976-90 MdB. S. 1962 SPD (s. 1970 Vorst. d. SPD Stadt Braunschweig, s. 1974 Bez. Braunschweig, s. 1980 Landesvorst., 1980-88 Parteirat (Bundesebene)).

KÜHBAUCH, Walter
Dr. agr., Prof., Lehrstuhlinh. f. Pflanzenbau u. Institutsgeb. Univ. Bonn (s. 1981) - Karlstr. 20, 5357 Buschhoven (T. 02226 - 1 36 67) - Geb. 15. Jan. 1942 München - 1963-67 Stud. München (Dipl.-Landw.). Promot. (1970) u. Habil. (1976) München - 1970-80 Assist. u. Doz. (1976) TU München; 1980-81 Prof. GH Kassel. 1975 Gast Univ. of Madison, Wisconsin (USA). 1988 Ausrichtung d. 1. Intern. Fructan-Symposiums (Veranstalter).

KÜHBORTH, Wolfgang
Dr., Aufsichtsratsvorsitzender d. Klein, Schanzlin & Becker AG, Frankenthal - Goethestr. 14, 6710 Frankenthal - Geb. 10. Sept. 1924 Heidelberg (Vater: Dr. Otto K.), verh. m. Helga, geb. Brenk.

KÜHL, B.
Dr. rer. nat., Dipl.-Physiker, Honorarprof. an d. TU Berlin - Schweinfurthstr. 94, 1000 Berlin 33.

KÜHL, Georg W.
Dr. phil., Chemiker - Willi-Stamer-Str. 11, 8022 Grünwald/Obb. (T. 6412089) -

Geb. 5. Okt. 1904 Aubstadt/Ufr. (Vater: Theodor K., Pfarrer; Mutter: Amalie, geb. Schad), ev., gesch., Sohn Dr. rer. nat. Peter W. - TH Braunschweig, Univ. Wien, Berlin, München (Dipl.-Chem.). Promot. 1932 München - B. 1943 Industrietätig., dann eig. Entwicklungslabor. Zahlr. Erfindungen, dar. Elektr. Wasserreinigungsverfahren (1935), Komplexometr. Titration (1942), Gläser u. Kunststoff-Folien m. reversibel veränderl. Lichtdurchlässig. (ab 1949 viele Patente) - Liebh.: Physikal. Basteleien, Fotogr. - Spr.: Franz.

KÜHL, Heinrich
Dr.-Ing., apl. Prof. f. Thermodynamik TH Aachen (s. 1963) - Weitlstr. 66, 8000 München 45 - Geb. 27. Mai 1906 Bimbach/Ufr. - Zul. Leit. Inst. f. Luftstrahlantriebe Dt. Forschungsanst. f. Luft- u. Raumfahrt DLR. Facharb.

KÜHL, Ingo

Maler, Architekt - Prinz-Eugen-Str. 19, 1000 Berlin 65 (T. 030 - 461 78 70); u. Norderstr. 4, 2256 Garding - Geb. 29. Juni 1953 Bovenau/Schlesw.-Holst., ev., verh. s. 1991 - Zimmermann; Techn. Gymn.; 1973-76 Architekturstud. FHS Kiel; Dipl.-Ing. 1976; s. 1976 in Berlin; 1977-80 Hochsch. d. Künste Berlin - Malerei/Architektur; s. 1980 zusätzl. Atelier in Garding, Nordseehalbinsel Eiderstedt; 1982 Atelier in Brooklyn, New York - BV: architektur-phantasien, 1981; zeichnungen 1976-81, 1982; Nordsee-Bilder, 1983; Luft u. Wasser (m. Sarah Kirsch), 1988; Illustr. z. Scheerbart, Glasarchitektur (Achat Drucke 4), 1988; Gezeiten, 1989-90 - Werke: Center for Art and Culture, Brooklyn, N.Y.; Centro Cultural, Sao Lourenco, Portugal; Kupferstichkabinett Berlin; Senat Berlin - Werkverträge 1988 u. 91; Kulturamt Sindelfingen; Schleswig-Holst. Landesmuseum, Schloß Gottorf, Schleswig; Nissenhaus, Nordfries. Museum Husum; Priv. Slg. Berlin, Göttingen - Lit.: C. Grützmacher: Von d. Nordseelandschaft z. Farbraum, in: Lebendiges Museum-Werkstattbesuche II b. Künstlern in Berlin Wedding (1989), S. 24-29.

KÜHL, Karl Heinz
Dr., Vorstandsvorsitzender Stinnes Reederei AG - August-Hirsch-Str. 3, 4100 Duisburg 13; priv.: Burgundenstr. 24, 4130 Moers - Geb. 11. März 1928 - Präs. Bundesverb. d. dt. Binnenschiffahrt.

KÜHL, Kristian
Dr. jur., Dr. phil., Prof. f. Strafrecht, Strafprozeßrecht u. Rechtsphilosophie Univ. Gießen - Eichendorffring 37, 6300 Gießen - Geb. 19. Dez. 1943 Karlsruhe - Jur. Promot. 1972 Univ. Heidelberg, Habil. 1981 Bielefeld, phil. Promot. 1983 Univ. Heidelberg - s. 1981 Prof. Jurist. Fak. Univ. Erlangen-Nürnberg, s. 1984 Prof. FB Rechtswiss. Univ. Gießen - BV: D. Beend. d. vorsätzl. Begehungsdeliktes, 1974; Unschuldsvermut., Freispruch u. Einstell., 1983; Eigentumsordn. als Freiheitsordn., 1984.

KÜHL, Rolf
Kaufmann, Vorstandsmitglied Bundesverb. Papierrohstoffe, Köln - Memminger Str. 15, 8900 Augsburg (T. 0821-5 70 10) - Geb. 24. Dez. 1945 Oberhausen, kath., verh. - Spr.: Engl.

KÜHL, Wilhelm
Dr. med. dent., Prof. f. Zahn-, Mund- u. Kieferheilkunde, insb. Prothetik - Pleicherwall 2 (Univ.klinik), 8700 Würzburg - Geb. 6. März 1929 Vessin/Pom. (Vater: Wilhelm K., Pastor; Mutter: Christel, geb. Wolff), ev., verh. s. 1956 m. Edith, geb. Hinrichsen - Univ. Hamburg. Promot. 1954; Habil. 1964 - S. 1972 Ord. Prof. Univ. Würzburg - BV: Angew. Morphol. d. Zähne, 1968 (m. T. Tabata, auch jap.); Einf. in d. zahnärztl. Prothetik, 1977 (m. Jüde u. Roßbach), 4. A. 1989. Üb. 70 Einzelarb. - 1964 Arnold-Biber-Preis - Liebh.: Golf - Spr.: Engl.

KÜHLE, Wolfgang

Rechtsanwalt u. Notar - Geiersberg 12, 6330 Wetzlar (T. 4 52 87) - Geb. 7. Dez. 1920 Göttingen - Schule Göttingen (Abit. 1939) - Im Krieg akt. Offz., nach 1945 Stud. Rechtswissensch., Staatsprüf. 1948 + 1952. 1954 Anwaltszulassung, ab 1952 Justitiar Hess. Berg- u. Hüttenwerke AG, 1966-80 Vizepräs. Buderus AG Wetzlar - 1970-88 Vizepräs. d. Landessportbundes Hessen; andere Ehrenämter in Sport u. Kultur - 1970-82 MdL Hessen, s. 1965 Stadtverordn. Wetzlar, Stadtverordnetenvorst., Fraktionsvors., 1969-82 Parteivors. CDU Wetzlar - Gr. BVK.

KÜHLER, Hannemarie
Dr., Präsidentin Landesarbeitsgericht Nieders. (s. 1979; erste Frau) - Siemensstr. 10, 3000 Hannover - Zul. Dir. Arbeitsgericht Kiel (1971ff.).

KÜHLEWIND, Manfred
Exportkaufmann, Leiter ZN Omya, Hamburg - Zuschlagkoppel 13b, 2000 Hamburg 67 - Geb. 29. Nov. 1936 Hamburg (Vater: Karl K., Kaufm.), verh. m. Herta, geb. Walter, 2 Kd. - Liebh.: Lit., Tennis - Spr.: Engl., Franz., Span.

KÜHLMANN, Wilhelm
Dr. phil., o. Prof. f. Neuere dt. Literaturgesch. Univ. Heidelberg - Am Waldrand 42, 6800 Mannheim 81 - Geb. 24. März 1946 Gelsenkirchen, kath., verh. s. 1970 m. Antonie, geb. Hillermann, 3 Kd. (Felix, Anne, Ute) - 1965-70 Univ. Freiburg u. Hamburg; Promot. 1973 Freiburg, Habil. 1980 Freiburg - 1980 Priv.-Doz.; 1986 apl. Prof.; 1987 o. Prof. - BV: Gelehrtenrep. u. Fürstenstaat, 1982; D. junge Moscherosch (m. W. Schäfer), 1983; Parnassus Palatinus. Humanistische Dichtung in Heidelberg u. d. alten Kurpfalz, 1989. Mithrsg.: Rompler v. Löwenhalt (1988); Jacob Balde S. J., Opera poetica omnia (1990); Frühe Neuzeit; Bibliotheca Neolatina; Texte d. Frühen Neuzeit. Fachaufs. - Spr.: Engl., Franz., Latein.

KÜHLWEIN, Wolfgang
Dr. phil., Univ.-Prof. f. Engl. Philologie - Am Mariahof 73a, 5500 Trier - Geb. 20. April 1940 Nürnberg (Vater: Albert K., Bankbeamter; Mutter: Luise, geb. Schindler), ev., verh. s. 1965 m. Christa, geb. Rotter, 3 Kd. (Holger, Rüdiger, Sonja) - Promot. 1966 Kiel; Habil. 1970 Stuttgart - 1963/64 Lektor Univ. Manchester; 1964-67 Wiss. Assist. Univ. Kiel; 1967-69 Doz. PH Kiel; 1970 wiss. Oberassist. Univ. Stuttgart; s. 1970 o. Prof. Univ. Trier. 1976-86 Präs. Ges. f. Angew. Linguistik; 1981-87 Vizepräs. Assoc. Intern. de Ling. Appl. Div. Veröff. z. Hist. u. Engl. Sprachwiss. Rel. 160 Art. u. Rezens. - 1981 österr. Ehrenkreuz f. Wiss. u. Kunst 1. Kl. u. Ehrenmed. Univ. Klagenfurt.

KÜHN, Arthur
Dr. phil., Dipl.-Volksw., Prof. u. Leiter d. Seminars f. Soziologie PH Flensburg - Twedter Mark 58, 2390 Flensburg (T. 0461-3 66 72) - Geb. 25. April 1931 Lamspringe - Volkssch. u. Gymn. (Abit. 1950) Berlin; Sprachmittlersch. Berlin-Charl.; Dolmetscher 1951; Stud. Volkswirtsch. u. Soziol. FU Berlin, Univ. Saarbrücken u. Hamburg. Dipl. 1958 FU Berlin; Promot. 1968 Univ. Heidelberg - B. 1965 Berufssch.lehrer in Hannover u. Heidelberg, 1965-67 Doz. Berufsförderungsw. Heidelberg, 1967-69 Wiss.Assist. PH Neuss u. 1969/70 FU Berlin, s. 1970 PH Flensburg - BV: D. Problem d. Prognose in d. Soziol., 1970; Klassenfahrt. Wege zu e. päd. Schule, 1981 - Liebh.: Sport, bild. Kunst - Spr.: Engl., Franz., Schwed.

KÜHN, Arthur
Dr. phil., o. Prof. f. Angew. Geographie Freie Univ. Berlin (s. 1965) - Grunewaldstr. 35, 1000 Berlin 41 (Geogr. Inst.); priv.: Brehmstr. 78, 3000 Hannover - Geb. 6. Dez. 1904 Bevensen, verh. s. 1928 m. Auguste, geb. Bleckmann †1982 - Univ. Göttingen - U. a. Sekr. Akad. f. Raumforsch. u. Landesplanung, Hannover - BV: Neugestalt. d. dt. Geogr. im 18. Jh., 1939; Gesch. d. Geogr., 1969; in Westermanns Lexikon d. Geographie; Die Polarländer. In: Hinrichs Erdkunde. Üb. 100 Einzelveröff.

KÜHN, August
s. Zwing, Rainer

KÜHN, Claus
Vorstandsmitglied Hamburgische Anstalt f. neue Medien (HAM), gf. Vors. Verb. Techn. Betriebe d. Film u. Fernsehen, Berlin - Frettchenweg 23, 2000 Hamburg 65 - Geb. 12. Okt. 1924 Hamburg, verh. s. 1952 m. Annemarie, geb. Paulsen, 3 Kd. - Vors. Film-Fonds Hamburg, u. Bewilligungsaussch. f. Kommunikationswirtsch. Hgb. Bürgschaftsgem. GmbH, u. Tarif-Kommiss. VTFF; Tellux GmbH u. Allg. Produktions GmbH, München; stv. Vorst.-Mitgl. d. Filmförderungsanstalt Berlin (FFA) - Spr.: Engl.

KÜHN, Detlef
Direktor Sächsische Landesanstalt f. privaten Rundfunk u. neue Medien (s. Jan. 1992) - Carolinenstr. 1, O-8060 Dresden (T. 5 51 61); priv.: Zum Block 1A, O-8281 Medessen Krs. Großenhain - Geb. 16. Nov. 1936 Potsdam (Vater: Heinrich K., Verkaufsleit.; Mutter: Maria, geb. Hahn), verh. s. 1966 m. Maria, geb. Schulz, Tocht. Katharina - Abit. 1956, Stud. Rechtswiss. FU Berlin. Staatsex. 1960 u. 1965 Berlin 1966-70 Geschäftsf. FDP-Bundestagsfraktion, 1970-72 pers. Ref. d. Staatssekr. Dr. Hartkopf im Bundesmin. d. Innern, Reg.dir.; 1972-91 Präs. Gesamtdt. Inst. - Bundesanst. f. gesamtdt. Aufgaben (Nov. 1990 - Aug. 1991 Verw.dir. v. zuletzt kom. Landesrundfunkdir. v. Sachsenradio/Leipzig). FDP-Kreisvors. in Bonn 1969-77; Mitgl. FDP-Landesvorst. NRW 1972-76 - Liebh.: Politik, Genealogie - Spr.: Engl.

KÜHN, Dieter

Schriftsteller - Euskirchener Str. 78, 5160 Düren - Geb. 1. Febr. 1935 Köln - BV: N. Erz. 1970; Ausflüge im Fesselballon, R. 1971; D. Präsidentin, R. 1973; Stanislaw d. Schweiger, R. 1975; Goldberg-Variationen, Hörsp.texte 1976; Josephine. Aus d. öff. Biogr. d. Josephine Baker, 1976; Ich Wolkenstein (Biogr.), 1977; Löwenmusik, Essays, 1979; U. d. Sultan v. Oman, Erz. 1979; Galaktisches Rauschen, Hörsp.; D. Kammer d. schwarzen Lichts, R. 1984; D. Himalaya im Wintergarten, Erz. 1984; Flaschenpost f. Goethe, 1985; Bettines letzte Liebschaften, 1986; D. Parzival d. Wolfram v. Eschenbach, 1986; Neidhart aus d. Reuental, 1988 - 1974 Hörspielpreis d. Kriegsblinden, 1977 Hermann-Hesse-Preis, 1981 Stadtschreiber v. Bergen-Enkheim.

KÜHN, Gerhard

Versicherungsmathematiker i.R. (s. 1992) - Tannenweg 18, 2080 Pinneberg (T. 6 14 40) - Geb. 15. Jan. 1930 Pforzheim (Vater: Ludwig K., Kirchenmusikdir.; Mutter: Anne, geb. Müller), ev., verh. s. 1964 m. Minni, geb. Leber, 2 Kd. (Annette, Stephan) - Dipl.-Math. (wirtschaftswiss. Richt.) 1959 Köln.

KÜHN, Gerhard

Prof., Hochschullehrer - Gloedenpfad 9, 1000 Berlin 13 - Gegenw. Prof. f. Didaktik d. Politik PH Berlin.

KÜHN, Günter

Dr.-Ing., em. o. Prof. Inst. f. Maschinenwesen im Baubetrieb Univ. Karlsruhe (s. 1967) - Röthlingweg 18, 7500 Karlsruhe 41 (Grünwettersbach) (T. 0721 - 45 06 16) - Geb. 8. Febr. 1920 Parchwitz/Schles. (Vater: Fritz K.), verh. m. Dorette, geb. Lehmann.

KÜHN, Hans Adolf

Dr. med. (habil.), em. o. Prof. f. Innere Medizin - Augustinum, Weierweg 10, 7800 Freiburg/Br. (T. 2 56 19) - Geb. 24. Okt. 1914 Rostock (Vater: Prof. Dr. med. Adolf K.), ev., verh. m. Anneliese, geb. Biegel, 2 Kd. - Gymn.; Univ. Freiburg/Br., Rostock, Bonn, München. Med. Staatsex. 1937 Freiburg - Assistenzarzt Städt. Krkhs. am Friedrichshain Berlin u. Pathol. Inst. Freiburg; Assistenz- u. Oberarzt Med. Univ.klinik Freiburg (1951 Privatdoz.; 1957 apl. Prof.); 1958 Chefarzt Med. Klin. Städt. Krkhs. Lübeck (apl. Prof. Univ. Kiel); 1965 Dir. in Med. Univ.kliniken Gießen (o. Prof.); 1970 Dir. Med. Univ.klinik Würzburg (emerit. 1980) - BV: Akute innere Krankh., 2. A. 1959 (m. Klepzig u. Schildge). Buchbeitr.: Heilmeyer, Lehrb. d. Inneren Med., 1955 (D. Krankh. d. Verdauungsorgane), Handb. d. Allg. Pathol., 1959 (D. Pathol. d. Leberausscheid.), Klin. Hepatologie, 1979 (Hrsg. m. H. Wernze); Inn. Med. (m. J. Schirmeister), 5. A. 1989; Untersuchungsmeth. u. Funktionsprüfungen in d. Inn. Medizin, 2. A. 1982 (Hrsg. m. H.-G. Lasch), Neurolog. Leit- u. Warnsymptome b. inn. Erkrankungen, 1982 (Hrsg. m. R. Janzen); Leber- u. Gallenwegserkrankungen, 1988 (m. H. Wernze) - Ehrenmitgl. Dt. Ges. f. Inn. Med. u. Berufsverb. Dt. Internisten; Korr. Mitgl. Schweiz. Ges. f. Gastroenterologie - Spr.: Engl. - Rotarier.

KÜHN, Hermann

Dr. med. vet., Dr. med., Prof., Pathologe - Städt. Krankenhs., 8510 Fürth/Bay. - S. Habil. Lehrtätigk. Univ. Heidelberg (gegenw. apl. Prof. Fak. f. Theoret. Medizin).

KÜHN, Jürgen

Ministerialdirektor, Leiter Europa-Abt. Bundesmin. f. Wirtschaft - Villemobler Str. 76, 5300 Bonn 1 (T. 0228 - 615 41 60) - Geb. 9. April 1929 Hildesheim (Vater: Prof. Dr. Arthur K.), ev., verh. s. 1956 m. Uta, geb. Dehn, 5 Kd. (Christian, Martin, Jürgen, Ulrich, Susanne) - Stud. Rechtswiss.; 1. Staatsex. 1953, 2. Staatsex. 1958, LL.M. 1955 (Yale Law School) - 1978-80 Kabinettchef EG-Kommiss.

KÜHN, Klaus

Dr. rer. nat., Prof., Direktor u. Wiss. Mitgl. Max-Planck-Inst. f. Biochemie, Martinsried b. München - Veroneserstr. 6, 8000 München 90 (T. 64 69 85) - Geb. 1. Mai 1927 Breslau (Vater: Georg K., Oberstudiendir.; Mutter: Anneliese, geb. Zoche), kath., verh. s. 1956 m. Barbara, geb. Bleimund, 3 Kd. - Gymn. Gleiwitz/OS. u. Breslau; 1948-55 Univ. München (Chemie) - S. 1960 (Habil.) Lehrtätigk. Univ. Heidelberg u. München (1964 apl. Prof. f. Biochemie). Spez. Arbeitsgeb.: Biochemie d. Bindegewebes u. Proteinchemie. Fachveröff. - 1960 Preis Verein f. Gerbereichemie u. -technik; 1982 Scholar-in-Residence at the Fogarty Intern. Center, National Inst. of Health, Bethesda, MD. USA; 1986 Ehrenmitgl. Czech. Medical Assoc.; 1988 Aschoff Med. d. Med. Ges. Freiburg - Spr.: Engl.

KÜHN, Kurt

Dipl.-Ing., Architekt, Vors. Verb. d. Haus-, Wohnungs- u. Grundeigentümer Ostwestf. u. Lippe, Bielefeld - Stapenhorststr. 78a, 4800 Bielefeld - Geb. 15. Mai 1916.

KÜHN, Margarete

Dr. phil., Dr. h. c., Prof., Direktorin i. R. - Innsbrucker Str. 37, 1000 Berlin 62 - Geb. 4. Febr. 1904 Lütgendortmund - Stud. Kunstgesch. - Zul. Dir. Verw. d. Staatl. Schlösser u. Gärten Berlin (langj.). Herausg.: Ztschr. f. Kunstgesch. (1958-75); Karl Friedrich Schinkel, Lebenswerk (Hrsg. s. 1962). Bücher u. Aufs. - 1980 Karl-Friedrich-Schinkel-Ring d. Dt. Nationalkomitees f. Denkmalschutz; 1984 Ernst-Reuter-Plak.

KÜHN, Oskar

Dr. jur, Landeskirchenrat i. R., Hon.-Prof. Univ. Münster f. Staatskirchenrecht (s. 1961) - Hägerweg Nr. 13f, 4800 Bielefeld (T. 887118) - Geb. 5. Jan. 1912 Gütersloh (Vater: Hermann K., Sparkassendir.; Mutter: Margarete, geb. Klockenbring), ev., verh. s. 1943 m. Eva, geb. Rieken, S. Hermann - Ev. stift. Gymn. Gütersloh, Stud. Univ. Marburg, Berlin, Münster. Promot. 1957. Vors. Schlichtungsstelle d. Ev. Missionswerks; Mitgl. Vorst. kirchl., diakon. u. geschichtl. Gremien - BV: Grundriß Kirchenrecht, 1949-84 (Mitverf.); D. Wahlrecht d. Ev. Kirche i. Deutschl. u. ihrer Gliedkirchen, 1967. Herausg. d. Sammlung: D. Recht d. Ev. Kirche von Westfalen; D. Kirchenordnung d. Ev. Kirche von Westfalen (Anmerkungen). Mithrsg.: Staat u. Kirche in Nordrh.-Westf., Verfasser v. mehreren kirchenrechtl. u. kirchengeschichtl. Arb. u. Arb. z. Rechtsprechung d. Reichskammergerichts - Liebh.: Philatelie - Bek. Vorf.: Carl Wilhelm Kühn, Ehrenbürger der Stadt Zittau (Großv.).

KÜHN, Robert

Dr. phil., Mineraloge u. Petrograph, Honorarprof. Univ. Heidelberg, Lehrbeauftr. TU München - Richard-Wagner-Str. 31, 6916 Wilhelmsfeld (T. 06220 - 89 24) - Geb. 10. Okt. 1911 Frankfurt/M. (Vater: Max K., Beamt.; Mutter: Louise, geb. Elvers), ev.-luth., verh. in 2. Ehe s. 1950 m. Dipl.-Chem. Erika, geb. Schlie - 1938-76 Kaliforschungsanst. GmbH, Berlin, bzw. Kaliforschungs-Inst., Hannover; s. 1977 Hon.-Prof. Univ. Heidelberg - Facharb. - 1976 Van't-Hoff-Gedenkmünze Dt. Kaliind.; Georg-Agricola-Med. d. Dt. Mineralog. Gesellsch. (1982) - Liebh.: Philatelie, Klass. Musik - Spr.: Engl.

KÜHN, Volker

Schriftsteller, Regiss. - Am Pfaffenroth 22a, 6384 Schmitten/TS. (T. 06084 - 27 94) - Geb. 4. Nov. 1933 Osnabrück - Tätigk. als fr. Autor u. Regiss. f. Bühne, Funk u. FS - BV: D. Kabarett d. frühen Jahre, 1984; Leise rieselt d. Schmäh - Wende-Parodien z. Lage d. Nation, 1985; Ich bejahe d. Frage rundherum m. Ja - Einf. in d. Kanzlersprache (m.

Günter Walter), 1985; Spötterdämmerung - Vom langen Sterben d. großen kleinen Friedrich Hollaender, 1988. Herausg.: D. Wolfgang Neuss Buch (1981); Zurück, Genossen, es geht vorwärts (1986); Kleinkunststücke, e. Kabarett-Bibl. in fünf Bde. (1987ff.). Hörsp., Feature, Sat., Kabarett. 1973 m. Dieter Hildebrandt ZDF-Notizen aus d. Provinz. Schrieb u. insz. u.a. f. d. Berliner Reichskabarett. Zahlr. FS-Sendungen, dar. Film-Sat. D. halbe Eva (1975); Euer Clown kann ich nicht sein (1980); Hochkant (1982); D. Eremit (1984). FS-Dokum. Bombenstimmung - Unterhaltung unterm Hakenkreuz (1987); Totentanz - Kabarett hinter Stacheldraht (1991); D. zehnte Muse - 12 tlg. Sendereihe üb. d. Geschichte d. Kabaretts (1992). Polit-Sat. auf Schallpl.: Wie d. Alten singen (1969); Pol(h)itparade (1972); Musik aus Studio Bonn (1975); D. Duell (1980); Turos Tutti (1980); Ich bin Kohl, mein Herz ist rein (1985). Mehrere Theater-Revuen, dar. Quaale Traum erdrosselt meine Singe (Frankf./M. 1985); Da machste wat mit (Berliner Festwochen 1987); Libertäterä - d. Revolution findet im Saale statt (Frankf./M. 1989); Bombenstimmung - The one and only Blitzkrieg-Show (Theater d. Westens, Berlin. UA: Washington/USA, 1992). Kabarettautor f. versch. Kabaretts u. Interpr. (L. Lorentz, W. Neuss u.a.); Songtexter (Musical 1,2,3, UA: Theater d. Westens, Berlin, 1989) - 1968 Magnus-Preis d. ARD, 1989 Jacques Offenbach-Med. d. Volksbühne Bonn.

KÜHN, Wilhelm

Dr. rer. nat., Dipl.-Phys., apl. Prof. f. Physik u. wiss. Direktor Nieders. Inst. f. Radioökologie an d. Univ. Hannover i. R., Mitgl. d. Aussch. Radioökol. b. d. Strahlenschutzkommiss. (1984-87) - Herrenhäuser Str. 2, 3000 Hannover; priv.: Zilleweg 4 B, 3000 Hannover 91 - Geb. 6. Dez. 1922 Rastatt - 1941 Elektromechaniker; 1971 Priv.doz.; 1985 Gastdoz. Univ. Austral de Chile, Valdivia - Fachveröff.; Patentinh., Berater d. Nieders. Inst. f. Radioökologie.

KÜHN-LEITZ, Knut

Dr., Dipl.-Kfm., Dipl.-Insead, Geschäftsf. Ernst Leitz GmbH., Opt. Werke (s. 1971) - Haus Friedwart, Laufdorfer Weg 6, 6330 Wetzlar/Lahn - Geb. 16. Juni 1936 Frankfurt/M.

KÜHNAU, Martin

Dr. rer. pol., Prof. f. Betriebswirtschaftslehre, insbes. Unternehmungsrechnung FU Berlin - Garystr. 21, 1000 Berlin 33.

KÜHNE, Carl Wilhelm

Fabrikant, pers. haft. Gesellsch. Carl Kühne KG./Feinkost-, Essig-, Senf- u. Konservenfabr., Hamburg, Vors. Verb. d. dt. Essigind., Bonn - Schützenstr. 38, 2000 Hamburg 50.

KÜHNE, Gerhard

Assessor, Stadtkämmerer Magistrat Stadt Kassel a. D. (1970-82), Dozent - Rolandstr. 1, 3500 Kassel (T. 0561 - 3 25 90) - Geb. 2. Juni 1934 Kassel, ev., verh. s. 1959 m. Erika, geb. Feaux de Lacroix, 3 Kd. (Eva, Wolf Michael, Alexander) - Human. Gymn. (Abit. 1954); 1954-58 Rechtswiss. Frankfurt, Würzburg, 1982/83 Alte Gesch., Archäol. Göttingen. 1963 gr. Jurist. Staatsprüf. - 1963-65 Magistratsrat (Justitiar) Kassel; 1965-70 Bürgermeister Lohfelden; 1978 Ehrenkurator Kurhess. Diakonissen-Mutterhaus. 1957 SPD - BV: Wasserversorg. im antiken Rom, (Hrsg.) 1982 - Carl-Schomburg-Ehrenplak. Stadt Kassel; Joh. Chr. Eberle-Med. Dt. Spark.- u. Giroverb.; 1982 Gold. Ehrenmed. gemeinn. Wohnungswirtsch.; 1984 Frontinusmed. - Interessen: Antike - Spr.: Latein, Griech., Hebr., Engl., Franz., Ital.

KÜHNE, Gerhard

Dr. jur., Vorstandsmitglied Siemens AG München - Wittelsbacher Platz 2, 8000 München 2 - Geb. 16. März 1929 Berlin - AR-Mitgl. Schenker-Rhenus AG, Berlin; Beiratsmitgl. Colonia Versich. AG, Köln; Mitgl. Wirtschaftsbeirat Bayer. Landesbank, u. Bayern Versicherung, bde. München; Präsid.-Mitgl. d. BDA; Vors. d. Aussch. f. Öffentlichkeitsarbeit bei GESAMTMETALL. Handelsrichter.

KÜHNE, Gunther

Dr. jur., LL.M., o. Prof. f. Rechtswissenschaft u. Direktor Inst. f. dt. u. intern. Berg- u. Energierecht TU Clausthal (s. 1978), Regierungsdirektor a. D. - Arnold-Sommerfeld-Str. 6, 3392 Clausthal-Zellerfeld - Geb. 25. Aug. 1939 Gelsenkirchen (Vater: Friedrich K., Kaufm.; Mutter: Gertrud, geb. Belgard) - Gymn. Gelsenkirchen; Univ. Köln (Rechtswiss.). Assessorex. 1967 Düsseldorf; Promot. 1970 Bochum; LL.M. 1971 New York (Columbia) - 1963-68 fr. Mitarb. Rechtsabt. Unternehmensverb. Ruhrbergbau u. Gelsenkirchener Bergwerks-AG.; 1967-70 Wiss. Assist. Univ. Bochum; 1971-74 Regierungs- u. Oberregierungsrat Bundeswirtschaftsmin.; 1974-78 Regierungsdir. (Pers. Ref. d. Parlam. Staatssekr. Dr. de With) Bundesjustizmin. 1970/71 DFG-Stip. f. USA - BV: D. Parteiautonomie im intern. Erbrecht, 1973; Entwurf e. Gesetzes z. Reform d. int. Privat- u. Verfahrensrechts, 1980; Gutachten f. d. 53. Dt. Juristentag z. Reform d. dt. intern. Ehe- u. Kindschaftsrechts, 1980. Zahlr. Fachaufs. Inu. Ausl. - 1986 Honorarprof. Univ. Göttingen - Spr.: Engl., Franz., Span.

KÜHNE, Hans Heiner

Dr. jur., Prof. f. Strafrecht, Strafprozeßrecht, Kriminologie - Universität, 5500 Trier, FB - Geb. 21. Aug. 1943 Nikolaiken (Vater: Hellmuth K., AG-Dir. a.D.; Mutter: Erna, geb. Groß), verh. s. 1978 m. Monika, geb. Kregel, 2 S. (Gero, Armin) - Musikstud. (Violine) Hannover u. Berlin, Ex. 1965; Jurastud. Berlin u. Saarbrücken - BV: u.a.: Strafprozeßlehre, 3. A. 1988; Strafverfahr.-recht als Kommunikationsprobl., 1978; Geschäftstüchtigk. o. Betrug, 1978; Beweisverb. u. Art. 1, I GG, 1970; (m. Miyazawa): D. jap. Jugendges., 1975; Kriminalität in Japan, 2. A. 1991; Pol. Ermittlungen in Umweltstrafsachen, 1992; Strafsache geg. F - Strafprozess. Lehrfilm in Zus.arb. m. d. SWF - Liebh.: Fallschirmspringen, Kammermusik - 1976 u. 1978 Dt. Vizemstr. im Fallsch.zielspringen - Spr.: Engl., Franz., Lat., Jap. (nur Schrift).

KÜHNE, Hartmut

Dr. phil., Prof. f. Vorderasiatische Altertumskunde - Feldstr. 7, 1000 Berlin 45 (T. 030 - 712 21 31) - Geb. 21. Juli 1943 Berlin (Vater: Walter K., Prok.; Mutter: Charlotte, geb. Saaber), ev., verh. s. 1967 m. Gisela, geb. Kloos, 3 Kd. (Alexander, Nicola, Philipp) - Gymn. Berlin u. Bochum (Abit. 1963 Berlin); 1960-61 High School Dipl.; 1963-72 Stud. FU Berlin: Vorderasiat. Altertumskd. Vor- u. Frühgesch. u. Klass. Archäol. Kleinasiens, Altoriental. Iranist. - 1973-75 wiss. Mitarb. Univ. Saarl. (Ausgrab.

Tell Kamid el Loz, Lib.), 1975-80 wiss. Mitarb. Univ. Tübingen (Tübinger Atlas d. Vord. Orients), 1980 Prof. f. Vorderasiat. Altert.kd. FU Berlin - Entd.: Wiederentd. mittelassyr. Bezirkshptstadt Durkatlimmu in d. Ruine d. heut. Tall Schech Hamad NO Syrien, 1977 (m. W. Röllig); 1978 u. s. 1980 Leit. Ausgrab. in Tell Schech Hamad - Durkatlimmu u. Entd. e. mittelassyr. Palastarchives - BV: D. Keramik v. Tell Chuera in Nordost-Syrien (Diss.), 1976; D. Rollsiegel in Syrien, Katal., 1980; D. Rezente Umwelt von Tall Šeh Hamad u. Daten z. Umweltrekonstruktion d. assyrischen Stadt Dur-Katlimmu, 1991 - Spr.: Engl., Franz.

KÜHNE, Horst

Dr. med., Prof., Chirurg (Chefarzt St.-Marienhospital, Mülheim - Franz-Fischer-Str. 14, 4330 Mülheim/Ruhr (T. 37363) - Geb. 15. Okt. 1914 - Habil. 1950 Humboldt-Univ. - S. 1950 Lehrtätigk. Univ. Berlin (1953 apl. Prof.) u. Frankfurt (Ebenf. apl. Prof.; bei beiden Oberarzt Chir. Klinik). Zahlr. Fachveröff.

KÜHNE, Horst

Dr.-Ing., Vorstandsmitgl. Lenz-Bau AG., Hamburg 22 - Große Str. 131, 2100 Hamburg 90 - Geb. 14. Mai 1915 Dresden - S. 1973 Vorstandssprecher Lenz-Bau AG.

KÜHNE, Ingo

Dr. phil., Prof., Inst. f. Geographie Univ. Erlangen-Nürnberg - Meisterweg 19, 8521 Weisendorf - Geb. 4. Jan. 1934 Bremen, verh. s. 1962 m. Elisabeth, geb. Gruber, 2 Kd. (Monika, Andreas) - Promot. 1962 Heidelberg, Habil. 1971 Erlangen.

KÜHNE, Jörg-Detlef

Dr. jur., o. Prof. f. öffentl. Recht u. Verfassungsgesch. Univ. Hannover - Münchhausenstr. 2, 3000 Hannover 61 - Geb. 6. März 1943 Wriezen/Oder (Vater: Dr. med. Eberhard K., Arzt; Mutter: Marianne, geb. Looks †), ev., verh. s. 1974 m. Elke, geb. Lüttgens, 3 Kd. (Holle, Tilman, Roland) - Stud. FU Berlin, Univ. Freiburg, Bonn (Rechtswiss. u. Gesch.); jurist. Staatsprüf. 1966 Hamm u. 1974; Promot. 1970 Bonn; Habil. 1983 ebd. - 1984 Prof. Univ. Köln - BV: D. Abgeordnetenbestechung, 1971; Züge unmittelbarer Demokratie in d. Gemeindeverfassung (m. Meissner), 1977; D. Reichsverfassung d. Paulskirche, 1985 - Spr.: Engl., Franz., Latein.

KÜHNE, Klaus Michael

Kaufmann, Mitinh., gf. VR Kühne & Nagel (AG & Co.), stv. AR-Vors. Kühne & Nagel Speditions-AG - Wilhelm-Kaisen-Brücke 1/August-Kühne-Haus, 2800 Bremen (T. 3 60 50); u. Baumwall 7, 2000 Hamburg 11 (T. 37 60 61) - Geb. 2. Juni 1937 Hamburg.

KÜHNE, W. H.

Geschäftsführer Normenaussch. Laborgeräte u. -einricht. im DIN - Theodor-Heuss-Allee 25, 6000 Frankfurt/M. 97.

KÜHNEL, Walter

Dr. phil., Prof. f. Amerikanistik/Anglistik Univ. Frankfurt - Kl. Nelkenstr. 3, 6000 Frankfurt/M.

KÜHNEL, Wolfgang

Dr. jur., Rechtsanw., Verbandsgeschäftsf. - Eschenweg 16a, 6370 Oberursel 4 (T. 06171 - 2 15 53) - Geb. 30. April 1939 Berlin, verh. s. 1968 m. Colette, geb. Mangot, 2 Kd. (Roland, Maryvonne) - Stud. Univ. Kiel, Berlin, Oxford; Promot. 1967 - S. 1975 Geschäftsf. Arbeitsgem. Großanlagenbau u. s. 1976 Fachgem. Allgem. Lufttechn. im VDMA - BV: Eigentumsübertragung u. Sicherungsübertragung, 1973; Montagehandbuch, 1973 - Liebh.: Sport - Spr.: Engl., Franz.

KÜHNEL, Wolfgang

Dr. med., o. Prof. f. Anatomie Med. Univ. zu Lübeck - Ratzeburger Allee 160, 2400 Lübeck - B. 1974 Ord. TH Aachen (Med. Fak., Lehrst. I).

KÜHNEMUNDT, Walter

Arbeitsdirektor, Vorstandsmitgl. Stahlwerke Bochum AG., Bochum - Erlenweg 14, 4630 Bochum - Geb. 1. März 1923 Bochum.

KÜHNEN, Franz Josef

Dr. phil., Bibliotheksdirektor, Leit. Zentralbibl. d. Medizin - Joseph-Stelzmann-Str. 9, 5000 Köln 41; priv.: Eichenweg 4, 5060 Bergisch Gladbach 2 - Geb. 11. Mai 1934 Kalkar, verh. s. 1970 m. Helma, geb. Matz - Promot. 1962 Köln - Fachaufs. z. med. Bibl.wesen.

KÜHNEN, Harald

Dr. jur. h. c., Vorstandsvorsitzender d. Peter-Klöckner-Stiftung Duisburg - Unter Sachsenhausen 4, 5000 Köln 1 - Geb. 6. Aug. 1912 Rheydt, ev., verh. s. 1943 - Banklehre - AR-Vors. Bankhaus Sal. Oppenheim jr. & Cie. KG auf Aktien Köln/Frankf.; 1979-83 Präs. Bundesverb. dt. Bank, Köln - Ehrensenator Univ. Köln; Gr. BVK; Komturkreuz d. VO. d. ital. Rep.; VO. d. Landes Nordrh.-Westf. - Spr.: Engl.

KÜHNER, Otto-Heinrich

Schriftsteller - Hans-Böckler-Str. 5, 3500 Kassel - Geb. 10. März 1921 Nimburg (Vater: Gustav K., Pfarrer, Prof.; Mutter: Luise, geb. Lang), ev., verh. s. 1967 m. Christine, geb. Brückner, Schriftst. (s. dort), S. Ulrich aus 1. Ehe - Stud. Lit., Phil., Musikwiss. - 1950-65 Dramaturg u. Lektor Hörspielabt. Südd. Rundfunk - BV: u. a. Am Rande d. Großstadt (Ged.), Nikolskoje (R.), Dann kam d. Stille (Erz.), Wahn u. Untergang - Gesch. d. II. Weltkr., Verläßlichkeit d. Ereignisse (Erz.), D. Loch in d. Jacke d. Grafen Bock v. Bockenburg (R.), Aschermittwoch (R.), D. Heiratsannonce (R.), Narrensicher (Ged.), Der Freiheit e. Allee (Ged.), Lebenslauf e. Ungeborenen (R.), Pummerrer (Ged.). Mein Eulenspiegel (R.). Hörsp. - 1965 Förderpreis d. Immermann-Pr. Düsseldorf, 1967 Preis D. Bauer in d. Industrieges., 1979 Dt. Kurzgesch.-Pr., Wappenring Stadt Kassel, Mitgl. PEN-Zentrum BRD.

KÜHNER-WOLFSKEHL, Hans

s. Kühner, Hans

KÜHNHACKL, Erich

Eishockey-Trainer - Mathes-Deutsch-Weg 13, 8300 Landshut/Bay. - Geb. 17. Okt. 1950 Citice/CSFR (Vater: Anton K., Rentner; Mutter: Emma, geb. Lössl), kath., verh. s. 1973 m. Sylvia, geb. Bühner, 3 Kd. (Kirstin, Kevin, Tom) - Haupt- u. Berufssch. - 1970, 77, 79, 83 Dt. Eishockeymeister; 1976 Bronzemed. Olymp. Winterspiele - 1974 Silberbecher Stadt Landshut; 1976 Silb. Lorbeerbl. d. Bundespräs. - Liebh.: Motorcross, Golf - Spr.: Tschech., Russ., Engl.

KÜHNHAUSEN, Wilhelm

Dr.-Ing., Dipl.-Ing. - Niedenhofsbusch 10, 5060 Bergisch Gladbach 1 (T. 02204 - 6 44 25) - Geb. 22. Mai 1915 Köln, ev., verh. s. 1942 m. Elisabeth, geb. Dübbert, 2 Kd. (Ursula, Martin) - 1934-38 Stud. Geodäsie Univ. Bonn (Dipl.-Ing. 1938, Promot. 1940, Ass. 1950) - 1969-78 Bundesvors. BDVI, 1978-86 Geschäftsf. BDVI. Beirat HLB, Münster (1977-83) u. GEBIG, Köln (1978-82 Vors.) - 1976 Ehrenmitgl. Union Belge d. Géomètres-Experts en Immeubles; 1978 Ehrenmed. Ordre d. Géomètres-Experts Français; 1981 BVK I. Kl.; 1982 Ehrenvors. BDVI - Spr.: Engl., Franz.

KÜHNHOLD, Günther

Dr.-Ing., öffentl. best. u. vereid. Sachverständiger f. Wärme- u. Kälteschutz sowie Kunststoffe im Bauwesen - Schriesheimer Str. 4, 6945 Leutershausen/Bergstr. (T. Büro: 06201 - 5 12 18) - Geb. 5. Mai 1917 Berlin (Vater: Georg K., Obering.), ev., verh. s. 1953 m. Gisela, geb. Kamphausen, 3 Kd. - TH Berlin (Dipl.-Ing. 1941, Promot. 1943) - 1941-44 Generalluftzeugm. u. RfRuK (Ind.tätigk.); 1945-48 Bayer. Landesamt (Abt.schef); 1949-50 US Information Centre München (Dir.); 1950-53 Tachometer-Werke (Techn. Dir.); 1953-55 Dt. Bedaux GmbH. (Industrieberat.); 1955-60 Pintsch Bamag AG. (Fabrikenoberltg.); 1960-78 Vorst.-Mitgl. VKI Rheinhold & Mahla AG., Mannheim. Div. Mandate. Vizepräs. Dt. Marketing-Vereinig. u. Marketing-Club Rhein-Neckar (zeitw. Präs.). Mitgl. Lions Club - 1972 Eindeckung d. Olympiadaches München - Liebh.: Skilaufen, Fliegen, Musik - Spr.: Engl.

KÜHNL, Claus

Komponist - Largo di Villa Massimo 1-2, I-00161 Roma (T. Rom 424 53 09) - Geb. 17. Nov. 1957 Arnstein - Stud. Komposit., Dirig., Klavier 1973-83 in Würzburg, Frankfurt/M., Paris 1973-83 - S. 1984 Doz. f. Komposit. u. Analyse am Hoch'schen Konservat., Frankfurt/M. - Werke: La Petite Mort. E. Phantasmagorie, 1991; A Mon Seul Désir. Musik f. Kontrabaß u. Orch., 1986; D. Einsamkeit d. Franz Liszt, 1992; Monodie. Musik der Stille, 1983; Duplum. Musik d. Lichtes u. d. Finsternis, 1990; Streichquartett, 1984; ... im horizont hätten fahnen zu stehen, 1988; Anverwandlung/Doppelblick, 1991; Wurzeln d. Zufalls. E. Flammenspiel f. Musik, 1991 - Zahlr. Kompositionspr. u.a.: 1983 Cité Internationale des Arts, Paris; 1989 Villa Massimo, Rompreis; 1990 Förderpr. d. Landeshauptstadt Stuttgart - Lit.: Lexikonart. Brockhaus-Riemann (1989); Döpfner/Garms, Erotik in d. Musik (1986); u.a.

KÜHNL, Reinhard

Dr. phil., Prof. f. Politikwissenschaft - Sonnhalde 6, 3550 Marburg/L. - Geb. 25. Mai 1936 Schönwerth (Vater: Rudolf K., Verwaltungsangest.; Mutter: Anna, geb. Hoyer) - Univ. Marburg u. Wien (Gesch., German., Politikwiss., Soziol.). Promot. (1965) u. Habil. (1971) Marburg - S. 1971 Prof. Univ. Marburg. 1973 Gastprof. Univ. Tel Aviv. 1972ff. Vorst.-Mitgl. Bund demokr. Wiss.ler - BV: D. Nationalsozialist. Linke 1925-30, 1966; D. III. Reich in d. Presse d. Bundesrep., 1966; D. NPD-Struktur, Ideol. u. Funkt. e. neofaschist. Partei, 1969; Dtschl. zw. Demokr. u. Faschismus, 1969; Formen bürgerl. Herrschaft/Liberalismus - Faschismus, 1971 (9 Übers.); Gesch. u. Ideol., 1973; D. dt. Faschismus in Quellen u. Dokum., 1975; Faschismustheorien - E. Leitf., 1979; D. Faschismus, 1983; D. Weimarer Rep., 1985; Nation - Nationalismus - nationale Frage, 1986; Gefahr von rechts? Vergangenheit u. Gegenwart d. extremen Rechten, 1990. Herausg.: Sie reden v. Frieden u. rüsten z. Krieg. Friedensdemagogie u. Kriegsvorbereitung in Gesch. u. Gegenwart (1986); Streit ums Geschichtsbild. D. Historiker-Debatte (1987) - Liebh.: Schach (1958 Gewinner Wiener Hochschulmeistersch.).

KÜHNLE, Ernst

Dipl.-Agraring., MdL Bad.-Württ. (CDU 1964-76) - Burgstr. 104, 7504 Weingarten/Baden (T. 8109) - Geb. 28. Juli 1915 Weingarten, ev., verh., 3 Kd. - Stud. Stuttgart-Hohenheim, Arbeits- u. Wehrdst. sowie Kriegsgefangensch. - S. 1951 Finanzverw. (landw. Sachverst.), Präs. Arbeitsgem. f. Heimat- u. Volkstumspflege Baden-Württ. - 1976 BVK I. Kl. - Liebh.: Heimatgesch., Schach, Gartenarb., Studienreisen.

KÜLB, Karl Georg

Dr. jur., Regisseur u. Autor - Emil-Dittler-Str. 6, 8000 München 71 (T. 7911867) - Geb. 28. Jan. 1901 Mainz (Vater: Dr. med. Karl M. K., Oberbürgerm. Mainz u. Landtagsabg.; Mutter: geb. Sauerwein), verh. in 2. Ehe (1952) m. Ernestine, geb. Hochberger, 3 Kd. aus 1. E. (Marion, Monika, Wolfgang) - Gymn. Mainz; Univ. Gießen u. Heidelberg (Phil., Rechtswiss.) - BV: D. ew. Abenteurer, R. 1932. Bühnenst.: Narren d. Ruhms, D. Perlenkette, Liebe muß gelernt sein, Sensation in Budapest, D. Nacht m. Casanova, Wo bleibt da d. Moral?, Span. Romanze. Drehb.: u. a. D. Blaufuchs, Frauen sind doch bessere Diplomaten, Liebesschule (u. Regie), Hallo, Janine, Das Mädchen v. gestern nacht, Liebesbriefe, Mein Sohn, d. Herr Minister, D. Mädchen auf d. Titelblatt, D. Nacht o. Sünde (u. Regie), Begierde (u. Regie), Mutter sein dagegen sehr, E. Frau m. Herz, D. Perlenkette (u. Regie), Ehe f. e. Nacht, Tante Jutta aus Kalkutta (u. Regie), D. süßesten Früchte, Manöverball (u. Regie), M. d. Augen e. Frau (u. Regie), Weit ist d. Weg, Conny u. Peter machen Musik, Hab' mich lieb, Heute Nacht passiert's, Liebesbriefe, Man spielt nicht m. d. Liebe, Königswalzer (m. a.), Sonne üb. d. Adria (u. Regie); Fernsehsp.: Wenn d. Nacht kein Ende nimmt, D. standhafte Fräulein, D. Mädchen auf d. Titelbl., D. Mann m. d. Maske, D. Ermordete greift ein (6teil. Kriminalserie), Im 7. Himmel (6t. Krim.-serie) - Gold. Sportabz. - Liebh.: Tennis, Schwimmen - Spr.: Engl., Franz., Ital.

KÜLKEN, Horst

Kaufmann, gf. Teilhaber Geestemünder Wohnungsbauges. Külken OHG, Bremerhaven - Walter-Delius-Str. 6, 2850 Bremerhaven (T. 2 73 41)- Geb. 13. Okt. 1918 Bremerhaven - Rotarier.

KÜLP, Bernhard

Dr. rer. pol., o. Prof. f. Sozialpolitik - Kapellenweg 34, 7800 Freiburg/Br. - Geb. 10. April 1933 Freiburg/Br., kath. - Univ. Freiburg (Wirtschafts- u. Sozialwiss.; Dipl.-Volksw. 1955). Promot. 1957 Freiburg; Habil. 1964 Köln - 1957-61 Bund kath. Unternehmer, Köln (zul. Geschäftsf.); 1961-65 Univ. Köln (Assist. Sozialpolit. Sem. (Prof. Schreiber); 1964 Privatdoz.); 1965-73 Ord. Univ. Bochum, s. 1973 Ord. Univ. Freiburg - BV: Hauptprobleme d. Krankenversicherungsreform, 1959; Theorie d. Drohung, 1965; Streik u. Streikdrohung, 1969; Verteilungstheor., 1974; Wohlfahrtsökonomie, Bd. 1 u. 2, 1975/76; Außenwirtschaftspolitik, 1978; Freizeitökonomie, 1983; Sektorale Wirtschaftspolitik, 1984; Rückwirkungen ausgewählter Systeme d. Soz. Sicherung auf d. Funktionsfähigk. d. Marktwirtsch. (m. Prof. Dr. N. Berthold), 1987.

KÜMMEL, Friedrich

Dr. phil., Prof. f. Philosophie Päd. Hochsch. Ludwigsburg (s. 1985), apl. Prof. f. Phil. Univ. Tübingen (s. 1977) - Zollerstr. 21, 7450 Hechingen (T. 1 36 88) - Geb. 26. April 1933 Essingen/Württ. (Vater: Georg K., Landw.; Mutter: Friederike, geb. Borst), ev., verh., 3 Kd. (Dorothea, Eberhard, Mechthild) - Lehrerobersch.; Päd. Inst.; Univ. (Phil. Päd., Ev. Theol.). Promot. (1961) u. Habil. (1967) Tübingen - 1954-56 Volksschullehrer; 1961-67 Univ.assist. Tübingen (Phil. Sem.); 1967-85 Prof. Päd. Hochsch. Reutlingen - BV: Üb. d. Begriff d. Zeit, 1962 (Diss.); Verständnis u. Vorverständnis, 1965; D. Einsicht in d. Gute als Aufgabe e. sittl. Erziehung, 1968; Platon u. Hegel z. ontolog. Begründung d. Zirkels in d. Erkenntnis, 1968 (Habil.sschr.); Vergißt d. Schule uns. Kinder?, 1978 - Spr.: Engl.

KÜMMEL, Georg

Dr. rer. nat., o. Prof. f. Zoologie - Zul. Im Grund 3, 7507 Pfinztal - Geb. 28. Febr. 1926 Berlin (Vater: Prof. Dr. phil. Otto K., Generaldir. Staatl. Museen Berlin (s. X. Ausg.); Mutter: Therese, geb. Klee), ev. - S. 1962 (Habil.) Lehrtätigk. FU Berlin, 1965 Univ. Freiburg, 1967 Ord. FU Berlin, 1974 Ord. Univ. Karlsruhe. Spez. Arbeitsgeb.: Morphol., Cytol. - Mithrsg.: Zoomorphol. - Fachaufs. - Bruder: Hermann K.

KÜMMEL, Hermann

Dr. rer. nat., o. Prof. f. Theoret. Physik - Wagenfeldstr. 5, 5810 Witten (T. 02302 - 7 32 18) - Geb. 7. Okt. 1922 Berlin, ev., verh. I) 1954 m. Mechthild, geb. Panick (†), S. Otto (†), II) 1970 Dr. Heide, geb. Krüner, 2 Kd. (Eva, Tilmann) - 1933-41 Gymn. Berlin; 1946-50 Humboldt-Univ. ebd. (Physik; Dipl.-Phys. 1950). Promot. (1952) u. Habil. (1956) Freie Univ. Berlin - S. 1956 Lehrtätigk. FU Berlin, Univ. Tübingen u. Mainz (1964 apl. Prof. f. Theoret. Physik), 1958-59 Forschungs-, 1962-64 Lehrtätigk. USA (Full Prof. Oklahoma State Univ.), 1964-68 Forschungstätigk. Max-Planck-Inst. f. Chemie, Mainz (Wiss. Mitgl. u. Leit. Abt. f. Theoret. Kernphysik), seith. Lehrtätigk. Univ. Bochum (Ord.). Mitgl. Dt. Physikal Ges. u. American Physical Soc. Beitrag in: Many Body Theory (1963). Buch: Introduction to Quantum Mechanics, 1984 - Spr.: Engl., Franz. - Eltern s. Georg K. (Bruder).

KÜMMEL, Reiner

Dr. phil. nat., Prof. f. Theoret. Physik Univ. Würzburg (s. 1974) - Albrecht-Dürer-Str. 60, 8706 Höchberg/Ufr. - Geb. 9. Juli 1939 Fulda, kath., verh. s. 1965 m. Rita, geb. Jung, 2 Kd. - TH Darmstadt (Dipl.-Phys. 1964), Univ. Illinois/USA u. Frankfurt. Promot. (1968) u. Habil. (1973) Frankfurt - 1970-73 Prof. (Assoc.) Univ. Cali/Columbien, 1986 Gastprof. Rijksuniv. Utrecht - BV: Zukunft durch kontroll. Wachstum (m. W. Dreier), 1977; Growth Dynamics of the Energy Dependent Economy, 1980; Energie u. Gerechtigk. (m. M. Suhrcke), 1984; Natur u. Industrieges. (m. J. Klawitter, G. Maier-Rigaud), 1990. Üb. 70 Facharb. - Assoc. Ed. Energy - 1990 Umweltpreis d. Würzburger Versorgungs- u. Verkehrs-GmbH - Spr.: Span., Engl., z. Verständ. Franz.

KÜMMEL, Werner Friedrich

Dr. phil., Prof. f. Geschichte d. Medizin - Schillerstr. 6a, 6501 Udenheim - Geb. 17. Okt. 1936 Zürich (Vater: Prof. Dr. theol. Werner K.; Mutter: Dr. phil. Auguste, geb. Bender), ev., verh. s. 1973 m. Ute, geb. Rößiger - 1956-63 Univ. Marburg, Kiel, Göttingen (Gesch., Musikwiss., Klass. Philol.). Promot. 1966 Marburg; Habil. 1973 Frankfurt/M. - S. 1973 Lehrtätigk. Univ. Frankfurt u. Mainz (1976); 1986-88 Leit. Inst. f. Gesch. d. Med. d. Robert Bosch Stiftg., Stuttgart; s. 1988 Leit. Medizinhistor. Inst. Univ. Mainz - BV: Geschichte u. Musikgesch., 1967; Musik u. Med. v. 800 b. 1800, 1977; Kursus d. med. Terminol. (m. H. Siefert), 6. A. 1992; Kommentarband zu C. Stromayrs Practica copiosa (1559), 1983 (Hrsg.) - Liebh.: Musik - Spr.: Engl., Franz., Ital., Lat., Griech. - Bek. Vorf.: Jacob Henle, Anatom, 1809-85 (Urgroßv.).

KÜMMEL, Werner Georg

Dr. theol., D. D., o. Prof. f. Neues Testament (emerit. 1973) - v.-Harnack-Str. 23, 3550 Marburg/L. (T. 6 79 65) - Geb. 16. Mai 1905 Heidelberg (Vater: Prof. Dr. med. Werner K., Hals-Nasen-Ohrenarzt (s. IX. Ausg.); Mutter: Marie, geb. Ulmann), ev., verh. s. 1935 m. Dr. phil. Auguste, geb. Bender, 5 Kd. (Werner, Hans, Katharina, Dorothea, Barbara) - Univ. Heidelberg (Promot. 1928), Berlin, Marburg - 1930 Assist. Marburg, 1932 ao., 1946 o. Prof. Zürich, 1951 Mainz, 1952 Marburg, 1963 Präs. Intern. Vereinig. d. Neutestamentler - BV: Römer 7 u. d. Bekehrung d. Paulus, 1929, Neudruck 1974; Verheißung u. Erfüllung, 3. A. 1956 (engl. 1957); D. Bild d. Menschen im Neuen Testam., 1948 (engl. 2. A. 1963); D. Neue Testam. - Gesch. d. Erforsch. s. Probl., 2. A. 1970; Heilsgesch. u. Gesch., 1965, 2. Bd. 1978. Hrsg.: H. Lietzmann, Korintherbriefe, 5. A. 1969; M. Dibelius, Paulus, 3. A. 1964 (erg.), Jesus, 3. A. 1960 (erg.); P. Feine - J. Behm, Einleit. in d. Neue Testam., 21. A. 1983 (neubearb.); D. Neue Testament im 20. Jh., 1970; Theol. d. Neuen Testaments - Jesus, Paulus, Johannes, 5. A. 1987; 30 J. Jesusforschung, 1985 - 1969 Theol. Ehrendoktor Univ. Glasgow; 1973 Burkitt Medal f. Biblical Studies.

KÜMMERLE, Fritz

Dr. med., o. Prof. u. em. Direktor Chir. Univ.klinik Mainz (s. 1963) - Am Eselsweg 31, 6500 Mainz-Bretzenheim (T. Klinik: 17 29 92) - Geb. 14. Febr. 1917 Göppingen/Württ. - 1954-63 Privatdoz. u. apl. Prof. (1959) Univ. Freiburg (zul. Oberarzt Chir. Klin.) - S. 1968 Vors. Mittelrh. Chirurgenvereinig., s. 1974 Präs. Dt. Ges. f. Chir. - BV: D. Erkrankung d. Dünndarms, 1963; Chirurgie d. endokrinen Pankreas, 1982; Erkrank. d. Nebennieren, 1985; Intraoperative Schalldiagnostik, 1985 . Handb.- u. Ztschr.beitr. - 1978 ausl. Mitgl. Académie de Chirurgie Paris; Mitgl. d. Dt. Akad. d. Naturforsch. Leopoldina, Halle/S., 1982; 1982 Ehrenmitgl. d. Österr. Ges. f. Chir., 1988 Colleg. Intern. Chir. Digest., 1988 Dt. Ges. f. Verdauungs- u. Stoffwechselkrankh., 1989 Vereinig. Mittelrhein. Chirurgen, 1990 Dt. Ges. f. Chir.

KÜMPERS, Hubertus

Finanzberater u. Geschäftsf. Kümpers GmbH, Heiligenhaus - Karlstr. 6, 5628 Heiligenhaus (T. 02056 - 51 31 u. 51 32) - Geb. 20. Jan. 1932 Rheine (Vater: Franz K., Fabrikant; Mutter: Lore, geb. Beckmann), kath., verh. s. 1961 m. Karin, geb. Fabritzius, 2 Kd. (Carsten, Britta) - Handelssch., Ing.sch. - 1973 Finanzberater, Geschäftsf. Kümpers GmbH, Heiligenhaus; Beirat in 12 dt. Ges. - BV: Kapitalanlage, 1981 - Liebh.: Jagd, Golf, Fotogr. - Spr.: Engl. - Lit.: Mies/Pfeiffer, Berg. Portraits.

KUEN, Hermann

Ehrenbundesdirigent Bayer. Musikbund - Dorfstr. 27, 8961 Sulzberg/Allg. (T. 08376 - 10 17) - Geb. 31. Jan. 1921 Sulzberg, kath., verh. m. Centa, geb. Ruf, 2 Söhne (Peter, Hermann) - Human. Gymn. Kempten; Lehrerausb. Königsberg (Musik- u. Dirigentenprüf. Heidelberg) - S. 1967 Bundesdirig. u. stv. Landesdirig. Bayer. Musikbd.; stv. Bundeskapellm. im Dt. Blasmusikverb. - Wertungsrichter im In- u. Ausl. Kompos. f. gr. Blas- u. Harmoniemusik: ASM Marsch; M. Energie u. Kraft; Frundsberg-Marsch; Festauftakt Ouvert. - 1980 Verdienstkreuz in Gold Rep. Österr. u. Südtirol - 1984 BVK I. Kl.; - Spr.: Lat., Griech., Franz. - Bruder: Paul Kuen, Kammersänger.

KUEN, Otto L.

Dr. phil., Studiendirektor i. R., Schriftst., Komp. - Staltacher Str. 84 d, 8127 Iffeldorf - Geb. 20. Mai 1910 München (Vater: Otto K., Oberlehrer; Mutter: Anny, geb. Schmid), kath., verh. s. 1941 m. Rosa, geb. Ferstl, 4 S. (Franz, Rupert, Peter, Anjo) - Staatsex. f. Neuphilol. 1933, Promot. 1935, bde. Univ. München - Ab 1933 fr. Mitarb. Bayr. Rundf.; ab 1940 Studienrat; 1972 Ruhest. - BV: u. a. D. Teufel geht um, 1970; D. darf doch nicht wahr sein, 1971; Da taat a dar aa stinka - Bairisch f. Fortgeschr., 1977; Koboldlieder, 1979; D. Odysseusgesch. v. Homer, (aus d. griech. übers.) 1987; D. stille Spur, Ausgew. Ged. 1987 - Musikwerke: Rd. 100 Lieder d. Weißblauen Drehorgel (1930-55); Rdf. D. Odysseusgschichtn v. Homer, ins Bairische übersetzt (s. 1981). Singspiele - Spr.: Engl., Franz., Latein, Griech., Ital., u. a.

KUEN, Paul

Kammersänger - 8961 Sulzberg/Allgäu (T. Kempten 2 46) - Geb. 8. April 1910 Neuburg (Vater: Paul K., Oberlehrer u. Bundesmusikdir.; Mutter: Dominika, geb. Weitnauer), kath., verh. s. 1936 m. Friederike, geb. Gschwender - Ausbild. Klaviertechniker; Gesangsstud. Heinrich Knote (München) - S. 1933 Operns. Konstanz, Bamberg, Freiburg, Plauen, Königsberg, Nürnberg, Staatsoper Dresden (1944) u. München (1947). S. 1952 Bayreuther Festsp.; Gast Metropolitan Opera New York u. gr. europ. Opernbühnen. Schallpl.: Columbia, Dt. Grammophon, Electrola, Decca. Fach: Charaktertenor - Brosch.: V. untern Wirt z. grünen Hügel - 1957 Bayer. Kammers.; Ehrenbürger Sulzberg; BVK I. Kl. - Liebh.: Fischen - Bek. Vorf.: Fam. Vöoertl (Maler u. Musiker aus Ungarn u. Südtirol) - Lit.: Allgäuer Lausbub erobert d. Bühnen d. Welt (Allgäuer Zeitungsverl.).

KÜNG, Hans

Dr. theol., Drs. h. c., o. Prof. f. ökumen. Theologie u. Direktor Institut f. ökumenische Forschung Univ. Tübingen (aus kath.-theol. Fachber. ausgegliedert) - Waldhäuserstr. 23, 7400 Tübingen (T. 6 26 46) - Geb. 19. März 1928 Sursee/Schweiz (Vater: Hans K., Kaufm.; Mutter: Emma, geb. Gut), kath. - Gymn. Luzern; Stud. Phil. u. Theol. Gregoriana Rom (Lic. phil. et theol.) u. Sorbonne u. Inst. Catholique Paris (Dr. theol.). Priesterweihe 1954 Rom - 1957-59 Vikar Hofkirche Luzern; 1959-60 Assist. Univ. Münster/W.; s. 1960 Ord. Univ. Tübingen (Dir. Inst. f. ökumen. Forsch.). Gastprof.: 1968 Union Theological Seminary New York, 1969 Univ. Basel, 1981 Univ. Chicago, 1983 Univ. Michigan/Ann Arbor, 1985 Univ. Toronto, 1987 Rice Univ., Houston/Texas - BV (größtent. in mehr. Aufl. u. zahlr. Übers.): Rechtfertigung - D. Lehre Karl Barths u. e. kath. Besinnung, 4. A. 1964; Konzil u. Wiedervereinig. - Erneuerung als Ruf in d. Einheit, 1960; Damit d. Welt glaube - Briefe an jg. Menschen, 1962; Strukturen d. Kirche, 1962; Kirche im Konzil, 1963; Freiheit in d. Welt, 1964; Theologe u. Kirche, 1964; Kirche in Freiheit, 1964; Christenheit als Minderheit, 1965; D. Kirche, 1967; Wahrhaftigkeit - Zukunft d. Kirche, 1968; Unfehlbar? - E. Anfrage, 1970; Menschwerdung Gottes - E. Einf. in Hegels theol. Denken als Prolegomena zu e. künft. Christologie, 1970; Wozu Priester?, 1971; Freiheit d. Christen, 1971; Was in d. Kirche bleiben muß, 1973; Fehlbar? E. Bilanz, Sammelbd. 1973; Christ sein, 1974; 20 Thesen z. Christsein, 1975; Was ist Firmung, 1976; Jesus im Widerstreit, E. jüdisch-christl. Dialog, 1976 (m. Pinchas Lapide), 1976; Gottesdienst - warum, 1976; Heute noch an Gott glauben? (m. Walter Scheel), 1977; Existiert Gott?, 1978; Kirche - gehalten in d. Wahrheit?, 1979; 24 Thesen z. Gottesfrage, 1979; Kunst u. Sinnfrage, 1980; Wegzeichen in d. Zukunft, 1980; D. christl. Herausf., 1980; Glauben an Jesus Christus, 1982; Ewiges Leben?, 1982; Christentum u. Weltrelig. (m. Josef van Ess, Heinrich v. Stietencron, Heinz Bechert), 1984; Woran man sich halten kann, 1985; Dichtung u. Religion (m. Walter Jens), 1985; Theologie im Aufbruch. E. ökumenische Grundlegung, 1987; Freud u. d. Zukunft d. Religion, 1987; Christentum u. Chinesische Religion (m. Julia Ching), 1988; Anwälte d. Humanität. Thomas Mann - Hermann Hesse - Heinrich Böll (m. Walter Jens), 1989; D. Hoffnung bewahren. Schriften z. Reform d. Kirche, 1990; Projekt Weltethos, E. Zeitanalyse, 1990; D. Judentum, 1991; Mozart - Spuren d. Transzendenz. Üb. 400 Fachaufs. Herausg.: Theol. Meditationen (1964ff.); Mithrsg.: Konzilsreden (1964), Ökumenische Forsch. (1967ff.), Tübinger Theol. Quartalsschr. (1960-80), Journal of Ecumenical Studies (1964ff.), Concilium (1964ff.) - 1962 Peritus (offz. Konzilstheologe); Ehrendoktor Univ. St. Louis (1963), Pacific School of Religion Berkeley (1966), Loyola Univ. Chicago (1970), Univ. Glasgow (1971), Univ. Toronto (1984), Univ. Cambridge/Engl. (1985), Univ. Michigan/Ann Arbor - Spr.: Lat., Griech., Hebr., Franz., Engl., Ital., Span., Holl. - Lit.: Hans Küng. Weg u. Werk. Hrsg. v. H. Häring u. K. J. Kuschel (m. Bibliogr. v. M. Gentner), 1978; Um nichts als d. Wahrheit. Dt. Bischofskonferenz contra Hans Küng. E. Dokument. hrsg. u. eingel. v. Walter Jens, 1978; D. Fall Küng. E. Dokument. hrsg. v. N. Greinacher u. H. Haag, 1980; u. a. Dokument. - 1979 Mitgl. PEN-Zentr. BRD u. PEN American Center.

KUENHEIM, von, Eberhard

Dipl.-Ing., Dr.-Ing. E.h., Vorstandsvorsitzender BMW AG (s. 1970) - Geb. 2. Okt. 1928 Königsberg - Abit. 1948, Praktikum Bosch Stuttgart, 1950-54 Stud. Maschinenbau TH Stuttgart (Dipl.-Ing.) - 1954-65 Werkzeugmaschinenfabrik Max Müller, Hannover (heute: Gildemeister AG, Bielefeld); 1965-69 Quandt-Gruppe, Bad Homburg; 1968/69 Generalbevollm. d. Quandt Gruppe u. stv. Vorst.-Vors. Ind. Werke Karlsruhe Augsburg AG; AR-Mitgl. Bayer. Vereinsbk. AG, Münchener Rückversich.-Ges. AG; Vorst.-Mitgl. Vereinig. d. Arbeitg.verb. in Bayern; Präs. d. Landesverb. d. Bayer. Ind.; Vizepräs. Verb. d. Automobilind. - Mitgl. d. Senats d. Max-Planck-Ges. z. Förd. d. Wiss.; Ehrensenator TU München; Dr.-Ing. E. h. TU Clausthal-Zellerfeld, u. TU München.

KÜNKEL, Helmut

Dr. med., o. Prof. f. Klin. Neurophysiologie u. Leit. Inst. f. Klin. Neurophysiol. u. Exper. Neurol./Departm. Psych. u. Neurol. Med. Med. Hochschule Hannover (s. 1973) - Hauptstr. 61, 3004 Isernhagen 2 F - Zul. FU Berlin.

KÜNNE, Wulf

Dr. phil., Prof. f. Erziehungswissensch. (Didaktik d. Engl. Sprache u. Lit.) Univ. Hamburg (s. 1974) - Ludwig-Meyn-Str. 2, 2083 Halstenbek.

KÜNNEKE, Evelyn

Sängerin, Schauspielerin - Giesebrechtstr. 5, 1000 Berlin 12 (T. 883 52 10) - Geb. 15. Dez. 1921 Berlin (Eltern: Eduard (Operettenkomp.; s. XI. Ausg.) † 1953 u. Katharina K. † 1967), ev., verh. m. Reinhard Thomanek - Schulen Berlin, USA, Engl. - Tänzerin; Sängerin; Schausp. - BV: Sing, Evelyn, sing, Erinn. 1982; Mit Federboa u. Kittelschürze, 1991 - Liebh.: Kochen, Schwimmen (1935 Berliner Juniorenmeisterin im Brustschwimmen), Reiten, Musik, Ma-

len, Bücher - Spr.: Engl., Franz., Russ., Ung.

KÜNNEMEYER, Friedrich

Fabrikant, Geschäftsf. Hornitex Werke Gebr. Künnemeyer u. Hornitex Werke, Nidda - Ackhöfe Nr. 6, 4934 Horn-Bad Meinberg - Geb. 7. Juni 1922.

KÜNNEMEYER, Otto

Dipl.-Holzw., Fabrikant, Ges. u. Sprecher d. Geschäftsführung: Hornitex Werke Gebr. Künnemeyer, Horn-Bad Meinberg 1; Hornitex Werke Nidda, Nidda 1 - Paschenburg 5, 4934 Horn-Bad Meinberg 1 - Geb. 17. Juli 1931 Detmold (Vater: Otto K.) - Beir. Deutsche Bank Bez. Bielefeld-Osnabrück; Vorst. Wilhelm-Klauditz-Inst. f. Holzforsch. d. Fraunhofer-Gesellsch., Braunschweig; Beir. INTERZUM Messe- u. Ausstellungsges. m.b.H., Köln.

KÜNNETH, Walter

Dr. phil., Dr. theol. h. c., D. D., Kirchenrat, o. Prof. f. Systemat. Theologie (emerit.) - Burgbergstr. 6, 8520 Erlangen (T. 2 44 43) - Geb. 1. Jan. 1901 Etzelwang/Opf. (Vater: Lorenz K., Geistl.; Mutter: Lisette, geb. Schlupper), verh. I) 1927 m. Mathilde, geb. v. Ammon († 1961), 3 Kd. (Irmela, Adolf, Friedrich Wilhelm), II) 1964 Gerda, geb. Betz - Gymn.; Univ. Erlangen (Promot. 1924) u. Tübingen. Lic. theol. 1927 Erlangen; Habil. 1930 Berlin - 1927-37 Apologet. Zentrale, Berlin-Spandau (1932 Leit.), 1938-44 Pfarrer Starnberg/Obb. (Verfolgung durch Gestapo (N.S.), 1937 Rede- u. Schreibverbot f. Reichsgebiet), 1944-53 Dekan Kirchenbez. Erlangen, 1946-69 Honorarprof. u. o. Prof. (1953) Univ. Erlangen - BV: D. Lehre v. d. Sünde, 1927; D. Nation vor Gott, 1931 (m. H. Schreiner); D. Theol. d. Auferst., 5. A. 1968 (engl. 1965), 6. A. 1982; D. Antwort auf d. Mythos, 1935; D. gr. Abfall, 2. A. 1947; Leben aus Christus, Predigten 1947; D. Autorität d. Bekenntnisses, 1949; Christus od. Maria?, 1950; D. öfftl. Verantw. d. Christen, in: Luthertum, H. 7 1952; Politik zw. Dämon u. Gott, E. christl. Ethik d. Politischen, 1953; Mod. Wirtschaft - christl. Existenz, 1959; Begegnungen m. Gott, 1959; Schuld in d. Politik als theol.-eth. Problem, in: Jahrb. d. Albertus-Univ. zu Königsberg/Pr., Bd. XI 1960; Wir sind nicht allein, 1961; M. d. Leben fertig werden, 1962; Ostergedanken, 1963; Glauben an Jesus?, 3. A. 1969; V. Gott reden?, 1965 (finn. 1965); Entscheidung heute, 1966; Jesus u. d. Neue Testament, 1967; Glaubenskrise? Zw. Lehre, Irrlehre u. Revolution, 1969; Glauben an Jesus, 3. A. 1969; D. theol. Horizont d. Ökumen.-missionar. Problematik heute, in Festschr. f. Dietzfelbinger, 1973; Leuenberg im Kontext d. Zeitgeistes, in Leuenberg-Konkordie oder Diskordie, 1974; Fundamente d. Glaubens (Bibl. Lehre heute) 1975; Lebensführungen (Autobiogr.), 1979; D. Christ als Staatsbürger - E. ethische Orientier., 1984 - Ehrendoktor Univ. Erlangen (1945) u. Wartburg Theological Seminary, Dubuque/USA (1966); 1962 Bayer. VO., 1966 Gr. BVK; 1981 bayer. Maximilians-Orden f. Wiss. u. Kunst.

KÜNSTLINGER, Rudolf

Dr. phil., Prof. f. Politikwiss. Univ. Köln - Am Siepen 15, 5300 Bonn 1 - Geb. 5. Nov. 1923 Lipt. Nicolaus (Vater: Adolf K.; Mutter: Helene, geb. Schiffer), verh. s. 1947 m. Zdena, geb. Novak, 2 S. (Michael, Martin) - Hochsch. f. Politik u. Sozialwiss. u. phil. Fak. Univ. Prag. Habil. 1964 Prag - 1953-69 Univ. Prag (Doz. f. Zeitgesch. u. polit. Theorien), 1968-69 Stip. A. v. Humboldt-Stiftg. - Osteuropa Inst. Univ. Tübingen, Mitarb. Friedrich-Ebert-Stiftg. - BV: Parteidiktatur od. Demokr. Sozialismus?, 1972. Zahlr. Einzelarb. z. Gesch. d. Sozialismus u. polit. Theorien - Spr.: Franz., Russ., Tschech., Slow.

KÜNTZEL, Gottfried

Dr. phil., Univ.-Prof., Dozent f. Musikerziehung Univ. Lüneburg - Am neuen Felde 28, 2120 Lüneburg (T. 4 13 35) - Geb. 30. Jan. 1925) Bonn (Vater: Prof. Dr. phil. Adolf K. †; Mutter: Erika, geb. Berg †), ev., verh. s. 1954 m. Margrit, geb. Hansen, 3 Kd. (Matthias, Bettina, Tilman) - Gymn. Darmstadt; Stud. Musik, -wiss., Päd., Ev. Theol., Phil. Stuttgart, Hannover, Freiburg, Münster, Frankfurt - Musikpäd. in Forsch. u. Lehre, Orchesterleit. - BV: D. Instrumentalkonzerte v. Johann Friedrich Fasch (1688-1758), 1965 (Diss.); Sequenzen - Musik Sekundarstufe I; banjo Musik 5/6 - Liebh.: Musik, Lit., bild. Kunst, Theater, Wandern - Spr.: Engl.

KÜNZEL, Erich

Dr. med. vet., o. Prof. f. Anatomie, Histologie u. Entwicklungslehre u. Direktor Inst. f. Veterinäranat. Freie Univ. Berlin (s. 1962) - Irmgardstr. 29, 1000 Berlin 37 (T. 8138084) - Geb. 2. Mai 1922 Kulmbach/Ofr. - S. 1957 (Habil.) Lehrtätigk. FU Berlin - BV: D. Entwickl. d. Hühnchens im Ei, 1962. Üb. 40 Einzelarb.

KÜNZEL, Franz Peter

Schriftsteller, Übersetzer - Egenhoferstr. 24, 8031 Puchheim/Obb. (T. München 803257) - Geb. 31. März 1925 Königgrätz (Vater: Franz K., Eisenbahnbeamter; Mutter: Helena, geb. Müller), kath., verh. s. 1957 m. Helga, geb. Schneeberger - Tschech. u. dt. Schulen; Kriegssch. Staatsprüf. Tschech. 1958 München - Wehrdst. (zul. Ltn. d. R.), spät. Bauernknecht u. Malerhilfsarb., 1956-63 Cheflektor Dt. Bücherbund u. Kindler-Verlag (1960), seith. fr. Schriftst. u. Übers. f. Tschech. u. Slowak. - BV: Aphorismen zur Schriftstellerei, 1950; An die Heimat, Gedichte 1950; 13 Herbstblätter, Gedichte 1954. Übersetz. aus dem Tschechischen u. Slowak. nach 1945 (1969). Mitautor: Mitten im Strom - Anthol. d. Gegenwart (1956); D. Sozialismus m. menschl. Gesicht, 1969. Herausg.: Sagen und Geschichten aus d. Weitnauer Tal (1950); Mithrsg.: Europ. Balladen (1967), Meine Freundin Julca u. a. tschech. Erz. (1967), Verspät. Tränen u. a. slowak. Erz. (1969), Tschechoslowakei erzählt (1970). Übers.: Bohumil Hrabal, Richard Weiner, František Langer, Vladimir Páral, Miroslav Holub, Josef Toman, Milan Kundera u. a. - 1968 Übersetzerpreis Tschechosl. Schriftst.verb., 1983 Suddt. Kulturpreis f. Schrifttum, 1967 Ehrengabe Andreas-Gryphius-Preis, 1971 Kulturkr. BDI, 1972 Bayer. Akad. d. Schönen Künste; 1966 Silb. Verdienstmed. Tschechosl. Ges. f. intern. Bezieh., 1978 Gedenkmed. f. lit.-kommerz. Kooperation ARTIA, Prag - 1972 Mitgl. PEN-Zentrum BRD, 1977 Ehrenmitgl. Exil-PEN deutschspr. Länder, 1980 o. Mitgl. Südd. Akad. d. Wiss. u. Künste - Liebh.: Skifahren.

KÜNZEL, Klaus

Dr. phil., o. Prof. f. Erziehungswiss. an d. Univ. zu Köln - Zum Brauk 7, 4760 Werl-Holtum/W. - Geb. 12. Febr. 1945 Dresden (Vater: Fritz K., Offz. i. R.; Mutter: Hildegard, geb. Gückel), kath., verh. s. 1971 (Ehefr.: Deirdre, geb. Berry), 4 Kd. (Robert, Rebecca, Maxim, Guido) - Aufbaugymn. Hilchenbach; Reserveoffz., Stud. Bochum (German., Päd.) u. Oxford (Phil.). Promot. 1972 Bochum - B. 1973 Univ. Liverpool (Lecturer/Adult Education), dann Univ. Bochum (Wiss. Assist.), 1976 Univ. Dortmund (Prof.), s. 1991 Univ. zu Köln - BV: Univ.ausdehnung in Engl., 1974; Berufsfördermaßn. f. nicht-berufsreife Jugendl., 1978; Von d. Nationalerzieh. z. Weiterbild., 1980; Weiterbild. in Nordrh.-Westf., 1981; Intern. Erwachsenenbild., 1981; Werbung f. Weiterbildung, 1988 - Liebh.: Rundfunktechnik, Golf, Hockey- Spr.: Engl.

KÜNZEL, Wolfgang

Dr. med., o. Prof. f. Geburtshilfe u. Gynäkologie Univ.-Frauenklinik - Klinikstr. 28, 6300 Gießen (T. 0641 - 702 33 02) - Geb. 28. Juli 1936 Zwickau, ev., verh. s. 1961, verw. s. 1983, 4 Kd. (Steffen, Marret, Gerret, Tina), verh. s. 1985 m. Dr. Michaele, geb. Loh - Stud. Univ. Marburg u. Kiel; Promot. 1962; Habil. 1971; 1975 apl. Prof. Med. Hochsch. Hannover u. Univ. Würzburg; 1968-70 Inst. f. Physiol. Med. Hochsch. Hannover; 1974-75 Forsch.aufenth. Nassau County Med. Center, State Univ. of New York Stony Brook; s. 1980 o. Prof. u. gf. Dir. Univ.-Frauenklinik Gießen. Schatzm. Dt. Ges. f. Gynäkologie u. Geburtshilfe. Üb. 100 Fachveröff. Mithrsg. u. wiss. Beirat v. 4 Fachztschr. - 1972 Preis NWD-Ges. f. Gynäkol. u. Geburtshilfe.

KÜNZER, Wilhelm

Dr. med. (habil.), o. Prof. u. Direktor Univ.s-Kinderklinik Freiburg (s. 1962) - Kirchenhölzle 8, 7800 Freiburg/Br. (T. 54636) - Geb. 3. Nov. 1919 Aachen - 1950-62 Privatdoz. u. apl. Prof. (1956) Univ. Würzburg (zul. Oberarzt Kinderklin.) - BV: Üb. d. Blutfarbstoffwechsel gesunder Säuglinge u. Kinder, 1951; Z. Physiologie d. Blutgerinnung b. Neugeborenen, 1964. Mithrsg. Lehrb. d. Kinderheilkd. Zahlr. Einzelarb. (Fachb., Ztschr.) - 1973 Mitgl. Dt. Akad. d. Naturforscher (Leopoldina), Halle/S.

KÜNZL, Ernst Rüdiger

Dr. phil., Archäologe, Direktor am Römisch-Germanischen Zentralmuseum Mainz (s. 1971) - Zu erreichen üb. Ernst-Ludwig-Platz 2, 6500 Mainz - Geb. 22. Aug. 1939 Karlsbad (Vater: Ernst K., Beamter; Mutter: Maria, geb. Müller), verh. s. 1979, 4 Kd. - Hum. Gymn. Aschaffenburg; Stud. Univ. München, Frankfurt, Köln; Promot. 1966 ebd. - 1966-69 Wiss. Mitarb. Rhein. Landesmuseum Bonn, 1969-70 Wiss. Assist. Archäol. Inst. Univ. Köln - BV: Frühhellenist. Gruppen, 1968; D. Kelten d. Epigonos von Pergamon, 1971; CSIR, Dtschl. II/1, 1975; Med. Instrumente aus Sepulkralfunden d. römischen Kaiserzeit (Unt. Mitarb. v. Franz Josef Hassel u. Susanna Künzl), 1983; D. römische Triumph, 1988; Les Aiguilles à Cataracte de Montbellet (zus. m. M. Feugère und U. Weisser), 1988; D. Schale v. Altenwalde, 1989.

KÜNZL, Hannelore,

geb. Worringen

Dr. phil. habil., Prof. f. Jüdische Kunst - Unterer Fauler Pelz 2, 6900 Heidelberg (T. 06221 - 2 97 73) - Geb. 28. März 1940 Köln, gesch. - Promot. (Kunstgesch., Judaistik u. Semitistik) 1970 Köln; Habil. 1980 ebd. - 1971-75 Martin-Buber-Inst. Univ. Köln; 1976-77 Habil.-Stip. d. DFG; s. 1980 Doz. f. Jüdische Kunst Hochsch. f. Jüdische Stud. Heidelberg; s. 1985 Prof. - BV: D. Einfluß d. Alten Orients auf d. europ. Kunst, 1973; Neo-Islamische Stilelemente im Synagogenbau d. 19. u. frühen 20. Jh., 1984 - Liebh.: Musik, Reisen - Spr.:

Engl., Franz., Ital., Span., Griech., Hebr., Latein, Arab., Syr.

KÜPER, Wilfried

Dr. jur., o. Prof. f. Straf- u. -prozeßrecht sowie -rechtsgeschichte Univ. Heidelberg - Am Schloßgarten 11, 6945 Hirschberg-Leutershausen - Geb. 1. Mai 1937 Brandenburg (Vater: Wilhelm K., Realschuldir.; Mutter: Elisabeth, geb. Koch), ev., verh. s. 1977 m. Ursula, geb. Wörmann - Promot. 1965, Habil. 1974.

KÜPERS, Herbert

Prof., Hochschullehrer - Schneidemühlerstr. 6c, 7500 Karlsruhe 1 - Geb. 12. Juni 1935 Mannheim - Gegenw. Prof. f. Engl. (Didaktik u. Methodik d. Fremdspr.unterr.) PH Karlsruhe - Veröff.: u. a. in WPB, Insight V; Lehrw. u. Lehrmatt., Textausg.

KÜPKER, Erich

MdL, stv. Vorsitzender FDP-Fraktion, Landesminister a. D., Unternehmensberater - Drögen-Hasen-Weg 61A, 2900 Oldenburg (T. 7 47 53) - Geb. 27. März 1933 Oldenburg, ev., verh., 2 Kd. - Dipl.-Ing. agr., Assess.; 1974-76 u. 1977-78 nds. Minister f. Wirtsch. u. Verk. - Gr. BVK.

KÜPPER, Heinz

Studienrat (Staatl. St. Michael-Gymn. Münstereifel), Schriftst. - Kommerner Str. 212, 5350 Euskirchen - Geb. 10. Nov. 1930 Euskirchen (Vater: Kaspar K., Angest.; Mutter: Gertrud, geb. Sever), kath. - Univ. Bonn, FU Berlin (German., Gesch.). Staatsex. 1958 - BV: Simplicius 45, R. 1963 (div. Übers.); Milch u. Honig, R. 1965 (auch franz.); Am A... d. Welt - Landserdeutsch 1933-45, 1971. Herausg.: Handl. Wörterb. d. dt. Alltagssprache (1968) - 1965 Förderungspreis f. Lit. Stadt Köln - Liebh.: Rhein. Archäol. - Spr.: Engl., Franz.

KÜPPER, Karl

Dr. rer. pol., Dipl.-Kfm., Direktor, Vors. d. Geschäftsfg. Heinrich Koppers GmbH., Essen - Dümpelweg 30, 4330 Mülheim/Ruhr - Geb. 5. Aug. 1915 Düsseldorf (Vater: Heinrich K.) - Dipl.-Kfm. 1939; Promot. 1948 - B. 1959 Mannesmann, dann Koppers (Gf.).

KÜPPER, Tassilo Georg

Dr. rer. nat., Prof. f. Mathematik Univ. Köln - Burtscheider Str. 8, 5000 Köln 41 - Geb. 19. April 1947 Düsseldorf (Vater: Georg K., Forstamtmann; Mutter: Elsbeth, geb. Iffland), kath., verh. s. 1979 m. Monika, geb. Reuther, 3 Kd. (Moritz, Robert, Charlotte) - 1966-71 Univ. Köln (Dipl.); Promot. 1974, Habil. 1979 - 1973-82 Wiss. Assist. Univ. Köln; 1982-86 Prof. Univ. Dortmund; 1986-90 Prof. Univ. Hannover; s. 1990 Prof. Univ. Köln; 1981/82 Gastprof. USA (Math. Res. Center, Madison; Univ. of Arizona, Tucson; Stanford Univ.; Cal. Tech., Pasadena) - 1981/82 Heisenberg-Stip. (DFG).

KÜPPER, Werner
Dr. med. vet., Dr. med. habil., Prof., Direktor d. Inst. f. Versuchstierkunde RWTH Aachen - Am Beulardstein 32, 5100 Aachen (T. 0241 - 1 24 29) - Geb. 28. Mai 1943 Neuenburg, verh. s. 1969 m. Monika, geb. Zureda, 2 Kd. (Saskia, Fabian) - Stud. Univ. Gießen, Wien, Zürich; Promot. 1971; Habil. 1980 - Wiss. Assist. Univ. Gießen, Med. Hochsch. Hannover; 1983 Prof. RWTH-Aachen; Schriftf. Senatskommiss. d. DFG f. Versuchstierforsch. - BV: Biomechanik d. Hüftgelenks u. Schultergelenks d. Hundes, 1981; Krankheiten u. Heimtiere (Mitarb.), 1984; Schmerzausschaltung in d. experimentellen Chirurgie, 1985 - Liebh.: Musik, Sport - Spr.: Engl.

KÜPPERS, Horst
Dr. rer. nat., Prof. f. Kristallographie - Russeer Weg 182, 2300 Kiel (T. 0431-52 78 19) - Geb. 24. April 1933 Köln (Vater: Dr. Paul K., Dipl.-Chem.; Mutter: Gertrud, geb. Holtermann), verh. s. 1961 m. Sieglinde, geb. Hierholzer, 4 Kd. (Marion, Frank, Nicola, Denise) - Stud. Univ. Köln, (Dipl.-Phys. 1960), Promot. Freiburg 1966, Habil. Köln 1973.

KÜPPERS, Waltraut
Dr. phil., o. Prof. f. Päd. Psychologie Univ. Frankfurt (s. 1966) - Weidlingstr. 5, 3500 Kassel (T. 3 66 15) - Beide Lehrerprüf. 1938 u. 41, Dipl.-Psych. 1943, Promot. 1946 Göttingen - 1951-55 Rektorin Kassel; 1955-63 Doz. f. Psych. Jugenh./Bergstr.; 1963 a. o. Prof.; 1966 o. Prof. Univ. Frankf. Spez. Arbeitsgeb.: Entw.psych., Unterrichtspsych., Verhaltensstör. - BV: Z. Psych. d. Geschichtsunterr. 2. A. 1966; Mädchentageb. d. Nachkriegszeit, 1964; Psych. d. Dtschunterr., 1980; Kinder im Schatten, 1991; zahlr. Ztschr.beitr. - Mitgl. Dt. Ges. f. Psychologie.

KUERPICK, Josef

Akad. Kunstmaler, Oberstudienrat - Am Schafberg 9, 6962 Adelsheim; u. La-Palmyre-Les-Mathes, F 17, Pav. Nr 143 - Geb. 31. Mai 1936 Wiedenbrück/Westf., kath., verh. m. Maria, geb. Merz (T. v. Prof. Dr. W. Merz), 2 Kd. (Dipl.-Ing. Oliver, Stud. Biol. Susanne) - Abit. 1956 Wiedenbrück; Stud. Kunst, Geogr., Psych. Univ. München, Berlin (Prof. Dörries), Karlruhe (Prof. W. Becker u. Herzger); Staatsex. 1963 - Kunstlehrer; Kunsterzieher Burghardt Gymn. Buchen. 1. Vors. Fremdenverkehrsgemeinsch. Bauland - Ausst.: Bad Kissingen, Mergentheim, Orb, Schloß Bödigheim, Heilbronn, Buchen, Mosbach, Obrigheim, Bonn (Parlam. Ges.), Wien. Verkauf v. Bildern in d. USA u. BRD, nach Österr., Frankr., Austral. - Liebh.: Reisen, Jagd - Spr.: Engl., Franz.

KÜRSCHNER, Wilfried
Dr. phil. habil., Prof. f. Allg. Sprachwissenschaft u. Germanist. Linguistik Univ. Osnabrück - Dohlenstr. 7, 2848 Vechta (T. 04441 - 72 00) - Geb. 8. April

1945 Lichterfeld/Niederlausitz (Vater: Willi K., Zimmermann; Mutter: Milda K.), ev., verh. s. 1970 m. Christa, geb. Ledebrink, 2 Kd. (Katrin, Sebastian) - Gymn. Dortmund; Stud. Univ. Tübingen, Newcastle-upon-Tyne (German., Angl.); 1. Staatsex. 1970); Promot. 1973 Tübingen, Habil. 1980 Freiburg - S. 1980 o. Prof. Univ. Osnabrück, Standort Vechta - BV: Dt. Nominalkomposita, 1974; Negation im Deutschen, 1983; Grammat. Kompendium, 1989; Taschenbuch d. germanist. Linguistik, 1991. Herausg.: Akten d. 10. Linguist. Koll. (1976); Akten d. 19. Linguist. Koll. (1985); Zw. Renaissance u. Aufklärung (1988); Jacob u. Wilhelm Grimm (1989).

KÜRSTEN, Martin
Dr. rer. nat., Prof., Präsident Bundesanstalt f. Geowiss. u. Rohstoffe, Präs. Nieders. Landesamt f. Bodenforsch., Hannover - Stilleweg 2, 3000 Hannover 51 - Geb. 12. Okt. 1931, verh. m. Barbara, 3 Kd. - Stud. Univ. Bonn, Edinburgh (Geol.); Promot. - Hon.-Prof. Würzburg.

KÜRTEN, Dieter
Journalist, Chefreporter Sport ZDF (1984ff.) - Zu erreichen üb. ZDF, 6500 Mainz-Lerchenberg - Geb. 1935, verh., Kd. - Moderator d. Aktuellen Sport-Studios; zahlr. Übertrag., u.a. Fußball-WM 1990 in Italien, 1992 Fußball-EM in Schweden - Liebh.: Musik.

KÜRTEN, Elisabeth Charlotte
Dr. phil., Dipl.-Psych., Prof. f. Psychologie PH Ludwigsburg (s. 1972) - Eckener Str. 5, 7146 Tamm/Württ. - Geb. 17. Dez. 1931 Wuppertal - Promot. 1971.

KÜRTEN, Gerold

Dozent Rhein. Musikschule Stadt Köln, Autor, Komp., Verleger - Franz-Peter-Kürten-Weg 5, 5000 Köln 80 (T. 0221 - 60 23 48) - Geb. 28. Okt. 1927 Düren-Birkesdorf, kath., gesch., 2 Kd. (Cassia, Marius) - Musikstud. (vorw. Kompos. u. Direktion) - Versch. Buch-Veröff. Her-

ausg. d. Werke Franz Peter Kürtens (rhein. Mundartdichter), Interpretationen, Lose-Blatt-Samml.: Loss m'r doch noch jet singe (s. 1975); Schallpl. - 1987 Schmitz-Orden; 1988 Rheinlandtaler - Liebh.: Reisen - Spr.: Span., Franz., Engl. - Bek. Vorf.: Franz Peter Kürten, rhein. Mundartdichter (Vater).

KÜRTEN, Hans Peter
Bürgermeister Remagen - Alter Fuhrweg 39, 5480 Remagen (T. 02642 - 2 01 11) - Geb. 15. Mai 1929 Langenfeld/Rhld. (Vater: Egon K., Werkmstr.; Mutter: Anastasia, geb. Jaschinski), ev., verh. s. 1976 in 2. Ehe m. Carola, geb. Ickenroth - Abit. Opladen 1951, 1. u. 2. Verw.prüf. Verw.sch. Wuppertal 1954 - 1957-65 Bürgerm. Nastätten/Taun., 1965ff. Bürgerm. Remagen. S. 1977 Vors. Stift. Jean Arp u. Sophie Taeuber-Arp e.V.; s. 1981 Vors. Friedensmus. Remagen e.V. (Gründ.), s. 1983 Vors. Gemeinde- u. Städtebund Rhld.-Pfalz u. s. 1990 Kommunalakad. Rheinl.-Pfalz; s. 1985 Mitgl. Rundf.-Rat SWF - BV: Kriegsgefangen in Remagen - 1978 PR-Preis, 1979 VK a. Bde., VO BRD, 1986 Europakreuz Dt. Sekt. Confèdèration Europèenne des Anciens Combattants d. Dt. Komit. f. europ. Zusammenarb.; 1990 BVK I. Kl.

KÜRTEN, Josef
Oberbürgermeister Landeshauptstadt Düsseldorf, Vors. Landschaftsverb. Rheinland, Köln, AR-Vors. Düsseldorfer Messeges. mbH (NOWEA) u.a. - Marktpl. 2, 4000 Düsseldorf; priv.: Cannstatter Str. 17 - Geb. 20. März 1928 Düsseldorf - Prok. Stahlhandelsfa. Auffermann, D'dorf; 1984ff. Bürgerm. D'dorf - 1984 Gr. BVK.

KÜRTEN, von, Wilhelm
Dr. phil., em. Prof. f. Geographie Univ.-GH Wuppertal - Legewarfen 12, 2943 Werdum - Geb. 12. März 1915 Schwelm (Vater: Wilhelm, Feilenhauer; Mutter: Pauline, geb. Stucke), ev., verh. s. 1943 m. Irmgard, geb. Eichelkraut, 3 T. (Sigrid, Ulrike, Irmhild) - Realgymn. Schwelm; Univ. Münster, Göttingen, Köln. Beide Staatsex. Promot. 1939 Köln; Habil. 1969 Bochum - B. 1958 höh. Schuldst. (zul. Oberstudienrat), dann Bezirksbeauftr. Naturschutz Ruhrgebiet, 1970-72 Wiss. Rat u. Prof. Univ. Bochum, 1972-81 o. Prof. Univ. Wuppertal - BV: D. landschaftl. Struktur d. Ennepe-Ruhr-Kr., 1954; Nordrh.-Westf., 1957; Landschaftsstruktur u. Naherholungsräume im Ruhrgeb. u. in s. Randzonen, 1973; D. naturräuml. Einheiten auf Blatt Kleve/Wesel, 1977; D. Bevölkerungsentw. im Berg.-Märk. Land u. im Ruhrgeb. s. 1950, 1977; Feinstruktur u. Gliederung d. Kulturlandsch., 1979; D. Wupper-Ennepe-Verdichtungszone im räuml. Gefüge, 1985 - 1973 BVK - Lit.: Festschr. z. Emerit. (hg. v. D. Beckmann u. H. Knübel), 1981.

KÜRTHY von FAYKÜRTH u. KOLTA, Tamàs G.
Dr. phil., Univ.-Prof. RWTH Aachen, Lehrgeb. Sozialisationstheoret. Grundlagen d. Erziehungswiss. (s. 1975) - Tittardsfeld 106, 5100 Aachen - Geb. 6. März 1921 München (Vater: E. v. K., Rittmeister; Mutter: G. Freiin Hofenfels), verh. s. 1964 m. Auguste, geb. Lücke, 2 T. (Anikò, Ildikò) - Chemie Dipl. 1946 Budapest, Dr. phil. Münster - BV: Geschlechtsspezif. Sozialisation I/II, 1978; Dornröschens zweites Erwachen, 1985; Einzelkinder, 1988 - 1986 Rechtsritter d. Ungar. Genoss. d. Johanniterordens u. Rechtsritterkreuz d. Johanniterordens - Interessen: Sprachen, Gesch., Politik - Spr.: Engl., Franz., Ital., Ungar., Esperanto.

KÜRTZ, Hans Joachim
Journalist - Bergstr. 26, 2305 Möltenort (T. 0431/241648) - Geb. 5. Mai 1933 Tetzlaffshagen, ev., verh. m. Jutta, geb. Dotzenrodt, 5 Kd. (Mareike, Jens, Henner, Karsten, Klaas Ole) - Herdersch. Rendsburg (Abit. 1954) - S. 1956 Flensburger Tagebl. (Redakt.), Die Welt

(1960 Korresp.), ZDF (1963; Leit. Landesstudio Kiel) - Fernseh-Dok. u. a.: D. rote Bär am Nordkap, Wo d. Straßen schwimmen, Piroggen u. Kantele, Ganz persönlich: Günter Kunert; Ganz persönlich-Arno Surminski - BV: F. Gold u. Silber nimm d. Schein, 1981; Z. Zeiten d. Hanse, 1983; Island kennen u. lieben, 1985; Grönland - Nachbar d. Nordpols, 1991, Pommern-Entdeckungsreise in Bildern, 1991; Masuren, Kaschubien u. anderswo, 1992 - Spr.: Engl., Dän., Norweg., Schwed.

KÜRZDÖRFER, Klaus
Dr. theol., Dr. phil., Dr. phil. habil., Prof. f. Religionspädagogik PH Kiel (s. 1981) - Ruschsehn 10, 2300 Klausdorf/Schwentine - Geb. 11. Juni 1937 Nürnberg, ev., verh. s. 1970 m. Roswitha Elke, geb. Schaarschmidt, M.A., 2 Kd. (Ruben Alexander, Eva-Maria) - Dr. theol. 1966 Tübingen, Dr. phil. 1976 Würzburg, Habil. 1982 Würzburg - BV: Kirche u. Erwachsenenbildung, 1976; Grundpositionen u. Perspektiven d. Erwachsenenbildung, 1981; Pädagogik d. Gewissens, 1982; Reconsidering Romans, 1986 - 1977 Preis d. Unterfränk. Gedenkjahrsstiftg.; 1985 Stip. Harmsianum Kiel; 1986 Fulbright Grant Yale Univ. - Liebh.: Mission, Blumen, Reisen.

KÜRZINGER, Josef

Dr. jur., Prof., Bibliotheksdirektor Max-Planck-Inst. f. Strafrecht Freiburg - Oltmannsstr. 11, 7800 Freiburg (T. 0761 - 40 68 20) - Geb. 22. Juni 1940 Geisenfeld (Vater: Albert K.; Mutter: Regina, geb. Frisch), ledig - Stud. Rechtswiss. Univ. München u. Tübingen; 1. jurist. Staatsprüf. 1966 Tübingen, 2. jurist. Staatsprüf. 1970 Stuttgart; Promot. 1970 Tübingen; Habil. (Kriminologie, Jugendstrafrecht, Strafvollzugsrecht 1976 Freiburg - 1976 Priv.-Doz. Freiburg; 1983 apl. Prof. Freiburg - BV: Private Strafanzeige u. polizeiliche Reaktion, 1978; Kriminologie, 1982 - Liebh.: Bayer. Landesgesch. u. Lit., Filmgesch.

KÜSPERT, Hans-Jürgen
Dr. rer. nat., Prof. f. Informatik GH Paderborn - Spanckenweg 15, 4790 Paderborn - Stud. Math.

KÜSPERT, Heinz
Dr., gf. Direktor Bayer. Sparkassen- u. Giroverb. (1983ff.) - Karolinenpl. 5, 8000 München 2 - Geb. 6. Juni 1931 - Ehrenämter im Bayer. u. Dt. Roten Kreuz.

KÜSSWETTER, Wolfgang
Dr. med. (habil.), o. Prof. f. Orthopädie Univ. Tübingen (s. 1987) - Zu erreichen üb. Univ. Tübingen - Geb. 27. Juli 1940 München (Vater: Georg K., Forstm.; Mutter: Marion, geb. Edenhofer), ev., verh. s. 1971 m. Dagmar, geb. Oloff, 3 Töcht. (Kathrin, Julia, Sophie) - Entw. e. angepaßten Hüftendoprothese - Univ. München (Med.). Promot. 1966; Habil. 1977 - 1978ff. Ltd. Oberarzt Würzburg; 1980-86 Extraord. f. Orthopädie Univ. Würzburg - BV: Morphol. u. Biomech.

KÜSTER, Eberhard
Dr. rer. nat., em. o. Prof. f. Landw. Mikrobiologie Univ. Gießen/Landw. Fak. - Friedhofsallee 24, 6300 Gießen (T. 3 19 40) - Geb. 22. Okt. 1918 Bonn (Vater: Prof. Dr. Ernst K.), verh. m. Waltraut, geb. Dierker - Promot. 1949 Univ. Göttingen. Emerit. 1985.

KÜSTER, Friedrich O.
Dr., Prof., Hochschullehrer - Hölzleswiesen 13, 7000 Stuttgart 75 - Geb. 16. Dez. 1938 Stuttgart (Vater: Otto K., Rechtsanwalt; Mutter: Irmgard, geb. Mayer-List), ev., verh. s. 1965 m. Wiltraut, geb. Sutter, 2 Kd. (Bettina, Johannes) - Eberhard-Ludwigs-Gymn. Stuttgart; Univ. Tübingen, München, Zürich (German. Altphilol.). Staatsex. 1965 (Tübingen) u. 66 (Stuttgart), Promot. Univ. Stuttgart 1984 - Schuldst. Stuttg. Gymn. (zul. Studienrat); s. 1971 Lehrtätigk. PH Karlsruhe u. Esslingen (1973 Prof.), 1980 Prorektor; s. 1978 z. T. Univ. Stuttgart, ab 1984 PH Ludwigsburg - BV: Klett-Sprachbuch u. Elemente z. Unterrichtsplanung dazu, 1970 ff.; Sprachschlüssel, 1982 ff.; Satzsemantik, 1983 - Interessen: Interlinguistik, Logik, Zahlentheorie, Ontol., Erkenntnistheorie, Wiss.slehre - Spr.: Lat., Griech., Hebr., Engl., Franz., Ital. - Bek. Vorf.: Prof. William K., Chemiker (Großv.).

KÜSTER, Fritz
Dr. med., em. (1975) o. Prof., ehem. Dir. Univ.s-Kinderklinik/Klinikum Essen - Spillheide 71, 4300 Essen 16 - Geb. 24. Juli 1909 Königsberg/Pr., ev., verh. 1939 m. Lisa, geb. Rambow, 2 Töcht. (HeideKatrin, Sigrid) - Univ. Königsberg u. München - 1935-39 Univ.-Kinderklinik Königsberg; 1939 I. Med. Univ.klinik Berlin (Charité); 1940-45 Wehrm.; 1946-55 Kinderklinik Med. Akad. Düsseldorf (apl. Prof.); 1955-63 Chefarzt Städt. Kinderklinik Essen; 1963 ff. Univ. Münster (Ord.) u. Essen (GHS). Div. Fachveröff.

KÜSTER, Norbert
Rechtsanwalt, Geschäftsf. Bundesverb. Dt. Unternehmensberater - FriedrichWilhelm-Str. 2, 5300 Bonn 1.

KÜTEMANN, Heinz
Hauptgeschäftsf. Arbeitsgem. Westd. Rennvereine - An d. Rennbahn 10, 4650 Gelsenkirchen-Horst.

KÜTHE, Heinz-Werner
Dr. phil., Prof. f. Zoologie u. Entwicklungsphysiol. Univ. Marburg - Drosselweg 12, 3551 Niederweimar.

KÜTHE, Horst
Dipl.-Ing., Prof. f. Aufnahme u. Darstell. v. Bauten Univ. Hannover - Alte Rehre 8, 3011 Gehrden - Zul. Wiss. Rat u. Prof.

KÜTHER, Kurt
Bergmann i. R., Schriftsteller - Welheimer Str. 69, 4250 Bottrop (T. 02041 - 4 59 63) - Geb. 3. Febr. 1929 Stettin (Vater: Gerhard K., Kaufm.; Mutter: Marie, geb. Tiede), ev., verh. s. 1952 m. Anna, geb. Janeczkowiak, 2 Söhne (Wolfgang, Michael) - 1943-45 Handelsschule Stettin, Lehre, Hauerprüf. 1955 Bottrop; 1968/69 Stud. Soz.-Wiss. Univ. Dortmund - 1948-84 Ruhrbergbau (techn. Angest. Stabsstelle); Vorst.Mitgl. IG-Medien, Essen; nebenher schriftst. Tätigk. - BV: E. Dir. geht vorbei, Ged. 1974; Und doppelt zählt jeder Tag, Lyrik u. Prosa 1984; Erz. u. Veröff. in 165 Anthol., Lit.-Zeitschr. u. Leseb., auch in Holland, UdSSR, Schweden, Dänemark, Schweiz u. Österr. Sprechcass.: D. Mond v. WanneEickel ist passé, 1987. S. 1974 VS-Mitgl. - 1986 Autorenpreis - Forum Kohlenpott; 1989 1. Kulturpreisträger d. Stadt Bottrop - Liebh.: Lit. d. Arbeitswelt; Neuere dt. Gesch. - Spr.: Engl., Ital. - Lit.: Lex. dt.sprach. Schriftst., 1974; lobbi, junge dt.sprach. Lit., 1973.

KÜTT, Anton
I. Bürgerm. (s. 1978) - Rathaus, 8709 Rimpar/Ufr.; priv.: Kaspar-SchnetterStr. 30 - Geb. 21. Juli 1940 Rimpar (Vater: Georg K., Zimmerer; Mutter: Hedwig, geb. Walter), kath., verh. s. 1965 m. Margarete, geb. Schömig, 3 Kd. (Sabine, Stephan, Christian) - Volkssch. - Post- u. Verwaltungsdst. (Oberinsp.). Div. Ämter. CSU.

KÜTTING, Herbert
Univ.-Prof., Lehrstuhlinh. f. Mathematik u. ihre Didaktik - Einsteinstr. 62, priv.: Coesfeldweg 61, 4400 Münster/W. - Geb. 3. Aug. 1932 Dortmund, kath., verh. s. 1959 - 1952-58 Univ. Münster (Math.). Staatsprüf. 1958 u. 60 - S. 1959 höh. Schuldst., TH Aachen (Assist.), PH Westf.-Lippe/Abt. Münster (1969; o. Prof.) u. Univ. Münster (1980; Univ.Prof.) - BV: Elementare Analysis, 2 Bde. 1992; Didaktik d. Wahrscheinlichkeitsrechnung, 1981; Lineare Algebra (zus. m. F. Padberg), 1991. Div. Ztschr.artikel - Spr.: Engl., Franz.

KÜTTINGER, Georg
Dipl.-Ing., Univ.-Prof. f. Entwerfen, Baukonstruktion u. Baustoffkunde TU München (s. 1976) - Hirschgartenallee 11, 8000 München 19.

KUFFERATH, Karl-Heinz
Geschäftsführer i. R. - Im Weingarten 10, 5100 Aachen-Laurensberg - Geb. 20. Okt. 1919 Köln - Zul. Geschäftsf. UNIROYAL ENGLEBERT-Reifen GmbH, Aachen, jetzt dort AR-Mitgl.

KUFNER, Georg
Fabrikant (Kufner-Gruppe) - Fritz-Gerlich-Str. 14, 8023 Großhesselohe/Obb. - Geb. 9. Aug. 1931 München (Vater: Dr.-Ing. Georg K.; Mutter: Betty, geb. Fürmaier), gesch. - TH München - Spr.: Engl., Franz.

KUFNER, Josef
Fabrikant (Kufner-Gruppe) - Mendelssohnstr. 2, 8023 Pullach (T. 089-793 18 64) - Geb. 11. Jan. 1934 München.

KUGEL, Erich
Dr. med., Prof., Chefarzt Chir. Abt. Städt. Krkhs. München-Harlaching (b. 1981), s. 1982 Chefarzt Hart-Klinik Solln - Grafstr. 1, 8000 München-Unterhaching (T. 984744) - Geb. 12. Sept. 1919 Berlin - S. 1956 Privatdoz. Univ. u. TH München/Med. Abt. (1969).

KUGELMÜLLER von TESSIN, Brigitte
s. Tessin, von, Brigitte

KUGELSTADT, Hermann
Regisseur (Aufhausen 78, A-5721 Piesendorf (T. Zell am See 06542 - 60 76) - Geb. 16. Febr. 1912 Limburg/L., kath., verh. s. 1948 m. Irene, geb. Hügelland - S. 1951 Filme, Dokumentarspiele (auch als Autor), Fernsehserien u. a.: Hengst Maestoso Austria, Hallo Taxi, Diamanten sind gefährlich, D. Halsbandaffaire, Wenn d. Vater m. d. Sohne, Hallo - Hotel Sacher - Portier. Autor mehr. Lustspiele - Spr.: Engl., Franz.

KUGLER, Johann
Dr. med., Prof., Univ.-Nervenklinik München - Schrimpfstr. 34, 8035 Gauting/Obb. (T. München 850 10 11) - Geb. 1. Juni 1923 Wien - S. 1962 (Habil. f. Klin. Neurophysiol.) Lehrtätigk. Univ. München (1969 apl. Prof.). Emerit 1988 - BV: Elektroencephalographie in Klinik u. Praxis, 1981. Zahlr. Einzelarb. - 1990 Ehrenmitgl. d. Dt. EEG Ges.

KUHBIER, Heinz
(eigtl. Heinz Coubier) Schriftsteller - Haus Langewiesche, 8026 Ebenhausen/Isartal - Geb. 25. Mai 1905 Duisburg (Vater: Max C., Dir.; Mutter: Edith, geb. Weber), verh. s. 1935 m. Marianne, geb. Langewiesche, Schriftst. (s. dort) - Univ. München, Berlin, Köln, Freiburg - Regiss. u. Dramat. Gladbach-Rheydt, Regensburg, Köln, Berlin - BV: D. falsche Zar, R. 1959. Bühnenw.: u. a. Aimée (UA. 1938 Bremen), D. Kommandant (UA. 1953 Berlin), D. Lorbeermaske (UA. 1957 Celle). Mithrsg.: Psalter u. Harfe - Lyrik d. Christenheit, 1955.

KUHBIER, Jörg
Umweltsenator d. Fr. u. Hansestadt Hamburg (b. 1991) - Steindamm 22, 2000 Hamburg 1 (T. 040 - 24 86-32 00) - Geb. 1940 Dessau - Stud. Rechtswiss., 2. Staatsex. - S. 1969 Mitarb. in d. Stadtverwaltung, zul. als Leit. Beamter d. Umweltbehörde; 1983-87 Senator f. Wasserwirtsch., Energie u. Stadtentsorgung. SPD.

KUHFUSS, Günter Friedrich
Dr. jur., Oberbürgermeister a.D. (1967-78), gf. Vorstandsmitgl. Forschungsges. f. Angew. Naturwiss. (FGAN) Wachtberg-Werthhoven (s. 1979) - Am See 2, 6520 Worms/Rh. (T. 06241 - 853538) - Geb. 31. Jan. 1926 Dortmund (Vater: Hermann K., Gärtner; Mutter: Luise, geb. Seidenstecher), ev., verh. s. 1959 m. Hildegard, geb. Kamp, 2 Kd. (Swantje, Tilman) - Gymn.; Univ. Münster u. Paris - 1959-62 Stadtdir. Duderstadt; 1962-67 Oberkreisdir. Osterode; 1967-78 Oberbürgerm. Worms - Liebh.: Wandern, Reiten, Segeln - 1973 Gold. Sportabz. - Spr.: Engl., Franz. (Sprachdipl. 1956 Paris).

KUHL, Hans-Joachim

Feuerwehrbeamter a.D., MdL Nordrh.-Westf. - Dachsberger Weg 21, 4132 Kamp-Lintfort (T. 02842 - 73 31) - Geb. 18. Dez. 1949 Krefeld, ev., verh. s. 1972 m. Margarethe, geb. Pahl, T. Kerstin - Mechaniker- u. Werkzeugmacherlehre - 1979-84 Ratsmitgl. Kamp-Lintfort (Fraktionsvors. FDP, s. 1983 Mitgl. Bezirksvorst. Niederrh., s. 1984 Kreisvors. Wesel), s. 1988 Mitgl. FDP-Landesvorst. NRW, s. 1992 Vors. FDP-Bezirksverb. Niederrhein - Liebh.: Tennis, Handball, Lesen, Reisen - Spr.: Engl.

KUHL, Wolfgang
Dr. med., Prof. f. Neurologie u. Neurophysiol. Univ. Mainz (n. b.) - Aukammallee 33, 6200 Wiesbaden - Geb. 9. Juni 1930 - Ärztl. Tätigk. Dt. Klinik f. Diagnostik.

KUHLBRODT, Eckhard
Dr. phil., Ethnologe, DGB-Geschäftsf. Ruhrfestspiele Recklinghausen GmbH (Künstlername: Fred Eckhard) - Haynstr. 19, 2000 Hamburg 20 - Geb. 3. Okt. 1936 (Vater: Prof. Erich K., Meteorol.) - Stud. Völkerkd. d. Vorgesch. u. Volkskd. Univ. Hamburg; Promot. 1959; Ausb. im Bühnentanz (Bühnenreifeprüf. u. Kammertanzex.); Tanzpräf. - S. 1962 Mitgl. Ballett Hamburg. Staatsoper (b. 1976 Ballettleit., Ref. d. Vorst.); s. 1977 Geschäftsf. Ruhrfestsp. Mitgl. Abt. Kultur DGB-Bundesvorst. - BV: Wildbeutertänze. Ihre Formen u. Funktionen, Diss. 1959.

KUHLE, Matthias

Dr. rer. nat. habil., Prof. f. Geographie Univ. Göttingen - Am Hirtenberg 6, 3401 Waake-Bösinghausen (T. 05507 - 6 90) - Geb. 20. April 1948 Berlin - Stud. Phil., German., Geogr., Geol. FU Berlin; Staatsex. 1972, Promot. 1975 Göttingen, Habil. (Geogr.) 1980 - 1983 Prof., 1990 Ruf auf d. Prof. f. Geogr. u. Hochgebirgsgeomorphol. in Göttingen. Hochgebirgs- u. Eiszeitforschung (Geomorphologie, Glaziologie, Klimatologie, Ökologie); Ausrichtung Intern. Symposium üb. Tibet u. Hochasien, Göttingen 1985. S. 1970 Teiln. an 17 wiss. Exped. in außereurop. Gebirge u. d. Arktis, 13 unter eigener Leit., u. a. Dt. Dhaulagiri- u. Annapurna-Exped. 1976/77, Dt.-Chin. Südtibet- u. Mt. Everest-Exped. 1984, Dt.-Chin. Karakorum- u. K2-Exped. 1986, Dt.-Chin. Gemeinschafts-Exped. Zentraltibet 1989. Entd.: Aufstellung d. Reliefspezif. Eiszeittheorie z. Erklärung d. Eiszeit; Rekonstruktion d. 2,4 Mio qkm großen eiszeitlichen Tibetischen Inlandeis. Nachweis u. Erklärung e. irdischen Gletscherobergrenze - BV: Formen ästhetischer Idealität in Stifters Studien I, 1974; Quartärmorphologie südostiranischer Hochgebirge, 1976; Dhaulagiri- u. Annapurna-Himalaya. Z. Geomorphologie extremer Hochgebirge, 1982; E. subtropisches Inlandeis als Eiszeitauslöser, 1985; Gebirgslandschaften, 1985; A New Ice Age Theory, 1985; D. Vergletscherung Tibets u. d. Entstehung v. Eiszeiten, 1986; The upper Limit of Glaciation in the Himalayas, 1986; Subtropical Mountain- u. Highland-Glaciation as Ice Age Triggers and the Waning of the Glacial Periods in the Pleistocene, 1987; Tibet and High Asia: Results of the Sino-German-Joint Expedions (m. Wang Wenjing), 1988; D. Inlandvereisung Tibets als Basis e. in d. Globalstrahlungsgeometrie fußenden, reliefspezifischen Eiszeittheorie, 1989; Glazialgeomorphologie, 1991. Üb. 100 Fachveröff. z. Eiszeittheorie u. Hochgebirgsforsch. Film: Südtibet- u. Mt. Everest-Exped., 1984; Geogr. Untersuchungen in Hochasien, 1985; Heutige u. eiszeitl. Vergletscherung Hochasiens, 1987.

KUHLEN, Rainer
Dr. phil., Prof., Hochschullehrer - An der Steig 21, 7750 Konstanz - Geb. 7. Jan. 1944 Potsdam, verh. s. 1976 m. Dr. Elizabeth, geb. Couper, 2 Kd. (Michael, Anna) - Stud. German., Phil., Soziol., Staatsex. 1969, Promot. (Allg. Sprachwiss.) 1976 - 1969-72 Hochschulassist. f. Phil. Münster; 1974-79 Doz. Lehrinst. Dokumentation Frankfurt; 1980 Lehrst. Informationswiss. Univ. Konstanz; s. 1989 Vors. D. Ges. f. angew. Informationswiss. (GAIK); s. 1990 Vors. d. Hochschulverb. Informationswiss. (HI) - BV: Experimentelle Morphologie in d. Informationswiss., 1977; Datenbasen, Datenbanken, Netzwerke, 3 Vols., 1978/

80; Koordination v. Informationen, 1984; Informationslinguistik, 1986; Pragmatische Aspekte b. Entwurf u. Betrieb v. Informationssystemen, 1990; Hypertext, 1990; Wissensbasierte Informationssysteme u. Informationsmanagement, 1991; Experimentelles u. praktisches Information Retrieval, 1992. Mithrsg.: Information Processing & Management; Information Science; Nachrichten f. Dokumentation, Library Management - Spr.: Engl., Franz.

KUHLENCORDT, Friedrich

Dr. med., Prof., ehem. Direktor Abt. Klinische Osteologie Med. Universitätsklinik Hamburg - Am Hang, 2081 Holm (T. 04103 - 8 86 66) - Geb. 22. Juli 1917 Oldendorf Kr. Stade (Eltern: Dr. med. Friedrich u. Martha K.), verh. m. Elke, geb. Nordmann - Univ. Hamburg. Promot. u. Habil. - S. 1957 Privatdoz., s. 1964 apl. Prof. Hamburg (Inn. Med.). Forsch.-Stip.: Postgraduate Medical School Hammersmith Hospital London (1959), Mayo Clinic Rochester/Minn. USA (1967) . Zahlr. Originalarb., Bücher, Buchbeiträge in Lehr- u. Handbüchern, Handbuch Inn. Med. "Klinische Osteologie", 1980 (Hrsg.) - 1984 Gründungsmitgl. Dt. Ges. f. Osteologie; 1985 u. 1986 Präs., 1987 Ehrenmitgl.; 1992 Erwin Uehlinger-Med.

KUHLENKAMP, Detlef

Dr. phil., Prof. f. Weiterbildung (Schwerp.: Bildungsplanung u. -politik) Univ. Bremen - Ohmstr. Nr. 51, 2800 Bremen 33.

KUHLGATZ, Wilhelm

Dipl.-Ing., Geschäftsführer Hüttenes-Albertus, Chemische Werke GmbH, Düsseldorf u. Hannover, Vors. d. Industrieverb. Giesserei-Chemie e. V., Frankfurt/M. - Zu erreichen üb. Karlstr. 21, 6000 Frankfurt/M. 1 - Präsid.-Mitgl. Verein Dt. Gießereifachleute e. V., d. GIFA, Düsseldorf, u. Comite Intern. d. Assoc. Techniques de Fonderie sowie d. Erweiterten Vorst. u. Hauptaussch. d. Verb. d. Chem. Ind. e.V., Frankfurt/M.; stv. Bürgerm. in Dellingen/Nds.

KUHLMANN, Albert

Dr.-Ing., Direktor (gf. Vorstandsmitgl.), Honorarprof. f. Maschinenwesen Univ. Kaiserslautern - Wieselweg 9, 5000 Köln-Brück.

KUHLMANN, Dieter

Dr. rer. nat. (habil.), Prof., Zoologe - Linneweberstr. 9, 4600 Dortmund-Aplerbeck - Gegenw. apl. Prof. u. Doz. Univ. Münster.

KUHLMANN, Franz Wilhelm

Dr., Dipl.-Kfm., Geschäftsf. GAF-Hüls Chemie GmbH., Marl - Katharinental 26, 5060 Bergisch-Gladbach 2 (T. 02202 - 8 42 08) - Geb. 27. März 1935 Ankum, kath., verh. s. 1960 m. Christa, geb. Bergmann (Opernsängerin), T. Sibylla-Maria - Gymn. Quakenbrück (Abit. 1955); 1955-59 Univ. Münster (Betriebsw.); Promot. 1963 - 1972-78 Geschäftsf. Faserwerke Hüls GmbH, Marl; s. 1978 Gf. GAF-Hüls Chemie GmbH, Marl.

KUHLMANN, Friedrich

Dr. agr., o. Prof. f. landw. Betriebslehre Justus-Liebig-Univ. Gießen (s. 1973) - Waldstr. 6, 6301 Fernwald-Annerod (T. 0641 - 41643) - Geb. 14. Febr. 1939 Soltau (Vater: Friedrich K., Landw.; Mutter: Käthe geb. Müller), ev., verh. s. 1966 m. Ute, geb. Löcke, 2 Kd. (Friedrich, Henrik) - Wilhelmsgymn. Kassel (Abit. 1959); landw. Lehre; Stud. d. Agrarwiss. Univ. Berlin (TU) u. Gießen; Dipl.ex. 1966; Promot. 1968; Habil. 1971 (Agrarökonomik) - 1972 u. 78 Ausl.saufenth. USA. Mitgl. Intern. Assoc. of Agricultural Economists - BV: Modelle z. Wirtschaftswachstum, 1968; Entnahmefähige Einkommen in wachsenden landw. Unternehmen, 1971; Einf. i. d. Betriebswirtschaftsl., 1978 - Liebh.: Gesch., Reisen - Spr.: Engl., Franz.

KUHLMANN, Norbert

Dr. rer. nat., Prof. f. Mathematik Univ.-GH Essen (s. 1973) - Stemmannsfeld 5, 4630 Bochum (T. 47 34 21) - Geb. 24. Jan. 1934 - Habil. 1962 Würzburg - U. a. Associate Prof. Univ. of Notre Dame (USA). Fachaufs.

KUHLOW, Angela

Dr. phil., Prof. f. Trainingswissenschaften Univ. Frankfurt/M. (Fachber. Erziehungswiss.) - Zum Traroth 47, 6483 Bad Soden-Salmünster.

KUHLWEIN, Eckart

Dipl.-Volksw., Journalist, MdB (s. 1976; SPD), Parlam. Staatssekr. a.D. (1981/82) - Postf. 1349, 2070 Ahrensburg (T. 04102 - 5 23 80) - Geb. 11. April 1938 Schleswig, verh., 4 Kd. - Oberrealsch. (Abit.); Univ. München, Würzburg, Erlangen (Volksw., Gesch., Polit. Wiss.). Dipl.-Volksw. 1960 Würzburg - 1962-64 polit. Redakt. Lübecker Nachr., 1964-67 Chefredakt. fremdsprachl. Publ. (polit. Öffentlichkeitsarb. f. d. Ausl.); 1969/70 Wirtschaftsredakt. Nordwoche; 1970/71 Chefredakt. Elternblatt; 1967 u. 1969-71 Landesvors. Jungsozialisten SH. 1966-70 Gemeindevertr. Großhansdorf. SPD s. 1965, 1973-75 stv. Landesvors. Schlesw.-Holst., s. 1975 Mitgl. Landesvorst. SPD, 1971-76 MdL, 1981 Parlam. Staatssekr. b. Bundesmin. f. Bild. u. Wiss., 1983 Obmann f. Bild. u. Wiss. SPD - Bundestagsfraktion; 1988 Vors. Euquete-Kommiss. Bildung 2000 d. Bundestages; 1991 Vors. Ausschuß f. Bildung u. Wiss.

KUHN, Annette

Dr. phil., o. Prof. f. Geschichte (mittl. u. neuere Gesch. u. Frauengesch.) u. Didaktik Päd. Fak. Univ. Bonn - Rodderbergstr. 95, 5300 Bonn-Bad Godesberg (T. 345422) - Geb. 22. Mai 1934 Berlin - BV: D. Kirche im Ringen m. d. Sozialismus 1803-1848, 1965; Theorie u. Praxis histor. Friedensforsch., 1971; Einf. in d. Didaktik d. Gesch., 1974; Frauenbildung u. Geschlechtsrolle, 1980.

KUHN, Dieter

Dr. med., Prof., Internist - v.-Harnack-Str. 15, 3550 Marburg/L. - S. Habil. Lehrtätigk. Univ. Heidelberg (gegenw. apl. Prof. f. Inn. Med.).

KUHN, Erich

Dr. med., Prof. Innere Med. - Wilckensstr. 13, 6900 Heidelberg - Geb. 23. Nov. 1920 Oberrod - S. 1959 (Habil.) Lehrtätigk. Heidelberg (1963 apl. Prof.). Bes. Aufgabengeb.: Skelett- u. Herzmuskelerkrank. - BV: Studien z. Pathogenese d. myotonischen Dystrophie, 1961; Progressive Muskeldystrophie - Myotonie - Myasthenie, 1966. Zahlr. Fachveröff. - 1985 Duchenne-Erb-Preis.

KUHN, Götz-Gerd

Dr. med., o. Prof., Leiter Abt. f. Techn. Orthopädie u. Rehabilitation Orthopäd. Univ.sklinik Münster (s. 1967) - Herkentrup 41, 4401 Havixbeck/W. (T. 434) - Geb. 5. Nov. 1922 Harleshausen/Oberhessen - S. 1965 (Habil.) Lehrtätigk. Münster (1967 apl. Prof., 1968 Wiss. Rat u. Prof., 1973 o. Prof.). Etwa 60 Fachveröff.

KUHN, Hans

Dr., Alleinvorst. Walter Rau Neußer Ölwerke AG. (s. 1971) - Olympiastr. 7, 4040 Neuss/Rh. - Geb. 25. Febr. 1927 - Rotarier.

KUHN, Hans W.

Dr. phil., Dr. h. c., Prof., Chemiker, Wiss. Mitgl. Max-Planck-Inst. f. Biophysikal. Chemie, Göttingen (s. 1969) - Am Faßberg 1, 3400 Göttingen-Nikolausberg (T. 20 13 79) - Geb. 5. Dez. 1919 Bern (Schweiz) - 1946-53 Privatdoz. u. ao. Prof. (1951) Univ. Basel; 1953-69 o. Prof. u. Dir. Physikal.-Chem. Inst. Univ. Marburg. Facharb.; Quantenchemie (Elektronengasmodell d. Farbstoffe); Grenzflächenchemie (molekular organisierte Schichtverbände); Selbstorganisation molekularer Systeme (Entstehung d. Lebens) - 1949 Werner-Preis Schweiz. Chem. Ges., 1967 korr. Mitgl. Naturforsch. Ges. Basel, 1968 Mitgl. Dt. Akad. d. Naturforsch. Halle/S., 1972 Lit.preis Fonds d. Chem. Ind., 1972 Liebig-Gedenkmünze Ges. Dt. Chemiker, Dr. h. c. Univ. München, 1973 Mitgl. Akad. d. Wiss. u. Lit. Mainz, 1977 korr. Mitgl. Senckenberg. Naturforsch. Ges., 1978 Ernst Hellmut-Vits-Preis Univ. Münster, 1979 Paul Karrer-Med. Univ. Zürich, 1980 Carl-Friedrich-Gauß-Med. Braunschw. Wiss. Ges., s. 1985 em. wiss. Mitgl.; 1989 Ehrendoktor Univ. Marburg; 1990 Science for Art Prize d. Moët Hennessy & Louis Vuitton (LVMH); 1991 Ehrenmitgl. Dt. Ges. Biophysik.

KUHN, Hans-Georg

Gewerkschaftsangest., Mitgl. Hbg. Bürgerschaft (s. 1971) - Freesienweg 42, 2000 Hamburg 65 (T. 6015931; dstl. DAG: 349151) - Mitgl. Bundesvorst. DAG. CDU.

KUHN, Heinz-Wolfgang

Dr. theol., o. Univ.-Prof. f. Neues Testament - Muxelstr. 3, 8000 München 71 - Geb. 2. März 1934 Coburg (Vater: Horst K., Pfarrer; Mutter: Therese, geb. Schubarth), ev., verh. s. 1964 m. Ursula, geb. Mohr, 3 Kd. (Berthold, Annegret, Verena) - Promot. 1963; Habil. 1969 - 1971 Univ.-Doz. Heidelberg; 1973 apl. Prof.; 1979 Prof.; s. 1986 Ord. Univ. München - BV: Enderwartung u. gegenw. Heil, 1966; Ältere Sammlungen im Markusevang., 1971. Fachaufs. u. a. D. Kreuzesstrafe währ. d. früh. Kaiserzeit, in: Aufstieg u. Niedergang d. röm. Welt II 25.1, 1982 ; Mitübers.: Einheitsübers. Hl. Schrift (NT), 1979. Mithrsg.: Studien z. Umwelt d. Neuen Testaments (s. 1978). s. 1991 Co-Director of Excavation (Bethsaida Excavations Consortium) - 1978 Bonifatius-Med. kath. Dt. Bischofskonfz.

KUHN, Helmut

Dr. rer. pol., Dipl.-Volksw., o. Prof. f. Volkswirtschaftslehre - Konrad-Adenauer-Str. 36, 3400 Göttingen (T. 2 23 32) - Geb. 22. Febr. 1933 Metzingen/Württ. (Vater: Wilhelm K., Bildhauermstr.; Mutter: Pauline, geb. Krehl), ev., verh. s. 1963 m. Ingeborg, geb. Brühl, 2 Kd. (Brigitte, Michael) - 1952-57 Stud. Volksw. Univ. Tübingen (Dipl. 1957), 1957-60 Inst. f. Angew. Wirtsch.forsch. (Tübingen), Promot. 1965 u. Habil. 1970 Univ. Tübingen - 1972-77 o. Prof. Univ. Graz/Österr., s. 1977 o. Prof. Univ. Göttingen - BV: D. Struktur quantit. Mod. (Diss.), 1968. Herausg.: Probleme d. Stabilitätspolitik (1986) - Spr. Engl., Franz.

KUHN, Hugo jun.

Kaufmann, Inhaber Fa. Kuhn & Betz, Schorndorf - Johannesstr. 8, 7060 Schorndorf (T. 2426) - Geb. 2. Febr. 1922 Stuttgart, verh. s. 1950 m. Hedwig, geb. Moser, 3 Kd. (Hannelies, Gerhard, Susanne) - Reform-Realgymn. Stuttgart; kaufm. Lehre - Ehem. zahlr. Ämter.

KUHN, Karl-Georg

D. Dr. phil., o. Prof. f. Neues Testament - Ezanvillestr. 53, 6900 Heidelberg-Ziegelhausen (T. Heidelbg. 50787) - Geb. 6. März 1906 Thaleischweiler/Pfalz (Vater: Georg K., Generalsekr.; Mutter: Magdalene, geb. Theyson), ev., verh. s. 1934 m. Hanna, geb. Landwehr, 5 Kd. - Univ. Breslau u. Tübingen - 1928 Stip. Notgem. d. Dt. Wiss., 1934 Privatdoz., 1942 apl. Prof. Univ. Tübingen, 1949 Univ. Göttingen, 1954 o. Prof. Univ. Heidelberg - BV: Sifre zu Numeri (übers. u. erklärt), 1933 ff., NA. 1955 ff.; D. älteste Textgestalt d. Psalmen Salomons, 1937; Achtzehngebet u. Vaterunser u. d. Reim, 1950; Phylakterien aus Höhle 4 v. Qumran, 1957; Konkordanz z. d. Qumrantexten, 1960 - 1955 Theol. Ehrendoktor Univ. Göttingen - Bruder: Hugo K.

KUHN, Klaus

Dr. rer. pol., Dr. rer. pol. h. c., Prof., Unternehmensberater - Hunsrückstr. 15, 4300 Essen-Bredeney - Geb. 11. Mai 1927 - Dipl.-Kfm. 1952 Univ. Köln, Promot. 1954 ebd., Steuerberater-Ex. 1959 - 1970-73 Vorst. Thyssen-Handelsunion AG; 1973-82 Vorst. Thyssen AG. 1968-71 Mitgl. Steuerreformkommiss. Zahlr. betriebsw. u. steuerrechtl. Aufs. in Fachztschr. Ehrenämter u. AR-Mand. u.a. AR-Vors. Benteler Aktienges., Gebr. Eickhoff Maschinenfabrik & Eisengießerei mbH, Bochum; AR-Mitgl. u.a. AEG Aktienges., Westfalenbank AG. 1989 Hon.-Prof. Ruhr-Univ. Bochum - 1977 Ehrendoktor Univ. Gießen.

KUHN, Manfred

Dr. jur., Rechtsanw., Publizist - Buchholzstr. 45, Ch-8000 Zürich (T. 53 70 61) - Geb. 7. Nov. 1930 Zürich (Vater: Franz-Josef K., Lehrer; Mutter: Helen, geb. Kuhn-Widmer), gesch. - Promot. 1956 Univ. Zürich - 1959-63 Mitgl. Kantonsrat Zürich (Fraktion Landesring d. Unabhängigen) - BV: D. Prinzip d. Einheit u. d. Materie bei Volksbegehren auf Partialrevision d. Bundesverfass., 1956 (Diss.); Umfragen u. Demokratie, 1959; Herrschaft d. Experten?, 1960; Was heißt öfftl. Meinung?, 1961; D. Skorpion, R. 1981 - Liebh.: Musik (Cello) - Spr.: Engl., Franz. - Prägte 1958 d. Begriff Expertokratie (heute allg. gebräuchl.).

KUHN, Rudolf

Dr.-Ing., Honorarprof. f. Verkehrswasserbau TU München (1969ff.) - Sommerstr. 2, 8032 Gräfelfing/Obb.

KUHN, Siegfried

Inh. textil promotion (s. 1974) - Landhausstr. 11, 7454 Bodelshausen (T. 07471 - 76 85) - Geb. 12. Nov. 1933 - Zuvor Geschäftsf. Georg Fauser Trikotwarenfabrik GmbH., Bodelshausen.

KUHN, Walfred Anselm

I. Bürgermeister Stadt Ichenhausen (s. 1978) Rathaus, 8873 Ichenhausen/Schw. - Geb. 8. Juli 1931 Neumünster - Zul. Verwaltungsangest. CSU.

KUHN, Walther

Dr. med., Prof. f. Gynäkologie, Direktor Univ.-Frauenklinik Göttingen - Primelweg 1, 3400 Göttingen (T. 0551 - 2 14 06) - Geb. 12. Jan. 1930 Göttingen, ev., verh. s. 1957 m. Dr. Irmgard, 3 Kd. (Dr. med. Ulrich, Dr. med. Walther, Dorothea) - Promot. 1957, Habil. 1968 - Facharzt f. Innere Med., Geburtshilfe u. Frauenheilkunde - BV: Gerinnungsstör. in d. Geburtshilfe (m. H. Graeff), 1970 (Übers. Engl., Ital., letzte amerik. Aufl. 1980); Tokolyse m. Betastimulatoren (m. G. Grospietsch), 1982; Armamentarium obstetricium Gottingense, e. hist. Samml. z. Geburtsmed. (m. U. Tröhler u. A.T. Teichmann), 1987 (Dt., Franz., Engl.) - Mithrsg. Int. J. Gyn. Obstet - Präs. d. westdt. Section d. Intern. Association f. Maternal and Neonatal Health; Vorst.-Mitgl. Dt.-Franz. Ges. f. Gynäk. u. Geburtshilfe - Spr.: Franz., Engl.

KUHN, Wilfried

Dr. phil. nat., o. Univ.-Prof., Direktor Institut f. Didaktik d. Physik, Univ. Gießen - Seelbacher Str. 18, 6256 Villmar 2 (T. 06474 - 3 49) - Geb. 6. Mai 1923, ev., verh. m. Ingrid, geb. Lill - 1981 Gastprof. Inst. f. Theoret. Physik Univ. Wien. Zahlr. Fachmitgl.sch., u. a. Dt. Physik. Ges. (Vors. Aussch. Didaktik d. Phys.); Beiratsmitgl. European Journal of Physics u. Physik u. Didaktik; Wiss. Beiratsmitgl. Folia humanistica. Hrsg. Ztschr.: Praxis d. Phys.; Autor v. Funk- u. FS-Sendungen z. Phys., 129 Einzelveröff. z. Physikdidaktik, Physikgesch. u. Wiss.theorie - BV: Atomphysik, 1960; Lehrb. d. Physik, Bd. I 1967, Bd. II 1968; Mechanik, 1973; Thermodynamik, 1971; Felder u. Lad., 1974; Schwing. u. Wellen, 1974; Einf. in d. Physik, 1974; Quantenphysik, 1976; Energie u. Entropie, 1982. Herausg. u. Verf. d. Handb. d. exp. Physik f. Unterr. u. Lehre, 12 Bde. (ab 1983); Lehrb. d. Physik, Bd. I (1987), Bd. II/1 (1989), Bd.

II/2 (1990) - 1982 Pohl-Preis Dt. Physik. Ges. - Spr.: Franz., Ital.

KUHN, Wolfgang

Dr. rer. nat., Prof. f. Biologie, Didaktik u. Methodik d. Biologieunterrichts Univ. Saarbrücken - Gehnbachstr. 146, 6670 St. Ingbert (T. 06894 - 44 78) - BV: Ganzheitl. Menschenkunde in exemplar. Sicht, 4. A. 1972; Biolog. Materialismus, 1973; Exemplar. Biolog. Unterr.beisp., Bd. 1 4. A. 1976, Bd. 2 2. A. 1975; Biolog. 5/6 (Lehrb. f. 5. u. 6. Schulj.), 2. A. 1976; Biolog. 7/8, 1977; Biol. 9/10 (Hrsg.) 1982; Methodik u. Didaktik d. Biologieunterr., 5. A. 1975; Funktionelle Anatomie d. menschl. Bewegungsapparates, 3. A. 1991; Das Eichhörnchen u. d. liebe Gott. Rätsel d. Lebendigen, 1979; M. Jeans in d. Steinzeit, 1984; Stolpersteine d. Darwinismus (Bd. 1, 1984; Bd. 2, 1985); Stille Wunder am Wegrand, Bildbd. 1987; Zwischen Tier u. Engel. D. Zerstörung d. Menschenbildes durch d. Biologie, 1988; Darwin im Computerzeitalter - d. Ende e. Illusion, 1989. Mitarb. an biol. Arb.heften; Autor zahlr. Rundfunk-, Schul- u. Fernsehsend. BR. Zahlr. Veröff. in päd. Ztschr.

KUHN, Wolfgang

Dr. jur., Honorargeneralkonsul, Versicherungsdirektor - Dstl.: Berliner Str. 56-58, 6000 Frankfurt/M. 1 (T. 069 - 13 32-2 15); priv.: Am Eichwald 23, 6056 Heusenstamm - Geb. 23. Febr. 1930 Offenbach/M. (Eltern: Josef (Studienrat) u. Wilhelmine K.), kath., verh. s. 1956 m. Helga, geb. Arnold, 2 Kd. (Dagmar, Johannes) - Jurist. Staatsex. 1954 u. 58; Promot. 1957 (Frankfurt) - S. 1958 Helvetia Schweizerische Versich.-Ges. (1960 Prok., 1964 stv. Dir., 1969 Dir. u. Hauptbevollm. f. Dtschl., 1981 Mitgl. Geschäftsleitung Helvetia St. G.); Vorst.-Vors. Helvetia-Anker schweizerische Lebensversich.-AG, u. HELVETIA INTERN. Versich. AG. AR-Mandate.

KUHNE, Wilhelm

Dr. phil., Monsignore, Geistl. Rat, Rektor Kath. Landvolkshochschule Anton Heinen, Hardehausen/W. (s. 1962) - Abt-Overgaer-Str. 1, 3530 Warburg-Hardehausen (T. 05642 - 60 09 40) - Geb. 10. Sept. 1926 Lünen, kath., ledig - Stud. Phil., Erziehungswiss., Theol.; Priesterweihe 1952 Paderborn; Promot. 1981 Bonn - 1952-60 Vikar, Brilon; 1960-62 Pfarrvikar, Heringhausen (Sauerl.); s. 1962 Rektor s.o. - BV: Gesch. d. Zisterzienserabtei Hardehausen, 1972; Christl. Erwachsenenbild., 1983; Im Dienste d. ländl. Bildung, 1982 - BVK; Familiare Zisterzienserorden - Interessen: Gesch. Westfalens, Gesch. d. Zisterzienserklosters Hardehausen - Spr.: Latein, Griech., Engl.

KUHNEN, Frithjof

Dr. agr., Dr. rer. pol., Dr. sc. agr. h. c., o. Prof. f. Sozialök. landw. Entwicklung - Hohe Linde 13, 3400 Göttingen-Herberhausen (T. dstl.: 393902) - Geb. 22. Dez. 1927 - S. 1965 (Habil.) Lehrtätigk. Univ. Göttingen (1968 Wiss. Rat u. Prof., 1970 o. Prof.). Fachveröff.

KUHNER, Helmut

Dr., Fabrikant, Mitinh. Mez & Co., Maschinenbürstenfabrik - 7800 Freiburg/Br. - Geb. 3. Juni 1904 Todtnau/Schwarzw. - S. üb. 40 J. Mez - 1970 BVKI. Kl.

KUHNER, Herbert

Schriftsteller, Übers. - Gentzgasse 14/4/11, A-1180 Wien - Geb. 29. März Wien, ledig - Columbia Univ.; B.A. 1958 - Außer Übers. Lyrik, Novellen, Dramen - Gold. Feder f. Übers. Intern. Dichtertreffen; 1980 Struga, Jugosl. - Spr.: Engl., Franz.

KUHNERT, Günter

Werkmeister, Mitgl. Brem. Bürgerschaft (1967-71 u. s. 1973) - Johann-Janssen-Str. 67, 2820 Bremen 70 - Geb. 5. Juli 1923 Breslau, ev.-ref., verh., 3 Kd. - Volkssch.; 1937-39 Lehre Eisenwarenhandel - B. 1941 kaufm. Angest., dann Kriegsdst. u. Gefangensch., n. 1945 landw. Tätigk., s. 1948 Werkm. Bremer Wollkämmerei. FDP s. 1965 (1972 Kreisvors. Bremen-N, 1976 stv. Landesvors.).

KUHNERT, Reinhard

Dr. phil., Prof. f. Englisch PH Schwäb. Gmünd (gegenw. Rektor) - Konrad-Adenauerstr. 27, 7070 Schwäbisch Gmünd 6.

KUHNKE, Eberhard

Dr. med., Prof. f. Physiol. u. Lymphol., Ärztl. Direktor Feldbergklinik - Benzenweg, 7828 Feldberg 1/Schwarzw. (T. 07655 - 800 92 55) - Geb. 5. Sept. 1922 Treuburg/Ostpr. (Vater: Prof. Dr. Alfred K.; Mutter: Elisabeth, geb. Czymmek) - Univ. Königsberg u. Bonn - Ärztl. Dir. Feldbergklinik (Krkhs. f. physikal.-lymphol. Med.); Leit. Lehr- u. Forsch.-Inst. f. Lymphol.; Generalsekr. Dt. Ges. f. Lymphol. Mithrsg. Ztschr. f. Lymphol. Div. Fachaufs.

KUHNLE, Franz Josef

Weihbischof Diözese Rottenburg-Stuttgart, Vors. Caritasverb. Württ. - Bischof-von-Keppler-Str. 9, 7407 Rottenburg 1.

KUHNLE, Helmut

Dr. rer. pol., Prof. f. Betriebswirtschaftslehre - Paracelsusstr. 10, 7000 Stuttgart 70 (T. 0711 - 45 61 73) - Geb. 22. Juli 1940 - Nach Lehre Bankkaufm. (1960) Stud. Univ. Erlangen-Nürnberg (Dipl.-Handelslehrer 1965, Promot. 1967) - 1967-74 Lehrer f. d. höh. Lehramt an berufl. Schulen; s. 1974 Hochschullehrer, s. 1977 Prof., s. 1982 Prorektor u. 1987-88 Rektor Berufspäd. Hochsch. Esslingen; s. 1988 Univ. Hohenheim - BV: Wie arbeiten mod. Unternehmen, 1987; Was bewegt Marketing?, 1989. Herausg.: 40 J. Lehrerbildung f. berufl. Schulen an d. Berufspäd. Hochschule (1988). Mitautor: Bildungsbedarf f. betriebl. Bildungspersonal (1990); Einführung in d. Marketing (1991).

KUHNT, Hans Eberhard

Dr. phil., Vortragender Legationsrat I. Kl. a. D. - Telemannstr. 12, 5300 Bonn 2 Bad Godesberg (T. 0228 - 33 46 45) - Geb. 23. Aug. 1920 Brandenburg (Havel), ev., verh. s. 1947 m. Brunhilde, geb. Krussig, 2 Kd. - Luftwaffe; Oberlt.; Flugzeugführer; Kriegsgefangensch. Kanada - S. 1947 Stud. Islamkunde u. Arabistik Univ. Bonn; Promot. 1951 - Doz. Goethe-Inst. Damaskus; s. 1959 ausw. Dienst; 1979 Botschafter Verein. Arab. Emirate; 1982 Leit. Arbeitsstab Euro-Arabischer Dialog - Spr.: Engl., Franz., Arab.

KUHWEIDE, Willy

Flugkapitän, Segelsportler - 10031 E. Buckskin Trail, Scottsdale, AZ 85255/USA - Geb. 6. Jan. 1943 Berlin (Vater: Wilhelm K. †1975; Mutter: Hertha, geb. Rossmüller), verh. in 3. Ehe (1983) m. Irma Bernet (Schweizerin) - Schule Berlin (Abit. 1963); Flugsch. Lufthansa - 1963-68 Luftwaffe (zul. Oblt.) - Sportl. Erfolge: Goldmed. Olymp. Spiele 1964, Bronzemed. Olymp. Spiele 1972, 4 × Welt-, 3 × Europam., 10 × Gewinner Kieler Woche - Liebh.: Musik - 1964 Silb. Lorbeerbl. d. Bundespräs. - Spr.: Engl., Franz.

KUIPER, Hajo

Dr. rer. nat., Prof. f. Physik Univ. Erlangen-Nürnberg Physik. Inst. - Erwin-Rommel-Str. 1, 8520 Erlangen - Geb. 20. Jan. 1931 Berlin (Vater: Dr. med. Engelbert K., Internist; Mutter: Charlotte, geb. Dolgner), verh. m. Barbara, geb. Woelk, 3 Kd. (Susanne, Christine, Lars) - Stud. Physik Univ. Heidelberg; Promot. 1961 Heidelberg, Habil. 1970 Erlangen - 1962 Yale Univ., 1981 Massachusetts Inst. of. Technol. Cambridge, Mass.

KUJATH, Rudolf

Dipl.-Pol., M.A. (USA), Mitglied d. Abgeordnetenhauses v. Berlin, Ref.leit. Senatsverw. f. Bauen u. Wohnen - Reinerzstr. 10, 1000 Berlin 33 (T. 030 - 826 45 49) - Geb. 22. Juni 1942, 2 Kd. (Robert, Johanna) - Schriftsetzerlehre; Stud. Polit. Wiss. FU Berlin u. Vanderbilt Univ., Tenn., USA, Dipl. 1972; M.A. (USA) 1974 - SPD-Vors. Charlottenburg; AR-Vors. GESOBAU.

KUK, von, Alexander

Dipl.-Kfm., Geschäftsf. Bundesverb. Dt. Zeitungsverleger - Riemenschneiderstr. 10, 5300 Bonn 2 - Geb. 6. Juni 1934.

KUKA

s. Kauffungen, von, Kunz

KULAWIG, Alwin

MdB (1961-76); 1964-69 Mitgl. d. Europ. Parlaments - Schwalbenweg 43, 6630 Saarlouis (T. 3551) - Geb. 17. Jan. 1926 Krughütte-Klarental/Saar (Vater: Fritz K.; Mutter: Elisabeth, geb. Marx), kath., verh. s. 1957 m. Elisabeth, geb. Henneike, T. Regine - Volkssch., Optikerlehre, Augenopt., Bergmann - 1955-61 MdL Saarl.; 1956-75 Mitgl. SPD-Landesvorst. Saarl. (zeitw. stellv. Vors.); 1956-77 Vorsitzender SPD-Unterbez. Saarlouis; 1960-73 Stadtverordn., SPD-Fraktionsvors., zeitw. 1. u. 2. Beigeordn. Stadt Saarlouis.

KULENKAMPFF, Arend

Dr. phil., Prof. f. Philosophie Univ. Frankfurt - Am Eisernen Schlag 31, 6000 Frankfurt/M.

KULENKAMPFF, Caspar

Dr. med., Prof., Landesrat a. D., ehem. Leit. Gesundheitsabt. d. Landschaftsverb. Rheinl. - Elsässerstr. 28, 2400 Lübeck 1 - Geb. 12. Nov. 1921 Bremen, ev., verh. s. 1946 m. Angela, geb. Brügelmann, 3 Söhne (Christoph, Georg, Adrian) - Bismarck-Gymn. Berlin; Stud. Berlin u. Hamburg. Promot. Hamburg; Habil. Frankfurt - S. 1957 Lehrtätigk. Univ. Frankfurt (1962 apl. Prof.); 1960 Oberarzt, 1964 komm. Dir. Nervenklinik, 1967-72 Dir. psych. Univ.-Klinik/Psych. Landeskrankenh. Düsseldorf, s. 1972 Honorarprof. - 1971-75 Vors. Sachverständigenkommiss. z. Erarbeit. e. Enquête üb. d. Lage d. Psychiatrie in d. Bundesrep.; 1983-88 Vorst. Beraterbzw. Expertenkommiss. d. Bundesreg. z. Reform d. Versorgung im psychiatr. u. psychotherapeutisch/psychosomatischen Ber. 1979 Vorst.-Mitgl. Dt. Verein f. öfftl. u. private Fürsorge; Mitgl. Bundesgesundheitsrat. Fachveröff. Beitr.: Ztschr. D. Nervenarzt.

KULENKAMPFF, Christoph

Staatssekretär im Hess. Ministerium d. Innern - Friedrich-Ebert-Allee 12, 6200 Wiesbaden - Geb. 2. März 1947 Heidelberg, verh. s. 1971 m. Brigitte, geb. Weiß, 2 Kd. (Anna Julia, Johannes) - 1984-86 stv. Abt.-Leit./Personalref. im HMdJ Wiesbaden; 1986-91 Generalstaatsanw. in Frankfurt/M.

KULENKAMPFF, Hans-Joachim

Schauspieler - Am Obertrumersee, A-5164 Seeham - Geb. 27. April 1921 Bremen (Vater: Im- u. Exportkaufm.), verh. s. 1948 m. Gertraut (Traudl), geb. Schwarz, 3 Kd. (Merle, Till †, Kai-Joachim) - Realgymn. Bremen (Abit. 1939); Schauspielsch. Berlin (Dt. Theater) - Div. Bühnen (u. a. General Harras, in: Des Teufels General). Film, Rundfunk u. Fernsehen (Quizmeister Einer wird gewinnen, Guten Abend - Nachbarn, Acht n. 8 - BV: Wer d. Meer liebt ... D. tollsten Seemannsgesch. d. Weltlit., 1971 - 5 x Goldener Bildschirm (zul. 1968); 1966 Gold. Kamera u. Gold. Rose, 1969 Fernseh-Bambi - Liebh.: Segeln (bes. Hochsee).

KULENKAMPFF, Thomas

Dipl.-Ing., Bauassessor, Geschäftsf. Dt. Akademie f. Städtebau u. Landesplanung - Karlsbader Str. 12, 3000 Hannover 71.

KULISCH, Ulrich

Dr. rer. nat., o. Prof. u. Direktor Inst. f. Angew. Mathematik Univ. Karlsruhe (s. 1968) - Im Eichbäumle 37, 7500 Karlsruhe (T. 686263) - Geb. 4. Mai 1933 Breslau - Habil. 1963 München - Herausg.: Jahrbuch Überblicke Mathematik u. Reihe Informatik - 1969/70 Math. Res. Center, Univ. Wisconsin, 1972/73 u. 1978/79 IBM Research Center Yorktown Heights, N. Y. - BV: Analogrechnen, BJ, Grundl. d. Numerischen Rechnens, BJ, Computer Arithmetic in Theory and Practice, AP.

KULKA, Janos

Dirigent, Komponist, Württ. Staatsoper Stuttgart, Deutsche Oper am Rhein, Düsseldorf - Auberlenweg 15A, 7000 Stuttgart 1 (Botnang) - Geb. 1929 Budapest - Klavierunterr. s. 7. Lebensj.; Stud. Musikhochsch. Franz Liszt, Budapest - 1950 Solorepetitor Staatsoper Budapest; 1957-59 Kapellm. Bayer. Staatsoper; 1959-61 I. Kapellm. Württ. Staatsoper (Fliegende Holländer, m. W. Wagner), 1961-64 I. Kapellm. Hamburg. Staatsoper (ca. 30 Opern, u. a. Rigoletto m. Felsenstein); 1964-75 GMD Oper Wuppertal. Gastsp.dirig. u. a. Wien, München, Berlin, Fränk. Festwochen Bayreuth, Leipzig, Schwetzinger Festsp. Gastdirig. Brüssel, Granada, Boston, Kopenhagen, Buenos Aires, Barcelona, Paris, Genf, Mailand, Budapest, Staatsoper Wien. Rundf.aufn. Berlin, Hamburg, Stuttgart, München, Köln; Fernsehaufzeichnungen München, Stuttgart, Hamburg. Schallpl.einspielungen.

KULKE, Christine

Dr. rer. pol., Dipl.-Soziol., Prof. f. Polit. Wissenschaft u. Sozialkunde TU Berlin - Prinz-Handjery-Str. 11a, 1000 Berlin 37 - Promot. 1968 FU Berlin - Zul. Wiss. Assist. FU Berlin u. TH Darmstadt. Publ. z. Schwerp. d. Forsch. Polit. Sozialisation z. Wissenschaftstheorie u. feministischen Forsch. (Frauen u. Politik, Geschlechterdifferenz u. polit. Kultur). Mitarb. in d. Arbeitsstelle Frauenforsch. d. TUB u. in d. Intern. Soc. f. Pol. Psychology; s. SS 1991 auch Lehrbeauftr. an d. Univ. Potsdam.

KULL, Ulrich

Prof. f. Biol. Univ. Stuttgart - Rütlistr. 51, 7000 Stuttgart 40 (T. 0711 - 826 46 27) - Geb. 26. Juli 1938 Stuttgart-Bad Cannstatt, ev., verh. m. Marga Bühler-K. - Stud. Chemie, Biol., Geol., Phil.; Staatsex. 1962, Promot. 1964, Habil. 1969 Univ. Stuttgart - 1969-77 Doz. Univ. Stuttgart; s. 1978 Leit. Abt. Pflanzenphysiol. Biol. Inst. Univ. Stuttgart. S. 1983 Vors. Ges. f. Naturkd. Württ. - BV: Wirkungen v. Wuchsstoffen, 1972; Evolution, 1977; Genetik u. Molekularbiol. (zus. m. H. Knodel), 2. A. 1980. Mithrsg. u. Mitautor Linder Biol. (1989).

KULLE, Hermann

Bezirksgeschäftsführer SPD/Bez. Weser-Ems - Huntestr. 23, 2900 Oldenburg/O. - Geb. 14. Mai 1931.

KULLEN, Siegfried

Dr. phil., Prof. f. Geographie - Richard-Strauß-Str. 18, 7981 Berg - Geb. 2. Juli 1939 Esslingen - Promot. 1967 - S. 1969 Lehrtätigk. PH Lörrach u. Reutlingen (1972 Ord.), s. 1987 PH Weingarten. Bücher u. Aufs.

KULLMANN, Jürgen

Dr. rer. nat., Prof. f. Geologie u. Paläontol. - Panoramastr. 27, 7406 Mössingen-Öschingen - Geb. 23. Mai 1931 Berlin - S. 1964 (Habil.) Lehrtätigk. Univ. Tübingen (1965 Doz.; 1971 apl. Prof.). Facharb., auch Bücher.

KULLMANN, Marie-Luise

Journalistin, Chefredakteurin, Schriftstellerin - Grüneburgweg 154, 6000 Frankfurt/M. 1 (T. 069 - 55 95 89) - Geb. 10. Dez. 1962 Frankfurt/M. - Gründ. TUN, Org. Tier- u. Naturschutz, s. 1983 Präs. TUN - BV: E. Mord, d. weitergeht: unsere Singvögel sterben in Italien, 1983; D. Flug in d. Tod, 1984; Meeresschildkröten - erbarmungslos gejagt, 1985 - Liebh.: Tier, Natur, Umwelt, Vegetarismus, Veganismus, Esoterik, Religion, d. d. Tier gleichberechtigt neben d. Menschen stellen (z.B. Buddhismus) - Spr.: Engl., Franz., Ital., Russ., Latein.

KULLMANN, Wolfgang

Dr. phil. (habil.), o. Prof. f. Klassische Philologie Univ. Freiburg (s. 1975) - Bayernstr. 6, 7800 Freiburg - Geb. 12. Okt. 1927 Berlin (Vater: Walter K.; Mutter: Elsa, geb. Rietdorf), verh. 1959 m. Luise, geb. Gehrcke, 2 Kd. (Thomas, Dorothea) - Stud. Klass. Philol. Berlin. Promot. 1952 Tübingen; Habil. 1957 Freiburg - 1964-75 o. Prof. Marburg - BV: D. Wirken d. Götter in d. Ilias, 1956; D. Quellen d. Ilias, 1960; Wiss. u. Meth. - Interpret. z. aristotel. Theorie d. Naturwiss., 1974; D. Teleologie i. d. aristotel. Biologie, 1979; Il pensiero politico di Aristotele, 1990.

KULLMER, Lore,

geb. Poschmann

Dr. rer. pol., o. Prof. f. Volkswirtschaftslehre - Schubertstr. 23, 6000 Frankfurt/M. 1 (T. 75 12 73) - Geb. 9. Nov. 1919 Wuppertal (Vater: Heinz Poschmann, Steuerberater; Mutter: Auguste, geb. Faulenbach), ev., verh. 1953 m. Dr. Hans K., 2 Kd. (Horst-Thomas, Bettina-Ulrike) - Univ. Frankfurt/M. (Wirtschafts- u. Sozialwiss.). Promot. (1948) u. Habil. (1959) Frankfurt - S. 1959 Lehrtätigk. TH Darmstadt, Saarbrücken, Frankfurt (1966 apl. Prof.) u. Regensburg (1967 Ord.), 1985 emerit. - BV: D. Ehegattenbesteuerung, 1960; Finanztheorie, 1966/69/74; D. öffentl. Finanzen in Theorie u. Praxis, 4 Bde., 1975-78 (m. Musgrave), 5. A. 1990 - 1949 UNESCO-Fellow u. 1957 Habilitationsstip. Harvard Univ. - Spr.: Engl., Franz.

KULS, Wolfgang

Dr. phil. (habil.), em. o. Prof. f. Geographie Univ. Bonn (s. 1963) - Erfurtstr. 73, 5300 Bonn - Geb. 27. Febr. 1920 Königsberg/Pr. - 1958-63 Privatdoz. Univ. Frankfurt. Fachveröff.

KULZE, Rolf

Dr. rer. nat., Prof. f. Mathematik - Bornweidstr. 36, 6000 Frankfurt/M. (Bergen-Enkheim) - Geb. 29. April 1934 - S. 1964 (Habil.) Lehrtätigk. Univ. Heidelberg u. Frankfurt (1965). Fachaufs.

KULZER, Erwin

Dr. rer. nat., Prof. Zool. Inst., Abtlg. Physiol. Ökol., Univ. Tübingen - Oberer Weg 5, 7400 Tübingen 5 (T. 7 15 87) - Geb. 23. Febr. 1928 Kempten/Allgäu - S. 1959 (Habil.) Lehrtätigk. Tübingen (apl. Prof. f. Zool.). Fachaufs.

KUMETAT, Heinrich

Prof., Hochschullehrer - Hohensyburgstr. 96a, 5000 Köln-Merheim 91 - Geb. 7. April 1909 Köln (Vater: Robert K., Kaufm.; Mutter: Magdalena, geb. Laquer, Lehrerin), kath., verh. s. 1935 m. Paula, geb. Abt, 2 Söhne (Winfried, Bruno) - Päd. Akad. Bonn; Univ. Köln (Päd.) - Ab 1930 Volksschullehrer; 1952 Gründer u. danach Rektor Jena-Plan-Sch. Köln-Höhenhaus; s. 1958 Dozent u. Prof. (1962) Univ. Köln - BV: Wir lesen, erzählen, berichten, 1957-59. Herausg.: Blütenreigen - Gedichtsamml. f. d. Grundsch. (1959). Buch- u. Ztschr.beitr., dar.: Führung d. Gesprächs, in: Mieske, Jenaplan - Anruf u. Antwort (1964), u. Schulreform u. -wirklichkeit, in: D. Dt. Schule (H. 1 1968); Wann beginnt d. Schulreform? in: Neue Unterrichtspraxis (7/1975); Das Unterrichtsgespräch i. d. Grundschule, in Becher (Hrsg.), Taschenb. d. Grundschulunterr., 1981 - Kumetat, Hauptschule Ferdinandstraße - Fallstudie e. humanen Schule, 1984; D. Peter-Petersenschule Am Rosenmaar - Impulse f. e. Kinder- u. Jugendsch. unserer Zeit, 1986; Schule wächst von innen heraus, in Forum Pädagogik, 1989; Gedanken z. Reformwelle in d. Schulen d. BRD, in Erzieh.wiss. - Erziehungspraxis, 1/ 1987; Peter Petersen: Keine Geistesverwandtschaft z. Faschismus, in D. Grunschulztschr. 1992 (Heft 51) - Spr.: Engl.

KUMHER, Franz

Prof. f. Bildende Kunst Univ. Hildesheim (Malerei u. Graphik) - Landsberger Str. 15, 3200 Hildesheim (T. 05121 - 8 11 34) - Geb. 16. Juli 1927 Orawitz/Banat - 1948-61 Stud. Pädag. Hochschule Alfeld, Werkkunstschule Hannover, Schule d. Sehens Salzburg, Kunsthochsch. u. Univ. Hamburg - S. 1963 Prof. Arbeitsgeb.: Kunst d. 20 Jh., Kunst- u. Kulturpäd., Lichtkinetik u. Schattenspiel - Kunstpreise u. Anerk. in Österr., Monaco, Frankr., Argent., Ital., Engl. u. Griechenland.

KUMMER, Benno

Dr. med., o. Prof. f. Anatomie - Im Grünen Weg 5, 5042 Erfstadt-Liblar (T. 02235 - 39 55) - Geb. 19. April 1924 Rüdigheim - S. 1958 (Habil.) Lehrtätigk. Univ. Frankfurt/M. u. Köln (1962 ao., 1967 o. Prof.). Wiss. Veröff. - BV: Bauprinzipien d. Säugerskelettes, 1959.

KUMMER, Dieter

Dr. med., Prof., Chefarzt Chirurg. Abt. Stadtklinik Baden-Baden - Rotackerstr. 15, 7570 Baden-Baden - Geb. 18. Sept. 1938 - Promot. 1963 - S. 1973 (Habil.) Lehrtätigk. Tübingen (gegenw. apl. Prof. f. Chir.). Fachveröff. - 1971 Felix-Haffner-Preis.

KUMMER, Jörg

Dr. phil. nat., Prof. f. Physik Univ. Frankfurt/M. - Am Forsthaus Gravenbruch 24, 6078 Neu-Isenburg 2 - Geb. 14. März 1926 Zürich - Promot. 1960; Habil. 1971 - S. 1972 Prof. Aufs.

KUMMER, Richard D.

Geschäftsführer ZVEI-Fachverb. Elektr. Lampen - ZVEI-Landesstelle Nordrh.-Westf. - Bonner Talweg 62, 5300 Bonn 1 - Geb. 6. Sept. 1935 Worbis (Eichsfeld).

KUMMER, Stefan

Dr. phil. habil., o. Univ.-Prof. f. Kunstgeschichte, Vorst. Inst. f. Kunstgesch. u. Neuere Abt. d. Martin-v.-Wagner-Museums Univ. Würzburg - Am Hubland, 8700 Würzburg - Geb. 3. Okt. 1947 - Promot. 1974 Würzburg; Habil. 1984 Tübingen - 1975-77 Gebietsref. Landesdenkmalamt Baden-Württ.; 1984-87 Prof. f. Kunstgesch. Univ. Freiburg im Br.; s. 1987 o. Prof. Univ. Würzburg - BV: Mailänder Kirchenbauten d. Francesco Maria Ricchini, 1974; Anfänge u. Ausbreitung d. Stuckdekoration im röm. Kirchenraum (1500-1600), 1987.

KUMMER, Werner

Dr. phil., M. A., Prof., Lehrstuhl f. Linguistik Univ. Bielefeld (s. 1974) - Im Hagen 9, 4800 Bielefeld 15 (T. 05206 - 4181) - Geb. 19. Mai 1943 Spittal/Drau (Vater: Wilhelm K., Beamter; Mutter: Olga, geb. Luggin), verh. s. 1966 m. Dr. Ingrid, geb. Hudabiunigg, 2 Kd. (Michael, Christian) - Promot. (Graz) u. Dipl. (California) 1968 - Forschungsgr. LIMAS (1967-69) u. FU Berlin (1971-74); Dekan Lili-Fak., Univ. Bielefeld (1976-77) - BV: Grundlagen d. Texttheorie, 1975; Transformationsgrammatik d. Deutschen (m. Walter Huber), 1976 - Liebh.: Musik - Spr.: Engl., Franz., Span., Swahili.

KUMMER, Wolfgang

Dr. jur., Vorstandsvorsitzender Linotype AG, Eschborn - Habichtstr. 17, 6078 Neu-Isenburg 2 - Geb. 10. Mai 1927 Berlin.

KUMMERT, Paul

Dr. jur., Bankdirektor i. R. - Am Heiligenberg 2, 6352 Ober-Mörlen 2 - Geb. 12. Sept. 1913 Yokohama (Jap.), ev., verh. s. 1947 m. Hannelore, geb. Nickel, 3 Kd. (Karin, Thomas, Martina) - Univ. Berlin (Rechtswiss.), Ass.ex. - Industrie- u. Verbandstätigk.; 1958-74 Vorst. Frankf. Hypothekenbank AG - Spr.: Engl., Franz.

KUMMERT, Wolfgang

Graphiker, Schriftst. (Ps. Simon Ruge) - Bredkamp 1A, 2000 Hamburg 55 - Geb. 21. Mai 1924 Stralsund, verh. m. Desi, geb. Walther - Abit.; Hochsch. f. Bild. Künste Berlin-Charlottenburg - Textilentwerfer, Hörspiel- u. Kinderbuchautor - BV: u.a. Katze m. Hut, 1980; D. kühne Mädchen, 1983; Neues v. d. Katze m. Hut, 1984; Lelewan, 1985; D. Mondkalb ist weg!, 1987 (alle m. Desi Ruge).

KUNA, August Karl

Dr. jur., Geschäftsführer d. Fachbuch-Verlages GmbH, Siegen-München - Wittgensteiner Str. 6, 5900 Siegen/W. - Gr. jurist. Staatsprüf.

KUNAD, Rainer

Prof., Komponist - Friedhofstr. 31, 7400 Tübingen (T. 07071 - 8 22 85) - Geb. 24. Okt. 1936 Chemnitz, ev., verh. s. 1970 m. Steffi, geb. Eyle, 4 Kd. (Konstanze, Susanne, Jona, Micha) - Abit. 1955; Kompos.stud. Musikhochsch. Dresden u. Leipzig (b. Fidelio F. Finke u. Ottmar Gerster); 1959 Staatsex. - 1960-72 Leit. d. Schauspielmusik Staatstheater Dresden; 1972-84 Hauskomp. Dt. Staatsoper Berlin (Ost); 1972-84 Komp. Staatsoper Dresden; 1978-84 Prof. f. Komp. Musikhochsch. Dresden; 1984 Übersiedlung in Bundesrep. Dtschl. - Opern: Meister u. Margarita, Maitre Pathelin, Vincent, Litauische Claviere, Amphitryon, Sabellicus u.a. Ballette: Münchhausen, Wir aber nennen Liebe lebendigen Frieden. Oratorien: Stimmen d. Völker, Salomonische Stimmen, Menschen v. Babel, Thomas-Evangelium, Jovian d. Seher, D. Seher v. Patmos, D. Neue Jerusalem, Kosmischer Advent, Sinfonie d. göttl. Friedens, Sinfonie d. göttl. Kosmos, Tabor, szenische Sinfonie. Geistliche Bühnenwerke: D. Große Haus, Kosm. Spiel, D. Liebesweg Jesu, Szenisches Mysterium, D. Wiederkunft d. Herrn, D. vierte König. Sinfonien, Kammermusik - Lit.: Oper heute, Opernwelt u. intern. Publ.

KUNAU, Wolf H.

Dr. rer. nat., Prof. f. Physiolog. Chemie Ruhr-Univ. Bochum (s. 1975) - Stiepeler Str. 65, 4630 Bochum 1.

KUNCZIK, Michael

Dr. rer. pol., Univ.-Prof. f. Publizistik, Johannes Gutenberg-Univ. Mainz - Bonner Str. 137, 5202 Hennef - Geb. 1. März 1945 Colditz, verh. s. 1971 m. Karin Rüdiger - 2 Kd. (Nadja, Niclas-Alexander) - Dipl.-Volksw.; Promot. 1974 Univ. Köln; Habil. 1982 Univ. Bonn - Mitgl. d. Central Council d. Worldview International Foundation, Colombo - BV: Gewalt im Fernsehen, 1975; Massenkommunikation, 1976; Kommunikation u. Gesellschaft, 1984; Massenmedien u. Entwicklungsländer, 1985 (auch in engl.); Journalismus als Beruf, 1988 (auch in engl., span., portug.); Gewalt u. Medien, 1987; D. manipulierte Meinung: Nationale Image-Politik u. intern. Public Relation, 1990 (auch in engl.).

KUNDE, Wolfgang P.

Prof., Kunsterzieher, Maler u. Graphiker - Hertelstr. 1, 1000 Berlin 41 (T. 8219593) - Geb. 1. Febr. 1935 Berlin (Vater: Albert K., Ing.; Mutter: Lisbeth, geb. Hoepfner), verh. s. 1961 m. Jutta, geb. Hoffmann - Univ. Berlin, München, Göttingen (Rechtswiss., Phil.); Kunsthochsch. Berlin (1962 Meisterschüler) - 1966-68 Kunsterzieher Hermann-Ehlers-Sch. (Gymn.) Berlin (Studienrat); s. 1968 o. Prof. Päd. Hochsch. Berlin (Lehrstuhl f. Bild. Kunst); s. 1980 o. Prof. HdK Berlin. Zahlr. Ausstell. In- u. Ausl. - Spr.: Engl.

KUNDLER, Herbert

Prof., stv. Intendant - Kufsteiner Str. 69, 1000 Berlin 62 - Geb. 5. Nov. 1926 Düsseldorf (Vater: Dr. jur. Wilhelm K., Rechtsanw. u. Notar; Mutter: Elly, geb. Frankenberg), ev., verh. m. Rose, geb. Schweitzer - Univ. Berlin, Frankfurt/M., Cambridge (Harvard) - Redakt. u. Autor; s. 1956 Leit. RIAS-Funk-Univ., 1961 Programmdir., 1986 stv. Int. RIAS Berlin; 1992 Unabh. Medienberater. 1979 Hon.-Prof. FU Berlin (Inst. f. Publizistik). 1989 Präs. Für Potsdam e.V. - BV/ Herausg.: Anatomie d. Glücks, 1971; D. Goldenen Zwanziger, Revue z. Berlin-Jubiläum - 1987 BVK I. Kl., 1992 Gr. BVK; Ehrenmitgl. d. Radio-Symphonie-Orchesters Berlin.

KUNDT, Wolfgang

Dr. rer. nat., Wiss. Rat (Inst. f. Astrophysik u. Extraterrestr. Forschung), Prof. f. Astrophys. Univ. Bonn (s. 1977) - Rosenweg 41c, 5357 Buschhoven - Geb. 3. Juni 1931 Hamburg (Vater: Helmut K., Ingenieur; Mutter: Käte, geb. Thänert), ev., verh. s. 1966 m. Ulrike, geb. Schümann, 2 Kd. (Liane, Rasko) - Univ. Hamburg (Theoret. Physik, Lehrer: Prof. Pascual Jordan; Dipl.-Phys. 1956). Promot. 1959; Habil. 1965 - Hochschullehrer Hamburg, Genf, Bielefeld. Leit. Raumsondenexper. Helios E 11. Etwa 180 Facharb., 4 Bücher (auch Fernsehen u. Rundfunk) - 1975 NASA Group Achievement Award - Liebh.: Tennis - Spr.: Engl., Franz., Span.

KUNER, Eugen Hermann

Dr. med., Univ.-Prof. Ordinarius u. Ärztl. Direktor Abt. Unfallchirurgie Chir. Univ.-Klinik Freiburg - Hugstetterstr. 55, 7800 Freiburg/Br; priv.: Mühlematten 7, 7801 Umkirch.

KUNER, Wolfdieter

Dr. jur., Rechtsanw., Lehrbeauftr. f. Lit. Jugendschutz Univ. ebd. - Schwabener Weg 17, 8011 Neukeferloh/Obb.

KUNERT, Bernhard
Steuerberater, Präs. Bundesverb. d. Steuerberater (s. 1981) - Gereonstr. 13, 5000 Köln 1 (T. 0221 - 13 76 26) - Geb. 12. Aug. 1921 Magdeburg - S. 1954 Steuerberater, 1968-88 Mitgl. Prüfungsaussch. f. Steuerberater. S. 1980 Vors. Verein d. Steuerberater, Wirtschaftsprüfer, vereidigten Buchprüfer Köln; s. 1986 VR-Mitgl. d. C.F.E. (Conféder[a]tion Fiscale Européenne).

KUNERT, Günter
Dr. h. c., Schriftsteller, Präsident Literaturges. Schleswig-Holstein (s. 1987) - Schulstr. 7, 2216 Kaisborstel (T. 04892 - 14 14) - Geb. 6. März 1929 Berlin (Vater: Adolf K., Kaufm.; Mutter: Edith, geb. Warschauer), verh. s 1952 m. Marianne K. - BV: 47 Bücher, viel Lyrik, u. a.: Wegschilder u. Mauerinschriften, Ged. 1950; D. ewige Detektiv u. and. Gesch., Sat. 1954; Unter dies. Himmel, Ged. 1955; D. Kaiser v. Hondu, Fernsehsp. 1959; Tagträume, H. Prosa 1964; Kunerts lächerl. Leinwand, Fotosat. 1965; Unschuld d. Natur, Ged. 1966; Im Namen d. Hüte, R. 1967; Poesiealbum acht, Ged. 1968; Nikolaus Lenau (Hrsg.), 1969; Warnung vor Spiegeln, Ged. 1970; Off. Ausgang, Ged. 1972; Gast aus England, Erz. 1973; D. geheime Bibliothek, 1973; D. andere Planet, Amerika-Report, 1974; D. Mittelpunkt d. Erde, 1975; D. kleine Aber, Ged. 1976; Warum schreiben, Aufs. 1976; Jeder Wunsch e. Treffer, Kinderb. 1976; Berliner Wände, Fotobilderb. (m. Th. Höpker), 1976; Kinobesuch, Ges. Erz. 1977; E. anderer K., Hörsp. 1977; Verlangen nach Bomarzo, Ged. 1978; Ziellose Umtriebe, Ges. Reiseber. 1979; Unruhiger Schlaf, Ged. 1979; Drei Berliner Gesch., 1979; Abtötungsverfahren, Ged. 1980; Verspätete Monologe, Prosa 1981; Diesseits d. Erinnerns, Aufs. 1982; Stilleben, Ged. 1983; Auf d. Suche n. d. wirklichen Freiheit, Prosa 1983; Leben u. Schreiben, Prosa 1983; Kain u. Abels Brüderlichkeit, E. Rede 1984; Vor d. Sintflut - D. Ged. als Arche Noah, Frankf. Vorlesungen 1985; Berlin Beizeiten, Ged. 1987; Auf Abwegen, Erz. 1988; D. letzten Indianer Europas, Ess. 1991 - 1962 Heinrich-Mann-Preis; 1973 J.-R.-Becher-Preis; 1983/84 Stadtschreiber Bergen; 1985 Heinrich-Heine-Preis d. Stadt Düsseldorf; 1988 Dr. h. c. Allegkeny College Pennsylvania, USA; 1990 Stadtschreiber v. Mainz; 1991 Hölderlin-Preis d. Stadt Homburg; E. R. Curtius-Preis f. Essayistik - Lit.: Kunert lesen - B. üb. d. Autor, 1979.

KUNERT, Ilse
Dr. phil. (habil.), o. Prof. f. Slav. Philologie Univ. Tübingen (s. 1968) - Correnstr. 33, 7400 Tübingen (T. 65479) - Geb. 12. März 1923 Bromberg - Zul. Doz. Univ. München. 1972-78 Vizepräs. Westd. Rektorenkonfz.

KUNERT, Julius
Fabrikant - Lindauer Str. 5, 8970 Immenstadt-Bühl - Geb. 4. Juni 1900 Warnsdorf/Nordböhmen - Alleininh. Kunert-Werke, Immenstadt; Alleingesellsch. Kunert-Werke GmbH, Berlin; Hauptgesellsch. u. Geschäftsf. Hudson-Textilwerke GmbH, Stuttgart; Gf. Roylon Textilfabrik J. u. G. Kunert Ges.m.b.H., Bregenz-Wolfurt/Vorarlb. Österr. - 1970 Gold. Bürgermed. Stadt Immenstadt, 1975 Ehrenbürger Stadt Immenstadt, 1975 Bayer. VO, 1979 Staatsmed. f. bes. Verd. um d. bayer. Wirtschaft, 1980 BVK I. Kl., Gold. Ehrenring d. Landkr. Oberallgäu.

KUNERT, Karl Heinz
Dr. jur., Prof. f. Straf- u. Strafprozeßrecht Univ. Bochum, Ministerialdirektor im Bundesrat - Torstr. 31, 5330 Königswinter 41 (T. 02244 - 8 06 78) - Geb. 29. Okt. 1930 Aachen, verh. s. 1954 m. Wilma, geb. Erwig, 5 Kd. - Stud. Univ. Heidelberg, Oxford, Bonn (Phil., Gesch., Jura); Dr. jur. 1958 Bonn, 1. u. 2. jurist. Staatsex. 1955 u. 1959 - 1955 Mitarb. Neue Krit. Hegelausg.; 1959 Richter LG Essen; 1961 Bundesjustizmin.; 1965 Gastdoz. Harvard Law School; 1966 Ref.; 1973 Unterabt.leit.; 1979 Abt.leit. Justizmin. NRW u. Prof. Univ. Bochum. 1987 stv. Dir. d. Bundesrats - BV: D. normativen Merkmale d. Strafrechtl. Tatbestände, 1958; Löwe-Rosenberg, Großkomment. StPO, Mitarb. 1973. Mitherausg.: Neue Ztschr. f. Strafrecht (s. 1981); zahlr. Abhandl. in jurist. Fachztschr. - 1983 BVK I. Kl. - Spr.: Engl., Franz.

KUNERT, Werner

Dr. med., apl. Prof. f. Inn. Med. Univ. Münster (s. 1968), Priv.Doz. (s. 1959), vormals Chefarzt u. Ärztl. Direktor Städt. Paracelsus-Klinik, Marl/W.-Hellweg 5, 4370 Marl-Polsum (T. 73 60) - Geb. 20. März 1920 Oels/Schles. (Vater: Karl K., Beamter; Mutter: Elfriede, geb. Heinatsch), ev., verh. m. Erika-Inge, geb. Fischer-Lentrodt, S. Matthias (Dr. med. Klinikum Wuppertal-Barmen/ Kardiologie) - Stud. Breslau, Düsseldorf, Jena, Med. Staatsex. 1945 Jena - Ärztl. Tätigk. Braunschweig, Bayreuth, Iserlohn, Bonn - BV: Arteria vertebralis u. Halswirbelsäule, 1961; Wirbelsäule, Vegetatives Nervensystem u. Inn. Med., 1963, 2. A. 1975; Der Stationsarzt (m. Matthias Kunert), 1991 - Liebh.: Musik.

KUNERTH, Walter
Dr.-Ing., Prof., Vorsitzender d. Bereichsvorstands Siemens AG, Bereich Automobiltechnik - Zu erreichen üb. Siemens AG, Im Gewerbepark D 80, 8400 Regensburg - Geb. 19. Nov. 1940 - Stud. Maschinenbau Univ. Stuttgart - Honorarprof. d. Univ. Stuttgart.

KUNI, Horst
Dr. med., Prof. f. Klin. u. Exper. Nuklearmedizin - Auf dem Wüsten 5, 3554 Cappel.

KUNISCH, Hermann-Adolf
Dr. jur., o. Vorstandsmitglied Hessische Landesbank - Girozentrale -, Frankfurt (s. 1981) - Geb. 7. Sept. 1936 Berlin, verh., 2 Kd. - Univ. Marburg, Köln, Valladolid u. Münster, Univ. of Michigan/USA (1962), Promot. Münster 1963, 2. jur. Staatsprüf. 1967, Harvard Business School 1973 - 1967 Dt. Shell AG, Hamburg; s. 1968 Westd. Landesb. - Girozentr. - Düsseldorf (1970 Prokur., 1971 Abt.dir., 1974 Bankdir.); s. 1970-73 Orion Bank London; s. 1975 Hess. Landesb. (Dir., 1976 Generalbevollm., 1980 stv. Vorst.-Mitgl., 1981 o. Vorst.-Mitgl.) - Div. VR- u. AR-Mand.

KUNITZSCH, Paul
Dr. phil., Prof. f. Arabistik - Davidstr. 17, 8000 München 81 - Geb. 14. Juli 1930 Neu-Krüssow/Ostprign. (Vater: Paul K., Lehrer; Mutter: Margarete, geb. Kaiser), ev. - 1951-57 Univ. München u. Berlin (FU). Promot. 1956 Berlin (FU); Habil. 1971 München - 1957-60 Doz. Univ. Kairo; 1963-68 Wiss. Berat. Dt. Welle Köln; s. 1975 Doz. u. Prof. (1977) Univ. München - BV: u. a. Arab. Sternnnamen in Europa, 1959; D. Almagest - D. Syntaxis Mathematica d. C. Ptolemäus in arab.-lat. Überlieferung, 1974; Ptolemäus, Sternkatalog, Ed. arab.-latein., 3 Bde., 1986-91. Zahlr. Einzelarb. - 1974 Preis Akad. d. Wiss. Göttingen (Philol.-Histor. Kl.); 1985 o. Mitgl. Bayer. Akad. d. Wiss.

KUNKEL, Gert
Dr. med., Prof. f. Inn. Med. FU Berlin (Abt. f. Klin. Immunologie u. Asthma-Poliklinik/Rudolf-Virchow-Krkhs.) Schillerstr. 103, 1000 Berlin 49.

KUNKEL, Günther (W. H.)

Wissenschaftlicher Schriftsteller u. Naturforscher - a/c Jardin del Desierto, Apartado 849, E-30100 ESPINARDO (Murcia), España (T. 34-68-80 10 03) - Geb. 26. Sept. 1928 Mittenwalde/M., verh. s. 1960 m. Mary Anne Charlewood Turner, engl. Pflanzenmalerin, 2 Söhne (Jürgen G., Thomas A.) - 1960 Prof. f. Forstbotanik Peru; 1961-63 Dendrologe Dt. Forstmission Liberia; 1973 Sekr. I Intern. Congr. Flora Macaronesica Las Palmas; 1974-78 Generalsekr. Assoc. pour l'Etude Taxonomique de la Flore d'Afrique Tropicale (AETFAT); 1972 Fellow, Linnean Soc. of London; 1978 (CO) The Explorers Club; 1982 Instituto de Estudios Almerienses; 1991 Instituto de Estudios Canarios - BV: Trees of Liberia, 1965; Helechos Cultivados, 1967; Arboles Exóticos, 1969; Flórula Isla Lobos, 1970; Vegetacíon La Graciosa, 1971; Flora Gran Canaria I-IV, 1974-79; Vegetation of Hormoz, Qeshm & neighbouring Islands, 1977; Inventario Laurisilva La Gomera, 1977; Plantas Vasculares Fuerteventura, 1977; Endemismos Canarios, 1977; Flowering Trees in Subtropical Gardens, 1978; Vida Vegetal P.N. de Timanfaya, 1978, repr. ed. 1978; Kanarische Inseln u. ihre Pflanzenwelt, 3. A. 1992; Arboles y Arbustos Islas Canarias, 1981; Riscos de Famara, Lanzarote, 1982; Malas Hierbas de Almería, 1984; Plants for Human Consumption, 1984; Diccionario Botánico Canario, repr. ed. 1991; Flórula Desierto Almeriense, 1988; El Libro de las Malas Hierbas, 1988; Geografia en nomenclatura botánica Ibero-Lusitana, 2. A. 1992; Geography through Botany, 1990; Flora y Veg. Archip. Canario, Tratado Floristico, 2. Bde. 1992. Herausg.: Cuadernos de Botánica Canaria (1967-78); Monogr. Biol. Canarienses (1970-75); Biogeography and Ecology in the Canary Islands (1976); Bull. AETFAT (1975-78); Taxonomic Aspects of African Economic Botany (1979); Ediciones Alternativas (1986ff.). Bearbeiter: Boerner, Taschenwörterb. botan. Pflanzennamen (4. A. 1989). Entwurf u. Aufsicht: Jardin Botánico del Desierto (Murcia, 1990) - Üb. 400 wiss. Veröff. - Comendador Orden del Mérito Agrícola - Liebh.: Gärten, Reisen - Spr.: Engl., Span. - Lit.: G.H. Schwabe in Willdenowia 2, S. 420-425 u. 634 (1960); Kürschners Dt. Gelehrtenkalender (s. 1970); Who's Who in the World (1976/77); Intern. Directory Scholars & Specialists African Studies.

KUNKEL, Klaus
Dipl.-Volksw., Geschäftsführer Verb. Dt. Tapetenindustrie, Arbeitgeberverb., Dt. Tapeten-Inst., Gütegemeinsch. Tapete e.V., Frankfurt - Dachbergstr. 51, 6232 Bad Soden - Geb. 20. Sept. 1942.

KUNKEL, Rolf
Fr. Journalist - Gustav-Delle-Str. 33, 2070 Ahrensburg - 1981 Egon-Erwin-Kisch-Preis (f. d. Reportage: Tod am 4. Hindernis (Pferderennen im böhm. Pardubitz) in GEO); 1971 Theodor-Wolff-Preis; 1980 Gr. Preis d. Dt. Sportpresse.

KUNOLD, Hans-Joachim

Fabrikant i. R., Vorstand Vereinig. d. Arbeitgeberverb. in Bayern (VAB) Bezirksgruppe München-Oberbayern - Kapferberg 1, 8110 Murnau - Geb. 18. Jan. 1916 Groddeck/Westpr. - Ehem. Ehrenamtl. Bundessozial-, Finanz-, Handels- u. Arbeitsrichter - BVK.

KUNRATH, Karl Franz

Juwelier, Präsident Europaverband d. Selbständigen (CEDI), Vorstandsvors. Bundesverb.-BVD im Europaverb. d. Selbständ. (s. 1981), Präs. Gewerbeverb. GVS - Oberbexbacherstr. 7, 6652 Bexbach (T. 06826 - 29 14 u. 14 70) - Geb. 4. Juli 1923 Kaiserslautern (Vater: Franz K., Kaufm.; Mutter: Emilie, geb. Winter), kath., verh. s. 1946 m. Thea, 3 Kd. (Franz Josef, Siglinde, Michael) - Gymn., Handels- u. Fachsch. - S. 1962 Präs. Gewerbeverb.-Bd. d. Selbst., s. 1974 Präs. Europaverb. CEDI - Herausg. u. Redakt. Newgerbeoport, s. 1965; Veröff. v. Komment. z. Mittelstandsfrage - 1984 BVK I. Kl. - Liebh.: Mittelstandspolitik - Spr.: Franz. - Lit.: Knaurs Promin.-Lexikon, Ltd. Männer d. Wirtsch.; Stamm: D. Bundesrep.-Verb. u.a. Nachschlagewerke.

KUNSMANN, Peter W.
Ph. D., Prof. f. Engl. Philologie (Linguistik) - Hamerlingweg 5, 1000 Berlin 37 - Geb. 4. April 1938 Bochum - S. 1974 Prof. FU Berlin - BV: Verbale Gefüge -

Transformationsgrammatikal. Unters. im Engl. u. Dt., 1973.

KUNST, Hans-Joachim

Dr. phil., Prof. f. Kunstgeschichte Univ. Marburg - Wettergasse 1, 3550 Marburg/L. - Geb. 5. Juli 1929 Perleberg/Mark (Vater: Joachim K., Maurerm.; Mutter: Marie, geb. Steinhardt), ev. - Obersch. Perleberg; TU Berlin (Arch.), Univ. Marburg (Kunstgesch.). Promot. 1964 - BV: D. schwarze Afrikaner in d. Kunst, 1967 (auch engl. u. franz.); D. Entsteh. d. Hallenumgangschores - D. Domchor zu Verden/Aller u. s. Stell. in d. got. Arch., 1969; Schinkels Neue Wache in Berlin, 1981; Katalog 700 J. Elisabethkirche in Marburg 1283-1983, Bd. 1; D. Elisabethkirche - Architektur in d. Gesch.; D. Marienkirche in Lübeck, 1986; D. Kathedrale v. Reims. Schauplatz polit. Bedeutungen (zus. m. Wolfgang Schenkluhn), 1988. Mithrsg.: Krit. Berichte (1973-86); Werners Kunstgesch. (1986-90); Unglücklich e. Land, d. Helden nötig hat. Leiden u. Sterben in d. Kriegsdenkmälern d. 1. u. 2. Weltkrieges (1990) - Spr.: Engl.

KUNST, Herbert

Möbelkaufm., pers. haft. Gesellsch. u. Geschäftsf. Möbel Kunst oHG. - Blücherstr. 32, 1000 Berlin 61 (T. 6982051: priv. 842542) - Geb. 8. Dez. 1904 Berlin.

KUNST, Hermann

D. Dr. DD., Bischof - Rheinallee 50, 5300 Bonn 2 (T. 0228 - 35 37 40) - Geb. 21. Jan. 1907 Ottersberg (Vater: Wilhelm K., Beamter; Mutter: Emma, geb. Lauterbach), ev., verh. s. 1932 m. Elisabeth, geb. Quade, 5 Kd. (1977 verw.) - Gymn. Bocholt/W.; Univ. Marburg, Berlin, Münster/W. - 1932 Pfarrer Marien-Gem. Herford, 1940 Superint. das., n. 1945 Mitgl. Leitung Ev. Kirche in Westfalen. 1949-77 Bevollm. d. Ev. Kirche in Dtschl. b. d. Bundesreg., 1956 Ev. Militärbischof f. d. Bundeswehr (im Nebenamt; b. 1972). Ehrenvors. Ev. Sozialakad. Friedewald, u. Ev. Zentralst. f. Entwicklungshilfe (b. 1979); Vors. Ludwig-Steil-Hof Espelkamp (b. 1983); Vorst.-Vors. Hermann-Kunst-Stiftg. f. Neutestamentl. Textforsch. - BV: Dienst d. Kirche in d. Politik; Martin Luther u. d. Krieg; Martin Luther. E. Hausb., 1982; Martin Luther - D. Kl. u. d. Gr. Katechismus; Credo Ecclesiam - Vortr. u. Aufs., 1987. Herausg.: Zuversicht u. Dienst; Martin Luther u. d. Kirche; Protestant. Positionen in d. dt. Politik (1972). Mithrsg.: Ev. Christenheit in Dtschl.; Ev. Staatslexikon (1.-3. A.), Für Freiheit u. Recht; Evang. Glaube u. polit. Verantw. (1977); Handb. f. Frauenfragen (1988) - Liebh.: Bücher - Ehrendoktor Münster/W., Gettysburg (USA), Orthodoxe Fakult. Paris u. Theol. Orthodoxe Akad. Bukarest (1982); Hellenic College Holy Cross Boston, USA (1983); Ehrenstiftsherr Loccum; Stiftsherr Altenburg; 1971 Ehrenbürger Espelkamp/W.; 1970 Kdr. franz. Ehrenlegion; Ehrenbürger Univ. Münster 1977, 1977 Großkr. BVK m. Schulterbd. u. Stern, 1978 Komturkr. d. Phönixordens v. Griechenl., 1980 Goldmed. Frhr. v. Stein-Stiftg.; 1985 Preis Augsburger Friedensfest (1. Träger); 1991 Preis Bibel u. Kultur.

KUNST, Karl

Holzkaufmann, MdL Nieders. (s. 1970) - Bremer Str. 23, 2832 Twistringen (T. 2203) - CDU.

KUNSTMANN, Hartmut H.

Dr., Vorstandsvorsitzender Erba AG, AR-Vors. Weber & Ott AG, Forchheim - Äußere Brucker Str. 51, 8520 Erlangen.

KUNSTMANN, Heinrich

Dr. phil. (habil.), Prof., Slavist - Emperichlstr. 6, 8211 Raiten/Obb. (T. 08641 - 83 02) - Geb. 4. März 1923 Regensburg - S. 1960 Lehrtätigk. Univ. Würzburg (1967 apl. Prof.) u. München (1972 apl. Prof. Slav. Philol.); Schriftl. Ztschr.: D. Welt d. Slaven - BV: Denkmäler d. alttschechischen Lit., 1955; D. Nürnberger Univ. Altdorf u. Böhmen, 1963; Moderne poln. Dramatik, 1965; D. Fünfte zum Bridge, Poln. Hörsp. 1968; Tschech. Erzählkunst im 20. Jh., 1974; Vorläufige Untersuchungen über d. bairischen Bulgarenmord v. 631/632, 1982; Beitr. z. Gesch. d. Besiedlung Nord- u. Mitteldeutschl. m. Balkanslaven, 1987; D. Anfänge d. russ. Gesch. in neuer Sicht, 1990. Insges. rd. 200 poln. u. tschechoslovak. dramat. Werke übersetzt - Lit.: Ars philologica slavica. Festschr. f. H. Kunstmann (1988).

KUNTER, Manfred

Dr. rer. nat., Prof. f. Anthropologie Univ. Gießen - Gullringpark 14, 6312 Laubach-Wetterfeld - Geb. 13. Nov. 1940 Gumbinnen/Ostpr. - BV: Kamid el-Loz, 1977; El Argar-Kultur, 1990. Zahlr. Einzelarb.

KUNTZ, Erwin

Dr. med., Dr. med. h. c., Prof. - Auf dem Kronberg 6, 6330 Wetzlar 17 (T. 0641 - 2 14 24) - Geb. 21. Okt. 1922 Kröffelbach - 1945-51 Univ. Marburg. Promot. 1951 Marburg - S. 1964 (Habil.) Lehrtätigk. Univ. Gießen (1969 Prof.; Inn. Med. u. Lungenkrankh.); 1968-72 Chefarzt Innere Abt. Diakonie-Krhs. Schwäbisch Hall; 1974-87 Chefarzt Kreiskrhs. Wetzlar - BV: D. klin. Aktivitätsbeurt. d. Lungentbc., 1964; D. Pleuraergüsse, 1968; Hepatose, 1972; Erkrank. d. Gallenblase u. -wege, 1974; Chron. Bronchitis, 1990. 220 wiss. Publ. - 1962 u. 1966 Franz-Redeker-Preis; 1974 Ernst-v.-Bergmann-Plak.; 1983 BVK I. Kl.; 1984 Ehrenteller d. Stadt Wetzlar; 1986 Ehrenmed. d. Univ. Debrecen; 1986 korr. Mitgl. Ges. Gastroenterol. v. Uruguay, Argentinien, Peru; 1987 Ehrenplak. d. Landesärztekammer Hessen; 1988 Dr. Peter-Jeschke-Med.; 1989 Ehrenmitgl. Ung. Ges. Gastroenterol.; 1989 Geza-Hetenyi-Med.; 1989 Ehrendoktor Univ. Debrecen.

KUNTZ, Eugen

Dr.-Ing., Prof. f. Astronom. u. Elektron. Geodäsie Geodätisches Institut TH bzw. Univ. Karlsruhe (s. 1966) - Ludwig-Windthorst-Str. 7, 7500 Karlsruhe (T. 71971) - Geb. 6. März 1925 Klingen/Pf. (Vater: Heinrich K., Landw.; Mutter: Elise, geb. Seebach), ev., verh. s. 1952 m. Ilse, geb. Dellmuth, 2 Söhne (Michael, Martin) - Aufbausch. Speyer; TH Karlsruhe (Dipl.-Ing. 1951). Promot. (1959) u. Habil. (1964) Karlsruhe - BV: Kartennetzentwurfslehre - Grundlagen u. Anwendungen, 1983.

KUNTZ, Stefan

Theaterpädagoge, 1. Vors. d. Bundesverb. Freier Theater - Maria-Hilf-Str. 9, 5000 Köln 1 (T. 0221 - 32 87 58) - Geb. 7. Jan. 1950 Krefeld (Vater: Ulrich K.; Mutter: Mildred, geb. Pastor), verh. m. Mechthild, geb. Watermann - Ab 1969 Stud. German., Gesch., Politol., Phil., Päd. Univ. Freiburg; ab 1971 zusätzl. Theaterwiss. Univ. München, Bristol, Paris u. Köln. 1. Staatsex. 1974 - 1973 Initiier. Gr. Kukuruz; 1976 Gründ.: theaterges.; 1980 Theaterdilldopp - Projekte: Bäuerl. Leben v. 100 J., D. ungeheuren Ungeheuer, D. Rote Rübe, Mann, oh Mann, wie bist Du schön!, Max u. d. wilden Kerle, Stanislaus Stenzel spricht, D. Damenhandtasche, Wer hat Angst vor'm schwarzen Mann?, Leih mir Dein Ohr, Karin will n. Kairo, Auf u. Davon - Herausg. u. Ko-Autor: Angst wegspielen. Mitspieltheater in d. Medienerzieh. (1987) - Spr.: Engl., Franz.

KUNTZE, Ernst

Dr.-Ing. E. h., Dipl.-Ing., Erster Baudirektor i. R. - Lichtensteinweg 32, 2000 Hamburg 65 - Geb. 14. Febr. 1920 - Ehrenmitgl. Abwassertechn. Vereinig. (ATV), Verb. Schweiz. Abwasserfachleute (VSA); Honorary Member Water Pollution Control Federation (WPCF-USA); European Water Pollution Control Assoc. (EWPCA-EUROPE); Honorary Fellow Inst. of Water Pollution Control, (IWPC-GB); Ehrennadel Österr. Wasserwirtschaftsverb. (ÖWWV).

KUNTZE, Herbert

Dr. sc. agr., Univ.-Prof. f. Bodentechnologie, ltd. Direktor - Fr.-Mißler-Str. 46-50, 2800 Bremen - Geb. 8. Febr. 1930 Delitzsch (Vater: Felix K., Saatzuchtinsp.; Mutter: Berta, geb. Schalles), ev., verh. s. 1958 m. Sigrid, geb. Sachse - Agrarwiss. Univ. Göttingen, Promot. 1956, Habil. 1964 - 1956-64 Marschversuchsstat. Infeld, 1964-69 Moorversuchsstat. Bremen, 1969 Nds. Landesamt f. Bodenforsch., 1985-93 Präs. Dt. Bodenkd. Ges. - BV: Marschen - schwere Böden, 1965; Bodenkunde, 1969, 5. A. 1992; Verockerung, 1978, u. a. - 1981 Silb. Max-Eyth-Denkmünze d. DLG - Spr.: Engl.

KUNTZE, Karlheinz

Dr. rer. nat., o. Prof. Univ. Augsburg (s. 1971) - Lärchenstr. 24, 8035 Gauting (T. 089 - 8502745) - Geb. 19. Juni 1924 (Vater: Karl K., Obering.), kath., verh. s. 1954 m. Ingeborg, geb. Meltzer, 3 Kd. (Michael, Susanne, Christian) - Stud. d. Math. u. Phys. Univ. München; Promot. 1952; Habil. 1966 - 1951-60 Höh. Schuldst., 1960-68 Staatsbausch. München, 1969-71 ao. Prof. PH Nürnberg. Fachveröff.

KUNTZE, Peter

Journalist Redakt. Südd. Ztg. (Außenpolitik) - Zu erreichen üb. Südd. Zeitung, Sendlinger Str. 80, 8000 München - BV: D. Osten ist rot, 1970; Peking contra Moskau - V. Marx zu Mao, 1971; China - d. konkrete Utopie, 1973; China - Revolution in d. Seele, 1977; Mao Tsetung, 1977; China nach Mao, 1978; China - Supermarkt 2000?, 1979; D. Kippnase, 1976; Cora-Cora oder D. Streik d. Tiere, 1979; D. Versteck im Park, 1980; D. geheimnisvolle Ring, 1982; Bleib bei uns, kleiner Hund!, 1987; D. Färingische Traum, R. 1987; Himmlischer Frieden, R. 1990; Kinderb.-Serie D. Trio m. Pfiff: Bd. 1 Darling findet e. Zuhause, 1991; Bd. 2 Romeo u. Julia, 1991; Bd. 3 Drei Mädchen machen Schlagzeilen, 1991; Bd. 4 Strandkorb-Geflüster, 1991; Bd. 5 Im Zelt auf d. Hubertushof, 1992; Bd. 6 Alle suchen Tommy, 1962. Kinderbuch-Serie: D. verflixte 7 b: Bd. 1 Dicke Luft im Klassenzimmer, 1992; Bd. 2 D. unheimliche Bio-Stunde, 1992. Mitautor: China - Dtschl. Partner?, 1974; Asien, 1974; Europa, 1974; In allen Häusern, wo Kinder sind, 1975; Satz-Zeichen, 1988; Wenn ich e. Pferd hätte, 1988.

KUNTZE, Wolfgang

Präsident Bundesaufsichtsamt f. d. Kreditwesen (s. 1984) - Reichpietschufer 74-76, 1000 Berlin 30 - 1952-56 Stud. Rechtswiss. FU Berlin; 1. Staatsprüf. 1956, 2. Staatsprüf. 1961 - 1961 Bundesfinanzverw. Berlin u. Bonn; 1965 Bundesaufsichtsamt f. d. Kreditwesen; 1979-84 Leit. Grundsatzabt. (Ltd. Reg.dir.); 1972-81 nebenamtl. Mitgl. Justizprüfungsamt Berlin - Geb. 19. Jan. 1930.

KUNTZE-JUST, Heinz

Film- u. Fernsehproduzent - Südstrand 11, 2101 Bullenhausen (T. Hamburg 777755; Büro: 660797) - Geb. 29. Aug. 1913 Ostrau, Kr. Zeitz (Vater: Wilhelm Kuntze; Mutter: Lina, geb. Just), ev., verh. in 2. Ehe (1949) m. Ute, geb. Folz (Journ.) - Gymn.; Univ. Leipzig u. Wien (Literatur- u. Kunstgesch.) - Ab 1936 Pressechef Terra, Tobis, Wien-Film, n. Kriegsende Journ., ab 1948 Herausg. Korresp. Filmpress, 1949-53 Gründer, Chefredakt. u. Geschäftsf. Neue Dt. Wochenschau (ab 1952 auch Chefredakt. Wochenschau Welt im Bild), dann Filmproduzent, 1955-60 Chefredakt. Star-Revue, s. 1961 gf. Gesellsch. Firmengr. Televersal, Teletechn., Tele-Commerz, Tele-Terra. Filmwirtsch.l. Schr. Text zu d. Filmen: D. goldene Garten - Kaliforn. Impressionen (1954), Kein Platz f. wilde Tiere (1955), Abschied v. Afrika (1959), Traumstraße d. Welt (1960); Filmb.: Rußland heute, Mondo Cane, Alle Frauen dieser Welt. Prof. zahlr. Fernsehfilme, dar. D. Weimarer Republik u. Weimar - Anatomie e. Rep. (13 Folgen), D. unheiml. Nachbar/UdSSR (13 F.), Marx z. Ansicht (13 F.), Ehen vor Gericht; Fernsehspiele, TV-Unterhaltung (u. a. Das ist ihr Leben) - Liebh.: Golf, Uhrensamml.

KUNTZSCH, Matthias

Prof., Operndirektor u. GMD zul. Staatstheater Saarbrücken - Geb. 22. Sept. 1935 Karlsruhe (Vater: Alfred K., Kapellm. u. Komp.; Mutter: Nora, geb. Fuchs), ev., verh. s. 1966 m. Sylvia, geb. Anderson (Opernsängerin) - 1953-57 Hochsch. f. Musik u. Theater Hannover. Dirigentenkurse Mozarteum Salzburg; Meisterkl. f. Musik Zermatt (Pablo Casals) - 1962-73 I. Kapellm. Stadttheater Bonn, Nationaltheater Mannheim (1964), Staatsoper Hamburg (1966) u. München (1969), Generalmusikdir. Lübeck (1973-77). Konzerttätigk., auch als Klavierbegleit. Div. Kompos., dar. Ballettmusiken u. Instrumentation Menotti-Oper Help, Help the Globolinks (eig. UA.) - 1976-78 Prof. f. Dirigieren Hochsch. f. Musik Hamburg; Schallplatten-Einsp., Rundfunk- u. Fernseh-Produkt. - 1960 Förderungspreis d. Nieders. Kunstpreises - Liebh.: Malerei, Politik, Sport - Spr.: Engl., Franz., Ital. - Bek. Vorf.: Johann Gottfried K., erster Klavierlehrer d. neunj. Robert Schumann (Zwickau).

KUNZ, Christof

Dr. rer. nat., Prof. f. Experimentalphysik - Op de Gehren 22, 2000 Schenefeld - Geb. 25. April 1936 Karlsbad - Promot. (1966) u. Habil. (1973) Hamburg - S. 1966 Wiss. Mitarb. u. Gruppenleit. (1973) Dt. Elektronen-Synchroton (DESY) Hamburg. 1973 ff. Privatdoz. u. Prof. (1978) Univ. Hamburg. 1969-70 Gastprof. USA. Üb. 50 Facharb.

KUNZ, Ernst

Dr. rer. nat., Prof., Lehrstuhlinh. f. Mathematik Univ. Regensburg - Karl-Stieler-Str. 33, 8400 Regensburg.

KUNZ, Gerhard

Rechtsanwalt, Senator a.D., Abteilungsleit. Salzgitter-Konzern (s. 1986) - Nürnberger Str. 53-55, 1000 Berlin 30 (T. 030 - 2 12 31) - Geb. 11. Febr. 1942 Komotau, kath. - 1956-61 Obersch. Genthin (b. 1959) u. Berlin/Schöneberg (Abit.); 1961-67 FU Berlin (Rechtswiss.). Jurist. Staatsex. 1967 u. 1971 - s. 1971 RA. Langj. stv. Landesvors. Jg. Union Berlin (1965-68 Mitgl. Dtschl.rat JU). 1971 (März) b. 1972 (Jan.) MdA Berlin; 1981-85 Senator f. Finanzen v. Berlin; s. 1986 Leit. Abt. f. strategische Planung Salzgitter-Konzern. CDU s. 1961.

KUNZ, Gerhard

Dr. rer. pol., o. Prof. f. Soziologie Univ. zu Köln - Sonnenweg 7, 5060 Berg. Gladbach 2.

KUNZ, Ulrich Heinrich

Dr.-Ing., Dipl.-Ing., o. Prof. f. El.

Energietechnik Univ. Siegen (s. 1978) - Mörikeweg 2, 5908 Neunkirchen - Geb. 3. Aug. 1935 Gleiwitz (Vater: Wilhelm K., Elektroing. †1986; Mutter: Gertrud, geb. Kleingeist †1949), ev., verh. s. 1973 m. Gudrun, geb. Albrecht, 3 Kd. (Hans-Peter, Andreas, Katharina) - Stud. d. Regelungstechn. TH Darmstadt; Dipl.ex. 1961 - 1962-64 Entwicklungsing. AEG, 1964-78 TH Darmstadt (Assist., 1972 Doz., 1974 Prof.).

KUNZ, Werner

Dr., Chemiker, Honorarprof. f. Informationswiss. in d. Chemie Univ. Frankfurt/M. - In den Pfädelsäckern 1a, 6900 Heidelberg.

KUNZ, Wolfgang Dietrich

Dr. oec., Dipl.-Kfm., Geschäftsf. Bankers Trust GmbH., Frankfurt am Main - Zu erreichen üb.: Bockenheimer Landstr. 39, 6000 Frankfurt/M. - Geb. 15. Aug. 1932.

KUNZE, Christian

Dr., Dipl.-Biol., Prof. Univ. Gießen - Nelkenweg 5, 6307 Linden (T. 06403 - 6 29 33, dstl.: 702 58 45) - Geb. 28. Aug. 1940 Schreiberhau/Schles. (Vater: Dr. med. Willy K.; Mutter: Steffi, geb. Ihms), ev., verh. s. 1968 m. Marianne, geb. Petsch, 2 Kd. (Alexander, Kathy) - Stud. Univ. Gießen; Promot. 1968 ebd.; Habil. 1976; 1982-84 Vertr. d. Lehrstuhls f. Biogeographie a. d. Univ. Saarbrücken. Üb. 50 Fachveröff.

KUNZE, Günther

Dr. rer. nat., Prof. f. Kristallographie - Hainbrink 4c, 3252 Bad Münder 2 - Geb. 12. Mai 1921 Glashütte - Stud. Physik - 1961 (Habil.) Lehrtätigk. Bergakad. Univ. Clausthal u. Hannover (1963 Doz., 1967 apl. Prof., 1978 Univ.-Prof.). Zahlr. Fachaufs.

KUNZE, Hanns-Ulrich

Pianist, Prof. f. Klavier u. Prorektor Hochsch. f. Musik Detmold (Nordwestd. Musikakad.) - Papenbergweg 2a, 4930 Detmold - Geb. 20. Sept. 1930 Bielefeld - 1950-56 Nordwestd. Musikakad. (Hans Richter-Haaser, Günter Bialas, Wilhelm Maler) - Ausgedehnte Konzerttätigk.; s. 1960 Hochschullehrer Detmold.

KUNZE, Hans-Joachim

Dr. rer. nat., Univ.-Prof. f. Experimentalphys. Univ. Bochum (s. 1972) - Wagenfeldstr. 12, 5810 Witten-Herbede (T. 7 72 18) - Geb. 19. März 1935 Kauffung (Vater: Wilhelm K.; Mutter: Else, geb. Hoffmann), ev., verh. s. 1961 m. Regina, geb. Zellerer, 2 Kd. (Stefanie, Martina) - Oberrealsch. Marktredwitz; Stud. TH München (Dipl.ex. 1961); Promot. 1964 - 1961 b. 65 Wiss. Angest. Max-Planck-Inst. f. Plasmaphysik; 1967-72 Assist. u. Assoc. Prof. (1970) Univ. Maryland/USA.

KUNZE, Herbert

Rechtsanw., Generalsekretär Organisationskomitee f. d. Spiele d. XX. Olympiade München 1972 (1966-73) - Steinsdorfstr. 18, 8000 München 22 (T. 29 29 00) - Geb. 14. Nov. 1908 Berlin (Vater: Paul K.; Mutter: geb. Schinke), ev., verh. I) 1943 m. Annemarie, geb. Coenders († 1967), S. Sven, II) 1968 Irene, geb. Henne - Grunewald-Gymn. u. Univ. Berlin. Ass.ex. 1935 - 1940-45 Reichsfinanzmin., Berlin (Reg.rat); 1951-66 Bundesverb. d. priv. Bankgewerbes, Köln (Geschäftsf.). Div. Sportämter, dar. Vors. Berliner Schlittschuh-Club, Präs. Dt. Eissportverb., Vizepräs. NOK (1952 Delegationsführer dt. Mannschaft VI. Olymp. Winterspiele Oslo, 1960 Chef de Mission gemeins. dt. Mannsch. VIII. Olymp. Winterspiele Squaw Valley), 1966 Österr. Olympiamed., 1970 Gr. BVK, 1972 Ritter franz. Ehrenlegion, 1972 Komturkreuz d. Königl. Schwed. Wasa-Ordens, 1973 Bayer. VO; 1974 Med. in Gold München leuchtet; 1982 Ordre Olympique in Silber d. IOC; 1983 Ehrenring in Gold d. Landeshauptstadt München - Rotarier.

KUNZE, Jürgen

Dr. phil., Dipl.-Volksw., Prof., MdA Berlin (1976-85) - Am Volkspark 81, 1000 Berlin 31 (T. 853 35 24) - Geb. 8. April 1945 Berlin, verh. s. 1975 - Abit. 1964 Essen; Stud. FU Berlin; Promot. 1973 ebd. - 1966-1968 Geschäftsf. Ring Polit. Jugend, Berlin; 1969/70 Hilfsref. Landesarbeitsamt Berlin (Arbeitsmarkt- u. Berufsforsch.); 1970-74 wiss. Mitarb. Dt. Bildungsrat (Bildungsplan.); 1974-77 wissenschaftl. Mitarb. b. Dt. Inst. f. Wirtschaftsforsch. (Konjunkturanalyse); s. 1977 Prof. Fachhochsch. f. Wirtschaft Berlin (Makroökonomie). FDP 1964-83 (Austr.), 1969-72 Landesvors. d. Jungdemokr. Berlin, 1970-71 auch stv. Bundesvors.; 1973-83 Mitgl. Landesvorst. d. Berliner FDP, 1981-83 Landesvors., 1976ff. wirtschaftspolit. Sprecher d. FDP-Fraktion im Abgeordnetenhaus v. Berlin; 1975-84 Mitgl. Rundfunkrat SFB (s. 1978 VR-Mitgl.). S. 1987 gf. Vorst.-Mitgl. d. B.A.F. Berliner Arbeitskreis Finanzdienstleistung - Div. Veröff. z. Wirtschaftspolitik - Spr.: Engl.

KUNZE, Klaus

Dr. med., Prof. f. Neurologie u. Klin. Neurophysiol., Direktor Neurol. Univ.-Klinik u. Poliklinik Hamburg-Eppendorf - Martinistr. 52, 2000 Hamburg 20 (T. 040 - 468 37 70/27 70) - Geb. 16. Juli 1933 Bremen (Vater: Franz K., Regierungsamtm.; Mutter: Sophie, geb. Lemmermann), ev., verh. s. 1963 m. Anne, geb. Hiesch, 2 Töcht. (Alexandra, Kerstin) - Stud. Med. (versch. Univ.). Promot. 1958 Frankfurt/M.; Habil. 1968 Gießen - S. 1968 Lehrtätigk. Univ. Gießen (1970 Prof., 1975 gf. Dir. Zentrum f. Neurol.); 1981 Ord. f. Neurol. Univ. Hamburg, Dir. Neurol. Univ.-Klinik Hamburg-Eppendorf - BV: D. Sauerstoffdruckfeld im normalen u. pathol. veränd. Muskel, 1969; Studies in Neuromuscular Diseases, 1975; Clinical Problems of Brainstem Disorders, 1986. Über 180 Einzelarb. auf d. Gesamtgeb. d. Neurol., Klin. Neurophysiol. u. Klin. Neuroimmunologie - 1970 Schunk-Preis Univ. Gießen.

KUNZE, Michael

Dr. jur., Schriftsteller, Liedertexter, Bühnenautor - 8022 Grünwald/Krs. München - Geb. 1943, verh. (Ehefr. Roswitha), S. Stephan - Abit. (1,0); Promot. 1980 (Summa cum laude) - In 10 J. üb. 1200 Liedertexte (u. a. Griech. Wein, D. kl. Kneipe, Du, Stimmen im Wind) - 39 Gold. Schallpl. - Musicalübers. (Evita, Cats, A Chorus Line, Phantom d. Oper) u. Original-Libretti (Hexen Hexen, Elisabeth) - BV: Der Prozeß Pappenheimer, 1980; Straße ins Feuer, 1983; engl. Highroad to the Stake, 1987; D. Freiheit e. Gasse, 1990.

KUNZE, Reiner

Schriftsteller - Am Sonnenhang 19, 8391 Obernzell 1-Erlau - Geb. 16. Aug. 1933 Oelsnitz/Erzgeb. (Vater: Ernst K., Bergarb.; Mutter: Martha, geb. Friedrich), verh. s. 1961 m. Dr. Elisabeth, geb. Mifka, 2 Kd. (Marcela, Ludwig) -

Stud. d. Phil. u. Journalistik Univ. Leipzig (Dipl.-Journ. 1955) - 1955-59 wiss. Assist. m. Lehrauftr. ebd., dann Hilfsschlosser, s. 1962 freiberufl. - 1988/89 Gastdozenturen f. Poetik an d. Univ. München u. Würzburg - BV: Widmungen, Ged. 1963; Sensible Wege, Ged. 1969; D. Löwe Leopold, 1970; Zimmerlautstärke, Ged. 1972; Brief m. blauem Siegel, Ged. 1973; D. wunderb. Jahre, Prosa, 1976; Darf e. Schriftst. überhaupt vernünftig werden wollen?, zwei Reden (gem. m. Heinrich Böll), 1977; Auf eigene Hoffn., Ged. 1981; E. stadtbekannte Gesch., Erz. 1982; Gespräch mit d. Amsel, Ged. 1984; In Deutschl. zuhaus, Funk- u. Fernsehinterviews (1977-83), 1984; Eines jeden einziges Leben, Ged. 1986; Zurückgeworfen auf sich selbst, Interviews (1984-88), 1989; D. weiße Gedicht, Ess. 1989; Deckname Lyrik, Dok. 1990; Wohin d. Schlaf sich schlafen legt, Ged. 1991; Mensch ohne Macht, Reden, 1991. Herausg.: Über, o üb. d. Dorn, Ged. aus hundert J. (1986). Werke-Übers. in 30 europ. u. außereurop. Sprachen (u. a. amerik. u. jap.) - 1968 Preis f. Nachdichtungen Tschechoslow. Schriftst.verb.; 1971 Dt. Jugendbuchpreis; 1973 Lit.preis Bayer. Akad. d. Schönen Künste; 1973 Mölle-Lit.preis Schweden; 1977 Andreas-Gryphius-Preis; 1977 Georg-Trakl-Preis Österr.; 1977 Georg-Büchner-Preis; 1979 Bayer. Filmpreis (Drehbuch); 1981 Geschw.-Scholl-Preis; 1984 Eichendorff-Lit.preis u. BVK I. Kl.; 1988 Bayer. VO.; 1989 Kulturpreis Ostbayern; 1990 Herbert u. Elsbeth Weichmann-Preis; 1990 Hanns Martin Schleyer-Preis; 1975-92 o. Mitgl. Bayer. Akad. d. Schönen Künste, d. Akad. d. Künste Berlin u. d. Dt. Akad. f. Sprache u. Dichtg. Darmstadt - Reiner Kunze - Materialien u. Dokumente, hrsg. von J. P. Wallmann, 1977; R. K. - Werk u. Wirkung (hrsg. v. Rudolf Wolff), 1983; R. K. - Materialien zu Leben u. Werk (hrsg. v. Heiner Feldkamp), 1987; Heiner Feldkamp: Sichtbar machen - Bild u. Gedicht im Werk Reiner Kunzer, 1991.

KUNZLER, Michael

Dr. theol., o. Prof. f. Liturgiewiss. Theol. Fak. Paderborn - Kamp 6, 4790 Paderborn, u. Am Wald 3, 6636 Überherrn-Bisten - Geb. 23. Aug. 1951 Saarbrücken (Vater: Willy K., Kaufm.; Mutter: Franziska, geb. Mongin), kath., ledig - Univ. Trier (Dipl.-Theol. 1975, Promot. 1978); Stud. Slaw. Univ. München, Saarbrücken u. fr. Ukrain. Univ. München; Habil. 1987 Univ. Tübingen - 1980-83 Kaplan St. Eligius, Völklingen; 1983/84 Vikar St. Marien, Großrosseln; 1984ff. Univ. d. Saarl. u. Lehrer f. Relig. u. Gesch. staatl. Ludwigsgymn., Gymn. Saarbrücken - BV: D. Eucharistietheol. d. Hadamarer Pfarrers u. Humanisten G. Lorich, Diss. 1981; Pastoraltheol. d. 16. Jh., 1981; Praeparatio ad missam = Ukrainische Liturgiegesch., 1982; Willibald Pirckheimer's Auseinandersetz. m. Oekolampad z. Eucharistie, 1982; Gnadenquellen. Symeon v. Thessaloniki (†1429) als Beisp. f. d. Einflußnahme d. Palamismus auf d. orthodoxe Sakramententheologie u. Liturgik, (TThSt 47) Trier 1989 (Habil.Schrift 1987). Weitere Veröff. z. lat. u. byzantinischen Theol. - Spr.: Engl., Franz., Ital., Russ., Ukrain., Griech., Hebr., Latein, Kirchenslawisch.

KUNZMANN, Alfred

Gewerkschaftler, Vors. IG Chemie/Papier/Keramik in Bayern, mitgl. Bayer. Senat - Buschingstr. 43, 8000 München 80.

KUNZMANN, Bernd

Dr.-Ing., Physiker, MdL Sachsen (s. 1990), Mitgl. SPD-Landesvorst. Sachsen - Freiberger Str. 113, O-8028 Dresden - Geb. 24. März 1952 Oelsnitz/Erzg., verh. s. 1981 - Lehre Elektromenteur, Facharb. 1970; Physikstud. 1970-74 TU Dresden; Forsch.stud. 1974-78 Ing.-hochsch. Zittau, Promot. 1979 (Kernreaktorphysik/-techn.) - 1978-90 Forsch.tätigk. Akad. d. Wiss. d. DDR.

KUNZMANN, Klaus R.

Dr. techn., Univ.-Prof., Leit. Inst. f. Raumplanung/Univ. Dortmund (s. 1974) - Auf der Papenburg 43, 4630 Bochum 1 - Geb. 30. Sept. 1942 Karlsruhe, kath,. verh., 1 Kd.

KUO, Heng-yü

Dr. phil. (habil.), Prof. f. Sinologie Freie Univ. Berlin - Kaunstr. 26, 1000 Berlin 37.

KUPFER, Günther

Dr.-Ing., o. Prof. f. Geodäsie, insb. Photogrammetrie, Univ. Bonn (s. 1971) - Hüllenviertel 8, 5307 Wachtberg - Geb. 15. März 1924 Zedlin/Pom. (Vater: Martin K., Lehrer; Mutter: Anna, geb. Runge), verh. s. 1952 m. Gundula, geb. Klühe, 3 Kd. (Susanne, Andrea, Christian) - TH München (Vermessungswesen; Dipl.-Ing. 1951). Promot. 1960 München; Habil. 1970 Bonn - U. a. Dezern. Landesvermessungsamt Bad Godesberg (1964ff.) - BV: Z. Geometrie d. Luftbildes, 1971 - Spr.: Engl.

KUPFER, Herbert

Dr.-Ing., o. Prof. TU München, Lehrst. Massivbau - Arcisstr. 21, 8000 München 2 - Geb. 1927 - Prok. Dyckerhoff + Widmann AG (b. 1967); 1971-72 Dekan Fakult. Bauing. u. Vermessungsw. u. 1984-88 1. Vizepräs. TU München. Ca. 140 Fachveröffentl. Mitgl. Dt. Aussch. f. Stahlbeton; Ber. Mitgl. Dt. Beton-Verein, Mitgl. ausl. Organisat. (ACI, CEB, FIP, IASS, IVBH). 1987 Fellow of ACI; 1988 BVK I Kl.; 1991 Emil-Mörsch-Denkmünze.

KUPISCH, Berthold

Dr. jur., o. Prof. f. Röm. u. Bürgerl. Recht Univ. Münster (gf. Dir. Inst. f. Röm. Recht, Dir. Rechtswiss. Sem.) - Hittorfstr. 34, 4400 Münster/W.

KUPISCH, Herbert

Dr. rer. nat., o. Prof. f. Mathematik FU Berlin - Jenaerstr. 8, 1000 Berlin 31.

KUPKA, Engelbert

Stellv. Landrat Kr. München, Landtagsabgeordneter - Eugen-Roth-Str. 2, 8025 Unterhaching/Obb. - Geb. 21. Jan. 1939 Rosenberg/OS. - Jurist. CSU.

KUPKE, Ingeborg Ruth

Dr. rer. nat., Prof. f. Klinische Chemie u. Biochemie - Ziegeleiweg 49, 4000 Düsseldorf - Geb. 1. Aug. 1933 Gr.-Woitsdorf/Schles. (Vater: Georg K.; Mutter: Gertrud, geb. Kursawe), ev. - Obersch. Wurzen (Abit. 1952); 1952-58 Stud. Biol., Med. Biochem. Humboldt-Univ. BerlinDipl.-Biol. 1958-63 Charité Berlin; 1963-66 TU München (Promot.); 1966-75 Med. Hochsch. Hannover (Habil. 1972) - 1969-71 Univ. of Southern Calif., Los Angeles/USA; s. 1975 Univ. Düsseldorf, Kinderklin., Leit. Lab. Päd. Klin. Chem. u. Lipidforsch.; s. 1980 apl. Prof. - BV: Lipide u. Lipoproteine: Stoffwechsel, Analytik, Früherkennung v. Risikoindikatoren d. Atherogenese im Kindes- u. Jugendalter.

KUPKE, Peter

Regisseur - Wilhelmstr. 64, 6200 Wiesbaden (T. 06121 - 30 51 94) - Geb. 1. Mai 1932 Kreuzburg (Schles.), verh. s. 1958 m. Sonja, geb. Hörbing (Schausp.), T. Kattrin - 1951-56 Stud. Schausp. u. Theaterwiss. Theaterinst. Weimar u. Theaterhochsch. Leipzig - 1956-60 Stadttheater Döbeln (Schausp. u. Dramat., ab 1958 Oberspielleit.); 1960-63 Dt. Theater Berlin (Regieassist.); 1963-71 Hans-Otto-Theater Potsdam (Oberspielleit., ab 1968 auch Int.); 1971-80 Berliner Ensemble (Regiss. u. Mitgl. d. Theaterleit.); 1982-84 Musiktheater Gelsenkirchen (Oberspielleit.); ab 1985 Staatstheater Wiesbaden (Schauspieldir.); 1964-77 Doz. f. Schausp. Schauspielsch. Berlin u. Filmhochsch. Potsdam-Babelsberg; 1977-80 Doz. Inst. f. Schauspielregie Berlin - Zahlr. Schauspielinsz., auch im Ausl. (Dänemark), Operninsz. - Spr.: Dän.

KUPPE, Volker

Kaufmann, gf. Gesellsch. C. Woermann GmbH & Co., Hamburg, u. C. Woermann & Co., Accra (Ghana), Vorst. C. Woermann (Nigeria) Ltd., Lagos - Kurt-Nonne-Weg 8a, 2070 Ahrensburg - Geb. 1. Nov. 1938 Hamburg, ev., verh. s. 1964 m. Johanna, geb. Augst, 2 Kd. (Axel, Beate) - Liebh.: Jagd - Spr.: Engl.

KUPSCH, Anita

Schauspielerin - Bonner Str. 6, 1000 Berlin 33 - Geb. 18. Mai 1940 Berlin, ev., verh. s. 1986 m. Klaus Detlef Krahn - Schauspielausbild. - Bek. Rollen Berlin: Äpfelchen - Äpfelchen, Mein Vater hatte recht (Renaissance-), D. Kaiser v. Alexanderpl., Und zweitens bin ich 17, Pepsie (Hebbel-Theater), D. Mädchen in d. Suppe (Komödie). Film: Tunnel 28, Rheinsberg, Wochentags immer; Fernsehen: Walzer d. Toreros, Theorie u. Praxis, E. Champagner f. Lady Macbeth, Napoleon greift ein, Und zweitens bin ich 17, D. Kaiser v. Alexanderpl., Schönes Wochenende, Auf Sieg - auf Platz - auf Liebe, Klassenkeile, Alfie, Okay S.I.R. (Serie, 1973), Praxis Bülowbogen (Serie, 1988/89) - Spr.: Engl.

KUPSCH, Bernhard

Dipl.-Kfm., Gf. Gesellschafter B. Kupsch GmbH, Würzburg, Vorst. Verb. Christl. Kaufleute, Präs.-Mitgl. IHK Würzburg-Schweinfurt - Zu erreichen üb. Nürnberger Str. 63, 8700 Würzburg - Geb. 17. Juli 1952, verh., 4 Kd. - Stud. Betriebsw. Univ. Frankfurt/M.; Ex. 1977.

KUPSCH, von, Hans-Karl

Dr. jur., Hauptgeschäftsführer Börsenverein d. Dt. Buchhandels - Großer Hirschgraben 17-21, 6000 Frankfurt/M. 1 - Geb. 7. März 1936 - VR-Mitgl. Dt. Bibliothek, Frankfurt a.M.

KUPSCH, Hermann

Aufsichtsratsvorsitzender u. Gesellschafter Bernhard Kupsch GmbH, Würzburg, Alt-Präses CVJM-Gesamtverb. in Dtschl., Ehrenvors. Verb. Christl. Kaufleute - Nürnberger Str. 63, 8700 Würzburg (T. 20 80) - Geb. 24. Sept. 1918 Würzburg (Vater: Bernhard K.) - 1976 Gold. Zuckerhut; 1978 Bayer. VO.; 1982 BVK I. Kl.; 1989 Gr. BVK.

KUPSCH, Joachim

Dr. rer. nat., Prof. f. Physik Univ. Kaiserslautern (Spez.: Theoret. Elementarteilchenphysik) - Ladenburger Str. 70, 6900 Heidelberg - Geb. 17. Okt. 1939 Düsseldorf.

KUPSCH, Peter

Dr. oec. publ., Dipl.-Kfm., Prof. f. Betriebswirtschaftslehre, insb. Betriebl. Steuerlehre u. Wirtschaftsprüfung Univ. Bamberg (s. 1974); Steuerberater (s. 1979); Wirtschaftsprüfer (s. 1982) - Im Bauernfeld 15, 8600 Bamberg - Geb. 26. Juni 1943 Altlandsberg (Vater: Rudolf K., Kaufm.; Mutter: Ilse, geb. Schnierstein), ev., verh. s. 1972 m. Traudel, geb. Werner, 2 S. (Florian, Andreas) - Gymn. u. Wirtschaftsobersch. Ulm; Univ. München. Dipl.-Kfm. 1969; Promot. 1971; Habil. 1974 (alles München) - BV: D. Risiko im Entscheidungsprozeß, 1973; D. Bilanzierung v. Rückstellungen im Rahmen d. Bilanzpolitik d. Unternehmung, (Habil.) 1973; D. Bilanzierung v. Rückstellungen u. ihre Berichterstatt., 1975; D. Struktur v. Qualitätsurteilen u. d. Informationsverhalten v. Konsumenten b. Kauf langleb. Gebrauchsgüter, 1978 (m. P. Hufschmied. D. Mathes, K. Schöler); Unternehmensziele, 1979. Herausg.: Bonner Handb. Rechnungslegung (m. M.A. Hofbauer) - Liebh.: Sportgesch. (bes. Leichtathl.) - Spr.: Engl.

KUPSKI, Helmut

Landeskirchenoberamtsrat a. D., MdL Nordrh.-Westf. - Nießenstr. 40, 4150 Krefeld (T. 59 05 68) - Geb. 7. April 1932 (Vater: Gustav K., Landwirt; Mutter: Karoline, geb. Wenzel), ev., verh. s. 1957 m. Dorothee, geb. Bongertz, 4 Kd. (Gerhard, Markus, Isabel, Martin) - Ext. Abit. (Begabtenprüf.); Reg.insp.prüf. 1955; nebenberufl. Stud. d. Wirtsch. u. pol. Wiss. Univ. Köln (o. Abschl.) - 1955-60 Reg.insp.; 1960-80 Verw.beamter Landeskirchenamt Düsseldorf - Spr.: Engl., Poln.

KURBEL, Karl E.

Dr. rer. pol., Prof. f. Wirtschaftsinformatik Univ. Münster - Geb. 27. Dez. 1947 Geislingen - 1969-74 Stud. Betriebswirtsch. Univ. Mannheim; Promot. 1977, Habil. 1982 TU Berlin - 1975-78 wiss. Angest. Univ. Mannheim; 1978-82 Akad. Rat TU Berlin; 1982-85 Prof. Univ. Bielefeld, 1985-90 Prof. Univ. Dortmund; s. 1990 Prof. Univ. Münster. 1987-89 Sprecher Wiss. Kommiss. Wirtsch.informatik im Verb. d. Hochsch. f. Betriebsw.; 1987-89 Koordinator DFG-Schwerpunktprogr. Interaktive betriebswirtschaftl. Informations- u. Steuerungssysteme; 1990-92 Vorst.-Mitgl. Ges. f. Informatik; s. 1990 gf. Dir. d. Inst. f. Wirtsch.informatik, Univ. Münster; AR-Mitgl. DIA Deutsche Informatik Akademie Leitg. v. Studienplankommiss. - Forschungsschwerp.: interaktive Produktionsplanung, Softwaremanagement, Künstliche Intelligenz im Betrieb - BV: Programmentw., 5. A. 1990; Software Engineering im Produktionsbereich, 1983; Programmierstil in Pascal, Cobol, Fortran, Basic, PL/1, Berlin, Heid., New York 1985; Entw. u. Einsatz v. Expertensystemen, 2. A. 1992; Handb. Wirtschaftsinformatik, 1990 - Liebh.: Basketball, Skilaufen.

KUREK, Ernst Günther

Dr.-Ing., Honorarprof. f. Spurführungs- u. Gleislauftechnik TH Darmstadt - Roonstr. 9, 4500 Osnabrück.

KURLBAUM-BEYER, Lucie, geb. Fuchs

Hausfrau, Ehrenmitglied Präsidium AGV, Bonn - Händelstr. 67, 8501 Schwaig/Mfr. - Geb. 17. Juni 1914 Herdorf/Siegerl. (Vater: Franz Fuchs; Mutter: Ottilie, geb. Vogel), verh. I) 1939 m. Ferdinand Beyer, 2 Kd., II) 1965 Dipl.-Ing. Georg Kurlbaum, 1949-69 MdB (s. dort) - Volks-, Mittel- u. Handelssch. - Sekr. Buchhalterin, Helfer in Steuers., n. 1945 Fürsorgerin, ab 1953 Frauensekr. DGB-Landesbez. Hessen, 1946-50 Stadtverordn. Wetzlar; 1953-69 MdB (zeitw. Mitgl. Fraktionsvorst.); s. 1978 Mitgl. Gemeinderat Schwaig. SPD s. 1932.

KUROPKA, Joachim

Dr. phil., Univ.-Prof. f. Geschichte Univ. Osnabrück, Abt. Vechta (s. 1982) - Kiefernweg 27, 2848 Vechta - Geb. 20. Sept. 1941 Namslau/Schlesien, verh. s. 1977 m. Kornelia, geb. Pals, 2 Töcht. (Marianne, Christiane) - BV: Image u. Intervention, 1978; D. Machtergreifung d. Nationalsozialisten, 4. A. 1981; Z. historischen Identität d. Oldenburger Münsterlandes, 2. A. 1987; F. Wahrheit, Recht u. Freiheit - gegen d. Nationalsozialismus, 1983; Meldungen aus Münster, 1992; 1945/46 Ende u. Neubeginn. Herausg.: V. d. Normalschule z. Univ. (1980, m. A. Hanschmidt); Z. Sache - D. Kreuz! Untersuchungen z. Gesch. d. Konflikts um Kreuz u. Lutherbild ... (2. A. 1987); Neubeginn 1945 zw. Kontinuität u. Wandel (2. A. 1989, zus. m. W. Eckermann); Oldenburger Profile (1989, zus. m. W. Eckermann).

KUROTSCHKA, Viktor Georg

Dr. rer. nat., o. Prof. f. Mathematik FU Berlin (s. 1975) - Klopstockstr. 11, 1000 Berlin 37 (T. 8011788) - Geb. 13. Juli 1936 Dneppropetrowsk/UdSSR (Vater: Georg K., Ing.; Mutter: Olga, geb. Herrmann), ev., verh. s. 1962 m. Astrid, geb. Küchler, T. Maria Gabriele - Abit. (1958), Stud. Univ. Heidelberg u. TU Karlsruhe, Promot. 1967, Habil. 1972. 1964-68 Wiss. Assist. Univ. Freiburg; Gasttätigk. Univ. Wisconsin (1968/69), Michigan (1969/71), Indiana (1969/70), 1971 Oberassist., 1973 Univ.Doz. Univ. Göttingen, 1973-74 Gastprof. FU Berlin; s. 1975 o. Prof. FU Berlin. Dort Aufbau Ausbild.s- u. Forschungsprogr. - Mitgl. versch. wiss. Vereinig. - Facharb. - Spr.: Engl., Franz., Ital., Russ.

KUROWSKI, Franz

Schriftsteller - Kötterweg 2, 4600 Dortmund-Oespel (T. 65 02 21) - Geb. 17. Nov. 1923 Hombruch - Romane, Erz., Jugendb., Sachb. u. a. - 1971 Ehrenliste d. österr. Staatspreise f. Kinder- u. Jugendlit. (f. Unsere Zukunft, d. Meer), 1973 Kurt-Lütgen-Sachbuchpreis u. 1974 Sachbuchpreis Freier Dt. Autorenverb. (f.: Satelliten erforschen d. Erde), 1975 Bestenliste Dt. Jugendbuchpr. (f.: In d. Tiefen d. Meere), Member and Fellow Intern. Oceanograhic Foundation, Miami.

KURP, Karl-Heinz

Dipl.-Kfm., Tabakwaren-Großhändler, Inh. Fa. Adolf Kurp, Düsseldorf, Mitinh. Team-Tabakwaren, Andernach/Duisburg, Beiratsvors. Pichelsberg-Reitmann KG., Berlin, Präs. Europ. Tabakwaren-Großhandelsverb., Köln, u. Bundesverb. dt. Tabakwaren-Großhändler ebd. u. a. - Schwarzbachstr. 38, 4000 Düsseldorf - Geb. 21. Mai 1930 Düsseldorf (Vater: Adolf K., Tabakwarenkfm.; Mutter: Barbara, geb. Köhler), kath. - Univ. Köln (Dipl. 1956) - 1981 BVK - Spr.: Engl.

KURR, Hans-Peter

Regisseur - Moorweidenstr. 36a, 2000 Hamburg 13 - Geb. 29. Juni 1937 Bielefeld/W. (Vater: Hugo K., Kaufm.; Mutter: Margret, geb. Bessler), verh., 5 Kd. - Folkwang-Hochsch. Essen (Regiestud.) u. Univ. Hamburg (3 Sem. Oriental./Ägyptol.) - Redakt. Bielefeld, Stuttgart, Recklinghausen (Auslandsberichterstatt. USA, UdSSR, Japan, China, Singapur, Australien, Ägypten, Iran); Dir. Ruhrfestsp.; Dramat. Hersfelder Festsp.; Regiss. Ernst-Deutsch-Theat. Hamburg; Dir. Wolfgang-Borchert-Theat. Münster; dazw. Leit.: Das Kulturbüro, Hamburg. Üb. 80 Bühneninsz. - Liebh.: Musik - Spr.: Engl., Franz.

KURRENT, Friedrich

Prof., Ordinarius f. Entwerfen, Raumgestaltung u. Sakralbau TU München - Franz-Joseph-Str. 23, 8000 München 40 - S. 1973 o. Prof.

KURRUS, Karl

Städt. Direktor i. R., Schriftst. - Schlesierstr. 7, 7800 Freiburg/Br. (T. 6 46 41) - Geb. 25. Okt. 1911 Endingen, kath., verh. s. 1939 m. Elisabeth, geb. Schwehr, 3 Kd. (Werner, Helga, Wolfgang) - Handelssch.; kaufm. Lehre; Verw.prüfungen f. d. gehob. Dst. - 1935-76 Kommunalverw. (1969 Amtsleit. u. Dienstvorst. Stadtverw. Freiburg) - BV: D. St. Katharinenkapelle, 1962; Üs em Kriagli, Ged. 2. A. 1970; Ruaf in d Zit ni, Ged. 1972; Allewil, Ged. 1975 (alle in alemann. Spr.); Land zw. Rhein u. Schwarzwald, 1974; D. Witz d. Alemannen, 1975, Erw. Aufl. 1985; S Eige zeige, Ged., Sprüche, Gesch. 1979; Vu Gott un dr Welt, Ged. 1981; Alemannisch Sprich, Sprüche 1981 (alle in alemann. Sprache); Heimatgesch. Stadt Vogtsburg 1985; Historische-, Weihe- u. Fasnet-Spiele, 1952-83; Wir Menschen unterwegs, hochd. Ged., 1983; Unterwegs in Zähringen, 1986; Zähringer-Stadt Freiburg i.Br., 1987; Bildbde. m. Versen v. K. K.; Blib eso!, Ged. 1988; Menschligi Eigeschafte, Ged. 1988; Beitr. z. Gesch. d. Stadt Endingen, 1988; Lebensfroher Keiserstuhl, Ged. u. Gesch. m. Bildern, 1990. Schallplatte: S Eige zeige, 1987. Schriftltg. u. Mitautor f. S lebig Wort, alemann. Anthol. 1978; ebenso f. Unser heimelig badisches Rebland, 1982; Blick zurück + Mitten im Leben + Suchen u. Hoffen, hochd. Ged. u. Gesch., 1989. Beitr. in Jahresheften d. Breisgau Geschichtsvereins Schau-ins-Land, d. Bad. Heimat u. d. Freiburger Almanach, sowie f. Rundfunksendungen - 1952 Preis Kultusmin. Baden-Württ.; 1977 Hebel-Gedenkplak., 1977 Ehrenbürger Stadt Endingen; 1981 René-Schickele-Preis; 1986 BVK am Bde.; 1988 Oberrhein. Kulturpreis (J. W. v. Goethe-Stiftg. Basel) - Lit.: Prof. Raymond Matzen, Univ. Straßburg, üb. K. K. in: Bad. Heimat (1982).

KURTH, Ina

Dr., Prof. f. Mathematik im Anwendungszush. m. Gesellschaftswiss. in d. Lehrerbild. Univ. Bremen - Großbeerenstr. 74, 2800 Bremen.

KURTH, Matthias

Rechtsanwalt, MdL Hessen (s. 1978) - Geissberg 23, 6072 Dreieich - Geb. 19. Febr. 1952 Heidelberg - Dreieichsgymn. Langen; 1971-76 Univ. Frankfurt/M. (Rechtswiss., Volksw.). Jurist. Staatsex. 1976 u. 1978 - Richter LG Darmstadt. Aufg. Jungsozialisten (b. 1978 Bezirks- u. Landesvors.); SPD s. 1968 (s. 1986 Vors. UB Offenbach-Kreis; Parlam. Geschäftsf. u. stv. Fraktionsvors.

KURTH, Paul

Dipl.-Ing., Architekt - Wöhler Str. 7, 3400 Göttingen (T. 5 89 44) - Geb. 11. Juni 1921 Rollshausen Kr. Duderstadt

(Vater: Augustin K., Landwirt; Mutter: Maria, geb. Roth), kath., verh. s. 1949 m. Elisabeth, geb. Nachtwey, 2 Kd. (Christiane, Hans-Rudolf) - Altspr. Gymn., Bauhandwerk, TH Braunschweig (b. Prof. Kohl). Dipl. 1950 - Spez. Arbeitsgeb.: S. 1960 an d. Entwickl. d. Bauens m. großformat. Fertigteilen beteiligt, bes. Einzel-, Terrassen-, Hochhäuser u. Ind.bauten. Bek. Bauwerke: Erstes Studenten-Hochhaus Göttingen, Hangbebau. Gehrenring - Liebh.: Filmen, Reisen - Spr.: Franz.

KURTH, Reinhard

Dr. med., Prof., Präsident Paul-Ehrlich-Inst., Bundesamt f. Sera u. Impfstoffe (s. 1986) - Paul-Ehrlich-Str. 51-59, 6070 Langen 1 - Geb. 30. Nov. 1942 Dresden - Med.-Stud.; Staatsex.; Promot. 1968 Erlangen; Habil. 1977 Tübingen - 1973-75 wiss. Assist. Imperial Cancer Research Fund, London; 1975-80 Arbeitsgr.-Leit. Friedrich Mierscher Laborat. Max-Planck-Ges. Tübingen; 1980-86 Abt.-Leit. Virologie Paul-Ehrlich-Inst. Üb. 160 wiss. Publ. in intern. Fachztschr. - 1976 Wilhelm-Warner-Preis; 1986 Johann-Lukas-Schönlein-Preis; 1987 Hoppe-Seyler-Preis; 1989 Heinz-Ansmann-Preis - Spr.: Engl., Franz.

KURTH, Ulrich

Prof., Theologe - Otto-Gildemeister-Str. 28, 2800 Bremen - Geb. 22. Juni 1929 Treptow/Pommern - S. 1965 Lehrtätigk. PH u. Univ. Bremen (Prof. f. Religionswissenschaft u. Bibl. Geschichte sow. Unterrichtsdidaktik) - BV: Didaktik d. Religionsunterr., 1975.

KURTZ, August F.

Geschäftsführer German Oil Refinery GmbH, Hamburg - Leuchtturmweg 20, 2000 Hamburg 56 - Geb. 21. Juni 1920 Hamburg - B. 1985 Vorst. Erdölbevorratungsverb., Körperschaft d. Öfftl. Rechts - 1985 Gr. BVK.

KURTZ, Gustav

Sprecher d. Geschäftsf. Ferrum GmbH, Saarbrücken - Schulweg 19, 6601 Bübingen - Geb. 30. Mai 1918 Apia (Samoa).

KURTZ, Rudolf

Dr.-Ing., Baudirektor, MdL Hessen (1958-74) - Oberhöchstadter Str. 65, 6370 Oberursel/Ts. (T. 3830) - Geb. 20. Okt. 1910 Nieder-Leschen/Schles. - Stud. Math. u. Physik - Ab 1937 wiss. Mitarb. TH Breslau, 1939-45 Wehrdst., s. 1947 Doz., Bau-, Oberbaurat u. Baudir. Staatl. Ing.sch. Frankfurt/M. MdK Obertaunuskr. (Fraktionsführer).

KURTZ, Walter

Gerichtsass. a. D., Kaufmann (Fa. Christian Otto Kurtz, Textilwareneinzelhandel, Osnabrück), Ehrenvizepräs. IHK Osnabrück-Emsland, Ehrenpräs. Verkehrsverein Stadt + Land Osnabrück - Schemmannstr. 7, 4500 Osnabrück (T. 2 17 00) - Geb. 17. Juni 1918 Bromberg, ev., verh. m. Marianne, geb. Meyer zu Uphausen, 5 Kd. - 1969 BVK I. Kl.

KURTZE, Gerhard

Buchhändler, Gesellsch. u. Geschäftsf. Grossohaus Wegner & Co. GmbH, Hamburg - Conventstr. 14, 2000 Hamburg 76 - Geb. 21. Juli 1932 Hamburg, ev., verh. s. 1967 m. Ruth, geb. Zippel, T. Michaela - Realsch.; Buchhandelslehre.

KURUS, Ernst

Dr. med., Prof., Augenarzt - Friedrichsring 10, 6800 Mannheim - Geb. 7. März 1924 Mähr.-Ostrau - S. 1961 (Habil.) Lehrtätigk. Univ. Heidelberg (gegenw. apl. Prof. f. Augenheilkd.).

KURZ, Carl Heinz

M.A., Ph.D., Schriftsteller - Pappelhof, 3406 Bovenden 1 (T. 0551 - 37 30 74) - Geb. 26. Nov. 1920 Zellerfeld, ev., verh. I) 1944 m. Johanna Sylvia, geb. Freiin v. Wrangel († 1963), 3 Kd., II) 1964 Anna-Helene, geb. Wippert, 2 Kd. - Univ. Göttingen, Prag, Nottingham, Orange (Lit., Gesch., Päd.) - Staats- u. Univ.-Ex. - Fr. Schriftst. u. Privatgelehrter, Prof. of German Literature (USA) - Ehrenpräs. Autorenkreis Plesse (intern. Schriftst.-Vereinig.), Ehrenpräs. d. Senryu-Zentrums, Senator d. Intern. Free Academy for Applied Literature, Ehrenmitgl. Dt. Haiku-Ges. in West u. Ost, weit. 15 Ehrenämter. Reisen durch alle Erdteile - BV: Üb. 60 Buchveröff., üb. zwei Mio. Aufl., u. a.: Begegn. in aller Welt, Reiseskizzen; Liebesbriefe an d. Harz, Ess.; E. Mensch namens Laci, Dokument.; Wohin ich auch ging, lyr. Prosa; D. ewige Feuer (David Ben Gurion), Biogr. - Übers. u. Teilübers. in 40 Spr. Bearbeit., Hrsg., Übertrag.; Einf. japan. geprägten Partnerdicht. (Renga) im mitteleurop. Raum - Zahlr. Ehrungen, u. a. span. Ritter v. Yuste, schwed. Eremit-Lit.-Preis, jap. Renga-Meister, israel. Korczak-Med., amerik., chines., ind. Ehrendoktor (lit.), dt. Zenta-Maurina-Lit.-Preis, Intern. Mölle-Lit.-Preis - Lit.: Dr. R. Busch: C. H. K., Schriftst. in Rauschenwasser (1974); J. Lebek: Pappelhof, Besuch bei C. H. K., 1974; Prof. Dr. W. Bortenschlager: Inseln, Aus Leben u. Werk des C. H. K., 1980; S. Kunath: In literis (Festgabe f. C. H. Kurz), 1980; Prof. Dr. W. Manheim: C.H. Kurz - Dank u. Besinnung, 1985; M. Buerschaper: C. H. Kurz - e. dt. Haijin, 1988; K. Mench: C. H. Kurz, Weltreisender in Sachen Menschlichkeit, 1990.

KURZ, Eberhard

Dipl.-Ing., Vorstandsmitgl. Maehler & Kaege AG./Elektron. Fabrik - Wilhelm-v.-Erlanger-Str. 77, 6507 Ingelheim/Rh. - Geb. 2. Sept. 1935.

KURZ, Georg

Dr. rer. nat., Prof., Inhaber u. Dir. Privatinstitut (s. 1974) - Voigtelstr. 4, 5000 Köln 41 - Geb. 5. Juni 1929 Pressburg (Vater: Maximiliam Kurz, Dipl. Agr.; Mutter: Therese, geb. Roth), verh. s. 1961, 2 Töcht. (Dr. jur. Eva, Dr. med. Karin) - Stud. Chemie u. Biochemie Pressburg/Prag, Lebensmittelchemie (Bonn); Promot. 1955, Habil. 1958 - Leiter Hygiene Inst., Ernährung Abt.; führende Pos. in d. Ind. (Vorst.) - 12 versch. Patente (Haupts. Kaffee) - Ca. 165 wiss. Publ., davon 7 Bücher, 6 Lehrb. - Ehrenpres. EOFA - Interessen: Gemälde sammeln, Sport (Ski, Tennis), Politik (Lit.), Gesch.

KURZ, Hanns

Dr. jur., gf. Direktor d. Münchner Kammerspiele - Am Blütenring 52, 8000 München 45 - Geb. 2. Febr. 1930 Passau, kath., verh. s. 1966 m. Veronika, geb. Brunner, 2 Kd. (Johanna, Gregor) - Stud. Rechtswiss. (2. jur. Staatsex. 1959 München), Volksw. (Dipl.-Volksw. 1955 Mainz), Dr. jur. 1965 Univ. München; Philosoph. Fakultät; Bay. Staatsmin. f. Wirtsch. u. Verkehr b. 1975, zuletzt Ministerialrat; Stadtwerke München b. 1982 als Stadtdir. u. Referentenvertr. - BV: Volkssouveränität u. Volkspräsent., 1966.

KURZ, Hermann

Dr. med., Prof., Abteilungsvorst. Pharmakolog. Inst. Univ. München (s. 1969) - Seydlitzpl. 10, 8000 München 54 (T. 541194) - Geb. 22. Febr. 1925 Stuttgart - S. 1963 (Habil.) Lehrtätigk. Univ. München (1969 apl. Prof. f. Pharmak. u. Toxikol.). Fachveröff.

KURZ, Jürgen

Dipl.-Verwaltungswirt, Bürgermeister Niefern-Öschelbronn - Friedenstr. 11, 7532 Niefern-Öschelbronn (T. 07233 - 78 33 u. 78 34) - Geb. 3. Juni 1948 Pforzheim - 1974-77 Stud. Verw. u. Wirtsch.akad. (Dipl.-Verwaltungswirt FH u. Dipl. Inh. VWA) - S. 1979 Kreisrat - Gold. u silb. Ehrennadel Stadt Pforzheim (f. bes. sportl. Leist.), 1970 Bad. Meister im 3-Kampf BTB, Dt. Meister DMM Leichtathletik.

KURZ, Paul Konrad

Dr. phil., Schriftst. - Pater-Köster-Weg 9, 8035 Gauting-Buchendorf - Geb. 8. April 1927, kath., verh. s. 1972 m. Rosemarie, geb. Plass, 2 S. (Raffael, Johannes) - 1950-53 Stud. Phil. Irland (lic. phil.); 1953-57 Stud. Theol. Innsbruck (lic. theol.); 1958-64 Stud. German. u. Angl. München (Promot.) - 1964-72 Lehrauftr. f. neuere dt. Lit. Univ. München; Redaktionsmitgl. Monatsschr.: Stimmen d. Zeit (b. 1972); s. 1964 Mitarb. b. Ztschr., Ztg., Rundf.; Vortragstätigk.; Mitarb. in lit. Juries. PEN-Mitgl. - BV: Üb. mod. Lit., 1-7 1967-80 (Bd. 1-4 ins Amerik. übers.); D. Liebe ist e. Hemd aus Feuer, Lyrikbd. m. Holzschnitten v. HAP Grieshaber, 1981; Zwischen Widerstand u. Wohlstand. Z. Lit. d. frühen 80 er Jahre, 1986; Griech. Licht, Lrikbd. 1986; Apokalyptische Zeit. Z. Lit. d. mittleren 80er J., 1987; Noch atmet d. Erde, Ged. 1987. E. großes Flügeldach (Verse m. Engeln, m. Graphiken von HAP Grieshber), 1991. Herausg.: Psalmen v. Express. b. z. Gegenw. (1978), Wem gehört d. Erde? Neue relig. Lyrik (1984) - 1973 Kritikerpreis: D. gold. Feder; 1985 Günther-Klinge-Preis; 1992 Mitgl. d. Acad. Scientiarum et Artium Europaea - Spr.: Lat., Engl., Franz.

KURZ, Rolf

Geschäftsführer, MdL Baden-Württ. (Wahlkr. 15, Waiblingen) - Haldenstr. 44, 7012 Fellbach (T. 0711 - 51 13 12) - Geb. 17. Jan. 1935 Fellbach - CDU.

KURZ, Wolfgang

Kapellmeister, Dozent Hochsch. f. Musik in Würzburg (s. 1988) - Athener Ring 9, 8700 Würzburg (T. 0931 - 66 18 54) - Geb. 28. Juni 1954 Bad Tölz, kath., verh. s. 1984, 2 Söhne (Leonhard, Andreas) - Dirigierstud. Staatl. Hochsch. f. Musik München (Künstler. Staatsprüf.); Stud. Phil. Hochsch. f. Phil. München - Solorepetitor Bayer. Staatsoper München; s. 1980 Kapellmeister Hess. Staatstheater Wiesbaden u. Stadttheater Würzburg; Leit. Würzburger Kammerorch. Umfangreiche Tätigk. im In- u. Ausland als Dirigent u. Klavierbegleiter - Liebh.: Lit., Bergwandern - Spr.: Engl., Latein.

KURZE, Dietrich

Dr. phil., o. Prof. f. Allg. Geschichte des Mittelalters m. Schwerp. auf Gesch. d. soz. Strukturen u. Theorien - Ermanstr. 20, 1000 Berlin 41 - Geb. 1. Jan. 1928 Berlin - Promot. 1955; Habil. 1964 - S. 1973 Ord. Univ. Tübingen u. FU Berlin (1975) - BV: u. a. Johannes Lichtenberger († 1503), 1960; Pfarrerwahlen im Mittelalter, 1966. Herausg.: Quellen z. Ketzergesch. d. Mark Brandenburg u. Pommerns (1975); Büchelin wye der mensch bewar das Leben sein (mittelalterl. Gesundheitslehre, 1980); Popular Astrology and Prophecy in the fifteenth and sixteenth Centuries: Johannes Lichtenberger, aus: Astrologi hallucinati. Stars and the End of the World in Luther's Time, ed. by Paola Zambelli (1986); Zeitgenossen üb. Krieg u. Frieden anläßl. d. Pax Paolina (röm. Frieden) v. 1468, aus: Krieg u. Frieden im Horizont d. Renaissancehumanismus (1986); D. Kirche, aus: Berlin im Mittelalter (1987); Hoch- u. spätmittelalterl. Wahlen im Niederkirchenbereich als Ausdruck v. Rechten, Rechtsansprüchen u. als Wege z. Konfliktlösung, aus: Wahlen u. Wählen im Mittelalter (1990); Christianisierung u. Kirchenorg. zw. Elbe u. Oder, aus: Wichmann Jahrb. 30/31 (1990/91). Krieg u. Frieden im mittelalterl. Denken, aus: Zwischenstaatl. Friedenswahrung in MA u. Früher Neuzeit, (1991 hg. v. H. Duchhardt); Ludwig v. Neindorf. Bischof v. Brandenburg 1327-1347, aus: Jahrb. f. Berlin-Brandenburg. Kirchengesch. 58 (1991). Zahlr. Aufs. u. Art. in Ztschr. u. Sammelw.

KURZECK, Peter

Schriftsteller - Holzhausenstr. 4, 6000 Frankfurt/M. 1 - Geb. 10. Juni 1943 Tachau, gesch., T. Carina - BV: D. Nußbaum, 1979; D. schwarze Buch, 1982; Kein Frühling, 1987; Kommt kein Zirkus ins Dorf, 1987; Keiner stirbt, 1990. Romane, Erz., Funkarb., Hörsp. u. FS - Versch. Literaturpreise u. Stipendien, u.a. 1991 Alfred-Döblin-Preis.

KURZWEIL, Hans

Dr. phil. nat., Mathematiker, apl. Prof. Univ. Erlangen-Nürnberg (s. 1978) - Rathsberger Str. 5, 8520 Erlangen.

KUS, Alexander

Redakteur (Ressortleit. Schlesw.-Holst. Volksztg.) - Geibelpl. 10, 2300 Kiel - Geb. 3. Sept. 1911 Preiswitz/OS. - Stud. Musik, Gesang, Theaterwiss. - Vornehml. Theater- u. Musikkritik.

KUSCH, Dieter

Kaufmann, Gesellsch. Kusch + Co. Sitzmöbelwerke KG., Hallenberg, Vors. Fachverb. d. Sitzmöbel- u. Tischind., Wiesbaden - Gundringhausen 9, 5789 Hallenberg/W. - Geb. 23. Dez. 1938.

KUSCHE, Benno

Kammersänger - Harthauser Str. 67, 8000 München 90 (T. 089 - 64 52 83) - Geb. 30. Jan. 1916 Freiburg/Br. (Vater: Paul K., Kunstmaler; Mutter: Else, geb. Franke), gesch., 2 Kd. (Eveline, Christian) - Schauspiel- u. Gesangsausbild. (Prof. Fritz Harlan) - Viels. Einsatz (Oper/Schauspiel/Film/Fernsehen/Schallpl.) - 1968 Bayer. VO., 1981 BVK I. Kl.; Commandeur Orden Cordon Bleu Du Saint Esprit.

KUSCHINSKY, Gustav

Dr. med., em. o. Prof. f. Pharmakologie u. Toxikol. - Gertrud-Bäumer-Str. 16, 6200 Wiesbaden - Geb. 10. Jan. 1904 Berlin, verh. m. Ingeborg, geb. Stoehr - Gymn. Berlin; Univ. Tübingen, Marburg, Innsbruck, Berlin. Promot. 1928 Kiel - Assist., 1933 Privatdoz. Berlin, Prof. Schanghai, 1936 Berlin, 1938 Lehrstuhlvertr. Graz, 1939 o. Prof. Prag (Dt. Univ.), 1946 Mainz - BV: Taschenb. d. mod. Arzneibehandl., 9. A. 1987; Kurzes Lehrb. d. Pharmak., 12. A. 1989 (m. H. Lüllmann; auch span., ital., jap., engl.) - 1963 Purkinje-Med. (2. Intern. Pharmakologen-Kongreß Prag), 1973 Ehrenmitgl. Dt. Pharmakol. Ges., 1977 Dt. Ges. Inn. Med., 1982 Dt. Physiologische Ges.

KUSCHINSKY, Klaus

Dr. med., Prof. f. Pharmakologie Inst. f. Pharmakologie u. Toxikologie, FB 16, Univ. Marburg (s. 1983) - Weintrautstr. 37, 3550 Marburg (T. 06421-13828) - Geb. 9. Okt. 1939 Berlin (Vater: Gustav K., Prof. f. Pharmakologie; Mutter: Ingeborg, geb. Stoehr), ev. - Ärztl. Prüf. 1963 Univ. Freiburg, Promot. 1965 FU Berlin - 1969-83 Max-Planck-Inst. f. exper. Med. Göttingen - Veröff. in Fachztschr. - Liebh.: Gesch., Phil. - Spr.: Engl.

KUSCHKE, Arnulf

D. Dr. theol., em. Prof. f. Bibl. Archäologie - Haußerstr. 86, 7400 Tübingen

(T. 07071 - 6 54 22) - Geb. 10. Aug. 1912 Kiel, ev. - S. 1949 (Habil.) Lehrtätigk. Univ. Göttingen, Erlangen (1952), Mainz (1955 ao., 1959 o. Prof.), Tübingen (1968 o. Prof.). Zahlr. Veröff.

KUSCHMANN, Walther

Dr. phil., Prof. i. R. f. Didaktik d. Physik unt. bes. Berücks. phil. u. psych. Probleme - In den Gärten 9, 3101 Wienhausen - Geb. 11. Juni 1925 Altfriedland (Vater: Walther K., Pfarrer; Mutter: Margarethe, geb. Kopfermann), kath., verh. s. 1948 m. Brigitte, geb. Burow - Gymn.; Univ. Berlin (Humboldt); PH Potsdam; FU u. TU Berlin (Phys., Math., Psych., Päd. Phil.) - 1947-64 Lehrer; 1964-68 Wiss. Assist.; s. 1968 Doz., Prof. (1971) u. Ord. (1973) PH Berlin, 1980-85 FU Berlin. Fachveröff. - Spr.: Engl.

KUSS, Bruno C.

Reiseverkehrs-Kaufmann, Vbd.Dir. Intern. Union Tour Managers (Ps. Bruno Carl) - Wilhelm-Raabe-Straße 16 A, 4902 Bad Salzuflen 1 (T. 05222 - 1 75 75) - Geb. 1. März 1913 Hamburg, verh. s. 1971 m. Else, geb. Hausstätter - Ausl.-Stud.: Sprachen, Kunst, Kultur, Gesch. - Safari-, (Stud.- u. Welt-Reiseltg.); fr. Mitarb. Rundf., FS, in- u. ausl. Presse, Verlage, Redakt., tm-infos, Bild- u. Tonserien - Laird of Camster (Caithness/Scotland) - Ehrenbürger Burlington Wisconsin (USA); Mitgl. National Geographic Soc. of the United States of America u. East African Wild Life Soc. - Liebh.: Fotos u. Tonaufn., Reisebeschr. - Spr.: Engl., Span., Franz., Ital.

KUSS, Heinrich

Dr., Kammerdirektor LK Rheinland u. Leiter Höhere Forstbehörde Rhld. (i. R. s. 1978) - Röttgen/Florastr. 11, 5300 Bonn 1 (T. 0228-25 15 05) - Geb. 23. Aug. 1913 Budsin.

KUSS, Horst

Dr. phil., o. Prof. f. Didaktik d. Geschichte - Zur Scharfmühle 48, 3400 Göttingen - Geb. 24. Sept. 1936 Bad Kudowa/Schles. (Vater: Alfred K., Klempnerm.; Mutter: Helene, geb. Hillmann), kath., verh. I) 1962-75 (Tod d. Ehefr.), 2 T. (Claudia, Julia); II) 1981 m. Ulrike, geb. Kuropka - Univ. Göttingen (Lehrer: Prof. Dr. Percy Ernst Schramm), Würzburg, Genua (Gesch., Klass. u. Roman. Philol.). Promot. 1964 - S. 1971 Ord. PH Nieders./Abt. Göttingen bzw. Univ. Göttingen (1978). Fachveröff. - Spr.: Engl., Franz., Ital.

KUSS, Siegfried

Dr. rer. nat. (habil.), Prof., Wiss. Rat Geolog.-Paläontol. Inst. Univ. Freiburg - Waldstr. 1, 7809 Buchholz/Br. (T. 07681 - 9208) - B. 1965 Privatdoz., dann apl. Prof. Freiburg (Geol. u. Paläontol.-).Facharb.

KUSSMAUL, Karl

Dr.-Ing., Dr. techn. E.h., Prof. f. Materialprüfung, Werkstoffkunde u. Festigkeitslehre - Teckstr. 62, 7411 Reutlingen 17 - Geb. 8. April 1930 Reutlingen-Betzingen, verh., 2 Kd. (Christine, Martin) - Dir. d. Staatl. Materialprüfungsanstalt (MPA) Univ. Stuttgart; Mitgl. d. Reaktorsicherheitskommiss. u. d. Dt. Dampfkesselaussch. - 1986 BVK I. Kl. - Spr.: Engl., Franz.

KUSTERER, Jürgen A.

Dipl.-Kfm., Geschäftsführer Kusterer Innenausbau GmbH, Pforzheim - Bleichstr. 50, 7530 Pforzheim (T. 07231 - 28 78) - Geb. 27. April 1944 Pforzheim - Gymn. (Abit.); Gesellenprüf.; Univ. Berlin u. München (Dipl.); Schreinermeister - Präs. Schreinerhandw. Baden-Württ.; Beiratsmitgl. Baden-Württ. Handwerkstag; AR Volksbank Pforzheim EG - BVK am Bde. - Spr.: Engl., Franz.

KUSZ, Fitzgerald

Schriftsteller - Ludwig-Frank-Str. 36, 8500 Nürnberg 30 - Geb. 17. Nov. 1944 Nürnberg - Mundartged. u. -theaterst. (zul. Schwank: Derhamm is derhamm, 1982). Fernsehreihe: Die Schwiers (1980) - Div. Ausz., dar. 1975 Hans-Sachs-Preis Nürnberg; 1988 Kulturpreis d. Stadt Nürnberg.

KUTSCH, Axel

Herausgeber, Schriftsteller, Redakteur - Im Wohnpark 21, 5010 Bergheim/Erft (T. 02271 - 9 63 81) - Geb. 16. Mai 1945 Bad Salzungen/Thür., T. Katja - BV: Vorläufiges - Lyrik, Prosa, Dialog, 1975; Aus e. dt. Dorf u. and. Ged., Lyr. 1986; In d. Räumen d. Nacht, Lyr. 1988; Stakatto, Lyrik, 1992. Herausg. v. Anthol. m. neuer dt. Lyrik, u.a. D. frühen 80er (1983); Keine Zeit f. Lyrik? (1984); Lebenszeichen '84 (1984); Gegenwind (1985); Ortsangaben (1987); Lyrik '87 (1987); Wortnetze (gem. m. M. Rupprecht, 1988); Wortnetze II (1990); Erftkreisleseb. Knollen, Kohle u. Miljöh (gem. m. J. Arlt, 1990); Wortnetze III (1991). Veröff. in Ztschr., Anthol., Rundf. Tonkassette: Axel Kutsch-Gedichte 1975-86 (1992).

KUTSCH, Ernst

Dr. theol., em. o. Prof. f. Alttestamentl. Theologie - Ina-Seidel-Str. 10, 8520 Erlangen-Frauenaurach (T. 99 32 24) - Geb. 17. Juni 1921 Frankfurt/M. (Vater: Dr. Ferdinand K., zul. Museumsdir. Wiesbaden; Mutter: Else, geb. Knies †), ev., verh. s. 1948 m. Margarete, geb. Rasche, 2 Kd. (Marianne, Matthias) - 1930-1938 Gymn. Wiesbaden; 1948-53 Univ. Mainz (Ev. Theol.). Promot. (1955) u. Habil. (1960) Mainz - S. 1963 Ord. Univ. Wien u. Erlangen-Nürnberg (1966), 1986 emerit. - BV: Salb. als Rechtsakt im Alten Testament u. im Alten Orient, 1963; Sein Leiden u. Tod - unser Heil. E. Exegese v. Jesaja 52,13-53,12, 1967; Verheiß. u. Gesetz. Untersuch. z. sog. Bund im Alten Testament, 1973; Neues Testament - Neuer Bund? E. Fehlübers. wird korrig., 1978; D. chronol. Daten d. Ezechielbuches, 1985; D. Kirchen d. Ev.-Luth. Kirchengemeinde Frauenaurach, 1986; Kleine Schriften z. Alten Testament, 1986 - 1960 Associate Member Brit. Soc. of Old Testament Study.

KUTSCH, Karl

Dr.-Ing., Honorarprof. f. Baubetriebswissenschaft TH Aachen (s. 1960) - Heinrich-Gossen-Str. 9a, 5160 Düren (T. 1 36 75) - Geb. 14. Nov. 1909 Büsbach - 1966 Komturkreuz päpstl. Sylvester-Orden.

KUTSCHA, Günter

Dr. phil., Dipl.Hdl., Prof. f. Berufspädagogik/Berufsbildungsforsch, Univ.-GH Duisburg - Rott 111, 4150 Krefeld (T. 02151 - 59 28 58) - Geb. 26. Sept. 1943 Willingen/Hess. - 1970-75 Wiss. Assist. Univ. Münster; 1976-77 Wiss. Rat u. Prof. f. Wirtschaftspäd. Ruhr-Univ. Bochum; 1977-81 o. Prof. Univ. Oldenburg; s. 1981 Prof. f. Erziehungswiss. (m. Schwerp. Berufspäd./Berufsbildungsforsch.) Univ.-GH Duisburg - BV: Ökonomie an Gymn., 1975; D. politisch-ökonom. Curriculum ‚1976; Enzyklop. Erziehungswiss., Bd. 9 1983.

KUTSCHA, Werner

Dr. med., Prof., Chefarzt Med. Klinik - Vinzentius-Krankenhaus, 6740 Landau/Pfalz (T. 3061) - Geb. 22. Febr. 1931 Königshütte/OS. - Zul. Oberarzt I. Med. Klinik/Klinikum Mannheim (Städt. Krankenanstalten). S. 1962 (Habil.) Lehrtätigk. Univ. Tübingen u. Heidelberg (1969 apl. Prof. f. Inn. Med.). Fachveröff.

KUTSCHEID, Michael

Bürgermeister a. D., MdL Rhld.-Pfalz (s. 1971), Parl.-Geschäftsf. CDU-Landtagsfraktion - Im Weerberg 1, 5503 Konz (T. 5571) - Geb. 30. Jan. 1923 Gillenfeld/Eifel (Vater: Landwirt), kath., verh., 2 Kd. - Volkssch.; Verwaltungslehre Gillenfeld; Landw.ssch. (n. 1945); 3 Sem. Verwaltungs- u. Wirtschaftsakad. Trier - 1941-45 Arbeits- u. Wehrdst. (verwundet); Mitarb. elterl. Landw.; 1947-57 Angest. u. Beamter Amtsverw. Klüsserath; 1957-75 Stadt- u. Verbandsbürgermeister Konz. MdK Trier-Saarburg. CDU s. 1950 (1959-81 CDU-Kreisvors., s. 1982 CDU-Bezirks-Schatzm.); Mitgl. Regionalvertr. Landesvorst. d. KPV.

KUTSCHER, Dagmar

Chefredakteurin Zeitschrift Frau im Leben - Frauentorstr. 5, 8900 Augsburg (T. 0821 - 32 57/180) - Geb. 22. Febr.1944 Meiningen/Th., kath,. verh. s. 1969, 2 Töcht. (Tamina, Natascha) - Abit.; Stud. German. Univ. München; Dt. Journalistensch. München - Tagesztg.-Chefredakt. s. 1981 Ztschr. Frau im Leben u. Zenit - 1979 Wächterpreis d. Tagespresse.

KUTSCHER, Hans

Dr. jur., Dr. jur. h. c., Prof., Präsident a. D. Gerichtshof d. Europ. Gemeinschaften, Luxemburg, Honorarprof. f. Verfassungsrecht u. -gerichtsbarkeit Univ. Heidelberg (s. 1965) - Viertelstr. 10, 7506 Bad Herrenalb-Neusatz - Geb. 14. Dez. 1911 Hamburg - Stud. Rechtswiss. Promot. 1937 (Königsberg/Pr.); Ass.ex. 1939 Berlin. Ab 1939 Reichswirtschaftsmin. (1942 Reg.rat), 1939-46 Wehrdst. u. Kriegsgefangensch., dann Verkehrs- u. Innenmin. Württ.-Baden (zul. Reg.dir.), 1951-55 Bundesrat (Sekr. Rechts-, spät. Geschäftsf. Vermittlungsaussch.; 1952 Ministerialrat), 1955-70 Bundesverfassungsgericht (Richter) - 1980 Großkreuz VO d. BRD.

KUTSCHERA, von, Franz

Dr. phil., Prof. f. Philosophie Univ. Regensburg - Prebrunnstr. 23, 8400 Regensburg - Geb. 3. März 1932 Hannover (Vater: Kurt v. K.), verh. m. Ingeborg, geb. Vogt - S. 1963 (Habil.) Lehrtätigk. Univ. München u. Regensburg (1968 Ord.) - BV: D. Antinomien d. Logik, 1964; Elementare Logik, 1967; Sprachphil., 1971; Einführ. in d. mod. Logik, 1971 (m. A. Breitkopf); Wissenschaftstheorie, 1972; Einführ. in d. Logik d. Normen, Werte u. Entscheid., 1973; Einf. in d. intensionale Semantik, 1976; Grundfragen d. Erkenntnistheorie, 1981; Grundlagen d. Ethik, 1982; D. Satz v. ausgeschlossenen Dritten, 1985; Ästhetik, 1988; Gottlob Frege, 1989; Vernunft u. Glaube, 1990. Div. Einzelarb.

KUTSCHERA, Rolf

Prof., Theaterdirektor - Lehárgasse 5, Wien 6 - Geb. 6. Jan. 1916 Wien, kath., verh. m. Susanne, geb. v. Almassy (Schausp.) - Musiker- (Klavier) u. Schauspielausbild. Wien (Prof. Beer) - Schausp. u. Regiss. vornehml. Wiener u. Berliner Bühnen; s. 1965 Dir. u. Geschäftsf. Theater an d. Wien. Film: Stille Nacht, hl. Nacht. Insz. u. a.: Cabaret, Anatevka, My fair lady, Lächeln e. Sommernacht, D. Gräfin v. Naschmarkt, Helden, Helden - 1976 Gr. Gold. Ehrenz. Land Wien; 1981 Ehrenmed. in Gold Bundeshauptstadt Wien.

KUTSUPIS, Apostolos

Dipl.-Ing., Prof. f. Entscheidungs-, Planungstheorie u. -verfahren Univ. Oldenburg - Hollerallee 14c, 2800 Bremen 1.

KUTTER, Eckhard

Dr.-Ing., Prof. f. Integrierte Verkehrsplanung TU Berlin - Zu erreichen üb. TU, Str. d. 17. Juni 135, Sekr. ZAZ 6, 1000 Berlin 12 - Geb. 28. März 1939 Braunschweig (Vater: Karl K., Konrektor; Mutter: Hildegard, geb. Günther), ev., verh. s. 1959 m. Rita, geb. Christmann, 3 Kd. (Axel, Anne, Ralf) - 1959-65 Stud. Bauing.wesen TU Braunschweig (Dipl.-Ing. 1965, Promot. 1972) - 1965-74 wiss. Assist. u. Oberıng. TU Braunschweig; s. 1974 Prof. TU Berlin - BV: Demograph. Determinanten städt. Personenverkehrs, (Diss.) 1972; zahlr. Publ. in verkehrswiss. Ztschr. u. Reihen - 1973 August-Lösch-Preis Stadt Heidenheim (f. Diss.) - Spr.: Engl.

KUTTER, Günther

Dipl.-Volksw., Leiter Wirtschaftsredaktion Münchner Merkur - Bayerstr. 57-67, 8000 München 2.

KUTTER, Peter

Dr. med., Prof. f. Psychoanalyse Univ. Frankfurt (s. 1974) - Oppenheimer Landstr. 4, 6000 Frankfurt 70 - Geb. 5. Febr. 1930 Heidenheim/Brenz (Vater: Peter K., Facharzt f. Kinderkrankh.; Mutter: Margarethe, geb. Fleege), ev., verh. s. 1958 m. Ehefr. Ursula, 4 Kd. (Martin, Wolfgang, Thomas, Eva) - Stud. Mainz, München, Göttingen, Heidelberg; Promot. 1955 - 1972-74 Assist.prof. FU Berlin. Mitgl. Dt. Ges. f. Psychotherapie, Psychosomatik u. Tiefenpsych., Dt. u. intern. Psychoanalyt. Verein. - BV: Psychiatrie, 1972; Sozialarbeit u. Psychoanalyse, 1974; Elemente d. Gruppentherapie, 1976; Die menschl. Leidenschaften, 1978; Psychoanalyse in d. Bewähr., 1984; Psychoanalyt. Interpretation u. empirische Meth., 1985; Moderne Psychoanalyse, 1989 - Spr.: Engl.

KUTTERER, Richard E.

Dr.-Ing., Direktor i. R., Honorarprof. am Institut f. Strömungslehre Univ. Karlsruhe (s. 1967) - Leopoldstr. 2, 7858 Weil/Rh. (T. Lörrach 71528) - Geb. 15. Juli 1904 Berlin - U. a. Dir. Dt.-Franz. Forschungsinst. St. Louis u. Bundesamt f. Wehrtechnik u. Beschaffung - 1969 BVK I. Kl.; 1971 Franz. Ord. Ordre National Du Mérite.

KUTTIG, Helmut

Dr. med., Prof. f. Klin. Radiologie - Burgstr. 63, 6900 Heidelberg - Geb. 8. Aug. 1921 Lüben - S. 1963 (Habil.) Lehrtätigk. Univ. Heidelberg - 1969 Studienpreis d. Radiologen.

KUTTLER, Wilhelm

Dr. rer. nat., Prof., Hochschullehrer, Dir. Inst. f. Ökologie Univ. Essen - Westpreußenstr. 56, 4300 Essen 15 (T. 0201 - 46 16 41) - Geb. 16. Sept. 1949 Bochum, kath., verh. - Stud. Biol. u. Geogr.; Staatsex. 1976; Promot. (Klimatol.) 1979 Bochum; Habil. (Klimatol.) 1985 - S. 1981 Generalsekr. Ständiger Aussch. Stadt- u. Bauklimatol. im Intern. Verb. f. Wohnungswesen, Städtebau u. Raumordnung - BV: Einflußgrößen gesundheitsgefährdender Wetterlagen u. deren bioklimat. Auswirk. auf pot. Erholungsgeb. - dargest. am Beisp. d. Ruhrgeb. u. d. Sauerl., 1976; Raumzeitl. Analyse atmosph. Spurenstoffeinträge in Mitteleuropa, 1986. Zahlr. Arb. auf d. Gebiet d. Stadtklimatologie - 1980 Heinrich-Kost-Preis Ruhr-Univ. Bochum - Spr.: Engl.

KUTTNER, Stephan

Dr. jur., Drs. h. c., Prof., Kirchenrechtler - 771 Euclid Ave., Berkeley, Cal. 94708 (USA) - Geb. 24. März 1907 Bonn (Vater: Georg K.; Mutter: Gertrud, geb. Schocken), verh. s. 1933 m. Eva, geb. Illch, 9 Kd. (Ludwig, Andrew †, Susanne, Angela, Barbara, Thomas, Michael, Francis, Philip) - 1933 wiss. Mitarb. Vatikan. Bibl., 1940 Prof. (1942 Ord.)

KUTTRUFF, Karl Heinrich
Dr. rer. nat., o. Prof. f. Techn. Akustik - Nordhoffstr. 7, 5100 Aachen (T. 8 27 90) - Geb. 17. Aug. 1930 Engen/B. - Stud. Physik - S. 1962 (Habil.) Lehrtätigk. Univ. Göttingen (1968 apl. Prof.), TH Darmstadt u. Aachen (1972 o. Prof. u. Inst.dir.); 1978 Mitgl., 1981-88 Sekr. Intern. Kommiss. f. Akustik (ICA) o. IUPAP - BV: Room Acoustics, Lehrb./ Wiss. Monogr., 1973, 2. A. 1979, 3. A. 1991; Physik u. Technik d. Ultraschalls, Lehrb./Wiss. Monogr., 1988; Ultrasonics, Lehrb./Wiss. Monogr., 1991. zahlr. Fachveröff. u. a. Beitr. zu Sammelw. Deutscher Herausg. d. intern. Ztschr. Acustica - Fellow d. Acoust. Soc. of America; 1988 Silbermed. d. Société Française d'Acoustique; 1989 korr. Mitgl. Akad. d. Wiss. zu Göttingen - Liebh.: Kammermusik.

KUTZBACH, Heinz-Dieter
Dr.-Ing., Prof. f. Grundlagen d. Landtechnik Univ. Hohenheim, Honorarprof. Univ. Stuttgart - Goethestr. 5, 7441 Schlaitdorf/Württ. - Geb. 14. März 1940 Bad Doberan/Meckl. (Vater: Heinz K., Lehrer; Mutter: Liselotte, geb. Hebert), ev., verh. s. 1968 m. Gudrun, geb. Hartmann, 3 Kd. (Inke, Martin, Jens) - Obersch. Husum; TH Braunschweig (Maschinenbau; Dipl.-Ing. 1967). Promot. 1972 Braunschweig - U. a. Projektleit. Intern. Harvester Comp., Neuss. Vors. Arbeitskr. Forschung u. Lehre/ MEG.

KUTZBACH, Karl August
Schriftsteller - Schumannstr. 39, 5300 Bonn 1 (T. 0228 - 21 89 05) - Geb. 23. Sept. 1903 Nürnberg (Vater: Prof. Dr. Karl K.; Mutter: Franziska, geb. Swoboda) - S. 1923 Stud. Kunst- u. Literaturgesch., Phil. Univ. Freiburg, München, Wien, Hamburg, Bonn - S. 1933 Vorst. Paul-Ernst-Ges. Berlin, jetzt Düsseldorf. Herausg. d. Werke v. Paul Ernst, d. Jahrb. u. Mitteil. d. Paul-Ernst-Ges. (1934ff.), d. Schriftenreihe D. Wille z. Form (1957-65, Neue Folge 1970ff.) - BV: Autorenlex. d. Gegenw., 1950; Autorenlex. d. XX. Jh., 1952; Paul Ernst. E. Dokumtar-Biogr. 8 Bde., 1966ff.; D. neuklass. Beweg. um 1905, 1972; P. E. u. Georg Lukács, 1974; P. E.: Acht Einakter (aus d. Nachlaß), 1977. Herausg. d. Schriften v. Erich Härlens: Unterschiedliche Versuche vornehmlich an Paul Ernst (1982); Vortr. üb. europ. Dichtung vornehmlich zu Novelle u. Roman (1987).

KUTZELNIGG, Werner
Dr., Dipl.-Chem., o. Prof. f. Theoretische Chemie Univ. Bochum (s. 1973) - Kämperfeld 7, 5810 Witten - Geb. 10. Sept. 1933 Wien (Vater: Prof. Dr. Artur K.; Mutter: Hilde, geb. Laubner), verh. s. 1975 m. Irmgard, geb. Merkel - Stud. Univ. Bonn, Freiburg/Br., Paris, Uppsala, Göttingen; Dipl.ex. 1958 u. Promot. 1960 Freiburg; Habil. 1967 - 1970-73 apl. Prof. Univ. Karlsruhe - BV: Einführung i. d. Theoretische Chemie, Bd. 1 1975, Bd. 2 1978 - 1971 Carl-Duisberg-Gedächtnis-Preis Ges. Dt. Chem. - Spr.: Engl., Franz.

KUTZER, Reinhard
Dr. phil., Prof. f. Sonderpädagogik Univ. Marburg - Milseburgstr. 10, 6418 Hünfeld (T. 06552 - 3155) - Geb. 27. Mai 1937 Abaschin b. Marienbad - Stud. Math. u. Physik, Lehrerstud., Stud. d. Sonderpäd. Marburg; 1968-70 Lehrbeauftr. Univ. Marburg, 1970-78 Päd. Mitarb. u. Studienrat; Hochschuldienst Univ. Marburg; Promot. 1976; Prof. Univ. Marburg 1978 - BV: u. a. Über d. Erfordernis einer Neuorientierung d. Didaktik d. Schule f. Lernbehinderte unter d. Aspekt d. Emanzipation, 1973; D. Erarbeitung d. Zahlenraumes, in: G. Kanter (Herausg.): Didaktik d. Mathematikunterr., 1975; Zur Kritik gegenw. Didaktik d. Schule f. Lernbehinderte, 1976; Anmerkungen z. struktur- u. -niveauorientierten Unterricht, in: Probst, H. (Hrsg.): Kritische Behindertenpäd. in Theorie u. Praxis, 1979; Unterrichtswerk: Mathem. entdecken u. verstehen, 4 Bde., 1982-84.

KUTZIM, Heinrich
Dr. med., o. Prof. f. Nuklearmedizin - Raschdorffstr. 16, 5000 Köln 41 (T. 491161) - Geb. 6. Nov. 1919 Aktenessen, kath., verh. s. 1948 m. Marieluise, geb. Ebert, 3 Töcht. Margret, Renate, Marieluise) - Univ. Münster, Erlangen, Köln. Promot. (1947) u. Habil. (1956) Köln - S. 1956 Privatdoz., apl. (1962) u. o. Prof. (1972) Univ. Köln. Spez. Arbeitsgeb.: Jod- u. Eisenstoffwechsel. Üb. 50 Fachveröff. - 1963 Hochhauspreis.

KUTZNER, Hans Jürgen
Dr. agr., Prof. f. Mikrobiologie TH Darmstadt - Dresdner Str. 16, 6105 Ober-Ramstadt.

KUTZNER, Joachim
Dr. med. (habil.), Prof. f. Klin. Strahlenkunde Univ. Mainz - Backhaushohl 46, 6500 Mainz 22.

KUTZSCH, Gerhard
Dr. phil., Direktor i. R. (s. 1979) - Gatower Str. 86, 1000 Berlin 20 (T. 362 58 08) - Geb. 5. Aug. 1914 Leipzig, ev., gesch., T. Christiane - Univ. Leipzig (Geschichte, German., Kunstgesch.); Dt. Hochsch. f. Politik Berlin - 1952-54 Geh. Staatsarchiv Berlin; 1955-56 Staatsarchiv Marburg (Lehrg.); s. 1957 Landesarchiv Berlin. 1978 ff. - Veröff. z. preuß. Geschichte u. Berliner Kommunalgesch.

KUXMANN, Ulrich
Dr.-Ing., o. Prof. f. Metallhüttenwesen u. Elektrometallurgie - Birkenweg 4, 3392 Clausthal-Zellerfeld (T. 3560) - Geb. 14. Okt. 1924 Bielefeld, ev. - S. 1962 (Habil.) Bergakad. bzw. TU Clausthal (1964 Ord. u. Inst.sdir.). Veröff., vorweg. Ztschr. Erzmetall.

KUZMANY, Elfriede
Schauspielerin u. Malerin - Ainmillerstr. 31, 8000 München 40 - Geb. 29. Sept. Rokitnitz/Böhmen, ev., verw., 2 Kd. - Akad. f. Musik u. Darstell. Kunst, Wien (Dipl. Akad. Malerin) - Theater in d. Josefstadt Wien, ab 1941 Dt. Theater Berlin, ab 1949 Residenztheater München - Rollen: Bühne u. a. Käthchen, Undine, Rosalinde, hl. Johanna, Gretchen, Natalie, Alkmene, Doña Rosita, Ariel (in: Sturm), Elektra (Sophokles), Totentanz, Endstation Sehnsucht, Geliebter Lügner, Memoiren (Sarah Bernhard). Film: D. fallende Stern, D. schwarz-weiß-rote Himmelbett, D. Reiher. Fernsehen: Ostern, Nora, Johanna v. Lothringen, Schatten d. Helden, Elisabeth (in: Maria Stuart), Königin Christine, D. Bär, Heiratsantrag, Fernamt bitte!; Komissar- u. Derrik-Filme u. v. a. - 1979 endg. Kündig. d. langj. Residenztheatervertrags, seither fr. Schausp. Theaterengag.: Ernst Deutsch-Th. (Hamburg), Fritz Rémond-Th. (Frankfurt), Altmod. Kom. S. 1970 neben Schauspieltätig. wieder Malerei u. Radierung: Intern. Sommerakad. Salzburg: (Sem. b. Corneille, Meckseper). Gastschülerin b. Mac Zimmermann; Austellungen: Berlin, Wien (Palais Palffy), München (Haus d. Kunst) u. BMW-Galerie (Aa-

chen) - 1963 Bundesfilmpreis; 1967 Bayer. VO; 1981 Hersfeldpreis (Rolle d. Narren in: König Lear).

KVASZ, Csaba
Ballettänzer Theater Philharmonie Essen (s. 1987), Solotänzer (s. 1989) - Reckhammerweg 20, 4300 Essen 1 - Geb. 16. Okt. 1961 Ungarn, verh. s. 1987 m. Veronika, geb. Nagy - Künstlerschule 1976-80; Ungar. Ballett Akad. Budapest 1980-84 - 1984-87 Mitgl. d. Ungar. Opernhauses.

KWASCHIK, Johannes

Oberbürgermeister d. Landeshauptstadt Schwerin (s. 1990) - Puschkinstr. 9, O-2750 Schwerin (T. 86 03 80) - Geb. 30. Sept. 1948 Wittenberg, ev., verh. s. 1973 m. Gerda, geb. Schäfer, 3 Kd. (Anne, Ute, Christoph) - Abit.; Chemiestud.; Theologiestud.; Repetent u. Assist. in Naumburg; Stud. Mitarb. d. ESG-Geschäftsst.; Gemeindepastor, Rektor d. katechet. Aus- u. Weiterbildungszentrums Schwerin; Mitbegründer d. SPD (damals SDP) in Schwante; s. 1990 Vors. d. Städte- u.Gemeindetages Mecklenburg-Vorpommern.

KWASNITSCHKA, Karl
Dr., Dipl.-Forstw., Oberforstdir., Leit. Fürstl. Fürstenberg. Forstverw. - Feursteinstr. 15, 7710 Donaueschingen (T. 0771 - 86-442) - Geb. 15. Juni 1919 Nirklowitz (Vater: Karl K., Werkm.; Mutter: Marie, geb. Bezacinsky), kath., verh. s. 1945 m. Ilse, geb. Krüger, 2 Kd. (Rainer, Ulrich) - Promot. 1954 - Präs. Dt. Forstverein (1970 ff.). Erf.: Stammholzvereinzelung, Entrindungskombination - Liebh.: Kunst, Gesch., Naturgesch., Jagd - Spr.: Engl., Ital., Tschech., Russ.

KWIET, Hans
Leiter Spiel u. Unterhaltung Sender Freies Berlin (SFB) - Schlettstadterstr. 118, 1000 Berlin 37 (T. 030 - 812 18 84) - Geb. 27. April 1931 Halle/S. (Vater: Bernhard K., Arzt; Mutter: Judith, geb. de Levie), ev., verh. s. 1976 in 3. Ehe m. Christina, geb. Köhnhorn, 4 Kd. (Manuel, Bettina, Sebastian, Ariane) - Baltenschule Misdroy, Schauspielsch. Dt. Theater Berlin - B. 1959 Schausp.; 1959-69 fr. Mitarb. SFB (Redakt., Prod.leit.); 1969-73 Prod.-Chef SFB; 1973ff. Leit. Hauptabt. Fernsehspiel SFB; s 1989 Leit. HA-Spiel u. Unterhaltung - Spr.: Engl.

KYRIELEIS, Helmut
Dr. phil., Dr. h. c., Hon.-Prof. f. Klass. Archäologie Freie Univ. Berlin (s. 1990), Präsident Dt. Archäologische Inst. - Podbielskiallee 69-71, 1000 Berlin 33 - Geb. 10. Jan. 1938 Hamburg, ev., verh. s. 1967 m. Friederike, geb. Mecklenburg, 3 Kd. (Sophie, Friedrich, Anna) - Promot. 1965 Marburg; Habil. 1972 Bonn - S. 1972 I. Dir. u. Prof. DAI Berlin u. Athen (1975-88); 1976-84 Leitg. d. Ausgrab. im Heraion v. Samos, Griechenland u. s. 1985 Olympia - BV: Throne u. Klinen, 1969; Bildnisse d. Ptolemäer,

1975. OM d. DAI, KM d. Österr. Arch.Inst., Ehrenmitgl. d. Griech. Archäolog. Ges. Athen, Ehrendoktor Univ. Athen.

KYTZLER, Bernhard
Dr. phil., Prof. f. klass. Philologie FU Berlin (s. 1971) - Lohengrinstr. 10, 1000 Berlin 39 - Geb. 16. Aug. 1929 Hindenburg - Stud. Kath. Kirchenmusik, Klass. Philol., Musikwiss. Univ. Berlin; Promot. 1956; Habil. 1970 - Lehrtätigk. Harvard Univ., Fordham Univ. of Colorado at Boulder(USA), Frankf. Changchun (Volksrep. China), Natal Univ. at Durban (Südafrika). Leit. Arbeitsst. Neulatein; Mitgl. Histor. Kommiss. Böhmen u. Schlesien - Wiss. Veröff. u. a. z. Gesch. d. griech. u. lat. Lit., d. Rom-Idee, d. antiken Rhetorik u. Phil., d. antiken u. neulat. Utopie, d. Humanismus in Schlesien; Bibliogr. z. 60. Geb. (1989, hg. U. Greiff u. a.).

L

LA ROCHE, von, Walther
Leiter Hörfunk-Nachrichtenredaktion Bayer. Rundf. - Rundfunkplatz 1, 8000 München 2 (T. 089 - 59 00 29 27) - Geb. 29. Febr. 1936 München, led. - 1956 Werner-Friedmann-Inst. München (Lehrredaktion); Stud. Rechtswiss., 2. jurist. Staatsex. 1968. Univ. München; Zulassung als Rechtsanwalt - Vorst.-Mitgl. Dt. Journalistenschule München - BV: Einführung i. d. praktischen Journalismus. Mithrsg. (m. Axel Buchholz). Radio-Journalismus. Herausg. d. Fachbuchreihe List Journalistische Praxis - Kurt-Magnus-Preis d. ARD - Spr.: Engl.

LAABS, Joochen

Schriftsteller (Lyrik, Erzählungen, Romane) - Husstr. 126, O-1199 Berlin (T. 677 55 65) - Geb. 3. Juli 1937 Dresden, verh. - Stud. 1956-61 Hochsch. f. Verkehrswesen Dresden; Dipl.-Ing. oec. - 1986-91 Gastprof. USA - BV: Eine Straßenbahn f. Nofretete, Ged. 1970; D. Grashaus, R. 1971; Himmel sträflicher Leichtsinn, Ged. 1978; D. Ausbruch, R. 1979; D. letzte Stern, Erz. 1988; D. Schattenfänger, R. 1990; Winnetous Enkel, Funkerz. 1992; u.a. - 1978 Martin-Andersen-Nexö-Preis; s. 1991 Mitgl. d. Präsid. d. Dt. P.E.N.-Zentrums (Ost)

LAACKHOVE, Winfried
Vorsitzender d. Geschäftsführung Heinrich Heine GmbH & Co. - Windeckstr. 15, 7500 Karlsruhe (T. 0721 - 86 03-5 60) - Geb. 26. Aug. 1942.

LAAF, Wolfgang
Dr. rer. pol., Dipl.-Kfm., Vorstandsmitgl. Edelstahlwerke Buderus AG, Wetzlar (s. 1970) - Wertherstr. 8, 6330 Wetzlar/Lahn - Geb. 6. Mai 1926 - Zul.

Geschäftsf. Röchlingstahl GmbH., Völklingen.

LAAGE, Gerhart

Dipl.-Ing., o. Prof. Univ. Hannover, Inst. f. Architektur- u. Planungstheorie - Schloßwender Str. 1, 3000 Hannover; priv.: Süllbergstreppe 3a, 2000 Hamburg 55 - Geb. 19. April 1925 Hamburg (Vater: Richard L.; Mutter: Valerie, geb. Pitzner), verh. s. 1959 m. Ursula, geb. Gebert, 3 Kd. (Bert, Clea, Ebba) - Gelehrtensch. d. Johanneums, Hamburg (Abit. 1943); TH Braunschweig (Arch.; Dipl.-Hauptprüf. 1953) - 1969-73 Vors. Dekans- u. Abt.leiterkonfz. d. Fak. u. Abt. d. Univ. d. Bundesrep. u. Westberlin, 1974/75 Rektor d. Univ. Hannover. S. 1990 Präs. d. Bundesarchitektenkammer - Bauten: 40 Atriumhäuser Hamburg-Flottbek (1965), Nicolaiplatz Hamburg (1963-76), Hörsaalzentrum Univ. Göttingen (1970-74), verdichteter Wohnungsbau in Hamburg, Norderstedt (Schl.-Holst.), Bonn; Museum f. Stadtgeschichte Köln; Stadtsanierungs- u. -entwickl.planung Stade, Hann.-Münden, Bremen-Ritterhude, Stadtgestalt.plan. Osnabrück, Berat. d. Bundesreg. f. d. Ausbau d. Hauptst. Bonn - BV: Wohnungen v. heute f. Ansprüche v. morgen, 1971; Planung u. Mitbestimmung, 1973; Planungstheorie f. Arch., 1976; Wohnen beginnt auf der Straße, 1977; Handbuch f. Architekturplanung, 1978; Weder Traum noch Trauma, 1978; D. Stadthaus, 1980; Neues Wohnen in alten Städten, Schriftenreihe d. Bundesmin. f. Raumordn., Bauwesen u. Wohnungsbau, 1980; Warum wird nicht immer so gebaut?, 1985; Kosten- u. flächensparendes Bauen in Essen-Vogelheim, Schriftenreihe d. Bundesmin. f. Raumordn., Bauwesen u. Städtebau, 1986; V. Architekten, Bossen u. Banausen, 1989 - Villa-Massimo-Ehrung Rom - Spr.: Engl.

van LAAR, Karl-Wilhelm

Dipl.-Ing., Mitglied d. Unternehmensleitung Vorwerk & Co. - Mühlenweg 17-37, 5600 Wuppertal 2 - Geb. 31. Aug. 1931.

LAAS, Ernst

Dr. med. (habil.), Pathologe, apl. Prof. f. Pathol. Univ. Hamburg - Loehrsweg 11, 2000 Hamburg 20 (T. 48 74 42) - Geb. 17. Mai 1905 Frankfurt/O. - Chefarzt i. R. Pathol. Abt. Allg. Krkhs. Heidberg (Hamburg). S. 1942 Prof. Facharb.

LAATSCH, Hartmut

Dr., apl. Univ.-Prof. f. Organ. Chemie - Adolf-Ellissen-Weg 21, 3400 Göttingen (T. 0551 - 37 25 36) - Geb. 19. April 1946, verh. s. 1973 m. Dr. Sigrun, geb. Schwab - S. 1969 Stud. Chemie Univ. Göttingen; Dipl. 1971, Promot. 1973, Habil. 1981 alle Göttingen - 1981/82 Forschungsaufenth. Univ. Aberdeen/Schottland; 1973-78 Wiss. Assist.; 1978-84 Oberassist., s. 1984 Prof. a. Z., 1986 apl. Prof. - Arb. z. Chemie d. Chinone, Photochromie, Wirkstoffe aus Mikroorganismen, spez. Meeresbakterien; ca. 70 Fachveröff. BV: D. Technik d. Organischen Trennungsanalyse, 1988 - Liebh.: Mineral., Numismatik, Sport - Spr.: Engl., Lat.

LAATSCH, Willi

Dr. sc. nat., Dr. forest. h. c., o. Prof. (emerit. 1971) - Aachener Str. 7, 8000 München 40 (T. 36 72 77) - Geb. 18. Okt. 1905 Vorwerk Demmin/Pom. (Vater: Richard L., Brennereiverw.; Mutter: geb. Henning), verh. s. 1936 m. Sigrid, geb. Torner, 2 Kd. - Univ. Halle - 1938 Privatdoz. Univ. Halle (b. 1945), 1948 o. Prof. f. Pflanzenernährung u. Bodenkd. Univ. Kiel, 1954 o. Prof. Univ. München u. Dir. Inst. f. Bodenkd. u. Standortslehre Bayer. Forstl. Forschungsanst. ebd. - BV: Dynamik d. mitteleurop. Mineralböden, 4. A. 1957 (Dresden) - 1965 Mitgl. Dt. Akad. d. Naturforscher (Leopoldina), Halle/S.

LABAN, Jean

Erster Solotänzer b. John Neumeier, Hamburg. Staatsoper - Geb. 11. Juni 1963 Bayonne/Frankr., verh. s. 1988 m. Bettina, geb. Beckmann, 1. Solistin b. Neumeier - 3 Jahre Conservatoire National Superieur de Musique et de Danse (CNSM) de Paris/France - Rollen: Armand (Karmeliendame); Romeo (Romeo u. Julia; Daphnis (Daphnis u. Cloe); Orlando u. Jacques (Wie es euch gefällt); Peer-Gynt (Peer-Gynt); Lysander u. Oberon (Sommernachtstraum); Günther (Nußknacker); Mitch (Endstation Sehnsucht); III Mahler, Onegin u. Lensky (Onegin) - 1. Prix du CNSM de Paris - Liebh.: Lesen, Reisen, Tauchen, Jagen - Spr.: Engl., Deutsch, Franz. (Mutterspr.).

LABARDAKIS, Augoustinos

Griech.-Orth. Metropolit v. Deutschl. u. Exarch v. Zentraleuropa - Dietrich-Bonhoeffer-Str. 2, 5300 Bonn 3 (T. 0228 - 46 20 41/42) - Geb. 7. Febr. 1938 Chania/Kreta, griech.-orth., ledig - Theol. Hochsch. Chalki (Dipl.); Theol. u. Phil. Nachstud. in Österr. u. Deutschl.- 1964-72 Pfarrer Berlin; 1972-80 Vikarbischof d. Griech.-Orth. Metropolie v. Deutschl.; ab 1980 Metropolit u. Exarch - Gr. BVK - Spr.: Deutsch, Engl., Türk. (Griech. Mutterspr.).

LABES, Günther

Versicherungskaufmann, Aufsichtsratsmitgl. Volkswohl-Bund Lebensversich. a. G. Sachversich. AG - Kantstr. 13, 1000 Berlin 12 - Geb. 10. Jan. 1928 Berlin, verh. s. 1954 m. Erika, geb. Zimmermann - Lehre Versicherungskaufm. - Mitgl. Widerspruchsaussch. d. BfA.

LABRYGA, Franz

Dipl.-Ing., Architekt, Univ.-Prof. f. Entwerfen, Bauten d. Gesundheitswesens TU Berlin - Grethe-Weiser-Weg 1 c, 1000 Berlin 19 (T. 030 - 304 54 29) - Geb. 25. April 1929 Erfurt, kath., verh. s. 1963 m. Barbara, geb. Gerhardt, S. Lars - Univ. Jena (Math., Naturwiss.), Weimar, TU Berlin (Architektur); Dipl.-Ing. - Fr. Architekt (Wohn-, Kirchen- u. Krankenhausbauten; Ziel-, Betriebs- u. Bauprogrammplanungen); Wiss. Tätigk. Inst. f. Krankenhausbau TU Berlin; s. 1974 Prof.; 1974-77 Sprecher d. SFB Krankenhausbau; 1974-80 u. s. 1989 gf. Dir. Inst. f. Krankenhausbau; Leiter mehr. Arbeitsaussch.; Mitveranstalter Intern. Krankenhaussymp. in Berlin u. Düsseldorf - BV: Rationelle Gebäudereinigung in Krankenanstalten (m. a.), 1964; Moderne Gesundheitsbauten, 1970 (span.); Krankenhausbau - Maßkoordination u. Entwurfsstrategie (m. a.), 2. A. 1984; Einf. v. Standards f. d. Bauprogrammplanung Allg. Krankenhäuser, mehrere Bde. (m. a.), 1980 u. 82. Mithrsg.: Reihe Bauten d. Gesundheitswesens; zahlr. Fachaufs. - Liebh.: Lit., Fotogr., Filmen, Bildhauerarb. - Spr.: Engl.

LACHER, Günther

Dr.-Ing., Prof. Univ. Hannover - Lakefeldstr. 9, 3003 Ronnenberg-Benthe - Geb. 18. Aug. 1929 Dortmund (Vater: Karl L., Untern.; Mutter: Katharina, geb. Jung), kath., verh. s. 1963 m. Christa, geb. Schatka, 2 T. (Susanne, Ute) - TH Darmstadt (Dipl.-Ing. 1956, Promot. 1962) - 1963-69 Leit. d. Brückenbauabt. Neusser Eisenbau Bleichert KG; 1969-73 Geschäftsf. Südd. Eisenbau GmbH, Nürnberg; 1973-77 Mitgl. Geschäftsltg. Fa. Mehne, Heilbronn; s. 1978 Hochschullehrer Univ. Hannover. Zahlr. Facharb. - Spr.: Engl., Franz.

LACHMANN, Marcus

Stv. Intendant, Oberspielleit., Regisseur, Ausstatter, Schauspieler - Vogelsangstr. 37, 7530 Pforzheim (T. 07231 - 2 32 47) - Geb. 23. Juli 1956 Pforzheim, ledig - Ausb. Westf. Schauspielsch. Bochum - Engagem.: 1977 Staatsoper Hamburg, 1977-79 Theater am Neumarkt, Zürich, 1979-81 Staatstheater Stuttgart, 1981-84 Staatstheater Hannover, 1983-85 Leit. S.TM-Jugendforum, Schloßtheater Moers, 1985 Düsseldorfer Schauspielhaus, Stadttheater Pforzheim, Schauspiel Frankfurt, Stadttheater Aachen u. Heilbronn, Junges Theater Göttingen, Mecklenb. Landestheater Parchim - Rollen: Leslie (D. Geisel), Posa (Don Carlos, Regie: Heyme), Odysseus (Philoktet), Bertram (Ende gut alles gut), Valmont (Quartett), Laertes (Hamlet), Peter (Irre von Chaillot), Egmont (Egmont) u.a. Regie: D. Frieden (nach Arisophanes), Reproduktion untersagt (S. Tm Jugendforum), Dädalus u. Ikarus (Fo), D. Gesch. v. Onkelchen (Brömsen/Brossner, Dt. Erstauff.), D. Kontrabaß (Süßkind), Hunsrück (Pohl), D. letzte Band (Beckett), Besucher (Strauß), Aladin (Wood), Philoktet (Müller), Tango (Mrozek), Warten auf Godot (Beckett), V. dicken Schwein ... (Savary), Harold und Maude (Higgins), An d. XIII. (Ceiss, UA), Torquato Tasso (Goethe), Lear (Call, UA), Kyritz, Pyritz (Wilken Justinus), Hänsel u. Gretel (UA) - Else-Lasker-Schüler-Abend - Liebh.: Lit., Astrol., Kochen, Musik, Gesellsch.spiele, Menschen.

LACHMANN, Raimar

Generalsekretär Dt. Segler-Verb. - Gründgensstr. 18, 2000 Hamburg 60 (T. 040-632 00 90).

LACHMANN, Rainer

Dr. theol., Dr. theol. habil., Univ.-Prof. f. Ev. Theol. (m. Schwerpunkt Religionspäd.) Univ. Bamberg - Hetzerstr. 3, 8600 Bamberg (T. 0951 - 5 73 03) - Geb. 9. Sept. 1940 Marburg (Vater: Otto L., Studienrat; Mutter: Helene, geb. Viering), ev., verh. s. 1969 m. Diethilde, geb. Harder, 3 Kd. (Mareike, Till, Lars) - 1. theol. Ex. 1965, Staatsex. Gesch., ev. Relig. u. Päd. 1967, 2. Staatsex. f. Lehramt an Gymn. 1970, Promot. 1971, Habil. 1978 - 1974-79 Akad. Rat Univ. Erlangen-Nürnberg; s. 1979 C4-Prof. in Bamberg - BV: D. Religionsunterr. Chr. G. Salzmanns, 1974; Eth. Krit. im Religionsunterr., 1980; Grundsymbole christlichen Glaubens, 1992. Herausg.: Religionsunterr. als religionspäd. Herausford. (1982); Religionspäd. Kompendium (1984, 3. A. 1990); Gemeindepäd. Kompendium (1987); Lebensweg u. religiöse Erziehung (2 Bde. 1989).

LACKNER, Stephan

Dr. phil., Schriftsteller - 601, El Bosque Road, Santa Barbara, Cal./USA (T. 9 06 82) - Geb. 21. April 1910 Paris, konfessionsl., verh. s. 1940 m. Margaret, geb. Pernkopf, 3 Kd. - Univ. Gießen - Journ., Farmarb., fr. Schriftst. - W.: D. weite Reise, Ged. 1937; D. Mensch ist kein Haustier, Dr. 1938; Jan Heimatlos, R. 1939; In letzter Instanz, Sp. 1949; D. Lied d. Pechvogels, N. 1950; Gruß v. unterwegs, Ged. 1952; Discover yourself, 1956; Max Beckmann, Biogr. 1962; D. weise Prof. Virrus, Satiren 1963; D. Triptychen, Ess. 1965; Ich erinnere mich gut an Max Beckmann, 1967; Max Beckmann, Biogr. 1979; D. geteilte Mantel, R. 1979; Minimärchen, Erz. 1979; Requiem f. e. Liebe, R. 1980; D. friedfertige Natur, Phil. Ess. 1982; Max Beckmann, Bildbiogr. 1983; Selbstbildnis m. Feder, Autobiogr. 1988 - Liebh.: Kammermusik (Violine), Komposition - 1982 BVK I. Kl.

LACKSCHEWITZ, Klas

Investitionsberater in Thüringen u. in d. baltischen Staaten, Kapitän z. See a. D. - Postfach 538, O-5300 Weimar (T. u. Fax: Weimar 5 33 29); priv.: Obere Wehrhalden 56, 7881 Herrischried (T. 07764 - 64 22) - Geb. 22. Dez. 1934 Libau/Kurl., verh., 2 Kd. - 1945 Flucht in d. Westen; Abit. 1956 - Eintr. in d. Bundesmarine: Verwend. an Bord, Marinefliegerdienst, Offiziersausb., zul. b. 1986 Referatsleit. BMVg-Führungsstab d. Streitkräfte. Journalist. Tätigk. 1980-84 Bundesvors. Dt.-Balt. Landsmannschaft; 1986/87 Generalsekr. Bund d. Vertriebenen, 1988-90 Vizepräs. - Ehrenritter d. Johanniterordens; Mitgl. d. Compagnie d. Schwarzen Häupter aus Riga; Gründungsmitgl. LIONS Club Weimar.

LACMANN, Rolf

Dr.-Ing., Dipl.-Ing., o. Prof. Inst. f. Physikal. u. Theoret. Chemie TU Braunschweig - Am Hasengarten 74, 3300 Braunschweig - Geb. 4. April 1927 Moskau (Vater: Otto L., o. Prof.; Mutter: Erna, geb. Vogler), ev., verh. s. 1961 m. Ingeborg, geb. Dumsch - Stud. Chemie TU Berlin (Dipl.-Ing. 1955, Promot. 1958), Habil. FU Berlin 1968 - 1958-74 MPG Berlin; 1974ff. TU Braunschweig.

LACOSTE, Jean Pierre

Dr., Mitglied d. Unternehmensleitung Vorwerk & Co. - Mühlenweg 17-37, 5600 Wuppertal 2 - Geb. 21. Mai 1944.

LADEN, von der, Wolfgang

Dipl.-Volksw., Kaufm. Verlagsleiter, Geschäftsf. VDI-Verlag GmbH. (s. 1969) - Kaienburgsweg 13, 4307 Kettwig/Ruhr - Geb. 16. Nov. 1927.

LADENDORF, Heinz

Dr. phil., o. Prof. f. Kunstgeschichte - Kerpener Str. 4, 5000 Köln 41 - Geb. 29. Juni 1909 Leipzig, ev., verh. s. 1938 m. Dr. Dora, geb. Straube, 3 Kd. - S. 1948 Lehrtätigk. Univ. Leipzig (1954 Ord.) u. Köln (1958) - BV: D. Bildhauer u. Baumeister Andreas Schlüter, Beitr. z. s. Biogr. u. z. Kunstgesch. s. Zeit, 1935; Andreas Schlüter, 1937; Antikenstudium u. -kopie (Abh. d. Sächs. Akad. d. Wiss., 46, 2 1958) - Mitgl. Dt. Archäol. Inst., Berlin; ausw. Mitgl. Sächs. Akad. d. Wiss., Leipzig.

LADENDORF, Kurt-Friedrich

Dr.-Ing., Vorstandsmitglied Deutsche Waggonbau AG, Berlin - Langkamp 13, 2000 Hamburg 52 (T. 040 - 82 70 94) - Geb. 3. März 1941 Hamburg, ev.

LADIK, Janos

Dr. rer. nat., Dr. math. h. c., o. Prof. f. Theoret. Chemie u. Vorst. am Lehrst. f. Theoret. Chemie Univ. Erlangen-Nürnberg (s. 1975), Präs. d. Intern. Ges. f. theoretisch chem. Physik (s. 1990) - Mistelweg 5, 8520 Erlangen - Geb. 2. Juni 1929 Budapest.

LADWIG, Zita

Freie Schriftstellerin - Böhmerwaldstr. 3, 8264 Waldkraiburg (T. 08638 - 24 21) - Geb. 4. März 1919 Rothau Krs. Graslitz/Böhmen, kath., verw. - Mittlere Reife; kaufm. u. gewerbl. Fortbildungssch. - Kulturwart Egerländer Gmoin Waldkraiburg; stv. Landeskulturwart Bayern; Mitgl. Kulturaussch. Sender Mühldorf - BV: Mascha, 1973; Walderdbeeren, 1978; Märchenschloß d. Markus Frey, 1979; Egerl. Mundartged., 1979; Waldkraiburg, neue Heimat, 1980; Moishe u. Rachele, 1981; Blumen am Wege, 1982; Im Strom d. Zeit, 1983; Kleines Glück, 1985 - 1980 Bundesehrenzeit.; 1985 Bundesehrensz. - Liebh.: Kunsthandwerk (Asiat. Applikationstechnik), Liedertexte - Spr.: Tschech. - Lit.: Handlex. Dt. Lit. in Böhmen, Mähren, Schlesien; Lex. z. Bayer. Gegenwartslit.; Egerländer biogr. Lex., Zürich; Kürschner: WHO'S WHO (10. Ed.).

LÄHNEMANN, Johannes

Dr. theol., o. Prof. Univ. Erlangen-Nürnberg - Viatisstr. 125, 8500 Nürnberg 30 (T. 0911 - 40 67 03) - Geb. 15. Juni 1941 Schellerten (Vater: Karl-Heinz L., Pastor; Mutter: Magdalene, geb. Kirchberg), ev., verh. s. 1967 m. Susanne, geb. Dörner, 3 Töcht. (Henrike, Charlotte, Luise) - Abit. 1960 Diepholz; 1960-65 Stud. Ev. Theol.; 1. theol. Ex. 1965 Bielefeld, Promot. 1968 Münster, 2. theol. Ex. 1969 Bielefeld, Habil. 1977 Bern/Schweiz - 1965 Wiss. Hilfskraft; 1968 Wiss. Assist.; 1973 Akad. Rat; 1976 Akad. Oberrat; 1981 Prof. - BV: D. Kolosserbrief, (Diss.) 1971; D. Philemonbrief, 1973; Hochschuldidaktik in Ev. Theol., 1973; Nichtchristl. Relig. im Unterr., Schwerp. Islam, 1977; Jesus Christus, Stud.buch 1981; Kulturbegegnung in Schule u. Studium, 1983; Weltreligionen im Unterr., T. I: Fernöstl. Religionen, T. II: Islam, 1986; Erziehung z. Kulturbegegnung, 1986; Weltreligionen u. Friedenserz., 1989 - 1968 Jahrespreis Ev.-Theol. Fak. Univ. Münster - Liebh.: Musik, Instrum.: Horn (konzertm.), Klavier, Geige (Lehrauftr. f. Bläsermusik) - Spr.: Engl., (Latein, Altgriech., Hebr.).

LÄMMERT, Eberhard

Dr. phil., o. Prof. f. Dt. Philol. u. Allg. Literaturwiss. FU Berlin - Hüttenweg 9, 1000 Berlin 33 - Geb. 20. Sept. 1924 Bonn (Vater: Dipl.-Berging. Arnold L.), ev., verh. s. 1948 m. Luise, geb. Martini, 3 Kd. (Angelika, Michael, Constanze) - Univ. Bonn (Promot. 1952) u. München (Naturwiss., German.). Habil. 1960 Bonn - S. 1960 Lehrtätigk. Univ. Bonn, FU Berlin (1961 ao., 1962 o. Prof.), Univ. Heidelberg (1970) u. wied. FU (1976-83 Präs.). 1972-76 Vors. Vereinig. dt. Hochsch.german.; s. 1976 Vorst., s. 1988 Präs. d. Dt. Schiller-Ges. (Dt. Literaturarchiv Marbach), s. 1984 Vorst. d. DAAD - BV: Bauformen d. Erzählens, 8. A. 1988; Germanistik - e. dt. Wiss. (Mitverf.), 4. A. 1970; Reimsprecherkunst im Spätmittelalter, 1970; D. Geisteswiss. im Industriezeitalter, 1986; D. überdachte Labyrinth. Ortsbestimmungen d. Literaturwiss. 1960-90, 1991. Herausg.: Friedrich v. Blanckenburg, Versuch üb. d. Roman (1965); Erzählforschung (1982); Mithrsg.: Wilhelm Scherer/Erich Schmidt, Briefwechsel (1963); Romantheorie in Dtschl., 2 Bde. (2. A. 1984/88); Reader Literatur, 2 Bde. (1976ff.); Funkkolleg Literatur, 2 Bde. (1977ff.); Lit.wiss. Grundkurs, 2 Bde. (1981); Unser Commercium. Goethes u. Schillers Literaturpolitik (1984); Das war ein Vorspiel nur - Literaturpolitik im Dritten Reich (1985); D. Zukunft d. Aufklärung (1988); Regelkram u. Grenzgänge. V. poetischen Gattungen (1988); Literatur in e. industriellen Kultur (1989); D. Gruppe 47 in d. Geschichte d. Bundesrepublik (1991) - 1989 Ehrenmitgl. d. American Assoc. of Teachers of German.

LÄPPLE, Alfred

Dr. theol., o. Prof. f. Katechetik u. Religionspäd. (Univ. Salzburg) (1972-81) - Flurgrenzstr. 23, 8031 Gilching - Geb. 19. Juni 1915 - Human. Gymn. Freising (Abit. 1936) - Univ. München, Würzburg, Münster (Phil., Theol., Päd., Kunstgesch.) - 1939-45 Kriegseinsatz (Luftwaffe) - üb. 100 Fachbücher - BVK I. Kl. - Spr.: Engl., Franz., Ital., Pol., Span., Jap.

LÄPPLE, Erich

Fabrikant, Mitinh. August Läpple GmbH. & Co., Werkzeugbau, Preß- u. Stanzwerk, Heilbronn - Wollhausstr. 83, 7100 Heilbronn/N. - Geb. 28. Mai 1912 Neckarsulm - Ing.

LÄPPLE, Friedel

Sonderschulrektor, Innenminister Saarland, MdL (s. 1970) - Weberstr. 19, 6685 Illingen-Hirzweiler - Geb. 20. Juni 1938 Schiffweiler, ev., verh., 2 Kd. - Volkssch. Schiffweiler; Lehrersem. Ottweiler; Päd. Hochsch. Saarbrücken (4 Sem.) - S. 1962 Lehrer Sondersch., Sonderschul-Rektor, Logopäde - Fraktionsvors. SPD Landtag (1973-85); Landesvors. SPD Saar (1970-1977); Mitgl. d. Bundesvorst. d. SPD (1973-1979).

LAERMANN, Karl-Hans

Dr.-Ing., Dr.-Ing. E.h., Bauing., Univ.-Prof. f. Baustatik BUGH-Berg. Univ. GH Wuppertal (s. 1974), Labor f. exper. Spannungsanalyse - Am Tannenberg 19, 4050 Mönchengladbach 4 - Geb. 26. Dez. 1929 Kaulhausen Kr. Erkelenz, ev., verh., 4 Kd. - TH Aachen (Bauing.wesen; Dipl. 1955). Promot. 1963; Habil. 1966 - Bauwirtsch.; Lehrtätigk. (1970 apl. Prof., 1971 Wiss. Rat u. Prof. TH Aachen); Obmann d. VDI/VDE-Aussch. Exp. Mechanik; Vors. TC Exp. Mechanik d. IMEKO. FDP s. 1968; Forschungspolit. Sprecher FDP-Bundestagsfrakt., stv. Vors. Bundestagsaussch. f. Forsch. u. Technol., Vors. Bundesfachaussch. f. Forsch. u. Techn., Vors. Landesfachaussch. f. Wiss., Forschungs- u. Technologiepolitik d. FDP NRW, Vors. Arbeitskr. Bildung u. Forsch. FDP-Bundestagsfraktion. Kurat.-Mitgl. Volkswagen-Stiftg., Kurat.-Mitgl. d. Dt./Brit. Stiftg. f. d. Stud. d. Industrieges., u. d. Friedr.-Naumann-Stiftg.; Mitgl. Beirat d. Stiftg. Kommunikationsforsch. - BV: Konstr. Ing.-Bau (Hrsg.) Exp. Plattenuntersuch. - Theoret. Grundl., 1971; Perspektiven - E. Wissenschaftler in d. Politik, 1984. Zahlr. Einzelarb. - Gr. BVK; Comandeur in de Orde von Orantje-Nassau (Niederl.); Hon. Commander of the Civil Div. of the Order of the British Empire - Liebh.: Segeln, Malen, Lit.

LAERMANN, Klaus

Dr. phil., Prof. f. Germanistik FU Berlin - Zu erreichen üb. FB 16, Habelschwerdter Allee 45, 1000 Berlin 33 (T. 838 42 17) - Geb. 26. Jan. 1939 Wiesbaden - M.A. Princeton 1962, Promot. 1969 u. Habil. 1976 FU Berlin - 1979 Gastprof. Univ. Venedig; 1980 Amsterdam; 1982 Straßburg; 1985 Parma; 1987 Venedig - BV: Eigenschaftslosigkeit, 1970; Arthur Schnitzler (m. Janz), 1977; Übers.: Lacan, Fenichel, Skinner, Mead, Chesler, Ringer, McDougall, Jacoby, Gould, Veyne, Farias, Gerstein, Luce, Smelser & Sperlich, Vattimo, Eagleton - 1986 Joseph Roth Preis d. Int. Publiz. Preises Klagenfurt - Spr.: Engl., Franz., Ital., Span.

LÄSSIG, Erik Theodor

Grafik- u. Industrie-Designer, Illustrator f. Naturwissenschaften u. Technologie - Nördlicher Stadtgraben 16, 8360 Deggendorf (T. 0991 - 3 17 21) - Geb. 31. Jan. 1928 München, ev., verh. 1955-76 m. Brigitte L., S. Uwe Bertram - Gymn.; 1943-45 Luftwaffenhelfer; Abit. 1948; Kombistud. m. Ausb. z. Fachillustrator f. Naturwiss. u. Technol. - Zun. fr. Presseillustrator; ab 1952 Schwerp. d. Arb. b. Luft- u. Raumfahrt u. Energietechnik sow. Gestaltung mehrerer intern. Raumfahrtausst. als grafischer Leit. d. Dt. Raketen- u. Raumfahrtmuseums; 1958ff. grafischer Mitarb. v. Messerschmitt-Bölkow-Blohm. Päd. Arb. f. d. Designer-Nachwuchs - Illustration v. 96 Büchern, dar. zun. 14 Bde. e. Buchreihe (gepl. 25 Titel) üb. d. Entwicklungsgesch. d. dt. Luftfahrt. Erstellung v. 18 Großpostern m. Raumfahrt-Themen sow. üb. 60 Bildreportagen. In Vorb. sind 2 eigene Werke (Text, Fotos u. Zeichn.): D. neuen Elemente d. Illustration u. Schule d. räumlichen Sehens. Illustration v. Büchern u. Berichten d. Raumfahrtpioniere Herrmann Oberth, Wernher v. Braun u. Eugen Sänger - Beteil. an zahlr. Messen u. Industrie-Ausst.; so u.a. ständiger Mitarb. Dt. Museum München u. Haus d. Natur Salzburg - 1980 Berufung (Prof.) Intern. Sommerakad. f. bild. Kunst Salzburg - Liebh.: Klass. Musik, Oper, Theater, Ausst. u. Museen, Lit. (Sammlung v. Science Fiction u. Fantasy Art), Raumfahrt, Astronomie - Spr.: Engl., Lat. - Bek. Vorf.: Prof. Franz Theodor Lässig (Großv.), Dirigent u. Soloklarinettist.

LÄSSING, Horst

Ministerialrat a. D., Landrat - Landratsamt Rems-Murr-Kreis, Alter Postpl. 10, 7050 Waiblingen (T. 07151 - 50 13 33) - Geb. 28. Febr. 1937 Stuttgart, ev., verh. s. 1968 m. Rose, geb. Leibfried, 2 Kd. (Marc, Claudia) - 1957-62 Stud. Rechtswiss. u. Phil. Tübingen, Bonn, Köln, München; 1962 u. 66 1. u. 2. jurist. Staatsex. - Vorst.-Mitgl. Württ. Sparkassen- u. Giroverb.; VR-Vors. Kreissparkasse Waiblingen; Beirat d. Neckarwerke u. d. KAWAG - BV: D. Rems-Murr-Kreis, 1986; Kleine Geschichten v. Rems u. Murr, 1990 - BVK - Spr.: Engl., Franz., Portug., Span.

LÄUFLE, Karl

I. Bürgermeister - Rathaus, 8976 Blaichach/Schw. - Geb. 1. Aug. 1929 Immenstadt.

LAFFERS, Zoltan

Dr. med., Prof. f. Augenheilkunde Ruhr-Univ. Bochum, Chefarzt a.D. - Schattbachstr. 13, 4630 Bochum (T. 0234 - 70 27 17) - Geb. 22. Aug. 1925 Budapest, kath., verh. s. 1970 m. Klara Reichert, 2 Kd. (Ildiko, Caroline) - Milit. Akad. Budapest; Kriegssch. Dresden; Med.-Stud. Szeged u. Budapest, Ex. u. Promot. 1951 Budapest - 1955 Facharzt f. Chir.; s. 1958 Facharzt f. Augenheilkd.; augenärztl. Tätigk. Forschungsinst. f. Rheuma, Budapest; Oberassist. Augenklinik Wuppertal; 1966-85 Chefarzt Augenklinik Knappschaftskrankenhaus Bochum-Langendreer. S. 1976 Lehrbeauftr. Ruhr-Univ. Bochum - 1984 Honorarprof. - Liebh.: Politik, Futurologie - Spr.: Ungar.

LAFONTAINE, Oskar

Dipl.-Phys., Ministerpräsident Saarland (s. 1985), stv. Bundesvors. SPD (s. 1987) - Am Ludwigsplatz 14, 6600 Saarbrücken - Geb. 16. Sept. 1943 Saarlouis/Saarl. - Gymn. Prüm/Eifel (Abit. 1962); 1962-69 Stud. Physik Univ. Bonn u. Saarbrücken (1969 Dipl.-Physiker) - 1969-74 Versorgungs- u. Verkehrsges. Stadt Saarbrücken, ab 1974 als Vorst.-Mitgl. - 1970-75 MdL Saarl., 1974-76 Bürgermeister d. Landeshauptstadt Saarbrücken, 1976-85 Oberbürgermeister. Vors. SPD-Landesverb. Saar (1977); Mitgl. Parteivorst. SPD (1979) - BV: Angst vor d. Freunden, 1983; D. andere Fortschritt, 1985; D. Gesellschaft d. Zukunft, 1988; D. Lied vom Teilen, 1989; Deutsche Wahrheiten, 1990.

LAFORET, de, Jean

s. Böckl, Manfred Ludwig

LAFORGUE, de, Leo

Ing., Filmproduzent u. Regisseur - Kurfürstendamm 29, 1000 Berlin 15 (T. 881 25 60) - Geb. 9. Febr. 1902 Grumbach - Kunstakad. u. Univ. - Schriftst. u. Filmprod. (ab 1933 nur noch Auftragsfilme f. Ufa, Tobis, Paramount), 1936 Mitarb. Olympia-Film, n. Kriegsende Kunstmaler (Schlesw.-Holst.) - BV: SMS, 1929; Hölle im Hirn, 1931; Brand am Skagerrak, 1933; Dämon d. Sonne, 1950; Tod v. Berlin, 1950. Filme: u. a. Symphonie e. Weltstadt (Berlin, wie es war), D. weiße Schiff, D. Paradies d. Fürsten Pückler, Tumult im Schlafwagen, D. Schloß in Berlin, Großstadtgeheimnis (D. Fall d. Brüder Sass), D. Hochhaus, D. Herz e. Weltstadt, Kurfürstendamm, Männer gegen d. Himmel (Großf. v. d. Weltluftfahrt), Rivalen d. Liebe, Gigant Berlin (D. erregendste Stadt), D. große Beute (Als d. Königin kam ...), Feuer-Orkan (Bombenkrieg üb. Berlin) - Zahlr. Orden - Aerophilatelist (viele Goldmed.) - Bek. Vorf.: Jules Laforgue, franz. Dichter; Dr. Leopold Kayssler, Chefredakt. Bismarck-Ztg. D. Post u. Begr. Berliner Presse-Verein (Großv. ms.).

LAGA, Gerd

Dr. phil., Prof. f. Soziologie Univ. Hannover - Kirchwerder Hausdeich 33 A, 2050 Hamburg 80 (T. 040 - 723 28 47) - Geb. 24. Juni 1938 Hamburg (Vater: Josef L., Bauaufsichtsing.; Mutter: Frieda, geb. Harms), verh. s. 1970 m. Ilse, geb. v. Hacht (Oberstudienrätin f. Sprachbeh.päd.) - Facharbeiterprüf. als Masch.schlosser 1958 Hamburg; Abit. 1961 (2. Bildungsweg) Buxtehude; Promot. 1971 (Soziol.) Univ. Hamburg - 1971 Wiss. Angest. Univ. Hamburg; 1973 Wiss. Ass. PHN Hannover; 1974 Hochschuldoz.; 1980 Prof. in Hannover. Zahlr. wiss. Veröff. in Sammelbd. u. Fachztschr. - Liebh.: Segeln - Spr.: Engl., Span. - Lit.: Kürschnes Dt. Gelehrten-Kal.; Festschr. z. 150-J.-Feier d. Univ. Hannover.

LAGALY, Gerhard

Dr. rer. nat., Prof. f. anorganische Chemie - Institut f. anorganische Chemie Univ. Kiel, Olshausenstr. 40/60, 2300 Kiel (T. 880-32 61) - Geb. 14. Okt. 1938 Ludwigshafen/Rh. - 1957-62 Stud. Heidelberg; Promot. 1967, Habil. 1971 - 1962-67 Wiss. Assist. Inst. f. anorgan. Chemie Univ. Heidelberg u. München, 1968-74 Wiss. Assist., akad. Rat u. O.rat Inst. f. anorgan. Chemie Univ. München, s. 1974 Prof. Inst. f. anorgan. Chemie Univ. Kiel - Wiss. Beitr. in zahlr. Fachztschr. - Liebh.: Musik (Orgel), Kunstgesch., Motorrad.

LAGERFELD, Karl-Otto

Modeschöpfer u. Designer - Avenue Champs-Elysées, F-75008 Paris - Geb. 1938 Hamburg - Begann Mitte d. 50er Jahre als Amateur (gewann Preis d. Intern. Wollsekr. f. Entwurf e. Mantels); kreiert neben Mode auch Parfum (KL, Cloé), Porzellan-Geschirr (f. Rosenthal), Pelze (f. Fendi), Schuhe, Strümpfe, Hüte, Wäsche, Friseuren, Schmuck.

LAGERGREN, Gunnar K. A.

Dr. h.c., Richter - Dahlbergsvägen 22, 18262 Djursholm/Schweden - Geb. 23. Aug. 1912 Stockholm - Univ. Stockholm, jur. Ex. 1937 - 1941-66 Richt. Beruf.ger. Stockholm, 1966-77 Präs. Beruf.ger. f. West-Schwed. Göteborg; 1976-82 Reichsmarschall (Exzellenz), 1949-81 Vermittl. u. 1951-67 Präs. Kommiss. f. Intern. Handelsprakt. Intern. HK Paris (s. 1967 Ehrenpräs.), 1953-56 Mitgl. Intern. Gerichtshof Tanger, 1956-69 Vizepräs. Schiedskommiss. f. Eigent. Interessen in Dtschl., Koblenz, 1957-72 Mitgl. Dt.-Franz. Schiedsger. Saarbr., 1964-90 Präs. Oberstes Rückerstattungsger., München. 1964 Präs. Ital.-Somal. Schiedstribunal Mogadischu, 1965-69 Vors. Indo-Pakist. Ger. f. Grenzfälle, Genf, 1966-90 Mitgl. Stände. Gerichtshof Den Haag, s. 1967 Richt. Intern. Zentr. z. Beileg. v. Invest.-Streitf., New York, 1972-75 Alleinvermittl. Konzess.verf. BP/Lybien (Kopenhagen), 1977-88 Richt. Europ. Gerichtshof f. Menschenrechte, Straßburg; 1981-87 Vizepräs. (1987-90 Präs.) d. Appeals Board of the Council of Europe (Strassburg); 1981-84 Präs. Iran-United States Claims Tribunal, Den Haag; s. 1982 Präs. Schiedsgerichtshof u. gemischten Kommiss. f. d. Abkommen üb. dt. Auslandsschulden, Koblenz; 1986-88 Präs. Ägypt.-Israel. Schiedsgerichtshof, Genf - 1965 Ehrendoktor Univ. Uppsala.

LAGERSHAUSEN, Karl-Hans

Landwirt, MdB (s. 1976) - 2876 Schlüte/ Oldbg. (T. 04406 - 324) - Geb. 19. April 1924, ev. - Obersch. Seesen (Abit.); n. 1945 landw. Ausbild. - Akt. Seeoffz. (u. a. Schnellbootverb.); s. 1948 eig. Landw. Schlüte. CDU (1967-70 MdL Nieders.).

LAGRANGE, Gerhard

Kapellmeister - Rudolf-Reiter-Str. 7, A-2540 Bad Vöslau (T. 02252 - 79 03 15) - Geb. 11. Jan. 1939 Bad Vöslau (Vater: Franz L., Schausp. u. Regiss.; Mutter: Gisela, geb. Neumayer), kath., verh. s. 1964 m. Ilse, geb. Schottleitner, 2 Kd. (Ronald, Andrea) - Mittelsch., 1962 Hochsch. f. Musik u. Darst. Kunst, Wien (Dirigentenkl. b. Prof. Swarowsky, Chorleitg. b. Dr. R. Schmid, Kompos. b. Prof. A. Uhl) - 1963 Dirig. (1. Kapellm. Stadttheater Baden b. Wien); Gastverpflicht. Grazer Oper; Konzerttätigk. m. d. Niederösterr. Tonkünstlerorch. u. d. Wiener Hofburgorch.; Gastdirig. an d. Volksoper Wien u. an d. Grazer Oper; Mitgl. österr. Musikrat, intern. Vereinig. Musica e Vita - Kompos.: Messen, Kantaten, religiöse rhythmische Lieder u. Chansons, versch. Vokal- u. Instrumentalw., gehob. Unterhaltungsmusik, Arrangements u. Bearbeit. - 1980 Titel Musikdir.; Ausz. d. Diözesankommiss. f. Kirchenmusik Wien; 1985 Ehrenobmann Wohlfahrts-Verein d. Badener Musiker; 1986 Preistr. SacroSong Wettbew. - Liebh.: Oper, Operette, Musical, Orgelsp., Skifahren, Wandern, Radsport - Spr.: Engl., Franz.

LAHMANN, Erdwin

Dr.-Ing., Prof., Direktor u. Prof. im Bundesgesundheitsamt a.D. - Schützallee 136, 1000 Berlin 37 (T. 030 - 832 54 63) - Geb. 15. Febr. 1925 Berlin, ev., verh. s. 1963 m. Jutta, geb. Neukirch, 3 Kd. (Sabine, Robert, Peter) - Lehre z. Molkereigehilfen; Stud. Chemie; Dipl.-Ing. 1953; Promot. 1954 Berlin - Ehem. Abt.-Leit. f. Lufthygiene Inst. f. Wasser-, Boden- u. Lufthygiene Bundesgesundheitsamt Berlin; Hon.-Prof. TU Berlin - BV: Handb. d. Lebensmittelchemie, VIII, 2. A. 1969; Technik d. Luftreinhaltung, 1972; Luftverunreinigung - Luftreinhaltung, 1990. Ca. 180 Einzelarb. - Ehrenplakette u. Ehrenmed. VDI; BVK I. Kl.; Pettenkofer-Med. in Silb. Ges. Hyg. DDR - Spr.: Engl.

LAHMANN, Horst-Jürgen

Senatsrat (beurl.), Mitglied d. Kabinetts d. Vizepräs. d. Kommission d. Europäischen Gemeinschaft, Dr. Martin Bangemann, Brüssel - Hans-am-Ende-Weg 9, 2800 Bremen-Oberneuland - Geb. 1. Juni 1935 Horsten/Ostfriesl., ev., verh., 3 Kd. - Univ. Kiel u. Tübingen (Rechts- u. Staatswiss.). Jurist. Staatsprüf. 1960 (Oldenburg/O.) u. 64 Hannover) - S. 1965 brem. Staatsdst. (Finanzbeh.); 1969-71 pers. Ref., Finanzref. b. Senator (FDP); 1971-83 Mitgl. Brem. Bürgersch. (1975-83 Fraktionsvors.); 1974-84 Landesvors. Bremen FDP; 1977-84 Mitgl. Präsid. FDP; Mitgl. Exekutivkomit. Europ. Liberalen u. Demokrat. Parteien; 1974-86 Vors. FDP-Bundesfachaussch. f. Finanzen u. Steuern; 1985-90 Hauptabt.-leit. Inland u. stv. Vors. d. Geschäftsfg. d. Friedrich-Naumann-Stiftg.; als Europabeauftr. abgeordn. nach Brüssel.

LAHN, Lothar

Dr. jur., Botschafter d. Bundesrep. Deutschl. in Italien (Quirinal) - Via Po 25c, 00198 Roma/Italien (T. 860-341) - Geb. 1921 (Vater: Karl L.; Mutter: Elisabeth, geb. Stehnkuhl), verh. m. Cecilia, geb. Fundi (Italienerin), 2 Kd. (Claudia, Michael) - B. 1971 Leit. Unterabt. Ost AA Bonn, 1971-73 Botsch. Chile, s. 1973 Leit. Polit. Abt. (f. Länder d. Dritten Welt) im AA; 1978-82 Botschafter in Madrid; 1983 Leit. Abt. f. Ausw. Kulturpolitik Ausw. Amt; ab Ende 1983 Botsch. Italien - Div. Ausz. - Spr.: Engl., Franz., Ital., Span.

LAHNSTEIN, Manfred

Dipl.-Kfm., Prof., Bundesminister d. Finanzen a.D. - Carl-Bertelsmann-Str. 270, 4830 Gütersloh - Geb. 20. Dez. 1937 - U.a. Sekr. Europ. Gewerkschaftsbd., Kabinettschef EG-Kommiss. (Vizepräs. Wilhelm Haferkamp), Abt.-Leit. Bundeskanzleramt (Willy Brandt), Leit. Grundsatzabt. (1974) u. Staatssekr. (1977) Bundesfinanzmin., 1980-82 Chef Bundeskanzleramt, dann Bundesfinanzmin. (b. Sturz soziallib. Koalition). SPD. Vorst.-Mitgl. Bertelsmann AG - Liebh.: Musik - Zigarrenraucher.

LAHRS, Johann Ernst

Landwirt, Präs. Brem. Landwirtschaftsverb., Bremen - In der Laake 14, 2800 Bremen-Arsten.

LAHUSEN, Carl

Botschafter a.D. d. Bundesrep. Deutschl. in Pretoria/Kapstadt (1983-86) - Im Steingrüschl 2, 8100 Garmisch-Partenkirchen - Geb. 6. Febr. 1922 Bremen (Vater: Georg Carl L., Kaufm.; Mutter: Louise, geb. Kulenkampff), ev., verh. s. 1950 m. Eva, geb. Scheidt, 4 Kd. (Susanne, Stephan, Martin, Louise) - Jura Univ. Berlin, Wien, München. Ass.ex. 1949 Hamburg - S. 1955 Ausw. Dienst (1952-55 Botschaft Madrid, 1955-59 AA, 1959-61 Botsch. Paris, 1961-68 AA, 1968-75 Botsch. Washington, 1975-80 Botsch. Paris, 1980-1983 Botsch. Dublin, 1983-86 Kapstadt) - 1962 Offz. niederl. Orden v. Oranje-Nassau; 1962 Offz. franz. Ehrenlegion; 1986 Gr. BVK - Spr.: Engl., Franz., Span.

LAIDIG, Klaus-Dieter

Geschäftsführer Hewlett-Packard GmbH - Herrenberger Str. 130, 7030 Böblingen (T. 07031 - 14 22 10) - Geb. 18. Juni 1942 Bad Cannstatt, ev., verh. s. 1970 m. Margrit, geb. Schweitzer, 2 Töcht. (Bettina, Christina) - 1964 Bankkfm.; 1967 Dipl.-Betriebsw., FH f. Wirtsch. Pforzheim - S. 1967 Hewlett-Packard GmbH, versch. in- u. ausl. Managment Positionen, s. 1987 verantwortl. f. Untern.ber. Computersysteme in Europa; s. 1990 General Manager Computer Systeme-Marketing Europa - Liebh.: Golf, Ski, Jogging - Spr.: Engl.

LAING, Nikolaus Johannes

Meteorologe, Physiker, Leiter eig. Physikal.-Techn. Inst. - Hofenerweg 35, 7148 Remseck 2-Aldingen (T. 07146 - 71 51) - Geb. 5. Dez. 1921 Vechta (Vater: Engelbert Alexander L., Altphilol.; Mutter: Henriette, geb. Hoyng), kath., verh. s. 1950 m. Ingeborg, geb. Melchior, 6 Kd. (Claudia, Silke †, Oliver, Karsten, Birger, Doerte) - Abit.; Hochschulpraktikum; Stud. Flugzeugbaumeister; Flugzeugführer; Stud. Meteorol., Physik, Göttingen, Karlsruhe - 1700 Patente bzw. -anmeld. - Spr.: Engl. - Lit.: Baumeister d. Zukunft (Econ); D. Energiekaskade (Econ); Ingenieurbau (Habel).

LAIS, Hermann

Dr. theol., o. Prof. f. Dogmatik - Goethestr. 3, 8880 Dillingen/Donau (T. 09071 - 47 00) - Geb. 16. Juli 1912 Augsburg (Vater: Franz L., Rechnungsinsp.; Mutter: Franziska, geb. Kempter), kath. - Gymn.; Univ. Priesterweihe 1939 - S. 1948 Lehrtätigk. Phil.-Theol. Hochsch. Dillingen (1953 Ord.; 1961 Rektor) u. Univ. Augsburg (1970) - BV: Eusebius Amort u. s. Lehre üb. d. Privatoffenbarungen, 1941; D. Gnadenlehre d. hl. Thomas in d. Summa contra gentiles u. d. Kommentar d. Franziskus Sylvestris v. Ferrara, 1951; Probleme e. zeitgemäßen Apologetik, 1956; Dogmatik I, 1965, II, 1972 - Bek. Vorf.: Karl Kempter, Domkapellm. u. Komp. Augsburg († 1871).

LAIS, Klaus-Jürgen

Dipl.-Ing., Landtagsabgeordneter Rhld.-Pfalz - Wittelsbacher Str. 64, 6730 Neustadt/Weinstraße - Geb. 21. Jan. 1944 - Stv. Vors. d. Vers. d. Landeszentrale f. privaten Rundf. (LPR) Rhld.-Pfalz. SPD (Medienpolit. Sprecher rhld.-pfälz. SPD).

LAITENBERGER, Hugo

Dr. phil. (habil.), o. Prof. f. Romanistik Univ. Würzburg (s. 1977) - Falkenstr. 10, 8700 Würzburg - Geb. 29. Jan. 1933 Neckarwestheim - Zul. Univ. Regensburg (1967-77) u. Privatdoz. Univ. Tübingen. Fachveröff.

LAKNER, Laszlo

Prof. Univ.-GH Essen, Maler - Wilmersdorfer Str. 69, 1000 Berlin 12 - Geb. 15. April 1936 Budapest - 1954-60 Kunstakad. Budapest; Dipl. Malerei 1960, Phil.-Ex. 1959 - S. 1982 Prof. in Essen - BV: Ausst.kataloge: Biennale Venedig 1972 u. 76, Dokumenta Kassel 1976, ROSC Dublin 1977, Biennale Sydney 1978, Neue Malerei in Dtschl., 1983; Einzelausst.: Ludwig Samml. Aachen 1975; Dumont's Künstler-Lex. 1977; Arb. in öfftl. Samml.: Ludwig Samml. Aachen u. Köln, Mus. Boymans v. Boeningen, Rotterdam, Paula Modersohn-Becker-Stiftg., Bremen, National Galerie Berlin, Berlin. Galerie Berlin, National Galerie Budapest, Modern Mus. Lodz (Polen), Mus. Folkwang Essen - 1977 Dt. Kritikerpreis; 1981-82 P.S.1-Stip./Jahresaufenth. in New York - Spr.: Engl. - Lit.: Katalog-Vorworte v. Heinz Ohff, Karl Ruhrberg, Thomas Deecke, Alain Jouffroy.

LAMBERG, Peter

Dr. jur., Prof., Oberstadtdirektor Stadt Wolfsburg - Bärenwinkel 30, 3180 Wolfsburg 1 - Geb. 5. März 1935 Detmold, ev., verh. s. 1964 m. Gudrun, geb. Werner, Studienrätin, 2 S. (Jörg, Tilmann) - 2. jurist. Staatsex. Berlin - B. 1970 Oberreg.Rat Osnabrück; 1971-75 Wirtschaftsdezern. Stadt Recklinghausen; 1975-83 Stadtdir. Braunschweig; s. 1983 Oberstadtdir. Wolfsburg - BV: Staats- u. Verwaltungsrecht f. Wirtschaftler (2. A.) - Honorarprof. TU Braunschweig f. öffentl. Recht.

LAMBERT-LANG, Heide

Dr., Richterin Bundesgerichtshof (1981ff.) - Herrenstr. 45a, 7500 Karlsruhe - Geb. 11. Febr. 1937 - OLG Zweibrücken. Mitgl. Bez. T. d. Pfalz.

LAMBINUS, Uwe

Bürgermeister a. D., Amtsrat im Notardst. a. D., Rechtsbeistand, MdB (1972ff.) - Eduard-Deubert-Str. 7, 8772 Marktheidenfeld-Zimmern (T. 09391 - 26 23) - Geb. 21. Juli 1941 Würzburg (Vater: Valentin L., Prof.; Mutter: Sophie, geb. Koch), ev.-luth., verh. s. 1961 m. Gerda, geb. Scheiner, 2 T. (Carmen, Nadine) - Volkssch.; kaufm. Berufssch., Notarlehre, Inspektorenprüf. 1968 - S. 1971 Amtmann im Notardienst, Notarst. Marktheidenfeld. 1967-74 1. Bürgermeister Zimmern (m. 26 jüngster Bürgerm. Bayerns; letzte Wiederw. 1972 m. 96,5 %), 1972ff. Kreisrat Ldkr. Main-Spessart. SPD s. 1956 (1963 b. 1967 Ortsvors. Zimmern; 1965-72 Mitgl. d. Landesvorst. Jungsoz. Bayern; 1971ff. Mitgl. Landesvorst. SPD Bayern; 1976 Unterbezirksvors. Main-Spessart u. Miltenberg). Präs. d. Rad- u. Kraftfahrerb. Solidarität Deutschl. - Liebh.: Jagd, Fischerei - Spr.: Engl. - BRK-Ehrennadel f. 50 Blutsp.; BVK I. Kl.

LAMBOY, Paul

Bauunternehmer, MdL Rhld.-Pfalz - Bahnhofstr. 16, 5439 Stockum-Püschen - Geb. 5. Dez. 1927 - CDU.

LAMBRECHT, Stefan

s. Ronneberger, Franz

LAMBRECHT, Werner

Inhaber Auskunftei Bürgel, Wiesbaden u. Bad Kreuznach - Nerotal 61, 6200 Wiesbaden - Geb. 3. Mai 1947 - AR-Mitgl. Auskunftei Bürgel Centrale GmbH, Aachen.

LAMBSDORFF, Graf, Hans Georg

Rechtsanwalt - Fürstenbergerstr. 10-12, 6000 Frankfurt/M 1. - Geb. 22. Sept. 1931 Templin, ev., verh. s. 1961 m.

Barbara, geb. Fenkner, 3 Söhne (Matthias, Konstantin, Johann) - 1. jurist. Staatsex. Oldenburg 1956; 2. jurist. Staatsex. 1960 Hannover - BV: Handb. d. Eigentumsvorbehalts im dt. u. ausl. Recht, 1974; Handb. d. Werbeagenturrechts (m. B. Skora), 1975; D. Werbung m. Schutzrechtshinweisen (m. B. Skora), 1977; D. Mängelhaftung nach d. Einheitsbeding. d. dt. Textil- u. Bekleidungsind. (zus. m. B. Skora), 1981; Grundsätzl. Fragen z. Eigentumsvorbehalt unt. Berücksichtig. d. höchstrichterl. Rechtsprechung, 1981; Eigentumsvorbehalt u. AGB-Gesetz (m. U. Hübner), 1982. Mithrsg.: Amann-Jaspers, Rechtsfragen in Wettbewerb u. Werbung, RWW (1983ff.); D. Weimarer Rep. Krisen-Konflikte-Katastrophen (1990) - Liebh.: Kunst, Gesch. - Spr.: Engl.

LAMBSDORFF, Graf, Otto

Dr. jur., Dr. h.c., Rechtsanwalt, Bundeswirtschaftsminister a.D. (1978-84; Rücktr.), MdB (s. 1972), Bundesvors. d. gesamtdt. FDP (s. Aug. 1990) - Bundeshaus, 5300 Bonn 1 - Geb. 20. Dez. 1926 Aachen (Vater: Herbert Graf L.; Mutter: Eva, geb. v. Schmid), ev., verh. I) 1953 m. Renate, geb. Lepper, 3 Kd. (Nikolaus, Cecilie, Susanne), II) 1975 Dipl.-Volksw. Alexandra, geb. von Quistorp - Schulen Berlin, Brandenburg/H. (durch Kriegsdst. u. -gefangensch. (1944 b. 1946) unterbr.; schwerbesch. durch Oberschenkelamputation), Unna (Abit. 1946); 1947-50 Univ. Bonn u. Köln. Jurist. Staatsex. 1950 u. 55; Promot. 1952 - S. 1955 Kredit (zul. Generalbevollm. Privatbank) u. Versicherungswesen (1970 Vorstandsmitgl. Victoria Rückversich.-AG). Wirtschaftspolit. Sprecher FDP-Bundestagsfrakt. FDP s. 1951 (1953 Mitgl. Landesvorst., 1978 stv. Vors., 1968 Landesschatzm. NRW, 1972 Mitgl. Bundesvorst.) - BV: Zielsetzungen - Aufgaben u. Chancen d. Marktwirtschaft, 1978; Bewährung - Wirtschaftspolitik in Krisenzeiten, 1980 - 1980 Ehrendoktor Wagner-Collage Staten Island; Gold. Versehrtensportabz.; 1986 Alexander-Rüstow-Plakette Aktionsgemeinsch. Soziale Marktwirtsch. - Spr.: Engl. - Rotarier.

LAMBY, Werner

Dr. jur., Ministerialdirektor a. D. - Lyngsbergstr. 19, 5300 Bonn 2 - Geb. 1. Okt. 1924 Oberwörresbach (Vater: Peter L., Ing.; Mutter: Anna, geb. Munzlinger), kath., verh. s. 1956 m. Gisela, geb. Bürfent, 3 Söhne - Oberrealsch. Idar-Oberstein, Abit.; Univ. Heidelberg u. Mainz (Rechtswiss.). Jurist. Staatsprüf. 1948 u. 51; 1952-73 Staatsdienst; AR VIAG AG, AR-Vors. Berliner Kraft- u. Licht (Bewag)-AG, u. Saarbergwerke AG.

LAMERS, Karl Franz

Angestellter, MdB (s. 1980, Landesliste NRW) - Geb. 11. Nov. 1935 Königswinter, kath., verh., 1 Sohn - Abit. 1956; Stud. Jura, Politol., Soziol. Univ. Bonn u. Köln (1. jurist. Staatsex. 1964) - 1966-80 Leit. e. polit. Akad.; Vors. Karl-Arnold-Stiftg., Bonn. CDU s. 1955 (div.

Funkt. u. a. außenpolit. Sprecher d. CDU/CSU-Bundestagsfrakt.).

LAMHOFER, August
Dipl.-Landw., Landwirtschaftsrat, Agrarjournalist - Kerschensteiner Str. 14, 8120 Weilheim - Geb. 5. Juli 1907 Landshut - LH Weihenstephan - Dir. Bayer. Bauernverb.

LAMM, Rüdiger
Dr.-Ing., Prof., Privatdozent Inst. f. Straßenbau u. Eisenbahnwesen Univ. Karlsruhe, Leit. Forschungsgr. Sicherheit v. Verkehrswegen - Zu erreichen üb. Univ. Karlsruhe, Inst. f. Straßenbau u. Eisenbahnwesen, Kaiserstr. 12, 7500 Karlsruhe - Geb. 13. Juni 1937 Essen-Kettwig (Vater: Fritz L., Dipl.-Kolonialwirt; Mutter: Herta, geb. Hachmann), ev., verh. s. 1960 m. Christa, geb. Fessel, 4 Kd. (Nicola, Beatrice, Thorsten, Martin) - Dipl.-Ing. 1963, Bauing.TH Karlsruhe, Promot. 1967; Habil. 1973 Univ. Karlsruhe - B. 1978 Hochschullehrer Univ. Karlsruhe; 1978/79 gf. Dekan Ing.wiss. Fak. d. dt.-orient. Univ. Gilan, Rasht/Iran; 1980 Visit. Prof. Ohio State Univ., Columbus/USA; s. 1982 Prof. Univ. Karlsruhe; ab 1983 Full Prof. Clarkson College of Technol. Potsdam, Staate New York/USA. Mitgl. Forsch.-ges. f. d. Straßenwesen, Dt. Verkehrswiss. Ges., Vereinig. d. Straßenbau- u. Straßenverkehrsing. (1968 ff.). Üb. 60 Veröff. in straßenbau- u. verkehrstechn. Ztschr. (Hauptthema: Straßenverkehrssicherh. u. Straßenentwurf) - Liebh.: Münzen, Zinnsoldaten, Modelle üb. Transportmittel - Spr.: Engl., Farsi, Franz.

LAMMERMANN, Franz
Dipl.-Ing., Geschäftsführer Saarland-Raffinerie GmbH., Saarbrücken - Im Sperrnfeld 3, 6601 Bübingen - Geb. 17. Dez. 1915.

LAMMERS, Alexander
I. Beigeordneter, Stadtdir. a. D. - Im Mondsröttchen 34, 5060 Berg. Gladbach-Bensberg (T. 02204 - 18 88) - Geb. 5. März 1923 Schwerin/Meckl. (Vater: Dr. med. Philipp L., prakt. Arzt; Mutter: Charlotte, geb. Bock), kath., verh. s. 1953 m. Barbara, geb. Löer, T. Astrid-Sabine - 1933-41 Gymn. Schwerin (Fridericianum); 1947-51 Univ. Bonn u. Münster (Rechtswiss.). 1. u. 2. Jurist. Staatsprüf. - 1957-71 Stadtdir. Cloppenburg, 1971-74 Stadtdir. Bensberg, s. 1975 I. Beigeordn. v. Bergisch Gladbach.

LAMMERS, Gadso
Dr.-Ing., em. o. Prof. f. Städtebau u. Landesplanung - Elsa-Brändström-Str. 19, 7500 Karlsruhe 41 (T. 47 33 97) - Geb. 13. Okt. 1918 Neumünster (Vater: Heinrich L., Beamter; Mutter: Frieda, geb. Jacobsen), ev., led. - Gymn. Neumünster; TH Berlin u. Darmstadt (Bauing.wesen, Arch.; Dipl.-Ing. 1953). Univ. Bonn (Wirtschaftswiss.). Promot. 1959 - 1937-45 Wehrdst.; 1953-59 Wiss. Assist. u. Oberassist. Univ. Bonn; 1959-60 2. Geschäftsf. Forschungsges. f. d. Straßenwesen, Köln; 1961-63 Berat. Ing. Bonn; 1963-84 Ord. u. Inst.-Dir. TH bzw. Univ. Karlsruhe. 1975 Korr. Mitgl. Akad. f. Raumforsch. u. Landesplanung. 1980-82 Vors. Fakultätentag f. Bauing.- u. Vermessungswesen; s. 1984 emerit. Fachveröff.

LAMMERS, Hans-Jörn
Dr. med., Prof., Psychiater u. Neurologe, em. gf. Direktor Zentrum f. Psychiatrie Univ. Gießen u. Abt. f. Suchtforsch. u. -behandlung - Am Steg 18, 6300 Gießen - Geb. 9. Aug. 1926 Fraustadt (Vater: Hans L., Dir.; Mutter: Herta, geb. Hirsch), ev., verh. s. 1964 m. Ingrid, geb. Schöne, 2 Kd. (Jutta, Catrin) - Stud. d. Med. Univ. Rostock; Promot. 1954; Habil. 1971, Prof. 1972 - 1962-66 Oberarzt Nervenkl. Gießen. Mitgl. in zahlr. Vereinig. - Veröff. auf d. Gebiet d. Nervenheilkunde - Liebh.: Naturphil., Musik - Spr.: Engl.

LAMMERS, Karl-Alexander
s. Lammers, Alexander

LAMMERT, Norbert
Dr., Dipl.-Sozialwissenschaftler, Parlam. Staatssekretär Bundesmin. f. Bildung u. Wiss. (s. 1989), MdB (s. 1980) - Zur Burkuhle 6, 4630 Bochum 1 - Geb. 16. Nov. 1948 Bochum (Vater: Ferdinand L., Bäckermeister; Mutter: Hildegard, geb. Potthast), kath., verh. s. 1971 m. Gertrud, geb. Wilmes, 4 Kd. (Felicitas, Nils, Jonas, Teresa) - Human. Gymn. Bochum; Ruhr-Univ. (Polit.-Wiss., Soziol., Sozialök., Gesch.); Dipl. 1972, Promot. 1975 - S. 1972 Freiberufl. Tätigk. Erwachsenenbild. Vors. CDU Ruhrgebiet; stv. Landesvors. CDU Nordrh.-Westf. - BV: Lokale Organisationsstrukt. innerpart. Willensbild., 1975; Wirtsch. in d. Ges., 1978 - Liebh.: Theater, Kunst, Sport - Spr.: Engl.

LAMPARTER, Erwin
Bürgermeister, Mitgl. d. Regionalverb. MN - Stuttgarter Str. 82, 7032 Sindelfingen-Maichingen/Württ. - Geb. 6. April 1923 Böblingen/Württ., ev., verh., 2 Kd. - Obersch. Böblingen. Ex. f. d. gehob. Verwaltungslaufb. 1948 - 1940-44 Arbeits- u. Wehrdst.; 1946-71 Bürgerm. Gemeinde Maichingen; s. 1971 Bürgerm. (Beigeordn.) Stadt Sindelfingen. MdK Böblingen (Fraktionsf., stv. Kreistagsvors.); 1970-80 Mitgl. Landtag Baden-Württ.; 1973-85 Mitgl. Regionalverb. MNR. SPD.

LAMPARTER, Fritz Hellmut
Dipl.-Ing., Diakon im Ev. Oberkirchenrat - Tannenbergstr. 4, 7000 Stuttgart 50 - Geb. 4. Aug. 1931 Rot/See (Vater: Erwin L.; Mutter: Marianne), verh. m. Elisabeth, geb. Conzelmann - FH f. Landbau Nürtingen; FH f. Soz.päd. u. Katechetik Ludwigsburg - 1959-63 Aufbau u. Leit. e. Verlages in Tansania; 1965-71 Aufbau u. Leit. d. luth. Verlagshauses in Papua Neu Guinea; s. 1971 Referent f. Fragen d. Mission u. Entw.-hilfe im Ev. Oberkirchenrat d. Württ. Landeskirche; Schatzm. d. Dt. Ges. f. Missionswiss. - Mitgl. im Karlshöher Diakonieverb.; Dt.-Pazif. Ges.; Verb. Ev. Buchhändler u. Verleger; Vertretervers. d. Cannstatter Volksbank; Aussch. f. Kirchl. Zusammenarb. in Miss. u. Dienst d. Dt. Nat.komitees d. Lutherischen Weltbundes - BV: Einer für alle - alle für einen (Biogr. üb. Friedrich Wilhelm Raiffeisen).

LAMPE, Bernd

Schriftsteller - Schwoonstr. 2A, 2935 Steinhausen/Friesland (T. 04453 - 7 11 85) - Geb. 14. April 1939 Hamburg - Stud. Literaturwiss. u. Gesch. Hamburg, Straßburg u. Freiburg - Vortr.- u. Seminartätigk. - BV: V. d. Tor d. Sonne, 1972, Chorfassung 1988; Tobin, e. slaw. Legende u. a. Erz. 1972, 75 u. 85; Cristóbal Colón D. Schicksal e. Meerfahrt, 1974; Kaspar Hauser in Treblinka, 1979 (Übers. norw., dän., engl., franz., holl.); Patmos 1984 (Übers. schwed.); Pandora u. d. Haus d. Wortes 1985; Parzivâl, Gralssuche u. Schicksalserkenntnis, I 1986; Gâwân, dss. II 1987; D. Evangelium nach Johannes, 1988; Anfortas, dss. III 1990; D. Meditationsbild d. Niklaus von Flüe, 1992; D. Evangelium nach Markus, 1993; Lyrik, Ess. u. wiss. Aufs. in Ztschr. u.a. - Auff. aller Dramen in d. meisten Großstädten Deutschl. u. d. Schweiz - Spr.: Nord. Spr., Mittelhochdt., Lat., Griech.

LAMPE, Ernst-Joachim
Dr. jur., Prof. Univ. Bielefeld - An der schwarzen Hecke 25, 6501 Ober-Olm (T. 06136 - 8 51 83) - Geb. 1933 Oppeln, verh., 2 Kd. - Promot. 1957 Mainz, Habil. 1966 - 1971 o. Prof. Bielefeld - BV: Fälschen v. Gesamturk. u. v. zusammengesetzten Urk., 1957; D. Personale Unrecht, 1967; Rechtsanthropol. I, 1970; Jurist. Semantik, 1970; D. Kreditbetrug, 1980; D. sog. Rechtsgefühl, 1985; Beitr. z. Rechtsanthropol., 1985; Persönlichkeit, Familie, Eigentum, 1987; Genetische Rechtstheorie, 1987; Grenzen d. Rechtspositivismus, 1988; Verantwortlichkeit u. Recht, 1989. Mitarb. am Alternativ-Entwurf e. Strafgesetzb. (AE-StGB), 1966ff.

LAMPE, Joachim
Produktionsdirektor b. Norddt. Rundfunk, Mitgl. Hbg. Bürgerschaft (1978-83) - Zu erreichen üb. NDR, Gazellenkamp 57, 2000 Hamburg 54 - Geb. 1. Nov. 1949 Hamburg - 1969-73 Univ. Hamburg (Rechtswiss.). Jurist. Staatsex. 1973 u. 76 - CDU s. 1968 (s. 1981 Vors. Landesaussch.).

LAMPERSBERGER, Heinrich
Dipl.-Kfm., Kanzler TU München - Maxlrainstr. 1, 8000 München 90 (T. 21 05 22 02) - Geb. 9. Juni 1933 München (Vater: Heinrich L., Bankprok.; Mutter: Elvira, geb. Schuhbauer), kath. - Dipl.-Kfm. 1956 Univ. München; 1. jurist. Staatsex. 1959, Ass. 1963 - 1968-76 Univ.-Syndikus, s. 1976 Kanzler - Spr.: Engl. (Franz., Span.).

LAMPERT, Fritz
Dr. med., Prof. f. Pädiatrie Univ. Gießen - 6300 Gießen (T. 0641 - 7 13 99) - Geb. 4. Mai 1933 Frankfurt/M. (Vater: Prof. Dr. med. Heinrich L., Internist (s. X. Ausg.); Mutter: Ilse, geb. Eckart), ev., verh. s. 1961 m. Felicitas, geb. Pleitgen, 4 Kd. (Andreas, Christina, Philipp, Friederike) - Univ. Frankfurt u. FU Berlin. Promot. 1959 Frankfurt; Habil. 1968 Erlangen - S. 1962 klin. Tätigk. Univ. Erlangen-Nürnberg (zul. Oberarzt), München (Abt.vorst.), Gießen (Leit. Kinderpoliklin.). S. 1968 Privatdoz. Univ. Erlangen-Nürnberg u. München (apl. Prof. 1974). 1959/60 Rotating internship, 1964/65 Research fellowship, 1968/69 Visiting scientist USA. Spez. Arbeitsgeb.: Tumoren im Kindesalter, Chromosomenstruktur u. -funktion - BV: Krebs im Kindesalter, 1970. 5. A. 1980 (ital. 1974); Pädiatrie in d. Praxis, 1981, 2. A. 1986; Pädiatrie, 1982; Cancer in the First Year of Life, 1990; Elementare Pädiatrie, 4. A. 1991 - 1968 Adalbert-Czerny-Preis Ges. d. dt. Kinderärzte (f. bes. Leistungen auf d. Gebiet d. Leukämie-Zellforsch.) - Liebh.: Sport (Golf, Rennradfahren), Geschichte, Garten - Spr.: Engl., Franz., Ital.

LAMPERT, Heinz
Dr. rer. pol. (habil.), o. Prof. f. Volkswirtschaftslehre Univ. Augsburg - Danziger Str. 12, 8902 Neusäß - Geb. 21. März 1930 Nürnberg, kath., verh. s. 1954, 2 Kd. - Realgymn. Nürnberg; Univ. Erlangen. Promot. 1956 Erlangen; Habil. 1962 München - S. 1965 Ord. TU Berlin, Univ. Köln (1970), u. Augsburg (1974). Mitgl. Verein f. Socialpolitik, u. im wiss. Beirat f. Familienfragen b. BMFuS - BV: D. Lohnstruktur d. Industrie, 1963; D. Wirtschafts- u. Sozialordnung d. BRD, 11. A. 1992; Sozialpolitik, 1980; Lehrbuch d. Sozialpolitik, 1991 - Spr.: Engl., Franz.

LAMPING, Dieter
Dr. phil., Prof. Inst. f. Komparatistik, München (s. 1990) - Ludwig-Thoma-Str. 7a, 8061 Vierkirchen (T. 08139 - 61 37) - Geb. 7. Febr. 1954 Lohne i.O., verh. s. 1979 m. Simone, geb. Ehlert, 2 Kd. (Charlotte, David) - Stud. Allg. Lit.wiss. Univ. Köln u. Wuppertal; Promot. 1981; Habil. 1986 - S. 1987 Prof. in Wuppertal - BV: D. Name in d. Erzählung, 1983; D. lyrische Gedicht, 1989 (korean. Übers. in Vorb.). Herausg.: Ludwig Marcuse: Wie alt kann Aktuelles sein? (1989) - Spr.: Engl., Franz., Ital., Span., Latein.

LAMPL, Wilhelm
Verleger - Landsberger Str. 191, 8000 München 21 (T. 089 - 579 52 01); priv.: Perchastr. 51, 8137 Berg 1 (T. 08151 - 65 84) - Geb. 21. Febr. 1914 München - 1961 Ehrenbürger TH München; 1966 Ullsteinring BGV.

LAMPRECHT, Erich
Dr. rer. nat. (habil.), o. Prof. u. Direktor Math. Inst. Univ. Saarbrücken (1963) - Goerdelerstr. 24, 6600 Saarbrücken (T. 81 81 31) - Geb. 14. April 1926 Mainz - 1955-63 Privatdoz. u. apl. Prof. (1961) Univ. Würzburg. Fachveröff.

LAMPRECHT, Günter
Schauspieler - Görlinger Zentrum 3, 5000 Köln 30 - Geb. 21. Jan. 1930 Berlin - 1946-49 Ausb. z. Orthopädiemechaniker; 1953-55 Schausp.-Ausb. Max-Reinhardt-Sch. Berlin - Ensemblemitgl. an 10 versch. Schauspielhäusern; s. 1972 freischaff.; s. 1986 auch als Autor tätig - Bis 1986 rd. 100 Film- u. Fernsehprod. - 1978 Gold. Kamera f.: Rückfälle; 1982 Dt. Darstellerpreis f.: Berlin Alexanderplatz; 1983 Kritikerpreis in USA.

LAMPRECHT, Hans
Dr.-Ing. forest., em. Univ.-Prof. f. Waldbau d. Tropen u. Naturwaldforsch. - Hünstollenstr. 54, 3401 Waake (T. 05507 - 8 12) - Geb. 26. Juni 1919 Zürich - Stud. ETH Zürich; Dipl. ing. forest. 1944 ETH; Promot. Dr. sc. tech. 1951 ETH - 1945-52 Assist. Inst. f. Waldbau ETH, 1952-65 o. Prof. f. Waldbau u. Inst.dir. Andenuniv. Mérida/Venezuela; s. 1966 o. Prof. Univ. Göttingen. Emerit. 1984 - BV: Waldbau in d. Tropen, 1986 - 1984 Fernow-Plak. f. bes. Verdienste um d. intern. Forstwirtsch.; 1990 G.-L.-Hartig-Preis f. hervorragende Leistungen z. Förd. d. forstl. Nachhaltigkeitsgedankens - Spr.: Span.

LAMPRECHT, Heinz-Otto

Dr.-Ing., Prof. f. Baugeschichte TH Aachen - Klerschweg 5, 5000 Köln 51 - Geb. 30. März 1925 Hannover, verh., 2 Kd. - Stud. Bau-Ing.-Wesen TH Hannover; Dipl.-Ing. 1951; Promot. 1955 Hannover - 1952-57 Leit. Staatl. Forschungsst. f. Küstenschutz Sylt; 1957-61 Bau- u. Oberbauleit. Bauind.; 1961-72 Berat. Ing. (Bauberatungsst. Zement Frankfurt); 1973-90 Geschäftsf. Bundesverb. Zement u. Leit. Bauberatung Zement (9 Beratungsst.); 1984 Hon.-Prof. TH Aachen. Mehrere archäol.

Studienreisen in Mittelmeerländern - BV: Uferveränderungen u. Küstenschutz auf Sylt, 1957; Betonprüfungen auf d. Baustelle u. im Labor, 1971; Opus Caementitium - Bautechnik d. Römer, 1984. Mitverf.: Gesundes Wohnen (1986); Wasserbauten aus Beton (1987); D. Wasserversorgung antiker Städte (1988); Beton-Lexikon (1990) - 1986 Frontinus-Med. f. wiss. Verdienste u. Leistungen auf d. Geb. d. Technik-Gesch.

LAMPRECHT, Helmut

Dr. phil., Schriftsteller - Heinrich-Baden-Weg 15, 2800 Bremen-Oberneuland (T. 25 94 55) - Geb. 7. April 1925 Ivenrode b. Magdeburg (Vater: Hans L., Dorfschullehrer; Mutter: Margarete, geb. Tiedemann), verh. m. Grete, geb. Samen (Lehrerin), 2 Kd. (Henriette, Hans-Rudolf) - Stud. German., Phil., Soziol. (u. a. b. Horkheimer u. Adorno in Frankf.) - Leit. Kultur. Wort Radio Bremen (1977-90) - BV: Erfolg u. Ges., 1964; Teenager u. Manager, 1965; D. Hörner beim Stier gepackt (Aphorismen u. Lyrik), 1975; Früher hat Lächerlichkeit getötet (155 Bedenksätze), 1979. Herausg.: Ungewisser Tatbestand, 16 Autoren variieren e. Thema (1964); Deutschland - Deutschland, polit. Ged. v. Vormärz b. z. Gegenw. (1969); Wenn d. Eis geht, e. Leseb. zeitgenöss. Lyrik (1983 u. 85); Achill u. d. Schildkröte, z. Kulturgesch. d. Geschwindigkeit (1988); V. Fliegen, Ged., Prosa, Bilder (1990) - Mitgl. PEN-Zentrum BRD; 1986 Ehrengast Villa Massimo.

LAMPRECHT, Ingolf

Dr. rer. nat., Prof. f. Biophysik - Irmgardstr. 20A, 1000 Berlin 37 (T. 030-813 80 63) - Geb. 27. Nov. 1933 Dortmund (Vater: Prof. Dr. Wilhelm L.; Mutter: Edith, geb. Stephan), ev., verh. m. Natalija, geb. Vladimirovna Kalinina - Stud. Phys., Math. Innsbruck, Münster, Berlin, Promot. (Physik) 1969, Habil. (Biophysik) 1974 - 1978 Prof. f. Biophysik FU Berlin - Spr.: Engl., Franz.

LAMPRECHT, Walther

Dt. rer. nat., o. Prof. f. Klin. Biochemie u. Physiol. Chemie - Tiefe Trift 9, 3002 Isernhagen 2 (T. 05139 - 8 76 76) - Geb. 17. Okt. 1924 München (Vater: Dipl.-Landw. Rudolf L.; Mutter: Antonie, geb. Weber), kath., verh. s. 1955 m. Dr. Gabrielle, geb. Trautschold, 2 Kd. (Stefan, Christian) - Stud. Chemie, Biol., Geogr., Med., Biochemie München. Promot. (1954) u. Habil. (1957) München - S. 1957 Lehrtätigk. TH München, Univ. ebd., FU Berlin, TH München, Med. Hochsch. Hannover (1965 Ord. u. Inst.Dir.). Fachveröff. - Spr.: Engl., Franz., Ital., Span.

LAMSZUS, Hellmut

Dr. phil., o. Univ.-Prof. f. Berufs- u. Betriebspäd. Univ. d. Bundeswehr Hamburg (s. 1976) - Professor-Krüger-Weg 8, 2105 Seevetal 1 - Geb. 15. Okt. 1928, verh. s. 1966 m. Elke, geb. Limpach, T. Katrin - cand. med. Hamburg; Verlagsbuchh.-Lehre; 1951-53 Stud. Akad. f. Gemeinwirtsch. Hamburg, Univ. Hamburg; Dipl.-Volksw. 1956; Dipl.-Hdl.-Lehrer 1958; Promot. 1971 Hamburg - B. 1969 Stud.-Rat u. OStud.-Rat Hdl.-Schulen in Hamburg; s. 1971 wiss. ORat Univ. Hamburg; s. 1973 Prof. Kassel - BV: Wandlungen d. Berufs- u. Ausbildungssituation im Buchhandel, 1971; Entw. u. Erprobung e. Konzepts z. Verbesserung d. Fahrlehrerausb., 1983; Curriculum f. d. Ausb. in d. Fahrschule, 1986; Neue Technologien, Arbeitsmarkt u. Berufsbildung (m. Sanmann), 1987, Weiterbildung im Handwerk als Zukunftsaufgabe, 1990; u. a. Veröff. - Liebh.: Jazz (Klarinettist), üb. 100 Plattenaufn. - Bek. Vorf.: Wilhelm Robert Lamszus, Dr. h. c., Lehrer, Schriftst., Schulfreformer.

LANC, Otto

Dr. phil., Dipl.-Ing., Prof. f. Psychologie Univ. Marburg (s. 1973) - Hohlweg 17, 3550 Marburg/L. - Geb. 13. Juli 1930 Naklo/Tschechosl. - Promot. Prag - BV: Ergonomie, 1975; Psychophysiolog. Methoden, 1977. Üb. 30 Einzelarb.

LANCIER, Peter

Dipl.-Ing., Vorsitzender d. Beirates d. Peter Lancier GmbH & Co. KG, Münster - Petersheide 37, 4400 Münster - Geb. 29. April 1924.

LANCKEN-WAKENITZ, Freiherr von der, Rickwan

Vorstandsvorsitzender Centralgenoss. Vieh & Fleisch eG, Hannover (b. 1989) - 2121 Mechtersen - Geb. 9. März 1934 Jena (Vater: Rickwan, Frh. v. d. L., Landwirt; Mutter: Adelheid, Gräfin Perponcher-Sedlnitzky), ev., verh. s. 1962 m. Irene, geb. Kaempfe - Abit.; Lehre; Stud. IMEDE, Lausanne - AR- u. Beir.-Mandate - Spr.: Engl., Franz.

LANCZKOWSKI, Günter

Dr. phil., Prof. - Liebermannstr. 45, 6900 Heidelberg (T. 3 57 24) - Geb. 18. Mai 1917 Kassel - S. 1960 (Habil.) Lehrtätigk. Heidelberg (1967 apl. Prof. f. Religionsgesch., 1978 Prof.) - BV: Hl. Schriften (auch ital. u. engl.); Altägypt. Prophetismus; Religionswiss. als Problem u. Aufg.; Aztekische Sprache u. Überliefer.; Religionsgesch. Europas (auch ital.); Begegn. u. Wandel d. Religionen; Gesch. d. Religionen; D. neuen Religionen. Schüler-Duden: Die Religionen; Verborgene Heilbringer; Einf. i. d. Religionsphänomenol.; Einf. in d. Religionswiss. Zahlr. wiss. Aufs.

LANDAU, Edwin M.

Dr. phil., Claudel-Forscher - Beustweg 7, CH-8032 Zürich (Schweiz) - Geb. 20. Sept. 1904 Koblenz - B. 1933 Verleger Berlin - Zahlr. Übers., vornehml. Claudel - 1970 Offiz.kreuz franz. Orden Arts et Lettres; BVK I. Kl.; Mitgl. PEN-Club. Begr. (durch Schenk. seiner Samml.) Intern. Claudel-Forschungszentrum an d. Univ. Zürich; Ehrenpräs. Reinhold-Schnedder-Ges., Freib. i. Br.

LANDAU, Kurt

Dr.-Ing., Dipl.-Wirtsch.-Ing., Univ.-Prof. f. Arb.wiss. Univ. Hohenheim (s. 1983) - Univ. Hohenheim, Fruhwirthstr. 48, 7000 Stuttagrt 70 - Geb. 22. Juli 1947 Griesheim, ev., verh. s. 1972 m. Anna, geb. Hermann, 2 Kd. (Nicole, Marc) - Wirtschaftsing.wesen 1966-71 TH Darmstadt, Promot. 1978 TH Darmstadt - 1972-74 Systemanalyt. CERN, Genf; 1979-83 Leit. Arb.wiss. u. Leit. Auslandsbereich REFA-Verband - BV: Arbeitswissenschaftliches Erhebungsverfahren zur Tätigkeitsanalyse, 1979 (übers. in 10 Spr.); Einführung in d. Arbeitswiss., 1991 - Vors. Ges. Arbeitswiss. im Landbau.

LANDAU, Marc

Geschäftsführer Offizielle Deutsch-Iranische IHK - P. O. Box 14155, 3478, Teheran/Iran - Geb. 9. Dez. 1949 Köln (Vater: Dr. H. F. L., Botschafter a. D.), ev., verh. s. 1979 m. Sabine, geb. Zenz, 2 Kd. (Franca Alessandra, Nicolas Henrik) - Stud. Rechtswiss. u. Orientalistik Univ. Köln, Berlin, Bonn; 1. u. 2. jurist. Staatsex. - 1978-82 stv. Geschäftsf. Dt.-Arabische Handelskammer Kairo; 1982-86 Delegierter d. dt. Wirtsch., Riyadh, Saudi-Arabien - Spr.: Engl., Franz., Ital., Arab.

LANDAU, Peter

Dr. jur., o. Prof. f. Dt. u. Vergleichende Rechtsgesch. u. Bürgerl. Recht Univ. München - Tsingtauer Str. 103, 8000 München 82 (T. 089 - 430 01 21) - Geb. 26. Febr. 1935 Berlin, ev., verh. m. Angelika, geb. Linnemann - Obersch. Berlin; FU ebd., Univ. Freiburg/Br. u. Bonn (Rechtswiss., Gesch., Phil.). Promot. (1964) u. Habil. (1968) Bonn - 1960-68 Assist. Univ. Bonn. 1965 Lecturer Yale Univ. (USA). O. Mitgl. Bayer. Akad. d. Wiss.; Pres. Inst. of Medieval Canon Law, 1990/91 Member Inst. for Advanced Study Princeton N. J. - BV: D. Entstehung d. kanon. Infamiebegriffs v. Gratian b. z. Glossa ordinaria, 1966; Ius Patronatus (Stud. z. Entwickl. d. Patronats im Dekretalenrecht u. d. Kanonistik d. 12. u. 13. Jh., 1975 - Spr.: Engl., Franz.

LANDEN, Heribert C.

Dr. med., Prof., Internist - Kaiser-Friedrich-Str. Nr. 90, 4040 Neuss - Geb. 8. Okt. 1912 Düsseldorf - Stud. Bonn, Würzburg, Freiburg, Düsseldorf. Med. Staatsex. 1939 - S. 1950 (Habil.) Privatdoz. u. apl. Prof. (1955) Med. Akad. bzw. Univ. (1966) Düsseldorf. Mitgl. AvD-Hauptaussch. Etwa 80 Fachveröff. (Lungen- u. Herzkrankh.) - Rotarier.

LANDERS, Siegfried

Unternehmer u. Fabrikant, gf. Gesellsch. d. Landers-Firmengruppe - Am Lippeglacis, 4230 Wesel am Rhein; u. Theodor-Heuss-Str. 42, 4100 Duisburg; priv.: Gabainstr. 6, 4230 Wesel - Vollversamml.mitgl. d. IHK Duisburg-Wesel-Kleve; Vors. Umweltaussch., u. Erfa-Kreis (Erfahrungsaustausch-Kreis) d. Region Wesel; Beirat Bildungszentrum Niederrhein, u. AGVU (Arbeitsgemeinsch. Verpackung u. Umwelt); Vors. Unteraussch. Abfallwirtsch. im Bundesfachaussch. f. Umwelt d. FDP in Bonn, u. Bürgerinitiative Hist. Rathaus Wesel e.V.; Gesellsch. Marien-Hospital Wesel; Kurat.-Mitgl. Sozialdienst Kath. Frauen e.V.; Vorst. Bürger-Schützenverein Wesel; Protektor Fusternberger Sänger e.V., u. Historischer Schienenverkehr Wesel e.V. - Gold. Ehrenz. d. FDP; Gold. Nadel d. Bundesverb. d. Dt. Schrottwirtsch. e.V.; Gold. Nadel d. Techn. Hilfswerks; BVK I. Kl.

LANDERT, Walter

Selbst. Kaufmann, fr. Schriftst. (s. 1960) - Lendikonerstr. 54, CH-8484 Weisslingen/ZH (T. 052 - 34 13 62) - Geb. 3. Jan. 1929 Zürich, ev., verh. s. 1954 m. Elsy, geb. Weber, 4 Kd. - Banklehre m. kaufm. Lehrabschl. 1948 Uster; Dipl. Swiss Mercantile School 1950 London - B. 1955 Bankangest.; 1955-66 Außendienstmitarb. u. Abteilungsleit. IBM Zürich; s. 1966 selbst. Kaufm. m. eig. Versandgeschäft, Weisslingen - BV: Manager auf Zeit, R. 1968; Selbstbefragung, Ged. 1969; Entwurf Schweiz, Ess. 1970; Koitzsch, R. 1971; Unkraut im helv. Kulturgärtchen, Ess. 1981; Traum e. besseren Welt, Kurzgesch. u. Ged. 1981; Meine Frau baut e. Bahnhof, Kurzgesch. 1982; s Huus us Pilatusholz, Monodrama 1985; Klemms Memorabilien - E. Vorspiel, 1989; Umwerfende Zeiten - E. Prozess, R. 1990 - 1970 Artemis-Jubiläumspreis; Lyrikpr. Lit. Union, Beckingen/Saarl. - Spr.: Franz., Engl.

LANDES, Erich

Dr. med., Prof., Direktor Städt. Hautklinik Darmstadt (s. 1964) - Kleukensweg 2, 6100 Darmstadt-Eberstadt (T. 79 04 07) - Geb. 23. Aug. 1921 Frankfurt/M. (Vater: Heinrich L., Kaufm.; Mutter: Minna, geb. Rühle), ev., verh. m. Charlotte, geb. Röhrig, 4 Kd. (Brigitte, Michael, Thomas, Sabine) - Univ. Halle, Frankfurt, Jena - S. 1958 (Habil.) Privatdoz. u. apl. Prof. (1963) Univ. Frankfurt (zeitw. komm. Leit. Hautklinik u. Vertr. Lehrstuhl f. Dermatol. u. Venerol.). Üb. 100 Fachveröff. - Korr. Mitgl. Österr. Dermatol. Ges. u. zahlr. Fachges. - Liebh.: Musik - Spr.: Engl., Franz.

LANDES, Georg

Dr. med., Prof., Chefarzt Med. Abt. Städt. Krankenanstalten Landshut (1948-71) - Am Schloßanger 13, 8300 Landshut/Bay. (T. 2 24 74) - Geb. 17. Febr. 1906 München, kath., verh. s. 1934 m. Franziska, geb. Nether, 4 Kd. - Gymn., TH u. Univ. München (Promot. 1930). Habil. 1939 Köln - 1943 Doz., 1947 ao. Prof. Med. Akad. Düsseldorf, 1949 apl. Prof. Univ. München - BV: Grundriß d. Perkussion u. Auskultation, 1944.

LANDFESTER, Manfred

Dr. phil., Prof. f. Griech. Philologie - Schillerstr. 10, 6330 Wetzlar-Dutenhofen - Geb. 4. April 1937 Wuppertal (Vater: Wilhelm L., Polizeibeamter; Mutter: Grete, geb. Zatryb), ev., verh. s. 1967 m. Heidi, geb. Flume, 3 Kd. - Stud. Klass. Philol., Gesch. u. Phil.; Promot. 1963, Habil. 1969 - 1963-79 Wiss. Assist., Doz. u. apl. Prof.; s. 1980 o. Prof., 1980-85 Vorst.-Mitgl. Mommsen-Ges. - BV: Handlungsverl. u. Komik in d. Kom. d. Aristophanes, 1977; Humanismus u. Ges. im 19. Jh., 1988.

LANDFRIED, Klaus

Dr. phil., Prof. f. Politikwiss. u. Präsident Univ. Kaiserslautern - Albert-Ueberle-Str. 9, 6900 Heidelberg (T. 06221 - 47 42 07); u. Meißenerstr. 4, 6750 Kaiserslautern - Geb. 26. Jan. 1941 Heidelberg (Vater: Werner L.; Mutter: Helmtraut, geb. Kloevekorn), ev., T. Andrea C. - Abit. Heidelberg; Univ. Basel u. Heidelberg (Promot. 1970) - 1968/69 Verw.-Ass. Inst. f. polit. Wiss. Univ. Heidelberg; 1969-72 stv. Leit. DFG Forsch.-Projekt; Wahl d. Parlamente; 1972 Forsch.-Stip. Iran/Afghanistan; 1972/73 Kennedy-Memorial Fellow Harvard-Univ. Cambridge, Mass./USA; 1974 Prof. f. Politikwiss. Univ. Kaiserslautern (1981-87 Vizepräs., s. 1987 Präs.); s. 1991 Vizepräs. d. Hochschul-Rektorenkonfz. - BV: Stefan George - Politik d. Unpolit., 1975; Studienb. Politik (m. a.), 1980; Folgen neuer Informationstechniken, 1985. Mithrsg.: Wahl d. Parlam. u. a. Staatsorgane (1978) - Spr.: Engl., Franz.

LANDGRAEBER, Wolfgang

Redakteur b. politischen Magazin PANORAMA d. NDR - Gazellenkamp 57, 2000 Hamburg 54 - Geb. 7. Juli 1947, verh. m. Lulu L.-Groll (Produktionsleit.) - Stud. Sozialwiss.; Absolvent d. Hochsch. f. Film, München - Lehrbeauftr. Hochsch. f. Ferns. u. Film, München u. d. Univ. Leipzig - Mitgl. in Festivaljuries u. Gremien d. Filmförderung - Zahlr. Preise auf Intern. Film- u. Fernsehfestivals f. Fernsehdok. u. Dokumentarfilme.

LANDGRAF, Friedrich
Dr. jur., Dr. rer. pol., Rechtsanwalt - Prinzregentenstr. 24, 8200 Rosenheim/Obb. (T. 08031 - 3 70 97; Telefax 08031 - 3 45 27) - Geb. 15. Mai 1930 Oberviechtach/Ndb. - Oberrealsch. Weiden; Univ. München, Würzburg, Innsbruck. Promot. 1956 (jur. Würzburg) u. 57 (rer. pol. Innsbruck) - 1960-64 Justitiar Kindler & Schiermeyer Verlag AG, München; 1965-66 Dir. Heinrich Bauer-Verlag, Hamburg; 1966-70 Geschäftsf. Gruner + Jahr GmbH & Co., Hamburg; 1971-75 Geschäftsf. Frankfurter Societäts-Druckerei. Veröff. z. Urheber- u. Verlagsrecht - Liebh.: Hochseesegeln - Spr.: Engl.

LANDGRAF, Gerhard
I. Bürgermeister - Rathaus, 8031 Maisach/Obb.; priv.: Almrauschstr. 4 - Geb. 6. April 1940 Bamberg (Vater: Max L., Hauptlehrer; Mutter: Rosa, geb. Geus), kath., verh. s. 1968 (Ehefr.: Erika), T. Sabine - Wirtschaftsaufbausch. Bamberg; Ausbild. u. Prüf. f. d. mittl. u. gehob. Beamtendst. Gde. Maisach - Zul. Verwaltungsoberinsp. SPD.

LANDMANN, Salcia,
geb. Passweg

Dr. phil., M.A., Schriftstellerin - Winkelriedstr. 1, CH-9000 St. Gallen (T. 071 - 22 74 83) - Geb. 18. Nov. 1911 Zolkiew (heute Ukraine) (Vater: Israel P., Kaufmann; Mutter: Regina, geb. Gottesmann), jüd., verh. s. 1939 m. Prof. Michael L., S. Valentin, Dr. jur., Rechtsanw. u. Schriftst. - Stud. Rechtswiss., Phil., Psych. u. Kunstgesch. Univ. Berlin, Paris, Zürich, Genf u. Basel (Promot. 1939, zugl. M.A.); Ausb. als Modegraphikerin - Publiz. Tätigk. Arbeitsgeb.: Üb. d. Ostjudentum u. d. Selbstzerstör. d. Fr. Westens. Kochbücher - BV: D. jüd. Witz, s. 1960 zahlr. Aufl. (auch holl. u. japan.); Jiddisch - Abenteuer e. Sprache, 1962; Gepfeffert u. Gesalzen, e. streitbares Kochbrevier, 1965 u. 1980 (auch holl.); D. Juden als Rasse, 1967 u. 1981; Marxismus u. Sauerkirschen; e. streitb. Zeitbetracht., 1979; D. ewige Jude, Ess. 1974; Koschere Küche, 1964, 84 u. 88 (auch holl.); Jugendunruhen; Ursachen u. Folgen, 1982; Jüd. Anekdoten u. Sprichwörter, s. 1965 zahlr. Aufl.; Nachlese jüd. Witze, s. 1977 mehr. Aufl.; Jüd. Weisheit aus 3000 J., 1968; Bilderbogen aus Ostgalizien, 1975; Westöstl. Küchendivan (Balkanküche), 1968; Poln. Küche, 1970; Frucht- u. Blütensäfte. Mein Sirup-Brevier, 1985; Jesus u. d. Juden, 1986. Jidd. Lit., Übers. (teilw. Vorwort): An-Ski: D. Dibbuk, Itzik Manger: D. Buch v. Paradies, I. B. Singer: D. Knecht, Chaim Bloch: Chassid. Gesch., Eliasberg: Chassid. Gesch., Scholem Alejchem: Marienbad, Scholem Alejchem: Neue Anatewka-Gesch. - Mitgl. PEN Liechtenstein - Liebh.: Pilze - Spr.: Franz., Hebr., Jiddisch, Lat., Griech.

LANDMANN, Valentin
Dr. jur., Rechtsanwalt, Schriftsteller -

Winkelriedstr. 1, CH-9000 St. Gallen (T. priv.: 071 - 23 52 06; dstl.: 01 - 361 61 65) - Geb. 7. Juni 1950 Basel (Vater: Prof. Dr. Michael L.; Mutter: Dr. phil. Salcia, Schriftst.), verh. s. 1975 m. Dr. jur. Anna, geb. Autenrieth, T. Elisabeth - Stud. d. Rechte u. Volksw. Zürich; Promot. 1975 - Tätigk. an Gerichten; Lehrbeauftr. Univ. Zürich u. Wirtschaftshochsch. St. Gallen; RA - BV: Notwehr, Notstand u. Selbsthilfe im Privatrecht, Diss. 1975; Haftpflichtrecht, e. Grundriss in Tafeln, (m. M. Keller) 1979; D. Böse, Gesch. e. Urphänomens, 1985; D. Hells-Angels-Hatz, 1989; D. integrierte Verbrechen, 1989.

LANDOWSKY, Klaus
Rechtsanwalt, Vorstandssprecher Berliner Pfandbrief-Bank - Fontanestr. 6a, 1000 Berlin 33 - Geb. 21. Juli 1942 Berlin, ev., verh. s. 1966 m. Karin, geb. Jungas, 2 Kd. - Abit., 1. u. 2. jurist. Staatsex. - MdA Berlin; Fraktionsvors.; Mitgl. Rundfunkrat SFB. CDU.

LANDSBERG-VELEN, Dieter, Graf
Forstwirt, Präs. Malteser-Hilfsdienst Köln, Präs. Dt. Reiterl. Vereinig. Warendorf, Vizepräs. Dt. Sportbund, Ehren-Vizepräs. Intern. Reiterverb. (FEI) - 5983 Balve-Wocklum - Geb. 17. Dez. 1925 Wocklum (Vater: Graf L.-V.), verh. m. Monika, geb. Gräfin Westphalen.

LANDSMANN, Paul
Regierungsdirektor a. D., MdL Rhld.-Pfalz (s. 1967) - Enzweiler J 10, 6580 Idar-Oberstein (T. 2 42 39) - Geb. 18. Juni 1928 Oberstein/N., kath., verh., 4 Kd. - Gymn.; Univ. Mainz (Rechts- u. Staatswiss.); Hochsch. f. Verw.swiss. Speyer. Beide jurist. Staatsprüf. - Landratsämter; Bundesinnenmin. Stadtverordn. Idar-Oberstein (1956-60 u. 1964 ff. Fraktionsvors.), ehrenamtl. Bürgerm. Idar-Oberstein CDU (1961 ff. Kreisvors. Birkenbach) - BVK, Frh.-v.-Stein-Plak. Rhld.-Pfalz u. a.

LANDSTORFER, Friedrich Michael
Dr.-Ing., Prof., Ord. u. Dir. Inst. f. Hochfrequenztechnik Univ. Stuttgart (s. 1986) - Pirolstr. 3a, 8000 München 60 (T. 814 15 59) - Geb. 28. Mai 1940 München (Vater: Johann L., Postbetriebsinsp.; Mutter: Albertine, geb. Strauß), ev.-luth., verh. s. 1967 m. Irmgard, geb. Ernst - Abit. 1959 München; Dipl.-Ing. 1964 TH München, Promot. 1967 TU München, Habil. (Priv.Doz.) 1971, Prof. 1976 - S. 1976 apl. Prof. TU München, 1978 Extraord. ebd. Vors. Fachaussch. Antennen d. ITG/VDE - Üb. 60 Patente (Hochfrequenztechnik). Beitr. in Landstorfer/Graf: Rauschprobl. d. Nachrichtentechnik, 1981; Landstorfer/Sacher: Optimisation of Wire Antennas, 1985; Beitr. in Meinke-Gundlach, Taschenb. d. Hochfrequenztechnik, 1986 - 1977 Lit.-preis Nachrichtentechn. Ges. VDE - Liebh.: Segeln, Motorfliegen, Fallschirmspringen, Amateurfunk - Spr.: Engl., Franz., Span.

LANDWEHR, Götz
Dr. jur., o. Prof. f. Dt. u. Nord. Rechtsgeschichte, Bürgerl. Recht u. Handelsrecht - Marienhöhe 47, 2085 Quickborn (T. 04106 - 29 20) - Geb. 24. Nov. 1935 Verden/Aller - Promot. u. Habil. Göttingen - S. 1965 Ord. Univ. Heidelberg u. Hamburg (1969). Facharb.

LANDWEHR, Karl-Heinrich
Oberkreisdirektor Unna - Friedrich-Ebert-Str. 17, 4750 Unna (T. 02303 - 27 - 0) - Geb. 14. Aug. 1935 Heeren-Werve.

LANDWEHRMANN, Friedrich
Dr. rer. pol., Dipl.-Kfm., Univ.-Prof. f. Soziologie - Friedrich-Lang-Str. 5, 6200 Wiesbaden (T. 06131 - 39 25 68) - Geb. 29. April 1934 Oberhausen (Vater: Friedrich L., Betriebsf.; Mutter: Mathilde, geb. Schröder), verh. s. 1961 m. Christel, geb. Theile, 2 Kd. (Ralf, Ute) - Abit. 1954; Lehre Ind.kfm.; Stud. Betriebs- u. Volkswirtschaft, Soziol. Hamburg, München, Münster; Dipl.-Kfm. 1960; Promot. 1964; Habil. (Soziol.) 1968 - 1968-71 Gf. Dir. Inst. f. Arbeitssoziol. u. Arbeitspolitik Univ. Bochum. 1970-76 Mitgl. Kommiss. d. Bundesreg. f. wirtsch. u. soz. Wandel; s. 1971 o. Prof. f. Soziol. Univ. Mainz (1976-77 u. 1979-81 Dekan); 1983-87 Mitgl. wiss. Begleitkommiss. z. Versuch m. Breitbandkabel in d. Region Ludwigshafen/Vorderpfalz - BV: Organisationsstrukturen ind. Großbetriebe, 1965; Ind. Führ. unt. fortschreit. Automatisier., 1970; Information u. Mitwirk., 1977; Zielgr. unbekannt? Kommun. Öfftl.keitsarbeit im Ruhrgebiet, 1971; Auswirk. kleinräumiger Mobilität auf d. Stadt- u. Regionalentw., 1978; Europas Revier. D. Ruhrgeb. gestern, heute, morgen, 1980; Nutzung u. Konsequenzen e. erweit. Fernsehprogrammangebots (m. M. Jäckel u. A. Topfmeier), 1988 - Spr.: Engl.

LANDWEHRMEYER, Richard
Dr. phil., Generaldirektor d. Staatsbibliothek Preußischer Kulturbesitz (s. 1987) - Potsdamer Str. 33, 1000 Berlin 30 (T. 030 - 266 23 23) - Geb. 26. Nov. 1929 Belm/Osnabrück - Stud. Roman., German. Univ. Göttingen, Freiburg, Montpellier; Promot. 1955; Staatsex. 1956; Bibliothekar. Fachprüf. 1958 - 1958-63 Univ.-Bibl. Freiburg; 1965-72 Univ.-Bibl. Konstanz; 1972-87 Univ.-Bibl. Tübingen.

LANDZETTEL, Wilhelm
Dipl.-Ing., Architekt (BDA), em. Univ.-Prof. f. Ländl. Bau- u. Siedlungswesen TH bzw. TU Hannover (1959-91) - Schloßwenderstr. 1, 3000 Hannover - Geb. 8. Sept. 1926 Witten/Ruhr, verh. m. Dipl.-Ing. Christa, geb. Dietzmann - Maurerhandw.; TH Darmstadt (Arch.; Diplom 1953) - Mitarb. Prof. Bartmann, Darmstadt (1953-54), Arbeitsgem. landw. Bauwesen, Frankfurt/M. (1955-56), LK Pfalz, Kaiserslautern (1956-59). Emerit. 1991 - BV: Ländl. Siedl. in Nieders., 1981; Dorferneuerung in Nieders., 1985; D. Dorf in dem wir leben, 1985; Architektenwettbewerbe z. Dorferneuerung in Nieders., 1987; D. Bild d. Dörfer, 1989. Herausg.: Dt. Dörfer (1982) - 1990 Heinrich Tessenow-Med. in Gold.

LANFERMANN, Heinz
Abgeordneter Landtag Nordrhein-Westfalen - Romgesweg 19, 4200 Oberhausen 1 (T. 0208 - 85 32 70) - Geb. 27. Mai 1950 Oberhausen, verh. s. 1977 m. Ellen, geb. Chwolik - Abit.; Stud. Rechtswiss. Univ. Bonn; 1. jurist. Staatsex. 1977 Bonn, 2. jurist. Staatsex. 1980 Düsseldorf - 1980 Richter, 1983 Richter am Landgericht Duisburg. FDP. 1985/86 b. Bundesmin. d. Justiz; s. 1988 MdL; Sprecher d. FDP-Landtagsfrakt. f. Rechts-, Arbeits-, Gesundheits- u. Sozialpolitik; s. 1989 Stadtverordn. im Rat d. Stadt Oberhausen - Interessen: Schach, Oper, Computer - Spr.: Engl. - Rotarier.

LANG, Alexander E.
Journalist - Grabenstr. 1 A, 5342 Rheinbreitbach (T. 02224 - 7 12 04) - Geb. 3. Juni 1934 Enger (Vater: Walter L., Buchhändler; Mutter: Elfriede, geb. Frillmann), verw., T. Claudia Weinkopf - Jurastud.; Redaktionsvolont. - 1965-71 Redakt. Der Spiegel; 1972-76 stv. Chefredakt. Capital; 1976-82 Sprecher Bundesarbeitsmin.; s. 1982 Ref. Leit. Öfftl.-keitsarb. f. Ausländerpolitik - Spr.: Engl., Franz.

LANG, Armin
Vorsitzender d. Landtagsaussch. f. Frauen, Arbeit, Gesundheit u. Soziales, MdL Saarland, stv. Vors. d. Europa-Aussch. d. Saarl. Landtags - Neumeyerstr. 14, 6690 St. Wendel-Osterbrücken (T. 06856 - 5 26) - Geb. 21. Nov. 1947 Niederkirchen, ev., verh. s. 1970 m. Ingrid, geb. Jung, S. Torsten - Staatl. anerk. Sozialarb., PR-Ref. u. Gemeinwesenarb. - 1971-73 Internats- u. Lehrgangsleit. b. Intern. Bund f. Sozialarb.; 1973-83 Ref. f. Soz. Planungs- u. Öffentlichkeitsarb. im Diakon. Werk d. Ev. Kirche an d. Saar (s. 1980 Leit. Ev. Bildungszentrum Neunkirchen-Wiebelskirchen); 1983 Vors. Geschäftsfg. Diakon. Werk an d. Saar u. Leit. Geschäftsst. d. Diakon. Werkes (s. 1984). S. 1972 Lehrauftr. Kath. Fachhochsch. Saarbrücken. S. 1975 Mitgl. Bundesvorst. Fachverb. f. ev. Jugendsozialarb. S. 1974 MdK (stv. Fraktionsvors.); s. 1984 Vorst. Saarl. Landkreistag; 1983 Bundestagskandidat Wahlkr. 247. Div. Ehrenämter u. Mitgliedsch. SPD s. 1969 (s. 1987 Landesvors. Arbeitsgemeinsch. d. Sozialdemokraten im Gesundheitsw. ASG); 1979-82 VR-Vors., 1982-91 ea. Geschäftsf. d. Neuen Arbeit Saar gGmbH; s. 1987 Beiratsvors. d. Stiftg. Saarl. Öko-Zentrum Hofgut Imsbach; s. 1990 Leit. d. Landesvertretung Saarl. d. Verb. d. Angestellten-Krankenkassen e.V. (VdAK) u. d. Arbeiter-Ersatzkassen-Verb. e.V. (AEV); Vors. d. Landesarbeitsgemeinsch. f. Gesundheitsförd. Saarland e.V., u. d. Programm- u. Beschwerdeaussch. d. Landesanstalt f. d. Rundfunkwesen (LAR) - BV: Therap. Schülerhilfe - Meth. Jugendhilfe f. benachteiligte Jugendl., 1978; Kontakte - Jahrb. f. kirchl. Mitarbeiterinnen - Hermine-Albers-Preis, Bonn.

LANG, August (Gustl)
Dr. h.c., Rechtsanwalt, Bayer. Staatsmin. f. Wirtschaft u. Verkehr (s. 1989), MdL Bayern (s. 1970), b. 1982 Fraktionsvors. CSU-Fraktion - Prinzregentenstr. 28, 8000 München 22 (T. 21 62 01) - Geb. 1929 - 1982-86 Bayer. Justizmin.; 1986-89 Bayer. Innenmin. - 1982 Bayer. VO; 1984 BVK I. Kl.; 1984 Bayer. Verfassungsmed. in Gold - CSU.

LANG, Bernhard
Dr. theol. habil., Elève titulaire de l'Ecole Biblique (Jerusalem), Prof. f. Bibelwiss. u. Religionswiss. Univ. Paderborn (s. 1985) - Warburger Str. 100, 4790 Paderborn - Geb. 12. Juli 1946 Stuttgart (Vater: Gert L., Kaufm.; Mutter: Stefanie, geb. Germautz), kath. - 1966-76 Stud. Theol., oriental. Altert.kd., Ägyptol., Archäol. Tübingen, Münster, Jerusalem, Paris; Elève titulaire de l'Ecole biblique de Jérusalem 1971, Promot. 1975 Tübingen, Habil. 1977 Freiburg, Völkerk. 1981/82 London - 1973-75 Pfarrer Reutlingen, 1977-82 Prof. (Tübingen), 1977/78 Gastprof. Freiburg, 1980 Berlin, 1982-85 o. Prof. Mainz, 1982/83 Gastprof. Philadelphia, 1991 Dir. d'études assoc., Paris (Ecole des Hautes et. en sc. soc.), 1992 Prof. assoc., Paris (Sorbonne) - BV: Frau Weisheit, 1975; K. Aufst. in Jerusalem, 1978; Ist d. Mensch hilflos?, 1979; E. Buch wie kein anderes, 1980; Wie wird man Prophet in Israel?, 1980; Ezechiel, 1981; D. einzige Gott, 1981; Monotheism, 1983; D. tanzende Wort, 1984; Anthropological Approaches to the Old Test, 1985; Wisdom, 1986; Heaven: A History (m. C. McDannell), 1988; D. Himmel, 1990

(auch ital., holl., span.); D. Bibel, 1990. Herausg. Intern. Ztschr.schau f. Bibelwiss.; Neues Bibel-Lex. (m. M. Görg) - Liebh.: Soziol., Anthropol. - Spr.: Engl., Franz.

LANG, Eberhard
Küfermeister, Vors. Verb. d. Dt. Faß- u. Weinküfer-Handwerks, München, u. Landesinnungsverb. Baden-Württ., Schwaigern - Zwerchstr. 4, 7103 Schwaigern - Geb. 23. März 1924.

LANG, Elmy
s. Lang-Dillenburger, Elmy

LANG, Erich
Dr. med., Prof., Chefarzt Medizin. Klinik/Waldkrkhs. St. Marien, Vorst. Carl-Korth-Inst. f. Herz-Kreislauferkrankungen, Erlangen, Facharzt f. inn. Medizin (Kardiologie) - Sportmed.; Kardiol., Gerontol. - Am Veilchenberg 8, 8521 Spardorf/Mfr. - Geb. 17. Sept. 1935 Kleinwallstadt/M. - Promot. 1960 Düsseldorf u. Habil. 1971 Erlangen, apl. Prof. 1975 Erlangen. 1978-80 Vors. Sektion Klin. Geriatrie d. Dt. Ges. f. Gerontologie, 1980-84 Präs. Dt. Ges. f. Gerontol. - BV: Kl. EKG-Seminar, 9. A. 1987; Koronare Herzkrankh., 1980; Geriatrie-Grundl. f. d. Praxis, 2. A. 1981; Kardiovaskuläre Notfälle, 1981; Kard. Ursachen zerebrovaskuläre Syndrome, 1981; EKG-Praxis Seminar, 1981; Vorbereitung auf d. aktive Alter, 1986; Therapie m. Vaso-Dilatatoren, 1987; Lehrbuch d. Geriatrie, 1987. Üb. 250 Einzelarb. - 1975 Max-Bürger-Preis Dt. Ges. f. Gerontol.; 1981 Ehrenmitgl. d. Mexikan. Ges. f. Gerontol.

LANG, Erwin
Dr. phil., MdL Hessen (s. 1964; 1967-69 Fraktionsvors.; 1970ff. Vors. Haushaltsaussch.), Präs. Hess. Landtag (b. 1987) - Wilhelminenstr. 10, 6096 Raunheim - Geb. 14. März 1924 Bad Nauheim, verh. s. 1944 m. Martha, geb. Wolf, Tochter Dr. jur. Gabriele Holzmann - TH Darmstadt (Math., Physik), Univ. Frankfurt/Main (Rechts- u. Staatswissensch.) u. Mainz (Polit. Wiss.) - 1942-45 Wehrdst.; 1951-55 Mittelschullehrer Frankfurt/M.; 1955-69 Bürgerm. Raunheim; 1960-70 hess. Finanzmin. 1956ff. MdK. SPD (Vors. Kreistag Groß Gerau).

LANG, Friedrich
Dr. theol. - Eugenstr. 9, 7400 Tübingen (T. 3 29 59) - Geb. 6. Sept. 1913 Grötzingen/Württ., ev., verh., 3 Söhne - 1951-56 Prof. f. Neues Testament Kirchl. Hochsch. Wuppertal, 1956-70 Ephorus Ev. Stift Tübingen, 1962 Ord. f. Neues Testament Univ. ebd. - BV: Theologie u. Kirche, 1967; D. Briefe an d. Korinther, NTD 7, 1986. Beitr. Theol. Wörterb. z. Neuen Testament, Ev. Kirchen- u. Calwer Bibellex.

LANG, Gerhard
Dr. jur., Richter, Bürgermeister Stadt Stuttgart - Waldenbucher Platz 15, 7000 Stuttgart 70 (Degerloch) - Geb. 18. Aug. 1931 Rottenburg/N. (Vater: Anton L., Oberverw.; Mutter: Maria, geb. Rudischhauser), kath., verh. s. 1961 m. Brigitte, geb. Reinhardt, Sohn Stefan - 1951-56 jurist. Stud. Univ. Heidelberg, Freiburg, München, Tübingen u. Zürich - 1961-66 Richter LG Hechingen u. Rottweil; 1966-70 parlam. Berater Landtag Baden-Württ.; 1970-79 Ref.leit. u. stv. Leit. Kommunalabt. Innenmin. Baden-Württ.; s. 1980 Bürgerm. - Spr.: Engl., Franz.

LANG, Hans Ernst
Kaufmann, Inh. Ernst Stegmüller, Darmstadt u. Hanau; Gesellsch. ABZ Einkaufsagentur Essen, Kommand. BEDEBE Rechenzentrum, Handelsrichter - Brahmsweg 10, 6100 Darmstadt (T. 06151 - 2 63 03) - Geb. 8. Jan. 1926 Wiesbaden (Vater: Adolf L., Kaufm.; Mutter: Maria, geb. Krischer), kath., verh. s. 1949 m. Dorothea, geb. Altfuldisch, 2 Töcht. (Yvonne, Anja) - 1948 Textil-Ing.-Schule Gladbach - Inh. Pat. Nr. 1172158 (El. Akust. Abrufanl. f. Masch.) - Liebh.: Leistungssport, Feinmechanik - 6 J. Mitgl. Dt. Nationalmannsch. im Wurftaubenschießen; s. 1972 Mitgl. intern. Jury d. UIT; Ehrenbrief d. Landes Hessen; 1992 BVK am Bde. - Spr.: Engl., Franz.

LANG, Hans-Friedrich
Dipl.-Kfm., Geschäftsführer Gustav Weyland GmbH u. Co. KG, Landau - Nußdorfer Weg 15, 6740 Landau - Geb. 22. Juni 1938, verh. s. 1967 m. Monika, geb. Helling, 2 Kd. (Andreas, Barbara) - Stud. Maschinenbau Karlsruhe, Betriebsw. Saarbrücken; Ex. 1966 - Versch. Erf. - Liebh.: Sport, Reiten, Gesch. - Spr.: Engl., Franz.

LANG, Hans-Joachim
Dr. phil., em. o. Prof. f. Nordamerik. Philologie u. Geistesgeschichte Univ. Erlangen-Nürnberg - Julius-Vosseler-Str. 41c, 2000 Hamburg 54 (T. 560 17 86) - Geb. 3. Jan. 1921 Berlin (Vater: Franz L., Versicherungsdir.; Mutter: Emilie, geb. Schauer), verh. 1948 m. Ruth, geb. Strube - Schule Hamburg; Univ. Göttingen, Hamburg, Gießen. Promot. 1946; Habil. 1958 - 1958 Privatdoz. Univ. Hamburg; 1959 ao., 1964 o. Prof. Univ. Tübingen, 1967 o. Prof. Univ. Erlangen-Nürnberg. Stadtrat (SPD) 1965-67 Tübingen u. 1972-78 Erlangen (SPD) - BV: H. G. Wells, 1948; Studien z. Entsteh. d. neueren amerik. Lit.kritik, 1961; D. amerik. Roman, (hg.) 1972; Nordamerik. Lit. im dt. Sprachraum s. 1945, (hg.) 1973 (m. H. Frenz); George Orwell, e. Einf., 1983; Poeten u. Pointen, 1984 - Lit.: Mythos u. Aufkl. in d. amerik. Lit. Zu Ehren v. H.J.L., (hg. D. Meindl/F.W. Horlacher), 1985.

LANG, Hans-Jürgen
Dr. rer. nat., Univ.-Prof. f. Zoologie, Biorhythmik, Sinnesphysiologie - I. Zool. Inst. d. Univ., Berliner Str. 28, 3400 Göttingen (T. 0551 - 39 54 28) - Geb. 1. Mai 1934 Chemnitz - 1955-65 Stud. Göttingen u. Kiel, 1965-67 Ref. Inst. f. d. Wiss. Film, dann wiss. Assist. Göttingen, s. 1973 akad. Rat/O.Rat, 1980 Prof. f. Zool. I. Zool. Inst. Univ. Göttingen, Senatsbeauftr. f. Hochsch.-filmfragen; Natursch.beauftr. Landkr. Göttingen - Entd.: Mondphasenabh. d. Farbensehens b. Fisch.

LANG, Herbert
Dr. med., Prof., Chefarzt Chir. Abt. Rotkreuz-Krkhs. I, München (s. 1951), Dir. Schwesternschule Rotes Kreuz (s. 1952), apl. Prof. Univ. ebd. (s. 1957) - Fafnerstr. 35, 8000 München 38 (T. 57 36 92) - Geb. 4. Aug. 1911 Karlsbad (Vater: Dipl.-Ing. Josef L., Oberreg.srat; Mutter: Adolfine, geb. Klein), kath., verh. s. 1940 m. Theodora, geb. v. Bolschwing, 2 Töcht. (Heide-Marie, Evelyn) - Univ. Prag (Promot. 1936) u. Wien - 1936 Assist. Prag (Dt. Chir. Univ.sklinik), 1945 Chefarzt München, 1949 Oberarzt Würzburg (Chir. Univ.sklinik) - BV: D. Fortschritte d. Chirurgie s. 1945, 1952. Zahlr. Einzelarb.

LANG, Hermann
Geschäftsführer Renolit-Werke GmbH. - 6520 Worms/Rh. - Geb. 11. Sept. 1936 Berlin.

LANG, Jean
Techn. Direktor, Vorstandsmitgl. AG. d. Dillinger Hüttenwerke, Dillingen - Trierer Str. 109, 6638 Dillingen - Geb. 16. Aug. 1921 St. Dizier - 1971ff. stv. Vors. Saarl. Wirtschaftsvereinig. Eisen u. Stahl.

LANG, Joachim
Dr. jur., o. Prof. u. Direktor Inst. f. Steuerrecht Univ. zu Köln - Albertus-Magnus-Platz 1, 5000 Köln 41 (T. 0221 - 470 22 71) - Geb. 22. Okt. 1940 München (Vater: Dr. K. L., Chefarzt; Mutter: Annelore, geb. Volkhardt), verh. m. Christine Barendregt-Lang, 4 Kd. (Franziska, Nora, Maximilian, Helena) - 1960-65 Jura-Stud. Univ. München u. Kiel; 1. Staatsex. 1965, 2. Staatsex. 1968, bde. München; Promot. 1973 Köln; Habil. 1982 Köln - 1969-70 Konzernrechtsabt. ZF Friedrichshafen AG; 1970-72 Steuerverw. Nordrh.-Westf.; 1972-73 Bundesmin. d. Finanzen; 1974-82 Inst. f. Steuerrecht Univ. Köln; 1975-81 Vorst.-Mitgl. Dt. Steuerjurist. Ges., Köln; 1982-88 Lehrst. f. Finanz- u. Steuerrecht TH Darmstadt; s. 1984 Mitgl. Wiss. Beirat Dt. Steuerjurist. Ges., Köln; s. 1988 Univ. Köln; s. 1989 Ehrenmitgl. Inst. Brasileiro de direito Tributario. BV: Gf. Herausg. v. Steuer u. Wirtschaft. 6 Bücher u. zahlr. Aufs.; Steuerrecht. E. systematischer Grundriß (m. Tipke), 13. A. 1991.

LANG, von, Jochen
Autor u. Regisseur - Strehlowweg 3, 2000 Hamburg 52 - Geb. 14. Mai 1925 Altlandsberg - BV: Veröff. in Deutschl., Engl., Frankr., USA, Kanada, Italien, Schwed., Norw., VR China, VR Polen u.a.: Adolf Hitler, Gesichter e. Diktators, (Hg.) 1968; Hitlers Tischgespräche im Bild, (Hg.) 1969; D. Sekretär. Martin Bormann, d. Mann, d. Hitler beherrschte, 1977; D. Eichmann-Protokoll, (Hg.) 1982; D. Adjutant. Karl Wolff, d. Mann zw. Hitler u. Himmler, 1985; Krieg d. Bomber, 1986; D. Hitlerjunge. Baldur v. Schirach, d. Mann d. Deutschl. Jugend erzog, 1988; D. Partei. Mit Hitler an d. Macht u. in d. Untergang, 1989; Und willst Du nicht mein Bruder sein ... D. Terror in d. Weimarer Republik, 1989; Die Gestapo, Instrument d. Terrors, 1990; Erich Mielke, eine deutsche Karriere, 1991; zahlr. TB-Ausg. Autor u. Regiss. FS-Filme: Robert Kempner, Ankläger in Nürnberg, Leopold Trepper, d. Mann d. Stalin Otto nannte; Eugene Bird, Kommandant v. Spandau; Graf Einsiedel, Nationalkomitee Freies Deutschl.; FS-Spiel: D. Verhör d. Adolf Eichmann, 1983; FS-Serie: D. Krieg d. Bomber - 1984 DAG-Fernsehpreis; 1988 BVK I. Kl.

LANG, Johann
Dipl.-Ing., Ltd. Regierungsdirektor, Leit. d. Abt. Klassifikation d. Dt. Patentamtes - Zweibrückenstr. 12, 8000 München 2 - Geb. 11. Juni 1935.

LANG, Karl
Dr. jur., Rechtsanwalt, Vizepräs. Zentralverb. d. Dt. Haus-, Wohnungs- u. Grundeigentümer, Düsseldorf (s. 1977), Vors. Landesverb. Württ. Haus- u. Grundeigentümer, Stuttgart (s. 1974; 1964 ff. Geschäftsf.), MdL Baden-Württ. (Wahlkr. Ludwigsburg) - Achalmstr. 23, 7014 Kornwestheim - Geb. 18. Okt. 1929 Kornwestheim (Vater: Georg L., Bundesbahnoberrat; Mutter: Alice, geb. Keller), kath., verh. s. 1955 m. Gudrun, geb. Häcker, 2 Kd. (Thomas, Claudia) - Gymn. Ludwigsburg; Univ. Tübingen (Rechtswiss.; Promot. Prof. Erbe) - Gemeinderatsmitgl. Kornwestheim (1959 Vors. CDU-Fraktion); MdK Ludwigsburg (1977 Fraktionsvors.) - Spr.: Engl.

LANG, Lieselotte (Lilo)
Vorsitzende Verbraucherzentrale Rheinl.-Pfalz - Gr. Langgasse 16, 6500 Mainz.

LANG, Michael
1. Bürgermeister - Wolfersdorf Nr. 3, 8647 Stockheim - Geb. 10. Jan. 1921 Wolfersdorf - Landw. CSU.

LANG, Norbert
Dr. jur., Botschafter d. Bundesrep. Deutschl. in Dakar/Senegal - BP 2100, Dakar/Senegal - Geb. 1921, verh. - S. 1983 Botsch. Senegal, zugl. f. Gambia, Guinea-Bissau, Kap Verde.

LANG, Norbert
Dr. med., Prof., Chefarzt Innere Abt. u. Ärztl. Direktor Krankenhaus Ahlen (s. 1967) - Händelweg 13, 4730 Ahlen/W. (T. 30 40) - Geb. 15. Febr. 1921 Saarbrücken - S. 1956 (Habil.) Lehrtätigk. Marburg (1963 apl. Prof., 1977 Hon.-Prof.). Etwa 100 Fachveröff. - 1963 Wilhelm-Warner-Preis.

LANG, Ulrich
Studiendirektor, MdL Baden-Württ. (1972-92) - Panoramastr. 30, 7178 Michelbach/Bilz (T. Schwäb. Hall 39 33) - Geb. 24. Juli 1933 Sulz/N., ev., verh., 3 Kd. - Gymn. Heilbronn; 1953-58 Univ. Tübingen u. Hamburg (Theol., Dt., Lat.). Prüf. f. d. höh. Lehramt 1958 u. 59 - S. 1960 Ev. Kirchl. Aufbau-Gymn. Michelbach (1969 stv. Leit.). SPD (Mitgl. Landtag Baden-Württ. s. 1972, s. 1988 stv. Fraktionsvors., Mitgl. Kommiss. Medienfragen b. SPD Parteivorst.); VR-Mitgl. Südd. Rundf.; AR-Mitgl. Rundf.werbung GmbH Stuttgart.

LANG, Werner
Dr. med., Prof., Internist - Antwerpener Str. 1, 8000 München 40 - Geb. 27. Juli 1920 Nürnberg (Vater: Dr. med. Wilhelm L., Internist; Mutter: Johanna, geb. Leidig), ev., verh. s. 1945 m. Anni, geb. Kirchner, 1 Kd. - Melanchthon-Gymn. Nürnberg; Univ. Erlangen, Kiel, Hamburg (Med., Psych.). Diplom f. trop. Med. u. Hyg. 1968 London - S. 1954 (Habil.) Privatdoz. u. Prof. (1965) München (gegenw. Vorst. Abt. f. Infektions- u. Tropenmed. d. Univ.). Fachveröff. - Mitgl. Royal Soc. of Tropical Medicine and Hygiene, London u. a. Fachges. Hauptschriftl. Münchn. Med. Wochenschr., Schriftl. Ztschr. Infection - Liebh.: Musik, Lit., Bergsport - Spr.: Engl., Franz.

LANG, Werner
Dr. jur., Richter, Präsident Oberverwaltungsgericht Bremen (1973-78) a. D. - Justus-Liebig-Str. Nr. 31, 2800 Bremen 33 (T. 25 24 33) - Geb. 14. Dez. 1913 Leipzig (Vater: Johannes L., Stadtrat; Mutter: Else, geb. Kurth), verh. s. 1950 m. Lisa, geb. Jürgens, 2 Kd. (Birgit, Verena) - Stud. Univ. Leipzig; Promot. 1953 Hamburg - S. 1955 Richter, s. 1961 o. Mitgl. Staatsgerichtshof (1975 stv. Präs., a. D. s. 1978); 1962-68 Doz. Wirtsch.sakad. Landesvors. Volksb. Dt. Kriegsgräberfürs. e. V. (s. 1978) - 1955 Gold. Sportabz. - Spr.: Engl.

LANG-DILLENBURGER, Elmy

Schriftstellerin (Ps. Elmy Lang) u. Malerin - Walter-Kolb-Str. 15, 6750 Kaiserslautern 27 (T. 0631 - 7 07 68) - Geb. 13. Aug. 1921 Pirmasens, ev. - Dolmetscherdipl. - Auslandskorresp.; Mitgl. Europ. Autorenvereinig. D. Kogge u. VS - BV: Frühstück auf franz., R. 1971; Mitternachtsspritzer, Lyr. 1970; Pingpong Pinguin (dt.-engl.), Lyr. 1978 u. 1980; D. Wort, Lyr. 1980; Blick ins Paradies, Lyr. 1980; Limericks, 1984; D. Rabenwald, R. 1985; Stufen z. Selbst, Lyr. 1986; D. Schäfer v. Madrid, 1987; Lebenszeichen, Lyr. m. Grafiken v. Otto Lackenmacher 1988; Meisenheim am Glan in Wort u. Bild, m. Grafiken v. Willi Stock, 1989; ICH-Vincent van Gogh, biogr. R. 1990. Kinderb.: Dackel Strolch u. d. Schnupfen, Kleine Maus auf großer Reise, 1975, u. eine Reihe anderer Kinderbücher; D. Bodenguckkinder, 1977. Funkerz., Hörsp., Schausp., zahlr.

u. lit. Anthol. - 1983-92 7 Einzelausst. u. 12 Gemeinsch.ausst.; Mitgl. d. Kunstvereinig. Wasgau e.V. - Spielte 1989 z. 100. Geb. d. Johanna Kirchner (Widerstandskämpferin) d. Rolle d. Joh. Kirchner, Auff. im Rathaussaal Saarbrücken, im Johanna-Kirchner-Haus Frankf./M. u. Studiotheater Saarbrücken - 1982 Diploma di merito dell'Univ. delle Arti, Salsomaggiore; 1986 Landgrafenmed. Stadt Pirmasens; Gran premio d'Europa La Musa dell'Arte - Spr.: Engl., Franz., Ital., Span. - Lit.: Kürschners Dt. Literaturkalender, Intern. Authors and Writers, u.a. Nachschlagew.

LANGE, Adalbert

Dr. med. (habil.), Prof., Oberarzt Inst. f. Mikrobiologie u. Virologie Univ. Düsseldorf - Brahmsweg Nr. 9, 4005 Meerbusch 2 - B. 1967 Privatdoz., dann apl. Prof. Düsseldorf (Hygiene u. Mikrobiol.). Facharb.

LANGE, Bernd-Peter

Dr. phil., Prof. f. Anglistik Univ. Oldenburg - Uhlhornsweg 36A, 2900 Oldenburg (T. 0441 - 5 83 71) - Geb. 24. März 1943 Berlin (Vater: Rudolf L., Verw.Angest.; Mutter: Erika, geb. Steinbrink), verh. s. 1967 m. Helgard, geb. Stichnote, 2 Töcht. (Asja, Jessica) - Gymn. Berlin; 1962-69 Stud. FU Berlin, Hamburg, London (Promot. Anglistik 1969) - 1969-74 wiss. Assist. FU Berlin; 1974-83 Akad. Rat TU Braunschweig; 1983-87 Prof. TU Braunschweig; s. 1988 Univ. Oldenburg - BV: Charles Dickens (Diss.), 1969; Lit. Form u. Polit. Tendenz b. George Orwell, 1975; Engl. Gattungstheorie, 1979; Orwell 1984, 1982; Cultural Studies, 1984; D. Utopie in d. Angloamerikan. Lit., 1984; The Spanish Civil War, 1988; Classics in Cultural Criticism, 1990; Contemporaries in Cultural Criticism, 1991. Herausg.: Gulliver (1980ff.) - Liebh.: Schach - Spr.: Engl., Franz., Latein.

LANGE, Dieter Ernst

Dr. med. dent., o. Prof. f. Parodontologie, Dir. Klinik f. Zahn-, Mund- u. Kieferkrankh. Univ. Münster (s. 1978) u. Leiter Abt. f. Parodontologie - Waldeyerstr. 30, 4400 Münster (T. 0251 - 83 70 58) - Geb. 10. Juli 1933 Emden (Vater: Wilhelm Chr. L., Kfm.; Mutter: Helene, geb. Tippmann), ev., verh. s. 1958 m. Dr. Margarita, geb. Richter, 4 Kd. (Christian, Steffen, Dirk, Karin) - Stud. Univ. Münster. Promot. 1958 ebd.; Habil. 1969 Kiel - 1970-71 Doz. Univ. Zürich, 1973 ltd. Oberarzt u. apl. Prof. Univ. Kiel, 1974 Prof. u. wiss. Rat Univ. Münster, 1978 Dir. ZMK-Klinik u. Leit. Abt. f. Parodontologie Univ. Münster - BV: Chir. Differentialdiagnostik, 1972 (m. Th. Spreter, Abschn. Gesicht, Mund, Kiefer); Zellphysiol. u. Funktion d. menschl. Gingivaepithels, 1972; Parodontologie in d. tägl. Praxis, 1981, 83 u. 86. Herausg.: Parodontologie, Implantologie u. Prothetik im Brennpunkt v. Praxis u. wiss. (1985). Zahlr. Handb.- u. weitere Buchbeitr., mehr als 200 Veröff. auf d. spez. Fachgeb.; Member versch. Arb.gruppen u. Gremien d. WHO u. Federation Dentair Intern., 1990/91 Chairman Commiss. of Oral Research and Epidemiology (Core) der F.D.I. - 1966 René-Jaccard-Pr., 1969 Miller- u. ARPA-Pr.

LANGE, Dietz

Dr. theol., Prof. f. System. Theologie Univ. Göttingen - Insterburger Weg 1, 3400 Göttingen (T. 0551 - 7 54 55) - Geb. 2. April 1933 Bremen (Vater: Dr. Louis L., Rechtsanw. u. Notar †; Mutter: Amélie, geb. Finke), ev., verw. s. 1976, 2 Kd. (Frank-Rainer, Judith) - 1952 Abit. Bremen; Stud. in Tübingen, Göttingen, Chicago u. Zürich; 1. theol. Ex. 1958 Göttingen, 2. 1963 Bielefeld, Promot. 1964 Zürich, Habil. 1973 wieder Göttingen - 1961-63 Vikar Bochum u. Witten; 1963-69 wiss. Assist. Göttingen; 1971-80 Akad. Rat/Oberrat; 1973-77 Privatdoz.; s. 1977 Prof. - BV: Christl. Glaube u. soz. Probl. E. Darst. d. Theol. R. Niebuhrs, 1964; Hist. Jesus oder myth. Christus. Unters. z. Gegensatz zw. F. Schleiermacher u. D. F. Strauß, 1975; Erfahrung u. d. Glaubwürdigk. d. Glaubens, 1984; Ethik in ev. Perspektive, 1992 - 1969-71 Habil.-Stip. DFG - Spr.: Engl., Franz., Schwed.

LANGE, Elmar

Dr. rer. soc., Dipl.-Soz., Prof. f. Soziologie (insbes. Berufssoz.) Univ. Bielefeld - Baumschulenweg 14, 4400 Münster - Geb. 30. Sept. 1943 Greven (Vater: Wilhelm L.; Mutter: Gertrud, geb. Stolpe), kath., verh. s. 1971 m. Jutta, geb. Wehrhahn, 2 Söhne (Martin, Andreas) - 1964-69 Stud. Soz. Univ. Wien u. Münster (Dipl. 1969, Promot. 1973, Habil. 1978) - 1970/71 wiss. Angest. Hochsch. f. Verw.wiss. Speyer; 1971-79 wiss. Angest. Univ. Bielefeld; 1979-82 Doz. ebd.; s. 1982 Prof. in Bielefeld - BV: Strukturprobl. einf. Interaktionssyst., 1975; Berufswahl, 1978; Akademiker in d. Privatwirtsch., 1981; Evaluat. d. Berufsberat. d. Bundesanst. f. Arbeit, 1981 u. 83; Soziol. d. Erziehungswesens, 1986; Marktwirtsch., 1989; Wirtsch.- u. Sozialstruktur d. Bundesrep., 1990; zahlr. wiss. Aufs. - Spr.: Engl., Franz.

LANGE, Ernst F.

Dr. jur., Geschäftsführer Verb. Holzindustrie u. Kunststoffverarb. Hessen, Bundesverb. Sonnenlichtsysteme, Bundesfachverb. u. Gütegemeinsch. Saunabau - Bierstadter Str. 39, 6200 Wiesbaden (T. 06121 - 30 60 96-97).

LANGE, Erwin

Betriebsleiter, Politiker a. D. - Am Buchenhain 8, 4300 Essen 16 (T. 49 13 93) - Geb. 10. Mai 1914 Essen, ev., verh., 3 Kd. - Mittelsch.; Kaufmanns- u. Schriftsetzerlehre. Lehrmeisterprüf. 1947 - Schrifts., 1936 verhaftet, 1937 weg. Vorb. z. Hochverr. zu 3 1/2 J. Zuchthaus u. 3 J. Ehrverlust verurt. Moorarbeitslager, Schutzhaft, ab 1942 Soldat (Sondereinheit 999) u. amerik. Kriegsgefangenschaft, n. Entlass. Schrifts. u. Betriebsleit. Essener Druckereiunternehmen, 1949-79 MdB (1967 Mitgl. Fraktionsvorst.). ; 1979-84 MdEP. 1928ff. Sozialist. Jugendbeweg. Ehrenamtl. Tätigk. SPD (u. a. Vors. Bez. Niederrhein) - Spr.: Engl., Franz., Russ., Span.

LANGE, Franz Christian

Dr. med., Priv.-Doz., Facharzt f. Kinderheilkd., ehem. Chefarzt Kinderabt. Mathias-Spital Rheine - Quellenstr. 30, 4440 Rheine (T. 05971 - 5 10 53) - Geb. 5. Febr. 1931 Oppeln (Vater: Dr. Heinrich L., Obermedizinaldir.; Mutter: Elisabeth, geb. Patrzek), kath., verh. s. 1958 m. Hildegard, geb. Johannknecht, 5 Kd. (Christian, Elisabeth, Wolfram, Andreas, Stefan) - Promot. 1955 Berlin; Habil. 1969 Würzburg - 1956-61 Wiss. Mitarb. Robert-Koch-Inst. (Bundesgesundheitsamt); 1961-69 Wiss. Assist. Univ. Würzburg, s. 1969 Priv.-Doz. - BV: Probleme d. Verhütung von Viruskrankheiten (m. Ströder, Henle, Mietens) - Liebh.: Gesch. - Spr.: Engl.

LANGE, Gerhard

Dipl.-Verwaltungswirt, Verwaltungsleiter Theater im Pfalzbau Ludwigshafen - Keplerweg 4, 6708 Neuhofen (T. 06236 - 5 37 26 u. 0621 - 504 25 52) - Geb. 5. März 1949 Kaltenkirchen, ev., verh. - Stud. Verw.- u. Wirtschaftsakad. Mannheim (Verw.-Dipl.) - Vors. Theatergde. Ludwigshafen; stv. Landesvors. Theatergde. Rhld.-Pfalz, u. DBB Rhld.-Pfalz.

LANGE, Gerhard

Dr. phil., Prof. Univ. zu Köln - Auf dem Steinchen 8, 5300 Bonn-Ippendorf (T. 28 19 00) - Geb. 25. Juni 1930 Dortmund (Vater: Dipl.-Ing. Hermann L.; Mutter: Anna, geb. Bock), kath. verh., 2 Söhne (Ralph, Oliver) - Univ. Bonn u. Freiburg. Promot. (German.) 1955; Staatsex. f. d. höh. Schuldst. 1955 u. 57; Prüf. f. Sprecherzieher 1963 - 1957-61 Gymn. u. Studiensem. Bonn (zul. Studienrat); 1961-65 Studienkolleg d. Univ. Bonn (stv. Dir.); s. 1965 Lehrtätigk. Univ. Köln (1970 Studienprof.; 1987 Prof.). Gründ.-Mitgl. Arbeitskr. politische Rhetorik - BV: D. Goethe-Roman Thomas Manns im Vergleich zu d. Quellen, Diss. 1955; Texte f. d. Sprecherziehung an Päd. Hochschulen, 1965; Taschenbuch d. polit. Bildung, 4. A. 1971; Orthoepische Übungen, 9. A. 1989; Rhetorische Kommunikation (Texte, Techniken, Tafeln), 5. A. 1991; Breviarium rhetoricum, 8. A. 1981; Taschenheft d. Hochschulgermanisten, 1969; Struktur- u. Quellenunters. z. Lotte in Weimar, 1970; Vademecum d. politischen Bildungsarbeit, 1976; Rhetorische Techniken i. Hörfunk-Interview, 1978. Wichtige Einzelarb.: Sprach- u. Sprechform in Hitlers Reden (in: Sprache u. Sprechen, 1969), Unters. z. Wirkung polit. Sprachdokumente auf Jugendl. (Jahrb. d. Univ. Köln 1968), Unters. z. Sprach- u. Sprechstil v. Helmut Schmidt (75. Muttersprache, Jan. 1975); Kritik d. Verw.sprache u. Vorschl. z. ihrer Verbess., 1981; Amerikaner verhandeln (etwas) anders, in: Pharmaforum, 1979; Wiss. Grundlagen d. Information u. Kommunikation, in: Führung in der Polizei, 1982; D. Sprache d. Generale (Geißler, Adam-Schwaetzer, Glotz),. in: Bonner Rede u. Kommunik., Nr. 8, 1984; Grüne Rhetorik, in: Bonner Rede und Kommunik., Heft 10, 1985; D. Redner Richard v. Weizsäcker, in: Bonner Rede u. Kommunik., Nr. 12, 1985; Richtig rhetorisch! Rhetorisch richtig? in: Johannes Rau (hg. W. Filmer u. H. Schwan), 1986; Dokumentation 1. Dt. Rhetorik-Wettbewerb, 1987; Dokumentation 1. Intern. Rhetorik-Wettbewerb, 1988; Zweimal nachdenken, bevor man nichts sagt!, in H.-D. Genscher (hg. v. W. Filmer u. H. Schwan), 1988; D. Simulationsges. (DLF 1988); D. Redner üb. d. Schulter geschaut, Analyse u. Kritik d. Sprachstils, in: H. Schmidt - E. dt. Staatsmann - Redebilanz 1988 (Schallplatte); O. Lafontaine, Frage nach d. Demagogie, in O. Lafontaine (hg. v. W. Filmer u. H. Schwan), 1990; Kooperation und Konsens - ein alter Hut! In: Zs. Sprachen, II/90. Mithrsg. Ztschr. Bonner Rede u. Kommunik. (s. 1984). Schallplattensprecher: D. Hörkunstwerk I (1967). Hörsp.: E. Markenstreit im Emscherbruch (WDR, 1961) - Liebh.: Zaubern - Spr.: Engl., Franz.

LANGE, Hans-Ulrich

Bundesrichter Bundesverwaltungsgericht, Berlin 12 - Schädestr. 6a, 1000 Berlin 37 (T. 815 75 19) - Geb. 27. Febr. 1911.

LANGE, Harald

Dr. med., Prof. f. Innere Medizin Univ. Marburg - Wehrdaer Weg 42c, 3550 Marburg/L.

LANGE, Hartmut

Schriftsteller - Hohenzollerndamm 197, 1000 Berlin 31 - Geb. 31. März 1937 Berlin - B. 1965 DDR, dann West-Berlin. Bühnenst. (Kom.): Marski (1965), D. Gräfin v. Rathenau (1968), Trotzki in Coyoacan (1972) - BV: D. Revolution als Geisterschiff - Massenemanzipation u. Kunst, 1973; D. Ermordung d. Aias, Dr. 1971; Prosa: D. Selstverbrennung, 1980, D. Waldsteinsonate, 1984, D. Konzert, 1986, D. Ermüdung, 1988, D. Wattwanderung, 1990, D. Reise nach Triest, 1991 - Mitgl. PEN-Zentrum Bundesrep. Dtschl.

LANGE, Heiko

Dr. phil., Arbeitsdirektor, Vorstandsmitglied Dt. Lufthansa AG (s. 1986) - Frankfurt Flughafen (T. 069 - 6 96-40 75) - Geb. 28. April 1938 Breslau, verh., 1 T. - 1966-81 SEL/ITT (zul. Dir. Pers. and Ind. Relations ITT Brüssel); 1981-86 Vorst.-Mitgl. Dr. Ing. h.c. F. Porsche AG.

LANGE, Heiner

Vorstandsvorsitzender Securitas Bremer Allg. Versicherungs-AG, Bremen, Securitas-Gilde Lebensversich. AG, stv. Vors. Transport-Versich.-Verb., Hamburg, Vorst.-Vors. Dt. Versich.-Ges. in Bremen AG - Warfer Landstr. 32, 2800 Bremen-Borgfeld - Geb. 4. April 1936 - Rechtsanw.

LANGE, Heinz-Joachim

Dr. med., Prof., Internist - Gotthelfstr. 40, 8000 München 80 (T. 089 - 91 54 68) - Geb. 16. Sept. 1925 Oppeln (Vater: Heinz L., Obermed.rat; Mutter: Elisabeth, geb. Patzek), kath., verh. s. 1952 m. Maria, geb. Platzek, 4 Kd. (Maria, Bernhardt, Johanna, Christiane) - Promot. 1952 München; Habil. 1966 (f. Med. Statistik u. Dokumentation) - 1954 Knappschaftskrkhs., Bottrop u. Recklinghausen; 1963-70 Inst. f. Med. Stat. u. Dok., Univ. Mainz; 1970 Lehrstuhlinh. f. Med. Statistik u. Epidemiologie, TU München; 1969-76 Leit. Inst. f. Med. Datenverarb. d. Ges. f. Strahlen- u. Umweltforsch. GmbH, ebd.; 1970-75 Vors. Ges. f. Angew. Datenverarb. u. Automation in d. Med., 1973-75 Vors. Dt. Ges. f. Med. Dok. u. Stat. - 1987 BVK - Zahlr. Veröff. zu Epidemiol., Stat. u. computerunterstütz. ärztl. Entscheidungshilfe - Liebh.: Gesch. - Spr.: Engl.

LANGE, Hellmut

Schauspieler - Borchshöhe 22, 2822 Leuchtenburg (T. 0421-62 21 80) - Geb. 19. Jan. 1923 Berlin (Vater: Wilhelm L., Beamter; Mutter: Emmy, geb. Holscher), ev., verh. s. 1958 m. Ingrid, geb. Probst, 2 Kd. (Katharina, Tobias) - Abit. Berlin; Schauspielsch. Hannover - Theater München u. Stuttgart, 1953-60 Radio Bremen, fr. Schausp. f. ARD u. ZDF - 60 FS-Hauptrollen; Serien: Lederstrumpf, Salto Mortale. Moderator: Kennen Sie Kino?.

LANGE, Hellmuth

Dr. phil., Prof. f. Industrie- u. Wissenschaftssoziologie Univ. Bremen (s. 1973) - Franziusstr. 6, 2800 Bremen - Geb. 25. Sept. 1942 Berlin - Stud. German., Roman., Soziol., Politikwiss.; 1971 Promot. - BV: Techn. Intelligenz, 1971; Technik im Kapitalismus, 1977; Mensch u. Technik 2000 (m. D. Haag), 1988.

LANGE, Hellmuth

Schriftsteller, Verleger - Zu erreichen üb. Verlag Schide + Schön, Nordstr. 6, 3300 Braunschweig (T. 0531 - 33 22 68) - Geb. 10. Febr. 1903 Thorn, verh. m. Ilse, geb. Schnor, 2 Kd. (geb. 1940) - HH Berlin (Dipl.-Kfm. 1926) - 1933-40 (Einzieh. z. Luftschutzwarndst.) Schriftl. Fotoztschr. Satrap. n. Kriegsende Herausg. Fachztschr. Schmalfilm - R.: Steputat & Co. (1937, verfilmt), Seitensprünge (1938, verfilmt), E. Nacht u. 3 Tage (1939), D. gr. Ehrenwort (1940), Vier aus Berlin (1940), 8 Wch. Galgenfrist (1941), Blumen wachsen im Himmel (1976); Jugendschr.: D. Stadt unterm Meeresgrund (1947), Fährten im Wüstensand (1948), D. Jagd n. d. Mumie (1949), D. Schatz im Vulkan (1949); Bühnenst.: Befehl z. Ehe (1939), Kleopatrizia (1939), Bambock (1940), Kompromiß d. Liebe (1948); Hörsp.: Steputat & Co. (1938), Geschenk v. Himmel (1939), Wettlauf um e. Herz (1939); Fachb.: D. neue Schmalfilmer (1939), Filmthemen noch u. noch (1939), Amateurfilme m. Erfolg (1940), Handb. d. Schmalfilmtechnik (4 Bde. 1950/52), Schmalfilmen m. allen Schikanen (1965) u. a.

LANGE, Hermann

Generaldirektor i. R. - Über'm Rath 29, 5400 Koblenz - Geb. 17. Febr. 1908 Hamburg - U. a. Schulleit.; s. 1947 Debeka-Gruppe (b. 1951 AR-, dann Vorst.-Mitgl., 1952-76 -vors.). AR-Vors. Debeka Krankenversich.verein a.G., Debeka Lebensversich.verein a.G., Debeka Allg. Versich. AG u. Debeka Bausparkasse AG - 1973 Gr. BVK.

LANGE, Hermann

Dr. jur., em. o. Prof. f. Röm. u. Dt. Bürgerl. Recht - Ferdinand-Christian-Baur-Str. 3, 7400 Tübingen (T. 6 12 16) - Geb. 24. Jan. 1922 Dresden (Vater: Prof. Arno L.; Mutter: Katharine, geb. Braun), ev., verh. s. 1960 m. Ulrike, geb. Moser, 2 Kd. (Eberhard, Friederike) - Kreuz-Gymn. Dresden; Univ. Leipzig, München, Freiburg/Br. - 1949 wiss. Assist., 1953 Privatdoz. Univ. Freiburg, 1955 ao. Prof. Univ. Innsbruck, 1957 o. Prof. Univ. Kiel, 1962 Univ. Mainz, 1966 Univ. Tübingen - BV: Schadensersatz u. Privatstrafe in d. mittelalterl. Rechtstheorie, 1955; Familienrecht, 12. A. 1987/89; Gutachten f. d. 43. Dt. Juristentag, 1960; D. Consilien d. Baldus de Ubaldis, 1974; Schadensersatzrecht, 2. A. 1990; Wandlungen d. Schadensersatzrechts, 1987 - 1971 o. Mitgl. Akad. d. Wiss. u. d. Lit., Mainz.

LANGE, Hermann

Dr. rer. nat., Prof., f. Kolloidchemie - Beethovenstr. 11, 4018 Langenfeld (T. 2 49 87) - Geb. 21. Aug. 1915 Lippstadt - S. 1963 (Habil.) Lehrtätigk. TH Aachen (1969 apl. Prof.). Üb. 50 Fachaufs.

LANGE, Herta,
geb. Cosack

Dr. med., Prof. f. Neurologie - Davoser Str. 4, 1000 Berlin 33 - Geb. 9. Okt. 1907 Taschkent/UdSSR (Vater: Harald C., Prof.; Mutter: Anna, geb. Halder), ev., verh. s. 1936 m. Prof. Dr. med. Johannes L. (verw.), T. Jutta - Abit. Berlin 1926; 1926-31 Med.stud. Breslau, Promot. Breslau 1932, Univ.-Nervenklinik Breslau, Hirnforsch.-Inst. u. Neurochir. Univ.-Klin. Berlin, Fachärztin f. Neurol., Psychiatr., 1947-72 Chefärztin Neurol.-Psych. Abt. Krkhs. Neukölln, 1971 Hon.-Prof. FU Berlin - BV: Wiss. Arb. z. Neurol., Psych., Rehabil.; Monogr.: Spätschicks. atroph. Säuglinge, 1939; D. Hirntrauma im Kindes- u. Jugendalter, 1973 - BVK, Ehrenmitgl. d. Berl. Ges. f. Psych. u. Neurol., d. Dt. Ges. f. Neurol., d. Peruan. Ges. f. Psych. u. Neurol. Lima, Dt. Ges. f. Neurotraumatologie - Spr.: Engl., Franz.

LANGE, Horst

Ass., Direktor Dt. Krankenversicherung (DKV) - Aachener Str. 300, 5000 Köln 41 - Vorst. Dt. Krankenversich. AG Köln - Rotarier.

LANGE, Horst

Prozeßvertreter, MdA Berlin (s. 1971) - Oranienstr. Nr. 69, 1000 Berlin 61 (T. 61 58 42) - Geb. 30. März 1934 Berlin, verh., 2 Kd. - Volkssch.; Bäckerlehre; n. Mittl. Reife 1955-57 Sem. f. Sozialberufe d. Arbeiterwohlf. (Mannheim). Staatsex. als Fürs. - S. 1963 Prozeßvertr. Jugendamt Kreuzberg u. Tiergarten (1967). 1967-71 Bezirksverordn. Kreuzberg. SPD s. 1952.

LANGE, Horst Peter

Dr. med., Prof., Chefarzt Pathol. Inst. St. Markus-Krankenhs., Frankfurt/M. (s. 1976) - Schwalbenstr. 4, 6078 Neu Isenburg 2 (T. 06102 - 5 15 01) - Geb. 9. Sept. 1934 Leipzig (Vater: Herbert L., Kaufm.; Mutter: Alice, geb. Leipner), ev., verh. s. 1963 m. Heide, geb. Thiel, 2 Kd. (Annette, Bettina) - Oberrealsch. Fürth; Stud. d. Med. Univ. Erlangen, Freiburg/Br., Frankfurt/M. (Staatsex. 1960); Promot. 1961; Habil. 1971 - S. 1972 Prof. Univ. Frankfurt. Mitgl. Dt. Ges. f. Pathol. - Spr.: Engl.

LANGE, Hubert-H.

Dipl.-Kfm. - Oskar-Winter-Str. 5, 3000 Hannover 1 - Geb. 30. Sept. 1938 - Vorst.-Mitgl. Dt. Messe AG, Hannover, Dt. Südafrikanische Kammer f. Handel u. Industrie, Johannesburg u. Industrie-Club Hannover e.V., Kurat.-Mitgl. AIESEC Intern. Vereinigung d. Studenten d. Wirtschafswiss., stv. VR-Vors. Ges. f. Verkehrsförderung mbH, Hannover; Beirat Aachener u. Münchener Beteiligungs-AG, Aachen, VGH Versich.gruppe Hannover.

LANGE, Günther Joachim

Ehrenpräsident Kurat. dt. Schule Thomas-Morus - Av. Pocuro 3004, Santiago de Chile (T. 49 50 13) - Geb. 16. Febr. 1908 Berlin (Vater: Prof. Anton L.; Mutter: Philippine, geb. Becker), kath., verh. s. 1937 m. Ruth Schmidt, geb. Valck - 1935-45 Rechtsanw. Berlin - Liebh.: Segelsport, Sammler alter Bücher, Kupferstiche u. Landkarten - Spr.: Deutsch, Span. - BVK I. Kl.

LANGE, Josef

Dr. phil., Generalsekretär Hochschulrektorenkonferenz (HRK) (s. 1990) - Ahrstr. 39, 5300 Bonn 2 - Geb. 20. Febr. 1948 Vorhelm, kath., verh., 2 Kd. - Stud. Kath. Theol., Gesch., Polit. Wissensch. Univ. Münster u. Regensburg - 1974-79 Wiss. Ang. Univ. Bayreuth; 1979-84 Ref.-Leit. Dt. Forsch.gemeinsch. Bonn; 1984-90 Ref.-Leit. Geschäftsst. d. Wiss.-rates Köln.

LANGE, Jürgen

Designer - In der Stegmühle, 7043 Grafenau 1/Württ. - Geb. 13. Aug. 1940 Büchen - Stud. Kunsterziehung (Prof. Kaschak) Hamburg, Innenarch. Braunschweig, Ind.-Design Staatl. Hochsch. f. bild. Künste, Braunschweig; Staatl. Abschlußex. b. Prof. Votteler - S. 1968 eig. Designbüro; 1972 Gastdoz. Nat. Design Inst. Ahmedabad, Indien; 1981 Gast-Prof. Hochsch. Offenbach; 1983-86 Prof. f. Möbeldesign u. Ergonom. - Div. Pat. - 1970-88 Design-Ausz. Design-Center Stuttgart, mehrf. Design-Ausz. Dt. Werkbd.; 1970-85 Ausz. Gute Industrieform Hannover u. Essen.

LANGE, Karl-Heinz

Kaufmann, Inh. Fa. Albrecht, Müller-Pearse & Co. - Wachtstr. 17-24, 2800 Bremen - 1966 ff. Präs. Bremer Baumwollbörse.

LANGE, Karlheinz

Dr. phil., Chefredakteur Bayer. Staatszeitung (1957-87) - Taimerhofstr. 42/III, 8000 München 81 (T. 089 - 95 14 26) - Geb. 1. Okt. 1922 Dresden, ev., gesch., 3 Kd. (Thomas, Matthias, Claudia) - Wettiner Gymn. Dresden; Univ. Leipzig u. München (Gesch., Lit.gesch., Phil., Ztg.wiss.; Promot. 1946) - 1947 Nachrichtenredakt. Radio München; 1947-49 Lokalredakt. Straubing; 1949-53 fr. Journ.; 1953-57 Presseref. Bayer. Staatsmin. f. Arbeit u. soz. Fürsorge; Mitgl. Fernsehrat d. ZDF (1966-90) - Bayer. VO; BVK I Kl.

LANGE, Karl-Heinz

Rektor u. Schriftsteller (Ps.: Karl Dorpus) - 2819 Riede, Bez. Bremen (T. 2 95) - Geb. 26. März 1925 - Hannover, ev., verh. s. 1947 m. Susanne, geb. Steegemann, 2 Kd. - 1959-74 üb. 30 Laien- u. Lesesp. sow. rd. 100 Kinder- u. Jugendhörsp. Herausg.: Ztschr. Spiel u. Theater, Samml. Leseszenen u. -sp., Samml. Texte Spiel u. Theater.

LANGE, Klaus

Dr. rer. pol., Dipl.-Kfm., Geschäftsführer Fielmann-Optic-Gruppe, Hamburg (s. 1990) - Kuckucksberg 10, 2073 Lütjensee - Geb. 15. Febr. 1955 Uelzen, led., 2 Töcht. (Katrin, Kristina) - 1976-79 Stud. Betriebswirtsch. Univ. Hamburg (Abschl.: Dipl.-Kfm.); Promot. 1979-81 Hamburg - 1980-84 Group Controller Maizena Gruppe; 1985-89 Chef-Controller u. kfm. Leit. Fielmann-Optic, Hamburg - BV: Unters. z. Vorteilhaftigkeit d. Aktien- u. Zinsanlage unter Berücksichtigung v. Inflations- u. Besteuerungsgesichtspunkten - Liebh.: Strandsegeln, Lesen - Spr.: Engl., Franz.

LANGE, Klaus

Dr. jur., Prof. f. Verwaltungslehre u. öfftl. Recht Univ. Gießen - Hein-Heckroth-Str. 5, 6300 Gießen (T. 702 50 19) - Geb. 6. Aug. 1939 Dessau - BV: D. Org. d. Region, 1968; Verkehr u. öfftl. Recht, 1974; Möglichk. u. Grenzen gemeindl. Wirtschaftsförd., 1981; D. Grundsätze z. Entsorgungsvorsorge f. Kernkraftwerke, 1990; D. Weisungsrecht d. Bundes in d. atomrechtl. Auftragsverw., 1990.

LANGE, Lothar

Dipl.-Ing., Aufsichtsratsmitglied Hannoversche Portland-Cementfabrik AG - Postfach 73 03 65, 3000 Hannover 73 - Geb. 27. Sept. 1910 Anderten/Hannover.

LANGE, Mechthild

M.A., Journalistin, Redakteurin NDR-Fernsehen Kultur - Isestr. 134, 2000 Hamburg 13 - Stud. Neuere German., Theaterwiss. u. Kunstgesch. Hamburg, Genf, München, Berlin; M.A. - Zun. Fr. Journ., s. 1972 Redakt. NDR-FS, Autorin u. Regiss. v. Dok. im Bereich Psych. u. Kultur, insbes. Theater; Theaterkritiken f. d. Frankfurter Rundschau u. and. Medien; 1986-89 Ltd. Dramaturgin Dt. Schauspielhaus Hamburg - BV: Regie im Theater, Peter Zadek, 1989 - 1969 Erich Klabunde Preis d. Berufsvereinig. Hbg. Journ.; 1972 Adolf-Grimme-Pr. d. VHS-Verb. f. FS-Sendung Psych. Tests - Liebh.: Reisen - Spr.: Engl.

LANGE, Otto Ludwig

Dr. rer. nat., o. Prof. f. Botanik - Leitengraben 37, 8700 Würzburg-Heidingsfeld - Geb. 21. Aug. 1927 Dortmund (Vater: Otto L., Rektor; Mutter: Marie, geb. Pralle), verh. s. 1959 m. Rose, geb. Wilhelm, 2 Töcht. (Anette, Ulrike) - Univ. Göttingen u. Freiburg (Biol., Chemie, Physik). Promot. 1952; Habil. 1959 - S. 1959 Lehrtätigk. Univ. Göttingen, TH Darmstadt (Wiss. Rat), Univ. Göttingen (1963 o. Prof. u. Dir. Inst. f. Forstbotanik) u. Würzburg (1967 o. Prof. u. Dir. Botan. Garten). Forsch.tätigk. auf d. Gebiet d. Ökophysiol. d. Pflanzen u. d. Lichenologie. 280 wiss. Veröff. Mithrsg.: 4 Bde. Physiol. Plant Ecology in Enc. of Plant Physiology, 5 wiss. Ztschr. u. Serie Ecological Studies - 1972 Mitgl. Dt. Akad. d. Naturforscher (Leopoldina), Halle/S.; 1974 Antarctic Service Medal d. Reg. d. U.S.A.; 1976 korresp. Mitgl. Akad. d. Wiss. Göttingen; 1978 Mitgl. Bayer. Akad. d. Wiss. München, 1989 Acad. Europaea - 1985 BVK I. Kl; 1986 Gottfried Wilhelm Leibniz-Preis d. Dt. Forsch.gemeinschaft (zus. m. Prof. Heber, Würzb.); 1988 Balzan-Pr. f. Angew. Botanik einschl. Ökol. (zus. m. Prof. Evenari, Jerusalem); 1990 Adalbert-Seifriz-Preis f. Technologie-Transfer (zus. m. H. Walz, Effeltrich); 1991 Bayer. Maximiliansorden f. Wiss. u. Kunst, Abt. f. Wiss.; 1992 Mitgl. Acad. Scientiarum et Artium, Salzburg.

LANGE, Richard

Dr. jur., Oberlandesgerichtsrat, a. D., o. Prof. f. Straf-, -prozeß- u. Zivilprozeßrecht - Bachemer Str. 95a, 5000 Köln 41 - Geb. 29. April 1906 Wittstock/Dosse (Vater: Gustav L., Sattler; Mutter: Anna, geb. Gudert), ev., verh. s. 1933 m. Ursula, geb. Fischer, 3 Kd. - Gymn. Wittstock; Univ. Freiburg/Br. u. Kiel. Promot. 1935 Berlin - 1929 Assist. Univ. Berlin, 1933 Gerichtsass., 1937 Staatsanw., 1938 Lehrbeauftr., 1940 ao., 1943 o. Prof. Univ. Jena, 1949 FU Berlin, 1951 Univ. Köln (gf. Dir. Kriminalwiss. Inst.) - BV: D. moderne Täterbegriff u. d. dt. Strafgesetzentwurf, 1935; D. notwend. Teilnahme, 1940; D. Rätsel Kriminalität - Was wissen wir v. Verbrechen?, 1970; Strafrechtsform - Strafjustiz im Dilemma, 1971. Herausg.: Kommentar z. Strafgesetzb.; Ztschr. f. d. gesamte Strafrechtswiss. - Liebh.: Musik, Schach.

LANGE, Rolf

Dr. phil., Dipl.-Polit., Senator a. D. - Kielmannseggstr. 98, 2000 Hamburg 70 - Geb. 5. März 1942, verh., 3 Adoptivkinder - Schule (Mittl. Reife), Seemannsch., kaufm. Lehre Groß- u. Außenhdl., Wirtschaftsgymn. (Abit.) u. Univ. (Polit. Wiss., Sozial- u. Wirtschaftsgesch., Öfftl. Recht; Dipl. 1974, Promot. 1980) alles Hamburg - Lehrauftrag Polit. Wiss. Univ. Hamburg; 1980-84 Bezirksamtsleit. 1978-80 MdHB; dann Senator Behörde f. Inn. u. f. Bezirksangelegenh. Hbg. (1986 Rücktr.); s. 1986 MdHB, Vors. d. Stadtentwicklungsaussch.; Vorst.-Vors. HANSA Baugenoss. eG - BV: u. a. Großstadtpolitik (1977), Selbstverw. in Hamburg (1981). Div. Tätigk. - SPD.

LANGE, Rudolf

Dr. phil., Journalist, Schriftst. - Kopernikusstr. 3, 3003 Ronnenberg (T. 0511 - 46 66 23) - Geb. 2. April 1914 Osnabrück - Stud. German., Gesch., Kunstgesch., Erziehungswiss. Univ. Göttingen u. Marburg sow. TH Braunschweig (durch Kriegsdst. (1939-45) unterbr.). Promot. 1948 Göttingen (Diss.: Theorie u. Praxis i. Drama b. Paul Ernst) - S. 1948 Journ., u. a. Hannoversche Allg. Ztg. - BV: Auf Goethes Spuren in Italien - Tageb. e. Reise, 1960; Otto Gleichmann, Monogr. 1963; Carl Buchheister, Monogr. 1964; Olivenhaine u. Götterbilder - E. Griechenlandb., 1964; Kurt Lehmann, Monogr. 1968; Carl Zuckmayer - D. dramat. Werk, Ess. 1969; Bernhard Dörries, Monogr. 1982; Alexej Iljitsch Baschlakow, Monogr. 1989. Herausg.: V. Nützlichen durchs Wahre z. Schönen - Mitgl. PEN-Zentrum BRD.

LANGE, Rudolf

Gemeindedirektor Kirchhundem - Wirme 16, 5942 Kirchhundem (Tel. 02723-47 88); priv.: Gübecke 20, 5942 Kirchhundem - Geb. 5. Juli 1947 Twistringen (Vater: Heinrich L., Bundesbahnbeamter; Mutter: Ursula, geb. Brackmann), kath., verh. s. 1970 m. Grete, geb. Heuermann, 2 S. (Rüdiger, Bastian) - Mittl. Reife 1963; Höh. Handelsreife 1964 - 1970-75 Prüfer Landkreis Diepholz; 1975-78 Kommunalaufsicht; 1978-80 Kämmerer Harpstedt; 1980-82 Bürgermeister Garding - Liebh.: Sport, Lit. - Spr.: Engl.

LANGE, Rudolf Hartwig

Dipl.-Betriebsw., Hauptgeschäftsführer NAV-Virchowbund, Verb. d. niedergel. Ärzte Deutschl. (s. 1975) - Alt Heerdt 39, 4000 Düsseldorf-Heerdt (T. 0211 - 504 77 06) - Geb. 15. Sept. 1941 Plauen/Vogtland, ev., ledig - Kaufm. Lehre (Kaufmannsgehilfenprüf. 1962); 2 J. Wehrdienst; 1969-71 Assist. d. Geschäftsf. Verb. d. Druckind. Nordrh., Düsseldorf; 1972-74 Ref. f. Betriebsw. im Zentralverb. d. Augenoptiker (Bundesinnungsverb.), Düsseldorf; 1 J. verlegerische u. journ. Tätigk. in mittl. Verlagsuntern., Düsseldorf; s. 1975 Assist. Hauptgeschäftsf. NAV-Virchowbund, stv. Vors. Stiftg. programmed, Frankfurt - Liebh.: Segeln, Tennis - Spr.: Engl.

LANGE, Victor

Dr. phil., Dr. h. c., Prof. u. Direktor Abt. Dt. Sprache u. Lit. Princeton Univ. (s. 1957), emer. 1977, Honorarprof. f. Dt. Philol. Freie Univ. Berlin (s. 1962), Präs. Intern. Vereinig. f. German. Sprache u. Lit.wiss. (1965-70), Präs. Americ. Soc. f. 18th Cent. Studies, Präs. Goethe Society of North America - 343 Jefferson Road, Princeton, N. J. 08540/USA (T. (609 - 921 - 83 94) - Geb. 13. Juli 1908 Leipzig (Vater: Walter L., Landgerichtsdir.; Mutter: Theodora, geb. Schellenberg), ev., verh. s. 1945 m. Frances, geb. Olrich, 2 Kd. (Dora, Thomas) - Thomas-Sch. Leipzig; Univ. Oxford, München, Leipzig (Promot. 1934), Toronto (M. A. 1931) - Lecturer

Univ. Toronto (1932); Assistant Prof. (1938) u. Prof. u. Dir. Abt. Dt. Studien (1945) Cornell Univ. Trustee Goethe House New York; Dir. National Carl Schurz Assoc.; Dir. American Council for German Studies, Guggenheim-Stip. 1950 u. 67; Zahlr. Gastprof. in Dtschl., USA, Australien - BV: D. Lyrik u. ihr Publikum in Engl., 1935; Kulturkritik u. Lit.betracht. in Amerika, 1938; Modern German Literature, 1945; Goethe's Craft of Fiction, 1953; Erzählformen im Roman, 1958; New Perspectives in German Literary Criticism, 1979; The Classical Age of German Lit., 1982; Illyrische Betrachtungen, 1989; Goethe. Dt. Dichter, 1989; Goethe-Studien: Bilder, Ideen, Begriffe, 1992; Goethe, 1992. Mithrsg.: Münchner (Hanser), Goethe-Ausg. (1986) - 1959 Gr. BVK; 1965 Goethe-Med. in Gold; 1966 Friedr.-Gundolf-Preis f. German. im Ausl. Dt. Akad. d. Sprache u. Dicht. (wo auch korr. Mitgl.); Mitgl. Goethe-Ges. Weimar, Grolier-Club (N.Y.) u. a. - Liebh.: Musik, Bibliophilie, Drucken - Spr.: Engl., Franz. - Festschr.: Aspekte der Goethezeit, 1977.

LANGE, Wilfried

Dr. jur., Univ.-Prof. f. öfftl. Recht Univ.-GH Duisburg - Zum Hohen Bröhl 14, 4000 Düsseldorf 31 (T. 0211 - 40 77 16) - Geb. 8. Dez. 1935 Cottbus, verh. s. 1968 m. Katalin, geb. Irányossy, 2 Kd. - Stud. Rechtswiss. Univ. Hamburg, Wien, Saarbrücken (Refer. 1961, Ass. 1968, Promot. 1972) - S. 1973 Prof. in Duisburg - Zahlr. wiss. Fachbeitr.; Erz., Kurzgesch. - Liebh.: Lateinamerika, Jazzklavier, Taekwondo (1. Dan) - Spr.: Span., Franz., Engl., Ital., Ungar.

LANGE, Wolf-Dieter

Dr. phil., o. Prof. f. Romanistik Univ. Bonn (s. 1971) - Lyngsbergstr. 11, 5300 Bonn-Bad Godesberg - Geb. 7. Juli 1939 Hamburg (Vater: Arnold Max L. †; Mutter: Ursula, geb. Mollweide), verh. m. Dr. Elisabeth, geb. Bange - Hirtenweg-Sch. u. Christianeum, Hamburg; Lessing-Gymn. Frankfurt/M. (Abit. 1959); Promot. 1965 Köln; Habil. 1970 - 1965-70 Wiss. Assist., 1970 apl. Prof., 1971 Wiss. Rat u. Prof., 1976-85 Vors. Studienreformkommiss. (Sprach- u. Lit.wiss.) Nordrh.-Westf., Dekan Phil. Fak. Univ. Bonn, 1979-81. 1979-85 Mitgl. d. Senates d. Univ. Bonn. 1985-89 stv. Leit. Staatl. Prüfungsamt f. Lehrämter an Schulen, Bonn. Mitgl. Soc. Rencesvals, Soc. Arthurienne, Dt. Romanistenverb. u. Dt. Hispanistenverb., Dt. Mediävistenverb. - BV: Philolog. Studien z. Latinität westhisp. Privaturkunden, 1966; El fraile trobador, 1971. Herausg.: Franz. Lit. d. Gegenwart (1971); Franz. Lit.kritik d. Gegenw. (1975); Einf. in d. Studium d. franz. Lit.wissensch. (1979); Franz. Lit. d. 19. Jh. (3 Bde., 1979-80); König Artus u. seine Tafelrunde. Europ. Dichtung d. Mittelalters (m. K. Langosch, 1980); Kritisches Lexikon d. romanischen Gegenwartsliteraturen (1984ff.); Grundriß d. roman. Literaturen d. Mittelalters (Bd. 5, 1985ff.); Franz. Lit. d. 20. Jh. - Gestalten u. Tendenzen. Z. Erinnerung an Ernst Robert Curtius (1986); D. Lit.-Brockhaus (m. W. Habicht, 3 Bde. 1988); In Ihnen begegnet sich das Abendland. Bonner Vorträge zur Erinnerung an Ernst Robert Curtius (1990); Diesseits- u. Jenseitsreisen im Mittelalter - Voyages dans l'ici-bas et dans l'au-delà au moyen-âge (1992) - Spr.: Engl., Franz., Span., Portug., Ital. - Bek. Vorf.: Dr. Eduard Thorn, Schriftst. Hamburg.

LANGE, Wolfgang Kurt

Dr. jur., Dr. rer. pol., Marktforscher, Lehrbeauftr. TH Aachen, Präs. Intern. Kirchenbau-Verein Kirche am Wege, Düsseldorf - Mellinghoferstr. 174, 4330 Mülheim/Ruhr (T. 0208 - 7 07 17; Büro: Düsseldorf 0211 - 74 24 15) - Geb. 29. Nov. 1907 Ströbitz/NL., ev., verh. s. 1939 m. Dr. rer. pol. Dr. jur. Dipl.-Kfm. Martha, geb. Schäfer - Univ. Jena, Heidelberg, Berlin, Bonn - 1935-37 Assist. Univ. Jena u. Berlin, 1938-45 Abt.sleit. Ministerien u. öfftl.-rechtl. Körpersch., 1945-49 Geschäftsf. mehrerer Industrieuntern., seither Inh. Marktforschungsinst. Wihak GmbH., Düsseldorf - BV: D. Häufigkeit d. Gesetzesparagraphen, D. Wirtschaftsführung e. Tagesztg., D. Selbstkostenrechnung im Ztg.sbetrieb, HGB-Textausg. m. Wichtigkeitshinweisen, D. Kostengestaltung in d. dt. Brauind., D. Institution d. Unternehmensberaters (in: Festschr. f. J. W. Hedemann, Berlin, z. 80. Geb.) - 1973 Ehrenbürger Rhein.-Westf. TH Aachen; 1984 BVK.

LANGE-BERTALOT, Horst

Dr., Prof. Univ. Frankfurt - Silberweg 3, 6380 Bad Homburg (T. dstl.: 798 47 37) - Geb. 26. Febr. 1936 Danzig, ev., verh. s. 1965 m. Renate, geb. Heil, S. Nils-Frederik - Veröff. z. Physiologie, Ökologie u. Systemat. d. Pflanzen. S. 1975 spez. Arb. üb. d. Indikatorwert v. Algen, insbes. Diatomeen, im Zusammenh. m. ind. u. kommunaler Abwasserbelast., Trophie, Saprobie, Versauerung d. Gewässer. Von 1985-92 8 BV, insbes. Diatomeenflora (gem. m. Dr. K. Krammer).

LANGEHEINE, Richard

Landesminister a. D., Rechtsanwalt u. Notar - Hindenburgstr. 15, 3150 Peine (T. 50 52) - Geb. 16. Febr. 1900 Eixe b. Peine (Vater: Bauer) - Realgymn. Peine; Univ. Göttingen u. Kiel (Rechts- u. Staatswiss.). Ass.ex. 1928 - 1928 bis 34 Justiz- (Staatsanw.) u. Kommunaldst., ab 1935 Org. d. gewerbl. Wirtschaft, zul. Hauptgeschäftsf. e. Wirtschaftsgruppe, n. 1945 Anwaltspraxis Peine, 1948-55 u. ab 1961 Ratsmitgl., 1949-55 MdK, 1951-52 Landrat, 1952-55, 1960-64, 1970 ff. Bürgerm. ebd., 1955-70 MdL (DP, GDP, CDU; 1959 Vizepräs.), 1955-59 (b. 1956 Justiz-, dann Kultus-) u. 1965-70 nieders. Min. (Kultus-, zugl. stv. Min.präs.). 1969-72 Vors. Kurat. Stiftg. Volkswagenwerk. CDU (1968 ff. Vors. Landesverb. Nieders.) - 1970 Gr. BVK m. Stern u. Schulterbd.; 1972 nds. Landesmed.

LANGEMAACK, Friedrich

Techn. Beamter, Mitgl. Hbg. Bürgerschaft (s. 1974) - Nobleestr. 17, 2100 Hamburg 90 - Geb. 11. April 1921 Below, verh., 2 Kd. - Volkssch.; Maschinenbauerlehre - 1940-45 Soldat (Waffenm.) u. Kriegsgefangensch.; s. 1946 Reichs- bzw. Bundesbahn (Betriebsinsp.). SPD s. 1946 (stv. Kreisvors. u. Distriktvors. Harburg).

LANGEMAACK, Hans-Eberhard

Rechtsanwalt, Bankkaufmann, Geschäftsf. Ring Dt. Makler Bundesverb. - Hofweg 53, 2000 Hamburg 76 (T. 220 34 46) - Geb. 15. Aug. 1945 Hamburg (Vater: Eberhard L., Kaufm.; Mutter: Hildegard, geb. Pagé), ev., verh. s. 1974 m. Ulrike, geb. Person, 2 Kd. - 1956 Human. Gymn. Hamburg, Abit. 1966, 1966 Banklehre ebd., 1968-74 Stud. Univ. Hamburg u. München (Rechtswiss.), Gr. jurist. Staatsprüf. 1976 - RA, 1976 Syndicus Bankhaus Fischer & Co, Hamburg, 1977 Asien-Pazifik-Bank AG/ Nederlandse Credietbank (Dtschl.) AG; s. 1981 Geschäftsf. Ring Dt. Makler Bundesverb. u. RDM-Verlags-Ges. mbH, Hamburg - Liebh.: Klass. Gesch., Geogr., Klass. Musik, Briefmarken - Spr.: Engl., Span.

LANGEMANN, Hans

Bauingenieur, Vizepräs. Zentralverb. d. Dt. Handwerks, Bonn, Präs. Handwerkskammer Köln - Osterather Str. 7, 5000 Köln-Nippes - Geb. 7. Juli 1918.

LANGEN, Albrecht

Dr., Geschäftsführer Carré, Orban & Partner GmbH, Frankfurt - Parkstr. 15, 6240 Königstein/Ts. - Geb. 3. Sept. 1946 - 1977-81 stv. Geschäftsf. Gellert GmbH, Wirtschaftsprüfungsges., Hamburg; 1981-85 Generalbevollm. f. Corporate Finance d. Effectenbank-Warburg AG, Frankfurt; 1985-90 Vorst.-Mitgl. Schweizerischer Bankverein (Deutschland) AG, Frankfurt.

LANGEN, Werner

Dr., Dipl.-Volksw., Staatsminister a. D., CDU-Landesvorsitzender Rheinl.-Pfalz, MdL - Müdenerberg 17, 5401 Müden (Mosel) - Geb. 27. Nov. 1949 - CDU.

LANGENBECK, Ulrich

Dr. med., Prof. f. Humangenetik - Theodor-Stern-Kai 7, Hs. 9, 6000 Frankfurt/M. 70 - Geb. 24. Okt. 1938 (Vater: Prof. Dr. Wolfgang L., Org. Chemie), 2 Kd. (Ulrike, Martin) - Stud. Univ. Rostock, Hamburg (Med.), Tübingen (Biochemie) - Wiss. Tätigk. in Freiburg, Hamburg, La Jolla, Göttingen, Bronx - Gaschromatograph. Analyse v. Ketosäuren in Körperflüssigkeiten; Ätiologie u. Pathogenese v. geistiger Behinderung.

LANGENBERGER, Walter

Aufsichtsratsvorsitzender Lekom AG Schwerin - Melsunger Str. 7, 6000 Frankfurt 60 - Geb. 19. Sept. 1926 - Abit.; Stud. d. Ztg.wiss. u. a. Redakteur: Verlag: Motor-Reise-Revue; Verlagsleit.: Rund um d. Pelz - BVK I. Kl. - Liebh.: Lit., Musik, Sport - Spr.: Engl.

LANGENBUCHER, Wolfgang Rudolf

Dr. phil., o. Prof. Inst. f. Publizistik- u. Kommunikationswissenschaft Univ. Wien (s. 1984) - Peter-Jordan-Str. 145/1/ 1, 1180 Wien (T. 0043 - 222-470 64 37) - Geb. 24. April 1938 Pforzheim (Vater: Dr. Hellmuth L., Verlagsleit.; Mutter: Rose, geb. Kurz), ev., verh. s. 1973 m. Dr. med. Elisabeth, geb. Kallmünzer, 3 Söhne (Florian, Tobias, Titus) - Promot. 1963, Habil. 1974 - 1975-84 Prof. Inst. f. Kommunikationswiss. München. Bibliogr.: W. Hömberg 81; Wolfgang R. Langenbucher: Auswahlbibliographie 1964-88. E. Schriftenverz. z. 50. Geb. In: Publizistik 33 (1988), H. 1, S. 127-136 - Liebh.: Kochen, Wein - Spr.: Engl.

LANGENDÖRFER, Günter

Dr. med., Prof. - Münsterstr. 10/II, 5300 Bonn 1 (T. 63 56 22) - Geb. 8. Jan. 1923 Bonn (Vater: Dr. med. Johannes L., Oberstadtdir. a. D. (s. dort); Mutter: Gertrud, geb. Lehmacher), kath., verh. s. 1950 m. Ursula, geb. Kipp († 1979), 3 Kd. (Hans, Gerhard, Elisabeth) - Gymn. u. Univ. Bonn (Promot.) - S. 1961 (Habil.) Lehrtätigk. Univ. Bonn (1969 apl. Prof.; 1970 Wiss. Rat u. Prof.); 1971-89 Chefarzt d. Geburtshilfl.-Gynäkolog. Abt. St. Elisabeth Krkhs. - BV: Physiotherapie in d. Frauenheilkd. u. Geburtshilfe, 1963; Grundsätzliches z. Anwend. d. Bindegewebsmassage in Frauenheilkunde u. Geburtshilfe, Beitr. z. 5. A. Monogr. Meine Bindegewebsmassage v. E. Dicke, 1968; Frauenheilkunde u. Geburtshilfe, 1968 (zus. m. Dr. Hans Baatz, im Handb. d. physikal. Heilverf., hsg. v. J. Grober u. E. Stieve). Zahlr. Arb. in Ztschr. üb. Geburtshilfe, Gynäkologie u. Physiotherapie - 1977 Komtur d. päpstl. Gregorius-Ritterordens.

LANGENDÖRFER, Horst

Dr. rer. nat., Prof. f. Informatik, TU Braunschweig - In den Eichen, 6601 Riegelsberg (T. 06806 - 4 57 96) - Geb. 19. Mai 1936 Altenwald (Vater: Jakob L., Beamter; Mutter: Elisabeth, geb. Krauss), kath., verh. s. 1962 m. Marlies, geb. Schäfer, 2 Kd. (Peter, Barbara) - Stud. Math., Physik, Chemie 1960-66 Saarbrücken; Dipl. Math.; Promot. Math. - B. 1970 wiss. Assist. Univ. Saarbrücken; s. 1970 wiss. Assist., Doz. u. Prof. f. Informatik TU München - BV: Prolog, 1987 (m. Cordes u. Kruse); Messen, Modellieren, Simulation, 1989 - Liebh.: Musik, bild. Kunst, Sport - Spr.: Franz., Engl.

LANGENDORF, Heinz

Dr. med. (habil.), Prof. Univ. Mainz - Franz-Schubert-Str. 10, 6095 Ginsheim-Gustavsburg 2 (T. 06144 - 3 21 29) - Geb. 5. März 1920 Frankfurt/M. (Vater: Carl L., Arch.; Mutter: Katharina, geb. Fritz), ev., verh. s. 1950 m. Helma, geb. Mercker, 4 Kd. (Elke, Claus, Ingrid, Karin) - Stud. Univ. Frankfurt. Promot. 1948 Frankfurt; Habil. 1963 Mainz - 1968-85 Leit. Zentrallabor Chirurg.-Univ.kliniken Mainz.

LANGENFASS, Martin

Verleger, Vors. Fachgr. Konfessionelle Zeitschriften/Verb. Dt. Ztschr.verleger, Geschäftsf. u. Verlagsdir. Ev. Presseverb. f. Baden, Schatzmeister, Präsid.-Mitgl. Verb. Dt. Ztschr.-Verleger, stv. Vors. FB Ztschr. im gem.-werk d. Ev. Publ. - Blumenstr. 7, 7500 Karlsruhe 1 - Geb. 17. Juni 1924 München - 1988 BVK am Bde.

LANGENHAN, Rainer

Rechtsanwalt u. Syndikus - Hubertusweg 3, 6501 Nieder-Olm (T. 06136 - 66 60, Fax 06136 - 66 10) - Geb. 22. Aug. 1952 Mainz - Lehrbeauftragter FH Mainz - Spr.: Engl., Franz., Ital.

LANGENMAYR, Arnold

Dr., Dipl.-Psych., Prof. Univ. Essen (s. 1975) - Efeuweg 2, 4030 Ratingen (T. 47 23 65) - Geb. 15. Mai 1943 Traunstein (Vater: Arnold L., RA.; Mutter: Anni, geb. Schaumeier), kath., verh. s. 1970 m. Sigrid, geb. Lüdtke, 2 Kd. (Dirk, Raoul) - Hum. Gymn. Traunstein; Stud. d. Psychol. Univ. München u. Erlangen; Promot. 1973 - 1967 Heimbberater, 1968-74 Erziehungsberater Wunsiedel, Selb u. Arnsberg (1970 Leit. Psychol. Beratungsstelle), 1974 Doz. Univ. Oldenburg, 1975 wiss. Rat u. Prof. Univ. Essen - BV: Familiäre Umweltfaktoren u. neurotische Struktur, 1975; D. Berufstätigk. b. d. Müttern verhaltensgestörter Kd., 1976; Familienkonstellation, Persönlichkeitsentw., Neurosenentsteh., 1978; Krankheit als psychosoz. Phänomen, 1980; Diskriminierung v. Mädchen in Erziehungsberatungsstellen, 1980; Analyse biographischer Daten v. Multiple-Sklerose Kranken, 1985 (m. U. Prümel); Lebenslaufanalyse, 1987 (m. U. Schubert); Leitfaden d. Trauertherapie u. Trauerberat. (m. Jerneizig u. Schubert) - Liebh.: Orchideenzucht, Pilzesammeln, Edelsteinschleifen - Spr.: Engl., Serbokroat.

LANGENOHL, Hanno

Dr. phil., o. Prof. f. Didaktik d. Schule f. Lernbehinderte - Sandbrinkerfeld 18, 4700 Hamm 1 (T. 02381 - 8 18 74) - Geb. 8. Juni 1926 Werne/Lippe (Vater: Josef L., Rektor; Mutter: Agnes, geb. Drees), kath., verh. s. 1953 m. Ilse, geb. Gillessen, T. Brigitte - Oberrealsch.; PH; Univ. (Päd., Phil., Engl. Philol., Psych.). Promot. 1962 Münster - 1947 Volks-, 1958 Hilfsschullehrer, 1961 Hochschulassist., 1963 -doz.; 1966 Prof. Univ. Dortmund - BV: D. Anfänge d. dt. Volksbildungsbeweg. im Spiegel d. moral. Wochenschriften, 1964; D. weiterführende Leseunterricht b. Lernbehind., 1970; Biologieunterricht a. d. Lernbehindertensch., 1976 - Spr.: Engl. - Bek. Vorf.: Prof. Franz Hitze, Priester, Prälat, Sozialpolitiker, MdR (Zentrum), 1851-1921 (Urgroßonkel vs.).

LANGENSCHEIDT, Florian
Dr., Verleger b. Langenscheidt, Polyglott, humboldt, Mentor, alle München, Mitverleger Karl Baedeker Verlag, München u. Ostfildern, Vorst.-Mitgl. Bibliographisches Inst. F. A. Brockhaus AG, Mannheim - Zu erreichen üb. Langenscheidt KG, Neusser Str. 3, 8000 München 40 (T. 089 - 3 60 96-203) - Geb. 7. März 1955 Berlin, verh. - Stud. Dt. Literatur, Journalismus u. Phil. Univ. München; Promot. 1982; Stud. d. Verlagswesen an d. Harvard Univ.; Dipl. 1982; Master of Business Administration 1985 an INSEAD, Fontainebleau (Frankr.) - Vorst.-Mitgl. Atlantikbrücke, Bonn; 1974-82 Studienstiftg. d. Dt. Volkes, Bonn; Vorst.-Mitgl. Artists United for Nature; s. 1987 Geschäftsf. d. Majestic Luftschiffahrtsges. mbH, München; s. 1974 Mitgl. u. Regiss. Arbeitsgemeinschaft Neue Musik München - Autor v. 3 Büchern u. zahlr. Veröff. üb. d. Musik- u. Literaturbetrieb in Europa u. USA u. üb. d. Verlagswesen - Liebh.: Kunst, Theater, Musik, Reisen, Gastronomie - Spr.: Engl., Franz., Span.

LANGENSTEIN, Hellmut
Dipl.-Ing., Gf. Gesellschafter Langenstein & Schemann GmbH - Rosenauer Str. 58, 8630 Coburg/Ofr. - Geb. 8. Aug. 1921 - Ehrenbürger Univ. Erlangen-Nürnberg.

LANGENSTEIN, Horst
Geschäftsführer Langenstein & Schemann GmbH - Rosenauer Str. 66, 8630 Coburg/Ofr.

LANGER, Bernhard
Golfer - Dt. Anschrift: Bachstr. 18, 8901 Anhausen b. Augsburg; USA: Fort Pierce (Florida) - Geb. 27. Aug. 1957 Anhausen (Vater: Maurer), verh. s. 1984 (Ehefr.: Vikki, amerik. Stewardess) - Begann m. 9 Jahren als Caddie u. gehört n. div. Masters-Turniererfolgen (1985 Sieger) s. Jahren zu d. besten Profis d. Welt. Dt. Meister m. 17 J., Europameister m. 23 J. - 1985 bester Golfer d. Jahres (Wahl d. Golf Digest, USA) - Liebh.: Kochen - Spr.: Engl.

LANGER, Erich
Dr. med., Prof., Pathologe, Chefarzt a.D. Städt. Krankenhaus München-Schwabing - Franz-Sperr-Weg 17, 8000 München 50 (T. 150 32 46) - Geb. 26. März 1915 - S. 1951 (Habil.) Lehrtätigk. Med. Akad./Univ. Düsseldorf (1957 apl. Prof.) u. Univ. München (apl. Prof.).

LANGER, Günter
Regisseur, Theaterpädagoge, Seminarleiter in d. Lehrerfortbildung - St. Karliquai 9, CH-6004 Luzern/Vierwaldstättersee - Geb. 17. Mai 1933 Düsseldorf (Vater: Albert L., Kaufm.; Mutter: Margarete, geb. Kronenberg), kath., T. Daniela - Schauspielausbild.; psych. u. soziol. Stud. - Theatertätigk. Braunschweig, Hamburg, Saarbrücken, Chefdramat. u. stv. Int. Bamberg (1974) u. Luzern (1978), s. 1981 fr. Regiss. 1974-80 Lehrbeauftr. Univ. Bamberg (Spiel- u. Theaterpäd.). Wesentl. Bühnenrollen: Leonato, Escalus, Welti. Üb. 30 Insz., dar. Sternheim, Ibsen, Hebbel, Ionesco - BV: Vorsokratiker u. Avantgardist - E. Unters. am Beisp. Heraklit u. Beckett, 1963 (auch jugosl. Ausg.); Psych. u. Rolle, 1968; D. Rolle in Ges. u. Theater, 1980; Darsteller ohne Bühne, 1989 - Silb. Ehrennadel GDBA - Liebh.: Briefm. - Spr.: Engl. - Bek. Vorf.: Hermann Bahr, österr. Schriftst. (Großonkel).

LANGER, Hans
Dr. rer. nat., Prof. Inst. f. Landschaftspflege u. Naturschutz Univ. Hannover (s. 1968) - Lange Str. Nr. 16 , 3008 Garbsen 4 (T. 05103 - 62 28) - Geb. 8. Febr. 1933 Komotau (Vater: Robert L.; Mutter: Franziska, geb. Kössler), verh. m. Ingrid, geb. Bürgermeister, 3 Kd.

LANGER, Hans-Klaus
Dirigent u. Komponist - Bundesallee 196, 1000 Berlin 31 (T. 211 24 14) - Geb. 6. Dez. 1903 Tost/Schles. (Vater: Josef L., Rektor; Mutter: Maria, geb. May), kath., verh. s. 1937 m. Elisabeth Frieda, geb. Rück, S. Klaus-Ulrich Florian - Hum. Gymn. Gleiwitz/OS., 1942-45 Wehrdst. - Staatl. Hochsch. f. Musik Berlin (Meisterkl. f. Kompos. Prof. Franz Schreker); 1932 Beethovenstip. Stadt Berlin - W.: Klavier-, Orgel-, Cembalo-, Harfen-, Kammermusik, Liederzyklen, sinfon. Orchestermusik, Oratorien, Kantaten a cappella u. mit Instrumentalbegleit., neuere W.: u.a. Collage (1970), Kaleidoskop (1971), Impromptu (1972), Sinfonia tragica (1972), Sinfonia piccola (1974), Sinfonietta liturgica (1977), Barock-Vatiationen üb. e. eig. Thema (1977), Thema u. Variat. i. neobarocken Stil f. Cembalo (1977), Liturg. Suite f. Orgel (1977); Ballette: Grand Hotel (1949), Cafe cantante (1951), Plaisanterie amoureuse (1957), D. letzte Weg (1958); Opern: D. Heuchler (1947/52), D. Psychotherapeut o. M. Cocu (1965/66), Damals wie heute (1967-69), szen. Oratorium: D. Erlösung; Musicalette: Es wackelt d. Thron; Drama: Mörder Abel; päd. W.: Takt u. Rhythmus, Rhythmika, Vom Walzer z. Cha-cha-cha; 6-teil. Reim-Lexikon D. Reimer - 1969 Johann-Wenzel-Stamitz-Preis - Spr.: Engl., Franz.

LANGER, Helmut
Dr. rer. nat., o. Prof. f. Tierphysiologie - Lombergsweg 11a, 4630 Bochum 5 (T. 47 14 37) - Geb. 12. Jan. 1930 Chemnitz/Sa. - S. 1960 (Habil.) Lehrtätigk. Univ. München, Würzburg (1964; Doz.), Bochum (1966; Ord.). S. 1988 Managing Ed. v. J. Comparative Physiology B. Üb. 70 Fachveröff., u. a. Biologie, Lehrb., 4. A. 1990.

LANGER, Horst
Dr.-Ing., Vorstandsmitglied Siemens AG, Erlangen - Zu erreichen üb. Siemens AG, 8520 Erlangen - Geb. 16. März 1936 Breslau, kath., verh., 3 Kd. - Stud. Elektrotechnik TH Braunschweig (Promot. 1966).

LANGER, Klaus
Dr., Prof. f. Mineralogie TU Berlin (s. 1978) - Knesebeckstr. 18/19, 1000 Berlin 12 - Geb. 25. April 1936 Stettin (Vater: Ernst L., Lehrer; Mutter: Gerda, geb. Protz), ev., verh. s. 1959 m. Hannelore, geb. Trübenbach, 4 Kd. (Birgit, Martin, Christoph, Kirsten) - Hum. Gymn. Kiel (Abit. 1956); Stud. Univ. Kiel u. Wien; Promot. 1965; Habil. 1971 - 1970-74 Akad. Rat Bochum; 1974-78 Prof. Bonn - Entd.: Hochdruck-Hochtemperatur-Synthese u. Absorptionsspektroskopie von Silikatmineralen. In- u. ausl. Fachmitgl.sch. Fachveröff. Herausg. intern. Fachzeitschr. - Liebh.: Malerei, Lit. - Spr.: Engl.

LANGER, Klaus
Abteilungsleiter Unterhaltung-Wort Hörfunk SWF - Zu erreichen üb. SWF, Hans-Bredow-Str. 6, 7570 Baden-Baden - Geb. 14. April 1938, kath., verh. s. 1977 m. Sigi Harreis, geb. Dannenmann (s. dort) - Abit. 1957 Göttingen; Stud. German., Roman. u. Theaterwiss. Univ. Göttingen, München, Rennes, Paris u. Heidelberg - 1957-66 Regiss., Dramat. u. Schausp. am Jungen Theater Göttingen; Spielleit. Hoftheater Scherzheim - Liebh.: Tennis - Spr.: Franz.

LANGER, Winrich
Dr. jur., Prof. f. Straf- u. -prozeßrecht Univ. Marburg (s. 1974) - Über der Kirch 10, 3550 Marburg/L. - Geb. 3. Mai 1939 Allenstein/Ostpr. - Promot. (1970) u. Habil. (1973) Hamburg - BV: D. Sonderverbrechen, 1972; D. falsche Verdächtigung, 1973; Anleit. z. Bearbeitung v. Strafrechtsfällen, 8. A. d. v. E. Kern beg. Werkes, 1985.

LANGER, Wolfhart
Dr. rer. nat., Prof. f. Paläontologie u. Historische Geologie Univ. Bonn - Eichenweg 2, 5305 Alfter - Geb. 17. Okt. 1933 Krefeld, ev., 2 Kd. - 1964-65 Assist. Münster; 1974 apl. Prof. Bonn, 1980 Prof. ebd. - Üb. 80 Fachveröff. incl. Gesch. d. Geol./Paläontol.

LANGER, Wolfram
Dr. rer. pol., Staatssekretär a. D. - Van-Gogh-Str. 5, 8000 München 71 (T. 79 83 34) - Geb. 16. Sept. 1916 Berlin (Vater: Paul L., Schulrat; Mutter: Sophie, geb. Bobolz), kath., verh. s. 1947 m. Dr. rer. pol. Margit, geb. Siebert - Oberrealsch. Waldenburg/Schles. (Abit. 1936); Univ. Breslau u. Genf. I. jurist. Staatsex. 1939; Promot. 1941 - 1939-46 Wehrdst. u. engl. Kriegsgefangenschaft; 1946-47 Zentralamt f. Wirtschaft, Minden; 1947-58 Handelsblatt, Frankfurt/M. u. Bonn (Redakt.); 1958-66 Bundeswirtschaftsmin. (b. 1963 Ministerialdir., dann Staatssekr.); 1966-68 Bundesschatzmin. (Staatssekr.); 1968-78 Präs. Dt. Pfandbriefanst. anschl. Verw.rat d. Dt. Pfandbriefanst. - AR-Vors. Treuhand-Vereinig. AG, Frankfurt; AR-Mitgl. Ind. Verw. Ges. AG, Bonn - 1969 Gr. BVK - Spr.: Engl., Franz.

LANGES, Horst
Studiendirektor a. D., Staatssekretär, MdEP - Bonhoefferstr. 32, 5500 Trier/Mosel (T. 3 16 59) - Geb. 2. Dez. 1928 Koblenz, kath., verh., 5 Kd. - Gymn. Koblenz (durch Kriegsdst. unterbr.; Abit. 1948); Univ. Mainz u. München (German., Gesch., Phil., Theol.). Staatsex. 1954 u. 56 - S. 1960 Studienrat bzw. Studiendir. (1965). S. 1974 Staatssekr. im Kultusmin. v. Rhld.-Pfalz. S. 1960 Mitgl. Stadtrat Trier; s. 1967 MdL Rhld.-Pf. 1956ff. Bezirksvors. Jg. Union Trier. S. 1979 Mitgl. Europaparlament (Sprecher d. Christdemokraten f. Finanzen u. Haushalt, Sprecher f. Zentralamerika). S. 1962 Kreisvors. d. CDU Trier-Stadt.

LANGEWIESCHE, Dieter
Dr. phil. habil., o. Prof. f. Mittlere u. Neuere Geschichte - Im Rotbad 9, 7400 Tübingen 1 - Geb. 11. Jan. 1943 Mariazell (Vater: Erich L., Arbeiter; Mutter: Emma, geb. Kienesberger), ev., verh. s. 1966 m. Sigrun, geb. Scholz, 2 Töcht. (Katrin, Kerstin) - Mittelsch. b. 1959, 1959-62 Kfm. Lehre Essen; 1962-66 Abendgymn. Gelsenk.; 1966-71 Stud. Gesch., Pol., German. Heidelberg; Promot. Würzburg 1973, Habil. 1978/79 - 1962-66 Kfm. Angest., 1971-78 wiss. Assist., s. 1978 Prof. - BV: Liberalismus u. Demokr. in Württ. zw. Revolut. u. Reichsgr., 1973; Z. Freizeit d. Arbeiters, 1980; Europa zwischen Restaurat. u. Revolution 1815-49, 1985; Liberalismus in Deutschl., 1988. Herausg.: D. Tagebuch Julius Hölders 1877-1880 (1976); D. dt. Revolution 1848/49 (1983); D. dt. Kaiserreich (1984); Liberalismus im 19. Jh. (1988); Revolution u. Krieg (1989); Handb. d. dt. Bildungsgesch. V (1989). Mithrsg.: Arbeiter in Deutschl. (1981); Arbeiter in Hamburg (1983); Studien u. Texte z. sozialgesch. d. Lit.; Intern. Archiv f. Sozialgesch. d. dt. Lit.

LANGGUTH, Gerd
Dr. phil., Leiter Vertretung d. EG-Kommiss. in d. Bundesrep. Dtschl., Bonn - Zitelmannstr. 22, 5300 Bonn - Geb. 18. Mai 1946 Wertheim/M. (Vater: Werner L.; Mutter: Elly, geb. Marquardt), ev., verh. - Gymn. Wertheim; Stud. polit. Wiss. Univ. Bonn; Promot. 1975 ebd. - 1976-80 MdB (Wahlkr. Esslingen); b. 1986 Dir. Bundeszentrale f. polit. Bildung, Bonn; s. 1987 Staatssekr. u. Bevollm. d. Landes Berlin b. Bund - BV: Protestbewegung am Ende, 1971; Bildungsreform - konkret, 1973 (m. P. Hintze); Schulkampf als Klassenkampf, 1975; D. Protestbewegung in d. Bundesrep. Dtschl. 1968-76, 1976; Jugend ist anders - Portrait e. jungen Generation, 1983; D. grüne Faktor, 1984; The Green Factor in German Politics, USA 1986; Wer regiert Nicaragua?, Geschichte, Ideologie u. Machtstrukturen d. Sandinismus, 1989. Herausg.: Aspekte z. Reformpolitik (1971); Offensive Demokratie (1972); Berlin - Vom Brennpunkt d. Teilung z. Brücke d. Einheit (1990) - 1975 Hermann Ehlers-Förderpreis - Liebh.: Fotografieren - Spr.: Engl.

LANGHAGEL, Joachim
Dr. med. (habil.), Prof., Chefarzt u. Ärztl. Direktor Orthopäd. Klinik u. Rehabilitations-Zentrum Lichtenau - 3436 Hess. Lichtenau - Geb. 28. März 1914 Glogau, ev., verh. - B. 1965 Privatdoz., dann apl. Prof. Univ. Münster/W. (Orthop.), Facharb.

LANGHANS, Herbert
Prof., Dozent f. Musikerzieh. Dt. Sporthochsch. Köln - Friedhofsweg 27, 5024 Pulheim.

LANGHANS, Peter Michael
Dr. med., apl. Prof. f. Chirurgie Univ. Münster - Idenbrockweg 247, 4400 Münster (T. 0251 - 21 20 94), Praxis: Wolbecker Str. 21, 4400 Münster (T. 0251 - 66 30 60, Fax 0251 - 6 07 07) - Geb. 22. Jan. 1943 Plauen/Vogtland (Vater: Peter L., Prok.; Mutter: Margot, geb. Ketzel) - Med.-Stud. Univ. Erlangen; Staatsex. u. Promot. 1971; Approb. 1972; chir. Ausb.; Habil. 1979 Münster - Med.-Assist. Städt. Krankenhaus Forchheim; 1973-74 Chir. Klinik Bamberg; 1975-89 Chir. Univ.-Klinik Münster (Oberarzt). Praxis: S. April 1991 Spezialsprechstunden f. Proktologie u. Phlebologie, Münster - Mithrsg.: 100 J. Ulkus-Chirurgie (1982); A Century of Ulcer Surgery (1984); D. Roux-Schlinge (1984); Aktuelle Therapie d. Magenkarzinoms (1985); Folgeerkrankungen d. Ulkus-Chirurgie (1987); Aktuelle Therapie d. Kardiakarzinoms; Aktuelle Therapie d. Oesophaguskarzinoms (1990). Mitgl. d. Schriftleitg. Ztschr. Verdauungskrankheiten. Mitgl. zahlr. med. Ges.; Sekr. Europ. Ges. f. Gastroenterol. u. Endoskopie - 1980 Preis Ztschr. f. Allgemeinmed. u. Johann-Nepomuk-Nußbaum-Preis; 1982/83 Gerhard-Domagk-Preis - Spr.: Engl., Latein.

LANGHEINRICH, Werner Alfred
Dr. rer. nat., Prof. TH Darmstadt - Ringstr. 138, 6101 Rossdorf - Geb. 12. Jan. 1934 Ulm (Vater: Georg Adam L., Beamter; Mutter: Marie, geb. Frank), verh. s. 1963 m. Christa, geb. Bauer, 2 S. (Markus, Tobias) - Abit. 1954; Dip.-Chem. 1959, Promot. 1962 Stuttgart - 1962 AEG-Telefunken (Forsch.); s. 1967 Prof. TH Darmstadt. Wiss. Publ. u. Erf. auf d. Geb. d. Halbleitertechnik - Liebh.: Archäol. - Spr.: Engl.

LANGHOFF, Udo
Regisseur, Schausp. - Itzenbütteler Str. 65, 2112 Jesteburg (T. 04183 - 37 92) - Geb. 11. Juli 1912 Hamburg (Vater: Adolph L., Kaufm.; Mutter: Margarete, geb. Kostelnyck), ev., verw., 2 Kd. (Halvard, Marion) - Theaterausbild. Paris u. Gustav Knuth - U. a. 1952-77 NDR (Leit. Familienprogr.). Fernsehf.: Jörn Drescher - 19 J. (1971) - BV: Hamburg-Bombay, 1962; Land o. Steine, 1966 - Div. Ausz. - Liebh.: Kochen, Fotogr., Reisen - Spr.: Engl., Franz., Span., Ungar.

LANGMAACK, Friedrich
Bürgerschaftsabgeordneter (s. 1974) - Nobleestr. Nr. 17, 2100 Hamburg 90 - SPD.

LANGMANN, Hans Joachim
Dr. rer. nat., Prof., Physiker, Vors. d. Gesellschafterrates u. d. Geschäftsleit. E. Merck, Darmstadt - Geb. 5. Okt. 1924 Groß-Upahl/Mecklenburg, verh. m. Dr. rer. pol. Marlis, geb. Groos, 3 Töcht. - Univ. Göttingen u. Heidelberg - 1980-84, 1987-90 Vizepräs. BDI, 1985/86 Präs. BDI; Präsid.-Mitgl. VCI, 1973/74, 1977-83 Vizepräs., 1975/76 Präs.; 1974-80 Präs. IHK Darmstadt, 1970-84 Präsid.-Mitgl. IHK Darmstadt - 1987 Stern zu Gr. BVK; 1990 Hess. VO.; 1987 Hon.-Prof. TH Darmstadt.

LANGNER, Günther
Generaldirektor Kodak Ges. Wien u. AR Kodak AG - Zu erreichen üb.: Kodak AG., Hedelfinger Str. 56, 7000 Stuttgart - Geb. 23. Jan. 1924 - B. 1970

stv., b. 1982 o. Vorst.-Mitgl. Kodak AG, Stuttgart.

LANGNER, Heinz

Vorsitzender d. GVR-Gemeinschaft v. Versicherten u. Rentnern d. Angestellten Vers. - Zu erreichen üb. Heinrichstr. 31, 3000 Hannover 1 (T. 0511 - 34 17 98) - Geb. 16. Febr. 1915 Mülheim/R., ev., verh. - Schriftleit. d. Dt. Angest.-Ztg.

LANGNER, Manfred

Dr. jur., Rechtsanwalt u. Notar, MdB (s. 1976; Wahlkr. 133) - Frankfurter Str. 2, 6290 Weilburg (T. 3 90 71) - Geb. 28. Juni 1941 - CDU (Justitiar CDU/CSU-Bundestagsfrakt.).

LANGNER, Manfred Rolf

Dramaturg u. Regiss. Grenzlandtheater Aachen, fr. Schriftst. u. Übersetzer - Am Beulardstein 93, 5100 Aachen (T. 0241 - 17 15 08) - Geb. 10. Febr. 1958 Wiesbaden, verh. m. Nathalye, geb. Lebreton, T. Kim-Zarah - BV: D. verwunschene Blinddarm, Kinderst. (zus. m. J. Ross); versch. Theaterst. - Übers.: u.a. Ein Volksfeind v. H. Ibsen - Spr.: Engl., Franz.

LANGOSCH, Karl

Dr. phil., o. Prof. f. Mittellatein. Philologie (emerit.) - Buchenstr. 5, 6104 Jugenheim (T. 36 34) - Geb. 11. April 1903 Berlin (Vater: Karl L., Lehrer; Mutter: Elsa, geb. Kötschau), ev., verh. s. 1931 m. Vera, geb. Steinbrüggen, 4 Kd. (Gisela, Gunhild, Ingo, Erika) - Kaiserin-Augusta-Gymn. Berlin; Univ. ebd. u. Tübingen (German. u. mittellat. Philol.). Promot. (1931) u. Habil. (1941) Berlin - 1929-36 Assist. Pr. Akad. d. Wiss. (Mitarb. Dt. Wörterb.); 1936-45 Lehrbeauftr. Univ. Berlin; 1948-58 Doz. u. Prof. Päd. Inst. Darmstadt; 1958-68 ao. u. o. Prof. (1961) Univ. Köln. - BV: u. a. D. Sprache d. Göttweiger Trojanerkriegs, 1933; D. Registrum multorum auctorum d. Hugo v. Trimberg, 1942; Germania d. Johannes Cochläus, 1960; Lat. Mittelalter, 1963; D. dt. Lit. d. lat. Mittelalters, 1964; Profile d. lat. Mittelalters, 1965; D. europ. Lit. d. Mittelalters, 1966; Waltharius - D. Dichtung u. d. Forschung, 1973; Mittellatein u. Europa, Führung in d. Hauptlit. d. MA, 1990; Europas Latein des MA., Wesen u. Wirkung, 1990. Herausg.: Dt. Lit. d. Mittelalters/Verfasserlexikon (1943-55), Geschichtsschreiber d. dt. Vorzeit (1943 ff.), Studien z. Jugendlit. (1954 ff.), Mittellat. Jahrb. (1964 ff.), Beihefte dazu (1968-78), Mittellat. Studien u. Texte (1968-87). Übers.: Lat. Lyrik, Epik, Drama d. Mittelalters (3 Bde. 1954 ff.), Lyr. Anthol. d. lat. Mittelalters (1968), Vagantendicht. (1963), König Artus u. seine Tafelrunde, Europ. Dichtung d. MA (1979) - BVK I. Kl. - Lit.: Festschr. z. 60. Geburtstag, z. 70. Geb. (Lit. u. Sprache im europ. Mittelalter, 1973).

LANGREDER, Wilhelm

Dr. med., Dr. rer. nat., Prof., Chefarzt - Holunderweg 1, 5800 Hagen/W. (T. 5 51 61, Krkhs.: Hohenlimburg 5 10 51, Praxis: Hohenl. 21 41) - Geb. 16. Nov. 1920 Aurich/Ostfriesl. (Vater: Henry L., Oberregierungsrat), ev., verh. s. 1945 m. Elsa, geb. Gsaenger, 2 Söhne (Heinrich, Stefan) - Univ. Kiel u. Tübingen - 1945-49 Assist. Univ. Tübingen (Frauenklinik), s. 1949 Doz. Univ. Freiburg/Br. u. Mainz (1954; 1958 apl. Prof.), s. 1958 Chefarzt Städt. Frauenklinik Rheydt u. Ev. Krkhs. Hohenlimburg - BV: Cytolog. Atlas, 1955 (4spr.); D. Parametrium, 1955; D. Tokometrie, 1960; D. Cervix uteri, 1961 - 1957 Maximilian-Nitze-Preis Dt. Ges. f. Gynäk. u. f. Urol. u. Lions Club - Liebh.: Musik, Malerei - Spr.: Engl., Franz., Holl., Ital.

LANGROCK, Ursula

(Eigentl. Ursula Busch), Schauspielerin, Regisseurin - Zu erreichen üb. Südwestfunk, 7570 Baden-Baden - (Vater: Hans, Kaufm.; Mutter: Hanna, geb. Seifert), verh. s. 1969 in 2. Ehe m. Rolf Busch, Fernseh-Regiss., T. Stefanie Hoster (Dramaturgin am Saarländ. Rundfunk, Hörspiel) - 1946-48 Schauspielausb. b. Ellen Daub u. Max Noack in Frankfurt - S. 1946 künstl. Sprecherin an dt. Rundfunkanst., Autorin u. s. 1974 Hörspielregiss. - FS: u. a. D. gold. Kranz; O Wildnis; D. Ermittl.; D. Ungeduldigen; Standgericht; Stress; Radieschen; Ami go home; D. Antrag - Liebh.: Lesen, Reisen.

LANGSDORFF, Jens

Mitglied d. Hamburgischen Bürgerschaft (s. 1986) - Wehlbrook 22, 2000 Hamburg 73 (T. 040 - 677 24 64) - Geb. 28. Sept. 1938 Hamburg-Wandsbek, ev., verh. s. 1963 m. Birgit, geb. v. Seth, T. Britta - Lehre als Reedereikaufm.; Wirtschaftsdolmetscher Englisch Kings Univ./Newcastle - S. 1970 selbst. Straßen- u. Tiefbau-Untern. WELA-Straßenbau GmbH u. Weltin & Langsdorff GmbH & Co. KG, Hamburg. Vorst.-Mitgl. Hamburg. Mittelstandsvereinig., u. CDU-Kreisverb. Wandsbek.

LANKES, Hans Christian

Dr.-Ing., Botschafter a. D. - Viktoriastr. 23, 5300 Bonn Bad-Godesberg - Geb. 4. Dez. 1919 München (Vater: Dr. Artur L., Arzt; Mutter: Emmy, geb. Oswalt), ev., verh. s. 1959 m. Janny, geb. Reijne, 2 Kd. (Elyane Christine, Hans Peter) - Gymn. Essen, Stud. Hüttenwesen TH Stuttgart, nach Kriegsdst. TH Berlin, Aachen (1947 Dipl.-Ing.), Bergakad. Clausthal-Zellerfeld (1951 Dr.-Ing.), Diplomatenschule Speyer 1951 - 1947 Metallges. Frankfurt/M., 1949 wiss. Assist. Inst. Metallkunde Clausthal; s. 1951 Ausw. Dienst (Auslandsposten: San Francisco, Washington, EG-Kommiss. Brüssel [1958], Bangkok; 1965 Leit. Referat Europ. Sicherheit; Botschafter Guinea [1969], Libanon [1972], Äthiopien [1975]; beigeordn. Generalsekr. Nato [1978]; Botsch. Thailand [1982-84]). 1946 Gründ. Jungenschaft Essen; 1986 Mitgl. Bundeskurat. Intern. Bd. Jugendsozialwerk Frankfurt/M.; 1987 Präs. Dt.-Thail. Ges. Bonn - 1970 BVK I. Kl., 1983 Gr. BVK, ausl. Orden - Liebh.: Kl. Musik, Gesch., Dichtung, Segeln.

LANKL, Hermann

I. Bürgermeister - Rathaus, 8631 Weitramsdorf/Ofr. - Geb. 29. April 1938 Reisesberg - Zul. Verwaltungsbeamter.

LANSER, Günter

Schriftsteller, Kulturberichterstatter - Graf-Recke-Str. 160, 4000 Düsseldorf 1 (T. 0211 - 63 21 63) - Geb. 23. März 1932 Düsseldorf (Vater: Heinrich L.; Mutter: Maria, geb. Wiedemeier †1989) - Fernmeldetechniker; Pantomime b. J. Soubeyron; 1951-55 Schausp.stud. b. K. Linder (letzter Chefdramat. v. L. Dumont); 1952-56 Schauspieler u. Regieassist. a. d. Düsseldorfer Kammerspielen unt. H. Utzerath; 1959 eig. Theater; 1967/68 Intimes Theater Düsseldorf - BV: An d. Ufern, Ged., 1964; Schwarznebel, Ged., 1973 (m. e. Nachwort v. H. Bender); Viaducs-Viadukte, Ged., Paris 1977 (m. e. Vorwort v. H.

Schumacher); Nachtworte, Ged., 1984. Mithrsg.: Satzbau - Poesie u. Prosa aus Nordrh.-Westf., (1972). Mitautor u. a. Thema Weihnachten (1965); Brennpunkte (1973); Jahresring, (1974 u. 78); Jahrb. f. Lyrik (1979 u. 80); Anstöße (1987); Liebesgeschichten aus d. Alltag (1989). Div. Rundf.send. - Liebh.: Philatelie (auch Fachveröff.).

LANSKY, Ralph

Dr. jur., Bibliotheksdirektor Max-Planck-Inst. f. ausl. u. intern. Privatrecht Hamburg (s. 1972) - Mittelweg 187, 2000 Hamburg 13 (T. 412 72 24) - Geb. 18. Juli 1931 Riga, ev., verh. s. 1962 m. Hildegard, geb. Krüger, 3 Kd. - Stud. Rechts- u. Staatswiss.; Ausbild. f. d. Höh. Dst. an wiss. Bibl. - 1963 Bibl.rat, 1970 -dir. Vorst.-Mitgl. Arbeitsgem. f. jurist. Bibliotheks- u. Dokumentationswesen (1971-74 Vors.) - BV: D. Schutz d. öfftl. Bibl. nach dt. Verw.- u. Strafrecht, 1963; Systematik d. Rechtswiss. in Grundzügen, 1968; Bibliotheksrechtl. Vorschriften, 3. A. 1980ff. (Loseblattausg.); Handb. d. Bibliogr. z. Recht d. Entwicklungsländer, 1981; Grundlit. Recht, 3. A. 1984; Bibliogr. Handb. d. Rechts- u. Verwaltungswiss., 1987ff; Dt. Bibliotheken f. Rechtsvergleichung, ausl. u. intern. Recht, 1990. Zahlr. Veröff. in wiss. Ztschr.

LANTERMANN, Klaus

Geschäftsführer, MdL a.D. - Gelißstr. 28, 4230 Wesel (T. 5 12 89) - Geb. 6. Aug. 1933 - 1975-80 Landtag NRW. FDP (s. 1989 Mitgl. Kreistag Wesel u. sachkundiger Bürger im Landschaftsverb. Rheinl.).

LANZHAMMER, Josef

Dr. rer. pol., Landrat a. D., ehem. Geschäftsführer Bundesverb. d. Dt. Papiergroßhandels - Kirchbachstr. 12a, 4330 Mülheim/R. (T. 40 04 11) - Geb. 9. März 1921 Parsberg (Vater: Josef L., Bahnbeamter; Mutter: Maria, geb. Schmidt), kath., verh. s. 1960 m. Ingrid, geb. Rein, 2 Kd. (Rainer, Gertrud) - Gymn.; Stud. Staatswiss. - Beamter; Landrat; Syndikus - Spr.: Engl., Franz.

LAPP, Horst M.

Schwarzwälder Bergbauer - Staigbauer, 7620 Wolfach-Langenbach - Geb. 21. April 1937, verh. s. 1961 m. Lina Rosa, geb. Gebele, 2 Kd. (Markus Maria, Barbara Lina) - Ausb. z. Kaufm., Autolackierer - Bekannter schwarzwälder Bergbauer in Film, Funk, Fernsehen u. Presse. Reisen in viele Länder. Lesungen. Fernsehen (SWF Baden-Baden: Gold. Boden ade). Früher bek. Boxer im Mittelgew. - BV: Heimat deine Sünder, 1987 - Liebh.: M. fremden Menschen üb. d. Menschen reden - Bek. Vorf.: Baron v. Zorn u. Bulach v. Straßburg/Elsaß.

LAPP, Klaus

Dr., Geschäftsführer Großhandelsverb. f. Floristen- u. Gärtnerbedarf, Vereinig. d. kosmet. Einfuhrfirmen, Außenhandelsverb. Nordrh.-Westf. - Postf. 20 02 36, 4020 Mettmann 2; priv.: Azaleenweg 10a, 4020 Mettmann - Geb. 2. Dez. 1928.

LAPPAS, Alfons

Vorstandsvorsitzender a.D. Beteiligungsges. f. Gemeinwirtschaft AG (GBAG), Frankfurt/M. - Theaterplatz 2, 6000 Frankfurt/M. 1 - Geb. 3. Juni 1929 Wiesbaden (Vater: Peter L., Kriminalbeamter; Mutter: Therese, geb. Klee), verh. s. 1954 m. Sigrid, geb. Albrecht, T. Susanne - Mittelsch. (Mittl. Reife); Waldfacharbeiter- u. Verw.slehre - S. 1949 Gewerksch. Gartenbau, Land- u. Forstw. (1952 Bezirksleit. Rhön, 1957 Landesbezirksleit. Rhld.-Pfalz, 1959 Leit. Abt. Tarifpolitik. 1962 Mitgl. gf. Hauptvorst., 1966 stv., 1968 Vors.) u. DGB (1969 Mitgl. gf. Bundesvorst.); b. 1986 Vorst. GBAG (zurückgetr.). 1970ff. Präs. EWG-Wirtschafts- u. Sozialaussch. SPD s. 1951 - AR-Vors. Volksfürsorge Dt. Sachversich. AG, Hamburg, co op Zentrale AG, Frankfurt/M., co op Handels- u. Produktions-AG, Hamburg. Zahlr. weitere AR- u. Beirats-Mand. - Spr.: Engl.

LAPPAS, Günther

Vorsitzender Gewerkschaft Gartenbau, Land- u. Forstwirtschaft - Petunienweg 11, 6382 Friedrichsdorf (T. 06172 - 7 94 50) - Geb. 12. Jan. 1932 Wiesbaden, verh. s. 1957 m. Traute, geb. Froese, T. Tatjana - Lehre als Großhdl.kfm.; Polizeibeamter; Gewerkschaftssekr.; Bezirksleit., Landesbezirksleit., stv. Vors. Gewerkschaft Gartenbau, Land- u. Forstwirsch.

LAPPY, Karl

Geschäftsführer Arbeiterwohlfahrt/Bezirksverb. Niederbayern-Oberpfalz - Brennestr. 2, 8400 Regensburg (T. 40 71).

LARCHER, v., Detlev

Dipl.-Sozialwirt, Mitglied d. Bundestages (s. 1990) - An der Weide 15, 2803 Weyhe - Geb. 30. März 1937 Hermannstadt (Sibiu)/Rumän., verh. s. 1986 m. Regine, geb. Kuhlo, 3 Söhne (Stephan, Jens, Thomas) - Stud. ev. Theol. in Neuendettelsau, Hamburg u. Göttingen, Fakultätsex. 1965 Göttingen; Stud. Sozialwiss. Göttingen, Dipl. 1972 - 1972 wiss. Assist. Univ. Göttingen, 1972-90 wiss. Mitarb. im Kooperationsber. Univ. (Arbeiterkammer), Bremen; Vors. d. Arbeitsgr. Innerparteil. Bildungsarbeit b. SPD-Parteivorst.; Mitgl. d. Parteirates; Mitgl. d. SPD-Bezirksvorst. Hannover; Vors. d. SPD-Unterbez. Diepholz - Stv. Vors. Heimvolkshochsch. Springe e.V. - Liebh.: Segelfliegen (Segelfluglehrer) - Spr.: Engl., Franz.

LARCHER, Franz

I. Bürgermeister (1960-84) - Rathaus, 8205 Kiefersfelden/Obb.; priv.: Dreibrunnenweg 10 - Geb. 3. Sept. 1914 Kufstein - Landw. 1971ff. Vors. Fremdenverkehrsverb. Bayer. Inntal/Mangfalltal.

LARENZ, Karl

Dr. jur., o. Prof. f. Bürgerl. Recht, Zivilprozeß u. Rechtsphil. (emerit. 1971) - Feurstr. 23, Laurentiushaus, 8037 Olching (T. 08142 - 4 15 16) - Geb. 23. April 1903 Wesel (Vater: Karl L., b. 1937 Senatspräs. Pr. OVG, Herausg. Ztschr. f. Agrar- u. Wasserrecht; Mutter: Ida, geb. Pagenstecher), ev., verh. s. 1929 m. Irmgard, geb. Müller, 4 Kd. - Abit. H.-v.-Kleist-Realgymn. Berlin-Schmargendorf; Promot. (1926) u. Habil. (1929) Göttingen - 1929 Privatdoz. Univ. Göttingen (2 Sem. Lehrstuhlvertr. Univ. Bonn), 1933 o. Prof. Univ. Kiel, 1960 Univ. München - BV: Hegels Zurechnungslehre u. d. Begriff d. objektiven Zurechnung, 1927; D. Problem d. Rechtsgeltung, 1929; D. Meth. d. Auslegung d. Rechtsgeschäfts, 1930; D. Rechts- u. Staatsphil. d. dt. Idealismus, in: Handb. d. Phil., Bd. IV 1933; Rechts- u. Staatsphil. d. Gegenw., 2. A. 1935 (auch span. u. jap.); Sittlichkeit u. Recht, in: Reich u. Recht in d. dt. Phil.,

Bd. I 1943; Geschäftsgrundl. u. Vertragserfüllung, 3. A. 1963 (auch span. u. jap.); Lehrb. d. Schuldrechts, Bd. I 14. A. 1987 u. Bd. II 13. A., 1. Halbbd. 1986 (Bd. I auch span.); Methodenlehre d. Rechtswiss., 6. A. 1991 (auch span., ital., portug.); Lehrb. d. Allg. Teils d. dt. bürgerl. Rechts, 7. A. 1989; Richtiges Recht, 1979 (auch span.). Zahlr. Fachaufs.

LARENZ, Rudolf-Wilhelm

Dr. rer. nat., o. Prof. f. Theoret. Physik (em. 1985) - Am Schwalbenberg 2, 4000 Düsseldorf 12 (T. 20 38 15) - Geb. 7. Febr. 1917 Düsseldorf, kath., verh. s. 1946 m. Hildegard, geb. Silberkuhl, 2 Kd. (Rudolf, Mechthild) - TH Hannover (Physik; Dipl.-Phys. 1949). Promot. 1951 u. Habil. 1956 Hannover - S. 1956 Lehrtätigkeit TH Hannover (1962 apl. Prof.), TH Braunschweig, Univ. Düsseldorf (1966 Ord.; 1969/70 Dekan). Spez. Arbeitsgeb.: Plasmaphysik, Magnetohydrodynamik, Statist. Mechanik. Fachveröff. - 1981 BVK I. Kl.

LARESE, Dino

Schriftsteller - Sandbreiterstr. 20, CH-8580 Amriswil (T. 67 15 53) - Geb. 26. Aug. 1914 Amriswil/Schweiz (Vater: Francesco L.; Mutter: Teresa L.), kath., verh. s. 1937 m. Helen, geb. Schläpfer, 4 Kd. (Peter, Wolfgang, Bettina, Ingeborg) - Lehrer-Ausb. Kreuzlingen - Leit. Akad. Amriswil - BV: Rd. 150 Veröff., u. a. Auf d. Weg zum Menschen; D. Scherenschleifer; Noch blühen d. Rosen; In jenen Zeiten - Werkausg. b. jetzt 6 Bde. - Mitgl. PEN; Ehrenbürger Amriswil; BVK I. Kl. - Sammelt Handschriften - Lit.: Festschriften z. 50., 60. u. 70. Geb.; Auch noch e. Schelm.

LARINK, Johannes

Dipl.-Ing., Wiss. Verlagsleiter, Hauptgeschäftsf. VDI-Verlag GmbH., Düsseldorf (s. 1969) - Düsselring 121, 4020 Mettmann - Geb. 11. Jan. 1924.

LARISIKA-ULMKE, Dagmar

Kriminalbeamtin a.D., MdL Nordrh.-Westf. - Westicker Str. 29, 5758 Fröndenberg (T. 02373 - 7 71 61) - Geb. 30. Mai 1943 Koblenz (Vater: Franz L.; Mutter: Margit, geb. Felden-Dinget), kath. - Gymn., Mittl. Reife; Staatsex. als Kindergärtnerin; Ausb. Kriminaldst. (Brandermittl., Vermißtenfälle, Sittensachen, ungeklärte Todesfälle) - Kriminalbeamtin. S. 1975 Ratsmitgl. Stadt Fröndenberg, 1975-84 1. stv. Bürgerm.; s. 1985 MdL (Innen- u. Petitionsaussch.); Präsid.-Mitgl. Nordrh.-Westf. Städte- u. Gemeindebd. FDP (Vors. Kr.-Verb. Unna, Bez.-Vorst. u. Landesvorst.) - Liebh.: Klass. u. mod. Lyrik, Reiten, Märchen, Bach.

LARSEN, Egon

Schriftsteller, Journ. - 34 Dartmouth Road, London NW 2 (T. Gladstone 37 73) - Geb. 13. Juli 1904 München (Vater: Albert L., Kaufm.; Mutter: Beatrice, geb. Königsberger), verh. in 2. Ehe (1940) m. Ursula, geb. Lippmann, S. Wilhelms - Gymn. u. Realg. München - Ab 1928 Berliner Korresp. dt. Provinzblätter, Mitarb. Berliner Tagebl. u. Vorwärts, 1933-35 Reportagereisen f. New York Times, dann fr. Journ. Prag u. London (1938), s. 1954 Londoner Korresp. Bayer. Rundfunk u. Südd. Ztg. Verf. v. üb. 50 engl. Büchern (b. zu 27 Übers.), dar. in dt.: Abenteuer d. Technik (1948), Erfindungen u. kein Ende (1950), Zwölf d. d. Welt veränderten (1954), Rebellen f. d. Freiheit (1957), Graf Rumford (1962), Kl. Gesch. d. Technik (1962), England - vorwiegend heiter/Humor-Anthol. (1964), Hochstapler (1966), D. Ztg. bringt es an d. Tag (1970), D. Weimarer Republik: E. Augenzeuge berichtet (1980), Amnesty International (1980) & Taschenb. (1983). Fernsehfilm: Sie kamen n. London - Emigrantenschicksale (BR, 1965) - 1963 Diesel-Med. in Silber; Mitgl. PEN-Club, London - Liebh.: Fotogr., Musik - Spr.: Engl., Franz.

LARSSON, Lars Olof

Dr., Prof., Direktor kunsthist. Inst. Univ. Kiel - Rotenbek 61, 2300 Kiel - Geb. 26. Mai 1938 Västerås, Schweden, ev., verh. s. 1961 m. Sabine Edith, geb. Stephan, 3 Kd. (Andreas, Jonas, Cecilia) - Fil.licentiat-Ex. 1964; Promot. 1967 Stockholm - S. 1968 Univ.-Doz. Stockholm; Lehrstuhlvertretung Stockholm (wiederh.), 1979/80 München; 1971-72 Fellow Harvard Center f. Renaissance Stud. in Florenz; s. 1980 Prof. Univ. Kiel - BV: Adrian de Vries, 1967; V. allen Seiten gleich schön, 1975; Metoder i konstvetenskap, 1971; D. Neugestalt. d. Reichshauptstadt, 1978 - 1985 Korr. Mitgl. d. Vetenskapssocieteten in Lund; 1991 Mitgl. d. J. Jungius-Ges., Hamburg.

LASA, Rolf

s. Swieca, Hans-Joachim

LASCH, Hanns-Gotthard

Dr. med., Dr. med. vet. h. c., o. Prof. f. Innere Medizin (Lehrstuhl I), Direktor im Zentrum f. Innere Med. d. Univ. Gießen (s. 1965) - Aulweg 103, 6300 Gießen (T. 702 36 65) - Geb. 29. Sept. 1925 Liegnitz/Schles., ev., verh. s. 1961 m. Anne-Marie, geb. Lemke, 2 Kd. (Ute, Peter) - Zul. Oberarzt Med. Univ.klinik Heidelberg (Habil. 1959). Fachveröff.

LASCHET, Karl

Vorstandsmitglied Karstadt AG, Essen-Bredeney, AR-Vors. Nur Touristic GmbH, Frankfurt - Theodor-Althoff-Str. 2, 4300 Essen 1 (Bredeney) - Geb. 6. Mai 1931 Köln - B. 1972 Direktor, dann stv. Vorst.-Mitgl. Karstadt AG; AR-Mitgl. NFD Luftverkehr AG, Nürnberg.

LASCHET, Ulrich

Bundesgeschäftsführer Verb. d. Kriegs- u. Wehrdienstopfer, Behinderten u. Sozialrentner Dtschl. (VdK) - Wurzerstr. 2-4, 5300 Bonn 2 (T. 0228 - 82 09 30, Fax 8 20 93-43).

LASCHKA, Boris

Dr.-Ing., o. Prof. f. Fluidmechanik TU München (1986) - Geb. 6. Aug. 1934 Agram - Dipl.-Ing. 1958 TH München, Promot. 1962 ebd. - 1976 Honorarprof. TU München; 1978-86 o. Prof. TU Braunschweig.; Past Präs. Intern. Council of the Aeronautical Sciences (ICAS), Wiss.-Techn. Ausschuß d. DFVLR, Vorst. Dt. Ges. f. Luft- u. Raumfahrt. Mitgl. d. Intern. Academy of Astronautics (Paris); Mitgl. Acad. Nationale de l'Air et de l'Espace; Honorary Prof. Northwestern Polytechnical Univ. Xian, China, Ass. Fellow AIRA.

LASER, Dieter

Schauspieler - Motzstr. 5, 1000 Berlin 30 (T. 030-215 32 05) - Geb. 17. Febr. 1942 Kiel (Vater: Oskar L., Bauing.; Mutter: Lore, geb. Giffhorn), verh. s. 1968 m. Inge, geb. Tobolka - Mittl. Reife; 1 J. Schauspielsch. - 1961 Dt. Schauspielhs. Hamburg (G. Gründgens), Dt. Kammersp. Santiago de Chile, Münchener Kammersp., Schauspielhs. Zürich, Schaubühne Berlin (b. 1973 Mitgl. d. Dir.); s. 1973 freisch., erste Filmarb. Gastsp.: Staatstheater Stuttgart, Bühnen d. Stadt Bonn, Schillertheater Berlin, Berliner Tournee. Insz.: D. neue Menoza, Tat Frankf.; Bühne: Peer Gynt, Macbeth, City Sugar, Tiefseefisch; Film: John Glückstadt, D. verlorene Ehre d. Katharina Blum, D. Elixiere d. Teufels, Operation Ganymed, Deutschl. im Herbst, D. gläserne Zelle, Miras Haus, Don Quichotes Kinder, E. gutes Land, D. wilde Mann, The Man Inside, Meeting Venus; FS: Desaster (1973), Ermittl. gegen Unbekannt (1973), D. Verräter (1974), Revolte 1848 (1974), D. letzten Ferien (1975), Kurzschluß (1975), Turandot (1975), D. Gigant (1975), Väter u. Söhne (1977), D. Geburtstagsfeier (1978), Union d. festen Hand (1978), Eine Heimkehr (1979), Kreuzfahrten e. Globetrotters (1979), Kennwort Schmetterling (1980), Wir (1981), Konsul Möllers Erben (1982), Väter u. Söhne (1985) - 1975 Bundesfilmpreis (f. Titelrolle in John Glückstadt) - Liebh.: D. Beruf - Spr.: Engl. - FS-Portrait Dieter Laser, 1979.

LASKA, Michael

Dr. math., Geschäftsführer d. Deutschen Informatik-Akademie - Hagebuttenweg 30, 5200 Siegburg (T. 02241 - 38 33 86) - Geb. 29. Okt. 1950 Hagen, verh. s. 1981 m. Monika, geb. Breuer, 3 Kd. (Lukas, Lorenz, Lioba) - Abit. 1970 Iserlohn; Stud. Math., Phil. Univ. Münster, Freiburg u. Bonn; Dipl.-Math. 1976 Bonn; Promot. 1980 Bielefeld - 1981-85 Forschungsstip. DFG/wiss. Mitarb. am Max-Planck-Inst. f. Math. Bonn; 1985-87 Leit. Schulungszentrum AEG Software-Technik; s. 1990 Mitgl. wiss. Direktorium d. Intern. Begegnungs- u. Forschungszentrums f. Informatik (IBFI), Schloß Dagstuhl.

LASKOWSKI, Wolfgang

Dr. rer. nat., Prof., Strahlenbiologe, Genetiker, Maler - Thielallee 63-67, 1000 Berlin 33 - Geb. 20. Juni 1927 Berlin - S. 1960 (Habil.) Lehrtätigk. FU Berlin (1965 Prof.) - BV: Elemente d. Lebens - Einf. in d. Grundl. d. allg. Biol., 1966; D. Weg z. Menschen, 1968; Geistes- u. Naturwissenschaft, 1970; Biophysik, 1974 (m. W. Pohlit, span. 1976, jap. 1979); Biolog. Strahlenschäden u. i. Reparatur, 1981. Zahlr. Einzelarb. Üb. 400 Bilder (Öl, Acryl, Aquarell).

LASS (ß), Johannes

Dr. phil., Prof. f. Didaktik d. Physik Päd. Hochsch. Flensburg (1956-71) - Fliederbogen 18, 2390 Flensburg - Geb. 13. März 1906 Olpenitzdorf - 1929-71 Industrie-, Univ.s- (1931) u. Hochschultätigk. (1949) - BV: Leitf. d. Photogr., 1937; Zeit- u. lebensnaher Naturlehreunterr., 1954.

LASSAHN, Bernhard

Schriftsteller - Bei der Apostelkirche 32, 2000 Hamburg 20 (T. 040 - 40 93 64) - Geb. 15. April 1951 Coswig/Anhalt, verh. m. Hiltraud, geb. Seyfarth - Stud. Marburg u. Tübingen - BV: u.a. Land m. lila Kühen, 1981.

LASSAHN, Rudolf

Dr. phil., Prof. f. Allgemeine Erziehungswiss. u. Päd. Anthropol. - Heitkampsweg 15, 4516 Bissendorf 1 (T. 05402 - 10 48) - Geb. 30. Mai 1928 Köslin (Vater: Friedrich L.; Mutter: Olga, geb. Wodzinski), verh. s. 1947 m. Erika, geb. Hilgenhof, 3 Söhne (Bernhard, Thomas, Martin) - Stud. Univ. Halle, Münster; Promot. 1965 Münster; Habil. 1969; Prof. Münster, s. 1972 Lehrstuhl f. Päd. Anthropologie, Gießen, s. 1981 Dir. d. Erzieh.wiss. Sem. d. Univ. Bonn - S. 1972 Schriftl. u. Mithrsg. Päd. Rundschau - BV: D. Pädagogik Theodor Litts, 1968; Hermann Lietz, 1970; Studien z. Wirkungsgesch. Fichtes, 1970; Einführung in d. Päd., 6. A. 1991; Grundriß e. allg. Pädag., 2. A. 1983, Päd. Anthropol., 1983.

LASSLOB, Isidor

Vorstandsmitglied im BdV Bundesverb. u. Landesverb. Baden-Württ. sowie Karpatendt. Kulturwerk - Heimatmuseum u. Archiv - Karlsruhe, Verantwortl. Redakt. b. Die Karpatenpost - Schloßstr. 92, 7000 Stuttgart 1 - Geb. 1923 - BVK am Bde.; Verdienstmed. Baden-Württ. u. a. Ehrungen.

LASSMANN (ß), Gert

Dr. rer. pol., Dipl.-Kfm., Prof. f. Betriebswirtschaftslehre, insb. Fertigung u. Industriew. Univ. Bochum (s. 1968) - Peter-Roos-Str. 6, 4000 Düsseldorf - Geb. 14. Juni 1930 Lauban/Schles., ev., verh. s. 1959 m. Vera, geb. Kreisel, 2 Kd. - 1958-68 Geschäftsf. Betriebsw. Inst. d. Eisenhüttenind., Düsseldorf, Beiratsmitgl. Schmalenbachges., Deutsche Ges. f. Betriebswirtsch. (s. 1979), Vorst.-Mitgl. Schmalenbach-Stiftg. (s. 1988), List-Ges. (s. 1986), AR-Mitgl. EBG Ges. f. Elektromagnetische Werkstoffe mbH Bochum, Thyssen Guss AG, Thyssen Schachtbau GmbH Mülheim - BV: D. Produktionsfunktion u. ihre Bedeutung f. d. betriebsw. Kostentheorie, 1958; D. Kosten- u. Erlösrechnung als Instrument d. Planung u. Kontrolle in Ind.betrieben, 1968; Betriebswirtschaftstheorie Bd. I (m. B. v. Colbe), 5. A. 1991; Bd. II (m. B. v. Colbe u. Hammann), 4. A. 1992; Bd. III (m. B. v. Colbe), 3. A. 1990; Produktionswirtsch. (m. Hahn), Bd. I, 2. A. 1990, Bd. II, 1. A. 1989; Mithrsg.: Schmalenbachs Z. f. betriebswirtschaftl. Forschung.

LAST, James (Hans)

Bigbandleader, Komponist u. Arrangeur - 2139 Fintel/Lünebg. Heide - Geb. 17. April 1929 Bremen - Zeitw. Militärmus. Etwa 140 Gold. Schallpl. - 1969 Dt. Schallpl.preis; 1977 Robert-Stolz-Preis; 1978 BVK.

LATACZ, Joachim

Dr. phil., o. Prof. f. Klass. (Griech.) Philol., Vorstand Seminar f. Klass. Philol. d. Univ. Basel (s. 1981) - Zu erreichen üb. Univ. Basel - Geb. 4. April 1934 Kattowitz - Promot. 1963 Berlin; Habil. 1972 Würzburg - Ao. Prof. Univ. Würzburg; 1978 o. Prof. Univ. Mainz; 1981 o. Prof. Univ. Basel - BV: Wortfeld Freude bei Homer, 1966; Kampfparänese in d. Ilias, 1977; Homer. Tradition u. Neuerung, 1979; Homer, 1985, 2. A. 1989 (ital. Übers. 1990, niederl. Übers. 1991); Griech. Lit. in Text u. Darstellung, Bd. 1: V. Homer bis Pindar, 1991; Homer, Dichtung u. Deutung, 1991; Zweihundert Jahre Homerforsch., 1991; Klassische Autoren d. Antike (m. B. Kytzler u. K. Sallmann), 1992. Herausg.: Würzburger Jahrbücher (m. G. Neumann); Studia Troica (m. M. Korfmann), Colloquia Raurica (m. J. Frey, Hj. Reinau, J. v. Ungern-Sternberg). Ca. 100 Fachveröff.

LATENDORF, Fritz

Landwirt, MdL Schlesw.-Holst. (s. 1962) - 2421 Majenfelde/Holst. (T. Hutzfeld 2 52) - Geb. 8. Febr. 1924 Eutin-Fissau, ev., verh., 2 Kd. - Oberrealsch. (Abit.); Landw. Fachsch.; Kurse Bauernvolkshochsch. - 1942-45 Wehrdst. u. Gefangensch.; s. 1953 eig. Hof. 1960 ff. MdK. 1967 ff. parlam. Vertr. d. Min. f. Ernährung, Landw. u. Forsten, s. 1972 parl. Vertr. d. Finanzmin. CDU (Mitgl. Kreisvorst.).

LATTE, Konrad

Dirigent, Leit. Berliner Barockorchester - Arnold-Knoblauch-Ring 64, 1000 Berlin 39 (T. 805 14 18) - Geb. 5. Mai 1922 Breslau (Vater: Dr. Manfred L.; Mutter: Margarete, geb. Blumberg), verh. s. 1945 m. Ellen, geb. Brockmann, T. Gabriele - 1982 BVK - Spr.: Engl.

LATTEN, Reiner

Dipl.-Landw., Präsident Rheinischer Landwirtschaftsverb. Bonn - Hünshoverhof, 5130 Geilenkirchen-Hünshoven - Geb. 4. April 1931 Lüdenscheid, kath., verh. m. Karin, geb. Roßkamp, 4 Kd. (Jutta, Erich, Berto, Arno) - Abit.;

Landwirt.-Stud. Univ. Bonn - Prakt. Landw.; Umweltbeauftr. Dt. Bauernverb.; AR-Vors. Zuckerfabrik Jülich AG; Vorst.-Vors. Raiffeisen-Waren-Zentr. eG; Vors. Fördergemeinsch. Integrierter Pflanzenbau; VR-Mitgl. Dt. Bundesbahn; Vizepräs. d. Dt. Raiffeisenverb.

LATTMANN, Dieter

Schriftsteller, MdB (1972-80) - Heimstättenstr. 28, 8000 München 40 (T. 32 54 79) - Geb. 15. Febr. 1926 Potsdam (Vater: Hans L., Oberst a. D.; Mutter: Margret, geb. Friedrich), ev., verh. s. 1950 m. Marlen, geb. Ahrens, 2 Söhne (Andreas, Till) - Gymn. (Abit.); 1946-47 Verlagsbuchhändlerlehre (Bärenreiter-Vg., Kassel) - 1968-69 Präs. Bundesvereinig. d. dt. Schriftst.verb., Berlin/München; 1969-74 Vors. Verb. Dt. Schriftst. ebd. (Neugründ.), b. 1984 Präsidiumsmitgl. Goethe-Inst. München, 1985ff. Wochenkommentator Bayer. Rundf., SPD - BV: D. gelenk. Generation, Ess. u. Erz. 1957; E. Mann m. Familie, R. 1962; Mit e. dt. Paß, Weltreiseb. 1964; Zwischenrufe u. a. Texte, Ess. 1967; Schachpartie, R. 1968; D. Lit. d. BRD, 1973 (Herausg. u. Mitverf.); Die Einsamkeit d. Politikers, 1977; D. lieblose Republik - Aufzeichn. aus Bonn a. Rh., 1981; D. Brüder, R. 1985 - 1968 Literatur-Förderpreis München; 1967 Mitgl. PEN-Zentrum BRD - Liebh.: Schach, Tennis - Spr.: Engl. - Bek. Vorf.: General Martin Lattmann; Reichstagsabg. Wilhelm L.

LATTMANN, Klaus

Handelsvertreter, Mitgl. Hbg. Bürgerschaft (s. 1966) - Holtkamp 12, 2000 Hamburg 55 (T. 870 17 14) - Geb. 27. Febr. 1923 Potsdam, verh., 3 Söhne - Wilhelmsgymn. Braunschweig (Abit. 1940); 1947-48 Banklehre Hameln (Dt. Bank) - 1940-47 Wehrdst. (zul. Oblt.; gegenw. Major d. R. Bundeswehr) und engl. Kriegsgefangensch. (1945); s. 1950 Handelsvertr. Hamburg (1957 pers. haft. Gesellsch. Erwin Kahler KG. (Werbegeschenke)). 1961-66 Bezirksabg. Altona. CDU s. 1957 - EK I.

LATTREUTER, Ernst-Horst

Kaufmann, Ehren-Vizepräsident Automobilclub von Deutschland - Arnold-Böcklin-Str. 16, 2800 Bremen - Geb. 1. Aug. 1905 Oldenburg (Vater: August L.; Mutter: geb. Heinemann), verh. s. 1931 m. Josefa, geb. Bossong, 4 Kd. (Werner, Hans Günter, Rolf, Jutta) - Human. Gymn.; kaufm. Lehre (Tee-Import) Bremen - S. 1932 Handelsvertr. (Textilien). Ehrenvors. Wirtsch.verb. d. Handelsvertr. u. -makler, Bremen, Ehrenpräs. AvD-Club Bremen - Kriegsausz., 1965 BVK I. Kl., 1972 Gr. BVK, Komtur m. Stern, Ritterorden v. Hl. Grabe zu Jerusalem.

LATTREUTER, Rolf

Dr. iur., Bankkaufmann, Vorst. Bankhaus Neelmeyer AG, Bremen - Am Markt 14-16, 2800 Bremen 1 (T. 3 60 30) - Geb. 27. Okt. 1938 Bremen (Vater: Ernst-Horst L., Kaufmann; Mutter: Josefa, geb. Bossong), kath., verh. s. 1973 m. Annemarie, geb. Fischer, 3 Kd. (Michaela Maria, Martina Andrea, Philipp Alexander) - Banklehre; Stud. d. Rechtswiss.; 1. u. 2. jurist. Staatsex.; Promot. 1970 Kiel - Zun. Dresdner Bank; 1971-77 Vorst. Merck, Finck & Co., München u. Vorst. Nordbank AG, Frankfurt/M., Richter Tribunal d'Appel FIA, Paris; ehrenamtl. Richter b. Finanzgericht Bremen.

LATWESEN, Klaus-Hagen

Schauspieler, Regisseur, Autor - Alte Königstr. 41, 2000 Hamburg 50 - Geb. 26. Juni 1940 Hagen, 1 Sohn - 1961-64 Hochsch. f. Musik u. Theater Hannover - Ab 1964 Arbeit f. Bühne, Funk, Film u. Fernsehen. Theaterstationen: Hof, Hildesheim, Hannover, Jagsthausen u. Hamburg. Bekanntgeworden u.a. m. d. Titelrolle Schinderhannes, Johannes durch d. Wald (ZDF). 1981-87 Int. d. Karl-May-Spiele Bad Segeberg. Eigene produzierte u. finanzierte Theatertourneen theater transfer (Abenteuer auf d. Bühne) - Liebh.: Sport (Jugendniedersachsenmeister im 5-Kampf), Sportl. Autos, Ausbau alter Häuser, z.Z. eigenes ehem. Weinhaus- u. Lager v. 1850 in Hamburg - Spr. Engl.

LATZ, Geert

Oberkreisdirektor Landkreis Wesermarsch (s. 1983) - Dungendeichsweg 51, 2880 Brake/Unterweser - Geb. 5. Aug. 1943 Blankenburg/Harz, ev., verh. s. 1967 m. Swanhild, geb. Goethe, 4 Töcht. (Ulrike, Andrea, Meike, Annette) - 1964-69 Stud. Soziol. u. Rechtswiss. Tübingen, Berlin u. Kiel; 1. jurist. Staatsex. 1970 Schleswig, 2. jurist. Staatsex. 1973 Hamburg - S. 1973 Wasser- u. Schiffahrtsdir. Bremen; s. 1975 stv. Oberkreisdir. d. Landkr. Wesermarsch - Liebh.: Musik, Lit., Phil. - Spr. Engl., Franz., Russ.

LAUBE, Heinrich

Dr. med., Prof. f. Innere Med. u. Diabetol. (s. 1978) - Med. Poliklinik Gießen, Rodthohl 6, 6300 Gießen - Geb. 8. Jan. 1938 Merseburg/S. (Vater: Dr. Ing. Hans L.; Mutter: Carola, geb. Grenouillet), ev., verh. s. 1971 m. Elisabeth, geb. Bumann, 3 T. (Ingrid, Sabine, Birgit) - Univ. Heidelberg; Med. Staatsex. 1962, Promot. 1963, 1964-67 Boston/USA; Habil. 1976 Univ. Ulm - Oberarzt Univ. Gießen - BV: Kohlenhydrate in d. Ernährung, 1976. Zahlr. Beitr. zu med. Fachb. - Üb. 200 Publ. in dt. u. intern. Journalen - Spr.: Engl.

LAUBENBERGER, Theodor

Dr. med., Prof. f. Radiologie Univ. Frankfurt, Direktor Strahleninst. Stadt- u. Lehrkrankenhaus Hanau (s. 1978) - Basaltweg 12, 6450 Hanau 7 (T. 06181 - 29 63 91) - Geb. 14. Dez. 1927 Walldorf-Baden (Vater: Emil L., Gewerbeschulrat; Mutter: Marie L.), ev., verh. s. 1957 m. Dr. Helga, geb. Erbsen), 3 Kd. (Jörg, Lorenz, Christine) - Promot. 1954; Habil. 1968 Univ. d. Saarl. S. 1971 Prof. f. Radiol., 1979 Honorarprof. Univ. Frankfurt. 1977-85 Vors. Hess. Röntgenges. - BV: D. Röntgenunters. d. Niere u. d. Harnleit. (m. and.), 2. A. 1975; Leitfaden d. med. Röntgentechnik, 5. A. (in Vorber.) - Spr.: Engl., Franz.

LAUBER, Hans-Ludwig

Dr. med., Prof. - Kastanienstr. 11, 4006 Erkrath 2 - Geb. 12. Juni 1921 Essen (Vater: Dr. jur. Gustav L.), verh. s. 1950 m. Margherita Ali, geb. Schaefer, 2 Söhne (Andreas, Stephan) - Burggymn. Essen; Univ. Köln u. Düsseldorf. Promot. (1947) u. Habil. (1961) D'dorf - 1947 Assistenz-, 1955 Oberarzt, 1961 - klinikdir., 1961 Privatdoz., gegenw. apl. Prof. Univ. D'dorf (Psychiatrie u. Neurol.); Vorst.-Mitgl. Alfred-Adler-Inst., Düsseldorf - 1972 Ehrenbürger Wallis/Schweiz - BV: Die Messung der Intelligenz Erwachsener, 1955; Hamburg-Wechsler-Intelligenztest f. Erwachsene, 1955 (m. D. Wechsler u. A. Hardesty); D. Pneumencephalogramm, 1965. Zahlr. Einzelveröff. - Bek. Vorf.: Diebold L. (Kalligraph, 1410-67) u. C. O. L. (Geschützkonstrukteur, 1862-1927).

LAUBER, Rudolf J.

Dr.-Ing., o. Prof. f. Elektrotechnik TU Stuttgart - Sudetenstr. 22, 7252 Weil der Stadt (T. 07033 - 96 76) - Geb. 7. April 1930 Tannheim/Iller (Vater: Pius L., Betriebsmeister.; Mutter: Maria, geb. Heumoos), kath., verh. s. 1965 m. Rosmarie, geb. Deuschle, 3 Kd. (Christiane, Jochim, Katrin) - Stud. TH Stuttgart (Dipl.-Ing. 1957, Promot. 1962) - 1962-70 Ind.tätigk.; s. 1970 o. Prof. Stuttgart, 1973 u. 83-85 Dekan Fak. Elektrotechnik. 1988 Vors. VDI/VDE-Ges. f. Meß- u. Automatisierungstechn. - BV: Analogrechnen, 1963; Prozeßautomatis. I, 1975, 2. A. 1989 - Spr.: Engl., Franz., Span., Latein, Griech.

LAUBER, Theo

Oberbürgermeister a. D. Stadt Neuburg - 8858 Neuburg/Donau - Geb. 22. Nov. 1914 Neuburg - 1960-84 Oberbürgerm. Stadt Neuburg.

LAUBEREAU, Alfred

Dr. rer. nat. habil., o. Prof. f. Exp.-Physik Univ. Bayreuth - Neckarstr. 8, 8580 Bayreuth (T. 0921 - 4 37 05) - Geb. 25. Febr. 1942 Bamberg, verh. m. Christa, geb. Goppert - Dipl. 1966 TH München, Promot. 1970 u. Habil. 1975 TU München - 1975 Privatdoz. TU München; s. 1978 o. Prof. Univ. Bayreuth. 1978-82 Vors. AG Quantenoptik DPG; 1983-85 Dekan d. Fak. f. Math. u. Physik - Rd. 140 Publ. in wiss. Ztschr. u. Büchern - 1974 Haber-Preis Dt. Bunsenges. f. Physikal. Chemie.

LAUCKEN, Uwe

Dr. phil., Dipl.-Psych., Univ.-Prof. Univ. Oldenburg - Lesumstr. 7, 2902 Rastede 1 - Geb. 15. Mai 1941 Berlin (Vater: Paul L., Ing. (grad); Mutter: Elsa, geb. Schweish), ev., verh. s. 1966 m. Birgit, geb. Fouquet, 3 Kd. (Miriam, Fabian, Eva) - Realgymn. Bad Neustadt/Saale; Stud. d. Psychol. FU Berlin; Dipl.ex. 1968 ebd.; Promot. 1973 Tübingen - S. 1974 Univ. Oldenburg - BV: Einführ. in d. Studium d. Psychol., 5. A. 1985 (m. A. Schick; ital. 1974); Naive Verhaltenstheorie, 1974; Didaktik d. Psychologie, 1977 (m. A. Schick); Umwelt u. Handeln, 1985 (m. P. Day u. U. Fuhrer); Logographie alltäglichen Lebens, 1987 (m. U. Mees); Denkformen d. Psych., 1989 - Spr.: Engl.

LAUDEHR, Alfred

Dipl.-Math., Direktor, Vorstandsmitgl. Volksfürsorge Lebensvers. AG. u. Deutsche Sachversicherung AG., Volksfürsorge Krankenvers. AG. Hamburg - Strandweg 15, 2000 Hamburg 55 - Geb. 19. Mai 1927 Hamburg - AR: Hamb. Intern. Rückversich. AG.

LAUENSTEIN, Helmut

Dr., Univ.-Prof. f. Agrarökonomie u. Ökonometrie Univ. Göttingen (s. 1974) - Platz der Göttinger Sieben 5, 3400 Göttingen - Geb. 18. Sept. 1937 Lübeck, verh. - Stud. Agrarwiss. 1960-64 Univ. Göttingen; Dipl. 1964; Stud. Wirtschaftswiss. 1966/67 Univ. of Calif., Berkeley; Promot. 1969 Univ. Göttingen; Habil. 1972 ebd. - BV: Statistische Probleme b. Saisonschwankungen (Schriften z. wirtschaftswiss. Forsch., Bd. 32), 1969.

LAUER, Brunhilde,

geb. Klein

Ing. grad., Direktorin, Leit. Geka-Werk Reinhold Klein KG. - 3573 Gemünden/Wohra (T. 4 63) - Geb. 12. Juli 1926 Voerde (Vater: Reinhold Klein, Fabrikant; Mutter: Erna, geb. Hackenberg), verh. s. 1970 m. August L., T. Angela - Lyz. Hagen u. Wuppertal; prakt. Lehre; Fachhochsch. Hagen (Maschinenbau) - 1949-58 Geschäftsf. Reinhold Klein Gesenkschmiede, 1958 Gründ. u. geschäftsf. Gesellsch. Reinhold Klein KG., Gemünden - 5 Erf. - Liebh.: Pferdezucht u. -sport - Spr.: Engl.

LAUER, Hans H.

Dr. med., Prof. f. Geschichte d. Medizin - Biegenstr. 43, 3550 Marburg/L. - Geb. 18. April 1934 - Promot. 1962 Bonn; Habil. 1969 Heidelberg - B. 1973 apl. Prof. Univ. Heidelberg, dann Ord. Univ. Marburg - BV: Geschichtl. z. Koronarsklerose, 1971. Div. Einzelarb.

LAUER, Hanswerner

Ass., Direktor, Hauptgeschäftsführer Berufsgenoss. chem. Industrie (s. 1980) - Zu erreichen üb.: Gaisbergstr. 11, 6900 Heidelberg (T. 06221 - 52 35 91) - Geb. 19. Dez. 1930 Nürnberg, verh. s. 1957 m. Ursula, geb. Krüger, S. Dr. med. dent. Christian - 1954-59 Refer. OLG Nürnberg u. Reg.-Präs. Mittelfranken; 1. jurist. Staatsprüf. 1954; 2. jurist. Staatsprüf. 1959 München - S. 1980 Geschäftsf. d. Vereins f. Berufsgenoss. Heilbehandlung Heidelberg; s. 1982 Präs. Intern. Vereinig. f. Soz. Sicherheit - Intern. Sektion f. d. Verhütung v. Arbeitsunfällen u. Berufskrankh. in d. chem. Ind.; s. 1985 Geschäftsf. d. Vereinig. Berufsgenoss. Kliniken, u. d. Landesverb. Südwestdeutschl. d. gewerbl. BGen - Liebh.: Jagd - Spr.: Engl.

LAUER, Klaus Dieter

Lehrer f. Lernbehinderte, Schriftst. - Lindenbrunnenstr. 44, 7240 Horb-Bildechingen (T. 07451 - 39 37) - Geb. 9. Jan. 1947 Karlsruhe (Vater: Richard F. L., Arch.; Mutter: Ida, geb. Link) - Vordipl. Arch. 1971 Univ. Karlsruhe; Lehrerstud., Ex. 1975 PH Karlsruhe - BV: Was zählt, 1979; Verschüttete Feuersteine, 1981; Ausgesetzt, 1982; Bis z. nächsten Wolke, 1983; D. Nacht unt. deinen Achseln, 1984; M. Träumen behuft, 1985; Herbst im Briefkasten, 1987 - 1982 Berthold-Auerbach-Preis Stadt Horb; 1983 Förderpr. f. junge Lit. d. Fischer-Werke Tumlingen; 1986 Arbeitsbeihilfe Förderkr. dt. Schriftst. in Baden-Württ. - Spr.: Franz., Engl.

LAUER, Reinhard

Dr. phil., o. Prof. d. Slavischen Philologie Univ. Göttingen - Allensteiner Weg 32, 3406 Bovenden - Geb. 15. März 1935 Bad Frankenhausen (Vater: Dr. jur. Erich L., Amtsgerichtsrat; Mutter: Rose, geb. Fischer), verh. s. 1962 m. Stanka, geb. Ibler, T. Lucinde - 1954-60 Univ. Marburg, FU Berlin, Univ. Belgrad u. Frankfurt; Promot. 1960, Habil. 1969 - Vors. Südosteuropa-Kommiss. Akad. d. Wiss. Göttingen - BV: Heine in Serbien, 1961; Gedichtform zw. Schema u. Verfall, 1975; M. Krleža u. d. dt. Expressionismus, 1984; Poetika i ideologija, 1987. Herausg.: Europ. Realismus (1980); Sprachen u. Lit. Jugoslaviens (1985); M. Krleža: Ess. üb. Lit. u. Kunst (1987); Prinzipien d. Lit.geschichtsschreibung (m. H. Turk, 1988); Sprache, Literatur, Folklore bei V. St. Karadžić (1988); Kulturelle Traditionen in Bulgarien (m. P. Schreiner, 1989); Künstlerische Dialektik u. Identitätssuche. Literaturwiss. Studien zu M. Krleža (1990); D. Moderne in d. Lit. Südosteuropas (1991). Üb. 100 Aufs. in Ztschr., Sammelbd. u. Handb. - 1961 Valjavec-Preis; 1980 o. Mitgl. Akad. d. Wiss. Göttingen; 1986 Ehrenmitgl. d. Bulgar. Philologen-Verb.; 1988 ausl. Mitgl. d. Serbischen Akad. d. Wiss. u. Künste Belgrad; 1989 Orden d. Jugosl. Fahne m. gold. Kranz; 1990 korr. Mitgl. d. Kroat. Akad. d. Wiss. u. Künste.

LAUER, Waltraud

Hausfrau, MdL Nordrh.-Westf. (s. 1975) - Albertus-Magnus-Str. 68, 4100 Duisburg 25 (T. 78 17 32) - Geb. 13. Juni 1926 - SPD.

LAUER, Wilhelm

Dr. rer. nat., em. o. Prof. d. Geographie - Endenicher Allee 7, 5300 Bonn - Geb. 1. Febr. 1923 Oberwesel/Rh. - Promot. 1950 - S. 1955 (Habil.) Lehrtätigk. Univ. Kiel (Privatdoz.), Valdivia/Chile (1956 Prof.), Marburg (1962 Ord. u. Inst.dir.), Bonn (1966 Ord. u. Inst.dir.). Zahlr. Fachveröff. z. Geo-Ökologie, Klimatologie, Tropen. Lateinamerika, Hochgebirge. Herausg.: D. Mexiko-Projekt d. Dt. Forschungsgem., Erdwiss. Forsch. Akad. d. Wiss. u. Lit. Mainz. Mithrsg.: Erdkunde, Archiv f. wiss. Geogr. Bonn, Bonner Geogr. Abh. Coll. Geographicum - 1970 o. Mitgl. Akad. d. Wiss. u. d. Lit., Mainz (s. 1985 Vizepräs.), 1981 Korr. Mitgl. Bayer. Akad. d. Wiss., München, Mitgl. Dt. Akad. d. Naturforscher Leopoldina, Halle/Saale.

LAUERBACH, Erwin

Staatssekretär a. D., MdL (1960-78) - Oberer Weinbergweg Nr. 8, 8721 Zell/Ufr. (T. 09720 - 2 88) - Geb. 9. Sept. 1925 Niederwerrn (Vater: Gustav L., Handwerker), ev., verh. m. Martha, geb. Späth, 8 Kd. (Katrin, Christine, Gabi, Joachim, Elisabeth, Uta, Helmut, Johannes) - 1943-45 Militärdst. (Pilot; 1945 schwer verwundet, beinamputiert), sowjet. Kriegsgefangensch., n. Abit. Philologiestud. Würzburg (Ass.ex. 1952), höh. Schuldst. (zul. Oberstudienrat), 1964-74 Staatssekr. Bay. Min. f. Unterricht u. Kultus, 1956-62 Mitgl. Gemeinderat Niederwerrn; s. 1960 MdL Bayern (1962-64 stv. Fraktionsvors.); 1960 ff. MdK Schweinfurt. 1968-74 Mitgl. Fernsehrat ZDF. Div. Ehrenstell., dar. Präs. Dt. Liga f. Luft- u. Raumfahrt; Ehrenpräs. Luftsportverb. Bayern, Dt. Aeroclub, Mitgl. Org.skomit. Olymp. Spiele 1972 München. Studienreisen USA, Japan, Afrika, Südamerika - 1965 Bayer. VO; 1970 BVK I. Kl.; 1974 Gr. BVK, 1975 Kette d. Windrose, Präs. Bayer.-Hellen. Ges.

LAUERMANN, Alfons

Verwaltungsdirektor - Günterstr. 57, 5470 Andernach (T. 4 32 86) - Geb. 18. Juni 1924 Ettringen, kath., verh., 5 Kd. - Gymn. (Abit. 1949 n. Kriegsdst. (schwerverwundet) u. 2j. -gefangensch.), Banklehre - 1950-68 Raiffeisenverb. Mittelrhein, Koblenz (Prüfungsw.); s. 1968 Stiftshospital Andernach (Verwaltungsdir.), 1960 ff. Stadtratsmitgl. Andernach (1962 Fraktionsf.); 1969 ff. MdK Mayen bzw. Mayen-Koblenz; 1971-79 MdL Rhld.-Pfalz. CDU s. 1954.

LAUF, Friedrich

Sparkassendirektor, Vorstandsmitgl. Frankfurter Sparkasse von 1822, Frankfurt/M. (1967-81) - Moselstr. 19, 6457 Maintal 1 (Dörnigheim) - Geb. 7. März 1916 Frankfurt/M. - BV: D. konventionelle Lochkartenverf. im Sparkassenbetrieb, 1964; Kl. Chronik v. Oberrad, 1978; Im Zeichen d. Bienenkorbes, 1983.

LAUFENBERG, Uwe-Eric

Regisseur u. Schauspieler - Textorstr. 72, 6000 Frankfurt 70 - Geb. 11. Dez. 1960, ledig - 1981-83 Folkwang-Sch. Essen - Z.Zt. fester Regisseur Frankfurt - Insz.: Pfingstläuten, Krankheit/Gerechte, Andorra, Krieg.

LAUFENBERG, Walter

Dr. phil., Schriftsteller - Max und Moritz 4, 6720 Speyer (T. u. Fax 06232 - 4 36 31) - Geb. 1. Sept. 1935 Opladen b. Köln - BV: Seiltänzer u. armer Poet, Prosaged. auf Bilder 1980; M-Maybe u. d. Gold. Zeitalter, Prosaged. auf Bilder 1982; D. Stadt bin ich, Berlin-Texte 1985; Axel Andexer od. D. Geschmack v. Freiheit u. so fort, R. 1985; Ich liebe Berliner, Satire 1986; Ratgeber f. Egoisten, Satire 1987; D. Entdeckung Heidelbergs, Kurztexte, 1990; D. Zwerg v. Heidelberg, R. 1990; Im Paradies fing alles an, Bibel-Nacherz. 1991; Ritter, Tod u. Teufel, R. d. Mittelalters, 1992 - Lit.: Gisberg Kranz, D. Bildged. I (1981); ders. in: arcadia 16, H. 2 (1981); ders. in: Lit. in Wiss. u. Unterr., Heft 14 (1981); Guido Robbens in: Levende Talen, Culemborg, NL, 9 (1983); Markus R. Weber. V. e. Stadt z. anderen (in Passagen), Heft 6 (1989); Literatur-Lexikon (hg. v. Prof. Walther Killy, Bd. 7. 1990); Stephen C. Merrick, Walter Laufenberg's Laufenberg Instinct, Arizona State University, Phoenix (1992).

LAUFER, Gerda

Geschäftsführerin - Wittelsbacherstr. 38, 8700 Würzburg (T. 13 40) - Geb. 3. Jan. 1910 Würzburg - Vorsch. (Inst. d. Engl. Fräulein) u. Lyz. Würzburg - B. 1937 Warenhausangest. (Kassiererin, Einkäuferin, Abt.sleit.); s. 1945 Stadtbeirätin u. -rätin Würzburg; einige J. Parteisekr.; s. 1952 Geschäftsf. Arbeiterwohlfahrt, Würzburg. 1954-74 MdL Bayern. SPD s. 1929.

LAUFER, Heinz

Dr. jur. utr., Prof. f. Politische Wissenschaft u. Öfftl. Recht Univ. München (s. 1969) - Höfen 22, 8197 Königsdorf - Geb. 22. April 1933 Würzburg (Vater: Anton L., Bankdir.; Mutter: Käthe, geb. Gruber), kath., verh. s. 1962 m. Sybille, geb. Heydenreich, Ass. - Oberrealsch. Würzburg (Abit. 1952); 1952-58 Stud. Rechts- u. Politikwiss., Gesch. u. Phil.; Promot. 1961, Habil. 1967 - Privatdoz.; Vorst. Geschwister-Scholl-Inst. f. Politische Wiss. u. Dekan d. Sozialwiss. Fak. d. Univ. München - Veröff.: 17 Bücher u. 70 Aufsätze z. Theorie d. Politik, Regierungs- u. Verwaltungslehre, Staatsfunktionslehre, z. Föderalismus u. z. Polit. Rechtslehre - Liebh.: Ski alpin u. nord., Bergsteigen, Schwimmen, Gärtnern, Theater, Musik - Spr.: Engl., Franz.

LAUFS, Paul

Dr.-Ing., Parlam.Staatssekretär b. Bundesmin. f. Umwelt, Naturschutz u. Reaktorsicherheit (ab Dez. 1992), MdB (s. 1976, Wahlkr. 168/Waiblingen; stv. Vors. CDU/CSU-Fraktion) - Kurze Str. 4, 7050 Waiblingen/Württ. - Geb. 22. Juni 1938 Tuttlingen, kath., verh., 5 Kd. - Schule Rottweil (Abit. 1957); Stud. Maschinenbau u. Luftfahrttechnik München u. Stuttgart (Dipl.-Ing. 1963). Promot. 1967 - S. 1967 IBM; 3 J. USA. CDU s. 1963.

LAUGWITZ, Detlef

Dr. rer. nat., o. Prof. f. Mathematik (Lehrstuhl II) TH Darmstadt (s. 1963) - Schloßgartenstr. 7, 6100 Darmstadt (T. 16 22 87) - Geb. 11. Mai 1932 Breslau, ev., verh. s. 1961 m. Käte, geb. Wüstenfeld, 2 Kd. (Annette, Bettina) - Schule Rinteln/Weser (Reifeprüfung 1949); Univ. Göttingen (Math., Physik, Phil.). Promot. 1954 Göttingen; Habil. 1957 München - Zul. Doz. TH München - BV: Differentialgeometrie, 1960 (engl. 1965); Ing.-math., Taschenb. I-V 1963ff.; Differentialgeom. in Vektorräumen, 1965; Funktionalanalysis, 1974 (m. Fuchssteiner); Infinitesimalkalkül, 1978; Zahlen u. Kontinuum, 1986 - 1963 Jubiläumspreis Vieweg-Verlag, Braunschweig - Spr.: Engl.

LAUKAT, Gerd-Harald

Chefredakteur IVB-REPORT (Intern. Verkehrsnachr. u. Bilderdienste) - Amselweg 33, 5628 Heiligenhaus (T. 02056 - 6 99 44) - Geb. 30. März 1932 Pogegen - Abit., Stud., Volont. - Reporter im aktuellen Ber.; Chefredakt. s. o. - Autoren-Preis u. 2 Sonderpr. Christopherus-Stiftg. (f. hervorrag. Berichterst. auf d. Geb. d. Verkehrssicherh.); VO Rep. Tunesien - Spr.: Franz., Engl.

LAUKIEN, Günther

Dr. rer. nat., o. Prof. f. Elektronik (s. 1968), Vorstand Bruker-Physik AG. (s. 1973) - Ruhr-Universität, 4630 Bochum; priv.: Silberstreifen, 7501 Forchheim/Baden - Geb. 23. Mai 1924 Eschringen (Vater: Julius L.; Mutter: Alwine, geb. Hinkelmann) - Dipl.-Phys. 1951 Tübingen; Promot. (1955) u. Habil. (1957) Stuttgart - Hochschulassist. u. -doz. Tübingen, Stuttgart, Karlsruhe (1960 apl. Prof. f. Physik) - BV: Handb. d. Physik, Bd. 38/1 1958.

LAUKVIK, Jon

Prof. f. Orgel u. historische Tasteninstrumente Staatl. Hochsch. f. Musik u. darst. Kunst, Stuttgart - Senefelderstr. 13, 7000 Stuttgart 1 (T. 0711 - 62 51 95) - Geb. 16. Dez. 1952 Oslo/Norwegen - 1972-74 Stud. Orgel, Kirchenmusik u. Klavierpäd. Musikhochsch. Oslo; 1974-76 Orgelstud. (Prof. Michael Schneider) Musikhochsch. Köln (Reifeprüf. 1976); 1974-80 Cembalostud. (Prof. Hugo Ruf) Musikhochsch. Köln (Reifeprüf. 1979, Konzertex. 1980); 1975-77 Orgelstud. b. Marie-Claire Alain, Paris - S. 1980 Musiker u. Prof. in Stuttgart. Konzerttätigk. in west- u. osteurop. Ländern, in USA u. Israel. Rundf.- u. Schallpl.aufn. m. eig. Orgelmusik - BV: Orgelschule z. hist. Aufführungspraxis, 2 Bde. 1990. Kompos. Orgel: Via Crucis, 1974; Triptychon, 1977; Magnificat, 1979; Epitaph f. H.G., 1982; Suite, 1983/84; MM, 1984 (m. Tonband); Anrufung II, 1984 (m. Tonbd.); Dialog f. Cello u. Orgel, 1989. Ensemblemusik: Anrufung I f. 2 Orgeln, Blechbläser u. Tonbd., 1982 - 1977 1. u. Bach-Preis intern. Orgelwettbew. Intern. Orgelwoche Nürnberg; 2. Preis intern. Orgelwettbew. ev. Kirchentag Berlin.

LAULE, Gerhard

Dr. jur., Prof., Rechtsanwalt (1977ff.) Anwaltsoc. Feddersen, Laule, Stroth & Partner, Frankfurt/M. u. Notar (ern. 1979) - Mainblick 1, 6240 Königstein 2/Ts. - Geb. 26. Mai 1935 Potsdam (Vater: Adolf L., Generallt.; Mutter: Sophie, geb. Happich), ev., verh. s. 1959 m. Uta, geb. Groger, 2 Kd. (Eva, Uwe) - 1955-59 Univ. Freiburg, Bonn, Köln (Rechtswiss.). Jurist. Staatsprüf. 1959 u. 63; Promot. 1962 - 1964-77 Tätigk. AEG (zul. Leit. Rechnungswesen). S. 1982 Prof. Univ. Saarbrücken (Steuerrecht). Vorst.-Mitgl. Dt. Vereinig. f. Intern. Steuerrecht - BV: D. Gleichheitssatz (Art. 3 Abs. 1 GG) in d. Rechtsprech. d. Steuergerichte, 1962; D. Einfluß v. Verlusten in e. Land auf d. einkommen- oder körperschaftsteuerl. Behandl. v. intern. Unternehmen oder verbundenen Ges. in anderen Ländern, 1979 (Dt., Engl., Franz., Span.); Dt. Steuerrecht-Leitf. f. ausl. Untern., 1981 (Dt., Engl., Franz., Span.; Mitverf.) - Spr.: Engl., Franz., Ital.

LAUM, Heinz-Dieter

Dr. jur., Präsident Oberlandesgericht Köln (s. 1984) - Reichensperger Platz 1, 5000 Köln 1 - Geb. 25. Dez. 1931 Mülheim (Vater: Friedrich L., Verw.beamter; Mutter: Else, geb. Laarmann), kath., verh. s. 1962 m. Erika, geb. Budde - Stud. Rechts- u. Staatswiss. Univ. Bonn u. Köln (Promot. Bonn) - 1965-68 wiss. Mitarb. Bundesgerichtshof Karlsruhe; 1976-79 Vors. Richter OLG Düsseldorf; 1979-83 Präs. LG Duisburg; s. 1984 Präs. OLG Köln - Liebh.: Musik.

LAUMANN, Hugo

Hauptgeschäftsführer Verb. Dt. Sportfachhandel - Langgasse 17, 6200 Wiesbaden (T. 06121 - 30 40 22).

LAUN, Herwart

Dipl.-Kfm., Beirat Kauffmann-Gruppe Langenargen/Bregenz - Hölderlinstr. 14, 7994 Langenargen/B. (T. 07543 - 16 75) - Geb. 3. April 1929 Ulm/D. (Vater: Heinrich L., Fabrikdir. (i.R.); Mutter: Katarina, geb. Gugenhan), ev., verh. s. 1973 m. Christine, geb. Wehmeyer - 1949-54 Univ. Erlangen-Nürnberg, Dipl. 1954 - 1955-60 Assist. Univ. Erlangen-Nürnberg (Prof. Schäfer); 1961-62 Industrieberat.; 1963-72 Vorst.-Mitgl. Gold-Zack-Werke AG, Mettmann - Liebh.: Alte Uhren - Spr.: Engl.

LAUN, von, Kurt

Dr. jur., Wissenschaftler - Goethestr. 2a, 6380 Bad Homburg v. d. H. - Geb. 11. März 1918 Wien (Vater: Prof. Dr. jur. Dr. h. c. Rudolf v. L.; Mutter: Margarete, geb. Schäffler), verh. s. 1952 m. Dr. phil. Hilma, geb. Rubrecht, 3 Kd. (Susanne, Rudolf, Ulrich) - Gelehrtensch. d. Johanneums Hamburg u. High School Ann Arbor; Univ. Chicago, Hamburg, Berlin. Jurist. Staatsprüf. (1939 u. 49) u. Promot. (1940) Hamburg - 1955-66 Vorst.-Mitgl. Dampfschiffahrts-Ges. Neptun, Bremen; 1966-71 Vorst.-Mitgl. u. -sprecher (ab 1968) Flughafen Frankfurt/M. AG, Frankfurt; 1971-81 Mitgl. d. Geschäftsl. Schimmelpfeng GmbH; 1973-77 Präs., 1977-80 Mitgl., 1980/81 Präs., 1981-84 Gen.Sekr.; Ehrenmitgl. Federation of Eur. Credit Reporting Org. - BV: Überleg. z. EWG, 1970; Probleme d. EG, 1986; Wiedervereinigung, 1989 - Liebh.: Briefm. - Spr.: Engl., Franz. - Bek. Vorf.: Otto Schäffler, Feinmechaniker, Erfinder u. Unternehmer Wien (ms.), Rudolf v. Laun, Völkerrechts- u. Staatsrechtslehrer, Philosoph, Hamburg.

LAUNHARD, Rolf

Geschäftsführer i. R. Tesa-Werke Offenburg GmbH (b. 1988) - Jagdhausstr. 38, 7570 Baden-Baden (T. 07221 - 1 75 76) - Geb. 18. Okt. 1925 Frankfurt/M., verh. s. 1959 m. Gisela, geb. Kay, 2 Söhne (Martin, Stefan) - 1943-48 Wehrdst. Luftw. u. engl. Kriegsgefangensch.; 1948-55 Chemiewerk Homburg, Frankfurt; 1956-60 Mitgl. d. Geschäftsltg. tesa s.a., Paris; 1960-76 Vors. d. Geschäftsltg. Beiersdorf France S.A., Paris; 1976-1988 Geschäftsf. Tesa-Werke Offenburg GmbH - Liebh.: Skifahren, Golf - Spr.: Engl., Franz., Span. - Rotarier.

LAUNSPACH, Ewald
Taxenunternehmer, Mitgl. Brem. Bürgerschaft (s. 1967) - Lausanner Str. 100, 2800 Bremen 44 (T. 42 03 03) - Geb. 6. Aug. 1931 Bremen, ev., verh., 3 Kd. - Mittelsch.; Ausbild. Kraftfahrzeughandw. - B. 1954 väterl. Taxengeschäft, dann selbst. Vors. Landesverb. Bremen Fachvereinig. Personenverkehr (1963 ff.) u. Vereinig. Bremer Kraftdroschkenbes. (1964 ff.). SPD.

LAUR, Albert
Dr. med., Prof., Chefarzt Röntgenabt. Städt. Krankenhaus Leverkusen - Saarlauterner Str. 7, 5090 Leverkusen (T. 5 11 70) - Geb. 8. Juni 1918 Wald/Hoh. - B. 1964 Privatdoz., dann apl. Prof. Univ. Heidelberg (Innere Med. u. Röntgenol.), s. 1983 Berater Strahleninst. Prof. Hoeffken, Köln - BV: Osteosklerose u. Knochenmarkfibrose, 1953 (m. a.); D. Q-Fieber (m. a.), in: Ergebnisse d. Inn. Med. u. Kinderheilkd., 1954; Diagnostik u. Therapie d. Lungenembolie, in: Hermann Karl-Matthes F. C. Boehringer, 1965; D. hereditäre Hyperostose m. u. o. Pachydermie (m. Perassi), in: Handb. d. Med. Radiol., 1968 - Spr.: Engl., Franz. - Rotarier.

LAUR, Wolfgang
Dr. phil., Namenforscher - Gormweg 3, 2380 Schleswig - Geb. 1. Dez. 1921 Riga - Promot. 1949 - 1962-86 wiss. Angest. Schlesw.-Holst. Landesarchiv. Zahlr. Fachveröff. (auch Bücher) - 1985 Joost-van-den-Vondel-Preis FVS-Stiftg. Hamburg.

LAURENT, Jean
Violinvirtuose, Prof. Musikhochsch. München - Franz-Kaim-Str. 16, 8000 München 71 (T. 79 59 76) - Geb. 7. Juni 1909.

LAURIEN, Hanna-Renate

Dr. phil., Parlamentspräsidentin d. Berliner Abgeordnetenhauses (s. 1991), Bürgermeisterin u. Senatorin f. Schulwesen, Berufsausbildung u. Sport v. Berlin a. D.; Bundesvorst. CDU, CDU-Frakt. - Zu erreichen üb. Rathaus Schöneberg, 1000 Berlin; priv.: Dillgesstr. 4, 1000 Berlin 46 - Geb. 15. April 1928 Danzig (Vater: Dr. Helmut L., Ministerialrat; Mutter: Charlotte, geb. Feuerabend), kath., ledig - N. Reifevermerk (1944) u. Heimkehrerabit. (1946) Stud. German., Angl., Slav., Phil. Berlin. Staatsex. u. Promot. 1951 Berlin; Ass.ex. 1953 Bonn - B. 1957 Schuldst., dann Kultusmin. Nordrh.-Westf. (Schulverw.), 1963-65 Fachleit. f. Deutsch, anschl. Leit. Königin-Luise-Sch. Köln. 1967ff. Vors. Rhein. Direktoren-Vereinig. 1969 Kandidatin f. d. Bundestag; 1970 n. Rheinl.-Pfalz, dort 1971-76 Staatssekr., 1976-81 Kultusmin.; s. 1981 Senatorin, 1986-89 zugl. auch Bürgerm. u. Stellv. d. Reg. Bürgerm. v. Berlin; ab 1981 Berlin. Landesvors. Berlin d. CDU-Frauenunion - BV: Berufl. Bildung, 1973; D. Kampf um d. Köpfe in: Neue Bildungspolitik (Hrsg.: Bernhard Vogel), Mitherausg.: Klingende Anthol. Fernsehserie: D. Weg z. Abitur (1969), Nicht Ja u. nicht Amen (1984); Pastoral f. Randchristen (1985); Gedankengänge (1988); Was Laien bewegt (1989) - 1979 Hermann-Voß-Preis Dt. Orch.-Vereinig.; 1981 Gr. BVK - Liebh.: Theol., Lit., Kochen - Spr.: Engl., etwas Franz.

LAURIG, Wolfgang
Dr.-Ing., Univ.-Prof. f. Arbeitsphysiologie, Direktor Abt. Ergonomie Inst. f. Arbeitsphysiol. Univ. Dortmund - Ardeystr. 67, 4600 Dortmund 1 (T. 0231 - 10 84-0) - Geb. 26. Juli 1935 Offenbach, ev., verh. s. 1963 m. Ursula, geb. Jaxt, 2 Kd. (Matthias, Christiane) - Abit. 1958; 1957-58 Werkstud. u. Praktikant; 1958-65 Maschinenbaustud. TH Darmstadt Dipl.-Ing.; Promot. 1970, Habil. 1973, alles Darmstadt - 1965-76 Assist., Doz. u. Akad. Oberrat Inst. f. Arbeitswiss. TH Darmstadt; s. 1976 Univ. Dortmund (u. a. Mitgl. d. Direktoriums; 1978-80, 1984-86 u. 1990-92 gf. Institutsleit. s. o.) - BV: Grundzüge d. Ergonomie, 1980, 4. A. 1992; Arbeitsplätze f. Behinderte I - Handb. techn. Arbeitshilfen, 1980 (übers. ins japan.); Prospektive Ergonomie - Utopie oder Wirklichk., 1984; Unters. z. Gesundheitsrisiko b. Heben u. Umsetzen v. Lasten. Entw. wissensbasierter Systeme - Liebh.: Segelflug, Musik (Oper) - Spr.: Engl.

LAURITZEN, Christian

Dr. med., o. Prof. u. Vorstand Univ.-Frauenklinik Ulm (s. 1968) - Prittwitzstr. 43, 7900 Ulm/D. (T. 179 41 30) - Geb. 6. Dez. 1923 Rendsburg (Vater: Dr. Christian L., Beamter; Mutter: Ella, geb. Fredeland), ev., verh. s. 1953 (Ehefr.: Brigitte), 2 Töcht. (Christine, Constanze) - Vorklin. Stud. Berlin, klin. Kiel. Med. Staatsex. 1949 - 1962-68 Privatdoz. u. Wiss. Rat u. Prof. Univ. Kiel (Oberarzt Frauenklinik). Spez. Arbeitsgeb.: Gynäk. Endokrinologie (v. Neugeborenen b. z. alternden Frau) - Präs. dt. u. intern. Vereinig. f. Kindergynäkologie, Vors. Menopauseges. dt.spr. Länder - BV: Oestrogene b. Menschen, 1961 (m. E. Diczfalusy); Gynäkologie (Lehrb.); Handb. d. Gerontologie, Gynäkologie, 1987; Klinik d. menschlichen Fortpflanzung, 1988; Gynäkologische Endokrinologie, 1988; Praxis d. Hormonbehandlung im Klimakterium. Menopause heute; Jetzt, da ich älter bin. Üb. 400 Einzelarb. - Ehrenmitgl. zahlr. intern. Ges.; Vesalius-Med., Ernst v. Bergmann Med. d. Bundesärztekammer; 1989 BVK I. Kl.; Paul Laqueur-Med. f. Wiss. - Liebh.: Schöngeist. Literatur, Musik - Spr.: Engl., Dän., Schwed.

LAUS, Andreas
Ehrenpräsident Bundesverb. mittelständ. Privatbrauereien e.V., Bonn - Kaiser-Bräu Neuhaus, Oberer Markt, 8574 Neuhaus/Pegn. (T. 09156 - 8 80).

LAUSCH, Harry H. J.
Kaufmann, Vorstandsvors. Hbg. Kaffeebörse - Zu erreichen üb. Pickhuben 3, 2000 Hamburg 11 (T. 040 - 36 58 78 u. 36 62 56) - Vors. Verein d. am Caffeehandel beteiligten Firmen v. 1886.

LAUSCHNER, Erwin A.
Dr. med., Prof., Generalarzt a. D., niedergel. prakt. Arzt u. Leiter d. Flieger-Untersuchungsst. - Ludwig-Weiß-Str. 6, 8089 Emmering/Obb. (T. Fürstenfeldbruck 4 31 09 u. 61 67) - Geb. 21. Mai 1911 Treptow/Rega (Vater: Dr. med. Erwin L., Psychiater u. Neurologe; Mutter: Else, geb. Unger), ev., verh. in 2. Ehe (1952) m. Maria-Luise, geb. Bünte, 3 Kd. (Erwin, Christiane, Stefan) - Med. Staatsex. 1934, Approb. u. Promot. 1936 - 1935-45 Sanitätsoffz. Luftw. (u. a. Lazarettchefarzt); 1947-57 Ltd. Werks- u. Chefarzt Grande Dixence S. A. (Schweiz); 1957 b. 1959 Dezern. f. Flugmed. Bundesverteidigungsmin.; 1959-63 Berat. Fliegerarzt Oberkommando d. Alliierten Luftstreitkräfte Europa-Mitte-Fontainebleau, 1963-70 Leit. Flugmed. Inst. d. Luftwaffe, Fürstenfeldbruck, Generalarzt, 1970-80 Leit. Klin. Forschung Cyanamid GmbH; s. 1980 niedergelassener prakt. Arzt u. Leit. e. Flieger-Unters.stelle. S. 1968 Honorarprofessor Techn. Univ. München (Luft- u. Raumfahrtmed.); 1966-68 Chairman Advisory Group for Aerospace Research & Development/NATO; 1968-74 Präs. dt. Ges. f. Luft & Raumfahrtmed.; 1976-78 Präs. Internat. Acad. of Aviation & Space Med.; 1976-82 Trustee Internat. Acad. of Astronautics; Fellow Aerospace Med. Association (USA); Ehrenmitgl. franz. Ges. f. Luft & Raumfahrtmed., u. d. Dt. Ges. f. Luft & Raumfahrtmed.; Mitgl. d. schweizer. Ges. f. Luft & Raumfahrtmed.; Mitgl. weiterer in- u. ausl. Fachges. u. Comitees sow. Gemeinsch. Alte Adler. Buchbeitr.: D. Flugmed. Inst. d. Luftw. (Jahrb. d. Luftw., 1966), Flugmed. (Handb. f. Verkehrsmed., 1966), Flugsicherheit - e. med. Problem (Jb. d. Wehrmed., 1967), Erkrankungen durch Hypoxie (Innere Med. in Praxis u. Klinik, 1970, 85, 89 u. 91); Arbeitsmed. Probleme b. Flugreisen, Arbeitsmed. aktuell 1980); üb. 60 wiss. Arb. in Fachztschr. Div. Kriegsausz. EK I u. II, Silb. Verwundetenabz., Frontflugspange in Silber; Medaille d'Honneur du Service de Santé des Armées; 1970 Gr. BVK; 1983 Hubertus-Strughold Preis d. DGLRM - Liebh.: Sportfliegerei - Spr.: Franz., Engl., Ital.

LAUSE, Marlies
s. Marjan, Marie-Luise.

LAUSEN, Gerd
Vorstandsvorsitzender Landesbank Schleswig-Holstein - Martensdamm 6, 2300 Kiel 1 (T. 0431 - 9 00-10 00) - Geb. 16. Aug. 1928, verh., 2 Kd. - Jurist - S. 1967 MdL Schleswig-Holstein; Landrat; 1973-78 Finanzmin. Schleswig-Holst.; AR-Vors. Dt. Lufthansa AG.

LAUSTER, Peter

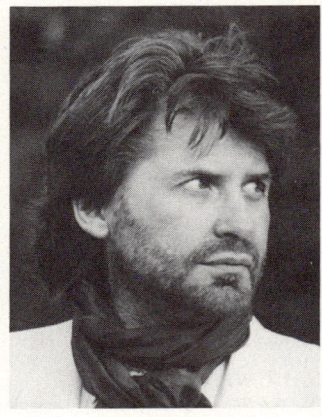

Dipl.-Psych., Autor, Psychotherapeut - Usambarastr. 2, 5000 Köln 60 (T. 0221 - 760 13 76; Telefax 0221 - 760 58 95) - Geb. 21. Jan. 1940 Stuttgart, ledig - Stud. Phil., Kunstgesch. u. Psych. Univ. Tübingen; Dipl. 1968 - B. 1970 journ. Tätigk.; s. 1971 eig. Praxis f. psych. Diagnostik u. Berat., Köln - BV: Lassen Sie sich nichts gefallen, 1976; Lassen Sie d. Seele Flügel wachsen, 1978; Die Liebe, 1980; Lebenskunst, 1982; Wege z. Gelassenheit, 1984; Menschenkenntnis, 1985; Über die Liebe, 1986; Berufswahl, 1988; Der Sinn d. Lebens, 1989; D. Lauster Lebensbuch, 1990; Selbstbewußtsein, 1991 - Liebh.: Fotogr., Film, Malerei, Lyrik.

LAUSTER, Wolfgang W.
Geschäftsführer Radium Lampenwerk GmbH (1981ff.) - Dr.-Eugen-Kersting-Str. 6, 5272 Wipperfürth/Rhld.

LAUT, Hans Walter
Assessor jur., Verbandsdirektor, Geschäftsführer Rhein. Haus-, Wohnungs- u. Grundeigentümer, Landesverb. Haus-, Wohnungs- u. Grundeigent. v. Rhld.-Pfalz, Hauptgf. Haus u. Grund - Gesamtverb. NRW - Lütticher Str. 1-3, 5000 Köln 1; priv.: Waldhausstr. 40, 5000 Köln 80 (T. 0221 - 68 15 30) - Geb. 28. Febr. 1930 Köln, verh., 3 Kd.

LAUTENBACH, Ernst
Fleischermeister, MdL Rheinland-Pfalz (s. 1979) - Niederwiese 27, 6551 Hargesheim - Geb. 22. April 1935 - CDU.

LAUTENBACH, Walter
Dipl.-Ing., Prof. f. Vermessungswesen Univ.-GH Essen - Keplerstr. 5, 5620 Velbert 1 (T. 02124 - 6 48 16) - Geb. 29. Mai 1935 Köln (Vater: Wilhelm L., Baurat; Mutter: Maria Helene, geb. Müller), ev., verh. s. 1960 m. Hendrika, geb. v. d. Mooren), 5 Kd. (Ruth, Elke, Mareike, Karin, Tim) - S. 1957 Stud. Univ. Bonn; Dipl.-Ing. 1962 - 1962-67 wiss. Assist. Univ. Karlsruhe; s. 1967 Univ. Essen - Spr.: Niederl., Engl.

LAUTENBACHER, Susanne
Prof. f. Violine Staatl. Hochsch. f. Musik u. Darstell. Kunst, Stuttgart - Krähwinkelweg 1, 7250 Leonberg (T. 07152 - 4 18 68) - Geb. Augsburg, verh. m. Heinz Jansen - Konzerttätigk.

LAUTENSCHLÄGER, Heide-Marlis

Malerin, Graphikerin (freischaffend), MdL Mecklenburg-Vorpommern (s. 1990) - Dorfstr. 2, O-2001 Zachow (T. Groß Nemerow 439) - Geb. 21. Dez. 1941 Neubrandenburg/Mecklenb., verh. s. 1982 m. Joachim L., 3 Kd. (Alf-Matthes, Swantje, Birk) - Gärtnerlehre, Abit. - Tätigk. in versch. Berufen; s. 1973 Mitgl. im Verb. Bild. Künstler (DDR); s. 1990 Mitgl. im Künstlerbd. Mecklenb./Vorpom. - Malerei u. Graphik (insb. Holzschnitt, Handzeichn., Radierung) - Lit.: u.a. Katalog Xylon-Mus. Schwetzingen, 1990; Kat. Miniaturausst. Fürstenwalde, 1986/1990; Kat. 100 ausgew. Grafiken/DDR, 1990; Kat. IX./X. Kunstausst./DDR-Dresden, 1982/

83 u. 1987; Kat. Galerie Junge Kunst, Frankf./O. 1988.

LAUTENSCHLÄGER, Manfred

Assessor, Versicherungsvermittler u. Vermögensberater, Mehrheitsakt. u. Vorst.-Vors. Fa. Marschollek, Lautenschläger u. Partner AG, Heidelberg - Hainbuchenweg 4, 6906 Leimen-Lingental - Geb. 15. Dez. 1938 Karlsruhe (Vater: Hermann L., Justizoberamtm.; Mutter: Lina, geb. Mußgnug), verh. s. 1974 m. Angelika, geb. Bösing, 5 Kd. (Christine, Markus, Matthias, Catharina, Maximilian) - Beide jurist. Staatsex. - S. 1969 Finanzierung u. Versich.-Vermittl. - Spr.: Engl., Franz.

LAUTENSCHLAG, Christian

Schriftsteller, Lektor (Ps. Marockh Lautenschlag) - Zu erreichen üb. Verlag Nikolai & Medea, Wittelsbacher Allee 84, 6000 Frankfurt 60 - Geb. 17. Nov. 1949 Frankfurt/M., kath. - Stud. Sozialarb. u. Soziol. - BV: Araquin, 1981; Sweet America, 1983; Wenn d. Schnee in meinem Land fällt, 1984. Herausg.: Sadomasochismus (1985).

LAUTENSCHLAGER, Hans

Stadtamtmann a. D., MdB (1960-76), Mitgl. Europ. Parlament (1968-77) - Klenzestr. 16, 8400 Regensburg (T. 0941 - 9 08 18) - Geb. 20. Jan. 1919 Montenich b. Metz, verh. - Gymn. - 1938-60 Stadtverw. Regensburg (zul. Leit. Wohlfahrtsamt), dazw. 1939-45 Wehrdst. 1960-61 Stadtrat Regensburg. SPD s. 1948 - 1970 Bayer. VO.; 1973 BVK I. Kl.; 1978 Gr. BVK.

LAUTENSCHLAGER, Hans Werner

Dr., Staatssekretär, Botschafter d. Bundesrep. Deutschl. b. d. Vereinten Nationen, New York (1984-87) - Zu erreichen üb. Auswärtiges Amt, Adenauerallee 99-103, 5300 Bonn 1 - Geb. 1927 Tientsin/China (Vater: Diplomat) - 1979-84 u. s. 1987 Staatssekr. AA.

LAUTER, Hans

Dr. phil., Prof. C-4 f. klass. Archäologie - Biegenstr. 11, 3550 Marburg - Geb. 14. Jan. 1941 Nürnberg (Vater: Karl L., Kaufm.; Mutter: Maria, geb. Köglberger), ev., verh. s. 1967 m. Heide, geb. Bufé - Promot. 1966 Univ. Bonn; Habil. 1972 Univ. Erlangen - 1979 o. Prof. Univ. Bochum; 1986 Prof. Univ. Marburg - BV: Röm. Kopien nach griech. Originalen; Z. ges. Stell. d. griech. Künstlers; Karyatiden d. Erechtheion; Attische Forsch. I-III; Architektur d. Hellenismus - 1979 o. Mitgl. Dt. Archäol. Inst.

LAUTER, Josef

Dr., Prof. f. Mathematik u. ihre Didaktik Univ.-GH Siegen - Im Mittelfeld 67, 5100 Aachen (T. priv.: 0241 - 8 55 65) - Geb. 18. Juli 1924 Aachen (Vater: Josef L.; Mutter: Gertrud, geb. Keller), kath., verh. s. 1951 m. Resi, geb. Gorgels, 3 Kd. (Marianne, Franz-Martin, Claudia) - Staatsex. 1950, Promot. 1953 - S. 1973 o. Prof. - 1951-56 wiss. Assist. TH Aachen. 1956-73 Gymn.lehrer ebd.; 1973ff. Prof. Univ.-GH Siegen - BV: Math.werk f. Gymn., 7 Bde. 1967ff.; Math., 27 Bde. 1972ff.

LAUTERBACH, Heinrich

Staatssekretär a. D., MdL Hessen (1974-87) - Klappacher Str. 20, 6100 Darmstadt (T. 6 51 72) - Geb. 24. Sept. 1925 Neunkirchen/Krs. Siegen - Oberschule in Wuppertal u. Frankfurt/M.; Kriegsdienst; Maurerlehre; Univ. Mainz u. Frankf./M. - Gymn. Schuldienst in Hessen (1954-74, s. 1966 als Oberstudiendir.) - 1962-71 stv. Vors. Hess. Philologenverb.; 1964-89 Kommunalpolitiker in Darmstadt als Stadtverordn., Fraktionsvors. u. Stadtrat; 1968-82 AR Arbeiterbauverein Darmstadt. CDU (1976-87 Kulturpolit. Sprecher CDU Landtagsfrakt., 1987-89 Staatssekr. im Hess. Kultusmin.); 1990 Beauftr. d. Hess. Kultusmin. f. d. Zusammenarb. mit d. thüring. Schulwesen.

LAUTERBORN, Werner Horst

Dr. rer. nat., Dipl.-Phys., Prof. f. Angew. Physik TH Darmstadt (s. 1987) - Inst. f. Angew. Physik, Schloßgartenstr. 7, 6100 Darmstadt - Geb. 25. Mai 1942 Königsberg/Pr., verh. s. 1968 m. Roswitha, geb. Nabroth, 2 Töcht. (Natascha, Sonja) - Gymn. Essen, Univ. Göttingen (Physik), Dipl. 1966, Promot. 1968, Habil. 1974 - S. 1978 Hochsch.lehrer f. Physik, zul. Prof. f. Nichtlineare Physik Univ. Göttingen - BV: Cavitation and Inhomogeneities in Underwater Acoustics, Fachlit., (Hrsg. 1980) - 1976 Physikpreis Dt. Physik. Ges. - Liebh.: Musik, Malerei - Spr.: Engl.

LAUTERJUNG, Karl Heinz

Dr. phil., em. o. Prof. u. Direktor Inst. f. Kernphysik Univ. Köln (s. 1960) - Schallstr. 6, 5000 Köln-Lindenthal - Geb. 10. Mai 1914 Leichlingen/Rhld., ev., verh. s. 1942 m. Anneliese, geb. Hassbach, 2 Söhne (Karl Lutz; Friedrich Gerd) - Promot. (1941) u. Habil. (1948) Köln - 1954-60 Max-Planck-Inst. f. Kernphysik, Heidelberg (Abt.leit.). Fachveröff.

LAUTH, Reinhard

Dr. phil. (habil.), Dr. med., Prof. f. Allg. Philosophie - Ferdinand-Maria-Str. 10, 8000 München 19 - Geb. 11. Aug. 1919 Oberhausen/Rhld. (Vater: Julius L., Prokurist; Mutter: Louise, geb. Casaretto), kath., verh. m. Gertrud, geb. Kürzl (†), S. Bernhard - S. 1948 Privatdoz. u. Prof. (1955) Univ. München - BV: u. a. D. Philos. Dostojewskijs, 1950; D. Frage n. d. Sinn d. Daseins, 1953; Begriff, Begründ. u. Rechtfertig. d. Phil., 1967; La filosofia de Fichte, 1968; Ethik, 1969; Conciencia y tiempo, 1974; D. Entsteh. v. Schellings Identitätsphilos., 1975; Theorie d. philos. Arguments, 1979; D. Konstitution d. Zeit im Bewußtsein, 1981; D. transzendentale Naturlehre Fichtes, 1984; Hegel vor d. Wiss.lehre, 1987; Transzendentale Entwicklungslinien, 1989. Herausg.: J. G. Fichte Gesamtausg. (Bayer. Akad. d. Wiss.), Reinhold-Briefe-Ausg. (Österr. Akad. d. Wiss.), F.H. Jacobi Briefwechsel - Spr.: Engl., Franz., Ital., Span., Russ.

LAUTMANN, Rüdiger

Dr. phil., Dr. jur., Prof. - Papenkamp 3, 2000 Hamburg 52 (T. 040 - 82 59 65) - Geb. 22. Dez. 1935 Koblenz (Vater: Dipl.-Ing. Kurt L.) - Stud. Rechtswiss. u. Soziol. - BV: Wert u. Norm, 1969; Soziol. vor d. Toren d. Jurisprudenz, 1971 (span. 1975); Justiz - d. stille Gewalt, 1972; Seminar: Gesellsch. u. Homosexualität, 1977; D. Zwang z. Tugend, 1984; D. Gleichheit d. Geschlechter u. d. Wirklichkeit d. Rechts, 1990; D. pornographierte Begehren, 1990; Homosexualität, 1992. Mithrsg.: D. Polizei (1972); Lexikon z. Soziol. (1973/93); Rechtssoziologie Examinatorium (1980); Männerliebe im alten Deutschland (1992).

LAUTNER, Karl-Heinz

Pianist, Prof. Staatl. Hochsch. f. Musik u. Darstell. Kunst, Stuttgart - Wacholderweg 32, 7000 Stuttgart-Degerloch - Geb. 18. Nov. 1918 Braunschweig - Meisterschüler von Prof. Gieseking (Wiesbaden), Prof. Rehberg (Zürich), Prof. Kreutz (Musikhochsch. Stuttgart) - Konzertreisen nach England, Frankr., Belgien, Schweiz, UdSSR, Island, Österr., Italien, Spanien, Malta, Israel, Persien, Japan, Australien, Brasilien, USA, Kanada. Partner von Maurice Gendron, Janos Starker, Ludwig Hoelscher, Ricardo Odnoposoff, Zwi Zeitlin u. a. Zahlr. Urauff. zeitgen. Kompositen. Schallpl. b. Dt. Grammophon Ges., Bärenreiter Musicaphon, Christophorus, Da Camera, The Musical Heritage Soc., New York.

LAUTS, Jan

Dr. phil., Direktor Staatl. Kunsthalle Karlsruhe (1956-73, s. 1973 i. R.), Honorarprof. f. Kunstgesch. TH bzw. TU ebd. (s. 1963) - Bismarckstr. 15, 7500 Karlsruhe - Geb. 9. März 1908 Bremen (Vater: Johann Theodor L., Exportkfm.; Mutter: Louiza, geb. Brouwer), ev., led. - Univ. München, Berlin, Wien, Hamburg (Kunstgesch., Archäol.; Promot. 1931) - B. 1939 Berliner Museen, dann Kunsthalle Karlsruhe - BV: Antonello da Messina, 1939; Domenico Ghirlandajo, 1943; Isabella d'Este, 1952 (schwed. 1955, franz. 1956); Carpaccio, 1962 (auch engl.) - 1973 Gr. BVK, 1980 Karoline Luise von Baden - Spr.: Engl., Franz., Ital.

LAUTWEIN, Theo

Univ.-Prof., Vorstandsmitglied DJK DV Trier (s. 1971) - Schulstr. 6, 5401 Brey (T. 02628 - 26 82) - Geb. 30. März 1935 Trier, kath., verh. s. 1963 m. Margret, geb. Meng, 2 Kd. (Martin, Barbara) - 1. u. 2. Prüf. f. d. Lehramt an Grund- u. Hauptsch.; Dipl.-Sportlehrer Dt. Sporthochsch. Köln - S. 1975 Mitgl. Wissenschaftskommiss. Kirche u. Sport in d. Kath. Kirche Dtschl. - BV: Sport + Spiel = Spaß + Gesundheit, 1972 (holl., finn., franz., span., portug.) - 1970 Lobende Anerkennung im Carl-Diem-Wettbewerb DSB - Liebh.: Gartenarbeit, Mozartmusik - Spr.: Franz.

LAUTZ, Günter

Dr. rer. nat., Prof. f. Physik TU Braunschweig - Fallsteinweg 97, 3340 Wolfenbüttel (T. 05331 - 7 28 29) - Geb. 15. Nov. 1923 Münster (Vater: Walter L., Prok.; Mutter: Elisabeth, geb. Wältermann), ev., verh. s. 1952 m. Gudrun, geb. Schulz, 2 Kd. (Hans-Ulrich, Beate-Sibylle) - 1945-50 Physik-Stud. Braunschweig (Dipl.-Phys. 1950, Promot. 1952, Habil. 1954) - 1950-55 wiss. Assist., 1956-60 Obering., 1960-62 a.o. Prof. Univ. Kiel, 1962-89 o. Prof. f. Elektrophysik TU Braunschweig (1964-66 Dekan Fak. f. Masch.wesen, 1969-70 Prorektor, 1970-72 Rektor, 1972-73 wieder Prorektor) - BV: Prakt. Physik, Sammelwerk (Herausg.), 1968; Elektromagnet. Felder, Monogr., 3. A. 1985 - 1977 Korr. Mitgl. Akad. d. Wiss. u. d. Lit., Mainz, 1979 o. Mitgl. ebd. - Spr.: Engl., Franz., Ital.

LAUX, Hans

Dr. phil. habil., Prof., Dipl.-Mathematiker, Vorstandsvors. Wüstenrot Lebensversicherungs-AG, Ludwigsburg - Lenbachstr. 6, 7014 Kornwestheim (T. 07154 - 31 19) - Geb. 31. Dez. 1929 Köln (Vater: Josef L.; Mutter: Wilma, geb. Dolinsek), kath., verh. 1956-77 m. Martha, geb. Stein, 1977 verw., s. 1978 verh. m. Walburgis, verw. Thiele, geb. Wiegelmann, 6 Kd. (Stefan, Christoph, Ulrich, Annegret, Roswitha, Monika) - Naturwiss. Gymn. Köln-Mülheim; wirtschaftswiss. Math. Univ. Köln. Dipl. u. Promot. 1954 Köln; Habil. 1983 Karlsruhe (Wirtschaftswiss.); 1990 apl. Prof. - 1955-62 Versich.math. in Gutachterbüros, s. 1962 Chefmath. Bausparkasse GdF Wüstenrot, Ludwigsburg - BV: D. Bausparfinanzier., 6. A. 1992; D. Zwischenfinanz. v. Bausparvertr., 5. A. 1980; D. Dritte Vermögensbildungsgesetz, 5. A. 1972; D. kollektive Bausparen, 1973; Einkommensteuer u. Sparförderung ab 1975, 1974; Bausparwissen f. Bankkaufl., Baufinanz.- u. Anlageber., 5. A. 1988; Grundz. d. Bausparmathem., 1978; Bauspartarife, 1988; D. novellierte Fünfte Vermögensbildungsgesetz, 1989 - Liebh.: Musik, Wein, Lit. - Spr.: Engl.

LAUX, Hartmut Hermann

Dr.-Ing., Dipl.-Ing., Geschäftsführer - Zur Ville 13, 5020 Königsdorf - Geb. 15. Sept. 1928 Berlin (Vater: Heinrich L., Dir.; Mutter: Katharina, geb. Dahsel), verh. s. 1955 m. Anneliese, geb. Wenglorz, 3 Kd. (Claudia, Stefan, Michael) - Abit. 1947; 1948-55 Stud. Masch.bau - 1955-59 Wiss. Assist. Hermann-Föttinger-Inst. Berlin; 1959-62 Entw.-Ing. BAHCO Ventilatoren-Werke, Enköping/Schweden; 1963-68 Techn. Leit. (Prok.) ROX-Lufttechn. Gerätebau GmbH, Köln; ab 1969 Geschäftsf. ROX-Lufttechn. Gerätebau GmbH, Köln. Vorst. Forschungsvereinig. f. Luft- u. Trocknungstechnik im VDMA, Frankfurt, Fachgemeinsch. Allg. Lufttechnik VDMA - Liebh.: Hochseesegeln, Skilaufen, Fliegen.

LAUX, Manfred

Dr. jur. utr., Dipl.-Volksw., Hauptgeschäftsführer Bundesverband Dt. Investment-Gesellschaften, Generalsekr. d. Europ. Investment-Vereinigung (1980-82, 1986-88) - Eschenheimer Anlage 28, 6000 Frankfurt/M. 1 - Geb. 3. Nov. 1937 Landau/Pfalz (Vater: Jakob; Mutter: Maria, geb. König), verh. s. 1971 m. Maria, geb. Mücke, T. Caroline - Stud. Univ. München, Würzburg, Heidelberg, Freiburg i. Br. (Stip. Stiftg. Volkswagenwerk-Stip.); Gr. jurist. Staatsprüf.; Promot. (Verfassungsgerichtsbarkeit u. Entscheidung abstrakter Rechtsfragen) 1963 Würzburg - BV: Grundstücks-Investment, 1978, 2. A. 1988; Wertpapier-Investmentfonds, 1992.

LAUX, Wolfrudolf

Dr. rer. nat., Dipl.-Biol., apl. Prof., Ltd. Wiss. Direktor, Bibliotheken, Dokumentationsstelle f. Phytomedizin, Informationszentrum f. trop. Pflanzenschutz/Biol. Bundesanstalt f. Land- u. Forstw. (s. 1965) - Königin-Luise-Str. 19, 1000 Berlin 33 - Geb. 23. Okt. 1934 Leipzig - Promot. 1961; Habil. 1971 - Ab 1969 Lehrtätigk. FU Berlin (Lehrbeauftr.) u. TU Berlin (1971 Privatdoz.). Üb. 50 Facharb.

LAVEN, Hannes

Dr. rer. nat., em. o. Prof. f. Genetik - Am Eselsweg 27, 6500 Mainz-Bretzenheim (T. 3 49 34) - Geb. 10. Febr. 1913 Dremmen, verh. s. 1940 m. Brunhilde, geb. Tolkmitt, 3 Söhne (Gerhard, Burkhard, Reinhard) - Univ. Köln, Bonn, Königsberg/Pr. (Naturwiss.; Promot. 1939) - 1939-40 Assist. Univ. Berlin (Zool. Inst.); 1940-46 Wehrdst. u. Gefangensch.; 1947-54 Assist. Tropeninst. Hamburg; 1954-58 Assist. Max-Planck-Inst. f. Biol. Tübingen; 1958-59 u. 1962-63 Gastprof. Univ. of Illinois Urbana/USA; s. 1959 ao. u. o. Prof. (1962) Univ. Mainz, emerit. 1983 - 1957 Genetik-Preis Stifterverb. f. d. Dt. Wiss. - Spr.: Engl., Franz., Holl.

LAVES, Werner

Prof., Maler u. Graphiker - Spessartstr. 5, 1000 Berlin 31 (T. 821 69 56) - Geb. 23. März 1903 Berlin - 1923-28 Kunsthochsch. Berlin (Karl Hofer) - Langj. Prof. Kunsthochsch. Berlin (Abt. Kunstpäd.) - 1930 Staatsstip. Villa Massimo Rom; längerer Aufenthalt Frankr. (u. a. Paris) u. Schweiz; s. 1948 Lehrtätigk. Kunsthochsch. Berlin.

LAY, Peter-Martin

Dr. rer. oec., Dipl.-Kfm., Pers. haft. Gesellschafter Firmengruppe Lay, Limburg - Schleusenweg 10, 6250 Limburg 1 (T. 06431 - 2 53 03) - Geb. 1943, kath., verh. - Lehre Bankkaufm.; Stud., Promot. 1973 Univ. Saarbrücken - AR-Vors. Limburger Volksbank u. Einkaufsgemeinsch. Möbel, Frankfurt - Spr.: Engl., Franz.

LAY, Rupert

Dr. phil., Lic. theol., o. Prof. f. Philosophie u. Wissenschaftstheorie Phil.-Theol. Hochschule St. Georgen in Frankf. a.M., Psychotherapie, Managementberatung - Offenbacher Landstr. 224, 6000 Frankfurt/M. 70 - Geb. 14. Juni 1929 Drolshagen/W., kath. - Univ. München, Bonn, Frankfurt (Phil., Physik, Psych., Theol.). Promot. Bonn; Habil. Frankfurt - BV: Welt d. Stoffes, 2 Bde. 1965/66; D. Leben - Wesen u. Werden, 1969; D. Entwickl. d. Menschen, 1970; Zukunft ohne Religion?, 1970; D. neue Glaube an d. Schöpfung, 1971; Einf. in d. komplexe Wiss.theorie, 2 Bd. 1971/73; Vor uns d. Hoffnung, 1974; Dialektik f. Manager, 1974; Z. Weltbild d. Naturwiss., 2 Bde. 1975/78; Marxismus f. Manager, 1975; Meditationstechniken f. Manager, 1976; Manipulat. durch d. Sprache, 1977; Führen durch d. Wort, 1978; Krisen u. Konflikte, 1980; Ketzer - V. Roger Bacon b. Teilhard, 1981; Credo-Wege ins Christentum, 1981; Ethik f. Wirtsch. u. Politik, 1983; D. Bild d. Menschen - Einführ. in d. Psychoanalyse, 1984; V. Sinn d. Lebens, 1985; Zw. Wirtsch. u. Christentum, 1986; D. Macht d. Wörter, 1986; Philosophie f. Manager, 1988; Ethik f. Manager, 1988; Kommunikation f. Manager, 1989; Macht d. Moral, 1990; Wie man sinnvoll miteinander umgeht, 1992; Unternehmenskultur, 1992. Zahlr. wiss. Beiträge u. Vorträge - 1981 Verdienstkreuz d. Eugen-Moog Stiftg. - Liebh.: Sporttauchen, Problemschach - Spr.: Lat., Engl.

LAYER, Friedemann

Dirigent - Onkel-Tom-Str. 17, 1000 Berlin 37 - Geb. Wien, verh. - Konzert- u. Operndirig. in d. Hauptstädten Europas u. d. USA - Spr.: Engl., Franz., Ital.

LAYTON, Robert G.

Industrieberater - Fasanenstr. 28, 1000 Berlin 15 - Geb. 16. Mai 1923 Berlin - Bachelor Degree u. Chartered Accountant (London) - 1950-69 Ford USA/Europa; Vorst.-Vors. Ford Werke AG Köln, VP Ford of Europe, VP Latein Amerika u. Far East); 1970-73 Vorst. Dynamit Nobel AG; 1973-78 Feldmühle AG (Vorst. bzw. Vors. d. Vorst.); 1978-86 Generalbeauftr. d. Landes Berlin f. Wirtschaftsförd. - AR-Vors. Heidemann Werke, Einbeck, IMO, Merseburg; Beiratsvors. Genes GmbH, Köln; Beirat Simonbank, Düsseldorf, 2T Videorecorder, Berlin; AR Präsid. Interhotel AG, Berlin; Kurat. Synanon, Berlin.

LAZAROWICZ, Klaus

Dr. phil., em. o. Prof. f. Theaterwissenschaft - Schubertstr. 2, 8132 Tutzing/Obb. (T. 88 45) - Geb. 19. Jan. 1920 Riesenburg/Westpr., verh. m. Ingeborg, geb. Reinhardt, 3 Kd. - S. 1961 (Habil.) Lehrtätigk. Univ. München (1966 Ord. u. Dir. Inst. f. Theaterwiss.) - BV: Verkehrte Welt - Vorstudien zu e. Gesch. d. dt. Satire, 1963. Div. Einzelarb. Herausg.: Ernst Barlach, D. Dramen (1956), Münchener Beiträge z. Theaterwiss. (1971ff.). Texte z. Theorie d. Theaters (hg. u. kommentiert zus. m. Christopher Balme, 1991)

LAZI, Erhard

Dr. jur., Landrat Zollernalbkr. (s. 1968) - Lortzingstr. 20, 7460 Balingen/Württ. (T. 2 23 45) - Geb. 12. April 1923 Heilbronn/N. (Vater: Emil L., Landgerichtsdir.; Mutter: Margarete, geb. Geißler), ev., verh. s. 1956 m. Ruth, geb. Vogelmann, T. Cornelia - 1933-41 Gymn. Heilbronn u. Ulm; 1945-49 Univ. Tübingen (Rechts- u. Wirtschaftswiss.). Jurist. Staatsprüf. 1949 u. 53 - 1953-68 Landratsämter Aalen, Schwäb. Hall (1955; Reg.srat), Backnang (1961 Reg.s-, 1962 Oberreg.srat; I. Landesbeamter) - BV: In welchem Umfang ist e. Wahlfeststellung heute noch zulässig? (Diss.) - Kriegsausz. - Liebh.: Geschichte, Sport - Spr.: Engl.

LEBEDJEWA, Irina

Ballettänzerin - Zu erreichen üb. Bayer. Staatsoper-Nationaltheater, Max-Joseph-Pl. 2, 8000 München 80 - Geb. 21. Jan. 1958 Gorki/UDSSR (Vater: Sergei L.; Mutter: Lidia, geb. Baranowa), verh. s. 1977 m. Gyula Harangolo, Tänzer (s. dort), Sohn Gyula - Ausb. Moskau Bolshoi-Theater - Solistin: 1976-77 Odessa, 1977-82 Budapest, 1982ff. München (Bayer. Staatsoper) - Liebh.: Lesen - Spr.: Ungar., Engl., Deutsch.

LEBEK, Hans

Fabrikant, Geschäftsf. Bekleidungswerke G. Lebek GmbH. & Co. - Hofgut Bissingen, 5423 Braubach - Geb. 20. Jan. 1928.

LEBEK, Wolfgang Dieter

Dr. phil., Prof. f. Klass. Philol. u. Nebendisziplinen - Unter Buschweg 98, 5000 Köln 50 - Geb. 29. März 1938 Bad Reinerz, kath., verh. s. 1964 m. Elisabeth, geb. Hahn, 2 Töcht. (Stefanie, Julia) - Stud. Univ. Köln, Freiburg (Studienstiftg. d. dt. Volkes); Promot. u. 1. Staatsex. (Lehramt Gymn.) 1964 Köln. Habil. (Klass. Philol.) 1971 Köln - 1972/73 Junior Fellow Center for Hell. Stud. Washington D.C.; 1976 Mâtre de conf. assoc. Univ. Clermont-Ferrand (Frankr.); 1976-78 Visiting Prof. UCLA; 1979-84 a.o. Prof. Univ. Ausburg; 1984 Prof. Univ. Köln - BV: Verba prisca. 1970; Lucans Pharsalia, 1976. Mithrsg.: Ztschr. f. Papyrologie u. Epigraphik - 1986 o. Mitgl. Rhein.-Westf. Akad. d. Wiss. - Liebh.: Schwimmen, Musik - Spr.: Latein, Griech., Engl., Franz., Ital., Span.

LEBER, Georg

Dr. jur. h. c., Bundesminister a. D., MdB (1957-82; Wahlkr. 140/Frankfurt I), 1978-82 Mitgl. Fraktionsvorst., 1979ff. Vizepräs. Bundestag - Krennstr. 41, 8240 Schönau/Königsee - Geb. 7. Okt. 1920 Obertiefenbach/Oberlahnkr. (Vater: Maurer), kath., verh. s. 1942 m. Erna, geb. Wilfing †1984, in 2. Ehe m. Katja, geb. Grüttner, S. Manfred - Volkssch.; kaufm. Ausbild.; Maurerlehre (n. 1945) - 1939-45 Soldat (Luftw.), dann Baugewerbe, 1949-52 Geschäftsstellenleit. Baugewerksch. Limburg, 1952-55 Schriftl. D. Grundstein (Gewerksch.ztg.), 1953-66 Hauptvorstandsmitgl., 2. bzw. 1. Vors. (1957) IG Bau/Steine/Erden, 1966-78 (Rücktr.) Bundesverkehrs-,1969-72 zugl. -post- u. -verteidigungsmin. (1972). 1958-59 Mitgl. Europ. Parlam.; s. 1967 Mitgl. Zentralkomitee d. dt. Katholiken; 1984ff. Mitgl. Leitungsgremium Kath. Akad. Bayern. SPD s. 1947 (1961 Mitgl. Parteivorst., 1968 -präsid.). BV: Vom Frieden, 1979; Herausg.: Vermögensbild. in Arbeitnehmerhand - Dokumentation 1-3, 1964/65 - 1980 Ehrendoktor Univ. Tübingen; 1969 Ehrenbürger Gde. Obertiefenbach (Geburtsort); 1966 Ehrenmitgl. D. Palette/Intern. Ring d. Kunstfreunde, Frankfurt/M.; 1969 Gr. BVK m. Stern, 1973 Schulterbd. dazu, 1976 Großkreuz; 1980 Kdr. Franz. Ehrenlegion; ausl. Orden, dar. 1981 Komturkreuz m. Stern Päpstl. Gregoriusorden; 1983 Ludger-Westrick-Preis; 1984 Bayer. VO; 1985 Theodor-Heuss-Preis; 1987 Freiherr v. Stein-Preis - Liebh.: Malen, Wandern, Skat.

LEBER, Rolf

Dr.-Ing., Direktor, Unternehmensberater, Ehrenvors. Dt. Elektrotechnische Kommission (DKE) - Am Kubergraben 61, 3500 Kassel (T. 0561 - 6 49 45) - Geb. 11. Okt. 1927 Bielefeld, ev., verh. s. 1954 m. Irmtraut, geb. Ferke, 4 Kd. (Wulf, Susanne, Margarete, Henning) - 1946-49 Lehre als Fernmeldemonteur; 1949-53 Stud. Elektrotechnik TH Aachen; Promot. 1960; 1953-63 Entw.-Ing. AEG Hochspannungs-Inst. Kassel; 1963-65 Leit. Techn.-Wiss. Abt.; 1966-73 Leit. d. Inst.; 1966 Dir. Hochspannungsschaltgerätefabrik KS; 1969 Leit. Geschäftsber. Energieverteilung, 1973 stv. Vorstandsmitgl. AEG-Telefunken; 1976-85 Vorst.-Mitgl. AEG-Telefunken Anlagentechn. AG; 1974-76 AR-Vors. Trafo-Union; 1973-85 AEG Kanis; 1971-88 Techn. Beirat d. DKE; 1977-87 Techn. Aussch. d. ZVEI; 1972-89 Vorst.-Mitgl. im VDE; 1974-85 Techn. Beirat d. Allianz - Einige Patente auf d. Geb. d. Hochspannungsleitungs-Schaltertechnik - 1983 Stephan-Ehrenmed. in Gold d. Elektrotechn. Vereines Österreichs; 1985 DIN-Ehrenring; 1987 BVK - Liebh.: Musik, Sport - Spr.: Engl.

LEBERT, Vera,

geb. Hinze

Schriftstellerin (Ps. Vera Lebert-Hinze, Claire Grohé) - Am Sonnenhang 24, 5912 Hilchenbach 4 (T. 02733 - 5 11 96), u. Qu 7, 6, 6800 Mannheim 1 (T. 0621 - 1 41 58) - Geb. 23. Juni 1930 Mannheim, kath., verh. s. 1956 m. Dipl.-Ing. Heinz L., 2 Kd. (Matthias, Annette) - B. 1948 Gymn.; Handelssch.; Ausb. in Malerei - Kaufm. Tätigk. im Buchdruck; Korrektor; Journ., Lyrik, Ess., Rezension; 1981-87 Schriftleit. d. Christl. Autorinnengruppe; s. 1988 Fachbeirätin f. Lit. d. GEDOK Rhein-Main-Taunus; s. 1989 Mitgl. Verb. Dt. Schriftst.; Gründungs- u. Kurat.-Mitgl. d. Rose-Ausländer-Ges. e.V., Düsseldorf - BV: Wenn d. Schatten leben, Lyrik, 1981; Flugtuch d. Träume, Lyrik, 1984; ... u. d. Wege sind ohne Zeichen, Lyrik, 1987 - 1981 u. 84 Preise b. Intern. Lyrikwettbew.; 1990 Lyrikpreis Esslinger Künstlergilde - Liebh.: Schausp., Malerei, Lit. - Spr.: Engl. - Lit.: Kürschners Literaturkal.; A. Bungert, Christl. Lyrik in d. Nordhälfte d. Bundesrep; H. Schulz-Fielbrandt, Lit. Heimatkunde d. Ruhr-Wupper-Raumes; GEDOK-Dokumentation üb. Autorinnen.

LEBSANFT, Ulrich

Botschafter d. Bundesrepublik Deutschland in d. Schweiz (1981 i. R.) - Wilbrechtstr. 48, 8000 München 71 - Geb. 3. März 1916 Stuttgart - Stud. d. Rechts- u. Wirtsch.swiss., Neue Spr. Univ. Tübingen, Heidelberg, Springfield/USA - S. 1951 Ausw. Amt (Ausl.sposten: Madrid, Mexiko, Monterry u. 1973 Botsch. EG Brüssel).

LEBUHN, Jürgen

Dr. jur., Rechtsanwalt, Honorarprof. TH Aachen (s. 1978) - Vorsetzen 35, 2000 Hamburg 11 (T. 040 - 37 30 23) - Geb. 22. Mai 1922 Hamburg, ev., verh. s. 1954 m. Inge, geb. Wulfff, 2 Töcht. (Kirsten, Eike) - 1942-44 kaufm. Lehre; Stud. Univ. Königsberg/Pr., Hamburg (Rechtswiss.); Promot. 1949 Hamburg-Seniorpartner Anwaltssozietät Lebuhn & Puchta, Hbg.; Vors. bzw. Mitgl. versch. Beiräte; Präs. Hafen-Klub Hbg. - BV: Neuzeitige Konnossementsbed., 1949; D. Linienkonnossement, 1958; FOB u. FOB-Usancen, 1964, 3. A. 1971; Kompendium f. d. Vertragswesen im Schiffs- u. Maschinenbau, 1979 - Spr.: Engl., Franz.

LECHELER, Helmut

Dr., o. Prof. Univ. Erlangen - Würzburger Str. 10d, 8600 Bamberg - Geb. 13. Febr. 1941 - Stud. Rechtswiss. u. Betriebswirtschaftslehre - 1979-81 o. Prof. Univ. Marburg, seith. Ord. Erlangen, Inst. f. Staats- u. Verwaltungsrecht, Erlangen - BV: D. Europ. Gerichtshof; D. Personalgewalt öfftl. Dienstherren; Arbeitsmarkt u. öfftl. Dienst; Lehrb. Verwaltungslehre.

LECHER, Kurt

Dr. sc. techn., Dipl.-Ing., Prof. f. Wasserwirtschaft, Hydrologie u. landw. Wasserbau Univ. Hannover - Holzwiesen 1, 3005 Hemmingen 1 (T. Büro: 0511 - 762 22 37) - Geb. 24. Dez. 1936 Bregenz/Österr. (Vater: Theo L., Zollbeamter; Mutter: Anna, geb. Niederer), verh. s. 1962 m. Renate, geb. Kohl, S. Hanno - Stud. Kulturtechnik Hochsch. f. Bodenkultur Wien (Dipl.-Ing. 1959); Promot. 1964 ETH Zürich; Habil. (Tropenwasserwirtsch.) 1968 TH Hannover - S. 1965 Tätigk. b. Consulting-Firmen, nat. u. intern. Org. in Übersee; 1970/71-74 o. Prof. Univ. f. Bodenkultur, Wien; s. 1974 o. Prof. Univ. Hannover - BV: Bewäss., (m. a.) 1978; Taschenb. d. Wasserwirtsch., (m. a.; Mithrsg.) 6. A. 1982; Gewässerregelung (m. a.; Mithrsg.), 1986, 2. A. 1989. Mithrsg.: Ztschr. f. Kulturtechnik u. Landentwicklung - Spr.: Engl., Franz., Span.

LECHNER, Ewald

Forstoberamtsrat, MdL Bayern (s. 1970) - Fritz-Kollmann-Str. 1, 8380 Landau/Ndb. (T. 09951 - 53 17) - Geb. 1926 - Präs. Fischereiverb. Niederbayern. CSU - 1980 Bayer. VO.

LECHNER, Georg

Dr. phil., Institutsleiter Goethe-Inst. Paris - Zu erreichen üb. Goethe-Institut Paris, 17, Avenue d'Jéna, 75116 Paris - Geb. 9. Juni 1934 Aufham (Eltern: Georg L. u. Albertine L.), 3 Kd. (Christoph, Claudia, Kim-Gabriel) - 1954-60 Stud. Roman., Angl., Phil. Univ. München; Promot. 1960 - 1962-84 Leit. Goethe-Inst. Rangun, Kalkutta, New Delhi; Montreal, Seoul - BV: Koreana, 1982. Herausg.: Prägungen - Deutsche in Paris (1990) - Filme: Tabla Calcutta, 1967; I point to India, 1973; East-West Dance Encounter, 1984; u.a. - Liebh.: Interkultureller Dialog - Spr.: Engl., Franz.

LECHNER, Hans Helmut

s. Lechner, Odilo

LECHNER, Irmgard,

geb. Schreckenberg

Prof., Cembalistin - Bandelstr. 5, 4930 Detmold (T. 2 48 56) - Geb. 5. Juli 1907, verh. 1934-43 m. Prof. Konrad L., S. Florian - Lyz.; Musikhochsch. Köln - Lehrtätigk. Mozarteum Salzburg (1941-45) u. Nordwestd. Musik-Akad. Detmold (s. 1949; Cembalo, Klav.).

LECHNER, Manfred Dieter

Dr. rer. nat., Prof. f. Physikal. Chemie Univ. Osnabrück - von-Hövell-Str. 11, 4512 Wallenhorst 2 (T. 05407 - 64 69) - Geb. 5. Okt. 1940 Lübeck, ev., verh. m.

Elisabeth, geb. Mors, 4 Kd. (Antje, Silke, Kristina, Thomas) - Univ. Mainz (Dipl.-Chem. 1967, Promot. 1969) - 1969-75 Wiss. Mitarb. Inst. f. Physik. Chem. Univ. Mainz; s. 1975 Prof. in Osnabrück - BV: Light Scattering from Polymer Solutions, 1972; Taschenb. f. Chemiker u. Physiker, 1991.

LECHNER, Odilo O. S. B.
Abt v. St. Bonifaz, München-Andechs - Karlstr. 34, 8000 München 2 (T. 55 17 10) - Geb. 25. Jan. 1931 München, kath. - Univ. München, Innsbruck, Würzburg (Theol., Phil.). Promot. 1963 (Dr. phil.) Würzburg - 1956 Priesterw., 1964 Abtweihe, 1972-78 u. s. 1984 Präses d. Bay. Benediktinerkongregation; 1972-82 1. Vors. d. Salzb. Äbtekonf. - BV: Idee u. Zeit in d. Metaphysik Augustins, 1964; Advent/Weihnachten, 1972, Fastenzeit, 1973; Ostern/Pfingsten, 1973; V. Gewicht d. Zeit, 1980; Geschenke f. d. Tag, 1981; Mit d. Augen d. Seele, 1984; D. Weg d. großen Sehnsucht, 1986; Mit den Heiligen durch d. Jahr, 1987; Auf dem Weg d. Hoffnung, 1987 - 1975 Bayer. VO; 1989 BVK I. Kl. - Spr.: Engl.

LECKE, Bodo
Dr. phil., Prof. f. Erziehungswiss./ Deutschdidaktik Univ. Hamburg - Poppenbütteler Chaussee 110, 2000 Hamburg 65 (T. 040 - 607 14 15) - Geb. 6. April 1939 Braunschweig (Vater: Ernst L., Büroangest.; Mutter: Elfriede, geb. Gehrke), ev., verh. s. 1966 m. Wernhild, geb. Lottmann, 2 Kd. (Verena, Volkmar) - Promot. 1965, Staatsex. 1966 Univ. Göttingen - 1965 Wiss. Assist.; 1971 Studienrat; 1972 Prof. - BV: Dichter üb. ihre Dicht.: F. Schiller, 2 Bde. (Hrsg.) 1969/70; Projekt Deutschunterr., (Hrsg.) 1971-78; Lit. d. dt. Klassik - Rezeption u. Wirk., 1981.

LECKEBUSCH, Klaus
Rechtsanwalt, Syndikus Bayer. Börse, Geschäftsf. Münchener Handelsverein i.R. - Lenbachpl. 2a, 8000 München; Holbeinstr. 22, priv.: 80 - Geb. 7. Febr. 1930.

LECLAIRE, Alfred
Dr., I. Bürgermeister, Kreisrat Starnberg, Vors. Bayer. Gemeindetag/Kreisverb. Starnberg u. Fremdenverkehrsverb. Fünfseenland - Rathaus, 8132 Tutzing/Obb.; priv.: Pauliweg 4 - Geb. 23. April 1935 Bardenberg, verh., 2 Söhne - Zul. Doz.

LECLERCQ, Patrick Gerard
Journalist, ARD-Korrespondent Naher Osten - Alte Weinsteige 64, 7000 Stuttgart 1 (T. 0711 - 60 35 72) - Geb. 21. Jan. 1950 Baden-Baden (Vater: Luc Bérimont, Schriftsteller Paris), vd., verh. s. 1981 Ursula, geb. Fritsche - Obersch.; Filmakad. Stuttgart u. Berlin - SDR-Regional-Programm FS; Inlandskorresp. Tagesschau/Tagesthemen; Leit. Auslandsredaktion FS, Sondersendungen f. 1. u. 3. Programm; Auslandskorresp., Sonderkorresp. d. ARD im Nahen Osten, ARD-Korresp. f. d. Südl. Afrika - Liebh.: Lit., Filme - Spr.: Engl., Franz.

LEDDEROSE, Lothar
Dr. phil., o. Prof. f. Kunstgesch. Ostasiens - Univ. Heidelberg, Kunsthistor. Institut, Seminarstr. 4, 6900 Heidelberg (T. 06221-54 23 48) - Geb. 12. Juli 1942 München (Vater: Dr. Georg L., Musikhochsch.lehrer; Mutter: Maria, geb. Freundlieb), kath., verh. s. 1975 m. Doris, geb. Croissant, 2 Kd. (Julia, Lukas) - 1961-69 Stud. Bonn, Paris, Taipei, Heidelberg; Promot. 1969; Habil 1976 Univ. Köln - 1969-71 Stud. Princeton u. Harvard - 1972 Übers.tätig. Ehem. Palastmus. Taipei, 1973-75 Forsch.-Inst. f. Oriental Culture Univ. Tokyo, s. 1976 Lehrst. f. Kunstgesch. Ostasiens, Univ. Heidelberg. 1984-90 1. Vors. Dt. Morgenl. Ges.; 1986 o. Mitgl. Heidelberger Akad. d. Wiss. - BV: D. Siegelschr. (chuan-shu) in d. Ch'ing-Zeit, 1970; Mi Fu and the Classical Trad. of Chinese Calligraphy, 1979 - Liebh.: Klass. Musik

- Spr.: Engl., Franz., Chin., Jap. - Bek. Vorf.: 1. Johannes Scharrer (1785-1844), Bürgerm. u. Dir. Polytechn. Nürnberg, Erbauer 1. Dt. Eisenb. Nürnberg-Fürth (Urgroßv.); 2. Carl Ledderhose, Min. Elsass-Lothr., Kurator Univ. Straßburg (Urgroßv.); 3. Georg Ledderhose, Prof., Chirurg, Entd. Glykosamin, Gründ. Straßburger Unfallkrkhs. 1899 (Großv.).

LEDEBUR, Freiherr von, Wilhelm
Dr. med. vet., Industrietierarzt, Geschäftsführer Coopers Tierarzneimittel GmbH, Burgwedel - Zu erreichen üb. Coopers Tierarzneimittel GmbH, 3006 Burgwedel 1 (T. 05134 - 80 41 75) - Geb. 14. Mai 1942 Crollage/Kr. Minden-Lübbecke, ev., verh. s. 1981 m. Christine, geb. von Schmiterlöw - 1965-71 Stud. Veterinärmed. Tierärztl. Hochsch. Hannover; Staatsex. 1971; Promot. 1972 - 1972-76 Tierärztl. Praxis; 1977-78 Leit. Wiss. Abt. Fa. Albrecht, Aulendorf/W.; 1979-89 AR-Mitgl. Animedica Intern. GmbH, Frankfurt; 1979-89 Vorst.-Vors. Wirtschaftsgenoss. Dt. Tierärzte, Hannover; Vorst.-Mitgl. Bundesverb. f. Tiergesundheit, Bonn; Board-Mitgl. FEDESA, Brüssel - Spr.: Engl., Franz.

LEDER, Gottfried
Dr. jur., Prof., Hochschullehrer - Ortelsburger Str. 35, 3200 Hildesheim (T. 8 41 08) - Geb. 4. Juli 1929 Berlin - S. 1961 Prof. f. Polit. Univ. Hildesheim.

LEDERBOGEN, Rolf
Prof., freier Architekt, Designer - Postfach 4007, 7500 Karlsruhe (T. 0721 - 85 53 00) - Geb. 17. März 1928 Hann. Münden (Vater: Dr. Friedrich Karl L., Oberstudiendir.; Mutter: Ina, geb. Brümmerhoff), verh. s. 1954 m. Ursula, geb. Weiler (Malerin); 2 Söhne (Sebastian, Florian) - N. Abit. Hochsch. f. bild. Künste Kassel - S. 1960 Lehrtätig. Univ. Karlsruhe (1962 Ord. f. Grundl. d. Architektur). Mitgl. Dt. Werkbd. Div. Wettbewerbspreise - Sammelt Plakate, Spielkarten, Ausschneidebogen, Bestecke - Spr.: Engl.

LEDERGERBER, Alfred
Dr.-Ing. - Rauhhalde 19, 7770 Überlingen - Geb. 26. Juli 1926 Bodman/Bodensee (Vater: Anton L.; Mutter: Emma, geb. Schatz), verh. m. Gisela, geb. Piwowarsky, 2 Kd. (Brigitte, Thomas) - Lehre als Werkzeugmacher, Meisterprüfung; Stud. Staatl. Ing.-Schule Aachen u. TH Aachen, (1965 Dr.-Ing.) - 1961-65 Ass. v. Prof. Opitz TH Aachen; 1965-79 Leiter Konstruktion, dann Techn. Dir. u. Techn. Vorst.-Mitgl. Gildemeister Bielefeld; 1979-89 Techn.

Geschäftsf. Hüller Hille GmbH - Versch. Veröffentl. - Ehrenmed. VDI.

LEDERMANN, Hellmuth
Dr. med., Sportarzt, Schriftsteller - In der Dell 14, 6940 Weinheim - Geb. 19. Mai 1939 Hamburg (Vater: Dr. med. Dr. phil. Richard L., Arzt; Mutter: Dr. med. Helene, geb. Martin) - verh. s. 1961 m. Heidi, geb. Draheim, 2 Kd. (Christian, Christina) - 1958-65 Univ. Hamburg, anschl. klin. Ausb. Hamburg - 1970-81 Leit. klin. Forsch. Ausl. Boehringer Mannheim GmbH; s. 1982 Geschäftsleit. ICI-Pharma; 1972 Olympia-Arzt München - BV: Grundzüge klin. Arzneimitteltelprüf. u. med. Statistik, 3. A. 1981; Nur e. Kirschblütenzweig, Reiseged., 1976; Fachveröff. - Liebh.: Reitsport, Schwimmen, Malerei - Spr.: Engl., Span., Franz. - Bruder: V. D. Ledermann; Cousin: Hans Magnus Enzensberger.

LEDERSBERGER, Erich
M.A., Lehrer, Schriftsteller - Richtergasse 1A/10, A-1070 Wien (T. 0222 - 93 43 26) - Geb. 20. Juni 1951, T. Nina - Stud. Wirtschaftspäd.; Dipl. 1975 Linz - BV: Glatteisgefahr!, 1982; Alles im Lot, 1984; Wiener Brut, 1986. Herausg.: Päd. TB-Reihe - 1981 Rauriser Förderungspreis; 1983 Förderungspreis d. Schärf-Fonds - Spr.: Engl.

LEEB, Hermann
Rechtsanwalt, Staatssekretär im Bayer. Staatsmin. f. Unterricht u. Kultus, Wiss. u. Kunst (s. Okt. 1990), MdL Bayern (s. 1970) - Bohlenweg 23, 8750 Aschaffenburg/Ufr. (T. 9 24 68) - Geb. 1938 - S. 1987 stv. Vors. CSU-Landtagsfraktion - 1981 Bayer. VO, 1984 Bayer. Verfassungsmed. in Silber.

LEEB, Klaus
Dr. phil., Prof., Inh. Lehrstuhl f. Informatik (Automatentheorie u. Formale Sprachen) u. Vorst. Inst. f. Math. Maschinen u. Datenverarb. Univ. Erlangen-Nürnberg (s. 1972) - Anton-Bruckner-Str. 34, 8520 Erlangen.

LEEB, Wolfgang Th.
Dr. oec. publ., Dipl.-Kfm., Bankdirektor - Gallusanlage 8, 6000 Frankfurt/M. (T. 2 63-0) - Geb. 23. Dez. 1925 München - AR-Mitgl. Dresdner Bank AG.

LEEGAARD, Alf
Prof., Schriftsteller - Postf. 1114, 8031 Eichenau (T. 08141 - 7 01 55) - Geb. 29. Okt. 1939 Eisleben (Vater: Dr. Otto Ehrhardt-L., Kieferchir.; Mutter: Irmgard, geb. Rüdiger-Rosenbaum, Pianistin), 3 T. (Theresa, Maddalena, Lisa) verh. m. Maria Theresa Antonella Contessa di Zastelli - 1959 b. 62 Stud. d. German., Phil., Theaterwiss. Univ. Köln, Wien, London - 1963-64 Dramat. Theater a. Dom, Köln; 1964-67 Fernsehdramat. Saarl. Rundfunk u. Telefilm Saar; 1967-70 Chefdramat. u. Presseref. Städt. Bühnen Nürnberg-Fürth u. Doz. f. Theaterwiss. u. Päd. VHS ebd.; 1970-72 Programmdir. TV-Star (RT Luxemburg,

IP Paris, IPA Frankfurt) u. München-/Hanseatic-/Vienna-Kontakt-Film; 1972-76 Gesamtleit. u. -herstell. Programmabt. (Film, TV, AV, Management, Schulung, Marketing, PR) Commerz-Film/Rothschildt + Co., Düsseldorf.; 1982 Prof. Univ. Terme/Parma; Theaterinsz. (auch Nachdicht.): Sturm u. Drang, D. Bohne (Köln); Filmregie (a. Drehb.): Budapest; Fernsehinsz.: Ultima Thule - Island im Spiegel d. Sagas (eig. Produkt. Saarl. Rundf.); Musikproduct.; M. Melodie (ZDF); Fernsehsp. (Produkt. u. Drehb.): D. Cello, E. Tag ohne Morgen, Valentin Katajews chirurg. Eingriffe in d. Seelenleben d. Dr. Igor Igorowitsch (SR); Bühnenst.: D. Bohne, Frauen ohne Vogelkopf; UA u. dt. Erstauff. (eig. Übers. u. Bearb.): Macbeth, Tom Jones, Vietrock, Bericht üb. d. Krieg e. Volkes, Morgen Morgen u. Morgen, Marjuschka u. d. Hptm. (Städt. Bühnen Nürnberg-Fürth), D. selts. Liebesgesch. d. Welt (Tennessee Williams), E. Fall zerbrochener Petunien, In e. Hotelbar in Tokio; Sturmwarnung; Chicago, Ikarus (Wien), D. Ballade v. Café u. d. traurigen Barmann (Bonn); D. Pfandleiher (ZDF). 50 Übers. u. Nachdicht. - BV: Wege um Crecelius, R. e. Notation 1977; Kurzgesch. Kriminalr., Ess., wiss. Aufs. Herausg.: D. heils. Drecksapotheke (1968); Lektorentätig. (Rowohlt, S. Fischer, Bloch Erben, Vlg. dt. Bühnenschriftst. u. -komponisten, Universal Edit.) - 1963 Kulturförderungspreis NRW; 1967 Adolf-Grimme-Preis; 1965 ff. Mitgl. Dramaturg. Ges. Berlin - Liebh.: Fliegen (Pilotenex.) - Spr.: Engl., Ital., Lions-Club.

LEEKER, Joachim
Dr. phil., apl. Prof. f. Roman. Philol. Univ. Münster (s. 1991) - Erphostr. 24, 4400 Münster (T. 0251 - 3 32 79) - Geb. 17. April 1949 Düsseldorf (Vater: Erwin L., Kaufm.; Mutter: Else, geb. Lohmann), ev. - 1967-75 Stud. Univ. Köln, Poitiers (Roman. Philol., Lat.); Promot. 1975 Köln; Habil. 1983 Münster - 1975-85 wiss. Assist. Univ. Münster; 1985-90 Prof. a. Zt. Univ. Münster; 1990/91 Lehrstuhlvertr. Univ. Freiburg; s. 1991 Gastprof. PH Zwickau - BV: D. Perspektive d. Wirklichkeitsflucht im Romanwerk v. A. Malraux, 1977; Existentialist. Motive im Werk A. Moravias, 1979; D. Darstellung Cäsars in d. roman. Lit. d. Mittelalters, 1986 - Spr.: Engl., Franz., Ital., Span.

LEESEMANN, Uwe
Geschäftsführer Verlag W. Girardet, Verlagsdirektor Westdeutsche Zeitung - Königsallee 27, 4000 Düsseldorf 1.

LEEUWERIK, Ruth
s. Leuwerik, Ruth

LEFERENZ, Heinz
Dr. jur., Dr. med., o. Prof. f. Kriminologie - Heidelberger Str. 49, 6901 Dossenheim (T. Heidelberg 8 59 53) - Geb. 15. Juli 1913 Heidelberg - S. 1956 (Habil.) Privatdoz., apl. (1958), ao. (1959) u. o. Prof. (1962) Univ. Heidelberg - BV: D. Kriminalität d. Kinder, 1957. Zahlr. Einzelveröff. Mithrsg.: Psychiatrie u. Recht (1961).

LEFÈVRE, Eckard
Dr. phil., o. Prof. f. Klass. Philologie - Seminar f. Klass. Philologie, Universität, 7800 Freiburg (T. 0761 - 20 31) - Geb. 3. Sept. 1935 Hannover (Vater: Dr. Albert L., Syndikus IHK †; Mutter: Lotte, geb. Bartsch †), ev., verh. s. 1964 m. Helga, 2 Söhne (Anselm, Andreas) - Habil. Kiel 1967, o. Prof. Saarbrücken 1974, o. Prof. Freiburg 1977 - S. 1977 Dir. Sem. f. Klass. Phil. Univ. Freiburg - BV: Propertius ludibundus, 1966; D. Expositionstechnik in d. Kom. d. Terenz, 1969; D. Thyestes d. L. Varius Rufus, 1976; D. Epidikazomenos d. Apollodor v. Karystos u. d. Phormio d. Terenz, 1978; Vom trag. Amphitryon z. komischen Amphitruo, 1982; D. Bild-Programm d. Apollo-Tempels auf d. Palatin, 1989 - Spr.: Engl., Franz., Ital.

LEFÈVRE, Wolfgang

Dr. phil., Prof. f. Philosophie FU Berlin - Carl-Herz-Ufer 13, 1000 Berlin 61 (T. 030 - 693 49 15) - Geb. 1941 - Stud. Phil., Gesch., Soziol. FU Berlin; Promot 1971, Habil. 1977 - S. 1982 Prof. f. Phil. in Verbind. m. wiss. Gesch. S. 1979 Vorstandsmitgl. Intern. Hegel-Ges. - BV: Z. histor. Charakter d. bürgerl. Soziol., 1971; Naturtheorie u. Produktionsweise, 1978; D. Entsteh. d. biol. Evolutionstheorie, 1984.

LEGER, Willi

Dr. med., Prof., ehem. Chefarzt Orthopäd. Abt. St.-Franziskus-Hospital, Köln-Ehrenfeld - Am Platzhof 6, 5000 Köln (T. 43 29 44) - Geb. 18. Jan. 1914 Köln (Vater: Rudolf L., Architekt; Mutter: Elisabeth, geb. Schievenbusch), kath., verh. s. 1944 m. Alice, geb. Gunda, 3 Kd. (Gabriele, Rolf, Günther) - Realgymn.; Univ. Köln, Königsberg, Freiburg - U. a. Städt. Krkhs. Stralsund u. Orthop. Univ.sklinik Köln; Kriegseins. Hauptverbandsplätze u. Feldlazarette. S. 1958 (Habil.) Privatdoz. u. apl. Prof. (1964) Univ. Köln - BV: D. Form d. Wirbelsäule - Liebh.: Fotogr., Segeln, Theater - Spr.: Engl., Franz. - Rotarier.

LEGGE, Ludwig

(Eigentl. Ziehr), Redakteur, Autor - Sauersgäßchen 1, 3550 Marburg (T. 06421 - 6 48 22) - Geb. 5. Dez. 1936, verh., 1 S. - Stud. German., Gesch., Phil. - S. 1974 Vors. Neue Lit. Ges., Marburg - BV: Untermorgen übergestern, Dt. Lit. 1-4 (zus. m. Dr. J. Bättig) - Mithrsg.: D. gemütl. Selbstmörder (m. Prof. W. Solms); Belletristik-Reihe Vis poetica; Ztschr. Lit. um 11 - 1989 Kulturmed. d. Stadt Linz/Donau.

LEGIEN, Roman

Dr. jur., Bürgermeister a. D., MdA Berlin (1981-89) - Otto-Suhr-Allee 100/ Rathaus, 1000 Berlin 10 (T. 34 04 01) - Geb. 26. Dez. 1927 Danzig - Univ. Kiel (Rechtswiss.). Promot. Kiel; Ass.ex. Berlin - U. a. Ref. Büro f. Gesamtberliner Fragen (Senatskanzlei); s. 1961 Bezirksstadtrat (f. Gesundheitswesen) u. - bürgerm. (1971-79) Charlottenburg. CDU s. 1951. Schriftst. Tätigkeit (Sonderbare Sachen, romanhafter Ess.).

LEGLER, Ulrich

Dr. med., o. Prof. f. Hals-, Nasen- u. Ohrenheilkunde - Spinozastr. 21, 6800 Mannheim (T. 4 16 69) - Geb. 14. März 1919 Berlin - S. 1953 (Habil.) Lehrtätigk. FU Berlin u. Univ. Heidelberg (1954; 1959 apl. Prof., 1967 Ord. u. Dir. HNOklinik Klinikum Mannheim) - BV: HNOheilkd. f. Studierende, 1957 (m. a.) - Spr.: Engl., Franz., Russ., Ital. - Rotarier.

LEHBERGER, Reiner

Dr. phil., Prof., Leiter d. Arbeitsstelle Hamburger Schulgesch. Univ. Hamburg u. d. Hamburger Schulmuseums - Hohwachter Weg 20c, 2000 Hamburg 73 (T. 040 - 677 64 99) - Geb. 22. Juni 1948 Bochum-Langendreer, verh. s. 1977 m. Jutta, geb. Stratmann, 3 Kd. (Timo, Martin, Mira) - Gymn. Bochum-Langendreer; Stud. Angl., Päd., Soziol., Sport Bochum u. Hamburg; 1. Staatsex. höh. Lehramt 1973; 1973-75 Promotionsarb. in USA u. England; Promot. 1976 Hamburg; 2. Staatsex. 1978; Habil. 1984 - 1976-79 Schuldst.; 1979-84 Hochschulassist. Univ. Hamburg, 1985-88 Prof. f. Erziehungswiss. u. Englischdidaktik ebd. - BV: D. sozialist. Theater in England, 1977; Cultural Studies, 1984; Englischunterr. im Nationalsozialismus, 1986; Entrechtet, vertrieben, ermordet, vergessen: Jüd. Schüler u. Lehrer in Hamburg unt. Hakenkreuz (zus. m. C. Pritzlaff, U. Randt), 1988; Philipp Aronstein (1862-1942). Dok. u. Bilder aus d. Leben e. dt.-jüd. Neuphilologen, 1988; Krieg in d. Schule - Schule im Krieg - Kriegserz. v. Kaiserreich b. z. NS-Zeit (zus. m. W. Müller, G. Schmidt), 1989; Englischunterricht an Hamburger Volksschulen (1990). Zahlr. Aufs. u. Rezens. in Fachztschr. Herausg.: Lit. u. Politik in Irland (1980); Literaturdidakt. (1982); Landeskd. u. Didakt. (1983); D. Fahne hoch. Schulpolitik u. Schulalltag in Hamburg unterm Hakenkreuz (1986). Hamburg - Stadt d. Schulreformen (m. P. Daschner, 1990); Hamburger Schriftenr. z. Schul- u. Unterr.gesch. - Spr.: Engl., Franz.

LEHFELDT, Werner

Dr. phil., o. Prof. f. slav. Sprachwiss. Univ. Göttingen (s. 1992) - Ebersdorfer Str. 20/20a, 3400 Göttingen (T. 0551 - 39-47 71) - Geb. 22. Mai 1943, ledig - Stud. Germersheim, Hamburg, Sarajevo, Bochum; Promot. 1967 Bochum, Habil. 1973 Bochum - 1973 Doz. Univ. Bochum, 1975 ao. Prof. ebd.; 1976-92 o. Prof. f. slav. Sprachwiss. Univ. Konstanz; mehrf. Gastdoz. Univ. Basel; Gastdoz. Univ. Zürich; 1991/92 Prof. suppléant Univ. Genf. S. 1984 Leit. d. Sprachlehrinst. Univ. Konstanz - BV: Einf. in d. quantitative Phonol. (m. G. Altmann), 1981; Sprjaženie ukrainskogo glagola, 1985; Eine Sprachlehre v. d. Hohen Pforte, 1989. Mithrsg.: Russian Linguistics (s. 1983); Slavistische Forschungen (s. 1991) - Spr.: Engl., Franz., slav. Spr.

LEHMANN, Eike

Dr.-Ing., Univ.-Prof. f. Konstruktion u. Statik d. Schiffe - Mühlenberg 21, 2400 Lübeck-Travemünde (T. 04502 - 62 55) - Geb. 19. Mai 1940 Breslau (Vater: Prof. Dr. med. Wolfgang L.; Mutter: Ursula, geb. Arnold), ev., verh. s. 1968 m. Mechthild, geb. Wiegmann, 3 Kd. (Friederike, Sebastian, Katrin) - TH Hannover, Univ. Hamburg; Dipl.-Ing. 1969, Promot. 1972 bde. Hannover - BV: Beitr. in Handb. d. Werften - Liebh.: Segeln.

LEHMANN, Gerhard

Dr. rer. pol., Hauptgeschäftsführer Fachverb. Stahlblechverarb. - Emsterstr. 78, 5800 Hagen/W. - Geb. 14. Nov. 1919.

LEHMANN, Gerhard

Dr. rer. nat., Prof. f. Physikalische Chemie - Am Tiergarten 71, 4400 Münster (T. 02506 - 74 32) - Geb. 26. Febr. 1935 Dessau (Vater: Otto L., Schlosser; Mutter: Anna, geb. Ebenhan), kath., verh. s. 1962 m. Rosemarie, geb. Valk, S. Andreas - Dipl.-Chem. Univ. Münster 1961, Promot. 1963, Habil. 1970 - Member of Edit. Board of Physics and Chemistry of Minerals; Assoc. Edit. Ztschr. f. Naturforsch. (Teil a) - Spr.: Engl.

LEHMANN, Hans Georg

Dr. phil., Prof. f. Politikwissenschaft - Brandenburger Str. 1, 5300 Bonn 2 (T. 37 44 76) - Geb. 13. Okt. 1935 Mähr.-Schönberg, verh. m. Gisela, geb. Rust - Univ. München u. Tübingen, Staatsex. 1963, Promot. u. Habil. 1966/76 - 1966-74 Ausw. Amt Bonn - 1977 Priv.-Doz. PH Rhld., 1979 apl. Prof., s. 1980 Prof. Univ. Bonn - Zahlr. Veröff. üb. Politik u.a. (Hg.). BV: Akten z. dt. ausw. Politik 1918-1945, Serie E, 4 Bde., 1969-75; In Acht u. Bann, 1976; Carlo Schmid, Bibliogr. 1977; D. Oder-Neiße-Konflikt, 1979; Chronik d. Bundesrep. Dtschl., 1989; Öffnung nach Osten. D. Ostreisen Helmut Schmidts, 1984; Chronik d. DDR, 1988 - Liebh.: Psych., Musik - Spr.: Engl., Russ.

LEHMANN, Hans Joachim

Dr. med., em. o. Prof. f. Neurologie, Klinikdirektor - Arp Schnitger Weg 24, 2307 Strande (T. 04349 - 2 67) - Geb. 12. Dez. 1922 Kiel (Vater: Adalbert L., Landgerichtspräs.; Mutter: Elisabeth, geb. Schuster), ev., verh. s. 1958 m. Dagmar, geb. Gerfin, 3 Kd. (Holger, Birgit, Nils) - Human. Gymn. Kiel; Stud. Freiburg u. Kiel, Promot. 1950, Habil. 1960 Univ. Kiel - 1966 apl. Prof., 1970 o. Prof. Univ. Essen - Üb. 130 wiss. Publ. a. d. Geb. d. Neuroanat. üb. Neurophysiol. u. Klin. Neurol. - Liebh.: Nordeurop. Gesch., vorgesch. bild. Kunst, Navigationslehre.

LEHMANN, Hans M.

Dr. phil., Publizist (Ps.: Jean Bodensee, Giovanni Vassal, Jack Hunter) - Karl-Stieler-Str. 2, 8035 Stockdorf/Obb. (T. u. Fax München 857 42 43) - Geb. 6. Nov. 1909 Siegmar/Sa. (Vater: Louis L., Bäckerm.; Mutter: Emma, geb. Vogel), ev., verh. s. 1951 m. Hedi, geb. Steinmann (Journalistin), T. Corinna - Realgymn. u. Oberrealsch. Chemnitz; Stud. Gesch., Soziol., Ztg.swiss., Phil., German., Kunst- u. Musikgesch. Leipzig u. Wien. Promot. 1937 Leipzig; Chefredakt. Kulturberichte, Berlin; 1945-49 Ressortleit. D. Neue Ztg., München; 1949-50 Chefredakt. Hannoversche Allg. Ztg., Hannover; 1950-51 stv. Chefr. Münchner Merkur, München; 1952 Chefr. Revue, München; s. 1953 fr. Publizist; 1961-62 Chefr. Visier, Bonn. Zeitw. Doz. Hochsch. f. Polit. Wiss., München. Verantw. f. d. Münch. Publ.: Musikfestsp. (1960 ff.), Kunstausstell. (1964 ff.); Kunst u. Musik in Europa (1981 ff.) - BV: D. Thema uns. Zeit, 1947; D. Weimarer Republik, 2. A. 1961; Dt. Theater u. Festsp., 1964 - 1981 Gold. Verdienstzeichen d. Landes Salzburg - Spr.: Engl., Franz.

LEHMANN, Hans-Joachim

Dr., Verwaltungsdirektor Sender Berlin - Masurenallee 8-14, 1000 Berlin 19 - B. 1985 Verw.-Dir. SFB.

LEHMANN, Hans-Joachim

Arbeitsdirektor, Vorst. f. Personal- u. Sozialwesen Ford-Werke AG, Vorst.-Mitgl. Arbeitgeberverb. d. Metallind., alle Köln; Verb. d. Metallind. NRW, Düsseldorf; Vors. Aussch. f. Arbeitsmarktfragen b. d. Bundesvereinig. Dt. Arbeitgeberverb. Köln; Beiratsmitgl. Alte Leipziger Vertretervers., Oberursel; Vorst.-Mitgl. Bundesanstalt f. Arbeit, Nürnberg - Hackenbroicher Str. 53, 5024 Pulheim - Geb. 17. April 1927, verh., 1 T. - Liebh.: Sport, Lit. - Spr.: Engl.

LEHMANN, Hans-Peter

Regisseur, Intendant Nieders. Staatstheater (s. 1980) - Flüggestr. 8, 3000 Hannover (T. 0511 - 33 20 64) - Geb. 15. Dez. 1934 Kassel (Vater: Kurt L. (Bildhauer); Mutter: Hedwig, geb. Nöldeke), ev., verh. s. 1964 m. Erika-Maria, geb. Küchle, 2 Söhne (Markus, Matthias) - Abit.; Musikhochsch. Detmold; FU Berlin - Regiss.; 1963-76 Oberspielleit.; 1976-80 Operndir. - Film: Otello (Eurovis.) Rienzi (ZDF) - Interessen: Theater, Sport, Natur - Spr.: Engl., Franz.

LEHMANN, Hans-Ulrich

Dr. med., Prof., Chefarzt Med. Klinik II (Kardiol., Pulmonol. Nephrol.) Klinikum Weiden/Opf. - Söllnerstr. 16, 8480 Weiden/OPf. (T. 0961 - 30 32 62) - Geb. 2. Nov. 1940 Neubrandenburg, ev., verh. s. 1968, 2 Kd. - Naturwiss. Gymn.; FU Berlin, Univ. Aberdeen u. Edinburgh (Schottland); Dt. u. Amerik. Ärzteex., Promot. 1970, Habil. 1979 - 1984 Prof., Hochschullehrer FU Berlin. Schriftf. Sektion Rettungswesen d. DIVI, Mitgl.-schaften Dt. Ges. f. Internist. Intensivmed., Dt. Ges. f. Innere Med., AGBN. 200 wiss. Veröff., üb. 100 Vortr. - Liebh.: Musik, Sport, Natur, Reisen.

LEHMANN, Harald

Dr. med., Prof., Chefarzt Innere Abt. Evangelisches Krankenhaus Zweibrücken (s. 1982) - Im Tempel 33, 6660 Zweibrücken - Geb. 19. Mai 1940 Breslau (Vater: Prof. Dr. med. Wolfgang L., Humangenetiker; Mutter: Ursula, geb. Arnold), ev., verh. s. 1971 m. Dr. med. Sylvia, geb. Schmitz, 4 Kd. (Wolfgang, Helmar-Christof, Sibylle, Lorenz) - Stud. Univ. Kiel, Heidelberg, Wien; Promot. 1971 u. Habil. 1978 Kiel - Vors. Kulturgutstiftg. Gehrlein-Fuchs Zweibrücken - Üb. 100 Publ. z. allg. Inneren Med., Hepatitis, Wegenerschen Granulomatose - Liebh.: Medizingesch., Lokalgesch. - Spr.: Engl.

LEHMANN, Harry

Dr. rer. nat., o. Prof. u. Direktor II. Inst. f. Theoret. Physik Univ. Hamburg (s. 1956) - Siegrunweg 8, 2000 Hamburg 56 - 1967 Max-Planck-Med. Dt. Physikal. Ges.

LEHMANN, Hedi,

geb. Steinmann

Journalistin, Theater-, Musik- u. Kunstkritikerin - Karl-Stieler-Str. 2, 8035 Stockdorf/Obb. (T. u. Fax 857 42 43) - Geb. 11. Jan. 1924 Arnsberg/W. (Vater: August Steinmann, Studienrat; Mutter: Theodora, geb. Stordeur), kath., verh. s. 1951 m. Dr. phil. Hans M. L. (s. dort), T. Corinna - Obersch. Bochum; Univ. Bonn, Köln, München (German., Theater-, Ztg.s-, vergl. Religionswiss.) - Journ. Bochum u. München - BV: V. Volksbrauch im Jahreslauf, 1964 (auch engl. u. jap.). Herausg.: Wie's Wetter wird (Bäuerl. Wetterregeln), Spruchweisheiten aus aller Welt. Mitverantwortl. f. d. Münch. Publ.: Musikfestsp. (1960ff.), Kunstausstell. (1964ff.), Kunst u. Musik in Europa (1981ff.).

LEHMANN, Heiner

Dr. rer. nat., Prof. f. Biologie (Botanik) Tierärztl. Hochsch. Hannover - Lange Heese 33a, 3017 Pattensen (T. 05101 - 1 32 90) - Geb. 5. April 1939 Dresden (Vater: Karl L., Bankkaufm.; Mutter: Luise, geb. Herrmann), ev., verh. s. 1966 m. Irmgard, geb. Heimes, 2 Kd. (Lars, Silke) - Stud. Univ. Köln (Promot.); Habil. Tierärztl. Hochsch. Hannover - 1978 Privatdoz.; s. 1982 Prof. - BV: D. Pflanzenzelle, 1976; rd. 40 Fachpubl. - Spr.: Engl.

LEHMANN, Heinz

Dr. phil. (habil.), beamt. ao. Professor i. R. - Autenriethstr. 12, 7400 Tübingen (T. 3 29 13) - Geb. 13. Aug. 1907 Berlin, ev., verh. s. 1935 m. Dr. phil. Lotte, geb. Böckheler, 2 Töcht. (Renate, Rosemarie) - Univ. Berlin, Bonn, London (Anglistik, Gesch., Staatswiss.). Studienreisen Engl., Kanada, USA - 1940-45 Dozent u. ao. Prof. (1942) Univ. Berlin (Volks- u. Staatenkd. Großbritanniens u. d. brit. Weltreichs), 1946-48 Sparkommissar Württ.-Hoh., dann Sekr. Westd. Kultmin.konfz., 1949-70 höh. Schuldst. Reutlingen u. Tübingen. 1952-58 Lehrbeauftr. Univ. Tübingen. 1954-56 Geschäftsf. Dt.-Ind. Studienges. - BV: D. Deutschtum in Ostkanada, 1931 (Bd. 31, Kulturhistor. Schr.reihe Dt. Auslands-Inst.); D. Dt.tum in Westkanada, 1939; Großbritannien, 1943 (Bd. 27/28, Kl. Auslandskd.); Kanada u. Neufundland, 1944 (Bd. 31 ebd.); Nehru - Baumeister d. Neuen Indien, 1965 (Bd. 38, Persönlichk. u. Gesch.); The German-Canadians. Their Immigration, Settlement and Culture, 1985.

LEHMANN, Helmut

Dipl.-Kaufm., Verleger Ferdinand Dümmlers Verlag - Kaiserstr. 31-37, 5300 Bonn 1 - Geb. 23. April 1938 Bonn (Vater: Consul Dr. Willy L., Verleger; Mutter: Annetrud, geb. Großmann), verh. s. 1972 m. Karin, geb. Pingen.

LEHMANN, Henri
Dr. phil., Prof., Archäologe - 2, rue Livingstone, Paris 18/Frankr. (T. 264 59 21) - Geb. 14. März 1905 Berlin (Vater: Georg L., Kaufm.; Mutter: Frida, geb. Model), verw. - Promot. 1928 Frankfurt/M. - S. 1933 Musee de l'Homme Paris (1947 Leit. Amerik. Abt., 1959 Subdir.). Gründer Archäol. Museum Popayan (1943); Leit. Franco-Guatemaltek. Mission (1953 ff.; Ausgrab. Maya-Festung Mixco Viejo) - BV: Lombard. Plastik im letzten Drittel d. 15. Jh.s, 1928; Les civilisations precolombiennes, 1953, 7. A. 1977 (Paris; auch jap., span., portugies.); Les céramiques précolombiennes, 1959 (Paris; auch engl.); Architecture et sculpture: L'Amerique précolombienne, 1970; Arte precolombino en Mesoamérica, Guatemala 1980 - Quetzal-Orden Guatemala (Kommandant) - Liebh.: Kunst, Briefm. - Spr.: Franz., Span., Engl. - Bek. Vorf.: Hugo Preuss (Vetter väterlichers.), Max Liebermann (Vetter Großmutter väterlichers.).

LEHMANN, Jakob
Dr. phil., em. Prof. Univ. Bamberg - Am Weingarten 12, 8608 Memmelsdorf b. Bamberg - Geb. 8. Sept. 1919 Bamberg (Vater: Fritz L., Geschäftsf.; Mutter: Elisabeth, geb. Hohl), kath., verh. s. 1943 m. Annelie, geb. König, 2 Kd. (Archibald, Gisela) - Univ. München, Bamberg, Erlangen (Promot., 2 Lehramts-Staatsex.) - 1950 Gymnasiallehrer; 1958 Gymnasialdir.; 1972 o. Prof.; 1974 Konrektor; 1977 Vizepräs. - BV: Franken-Wiege d. Romantik, 1976; Wagnis d. Unzeitgemäßen. Bambergs lit. Bedeut., 1977; Dt. Nov. v. Goethe b. Walser, Interpret. 1980; Dt. Romane v. Grimmelshausen b. Walser, 1982; Kl. dt. Dramenlexikon, 1983; J. Fränk. Humanisten, 1980; Wege d. dt. Lit.Gesch. u. Leseb., 1986; Fränk. Lit. Barock 1986 - Ehrenvors. Colloquium Historicum Wirsbergense; 1985 BVK I. Kl.; 1986 Med. Pro meritis d. Bay. Phil. Verb. - Liebh.: Musik, Orgel - Spr.: Franz. - Lit.: Festschr. z. 65. Geb. Literatur-Sprache-Unterricht, Bamberg (1984).

LEHMANN, Joachim

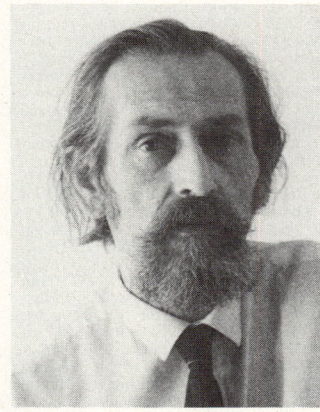

Dr. theol., Theologe, Schriftsteller, Maler, Grafiker - Cospeda Nr. 12, O-6901 Jena (T. 2 57 42) - Geb. 27. Nov. 1935 Dresden, ev., verh. s. 1960 m. Erika, geb. Stolze, 3 Kd. (Jan-Marcel, Babet, Henriette) - Stud. Theologie Univ. Halle; Promot. 1965 - Pfarrer u. Künstler; 1991 Ernenn. z. Kirchenrat - BV: An d. Weltwand, Ged. u. Grafik; Zwischen Amstel u. Saale, Ged.; Erwin Hahs, aus seinem Leben u. Werk; Es schwindet d. Tag, Ged.; D. traurige Dichter, Ged.; Im Park v. Sanssouci, Ged. u. Grafiken; Veröff. auch in Anthol., Ztschr. usw. - Einzelausstell. 1963-90 in Halle/S., Leipzig, Berlin, Dresden, Stuttgart, Erfurt, Köthen, Magdeburg, Wuppertal, Haguenau, Eisenach, Wittenberg, Osnabrück, Minden, Gera, Paderborn, Jena; Beteilig. an vielen Ausstell. im In- u. ausl. - Mitgl. im ring bild. künstler (rbk); Wuppertal; ständ. vertret. Galerie Fischer Minden; Mitgl. Dt. Ges. f. christl. Kunst, München, Verb. Bild. Künstler Thüringen, Europ. Autorenvereinig. die Kogge, Minden, Intern. Autorenkreis Plesse, Göttingen - 1959 Honourable Mention Edinburgh; 1965 1. Pr. in e. Grafikausschreiben Berlin; 1990 Jenaer Kunstpr.; 1979 Peter Coryllis-Nadel; 1982 A.-Georg-Bartels-Ehrung; 1982 Poetenmünze; 1984 Graphikum-Lit.-Pr. München; 1987 Intern. Mölle-Lit.-Pr. Schweden; Senator an d. Akad. f. angew. Lit. Ital. - Liebh.: Tiere - Spr.: Hebräisch, Griech., Latein, Engl. - Bek. Vorf.: Pippin v. Heristal - Lit.: H. Vollmer: Allgem. Lexikon d. Bild. Künstler d. 20. Jh. Bd. 6, Hanisch: Anliegen u. Auftrag/Werkbericht Nr. 95.

LEHMANN, Johannes
Dr. phil., Redakteur, Schriftst. - Degerlocher Str. Nr. 8, 7000 Stuttgart 70 (T. 76 36 44) - Geb. 7. Sept. 1929 Madras/Indien (Vater: Arno L., Prof.; Mutter: Gertrud, geb. Harstall), verh. s. 1956 m. Ruth, geb. Lindenberg, 2 Kd. (Christine, Maria) - Stud. d. Theol., Psychol., Publizistik Phil. Univ. Halle/S., Edinburg. FU Berlin; Promot. 1957 ebd. - BV: Mao, Marx u. Jesus - E. Vergleich in Zitaten, 1969 (auch holl.); Jesus Report - Protokoll e. Mißverständnisses, 4. A. 1970 (auch schwed., dän., holl., engl., portug., franz., finn., slowen.); D. Jesus GmbH. - Was J. wirkl. wollte, 1972 (auch holl., engl.); Religion ungenügend - E. Feste Burg m. Rissen, 1973 (auch engl.); Allah, Öl u. Israel - D. Nahostkonflikt in Argumenten, 1974; D. Hethiter - Volk d. tausend Götter, 1975 (auch span., holl., ital., engl., jap.); D. Kreuzfahrer - Abenteurer Gottes, 1976 (auch holl., ital.); Die Staufer, Glanz u. Elend e. dt. Kaisergeschl., 1978; Buddha-Leben, Lehre, Wirkung, 1980; Moses - D. Mann aus Ägypten, 1983; Unterwegs durch unser Jahrh. - d. fünfziger J., 1983 (Hg); D. Geheimnis d. Rabbi J. - Was der Urchriste versteckten, verfälschten und vertuschten, 1985; Gaunergeschichten, 1988 (Hg.). Zahlr. Herausg. - Spr.: Engl.

LEHMANN, Jürgen
Dr. jur., Rechtsanwalt, Direktor Hoechst AG - Zu erreichen üb. Hoechst AG - Geb. 23. April 1930 Königsberg/Pr., ev., verh. s. 1963 m. Irene, geb. Zeidler, 4 Kd. (Christof, Uta, Astrid, Daniel) - 1949-51 Maurerlehre; 1952-56 Jurastud. Univ. Frankfurt; 1. Staatsex. 1956, 2. Staatsex. 1960, Promot. 1959 Univ. Frankfurt - Wirtschaftsjurist; Vorst. Arbeitskr. Ev. Untern., stv. AR-Vors. Spinnstoff-Fabrik Zehlendorf AG - BV: D. kl. Religionsges. d. öfftl. Rechts, 1959; Kommentar z. Mitbestimmungsgesetz, 1978 (zus. m. D. Hoffmann u. H. Weinmann).

LEHMANN, Karl
Dr. theol., Dr. phil., o. Prof. f. Dogmatik u. ökumen. Theol. Univ. Mainz u. Freiburg, Bischof v. Mainz (s. 1983), Vors. Dt. Bischofskonferenz (s. 1987) - Bischofsplatz 2A, 6500 Mainz (T. 06131 - 25 31 01) - Geb. 16. Mai 1936 Sigmaringen - Kath. - B. 1968 Univ. Mainz (o. Prof. f. Dogmatik), 1971 Univ. Freiburg, s. 1983 Honorarprof. d. Univ. Mainz u. Freiburg. S. 1987 Vors. Dt. Bischofskonfz. u. Mitgl. Gemeinsame Röm.-kath./Ev.-luth. Kommiss.; s. 1986 Mitgl. Glaubenskongregation. Facharb. Mithrsg.: Intern. Kath. Ztschr. (1972ff.), Dialog d. Kirchen (1982ff.) - S. 1987 korr. Mitgl. Akad. d. Wiss. u. d. Lit. Mainz - Lit.: Karl Lehmann Bibliographie (1962-1983) (hg. v. A. Raffelt), 1983.

LEHMANN, Karl-Heinz
Präsident Gemeindetag Baden-Württ., Oberbürgermeister Stadt Calw - Hengstetter Steige 28, 7260 Calw (T. 07051 - 1 67-1 99) - Geb. 4. Juli 1936 Calw (Vater: Karl L., Kaufm.; Mutter: Emilie, geb. Fuchs), ev., verh. s. 1960 m. Heidi, geb. Carle, 2 S. (Rainer, Uwe) - Gymn.; Ausb. f. d. geh. Verw.dst.; FHS - S. 1966 Oberbürgerm.; s. 1979 Präs. Gemeindetag, Vizepräs. Dt. Städte- u. Gemeindebd.

LEHMANN, K.-D.
Generaldirektor Die Deutsche Bibliothek (Deutsche Bücherei Leipzig, Deutsche Bibliothek Frankfurt a.M., Deutsches Musikarchiv Berlin), Hon.-Prof. f. Wirtschaftswiss. Univ. Frankfurt/M. - Zeppelinallee 4-8, 6000 Frankfurt/M. 1 (T. 069 - 7 56 61) - Geb. 29. Febr. 1940 Breslau, verh. s. 1965, 2 Kd. - Stud. Physik, Math. Univ. Köln u. Mainz. Dipl. 1967; Bibliothekssch. Frankfurt/M.; 2. Staatsprüf. 1970 - Mitarb. in Gutachter- u. Planungsgremien d. DFG, d. Wiss.rat, europ. u. intern. Fachverb. bevorzugt auf d. Geb. Datenverarb. u. Kommunikationstechniken.

LEHMANN, Konstantin

Dr. jur., Leiter d. Institute f. Interdisziplinäre Forsch. u. f. d. Gesamte Unfall-Forsch. - Lichtentaler Str. 25, 7570 Baden-Baden (T. 2 49 95) - Geb. 10. Febr. 1912 Lustnau (Vater: Prof. Dr. Ernst L., Botaniker (s. X. Ausg.); Mutter: Elfriede, geb. Barg), ev., verh. s. 1970 m. Helga, geb. Maier, 4 Kd. (Karsten; aus 1. Ehe: Karin, Antje, Klaus-Dieter) - Gymn. Tübingen; Univ. Kiel, Graz, Tübingen (Rechts-, Naturwiss.); Promot. 1940). Jurist. Staatsprüf. 1936 (Stuttgart) u. 1940 (Berlin) - 1940-46 Wehrdst. (Panzerjäger, Fernaufklärer; Ltn. d. R.) u. Kriegsgefangensch.; 1947-60 Staatsanw. Tübingen, Stuttgart, Freiburg. Vors. Ges. z. Förd. d. Ges. Unfall-Forsch. u. d. Interdiszipl. Forsch.; 1958 Gründ. Inst. f. Verkehrsunfall-Forsch., s. 1969 Inst. f. d. Ges. Unfall-Forsch.; 1979 Gründ. Inst. f. Interdisziplinäre Forsch. - Vergleichende Motiv- u. Themen-Forsch. in d. Belletrist. Lit., d. Bild. u. d. Darstell. Kunst - Studien- u. Vortragsreisen nach Engl., Frankr., Österr., Polen, Ungarn u. in d. DDR, Niederl., Schweiz. - S. 1938 ca. 200 Veröff. in Schr.-Reihen u. Ztschr. versch. Fachgeb. - 1943 EK I - Liebh.: Alte Graphik - Spr.: Lat., Griech., Engl., Franz.

LEHMANN, Markus Hugo
Prof., Komponist, Dirig. - Urachstr. 39, 7800 Freiburg i.Br. (T. 0761 - 7 56 19) - Geb. 31. März 1919 Böhmisch-Leipa, ČSR, kath., verh. s. 1955 m. Aretje Bartruida, geb. van de Graaf - Human. Gymn. (Abit.); Univ. Salzburg (Phil. u. Theol., Ex.); Nordwestd. Musikakad. Detmold (Kompos., Dirig. u. Klavier) - 1953-62 Kapellm. an versch. Theatern d. BRD; 1958-65 Fr. Mitarb. d. Musikverlages B. Schott's Söhne, Mainz; 1962-84 musikal. Leit. Opernsch. d. Staatl. Hochsch. f. Musik Freiburg - Werke: 6 Opern, 2 Ballette, Werke f. Orch., Konz. f. Solo-Instrumente, Kammermusik, Lieder, Werke f. Orgel, Chorwerke, Kirchenmusik - 1976 Sudetend. Kulturpreis f. Musik; 1982 Johann-Wenzel-Stamitz-Pr. d. Künstlergilde; 1987 BVK - Spr.: Niederl., Altgriech., Latein - Lit.:

Festschr. z. 65. Geb.; Werkverzeichnis m. Werkanalysen z. 70. Geb. (1989).

LEHMANN, Michael
Prof., Dr. jur., Dipl.-Kfm., Prof. Univ. München, Max-Planck-Inst. - Siebertstr. 3, 8000 München 80 (T. 089 - 92 46/3 64) - Geb. 3. April 1949 Nürnberg (Vater: Joachim L., Ministerialr.; Mutter: Dr. Gabriele, Rechtsanwältin, geb. Retterspitz), kath., verh. s. 1982 m. Michaela März-Lehmann, Richterin - Stud. Rechts- u. Wirtsch.wiss. Univ. München, Florenz u. Chicago - BV: Veröff. z. Wirtsch.recht, insb. Wettb.-, Kartell- u. Handelsrecht, Bürgerl. Recht, Gewerbl. Rechtsschutz, ökon. Analyse d. Rechts.

LEHMANN, Norbert
Aufsichtsratsvorsitzender Robert Cordier AG, Bad Dürkheim, AR-Mitgl. PWA Papierwerke Waldhof-Aschaffenburg AG - Weckenalstr. 3, 7730 Villingen 25 - Geb. 11. April 1921 Villingen/Schwarzwald - U. a. Kienzle Apparate GmbH, Aschaffenbg. Zellstoffw., PWA (1970-83 Vorst.-Mitgl. bzw. -vors.)

LEHMANN, Rainer Hans-Jürgen
Dr. theol., Dr. phil., Prof. f. Allg. Erziehungswissenschaft - Twiete 6, 2000 Barsbüttel (T. 710 45 57) - Geb. 10. Nov. 1944 Strehlen/Schles. (Vater: Prof. Dr. Ing. Theodor L., Hochschull.; Mutter: Dr. Traute, geb. Weber), ev., verh. s. 1970 m. Anke, geb. Rohwedder, 3 Kd. (Gönke, Volker, Gerrit) - Abit. altspr. Gymn. 1964; Stud. Theol., Phil., Erziehungswiss., Phys. Heidelberg, Hamburg u. Kiel; Promot. 1973 u. 1977 - 1973-78 wiss. Assist. Hamburg, 1978-79 Prof. João Pessoa/Bras., 1980 ff. Prof. Univ. Hamburg - BV: Analyt. u. Krit. Theol., 1975; Modell u. Meth. in d. empir. Erziehungsforsch., 1977 - Spr.: Engl., Portug.

LEHMANN, Rolf Gerhard
Journalist, Medienberater, Geschäftsf. Medienreport Verlags-GmbH Waiblingen - Hegnacher Str. 30, 7050 Waiblingen 7 (T. 07151 - 2 33 31) - Geb. 11. Mai 1946 Bückeburg - Veranstalter v. Kongressen; Anwenderstudien: Video in d. Wirtschaftskommunikat.; 1980-87 Lehrbeauftr. f. Medienplanung u. Kalkulat. FHD Stuttgart; gf. Vorst. Fachverb. d. Medienberater (FdM); 1983-88 Generalsekr. Intern. Verb. d. Videoanwender (ITVA); Gründ. u. Sprecher d. Fördergemeinsch. Audiovisual Communication; Mitgl. DGPh, dju, UIPRE - BV: Audiovisuelle Informationssyst. im Marketing; Ausbildungsbedarf, Ausbildungsstätten u. -angeb. im Bereich d. audiovisuellen u. elektron. Medien, 1984; Planung, Praxis, Fallbeisp. d. betriebl. Schulung, 1985, 88 u. 90 (Hrsg.); Medienreport u. Corporate AV; zahlr. Veröff. in Fachzeitschr., Mediensem. u. Vortr.

LEHMANN, Wolfgang
Dr. rer. nat., Bergwerksdirektor Rabat/

Marokko Klöckner & Co. - Augustastr. 3, 4100 Duisburg 74 - Geb. 3. März 1926 Stargard/Pom. - Promot. 1953 TU Braunschweig - 1965 Manag.Dir. Johannesburg/Südafrika; 1970 Geschäftsf. Klöckner Metrel; s. 1976 Dir. Representativo, Salvador-Brasil; s. 1980 Dir. d. Mines Rabat/Marokko.

LEHMANN-BROCKHAUS, Otto

Dr. phil., Kunsthistoriker, Honorarprof. f. Quellenkunde d. Kunstgeschichte Univ. München (s. 1961) - Via Gregoriana, I-00187 Rom - Geb. 2. März 1909 Unna/W. - Langj. Tätigk. Bibliotheca Hertziana Rom (Dir.). Div. Fachveröff.

LEHMANN-EHLERT, Klaus

Rechtsanwalt, Notar, Präs. Verb. Dt. Bürgervereine (s. 1977) - Lüder-Clüver-Str. 15, 2820 Bremen 71 (T. 0421 - 35 41 20) - Geb. 13. Sept. 1919 Insterburg/Ostpr., ev., verw., 2 Kd. (Norbert, Ilsa-Maria) - Abit. 1938 Königsberg; 1938/39 Stud. Rechtswiss. Albertina Königsberg, 1946-48 Stud. Erlangen; 1. jurist. Staatsex. 1948, 2. jurist. Staatsex. 1951 Hamburg - S. 1952 Rechtsanw. u. s. 1956 Notar in Bremen; s. 1966 Vors. Verb. Bremischer Bürgervereine.

LEHMANN-GRUBE, Hinrich

Dr., Oberbürgermeister v. Leipzig - Neues Rathaus, O-7010 Leipzig - Geb. 21. Dez. 1932 - Zul. Oberstadtdir. v. Hannover.

LEHMBRUCH, Gerhard

Dr. phil., Prof. Univ. Konstanz (s. 1978) - Falkenweg 44, 7400 Tübingen 1 - Geb. 15. April 1928 Königsberg (Vater: Werner L., Pfarrer; Mutter: Erna, geb. Müller), verh. s. 1967 m. Dr. Ursula, geb. Naschold, 2 Kd. (Barbara, Eva Charlotte) - Stud. d. Theol., Phil., Politikwiss., Gesch.; Promot. 1962 Tübingen; Habil. (Politikwiss.) 1969 ebd. - 1969-73 Prof. Univ. Heidelberg; 1973-78 Tübingen. 1991-94 Vors. Dt. Vereinigung f. Polit. Wiss. - BV: Proporzdemokratie, 1967; Einführung in d. Politikwiss., 4. A. 1971; Parteienwettbew. im Bundesstaat, 1976; Patterns of Corporatist policy-making, 1982 - Spr.: Engl., Franz., Ital.

LEHMBRUCK, Manfred

Dr.-Ing., o. Prof. f. Gebäudelehre u. Entwerfen von Hochbauten (Lehrstuhl D) TU Braunschweig (s. 1967) - Friedensallee 23/24, 3300 Braunschweig; priv.: Humboldtstr. 20, 7000 Stuttgart - Geb. 13. Juni 1913 Paris - Facharb.

LEHMING, Sigo

Dr. theol., Propst, Ev. Militärbischof d. Bundeswehr (1972-85) - Bahnhofstr. 18-22, 2080 Pinneberg (T. 20 54 40) - Geb. 1927 Berlin - S. 1967 Propst Pinneberg. 1943ff. Wehrdst. (Luftwaffenhelfer Berlin, Brandenburg, Peenemünde; 1944 Soldat Heer), amerik. u. engl. Kriegsgefangensch. - 1983 BVK.

LEHMKUHL, Dieter

Inhaber Bohlen & Sohn Holz- u. Sperrholz Import u. Großhandel Oldenburg - Achterdiek 44, 2900 Oldenburg (T. 0441 - 50 59 30) - Geb. 13. Mai 1936 Oldenburg, verh. m. Elke, geb. Leonhard, S. Dirk - Vizepräs. Oldenburgische 2. Vors. Nieders. im BDH (Bundesverb. Dt. Holzgroßhdl.) - Liebh.: Sport, Jagd - Spr.: Engl., Franz.

LEHN, Erwin

Prof., Komponist, Dirigent - Rotwiesenstr. 18, 7000 Stuttgart 70 (T. 0711 - 47 34 13) Geb. 8. Juni 1919 Grünstadt (Vater: Georg L.; Mutter: Helene, geb. Walther), ev., verh. s. 1951 m. Lydia, geb. Jeschke, 2 Kd. (Georgia, Rainer) - Privatunterr.; Städt. Musiksch. Peine (Hann.) - S. 1951 Leit. Südfunk-Tanzorch.; s. 1977 Leit. Big Band d. Staatl. Musikhochsch. Stuttgart - 1983 BVK.

LEHNER, Alfred

Stv. Vorstandsvorsitzender Bayer. Landesbank/Girozentrale (s. 1984) - Brienner Str. 20, 8000 München 2 - 27 J. Stadtsparkasse München (9 J. Vorst., dav. 7 Vors.).

LEHNER, Franz

Dr. phil. habil., Prof., Präsident Inst. Arbeit u. Technik, Wissenschaftszentrum Nordrh.-Westf., Gelsenkirchen - Knapp 3, 5810 Witten-Heven - Geb. 14. Juli 1946 Zürich (Vater: Alphons Josef L., Journ.; Mutter: Verena, geb. Blatter), verh. s. 1968 m. Ursula Elisabeth, geb. Föhrenbach, 2 Kd. (Sascha Boris, Julia Nicola) - 1966-70 Stud. Sozialwiss. Univ. Freiburg u. Mannheim; Dipl. 1970, Promot. 1972, Habil. 1978 alles Mannheim - 1970-80 Wiss. Assist. Mannheim; 1981 Prof., 1981 o. Prof. Ruhr-Univ. Bochum (1984-87 Dekan). S. 1982 Mitgl. Executive Committee European Consortium for Political Res.; s. 1985 stv. Vors. Dt. Vereinig. f. Polit. Wiss. (DVPW); s. 1989 Sprecher d. Sonderforsch.ber. 187 Neue Informationstechnologien u. flexible Arbeitssysteme; Commission of the European Communties; science and technology policy - BV: Polit. Verh. als soz. Tausch, 1973; Grenzen d. Regierens, 1979; Einf. in d. Neue Polit. Ökonomie, 1981; Vergleichende Regierungslehre, 1989; D. Zukunftstechnologie-Progr. d. Ld. Nordrh.-Westf.: E. Evaluationsstudie (m. Nordhause-Janz, Schubert, Voß), 1989; Anthropocentric production systems: the European response to advanced manufacturing and globalization, 1992 - Spr.: Engl., Franz.

LEHNER, Gunthar

Journalist, Hörfunkdirektor i.R. Bayer. Rundfunk (1972-82) - Rundfunkpl. Nr. 1, 8000 München 2 (T. 089/59 00-22 71) - Geb. 28. Nov. 1918 Nördlingen (Vater: Michael L.; Mutter: Maria, geb. Lutz), kath., verh. s. 1946 m. Hannelore, geb. Böttcher - Stud. Phil., German., Ztg.-Wiss., Gesch. - 1946 Redakt. Ztschr. D. Überblick; 1948 Chefredakt. Christl. Nachr.-Dienst; 1950 Leit. Pol. Ress. d. Wochenztg. Michael,D'dorf; 1952 Redakt. Hauptabt. Kultur u. Erzieh. d. Bayer. Rundf.; 1959 Leit. HA Kultur u. Erzieh. Zahlr. Art. in in- u. ausl. Ztschr. - 1975 Bayer. VO; 1977 Cavaliere Ufficiale, Ital.; 1982 BVK I. Kl. - Liebh.: Sprachen, Reisen - Spr.: Engl., Franz., Ital., Span.

LEHNER, Ulrich

Dr. rer. pol., Direktoriumsmitglied (Leiter d. Ressorts Finanzen/Controlling/Rechnungswesen) Henkel KGaA, Düsseldorf - Richard-Strauß-Platz 12, 4000 Düsseldorf 13 - Geb. 1. Mai 1946 Düsseldorf, kath., verh. s. 1970 m. Johanna, geb. Ewers, 3 Kd. (Markus, Christian, Ulrike) - 1968-72 Stud. TH Darmstadt, Dipl.-Wirtsch.-Ing.; Dipl.-Ing.; Promot. 1975 TH Darmstadt; 1979 Steuerberater; 1980 Wirtschaftsprüfer - 1972-75 Assist. TH Darmstadt. 1975-82 Lehrauftr. Kostenrechnung/Bilanzierung TH Darmstadt u. Univ. Essen - 1975-81 Dt. Treuhand-Ges. AG; 1981/82 Leit. Hauptabt. Beteiligungen Inland im Zentral-Ressort Abschlüsse/Steuern Henkel, Düsseldorf; 1983-86 Leit. d. Stabsabt. Controlling Fried. Krupp GmbH (Direktoriumsmitgl.); 1987 Leit. d. Ressorts Controlling/Rechnungswesen (Steuer/Abschlüsse/Rechnungswesen/Controlling), 1988 zusätzl. Ressort Datenverarbeitung, 1989 zusätzl. Ressort Finanzen - BV: Controlling. Modell f. d. Finanzmanagement, 1975 - Spr.: Engl., Franz., Span.

LEHNERS, Richard

Landesminister a. D., MdL Nieders. (1955-70 u. s. 1974; 1963-67 Präs.) - Habichthorst 6, 3011 Garbsen (T. Seelze 39 79; Amt: Hannover 19 01) - Geb. 20. März 1918 Rüstringen b. Wilhelmshaven, verh. s. 1942, 4 Kd. - Mittelsch. (Mittl. Reife); Maschinenbaulehre (Marinewerft, Wilhelmshaven) - 1938-45 Arbeits- u. Wehrdst. (Luftw.), Land-, Hafenarb., Monteur, 1947-51 Sekr. SPD, 1951-56 Sozialpol. Sekr. DGB Bremen, 1954-67 Vors. Kreisaussch. Hannover DGB u. Mitgl. Landesbezirksvorst., 1967-74 nds. Innenmin. ARsmitgl. Stahlwerke Peine-Salzgitter AG. - Liebh.: Fußball - 1966 Großkreuz VO. BRD.

LEHNERT, Christa

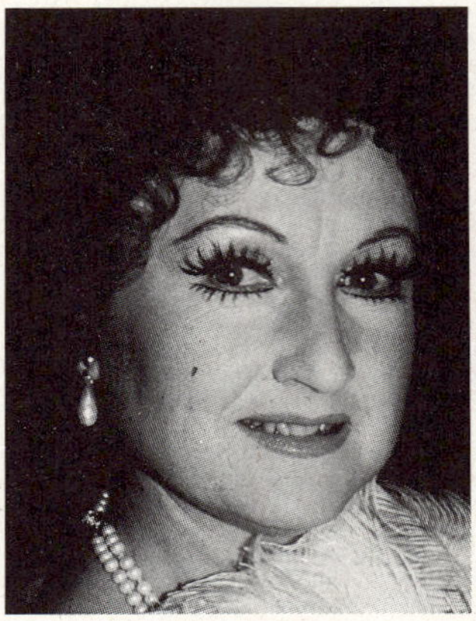

Kammersängerin Staatstheater Karlsruhe - Husstr. 3, 7505 Ettlingen (T. 07243 - 1 50 98) - Geb. 11. Juli 1934 Braunschweig (Vater: Fritz L., 1 lyr. Tenor Hambg. Staatsoper, b. 1964), verh. - Ausb. b. Richard Lüttjohann (Met, Bayreuth) u. Staatl. Musikhochsch. Hamburg - Lehramt Staatl. Musikhochsch. Karlsruhe; Mitgl. parität. Prüfungskommiss. - Engagem. Berliner Staatsoper, Opernhaus Leipzig, Staatstheater Karlsruhe; Gastsp. im In- u. Ausl., Rundf., Schallpl. Fachrichtg.: Lyr. Koloratursopran - Spr.: Engl., Franz., Ital.

LEHNERT, Gregor

Ltd. Kriminaldirektor, Leit. Landeskriminalamt Saarland - Graf-Johann-Str. 25-29, 6600 Saarbrücken.

LEHNERT, Siegfried

Dr. med., Dr. med. dent., Prof. f. Mund-Kiefer-Gesichtschirurgie Univ. Bonn - Hobsweg 39, 5300 Bonn 1 (T. 25 10 96) - Geb. 17. Sept. 1925 Groitzsch - Stud. Zahnmed. u. Med. Univ. Leipzig (Promot. 1950 u. 1957); Habil. 1965 Univ. Münster - 1970 apl. Prof. Göttingen; s. 1974 o. Prof. Univ. Bonn.

LEHNHARDT, Ernst

Dr. med., Dr. med. dent., o. Prof. f. Hals-, Nasen- u. Ohrenheilkunde Med. Hochsch. Hannover - Konstanty-Gutschow-Str. 8, 3000 Hannover 61 - Geb. 26. April 1924 Crivitz/Meckl. (Vater: Ernst L., Pastor; Mutter: Dorette, geb. Wigger), 2 Kd. (Frank, Jana-Maria) - Habil. 1959 Rostock - S. 1962 Lehrtätigk. Univ. Hamburg (1966 apl. Prof.) u. MH Hannover (1969 Ord.). Etwa 180 Fachaufs., monograph. Handbuchbeitr.

LEHNHARDT, Rolf

Redakteur, Schriftst. - Kopfhausstr. 15, 7970 Leutkirch 1 (T. 07561 - 43 79) - Geb. 1. Juni 1920 Berlin (Vater: Rudolf L., Senatspräs.; Mutter: Ilse, geb. Freybe), ev., verh. s. 1981 in 2. Ehe m. Ursula, geb. Lück - Abit. 1937; 1937-41 Stud. Kulturwiss. Berlin - S. 1939 fr. Schriftst.; s. 1947 Redakt. (Theaterkritiker) - BV: D. Lucie-Mannheim-Story, Monogr. 1973; Tele-Lieblinge, Monogr. 1973 - Spr.: Engl.

LEHR, Reinhard

Dr. jur., Prof., Richter am Sozialgericht Würzburg, Vors. einer Kammer - Fliederstr. 12, 8712 Volkach/Main (T. 09381 - 45 10) - Geb. 10. Jan. 1942 Weimar/Thür., verh. s. 1991 m. Martina, geb. Seemann (Rechtsanwältin) - Abit. 1962 Schweinfurt; Stud. Rechtswiss. Univ. Würzburg; 2. Staatsex. 1973; Promot. 1988 Salzburg - 1989 Gastprof.; 1990 Prof. f. intern. Seerecht Thammasat-

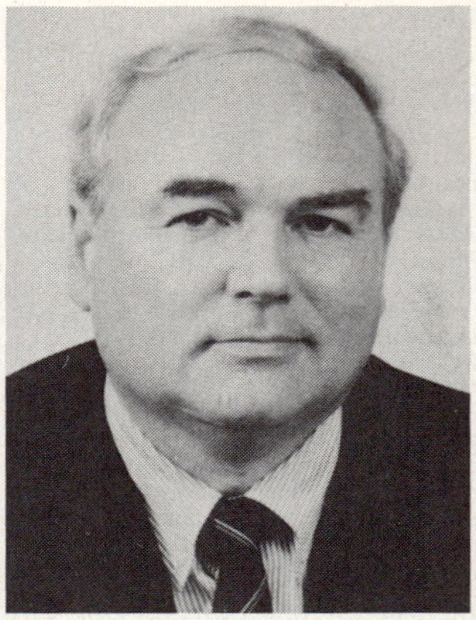

Univ. Bangkok - 1972-76 Mitgl. d. Kreistages Schweinfurt. S. 1988 Vorst.-Mitgl. Dt.-Thailänd. Ges. e. V., Bonn-Bad Godesberg; s. 1989 Mitgl. Ges. f. Rechtsvergleichung in Göttingen (Dt. Landesgr. d. intern. Verb. d. Rechtswiss.) - BV: Was ist Antisemitismus? Entstehung d. Begriffs u. konkreter Inhalt, in: Semitismus u. Antisemitismus in Österr. (Hg. Pototschnig, Putzer u. Rinnerthaler), 1988; D. Neugestaltung d. Unterrichtswesens im Salzachkreis während d. bayer. Herrschaft v. 1810-1816 (Diss.), 1988; International Law of the Sea and Its Special Regional Importance for Thailand, 1989; Piracy on the High Seas and in the Territorial Seas: Its Prevention and Control in Thailand, 1990; The Principles of the International Law of the Sea, 1991 - Interessen: Reisen m. Berichterstattung aus d. südostasiatischen Raum (spez. Thailand) - Spr.: Engl., Franz., Thailänd. (in Wort u. Schrift).

LEHR, Ursula Maria

Dr. phil., Dr. h.c., Bundesministerin f. Jugend, Familie, Frauen u. Gesundheit (1988-91), MdB, Prof. f. Psych. u. f. Gerontologie, Direktorin Inst. f. Gerontol. Univ. Heidelberg - An den Buchen 18, 5300 Bonn 1 (T. 0228 - 25 14 22) - Geb. 5. Juni 1930 Frankfurt (Vater: Josef Georg , Bankkfm.; Mutter: Gertrud, geb. Jendorff), kath., verh. s. 1950 m. Helmut Lehr, 2 Söhne (Volker, Gernot) - Abit. Offenbach 1949; Promot. Univ. Bonn 1954, Dipl. Psych. 1955, Habil. Univ. Bonn 1968 - 1969 apl. Prof. u. wiss. Abt.-Vorst. (Entwickl.psych.) Univ. Bonn; 1971 o. Prof. f. Päd. u. päd. Psych. Univ. Köln, Dir. Päd. Sem.; 1975-86 Prof. f. Psych. Univ. Bonn; 1986 Prof. f. Gerontol. Univ. Heidelberg - 1973-76 u. 1980-84 Vizepräs. dt. Ges. f. Gerontol., s. 1976 korr. Mitgl. Schweiz. Ges. f. Gerontol., s. 1982 Ehrenmitgl. d. Mexikan. Ges. f. Gerontol., s. 1987 Gründungsmitgl. d. Akad. d. Wiss. Berlin - 500 Beitr. in Fachztschr. u. Sammelw., 20 Monogr. BV: u.a.: D. Frau im Beruf, 1969; Psychol. d. Alterns, 1972, 5. A. 1984 (Übers. Holl., Ital., Span., Japan.); Seniorinnen - z. Situation d. älteren Frau, 1978; Interventionsgerontol., 1979; Formen seelischen Alterns, 1987; Alltagspsychologie, 1991. Herausg.: Ztschr. f. Gerontol. (zus. m. Prof. Falck) - 1973 Max Bürger-Preis f. Gerontologie; 1987 BVK I. Kl.; 1988 Dr. h.c. Univ. Fribourg/Schweiz; 1988 Margit EGNER-Preis, Univ. Zürich; 1992 René Schubert Preis f. Gerontologie - Liebh.: Kunst (Malerei) u. Lit. - Spr.: Engl.

LEHR, Werner

Komplementär Karl Lehr KG., Großkellereien, Oberlustadt, Vizepräs. IHK f. d. Pfalz, Ludwigshafen/Rh. - Karl-Lehr-Str. 20, 6723 Lustadt/Pf. (T. Niederhochstadt 4 41) - Geb. 12. Juni 1924.

LEHR, Wolfgang

Rechtsanwalt, Rundfunkintendant i.R. Hess. Rundfunk (1950-86) - Rudolf-Presber-Str. 16, 6000 Frankfurt/M. 50 - Geb. 22. Jan. 1921, verh. s. 1956 m.

Irmgard, geb. Ahnert - VR-Mitgl. Europ. Medieninst. Univ. Manchester; Mitgl. Intern. Presseinst.; Mithrsg. Kommunikationswiss. Bibliothek.

LEHRECKE, Peter

Dipl.-Ing., Architekt, em. o. Prof. f. Entwerfen, Baukonstr. u. Innenraumgest. - Lärchenweg 33, 1000 Berlin 19 (T. 302 53 53) - Geb. 24. Mai 1924 Dresden (Vater: Friedrich L., Arch.; Mutter: Nelly, geb. Pohle), ev., verh. s. 1956 m. Sigrid, geb. Hitzigrath, 4 Kd. (Hans, Jakob, Mirjam, Benjamin) - Dipl. 1954, Assist. TU Berlin 1956-61 b. Prof. Peter Poelzig - Dir. Inst. f. Ausbau- u. Innenraumplan. - Mehr. Kirchenbauten - Spr.: Engl. - Rotarier.

LEHRL, Siegfried

Dr., Dipl.-Psychologe, Akad. Direktor Univ. Erlangen-Nürnberg - Kopfklinik, Schwabachanlage 10, 8520 Erlangen - Geb. 30. Mai 1943 Schlackenwerth/ Karlsbad, ev., verh. s. 1968 m. Maria, geb. Leitner, 2 Töcht. (Katrin, Sandra) - Stud. Bauingenieurwesen TH Aachen, Psych. Köln u. Erlangen; Dipl. Psych. 1969 Erlangen, Promot. 1979 Erlangen - Intelligenzforsch., Entw. psych. u. psychopathol. Tests, Forsch. üb. med. Informierung, Steigerung d. geist. Leistungsfähigk., Steigerung d. Forsch.leistung, Med. Metaforsch. - 1. Vors. Service f. häusl. geist. Training; Vorst. Ges. f. Gehirntraining. Ca. 310 wiss. Veröff. (davon 20 Bücher), 195 wiss. Vortr. - BV: Mehrfachwahl-Wortschatz-Intelligenztest, 1977, 2. A. 1989; Selber denken macht fit, 1986, 3. überarb. A. 1992; Kurztest f. Allg. Intelligenz, 1980, 2. überarb. A. 1990; Körperlich begründbare Psychosen, 1990; GeJo-Leitfaden, 1990; Frühdiagnostik v. Demenzen. Herausg. d. Ztschr. Geriatrie & Rehabilitation, u. Blick durch d. Wiss. - Spr.: Engl.

LEHRNDORFER, Franz

Prof., Dom- u. Konzertorganist, Komponist - Hartstr. 96a, 8034 Germering (b. München) (T. 089 - 84 32 62) - Geb. 10. Aug. 1928 Salzburg (Vater: Dr. Franz L., Chordir.; Mutter: Martina, geb. Eberl), kath., verh. s. 1958 m. Ingeburg, geb. Hoffmann, 2 Kd. (Monika, Stefan) - Human. Gymn. Kempten; 1948-51 Stud. Kirchenmusik u. Orgel Hochsch. f. Musik München; Orgel-Dipl. 1952 - 1951-62 Lehrtätigk. b. d. Regensburger Domspatzen, ab 1962 Musikhochsch. München (s. 1969 Leit. Abt. f. Kath. Kirchenmusik); Organist Münchner Dom - Musikwerke: Chorliedsätze. Schallpl. (auch m. Improvis.) - 1957 1. Preis Intern. Wettb. d. ARD; 1965 Staatl. Kunstförd.preis; 1979 Bayer. VO; 1981 Dt. Schallpl.pr.; 1983 BVK.

LEIB, Jürgen

Dr. phil., Akad. Oberrat f. Geogr. Univ. Marburg - Löwenweg 8, 6301 Wettenberg 1 - Geb. 5. Aug. 1946, verh. s. 1971 m. Renate, geb. Becker, T. Katja - Stud. Geogr., Gesch., Päd. u. Politik Univ. Gießen; 1. Staatsex. 1969, Promot. (Geogr.) 1972 - 1972-75 Wiss. Assist. Univ. Gießen; s. 1975 Akad. Rat/Oberrat Univ. Marburg. 1979-85 stv. bzw. Bundesvors. Verb. Dt. Hochschulgeogr.; Vorst.-Mitgl. zahlr. Vereine (Orts- u. Landesgesch., Geogr., Sport). Publ. v. 15 Monogr., 25 wiss. Aufs. u. 30 Beitr. geogr., orts- u. landesgeschichtl. Inhalts.

LEIBBRAND-WETTLEY, Annemarie, geb. Wettley

Dr. med., Prof., Psychiaterin u. Neurologin - Nordendstr. 2, 8000 München 40 (T. 272 06 23) - Geb. 12. Juni 1913 Berlin, verh. s. 1962 m. Prof. Dr. med. Werner Leibbrand, Ord. Prof. f. Gesch. d. Med. † (s. XVII. Ausg.) - Univ. Jena. Promot. 1939 Jena; Habil. 1962 München - S. 1962 Privatdoz. u. apl. Prof. (1970) Univ. München (Gesch. d. Med.) - BV: D. Wahnsinn, 1961 (m. W. Leibbrand); Kompendium d. Medizingesch., 2. A. 1963, 1967 (m. W. Leibbrand); Formen d. Eros, 2 Bde. 1972 (m. W. Leibbrand); August Forel, 1953; V. d. Psychopathia sexualis zur Sexualwissensch., 1959. Zahlr. Einzelarb.

LEIBENGUTH, Friedrich

Dr. rer. nat., Prof. f. Genetik - Fachricht. Genetik d. Univ. d. Saarlandes, 6600 Saarbrücken - Geb. 7. März 1939 Elversberg, T. Annemarie - Stud. Bonn u. Tübingen (Promot. 1966, Habil. 1972) - 1973 Prof. Saarbrücken - BV: Züchtungsgenetik. Thieme, Stuttg. (1982).

LEIBER, Bernfried

Dr. med., Prof., Kinderarzt - Uhlandstr. 3, 6078 Neu-Isenburg/Hessen (T. 88 69) - Geb. 30. Sept. 1919 Freiburg/Br. (Vater: Ferdinand L., Photochemiker; Mutter: Sofie, geb. Bender), verh. s. 1949 m. Marion, geb. Kuhrt, 2 Söhne (Michael, Ullrich) - 1939-45 Univ. Berlin, Leipzig, Jena (Promot.). Habil. 1951 Jena - S. 1945 klin. Tätigk.; s. 1951 Doz. u. apl. Prof. (1954) Univ. Jena, Berlin, Frankfurt/M. (1958). Em. Leit. d. Abt. f. klin. Nosologie u. Semiotik (DOFONOS) am Zentrum d. Med. Informatik d. Fachbereichs Humanmedizin d. J. W. Goethe-Univ. Frankfurt/M. Spez. Arbeitsgeb.: Klin. Syndromatologie, computerunterstützte klin. Diagnostik, klin. Teratologie u. Dysmorphologie. Mitgl. Dt. Ges. f. Kinderheilk. - BV:. D. Altersbiol. d. akuten Rheumatismus, in: D. Rheumatismus, Bd. 29 1952; D. klin. Syndrome, 6. A. 1981 (m. G. Olbrich); D. menschl. Lymphknoten, 1961; D. klin. Eponyme, 1968 (m. Th. Olbert); Menthol and Menthol-Containing External Remedies, 1968 (m. F. H. Dost); Baby-Lexikon f. Mütter, 5. A. 1991. Begr.: Fachztschr. Med. i. Bild (Jena 1958); Mithrsg.: Moderne Medizin 1972-81; Schriftleitg.u. Herausg. pais s. 1982.

LEIBFRIED, Erwin

Dr. phil., Prof. f. Deutsche Literaturwissenschaft - Blumenstr. 26, 6301 Fernwald 3 (T. 06404 - 16 48) - Geb. 14. Jan. 1942 Ingelheim, verh. s. 1966 m. Barbara, geb. Polock, 3 Töcht. (Lara, Jana, Esther) - Abit.; Stud. German., Sportwiss., Phil., Psych. - 1970 wiss. Assist. Univ. Trier, 1972 Assist. Prof., 1973 Prof. Univ. Gießen - BV: Fabel, 1966; Kritische Wiss., 1970; Identität, 1970; Interpret., 1972; Fabeltheor., 1978; Hermeneutik, 1980; Fabel, 1982; Goethe, 1982; Schiller, 1985; D. Spur d. Freiheit, 1986; Kleist, 1986; Multatuli, 1987; Seb. Münster, 1988; To pharmakon, 1990; J. Lein, 1991; D. Forderung d. Tages, 1992; E. Eckstein, 1992.

LEIBFRIED, Eugen

Landesminister a. D. - Flytstr. 18, 6951 Guttenbach/Baden (T. 06263 - 3 15) - Geb. 16. April 1897 Guttenbach, ev., verh., 2 Kd. - Volks- u. Landw.ssch. - Selbst. Landw., b. 1933 Bürgerm. Guttenbach, n. Kriegsende MdK Mosbach, Vizepräs. Verb. landw. Genoss. in Baden - Raiffeisen, Karlsruhe, u. Vorstandsmitgl. Bad. Landw. Hauptverb. (Bauernverb.), Freiburg, 1949-56 MdB, 1953-68 Min. f. Ernährung, Landw. u. Forsten Baden-Württ., 1956-72 MdL BW. CDU. Teiln. beider Weltkr. (Marine) - Ehrensenator LH Hohenheim (jetzt Univ.).

LEIBFRIED, Günther

Dr. rer. nat., o. Prof. f. Theoret. Physik (Lehrstuhl C) - Laurentiusstr. 3, 5105 Laurensberg (T. Aachen 1 21 09) - Geb. 10. Juni 1915 Fraulautern/Saar (Vater: Arthur L.; Mutter: Ilse, geb. Dörries), verh. 1941 m. Ilse, geb. Meyerhoff - Univ. Göttingen. Promot. (1939) u. Habil. (1950) Göttingen - S. 1950 Lehrtätigk. Univ. Göttingen (1956 apl. Prof.) u. TH Aachen (1957 ao., 1964 o. Prof. u. Inst.sdir.). Üb. 60 Facharb.

LEIBING, Eberhard

Dr., Staatssekretär Min. f. Wirtschaft, Mittelstand u. Technologie Baden-Württ. - Theodor-Heuss-Str. 4, 7000 Stuttgart 1 (T. 123-0) - Geb. 19. April 1940 - AR-Mitgl. Badenwerk, Flughafen Stuttgart, Gasversorgung Süddeutschland, Stuttgarter Messe- u. Kongreßges. - 1990 BVK.

LEIBINGER, Berthold

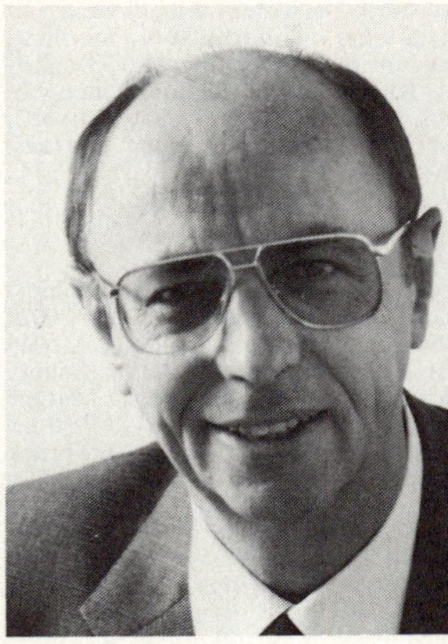

Dr. Ing. E.h., Dipl.-Ing., Gf. Gesellschafter Fa. TRUMPF, Präs. VDMA (s. 1990) - Zu erreichen üb. Fa. TRUMPF, Johann-Maus-Str. 2, 7257 Ditzingen (T. 07156 - 303-230) - Geb. 26. Nov. 1930 Stuttgart, verh., 3 Kd. - Stud. Maschinenbau TH Stuttgart - Vizepräs. BDI. Senator e.h. Univ. Stuttgart.

LEIBUNDGUT-MAYE, Annalis

Dr. phil., Prof. f. klass. Archäologie Joh. Gutenberg-Univ. Mainz, Inst. f. Klass. Archäologie (s. 1987) - Viktoriastr. 43, 6200 Wiesbaden - Geb. 27. Juni 1932 Langenthal/Schweiz (Vater: Walter L., Kaufm.; Mutter: Claire, geb. Zürcher), ev. - Abit. 1961; Stud. Straßburg u. Bern (Promot. 1969), Habil. 1978 Trier - Tätigk. im Kunsthandel u. Journ.; 1980 Prof. in Trier - BV: D. röm. Lampen i. d. Schweiz (e. kultur- u. handelsgesch. Studie), 1977; D. röm. Bronzen d. Schweiz: Avenches, 1976; D. röm. Bronzen d. Schweiz: Westschweiz, 2 Bde. 1980; Künstl. Form u. konserv. Tendenzen nach Perikles, 1991 - Spr.: Franz., Ital., Engl.

LEICH, Werner

D.D., Dr. Dr. theol. h. c., Landesbischof Eisenach (s. 1978) - Dr.-Moritz-Mitzenheim-Str. 2a, O-5900 Eisenach (T. 00623 - 52 28) - Geb. 31. Jan. 1927 Mühlhausen/Thür., ev., verh. s. 1952 m. Trautel, geb. Sickert, 2 Kd. (Thomas, Susanne) - Abit. 1946; Stud. Theol. 1947-51 Marburg u. Heidelberg, 1. theol. Ex. 1951 Heidelberg, 2. theol. Ex. 1953 Eisenach; Ehrenpromot. 1983 Jena, 1989 Budapest u. 1990 Springfield/Ohio - 1951-68 Pfarrer in Angelroda, Kr. Arnstadt, u. Wurzbach, Kr. Lobenstein; 1968-78 Superintendent in Lobenstein; 1978-91 Landesbischof; 1983-86 amt. Leit. Bischof VELK/DDR; 1986-90 Vors. Bund d. Ev. Kirchen in d. DDR - 1984 Franklin D. Roosevelt Freedom Med.; 1990 Wittenberg Award, The Luther Inst. Washington D.C. - Liebh.: Lit., Musik, Schwimmen, Skifahren.

LEICHT, Albert

Regierungsdirektor a. D., Mitgl. Europ. Rechnungshof (1977-83) (Haushalt u. Finanzwesen) - Kurt Schumacher Str. 14, 6728 Germersheim/Rh. (T. 27 79) - Geb. 1. März 1922 Hagenbach/Pf., kath., verh. s. 1953 m. Marianne, geb. Steiner, 2 Kd. - Gymn.; Univ. Mainz (Rechtswiss.), Ass.ex. 1953 - 1940-45 Wehrdst. (Ltn.); 1945-49 Stud.; 1953-55 Richter Sozialger. Speyer; ab 1955 Reg.rat Kultusmin. Rhld.-Pfalz u. Landratsamt Bergzabern (1957); 1957-77 MdB; 1957-65 Vors. d. Rechnungsprüf.sausssch.; 1965-67 Obmann CDU i. Haushaltsaussch. d. Dt. Bundestages; 1967-69 Parlam. Staatssekr. Bundesfinanzmin.; 1969-77 Vors. Haushaltsaussch.; CDU s. 1946 (1954 Kreisvors. Germersheim) - BV: D. Haushaltsreform, 1970; Leben m. d. Inflation, 1970; D. Weg in d. Finanzkrise, Dokument., 1972 (m. Strauß u. Pohle); Öff. Subventionen u. i. Bedeut. i. Verw. u. Fortbild., 1975. Zahlr. Fachaufs. - 1972 BVK I. Kl., 1975 Gr. BVK, 1977 Gr. BVK m. Stern, 1983 Schulterband dazu - Lit.: Goyke, D. 100 v. Bonn; Henkels, Neue Bonner Köpfe.

LEICHT, Arno

Fachakademiedirektor, Leiter d. Hermann-Zilcher-Konservatoriums Würzburg - An der Mehle 18a, 8702 Waldbrunn (T. 09306 - 14 26) - Geb. 25. Mai 1950 Werneck, kath., verh. s. 1977 m. Ursula, geb. Mehling, 5 Kd. (Tobias, Mathis, Jessica, Eva, Franziska) - Stud. Musikhochsch. Würzburg, Dipl. Kompos., Musiktheorie, Gesang 1973-77 - Gesangspädagoge; Konzertsänger im In- u. Ausland - Vorst.-Mitgl. d. ARGE dt. Konservatorien u. d. ARGE bayer. Konservatorien - Schallplatten: His Masters Voice (1979); b & b records (1983); Christophorus (1986) - 1977 Armin-Knab-Preis; 1972 u. 1975 Preis d. musikal. Akad. Würzburg - Liebh.: Miniaturmalerei - Spr.: Engl., Franz., Ital.

LEICHT, Hugo

Oberstudienrat, Staatssekretär Min. für Kultus u. Sport (1991/92), MdL Baden-Württ. (s. 1972) - Tiefenbronner Str. 53, 7530 Pforzheim/Baden (T. 6 27 00) - Geb. 29. Sept. 1934 Freiburg/Br., kath., verh., 5 Kd. - 1946-54 Zinzendorf-Gymn. Königsfeld/Schwarzw. u. Max-Planck-Gymn. Lahr/Baden (1947); 1954-61 Univ. Heidelberg u. Freiburg (Geogr., Gesch., Engl.). Staatsex. 1961 u. 63 - S. 1963 Gymn. Neuenbürg (zul. Studienrat) u. Kepler-Gymn. Pforzheim (Oberstudienrat). 1971 ff. Stadtratsmitgl. Pforzheim. CDU (stv. Kreisvors.) - Spr.: Engl.

LEICHT, Martin

Kaufmann, gf. Gesellsch. Vorberg Vermögensverwaltung GmbH - Vorbergs Hügel, 4400 Münster (T. 02533 - 296-92 u. 296-10) - Geb. 8. März 1940 Gütersloh (Vater: Gustav L., Tischlermeister; Mutter: Paula, geb. Plaßmann), verh. s. 1982 m. Rosemarie, geb. Jansen - Prakt. Lehre, Med.-Stud. - 1977-79 Vors. Bundesverb. jg. Untern.; 1981-87 Vors. ASU-Arbeitsgemeinschaft Selbst. Untern.

LEICHTLE, Georg

Dipl.-Ing., Vorstandsmitglied Bayernwerk AG./Bayer. Elektrizitätsversorgung, München, Geschäftsführer Kernkraftwerk Niederaichbach GmbH. u. Ilse-Bayernwerk Energieanlagen GmbH. ebd., Beiratsmitgl. Energieversorgung Ostbayern AG., Regensburg, ARsmitgl. Bayer. Braunkohlen-Industrie AG., Schwandorf, Bayer. Wasserkraftwerke AG., München, Donaukraftwerk Jochenstein AG., Passau, Untere Iller AG., München - Maria-Eich-Str. 59, 8032 Gräfelfing/Obb. (T. München 85 54 63) - Geb. 28. April 1917 Lamerdingen/Schwaben, verh. m. Minni, geb. Burger († 1971).

LEICHTWEISS (ß), Kurt

Dr. rer. nat., o. Prof. f. Mathematik - Am Bergheimer Hof 49, 7000 Stuttgart (T. 88 43 54) - Geb. 2. März 1927 Villingen/Schwarzw. - S. 1955 (Habil.) Lehrtätigk. Univ. Freiburg/Br. (1961 apl. Prof.), TU Berlin (1963 o. Prof.), Univ. Stuttgart (1970 o. Prof.). Facharb.

LEIDERER, Rosmarie

Dr. phil., Dr. med., Ärztin, wiss. Mitarbeiterin am Anatomischen Inst. d. TU München - Perhamerstr. 81, 8000 München 21 (T. 089 - 58 62 59) - Geb. 14. Juli 1936, kath., ledig - 1956-61 Stud. Geogr., dt. Sprache u. Lit., Gesch. u. Biol. Univ. München; Staatsex. f. d. Lehramt an Höh. Schulen 1961; Ass.ex. 1963; Promot. (German.) 1969 Univ. München; 1980-87 Stud. Med. TU München; Promot. (Med.) 1988 TU München - Lehrtätigk. im Bayer. Schuldienst u. am Lycée de Bafia in Kamerun; 1971-77 Forschungsarb. üb. d. traditio-

LEIDERER - 828 - LEIPOLD

nelle Med. d. Bafia (Stip. d. Dt. Forschungsgem.); s. 1988 wiss. Mitarb. Anatomisches Inst. d. TU München b. Prof. Dr. med. Frithjof Hammersen (†1989) - BV: Wilhalm v. Orlens. E. Reimpaarerz. aus d. 15. Jh., 1969; Zwölf Minnereden des Cgm 270, 1972; La médecine traditionelle chez les Bekpak (Bafia) du Cameroun, I et II 1982; Anatomie d. Schafsleber im babylonischen Leberorakel, 1990; On the fine structure of arc-capillaries: True arteriovenous anastomoses or sphincter capillaries? In: Anatomy and Embryology, 1990; Gefäßsystem d. Fischegels Piscicola geometra (in Vorbereit.) - Interessen: Zoologie, Veterinärmed. - Spr.: Engl., Franz., Latein, Bafia (Bantusprache) - Bek. Vorf.: Thomas Nunner, Medaillenträger f. Stierzucht (niedergelegt im Archiv Vet.-Med. Würzburg (Großv. ms.).

LEIDING, Ekke Nils

Dipl.-Volksw., Geschäftsführer Wickmann Energietechnik GmbH - Rechbergstr. 9, 7031 Gärtringen (T. 07034 - 2 25 14) - Geb. 18. März 1943 Treuburg (Vater: Kurt L., Lehrer; Mutter: Anna Elisabeth, geb. Mauer), ev. - Gymn. Plön; Univ. Hamburg (Dipl.-Volksw.).

LEIDINGER, Adalbert

Dr. h.c., Direktor, gf. Vorst.-Mitgl. Landkreistag Nordrh.-Westf. (s. 1969) - Liliencronstr. 14, 4000 Düsseldorf 30 (T. 65 20 45) - Geb. 20. Jan. 1926 - Staats- u. Kommunalverwaltung.

LEIDINGER, Paul W. J.

Dr., Prof. f. Geschichte Univ. Münster - Luise-Hensel-Str. 3, 4410 Warendorf (T. 02581 - 13 01) - Geb. 4. Sept. 1932 Werl - 1962-78 Studienrat, Oberstudienrat u. Studiendir. am Gymn. in Warendorf; 1964-75 Leit. Stadt- u. Kreisarchiv Warendorf (im Nebenamt); 1965-75 Kreisheimatpfleger im Kr. Warendorf; 1970-83 Vors. Heimatverein Warendorf, s. 1983 Ehrenvors.; s. 1971 Mitgl. Hist. Kommiss. f. Westf.; s. 1972 Privatdoz., 1978 apl. Prof. ehem. PH Münster; s. 1980 Univ. Münster. 1972-86 Vors. d. Landesverb. nordrh.-westf. Geschichtslehrer, s. 1986 Ehrenvors. ebd.; 1986-88 Vors. Verb. d. Geschichtslehrer Dtschl. - Herausg. v. Geschichte, Politik u. ihre Didaktik (1973-87) - 1983 Wilhelm-Zuhorn-Plakette in Warendorf; 1990 August-Wibbelt-Plak.

LEIDL, August

Dr. theol., Prof. f. Kirchengeschichte Univ. Passau, Päpstl. Ehrenprälat - Birgmeierweg 2, 8390 Passau 18 - Geb. 19. Jan. 1933 Burghausen/Salzach (Vater: Georg L., Kaufm.; Mutter: Maria, geb. Stadler), kath., ledig - Synodal- u. Pastoralex., kath. Priesterweihe 1957/58, Promot. 1964, Habil. 1968 - 1968 Privatdoz. Univ. München; s. 1969 Prof. Univ. Passau (1972 o. Prof., 1973 Vorst. Inst. f. Ostbair. Heimatforsch.). 1969 Leit. u. 1980 Dir. Archiv Bistum Passau - BV: D. Einheit d. Kirchen auf d. spätmittelalterl. Konzilien. V. Konstanz b. Florenz, 1966; Simon Konrad Landersdorfer. Bischof v. Passau 1936-1968 (m. A. Siegmund), 1973; 50 J. Verein u. Inst. f. Ostbair. Heimatforsch. in Passau, 1977; D. Bischöfe v. Passau 739-1968 in Kurzbiogr., 2. A. 1978; St. Johannes-Spital Passau (m. G. Schäffer), 1978; D. Bischofsbild im Wandel d. Jahrhunderte, dargest. am Bistum Passau, 1985; Kleine Passauer Bistumsgesch., 1989; zahlr. Fachaufs. Mithrsg. bzw. Herausg.: Ostbair. Grenzmarken. Passauer Jahrb. f. Gesch., Kunst u. Volkskd. (s. 1971 bzw. 74); Neue Veröff. Inst. f. Ostbair. Heimatforsch. in Passau (s. 1971 bzw. 74); D. Passauer Dom (2. A. 1980); Diener in Eurer Mitte, FS f. Dr. Antonius Hofmann, Bischof v. Passau, z. 75. Geb. (1984); Bistumspatrone in Deutschl. (2. A. 1985) - 1979 Päpstl. Ehrenprälat; 1979 Kultureller Ehrenbrief Stadt Passau.

LEIDL, Werner

Dr. med. vet., o. Prof., Vorst. Gynäk. u. Amb. Tierkl. Univ. München (1963) - Königinstr. 12, 8000 München 22 - Geb. 3. Juni 1925 Moos/Obb., kath., verh. s. 1955 m. Annemarie, geb. Friedrich, S. Reiner - Promot. u. Habil. München - S. 1957 Lehrtätigk. München (1963 ao., 1970 o. Prof.). Spez. Arbeitsgeb.: Physiol. u. Pathol. d. Fortpflanz. d. Haustiere, Mitgl. Dt. Veterinärmed. Ges., Dt. Ges. z. Stud. d. Fertilität u. Sterilität, Society for the Study of Fertility (Engl.) - BV: Klima u. Sexualfunktionen b. männl. Haustieren, 1958. Mitverf.: Schaetz, D. künstl. Besamung d. Haustiere, 1963. Etwa 100 Einzelarb. - Spr.: Engl., Franz.

LEIDLMAIR, Adolf

Dr. phil., em. o. Prof. f. Geographie - Innrain 52 (Inst. f. Geographie), A-6020 Innsbruck; priv.: Kaponsweg 17, A-6065 Thaur - Geb. 5. Juni 1919 Linz/Österr. (Vater: Adolf L., Beamter; Mutter: Viktoria, geb. Lettner), verh. s. 1950 m. Elisabeth, geb. Lafleur - Univ. Innsbruck - S. 1958 (Habil.) Lehrtätigk. Univ. Tübingen, TH Karlsruhe (1963 Ord. u. Inst.dir.), Univ. Bonn (1967 Ord. u. Inst.dir.), Univ. Innsbruck (1969 Ord. u. Inst.vorst.). Korr. Mitgl. Österr. Akad. d. Wiss. - BV: D. Formenentwickl. im Mitter-Pinzgau, Bevölkerung u. Wirtschaft in Südtirol, Hadramaut - Bevölkerung u. Wirtschaft im Wandel d. Gegenw.; Landeskunde Österreich. Zahlr. Einzelarb. - Gr. Silbernes Ehrenzeichen f. Verd. um d. Rep. Österr., Ehrenzeichen d. Landes Tirol.

LEIFELD, Bernd

Regisseur, Intendant Landestheater Württ.-Hohenzollern, Tübingen (s. 1984) - Gartenstr. 32, 7400 Tübingen (T. 07071 - 2 14 42) - Geb. 27. Juni 1949 Heggen/Kr. Olpe - Univ. Köln u. FU Berlin (German., Päd. u. Theaterwiss.) - Zul. Schauspieldir. Staatstheater Kassel - BV: Theater in Wuppertal, 1978/79 (Mithrsg.) - Insz./Bühne u. a. Werke v. W. Allen, Bergmann, Brecht, Fo, Hey, Kroetz, Ostrowskij, Shakespeare, Walser.

LEILICH, Hans-Otto

Prof., Dr.-Ing., Inst. f. Datenverarbeitungsanlagen d. TU Braunschweig - Hans-Sommer-Str. 66, 3300 Braunschweig (T. 0531 - 391 37 34).

LEIMBERG, Inge

Dr. phil., o. Prof. f. Engl. Philologie Univ. Münster/W. - Raesfeldstr. 52, 4400 Münster/W. - Geb. 2. Dez. 1926 Halberstadt/Harz - Habil. Bonn - S. 1965 o. Prof. Univ. Gießen und Kiel - BV: Unters. zu Shakespeares Zeitvorst., 1961; Shakespeares Romeo u. Julia, 1968; Charles Dickens. Methoden u. Begriffe d. Kritik (m. L. Cerny), 1978.

LEINBACH, Karl

Postbetriebsinspektor, MdL Hessen (s. 1971) - Hainstr. 2, 3554 Gladenbach (T. 06462 - 76 30) - Geb. 9. Nov. 1919 Gladenbach, verh., 2 Kd. - Volkssch.; Selbststud. u. Lehrg. Prüfungen: Arbeits-Sozial- u. Beamtenrecht - Postdst., dazw. Kriegseins. (schwerbesch.) u. 2 J. engl. Gefangensch. 1952 ff. Stadtverordn. (u. a. Vorsteher); 1956 ff. MdK. SPD s. 1946 - 1987 Gr. BVK.

LEINEMANN, Anneliese

Verwaltungsangestellte, Mitgl. Brem. Bürgerschaft (s. 1971) - Kantstr. 103, 2800 Bremen 1 - Geb. 3. Juni 1923 Bremen, verh. - 1939-40 Staatl. Fachsch. f. Frauenberufe Bremen; 1940-42 Sem. f. Kindergärtnerinnen u. Hortnerinnen ebd. (Staatsex.) - B. 1945 Kindertagesstättenleit. Bremen, spät. Kunstgewerblerin, Kinderg. u. Hortn., ab 1956 Adrema-Druckerin u. -Prägerin, zul. Angest. Steueramt ebd. 1968 ff. Arbeitsrichterin. SPD s. 1959.

LEINEN, Günther

Dipl.-Ing., Komplementär Boley & Leinen - Werkzeug- u. Maschinenfabrik - Postf. 64, 7300 Esslingen.

LEINEN, Jo

Minister f. Umwelt d. Saarlandes (s. 1985) - Zu erreichen üb. Min. f. Umwelt, Hardenbergstr. 8, 6600 Saarbrücken - Geb. 6. April 1948 Überherrn-Bisten/S., kath., ledig - Abit. Realgymn. Völklingen; Stud. Jura u. Volksw. Univ. Saarbrücken u. Bonn; 2. jurist. Staatsex. 1976 Koblenz; 1972/73 Stud. d. Rechts d. EG Europa-Kolleg, Brügge u. Stud. Intern. Politik Inst. of World Affairs Univ. Connecticut, USA - 1977-79 Ref. f. Intern. Jugendpolitik SPD-Parteivorst.; danach Rechtsanw. Freiburg/Kirchzarten - BV: Prinzip leben, 1982; Gr. Schritte wagen, 1984; Umweltfreundl. Kohlepolitik, 1982 - Liebh.: Sport, Musik, Theater, Wandern - Spr.: Engl., Franz.

LEINER, Bernd

Dr. rer. pol., Prof. f. Statistik - Univ. Heidelberg, Grabengasse 14, 6900 Heidelberg - Geb. 24. Juni 1941 Saarbrücken (Vater: Heinrich L., Kaufm.; Mutter: Karoline, geb. Altpeter), ev., verh. s. 1965 m. Maja, geb. Thielen, 2 Söhne (Richard, Bastian) - Dipl.-Volksw. 1965, Promot. 1969, bde. Univ. Saarbrücken; Habil. 1975 Univ. Heidelberg - 1977-79 Doz. Univ. Heidelberg, 1978/79 Prodekan, s. 1980 Prof. f. Statistik Univ. Heidelberg - BV: Ökonometr. Schätzverf., 1969; Spektralanalyse ökonom. Zeitreihen, 2. A. 1978; Einf. in d. Statistik, 1980; Einf. i. d. Zeitreihenanalyse, 1982; Stichprobentheorie, 1985; Statistik-Programme in BASIC, 1988 - Liebh.: Skilauf, Tennis, Karate (1. Kyu), Modelleisenb. - Spr.: Engl., Franz.

LEINER, Herbert

Politischer Korrespondent General-Anzeiger Bonn - Burgstr. 83, 5300 Bonn 2 - Geb. 2. Dez. 1926 Pirmasens, ev., verh. s. 1947 m. Alice, geb. Döring, S. Wolfgang (Facharzt f. Kieferorthopädie) - Obersch. Pirmasens (Abitur 1947); Stud. German., Theaterwiss. u. Gesch. Univ. Mainz - 1952-54 journ. Ausb. Pirmasenser Ztg., s. 1954 Redakt. General-Anzeiger Bonn (1960-90 Ressortleit. Politik) - BV: Und d. Dritte Rom wird Moskau sein, 1981 - Liebh.: Gesch.

LEINER, Wolfgang

Dr. phil., o. Prof. f. Romanische Philologie - Payerstr. 2, 7400 Tübingen (T. 07071 - 2 32 59) - Geb. 21. Okt. 1925 Ottenhausen/Saarbr. (Vater: Adolf L.; Mutter: Margarete, geb. Kurz), ev., verh. s. 1953 m. Prof. Dr. Jacqueline L., S. Stephane - Dolmetscher-Hochsch. Germersheim; 1948-50 Univ. Toulouse, 1950 Univ. d. Saarl.; Staatsex., Promot., Habil. (1963) - 1963-65 Priv.-Doz.; 1963-65 Gastprof., 1965ff. Prof. Univ. of Washington; 1975ff. Univ. Tübingen; Vizepräs. d. Assoc. Intern. d'Etudes franc (Paris) - BV: u. a. Widmungsbrief in d. franz. Lit., 1965; D. Deutschlandbild in d. franz. Lit., 1989; Hrsg. von Oeuvres et Critiques u. Papers on French Seventeenth Century Literature/Biblio 17 - 1980 Silb. Plak. Stadt Nizza; 1981 Officier des Palmes Académiques; 1982 Ehrenmitgl. Società universitaria per gli studi di Lingua e letteratura Francese - Spr.: Engl., Franz., Ital.

LEINERT, Michael

Intendant Staatstheater Kassel - Friedrichsplatz 15, 3500 Kassel - Geb. 20. Okt. 1942 Meldorf/Schlesw.-Holst., ev., verh. m. Dagmar L.-Lange, geb. Oberthür, 5 Kd. (Susanne, Stefanie, Maria, Amrei, Benjamin) - Univ. München u. Hochsch. f. Musik u. Theater München (Theaterwiss., German., Kunstgesch. b. Prof. Heinz Arnold u. Prof. A. Everding, Oboe b. Prof. H. Winschermann) - Chefdramat. u. Ltd. Dramat. in Hamburg, Braunschweig, Bremen, Dramat. u. Spielleiter in Kiel, München; Oberspielleit. in Coburg; Intendant Kaiserslautern - BV: Monogr. üb. C. M. v. Weber, 1978 - Insz.: De v. Cikker Erdbeben in Chile (1981 Braunschweig), VA Hiller, An diesem heut. Tage (1979 Festsp. München), Amleth u. Fengo (UA 1983 Heidelberg), Through Roses (EA Landestheater Coburg); Dt. Erstauff. v. Opern v. Sibelius u. Rachmaninow in Kaiserslautern; Tristan u. Isolde (1992 Staatstheater Kassel) - 1968 tz-Rose München (Pressepreis München); 1982 Insz. d. Monats d. Ztschr. Orpheus - Liebh.: Reiten, Bücher - Spr.: Engl. - Bek. Vorf.: Dr. Robert Leinert, Oberbürgerm. Hannover Weimarer Rep.

LEININGER, Claus

Intendant Hess. Staatstheater Wiesbaden (s. 1986) - Zu erreichen üb. Hess. Staatstheater, Postfach 32 47, 6200 Wiesbaden - Geb. 17. Jan. 1931 Mannheim - 1956-60 Dt. Theater Göttingen; 1960-67 Städt. Bühnen Freiburg; 1967-74 Oberspielleit. Bühnen d. Stadt Essen, 1974-77 Schauspieldir. Nationaltheater Mannheim; 1977-86 Generalintendant Musiktheater im Revier, Gelsenkirchen.

LEINS, Werner

Dr.-Ing., em. o. Prof. f. Straßenwesen, Erd- u. Tunnelbau TH Aachen (1962-81) - Am Friedrich 23, 5100 Aachen (T. 7 17 67) - Geb. 11. Juli 1912 Zwerenberg - 1973-76 Ministerialdir. Bundesverkehrsmin. (Abt.leit. f. Straßenbau). Mitgl. in Fachaussch. f. Wiss. u. Forsch. Zahlr. Fachveröff.

LEIPERTZ, Alfred

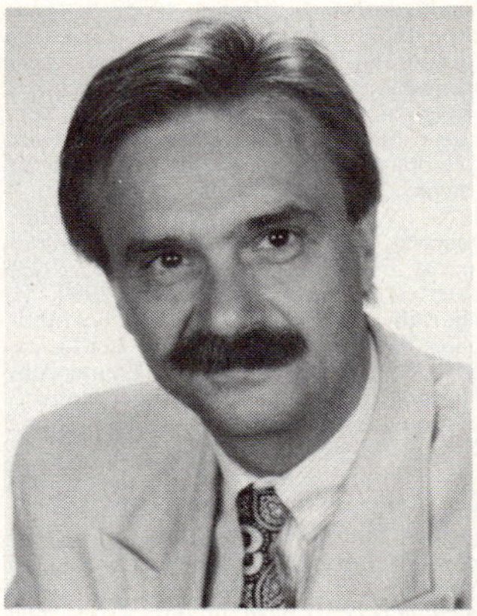

Dr.-Ing., Prof., Ord. f. Techn. Thermodynamik, Dir. Inst. f. Techn. Chemie, Techn. Fak. Univ. Erlangen-Nürnberg (s. 1989) - Spardorfer Str. 37, 8520 Erlangen - Geb. 5. Aug. 1946 Eltmann/M. (Vater: Matthias L.; Mutter: Angelina, geb. Seybold), verh. s. 1966 m. Gisela, geb. Homberg †1987, T. Regina Suzanne - Dipl.-Phys. 1974 Gießen; Dr.-Ing. 1979 Bochum; Habil. 1984 Bochum - 1974 DFVLR Köln; 1975/76 wiss. Mitarb. Univ.-GH Duisburg; 1977-89 Ruhr-Univ. Bochum, Fak. Masch.bau (1977-86 wiss. Assist., 1986-88 Prof. f. Exp. Wärme- u. Stoffübertragung, 1988/89 Prof. f. Laseranw.technik). 1982 6-monat. Gastaufenth. Yale Univ. USA.

LEIPNITZ, Harald

Schauspieler - Badstr. 10, 8112 Bad Kohlgrub/Obb. (T. 2 74) - Geb. 22. April 1926 Wuppertal (Vater: Schlosserm.), verh. (Ehefr.: Walburga), 3 Kd. (Thomas, Christine, Cosima) - Realgymn. (Abit.); Schauspielunterweis. Hans Caninenberg - S. 1948 Bühnen Wuppertal (12 J.) u. München. Bek. Rollen: Posa, Zettel, Parris. Regie: Lieber reich u. glücklich. Film (u. a. D. endlose Nacht, Todestrommeln am Gr. Fluß, D. Gruft m. d. Rätselschloß, D. Grab d. blauen Diamanten, D. Ölprinz, D. Amazonas schweigt, Herrl. Zeiten im Spessart); Fernsehen (D. Schlinge, D. Geisterzug, Boeing-Boeing, D. Schlüssel (Durbridge), 4 Fenster z. Garten u. a.) - 1962 Bundesfilmpreis (f.: D. endlose Nacht).

LEIPOLD, Dieter

Dr. jur., o. Prof. u. Vorst. Inst. f. Zivil- u. -prozeßrecht Univ. Erlangen-Nürnberg (s. 1970) - Lerchenweg 8, 8521 Bubenreuth - Geb. 15. Jan. 1939 Passau - Promot. (1965) u. Habil. (1970) München - Bücher u. Aufs.

LEIPOLD, Heinrich

Dr. theol., Prof. f. Systemat. Theologie

Univ. Marburg (s. 1971) - Kiefernweg 19, 3556 Weimar/Lahn 1 - Geb. 6. Nov. 1931 Wallroth, ev. - Promot. 1960; Habil. 1971 - Bücher u. Einzelarb.

LEIPOLD, Helmut
Dr. rer. pol., Privatdozent Univ. Marburg - Uferstr. 19, 3550 Marburg (T. 6 59 36) - Geb. 17. April 1944 Lütter, kath., verh. s. 1974 m. Uschi, geb. Tönges - BV: Betriebsdemokratie, 1974. - Herausg.: Sozialist. Marktwirtschaften (1975), Wirtsch.- u. Ges.systeme im Vergleich, 5. A. 1987 - Liebh.: Tennis, Ski, Wandern - Spr.: Engl., Franz.

LEIPZIGER, Karl
Dr. h.c. Theol., Landespfarrer Diakon. Werk Bayern, Nürnberg, Mitgl. Bayer. Senat, München - Vestnertorgraben 7, 8500 Nürnberg - Generalsekretär Martin-Luther-Bund - 1980 Bayer. VO; 1985 Ehrendoktor Akad. d. Ev.-Luth. Kirche in Ungarn .

LEIS, Rolf
Dr. rer. nat., Dr. h.c., o. Prof. f. Angew. Mathematik Univ. Bonn (s. 1965) - Merler Allee 55, 5300 Bonn-Röttgen - Geb. 22. Juli 1931 Essen, ev., verh. s. 1963 m. Gisela, geb. Bartsch, 3 Kd. (Annekatrin, Christian, Kordula) - 1952-56 Stud. Math. Univ. u. TH Aachen. Promot. (1957) u. Habil. (1961) Aachen - 1956-65 TH Aachen (Assist.; 1961 Dozent); 1958-59 Univ. New York, 1976-77 Rektor Univ. Bonn, 1977 Commandeur de l'Ordre de Mérite du Grand-Duché de Luxembourg, 1979 Officier dans l'Ordre des Palmes Académiques, Rep. Francoise, 1981 Doctor of Science h.c. Glasgow - BV: Vorlesungen üb. partielle Differentialgleichungen zweiter Ordnung, 1967; Initial Boundary Valne Problems in Mathematical Physics, 1986.

LEISCHNER, Anton
Dr. med., Prof., Direktor i. R. Rhein. Landesklinik f. Sprachgestörte, Bonn - Loo'sche Heide 59, 4194 Bedburg-Hau - Geb. 28. Mai 1908 Niklasdorf (Vater: Oskar L., Oberförster; Mutter: Marie, geb. Clement), kath., verh. s. 1980 m. Dr. Margarete, geb. Löwe - Promot. (1933) u. Habil. (1943) Prag - BV: u. a. D. Störungen d. Schriftsprache, 1957; D. Lebensschicksal hirnverletzter Jugendlicher u. Kinder, 1962; The agraphias, Handbook of clinical Neurology, Vol. 4, 141-180, 1969; Aphasien u. Sprachentwicklungsstör., 1979, 2. A. 1987; Klinische Sprachpathol., 1981 - Spr.: Franz., Engl., Tschech.

LEISER, Erwin

Dr. h.c., Publizist u. Filmregisseur - Postf. 229, CH-8028 Zürich - Geb. 16. Mai 1923 Berlin (Vater: Hermann L., Rechtsanw. † 1937; Mutter: Emmy, geb. Abrahamsohn † 1964), verh. s. 1960 m. Vera, geb. Wagner, 2 Töcht. (Marion, Sandra) - Univ. Lund/Schweden (cand. phil. 1946) - Theater- u. Literaturkrit., Übers. (Theaterst., Lyrik), 1950-58 Feuilletonredakt. Morgon-Tidningen (Stockholm), fr. Mitarb. Schwed. Rundf. (Fernsehen), Herausg. zahlr. Publ., s. 1959 Filmregiss., 1966-69 Dir. Dt. Film- u. Fernsehakad. Berlin. Filme: Mein Kampf (1960), Eichmann u. d. III. Reich (1961), Wähle d. Leben (1963), Deutschland erwache! (1968), Keine Welt f. Kinder (1972), Ich lebe in d. Gegenw. (1973), V. Bebel z. Brandt (1974), Weil sie Frauen sind (1975), Frauen d. dritten Welt (1975), D. Welt d. Fernando Botero (1976), Bram van Velde - Maler d. Schweigens (1977), Edward Kienholz (1977), Männer im besten Alter (1978), D. versunkenen Welten d. Roman Vishniac (1978), Willem de Kooning u. d. Unerwartete (1979), D. Leidensch. d. Isaac Bashevis Singer (1981), Stille Stellen (1981), Raphael Soyer - New Yorker Maler (1981), Leben n. d. Überleben (1982), Botero als Bildhauer (1982), Vor 50 Jahren war alles dabei (1983), D. Kunst ist d. Leben - Willem de Kooning 1984 (1984), Erde-Schatten-Stein-Rolf Iseli (1984), D. Mitläufer (1985), D. furchtlose Auge - Berenice Abbott (1985), Isaac Bashevis Singer u. New York (1985), Hiroshima-Erinnern u. Verdrängen (1985), James Rosenquist (1986), Boteros Corrida (1986), Im Zeichen d. Feuers - Elie Wiesel (1986), Welt im Container (1987), Licht zwischen d. Bäumen (1987), D. größte Kunstraub aller Zeiten (m. Nina Steinhauser, 1987), Kulturszene Los Angeles (1987), Frei und links (1988), D. Feuerprobe (1988), Ich habe immer Schutzengel gehabt (1989), Das hungrige Auge - Avigdor Arikha (1991), Wer war Hugo Weber? (1991), Kunst u. Macht (1992) - BV (deutschspr.): Mein Kampf 1962; Wähle d. Leben, 1963 (beide m. d. Untertitel: D. Buch z. Film); Dtschl. erwache!, 1968; Leben nach d. Überleben, 1982; Nahaufnahmen, 1990 - 1960 Gr. Preis Filmfestsp. San Franzisko, 1961 Preis Senator f. Jugend u. Sport Berlin, 1963 Filmpreis Stadt Zürich, 1964 Gr. Qualitätsprämie Schweizer. Bundesrat, 1964 Filmfestp. Melbourne, 1973 Filmfestp. Moskau, 1979 u. 80 Grand Prix Kunstfilmfestival Asolo, 1981 u. 84 Montreal, Grand Prix Kunstfilmfestival Padua, 1985; 1991 Ehrendoktor d. Philosophie Univ. Stockholm - Liebh.: Musik, Kunst, Pfeifensamml. - Spr.: Schwed., Engl., Franz. - 1938-62 Schweden (schwed. Staatsbürger); s. 1962 Wohnsitz Zürich.

LEISING, Helmut
Dr. jur., Fabrikant, Geschäftsf. Schraubenfabrik Dorn GmbH. - Dornstr. 9, 4690 Herne/W. - Geb. 4. Jan. 1909 - Gr. jurist. Staatsprüf.

LEISNER, Klaus
Dr. rer. nat., Geschäftsführer The Radiochemical Centre GmbH, Braunschweig (s. 1984) - Südstr. 23, 3171 Didderse, Kr. Gifhorn (T. 05373 - 70 23) - Geb. 30. Sept. 1927 Berlin (Vater: Hermann L., Bankier; Mutter: Eva, geb. Wenzel), ev., verh. s. 1952 m. Hildegard, geb. Wache, 2 Kd. (Renate, Stefan) - Promot. 1950 FU Berlin - 1950-52 Wiss. Assist. Zoolog. Inst. FU Berlin, Betriebsassist., Verkaufsleit. Sass, Wolf u. Co., Berlin; Akumed GmbH, Berlin (b. 1965); 1965-72 Geschäftsf. Dt. Endoskopbau-Ges. mbH, Berlin, 1972-90 Amersham Buchler GmbH, Braunschweig. 1969-72 Sozialrichter - Mitarb. Handb. d. zerstörungsfreien Materialprüf., 1970 - Liebh.: Sammeln mod. Kunst - Spr.: Engl.

LEISNER, Walter
Dr. jur., o. Prof. f. Staats-, Verwaltungs- u. Völkerrecht - Kochstr. 2 (Jurist. Fak.), 8520 Erlangen - Geb. 11. Nov. 1929 München (Vater: Andreas L., Ministerialrat; Mutter: Annemarie, geb. Bräutigam), kath. - Dr. jur. München, Docteur en Droit Paris, Dottore in Giurisprudenza Rom - 1960 Privatdoz. Univ. München; 1961 Ord. Univ. Erlangen-Nürnberg. Vorst. Inst. f. Staats- u. Verwaltungsrecht, Vorst. Inst. f. Europ. Wirtschaftsrecht, Vorst. Adolf-Weber-Stift. - BV: Grundrechte u. Privatrecht, 1960; Öffentlichkeitsarbeit der Regierung, 1966; Werbefernsehen u. öfftl. Recht, 1967; Grundl. d. Berufsbeamtentums, 1972; Verfass.rechtl. Grenzen d. Erbschaftsteuer, 1972; Sozialbind. d. Eigentums, 1972; Sozialversich. u. Privatversich., 1974; Pressegleichheit, 1976; Wertzuwachssteuer, 1978; Demokratie - Selbstzerstörung e. Staatsform, 1979; D. Gleichheitsstaat, 1980; D. Demokr. Anarchie, 1982; D. Lenkungsauflage, 1982; D. Führer, 1983; D. Triumph, 1987; D. Staatsrenaissance, 1987; Umweltschutz durch Eigentümer, 1987; Selbstbedienungsgroßhandel u. Verf.R., 1987; Legitimation d. Berufsbeamtentums, 1988; D. Monumentalstaat, 1989; Staatl. Rechnungsprüfung Privater, 1990; D. Staatseinung, 1991 - 1982 Bayer. VO; Großoffz. ital. VO - Spr.: Engl., Franz., Ital., Span., Russ.

LEIST, Otmar
Schriftsteller - Löningstr. 35, 2800 Bremen 1 - Geb. 16. Jan. 1921 Bremen, ledig - Abit. - Banklehre - S. 1969 Mitgl. DFG-VK; s. 1975 Mitgl. im Werkkreis Lit. d. Arbeitswelt; s. 1977 Mitgl. IG-Druck u. Papier - BV/Gedichtbde.: Helm ab z. Denken, 1975; Jahre d. Feuerteufels, 1976; In halber Helle, 1976; Mobilmachung, 1977; Im Gold. Westen, 1978; Menschenwerk, 1979; D. Stadt f. uns, 1981; Springende Punkte, 1984; Langer Zorn, längere Liebe, 1992.

LEISTENSCHNEIDER, Wolfgang

Dr. med., Univ.-Prof. f. Urologie FU Berlin - Hardenbergstr. 8, 1000 Berlin 12 (T. 313 30 70) - Geb. 28. Sept. 1943 Traben-Trarbach (Vater: Dr. med. Edmund L., Arzt; Mutter: Anneliese, geb. Goers), kath., verh. s. 1969 m. Doris, geb. Kupzok, 2 Kd. (Alexandra, Patrick) - 1963-69 Univ. Münster (Staatsex. Med. 1969, Promot. 1970); Habil. 1981 FU Berlin - B. 1983 Urol. Klinik Charlottenburg; ab 1983 Prof. FU - BV: Praxis d. Prostatazytologie, 1984; Atlas of prostatic cytology (auch engl.), 1985. Üb. 100 Publ., zahlr., auch intern. Lehrbuch- u. Buchbeitr. - 1989-91 Vors. d. Berliner Urolog. Ges.

LEISTER, Klaus Dieter
Dr. jur., Vorstandsmitglied Westd. Landesbank (s. 1989) - Herzogstr. 15, 4000 Düsseldorf 1 (T. 8 26-01) - Geb. 26. Nov. 1937 Berlin - Gymn.; Stud. Rechts- u. Staatswiss. - 1969-72 Bundeswirtschaftsmin.; 1972-74 Bundesfinanzmin. (Leit. Ministerbüro); 1974-79 Bundeskanzleramt (Leit. Kanzlerbüro); 1979-80 Bundesmin. f. wirtschaftl. Zusammenarbeit (Leit. Abt. 2); 1981-82 Staatssekr. (Rüstung u. milit. Planung) Bundesmin. d. Verteidig., dann Innenmin. NRW; 1983-88 Chef d. Staatskanzlei NRW u. Staatssekr.; 1989 Generalbevollmächtigter d. WestLB, Jan. 1991 Vorst.-Mitgl. - Spr.: Engl., Franz.

LEISTER, Rolf-Dieter
Unternehmensberater - Beratungsges. f. Kommunikations- u. Informationstechnik mbH, Theodor-Heuss-Str. 11, 7000 Stuttgart 1 (T. 0711 - 29 70 41 od. 29 70 42) - Geb. 23. Sept. 1940 Wilhelmshaven (Vater: Karl L., Musiker; Mutter: Gertrud, geb. Ammann), kath., verh. s. 1963 m. Ingrid, geb. Teltschik, 2 T. (Claudia, Sandra) - Gymn. Berlin; Ind.kfm. Berlin, Hochschulinst. f. Wirtsch.kunde Berlin - B. 1980 Geschäftsf. IBM Dtschl.; s. 1981 Inh. u. Leit. Beratungsinst. f. Informations- u. Kommunikationstechn., Stuttgart/Frankfurt; s. 1983 AR-Mitgl. BÖWE Maschinenfabrik GmbH, Augsburg - Liebh.: Ski, Tennis, Segeln, Musik (Klass.), Lit. - Spr.: Engl., Franz. - Lit.: div. Presseveröff.

LEISTNER, Bernd
Dr. phil. habil., Literaturwissenschaftler, Kritiker, Essayist; Doz. Inst. f. Lit. Leipzig (s. 1988) - Alfred-Kästner-Str. 1, O-7030 Leipzig (T. 0341 - 32 06 95) - Geb. 3. Mai 1939 Eibenstock, ev., verh. s. 1965 m. Maria-Verena, geb. Schoch, T. Saskia - Stud. German. u. Chem. Univ. Leipzig; Promot. 1971 u. Habil. 1982 Univ. Leipzig - 1962-71 Lehrer; 1971-76 Lektor; 1976-88 wiss. Mitarb. an d. Klassikerstätten Weimar - BV: Unruhe um e. Klassiker, 1978; Johannes Bobrowski. Studien u. Interpretationen, 1981; Spielraum d. Poetischen, 1985; Sixtus Beckmesser, Ess. 1989 - 1985 Heinrich-Mann-Preis.

LEISTNER, Eckhard
Dr., Prof. f. Pharmaz. Biologie, Dir. Inst. f. Pharmaz. Biol. Univ. Bonn - Nußallee 6, 5300 Bonn - Geb. 20. Jan. 1941 Bad Oeynhausen (Vater: Dr. Walter L., Meteorologe; Mutter: Käthe, geb. Tracht), ev., verh. s. 1968 m. Doris, geb. Beyer, 3 S. (Jan, Tillman, Benjamin) - 1962-65 Stud. Biol. u. Chemie Univ. München; Promot. 1968, Habil. 1973 - 1968-69 wiss. Assist. Univ. München; 1969-71 Res. Assoc. McMaster Univ. Hamilton/Kanada; 1971-73 wiss. Assist. Univ. Bochum; 1973-75 Priv.-Doz. ebd.; 1975-82 Wiss. Rat u. Prof. Univ. Münster; 1983 Beruf. univ. Prof. Univ. Bonn. Entd. neuer pflanzl. Stoffwechselwege. Buchbeitr. - Spr.: Engl.

LEISTNER, Lothar

Dr. med. vet., Prof., Lebensmittel-Mikrobiologe - E.-C.-Baumann-Str. 20, 8650 Kulmbach/Ofr. (T. 8 03-2 20) - Geb. 23. Juli 1927 Aue/Sa., ev., verh. s. 1961 m. KaiMin, geb. Diao, 3 Kd. (Rumo, Rulan, Rupert) - 1947-52 Univ. Leipzig u. Berlin (1948 Humboldt, 1950 Freie). Promot. FU Berlin - 1954 b. 1959 Bundesanstalt f. Fleischforsch., Kulmbach (Wiss. Angest.); 1959-61 American Meat Inst. Foundation, Chicago (Visiting scientist); 1961-62 Inst. Pasteur, Lille (Stagiaire); 1962-63 Euratom, Paris (Fonctionnaire scientifique); 1963-66 Iowa State Univ. Ames (Assistant Prof.); s. 1966 Bundesanst. f. Fleischforsch. (Ltd. Dir. u. Prof.). Etwa 980 Fachveröff. - 1991 Mitgl. d. Akad. d. Landwirtsch. - Wiss. (VASKHNIL) d. Sowjetunion; 1991 ehrenamtl. Berater d. Chin. Fleischforsch. - Zentrums (CMRC); 1992 Intern. Award d. American Meat Science Association (AMSA) - Spr.: Engl., Franz.

LEITHÄUSER, Eva

Senatorin a.D., Justizsenatorin Hamburg (1979-86).

LEITHOFF, Horst

Dr. med. (habil.), em. o. Prof. u. Direktor i.R. Inst. f. Rechtsmedizin Univ. Mainz - Am Pulverturm 3, 6500 Mainz - Geb. 29. März 1920 Brandenburg/H. - Zul. Univ. Freiburg. Etwa 100 Fachveröff.

LEITHOFF, Peter

Dr. jur., Hauptgeschäftsführer (b. 1986) u. Präsidialmitglied Dt.-Schwed. Handelskammer, Stockholm - Ehrenvärdsgatan 3, 112-35 Stockholm (T. 08 - 652 57 12) - Geb. 13. Juli 1916 Stettin, verh. s. 1964 m. Annemarie, geb. Larsson - Marienstifts-Gymn. Stettin; Univ. Tübingen (Promot. 1940) - 1967 Ritterkreuz I. Kl. Kgl. Schwed. Vasa-Orden; 1976 Gr. BVK; 1986 Königl. Schwed. Verdienstmed. 8. Stufe am Seraphimband.

LËITIS, von, Gregorij H.

Regisseur, Honorary Artistic Director d. Elysium Theater Company New York (s. 1991) - Bonner Platz 1/IV, 8000 München 40 (T. 089 - 30 42 30); 97 East 7th Street New York, N. Y. 10009 (T. 212 - 5 29-16 64) - Geb. 22. Nov. 1944 Wuppertal, kath., led., S. Andreas - Schauspielstud. b. Herbert Mensching in München; Stud. Kunstgesch. u. Theaterwiss. Univ. München; Bühnenreifeprüfung 1968; Stud. b. Lee Strasberg am Actors Studio New York 1980/81 - 1983-92 Director d. Elysium Theater Company New York; 1988-90 Lehrer am Dt. Haus d. New York Univ., New York; 1990-92 Intendant d. Landestheater Mecklenburg, Neustrelitz; Vors. d. Erwin Piscator Award f. Regiearbeit - Insz.: Stella (Goethe); Human Voice (Cocteau); Auf d. Chimborazzo (Dorst); D. jüd. Frau (Brecht); Madonna u. Mike (Schärfl); D. Rattenjagd (Turrini); Tor u. Tod (Hofmannsthal); Kasimir u. Karoline (Horvarth); Katzelmacher (Fassbinder); Woyzeck (Buchner); Bremer Freiheit (Fassbinder); Besuchszeiten (Mitterer); Emilia Galotti (Lessing); Iphigenie auf Tauris (J. W. von Goethe), Nov. 1991 Insz. in New York - 1985 Theatreclubprize New York (f. Regiearbeit in New York) - Spr.: Engl., Ital. - Bek. Vorf.: Franz Hirt, Landgerichtspräs. u. Gründer d. Landgerichts in Gera Fürstentum Reuß (Urgroßvater).

LEITNER, Anton Gerhard

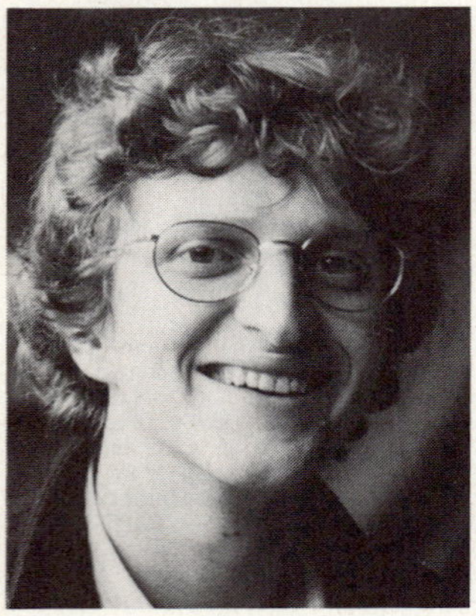

Rechtsreferendar, Publizist - Buchenweg 3/I, 8031 Weßling/Obb. (T. 08153 - 39 58; Fax 08153 - 42 81) - Geb. 16. Juni 1961 München (Vater: Anton L., Oberstud.-Dir.; Mutter: Ingrid, geb. Wölpl), kath., verh. s. 1991 m. Felizitas, geb. Kamps, Ärztin - Abit. humanist. Gymn.; Stud. d. Rechte Ludwig-Max.-Univ. München - 1985-91 Vors. Initiative Junger Autoren (IJA), München; 1988 Projektleit. Inter-Aktionen/Tage junger Lit., München u. 1989 Dialoge. Forum f. junge Lit. in Bayern, Dießen, 1990 Landshut, 1991 Uffenheim; 1990 künstl. Leit. Münchner Lit.fest (Theater d. Jugend) u. Literarische Bahnfahrt m. jungen Autoren aus Ost u. West v. München nach Passau im Rahmen d. Intern. Frühjahrsbuchwoche in Bayern - BV: Schreite fort, Schritt, Ged. 1986; Nichts geht mehr - aber spielt ruhig weiter!/ Liebe made in Germany, Ged. u. Miniat. 1989. Herausg.: Dichte, denn d. Welt ist leck (1985); Ged. üb. Leben (1987); Eiszeit - Heißzeit / Lit. d. 80er J. (1988); Im Flügelschlag d. Sinne, Erot. Ged. (1991). Lit. Toncassette: D. B-Tonleier, BR-Aufz., 1985 - 1986-88 Jurymitgl. Bundeswettbew. Schüler schreiben, Bonn/Berlin; 1989 u. 1991 Einladung z. Lit. März Stadt Darmstadt (Wettbew. um Leonce- u. Lena-Preis) - Liebh.: Werke d. ital. Dichters Giuseppe Ungaretti, Musik (Jazz, Mozart, Bach) - Spr.: Engl., Lat., Griech. - Bek. Vorf.: Peter Wölpl, Gitarrist (Cousin); Josef Nemetz, Rennfahrer (Großonkel); Ferdinand Leitner, Dirig./Komp.

LEITNER, Ferdinand

Prof., Generalmusikdirektor - Tägernstr. 22, CH-8127 Forch/Zürich - Geb. 4. März 1912 Berlin, ev., verh. m. Gisela, geb. Büsing, S. Michael aus 1. Ehe - Musikhochsch. Berlin (bereits m. 14 Jahren) - B. 1939 (Einberuf.) Pianist u. Konzertbegl., n. 1945 Dirig. Staatsoper Hamburg, 1946-47 Operndir. Staatsoper München, 1947-69 GMD Staatsoper Stuttgart u. Leit. Symphonie-Konzerte Württ. Staatskapelle, 1969-84 musik. Oberleit. Zürcher Oper. Gastdirig. Europa, USA, Japan, Australien, Russland, Buenos Aires. Festsp.: Bayreuth, München, Salzburg, Wien, Bregenz, Venedig, Holland, Edingburgh, Luzern, Zürich etc. Schallpl.: Dt. Grammophon u.a. - 1961 Prof.-Titel; Gr. BVK; Commandeur Oranje Nassau-Ord., Nägeli-Med. Zürich.

LEITNER, Ruth-Margret

s. Pütz, Ruth-Margret

LEITZ, Georg

Dr. med., Prof. f. Orthopädie u. Unfallchir. Univ. Münster i.R. - Geb. 7. Juni 1931 Tübingen (Vater: Georg L., Pfarrer; Mutter: Hedwig, geb. Werwag), ev., verh. s. 1965 m. Renate, geb. Köhler, 2 Kd. (Sibylle, Andreas) - 1952-59 Univ. Tübingen (Promot. 1959), Habil. 1969 Münster - S. 1975 Prof. (Ltd. Arzt Klinik f. Orthopäd. u. Unfallchir. Dr. Baumann, 1970-91) - BV: Ursachen d. Bruchverh. langer Röhrenknochen, 1970; zahlr. Beitr. u. Publ. in d. Fachpresse - Spr.: Engl.

LEITZ, Ludwig

Dr. med. h. c., Fabrikant i. R. - Laufdorfer Weg 33, 6330 Wetzlar/L. - Geb. 28. Mai 1907 Wetzlar - S. 1927 Ernst Leitz GmbH., Opt. Werke (gegr. 1849), Wetzlar, 1939-74 Geschäftsf. (Ber. Forsch. u. Entw.) - B. 1985 Leitz Vertrieb BRD (Komplementär, Vors. Beirat), zeitw. Vors. FNA Feinmechanik Optik (1961ff.) - Bildhauer - 1951 Ehrendoktor Univ. Gießen - Eltern u. Großv. s. Ernst L. (Bruder).

LEITZMANN, Claus

Dr. rer. nat., Prof. f. Ernährungswissensch., Biochemiker - Dörrenbergweg 24, 6312 Laubach (T. 06405 - 76 14) - Geb. 6. Febr. 1933 Dahlenburg (Vater: Wilhelm L., Postbeamt.; Mutter: Thyra, geb. Garbers), ev., verh. s. 1957 m. Ilse, geb. Wachenhusen, 4 Kd. (Peter, Michael, Rita, Heidi) - Mittelsch. Lüneburg, 1949-51 Gärtnerlehre, 1952-56 Wanderjahre; Chemie-Stud. Capital Univ. Columbus/Ohio, M.Sc. 1964 (Mikrobiol.); Promot. 1967 (Biochemie), Habil. 1976 - 1967-69 Wiss. Mitarb. Mol.-Biol. Inst. Univ. of Calif., Los Angeles; 1969-71 Doz. Univ. Bangkok/ Thail.; 1971-74 Assist.-Prof. Chiang-Mai/ Thail.; s. 1974 Inst. f. Ernähr.wiss. u. Tropeninst. Univ. Gießen; 1978 Prof. Univ. Gießen u. Dir.mitgl. Zentr. f. Region. Entwickl.forsch.; Gutachterreisen u. Forsch.proj. Afrika u. Asien (Ernährungsprobl. in Entwickl.ländern) - Mitgl. div. wiss. Ges. - BV: Vollwert-Ernährung, 1981; Nahrungsmittelhilfe in Katastrophenfällen, 1982; Möglichkeit. z. Verbess. d. Ernährungssituation in Entwicklungsländern, 1982; Ernährungserhebungsmeth., 1984; Wörterb. d. Ernährungswiss., 1988; Ernährung d. Menschen, 1988; Vollwertkost f. Genießer, 1988; Vollwertkost f. Diabetiker, 1990; Ernährung in d. Risikoges., 1989; zahlr. Veröff. in Fachztschr. - 1988 Zabel-Preis - Spr.: Engl., Franz.

LELEK, Antonin

Ph. D., Prof. f. Fischereikunde Univ. Göttingen, Leit. Sekt. Ichthyologie II u. Fischökol. Forschungsinst. Senckenberg, Frankfurt - Neugartenstr. 32A, 6231 Sulzbach/Ts. (T. 06196 - 7 20 33) - Geb. 11. Okt. 1933 Nachod, verh. s. 1959 m. Dr. rer. nat. Marta, geb. Lokvenc, 2 Töcht. (M.A. Martina, Karolina) - Stud. Land- u. Fortwiss. Univ. Brno (Brünn); Dipl.-Ing. u. C.S.C. Ph.D. (Staatskommiss. d. Akad. d. Wiss. Prag) - Wiss. Tätigk. Akad. d. Wiss. Brünn; Lehrtätigk. Univ. Legon in Ghana; Fischereibiol. d. F.A.O. d. Biol. Anst. Helgoland. Mehrere Aufenthalte in trop. Ländern. Gastprof. Univ. Guelph, Kanada - Üb. 150 wiss. Veröff., z. B. Bedrohte Fische Europas; Ökol.-Fischereibiol. Publ. üb. d. Rhein, Donau u. trop. Gewässer. Mithrsg. v. 4 wiss. Ztschr., u.a. Journ. of Fish Biology; Env. Biol. of Fish; Fischökol. - Liebh.: Jagd, Ski, Fotogr. - Spr.: Engl., Tschech. (Mutterspr.), Russ.

LELL, Joachim

D., Prof., Pfarrer i. R., ehem. Direktor Ev. Bund u. Leit. Konfessionskundl. Inst. Bensheim (1957/63-81) - Ernst-Ludwig-Str. 7, 6140 Bensheim/Bergstr. 1 - Geb. 5. Febr. 1916 Heidenheim/Brenz (Vater: Dr.-Ing. Jakob L.; Mutter: Wanda, geb. Wagner), ev., verh. s. 1942 m. Luise-Marianne, geb. Koppenhöfer, 2 Kd. (Karl-Gerhard, Luise-Dorothea) - 1948-50 Kirchl. Hochsch. Neuendettelsau; 1950/51 Univ. Tübingen - 1951/52 Vikar Ulm; 1952-57 Pfarrer Stuttgart - BV: D. Mischehe - Handb. f. d. ev. Seelsorge, 1959; Mischehen? - D. Ehe im ev.-kath. Spannungsfeld, 1967 (Siebenstern-Taschenb.). Beitr. Bensheimer Hefte (Luther vor d. Konzil, 17 1962; Bleibende Aufgaben d. Reformation, 22 1964; Ev. Fragen an d. Röm.-Kath. Kirche, 32 1967). Mitbegr. JEB (1958) u. wiss. Reihe Kirche u. Konfession (s. 1962); darin kirchengeschichtl., konfessionskundliche u. theologische Beiträge, u. a. - 1968 Ehrendoktor Univ. Tübingen; 1985 Hon.-Prof. Univ. Mainz - Spr.: Engl., Franz.

LELLEK, Eberhard

Maler, Grafiker, Filmzeichner - Schulberg 7-9, 6200 Wiesbaden (T. 0611 - 52 89 60) - Geb. 21. Juni 1922 Breslau, kath., verh. s. 1952 m. Grete, geb. Lukow, 2 Kd. (Klaus, Sabine) - Human. Gymn.; Baupraktikum; Kriegsdienst; 1941-47 Gefangenschaft Tunesien - Stud. d. Malerei Saarbrücken (b. Masereel); Autodidakt s. 1944; 1944-54 freie Malerei; 1954-77 Maler u. Zeichner im Zeichentrickfilm Bad Godesb. u. Wiesbaden; Chefz., Regie, Atelierleitg.; s. 1977 fr. Malerei; Mitgl. im Berufsverb. (BBK) - Malerei real. Prägung Öl- u. Aquarelltechn. (ca. 1000 Werke); Druckgrafik, Handzeichn.; Illustr. zu Dante Divina Commedia; Arbeiten in Ton; 1954-77 Zeichentrick: 10-20.000 Zeichn. pro Jahr; Ged. u. d. tunes. Tagebuch als verbale Äußerung - Spr.: Franz., Engl. - Lit.: Suche nach sich u. Realität (Dr. Alexander Hildebrand); Vorstell. im Kunstspiegel (Journal f. Bild. Kunst) von HD.

LELLEK, Walter E.

Dipl.-Politol., MdL Nieders. (1970-90) - Jakob-Kaiser-Weg 3, 3180 Wolfsburg 1 (T. 7 21 58) - Geb. 11. März 1924 Kattowitz O/S (Vater: Josef L., Baumeister; Mutter: Rosa, geb. Orgler), kath., verh. s. 1957 m. Evamaria, geb. Nachtwey, 3 Söhne (Gregor, Viktor, Oliver) - Abit. 1949 Berlin, Stud. Pol. Wiss., Jura, Volksw., Dipl. 1954 FU Berlin - S. 1988 Vors. Trägerverein Landesmuseum Schlesien; s. 1983 Vorst.-Mitgl. Stift. Schlesien; s. 1991 Vors. Ost- u. Mitteldt. Vereinigung d. CDU/CSU KV Wolfsburg - 1983 BVK - Spr.: Engl., Poln.

LEMBACH, Wolfgang K.

M.A., Geschäftsführer u. Pressesprecher FDP-Fraktion im Landtag Rhld.-Pfalz, Pressesprecher FDP-Landesverb. Rhld.-Pfalz - Deutschhausplatz 12, 6500 Mainz 1 (T. 06131 - 20 84 25/4 38) - Geb. 14. Mai 1953 - Verwaltungslehre; Stud. Publiz., Politikwiss. u. Öfftl. Recht; Stip. Friedrich-Naumann-Stiftg.

LEMBCKE, Hans-Rudolf

Dr. Ing., Dipl.-Ing., Hon.-Prof. Univ. Hannover, Geschäftsführer Krupp-MaK Maschinenbau, Kiel-Friedrichsort (1966-85) - Friedrich-Voß-Ufer 6, 2300 Kiel-Holtenau (T. 36 11 56) - Geb. 19. Nov. 1920 Westerrönfeld (Vater: Claus L., Steueramtm.; Mutter: Greta, geb. Solterbeck), ev., verh. s. 1950 m. Helga, geb. Hoffmann, 2 Kd. (Margrit, Hans-Peter) - Gymn. Rendsburg (Abit. 1939); TH Danzig u. Hannover (Maschinenbau; Dipl.-Ing. 1947). Promot. 1950 Hannover - 1939-45 Kriegsmarine (zul. Oblt.; Ing.); 1950-85 Krupp MaK, Kiel (1985 i.R.) - Spr.: Engl.

LEMBCKE, Rudolf

s. Lembcke, Hans-Rudolf

LEMBKE, Andreas

Dr. phil., Dr. med., Prof., Inst. f. Virusforschung u. experimentelle Medizin - 2420 Sielbeck/Holst. (T. Eutin 7 10 61-63) - Geb. 22. Jan. 1911 Bannesdorf/ Fehmarn - s. 1939 (Habil.) Lehrtätigk. Univ. Kiel (1945 apl. Prof. f. Bakt.). Mitgl. Dt. Ges. f. Hygiene u. Mikrobiol., Dt. Ges. f. Elektronenm., Ges. Dt. Chemiker, Nordwest-dt. Ges. f. inn. Med. In- u. ausl. Mitgliedsch. üb. 300 Fachveröff. - 1969 BVK I. Kl., Österr. Ehrenkreuz f. Wiss. u. Kunst I. Kl., Gold. H.-Weigmann-Med., Ehrenmitgl. Dt. Ges. f. Milchwiss., Jap. Ges. f. Zootechn., Am. Geogr. Soc. - Spr.: Engl., Franz. - Rotarier.

LEMCKE, Dietmar

Prof., Maler u. Graphiker, Dozent Hochsch. f. bild. Künste Berlin (s. 1958) - Hildegardstr. 24, 1000 Berlin 31 (T. 853 79 45) - Geb. 13. Jan. 1930 Goldap/ Ostpr. (Vater: Friedrich L., Studienrat; Mutter: Dorothee, geb. Granse), verh. (Ehefr.: Juristin) - Kunstakad. Berlin (Prof. Ernst Schumacher). 1951-54 Stud. europ. Länder u. Nordafrika; 1958 Stip. Rom (Villa Massimo) - 1953 Kunstpreis Stadt Berlin - Liebh.: Bücher, Schallpl.

LEMCKE, Kurt

Dr. phil. nat., Geologe, Prof. - Fritz-Reuter-Str. 19a, 8000 München 60 (T. 83 53 58) - Geb. 28. April 1914 Wittenburg (Vater: Dr. jur. Emil L., Oberkirchenratspräs.; Mutter: Margarete, geb. Schlottmann), ev., verh. s. 1944 m. Hilde, geb. v. Laue, 3 Töcht. (Margarete, Jutta, Barbara) - Stud. d. Geol. Univ. Heidelberg, Freiburg/Br., Jena; Promot. 1937 ebd.; 1. u. 2. Staatsex. 1938 u. 1940 Reichsamt f. Bodenforsch., Berlin - 1937-39 Hochsch.assist. Rostock; 1940-45 Reichsamt f. Bodenforsch. Berlin u. Wehrdst.; s. 1948 Geologe Gewerksch. Elwerath Erdölwerke bzw. Gew. Brigitta u. Elwerath Betriebsführungsges. mbH, Hannover, s. 1978 i. R., s. 1969 Lehrauftr. TU München (1974 Honorarprof.). 1978 Ehrenmitgl. Verein Schweiz. Petrol.-Geol. u. Ing., 1979 Oberrhein. Geol. Verein - BV: Geologie v. Bayern I (Bayer. Alpenvorland v. d. Eiszeit), 1988. Üb. 70 Fachveröff. in geol. Ztschr. - Liebh.: Gesch., Klass. Musik, Bergsteigen - Spr.: Engl. - Schwiegersohn v. Max v. Laue.

LEMHOEFER, Dieter Wolf

Dr. iur., Prof., Ltd. Regierungsdirektor a. D. (Bundeskartellamt Berlin), Hon.-

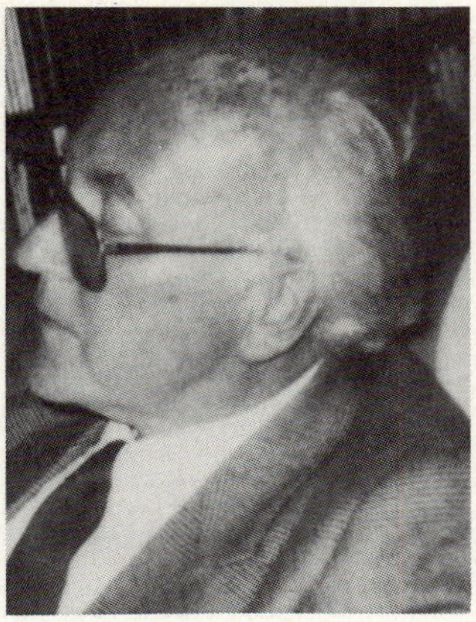

Prof. f. Wirtschaftsrecht, FH f. Wirtschaft Berlin (s. 1987) - Lückhoffstr. 5 A, 1000 Berlin 38 (T. 030 - 803 70 33) - Geb. 13. Febr. 1925 Berlin (Vater: Gustav L., Hauptmann a.D.; Mutter: Ida, geb. Zürcher), Nachkomme Salzburgischer Emigranten, ev., verh. s. 1953 m. Jutta, geb. Pfau, 2 Kd. (Claudia, Stephan) - 1942-44 Kriegsdienst/Fronteinsatz, mehrfache schwere Verwundungen (Schwerkriegsbeschädigter); Stud. Friedr.-Wilh.-Univ. Berlin (Jura), FU Berlin (Volksw.); 1. u. 2. jurist. Staatsex.; Promot. (Jura) 1953 Berlin/W. - 1946-52 pers. haft. u. gf. Gesellsch. e. oHG (Werbewirtsch.); 1948ff. Mitgl. d. Kammer d. Werbeschaffenden, Fachgr. Werbung in Bild u. Ton (Mitgl. Berufsprüfungskommiss.); 1948ff. Vereinig. Film- u. Lichtbildwerb. (Mitgl. Ehrenrat, Schlichtungs- u. Satzungskommiss., 1951/52 Syndikus); 1952-60 Richter in Berlin/W., zul. Vors. Kammer f. Handelssachen; 1960-87 Bundeskartellamt Berlin; 1971 u. s. 1972/73 Lehrauftr. f. Wettbewerbsrecht, Gewerbl. Rechtsschutz u. Kartellrecht a. d. FH f. Wirtsch., Berlin . 1962-89 jurist. Seminartätigk. im In- u. Ausl. - BV: D. Schutz d. gestalteten Werbeidee-Grundleg. d. Rechtsschutzes d. Werbung, 1954; D. Verw.praxis d. Bundeskartellamtes zu d. Lizenzverträgen (Mitautor), 1969; Willibald Krain (1886-1945) - E. bedeut. Berliner Pressezeichner u. Graphiker, Maler u. Illustrator, 1987. Publ.: Lit. u. Kunst, desgl. Vortr. a. d. Geb. - Vors. d. Berliner Bibliophilen Abend; Mitgl. Ges. d. Bibliophilen, Maximilian-Ges. Hamburg; Dt. Exlibris-Ges., Förderverein Berlin-Museum, Pirckheimer Ges. Berlin - Liebh.: Bibliophilie u. Lit., Graphik - Spr.: Franz.

LEMINSKY, Gerhard

Dr. rer. pol., Wirtschaftsjournalist, Geschäftsf. Hans-Böckler-Stiftg. - Bertha-von-Suttner-Platz 3, 4000 Düsseldorf 1 - Geb. 1934 - 1971-81 Chefred. Gewerkschaftl. Monatshefte, Düsseldorf.

LEMKE, Alexander-Gotthilf

Schriftsteller - Obere Str. 28, 3051 Sachsenhagen (T. 05725 - 2 23) - Geb. 28. Aug. 1908 Stettin (Vater: Hermann L., Kapitän (u. a. Silb. Ehrenmed. Dt. Seewarte); Mutter: Rosa, geb. Müller), verh. s. 1958 m. Amalie-Gisela, geb. Emig, S. Hans-Joachim aus 1. Ehe - Oberrealschule Lübeck (Mittl. Reife 1925); 1925-27 Seefahrt (zul. Segelmacher ‚Passat'); 1927-30 Ausbildung als Überseekaufmann (Valdivia/Chile); Begabtenabit. 1949; Stud. Psych., Hispan., allgem. Schriftgesch. u. altamerik. (indian.) Spr. - Fremdsprachler Wirtsch., 1930-35 Berichterstatter Dt. Ztg. f. Chile, Schriftl. El Correo de Valdivia, 1936-45 Tätigk. Reichsluftfahrtmin. (Berlin). Entzifferung d. altkret. Schrift; Entd. Zehnerwertigk. d. Zahlen (in: altchristl. Osterinschr. a. d. J. 397 = 113 diocletian; 70 J. vor ältest. ind. Beleg, 500 J. v. d. Arab. (Soc. Storica Maremmana Grosseto (Italien), Bollettino Nro. 29-30, XII - 1974) - BV: Die 13 südchilenischen Lieder, 1932; Heitere Peil-Ergebnisse, 1941; Weltbild n. Augenmaß, 1942; Schnappschüsse, 1943; D. Erfass. d. Persönlichkeit mittels d. Schriftanalyse in d. Psychiatrie, 1955 (Sonderdruck Psychiatr.-Neurol. Univ.klinik Innsbruck). Mitübers.: D. Nationalhymnen d. Erde, 1958 - Spr.: Engl., Norw., Ital., Span. - Bek. Vorf.: C. F. Wilhelm L., Segelschiffkapt., Blockadebrecher Krimkrieg, u. a. Gold. Ehrenkette türk. Sultan (1821-86).

LEMKE, Helmut

Musiker, Künstlerische Grenzbereiche, Verleger - Bremerstr. 31, 4800 Bielefeld - Geb. 31. Juli 1953 Cappel/Lippstadt - Konzerte experimenteller Musik, Klanginstallationen u. Multimedia-Performances im In- u. Ausl., u. a. Documenta 8, Kassel; Skulpturenmuseum Glaskasten, Marl; Folkwangtage, Essen; Museum Moersbroich, Leverkusen; Jazzfest Leverkusen; Kunstverein Heide; Kunstverein Bielefeld, Paris/Frankr., Amsterdam/Niederl.; Miljøkunst Førde (Norw.); Ruhrfestspiele Recklinghausen; Mahlersaal, Hamburg; Jazzhaus, Freiburg; Schloß Neersen; Szentendre, Ungarn; Budapest, Ungarn; Linz (Österr.); Nimwegen (Niederl.); Vlissingen (Niederl.); Leipzig (DDR); Ost-Berlin (DDR); Regionalmuseum Xanten. Rundfunk- u. Fernsehprod., Schallplatten-, Video- u. Katalogveröff. 1989 Gründung d. Edition el capitaino.

LEMKE, Karl-Heinz

Bibliotheksdirektor Dt. Sporthochsch. Köln - Carl-Diem-Weg, 5000 Köln 41 (T. 0221 - 498 23 25) - Geb. 14. Febr. 1937 Hamburg, verh. s. 1984 m. Helge, geb. Rost - Freie Univ. Berlin, Stud. Latein, Griech., Alte Gesch., Phil., Päd., Politol., Ethnol., Indologie; Staatsex. 1963, Päd. Fachprüf. 1967, Bibl. Fachprüf. 1969 - 1969-75 stv. Dir. d. Landesbibl. Fulda; 1975 Dir. d. Bibl. d. Dt. Sporthochsch. Köln.

LEMKE, Klaus

Dr. iur., Oberkreisdirektor Gifhorn (s. 1976) - Am Schloßgarten 8, 3170 Gifhorn (T. 8 23 29) - Geb. 20. Okt. 1938 Schleswig (Vater: Dr. Helmut L., s. dort; Mutter: Annemarie, geb. Petersen), ev., verh. s. 1971 m. Victoria, geb. Willemer, 4 Kd. (Bettina, Tim Helmut, Klaus-Philipp, Ernst-Christian) - Hum. Gymn. Lübeck (Abit. 1957); Stud. d. Rechte Univ. München u. Kiel; 1. u. 2. jur. Staatsex. 1961 u. 66 - 1967-69 Ass. Kreisverw. Eckernförde; 1969 Innenmin. Kopenhagen; 1970-75 Ref. Wirtsch.- u. Innenmin. Kiel - Liebh.: Segeln, Wandern, Gesch. - Spr.: Engl., Dän.

LEMKE, Manfred

Vorstandsmitglied Deutsche Telephonwerke u. Kabelindustrie AG - Wrangelstr. 100, 1000 Berlin 36 (T. 030-61042110) - Geb. 20. April 1931 - S. 1980 DeTeWe, stv. AR-Vors. Francotyp-Postalia GmbH (s. 1984).

LEMKE, Volker

Dr. jur., Rechtsanwalt u. Notar - Kleine Petersgrube 11, 2400 Lübeck; Kanzlei: Am Burgfeld 4, 2400 Lübeck (T. 3 60 27) - Geb. 27. Sept. 1942 Schleswig (Vater: Helmut Lemke, s. dort) - 1979-83 Wirtschaftssenator u. CDU-Fraktionsvors. in Lübeck, 1983-87 MdL Schleswig-Holst. CDU, Wirtsch.politischer Sprecher d. CDU-Fraktion.

LEMKE, Willy

Sparkassendirektor - Freiligrathstr. 40, 2800 Bremen - Geb. 22. Juni 1913 Rastenburg/Ostpr. - B. 1971 stv., dann o. Vorstandsmitgl. Sparkasse in Bremen.

LEMKE-SCHULTE, Eva-Maria

Senatorin f. das Bauwesen Freie Hansestadt Bremen (s. 1991) - Ansgaritorstr. 2, 2800 Bremen 1 - Geb. 1948 - S. 1979 MdBB; 1984-87 Senatorin f. Umweltschutz, 1987-91 f. Umweltschutz u. Stadtentw. SPD.

LEMMEL, Dieter

Regisseur - Zentnerstr. 19, 8000 München (T. 18 81 67) - Geb. 14. Febr. 1924 Eberswalde, verh. m. Dr. Barbara, geb. Bronnen, Sohn Florian - Fernsehfilme: Protokoll e. Ehe; D. Story; Wo liegt Arkadien - Bundesfilmbd. in Gold; 1979 u. 80 Dt. Industriefilmpreis - Spr.: Ital., Engl.

LEMMEL, Ernst-Martin

Dr. med., Prof., Rheumatologe - Wetzelstr. 2, 7570 Baden-Baden (T. 07221-3 32 58) - Geb. 8. April 1935 Königsberg (Vater: Dr. med. habil. Gerhard L.; Mutter: Vera, geb. Sembritzki), ev., verh. s. 1967 m. Krista, geb. Prokop, 2 Kd. - Ausl.tätigk. (1964-66 Tschech. Akad. d. Wiss., Prag; 1966 b. 1968 Univ. Minnesota u. 1968-70 Univ. Texas, Dallas/USA), 1970-82 Univ. Mainz; 1982-86 Ärztl. Dir. Staatl. Rheumaklinik, Wildbad; s. 1986 Ärztl. Dir. Staatl. Rheumakrkhs. Baden-Baden. Zahlr. Mitgl.sch. dt. u. intern. Fachges. In- u. ausl. Fachveröff. - Spr.: Engl., Franz.

LEMMEN, Hans

Dr. jur., Stadtdirektor Dülmen a.D. - Goetheweg 12, 4408 Dülmen/W. (T. 39 41) - Geb. 9. Juni 1925, kath., verh. s. 1956 m. Hildegard, geb. Rieken, 3 Kd. (Angelika, Gertrud, Hans-Josef) - Univ. Bonn u. Köln (Promot. 1953) sow. TH Aachen. Jurist. Staatsprüf. 1949 u. 54 - 1955-59 inn. Verw. Nordrh.-Westf. (zul. Reg.rat), 1959-87 Stadtdir. Stadt Dülmen, Landesgeschäftsf. KPV CDU Nordrh.-Westf. a. D., Vors. e. Altenpflegestiftg. u. d. Lokalfunks - VG Coesfeld.

LEMMER, Gerd

Landesminister a. D., Mitglied d. Geschäftsführung d. Krupp Industrietechnik GmbH, Duisburg-Rheinhausen (s. 1983), MdL Nordrh.-Westf. (1958-75) - Hindemithstr. 28, 5630 Remscheid (T. 7 23 16) - Geb. 13. Sept. 1925 Remscheid (Vater: Senatsbaudir. a. D. Prof. Ludwig L., Arch. (s. XVIII. Ausg.); Mutter: Betty, geb. Zehles), verh. (Ehefr.: Laurita), 2 Kd. - Lyzeum Alpinum Zuoz (Schweiz); 1946-49 Univ. Göttingen (Rechtswiss.). Gr. jurist. Staatsprüf. 1954 - Ab. 1954 Landkreistag NRW (Ass.), Landschaftsverb. Rhld. (Ref.), Vertr. d. Landes Berlin b. Bund (1957 Regierungs-, 1959 Oberreg.rat, 1961 Reg.dir.), 1961-62 Oberbürgerm. Remscheid, 1962-66 (Sturz Kabinett Meyers) Min. f. Bundesangelegenh. NRW u. Mitgl. Bundesrat, 1967 Beratertätigk. Fried. Krupp, Essen, 1967-69 Staatssekr. Bundesvertriebenen- u. -postmin. (1969); 1969-83 Vorst.-Mitgl. Buckau Walther AG, Grevenbroich. S. 1979 Mitgl. Europa-Parlament - Liebh.: Jagd.

LEMMER, Klaus J.

Dr. phil., Verlagskaufmann, Geschäftsf. Rembrandt Verlag GmbH. - Schaperstr. 35, 1000 Berlin 15 (T. 030 - 213 50 03) - Geb. 4. Aug. 1925 Berlin (Vater: Konrad L., Verleger; Mutter: Charlotte, geb. Rost), ev., gesch., 2 Kd. - Sortiments- u. Vlgsausb.; Stud. Kunstgesch., Theaterwiss., Archäol. (alles Berlin). Promot. FU Berlin - BV: Oberitalien u. s. Kunst, 1955; Primaballerinen, 1961; Engl. Theater, 1962; Franz, Barocktheater, 1963; Berlin vor hundert J., 1975; Berlin z. Kaiserzeit, 1978; Alexanderplatz, 1980 - Liebh.: Mod. Kunst - Mitgl. Ges. f. Theatergesch., Verein f. d. Geschichte Berlins, Maximilian-Ges., Berliner Kunstverein.

LEMMERMANN, Heinz

Prof., Dozent f. Musik u. Didaktik d. Musik Päd. Hochschule Bremen - 2804 Lilienthal-Trupe 25 üb. Bremen 5.

LEMMERMANN, Inge

Studienrätin a. D., MdL Nieders. (s. 1978; Schriftf.) - Holzweg 1, 4475 Sögel - Geb. 15. Juli 1938 Berlin, verh., 3 Kd. - Gymn. Berlin (Abit. 1957); Univ. Berlin u. Aix-en-Provence (Angl., Roman.). Staatsex. 1964 (Berlin) u. 66 (Hannover) - Schuldst. Cuxhaven u. Hannover. 1973-76 MdK Aschendorf-Hümmling (1974 Fraktionsf.). SPD s. 1962.

LEMOR, Rainer

Dr., Bankdirektor Landesbank Schlesw.-Holst., Girozentrale Kiel - Martensdamm 6, 2300 Kiel 1; Roesoll 20, 2305 Heikendorf.

LEMP, Hans

Verkaufsleiter, MdB (s. 1967) - Beim Tannenhof Nr. 11, 2848 Vechta/Oldbg. (T. 29 01) - Geb. 11. Dez. 1928 - Ratsherr Vechta. SPD.

LEMPER, Lothar Theodor

Dr. phil., Nordrh.-Westf. (MdL 1975-80) - Weilerstr. 32, 5040 Brühl-Vochem (T. 2 42 32) - Geb. 1. März 1946 Brauweiler, kath. - CDU (1976-88 Vors. CDU-Kreistagsfraktion, Erftkreis; 1981-83 stv. Landesvors. der CDU-Rheinl.; 1978-86 Landesvorst. CDU-Rheinl.); Schul- u. Kulturdezernent d. Erftkreises.

LEMPER, Ute

Schauspielerin, Sängerin, Tänzerin - Zu erreichen üb. Marek Liederberg-Konzertagentur, Hansaallee 19, 6000 Frankfurt 1 - Geb. 4. Juli 1963 Münster - Abit. Münster; Schauspielunterr. Max-Reinhardt-Seminar Wien - Cats 1983 Wien; Peter Pan Berlin; Cabaret Düsseldorf; Cabaret 1987 Paris - FS: D. Erbe d. Guldenburgs - 1987 Pariser Theaterpreis Molière.

LEMPIO, Frank

Dr. rer. nat., o. Prof. f. Angew. Mathematik Univ. Bayreuth - Holunderweg 1, 8580 Bayreuth.

LEMPP, Reinhart

Dr. med., em. Prof. u. ehem. ärztl. Direktor d. Abt. f. Kinder- u. Jugendpsychiatrie Univ.-Nervenklinik Tübingen (s. 1967) - Hauptmannsreute 65, 7000 Stuttgart 1 (T. 226 81 45) - Geb. 21. Okt. 1923 Eßlingen (Vater: Prof. Rudolf L., Architekt (s. dort); Mutter: Hedwig, geb. Hartmann), ev., verh. s. 1950 m. Annegret, geb. Büchner, 6 Kd. (Christof, Friederike, Albrecht, Wolfgang, Henriette, Franziska) - Gymn.; Univ. Tübingen u. Freiburg - S. 1963 (Habil.) Lehrtätigk. Tübingen (o. Prof. f. Kinder- u. Jugendpsychiatrie) - BV: Frühkindl. Hirnschädigung u. Neurose, 1964; E. Pathologie d. psych. Entwicklung, 1967; Kinder f. Anfänger, 2. A. 1968 (Zürich); Psychosen im Kindes- u. Jugendalter - e. Realitätsbezugsstörung, 1973; Jugendl. Mörder, 1977; Gerichtl. Kinder- u. Jugendpsychiatrie, 1983; Familie im Umbruch, 1986; V. Verlust d. Fähigkeit, sich selbst zu betrachten, 1992. Div. Einzelarb. - 1964 Curt-Adam-Preis; 1984 Hermann Emminghaus-Preis - Liebh.: Musik - Spr.: Engl.

LEMPPENAU, Joachim

Dr. jur., Generalbevollmächtigter Mannesmann AG Düsseldorf - Mannesmannufer 2, 4000 Düsseldorf 1 (T. 0211 - 8 20-0) - Geb. 20. Juli 1942 Stuttgart.

LEMTIS, Horst G.

Dr. med., Prof., Gynäkologe, ehem. Leit. Inst. f. Exper. Gynäkologie Univ.-Frauenklinik Berlin (Klinikum Steglitz) - Nibelungenstr. 7b, 1000 Berlin 39 (T. 803 47 11) - Geb. 24. Aug. 1923 Dechsel Kr. Landsberg/Warthe, ev., verh. s. 1951 m. Dr. med. Inge, geb. Stumme, 2 Töcht. (Nina, Nannette) - 1948-54 Baltic Univ. u. Univ. Kiel. Promot. 1954 Kiel (m. Preisarb. Med. Fak.); Habil. 1967 Berlin - S. 1956 Univ. Marburg (Wiss. Assist. Frauenklinik), Göttingen (Frauenklinik), Hamburg (Radiolog. Klinik), Berlin/Freie (1963 Oberarzt Frauenklinik/Städt. Krkhs. Moabit, 1969 Wiss. Rat u. Prof. Frauenklinik/Klinikum Steglitz) - BV: Fortschritte auf d. Gebiete d. Plazenta-Physiologie, 1970 (m. D. Puppe, U. Wilhelmi, U. Banniza v. Bazan, J. Kollath, G. Pohle); D. Rückenlage - Schocksyndrom, 1973 (m. R. Seger). Üb.

70 Einzelarb., dar. Handbuchbeitr.: D. menschl. Plazenta (m. G. Hörmann), in: Schwalm/Döderlein, Klinik d. Frauenheilkd. u. Geburtsh., Bd. III 1965 - 1971 b. 1975 Gold. Sportabz. - Liebh.: Leben u. Werk Mozarts, Architektur - Spr.: Engl., Franz., Span.

LENART, Frank

Schauspieler, Regiss., Übers., Drehbuchautor - Schwarzstr. 2, 8000 München 80 (T. 089 - 448 98 46) - Geb. 31. Dez. 1955 Los Angeles/USA (Vater: Ernest L. (Schausp.); Mutter: Renata, geb. Oppenheimer), ledig - 1974-79 Univ. of Maryland; Priv. Ausb. Los Angeles, Kalif. - S. 1974 schausp. Tätigk.; 1976 Münchener Kammersp.; 1977-78 Theater an d. Wien; 1979 Globe Theater Los Angeles; 1980-81 Tourneen; 1982 Regie American Drama Group München The Price v. A. Miller; 1982 Schauspiellunterr. u. Regie b. Univ. ob Maryland München - Hauptrollen im Fernsehen: Meine dicke Freundin, SWF 1978; Was wären wir ohne uns, SDR 1979; D. Fall Walrawe, ZDF 1980; Weltuntergang, ARD/ORF 1984; Alte Sünden rosten nicht, ZDF 1985; 1974-85 versch. Auftr. in Derrick, Aktenzeichen XY, Achsensprung (SWF), E. Haus f. uns (WDR), Klaviersp. (ZDF), Streng vertraulich (ZDF/Ch.4 England), Big Mäc (Franz Seitz Film), u.a. - Liebh.: Film, Musik, Kunst, Theater - Spr.: Engl., Deutsch.

LENCKNER, Theodor

Dr. jur. (habil.), o. Prof. f. Straf- u. Prozeßrecht - Falkenweg 5, 7400 Tübingen (T. 6 45 40) - Geb. 14. Juli 1928 Schwäb. Hall, ev., verh. s. 1961 m. Sigrid, geb. Hutten, S. Tilman, T. Bettina - Univ. Tübingen (Rechtswiss.) - 1953 Gerichtsrefer., 1957 Bankjurist, 1958 Geschäftsf. Reichsstudentenwerk i. L., 1960 Assist. Univ. Tübingen, 1964 Privatdoz. ebd., 1964 o. Prof. Univ. Münster (Dir. Rechtswiss. Sem. u. Inst. f. Kriminalwiss.), gegenw. o. Prof. Univ. Tübingen - BV: D. rechtfertigende Notstand - Z. Problematik d. Notstandsplanung im Entwurf e. Strafgesetzbuches (E 1962), 1965; Strafe, Schuld u. Schuldfähigkeit, 1973. Mitverf.: Alternativ-Entwurf e. Strafgesetzb. (Allg. Teil 1966, Bes. T. (i. Teilbd. 1968, 70, 71, 77)); Schönke-Schröder, Komment. z. StGB, 19. A. 1978.

LENDERS, Helmut

Gewerkschaftssekretär, MdB (s. 1965; Wahlkr. 75/Düsseldorf II), Präs. Arbeitsgem. d. Verbraucher, Bonn (1984ff.) - Wiehagener Str. 89, 5609 Hückeswagen - Geb. 13. Aug. 1922 Wuppertal, verh. - Volkssch.; kaufm. Lehre; 1950-51 Sozialakad. - 1941-45 Kriegsdst.; s. 1951 DGB (Bildungssekr. NRW, 1960-69 gf. Vors. Krs. Ddf). SPD s. 1955. 1965-80 Mitgl. d. Dt. Bundestag, 1971-83 Vors. SPD-Unterbez. Düsseldorf, 1973-76 Parlam. Geschäftsf. SPD-Bundestagsfraktion.

LENDERS, Winfried

Dr. phil., Prof. f. Linguistische Datenverarbeitung - Hauptstr. 128, 5300 Bonn - Geb. 1943 Straelen - S. 1974 Prof. f. Kommunikationsforsch. (Linguist. Datenverarb.); s. 1982 Leit. d. Stud. Universale d. Univ. Bonn - BV: D. analyt. Begriffs- u. Urteilstheor. v. Leibniz u. Wolff, 1971; Einf. in d. Linguist. Datenverarb., 1972; Semant. u. Argument. Textdeskription, 1975; Masch. Auswert. sprachhist. Quellen, 1982; Maschinenlesbare dt. Lexika, 1982. Mithrsg.: Sprache u. Datenverarb. (1977ff.); Sprache u. Inform. (Buchreihe, 1982ff.); Computational Linguistics (Handb. 1989).

LENDLE, Otto

Dr. phil., o. Prof. f. Klass. Philologie Univ. Marburg (s. 1977) - Alte Höhle 4, 3552 Wetter 6 (Mellnau) (T. 06423 - 67 48) - Geb. 17. Jan. 1926 Hersfeld - Habil. 1962 Marburg - Zul. o. Prof. Univ. Saarbrücken (1967-77). Fachveröff.

LENEL, Hans Otto

Dr. rer. pol., Dipl.-Kfm., o. Prof. f. Volkswirtschaftslehre Univ. Mainz - 6500 Mainz - Geb. 18. Febr. 1917 Göttingen, ev., verh. s. 1949 m. Dr. Mechtild, geb. Oehlert, 3 Kd. - Stud. Volks- u. Betriebsw. - Wirtschaftsprüfer; Privatdoz. Univ. Bonn u. Hamburg - BV: Ursachen d. Konzentration, 2. A. 1968; Unternehmensverflechtungen i. d. EWG, 1972.

LENGELER, Rainer

Dr. phil., o. Prof. f. Engl. Philologie, Direktor Engl. Seminar d. Univ. Bonn - Habsburgerring 5, 5000 Köln 1 (T. 0221 - 240 18 42) - Geb. 3. März 1933 Bracht, kath., ledig - Stud. Univ. Löwen, Köln, Leeds, Bonn; Promot. 1963 Bonn; Habil. 1971 Kiel - 1973 o. Prof. Düsseldorf; 1978/79 Dekan; 1979 o. Prof. Bonn; 1984/85 Dekan - BV: Tragische Wirklichk. als groteske Verfremdung b. Shakespeare, 1964; D. Theater d. leidenschaftl. Phantasie. Shakespeares Sommernachtstraum als Spiegel s. Dichtungstheorie, 1975; Engl. Lit. d. Gegenwart 1971-1975, 1977; D. engl. Lit. in Text u. Darstellung, Bd. 3: 17. Jh. I., 1982; Shakespeares Sonette in dt. Übersetzung: Stefan George u. Paul Celan, 1989; Shakespeares much ado about nothing (als Komödie), 1992 - 1987 Rhein.-Westf. Akad. d. Wiss. - Liebh.: Klavierspiel - Spr.: Engl., Franz., Niederl.

LENGEMANN, Jochen

Richter a. D., Minister f. besondere Aufgaben d. Landes Thüringen (1990-92) - Fuldablick 39, 3500 Kassel (T. 1 56 69) - Geb. 10. Jan. 1938 Kassel, verh., 2 Kd. - Realgymn. Kassel (Abit. 1958); Univ. Marburg, Bonn, Köln, Genf. Jurist. Staatsprüf. 1962 u. 67 - S. 1967 Richter Frankfurt/M. u. Kassel (L- bzw. AG). 1964-74 Stadtverordn. Kassel. CDU s. 1956 (1966-81 Kreisvors. Kassel-Stadt); 1967-88 Mitgl. CDU-Landesvorst.; 1970-90 MdL (1976-78 stv. Vors. CDU-Landtagsfraktion u. Unters.aussch.; 1978-82 u. 1983-87 Vizepräs., 1982/83 u. 1987/88 Präs. Hess. Landtag; 1972-82 u. 1988-90 Vors. Innenausschuß - Spr.: Engl. (einj. USA-Aufenth.).

LENGFELD, Martin

Geschäftsführer Salzgitter Stahl GmbH., Düsseldorf - Schwannstr. 12, 4000 Düsseldorf; priv.: An den Linden 18, 4005 Meerbusch 1 (T. 02105 - 25 79) - Geb. 25. Juli 1933 - Stud. Rechtswiss. Gr. jurist. Staatsprüf. - B. 1966 Ilseder Hütte, dann Industrie- u. Handels-AG., Stahlwerke Peine-Salzgitter AG. (Leit. Rechtsabt.), s. 1972 Salzgitter Stahl GmbH., D'dorf.

LENGL, Siegfried

Beamteter Staatssekretär Bundesmin. f. wirtsch. Zusammenarbeit (1982-92) - Karl-Marx-Str. 4-6, 5300 Bonn (T. 53 51).

LENGSFELD, Peter

Dr. theol., o. Prof. u. Direktor Kath.-Ökumen. Inst./Abt. I Univ. Münster (s. 1967) - Quellenweg 17, 4405 Nottuln-Darup/Westf. (T. 02502 - 89 83) - Geb. 15. Jan. 1930 Breslau (Vater: Dr. med. Walter L., Kinderarzt; Mutter: Elisabeth, geb. Buchholz), kath. - Stud. Phil. u. Theol. Königstein, Tübingen, Rom. Lic. phil. (1952) u. theol. (1956); Promot. 1960 (Rom); Habil. 1964 (Münster) - 1958-61 Kaplan Berlin; 1962-64 Univ.assist. Münster - BV: Überlieferung, 1960 (DDR 1962, Frankr. 1964); Adam u. Christus, 1965; D. Problem d. Mischehe - E. Lösung entgegen, 1970. Herausg.: Ökumen. Theologie (1980); Ökumen. Praxis (1984) - Spr.: Engl., Franz., Lat., Ital.

LENHARD, Günter

Sprecher d. Geschäftsfg. Vacuumschmelze GmbH - Grüner Weg 37, 6450 Hanau 1 - Geb. 5. Juni 1931.

LENHARD, Hans

Journalist, Verantwortl. Redakt. f. Wissenschaft Bild am Sonntag, Hamburg - Luhdorfer Waldweg 44, 2090 Winsen-Luhdorf (T. 04171 - 7 12 96) - Geb. 24. Juli 1929 Sembach (Vater: Andreas L., Schneiderm.; Mutter: Maria, geb. Rubel), ev., verh. s. 1982 in 3. Ehe m. Eva Luz, geb Gutierrez, Mexikanerin, 3 Kd. (Marcus, Andreas, Katja) - Abit. 1949; 1950-51 Volont. Grünstadter Ztg.- 1955-64 Redakt. D. Rheinpfalz, Ludwigshafen; Pfälzer Tageblatt, Landau; dpa, Frankurt; s. 1964 Bild a. Sonntag, Hamburg - Liebh.: Gesch. d. Weinbaues - Spr.: Span., Engl., Franz.

LENHART, Volker

Dr. phil. o. Prof. f. Erziehungswiss. Univ. Heidelberg - Zu erreichen üb. Erziehungswiss. Sem., Akademiestr. 3, 6900 Heidelberg - Geb. 14. Dez. 1939 Berlin, ev., verh., 2 Kd. - Stud. ev. Theol., Klass. Philol. u. Erziehungswiss. Univ. Heidelberg u. Bonn; Staatsex. f. d. Höh. Lehramt, Promot. 1968, Habil. 1972 - 1964-71 Assist. u. Akad. Rat Univ. Heidelberg; 1971-73 Doz/Prof. PH Heidelberg; s. 1973 o. Prof. f. Erziehungswiss. Univ. Heidelberg; 1988-90 Vors. Dt. Ges. f. Erzieh.wiss.; s. 1988 kooptiertes Mitgl. Inst. f. wiss. Zusammenarbeit m. Entwicklungsländern, Tübingen - BV: D. Diskussion üb. d. Schulreform in d. Bundesrep. Deutschl., 1972; Gesch. d. Lehrerbewegung in Baden, 1977; Hist. Päd., 1977 (Hrsg.); D. Evolution erzieherischen Handelns, 1987 - Spr.: Engl., Franz., Span.

LENIGER, Elfriede Katharina

Dr. med., Prof. f. Physiologie Univ. Bochum - Sprinkstück 3, 5800 Hagen-Herbeck - Geb. 25. Sept. 1942 Seligenstadt/Hessen, kath., verh. s. 1972, S. Peter - Abit.; 1962-67 Med.-Stud. Univ. Marburg (Bischöfl. Studienförd. Cusanuswerk); Staatsex. 1967; Promot. 1969 Marburg; Approb. 1970; Habil. 1976 - S. 1970 wiss. Mitarb. Max-Planck-Inst. f. Systemphysiol., Dortmund, 1977-87 wiss. Arbeitsgruppenleit. - Arbeitsgeb.: Sauerstoffversorgung u. Regulation d. Mikrozirkulation d. Gehirns, exper. u. klin. Forschung - Liebh.: Instrumentalmusik u. Gesang, zeitgenöss. Lit., Gesch., Psychosomatik - Spr.: Engl., Franz., Lat.

LENK, Elisabeth

Dr., o. Prof. f. Literaturtheorie Univ. Hannover - Scharnhorststr. 19, 3000 Hannover 1 - Geb. 22. Dez. 1937, gesch. - Stud. Phil., Soziol. u. Literaturwiss. (Deutsch, Franz.) Univ. Frankfurt u. Paris - BV: D. springende Narziß. André Bretons poet. Materialismus, 1971; D. unbewußte Ges., 1983. Übers. d. Kommunizierenden Röhren v. André Breton (m. Fritz Meyer), 1971; Kritische Phantasie, 1986; Übers. u. Ess. ins Engl.: Feminist Aesthetics; New German Critic - 1984 Bremer Beiträge; 1985 Stip. d. Stiftg. Volkswagenwerk f. D. Ethik d. Ästhetischen.

LENK, Hans

Dr. phil., Dr. h.c., o. Prof. f. Philosophie Univ. Karlsruhe, Prof. f. Wissenschaftstheorie d. Sozialwiss. u. Planungswiss. Faculté Européenne des Sciences du Foncier, Straßburg - Zu erreichen üb. Kollegium am Schloß, Bau II, 7500 Karlsruhe 1 - Geb. 1935 Berlin - Phil., Math., Soziol., Sportwiss., Psychol., Kybernetik Univ. Freiburg u. Kiel. Promot. 1961 Kiel; Habil. 1966 (Philosophie) u. 1969 (Soziologie) TU Berlin - 1966 Wiss. Assist. TU Berlin, 1969 o. Prof. f. Phil. Univ. Karlsruhe, 1973 Gastprof. Univ. of Illinois, 1973-75 Dekan Fak. f. Geistes- u. Sozialwiss. Univ. Karlsruhe; 1976 Distinguished Visiting Prof. Univ. of Massachusetts; Gastprof. Santa Maria, Saõ Paulo, Belo Horizonte, Caracas (1979-81), Tokio 1983, Oslo 1983, Salzburg, Graz, Innsbruck 1985, Madras 1986, Fort Worth/Texas 1987 - Über 50 BV u.a.: Kritik der logischen Konstanten, 1968; Pragmatische Vernunft, 1979; Z. Sozialphil. d. Technik, 1982; Eigenleistung, 1983; D. achte Kunst, 1985; Zw. Wiss.theorie u. Sozialwiss., 1986; Zw. Sozialpsychol. u. Sozialphil., 1987; Kritik d. kleinen Vernunft, 1987, 2. A. 1990; D. Prinzip Fairneß (m.a.), 1989; Tageb. e. Rückreise an e. nie zuvor besuchten Ort: Lambarene, 1990; Mitternachtssonnenende, 1991; Zw. Wissenschaft u. Ethik, 1991; Prometheisches Philosophieren zw. Praxis u. Paradox, 1991; Philosophie u. Interpretation, 1992. Herausg.: Handlungstheorien interdisziplinär, 6 Bde. (1977-84); Z. Kritik d. wiss. Rationalität (1986); Technikbewertung (1988); Wissensch. u. Ethik (1991); Technikverantwortung (1991); Wirtschaft u. Ethik (1992). Mithrsg.: Technik u. Ethik (1987) - 1960 Olympiasieger im Achter, vorh. 2 mal Europameister im Vierer ohne Stm. (1958) u. Achter (1958) u. 4 mal Deutscher Meister; 1966 Amateurtrainer d. Weltmeisterachters. Ehrenmitgl. Intern. Olymp. Akad. u. Assoc. Fellow d. American Acad.; 1983 Europ. Fak. f. Bodenordn. Straßburg; 1986 Vizepräs. d. Europ. Akad. d. Wiss. u. Phil. d. Rechts; 1987 Green Honors Prof., Fort Worth/Texas; s. 1991 Präs. d. Allg. Ges. f. Philos. in Deutschl.

LENK, Klaus

Dr. jur., Prof. f. Verwaltungswiss. Univ. Oldenburg (s. 1975) - Hamelmannstr. 12, 2900 Oldenburg - Geb. 15. März 1940 Frankfurt/M. - Stud. d. Rechtswiss. Univ. Heidelberg, München; Promot. 1969 Heidelberg - 1971-72 OECD, Paris, 1972-75 Akad. Rat Univ. Frankfurt/M. - BV: u.a. Automated Information Management in public Administration, 1973; Verwaltungsautomation, 1974 (m. a.); Bürgerinformationssysteme, 1990 (m. a.); Zahlr. Aufsätze z. Verwaltungslehre u. z. Verwaltungsinformatik.

LENK, Kurt

Dr. phil., o. Prof. f. Polit. Wissenschaft - Merowinger Str. 50, 5100 Aachen - Geb. 30. Jan. 1929 Kaaden/Tschechosl. - S. 1964 (Habil.) Lehrtätigk. Univ. Marburg, Erlangen-Nürnberg (1966 o. Prof.), TH Aachen (o. Prof.) - BV: Volk u. Staat - Strukturwandel polit. Ideologien im 19. u. 20. Jh., 1971; Marx in d. Wissenssoziol. - Studien z. Rezeption d. Marxschen Ideologiekritik, 1972, Neuausg. 1986; Wie demokrat. ist d. Parlamentarismus, 2. A. 1974; Ideologie, Neuaufl. 1984; Theorien d. Revolution, 2. A. 1981; Theorie u. Soziologie d. polit. Parteien, Neuausg. 1974 (hg. m. F. Neumann); Politische Wissenschaft, 1975; Staatsgewalt u. Ges.theorie, 1980; Polit. Soziologie, 1982; Theorie d. Politik (m. B. Franke), 1986; Deutscher Konservatismus, 1989.

LENK, Rudolf

I. Bürgermeister Stadt Teublitz - Rathaus, 8411 Teublitz/Opf. - Geb. 29. Juli 1929 Neusattl - Zul. Techniker. SPD.

LENK, Thomas

Bildhauer u. Grafiker - Schloß Tierberg, 7176 Tierberg, Gemeinde Braunsbach (T. 07905 - 3 62) - Geb. 15. Juni 1933 Berlin (Vater: Franz L., Maler; Mutter: Anneliese, geb. Hoernnecke), verh. s. 1959 m. Maria, geb. Bendig, 2 Töcht. (Mira, Ilona) - Autodidakt. - S. 1978 Gastprof. Univ. Kairo - BV: Texte, 1978; zahlr. biblioph. Ausg. - S. 1958 üb. 30 Einzelausst. u. üb. 50 Gruppenausst. i. all. Welt, bedeut. Architekturproj., Skulpturen, Reliefs, u. a. Stadttheater Münster (1968), Karstadt-Hauptverw. Essen (1969), Univ. Konstanz (1969/70), Spiegelschicht. Olympiagelände München (1971/72), TU München (1973/74), U-Bahn-Stuttgart (1974/75), Bad. Staatstheater (1975), Wasserskulpt. Landespolizeidir. Tübingen (1975), Finanzamt Heilbronn (1975-78); graf. Bücher u. Mappen - 1958 Teiln. intern. Wettb. f. e. Mahnmal im ehem. KZ Auschwitz; 1967 Carnegie Intern. Purchase Award Price; 1969 3. Preis Socha Piestanskych Parkov Bratislava; 1974 Preis d. 2. Norw. Grafik-Bienn.; 1988 Ehrenmitgl. d. Art Gallery of Ontario, Toronto; 1989 Ehrenprof. d. Landes Bad.-Württ. - Liebh.: Musik, Phil., Pilzesammeln - Spr.: Engl. - Bek. Vorf.: Johann-Peter Hebel - Lit.: D. Honisch: Thomas Lenk, 1976; div. Kunstbücher, 3 FS-Filme, zahlr. Aufs.

LENNAR, Rolf

Schriftsteller - Am Waldspitz 28, 8000 München 70 (T. 70 33 97) - Geb. 9. Juli 1911 Leipzig (Vater: Rudolf Pilz, Oberpostinsp.; Mutter: Elsbeth, geb. Jakob), ev., verh. s. 1946 m. Gusti, geb. Florschütz, T. Kirsten - Oberrealsch. und Univ. Leipzig (Staatsprüf. 1934 Phil. u. Päd.) - S. 1941 Mittelschul- u. Oberlehrer (1958) - BV/R.: Der ungefährl. Dritte, 1941 (auch span. u. slowen.), 1940 Story m. 1. Rühmann-Film-Preis ausgezeichn.; D. Ehekandidat (1941; A. 100 Ts., auch span. u. slow.), D. Totospieler (1950), Tante Nelly aus Amerika (1952), Meine Frau - die Mustergattin (1960); Jugendb.: D. 3 Naseweise (1956, m. G. Florschütz). Bühnenst.: D. Treubruch (1948), D. 2 Naseweise (1949, m. G. Florschütz), Wellensittich entflogen (Volksst. 1974), Klassenlehrer Pilz greift ein (1976), Diese Nacht ist unbezahlbar (Kom. 1976); Kinderb.: D. kleine Storch Nepomuk, 1979; D. Autorin, R. 1981 - Liebh.: Dramat.

LENNARTZ, Franz

Schriftsteller - Rosenweg 5, 7777 Salem/Baden - Geb. 20. März 1910 Rheydt, verh. m. Gudrun, geb. Dux - Abit.; Stud. (Germanistik) - Journalist, Film-Lektor (Ufa, Berlin), Kriegsoffizier, sowj. Gefangenenschaft 1945-50 - BV: D. Dichter unserer Zeit, 1938, zul. 1963; Dichter u. Schriftst. uns. Zeit, 1963 u. 77; Ausl. Dichter u. Schriftst. uns. Zeit, 5 Ausg. 1955-76; Dt. Schriftst. d. Gegenw., 1978; Dt. Schriftst. d. 20. Jh. im Spiegel d. Kritik, 3 Bde. plus Register, Anhang 1984; Briefwechsel m. Autoren d. 20. Jh., (s. 1987 im Dt. Lit.-Archiv, Marbach) - Lit.: Doris Rune, F.L.: Lit-Führer im 3. Reich u. nach 1945 (Stockholm 1969, auch deutsch); ZDF u. 3SAT: 18. u. 19. I. 1985: Interview Dr. Schwarzenau-Lennartz.

LENNARTZ, Hans-Albert

Dr. jur., Regierungspräsident Bezirksregierung Hannover - Am Waterlooplatz 11, 3000 Hannover (T. 0511 - 106 61 00) - Geb. 8. Sept. 1949 Oedt/Rheinl., verh. s. 1977 m. Antje Niewisch-L., geb. Niewisch, 1 Kd. (Jannis) - Stud. Rechtswiss., Politikwiss.; 1. u. 2. jurist. Staatsex., Mag. d. Politikwiss.; Promot. 1980 Bremen - 1983-87 Justitiar Gesamthochsch. Kassel; 1987-91 Hochsch.doz. Kassel - 1991/92 Stellv. d. Hamburgischen Datenschutzbeauftragten - BV: Z. Rechtsprechung d. Bundesverfassungsgesetzes zu d. polit. Parteien, 1981; Datenschutz u. Wissenschaftsfreiheit, 1989.

LENNARTZ, Herbert

Dr. med., Prof. f. Anästhesiologie Univ. Marburg - Baldingerstr. 1, 3550 Marburg/L. - Zul. Wiss. Rat u. Prof. Univ. Düsseldorf; Leit. d. Abt. f. Anästhesie u. Intensivtherapie Klinikum d. Philipps-Univ. Marburg.

LENNARTZ, Klaus

Versicherungskaufmann, MdB (s. 1980; Wahlkr. 57), Landrat d. Erftkr. (Rheinl.) (s. 1984) - Knapsackstr. 39, 5030 Hürth (T. 02233 - 7 54 04) - Kreisvors. SPD Erftkreis; Obmann SPD Aussch. f. Umwelt, Naturschutz u. Reaktorsicherheit. SPD.

LENNER, Volker

Dr. med., Prof., Chirurg, Gefäßchirurg, Chefarzt Diakonie-Krkhs. Schwäbisch Hall (s. 1985) - Seiferheldstr. 1, 7170 Schwäbisch Hall (T. 0791 - 8 99 86) - Geb. 13. Juni 1941 Mainz, ev., verh. s. 1970 m. Dr. med. Beate, geb. Vilbig, 3 Kd. (Ulrike, Christian, Sabine) - 1963-69 Med.-Stud. Univ. Erlangen, Bern, Wien u. Mainz; Staatsex. 1969 Mainz; Promot. 1971 (üb. Schenkelhalsfraktur im Kindesalter) Mainz; Habil. 1980 - 1976 Facharzt f. Chir.; 1983 Prof.; 1984 Gefäßchir. - 1969/70 Med. Assist. Univ.-Klinik Mainz; 1970-80 wiss. Assist. Univ. Mainz; 1980-85 Oberarzt Chirurg. Univ.-Klinik Mainz - BV: Handb. d. Inneren Med., Bd. III/3, 1983; Erkrankungen d. Nebenniere, 1984 - Spr.: Engl.

LENNERT, Karl

Dr. med., Dres. med. h.c., em. o. Prof. f. Allg. Pathologie u. Pathol. Anatomie - Niemannsweg 26, 2300 Kiel (T. 56 78 05) - Geb. 4. Juni 1921 Fürth/Bay. (Vater: Johann L., Kaufm.; Mutter: Emilie, geb. Theisinger), ev., verh. s. 1954 m. Dr. Amanda, geb. Heyer, 2 Töcht. (Monika, Claudia) - Univ. Erlangen. Promot. Erlangen; Habil. Frankfurt - 1945-50 Assist. Univ. Erlangen; Med. Forschungsanst. d. Max-Planck-Ges. Göttingen (1950; Biochemie), Univ. Frankfurt (1951; 1952 Privatdoz., 1958 apl. Prof.), 1961-63 Oberarzt u. komm. Leit. Pathol. Inst. Univ. Heidelberg, s. 1963 Ord. u. Inst.dir. Univ. Kiel - BV: Pathol. d. Halslymphknoten, 1964. Beitr.: Handb. d. spez. pathol. Anat. Lymphadenitis, 1961; Maligne Non Hodgkin-Lymphome, 1978 - 1966 Mitgl. Dt. Akad. d. Naturforscher (Leopoldina), Halle/S. (1969 Obmann Sektion Pathol.).

LENNINGS, Manfred

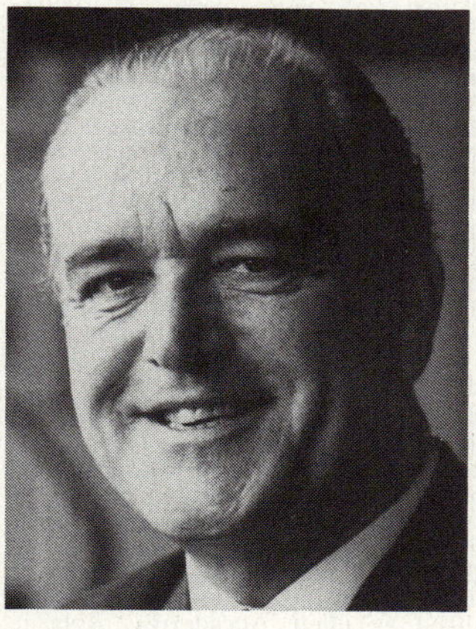

Dr.-Ing., Bankberater (WestLB) - T. 0211 - 826 48 00 - Geb. 23. Febr. 1934 Oberhausen/Rhld. (Vater: Dr.-Ing. Wilhelm L., Hüttendir.; Mutter: geb. Albert), ev., verh. s. 1961 m. Renate, geb. Stelbrink, 2 Kd. (Frank, Christiane) - Gymn. Geislingen/Steige (Abit.); Univ. München (Betriebsw.); Bergakad. Clausthal (Bergbau; 1964 Promot.) - 1964-68 Gutehoffnungshütte Aktienverein, Oberhausen (1966 Handlungsbevollm., 1967 Prok., 1968 Dir.), 1968/69 Vorst.-Mitgl. Dt. Werft AG, Hamburg, 1969/70 stv. Vorst.-Mitgl. GHH Aktienverein, Oberhausen, 1970-74 Vorst.-Vors. Howaldtswerke-Dt. Werft AG, Hamburg/Kiel, 1975-83 Vorst.-Vors. GHH Aktienverein, Oberhausen, 1984ff. Berater Westdt. Landesbank Girozentrale Düsseldorf/Münster, AR-Vors. Friedr. Krupp AG, Essen, Gildemeister AG, Bielefeld, Hamburger Stahlwerke GmbH, Hamburg, IVG AG, Bonn, PRISMA-Werkzeugmasch.-Ges. mbH Chemnitz; AR-Mitgl. Bayer AG, Leverkusen, Dt. Shell AG, Hamburg, kabelmetal electro GmbH, Hannover, SEL AG, Stuttgart; VR-Mitgl. Treuhandanstalt, Berlin. 1982ff. Präs. Inst. d. dt. Wirtsch., Köln, Mitgl. Präsidium d. BDI u. BDA - Liebh.: Mod. Malerei u. Lit. - Spr.: Engl. - Rotarier.

LENSING, Carlheinz

Konsul, Kaufmann (Kaffee-Tee-Import), stv. ARsvors. Gedelag Gemeinschaft Dt. Lebensmittel-Großhändler AG., Berlin, Mitgl. Außenhandelsaussch. IHK ebd. - Saatwinkler Damm 42/43, 1000 Berlin 13 (T. 344 10 73) - Geb. 30. Okt. 1910 - Konsul v. El Salvador f. Berlin; Nationalorden Jose Matias Delgado El Salvador - Mitgl. Lions Intern.

LENSING-WOLFF, Florian

Dipl.-Kfm., Verleger, Herausg. Chefredakt. Ruhr-Nachrichten - Westenhellweg 86-88, 4600 Dortmund (T. 18 46-1); priv.: 5804 Herdecke - Geb. 6. Nov. 1930 Dortmund.

LENSKI, Ingeborg

Dr. rer. nat., Prof. f. Botanik Univ. Marburg - Alter Kirchhainer Weg 28, 3550 Marburg/L.

LENSSEN, Gerhard

Dipl.-Ing., Geschäftsführer Moselkraftwerke GmbH., Andernach - Birkenweg 26, 5550 Bernkastel-Kues - Geb. 14. Dez. 1922 Viersen.

LENTRODT, Ursula

Prof., Konzertsolistin, Harfenistin Hochsch. f. Musik München - Wagnerstr. 1a, 8000 München 40 - Geb. 20. Nov. Berlin (Vater: Wilhelm L., Schriftst.; Mutter: Clara, geb. v. Occolowitz), gesch., T. Ingrid - Hochsch. f. Musik Berlin u. Paris - Solo-Harfenistin Berliner Rundfunk; 1953-74 Solo-Harfenistin Bayer. Rundfunkorchester München; 1957-84 Prof. Hochsch. f. Musik München; Solo-Konzerte im In- u. Ausland. S. 1968 publ. Tätigk. in Fachpresse - 1984 BVK; 1987 Ehrenbürgerin v. Gargilesse/Frankr.; 1992 Bayer. VO. - Spr.: Engl., Franz., Schwed.

LENTZEN, Manfred

Dr. phil., o. Prof., Direktor Roman. Seminar Univ. Münster - Mersmannsstiege 11, 4417 Altenberge - Geb. 15. Juli 1940 Dormagen (Vater: Carl L., Ing.; Mutter Wilma, geb. Schiffer) - Stud. Univ. Köln, Madrid, Florenz, Rom (roman. u. klass. Philol.); Promot. 1965; Habil. 1970 - BV: Carlos Arniches, vom género chico z. tragedia grotesca, 1966; Stud. z. Dante-Exegese Cristoforo Landinos, 1971; Reden Cristoforo Landinos, 1974; D. spanische Bürgerkrieg u. d. Dichter; Beisp. d. polit. Engagements in d. Lit., 1985. Herausg.: D. Dialog De vera nobilitate v. Cristoforo Landino (1970) - Spr.: Engl., rom. Spr.

LENZ, Aloys

Ltd. Schulamtsdirektor a.D., stv. Kreistagsvors., MdL Hessen - Haingärten 6, 6451 Großkrotzenburg (T. 06186-27 27) - Geb. 5. Sept. 1943 Hanau (Vater: Aloys L., Dreher; Mutter: Maria, geb. Frei), kath., verh. s. 1968 m. Gisela, geb. Stickler, 2 T. (Katja, Silja) - Abit. 1962; Stud. German. u. Politik Frankfurt u. Marburg, 1. Staatsex. 1969, 2. 1971 - 1980-83 u. s. 1987 MdL, s. 1976 Vors. d. Kulturpreisjury d. Main-Kinzigkr. - Spr.: Engl.

LENZ, Bernhard

Geschäftsführer Huppmann GmbH, Dipl.-Braumeister - Schwarzacher Str. 51a, 8710 Kitzingen (T. 09321 - 30 30) - Geb. 20. Aug. 1941 München (Vater: Conrad L., Geschäftsf. †; Mutter: Anna, geb. Holler), kath., verh. s. 1962 m. Isabella L., T. Isabella - 1962-64 TU München-Weihenstephan (Betriebswirtsch.). 16 Patente, 6 Gebrauchsmuster - Liebh.: Tennis, Skifahren, Golf - Spr.: Engl., Span.

LENZ, Carl Otto

Dr. jur., Prof., Rechtsanwalt u. Notar, Generalanw. am Gerichtshof d. Europ. Gemeinschaften in Luxemburg (s. 1984), Hon.-Prof. f. Europarecht an d. Univ. d. Saarlandes (s. 1990) - Sudetenstr. 14, 6148 Heppenheim/Kirschhausen/Odw. - Geb. 5. Juni 1930 Berlin (Vater: Dr. jur. Otto L., 1951-53 Staatssekr. Bundeskanzleramt, dann MdB (s. XII. Ausg.); Mutter: Marieliese, geb. Pohl), kath., verh. s. 1960 m. Ursula, geb. Heinrich, 5 Kd. (Monika, Susanne, Matthias, Stephanie, Markus) - Univ. München, Freiburg, Fribourg, Bonn, Ithaca (Cornell), Hochsch. f. Verw.wiss. Speyer. Ass.ex. 1959; Promot. 1961 - 1959-66 Generalsekr. d. Christl.-Demokr. Fraktion Europ. Parlament, Luxemburg; 1963-65 Generalsekr. d. Christl.-Demokr. Fraktion d. Versammlung d. Westeurop. Union, Paris; 1965-84 MdB; 1969-80 Vors. Rechtsaussch.; 1980-83 Berichterstatter f. EG-Fragen im Bundestag; 1982 Koordinator f. dt.-franz. Zusammenarb.; 1983 Vors. Europa-Komm. BT. CDU s. 1957 - BV: Notstandsverfassung d. Grundgesetzes, Komm. 1971 - Spr.: Engl., Franz., Ital.

LENZ, Dietrich

Dipl.-Ing., Senator E. h., AR-Mitgl. Kautionsverein f. d. dt. Baugewerbe (s. 1982, s. 1987 stv. Vors.) - Lenzhalde 25, 7000 Stuttgart 1 - Geb. 22. Mai 1925 Stuttgart (Vater: Dipl.-Ing. Ludwig L., Regierungsbaum. a. D.; Mutter: Marta, geb. Linsenmeier), ev., verh. s. 1954 m. Ruth-Ilse, geb. Nagel, 3 Kd. (Claudia, Eberhard, Tankred) - Dillmann-Obersch. bzw. -Realgymn. (1935-43) u. TH Stuttgart (1946-50; Bauing.wesen) - S. 1950 Züblin (1959 Vorst., 1988 AR-Vors.). Veröff.: Beton-, Stahlbeton- u. Spannbetonleitungen (m. H. J. Möller; Beton-Kalender 1960, 62 u. 67); Rohrleitungen aus Beton, Stahl- u. Spannbeton (S. Schwaigerer, Rohrleitungen - Theorie u. Praxis, 1967) - S. 1975 Senator E. h. Univ. Stuttgart; s. 1989 Ehrenmitgl. Dt. Beton-Verein e.V. (DBV), Wiesbaden - Liebh.: Samml. v. Altbriefen Italiens - Spr.: Engl., Ital.

LENZ, Friedrich

Dr. rer. nat., em. o. Prof. f. Physik - Bohnenbergerstr. 21, 7400 Tübingen (T. 6 46 21) - Geb. 21. März 1922 Herrsching/Obb. (Vater: Prof. Dr. med. Fritz L., † 1976, em. Ord. f. Menschl. Erbl. (s. XIX. Ausg.); Mutter: Emilie, geb. Weitz † 1928), ev., verh. s. 1950 m. Fredeke, geb. v. Alvensleben, 3 Kd. (Gerlinde, Udo, Reimar) - TH Berlin, Univ. Kiel, Göttingen (Dipl.-Phys. 1949). Promot. (1953) u. Habil. (1957) Aachen - 1957-60 TH Aachen; s. 1960 Univ. Tübingen (Lehrstuhl f. Theoret. Elektronenphysik). Emerit. 1990. 1965/66 Visiting Prof. Univ. of Arizona, Tuscon, 1969-70 Visiting Prof. Portland State Univ., Portland, Oregon (USA). Üb. 90 Facharb. - Liebh.: Go - Spr.: Engl. - Brüder: Hanfried u. Widukind L.

LENZ, Fritz

Dr. agr., o. Prof. f. Obst- u. Gemüsebau Univ. Bonn (s. 1976) - Auf dem Hügel 6, 5300 Bonn - 1969 b. 1976 o. Prof. TU Berlin.

LENZ, Hanfried

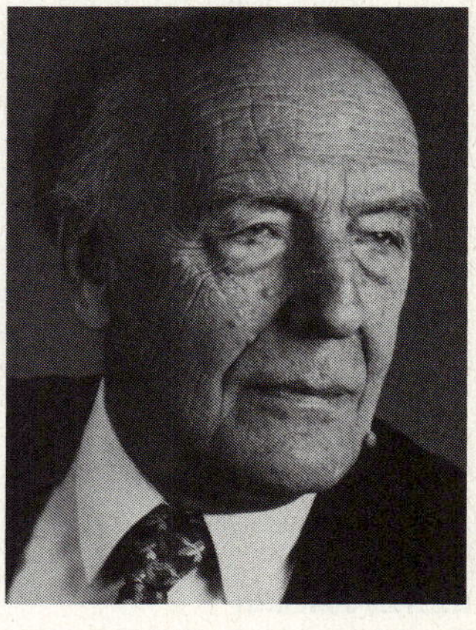

Dr. rer. nat., Dr. h.c., em. Prof. f. Mathematik FU Berlin - Bleibtreustr. 32, 1000 Berlin 15 - Geb. 22. April 1916 München (Vater: Prof. Dr. med. Fritz L., Ord. f. Humangenetik († 1976); Mutter: Emilie, geb. Weitz † 1928), ev., verh. s. 1943 m. Helene, geb. Ranke, 4 Kd. (Ingeborg, Erich, Ilse, Karl Friedrich) - Univ. Tübingen, München, Berlin, Leipzig. Promot. u. Habil. München - S. 1953 Lehrtätigk. TH bzw. TU München (1959 apl. Prof.; 1966 Wiss. Rat u. Prof.) u. FU Berlin (o. Prof.). 1967/1968 Visiting Prof. Ohio State Univ. (USA) - BV: Grundl. d. Elementarmath., 3. A. 1976; Vorles. üb. Projektive Geometrie, 1965; Nichteuklid. Geometrie, 1967 Design Theory (m. Beth u. Jungnickel), 1985. Etwa 80 Einzelveröff. - 1991 Ehrendoktor TU München - Liebh.: Go -

Spr:. Engl. - Brüder: Friedrich u. Widukind L.

LENZ, Hans

Dr. med., Prof., Radiologe m. Fachkunde Nuklearmedizin - Gartenstr. 14, 5180 Eschweiler (T. 02403 - 35733) - Geb. 5. Juni 1923 Gerderath - S. 1961 (Habil.) Lehrtätigk. Univ. Bonn, Med. Fak. RWTH Aachen (1967 apl. Prof., 1968 Wiss. Rat u. Prof.), 1971 Ärztl. Dir. u. Chefarzt, Radiol. Abt. Kliniken St. Antonius Wuppertal, 1973 Chefarzt Radiol. u. Nuklearmed. Abt. St.-Antonius-Krkhs. Eschweiler, Akad. Lehrkrkhs. RWTH Aachen - 80 Fachaufs., Lehrbuchbeitr., Ref. Intern. Kongr. - 1959 Silb. Bukranion d. Univ. Padua f. best. Röntgenkinofilm auf IV. Intern. Kongr. Wiss. didakt. Film; 1962 Schleussner Jub.preis d. Dt. Röntgenges.; 1968 Membre honoraire étranger de Société Belge de Gastroenterologie.

LENZ, Helmut

Rechtsanwalt, MdL Hessen (s. 1970; Vors. Sozialpolit. Aussch., s. 1982) - Im Waldfeld 17, 6000 Frankfurt/M. (T. 76 48 99) - Geb. 31. Jan. 1930 Montabaur/Westerw., verh. s. 1958 m. Franziska L.-Gerharz (Bildhauerin) - S. 1962 Bundesvorst. IG Bau-Steine-Erden. 1971ff. ehrenamtl. Richter Bundessozialgericht. CDU s. 1952.

LENZ, Hermann

Prof., h. c., Schriftsteller, Sekr. Südd. Schriftst.-Verb. (1951-71) - Mannheimer Str. 5, 8000 München 40 - Geb. 26. Febr. 1913 Stuttgart (Vater: Hermann L., Oberstudienrat), ev., verh. s. 1946 m. Dr. Hanne, geb. Trautwein - 1933-39 Univ. München u. Heidelberg (Kunstgesch., German., Archäol.) - BV u.a.: Tageb. v. Überleben u. Leben, 1978; D. Begegn., R. 1979; Zeitlebens, Ged. 1981; Erinnerung an Eduard, R. 1981; E. Fremdling, R. 1983; D. Letzte, Erz. 1984; D. Wanderer, R. 1986; Leben u. Schreiben, Frankf. Vorlesungen 1987; Seltsamer Abschied, R. 1988; Jung und Alt, Erz. 1989; Schwarze Kutschen, Erz. 1990; Herbstlicht, R. 1992 - 1962 Förderungspreis Künstlergilde Esslingen (Ostd. Lit.preis), 1978 Georg-Büchner-Preis; 1981 Franz-Nabl- u. Wilhelm-Raabe-Preis; 1983 Gottfried-Keller-Preis; 1987 Petrarca-Preis; 1991 Jean-Paul-Preis. 1964 Mitgl. PEN-Zentrum BR; 1974 Mitgl. Dt. Akad. f. Sprache u. Dicht., Darmstadt; 1975 Mitgl. Bayer. Akad. d. Schönen Künste; 1980 Bayer. VO - Lit.: D. Hoffmann, H. L., in: Schriftst. d. Gegenw. - Dt. Lit., 1963; P. Handke, Tage wie ausgeblasene Eier, in: Als d. Wünschen noch geholfen hat, 1974; M. Durzak, Gespräch m. H.L., in: Gespräch üb. d. Roman, 1976; H. u. J. Kreuzer, üb. H.L., Dok. Reception, 1981; R. Moritz, Einladung, Hermann Lenz zu lesen, 1988, R. Moritz, Schreiben wie man ist; H. L., Grundlinien seines Werkes, 1989.

LENZ, Horst

Dr. rer. oec., Hauptgeschäftsführer Handwerkskammer Ostwestfalen-Lippe zu Bielefeld - Oberstr. 48, 4800 Bielefeld 1.

LENZ, Joachim

Dipl.-Kaufm., Media Direktor, Ges. Prokura u. Mitgl. d. Geschäftsltg. D'Arcy Masius Benton & Bowles GmbH - Bleichenbrücke 10, 2000 Hamburg 36 (T. 040- 35 91 32 80) - Geb. 13. Mai 1951 Lichtenberg.

LENZ, Karl

Dr. rer. nat., o. Prof. f. Wirtschafts- u. Bevölkerungsgeographie (Nordamerika, Dtschl.) Freie Univ. Berlin (s. 1966) - Petzower Str. 30, 1000 Berlin 39 (T. 805 21 30) - Geb. 9. Aug. 1928 Schloppe (Vater: Fritz L., Holzkfm.; Mutter: Käte, geb. Rückert), ev., verh. s. 1954 m. Ilse, geb. Rochow, 2 Töcht. (Gabriele, Birgit) - Univ. Greifswald (Geogr., Gesch., Päd., Geol.; Diplomex. 1954) - Assist. Univ. Greifswald (1954-58) u. Marburg (1962-65); Abt.vorsteher u. Prof. TH Hannover (1965/66) - BV: D. Wüstungen d. Insel Rügen, 1958; D. Prärieprovinzen Kanadas, 1965; Nordamerika im Kartenbild, 1976; Kanada. E. geographische Landeskunde, 1988 - Liebh.: Fotogr. - Spr.: Engl.

LENZ, Marlene

Mitglied d. Europa-Parlaments - Burgstr. 102, 5300 Bonn 2 (T. 0228-31 38 45) - Geb. 4. Juli 1932 Berlin (Vater: Dr. Otto L., RA; Mutter: Marieliese, geb. Pohl), kath. - Univ. Heidelberg, Dolmetscherinst.; akad. gepr. Übers. f. Franz. u. Engl. - 1958-63 Sachbearb. b. Kommiss. d. EWG, b. 1972 Ref. Bundesgeschäftsst. CDU, b. 1979 wiss. Ref. Dt. Bundestag, Mitgl. d. Europa-Parlam. - BV: D. Weg d. Frau in d. Politik, 4. A. - 1990 BVK I. Kl. - Spr.: Franz., Engl. - Bek. Vorf.: Staatssekr. a.D. Dr. Otto Lenz, MdB, † 1957 (Vater).

LENZ, Otto

Dipl.-Ing., Bergassessor a. D., Geschäftsführer Kaliverein (s. 1971) - Geb. 29. April 1935 Bochum - Dipl.ex. 1960 Berlin - 1964-66 Hamborner Bergbau AG, s. 1967 Kaliverein.

LENZ, Rolf

Dr. rer. oec., Vorstand Deschler-Stiftung - Sonnenstr. 48, 7900 Ulm (T. 0731 - 38 65 10) - Geb. 15. Juli 1929 Würzburg - Dipl.-Kfm. 1954, Promot. 1955 - Präs. Landesvereinigung Baden-Württ. Arbeitgeberverb. e.V.; Präsid.-Mitgl. Bundesvereinigung Dt. Arbeitgeberverb.; Senator JCI - Spr.: Franz. - Rotarier.

LENZ, Rudolf

Dr. phil., Leiter d. Forschungsstelle f. Personalschriften Philipps-Universität Marburg (s. 1976) - Wilhelmstr. 50, 3550 Marburg (T. 06421 - 2 63 94) - Geb. 26. Juni 1940 Gießen, ev., verh. s. 1969 m. Monika, geb. Schulze, 2 Söhne (Christoph, Johannes) - Stud. Univ. Marburg; Promot. 1968 Marburg; Habil. 1989 Breslau - S. 1974 Lehrbeauftr. Ph.-Univ. Marburg - BV: Verf. u. Hg. d. Reihen Leichenpredigten als Quelle historischer Wissenschaften (1975ff., bish. 3 Bde.); Marburger Personalschriften - Forschungen (1978ff., bish. 13 Bde.) - Spr.: Griech., Lat., Franz.

LENZ, Siegfried

Dr. phil. h. c., Schriftsteller - Preußerstr. 4, 2000 Hamburg 52 (T. 880 83 09) - Geb. 17. März 1926 Lyck/Ostpr. (Vater: Beamter), verh. (Ehefrau: Liselotte) - Notabit.; n. Kriegsdst. (Marine) Univ. Hamburg (Phil., Lit.) - 1950 ff. Feuilletonredakt. WELT - BV: Es waren Habichte in d. Luft, R. 1951; Duell m. d. Schatten, R. 1953; So zärtlich war Suleyken, Erz. 1955; D. Mann im Strom, R. 1957; Jäger d. Spotts, Erz. 1958; Brot u. Spiele, R. 1959; D. Feuerschiff, Erz. 1959 (verfilmt); Stadtgespräche, R. 1963; Lehmanns Erz. oder So schön war mein Markt - Aus d. Bekenntn. e. Schwarzhändlers, 1964; D. Spielverderber, Erz. 1965; D. Haussuchung, 4 Hörsp. 1967; D. Deutschstunde, R. 1968 (div. Übers.; Fernsehsend. 1971); Leute v. Hamburg, Erz. 1969; Ges. Erzählungen, 1970; Heimatmuseum, R. 1978; D. Verlust, R. 1981; Elfenbeinturm u. Barrikade - Erfahr. am Schreibtisch, 1983; E. Kriegsende, Erz. 1984 (FS ARD). Herausg.: So war das m. d. Zirkus (Bilderb. 1971); D. Vorbild, R. 1973, Der Geist d. Mirabelle (Gesch. a. Bollerup), 1975; Einstein überwuert die Elbe b. Hamburg, Erz. 1975 - Bühnenst.: Zeit d. Schuldlosen (verfilmt), D. Gesicht, D. Augenbinde - 1976 Dr. h. c. Univ. Hamburg; 1961 Bremer Lit.preis Gerhart-Hauptmann-Preis, 1962 René-Schickele-Preis, Ostd. Lit.preis, 1966 Gr. Kunstpreis d. Ld. Nordrh.-Westf., Hamburger Leserpreis, 1970 Lit.preis d. Dt. Freimaurer; 1978 Kulturpreis Goslar; 1979 Andreas-Gryphius-Preis; 1960 o. Mitgl. Fr. Akad. d. Künste, Hamburg; Mitgl. PEN-Zentrum BRD; 1973 Mitgl. Akad. d. Künste Berlin; 1984 Thomas-Mann-Preis Lübeck; 1985 Marius-Sperber-Preis (Österr.); 1985 DAG-Fernsehpreis in Silber (f. E. Kriegsende); 1988 Friedenspreis dt. Buchhandel - Liebh.: Tischtennis, Tauchen, Fischen - Lit.: Colin Russ (Herausg.), D. Schriftst. S. L. - Urteile u. Standpunkte, 1973; Hans Wagner, S. L., 1976.

LENZ, Werner

Oberbürgermeister a.D., Senator f. Wirtschaft u. Außenhandel Bremen (s.1983) - Bahnhofsplatz 29, 2800 Bremen (T. 0421 - 36 11) - Geb. 1928 Osnabrück, verh. (Ehefrau: Hildegard, MdBB) - In d. 70er Jahren Chef Neue Heimat. 1955 Rat Stadt Bremerhaven (1958-77 Fraktionschef); 1961-65 MdB; ab 1978 OB Bremerhaven. SPD s. 1950.

LENZ, Widukind

Dr. med., Dr. rer. nat. h. c., em. o. Prof. f. Humangenetik - Vesaliusweg 12-14, 4400 Münster/W. (T. 86 16 41) - Geb. 4. Febr. 1919 Eichenau (Vater: Prof. Dr. med. Fritz L., † 1976; Mutter: Emilie, geb. Weitz † 1928), verh. s. 1952 m. Dr. Almuth L., geb. Thomsen v. Krohn - S. 1958 (Habil.) Lehrtätigk. Univ. Hamburg (1961 Ord. u. Inst.dir.) u. Münster (1965-86) - BV: Ernährung u. Konstitution, 1949; Med. Genetik, 6. A. 1983; Humangenetik i. Psychol. u. Psychiatr., 1979. Zahlr. Einzelveröff. Mithrsg.: Münchner Med. Wochenschr., Klinische Pädiatrie - 1963 Ehrendoktor Univ. Tübingen; 1964 Otto-Heubner-Preis Dt. Ges. f. Kinderheilkd.; 1966 o. Mitgl. Akad. d. Wiss. u. d. Lit., Mainz; 1970 Mitgl. Dt. Akad. d. Naturforscher (Leopoldina), Halle/S.; 1972 BVK I. Kl. - Brüder: Friedrich u. Hanfried L.

LENZ, Wilhelm

Dr. phil., Geschäftsführer, Landtagspräs. (1970-80), VR-Vors. WDR (1971-77) u. a. - Eitorfer Str. 29, 5000 Köln-Deutz (T. 81 66 95) - Geb. 2. Juli 1921 Köln (Vater: Wilhelm L., Spediteur; Mutter: Käthe, geb. Vierling), kath., verh. s. 1948 m. Irmgard, geb. Ortmann, 5 Kd. - Schule (Abit. 1939) u. Univ. Köln (Promot. 1949) - Lehrer Abendgymn. Köln u. Geschäftsf. Dt. Beamtenbd./Landesbd. Nordrh.-Westf., Düsseldorf 1958-80. (MdL NRW 1958-80, 1962 Fraktionsvors.; 1970-80 Präs.). CDU (div. Funktionen) - BV/Herausg.: Mensch u. Staat in NRW - 25 J. Landtag, 1972 - 1969 Gr. BVK, 1973 Stern dazu, 1977 Schulterbd.

LENZ-GERHARZ, Franziska

Bildhauerin u. Töpfermeisterin - Im Waldfeld 17, 6000 Frankfurt 90 (T. 069 - 76 48 99) - Geb. 16. Febr. 1922 Ransbach/Westerw., kath., verh. m. Helmut L., Rechtsanwalt u. MdL, T. Dorothee - FH f. Keramik Höhr-Grenzhausen; Hochsch. d. bild. Künste Karlsruhe (Bildhauerstud.); Académie de la Grande/Chaumière Paris (Schülerin v. Ossip Zadkine) - Werke: u.a. Ehrenmal Frankfurt-Höchst, 1965; Plastik Madonna St. Canisius Berlin, 1975; Struwwelpeter-Brunnen Hauptwache Frankfurt, 1985 - Lit.: Ulrich Gertz, Franziska L.-G. - Plastik, Relief, Gefäß (1979); Joachim Proeschold, Menschen, Plastiken v. Franziska L.-G. (1985).

LENZEN, Dieter

Dr. phil., M.A., o. Univ.-Prof. f. Phil. d. Erziehung Freie Univ. Berlin - Mozartstr. 9, 1000 Berlin 49 (T. 030 - 744 86 85) - Geb. 27. Nov. 1947 Münster (Vater: Ernst Johannes L.; Mutter: Paula, geb. Held), verh. s. 1984 m. Dr. phil. Agi Schründer-Lenzen, 3 Söhne (Fabian, Timon, Janus) - Stud. Erziehungswiss., Phil., Deutsch, Engl. u. Niederl. Philol., M.A. 1970, Promot. 1973, alles Münster - 1975-77 Prof. f. Erziehungswiss. Univ. Münster, 1976/77 Dekan d. Fachber. Erziehungswiss. Univ. Münster, s. 1977 o. Prof. f. Erziehungswiss. FU Berlin. 1987-89 Kurator FU Berlin - BV: Didaktik u. Kommunik., 1973; Curriculumentw. f. d. Kolleg-Sch., 1975; D. Struktur d. Erziehung u. d. Unterr., 1976; Päd. u. Alltag, 1980; Mythologie d. Kindheit, 1985; Melancholie a. Lebensform, 1989; Kunst u. Päd., 1990; Erziehung, Bildung, Normativität, 1991; Verbotene Wünsche, 1991; Krankheit als Erfindung, 1991; Vaterschaft, 1991. Gesamthrsg. Enzyklop. Erziehungswiss. Herausg.: Päd. Grundbegriffe. Mithrsg.: Jahrbücher f. Erziehungswiss., Paragrana-Zs. f. Hist. Anthropologie; ca. 220 Aufs. u. Rundfunksendungen - S. 1987 Collegiumsmitgl. Forschungszentrum f. Hist. Anthropologie, Berlin; s. 1989 Beirat Schostakowitsch-Ges.; s. 1990 Vorst. Dt. Ges. f. Erziehungswiss.; Vors. Jury Initiativpreis d. Daimler-Benz AG f. Initiativen b. d. Integration d. europ. Erziehungs- u. Bildungswesens - Spr.: Engl., Franz., Niederl., Ital.

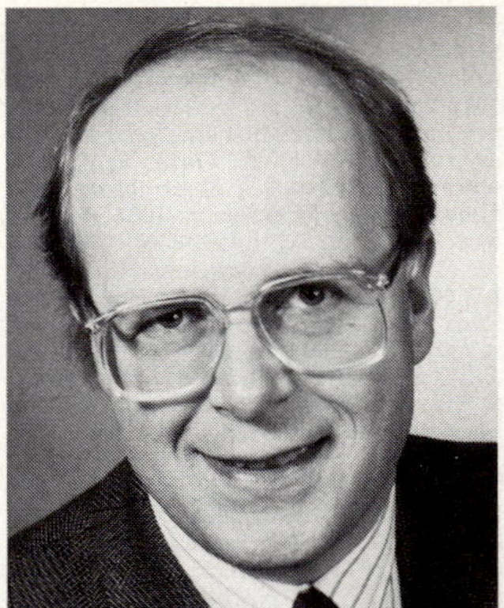

LENZEN, Godehard

Dr. rer. pol., Leiter Dt. Gemmologisches Ausbildungszentrum Idar-Oberstein - Auf der Lay 35-37, 6580 Kirschweiler (T. 06781 - 4 30 11) - Geb. 6. Okt. 1922 Bonn (Vater: Hans Lorenz L., Rektor; Mutter: Anna, geb. Brenner), verh. s. 1957 m. Elisabeth, geb. Seifert, 3 Kd. (Martin, Peter, Bettina) - 1945-49 Stud. Mineral., Geol. u. Bergbaukd. Univ. Bonn u. Clausthal-Zellerfeld, Fachprüf. Edelsteinkd. (Gemmologie) 1954, Inst. f. Edelsteinforsch. Idar-Oberstein, 1954 Fellow of Gemmological Assoc. London; 1960-64 Stud. Wirtschaftsgesch. Univ. Graz (Promot. 1965); Grad. Gemologist 1971, Gemological Inst. of America (Los Angeles) - 1950-72 Mitinh. dt., holländ. u. belg. Untern. d. Diamantind.; 1967-84 Obmann RAL-Vereinbar. 560 A 5; 1967-72 Doz. Dt. Gemmolog. Ges. e.V., Idar-Oberstein; 1968ff. Gf. Vorst.-Mitgl. Dt. Gemmolog. Ges.; 1972ff. Leit. Dt. Gemmolog. Ausb.zentrum u. Geschäftsf. Dt. Stiftg. Edelsteinforsch., Idar-Oberstein - Erf. Diamantphotometer z. objekt. Farbbest. geschliffener Diamanten (m. M. Eickhorst, 1967) - BV: Produkt.- u. Handelsgesch. d. Diamanten, 1966; The History of Diamond Production and the Diamond Trade, 1970; Kurzgefaßte Diamantenkd., 1971; Il Diamante (span.), 1976; Diamantenkd. m. krit. Darst. d. Diamantengrad., 1979; D. Gesch. d. Diamanten. V. Mythos z. Wirklichk., 1981 (Übers. ins Engl., Finn., Franz., Holländ., Ital., Japan. u. Schwed.); Diamonds and Diamond Grading, 1983; Edelsteinbestimm. m. gemmolog. Geräten, 1984 - 1974 Ehrenmitgl. Gemmolog. Assoc. Japan; 1975 Gold. Ehrenz. Dt. Gemmolog. Ges.; 1986 Ehrenmitgl. Associação Brasileira de Gemologia e Mineralogia, u. Ehrenmitgl. Sociedade Gemológica Brasileira, 1989 Ehrenmitgl. Polskie Stowarzyszenie Rzeczoznawców Jubilerskich - Spr.: Engl., Franz.

LENZEN, Hans-Georg

Prof., Fachhochschullehrer, Fachbereich Design Fachhochschule Düsseldorf, Maler, Grafiker, Schriftsteller - Landsberger Str. 13, 4048 Grevenbroich 5 - Geb. 2. Juli 1921 Moers (Vater: Josef L., Architekt; Mutter: Margarete, geb. Schmitz), verh. I) 1944-85 m. Gertrud, geb. Czischke, 4 Söhne (Dieter, Rainer, Thomas, Christoph); II) s. 1986 m.

Marcelle, geb. Ruck - Gymn. Moers (Adolfinum); 1946-50 Kunstakad. D'dorf (Examen f. Künstl. Lehramt) - S. 1952 Werkkunstsch. D'dorf; 1963-64 Gastdoz. Kansas City Art Inst., USA; s. 1986 Lehrauftr. Malerei u. Graphik; Buchillustr. - BV: Kinder- u. Jugendbücher. Übers. aus d. Engl. u. Franz. - Liebh.: Musik - Spr.: Engl., Franz., Lat.

LENZEN, Heinrich

Dr. phil., o. Prof. f. Allg. Heil- u. Sozialpädagogik Univ. Köln - Laurentiusstr. 22, 6551 Wallhausen (T. 2 77) - Geb. 13. Mai 1921 Essen.

LENZEN, Peter Wilhelm

Dipl.-Kfm., Vorsitzender d. Geschäftsleitung Krupp Stahl AG Stahlverarbeitung - Stenglingser Weg 66, 5860 Iserlohn-Letmathe (T. 02374 - 37 77) - Geb. 4. Sept. 1934, verh. s. 1960 m. Annemarie, geb. Hüske, 2 Kd. (Friederike, Peter Wilhelm) - Ex. 1954 Köln - BVK.

LENZEN, Wolfgang

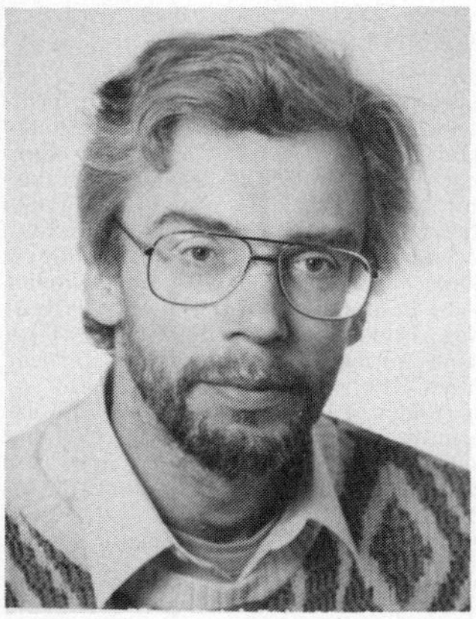

Dr. phil., Prof. f. Philosophie Univ. Osnabrück - Immelmannweg 2, 4500 Osnabrück (T. 0541 - 1 52 16) - Geb. 4. Febr. 1946 Essen (Vater: Josef L., Ing.; Mutter: Margret, geb. Wess), kath., verh. s. 1970 m. Gertrud, geb. Braunmiller, 5 Kd. (Stephan, Christoph, Alexander, Barbara, Angelika) - 1965-71 Stud. Math. u. Phil. (Promot. 1972, Habil. 1979) - 1972-78 wiss. Assist.; 1979-80 Priv.-Doz.; s. 1981 Prof. - BV: Theorien d. Bestätig. wiss. Hypothesen, 1974; Recent Work in Epistemic Logic, 1978; Glauben, Wissen u. Wahrscheinlichk., 1980; D. System d. Leibnizschen Logik, 1990 - Liebh.: Bergsteigen, Marathonlauf, Triathlon - Spr.: Engl., Franz.

LENZER, Christian

Oberstudienrat a. D., MdB (s. 1969) - Am Türmchen 1, 6349 Burg/Dillkr. (T. 02772 - 81 86) - CDU.

LENZING, Rudolf

Kaufmann, Vors. Bundesverb. d. Dt. Tankstellen- u. Garagengewerbes, Braunschweig - Natruper Str. 197, 4500 Osnabrück - Geb. 23. Okt. 1914.

LEONHARD, Ernst P.

Verleger, pers. haft. Gesellsch. A. Seydel u. Cie, Ges. Druck u. Buchbinderei-Werkst. May GmbH & Co. KG, Darmstadt, Carl Habel, Verlagsbuchhandlung GmbH u. Co. KG - Klappacherstr. 138, 6100 Darmstadt - Geb. 13. Mai 1926 Berlin (Vater: Paul L.; Mutter: Erna, geb. Lüscow) - S. 1948 Verlagswesen - 1976 Silb. Ehrenz. Rep. Österr.; BVK; 1986 Goldenes Ehrenz. Rep. Österr.; 1986 Goldenes Ehrenz. Stadt Wien.

LEONHARD, Kurt

Prof. h. c., Schriftsteller, Übersetzer - Auchtweg 24, 7300 Esslingen/N. - Geb. 5. Febr. 1910 Berlin - AICA, VS - D. heilige Fläche, 1947; J. Bissier (Monogr.), 1948; D. gegenw. Dante, 1950; Augenschein u. Inbegriff, 1953; Gegenwelt (Ged.), 1955; Silbe, Bild u. Wirklichkeit, 1957; Mod. Lyrik, 1963; Cézanne in Selbstzeugnissen, 1966; Picasso - D. graph. Werk 1954-65, D. Maler Henri Michaux, 1967; Ida Kerkovius (Monogr.), 1969; Dante in Selbstzeugnissen, 1970; Wort wider Wort (Ged.), 1974; Bruno Stärk (Monogr.), 1975; F. Heeg-Erasmus (Monogr.), 1977; Was ist Kunst?, 1981; D. zehnte Loch, 1983; Horst Beck (Monogr.), 1984; Gegenbilder (Ged.), 1986; Zirkelschlüsse (Ged.), 1988. Übers. aus d. Franz Kunstkrit. - 1972 o. Mitgl. Akad. d. Wiss. u. Lit., Mainz. 1976 Prof. h. c. - 1984 Verdienstmed. Land Baden-Württ.; 1985 Ehrenmitgl. Staatl. Akad. Stuttgart; 1985 Ehrenplak. Familienverb. Lütze; 1989 Ehrengast Villa Massimo, Rom.

LEONHARD, Wolfgang

Prof., Publizist - 5562 Manderscheid/Eifel (T. 7 55) - Geb. 16. April 1921 Wien (Vater: Rudolf L., Schriftst. † 1953 (s. XI. Ausg.); Mutter: Susanne, geb. Köhler (Verf.: Gestohlenes Leben), verh. s. 1974 m. Dr. Elke Leonhard-Schmid, MdB - Schulen Berlin (Realgymn. Reinickendorf, Karl-Marx-Sch. Neukölln); 1932-33 Landschulheim Herrlingen/Schwaben; 1933-35 Internatssch. Viggbyholm (Schweden); 1935-40 Sowjetsch. Moskau; 1940-41 Hochsch. ebd.; 1942-43 Kominternsch. Ufa (UdSSR) - 1943-45 Rundfunksprecher Sender Fr. Dtschl. Moskau, 1945-47 Ref. Abt. Agitation u. Propaganda ZK d. KPD bzw. SED Berlin (Ost), 1947-49 Lehrer Parteihochsch. Karl-Marx, s. 1950 fr. Journ. (ständ. Mitarb. f. Ostfragen D. Zeit u. Neue Ruhr-Ztg.) u. Schriftst. BRD. Mitarb. Publik. 1956-58 Gast St. Antony's College Univ. Oxford, 1963/64 Columbia Univ. New York (Russ. Inst.), 1966-87 Prof. Yale University New Haven (Histor. Fak.), 1971ff. Gastprof. Univ. Mainz, 1972ff. Univ. Trier-Kaiserslautern - BV (größtent. in Übers.): Schein u. Wirklichkeit in d. UdSSR, 1952; D. Revolution entläßt ihre Kinder, 1955; Kreml ohne Stalin, 1959; D. polit. Lehren, 1962; Sowjetideologie heute, 1962 (m. Gustav A. Wetter); Chruschtschow - Aufstieg u. Fall e. Sowjetführers, 1965; D. Dreispaltung d. Marxismus - Ursprung u. Entwickl. d. Sowjetmarxismus, Maoismus u. Reformkommunismus, 1970; D. Kurze Leben d. DDR, 1990; Spurensuche - 40 Jahre nach "Die Revolution entläßt ihre Kinder", 1992. Herausg.: Aino Kuusinen, D. Gott stürzt s. Engel (1972); Am Vorabend e. neuen Revolution? D. Zukunft d. Sowjetkommunismus (1975); Was ist Kommunismus? (1976); Eurokommunismus - Herausford. f. Ost u. West (1978); Völker hört d. Signale (1981); Dämmerung im Kreml (1984); D. Schock d. Hitler-Stalin-Paktes (1989); Europ. Zeitzeugen (s. 1986) - 1982 Phi Beta Kappa, Yale Univ.; 1987 BVK I. Kl.; Mitgl. PEN-Zentrum BRD - Spr.: Russ., Engl.

LEONHARDT, Ernst

Dipl.-Ing., Vorsitzender d. Geschäftsführung DEMINEX, Essen - Waldegg 10, 8126 Zumikon/Schweiz (T. 01 - 918 18 78) - Geb. 2. Mai 1932 Schässburg, ev., verh. m. Ilse, geb. Stummer, 2 Söhne (Michael, Harald) - TH Clausthal (Dipl.Ing.), u. Stanford Univ. of California - 1963-78 Präs. Vetco Int'l AG, Zug; 1978-82 Dir. Engineering Alusuisse, Zürich; 1982-85 Mitgl. d. Geschäftsfg. Kühne & Nagel Int'l AG, Pfäffikon - Liebh.: Golf, Sportfliegerei - Spr.: Engl., Franz., Span., Rumän.

LEONHARDT, Fritz

Dr.-Ing., Dr.-Ing. E. h., Dr. techn. h. c. mult., em. o. Prof. f. Massivbau Univ. Stuttgart (1957-74; 1967-69 Rektor) - Schottstr. 11b, 7000 Stuttgart (T. 257 83 31) - Geb. 11. Juli 1909 Stuttgart (Vater: Gustav L., Arch.; Mutter: Lene, geb. Schlecht), verh. s. 1936 m. Liselotte, geb. Klein, 5 Kd. (Sabine, Monika, Heidemarie, Hansjörg, Christine) - Dillmann-Realgymn. Stuttgart; TH ebd. (Dipl.-Ing. 1931) u. Purdue Univ. USA - B. 1938 Angest. Reichsautobahn, dann berat. Ing. (auch gegenw.). Mitgl. zahlr. Fachgremien. Neue Spannbeton-Verfahren u. Hängebrücken-Typen; Forschungsarb. auf d. Gebiet d. Stahlbetons. U. a. Rheinbrücken Köln-Deutz, -Mülheim, -Rodenkirchen, Düsseldorf, Fernsehturm Stuttgart - BV: Gestaltung d. Brücken, 1937; Vereinfachte Trägerrostberechnung, 1938; Spannbeton f. d. Praxis, 1955 (auch russ.); Vorspannung m. konzentr. Spanngliedern, 1956; Ingenieurbau, 1974; Brücken, Bridges, Aesthetik u. Gestaltg., DVA 1982; Türme (m. Heinle), DVA 1988. Vorlesungen Massivbau, 1975/79. Zahlr. Einzelveröff. - Fritz-Schumacher- u. Paul-Bonatz-Preis; 1952 VDI-Ehrenz., 1965 Gold. Ehrenmünze Österr. Arch.- u. Ing.verein; 1965 Werner-v.-Siemens-Ring; 1967 Emil-Mörsch-Denkmünze; 1968 Medaille d'Or Gustave Magnel; 1973 Grashof-Gedenkmünze VDI; Freyssinet Med.; Gold Medal Brit. Inst. of Structural Eng.; Dr. e. h. (Braunschweig, Kopenhagen, Oregon State U., Purdue U., U. de Liège, U. of Bath); Gold Med. AIPC, Rom; Gr. BVK; National Acad. of Engineering USA; Schweiz. Akad. d. Techn. Wiss. SATW - Liebh.: Wandern, Bergsteigen - Spr.: Engl., Franz. - Rotarier.

LEONHARDT, Gustav

Geschäftsführer WKV Waren-Kredit-Bank GmbH, Stuttgart - Mendelssohnstr. 44, 7000 Stuttgart - Geb. 2. April 1916.

LEONHARDT, Helmut

Dr. med., em. o. Prof. f. Anatomie Univ. Kiel - Anatomisches Inst. d. Univ., 2300 Kiel (T. 880 36 00) - Geb. 14. Juli 1918 Stuttgart (Vater: Richard L.; Mutter: Luise, geb. Weber), ev., verh. s. 1944 m. Ursula, geb. Barchewitz, S. Matthias - Univ. Tübingen, München, Freiburg - S. 1953 (Habil.) Lehrtätigk. Univ. Erlangen-Nürnberg (1958 apl. Prof.; Prosektor Anat. Inst.), Kiel (1964 Wiss. Rat u. Prof.; Leit. Prosektur), Saarbrücken (1968 o. Prof.; Dir. I. Anat. Inst.), Kiel (1974 o. Prof. Anat. Inst.). Spez. Arbeitsgeb.: Neuroglia. Mitgl. Dt. Akad. d. Naturforsch. Leopoldina, Anat. Ges., Ges. f. Elektronenmikroskopie - BV: Histologie, Zytologie u. Mikroanatomie d. Menschen, Lehrb. 8. A. 1990 (auch jap., span., ital., engl.); Taschenatlas d. Anatomie, Bd. II, 6. A. 1991 (auch jap., franz., span., ital., holländ., engl., griech., portugies., türk.); Taschenlehrb. d. ges. Anatomie (m. H. Frick, D. Starck), Bd. I, II, 3. A. 1987 (auch griech., engl., span.); Ependym u. circumventriculäre Organe (in: Hdb. mikrosk. Anat. d. Menschen). Üb. 100 Einzelarb. Mithrsg.: Rauber/Kopsch, Lehrb. u. Atlas d. Anat. d. Menschen; Ztschr. mikrosk.-anat. Forschg.; Normale u. Patholog. Anatomie - Spr.: Engl., Franz.

LEONHARDT, Karl Ludwig

Verleger - Isestr. 121, 2000 Hamburg 13 - Geb. 14. Okt. 1922 Dresden (Vater: Dr. Helmuth L., Zahnarzt; Mutter: Elisabeth, geb. Mindner), verh. s. 1965 in 2. Ehe m. Sieglinde, geb. Buschkamp - Abit. - Liebh.: Bibliophilie.

LEONHARDT, Roland

Betriebswirt & Handelsfachwirt, Schriftsteller - Fontanestr. 14, 6330 Wetzlar (T. 06441 - 7 64 72) - Geb. 23. Jan. 1957 Gößnitz (Vater: Egon L.; Mutter: Brigitte, geb. Hrachoveć), ev., ledig - Mitgl. IGdA (Interessenverb. dtschspr. Autoren), Kreis d. Freunde Dülmen, Verb. d. Kasseler Autoren. Lektoratsmitarb. b. Herausg. d. Buches Heimat-Anthol. v. Ernst Reichelt (1980), jüngster Autor in d. Welt-Anthol. - BV: Neue Sicht unseres Weltbildes (m. a.), 1979; Jenseits d. Welt d. Bösen, Aphor., 1980; Leben, weil Gott uns liebt, 1982; Und jeder Tag ist e. Geschenk, 1984; Herr, dein Licht laß mich schauen, 1985; Segenswünsche zum Geburtstag, 1985. Herausg. Fototaschenb.reihe: Bleibende Liebe, Hoffnung, Trost, Dank, Geborgenheit, Weisheit; Mini-Farbfotohefte; Bildb. D. Leben - e. Geschenk; Grußheftreihe: Gedanken z. Freundschaft, Alle guten Wünsche z. Geburtstag; Alle guten Wünsche z. Genesung; Trauernden z. Trost; Weisheiten f. jeden Tag; Alle guten Wünsche f. d. gemeinsamen Lebensweg. Herausg. d. Reihe: Licht u. Freude (1992). Kunstb.: Das Glück hat Flügel (Ged. zu Gemälden v. Caspar David Friedrich), 1989; Worte u. Bilder großer Meister, Vincent van Gogh, Carl Larsson, Paula Modersohn-Becker, Conrad Sevens. Herausg. R. Leonhardt. Weit. Veröff. in Anthol. u. Sammelw. (in 10 Büchern); öfftl. Lesungen - 1982 Lit.stip. Stadt Bad Harzburg, Schatzmeister d. IGdA - Liebh.: Lesen, Musik, Reisen - Lit.: Lichtband Autoren-Bild-Lexikon (1980); Hans Margolius, Philosophenkartei (1980); Rudolf Dressler, Zeitgesch. einmal anders - Handschr. u. Manuskripte (1980).

LEONHARDT, Rudolf Walter

Dr. phil., Journalist, Schriftst. - Leuchtturmweg Nr. 42A, 2000 Hamburg 56 - Geb. 9. Febr. 1921 Altenburg, ev., verh. in 2. Ehe (1949) m. Ulrike, geb. Zoerb, 3 Kd. - Stud. Naturwiss. u. Neuphilol. Leipzig, Bonn, Cambridge, London. Promot. 1950 Bonn - 1948-50 Doz. Cambridge (Moderne dt. Lit.). 1950-53 BBC London, seith. Auslandskorresp., polit. Redakt. (1955), Feuilletonchef (1957), Reporter u. stv. Chefredakt. Wochenztg. Die Zeit, Hamburg - BV: Cassels Encyclopaedia of Litterature, Moderne deutsche Literatur, 1955 (London); 77 × England, 1957 (auch span.); D. Sündenfall d. dt. Germanistik, 1959; ×-mal Deutschland, 1961 (auch engl., ital., span.; GA. üb. 300 Ts.); Leben ohne Literatur?, 1962; Zeitnotizen - Kritik/Polemik/Feuill., 1963; Reise in e. fernes Land - Bericht üb. Kultur, Wirtschaft u. Politik in d. DDR, 1964 (m. Marion Gräfin Dönhoff u. Theo Sommer); Jg. dt. Dichter f. Anfänger, 1965; Wer wirft d. ersten Stein - Minoritäten in e. zücht. Gesellschaft, 1969; 3 Wochen u. 3 Tage - E. Europäer in Japan, 1970; Haschisch, Report 1972; Dtschl., 1972; Argumente pro u. contra, 1974; D. Weib, d. ich geliebt hab - Heinrich Heines Mädchen u. Frauen, 1975; Journalismus u. Wahrheit, 1977; Lieder aus d. Krieg, 1979; Sylt 1870-1920, 1980; Auf gut deutsch gesagt, 1983; Deutschland, 1990; Germany, 1991. Herausg.: Kästner f. Erwachsene (1969) - Spr.: Engl., Franz., Ital.

LEONHARDT, Siegmund

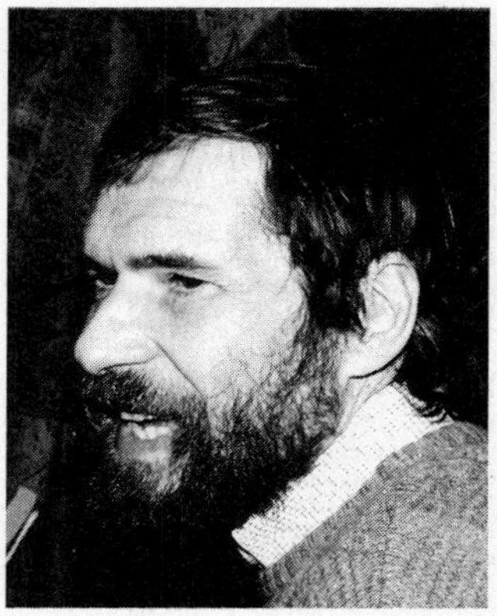

(Künstlername: Leo Leonhard), Prof. f. Zeichnen FH Rheinl.-Pfalz, Mainz - Sandstr. 18, 6101 Bickenbach/Bergstraße (T. 06257 - 6 27 29) - Geb. 12. Mai 1939 Leipzig, verh. s. 1962 m. Christel, geb. Rothley, 2 Söhne (Florian, Götz) - German.-Stud. Marburg; Ex. 1961; Kunststud. Düsseldorf, Ex. als Kunsterzieher 1964, 2. Staatsex. 1966 Darmstadt - 1975 Fachleit. f. Kunsterziehung an d. Studien-Seminaren Darmstadt u. Bensheim; 1987 Prof. FH Rheinl.-Pfalz in Mainz - BV: Rüssel in Komikland (m. Otto Jägersberg), 1972; Glücksucher in Venedig I + II (m. Otto Jägersberg), 1973, 74; Leben & Traum m. Schellenfusz, 1975; Schimpferd u. Nilpanse, 1975;

Bärlamms Verwandlung, 1976; D. Riesenvogel (m. Helmut Walbert), 1976; Es wollt e. Tänzer auf d. Seil (m. Adolf H. Halbey, 1977; D. Drache Martin (m. Helmut Zenker), 1977; D. Prozeß um d. Esels Schatten. Wielands abderitische Komödie gezeichnet u. erzählt, 1978; Basilius Mummelpelz u. Hieronymus Kragenpeter, 1988. Mappen: Cantos (1971), 6 Radierungen zu Ezra Pound (Ed. Huber); Kafkas Beschreibung e. Kampfes (1978), 10 Radierungen; Seine Welt zeige der Künstler (1980), 7 Radierungen z. Mathildenhöhe Darmstadt; D. Hessische Landbote (Georg Büchner u. Friedrich Ludwig Weidig, 1987), 6 Radierungen; Dantons Tod (v. Georg Büchner, 1988), Buch m. 15 Federzeichnungen + 6 Radierungen (zu Büchners 175. Geburtstag am 17. Okt. 1988 u. anläßl. d. 200. Jahrestages d. Franz. Revolution am 14. Juli 1989); Motive d. Bergstraße (1991), 6 Radierungen Ed. Kunstfreunde d. Bergstraße. Zahlr. Einzel- u. Gruppenausst. im In- u. Ausland - Mehrf. Preisträger auf intern. Grafik-Biennalen.

LEONHART, Günther

Vermessungstechniker, Beigeordneter, MdB (s. 1980) - Brahmsstr. 18, 6550 Bad Kreuznach/N. (T. 6 13 44) - Geb. 31. Aug. 1929 Bad Kreuznach, ev., verh., 2 Kd. - S. 1944 Kulturverw. (1958 ff. Personalratsvors. Kulturamt Bad Kreuznach). S. 1960 Stadtratsmitgl., Bürgerm. u. Beigeordn. Bad Kreuznach (1962 Fraktionsvors.). SPD s. 1956, MdL Rhld.-Pfalz s. 1967 (Funktionen Kreis- u. Bezirksebene).

LEOPOLDER, August

Prof., Konzertpianist - Walter-vom-Rath-Str. 25, 6000 Frankfurt/M. (T. 56 62 46) - Geb. 6. Juli 1905 München - Gymn. u. Univ. München (Phil.); Klavierstud. Lâszlo, Petri, Martienssen - Ab 1931 Lehrer f. Klav. Konservat. Aschaffenburg, Musisches Gymn. (1941-45) u. Musikhochsch. Frankfurt (1950 ff.).

LEOPOLDT, Heinrich-Wolfgang

Dr. rer. nat. (habil.), o. Prof. f. Mathematik - Schneidemühler Str. 2c, 7500 Karlsruhe-Waldstadt - S. 1964 Ord. u. Inst.dir. TH bzw. Univ. Karlsruhe. Facharb. Mithrsg. v. Fachtzschr. - 1979 o. Mitgl. Heidelberger Akad. d. Wiss.

LEPACH, Paul

Dipl. rer. pol., Vorstandssprecher Touristik Union International (TUI), Hannover - Alter Postweg 16, 3006 Burgwedel 1 (T. 05139 - 48 41) - Geb. 25. Mai 1925 Breslau - Stud. Volkswirtschaft Hamburg, 1956 Norddt. Lloyd, 1967 Hapag Lloyd Reisebüro GmbH., 1970 Vorst. TUI.

LEPENIES, Wolf

Dr. phil., Prof. f. Allg. Soziologie, Rektor Wissenschaftskolleg Berlin (s. 1986) - Ostpreußendamm 49, 1000 Berlin 45 (T. 030 - 772 30 21) - Geb. 11. Jan. 1941 - Promot. 1967 Münster; Habil. 1970 Berlin (FU) - 1971-86 FU Berlin - BV: u.a. Melancholie u. Gesellschaft, 1969; Soziol. Anthropologie, 1976 (auch Engl.). Zahlr. Einzelarb. - 1984 Alexander-v.-Humboldt-Preis.

LEPPICH, Johannes, S. J.

Pater - Osannstr. 49, 6100 Darmstadt (T. 4 53 40) - Geb. 1915 Ratibor/OS. (Vater: Zuchthausaufseher) - Stud. Phil. u. Theol. - BV: Christus auf d. Reeperbahn; Gott zwischen Götzen u. Genossen; Meditationen auf d. Asphalt; Brasilian. Vaterunser; D. Zeitung - e. Gebetbuch; Atheisten-Brevier; Passiert - notiert - meditiert. Langspielpl. bzw. Cassetten: Revolution d. Bergpredigt, 10 Gebote - heute, u. a., Initiator u. Leit. action 365 international m. Mitarb. in üb. 12 Ländern. In 25 J. Straßenpredigten

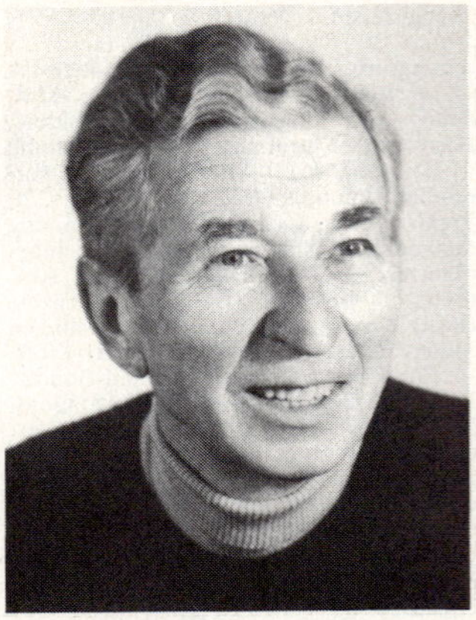

Mill. Menschen angesprochen. Dzt. Vorträge in Kirchen u. Sälen.

LEPPIEN, Helmut R.

Dr. phil., Hauptkustos Hamburger Kunsthalle (s. 1976) - Glockengießerwall, 2000 Hamburg 1 (T. 24 82 51) - Geb. 1933 - Volontär Wallraf-Richartz-Museum Köln; 1963-68 Assist. Hamburger Kunsthalle; 1969-71 Dir. Kunsthalle Köln; 1972-75 Dir. Kunstverein Hannover. 1968-74 Präs. ICOM-Komitee f. Museen mod. Kunst. Fachveröff., vor allem z. Kunst d. 19. u. 20. Jh.

LEPPIG, Manfred

Dr. rer. nat., o. Prof. f. Mathematik Univ.-GH Duisburg - Kötterstr. 18, 4400 Münster - Geb. 9. Febr. 1930 Striegau - Lehrersem.; Stud. Math., Physik, Päd., Phil. (Promot. 1960 Math.) - Grundschullehrer, Studienrat, Doz. Münster; Prof. Kiel u. Duisburg - BV: E. Computer-Übungsmodell, 2. A. 1972; Math. d. mod. Schule, 1971; Abbild. u. topol. Strukturen, 1973; Analyt. Geometrie d. Großkreise u. Loxodromen, 1970; Lehrb.reihe Lernstufen Math. 5-10, ab 1980; Weitere Schulbuchwerke Math.; Aufs. in Fachztschr., Arbeitsmittel z. Math.unterricht.

LEPPMANN, Wolfgang

Dr. phil., Prof., Schriftsteller u. Germanist - 2655 Central Blvd., Eugene, OR 97403/USA (T. 503 - 342-2894) - Geb. 9. Juli 1922 Berlin (Vater: Dr. Franz L., ehem. Leit. Propyläen-Verlag; Mutter: Ida, geb. Orloff (Burgschausp.), ev., verh. m. Theodosia, geb. Olafson, 3 Kd. - B.A. 1948, M.A. 1949 McGill/Kanada; Ph.D. 1952 Princeton/USA - 1974-78 Vors. German. Abt. L. & L. Univ. Oregon; Gastprof. Univ. Toronto u. Yale Univ. Virginia; Schriftst. - BV: The German Image of Goethe, Oxford 1961; Pompeii in Fact and Fiction, London 1968; Winckelmann, New York u. London 1971, Berlin 1972, München 1982; Rilke, München 1981, New York u. Paris 1984; Gerhart Hauptmann, München 1986; Übers. eig. u. fremder Werke - 1962 u. 1979 Alex.-v.-Humboldt-Stip.; 1963 u. 1972 Guggenheim-Fellow; 1986 Gr. BVK am Bde. - Liebh.: Tennis, Hunde - Spr.: Engl., Franz., Ital., Span.

LEPSIUS, Mario Rainer

Dr. oec. publ., o. Prof. f. Soziologie - Mozartstr. 23, 6940 Weinheim/Bergstr. (T. 6 11 82) - Geb. 8. Mai 1928 Rio de Janeiro (Brasil.), verh. s. 1958 m. Dr. phil. Renate, geb. Meyer, Bundestagsabg. (s. dort), 1 Kd. - Habil. 1963 München - 1963-81 Ord. WH bzw. Univ. Mannheim, s. 1981 Univ. Heidelberg. Vors. Dt. Ges. f. Soziol. (1970-74), Mitgl. Heidelberger Akad. d. Wiss. Fachveröff. - Spr.: Engl.

LEPSIUS, Rainer

s. Lepsius, Mario-Rainer

LEPSIUS, Renate,

geb. Meyer

Dr. phil., Autorin, MdB (1972-83; 1984-87) - Mozartstr. 23, 6940 Weinheim/Bergstr. (T. 6 11 82) - Geb. 21. Juni 1927 Berlin, verh. s. 1958 m. Prof. Dr. oec. publ. Mario-Rainer L., Ord. f. Soziol. Univ. Heidelberg (s. dort), 1 Kd. - Stud. Gesch., Literatur-, Staatswiss. Berlin, Freiburg, London. Promot. 1953 - 1953-58 Ref. kulturpolit. Einrichtungen. SPD s. 1956 (1965-73 Mitgl. Landesvorst. Baden-Württ., 1968-73 Parteirat).

LERBS, Renate

Schriftstellerin (Ps.: Renate Lienau) - 8972 Altstädten/Sonthofen (T. 08321 - 8 80 44) - Geb. 8. April 1914 Berlin, 1936 verh. m. Karl Lerbs, 2 Kd. (Frank, Christiane), 1941 Übersiedl. ins Allgäu, s. 1946 verw. - Humanist Abit., Schauspielausb. Studio Ilka Grüning - b. 1940 Schauspielh. Bremen. Dramaturg. b. Herzog Film u. Ufa, Redakt. b. Revue und WINTER - BV: Über Hohen Dünen, R. 1942; D. Schöne aus d. Hinteren Tal, 1945, Nov. Gabriele Varell, R. 1946; D. wirst gebraucht, Arnika, R. 1957; Am Puls d. Lebens, R. 1959; Dirk war d. Anlaß, R. 1965. Übers. a. d. Franz. u. Engl. (22 Bücher, Beletristik, Sachb., Med.). Hrsg. v. Werken v. Karl Lerbs (Pointen usw.) - Liebh.: Musik, Bergsteigen - Bek. Vorf.: Prof. Dr. August Hirsch, u. a. Exped. Leiter 1879 b. Pestausbr. in Südrußland.

LERCHE, Peter

Dr. jur., Prof. f. Öfftl. Recht - Junkersstr. 13, 8035 Gauting/Obb. (T. München 850 20 88) - Geb. 12. Jan. 1928 Leitmeritz/Böhmen (Vater: Dr. Fritz L., Rechtsanw.); Mutter: Karoline, geb. Artmann), verh. s. 1955 m. Dr. Ilse, geb. Peschek, 2 Söhne (Wolfgang, Clemens) - Univ. München. Promot. (1955) u. Habil. (1958) München - 1960 Ord. Univ. Berlin (Freie) u. München (1965). Vors. Strukturbeirat Univ. Augsburg, Mitgl. Wissenschaftsrat, o. Mitgl. Bayer. Akad. d. Wiss., Vors. Vereinig. d. Dt. Staatsrechtslehrer (1982/83), Stiftg.-Vorst. Carl-Friedr.-v.-Siemens-Stiftg., u. a. - BV: Ordentl. Rechts- u. Verw.rechtsweg, 1953; Übermaß u. Verfassungsrecht, 1961; Verfassungsfragen um Sozialhilfe u. Jugendwohlfahrt, 1963; Z. Kompetenzbereich d. Dtschl.funks, 1963; Rechtsprobleme d. Werbefernsehens, 1965; Werbung u. Verfassung, 1966; Verfassungsrechtl. Zentralfragen d. Arbeitskampfes, 1968; Rundfunkmonopol, 1970; Verfassungsrechtl. Fragen z. Pressekonzentration, 1971; Verfassungsrechtl. Aspekte d. inneren Pressefreiheit, 1974, Landesbericht: Rundfunkorg. u. Kommunikationsfreiheit, 1979. Mitarbeit an Maunz/Dürig, Grundgesetz u. a. - 1977 Bayer. VO, 1984 Bayer. Verfassungsmed. in Silber, 1989 Maximiliansorden f. Wiss. u. Kunst - Liebh.: Nilpferdzucht - Bek. Vorf.: v. Prohaska, Artmann, Haller.

LERG, Winfried B.

Dr. phil., Univ.-Prof. f. Publizistik- u. Kommunikationswissenschaft, Dir. Inst. f. Publizistik d. Univ. Münster - Schürbusch 115, 4400 Münster (T. 71 96 82) - Geb. 23. Aug. 1932 Frankfurt/M. (Vater: Emil L., Finanzbeamter; Mutter: Paula, geb. Klutmann), kath., verh. in 2. Ehe m. Sabine, geb. Schiller, T. Charlotte - Gymn. Frankfurt/M., Fulda, Linz/Rh.; Univ. Bonn u. Münster (Publiz., Gesch., Soziol.). Promot. (1964) u. Habil. (1969) Münster - S. 1960 Assist., Doz., Wiss. Rat u. Prof., o. Prof. (1971) Univ. Münster. 1973-75 Vors. Dt. Ges. f. Publizistik- u. Kommunikationswiss. - BV: D. Entsteh. d. Rundf. in Dtschl. - Rundfunkgesch., 1965, 2. A. 1970; D. Gespräch - Theorie u. Praxis d. unvermittelten Kommunikation, 1970; Rundfunkpolitik in d. Weimarer Rep., 1980 - Spr.: Engl., Franz. - Arnulf Kutsch: Auswahlbibliogr. W. B. Lerg (1956-82). In: Publizistik 27. Jg. 1982.

LERMANN, Hilde

Schauspielerin, Drehbuchautorin, Regiss. - Ascheringerweg 6, 8134 Pöcking - Geb. 8. Juli 1944 Starnberg (Vater: H. Schmitt-L. (s. dort); Mutter: Maria, geb. v. Claer), verh. m. Diethard Klante (s. dort), T. Johanna - Fernsehrollen u.a.: Kameraden, Helga N. Hörsp.: Mexiko-Marmelade, Betsingmesse (Autorin). Fernsehsp.: D. Winterhaus (Autorin u. Regiss.) - 1987 Filmpreis Rhld.-Pfalz; 1989 Preis d. Akad. d. darstell. Künste u. Adolf Grimme Preis in Gold.

LERMEN, Birgit Johanna

Dr. phil., Prof. f. Neuere dt. Literatur Univ. Köln - Gartenstr. 30, 5100 Aachen (T. 0241 - 8 17 27) - 1. u. 2. Staatsex. höh. Lehramt, Promot. 1967, Habil. 1974 - BV: Mod. Legendendicht., 1968; D. traditionelle u. d. neue Hörspiel, 1975; D. Trickfilm als didakt. Aufg. (2 Bde.), 1983; Medium Trickfilm, 1984; D. Aachenfahrt in Gesch. u. Literatur, 1986; Lyrik aus d. DDR, 1987; Herausragende Frauengestalten d. Gegenwartslit. in Ost u. West, 1987.

LERNER, Franz

Dr. phil., Dipl.-Kfm., Historiker, Honorarprof. f. Sozial- u. Wirtschaftsgeschichte m. bes. Berücks. d. Technikgesch. Univ. Marburg (s. 1973) - Gerhart-Hauptmann-Ring 29, 6000 Frankfurt/M. 50 - Geb. 7. März 1903 Frankfurt/M. (Vater: Julius L., Glaserm.; Mutter: Margarete, geb. Blöchinger), kath., verh. in 2. Ehe (1977) m. Antonie, geb. Behrendt, 2 Kd. aus 1. Ehe (Dipl.-Ing. Friedrich, Dr. rer. nat. Hedwig) - Univ. Frankfurt, Rostock, Tübingen. Dipl.-Kfm. 1925; Promot. 1930 - BV: u. a. Bilder z. Frankf. Gesch., 1950; Holzhausen - Gestalten, 1953; Aber die Biene nur findet d. Süßigk., 1963; Wirtschafts- u. Sozialgesch. d. Nass. Raumes 1816-1964, 1965; Bürgersinn u. -tat, 1966; Gesch. d. Deutsch. Glaserhandw., 1981; Blüten, Nektar, Bienenfleiß, 1984; Mit Gunst Meister u. Gesellen, 1987 - BVK 1983.

LEROY, Herbert

Dr. theol. o. ö. Prof. f. Einleitung in d. Bibelwiss. u. Hermeneutik Univ. Augsburg (s. 1972) - Wilhelm-Hauff-Str. 28, 8900 Augsburg 1 (T. 55 56 13) - Geb. 10. Jan. 1936 Düren (Vater: Jakob, Verw.dir.; Mutter: Maria, geb. Scholz), kath. - Stud. d. Theol. Univ. Tübingen; Promot. 1968; Habil. 1972 smtl. Tübingen - BV: Rätsel u. Mißverständnis, 1968; Nicht Knechte, sondern Freunde, 1973; Z. Vergebung d. Sünden, 1974; Jesus. Überlief. u. Deut., 1978, 2. A. 1989; U. m. deinem Geist, 1980; D. Schöpfung, 1987; Joseph u. seine Brüder, 1991.

LERSCH, Rainer

Dr. phil. habil., Prof. f. Grundschulpädagogik Univ. Koblenz-Landau (s. 1991) - Sanderweg 20, 4630 Bochum (T. 0234 - 35 22 96) - Geb. 14. Dez. 1943 Rheydt, ev., verh. s. 1970 m. Heidrun, geb. Prahl, S. Tobias - Hugo-Junkers-Gymn. Rheydt; Lehramtsstud. PH Wuppertal; 1. Staatsprüf. 1966; 2. Staatsprüf. 1969 Wuppertal; Stud. Univ. Bochum (Päd., Phil., Sozialpsych.); Promot. 1973 Bochum; Habil. 1982 Dortmund - 1966-70 Lehrer Wuppertal; 1970-74 Lehrer im Hochschuldst. Univ. Bochum; 1974-83 wiss. Mitarb. u. Priv.-Doz. Univ. Dortmund; 1983-88 Prof. f. Schulpädagogik u. Allg. Didaktik Univ. Dortmund; 1988-91 Lehrstuhlvertr. Univ. Bochum u. Düsseldorf - BV: Wiss. u. Mündigkeit, 1975; Lernen u. Erfahrung - Perspektiven e. Theorie schulischen Handelns (m. H.H. Krüger), 1982; ca. 30 weitere wiss. Veröff. - Liebh.: Sport, Reisen.

LERSCH, Willy

Ehrenpräsident d. IHK Regensburg - Petersberg, 8472 Schwarzenfeld-Kögl. - Geb. 7. Jan. 1914 Eschweiler (Vater: Karl L.; Mutter: Sidonie, geb. Closset), kath., verh. s. 1944 m. Ilse, geb. Limberger, S. Hannes - Ausb. z. Bankkfm. -

S. 1939 keram. Ind.; 1955-85 Vorst. Buchtal GmbH, Keram. Betr., Schwarzenfeld; 1970-76 1. Vors. Fachverb. Baukeramik u. Spaltpl., 1974-86 Präs. IHK Regensburg; AR-Vors. Krones AG, Neutraubling; AR-Mitgl. Buchtal GmbH, Keramische Betriebe, Schwarzenfeld; Mitgl. Board of Directors General Ceramic Hellenic Industries S. A., Athen - Bayer. VO. - Spr.: Engl., Franz.

LERSNER, Freiherr von, Heinrich

Dr., Präsident Umweltbundesamt - Bismarckpl. 1, 1000 Berlin 33 - Geb. 14. Juli 1930, verh. m. Uta, geb. v. Weyhe, 4 Kd. (Ludwig, Marita, Brigitta, Charlotte) - Veröff. üb. Umweltrecht - U. a. Bundesinnenmin. FDP - Liebh.: Wandern, Genealogie, Heraldik d. Weinetiketts.

LESAAR, Heinz
Dr. rer. nat., Prof. f. Chemie Univ. Bonn - Quirinstr. 62, 4000 Düsseldorf 11 - Geb. 6. Sept. 1930 Wuppertal, verh. m. Sigrid, geb. Halbach, 1 Kd. (Henrik) - Dipl.-Chem. 1959, Promot. 1963; 1969 Doz.; 1973 o. Prof. u. Inst.-Dir. Univ. Bonn.

LESCHANOWSKY, Heinz
Mühlen- u. Maschinenbauer, MdL Bayern (s. 1975) - Karlsruher Str. 13, 8500 Nürnberg (T. 41 14 04) - Geb. 1932 - CSU.

LESCHE, Dieter

Chefredakteur, Journalist RTL plus (s. 1988) - Aachener Str. 1036, 500 Köln 40 (T. 0221 - 48 95-5 00) - Geb. 3. Nov. 1945 Malente - Stud. Med., Politol. u. Soziol.; Volontariat, fr. Mitarb. HR/ Fernsehen - Korresp. Landespolitik Wiesbaden; Ausl.korresp. in Madrid f. d. ARD; 1981-88 Redaktionsleit. Regionalprogr. Fernsehen b. Radio Bremen - Liebh.: Sportfliegerei, Fallschirmspringen, Tiefseetauchen - Spr.: Engl., Span., Portug.

LESCHHORN, Wolfgang
Dr. phil., Universitäts-Dozent f. Numismatik an d. Univ. Wien (s. 1992), Oberasisst. Univ. Saabrücken, Inst. f. Alte Gesch. - Hofstattstr. 23, 6620 Völklingen (T. 06898 - 2 59 33) - Geb. 4. Mai 1950 Hinterweidenthal/Pfalz, ev., verh. s. 1974 m. Dorothea, geb. Keller, 3 Kd. (Andreas, Katja, Stephan) . Abit. 1969; Stud. Gesch., Klass. Philol., Staatsex. 1976; Promot. 1983 Saarbrücken; Habil. 1991 - 1977-78 Assist. Inst. for Advanced Study, Princeton/USA - BV: Gründer d. Stadt, 1984; Index Sylloge v. Avlock, 1981; Sylloge Nummorum Graecorum München, Bd. 24, 1989; Antike Ären, 1992. Herausg.: Side (1988).

LESER, Hans G.
Dr. jur., M. C. L., LLD h.c. (U of Kent), o. Prof. f. Bürgerl. Recht, Gesellschaftsrecht, Rechtsvergleichung Univ. Marburg (s. 1968) - Frhr.-v.-Stein-Str. 37, 3550 Marburg 6 (T. Marburg 8 13 33) - Geb. 25. Nov. 1928 Konstanz/B. (Vater: Prof. Dr. Ernst Th. L.; Mutter: Johanna, geb. Tavernier), ev., verh. s. 1952 m. Marianne, geb. Wunderle, 2 Kd. (Hans-Georg, Sabine) - Gymn.; Univ. Tübingen, München, Freiburg, Chicago. Gr. jurist. Staatsprüf. u. Promot. 1956; Habil. 1968; Gastprof. Baton Rouge, Louis. (USA); Poitiers (Frankr.); Chuo, Tokio, Kyoto Univ., Tokio Univ., Kobe-Gakuin Univ. (Japan); Korea Univ. Seoul (Korea), Miami, USA - Beiratsvors. TVU Textilveredlungsunion Wuppertal - BV: V. d. Saldotheorie z. fakt. Synallagma, 1956; D. Rücktritt v. Vertrag, 1975; m. Horn u. Kötz: German Private Law, Oxford 1982. Herausg.: Ernst Rabel - Ges. Aufs. (3 Bde. 1965/67); Ernst v. Caemmerer - Ges. Schr. (2 Bde. 1968, Bd. 3 1983); Max Rheinstein - Ges. Schr. (2 Bde. 1979); Josef Esser. Wege d. Rechtsgewinnung (1990); FS für Z. Kitagawa (1992) - Mitgl. Intern. Assoc. of Law Libraries (1971 Präs.) - Spr.: Engl., Franz.

LESKIEN, Hermann
Dr. phil., Ltd. Bibliotheksdirektor, Leit. Univ.bibliothek München (s. 1979) - Geschw.-Scholl-Pl. 1, 8000 München 22 - Geb. 23. Dez. 1939 Königsberg/Pr. - Stud. German., Gesch., Geogr. - 1967-73 Univ.bibl. Würzburg, 1973-79 Univ.bibl. Bamberg.

LEŚNIAK, Zdzislaw K.

Dr.-Ing., Prof. - Erbacher Str. 97c, 6100 Darmstadt (T. 06151 - 42 17 11) - Geb. 10. Jan. 1924 Tlumacz/Polen, kath., T. Anna - 1945-49 Stud. TU Warschau u. Prag; Promot. 1962 Warschau (aufgr. e. 1960/61 durchgeführten Forsch.-Arb. an d. TH Darmstadt); Habil. 1969 Warschau - 1949-63 Stahlbauing. (u.a. Bauleit. e. Brücke üb. d. Weichsel); 1963-75 Abt.-Leit. Inst. f. Bautechnik Warschau. 1973/74 Gastforscher TH Darmstadt. S. 1975 Prof. TU Bialystok. 1979-81 Gastprof. TH Darmstadt; 1981-84 Gastprof. Univ. Hamburg; s. 1984 Lehrtätig. TH Darmstadt. Pionierarb. auf d. Geb. d. computergestützten Optimierung v. Systemen - Üb. 100 wiss. Veröff. incl. 6 Bücher, dar.: Methoden d. Optimierung v. Konstruktionen, 1970. Erste wiss. system. Darst. d. Geb. in dt. Spr. (übers. ins Poln.) - 1966 u. 77 Preise d. poln. Min. f. Hochschulwesen; 1974 Preis d. poln. Min. f. Bauwesen; Mitgl. Intern. Inst. of Welding; Mitgl. Committee Planning and Design of Tall Buildings Americ. Soc. of Civil Engineers; Mitgl. Intern. Federation for Informations Processing - Liebh.: Lit., Sport (Tennis) - Spr.: Poln. (Mutterspr.), Engl., Russ., Tschech.

LESS (ß), Hannes
Rechtsanwalt, Hauptgeschäftsführer Bund Dt. Buchbinder-Innungen - Sendlinger Str. 55, 8000 München 2; priv.: 19, Schachenmeierstr. 64 - Geb. 25. Febr. 1921.

LESSENICH, Rolf Peter
Dr. phil., Univ.-Prof. f. Anglistik - Graurheindorfer Str. 8, 5300 Bonn 1 (T. 0228 - 63 58 56) - Geb. 19. Juni 1940 Köln (Vater: Josef L., Landw.; Mutter: Käthe, geb. Schmidt), led. - Gymn. Köln-Deutz; 1960-63 Univ. Köln, 1963-66 Univ. Bonn - S. 1966 Assist., Priv.doz., Prof. Univ. Bonn (Engl. Sem.) - BV: Dichtungsgeschmack u. alttest. Bibelpoesie im 18. Jh., 1967; Elements of Pulpit Oratory in Eighteenth-Century England, 1972; Lord Byron a. the Nature of Man, 1978; Aspects of English Preromanticism, 1989; 6 Art. in Kindlers Neuem Lit.-Lexikon; 12 Aufs. in wiss. Ztschr. u. Sammelbd. - Liebh.: Barockmusik, Reitsport - Spr.: Engl., Franz., Span., Ital., Hebr.

LESSING, Alois
Dipl.-Ing., Direktor, Vorstand Studiengemeinschaft f. Fertigbau, Wiesbaden - Lerchenstr. 27, 6056 Heusenstamm - Geb. 24. Nov. 1914.

LESSLE, Dieter Felix
Hess. Landtagsdirektor (s. 1968) - Schloßpl. 1, 6200 Wiesbaden - Geb. 21. April 1931 Stuttgart - Schulausbild. Stuttgart, Maulbronn u. Blaubeuren; Stud. Tübingen, Exeter u. München 1962-64 Assist. TH Darmstadt; 1964-68 Ref. (Parlam., KMK) b. Hess. Kultusmin.

LESSMANN (ß), Gerhard
Dr., Direktor Landwirtschaftskammer Rheinland (s. 1984) u. Leit. d. Höh. Forstbehörde Rhld. als Landesbeauftr. - Pescher Str. 8, 4044 Kaarst 2 (Büttgen) - Geb. 29. Mai 1931 Saalhoff/Kr. Moers, kath., verh. s. 1971 m. Doris, geb. Nitßen, 2 S. (Markus, Stefan) - Stud. Agrarwiss. m. Dipl., Promot. u. 2. gr. Staatsprüf., Bonn - 1966-84 Min. f. Ernährung, Landwirtsch. u. Forsten Nordrh.-Westf., Düsseldorf (zul. Ltd. Ministerialrat) - Spr.: Engl.

LESSMANN (ß), Herbert
Dr. jur., o. Prof. f. Bürgerl. Recht, Handels- u. Wirtsch.srecht - Habichtstalgasse 30, 3550 Marburg - Geb. 10. Juli 1935 Langenau/Schles., ev., verh. s. 1968 m. Hilgegard, geb. Delles, S. Andreas - Gymn.; Jura-Stud. Berlin, Freiburg u. Münster - Prof. Münster u. Marburg - BV: Übertragbarkeit n. Teilübertrag. urheberrechtl. Befugnisse, 1967; D. öfftl. Aufgabe u. Funkt. privatrechtl. Wirtsch.verb., 1976 - Spr.: Engl., Franz.

LETTMANN, Reinhard
Dr., Bischof v. Münster - Dompl. 27, 4400 Münster/W. (T. 49 51) - Geb. 9. März 1933 Datteln/W. - B. 1967 Bischöfl. Kaplan (Bischof Höffner), dann Generalvikar Münster, 1973 Weihbischof, 1980 Bischof.

LETTOW, Ellen
Dr. med. vet., Prof. f. Pathologie u. Therapie d. kl. Haustiere - Albiger Weg 22, 1000 Berlin 38 (T. 803 71 57) - Geb. 27. Sept. 1927 - S. 1960 (Habil.) Lehrtätigk. FU Berlin (1965 apl. Prof., 1971 Prof.). Facharb.

LETZELTER, Franz
Dr. iur., Ministerialdirektor a.D., Generalsekr. Deutscher Bildungsrat, Bonn (1967-76), Berater wiss. Organis. u. Stiftungen (s. 1976) - Behringstr. 7, 5300 Bonn-Bad Godesberg (T. 33 40 97) - Geb. 7. Mai 1926 Ludwigshafen/Rh. (Vater: Philipp L., Stadtschulrat a. D. †; Mutter: Clara, geb. Karch †), kath., verh. s. 1958 m. Liselotte, geb. Hamacher, 2 Töcht. (Dr. Marion, Yvonne) - Gymn. Ludwigshafen; 1949-53 Univ. Heidelberg (Rechtswiss., Gesch., Musikwiss.). Promot. 1955 Heidelberg; Ass.ex. 1958 Mainz - 1958-60 Hochschulref. Sekretariat d. Ständ. Konfz. d. Kultusmin., Bonn; 1960-67 Verw.-, Oberverw.-Rat (1961), Reg.- (1964), Ltd. Reg.-Dir. (1966) Univ. d. Saarl., Saarbrücken - BV: Saarl. Univ.-Recht, 1966 (m. Heinz Krabler); Wiss., Forsch. u. Rechnungshöfe, (m. Heinrich Reinermann) 1981; D. Dt. Forschungsgemeinsch., 1982 (im Hb. d. Wiss.Rs.); D. wiss. Hochsch. u. ihre Verw. nach 1945 (in Dt. Verw. Gesch.), 1986 - S. 1979 Mitgl. Kurat.; s. 1986 Präs. Frh.-v.-Stein-Ges.; s. 1989 Ehrenmitgl. d. Ges. z. Förd. päd. Forschung in Frankfurt/M.; 1986 BVK I. Kl. - Liebh.: Musik, Neue Gesch., Musikwiss.

LETZELTER, Manfred
Dr., Prof. f. Trainings- u. Bewegungswiss. Univ. Mainz - Südring 285, 6500 Mainz (T. 4 27 37) - Geb. 18. Aug. 1940 Ludwigshafen, kath., verh. s. 1969 m. Prof. Dr. Helga, geb. Krieß, S. Stefan - BV: Eigenschaftsniveau, Wettkampfverhalten u. Ausdauertraining b. 200 m-Läuferinnen d. Weltklasse, 1975; Hürdensprint, 1977; Trainingsgrundlagen, 1978 - 4facher Dt. Meister, 1970 Hallen-Weltrekord 200 m-Lauf - Spr.: Franz., Engl.

LETZGUS, Klaus
Dr., Staatssekretär im Ministerium f. Justiz, Bundes- u. Europaangelegenheiten d. Landes Mecklenburg-Vorpommern - Demmlerplatz 1-2, O-2754 Schwerin (T. 0385 - 71 11 21) - Geb. 26. März 1940 Stuttgart, verh. s. 1970 m. Angelika, geb. Michailor, 3 Kd. (Alexandra, Natalie, Valentin) - Abit. 1959; Stud. Rechtswiss. Tübingen, Kiel, Berlin, Freiburg; 1. jurist. Staatsex. 1963 Freiburg; 2. jurist. Staatsex. 1968 Stuttgart; Promot. 1971 Freiburg - 1971-74 Abt.leit. Daimler-Benz AG Stuttgart; 1974-92 Prokurist u. Mitgl. d. Geschäftsfg. d. Verlags C. H. Beck München - 1976 Zulassung als Rechtsanwalt in München; s. 1973 Mitgl. d. Prüfungskomiss. f. d. 1. u. 2. jurist. Staatsex. in Freiburg, Stuttgart, München; Lehraufttr. Univ. München f. strafrechtl. Lehrveranstaltg. - Mitherausgeber d. Neuen Ztschr. f. Strafrecht.

LEU, Al'

Bildhauer, Maler u. Publizist, Verlagsleit. Edition LEU - Vulkanstr. 70, Postf.

1704, CH-8048 Zürich - Geb. 26. Mai Beinwil/Freiamt, Schweiz - Stud. Bild. Kunst Luzern, Bern, Zürich, Salzburg, Berchem u. Antwerpen - Präs. Zürcher Schriftst. Verb. u. Verb. Ostschweizer Autoren (ZSV); Mitgl. Kantonalkonfz. CH 9I; Vorst.-Mitgl. Verein Radio Zürichberg, Zürich; ständiger Mitarb. Freiämter Woche/Aargauer Anzeiger Kultur-Tip - BV: 9 Lyrik-Anthol. Herausg.: Literaturztschr. Philodendron (zus. m. E. Scherer) u. Naos-Lit. d. Gegenw. Herausg. v. 36 Büchern - 2 Staatsauftr. f. Monumental-Plastiken.

LEUE, Ernst

Industriekaufmann, Direktor, geschäftsf. Gesellsch. Monza GmbH. & Co., Langen - Mozartweg Nr. 13, 6070 Langen - Geb. 14. Sept. 1919 - Vorst.smitgl. Wirtschaftsverb. d. Dt. Fenster- u. Fassadenherst., Gütegemeinsch. Holzfenster, bde. Gießen, u. Inst. f. Fenstertechn., Rosenheim. Handelsrichter Landgericht Darmstadt.

LEUE, Hans-Joachim

Präsident d. Industrie- u. Handelskammer Potsdam - An der Sandscholle 40, O-1560 Potsdam - Geb. 26. Juni 1940, ev., verh. s. 1964 m. Jutta, geb. Sielig, T. Susann-Elisabeth - Abit., Lehre Einzelhandelskfm. - S. 1967 selbst. Einzelhändler - Liebh.: Musik, Gärten - Spr.: Russ.

LEUNER, Hanscarl

Dr. med., em. Prof. f. Psychotherapie u. Psychoanalyse - Eisenacher Str. 14, 3400 Göttingen-Geismar (T. 79 19 72) - Geb. 8. Jan. 1919 Bautzen/Sa. (Vater: Konsul Johannes L., Fabrikant; Mutter: Johanna, geb. Koch), ev., verh. I) 1946 m. Dr. med. Barbara, geb. Recker, 3 Kd. (Christian, Thomas, Claudia), II) 1969 m. Erdmute, geb. Kaups - Obersch. Bautzen; Univ. Frankfurt/M., Marburg, Würzburg. Promot. 1946 Marburg; Habil. 1959 Göttingen - S. 1959 Lehrtätigk. Univ. Göttingen (ab 1967 Leit. Abt. Psychoth. Psychosom. Univ. Göttingen), 1985 emerit. 1964ff. Vorst.-Mitgl. Ausbildungszentrum f. Psychotherapie u. -analyse Göttingen. 1966 Visiting Prof. Yale Univ. (USA). Fachmitgliedsch. In- u. Ausl. 1. Vors. Inst. f. Katathymes Bilderleben u. Präsd. Intern. Ges. Entwickl. v. intensiven Verf. Psychother.: Psycholytische Ther., Katathymes Bilderleben, Respirator. Feedback - BV: D. exper. Psychose, 1962; Katathymes Bilderleben, 1970, 81, 82, 89 (Übers. engl., schwed., ital., holl., ungar.), Lehrbuch 85, 87, 90; Halluzinogene, 1981. Herausg.: Religion u. d. Droge (m. Josuttis); Katathymes Bilderleben b. Kindern u. Jugendl. (1978, 79, 89, m. Horn u. Klessmann) - Ehrenmitgl. Österr. Ges. f. Psychotherapie, u. American Soc. of Clinical Hypnosis.

LEUNIG, Manfred

Dr., Geschäftsführer Vorwerk Intern. AG - Verenastr. 39, CH-8832 Wollerau (T. 00411 - 786 01 11) - Geb. 16. Okt. 1937.

LEUNINGER, Ernst

Direktor a. D., Landesversicherungsanst. Hessen (s. 1964) - Ferdinand-Dirichs-Weg 52, 6000 Frankfurt/M. (T. 35 55 79) - Geb. 5. Mai 1914 Mengerskirchen/Hessen - Volkssch.; 1930-34 Schriftsetzerlehre Berlin; 1933-37 Abendgymn. - Zul. Vors. DGB-Landesbez. Hessen, 1958-70 MdL Hessen. SPD - 1971 BVK I. Kl., 1976 Ehrenplak. Stadt Frankfurt, 1977 Wilh.-Leuschner-Med., 1979 Gr. BVK a. Bde.

LEUNINGER, Helen

Dr. phil., Prof. f. German. u. Allg. Linguistik, Dir. Inst. f. Dt. Sprache u. Lit. Univ. Frankfurt - Am Wildpfad 18, 6000 Frankfurt/Main 71 (T. 0611 - 666 63 33) - Geb. 22. März 1945 Berlin (Vater: Ernst L., Dir.; Mutter: Helene, geb. Chmieletzki), kath. - Abit. 1964; Promot. 1970; Habil. 1980 - 1981-82 Sekr. Dt. Ges. f. Sprachwiss.; 1983 Dir. Inst. f. dt. Spr. u. Lit. Frankfurt - BV: Psycholinguistik (m. and.), 1972; Linguistik u. Psych. (m. and.), 1974; Reflexionen üb. d. Universalgrammatik, 1979; Neurolinguistik. Probleme, Paradigmen, Perspektiven, 1989; Modulare Sprachverarbeitung. Evidenz aus d. Apasie, 1989 - Liebh.: Klass. Ballett, Malerei, Sport, Politik, Hunde - Spr.: Engl., Franz., Span., Rumän., Japan.

LEUPOLD, Friedrich

Dr. med., Prof. i. R. - Siefen 13, 5060 Bergisch Gladbach 2 (T. 7 84 17) - Geb. 9. Juni 1918 (Vater: Prof. Dr. med. Ernst L., Pathologe (s. X. Ausg.); Mutter: Elisabeth, geb. Münzig), verh. m. Dr. med. Hanna, geb. Rogwalder - Univ. Münster u. Köln. Promot. 1944 Köln; Habil. 1955 Kiel - S. 1956 Lehrtätigk. Univ. Köln (1961 apl. Prof.; zeitw. Oberarzt Med. Klinik). B. 1962 Chefarzt Innere Abt. u. Ärztl. Dir. Johanniter-Krkhs. Duisburg-Rheinhausen.; s. 1984 Ruhest. Üb. 80 Fachveröff.

LEUPOLD, Walter

Stahlwarenfabrikant - Hölzleinsmühle 1, 8580 Bayreuth (T. 55 01) - Geb. 26. Juli 1913 Gefrees/Fichtelgeb. (Vater: Christof L., Fabr.; Mutter: Hedwig, geb. Weisheit) - Oberrealsch. Bayreuth; handwerkl. u. kaufm. Lehre väterl. Betrieb (1932 n. Bayreuth verlegt) - B. 1939 u. s. 1948 Familienuntern. (üb. 500j. Tradition als Messer- u. Waffenschmiede), dazw. Kriegsdst. (zul. Oblt. u. Kompanief. Panzerjägerabt.) u. Gefangensch. S. 1966 Stadtratsmitgl. Bayreuth; 1966-74 MdL Bayern. NPD.

LEUSCHNER, Albrecht

Dr. jur., Vorstandsvorsitzender Ceag AG, Bad Lauterberg - Zu erreichen üb. Postf., 3422 Bad Lauterberg (T. 05524 - 8 22 03) - Stv. Vors. Beirat Fa. Langguth Erben, Traben-Trarbach; Vors. d. Geschäftsfg. DETA GmbH.

LEUSCHNER, Fred

Dr. med., Prof., Pharmakologe u. Toxikol. - Bredengrund 31, 2104 Hamburg-Hausbruch - Geb. 11. April 1922 Dresden - S. 1959 (Habil.). Üb. 200 Facharb. u. Monographien.

LEUSCHNER, Joachim

Dr. phil., o. Prof. f. Geschichte TU Hannover - Feuerbachstr. 18, 3000 Hannover (T. 69 53 83) - Geb. 22. Juni 1922 Berlin, verh. s. 1945, 2 Söhne - Stud. Gesch., German., Lat. Philol., Phil., Rechtsgesch. Berlin u. Göttingen - 1963-69 Prof. PH Göttingen (zeitw. Rektor). 1954 ff. Mitarb. Histor. Kommiss. Bayer. Akad. d. Wiss. Veröff. - Liebh.: Musik, Wandern.

LEUSCHNER, Kurt

Regierungsdirektor, MdB (dir. gew. Wahlkr. 3, Steinburg - Dithmarschen Süd) - Kapellenstr. 22, 2210 Itzehoe (T. 04821-52 26) - Geb. 16. April 1936 Wismar, verh. - Jura-Stud. Kiel - SPD; stv. Kreisvors. Steinburg, Ratsherr Itzehoe - Liebh.: Geschichte, Kunst - Spr.: Engl., Franz.

LEUSCHNER, Ulrich

Dr. med., Prof. Univ. Frankfurt, Facharzt f. inn. Med. u. f. Gastroenterologie - Zu erreichen üb.: Med. Klinik d. Univ., Theodor-Stern-Kai 7, 6000 Frankfurt/M. - Geb. 17. Juni 1938 Breslau - Med. Staatsex. 1965, Promot. 1966, Habil. 1974 - 1973 Facharzt f. inn. Med., 1975 Facharzt f. Gastroenterologie. Internist; 1977-79 u. 1985-87 komm. Leit. Abt. f. Gastroenterologie Univ. Frankfurt; Mitgl. mehr. wiss. Ges. - Rd. 200 wiss. Veröff. in Fachztschr. u. Büchern, Vorträge - Liebh.: Gesch., Kunst - Spr.: Engl.

LEUSER, Franz

Rechnungsrat, MdL Baden-Württ. (s. 1964) - Saverner Str. 4, 7710 Donaueschingen/Baden (T. 29 25) - Geb. 12. Febr. 1913 Heidelberg, kath., verh., 2 Kd. - Gymn. u. kurzes Jurastud. Heidelberg. Inspektorenex. 1939 - B. 1940 Kommunaldst. Heidelberg, dann Fürstl. Fürstenberg. Verw. Donaueschingen. 1940-46 Kriegsdst. u. -gefangensch. Stadtratsmitgl. u. stv. Bürgerm. (1957) Donaueschingen; MdK (Vors.). CDU (1952 Kreisvors.).

LEUSSINK, Hans

Dr.-Ing., Dr. h.c., Dr.-Ing. E.h., Prof., Bundesminister a. D. - Strählerweg 45, 7500 Karlsruhe-Durlach (T. 4 26 68) - Geb. 2. Febr. 1912 Schüttorf Kr. Bentheim (Vater: Gerhard L., Architekt; Mutter: Gertien, geb. Barkemeyer), ev., verh. s. 1941 m. Erika-Renate, geb. Hagemann - Reform-Realgymn.; TH Dresden (Dipl.-Ing.). Promot. 1941 TH München - Assist. Bergakad. Freiberg/Sa. (Inst. f. Techn. Mechanik), 1939ff. Betriebsleit. Erdbau-Inst. München, 1950ff. Ing.büro (Ruhrgebiet), 1954ff. Ord. u. Dir. Inst. f. Bodenmech. u. Felsmechanik TH, jetzt Univ. Karlsruhe (1958-61 Rektor); 1969-72 (Rücktr.) Bundesmin. f. Bildung u. Wiss. 1960-62 Präs. Westd. Rektorenkonfz. 1962ff. Vors. Aussch. f. Univ. u. Forsch. Europarat; 1963ff. Mitgl. Wiss.rat (1965-69 Vors.); 1968ff. Kurat.-Mitgl. Krupp-Stiftg.; 1968ff. AR-Mitgl. Fried. Krupp GmbH; 1972ff. Kurat.-Mitgl. Stiftg. Volkswagenwerk; 1973ff. Kurat.-Mitgl. Dt.-Brit. Stiftg.; 1972ff. Senator Max-Planck-Ges. - Veröff.: Versuche m. geländegäng. Erdbaugeräten unt. bes. Berücksicht. d. Einflusses d. Bodenart (in: Forschungsarb. aus d. Straßenwesen, Bd. 30 (1941), D. Sicherheitsgrad im Erd- u. Grundbau (in: D. Bauing., H. 33 1942), Gedanken z. Erzieh. d. wiss. Ing. (Karlsruher Akad. Reden, Neue Folge Nr. 16). Herausg.: Baugrund u. -werk - 1982 Gr. BVK; 1982 Ehrendoktor PUCP, 1989 Ehrendoktor RWTH Aachen, 1992 Ehrendoktor Bergakad. Freiburg/Sa - Liebh.: Bergwanderungen, Archäologie - Parteilos.

LEUTENEGGER, Gertrud

Regisseurin, Schriftst. - Zu erreichen üb.: Suhrkamp-Verlag, Lindenstr. 29-35, 6000 Frankfurt/M. 1 - Geb. 7. Dez. 1948 Schwyz - BV: Vorabend, R. 1975; Ninive, R. 1977; Wie in Salomons Garten, Ged. 1980; Gouverneur, R. 1981; Komm ins Schiff, 1983; Kontinent, R. 1985; Meduse, 1988. Bühnenst.: Lebewohl, Gute Reise (1980); D. verlorene Monument (1985) - U. a. Meersbg. Droste-Preis (1979).

LEUTERITZ, Karl

Dr. jur., Dr. jur. h.c., Generalkonsul a. D. - Fuchspfad 10, 5330 Königswinter 41 - Geb. 29. Dez. 1922 Miltitz, verh. m. Ingeborg, geb. Hellwig, 2 Töcht. (Erika, Gabriele) - Stud. Rechtswiss. Frankfurt. 1. jurist. Staatsprüf.; Promot. 1954 - S. 1952 Auswärt. Dienst; Generalkonsulate Amsterdam (Vizekonsul) u. Rotterdam (Konsul); Botschaft Asunción (Legationsrat); 1962-66 als Konsul I. Kl. ständ. Vertr. d. Generalkonsuls Chicago; 1966-75 AA (1968 Vortr. Legationsrat, 1970 Vortr. Legationsrat I. Kl. u. Ref.leit. Zentralabt.). 1975-80 Botsch. in Korea, 1980-83 in Jamaika; 1983-87 Generalkonsul in Istanbul, s. 1988 i. R. - 1978 Ehrendoktor d. jurist. Fak. Korea, Univ. Seoul/Korea; 1971 Gold. Sportabzeichen; 1983 BVK, 1990 BVK I. Kl.

LEUTNER, Reinhard

I. Bürgermeister Stadt Staffelstein - Rathaus, 8623 Staffelstein/Ofr. - Geb. 15. Sept. 1942 Marktgraitz - Zul. Regierungsoberinsp. CSU.

LEUTSCHAFT, Roderich

Dr. med. (habil.), Akad. Direktor, apl. Prof. f. Chir. Kardiologie Univ. Erlangen-Nürnberg (s. 1972) - Am Veilchenberg 6, 8521 Spardorf/Mfr. - Zul. Privatdoz.

LEUTZBACH, Wilhelm

Dr.-Ing., Dr.-Ing. E. h., em. Univ.-Prof., Leiter Inst. f. Verkehrswesen Univ. Karlsruhe (1962-91) - Str. d. Roten Kreuzes 59, 7500 Karlsruhe 41 - Geb. 9. Nov. 1922 Freudenberg/W. - B. 1984 Präs. Dt. Verkehrswiss.-Ges. - Fachveröff. - 1965 Gold. Diesel-Ring Verb. d. Motorjourn.; 1979 Ehrenmitgl. Inst. of Highways and Transportation, London, 1987 Ehrenmitgl. Dt. Verkehrswiss. Ges.

LEUWERIK, Ruth

Schauspielerin - Zuccalistr. 31, 8000 München 19 - Geb. 23. April 1924 Essen (Vater: Julius Leeuwerik, Kaufm.; Mutter: Luise, geb. Sokolowski), verh. in 3. Ehe (1969) m. Dr. med. Heinz Purper (Augenarzt) - Lyzeum u. Handelssch. Münster/W. - Währ. d. Krieges Fräserin Rüstungsind. (dienstverpflichtet), dann Stenotypistin, n. Schauspielausbild. Darstellerin Bremen, Lübeck u. Hamburg (Mitgl. Dt. Schauspielhs.) - Bühne: u. a. Gretchen, Sally, Federle, Lucille, Cordelia, Pippa, Emilie, Rosalinde, Irma, Viola, Inke Peters; Film: 13 unt. e. Hut, Vater braucht e. Frau, D. gr. Versuchung, E. Herz spielt falsch, Geliebtes Leben, Muß man sich gleich scheiden lassen?, Königl. Hoheit, Bildnis einer Unbekannten, Ludwig II., Geliebte Feindin, Rosen im Herbst (Effi Briest), D. goldene Brücke, D. Trapp-Familie, Königin Luise, Auf Wiederseh'n Franziska!, Immer wenn der Tag beginnt, Taiga, Dorothea Angermann, D. Trapp-Familie in Amerika, D. ideale Frau, E. Tag, d. nie zu Ende geht, Liebling d. Götter, E. Frau f.s ganze Leben, Auf Engel schießt man nicht, D. Stunde, d. du glücklich bist, D. Rote, 11 Jahre u. 1 Tag, D. Haus in Montevideo, E. Alibi zerbricht, Und Jimmy ging z. Regenbogen (1971), Unordnung u. frühes Leid (nach Thomas Mann, 1977); Fernsehen: Hedda Gabler (1966), D. weite Land (1969), D. Segelbootmord (1974), Buddenbrock (1979) - 1953 u. 1958 ff. Bambi-Preis Film-Revue; 1954 Bundesfilmpreis/Filmband in Gold; 1958 1. Preis San Franzisco International Filmfestival; 1966 Preis Dt. Fernsehen in Bronze; 1980 Gr. BVK; 1978 Bayer. Verdienstorden - Liebh.: Bücher, Musik, Antiquitäten - Spr.: Engl., Franz.

LEUZE, Dieter

Dr. jur., Univ.-Prof. Univ.-GH Essen (s. Sept 1991) - Rüstermark 31, 4300 Essen 1 (T. 0201 - 44 02 56) - Geb. 20. Febr. 1933 (Vater: Matthias L., Schuldekan; Mutter: Hildegard, geb. Krauss), ev., verh. s. 1965 m. Gertraut, geb. Bruny, 2 Töcht. (Gudrun, Elke) - 1. jurist. Staatsex. 1959, Promot. 1960, 2. jurist. Staatsex. 1962 - Vizepräs. OSA Freiburg; 1972-Aug. 1991 Kanzler Univ.-GH Essen - BV: D. Entw. d. Persönlichkeitsrechts im 19. Jh., 1962; Gesetze üb. d. wiss. Hochsch. d. Landes NW; Komment. (m. Ministerialrätin Dr. Bender), 1981; Kommentar z. Personalvertretungsgesetz f. d. Land Baden-Württ. (m. Bundesrichter Dr. Widmaier u. Reg.direktorin Lindenberg-Wendler) - Spr.: Engl.

LEUZE, Reinhard

Dr. theol., Prof. GH Neuendettelsau, Abt. München, apl. Prof. Univ. München - Paosostr. 53, 8000 München 60 (T. 089 - 820 13 83) - Geb. 26. Jan. 1943 Bad Wörishofen, ev., verh. s. 1974 m. Christa, geb. Bock - Stud. ev. Theol. Tübingen, Heidelberg u. Mainz; 1. Ex. 1968 Tübingen; 2. Ex. 1980 Ansbach; Promot. 1972 München; Habil. 1978 München - BV: D. außerchristl. Relig. b. Hegel, 1975; Theol. u. Religionsgesch. D. Weg Otto Pfleiderers, 1980; Gotteslehre, 1988.

LEUZE, Ruth

Dr., Landesbeauftragte f. d. Datenschutz Baden-Württ. - Marienstr. 12, 7000 Stuttgart 10 - 1982 Fritz-Bauer-Preis; 1984 Theodor-Heuss-Med.

LEVEDAG, Eduard B.

Präsident Dt.-Japan. Ges. Frankfurt - Taunushöhe 1, 6233 Kelkheim (T. 06195 - 33 22) - Geb. 29. Juni 1912 Yokohama/Japan, verh. s. 1951 m. Ingeborg, geb. Gessner, 4 Kd. (Rolf, Silvia, Corinna, Stefan) - Abit.; kaufm. Lehre - 1931-47 Leit. E. Merck-Abt. b. Schmidt Shoten, Tokio; 1951-60 Repräsent. u. Dir. Fa. C. Correns & Co., Ltd., Tokio, in Frankfurt; 1961-79 Dir. u. Leit. Ausl.-Sekr. Lurgi Ges., Frankfurt; 1979-81 Repräsent. Lurgi Ges. u. Metallges. AG, Frankfurt, in Bonn - Liebh.: Sport (Feldhockey, Tennis), Lit., Gesch. - Spr.: Engl., Japan.

LEVELT, Willem J. M.

Dr. phil., Prof., Direktor Max-Planck-Inst. f. Psycholinguistik Nijmegen, Niederlande - Wundtlaan 1, 6525 XD Nijmegen, Niederlande - Geb. 17. Mai 1938 Amsterdam, verh. s. 1963 m. Elisabeth, geb. Jacobs, 3 Kd. (Clara, Philip, Christiaan) - Stud. Univ. Leyden; Dipl. 1962; Promot. 1965 - 1962-65 Res. Stab Mitgl. Inst. f. Perception Res., Soesterberg; 1965/66 Res. Fellow Center f. Cognit. Stud., Harvard Univ.; 1966/67 Assist.-Prof. Univ. of Illinois; 1967-70 Prof. f. Psych. u. Psycholinguistik, Groningen Univ.; 1971/72 Mb. Inst. of Advanced Study, Princeton; 1972-79 Prof. f. Psych., Nijmegen Univ.; s. 1980 gf. Dir. MPI f. Psycholinguistik Nijmegen - BV: On binocular rivalry, 1968; Formal Grammars in Linguistics a. Psycholinguistics, 3. A. 1974; Speaking: From intention to articulation, 1989 - S. 1978 Mitgl. Kgl. Niederl. Akad. d. Wiss. - Liebh.: Flöte - Spr.: Engl., Dt., Niederl.

LEVERKUS, C. Erich

Dr. rer. pol., Bankier, pers. haft. Gesellsch. Leverkus & Co. (s. 1961), Geschäftsf. GVF Ges. z. Verw. v. Familienvermögen mbH (s. 1983) - Schauenburgerstr. 55/57, 2000 Hamburg 1 (T. 37 12 14) - Geb. 15. März 1926 Duisburg (Vater: Dr. Otto L.; Mutter: Paula, geb. Siebert), ev., verh. 1952 m. Ingrid, geb. Nottebohm - Univ. Bonn (1948-52, Chemie) u. Tübingen (1952-55, Volksw.). Promot. 1957 - 1944-48 Wehrdst. (Luftw.) u. amerik. Kriegsgefangensch. (1945); Vorst. Diakonissenanst. Alten Eichen, stv. Vors. Vers. Eines Ehrbaren Kaufm. zu Hamburg; VR D. Rauhe Haus Hamburg - BV: Nordelb. Pastorenfamilien u. ihre Nachkommen, 1973; Durch d. Rocky Mountain Wald, 1979; D. schönsten Seen d. kanad. Rockies, 1979; Freier Tausch u. Fauler Zauber - v. Geld u. s. Geschichte, 1990 - Bek. Vorf.: Carl L., 1834 Firmengründer, erste dt. Ultramarinfabrik in Wermelskirchen, spät. Leverkusen (Urgroßv.); Bruder Otto C. L.

LEVERKUS, Otto C.

Director of the board Big Rock Brewery Ltd., Calgary, Alberta, u. IVAG Investment Ltd., Calgary, Alberta, Pres. d. Briland Investment Ltd., Calgary, Alberta, Pres. Big Coulee Ranch Co. Ltd., Fort Macleod, Alberta, Canada - Geissacher 12, CH-8126 Zumikon - Geb. 27. Juli 1920 Wiesbaden (Vater: Dr. phil. nat. Otto-Carl L., Chemiker, Vorst.-Mitgl. Vereinigte Ultramarinfabr. AG vorm. Leverkus, Zeltner & Consorten; Mutter: Paula, geb. Siebert), verh. 1946 m. Eva-Maria, geb. Cause - Vicepräs. Kingstone Consulting Inc., Calgary Alberta; Dir. of the Board Midnapore Property Investments Inc., ebd.; Custodian UVAG Realty Partnership, MFM Realty Limited Partnership, bde. Seattle Washington/USA - Liebh.: Wassersport, Fischen - Spr.: Engl. - Rotarier - Eltern u. Urgroßv. s. C. Erich L. (Bruder).

LEVI, Hans Wolfgang

Dr.-Ing., Prof. f. Kernchemie - Rauschbergstr. 6, 8011 Baldham (T. 08106 - 88 15) - Geb. 28. Aug. 1924 Berlin (Vater: Joel L., Bankkaufm.; Mutter: Ella, geb. Bittkow), ev., verh. s. 1952 m. Dr. Ruth, geb. Jost - TU Berlin (Dipl.-Ing. 1952, Promot. 1955, Habil. 1967) - 1969/70 Visit. Prof. MIT Cambridge/Mass.; 1970-73 stv. Dir. Sekt. Kernchemie, Inst. f. Kernforsch. Berlin (HMI), 1973-81 Wiss.-techn. Geschäftsf. (HMI); 1981-90 Wiss.-techn. Geschäftsf. Ges. f. Strahlen- u. Umweltforsch. (GSF); s. 1990 Beratungstätigk. in d. neuen Bundesländern; Vors. Karl-Heinz-Deckurts-Stiftung - BV: Nuclear Chemical Engineering, Lehrb. 1981 (m. M. Benedict u. Th. Pigford) - Spr.: Engl.

LEVSEN, Karsten

Dr. rer. nat., Prof. f. Analytische Chemie, Fraunhofer Inst. f. Toxikologie u. Aerosolforsch. - Nikolai Fuchs Str. 1, 3000 Hannover 61 (T. 0511 - 535 04 05) - Geb. 16. Dez. 1939, ledig - 1952-59 Gymn. Lüchow; Stud. Chem. Bonn; Promot. 1971, Habil. 1975 - Mitgl. Math. Nat. Fak. Univ. Bonn - BV: Fundamental Aspects of Organic Mass Spectrometry, 1978.

LEWANDOWSKI, Theodor

Dr. phil., o. Prof. f. Sprachwissenschaft - Heideweg 16, 5358 Bad Münstereifel-Scheuerh. (T. 02257 - 8 22) - Geb. 16. Nov. 1927 Allenstein/Ostpr. (Vater: Theodor L., Dekorateur; Mutter: Margarete, geb. Hoffmann), kath., verh. s. 1956 m. Gertrud, geb. Hempel (verw. s. 1968), T. Claudia - Gymn. Allenstein, Inst. f. Lehrerbild. Brandenburg, ext. Abit. Düsseldorf 1958; Univ. Köln, Promot. 1971 - 1950-54 Ober-Assist. u. Doz. Brandenburg, Weimar u. Güstrow; Lehrer Köln, 1967 Förderassist. PH Rheinl., Wiss. Assist., 1973 o. Prof. PH Köln, s. 1980 Prof. u. Sem.dir. Erziehungswiss. Fak. Univ. Köln, s. 1981 o. Mitgl. Wiss. Rat Inst. f. dt. Spr. Mannheim - BV: D. mittelniederdt. Zwiegespräch zw. d. Leben u. d. Tode u. s. altruss. Übersetzung, 1972; Linguist. Wörterbuch, Bde. 1-3, 5. A. 1990 (span. 1982); Dt. als Zielsprache, Bde. 1-2 (hrsg. v. Kultusmin. NRW), 1978; Deutsch f. Aussiedler (WDR Köln; m. W. Schöler), 1978 - Lit.: Festgabe f. Wörter: Schätze, Fugen u. Fächer d. Wissens (hg. H. Aust, 1987) - Spr.: Engl., Russ., Poln.

LEWANDOWSKY, Helga

Fachlehrerin, MdL Nieders. (1970-86) - Fürstenauer Damm 1, 4550 Bramsche 3 (T. 36 29) - Geb. 21. Mai 1930 Rockhampton/Austr. - Präs. Freirelig. Landesgemeinsch. Nieders.; Vizepräs. Bund Freirelig. Gemeinden Dtschl.; Vors. Verb. alleinst. Mütter u. Väter Landesvorst. Nieders.; stv. Bürgerm. Stadt Bramsche. SPD - Spr.: Engl.

LEWIN, Bruno

Dr. phil. (habil.), o. Prof. f. Sprache u. Literatur Japans u. Koreas - Spechtweg 9, 5802 Wetter 4/Ruhr (T. 7 01 13) - Geb. 18. Juli 1924 Berlin - S. 1959 Lehrtätigk. Univ. Münster (1962 apl. Prof. u. Wiss. Rat) u. Bochum (1964 Ord.) - BV: Futabatei Shimei in s. Bezieh. z. russ. Lit., 1955; Abriß d. japan. Grammatik, 1959; Aya u. Hata - Bevölkerungsgruppen Altjapans, 1962; Kl. Wörterb. d. Japanologie, 1968; Morphol. d. korean. Verbs, 1970. - 1974 Mitgl. Rhein.-Westf. Akad. d. Wiss.

LEWINSKI, von, Ursula

s. unt. Lewinski, v., Wolf-Eberhard

LEWINSKI, von, Wolf-Eberhard

Musikschriftsteller - Postf. 42 11 05, 6500 Mainz 42 - Geb. 2. Juni 1927 Berlin (Vater: Dr. jur. Ernst-Alfred v. L., Bankdir. (zul. Dt. Bank AG., Freiburg) † 1970; Mutter: Hildegard, geb. Miesitscheck v. Wischkau), ev., verh. s. 1954 m. Dr. phil. Ursula, geb. Risse (geb. 15. März 1926 Bochum; Verf.: Verwehter Sommer, Erz. 1948), 3 Töcht.(Claudia, Silke, Viola) - Stud. Musik (Kapellm. b. Meyer-Giesow, Abendroth, Keilberth Dresden), Literatur- u. Kunstgesch. (R. Lindemann) - 1946-50 Gastdirig. Dresden (u. a. Philharmonie) u. Eisenach; s. 1947 Musikkrit. Dresden, Berlin, Darmstadt (1951), Mainz (1971), Chefmusikkrit. Allg. Ztg. Mainz, Wiesbadener Tagblatt. Mitarb. Südd. Ztg., Rhein. Merkur - Christ u. Welt, Opernwelt, Rundfunk u. Fernsehen (ZDF, ARD); Ltg. Seminar Musikkritik Dr. Hoch's Konservat. u. Musikhochsch. Frankfurt/M.; Intendant a.D. d. Staatsphilharmonie Rheinland-Pfalz in Ludwigshafen - BV: Dietrich Fischer-Dieskau, 1966 (Mitautor) u. 1988; Rubinstein, 1967; Ludwig Hoelscher, 1967; Musik wieder gefragt, 1967; Rothenberger, 1968; Keilberth, 1968; Foldes, 1970; Kremer, 1982 - 1981 Gold. Verdienstzeichen d. Landes Salzburg.

LEWY, Hermann

Publizist - Berliner Allee 45, 4000 Düsseldorf (T. 77 17 47) - Geb. 1. März 1906 Berlin (Vater: Moritz L., Kaufm.; Mutter: Anna, geb. Fraenkel), jüd., verh. s. 1959 m. Gerda, geb. Brieger - Gymn.; Buchhändler- u. Verlagsausbild. - Journ. Berlin (u. a. 12-Uhr-Blatt, 1930 ff.), b. 1933 Antiquar ebd., dann Emigration (Belgien, Portugal; u. a. Mitarb. Aufbau, New York), n. Rückkehr (1946) Verlagsredakt. u. -leit. Berlin (Rütten & Loening), Herausg. u. Chefredakt. Allg. jüd. Wochenztg., dann freier Journalist f. Zeitungen in New York, Basel, Wien u. a. - BV: Brücken schlagen (m. Dr. Hans Lamm); D. Endlösung d. Judenfrage u. d. Akten d. Nürnbg. Prozesses. Text zu Israel v. Erwin Fieger (1975) - 1971 Gr. BVK; 1975 Med. Pro Mundi Beneficio d. Acad. Bras. de Ciencias Humanas/Sao Paulo; 1977 Gr. BVK m. Stern; 1986 Ehrenmitgl. Jüd. Gemeinde Düsseldorf - Liebh.: Theater, Musik - Spr.: Franz., Portugies., Engl. - Bek. Vorf.: Lazarus Fraenkel.

LEY, Hans

Sozialarbeiter, MdL Saarland (s. 1983) - Biermannstr. 3, 6690 St. Wendel - Geb. 31. Juli 1954 St. Wendel, kath. - Fachobersch. f. Sozialwesen St. Wendel; Kath. FHS Saarbrücken (Dipl. 1979) - 1979-82 Diözesanref. d. Christl. Arbeiterjugend (CAJ) Bistum Trier; s. 1982 Geschäftsf. CDU-Fraktion Rat d. Stadt Saarbrücken. CDU (s. 1973 JU-Landesvorst., s. 1979 stv. Landesvors., s. 1983 Partei-Landesvorst. Saar) - Liebh.: Jugendarb., Sport, Lesen.

LEY, Hermann

Unternehmer, Vors. Verb. d. Zigarettenpapier verarb. Industrie, Bonn - Feldstr. 17, 5275 Bergneustadt/Oberberg. Kr. - Geb. 27. Sept. 1924.

LEY, Josef

Dr.-Ing., Vorstandsmitglied i.R. Aesculap AG (Fabrik f. chirurg. Instr.), Tuttlingen - Emmingerstr. 27, 7200 Tuttlingen/Württ. (T. 22 78) - Geb. 14. Mai 1915 Meckenheim, kath., verh. s. 1941 m. Ingeborg, geb. Langsdorf, 2 Kd. - TH Aachen - BVK - Mitgl. Lions-Club.

LEY, Karl

Geschäftsführer Wilhelm Ley GmbH., Meckenheim, Präs. Zentralverb. d. Dt. Gemüse-, Obst- u. Gartenbaues, Bonn - Baumschulenweg 9, 5309 Meckenheim - Geb. 31. Okt. 1922 - 1982 BVK.

LEYDHECKER, Wolfgang

Dr. med., Dr. h. c., em. Prof. f. Augenheilkunde, Direktor Univ.-Augenklinik (b. 1987), Landesarzt f. Sehbehinderte - Anne-Frank-Str. 24, 8700 Würzburg (T. 0931 - 7 64 44) - Geb. 3. Mai 1919 Darmstadt (Vater: Dr. med. Otto L.; Mutter: Elisabeth, geb. Klappach), verh. s. 1948 m. Dr. med. Gertrud, geb. Neugebauer, 2 Töcht. (Marianne †, Renate) - Univ. München, Budapest, Innsbruck, Prag, Berlin, Frankfurt/M. Fachärztl. Ausbild. Frankfurt, Essen, Oxford, London, Mainz - S. 1953 Lehrtätigk. Univ. Bonn (1958 apl. Prof.) u. Würzburg (1964 Ord. u. Klinikdir.). Ehem. Gründungspräs. Komit. d. Bundesrep. Dtschl. z. Verhütung v. Blindheit; Gründungspräs. u. Ehrenmitgl. Glaucoma Soc. of the Intern. Congress of Ophthalmology; Ehrenpräs. Europ. Glaucoma Soc. - BV: Glaukom, Handb. 1960, 2. A. 1973; Glaukom in d. Praxis, 1962, 5. A. 1991 (auch span., jap. u. engl.); Glaucoma-Symposium in Tutzing Castle, 1966; Grundriß d. Augenheilkunde, 1968, 24. A. 1989 (auch griech., ital., poln., span., türk.); Eye Hospitals to-day and tomorrow, in: Documenta Ophthalmologica (1972); Was Sie üb. Ihre Augen wissen müssen, 1979, 2. A. 1987 (auch holl.); Alles üb. grünen Star, 1978, 2. A. 1984 (auch engl., ungar., jap., holl. u. span.); Manual d. Tonographie f. d. Praxis, 1977; Untersuchungsmethoden d. Auges (mit G. K. Krieglstein), 1981. Üb. 350 Einzelarb. - 1981 BVK I. Kl.; 1975 Goldmed. d. Univ. Asunción/Paraguay; 1983 Sir Stewart Duke-Elder Award; 1987 Bayer. VO - Liebh.: Schwimmen, Musik (Cello), Wandern - Spr.: Engl., Franz., Span.

LEYGRAF, Hans

Konzertpianist, Prof. f. Klavier Staatl. Hochsch. f. Musik u. Theater - Schiffgraben 42, 3000 Hannover.

LEYHAUSEN, Paul Josef

Dr. rer. nat., Prof. f. Verhaltensforschung i.R. (Ps. Dr. Peter Leysen) - Auf'm Driesch 22, 5227 Windeck 1 (T. 02292 - 16 41) - Geb. 10. Nov. 1916 Bonn (Vater: Theodor L., Philologe; Mutter: Hedwig, geb. Goedel), verh. s. 1979 in 2. Ehe m. Barbara, geb. Tonkin, 2 Töcht. aus 1. Ehe (Hella, Gabriele) - Abit. 1936 Bonn; Univ. Bonn, Königsberg, Freiburg (Zool., Botanik, Geol. u. Paläontol., Psych.) (dazw. Kriegsgefangensch.); Promot. 1948; Dipl.-Psych. Bonn 1950 - 1948/49 Hilfsarb., 1949 Assist. Univ. Berlin, 1949-52 Forsch.stip. Kultusmin. NRW, Lehrauftr. Univ. Bonn, 1952-58 Ref. f. Biol. Inst. f. d. wiss. Film Göttingen (üb. 100 wiss. Filme), 1958-81 Assist./Leit. Max-Planck-Inst. f. Verhalt.forsch. Wuppertal, s. 1981 Ruhest.; 1964-70 Lehrauftr. f. Tierpsych. Univ. Bonn; s. 1967 Vicepres. Conservation Society/Engl.; Hon. Res. Assoc. Smithsonian Inst. Washington; 1969-75 Beir. Tierschutz Bundesmin. f. Landwirtsch.; 1970 apl. Prof. Univ. Düsseldorf; 1974-91 Mitgl. Dt. Rat f. Landespfl. u. div. and. Organis.; Forsch.reisen in alle Welt - Entd.: D. inn. Org. d. Antriebsgesch. b. Säugetieren einschl. d. Menschen, 1965 - BV: Verhalt.stud. an Katzen, 1956, 4. A. 1975; Antriebe tier. u. menschl. Verhalt. (m. K. Lorenz), 1968; Motivation of Human and Animal Behavior, 1973; Katzen: E. Verhaltenskd., 1979; Cat Behavior, 1979 - 1976 Fellow Explorers Club, New York - Liebh.: Naturschutz, Reisen, Autofahren, Fotogr., Schach, Musik - Spr.: Engl., Franz. - Bek. Vorf.: Prof. Wilhelm Leyhausen (Onkel).

LEYKAUF, Walter Heinz

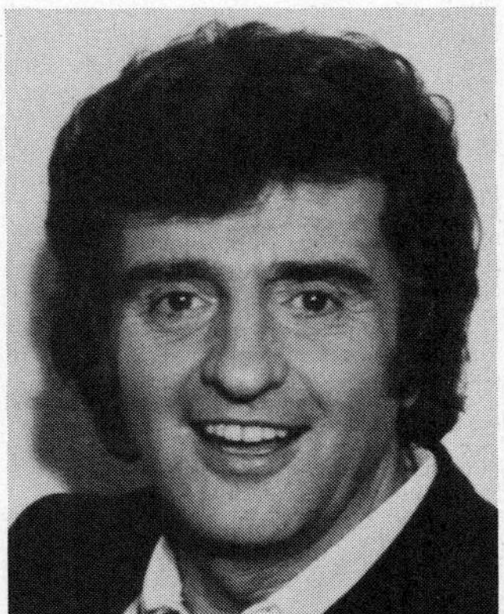

Komponist, Texter, Moderator, Sänger (Patrizius) - Kreuzeckweg 10, 8137 Berg 3 - Geb. 8. Juni 1942 Regensburg, ev., verh. s. 1970 m. Renate Sick (Eislauftrainerin u. Modefachfrau), 2 Töcht. (Caroline, Isabella) - Oberrealsch. - 1959-70 Nilsen Brothers (Tom Dooley, Aber Dich gibt's nur einmal), 1976-86 Viel-Harmoniker. Als Solist Festival-Sieger Musica 1974 (geehrt v. Bundeskanzler Kreiski). Eigene FS-Sendung (ARD): Nachbarn kommt rüber - Wir machen Musik. Musikal. Impulse f. d. Volksmusik - 1990 Grand Prix Sieger d. Autoren; 1990 Hermann-Löns-Med.; D. GOLDENE 1; 1991 Oskar d. Volksmusik = EDELWEISS 91 - Liebh.: Kunst, Gitarren, Tennis, Skifahren, Eislaufen, Grillen m. Holzkohlengrill - Spr.: Engl., Franz.

LEYSEN, Luc

Berater der URTNA (Unionafrik. Rundfunkanst.) - BP 32 46, Dakar, Senegal (Projekt Afro-Vision) - Geb. 19. Juli 1945 Heist-op-den-Berg/ Belgien (Vater: Bert L., 1. Programmdir. Fläm. FS †1959) - Stud. German. u. Angl. Univ. Leuven; Promot. Lic. phil. lit 1969 Leuven - S. 1968 Redakt. ARD-Studio Brüssel; 1970-77 Brüsseler Korresp. ABC Radio New York; s. 1983 ARD-Reisekorresp. f. Westafrika; s. 1987 Afrikakorresp. u. Studioleit. ARD Nairobi - Außer akt. Report. mehrere FS-Dok. - 1987 Journalistenpreis Entwicklungspolitik u. 1990 (1. Preis) - Spr.: Niederl., Engl., Franz., Span.

LICHT, Josef
Dr., Geschäftsführer Heilbäderverb. Baden-Württ. - Am Buck 4, 7802 Merzhausen - Geb. 21. Dez. 1924.

LICHTE, Heinrich
Dr.-Ing., o. Prof. f. Geodäsie - August-Bebel-Str. Nr. 34, 7500 Karlsruhe (T. 7 18 16) - Geb. 8. April 1910 Einbeck (Vater: Karl L.; Mutter: Agnes, geb. Priggert), kath., verh. m. Marie, geb. Bußmann, 4 Kd. - Gymn. Warendorf/ W.; Univ. Münster u. Bonn (Vermessungsing. 1933), TH Braunschweig (Dipl.-Ing. 1940). Promot. (1947) u. Habil. (1950) TH Hannover - 1942 Oberring. TH Hannover, 1952 Abt.sleit. Nieders. Landesvermessungsamt ebd., 1953 ao., 1956 o. Prof. u. Inst.sdir. TH, jetzt Univ. Karlsruhe. Fachveröff.

LICHTENBERG, Ernst
Major a. D., Mitgl. Hbg. Bürgerschaft (s. 1978) - Sievekingsallee 150d, 2000 Hamburg 74 - Geb. 21. Sept. 1939 Hamburg, verh. s. 1961, 3 Kd. (dar. 2 S.) - B. 1959 Gymn. Hamburg - Ab 1960 Zeit- bzw. Berufssold. CDU s. 1972.

LICHTENBERG, Heinz
Stadtdirektor - Fuchsbachweg 13, 3005 Hemmingen-Westerfeld - Spr.: Franz. - Rotarier.

LICHTENBERG, Paul
Ehrenvorsitzender d. Aufsichtsrats Commerzbank AG - Neue Mainzer Str. 32-36, 6000 Frankfurt/M. (T. 1 36 20) u. Breite Str. 25, 4000 Düsseldorf (T. 82 71) - Geb. 10. Dez. 1911 Bonn.

LICHTENBERG, Peter Max
Dr. rer. pol., Dr. phil., Ministerialrat Dt. Bundestag, Lehrbeauftr. Hochschule Köln - Tulpenweg 19, 5205 St. Augustin 1 (T. 02241 - 20 46 88) - Geb. 31. Jan. 1931 Münster (Vater: Adam Egon L., Kaufm.; Mutter: Julianna, geb. Stechern), kath., verh. s. 1957 m. Eva-Maria, geb. Buß, 3 Kd. (Anne-Catherine, Hella-Claudia, Jan-Peter) - Stud. Wirtsch.-, Rechts-, Sozial- u. Erziehungswiss. Univ. Bonn, Freiburg, Graz u. Münster, Ass. jur. 1960 - 1957 Assist. Univ. Münster; 1961 Rechtsanw. LG u. OLG Düsseldorf; 1964 Regierungsrat Bundeswehr (I. Corps Münster); s. 1969 Dt. Bundestag. Zahlr. Beitr. in wiss. Ztschr. u. als Buchveröff. z. Bildungs-, Forschungs- u. Wissenschaftspolitik (s. 1970).

LICHTENBERGER, Hermann
Dr., Univ.-Prof. Univ. Münster (s. 1988) - Ossenkampstiege 61, 4400 Münster/ Westf. - Geb. 25. Mai 1943 Neu-Werbass/Jugosl. (Vater: Theodor L.; Mutter: Marianne, geb. Schmidt), verh. m. Doris, geb. Richter, 2 Söhne (Jan Achim, Jörg Matthias) - Stud. Ev. Theol. u. Semitistik Univ. Erlangen u. Heidelberg; Fakultätsex. 1970 Heidelberg; Promot. 1975 Marburg; Habil. 1985 Tübingen - 1967-77 Qumran-Forschungsstelle Heidelberg u. Marburg; 1977-86 Univ. Tübingen; 1986-88 Univ. Bayreuth; 1988 Dir. d. Institutum Judaicum Delitzschianum Münster - BV: Stud. z. Menschenbild in Texten d. Qumrangemeinde, 1980. Herausg. wissenschaftl. Reihen u. zahlr. Veröff. in wiss. Ztschr. - Liebh.: Klippenspringen.

LICHTENFELD, Herbert
Schriftsteller - Wandsbeker Schützenhof 18, 2000 Hamburg 70 (T. 040 - 693 11 89) - Geb. 16. Juni 1927 Leipzig, verh. s. 1958 m. Winnie, geb. Zürner, T. Katrin - Musikstud. - BV: D. Stunde d. Löwen, 1979; Nachtaufnahme, 1981; Spielraum, 1984. Hörsp.: Herr Print erkennt sich selbst, 1971; Nebenwirkungen, 1982; Informationen f. e. Bankraub, 1983. Fernsehfilme: Jagdrevier, 1974; Reifezeugnis, 1977; Kurzschluß, 1975; Beweisaufnahme, 1982; Wasser f. d. Blumen, 1984; Mord im Spiel, 1985; Schwarzwaldklinik, 70-teilige TV-Serie 1986-89; D. Landarzt, 60-teilige Serie, 1987-92; D. Landarzt, 30-teilige TV-Serie 1987; D. Traumschiff, Serie 1984; Berliner Weiße m. Schuß, 1985; Specials 1985; Schöne Ferien Serie 1985; TKKG, Serie 1986; In guten Händen, TV-Film 1988; Himmelschlüssel, TV-Film 1990; Hotel Paradies, 26-teilige Serie 1990; Unsere Hagenbecks, 13-teilige Serie 1990; Unter e. Dach, 6-teilige Serie 1991; D. Patenonkel, 8-teilige Serie 1992; Marx u. Cocacola, TV-Zweiteiler; D. Bank ist nicht geschäftet, Krimi, 1991; Alle Tage Sonntag, 26-teilige Serie 1992; IM SOG, TV-Krimi 1992 - 1971 Grimme-Preis in Silber; Preis d. Akad. f. Spr. u. Dicht. (f. Hörsp.: Inform. f. e. Bankraub); 1989 Telestar (f. Schwarzwaldklinik) - Spr.: Engl.

LICHTENFELD, Manfred
Kammerschauspieler Staatstheater am Gärtnerplatz München - Ballinfull PO, Co. Sligo, Rep. Irland - Geb. 5. Juni 1925, ev., verh. s. 1950 m. Ilse, geb. Wittenberg (Opernsängerin), 1 Kd. - Rollen: Oberst Pickering (My fair Lady), Herr Schultz (Cabaret), Sancho (Man of la Mancha); Gastspiele Theater d. Westens Berlin, Theater an d. Wien, Volksoper Wien, Schwetzinger Festsp. - 1974 Kammerschauspieler - Spr.: Engl.

LICHTENSTEIN, Wolfgang
Künstler, Leiter Theaterensemble Ruhrfestspiele (1983ff.) - Otto-Burmeister-Allee 1, 4350 Recklinghausen - U. a. Oberspiell. Landestheater Tübingen.

LICHTENSTERN, Christa
Dr. phil., o. Univ.-Prof. f. Kunstgeschichte Philipps-Univ. Marburg - Schwindstr. 22, 6000 Frankfurt a. M. 1 - Stud. d. Kunstgesch., German. u. Archäolog. in Marburg, Frankfurt, Heidelberg u. Paris (Sorbonne); Promot. 1976; Habil. 1986 - BV: Ossip Zadkine. D. Bildhauer u. seine Ikonographie, 1980; Picasso: Denkmal f. Apollinaire, 1988; Metamorphose in d. Kunst d. 19. u. 20. Jhs., Bd. 1.: D. Wirkungsgeschichte d. Metamorphosenlehre Goethes. Von Ph. O. Runge bis J. Beuys, 1990; Bd. 2: Vom Mythos zum Prozessdenken. Von d. Ovid-Rezeption zur surrealistischen Ästhetik u. Metamorphosethematik nach 1945, 1992; Henry Moore: Liegende Figur. Zweiteilig, Nr. 1, 1959/Landschaft wird Skulptur, Tb. 1993 - Spr.: Engl., Franz., Ital.

LICHTENTHAELER, Charles
Dr. med. (habil.), o. Prof. u. Direktor Inst. f. Geschichte d. Medizin Univ. Hamburg (s. 1963), Extraord. f. Med.-gesch. Univ. Lausanne (s. 1965) - Poppenbüttler Stieg 5, 2000 Hamburg 63 (T. 538 47 58) - Geb. 31. Aug. 1915 - 1960-63 Doz. Univ. Lausanne. Facharb.

LICHTENTHALER, Frieder W.
Dr. rer. nat., Prof. f. Org. Chemie TH Darmstadt - Am Willgraben 5, 6109 Mühltal 4 (T. 06151 - 14 77 86) - Geb. 19. Jan. 1932 Heidelberg (Vater: Wilhelm L., Rektor), ev., verh. s. 1966 m. Evemaria, geb. v. Infeld, 3 Kd. (Matthias, Johannes, Kathrin) - Dipl. 1956, Promot. 1959 Univ. Heidelberg; Habil. 1963 TH Darmstadt - 1959-61 Res. Chemist Univ. California, Berkeley; 1962 wiss. Assist. TH Darmstadt, s. 1967 Prof. (1972 o. Prof.) ebd. Rd. 200 Publ. in wiss. Ztschr. - Spr.: Engl.

LICHTENTHALER, Hartmut K.
Dr., o. Prof. f. Pflanzenphysiol. u. Pflanzenbiochemie Univ. Karlsruhe (s. 1970) - Im Kennental 17, 7500 Karlsruhe-Durlach - Geb. 20. Juni 1934 Weinheim/ Baden (Vater: Wilhelm L., Rektor; Mutter: Emma, geb. Hick), ev., verh. s. 1966 m. Regine, geb. Schneider, 3 Söhne (Stefan, Eckhard, Ulrich) - Realgymn. Sinsheim (Abit. 1953); Stud. d. Pharmazie TH Karlsruhe (Staatsex. 1958) u. d. Botanik, Chem., Physik Univ. Heidelberg; Promot. 1961 ebd.; 1961 Europastip. Centre d'Etudes Nucléaires Grenoble; 1962-64 Forschungsstip. Univ. of Calif., Berkeley (b. Prof. M. Calvin); 1964-70 wiss. Assist. u. Privatdoz. (1967) Botan. Inst. Univ. Münster (1970 Wiss. Rat u. Prof.). Mitgl. u. a. Dt. Botan. Ges., Ges. f. Biol. Chemie, Americ. Soc. Plant Physiol. Federation of Europ. Societies of Plant Physiology (President 1984-86). Mithrsg.: Lipids and Polymers in Higher Plants (1977), Praktik. d. Photosynthese (1978), D. Waldsterben aus botan. Sicht. (1984), Applications of Chlorophyll Fluorescence (1988). Zahlr. in- u. ausl. Fachveröff. - Spr.: Engl., Franz.

LICHTENTHALER, Rüdiger N.
Dr. rer. nat., Prof. - Langgewann 31, 6900 Heidelberg 1 - Geb. 31. Okt. 1941 Sinsheim/Elsenz.

LICHTENWALD, Gerd
Dr., Verbandsdirektor, Geschäftsf. Verb. d. Sachversicherer, Köln - Belfortstr. 9, 5000 Köln 1 - Geb. 21. Juli 1936 - Assessorex.

LICHTNER, Otto
Dr., Vorstandsmitglied Vereinigte Seidenwebereien AG/Verseidag i. R. - Weltistr. 79, 8000 München 71 - Geb. 10. Juli 1923 - Stud. d. Rechte (Rechtsanwalt).

LICHTNER, Rolf
Rechtsanwalt, Geschäftsführer Wirtschaftsprüferkammer/KdöR - Tersteegenstr. 14, 4000 Düsseldorf 30 (T. 0211 - 45 61-0) - Geb. 4. Jan. 1951 Hof/Bay., verh. s. 1978 - S. 1987 Alleingf. Wirtschaftsprüferkammer, Düsseldorf.

LICHY, Wolfgang
Dr. rer. pol., Dipl.-Kfm., Geschäftsführer ETO Nahrungsmittel, Ettlingen - Fridtjof-Nansen-Str. 35, 7500 Karlsruhe 41 (T. 0721-47 27 39) - Geb. 29. Juni 1938 Berlin, ev., verh. s. 1963 m. Doris, geb. Ritters, 3 Kd. (Christian, Thorsten, Annette) - 1956-59 Lehre Industriekaufm. Siemens-Schuckert-Werke AG; 1958-62 Stud. Betriebsw. TU Berlin (Dipl. 1962, Promot. 1965); 1969 10-Wochen-Sem. USW; 1980 Advanced Management Program Harvard Business School - 1962-64 Hochschulassist. TU Berlin; 1967-69 Zentralverw. Rudolf A. Oetker; 1970ff. Geschäftsf. Dibona Markenvertrieb KG, Eto Nahrungsmittel u. Fleischer GmbH, Ettlingen. Mitgl. Vollvers. IHK Mittl. Oberrh., Karlsruhe; Richter Finanzgericht Baden-Württ. - BV: Besteuer. u. Innenfinanzier., Diss. 1966; Ztschr.-Aufs. - Liebh.: Gesch., Seefahrt d. 15.-19. Jh., Lit. - Spr.: Engl., Franz.

LICKTEIG, Klaus Erich
Dipl.-Kfm., Geschäftsführer Fachgemeinsch. Geldschränke u. Tresoranlagen, u. Druck- u. Papiertechnik im VDMA, Frankfurt - Lyoner Str. 18, 6000 Frankfurt 71 - Geb. 22. Aug. 1938 Mannheim, kath., verh.

LIEB, Hans-Heinrich
Dr. phil., o. Prof. f. dt. Philol. u. Linguistik FU Berlin (s. 1971) - Goßlerstr. 22, 1000 Berlin 41 - Geb. 13. Nov. 1936 Hannover (Vater: Heinrich L., Gymn.-lehrer; Mutter: Hanna, geb. Müller), ev., verh. s. 1971 m. Agnes Lieb-Dóczy, geb. Trombitás, 2 Kd. (Enese Esther, Béla Matthias) - Stud. d. German., Anglistik, Phil., Allgemeine Sprachwiss. Univ. Göttingen, Durham/Engl., Köln; Promot. 1963 ebd. - Nach Habil. (1969) apl. Prof. Köln, 1970/71 Visit. Assoc. Prof. Univ. of British Columbia, 1978-80 Fachbereichsspr. Fachber. Germanistik. In- u. Ausl. Fachmitgl.sch. - BV: Communication complexes and their stages, 1968; Sprachstadium u. Sprachsystem, 1970; Outline of integrational linguistics, 1977; Klasse u. Klassifikation in d. Sprachwiss., 1968 (m. A. Juilland); Integrational Linguistics: General Outline, 1983. Herausg.: Oberflächensyntax u. Semantik (1980); BEVATON - Berliner Verfahren z. auditiven Tonhöhenanalyse (1988) - Spr.: Engl., Franz.

LIEB, Manfred
Dr. jur., Prof. Direktor Institut f. Arbeits- u. Wirtschaftsrecht Univ. Köln - An der Schmitten 17 a, 5060 Bergisch Gladbach 1 - Geb. 6. April 1935 Stuttgart - Zahlr. Veröff. im Arbeitsrecht, Handels- u. Ges.recht u. im bürgerl. Recht.

LIEB, Norbert
Dr. phil., o. Prof. f. Kunstgeschichte unt. bes. Berücks. d. v. Bayern (emerit.) - Isoldenstr. 28, 8000 München 40 (T. 36 54 78) - Geb. 18. Jan. 1907 Frankenthal/Pfalz, verh. m. Doris, geb. Haas - Gymn. u. Univ. München (Promot. 1931 b. Wilhelm Pinder) - 1932-63 Leit. Maximilian-Museum u. d. Städt. Kunstsamml. Augsburg; 1959-73 Honorarprof., ao. (1963) u. o. Prof. (1968) Univ. München - BV (1932-71): Ottobeuren u. d. Barockarchitektur (Diss.), Münchener Barockbaumeister, München - Lebensbild u. Stadtkultur, D. Fugger u. d. Kunst im Zeitalter d. Spätgotik u. d. frühen Renaissance, Barockkirchen zw. Donau u. Alpen, Münchner Kunstgesch. - München - D. Gesch. s. Kunst - 1962

Bayer. VO. - Spr.: Franz., Ital. - Rotarier.

LIEBAU, Friedrich

Dr. rer. nat., em. o. Prof. f. Mineralogie - Klausbrooker Weg 80, 2300 Kiel (T. 54 89 73) - Geb. 31. Mai 1926 Berlin (Vater: Otto L., Tapeziererm.; Mutter: Anna, geb. Hecklau) - B. 1944 Kölln. Gymn. Berlin; 1946-51 Humboldt-Univ. ebd. (Chemie; Dipl.-Chem. 1951). Promot. 1956 Berlin (Humboldt-U.); Habil. 1963 Würzburg - 1951-60 Dt. Akad. d. Wiss. zu Berlin (Inst. f. Anorgan. Chemie); 1960-65 Max-Planck-Inst. f. Silikatforsch., Würzburg; s. 1965 Univ. Kiel (Ord.). 1983-85 Leit. Arbeitsgem. f. Kristallogr. Dt. Mineral. Ges., Dt. Physikal. Ges. u. Ges. Dt. Chemiker. Unters. üb. d. Kristallchemie v. Silikaten u. Phosphaten - BV: Structural Chemistry of Silicates - Structure, Bonding and Classification, 1985 - 1990 Abraham-Gottlob-Werner-Med. d. Dt. Mineral. Ges.

LIEBAU, Gerhart

Dr. med., Prof., Internist - Akazienstr. 18, 3150 Peine (T. 61 81) - Geb. 13. Dez. 1905 Schochwitz (Vater: Ernst L., Pfarrer; Mutter: Gertrud, geb. Schollmeyer), ev., verh., 5 Kd. - Gymn. Joachimsthal; Univ. Tübingen u. Berlin (Promot.). Habil. 1942 Berlin - B. 1970 Chefarzt Innere Abt. Kreiskrkhs. Peine. S. 1966 Honorarprof. TH bzw. TU Braunschweig (Flugmed.). Entd.: Ventilloses Strömungsprinzip d. Blutkreislaufs. Fachveröff. - Spr.: Engl. - Rotarier.

LIEBCHEN, Wolfgang

Dipl.-Kfm., Wirtschaftsprüfer, Verbandsdir. Berliner Genossenschaftsverb. (Schulze-Delitzsch) - Selbitzerstr. 85a, 1000 Berlin 22.

LIEBE, Bodo

Prof. f. Mathematik, Datenverarb., Astronomie Univ.-GH Siegen i.R. - Zinsenbach 27, 5902 Netphen 2 (T. 0271 - 7 57 08) - Geb. 3. Okt. 1924 Hannover (Vater: Karl L.; Mutter: Lucie, geb. Töpel), verh. s. 1961 m. Ruthild, geb. Schöner, 5 Kd. (Hellmut, Heidrun, Irmlind, Siegrun, Helgard) - Maurerlehre; 1949 Stud. Bauing., 1951 Stud. Math., Astron. u. Psych. (Dipl.-Math. 1959) - 1943 Sanitäter; s. 1948 Maurerges.; 1950-60 Doz. f. Math. VHS Hannover; 1956-60 Leit. Dt. Guttempler-Jugend Nieders.; 1959 Siemens Hann. (Techn. Vertrieb, Progr. techn. Probl., Ausb. d. Programmierern); 1961 wiss. Mitarb. DFL Braunschweig (Leit. math. Aufg. Inst. f. Flugzeugbau); 1962 Lehrer f. Math. Gymn. Holzminden; 1963-66 Mitarb. Fa. Zuse KG Bad Hersfeld (u. a. Ausb. v. Programmierern, Leit. v. Sem.); 1965 Doz. f. Math. u. EDV Staatl. Ing.sch. f. Bauwesen Siegen; 1973 Prof. Univ.-GH Siegen (Betreuung d. Univ.-Sternwarte u. d. Bereich Astronomie). S. 1977 Vors. Bd. f. Lebenserneuer., Frankfurt, s. 1981 Vors. Verein Vegetarier-Altenhilfe, Hamburg, s. 1986 Bundesvors. ganzheitlich-esoterisch orientierten Partei Dtschl. NEUES BEWUSSTSEIN. Math. Entd. - Liebh.: Gartenbau, Wandern, Judo, Schwimmen - Spr.: Franz., Latein.

LIEBE, Wolfgang

Dr.-Ing., Prof., Aerodynamiker - Im Eichengrund 25, 1000 Berlin 13 (T. 381 76 30) - Geb. 22. Juni 1911 Gandersheim (Vater: Johannes L., Biologe), ev., verh. s. 1939 m. Charlotte, geb. Baarß, 3 Kd. (Waltraute, Roland, Adelheid) - Gymn. Cottbus; TH Danzig (Flugzeugbau) - 1937-45 Wiss. Mitarb. Dt. Versuchsanst. f. Luftfahrt Berlin, 1946-51 Berat. Staatl. Jugosl. Luftfahrt-Ind. Belgrad, 1952-76 Wiss. Berater Siemens AG Berlin, Entwärmg. el. Maschinen in Hütte-Energietechnik - Erf.: Grenzschichtzaun (verbreit. Sicherh.-vorr. f. Flugz.) - Liebh.: Flugphysik (Wirbel u. Auftrieb), Biotechnik (Schlagflug u. Flossenantr.) - Spr.: Engl., Franz., Serb.

LIEBENOW, Peter

Dr. phil., Bibliotheksdirektor Senatsbibliothek i.R. (1988-91) - Straße d. 17. Juni 112, 1000 Berlin 12 - Geb. 15. Nov. 1932 Berlin - FU Berlin (German., Phil.) - 2 J. Lektor f. Dt. Sprach- u. Literaturwiss. Univ. Uppsala (Schweden); ab 1967 Ausbild. u. Bibliothekar Staatsbibl. Pr. Kulturbesitz; 1974-88 Amerika-Gedenkbibl.; s. 1988 Senatsbibl.

LIEBENOW, Richard

Dipl.-Brauerei-Ing., ehem. Vorstandsmitgl. Dortmunder Union-Schultheiss Brauerei AG., Berlin/Dortmund (1972-76) - Paplitzer Str. 77, 1000 Berlin 49 (T. 744 83 61) - Geb. 5. Juni 1911.

LIEBER, Hans-Joachim

Dr. phil., Prof. f. Philosophie Dt. Sporthochschule Köln - Widdersdorfer Landstr. 1B, 5000 Köln 40 (T. 02234 - 7 14 25) - Geb. 27. März 1923 Trachenberg/Schles. (Vater: Willi L., Postbeamter; Mutter: geb. Kreutz), verh. s. 1946 m. Käthe, geb. Moltz (Opernsängerin) - Realgymn. (Steglitz) u. Univ. Berlin (Phil. u. Soziol.) - S. 1950 (Habil.) Lehrtätigk. FU Berlin (1955 ao., 1957 o. Prof.; 1965-67 Rektor) u. Sporthochsch. Köln (1972 o. Prof.; 1974-82 Rektor) - BV: Wissen u. Ges., 1952; D. Phil. d. Bolschewismus in d. Grundzügen i. Entwickl., 1957; Individuum u. Kollektiv in d. Sowjetideologie, 1964; Phil./Soziol./Ges. - Studien z. Ideologieproblem, 1965; Bilanz d. Ära Chruschtschow, 1966 (m. Erik Boettcher u. Boris Meissner). Herausg.: Karl Marx, Werke - Schriften - Briefe (7 Bde. 1960ff.); D. Sowjetkommunismus (2 Bde. 1963/64, m. Karl-Heinz Ruffmann); Kulturkritik u. Lebensphil. (1974); Blick zurück (1982); Ideologienlehre u. Wissenssoziol. (1974); Ideologie, Wiss., Ges. (1976); Ideologie (1985); Marx-Lexikon (1988); Politische Theorien von d. Antike bis z. Gegenwart (1991) - Gr. BVK.

LIEBEREI, Reinhard

Dr. rer. nat. habil., Dipl.-Biologe, Prof. Inst. f. Angewandte Botanik, Nutzpflanzenbiologie - Marseiller Str. 7, 2000 Hamburg 36; priv.: Wohldorfer Damm 24, -65 (T. 040 - 604 58 82) - Geb. 4. Juli 1948 Seefeld/Kr. Wesermarsch, ev., verh. m. Roswitha, geb. Schülke, 4 Kd. (Saskia, Swenja, Ankea, Ansgar) - 1968-74 Stud., Dipl.-Biol.; Promot. 1974-76 üb. Enzymregulation; Zertifikat Phytomed. 1983; Habil. 1985 TU Braunschweig - Liebh.: Segeln, Sprachen - Spr.: Engl., Franz., Portug.

LIEBERG, Godo

Dr. phil., o. Prof. f. lat. Sprache u. Literatur Univ. Siena, Facolta di Magistero Arezzo, Italien - Bergwerksstr. 8, 4630 Bochum - Geb. 30. Dez. 1929 Karmel/Estl. (Vater: Herbert L., ev. Pastor; Mutter: Helene, geb. v. Haller) - Johanneum Lüneburg; Univ. Göttingen u. Tübingen. Promot. 1953 Tübingen; Habil. 1960 Rom u. 1962 Tübingen - 1956-79 Lehrtätigkeit Goethe-Institut Turin. Univ. Palermo, Tübingen, Mailand. Bochum, Triest, Udine - BV: D. Lehre von d. Lust in d. Ethiken d. Aristoteles, 1958; Geist u. Lust, 1959; Puella Divina - Studien z. Gestalt d. göttl. Geliebten bei Catull im Zusammenhang d. antiken Dichtung, 1962 (Amsterdam); Poeta Creator 1982 (Amsterdam); Zu Idee u. Figur d. dichter. Schöpfertums, 1985; Strukturalistische Analyse v. Tibull I 5, 1988 (Arezzo); D. Idee d. dichterischen Schöpfertums in d. Renaissancepoetik, EOS 1989; D. Kleopatra-Ode d. Horaz, Grazer Beiträge 1990 - 1952 Akad. Preis Univ. Tübingen (Phil. Fak.) - Liebh.: Reisen (Mittelmeerländer) - Spr.: Lat., Ital., Engl., Franz. - Bek. Vorf.: Historiker Johannes Haller (Großonkel 2. Gr.).

LIEBERICH, Heinz

Dr. jur., Generaldirektor, Honorarprof. f. bayer. Rechtsgeschichte Univ. München (s. 1955) - Adalbertstr. 44, 8000 München 40 (T. 33 55 12) - Geb. 29. Jan. 1905 Kaiserslautern (Vater: Heinrich L., Generalstaatsanw.; Mutter: geb. Clemens) - Promot. 1928 - S. 1931 bayer. Archivdst. (1959ff. Generaldir. Staatl. Archive Bayerns). 1960ff. 2. Vors. Kommiss. f. Bayer. Landesgesch. Bayer. Akad. d. Wiss. - BV: Rechtsgesch. Bayerns u. d. bayer. Schwaben, 1952; Z. Feudalisierung d. Gerichtsbarkeit in Bayern, 1954; Kaiser Ludwig d. Bayer als Gesetzgeber, 1959; Landherren u. -leute - Z. polit. Führungsschicht Baierns im Spätmittelalter, 1964; D. gelehrten Räte - Staat u. Juristen in Bayern in d. Frühzeit d. Rezeption, 1964/66; D. Anfänge d. Polizeigesetzgeb. d. Herzogtums Baiern, 1969; Mitteis/Lieberich: Dt. Privatrecht, 9. A. 1981; Dt. Rechtsgesch., 18. A. 1988.

LIEBERKNECHT, Christine

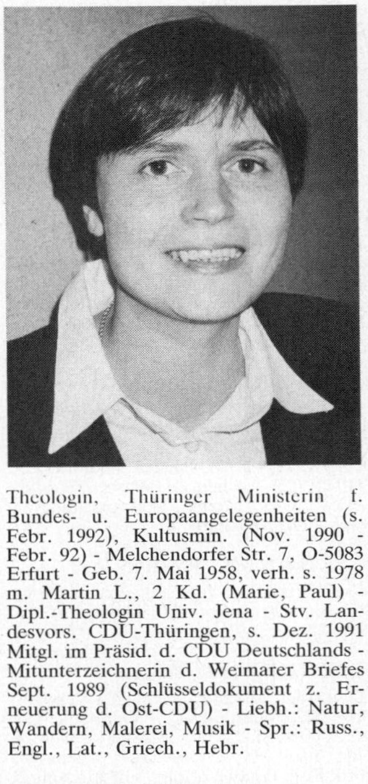

Theologin, Thüringer Ministerin f. Bundes- u. Europaangelegenheiten (s. Febr. 1992), Kultusmin. (Nov. 1990 - Febr. 92) - Melchendorfer Str. 7, O-5083 Erfurt - Geb. 7. Mai 1958, verh. s. 1978 m. Martin L., 2 Kd. (Marie, Paul) - Dipl.-Theologin Univ. Jena - Stv. Landesvors. CDU-Thüringen, s. Dez. 1991 Mitgl. im Präsid. d. CDU Deutschlands - Mitunterzeichnerin d. Weimarer Briefes Sept. 1989 (Schlüsseldokument z. Erneuerung d. Ost-CDU) - Liebh.: Natur, Wandern, Malerei, Musik - Spr.: Russ., Engl., Lat., Griech., Hebr.

LIEBERMANN, Berta R.

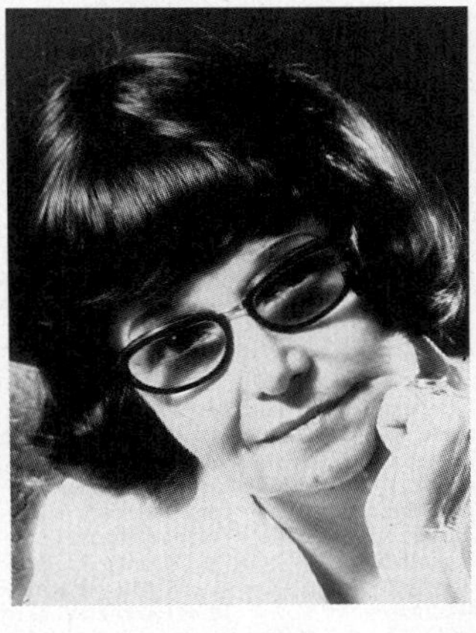

Dr. lit. h.c., Schriftstellerin - Kieferbachstr. 6, 8205 Kiefersfelden (T. 08033 - 81 04) - Geb. 16. März 1921 Glashütten/Burgenland, Österr., verh. s. 1967 m. Dr. Albert L. (Biol.) - Höh. Töchtersch. Ungarn u. geisteswiss. Fernstud. USA - Mitarb. geisteswiss. Ztschr.; Beteilig. an zahlr. Anthol. im In- u. Ausland - Bisher 38 BV: u.a. Heimweh, Ged.; Planet d. Glückl., Ged.; Aufbruch aus d. Zeit, Ged.; Geheimnis d. tausend Gesichter, Prosa; Traumnetz d. silb. Spinne, Ged.; Orakel d. weißen Eule, Ged.; Gläserne Spur; Wann? Tierged.; Schwarze Trommel afrikan. Zyklus; Im Tal d. Könige, Märchen; Spätlicht, Ged.; Verwehte Spuren, Ged.; M. d. Liedern d. Zigeuner, Ged.; Weiße Insel d. Kormorane, Ged.; Schattenbaum d. Paradieses, Ged.; Steine u. Sterne, Ged.; Rückruf d. Vergangenheit, Ged.; (Jugend auf Burg Lockenhaus); D. innere Meister, Lyr.; D. andere Gesicht, Ged.; Verstreute Blüten, Ged.; Lieder d. Erdfee, Ged.; Verstreute Blüten, Folge II, Ged.; Kosmischer Spiegel (Zeitbild); Roter Oleander, Ged.; Urlaute d. Schöpfung, Ged.; Urwind d. Frühe, Ged. - 1981 Lyrikpreis AWMM Luxemburg, 1982 Salsomaggiore; 1982 AWMM Brüssel; 1990 Albert-Einstein-Med., USA; 1991 Dr. lit. h.c. Albert Einstein Akad. Missouri - Liebh.: Paläontol., Familienforschung, eig. kl. Tierheim - 1984 Gründ. Rosenheimer Aktivgruppe gegen Tierversuche - Spr.: Ungar., Engl. - Bek. Vorf.: Prof. Ernst L., Maler (Schwiegerv.).

LIEBERMEISTER, Kurt

Dr. med., o. Prof. u. Vorst. Inst. f. Hygiene u. Med. Mikrobiol. TU München/Fak. f. med. (s. 1968) - Geb. 24. Jan. 1919 München - Habil. 1954 Frankfurt/M. - Zul. Chefarzt Bakt.-Hyg. Inst. Städt. Krkhs. r. d. Isar, München. Üb. 50 Fachveröff. - 1966 Prof.-Titel (Hessen).

LIEBEROTH, Immo

Dr. habil. agr., Prof., Mitglied d. Deutschen Bundestages - R.-Breitscheid-Str. 59, O-1300 Eberswalde-Finow 1 - Geb. 16. Okt. 1929 Leipzig, ev., verh., 2 Töcht. (Ulrike, Konstanze) - Staatl. geprüfter Landwirt 1949 Meißen; Dipl.-Landw. 1953, Dr. agr. 1955, Dr. agr. habil. 1965, alle Leipzig - B. 1978 wiss. Abt.leit. u. stv. Dir. d. Inst. f. Bodenkunde Eberswalde; b. 1990 Ber. Bodenkunde Eberswalde d. Forsch.zentr. f. Bodenfruchtbarkeit Müncheberg; 1990 Vors. d. Bodenkundl. Ges. d. DDR (nach d. Wende); s. 1991 Vorst.-Mitgl. d. Dt. Bodenkundl. Ges. - Ca. 130 wiss. Veröff. sowie Lehrbuch Bodenkunde - Bodenfruchtbarkeit (3 Aufl.).

LIEBEROTH-LEDEN, Horst

Speditionskaufmann, AR-Vors. Frasag GmbH & Co. KG, Frankfurt/M. (s. 1974), Beirat Präsid. Industrie- u. Handelskammer ebd. (s. 1989) - Röderbergweg 270, 6000 Frankfurt (T. 44 86 00) - Geb. 15. Sept. 1914 Schierke (Vater: Hans L.-L., Bankier; Mutter: Leonore, geb. Haug), ev., verh. s. 1953 m. Felicitas, geb. Ritgen, 2 Söhne (Axel, Bernd) - Gymn., Kaufm. Lehre - BVK am Bde. - Spr.: Engl.

LIEBERS, Gerhard

Dr. phil., Ltd. Bibliotheksdirektor i. R., Honorarprof. f. Bibl.wiss. Univ. Münster (1968) - Am Schloßgarten 18, 4400 Münster/W. (T. 8 15 10) - Geb. 23. Mai 1914 Radebeul/Sa. (Vater: Alfred L., Lehrer; Mutter: Else, geb. Schneider), ev., verh. 1946 m. Ilsemarie, geb. Friese, 2 Töcht. (Gudrun, Margret) - Kgn.-Carola-Gymn. u. Univ. Leipzig (Klass. Philol., German., Phil.; Promot. 1939) - 1942 Bibl.refer. Dt. Bücherei Leipzig, 1948 Wiss. Hilfsarb. Murhardsche Bibl. Kassel, 1952 Bibl.- (komm. Leit.), 1958 Oberbibl.rat (stv. Dir.) Nieders. Staats- u. Univ.bibl. Göttingen, 1963 Dir. Univ.bibl. Münster. 1964-66 Vors. Verein Dt. Bibliothekare - Fachveröff. üb. Bibl.wesen, insbes. Bibl.bau. Herausg.: Bibl.neubauten in d. BRD (1968). Mithrsg.: Bibl.neub. in d. BRD, 1968-83 (1983); Elemente d. Buch- u. Bibl.wesens, Bd. 1-9 (1975-83).

LIEBERT, Paul

Schriftsteller u. Komp. - Alter Postweg 14, 4800 Bielefeld 17 - Geb. 16. Dez. 1907 Bochum, ev. - Mittelsch. u. Gymn.; Leibniz-Akademie Hannover u. Univ. Berlin (Wirtschaftswiss., Rechts- u. Staatswiss.); Schriftl., Journalist, Dirig. u. Komp.; Kunstkrit. - BV: Glöckner v. St. Marien, Erz. 1948; Den d. Götter lieben, Gesch. u. gr. Musiker, 1948; D. Frage nach d. Sinn d. Lebens, 1949; Veit Stoß berühmt u. geächtet, 1960; D. Geheimnis um Tiefensee, 1964; Die Heideprinzessin, 1979 - Liebh.: Bücher, Musik, Kunst.

LIEBERT, Wolfgang

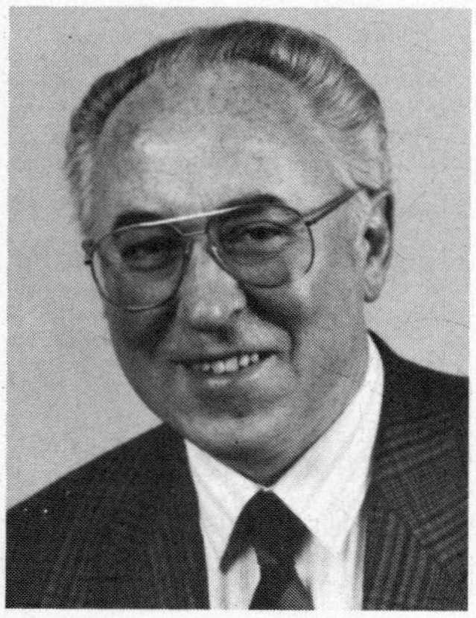

Dipl.-Kfm., Unternehmensberater - Bundesallee 215, 1000 Berlin 15 (T. 030 - 24 33 45) - Geb. 9. Jan. 1935 Berlin (Vater: Herbert L., Küchenchef; Mutter: Grete, geb. Langer), ev., verh. s. 1958 m. Margot, geb. Buller, 2 Kd. (Martina, Wolfmar) - Stud. Wirtschaftswiss. u. Ing.wiss. TU Berlin (Dipl.-Kfm.) - 1955-57 kaufm. u. techn. Praktika Berlin, Paris u. Mülheim/R.; 1958-62 Ltg. Lebensmittelgroßhdlg. Paul Buller, Berlin; 1962-65 Ref. f. polit. Öfftl.-Arb. Besucherdst. Bundeshaus Berlin, fr. Journ.; 1965-66 Wirtschaftsredakt. Berliner Morgenpost; 1966-67 Leit. betriebswirtsch. Abt. Braas & Co. GmbH, Frankf./M.; s. 1967 selbst. Unternehmensberater (Schwerp.: PR/Market., Verkaufsförder. u. Außenwirtschaftsberat.); s. 1974 Lehrbeauftr. TFH Berlin. FDP (stv. Vors. Bundesfachaussch. Finanzen u. Steuern) - Liebh.: Tauchen, Surfen, Theater, Zeichnen - Spr.: Engl., Franz.

LIEBETRAU, Alfred

Präsident IHK Schwarzwald-Baar-Heuberg, Villingen-Schwenningen - Am Doniswald 4, 7744 Königsfeld (T. 07721-20450) - Geb. 29. Aug. 1922 Farnroda - S. 1969 Geschäftsf. SABA-Werke, Generalbevollm. Grundig-Werke (s. 1971), Vors. d. Gfg. Junghans Werke (1972-82). AR-Vors. Ges. z. Förder. d. dt. Uhren- u. Schmuckwarenfachgeschäfte mbH (1973-83), Geschf. d. Untern.-Partn. Management-Beratg. GmbH.

LIEBHART, Ernst

Dr. phil., Prof. f. Psychologie Univ. Marburg - Holderstrauch 7, 3550 Marburg/L. - Geb. 3. Febr. 1937 - Promot. 1968 München - Zul. Prof. Univ. Gießen - BV: Nationalismus in d. Tagespresse 1949-66, 1971. Div. Einzelarb.

LIEBHERR, Hans

Dr.-Ing. E. h., Aufsichtsratsvorsitzer Liebherr-Holding GmbH, Biberach/Riß; Präs. Verwaltungsr. Liebherr-International AG Bulle/Schweiz - 19, rue de l'industrie, CH-1630 Bulle/Schweiz - Geb. 1. April 1915 Kaufbeuren - Baumeisterprüf. 1938 - 1964 Ehrendoktor TH Aachen, 1974 Ehrensenator Univ. Karlsruhe.

LIEBICH, Werner

Dr. phil., Prof., Ltd. Direktor Universitätsbibliothek d. FU Berlin - Garystr. 39, 1000 Berlin 33; priv.: 12, Knesebeckstr. 18 - Geb. 12. Aug. 1927 Görlitz (Vater: Otto L., Syndikus; Mutter: Lydia, geb. Werner), ev. - 1946-50 Humboldt-Univ. Berlin (Griech., Lat., Ägypt.). Staatsex. 1951 u. 59; Promot. 1956 - 1951-57 Wiss. Assist. Inst. f. Hellenist.-röm. Phil./Dt. Akad. d. Wiss. Berlin (Ost); s. 1957 Bibl.refer., -ass., -rat (1963), Oberbibl.-rat (1967), Bibl.dir. (1969), Ltd. Bibl.dir. (1976) Bibl. FU Berlin (West), Hon.-Prof. (1983) f. Bibl.wiss. FU Berlin (West) - BV: Anwendungsmöglichk. d. Vertikalablage, 1959; Aufbau, Absicht u. Form d. Pragmateiai Philodems, 1960 - Spr.: Engl., Neugriech.

LIEBIG, Hans

Dipl.-Ing., Vorsitzender d. Geschäftsführung Waggonbau Görlitz GmbH - Hans-Nathan-Str. 9, O-8903 Görlitz - Geb. 31. Okt. 1930 Görlitz, verh., 2 Kd. - Stud. TU Dresden; Dipl.-Ing. 1966 - Spr.: Russ.

LIEBKE, Harry

Dipl.-Ing., Architekt, Geschäftsführer Landeswohnungs- u. Städtebauges. Bayern mbH/Organ d. staatl. Wohnungspolitik - Herzog-Heinrich-Str. 13, 8000 München 2.

LIEBL, Franz

Studienrat i. R., Schriftsteller - Am Volkammersbach 6, 8832 Weißenburg/Bay. - Geb. 28. Jan. 1923 Heiligenkreuz/Böhmen - BV: D. hohe Hymne (Sonette), Unterwegs (Ged.), Immer hab ich dich gesucht (Ged.), Land im Frührot (Ged.), D. böhm. Dorf (Erz.), Was je deine Seele verlor (Ged.), Zeitgitter (Ged.), Hinter d. sieben Bergen (Erz. u. Ged.), Elegie f. Flügelhorn, (Ged.), Blaue Iris (Ged.) - 1962 Förderpreis f. Lyrik Sudetend. Landsmannschaft; 1966 Nordgau-Kulturpreis f. Dichtung; 1974 Ehrengabe z. Andreas-Gryphius-Preis; 1989 Johann-Alexander-Döderlein-Preis (Kulturpr. d. Stadt Weißenburg/Bay.) - S. 1980 Mitgl. PEN.

LIEBMANN, Bernhard G.

Dr. rer. nat., Prof., Vorstandsmitglied Degussa, Ressort Technik Metall i. R. (1973-89) - Am Oberberg 3, 6242 Kronberg 3 - S. 1967 o. Prof. u. Honorarprof. (1972) TH Aachen (Reaktorwerkstoffe); zeitw. Wiss. Tätigk. Kernforschungsanlage Jülich. Facharb.

LIEBONER, Werner

Geschäftsführer Walzstahl-Vereinigung - Kasernenstr. 36, 4000 Düsseldorf (T. 82 91).

LIEBRECHT, Klaus

Dipl.-Ing., Gf. Mayer Anlagen Verwalt.s GmbH., Meerbusch 2 - Germanicusstr. 4, 5000 Köln 51 (T. 38 28 86) - Geb. 4. Jan. 1916 - U. a. Geschäftsf. Chem. Fabrik Kalk GmbH., Köln, Vorstandsmitgl. Westfalia Dinnendahl Gröppel AG., Bochum, u. Gf. Chemiebau Dr. A. Zieren GmbH. & Co. KG. u. Davy Powergas GmbH., bde. Köln. ARs- u. Beiratsmand. - Spr.: Engl. - Rotarier.

LIEBS, Detlef

Dr. jur., Prof. f. Röm. Recht, Bürgerl. Recht, Neuere Privatrechtsgesch. Univ. Freiburg - Rosenau 10, 7800 Freiburg - Geb. 12. Okt. 1936 Berlin (Vater: Dr. Wilhelm L., Dipl.-Ing. u. Doz.; Mutter: Erika, geb. Dierig), ev., verh. s. 1982 m. Katharina, geb. Bölle, 2 Söhne, 3 Kd. aus 1. Ehe - Stud. Rechtswiss. u. Gesch. Univ. Freiburg u. Göttingen (Promot. 1962, Habil. 1970). S. 1970 Ord. in Freiburg - BV: Hermogenians iuris epitome - Z. Stand d. röm. Jurisprudenz im Zeitalter Diokletians, 1964; Reurecht d. Käufers an d. Haustür, 1970; D. Klagenkonkurrenz im röm. Recht - Z. Gesch. d. Scheid. v. Schadensersatz u. Privatstrafe, 1972; Röm. Recht - E. Studienb., 1975, 3. A. 1987; Latein. Rechtsregeln u. Rechtssprichwörter, 1982, 5. A. 1991; D. Jurisprudenz im spätantiken Italien, 1987; Exempla luris Romani - Römische Rechtstexte (m. M. Fuhrmau, zweispr.), 1988, 2. A. 1988; Röm. Jurisprudenz in Africa, 1992 - Spr.: Engl., Franz., Lat., Ital. - Bek. Vorf.: Geh. Kommerzienrat Dr. h.c. Friedrich Dierig (Urgroßv. ms.).

LIEBSTER, Günther

Dr. agr., em. o. Prof., Inh. Lehrstuhl f. Obstbau TU München (s. 1953) - Alois-Steinecker-Str. 27, 8050 Freising/Obb. (T. 1 37 96) - Geb. 31. Mai 1911 Berlin (Vater: Alfred L., Justizoberinsp.; Mutter: geb. Frech), verh. m. Anneliese, geb. Licht, 2 Kd. - Diplom-Gärtner 1937; Promot. 1940 - 5 J. gärtner. Praxis. Fachveröff.

LIEDEL, Herbert

Dipl.-Sozialwirt, Bildredakteur Kicker-Sportmagazin - Laufamholzstr. 442, 8500 Nürnberg 30 (T. 0911 - 50 21 89) - Geb. 6. Mai 1949 Nürnberg (Vater: Otto L., Kfm. Angest.; Mutter: Hedwig, geb. Post), ev., verh. s. 1983 m. Hannelore Christen-Liedel, geb. Christen, Sohn Robert - 1974 Univ. Erlangen/Nürnberg (Sozialwiss., Dipl.-Sozialwirt) - B. 1977 fr. Bildjourn.; ab 1977 Bildredakt. Kicker - BV: D. alte Kanal - damals u. heute, Fotobildb. 1981; D. Pegnitz - Augenblicke e. Flusses, Fotobildbd. 1982; Alte Mühlen - Bilder d. Abschieds, Fotobildbd. 1983; D. Johannisfriedhof zu Nürnberg, Fotobildbd. 1984; Haus d. Lebens - Jüd. Friedhöfe, Fotobildbd. 1985 - Fotoausst. in Nürnberg, Pommersfelden u. Bad Windsheim - 1978 1. Preis Foto-Wettbewerb Verb. Dt. Sportjourn. (VDS) f. Sport-Kampfbilder; 1979 2. Preis f. Fußball- u. Sportkampfbilder (Farbdias) u. 3. Pr. f. Sport-Feuill.bilder (Farbdias) b. VDS-Foto-Wettb.; 1980 1. Pr. f. Sport-Feuill.bilder (Schw./W.) u. 3. Pr. f. Farbdias VDS-Wettb., 1. Pr. Intern. Sportfoto-Wettb. Intern. Vereinig. d. Sportpresse (AIPS) f. Farbbilder, 1., 2. u. 3. Pr. Foto-Wettb. Uefa anl. 25-j. Best. f. Farbbilder; 1982 1. Pr. Farbbilder bei VDS-Wettb.; 1983 1., 2. u. 3. Pr. Farbbilder bei VDS-Wettb.; 1984 2. Pr. Kategorie Sport bei World Press Photo; 1985 4. Pr. Farbbilder VDS-Wettb., 2. Pr. AIPS-Kodak-Foto-Wettb. - Liebh.: Naturschutz, Industriekultur.

LIEDTKE, Claus-Eberhard

Dr.-Ing., Prof. Univ. Hannover - Am Gehäge 46, 3008 Garbsen 4 (T. 0511 - 762 53 18) - Geb. 21. März 1942 Leipzig - Stud. Nachrichtentechnik TU Berlin (Dipl.-Ing. 1968, Promot. 1972) - 1968 wiss. Mitarb. Heinrich-Hertz-Inst. Berlin; 1970 wiss. Assist. TU Berlin; 1973 Assist.-Prof. Univ. of Minnesota, Minneapolis/USA; s. 1977 Prof. Univ. Hannover. 1985 Gastprof. an d. Zheijang Univ. in Hanhzhou/VR China - Ca. 70 wiss. Veröff. aus d. Bereichen d. rechnergestützten Bildverarbeitung, d. Mustererkennung u. wissensbasierten Systemen, 1 Lehrbuch. Ca. 20 größere Forsch.vorhaben im Auftrag v. DFG, DBP, FhG, BMFT sowie d. Ind. - Gutachter f. öfftl. Institutionen u. d. Industrie.

LIEDTKE, Hans Jürgen

Dr. phil., Chefdramaturg Niedersächsische Staatsoper Hannover - Im Haspelfelde 8, 3000 Hannover (T. 809 35 79) - Geb. 20. April 1937 Insterburg/Ostpr. (Vater: Alfred L., Kaufm.; Mutter: Charlotte, geb. Riemke), ev., led. - Univ. Göttingen u. Wien (Theaterwiss., German., Phil., Psych.). Promot. 1965 Wien - S. 1966 Landestheater Darmstadt (Dramat.), Hannover (1968 u. 79 Chefdramat.), Nürnberg, 1966 Regieassist. b. Prof. Oscar Fritz Schuh (Hbg. Staatsoper). Spez. Arbeitsgeb.: Operndramat. - BV: D. szen. Raum- u. Figurengestaltung in d. Dramatik O'Neills, 1964 (Wien) - Liebh.: Musik, Malerei - Spr.: Engl., Franz.

LIEDTKE, Herbert

Dr. rer. nat., o. Prof. f. Geographie - Kellermannsweg 1, 4630 Bochum (T. 47 64 38) - Geb. 25. Nov. 1928 Berlin, ev., verw. s. 1990, T. Silja - Promot. Berlin; Habil. Saarbrücken - S. 1968 Prof. Univ. Bochum (apl. Prof., Wiss. Rat u. Prof., 1970 o. Prof.). Vorstandsmitgl. Zentralverb. dt. Geographen - BV: Geomorpholog. Entwicklung d. Oberflächenformen d. Pfälzer Waldes, 1968; Grundzüge u. Entwickl. d. Oberflächenformen d. Saarlandes, 1969; D. nordischen Vereisungen in Mitteleuropa, 1975, 2. A. 1981; Namen u. Abgrenzungen v. Landschaften in d. BRD, 1984. Mitautor: Topograph. Atlas Rhld.-Pfalz, 1973; D. Saarland in Karte u. Luftbild, 1974 - Silb. Carl-Ritter-Med. f. geogr. Forschungen.

LIEDTKE, Karl

Rektor a. D., MdB, Mitglied Fraktionsvorst. d. SPD-Bundestagsfraktion, Vors. Aussch. f. d. Post- u. Fernmeldewesen d. Dt. Bundestages (s. 1983) - Dahlhauser Höhe Nr. 40b, 4630 Bochum-Dahlhausen (T. 49 08 75) - Geb. 10. März 1925 Bochum, ev., verh., 2 Kd. - Päd. Stud., beide Lehrerprüf. - 1943-45 Soldat; s. 1946 Volksschull. u. Rektor (1960). Mitgl. Stadtrat Bochum (Fraktionsvors.) 1956-70. SPD s. 1946 (Vors. d. Parteirats, Mitgl. Bezirksvorst. Westl. Westf.).

LIEDTKE, Max

Dr. phil., o. Prof. f. Pädagogik Univ. Erlangen-Nürnberg (s. 1973) - Kirchhoffstr. 22, 8505 Röthenbach/Pegnitz - Geb. 8. März 1931 Düsseldorf (Vater: Albert L., Werkmeister; Mutter: Maria, geb. Ziebarth), verh. s. 1963 m. Margarete, geb. Bock, S. Ulrich - Görres-Gymn. Düsseldorf; Univ. Bonn, München, Hamburg - 1967-70 Doz. PH Göttingen; 1970-73 Prof. Univ. Hamburg. 1984 Konzept d. Bayer. Schulmuseums Ichenhausen, 1985 Leit. d. Schulmuseums Univ. Erlangen/Nürnberg - BV: D. Begriff d. reflekt. Urteilskraft in Kants Kritik d. reinen Vernunft, 1964; J. H. Pestalozzi, 10. A. 1987 (holl. 1976, jap. 1984); Evolution u. Erzieh., 2. A. 1976; Lehrervereinsprotokolle Nürnberg 1821-30, 1989; Mithrsg. d. Schriftenreihe z. Bayer. Schulmuseum Ichenhausen (s. 1983).

LIEFFEN, Karl

(eigentl. Karl Lifka), Staatsschauspieler u. Autor - Wirtstr. 8, 8000 München 90 (T. 089 - 692 42 96) - Geb. 17. Mai 1926 Ossek/CSFR (Vater: Franz L., Bergbeamt.; Mutter: Josefine, geb. Háwa) - Münchener Kammersp., Städt. Bühnen Frankf., Bayer. Staatstheater München, Mitgl. Bayer. Staatsschausp.; fr. Schausp. Film u. FS, (223 Rollen s. 1958, u.a. Tadellöser & Wolff). Regisseure u.a.: Brecht, Kortner, Schweikart, Fechner - BV: Was fällt Ihnen ein - Lieffen? (Autobiogr.), TB 1976; Gerneklein, 1980 - BVK am Bde., 1991 Bayer. Staatsschauspieler.

LIEFFERING, Wolfgang Adrianus

Wirtschaftsprüfer u. Steuerberater, Präs. Steuerberaterkammer Berlin - Griegstr. 8, 1000 Berlin 33 (T. 882 75 81/82) - Geb. 10. Dez. 1914 Stettin (Vater: Adrian L., Violin-Virtuose; Mutter: Margarete, geb. Reich), ev., verh. s. 1958 m. Luise, geb. Bietz - Abit., Lehre Holzgroßhandel - 1958-61 Vorstandsmitgl. Berliner Verb. d. Steuerberater; 1961-68 Vorstandsmitgl., 1968-70 Vizepräs., 1970-75 Präs. Steuerberaterkammer Berlin; s. 1984 Vors. d. Berliner Seminars f. Steuerrecht, Prüfungs- u. Treuhandwesen e.V. - 1975 BVK - Spr.: Niederländ.

LIEFLAND, Erika,

geb. Cychon

Bildhauerin - Talstr. 11, 6109 Mühltal (T. 06151 - 5 79 98) - Geb. 4. Dez. 1936, verh., 3 Kd. - Chemiestud.; prakt. Ausb. als Bildhauerin - Lehrauftr. VHS Darmstadt-Dieburg, s. 1987 Malen m. Dispersionsfarben - Künstlerporträt Klappe-Darmstadt. Ztschr. Kunsthandel. Arbeiten im Besitz d. Stadt Frankfurt, d. Stadt Mannheim, d. Dt. Bundestages, d. Landkr. Darmstadt-Dieburg, d. Gde. Mühltal. HR 3 Fernsehen Atelierbesuch - Keramikpreis d. Dt.-Amerik. Ges. - Liebh.: Phil., Auslandsreisen.

LIEGERT, Friedrich

Dr. oec. publ. - Albert-Einstein-Str. 10, 7562 Gernsbach (T. 07224/79 77) - Geb. 23. März 1934 Olmütz (Vater: Erwin L., Dipl.-Ing.; Mutter: Valerie, geb. Wondraschek), kath., verh. s. 1961 m. Gabriele, geb. Meyer, 3 Kd. (Karin, Klaus-Peter, Birgit) - Univ. Heidelberg u.

München (Volks- u. Betriebswirtsch.). Dipl.-Kfm. 1957, Promot. 1960 - Vorstand d. Matth. Hohner AG, Trossingen - BV: Führungspsych. f. Vorgesetzte. 1973; D. Arbeitszeugnis in d. Praxis. 1976 - Spr.: Engl.

LIEGL, J. Alfred

Dr. h.c., Konsul, Bankdirektor i. R. - Ebersberger Str. 4, 8000 München 80 (T. 98 14 81) - Geb. 30. Jan. 1906 München - U. a. Dir. Dt. Bau- u. Bodenbank AG. u. Vorstandsmitgl. Bayer. Handelsbank/Bodenkreditanstalt, bde. München. Handelsrichter; Beirats- u. ARsmandate - Konsul v. Monaco f. Bayern; 1969 Gr. BVK.

LIEGLE, Ludwig

Dr. phil., Prof. f. Erziehungswissenschaft - Biesingerstr. 9, 7400 Tübingen (T. 07071 - 4 05 56) - Geb. 29. Jan. 1941 Schwäb. Gmünd (Vater: Josef L., Kustos u. Prof.; Mutter: Gertrud, geb. Weber), kath., verh. s. 1967 m. Adelindis, geb. Locher - Gymn. Schwäb. Gmünd; Univ. Freiburg, FU Berlin (Päd., Soziol., German., Slawist.) - S. 1975 Mitgl. wiss. Beirat f. Fam.fragen b. BMJFG, Bonn - BV: Familienerz. u. soz. Wandel in d. Sowjetunion, 1970 (amer. Übers. 1975); Fam. u. Kollektiv im Kibbuts, 5. A. 1979 (niederl. Übers. 1974); Israel - Erziehung u. Ges. (zus. m. Hellmut Becker), 1980; Welten d. Kindheit u. Familie, 1987. Mithrsg.: Reformpädagogik in Palästina (zus. m. F. M. Konrad, 1989) - Liebh.: Musik - Spr.: Russ., Neuhebr.

LIEHR, Harry

Senator a. D. - Trippsteinstr. 58, 1000 Berlin 46 - Geb. 15. Mai 1927 Berlin, ev., verh. s. 1954 (Ehefr.: Felicitas), 2 Kd. (Ralf-Marco; Petra) - Volkssch.; 1941-44 Betonbauerlehre; Abendsch.; Fircroft College Engl. u. Harvard Univ. USA (Wirtsch., Soziol., Phil.) - Facharb. u. Polier; Ausbildungsleit. v. Lehrlingen; 1951-71 Leit. Abt. Jugend u. Berufsausbild. DGB Berlin. 1959-62 (Übertritt in d. Bundestag) MdA Berlin; 1962-71 (Mandatsniederleg.) MdB. 1971-75 Senator f. Arbeit u. Soziales; 1975/76 (Rücktr.) Senator f. Verkehr u. Betriebe. SPD s. 1949 (1967-71 Kreisvors. Steglitz). 1975-79 MdA Berlin, s. 1977 Generalbev. Bahner-Unternehmensgr., s. 1980 Generalbev. Treuhandelsges., Aktienges. -THG- - Spr.: Engl.

LIEKWEG, Georg R.

Geschäftsführer Klöckner Industrie-Anlagen GmbH - Neudorfer Str. 3-5, 4100 Duisburg 1 - Geb. 21. Dez. 1935 Königsberg - Abit.; kfm. Lehre, Rechts- u. Wirtsch.stud.; Staatsex. 1964 - 1973 Dir., 1976 Geschäftsf. Klöckner Ind.-Anl. GmbH, gleichz. Geschäftsf. u. Vors. verschied. Aufs.grem. europ. u. überseeisch. Untern. im Firmenverb.

LIELIENTHAL, Edwin

Kaufmann, MdL Nieders. (1963-74) - Burgstr. 101a, 2890 Nordenham-Phiesewarden (T. 3 11 28) - Geb. 8. Dez. 1909 Lehe b. Bremerhaven, verh., 2 Kd. - Volkssch.; kaufm. Lehre - Kaufm. Angest.; n. 1933 Einzelhändler. 1941-45 Wehrdst. 1946-86 Mitgl. d. Rates d. Stadt Nordenham (1956-71 Bürgerm.); 1946-86 Kreistagsmitgl.; 1959-88 VR-Mitgl. Oldenburgische Landesbrandkasse. SPD s. 1927 - 1971 Verdienstkreuz I. Kl. Nieders. VO; 1973 BVK I. Kl.; 1985 Ehrenz. f. 50j. Dienste im Feuerlöschwesen Nieders. (als Brandmeister); s. 1986 Ehrenbürger Stadt Nordenham.

LIENAU, Cay

Dr. phil., Prof. f. Geographie (s. 1974) - Zumsandestr. 36, 4400 Münster - Geb. 3. Juli 1937 Lübeck - Stud. klass. Philol., Phil. u. Geogr.; Promot. (in klass. Philol.) 1963 Kiel, Habil. (Geowiss.) 1974 Gießen - 1963-64 wiss. Assist. Inst. f. Klass. Phil. Gießen; 1965-74 wiss. Mitarb. Inst. f. Geogr. Univ. Gießen, Vors. Dt.-Griech. Ges. Münster. Vorst.-Mitgl. Vereinigung Dt.-Griech. Ges. - Mithrsg.: Münst. Geogr. Arb. Zahlr. Veröff. z. Terminologie d. ländl. Kulturlandschaft,

z. Geogr. d. ländl. Raumes u. d. ländl. Siedlungen, zu Natur- u. Umweltschutz u. d. Probl. d. Wirtsch.- u. Sozialgeogr. Griechenlands u. Südosteuropas. Länderkunden Malawi (1981) u. Griechenland (1989).

LIENAU, Rainer

Dipl.-Chem., Direktor - Nördl. Seestr. 30, 8193 Ammerland - Geb. 17. Aug. 1914 Uerdingen/Rhld., verh. (Ehefr.: Ilse) - B. 1967 Dt. Gelantine-Fabriken GmbH. Göppingen (Geschäftsf.), dann Süd-Chemie AG., München (stv., 1969 o. Vorstandsmitgl.).

LIENAU, Renate

s. Lerbs, Renate

LIENEN, von, Horst

Dr., Dipl.-Math., Prof. f. Mathematik TU Braunschweig - Lindenstr. 21, 3300 Braunschweig (T. 05307 - 21 97) - Geb. 26. Juni 1933 Rodenkirchen (Vater: Hans v. L., Angest.; Mutter: Henny, geb. Ahting), ev., verh. s. 1978 m. Marlies, geb. Dernedde, 3 T. (Karin, Elke, Almut) - 1953-60 Stud. Univ. Tübingen, München, Marburg, Göttingen, London; Staatsex. 1962 Tübingen, Dipl. (Math.) 1964 Kiel, Promot. 1970 Bochum, Habil. 1976 Braunschweig - In 50er J. Aufbaulager, später Entwicklungshilfe; 1967 Wiss. Assist.; ab 1970 Lehrtätigk. - 1970 Preis Univ. Bochum (f. Diss.) - Liebh.: Theol., Meteorol., Astronomie.

LIENER, Gerhard

Dr. rer. pol., Dipl.-Volksw., Vorstandsmitglied (Finanzen u. Material) Daimler-Benz AG, Stuttgart (s. 1982) - Postfach 80 02 30, 7000 Stuttgart 80 - Geb. 23. April 1932 Stuttgart (Vater: Oskar L., Prok.; Mutter: Frida Maria, geb. Schwarz), kath., verh. s. 1962 m. Margit, geb. Freund, 2 Kd. (Ulrich, Barbara) - Stud. Wirtschaftswiss. Univ. Stuttgart u. Tübingen; Ausl.-Stud. Univ. Madrid, Austauschpraktikum Göteborg/Schweden, Paris u. San Francisco - Tätigk. Salzdetfurth AG, Santiago de Chile u. Wien, Fried. Krupp Bonn u. Essen; s. 1967 Daimler-Benz AG, Stuttgart (s. 1982 Vorst. Beteilig.); AR ALBINGIA Versich.-AG, Dt. Hypothekenbank Frankfurt; Beirat Bayer. Landesbank, Deusche Bank AG Berlin; Verwaltungsbeirat Commerzbank; Honorarkonsul v. Mexico; Mitgl. in Aufsichtsgremien v. versch. Beteiligungsges. d. DB-Konzerns - Spr.: Engl., Franz., Span., Ital.

LIENERT, Gustav A.

Dr. med., Dr. phil., em. o. Prof. f. Psychologie - Heinr.-Heine-Str. 2, 3350 Marburg - Geb. 13. Dez. 1920 Michelsdorf (Vater: Emil L., Landw.), kath., verh. s. 1957 m. Rosemarie, geb. Posenenske, 2 Töcht. (Ilona, Christine) - Gymn.; Univ. Wien, Breslau, Innsbruck (Med. Psych.). Promot. 1950 u. 52 Wien - 1953-61 Assist. Inst. f. Psychol. Univ. Marburg (1961 Privatdoz.); 1961-64 ao. Prof. Psychol. Inst. Univ. Hamburg; 1964-74 o. Prof. u. Dir. d. Psychol. Inst. d. Med. Akad., Düsseldorf (Univ. s. 1967) u. s. 1974 em. o. Prof. f. Psychol. d. Fak. f. Erz.wiss. d. Univ. Erlangen-Nürnberg - BV: Testaufbau u. Testanalyse, 1969; Verteilungsfreie Meth. d. Biostatistik, 1978; Schulnoten-Evaluation, 1987 - Präs. d. Dtsch. Region d. International Biometric Society 1976-77, Dr. Science h.c. (Colgate U.) 1982, Hon. Prof. f. klin. Psych. Univ. Wien.

LIENHARD, Pepe
(Peter Rudolf)

Orchesterleiter u. Musiker - Carmenstr. 12, 8030 Zürich/Schweiz (T. 01 - 252 37 01) - Geb. 23. März 1946 Lenzburg/Schweiz, verh. s. 1989 m. Anita Messer, 2 Kd. - Abgebrochenes Jura-Stud. - 1969 Gründung Profi-Sextett, s. 1980 Orch. m. 13 Musikern. Auftritte in ganz Europa m. eig. Orch. sow. Begleitung v. div. Tourneen (Udo Jürgens etc.) - 1977 Achtungserfolg (6. Platz) m. Swiss Lady b. Concours Eurovision de la chanson in London - Liebh.: Exotische Vögel (Halten, Hegen u. Züchten) - Spr.: Engl., Franz., Ital.

LIENHARD, Siegfried

Dr. phil., Dr. h. c., em. o. Prof. f. Indologie Univ. Stockholm - Korsövägen 11, S-182 45 Enebyberg (Schweden) - Geb. 29. Aug. 1924 St. Veit a. d. Gl./Österr. (Vater: Georg L.; Mutter: Johanna, geb. Nusser), kath., verh. s. 1958 m. Madeleine, geb. Baronesse Lagerfelt - Univ. Wien u. Paris. Promot. 1949 Wien - 1955 Lektor Hindu Univ. Benares/Ind.; 1960 Doz. Univ. Stockholm; 1962-68 o. Prof. Kiel; 1976 Gastprof. Col. de France, Paris; 1990 Gastprof. Univ. Wien - BV: u. a. Tempusgebr. u. Aktionsartenbildung in d. mod. Hindi, 1961; Manicudavadanoddhrta - A Buddhist Rebirth Story in the Nevari Language, 1963; Dal sanscrito all'hindi. Il nevari, 1962; Nevarigitimanjari - Religious and Secular Poetry of the Nevars of the Kathmandu Valley, 1974; Probleme d. Religionssynkretismus in Nepal, 1978; D. Legende v. Prinzen Visvantara, 1980; Songs of Nepal: An Anthology of Nevar Folksongs a. Hymns, 1984; A History of Classical Poetry: Sanskrit-Pali-Prakrit, 1984; D. Abenteuer d. Kaufm. Simhala, 1985; Nepalese Manuscripts: Nevari and Saskrit, 1988 - 1971 Ritter d. Nordstern-Ordens; o. Mitgl. d. Königl. Schwed. Akad. d. Lit., Gesch. u. Altertümer; korr. Mitgl. d. Österr. Akad. d. Wiss. u. d. Akad. d. Wiss. Göttingen; ausl. Mitgl. d. Kgl. Dänischen Akad. d. Wiss. u. Lit. u. d. Accad. delle Scienze Turin; Mitgl. d. Acad. Europaea; ausl. Mitgl. Accad. Nazionale dei Lincei (Rom); Ehrenmitgl. d. Akhila Bharatiya Sanskrit Parishad, Lucknow (Indien); Generalsekr. d. Intern. Assoc. of Sanskrit Stud.; Ehrendoktor Sorbonne, Paris - Spr.: Schwed., Engl., Franz., Ital., Hindi, Sanskrit.

LIENING, Wolfgang

Dr. rer. pol., Dipl.-Volksw., Ministerialdirigent Nieders. Min. f. Wirtschaft u. Verkehr - Beethovenstr. 4, 2863 Ritterhude - Geb. 25. Juni 1929 Bremen, ev., verh., 2 Kd.

LIEPELT, Klaus

Geschäftsführer INFAS - Inst. f. angew. Sozialwiss. - Friedrichallee 19, 5300 Bonn 2 (T. 0228 - 36 35 02) - Geb. 6. Sept. 1931 Halle/Saale, gesch., 2 Kd. (Benjamin, Jessica) - Abit. 1949; Stud. gesch., German. 1949-51 FU Berlin, 1952 Göttingen, Sozialwiss. 1953/54 Univ. of Michigan, Ann Abor/USA; M.A., C.P. - 1955/56 Assist. Inst. f. Sozialforsch. Frankfurt/M.; 1957/58 Wiss. Projektleit. Wahlforsch. DIVO-Inst., Bad Godesberg; Mitbegr. Infas-Inst., s. 1959 Gesellsch. u. Geschäftsf.; s. 1975 Mitbegr. d. Teleskopie-Zuschauerforsch. - Zahlr. Veröff. im Ber. d. Wahlforsch.

LIEPELT, Volker

1. Parlamentarischer Geschäftsführer d. CDU-Fraktion Berlin - Zu erreichen üb. Abgeordnetenhaus v. Berlin, John-F. Kennedy Platz, Rathaus Schöneberg, 1000 Berlin 62 - Geb. 5. Aug. 1948, ev., ledig - Betriebswirt (HWL) - S. 1981 MdA Berlin; Gesellsch. d. Marketingfirma CBM - Spr.: Engl., Franz.

LIERSCH, Werner

Schriftsteller, Chefredakteur d. Zeitschrift Neue Deutsche Literatur - Neue Krugallee 120, O-1195 Berlin (T. 030 - 632 75 39) - Geb. 23. Sept. 1932, T. Gesine - German.stud. 1953-57 Humboldt-Univ. Berlin - Präsid.-Mitgl. d. Dt. P.E.N.-Zentrums (Ost); 1987-90 Mitgl. d. Jury d. Ingeborg-Bachmann-Preises Klagenfurt; s. 1991 Vors. d. Hans-Fallada-Ges. - BV: Hans Fallada. Sein großes kleines Leben, Biogr. 1981; D. Liedermacher u. d. Niedermacher, Ess. 1982; E. Tötung im Angesicht der Herrn Goethe, R. 1989; E. schöne Liebe, R. 1991. Herausgaben zahlr. Veröff. in Ztg. u. Ztschr. - Heinrich-Mann-Preis d. Akad. d. Künste d. DDR - Spr.: Engl., Russ.

LIERSE, Werner

Dr. med., o. Prof. f. Anatomie (unt. bes. Berücks. d. Neuroanat.) Univ. Hamburg (s. 1969) - Marienhöhe Nr. 23, 2085 Quickborn - Geb. 5. Nov. 1928 - 1962-68 Privatdoz. u. apl. Prof. Univ. Hamburg; 1968-69 o. Prof. Univ. Basel; 1969 o. Prof. Univ. Hamburg - BV: Becken, prakt. Anatomie, 1984; Radiologische Anatomie d. Neugeborenen (m. E. Richter, Urban u. Schwarzenberg, 1989. Herausg.: Chir. Operationslehre (m. Kremer, Schreiber, Platzer, Weller, 1987); Acta Anatomica; Bibliotheca Anatomica.

LIERTZ, Rolf

Dr. rer. pol., Apotheker, Industrieberater, Büro Dr. Rolf Liertz (Industrieberatung, insb. Sanierung) - Saalgasse 14, 6000 Frankfurt 1 (T. 069 - 29 64 84, Fax 069 - 29 50 33) - AR-Vors. Elpro AG Berlin, Inducal Göllingen, ZWL Zahnradwerk Leipzig GmbH, Leipzig; AR: Aumund Fördererbau GmbH, Rheinberg 1, Pittler Maschinenfabrik AG, Langen,

Pain Jacquet/Rugenberger GmbH & Co., Naxos Union, Frankfurt/M.; Beiratsvors. Preh-Werke GmbH & Co. KG, Bad Neustadt a.d. Saale, Brose Fahrzeugteile GmbH & Co. KG, Coburg; Olsberger Hütte GmbH & Co. KG, Olsberg; stv. Beiratsvors. Papierfabrik Oberschmitten GmbH, Maria Soell GmbH, Kopafol Elektrofolien GmbH, Nidda 1; Beirat ENRO Energie u. Rohstoff GmbH, Essen, Super Ego Bilbao; Präs. d. VR dimaco s.a., CH-Bremblens.

LIESBERG, Hansheinrich

Kaufmann, Bauing., Präsident d. Industrie- u. Handelskammer zu Schwerin (s. 1990) - Schloßstr. 35, O-2750 Schwerin (T. 81 21 88) - Geb. 31. Mai 1944 Schwerin, ev., verh. m. Astrid, geb. Winter, 2 Söhne aus 1. Ehe (Hendrik, Kay) - Berufsausb. m. Abit. (Betonbau); Ing.-Schule f. Bauwesen 1964-67 Wismar; Bauing. - B. 1979 Bauleit. u. Oberbauleit.; s. 1980 selbst. Kaufmann; Gründungsmitgl. d. UV Mecklenburg-Vorpommern; Mitgl. Wirtsch.förderkr. Schwerin; Treuhandbeirat - S. 1991 Ehrenmitgl. d. Vereinig. d. Wirtsch.konsuln Hamburg - Liebh: Ski, Segeln.

LIESE, Johann Ernst Horst

Dr.-Ing., Dipl.-Ing., Vorstandsmitgl. Scheidemandel AG. ,Berlin - Hofgutstr. 25, 6204 Taunusstein 4 (T. 06128 - 68 90) - Geb. 5. Juni 1926 Berlin (Vater: Bruno L. †; Mutter: Marta, geb. Tischer †), ev., verh. s. 1948 m. Ursula, geb. Brandt, 3 Kd. (Dagmar, Stefan, Robert) - Stud. d. Chemie u. Nahrungsmittelchemie TU Berlin; Dipl.ex. 1950; Promot. 1952 - Vereidigt. Sachverst. IHK Wiesbaden (10 J.); Ehrenamtl. Richter AG u. LAG Frankfurt/M. (10 bzw. 2 J.); Mitgl. Selbstverw. AOK Wiesbaden (10 J.) GDCh, VDI. 1960 Bearb. Kapitel, Leim u Gelantine' in: Ullmann's Enzyklopädie d. Techn. Chemie - 1976 Ehrenmitgl Land Hessen - Liebh.: Schach, Briefmarken - Spr.: Engl., Franz.

LIESE, Walter

Dr. forest., Drs. h. c., em. o. Prof. f. Holzbiologie Univ. Hamburg (s. 1963) - Bernhard-Ihnen-Str. 2f, 2057 Reinbek (T. Hamburg 722 34 02) - Geb. 31. Jan. 1926 Berlin (Vater: Prof. Dr. Johannes L., Forstbotaniker; Mutter: Erika, geb. Süvern), ev., verh. s. 1952 m. Elsa, geb. Pabst, 2 Söhne (Andreas, Stefan) - Stud. Forstw. Eberswalde, Freiburg, Hann. Münden. Promot. 1951 Göttingen; Habil. 1957 Freiburg 1959-63 Lehrtätig. Univ. München (1963 apl. Prof.) Mitgl. zahlr. ein- u. ausl. Fachges. Zahlr. Veröff. üb. Elektronenmikroskopie, Holzanat., pathol., -schutz - 1966 Fellow Intern. Acad. of Wood Science, Wien (1969 Vizepräs.); 1977-81 Präs. Intern. Verb. Forstl. Forschungsanst.; Ehrenmitgl. Philippine Forest Res. Soc., Finn. Forstwiss. Ges.; Ehrenmitgl. Indian Acad. Wood Sc., Soc. Americ. Foresters, Intern. Ass. Wood Anatomists; 1977 Academia Ital. Science Forestale, u.a.; Goldmed. Royal Observ. Greenwich; 1978 Carolus Clusius Med. Ung.

Forstverein; Dr. h. c. Univ. Sopron, Zvolen, Istanbul, Poznan - Spr.: Engl.

LIESEN, Klaus

Dr. jur., Dr. rer. pol. h. c., Vorstandsvorsitzender Ruhrgas AG - Zu erreichen üb. Ruhrgas AG, Huttropstr. 60, 4300 Essen (T. 1 84-1) - Geb. 15. April 1931 - Vorst.-Vors. Stifterverb. f. d. Dt. Wiss.; Präs. Bundesverb. d. dt. Gas- u. Wasserwirtsch. e.V. (BGW); AR-Vors. Volkswagen AG.

LIESENDAHL, Heinz

Dr. med., Regisseur - Wessobrunnerstr. 24, 8035 Gauting (T. 089 - 850 21 50) - Geb. 9. Sept. 1926 Stuttgart (Vater: Ernst L., Kaufm.; Mutter: Lina, geb. Kauderer), ev., verh. in 2. Ehe m. Adelheid, geb. Duhm, Kostümbildnerin, 3 Kd. aus 1. Ehe (Manuela, Marc, Matthias) - 1948-52 Univ. Heidelberg (Med.; Promot. 1952) - Ehe 1953-57 Univ.s-Kinderklinik Heidelberg (Assistenzarzt), dann Südd. Rundfunk, Stuttgart (Mitarb. Abendschau, 1959 Regieassist.), s. 1960 Bavaria-Atelier GmbH., Geiselgasteig (Regiss. u. Prod., s. 1980 Leit. Abt. Unterhalt.). Fernsehen: Show, Ballett, Oper (üb. 50 Sendungen) - 1967 Gold. Kamera Hör zu (f. Regie u. Buch: Playboy-Playgirl-Playtime) - Spr.: Engl.

LIESENFELD, Herbert

Konsul, Finanzier - Wagnerstr. 26, Postf. 24 02 26, 4000 Düsseldorf 1 (T. 35 34 33) - Geb. 3. Juni 1913 Düsseldorf, kath., verh. s. 1947 m. Brigitte, geb. Schoeller, Tochter - Gym. - Bankausbild. In- u. Ausl. - 1931-45 Banktätigk. Düsseldorf, Paris, London, Berlin; s. 1948 Finanzier Düsseldorf. Ehrenpräs. Düsseldorfer Reiter- u. Rennverein. Mitgl. Industrie-Club, Düsseldorf. Union-Klub, Köln, Dt. Ges. f. Ausw. Politik, Bonn - 1954 Honorarkonsul v. Uruguay f. NRW; Versch. Auszeich. - Vorf.: Bankiers.

LIESER, Karl Heinrich

Dr. rer. nat., o. Prof. f. Anorg. Chemie u. Kernchemie - Karolinenstr. 5, 6104 Seeheim/Bergstr. (T. 06257 - 8 15 17) - Geb. 26. April 1921 Ludwigshafen/Rh. (Vater: Heinrich L., Kaufm.; Mutter: Anna-Maria, geb. Adam), verh. 1952 m. Dr. rer. nat. Edith, geb. Schierandt - Univ. Göttingen u. Heidelberg (1939-40), TH Darmstadt (1946-52). Promot. (1952) u. Habil. (1957) Darmstadt - S. 1957 Lehrtätigk. TH Darmstadt (1962 ao., 1964 o. Prof.) - BV: Einführ. in d. Kernchemie, 1. A. 1969, 2. A. 1980, 3. A. 1991; Methoden d. Kern- u. Radiochemie (Coautor P. Hoffmann), 1991. Üb. 400 Fachveröff.

LIESNER, Claus

Dr. rer. pol., Verlagskaufmann - Zu erreichen üb. Axel-Springer-Platz 1, 2000 Hamburg 36 - Geb. 28. April 1935 Naumburg/S. (Vater: Curt L., Rechtsanw.; Mutter: Edith, geb. Neumann), ev., verh. s. 1964 m. Barbara (Bärbel), geb. Petersen, S. Jörg - N. Abit. kaufm. Lehre u. Bankprakt.; 1957-60 Stud. Betriebsw. Hamburg (Dipl.-Kfm.). Promot. 1962 - 1963 USA-Aufenth.; s 1964 Axel Springer Verlag AG (1969 Mitgl. Geschäftsfg., 1982 Vorst.). 1973ff. AR-Mitgl. bzw. -Vors. Touristik Union Intern.

LIESS(ß), Bernhard

Oberbürgermeister a. D., Verbandsdir. a. D. - Olbrichtstr. 35, 3300 Braunschweig - Geb. 16. Sept. 1926 - 1964-72 Oberbürgerm. Braunschweig, 1970-74 MdL Nieders. SPD.

LIESS, Reinhard

Dr. phil., Prof. f. Kunstgeschichte Univ. Osnabrück, Kunsthistoriker - Molenseten 22, 4500 Osnabrück - Geb. 10. April 1937 Bunzlau/Schles. (Vater: Dr. phil. Eberhard L., Studienrat; Mutter: Doris, geb. Matzke), ev., verh. s. 1973 m. Marie Paule, geb. Farci, 2 Kd. (Karl, Thierry) - Abit. Nieders. Heimsch. Wolfenbüttel; 1957-65 Stud. Kunstgesch. u. Archäol. Univ. Marburg u. München (b. R. Hamann, H. Sedlmayr u. W. Gross); Promot. 1965 Univ. München; Habil. 1970 TU Braunschweig - 1960 Regieassist. Wolfgang Wagners (Bayreuther Festsp.); 1965 wiss. Assist. Lehrst. f. Kunstgesch. TU Braunschweig. 1971 Univ.-Doz.; s. 1974 Prof. - BV: D. frühroman. Kirchenbau d. 11. Jh. in d. Normandie, 1967; D. Kunst d. Rubens, 1977; Braunschweig, 1980; Goethe v. d. Straßburger Münster: Z. Wissenschaftsbild d. Kunst, 1985. Publ. üb.: D. kl. Landsch. Pieter Bruegels d. Ä. (in: Kunsthist. Jahrb. Graz, Bd. 15, 16, 17, 18), 1979/80-82; D. Straßburger Münsterfassade (u.a. in: Wallr. Richartz Jahrb. u. Münch. Jahrb. d. bild. Kunst), 1985/86; D. Freiburger Münsterturm (Ztschr. f. Kunstwiss.), 1991 - Bek. Vorf.: Andreas L., Wiener Musikhistoriker u. Kulturphil. (Onkel).

LIESTMANN, Wulf Dietrich

Dr.-Ing., Generalbevollmächtigter Mannesmann AG - Mannesmannufer 2, 4000 Düsseldorf 1 (T. 0211 - 820-0).

LIETH, Helmut

Dr. phil., o. Prof. Univ. Osnabrück, Botaniker, Ökologe, Leit. Arbeitsgr. Systemforschung - Wipperfürther Str. 147, 5067 Kürten-Dürscheid - Geb. 16. Dez. 1925 Kürten-Steeg (Vater: Johann Heinrich L., Finanzbeamter; Mutter: Josefine, geb. Junker), kath., verh. s. 1952 m. Magdalene, geb. Roth, 4 Kd. (Margot, Johann Heinrich, Erich, Armin-Friedrich) - Gymn. Ernestinum Gotha, Grillo Obersch. Gelsenkirchen. Phil.-theol. Hochsch. Bamberg, Univ. Köln - 1980-85 Präs. Intl. Soc. of Biometeorology, 1985-92 Präs. Intl. Soc. for Tropical Ecology - 10 Buchtitel, 1 Atlas. Herausg.: Handb. f. Vegetationskd.; Tasks for Vegetation Science; Progress in Biometerology; Intl. Journal of Biometeorology; Vegetatio. 2 Ztschr. 150 Artikel - 1960 NRC Fellow Canada; 1968 AAAS Fellow; 1972 Complimentary parcel Jockey's Ridge State Park, N. C.; 1982 Biometerol. award; 1988 AMS award f. interdisciplin. Arbeiten Ökologie/Klima - 1988 Silvermedal Indian Agromet Soc. - Spr.: Engl., Span.

LIETZ, Klaus

Dr. agr., Dipl.-Brauereiingenieur, Geschäftsführer Schwartauer Werke GmbH. & Co., Bad Schwartau - Seeblick 2, 2407 Travemünde/Ostsee (T. 04502 - 37 38) - Geb. 14. Jan. 1920 Memel - Spr.: Engl. - Rotarier.

LIETZ, Walter

Pensionär, Schriftsteller - Landwehr 201,

4200 Oberhausen 1 (T. 0208 - 85 51 54) - Geb. 27. Juli 1914 Elbing/Westpr., ev., verh. m. Hildegard, geb. Partenheimer - Lehre Oberhausen; 1929-33 kaufm. Abschlußprüfung; 1934-45 Reichsmarine; 1946-74 Pol.-Beamter u.a. Jugendschutz; 1948-51 Schauspielausb. m. Abschlußprüfung; 10 J. Leit. Arbeitsgemeinsch. f. film. Schaffen an d. VHS Oberhausen - BV: D. Köhlerkindes Weihnachtsabend, 1952; Licht u. Schatten, 1959; ... manchmal, 1966; Kaleidoskop, 1967; Pfoten u. Krallen, 1968; Dazwischen d. Lust u. d. Pein, 1976; Mach dir nicht d. Leben schwer, 1982; Manchmal solltest du verweilen, 1983; Unkraut verdirbt nicht, wächst stets raus, 1985; Wie schwer ist's doch e. Korn zu finden, 1986; Wenn sich d. Menschen nur verstünden, 1986; Spürst du d. Hauch d. Weihnachtsabends, 1987; ... denn wir haben d. Frieden so nötig, 1988; Erinnerung ist Nacherleben d. Erlebten, Reiseb. 1989; Bilderbogen, Jugendb. 1991. Rezitationen/Lesungen in Schulen, Altenheimen, VHS u. auf Kreuzfahrtschiffen ms Europa u. MS Dnjpr - 1957 u. 60 Ehrenrose im Autorenwettstreit in Herner Begegnung; 1985 Lyrik-Buchpreis AWMM in Luxemburg - Spr.: Franz., Span. - Lit.: Kommunalverb. Ruhrgebiet Manfred Bourrée Gr. Kultur- u. Freizeitführer Ruhrgeb. Bd. II Oberhausen.

LIETZMANN, Sabina

Dr. phil., Journalistin - Pierce Lane, Box 270, West Cornwall, CT 06796/USA - Geb. 5. Dez. 1919 Jena (Vater: Hans L., Kirchenhistoriker) - Augusta-Sch. Berlin; Univ. ebd. (Promot. 1944 b. Prof. Baethgen) u. Tübingen (Gesch., German., Archäol., Arabistik) - U. a. Cheflektorin Bühnenvertrieb, Lehrerin Schauspielsch. Regieassist., Übers. engl. u. franz. Theaterst., stv. Chefredakt. Ztschr. f. Theater, Film u. Funk, journalist. Tätigk. S. 1949 (Gründung) Korresp. FAZ Berlin u. New York (1961) - BV: New York, d. wunderbare Katastrophe, 1976; D. amerikanische Dilemma, 1989.

LILIENFELD, von, Fairy, geb. Baronesse v. Rosenberg

D. D. theol., o. Prof., em. Inh. Lehrst. f. Geschichte u. Theologie d. christl. Ostens Univ. Erlangen-Nürnberg (1966-84; 1969/70 Dekan Theol. Fak. (erste Frau) - Sandstr. 4, 8551 Hemhofen - Geb. 4. Okt. 1917 Riga/Lettl. (Vater: Rechtsanw.), verw. 1942 - 1947-51 Stud. Phil., Slaw., Philol. Jena, 1953-57 Theol. Naumburg. Zul. Lehrtätig. Katechet. Obersem. Naumburg - S. 1967 Mitgl. Dialogkommiss. EKD f. Russ. Orthod. Kirche; s. 1979 Mitgl. Gemischte Kommiss. Luth. Weltbund-Orthodoxe Kirchen (Theol. Dialog - Weltebene). 1967-86 Mitgl. berat. Ausssch. Konferenz Europ. Kirchen - BV: Nil Sorskij u. s. Schriften, 1963; Spiritualität d. frühen Wüstenmönchtums, 1983; D. Orthod. Kirche in Rußland, 1988 (S. 135-287); D. Herz z. Verstand neigen (D. ältest. russ. Heiligen), 1989; D. Himmel im Herzen. Facharb. - 1985 Ehrenmitgl. Moskauer Geistl. Akad.; 1992 o. Mitgl. d. Accad.

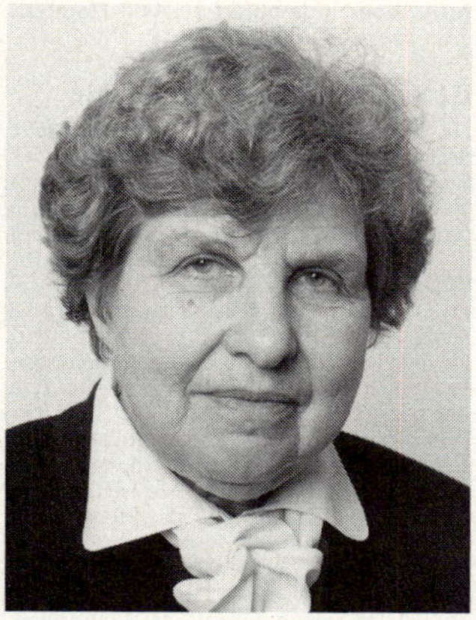

Scientiarum et Artium Europaea Salzburg - Spr.: Engl., Franz., Ital., Russ., Tschech., Slovak., Serb.-Kroat., Georgisch.

LILIENFELD-TOAL, von, Hans-Otto Konstantin

Dipl.-Ing., Architekt, BDA - Köln 50 (T. priv.: 0221 - 39 66 37; Büro: 02236 - 6 40 71, Fax 02236 - 6 40 73) - Geb. 26. Okt. 1923 Kiel (Vater: Dr. Paul v. L.-T., Prof.; Mutter: Gabriele, geb. v. Krusenstjern), ev., verh. s. 1977 in 3. Ehe m. Lieselotte, geb. Germar, T. Daisy Gisela - Abit. 1942 Thorn; Dipl.-Ing. 1950 Karlsruhe - 1957-61 Chefarch. Kocks-Consulting Engineers, Teheran; 1961-63 Leit. Büro Köln AG f. Ind.plan.; s. 1963 selbst. Arch., Köln. Veröff. in Fachztschr. - Arch. Werke: u.a. Fernsehstation Teheran, Trabantenstadt Malekshar im Iran, Verw.geb. LGA in Rolandseck, Haus am Park Düsseldorf-Benrath - Spr.: Engl., Estnisch.

LILJEBERG, Thomas

Dipl.-Kulturwissenschaftler, Chefdramaturg d. Deutsch-Sorbischen Volkstheaters Bautzen - Rochstr. 4, O-1020 Berlin (T. 282 87 71) - Geb. 16. März 1962 Weimar, verh. s. 1984 m. Madlon, geb. Schollak, S. Julius - Stud. Kultur- u. Theaterwiss. 1982-87 Univ. Berlin - Regieassist. Greifswald; Dramaturg Meiningen - Liebh.: Theater, Wein, Weib u. Gesang - Spr.: Ung.

LILL, Rudolf

Dr. phil., o. Prof. u. Leiter Inst. f. Geschichte Univ. Karlsruhe (s. 1983) - Alvenslebenstr. 8, 5000 Köln 1 - Geb. 12. Okt. 1934 Köln, kath. - Promot. 1960; Habil. 1971 Köln - 1961-74 wiss. Mitarb. Dt. Hist. Inst. Rom; 1974-79 Prof. Univ. Köln; 1979-83 Passau - BV: Vatikan-Akten z. Gesch. d. deutschen Kulturkampfes, 1970; D. Wende im Kulturkampf, 1973; Gesch. Italiens in d. Neuzeit, 1980, 4. A. 1988; 20. Juli Portraits d. Widerstands (m. H. Oberreuter), 1984, 2. A. 1989; Gesch. Südtirols unter Faschismus u. NS (m. U. Corsini), 1988; D. Optionen d. Südtiroler im J. 1939, 1991; Deutschland - Italien 1943-1945, 1992 - 1986 Cav. Ufficiales, 1991 Commendatore d. VO. d. Ital. Rep.

LILLELUND, Kurt

Dipl. biol., Dr. rer. nat., em. o. Prof. f. Hydrobiologie u. Fischereiwiss. - Saselbergweg 16, 2000 Hamburg 65 - Geb. 9. Okt. 1922 Flensburg (Vater: Peter L., Kapitän; Mutter: Bertha, geb. Henriksen), ev., verh. m. Jutta, geb. Geisel, 2 Töcht. (Cornelia, Beatrix) - Univ. Hamburg; Habil. 1961 - Beiratsmitgl. dt. Fischereiverb. (1967). Div. Fachveröff.

LILLIE, Roland

Dr. phil., Dramaturg Kulturabt. Bayer, Leverkusen - Louis-Hagen-Str. 22, 5205 St. Augustin 1 - Geb. 19. Sept. 1937 Stuttgart (Vater: Paul L., Beamter; Mutter: Antonie, geb. Braunschweiger), verh. s. 1978 m. Margareta Einarsson-Lillie, 2 Kd. (Ellen, Benjamin - Univ. Tübingen (German., Gesch., Polit., Soziol., Phil.); Berlin (German., Theaterwiss., Phil.); Promot. - 1967 Wiss. Assist., Theaterwiss. Inst. FU Berlin; 1969/70 Schausp., Regieassist. u. Dramat. Städt. Bühnen Münster; 1971-76 Dramat. u. Schausp. Staatstheater Darmstadt; 1976-80 Dramat. u. Presseref. Bühnen Bonn; 1980ff. Dramat. Bayer. Kulturabt. - BV: Libretto z. e. Oper König Ubu, 1983 (UA 1984 Landestheater Salzburg); weit. Theaterst. u. Libretti - Liebh.: Theater, Reisen, Weine - Spr.: Engl.

LIMBACH, Albert

Chordirektor Nationaltheater Mannheim - Soldatenweg 113, 6800 Mannheim 31 (T. 0621 - 74 68 60) - Geb. 8. Aug. 1937 Bonn, kath., verh. s. 1967, 2 Kd. - Chorleiterreifeprüf. 1961 Köln, Kapellmeisterprüf. 1965 Salzburg - Ab 1966 Chordir. u. Kapellm. Lüneburg, Bonn u. Bremerhaven; 1972-77 Stellv. v. Prof. Hagen-Groll, Berlin; 1977-82 Chordir. Karlsruhe, 1982-87 Chordir. Hamburg - BV: D. Kunst reiner Intonation - Stud. z. unbegleitetem Solo- u. Chorgesang in Oper u. Konz., 1980; Quint-Essenz, Kaleidoskopische Betrachtungen e. Intervalls, 1989.

LIMBERG, Paul

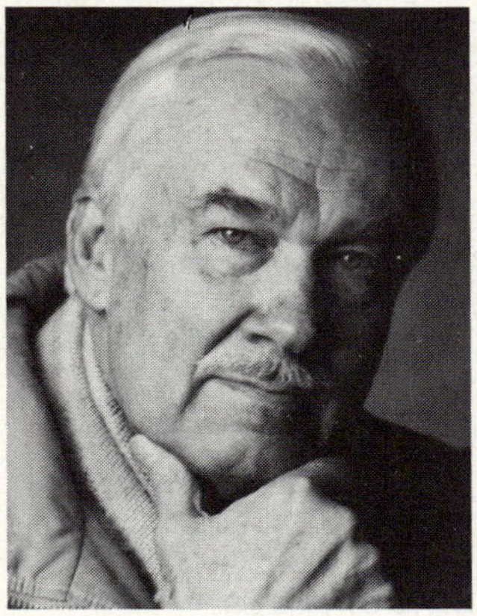

Dr. agr., Dr. h.c., em. o. Prof. Inst. f. Nutzpflanzenforschung TU Berlin - Prinzregentenstr. 89, 1000 Berlin 31 (T. 854 14 73) - Geb. 7. Jan. 1917 St. Petersburg (Vater: Dipl.-Landw. Boris L., Industrieller; Mutter: Olga, geb. Mietens), ev., verh. s. 1949 m. Maria, geb. v. Winkler, 3 Kd. (Anita, Carmen, Alexander) - Univ. Dorpat, Königsberg, Breslau (Landw.; Diplom-Hauptprüf. 1941) - 1948 Saatzuchtleit. Puchhof/Ndb.; 1948 Assist. (Inst. f. Pflanzenbau u. -züchtung), 1962 Dozent Univ. Gießen; 1965 Prof. u. Dir. Inst. f. Pflanzenbau u. Saatguterzeug. Forschungsanstalt f. Landw., Braunschweig-Völkenrode; 1966-82 Dir. Inst. f. Acker- u. Pflanzenbau TU Berlin - BV: Handb. d. Pflanzenernährung u. -düngung, 1966; Ackerbau, 1981 (Mitautor). Div. Einzelarb. - 1960 Justus-Liebig-Preis Univ. Gießen; 1991 Ehrendoktor d. Landw. Univ. Dorpat/Estland - Spr.: Engl., Russ., Estn.

LIMBOURG, Peter

Botschafter a. D. - Geb. 18. April 1915 Kevelaer/Rhld. - Stud. Rechts- u. Staatswiss. Jurist. Staatsprüf. 1939 u. 49 - S. 1950 Auswärt. Dienst (1952-55 Botschaft Paris (Legationsrat), 1955-61 pers. Ref. Bundesaußenmin. v. Brentano), 1961-65 Hl. Stuhl Rom (Botschaftsrat I. Kl.), 1965-69 Paris (Gesandter u. ständ. Vertr. d. Botschafters), 1969-72 (Abberuf.) Athen (Botschafter), 1973-80 Brüssel (Botschafter). 1939-45 Kriegseinsatz.

LIMBURG, Hans

Dr. phil., Bibliothekar, Direktor Univ.- u. Stadtbibl. Köln - Lichgasse 27 a, 5330 Königswinter 21 - Geb. 27. Mai 1933 Millich/Kr. Heinsberg, verh. s. 1966 m. Gisela, geb. Wagenbach, 2 Kd. (Judith, Lutz) - Abit. 1955; Stud. Phil. u. kath. Theol. Ordenssem. d. Redemptoristen in Hennef, Ex. 1962; Stud. mittelalterl. Gesch. 1962-67 Univ. Bonn, Promot. 1967; Bibliotheksref. 1967-69 Köln, 2. Staatsex. 1969 - 1969-72 Leit. Bibl. d. PH Rheinl. Köln; 1972-85 stv. Dir. UuStB Köln, s. 1986 Dir. - BV: D. Hochmeister d. Dt. Ordens u. d. Ballei Koblenz, 1969. Aufs. in bibl. Fachztschr.

LIMBURG, Hans

Dr. med., em. o. Prof. u. Direktor Univ.-Frauenklinik Saarbrücken (1957-78) - Lerchenstr. 32, 6650 Homburg/Saar - Geb. 29. Juni 1910 Köln (Vater: Dr. jur. Hermann L., Rechtsanw.; Mutter: geb. Mumm), ev., verh. s. 1947 m. Inka, geb. Genth, 3 Kd. - Realgymn. Köln; Univ. Rostock, Köln, Wien, Freiburg (Promot. 1935) - 1934-37 Assist. Med. Univ.sklin. Köln, Ev. Krkhs. das., Univ. Berlin (Frauenklin., Geheimrat Stoeckel; Pathol. Inst., Prof. R. Meyer), Martin-Luther-Krkhs. ebd. (Chir. Abt., Prof. O. Nordmann), 1938-57 Assist.- u. Oberarzt (1951) Univ.s-Frauenklinik Hamburg (Prof. Heynemann u. Schubert; 1945 Privatdoz., 1949 apl. Prof.); s. 1969 Mitgl. Krebskomitee d. Weltgesundheitsorg., Genf, s. 1970 dt. Vertr. Intern. Federation of Gynaecology and Obstetrics - BV: D. Adenocarcinom des Collum Uteri, Histolog., klin. u. therapeut. Ergebn., 1949 (m. Thomsen); D. Frühdiagnose d. Uteruscarcinoms, Histologie, Kolposkopie, Cytologie, biochem. Meth., 1950, 3. A. 1956 - Ehrenmitgl. ausl. Fachges. u. a. - Spr.: Engl., Franz., Portug.

LIMLEI, Bruno

Dipl.-Volksw., General Manager Intern. Spec. Tooling Assoc., Frankfurt (s. 1973) - An d. 7 Bäumen 21, 6236 Eschborn (T. 06173 - 6 29 50) - Geb. 18. Okt. 1930 Edersgrün üb. Karlsbad (Vater: Josef L., Kfm.; Mutter: Marie, geb. Helfert), ev., verh. s. 1955 m. Inge, geb. Holzer, 4 Kd. (Karin, Michael, Christian, Martina) - Hochsch. f. Wirtsch.s- u. Sozialwiss., Nürnberg; Dipl.ex 1954 - 1969ff. Geschäftsf. Fachgemeinsch. Präzisionswerkzeuge im VDMA, Frankfurt, 1973ff. General Manager d. Intern. Special Tooling Association (ISTA) - Liebh.: Fotogr., klass. Musik, Garten, Skifahren.

LIMMROTH, Manfred

Bühnenbildner, Karikat., Schriftst. - Minsbekkehre 10, 2000 Hamburg 65 (T. 040 - 602 16 25) - Geb. 24. Febr. 1928, verh. m. Ursula, geb. Grässel, 4 Kd. (Stefan, Susanne, Robin, Mareike) - Hochsch. f. Bildende Künste Kassel; Staatstheater Kassel; Meisterschüler v. Hans Ugistikow, Frankf. u. Teo Otto, Zürich - Mitarb. Stern, D. Zeit, D. Welt, Capital, Börsenblatt d. Buchhandels u. intern. Blätter - BV: Bella Figura, 1988; D. verschwundene Ottchen, 1988; Schlotts schlimmer Sommer, 1988; Gr. Sprüche, 1989. Autor v. 24 Büchern - Erich Klarunde-Preis; Gr. Preis Grafikdesign Dtschl.

LIMPACH, Elmar

Dr.-Ing., Dipl.-Ing., Fabrikant, pers. haft. Gesellsch. Textilausrüstungs-Ges. Schroers & Co., Krefeld - Maria-Sohmann-Str. 113, 4150 Krefeld - Vors. Verb. d. Nordrh. Textilind., Krefeld.

LIND, Peter

Dipl.-Volksw., Hauptgeschäftsführer Bundesverb. Dt. Tabakwaren-Großhändler u. Automatenaufsteller - Stadtwaldgürtel 44, 5000 Köln 41.

LINDAU, Friedrich

Dipl.-Ing., Architekt, Präs. Nieders. Architektenkammer (s. 1970) - Morgensternweg 17, 3000 Hannover-Herrenhausen (T. 0511 - 79 50 41) - Geb. 10. Mai 1915 Quedlinburg (Vater: Franz L., Kaufm.; Mutter: Helene, geb. Strube), ev., verh. s. 1946 m. Ingeborg, geb. Fischer - HTL Buxtehude; Maurerlehre; TU Hannover (Dipl. 1939) - 1946-51 wiss. Assist. ebd.; s. 1951 freischaff. Arch.; 1957-64 Vors. BDA, Bez. Hann.; 1964-68 Vors. Landesverb. Nieders. im BDA; 1969-70 Präs. Landesgem. Nieders. Arch. - W: Zahlr. Verwaltungsgebäude, Heime u. Schulen, u. a. DGB-Haus, Siedl. Am kurzen Kamp, Sehbehind.sch., Emmi-Lanzke-Heim (alle Hann.) - Ehrenmitgl. BDA - Mitgl. SPD (s. 1962) - Liebh.: Primit. Kunst (eig. Samml. primit. Malerei) - Spr.: Engl., Franz. - Rotarier.

LINDAU, Günter

Geschäftsführer Fachgruppe Fachzeitschriften/Verb. Dt. Ztschr.verleger - Winterstr. 50, 5300 Bonn 2.

LINDAUER, Martin

Dr. rer. nat., Dr. phil. h. c. mult. - Röntgenring 10, 8700 Würzburg (T. 3 16 95) - Geb. 19. Dez. 1918 Wäldle/Oberbayern (Vater: Matthias L., Landwirt; Mutter: Katharina, geb. Erhard), kath., verh. s. 1943 m. Franziska, geb. Fleck, 3 Kd. (Georg, Franziska, Martin) - Gymn.; TH u. Univ. München (Biol., Chemie, Geogr., Zool.; u. a. Schüler d. Bienenforschers Prof. Karl v. Frisch). Promot. (1948) u. Habil. (1955) München - S. 1955 Lehrtätigk. Univ. München (1961 apl. Prof.), Frankfurt/M. (1963 Ord. u. Inst.dir.), Würzburg (1973-87 Ord. u. Inst.dir.). Fellow Rockefeller Foundation Indien u. Brasilien; Prather Lecturer Harvard Univ.; Guest Lecturer Academic Year Program in USA; D. White Professor at Large Cornell University - BV: Communication among Social Bees, 1961 (Cambridge), auch schwed., norw., ital.; Verständigung im Bienenstaat, 1975 (Stuttgart). Zahlr. Einzelarb. zu Sprache u. Orientierung d. Bienen - 1959 Mitgl. Dt. Akad. d. Naturforscher/Leopoldina, 1962 American Acad. of Arts and Sciences, 1970 Akad. d. Wiss. u. d. Lit. Mainz, 1976 Nation. Acad. of Sciences, Washington u. Americ. Philosophical Soc., Philadelphia, 1987 Accad. Nazionale dei Lincei, Roma; 1961 Buchpreis Phi Beta Kappa; 1966 Korr. Mitgl. d. Bayer. Akad. d. Wiss.; 1980 Magellan-Preis d. Americ. Philosophical Soc.; 1986 Karl v. Frisch Med. - Spr.: Engl., Franz., Portugies., Ital.

LINDBERG, Albert Hermann

Dr. rer. nat., Physiker, Direktor - Andernacher Str. 1, 5000 Köln 51 (T. 38 83 53) - Geb. 30. Nov. 1914 Straßburg (Vater: Albert L., Beamter; Mutter: Agnes, geb. Planert), ev., verh. s. 1946 m. Dr. Hilda, geb. Hänchen, 3 Töcht. (Renate, Claudia, Dorothea) - Promot. 1939 - S. 1952 Leybold AG, Köln (zul. Bereichsleit. u. Entwicklungsdir.). S. 1979 i. R. - Liebh.: Musik, Lit. - Spr.: Engl., Span.

LINDE, Hans

Dr. phil. (habil.), o. Prof. f. Soziologie - Eugen-Wollfarth-Weg 1, 7500 Karlsruhe 41 (T. Karlsruhe 46 30 16) - Geb. 16. März 1913 Jessnitz, verh. m. Margot, geb. Ehlerding - S. 1962 Ord. TH bzw. Univ. Karlsruhe (1981 emerit.).

LINDE, Horst

Dr. med. h. c., Prof., Architekt, Direktor Inst. f. Hochschulplan. - Keplerstr. 11, 7000 Stuttgart; priv.: Schlierbergstr. 33, 7800 Freiburg - Geb. 6. April 1912 Heidelberg, ev., verh. in 2. Ehe (Ehefr.: geb. Proff) - Gymn. Baden-Baden; TH Berlin u. Karlsruhe (Dipl.-Ing. 1936). Reg.baum. 1939 - 1947-49 fr. Architekt, 1940-46 Wehrdst. u. Gefangensch., 1950-57 Baudir. Land Südbaden, 1957-59 Abt.leit. Landesreg. Baden-Württ. (Ministerialdirig.), s. 1959 o. Prof. f. Städtebau TH bzw. Univ. Stuttgart. Planungen v. Univ.kliniken u. -inst., Heilbädern, Bau Ludwigskirche Freiburg u. a. - BV: Hochschulplanung - Beitr. z. Struktur- u. Bauplanung, 4 Bde. 1972ff. - 1957 Ehrendoktor Univ. Freiburg; o. Mitgl. Dt. Akad. f. Städtebau u. Landesplanung, Köln (1951), u. Akad. d. Künste Berlin (1956); 1962 Fritz-Schumacher-Preis; 1963 Paul-Bonatz-Preis; Ehrenmitgl. RIBA (Royal Inst. f. brit.

Architekts) u. d. finn. Architektenverb., Helsinki; Oberrheinischer Kulturpreis (Basel); Ehrensenator Univ. Freiburg - Spr.: Engl., Franz.

LINDE, Jürgen
Dr. jur., Staatssekretär u. Chef der Staatskanzlei d. Landes Brandenburg (s. 1991) - Raiffeisenstr. 11, 4650 Gelsenkirchen - Geb. 7. Febr. 1935 Braunschweig (Vater: Dr. Franz L., RA; Mutter: Elisabeth, geb. Müller), verh. s. 1962 m. Eva, geb. Schmidt, 2 Kd. (Frank, Christiane) - Gymn. Braunschweig (Abit. 1956); Stud. d. Rechtswiss. Univ. Freiburg/Br., Berlin (Freie), Göttingen; 1. u. 2. jurist. Staatsex. 1961 bzw. 1966 - 1962-69 wiss. Mitarb. Univ. Göttingen; 1969-70 Oberreg.rat Reg.präs. Hildesheim; 1970-72 Oberkreisdir. Landkr. Zellerfeld; 1972-76 Dir. Samtgde. Oberharz; 1976-83 MdB-SPD; 1983-89 Oberstadtdir. Stadt Gelsenkirchen; b. 1991 Geschäftsf. Abfallentsorgungs- u. Altlastensanierungsverb. Nordrh.-Westf., Hattingen. 1981ff. Parlam. Geschäftsf., Mitgl. Europarat u. WEU. SPD - BV: Außenwirtsch.gesetz u. zwischenstaatl. Vereinbarungen, 1970.

LINDEINER-WILDAU, von, Klaus
Dr. jur., Mitglied d. Geschäftsführung Wacker-Chemie GmbH, München - Marschnerstr. 56, 8000 München 60 - Geb. 14. Sept. 1937.

LINDEMANN, Eckard
Rechtsanwalt u. Notar, Bezirksbürgermeister v. Berlin-Charlottenburg (1979-85) - 1000 Berlin 19 - Geb. 8. Juni 1937 Stettin, verh., 4 Kd. - Gymn. (Abit. 1957); FU Berlin, Univ. Bonn und Saarbrücken (Rechtswiss.). Jurist. Staatsprüf. 1961 u. 65 - S. 1965 RA Berlin. 1971-75 Bezirksverordn. Charl. Div. Ämter, u. a. Vorst. Charl. TSV v. 1858, 1975-79 MdA Berlin. CDU s. 1960 (1971 stv. Kreisvors. Charl., 1979-83 Kreisvors.).

LINDEMANN, Erich
Dr. rer. nat., Vorstandsvorsitzender (b. 1980) Agfa-Gevaert AG, Leverkusen, u. Gevaert-Agfa N. V., Mortsel/Belg. (s. 1964; Photochem. Produktionsltg. - Uppersberg 2, 5090 Leverkusen (T. 5 25 35) - Geb. 19. Okt. 1919 Isernhagen/Hann. (Vater: Heinrich L.; Mutter: Auguste, geb. Haase), ev., verh. s. 1951 m. Ursula, geb. Haber, 2 Kd. (Michael, Petra) - TH Hannover, Univ. Göttingen u. Freiburg (Chemie; Dipl.-Chem. 1949) - 1950-55 Bundesforschungsanstalt f. Getreideverarb., Detmold (zul. Oberassist.); 1956-63 Farbenfabriken Bayer AG, Leverkusen (zul. Dir.) - Liebh.: Jagd, Reiten - Spr.: Engl., Franz. - Rotarier.

LINDEMANN, Hannes

Dr. med., Arzt u. Gesundheitspädagoge - Waldstr. 106a, 5300 Bonn 2 (T. 31 27 91) - Geb. 28. Dez. 1922 Sandesneben/Lbg. (Vater: Dr. med. vet. Heinrich L., Tierarzt; Mutter: Maria, geb. Martens), ev., verh. s. 1958 m. Dr. Ilse-Doris, geb. Beier - Gymn. Ratzeburg u. Hamburg; 1941-48 Sport- u. Medizinstud. Posen, Marburg, Hamburg (Staatsex. u. Promot.) - B. 1950 Klinikassist., dann ärztl. Tätigk. (u. a. Marokko, Liberia, USA) - BV: Allein üb. d. Ozean, 1957 (9 A.; franz., niederl.; Alone at Sea, 1957; Ein Mann - e. Boot - zwei Kontinente, 1960 u. 1992 (4. A.; Braille); Suchtstoffe, 1971; Autogenes Training, 1973, 45. A. (14 Übers.); Antistreßprogramm, 1974, 9. A. (5 Übers.); Einf. entspannen - Psychohygienetraining, 1984, 4. A. (1. Übers.) - Liebh.: Lesen, Sport, Malen - Versch. inoffz. Weltrekorde Hochseesegeln - Spr.: Engl., Franz., Span.

LINDEMANN, Helmut
Dr. jur., Publizist - Uferstr. 56, 8993 Nonnenhorn - Geb. 10. Dez. 1912 Kiel (Vater: Paul L., Bankier, 1912-19 Oberbürgerm. Kiel (s. IX. Ausg.); Mutter: Margarete, geb. Abshagen), ev., verh. s. 1940 m. Cornelie, geb. Wolfmann, 6 Kd. (Thomas, Barbarah, Hartwig, Constanze, Dorothee, Florian) - Matthias-Claudius-Gymn. Hamburg; Univ. Kiel, Hamburg, Exeter, Berlin. Promot. 1936 Berlin - 1938-45 Auslandskorresp. (London, Amsterdam, Athen, Stockholm); s. 1948 fr. Publizist. Mitbegr. Christophorus-Stift/Studiengemeinsch. d. EKD - BV: Generale machen Politik, 1952; Konrad Adenauer, 1965; D. antiquitierte Grundgesetz, 1966; D. Sache m. d. Nation, 1970; Gustav Heinemann, 1978 - Div Herausg., dar. 1972-74 neues hochland. Zahlr. Übers. aus d. Engl. u. Franz. - 1957 Joseph-Drexel-Preis, 1963 Dt. Journalistenpreis - Liebh.: Alte Bücher - Spr.: Engl., Franz., Schwed.

LINDEMANN, Peter

Dr. rer. pol., Dipl.-Volksw., Prof. - Kranichweg 33, 7030 Böblingen/Württ. (T. 07031 - 27 54 30) - Geb. 16. Jan. 1917 Koblenz-Stolzenfels - BV: Planung von elektron. Datenverarbeitungsorganisationen, 1964; Aufbau u. Arbeitsweise elektron. Datenverarbeitungsanlagen, 1967; Revision u. Kontrolle b. automatisierter Datenverarb. (m. Dr. Kurt Nagel), 2. A. 1972; Unternehmensführung u. Wirtschaftskybernetik, 1970; Org. d. Datenschutzes, (m. Dr. Kurt Nagel u. Günther Herrmann), 1973; D. Arbeitswelt v. morgen, 1975; Auswirk. d. Bundesdatenschutzgesetzes auf d. Wirtsch. (m. Dr. Kurt Nagel u. Günther Herrmann), 1977; Handb. u. Richtlinien in d. mod. Untern.-Org. (m. Franz Josef Brenneis u. Kurt Nagel), 1978 - 1987 BVK I. Kl.

LINDEMANN, Peter
Dr. jur., Präsident d. Landessozialgerichtes Niedersachsen, Oberstleutnant d. R. - Grandbergweg 2, 3100 Celle (T. 05141 - 3 16 42) - Geb. 17. Mai 1933, verh. s. 1963 m. Jutta, geb. Schöne, 2 Kd. - Stud. Rechts- u. Staatswiss. Freiburg u. Göttingen; Ass.ex. u. Promot. 1961 - 1962-74 Richter am Amts-, Land- u. Oberlandesgericht; 1974-79 Ltd. MR in d. Staatskanzlei Hannover; 1979-88 Vors. Richter am LSG.

LINDEMANN, Willi
Dr. phil., nat., Prof. f. Kristallstrukturlehre u. Mathematische Kristallographie - Pfisterstr. 3, 8600 Bamberg/Ofr. (T. 2 31 66) - Geb. 15. Jan. 1921 Kassel (Vater: Friedrich L., Ing.; Mutter: Luise, geb. Voigt), ev., verh. s. 1944 m. Anna-Luise, geb. Köberle - Univ. Erlangen, Berlin, Göttingen (Kristallogr., Math., physikal. Chemie). Promot. (1951) u. Habil. (1959) Erlangen - 1960-66 Privatbzw. Diätendoz. (1965) Univ. Erlangen-Nürnberg; s. 1966 ao. u. o. Prof. (1971) Univ. Würzburg. Fachveröff. - S. 1982 Mitgl. The New York Acad. of Sciences - Sport (Bayer. Leistungsabz. in Gold (35 ×), Skisportabz. in Gold, Mehrkampfabz. in Gold (35 ×), Dt. Radsport- u. Dt. Sportabz. in Gold (35 ×)) - Spr.: Engl., Franz., Russ., Span., Ung., Jap., Schwed.

LINDEMANN-BERK, Hans
Dipl.-Bergingenieur, Gesellschafter u. Beirat Quarzwerke GmbH, Frechen, u. Großpeter-Lindemann Verw.ges., Frechen, Beirat Quarzwerke Ges. mbH, Zelking/Österr., Deutsche Bank AG, AR Sifraco S. A., Paris - Bachemer Str. 4, 5020 Frechen-Bachem - Geb. 14. Febr. 1922 Köln.

LINDEN, Freiherr von, Christoph
Rechtsanwalt, Leiter d. Abt. Finanzen, Recht u. Versich., Prok. Karl Kässbohrer Fahrzeugwerke GmbH, Ulm (s. 1987) - Oblatterwallstr. 36 c, 8900 Augsburg (T. 0821 - 15 49 48; Büro: 0731 - 1 81-23 45) - Geb. 21. Nov. 1935 Berlin (Vater: Wilhelm v. L., Ltd. Reg.dir. a. D.; Mutter: Huberta, geb. v. Mitschke-Collande), kath., verh. s. 1965 m. Elisabeth, geb. v. Harnier, 2 Kd. (Annette, Christoph) - Hum. Gymn. (Abit.); Banklehre; Stud. d. Rechtswiss. Univ. München (1. u. 2. Staatsex.) - 1969-82 Industriesynd., Prok. Stetter GmbH, Memmingen; 1982-87 Verwaltungsleit. Kath. Waisen u. Armenkinderhausstiftg., Augsburg - Spr.: Engl. - Rotarier.

LINDEN, Jürgen
Dr., Oberbürgermeister Stadt Aachen (s. 1989) - Zu erreichen üb. Rathaus, 5100 Aachen - SPD.

LINDEN, Johannes Wilhelm
Ass., Rechtsanwalt, Bundesgeschäftsf. Verb. Dt. Discotheken u. Tanzbetriebe - Auf den Oberhalberg, 5202 Hennef-Sieg - Geb. 19. Juni 1945 Hennef-Sieg (Vater: Wilhelm L., Oberst i.G.), verh. s 1971 m. Elke Linden-Schepler, 3 Kd. (Alexandra, Constantin, Christian) - Stud. Rechts- u. Staatswiss., Betriebsw.; Gr. Staatsex. OLG Düsseldorf - Hotelkaufm. (Ausbildereign.); Geschäftsf. Dt. Hotel- u. Gaststättenverb., Union Dt. Bahnhofsbetriebe u. Bundesverb. Dt. Discotheken u. Tanzbetr.; Vorst. Berufsgenoss. Nahrungsmittel u. Gaststätten - Liebh.: Reisen, Renovieren alter Bauernhäuser - Spr.: Engl.

LINDENAU, Hans A.
Reeder, pers. haft. Gesellsch. Petersen & Alpers Johannisbollwerk, gf. Gesellsch. Atlantic-Reederei & F. & W. Joch u. Reederei Walter Joch & Co. KG, Geschäftsf. Hansa-Tank Reederei GmbH, Fairplay Petersen & Alpers Seatowage GmbH, Paar Intern. GmbH, Hans A. Lindenau GmbH, Vorst. Hansa-Universal Vermögens-Bildungs- u. Beteiligungs-GmbH, alle Hamburg - Johannisbollwerk 20, 2000 Hamburg 11 - Geb. 23. Juni 1924 - Div. Ehrenstell. (dar. Handelsrichter u. Vors. Verein Hbg. Reeder) u. Mandate - Rotarier (zeitw. Clubpräs. Hamburg-Wandsbek).

LINDENBERG, Kurt
Reeder, Vorstandsmitgl. Woermann Linie AG, Hamburg, ARsvors. Euro Kai KaA, ebd. - Leinpfad 1, 2000 Hamburg 60: - Geb. 19. Juni 1906.

LINDENBERG, Wladimir
Dr. med., Prof. h.c., Nervenarzt, Schriftsteller - Beyschlagstr. 13a, 1000 Berlin 27 (T. 431 26 71) - Geb. 16. Mai 1902 Moskau, orthod., verh m. Dolly Gräfin v. Roedern, geb. Croissant-Uhde † - Langj. Chefarzt Hirnverletztenabt. Waldkrkhs. Berlin-Spandau - BV (z. T. in Übers.): Tragik u. Triumph großer Ärzte, 1948; Ärzl. u. soz. Betreuung d. Hirnverletzten, 1948; D. Unvollendeten, 1948; D. Hirnverletzte, Wegweiser f. s. Leben, 1950; So sieht es d. Patient, 1954; Praktikum d. Menschenkenntnis f. Polizeibeamte, 1956; Training d. positiven Lebenskräfte, 1957; D. Menschheit betet, 1956; Mysterium d. Begegnung, 1959; Gespräche am Krankenbett, 1959; Yoga - m. d. Augen e. Arztes, 1960; Marionetten in Gottes Hand, 1961; Ärzte im Kampf gegen Krank- u. Dummheit, 1963; Schicksalsgefährte sein - Aufz. e. Seelenarztes, 1964; Richter, Staatsanwälte, Rechtsbrecher - Betracht. e. Sachverständigen, 1965; D. Yoga-Bilderb., 1967; Gottes Boten unt. uns, 1967; Jenseits d. Fünfzig - Reife u. Erfüllung, 1972; Üb. d. Schwelle, 1972; Geheimnisv. Kräfte um uns, 1974. Bobik-Reihe: ... im Feuerofen (1964), ... begegnet d. Welt (1969), ... in d. Fremde (1971); Tag um Tag ist guter Tag (1976), Riten u. Stufen d. Einweihung (1978), Mit Freude leben (1979); D. unversiegbare Strom. Gesch. m. Legenden aus d. hl. Rußl. (1982); Himmel in d. Hölle. Wolodja als Arzt in unseliger Zeit (1983); Lob d. Gelassenh. (1986); D. hl. Ikone. V. Wesen christl. Urbilder im alten Rußl. (1987) - 1966 Poppelreuter-Med. (Bund d. hirnverletzten Kriegs- u. Arbeitsopfer) u. VDK-Literaturpreis, 1979 BVK, 1982 BVK I. Kl. - Spr.: Dt., Russ., Poln., Franz., Engl., Span. - Unt. Hitler größtent. KZ.

LINDENBERGER, Heinz
Dr. rer. nat., o. Prof. f. Kernphysik FU Berlin - Potsdamer Chaussee 47a, 1000 Berlin 38 - Geb. 22. Mai 1925 Karlsruhe, verh. - TH Karlsruhe, Univ. Göttingen - Zul. Privatdoz. Univ. Heidelberg. Fachveröff.

LINDENFELS, Freiherr von, Hans-Achaz

Altoberbürgermeister d. Stadt Marktredwitz, Geschäftsf. d. Südost WOBA DRESDEN GMBH städt. Wohnungsbauges. - Junghansstr., O-8019 Dresden; Pürgener Str. 7a, 8911 Pürgen-Ummendorf, Landkr. Landsberg am Lech (T. 08196 - 16 63); Zweitwohn. Hohe Str. 129, O-8027 Dresden (T. 051 - 471 18 14) - Geb. 14. Jan. 1932 Nürnberg (Vater: Hans-Hellmuth v. L., Landrat; Mutter: Luise, geb. Wunderer), ev., verh. s. 1961 m. Benita, geb. Freiin v. Feilitzsch, 2 Kd. (Wolf-Christoph, Christina) - Gymn. Amberg; Univ. München 1950-54 (Rechtswiss.). Jurist. Staatsex. 1954 u. 58 - 1959-68 bayer. inn. Verw.; 1969 Oberrechtsrat, 1970-90

Oberbürgermeister Marktredwitz; 1970-90 Mitgl. in versch. Aussch. d. Dt. Städtetages u. d. Bayer. Städtetages - 1984 BVK; 1985 Dr.-Joh.-Chr.-Eberle-Med. d. Dt. Sparkassenverb.; 1986 Ehrenmed. d. Bezirks Oberfranken; 1987 Verdienstmed. d. Bayer. Staatsmin. in Silber, u. Ehrenmed. d. Stadt La Mure, Frankr.; 1990 Bayer. Sparkassenmed. in Gold, Ehrenbürger d. Stadt Marktredwitz, Gold. Ehrenring d. Landkr. Wunsiedel, u. Staatsmed. f. soz. Verdienste d. Bayer. Staatsmin. f. Arbeit u. Sozialordnung - Spr.: Engl.

LINDENMEIER, Maria

Hausfrau, MdL Schlesw.-Holst. (1965-87) - Gerstenhof 9, 2314 Schönkirchen - Geb. 27. Juli 1923 Hohenstein-Ernstthal/Sa., ev., verh., 3 Kd. - Abit. - Landw.-gehilfin u. kaufm. Angest., 1960-75 Geschäftsf. Europa-Union/Landesverb. SH, Vors. d. agrarpolit. Beirats d. SPD SH. 1970-75 Mitgl. Gemeindevertr. Heikendorf; 1970ff. MdK Plön. SPD s. 1965.

LINDER, Fritz

Dr. med., Drs. med. h. c., Dr. jur. h. c., Prof. u. em. Direktor Chir. Univ.klinik Heidelberg (s. 1962) - Waldweg 25, 6900 Heidelberg (T. 56 65 57) - Geb. 3. Jan. 1912 Breslau (Vater: Konrad L., Oberstud.dir.; Mutter: Luise, geb. Bergner), ev., verh. s. 1941 m. Ilsegret, geb. Rendschmidt, 2 Kd. (Malte, Rupert) - Univ. Breslau, Bristol, Freiburg - 1948-51 Privatdoz. Univ. Heidelberg; 1951-62 o. Prof. u. Klinikdir. Berlin;1962-81 o. Prof. u. Dir. Heidelberg; 1972ff. Präs. Dt. Ges. f. Chir.; 1973-75 Präs. Intern. Chir.ges.; 1979 Präs. Dt. Krebsges.; s. 1981 Präs. Intern. Federation Surgical Coll. Üb. 300 Fachveröff. - Ehrenmitgl. 30 nationaler u. intern. Fachvereinig. (u. a. Royal Society of Med. Royal College of Surgeons, London u. Edinburgh, American College of Surgeons, Acad. de Chir., Paris, Schwed. Chir.ges.), 1982 Paracelsus Med. - Spr.: Engl., Franz.

LINDER, Otto

Dr. jur., Ministerialdirektor - Im Hohn 27, 5300 Bonn-Bad Godesberg (T. 31 42 56) - Geb. 2. Jan. 1914 Rottweil/N., kath., verh. s. 1947 m. Marianne, geb. Heinen, 2 Kd. - Gymn. Stuttgart; Univ. Tübingen (Promot. 1939), Berlin, Kiel (Rechtswiss.). Ass.ex. 1939 Stuttgart - 1940-48 Ass. u. Reg.rat württ. Innen- u. Wirtschaftsverw., 1948-52 Ref. f. Wirtschaft u. Verkehr Vertr. d. Landes Württ.-Baden Frankfurt/M. u. Bonn, 1953-56 Sekr. Wirtschafts- u. Verkehrsaussch. Bundesrat, dann Min.dirig. u. -dir. Bundesverkehrsmin. (Leit. Abt. Straßenverkehr), 1973 einstw. Ruhest., Rechtsanwalt - BV: D. Entsteh. d. Verw.rechtspflege d. Geh. Rates in Württ., 1940 - Kriegsausz.; 1974 Gr. BVK.

LINDHORN, Rolf

Direktor der Bremischen Bürgerschaft - Haus d. Bürgerschaft, Am Markt 20, 2800 Bremen 1 (T. 0421 - 36 07-101) - Geb. 10. Febr. 1935, ev., verh., 3 Kd. - Vorst.-Mitgl. Carl-Schurz-Ges., Bremen.

LINDHORST, Willi

Oberregierungsrat a. D., MdL Nieders. (s. 1978) - Fössestr. 18, 3016 Seelze 7 - Geb. 10. Aug. 1941 Quakenbrück, verh., 2 Kd. - Gymn. Quakenbrück (Abit.); 3 J. Bundeswehr (Major d. R.); FU Berlin (Volksw., Gesch., Polit. Wiss.; Dipl.-Polit. 1970) - S. 1975 Beamter Nieders. Staatsdst. 1972 ff. Ratsherr u. Beig. Hemmingen-Westerfeld bzw. Hemmingen. CDU s. 1963.

LINDIG, Wolfgang

Dr. phil., Prof., Ethnologe - Forsthausstr. 18, 6380 Bad Homburg - Geb. 9. Aug. 1925 Aschersleben (Vater: Willy, Beamter; Mutter: Frieda, geb. Bethmann), ev., verh. s. 1957 m. Margot, geb. Kunzmann, S. Andreas - Stud. Marburg, Salt Lake City/USA, Mainz; Promot. 1958 Mainz; Habil. 1969 Frankfurt - 1962-69 Wiss. Assist. Frobenius-Inst., Univ. Frankfurt u. Gießen (Lehrbeauftr.); s. 1969 Doz. Univ. Frankfurt (1971 Prof.). Forschungsreisen Nordamerika, Mexiko, Kanada. In- u. ausl. Fachmitgl.sch. - BV: Geheim- u. Männerbünde d. Prärie- u. d. Waldlandindianer Nordamerikas, 1970; D. Kulturen d. Eskimo u. Indianer Nordamer., 1972; Vorgesch. Nordamer., 1973; D. Indianer, 1976 (m. M. Münzel), erw. Neuaufl. 1985; Navajo (m. H. Teiwes), 1991. Herausg.: Völker d. Vierten Welt (1981) - Spr.: Engl.

LINDINGER, Stefan

I. Bürgermeister - Rathaus, 8399 Ruhstorf/Rott - Geb. 6. März 1932 Ruhstorf - Zul. Kaufm.

LINDLAU, Dagobert

Fernsehjournalist, Leit. ARD-Studio Wien (s. 1987) - Zu erreichen üb. ARD, Arnulfstr. 42, 8000 München 2 - Geb. 11. Okt. 1930 München (Vater: Peter L., Arch.; Mutter: Katharina, geb. Engelhardt), kath., gesch. - Chefreporter BR-Fernsehen-ARD, Ltd. Redakt., Moderator Weltspiegel ARD - BV: D. MOB, Recherchen z. Organisierten Verbrechen. Übers. aus d. Engl.: Josef Heller, Wir bombardieren Regensburg; Connor Cruise O'Brian, D. mörderischen Engel u. a. Zahlr. Features, Reportagen, Ess., Kommentare - 2 Adolf-Grimme-Preise u. d. Besondere Ehrung d. Grimme-Preises; 1982 Knatterton-Ehrenmütze Bund Dt. Kriminalbeamter (f. Arbeiten üb. organisiertes Verbrechen) - Liebh.: Tontaubenschießen, Aquarellieren - Spr.: Engl.

LINDNER, Albrecht Ludwig

Dr. phil. nat., Prof. f. Theor. Physik - Drosselweg 5, 2080 Pinneberg - Geb. 29. März 1935 Hamburg (Vater: Dr. Martin L., Dipl.-Volksw.; Mutter: Erna, geb. Albrecht), verh. s. 1966 m. Uta, geb. Knoll, 3 Kd. (Almut, Gerald, Eike) - Univ. Freiburg (Dipl. 1959); Univ. Hamburg; Frankfurt (Promot. 1962); Univ. Kopenhagen, Hamburg (Habil. 1969) - Buch: Drehimpulse in d. Quantenmech., 1984.

LINDNER, Erich

Dr. med., o. Prof. f. Morphologie u. Anatomie (s. 1969) - Kurt-Schumacher-Str. 23, 8400 Regensburg - Geb. 12. Sept. 1920 Auerbach/Vogtl. - Promot. 1956 Düsseldorf; Habil. 1961 ebd. - Zul. Univ. Kiel (1966 ff. Wiss. Rat und Prof. Anat. Inst.).Facharb.

LINDNER, Ernst

Dr. med., Prof., Pharmakologe - Amselweg 8, 6000 Frankfurt/M.-Höchst (T. 31 29 28) - Geb. 17. Aug. 1918 Mainz - S. 1960 (Habil.) Lehrtätigk. Univ. Gießen (1966 apl. Prof. f. Pharmak. u. Toxikol.). Fachveröff.

LINDNER, Fritz

I. Bürgermeister Markt Teisendorf, I. Vors. TSV Teisendorf - Marktstr. 34, 8221 Teisendorf/Obb. - Geb. 14. Okt. 1936 Teisendorf (Vater: Georg L., Kaufm.; Mutter: Justine, geb. Schauer), kath., verh. s. 1964 m. Ranhild, geb. Klein, 3 Kd. (Silvia, Gerold, Ulrich) - N. Mittl. Reife 2 J. Handelssch. - Kaufm. - Liebh.: Volksmusik, Sport - Silb. Ehrennadel Bayer. Landessportverb.

LINDNER, Georg

Dr. jur., Rechtsanwalt u. Notar (s. 1968), MdL Hessen (s. 1965) - Salzburger Str. 50, 6050 Offenbach/M. (T. 89 12 88) - Geb. 11. Mai 1925 Offenbach/M., verh., 3 Kd. - Univ. Mainz u. Frankfurt/M. (Rechtswiss.). Jurist. Staatsprüf. 1951 u. 55 - 2 J. Anwaltsass., Rechtsanwalt, Synd. Frankfurt/M. (Ind.), 1962-68 Stadtrechtsrat Offenbach. 1956-62 Stadtverordn. Offenbach (Fraktionsvors.). CDU (Vors. Stadtverb. Offenbach u. Mitgl. Landesvorst.).

LINDNER, Hans-Joachim

Dr.-Ing., Fabrikant, Gesellsch. Lindner GmbH. (Fabrik elektr. Lampen u. Apparate), Bamberg - Viktor-v.-Scheffel-Str. 14, 8600 Bamberg/Ofr. (T. 7 92 - 1) - Geb. 19. Juni 1910 Sondershausen/Thür. (Vater: Kommerzienrat Kurt L., Fabr.; Mutter: Margarethe, geb. Taubert), verh. 1936 m. Elsbeth, geb. Müller - TH München - Mitarb. väterl. Untern. Thür.; Mitbegr. Lindner GmbH, stv. AR-Vors. - BVK I. Kl. u. BVK a. Bd. - Ehrenmitgl. VDE, ehrenamtl. Mitarb. DKE d. VDE u. DNA, Ehrenvors. Prüfstellenaussch. u. a. - Spr.: Engl. - Rotarier - Bruder: Kurt L.

LINDNER, Joachim

Dr.-Ing. habil., o. Prof., Ordinarius f. Stahlbau TU Berlin (s. 1974) - Furtwängler Str. 20B, 1000 Berlin 33 (T. 030 - 825 61 12) - Geb. 29. März 1938 Guben, verh. s. 1965 Monika, geb. Grund, Tocht. Alexandra - Abit. 1959; 1959-65 Stud.; Dipl.-Ing.; Promot. 1970; Habil. 1972 - 1964-66 Statiker Berlin; 1966-72 wiss. Assist.; 1972-74 Abt.leit. Ind. Düsseldorf; s. 1981 Schriftleit. Fachztschr. Stahlbau. S. 1979 Dt. Aussch. f. Stahlbau; zahlr. Fachaussch. In- u. Ausland - BV: Biegetorsionsprobleme gerader dünnwand. Stäbe (m. Roik/Carl), 1972; Einf. in d. Berechnung n. d. Traglastverfahren (m. Roik), 1972/76; ca. 100 Fachveröff., bes. auf d. Geb. d. Stabilität - Liebh.: Lit., Sport, Reisen - Spr.: Engl.

LINDNER, Marianne

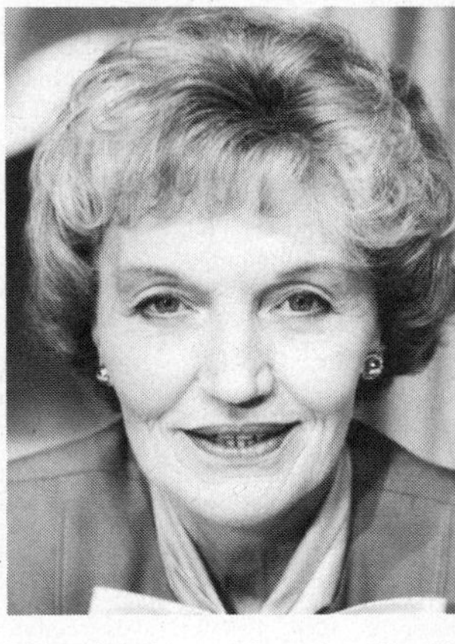

Schauspielerin - Moosweg 15, 8184 Dürnbach - Geb. 11. Dez. 1922, gesch., 2 Töcht. (Regine, Edith) - Theater (Volkstheater, Kl. Komödie, Kammerspiele München, Tourneen m. Theater rechts d. Isar, Wunsiedel), Rundf., FS (ZDF-Serie Kapitän Harmsen, 1968; 20x Komödienstadel; Trauer um e. verlorenen Sohn, 1979).

LINDNER, Roland

Dr. rer. nat., Prof., Kern- u. Radiochemiker, Gen. Dir. h.c. Kommission Europ. Gemeinschaften - 7500 Karlsruhe - Geb. 24. Febr. 1921 Goslar/Harz - Schüler v. Prof. Otto Hahn - U. a. Doz. u. Leit. Inst. f. Kernchemie TH Göteborg u. o. Prof. u. Dir. Inst. f. Kern- u. Radiochemie TH bzw. TU Braunschweig (1961-71); Direktor Forschungsanlage Karlsruhe d. EG (1969-86) - BV: Kern- u. Radiochemie, 1961; Europ. Politik f. Forsch. u. Bildung, 1978; Verspielen wir d. Zukunft?, Einfallsreiche Vernunft; Technik zweite Natur d. Menschen?; Herausg.: Edition Interfrom (1982, 1989 u. 1991). Etwa 100 Einzelveröff.

LINDNER, Werner

Dr.-Ing., Dr.-Ing. E.h., Bauass., Direktor i.R. - In d. Erlen 3, 5353 Mechernich/Rhld. (T. 02443 - 50 93) - Geb. 15. Mai 1922 Glatz/Schles. (Vater: Dr. med. dent. Werner L., Zahnarzt; Mutter: Lilly, geb. Franz), verh. s. 1947 m. Gisela, geb. Herbst, 3 Kd. (Klaus, Wulf, Heide) - TH Breslau (1942-43) u. Stuttgart (1946-50; Dipl.-Ing.). Promot. 1957 TH Hannover - 1960-78 Geschäftsf. Gr. Erftverb. (1980-86 Vorst.). 1972-78 Präs. Dt. Verb. f. Wasserw. - 1982 Ehrendoktor TH Aachen; 1978 Ehrenmitgl. DVWK; 1982 BVK I. Kl. - 1963 Gold. Sportabz. - Spr.: Engl.

LINDNER, Wulf-Volker

Prof., Psychoanalytiker - Isestr. 117, 2000 Hamburg 13 (T. 040-47 47 94) - Geb. 2. Nov. 1938 Magdeburg (Vater: Emil L.; Mutter: Martha, geb. Buschow), ev.-luth., verh. s. 1966 m. Ingrid, geb. Claus (Kinder- u. Jgdl.-Psychotherap.), 2 T. (Susanne, Annegret) - Stud. Phil., Ev. Theol., Psychoanalyse u. Psychotherapie Göttingen, Tübingen, Marburg; 1. Staatsex. 1966, 2. Staatsex. 1970, Ex. in Psychoanalyse 1971 - 1970-74 Doz. f. Pastoralpsych. Göttingen, s. 1975 Prof. f. Prakt. Theol. (Schwerp. Seelsorge) Hamburg, s. 1972 Lehr- u. Kontrollanal. Vorst.smitgl. Dt. Psychoanalyt. Ges. (DPG), 1. Vors. Inst. f. Psychoanalyse u. Psychotherapie Hamburg (DPG).

LINDORF, Helmut Heinrich

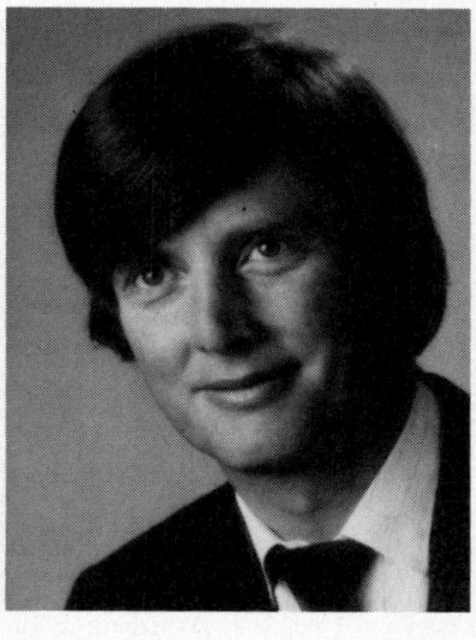

Dr. med., Dr. med. dent., Dr. med. habil., Prof. Univ. Erlangen-Nürnberg - Hallerwiese 8, 8500 Nürnberg 90 (T. 0911 - 26 14 26) - Geb. 19. Nov. 1943 Berlin, ev., verh. s. 1975 m. Ingeborg, geb. Menacher, Rechtsanwältin - 1965-72 Stud. u. Staatsex. Med. u. Zahnmed. Univ. Erlangen-Nürnberg; Dr. med. 1971; Dr. med. dent. 1972; Dr. med. habil. 1980 - S. 1981 niedergelassener Arzt f. Mund-, Kiefer-, Gesichtschir. u. plast. Operationen m. Klinikabt. in Nürnberg. Vorl. Univ. Erlangen üb. d. Geb., 1986 apl. Prof. Univ. Erlangen. 1980 Gastprof. Univ. Denver, Colorado, USA. S. 1983 Mitgl. d. Lehrkörpers d. Akad. Praxis u. Wiss. Dt. Ges. f. Zahn-, Mund- u. Kieferheilkd. Hauptarbeitsgeb.: Plast. Chir. dento-facialer Mißbildungen - Patente versch. neuartiger chir. Instrumente; Verbesserung mehrerer chir. Meth. (u. a. osteoplast. Knochendeckel-Meth.) - BV: Chir. d. Kieferhöhle, 1983; Internal Rigid Fixation. New Applications in Maxillofacial Osteotomie, 1987; rd. 80 wiss. Fachveröff. - Mitgl. versch. nationaler u. intern. wiss. Ges. - Liebh.: Malerei, Sport - Spr.: Engl., Franz., Latein.

LINDT, Peter M.

Dr. phil., Dr. d. Lit. (Columbia Univ. New York), Schriftsteller - 949 West End Avenue, New York 25, N. Y./USA - Geb. 26. April 1908 Wien, verh. m. Theodora, geb. v. Stojanovič - Univ. Wien - Journ. u. Schriftst. Wien, Dir. German American Broadcast und German Literature Hour Radiostation WEVD New York, Präs. Social Scientific Society for Intercultural Relations, Inc. (e. d. ältesten dt.-amerik. Ges., gegr. 1870 v. Carl Schurz u. Dr. Abraham Jacoby), Herausg. und Chefredakt. Monatsschr. Weltspiegel ebd. Initiator d. einz. dt. lit. Rundfunksend. in USA (1942) - W.: D. Leben spielt Komödie (Kom.), Salzburger Intermezzo (Sch.), D. Ehe d. Francois Beaupré (Kom.), Künstler u. Frauen (N.), Schriftst. im Exil (1944 New York). Zahlr. Kurzgesch.

LINGELBACH, Ernst

Dr. rer. nat., Prof., Präsident Dt. Wetterdienst a. D. - Geb. 2. Nov. 1919 - 1969 Honorarprof. Univ. Bonn (Meteorol.).

LINGELBACH, Karl Christoph

Dr., Prof. f. Erziehungswiss. Univ. Frankfurt - An den Brunnenröhren 11, 3550 Marburg (T. 06421 - 6 57 76) - 1. Lehrerex. f. Volks- u. Mittelschulen 1955 Jugenheim; 1. u. 2. Ex. f. Gymnasiallehrer 1959 u. 1963 Univ. Marburg, Promot. 1969 - 1963-69 Schuldienst u. Studienrat im Hochschuldienst; 1969/71 Hess. Curriculumkommiss.; s. 1972 Prof. f. Erziehungswiss. Univ. Frankfurt - BV: Erzieh. u. Erzieh.theorie im nationalsozial. Dtschl., 1970, erw. Neuaufl. 1987; M. Klafki u.a.: Funkkolleg Erziehungswiss., 1970; M. Diederich: Handlungsprobl. d. Lehrers. Bd. 1: Unterr. u. Schulleben, 1979; Beiträge z. Schulpäd. u. Theorie d. Schule, z. polit. Bildung u. z. Zeitgesch. d. dt. Bildungswesens.

LINGEN, Ursula

Schauspielerin, Intendantin d. Hamburger Kammerspiele GmbH (s. d. Spielzeit 90/91) - Hartungstr. 9-11, 2000 Hamburg 13 (T. 040 - 41 40 14-0) - Zu erreichen üb. Management Baumbauer, Burggsperger St. 28a, 8000 München 90 - Geb. Frankfurt/M. (Vater: Theo L. †1978), verh. s. 1953 m. Kurt Meisel (Schaupieler u. Regiss.), Sohn Christoph - Bühne, Film, Funk u. Fernsehen - 1983 Bayer. Staatsschausp.

LINGENS, Franz

Dr. rer. nat., Dipl.-Chem., o. Prof. f. Mikrobiologie Univ. Hohenheim (s. 1967) - Im Asemwald 32/4, 7000 Stuttgart 70 (T. 72 42 31) - Geb. 9. Aug. 1925 Elberfeld (Vater: Wilhelm L., Studienrat; Mutter: Adele, geb. Eicker), kath., verh. s. 1961 m. Sibylle, geb. Kern, 3 Kd. (Brigitte, Anita, Gundula) - Stud. d. Chemie u. Med. Univ. Würzburg u. Tübingen; Promot. 1954; Habil. 1959 - 1955-67 Univ. Tübingen. Zahlr. in- u. ausl. Fachveröff. - 1959 Preis Dt. Forschungsgemeinsch.

LINGNAU, Hermann

Dipl.-Kfm., Studentenweltmeister im Kugelstoßen - Am Gänsborn 16, 6203 Hochheim (T. 06146 - 23 27) - Geb. 22. Okt. 1936 Kassel (Vater: Alfred L., Dipl.-Ing.; Mutter: Erna, geb. Weiss), verh. s. 1964 m. Ulrike, geb. Schölch, T. Tina - Stud. Betriebswirtsch. Frankfurt (Dipl.-Kfm. 1964) - 1969-72 Geschäftsf. Hess. Landesentw.- u. Treuhandges. m.b.H., 1972-78 Stadtkämmerer von Frankfurt; 1979-87 Vorst.-Mitgl. Kreditanstalt f. Wiederaufbau; s. 1988 berat. Dipl.-Kfm. - Liebh.: Wassersport, Golf, Ski - 1957-61 Dt. Rekord, 1957/58 Dt. Meister, 1955-61 Dt. Hallenm., 1959 Studentenweltm., Kugelstoßen - Spr.: Engl.

LINGNAU, Josef

Dr. phil., o. Prof. f. Soziologie Päd. Univ. Münster - Burchardstr. 9, 4400 Münster/W. - Geb. 12. Sept. 1930 Gelsenkirchen (Vater: Conrad L., Arbeiter; Mutter: Alwine, geb. Reimann), kath., verh. s. 1961 m. Angela, geb. Schulte, 3 Kd. (Heinrich, Hildegard, Wiltrud) - Promot. 1962 Münster - 1953 Volksschullehrer; 1962 wiss. Angest.; 1963 Hochschuldoz. - BV: D. System sozialer Hilfeleistungen, 1965; Bevölkerung u. Siedlung im Raum Wulfen, 1967 (m. Brepohl); Mithrsg.: Beiträge z. Problem Sozialisation u. Sprache, 6 Bde. 1973/74 - Spr.: Engl., Franz.

LINGNER, Michael

Prof. f. Kunsttheorie Hochsch. f. Bildende Künste Hamburg (s. 1986) - Mühlendamm 47, 2000 Hamburg 76 (T. 040 - 229 83 48) - Geb. 12. Jan. 1950 Dessau, ev., ledig - 1968-78 Stud. Kunst, Kunstgesch. u. Phil. Univ. Hamburg - S. 1990 im Vorst. d. Hamburger Kunstvereins - BV: Zw. Kern u. Mantel. F. E. Walther u. M. Lingner im Gespräch üb. Kunst, 1985; D. Haus in dem ich wohne. D. Theorie z. Kunstentwurf v. F. E. Walther, 1990. S. 1991 Mithrsg. d. Ztschr. Kunst u. Unterricht (verantwortlich f. Kunst Aktuell). Künstler. Arbeiten u.a.: Buch-Zyklus: D. Zeitkreise. Modelle d. Genese d. immateriellen Werkes. Kunst ist ein Phänomen d. Übergangs: Text-Bilder u. Bild-Texte. Ausst.beteiligungen u.a. documenta 6.

LINHARD, Brigitte,

geb. Koehler

Dipl.-Handelslehrerin, gf. Gesellschafterin Hermann Koehler oHG., Triangel - Röhrfeld 15, 3300 Braunschweig (T. 0531 - 35 13 03) - Geb. 15. Juli 1924 Stettin (Vater: Hermann Köhler, Fabrikant; Mutter: Anna, geb. Fobke), ev., verh. s. 1964 m. Dr. Hans L. - Abit.; Stud. Hochsch. f. Wirtschafts- u. Sozialwiss. Nürnberg (Dipl. 1953) - 1963-73 gf. Gesellsch. Triangeler Dämmstoffwerk Hermann Koehler oHG. - Liebh.: Gesch., Kunstgesch. - Spr.: Engl.

LINICUS, Kurt

Landrat Kr. Merzig-Wadern - Gipsberg 61, 6640 Merzig/Saar- Geb. 4. Juni 1921 - Versch. Mandate.

LINK, Almuth

Schriftstellerin - Gartenstr. 31, 6390 Usingen/Ts. 5 - Geb. 1935 Frankfurt/M., verh. m. Dr. Horst L. (Richter am OLG), 2 T. (Charlotte, Franziska) - Musikstud. Staatl. Hochsch. f. Musik Frankfurt; German. Univ. Frankfurt - 1965-76 Lehrerin Leibniz-Gymn. Frankfurt-Höchst; fr. Mitarb. an Tagesztg. - BV: Kurzgesch. u. R., u.a. Meine kl. Arche Noah, 1980; Sommer ohne Blumen, 1981; Hol d. Geige v. Himmel, 1982; Geh nicht unter, kl. Arche, 1985 - Liebh.: Musik, Tierschutz - Spr.: Engl., Lat., Franz.

LINK, Christoph

Dr. jur., o. Prof. d. Rechtswissenschaft - Hindenburgstr. 47, 8520 Erlangen - Geb. 13. Juni 1933 Dresden (Vater: Hellmuth L., RA; Mutter: Gerda, geb. Freude), ev.-luth., verh. s. 1991 m. Sibylle, geb. Obermayer, 3 Kd. (Susanne, Matthias, Maximilian) - Abit. Dresden 1951; 1952-59 Stud. Marburg, Köln, München; 1. jur. Staatsprüf. München 1960,. 2. jur. Staatsprüf. 1964, Promot. 1963, Habil. 1970 - 1960-70 wiss. Assist. Univ. München, 1970-71 Doz., 1971-77 o. Prof. Wien, 1977-79 o. Prof. Salzburg, 1979-86 o. Prof. Göttingen, s. 1986 o. Prof. Erlangen (Staats-, Verwaltungs-, Kirchenrecht) - BV: D. Grundl. d. Kirchenverfass. im luth. Konfessionalismus d. 19. Jh., 1966; Herrschaftsord. u. bürgerl. Freiheit. Grenzen d. Staatsgewalt in d. ält. dt. Staatslehre, 1979; Hugo Grotius als Staatsdenker, 1983; Kirchen u. privater Rundfunk (m. M. A. Pahlke). 1985; u. a. Publ. - 1979 Hon.-Prof. Univ. Salzburg; 1983 o. Mitgl. Akad. d. Wiss. Göttingen.

LINK, Ewald

Dr. theol., em. Prof. f. Fundamentaltheologie u. theol. Anthropologie im Institut f. kath. Theologie Fachber. Religionswissensch. Univ. Gießen (1966-81) - Adelheidstr. 1, 6250 Limburg/L. (T. 06431 - 64 58) - Geb. 15. April 1912 Höhr-Grenzhausen - Facharb.

LINK, Franz H.

Dr. phil. (habil.), o. Prof. f. Engl. Philologie m. bes. Berücks. d. Sprache u. Lit. Amerikas - Eichrodtstr. 1, 7800 Freiburg/Br. (T. 6 75 71) - Geb. 1. Aug. 1924 Frankfurt/M. (Vater: Josef L., Kaufm.; Mutter: Anni, geb. Loeven), kath., verh. s. 1952 m. Annemarie, geb. Heydemann, 2 Kd. (Stephan, Emily) - Stud. Anglistik. Promot. (1950) u. Habil. (1961) Frankfurt/M. - 1961 Privatdoz. Univ. Frankfurt, 1961 Prof. Päd. Hochsch. Alfeld, 1962 ao., 1963 o. Prof. Univ. Freiburg. Dir. Inst. f. Nordamerikastud., Sektionsleit. Görres-Ges. - BV: D. Erzählkunst Nathaniel Hawthornes, 1962; Amerik. Lit.geschichtsschreib., 1963; O'Neill, 1967; E. A. Poe, 1968; Stilanalysen amerik. Erzählkunst, 1970; Tennessee Williams, 1974; Dramaturgie d. Zeit, 1977; H. D., Trilogie, 1978; Zwei amerik. Dichterinnen, 1979; Gesch. d. amerik. Erzählkunst, 2 Bde. 1980 u. 83; Ezra Pound, 1984; Gesch. d. amerik. Verskunst b. 1900, 1988. Herausg.: Amerika - Vision u. Wirklichkeit, 1968; Amerikanische Lyrik, 1974, 3. A. 1992 (hg. u. übers. m. Annemarie Link); Jewish Life and Suffering as Mirrored in English and American Literature, 1987; Paradeigmata: Lit. Typol. d. AT, 2 Bde. 1989; Zw. Glauben u. Glaubensverlust. Aspekte d. Kath. in d. mod. engl.-sprachl. Lit., 1991; Tanz u. Tod in Kunst u. Literatur, 1992; Schriften z. Lit.wiss., ab 1989. Mithrsg.: Theatrum Mundi (1981); Literaturwissenschaftl. Jahrb., ab Bd. 20 (1979); Beitr. z. engl. u. amerik. Lit. (ab 1984).

LINK, Gerhard A.

Dr. jur., Kaufmann in Fa. B. Grimm & Co. Hamburg - Bangkok u. Link & Co., Basel - Am Feenteich 14, 2000 Hamburg 76 - Geb. 23. Okt. 1915 Bangkok (Vater: Generalkonsul Adolf L.), verh. s. 1951 m. Monika Freiin Rüdt v. Collenberg, 4 Kd. - Jurist. u. kaufm. Ausb. - S. 1953 Wahl-Generalkonsul v. Thailand.

LINK, Gotthilf

Landwirt u. Weinbaumeister, MdL Baden-Württ. (1972-88), Präs. Weinbauverb. Württ., Vizepräs. Dt. Weinbauverb., Vors. Weingärtnergenoss. Lauffen/N. - Ludwigstr. 15, 7128 Lauffen/N. (T. 07133 - 51 61) - Geb. 19. Okt. 1926 Lauffen, ev., verh., 4 Kd. - S. 1959 Stadtrat, 1969ff. stv. Bürgerm. Lauffen. CDU - Gr. BVK, Verdienstmed. d. Landes Baden-Württ.

LINK, Helmut

Elektromechaniker, MdB (s. 1969) - Ben-Gurion-King 159, 6000 Frankfurt 56 - Geb. 6. Febr. 1927 Frankfurt/M., kath., verh., Tochter - Volkssch.; Elektromechanikerhandw. - S. 1944 Siemens-Schaltwerk Frankfurt (1953 Betriebsratsmitgl., 1956 freigest.); dazw. 1944-45 Arbeits- u. Wehrdst. 1960-69 Stadtverordn. Frankfurt. CDU s. 1957.

LINK, Helmut

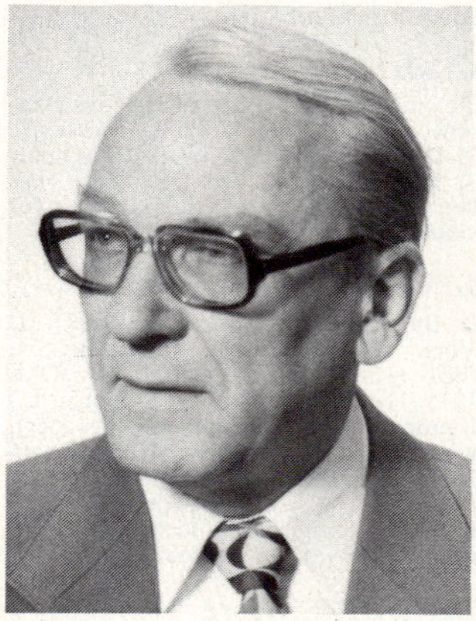

Dirigent u. Komponist - Göllweg 17, 1000 Berlin 42 (T. 030 - 741 12 68) - Geb. 10. Febr. 1918 Berlin, ev., verh. s. 1955 in 2. Ehe m. Gisela Sommer, 3 Kd. (Hans-Helmut, Ekkehard, Annette) - 1937-39 Stud. Konservat. Berlin; 1950-55 Musikakad. Berlin - S. 1958 Haydn-Kammerorch. Berlin - Musikwerke: Konz. f. Orch., Sinfonietta f. Orch., Violinkonz., Violoncellokonz., Klavierkonz., Trompetenkonz., Lieder (Benn, Gurk, Haushofer, Huch, Mombert, Hesse), Klaviertrio, 3 Violinsonaten, 103. Psalm f. Chor, Streichtrio, Streichduo Ballett "Chiron", 3 Streichquartette, Vc.-Sonate, Klar.-Quintett, Chorfantasie u. Bearbeit.: Weber (Sinf. Nr. 2), Pergolesi (La serva padrona), Haydn (Ariadne auf Naxos), Gluck (Ouv. Alceste) - Liebh.: Lit., Theater, Bild. Kunst, Philatelie - Spr.: Engl.

LINK, Horst

Geschäftsführer d. Johs. Link GmbH & Co. KG, Aue, Ehrenvors. Bundesverb. d. Dt. Musikinstrumenten-Hersteller, Frankfurt/M. - Hudeweg 15, 5920 Bad Berleburg 2/Sauerl. - BVK I. Kl., Gr. BVK.

LINK, Manfred

Dr.-Ing., Vorsitzender d. Geschäftsführung Krupp MaK Maschinenbau GmbH - Postfach 90 09, 2300 Kiel 17 (T. 0431 - 39 95 01) - Geb. 14. Mai 1940 Nürnberg, verh. s. 1966, 2 Kd. - Stud. TU Braunschweig, Promot. ebd. - 1966-70 wiss. Mitarb. DFVLR, Braunschweig; 1971-77 wiss. Mitarb. Inst. f. Verbrennungskraftmasch. TU Braunschweig; s. 1977 b. Krupp MaK. Vorst.-Mitgl. VDMA Schiffbau- u. Offshore-Zulieferind.; AR-Mitgl. MaK System Ges. mbH, Kiel u. SKL Motoren- u. Systemtechnik AG, Magdeburg; stv. AR-Vors. IFG Ichendorfer Fahrzeugbau u. Instandsetzungsges. mbH; VR-Mitgl. MTG Marine-Technik GmbH; Beiratsmitgl. d. Landeszentralbank Schleswig-Holst., d. Präs. d. Bundesbahndirektion Hamburg, d. Studien u. Förderges. d. Schleswig-Holst. Wirtschaft, u. Dt. Eisenbahn-Consult; Präsid.-Mitgl. DWT Dt. Ges. f. Wehrtechnik; Aussch.-Mitgl. VDMA Fachgemeinsch. Wehrtechnische Systeme Land, Ind. u. Forsch. d. DIHT, Arbeitskreis Verteidigungswirtsch. d. BDI; Mitgl. Dt.-Arab. Ges., u. d. Vollvers. u. d. Arbeitskr. Ind. u. Energie IHK zu Kiel; Redaktionsbeirat d. Ztschr. Wehrtechnik.

LINK, Walter H.

Diakon, Sportlehrer, MdB Nieders. (Wahlkr. 28/Diepholz) - Badeweg 70, 2839 Freistatt - Geb. 21. Juli 1937 Siegen, ev., verh. - Volkssch.; Formerausbild.; 4 J. Bundeswehr (Luftwaffe); Diakonenausbild. Bethel; Sporthochsch. Köln (staatl. anerk. Sportl.); Fachsch. f. Sozialpäd. Hannover (staatl. anerk. Erzieher) - S. 1968 Bodelschwingh'sche Teilanstalt Freistatt. 1976 ff. MdK Diepholz; 1978 MdL Nieders. CDU s. 1956.

LINK, Werner

Dr. phil., Prof. f. Politikwissenschaft Univ. Köln - Greiffenklaustr. 84, 5500 Trier (T. 0651 - 3 76 16) u. Am Höfchen 35, 5000 Köln 50 (T. 02233 - 2 36 90) - Geb. 14. Juli 1934 Quotshausen (Vater: Gustav L., Pfarrer; Mutter: Else, geb. Griese) - Univ. Marburg (Politikwiss., Gesch., German.; Staatsex. 1960); Promot. 1961, Habil. 1970 Univ. Mannheim - 1971 Prof. Univ. Marburg; 1971-75 Prof. GH Kassel; 1973 Gastprof. in Washington/USA; 1975-90 Prof. Univ. Trier, s. 1990 Univ. Köln; 1987/88 Forschungsprof. Stiftg. Wiss. u. Politik, Ebenhausen. 1971 Vors. Kommiss. f. Friedens- u. Konfliktsforsch. u. 1976-79 Vors. Kurat. Dt. Ges. f. Friedens- u. Konfliktforsch. Bonn - BV: D. Gesch. d. Intern. Jugend-Bd. (IJB) u. d. Intern. Sozialist. Kampfbd. (ISK) (Bd. 1 Marburger Abhandl. z. polit. Wiss.), 1964; D. amerik. Stabilisierungspolitik in Dtschl. 1921-32, 1970; D. Konzept d. friedl. Kooperation u. d. Beginn d. Kalten Krieges, 1971; Dt. u. amerik. Gewerksch. u. Geschäftsleute 1945-1975, 1978; D. Ost-West-Konflikt, 1980, 2. A. 1988 (engl. Ausg. 1986); D. Nord-Süd-Konflikt (m. Paul Tücks), 1985; Republik im Wandel 1969-74; D. Ära Brandt (m. Karl Dietrich Bracher u. Wolfgang Jäger), 1986; Republik im Wandel, 1974-82; D. Ära Schmidt (m. Wolfgang Jäger), 1987 - Spr.: Engl., Franz.

LINKE, Bernhard

Dr. phil., Univ.-Prof. f. Schulpädagogik Univ. Osnabrück, Abt. Vechta (s. 1958) - Welper Str. 20, 2848 Vechta/Oldenburg (T. 27 02) - Geb. 15. Okt. 1926 Plauen/V. (Vater: Kurt L., Konditor; Mutter: Helene, geb. Bauer), kath., verh. s. 1954 m. Sigrid, geb. Birett, 8 Kd. - Wirtschaftsobersch. Plauen, Gymn. Eichstätt; Akad. Paderborn, Univ. München (Päd.,

Phil., Theol.). Beide Lehrerprüf.; Promot. 1955 - 1952-58 Volksschuldst. Eifel - BV: D. 9. Volksschuljahr, 3. A. 1965; Wir u. d. Kinder, 1969; Die Hauptschule; Wohin geht die Schule?; D. Lehrer u. Erzieher; in Reinhard Schilmöller u.a.: Erziehung als Auftrag (1989) S. 106-118; D. Rückkehr z. Bildungssystem d. zwanziger Jahre; in: Eckermann/Kuropka: Neubeginn 1945 - Zw. Kontinuität u. Wandel (Vechtaer Univ.schriften Bd. 4); Weiterbildende Stud. f. Lehrer, VBE-Dok. 1990 - Spr.: Lat., Engl.

LINKE, Bruno

Oberkreisdirektor a. D., Fachanwalt f. Verwaltungsrecht in d. Sozietät Busse & Miessen, Bonn - Oxfordstr. 21, 5300 Bonn - Geb. 13. April 1936 Lendringsen, kath., verh. m. Marliese, geb. Hömberg, 2 Söhne (Christoph, Tobias) - Zul. OKD Rees/Wesel - BV: Abgrabungsgesetz Nordrh.-Westf.; D. anwaltliche Praxis in Verwaltungssachen (m. Felix Busse), Komment.

LINKE, Hansjürgen

Dr. phil., o. Univ.-Prof. f. Dt. Sprache u. Literatur - Gyrhofstr. 27, 5000 Köln 41 (Lindenthal) (T. 41 65 37) - Geb. 23. Nov. 1928 Görlitz (Vater: Richard L., Reg.-Amtm.; Mutter: Margarethe, geb. Dohndorf), ev., verh. m. Tamako, geb. Yamada, 2 Kd. (Yukiko, Naoko) - 1949-55 Univ. Köln (German., Theaterwiss., Kunstgesch.), 1955-58 Univ. Göttingen, Hamburg (Angl., Roman.) - S. 1969 Dir. Inst. f. Dt. Sprache u. Lit. Univ. Köln - BV: D. Kultische in d. Dicht. Stefan Georges u. s. Schule, 2 Bde., 1960; Epische Strukt. in d. Dicht. Hartmanns von Aue, 1968; D. österl. Spiele aus d. Ratsschulbibl. Zwickau, 1990. Mitarbeit: D. dt. Lit. d. Mittelalters, Verfasserlex. 2. A. (s. 1978); Neues Handb. d. Lit.-wiss., Bd. 8 Europ. Spätmittelalter (1978); Gesch. d. dt. Lit. (de Boor/Newald), Bd.III, 2 (1987). Mithrsg.: Sprache in Gegenwart u. Gesch. (1978); Kölner germanist. Stud. (s. 1980). Rd. 140 Fachveröff. bes. z. mittelalterl. Drama.

LINKE, Horst

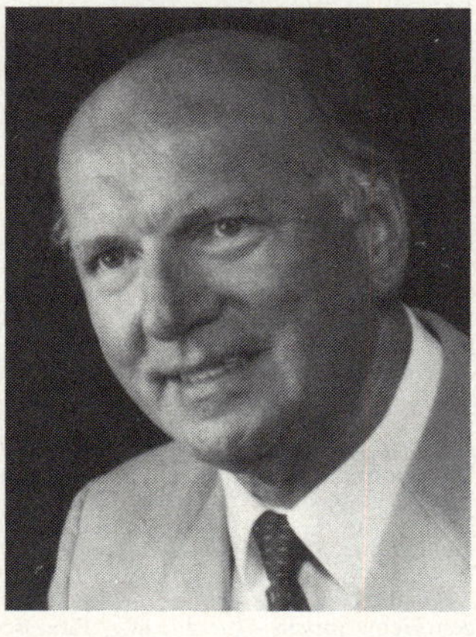

Dr. med., Prof. f. Innere Medizin, Chefarzt - Pfarrer-Kraus-Str. 9 b, 5400 Koblenz (T. 0261 - 6 53 98) - Geb. 17. Febr. 1924 Neustadt/Orla (Thür.), ev., verh. s. 1948 m. Vera, geb. Ludwig, T. Birgit - Promot. 1948 Göttingen; Habil. 1961 Med. Akad. Magdeburg - 1964-68 a.o. Prof., 1968-72 o. Prof. Med. Akad. Magdeburg; s. 1973 apl. Prof. Univ. Mainz. 300 Publ. u. Buchbeitr.

LINKE, Manfred

Dr. phil., Leiter Intern. Forum junger Bühnenangehöriger Berlin (s. 1969) - Unter den Eichen 115, 1000 Berlin 45 (T. 030 - 831 80 98) - Geb. 24. Nov. 1936 Halle/S., ev. - Ausb. Industriekaufm.; Stud. Theaterwiss., German., Publizistik, Musikwiss., Promot. 1967 FU Berlin - 1968-85 Wiss. Assist. u. wiss. Angest. FU Berlin; 1961-73 Regiemitarb. Bayreuther Festsp.; 1982-91 Geschäftsf. Zentrum Bundesrep. Deutschl. d. Intern. Theaterinst. - BV: Gustav Lindemann. Regie am Düsseldorfer Schauspielhaus, 1969; Hermann Ungar, 1971; Carl Sternheim, 1979; Theater/Theatre 1967-82, (Hg.) 1983; Mitherausg. Gesamtausg. d. Werke Carl Sternheims, 1969-76. Herausg. Schriftenreihe d. intern. Theaterinst. - Bearb. v. C. M. von Webers Oberon (UA Bregenzer Festsp. 1977) - Spr.: Engl., Franz.

LINKE, Norbert

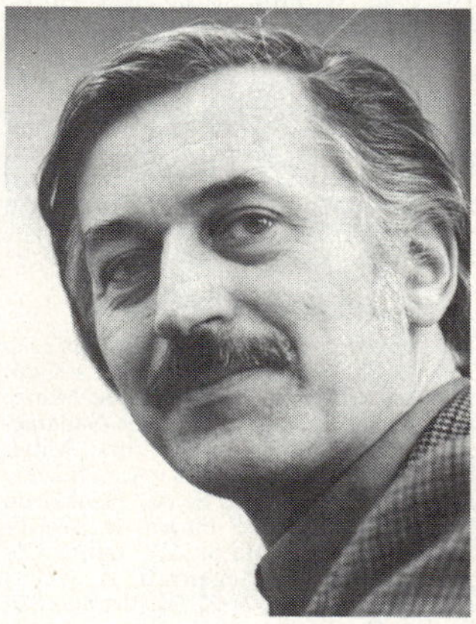

Dr. phil., Prof. Univ.-GH Duisburg, Komponist - Torfstück 23, 2000 Hamburg 62; u. Am Rahmer Bach 143, 4100 Duisburg 29 - Geb. 5. März 1933 Steinau/O. (Vater: Reinhold L., Schuhmacherm.; Mutter: Martha, geb. Zacher-Regber), ev., verh., 5 Kd. (Annette, Bettina, Corinna, Florian, Michael) - 1952-57 Musikhochsch. Univ. Hamburg (Staatsex. 1955 höh. Schulmusik, 1957 Dt. Lit.; Promot. 1960) - 1960-72 Schuldienst Hamburg; 1972-76 FHS Darmstadt-Jugenheim (Prof.); 1972-77 MHS Lübeck; s. 1976 o. Prof. Univ. Duisburg. Erf. Flageolett vom Flageolett (Klavier); Schwarz-Weiß-Notation (Orgel); Begr. Ontologie d. Musik; Wertdidakt. d. Musik; Chronotherapie - BV: Musik zw. Konsum u. Kult, 1972, 3. A. 1976; Neue Wege in d. Musik d. Gegenw., 1975; Phil. d. Musikerzieh., 1976; Wertprobl. u. Musikerzieh., 1977; Heil. durch Musik? 1977; Robert Schumann - Z. Aktualität romant. Musik (m. Gustav Kneip), 1978; Einf. in d. Musiksoziol., 1979; Musik in d. soz. Schule, 1981; D. Tätigk. d. Musiklehr., 1982; Johann Strauß Sohn in Selbstzeugn. u. Bilddok., 1982; Musik erobert d. Welt, 1987 - Musikwerke: Lyr. Symph., I. Symph., Strati f. Orch., Klavierkonz., Violinkonz.; Konkret. I-V f. Kammerens., Polyrhythmika I-III f. Klavier, Bläserquint., Klavierquart., Nonett, Puzzle I-III, Varim I u. II; Rital u. Retro f. Orgel, Reformationssonate in Fragm. f. Org., Choralsuite, Choral-Variat., Organ-Pops; Diri Dana f. Chor u. Instr., Hätt' ich des Goldes e. Stücke (dito), Markuspass., Canticum I-III f. Chor, Kleist-Epigramme, Denn ihr werdet Gott schauen; Tschech. Lieder - Kompos.preise: 1962 u. 1968 Stuttgart, 1966 Hamburg (LTM), 1969 Hof (Hofer Symphoniker), 1970 Doppelpreis Kammermusikwettb. LTM Hamburg, 1977 Johann-Wenzel-Stamitz-Pr. Stuttgart. 1971 o. Mitgl. Sektion Musik Fr. Akad. d. Künste Hamburg - Liebh.: Musizieren, Spielen - Lit.: Rudolf Lück, D. Komponistenporträt: N. L., 1972; G. Pankalla/G. Speer, Zeitgen. Schles. Komponisten: N. L., 1979; Dietrich Kämper, Rhein. Musiker: N. L., 1981; MD u. G, Werke auf Schallplatten: N. L., 1983; versch. Beitr. in Büchern u. and. Publ.

LINKE, Volkard

Dr. rer. nat., Prof. f. Theoretische Physik FU Berlin - Arnimallee 14, 1000 Berlin 33 (T. 030 - 838 37 40/52 48; Telefax 030 - 838 37 41; Telex 17 308 622) - FU Berlin, Dipl.-Phys. 1962; Promot. Univ. Marburg 1965, Habil. 1969 ebd. - S. 1972 Prof., 1975 SC. Assoc. of Cern, 1980 Gastprof. Manila - Publ. üb. theor.-phys. u. comp.-phys. Probl.

LINKOHR, Rolf

Dr. rer. nat., Physiker, Mitgl. Europ. Parlament (s. 1979, Sprecher d. sozialist. Fraktion f. Energie, Forsch. u. Technol.) - Asangstr. 219a, 7000 Stuttgart 61 - SPD.

LINKS, Christoph

Verleger Ch. Links Verlag, Berlin - Gethsemanestr. 11, O-1058 Berlin - Geb. 15. Sept. 1954 (Vater: Roland L., Verleger: Insel/Kiepenheuer, Leipzig), verh. m. Christina, geb. Marschner, 2 Kd. (Johanna, Josephine) - Stud. Philos. u. Lateinamerikanistik 1975-80 Berlin u. Leipzig; Dipl. phil. - Verleger, Publizist, Kritiker - BV: Sechs mal Mittelamerika (m. H. Bahrmann), 1985; Wir sind d. Volk - D. DDR im Aufbruch (m. H. Bahrmann), 1990; Sandinismus - e. Versuch mittelamerikanischer Emanzipation, 1992. Herausg.: Lateinamerikanische Literatur im 20. Jahrhundert (1992) - Spr.: Engl., Span.

LINKWITZ, Klaus, W.

Dr.-Ing., o. Prof. f. Vermessungswesen u. Direktor Inst. f. Anwend. d. Geodäsie im Bauwesen d. Univ. Stuttgart - Keplerstr. 10, 7000 Stuttgart 1 (T. 207 33 65) - Geb. 3. Juli 1927 Bad Oeynhausen (Vater: Wilhelm L., öffentl. best. Verm.Ing.), ev., verh. m. Suse-Iris, geb. Heilmann, 2 Kd. - 1948-53 Stud. Geodäsie Stuttgart, München (1960 Dr.-Ing.), 1953-60 Ing.tätigk. Afghanistan u. Indien, 1960-64 Partner Ing.büro, Brücken- u. Straßenprojekte Deutschl., Iran, Westafrika, s. 1964 Univ. Stuttgart. Tätigk. als berat. Ingenieur auf d. Gebiet d. geodätischen Meßtechnik u. d. Formfindung f. Leichte Flächentragwerke - Etwa 75 wiss. Artikel in versch. wiss. Ztschr. - Spr.: Engl., Franz., Span.

LINN, Horst

Dipl.-Ing. Elektrotechnik, Geschäftsführer LINN HIGH THERM GmbH, gf. Gesellsch. LINN Elektro Therm GmbH, O-Bad Frankenhausen u. Teilhaber Fa. Elito-Electronic GmbH, Pegnitz - Heinrich-Hertz-Platz 1, 8459 Hirschbach 1 - Geb. 26. Juli 1944 Hersbruck, kath., verh. s. 1967 m. Eva Ros, 2 Kd. (Horst, Diana) - Stud. München u. Frankfurt - Entw. Datenverarb., Bau v. HF-Generatoren. Mehrere Anlagen- u. Verfahrenspat. Vorst. ZVEI u. OTTI (Ostbayer. Technol.-Transfer-Inst.) u. d. ACCES (Aachener Centrum f. Erstarrung unt. Schwerelosigkeit), Stifter d. AIT Vilseck (Applikationszentr. f. innovative Werkstoff-Technologien) - Liebh.: Kochen, Motorsport - Spr.: Engl., Franz. - Rotarier.

LINNEMANN, Hans

Kanzler Tierärztl. Hochschule Hannover (s. 1971) - Bischofsholer Damm 15, 3000 Hannover - Geb. 7. Dez. 1936 Bremen, ev., verh. - Stud. Rechte Univ. Göttingen, Freiburg/B., Münster - 1964 Eintritt Höh. Verw.dienst, zul. Reg.-Dir. b. Sen. f. d. Bildungswesen Bremen (Hochschulplanung).

LINNEMANN, Hans-Martin

Dr. theol. h. c., Präses d. Ev. Kirche v. Westfalen - Kantstr. 17, 4800 Bielefeld 1 - Geb. 30. Dez. 1930, verh. s. 1958, 5 Kd. (Ute, Dorette, Almut, Wolfram, Rainer) - Theol.-Stud.

LINNENKOHL, Karlheinz

Aufsichtsratsmitglied Progress-Werk Oberkirch AG - 7602 Oberkirch-Stadelhofen/Baden; priv.: 7602 Oberkirch - Geb. 5. April 1921 Frankfurt/M.

LINNERT, Gertrud

Dr. rer. nat., Prof. f. Cytologie u. -genetik - Milowstr. 3, 1000 Berlin 33 (T. 824 16 23) - Geb. 26. April 1920 Nürnberg (Vater: Philipp L.; Mutter: Elsa, geb. Thurn), ev. - Univ. Erlangen u. Freiburg (Botanik; Promot.) - S. 1954 (Habil.) Privatdoz., apl. Prof. (1961) TU Berlin, Prof. (1972) FU Berlin (Inst. f. Angew. Genetik). Veröff. üb. Cytogenetik. Allgem. Cytogenetik, Lehrb. 1991. Herausg.: Cytogenetisches Praktikum (1977).

LINNERZ, Heinz

Dr. phil., Leiter Hauptabt. Kultur Westd. Rundfunk - Appellhofpl. 1, 5000 Köln - Geb. 22. Mai 1926 Köln (Vater: Johann L., Handwerker; Mutter: Gertrud, geb. Heidkamp), kath., verh. s. 1953 m. Rosemarie, geb. Knab, 2 Söhne (Sebastian, Stefan) - Realgymn. Köln; Univ. ebd. u. Bonn (German., Phil., Kunstgesch.) - S. 1958 Wochenztg. Echo d. Zeit (Leit. Ressort Kultur u. stv. Chefredakt.), Ztschr. Dokumente (1962 Chefr.), WDR (1967 Hauptabt.leit. Kultur).

LINNEWEH, Friedrich

Dr. med. (habil.), o. Prof. f. Kinderheilkunde - Südl. Auffahrtsallee 13, 8000 München 19 (T. 089 - 13 24 46) - Geb. 22. Sept. 1908 Meine/Hann., verh. s. 1939 m. Dr. Marga, geb. Eitel - 1940 Doz. Univ. Berlin, 1946 Univ. Marburg, 1949 ao., 1951 o. Prof. (Dir. Kinderklinik), em. 1975 - BV: D. physiol. Entw. d. Kindes, 1959; D. Prognose chron. Erkrankungen, 1960; Pädiatrie in d. Praxis, 1961; Erbl. Stoffwechselkrankh., 1962; Fortschr. d. Pädologie, 2. A. 1968. Zahlr. Handbuchbeitr. - 1964 Ehrenmitgl. Schwed. Pädiatr. Ges., 1971 Intern. Med. Ges. Japans; Mitgl. Dt. Akad. d. Naturforscher (Leopoldina); korr. Mitgl. franz., ital., schweiz. Pädiatr. Ges.; 1978 Ehrenmitgl. Dt. Ges. Kinderheilkd.

LINSEL, Eberhard

Dr.-Ing., Prof. f. Bergbaukunde u. Grubenbewetterung - Robert-Koch-Str. 7, 4350 Recklinghausen (T. 2 26 10) - Geb. 2. Jan. 1906 Berlin (Vater: Dipl.-Ing. Eduard L., Direktor; Mutter: Emma, geb. Lude), verh. s. 1936 m. Liesanne, geb. Rösler, 2 Töcht. (Ebba, Sibylle) - TH Berlin. Promot. 1939; Habil. 1950 - 1939-57 Leit. Wetterwirtschaftsst. Westf. Berggewerkschaftskasse, Bochum; s. 1950 Privatdoz. u. apl. Prof. (1959) TH Aachen; 1957-68 Leit. Forschungsst. für Grubenbewetterung d. Steinkohlenbergbauvereins, Essen; s. 1969 freiberufl. Ing.- u. Gutachtertätigk. b. d. Planung u. Ausführ. d. Be- u. Entlüftung unterird. Schnellbahnstr. im In- u. Ausland - BV: Stand u. Entwicklungsricht. d. Grubenbewetterung; Klimatisierungen v. Bergwerken (in: Handb. d. Kältetechnik, Bd. XII 1967). Zahlr. Fachaufs. - Spr.: Engl.

LINSENHOFF, Liselott,

geb. Schindling

s. Schindling-Rheinberger, Liselott

LINSENMANN, Wolfram

Journalist, Vorsitzender Dt. Journalistenverb. DJV, LV Nieders., Hannover - Bussardweg 12, 3014 Laatzen 1 (T. 0511 - 82 73 67) - Geb. 10. Febr. 1929 Lörrach/Baden, verh. s. 1954 m. Lieselotte, geb. Lambert, 2 Kd. - S. 1949 Redakt., Pressechef Messe-AG Hannover (1966), Chefredakt. Nieders. Wirtsch. u. Geschäftsf. IHK Hannover-Hildesheim (1981-92).

LINSER, Herbert

Geschäftsführer Intertractor Gevelsberg - Forstring Nr. 22, 4630 Bochum 6 (Wattenscheid) (T. 7 10 16) - Geb. 16. Juli 1933 Solingen, ev., verh. s. 1957 m. Ursula, geb. Klein, 3 Kd. (Michael, Andrea, Tobias).

LINSINGEN, Freiherr von, Detlev

Rechtsanwalt, Fachanwalt f. Steuerrecht, Vorstandsmitglied Alte Leipziger Lebensversich.ges. a.G. u. Alte Leipziger Versich. AG Oberursel - Geb. 3. Okt. 1943 Königsberg, kath., verh. s. 1977 m. Marion, geb. von Rosenthal, 3 Kd. -

Stud. Rechtswiss. Berlin, Mainz, München; 1. u. 2. jurist. Staatsprüf. 1967 u. 1970 München, Steuerberaterex. 1974 Hamburg - S. 1970 Wirtschaftsprüfung u. Steuerberatung in Dtschl., Brasilien, Südafrika (1971/72), 1975/76 Chemie, s. 1976 Versich.wirtsch.; s. 1980 Vorst. Alte Leipziger Versich.gr. - Veröff. im Intern. Steuerrecht, Versich.wesen u. Daten- u. Informationsverarbeitung - Spr.: Engl., Franz., Portug.

LINSMAYER, Eleonore
Dr. jur., Botschaftsrätin, Botschaft Washington (Leiterin Kultur) - Zu erreichen üb. Ausw. Amt, Ref. 232, 5300 Bonn - Geb. 11. Mai 1934 München - Frühere Auslandsposten: Edinburgh, Tokyo, Johannesburg, Genf, Houston/Texas (Generalkonsulin), zul. vortragende Legationsrätin Ausw. Amt Bonn.

LINSMEIER, Josef
Rechtsanwalt, MdB (Wahlkr. 208/München-Land) - Beethovenstr. 17, 8013 Haar - CSU.

LINSS, Hans Peter
Dr. phil., Bankkaufmann, Vorstandsvors. Bayer. Landesbank Girozentrale - Brienner Str. 20, 8000 München 2 (T. 21 71-01) - Geb. 15. Juli 1928, kath., verh., 3 Söhne (Peter, Pascal, Martin) - Abit. 1948; 1948-53 Stud. Univ. Mainz u. Bonn, Altphilol., semit. Spr., Islamkd., Gesch.; Promot. Dr. phil. 1953 - AR-Vors. Bankhaus H. Aufhäuser, München; stv. AR-Vors. Südd. Bodencreditbank AG, München, u. Thüga AG, München; AR-Mitgl. Gabriel Sedlmayr Spaten-Franziskaner-Bräu KGaA, München, u. Fränkisches Überlandwerk AG, Nürnberg; VR-Vors. Bayer. Landesbank Intern. S.A. Luxembourg; VR-Mitgl. DGZ Dt. Girozentrale, Dt. Kommunalbank, Frankfurt - Spr.: Engl., Franz., Arab.

LINSSEN, Dieter
Kaufmann, gf. Gesellsch. Linssen KG, Meerbusch - Breite Str. 10, 4005 Meerbusch-Osterath (T. 02159 - 20 71) - Geb. 7. Jan. 1938 Düsseldorf, ev., verh. s. 1979 m. Helga, geb. Buchholz, 3 Söhne (Mario, Nicolai, Bastian) - Gymn., Kaufm. Privatsch., auto. Einzelhandelskaufm. - Vorstandsmitgl. Bundesverb. Rolladen u. Sonnenschutz, Düren; VR-Vors. Fachgem. Rolladen, Jalousien, Markisen, Köln; Landesinnungsm. f. d. Rolladen- u. Jalousiebauerhandwerk NW; Vorst.-Mitgl. d. Rolladen- u. Jalousiebauerinnung Regierungsbez. Düsseldorf. Veröff.: Fachart. in d. Verbandszeitschr. Rolladen u. Sonnenschutz - 1979 Gr. BVK am Bde.; gold. Ehrennadel Bundesverb. Rolladen u. Sonnenschutz; silb. Ehrennadel Handwerkskammer Düsseldorf; 1987 BVK I. Kl. - Spr.: Engl.

LINSSEN, Helmut

Dr., Dipl.-Kfm., MdL, Vorsitzender d. CDU-Landtagsfraktion (s. 1990) - Platz des Landtags 1, 4000 Düsseldorf 1 (T. 0211 - 88 40) - Geb. 21. Juni 1942 Krefeld, kath., verh., 1 T. - Gymn.; Abit. 1961; Kaufm. (Groß- u. Außenhdl.) 1963; Stud. Univ. Hamburg u. München; Dipl. oec. publ. 1968; Promot. 1972 - S. 1972 Mitgl. CDU; Schatzm. im CDU Kreisvorst. Kleve; s. 1984 Mitgl. Landesvorst. d. MIT d. CDU Nordrh.-Westf.; 1975-80 Mitgl. Rat d. Stadt Geldern; 1987-90 stv. u. s. 1990 Vors. d. CDU-Landtagsfrakt.; s. Okt. 1990 Mitgl. im Bundesvorst. d. CDU; 1987 - März 91 Generalsekr. d. CDU Nordrh.-Westf. - BV: Interdependenzen im absatzpolit. Instrumentarium d. Unternehmung.

LINSSER, Hans Ferdinand
Dr. jur., Botschafter d. Bundesrep. Deutschl. in Malaysia - P.O.St. 23, Kuala Lumpur; Heimatadr.: Semerteichstr. 87-I, 4600 Dortmund - Geb. 11. Dez. 1918 Dortmund, verh. - Stud. d. Rechtswiss. u. oriental. Spr. Univ. Berlin, Genf; 1940 Dipl.ex. Chines. u. Thai (Siames.); 1940-45 Wehrdst. (Lt. d. R.); 1946 u. 1950 1. u. 2. jur. Staatsex.; 1949 Promot. Göttingen - 1950-52 Ref. u. Justitiar nieders. Kultusmin.; s. 1952 Ausw. Amt (Auslposten: Bangkok, Khartoum, Ankara, Botschafter Fort Lamy, Generalkonsul Kalkutta, Botsch. Birma).

LINTL, Wolfgang
Journalist, Mitgl. Dt. Presserat - Harzburger Str. 1, 2800 Bremen (T. 0421 - 498 58 25) - Geb. 18. April 1949 Gevelsberg (Vater: Hans G., Fotografenmeister; Mutter: Ruth, geb. Brink), ev., T. Birte - Ind.-Lehre, 2. Bildungsweg, Volont. - B. 1976 Tageszeitungsredakt.; 1976ff. Nachrichten-Redakt. Hörfunk; 1983ff. Nachrichten-Moderator Regional-TV. S. 1979 Mitgl. Dt. Presserat - 1980 Kurt-Magnus-Preis - Liebh.: Drachen- u. Ultraleichtfliegen - Spr.: Engl.

LINTNER, Eduard
Rechtsanwalt, Regierungsrat a. D., MdB (s. 1976), Parlam. Staatssekr. b. Bundesminister d. Innern (s. 1991) - Eichhornstr. 9, 8732 Münnerstadt (T. 09733 - 13 82) - Geb. 4. Nov. 1944 Marktlangendorf (Vater: Eduard L., Forstbeamter; Mutter: Helen, geb. Ludwig), kath., verh. s. 1966 m. Alrun, geb. Erlebach, 4 Kd. (Eva Maria, Markus, Johannes, Maria Anna) - Stud. Würzburg (2. jur. Staatsex. 1973) - CSU - Spr.: Engl.

LINUS, Hans
Maler, Porträtist - Postfach, 8110 Murnau (T. 08841 - 53 50) - Porträts: Kaiserl. Familie von Persien, königl. Familien von Marokko u. Saudi-Arabien, Hildegard Knef, v. Karajan, Ella Fitzgerald, Muhhamad Ali, Papst Johannes Paul II., König Juan Carlos II., Chomeini, Mildred Scheel, erfundene Porträts.

LINZENMEIER, Götz
Dr. med., em. o. Prof. f. Med. Mikrobiologie - Hufelandstr. 55, 4300 Essen - Geb. 17. Juli 1917 Heidelberg (Vater: Prof. Georg L.; Mutter: Hedwig, geb. Arendt), verh. 1951 m. Elsbeth, geb. Weitzel - S. 1957 (Habil.) Lehrtätigk. Univ. Bonn, München (1958; 1963 apl. Prof.), Bochum bzw. Klinikum Essen (1966-1987 Ord. u. Inst.dir.). S. 1967 Schriftf. u. Schatzm., 1971-73 Vors. Dt. Ges. f. Hyg. u. Mikrobiol., 1980/82 Vors. Paul-Ehrlich-Ges. f. Chemotherapie. 250 Fachveröff. - 1984 Korr. Mitgl. Wiss. Akad. Buenos Aires; 1985 Beuth-Med./DIN.

LIPFERT, Helmut
Dr. rer. pol., em. Prof., Lehrstuhlinh. f. Intern. Management u. Genoss.wesen Univ. Hamburg, AR-Mitgl. Tchibo Holding AG Hamburg - Fößredder 23c, 2000 Hamburg 67 (T. 603 70 79) - Geb. 5. Mai 1924 Braunschweig - Habil. 1958 Darmstadt - Stud. Wirtschaftswiss. 1950-58 Prok. Privatbank; 1960-66 o. Prof. TH Darmstadt u. Univ. Hamburg (1962); 1966-74 Vorst.-Mitgl. Westdt. Landesbk./Girozentrale Düsseldorf; 1975-76 Full Prof. INSEAD Fontainebleau; 1976-82 Distinguished Visit. Prof. ebd.; s. 1976 Univ. Hamburg - BV: Intern. Devisen- u. Geldhandel, 3. A. 1969; Nat. u. intern. Zahlungsverkehr, 2. A. 1970; D. Geldmarkt m. Eurogeldm., 8. A. 1975; Einf. in d. Währungspolitik, 8. A. 1974; Intern. Finanzmärkte, 1964; Optimale Unternehmensfinanzierung, 3. A. 1969; Devisenhandel, 3. A. 1988; Mitgliederförderndes Kooperations- u. Konkurrenzmanagement in genossenschaftl. Systemen, 2. A. 1988 - Spr.: Engl., Franz. - Rotarier.

LIPKA, Leonhard
Dr. phil., o. Prof. f. Anglistik (spez.: Sprachwissenschaft) Univ. München (s. 1975) - Rothschwaigestr. 51, 8000 München 50 (T. 149 51 91) - Geb. 12. Juni 1938 Jägerndorf, kath., verh. s. 1971 m. Uta, geb. Staadt - Promot. 1966 Tübingen; Habil. 1971 ebd. - 1972-75 Prof. Univ. Frankfurt - BV: Semantic Structure and Word-Formation, 1972; An Outline of English Lexicology, 1990 - Spr.: Engl., Franz.

LIPKAU, Ernst-Günther
Bankdirektor i. R. - Rua Jaime Cortezão 208, 04720 São Paulo/Brasilien - Geb. Meyenburg/Mark, verh. m. Ilse-Marie, geb. Delorme -VR-Beirat Dt.-Südamerik. Bank AG, Hamburg; Vorst.-Mitgl. Fligor-Ind. de Válvulas S. A., Dinamic Ltda.; Beirat Siemens S. A., Henkel do Brasil S. A., Banco Finasa de Investimentos S. A., Itelpa S.A. - Ind. e Comercio, Hannover Seguros S. A. (HDI) u.a.m. Ehrenpräs. IHK Dt.-Brasil., São Paulo - Gr. BVK.

LIPP, Alfons
Oberspielleiter - Hess. Staatstheater, 6200 Wiesbaden - B. 1972 Oberspiell. Kiel, dann Wiesbaden.

LIPP, Ernst-Moritz
Dr. rer. pol., Chefvolkswirt Dresdner Bank - Jürgen-Ponto-Platz 1, 6000 Frankfurt 11 (T. 069 - 263 64 78) - Geb. 17. Mai 1951, kath., verh. s 1980 m. Angelika Lipp-Krüll (Fernsehjourn.) - Stud. Volksw. u. neuere Gesch. Univ. Saarbrücken, Münster u. Cambridge/Engl. - 1977/78 Regierungsberat. in Engl. (Cambridge Economic Policy Group); 1979-87 Generalsekr. u. Leit. d. wiss. Stabes d. Sachverständigenrat (Fünf Weise); 1984/85 Regierungsberat. in Lateinamerika; Lehrauftr. an versch. Univ. - BV: Parallelwährung f. Europa, 1979; Finanzpolitik und Lohnpolitik - Akteure zw. Konflikt und Kooperation, 1981; Wirtschaftspolitik u. Politikberat. in Lateinamerika, 1985; L'Allemagne - Une Economie Gagnante?, 1988 - Spr.: Engl., Franz., Span.

LIPP, Peter
Dipl.-Kfm., Mag. rer. soc. oec., gf. Gesellschafter R. W. Lipp GmbH & Co. Kunststoffverarbeitung, Berlin - Riemerstr. 8, 1000 Berlin 27 - Geb. 4. Febr. 1936 Berlin (Vater: Rudolf L., Graveur †; Mutter: Meta, geb. Rahn), verh. s. 1964 m. Christa, geb. Tauchert, Ing., 2 T. (Kerstin, Maja) - Gymn.; TU Berlin, Dipl.-Kfm. 1963; Hochsch. f. Welthandel Wien, Mag. rer. soc. oec. 1980 - Vorst.-Mitgl. Gesamtverb. d. Kunststoffverarb. Ind., Frankfurt.

LIPP, Wolfgang
Dr. rer. soc., o. Prof. f. Soziologie - Methfesselstr. 7, 8700 Würzburg (T. 88 36 37) - Geb. 21. Dez. 1941 Linz/D. (Vater: Prof. Dr. Franz L., Mus.dir.; Mutter: Elfriede, geb. Mühlhuber, OSTR, Dr.), kath., verh. s. 1968 m. Gisela, geb. Rahlenbeck, 3 Söhne (Florenz, Thorolf, Julius) - Human. Gymn.; Univ. Wien, Münster, Bochum (Promot. 1967), Habil. Univ. Bielefeld 1977 - 1972-78 Red. Ztschr. f. Soziol. (1979-81 Mithrsg.) Bielefeld. S. 1979 Inh. d. Lehrst. f. Soziol. Univ. Würzburg; Generalsekr. Griech.-dtsch. Initiative - BV: Institut. u. Veranst. 1968; Konformismus/Nonkonformismus, 1975 (Sammelb.); Kultursoziol. (ebd., m. F.H. Tenbruck), 1979; Biol. Kateg. im Vormarsch? Herausford. u. Antw. e. künft. Soziol., 1980; Industrieges. u. Regionalkultur (Edit.), 1984;

Stigma u. Charisma, 1985 (ital. Ausg. 1992); Kulturtypen, Kulturcharaktere (Edit.), 1987; Kulturpolitik (Edit.), 1989; Musik u. Ges. (Edit.), 1992. Mithrsg.: Schriften z. Kultursoziol. (1984ff.); wiss. Beirat: Sozialwiss. Abh. (1982ff.); Ztschr. f. Soziol. (1982ff.); Annali di Sociologia/Soz. Jb. (1987ff.) - Liebh.: Kulturgesch., Kunst - Spr.: Engl.

LIPPE, von der, Jürgen

Fernsehmoderator, Satiriker - Bundesallee 141, 1000 Berlin 41 (T. 030 - 851 40 06) - Geb. 8. Juni 1948 - Stud. German. u. Phil. - Fernsehmoderator b. WDR: WWF-Club, So isses, Donnerlippchen, Voll ins Leben, s. 1990 Geld oder Liebe, ab April 1992 neue Game-Show Hast Du Worte, ab August 1992 neue Comedy-Show Lippes Lachmix; 50 - 70 Gastspielauftr. jährlich - BV: WWF-Witzparade, 1984; in diesem Sinne - Ihr Hubert Lippenblüter, ersch. 1987. 12 Langspielpl. - 1982 Liederpfennig; 1987 Gold. Löwe RTL; 1988 Gold. Kamera in Bronze u. gold. Langspielpl. f. üb. 250.000 verk. Tonträger v. Guten Morgen, liebe Sorgen - Liebh.: allg. Fitness, Wassersport, Tennis, Kochen - Spr.: Engl., Lit.: Selbstredend, div. Ztg. u. Ztschr.-Art.

LIPPE, von der, Peter Michael
Dr. rer. pol., Dipl.-Volksw., Prof. f. Statistik, Ökonometrie - Richard Wagner Str. 29, 4300 Essen 1 (T. 0201 - 23 84 22) - Geb. 23. Juni 1942 Immenstadt/Allg. - Stud. Volksw. - Assist., Doz. f. Statistik Univ. Marburg, Wiss. Rat u. Prof. Univ. Essen-GH (s. 1975) - BV: Statist. Meth. z. Mess. d. soz. Schichtung, 1972, 2. A. 1975; Wirtsch.statist., 1975, 4. A. 1990; Klausurtraining in Statist., 1979; Investitionszyklen in Polen, DFG-Projekt, 1984; Industrial Statistics Manual, 1985 u. a.; div. Aufs. Fachztschr. - Mitgl. Dt. Statist. Ges. - Liebh.: Fluglehrer - Bek. Vorf.: J.H.W.Tischbein (1751-1829), Maler.

LIPPE, Prinz zur, Rudolf
Dr. phil., Dipl. rer. pol., o. Prof. f. Sozialphilosophie u. Ästhetik - Kloster, 2872 Hude/Oldenb. - Geb. 8. Jan. 1937 Berlin (Vater: Friedrich-Wilhelm Prinz z. L.; Mutter: Godela, geb. v. Oven), verh. s. 1979 m. Béatrice, geb. Colonna de Giovellina, S. Friedrich - Altsprachl. Gymn.; dipl. rer. pol. Volksw. u. Gesch. Heidelberg, Promot. in mittl. u. neuer Gesch. u. Habil. Sozialphil. u. Ästhetik Frankfurt - Verw.-Lehrst. f. Kuturtheorie Frankfurt; s. 1974 Lehrst. f. Soz.phil. u. Ästhetik Univ. Oldenburg - BV: Bürgerl. Subjektivität, 2. A. 1984; Naturbeherrschung am Menschen, 2 Bde. 1975, 2. A. 1981; Am eig. Leibe. Z. Ökonomie d. Lebens, 1978, 2. A. 1980; Entfaltung d. Sinne (m. H. Kükelhans), 6. A. 1989; Sinnenbewußtsein. Grundlegung e. anthropologischen Aesthetik, 1987; V. Leib z. Körper, 1988; Freiheit die wir meinen, 1991. Zahlr. Beitr. u. Essays. Einige Ausstell. u. Bühnenbilder - 1981 Fellow Wiss.kolleg Berlin (Inst. for Advanced Study); I.C.I.S., New York - Laboratoire De Soliolog. Univ. Paris VII; Wiener Akad. f. Zukunftsfragen; Initiator d. Karl Jaspers Vorlesungen zu Fragen d. Zeit - Spr.: Franz., Engl. - Lit.: Who is Who in the World, Dictionaire de la Sociol. de la Connaissance.

LIPPELT, Helga

Freie Schriftstellerin - Bernburger Str. 28, 4000 Düsseldorf 1 (T. 0211 - 22 69 67) - Geb. 26. Sept. 1943 Insterburg/Ostpr. - BV: Jeans f. e. Gliedermann, R. 1984; Good bye Leipzig, R. 1985; Ohne Turm u. Elfenbein, Erfahrungen e. Stadtschreiberin, 1986; Popelken, R. 1988; Embryo, Erz. 1988; Trabbi, Salz u. freies Grün - an d. Grenze zu einem Land, das es nicht mehr gibt, 1990; D. Geschmack d. Freiheit, R. 1991 - 1982 Preis b. 2. NRW-Autorentreffen; 1983 Pr. b. Erzählwettbewerb Ostdt. Kulturrat; 1983 Kulturpr. d. Stadt Bocholt m. Berufung z. Stadtliteratin 1984-86; 1984 Förderpr. f. Lit. d. Stadt Düsseldorf; 1987 Förderpr. z. Andreas-Gryphius-Pr.; 1989 Würzburger Lit.preis; 1990 Grenzschreiberin d. Kreises Hersfeld-Rotenburg; 1992 Stadtschreiberin von Otterndorf/Nordsee.

LIPPERT, Ernst
Dr. rer. nat., ehem. Prof. u. Direktor Iwan-N.-Stranski-Inst. f. Physikal. u. Theoret. Chemie Techn. Univ. Berlin - Eichendorffstr. 4, 8972 Sonthofen (T. 08321 - 32 45) - Geb. 16. März 1922 Magdeburg (Vater: Ernst L., Kaufm.; Mutter: Ilse, geb. Schuchardt), kath., verh. s. 1949 m. Luise, geb. Merkle, 3 Kd. (Bernhard, Dorothea, Manja) - TH Berlin (Physik; Diplom-Vorprüf. 1941), Univ. Erlangen (1948 Dipl.-Phys.). Promot. 1951 Freiburg/Br.; Habil. 1956 Stuttgart - Zahlr. Fachveröff., u. a. Structure, Dynamics and Dissipation in Hard Core Molecular Liquids (m. C. A. Dreismann u. K.-H. Naumann) in Adv. Chem. Phys. 57, 1984; Photophysics of Intern. Twisting (m. V. Bonačić-Koutecký, F. Heisel, J.A. Miehé u. W. Ret-tig), ibid. 68, 1987. Mithrsg. Organic Liquids: Structure, Dynamics and Chemical Properties (m. A. D. Buckingham u. S. Bratos), 1978.

LIPPERT, Herbert
Dr. med., Dr. phil., Prof. f. Anatomie - Postfach 61 01 80, 3000 Hannover 61 (T. 0511 - 532 29 05) - Geb. 28. Juli 1930 Horaschdowitz (Vater: Anton L., Lehrer; Mutter: Maria, geb. Mrkvitschka), verh. s. 1955 m. Elisabeth, geb. Rieß, 2 Töcht. (Wunna, Almut) - Univ. München Med. u. Psych.; Promot. 1953 u. 1957, Dipl.-Psych. 1955, Privatdoz. 1962 - S. 1966 Prof. f. Anat. Med. Hochsch. Hannover, 1984 Präs. d. Anat. Ges. - BV: Einf. in d. Pharmakopsych., 1959; Anat., Text u. Atlas, 1975, 5. A. 1989; SI-Einheiten in d. Med., 1976 (übers. Engl., Span., Poln., Russ., Jap. 1980); D. wiss. Manuskript, 1977; Lehrbuch d. Anat., 1982, 2. A. 1990; Repetit. d. Anat. 1982; D. med. Dissertation, 1984, 3. A. 1989; Arterial Variations in Man, 1985 (übers. Jap. 1989); V. Kopf b. Fuß - Nutzen u. Risiken v. Operatioen, 1986 (übers. niederl. 1987, franz. 1989); Übers. Funktionelle Histologie, 1979, 2. A. 1987; Anat. am Lebenden, 1989 - Liebh.: Bild. Kunst - Spr.: Engl.

LIPPERT, Michael
Dr. jur., Jurist, Staatssekretär im Innenministerium Thüringen - Zu erreichen üb. Innenministerium, Schillerstr. 27, O-5082 Erfurt - Geb. 22. Sept. 1943 Wien, kath. - 1. jur. Staatsex. 1968; 2. Staatsex. 1973 München; Promot. 1972 Würzburg - Wiss. Assist. Univ. Würzburg - Tätigk. in Verwaltung u. Justizdienst; wiss. Mitarb. am BVG, Bundeskanzleramt, BMI, Bundespresseamt - BV: Bestellung u. Abberufung d. Regierungschefs u. ihre funktionale Bedeutung f. d. parlamentarische Regierungssystem - Liebh.: Gesch., Landeskunde - Spr.: Engl., Franz., Span. (wenig) - Bek. Vorf.: Dr. Franz Thomas Lippert, 1950-70 MdL Bayern, StS im Bay. Finanzmin., CDU (Vater).

LIPPERT, Wolfgang
Dr., Prof. f. Sinologie Univ. Erlangen - Zeisigweg 5, 8525 Uttenreuth - Geb. 28. März 1932 Höckendorf (Vater: Arno L.; Mutter: Hildegard, geb. Näcke), verh. s. 1958 m. Helga, geb. Röhringer, Sohn Dietmar - Gymn. Dresden (Abit. 1950); 1952-57 Stud. Sinol. Univ. Berlin-Ost. (Dipl.), Promot. 1964 Frankfurt/M. - 1965-69 Doz. Goethe-Inst. Osaka/Japan; 1971-78 Akad. Rat Univ. Tübingen; Habil. 1976 Tübingen; s. 1978 Ord. f. Sinol. Erlangen - BV: Entsteh. u. Funktion einiger chines. marxist. Termini u. lexikal.-begriffl. Aspekt d. Rezeption d. Marxismus in Japan u. China, 1979 - Spr.: Chines., Jap., Engl., Russ.

LIPPL, Robert
Dipl.-Ing., Prof., Architekt u. Bildhauer - Sigmundstr. 3, 8000 München 22 (T. 29 53 40) - S. 1958 ao. u. o. Prof. (1966) TH bzw. TU München (Grundlehre d. Gestaltens).

LIPPMANN, Friedrich
Dr. rer. nat., Prof. f. Mineralogie Univ. Tübingen - Dreifürstensteinstr. 22, 7406 Mössingen - Geb. 16. Mai 1928 Göttingen - Promot. 1952 Göttingen, Habil. 1974 Tübingen - 1965 Akad. Rat Univ. Tübingen; 1978 apl. Prof. ebd. Begr. neue Mineralnamen: Corrensit, 1954; Benstonit, 1961 - BV: Sedimentary Carbonate Minerals, 1973 - Spr.: Engl., Franz., Ital., Serbokroat., Russ.

LIPPMANN, Hans
Verleger, Redakt. (Ps. Christian Diekholtz) - Kapuzinerstr. 7, 8390 Passau 12 (T. 0851 - 25 10) - Geb. 15. Okt. 1928 Dresden-Klotzsche, ev., verh. m. Martha, geb. Anwander †1988 - Lehrtätig. OBM; Chefredakt. u. Herausg. Magazin: Bagatelle; Vorst.-Mitgl. MinD (Mensa in Deutschl.) - BV: u.a. Salz u. Pfeffer, 1964; Kraut u. Rüben, 1972; D. treffende Zitat zu Recht, Politik u. Wirtsch., 1984 (m.a.); Land ohne Wein u. Nachtigallen, 1987 (m.a.); Bagatellen, Aphorismen 1986 (m.a.). Kurzprosa, Lyrik, Satire, Kritiken, Fachlit. - Interessen: Entwicklungsfragen, Naturwiss., Lit., PC - Spr.: Engl.

LIPPMANN, Horst
Dr. rer. nat., Dr. mont. h. c., Univ.-Prof., Inh. Lehrst. A f. Mechanik u. Leit. Staatl. Materialprüfungsamt f. d. Maschinenbau TU München - C.-v.-Hofacker-Str. 9, 8132 Tutzing/Obb. (T. 08158 - 15 36) - Geb. 7. Mai 1931 Dresden (Vater: Walter L., Reproduktionsphotographenm.; Mutter: Elsbeth, geb. Findeisen), verh. s. 1958 m. Martina, geb. Arnold, 2 Söhne (Carsten, Jens) - Obersch. Dresden; Univ. Greifswald (Math.; Dipl.-Math. 1953). Promot. 1955 Greifswald; Habil. 1961 Hannover - 1953-54 Univ. Greifwald (Assist. Inst. f. Math.); 1954-57 Inst. f. bilds. Formung d. Metalle Zwickau (Wiss. Mitarb.); 1957-65 TH Hannover (Mitarb., 1958 Assist., 1960 Obering. Lehrst. f. Mechanik; 1961 Privatdoz.); s. 1965 TH bzw. TU Braunschweig (Ord.) u. Univ. (TH) Karlsruhe (1971-75 Ord.); Rektor Centre Intern. des Sc. Mécaniques, Udine; 1970-71 Dekan Fak. Masch.-Wes. u. Elektrotechn., TU Braunschweig; 1972-73 Prodekan Fak. Chemieing.-wes., Univ. Karlsruhe; 1979-81 Dekan Fak. Masch.-wes, TU München - BV: Plastomechanik d. Umformung metall. Werkstoffe, 1966 (m. O. Mahrenholtz); Schwingungslehre, 1968; Extremum and Variational Principles in Mechanics, 1972; Mechanik d. Plastischen Fließens, 1981 (jap. 1983). Herausg.: Engineering Plasticity: Theory of Metal Forming Processes. Vol. I, II, 1977; Metal Forming Plasticity, 1979; Mechanics Res. Communications (1974-76); Ing.-Archiv. Mithrsg.: Intern. Journal of the Mechanical Sciences, Int. J. Solids Structures, Mech. Res. Comm. - 1985 Ehrenpromot. Montan-Univ. Leoben (Österr.); 1988 Mitgl. Bayer. Akad. d. Wiss. - Liebh.: Video, Musik, Segeln - Spr.: Engl.

LIPPMANN, Klaus
Textilingenieur, Vors. Bundesverb. d. Dt. Seiler-, Segel- u. Netzmacher-Handwerks, Ulm, Geschäftsf. Lippmann Tauwerk GmbH, Hamburg - Zu erreichen üb. Lippmann Tauwerk GmbH, Dubbenwinkel 11, 2104 Hamburg 92 - Geb. 27. Sept. 1941.

LIPPMANN, Thomas

Dipl.-Historiker, Dipl.-Archivar, Leiter Stadtarchiv Jena (s. 1986) - Schloßbezirk 1/4825, O-6820 Rudolstadt; Jena 57/2255 - Geb. 23. Dez. 1948, Hainichen/Sachsen, ev., gesch., 2 Kd. (Sven, Béatrice) - Schriftsetzer; Abit. 1972; Stud. Geschichtswiss. (b. 1976) Univ. Leipzig, b. 1981 Stud. Archivwiss. Humboldt-Univ. Berlin - S. 1976 wiss. Assist. Univ. Leipzig; s. 1978 wiss. Mitarb. Thür. Staatsarchiv Rudolstadt; Mitgl. Studiengr. f. Sächs. Gesch. u. Kultur e.V. München; Mitgl. DSU - Liebh.: Lit. (Gesch., Politik, Philos.), Musik, Reisen.

LIPPOLD, Adolf
Dr. phil., o. Prof. f. Geschichte - Carl-Thiel-Str. 10, 8400 Regensburg (T. 7 22 42) - Geb. 23. Okt. 1926 Erlangen - S. 1960 (Habil.) Lehrtätig. Univ. Bonn u. Regensburg. Fachveröff.

LIPPOLD, Klaus W.
Dr., Geschäftsführer Vereinig. d. hess. Unternehmerverb., Landesvertretg. Hessen d. BDI, Bundestagsabgeordneter (s. 1983; Wahlkr. 142/Offenbach) - Bundeshaus, 5300 Bonn 1 - CDU.

LIPPROSS, Otto
Dr. med., Prof. Univ. Münster, Internist, Ehrenmitgl. dt. Senat f. ärztl. Fortbild. - Hohenzollernstr. 35, 4600 Dortmund - Geb. 3. Juni 1910 - BV: Logik u. Magie in d. Med., 1968; Mitarb. an zahlr. Sammelw.; üb. 200 Aufs. (bes. üb. Fortbild.probl., Arzneitherapie, Hormonstör.) - E.-v.-Bergmann-Plak.; BVK I. Kl.; Parazelsus-Med.

LIPPSCHÜTZ, Alfred

Politiker - Hoeppnerstr. 93 A, 1000 Berlin 42 - Geb. 1. Okt. 1922 Nauen - 1975-85 MdA Berlin (1981-85 Vors. Aussch. f. Inn. Sicherh. u. Ordnung) - Verbandsprüfer u. vereidigter Sachverst. f. Briefmarken. SPD.

LIPTAY, Wolfgang
Dr. rer. nat., o. Prof. f. Physikal. Chemie Univ. Mainz (s. 1966) - Jakob-Welder-Weg 11, 6500 Mainz - Geb. 8. Febr. 1928 Würzburg - Promot. u. Habil. Würzburg - Fachveröff.

LIS, Victor

Geschäftsführer Verb. Nordwestd. Zeitungsverleger (s. 1971) - Schiffgraben 17, 3000 Hannover 1 (T. 30 60 70) - Stud. Rechtswiss. u. Publiz. - Versch. Tätig. als Justitiar u. Verlagsleit. in Zeitungs- u. Buchverlag; Geschäftsf. in tourist. Untern. - Veröff. üb. medienpolit. Fragen.

LISCHKA, Joachim Hubertus
Präsident Bundesanstalt f. Flugsicherung Frankfurt (s. 1985) - Kaiserleistr. 29-35, 6050 Offenbach (T. 069 - 80 54-40 00) - Geb. 18. Juli 1934 Klodnitz-Oderhafen/ Oberschles. (Vater: Johannes L., Bundesbahnbeamter; Mutter: Margarete, geb. Riedel), kath., ledig - Gymn. Paulinum Münster; Stud. Univ. Münster (Rechtswiss., Volkswirtsch.); Jurist. Staatsprüf. 1961 Hamm u. 1967 Düsseldorf - 1967-69 Dt. Bundesbahn; 1969-73 Bundesmin. f. Verkehr; 1973-85 Bundeskanzleramt; s. 1982 Leit. Kabinetts- u. Parl.-Ref. u. ständiger Protokollführer im Bundeskabinett - 1985 BVK am Bde. - Spr.: Engl., Franz.

LISCHKE, Gottfried
Dr. rer. nat., Dipl.-Psych., o. Prof. Freie Univ. Berlin (s. 1972) - Quastenhornweg 28, 1000 Berlin 22 - Geb. 18. Aug. 1938 Aussig/Elbe (Vater: Adolf L., Chem.; Mutter: Edith, geb. Peczi), kath., verh. s. 1973 m. Gabriele - M.A. Dipl. Psych., Med., Zool.; Promot. 1969 - S. 1970 Prof. - BV: Aggression u. Aggressionsbewältigung, 3. A. 1975 - Spr.: Engl., Franz.

LISKEN, Günter
Kaufmann, Dt. Honorargeneralkonsul in Guayaquil (Ecuador) - Avenida 9 de Octubre 109, Casilla 4721, Guayaquil - Geb. 31. Juli, verh. s. 1942 m. Violeta Buenaventura, geb. Intriago, 4 Kd. (Günter, Gisela, Ingrid, Violeta) - S. 1939 Bevollm. Thyssen-Gruppe (incl. Vorgängerfirmen) f. Ecuador; s. 1973 Chef Dt. Seeamt Guayaquil; Vorst.-Vors. Bankorg. CONTICORP u. BANCO CONTINENTAL S.A., u. Pharma-Untern. Grünenthal Ecuatoriana C. LTDS. Gründer u. Ehrenpräs. Dt.-Ecuadorian. Kulturzentrum, Gründer, Dir. u. ehem. Präs. d. Dt.-Ecuadorian. IHK, Mitgl. d. Direktoriums d. Stiftg. Junta de Beneficencia de Guayaquil - 1975 VO. v. Ecuador im Grade e. Comendador; 1985 BVK I. Kl. - Spr.: Engl., Franz., Span. - Rotarier.

LISSON, Peter
Dipl.-Ing., Prof., Präsident Bundesbahndirektion München - Richelstr. 3, 8000 München 19 - Geb. 7. Sept. 1936.

LIST, Günther
Kaufmann - Heilwigstr. 128, 2000 Hamburg 20 - Geb. 20. April 1911 - Ehrenpräs. Komit. d. Europ. Kaffee-Vereine.

LIST, Harald
Direktor - Billtal 27, 2005 Wohltorf/Lbg. (T. Aumühle 29 33; Büro: Hamburg 69 43 -1) - S. 1957 stv., o. Vorstandsmitgl. (1958), allg. Vorstand (1965) u. Vorstandsvors. (1966) Reichhold-Albert Chemie AG., Hamburg bzw. Schering AG., Berlin/Bergkamen - Spr.: Engl. - Rotarier.

LIST, Heinrich
Dr. jur., Prof., Präsident i.R. Bundesfinanzhof (1978-83) - Lannerstr. 3, 8000 München 19 - Geb. 15. März 1915 - B. 1964 Lehrbeauftr., dann Honorarprof. Univ. Erlangen-Nürnberg (Steuerrecht) - 1980 Bayer. VO, 1982 Gr. BVK m. Schulterbd. u. Stern.

LIST, Manfred
Oberbürgermeister Stadt Bietigheim-Bissingen - Posener Str. 91, 7120 Bietigheim-Bissingen (T. 07142 - 74 200/201/ 255) - Geb. 5. Mai 1936 Stuttgart (Vater: Hermann L., Werkm.; Mutter: Emma, geb. Esslinger), kath., verh. s. 1959 m. Ingrid, geb. Kienle, 4 Kd. - Gymn.; Staatsprüf. f. d. gehob. Verw.dst. - 1961-70 Bürgerm. Stadt Haigerloch; 1970-75 Bürgerm. Stadt Bietigheim; s. 1975 OB Stadt Bietigheim-Bissingen.

LIST, Paul Heinz
Dr. rer. nat., Dr. h. c., em. o. Prof. Inst. f. Pharmaz. Technologie Univ. Marburg - Auf'm Gebrande 23, 3551 Wehrshausen (T. Marburg 3 54 63) - Geb. 4. März 1924 Nürnberg (Vater: Karl L., kaufm. Abteilungsleiter; Mutter: Elise, geb. Hiermeier), ev., verh. s. 1955 m. Eva, geb. Sömmer, 3 Söhne (Martin, Hans, Klaus) - Aufbausch. Schwabach (Abit. 1942); Stud. Passau, Erlangen, Würzburg (Pharmaz. Staatsprüf. 1951). Promot. (1953) u. Habil. (1958) Würzburg - S. 1958 Lehrtätigk. Univ. Würzburg, Münster (1961 Doz.), Marburg (1963 ao., 1966 o. Prof.; 1967 Dir. Inst. f. Pharmaz. Technol.). Bes. Arbeitsgeb.: Pflanzl. Arzneizubereit., Pilzinhaltstoffe; Erf. zahlr. pharmazeut. Meßverf. Herausg.: Hagers Handb. f. Pharmaz. Praxis (1967; Verf. zahlr. Kapitel) - 1967 Dr.-Wilmar-Schwabe-Preis; 1984 Ehrendoktor Univ. Tübingen (Fak. f. Chemie u. Pharmazie) u. Ehrenmitgl. Ungar. Pharmazeut. Ges. - Liebh.: Filmen - Spr.: Engl. - Rotarier.

LIST, Wolfgang
Rechtsanwalt, Oberfinanzdir. Nürnberg (s. 1984), MdL Bayern (1978-82) - Goethestr. 4, 8800 Ansbach/Mfr. - Geb. 19. Sept. 1935 Mainz, ev., verh., 3 Kd. - Gymn. Ansbach; Univ. Erlangen (Rechtswiss.). Gr. jurist. Staatsprüf. - S. 1964 RA Ansbach, Mitarb. Bundesfinanzmin. (1973) u. SPD-Bundestagsfraktion (1975). 1975 Oberregierungsrat; 1977 Regierungsdir. 1966-73 Stadtratsmitgl. Ansbach. SPD 1958-84 (1971-72 Kreisvors. Ansbach-Stadt, 1974-81 Ortsvors. Ansbach).

LIST-DIEHL, Wilhelm
Theaterintendant i.R. - Ziegelbergweg 7, 8958 Füssen - B. 1968 Generalint. Oldbg. Staatstheater, Oldenburg, b. 1980 Int. Stadttheater Konstanz.

LISTL, Joseph
Dr. jur., o. Prof. f. Kirchenrecht Univ. Augsburg/Kath.-Theol. Fakultät (s. 1977) - Am Hinteren Perlachberg 1a, 8900 Augsburg - Geb. 21. Okt. 1929 Maria-Ort Kr. Regensburg (Vater: Georg L., Landw.; Mutter: Magdalena, geb. Wein), kath. - Hochsch. f. Phil. München; Phil.-Theol. Hochsch. St. Georgen Frankfurt/M.; Univ. Bonn (Rechtswiss.). Promot. 1970 Bonn; Habil. 1977 Bochum - 1970ff. Dir. Inst. f. Staatskirchenrecht d. Diöz. Dtschl., Bonn - BV: D. Grundrecht d. Religionsfreiheit in d. Rechtsprech. d. Gerichte d. BRD, 1971; Kirche u. Staat in d. neueren kath. Kirchenrechtswiss., 1978. Herausg.: D. Konkordate u. Kirchenverträge in d. BRD (2 Bde. 1987); Mithrsg.: Handb. d. Staatskirchenrechts d. BRD (2 Bde. 1974/75), Grundriß d. nachkonzil. Kirchenrechts (1980), Handb. d. kath. Kirchenrechts (1983), Staatskirchenrechtl. Abhandlungen (s. 1971) u. Dt.-Franz. Kolloquien Kirche-Staat-Ges. (Straßburger Kolloquien) (1982ff.) - Interessen: Staats- u. Kirchengesch. - Spr.: Engl., Franz., Ital.

LITH, Fabian
s. Gutmann, Hermann

LITH, van, Klaus
Hafendirektor Duisburg, Vors. Bundesverb. öfftl. Binnenhäfen - Zu erreichen üb. Bundesverb. öfftl. Binnenhäfen, Hammer Landstr. 3, 4040 Neuss 1.

LITTAUER, Rudolf M.
Dr. jur., Prof., Rechtsanwalt - Southfield Farm R. D. Poughquag, N. Y. 12570 (USA) - Geb. 29. Okt. 1905 - Promot. 1927 Leipzig u. 1936 New York (Columbia-Univ.) - 1931-33 Hilfsrichter LG Leipzig; 1934-39 Ass. Prof. Grad. Faculty, New School, New York; s. 1939 RA New York; s. 1968 Honorarprof. f. Rechtsvergleich. Univ. Erlangen-Nürnberg. Facharb.

LITTBARSKI, Pierre
Nationalspieler, Fußballweltmeister 1990 in Italien, Spieler d. 1. FC Köln.

LITTEK, Wolfgang
Dr., Dipl.-Volksw., Prof. f. Soziologie Univ. Bremen - Rutenstr. 26, 2800 Bremen (T. 7 48 46) - Geb. 28. Nov. 1937 Sensburg (Vater: Richard L., Jurist; Mutter: Hedwig, geb. Brzezinski), 2 Kd. (Maxim, Manon) - Dipl.-Volksw. 1963 Univ. Hamburg; Post-grad. 1964/65 USA; Promot. 1972 Univ. München - 1966-73 wiss. Assist. Soziol. Inst. Univ. München; s. 1973 Univ. Bremen - BV: Ind.arbeit u. Ges.struktur, 1973; Rationalisier. d. Büroarbeit u. kaufm. Berufsausb. (m. a.), 1981; Einf. in d. Arbeits- u. Ind.soziol. (m. a.), 1982; Dienstleistungsarbeit (m. a.), 1991; Organisation v. Dienstleistungsarbeit (m. a.), 1992 - Spr.: Engl.

LITTMANN, Konrad
Dr. rer. pol. (habil.), o. Prof. f. Volkswirtschaftslehre - Kronprinzenstr. 12, 7570 Baden-Baden (T. 07221 - 2 66 50) - Geb. 24. Dez. 1923 Premnitz/Westhavell. - 1956 Privatdoz. Univ. Münster/W., 1961 Ord. FU Berlin, 1968 Univ. Hamburg, 1975 Hochsch. Verw.-Wiss. Speyer. Mitgl. Wiss. Beirat Bundesfinanzmin., Bonn, u. Inst. Intern. de Finances Publiques, Brüssel. Üb. 100 Veröff. z. Finanz- u. Steuerpolitik.

LITTMANN, Peter
Dipl.-Ing., Dipl.-Kfm., Dr. rer. pol., Delegierter d. Verwaltungsrates Vorwerk International AG - Verenastr. 39, CH-8832 Wollerau (T. 00411 - 786 01 11) - Geb. 21. Dez. 1947.

LITZ, Alois
Polizeibeamter, MdL Saarland (s. 1974) - Hauptstr. Nr. 45, 6692 Oberthal (T. 06854 - 321) - Geb. 23. Dez. 1924 Namborn, kath., verh., 2 Kd. - Ausbild. Einzelhandelskaufm. - Kriegsdst. u. russ. Gefangensch.; s. 1950 Polizeidst. - CDU s. 1964.

LITZENBURGER, Gernot
Dr. jur., Geschäftsführer Verb. d. Schuhindustrie in Rheinland-Pfalz - Buchsweilerstr. 61, 6780 Pirmasens (T. 06331 - 1 30 57) - Geb. 16. April 1939 Kaiserslautern (Vater: Richard L., Betriebsleit.; Mutter: Gertrud, geb. Neupert), protest., verh. s. 1968 m. Charlotte, geb. Scheck, 2 Kd. (Jens, Tanja) - Univ. Mainz u. Heidelberg (Rechtswiss.). Gr. jurist. Staatsprüf.

LIXFELD, Rudolf
Geschäftsführer Carl Lixfeld GmbH & Co. KG, Siegen - Am Stadtwald 8, 5900 Siegen (T. 0271 - 5 26 60) - Geb. 22. Aug. 1910 Siegen - U. a. Vorst.-Vors. i. R. J. A. Henckels Zwillingswerk AG, Solingen; Ehrenvors. Kulturkreis Siegerland; Vors. Förderkreis Siegerland-Theater.

LIXFELD, Ursula Brigitte
Illustratorin, Malerin, Autorin - Gumpersberger Str. 26, 6123 Bad König - Geb. 7. April 1937 Mainz, verh., T. Corinna - Werk-Kunst-Schule Wiesbaden, Ex. - BV: Nur e. Pferd, Jugendb., 1973; Traumvogelfedern, Lyrik, 1982. Als Pferdemalerin intern. bek. - Liebh.: Lesen (Psych., Frauenlit. u.a.), Musik (Klassik, Jazz); Umgang m. Tier u. Mensch - Spr.: Engl.

LOB, Reinhold
Dr. phil., Prof. f. Geographie - Werzenkamp 9, 4600 Dortmund 14 (T. 0231-23 21 11), dstl. Univ. Essen, FB 9, Universitätsstr. - Geb. 20. Mai 1943 Hagen/Westf. (Vater: Erich L., Bundesb.beamter; Mutter: Marie, geb. Schelberg), kath., verh. s. 1970 m. Christa, geb. Schmiemann, 2 Kd. (Henrike, Harald) - Gymn. (Abit. 1963); Stud. Geogr., German., Gesch.; Promot. 1970, Habil. 1976 - Leit. d. Zentralst. f. Umwelterz. Univ. Essen - BV: Zahlr. Buch- u. Aufs.veröff. üb. Siedlungsgeogr., Umweltforsch. u. Umwelterziehung - Umweltpreis Stadt Essen - Liebh.: Heimatforsch. - Spr.: Engl.

LOBECK, Falk
Dipl.-Kfm., Geschäftsführer SAS Hotels (Deutschland) GmbH, u. VHH Vereinigte Hotel-Holding GmbH, Berlin-Hamburg - Nibelungenstr. 45, 1000 Berlin 28 (T. 401 29 94) - Geb. 10. Juli 1920 Berlin (Vater: Reinhold L., Dir.; Mutter: Edith, geb. Hax), ev., gesch. - Stud. Betriebs- u. Volkswirtsch. Wirtsch.-hochsch. Berlin; Dipl.ex. 1943 - 1950-67 Ref., Hauptref., Dezern. Senator f. Finanzen Berlin - Liebh.: Musik, Kunst, Gesch. - Spr.: Engl., Franz.

LOBENHOFFER, Hans
Dipl.-Ing., Geschäftsführer Dt. Novopan Gesellschaft mbH Göttingen - Zur Akelei 6, 3400 Göttingen - Geb. 15. Sept. 1916.

LOBENSTEIN, Walter
Schriftsteller - Rodenberger Str. 13, 3000 Hannover 91 (T. 0511 - 42 49 63) - Geb. 6. Aug. 1930 Hannover, verh. m. Dr. Elisabeth Lutterloh - 1950 Gründ. u. Leit. World Youth Friendship League in Hannover; 1955 Mitbegr. Junger Literaturkr. Hannover; mehrere J. Mitherausg. Horen; s. 1961 Herausg. Ztschr. Wegwarten - BV: Kleine Kadenz, Sonderveröff. d. Horen, 1957; Zyklus Instrumente, Wandkalender (illustr. v. Fritz Möser), 1971. Mitarb.: Gr. Nieders., 1961; D. Königl. Gärten - Herrenhausen, 1963; Portraits, Fränk. Kette, 1970; Brennpunkte, 1971; Haiku Nr. 2, Distelstern, 1971. Rundf.: Aufz. e. Mußpreußen (1977); Geo - D. Tor z. Steigerwald (1978); Schatten füllt mein Glas (Erinn. an Friedrich Schnack, 1978; Exkursionen, 2. Send. (1978); Biogr. e. Flusses (1978); D. vergold. Pegasus (1979); D. Frauenaufstand (1979); E. Dia-Vortrag zum Hören eingerichtet (1980); Auf Tonband gesprochen, E. Festspiel z. e. 1200j. Stadtjubiläum m. Dieter Borsche in d. Hauptrolle (1980). Mithrsg. u. Mitarb.: Schlagzeug u. Flöte, Ged. (Anthol. 1961); Anstöße (Texte, Bilder, Begegnungen) (Anthol. 1987); Hugo Ernst Käufer - Bibl., Autor, Herausg. (Anthol. 1987) - Lit.: Godehard Schramm üb. W. L. in: Poet. Franken (1971); Hans-Jörg Modlmayr in: Diascope (1975); Eberhard Thieme üb. W. L. (50 Wegwarten) in: Buchhändler heute (1975); Gerhard Rademacher üb. W. L. u. d. Wegwarten in d. Europ. Hochschulschr.: D. Technik-Motiv in d. Lit. u. s. didakt. Relevanz (1981); Eberhard Thieme üb. W. L. (100 Wegwarten) in: Buchhändler heute (9/1986); Üb. W.L. (100. Ausg. Lit.ztschr. Wegwarten) Börsenblatt Nr. 8 (1987).

LOBIN, Gerd
Journalist, Schriftsteller - Brucknerstr. 75, 6450 Hanau (T. 06181-8 15 49) - Geb. 22. Aug. 1925 Berlinchen/Neumark, ev., verh. s. 1951 m. Eva, geb. Eiben, 3 Kd. - BV/Kinder- u. Jugendb.: u.a. D. Sohn d. Seekönigs, 1981; Drachen nach Drontheim, 1982; D. Fluß erzählt, (m. Ill. v. I. Gantschev) 1984; Timmi u. d. alte Lokomotive (m. Ill. v. I. Gantschev), 1986; Drachenboote in Sicht, 1988; M. Kolumbus nach Amerika, 1991 - Interessen: Archäol., Gesch.

LOBKOWICZ, Nikolaus
Dr. phil., Drs. h.c., Prof. f. Polit. Theorie u. Philosophie - Zu erreichen üb. Kath. Univ., 8078 Eichstätt (T. 08421 - 2 02 30, Fax 08421 - 59 11) - Geb. 9. Juli 1931 Prag (Vater: Johannes Fürst L., Grundbesitzer; Mutter: Marie, geb. Gräfin Czernin), kath., verh. s. 1953 m. Josephine, geb. Gräfin Waldburg-Zeil, 5 Kd. (Johannes, Erich, Franz, Monika, Miriam) - Gymn. Prag u. Schwyz; Univ. Erlangen (Phil.). Promot. 1958 Fribourg - 1958-60 Wiss. Mitarb. Univ. Fribourg; 1960-67 Associate Prof. Univ. Notre Dame USA; s. 1967 Leit. Geschw.-Scholl-Inst. f. Polit. Wiss. Univ. München; 1971-76 Rektor; 1976-82 Univ.-Präs.; s. 1984 Präs. kath. Univ. Eichstätt. Spez. Arbeitsgeb.: Marxismusforsch., Erkenntnistheorie, Logik d. Sozialforsch., Kulturphil. - BV: D. Widerspruchsprinzip in d. neueren sowjet. Phil., 1959 (Dordrecht/Holl.); Marxismus-Leninismus in d. CSR, 1961 (Dordrecht); Marx and the Western World, 1967 (London); Theory and Practice, 1967 (London); Ende aller Religion?,

1976; Marxismus u. Machtergreifung, 1978; Wortmeld. z. Kirche, Staat, Univ., 1981; Irrwege d. Angst, 1983; D. Europ. Erbe u. s. christl. Zukunft, 1985; Was brachte uns d. Konzil?, 1986; Demokratizace Univerzit a Křestánská Kultura (Prag), 1991 - 1976 Bayer. VO., 1978 Ritter v. Ord. d. Gold. Vließes; 1982 Mitgl. Päpstl. Rat f. d. Kultur; 1991 Komturkreuz d. päpstlichen Gregoriusordens; 1979 Ehrendoktor Univ. Detroit, 1980 Univ. Notre Dame u. Univ. Seoul, Korea; 1985 Ukrain. FU München; 1989 Catholic Univ. of America, Washington; 1986 Deutschlandpreis f. Wiss. - Spr.: Tschech., Franz., Engl.

LOCH, Werner
Dr. phil., o. Prof. f. Pädagogik - Mühlenberg 29, 2302 Flintbek/Holst. (T. 04347 - 24 92) - Geb. 11. Mai 1928 - S. 1961 Prof. Päd. Hochsch. Oldenburg, Univ. Erlangen-Nürnberg (1964 Ord.) und Kiel (Ord.) - BV: Erzieh. durch Verkündig., 1959 (m. H. Diem); D. anthropolog. Dimension d. Päd., 1963; D. Verleugnung d. Kindes in d. Ev. Päd., 1964. Mithrsg.: Neue päd. Bemühungen, Spr. u. Lernen.

LOCH, Wolfgang
Dr. med., em. o. Prof. f. Psychoanalyse - Neckargasse 7, 7400 Tübingen - Geb. 10. Mai 1915 Berlin - Zeitw. Prof. Inst. u. Ausbildungszentrum f. Psychoanalyse u. psychosomat. Med. Frankfurt/M.; s. 1964 (Habil.) Privatdoz. - o. Mitgl. DPV/IPV - BV: Voraus., Mechanism. d. psychoanalyt. Prozesses, 1965 (ital. 1970); Z. Theorie, Technik u. Therapie d. Psychoanalyse, 1972; Begriffe u. Methoden d. Psychoanalyse, 1975; Perspektiven d. Psychoanalyse, 1986. Herausg.: D. Krankheitslehre d. Psychoanalyse (5. A. 1989, ital. 1975). Einzelarb.

LOCHER, Friedrich Wilhelm
Dr. rer. nat., apl. Prof. - Termühlenweg 6, 4030 Ratingen 4 (T. 02102 - 3 11 26) - Geb. 4. Juni 1922 Kreiensen, ev., verh. - 1946-51 Univ. Göttingen Mineral.; Promot. 1951; Habil. 1959 TU Clausthal (anorg. nichtmet. Bindemittel). 1967 apl. Prof. - 1952-87 Forschungsinst. d. Zementind., 1966-87 Abt.Dir., außerd. 1970-87 Geschäftsf. Verein Dt. Zementwerke; s. 1988 i. R. Schriftleit. d. Ztschr. Cement and Concrete Research (s. 1978) u. Zement-Kalk-Gips (s. 1988). Ca. 100 Fachveröff. in versch. Ztschr., dar. Abschnitte Zement u. Cement in Ullmanns Encyklopädie d. techn. Chemie, 3. A. 1969, u. 4. A. 1983, u. in Ullmanns Encyclopedia of Industrial Chemistry, 1986. Beitr. zu intern. Kongressen üb. Zementchemie, Washington 1960, Tokio 1968, Moskau 1974, Paris 1980, Rio de Janeiro 1986 - Michaelis Gedenkmünze u. Gold. Ehrennadel Verein Dt. Zementwerke; Georg-Agricola-Med. Dt. Mineral. Ges.; L.E.-Copeland-Award Cem. Div. d. Am Ceram. Soc.

LOCHER, Horst
Dr. jur., Prof., Rechsanwalt - Herderstr. 31, 7410 Reutlingen - Geb. 20. Okt. 1925 Tübingen, ev., verh. s. 1954 - Hochsch.lehrer f. Bau-, AGB- u. Kunstrecht Akad. d. bild. Künste Stuttgart u. Univ. Tübingen - BV: D. Recht d. bild. Kunst, 1970; Baubetreuungsrecht, 4. A. 1984; D. priv. Baurecht, 3. A. 1983; Kommentar z. HOAJ, 4. A. 1985.

LOCHER, Hubert
Dr., stv. Intendant Südwestfunk, Vors. Tübinger Vereinigung f. Volkskunde, Ehrensenator Univ. Tübingen - Hans-Bredow-Str. 6, 7570 Baden-Baden.

LOCHMANN, Ernst-Heinrich
Dr. med. vet., Univ.-Prof. f. Geschichte d. Veterinärmed. Tierärztl. Hochsch. Hannover - Bischofsholer Damm 15, 3000 Hannover 1 (T. 0511 - 856 75 03) - Geb. 25. April 1926 Riesa/Elbe (Vater: Hans L., Kaufm.; Mutter: Charlotte, geb. Richter), ev., verh. s. 1956 m. Gerda, geb. Wülfing - Tierärztl. Staatsex. 1954, Promot. 1955; 1963-67 Stud. d. Gesch. (Habil. f. Gesch. d. Vet.med 1969) - 1970 Hochschuldoz., 1974 apl. Prof., 1978 Prof.; 1969 Leit. Fachgeb. Gesch. d. Vet.med., Vet.med.hist. Mus. u. Archiv Tierärztl. Hochsch. Hannover. Zahlr. Ehrenämter, u. a. 1977ff. Präs. Welt-Ges. f. Gesch. d. Vet.med. (selbst gegr.), 1984ff. Leit. Fachgruppe Gesch. d. Vet.med. d. Dt. Vet.med. Ges. - BV: 200 J. Tierärztl. Hochsch. Hannover (m. and., Hrsg.), 1978, Mitarb. Et multum et multa, Beitr. z. Lit., Gesch. u. Kultur d. Jagd, 1971; D. dt. Tierzucht im 19. u. 20. Jh. Stuttgart, 1984. Mithrsg.: Documenta Hippologica Darst. u. Quellen z. Gesch. d. Pferdes; Ztschr. Historia Medicinae Veterinariae; Mitgl. Wiss. Beirat d. tierärztl. Fachjournals VET, Mitgl. intern. wiss. Ehren-Komitee d. Revista Portuguesa de Ciências Veterinárias; weit. Beitr. in Fachpubl., Mitgl. d. Real Academia de Ciencias Veterinarias Madrid, Ehrenmitgl. Sektion Gesch. Vet.-med. Soc. Portuguesa Veterinaria des Estudos Sociológicos, Núcleo Português de História da Medicina Veterinária, u. Bundessekt. Gesch. d. Vet.med. d. Tierärzteverb. Jugoslawiens, Kemal-Atatürk-Plak. Tierärztl. Fak. Univ. Ankara, 150-Jahr-Med. d. Finnischen Tierärzteschaft, Béla-Adalbert-Tormay-Plakette d. Ges. Ungarischer Tierärzte, Gedenkplakette d. Veterinärmed. Univ. Budapest, Silb. Ehrennadel Stadt Rinteln, Ehrennadel d. Nieders. Reiterverb. in Bronze - Liebh.: Jagdreiterei - Spr.: Engl.

LOCHTE, Wilfried
Dipl.-Ing., Dr.-Ing. E.h., Vorstandsvorsitzender MAN Nutzfahrzeuge AG - Dachauer Str. 667, 8000 München 50 (T. 089 - 14 80-29 23) - Abit. 1947; Dipl.-Ing. Maschinenbau FH Braunschweig-Wolfenbüttel - 1951-53 VW, Wolfsburg; 1953-58 Büssing Automobilwerke, Braunschweig; 1958ff. MAN, München, 1979ff. Vorst.-Mitgl. MAN Maschinenfabrik Augsburg-Nürnberg AG u. Leit. Untern.ber. Nutzfahrzeuge, 1985/86 Vorst.-Vors. MAN Nutzfahrzeuge GmbH u. Vorst.-Mitgl. MAN AG; s. 1986 Vorst.-Mitgl. VDA, Frankfurt; AR-Vors. ÖAF - Gräf & Stift AG u. Steyr Nutzfahrzeuge AG.

LOCK, Wilhelm
Dr. med., Lungenfacharzt, Ltd. Medizinaldirektor i. R. - Dora-Specht-Allee 2, 2055 Aumühle (T. 04104 - 15 57) - Geb. 3. Aug. 1916 Mülheim/R., kath., verh. s. 1949 m. Doris, geb. Schell - Promot. 1942 Wien - S. 1950 Lungenfacharzt; 1964-78 Ltd. Arzt Zentrale f. Lungenkrankh. Hamburg; 1970-86 Generalsekr. Dt. Zentralkomitee z. Bekämpfung d. Tuberkulose - Zahlr. Veröff. üb. Epidemiol. u. Bekämpfung d. Tuberkulose, Handbuchart., Monogr. z. Krebs-Epidemiol. - Spr.: Engl.

LOCKEMANN, Peter Christian
Dr.-Ing., Prof. f. Informatik Univ. Karlsruhe - Fak. f Informatik, Univ., Kaiserstr. 12, 7500 Karlsruhe - Geb. 17. Nov. 1935 Berlin (Vater: Dr.-Ing. Wilhelm L.; Mutter: Christiane, geb. Bühler), ev., verh. s 1963 m. Liane, geb. Hoffmann, 2 Kd. (Christian, Stephanie) - Dipl.-Ing. Elektrotechnik 1958, Promot. 1963 - 1958-63 wiss. Assist. TU München; 1963-70 Res. Fellow Calif. Inst. of Techn.; 1970-72 wiss. Angest. GMD Bonn; 1972ff. Prof. Karlsruhe; 1985ff. Vorst. Forschungszentrum Informatik Karlsruhe - BV: Rechnergestützte Informationssysteme, Lehrb. 1978; Systemanalyse, Lehrb. 1982.

LOCKOWANDT, Oskar

Dr. phil., Dipl.-Psych., Prof. f. Psychologie Univ. Bielefeld - Künnekestr. 5, 4800 Bielefeld 14 (T. 0521 - 44 61 54) - Geb. 28. April 1935 Ülsbyholz (Vater: Louis L., Förster; Mutter: Clara, geb. Poelka), verh. m. Roswitha, geb. Jokisch, 2 Söhne (Frank, Peter) - Stud. Griech., Lat., Phil., German. u. Psych. Univ. Kiel u. Freiburg; Dipl.-Psych. 1963, Promot. 1966, Habil. 1978 - 1972/73 Prodekan PH Bielefeld; 1977-79 Präs. Intern. Reading Assoc., Sektion Dtschl. Erf.: Tests z. visuellen Wahrnehm. - BV: Mach e. Fest aus deinem Leben, 1984; Du kannst werden, der du bist. Wege d. Selbstverwirklichung, 1988; zahlr. Art. in Fachztschr. Herausg.: IRA/D-Beitr. d. Intern. Reading Assoc. - Liebh.: Lyrik, Klarinettenspiel - Spr.: Engl., Schwed.

LODEMANN, Jürgen
Dr., Redakteur Südwestfunk Baden-Baden, Schriftst., Filmemacher - Heiligensteinstr. 45, 7570 Baden-Baden 23 - Geb. 28. März 1936, verh., 2 Söhne (Benjamin, David) - Gymn.; Stud. (Lit., Geogr.); Staatsex.; Promot. - BV: Anita Drögemöller, R. 1975; Lynch, R. 1976; Ahnsberch, Theaterst., 1980; D. Solljunge, R. 1982; D. Jahrtausendflug, Phantast. Erz., 1983; Essen Viehofer Pl., R. 1985; Siegfried, R. 1986; D. Beistrich Theaterst. 1987; Mit d. Bagdadbahn durch unbekannte Türkei, Reisetageb. 1990; Alles wird gut, R. 1991; Kulturkampf, Endrunde, Essay, 1991. Filme u. a.: D. Hauptstraße, Essens Kettwiger; Borbecker Jungens; Altlasten; D. Gaukler als Arbeiter; Uns fragt ja keiner mehr; Leben überm Abgrund (WDR III) - 1977 Alfred-Kerr-Preis f. Literaturkritik; 1986 Essener Dramatikerpreis; 1987 Lit.preis Ruhrgebiet.

LODERMEIER, Gabi
Kabarettistin - Lerchenweg 11, 8901 Egling - Geb. 8. Jan. 1953 München, gesch., T. Kerstin - Mittl. Reife; MTA; Heilpraktikerin - Duoprogramme, Soloprogramme Lach- + Schießgesellschaft, München.

LODUCHOWSKI, Heinz
Dr. theol., Prof. Univ. Eichstätt - Kaiserin-Augusta-Anlagen 9, 5400 Koblenz - Geb. 18. März 1920 Koblenz, kath., Lic. theol. 1953, Promot. 1960, Prof. 1970 - 1953-57 Jugendpfarrer Diöz. Trier; 1957-59 Res. USA, Japan u. Skandin.; 1960-63 Doz. Akad. f. Jugendfragen; 1964-69 PH Bonn; ab 1970 o. Prof. Univ. Eichstätt - BV: Teenager u. Koedukation? Jugend d. fr. Welt in Gefahr, 3. A. 1964 (ital. 1970 u. 1976, span. 1963); Päd. aus Amerika? 1961; Auferstehung - Mythos od. Vollend. d. Lebens? 1970; Bibl. Verkündig. nach Johann Baptist v. Hirscher, 1970; Schöpfer. Selbstmitteil. I: Grundl. e. kreativ-dialog. Erzieh. u. Bild., 1977, II: Kreative Kommunik. in Gruppen, 1979, III: Kreativ-kommunik. Relig.unterr., 1982 (I u. II span.).

LÖB, Arno

Aktions-Agent, Literatur-Marketing - Schmiedgasse 13 b. Bert-Brecht-Haus, 8900 Augsburg (T. 0821 - 15 67 37; Fax 0821 - 15 90 57) - Geb. 4. März 1949 Augsburg, verh. m. Isabella, geb. Ostermann, 2 Kd. (Elias, Mia) - Industriekfm.; Grafiker - Inh. Aktions-Agentur SoSo in Augsburg; Tätigk. als Verleger; Werbe-Aktionen f.: Unabhängige Film-Tage Augsburg, Kinderlit.-Fest Bücher-Dschungel Augsburg, Lit. im Biergarten, Neue Schauburg-Kino, Ideen-Konzepte f. Messen, Literatur Live in Wertingen, Literatur im Planetarium, Karl·May·Revival, Int. Frühjahrs-Buchwoche. Mitbegr. d. Monatsztschr. Lueginsland u. Szene. Mitarb. b. Augsburger Kinder-Film-Fest; Mitorganisator b. Festival d. Poesie Moskau-Augsburg '90. Organisator Spät-Lese d. Bücher-Gilde - BV: D. Augsburger Pop-Gesch., 1988; Augsburg in d. Tasche-Stadt-Tour-Tips, 1989; Augsburgs beste Kneipen, 1990; Augsburgs beste Restaurants. Herausg. d. Ztschr. Jakobs-Expreß, Plärrer-Expreß. Schallpl.: 2000-Töne aus Augsburg; Impotenz-LP (Gesang u. Text), 1985.

LÖB, Günter
Dipl.-Soziologe, Hauptgeschäftsführer Rhein.-Westf. Auslandsges. (RWAG) - Steinstr. 48, Postfach 10 33 34, 4600 Dortmund 1 (T. 0231 - 838 00 12) - Geb. 20. Mai 1941 Krummau.

LÖB, Horst
Dr. rer. nat., Prof. f. Experimentalphysik Univ. Gießen - Gartenstr. 18, 6300 Gießen (T. 0641-7 24 25) - Geb. 14. Sept. 1932 Chomutov/CSSR (Vater: Edmund L., Bauing.; Mutter: Emma, geb. Eisenstein), kath., verh. m. Krystyna, geb. Lisicka, T. Sylvia - 1952-60 Physik-Stud. Gießen (Dipl.-Phys. 1956; Promot. 1960; Habil. 1967) - 1960-67 wiss. Assist., 1967-69 Oberassist., 1969-70 Doz.; s. 1970 Prof. Univ. Gießen (1974/75 u. 1990/91 Dekan FB Physik) - BV: Monogr. Ionenraketen, 1967; Kerntechn. b. Satelliten u. Raketen (Hg.), 1970. Üb. 150 Fachartb. - Kurat.-Mitgl. HOG; Mitgl. Intern. Astron. Akad. - Spr.: Engl., Franz.

LÖBBECKE, Wolfgang
Dr. rer. pol., Dipl.-Volksw., Geschäftsf. Bankenfachverb. u. Verlag f. Absatzwirtschaft GmbH - Bonn-Center HI 1104, 5300 Bonn 1.

LÖBBERT, Josef

Oberbürgermeister a.D. - Boniverstr. 23, 4650 Gelsenkirchen (T. 69 22 17) - Geb. 26. Mai 1916 Gelsenkirchen, verh., 2 Kd. - Volkssch.; Lehrgänge Volksbildungsw., Gewerksch., VHS - S. 1932 (Lehre) Glasschneider Dt. Libbey-Owens-Ges., Gelsenkirchen; 1936-37 Arbeits-, 1939-45 Wehrdst. 1956 ff. Ratsmitgl. Gelsenkirchen (1963 Fraktionsf.). 1965-75 MdB. SPD s. 1946 (1954 Mitgl. Unterbezirksvorst. Gelsenkirchen).

LOEBE, Horst

Regisseur - Warferlandstr. 45, 2800 Bremen-Borgfeld (T. 27 05 16) - Geb. 15. Mai 1924 Braunschweig, ev., verh. s. 1953 m. Sigrid, geb. Daub, Lit. Übersetzerin (Blixen Briefe aus Afrika u.a.), 2 Söhne - Martino Katharineum und Staatsmusiksch. Braunschweig (1940-42; Schauspielkl.); Univ. Göttingen (1947-51; German., Theaterwiss.) - B. 1943 Schausp. Städt. Bühne Hildesheim, dann Wehrdst., 1945-47 Regie- und Dramaturgieassist. Staatstheater Braunschweig, anschl. Stud., 1952-59 Schausp., Assist. v. Heinz Hilpert (Int.) u. Regiss. (1956) Dt. Theater Göttingen, 1959/60 Oberspiell. Theater d. Stadt Baden-Baden. 1960-89 Oberspiell. Hörfunk/Fernsehen u. Leit. Hauptabt. Hörspiel/Produktion. stv. Hörfunkdir. (1971) Radio Bremen; Lehrauftrag FU Berlin (1969), Univ. Heidelberg (1973) u. Univ. Siegen (1989/90). Bühneninsz.: E. Engel kommt nach Babylon, Biedermann und die Brandstifter, Wir sind noch einmal davongekommen, Zoogesch., Misanthrop u. a.; Fernsehregie: u. a. D. Mann im Fahrstuhl; D. Mal, Orangensouffle - 1966 Ernst-Reuter-Preis (Hörspielregie: Ende d. Weißkrautsommers) - Mitgl. d. Dtsch. Akad. d. Darst. Künste (1971) - Liebh.: Bücher.

LÖBE, Lutz-Peter

Dr. med. habil., Prof., Facharzt f. HNO-Krankh., Direktor d. Univ.-HNO-Klinik Halle-Wittenberg - Vogelherd 24, O-4070 Haale/Saale (T. 0345 - 4 19 95) - Geb. 6. Aug. 1943 Liegnitz, verh., 2 Kd. (Kerstin, Alexander) - Stud. Med. 1962-68 Jena; Promot. 1968; Habil. 1978 - 1982 Prof. - Mehr als 100 Publ. speziell zu bösartigen Geschwülsten d. Kopf-Hals-Gebietes, d. Stimmrehabilitation nach Kehlkopfentfernung, Mikrochirurgie u.a. - Liebh.: Skilauf, Fußball, Windsurfing, histor. Lit. - Spr.: Engl.

LÖBEL, Bruni (Brunhilde)

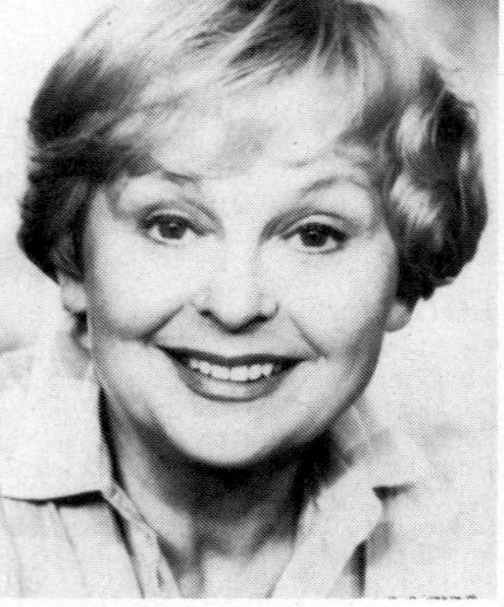

Schauspielerin - Ramering 4, 8251 Heldenstein - Geb. 20. Dez. 1920 Chemnitz/Sa. (Vater: Richard L., Handelsvertr.; Mutter: Melitta, geb. Goldammer), gottgl., verh. I) 1955 m. Gerhard Bronner (gesch. 1959), S. Felix, II) 1971 Holger Hagen - Lyz.; Schauspielsch. u. Privatunterr. (Sonja Karzau, Lucie Höflich, Lyda Wegener) - Bühne: Minna v. Barnhelm, D. Mustergatte (600 ×), E. Frühlingstag, Engel v. Montparnasse, D. Fee, Wolken sind überall, D. Lied d. Taube, Ornifle, Was ihr wollt, D. Kassette, D. zerbrochene Krug, D. Irre v. Chaillot, D. eingebildete Kranke, D. Zimmerschlacht, D. liebe Familie, Jane, D. Engel mit dem Blumentopf, Céline, D. Haus in Montevideo, Ende d. Spiels, Bunburry (Miss Prism) v. Oscar Wilde (1984 Kl. Komöd. München). Film: Kein Platz für Liebe, Krach im Hinterhaus, Man spielt nicht mit der Liebe, Absender unbekannt, The Big Lift, Mädchen mit Beziehungen, Die Nacht ohne Sünde, Engel im Abendkleid, D. Stadt ist voller Geheimnisse, V. Himmel gefallen, Geliebte Feindin, D. schöne Abenteuer, E. Gruß aus Wien; Fernsehen: Juno u. d. Pfau, D. Hausfreund, Love-in, Fisch zu viert, Blüten d. Gesellschaft, Spannagl (Frau Spannagl), Timm Thaler (Schwester Agatha), Jane, D. Präsidentin, E. Zug n. Manhattan, Traumschiff, Keine Angst v. Verwandten, Weihnachtsreise, Ich heirate e. Familie, Gretchens Faust, 1985, Forsthaus Falkenau, 1989-92, So e. Theater (TV) 1990, u.a. - BV: Kleine unbek. Größe, R. 1962 (auch niederl.). Hörsp.: Fanta u. Tasie (1955, HR) - Liebh.: Malen, Modellieren - Spr.: Engl.

LOEBELL, Ernst

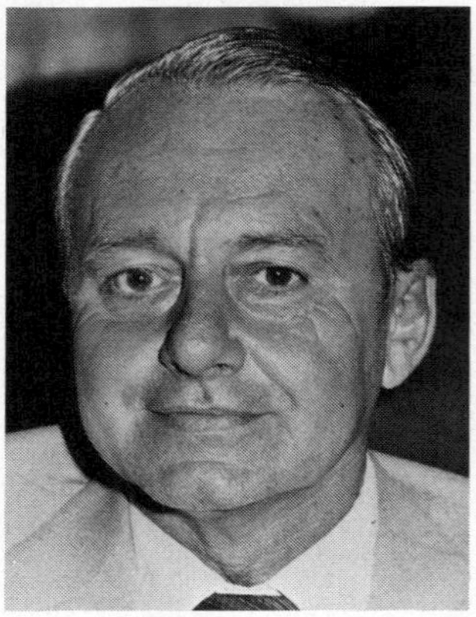

Dr. med., Univ.-Prof. f. Phoniatrie u. Pädaudiol. Med. Hochsch. Hannover, Klinikdirektor - Buchholzer Str. 49, 3000 Hannover 61 (T. 0511-58 06 21) - Geb. 24. Juli 1928 Marburg (Vater: Prof. Dr. Dr. Helmut L.; Mutter: Dr. med. dent. Elfriede, geb. Weiße), ev., verh. s. 1960 m. Dr. med. Elisabeth, geb. Bodechtel, 4 Kd. (Ina, Andrea, Britta, Rainer) - Univ. Marburg u. Münster, Promot., Fachausb. HNO u. Habil. Univ. München (1966), o. Prof. Univ. Bern 1970 - 1970 Prof. f. HNO-Phonaudiol. Univ. Bern, 1980 Prof. f. Phoniatrie u. Pädaudiol. Hannover - 1971-75 u. 1987-95 Präs. Dt. Ges. f. Sprach- u. Stimmheilkd., 1977-80 Präs. IALP (Int. Ass. of Logopedics and Phoniatrics); 1989-92 1. Vizepräs. ebd., s. 1983 Präs. Collège Intern. de Phonologie Experimentale; s. 1987 Präs. Intern. Collegium of Experimental Phoniatrics and Communication Sciences. 1967 Chefredakt. Folia Phoniatrica, s. 1978 Redakt. Acta Phoniatrica Latina - Zahlr. wiss. Art. z. HNO-Heilkd., Phoniatrie, Audiol., Kommunikationsstörungen; Berichte v. 16. IALP - Weltkongreß (1974) u. 22 IALP-Weltkongreß (1992) - 1980 Gutzmann-Med., Ehrenmitgl. zahlr. ausl. Fachges., Mitgl. div. Collegien - Spr.: Engl. - Lit.: Who is who in the World; Who is who in medicine; Kürschners' Dt. Gelehrten-Kalender.

LOEBER, Dietrich A.

Dr. jur., Dr. jur. h. c., em. o. Prof. f. Rechtsvergleichung u. Recht d. soz. Staaten, Rechtswiss. Fak. Univ. Kiel (s. 1966), Dekan Rechtswiss. Fak. (1985-87) - Gehlenkamp 14, 2000 Hamburg 56 (T. 81 38 91) - Geb. 4. Jan. 1923 Riga (Vater: Prof. Dr. Dr. h. c. August L., Senator, Richter Oberster Gerichtshof Lettlands; Mutter: Emilie, geb. Mentzendorff), ev.-ref., verh. s. 1955 m. Christa, geb. Hasselblatt, 4 Kd. (Tatjana, Silvia, Alexis, John) - Univ. Marburg (Promot. 1951), Académie de Droit International de La Haye (Diplóme 1951), Columbia Univ. New York (M. A. 1953), Lomonosov Univ. Moskau (1961). Emerit. 1989 - 1953-55 Rechtsanw.; 1955-60 Redakt. Ztschr. Osteuropa-Recht; 1958-70 Ref. Max-Planck-Inst. f. ausl. u. intern. Privatrecht Hamburg; 1963-64 Research Fellow Harvard Univ. Cambridge, Visiting Prof. Stanford Law School (1971, 1973), Univ. of California, Los Angeles (1970, 1974), Univ. of Adelaide (1977), Columbia Univ., New York (1980-81, 1983), Univ. of California, Berkeley (1985, 1986). Mitgl. Wiss. Direktorium, Bundesinst. f. ostwissenschaftl. u. intern. Stud., Köln (1984-90); Vicepres., Assoc. for the Advancement of Baltic Studies, USA s. 1986; Ausw. Mitgl. Lettländ. Akad. d. Wiss. (s. 1991) - BV: Urheberrecht d. Sowjetunion, 1966, 2. A. 1981; D. hoheitl. gestaltete Vertrag, 1969; Diktierte Option, 1972, 2. A. 1974; East-West Trade, 4 Bde. 1976-77; Ruling Communist Parties and Their Status Under Law (Ed.), 1986; Reginal Identity Under Soviet Rule (Ed.), 1990.

LOEBERMANN, Harald

Architekt BDA, Städteplaner - Spittlertorgraben Nr. 29, 8500 Nürnberg (T. 26 83 36) - Geb. 14. Okt. 1923 Ansbach, verh. s. 1953 m. Irmgard, geb. Stoldt, 2 Kd. - Obersch. Ansbach (Abit. 1941); Arbeits- u. Wehrdst. (1941-46); Stud. München - S. 1955 Architekturbüro Nürnberg in- u. ausl. Bau- u. Stadtprojekte (u. a. Türkei, Ceylon, Ostafrika); Entwurf u. Ausführung von Rathäusern, Verwaltungsgebäuden, Einkaufszentren, Verkehrssystemen - Fachmitgl.sch. - Inh. Gold. Diesel-Med. (VDI) - Liebh.: Lit., klass. Musik - Mitgl. Lyons-Club.

LÖBKE, Otto

Dr. rer. pol., Stadtdirektor a. D., Vors. d. Geschäftsfg. Stadtwerke Hamm GmbH i. R. - Auf dem Döhn 12, 4700 Hamm 1 Rhynern - Geb. 4. Juni 1920.

LÖBNER, Gunther

Dr. rer. nat., Dipl.-Phys., Prof. Univ. München - Sekt. Physik, Univ. München, Am Coulombwall 1, 8046 Garching (T. 089 - 32 09-40 66) - Geb. 10. Febr. 1935 Hammelspring Kr. Templin, ev. - Dipl.-Phys. 1961 Erlangen, Promot. 1965 Amsterdam, Habil. 1975 TU München, Umhabil. 1976 Univ. München - S. 1980 Prof. Rd. 50 Veröff. in engl. Sprache in intern. Fachorganen - 1982 Ausz. f. Veröff. in Fachztschr. Nuclear Data.

LÖBSACK, Theo

Dr. rer. nat., Schriftsteller - Pfitznerstr. 5b, 6550 Bad Kreuznach (T. 0671 - 6 71 37) - Geb. 19. Okt. 1923 Thale/Harz (Vater: Georg L., Hotelbesitzer; Mutter: Anna, geb. Niewerth), verh. s. 1952 m. Anita-Maria, geb. Meierdirks, T. Denise-Bettina - Univ. Halle u. Jena (Naturwiss.). Promot. 1948 Halle - S. 1948 publizist. Tätigk. Hamburg (zeitw. Redakt.) u. Bodensee (1958). Gründungsmitgl. Dt. Unterwasser-Klub; Kollegium d. Medizinjourn. - BV: Sachb. (z. T. in Übers.); D. Atem d. Erde - Wunder u. Rätsel d. Luft, 1957; Denn sie wissen nicht, was sie tun - D. Griff nach d. Leben im Atomzeitalter, 1959; Nur noch Wunschkinder? - Geburtenkontrolle Gebot d. Vernunft, 1968; D. unheiml. Möglichkeiten oder D. manipulierte Seele, 1967; D. Biologie u. d. lb. Gott, 1969; Medizin als Gefahr, 1970. Herausg.: Zu dumm f. d. Zukunft? (1971); Versuch u. Irrtum (1974); Wunder, Wahn u. Wirklichk. Naturwiss. u. Glaube (1976); D. Flucht d. Milchstraßen (1978); Magische Medizin (1980); D. letzten Jahre d. Menschheit - V. Anfang u. Ende d. Homo sapiens (1983); D. manipulierte Leben (1985); Diese Handvoll Erde - Entstehung, Funktion u. Zerstörung d. Bodens (1986); D. unheimliche Heer - Insekten erobern d. Erde (1989); Unterm Smoking d. Bärenfell - Was aus d. Urzeit noch in uns steckt (1990); D. Unfall, R. (1992) - 1967 Theodor-Wolff-Preis; 1969 Wilhelm-Bölsche-Med. in Silber; 1970 Glaxo-Preis f. europ. Wissenschaftsjourn.; 1976 Wächterpreis; 1979 Umschau-Preis; 1979 Preis d. dt. Uhren-Ind.; 1980 Journ.preis d. Bundesmin. f. Ernährung, Landw. u. Forsten - Liebh.: Sporttauchen - Spr.: Engl., Franz.

LÖCHELT, Ernst

Oberstadtdirektor Stadt Bottrop - Rathaus, 4250 Bottrop - Geb. 22. Juni 1937 Bottrop - 1954 Eintr. in d. Dienst d. Stadt Bottrop/Ablegung d. entspr. Laufbahnprüfungen; 1967-76 Vors. d. Personalrates; 1977/78 Verw.dir.; 1978 Personaldezernent d. Stadt; 1987 Oberstadtdir.

LÖCHERBACH, Dieter

Dr., Prof., Berlin - Mommsenstr. 11, 1000 Berlin 12 (T. 324 13 94) - Geb. 26. Aug. 1939 Wuppertal (Vater: Ewald L., Kaufm.; Mutter: Lieselotte, geb. Reiner), gesch. - 1963-71 Stud. Phil. u. Politikwiss. Berlin u. Frankfurt; Magister Phil. 1971, Berlin; Promot. Politikwiss. 1974 Berlin; Habil. 1982 Berlin - BV: Bestandsaufn. d. Ratlosigk., 1972; Untersuchungen z. e. hermeneutisch-materialist. Rekonstrukt. d. Anthropogenese, 1974; Kritik d. Leninschen Abbildtheorie, 1978; Erkenntnistheoret. Grundlagen d. polit. Theorie, 1978; Nation u. kollektive Identität, 1983 - Spr.: Engl., Franz., Griech., Lat., Span., Ital., Russ., Portug., Chines.

LÖCK, Carsta

Schauspielerin - Südwestkorso 48, 1000 Berlin 33 (T. 821 27 04) - Geb. 28. Dez. 1902 Niebüll Kr. Tondern, verw. 1960 - Ausbild. Kiel - Zahlreiche Bühnenrollen. Üb. 50 Filme, dar.: Krach um Jolanthe, Wenn d. Hahn kräht, Film ohne Titel, Kapt. Bay-Bay. Fernsehen - Liebh.: Bücher.

LOECKLE, Michael

Soloflötist, Lehrbeauftr. - Bergstr. 36, 7573 Sinzheim - Geb. 7. Febr. 1945 Berlin (Vater: Dr. med. Werner L., Arzt; Mutter: Mimi L., Pianistin) - Stud. Paris, London, Frankfurt, Detmold - S. 1967 Soloflötist b. ARD-Orch. (NDR, SR, SWF); Lehrbeauftr. Hochsch. f. Musik u. Darst. Kunst, Frankfurt/M. - 1964 Preistr. Hochschulwettbewerb d. Bundesrep. Deutschl. - Liebh.: Asiat. Kulturen, Reisen, Kunst - Spr.: Engl., Franz.

LÖCKLE, Walter Gustav

Leitender Ministerialrat Ministerium f. Wirtschaft, Mittelstand und Technologie, Baden-Württ., Stuttgart (s. 1972), stv. Leiter Abt. Europ. Gemeinsch. u. Außenbeziehungen - Pfühlstr. 29, 7100 Heilbronn/N. (T. 7 28 70) - Geb. 27. Dez. 1928 Heilbronn (Vater: Gottlob L., Kaufm.; Mutter: Pauline, geb. Schuler), ev., verh. s. 1961 m. Gudrun, geb. Altvater, 2 Kd. (Felix, Corinna) - Abit. 1949; Univ. Freiburg, München, Heidelberg (Volksw., Rechtswiss.). Jurist. Staatsprüf. 1956 Heidelberg, 1960 Stuttgart - S. 1960 Beamter Land Baden-Württ. (1960 Landratsamt Sinsheim, 1961 L. Böblingen, 1962 Landesanwaltsch. Stuttgart, 1964 Innenmin.) - Liebh.: Wandern, Filmen, Fotografieren - Spr.: Engl.

LOEFEN, von, Michael

Schauspieler, Regiss., Prod., Moderator, Theaterinh. - Friedensallee 30, 6078 Neu-Isenburg (T. 06102 - 3 43 33) - Geb. 29. Dez. 1954 Worms, verh. - Ausb. Schauspielstudio Haller, Heidelberg; Bühnenreifeprüf. 1980 Frankfurt - Eig. Theater: Spott-Licht-Kabarett, Frankfurt-Neu-Isenburg - Film: Herbstfeuer, m. Karin Anselm u. Paul Dahlke; Hörf.: HR, SWF, WDR - Unterhaltung - Insz. u. Hauptdarst.: D. Ackermann aus Böhmen (1984 Frankfurt) - Liebh.: Auslandsreisen, Kochen u. Schlemmen, Theater - Spr.: Engl.

LÖFFELHOLZ, Franz

s. Mon, Franz

LÖFFELHOLZ, Thomas

Dr. jur., Dipl.-Volksw., Journalist,

Chefredakt. Stuttgarter Zeitung (s. 1983) - Paracelsusstr. 46, 7250 Leonberg - Geb. 7. Nov. 1932 - 1982/83 Vors. Dt. Presseclub Bonn - 1972 Theodor-Wolff-Preis (Politik); Chevalier de l'Ordre de la Couronne (Belgien); 1981 Karl-Bräuer-Preis; 1984 Ludwig-Erhard-Preis.

LÖFFLER, Ernst
Direktor, Geschäftsf. a. D., Berater Dt. Vieh- u. Fleischzentrale Bonn - Wiedemannstr. 42, 5300 Bonn 2 Bad Godesberg - Geb. 28. Jan. 1912.

LÖFFLER, Gerd
Dipl.-Politol., Senator a. D., MdA Berlin (s. 1963) - Haderslebener Str. 26, 1000 Berlin 41 - Geb. 10. Aug. 1927 Xaverhof Kr. Lodz, verh., 2 Kd. - Obersch. (Reifeprüf.) Päd. Fachsch. Gera; Stud. Polit. Wiss. u. Neuere Gesch. Dt. Hochsch. f. Politik u. FU Berlin. Beide Lehrerprüf. - Schuldst. Gera (b. Flucht 1950) u. West-Berlin (1961 ff.); 1964-70 Dir. VHS Schöneberg. Zeitw. Stadtverordn. Gera. SPD s. 1958 (b. 1979 Rücktr.) Landesvors.

LÖFFLER, Gerd
Dr., Unternehmer, Mitgl. Hbg. Bürgerschaft (s. 1978) - Eckener Str. 3, 2000 Hamburg 70 - Geb. 30. Mai 1939 Bremen - Univ. Freiburg/Br. u. Hamburg (Physik; Dipl.-Phys. 1966. Promot. 1970) - Dt. Elektronen-Synchroton, 1970-73 Industrietätig. (ltd.), seith. gf. Gesellsch. Systemtechnik GmbH, alles Hamburg. CDU s. 1966.

LÖFFLER, Hans
I. Bürgermeister Stadt Dettelbach - Rathaus, 8716 Dettelbach/Ufr. - Geb. 11. Aug. 1913 - Rechtsanw. CSU.

LÖFFLER, Hans-Jürgen
Dr.-Ing., Dipl.-Phys., o. Prof. f. Thermodynamik - Am Schiefen Berg 94, 3340 Wolfenbüttel (T. 7 15 47) - Geb. 24. Sept. 1930 - 1960 Privatdoz. TH Karlsruhe; 1962 Ord. u. Inst.sdir. TU Berlin; 1968 Ord. u. Inst.sdir. TU Braunschweig.

LOEFFLER, Klaus
Dr. med. vet., o. Prof. f. Anatomie u. Physiologie d. Haustiere Univ. Hohenheim - Postf. 700562, 7000 Stuttgart 70 (T. 459 24 12) - Geb. 20. Jan. 1929 Berlin (Vater: Dr. med. Lothar L.; Mutter: Hertha, geb. Härle), ev., verh. s. 1954 m. Erika, geb. Heidenreich, 4 Kd. (Heike, Thomas, Ulrich, Bernd) - BV: Kreuzbandverletzungen im Kniegelenk d. Hundes, 1964; Anatomie u. Physiol. d. Haustiere, 8. A. 1991 - Spr.: Engl.

LÖFFLER, Leonhard
Dr. med., Prof., Stadtmedizinaldirektor, Chefarzt Chir. Abt. u. Direktor Städt. Krkhs. Bamberg - Schellenbergerstr. 38, 8600 Bamberg/Ofr. - Geb. 16. Dez. 1906 Würzburg - Habil. 1943 Leipzig - S. 1947 Lehrtätigk. Univ. Erlangen bzw. Nürnberg (1951 apl. Prof. f. Chir.). Wiss. Veröff.: Erfolgreiche Darstellung d. Herzens u. d. Lungengefäße am lebenden Menschen (Angio cardiographie). Zahlr. Facharb.

LOEFFLER, Wolfgang
Dr. sc. nat., Prof. f. Mikrobiologie - Gellertstr. 11a, CH-4052 Basel - Geb. 9. März 1923 - BV: Mykologie, 5. A. 1968-92 (übers. Poln. 1972, 1987, Engl. 1976, Span. 1976).

LÖFFLER, Wolfgang K.
Elektroingenieur, Geschäftsführer Maschinenfabrik Reinhausen GmbH (b. 1989) - Wendel-Mipler-Str. 10, 7110 Öhringen - Geb. 9. März 1944 Gloggnitz (Vater: Karl L., Hotelier; Mutter: Luise, geb. Fornleitner), kath., verh. m. Renate, 2 Kd. (Birgit, André) - Höh. techn. Lehr- u. Versuchsanst. f. allg. Elektrotechnik, Mödling/Wien - Liebh.: Tennis, Skifahren - Spr.: Portugies., Engl., Franz.

LÖGTERS, Gerhard
Dr.-Ing., Dipl.-Ing., stv. Vorstandsmitglied Philipp Holzmann AG - Taunusanlage 1, 6000 Frankfurt/M. 1 - Geb. 15. Nov. 1942.

LÖGTERS, Herbert
Dr. rer. nat., Geschäftsführer i. R. - Bergstr. 5, 4444 Bentheim 2/Gildehaus (T. 05924 - 3 37) - Geb. 9. Mai 1913, ev., 3 Söhne (Gerhard, Christian, Herbert-Rudolf) - Gymn.; 1932-37 Stud. Geologie Göttingen, Graz, Hamburg (Promot. 1937) - 1937-40 TH Darmstadt; 1949-52 Amt für Bodenforsch.; 1952-70 C. Deilmann AG (Chefgeologe u. Vorst.-Mitgl.); 1970-76 Deminex Dt. Erdölversorgungsges. mbH, Düsseldorf (Vors. d. Geschäftsfg.); Hon.-Prof. Univ. Köln - Liebh.: Wandern, Golf - Spr.: Engl., Franz., Span., Niederl. - Rotarier.

LÖH, Hans
Vorstandsmitglied Volksfürsorge Lebensversicherung AG., Hamburg 1 (s. 1965) - Schärstr. 8, 2000 Hamburg 80 (T. 736 46 08) - Geb. 1912 Hannover - S. 1929 Volksfürsorge.

LÖHLEIN, Herbert A.
Schriftsteller (Ps.: C. Astor) - Graf-Rasso-Bungalows, 8082 Grafrath/Amper (T. 5 76) - Geb. 5. Juli 1900 München, kath., verh. s. 1937 m. Thea, geb. Bauer - Oberrealsch. u. Univ. München (3 Sem. Ztg.swiss.); Bankausbild. - B. 1930 Bankfach (zul. Prokurist), dann fr. Schriftst., s. J. Redaktionsmitgl. Monatsschr. Madame - BV: u. a. Platin-Sklaven, R. aus Columbien 1932; Kosmo-Psych., 1934; D. Wolfsschlacht, Jugendb. 1936; 3 Wochen Grüne Hölle, Jgdb. 1937; Im Todessumpf v. Santos, Jgdb. 1937; D. Gezeiten d. Schicksals, 1952; Harmonisierung, 1953; Welt d. geheimen Mächte, 1953; D. himml. Kursbuch, 1954; Schätze im Ozean, Jgdb. 1954; Handb. d. Astrologie, 1968; Angst - e. Bluff d. eig. Seele / E. Buch d. Harmonisierung, 4. A. 1972; Standesamt d. Sterne, 1972; Charakterkunde, 1978; Astropsychologie, 1982. Zahlr. Hörsp.; Mitarb. an Drehb. (Walt-Disney-Filme und andere) - Liebh.: Reisen, Astrologie (Horoskop-Archiv prominenter Persönlichkeiten), Parapsych. Forsch.

LÖHLEIN, Roland
Dr. jur., Rechtsanwalt, Honorarprof. f. Bürgerl. u. Handelsrecht Univ. München (s. 1951) - Ruffiniallee 7, 8033 Planegg/Obb. (T. München 859 90 89) - Geb. 9. Mai 1906 Berlin, ev., verh. s. 1931 m. Elisabeth, geb. Pracher, 4 Kd. - Univ. München u. Freiburg/Br.

LÖHN, Johann
Dr. rer. nat., Prof., Regierungsbeauftragter f. Technologietransfer Baden-Württ. (s. 1983), Vorstandsvors. Steinbeis-Stiftg. f. Wirtschaftsförderung - Postf. 10 43 62, 7000 Stuttgart 10 (T. 0711 - 2 29 09-0) - Geb. 16. Dez. 1936 Holvede (Vater: Johann L., Landw.; Mutter: Elise, geb. Klindworth), ev., verh. s. 1969 m. Ilse, geb. Pernkopf, T. Valeska - Dipl.-Phys. 1967, Promot. 1969 Univ. Hamburg - 1967-72 Wiss. Assist., Industrietätig. (Informatik); s. 1972 FH Furtwangen (Prof. f. Informatik, 1973-77 Prorektor, 1977-83 Rektor) - Spr.: Engl.

LÖHR, Albert
Dr.-Ing. E. h., Dipl.-Ing., Konsul - Zul. 5000 Köln-Deutz - Geb. 27. Juni 1905 Leubsdorf/Rhein (Vater: Egidius L., Winzer; Mutter: Walburga, geb. Faßbender), kath., verh. s 1936 m. Margarethe, geb. Trümpler, 2 Kd. (Waltraud, Rolf-Werner) - Gymn. Linz/Rh.; TH München (1928 Dipl.-Maschininging.) - S. 1930 Strabag (1963 Vorstands-, 1971 ARsvors.) AHI. Div. Mandate - 1963 Ehrendoktor TU Berlin (f. Verdienste im Erd- u. Wasserbau); 1967 Ehrenkonsul v. Tanzania f. Nordrh.-Westf. - 1979 Gr. BVK - Spr.: Engl., Franz.

LÖHR, Alfred
Dipl.-Ing., Vorstandsmitglied Küppersbusch AG., Gelsenkirchen (s. 1971) - Knepperstr. 14, 4630 Bochum - Geb. 4. Jan. 1922 Bochum.

LÖHR, Hanshorst
Dr. med., apl. Prof., Wiss. Rat Radiol. Univ.-Klinik u. Strahleninst. Hamburg - Bahrenfelder Chaussee 75, 2000 Hamburg 50 (T. 89 30 27); priv.: Twietenkoppel 4, 2000 Hamburg 65 (T. 604 75 32) - Geb. 18. März 1918 - S. 1957 (Habil.) Lehrtätigk. Univ. Marburg, Düsseldorf u. Hamburg (1966 apl. Prof. f. Radiol. Zahlr. Facharb. (üb. Röntgendiagnostik d. Thoraxerkrank., Strahlenschutz).

LÖHRS, Udo
Dr. med., Univ.-Prof. d. Allg. Pathol. u. Pathol. Anat. - Thalkirchner Str. 36, 8000 München 2 - Geb. 27. Febr. 1938 Emden/Ostfr., ev., verh. s. 1964 m. Christine, geb. Daniel, 3 Kd. (Bettina, Jan Udo, Peter Christian) - Med.-Stud. Univ. Innsbruck, Würzburg, Hamburg, München; Promot. 1965 München - Habil. 1973 - 1979 apl. Prof. Univ. München, 1980 C 3-Prof., 1985 C 4-Prof., Dir. Inst. f. Pathol. d. Med. Univ. Lübeck, 1987-89 Dekan d. Fak. Klin. Med.; s. 1991 C 4-Prof., Dir. Pathol. Inst. d. Univ. München - Publ. üb. Pathol. d. Gastro-Intestinaltrakts, Tumorpathol., Schilddrüsen- u. testikuläre Tumoren, DNA-Zytometrie u.a.

LÖLIGER, Hans Christoph
Dr. med. vet., Prof. f. Allg. Pathologie u. Pathol. Anat. d. Haust. - Lisztstr. 20, 3100 Celle (T. 05141 - 5 34 66) - Geb. 21. Dez. 1923 Stargard/Pom., ev., verh. s. 1955 m. Dr. phil. Brigitte, geb. Müller, 3 Kd. (Christioph-Cornelius, Brigitte-Franziska, Brigitte-Carolina) - Abit. 1941 Wuppertal; 1946-50 Univ. München; 1950 (Promot.), 1959 (Habil.), Priv. Doz. TiHo Hannover), 1965 (apl. Prof. TiHo Hannover), 1966 (Lehrauftr. Pelztier-, Kaninchenkrankh. TiHo Hannover. Dir. + Prof. Inst. f. Kleintierzucht, Forschungsanst. f. Landwirtsch. Celle. Vizepräs. WRSA (World Rabbit Science Assoc.) - BV: Lehrb. Pelztierkrankh., 1970; Leukosen d. Gefl., Pelztiere u. Kaninchen in: Handb. d. pathol. Anat. d. Haustiere, 1969; Lehrb. Kaninchenkrankh., 1986; Leukosen, Marek'sche Krankh., Retikuloendotheliosen d. Gefl.; Pelztier- u. Kaninchenkrankh. in: Handb. tierärztl. Praxis, 1978/79; Leukosen d. Gefl. in: Handb. d. Gefl.-krankh., 1991. Ferner Arb. üb. Haltungskrankh. u. Technopathien u. Tierschutz b. Gefl., Pelzt., Kaninchen - Spr.: Engl.

LÖLLGEN, Herbert
Dr. med., Prof. Univ. Freiburg, Arzt f. Inn. Med. - Bermesgasse 33, 5630 Remscheid 11 - Geb. 5. Jan. 1943 Bonn (Vater: Artur L., Kaufm.; Mutter: Maria, geb. Decker), kath., verh. m. Dr. med. Inge, geb. Horres, 4 Kd. (Ruth, Deborah, Noëmi, Eva) - Staatsex. 1967; Habil. 1979 - 1979 Ltd. Oberarzt Med. Klinik Freiburg; 1983 Ltd. Arzt Med. Klinik Limburg; 1986 Ltd. Arzt Med. Klinik Kardiologie Städt. Krankenanst. Remscheid - BV: Ergometrie in d. Praxis, 1983; Kardiopulmonale Funktionsdiagnostik, 1983, 2. A. 1990; Progress in Ergometrie, 1984; Reanimationsfibel (zus. m. G. Meuret), 1988; Katecholamine in Notfall- u. Intensivmed. (zus. m. Meinertz, Just), 1990; Advances in Ergometry (zus. m. Bachl, Graham), 1991; zahlr. wiss. Veröff. - Mitgl. d. Med. Board f. Dt. Astronauten, Member (ICSSPE) Working Group on Ergometry (UNESCO).

LÖNING, Karl
Dr. theol., Prof. Univ. Münster - Jupiterweg 22, 4400 Münster - Geb. 11. Juli 1938 Fürstenau, kath. - 1. Staatsprüf. (German., Theol.) 1965; Promot. Lic. theol. 1967; Dr. theol. 1971 - 1967 Wiss. Assist., 1970 Akad. Rat, 1972 o. Prof..

LÖNNE, Karl-Egon
Dr. phil., Prof. Univ. Düsseldorf, Historiker - 4048 Grevenbroich 2 (T. 02181 -

7 37 71) - Geb. 2. Mai 1933 Wevelinghoven (Vater: Franz Michael L., Kaufm.; Mutter: Maria, geb. Kaulen), kath., verh. s. 1966 m. Gerhild, geb. Lassen, 5 Kd. (Michael, Johannes, Martin, Hildegard, Monika) - 1955-64 Univ. Marburg, Köln, München, Neapel; Promot. 1964 München, Habil 1975 - 1969 Rom; 1970 Univ. Düsseldorf; 1979 ao. Prof.; 1982 Prof. - BV: Benedetto Croce als Kritiker s. Zeit, 1967 (ital. Übers. in Arb.); Faschismus als Herausforder., 1981 (ital. Übers.: Fascismo come provocazione, Napoli 1985); Polit. Katholizismus im 19. u. 20. Jh., 1986,ital. Übers.: Il cattolicesimo politico nel XIX e XX secolo, 1991. Herausg.: Wissenschaftstradition u. Nachkriegsgeschichte in Italien u. Deutschland (1987), Neapel als Ort d. Begegnung v. italienischem u. deutschem Geisteslebens (1991) - Liebh.: Kultur d. Renaissance - Spr.: Ital., Latein, Griech., Engl., Franz.

LÖNS, Rolf
Dr. jur., Hauptgeschäftsführer IHK Stade f. d. Elbe-Weser-Raum (1975-91) - Am Schäferstieg 2, 2160 Stade (T. 04141 - 6 06 60) - Geb. 10. Mai 1929 Bochum (Vater: Hugo L., Oberamtmann; Mutter: Kläre, geb. Möllmann), ev., verh. s. 1958 m. Elisabeth, geb. Meyer, 3 Söhne (Jörg, Peter, Jan) - Kfm. Lehre u. Praxis. Univ. Bonn, Erlangen, Heidelberg (Rechts- u. Wirtschaftswiss.), Köln u. Münster (Pädagogik); Staatsex., Promot. - 1959 Verbandsgeschäftsf. Düsseldorf, 1965 Kammergeschäftsf. Osnabrück, 1972 Ltd. Dir. Bundesinst. f. Berufsbildungsforschung, Berlin. Regierungsberater u. Lehrbeauftr. f. Berufsbildungsrecht. Fachveröff. Berufsbildung - Spr.: Engl. - Rotarier - Bek. Vorf.: Dichter Hermann Löns (Großonkel).

LOERS, Veit

Dr. phil., Direktor Museum Fridericianum Kassel - Friedrichspl., 3500 Kassel (T. 0561 - 77 00 33) - Geb. 12. März 1942 Schaidt/Rheinpfalz, 2 Söhne (Gerald, Fabian) - Stud. Kunstgesch., klass.

Archäol. u. Phil. Wien u. München; Promot. 1972 München - 1981-86 Leit. d. Städt. Galerie Regensburg - BV: Rokokoplastik u. Dekorationssysteme, 1976; Umgang m. d. Aura, 1984; Schlaf d. Vernunft, 1988; Günther Förg, 1990 - Spr.: Engl., Franz., Ital.

LÖSCH, Georg

Geschäftsführer Zentralverb. d. Dt. Geflügelwirtschaft - Niebuhrstr. 53, 5300 Bonn.

LOESCHCKE, Hans Hermann

Dr. med., Dr. h. c., em. o. Prof. f. Physiologie - Paracelsusweg 18, 4630 Bochum-Querenburg (T. 70 17 14) - Geb. 20. Okt. 1912 Köln (Vater: Prof. Dr. med. Hermann L., Pathol. (s. X. Ausg.); Mutter: Dr. rer. nat. Thekla, geb. Freytag), konf.sl., verh. s. 1942 m. Dr. med. Gertrud, geb. Wilckens, 4 Kd. - Karl-Friedrichs-Gymn. Mannheim; Univ. Heidelberg, Freiburg/Br., Greifswald (Med. Staatsex. 1935, Promot. 1937) - Praktikant Univ. Greifswald (Pathol. Inst.), Assist. Städt. Krkhs. Düren (Med. Abt.), Univ. Frankfurt/M. (Med. Klin.), 1938 Univ. Göttingen (Physiol. Inst.), 1942 Privatdoz., 1949 apl., 1962 ao. Prof. ebd., 1964 o. Prof. Univ. Bochum. 1949/50 Rockefeller-Stip. Pennsylvania-Univ. Philadelphia/USA; 1954/55 Gastprof. Univ. Bern u. 1973 Univ. of the West Indies, Kingston (Jamaica); 1974 korr. Mitgl. Wiener Ges. d. Ärzte; 1974 Ehrendoktor Univ.René Descartes, Paris; Ehrenmitgliedsch.: Dt. Physiol. Ges., Ges. f. Atemwegs- u. Lungenkrankh.; Ass. of Physiologists and Pharmacologists of India. Fachveröff. - 1963 Mitgl. New York Acad. of Sciences.

LÖSCHE, Peter

Dr. phil., Prof. f. Politische Wissenschaften - Landwacht 7, 3400 Göttingen (T. 0551 - 2 36 79) - Geb. 13. Febr. 1939 Berlin (Vater: Bruno L., Schriftsetzer, Bürgermeister; Mutter: Dore, geb. Ludwig), verh. s. 1969 m. Christel, geb. Stüber, 2 Kd. (Daniel, Nina-Suzanne) - Stud. Berlin, Göttingen u. USA; Promot. 1966, Habil. 1973, alles Berlin - S. 1971 Prof. Berlin, Hamburg u. Göttingen, 1975-76 stv. Vors. Dt. Verein. f. Polit. Wiss., s. 1973 o. Prof. Göttingen - BV: D. Bolschewismus im Urteil dt. Sozialdemokratie, 1967; Ind.gewerksch. im organis. Kapitalismus, 1974; Anarchismus, 1977; Politik in USA, 1977; Wovon leben d. Parteien? Üb. d. Geld in d. Politik, 1984; Amerika in Perspektive, 1989 - S. 1973 Mitgl. Histor. Kommiss. Berlin - Spr.: Engl., Franz.

LÖSCHNER, Fritz

Dr. techn., em. o. Univ.-Prof., ehem. Direktor Geodät. Inst. TH Aachen (s. 1963) - Limburger Str. 8, 5100 Aachen (T. 7 14 26) - Geb. 27. Mai 1912 Brünn (Vater: Prof. Dr. Hans L. † 1956, erster Dr. techn. d. Österr.-Ung. Monarchie, 1901) - 1936 Dipl.Bauing.; 1937 Dipl.-Vermessungsing.; 1955 Dipl.-Kulturing., 1938-63 Leiter Vermessungsarb. Tauernkraftwerk Glockner-Kaprun - Zahlr. Facharb. z. Ingenieurgeodäsie - 1976 Ehrenmitgl. Comité Intern. de Photogrammétrie Arch., Paris, 1963 Mitgl. d. Dt. Geodätischen Komm. b. d. Bayer. Akad. d. Wissensch., München; 1982 o. Mitgl. d. Sudetendt. Akad. d. Wissensch. u. Künste, München; 1987 Ritter v. Gerstner Med.

LÖSENBECK, Hans-Dieter

Dr. rer. pol., Journalist, Chefredakteur Zeitschrift test u. Finanztest - Zeltinger Str. 60 a, 1000 Berlin 28 (T. 030 - 401 71 66) - Geb. 13. März 1934, ev., verh. s. 1963 m. Heide, geb. Lühring, 2 Kd. (Antje, Imke) - 1954-57 kaufm. Lehre z. Industriekfm.; Stud. Volksw. 1957-63 Nürnberg, Innsbruck, Göttingen; Dipl.-Volksw. 1959, Promot. 1963 - 1963-65 Wirtschaftsredakt. b. Volkswirt, spät. Wirtschaftswoche; s. 1965 Ltd. Redakt., spät. Chefredakt. b. test - BV: Preisbildung b. öfftl. Untern. Diss.; Wegweiser f. Verbraucher (Broschüre f. Bundespresseamt), z.Zt. 5. A. - Liebh.: Bücher, Sport (Tennis, Skilaufen) - Spr.: Engl.

LÖSER, Hans-Joachim

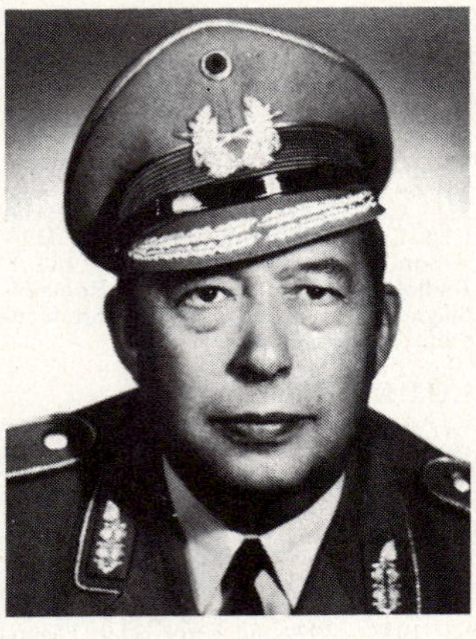

Generalmajor a.D., Journalist u. Schriftsteller (Ps. Jochen Löser) - Schulstr. 21, 8213 Sachrang (T. 08057 - 2 42) - Geb. 3. April 1918 Weimar (Vater: Franz-J. L., Landwirt; Mutter: Johanna L.), verh. s. 1943 m. Ursula, geb. Müller, 3 Kd. (Brigitte, Peter, Dieter) - Abit. 1936 Berlin; ab 1945 Kriegsakad. Hirschberg, 1957 Führungsakad. Ems (Generalstabsoffz.) - 1936-45 Wehrmacht-Major; 1945-55 Selbst. Untern.; 1956-74 Hilfsref. u. Ref. BMVG, Div.- u. Korpschef, Brigade- u. Divisionskommand.; Gründungspräs. u. Ehrenmitgl. Europ. Inst. f. Sicherheitsfragen (EIS), Luxemburg; Kuratoriumsvors. Arbeitskr. Wehrpol. Initiativen (AWI), München; Gründungs- u. Vorst.-Mitgl. FORUM ZUKUNFT, München - BV: Terrorismus (m. and.), 1977; Antibürokratie (Hrsg.), 1980; Weder rot noch tot. 1981; Gegen d. Dritten Weltkrieg - Strat. d. Freien, 1982; Was heißt für mich Frieden (m. and.), 1982; Antwort auf Genf, 1984; Neutralität f. Mitteleuropa - d. Ende d. Blöcke; Bittere Pflicht - Kampf u. Unterg. d. 76. Berlin-Brandenburg. Inf. Div., 2. A. 1988 (Hrsg.); Kollektive Sicherh. (m. and.); Sachranger Chronik - Heimatgesch. a. d. Chiemgau, 1987; Kämpfen können um nicht kämpfen zu müssen (m. A. v. Horn/Vorw. Georg Leber), 1990; Revolution d. Sicherheit (m. D. Proektor - russ. u. dt.), 1991 - Kunstwerke: Plastiken (Ausst. Kunsthochsch. Weimar 1943) - 1942 Ritterkr. d. Eis. Kreuzes; 1974 Gr. BVK; 1985 Friedensmed. d. Stadt Verdun - Liebh.: Gesch., Phil., Bild. Kunst - Spr.: Engl., Franz. - Bek. Vorf.: Hofmaler F. Krüger, Berlin.

LÖSER, Hermann

Dr. med., Prof., Kinderarzt, Kardiologe Univ.-Kinderklinik Münster - Schwerinerstr. 38, 4400 Münster (T. 02534 - 75 45) - Geb. 28. Okt. 1940 Forst/Lausitz, verh. s. 1968 m. Else, geb. Leidig, 3 Kd.

LÖTTGEN, Ulrich

Dr. phil., o. Prof. f. Mathematik u. ihre Didaktik - Hagedorns Kamp 4, 5000 Köln 80 (T. 68 25 24) - Geb. 14. Aug. 1927 Hamm/S. - Stud. (Math., Phys., Phil., Päd.) Univ. Bonn, Köln; Promot. 1952 Köln; 1953 u. 55 1. u. 2. Staatsex. f. d. Höh. Lehramt - 1953/54 Assist. Köln, 1953-63 Schuldst.; 1963-65 Doz. PH Wuppertal; 1965-71 o. Prof. PH Rheinland; s. 1980 Univ. Köln.

LOEW, Friedrich

Dr. med., em. Prof. f. Neurochirurgie (s. 1963) - Universitätskliniken, 6650 Homburg/Saar (T. 16 44 06) - Geb. 28. Juli 1920 Remscheid (Vater: Prof. Lic. theol. Dr. med. Wilhelm L. (s. dort); Mutter: Elisabeth, geb. Naumann), ev., verh. s. 1944 m. Anneliese, geb. Heuser, 3 Kd. (Dorothea, Michael, Cornelia) - Reform-Realgymn. Traben-Trarbach; Univ. Graz u. Wien. Med. Staatsex. 1944 - B. 1945 Wehrmachtlazarette, dann chir. u. neurochir. Ausbild. bzw. Tätigk. Knappschafts-Krkhs. Bochum-Langendreer u. Neurochir. Univ.klinik Köln (1951-60 Oberarzt), s. 1960 Leit. Neurochir. Abt. u. Dir. (1963) Neurochir. Univ.klinik Homburg. 1962-66 Vors. Dt. Ges. f. Neurochir.; 1970-77 Vors. Wiss. Beirat Bundesärztekammer. Div. Fachmitgliedsch. S. 1957 gf. Redakteur d. intern. Fachzeitschr. Acta Neurochir. - Etwa 120 Einzelveröff., darunt. Buchbeitr. - 1956 Preis Niederr.-Westf. Chirurgen-Vereinig. (f. d. beste wiss. Arbeit d. J.); Wilhelm-Tönnis-Med. d. Dt. Ges. f. Neurochir.; Ehrenmitgl. Dt., Brit. u. Jugosl. Neurochir. Ges. - Liebh.: Musik, Flugsport - Spr.: Engl., Franz. - Bek. Vorf. (Großv.): Friedrich Naumann (Politiker, Schriftst., Theologe).

LOEW, Hans-Heinrich

Dr. med., Prof. f. Inn. Medizin u. Nephrologie - Uhlenstr. 13, 4300 Essen 15 (T. 0201 - 46 28 18) - Geb. 21. Mai 1938 Braunschweig (Vater: Gottfried L., Dipl.-Ing; Mutter: Dr. phil. Maria, geb. Sack), verh. s. 1964 m. E. Otzdorf, 2 Kd. (Britta, Holger) - Gymn. Bremen; Med.-Stud. Hamburg, Freiburg, München; Promot. 1963 München, Habil. 1973 - 1973-79 O.Arzt Med. Univ. Poliklin. Münster, s. 1979 ltd. Arzt d. Med. Klin. II/Nephrolog. Alfried-Krupp-Krkhs. Essen - Spr.: Engl.

LOEW, Hans-Werner

Oberregierungsrat a. D., Rechtsanwalt, MdL Bayern, Stadtrat in Würzburg, Fraktionsvorsitzender - Arndtstr. 22, 8700 Würzburg (T. 0931 - 7 47 97) - Geb. 1942 - SPD.

LÖW, Konrad

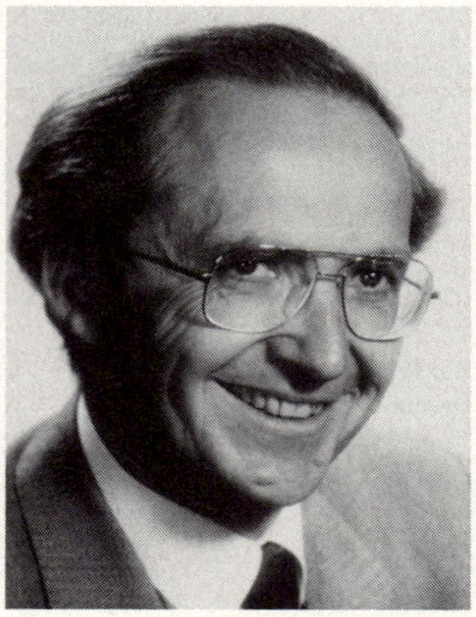

Dr. jur., Prof. f. Politikwiss. Erlangen-Nürnberg (s. 1972) u. Bayreuth (s. 1975) - Kirchenstr. 17, 8021 Baierbrunn (T. 089 - 793 25 14) - Geb. 25. Dez. 1931 München (Vater: Peter L., Angest.; Mutter: Maria, geb. Meyer), kath., verh. s. 1959 m. Rita, geb. Wagner, 5 Kd. (Peter, Birgitt, Elisabeth, Bernadette, Andrea) - 1960-65 Staatsdienst Bay. u. 1965-72 Bonn - BV (Gesamtaufl. 307 Ts.): Rechtsstaat, Demokratie, Sozialstaat, 5. A. 1982; 25 Jahre Grundgesetz, 1974; Ausbeutung d. Menschen durch d. Menschen, 3. A. 1983; D. Grundrechte, 2. A. 1982; Betrogene Hoffnung, 1978; WIR - Eine Sozialkunde, 3. A. 1989; Warum fasziniert d. Kommunismus?, 5. A. 1985 (span. 1983); D. Lehre d. Karl Marx - Dok.-Kritik, 2. A. 1989; Marxismus, Quellenlexikon, 2. A. 1988; Kann ein Christ Marxist sein?, 2. A. 1987 (span. 1985); Das Prinzip Gorbatschow - Anspruch u. Wirklichk, 1989; Irrweg Kommunismus - kommt d. Ende v. d. Anfang?, 1990; Terrorismus - Theorie u. Praxis im Marxismus, 1991; Im heiligen Jahr d. Vergebung - Wider Tabu u. Verteufelung d. Juden, 1991 - 1978 Gold. Sportabz. - Spr.: Engl., Franz.

LÖW, Reinhard

Dr. rer. nat., Dr. phil., Prof., Gründungsdirektor Forschungsinst. f. Philosophie Hannover - Lange Laube 14, 3000 Hannover 1 (T. 0511 - 164 09 20) - Geb. 15. Febr. 1949 Freising, kath., ledig - 1968-77 Stud. Naturwiss. u. Phil. München; Approb. Apoth. 1973, Dr. rer. nat. 1977, Dr. phil. 1979, Habil. f. Phil. 1983, alles München - 1977-84 Wiss. Assist. München, 1984-87 Prof. f. Naturphil. S. 1979 Vorstandssprecher CIVITAS; s. 1983 Redaktionsmitgl. Scheidewege - BV: Phil. d. Lebendigen, 1980; D. Frage Wozu?, 1981 (Jap. 1986); Nietzsche - Sophist u. Erzieher, 1984; Leben aus d. Labor, 1985. Mithrsg.: COMMUNIO (s. 1987) - 1978 Partington-Prize (GB) f. Wiss.gesch.; 1985 Letamendi-Preis (Span.) f. Anthropol.; s. 1991 Mitgl. Europ. Akad. d. Wiss. u. Künste - Liebh.: Musik, Bergsteigen - Spr.: Engl., Ital.

LÖWE, Armin

em. Prof. f. Pädaudiologie u. Gehörlosenpäd. PH Heidelberg, Fachschriftsteller - Görresstr. 76a, 6900 Heidelberg 1 (T. 06221 - 31 51 51) - Geb. 17. Okt. 1922 Meißen/Sa. (Vater: Willy L., Buchh.; Mutter: Helene, geb. Braune), kath., verh. s. 1953 m. Margrit, geb. Glock †1984, 5 Kd. - 1947-52 Ausb. z. Volksschullehrer u. Gehörlosen- u. Schwerhörigenlehrer - 1951-59 Gehörlosenlehrer; 1959-66 Gründ. u. Leit. 1. Pädaudiol. Beratungsstelle; 1966-70 Doz. f. Pädaudiol.; 1970ff. Prof. Verf. v. 25 Büchern z. Hörgeschädigtenpäd., dar. Spiel- u. Leseb., Ratgeber u. Tests; Herausg. v. 5 Büchern z. selb. Thema; 350 Beitr. in audiol., med. u. päd. Werken, in Kongreßberichten u. Ztschr. im In- u. Ausl. - 1984 Sonnenschein-Med. (Hilfe f. mehrfachbeh. Kinder); 1988 BVK am Bde.; 1988 Fellow of the Intern. Coll. of Rehabilitative Audiology; 1989-92 Aufbau e. National Hearing and Speech Centre in Dhaka/Bangladesch.

LÖWE, Hartmut

Dr. theol., Pfarrer, Präs. Kirchenamt d. Ev. Kirche in Deutschland - Herrenhäuser Str. 12, 3000 Hannover 21 (T. 0511 - 809 30 00) - Geb. 13. Nov. 1935 Steinbach-Hallenberg/Thür. (Vater: Max L., Kaufm.; Mutter: Martha, geb. Capraro), ev., verh. s. 1961 m. Elisabeth, geb. Bresser, 3 Kd. (Wanda Ulrike, Teresa Elisabeth, Johannes Robert) - Abit. 1956; 1956-61 Stud. Theol. Univ. Marburg, Heidelberg u. Zürich (1. Theol. Ex. 1961 Heidelberg, Promot. 1965, 2. Theol. Ex. 1966 Kassel) - 1962-66 Wiss. Assist. Heidelberg; 1966-72 Pfarrer in Treisbach/Oberhessen u. St. Martini Bremen, Ausb. d. Vikare; 1972-80 Oberlandeskirchenrat Kassel; 1980 ff. Vizepräs. Kirchenkanzlei d. Ev. Kirche in Dtschl.

LÖWE, Heinz-Dietrich

Dr. phil. habil., Faculty Lecturer in Russian History, Univ. Oxford, u. Fellow St. Antony's College Oxford/Großbrit. - 35, Oakthorpe Rd., Oxford Ox 2 7BD (T. 0867 - 31 02 29) - Geb. 27. Juli 1944 Brandenburg, kath., verh. s. 1976 m. Christiane, geb. Brust, 4 Kd. (Anne-Marie, Alexandra, Andreas, Matthias) - Univ. Freiburg u. London School of Economics; Staatsex. 1972 Freiburg, Promot. 1977 Freiburg, Habil. 1985 Freiburg - 1975 Redakt. b. Handb. d. Gesch. Rußl.; 1978 Wiss. Angest. Univ. Freiburg; 1981 DFG-Stip.; 1986 Priv.-Doz. Univ. Freiburg; 1987 Visiting Fellow St. Antony's Coll. Oxford; 1987-91 Fellow am Oxford Centre f. Postgraduate Hebrew Studies u. Res. Fellow Wolfson College, Oxford. 1975-81 fr. Mitarb. Stuttgarter Ztg.; Editorial Board Contemporary Jewry - BV: Antisemitismus u. reaktionäre Utopie. Russ. Konservatismus im Kampf gegen d. Wandel v. Staat u. Ges., 1978; D. Lage d. Bauern in Rußl. Wirtsch. u. soz. Veränderungen in d. ländl. Ges. d. Zarenreiches, 1987. Beitr. z. Handb. d. Gesch. Rußl., 1978ff., u. Lexikon d. Gesch. Rußl., 1985; Einzelschr.

LOEWE, Lothar

Journalist - Scharfe Lanke 45, 1000 Berlin 20 (T. 030 - 362 63 63) - Geb. 9. Febr. 1929 Berlin (Vater: Ernst L.,

Postbeamter; Mutter: Ella, geb. Hass), ev., verh. s. 1967 m. Hannelore, geb. Krueger, 2 Söhne (Alexander, Oliver) - Abit. 1948; 1953/54 Univ. of Oregon - 1949-54 Reporter, 1954-60 Polit. Redakteur, 1961-67 Rundf.- u. Fernsehkorresp. f. ARD in Washington, 1967-70 ARD-Fernsehkorresp. in Moskau, 1971-74 Fernseh-Sonderkorresp. f. aktuelle Berichterst. (ARD), 1974-76 (Ausweisung) Leit. DDR-Studio d. ARD in Ostberlin, 1978-82 ARD-Fernseh-Korresp. Washington/USA, 1983-86 Int. SFB (Berlin-W.), s. 1988 Kommentator u. Kolumnist b. Ztg. u. Ztschr.; s. 1992 Hörfunkbeauftr. v. ARD/SFB f. d. Deutschlandsender Kultur - BV: Abends kommt d. Klassenfeind - Eindrücke zwischen Elbe u. Oder, 1977 - BVK.

LÖWE, Rüdiger

Verleger - Aachener Str. 20, 6090 Rüsselsheim (T. 06142 - 1 31 00) - Geb. 13. Mai 1955 Mainz (Vater: Willi L., Schlosser; Mutter: Anna Luise, geb. Tucholsky), 4 Kd. (Julian Pascal, Nelly Florence, Judith-Jael, Samuel Domenico) - Math.-naturw. Hochschulreife; Fachhochschulstud. (Kommunikations Design, Werbepsych. u. Fotogr.) - 1979-82 Präs. Löwe-Verlagsges. Rüsselsheim; 1981-82 General-Manager European Emergency Federation Frankfurt; s. 1982 Repräsent. J. Löwe Verlag Rüsselsheim; s. 1983 Geschäftsf. Rüsselsheimer Druckerei + Verlag GmbH; s. 1982 Inhaber Verlagagentur R. Löwe, Marketing, Berat., Objektvertr.; s. 1984 Vors. d. AG Waldorfpäd. u. Anthroposophie Rüsselsheim; 1985-86 Präs. d. Dt. Tier-Hilfe-Werkes - Veröff.: CB-Euro-Revue - Fachillustrierte f. Deutschl. (auch franz., engl., holländ., span. f. Europa u. USA); D. Neue Rüsselsheimer, Lokalztg. - Liebh.: Malerei u. Zeichnen - Spr.: Engl.

LÖWE, Walter

Dr. jur., Prof., Richter am Bundesfinanzhof a. D. (1976-84) - Fasanenstr. 23 b, 8025 Unterhaching (T. 089 - 611 35 72) - Geb. 5. Feb. 1935 Neustadt/Aisch (Vater: Dr. med. Günther L.; Mutter: Ilse, geb. Merkel), ev., verh. m. Johanna, geb. Wittenzellner, 3 Kd. (Gabriele, Peter, Christof) - Hum. Gymn. (Abit.), Lehre Ind.kfm., Stud. Rechts- u. Staatswiss. Univ. München u. Heidelberg - S. 1962 höh. Justizdst. (zul. Min.rat Bay. Justizmin.); 1974ff. Honorarprof. Univ. München f. Zivil-, Wirtschafts- u. Verfahrensrecht; s. 1986 Rechtsanwalt - Mitverf. Fachkommentar z. AGB-Ges., 1982; Kommentat. d. Reisevertragsges. im Münchener Kommentar z. BGB (1. Aufl.); Das neue Pauschalreiserecht, 1981. Mithrsg.: Zehn Jahre AGB-Gesetz (1987). Ständ. Mitarb. d. Ztschr. f. Recht u. Wirtschaft Betriebsberater, Heidelberg; auf d. Geb. d. zivilrechtl. Verbraucherschutzes publ. u. fachjourn. tätig. Zahlr. Veröff. - 1984 Verbraucherpreis IKEA-Stiftg.

LOEWE, Werner

Wiss. Angestellter, Mitgl. Hbg. Bürgerschaft (s. 1978) - Jungfrauenthal 16, 2000 Hamburg 13 - Geb. 18. Mai 1941 Stettin - Univ. Hamburg, Innsbruck, München, Bremen (Angl., German., Literaturwiss., Polit., Arbeitslehre) - SPD s. 1968 (div. Funkt.).

LOEWEL, Ernst-Ludwig

Prof., Dr. agr., Obstbau Landwirtschaftsdirektor i.R. - Ziegeleiweg 13, 2170 Hemmoor (T. 37 61) - Geb. 8. Nov. 1906 Saarbrücken (Vater: Rudolf L., Geh. Oberbaurat, zul. Reichsbahndirektionspräs.), ev., verh. s. 1933 m. Ida-Okea, geb. Lüken, 2 Kd. (Hilke, Rolf) - Realgymn. Berlin; LH Bonn u. Berlin - 1934-71 Herausg. Zeitschr. „Erwerbsobstbau" - BV: D. Obstbaumspritzung, 1936 (zahlr. A.). Viele Einzelveröff. - Liebh.: Pferde, Gläser - Spr.: Engl., Holl.

LOEWEL, Horst-G.

Freier Maler - Gut Neuhaus, 7972 Isny (T. 07562 - 88 55); Atelier u. Galerie, El Médano, La Mareta 11, Tenerife, Islas Canarias, u. Vancouver-Island, BC, Canada - Geb. 15. März 1939 Hannover, led. - 1958 Gärtnerlehre; Stud. Biol. u. Geogr., Ex. 1969 Univ. Köln, Bonn u. Münster - Durchführung u. Ausstell. u. Musiktagen auf Gut Neuhaus, Isny/Allg. - Kunstrichtung: Surrealismus, Realismus. Werke: Tryptichon Der Wasserfall, 1980-83; D. Stadt, 1969; Gr. Marienbild, 1971; Esso Niagara, 1983. Ankäufe u.a. d. Bundespostmin. (1986) u. d. Landesregierung Baden-Württ. (1989) - Mehrere intern. Kunstpreise - Interessen: Barock u. Renaissance, Musik - Spr.: Engl.

LOEWEN, Matthias

Prof. f. Dt. Sprache u. Literatur sowie ihre Didaktik RWTH Aachen - Hein-Görgen-Str. 5, 5100 Aachen (T. 6 12 70) - Geb. 5. Mai 1909 Detzem - 1929-35 Stud. German., Roman. u. Angl. Univ. Bonn, München u. Dijon - 1935-55 höh. Schuldst.; 1955-59 Doz., dann Prof. PH Rheinl., Abt. Aachen; emerit. 1977 - BV: D. Trickfilm als didakt. Aufg., I u. II (m. Birgit Lermen), 1983 u. 84; Lyrik aus d. DDR. Exemplarische Analysen (m. Birgit Lermen), 1987.

LÖWEN, Walter

Dr. phil., Journalist, Schriftst., Verleger - Kampstr. 91D, 3000 Hannover 61 (T. 0511-58 08 25) - Geb. 18. März 1927 Friedensfeld, verh. s. 1952 m. Brigitte, geb. Moßler, 2 Kd. (Bettina, Hendrik) - Kaufmannslehre; Stud. m. Staatsex.; Promot. 1955 Jena - Redakt. b. HAZ; Verlagsleit. Moorburg-Verlag Hannover - Spr.: Engl., Russ.

LÖWENBERG, Bernward

Dr. jur., Landrat - Bismarckstr. 15, 6232 Bad Soden/Ts. (T. 06196 - 2 17 77) - Geb. 26. Febr. 1937 Trier, kath., verh. s. 1963 m. Carola, geb. Bauer, 4 Kd. (Claudia, Cornelia, Camilla, Fabian) - Stud. Rechtswiss. Univ. Freiburg, Hamburg, Münster; 1. jurist. Staatsex. 1962 Hamm; Promot. 1967 Münster; 2. jurist. Staatsex. 1968 Düsseldorf - Amtsdirektor (Wolbeck); 1971-77 Stadtkämmerer Paderborn; 1978-89 Landrat Main-Taunus-Kr. VR-Mitgl. Wohnstift Augustinum; s. 1982 stv. Vors. Kr.verb. Mittelstandsvereinig. CDU Hessen; s. 1984 stv. Kurat.-Mitgl. Dt.-Franz. Jugendwerk; s. 1990 Rechtsanwalt am Landgericht Frankfurt a.M.; s. 1991 Vors. d. Europa-Union, Kreisverb. Main-Taunus - BV: D. Geltendmachung v. Geldforderungen im Verwaltungsrecht, 1967 - Liebh.: Dt.-Franz. Verhältnis, Lit., Wandern, zeitgenöss. Kunst - Spr.: Engl., Franz.

LOEWENECK, Hans

Dr. med., Prof. f. Anatomie Univ. München - Zu erreichen üb.: Anatom. Anstalt Univ. München, Pettenkoferstr. 11, 8000 München - Geb. 12. Febr. 1938 Düsseldorf

LOEWENHEIM, Ulrich

Dr. jur., Prof., Vizepräsident Univ. Frankfurt - Hermann-Schuster-Str. 26, 6274 Wallbach/Ts. (T. 06126 - 49 98) - Geb. 30. Mai 1934 Göttingen (Vater: Hans L., Richter BGH; Mutter: Ruth, geb. Bandelow) - Stud. Univ. Hamburg, München, Frankfurt/M., Berkeley/Calif. - 1971-72 Ausw. Amt, Bonn - BV: Warenzeichen u. Wettbewerbsbeschränkung, 1970; Komment. z. Gesetz geg. Wettbewerbsbeschr., 1977 - Spr.: Engl., Franz., Span.

LOEWENICH, von, Gerhard

Staatssekretär Bundesmin. f. Raumordnung, Bauwesen u. Städtebau (s. 1982) - Weißdornweg 79, 5300 Bonn-Bad Godesberg - Geb. 18. Febr. 1929 Nürnberg, verh. m. Waltraud, geb. Kölz, 3 S. - Melanchtongymn. Nürnberg; Gymn. Erlangen (Abit.) - Univ. Erlangen; 1. u. 2. jurist. Staatsprüf. 1957 Verwaltungsgericht Ansbach - 1958-59 Bayer. Staatsmin. d. Innern; 1960-62 BVerfG (wiss. Mitarb.); 1963-64 Landratsamt Forchheim; 1965/66 Synd. Univ. Erlangen-Nürnberg; 1966-82 Bundesmin. d. Innern (u. a. Grundsatzref. Verfassungsrecht, zul. Leit. Abt. Innere Sicherh.) - Spr.: Engl.

LOEWENICH, von, Volker

Dr. med., Prof., Leiter d. Abt. f. Neonatologie Univ. Frankfurt a. M. - Zentrum d. Kinderheilkunde, Theodor-Stern-Kai 7, 6000 Frankfurt a. M. 70 - Geb. 23. März 1937 Erlangen (Vater: Walther v. L., Kirchenhistoriker), ev., verh. s. 1965 m. Dr. med. Katharina, geb. Lagois, 3 Kd. (Friederike, Clemens, Maria) - Stud. Univ. Erlangen, Wien (Med.) - Kinderarzt, spez. Neonatologie u. pädiatr. Intensivmed.; 1981-85 Präs. Dtsch.-österr. Ges. Neonatologie u. pädiatr. Intensivmed.; 1985-87 u. 1989-91 Präs. Dtsch. Ges. perinatale Med. - BV: Pädiatrische Intensivmedizin, 1974 (m. H. Koch) - Liebh.: Musik, Fotografie - Spr.: Engl., Span. - Vorf.: Walther v. L., Kirchenhistoriker, Erlangen (Vater).

LÖWENSTEIN-WERTHEIM-FREUDENBERG, Prinz zu, Wolfram Wilhelm

Schriftsteller, Marinehistoriker (Künstlern.: Wolfram zu Mondfeld) - Hofhegnenberg 46, 8081 Steindorf - Geb. 21. Okt. 1941, gesch., S. Wolfram Michael - Stud. Gesch., Kunstgesch., Lit. Univ. München - Autor, Herausg., Fachberat. div. Museen - BV: D. Piratenb., 1976; Historische Schiffsmodelle, 1977; Schicksale berühmter Segelschiffe, 1984; Wikingfahrt, 1985; Schiffsgeschütze 1350-1870, 1988; D. Schiffe d. Christoforo Colombo 1492, 1991. Insges. üb. 30 Titel, sow. Übers. (Engl., Franz., Ital., Span., Portug., Jap., Niederl.). Schiffsmodelle in Museen: Spanische Nao um 1490, Spanische Galeone um 1535, Englische Galeone um 1588, Venezianische Cocca um 1300 - 1976 Jugend-Sachbuchpreis FDA; 1976 Heinrich-Pleticha-Preis; Diploma di Merito d. Univ. delle Arti - Liebh.: Gesch., Psych., Schiffsmodellbau, Grenzwiss. - Spr.:

Engl., Ital. - Bek. Vorf.: d. Europ. Hochadel s. Karl d. Großen.

Fürst zu LÖWENSTEIN-WERTHEIM-ROSENBERG, Alois K.

Rechtsreferendar, Bankkaufmann, Gutsbesitzer, Oberstleutnant d. R. - Schloß Kleinheubach, 8764 Kleinheubach (T. 09371 - 42 44) - Geb. 16. Dez. 1941 Würzburg (Vater: Dr. phil. Dr. jur. Karl Fürst zu L., Präs. Zentralkomitt. d. dt. Katholiken; Mutter: Carolina, geb. Gräfin Rignon (ital.)), verh. s. 1965 m. Anastasia Prinzessin von Preussen, 4 Kd. - Human. Gymn. Miltenberg, Univ. Würzburg, Fribourg (Rechtswiss.) - Geschäftsf. Bank in Liechtenstein, Frankfurt; AR-Mitgl. BIL GT AG, Vaduz, Euroinvest KAG, Frankfurt, Anancor AG, Zug; Vorst.-Mitgl. d. BKU-Präs. d. Rhein Main Provinz d. Ritterordens v. Hl. Grab zu Jerusalem - Großkreuz d. päpstl. Ritterordens v. Hl. Grab, Ehenritter d. souveränen Malteserordens - Liebh.: Geschichte, Denkmalschutz, Ski, Jagd - Spr.: Engl., Franz., Ital., Span., Holländ.

LÖWENTHAL, Gerhard

Journalist - Sonnenberger Str. 58, 6200 Wiesbaden (T. 0611 - 52 67 48; Fax 0611 - 599 03 44) - Geb. 8. Dez. 1922 Berlin (Vater: Julius L., Fabrikant; Mutter: geb. Schabel), verh. s. 1948 m. Dr. med. Ingeborg, geb. Lemmer (Tochter v. Bundesmin. Ernst L. † 1970; s. XVI. Ausg.), 2 Söhne (Thomas, Stefan) - Humboldt- u. Freie Univ. Berlin - 1945-54 RIAS Berlin (Reporter, Abt.-, Hauptabt.leit., stv. Programmdir., 1949 Gründ. RIAS-Funkuniv.); 1954-57 SFB (stv. Programmdir.); 1959-63 OECD Paris (Leit. Abt. f. wiss. Information); 1963-69 Leit. ZDF-Studio Brüssel; 1969-87 Chefredakt. ZDF-Magazin. Vors. Deutschland Stiftg. e.V.; Vorst.-Mitgl. Bund Stalinistisch Verfolgter (BSV), Leipzig; Präs. Deutsche Konservative Stiftg. e.V.; Kurat.-Sprecher Förderverein Konservative Kultur u. Bildung e.V., Bielefeld - BV: Wir werden durch Atome leben (m. Josef Hausen). Herausg.: D. ung. Revolution (Dt. Ausg.); Ich bin geblieben (Autobiogr., 1987) - 1969 Silb. Med. Europ. Gemeinschaften; 1975 Konrad-Adenauer-Preis; 1979 BVK; 1983 Bayer. VO - Spr.: Engl., Franz.

LÖWENTHAL, Kurt

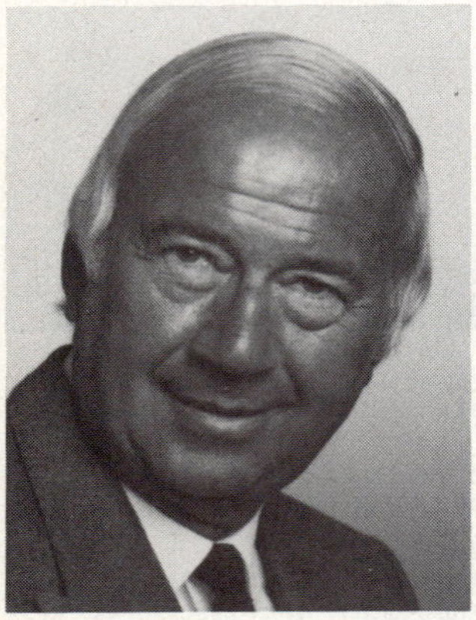

Selbständiger Kaufmann, Vizepräsident d. Industrie- u. Handelskammer zu Essen, Mülheim u. Oberhausen, AR d. Entwicklungsges. Oberhausen, u. d. Antenne Ruhr, Vorst.-Vors. Einzelhandelsverband (s. 1968) - Seilerstr. 23-29, 4200 Oberhausen (T. 0208 - 87 90 37) - Geb. 3. Juli 1928, kath., verh. s. 1951 m. Irmgard, geb. Kersting, 2 Kd. (Sylvia, Markus) - Elektrotechn. - 1969 Mitgl. IHK-Vollvers. u. Einzelhandelsaussch. Vorst. Verkehrsverein, Verw.- u. Wirtschaftsakad. Vereidigter Sachverst. f. Büroeinrichtung; Beirat Hauptgemeinschaft dt. Einzelhdl.; Sozialpolit. Aussch. Dt. Einzelhandel; Vors. Ber. d. Unternehmensbegleitung; Ratsaussch. Bauaussch.; Jurymitgl. Intern. Bauausst. u. Ideenwettbew. Oberhausen; Mitgl. IHK Berufsausb.aussch., Stadtausch. Stadt Marketing, Jägerprüf.-Kommiss., Arbeitskr. Planen - Bauen - Wohnen, IHK Einigungsst., Veranst.-gemeinsch. Lokalfunk Antenne Ruhr, stv. Vors. Lions Hilfswerk Oberhausen e.V., IHK-Aussch. f. Wettbewerbsstreitigkeiten. Schöffe Amtsgericht; 1977 Handelsrichter; 1987 Sozialrichter - 1987 BVK am Bde.; Gold. Verdienstmed. d. Einzelhdl.; Kammerehrenz. u. Verdienstnadel d. Stadt Oberhausen; Kammerehrenz. in Gold d. IHK zu Essen, Mülheim/R. u. Oberhausen, Schatzmeister Lions Hilfswerk; Lions-AWARD; Vors. d. Ehrengerichtes d. Oberhausener Kreisjägerschaft.

LOEWER, Hans Dietrich

Dr. phil., Prof. f. Sozialpädagogik - Brandhoveweg 32, 4400 Münster (T. 02506 - 78 59) - Geb. 30. Juni 1934 Bremen (Vater: Kurt L., Dipl.-Ing.; Mutter: Maria, geb. Vassmer), ev., verh. s. 1960 m. Barbara, geb. Isbary, 2 Kd. (Sebastian, Maria) - Altes Gymn. Bremen; Univ. Freiburg, München u. Berlin, Dipl.- Psych. 1961, Promot. 1967 Freiburg - 1962-69 Klin. Psych., 1969-72 Assist. Psych. Inst. Univ. Bonn, s. 1972 Prof. FB Erziehungswiss. Univ. Münster - Entd.: Ausarb. e. Mod. z. Förderung d. Persönlichkeitsentw., d. kreat. Denkens u. soz. Lernens - BV: Die sozialpäd. Übungsgruppe, 1975 - Liebh.: Aphorismen, Tagebücher, Malerei, Fotos v. Menschen - Bek. Vorf.: Christian Gotthilf Salzmann.

LOEWER, Harald

Dr.-Ing., Prof., Berat. Ingenieur - Auguststr. 11, 2000 Hamburg 76; Adalbert-Stifter-Str. 6, 7500 Karlsruhe 51 - Geb. 11. Febr. 1931 Wuppertal (Vater: Emil L., Ing.; Mutter: Lucie, geb. Petry), ev., 2 Kd. (Katja, Nicholas) - Gymn. Wuppertal, Abit. 1951; Univ. Karlsruhe (Verfahrenstechnik), Dipl.-Ing. 1957, Promot. 1960 - 1957-61 Wiss. Assist. Univ. Karlsruhe, 1961-62 Ing.tätigk. USA, 1962-64 OberIng. Univ. Karlsruhe, s. 1964 selbst. Ing. Karlsruhe, 1973-79 Prof. FH Gießen, (Techn. Gesundheitswesen), s. 1979 Prof. Univ. Hamburg (Erziehungswiss., Fachr. Metall- u. Masch.techn.). Bücher, Aufs., Lexikonbeitr. z. Thema Kälte-, Klima- u. Haustechn. - Liebh.: Skifahren, Tennis, Reisen - Spr.: Engl., Franz.

LOEWIG, Roger

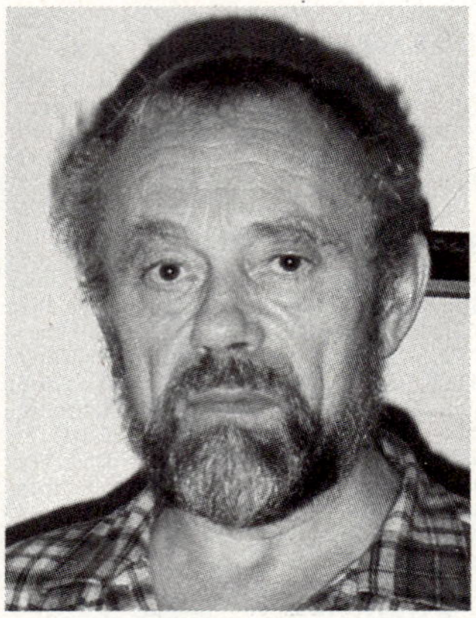

Maler, Zeichner, Schriftst. - Wilhelmsruher Damm 120, 1000 Berlin 26 (T. 030 - 416 51 51) - Geb. 5. Sept. 1930 Striegau, Lebensgef. - Autodid. - BV: D. lithogr. Werk, 1972; Brusberg Dok. 4, 1978; Ewig rauchende Kältezeit, Ged. 1979; E. Vogel bin ich ohne Flügel, Ged. u. Zeichng., 1980; Gesichtdünung, 250 Handzeichng., 1981; E. Hinterlassensch., Prosa 1982; Bis e. Stück Himmel d. Brust trägt, Ged. 1983; Erfahrungen e. dt. Künstlers in O. u. W., Übers. v. Ged. u. Texten ins Span., Engl., Franz., Ital., Norw., Poln.; 10 Kataloge v. Einzelausst., Dok. Warschauer Nationalmuseum, 1986; Etwas unheiml. Zeichn., Texte u. Zeichn. 1988; Dok. EPITAFIA - Roger Loewig im Museum Auschwitz.

LÖWISCH, Dieter-Jürgen

Dr. phil., o. Prof. f. Allg. Pädagogik Univ. Duisburg - Parkstr. 44, 4200 Oberhausen 11 (T. 0208 - 66 09 19) - Geb. 26. Jan. 1936 Leipzig (Vater: Dr. rer. pol. Hans L., Messedir.; Mutter: Anneli, geb. Röhrs), kath., verh. s. 1964 m. Gerhild, geb. Chyla, 2 Kd. (Stephan, Verena) - 1957-63 Stud. Univ. Köln, Würzburg, Bonn (klass. Philol., German., Phil., Päd.); Promot. 1963 Bonn – 1963-70 Wiss. Assist.; 1970-72 o. Prof. PH Ruhr; 1972ff. o. Prof. Univ. Duisburg (s. 1987 Prorektor) - BV: Päd. Heilen (erziehungsphil. Grundl. d. Heilpäd.), 1968 u. 79; Erzieh. u. krit. Theorie, 1974; Arbeitsbuch Päd. 5 Bde., 1976-79; Einf. in d. Erziehungsphil., 1982; Kultur u. Päd., 1989; Päd. Denken v. d. Anfängen b. z. Gegenw., 1989 - Spr.: Engl., Latein.

LÖWISCH, Manfred

Dr. jur., Dr. jur. h.c. (Kyoto), Prof. f. Bürgerl. Recht, Wirtschafts-, Arbeits- u. Sozialversicherungsrecht, Rektor d. Univ. Freiburg - Lindenstr. 3a, 7800 Freiburg/Br. (T. 8 35 11) - Geb. 8. März 1937 Jena (Vater: Dr. jur. et rer. pol. Günther L., Verbandsgeschäftsf. (s. XIV. Ausg.); Mutter: Elfriede, geb. Lapp), ev., verh. s. 1963 m. Sigrun, geb. Majer MdB, 4 Kd. (Henriette, Anne, Ingeborg, Georg) - 1963-64 Richter Stuttgart; s. 1969 (Habil.) Lehrtätigk. Univ. Hamburg (Privatdoz.) u. Freiburg (1969 Ord.) - BV: D. Stellung d. Produzentenhändler im Wettbewerbsbeschränkungsrecht, 1961; D. Deliktschutz relativer Rechte, 1970; D. Rechtsgeschäft - Studienb., 4. A. 1982; Arbeitsrecht - Studienbuch, 3. A. 1991; D. Schuldverhältnis - Studienbuch, 2. A. 1982; Kommentar Betriebsverfassungsgesetz, 6. A. 1982 (m. Galperin); Staudinger, Komment. z. BGB (Mitarb.); Komment. Kündigungsschutzgesetz, 6. A. 1984; Komment. Sprecherausschußgesetz, 1989; Komment. Tarifvertragsgesetz (m. Rieble), 1992.

LÖWLEIN, Hans

Prof., Dirigent - Äußere Baselstr. 202, Riehen (Schweiz) (T. Basel 49 42 50) - Geb. 24. Juni 1909 Ingolstadt/D., ev., verh. s. 1936 m. Charlotte, geb. Gerbitz - Gymn. Ingolstadt; Akad. d. Tonkunst München (Meisterkl. f. Dirigieren: Hausegger) - Solorepetitor Staatsoper München, Kapellm. Stadttheater Stettin, I. Kapellm. Staatsoper Dresden; Musikal. Oberleit. Kom. Oper Berlin, I. Staatskapellm. Staatsoper Berlin, stv. Generalmusikdir. Opernhaus Frankfurt/M., Chefdirig. Orch. Musikhochsch. Frankfurt/M., s. 1968 ständ. Gastdirig. Stadttheater Basel; s. 1979 Gastprof. f. Oper u. Gesang in Tokio.

LOFINK, Gerhard

Dr. rer. pol., Geschäftsführer d. Nienburger Glas GmbH & Co. KG - 3070 Nienburg/Weser - Geb. 16. Aug. 1930.

LOGEMANN, Fritz

Bauer, Parlam. Staatssekr. Bundesmin. f. Ernährung, Landw. u. Forsten (1969-76), MdB (1957-76) 2831 Vohrde Post Scholen (T. Ehrenburg 3 84) - Geb. 9. Juni 1907 Vohrde, ev., verh., 2 Kd. - Privat- u. Landw.ssch. - S. 1929 Hofbesitzer, 1943-45 Wehrdst., 1948-72 Bürgerm., MdL Nieders. (II. u. III. Wahlp.). B. 1961 DP, dann FDP (1968 ff. Vors. Bezirksverb. Osnabrück u. stv. Vors. Landesverb. Nieders.) - 1976 Gr. BVK m. Stern u. Schulterbd.

LOGES, Werner

Dr., Apotheker, Gf. Gesellsch. Dr. Loges + Co. GmbH Arzneimittelfabrik, Winsen, u. Dr. Graf + Co. GmbH Arzneimittelfabrik, Winsen/L., Präs. Ind. u. Handelskammer Lüneburg-Wolfsburg - Schützenstr. 5, 2090 Winsen/Luhe (T. 04171 - 7 10 85) - Geb. 7. April 1928, verh., 6 Kd.

LOH, Friedhelm

Gf. Gesellschafter Rittal-Werk, Herborn - Auf der Weide 13, 6344 Dietzhoelztal - Geb. 16. Aug. 1946 Weidenau/Sieg, verh. m. Debora L., 3 Kd. - Stud. Betriebsw. - Gf. Gesellsch. Rittal, Gent/Belgien, Rittal, Zerenaar/Holland, Rittal Oy, Vantaa/Finnland, Ritto-Werk Loh GmbH & Co. KG Haiger, Ritto AG, Schweiz, Stahlo Stahlhandels GmbH & Co. KG, Dillenburg, Stahlo Stahlhandels GmbH & Co. KG, Bad Köstritz, LKH-Kunststoffwerk Loh GmbH & Co. KG, Haiger. Tochterges. Rittal: Rittal SSB GmbH, Burbach, Rittal Scand AB, Ängelholm/Schweden, Rittal AS, Sofiemyr/Norw., Rittal France, Champ.-Sur-Marne/Frankreich, Rittal Corpor., Springf./USA, Rittal AG, Zürich/Schweiz, Rittal KK, Tokio/Japan.

LOHBERG, Hans

Chordirektor u. Kapellmeister Vereinigte Städt. Bühnen Krefeld-Mönchengladbach - Bessemerstr. 22, 4150 Krefeld (T. 02151 - 30 33 33) - Geb. 27. Sept. 1919 Krefeld, kath., verh. s. 1949 m. Johanna, geb. Schrod, 2 Kd. (Michael, Gabriele) - Abit. 1937; Stud. Musikhochsch. Köln; Univ. (Phil. Fak.) Köln u. Bonn - S. 1946 Theater Krefeld; s. 1985 Gründ. u. musikal. Leit. Krefelder Kammerchor. Kompos.: f. Klavier, Chöre u. Sololieder; Schauspielmusiken f. d. Theater Krefeld-Mönchengladb. u. Essen; 5 Klavierwerke (Lieder ohne Worte) zu e. Gedichtbd.: Lieder hinter d. Mauer - 1985 Siegel d. Stadt Krefeld - Liebh.: Schwimmen.

LOHFF, Wenzel

Dr. theol., Dr. phil., Prof. f. Syst. Theol. - Fritz-Flinte-Ring 49, 2000 Hamburg 60 - Geb. 5. Nov. 1925 Bad Oeynhausen (Vater: Walter L.; Mutter: Else, geb. Reinking), ev., verh. s. 1975 m. Hildegard, geb. Geyer, 2 Kd. (Claudia, Andreas) - Dr. phil. (1950) u. Dr. theol. (1954) Erlangen; Habil. 1958 ebd. - 1952 Religionslehrer, 1955 Assist., 1958 Privatdoz. Univ. Erlangen (Systemat. Theol.), 1959 ao. Prof. Päd. Hochsch. München, 1963 o. Prof. Univ. Hamburg u. 1972 Univ. Göttingen, s. 1973 Vors. d. Wiss. Ges. f. Theol. - BV: Glauben u. Freiheit - Existenzphil. u. protestant. Theol., 1957; Glaubenslehre u. Erzieh., 1974; Argumente d. Zuversicht, 1980 - 1981 Hon.-Prof. Univ. München.

LOHFINK, Norbert S. J.

Dr. in re bibl., Lic. Theol., Lic. Phil., Prof. f. Bibelwissenschaft - Offenbacher Landstr. 224, 6000 Frankfurt/M. 70 (T. 60 61-1) - Geb. 28. Juli 1928 Frankfurt/M., kath. - Berchmannskolleg Pullach (Phil.; lic. phil. 1953); Phil.-Theol. Hochsch. St. Georgen, Frankfurt (Theol.; lic. theol. 1957); Pontificio Istituto Biblico Rom u. Jerusalem (Bibelwiss.; Promot. 1962) - 1962-66 Doz. u. ao. Prof. (1964) PhThH St. Georgen, Frankfurt/M. (Exegese d. Alten Testaments); 1966-70 ao. u. o. Prof. (1967) Pont. Ist. Bibl., Rom; s. 1970 o. Prof. Phil.-Theol. Hochsch. St. Georgen, Frankfurt; 1978-84 auch Prof. m. Lehrauftr. Hochsch. f. Phil., München - BV: D. Hauptgebot, 1963; D. Siegeslied am Schilfmeer, 3. A. 1967; Höre Israel, 1965; V. Lesen d. Hl. Schrift, 1966; Bibelausleg. im Wandel, 2. A. 1968; D. Landverheiß. als Eid, 1967; I profeti ieri e oggi, 1967; Unsere gr. Wörter, 3. A. 1985; Hinter d. Dingen ein Gott, 3. A. 1981; Weltgestalt. u. Gewaltlosigk., 1978 (m. R. Pesch); Kohelet (Neue Echter Bibel), 3. A. 1986; Preliminary a. Interim Report Old Testament Text Project 1-5, 1974-80 (m. D. Barthélemy u. a.); D. messian. Alternative, 3. A. 1984; Kirchenträume, 5. A. 1988; D. Geschmack d. Hoffnung, 1983; Unsere gr. Feste, 1983; D. Jüdische am Christentum, 1987; Option for the Poor, 1987; Studien z. Pentateuch, 1988; D. niemals gekündigte Bund, 1989; Unsere neuen Fragen u. d. Alte Testament, 1989; Studien z. Deuteronomium u. z. deuteronomistischen Lit. I, 1990, II, 1991; Lobgesänge d. Armen, 1990; D. Väter Israels im Deuteronomium, 1991. Herausg.: Gewalt u. Gewaltlosigk. im AT (1982); D. Deuteronomium, BETL 68 (1985); Stuttgarter Bibelstudien (Wiss. Heftreihe; 1965-67); Biblica/Bibelwiss. Fachztschr. (1968-69); Mithrsg.: Jahrb. f. bibl. Theol. (1986ff.); Stuttgarter bibl. Aufsatzbde. (Wiss. Nachdruckreihe; 1987ff.) - Spr.: Engl., Franz., Ital.

LOHMANN, Adolf W.

Dr. rer. nat., o. Prof. f. Angew. Optik u. Vorst. Physikal. Inst. Univ. Erlangen-Nürnberg (s. 1973) - Esperstr. 49, 8521 Uttenreuth.

LOHMANN, Dieter

Dr. sc. nat., Dipl.-Chem., Geschäftsführer Arzneimittelwerk Dresden GmbH - Hoflößnitzstr. 30, O-8122 Radebeul (T. 0351 - 7 88 45) - Geb. 5. Juni 1937 Zwickau, verh. s. 1961 m. Erika, geb. Schürer, 3 Kd. (Barbara, Claudia, Wolfgang) - Chemiestud. TH Leuna-Merseburg, Dipl. 1962; Promot. 1970 TU Dresden; Promot. B 1989 Akad. d. Wiss. - 200 Patente.

LOHMANN, Erika

Geschäftsführerin Merkur-Direktwerbeges. mbH. u. Co. KG., Einbeck - Knickebrink 3, 3352 Einbeck (T. 5904) - Geb. 20. Mai 1926 Einbeck, ev. - Mittelsch., Handelssch. - Üb. 20 J. bei Merkur-Direktwerbeges. tätig - Liebh.: Wandern, Reisen - Spr.: Engl.

LOHMANN, Friedrich

Vorsitzender Richter am Bundesgerichtshof - Zu erreichen üb.: Herrenstr. 45a, 7500 Karlsruhe - Geb. 13. Febr. 1929 Minden (Vater: Martin L., Pfarrer; Mutter: Aenne, geb. Graeve), ev., verh. s. 1962 m. Susanne, geb. Vogt, 4 Kd. (Ulrike, Matthias, Gerhard, Katharina) - 1938-47 Staatl. Gymn. Minden, 1948-51 Univ. Bonn - 1957-67 Richter AG, LG u. OLG, 1967-74 Justizmin. Nordrh.-Westf.

(zul. Ministerialrat). Spez. Arbeitsgeb.: Zivilsachen, Familienrecht.

LOHMANN Hans Joachim
Dr. jur., Ass., Gf. Gesellschafter Dr. Paul Lohmann GmbH KG, Lomapharm Rudolf Lohmann GmbH KG, W. Neudorff GmbH KG - Bückebergstr. 14, 3254 Emmerthal 1 (05155 - 6 31 93) - Geb. 19. Juli 1933 Hameln, ev.-luth., verh. s. 1970 m. Prof. Dr. Marie-Luise Lohmann-Matthes, 4 Kd. (Carina, Antonia, Sebastian, Matthias) - Kaufm. Lehre; Stud. Rechtswiss.; Ass.-Ex., Promot. - Vors. Wirtschaftsaussch. Hameln IHK, Vollvers. IHK Hannover-Hildesheim; Vorst.: AdU Hameln, BPI Landesverb. Nieders., Arbeitgeberverb. d. chem. Ind. Nieders., Kirchenkreis Hameln-Pyrmont. Arbeitsrichter - Spr.: Engl., Franz.

LOHMANN, Hans-Wolfgang
Hauptgeschäftsführer Kreishandwerkerschaft Bonn (s. 1985) - Spessartstr. 48-50, 5300 Bonn 1 (T. 0228 - 726 21 29) - Geb. 19. Jan. 1941 Essen, ev., verh. s. 1968 m. Heidemarie, geb. Lippert, 2 Töcht. (Ilka, Ebba) - Leopoldinum Detmold; Stud. Rechtswiss. Univ. Bonn, Berlin u. Köln; Dipl. 1968 Straßburg; Ass.-Ex. 1970 - S. 1970 Leit. Rechtsabt. KH Bonn; gf. Vors. Gewerbeförderungswerk Heinrich-Schäfer-Stiftg., Alte-Meister-Stiftg.; Arbeitg.-Vertr. im AR VEBOWAG - Liebh.: Bergwandern, Radwandern, Klass. Musik - Spr.: Engl., Franz. - Bek. Vorf.: Großvater (vs.) Generalsuperintendent v. Sachsen-Anhalt.

LOHMANN, Joachim
Dr. phil., Pädagoge, MdL Schlesw.-Holst. - Jakobsleiter 1, 2300 Kiel 17 (T. 0431 - 37 18 61) - Geb. 18. Juni 1935 Berlin (Vater: Wilhelm L., Jurist; Mutter: Margarethe, geb. Wollschlaeger), ev., verh. s. 1963 m. Christa, geb. Baader, 2 Kd. - Stud. Päd., Phil. u. Politik Univ. Göttingen, Würzburg - 1966/70 wiss. Ref. f. Gesamtschulfragen Päd. Zentr. Berlin, 1970-79 Stadtschulrat Stadt Kiel, 1979ff. MdL, finanzpolitischer Sprecher SPD-Frakt.vorst. - BV: D. Problem d. Ganztagsschule, 1964; Gesamtschule, Disk. u. Planung, 1967.

LOHMANN, Klaus
Bergingenieur, MdB (s. 1983; Wahlkr. 111/Bochum II - Ennepe-Ruhr-Kr. II) - Bundeshaus, 5300 Bonn 1 - Geb. 17. März 1936 Witten, verh., 2 Kd. - Gymn.; Bergschule m. Abschlußpruf. - S. 1970 Ratsmitgl., 1978-83 Oberbürgerm., s. 1989 Bürgermeister Stadt Witten. S. 1954 SPD.

LOHMANN, Ludger
Dr. phil., Prof. Musikhochsch. Stuttgart, Organist - Laquaiweg 11, 7000 Stuttgart 70 (T. 0711 - 765 44 34) - Geb. 9. März 1954 Herne (Vater: Dr. med. Raimund L., Arzt; Mutter: Brigitte, geb. Baumert), kath., verh. s. 1978 m. Gisela, geb. Seyfarth, 4 Kd. (Julia, Luisa, Martin, Johannes) - 1972-81 Musikhochsch. u. Univ. Köln (Promot. 1981) - 1979-83 Doz. Musikhochsch. Köln; s. 1983 Prof. in Stuttgart - 1982 Grand Prix de Chartres - Spr.: Engl., Franz., Ital.

LOHMANN, Martin
Journalist u. Publizist, Redakteur (Ressortleit. Kath. Kirche/Christ u. Welt) b. Rheinischen Merkur - Dienstl.: Redakt. Rhein. Merkur, Godesberger Allee 91, 5300 Bonn 2 (T. 0228 - 88 41 40, Fax 0228 - 88 41 99) - Geb. 14. März 1957 Bonn, kath., verh. - Gymn. Aloisiuskolleg Bad Godesberg; Stud. kath. Theol. u. Gesch. Bonn, Staatsex. 1983. 1986 Stip. d. German Marshall Funds of the United States - 1983-84 Vorst. Jungakademikerkreis Bonn im Kath. Akademikerverb.; s. 1985 Vorst. Katholikenrat Bonn; 1983-87 stv. Bundesgeschäftsf. Bund Kath. Untern. BKU - Veröff.: u. a. Aufbruch e. Jugend; D. Bund Neudeutschl. v. d. Gründung b. z. Beginn d. Dritten Reiches, 1988; Christliche Perspektiven. Bestandsaufnahme f. e.

Kirche v. morgen, 1990 - Spr.: Lat., Franz., Engl.

LOHMANN, Martin
Dr. rer. pol., o. Prof. f. Betriebswirtschaftslehre (emerit.) - Am Hörchersberg 2 c, 7800 Freiburg/Br. (T. 6 38 58) - Geb. 20. April 1901 Leopoldshall/Anh. (Vater: Richard L., Chemikalienkfm.; Mutter: Margarete, geb. Höpfner), ev., verh. s. 1935 m. Margarete, geb. Schröder †, 2 Kd. - Dipl.-Kfm. u. Promot. 1923; Habil. 1928 (alles Leipzig) - 1928 Privatdoz. HH Leipzig, 1929 Univ. Kiel, 1937 ao. Prof. das., 1939 o. Prof. Univ. Freiburg - BV: D. Wirtschaftsplan d. Betriebes u. d. Unternehmung, 2. A. 1930 unt. d. Titel: D. Wirtschaftsplan d. Unternehm.; Betriebsw.slehre, 1936; D. Rechnungswesen d. Kartell- u. Gruppenwirtschaft, 1937; Wandlungen in d. Betriebs- u. Finanzierungsformen d. dt. Außenhandels, 1938; Einf. in d. Betriebsw.slehre, 4. A. 1964; D. industrielle Mittelbetrieb unt. d. Einfluß d. gegenw. wirtschaftl. Strukturwandlungen, 1962; Neue Ansatzpunkte in d. Praxis betriebsw. Investitionen, 1962.

LOHMANN, Sigrid
Dr. rer. pol., Geschäftsführerin Kuratorium Dt. Altershilfe - An d. Pauluskirche 3, 5000 Köln 1 (T. 0221 - 31 30 71) - Geb. 18. April 1931 Grasleben Kr. Helmstedt, ev., ledig - Abit. Stud. Volkswirtsch. u. Sozialpolitik Kiel u. Köln; Dipl. Wirtsch.wiss 1965 Köln, Promot. 1969 Köln - BV: Lebenssituation älterer Menschen in d. Geschlossenen Altersfürsorge, Diss. 1969 - 1988 BVK - Spr.: Engl., Franz.

LOHMANN, Walter
Gewerkschaftsangestellter, Mitgl. Hbg. Bürgerschaft (s. 1970) - Tilsiter Str. 47, 2000 Hamburg 70 (T. 693 53 53) - U. a. Angest. Gewerksch. d. Eisenbahner. SPD.

LOHMANN, Wolfgang
Dr. rer. nat., Prof. f. Biophysik - Petersweiher 20, 6300 Gießen (T. 0641-4 59 36) - Geb. 1. Aug. 1930 Frankfurt/O. (Vater: Max L., Angest.; Mutter: Gertrud, geb. Klingenberg), ev., verh. s. 1959 m. Dr. Christa, 2 Kd. (Birgit, Chris) - Univ. Jena; Dipl.-Phys. 1954 Univ. Freiburg, Promot. 1958, TU München, Habil. 1969 - 1958-60 wiss. Mitarb. MPI f. Biophysik Frankfurt, 1960-62 Assist. Prof. Univ. of Arkansas, 1962-65 Assoc. Prof. Univ. of Arkansas, 1965-69 Assoc. Prof. Univ. of Iowa, 1969-74 apl. Prof. TU München, s. 1974 Prof. Univ. Gießen - BV: Biophysik, 1977 (übers. - Engl., Span.) - Liebh.: Sport, Kultur - Spr.: Engl.

LOHMANN, Wolfgang Friedrich
Bundestagsabgeordneter (s. 1983; Wahlkr. 123/Märk. Kr. II) - Bundeshaus, 5300 Bonn 1 - CDU - Geb. 29. Mai 1935, ev., verh., 4 Kd. - 1957 Abitur, Stud. d. Wirtschafts- u. Sozialwiss., 1961 Staats-

ex.; b. 1964 Tätigk. in d. Ind., 1964-69 Geschäftsf. IHK; Geschäftsf. BEKA GmbH; Geschäftsf. Bildungswerk d. Nordrh. Westf. Wirtsch., Außenst. Lüdenscheid; Vorst.-Mitgl. Arbeitgeberverb. Lüdenscheid, Fachverb. VBT Wirtschaftsverb. Eisen, Blech u. Metall; Mitgl. Jugend- u. Bildungsaussch. d. Landesverein. Arbeitgeberverb. u. d. Aussch. f. Berufsbild. sowie f. Bildungspol. u. Bildungsarbeit d. Bundesvereinig. d. Arbeitgeberverb. S. 1967 CDU, s. 1983 Vors. CDU-Kreisverb. Mark); 1969-75 Mitgl. d. Rates d. Stadt Lüdenscheid u. d. Kreistages; 1975-84 Kreistagsabg. Märk. Kreis; 1975-84 Kreistagsabg.

LOHMEIER, Georg
Schriftsteller - Kaulbachstr. 69, 8000 München 22 (T. 39 52 64) - Geb. 9. Juli 1926 Loh/Obb. (Vater: Michael L., Brauereibesitzer; Mutter: Magdalena, geb. Schwaiger), kath., verh. s. 1979 m. Eleonore, geb. Schwarz, T. Katharina - Hochsch. Freising, Univ. München - Langj. Mitarb. Bayer. Rundfunk (Funk- u. Fernsehautor) - BV: Bayer. Barockprediger, 1961; Kgl. Bayer. Amtsgericht, 2 Bde. 1969 ff. (auch ZDF: 53 Folgen); Liberalitas Bavariae, 1971; D. Weihnachter, 1971; Ostergelächter, 1972; Jos. Baumgartner, ein bay. Patriot; Auf d. Spuren d. Väter, 1988; Kunstkuren im Dreiländerland, 1989; Ehe u. Liebesgesch. u. v. schönen Sünderinnen, 1989; Heilige Viechereien, 1990; s. 1989 auch im Eigenverlag. Geschichten f. d. Komödienstadel. Volksst.; Fernsehsp.: D. Schönheitsgalerie (BR 13 Folgen 1978); Und d. Tuba bläst d. Huber (ZDF 26 Folgen 1982). Fernsehfilm: D. Überführung (BR 1979); D. Pfandlbräi (BR 1987); Wer Knecht ist soll Knecht bleiben (BR 1990). Als Schausp. überwiegend in Priesterrollen (z. B. in: D. Hochzeit v. Ludwig Thoma. Fernsehkomöd.: Es geigt sich was (BR 1987); D. senior (BR 1983); u. a. Dramen: D. Fremde (1966); D. Witwe z. Grünen Baum (1981); u. a. - 1972 Bayer. Poetentaler; 1983 Valentin-Orden (Narrhalla München); Präs. v. fast 100 König Ludwig-Vereinen - Liebh.: Klass. Kirchenmusik, alte Bräuche u. Zeremonien, Eisstockschießen - Spr.: Engl., Franz., Latein - Vorf.: Bierbrauer u. Bauern.

LOHMEYER, Wolfgang
Schriftsteller - Burg 12, 8221 Taching am See (T. 08687 - 3 08) - Geb. 15. Nov. 1919 Berlin (Vater: Dr. Robert L., Chem.; Mutter: Alwine, geb. Peter), ev., verh. s. 1949, 3 Kd. (Peter, Till, Cordula) - Abit.; Stud. d. Germ., Gesch. Berlin u. Marburg - Zun. Redakt., Verlagslektor, fr. Schriftst. - BV: D. Hexe, R. 1976; D. Hexenanwalt, R. 1979; D. Kölner Tribunal, R. 1981; Nie kehrst du wieder, gold'ne Zeit, R. 1985; D. Glück d. Lina Morgenstern, R. 1987. In Lemgo 89 Sch. 1965, FS 1966; Cautio criminalis, Sch. 1966, FS 1974; D. Hexenanwalt, Sch. 1988; D. Hexe v. Köln, FS 1989 - Liebh.: Malen - Spr.: Engl., Franz. - Bek. Vorf.: Julius L., Schriftst.

(Großv.); Albert Peter, Botaniker (Großv.).

LOHMÜLLER, Wolfgang

Versicherungskaufmann i.R., Schriftsteller, Verleger - Franz-Joseph-Str. 16, 8000 München 40 (T. 33 13 34) - Geb. 24. Dez. 1915 Kassel (Vater: Otto L., Ingenieur; Mutter: Charlotte, geb. Seiffert), ev., verh. s 1942 m. Lucia, geb. Westermann †1988, 2 Söhne (Jürgen, Berndt) - Oberrealsch. (Obersekundareife) - S. Lehre Versich.gewerbe (u. a. Abt.dir. Berlinische Feuer-Versich.-Anstalt u. Aachen-Leipziger Versich. AG), Vorst.-Mitgl. Artur-Mahraun-Ges. - BV: Plaudereien um e. König, Erz. 1936; D. ew. Unruh, Erz. 1937; Anno 1812 - Briefe e. jg. Deutschen vor d. Befreiung, Erz. 1937; Attacke in verlorenes Land, Kriegserz. 1940; Sturm üb. Flandern, Kriegserz. 1941; Kommentar z. Gesetz üb. Verbesserungen d. gesetzl. Unfallversich. v. 10.8.1949, z. Ges. üb. d. Behandlung d. Verfolgten d. Nationalsozialismus v. 22.8.1949 u. z. Ges. üb. d. Gewährung v. Unfall- u. Hinterbliebenenrenten an d. Opfer d. Naziunterdrückung v. 5.3.1947, 1950; Komm. z. Handels- u. Versich.vertreterrecht, 1953; Transportversich. leicht gemacht, 1957; E. neues Ordnungsbild, Überschaubare Willensbild. im mod. Staat, 1960. Herausg. u. verantw. Redakt.: Mensch u. Staat (Zweimonatsschr. f. Ordnungspolitik u. Widerstandsrecht) 1966-74. Hrsg. Schriftenreihe Beiträge z. Gesch. d. Jungdeutschen Ordens, 6 Bde., 1970-80; Führung, Verwaltung u. Kontrolle/Gegen d. Bürokratisierung in Staat u. Wirtschaft, 1984. Hrsg. u. verantw.Redakt.: Informationsdienst f. direkte Demokratie, 1983-1/1992. Redaktionsmitgl. d. Ztschr. f. direkte Demokratie, Bonn.

LOHNES, Hans-Herbert

Musiker, Flamenco-Gitarrist (Ps. Manolo Lohnes) - Albanusstr. 10, 6500 Mainz (T. 06131 - 3 52 33) - Geb. 12. Dez. 1943 Freiburg, ev., verh. s. 1968 m. Dr. Ingrid, geb. Langpaap, 2 Kd. (Manuel, Alicia) - 1960-63 Stud. Klass. Gitarre b. Kurt Gudian, Autodidakt - BV: Flamencotexte (span. u. deutsch, m. M. Reinhard), 1969; Lyrik u. Gitarre (m. Kurt Sigel), 1981; u. a. Herausg. Ztschr. Flamenco - Zahlr. Konz. b. Rundf. u. Fernsehen, Tourneen, Schallpl. (u. a. Flamenco Guitarre, 1968; El Flamenco fenómeno, 1970; Weiß & Violet, 1972; Fantaśa on Guitar, 1974; Flamenco Gitarre in Concert, 1975; Sentimientos, 1978; Starportrait, 1980; Lyrik u. Gitarre, 1981); MC Arabesca, 1984; MC D. alte Hof, 1987 (Ged. + Gitarre m. Marianne Sidenstein); MC Als die Schmetterlinge kamen, 1988 (Märchen u. Gitarre m. Helga Höfle); CD La Hora Del Flamenco, 1992 - 1967 2. Preis ZDF-Wettb.; 1968 1. Pr. Festival Européen - Spr.: Engl., Franz., Span., Latein.

LOHNES, Manolo
s. Lohnes, Hans-Herbert

LOHR, Charles
Dr. phil., Dr. theol. h.c., Prof. Univ. Freiburg, Raimundus Lullus-Inst. Univ. Freiburg - Frankenweg 20, 7800 Freiburg/Br. - Geb. 24. Juni 1925 New York/ USA (Vater: Charles L., Versich.agent; Mutter: Margaret, geb. Ruch), kath. - Lic. theol. Baltimore 1962, Promot. 1967 Freiburg, Habil. 1972 ebd. - 1968-70 Assist.-Prof. Fordham Univ. New York; 1970-72 Assoc. Prof. ebd.; 1972-76 Doz., 1976-78 apl. Prof., 1978ff. Prof. Univ. Freiburg - BV: Medieval Latin Aristotle Commentaries, 1967-74; Renaissance Latin Aristotle Commentaries, 2. A. 1988; Raimundi Lulli Opera latina op. Montepessulana A.D. 1308, 1983; Suppl. lullianum I, 1990; Andreas de sancto Victore, Opera I, 1986; zahlr. wiss. Beitr. u. Vortr. - 1972 Magister Maioricensis schola lullistica, Palma; 1981 Ehrendoktor, Fribourg/Schweiz - Liebh.: Radsport - Spr.: Deutsch, Franz., Span.

LOHR, Christian
Versicherungsdirektor i. R. - Echterweg 8, 8180 Tegernsee/Obb. (T. 34 33) - Geb. 30. Jan. 1911 Geislingen (Vater: Isidor L., Werkmeister; Mutter: Katharina, geb. Renner), kath., verh. s. 1943 m. Gertrud, geb. Müller, 3 Söhne (Volker, Ulrich, Christoph) - 1933-59 Karlsruher Lebensversich.-AG., Karlsruhe; 1959-73 Bayern-Versich./Öfftl. Lebensversich.anstalt, München (b. 1964 stv., dann o. Vorst.-Mitgl.). LSW. 1961-73 1. Vors. EU München-Stadt u. Land; 1968-73 Landesschatzm. Bayern u. EU - 1967 Orden d. Europ. Frontkämpfer-Verb.; 1971 BVK I. Kl.; 1976 Europa-Med. Europa-Union Dtschl.; 1984 Europa-Union Nadel in Gold.

LOHR, Helmut
Dr. oec., Dipl.-Ing., Senior Vice President Alcatel n.v. - 33, Rue Emeriau, F-75015 Paris; Gerokstr. 68, 7143 Vaihingen a. d. Enz - Geb. 7. April 1931.

LOHRMANN, Dietrich
Dr. phil., Univ.-Prof. f. mittlere Geschichte u. Hilfswiss. RWTH Aachen (s. 1987) - Schurzelter Mühle 35, 5100 Aachen (T. 0241 - 17 50 31) - Geb. 9. Juni 1937 Hagen, ev., verh. s. 1968 m. Helga, geb. Pouplier, 2 Kd. (Philipp, Ulrike) - 1957-62 Stud. Gesch., Roman., Latein; Staatsex. 1963 Freiburg; Promot. 1965 ebd.; Habil. 1978 Mainz - 1968-87 wiss. Ref. Dt. Hist. Inst. Paris; 1978 Priv.-Doz. Univ. Mainz u. 1985 Univ. Saarbrücken - BV: Register Papst Joh. VIII, 1968; Kirchengut im nördl. Frankr., 1983; Villa-curtis-grangia, 1983; Papsturk. in Frankr., 7. Bd. 1976 u. 8. Bd. 1989 - Liebh.: Musik - Spr.: Engl., Franz., Lat., Ital.

LOHRMANN, Erich
Dr. rer. nat. (habil.), Prof. Univ. Hamburg, II. Inst. f. Experimentalphysik - Notkestr. 85, 2000 Hamburg 52 - Geb. 25. Mai 1931 Eßlingen/Neckar - 1961-76 Dt. Elektronen-Synchrotron Hamburg; s. 1976 Prof. Univ. Hamburg.

LOHSE, Bernd
Bildjournalist, Schriftst. - Messerzeile 13, 8263 Burghausen - Geb. 5. Okt. 1911 Dresden (Vater: Ernst L., Lehrer; Mutter: Margarete, geb. Müller), verh. in 2. Ehe (1949) m. Eva, geb. Gasper, 2 Kd. - 1930-34 Univ. Frankfurt u. Berlin (German., Gesch., Neuphilol., Ztg.-wiss.) - Ehrenmitgl. mehr. fotogr. Ges.; 1947-49 Red. d. Ztschr. Foto-Spiegel, 1949-50 Photo-Magazin, 1964-75 Photoblätter, 1970-73 Iris - BV: Cameras from Germany, 1950; Australien u. Südsee heute, 1953 (auch engl.); Kanada - Land v. morgen?, 1955. Herausg.: Frankfurt/ M. - Porträt e. Stadt (1957), Dtschl. im Luftbild (1959). Mithrsg.: Europa Camera (1951), Schnappschuß (1955), Kleinodien - Auserlesene Kunstwerke in Dtschl. (1957), Unsere Heimat - d. Revier (1958), Baukunst d. Gotik in Europa (1958), ... Romanik ... (1959), ... Renaissance ... (1960), Wunderwelt, Schreine (1959), Europ. Plastik d. Spätgotik u. Renaissance (1963; div. Aufl. u. Übers.) u. a. - Sammelt jap. Streichholzschachteln - Spr.: Engl., Franz.

LOHSE, Bernhard
Dr. theol., o. Prof. f. Kirchen- u. Dogmengeschichte - Wittenbergener Weg 40, 2000 Hamburg 56 (T. 81 47 77) - Geb. 24. Mai 1928 Hamburg (Vater: Dr. Walther L., Oberstudiendir.; Mutter: Dr. Wilhelmine, geb. Barrelet), ev., verh. s. 1955 m. Annelotte, geb. Streitel, 3 Söhne (Reinhard, Joachim, Andreas) - Gelehrtensch. d. Johanneums Hamburg; Univ. Heidelberg, Göttingen, Bristol, Cambridge (Theol.). Promot. 1952 Göttingen; Habil. 1957 Hamburg - 1951-55 Vikar u. Pastor (1954) Hamburg; s. 1955 Assist., Privatdoz. (1957), apl. (1963) u. o. Prof. (1964) Univ. Hamburg; 1958-59 Lehrstuhlvertr. Univ. Göttingen. 1961 Gastprof. Claremont, 1967 Yale Univ. (USA). Mitgl. Luther-Ges. - BV: D. Passafest d. Quartadecimaner, 1953; Ratio u. Fides - E. Unters. üb. d. ratio in d. Theol. Luthers, 1958; Mönchtum u. Reformation - Luthers Auseinandersetz. m. d. Mönchsideal d. Mittelalters, 1963; Epochen d. Dogmengesch., 1963, 7. A. 1988 (amerik. 3. A. 1985, brasil. 1972, 2. A. 1981); Lutherdeutung heute, 1968; Askese u. Mönchtum in d. Antike u. in d. alten Kirche, 1969; Martin Luther - E. Einführung in s. Leben u. s. Werk, 1981, 2. A. 1982; Evangelium in d. Geschichte - Stud. zu Luther u. d. Reformation, 1988 - Spr.: Engl.

LOHSE, Eduard
Dr. theol., D., Dr. h. c., Prof., Landesbischof i. R., Ratsvorsitzender Ev. Kirche in Deutschland (1979-85), Landesbischof Ev.-luth. Landeskirche Hannover (1971-88) - Ernst-Curtius-Weg 7, 3400 Göttingen (T. 4 24 24) - Geb. 19. Febr. 1924 Hamburg, verh. s. 1952 m. Roswitha, geb. Flitner, 3 Kd. (Regula, Martin, Ansgar) - Johanneum Hamburg (Abit. 1942); Kirchl. Hochsch. Bethel u. Univ. Göttingen. Promot. 1949 Göttingen; Habil. 1953 Mainz (1953 Privatdoz.), Kiel (1956 ao., 1962 o. Prof.), Göttingen (1964 o. Prof. f. Neues Testament, 1970/71 Rektor, 1971 Honorarprof.). 1971-75 Vors. d. Rates d. Konf. ev. Kirchen in Nieders.; 1975-78 Ltd. Bischof Vereinigte Ev.-Luth. Kirche Dtschl., 1973-85 Mitgl. d. Rates d. Ev. Kirche in Dtschl. - BV: Ordination im Spätjudentum u. im Neuen Testament, 1951; Märtyrer u. Gottesknecht, 1955, 2. A. 1963; Mark's Witness to Jesus Christ, 1955; D. Offenbarung d. Johannes, 1960, 7. A. 1988; Israel u. d. Christenheit, 1960; D. Auferstehung Jesu Christi im Zeugnis d. Lukas-Evangeliums, 1961; D. Gesch. d. Leidens u. Sterbens Jesu Christi, 1964, 2. A. 1967; D. Texte aus Qumran, 1964, 2. A. 1971; D. Briefe an d. Kolosser u. an Philemon, 1968, 2. A. 1977; Umwelt d. Neuen Testaments, 1971, 8. A. 1989; D. Entsteh. d. Neuen Testaments, 1972, 5. A. 1991; D. Einheit d. NT, 1973, 2. A. 1976; Grundriß d. neutestamentl. Theol., 4. A. 1989; Tod u. Leben (m. O. Kaiser), 1977; Tagesordnungspunkt Bibel, 1977; Glauben (m. H.-J. Hermisson), 1978; Orientierungspunkte, 1979; D. Urkunde d. Christen, 1979; Theol. Ethik d. NT, 1988 - 1961 Theol. Ehrendoktor Univ. Mainz; 1983 Univ. Glasgow; 1979 Niedersachsenpreis f. Kultur.

LOHSE, Gerhart
Dr. phil., Ltd. Bibliotheksdirektor a. D., Honorarprof. f. Ältere Germanistik u. Bibliothekswesen TH Aachen (s. 1967) - Moreller Weg 43, 5100 Aachen (T. 7 19 34) - Geb. 15. Aug. 1914 Bremerhaven (Vater: Wilhelm L., Oberstudiendir.; Mutter: Hella, geb. Sprickerhoff), ev., verh. s. 1951 m. Dorothea, geb. Klein, S. Klaus - Univ. Marburg u. Bonn (Dt., Gesch., Geogr.; Promot. 1938); 1951-53 Ausbild. f. d. Höh. Dienst an wiss. Bibl.en Köln - S. 1953 Hochschulbibl. Aachen (1959 Dir.). Zahlr. Arbeiten z. dt. Lit. u. z. Bibl.swesen.

LOHSE, Hans-Heinrich
Dr. rer. nat., Prof. f. Mineralogie, Petrol. u. Lagerstättenkd. Univ. Marburg (FB Geowissenschaften) - Inst. f. Mineralogie d. Philipps-Univ., Hans-Meerwein-Str. (T. 06421 - 28 30 06); Holderstrauch 5, 3550 Marburg (T. 06421 - 3 19 04) - Geb. 27. Sept. 1917 Wismar/ Meckl. (Vater: Johann H., Obering.; Mutter: Frida, geb. Sievert), ev., verh. s. 1952 m. Gerda, geb. Struve, 2 Kd. (Peter, Michael) - Promot. 1958 Kiel; Habil. 1963 ebd.; apl. Prof. 1968 Marburg - 1971 Univ.-Prof. Marburg - Liebh.: Botanik - Spr.: Engl.

LOIBL, Georg
Elektromeister, MdL Bayern (s. 1978) - Scharrerstr. 3, 8352 Grafenau/Ndb. - Geb. 14. Dez. 1921 Grafenau, kath., verh., 1 Kd. - Volkssch. Grafenau; Elektrolehre. Meisterprüf. 1948 - 1940-44 Arbeitsdst. u. Wehrm.; 1944-46 amerik. Kriegsgefangensch.; Elektrohandw. Grafenau (1958 pers. haft. Gesellsch. Fa. Elektro-Loibl oHG.). 1967 ff. Sachverst. Stadtrat, II. Bürgerm., Kreisrat, MdK, stv. Landrat. CSU (1964 Orts-, 1970 Kreisvors.).

LOIBL, Joseph
Prof. f. Sologesang, Konzertsänger - Heimstr. 14, 8035 Stockdorf - Geb. 1939 Schönbrunn (Eltern: Franz Xaver u. Kreszentia Maria L.), kath., verh. s. 1961 m. Margarete, geb. Schneider, 2 Kd. - Hochsch. f. Musik München, Mozarteum Salzburg, Privatstud. b. Fred Husler (Lugano) - Konzertsänger; Prof. f. Sologesang Hochsch. f. Musik München u. Graz, Kurse f. Liedgestalt. im In- u. Ausl. - Schallplattenveröffentlichungen u.a.: Bach, Solokantaten m. d. Münchener Kammerorch. (in CD); Lieder v. Franz Schubert (m. Erik Werba); Joh. Brahms u. Hugo Wolf (m. Norman Shetler, in CD); Goethelieder v. Schubert u. Wolf (in CD) - Liebh.: Arch., Malerei - Spr.: Engl.

LOIDL, Christian
Dr., Schriftsteller - Vereinsgasse 3/12, A-1020 Wien (T. 0222 - 34 45 97 (26 80 50) - Geb. 17. Sept. 1957, led. - Stud. German. u. Psychol. Wien; Promot. Dr. phil. 1984 - Fr. Autor; Mitarb. d. österr. Rundf. - BV: weiße rede, Ged. 1990 - Lyrik, Schwerp. auf d. poet. Aktion (Performance), z. B. v. Zaubersprüchen - Mehrere Preise u. Stipend. - Spr.: Engl., Franz., Lat.

LOJEWSKI, von, Günther
Dr. phil., Journalist, Intendant Sender Freies Berlin (s. 1989) - Masurenallee, 1000 Berlin 19 (T. 3 03 10) - Geb. 11. Juni 1935 Berlin, verh. m. Rosmarie, geb. Giese, 4 Kd. (Eckart, Susann, Britta, Meike) - Univ. Bonn u. Innsbruck (Gesch., German., Staatsrecht) - 1960-69 Redakt. Hannoversche Allgemeine u. Frankfurter Allg. (1964); Leit. Nachrichtenredakt. ZDF (1969); Leit. Report ARD (1977); Vors. Dt. Sängerschaft (1973-78). 1988/89 Leit. Redaktionsgruppe Politik u. Wirtschaft Bayer. Rundfunk Fernsehen - BV: Bayerns Weg n. Köln, 1961; Bayer. Symphonie, 1967 (Mitautor); V. Sammeln u. anderen Liebhabereien, 1969 (Mitautor); Wort u. Bild, 1974 (Mitautor); Politische Orientierung durch Fernsehnachrichten, 1974 (Mitautor); Manipulation of the Mass Media, 1978; Soziale Kommunikation im Dienste d. Bürgers, 1978 (Mitautor); D. Bild d. Unternehmers in d. Öffentlichk., 1979; Mut zu neuen Kommunikationsmodellen, 1979 (Mitautor); Sprache u. Politik, 1980 (Mitautor); Um Glauben u. Reich, 1980 (Mitautor); Mehr Staat-weniger Staat, 1982; Fernsehmoderatoren in d. Bundesrep. Dtschl., 1983 (m. a.); Irrwege d. Angst, 1983 (m. a.); Bonn am Anfang, 1984 (m. a.); Wem gehört die deutsche Geschichte?, 1984 (m. a.); Wider d. Übermacht - Üb. d. Unersetzlichk. d. Mittelstandes, 1984; Politik u. Kirche - kontrovers, 1988; Wirtschaft - Politik - Hochschule (m.a.). Herausg.: D. Menschenbild in Ost u. West (1963); Kulturbegegnung zw. Ost u. West (1965); Geschichte u. Kultur in Ost u. West - Spiegel d. Vielfalt (1967); D. dt. Frage im Rahmen d. Sicherheitsbedürfnisses v. Ost u. West (1969); D. Integration d. Kinder ausl. Arbeitnehmer (1982); Tausend Jahre - durch meine Brille (1984) - 1969 Theodor-Wolff-Preis (f.: D. Spiel üb. d. Netz, FAZ 1968); Gold. Sportabz. - Spr.: Engl.

LOJEWSKI, von, Wolf
Fernsehjournalist, London-Korresp. ARD (s. 1982) - 10-12 Great Chapel Street, London W1V 3AL - Geb. 4. Juli 1937 Berlin (Vater: Erich v. L., Redakt.; Mutter: Ursula, geb. Erdmann), ev., verh. s. 1968 m. Ute, geb. Wagner - Jura-Stud., 1. jurist. Staatsex. 1966 OLG Schleswig - 1971-74 Amerikakorresp. ARD; 1978/79 Leit. Weltspiegel; 1979-81 Moderator Tagesthemen; s. 1982 London-Korresp. ARD-Fernsehen.

LOMMEL, Ekkehard
Dr. jur., Landrat a. D. - Friedrich-Ebert-Str. 30, 6140 Bensheim 3 (Auerbach) (T. 7 17 83) - Geb. 14. Dez. 1913 Weilburg/ Lahn (Vater: Henner L., Richter; Mutter: Auguste, geb. Schultze), ev., verh. m. Hilde, geb. Heyl, 3 Kd. (Henner, Rotraut, Astrid) - Human. Gymn. Philippinum Weilburg; Univ. Gießen, Königsberg (Rechtswiss.); 1939-45 Wehrdst. - 1949-51 Reg.rat Hess. Min. d. Innern, 1951-76 Landrat Kr. Bergstr. - 1968 van-Tienhoven-Preis F.V.S.-Stiftung Hamburg (f. Gründ. Naturpark Bergstr.-Odenw.); 1971 Frhr.-v.-Stein-Plak. Land Hessen; 1976 Gr. BVK.

LOMNITZER, Helmut
Dr. phil., Prof. f. Dt. Sprache u. Ältere Dt. Philol. Univ. Marburg (s. 1972) - Haspelstr. 12, 3550 Marburg/L. - Geb. 15. Juli 1935 Dillenburg - Promot. 1961 - Bücher u. Aufs.

LOMPE, Klaus
Dr. rer. pol., o. Prof. f. Politikwiss. TU Braunschweig (s. 1970) - Parkstr. 15, 3301 Groß Schwülper (T. 05303 - 58 19) - Geb. 6. Jan. 1937 Velbert (Vater: Hans L., Schreinerm.; Mutter: Marta, geb. Pollhaus), ev., verh. s. 1964 m. Karin, geb. Neuhaus, S. Markus - Stud. d. Wirtsch.s- u. Sozialwiss.; Dipl.ex. 1962 u. Promot. 1965 Köln; Habil. 1970 Berlin - S. 1968 wiss. Berater (u. a. Planungsstab Bundeskanzleramt) - BV: Wiss. Beratung d. Politik, 2. A. 1972; Gesellschaftspolitik u. Planung, 2. A. 1976; Möglichkeiten u. Grenzen politischer Planung in parlam. Demokr., 1975; Sozialstaat u. Krise, 1987; Technikthreorie - Technikforsch. - Technikgestaltung, 1987; Die Realität d. neuen Armut, 1987; Reform d. Mitbestimmung, 1988; Regionale Bedeutung u. Perspektiven d. Automobilindustrie, 1991. Herausg.: Freiheitl. Sozialismus (1972/73). Mithrsg.: u. a. Wissenschaftler u. Politiker (1967); Willi Eichlers Beiträge z. demokrat. Sozialismus (1979); Enquete-Kommiss. u. Royal Commiss. (1981); Industrieges. im Wandel (1988).

LONDENBERG, Kurt
Buchgestalter u. Designer, Prof. Hochsch. f. bild. Künste Hamburg (s. 1954) - Bülowstr. 4, 2000 Hamburg 50

(T. 880 05 03) - Geb. 1. Juli 1914 Hamburg, verh. s. 1940 m. Ala, geb. Wendt - Akad. f. graph. Künste u. Buchgewerbe Leipzig - Tätigk. 1945-53: Doz. Staatl. Hochsch. f. Werkkunst Dresden u. Staatl. Werkakad. Kassel, Vorstandsmitgl. Maximilian-Ges. Buchentwürfe f. bek. Verlage u. a. Ausstell. In- u. Ausl. - BV: Papier u. Form, 1963 - Gold. (1953) u. Silb. Med. (1957) Triennale Mailand - Lit.: K. L. - Monogr. (Klingspor-Museum) u. Herzog August Bibliothek Wolfenbüttel.

LONGIN, Talypin

Erzbischof d. Russ. Orth. Diözese v. Düsseldorf u. Nordwestdeutschl. (s. 1981) - Marienstift, Ellerstr. 213, 4000 Düsseldorf 1 (T. 0211 - 72 62 63) - Geb. 17. Febr. 1946 Helsinki, Finnland, orth., ledig - Theologiestud. Geistl. Akad. Leningrad; Dipl. theol. 1974 - B. 1981 Pfarrer Mariä-Obhut-Gde. Helsinki; 1979-81 Propst d. Diözese Düsseldorf. 1974 Orden d. hl. Lammes; 1977 O. d. hl. Vladimir III. Kl.; 1984 O. d. hl. Grabes; 1985 O. d. hl. Sergi II. Kl.; 1989 Erzbischof - Spr.: Finn., Russ., Dt.

LONGOLIUS, Alexander

Geschäftsführer d. Initiative Berlin-USA, MdA Berlin (1975-89 u. s. 1991), Vizepräs. (1981-89), Bundesvors. Partnerschaft d. Parlamente, Referatsleiter f. Polit. Bildung b. Bevollm. d. Bundesreg. in Berlin - Setheweg 11, 1000 Berlin 22 - Geb. 30. Dez. 1935 Berlin, verh., 2 Kd. - Stud. FU Berlin - Lehrer. SPD s. 1963 (u. a. langj. Mitgl. Landesvorst. Berlin).

LOOCKE, Gerhard

Dr.-Ing., o. Prof. f. Grundlagen d. Elektrotechnik i. R. Univ. d. Bundeswehr Hamburg; AEG (Berater Geschäftsbereich Industrietechnik) - Emil-Specht-Allee 7 a, 2055 Aumühle (T. 48 88) - Geb. 15. Okt. 1923 St. Egidien/Sachsen (Vater: Erich L.; Mutter: Helene, geb. Keller), verh. s. 1952 m. Gisela, geb. Kledtke - TH Berlin u. Dresden - S. 1959 (Habil.) Lehrtätigk. TU Berlin (1968-75), apl. Prof. f. Steuerungen u. Regelungen elektr. Antriebe - BV: Elektr. Maschinenverstärker, 1958; Antriebsbatterien m. Gitterplatten, 1989. Div. Einzelarb.

LOOGEN, Franz

Dr. med. (habil.), o. Prof. f. Innere Medizin, insb. Kardiologie - Am Wasserturm 9, 4000 Düsseldorf - Geb. 13. April 1919 Baesweiler/Rhld. - S. 1963 apl., ao. (1965) u. o. Prof. (1967) Med. Akad. bzw. Univ. D'dorf - BV: D. Herzkatheterismus b. angeb. u. erworb. Herzfehlern (m. Bayer u. Wolter). Üb. 150 Einzelarb.

LOOKS-THEILE, Christel

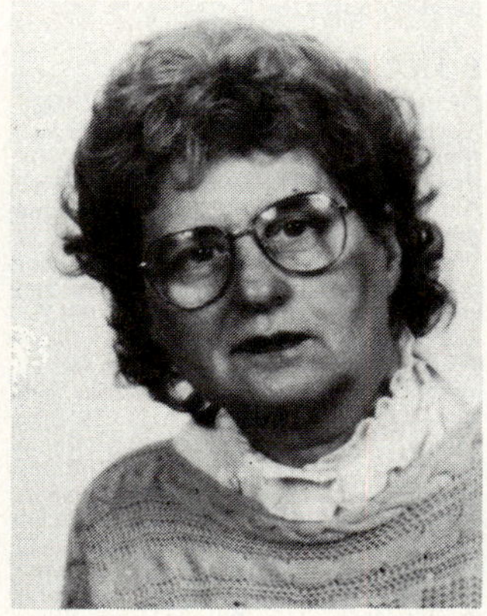

Journalistin u. Schriftst. - Markenweg 2, 2905 Edewecht (T. 04405 - 3 92) - Verw. s. 1981 - BV: Warst du es, Steffi?; Steffi, wohin geht d. Fahrt?; Nicht alles dreht sich um Steffi; ... dj 3 ph ruft Kopenhagen; Hallo, hallo, Christine; D. Zirkuskinder; D. ging noch einmal gut; u.a. Mitarbeit an Ztg. u. beim Rundfunk.

LOOS, Erich

Dr. phil., em. o. Prof. f. Roman. Philologie - Normannenstr. 12, 1000 Berlin 38 (T. 803 50 69) - Geb. 4. Sept. 1913 Wetzlar/L. (Vater: Richard L., Kaufm.). verh. s. 1967 m. Ingrid, geb. Klostermann - 1931-33, 1938-39 u. 1947-49 Stud. Promot. 1949; Habil. 1954 - 1933-38 Versich.angest.; 1940-45 Wehrdst.; 1949-60 Assist., Diätendoz. (1957) u. apl. Prof. (1960) Univ. Köln; s. 1961 o. Prof. FU Berlin - BV: B. Castigliones Libro del Cortegiano - Studien z. Tugendauffass. d. Cinquecento, 1955. Herausg.: G. Casanova, Gesch. meines Lebens, 12 Bde. (1964-67); G. Casanova, Eduard u. Elisabeth (Utop. R.), 3 Bde. (1968-69); Crébillon fils, D. Gesamtwerk, 8 Bde. (1968-70). Beitr. Sammelbde. u. Ztschr.; wiss. Buchbesprech. - 1965 Commendatore Ordine al Merito della Repubblica Italiana; 1967 Off. des Palmes Académiques; 1976 o. Mitgl. Akad. d. Wiss. u. d. Lit., Mainz - Lit.: Italien u. d. Romania. Festschr. f. E.L., hg. v. Kl. W. Hempfer u. E. Staub (1983).

LOOS, Gerold

Dr. jur., Dr. oec. publ., Vorstandsmitglied Agrippina-Versich. AG - Kardinal-Schulte-Str. 11, 5060 Bergisch Gladbach 1 (T. Büro: 0221 - 77 15 213-211; priv.: 02204 - 8 13 16) - Geb. 25. Jan. 1925 Wertheim/Rh. (Vater: Adolf L., Dir. e. Reichsbanknebenst.), verh. m. Ingeborg, geb. Hauke, 2 Kd. (Bele, Malte) - Abit. 1943; Jura-Stud. Univ. München u. Austin/Texas; Refer. 1949, Promot. 1950 u. 1953 (Ass.Ex.), alles München - 1964-69 Dir. Steuerabt. Mannesmann AG; 1970-74 Mitgl. Geschäftsleitg. SKF Kugellager-Fabr. GmbH; seitd. stv. Vorst.-Mitgl. Agrippina Versicherung AG, Chefsyndikus Agrippina Lebensversich. AG, Patria Versich. AG u. Agrippina Rückversich. AG. - BV: Komment. z. Umwandlungssteuergesetz, 1969 (Loseblatt), 2. A. ab 1970; rd. 100 Aufs. u. Beitr. in Sammelw. - Spr.: Engl., Franz.

LOOS, Helmut

Rektor, MdL Nordrh.-Westf. (s. 1970) - Leibnizstr. 7, 5216 Lülsdorf/Rhld. (T. 02208 - 65 08) - Geb. 8. Jan. 1924 Engers Kr. Neuwied, verh., 3 Kd. - Obersch. (Abit.); Stud. - Volks-, Hauptschullehrer u. -rektor Lülsdorf (1967). 1961-69 Mitgl. Gemeinderat (Bürgerm.) Lülsdorf; 1961 ff. MdK Siegkr. CDU (1961-69 Ortsvors. Lülsdorf).

LOOS, Helmut

Dr., Privatdozent, Direktor d. Inst. f. Ostdeutsche Musik, Bergisch Gladbach (s. 1989) - Herwarthstr. 19, 5300 Bonn 1 (T. 0228 - 65 37 21) - Geb. 5. Juli 1950, kath., verh. s. 1974 m. Elisabeth, geb. Mannheims, 3 Kd. (Annette, Robert, Andreas) - Stud. Musikpädagogik; 1. u. 2. Staatsex.; Stud. Musikwiss. Univ. Bonn; Promot. 1980; Habil. 1989 - 1980-89 wiss. Mitarb. Univ. Bonn - Buchveröff. u. Aufs. z. Musikgesch. d. 19. u. 20. Jh.

LOOS, Herbert

Ltd. Direktor, Hauptgeschäftsf. i.R. Kassenzahnärztl. Vereinig. Westf.-Lippe (1975-91), Inhaber Sport u. Werbeagentur Münster - Osnabrück SMO - Reinhold-Friedrichs-Str. 59, 4400 Münster (T. 0251-7 57 19) - Geb. 27. Dez. 1925 Mannheim, verh. s. 1950 m. Christel, geb. Prahl, S. Wolfgang - B. 1975 Geschäftsf. KZV-WL, Münster; 1970-78 Vizepräs. Pr. Münster u. noch Vorstandsmitgl.; Präs. d. Ehrensenats d. KG Paohlbürger Münster; zahlr. berufsständ. Ehrenämter - 1972 Ehrennadel in Silber d. Sports; 1981 Brillantnadel in Gold KG Paohlbürger; 1982 Gold. Ehrenn. d. Kriegsopferverb.; 1983 Gold. Ehrenn. d. Dt. Verkehrswacht; 1984 Ehrenn. d. Dt.

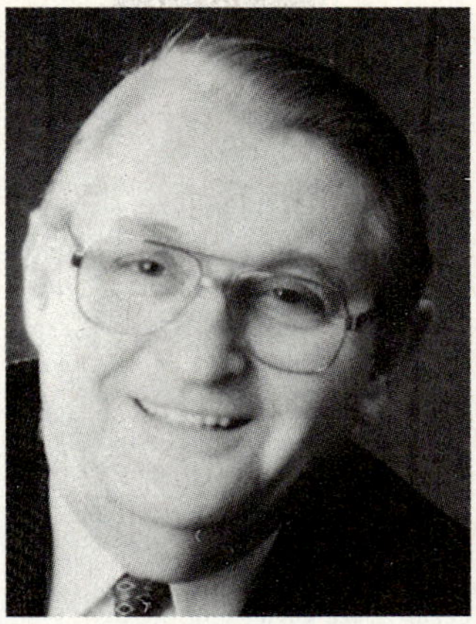

Zahnärzte; BVK - Liebh.: Sport (Tennis, Fußb.); Karneval - Spr.: Engl.

LOOSE, Hans-Dieter

Dr. phil., Prof., Leiter Staatsarchiv Hamburg (s. 1975) - ABC-Str. 19, 2000 Hamburg 36 (T. 040 - 368 118 32); priv.: Weg zur Mühle 58, 2110 Buchholz 5 (T. 04187 - 5 60) - Geb. 18. März 1937 Harburg (Vater: Otto L., Stadtinsp.; Mutter: Dora, geb. Renken); ev., verh. s. 1961 m. Uta, geb. Bennink, 2 Kd. - 1956-62 Univ. Hamburg, 1. Staatsex. 1961, Promot. 1962 - 1962-64 Archivschule Marburg, 2. Staatsex. 1964. S. 1962 Staatsarchiv Hamburg, s. 1973 Lehrtätigk. Univ. Hamburg, s. 1981 Prof. Univ. Hamburg - Zahlr. Veröff., vor allem z. hamburg. Gesch.

LOOSE, Siegfried

Kaufmann, Vorstandsmitgl. Oranienburger Chem. Fabrik AG., Hamburg (s. 1962), MdL Schlesw.-Holst. (s. 1967) - Manhagener Allee 91, 2070 Ahrensburg (T. 5 32 14) - Geb. 23. Juni 1915 Berlin, ev., verh., 3 Kd. - Realgymn. u. Univ. Berlin (1936-37 Rechtswiss.); 1946 Volontär Düngemittelbranche - 1937-45 Berufssoldat (Offz.); 1943 Nordafrika verwundet); 1955 ff. Prokurist. S. 1962 Stadtverordn. Ahrensburg (1966 2. stv. Bürgervorsteher u. Vors. Finanzaussch.). CDU s. 1958.

LOOSEN, Joseph

Dr. phil., Dr. theol., o. Prof. f. Dogmatik u. Dogmengesch. Phil.-Theol. Hochsch. St. Georgen, Frankfurt/M. (s. 1940), Honorarprof. f. Dogmatik Univ. ebd. (s. 1964) - Offenbacher Landstr. 224, 6000 Frankfurt/M. 70 (T. 65 10 47) - Geb. 29. Mai 1904 Düsseldorf, kath. - BV: Logos u. Pneuma im begnadeten Menschen bei Maximus Confessor, 1941.

LOPE, Hans-Joachim

Dr. phil., Prof. f. Roman. Philologie Univ. Marburg (s. 1974) - Weidenhäuser Str. 35, 3550 Marburg/L. - Geb. 19. April 1939 Wuppertal (Vater: Willi L., kaufm. Angest.; Mutter: Gunhild, geb. Hahne), ev., verh. s. 1979 m. Brigitte, geb. Erven, T. Bettina - Stud. Roman. Köln u. Aix-en-Provence (Frankr.). Habil. 1972 Aachen - BV: u. a. Franz. Literaturgesch., 1978, 3. A. 1990. Herausg.: Studia Belgica (1980, 2. A. 1983); Actas del coloquio celebrado en Marburgo con motivo del centenario del nacimiento de. J. Ortega y Gasset (1986) - 1989 Chevalier de l'ordre des Palmes académiques.

LORBACHER, Peter

Dr. med., Prof., Hämatologe, Internist Dt. Klinik f. Diagnostik Wiesbaden (s. 1970) - Nerotal 77, 6200 Wiesbaden (T. 52 42 41) - Geb. 1. Juli 1936 Essen (Vater: Dr. med. Wilhelm L., Chefarzt a. D.; Mutter: Hilde, geb. Schrod), kath., verh. s. 1963 m. Brigitte, geb. Gymnich, 4 Kd. (Marcus, Louisa, Frank, Dominik) - Neusprachl. Gymn. Essen-Werden (Abit. 1955); Stud. d. Med. Univ. Tübingen, Bonn, Innsbruck, Hamburg, Düsseldorf; Promot: 1960 ebd.; Habil. 1969 Bonn - Med. Assist. Oberhausen u. Wanne-Eickel, dann wiss. Assist. Pathol. Inst. u. Med. Klinik Bonn u. Freiburg, Res. Fellow New England Med. Center Boston/USA, Stip. US Publ. Health Service, Görres-Ges. u. Dt. Forschungsgemeinsch.; s. 1973 apl. Prof. Bonn. Mitgl. Dt. Ges. f. Hämatologie. Div. wiss. Veröff. (insb. üb. Zytochemie d. Blutzellen u. Knochenmarkgewebe) - 1986/87 Präs. Rotary Club Wiesbaden-Kochbrunnen - Spr.: Engl.

LORBER, Curt Gerhard

Dr. med., Dr. med. dent., Prof. f. Mund-, Kiefer- u. Gesichtschirurgie Univ. Gießen - Zum Westergrund 49, 6330 Wetzlar 21 - Geb. 28. Mai 1931 Saarbrücken (Vater: Dr. Curt L., Zahnarzt; Mutter: Gertrud, geb. Schröder), ev., verh. s. 1967 m. Dr. Edeltraud, geb. Hüthwohl - Med.-Stud. Univ. Heidelberg u. München (Promot. 1958 u. 1960); Habil. 1970 Köln - S. 1970 Oberarzt chir. Abt. Univ.-Zahn- u. Kieferklinik Köln; s. 1974 Prof. Univ. Köln; s. 1976 Zentrum f. Zahn-, Mund- u. Kieferheilkunde d. JLU-Gießen. Leiter d. Abt. f. Mund-, Kiefer- u. Gesichtschirurgie dieses Zentrums am Krankenhaus Wetzlar; s. 1991 Fellow d. Pierre Fauchard Acad.

LORBERTH, Jörg

Dr. rer. nat., Prof. f. Chemie Univ. Marburg - Zi. 5107, Hans-Meerwein-Str., 3550 Marbach/Lahn (T. 06421 - 28 56 42), priv.: 3556 Weimar-Niederweimar (T. 06421 - 73 57).

LORENTZ, Kay

Schriftsteller, Inh. u. künstler. Leit. Kom(m)ödchen, Düsseldorf (gegr. 1947) - Kom(m)ödchen, Kunsthalle; Sekr.: Bolkerstr. 44, 4000 Düsseldorf (T. 32 54 28) - Geb. 17. Febr. 1920 Chemnitz/Sa. (Vater: Wilhelm L., Ingenieur; Mutter: Elisabeth, geb. Viermetz), ev., verh. s. 1944 m. Lore, geb. Schirmer (kath.; Kabarettistin), 4 Kd. (Constanze, Kathinka, Kay, Christopher) - Univ. Köln u. Berlin (Oriental. Sprachen, Jap. u. Arab.) - BV: D. Kom(m)ödchenbuch, 1955 - 1961 Gastspiel New York - 1970 Jacques-Offenbach-Preis Stadt Köln (m. d. Ehefr.; erste Träger); 1969 Mitgl. PEN-Zentrum BRD; 1986 Staatspreis Nordrh.-Westf. (m. d. Ehefr.; erste Träger); 1990 Gr. Kulturpreis d. Rhein. Sparkassen- u. Giroverb. (m. Ehefr.; erste Preisträger); Heinrich Heine Ehrengabe (m. Ehefr.) - Liebh.: Innenarch.

LORENTZEN, Jens-Peter

Regisseur - Saturnstr. 57, 8011 Aschheim (T. 089 - 903 24 17) - Geb. 8. Sept. 1942 Celle.

LORENZ, Dieter Peter

Dr. iur., o. Prof. f. Staats- u. Verwaltungsrecht Univ. Konstanz (s. 1974), Richter a. D. Verwaltungsgerichtshof Baden-Württ. - Bohlstr. 21, 7750 Konstanz (T. 07533 - 68 22) - Geb. 12. Nov. 1938 München (Vater: Ludwig L.; Mutter: Maria, geb. Dirnhofer), verh. m. Gisela, geb. Sahlberg, 3 Kd. - Stud. d. Rechtswiss. Univ. München; Promot. 1965; Habil. 1971 - BV: D. Rechtsschutz d. Bürgers u. d. Rechtsweggarantie, 1973; Straßengesetz BW, 1992.

LORENZ, Eberhard

Dipl.-Ing. (FH), Gewerbeschulrat, Verkehrspolitischer Sprecher Ausländerpolitik, MdL Baden-Württ. (Wahlkr. 64, Ulm) - Reutlinger Str. 54, Postfach 28 69, 7900 Ulm (T. 0731 - 6 51 72) - Geb. 16. Aug. 1942 Treffurt/Werra - SPD.

LORENZ, Egon

Dr. jur., o. Prof. f. Bürgerl. Recht, Intern. Privatrecht Univ. Mannheim - Schopfheimer Str. 20, 6800 Mannheim-Seckenheim (T. 0621 - 47 43 60) - Geb. 9. Juli 1934 Loxstedt - 1955-59 Stud. Rechtswiss. Univ. Marburg, München u. Göttingen; Staatsex. 1959 u. 1964, Promot. 1963, Habil. 1969 Göttingen - S. 1970 o. Prof. Univ. Mannheim - BV: u. a. D. Dotalstatut in d. ital. Zivilrechtslehre d. 13. b. 16. Jh., 1965; Z. Struktur d. IPR, 1977; Immat. Schaden u. billige Entschädig. in Geld, 1981; Intern. Scheidungsr. in Münchener Komm., 1983; D. Auskunftsansprüche d. Versich. z. Überschußbeteil. in d. Lebensvers., 1983; Dictionary of Legal, Commercial and Political Terms, Wörterbuch für Recht, Wirtschaft u. Politik, Englisch-Deutsch, 5. A. 1990 (zus. m. Dietl).

LORENZ, Erika

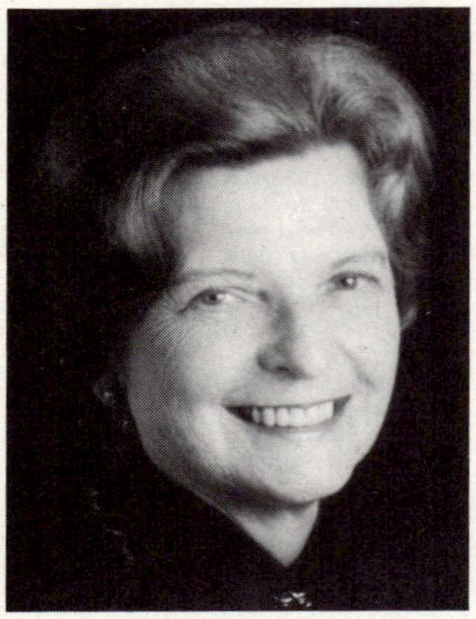

Dr. phil., Prof. f. Roman. Philologie - Flerrentwiete 97, 2000 Hamburg 56 - Geb. 20. März 1923 Hamburg (Vater: Dr. rer. pol. Egon L., Baukaufmann; Mutter: Clara, geb. Jörss), kath., led. - Stud. Romanistik, Musikwiss., Phonetik Hamburg u. Paris. Promot. (1953) u. Habil. (1960) Hamburg - S. 1960 Lehrtätigk. Univ. Hamburg (1969 Prof. d. Univ.). 1965 einj. Gastprofessur Kolumbien (Bogotá, Medellín). Mitgl. Dt. Hispanistenverb. Athenäum, Cali/Kolumbien u. Engadiner Kollegium - BV: Rubén, Dario - Studie zur Bedeutung eines ästhet. Prinzips, 1956 (span. 1960); D. metaphor. Kosmos d. mod. span. Lyrik, 1961; D. altspan. Cid, 1971; F. de Osuna, 1982; Teresa von Avila - Ich bin e. Weib, 1982; Nicht alle Nonnen dürfen das (Teresa - Gracián), 1983; R. Llull, 1985; D. nahe Gott im Wort d. span. Mystik, 1985; E. Pfad im Wegelosen (Biogr. T. v. Avila), 1986; D. Vaterunser d. Teresa v. Avila, 1987; Ins Dunkel geschrieben (Johannes v. Kreuz), 1987; Ramon Llull - D. Buch v. Freunde u. vom Geliebten, 1988; Vom Karma zum Karmel, 1989; Licht d. Nacht. Johannes v. Kreuz erzählt s. Leben, 1990; Auf d. Jakobsleiter. D. mystische Weg d. Johannes v. Kreuz, 1991 - Großoffizierskreuz Rubén Dario - Liebh.: Musik - Spr.: Engl., Franz., Span., Portugies., Ital., Katalan.

LORENZ, Frank

Unternehmer, Vors. Fachverb. Dt. Durum-Weizen-Mühlen - Zu erreichen üb.: Wilhelmstr. 32, 5300 Bonn 1.

LORENZ, Frieder

Dr. phil., Intendant Theater Baden-Baden - Zu erreichen üb. Theater am Goethepl., 7570 Baden-Baden - 1971 Dramat. Landestheater Darmstadt, dann Chefdramat.; 1972 Chefdramat. Städt. Bühnen Münster; 1973-83 Generalint. ebd. 1979 Int. Gandersheimer Domfestsp. - 1979 Franz-Grillparzer Ring; 1983 Ehrenmitgl. Städt. Bühnen Münster; 1991 Kulturpreis d. Stadt Bad Gandersheim.

LORENZ, Gert

Dr. rer. nat., Dipl.-Physiker, Prof., Vorstandsmitglied Philips GmbH, Eindhoven - Strengenbergstr. 47, 8501 Rückersdorf - Geb. 18. Nov. 1929 Düsseldorf (Vater: Wilhelm L., Kaufm.; Mutter: Käthe, geb. Hennig), ev., verh. s. 1958 m. Stefanie, geb. Helmich, 3 Kd. (Till, Marc, Tobias) - Promot. 1957 Bonn - 1956-60 Assist. Max-Planck-Inst. Düsseldorf u. M.T.I. Cambridge/USA; 1960 Entwicklungschef Intermetall; s. 1966 Valvo GmbH. (Artikelchef u. 1969 Dir.) - 1986 Hon.-Prof. f. Mikroelektronik TU München - Spr.: Engl.

LORENZ, Günter W.

Journalist, Schriftsteller, Übersetzer, Abteilungsleit. (Lateinamerika) Inst. f. Auslandsbezieh., Stuttgart - Postf. 45, 7592 Renchen (T. 07843 - 378) - Geb. 19. Sept. 1932 CSR, verh. s. 1969 m. Maria Haydée, geb. Malugano Foricher, S. Constantin Mathias - BV: Lit. in Lateinamerika, 1964; Dialog m. Lateinamerika - Panorama e. Literatur d. Zukunft, 1971; D. zeitgenöss. Literatur in Lateinamerika- Chronik e. Wirklichkeit / Motive u. Strukturen, 1972; Lateinamerika: Stimmen eines Kontinents, 1974; Lit. u. Ges. in Lateinamerika, 1976; Wie sie sich sehen: D. Deutschlandbild in Lateinam. - D. Lateinamerikabild in Deutschl., 1980; Federico Garcia Lorca, Leben u. Werk (Neuausg. v. 1961), 1981; Türken in Deutschland, e. Bestandsaufn. nach d. Völkerwanderung d. 20. Jh., 1981; Mythen-Märchen-Moritaten: Orale u. tradition. Literatur i. Brasilien, 1983; ...aber d. Fremde ist in mir. Migrationserfahrung u. Deutschlandbild in d. türk. Lit. d. Gegenwart, 1985 - 1971 Literaturpreis Dt. Iberoamerika-Stiftg. (f.: Dialog m. Lateinamerika); 1973 Premio Iberoamerica; Mitgl. PEN-Zentrum BRD u. DJV; Ehrenmitgl. Unión Latinoamericana de Escritores.

LORENZ, Hans (Johannes)

Dr.-Ing., Dr. h. c., o. Prof. f. Grundbau u. Bodenmechanik - Sensburger Allee 7, 1000 Berlin 19 (T. 304 47 31) - Geb. 25. Okt. 1905 Graz, kath., verh. s. 1931, 4 Kd. - TH Graz, München, Berlin - B. 1934 wiss. Assist. TH Berlin, dann Bauleit. versch. Großbauvorhaben u. Geschäftsf. Baugrund-Gmbh., s. 1947 o. Prof. u. Dir. Inst. f. Grundbau TU ebd. (1955/56 u. 1960-61 Rektor). Div. Patente - BV: Grundbau-Dynamik, 1960 - 1966 Ehrendoktor Univ. Strasbourg; 1939 Gold. Med. Intern. Wasserbau-Ausstell. Lüttich; 1971 Offz. franz. Orden Palmes académiques - Liebh.: Tennis - Vater bek. Internist Univ. Graz.

LORENZ, Hans-Georg

Jurist, Mitgl. Abgeordnetenhaus v. Berlin (s. 1979) - Zu erreichen üb.: SPD-Fraktion, Rathaus, 1000 Berlin 62.

LORENZ, Kuno

Dr. phil., Prof. f. Philosophie Univ. d. Saarlandes - Turnerstr. 30, 6601 Riegelsberg (T. 06806 - 27 52) - Geb. 17. Sept. 1932 Vachdorf (Vater: Konrad L., Pfarrer; Mutter: Margarete, geb. Praetorius), verh. s. 1965 m. Dr. Karin Lindemann (Schriftst.), 2 Söhne (Marc-Andor, Benjamin) - 1951-57 Stud. Math. u. Physik Univ. Tübingen, Hamburg u. Bonn (Staatsex.); nach USA-Aufenth. Promot. 1961 Kiel, Habil. 1969 Erlangen-Nürnberg - 1970-74 o. Prof. f. Phil. Univ. Hamburg, 1974ff. Univ. Saarbrücken - BV: Elemente d. Sprachkritik, 1970; Einf. in d. phil. Anthropologie, 1990. Herausg.: Konstrukt. versus Positionen (1979); Identität u. Individuation I, II (1982).

LORENZ, Otto

Dr. med., Dr. med. dent., em. Prof., Facharzt f. Zahn-, Mund-, Kieferheilkunde, Kiefer- u. Gesichtschirurgie - Luisenstr. 27, 4600 Dortmund (T. 14 39 31) - Geb. 14. März 1909 Gelsenkirchen (Eltern: Wilhelm u. Emmi L.), ev., verh. s. 1942 m. Ruth, geb. Hasenhauer, 4 Kd. - Univ. Münster, Innsbruck, Würzburg (Med. Staatsex. 1933) u. Med. Akad. Düsseldorf (Zahnärztl. Staatsex. 1942) - S. 1943 Doz. u. apl. Prof. (1950) Univ. Düsseldorf (Westd. Kieferklinik); 1974 emerit. Anwend. neuer Operationsmeth. - BV: Geschwülste im Mund-, Kiefer- u. Gesichtsbereich, 1948 (m. Lindemann). Üb. 80 fachwiss. Einzelarb. - Liebh.: Geogr., Sprachen.

LORENZ, Rudolf

Dr. theol., D., o. Prof. f. Kirchen- u. Dogmengeschichte - Jakob-Steffan-Str. 12, 6500 Mainz - Geb. 10. Juli 1914 Kritschen/Schles., ev., led. - Theol. Prüf. (I. 1938, II. 41). Promot. (1942) u. Habil. (1956) Halle/S. - S. 1954 Lehrtätigk. Katechet. Obersem. Naumburg/S., Kirchl. Hochsch. Berlin (1959; 1960 Prof.) u. Univ. Mainz (1962 Ord.). Div. Fachveröff. - 1964 Theol. Ehrendoktor Univ. Göttingen, 1979 em.

LORENZ, Rüdiger

Dr. med., Dr. h.c., Neurochirurg, Prof., Leiter d. Klinik f. Neurochirurgie, Klinikum d. J. W. Goethe-Univ., Frankfurt (s. 1980) - Schleusenweg 2-16, 6000 Frankfurt/M. 71 (T. 069 - 63 01-52 95, Fax 6301 - 63 22) - Geb. 9. Sept. 1932 Niederfischbach/Kr. Altenkirchen (Vater: Johannes, Prakt. Arzt; Mutter: Erna, geb. Müller), ev., verh. s. 1959 m. Gunde, geb. Hussmann, 2 Kd. (Matthias, Mechthild) - Abit. 1951 Hannover; Stud. Univ. Bonn, Göttingen; Staatsex. u. Promot. 1956 ebd.; Habil. (Neurochir.) 1971 Gießen; Prof. Justus Liebig Univ. Gießen 1973-80; s. 1980 Prof. Univ. Frankfurt/Main - BV: u.a. Wirkungen intrakranieller raumfordernder Prozesse auf d. Verlauf v. Blutdruck u. Pulsfrequenz, 1973; Intensivmedizin, 3. A. 1987; Neurochirurgie, 1980 - Korr. Mitgl. Real Acad. de Medicina de Zaragoza (1979); Clinical Prof. Yonsei-Univ. Seoul/Korea (1980); Mitgl. Akad. Rat d. Humboldt-Ges. (1982); korr. Mitgl. Asociation Argentina de Neurocirugia (1982); Ehrenmitgl. The Society of Neurological Surgeons (1991); Dr. h.c. Univ. Zaragoza (1991) - Liebh.: Kunstgesch. - Spr.: Engl., Franz.

LORENZ, Siegfried

Dr. oec. publ., Bankdirektor, Vorstandsmitgl. DG BANK Dt. Genossenschaftsbank (s. 1987) - Am Platz der Republik, 6000 Frankfurt/M. (T. 74 47 01) - Geb. 26 Juni 1928 München - 1948-52 Stud. d. Betriebswirtsch. Univ. München, Promot. 1962 - 1962-86 Vorst.-Mitgl. Bayer. Volksbanken AG, München; stv. AR-Vors. Dt. Genossenschafts-Leasing GmbH, Unterföhring; AR Bausparkasse Schwäbisch Hall AG, Schwäbisch Hall, Dt. Genossenschafts-Hypothekenbank AG, Hamburg; VR DG BANK International S.A., Luxemburg; VS Beteiligungs-AG bayer. Volksbank, München.

LORENZ, Steffen

Dr. agr., Vorstandssprecher Gilde-Brauerei AG u. Vorstandsmitgl. Brauergilde AG, bde. Hannover, Gf. Malzfabrik Langkopf GmbH, Peine, Vorst.-Vors. Verein zur Förd. d. Qualitätsgerstenbaues im Bundesgeb., München-Gröbenzell, AR-Vors. Inst. f. Energieeinsparung GmbH, Vorst.-Vors. Bundesverb. d. Energie-Abnehmer, u. Verb. niederS. Brauereien, alle Hannover, stv. AR-Vors. Hofbrauhaus Wolters AG, Braunschweig, AR Lindener Volksbank, Hannover, Vorst.-Mitgl. Dt. Brauerbund, Bonn - Forbacher Str. 19, 3000 Hannover-Kirchrode - Geb. 26. Juni 1931 Berlin - Zahlr. Aussch.- u. Beiratsmitgliedsch. (Beirat Centrale Marketing Ges. (CEMA) Bonn, Commerzbank Nieders. u. Dt. Genossenschaftsbank); Präs. d. Industrie- u. Handelskammer Hannover-Hildesheim - Nieders. VDK, BVK I. Kl.

LORENZ, Walter J.

Dr. rer. nat., Dipl.-Phys., Prof. f. Med. Physik Univ. Heidelberg (s. 1973) - Kastellweg 26, 6900 Heidelberg - Geb. 8. März 1932 Mähr. Ostrau (Vater: Robert L., Oberbahnm.; Mutter: Mathilde, geb. Liss), kath., verh. s. 1963 m. Dr. med. Dorothea, geb. Marx - Univ. Heidelberg (Phys., Math., Chem. u. Med.), Dipl.-Phys. 1959, Promot. 1961, Habil. 1967 - 1961-63 Wiss. Assist. MPI f. Kernphys. Heidelberg, 1963/64 ltd. Physiker, Abt. f. Nuklearmed. Univ.-Strahlenklinik Heidelberg, s. 1964 Leit. d. Abt. Biophys. u. med. Strahlenphys., Forsch.schwerpunkt Radiologie Dt. Krebsforsch.zentr. Heidelberg, s. 1992 FSP Sprecher ebd. 1983-84 Vors. Dt. Ges. f. Med. Physik - Ca. 500 wiss. Veröff. u. Buchbeitr. - Spr.: Engl.

LORENZ, Werner

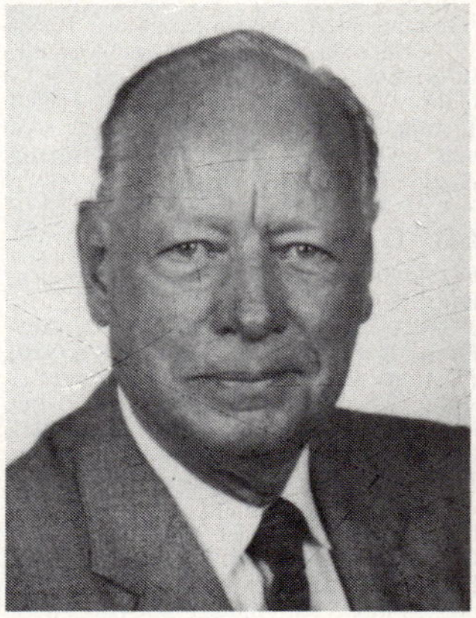

Dr. med., em. o. Prof. u. Direktor Univ.klinik f. Strahlentherapie u. Nuklearmed. Frankfurt (s. 1964) - Waldfriedstr. 18, 6000 Frankfurt/M. (T. 67 53 00) - Geb. 27. April 1920 Frankfurt/M. (Vater: Carl L., Studienrat; Mutter: Martha, geb. Kettner), verh. s. 1943 m. Gertrud, geb. Lutz - Promot. 1945; Habil. 1954 - Zul. Univ. Mainz (1960 apl. Prof.) - BV: Strahlenschutz in Klinik u. ärztl. Praxis, 1961. Zahlr. Einzelarb.

LORENZ, Werner

Dr. jur., Dr. h.c. (Kopenhagen), o. Prof. f. Bürgerl. Recht, Rechtsvergleichung u. Intern. Privatrecht - Lochhamer Str. 34, 8032 Gräfelfing b. München (T. München 85 30 89) - Geb. 15. Nov. 1921 Lichtenstein/Sa. - S. 1957 (Habil.) Lehrtätigk. Univ. Heidelberg, Würzburg (1958 Ord.), München (1965 Ord. u. Vorst. Inst. f. Rechtsvergl.) - BV: Vertragsabschluß u. Parteiwille im intern. Obligationsrecht Englands, 1957; D. Haftung d. Warenherstellers, 1966; Privacy and the Press - A German Experience, 1990.

LORENZ, Wilfried

Dr. med., Prof. f. Theor. Chirurgie - Ernst-Lemmer-Str. 33, 3551 Wehrda - Geb. 18. Mai 1939 Eschenbach - Promot. 1965; Habil. 1969 - S. 1969 Lehrtätigk. Univ. München u. Marburg (1970 Prof.). Viele Facharb. - 1981 Karl-Thomas-Preis Dt. Ges. f. Anästhesie u. Wiederbelebung; 1983 korr. Mitgl. Österr. Ges. f. Experimentelle Chir.; 1989 Jubiläumspreis d. Dt. Ges. f. Chirurgie; 1990 Wilhelm Röntgen-Preis; 1991 korr. Mitgl. Österr. Ges. f. Chir.

LORENZ, Wilhelm

Dr. rer. pol., Prof., Ing., Dipl.-Kfm., Hochschullehrer (Ps. W. F. Lorzen), Neugründ. Dt. Werbewiss. Ges. (1975, Erstgründ. 1919), Lehrbeauftr. RWTH Aachen (1967-85; Marketing u. Management), Ständ. Vortr. Hochsch. f. Welthandel, Wien, Initiator Battenberger Intern. Hochsch.woche - Langenbachstr. 10, 4040 Neuss 1 (T. 02131 - 4 22 79) - Geb. 27. Dez. 1913 Neuss (Vater: Friedrich Wilh. L., Ing. u. Fabrikant; Mutter: Johanna Maria, geb. van Coeverden), ev., verh. s. 1952 m. Dipl.-Kfm. Wilhelmine, geb. Kamp, Tocht. Dr. med. Beate Ulrike Lorenz-Buitenhuis - Dipl.-Kfm. 1949 u. Promot. 1952 Köln - 1962-85 wiss. Mitarb.; 1988 Prof. Wien. Dir. i. R. Mannesmann AG, u. Mannesmann-Marktforsch. GmbH, bde. Düsseldorf - Erf. f. Blech- u. Kunststoffverarb. - BV: Handb. d. Exportwerbung, 1970 (m. Herbert Walter) - Mehrere Dokumentarfilme - 1962 Gr. Ehrenzeichen f. Verdienste um d. Rep. Österr.; 1975 BVK am Bde.; 1978 Ehrenring d. Österr. Werbewissenschaftl. Ges. - Liebh.: Historisches, Latein, Fotografie, Bücher, Soziol. - Spr.: Niederl., Engl.

LORENZ, Wolfgang Joachim
Dr.-Ing., Dipl.-Chemiker, Prof. Inst. f. Physikal. Chemie u. Elektrochemie Univ. Karlsruhe (s. 1974) - Franz-Vetter-Str. 1, 7502 Malsch 2 (T. 0721 - 608 33 03) - Geb. 5. Sept. 1933 Dresden (Vater: Ernst L., Drogist; Mutter: Ella, geb. Lange), ev., verh. s. 1961 m. Ingrid, geb. Hennig, S. Jörg Ulrich - Dietrich-Eckart-Obersch. Dresden-Johannstadt u. Obersch. Dresden-Blasewitz (Abit. 1952); Stud. d. Chemie Univ. Leipzig u. TH Dresden; Dipl.ex. 1958 ebd.; Promot. 1961 Bergakad. Clausthal-Zellerfeld; Habil.l 1968 Karlsruhe - S. 1961 Univ. Karlsruhe (Wiss. Assist., 1969 Doz., 1974 Prof.). Spez. Arb.geb.: Physik u. Chemie von Grenzflächen, elektrochem. Kinetik u. Meßmethoden, Metallkorrosion u. -Inhibition, dynamische Systemanalyse, Hochtemperatur-Supraleiter. Mitgl. Dt. Bunsenges. f. Physikal. Chemie, Intern. Soc. of Electrochemistry, Electrochem. Soc./New York, Dechema-Arbeitsaussch. Üb. 150 Fachveröff. Mehrere Buchbeiträge - Spr.: Engl., Russ.

LORENZ-MEYER, Hartwig
Dr. med., a.o. Prof., Chefarzt Med. Klinik I Städt. Krkhs. Friedrichshafen, Lehrkrkhs. Univ. Tübingen - Appenzellerstr. 7, 7990 Friedrichshafen - Geb. 19. Jan. 1943 Wohltorf (Vater: Ernst Helmut L.-M, Im- u. Exportkaufm.; Mutter: Ursula, geb. Napp), ev., verh. s. 1969 m. Dr. med. Brigitte, geb. Wolf - Stud. Univ. Marburg u. München; DFG-Stip.; Promot. 1970 TH München; Habil. (Inn. Med.) 1977 - Wiss. Ausb. Med. Uniklinik Marburg; s. 1981 Prof. Schwerp.: intestinale Adaption, chronisch entzündl. Darmkrankheiten, Endoskopie - Rd. 100 Veröff. in d. Gastroenterologie, in intern. u. nationalen Ztschr.; mehrere Lehrb.-Beitr. - Spr.: Engl., Griech., Latein.

LORENZEN, Harald
Dr. phil., Prof., Pflanzenphysiologisches Institut/Botan. Anstalten Univ. Göttingen - Thorner Str. 10, 3406 Bovenden (T. Göttingen 8 12 85) - Geb. 1. Febr. 1928 Wilhelmshaven - S. 1962 (Habil.) Lehrtätigk. Göttingen (1968 apl. Prof.; 1969 Wiss. Rat u. Prof.) - BV: Physiol. Morphol. d. Höh. Pflanzen, 1972. Fachveröff. Herausg.: Berichte Deutsch. Botan. Ges. (1972, ab Jg. 85; 1987, b. Jg. 100).

LORENZEN, Hermann
Dr. phil., em. o. Prof. f. Allg. Pädagogik - Lannerstr. 20, 4800 Bielefeld 14 (T. 0521 - 44 52 27) - Geb. 10. Mai 1909 Tingleff, ev., verh. s. 1934 m. Hildegard, geb. Rottmann, 2 Kd. - Päd. Akad. Kiel; Univ. Hamburg (Musikwiss., Päd., Phil.). Lehrerprüf. Kiel (1930) u. Wandsbek (1933); Promot. 1940 Hamburg; Ex. f. Organisten u. Chorleit. 1932 - 1930-47 Hbg. Schuldst., 1933-36 Auslandsschuldienst Athen u. Kantor ev. Christuskirche, Athen, 1937-47 Kantor St. Johannis, Hamburg-Eppendorf; s. 1946 Doz. u. o. Prof. Päd. Hochsch. Westf.-Lippe/Abt. Bielefeld (Dir. Sem. f. Päd. u. Phil.); 1980 Univ. Bielefeld; 1940-60 Musikberat. Reg. Detmold; s. 1956 Lehrbeauftr. f. Päd. Nordwestd. Musik-Akad. Detmold - BV: Päd. Ideen b. Hermann Hesse, 1955; August Hermann Francke - Päd. Schriften, 1957, 2. A. 1964; Martin Luther - Päd. Schr., 1957, 2. A. 1968; D. Auftrag d. Erziehung, 1964; D. Kunsterziehungsbeweg., 1966; Fritz Klatt - Beruf u. Bildung, 1966. Herausg.: Musikwerke (Konzerte) v. Heinrich Grimm.

LORENZEN, Käte
Dr. phil., Prof., Hochschullehrerin - Schönkamp 1, 2305 Kitzeberg (T. Kiel 2 33 31) - Geb. 26. Dez. 1918 - S. 1960 Doz. u. Prof. (1964) PH Kiel (Englisch u. Methodik d. Engl.unterr.). Fachveröff.

LORENZEN, Paul
Dr. rer. nat., Dr. h. c., Dr. h. c., em. o. Prof. f. Philosophie - Charlottenburger Str. 19, 3400 Göttingen - Geb. 24. März 1915 Kiel, verh. s. 1939 m. Käthe, geb. Dalchow, 1 Kd. - 1933-38 Univ. Kiel, Berlin, Göttingen - 1939 wiss. Assist., 1946 Privatdoz., 1952 apl. Prof. Univ. Bonn (Math.), 1956 o. Prof. Univ. Kiel u. 1962-80 Univ. Erlangen-Nürnberg (Philos.); 1957-58 Gast Inst. for Advanced Studies, Princeton; 1966 Gast Akad. d. Wiss., Moskau; 1965/71 Gastprof. Univ. of Texas, Austin; 1972/75 Gastprof. Boston Univ. (1980 emerit.) Spezialgeb.: Algebra, Grundl. d. Mathematik, Logik, Wiss.theorie, Ethik - BV: Einf. in operative Logik u. Math., 1955; Formale Logik, 1958 (Samml. Göschen; engl. 1964); Entsteh. d. exakten Wiss., 1960; Metamath., 1962 (BJ-Taschenb.); Differential u. Integral, 1965; Log. Propädeutik, m. W. Kamlah 1967, 2. A. 1973 (BJ-Tb.); Konstrukt. Logik, Ethik u. Wiss.-Theorie, m. O. Schwemmer 1973 (BI-Tb.); Konstruktive Wissenschaftstheorie, 1974 (Tb.); Theorie d. techn. u. polit. Vernunft, 1978; Elementargeometrie, 1984; Grundbegriffe d. techn. u. polit. Kultur, 1985; Lehrb. d. konstruktiven Wiss.theorie, 1987; Constructive Philosophy, 1987 - 1960 o. Mitgl. Akad. d. Wiss. Göttingen, 1965 Mitgl. Acad. Intern. d. Phil. des Sciences, Brüssel, 1969 Inst. Intern. de Phil., Paris.

LORENZEN, Rudolf
Schriftsteller, Film- u. Fernsehautor - Nürnberger Str. 17, 1000 Berlin 30 (T. 030 - 24 67 78) - Geb. 5. Febr. 1922 Lübeck, verh. s. 1983 m. Bettina L. - BV/R.: Alles andere als e. Held, 1959 (auch engl., London u. New York); Die Beutelschneider, 1962; Nur noch e., d. Emil heißt, 1968; Dämmerstunde oder Kallisto, 1968; Kopal ruft, 1971; D. Hochzeit v. Jalta, 1973; D. Expedition, 1974 (auch japan., Tokyo); Im Räderwerk, 1976; Wildererszenen, 1978; Grüße aus Bad Walden, 1980 (ungar. 1987, Budapest); Neuaufl.: Alles andere als e. Held, 1982. Hörsp.: Mi Noche triste, 1982; Einst e. bacchantischer Wahnsinn, 1984; D. tolle Jakob, 1984; Abschied v. Bunten Rock, 1985; Cake Walk, 1987. Film u. Ferns.: D. Inseln d. Seligen, 1965; Mauerblume im Ballhaus Verkehrt, 1968; Unterwegs n. Kathmandu, 1971; China heute, 1974; D. Berliner Sportpalast, 1974; So leben wir alle Tage, 1977; Goethes Weimar heute, 1979; V. Tibet n. Shanghai, 1981; Alles andere als e. Held, 1987. Roman, Erz., Spielfilm, FS-Spiel, FS-Dok., hist. Musik-Dok., Kulturkorresp.

LORENZEN, Thomas
Landwirtschaftsmeister, MdL Schlesw.-Holst. (Wahlkr. 3/Flensbg. Land), stv. Vors. CDU-Landtagsfraktion - Dorfstr. 44, 2391 Meyn/Post Schafflund (T. 04639 - 5 38) - Geb. 23. Juli 1940 Meyn/Krs. Schlesw.-Flensburg - CDU.

LORENZEN, W. F.
s. Lorenz, Friedrich Wilhelm.

LORENZEN, Wolfram
Pianist - Birkenweg 7, 7860 Schopfheim (T. 07622 - 76 32) - Geb. 14. Mai 1952 Freiburg/Br. (Vater: Johannes L., Musiker; Mutter: Irmgard L.), ev. - Stud. b. Dir. Klaus Linder (Basel), Prof. Ludwig Hoffmann (München) u. Prof. Paul Badura-Skoda (Essen); intern. Meisterkurse - Konz. in wicht. Musikzentren in Deutschl., Schweiz, Österr., Frankr., Italien, Holland, Engl., Fernost u. Australien. 1984 Tourneen Nah. Osten u. Ostasien; 1985-87 Konzertreisen in alle Teile d. Erde - Repertoire: 40 versch. Klavierkonz. (UA 3. Klavierkonz. v. Harald Genzmer); Rundf.aufn., Schallpl. - 1976-81 Preise b. intern. Wettb.: Finale Ligure (1.), Senigallia (1.), Vercelli (3.), Monza (2.); 1982 1. Pr. Intern. Klavierwettb. Montevideo/Uruguay - Spr.: Engl.

LORENZER, Alfred
Dr. med., Prof. f. Soziologie Univ. Frankfurt/M. - Kapellenstr. 16, 6238 Hofheim - Geb. 8. April 1922 Ulm - Stud. d. Med. - BV: Kritik d. psychoanalyt. Symbolbegriffs, 1970; Sprachzerstörung u. Rekonstruktion, 1970; Z. Begründung e. material. Sozialisationstheorie, 1972; Üb. d. Gegenstand d. Psychoanalyse, 1973; D. Wahrheit d. psychoanalyt. Erkenntnis, 1974; Sprachspiele u. Interaktionsformen, 1976; Das Konzil d. Buchhalter, 1981 (teilw. auch ital., span., dän., norweg., japan.); Intimität u. Soz. Leid, Archäol. d. Psychoanalyse, 1984 - Spr.: Engl.

LORENZL, Günter
Dr. agr., Dipl.-Agraring., Prof. f. Agrarökonomie TU Berlin - Lindenallee 43, 1000 Berlin 19 (T. 030 - 301 67 64) - Geb. 4. Okt. 1937 Karlsbrunn (Vater: Ernst L., Landwirt; Mutter: Anni, geb. Stefan), verh. s. 1968 m. Meeli, geb. Tui, 2 S. (Hanno, Mathias) - Abit. 1957 Itzehoe; Stud. Agrarwiss. u. Volksw. Univ. Kiel (Promot. 1965); 1968/69 Stud. UC, Berkely; Habil. 1971 TU Berlin - S. 1971 Prof. Berlin; 1973-76 Sen. Lect. Univ. Nairobi; 1979 Gastprof. M.I.T, Mass. Arbeitsgeb.: Agrarmarktpolitik, Agrarmärkte in Entw.ländern, insbes. Ostafrika, Kolumbien.

LORETZ, Oswald
Dr. theol., Prof., Theologe - Ricarda-Huch-Str. 6, 4400 Münster/W. (T. 0253 - 4 15 90) - Geb. 14. Jan. 1928 Hörbranz, kath. - S. 1964 (Habil.) Prof. Univ. Münster (Exegese d. Alten Testamentes, Ugarit-Forsch.).

LORIOT
s. Bülow, von, Vicco

LORKE, Hans
I. Bürgermeister - Rathaus, 8708 Gerbrunn/Ufr. - Geb. 13. März 1937 Beuthen/OS. - Bauing. CSU/FWG.

LORKOWSKI, Hans-Joachim
Dipl.-Chem., Dr. rer. nat., Prof. f. makromolekulare Chemie, Leit. d. Zentrums f. Makromol. Chemie Berlin Adlershof - Germanenstr. 3, O-1185 Berlin (T. 030 - 677 02 68) - Geb. 1. Mai 1932 Frankfurt/Oder, verw., 2 Kd. (Claudia, Stefan) - Stud. 1971 Humboldt-Univ.; Promot. 1961, Habil. 1968, alles Berlin - 1971 Doz. Berlin; 1976 Prof. - 1968-91 Abt.leit. am Zentralinst. f. Organ. Chemie d. Akad. d. Wiss. - 40 Patente (Elektroisolierstoffe, optische Kunststoffe, Elektronenstrahl- u. Photoresists) - Ca. 100 wiss. Veröff. üb. Kunststoffsynthesen u. Struktur-Eigenschaftsbeziehungen v. Polymeren. Herausg.: Radikalische Polymerisation bis zu hohen Umsätzen, Fachb. (1976) - Liebh.: Klavierspiel, Tennis, Skilauf - Spr.: Engl., Russ.

LORTZ, Helmut
Prof., Grafiker - Uhlandstr. 43/44, 1000 Berlin 15 (T. 881 74 53) u. Jakob-Jung-Str. 12, 6100 Darmstadt-Arheilgen (T. 3 52 49) - Geb. 25. April 1920 Schneppenhausen - Realgymn. Darmstadt, Fachsch. Erbach i. Odw., Hochsch. f. bild. Künste Berlin (4 Sem. Bildhauerei) - 1952 Doz. Werkkunstsch. Darmstadt, s. 1959 Prof. Hochsch. f. bild. Künste Berlin (Experimentelle Grafik) - Erstes dt. Mitgl. Alliance Graphique Intern. (s. 1954). 1956 Kunstpreis Stadt Darmstadt, 1970 Johann Merck Ehrung. 1. Preis Plakate: Intern. Automobilausst. (1963), Intern. Funkausst. (1971). Ausstell. in Paris, London, Tokio, Internationale d. Handzeichn. (1964) - BV: Lortz Reihen (Bildprotokolle), Bd. 1 1972, Bd. 2 1973, Bd. 3 1974 - Rotarier.

LOSCHELDER, Wolfgang
Dr. jur., Univ.-Prof. (Öffentl. Recht) Univ. Bochum - An der Alten Kirche 8, 5205 Sankt Augustin 3 (T. 02241 - 31 23 16) - Geb. 25. Juli 1940 Rom/Ital. (Vater: Dr. Josef L.; Mutter: Dr. Elisabeth, geb. Hesemann), kath., verh. s. 1967 m. Christiane, geb. Brückner, 4 Kd. (Friedrich, Anne, Christine, Johanna) - 1960-65 Stud. Univ. Bonn; Jurist. Staatsprüf. 1965 u. 1971; Promot. 1976; Habil. 1980 Bonn - BV: Kommunale Selbstverw.garantie u. gemeindl. Gebietsgestaltung, 1976; V. bes. Gewaltverhältnis z. öffentl.-rechtl. Sonbindung, 1982; D. Befugnis d. Gesetzgebers z. Disposition zw. Gemeinde- u. Kreisebene, 1986; D. Islam u. d. religionsrechtl. Ordnung d. Grundgesetzes, in: Essener Gespräche Bd. 20, 1986 - Mitgl. Wiss. Beirat Inst. f. Staatskirchenrecht d. Diözesen Dtschl., d. Dt. Lebensmittelbuch-Kommiss., d. Schriftltg. d. Ztschr. f. Beamtenrecht (ZBR).

LOSER, Fritz
Dr. phil., o. Prof. f. Schulpädagogik Univ. Osnabrück (s. 1974) - Droste-Hülshoff-Str. 11, 4401 Altenberge - Geb. 29. Mai 1935, ev., verh., 2 Kd. - S. 1956 Lehrer an Volkssch. 1958-62 Stud. Tübingen u. Heidelberg. 1963-64 Assist. u. Doz. PH Reutlingen; 1963-74 Prof. PH Westf.-Lippe, Abt. Münster; daneben s. 1968 Lehrbeauftr. Univ. Münster - S. 1970 Mithrsg. Bildung u. Erzieh. Div. Veröff. z. Stadtgeogr. u. z. Theorie d. Lehrens u. Lernens.

LOSER, Karl Heinz
Dipl.-Ing., Geschäftsführer AEG, Berlin (s. 1970) u. Loser GmbH & Co., Karlsruhe - Nördl. Uferstr. 4-6, 7500 Karlsruhe 21 - Geb. 1. Juni 1934 Karlsruhe, ev., verh. s. 1962 m. Renate, geb. Lacroix, S. Steve - Mittl. Reife; Lehre als Elektromech.; Stud. FH Karlsruhe f. Elektrotechn.; staatl. Ingenieurprüf.; 1956-57 AEG Berlin (Konstrukt. f. Ind.-Elektromotoren u. Phasenschieber); s. 1958 Konstruktionsleit. AEG Berlin - Patentinh. versch. Pat. f. Nahrungsmittelmaschinen - Liebh.: Tennis, Wassersport, Skilaufen, Briefm., Musik - Spr.: Engl., Franz.

LOSKANT, Dieter

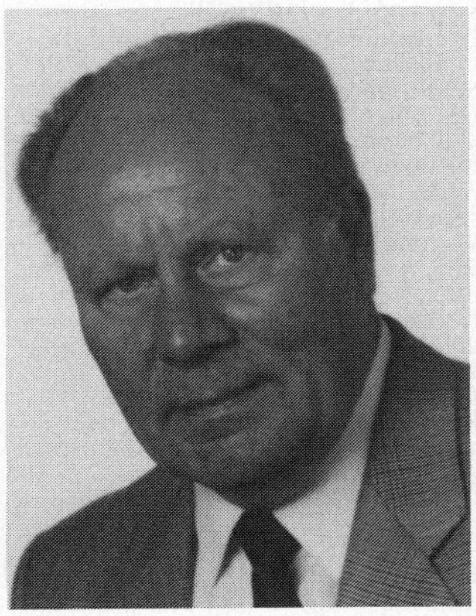

Dr. phil., Prof. - An der Steinkaul 13, 6601 Saarbrücken-Bübingen - Geb. 14. Dez. 1926 Brebach/Saar (Vater: Ernst L., Bürgermeister), verh. s. 1952 m. Dorothee, geb. Kirchner, 2 Kd. (Wolfgang, Christiane) - Oberrealsch. Saarbrücken u. Mus. Gymn. Frankfurt/M.; ab 1947 Univ. Mainz (Musikwiss., German., Philol., Phil.; Promot. 1956) u. Paris (1950/51 Sorbonne; Musikologie, Franz. Sprache u. Lit., Phil.) - 1946-50 Assist. v. Prof. Kurt Thomas, Kantorei Dreikönigskirche Frankfurt; 1952-90 Doz. u. Prof. Musikhochsch. Saarbrücken (Musikgesch., Tonsatz u. Dirigieren; Dirig. Hochschulorch.); 1970-73 Prorektor, 1974-83 Rektor d. Musikhochschule d. Saarlandes, s. 1990 i. R. - BV: Unters. üb. d. Oratorien Marc-Antoine Charpentier's, 1956 (Diss.) - 1984 Ehrengast d. Villa Massimo, Rom - Liebh.: Kynologie, Reisen - Spr.: Engl., Franz. - Rotarier.

LOSKANT, Karl-Adolf
Assessor jur., Generaldirektor, Vorstandsvorsitzender Landwirtschaftl. Versicherungsverein (s. 1974), s. 1971 AR-Vors. Landwirtschaftl. Rechtsschutzver-

LOSKANT - 864 - LOUVEN

sich. AG, s. 1974 stv. AR-Vors. Eisen u. Stahl Rückversich. AG, s. 1976 Beiratsmitgl. West LB, AR E. I. Euroinvest GmbH, AR DSL Holding AG - Kerkheideweg 27, 4400 Münster (T. 702 22 02) - Geb. 28. Jan. 1928 (Vater: Dr. Karl L., Bankdir.; Mutter: Minne, geb. Beidermühle), kath., verh. s. 1958 m. Helga, geb. Armeloh, 3 Kd. (Petra, Oliver, Marcus) - 1948-56 Univ. Münster (Jura). Refer. 1952; Ass. 1956 - 1959-67 Bundesaufsichtsamt f. d. Versich.wesen (zul. Oberreg.rat) - Interessen: Politik - 1985 BVK am Bde.

LOSKILL, Jörg

Kulturredakteur Westd. Allg. Zeitung (WAZ), Schriftst. - Am Dornbusch 54a, 4250 Bottrop-Kirchhellen (T. 02045 - 65 81) - Geb. 24. Juli 1944 Fürstenwalde - 1963-68 Stud. Theaterwiss., Kunstgesch., Musikwiss., German. Köln - Mitarb. überreg. Kulturztschr. (Opernwelt u. a.); Herausg., Autor, Juror b. Kunstpreisen - BV: V. Konzessions- z. Subventionstheater, 1973; Rauhreifzeit, 1977; Stadtansichten, 1978; Musiktheater, 1979; Zeitpunkt, 1980; Stadt Bottrop, 1980; Zeichen, d. am Wege stehen (Arbeitsgem. Video u. Kultur), 1984/85; Anstoß - Schlußpfiff, 1985; Museen im Ruhrgebiet, 1986; Zeitzeugen - D. andere Revier, 1987.

LOSSE, Heinz

Dr. med., o. Prof. f. Innere Medizin - Holteistr. 8, 4400 Münster/W. (T. 02534 - 76 60) - Geb. 5. Juni 1920 Cosel/OS. - S. 1955 (Habil.) Privatdoz., apl. (1951), ao. (1965) u. o. Prof. (1968) Univ. Münster (Dir. Med. Poliklinik). 1972 ff. Vorstandsmitgl. Ges. f. Nephrologie - BV: Kurzlehrb. d. Nierenkrankh., 1963. Herausg.: D. Pyelonephritis (m. M. Kienitz, 1966) - 1957 Mitgl. New York Acad. of Sciences; 1968 korr. Mitgl. Intern. Ges. f. Allgemeinmed.

LOSSOW, Hubertus

Dr. phil., o. Prof. (emerit.) f. Kunstwiss. - Niklasstr. 2 b, 1000 Berlin 37 (T. 802 88 18) - Geb. 2. Jan. 1911 Oppeln/OS. (Vater: Fedor L., Dentist; Mutter: Claire, geb. Jorde), kath. - Univ. Berlin, München, Innsbruck, Breslau (Kunstgesch., Phil.) - 1934 Assist. Schles. Museum d. bild. Künste Breslau, 1945 Kustos ehem. Staatl. Museen Berlin, 1949 Ref. Amt f. Volksbild. u. Lehrbeauftr. FU, 1953 ao., 1963 o. Prof. Hochsch. d. Künste (FB 6) - BV: u. a. Z. Stilproblem d. Manierismus, in: Watzold-Festschr., 1941; Apocalipsis cum figuris, 3. A. 1948; Rembrandt - Bibl. Themen, 1949; Kunst als Lebenswert, 1963; Freskenzyklus d. Chorkapelle v. S. Francesco in Arezzo, 1972 - 1959 Ritter Orden d. Hl. Gregor d. Gr.; 1986 Cavaliere Ufficiale nell'Ordine Al Merito della Rep. Ital.

LOTH, Helmut

Dr. rer. nat., Prof., Fachrichtung Pharmaz. Technologie, Univ. d. Saarld. (s. 1972) - Jahnstr. 31, 6602 Saarbrücken-Dudweiler - Geb. 6. Sept. 1926 Berlin (Vater: Oskar L., Kaufmann; Mutter: Käthe, geb. Schilling), ev., verh. s. 1952 m. Vera, geb. Beyer, 2 Söhne (Andreas, Carsten) - Helmholtz-Oberschule (b. 1943), TU (1948-49) u. FU Berlin (1949-52; Pharmaz. Staatsex.). Promot. (1954) u. Habil. (1960) FU Berlin - S. 1955 FU Berlin (1959 Wiss. Rat Pharmaz. Inst.; 1964 apl. Prof.) u. Univ. Frankfurt (1970 Prof.); s. 1972 Univ. Saarbrücken (o. Prof.). Mitgl. Dt. Pharmaz. Ges. u. Ges. Dt. Chemiker. Div. Fachveröff. - Spr.: Engl., Franz.

LOTH, Wilfried

Dr. phil., Prof. f. Neuere Geschichte Univ. Essen - Ohmweg 27, 4400 Münster (T. 0251 - 21 41 71) - Geb. 29. Aug. 1948 Wadern/Saarl., kath. - Stud. German., Geschichte, Philos., Erziehungswiss. Univ. Saarbrücken; Staatsex. 1972; Promot. 1974 - 1974-84 wiss. Mitarb. u. Hochschulassist. Univ. Saarbrücken; 1984/85 Prof. f. Politikwiss. FU Berlin; 1985/86 Prof. f. Politikwiss. Univ. Münster - BV: Sozialismus u. Internationalismus. D. franz. Sozialisten u. d. Nachkriegsordnung Europas 1940-1950, 1977; D. Teilung d. Welt. Gesch. d. Kalten Krieges 1941-1955, 1980, 8. A. 1990 (engl. Übers. 1988); Katholiken im Kaiserreich. D. politische Katholizismus in d. Krise d. wilhelminischen Deutschl., 1984; Geschichte Frankreichs im 20. Jh., 1987, 2. A. 1992; Documents on the History of European Integration, 1988 u. 90; Ost-West-Konflikt u. dt. Frage, 1989; D. Weg n. Europa, 1990, 2. A. 1991 - Spr.: Engl., Franz.

LOTH, Wilhelm

Prof., Bildhauer - Park Rosenhöhe 3, 6100 Darmstadt - Geb. 24. Sept. 1920 Darmstadt, ev., verh. s. 1948 m. Anneliese, geb. Koch, 1 Kd. - Werkkunstsch. Darmstadt - Wiss. Assist. TH Darmstadt; 1958-86 Leit. e. Bildhauerkl. Staatl. Akad. d. bild. Künste, Karlsruhe (1960 Prof.). 1953-55 Vors. Neue Darmstädter Sezession. Zahlr. Ausstell. - 1954 Josef-Hoffmann-Ehrung Wiener Sezession; 1956 Darmstädter Kunstpreis; 1959 Rom-Preis (Villa Massimo); 1965 Kunstpreis Stadt Köln; 1967 Stip. Cité des Arts, Paris; 1989 1. Vors. d. Dt. Künstlerbundes; 1990 Jerg-Ratgeb-Preis. Werke in Nationalgalerie Berlin, Museum Ludwig Köln u. zahlr. anderen Museen - 1979 BVK a. Band - Lit.: Ulrich Gertz, D. Bildh. W. L. (in: Jg. Künstler 1959/60); in: 100 Bildhauerzeichn. (H.-J. Imiela, 1973); Schmoll gen. Eisenwerth: W. L. Bildwerke i. Metall 1947-72 (Oeuvre-Kat., Darmstadt 1976); Horst Keller: W. L. Handzeichnungen (Berlin 1977); Uwe Haupenthal: D. plastische Menschenbild b. W.L. (Darmstadt 1989).

LOTHAR, Frank

Regisseur - Rothenberg 19, 3119 Altenmedingen/Bad Bevensen - Geb. 7. Juni 1916 Berlin, ev., - Stud. Rechtswiss., Germanist., Theaterwiss., Schauspielsch. m. Prüf. - Wehrdst., Gefangensch. (1939-45) - Schausp., Regiss.. Dramat. div. Bühnen, Int. Stadttheater Frankfurt/O. u. Tribüne Berlin (1950-72), Geschäftsf. Deutscher Bühnenverein Berlin u. Theaterdienst Berlin GmbH, 1972-81 Dir. Theater-, Film- u. Fernsehprod. Berlin - Zahlr. Insz. Theater, Fernsehen, Film - Drehbücher, Übersetzungen - 1952 Kunstpreis Berlin, 1958 BVK.

LOTHHOLZ, Reinhard Georg

Mitglied d. Landtages Thüringen (s. 1990) - Schillerstr. 11, O-4733 Heldrungen - Geb. 16. Febr. 1941 Buttstädt (Vater: Richard L.; Mutter: Ursel, geb. Böttger, ev., verh. s. 1965 m. Christiane, geb. Hilgenfeld, Dipl.-Landw., Sozialamtsleit., 2 Kd. (Haide, Burkhard) - Abit. 1959; Dipl.-Landw. 1965 Jena - Tätig in landwirtschaftl. Genossenschaften im Landkreis Artern; Geschäftsf. d. Agrar-GmbH Oldisleben; AR-Mitgl. Raiffeisenbank Artern; Mitgl. d. Haushalts- u. Finanzaussch. sowie d. Verfassungsaussch. d. Thüringer Landtages; Stadtverordneter in Heldrungen; Kirchenältester in Heldrungen sowie Kreissynodale in Sömmerda; Mitgl. d. Reit- u. Fahrverein e.V., Oldisleben - Liebh.: Jazz, zeitgenöss. Lit., Wandern.

LOTSCH, Manfred

Dr. phil., Verlagsdirektor - Gottfried-Keller-Str. 44, 4000 Düsseldorf (T. 435 08 24) - Geb. 9. Mai 1932 Danzig (Vater: Ernst-Georg L., Direktor; Mutter: Gertrud, geb. Libischewski), kath., verh. s. 1965 m. Ludgardis, geb. Tosses, 2 Kd. - Stud. German., Kunstgesch., Publiz. Promot. 1958 Hamburg - S. 1959 Verlagswesen: S. Fischer Verlag GmbH. u. Fischer Bücherei KG., Frankfurt/M. (1962 Prokurist), 1964 Verlagsleit. Alfred Metzner, Bernard & Graefe, Athenäum Verlag GmbH., Verlag f. Standesamtswesen GmbH. ebd., 1967 Verlagsdir. Droste Verlag GmbH., Düsseldorf, s. 1970 Prok. Rhein.-Berg. Druckerei- u. Verlagsges. mbH (Rheinische Post), ebd., 1974 Geschäftsf. Gastgewerbe Verlag GmbH., ebd.; 1973-76 Vorstandsmitgl. Verband Schöngeist. u. wiss. Verleger; 1982/83 Lehrbeauftr. Univ. Bochum; 1986 Geschäftsf. Eisenwaren Ztg. GmbH - BV: Johann Caspar Lavater; D. Verwert. d. Urheberrechte/Nebenrechte (in: Handb. d. Buchhandels, Bd. II).

LOTT, Jürgen

Dr. theol., Prof. f. Religionspädagogik Univ. Bremen - Holbeinstr. 16, 2872 Hude 1 (T. 04408 - 72 86) - Geb. 10. Nov. 1943 Gladenbach - Stud. ev. Theol. u. Päd. (1. u. 2. Theol. Ex. 1967 u. 69); Promot. 1971 - S. 1977 Prof. f. Religionspäd. Univ. Bremen (1981 Konrektor) - BV: Neues Handb. d. Religionsunterr., 1972; Einf. in d. Religionspäd., 1977 (m. G. Otto / H. J. Dörger); Handb. Religion: Erw.bild., 1984; Sachkd. Religion II. Herausg.: Religionen u. Religionswiss. (1985); Erfahrung - Religion - Glaube (1991).

LOTTER, Friedrich

Dr. phil., Univ.-Prof. f. mittlere u. neuere Geschichte Univ. Göttingen - Heideweg 1, 3500 Kassel-Wilh. (T. 0561 - 3 49 33) - Geb. 22. Dez. 1924 Deutsch-Krone (Vater: Paul L., Baurat; Mutter: Elsbeth, geb. Koch), ev., verh. s. 1955 m. Hella, geb. Huning, 3 Kd. (Christian, Maria Sibylla, Dorothea) - Univ. Marburg (Gesch. u. Klass. Philol.), Promot. 1956, Habil. 1972/74 Marburg/Göttingen - 1955-66 Gymn.lehrer Kassel, 1966-76 Wiss. Mitarb. Marburg u. Göttingen, 1977 apl. Prof., 1980 Prof. - BV: D. Vita Brunonis d. Ruotger (Diss.), 1958; D. Brief d. Priesters Gerhard a. d. Erzb. Friedrich v. Mainz, 1975; Severinus v. Noricum, Legende u. hist. Wirklichkeit, 1976; D. Konzeption d. Wendenkreuzzugs, 1977. Üb. 35 Einzelarb. - Spr.: Engl., Franz., Span., Ital., Griech., Lat.

LOTTER, Oskar

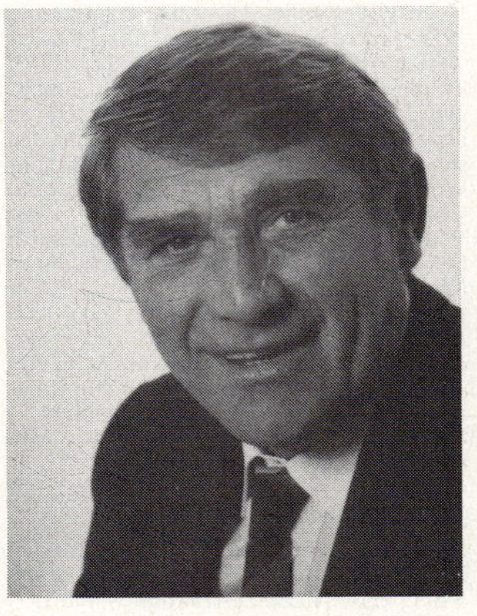

Dipl.-Ing., Vizepräsident Dt.-Israel. Ges. Niederbay./Oberpfalz, Beiratsmitgl. d. Bayer.-Togoischen-Ges., fr. Mitarbeiter d. Univ. Passau - Rathausplatz 1, 8398 Pocking (T. 08531 - 86 18) - Geb. 2. Juli 1933 - Lehrtätigk. Handwerkskammer Deggendorf - BV: Lehrb. f. Beton- u. Schalungsbauer - BVK; Landkreisverdienstmed. d. Region Galiläa/Israel; Med. d. Univ. Passau; Ehrennadel Bayer. Togoische Ges. - Liebh.: Umweltschutz, Sammlung afrikanischer Skulpturen, humanitäre Hilfe f. d. Dritte Welt (bes. Interessengeb. Israel u. W.-Afrika).

LOTTES, Günther

Dr. phil., Prof. f. neuere Geschichte Univ. Regensburg - Kreidenweg 7, 8420 Kelheim-Herrnsaal (T. 09441 - 2 11 08) - Geb. 7. Febr. 1951 Altdorf, verh. s. 1979 m. Gabriele, 2 Söhne (Julius, Jonathan) - Stud. Univ. Erlangen; M. A. 1973, Promot. 1977 Erlangen; Habil. 1984 ebd. - BV: Polit. Aufklärung u. plebej. Publikum, 1979; Elisabeth I, 1982; D. industr. Revolution, 1985. Herausg.: Eigentum im englischen politischen Denken (1992); Region, Nation-Europa (1992); ca. 30 Aufs. z. westeurop. u. dt. Ideen-, Sozial- u. Verf.gesch.

LOTZ, Erwin

Dr. jur., Vorstandsmitglied Dt. Linoleum-Werke AG., Bietigheim/Württ. - Nürnberger Str. 80, 7100 Heilbronn/N. - Geb. 13. April 1914 Heilbronn - Zul. Vorstandsmitgl. Staatssalinen Dürrheim-Rappenau AG., Bad Rappenau/Baden. 1971 ff. Vors. Arbeitgeberverb. Chemie Baden-Württ. ARsmand. (stv. Vors.) - Eltern s. Wolfgang L. (Bruder).

LOTZ, Franz

Dr. phil., o. Prof. u. Direktor Sportzentrum Univ. Würzburg (1949-80 em.) - Lerchenweg 9, 8700 Würzburg (T. 8 56 56) - Geb. 21. Aug. 1910 Darmstadt, kath., verh. s. 1944 m. Doris, geb. Reisert, 3 Kd. (Martina, Ulrich, Sabine) - Stud. d. Neuphilol., Psychol., Phil., Sportwiss. Univ. Frankfurt, München, Gießen. Promot. 1936 ebd. - 1932-38 Assist. u. Oberassist. Univ. Gießen, Berlin, Köln; 1939-41 Inst.dir. Leoben, dann Wehrdst.; 1946-48 Lehrer Kolleg. St. Blasien., Ehrenmitgl. Weltrat f. Sport u. Leibeserziehung, u. Intern. Olymp. Akad. u. Dt. Sportbund - 1980 Bayer. VO - Spr.: Franz., Engl.

LOTZ, Henrik

Vorsitzender d. Geschäftsführung Dunlop AG - Wöhlerstr. 2, 6450 Hanau - Geb. 4. Aug. 1929 - Präs. Dt. Ruderverb., Hannover.

LOTZ, Klaus Werner

Präsident d. Bayer. Verwaltungsgerichtshofs, stv. Präs. d. Bayer. Verfassungsgerichtshofs (s. 1987) - Ludwigstr. 23, 8000 München 34 - Zul. Vizepräs. Bayer. Verwaltungsgerichtshof.

LOTZ, Kurt

Dr. rer. pol. h. c., Prof., Industrieberater - Bergstr. 110, 6900 Heidelberg (T. 48 07 85) - Geb. 18. Sept. 1912 Lenderscheid/Hessen (Vater: Bauer), ev., verh. s. 1939 m. Elisabeth, geb. Lony, 3 Kd. - Abit. 1932 - 1932-45 akt. Dienst Wehrmacht (zul. Major i. G.); 1946-67 Brown Boveri & Cie. AG, Mannheim (1952 Prok., 1955 Dir., 1957 Vorst.-Mitgl., 1958 Vorst.-Vors.); 1968-71 (Rücktr.) Volkswagenwerk AG, Wolfsburg (Vorst.-Vors.). 1970ff. Honorarprof. TU Braunschweig (Unternehmenspolitik). Vorst.-Vors. Umweltstiftg. WWF Dtschl.; Sprecher Dt. Rat f. Landespflege, Vorst.-Vors. Stiftg. 600 J. Univ. Heidelberg - 1962 Ehrendoktor WH, jetzt Univ. Mannheim; 1960 Ehrensenator Univ. Heidelberg - Liebh.: Golf, Jagd - Spr.: Engl. - Rotarier.

LOTZ, Max

I. Bürgermeister - Rathaus, 6660 Zweibrücken - Geb. 27. Sept. 1919 - FDP.

LOUVEN, Bernd Arnold

Dr. med., Prof. f. Innere Medizin u. Kardiologie Univ. Bonn, Ärztl. Dir. Stadtkrankenhaus Neuwied - Deichstr. 18, 5450 Neuwied 1 (T. 02631 - 2 80 10) u. Flerzheimer Allee 11, 5300 Bonn 1 (T. 0228 - 25 24 99) - Geb. 22. Nov. 1936 Mönchengladbach (Vater: Arnold L., Berufsschuldir.; Mutter: Maria, geb. Thaddey), kath., verh. s. 1965 m. Dr. med. Marlies, geb. Göhring, 2 Kd. (Costia, Georg) - Human. Gymn. Mönchengladbach; Univ. Freiburg u. Bonn, Staatsex., Facharzt, Habil., Prof. Univ. Bonn - Stv. Vors. Ärztekammer Bonn - Entd.: Neue Methode z. exper. Herzkontusion. 60 Publ. in Ztschr. f. exper. u. angew. Psych. u. med. Beitr. üb. Herzschäden (übers. span.) u. üb. Kontrolle v. Herzschrittmachern in d. Praxis d. niedergelassenen Arztes - Liebh.: Violinspiel (Barockmusik), Cembalo, Lit., intern. Lyrik, Ornitologie.

LOUVEN, Julius

Konditormeister, MdB (s. 1980; Wahlkr. 80/Viersen) - Hahnendyk 48, 4152 Kempen 4 (T. 02152 - 77 77) - Geb. 18. Febr. 1933 - 1975-80 MdL Nordrh.-Westf. CDU Kreisvors. Kreis Viersen.

LOUVEN, Klaus
Dr. jur., Richter, Präs. Sozialgericht Köln (s. 1980) - Thomasstr. 17, 4152 Kempen 1 (T. 02152 - 47 70) - Geb. 10. Nov. 1931 Mönchengladbach (Vater: Arnold L., Berufsschuldir.; Mutter: Maria, geb. Thaddey), kath., verh. s. 1962 m. Ellen, geb. Amend, S. Christoph - Abit.; Stud. Rechtswiss. m. Refer.- u. Ass.-Ex., Promot. - Richter am Amts-, Land- u. Oberlandesgericht sow. Landessozialgericht NRW; 1978-80 Ref. b. Min. f. Arbeit, Gesundheit u. Soziales NRW - BV: Zivilprozeßrecht, Grundriß 1967; Strafprozeßrecht, Grundriß 1969.

LOWACK, Ortwin
Rechtsanwalt, MdB - Friedrichstr. 15, 8580 Bayreuth (T. 0921 - 6 60 36) - Geb. 25. Dez. 1942 Gleiwitz (Vater: Dr. Gerhard L., Notar †; Mutter: Charlotte, geb. Kaplick), ev.-luth., verh. s. 1970 m. Gertraud, geb. Holoubek, 3 Kd. (Gerhard, Annette, Julia) - Oberrealsch.; Univ. (Jura u. Volkswirtsch.), 1. u. 2. jur. Staatsex. - B. 1980 Stadtrat, b. 1982 Mitgl. Bezirkstag Oberfranken. CSU - Spr.: Engl., Franz., Ital., Schwed., Russ.

LOWENS, Ralf
Dipl.-Kfm., Vorstand Stiftung Weserbergland-Klinik, Höxter - Postfach 10 06 29, 3470 Höxter 1 (T. 05271 - 64 22 15) - Geb. 23. Sept. 1944.

LOWINSKI, Leonhard
Dr. rer. pol., Prof. Univ. Düsseldorf (s. 1980) - Rosenstr. 7, 4044 Kaarst (T. Neuss 6 58 14) - Geb. 13. Jan. 1923 Zempelburg (Vater: Alex L., Beamter; Mutter: Maria, geb. Dams), kath., verh. s. 1947 m. Ursula, geb. Musolff, 5 S. (Andreas, Alexander, Gregor, Matthias, Clemens), T. Felicitas - Univ. Münster (Soziol., Volksw., Sozialphil.; Dipl.-Volksw. 1948, Promot. 1950) - 1950-61 Leit. Abt. f. Soziologie u. Sozialpolitik/Inst. f. Siedlungs- u. Wohnungswesen Univ. Münster; s. 1961 Prof. Päd. Hochsch. Rhld./Abt. Neuss (o.). 1955-62 Dozent Verw.- u. Wirtschaftsakad. Industriebezirk; s. 1964 Mitgl. Leitg. Studienkr. Schule/Wirtsch. d. Ld. NRW; s. 1966 Vorstandsmitgl. Intern. Bund f. Sozialarb. (Jugendsozialwerk); 1967-70 Leit. Hochsch.aussch. f. Wirtschafts- u. Arbeitslehre in Nordrh.-Westf.; 1980 Prof. Univ. Düsseld. - BV: D. kath. Sozialethik u. d. Problem d. Wirtschaftsordnung, 1950; Jacobsberg - D. ökonom. u. soz. Struktur d. Gemeinde/Möglichk. e. Sanierung, 1951; D. Eigenheim, 1955; D. Beitrag e. Siedlungs- u. Wohnungsges. z. Eigentumsbild., 1961 (m. M. Kurth); Grundl. Zielsetz. u. Meth. d. Wohnungspolitik in d. soz. Marktw., 1964; Familiensoziol. Aspekte d. Wohnens, in: Festschr. f. Hermann Wandersleb, 1970; Bildungsref. als soz. Frage d. Gegenw., in: Einf. in d. Soziol. d. Erzieh. (K. Kippert), 1970; Z. Sozialökologie e. neuen Stadtteils, 1972; Stadtentwickl. - V. d. Krise z. Reform, 1973 (m. J. Helle u. a.); Familie im soz. Spannungsfeld, in: unitas 1981; Soziale Marktwirtschaft, 1986 - Liebh.: Sport - Spr.: Poln., Franz.

LOWITZ, Siegfried
Schauspieler - Possartstr. 14, 8000 München 80 (T. 47 15 15) - Geb. 22. Sept. 1914 Berlin (Vater: Bildhauer), ev., verh. s. 1952 m. Marianne, geb. Probst - Gymn. Mainz; Staatl. Schauspielsch. Frankfurt/M. - S. 1934 Theater (gegenw. Bayer. Staatsschauspiel, München), Film, Fernsehen (u. a. D. Trinker, Krebsstation, D. Weber (Fabrikant Dreissig), Tschad, Herr Soldan hat keine Vergangenheit, E. Tote soll ermordet werden, Einfach davonsegeln, D. Fall Opa). FS-Serie: D. Alte (1977ff.; 25. Juni 1982 60×), Funkrollen - 1968 Gold. Kamara Programmztschr. Hör zu (f. d. Fernsehrolle in: D. Trinker) - Liebh.: Phil., Bergsteigen, Schwimmen.

LUBE, Frank
Dr. phil., Geschäftsführer u. Verlagsleiter Friedrich Vieweg & Sohn Verlagsges. mbH, Braunschweig/Wiesbaden (s. 1973), Westdeutscher Verlag GmbH. Opladen, Wiesbaden (s. 1977), ILS Inst. f. Lernsysteme GmbH, Hamburg (s. 1983), Betriebswirtschaftl. Verlag Dr. Th. Gabler GmbH, Wiesbaden (s. 1981). u. Bereichsvorst. Wiss.-Verlage/Informationsdienste d. Verlagsgruppe Bertelsmann Intern. GmbH, München (s. 1989) - Lanzstr. 15, 6200 Wiesbaden (T. 0611 - 52 81 13) - Geb. 29. Mai 1938 Wien (Vater: Paul L., General i. R.; Mutter: Inge, geb. Kortschak), verh. s. 1964 m. Heidemarie, geb. Pahlke, 3 Kd. (Frank-Ivo, Nathalie, Marc-Milo) - 1949-57 Gymn. Wien, 1957-64 Stud. Physik. Math., Phil. TH u. Univ. Wien, TH Graz. Promot. 1965 Wien - 1964-66 Generalsekr. Österreichisches College. Wien, 1967-72 zun. Lektor, dann Leit. Verlag Vieweg, Braunschweig - Liebh.: Reisen, Lit., Golf - Spr.: Engl., Franz.

LUBER, Hans
Dr.-Ing.-, Dipl.-Ing., Aufsichtsratsmitglied Philipp Holzmann Held & Francke Bauaktienges., München 90, Vors. d. Dt. Beton-Vereins e.V., Wiesbaden - Tessiner Str. 74, 8000 München 71 (T. 75 14 89) - Geb. 17. Febr. 1930 München (Eltern: Flugleiter Hans u. Kunigunde L.), kath., verh. s. 1957.

LUBKOLL, Klaus
Dekan i. R. - Silcherstr. 17/1, 7036 Schönaich (T. 07031 - 5 08 68) - Geb. 16. Okt. 1928 Naumburg/S. (Vater: Paul L., Bürgerm. † 1936; Mutter: Aenne, geb. Thiele), ev., verh. s. 1952 m. Irmgard, geb. Müller-Volbehr, 5 Kd. (Angelika, Christine, Gabriele, Ulrike, Andreas) - Obersch.; Volksschullehrerausbild.; Stud. German., Phil., Theol. (Eichstätt, Neuendettelsau, Göttingen) - 1953-59 u. 1966-68 Pastor Bremen; 1959-66 Landesjugendpfr. ebd.- 1963-66 Vors. Landesjugendpfr.konfz. Dtschl.s; 1968-72 Generalsekr. Arbeitsgem. d. Ev. Jugend Dtschl.s; 1972-78 Dir. Ev. Akad. Bad Boll; s. 1970 Mitgl. Synode EKD - BV: Jugend im Gottesdst., 1967; Woran wir uns halten können, 1972; D. Traum v. besseren Leben, 1974 - Liebh.: Sport, mod. Lit. - Spr.: Engl. - Rotarier.

LUBOS, Arno
Dr. phil., Studiendirektor i.R., Schriftst. - Festungsstr. 10b, 8630 Coburg/Ofr. - Geb. 9. Febr. 1928 Beuthen/OS. (Vater: Konrad L., Grubenbeamter; Mutter: Rosa, geb. Jung), kath., verh. s. 1953 m. Ilse, geb. Schmalenberger, 3 Kd. (Stefan, Felicitas, Constanze) - Gymn. Beuthen u. Bamberg; Phil.-Theol. Hochsch. Bamberg u. Univ. Erlangen (German., Phil., Gesch., Geogr.) - S. 1956 höh. Schuldst. - BV: Reichenstein, Skizzen 1958; Gesch. d. Lit. Schlesiens, Ess. 3 Bde. 1960/67/74; D. schles. Dichtung im 20. Jh., Ess. 1961; Valentin Trozendorf, Monogr. 1962; Linien u. Deutungen, Ess. 1963; Kleinstadtgeschichten, Skizz. 1963; D. humane Aufstand, 2 Erz. 1967; Horst Lange, Monogr. 1967; Erinnerungen an Schlesien, 1968; Sieben Parabeln, 1969; Deutsche u. Slawen, Ess. 1974; V. Bezruc b. Bienek, Ess. 1977; Hermann Stehr, Monogr. 1977; Schles. Schriftt. d. Romantik u. Popularromantik, Monogr. 1978; Jochen Klepper, Monogr. 1978; Gerhart Hauptmann, Monogr. 1978; Schwiebus, R. 1980. Mitautor: Wege d. dt. Lit., 1961, Neuausg. 1989 - 1967 Förderungspreis Ld. Nordrh.-Westf.

LUCAE, Hans-Joachim
Dipl.-Ing., Vorsitzender d. Geschäftsführung d. BMW-Motorenges., Steyr i. Oberösterreich - Nederlingerstr. 28A, 8000 München 19 - Geb. 23. Jan. 1938 Leipzig.

LUCAS, Klaus
Dr.-Ing., Prof. f. Angewandte Thermodynamik Univ. Duisburg - Amselweg 31, 4150 Krefeld - Geb. 25. Juni 1943 Berlin, ev., verh. s. 1970 m. Gabriele, geb. Scholz, 2 Kd. (Hanno, Elena) - Dipl. 1969, Promot. 1971, Habil. 1975 - S. 1978 in Duisburg; s. 1989 Wiss. Dir. Inst. f. Umwelttechnol. u. Umweltanalytik e.V., Duisburg - BV: Viscosity of Dense Fluids, 1979; Angew. stat. Thermodynamik, 1986; Appl. Stat. Thermodynamics, 1991.

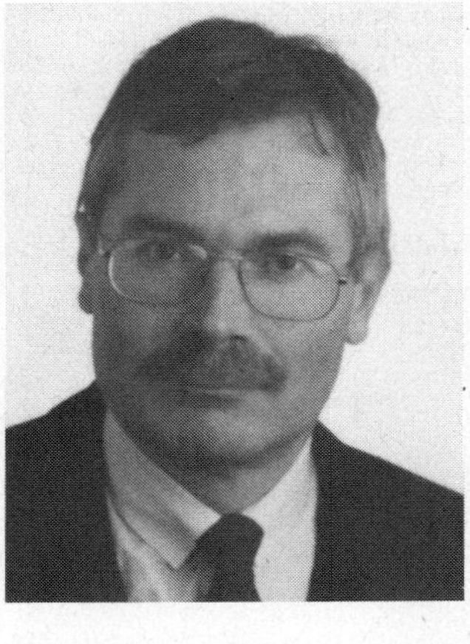

LUCHNER, Karl
Dr.-Ing., o. Prof., Lehrstuhlinh. Didaktik d. Physik Univ. München (s. 1974) - Josef-Ritz-Weg 98, 8000 München 80 (T. 43 66 08) - Geb. 5. Mai 1929 München (Vater: Balthasar L., Bäckerm.; Mutter: Anna, geb. Nadler), kath., verh. s. 1960 m. Christina, geb. Hollitzer, 2 Kd. (Clemens, Andreas) - BV: Aufgabensammlg. z. Experimentalphysik, 3 Bde. 1966-72; Physik - 4. Teilbd. (m.a.); Handb. d. exper. Physik SII - 11 Teilbd. (m.a.). Spezialarb. aus Physik u. Fachdidaktik - Spr.: Engl.

LUCHSINGER, Fred W.
Dr. phil. - Bundtstr. 26, CH-8127 Forch (Zürich) - Geb. 9. Juli 1921 St. Gallen/Schweiz (Vater: Caspar L., städt. Angest.; Mutter: Karolina, geb. Schwyter), verh. s. 1950 m. Dorette, geb. Walther, 3 Kd. (Christine, Katrin, Thomas) - Univ. Zürich, Basel u. Yale/USA (Gesch., dt. Lit.). Promot. 1948 - Auslandsredakt., Bonner Korresp. (1955-63) u. Chefredakt. (1968-84) Neue Zürcher Ztg. - BV: D. Basler Buchdruck als Vermittler ital. Geistes, 1953 (Diss.); D. NZZ im Zeitalter d. II. Weltkr., 1955; Bericht üb. Bonn, 1966; Realitäten u. Illusionen, 1983 - 1981 BVK; 1985 Freiheitspr. Max-Schmidheiny-Stiftg.; Oberrhein. Kulturpreis Goethe-Stiftg. - Spr.: Engl., Franz., Ital.

LUCIUS, von, Wulf D.
Dr. rer. pol., Dipl.-Volksw., gf. Gesellschafter Gustav Fischer Verlag Stuttgart - Wollgrasweg 49, 7000 Stuttgart 72 (T. 0711 - 45 80 30) - Geb. 29. Nov. 1938, verh. s. 1967 m. Akka, geb. Achelis, 3 Söhne (Daniel, Julian, Clemens) - Abit. Stuttgart 1958; Bundeswehr (OLt. d. Res.); Stud. Volksw. 1960-65 Heidelberg, Berlin u. Freiburg - 1980-86 stv. Vorst. d. Börsenvereins d. dt. Buchhandels; Vors. d. Stiftg. Buchkunst; Vors. Württ. Bibl.ges.; Chairman Intern. Publishers Copyright Council - Liebh.: Büchersammeln (insbes. Klassizismus u. neue Buchkunst, Künstlerb.) - Spr.: Engl.

LUCK, Erwin
Brauereidirektor i. R. - Am Wald 2, 7983 Wilhelmsdorf-Zussdorf (T. 07503 - 5 06) - Geb. 30. Aug. 1904 Zussdorf (Vater: Georg L., Brauereibes.; Mutter: Louise, geb. Birk), kath., verh. s. 1938 m. Lieselotte, geb. Schilling - Oberrealsch. Ravensburg; Lehre Volksbk. u. Benediktiner-Brauerei ebd.; TH München (Dipl.-Brauerei-Ing. 1929 Weihenstephan) - 1929-47 Wicküler-Küpper-Brauerei AG., Wuppertal (Leit. Betriebskontrolle); 1948-67 Bürgerl. Brauhaus Ravensburg AG., Ravensburg (Vorstandsmitgl.). Ehrenmitgl., Landesgruppe Württ., Braumeister- u. Malzmeisterbund - Liebh.: Gesang, Seereisen - Spr.: Engl., Franz. - Rotarier.

LUCK, Günter
Professor f. Trompete - Loschwitzerstr. 6, O-8053 Dresden (T. 0051 - 3 27 33) - Geb. 29. Juni 1933 Seligenthal/Thür., ev., verh. s. 1956 m. Thea, geb. Jähnichen, 2 Kd. (Monika, Thomas) - Lehrausbild. als Sattler (Abschl. 1950); Stud. Hochsch. f. Musik Fr. Liszt, Weimar, Staatsex. 1954 - B. 1984 Kammermusiker d. Staatskapelle Dresden; s. 1967 Lehrtätigk. an d. Hochsch. f. Musik C. M. v. Weber, Dresden (v. 1969-86 Studienrichtungsleit. Blechbläser) - 1972 C. M. v. Weber-Plak. d. Hochsch. f. Musik.

LUCK, Ulrich
Dr. theol., o. Prof. f. Neues Testament Univ. Kiel (s. 1977) - Königsweg 78F, 2300 Kiel 1 - Geb. 15. Dez. 1923 Landsberg/W., ev., - 1959-61 Privatdoz. Univ. Münster, 1961-77 Prof. Kirchl. Hochsch. Bethel - BV: Kerygma u. Tradition i. d. Hermeneutik Adolf Schlatters, 1955; D. Vollkommenheitsford. d. Bergpredigt, 1968; Welterfahrung u. Glaube als Grundproblem bibl. Theol., 1976.

LUCK, Werner
Dr. rer. nat., Prof. f. Physikal. Chemie Univ. Marburg (s. 1970) - Ahornweg 6, 3550 Marburg - Geb. 3. April 1922 Berlin (Vater: Siegfried L.; Mutter: Gertrud, geb. Baumgärtner), ev., verh. s. 1959 m. Eva, geb. Teschauer, 6 Kd. - Stud. Physik Berlin, Tübingen. Promot. 1951; Habil. 1968 - 1952-70 Gruppenleit. Forsch. BASF, Ludwigshafen. 1968-70 Privatdoz. Univ. Heidelberg. Vors. Ges. f. Verantw. in d. Wiss. u. DECHEMA-Aussch. Wasserentsalzung - BV: homo investigans, 1976; Structure of Water and Aqueous Solution, 1974. Herausg.: Intermolecular Forces-Introduction on Modern Methods and Results, 1991. Übers. u. Erweit.: Quantenmechanik in d. Chemie (1976) - Spr.: Engl.

LUCKE, Horst-Günter
Dipl.-Kfm., Vorstandsmitglied Bremer Landesbank Kreditanstalt Oldenburg, Girozentrale - Markt 12, 2900 Oldenburg/O. - Geb. 1. Febr. 1936.

LUCKENBACH, Helga
(Seeger-Luckenbach)
Dr. rer. pol., Dipl.-Volksw., Prof.in, Inh. Lehrstuhl Volksw. III Univ. Gießen (s. 1969) - Licherstr. 66, 6300 Gießen - Geb. 18. Sept. 1935 Wuppertal - Stud. Univ. Köln, Hamburg, München; Dipl.ex. 1959; Promot. 1963; Habil. 1969, alle Köln - BV: Wirtschaftswachstum u. intern. Handel, 1970; Theorie d. Haushalts, 1975; Theorie d. Außenwirtsch.-politik, 1979; Theoret. Grundl. d. Wirtsch.politik, 1986.

LUCKER, Elisabeth
Dr. phil., Dipl.-Psych., o. Prof. f. Psychologie Gesamthochschule Essen - Henri-Dunant-Str. 92, 4300 Essen (T. 79 70 14) - Geb. 18. Sept. 1914 Friedenshütte - S. 1946 Hochschultätigk. (1959 Prof.) - BV: D. Berufswahlsituation e. Abiturientenjahrganges unt bes. Berücksichtig. s. Einstellung z. Volksschullehrerberuf, 1965; So sind sie, E. Mädchenpsychologie, 3. A. 1965; Elternpäd. u. Psychohygiene, 1967; D. Schule im Wandel d. Gesellschaft, 1972. Fachveröff. 1963 Gold. Sportabz. - Spr.: Engl., Franz.

LUCKERT, Reinhard
Vorstandsmitglied Dt. Kassenverein AG, Frankfurt/M. - Burgeräcker 34, 7057 Winnenden - Geb. 25. Aug. 1938 Winnenden.

LUCKEY, Eberhard-Rainer
Dipl.-Kfm., Vorstandsmitglied Vereins- u. Westbank - Zikadenweg 7, 2000 Hamburg 70 - Geb. 24. Nov. 1926 Berlin.

LUCKHARDT, Horst
Dr., Prof. f. Mathematik Univ. Frankfurt (s. 1972) - Altkönigstr. 10, 6240 Königstein (T. 06174 - 34 30) - Geb. 21. März 1938 Kassel, verh. s. 1965 m. Helen, geb.

Zimmermann, 3 Kd. (René, Cécile, Anne) - Promot. 1966; Habil. 1970 Marburg - BV: Extensional Gödel Functional Interpretation, 1973.

LUCKHARDT, Karl-Heinz
Oberbürgermeister Stadt Kiel - Rathaus, Fleethörn 9-17, 2300 Kiel; priv. Am Wiesenhof - SPD.

LUCKMANN, Thomas
Ph. D., M. A., Dr. h. c., o. Prof. f. Soziologie Univ. Konstanz (s. 1970), u. o. Prof. (tit.) Univ. Ljubljana (s. 1990) - Kirchstr. 15, CH-8274 Gottlieben - Geb. 14. Okt. 1927 Jesenice (Jugosl.) - Lehrtätigk. USA - BV: The Invisible Religion, 1967 (auch dt., ital., jap., span.); D. gesellsch. Konstruktion d. Wirklichk. 1969 (m. P. Berger; auch chin., engl., franz., dän., ital., span., jap., poln., port., dän., franz., slow., katalan., schwed.); Strukturen d. Lebenswelt I u. II, 1975 (auch engl., ungar.) u. 1984 (m. A. Schütz); Soziol. d. Sprache, 1979 (auch engl.); Lebenswelt u. Gesellschaft, 1980 (auch engl.) - Dr. h. c. Univ. Linköping/Schweden.

LUCZAK, Holger
Dr.-Ing., Prof. f. Arbeits- u. Betriebswiss. TU Berlin u. Dir. Inst. f. Arbeitswiss. TU Berlin - Ernst-Reuter-Platz 7, 1000 Berlin 10 (T. Sekr. 14) - Geb. 30. Nov. 1943 Leipzig (Vater: Theodor L., Kaufm.; Mutter: Renate, geb. Fischer), verh. s. 1979 m. Dr. rer. nat. Elke, geb. Grimm, S. Urs - Dipl.-Wirtschaftsing. 1969 TH Darmstadt; Promot. 1974, Habil. 1978 ebd. - 1970-77 wiss. Mitarb. Inst. f. Arbeitswiss. TH Darmstadt; 1978-81 Prof. Univ. Bremen; 1981-83 Dir. Bremer Inst. f. Betriebstechnik u. Arbeitswiss. Univ. Bremen. Üb. 100 Ztschr.beitr. u. Monogr. z. Arbeitswiss. - Spr.: Engl., Franz.

LUDA, Manfred
Dr. jur., Rechtsanwalt u. Notar, MdB (1961-80) - Genkeler Str. 35, 5892 Meinerzhagen/W. (T. 26 14) - Geb. 8. Juni 1921 Schweidnitz/Schles. (Vater: Georg L.; Mutter: Auguste, geb. Windus), ev., verh. s. 1951 m. Hannelore, geb. Niggemann - Zeppelin-Gymn. Lüdenscheid (Abit. 1939); Univ. Göttingen u. Bonn (Rechts- u. Staatswiss., Volksw.) - S. 1959 Anwaltspraxis u. Notariat (1958) Meinerzhagen. CDU - BV: Mitbestimmung durch leistungsbezogene Erfolgsbeteiligung - D. System Fuchs, 1968; Hätte Schiller doch gehört ..., 1969 - Lit.: Polit. Wegbereiter d. Mehrwertsteuer: Curt Becker u. Manfred Luda (Verlag Martin Hoch, Ludwigsburg/Württ.).

LUDAT, Herbert
Dr. phil. habil., em. o. Prof. f. Mittlere u. Neuere Geschichte, spez. Osteuropas, Justus-Liebig-Univ. Gießen - Senckenbergstr. 23, 6300 Gießen (T. 0641 - 3 49 15) - Geb. 17. April 1910 Insterburg/Ostpr. (Vater: Franz L., Postinspektor; Mutter: Gertrud, geb. Jouppien), ev., verh. s. 1952 m. Mechtild, geb. Eimer, 3 Kd. (Gisela, Sylvia, Hartmut) - Königstädt. Realgymn. u. Univ. Berlin (Gesch., Slavist., German., Phil.). Promot. 1935, Habil. 1940 Berlin - Doz. Univ. Posen, Kiel (1945-47) - Münster (1947, 1948-56), Liverpool (1948), Mainz (1956), Gießen (s. 1956 o. Prof. u. 1964 Dir. Histor. Sem. Abt. Osteurop. Gesch., 1956-72 Dir. Inst. f. kontinent. Agrar- u. Wirtsch.forsch. ebd., 1972-78 Mitgl. d. Direktoriums Zentrum f. kont. Agr.- u. Wirtschaftsforsch.) - BV: Polen u. Deutschland, 1963; D. Lebuser Stiftsregister v. 1405, 1965; Dt.-slav. Frühzeit u. mod. poln. Geschichtsbewußtsein, 1969; An Elbe u. Oder um d. Jahr 1000, 1971; Slaven u. Deutsche im Mittelalter, 1982; D. ostdeutschen Kietze, 2. A. 1984 - 1957 Honorarprof. Univ. Marburg; 1968 Palacký-Med. Tschechosl. Akad. d. Wiss., Prag; Mitgl. Herder-Forschungsrat, Berliner Histor. Komm., Korr. Mitgl. Wiss. Ges. Univ. Frankfurt/M. - Lit.: K. Zernack, Gruß an H. L. z. 60. Geb., in: Beiträge z. Stadt- u. Regionalgesch. Ost- u. Nordeuropas; W.

Knackstedt, H. L. z. 65. Geb. in: Jahrb. f. Gesch. Osteuropas. N.F. Bd. 23, G. Stökl, H.L. 70 J., ebd. Bd. 28, L. Dralle, H.L. z. 75. Geb., ebd. Bd. 33 (1985) u. K.-D. Grothusen, in: Europa Slavica - Europa Orientalis, Festschr. f. H.L. (1980); G. Rhode in: Ostdt. Gedenktage 1990 (1990/S. 67ff.).

LUDERER, Ulrike

Schauspielerin - Zauberstr. 56, 8000 München 80 - Geb. 16. Nov. 1954 (Vater: Wolfgang L., Regiss., Nationalpreisträger DDR; Mutter: Edith Volkmann-L., Schausp.) - R-Steiner-Schule; Schauspielschule München - Fernsehsp. u. a.: Teufelsbraut, Denken heißt z. Teufen beten, D. alte Feinschmecker, D. Römer in Baden, Feuer f. d. großen Drachen, Tod d. Wucherers. FS-Serie Marienhof. Theater, u. a.: Katharina Knie, Roxane in: Der arme Cyrano (v. Rostand/Kohout), Catherine Winslow in: Der Fall Winslow (v. Terence Rattigan). Tourneen: Inken Peters in: Vor Sonnenuntergang, Gräfin Koefeld: in Kean (Sartre), Sainte-Euverte in: Walzer d. Toreros (Anouilh). Kinofilme, u. a.: Jonathan, Sternsteinhof - 1976 Bundesfilmpreis in Gold - Spr.: Engl., Franz.

LUDES, Hans
Dr. med., Prof., Internist u. Lungenfacharzt, Chefarzt 1. Med. Klinik d. Kliniken St. Antonius, Wuppertal (1967-86), berat. Phthisiologe d. Med. Univ.-Klinik Köln (1967-84), apl. Prof. Univ. Köln - Brucknerweg 13, 5600 Wuppertal 2 - Geb. 5. Nov. 1921 Saarbrücken (Vater: Anton L., Oberstaatsanw.; Mutter: Annemarie, geb. Cohnstädt), kath., verh. s. 1960 m. Ursula, geb. Wassermeyer, 2 Kd. (Sabine, Ernst) - Dreikönigsgymn. Köln (Abit. 1939); Univ. Marburg, Baltimore, Köln (Med., Chemie; Med. Staatsex. 1949). Promot. (1949) u. Habil. (1959) Köln - Zul. Oberarzt Med. Univ.klinik Köln (1959 Privatdoz., 1965 apl. Prof.). Gastarzt Spanien, USA, Schweden - BV: Radioisotope in d. Herzdiagnostik, 1958, 2. A. 1960 (Jena; m. Lehnert). Buchbeitr. (Lungentuberkulose, Boeckssches Sarkoid, in: Gross/Schölmerich, Lehrb. d. Inneren Med., 1966 (8. A. im Druck), Antituberkulotika, Internist 1989, u. a. - Liebh.: Kunstgesch. - Spr.: Engl., Span.

LUDEWIG, Rainer
Dr. rer. pol., Dipl-Kfm., Prof., Wirtschaftsprüfer, Steuerberater - Friedrichsstr. 11, 3500 Kassel (T. 0561 - 70 00 20) - Geb. 20. Mai 1926 Kassel, ev. - Realgymn.; Stud. d. Betriebswirtsch.lehre Univ. Frankfurt/M.; Dipl.ex. 1952; Promot. 1955; Wirtsch.prüferex. 1958 - S. 1972 Honorarprof.; Vorst.-Vors. Inst. d. Wirtschaftsprüfer in Dtschl. u. e.; Beirat Mustering Intern., Rheda-Wiedenbrück; Wirtsch.beirat Hans Kolbe u. Co, Bad Salzdetfurth; stv. AR-Vors. Multicar Spezialfahrzeuge GmbH, Waltershausen/Thüringen - BV: Aufgaben u. Verantwortung d. Wirtschaftsprüfers, 1975 (in: Fachtagung d. IdW 1975); Forderungsbewertung u. BFH-Rechtssprechung, 1976 (in: Bilanz-

fragen, Festschr. f. Ulrich Leffson). Ztschr.: Rückstellungsbegriff DB 1988; Prüfungsbericht WPg 1987 u. 1991; Generalnorm AG 1987 - Spr.: Engl., Franz. - Rotarier.

LUDEWIG, Walter
Fabrikant, Aufsichtsratsvors. Fr. Poggenpohl GmbH, Herford - Kattenschling 3, 4900 Herford/W. (T. 8 24 45) - Geb. 10. Febr. 1910 Herford, ev., verh. s 1935 - 1980 Gr. BVK; Gr. Gold. Ehrenzeichen f. Verd. u. d. Rep. Österreich - Spr.: Engl., Franz. - Rotarier.

LUDOLPHY, Elise Ingetraut
Dr. habil., Prof. - Am Stadtpark 1/201, 8541 Roth (T. 09171 - 80 52 01) - Geb. 2. März 1921 Dresden, ev., ledig - Staatsex. (Biol., Math., Chemie; Assessorex., Staatsex. (Theol.), Promot. u. Habil. (Theol.) Leipzig - 1944-51 Lehrer an Höh. Schule Zschopau u. Dresden; 1961-81 Doz. f. Kirchengesch. Leipzig; 1982-89 Prof. f. Kirchengesch. Erlangen, Tübingen, Neuendettelsau - BV: Henrich Steffens. S. Verhältn. zu d. Lutheranern u. s. Anteil an Entstehung u. Schicksal d. altluth. Gemeinde in Breslau; Friedrich d. Weise, Kurfürst v. Sachsen 1463-1525 - Doctor of Humane Letters, Augustana College, Rock Island, Illionis - Spr.: Engl., Franz.

LUDWIEG, Hubert
Dr. rer. nat., Prof. f. Strömungsphysik - Stegemühlenweg 57, 3400 Göttingen - S. Habil. Lehrtätigk. Univ. Göttingen (gegenw. apl. Prof.).

LUDWIG, Brigitte
Kauffrau, Gf. Gesellsch. d. Fa. D. Aushilfe GmbH & Co. KG - Lindemannstr. 26, 4000 Düsseldorf (T. 0211 - 67 50 88) - Geb. 11. Jan. 1941 Berlin, ledig - Gymn. (Abg. 11. Kl. wegen Tod d. Vaters); Höh. Handelssch. - Spr.: Engl., Franz.

LUDWIG, Christa
Kammersängerin - 14, Rigistr., CH-6045 Meggen (Schweiz) - Geb. 16. März 1928 Berlin (Vater: Prof. Anton L., Opernsänger, u. Int.; Mutter: Eugenie, geb. Besalla, Opernsänger.), verh. I) 1957 m. Kammers. Walter Berry (gesch. 1970), S. Wolfgang, II) 1971 Paul-Emile Deiber, Schausp. u. Regiss. (Comédie Francaise) - S. 1946 Städt. Bühnen Frankfurt/M., Landestheater Darmstadt (1952) u. Hannover (1954), Staatsoper Wien (1955). Gast Opernbühnen Berlin (Dt. Oper), New York (Met), Mailand (Scala), Tokio (Nissei Theater), Buenos Aires (Teatro Colón), München, Stockholm, London (Covent Garden), Chicago, Rom, Athen. Mitwirk. Salzburger u. Bayreuther Festsp., Luzerner Festwochen u. a. Bek. Partien: Carmen, Octavian, Ortrud, Färberin, Dorabella, Ariadne, Amneris, Eboli, Marie, Kundry, Venus, Iphigenie, Marschallin (Lieblingsrolle) - 1962 österr. Kammers.; 1966 Grand Prix du Disque; 1967 Grammy Award; 1969 österr. Ehrenkr. I. Kl. f. Wiss. u. Kunst; 1969 Mozartmed.; 1970 Dt. Schallplattenpreis;

1970 Orphée D'Or; 1972 Prix des Affaires Culturelles; 1971 Ehrenmitgl. Wiener Konzerthaus; 1980 Hugo Wolf Med.; 1980 Gustav Mahler Med.; 1980 Silb. Rose Wiener Phil.; 1980 Gold. Ehrenring Wiener Staatsoper (25 J. Zugehörigk.); 1981 Ehrenmitgl. Staatsoper Wien; 1988 Gold. Ehrenz. Wien u. Salzburg; Commandeur des Arts et des Lettres Frankr.; 1989 Chevalier Legion D'Honneur Frankr. - Lit.: C. Lorenz u. W. Berry (Künstlerportrait).

LUDWIG, Dieter
Dipl.-Ing., Oberbaudirektor, Vizepräs. Verband Deutscher Verkehrsunternehmen (VDV), Köln - Tullastr. 71, 7500 Karlsruhe (T. 0721 - 599-58 00) - Geb. 15. Juli 1939 Dortmund, verh. s. 1969 m. Eva-Maria, geb. Türk, Sohn Andreas - Abit. 1957 Mannheim; Dipl.-Hauptprüf. 1964 TH Karlsruhe, Staatsprüf. 1966 Oberprüfungsamt Frankfurt - Werkleit. Stadtwerke Karlsruhe; Geschäftsf. Albtal-Verkehrs-Ges. mbH. AR-Vors. Versicherungsverb. Dt. Eisenbahnen - Spr.: Engl., Franz.

LUDWIG, Egon
Chefredakteur i. R., fr. Journalist - Grabenstr. 94, 5300 Bonn 3 (T. 0228 - 47 48 14) - Geb. 7. Juli 1920 Berlin (Vater: Franz L., Angest.; Mutter: Ida, geb. Rother), kath., verh. s. 1956 m. Erika, geb. Moschall, 2 Töcht. (Christiane, Gabriele) - Abit. 1939 Berlin; Dipl.-Wirtschaftskorresp. d. engl. Sprache 1949 Berlin - 1950-63 Inst. f. Publiz. FU Berlin; 1963-67 Redakt. (Dokument.) ZDF-Studio Bonn; 1967-85 Wochenztg. D. PARLAMENT - 1958 Pro Ecclesia et Pontifice - Liebh.: Schwimmen, Kunst, Völkerkd. - Spr.: Engl.

LUDWIG, Ehrhardt
Rechtsanwalt, Geschäftsf. Bundesverb. d. Dt. Verlagsvertreter - Zeil 65-69, 6000 Frankfurt/M.

LUDWIG, Ernst
Polit. Staatssekretär a. D., Oberbürgermeister Stadt Ulm, MdL Baden-Württ. - Sonnenstr. 72, 7900 Ulm/Donau (T. 38 48 22) - Geb. 25. Febr. 1927 Ulm, ev., verh., 2 Kd. - Obersch. Ulm (Kriegsabit. 1944); 1944-45 Wehrdst.; 1945-47 kaufm. Lehre; 1948-53 Univ. München (Rechtswiss.). Jurist. Staatsprüf. 1953 (München) u. 1956 (Stuttgart) - 1956-66 Leit. Rechtsamt u. Univ.-Beauftr. Ulm; 1966-73 Geschäftsf. Planungsgemeinsch. Donau-Iller-Blau, 1973-78 Dir. im Regionalverb. Donau-Iller; 1978-83 Staatssekr. CDU (Mitgl. Orts- u. Kreisvorst., s. 1972 MdL) - Ehrensenator Univ. Ulm.

LUDWIG, Franz
Arbeitsdirektor, Geschäftsf. Stahlwerke Röchling-Burbach GmbH., Völklingen - Erlenweg 16, 6620 Völklingen/Saar - Geb. 29. Jan. 1922.

LUDWIG, Gerd-Reimar
Dr. med., Prof., Direktor Urol. Klinik Städt. Kliniken Frankfurt a.M.-Höchst -

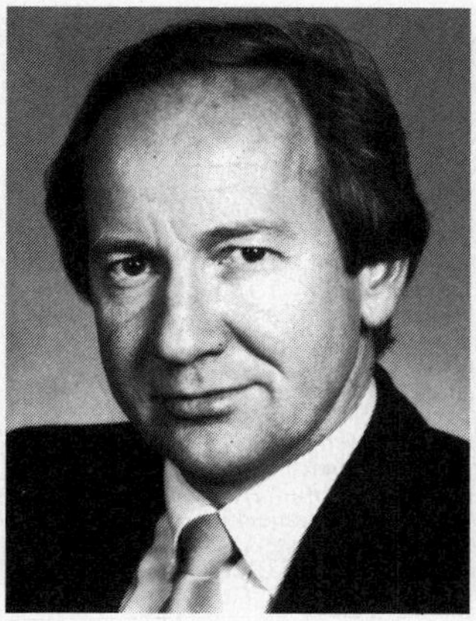

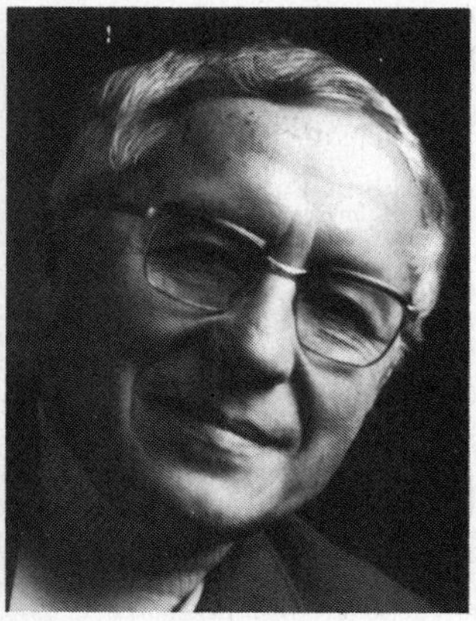

Am Aukopf 13, 6900 Heidelberg (T. 06221 - 80 08 21) - Geb. 11. Juni 1942 Köln, ev., verh. m. Helga, geb. Körner, 5 Kd. (Roman, Dirk †, Katja, Stefanie, Jörn) - Stud. Med. Univ. Heidelberg u. Düsseldorf; Staatsex. 1967, Promot. 1968 Heidelberg; 1970-74 Urol. Ausb. Klinikum Mannheim d. Univ. Heidelberg - S. 1974 Facharzt f. Urol.; 1974-82 Oberarzt Urol. Klinik im Klinikum Mannheim d. Univ. Heidelberg; ab 1982 Dir. Urol. Klinik Städt. Kliniken Frankfurt a.M.-Höchst. 1984-89 Vors. Arbeitskr. Androl. Dt. Urologen; 1989 Präs. d. Südwest-Dt. Ges. Urologie, s. 1988 Präsid.-Mitgl d. Dt. Ges. f. Urologie. S. 1992 Ärztl. Dir. Städt. Kliniken Frankfurt a.M.-Höchst. - BV: Praxis d. Spermatologie, 1987; Spermatology, 1989 - 1984 Preis f. besten wiss. Film Dt. Ges. f. Urol.; 1983 Ehrenmed. Univ. Surabaya/ Indonesien - Liebh.: Reisen, Fotogr., Wein - Spr.: Engl., Span., Ital., Latein, Altgriech.

LUDWIG, Gerhard

Buchhändler - Statthalterhof Allee 1a, 5000 Köln 40 (T. 0221-48 62 93) - Geb. 27. Juni 1909 Berlin (Vater: Hermann L., Fabrikarb.; Mutter: Martha, geb. Domke), 2 S. (Kai, Thomas) - Abit. 1929 - 1936 Lehre Ztgskaufm. Verlag August Scherl, Berlin; 1937-39 Werbeleit. Frankf. Ztg.; 1940-42 dass. Verlag M. DuMont Schauberg, Köln; 1945-46 Gründ. u. Verlagsleit. Schwäb. Tagblatt, Tübingen. 1946 Gründ. Bahnhofsbuchhandlg. Gerhard Ludwig, Köln, Hauptbahnhof; 1950-56 Veranst. d. bek. Mittwochgespr. im Wartesaal d. Kölner Hbf. (Diskuss. m. Autoren u. Prominenten aus Kultur, Wirtsch. u. Politik). Gründungsmitgl. Lions-Club Köln-Agrippina - Spr.: Engl., Franz.

LUDWIG, Gerlinde

Dr. med., Prof. f. Anatomie Univ. Marburg - Sudetenstr. 33, 3550 Marburg/ L.

LUDWIG, Günter

Konzertpianist, Prof. f. Klavier Staatl. Hochschule f. Musik - Dagobertstr. 38, 5000 Köln.

LUDWIG, Günther

Dr. rer. nat., o. Prof. f. Theoret. Physik - Sperberweg 11, 3350 Marburg (T. 4 13 13) - Geb. 12. Jan. 1918 Zäckerick (Vater: Hermann L., Lehrer; Mutter: Hertha, geb. Kurts), kath., verh. s. 1944 m. Lucie, geb. Staneczek - Reform-Realgymn.; 1936-39 Univ. Berlin. Promot. 1943 Berlin; Habil. 1948 Göttingen - 1940-45 Physiker Ind.; s. 1946 Hochschultätigk. (Assist., 1948 Privatdoz. Univ. Göttingen, 1949 ao., 1952 o. Prof. FU Berlin (Inst.dir.), 1963 Univ. Marburg (ebenf. Inst.dir.) - BV: Fortschritte d. projektiven Relativitätstheorie, 1951; Grundl. d. Quantenmech., 1953; Einführung in d. Grundlagen d. theoret. Physik, 4 Bde. 1974-79; D. Grundstrukturen e. physikal. Theorie, 2. A. 1990; Foundations of Quantum Mech., 2 Bde., 1983; An Axiomatic Basis for Quantum Mech., 2 Bde., 1985.

LUDWIG, Hans Dieter

Dipl.-Ing., Direktor - Felix-Dahn-Str. 63a, 7000 Stuttgart 70 (Degerloch) - Geb. 31. Dez. 1926 Breitenbrunn (Vater: Dr. rer. pol. Hans L., Dipl.-Kfm.; Mutter: Gertrud, geb. Brandt), ev., verh. s. 1952 m. Eva, geb. Munter, 2 Töcht. (Angela Beatrice, Gabriele Nicole) - TU Berlin (Wirtschaftsing.wesen; Dipl.-Ing. 1950) - 1953-61 Direktionsassist., Prokurist, Mitgl. d. Geschäftsltg. Pohlschröder KG, Dortmund; 1962-67 Kaufm. Geschäftsf. Essener Apparatebau GmbH, Essen, zugl. Prok. bzw. Dir. Mannesmann AG, Düsseldorf; s. 1968 Kaufm. u. techn. Geschäftsf. Südrad GmbH, Ebersbach (b. 1973), dann pension. - Spr.: Engl.

LUDWIG, von, Hans-Joachim

Dipl.-Ing. - Immanuel-Kant-Str. 8, 7015 Korntal-Münchingen 1 (T. 0711 - 83 39 39) - Geb. 7. Aug. 1930 - S. 1958 Standard Elektrik Lorenz AG. (SEL), Stuttgart (Vorst., Ressort Intern. Beziehungen) - Spr.: Engl., Franz. - Rotarier.

LUDWIG, Helmut

Pfarrer, Journalist (Ps. Harro Lutz), Herausgeber, Redakt. - Königsberger Str. 4, 6434 Niederaula (T. 06625 - 78 45) - Geb. 6. März 1930 Marburg/ Lahn, ev., verh. s. 1956 m. Ilse, geb. Seippel (Dipl.-Sozialpäd.), 2 Töcht. (Karin, Claudia) - Ausb. in Diakonie, Päd., Theol., Journalistik - Heimleit. Diakoniezentrum Hephata; Vikar in Baunatal-Rengershausen; zwei Jahrzehnte Pfarrer in Hohenroda; Pressepfarrer; Mitgl. Ev. Presseverb. d. LKKW; beruf. Mitgl. Kurat. f. Publiz.; Redakt. Ev. Pfarrerblatt d. EKKW u. EKHN; Vorst.-Mitgl. Pfarrerverein; Mitarb. div. Fotoagenturen, Lektoratsmitgl. Ev. Buchhilfe, eig. Pressedienst im deutschsprach. Raum - 119 B. im Ber. d. Jugendlit.; 3 Krimis; Anthol.; theol. Lit.; Werk- u. Vorleseb.; Short-Story-Bde. - Liebh.: Reisen, Fotogr., Schreiben - Spr.: Engl., Ital., Franz., Span.

LUDWIG, Herbert W.

Dr. rer. nat., Prof. f. Zoologie Univ. Heidelberg - In der Schanz 39, 6905 Schriesheim (T. 6 29 35) - Geb. 7. Okt. 1924 Welzheim (Vater: Gotthilf L., Pfarrer; Mutter: Hedwig, geb. Kühnle), verh. s. 1954 m. Anneliese, geb. Will, Sohn Mario - 1947-53 Stud. Heidelberg; Dipl.-Biol. 1953, Promot. 1954, Habil. 1958 - S. 1965 apl. Prof.; 1971/72 Dekan Fak. f. Biol. Univ. Heidelberg. S. 1978 Landesbeirat f. Naturschutz, Baden-Württ. - Spr.: Engl.

LUDWIG, Hermann

s. Paulus, Herbert

LUDWIG, Johannes

Dipl.-Ing., Prof., Architekt - Laplacestr. 17, 8000 München 80 (T. 98 92 08) - Geb. 18. Juni 1904 Düsseldorf (Vater: Aloys L., Arch.; Mutter: Margarethe, geb. Wannieck), ev.-luth., verh. s. 1934 m. Elisabeth, geb. Lindström, 3 Kd. (Gunilla, verehel. Hübner; Thomas; Christian) - TH München (Dipl.-Ing. 1929) - Arch.; s. 1955 o. Prof. TH Wien (Städtebau) u. München (1957; Raumkunst). U. a. Ev. Paul-Gerhardt-Kirche München u. Johanneskirche Ansbach; 4 Schulen; 15 Ev. Kirchen; Wohnanl.; Mus. d. Antikensammlg. u.a. - 1966 Mitgl. Bayer. Akad. d. schönen Künste; 1974 Kommand. d. Kgl. Schwed. Nordsternordens; 1978 Bayer. VO - Liebh.: Musik - Spr.: Engl., Ital., Schwed. - Bek. Vorf.: Friedrich Wannieck, Begr. d. ersten Brünner Maschinenfabrik (ms.).

LUDWIG, Karl-Hartmann

Dipl.-Volksw., Vorstandsmitglied Schulze-Delitzsch-Haus eG, Geschäftsf. Bundesverb. d. Dt. Volks- u. Raiffeisenbanken - Heussallee 5, 5300 Bonn 1 (T. 0228 - 50 92 15) - Geb. 2. Juli 1932.

LUDWIG, Karl-Heinz

Dr. phil., Prof. - Parkallee 203, 2800 Bremen (T. 21 14 80) - Geb. 12. Okt. 1931 Löbau (Vater: Erich L.; Mutter: Martha, geb. Kern), ev., verh. s. 1970 m. Gundela, geb. Blohm - Obersch., FU Berlin (Gesch., Phil.). Staatsex.; Ass. d. L.; Promot. 1961 FU Berlin - 1962-68 Wiss. Mitarb. Verein Dt. Ing. (VDI); 1968-71 DFG-Habil.-Stip.; s. 1971 Univ.-Prof.; 1974-82 Bereichsleit. VDI-Hauptgruppe; Leit. Wiss. Einheit f. Sozial-, Technik- u. Wirtschaftsgesch. Univ. Bremen - BV: Technik u. Ingenieure im III. Reich, 1974 (1979); Gold- u. Silberbergbau im Übergang v. Mittelalter z. Neuzeit, 1987, u.a.; Wiss. Leit. d. Zeitschr. Technikgeschichte.

LUDWIG, Karl-Heinz

Dr. jur., Präsident OLG Nürnberg, Lehrbeauftr. Univ. Erlangen-Nürnberg - Belgrader Str. 12, 8500 Nürnberg-Eibach.

LUDWIG, Kurt S.

Dr. med., o. Prof. f. Anatomie Univ. Basel/Med. Fak. (s. 1973) - Tessinstr. 46, CH-4027 Basel (T. 301 63 71) - Geb. 6. Juli 1922 Dottikon (Schweiz) - Promot. u. Habil. Basel - 1960-67 ao. Prof. Univ. Basel, 1967-73 o. Prof. TH Aachen. Fachveröff.

LUDWIG, Otto

Dr. theol., o. Prof. f. dt. Sprache Univ. Hannover - Entenfang 36, 3006 Burgwedel 1 (T. 05139 - 36 83) - Geb. 20. Juli 1931 Bandung/Java (Vater: Dr. Otto L., Studienrat; Mutter: Elisabeth, geb. Wolff), ev., verh. s. 1957 m. Renate, geb. Wolf, 2 Kd. (Heidrun, Malte) - 1952-58 Stud. ev. Theol. Univ. Tübingen u. Bonn; 1958-61 Stud. German. Univ. Köln; Promot. 1961 - 1961-67 wiss. Assist.; 1967-70 akad. Rat; s. 1970 Prof. Hannover.

LUDWIG, Peter

Dr. phil., Dr. h.c. mult., Prof., Aufsichtsratsvorsitzender Ludwig Schokolade GmbH - Eupener Str. 281, 5100 Aachen - Geb. 9. Juli 1925 Koblenz (Vater: Fritz L.; Mutter: Helene, geb. Klöckner), verh. s. 1951 m. Prof. Irene, geb. Monheim (Mitstudentin Kunstgesch., heute Kunsthistorikerin, 1983 BVK I. Kl.) - Univ. Mainz (Rechtswiss., Kunstgesch.; Promot. 1950 m. Diss. üb. Picasso) - S. 1950 Monheim (1953 Mitinh.). 1972ff. Honorarprof. Univ. Köln (Kunstgesch.); zahlr. Tätigk. im Bereich d. Kunst, u.a.; s. 1957 Vors. Mus.verein Aachen u. Herausg. Aachener Kunstblätter (53 Bde.); s. 1966 Vorst.-Mitgl. Ges. f. Völkerkd. Köln; 1969 Kurat. Wallraf-Richartz-Museum, Köln; 1971 Intern. Council of the Museum of Modern Art, New York; 1972 Ankaufskommiss. d. Kunstsamml. Nordrh.-Westf., Düsseldorf; 1972 Mitgl. Kommiss. d. Antikenmus. Basel; 1976 Vorst. Verein d. Freunde d. Wallraf-Richartz-Mus. u. Mus. Ludwig, Köln; 1981 Vorst. d. Dt.-Franz. Kulturstiftg., Bonn. Tätigk. in d. Wirtsch.: 1962 AR Agrippina Versich. AG, Köln; 1966 Beiratsmitgl. Waggonfabrik Talbot, Aachen; 1969 Mitgl. Bezirksbeir. d. Dt. Bank AG, Köln-Aachen-Siegen, 1972 Vors.; 1975 AR Duewag AG, Krefeld Uerdingen, 1987 Lind & Sprüngli Chocoladefabriken GmbH, Aachen, 1988 Klöckner & Co. AG, Duisburg; 1988 Vorst.-Mitgl. Peter Klöckner Stiftg., 1988 Peter Klöckner-Familienstiftg. - Versch. Ehrungen: u. a. 1982 Max-Slevogt-Med. Land Rheinl.-Pfalz, 1983 Dr. h.c. (Phil.) Karl-Marx-Univ. Leipzig, 1983 Gr. BVK, 1984 Med. 1300 J. Bulgarien f. kult. Verd., 1984 Kyril- u. Metodi-Orden I. Kl. in Sofia, 1985 Dr. h.c. Kunstakad. Sofia, 1985 Ehrenmitgl. Verein Freunde d. Neuen Galerie Aachen, 1985 Hans-Grundig-Med. Verb. Bildender Künstler (DDR), 1985 Kulturpreis Stadt Koblenz, 1985 Ehrenmitgl. Hochsch. f. angew. Kunst, Wien, 1986 Kommandeurkreuz dän. Dannebrogorden, Kopenhagen, 1986 Ehrenmitgl. Ges. f. Mod. Kunst am Museum Ludwig, 1986 VO Land Nordrh.-Westf., 1987 Dr. of Humane Letters h.c. Univ. of Vermont, Burlington/USA, 1987 Gold. Schlüssel d. Stadt Venedig, 1987 Gold. Münze d. Stadt Florenz; 1988 Dr. h.c. Hochsch. d. bild. Künste, Budapest, u. Commandeur de la Légion d'Honneur, Officier de l'Ordre d. Arts et d. Lettres; 1989 Gold. Ehrenz. d. Intern. Lyudmilla Zhivkova Stiftg.; 1989 Ehrenmed. Pro Cultura Hungarica - Kunstsammler m. Leihgaben alter Kunst in Martin v. Wagner-Mus. Würzburg, Antikenabt. Staatl. Kunstsamml. Kassel, Suermondt-Ludwig-Mus., Neue Galerie - Samml. Ludwig u. Couven-Mus. Aachen, Antikenmus. u. Kunstmus. Basel, Basel, Mittelrh.-Mus. Koblenz, Schnütgenmus., Rautenstrauch-Joest-Museum u. Wallraf-Richartz-Mus. (s. 1976 Mus. Ludwig), Köln; Bayer. Nationalmus. München, Nationalgalerie Ostberlin, Mus. f. mod. Kunst Wien, Saarl.-Mus. Saarbrücken, National-Galerie Berlin, Mittelrh. Landesmus. Mainz. K.-Schenkungen an Stadt (284 Bilder u. Plast., vereinigt im neu zu gr. Mus. Ludwig), Stadt Aachen (148 W. alter K.), Stadt Wien (161 W. z. Gründ. d. österr. Ludwig-Stiftg. f. K. u. Wiss.), Antikenmus. Basel (199 W. d. Antike) u. Couven-Mus. Aachen (6000 Fliesen, d. Gesch. d. Kacheln zu verdeutl.), Stadt Köln (183 Obj. d. Samml. Altamerika) (1983), Gründ. Ludwig-Stiftg. f. Kunst u. intern. Verständigung GmbH, Aachen (1983), Errichtung Ludwig-Inst. f. Kunst d. DDR, Oberhausen (1983), Vertr. zw. Ehepaar L. u. Ludwig Stiftg. f. Kunst u. intern. Verständigung, Aachen, u. Stadt Aachen z. Erricht. d. Intern. Kunstforums Aachen (1987), Ludwig-Stiftg. in Ungarn (1988), Gründ. Ung. Ludwig-Mus. (Magyarországi Ludwig Múzeum) in Budapest nach Schenkung v. 70 Kunstw. aus Ost u. West - Spr.: Engl. - Rotarier - Entstammt e. Koblenzer Fabrikant.-Fam. (Thonwerke Ludwig) - Fernseh-Porträt (ARD, 1981).

LUDWIG, Stefan

Dipl.-Jurist, Mitglied d. Landtages Brandenburg - Friedrich-Engels-Str. 25/ 26, O-1600 Königs Wusterhausen (T. 36 21) - Geb. 26. April 1967, verh. s. 1989 m. Yvette, geb. Neubauer, S. Christian - Abit. 1985; Stud. Rechtswiss. 1985-89 Martin-Luther-Univ. Halle-Wittenberg; Dipl. 1989 u. Staatsex.; Mitgl. (jüngstes) d. Landtages Brandenburg - Spr.: Engl.

LUDWIG, Theodor

s. Habernoll, Kurt

LUDWIG, Walther

Dr. phil., Prof. f. Klass. Philologie - Reventlowstr. 19, 2000 Hamburg 52 - Geb. 9. Febr. 1929 Stuttgart (Vater: Prof. Dr. Paul L., Studiendir. a. D.; Mutter: Susanna Maria, geb. Morian), verh. s. 1962 m. Karin, geb. Fragel, 2 Kd. (Carl Friedrich, Ulrike) - Eberhard-Ludwigs-Gymn. Stuttgart; Univ. Tübingen u. München (Klass. Philol., Gesch., Archäol., Phil.). Promot. 1954 Tübingen; Habil. 1961 München - S. 1961 Lehrtätigk. Univ. München (Privatdoz.) u. Frankfurt/M. (1964 ao., 1966 o. Prof.).

1966-67 Visiting Prof. Stanford Univ. (USA), Prof. and Dept. Chairman Columbia University, New York 1970-76, o. Prof. Hamburg 1976 - BV: Sapheneia (Euripides), 1955; Struktur u. Einheit d. Metamorphosen Ovids, 1965; Antike Komödien, 1966; Stephanium, 1971; Comediola Michaelida, 1975; D. Borsias d. Tito Strozzi, 1977; D. Kröll v. Grimmenstein, 1984; Römische Historie im dt. Humanismus, 1987; Litterae Neolatinae, 1989; u.a. Üb. 100 Aufs. z. griech. u. lat. Lit., Geneal. u. dt. Landesgesch. in Fachzeitschr.; Schriftl.: Gnomon (1965ff.). 1962 Junior Fellow Center for Hellenic Studies Washington D.C.; 1970 Member Institute f. Advanced Study Princeton, N.J.; 1974 Fellow American Council of Learned Societies; s. 1980 Mitgl. Joachim Jungius-Gesellsch. d. Wiss. Hamburg, s. 1989 Mitgl. d. Acad. Europaea, London; 1978-83 Präs. Mommsen-Ges.; 1983-88 Vizepräs. Intern. Association for Neo-Latin Studies. 1988-91 Präs.; 1984 Vorst.-Mitgl., 1989 Vizepräs. Fed. Intern. des Associations des Ét. Class; 1989 Mitgl. Conseil d. Fondation Hardt, Genf; 1989 Mitgl. Komitee d. Wolfenbütteler Arbeitskr. f. Renaissanceforsch.; 1990 Ehrenmitgl. d. Poln. Philol. Ges. - Liebh.: Geneal., Wandern.

LUDWIG, Werner

Dr. jur., Oberbürgermeister - Pommernstr. 29, 6700 Ludwigshafen/Rh., (T. 0621 - 50 41) - Geb. 27. Aug. 1926 Pirmasens (Vater: Adolf L., Gewerkschaftssekr.; Mutter: Helene, geb. Sprenger), verh. s. 1952 m. Lucia, geb. Denig, 3 Kd. (Simone, Stefan, Ruth) - Jurastud. Toulouse, Paris, Mainz Lic en Droit, 1947; Ass.ex. 1954; Promot. 1956 - S. 1956 Stadtverw. L'hafen (Leit. Ausgleichsamt, 1958 Beigeordn., 1965 Oberbürgerm.). SPD (Vors. Bezirksverb. Pfalz) - BV: D. Verhältnis zwischen Reg. u. Parlam. in Frankr. d. IV. Rep. (Diss. 1956) - BVK I. Kl. - Liebh.: Politik, Musik, Wandern - Spr.: Franz.

LUDWIG, Wolfgang

Dr. rer. nat., o. Prof. f. Theoret. Physik Univ. Münster - Stefan-Zweig-Str. 2, 4400 Münster-Nienberge - Geb. 13. Sept. 1929 Osterholz-Scharmbeck (Vater: Fritz L., Ingenieur; Mutter: Helene, geb. Bomhoff), ev., verh. s. 1958 m. Felicitas, geb. Albus, 3 Kd. (Wolfgang, Joachim, Angelika) - Gerhard-Rohlfs-Gymn. Bremen-Vegesack; Univ. Göttingen (Physik). Promot. 1957 Univ. Göttingen; Habil. 1962 TH Aachen - 1957-66 Wiss. Mitarb. Kernforschungsanlage Jülich; s. 1966 o. Prof. Univ. Gießen (Lehrstuhl III), TH Darmstadt (1969; Lehrstuhl II) u. Univ. Münster (1972; Lehrstuhl II). Mitgl. Dt. Phys. Ges., EPS, APS, DAV, ADAC - BV: Theory of Anharmonic Effects in Crystals, 1961 (m. G. Leibfried; auch russ.); Recent Development in Lattice Theory, 1967; Festkörperphysik, Lehrb. 1970, 2. A. 1978; Theorie d. Wärme, 1985; Symmetries in Physics (m. C. Falter), 1988. Div. Einzelarb. - Spr.: Engl., Franz.

LUDWIKOWSKI, Peter

Dipl.-Ing., Oberbergrat a.D., Techn. Vorstandsmitgl. Maingas AG (1980ff.), Altpräs. Dt. Verein d. Gas- u. Wasserfaches - Usinger Str. 10, 6360 Friedberg 2 (T. 06031-44 20) - Geb. 21. Dez. 1929 Neisse - Bergbaustud. Aachen, 2. Staatsprüf. - 1960-68 Bergverw. NRW, 1968-80 Hptgeschäftsf. Dt. Verein d. Gas- u. Wasserfaches, AR- u. Beiratsmand.

LUDYK, Günter

Dr.-Ing., Prof. f. Regelungstheorie Univ. Bremen - Rohrdommelweg 13, 2800 Bremen - Geb. 1. Jan. 1932 Berlin - Promot. 1967 Berlin, Habil. 1970 ebd. - S. 1972 o. Prof. in Bremen - BV: Theorie dynam. Systeme, 1977; Time-Variant Discrete-Time Systems, 1981; Stability of Time-Variant Discrete-Time Systems, 1985; CAE v. Dynamischen Systemen, 1990.

LÜBBE, Gustav

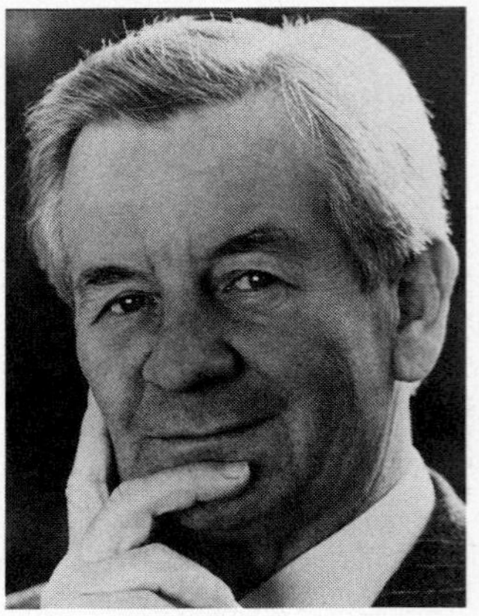

Verleger, Inh. Gustav Lübbe Verlag, Bastei-Verlag Gustav H. Lübbe, Druckhaus Lübbe - Scheidtbachstr. 23-31, u. Senefelder Str. 10-16, 5060 Bergisch Gladbach 2 (T. 02202 - 12 10) - Geb. 12. April 1918 Bramsche/Osnabrück, ev., verh. m. Ursula, geb. Sprenger, 2 Kd. - Journalist, u. a. Neue Osnabrücker Ztg.; s. 1977 Mitgl. Dt. Presserat - 1966 BVK I. Kl., 1984 Gr. BVK; 1988 VO d. Landes Nordrh.-Westf. - Liebh.: Familie, Freundeskreis, Reisen, Golf - Spr.: Engl.

LÜBBE, Hermann

Dr. phil., Prof., Staatssekretär a. D., Ordinarius f. Philosophie u. polit. Theorie Univ. Zürich (s. 1971) - Universität, Zürich (Schweiz) - Geb. 31. Dez. 1926 Aurich/Ostfriesland, ev., verh. s. 1951 m. Grete, geb. Grothues, 4 Kd. (Gertrude, Jann, Weyma, Anna) - Stud. Theologie, Phil., Soziol. Univ. Münster, Freiburg, Frankfurt, Erlangen. Promot. 1951 Freiburg; Habil. 1956 Erlangen - S. 1956 Lehrtätigk. Univ. Erlangen, Hamburg, Köln, Münster. o. Prof. f. Phil. Bochum 1963, o. Prof. f. Sozialphil. Bielefeld (1968-73; 1966-70 Staatssekr. Kultusmin. u. Ministerpräs. (1969) Nordrh.-Westf.; Präs. Allg. Ges. f. Philosophie in Dtschl. 1975-78. Mitgl. Akad. d. Wiss. Düsseldorf, Mainz u. Berlin - BV: D. Hegelsche Rechte, 1962 (ital. 1974, serbokr. 1980); Polit. Phil. in Dtschl., 1963 (koreanisch 1985); Säkularisierung, 1965 (ital. 1970); Sprache u. Politik, 1967; Theorie u. Entscheidung - Studien z. Primat d. prakt. Vernunft, 1971; Hochschulreform u. Gegenaufklärung, 1972; Bewußtein in Gesch. - Studien z. Phänomenol. d. Subjektivität, 1972; Fortschritt als Orientierungsprobl. - Aufklär. in d. Gegenwart, 1975; U. stille Kulturrevolution 1976; Wissenschaftspolitik, 1977; Geschichtsbegriff u. Geschichtsinteresse, 1977; Endstation Terror, 1978; Praxis d. Phil. Prakt. Phil., Gesch.-Theorie, 1978 (span. 1983); Phil. n. d. Aufklär. V. d. Notwendigk. pragmat. Denkens, 1980; Zw. Trend u. Tradition. Überfordert uns d. Gegenwart?, 1981; D. Einheit v. Naturgesch. u. Kulturgesch. Bemerk. z. Gesch.-Begriff, 1981; Zeit-Verhältnisse - Z. Kulturphil. d. Fortschritts, 1983; Religion nach d. Aufklärung, 1986; Politischer Moralismus. D. Triumph d. Gesinnung üb. d. Urteilskraft, 1987 (ital. 1990); Fortschrittsreaktionen. Üb. konservative u. destruktive Modernität, 1987; D. Aufdringlichkeit d. Geschichte, 1989; D. Aufdringlichkeit d. Geschichte. Herausforderungen d. Moderne v. Historismus b. z. Nationalsozialismus, 1989; D. Lebenssinn d. Ind.ges. Üb. d. moralische Verfassung d. wissenschaftl.-techn. Zivilisation, 1990; Freiheit statt Emanzipationszwang. D. liberalen Traditionen u. d. Ende d. marxistischen Illusionen, 1991; Im Zug d. Zeit. Verkürzter Aufenthalt in d. Gegenwart, 1992.

LÜBBEN, Gerd

Wirtschaftsprüfer, Direktor Raiffeisen-Genossenschaftsverb. Weser-Ems - Raiffeisenstr. 26, 2900 Oldenburg/O.; priv.: Am Sandkamp 7, 2872 Hude - Geb. 30. Sept. 1924.

LÜBBEN, Heino

Dr.-Ing., Prof., Geschäftsführer, Gewerkschaften Brigitta u. Elwerath Betriebsführungsges. mbH. - Parkstr. 6, 3167 Burgdorf-Ehlershausen (T. 05085 - 76 07) - Geb. 27. Jan. 1929 Eckwarden (Vater: Georg L., Landw.; Mutter: Ella, geb. Suhr), ev., verh. s. 1957 m. Inge, geb. Lux, 3 Kd. (Frank, Gesine, Natalie) - Bergbaustud. Bergakad. Clausthal - Lehrbeauftr. TU Clausthal - BV: Wiss. Arbeiten z. Erdöl- u. Erdgaslagerstättentechnik - Spr.: Engl.

LÜBBERING, Gerd

Generalsekretär d. Intern. Bäckermeister-Vereinigung UIB Union Intern. de la Boulangerie et de la Boulangerie-Patisserie u. a. - Am Schönblick 1, 5340 Bad Honnef 1 (T. 7 37 15) - Geb. 3. Nov. 1922 - Stud. Volksw. (Dipl.).

LÜBBERS, Dietrich W.

Dr. med., Prof., Direktor (em.) Max-Planck-Inst. f. Systemphysiologie (vormals Arbeitsphysiol. (s. 1968) - Rheinlanddamm 201, 4600 Dortmund (T. 1 20 61); priv.: Wenkerstr. 30 (T. 52 48 10) - Geb. 12. Mai 1917 Hamburg (Vater: Friedrich L., Rektor; Mutter: Hermine, geb. Bergmann), verh., 3 Töcht. (Anke, Helga, Gesine) - Med. Staatsex. 1943 Berlin; Habil. (Physiol.) 1956 Kiel - 1956-67 Lehrtätigk. Univ. Kiel, Köln (1959 Diätendoz.), Marburg (1961 ao. Prof. f. Angew. Physiol. u. Arbeitsphysiol., 1965 o. Prof. f. Angew. Physiol.). Spez. Arbeitsgeb.: Gewebsatmung u. Sauerstoffversorg. d. Organe. Fachveröff. - Spr.: Engl. - Rotarier.

LÜBBERS, Wilhelm

Dr. rer. oec., Repräsentant Schoeller & Co. Bank AG, Wien - Claudiusstr. 17b, 4000 Düsseldorf (T. 436 00 24) - Geb. 2. Dez. 1918 Berlin (Vater: Wilhelm L., Exportkfm.; Mutter: Blanca, geb. Mörler), ev., verh. s. 1948 m. Sophia, geb. Kielau, 2 T. (Angelika, Nicola) - Ausb. Außenhandel, 1939-45 Kriegsteiln.; Stud. Univ. Hamburg u. Berlin, 1. jurist. Staatsprüf., Promot. (Volksw.) - 1950-52 Doz. Univ. Berlin; anschl. Dt. Bank AG, Bayer AG, Banque Lambert Brüssel (Mitgl. d. Dir.), 1967-78 Mannesmann-Exp. AG, Mannesmann-Handel AG (Vorst.-Mitgl.); 1979-84 Dt.-Schweiz. Bank AG (Vorst.-Mitgl.); 1986-88 VR-Mitgl. Hauck Banquiers Luxembourg S.A. S. 1973 Beirat Gerling-Konz., s. 1970 Vizepräs. Dt. Finn. HK, Helsinki, s. 1971 Vorst.-Mitgl. HK Dtschl.-Schweiz Zürich, s. 1988 Rechts- u. Staatswiss. Vereinig. S. 1978 Handelsrichter Landger. Düsseldorf - BV: D. Außenhandel d. Volksrep. China, 1959; D. Mongol. Volksrep., 1959 - 1975 Rechtsritter d. Johanniter-O.; 1981 BVK I. Kl.; 1982 Komturkreuz d. Ordens d. finn. Löwen - Liebh.: Wandern, Gesch. - Spr.: Engl., Franz.

LÜBBERSMANN, Wilhelm

Dr. jur., Oberkreisdirektor a. D. - Peter-Wust-Str. 35, 4400 Münster - Geb. 22. Juli 1912 Icker - B. 1971 Oberkreisdir. Kreis Recklinghausen - ARsmandate u. a. - 1971 BVK I. Kl.

LÜBBERT, Jens

Dr. sc. pol. (habil.), o. Prof. Univ. Hamburg (s. 1965) - Schaarbargsweg 29, 2000 Hamburg 65 (T. 607 08 31) - Geb. 13. Juni 1928 Rendsburg (Vater: Konrad L., Pastor; Mutter: Elisabeth, geb. Paulsen), ev., verh. s. 1964 m. Dr. Jutta, geb. Beyer, 2 Kd. (Kirsten, Karin) - Obersch. Rendsburg; Prakt. Schiffsmaschinenbau; Stud. Univ. Kiel (E. Schneider); Dipl.ex. 1953 u. Promot. 1956, Habil. 1962 Kiel (Prof. E. Schneider); 1956-57 MIT School f. Adv. Studies. 1974-76 Präs. Forsch.rat Hamburg; 1974-78 Mitgl. Bürgersch. Hamburg; 1976-78 Vorstandsvors. u. gf. Dir. Dt. Übersee-Inst. ebd. - BV: Unters. z. Theorie d. gesamtwirtschaftl. Einkommensverteilung - Kieler Studien, 1964; D. Wirtschaftsraum Rendsburg, 3 Bde. 1968; D. vier norddt. Länder, 1973 - Liebh.: Schmalfilmen - Spr.: Engl. - Bek. Vorf.: Prof. Karl Müllenhoff, Germanist, 1818-84 (vs.).

LÜBKE, Friedhelm

Dr. med., Prof. f. Frauenheilkunde, Chefarzt - Lietzensee-Ufer 7, 1000 Berlin 19 (T. 322 11 11) - Geb. 6. April 1927 Berlin (Vater: Dr. med. Friedrich-Wilhelm L., HNO-Arzt; Mutter: Friedel, geb. Pfeiffer), ev., verh. s. 1953 m. Ingeborg, geb. Brandtner, 3 Kd. (Marion, Susann, Stephan) - Realgymn. Berlin-Steglitz; Med.stud. FU Berlin, Staatsex. 1954, Promot. 1955, Facharzt Univ.-Frauenkl. Berlin, Habil. 1968 - B. 1972 O.arzt Univ.frauenkl. Berlin, 1972-92 Chefarzt Auguste-Viktoria-Krkhs. Berlin. 1975-79 Präs. Berliner Gynäk. Ges., 1978ff. Präs. Dt. Ges. f. Endoskopie, 1981 Präs. Europ. Endoskopiekongr., Gründungsmitgl. European Soc. of Hysteroskopy; 1988 Vors. d. AG Endoskopie in d. Dt. Ges. f. Geburtshilfe u. Gynäkologie. Zahlr. wiss. Publ. - Liebh.: Lit., Musik, Film.

LÜBKE, Waldemar

Dr. agr., Oberstudienrat, MdL Rhld.-Pfalz (s. 1971) - Bergweg 4, 5552 Morbach (T. 5 19) - Geb. 15. Aug. 1914 Köln, ev., verh., 2 Kd. - Eichendorff-Oberrealsch. Breslau (Abit.); 1934-36 landw. Lehre; 1936 b. 1939 Univ. Berlin, München, Breslau (Landw.; Dipl.-Landw. u. Promot.) - Zeitw. Kriegseins.; b. 1945 Landesbauernschaft Posen; spät. landw. Bereich SBZ bzw. DDR; s. 1952 landw. Schuldst. Rhld.-Pf. SPD s. 1946.

LÜBTOW, von, Ulrich

Dr. jur., o. Prof. f. Röm. u. Bürgerl. Recht sow. Zivilprozeßrecht (emerit.) - Ithweg 28a, 1000 Berlin 37 - Geb. 21. Aug. 1900 Demmin/Pom. (Vater: Arthur v. L., Regierungsrat; Mutter: Elisabeth, geb. Foelschow), ev., verh. m. Ilse, geb. Corswandt - Univ. Greifswald u. Freiburg/Br. Promot. 1922; Habil. 1933 - Gerichtsass. 1926, 1930 Amts- u. Landrichter, 1931 Lehrbeauftr., 1933 Privatdoz. Univ. Greifswald, 1934 Landgerichtsrat, Lehrstuhlvertr. Univ. Marburg, Freiburg, Köln. Rostock, 1940 o. Prof. Univ. Rostock, 1948 FU Berlin (Röm., Bürgerl., Zivilprozeßr.) - BV: D. Ediktstitel Quod metus causa gestum erit, 1932; Schenkungen d. Eltern an ihre minderj. Kinder u. d. Vorbehalt dingl. Rechte, 1949; Beitr. z. Lehre v. d. Condictio n. röm. u. geltendem Recht, 1952; Blüte u. Verfall d. röm. Freiheit, 1953; Reflexionen üb. Sein u. Werden in d. Rechtsgesch., 1954; D. röm. Volk, s. Staat u. s. Recht, 1955; D. Struktur d. Pfandrechte u. Reallasten, 1956; Catos leges venditioni et locationi dictae, 1957; D. Entwickl. d. Darlehensbegriffs im röm. u. im gelt. Recht, 1965; Erbrecht - E. systemat. Darstell., 2 Bde. 1972; Untersuch. z. lex Aquilia de damno iniuria dato, 1971; Catos Seedarlehen, 1976; D. Seedarlehen d. Callimachus, 1976; D. Methode d. Gesetzesanwendung, erläut. am § 2325 BGB; D. Aufgaben d. röm. Prätors auf d. Geb. d. Zivilrechtspflege, 1983; Savigny u. d. Hist. Schule, 1984; Ciceros Rede f. Publius Sestius, 1984; D. Aktionen im Umkreis d. Lex Aquilia, 1984; D. Anschauungen d. röm. Jurisprudenz üb. Recht u. Gerechtigkeit, 1985; Z. Theorie d. Rechtssubjektes u. ihrer geschichtl. Entw., 1985; Richtlinien f. d. Anfertigung v. Übungs- u. Prüfungsarb. im Bürgerlichen Recht, Handels- u. Arbeitsrecht, 2. A. 1986; Recht u. Rechtswiss. im Rom d. Frühzeit, 1986 - Spr.: Lat., Griech., Franz., Engl., Ital. - Lit.: W. G. Becker/L. Schnorr v. Carolsfeld, Sein u. Werden - Festgabe z. 70. Geburtstag; M. Harder/G. Thielmann, De iustitia et iure, Festg. z. 80. Geb.

LÜCHAU, Henning

Dr. rer. pol., Dipl.-Kfm., Wirtschaftsprüfer u. Steuerberater, AR-Mitgl. Petri AG, Aschaffenburg - Feldbergstr. 20, 6240 Königstein 2 (T. 06174 - 53 37) - Geb. 8. Dez. 1925 Berlin, ev., verh. m.

Dr. Doris, geb. Hallermann, 4 Kd. - Spr.: Engl.

LÜCHTRATH, Helmut

Dr. med., Prof., ehem. Leiter Patholog. Inst., Koblenz (s. 1960) - Burgweg 48, 5400 Koblenz - Geb. 7. April 1921 Bad Reichenhall/Obb. (Vater: Paul L., Kaufm.; Mutter: Wilhelmine, geb. Steuber), verh. s. 1948 m. Agnes, geb. v. Maltzahn, 7 Kd. (Helene, Ludwig, Adelheid, Ulrike, Gundula, Wolfgang, Martin) - Univ. Berlin, Bonn, München. Med. Staatsex. 1945; Habil. 1953 - 1945-60 Univ. Bonn (b. 1946 Med. Klinik, dann Pathol. Inst.; 1959 apl. Prof.). Arbeitsgeb.: Allg. u. spez. Pathol., Arbeitsmed. Mitgl. Dt. Ges. f. Pathol., Ges. f. Ärzte u. Naturforscher - BV: D. Einfluss d. antibiot. u. chemotherapeut. Behandl. auf d. morphol. Bild d. abheilenden Tuberkulose, 1954 (span. 1957); Stud. üb. Säuglingssterblichkeit, 1980. Veröff. üb. Pathol., Tuberkulose, Berufskrankh. u. urolog. Krankh. - 1986 Ernst v. Bergmann-Plak. d. Bundesärztekammer.

LÜCK, Heinrich

Dipl.-Braum., Vorstandsmitgl. Brauerei zur Walkmühle H. Lück AG. - Geninerstr. 102b, 2400 Lübeck.

LÜCK, Helmut Ekkehart

Dr., Prof. f. Psychologie Fernuniv. Hagen - Zu erreichen üb. Fernuniv., Postf. 9 40, 5800 Hagen - Geb. 16. Dez. 1941 Lüdenscheid (Vater: Eugen, Kaufm.; Mutter: Nanni Stichel), ev., verh. s. 1971 m. Barbara, geb. Schwachenwald, 2 Kd. (Silke, Jan) - Dipl.-Kfm. Univ. Köln 1966; Promot. (Dr.rer.pol.) Univ. Köln - 1973-78 Wiss. Rat u. Prof. GH Duisburg; s. 1978 Prof. f. Psychol. - BV: Soz. Aktivierung, 1969; Forschungsartefakte u. nichtrektive Meßverfahren, 1974; Prosoziales Verhalten, 1975; Soziale Prozesse, 1985; Geschichte d. Psychologie, 1991.

LÜCK, Wolfgang

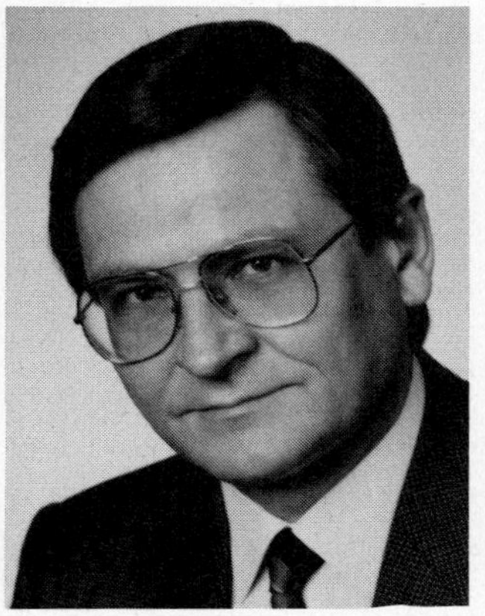

Dr. rer. pol., Dipl.-Kfm., Wirtschaftsprüfer, Steuerberater, o. Prof. Univ. Marburg (s. 1984) - In der Wann 33, 3550 Marburg (T. 06421 - 3 37 73) - Geb. 18. Juni 1938 Siegen-Eiserfeld, ev., verh. s. 1971 m. Dipl.-Kfm. Elke, geb. Krüger, Steuerberaterin, 2 Töcht. (Henriette, Nina) - Stud. Univ. Freiburg, Köln Gießen, Harvard, Illinois (Betriebswirtsch.lehre); Dipl. 1966 Köln; Promot. 1969 Gießen - 1972 Wirtschaftsprüfer; 1978 o. Prof. TU Berlin - BV: Rechnungslegung USA, 1970; Währungsumrechnung, 1974; Materiality, 1975; Lexikon d. Wirtschaftsprüf., 1980/89; Lexikon d. Betriebswirtsch., 1983, 1986/90,92; Rechnungslegung HR u. StR, 1985, 1986, 1988, 1990, 1992; Wirtschaftsprüf. u. Treuhandwesen, 1986 u. 91; Rechnungslegung d. GmbH, 1987 u. 1991; Logistik, 1987 u. 1992; Praxis d. Rechnungslegung, 1987, 1989 u. 1992; Wirtsch.wiss. in Theorie u. Praxis, 1989; Lexikon d. RL u. Abschlußprüfung, 1989; Johann Heinrich Jung-Stilling, 1990; Technik d. wiss. Arbeitens, 1990; Einführung in d. Rechnungslegung, 1991; 30 Bücher, ca. 150 Aufs. in Fachztschr., ca. 700 Beitr. in Sammelw. - Liebh.: Reiten, Pferdezucht, Tennis - Spr.: Engl., Latein.

LÜCKE, Herman

Dipl.-Phys., Prof., Wiss. Rat Inst. f. Materialprüf. u. Forsch. d. Bauwesens TU Hannover - Am Hünenbrink 1, 4962 Obernkirchen (T. 7 77) - Geb. 30. Nov. 1921 Todenmann b. Rinteln (Vater: Karl L., Lehrer; Mutter: Marie, geb. Grupe), verh. m. Ursula, geb. Thiemann, 2 Kd. - S. 1963 Wiss. Rat u. Prof. (1965) TH bzw. TU Hannover. Facharb.

LÜCKE, Kurt

Dr. rer. nat., o. Prof. f. Metallkunde u. -physik - Am Morillenhang , 5100 Aachen (T. 7 13 06) - Geb. 28. Juni 1921 Halberstadt/Harz (Vater: Heinrich L.; Mutter: geb. Baganz), ev., verh. 1955 m. Helen, geb. v. Reenstierna, 2 Kd. (Christian, Hanna Melanie) - Univ. Göttingen (Physik; Promot. 1949) - 1949 Wiss. Assist. Univ. Göttingen, 1953 Privatdoz. TU Berlin, 1954 Prof. Brown Univ., Providence, Rhode Island/USA, 1957 Ord. u. Inst.sdir. TH Aachen, Grundleg. Forsch. auf d. Gebiete d. Metallkd. u. Festkörperphysik, insb. Plastizität u. Rekristallisation d. Metalle u. d. inneren Reibung d. festen Körper - BV: Lehrb. d. allg. Metallkd. (m. G. Masing), 2. A. 1958 - 1976 Heyn-Denkmünze Dt. Ges. f. Metallkd.

LÜCKE, Wolfgang

Dr. rer. pol., o. Prof. f. Betriebswirtschaftslehre - Goerdelerweg 10, 3400 Göttingen (T. 2 27 17) - Geb. 15. Sept. 1926 Wunstorf (Vater: Wilhelm L., Kaufm.), verh. s. 1959 m. Dipl.-Kfm. Gabriele, geb. Huffelmann - Dipl.-Kfm. 1951 Frankfurt/M.; Betriebswirt (VWA); Promot. 1953 Köln - 1958 Privatdoz. Univ. Saarbrücken, 1960 o. Prof. Hochsch. f. Sozialwiss. Wilhelmshaven, Doz. Leibniz-Akad. Hannover, 1962 Univ. Göttingen (Vorst.-Vors. Inst. f. Betriebsw. Produktions- u. Investitionsforsch., Dir. d. Sem. f. Betriebsw. u. Vorst. Sem. f. Versicherungswiss. Göttingen), 2mal Gastprof. in Japan, 1967 Steuerberater, 1977 Studienleiter Verw.- u. Wirtschafts-Akad. Göttingen, 1976 AR-Mitgl., stv. AR-Vors.; 1981 Vors. Nieders. Landesaussch. Kassenärztl. Vereinig.-Krankenkassen. Mitgl. Study Group on Enterprises and Economic Systems in Far East Asia, 1988 Vorst. Berufsakad. Nieders. - BV: Finanzplanung u. Finanzkontrolle in d. Industrie, 1964; Betriebs- u. Unternehmungsgröße, 1967; Produktions- u. Kostentheorie, 1969; Bilanzen aus Zukunftswerten, 1973; Investitionslexikon, 1975 u. 1990; Produktionswirtschaft, 1981; Wachstum, 1982; Industriewirtschaftl. Aspekte z. Euromarkt, 1992; 91 wiss. Aufs. im In- u. Ausland üb. Rechnungswesen, Management u. Innovation - Liebh.: Japan. Kunst - Spr.: Engl.

LÜCKENHAUS, Alfred

Journalist u. Schriftsteller - Rheinweg 5, 5300 Bonn (T. 2 34 31) - Geb. 24. April 1902 Barmen, ev., verh. s. 1935 m. Marianne, geb. Felleckner, 2 Kd. - Realgymn. - U. a. Korresp. London, New York, Tokio, Peking (b. 1945). Teiln. Bundespressekonfz. - BV: Studie d. Südwalliser Kohlenreviers, 1936; Jenseits d. Großen Mauer, 1949; V. draußen gesehen, 1955; Mao Tse-tung, 1958 - Mitgl. Hockey- u. Tennis-Club Bonn u. American Club Godesberg - Spr.: Engl.

LÜCKER, Hans-August

Kammerdirektor a. D. - Ferdinandstr. 64, 5300 Bonn 1 - Geb. 21. Febr. 1915 Krümmel (7. v. 9 Kd. e. mittelbäuerl. Familie; Vater: Johann L.; Mutter: Anna-Maria, geb. Ferdinand), kath., verh. s. 1940 m. Getrud, geb. Reich (Tochter d. Münchener Kunstmalers Prof. R.), 3 Kd. - Gymn. Montabaur; 1934-39 landw. Praxis u. Stud. Land- u. Volksw. - 1939-45 Wehrdst. (Feldzüge Westen, Osten u. Südosten; mehrm. verwundet; 1941 Ltn. d. R.), 1945-47 Leit. Ernährungsamt Freising/Erding, 1947-53 stv. Generalsekr. Bayer. Bauernverb. u. in Personalunion Dir. Bayer. Landesbauernkammer. 1953-80 MdB; 1953-61 Mitgl. Europarat u. Westeurop. Union; 1958-84 Mitgl. Europ. Parlament (1969-75 Vors. Christl. Demokr. Fraktion; s. 1975 Vizepräs.); Vizepräs. d. Europ. Volkspartei, u. d. Union Europ. Christdemokr. u. Weltorg. d. Christl. Demokr. CSU s. 1947 - Bayer. VO.; Gold. Staatsmed. d. Freistaates Bayern; Europ. VO. in Gold; Gr. Robert Schumann-Med.; Konrad-Adenauer-Med.; VO. m. Schulterbd. u. Stern: BRD, Ital., Mexiko, Venezuela, Kolumbien, Bolivien, Equador u. Peru - Spr.: Franz., Span., Ital.

LÜCKERATH, Carl August

Dr. phil., Univ.-Prof. f. Geschichte, Univ. zu Köln (s. 1980, 1986-88 Senator, s. 1989 Prorektor) - Eckenbacher Hardt 5, 5223 Nümbrecht (T. 02293 - 66 93) - Geb. 13. Dez. 1936 Much/Berg. Land (Vater: Wilhelm L., Landw.; Mutter: Anna Gertrud, geb. Reiff, Schneiderin), kath., gesch., T. Caroline Johanna - Stud. Gesch., German., Phil., Rechtswiss. Univ. Bonn, Göttingen, Frankfurt; Promot. 1965 Bonn; 1968-70 DFG-Stip.; Habil. Gesch. 1973 Köln - 1966-67 Wiss. Mitarb. Dt. Rechenzentrum Darmstadt; 1970-73 Wiss. Assist.; 1974-80 Wiss. Rat u. Prof. - BV: Paul v. Rusdorf, Hochm. d. Dt. Ordens, 1969; Hist. Wiss. u. elektr. Datenverarb. (m. R. Gundlach), 1976; Rheinland-Reich-Westeuropa (m. E. Heinen), 1976; Rechtsgesch. u. Geschichtswiss., 1980; Gesch. d. Mittelalters (m. U. Uffelmann), 1982; Akademische Lehrerbild. in Köln (m. E. Heinen), 1985. Herausg.: Quellen u. Darstellungen z. Gesch. d. dt. Beamtentums (1987ff.). Mithrsg.: Schriften z. Rhein. Gesch. (1974ff.); Burgen u. Schlösser (1989ff.) - Spr.: Engl., Franz., Ital.

LÜCKING, Carl Hermann

Dr. med., Prof. Ärztl. Dir. d. Neurologischen Klinik u. Poliklinik d. Univ. Freiburg - Hansastr. 9, 7800 Freiburg i. Br. (T. 0761-270 7 53 06) - Geb. 29. März 1938 Oelde/Westf., verh. m. Dr. med. Irmgard, geb. Bauer, 2 Söhne (Christoph Burkhard, Thomas Claudius) - Stud. Göttingen, Freiburg, München, Wien u. Paris (Med., Neurol. u. Neurophysiol.); Hôpital Salpêtrière u. Foch (Paris); Max-Planck-Inst. f. Psychiatrie, München; Neurol. Klinik TU München - 1980/81 Vizepräs., 1981/82 Präs. Dt. EEG-Gesellsch.; 1991 Präs. d. Gesamtverb. Dt. Nervenärzte - Veröff. üb. klin. Neurol., Neurophysiol. u. funktionelle Neurochir. (Stereotaxie).

LÜCKING, Hugo

Hauptgeschäftsführer Landesverb. Einzelhandel Rheinland-Pfalz - Ludwigstr. 7, 6500 Mainz.

LÜCKING, Theodor

Dr. med., Prof., Chefarzt Kinderklinik d. Kliniken d. Landeshauptstadt Düsseldorf - Gräulinger Str. 120, 4000 Düsseldorf 12 - Geb. 16. März 1935 Oelde/Westf. - Med.-Stud. Univ. Münster, München, Wien, Berlin u. Med. Akad. Düsseldorf (Promot. 1960) - 1962-64 DFG-Stipendiat Biochem. Inst. Freiburg/Br. - 1973 Priv.-Doz. Hamburg, 1977 apl. Prof. Hannover u. D'dorf.

LUEDDECKE, Werner

Rektor, Bezirksvors. Gewerksch. Erzieh. u. Wiss. im DGB (s. 1958), MdA Berlin (1967-75) - Haselhuhnweg 13, 1000 Berlin 27 (T. 49 00 12, App. 187) - Geb. 23. Jan. 1920 Berlin, verh., 2 Kd. - Aufbausch. (Mittl. Reife); 1936-38 kaufm. Lehre (Lehr- u. Lernmittel); 1945-49 Lehrerausbild. (alles Berlin). Lehrerprüf. 1949 u. 53 - 1938-41 Korresp.; 1941-45 Kriegseinsatz; s. 1949 Schuldst. (1962 Rektor). SPD s. 1960.

LÜDDECKE, Werner-Jörg

Schriftsteller (Ps. Robert Crain) - Casa Delta, Ascona (Schweiz) u. Ernst-Lemmer-Str. 10, 3550 Marburg 6 (T. 06421 - 8 35 04) - Geb. 10. Juni 1912 Hannover (Vater: Hermann L., Ing.; Mutter: Ruth, geb. Treumann) - BV: u. a. Schatten, R. 1947; D. Totosieger, R. 1953; D. Hund v. anderen Stern, R. 1961; Morituri, R. 1963; Donnerstag im Morgengrauen, R. 1964; Leben u. leben lassen, R. 1965; Büffeltage, R. 1981; Sard. Sommer, R. 1982. Hörsp. Zahlr. Drehb., darunt. D. Beil v. Wandsbek, D. 20. Juli, Nacht d. Entscheid., Nachts, wenn d. Teufel kam, Herrenpartie, Lotos u. Asche R. Westfront - Gesch. (Erz.) - 1956 u. 1957 Bundesfilmpreis; 1957 Preis d. dt. Filmkritik; 1957/58 u. 1963 Bundesfilmprämie Innenminister.

LÜDDECKENS, Erich

Dr. phil., em. o. Prof. f. Ägyptologie - Schillerstr. 10, 8707 Veitshöchheim/Ufr. (T. Würzburg 9 23 47) - Geb. 15. Juni 1913 Hirschberg/Rsgb. (Vater: Eugen L., Pfarrer; Mutter: Maria, geb. Przygodda), ev., verh. s. 1957 m. Hildegard, geb. Gräff - Lessing-Gymn. Berlin; Univ. ebd. (Promot. 1939) u. München (Ägyptol., Klass. Philol., Alte Gesch.). Theol. Prüf. 1946 u. 50 Eisenach - Mitarb. ägypt. Untern. Akad. d. Wiss. Berlin (1935-43) u. Mainz (1950 ff.); 1946-50 pfarramtl. Tätigk.; 1953-64 Privatdoz. u. apl. Prof. Univ. Mainz; s. 1965 Ord. u. Seminardir. Univ. Würzburg - BV: Unters. üb. religiösen Gehalt, Sprache u. Form d. ägypt. Totenklagen, 1943 (Mitt. Dt. Inst. f. ägypt. Altertumskd.); Ägypt. Eheverträge, 1960; Demotisches Namenbuch, 1980 ff. - Mitgl. Dt. Morgenl. Ges., Assoc. Intern. de Papyrologues, Egypt Exploration Soc.; 1968 korr. Mitgl. Akad. d. Wiss. u. d. Lit. (Mainz); Société française d'Egyptologie; o. Mitgl. Dt. Archäol. Inst. - Liebh.: Musik (Cellosp., Kammermusik, Trompeteblasen) - Bek. Vorf.: Philipp Spitta, Theologe u. Musikgelehrter.

LÜDEKE, Dietrich

Dr. rer. pol., o. Prof. f. Statistik u. Ökonometrie Univ. Freiburg/Br. (s. 1969).

LÜDEMANN, Hans-Dietrich

Dr. rer. nat., Prof. f. Biophysik Univ. Regensburg, Chemiker - Karl-Anselm-Str. 6, 8400 Regensburg - Geb. 6. Nov. 1934 Schwerin/Meckl. (Vater: Hans-Erich L., Buchhändler; Mutter: Else, geb. Güldenpenning), ev., verh. s. 1970 m. Ingrid, geb. Popp, 3 Kd. (Hans-Christian, Anke Marina, Elke Kerstin) - Dipl.Chemie 1963, Promot. 1966, Univ. Karlsruhe; Habil. f. Biophysik 1974 Univ. Regensburg - 1967 Los Angeles; 1968-69 Assist. Univ. Karlsruhe; 1970-80 Univ. Regensburg, 1980ff. Prof. ebd.; 1990 Gastprof. Univ. Wellington - 150 Fachveröff. - Spr.: Engl.

LÜDER, Heinrich

Dr.-Ing., o. Prof. u. Direktor Inst. f. Verfahrenstechnik TH bzw. TU München (s. 1957) - Schatzlgasse 54, 8131 Berg/Starnberger See (T. Starnberg 53 60).

LÜDER, Wolfgang

Rechtsanwalt, Senator f. Wirtschaft (1975-81), Bürgermeister (1976-81), FDP-Vors. Berlin (1971-81), MdB (1987-90) - Nymphenburger Str. 8, 1000 Berlin 62 (T. 854 37 75) - Geb. 11. April 1937 Celle (Vater: Gastwirt), verh., T. Anna - Gymn. Celle (Ernestinum); FU Berlin (Rechtswiss.). Jurist. Staatsprüf. 1963 u. 67 - S. 1970 Berliner Justizdst. (1970 LGrat). 1963ff. Jungdemokr. (1967-68 Landes-, 1968-70 Bundesvors.). FDP s. 1962, 1968-88, u. s. 1990 Mitgl. im Bundesvorst. d. FDP - 1980 Offz. National. Franz VO.

LÜDERITZ, Alexander

Dr. jur., o. Prof. f. Bürgerl. Recht u. Zivilprozeß- u. Intern. Privatrecht u. Rechtsvergl. - Kellerhardtsweg 12, 5064 Rösrath (T. Köln 470 22 28) - Geb. 19. März 1932 Göttingen - Promot. (1957) u. Habil. (1965) Köln; Ass.ex. 1960 ebd. - 1961-65 Rechtsanw.; s. 1966 Ord. Univ. Frankfurt/M. u. Köln (1971; Dir. Inst. f. Intern. u. Ausl. Privatrecht) - BV: Auslegung v. Rechtsgeschäften, 1966; Empfiehlt es sich, Gründe u. Folgen d. Ehescheidung neu zu regeln?, 1970; Adoption, 1972; d.o. in Münch.Komm. BGB, 3. A. 1992; Einheitskaufrecht in Soergel BGB, 12. A. 1991; Int. Privatrecht, 1987; Familienrecht, 26. A. 1992. Mithrsg.: Studienkommentar BGB (2. A. 1979); Festschr. Kegel (1977).

LÜDERITZ, Berndt

Dr. med., Prof. f. Innere Medizin, Dir. Med. Univ.-Klinik, Inn. Medizin-Kardiologie, Bonn - Erich Böger Str. 10, 5300 Bonn 1 - Geb. 26. März 1940 Braunschweig (Vater: Bernhard L., Arzt; Mutter: Theda, geb. Winter), ev., verh. s. 1969 m. Hedwig, geb. Muschol, 3 Söhne (Florian, Martin, Stephan) - Univ. München, Mainz, Heidelberg, Göttingen - 1968 Wiss. Assist., 1972 Priv.-Doz., 1978 Prof. - BV: Cardiac Pacing, 1976; Elektr. Stimulation d. Herzens, 1979; Therapie d. Herzrhythmusstör., 1981; Ventrikuläre Herzrhythmusstör., 1981; Herzschrittmacher, 1986; Perspektiven d. Arrhythmiebehandlung (m. H. Antoni), 1988; Arrhythmiebehandlung u. Hämodynamik, 1990; Interventional Electrophysiology (m. S. Saksena), 1991 - 1980 Arthur-Weber-Preis d. dt. Ges. f. Herz- u. Kreislaufforsch. - Spr.: Engl.

LÜDERS, Detlev

Dr. phil., Museumsdirektor a. D. - Am Klingenborn 5, 6238 Hofheim/Ts. - Geb. 1. Nov. 1929 Hamburg, ev., verh. s. 1957 m. Christa, geb. Reschke, 2 Kd. (Christoph, Karen) - Univ. Hamburg (Promot. 1957) - 1958-82 Goethe-Museum Frankfurt/Fr. Dt. Hochstift (1963 Dir.) - BV: D. Welt im verringerten Maasstab - Hölderlin-Studien, 1968; D. Goethehaus in Frankfurt/M., Bildbd. 1968, 3. A. 1980. Herausg.: Jahrb. FDH (1962ff.); Reihe d. Schr. FDH (1966ff.); Friedrich Hölderlin - Sämtl. Gedichte (Komment. Studienausg., 2 Bde. 1970, 2. A. 1989); Histor.-Krit. Ausg. Sämtl. Werke u. Briefe Clemens Brentanos (zus. m. and.); Aufs. üb. Hölderlin, Goethe, Brentano, Mörike, Trakl, Hofmannsthal. Kunsttheoretische u. kulturkritische Publikationen. Weit. Tätigkeitsbereich: Malerei, Ausstellungen s. 1988.

LÜDERS, Dieter

Dr. med., Prof., Kinderarzt, Ärztl. Direktor Kinderkrkhs. Park Schönfeld, Kassel (s. 1973) - Frankfurter Str. 167, 3500 Kassel (T. 0561 - 200 31 07) - Geb. 21. Nov. 1929 Braunschweig, ev., verh. s. 1961 m. Reinhilde, geb. Neubauer, 2 Kd. (Rainer, Gudrun) - 1949-55 Stud. Univ. Heidelberg, Göttingen (Med.); Staatsex. u. Promot. 1955 Heidelberg; Habil. (Kinderheilkd.) 1964 Göttingen; apl. Prof. 1970 Göttingen - 1958-60 Assistenzarzt u. Res. Fellow Boston (Boston City Hosp. u. Harvard Univ.); 1965 u. 1970/71 Res. Fellow Boston u. New York, 1961-73 Assistenzarzt, Oberarzt u. Leit. d. Isotopenlabors Univ.-Kinderkl. Göttingen - Herausg. d. zweibd. Lehrb. f. Kinderkrankenschwestern, bish. 5 A. (s. 1968) - 1963 Franz-Redeker-Preis - Liebh.: Geräteturnen - Spr.: Engl., Franz.

LÜDERS, Gerhart

Dr. rer. nat., Prof. a.D. f. Theoret. Physik - Hasenwinkel 10, 3400 Göttingen (T. 0551 - 9 21 24) - Geb. 25. Febr. 1920 Hamburg, verh. s. 1951 m. Ingeborg, geb. Suhrmann - Habil. 1954 Göttingen - b. 1960 Gruppenleit. Max-Planck-Inst. f. Physik u. Astrophysik München, dann Ord. u. Inst.dir. Univ. Göttingen; 1982 Ruhestand - 1959 Physikpreis Akad. d. Wiss. Göttingen; 1966 Max-Planck-Med.; Mitgl. Akad. d. Wiss. Göttingen, Accad. Mediterranea delle Scienze in Catania; ausw. wiss. Mitgl. Max-Planck-Ges.

LÜDICKE, Klaus

Dr. jur. can., Prof. f. Kirchenrecht Univ. Münster - Grimmstr. 14, 4402 Greven 1 - Geb. 18. Juni 1943 Bad Warmbrunn/Schles., kath., verh. s. 1970 m. Isa, geb. Grueneberg, 2 Kd. (Rina, Marius) - Dipl.-Theol. 1968 Münster, 1. jurist. Staatsex. 1971 Hamm, 2. Staatsprüf. 1974 Düsseldorf, Lic. iur. can. 1977 München, Promot. 1977 München, Habil 1983 Graz - Diözesanrichter Münster - BV: Psych. bedingte Eheunfähigk., 1978; Familienplanung u. Ehewille, 1983; Münster. Kommentar z. Codex Iuris Canonici, 1985.

LÜDICKE, Manfred

Dr. phil., Prof., Zoologe - Adlerstr. 32, 4460 Nordhorn (T. 3 34 50) - Geb. 22. Febr. 1911 Berlin (Vater: Walter L., Bankbeamter; Mutter: Elfriede, geb. Schauer), ev., verh. s. 1937 m. Lotte, geb. Hohmann, 3 Kd. - Realgymn. u. Univ. Berlin (Promot. 1932). Habil. 1938 Heidelberg - Assist. Kaiser-Wilhelm-Inst. f. med. Forsch., Heidelberg (1934), Univ. ebd. (1936) u. Rostock, 1939 Privatdoz. Rostock (b. 1945), 1949 Heidelberg, 1950 apl. Prof., 1959 Kustos, 1961 Wiss. Rat, 1966 Abt.-Vorst. Zool. Inst. u. Mus. ebd. Arbeiten üb. Vogelschnabel, Wachstumsrhythmen d. Integumentbild., Blutgefäßsystem d. Schlangen, Atmung u. Vakatsauerstoff b. Kaltblütern, Aufnahme u. Weiterleit. v. Phosphorsäure-Estern im tier. u. pflanzl. Organismus, Bedeut. physikal. Faktoren f. d. Wirksamkeit v. Insektiziden, Phosphorstoffw. b. Insekten, Kernverhältnisse d. Geschlechtsformen d. Malariaparasiten, Pigmente d. Fischhaut u. d. Insektenflügels, Blutversorg. d. Reptilienauges - BV: D. San-José-Schildlaus, in: Sorauer Handb. d. Pflanzenkrankh.; D. Serpentes, in: Kükenthal, Hb. d. Zool.

LÜDTKE, Helmut

Dr. phil., o. Prof. f. Roman. Philologie - Moltkestr. 49 a, 2300 Kiel 1 - Geb. 26. Nov. 1926 Osnabrück (Vater: Otto L., Tischler; Mutter: Else, geb. Rüenpohl), verh. s. 1960 m. Sigrid, geb. Wulfhoop - Univ. Köln u. Bonn (Philol.). Promot. 1952 Bonn; Habil. 1963 Basel - S. 1965 Ord. Univ. Freiburg/Br., TU Berlin (1969), Univ. Kiel (1976) - BV: D. strukturelle Entwicklung d. roman. Vokalismus, 1956; Geschichte d. roman. Wortschatzes, 2 Bde. 1968 (I: Wandlungen innerh. d. Romania v. d. Antike b. z. Gegenw., II: Ausstrahlungsphänomene u. Interferenzzonen); Profilo dei dialetti ital., vol. 17: Lucania, 1979; Kommunikationstheoret. Grundl. d. Sprachwandels (hrsg.), 1980 - Liebh.: Schach, Bridge - Spr.: Franz., Ital., Span., Portugies.

LÜDTKE, Jürgen

Dipl.-Soziologe, Mitglied d. Abgeordnetenhauses v. Berlin - Rathaus Schöneberg, 1000 Berlin 62 - Geb. 1945, verh., 2 Kd. - VR-Mitgl. Wohnungsbau-Kreditanstalt Berlin (WBK); Vorst.-Vors. Lange-Schucke-Stiftg. Zul. Bezirksstadtrat f. Bau- u. Wohnungswesen Bezirksamt Wedding v. Berlin. SPD s. 1963.

LÜER, Gerd

Dr. rer. nat., Prof. f. Psychol. Univ. Göttingen (s. 1982), Vizepräs. Dt. Ges. f. Psychologie (s. 1990) - F.-v.-Bodelschwingh-Str. 13, 3400 Göttingen - Geb. 4. April 1938 Egestorf, ev., verh. s. 1964 m. Sigrid, geb. Dudek, 2 Kd. (Nina, Jan Ole) - 1973 Prof. Univ. Kiel, 1978-82 TH Aachen, Univ. Düsseldorf - BV: Gesetzmäßige Denkabläufe b. Problemlösen, 1973; Allg. Experimentelle Psychologie, 1987.

LUEG, Dieter

Direktor, Bundesvors. Verb. angestellter Führungskräfte (VAF), Köln - Hohenstaufenring 43, 5000 Köln - Vors. Verein Dt. Ing. (VDI) Ruhrbez.; 1982-86 Präs. Union d. Leit. Angest. (ULA) - BVK I Kl.

LUEG, Ernst Dieter

Journalist, Leit. ARD-Studio Bonn - Auf dem Köllenhof 17, 5307 Wachtberg-Liessem - Geb. 9. Jan. 1930 Essen (Vater: Ferdinand L., Geschäftsf.; Mutter: Käthe, geb. Holländer), ev., verh. s. 1960 m. Wiltraud, geb. Althäuser, 3 Kd. (Jochen, Barbara, Konstanze) - Schule (Abit.); Stud. Gesch. u. Polit. Wiss.; 2j. Redaktionsausbild. - Redakt. Tagespresse. Vornehml. Innenpolitik. Bericht aus Bonn (ARD). Interviewbücher m. Helmut Schmidt u. Kurt Gscheidle - Liebh.: Mod. Graphik - Spr.: Engl., Franz.

LÜGHAUSEN, Albert

Vorsitzender Bundesverb. Dt. Holzhandel (BD Holz) - Rostocker Str. 16, 6200 Wiesbaden (T. 06121 - 50 20 91); priv.: Im Jelsloch 8, 5200 Siegburg - Geb. 31. März 1943, verh. m. Elisabeth, geb. Billen, 2 Kd. - Geschäftsf. O.A. Lüghausen KG, Siegburg, Lüghausen GmbH, Köln, Albert Lüghausen GmbH, Wien, u. ProHolz GmbH, Siegburg.

LÜHR, Karl

Dr. med., Univ. Prof., Chefarzt - Münchener Str. 36, 8182 Bad Wiessee/Obb. - Geb. 23. Dez. 1907 Frankfurt/M. - S. 1944 (1956 Prof. Univ. Greifswald) Lehrtätigk. (1964 apl. Prof. f. Inn. Med. Univ. Göttingen). Leit. Rheuma-Forschungsinst. Bad Elster (1947-58) u. Chefarzt II. Med. Klinik Dresden-Friedrichsstadt (1958-61); 1963-74 Chefarzt Med. Klinik Ev. Krkhs. Göttingen-Weende; s. 1974 Chefarzt Priv.San. Wiessee - Fachveröff. Fleckfieber, Gastroskopie, Kardiol., Rheumatismus, Balneol. u. Med. Rehabilitation.

LÜHR, Rosemarie

Prof. f. Vergleichende Sprachwiss. an d. Justus-Liebig-Univ. Gießen (s. 1990) - Zirngiblstr. 1, 8400 Regensburg - Geb. 23. März 1946, kath. - Promot. 1977; Habil. 1984 - BV: Studien z. Sprache d. Hildebrandliedes, 1982; Neuhochdeutsch, 3. A. 1990; Expressivität u. Lautgesetz im Germanischen, 1988.

LÜHRMANN, Dieter

Dr. theol., Prof. f. Neues Testament Univ. Marburg - Im Hainbach 9, 3550 Marburg (T. 06421 - 3 13 06) - Geb. 13. März 1939 Lingen/Ems (Vater: Karl L., Schulrat; Mutter: Käte, geb. Emkes), ev., verh. s. 1965 m. Renate, geb. Stockhusen, 3 Töcht. (Silke, Susanne, Sonja) - Schulen Oldenburg (Abit. 1957); 1957-62 Stud. ev. Theol. Bethel, Heidelberg u. Göttingen; Promot. 1964, Habil. 1968 Heidelberg - 1965-68 wiss. Assist. Heidelberg; 1968-74 Univ.-Doz./apl. Prof. ebd.; 1974-82 Prof. Kirchl. Hochsch. Bethel, s. 1982 Marburg; 1989 Gastprof. Yale - BV: D. Offenbarungsverständnis b. Paulus, 1965; D. Redakt. d. Logienquelle, 1969; Glaube im frühen Christentum, 1976; D. Brief an d. Galater, 2. A. 1988; Auslegung d. Neuen Testaments, 2. A. 1987 (engl. Übers. 1989); D. Markusevangelium, 1987.

LÜKE, Friedmar

Dr. phil., Hörfunkdirektor u. Geschäftsführer Süddeutscher Rundfunk Stuttgart - Zu erreichen üb. Südd. Rundf., Postf. 10 60 40, 7000 Stuttgart 10 - Geb. 19. Mai 1932 Bremen, ev., verh., 4 Kd. (Christiane, Jens, Katrin, Franziska) - 1952-59 Stud. wiss. Politik, Neuere dt. Lit.-Gesch., Neuere Gesch. u. Musikwiss.; Promot. 1962 Freiburg/Br. - Geschäftsf. Schwetzinger Festspiele GmbH - BV: D. Nachbar im Westen. Frankr. im Spiegel d. dt. Lit., 1963; Wir hatten d. Wahl, 1965 - Liebh.: Phil., Altertumswiss., Segeln - Spr.: Engl.

LÜKE, Gerhard

Dr. jur. (habil.), o. Prof. f. Prozeßrecht, Bürgerl. Recht, Arbeitsrecht u. Direktor Inst. f. Arbeits- u. Sozialrecht Univ. Saarbrücken (s. 1961) - Finkenstr. 22, 6602 Dudweiler/Saar (T. dstl.: Saarbr. 2 13 51) - Geb. 21. Febr. 1927 Hildesheim, verh. m. Elisabeth, geb. Schlener, 2 Kd. - 1958-61 Privatdoz. Univ. Frankfurt/M. 1966 Gastprof. Univ. Chicago. Üb. 40 Fachveröff.

LÜLLMANN, Heinz

Dr. med., em. o. Prof. f. Pharmakologie - Alter Viedamm 23, 2300 Kiel (T. 31 28 75) - Geb. 10. April 1924 Norden/Ostfriesl. (Vater: Georg L., Lehrer; Mutter: Käthe, geb. Burmeister), verh. s. 1955 m. Rosemarie, geb. Ueberle †; s. 1970 m. Prof. Renate, geb. Rauch - Ulrichs-Gymn. Norden; Univ. Berlin u. Mainz. Promot. (1950) u. Habil. (1956) Mainz - S. 1956 Lehrtätigk. Univ. Mainz (1962 apl. Prof.) u. Kiel (1964 Ord. u. Inst.dir.) - BV: Kurzes Lehrb. d. Pharmak. (m. Kuschinsky) 12. A. 1989; Taschenatlas d. Pharmakologie (m. Mohr u. Ziegler), 1990 - Spr.: Engl.

LÜNEBURG, Karl

Techn. Angestellter, Mitgl. Brem. Bürgerschaft (s. 1967), Ortsamtsleiter (Bezirksbürgermeister) in Bremen-Blumenthal (s. 1975) - Burgweg 3, 2800 Bremen 71 - Geb. 4. Mai 1927 Stargard/Pom., ev., verh., 1 Kd. - Schmiedlehre; Maschinenbaustud. - 1943-48 Arbeits-, Wehrdst., Gefangensch.; n. Umschul. techn. Zeichner; s. 1959 Konstrukteur Vereinigte Flugtechn. Werke, Bremen (Mitgl. Gesamtbetriebsrat). SPD.

LÜPKE, Gerd

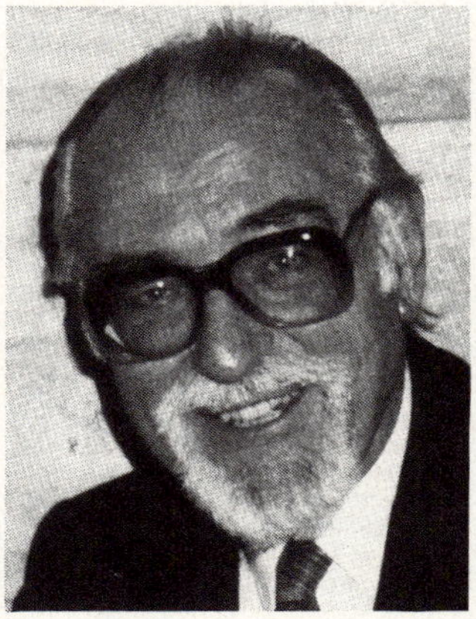

Schriftsteller - Friedrich-Wegener-Str. 16, 2930 Varel 1 - Geb. 19. Mai 1920 Stettin (Vater: Gustav L., Reichsbahnoberinsp.; Mutter: Hilde, geb. Burkhard), ev., verh. s. 1940 m. Irmgard, geb. Greiff, T. Ingrid - Obersch. - 1939-45 Reichsarbeits- u. Wehrdst. - W: Mozart, Leben u. Werk, 1948; Musik in Varel, 1949; V. Leben, Ged. 1950; Un dat Licht keem, Spiel 1952; Minschen, niederd. Spiel 1952; Straße d. hellen Schatten, Ged. 1952; De Trichinendichter, Lsp. 1952; ... b. z. Neige, Tsp. 1954; De Moorhoff, Dr. 1955; Peerköpp, Kom. 1957; Saken grifft't, niederd. Spiele 1957; Schult un Ko., Erz. 1958; Philosoviechereien, Ged. 1959; Mecklenburg-Vorpommern, 1960; Dome, Kirchen u. Klöster in Meckl., 1962; Premka Tschakkör, Ged. in Urdu 1966 (Pakistan); Fahren u. bleiben, Ged. 1968; Song of Midnight, Ged. 1970; Tag u. Traum, ges. Ged. 1970; D. Witz d. Mecklenburger, 1972; Heiterkeit d. Herzens, Biogr. 1973; Givers uf d. Sant, Städteb. 1975; Achter Dünen u. Diek, Erz. 1975; Unner'n Seewind, Erz. 1977; De swarte Unschuld, Erz. 1978; Von Dag un Droom, Ged. 1980; Varel-Stadt zw. Wald u. Meer, Städteb. 1981; Käppen Möhlenbeck sein Stammtisch, Erz. 1981; Mecklenburg in alten Ansichtskarten, Bildbd. 1982; Varel wie es war, Bildbd. 1982; Mit Mütz un Fedder, Erz. 1982; Weihnachtslichter, Erz. 1983; Pythagoras, Musical 1983; Käppen Möhlenbeck seine Abenteuer, Erz. 1984; Strandgras un Buernrosen, Erz. 1985; Käppen Möhlenbeck s. Ärgernisse, Erz. 1985; Typisch Mecklenburg, Leseb. 1986. 6 Langspielplatten, Erz. 1970-85; Korl Witt up Reisen, Erz. 1987; Höög di wat, Anekdoten 1990; Küstenland, Ged. 1992; Käppen Möhlenbeck seine Zufälle, 1992; Schuld, Schausp. (1990 UA); Kassette: Käppen Möhlenbeck, 8 Erz. (1990). 4200 Rundf.send. (1992), 60 Fernseh-Auftr. u. -Beiträge; üb. 50 Hörsp.; etwa 900 -folgen. Lfd. Beitr. Ztg. u. Ztschr. - 1957 Preis f. Kurzgesch.

Bundeszentrale f. Heimatdst. (Bonn), 1968 Pommerscher Kunstpreis; 1965 Fritz-Reuter-Med.; 1972 BVK; 1974 Ritter d. Ordens v. Oranje-Nassau (verlieh. durch Königin Juliane); 1978 Mecklenburg. Kulturpr.; 1981 Verdienstkr. Land Nieders.; 1982 Gold. Verdienstmed. (Dänemark); 1985 Gold. Ehrennadel Landsmannsch. Mecklenburg; u. Johannes-Gillhoff-Lit.-Preis; 1988 Freudenthal-Preis; 1989 Goldmed. d. Akad. Ges. d. pakistanischen Landes Sind; 1990 Friesland-Med. - Liebh.: Musik, Reisen - Spr.: Engl., Franz. (Übers. u. Dolm.), Ital., Holl. - Lit.: Gerd Lüpke als Lyriker, 1975.

LÜRIG, Hans Joachim

Dr.-Ing., Dipl.-Ing., o. Prof. u. Direktor Inst. f. Bergbau TU Clausthal (s. 1972) - Rosenberg 9, 3380 Goslar 1 (T. 2 47 65) - Geb. 29. April 1935 Wuppertal (Vater: Richard L., Kaufm.; Mutter: Grete, geb. Stockerl), verh. s. 1967 m. Dr. med. Claudia, geb. Sann, S. Christoph - Gymn.; 5 J. Bergbau; Stud. TH Aachen; Dipl.-Ing. 1961; Promot. 1965 - 1961-66 wiss. Assist. u. Obering. TH Aachen; 1966-72 Abt.sleit. Bergbauforschung Essen - Spr.: Engl.

LÜRING, Ingo

Dr. rer. pol., Hauptgeschäftsführer IHK Ostwestfalen zu Bielefeld - Elsa-Brandström-Str. 1-3, 4800 Bielefeld 1 - Geb. 1. April 1934.

LÜRSSEN (ß), Ernst

Dr. med., Prof., Arzt, Psychoanalytiker - Eiderstedter Weg 7, 1000 Berlin 38 (T. 802 76 43) - Geb. 1930 Kiel - Stud. Med. Kiel u. Berlin; Promot. 1958; Facharzt f. Nervenheilkd. 1963 - 1972 Prof. - Prof. f. Sozialpsychiatr.; Leit. d. Berliner Psychoanalyt. Inst.; s. 1964 Mitgl. d. dt. Psychoanalytiker-Vereinig.

LÜSCHEN, Günther

Dr. phil., Dr. h. c., Prof., Soziologe, Sportwissenschaftler - Ohmstr. 21, 2800 Bremen; u. Soziologie III, Univ., 4000 Düsseldorf - Geb. 21. Jan. 1930 - S. 1965 Prof. Univ. Illinois. Emerit. 1990. 1970-83 Präs. ISA-Komitee f. Soziol. d. Sports; 1981-90 Prof. RWTH Aachen; 1990 Prof. Univ. Düsseldorf - Herausg.: Kleingruppenforsch. u. Gruppe im Sport (1966), The Cross-Cultural Analysis of Sport and Games (1970), Herman Schmalenbach on Society and Experience (1976, m. G. Stone); Dt. Soziologie (1979). Mithrsg.: Soziol. d. Familie (1970, m. E. Lupri); Handbook Soc. Science Sport (1981, m. G. Sage); Gesundheit u. Krankheit in d. BRD u. d. USA (1989, m. Cockerham u. Kunz); Telefonumfragen in d. Sozialforsch. (1990, m. Frey u. Kunz) - 1974 Philip-Noel-Baker-Preis; 1986 BVK I. Kl.

LÜSCHER, Ingeborg

Malerin, Bildhauerin - CH-6652 Tegna/Ti - Geb. 22. Juni 1936 Freiberg/DDR, verh., T. Una Alja - Matura; Schauspielsch. - Künstl. Audodidakt; intern. Ausst. - BV: D. größte Vogel kann nicht fliegen, Dokument. üb. A.S., 1972; Erlebtes u. Erdämmeltes einander zugeordnet, 1975; Avant - Après/sheer prophecy - true dreams, 1980; D. Angst d. Ikarus od. Hülsenfrüchte sind Schmetterlingsblütler, 1982; D. unerhörte Tourist Laurence Pfantz, 1985. Einzelausst. in d. Museen Paris, Solothurn, Malaga, Den Haag. Biennale Venedig u. Sydney, documenta 5, DOCUMENTA IX - Oumansky-Preis - Spr.: Engl., Franz., Ital. - Lit.: Skulpturen-Katalog I.L., S. 53-59 (1988).

LÜSCHER, Kurt

Dr. rer. pol., o. Prof. f. Soziol. Univ. Konstanz (s. 1971) - CH-8580 Amriswil/Schweiz - Geb. 6. Juli 1935 Luzern (Vater: Karl L., Gärtner; Mutter: Marie, geb. Huwyler), ev., verh. s. 1962 m. Therese, geb. Daepp, 3 Söhne (Christian, Michael, Markus) - Stud. Univ. Basel, Bern u. Columbia-Univ., New York - 1968-70 ao. Prof. Bern, 1969/70 Visit. Assoc. Prof. Univ. North Carolina, Chapel Hill - BV: D. Beruf d. Gymn.-lehrers, 1965; Prozeß d. berufl. Sozialisation, 1968; Vorschulbild. - Vorschulpolitik, 1972; Early Childcare in Switzerland, 1973; Sozialpolitik f. d. Kind, 1979, 2. A. 1984; Lebenssituationen junger Familien, 1985; Medienwirk. u. Gesellschaftsentwickl., 1982; Elternbild. d. Elternbriefe, 1984; Medienökologie, 1985; D. postmoderne Familie, 1988; Formen d. Familiengründung in d. Schweiz, 1991; Generationenbeziehungen in postmodernen Gesellschaften, 1992 - Spr.: Engl., Franz., Ital.

LÜST, Reimar

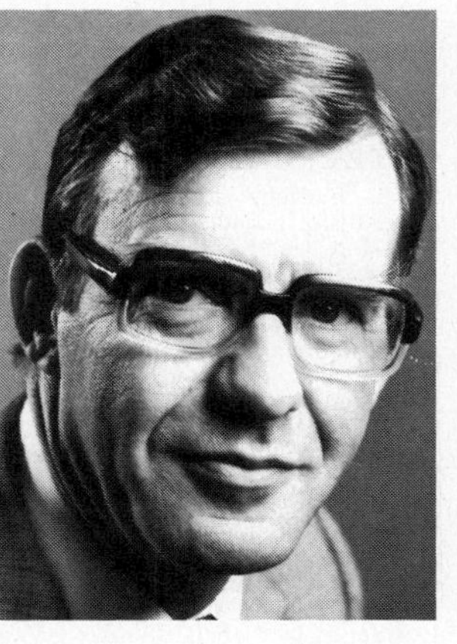

Dr. rer. nat., Prof. f. Physik TH bzw. TU München (1965-84), Generaldirektor Europ. Weltraumorg. ESA, Paris (1984-90), Präs. Alexander v. Humboldt Stiftg. (s. 1989), Präsident a. D. Max-Planck-Ges. z. Förd. d. Wissenschaften, Wiss. Mitgl. Max-Planck-Ges. - Max-Planck-Inst. f. Meteorology, Bundesstr. 55, 2000 Hamburg 13 (T. 040 - 411 73-300) - Geb. 25. März 1923 (Vater: Hero L., Pfarrer; Mutter: Grete, geb. Strunck), verh. m. Nina, geb. Grunenberg, 2 Söhne - 1946-51 Univ. Frankfurt/M. u. Göttingen (1949) - 1950-58 MPI f. Physik, 1958-72 MPI f. Physik u. Astrophysik (zul. Dir. Inst. f. extraterrestr. Physik). 1962-64 Wiss. Dir. u. 1968-70 Vizepräs. ESRO (European Space Research Organization); 1969-72 Vors. Wiss.rat; 1968-71 Vors. Dt. Ges. f. Luft- u. Raumfahrt. Gastprof. Univ. Chicago, Princeton, New York, MIT, Cambridge, Caltec, Pasadena. Fachveröff. - 1972 Guggenheim-Med.; 1971 Kdr. franz. Orden Palmes académiques; 1973 BVK I. Kl., 1980 Gr. BVK; 1981 Bayer. VO; 1974 Assoc. of the Royal Astronomical Society; 1976 Hon. mem- Americ. Acad. of Arts and Sciences; Bayer. Akad.; 1977 Kopernik.-Med.; 1980 Mitgl. Österr. Akad. d. Wiss.; 1981 Academico Correspondiente Extranjero de Real Academia de Ciencies Exactas, Fisicas & Naturales de Madrid; 1982 korr. Mitgl. Heidelbg. Akad. d. Wiss.; 1984 Officier dans l'Ordre National de la Legion d'Honneur; 1984 Bayer. Maximiliansorden f. Wissenschaft u. Kunst; 1984 Gr. BVK m. Stern, 1990 Schulterband dazu; 1985 T. v. Karman Preis; 1986 Science personality of the year; 1987 Tsidkowsky Med. USSR Federation of Cosmonauts; 1988 Mitgl. Academia Europaea; Ehrenmitgl. Senat d. Max-Planck-Ges.; Mitgl. Intern. Acad. of Astronautics; Foreign Fellow Imperial College of Science and Technology, London.

LÜTCKE, Albrecht

Dr. med., Prof. f. Psychiatrie u. Neurol. Univ. Marburg - Calvinstr. 24, 3550 Marburg/L.

LÜTGEMEIER, Jürgen

Dr. med., Prof. Univ. Heidelberg, Arzt - Seitzstr. 1, 6900 Heidelberg (T. 48 00 21) - Geb. 27. April 1939 Berlin, verh. s. 1973 m. Inge, geb. Probst, T. Claudia - Med.-Stud.; Ex. 1964, Promot. 1966, Habil. 1974 - S. 1979 Prof. in Heidelberg - BV: Lungendiagnostik m. Radionukliden, 1977 - Spr.: Engl., Franz.

LÜTGEN, Kurt

Schriftsteller - Volkhausenstr. 26, 4902 Bad Salzuflen (T. 1 58 51) - Geb. 25. Nov. 1911 Gietzig, ev., verh. s. 1968 m. Dipl.-Bibl. Gisela, geb. Winter - Gymn. Magdeburg; 1931-33 Univ. Halle - 1933-41 Sortiments- u. Verlagsbuchhändler - BV: D. gr. Kapitän, biogr. R. 11. A. 1981; D. weiße Kondor, biogr. R. 1952; Kein Winter f. Wölfe, Jugendb. 19. A. 1981; D. Elefantenjahr, Erz. 1957; D. Rätsel Nordwestpassage, Jgdb. 6. A. 1981; D. Gespenst v. Kioto, jap. Erz. 1972; Wagnis u. Weite, biogr. Ess. 4. A. 1976; Kapitäne, Schiffe, Abenteuer, 4. A. 1978; Lockendes Abenteuer Afrika, biogr. R. 5. A. 1974; Rebellen a. Red River, biogr. R. 1974 Vitus Bering, Biogr. 1976; Vorstoß in tödl. Tiefen, Erz. 2. A. 1976 (sämtl. Titel in 17 Spr. übers.); Hoch im Norden neues Land, Sachb. 1977; Auf Geheimkurs, Erz. 1977; Weit hinter dem Wüstenmond, Erz. 1977; Nachbarn d. Nordwinds, Erz. 3. A. 1978; Japan aus erster Hand, Sachb. 1978; Große Jagd auf allen Meeren, Ber., 2. A. 1978; Wie Sand v. d. Wind, Erz. 1979; D. gr. Kurt-Lütgen-Buch, 1980; Auf e. Insel weit draußen im Meer, Erz. 1981; Feuer in d. Prärie, Erz. 1982; Wächter d. Wildnis, biogr. Erz. 1984; Meine Insel, biogr. R. 1986; D. schönsten Tiergesch. aus aller Welt, 1989 - 1952 u. 72 Friedrich-Gerstäcker-Preis Braunschweig, 1956 u. 1967 Dt. Jugendbuchpreis, 1983 Gr. Preis Akad. f. Jug.Lit.; 1971 Mitgl. PEN-Zentrum BRD - Bes. Ehrung: K.-L.-Sachbuchpreis (gestiftet 1971 u. 1981 v. Arena-Verlag, Würzburg).

LÜTH, Hans

Dr. rer. nat., Prof. f. Physik RWTH Aachen, Direktor Inst. f. Schicht- u. Ionentechnik (ISI) d. KFA Jülich - Eupener Str. 299b, 5100 Aachen (T. 0241 - 6 35 23) - Geb. 28. Nov. 1940 Aachen (Vater: Friedrich L.; Mutter: Katharina, geb. Schartmann), kath., verh. s. 1965 m. Roswitha, geb. Landmesser, S. Erik - 1960-65 Physikstud. RWTH Aachen (Dipl. 1965, Promot. 1968, Habil. 1973) - 1967-74 Wiss. Assist.; 1976 apl. Prof.; 1974 Gastforscher b. IBM, Yorktown Heights (USA); s. 1980 Prof. in Aachen. 1982 Gastprof. Univ. Paris; 1983 Gastprof. Univ. Aix-Marseille/Frankr. Seit 1983 Mitherausg. Fachztschr. Thin Solid Films - BV: Festkörperphysik - E. Einf. in d. Grundl. (m. H. Ibach), 1981 (japan. u. engl. Übers.) - Spr.: Engl., Franz.

LÜTH, Heinrich

Kaufmann, pers. haft. Gesellsch. Yankee Polish Lüth GmbH + Co., Reinbek - Diekredder 12, 2000 Hamburg 67 (T. 603 45 28) - Geb. 17. Aug. 1908 Pinneberg - Auslandstätigk. Madrid, Paris, San Francisco - Ehrenvors. Industrieverb. Putz- u. Pflegemittel, Frankfurt - Spr.: Engl., Franz., Span.

LÜTH, Percy

Vorsitzender Arbeiterwohlfahrt/Landesverb. Hamburg - Rothenbaumchaussee 44, 2000 Hamburg 13.

LÜTHGE, Jürgen

Dr., Staatsrat b. Senator f. Umweltschutz u. Stadtentwicklung a.D. - Am Wall 177, 2800 Bremen 1 (T. 0421 - 39 70).

LÜTHJE, Bernd

Dr., Hauptgeschäftsführer d. Verbandes öffentlicher Banken - Godesberger Allee 88, 5300 Bonn 2 (T. 0228 - 81 92-2 00) - Geb. 26. Sept. 1939, verh., 3 Kd.

LÜTHJE, Jürgen

Dr. jur., Kanzler d. Univ. Oldenburg (s. 1973) - Lindenallee 28, 2900 Oldenburg/O. - Geb. 30. Sept. 1941 Dievenow (Vater: Wilhelm L., Beamter; Mutter: Hildegard, geb. Schneider), ev., verh. s. 1968 m. Gerhild, geb. Tschacksch, 3 Kd. (Jörn, Jana, Jula) - Röntgen-Gymn. Remscheid-Lennep; FU Berlin u. Univ. Bonn (Rechtswiss.). Jurist. Staatsprüf. 1967 (Köln) u. 73 (Düsseldorf) - 1968-73 Wiss. Mitarb. Univ. Bochum u. Hochschul-Informations-System (1969), Justitiar Univ. Bochum (1972), Wiss. Mitarb. Bundesmin. f. Bildung u. Wiss. (1973) - BV: D. numerus clausus oder Wer darf studieren?, 1973 (m. Asche u. Schott); Entwicklung u. Profil d. Univ. Oldenburg, 1984; Mitautor: Hochschulrahmengesetz, Kommentar (Hrsg. E. Denniger), 1984 - Spr.: Engl., Franz., Span.

LÜTJEN-DRECOLL, Elke

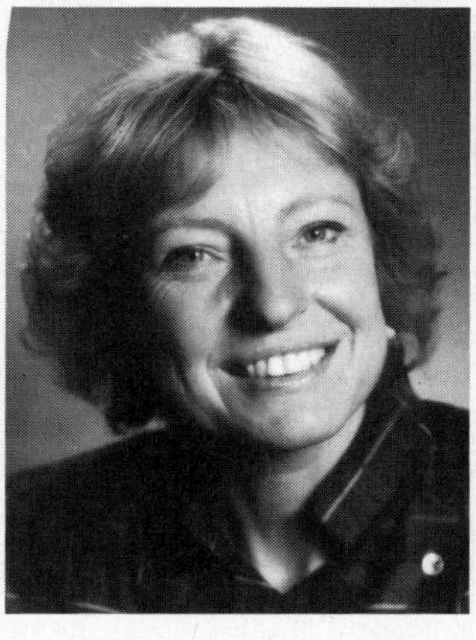

Dr. med., o. Prof., Direktorin Anatom. Inst. Univ. Erlangen - Am Veilchenberg 29, 8521 Spardorf - Geb. 8. Jan. 1944 Ahlerstedt (Vater: Johann L., Rektor; Mutter: Frieda, geb. Meyer), ev., verh. s. 1969 m. Dr. Henning Drecoll, 2 Söhne (Jens, Axel) - Stud. Univ. Marburg (Studienstiftg. d. Dt. Volkes); Promot. 1969, Habil. 1973 Marburg - 1974 Wiss. Rätin; s. 1980 Prof. Univ. Erlangen - BV: Lehrbuch d. Funktionellen Histol.; Basic Aspects of Glaucoma Research; Age-related changes in the Anterior Segment of the Eye. Übers.: Lehrb. u. Atlas d. Embryol.; Farbatlas d. Embryol. Rd. 70 Fachveröff., bes. z. Thema Funktionelle Anatomie d. Auges - 1973 Preis Dt. Wiss.; 1985 Preis Alcon Research Laboratories; s. 1991 Mitgl. d. Akad. d. Wiss. u. d. Lit., Mainz - Liebh.: Lit., Musik, Sport - Spr.: Latein, Franz., Engl.

LÜTKEPOHL, Helmut

Dr. rer. pol., Prof., Direktor Inst. f. Statistik u. Ökonometrie Univ. Kiel - Forstweg 89, 2300 Kiel 1 - Geb. 26. Juli 1951 Bad Oeynhausen - 1972-79 Stud. Math. u. Wirtschaftswiss. Univ. Bielefeld, Georgia, Illinois; 1977 Dipl. (Math.), Promot. 1981, Habil. 1984 Osnabrück - 1984/85 Visit. Assist. Prof. Univ. of Calif., San Diego; 1985-87 Prof. Univ. Hamburg, s. 1987 Prof. Univ. Kiel - BV: The Theory and Practice of Econometrics (Ko-autor), 1985; Forecasting Aggregated Vector ARMA Processes, 1987.

LÜTTGAU, Hans-Christoph

Dr. rer. nat., o. Prof. f. Zellphysiologie - Hansstr. 3, 4630 Bochum-Stiepel (T. 47 21 05) - Geb. 20. Juli 1926 Braunschweig (Vater: Wilhelm L., Mühlenbesitzer; Mutter: Ilse, geb. Westermann), ev. - Univ. Göttingen (Naturwiss.). Promot. 1952 ebd.; Habil. 1959 Bern - S. 1959 Lehrtätigk. Univ. Bern (1964 Extraord. f. Physiol.) u. Bochum (1967 Ord. f. Zellphysiol.). Spez. Arbeitsgeb.: Elektrophysiol. (Nerv, Muskel). Facharb.

LÜTTGE, Dieter

Dr. rer. nat., Dipl.-Psych., Univ.-Prof. f. Psychologie Univ. Hildesheim (s. 1969) - Marienburger Platz 22, 3200 Hildesheim - Geb. 11. Mai 1931 Braunschweig (Vater: Otto L., Beamter; Mutter: Hildegard, geb. Riechers), ev., verh. m. Elke, geb. Sziede, Bildhauerin, 2 Kd. - Stud. Psychol., Zool., Phil. TH Braunschweig;

Dipl. Psych. 1963, Promot. 1966 - Lehrbeauftr. TU Braunschweig - BV: u. a. Einf. in d. Pädagogische Psych., 1973; Beraten u. Helfen, 1981.

LÜTTGE, Günter

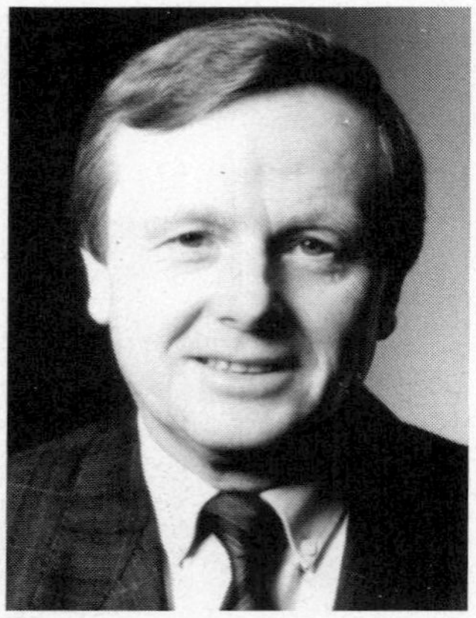

Rektor a. D., Mitglied d. Europ. Parlaments (s. 1989) - Martin-Buber-Weg 14, 2971 Simonswolde-Ihlow - Geb. 8. Juli 1938 Hannover - Schiller-Sch. Hameln (Abit. 1958); PH Hannover - S. 1962 Schule Simonswolde (1966 Schulleit.). Ab 1964 Kommunalpolitik (Gemeinderat u. Kreistag Aurich); 1972-89 Bürgerm. Ihlow; 1973-89 stv. Landrat Aurich. SPD s. 1964 (div. Funkt.; 1978-89 MdL Nieders.).

LÜTTGEN, Dieter

Bürgerschaftsabgeordneter (s. 1974) - Bilsenkrautweg 13, 2000 Hamburg 65 - CDU.

LÜTTGEN, Ernst-Günther

Dipl.-Ing., Prof. f. Maschinentechnik Univ.-GH Essen - Kaulbachstr. 64, 4300 Essen 1 (T. 70 56 32) - Geb. 15. Jan. 1928 Düsseldorf (Vater: Alex L., Syndikus; Mutter: Mary, geb. Meuter), kath., verh. s. 1965 in 2. Ehe m. Anette, geb. Elbers - Abit. 1946; Maurerlehre; Stud. Maschinenbau RWTH Aachen (Dipl. 1955) - B. 1963 Forsch.- u. Entwicklungs-Ing. Krupp-Kraftw. Essen; 1963 Doz. Staatl. Ing.-Schule Essen; 1972 Dekan (Maschinentechnik) Univ. Essen. Patent f. Luftfeder. u. Luftdämpf. v. Fahrzeugen - Liebh.: Gesch. d. Neuzeit, Med., Fotogr., Musik (ausüb. Klavier) - Spr.: Latein, Engl.

LÜTTGER, Hans

Dr. jur., em. o. Prof. f. Straf- u. -prozeßrecht, unt. Einschl. d. intern. Strafrechts, Freie Univ. Berlin (s. 1967) - Römerstr. 118, 5300 Bonn 1 (T. 556 32 04) - Ministerialrat a. D. - BV: Medicina y Derecho Penal, 1984; Vortr. u. Abh. Ausgew. Beitr. z. Strafrecht, z. Strafrechtsreform u. z. Strafverfahrensrecht aus d. Jahren 1950-85, 1986. Herausg.: Festschr. f. Ernst Heinitz (1972); Probl. d. Strafprozeßreform (1975); Festschr. f. Eduard Dreher (1977); Strafrechtsreform u. Rechtsvergleichung (1979); Methodik u. Dogmatik d. Strafschutzes f. nichtdt. öfftl. Rechtsgüter (Festschr. f. Jescheck 1985, S. 121ff.); Strafverfahren im Rechtsstaat (Jurist. Rundschau 1987, S. 232ff.); Rechtsstaat als Aufg. (Jurist. Rundschau 1988, S. 45ff.); Über jurist. Festschr. (Jurist. Rundschau 1989, S. 309ff.). Veröff. in jurist. u. med. Ztschr. zu Arztrecht, Strafrecht u. Strafrechtsreform, Intern. Strafrecht, Strafverfahrensrecht.

LÜTTGERT, Hans

Dipl.-Ing., Generalbev. Direktor, Werkleiter Schaltwerk Berlin (SW) - Nonnendammallee, 1000 Berlin 13 - Geb. 19. Okt. 1930 Berlin.

LÜTTICHAU, von, Hannibal

Land- u. Forstwirt, Kaufmann, Präsident Dt. Burgenvereinigung (s. 1971) - Rodderberghof, 5300 Bonn-Bad Godesberg - Geb. 2. Febr. 1915 Dresden (Vater: Siegfried v. L., Land- u. Forstwirt; Mutter: Margaret, geb. Soutter), ev., verh. s. 1943 m. Angelika, geb. Haniel, 4 Söhne (Bernhard, Christian, Wolff, Hubertus) - Hermann-Lietz-Sch. (Abit. 1934); 1936 Kriegssch. Potsdam - 1937-45 Offz. (zul. Major); Landw.lehre, Kaufm. Lehre - Selbständ. Kaufm.; 1951-58 AR Westdt. Ytong AG. - 1945 Ritterkreuz; 1980 BVK - Liebh.: Jagd, Skisport, prakt. Denkmalspflege histor. Bauten - Spr.: Engl., Franz. - Bek. Vorf.: Friedrich August (August d. Starke), Kurfürst v. Sachsen, König v. Polen, 1670-1733 (Vorfahr 7. Grades); Johann Paul Frhr. v. Falkenstein, 1801-1882, Kgl. sächs. Min. d. Inn., d. Justiz, d. Kultus, Min.-präs. u. Min. d. Kgl. Hauses (Ur-Ur-Großv.).

LÜTTIG, Gerd

Dr. rer. nat., Prof., Ordinarius f. Angew. Geol. a.D. Univ. Erlangen-Nürnberg - Schloßgarten 5, 8520 Erlangen - Geb. 21. Sept. 1926 Lindenthal (Vater: Franz L., Kaufm.; Mutter: Ella, geb. Kurze), ev., verh. s. 1952 m. Eva, geb. Triebel, 2 Kd. (Cornelis, Christian) - Stud. d. Geologie Univ. Freiberg, Freiburg, Göttingen; Promot. 1952 Göttingen. Spez. Arbeitsgeb.: Geologie, Paläontologie - Zahlr. Fachveröff. üb. Geologie, Paläontol., Geomorphol., Lagerstättenk., Umweltforschung. Hrsg. mehrerer wiss. Reihen - 1986 Alex. v. Humboldt-Preis - Spr.: Engl., Franz., Ital.

LÜTTKE, Wolfgang

Dr. rer. nat., em. o. Prof. f. Organ. Chemie Univ. Göttingen - Senderstr. 49, 3400 Göttingen-Nikolausberg - Geb. 20. Nov. 1919 Köln, ev. - Univ. Freiburg/Br. (Chemie). Promot. (1949) u. Habil. (1956) Freiburg - 1956 Privatdoz. Freiburg; 1960 ao., 1961 o. Prof. Univ. Göttingen. Spezialgeb.: Molekülstrukturforsch., Spektroskopie, Organ. Farbstoffe, Laserfarbstoffe. Üb. 150 Fachveröff. Mithrsg.: Chem. Berichte (1958-87) - 1959 Preis f. Chemie Akad. d. Wiss. Göttingen; 1973 Mitgl. Akad. d. Wiss. Göttingen; 1987 Mitgl. Norweg. Wiss.-Akad., Oslo; 1989 Mitgl. Kongelige Norske Videnskabers Selskab, Trondheim.

LÜTTMANN, Reinhard

Dr. phil., Prof., Leiter Sem. f. Musikerziehung Hochschule f. Musik Detmold, Abt. Münster - Platanenweg 6, 4400 Münster - Geb. 27. Nov. 1929, kath., verh. - Ausb. Robert-Schumann-Konservat., Düsseldorf; Conservatoire National Supérieur de Paris; Univ. Münster; Staatl. Musiklehrer Pr. Oboe u. Musikerziehung u. Musikgesch. 1969 Detmold; Nordd. Musikakad.; Promot. Musikwiss., Erziehungswiss., Kunstgesch. 1979, Univ. Münster - Hauptfachlehrer f. Oboe u. Kammermusik Hochsch. f. Musik Detmold, Abt. Münster - BV: D. Orgelregister u. sein instrumentales Vorbild in Frankr. u. Span. v. 1800, 1979 - Werke: 21 Etüden üb. e. Zwölftonreihe f. Oboe, Paris, Leduc, 1969; 12 dodekaphon. Etüden f. Flöte, ebenda, 1972; Meditation I f. Oboe solo, ebenda, 1973; Meditation II f. Engl. Horn u. Orgel (od. Saxophon u. Orgel) ebenda, 1973 u. 1977 - Spr.: Franz., Engl.

LÜTTRINGHAUS, Arthur

Dr. phil. nat. (habil.), Dr. rer. nat. h. c., Prof. (emerit.) f. Chemie - Albertstr. 21, 7800 Freiburg - Geb. 6. Juli 1906 Mülheim am Rhein (Vater: Max L., Fabr.) - Realgymn. Köln-Mülheim; Univ. München u. Göttingen (Promot. 1930). Habil. 1937 Heidelberg - Assist. Univ. Göttingen (A. Windaus), 1933 Univ. Heidelberg (K. Ziegler), 1938 Doz. Univ. Berlin, Abt.sleit. Kaiser-Wilhelm-Inst. f. Physikal. Chemie ebd., 1941 ao. Prof. Univ. Greifswald, 1947 o. Prof. Univ. Halle, 1951 Univ. Freiburg (Inst.sdir.). Spez. Arbeitsgeb.: Stereochemie (Makrocyclen, Ansa- u. Catenaverbind., Konformations-Enantiometrie), Schwefel- u. Alkali-organ. Verbind., medizin. Chemie (Toxogonin) u. a. - Zahlr. Fachveröff., Handb.beitr., Übers. (m. R. Cruse): E. Eliel, Stereochemie d. C-Verbind. (1967). Mithrsg.: Ztschr. Chem. Berichte (1955-75) - 1967 Emil-Fischer-Med. Ges. Dt. Chemiker (100-Jahrfeier); 1970 Ehrenmitgl. Soc. Chimique Belg., ausw. Mitgl. Dt. Akad. d. Wiss., Berlin, u. Heidelbg. Akad. d. Wiss.; o. Mitgl. Dt. Akad. d. Naturforscher (Leopoldina), Halle/S. - Liebh.: Musik, Segeln - Spr.: Engl., Franz., Latein.

LÜTTWITZ, Freiherr von, Rochus-Ernst

Delegierter Nah- u. Mittelost-Verein, Dt.-Iranische Handelskammer, Kurat.-Mitgl. Dt. Orientstiftung - Friedrichstr. 4, 8000 München 40.

LÜTZE, Diethelm

Berat. Betriebswirt, Journalist, Mitgl. Geschäftsltg. Baumgärtner & Burck GmbH & Co. KG, Stuttgart (1961-80), Jakob Thalheimer KG, Stuttgart (1981-83); Inh. d. Unternehmensberat. Lütze + Partner, Stuttgart (s. 1984); Beiratsvors. Friedrich Lütze GmbH & Co. KG, Weinstadt (s. 1986) - Korntaler Str. 23, 7000 Stuttgart 40 (T. 0711 - 80 14 96) - Geb. 23. Aug. 1931 Weingarten, Kr. Ravensburg (Vater: Dipl.-Ing. Reinhold L., Oberreg.baurat, Major d. R.; Mutter: Ursula, geb. Freiin v. Kittlitz u. Ottendorf), ev. (alt-luth.), ledig - Gymn. u. Höh. Wirtsch.Fachsch. Calw - 1969 Vors. d. Vorst. d. Familienverb. Lütze e.V., 1976 Stifter d. Max-Lütze-Med. f. bes. Leistungen in d. bild. Kunst - BV: Histor. Ahnen e. Stuttgarter Ehepaares, 1969; Bad Teinach - E. Büchl. f. Einheim. u. Kurgäste, 1970; 2. Bodensee-Treffen - Dokumentation e. Oekumen. Begegn., 1971 - 1958 Ehrenritter d. Johanniterordens, 1971 Deutschherr d. Dt. Ordens u. Rechtsritter d. Johanniterordens, 1975 VO. v. Hl. Kreuz z. Jerusalem, 1975 BVK am Bde., 1982 BVK I. Kl. - Liebh.: Ballett, Oper, Musik, Gesch., Bild. Kunst, Gründer Samml. Lütze II - Süddt. Kunst d. 19. u. 20. Jh. (Lütze-Museum d. Stadt Sindelfingen) u. d. Samml. Lütze III - Arbeiten auf Papier v. Bildhauern u. Objektkünstlern des 19. u. 20. Jh. a. Süddtschl. - Spr.: Engl. - Bek. Vorf.: Jean de Forcade Marquis de Biaix 1663-1729, Kgl. preuß. Generallt., Kommandant v. Berlin; Guido v. Madai 1810-92, Polizeipräs. v. Berlin (bde. ms.); Dr.-Ing. E. h. Max L., Bauindustrieller u. Kunstmäzen (Onkel), s. XV. Ausg. - Lit.: Prof. Dr. G. Wunder, Ahnenliste D. L.-Vorf. a. 10 Generationen (1975); Prof. K. Leonhard, Samml. L. II - Kunst d. 19. u. 20. Jh. a. Süddtschl. (1978); Prof. Dr. P. A. Riedl, Samml. L. III; Arbeiten auf Papier v. Bildhauern und Objektkünstlern d. 19. u. 20. Jh. a. Süddtschl. (1991).

LÜTZEN, Ludolf

Dr. phil., Prof. Musikhochschule Köln - Friedrichstr. 10, 5000 Köln 90 (T. 02203 - 5 33 92) - Geb. 23. April 1939 Leipzig, ev., verh. - Stud. Schulmusik, German., Soziol., Psych., Päd., Musikwiss. Frankfurt u. Köln; Promot. (Musikwiss., Psych., Päd.) - 1964-72 Leit. Sem. f. Musikerziehung Rhein. Musiksch. Köln. 1972-89 Mitgl. Ensemble Odhecaton. 1988 Mitbegründer u. Mitgl. La Morra Intern. Ensemble f. Alte Musik. Zahlr. Schallplatteneinspielungen - BV: Violoncell-Transkriptionen Fr. Grützmacher, Diss. 1974; Bericht d. wiss. Begleitung z. Übertragung d. Suzuki-Methode nach Deutschl., 1976 - 1979 BVK - Interessen: Musik d. Renaissance auf hist. Instrumenten, schwed. Volksmusik, Bordonmusik - Spr.: Engl., Franz., Niederl.

LUFF, Karl

Dr. med., Prof., Gerichts- u. Sozialmediziner - Falkenstr. 9, 6078 Neu-Isenburg 2 (T. 5 24 63) - S. 1956 (Habil.) Privatdoz. u. apl. Prof. (1961) Univ. Frankfurt (1962 Wiss. Rat Inst. f. Gerichtl. u. soz. Med.). Fachveröff. - 1973 Gold. Dieselring VdM.

LUGER, Peter

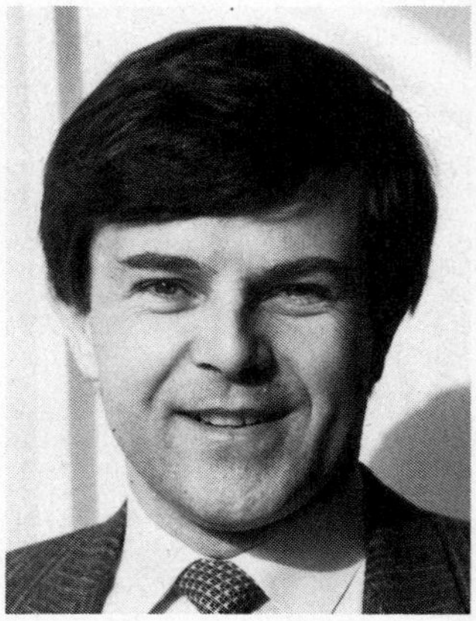

Dr. rer. nat., Prof., Gf. Direktor Inst. f. Kristallographie FU Berlin (s. 1981) - Takustr. 6, 1000 Berlin 33 (T. 030 - 838 34 11) - Geb. 2. Juli 1943 Berlin, ev., verh. s. 1974 m. Rut, geb. Remus, T. Katrin - 1962-70 Stud. FU Berlin (Math., Physik, Kristallogr.); Promot. 1970, Habil. 1974, Heisenberg-Stip. 1978 - S. 1979 Prof. f. Kristallographie - BV: Modern X-Ray Analysis on Single Crystals, 1980 - Bek. Vorf.: Georg Luger, Erfinder d. Luger-Pistole (08 Parabellum) (Urgroßv.).

LUHMANN, Niklas

Dr. sc. pol., Dr. h. c. mult., o. Prof. f. Soziologie Univ. Bielefeld (s. 1968) - Marianne-Weber-Str. 13, 4811 Oerlinghausen - Geb. 8. Dez. 1927 Lüneburg (Vater: Wilhelm L., Brauereibes.; Mutter: Dora, geb. Gurtner), ev., verh. s. 1960 m. Ursula, geb. v. Walter, 3 Kd. (Veronika, Jörg, Clemens) - Gymn. Lüneburg; Univ. Freiburg (Rechtswiss.) - 1955-62 Ref. Kultusmin. Hannover; 1962-65 Ref. Hochsch. f. Verwaltungswiss. Speyer; 1965-68 Abt.leit. Sozialforsch.stelle Dortmund; s. 1968 Prof. f. Soziologie Univ. Bielefeld. 1975 Gastprof. Theodor-Heuss-Lehrst. New School of Social Research New York. Versch. Bücher üb. Organisations- u. Rechtssoziol., Gesellschaftstheorie - Spr.: Engl.

LUHMER, Alfred

Dr. rer. pol., Prof. f. Betriebswirtschaftslehre (Controlling), Univ. Bielefeld - Amtsstr. 8, 4800 Bielefeld 15 - Geb. 5. Juni 1941 Bonn, verh. s. 1969 m. Dr. med. Isolde, geb. Schuler, T. Monika - Stud. Betriebswirtsch.lehre u. Math.; Dipl.-Kfm. 1965 Köln; Promot. 1974 Regensburg; Habil. 1987 Bielefeld - 1966/67 Assist. Univ. Kiel u. 1969-74 Univ. Regensburg; 1974-88 Akad. Rat Univ. Bielefeld; 1988-90 Univ. Frankfurt - BV: Maschinelle Produktionsprozesse, 1975 - Spr.: Engl., Franz.

LUIG, Heribert

Dr. rer. nat., Dr. med. habil., Akad. Oberrat, Privatdozent f. med. Physik Univ. Göttingen - Reinholdstr. 15, 3400 Göttingen (T. 0551-770 06 88) - Geb. 17. Jan. 1940 Krefeld (Vater: Carl L., Beamter; Mutter: Clara, geb. Plückhahn), kath., verh. s. 1966 m. Ulrike, geb. Skousen, 2 S. (Martin, Peter) - Physikstud. Göttingen u. Bonn, Dipl. 1968, Bonn; Promot. 1972, Bonn; Habil. 1984 Göttingen - 1968-72 wiss. Angest. Dt. Krebsforschungszentrum, Heidelberg, Inst. f. Nuklearmed.; s. 1972 Kliniken d. Univ. Göttingen, Abt. Nuklearmed.; s. 1984 Privatdoz. f. Med. Physik; Mitgl. u. Deleg. Sonderforschungsber. 89 Kardiol. Göttingen d. Dt. Forschungsgem.; s. 1975 Teilprojektleit. Sonderforschungsber. 89; s. 1980 Vorstandsmitgl. d. Zentrums Radiol. Univ. Göttingen - Erf.: Geräte z. szintigraph. Abb. - BV: Funktionsszintigraphie d. linken Herzkammer, Monographie, 1984 - Liebh.: Musik - Spr.: Engl., Lat., Altgriech., Franz.

LUIG, Klaus
Dr. jur., Prof. f. Bürgerl. Recht, Röm. Recht u. Neuere Privatrechtsgesch. Univ. Köln (s. 1984) - Wilhelm-Backhaus-Str. 9, 5000 Köln 41 (T. 0221 - 470-2740) - Geb. 11. Sept. 1935 Krefeld (Vater: Karl L., Kommunalbeamter; Mutter: Clara, geb. Plückhahn), kath., verh. s. 1966 m. Hildegard, geb. Mennicken, 3 T. (Eva, Sibylle, Judith) - Jura-Stud. (Promot. 1963, 2. jurist. Staatsex. 1964, Habil. 1978) - 1965-79 wiss. Mitarb. Max-Planck-Ges.; 1979-83 Prof. Univ. Passau, s. 1984 s.o. - BV: Z. Gesch. d. Zenionslehre, 1966. Herausg. Ztschr. f. hist. Forsch.; Publ. auf d. Geb. d. neueren Privatrechtsgesch. u. d. Gesch. d. Naturrechts - Mitgl. d. Rheinisch-Westfälischen Akad. d. Wiss. - Spr.: Engl., Ital, Latein.

LUIG, Michael
Generalmusikdirektor Städt. Bühnen Augsburg - Zu erreichen üb. Städt. Bühnen, 8900 Augsburg - Geb. 16. März 1950, kath., verh. s. 1976 m. Gabriele, geb. Wolf, 3 Kd. (Raphael, Florian, Katharina) - Staatl. Privatmusiklehrerprüf. f. Klavier (Städt. Konservat., Dortmund); Dipl. d. künstler. Abschlußprüf. im Fach Dirig. (Staatl. Musikhochsch. Köln) - Frankfurt (Solorepet. u. Kapellm.); Saarbrücken (1. Kapellm. u. stv. GMD); Frankfurt (1. Kapellm.); Dt. Oper am Rhein (1. Kapellm.); Konzerttätigk. in Deutschl., Frankr., Ital.; Rundfunkprodukt.; Frankr.: Lyon, franz. Erstauff. Luigi Nono, Al Gran sole carico d'amore; Arb. m. versch. Landesjugendorch. (Konz., Tourneen, Schallpl.).

LUIK, Hans
Dr. rer. pol., Prof., Wirtschaftsprüfer u. Steuerberater, AR-Vors. Schitag Schwäb. Treuhand AG, Stuttgart, Honorarprof. f. Betriebswirtschaftslehre d. Univ. Mannheim - Forchenrain 1, 7016 Gerlingen/Württ. (T. 2 34 94) - Geb. 1. Aug. 1926 Stuttgart - AR-, VR- u. Beirats-Mand., b. 1984 Vorst.-Vors. Inst. d. Wirtschaftsprüfer - BVK I. Kl. - Spr.: Engl. - Rotarier.

LUIKEN, Andreas
Landwirt, MdL Nieders. (s. 1974) - 2941 Neu Augustengroden (T. Carolinensiel 2 65) - CDU.

LUKAS, Edith
Dr. oec. publ., Direktor, o. Vorstandsmitgl. Münchner Rückversicherungsges., AR-Mitgl. Karlsruher Lebensversicherungs-AG, Berlinische Lebensversich.-AG, Hamburg-Mannheimer Sachversich.-AG, Hamburg, Karlruher Versich. AG, Vereinte Krankenversich. AG, Berlin u. München - Elisabethstr. 16, 8000 München 40 (T. 089 - 271 20 89) - Geb. 31. Aug. 1929 Tübingen (Vater: Dr. Eduard L., Univ.-Prof.; Mutter: Dr. Maria, geb. Lackmann), kath., led. - Stud. Univ. München - Beirat Bayer. Vereinsbank, München.

LUKAS, Georg
Dipl.-Ing., Mitinh. Lukas-Erzett Engelskirchen - Obersteeg 26, 5250 Engelskirchen (T. 02263 - 84-0) - Geb. 12. Febr. 1933 Engelskirchen (Vater: Edmund L.; Mutter: Luise, geb. Schmidt), kath., verh. s. 1960 m. Marlene, geb. Barth (verw.) - Fachhochsch. - Spr.: Franz., Engl.

LUKAS, Hans
Landwirt, MdL Bayern (s. 1970) - Blumenstr. 12, 8481 Döltsch/Opf. (T. 09681 - 6 68) - Geb. 1935 - CSU - 1980 Bayer VO.

LUKAS, Viktor
Kirchenmusikdirektor, Organist, Dirig., Prof. Musikhochsch. Köln (s. 1975) - Bühlstr. 32, 8581 Donndorf (T. 3 32 00) - Geb. 4. Aug. 1931 Rothenburg/T. (Vater: Viktor L., Beamter; Mutter: Anna-Maria, geb. Rahn), ev., verh. s. 1958 m. Elisabeth, geb. Hoffmann, 4 Kd. (Ralf, Clemens, Adrian, Viktoria) - Stud. Musikhochsch. u. Univ. München u. Konservat. Paris (Kapellm. Kirchenmusik) - 1956-76 Kirchenmusikdir. Kempten u. Bayreuth. Leit. Musica Bayreuth; Gründ. u. Dirig. Lukas-Consort - BV: Orgelmusikführer, 5. A. 1985 (auch jap. u. engl.) - 1967 Bayer. Staatspreis f. Musik; 1976 BVK am Bde., 1981 Kulturpreis Stadt Bayreuth; 1984 BVK I. Kl. - Spr.: Engl., Franz. - Rotarier.

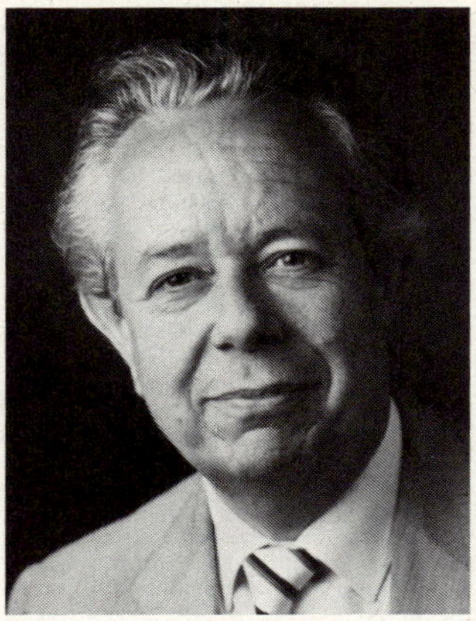

LUKES, Rudolf Hans Peter
Dr. jur., Dr. oec. publ., em. o. Prof. f. Dt. bürgerl. Recht, Handels-, Wirtschafts-, Zivilprozeß- u. Europarecht - Reitmorstr. 43 a (Reitmorhof), 8000 München 22 - Geb. 30. Okt. 1924 München (Vater: Peter L., Kaufm.), kath., verh. I) m. Dr. Wilhelmine, geb. Hollinger, T. Gabriele, II) Dr. Ulrike, geb. Wohlenberg - Univ. München (Rechts- u. Staatswiss.). Jurist. Staatsex. 1948 u. 1950; Promot. 1950 u. 52, Habil. 1958 (München) - 1950 Univ.assist.; 1954 Rechtsanw.; 1958 Privatdoz., 1959 Ord. Univ. Münster (Dir. Rechtswiss. Sem. u. Inst. f. Arbeits- u. Wirtschaftsrecht); 1960-72 Oberlandesgerichtsrat (im Nebenamt); Ltr. Forschungsstelle Recht u. Technik. Emerit. 1990. Rechtsanw. München - BV: D. Kartellvertrag - D. Kartell als Vertrag m. Außenwirkungen, 1959; Urheberrechtsfragen b. überbetriebl. techn. Normen, insb. DIN-Normen u. VDE-Vorschr., 1967; Überbetr. Normung USA, 1971; Mehrfachtätigk. v. Sachverst., 1971; Namens- u. Kennzeichenschutz f. TÜV, 1972; Benutz. öfftl. Wege z. Fortleit. elektr. Energie, 1973; Techn. Überwachungs-Verein u. Vereinsrecht, 1975; Grundprobleme zum atomrechtl. Verwaltungsverfahren, 1974; Preisvergl. u. Strukturvergl. b. d. Mißbrauchsaufsicht n. §§ 103, 104 GWB, 1977; Reformdiskussion z. wettbewerbsrechtl. Regelung d. leitungsgebund. Versorgungswirtsch., insbes. d. Elektrizitätswirtsch., 1979; Reform d. Produkthaftung, 1979; Überbetr. techn. Normung in d. Rechtso. EWG- u. EFTA-Staaten, 1979; Sachverst. in atomrechtl. Genehm. u. Aufsichtsverf., 1980; 1., 2., 5., 6., 8., 9. Dt. Atomrechtssymposium, 1972, 1974, 1977, 1980, 1989, 1991; Schutzrechtsdauer b. Sortenschutzrecht, 1982; Sachverst.tätigk. nach Gashochdruckleitungs VO, 1983. Herausg.: Gefahren u. Gefahrenbeurt. im Recht (3 Bde., 1980/81); Rechtl. Ordnung d. Technik als Aufg. d. Industrieges. (1980); Sicherheitstechn. Rechtsvorschr. im dt. u. europ. Recht (Schr.-reihe BMWi 53, 1984); Schutz v. Betriebs- u. Geschäftsgeheimnissen in ausg. EG-Staaten (1986); Rechtsfragen d. Gentechnol. (1986); Europ. Binnenmarkt f. Elektrizität (1988); Schriftenreihe „Recht-Technik-Wirtschaft" u. „Wirtschafts-, Industrie- u. Handelsrecht". Zahlr. Aufs. üb. Wettbewerbs- u. Wirtschaftsrecht, insbes. Organisations- u. Energierecht, Gentechnol., Europarecht, Recht u. Technik - Spr.: Engl. - Lit.: Festsch. f. Rudolf Lukes, (Hrsg. Leßmann, Großfeld, Vollmar, 1989).

LUKESCH, Helmut
Dr. phil., Prof. f. Psychologie - Lindenstr. 6, 8411 Wolfsegg (T. 09409 - 13 28) - Geb. 27. Sept. 1946 Linz/Donau (Vater: Walter L., Amtsrat; Mutter: Irmtraud, geb. Hruby), verh. s. 1979 m. Angelika, geb. Keller, 4 Kd. (Katharina, Florian, Robert, Maximilian) - 1960-65 Lehrer-Bild.-Anst. Salzburg, Stud. Univ. Innsbruck u. Salzburg 1966-71, Promot. 1971, Habil. Konstanz 1976 - 1971-73 Hochschulassist. Salzburg, 1973-78 Wiss. Assist. Konstanz, s. 1979 Lehrst. f. Psych. Regensburg, 1982-84 Prodekan - BV: Erziehungsstile, 1975; Elterliche Erziehungsstile, 1976; Ist d. Gesamtschule besser?, 1980; Schwangerschafts- u. Geburtsängste, 1981; Lehrerverhaltensinventar, 1982; Geburts-Angst-Skala, 1983; D. Schwierigkeiten d. systemvergleichenden Schulforschung, 1986; Jugendmedienstudie, 1989; Video im Alltag d. Jugend, 1989. Herausg.: Fam.-Sozialisation (1978); Fam.-Sozialisation u. Intervention (1980); Beratungsaufg. in d. Schule (1989); Wenn Gewalt z. Unterhaltung wird ... (1990); Tätigkeitsanalyse, Arbeitsbelastungen u. Berufszufriedenheit (1991) - Spr.: Engl.

LUKSCHY, Stefan
Regisseur, Autor - Giesebrechtstr. 13, 1000 Berlin 12 - Geb. 3. Juli 1948 Berlin (Vater: Wolfgang L., Schausp., †1983 (s. XXII. Ausg.); Mutter: Victoria, geb. v. Schack, Malerin, Bühnenbildn., †1965 (s. XIV. Ausg.)), gesch. - 1968-70 FU Berlin (German., Publiz., Musikwiss., Phil.); 1970-76 Dt. Film- u. Fernsehakad. ebd. - BV: Beim nächsten Mann wird alles anders, 1988. Filme: Krawatten f. Olympia (1976), Valse Triste (1980), Wer spinnt denn da, Herr Doktor? (1982), Destination Berlin (1987), D. Doppelte Nötzli (1990). Ausgew. TV-Produkt.: Loriot 1-6 (1975-83), Oft passiert es unverhofft (1985), D. Untermieter (1986), Hals über Kopf (1986-88), Harald & Eddi (1989) - 1980 Bundesfilmpreis (f. Valse Triste); 1986 Silb. Rose v. Montreux (f. Oft passiert es unverhofft) - Spr.: Engl., Franz., Ital.

LULEY, Martin
Generalvikar Bistum Mainz (s. 1973) - Bischofspl. 2, 6500 Mainz (T. 06131 - 25 31 10) - Geb. 25. Nov. 1925 Wattenheim, kath. - Domkapitular, Prälat.

LUMMA, Klaus
Dr. paed., M.A., A.C.P., Erziehungswissenschaftler u. Orientierungsanalytiker, Jazztrompeter (Ps. Fats La Lo), Wiss. Leit. Inst. f. Humanistische Psychol. (IHP) - Goerdtstr. 7, 5180 Eschweiler (T. 47 76-47 26; Telefax 20447) - Geb. 11. Juni 1944 Gerolstein/Lissingen (Vater: Robert L., Stadtrat; Mutter: Hedwig, geb. Krämer), kath., verh. s. 1969 m. Dagmar, geb. Eiteneier, 5 Kd. (Thorsten Julius, Melanie Christiane, Nils Friedemann, John Frederick, Roman Ben) - Stud. Päd., Phil., Angl., Musikwiss. u. Psych. Musikhochsch. Köln, College of Preceptors London, Univ. Hamburg, RWTH Aachen; A.C.P. London; M.A. (Prof. Zielinski); Promot. (Prof. Pöggeler) Aachen; z.Zt. Habil. (Prof. Glück) Köln - Initiator d. organ. Human. Psych. in Dtschl. (Dt. Ges. f. Human. Psych. DGHP, Inst. f. Human. Psych. IHP, staatl. anerk. Weiterbildungseinrichtung, Ztschr. f. Human. Psych.) - Begründer v. Orientierungsanalyse u. Päd.-Psychotherapie als Konzept d. Erwachsenenbildung; Entwickl. d. entspr. Berufsverb. BVPPT - Personal- u. Org.entwickl. b. ihp consulting (IHP Tochter); Trompeter d. Sun Lane Ltd. - New Orleans Jazzband; Mitgl. Union dt. Jazzmusiker UDJ; fr. Mitarb. d. Jazz Podium - BV: Kindgerechte Erziehung, 1972; Paul Ritter, Educreation u. Folgendes (m. D. Lumma), 1972; Strategien d. Konfliktlösung, 1982; Neuorientierung, Grundl. d. Päd.-Psych.therapie, 1988. Herausg.: Medien f. kreative Gestalt Arbeit in Beratung Therapie & Weiterbildung (m. B. Knüdeler, 1984) - Liebh.: Transskription alter Jazzmelodien - Spr.: Engl. - Lit.: Programmheft Inst. f. Human. Psych.; Ztschr. f. Human. Psych.

LUMMA, Udo
Lehrer, MdL Schlesw.-Holst. (Wahlkr. 42 - Lauenburg-Süd) - Schützenweg 3, 2410 Mölln (T. 04542 - 47 14; 0431 - 5 96, 22 06, 20 65) - Geb. 21. April 1941 Stargard/Pom. - SPD.

LUMMER, Heinrich
Dipl.-Pol., Bürgermeister u. Senator a.D., MdB (s. 1987) - Karl-Hofer-Str. 39, 1000 Berlin 37 (Zehlendorf) - Geb. 21. Nov. 1932 Essen (Vater: Heinrich L., Arbeiter; Mutter: Sophie, geb. Kovac), kath., verw., 3 Kd. (Markus, Barbara, Bernhard) - Elektromechaniker-Lehre; Abendgymn. Dortmund (Abit. 1957); Stud. Phil., Rechtswiss., Polit. Wiss. (Dipl. 1961 Otto-Suhr-Inst./FU Berlin) - 1962-64 Assist. Inst. f. Polit. Wiss./FU Berlin; 1964-65 Leit. Besucherdienst Bundeshaus Berlin; 1965-69 Geschäftsf., 1969-80 Vors. CDU-Fraktion d. Abgeordn.hauses Berlin; 1980-81 Präs. Abgeordn.haus; 1981-86 Senator f. Inn. Berlin, zugl. auch Bürgerm. - 1960-61 AStA-Vors. FU Berlin, 1969ff. stv. Vors. Landeskurat. Berlin Unteilbares Dtschl., 1971-80 Vors. Dt. Politol.-Verb., 1973-81 Mitgl. SFB-Rundfunkrat, 1977-86 Mitgl. Bundesfachaussch. Außenpolitik d. CDU; 1983ff. VR-Mitgl. Deutschlandfunk, 1984-86 Mitgl. Bundesaussch. d. CDU, 1984-86 Mitgl. Bundesfachaussch. Innenpolitik d. CDU, 1988 Mitgl. Bundesfachaussch. Dtschl.politik d. CDU. CDU s. 1953 - 1982 silb. Ehrennadel Dt. Politol.-Verb. - Spr.: Engl.

LUND, Georg
s. Bocksch, Karl.

LUND, Otto-Erich
Dr. med., Prof. u. Direktor Univ.-Augenklinik München (s. 1968) - Hanfstaenglstr. 23a, 8000 München 19 (T. 51 60-38 00) - Geb. 19. Aug. 1925 Hannover: Vater: Prof. Dr. med. vet. Ludwig L., Ord. Tierärztl. Hochsch. Hannover (s. X. Ausg.); Mutter: Käthe, geb. Witt), ev., verh. s. 1954 m. Dr. med. Berti, geb. Jacobi, 2 Töcht. (Susanne, Barbara) - Stud. Hannover u. Bonn. Promot. (1953) u. Habil. (1962) Bonn - 1957-68 Univ.-Augenklinik Bonn u. Bochum/Klinikum Essen (1967 apl. Prof.). Mitgl. u. a. Dt. u. Österr. Ophthalmolog. Ges., American Academy of Ophthalmology. Div. Einzelarb. - o. Mitgl. Bayer. Akad. d. Wiss., Dtsch. Akad. d. Naturforscher - Leopoldina - Spr.: Engl., Franz.

LUNDEBERG, Steffan C. A.
Geschäftsführer i.R. Electrolux GmbH, Berlin/Hamburg/Wien (1959-90) - Eichenallee 26, 2000 Hamburg 52 (T. 880 65 62) - Geb. 13. Aug. 1924 Malmö/Schweden (Vater: Dipl.-Ing. Nils L.; Mutter: Margit, geb. Gemzell), ev., verh. m. Ursula, geb. Klapp - HH Stockholm (Dipl.) - S. 1952 Electrolux Südafrika, Holl. (1955), BRD (1959) - 1974 Schwed. Vasa Orden - Liebh.: Golf - Spr.: Schwed., Dt., Engl., Franz., Holl.

LUNDGREEN, Peter
Dr. phil., Prof. f. Wissenschaftsgesch. Univ. Bielefeld - Schwarzer Weg 24, 4806 Werther (T. 05203 - 63 03) - Geb. 8. April 1936 Berlin, verh. s. 1963, 4 Kd. - Stud. Geschichtswiss.; Staatsex. 1963, Promot. 1968, Habil. 1973 - 1965-79 Wiss. Mitarb. u. Assist.; s. 1980 Prof. - BV: Bildung u. Wirtschaftswachstum, 1973; Techniker in Preußen, 1975; Umweltforsch. - d. gesteuerte Wiss.? 1978; Sozialgesch. d. dt. Schule, 1980; Wiss. im Dritten Reich, 1985; Staatl. Forschung in Deutschl., 1986; Bildungsbeteiligung u. soziale Mobilität, 1988.

LUNDHOLM, Anja
Schriftstellerin - Ostendstr. 1, 6000 Frankfurt/M. (T. 069-43 76 26) - Geb. 28. April 1918, ev., gesch., 2 Kd. (Diana†, Melvyn) - Staatl. akad. Hochsch. f. Musik, Berlin - Bei Kriegsausbr. akt. Mitgl. e. Org. z. Rettung polit. Gefähr-

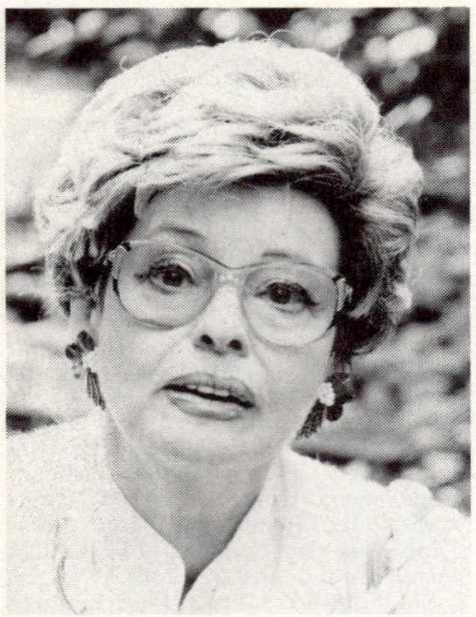

deter in Rom; 1943 verhaftet v. d. Gestapo, Todesurteil in Innsbruck; b. Kriegsende polit. Häftl. KZ Ravensbrück; Übers. engl. u. amerik. B. ins Deutsche - BV/R.: Halb u. Halb, 1966; Via Tasso, New York, 1968; Morgengrauen, 1970; Ich liebe mich - liebst du mich auch?, 1971; D. Grüne, 1972; Zerreißprobe, 1974; Nesthocker, 1976; Mit Ausblick z. See, 1979; Jene Tage in Rom, 1981; Geordnete Verhältnisse, 1983; Narziss postlagernd, 1985; D. Äusserste Grenze, 1987; D. Höllentor (Bericht e. Überlebenden), 1988, Im Netz, 1991. Alle Bücher in mehrere Spr. übers. 2 Verfilmungen, e. Hörspieladaption. Fünf Anthologiebeitr., fünf Buchübers. engl./deutsch - 1970 Dt. Literaturpreis d. AA Bonn; 1972 Schwed. Lit. Akademiepreis; 1974 Svensk författar-Preis; 1986 u. 89 Förderpreis d. Dt. Akad. f. Lit., Darmstadt; 1991 Erster Erich-Maria-Remarque-Friedenspreis d. Stadt Osnabrück (f. Das Höllentor) - Liebh.: Psychologie, Philosophie - Lit.: Hinw. in d. Werken Prof. Dr. Berendsohns, Stockholm.

LUNGWITZ, Harald

Vorsitzender d. Geschäftsführung Maizena Ges. mbH - Georg-Bonne-Str. 26, 2000 Hamburg 52 - Geb. 18. Sept. 1921 Stettin - Stud. Volksw. (Dipl. rer. pol.).

LUNIN, Hanno

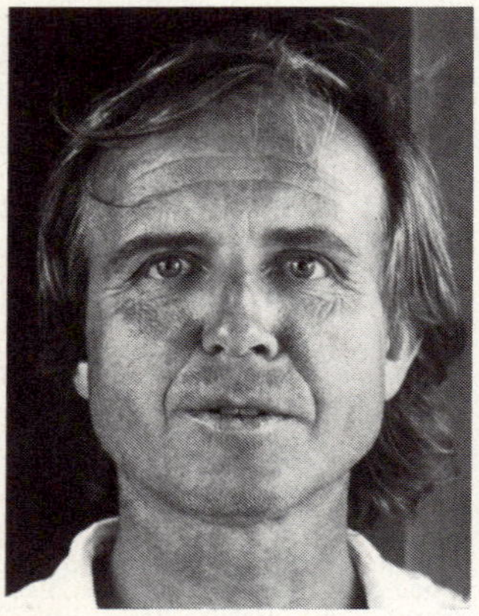

Dr. phil., Regisseur, Drehbuchautor, Theaterleiter - Woldsenweg 13, 2000 Hamburg 20 - Geb. 19. Sept. Dorpat/Baltikum, verh. m. Karin, geb. Rasenack - 1953-59 Univ. Göttingen u. Köln (German., Theaterw., Nordisch. Kunstgesch., Angl., Philos.). Promot. 1959. Schauspielunterr. Düsseld.; Hospitanz Dt. Theater Göttingen (b. Heinz Hilpert); Kommun. Kulturarb. Kulturamt Marl/Ruhrgebiet - Regie-Assist. Schiller-Th. Berlin, Folkets Hus Theater Göteborg/Schweden u. NWDR Hamburg; 1959-62 Regiss. u. Chefdramat. Stadtth. Pforzheim, 1962-64 Staatsth. Braunschweig, 1964-68 Staatsth. Wiesbaden, 1968-70 Bühnen d. Stadt Köln, 1970-75 Thalia Th. Hamburg, Gastregiss. Schiller-Th., Berlin; 1975-78 Generalint. Wuppertaler Bühnen; s. 1979 Regiss. u. Autor f. NDR, WDR, ZDF; über 70 Bühneninsz. - BV: Strindbergs Dramen, Strukturanalyse, 1962; D. Paternoster, Theaterst. 1959, Urauff. Freie Volksbühne, Berlin; 5 Fernsehsp., 2 Hörsp., 5 Revuen, TV-Serien, Übersetz. v. Bühnenst. u. Hörsp. aus Engl., Franz. u. Schwed. - Spr.: Engl., Franz., Span., Schwed., Ital.

LUNTOWSKI, Gustav

Dr. phil., apl. Prof. f. Landesgeschichte Univ. Dortmund, Ltd. Archivdirektor Stadtarch. u. Verwaltungsbibl. Dortmund - Präsidentenstr. 14, 4600 Dortmund 1 - Geb. 17. Jan. 1930 Wien (Vater: Gustav L., ev. Pfarrer; Mutter: Elisabeth, geb. Reisenweber), verh. s. 1953 m. Erika, geb. Seidel, T. Marianne - 1940-48 Franckesche Stiftg. Halle; 1948-54 Univ. Halle, (FU) Berlin, Marburg, Promot. 1954; 1955/56 Inst. f. Archivwiss. Marburg; Habil. 1973 (Landesgesch.) - 1957 Archivar Luth. Weltbund Genf; 1958 Leit. v. Stadtarch. u. Ratsbücherei Lüneburg, s. 1967 Leit. Stadtarchiv u. Verw.-Bibl. Dortmund. Vorst. Westf. Wirtsch.archiv., Vorst. Reinoldigilde Dortmund, Mitgl. Hist. Kommiss. Westf., Vorst. Vereinig. f. Verf.Gesch. u. a. - BV: D. IHKK u. d. Entw. v. Ind., Handel u. Verkehr im Reg.-Bez. Lüneburg, 1967; Grundzüge e. Stadtgesch. d. Neuzeit, 1969; Dortmunder Kaufleute in Engl. im 13. u. 14. Jh., 1970; Gesch. Dortmunds im 19. u. 20. Jh. I: D. kommun. Selbstverw., 1977; Kl. Wirtsch.gesch. v. Dortmund, 1988. Herausg.: Dortmund - 1100 Jahre Stadtgesch. (1982); u. a. - Spr.: Engl., Franz.

LUPFER, Horst Paul

Dipl.-Verwaltungswirt (FH), Bürgermeister Stetten a.k.M. - Rathausplatz 4, 7488 Stetten a.k.M. (T. 07573 - 5 01-45) - Geb. 12. Mai 1940 Gengenbach (Vater: Paul Ernst L.; Mutter: Amalie, geb. Schmid), kath., verh. s. 1965 m. Hedwig, geb. Mayer, 2 Kd. (Karin Silvia, Horst Andreas) - Staatl. Verw.sch. Stuttgart (Fachricht. gehob. Verw.dst.); Ex. 1963 - 1966-91 Bürgermeister Stetten; s. 1991 Geschäftsf. d. Kommunalen Planungs- u. Entwicklungsges. d. badischen Sparkassen mbH, Karlsruhe; 1972ff. MdK Landkr. Stockach u. Sigmaringen - Liebh.: Wandern, Radfahren, Tennis, Briefmarken, Münzen - Spr.: Franz., Engl.

LUSTER, Rudolf

Staatssekretär a. D., Rechtsanwalt, MdEP (s. 1978) - Platz der Republik, Reichstagsgebäude, 1000 Berlin 21 (T. 397 74 37) - Geb. 20. Jan. 1921 Berlin (Vater: Franz L., kaufm. Angest.; Mutter: Viktoria, geb. Kempa), kath., verh. s. 1950 m. Elisabeth, geb. Piecyk (Werklehrerin), 2 Töcht. (Daniela, Martina) - Gymn. u. Univ. Berlin (Rechts- u. Staatswiss., Ztg.wiss.). Gr. jurist. Staatsprüf. - 1950-51 Richter LG Berlin, 1951-55 Personalref., Leit. Rechtsamt u. Stadtrat f. Pers. u. Verw. Bezirksamt Steglitz, 1955-63 Staatssekr. b. Senator f. Inneres v. Berlin, s. 1963 RA. 1949-51 Stadtverordn. Berlin. 1950-52 Vors. Jg. Union Berlin. CDU s. 1945 (1950 Mitgl. Landesvorst. Berlin); MdA Berlin (1967-76); MdB (1976-80); 1978 MdEP - 1968 BVK, 1981 Gr. BVK; 1987 Gr. BVK m. Stern - Spr.: Engl.

LUSTIG, Ernst

Dr., Chemiker, Leit. Abt. Physikal. Meßtechnik Ges. f. Biotechnol. Forsch. (emerit. 1986), Braunschweig - Rossittenweg 10, 3340 Wolfenbüttel (T. 05331 - 7 34 10) - Geb. 12. Sept. 1921 Gleiwitz (Vater: Dr. Wilhelm L., Rechtsanw. u. Notar; Mutter: Gertrud, geb. Glaser), jüd., verh. s. 1951 m. Hanna Ruth, geb. Löwe, 3 Kd. (Roger L., Catherine Anne, Sandra Helen) - Staatl. kath. FW-Gymn. Gleiwitz (Abit. 1938); 1943-48 Univ. Buenos Aires (Promot.); 1953-57 Mass. Inst. Techn. Cambridge/USA (Ph.D. Physikal. Chemie) - S. 1948 wiss. Tätigk. an Hochsch. u. in d. Ind. Buenos Aires, Wilmington u. Washington, DC/USA, Wiss. Mitarb. National Bureau of Standards u. d. Food & Drug Administr. (Washington, DC/USA; 1970 Stip. an Physikal. Inst. Univ. Basel; 1970-72 Leit. Abt. Physikal. Chemie Forsch.abt. Food & Drug Administ. (USA); s. 1972 Ges. f. Biotechnol. Forsch. Lehrtätigk. USA (1964-72) u. TU Aachen (Mitgliedsch. u. Ämter). Rd. 35 Fachveröff. in intern. Ztschr. - BV: NMR - Basic Principles and Progress, Bd. 6 1972 (m.a.); Computer Assistance in the Analysis of High-Resolution NMR Spectrá - 1968 Award of Merit, Food & Drug Administration (USA, höchste Ausz. d. FDA) - Liebh.: Musik (Klavier), Anwend. d. EDV auf Geisteswiss., Gesch. Juden Schlesiens, Genealogie, Fotogr. - Spr.: Engl. u. Span. (perfekt in Spr. u. Schrift) - Fellow Washington Acad. of Sciences u. Soc. of Sigma Xi - Bek. Vorf.: Eugen Lustig (1856-1929), Justizrat, Stadtverordnetenvorsteher u. Ehrenbürger Gleiwitz (Großv.); Dr. Hans Louis Schäffer (1886-1962), Staatssekr. Reichswirtsch.min. u. Reichsfinanzmin. u.a. (Vetter d. Vaters); Fritz Naphtali (1888-1961), Journalist u. Politiker, Landwirtsch.-, später Wohlfahrtsmin. in Israel (Vetter d. Vaters); Dr. Oscar Troplowitz (1863-1918), Pharmazeut, kaufte 1888 Fa. Beiersdorf, Hamburg, Erf. v. Hansaplast, Nivea-Creme u. d. ersten Zahnpasta, Kunstmäzen (Vetter e. Großmutter) - Lit.: Nachschlagewerke, u.a. Kürschner.

LUTHE, Hubert

Dr. theol., Bischof von Essen (s. Dez. 1991) - Burgplatz 2, 4300 Essen 1 (T. 22 04-2 00 o. 22 04-2 01) - Geb. 22. Mai 1927 (Vater: Hermann L., Kaufm.; Mutter: Amalie, geb. Hasert), kath. - Dreikönigsgymn. Köln, Univ. Bonn u. München, Priestersem. Köln. Promot. 1964 München - 1953 Kaplan Düsseldorf, 1965 Relig.lehrer Köln, 1955 Erzbischöfl. Kaplan u. Geheimsekr., 1968 Regens Erzbischöfl. Priestersem., 1969-91 Weihbischof in Köln, Febr. 1992 Amtseinführung als Bischof v. Essen.

LUTHER, Gerhard

Dr. jur., Prof. Univ. Hamburg (s. 1962), Wiss. Mitarb. Max-Planck-Inst. f. ausl. u. intern. Privatrecht, Hamburg. Spez. Arbeitsgeb.: Ausl. Rechte (bes. ital. Recht), Intern. Privatrecht - Wolfersкamp 11, 2000 Hamburg 56 - Geb. 28. April 1912 Berlin, ev., verh. s. 1939 m. Eva-Maria, geb. Schmidt, 2 Kd. - Univ. Graz, Halle, Berlin (Rechtswiss.) - BV: Rangordnung d. Fahrnispfandrechte, 1939; D. ital. Jugendstraf- u. -fürsorgerecht, 1958; Ehemündigkeit - Volljährigkeit - Strafmündigkeit, 1961; Einf. in d. ital. Recht, 1968; Ital. Scheidungsgesetz, 1971 (m. E. Jayme) - 1957 Preis Dt. Forschungsgem.; Ausw. Mitarb. v. Unidroit Rom - Spr.: Ital., Franz., Engl.

LUTHER, Gerhard

Dr.-Ing., Geschäftsführer Industriebberatung IBL, ehem. Vorst.-Mitgl. Berliner Masch.bau AG, vorm. L. Schwartzkopff, Geschäftsf. v. Tochterges. - Sedanstr. 17, 1000 Berlin 41 (T. 771 65 96) - Geb. 18. Okt. 1927 Berlin.

LUTHER, Peter

Doz., Dr. sc. nat., Immunologe, Senator f. Gesundheit Berlin (s. 1991) - Kerkowstr. 17, O-1123 Berlin - Geb. 10. Mai 1942 Aschersleben, ev., verh. s. 1972 m. Ghita, geb. Stober, 2 Söhne (Kai, Jan) - Fachsch.; Stud. 1963-68 Humboldt-Univ. Berlin; Promot. A 1974; Promot. B 1980; Fachex. Fachwiss. Immunologie; Hon.-Doz. 1987 - 1974-80 wiss. Assist., Forsch.inst. f. Lungenkrankh. Berlin-Buch; 1980-85 Oberassist., stv. Abt.leit.; 1985-89 Abt.-Leit.; 1989/90 Abt.leit. u. stv. Institutsdir.; 1990/91 Institutsdir.; s. 1991 Senator - BV: Lektin u. Toxin d. Mistel. Zw. Aberglaube u. mod. Forsch., 1982; D. Mistel, Botanik, Lektine, med. Anwend., 1987; 185 wissenschaftl. Arb. u. Vortr. b. wissenschaftl. Kongressen; 2 Fachb. 1980, 1986; 4 Buchbeitr. 1982-90;

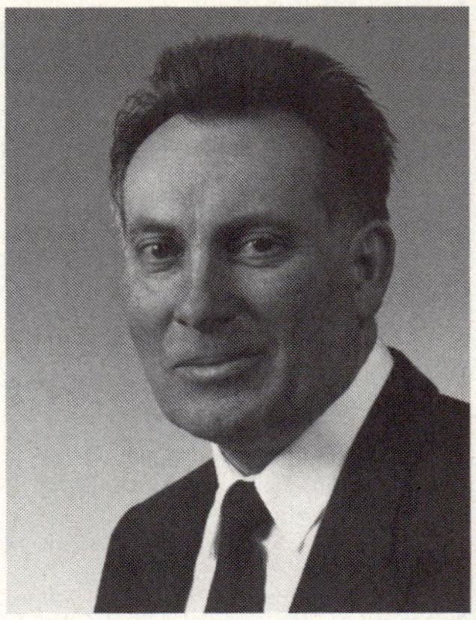

1 Film (wissenschaftl. Kurzfilm) 1974 - 6 Pat. - 1982 Rudolf Virchow Pr. f. hervorr. Leistungen i. d. med. Forsch. - Liebh.: Tennis, Naturwanderungen - Spr.: Engl. - Bek. Vorf.: Neffe d. Reformators Dr. Martin Luther in d. 13. Generation.

LUTHER, Walter

Kaufmann, Inhaber Max Leube, Nürnberg - Metthingstr. 14, 8500 Nürnberg - Geb. 3. Febr. 1924 - Beiratsvors. Baustoff Union GmbH & Co. KG, Nürnberg; Ehrenvors. Bundesverb. d. Dt. Baustoffhandels.

LUTTER, Heinz

Dr., Prof., Leiter Inst. f. Sportwissenschaft Univ. Regensburg (s. 1975) - Innstr. 22a, 8400 Regensburg (T. 4 92 89) - Geb. 13. Dez. 1928 Landshut, kath., verh. s. 1955 m. Inge, geb. Nadler, 3 Kd. (Klaus, Rainhard, Bernd) - Stud. Univ. München, Würzburg, Köln; Promot. 1968 - 1975-77 Dekan Fachber. Phil., Psychol., Päd. - BV: Untersuchungen ü. Formen seelischen Geschehens auf d. Gebiet d. Leibeserziehung, 1968; Z. Praxis d. Leibeserz. an Grund- u. Hauptsch., 3. A. 1975 (m. Heribert Lutter); Z. Praxis d. Leibeserzieh. a. Grund- u. Hauptsch., 4. A. 1977. Hrsg.: Schulsport - pädagog. u. method. Aspekte, 1977; Sportwissenschaftl. Erkenntnis - sportprakt. Erfahrung, 1978; Sport an berufsbild. Schulen, 1981 (m. Hans-Jörg Held) - Spr.: Engl.

LUTTER, Marcus

Dr. jur., o. Prof. f. Bürgerl. Recht, Handels- u. Wirtschaftsrecht Univ. Bonn (b. 1979 Bochum), Dir. d. Inst. f. Handels- u. Wirtschaftsrecht sowie d. Zentrums f. Europ. Wirtsch.recht, Präs. Dt. Juristentag (1982-88) - Auf der Steige 6, 5300 Bonn 1 (T. 73 91 12) - Geb. 1930 München (Vater: Dr. jur. Michael L., Notar), verh. m. Rebecca, geb. Garbe - Gymn. München u. Pirmasens; Univ. München u. Freiburg (Rechtswiss.). Promot. 1957 Freiburg; Habil. 1963 Mainz. Ass.ex. 1957 - Assist. Univ. Saarbrücken (Prof. Liebisch); 1962-63 Forschungsstip. DFG (m. Studienaufenth. Brüssel, Paris, Rom, Utrecht); 1964-65 Notar Rockenhausen/Pf. u. Privatdoz. Univ. Mainz; 1972 Gastprof. in Berkeley, Cal. - BV: Information u. Vertraulichk. im Aufsichtsrat, 2. A. 1984; Der Letter of Intent, 2. A. 1983; Europ. Unternehmensrecht, 3. A. 1991; Rechte u. Pflichten d. Aufsichtsrats, 3. A. 1992; div. Monogr. u. Abh., insbes. zu Mitbestimmung, Aktiengesellschaft u. GmbH. Herausg. d. Zeitschr. f. Unternehmens- u. Gesellschaftsrecht - Spr.: Engl., Franz., Ital.

LUTTERMANN-SEMMER, Elisabeth

Dipl.-Oecotrophologin, Dr. oec. troph., Leit. d. Ref. Ernährungsberat. b. d. Dt. Gesellschaft f. Ernährung, Frankfurt/M. - Am Lotzengraben 21, 6330 Wetzlar 22 - Geb. 19. April 1955 Harsewinkel/Westf., verh. s. 1983 m. Klaus-Peter Semmer,

Dipl.-Ing. - Stud. Ernährungs- u. Haushaltswiss. Univ. Gießen; Promot. 1987 Gießen - Spr.: Engl., Franz.

LUTTEROTTI, von, Markus

Dr. med., Prof., Chefarzt Innere Abt. Loretto-Krankenhs. Freiburg a. D. - Lugostr. 8, 7800 Freiburg/Br. (T. 7 40 74) - Geb. 10. Aug. 1913 Trient - S. 1954 (Habil.) Privatdoz. u. apl. Prof. (1961) Univ. Erlangen u. Freiburg (1962) - BV: Menschenwürdiges Sterben, 2. A. 1988; Facharb. Herausg.: Was kranke Menschen brauchen (m. L. Juchli, 1987); Lex. Medizin Ethik Recht (m. A. Eser, P. Sporken, 1989).

LUTTMER, Gerhard

Dr. rer. pol., Dipl.-Kfm., Dipl.-Betriebswirt, Vorstand Gerling-Konzern Allg. Versich.-AG, Köln - Am grünen Weiher 13, 5060 Bergisch Gladbach 2 (T. 02202 - 5 32 62) - Geb. 3. Dez. 1941 Hamburg, ev., verh. s. 1970 m. Ursula, geb. Bohnsack, 2 Töcht. (Nora, Nina) - Lehre Versicherungskfm. Nordstern; DVA Köln (Dipl.-Betriebsw. 1964); BWL Univ. Köln (Dipl.-Kfm. 1968); Promot. 1972 Köln; Beirat Gerling Inst. Pro Schadenforsch., Schadenverhütung u. Sicherheitstechnik GmbH, Köln; Vorst. DTV Hamburg u. Vors. d. Warenkommiss.; Mitgl. Cargo Committee Intern. Transport-Versich.-Verb., d. Hauptaussch. u. K-Fachaussch. d. Verb. d. Haftpflicht-, Unfall-, Auto- u. Rechtsschutzversicherer e.V. - Spr.: Engl.

LUTZ, Burkart

Dr. phil., Honorarprof. f. Industrie- u. Betriebssoziol. Univ. München (s. 1967) - Jakob-Klar-Str. 9, 8000 München 40 (T. 272 92 10).

LUTZ, Dietmar

Dr. jur., Ministerialdirigent, Leit. d. Polizeiabt. im Innenmin. v. Schlesw.-Holst. - Retinastr. 12, 2200 Elmshorn (T. 04121 - 6 14 09) - Geb. 23. Juli 1941 Marienburg (Vater: Max L., Ing.; Mutter: Herta, geb. Schlie), ev.-luth., verh. s. 1968 m. Elke-Maria, geb. Lübbert, 3 Kd. - Stud. Rechtswiss. u. Gesch.; jurist. Staatsex. 1966 u. 70, Promot. 1969 Kiel - 1970 Richter, danach Sekr. Staatshaftungsrechtskommiss.; s. 1973 1. Stadtrat; 1980-89 Bürgermeister v. Elmshorn.

LUTZ, Frieder

Dr., Tierarzt, Prof. Univ. Gießen (s. 1975) - Ebelstr. 18, 6300 Lahn (T. 7 72 69) - Geb. 13. Juni 1939 Chemnitz (Vater: Erich L., Handelsvertr.; Mutter: Marianne, geb. Müller), ev., verh. s. 1968 m. Sigrid, geb. Harms, 2 Kd. (Friedemann, Viola) - Stud. d. Veterinärmed. Univ. Gießen u. München - 1963-65 Praxis; 1965-75 Assist. Pharmakol. Inst. Hamburg u. Inst. f. Pharmakol. u. Toxikol. Gießen. Fachmitgl.sch.

LUTZ, Hans-Jürgen

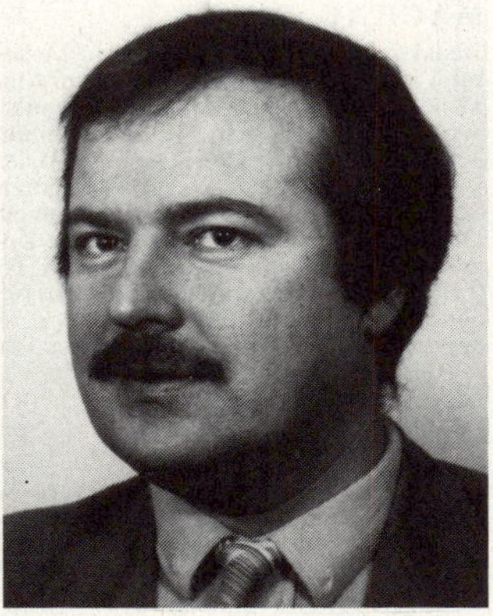

Verleger, Chefredakt., Journ., Schriftst., Komp., Musiker - Postf. 14 20, 6233 Kelkheim-Mitte (T. 06195 - 6 51 18; Telefax 06196 - 49 85 56) - Geb. 26. April 1948 Kelkheim - S. 1979 Begr. u. Herausg. div. Ztschr.-Bibliogr.; s. 1982 Präs. TUN, Org. Tier- u. Naturschutz e.V.; s. 1987 Chefredakt. Ztschr. Kurz-Info International. Begründer u. Präs. d. 1. Europ. Tier-, Natur- u. Umweltschutz-Kongresses (1992; Schirmherr: Prof. Dr. Robert Jungk) - BV: D. Neue Musik. Lexikon z. Neuen Musik, 1979; Aktualitätslexikon Umweltschutz, 1980; Umweltschutz-Referatedienst, 1981; Kurvendiskussionen, 1986; Handb. d. Hess. Kommunalverf.rechts (m. Rafael Wiegelmann), Bde. I u. II 1988 - Insz.: In memoriam Toni S. (UA 1978), Zirkel I (1979), Konzert Nr. 1 f. Solo-Mandoline u. Orch. (1980), David u. Goliath (1981), Konfrontation 13/20 (1981), Elegie (1982) - Liebh.: Musik, Mathematik. Naturwiss., Ökologie.

LUTZ, Harald

Dr. med. habil., Prof., Internist, Chefarzt Med. Klinik I, Ärztl. Dir. Klinikum Bayreuth - Neckarstr. 10, 8580 Bayreuth (T. 0921 - 4 39 24) - Geb. 24. April 1938, ev., verh. m. Hedi, geb. Wunderer, 3 Kd. (Anja, Holger, Dieter) - Stud. Univ. Erlangen, Wien u. München; Promot. 1965, Habil. 1978 - Zul. Oberarzt Med. Univ.-Klinik Erlangen. 1983-86 1. Vors. Dt. Ges. f. Ultraschalldiagnostik in d. Med.; 1987 president elect, 1990 president Europ. Ges. Ultraschall in d. Med. - BV: Ultraschalldiagnostik (B-scan) in d. Inn. Med., 1978; Ultraschallfibel, 1981, 2. A. 1989; Manual of Ultrasound, 1984; Ultraschallanatomie, 1986.

LUTZ, Heinz Dieter

Dr. rer. nat., Prof. f. Anorgan. Chemie Univ.-GH Siegen - In der Seelbach 11, 5902 Netphen 2 (T. 0271 - 7 66 35) - Geb. 16. März 1934 Rockenbach, ev., verh. s. 1962 m. Renate, geb. Löblein, 4 Kd. (Elisabeth, Barbara, Matthias, Gabriele) - 1953-62 Chemiestud. Univ. Köln; Dipl. 1960, Promot. 1962, Habil. 1967 - 1970-72 Wiss. Rat u. Prof. Univ. Köln; s. 1972 o. Prof. in Siegen (1972-81 Mitgl. Gründungssenat Univ.-GH Siegen) - Entd. schnelle Lithium-Ionenleiter. IUPAC Solubility Series, Sulfites, Selenites and Tellurites, 1986, Structure and Bonding Series, Bonding and Structure of Water Molecules in Solid Hydrates. Rd. 220 Veröff. in nationalen u. intern. wiss. Fachztschr.

LUTZ, Hermann

Kath. Priester, Prälat, Diözesan-Caritasdir. i.R. (1965-90) - Auf dem Kreuz 41, 8900 Augsburg (T. 0821 - 3156 222) - Geb. 6. Nov. 1919 Bad Honnef/Rh., kath., ledig - 1930-37 Human. Gymn. Dillingen; 1937-41 Phil.-Theol. Hochsch. Dillingen, Abschl. Synodale, Priesterweihe 1942; Cura Ex. nach Kaplanszeit in Neu-Ulm, 1946 (Augsburg) - 1942-46 Kaplan Neu-Ulm; 1945-46 Seelsorger im Kriegsgefangenenlager Neu-Ulm; Caritas-Sekr. ab 1946, Heimleit. Ulrichsheim Augsburg 1946-61, Caritas-Rektor b. 1964, Vizepräs. d. DCV; Mitgl. kirchl. Räte, Hauptaussch. Dt. Verein, Zentralrat Dt. Caritasverb., Finanzkomm., Zentralvorst. d. DCV; Vors. d. Arbeitsgem. öfftl. u. fr. Wohlfahrtspflege Schwaben; Vors. od. Vorst.-Mitgl. versch. Vereine u. Einricht. - Herausg.: Zeitschr. Caritas-Werkblatt, Jahresber.; Kleinveröff. - 1971 BVK, 1990 BVK I. Kl.; 1976 Gold. Ehrenz. d. Dt. Caritasverb.; 1979 Bayer. VO; 1982 Silb. Brotteller d. DCV; Verdienstkreuz d. Malteser-Ord.; Konventual-Kaplan d. Malteser-Ord.; Ernennung z. Ehrendomherr d. Kathedrale in Breslau, u.v.m. - Interessen: Briefm., Kunst, Natur, Hobbyjäger, tätig in e. Fülle v. kirchl., öfftl. u. soz. Aussch. - Spr.: Franz.

LUTZ, Joachim

Dr., Prof. f. Physiologie Univ. Würzburg - Röntgenring 9, 8700 Würzburg - Geb. 15. Mai 1932 Ludwigshafen (Vater: Dr. Georg L., Chirurg; Mutter: Elsi, geb. Betzler), ev., verh. s. 1957 m. Elisabeth, geb. Dalitz, 3 Kd. (Reinhart, Ulrich, Barbara) - Stud. Univ. Mainz (Promot.

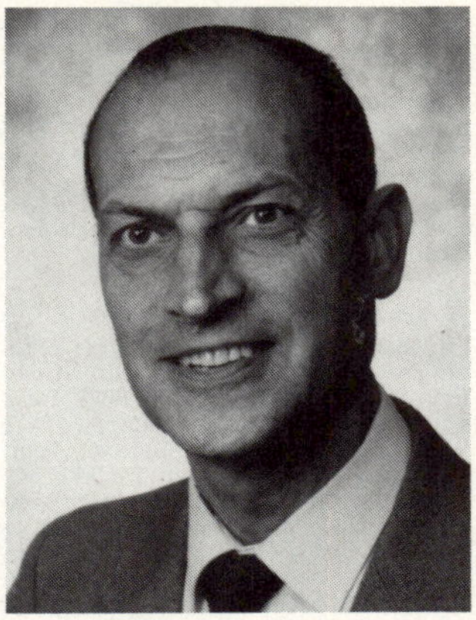

1957); Habil. 1967 Univ. Würzburg - S. 1973 Prof. Rd. 150 Buch- u. Ztschr.beitr. z. Organkreisläufen, Sauerstofftransport, Blutersatz.

LUTZ, Peter

Dipl.-Ing., pers. haft. Gesellsch. Gottlieb Duttenhöfer, Blechwarenfabrik, Haßloch (s. 1983 i.R.) - Luitpoldstr. 13, 6733 Haßloch (T. 06324-59 01 01) - Geb. 14. Febr. 1916 - S. 1982 Ehrenmitgl. REFA-Verb. f. Arbeitsstudien.

LUTZ, Robert A.

Aufsichtsratsvorsitzender Ford-Werke AG., Köln (s. 1984) - Postfach, 5000 Köln 21 - Geb. 1932 Zürich/Schweiz (Vater: Bankdirektor), verh., 4 Töchter - Stud. Univ. Berkeley - Mehrj. Tätigk. General Motors, 1970-72 Opel-Vorst. 5 J. US-Armee/Marine Corps (rund 1500 Flugstunden als Düsenjäger-Pilot) - 1972-74 Verkaufsdir. BMW u. Vorstandsmitgl.; s. 1974 Vorstandsvors. (b. 1976) Ford-Werke AG.; 1976 Exekutiv Vizepräs. u. VR-Mitgl. Ford-Motor-Comp., Detroit; VR-Vors. Ford Europa Inc., Ingatestone - Liebh.: Motorradfahren, Oldtimer, Skeleton-Schlitten - Spr.: Engl., Franz., Ital.

LUTZ, Werner

Hauptgeschäftsführer Handwerkskammer Stuttgart - Heilbronner Str. 43, 7000 Stuttgart 1 - Geb. 27. Nov. 1930.

LUTZ, Wilhelm

Dr. phil., Univ.-Prof. Inst. f. Wirtsch.- u. Sozialgeographie d. Johann Wolfgang Goethe-Univ. - Zu erreichen üb. Dantestr. 9, 6000 Frankfurt/M. (T. 069 - 7 98-38 02); priv. Schwarzdornweg 4, 6236 Eschborn-Niederhöchstadt (T. 06173 - 6 45 35) - Geb. 22. Juli 1931 Adorf/Vogtl. (Vater: Erich L., Oberlehrer; Mutter: Aloisa, geb. Müller), ev., verh. s. 1963 m. Elisabeth, geb. Heinz, 4 Kd. (Thomas, Margarethe, Johannes, Peter) - Stud. Innsbruck; Promot. 1963 ebd. - Arb.geb./Forsch.schwerp.: Wirtsch.geographie, Hochgebirgsforsch., Dtschl., Alpen, Neuseeland - Spr.: Engl.

LUTZ, Wolfgang

Dipl.-Kfm., Inh. Lutz & Co., Elektrokeramik, pers. haft. Gesellsch. Döbrich & Heckel, Steatitwerke, bde. Lauf - Schlachthofstr. 13, 8560 Lauf - Geb. 9. Sept. 1930.

LUTZEYER, Wolf(gang)

Dr. med., em. o. Prof. f. Urologie - Colynshofstr. 2, 5100 Aachen (T. 7 56 60) - Geb. 21. Juni 1923 Leipheim/Donau, ev., verh., T. Katharina - Gymn. Günzburg/D.; ab 1941 Univ. Berlin u. Würzburg. Med. Staatsex. 1947 München; Promot. 1947, Habil. 1955, beides Würzburg - U. a. Leit. Urol. Abt. Chir. Univ.klinik Würzburg (1960; 1962 apl. Prof. f. Chir. u. Urol.) u. Chefarzt Urol. Klinik Städt. Krankenanstalten Aachen (1963; 1966 Ord. u. Urol. TH Aachen). Emerit. 1988. 1967/68 Vors. Nordrh.-Westf. Ges. f. Urol., 1972-73 Präs. Dt. Ges. f. Urol. - Zahlr. Mitgliedschaften, u. a. Dt. Akad. d. Naturforscher Leopoldina, Intern. Ges. f. Urodynamik, Europ. Ges. f. Urol., Dt. Ges. f. Chir., Europ. Ges. f. Experiment. Chir., Max-Planck-Ges.; Korr. Mitgl.: American Urological Assoc., Inc., American Assoc. of Genitourinary Surgeons, Inc., Span., Schweizer., Österr. u. Franz. Ges. f. Urol. - Mithrsg.: Handb. d. Urol. - Liebh.: Mod. Graphik u. Malerei - Spr.: Engl., Franz., Ital. - Rotarier.

LUUK, Dagmar,

geb. Pioch

Diplom-Politologin, MdB (Vertr. Berlins, s. 1980) - Hasselfelder Weg 23, 1000 Berlin 45 - Geb. 14. April 1940 Bremen - SPD (1975-80 MdA Berlin).

LUX, Claudia

Dr. phil., Bibliotheksdirektorin Senatsbibliothek Berlin (s. 1991) - Str. d. 17. Juni 112, 1000 Berlin 12 (T. 030 - 31 83-26 06) - Geb. 24. März 1950 Gladbeck, verh., 2 Kd. - Univ. Berlin, Bochum, Peking; Dipl.-Soz. 1973; Dr. Phil. (Sinologie) 1984; Fachprüf. Wiss. Bibl. 1986 - Wiss. Ang. Staatsbibl. Preussischer Kulturbesitz Berlin u. Dt. Bibl.inst., Berlin - BV: D. Bibliothekswesen d. VR China, 1986; u.a. div. Fachveröff. - Liebh.: Schneekugeln - Spr.: Engl., Chines., Franz.

LUX, Emil

Dr. rer. pol., Dipl.-Kfm., Geschäftsführer Emil Lux, OBI Handels-GmbH., beide Wermelskirchen, Dt. GRID-Inst., Herten, Vors. Arbeitsgem. z. Förd. d. Partnerschaft in d. Wirtsch., Handelsrichter LG Wuppertal - Industriestr. 10, 5632 Wermelskirchen 1 (T. 02196 - 8 61) - Geb. 18. Dez. 1918 Remscheid (Vater: Emil L., Kaufm.; Mutter: Jenny, geb. Schultz), verh. s. 1945 m. Marianne, geb. Hoolmans, 3 Kd. (Rita, Harald, Wolfgang) - Hochsch. f. Welthandel Wien (Dipl.-Kfm.), Univ. Köln (Promot.) - 1972 BVK - Interessen: Marketing, gruppendynam. Prozesse - Spr.: Engl., Franz., Span.

LUX, Hermann

Dr.-Ing., o. Prof. f. Anorgan. u. Analyt. Chemie (emerit.) - Rottenbucher Str. 46, 8032 Gräfelfing/Obb. (T. München 85 12 88) - Geb. 3. Sept. 1904 Karlsruhe (Vater: Heinrich L., Regierungsrat; Mutter: Anna, geb. Göhler), verh. s. 1943 m. Eugenie, geb. Zirngibl, T. Inge - TH Karlsruhe (Promot. 1931) - 1937 Doz., 1944 apl. Prof. TH München, 1950 Univ. ebd., 1955 ao., 1968 o. Prof. TH, jetzt TU München. Entd.: Fünfwert. Mn., Chrom (II)-Verbind. - BV: Praktikum d. quantitativen anorgan. Analyse, 7. A. 1979 (span. 1960); Anorgan.-chem. Experimentierkunst, 3. A. 1970 (poln. 1960, russ. 1965).

LUZ, Werner

Dipl.-Ing., em. Prof., Architekt BDA - Taubenheimstr. 76, 7000 Stuttgart-Bad Cannstatt (T. 56 14 27) - S. 1967 o. Prof. f. Entwerfen, Raumkunst u. Wohnungsbau TH Hannover - 1970 Hugo-Häring-Preis, 1976 BDA-Architekturpreis Nieders.

di LUZIO, Aldo

Dottore, Prof. Univ. Konstanz (Fachbereich Sprachwiss.) - Postfach, 7750 Konstanz/B..

LYDTIN, Helmut

Dr. med., Prof., Internist, Ärztl. Direktor Kreiskrankenhaus Starnberg - Oßwaldstr. 1, 8130 Starnberg/Obb. - Lehrtätigk. München.

LYMPASIK, Siegmund

Kunstmaler, Graphiker, Kunsterzieher - Sybelstr. 46, 1000 Berlin 12 (T. 323 62 09) - Geb. 14. Jan. 1920 Berlin, kath., led. - Oberrealsch. Berlin (Abit.); 1939-40 u. 1947-52 Kunsthochsch. ebd. - 1940-47 Wehrdst. u. Kriegsgefangensch. (vorzeit. Entlass. auf Grund v. Ausstellungserfolgen in Berlin n. 1945 m. Arbeiten aus d. Krieg aus Frankr. u. Belg.).

Beteilig. an zahlr. Ausstell., Ausst. m. Collagen aus 30 Jahren in d. Nagel-Galerie Wedding (1990). Mitgl. Dt. Künstlerbd. - 1951 Berliner Kunstpreis, 1959 Preis Gr. Berliner Kunstausstell., s. 1981 m. e. Bild vertr. u. a. in d. Bonner Samml. Kunst f. d. Bund u. d. Berlin. Galerie.

M

MAACK, Jürgen
Dipl.-Ing., Geschäftsführer Bundesverb. d. Energie-Abnehmer u. Inst. f. Energieeinsparung Beratungs-GmbH, Hannover - Fuchsklint 17, 3004 Isernhagen - Geb. 12. Nov. 1935 Berlin, ev., verh. s. 1967 m. Gisela, geb. Arndt, S. Tilo - Abit. 1953, Stud. Elektrotechnik TH Ilmenau u. TU Hannover, Dipl. 1966 - Spr.: Engl.

MAACK, Siegfried
Kaufmann, Bürgermeister Rinteln - Rathaus, 3260 Rinteln/Weser, priv.: Fürst-Ernst-Str. 2 (T. 05751 - 24 91, 22 64) - B. 1970 FDP, dann CDU.

MAACKEN, Eberhard
Bankdirektor - Neuer Jungfernstieg 16, 2000 Hamburg 36 (T. 3 41 07-1) - B. 1972 stv., dann o. Vorstandsmitgl. Dt.-Südamerik. Bank AG.

MAAK, Wilhelm
Dr. rer. nat., o. Prof. f. Mathematik - Ewaldstr. 69, 3400 Göttingen (T. 5 66 43) - Geb. 13. Aug. 1912 Hamburg, verh. - Oberrealsch.; Univ. Hamburg u. Kopenhagen. Promot. u. Habil. Hamburg - 1935 Assist. Univ. Hamburg, spät. Univ. Heidelberg, 1940 Privatdoz., 1945 apl. Prof. Hamburg, 1952 o. Prof. Univ. München, 1958 Univ. Göttingen. 4 J. Wehrdst. (Luftw.) - BV: Lehrb. d. Differential- u. Integralrechnung, 4. A. 1969, engl. A. 1962; Fastperiod. Funktionen, 2. A. 1967. Zahlr. Einzelarb. - 1958 o. Mitgl. Akad. d. Wiss. München, 1962 Göttingen, 1973 Kopenhagen.

MAAR, Paul
Autor u. Illustrator - Zinkenwörth 7, 8600 Bamberg - Geb. 13. Dez. 1937 Schweinfurt/M., verh. m. Nele M., 3 Kd. (Michael, Katja, Anne) - Hochschulabschl. - Kinder- u. Jugendb.: u.a. E. Woche voller Samstage, 1975; Lippels Traum, 1985; Türme, 1987. Kindertheaterst., u.a. Kikerikikiste, 1973; Freunderfinder, 1983; Übers. ins Engl., Franz., Russ., Japan., Ital. usw. - 1981 Brüder-Grimm-Preis; 1985 Österr. Staatspreis f. Kinderliteratur; 1985 Europ. Jugendbuchpreis (Premio Europeo di Letteratura Giovanile), Ehrenliste; 1987 Gr. Preis d. Dt. Akad. f. Kinder- u. Jugendlit. f. d. Gesamtw.; 1988 Dt. Jugendlit.-preis (f. Türme) - Spr.: Engl.

MAAS, Georg
Dr., Prof., Direktor, Leit. Inst. f. Unkrautforschung/Biol. Bundesanstalt f. Land- u. Forstw. - Messeweg 11/12, 3300 Braunschweig.

MAAS, Utz
Dr. phil., Prof. f. Allg. u. German. Sprachwissenschaft Univ. Osnabrück - Am Harderberg 35, 4504 Georgsmarienhütte - Geb. 24. Nov. 1942 Bonn (Vater: Hermann-Josef M., Lehrer; Mutter: Gertrud, geb. Fritz), verh. s. 1980 m. Eva-Maria, geb. Nasner, S. Konrad Asmus - Promot. 1968 Univ. Freiburg, Habil. 1971 TU Berlin - 1968 Wiss. Assist. Univ. Freiburg; 1969-73 Wiss. Mitarb. TU Berlin; 1975-76 Prof. Univ. Roskilde (Dänemark); s. 1976 Prof. Univ. Osnabrück - BV: Pragmatik u. sprachl. Handeln (m. and.), 1972, 3. A. 1974; Argumente f. d. Emanzipation v. Sprachunterricht u. Sprachstud., 1974; Grundkurs Sprachwiss., Teil I: Grammatiktheorie, 1973, 3. A. 1979; Berufsverbot (in Dän. u. Schwed.), 1976; Kann man Sprache lehren? F. e. and. Sprachwiss., 1976, 2. A. 1979; Potemkins Universitäten, 1979; Als d. Geist d. Gemeinschaft e. Sprache fand. Sprache im Nationalsozialismus, 1984; Sprachwiss. u. Volkskunde (m. a.), 1986; Grundz. d. dt. Orthographie, 1988, 2. A. 1989, 3. A. 1992; Sprachpolitik u. polit. Sprachwiss., 1989.

MAAS-EWERD, Theodor
Dr. theol. habil., Prälat, o. Prof. f. Liturgiewissenschaft an der Kath. Univ. Eichstätt - Ostenstr. 26-28, 8078 Eichstätt; priv.: Wacholderheide 2, 8079 Walting bei Eichstätt - Geb. 6. Febr. 1935 Senden/Westf. (Vater: Theodor M.-E., Schneidermstr./Personalleiter; Mutter: Maria, geb. Thorwesten), kath. - 1955-61 Stud. Phil. u. Theol. Univ. Münster u. Passau, 1961 Priesterweihe, Promot. 1967, Habil. 1976 Univ. Münster - 1961-64 Kaplan u. Religionslehrer, 1968-73 u. 1975-80 Pfarrer im Bistum Münster; 1964-68 u. 1973-75 wiss. Assist., 1976-80 Privatdoz. Univ. Münster; 1980 Ord. Kath. Univ. Eichstätt (1968 Ruf n. Osnabrück/Vechta; 1985 Ruf n. Paderborn; 1989 Ruf n. Fulda) - BV: Liturgie u. Pfarrei, 1969; Gemeinde im Herrenmahl, 1976; Pius Parsch, 1979; Fürbitten, 1981; D. Krise d. Liturg. Beweg. in Dtschl. u. Österr., 1981; Auf d. Weg durch d. Zeit, 1982; Besondere Tage, 1985; V. Sinn d. Sonntags, 1985; Lebt unser Gottesdienst? D. bleibende Aufg. d. Liturgiereform, 1988; V. Pronaus z. Homilie. E. Stück Liturgie in jüngster Geschichte u. pastoraler Gegenwart, 1990. Neubearb.: D. Messe (Emminghaus), 5. A. 1992. Herausg. Reihe: Extemporalia. Fragen d. Theol. u. Seelsorge (s. 1985, m. M. Seybold) - Vorst.-Mitgl. Dt. Lit. Inst. Trier; Mitgl. Liturgie-Kommiss. d. Diözese Eichstätt; Beiratsmitgl. Fachztschr. Forum Kath. Theologie, Aschaffenburg, u. Praedica Verbum, Donauwörth; Mitgl. Herausg.-Aussch. Eichstätter Studien; Vorst.-Mitgl. Bay. Klerusverb.; s. 1984 nebenamtl. Schriftleiter Klerusbl., München/Eichstätt; s. 1986 Päpstl. Ehrenprälat.

MAASS (ß), Dieter
Dr., Prof. f. Informatik Univ. Kaiserslautern - Postf. 3049, 6750 Kaiserslautern - Geb. 20. Sept. 1930 - Dir. Regionales Hochschulrechenzentrum (RHRK).

MAASS, Erich
Dipl.-Kfm., Bundestagsabgeordneter (s. 1983; Landesliste Nieders.) - Bundeshaus, 5300 Bonn 1 - Geb. 1. März 1944, ev., verh. - CDU.

MAASS, Fritz
Dr. theol., o. Prof. f. Altes Testament u. Bibl. Archäol. - Berliner Str. 32, 7809 Denzlingen b. Freiburg - Geb. 15. Febr. 1910 Naugard/Pom. - Univ. Berlin u. Halle (Theol., German., Oriental.; Promot. bei Prof. Otto Eißfeldt). Habil. 1951 Berlin (Humboldt) - 1936-47 Pfarrer Dt. Ev. Gemeinde Jerusalem u. Schanghai; s. 1948 Lehrtätigk. Kirchl. Hochsch. Berlin (1958 Ord.; 1961/62 Rektor), Univ. Kiel (1964) u. Mainz (1968). Spezialgeb.: Alttestamentl. Theol. u. rabbin. Lit. Fachveröff.

MAASS (ß), Heinrich
Dr. d. Techn. Wiss., Dipl.-Phys., Geschäftsleiter i. R. Fried. Krupp GmbH. Atlas-Elektronik, Bremen - Billungstr. 16, 2800 Bremen-St. Magnus - Geb. 27. Juni 1910 - 1936-75 Atlas-Werke AG. bzw. Krupp. Spez. Interessengeb.: Wasserschallortung.

MAASS (ß), Heinrich
Dr. med., Prof., Ltd. Oberarzt Univ.s-Frauenklinik Hamburg - Ansgarweg 1 n, 2000 Hamburg 54 (T. 56 39 55) - Geb. 15. Nov. 1927 Flensburg (Vater: Emil M., Konditormeister; Mutter: Aenne, geb. Siggelkow), verh. s. 1958 m. Gisela, geb. Irwahn, 3 Kd. (Mareile, Nicolai, Anneke) - 1948-53 Stud. - S. 1962 (Habil.) Lehrtätigk. Hamburg (1968 apl. Prof. f. Geburtshilfe u. Frauenheilkd.). Spez. Arbeitsgeb.: Exper. u. klin. Krebsforsch. - BV: D. Supervolttherapie, 1961. Zahlr. Fachaufs. - 1962 Konjetzny-Preis - Spr.: Engl.

MAASS (ß), Max-Peter
Dr. rer. pol., Schriftsteller, Theater- u. Kunstkritiker - Pützerstr. 1, 6100 Darmstadt (T. 2 02 64) - Geb. 3. März 1904 Itzehoe/Holst. (Vater: Johannes M., Kaufm.; Mutter: Amanda, geb. Stücker), ev., verw. - Kaiser-Karl-Sch.; Univ. Freiburg, Kiel, Göttingen (Nationalök.; Promot. 1926) - S. 1928 Redakt. Göttinger Ztg., Ztg. f. Ostpommern, Stolp (1935), Hannoverscher Kurier (1939), Hildesheimer Ztg. (1943), Westd. Rundschau, Wuppertal (1949), Darmstädter Tagbl. (1952; Redaktionsleit.), dazw. 1944-45 Wehrdst. (Ostfront) u. 1946-48 fr. Schriftst. Initiator Ausstell. Zeugnisse d. Angst in d. modernen Kunst 1963 Darmstadt. Herausg. Darmstädter Monografien - BV: D. Apokalyptische in d. mod. Kunst - End- oder Neuzeit?, 1965; Halsgericht - Kriminalität u. Strafjustiz in alter Zeit, 1968; Eberhard Schlotter, Monogr. 1971; Neuausg. Bd. 1 Weg zum Selbst, Bd. 2 Was gilt der Mensch?, 1985; Hermann Tomada, Monogr. 1973; Dellweg-Seggn, plattdt. Erz., 1975; Wenn dat soo is . . . , plattdt. Ged. 1976; Marietta Merck, Monogr. 1984; Kunst unter Zwängen d. Freiheit, Monogr. u. Ess. (m. Erika Böhm) 1990. Playboy im Hochzeitsturm, Kom. 1991 - 1964 Johann-Heinrich-Merck-Ehrung Darmstadt - Liebh.: Archiv f. apokalypt. Kunst - Spr.: Engl., Franz.

MAASS (ß), Wolfgang
Dr. rer. nat., Prof. f. Theoret. Physik - Am Richtsberg 74, 3550 Marburg/L. - Geb. 15. Juni 1936 Berlin - Promot. 1966; Habil. 1970 - S. 1970 Privatdoz. u. Prof. (1971) Univ. Marburg. Fachveröff.

MAASS, Wolfgang
Dr. iur., Geschäftsführer brühl druck + pressehaus, Verleger u. Chefredakteur d. Gießener Anzeiger - brühl druck + pressehaus, Am Urnenfeld 12, 6300 Gießen-Wieseck (T. 0641 - 5 04-0) - Geb. 2. Jan. 1955, ev., verh. m. Petra, geb. Wilhelmi, 4 Kd.

MAASSEN (ß), Hermann
Dr. jur., Staatssekretär i. R., Rechtsanwalt - Deutschherrenstr. 73, 5300 Bonn-Bad Godesberg (T. 33 29 66) - Geb. 12. Okt. 1915 Köln (Vater: Dr. jur. Jakob M., Rechtsanw.; Mutter: Christel, geb. Fassbender), kath., verh. s. 1940 m. Marianne, geb. Cornelius, 3 Kd. (dar. 2 S.) - Gymn. Köln; Univ. München u. Köln (Rechtswiss.). Gr. jurist. Staatsprüf. - Justizverw. (Richter); 1951-71 Bundesjustizmin. (1967 Min.dir., 1969 Staatssekr.). Mitverf.: Erläuterungsbuch z. Strafgesetzbuch.

MAATMANN, Hermann R.
Landwirt, MdL Nieders. (s. 1978) - Haus Nr. 118, 4459 Wilsum - Geb. 15. Febr. 1925 Rheine/W., verh., 1 Kd. - Volkssch.; Banklehre - 1946-61 Bankangest.; s. 1961 selbst. (elterl. Landw.). 1961 ff. Bürgerm. Wilsum; 1964 ff. MdK Grafsch. Bentheim (1968 Fraktionsf.); 1976 ff. Landrat Kr. Grafsch. Bentheim. CDU s. 1961.

MAATSCH, Richard
Dr. h. c., Prof., Ordinarius f. Zierpflanzenbau (emerit.) - Burgweg 11, 3000 Hannover 21 (T.0511 - 701 01 82) - Geb. 4. Dez. 1904 Braunschweig (Vater: Friedrich M., Lehrer; Mutter: Elisabeth, geb. Tödter), ev., verh. s. 1932 m. Anna, geb. Bornhöft, 3 Kd. (Tatjana, Maja, Immo) - Gärtnerlehre Braunschweig (Botan. Garten); Praxis Baumsch. Berlin u. Elmshorn, Botan. Garten München (Nymphenburg) u. Berlin (Dahlem); Lehr- u. Forschungsanst. f. Gartenbau u. Landw. Hochsch. Berlin (Gasthörer) - 1931-49 Betriebsleit. Versuchsgärtnerei (Zierpflanzenbau) Lehr- u. Forschungsanst. f. Gartenbau Berlin (Dahlem); ab 1946 Lehrbeauftr. u. Prof. m. Lehrauftr. (1947) Humboldt-Univ. ebd.; 1949-73 Ord. u. Inst.dir. Inst. f. Zierpflanzenbau TU Hannover. Spez. Arbeitsgeb.: Reaktion gärtner. Kulturpflanzen auf Licht u. Temperatur. Mitgl. Internat. wissenschaftl. Gartenbau-Ges. u. Intern. Kommiss. f. d. Nomenklatur d. Kulturpflanzen - BV: Cyclamen, 5. A. 1971; Zierpflanzenbau, H. 2; Marktpflanzen, 1952; Blumenzwiebeltreiberei, m. H. Schlösser, 3. A. 1953. Herausg.: Pareys Illustr. Gartenbau-Lexikon (5. A. 1956); Mitarb.: Pareys Blumengärtnerei (2. A. 1958); Ruge, Gärtner. Samenkd., 1966; Buch d. Freilandfarne, 1979; Mitarb. Gesch. d. dt. Gartenbaues, 1984; Schlechter, Orchideen, 3. A., Mithrsg. (Bd. II) 1985 - 1979 Dr. (agr.) h. c. TU Berlin, 1973 Georg-Arends-Gedächtnismünze. 1975 Fried. Scherrer Gedächnismed.

MAATZ, Richard
Dr. med., Prof., Chirurg - Ellernbrook 19, 2407 Bad Schwartau (T. 0451 - 2 39 25) - Geb. 19. Aug. 1905 Kiel (Vater: Richard M., Lehrer; Mutter: Ella, geb. Lutze), ev., verh. s. 1935 m. Hildegard, geb. Lüders, 4 Kd. - Oberrealsch. u. Univ. Kiel. Promot. 1932 - 1931-33 Assist. Pathol.-Hyg. Inst. Chemnitz, 1933-35 Assist. u. Oberarzt (1946) Chir. Univ.-Klinik Kiel (1940 Doz., 1949 apl. Prof.), 1956-71 Ärztl. Dir. u. Chefarzt Chir. Abt. Auguste-Viktoria-Krkhs. Berlin, apl. Prof. FU ebd. - BV: Technik d. Marknagelung, 1945 (m. Küntscher); Feder-Osteosynthese, 1951; Ergebnisse d. Marknagelung, 1951; Wanke/Maatz/Junge/Lentz, Knochenbrüche u. Verrenkungen, Lehrb. 2. A. 1967; D. Marknagel. u. a. intramedulläre Osteosynthesen, 1982 (m. Lentz, Arens u. Beck); Intramedullary Nailing and Other Intramedullary Osteosynthese, 1986. Div. Handbuchbeitr. Üb. 60 Fachaufs. - Liebh.: Segelsport.

MAAZEL, Lorin
Dr. h. c., Dirigent - Wohnhaft in Monaco - Geb. 6. März 1930 Neuilly/Frankreich (Eltern amerik. Staatsbürger), verh. I) 1952 m. Mimi, geb. Sandrbank (Pianistin, Komponistin), Tocht., II) 1969 m. Israela, geb. Margalit (Pianistin), III) 1986 m. Dietlinde, geb. Turban (Schausp.), S. Orson - Frühes öfftl. Auftreten (m. 7 J. als Dirigent, m. 9 als Geiger); 1965-71 GMD Dt. Oper Berlin; 1965-75 Chef Radio-Sinf.-Orch. Berlin; 1972-82 Chef Cleveland Orch., Cleveland (USA); 1982-84 GMD Staatsoper Wien; dzt. musikal. Berater u. Gastdirig. in USA; ab 1988 Musikdir. Sinf.-Orch. v. Pittsburgh (USA). Ring-Dirig. Bayreuther Festsp. (1968ff.) - Ehrendoktor Univ. Pittsburgh/USA (Musik); 1969 Sibelius-Med. (Finnl.); 1972 Ehrenmitgl. Dt. Oper Berlin; 1977 BVK I. Kl.; 1983 Bambi Bild + Funk - Beherrscht 5 Sprachen - Lit.: Ingvelde Geleng, L. M. - Monogr. e. Musikers, 1971.

MACHAC, Peter
Redakteur, Schauspieler, Autor, Moderator - Geb. Wien, verh. s. 1978 m. Monika, geb. Strauch - Human. Gymn.; Abit.; Schauspielsch. Prof. Helmut Krauss u. Prof. Polly Kügler - Redakt. Bayer. Rundf. (HA Unterhaltung); Schauspielengagements: Volkstheater, D. Courage, Komödie (Wien), Kl. Komödie, Kl. Freiheit (München), Film, FS (ORF, ZDF, ARD, RAI, SRG) - 1988 Gold. Verdienstzeichen Rep. Österr. - Spr.: Engl., Niederl.

MACHE, Jürgen
Mitglied d. Bereichsvorstands Bereich Automobiltechnik Siemens AG - Im Gewerbepark D80, 8400 Regensburg 12 (T. 0941 - 790 53 21) - Geb. 29. Nov. 1940 Berlin, ev., verh. m. Lieselotte, geb. Weida, T. Stephanie - Industriekaufm. - Liebh.: Golf - Spr.: Engl.

MACHEMER, Hans Georg
Dr. rer. nat., Prof. f. Zoologie - Sauerbruchstr. 40, 4630 Bochum 1 - Geb. 7.

Sept. 1934 Münster/Westf. (Vater: Helmut, Dr. med. et phil., Augenarzt; Mutter: Erna, geb. Schwalbe), ev., verh. s. 1964 m. Dr. rer. nat. Sigrun, geb. Röhnisch, 2 Kd. (Helmut, Oda) - Gymn. Ahaus/Westf. u. Coesfeld/Westf. (Abit. 1954); 1954-55 TH Karlsruhe (Archit.); Univ. Freiburg 1955-57 (Biol., Chem., Phys.); 1957-62 Univ. Münster (Biol., Chem., Phil.); Promot. 1964, Habil. (Biol.) 1971 Univ. Tübingen - 1964-65 Wiss. Assist. Zool. Inst. Univ. Münster; 1965-70 Assist. Univ. Tübingen; 1971-73 Postdoctoral Trainee, Res. Assoc. Dept. of Biol. Univ. of Calif. Los Angeles; 1973 Priv.doz., 1975 Univ.doz. Univ. Tübingen; s. 1975 Prof. u. Leit. Arbeitsgr. Zelluläre Erregungsphysiologie, Fak. f. Biol. Ruhr-Univ. Bochum; Mitgl. d. Forschergr. d. Dt. Forsch.gem. Membrankontrolle d. Zellaktivität. Arb. z. zellulären Gravirezeption (DARA); Mitgl. Dt. Zool. Ges., Dt. Ges. f. Protozool., Ges. Dt. Naturf. u. Ärzte, Soc. Protozool., Jap. Soc. Biol. Sci. in Space, Ges. f. Techn. Biologie u. Bionik - BV: Forsch.beitr. u. Übersichtsart. z. zellulären Sinnesphysiol., Membranphysiol. u. Physiol. d. Beweg. - Spr.: Engl., Franz.

MACHENS, Kurt

Arzt, Oberbürgermeister d. Stadt Hildesheim - Humboldtstr. 15, 3200 Hildesheim (T. 05121 - 3 01-2 05; Fax 05121 - 3 01-1 09) - Geb. 18. Sept. 1954 Hildesheim, verh. s. 1982 m. Ingrid M., 3 Kd. (Fabian, Lorenz, Viktoria-Sophie) - Medizinstud. Essen u. Göttingen - Liebh.: Fahrradfahren, Skitourenlauf - Spr.: Engl.

MACHER, Egon

Dr. med., o. Prof., f. Dermatologie, Venerologie, insb. Immunologie d. Hautkrankh. - Ahausweg 27, 4400 Münster (T. 86 12 89) - Geb. 13. Juni 1924 Leipzig (Vater: Rudolf M., Kunstbuchbinder; Mutter: Martha, geb. Reichenbach), kath., verh. s. 1948 m. Dr. Brigitte geb. Schneider, 4 Kd. (Michael, Stefan, Sabine, Columbine) - Univ. Tübingen, Jena, Heidelberg; Promot. 1948; Habil. 1959 Marburg. S. 1959 Privatdoz. Marburg, s. 1960 Freiburg. 1963/64 Ausbild.stip. Rockefeller-Univ. New York. 1965 apl. Prof. Univ. Freiburg; 1965-67 ass. Prof. Rockefeller Univ., N. Y., s. 1972 o. Prof. u. Dir. Univ.-Hautklinik Münster - Div. Fachveröff. Mithrsg. versch. Fachztschr. - Mitgl. Dt. Akad. d. Naturforscher Leopoldina. Rhein.-Westf. Akad. d. Wiss., New York Acad. of Sciences Amer. Ass. of Immunologists, Ehrenmitgl. Poln. u. Österr. Dermat. Ges.; 1984 Johann-Georg-Zimmermann-Preis f. Krebsforsch. - Liebh.: Musik, Freiballonsport - Spr.: Engl.

MACHER, Hannes S.

Oberstudienrat, Schriftsteller, Kulturjourn. - Germaniastr. 5, 8000 München 40 - Geb. 15. Jan. 1943, verh., T. Martina Manuela - Staatsex. f. d. höhere Lehramt an Gymnasien - Mitbegründer u. Mithrsg. d. Ztschr. Literatur in Bayern u. Forum Politikunterricht - BV: Föhn, 1988; Hinterglasbilder, 1990. Herausg. zahlr. Werke z. bayerischen Literatur u. Geschichte. Mitarb. einiger Ztg., Ztschr. u. Rundfunkanstalten.

MACHERAUCH, Eckard

Dr. rer. nat., Dr.-Ing. E.h., Prof. u. Leiter Inst. f. Werkstoffkunde I TH bzw. Univ. Karlsruhe (s. 1966) - Nonnenbühl 10, 7500 Karlsruhe 41 - Geb. 30. Sept. 1926 Stadtilm - Promot. 1955, Habil. 1959 Stuttgart - B. 1966 Abt.-Leit. Max-Planck-Inst. f. Metallforsch., s. 1966 o. Prof. f. Werkstoffkd. Univ. Karlsruhe, s. 1982 Hon.-Prof. Xian Jiaotong Univ. - BV: Röntgen- u. Kernphysik f. Mediziner u. Biophys. (m. Richard Glocker), 1965, Stud.ausg. 1971; Praktikum in Werkstoffkunde, 10. A. 1992; Einführ. in d. Versetzungslehre, 7. A. 1982 - Beitr. z. versch. Standardwerken, z. B. Materialprüf. m. Röntgenstr. (m. Richard Glocker), 5. A. 1971; Handb. d. zerstörungsfr. Prüfverfahren (E.A.W. Müller), 1975 - 400 Publ. üb. Span. Analys., Plast., Ermüd., Wärmebeh., Bruchmech. - Mitgl. wissensch. u. wiss.-techn. Ges. (DGM, DPG, DVM, VDG, AFS, ASM, SAE) - Fachgutachter f. forschungsförd. Institutionen (DFG, AIF, VW-Stiftung, BMFT) - Kuratoriumsmitgl. b. mehr. Forschungsinst. - Mithrsg. Z. f. Metallkunde; International Journal of Fatigue; Schriftenr. Werkstoffkd. 1970-74; Beitr. z. Werkstoffkd. u. -technik, 1977; Zeitschr. f. Werkstofftechn. 1970-1973, 1979ff., Fatigue of Engin. Mat. and Struct. - 1979 Erich-Siebel-Gedenkmünze; 1983 o. Mitgl. Heidelb. Akad. d. Wiss.; 1984 Ehrendoktor TH Darmstadt; 1985-90 Mitgl. d. Wiss.Rates; 1985 Heyn-Denkmünze; 1988 Röntgen-Plak.; 1988 Fellow d. Americ. Soc. of Metals; 1988 Adolf-Martens-Med.; 1988 Award d. Wallenberg Found.; 1991 Mitgl. d. Intern. Beirats d. Chr. Doppler-Ges.; Mitgl. d. VR d. TÜV Südwest; 1992 Karl-Wellinger-Ehrenmed.

MACHLEIDT, Hans

Dr. rer. nat., Dipl.-Chem., Prof. f. organ. Chemie u. Biochemie Univ. Tübingen, Forschungsleit. u. Mitgl. d. Geschäftsf. a. D. Dr. Karl Thomae GmbH, Biberach an d. Riß - Gaußstr. 124, 7000 Stuttgart 1 - Stud. Chemie - S. Habil. (org. Chemie u. Biochemie) Lehrtätigk. Univ. Bonn (1962 apl. Prof.) u. Tübingen (1966). Spez. Arbeitsgeb.: Organ. Chemie, Biochemie, Pharmazie, Technologietransfer - Mitgl. Aussch. f. Biotechnol. u. Gentechnol. Verb. d. Chem. Ind., Aussch. f. Forsch. u. Entw. Bundesverb. d. Pharmaz. Ind., Aussch. f. Forsch. u. Technol. im Landesverb. d. Baden-Württ. Ind.; o. Kurat.-Mitgl. Steinbeis-Stiftg. f. Wirtschaftsförd., Baden-Württ.; Landesvertr. d. Bundesverb. d. Dt. Ind.; Pers. Mitgl. im engeren Kurat. d. Fonds d. Chem. Ind.; Wiss. Beirat BioEngeneering. Beauftr. d. Zentralgeschäftsleit.ber. Forsch. u. Entw. Boehringer Ingelheim. Wahrnehmung d. Interessen v. Forsch. u. Technol. in Gremien d. Politik u. Wirtsch. u. fr. Management- u. Technol.beratung - Ehrensenator Univ. Tübingen.

MACK, Günter

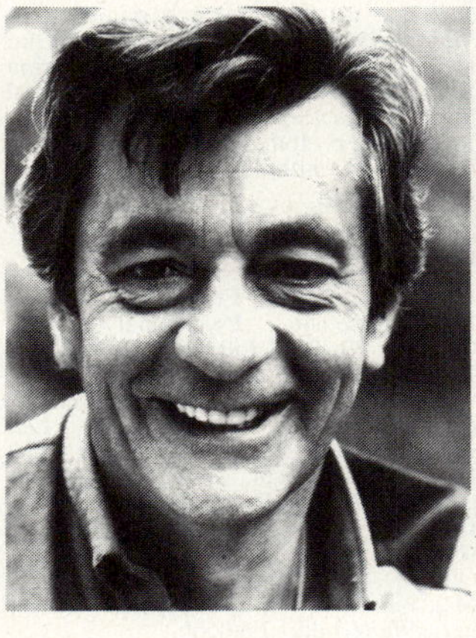

Schauspieler - Brombeerweg 1, 8038 Gröbenzell (T. 08142 - 92 09) - Geb. 12. Dez. 1930 Augsburg, ev., verh. s. 1955 m. Wiltrud, geb. Regner, T. Susanne - Gymn., Schausp.sch. - S. 1955 Sprecher f. Blindenhörbüchereien - Div. Bühnenrollen in 7 festen Engag.; s. 1969 freischaff., Festspiele, Tourneen, Gastspiele, der. Cyrano de Bergerac, Armer Mörder, Wallenstein, Becket (Anouilh), Kean (Sartre); üb. 100 FS-Filme, dar. Nobile, D. ewige Gatte, Kaddisch n. e. Lebenden, Tarabas, Hiob (J. Roth). 1983 TV-Film zweispr.: Weltunterg./End of the World; Hauptrollen in Leo Perutzverfilmungen: Meister d. Jüngsten Tages u. St. Petri-Schnee; 5 Kinofilme - 1967 Bundesfilmpreis Gold; 1979 Gold. Kamera; 1987 Preis Dt. Blindenverb. (Beliebtester Sprecher); 1989 Tourneepreis d. Stadt Witten - Spr.: Engl. - Lit.: Zeutschel Biogr.

MACK, Heinz

s. Mack, Otto-Heinz

MACK, Lorenz

Prof. h. c., Schriftsteller - Karl-Wagner-Pl. 3, A-9300 St. Veit/Glan - Geb. 17. Juni 1917 Ferlach/Kärnten (Vater: Franz M., Büchsenmacher; Mutter: Theresia, geb. Odreitz), kath., verh. s. 1968 - Hauptsch. Bundeslehranstalt f. Handfeuerwaffen - Initiator u. Leit. Diskuss.-Forum Tage d. Poesie St. Veit; Gründer u. 1. Präs. Kärntner Schriftst.-Verb.; Gründ. Diskussionsforum podium u. Intern. Forum ü.d. Kulturaustausch Profile - BV (b. zu 5 Übers.): Glück wohnt in d. Wäldern, R. 1952; D. Saat d. Meeres, R. 1954; D. gottlose Dorf, R. 1955; D. Brücke, R. 1958; Hiob u. d. Ratten, R. 1960; Weihnachtsballade, 1962; Räuberhptm. Fridolin Schneck, 7. A. 1964; D. Sohn d. Erde, R.; An jenem Samstag, R.; D. Herr auf Weyer, R.; Martin Tallmann u. s. Söhne, R.; D. Hunnenbrunner, R.; D. Tod im Forsthaus, R.; Treibholz, Nov. 1978; D. Kosakennovelle, 1986; D. Büchsenmacher, 1987; D. Grünen Hügel, 1987; D. Weihnachtsballade, 1987. Hör- und Fernsehsp. Herausg. Anthol. Dichtung aus Kärnten, 1970 - 1964 Theodor-Körner-Preis; 1968 Hörspielpr. ORF; 1981 Österr. Ehrenkreuz f. Wiss. u. Kunst; 1987 Gr. Ehrenzeichen Land Kärnten; 1987 Ehrenbürger d. Heimatstadt Ferlach; Mitgl. Österr. PEN-Club - Lit.: Interpretationen mod. Prosa (Moritz Diesterweg Verlag 1955).

MACK, Otto-Heinz

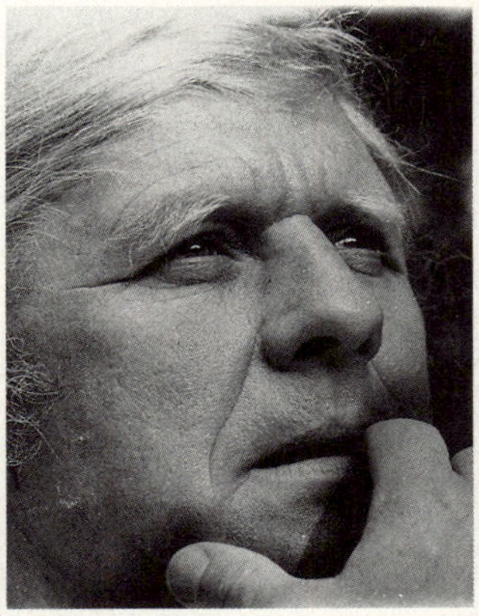

Prof., Bildhauer - Üddinger Str. 232, 4050 Mönchengladbach (T. 02161 - 60 24 58) - Geb. 8. März 1931 Lollar, verh. in 2. Ehe s. 1985 m. Ute, 3 Töcht. (Simone u. Bettina aus 1. Ehe, Maria-Valeria) - 1950-53 Kunstakad. Düsseldorf, 1953-56 Univ. Köln, Staatsexamen - Spez. Arbeitsgeb.: Konstruktionen m. d. Medien Licht u. Bewegung. Verwend. neuer Materialien zwecks einer opt. Immatrialisat. d. Werkstoffe; Werke in üb. 85 Museen d. Welt; s. 1974 Arbeitsgeb. Kunst im öfftl. Raum (m. monumentalen Arb. in üb. 25 Großstädten) - Fernsehfilm: Tele-Mack (1968/69) - BV: Zero, 3 Ausg. (m. Otto Piene); Mackazin (1967/1968); Skulpturen im Raum d. Natur, 1991 - 1958 Kunstpr. Stadt Krefeld; 1965 Prix Marzotto; 1966 1. Prix des arts plastiques, Paris; 1992 Rheinischer Kulturpreis; 1968 o. Mitgl. Akad. d. Künste Berlin - Spr.: Engl., Ital. - Mitgl. Lions-Club - Lit.: Mack, Piene, ZERO, Vol. 1, 2, 3 (1973); Weidemann, Imaginationen (1973); Heckmanns, Mack, Handzeichnungen (1974); Mack, Strukturen (1975); Thomas, Monogr. (1975); Thomas, Mack (1976); Höpker, Expedit. in künstl. Gärten (1976); Galerie Denise René, Hans Mayer, Werkkatalog (1977); Honisch, Skulpturen (1986); Ruhrberg, Sehverwandtschaften (1989); Werkverzeichnis d. Druckgraphik, 1990; Mack, d. Große Stele, 1991; Wegweiser zu d. Werken v. Heinz Mack, 1992.

MACKE, Peter

Dr. jur., Richter Bundesgerichtshof - Herrenstr. 45a, 7500 Karlsruhe - Geb. 26. Nov. 1939 Berlin, kath., verh. m. Hildegard, geb. Klaus, 3 Kd. (Ruth, Klaus, Rolf) - Stud. Univ. Köln; Promot. Köln; 2. jurist. Staatsprüf. 1967 Düsseldorf - 1967ff. Richter LG Mönchengladbach; 1977ff. Richter OLG Düsseldorf; zwischenzeitl. Abordnung an Bundesjustizmin. (Leit. Ref. f. Kabinettangelegenh.); 1981ff. Richter BGH; 1982-85 Pressespr. BGH; 1987-92 Vors. Verein Bundesrichter BGH u. Mitgl. Bundesvorst. Dt. Richterbund; 1991 Leit. Aufbaust. OLG im Justizmin. Potsdam/Brandenburg.

MACKENRODT, Jochen

Dr. jur., Siemens AG (Beteiligungen u. Versich.) - Wittelsbacherpl. 2, 8000 München 2 (T. 089 - 234 25 58) - Geb. 12. Juli 1930 Berlin (Vater: Hans M., Arzt; Mutter: Hedwig), verh. s. 1959 m. Sibylle, geb. Fahr, 2 Töcht. (Kathrin, Nina) - Schulen Salem, Konstanz, Castrop-Rauxel; Univ. Freiburg u. München - RA. 1958-67 Pfaff AG., 1967-72 Singer, s. 1972 Siemens - Spr.: Engl., Franz., Ital.

MACKENSEN, Günter

Dr. med., Dr. sc. h.c., em. o. Prof. f. Augenheilkunde - Bergleweg 6, 7800 Freiburg/Br. (T. 7 14 12) - Geb. 7. Okt. 1918 Braunschweig, verh. s. 1944 m. Dr. Charlotte, geb. Küchemann - Promot. 1944 Göttingen; Habil. 1957 Tübingen - S. 1957 Lehrtätigk. Univ. Tübingen (1963 apl. Prof.; Oberarzt Augenklinik) u. Freiburg (1967 o. Prof.; Dir. Augenklinik). Fachveröff.

MACKENSEN, Jürgen

Geschäftsführer Hommel Handel GmbH., Köln - Rheinallee 135, 4000 Düsseldorf 1 - Geb. 21. Juli 1925, verh. m. Inge, geb. Pretsch, Sohn.

MACKENSEN, Rainer

Dr. phil., o. Prof. f. Soziologie - Provinzstr. 92, 1000 Berlin 51 (T. 492 61'91) - Geb. 8. Juni 1927 Greifswald (Vater: Prof. Dr. Lutz M., Philologe (s. dort); Mutter: Dr. Maria, geb. Hergt), ev., verh. s. 1951 m. Ingeborg, geb. Reinfeldt, 2 Kd. (Philip, Anna-Renate) - 1948-54 Univ. Göttingen u. Tübingen (1950; German., Angl., Theol., Phil.). Promot. 1955 Tübingen; Habil. 1967 Münster - 1955-68 Wiss. Mitarb. Sozialforschungsst. Dortmund/Univ. Münster (1963-68 zugl. Lehrbeauftr.); s. 1968 Ord. u. Inst.dir. TU Berlin. 1961-62 Rockefeller Research Fellow USA. Spez. Arbeitsgeb.: Großstadtforsch., Bevölkerungswiss. Üb. 200 Fachveröff.

MacKENZIE, David Neil

Prof. f. Iranistik - Am Weendespring 28, 3400 Göttingen (T. 0551 - 3 55 88) - Geb. 8. April 1926 London (Vater: David MacK., Minist.beamter; Mutter: Ada, geb. Hopkins), gesch. - Univ. London (Iranistik), B.A. u. M. A. 1953, Ph.D. 1957 - 1955-75 Schule f. orient. Studien Univ. London; s. 1975 Prof. Univ. Göttingen - BV: Kurdish Dialect Studies, 2 Bde., 1961/62; Sūtra of the causes and effects of actions, in Sogdian, 1970; Concise Pahlavi dictionary, 1971; Buddhist Sogdian texts of the British Library, 1976 - Spr.: Engl., Franz., Kurdisch, Paschto, Pers.

MACUCH, Rudolf

Dr. phil., o. Prof. f. Semitistik, Mitgl. d. Norweg. Akad. d. Wiss. (s. 1988) - Schützallee 36, 1000 Berlin 37 (T. 813 82 25) - Geb. 16. Okt. 1919 Dolnè Bzince/ČSR (Vater: Johann M., Baumeister; Mutter: Anna, geb. Harmadi), ev. A. B., verh. s. 1949 m. Iran, geb. Chaghaghi, T. Maria - Gymn. Wagneustadt; Ev. Theol. Fak. Preßburg (2. Staatsprüf. 1943), Univ. Paris (Semit. Philol., Arab.) u. Preßburg (Semit., Phil.), Promot. 1948 - 1943-45 Kaplan Slow. Ev.-Luth. Kirche Trenčin; 1948-50

Assist. Univ. Preßburg; 1951-55 Lehrer f. Lat. u. Franz. Community School Teheran; 1955-63 ao. Prof. Univ. Teheran. Herausg.: Handbook of Classical and Modern Mandaic, A Mandaic Dictionary (m. Lady E. S. Drower), Grammatik d. samaritan. Hebräisch, Neusyrische Chrestomathie (m. E. Panoussi), Gesch. d. spät- u. neusyr. Lit., Zur Spr. u. Lit. d. Mandäer (Studia Mandaica I), Grammatik d. samaritan. Aramäisch, Neumandäische Chrestomathie. Zahlr. Fachaufs. - Liebh.: Slaw. u. iran. Philol. - Spr.: Engl., Franz., slaw., semit. u. iran. Spr.

MADAI, Wolfgang

Journalist (akad.), MdL Sachsen - St. Petersburger Str. 26, O-8010 Dresden (T. 496 15 80) - Geb. 27. Jan. 1956 Dohna (Vater: Helmut M., Ing.-Chem.; Mutter: Christa, geb. Weyhmann, ev. - Ober- u. Volkshochsch. (Abit.); kirchl. Verw.ausb., Fernstud. Theol. u. Journalistik Univ. Leipzig/Berlin - Mitarb. kirchl. Einrichtungen, zul. Landeskirchenamt Sachsen sowie fr. Journalist. 1990 Stadtverordn. u. MdL (Wahlkreis Pirna); Landesvors. EUROPA-UNION DTL.; Generalsekr. Wettinges.; 1992 VR-Vors. Landesmedienanstalt - Zahlr. Beiträge in Buch- u. Sammelbänden sowie wiss. Ztschr. - 1991 St. Heinrichs-Nadel m. Krone Bamberg - Liebh.: Klass. Musik, Lit., Gesch. - Spr.: Engl., Russ., Ungar. - Bek. Vorf.: Guido v. Madai (1810-92) Polizeipräs. Berlin, Otto Karl v. M. (1809-50) Mitgl. Frankf. Nat.vers., David Samuel v. M. (1709-80) - Arzt/Numismatiker.

MADAUS, Rolf
Dr., Fabrikant, Mitgesellsch. u. Geschäftsf. Dr. Madaus GmbH & Co./Pharmaz. Erzeugnisse, Köln - Ostmerheimer Str. 198, 5000 Köln 91.

MADEL, Waldemar
Dr. phil. (habil.), Prof., Geschäftsf. i. R. - Stiegelstr. Nr. 79, 6507 Ingelheim - Geb. 27. März 1912 Berlin - Promot. u. Habil. Berlin - S. 1954 Privatdoz. u. apl. Prof. Univ. Mainz (Angew. Zoologie m. bes. Berücks. d. Entomol.); b. 1976 (Ruhestand) Geschäftsf. Fa. Celamerck, Ingelheim - BV: Drogenschädlinge - Erkennung u. Bekämpf., Schädlinge im Bauholz (mehrere A.), Schädlinge zw. Keller u. Dach, Wirtschaftsfeinde m. 6 Beinen.

MADELUNG, Gero
Dipl.-Ing., Univ.-Prof. Luftfahrttechnik Techn. Univ. München - Postf. 20 24 20, 8000 München 2 - Geb. 2. Febr. 1928 Berlin (Vater: Prof. Georg M., Flugzeugbauer; Mutter: Ello, geb. Messerschmitt) - Stud. Maschinenbau TH-Stuttgart u. Clarkson College Potsdam (USA), TH-München - S. 1952 Messerschmitt bzw. MBB; (1978-83 Vors. d. Gfg.) AR.-Mand. Robert Bosch GmbH, u. Deutsche Alcan GmbH - 1974 u. 1977 amerik. Ausz.; 1981 BVK; 1972 u. 1984 brit. Ausz.

MADER, Bernd M.

Intern. Berufsnumismatiker, freiberufl. Finanz-Journalist - Martinistr. 49, 4402 Greven/Westf. 1 (T. 02571 - 21 37) - Geb. 7. Nov. 1940 Bremen (Vater: Dipl.-Hdl. Karl R. M., Handelsstud.rat; Mutter: Eleonore K., geb. Jentsch), ev., verh. s. 1963 m. Anita, geb. Teufel - Kaufm. im Groß- u. Außenhandel - Inh. u. Geschäftsf. Fa. Münzen-Mader (Versand exklusiver Münzen- u. Med.-Raritäten, gegr. 1973). Mitgl.schaften: Berufsverb. dt. Münzenfachhandel, Bonn; GIG (Ges. f. Intern. Geldgesch. u. gemeinn. Forsch.ges.), Frankfurt/M.; ÖNG (Österr. Numismatische Ges.), Wien; BNS (British Numismatic Soc.), London; Ges. z. Förderung d. Numismatik e.V., Hamburg; PRO HONORE - Verein f. Treu u. Glauben im Geschäftsleben e.V., Hamburg - Autor zahlr. numismatischer Fachbeitr. in Presseorganen aller Art. Herausg. u. verantw. Redakt. Informationsdienst mader aktuell - münzen & informationen (s. 1973) - Liebh.: Helgolandica-Sammler - Spr.: Engl., Franz., Lat. u. Altgriech.

MADER, Franz
Rechtsanwalt u. Notar, Fachanw. f. Steuerrecht - Alfred Bozi-Str. 23, 4800 Bielefeld 1 (T. 49 11 88); Büro: 1, Alfred-Bozi-Str. 23 (T. 0521 - 6 50 21) - Geb. 28. Jan. 1912 Mitteldorf (Vater: Josef M.; Mutter: Anna, geb. Kastner), verh. s. 1943 m. Ilsetraut, geb. Mündel, 4 Kd. - Gymn. Glatz; Stud. Rechts-, Staats- u. Wirtschaftswiss. - S. 1948 RA u. Not. (1958). 1939-45 Kriegsdst. (zul. Regtskdr.; Oberst d. R. a. D. Bundeswehr); 1967-80 MdL NRW, 1956-80 Ratsherr Stadt Bielefeld, 1956-70 FDP, s. 1971 CDU - U. a. Ritterkreuz, Dt. Kreuz in Gold, Ehrenblattspange, Gr. BVK - Liebh.: Skifahren, Schwimmen, Wandern, Histor. Lit., Briefmarken - Spr.: Engl.

MADER, Helmut
Managementberater, Geschäftsführender Gesellschafter d. RGD Rationalisierungsgemeinschaft Drogerie GmbH - Buchenweg 1, 6909 Walldorf (T. 06227 - 22 21) - Geb. 4. März 1923 Freiwalde (Vater: Ewald; Mutter: Hedwig, geb. Veith), kath., verh. s. 1952 m. Hilda Luisa, geb. Staufer, S. Dr. Detlef Jürgen (Dipl.-Geologe) - B. 1984 Vorst.-Vors. d. Esüdro Einkaufsgenossenschaft Deutscher Drogisten e.G., Mannheim.

MADER, Roland
Ingenieur, Betriebswirt, Gesellschafter d. Fernseh System Ges., München, Präs. Dt. Volleyball-Verb. (1979ff) u. Bayer. Volleyball-Verb. (1977-83), Vice-Pres. Europ. Volleyball Verb. (s. 1983) u. Intern. Volleyball Verb. (s. 1984), Mitgl. NOK - Sonnenstr. 5, 8042 Oberschleißheim/Obb. (T. 089 - 315 40 91) - Geb. 21. Sept. 1944 Innsbruck/Österr. (Vater: Josef M., Kaufm.; Mutter: Rosa, geb. Saurwein), verh. in 2. Ehe (1978) m. Hilde, geb. Weber, 3 T. (Carmen, Christina-Maria, Clarissa) - Fachsch. f. Elektronik; Verwaltungs- u. Wirtschaftsakad.

- 1975-78 Vors. Bundesverb. Jg. Unternehmer in Südbayern; 1977 ff. Landesvors. BJU in Bay. u. Mitgl. Bundesvorst. 1969-72 Vizepräs. TSV 1860 München - Liebh.: Sport (mehrf. österr. Meister Leichtathletik; Fußball, Tennis, Volleyball), Wirtschaftspolitik, Psych. - Spr.: Engl.

MADER, Rolf

Acc., Privatgelehrter (Geschichte d. Wiss., Stadttopographie v. Rom, Athanasius Kircher S.J., ägypt. Obelisken), wiss. Dir. d. Intern. Athanasius Kircher Forschungsges. e.V. Wiesbaden/Rom - Theodor-Heuss-Str. 48, 6204 Taunusstein-Bleidenstadt - Geb. 9. Febr. 1947 Martinsthal/Rheingau (Vater: Georg; Mutter: Maria Agnes, geb. Schlemper), kath., verh. s. 1967 m. Martha Helene, geb. Merten, 2 Kd. (Ralf, Melanie) - BV: I Modelli degli Obelischi di Atanasio Kircher S.J. nel Collegio Romano (m. Comm. Dr. Olaf Hein); mehrere wiss. Veröff. (m. Comm. Dr. Olaf Hein) in Fachztschr. (e.g. Röm. Histor. Mitteilungen, Jg. XXXII/XXXIII, S. 153-156) u. Sammelwerken (e.g. Kindlers Neues Literatur Lexikon, Bd. IX, S. 413-416). Herausg. d. Schriftenreihen Studia Kircheriana u. Studia Kircheriana/Scripta Minora (s. 1991; m. Comm. Dr. Olaf Hein) - S. 1980 Mitgl. d. Accad. Tiberina Rom; s. 1992 Cavaliere dell'Ordine al Merito della Rep. Italiana (Cavaliere d. VO. d. Rep. Italien) - Liebh.: Bücher, Reisen, Ornithologie, Briefmarken, Münzen.

MADER, Wilhelm
Dr. phil., Prof. f. Erwachsenenbildung Univ. Bremen, Psychoanalytiker - Gaußstr. 33, 2804 Lilienthal (T. 04298 - 13 71) - Geb. 25. Aug. 1939 Verl/Westf., verh. s. 1969 m. Sabine, geb. Schumacher, 3 Kd. (Till, Daniel, Kristin) - Lic. phil. 1966 Univ. München; Promot. 1968 Univ. Innsbruck; s. 1980 Fachpsych. f. psychoanalyt. Therapie (DGPPT), Bremen - 1968-72 päd. Mitarb. Erwachsenenbild.; s. 1973 Prof. f. Erwachsenenbild. - BV: Erwachsenenbild., 1975; Max Scheler, 1980; D. Hauptschulabschl. in d. Weiterbild., 1980.

MADER, Wolfgang
Dr., Prof., Lehrstuhl Mathematik Univ. Hannover (s. 1979) - von-Weber-Str. 11, 3057 Neustadt 1 - Geb. 1. Jan. 1937 Roßtal b. Nürnberg (Vater: Dr. Wilhelm M.; Mutter: Dipl.-Ing. Ruth M.), ev., verh. s. 1969 m. Christel, geb. Schoch, 2 Söhne (Wolfgang, Björn) - 1957-63 Stud. Univ. Erlangen, Köln (Math., Physik); Promot. 1967 Köln; Habil. 1973 Berlin - 1977 Gastprof. Univ. Hamburg u. 1977/78 Univ. Ulm; s. 1977 Prof. f. Math. FU Berlin - 50 Abhandl. üb. Graphentheorie in versch. math. Fachztschr. Mithrsg.: Journal of Combinatorial Theory (B); Combinatorica, Europ. Journal of Combinatorics, Journal of Graph Theory; Journal of Combinatorics, Information & System Sciences - Liebh.: Tischtennis, Klavier, Ornithologie, Schach - Spr.:

Lat., Griech., Engl., Franz., Russ., Ital., Span.

MADLINGER, Anton
Generalbevollmächtigter Münchener Rückversicherungs-Ges. - Königinstr. 107, 8000 München 40 - Geb. 3. Sept. 1923.

MADRE, Alois
Dr. theol., Prof., Raimundus-Lullus-Institut (Inst. f. Quellenkunde d. Mittelalters) Univ. Freiburg (b. 1980, pens.) - Ringstr. 5, 7815 Kirchzarten/Br. (T. 41 20) - Geb. 19. Febr. 1915 Rechtenbach/Ufr. - S. 1962 (Habil.) Lehrtätig. Freiburg (1969 apl. Prof. f. Theologiegesch.).

MÄCKE, Paul A.

Dr.-Ing., Univ.-Prof., ehem. Direktor Inst. f. Stadtbauwesen TH Aachen (1966) - I. Rote-Haag-Weg 36, 5100 Aachen (T. 6 17 89) - Geb. 17. Jan. 1922 Essen, verh. s. 1951 m. Hildegard, geb. Finkeldey, 3 Kd. (Peter, Heidrun, Helgard) - Dipl.ex. 1953, Promot. 1956, bde. Aachen - S. 1964 (Habil.) Lehrtätig. Aachen. 1970-72 Vors. Ges. f. Regionalforsch., u. Forsch.beirat Forsch.ges. f. d. Straßenwesen; berufenes Mitgl. Rheinisch-Westf. Akad. d. Wiss. - BV: D. Prognoseverf. in d. Straßenverkehrsplanung, 1964; Wechselbeziehungen zw. Siedlungsstruktur u. Verkehr, 1965; Siedl.schwerpunkte im Ruhrgebiet - Untersuch. z. Schnellbahnsystem, 1971; Verkehrsmittelwahl in Hamburg, 1973; Arb.meth. d. kommunalen Verkehrsplanung, 1975; Gutachten zu verkehrspolitischen Fragen in Düsseldorf, 1981. Herausg.: Schriftenr. Stadt - Region - Land - Ehrenpräs. Ges. f. Regionalforsch.; Ehrennadel Forsch.ges. f. d. Straßenwesen.

MAECKER, Heinz
Dr. rer. nat., Dr.-Ing. E.h., em. o. Prof. TU München (s. 1961) - Puppenweg 19, 8000 München 83 (T. 601 03 44) - Geb. 6. April 1913 Bromberg (Vater: Dr. phil. Adolf M., Studienrat; Mutter: Martha, geb. Homeister), ev., verh. s. 1945 m. Maria, geb. Wollny, 2 Kd. - Univ. Rostock, München, Kiel. Promot. (1938) u. Habil. (1948) Kiel - 1941-45 Ball. Inst. d. Techn. Ak. d. Luftwaffe Bln.-Gatow, 1945-51 Assist. Univ. Kiel; 1948-61 Privatdoz. Univ. Kiel u. Erlangen (1956); 1951-61 Physiker Siemens-Schuckertwerke AG, Erlangen (zul. Abt.leit. Forschungslabor.), 1961 o. Prof. f. Techn. Elektrophysik u. Dir. Elektrophys. Inst. TH München, 1978 emerit. Spez. Arbeitsgeb.: Techn. Elektrophysik, Plasmatechnik u. Plasmaphysik (Erzeug. stationärer Temperaturen b. 50 000 K; Nachweis opt. Grenzschichtwellen; Stationärer Pinch-Effekt; Kaskadenbogenkammer). Div. Fachveröff., dar. m. W. Finkelnburg; Elektr. Bögen u. Therm. Plasma (S. Flügge, Handb. d. Physik, Bd. 22 1956) - Liebh.: Schwimmen, Skilaufen - Spr.: Engl - 1983 Ehrendoktor Univ. Karlsruhe.

MAEDEL, Karl-Ernst

Schriftsteller - Wachenheimer Str. 63, 6520 Worms - Geb. 2. Sept. 1919 Halle, verh. m. Gisela, geb. Auerswald, 3 Kd. - Stud. Univ. Halle u. Berlin - Tätigk. im Kommunaldienst, zul. Prüfgruppenleit. - Zahlr. Veröff. üb. Eisenbahnwesen. BV: Geliebte Dampflok, (auch japan. übers.); Bekenntnisse e. Eisenbahnnarren; D. Eisenbahnjh.; Erz. v. Führerstand; Eisenb. zu meiner Zeit; u.a.m.; (auch Übers. u. zahlr. Aufs.).

MAEDGE, Rainer

Geschäftsführer Westd. Lotterie GmbH & Co., Köln - Strunder Feld 2a, 5000 Köln 80 - Geb. 17. Febr. 1944.

MÄGDEFRAU, Karl

Dr. phil. nat., Prof. f. Botanik (emerit.) - Waldstr. 11, 8024 Deisenhofen/Obb. (T. München 613 19 84) - Geb. 8. Febr. 1907 Ziegenhain/Thür. (Vater: Otto M., Lehrer; Mutter: geb. Koch), verh. s. 1940 m. Paula, geb. Götz, 5 Kd. (Meinhart, Dieter, Gerlinde, Wolfgang, Helmut) - Gymn. Jena; Univ. ebd. (Promot. 1930) u. München (Botanik) - 1930 Wiss. Hilfskraft Botan. Inst. Univ. Halle, 1932 Assist. Botan. Inst., 1936 Doz. Univ. Erlangen, 1942-45 apl. Prof. Univ. Straßburg, 1948 Reg.rat Forstbotan. Inst. München, 1951 ao., 1956 o. Prof. Univ. ebd., 1960 Univ. Tübingen - BV: Geol. Führer durch d. Trias um Jena, 1929, 2. A. 1957 (m. A. H. Müller); Paläobiol. d. Pflanzen, 1942, 4. A. 1968; Vegetationsbilder d. Vorzeit, 1948, 3. A. 1959; Botanik (Winter's Studienführer), 1951; Geschichte d. Botanik, 1973, 2. A. 1992; Lehrb. d. Botanik f. Hochsch., 29.-31. A. 1967-78 (m. D. v. Denffer, F. Ehrendorfer, H. Ziegler). Etwa 130 Fachaufs. - 1961 Mitgl. Dt. Akad. d. Naturforscher (Leopoldina), Halle/S.; Ehrenmitgl. Bayer. Botan. Ges., Regensburg. Botan. Ges., Dt. Botan. Ges.; Fellow Linnean Soc., London - Lit.: W. Frey, Beitr. z. Biol. d. nied. Pfl., 1977 (Festschr.).

MÄGDEFRAU, Werner

Dr. sc. phil., em. Prof. f. Geschichte d. Mittelalters - Rheinlandstr. 16, O-6900 Jena (T. 42 54 12) - Geb. 24. Jan. 1931 Schwarza/Kr. Suhl, verh. s. 1958 m. Ingrid, geb. Stäblein , 2 Kd. (Heide, Matthias) - Stud. Gesch., German., Päd. Univ. Jena, Staatsex. 1953; Promot. 1955; Habil. 1971 - Hochschullehrer; 1978 Dir. d. Sekt. Gesch. Univ. Jena - BV: D. Thür. Städtebund im Mittelalter, 1976; Europ. Stadtgesch. in MA u. früher Neuzeit, 1979; Geschichte d. Univ. Jena im 16. u. 17. Jh., 1983; Geschichte d. Stadt Erfurt im Mittelalter, 1986/1989/1991; Thür. im hohen MA, 1989; Reformation u. Bauernkrieg in Thür. u. ihre spätmittelalterl. Wurzeln, 1991 - 1986 Kulturpr. d. Stadt Erfurt; 1987 Ehrennadel d. Kulturbundes d. DDR in Gold.

MÄHL, Hans-Joachim

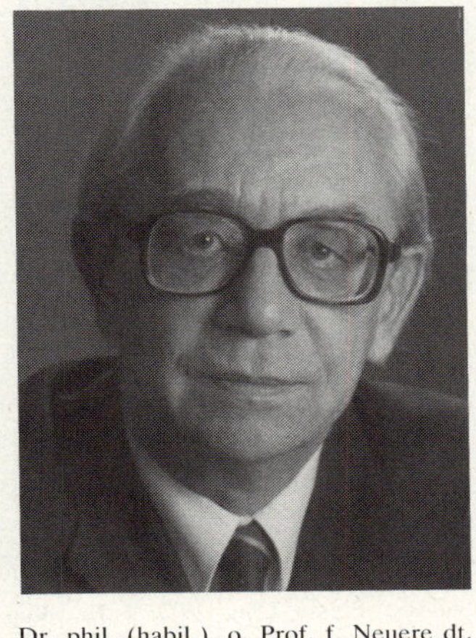

Dr. phil. (habil.), o. Prof. f. Neuere dt. Literaturgeschichte - Faulstr. 27, 2307 Surendorf (T. 04308 - 9 72) - Geb. 3. Mai 1923 Flensburg - S. 1960 Lehrtätigk. Univ. Hamburg (1967 Privatdoz.), Regensburg (1967 Ord.), Kiel (Ord.), em. Dir. Inst. f. Literaturwiss. - BV: D. Idee d. gold. Zeitalters, 1965; Sebastian Brants Narrenschiff, 1968; Novalis' Schriften, 1965-88; Dichter üb. ihre Dichtungen: Novalis, 1976; Hermaea, German. Forschungen, 1977ff.; u. a. Veröff. z. dt. Literatur d. Goethezeit u. Romantik - Lit.: Geschichtlichkeit u. Aktualität, Festschr. z. 65. Geb. (1988).

MÄHLMANN, Peter

Sparkassendirektor i. R. - Dannenkoppel 39, 2000 Hamburg 65 - Geb. 30. Sept. 1923 Hamburg - Präses d. Verwalt.rates d. Hamburger Sparkasse, Hamburg.

MÄHNER, Karl

Dr. rer. nat., Dipl.-Chem., Geschäftsführer Verb. d. Mineralfarbenindustrie - Karlstr. 21, 6000 Frankfurt/M.; priv.: 60, Rangenbergstr. 69 - Geb. 30. Juli 1932.

MÄKELT, Heinrich

Dr.-Ing., Vorstandsmitglied Düsseldorfer Eisenhüttenges., Ratingen, u. Eisenwerk Fraulautern AG., Saarlouis-Fraulautern, Honorarprof. f. Werkzeugmaschinen d. Umformtechnik TH Darmstadt (s. 1958) - Hossenhauser Str. 134, 5650 Solingen-Hohscheid (T. 28 17 71).

MAELICKE, Alfred

Dr., Prof. f. Physiologische Chemie (Biochemie) Inst. f. Physiol. Chemie u. Pathobiochemie d. Johannes-Gutenberg-Univ. Mainz - Duesbergweg 6, 6500 Mainz (T. 06131 - 39 59 12; Fax 06131 - 39 35 36) - Geb. 12. Aug. 1938 Berlin - Promot. 1968 Saarbrücken - 1973-81 Prof. Rockefeller Univ. New York; 1977-89 Leit. d. Arbeitsgr. Interzelluläre Kommunik. am MPI f. Ernährungsphysiol. Dortmund, Leit. d. Studiengr. Neurochemie d. Ges. f. Biol. Chemie - Arbeitsgeb.: Biochemie v. Neurorezeptoren, Genregulation d. neuralen Differenzierung - BV: Acetylcholinreceptor; Structure and Function, 1986; Molecular Biology of Neuroreceptors and Ion Channels, 1988; V. Reiz d. Sinne, 1990; mehr als 200 wiss. Originalarb.

MÄLZER, Gottfried

Ltd. Bibliotheksdirektor, Leit. Univ.-Bibl. Würzburg - Am Hubland, 8700 Würzburg.

MÄLZIG, Günter

Dr. Ing., Vorstandsmitglied Anneliese Zementwerke AG, Ennigerloh - Brandhoveweg 104, 4400 Münster-Wolbeck (T. 02506 - 24 41) - Geb. 5. April 1933 Gleiwitz, ev., verh. s. 1965 m. Rosemarie, geb. Gaugenmaier, 3 Kd. (Rüdiger, Eckhard, Ulrike) - Stud. Steine u. Erden, Bergakad. Clausthal; Dipl.-Ex. 1959; Promot. TU Clausthal 1964 - Vorst. Verein Dt. Zementwerke, Düsseldorf, Vorst. Arbeitgeberverb. Zement- u. Baustoffe e.V., Beckum u. Allgem. Ortskrankenkasse f. d. Kreis Warendorf; s. 1982 ehrenamtl. Richter am AG Münster - Liebh.: Jagd, Wandern, Spr.: Engl., Franz.

MÄNDL, Bernhard

Dr. agr., o. Prof., Vorst. Inst. f. Techn. Mikrobiologie u. Brauerei II TU München/Fak. f. Brauwesen (s. 1968) u. Staatl. Brautechn. Prüf- u. Versuchsanstalt Weihenstephan - Aribostr. 1, 8050 Freising/Obb. - Geb. 26. Nov. 1910 Hartenricht (Vater: Michael M.; Mutter: Therese, geb. Zenger), verh. s. 1939 m. Adelgunde, geb. Schwab.

MÄNNING, Peter

Dipl.-Pol., MdB (s. 1975; Vertr. Berlins) - Riemeisterstr. 183, 1000 Berlin 37 - Geb. 3. Mai 1941 Berlin (Vater: Herbert M. †; Mutter: Hildegard, geb. Klug), ev., verh. s. 1966 m. Marianne, geb. Kirski, T. Constanze - Stud. d. Politologie FU Berlin; Dipl.ex. 1965 ebd. - 1965-67 Bildungsref. SPD Landesverb. Berlin, 1967-71 wiss. Assist. SPD-Fraktion u. 1971-75 pers. Ref. Präs. Abg.haus Berlin. Fachmitgl.sch., s. 1981 Vors. dt.-amerik. Parlamentariergr. d. Bundestages, s. 1982 Obmann Arbeitsgr. Außenpolitik d. SPD-Fraktion - Spr.: Engl.

MAENNLE, Ursula

Prof. f. Politikwiss. Kath. Stiftungsfachhochsch. München (Abt. Benediktbeuern), MdB (s. 1979-80 u. s. 1983 Landesliste Bayern), Vors. d. Gruppe Frauen u. familienpolitische Sprecherin d. CDU/CSU-Fraktion im Bundestag - Geb. 7. Jan. 1944 Ludwigshafen, kath. - Abit. 1964; 1964-69 Stud. Politol., Soziol. u. Neuere Gesch. Univ. München u. Regensburg (M.A. 1969) - 1970-76 wiss. Assist. Akad. f. Polit. Bild. Tutzing; s. 1976 Prof. CSU s. 1964 (Landesvors. RCDS; 1973-77 stv. Bundesvors. JU; s. 1974 Landesvorst. CSU; 1981-91 Landesvors. Frauen-Union).

MÄRKER, Roland

Dr. phil., M.A., Sozialwissenschaftler, Landesgeschäftsf. d. Arbeiterwohlfahrt, Landesverb. Saarland (s. 1982) - Am Viktoriaschacht 16, 6625 Püttlingen (T. 06898 - 6 17 21) - Geb. 25. Sept. 1948 Saarbrücken, ev., verh. s. 1973 m. Monika Maria, geb. Bittner - Gymn. Saarbrücken, Abit. 1967; 1968-73 Stud. Sozialwiss., M.A. 1973; Promot. 1979 (alles Univ. Saarbrücken) - 1973-78 Hochschulassist. Univ. Saarbrücken; 1979-82 Ref. f. Behindertenfragen d. Arbeiterwohlfahrt u. Assist. d. Geschäftsf. - Veröff.: Diss.: D. Begriff d. Soz. in Verhaltensforschung u. Soziol. (unt. bes. Berücksichtig. v. K. Lorenz), 1980 - Liebh.: Garten, Angeln, Modelleisenbahn, Bernhardiner, Klass. Musik, Chemie - Spr.: Franz., Engl.

MÄRKL, Alfred

Dr. rer. pol. - Max-Reger-Str. 29, 6000 Frankfurt/M. (T. 63 28 32) - Geb. 26. Juli 1914 Würzburg - B. 1976 Generaldir. Dt. Allg. Versicherungs-AG. u. Zürich Kautionsversich.s-AG.

MÄRKL, Jun

Generalmusikdirektor, Dirigent - Kreisstr. 84, 6601 Klarenthal - Geb. 11. Febr. 1959 München - Musikhochsch. Hannover; Univ. of Michigan, USA; Dipl.: Dirigieren 1982, Klavier 1985, Konzertex. 1985 - Stip. d. Boston Symphony Orchestra; Kurse b. S. Celibidache u. L. Bernstein - 1985 Solorepetitor u. Kapellmeister in Luzern; 1986-89 2. Kapellmeister in Bern; 1989-91 1. Kapellmeister am Staatstheater Darmstadt; 1990-92 1. Kapellmeister u. stv. GMD am Nationaltheater Mannheim; s. 1991 GMD am Staatstheater Saarbrücken - 1990 UA die Menschen v. Detlef Müller-Siemens, Mannheim; zahlr. Rundfunk- u. Schallplattenprod. - 1985 Gewinner d. Dirigentenwettbewerb d. Dt. Musikrats - Spr.: Engl., Ital.

MAERLENDER, Gerhard

Volks- u. Betriebsw., Wirtschaftsberater, ehem. Präs. Arbeitsgemeinsch. gegen Behördenwillkür, Nürnberg, Bezirksrat Stadtbezirk Hannover 2 - Waldstr. 8, 3000 Hannover - Geb. 1. März 1922 Berlin - Wirtschaftshochsch., Univ.-Stud., Bankpraktikum - Berat. Volks- u. Betriebw.; Geschäftsf. Akad. Recht u. Wirtsch., Bischofsmais; Vorst. Bundesverb. Rechts- u. Wirtschaftsdst., Bonn, u. Vereinig. d. Ehemal. d. Pädagogiums u. Waisenhauses b. Züllichau, Traditionsanst. Jugenddorf Oberurff (Hessen); Mitgl. Akad. Maison Intern. Des Intellectuels (M.I.D.I.), Europa-Union, Reichsbund, Mittelstandsvereinig. Hannover.

MÄRTEN, Heribert

Landrat a. D. - Kirchstr. 96, 6227 Oestrich-Winkel (T. 06723 - 34 87) - Geb. 15. Febr. 1935 Mainz, verh., 2 Kd. - Univ. Frankfurt/M. (German., Gesch., Phil., Politik). Staatsex. 1960 u. 1963 - 1963-70 Rheingau-Sch. Geisenheim (Oberstud.rat). 1964ff. Gemeindevertr. Winkel u. 1972ff. Stadtverordneter Oestrich-Winkel; 1968ff. MdK Rheingau (Fraktionsf.). 1970-77 MdL Hessen (CDU); 1977-83 Landrat Rheingau-Taunus-Kreis. CDU.

MÄRZ, Fritz

Prof. Dr. phil., Ordinarius f. Pädagogik Univ. Augsburg (s. 1972) - Grüntenstr. 20, 8950 Kaufbeuren (T. 08341 - 51 54) - Geb. 10. Nov. 1934 Oberhaching (Vater: Martin M., Forstarb.; Mutter: Frieda, geb. Mühlbauer), kath., verh. s. 1963 m. Erika, geb. Hipper, 2 Kd. (Erika, Christoph) - Hum. Gymn.; Lehrerausbildung; Stud. (Phil., Theol., Päd.) Univ. München; Promot. ebd. - 1958-61 Schuldst., 1961-65 Wiss. Assist. Päd. Hochsch. Augsburg, 1965-70 Doz. PH Westf.-Lippe Abt. Siegerl., 1970 a.o. u. 1971 o. Prof. PH Augsburg (1970-72 Vorst.) - BV: 11 wiss. Werke (4 davon auch span., 1 ital.). Zahlr. Fachveröff. (u. a. Lexika) - Liebh.: Orgelspiel.

MÄRZ, Gerhard

Dr. jur., Präsident Landgericht Stade (s. 1973) - Wilhadikirchhof 1, 2160 Stade (T. 04141 - 107317, n. Dst.-Schluß: 107355) - Geb. 28. Febr. 1929 Berlin (Vater: Dipl.-Ing. Georg Wimplinger; Mutter: Maria, geb. März, gesch. W.), kath., verh. s. 1960 m. Dr. med. Gertraut, geb. Abramowski, Sohn Marc Andreas - Abit. (1946) Bayreuth; Refer. Würzburg 1953, Assess. Hannover 1958. Dr. jur. 1957 Würzburg - 1959-60 Assess. Staatsanwaltsch. u. LG Braunschweig; 1960-63 Nieders. Staatskanzlei Hannover (Hilfsrefer.); 1963-67 LGRat Braunschweig; 1968 OLGRat Celle; 1969-73 Ref.Leit. (Min.-Rat) Justiz-Min. Hannover (Bundesrat u. VerfassungsR) - BV: Strafb. Handl. gegen d. Rechtspfl., 1956; D. Begünstig. (Diss.), N. 1958; Nieders. Gesetze, Samml. s. 1966; D. Landgericht (Festschr.), 1985 - Liebh.: Naturwiss., Gesch., Malerei, Musik - Spr.: Engl., Franz., Span.

MÄRZHEUSER, Paul Emil

Rechtsanwalt u. Notar, Präsident a.D. MSV Duisburg - 4223 Voerde-1-Löhnen (T. 02855-2 40 22) - Geb. 31. Juli 1924 Duisburg (Vater: Dr. Josef M., Chefarzt; Mutter: Ferdinande, geb. Rensing), kath., verh. s. 1960 m. Monika, geb. Firley, 2 T. (Babette, Stefanie) - Abit.; Rechtsrefer., Ass., RA., Notar - 1970 Beirat DFB; s. 1974 Präs. MSV Duisb., 1976 Vorst. DFB, 1976 Vizepräs. Mülheimer Rennverein, 1978 Dir. f. Vollblutzucht u. Rennen, Vors. oberes Renngericht - 1969 Ritter v. Hl. Grabe z. Jerusalem; BVK - Liebh.: Fußball, Galopprennsport - Spr.: Engl., Franz., Lat.

MAESS, Gerhard

Dr. sc. nat., Mathematiker, Prof. f. Numerische Mathematik (s. 1980), Rektor d. Univ. Rostock (s. 1990) - Universitätsplatz 1, O-2500 Rostock (T. 36 93 51) - Geb. 27. Okt. 1937 Magdeburg, ev., verh. s. 1961 m. Ingeborg, geb. Steinfurth, 5 Kd. (Burkhard, Frauke, Sönke, Geertje, Alkje) - Stud. Math. u. Physik 1955-60 Jena; 1960-70 wiss. Mitarb. Dt. Akad. d. Wiss. Berlin u. Lehrbeauftr. Humboldt-Univ. Berlin; Dr. rer. nat. 1965 Humboldt-Univ. Berlin; 1970-80 Univ.-Doz. Univ. Rostock; Dr. sc. nat. 1977 Univ. Rostock - BV: Elem. Methoden d. num. Mathematik (m. H. Kiesewotter), 1974; Vorlesungen üb. num. Math. Bd. I 1984, Bd. II 1988.

MAETSCHKE, Walter G. R.

Verleger, Inh. Sport- u. Jugend-Verlag, Hamburg - Schliemannstr. 9, 2000 Hamburg 52 (T. 82 95 41) - Geb. 13. Sept. 1914 Berlin (Vater: Carl M., Ztg.-verleger; Mutter: Else, geb. Walter), verh. s. 1947 m. Gertrud, geb. Menck - Fachausbild.; Stud. (Diplom 1935 Univ. Lausanne) - Wehrdst. - 1965 Verdienstmed. Verein d. Ztschr.verleger in Hamburg u. Schlesw.-Holst. (zeitw. Vors.) - Liebh.: Ski, Tennis - Gold. Sportabz.

MÄTZNER, Karl

Fuhrunternehmer (Fa. Fritz Mätzner), Vors. Fachvereinig. Güterfernverkehr

Berlin (b. 1972) - Tempelhofer Damm 183, 1000 Berlin 42 (T. 752 77 75) - Geb. 27. Dez. 1909 - Langj. Vorstandsmitgl. Güterfernverkehr-Genoss. Berlin eG.

MÄURER, Helmut
Dr., Prof. f. Math. Techn. Hochsch. Darmstadt - Am Wittumsacker 18, 6101 Groß-Bieberau (T. 06162 - 53 90) - Geb. 16. April 1936 Ludwigshafen/Rh. (Vater: Georg M., Landw.; Mutter: Veronika, geb. Weigel), ev., verh. s. 1967 m. Waltraud, geb. Jäger, 2 Kd. (Christoph, Barbara).

MÄURER, Horst-Christian

Dr. med., Prof. - Adolfstr. 21, 1000 Berlin 37 (T. 030 - 815 25 07) - Geb. 12. Mai 1921 Berlin, verh. s. 1948 m. Dr. med. Dorothea, geb. Birkholtz, 2 Söhne (Andreas, René, bde. Ärzte) - Stud. Univ. Göttingen u. Berlin; Staatsex. 1945 Berlin; Promot. 1948 ebd. - Charité Berlin, FU Berlin Weiterbildung Inn. Med. u. Röntgen; versch. Positionen b. BfA (zul. Ltd. Arzt b. d. Geschäftsf.); Mitgl. Sachverständigenrat d. Ärzteschaft b. d. BAR; Leiter Inst. f. Europ. Rehabilitationsforsch. - BV: Klinisch-physiol. Untersuchungsmeth., 1972; Leitfaden f. d. sozialmed. Begutachtung in d. gesetzl. Rentenversich., 1986. Herausg.: Ztschr. Acta medico technica (20 J.); D. Schlaganfall. Rehabilitation statt Resignation; Schlaganfall. Ratgeber f. Patienten u. Angehörige (1991) - 1979 Ernst-von-Bergmann-Plakette f. Verd. um d. ärztl. Fortbild. - Liebh.: Theater, Musik, Malerei - Spr.: Engl., Ital.

MAEYAMA, Yasukatsu
Dr. phil. nat., Privatdozent f. Geschichte d. Naturwiss. (spez. Atronomiegesch.) Univ. Frankfurt - Korr. Mitgl. Acad. Intern. d'Histoire des Sciences Paris.

MAG, Wolfgang
Dr., o. Prof. f. Betriebswirtschaftslehre Univ. Bochum - Dürerstr. 12, 4630 Bochum-Weitmar (T. 43 19 14) - Geb. 6. Okt. 1938 Bad Homburg (Vater: Josef M., Betriebsinsp. i.R.; Mutter: Frieda, geb. Walker), ev., verh. s. 1969 m. Ursula, geb. Vetter - Stud. d. Wirtsch.swiss. Frankfurt/M.; Dipl.ex. 1964; Promot. 1968; Habil. 1973 (alle Frankfurt/M.) - 1972 Prof. Frankfurt/M. - BV: Grundlagen e. betriebswirtsch. Organisationstheorie, 2. A. 1971; Entscheidung u. Information, 1977; Einf. in d. betriebl. Personalplanung, 1986; Grundz. d. Entscheidungstheorie, 1990 - Spr.: Engl.

MÁGA, Othmar M. F.
Dirigent - Merlos 19, 6325 Grebenau (T. 2 62) u. 56 Rue de Boulainvilliers, F 75016 Paris (T. 524 49 78) - Geb. 30. Juni 1929 Brünn, verh. m. Gisela, geb. Dennig - B. 1970 Chefdirig. Nürnberger Symphoniker, dann b. 1981 GMD Bochum, v. 1975-79 Prof. Folkwanghochsch. Essen - Spr.: Engl., Franz., Ital.

MAGENER, Rolf
Dr. rer. pol., Direktor i. R. - 6900 Heidelberg-Schlierbach - Geb. 1910 Odessa - Hermann-Lietz-Sch. Schloß Bieberstein; Stud. Exeter (Engl.) u. Frankfurt/M. (Betriebsw.) - 1935-45 IG Farbenind. AG. (ab 1938 Ostasien u. Indien; 1939-44 (Flucht) Internierung Lager Debra Dun/Himalaja-Gebiet); 1948-56 Dt. Commerz GmbH., Frankfurt/M. (Partner); s. 1957 BASF (Finanzierungsaufg.; 1962-75 Vorst.smitgl.). ARsmandate u. a. - BV: D. Chance war null - D. wahre Gesch. e. tollkühnen Flucht, 1963.

MAGER, Erich
Dr. rer. pol., Dipl.-Kfm., stv. Vorstandsvorsitzender Benteler-Werke AG, Paderborn - Lehmweg 15, 4794 Hövelhof ü. Paderborn (T. 05257 - 35 28) - Geb. 3. Sept. 1935 Ennepetal-Voerde/Westf. (Vater: Ernst M., Fabrikant; Mutter: Charlotte, geb. Schulte), ev., verh. s. 1960 m. Christa, geb. Jüngermann, 3 Kd. (Bernd, Jürgen, Sibylle) - Volkssch. Voerde, Gymn. Ennepetal u. Schwerte, Abit. 1956; Stud. Betriebsw. Marburg, München, Köln, Göttingen. Dipl. 1960 Köln; Promot. 1969 Göttingen - 1961-71 Dt. Revisions- u. Treuhand AG, Hannover, s. 1971 Salzgitter AG (1973 Leit. Generalsekretariat u. Assist. Vorstandsvors., danach Leit. Finanz- u. Rechn.wesen), s. 1976 Vorstandsmitgl. Stahlwerke Peine-Salzgitter AG - Spr.: Engl.

MAGER, Inge
Dr., Professorin f. Kirchengeschichte m. bes. Berücksichtigung d. nieders. Kirchengeschichte in Göttingen - Beekweg 36, 3400 Göttingen (T. 0551 - 6 15 80) - Geb. 11. Dez. 1940 Honigfelde/Westpr., ev., verh. 1967-80 m. Horst M., 3 Söhne (Gerd, Rolf, Lutz) - Abit. 1960; Stud. 1960-66 d. ev. Theol. Berlin, Tübingen u. Göttingen; Promot. 1969; Habil. 1986, bde. in Göttingen; 1966, 1979 kirchl. Ex. - BV: D. Konkordienformel in Braunschweig-Wolfenbüttel, 1992. Herausg.: G. Calixt, Werke in Ausw., 4 Bde. 1969-82. Versch. Aufs. z. Kg. d. 16., 17. u. 20. Jhs.

MAGES, Karl
Geigenbauer, Ehrenvors. Verb. dt. Geigenbauer (s. 1983) - Kernerstr. 37, 7000 Stuttgart 1.

MAGET, Franz
M.A., Mitglied d. Bayerischen Landtags (s. 1990) - Franz-Fackler-Str. 39, 8000 München 50 (T. 089 - 150 32 96) - Geb. 18. Nov. 1953, röm. kath., verh. s. 1986 m. Dorothea Brüchel-M., 2 Kd. (Sara, Klemens) - Sozialwissenschaftler - Bezirksvors. Arbeiterwohlfahrt Oberbayern.

MAGG, Wolfgang
Geschäftsführendes Präsidialmitglied Bayer. Landkreistag (s. 1979) - Kardinal-Döpfner-Str. 8, 8000 München 2 (T. 089 - 28 66 15-11) - Geb. 1. Juni 1936 Grobenzell b. München - Volljurist - 1965-71 innere Verwaltung Freistaat Bay. - BV: D. bayer. Landkreise u. ihr Verb., 1980.

MAGIERA, Siegfried
Dr. jur., o. Prof. f. öfftl. Recht, insb. Völker- u. Europarecht Hochsch. Speyer (s. 1984) - Hochsch. f. Verwaltungswiss., Freiherr-vom-Stein-Str. 2, 6720 Speyer - Geb. 5. Okt. 1941 Ratibor/OS, verh. (Ehefr.: Patricia), T. Marlis († 1984) - M. A. 1967 Univ. Kansas/USA, Promot. 1969 Kiel, Habil. 1978 ebd. - S. 1980 Prof. f. Staatsrecht, Völkerrecht u. Europarecht Univ. Köln - BV: D.Vorwahlen in d. Vereinigten Staaten, 1971; Parlament u. Staatsltg. in d. Verfass.ordn. d. Grundges., 1979.

MAGIN, Theo
Bürgermeister a. D., 1983ff. Präs. Dt. Städte- u. Gemeindebund, MdB, MdL Rheinl.-Pfalz (1968-80), Geschäftsführer (1975-80) - Eichendorffallee 8, 6707 Schifferstadt (T. 57 42) - Geb. 15. Dez. 1932 - CDU.

MAGNUS, von, Arthur W.
Dipl. sc. pol., Dr. phil., Botschaftsrat I. Kl. u. Ständ. Vertreter d. Botschafters d. Bundesrep. Deutschl. in Rabat (s. 1984) - Zu erreichen üb. Postfach 1500, 5300 Bonn 1 - Geb. 23. Juli 1927 Linz/Österr. (Vater: Arthur G. v. M., Beamt.; Mutter: Isabel, geb. Ritter), ev., verh. s. 1972 in 2. Ehe m. Christa, geb. Holm, T. Heidemarie - Hum. Gymn.; Pol. Wiss. Hochsch. f. Polit. FU Berlin. S. 1957 AA (Nato-Vertr. Paris, Botsch. Paris, Washington, Buenos Aires; Royal Coll. f. Defence Studies; Botschafter Nouakchott; Ref. Bundespresseamt; Ständ. Vertr. Bogotá) - Inh. versch. ausl. Orden- Spr.: Engl., Franz., Span. - Bek. Vorf.: Gustav M., Physiker (Urgroßv.).

MAGNUS, Dietrich B. E.

Dr. rer. nat., Prof. f. Zoologie i.R. - Heinrichstr. 191, 6100 Darmstadt (T. 4 77 59) - Geb. 28. März 1916 Magdeburg (Vater: Erich M., Oberkonsistorialrat; Mutter: Elisabeth, geb. Wagner), verh. I). s. 1943 m. Eva, geb. Fischer († 1977), 2 Kd. (Peer-Olaf, Angelika), II) s. 1979 m. Edeltraut, verw. Illhardt, geb. Schweisfurt, 3 Kd. (Sabine, Joachim, Lutz) - S. 1956 (Habil.) Lehrtätigk. TH Darmstadt (1958 Doz., 1963 apl. Prof., 1970 Wiss. Rat u. Prof., 1971 Prof. H3, 1981 Ruhestand). Spez. Arbeitsgeb.: Ethologie, Ökologie, Trop. Eulitorale. Üb. 60 Fachveröff.

MAGNUS, Kurt
Dr. rer. nat., Dr.-Ing. E.h., o. Prof. f. techn. Mechanik - Germeringer Str. 13, 8035 Gauting/Obb. (T. München 850 33 35) - Geb. 8. Sept. 1912 Magdeburg - Habil. 1942 Göttingen. S. 1956 Prof. Univ. Freiburg (apl.), TH Stuttgart (1958; o.), TH bzw. TU München (1966; o.).-1962/63 Gastprof. Kansas Univ. (USA). Emerit. 1980 - BV: 6 Fachb., teilw. übers. ins Engl. (3), Russ. (2), Franz. u. Türk. (je 1); Üb. 70 Einzelveröff. - 1983 Ehrendoktor Univ. Stuttgart, Ludwig-Prandtl-Ring Dt. Ges. f. Luft- u. Raumfahrt u. Wilhelm-Exner-Med. Österr. Gewerbeverein; 1986 Bayer. Maximiliansorden - Spr.: Russ., Engl., Franz. - Rotarier.

MAGNUS, Ulrich
Dr. jur., Prof. f. Zivilrecht Univ. Hamburg (s. 1983) - Hünefeldstr. 14, 2000 Hamburg 70 (T. 66 64 43) - Geb. 19. Febr. 1944 Füssen/Allg. (Vater: Hans-Joachim M., Bauing.; Mutter: Sybille, geb. Clauberg), ev., verh. s. 1969 m. Dr. med. Sabine, geb. Loeckell, 5 Kd. (Tim, Jessica, Dorothea, Robert, Konstanze) - 1963-68 Stud. Rechtswiss. Univ. Berlin, Freiburg, Heidelberg; Promot. 1972; Habil. 1983 - 1973-83 Wiss. Ref. Max-Planck-Inst. f. ausländ. u. intern. Privatrecht Hamburg - BV: Drittmittverschulden im dt., engl. u. franz. Recht, Diss. 1974; Schaden u. Ersatz, Hab.-Schrift 1987; IPR u. Rechtsvergleichung (m. Koch u.a.), 1989 - Liebh.: Lit., Musik, Sport - Spr.: Engl., Franz.

MAHKORN, Richard
Chefredakteur QUICK - Charles-de-Gaulle-Str. 8, 8000 München 83 - Geb. 6. Sept. 1943 Passau, verh., 2 Kd. - Volont. Erlanger Volksblatt - Tätigk. b. Hamburger Abendblatt, Bild, Quick, Bild-Bremen, Woche Aktuell - Spr.: Engl., Franz.

MAHLER, Gerhard
Dr.-Ing., Prof., Abteilungsleiter Heinrich-Hertz-Inst. Berlin - Helmstedter Str. 21, 1000 Berlin 31 (T. 030 - 853 36 56) - Geb. 15. Sept. 1931 Hannover, verh. s. 1961 m. Renate, geb. Schuster, 2 Kd. (Beate, Burkhard) - 1951-57 Stud. TH Hannover (Hochfrequenz- u. Fernmeldetechn.); Dipl.-Ing. 1959; Promot. 1974 TU Hannover - 1957-80 Telefunken Hannover, Grundlagenentw. Rundf. u. Ferns., insbes. PAL-Farbfernsehsystem (b. Prof. Bruch), digitale Tonaufzeichnung; s. 1980 Forschung u.a. zum Hochauflösenden Fernsehen am Heinrich-Hertz-Inst. Berlin; 1983 Hon.-Prof. Univ. Hannover.

MAHLER, Gerhard
Dr., Dipl.-Kfm., Vorstandsvorsitzender Kommunikation Baden-Württemberg, Geschäftsf. Mahler-Verwaltungs-GmbH, Esslingen - Lindenstr. 114, 7302 Ostfildern 2 - Geb. 6. Nov. 1930, ev., verh. s. 1965 m. Jutta, geb. Solbrig, 2 Söhne (Thorsten, Kilian) - Ex. Dipl.-Kfm. 1956 München; Promot. Dr. rer. pol. 1962 Hamburg.

MAHLER, Margot
Schauspielerin u. Chansonette - Windhuker Str. 5, 8000 München 82 - Geb. 24. Sept. Straubing/Ndb., kath., ledig - Ausb. Bankkaufm.; Schauspielausb. u. Bühnengenossenschaftsprüf. - TV-Rollen: D. Fenster z. Flur (Flatow/Pillau); D. Mustergatte (Reg.: Liebeneiner); Specials, Shows: Carell, Schanze, P. Kraus, u.a.; Kabarett: Valentin, Medienklinik, Lit. Revuen, Freitag's Abend; Serien: Derrick, Polizeiinspektion, Mordkommission (13. F.), Kneippiaden, Abendprogr. BR-Serie: Schafkopfrennen (Hauptrolle), ZDF-Serie: Pension Corona (Hauptrolle, 13.F.), ZDF-Serie: Sag mal Aah, u.a.; Theater von Horvath, Valentin, b. Tennessee Williams - S. 1991 CD auf d. Musikmarkt (Titel D. schärfste Has) - Hobbys: eig. Chansons texten, Film-Treatments schreiben, Sketche u.a. Theater-Gastspiele mit eig. Solo-Programmen, Kabarett etc. (mbm-mahlerbühne, münchen) - Spr.: Engl., Ital.

MAHLING, Lothar

Freier Journalist, Chefredakteur EG-magazin, Medienbeaftragter d. FDP-Präsid., Pressearbeit f. AUB, FNSt, polit. u. wirtsch. Beratung - Im Morgenrain 16, 7307 Aichwald 3 (T. 0711 - 36 10 91, Fax 0711 - 36 10 94) - Geb. 14. Juni 1952 Schlieben - Abit. 1971 Geislingen/St. - 1971-73 Volont. Geislinger Ztg. u. Südwest Presse Ulm; 1973/74 Redakt. Geislinger Ztg.; 1974-77 Pressespr. FDP Baden-Württ., Stuttgart; 1977-85 Attaché d. Presse d. Liberalen Fraktion d. Europ. Parlaments in Straßburg, Luxemburg u. Brüssel; 1985-88 Sprecher d. Bundes-FDP, Bonn - Liebh.: Familie, Sport, Musik - Spr.: Engl., Franz.

MAHLKE, Knut

Dirigent, Generalmusikdir. Oldenburg - Zu erreichen üb. Staatstheater, Theaterwall 18, 2900 Oldenburg - Geb. 30. Jan. 1943 Berlin (Vater: Rudolf Schulz, Konzertm. in Berlin) - 1. Kapellm. u. stv. GMD Hannover; Doz. Musikhochsch. Hannover - Bek. Vorf.: Hans Mahlke, Bratschist im Havemannquartett Berlin (Großv.).

MAHLMANN, Max H.

Maler, Zeichner - Kiefernweg 3, 2000 Wedel/Holst. - Geb. 5. April 1912 Hamburg (Vater: Max M., Arch.), ev., verh. in 2. Ehe (1953) m. Gudrun, geb. Piper (Malerin, Zeichn.), 3 Kd. - Kunstgewerbesch. Hamburg u. Kunstakad. Dresden - 1949-58 Doz. Kunstsch. Alsterdamm u. 1958-77 FHS Gestalt. Hamburg. Freie Malerei (konstruktive Richtung); Wandgestalt. in versch. Materialien. Zahlr. Ausstell. (auch Ausl.) - Liebh.: Musik.

MAHLMANN, Theodor

Dr. theol., Prof. f. Systemat. Theologie Univ. Marburg (s. 1971) - Heinrich-Heine-Str. 13a, 3550 Marburg/L. - Geb. 15. Sept. 1931 Langholt, ev. - Promot. 1960 Münster; Habil. 1968 Marburg - BV: D. neue Dogma d. luth. Christologie, 1969; Joh. Brenz, Christolog. Schriften, 1981; Theologenlex. (Mitverf.), 1987.

MAHLO, Dietrich

Dr. jur., Rechtsanwalt u. Notar, MdB (s. 1987) - Zu erreichen üb. Deutscher Bundestag, 5300 Bonn 1 - Geb. 8. Jan. 1935 Berlin, ev. verh., 2 Kd. - 1955 Abit. (Johanneum Lüneburg); Stud. d. Rechte in Bonn, Berlin Lausanne u. Hamburg; Promot. 1962 (Völkerrecht) - 1961/64 Attachéausbildung im AA, davon 1 Jahr an d. Botsch. Rabat, Marokko; 1964 Diplomatische u. Konsularische Staatsprüf.; 1964/68 Kulturattaché Botsch. Rangun (Birma); 1969 Legationsrat im AA. S. 1972 Rechtsanwalt in Berlin. Kreisvors. CDU Berlin-Wilmersdorf; 1979/88 Mitgl. Abgeordnetenhaus Berlin.

MAHLO, Klaus

Journalist i. R. (s. 1981) - Adolf-Menzel-Str. 14, 5000 Köln 50 (Rodenkirchen) - Geb. 10. Febr. 1916 Berlin (Vater: Curt M.; Mutter: Annie, geb. Alisch), ev., verh. s. 1940 m. Christiane, geb. Gräfin Schönfeldt, T. Monika-Maria - Univ. Berlin (Zeitungs- u. Theaterwiss.) - B. 1939 fr. Pressearb., dann Wehrdst., ab 1945 Neues Theater Herford (Dramat.), 1949-53 dpa Hamburg (Leit. Kulturredaktion), seither NWDR Hamburg (Pressechef u. Leit. Aktuelle Abt. Fernsehen) u. Köln, NWDR, WDR-Fernsehen. Stv. Fernsehdir. u. Ltr. Hauptabt. Sendeleit. u. Zentrale Aufg. Fernsehen; b. 1981 Mitgl. Aussch. f. Öffentlichkeitsarb. d. Dt. Verkehrswacht. Kuratoriumsmitgl. Dt. Krebshilfe, Gründungsmitgl. Dt. Leseges. - Liebh.: Bücher, Antiquitäten - Spr.: Engl., Franz.

MAHN, Hans-Peter

Dr., Ministerialdirigent, Staatssekr. im Min. d. Innern d. Landes Sachsen-Anhalt - Halberstädter Str. 2, Postf. 35 60, O-3010 Magdeburg.

MAHNE, Erhard

Geschäftsführer, Parlam. Staatssekr. a.D., MdB a.D. (1972-83) - Drosselweg 4, 4902 Bad Salzuflen - Geb. 29. Sept. 1931 Bielefeld, verh., 2 Kd. - Realsch.; Handelssch.; kaufm. Ausbild. - 1956-64 Geschäftsf. elterl. Kurheimbetrieb; s. 1964 Parteigf. Unterbez. Lippe (z. Z. beurl.). 1961-69 MdK Lemgo; 1964-73 Ratsmitgl. Bad Salzuflen (stv. Fraktionsvors.); 1964-73 Mitgl. Landschaftsverb. Westf.-Lippe. SPD s. 1958 (s. 1974 Vors. Unterbez. Lippe; Mitgl. Bez.-Vorst. Ostw.-Lippe); 1979-82 Parlam. Staatssekr. b. Bundesmin. f. Verkehr.

MAHNEL, Helmut

Dr. med. vet., Prof. Tiermedizin Univ. München - Richardstr. 8, 8000 München 50 - Geb. 1. Dez. 1928 Warnsdorf (Vater: Josef M., Beamter; Mutter: Valerie, geb. Richter), kath., verh. s. 1968 in 2. Ehe m. Elisabeth, geb. Knyps, S. Andreas - 1950-54 Stud. Tiermed.; Promot. 1955; Habil. 1966; 1972 Prof. - BV: Mikrobiol. u. Tierseuchenlehre (m. and.), 5. A. 1984; Virol. Arbeitsmeth., Bd. 4 (m. and.), 1982; Schweinepest (m. and.), 1974 - Spr.: Engl.

MAHR, Emil

Präsident Oberpostdirektion München b. 1977 (i. R.) - Ruffinistr. 5a, 8000 München 19 (T. 16 50 66) - Geb. 2. Juni 1912 Würzburg (Vater: Postbeamter) - Univ. Würzburg (Rechts- u. Staatswiss.). Beide jurist. Staatsprüf. - S. 1938 Postdst. Würzburg, Dortmund (1950; n. Militär-, Feldpostdst. u. sowjet. Kriegsgefangensch.), Neustadt/Weinstr., Kaiserslautern, Würzburg (bei beiden Amtsvorst.), Bonn (1958 Pers. Ref. (Min.rat) Bundesmin. Stücklen), Trier (1963 Präs. OPD), München (1965 Präs. OPD). 1971 BVK I. Kl.; 1973 Gr. Gold. Ehrenz. Rep. Österr.; 1977 Gr. BVK; 1977 Bayer. VO.

MAHRENHOLTZ, Oskar

Dr.-Ing., o. Prof. f. Mechanik (Lehrstuhl B) TU Hannover - Töpferweg 2, 3015 Wennigsen 4 - Geb. 17. Mai 1931 Ostrhauderfehn/Ostfriesl. - Schmied (1949); Ing. (1954); Dipl.-Ing. Verfahrenstechnik (1958) - 1976/77 Rektor TU Hannover, 1983ff. Vizepräs. DFG.

MAHRENHOLZ, Ernst Gottfried

Dr. jur., Richter u. Vizepräsident d. Bundesverfassungsgerichts (Zweiter Senat) - Schloßbezirk 3, 7500 Karlsruhe.

MAI, Ernst

Senatspräsident Bundesgerichtshof (IX. Zivilsenat) - Frauenalber Str. 40, 7500 Karlsruhe 51 - Geb. 6. Juni 1915 - Zul. Bundesrichter BGH (1965 Leit. Pressest.).

MAI, Franz

Dr. jur., Rundfunkintendant a. D. - St. Ingberterstr. 13, 6600 Saarbrücken (T. 3 61 63) - Geb. 31. Dez. 1911 Köln (Vater: Wilhelm M., Oberreg.rat; Mutter: Hedwig, geb. Quickert), kath., verh. 1941-1973 m. Hildegard, geb. Michels, T. Amaryllis, 2) 1974-88 m. Suzanne, geb. Pascalin - Univ. Frankfurt/M., München, Bonn (Promot. 1939). Ass.ex. 1940 Frankfurt/M. - 1940-45 Wehrdst., dann Justizdst., 1950-57 Ref. d. Bundeskanzlers (b. 1952) u. Abt.leit. Presse- u. Informationsamt d. Bundesreg., s. 1957 Int. Saarl. Rundf. Initiator Europawelle; 1969 Präs. Europ. Akad. Otzenhausen; Präs. Dt.-Franz. Ges. Saarbr. Veröff. z. Miet- u. Pachtrecht, üb. bild. Kunst, Film u. Funk; Autor v. Hörsp. - 1932 Scheffel-Preis; 1976 Offizier franz. Ehrenlegion; 1972 Gr. BVK; 1976 Kommandeurskr. Luxemburg. VO u. Ital. VO. - Liebh.: Malerei.

MAI, Gottfried

Dr. theol., Dr. phil., Schriftsteller, Marinepfarrer a. D. - Nusser Str. 4, 2411 Kühsen (T. 04543 - 76 38) - Geb. 11. Mai 1940 Finsterwalde/Mark Brandenburg, ev., verh. s. 1962 m. Gunhild, geb. Flemming, 4 Kd. (Iris, Frithjof, Bjanka, Björn) - Abit. 1958 Finsterwalde; 1959 Seefahrtsschule Bremen; 1. Theol. Ex. 1965 Göttingen; 2. Theol. Ex. Bremen 1968; Dr. theol. 1971 Hamburg; Dr. phil. 1979 Bremen - 1965-75 Gemeindepfarrer in Bremen; 1975-80 Aubildungsref. Hermannsburger Mission, s. 1976 nebenamtl. Lehrtätigk. Univ. Birmingham (U.K.), Columbia S.C. (USA), Oldenburg u. Bremen - BV: D. dt. Auswanderermission, 1972; D. niederd. Reformbewegung, 1979; D. Gesch. d. Stadt Finsterwalde, 1979; D. Überfall d. Tigers (Kinderb. m. Erz.), 1982; AAG d. 2. Geleitschwaders d. Bundesmarine n. Westafrika, 1983; Mehr als nur e. Schiff, AAG 115/84 d. Zerstörers Mölders, 1984; Buddha, 1985; Mittelamerika - AAG 102/86, 1985; Napoleon, 1986; Lenin, 1987; Amerikareise - AAG 111/87 d. 4. Fregattengeschwaders, 1987; Zw. Polar- u. Wendekreis, 1987; Zerstörer Bayern - D 183 Stanav Forlant, 1988; German Task Group Mediterranean AAG 103/89 d. 2. Fregattengeschwaders, 1988; Kulturraum Mittelmeer, 67. Ausl.-Ausb.-Reise d. Schulschiffs Dtschl., 1989; Backen u. Banken, 1992. Theol. Abhandlungen n. in Tamil- u. Hindi-Übers. Madras (s. 1980) - 1983 Intern. Buchpreis d. AWMM f. Gesch. Brügge/Belg.; 1989 Ehrenkreuz d. Bundeswehr in Gold - Spr.: Russ., Engl., Span., Schwed., Lat., Griech., Hebr.

MAI, Hermann

Dr. med., Dr. phil., Dr. med. h. c., o. Prof. f. Kinderheilkunde (emerit.) - Eupener Weg 2a, 4400 Münster/W. (T. 0251 - 8 13 76) - Geb. 2. Jan. 1902 München (Vater: Prof. Dr. phil. Carl M.; Mutter: geb. Zwack), verh. s. 1935 m. Hildegard, geb. Fechner - 1937-39 Privatdoz. Univ. München, 1940-43 o. Prof. Dt. Univ. Prag, 1943-70 o. Prof. Univ. Münster (Klinikdir.). 1970-72 Aufbau u. 1976 ff. ärztl. Tätigk. Kinderklinik Albert-Schweitzer-Hospital Lambarene (Zentralafrika) - 1972 Ehrendoktor Univ. Münster; 1966 Ehrenmitgl. Dt. Ges. f. Kinderchir. u. 1970 d. Ges. f. Kinderheilkd.; 1978 Paracelsus-Med.

MAI, Manfred

Schriftsteller - Otto-Butz-Str. 12, 7472 Winterlingen (T. 07434 - 39 49) - Geb. 15. Mai 1949 Winterlingen, ev., verh. s. 1973 m. Lieselotte, geb. Huonker, 2 Töcht. (Melanie, Daniela) - Malerlehre, Pädagogikstud. - 1977-84 Realschullehrer - BV: Suchmeldung, Ged. z. Anfassen, 1980; So weit kommt's noh, Schwäb. Ged. 1982; D. Land d. Kinder m. d. Seele suchen, 1984; Mutmach-Geschichten, 1985; Zärtlichkeit läßt Flügel wachsen, 1985; Heute ist dein Tag, 1986; Nur für e. Tag, 1987; Mama hat heut frei, 1988; D. Frau im Gobelin, 1988; Adventsgesch., 1988; Jetz langt's! Schwäb. Ged. 1988; Quatschgeschichten, 1988; Nur Mut, kleiner Rabe, 1989; Du bist ganz anders als gedacht, 1989; Anna, Sonntag u. so weiter, 1989; E. tolle Familie, 1989; Wenn Oma plötzlich fehlt, 1990; Tobi sagt, was Sache ist, 1990; Lila kitzelt in d. Nase, 1990; Endlich fängt d. Schule an, 1990; Unsere Zollernalb, 1990; Eiderdaus u. Dotterwetter, 1991; Mein Kinder-ABC, 1991; V. Osterhasen u. Angsthasen, 1991; 111 Minutengeschichten, 1991; Anna u. d. Baby, 1991; Warum-Geschichten, 1991; Da guck na, Schwäb. Ged. 1991; Schulhofgeschichten, 1992; Schwäbisch f. Anfänger, 1992; D. dt. Bauernkrieg, 1992; Wie es früher war, 1992; Alles wegen Marius, 1992; Schöne Bescherung - E. schwäb. Weihnachtsgesch., 1992.

MAI, Paul

Dr. phil., Msgr., Direktor d. Bischöfl. Archive u. Bibliotheken Regensburg - St. Petersweg 11-13, 8400 Regensburg (T. 0941 - 5 88 13) - Geb. 11. April 1935 Breslau (Vater: Hugo M., Bank-Prok.; Mutter: Margarete, geb. Seidel), kath., ledig - Abit. 1954; Stud. Theol., Geschichtl. Hilfswiss., Kunstgesch. (Promot. u. Priesterweihe 1962); 1965-67 Bibliotheksschule - 1967 Bibl.-Ass.; 1968-71 Assist. Univ. Regensburg (Lehrst. f. Kirchengesch. d. Donauraums); s. 1971 Dir. d. Bischöfl. Archive u. Bibl. Mitgl. Bundeskonfz. f. kirchl. Archive; Vorst. Inst. f. Ostd. Kirchen- u. Kulturgesch. - Spr.: Engl., Latein, Ital.

MAIDL, Bernhard Robert

Dr.-Ing., o. Prof. f. Bauverfahrenstechnik, Tunnelbau u. Baubetrieb Ruhr-Univ. Bochum - Weidengrund 43, 4630 Bochum-Stiepel - Geb. 15. Aug. 1938 Bukschoja/Rumänien (Vater: Anton M.; Mutter: Christina, geb. Kübeck), kath., verh. s. 1963 m. Ulrike, geb. Ruhland, 3 Kd. (Julia, Ulrich, Nadine) - Stud. Dresden u. München, Dipl.-Ing. 1963 TU München, Promot. 1967 TU München, Habil. 1969 - 1963/64 Leonhard Moll KG, München, 1966 Tunnelbau-Ing. Thailand; 1969-74 Hochtief Essen, s. 1974 Prof. Ruhr-Univ. Bochum - BV: Handb. Tunnelbau Bd. I + II, Handb. f. Stahlfaserbeton - Spr.: Engl.

MAIER, Alfons Sebastian

Dr. agr.., Geschäftsführer Wildbräu Grafing b. München - Marktplatz 2, 8018 Grafing (T. 08092 - 50 56) - Geb. 12. Juli 1927 München - TU München: Dipl.-Braumstr. u. Univ. München: Dipl.-Kfm.

MAIER, Christoph

Dr., Fischereidirektor, MdL Bayern (s. 1978) - Konrad-Adenauer-Str. 10, 8501 Eckental/Mfr. - Geb. 16. Jan. 1931 Kühlenfels, kath., verh., 3 S. - Höh. Schule Bamberg (Abit. 1951); 1951-58 Univ. Erlangen (Chemie, Biol., Geogr.; Promot.) - S. 1959 Bayer. Landesanst. f. Fischzucht u. Bez. Mittelfranken (1961). Div. Ämter, dar. 1985 Präs. Fischereiverb. Mittelfranken.

MAIER, Ernst-Hermann (gen. Erne)

Dr. med., Prof. f. Sozialpädiatrie, Kinderarzt, Ministerialdirigent a. D. Ministerium f. Umwelt u. Gesundheit Rhld.-Pfalz - Nidegger Str. 10, 5000 Köln 41 (T. 0221 - 41 66 43) - Geb. 29. Juli 1921 Hamburg-Blankenese (Vater: Ernst M., Bankkfm. †; Mutter: Gertrud, geb. Wascher †), kath., verh. s. 1949 m. Anneliese, geb. Balensiefer, 5 Kd. - Obersch. Blankenese (Abit. 1939); Soldat 1941/42, Reichsarb.dst. - B. 1946 Med.-Stud. Hamburg, Promot. 1947, Stip. England (6 Mon.) - B. 1948 Jugendpflege Herford, 1948-56 Facharztausb. Kinderarzt Univ.-Klin. Köln, 1951-63 Gesundheitsamt Hannover, 1956 Med.rat (Berufsschul- u. Schularzt), 1960 Staatsarzt, 1963-67 Leit. schulärztl. Abt. Gesundheitsamt Bremen, s. 1967 Ref. f. Gesundheitshilfe Mutter u. Kind, Med. Dokument. u. Statist., s. 1956 Lehrauftr. versch. Städte u. s. 1970 Lehrauftr. Sozialpädiatrie Univ. Kiel, 1973 Hon.-Prof., 1976-83 Leit. Gesundheitsabt. Min. Rhld.-Pfalz, div. Ämter in berufsbez. Organis. - BV: Zahlr. Veröff. üb. Kindesentw., Lehrb.-Beitr. - Liebh.: Zeitg. Graphik - Spr.: Engl.

MAIER, Erwin Otto

Senator, Kaufmann, Präs. Landesverb. Bayer. Einzelhandel - Lindentorstr. 1, 8940 Memmingen (T. 08331 - 40 45) - Geb. 22. Jan. 1927 Memmingen, kath., verh. s. 1950 m. Elisabeth, geb. Büchler, 3 Töcht. (Hannelore, Susanne, Andrea) - Lehre Textil-Kaufm. (Abschl. 1944); Kriegsdst., Gefangensch. - S. 1951 selbst. Textil-Kaufm., Übern. d. elterl. Betriebes. 1975 Vors. Bildungszentrum München; 1983 Präs. Landesverb. Bayer. Einzelhandel, 1984 Vizepräs. Hauptgemeinsch. d. Dt. Einzelhandels. S. 1986 Mitgl. Bayer. Senat - 1977 BVK; 1979 Gold. Ehrenring IHK Augsburg; 1985 Bayer. VO; 1986 Bayer. Staatsmed. in Gold; 1989 BVK I. Kl.

MAIER, Franz

Dr., Vorstandsmitglied i. R. Bayer. Landesbank - Girozentrale - Brienner Str. 20, 8000 München 2 (T. 21 71 -1) - Geb. 17. Febr. 1910 - Lehre Bayer. Gemeindebank; Stud. Wirtschaftswiss. Promot. 1936 Nürnberg - In- u. ausl. Bankinst.; 1945-76 Bayer. Gemeindebzw. Landesbk. (1969 Mitgl. Direktorium, s. 1976 i. R.).

MAIER, Franz Georg

Dr. phil., o. Prof. f. Alte Geschichte - Weinmanngasse 60, CH-8700 Küsnacht - Geb. 25. Okt. 1926 Stuttgart (Vater: Adolf M., Kaufm.; Mutter: Elisabeth, geb. Cohnen), kath., 3 Söhne - Eberhard-Ludwigs-Gymn. Stuttgart; Univ. Tübingen u. Zürich (Gesch., Lat., German., Phil.). Promot. (1951) u. Habil. (1957) Tübingen - S. 1957 Lehrtätigk. Univ. Tübingen (Privatdoz.), Frankfurt/M. (1963 Ord.), Konstanz (1967-68 Prorektor), Zürich (1972). Leit. d. Ausgrab. Alt-Paphos/Cypern - BV: Augustin u. d. antike Rom, 1955. Griech. Mauerbauinschr., 2 Bde. 1959/61; Cypern, 1964; D. Verwandlung d. Mittelmeerwelt, 1968 (auch ital., span.); Byzanz, 1973 (auch ital.); Neue Wege in die alte Welt, 1977; Paphos, 1984 (engl.) - Ordentl. Mitgl. Dt. Archäol. Inst., Ehrenmitgl. Hetaireia Kypriakon Spoudon, Hon. F.S.A., 1992-93 Fellow Inst. for Advanced Studies, Princeton - Liebh.: Aquarellieren - Spr.: Engl., Franz., Ital., Neugriech. - Rotarier.

MAIER, Franzjosef

Prof., Violinsolist - An d. Wallburg 37, 5060 Bensberg-Refrath/Rhld. (T. 6 75 57) - Geb. 27. April 1925 Memmingen (Vater: Benedikt M., Klavierpädagoge; Mutter: Laura, geb. Wassermann), kath., verh. s. 1949 m. Marlies, geb. Wasser, 2 Kd. (Tordis, Sergius) - Mus. Gymn. Frankfurt (Abit.); Musikhochschule Köln - S. 1944 Lehrtätigk. (Violine) Landesmusiksch. Saarbrücken, Richard-Schumann-Konservat. Düsseldorf (1949), Musikhochsch. Köln (1959; 1967 Prof. u. Leit. Meisterkl.). Konzertauftr. In- u. Ausl. Schallpl. - Liebh.: Ölmalerei, Film, Foto - Spr.: Engl., Franz. - M. 16 J. jüngster Preisträger b. d. Ausscheid. f. d. Staatspreis f. Violine. Leiter Collegium Aureum.

MAIER, Friedrich

Dipl.-Kfm., Gf. Gesellschafter C.F. Maier GmbH & Co., Königsbronn - Weikersbergstr. 71, 7923 Königsbronn (T. 07328 - 71 16) - Geb. 19. Aug. 1930 Schnaitheim, ev., verh. s. 1955 m. Hedwig, geb. Gnaier, 2 Kd. (Cornelia, Markus) - Stud. Univ. Mannheim; Dipl. 1954 - AR-Vors. Heidenheimer Volksbank; Vorstandsvors. AOK Heidenheim; VR-Vors. Maschinenfabr. Christian Maier GmbH & Co., Heidenheim - Spr.: Engl.

MAIER, Hanns

Dr.-Ing., Konsul, Bauunternehmer - Klenzestr. 101, 8000 München 5 (T. 20 24 20) - Geb. 13. Aug. 1922 - Architekt. AR-Mandate u. a. - Luxembg. Konsul f. Bayern - 1973 Bayer. VO; Luxemburg. VO; 1985 BVK I. Kl.; Officier avec Couronne de Notre Ordre de Mérite civil et milit. d'Adolpe de Nassau, Luxemburg.

MAIER, Hans

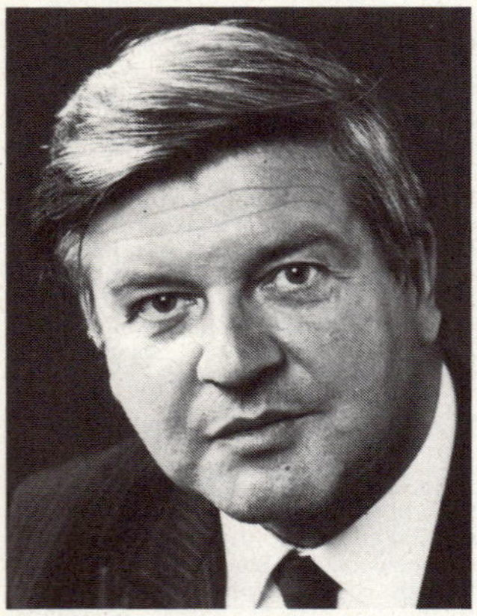

Dr. phil., Dr. jur. et phil. h.c., Prof., Staatsminister a.D. - Meichelbeckstr. 6, 8000 München 90 (T. 64 82 49) - Geb. 18. Juni 1931 Freiburg/Br. (Vater: Joseph M., kaufm. Angest.; Mutter: Paula, geb. Klingler), kath., verh. s. 1962 m. Adelheid, geb. Dilly, 6 Töcht. - Gymn. Freiburg; Univ. ebd., München, Paris. Promot. (1957) u. Habil. (1962) Freiburg - 1962-87 Ord. f. Polit. Wiss. Univ. München; 1970-86 Bayer. Staatsminister f. Unterricht u. Kultus. 1971/72 u. 1982 Präs. Kultusmin.konf. d. Länder; 1976-88 Präs. Zentralkomitee d. dt. Katholiken; s. 1988 Ord. f. christl. Weltanschauung, Religions- u. Kulturtheorie Univ. München - BV: Revolution u. Kirche - Studien z. Frühgesch. d. christl. Demokratie 1789-1901, 5. A. 1988 (engl. 1969, franz. 1992); D. ältere dt. Staats- u. Verw.lehre, 1966, 3. A. 1986; Politische Wiss. in Dtschl., 1969, 2. überarb. A. 1985; Kritik d. polit. Theol., 1970; Kirche u. Ges., 1972; Zwischenrufe z. Bildungspolitik, 2. A. 1973; D. Grundrechte d. Menschen im mod. Staat, 2. A. 1974; Aktuelle Tendenzen d. pol. Spr., 1973; Kulturpolitik. Reden u. Schr., 1976; Anstöße. Beitr. z. Kultur- u. Verfass.politik, 1978; Katholizismus u. Demokr., 1983; Staat-Kirche-Bildung, 1984; Relig. u. mod. Ges., 1985; D. Deutschen u. d. Freiheit, 2. A. 1987; Verteidigung d. Politik, 1990; D. christliche Zeitrechnung 1991, 2. A. 1992. Mithrsg.: Intern. Kath. Ztschr. (1972ff.) - 1966 Mitgl. Inst. Intern. de Phil. Politique, Paris, u. Dt. Akad. f. Sprache u. Dichtung; 1971 Bayer. VO., 1972 Gr. BVK, 1981 Offz.orden Franz. Ehrenlegion, 1982 Ehrendoktor Univ. Tübingen, 1983 Gr. BVK m. Stern u. Schulterbd., 1984 Spidem-Kristall (f. Verd. zeitgenöss. Musikschaffens) - Liebh.: Musik (bes. Cembalo- u. Orgelsp.) - Spr.: Franz., Engl.

MAIER, Hans

Dr. phil., Prof. f. Schulpädagogik Päd. Hochschule Heidelberg - Wingertsbuckel 42, 6800 Mannheim (T. 79 24 95) - Geb. 5. Jan. 1923 - S. 1958 Doz. u. Prof. PH Heidelberg - BV: u. a. Grundl. d. Unterrichtstheorie u. Unterrichtspraxis, 1976; Beurteilung v. Unterricht, 1978. Aufs. in Ztschr. u. Büchern üb. techn. Bild., sprachl. Bild., didakt. Prinzipien, Lehrerrolle u. z. Wissenschaftstheorie - Erzählpreis Mannheimer Kurzgeschichten.

MAIER, Helmut Ernst

Dr. oec., Dipl.-Kfm., Industrieberater - Tulpenstr. 8, 7036 Schönaich (T. 07031 - 5 12 11) - Geb. 12. März 1924 (Vater: Ernst M., Dir.), verh. s. 1956 m. Susanne, geb. Höfter, 4 Kd. (Suse-Marie, Ernst-Bernhard, Robert-Paul, Ulrike-Christine) - Gymn.; Lehre Ind.kfm.; Stud. d. Wirtsch.- u. Rechtswiss. Univ. München u. Nürnberg - 1952-56 Wirtsch.-Ref., 1957-64 Kaufm. Leit., 1964-85 Centra-Bürkle; Vors. d. Geschäftsfg. einschl. Tochterfirmen Fema Weber & Freund, Stuttgart, Chavonin-Centra SA, Annemasse (Frankr.), Codeci Sarl, Paris, Centra-Bürkle AG, Konolfingen (Schweiz); 1986-87 Vorst.-Mitgl. Honeywell Europe, Offenbach/M., 1988-91 Vorst.-Mitgl. Garny AG, Mörfelden-Walldorf; VR Bund d. Steuerzahler. Handelsrichter LG Stuttgart.

MAIER, Johann

Dr. theol., Dr. phil., o. Prof. f. Judaistik - Chlodwigstr. 2, 5040 Brühl - Geb. 17. Mai 1933 Arriach/Österr. (Vater: Josef M., Landw.; Mutter: Maria, geb. Wadlig), ev., verh. s. 1956 m. Emilie, geb. Stenz, 1 Kd. (Hans) - Realgymn. Villach; 1951-1956 Stud. Ev. Theol. Wien u. Zürich, 1956-60 Phil. Wien - S. 1964 Lehrtätigk. Univ. Wien, FU Berlin (1965), Univ. Köln (1966 Ord.) - BV: D. Texte v. Toten Meer, 2 Bde. 1960; V. Kultus z. Gnosis - Bundeslade, Gottesthron u. Märkabah, 1964; D. altisraelit. Ladeheiligtum, 1964; Gesch. d. jüd. Religion, 1972; D. Judentum, 1973; Jesus v. Nazareth i. d. talmud. Überlieferung, 1978; D. Tempelrolle vom Toten Meer, 1978; Grundzüge d. Gesch. d. Judentums im Altertum, 1981; Jüd. Auseinandersetz. m. d. Christentum in d. Antike, 1982; The Temple Scroll, 1986; Zw. d. Testamenten, 1990. Mithrsg.: Lit. u. Religion d. Frühjudentums (1973); Kl. Lexikon d. Judentums (1981).

MAIER, Josef

Dr. phil., Dipl.-Ing. (FH), Bauhistoriker - Schlegelsbergstr. 25, 8521 Weisendorf (T. 09135 - 88 62) - Geb. 2. März 1945 Bamberg, kath., verh. m. Edith, geb. Strate, S. Andreas - Maurerlehre; 1965-68 Architekturstud. FH Coburg (Dipl.-Ing. FH); 1970-82 Stud. Kunstgesch., Archäologie, Alte Geschichte Univ. Erlangen; Promot. - S. 1988 Abt.-Leit. in d. Hessischen Denkmalpflege. Gerichtl. Gutachter f. Fragen d. Denkmalpflege u. Sanierung v. Baudenkmälern. S. 1991 selbständiger Architekt u. Bauforscher - BV: Architektur im Römischen Relief, Diss. 1985; Altstadtsanierung Ansbach, 1986; Joh. David Steingruber, Katalog z. Steingruberausstellung Ansbach, 1987; Studentenhistorie - Monographie z. Gesch. d. Burschenschaft Frankonia Erlangen, 1988; Baugesch. d. Ansbacher Residenzschlosses, 1989. Viele Aufs. zu Fragen d. Baugesch., z. praktischen Denkmalpflege u. Gebäudesanierung u. z. Fortbildung in d. Denkmalpflege - Spr.: Engl., Latein, Neugriech., Altgriech. - Lit.: Rezension in d. Bonner Jahrbüchern (1987); mehrere Rundfunkbesprechungen seiner oben genannten Bücher (1987 u. 88).

MAIER, Karl Ernst

Dr. phil., em. o. Univ.-Prof., Pädagoge - Ligastr. 48, 8400 Regensburg - Geb. 8. Dez. 1920 Bruck/Opf. (Vater: Josef M.; Mutter: Katharina, geb. Wittmann), kath., verh. s. 1949 m. Hildegard, geb. Stepp, 2 Söhne (Robert, Wolfgang) - Univ. München (Päd., Psych., Anthropol.). Promot. 1955 München; Habil. 1967 Salzburg - S. 1946 im bayer. Schul- u. Hochschuldienst, 1968-72 Vorst. Päd. Hochsch. u. s. 1972 Univ. Regensburg. 1969-73 Vors. Arbeitskr. f. Jugendlit. (e. V.); 1976-91 Vizepräs. bzw. Präs. d. Dt. Akad. f. KJL e.V., Volkach - BV: Jugendliteratur - Inhalte, Formen u. päd. Bedeutung, 1965, 9. A. 1987; D. Werden d. allgemeinbild. Pflichtschule in Bayern u. Österr., 1967; Die Schule in d. Literatur, 1972; Päd. Taschenlexikon, 1978; Sekundärlit. z. Kinder- u. Jugendbuchtheorie, 1979 (Bibliogr.); Kind u. Jugendl. als Leser, 1980; Grundriß moralischer Erziehung, 1985; Mythen, Märchen u. mod. Zeit (m. Baumgärtner), 1987.

MAIER, Karl Friedrich

Dr. rer. pol. (habil.), Prof., Papierfabrikant - Schiltachstr. 57, 7230 Schramberg/Württ. (T. 40 54) - Geb. 21. Mai 1905 Schramberg - S. 1953 apl. Prof. Univ. Freiburg (Volksw.lehre, Geld- u. Zinstheorie).

MAIER, Karl-Heinz

Journalist, Vorsitzender Berliner Pressekonferenz (s. 1974) - Angerburger Allee 59, 1000 Berlin 19 - Geb. 19. Okt. 1923 Kassel (Vater: Max M., Kaufm.; Mutter: Leonore, geb. Mehlmann), verh. s. 1945 m. Brigitte, geb. Gora - 1968 BVK am Bde.; 1982 Gr. Ehrenzeichen f. Verd. um d. Rep. Österreich; 1983 BVK I. Kl.; 1988 VO Land Berlin; 1992 Officer of the Order of The British Empire O.B.E. - Spr.: Engl.

MAIER, Karl-Heinz

Dipl.-Ing., Präsident d. Bundesverb. Allg. Rettungsverb. Dtschl. - Alpenring 18, 6082 Mörfelden-Walldorf 2 (T. 06105 - 4 28 89) - Geb. 21. April 1944 Gengenbach/Ortenaukr., kath. - Dipl.-Ing. f. Nachrichtentechnik 1971 - Berat. Ing. Fa. Du Pont - Spr.: Engl.

MAIER, Konrad

I. Bürgermeister - Hochriesstr. 5, 8252 Taufkirchen/Vils - Geb. 14. März 1934 Pesenlern - Zul. Oberlehrer. CSU.

MAIER, Kurt

Dr. jur., 1. Direktor Landesversicherungsanstalt Braunschweig - Kurt-Schumacher-Str. 20, 3300 Braunschweig - Geb. 21. Aug. 1930, verh., 2 Kd. - 1950-54 Univ. Tübingen u. München; Promot. 1960; gr. jurist. Staatsex. - 1963-79 Sozialverw. Berlin, s. 1980 Braunschweig; 1982 Hon.-Prof. f. Sozialrecht FU Berlin. Ca. 500 Veröff. z. Arbeits- u. Sozialrecht.

MAIER, Oskar

Verwaltungsdirektor u. Stellv. d. Intendanten Bayer. Rundfunk - Rundfunkpl. 1, 8000 München 2 (T. 59 00-01) - Geb. 22. Dez. 1927 Aidenbach/Ndb. - Stud. Betriebswirtsch.; Dipl.-Kfm. Univ. München - 1953-64 Wirtsch.prüferass., dann Prüf.Ltr.; Organ. u. Steuerberater in d. Wirtschaftsprüferkanzlei Dr. Kithier München; 1965-71 Bayer. Rundfunk Hauptabt.leit. Finanzen, Datenverarb. u. Steuern, 1968 Stellv. d. Verw.Dir., s. 1972 Verw.Dir. d. Bayer. Rundfunks, s. 1990 gleichz. Stellv. d. Intendanten; s. 1984 zusätzl. Gf. d. Bayer. Rundfunkwerbung GmbH - BVK I. Kl.

MAIER, Otto J.

Verleger Otto Maier Verlag Ravensburg AG - Postfach 1860, 7980 Ravensburg - Geb. 1930 Bad Waldsee - 1958 AR Spielwarenmesse eG, Nürnberg, 1980 Württ. Versich. AG, Stuttgart; 1983 Präs. IHK Bodensee-Oberschwaben - Spr.: Engl., Franz.

MAIER, Rudolf Georg

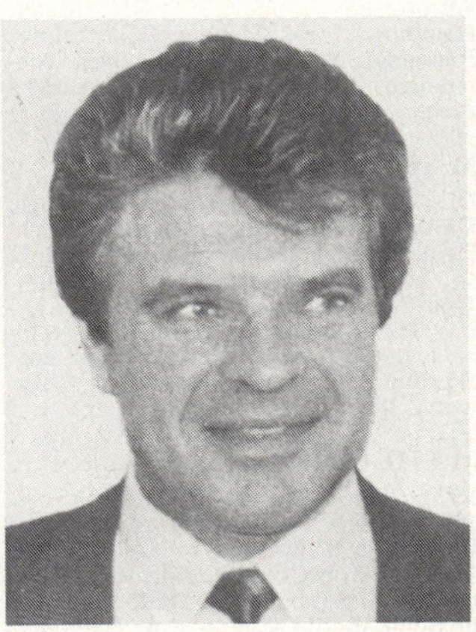

Prof., Freier Journalist, Lehrbeauftragter, Inh. Pressebüro m. Sitz in Pocking (s. 1970) - Richard-Wagner-Str. 21, 8398 Pocking (T. 08531 - 45 77) - Geb. 3. Jan. 1939 Senden/Iller (Vater: Josef M., Beamter; Mutter: Lore, geb. Schefold), kath., verh. s. 1963 m. Rosemarie, geb. Bierfert, T. Corinna - Journ.sch. München, Stud. HS f. polit. Wiss. München - Presseref., fr. Journ. Tagesztg., Chefredakt. O.bayer. Steuerzahler - Pressespr. European Taxpayers Assoc. (ETA) Europ. Steuerzahlerorg., Inst. for Financial Science and Economics (Europ. Inst. f. Finanz- u. Wirtschaftswiss., Luxemburg); Fachjourn. f. Kur- u. Bäderwesen; Med. Präs. Dt. Israelischen Ges. Niederbayern/Oberpfalz - 1978 BVK am Bde.; 1984 Medal of Merits Lions Club; 1985 BVK I. Kl.; 1988 a.o. Prof. Univ. San Salvador - Liebh.: Lit., Judaistik, intern. Bez., Naher Osten - Spr.: Engl.

MAIER, Sepp (Josef Dieter)

Fußballprofi (b. 1980) - Zu erreichen üb.: FC Bayern, 8000 München - Geb. 28. April 1944 Metten/Ndb., verh. (Ehefr.: Agnes), T. Alexandra - Volkssch.; Kunstschlosserlehre - S. Jugendauf TSV Haar (Stürmer) u. FC Bayern (Torhüter), 1965 ff. Bundesliga (üb. 450 Spiele); 1966 ff. Nationalmannsch. (92 x). 1974 Weltmeister, 1972 Europam., 1974, 75, 76 Europacupsieger d. Landesm., 1967 . . . d. Pokalm., 1976 Weltpokalsieger, 1969, 72, 73, 74 Dt. Meister, 1966, 67, 69, 71 DFB-Pokals. - BV: Ich bin doch kein Tor, 1980 - 1966 Silberlorbeerebl. d. Bundespräs.; BVK; 1975, 77, 78 Fußballer d. J.; 1976 u. 77 Gold. K (Sportmagazin Kicker) - Liebh.: Tennis (eig. Anlage).

MAIER, Volker

Dr., Prof., Leiter d. Zentrallabors Universitätsklinikum Ulm - Robert-Koch-Str. 8, 7900 Ulm (T. 0731 - 176-39 60) - Geb. 15. Jan. 1941 Biberach a. d. Riß - Promot. 1971 Münster; Habil. 1978 Biochem. Pharmakol. Ulm - BV: D. isolierte Langerhanssche Insel; Biosynth. u.

Sekretion v. Insulin in vitro, 1980 - Liebh.: Kulturgesch., Mod. Kunst.

MAIER, Willi

Dr. phil., Prof., Hochschullehrer - Höhenstr. 32, 7141 Steinheim/Murr (T. Marbach 69 43) - B. 1968 Doz., dann Prof. PH Ludwigsburg (Systemat. u. histor. Pädagogik).

MAIER-AICHEN, Hansjerg

Bildhauer - Zul. 7022 Leinfelden - Geb. 1940 - Stud. Werkkunstsch. Wuppertal u. Staatl. Akad. d. Bild. Künste München (1960-67) - Fulbright-Stipendiat USA - 1968 Dt. Kunstpr. d. Jugend, 1970 Kunstpr. Böttcherstraße Bremen, 1971 Villa-Romana-Preis, 1973 Villa-Massimo-Preis, 1973 Master of Fine Arts (Art Inst. of Chicago/USA), s. 1984 Präs. d. Fedeau/Europa, Paris.

MAIER-BODE, Hans

Dr.-Ing., Chemiker, Prof. f. Chem. Pharmakologie Univ. Bonn (s. 1960) - Tannenweg 7, 7884 Rickenbach (T. 07765 - 407) - Geb. 25. Jan. 1906 Augsburg, ev. - Univ. Tübingen, TH München u. Berlin. Promot. 1929; Habil. 1953 - 1933-57 Chemiker Farbenfabrik Wolfen; 1953-57 Doz. u. Prof. m. Lehrauftr. f. Landw. Chemie Univ. Leipzig - BV: D. Pyridin u. s. Derivate, 1934; Pflanzenschutzmittel-Rückstände, 1965; Herbizide u. ihre Rückstände, 1970. Zahlr. Fachaufs.

MAIER-LEIBNITZ, Heinz

Dr. phil., Drs. h. c., em. Prof. f. Techn. Physik TH bzw. TU München (s. 1952), Präs. Dt. Forschungsgemeinsch. (1974-79) - Pienzenauer Str. 110, 8000 München 81 (T. 98 03 20) - Geb. 28. März 1911 Eßlingen/N. (Vater: Prof. Dr.-Ing. Hermann M.-L., Ord. f. Bauing.wesen (s. XIV. Ausg.); Mutter: Marianne, geb. Leibnitz), verh. I) s. 1937 m. Rita, geb. Lepper († 1971), 3 Töcht. (Christine, Dorothee, Elisabeth), II) s. 1979 m. Prof. Dr. phil., Dr. oec. h.c. Elisabeth, geb. Noelle-Neumann - TH Stuttgart u. Univ. Göttingen - 1935-52 Kaiser-Wilhelm- bzw. Max-Planck-Inst. f. Med. Forsch. Heidelberg; 1967-72 Dir. Inst. Max v. Laue-Paul Langevin, Grenoble. 1972ff. Mitgl. Wiss.rat u. Präs. Intern. Union f. Reine u. Angew. Physik (1. Deutscher); 1973-83 Stiftungsrat Carl-Friedr.-v.-Siemens-Stiftg. - BV: u.a. An d. Grenze z. Neuen. Rollenverteilung zw. Forschern u. Politikern in d. Ges., 1977; Zw. wiss. u. Politik, Ausgew. Reden u. Aufs. 1974-79, 1980; Kochb. f. Füchse, 1980, m. Hinw. f. d. Mikrowellenherd, überarb. u. erw. Auflage 1991; D. geteilte Plato. E. Atomphysiker z. Streit um d. Fortschritt, 1981; Streitbriefe üb. Kernenergie (m. Peter Kafka), 1982 (Neuaufl. 1987: Kernenergie - Ja od. Nein?). Herausg.: Zeugen d. Wissens (1986); Mikrowellen-Kochkurs f. Füchse (1986, erw. Neuausg. 1990, m. Traude Cless-Bernert); Lernschock Tschernobyl (1986); Tschernobyl u. d. Folgen, 1987; Zweifel am Verstand (m. Elisabeth Noelle-Neumann), 1989 - 1965 Ehrendoktor Univ. Wien, 1966 Grenoble, 1973 Univ. Reading; 1971 Carus-Med. Dt. Akad. d. Naturforscher (Leopoldina), Halle/S. 1963 Mitgl. Kgl. Schwed. Sozietät d. Wiss., Leopoldina, Heidelbg., Bayer., Fläm., Ind., Schwed. u. Österr. Akad. d. Wiss.; 1961 Bayer. VO., 1972 Gr. BVK, 1973 Offz. franz. Ehrenlegion, 1975 Stern zum Gr. BVK, 1980 Commmand. Ordre du Mérite; 1976 Mitgl. Ordenskl. Pour le Mérite f. Wiss. u. Künste, 1979-84 Kanzler d. Ordens; 1980 Freiherr-v.-Stein-Preis; 1984 Otto-Hahn-Preis d. Stadt Frankfurt; 1985 Wilhelm Exner-Med.; 1986 Otto-Hahn-Pr. f. Chemie u. Physik; 1988 Lorenz-Oken-Med.; 1991 Gr. BVK m. Stern u. Schulterband - Spr.: Engl., Franz. - Rotarier.

MAIER-OSWALD, Peter

Generalkonsul in Houston (s. 1986) - Zu erreichen üb. Ausw. Amt Bonn, Postf. 15 00, 5300 Bonn 1.

MAIER-PREUSKER, Wolfgang

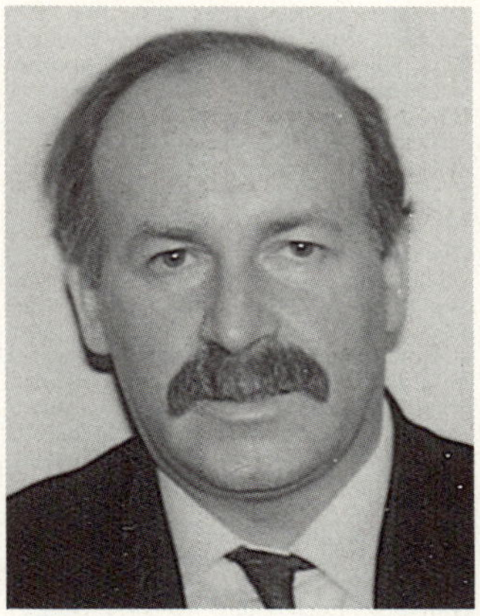

Dr. phil., Prof. f. Kunstgeschichte u. Kunstdokumentation am Univ.-Museum d. Kath. Univ. in Louvain-Na-Neuve (Belgien) (s. 1990) - Bachstr. 45, 5484 Bad Breisig (T. 02633 - 9 70 81) - Geb. 22. April 1948 Heidelberg (Vater: Josef M., Pol. Offz. u. Schriftst.; Mutter: Lilli M., Kunsthändlerin), kath., verh. s. 1975 m. Dr. med. Angelika, geb. Preusker, 2 Kd. (Christina, Florian) - Abit.; Bankausb.; Stud. Wirtschaftswiss. u. Kunstgesch.; Promot.; Dir. d. Inst. f. Kunstdokument. u. kunsthistor. Forsch. am Univ.-Museum Louvain-La-Neuve - S. 1990 Prof. s.o. - 1989 Präs. d. Dt.-Paraguayischen Ges. Bonn/Berlin; 1990 Mitgl. Lions Club - BV: E.L. Kirchner - Aquarelle, Zeichnungen, Grafik, 1981; Phil. Wouwerman - Kritisches Werksverz. d. Gemälde; Chr. van Couwenbergh - Wandlungen e. holländ. Caravaggisten m. kritischem Werksverz.; Marc Chagall - D. Selbstporträts; Joost Corn. Droochsloot - D. Gemälde, Werksverz.; Kunstdokumentation heute - E. Überblick; u. zahlr. Beiträge in Museums-, Ausst.kataloge u. Ztg. Herausg. Bulletin f. kunsthistor. Forschung - Offz.Kreuz d. St. Georgs-Ordens v. Frankreich; Großkreuz in Gold d. Hausordens v. Mecklenburg-Strelitz - Liebh.: Ausstellungen, Gesch., Reisen, Golf - Spr.: Engl., Franz.

MAIHOFER, Werner

Dr. jur., Dr. h. c., Prof., Bundesminister a. D., Leiter Europ. Hochschulinst. Florenz (s. 1982) - Zu erreichen üb. Europ. Hochschulinst., Badia Fiesolana, Via dei Roccettini 5, I-50016 San Domenico di Fiesole (Firenze) - Geb. 20. Okt. 1918 Konstanz, ev., verh., 5 Töcht. - Oberrealgymn. Konstanz (Abit. 1937); Arbeits-, Militär- u. Kriegsdienst (zul. Oblt. d. R.); 1946-50 Stud. Univ. Freiburg (Rechtswiss.); Promot. 1950; Habil. 1953 - S. 1953 Lehrtätigk. Univ. Freiburg, Würzburg u. Saarbrücken (1955 ao., 1956 o. Prof. f. Strafrecht, Strafprozeßrecht u. Rechtsphil., 1967-69 Rektor); ab 1970 Univ. Bielefeld. 1968-71 Vizepräs. Westd. Rektorenkonfz.; 1972-80 MdB; s. 1972 Bundesmin. f. bes. Aufg.; 1974-78 Bundesmin. d. Innern. FDP s. 1969 (1970-78 Präsid.-Mitgl.). 1981-87 Präs. Europ. Hochsch.inst. Florenz; 1982 Präs. Studienstiftg. d. Dt. Volkes - BV: D. Handlungsbegriff im Verbrechenssystem, (Diss.) 1953; Recht u. Sein, (Habil.-Schrift) 1954; V. Sinn menschl. Ordnung, 1956; Naturrecht als Existenzrecht, 1963; Rechtsstaat u. menschl. Würde, 1968; Demokratie im Sozialismus, 1968; D. Freiburger Thesen d. Liberalen (m. Karl-Hermann Flach u. Walter Scheel), 1972 - 1968 Ehrendoktor Univ. Nancy (Frankr.), 1987 Ehrendoktor Univ. Dublin (Irl.); 1975 Gr. BVK; 1971-77 (Austr.) Mitgl. PEN-Zentrum Bundesrep. Deutschl. - Liebh.: Musik (spielt Geige u. Bratsche), Sport (u. a. südwestd. Meister im Eiskunstlauf).

MAINUSCH, Herbert

Dr. phil., Prof. f. engl. Philologie Univ. Münster (s. 1972) - Stellmacherweg 191, 4400 Münster (T. 02534 - 20 02) - Geb. 19. Juli 1929 Troppau (Vater: Paul M.; Mutter: Gertrud, geb. Gawlik), kath., verh. s. 1956 m. Irmgard, geb. Schwarze, 3 Kd. (Thomas, Christoph, Jessica) - Stud. Germ., Angl., Phil.; Promot. 1956 Münster; Habil. 1969 - 1960-62 Gastprof. Univ. of Pittsburgh, 1972 Ruf Univ. Essen (abgel.); Prof. Münster (1972/73, 1975/76 u. 1982/83 Dekan Phil. Fak. bzw. Fachber. Angl.). Honorarprof. Liaoning Akad. d. Wiss., Shenyang, China; Gastprof.: 1975 Univ. of New England, Armidale, Australien, 1978 Univ. of South Africa, Pretoria, 1981 Univ. of New England, Armidale, Australien, 1983 Univ. of Peradeniya, Sri Lanka, 1984 Univ. of South Africa, Pretoria, 1988 Acad. of Social Sciences u. Beda Univ., Beijing, VR China, 1990 Fudan-Univ. Shanghai, China. 1972/74 Vors. Kommiss. Lehrerfort- u. -weiterbildung BRD Modell Angl., s. 1974 Vors. Wiss.l. Beirat f. Anglistik b. Dt. Inst. f. Fernstudien, Tübingen - BV: u. a. Romant. Ästhetik, 1969; Pornotopia, 2. A. 1971 (m. E. Mertner); Engl. Lit.theorie im 18. Jh. I u. II, 1974; Literatur im Unterricht, 1979; Einf. in d. Lit.-Theorie, Stud.-Brief 1982; Regie u. Interpretation, 1985; Andacht u. Tanz, 1988; Skeptische Ästhetik, 1991. Herausg.: Literaturstudium (1981ff:); Samuel Johnson, Vorw. z. Werk Shakespeares (1987); Europäische Komödie (1990). Mithrsg.: Arb. zur Ästhetik, Didaktik, Lit.- u. Sprachwiss. (1975ff.), Lehrerfort- u. -weiterbildung in d. BRD (1976), Stud z. engl. Philologie. Edgar Mertner z. 70. Geburtstag (1979); Festschr. z. 60. Geb.: Kunstgriffe (hg. Horstmann/Zach, 1989).

MAINZ, Friedrich Stephan

Dipl.-Ing., Wirtschaftsingenieur, Vorstandsmitgl. Eternit AG Berlin, Arbeitsdir. u. Vorst.-Mitgl. Dt.-Schwed. Handelskammer - Podbielskiallee 67, 1000 Berlin 33 (T. 030-831 27 94) - Geb. 3. April 1936 Chemnitz (Vater: Herbert M., Kaufm.; Mutter: Herta, geb. Fiedler), ev., verh. s. 1963 m. Ilse, geb. Schlimme, 2 T. (Anette, Bettina) - Abit., Stud. TU-Berlin, Dipl.-Ing. 1962 - 1963-69 Planungsing. u. Konstruktionsleit., b. 1978 versch. Werksleit.-Pos., s. 1979 Vorst.-Mitgl. Eternit AG - Spr.: Engl.

MAINZER, Klaus

Dr. med. (habil.), Prof., Chefarzt II. Med. Abt. Allg. Krankenhaus Altona, Hamburg - Parkstr. 23, 2000 Hamburg 52 (T. 82 09 72) - Geb. 31. Juli 1927 Bremerhaven (Vater: Dr. med. Gustav M., prakt. Arzt; Mutter: Hildegard, geb. Tacke), ev., verh. s. 1965 m. Erdmute, geb. v. Köckritz, 2 S. (Philipp, Fabian) - Stud. d. Med. (Lehrer: Ch. Huggins, A. Butenandt, H. E. Bock, P. Schölmerich); Habil. 1966 Mainz - S. 1971 apl. Prof. f. Innere Med. (Hämatol., Onkologie) Univ. Mainz, 1973 ff. Chefarzt Hamburg - Spr.: Engl. - Großv.: Prof. Dr. Dr. e. h. Bruno Tacke, Vorst. Moorversuchsstation Bremen.

MAINZER, Udo

Dr. phil., Prof., Landeskonservator, Leit. Landschaftsverb. Rheinland/Rhein. Amt f. Denkmalpflege - Abtei Brauweiler, 5024 Pulheim 2 - Geb. 3. Juli 1945 Witterda/Thür. - Promot. 1973 - 1983 Hon.-Prof. Univ. Köln; zul. Konserv. Münster/W. - Zahlr. Veröff. z. Baugesch., Theorie u. Praxis d. Denkmalpflege. Herausg. mehrerer wiss. Publ.-reihen.

MAIR, Volkmar

Dr. rer. pol., Dipl.-Kfm., Verleger Mairs Geogr. Verlag - Marco-Polo-Straße 1, 7302 Ostfildern 4 (T. 0711 - 45 02-220) - Geb. 6. Mai 1931 Innsbruck (Vater: Kurt M., Schriftst. u. Verl.; Mutter: Hildegard, geb. Danner), kath., verh. s. 1979 m. Gabriele, geb. Eisenhardt, 4 Kd. (Stephanie, Frank, Ralph, Claus) - Volont. Hallwag AG Bern; Stud. Univ. München, Hamburg, Paris; Dipl. 1955, Promot. 1958 Hamburg - Liebh.: Segeln, Malerei.

MAIROSE, Ralf

Dipl.-Volksw., Bürgerschaftsabgeordneter Hamburg (s. 1974) - Horstweg 2b, 2000 Hamburg 65 - Geb. 21. Juni 1940 Hamburg - Wiss. Oberrat Hochsch. f. Wirtsch. u. Politik, Hamburg (Forsch.s-stelle, Abt. Polit. Bildung) - BV: Wohnungs- u. Bodenpolitik in d. Bundesrep. Dtschl.; Kostenmiete, Städtebaurecht, Wohnungseigent. d. Mietkauf, 2. A. 1975 (m. G. Orgaß) - CDU.

MAIS, Edgar

Studienrat, MdL Rhld.-Pfalz (s. 1971) - Ezenichstr. Nr. 28, 6580 Idar-Oberstein (T. 4 25 89) - Geb. 27. März 1926 Siesbach, ev., verh., 3 Kd. - Aufbau-Gymn.; Lehrersem. (Stud. durch Kriegsdst. unterbr.). Lehrerprüf. 1948 u. 51; Ex. f. Realsch. 1967 - S. 1971 Studienrat. 1960 ff. MdK Birkenfeld; 1969 ff. Mitgl. Stadtrat Idar-Oberstein. SPD s. 1959 (1968-70 Vors. Stadtverb.; 1969 ff. Mitgl. Unterbezirksvorst.).

MAISCH, Bernhard

Dr. med., Univ.-Prof., Leit. Abt. Innere Medizin-Kardiologie Univ. Marburg (s. 1989) - Baldingerstr., 3550 Marburg (T. 06421 - 28 27 72) - Geb. 1. April 1947, verh. s. 1981 m. Stefanie, geb. Katter, 3 Kd. (Philipp, Christoph, Katharina) - 1954-58 Grundsch.; 1958-66 Gymn. Nürtingen, 1965 Stockton, USA; 1968-74 Stud. Med. Univ. Tübingen; Staatsex. 1974 Lausanne; Promot. (summa cum laude) 1975; 1975 Ausb. Innere Med./ Kardiol. Univ. Tübingen; Habil. 1982 - 1984 Prof.; 1984-88 Ltd. Oberarzt Med. Klinik Würzburg. 1982 Vors. Arbeitsgr. Entzündliche Herzerkrankungen Dt. Ges. f. Herz- u. Kreislaufforsch.; s. 1986 Mitgl. Council on Cardiomyopathies (ISFC); 1987-89 chairman WG Myocardial & Pericardial Diseases d. Europ. Soc. Cardiology - Arb. üb. Kardioimmunologie u. Kardiologie. Üb. 200 Originalarb., üb. 390 Kurzvortr., 32 Buchbeitr., 2 Bücher üb. Herzschrittmachertherapie u. Infektiöse Endokarditis - 1965 Ehrenbürger Wabash (USA); 1982 1. Preis Investigator's Contest (9. Weltkongress f. Kardiologie, Moskau); 1983 Förderpreis z. Frerichspreis d. Dt. Ges. f. Innere Med.; 1986 Albert Knoll Preis d. Saarl.-Rheinlandpfälz. Ges. f. Innere Med. - Liebh.: Musik, Wandern, Kajakfahren - Spr.: Engl., Franz.

MAISCH, Erich

Dr. jur., Senatspräsident i. R. - Oberbinge 13, 3500 Kassel-Kirchditmold (T. 3 87 98) - Geb. 14. Dez. 1910 Karlsruhe (Vater: Theodor M., Reichsbahnobersekr.), kath., verh. s. 1940 m. Elisabeth-Maria, geb. Matern, 4 Kd. (Ingrid, Angelika, Winfried, Gabriele) - 1937-40 Univ. Berlin (Promot. 1942) - 1942 Gerichtsass. (1944 Ernenn. z. Landgerichtsrat), 1942-48 Wehrdst. u. Kriegsgefangensch., 1950-51 Reg.rat Bad. Wirtschaftsmin., 1951-53 Kammervors. Oberversich.samt u. Versorgungsgericht Freiburg (m. d. L. b. 1953 Oberversich.samt Konstanz u. 1954 Sozialgericht Konstanz), 1954-56 Landessozialgerichtsrat u. Senatsvors. Landessozialgericht Baden-Württ., Stuttgart, 1956-57 Dir. Sozialgericht Karlsruhe, 1957-61 Senatspräs. LSG Stuttgart, seither Bundesrichter u. Senatspräs. (1971) BSG Kassel, 7 Jahre Vors. Richterrat am BSG. Veröff. üb. gesetzl. Unfallversich. - Liebh.: Musik - Spr.: Engl. - Bek. Vorf.: Hansjakob, Pfarrer u. Volksschriftst. (ms.).

MAIWORM, Heinrich

Dr. phil., Prof., Hochschullehrer - v.-Ossietzky-Weg 30, 3200 Hildesheim (T. 4 11 22) - Geb. 28. Aug. 1916 Buer - S. 1960 Doz. u. Prof. PH Alfeld, s. 1969 Wiss. Hochsch. Hildesheim (Dt. Sprache u. Methodik d. Dt.unterr.).

MAIZIÈRE, de, Eva

Bildhauerin, Malerin - Eschenweg 37, 5300 Bonn 2-Bad Godesberg - Geb. 27.

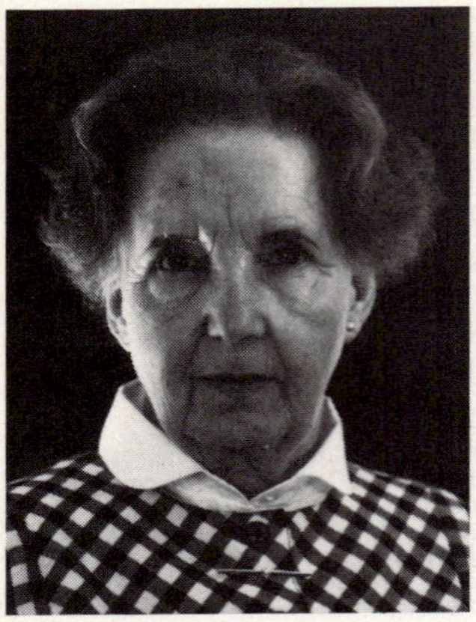

März 1915 (Vater: Hermann Werner, Bankier), ev., verh. s. 1944, 4 Kd. - Ausb. landwirtschaftl. Lehrberuf m. Staatsex., später in versch. Kursen Akad. Salzburg u. weiteren Schulen Ausb. z. jetzigen Beruf - 65 Ausstell. im In- u. Ausland, Figürl. Bronzeplastik in menschl. Gestalt - BV: Vom Ton zur Bronze - Arbeiten im öffentl. Raum, u.a. in Weimar 1990; Skulptur: Wir sind ein Volk (Stadtmus.) - Preise, u.a. 1981 Ehrenkreuz f. Kunst u. Wiss., Wien - Liebh.: Musik, Kammermusik, Cellospielerin.

MAIZIÈRE, de, Lothar

Ministerpräsident u. Bundesmin. a. D.; MdB (s. 1990) - Zu erreichen üb. Bundeshaus, 5300 Bonn 1.

MAIZIÈRE, de, Thomas

Dr., Jurist, Staatssekretär im Kultusministerium d. Landes Mecklenburg-Vorpommern - Geb. 21. Jan. 1954 Bonn (Vater: Ulrich de M., General), ev., verh., 2 Kd. - Stud. 1974-79 d. Rechtswiss., Politikwiss. u. Gesch., 1979 1., 1982 2. jurist. Staatsex., Promot. 1986 - Redenschreiber f. Reg. Bürgerm. v. Weizsäcker u. Diepgen; Leit. Grundsatzref. Senatskanzlei Berlin - Liebh.: Klass. Musik - Spr.: Engl.

MAIZIÈRE, de, Ulrich

General a. D. - Eschenweg 37, 5300 Bonn 2 (T. 0228 - 32 19 72) - Geb. 24. Febr. 1912 Stade, ev., verh. s. 1944 m. Eva, geb. Werner, 4 Kd. - Gymn. (Abitur 1930); 1940 Generalstabsausbildung; Buch- u. Musikalienhändlerlehre (Gehilfenprüf. 1949) - 1933-72 Berufsoffz. (bei Kriegsende Oberstlt. i.G. u. Ia Operationsabt. Generalstab d. Heeres); 1945-47 brit. Kriegsgefangensch.; 1951ff. Dienststelle Blank bzw. Bundeswehr, u. a. Kommandeur Schule Innere Führung d. Bundeswehr (1960) u. Führungsakad. (1962), Inspekteur d. Heeres (1964-66), Generalinsp. d. Bundeswehr (1966-72); 1956 Brigadegeneral, 1962 Generalmajor, 1964 -lt., 1966-72 General) - BV: Bekenntnis z. Soldaten, 1971; Militär. Führung in unserer Zeit / Reden, Vortr., Anspr., 1971; Führen im Frieden, 1974; Verteidigung in Europa-Mitte, 1975; In d. Pflicht, 1989. Fachveröff. - Zahlr. Ehrungen, darunter 1964 Frhr.-v.-Stein-Preis Hamburg; 1969 Kdr.kreuz American Legion of Merit; 1969 Großoffz. Franz. Ehrenlegion; 1970 Gr. BVK m. Stern u. Schulterbd.; 1986 Hermann-Ehlers-Preis; Ehrenpräs. d. Clausewitz-Ges. - Liebh.: Klass. Musik (Pianist), Lit., Zeitgesch. - Spr.: Engl. - Rotarier - Lit.: v. Freitag-Loringhoven/Jakobsen, Im Dienst d. Friedenssicherung - Festschr. z. 60. Geburtstag (1972); U de Maizière, Stationen e. Soldatenlebens - Festschr. z. 70. Geburtstag (1982) - Entstammt e. im 17. Jh. aus Frankr. eingewanderten Hugenottenfamilie.

MAJEWSKI, Frank

Dr. med., Prof. f. Humangenetik u. Kinderheilkunde - Grünewald 91, 4010 Hilden (T. 02103 - 4 70 22) - Geb. 14. Mai 1941 Berlin (Vater: Helmuth M., Stud.dir.; Mutter: Ilsemarie), verh. s. 1967 m. Dr. med. Brigitte, 3 Kd. - S. 1975 Facharzt f. Kinderheilk. Univ. Tübingen, 1978 Prof. f. Humangenetik u. Kinderheilkd. Univ. Düsseldorf - Üb. 140 wiss. Publ. - 1978 Hufelandpreis - Liebh.: Violine, Windsurfen - Spr.: Engl.

MAJEWSKI, Hans-Martin

Komponist u. Kapellmeister - Lindenallee 27, 1000 Berlin 19 (T. 030 - 302 40 19) - Geb. 14. Jan. 1911 Schlawe (Vater: Dr. med. vet. Walter M., Veterinärrat; Mutter: Margarete, geb. Köppen), ev., verh. s. 1936 m. Charlotte, geb. Kiessling, 3 Kd. (Peter-Michael, Dagmar, Hans-Martin) - 1931-32 Med.-Stud. Königsberg, gleichz. Privatunterr. (Ansorge, Fedtke), Musikhochsch. Leipzig (1932-35; Dirigieren, Opernsch., Theorie u. Kompos.lehre) - Korrepetitor, Kapellm. (1935-37 Theater d. Volkes Berlin, b. 1940 Ufa, Terra u. Tobis ebd.) u. (1947ff.) Komp. 5 J. Soldat - W: Insel d. Träume (1938), D. Jagd nach d. Glück (Ballett), Sinfon. Skizzen 47, Impressionen e. Weltreise, Ägypt. Suite, Sinf. Suite 52, Programm-Mus. u. a. Synopsis 74, Danse Exorcisme, Facetten, ca. 100 Fernseh-Musiken, 160 Filmmusiken (u. a. Liebe 47, Klettermaxe, Sie, D. fliegende Klassenzimmer, Weg o. Umkehr, D. zweite Leben, Herr über Leben u. Tod, D. verschwundene Miniatur, Ohne Dich wird es Nacht, D. Bekenntnisse d. Hochstaplers Felix Krull, D. Brücke, D. Ehe d. Herrn Mississippi, D. Wunder d. Malachias, Schloß Gripsholm, D. Besuch (The Visit), Schloß Rheinsberg). Bühnen-, Fernseh- u. Hörspielmus., D. Verfolg. u. Ermord. d. Jean Paul Marat, L'île Pourpre, Paris, Sarah Bernard-Théatre; Operette (Gombrovicz), Schauspielhaus Bochum, Schillertheater Berlin u. a. - 1954, 58, 60 u. 74 Bundesfilmpreis (Gold u. Silb.), 1956 u. 60 Preis Verb. d. dt. Kritiker, 1959 Karl-Szuka-Preis Südwestfunk; 1977 Filmbd. in Gold - Liebh.: Gartenarb., Schwimmen, Briefm. - Spr.: Engl., Franz.

MAJONICA, Ernst

Dr., Rechtsanwalt - Johannstr. 5, 4770 Soest/W. (T. 1 37 41) - Geb. 29. Okt. 1920 Soest (Vater: Ernst M., Holzkaufm.; Mutter: Josefa, geb. Hagen), kath., verh. s. 1961 m. Ursula, geb. Dullin († 1982) - Gymn. Soest; Univ. Freiburg/Br. u. Münster (Rechtswiss. u. Gesch.). Ass.ex. 1950 Düsseldorf - 1942-46 Wehrdst. u. Gefangensch. 1950-55 Bundesvors. Jg. Union Dtschl.s. 1950-72 MdB (1953 Mitgl. CDU-Fraktionsvorst.). CDU s. 1946; 1979-84 Mitgl. Europäisches Parlament - BV: Dt. Außenpolitik - Probleme u. Entscheidungen, 1965 (engl. 1969 New York); Möglichkeiten u. Grenzen d. dt. Außenpolitik, 1969; Bonn - Peking / D. Beziehungen d. BRD z. Volksrep. China, 1971 - 1969 Gr. BVK; BVK m. Stern; Commandatore d. Ital. VO.; 1985 europ. Pressepreis - Liebh.: Bücher, ostasiat. Kunst - Spr.: Engl., Franz.

MAKRIS, Jannis (Ioannis)

Dr. rer. nat. habil., Prof., Geophysiker Inst. f. Geophysik Univ. Hamburg (s. 1978) - Zu erreichen üb. Inst. f. Geophysik d. Universität Hamburg, Bundesstr. 55, 2000 Hamburg 1 - Geb. 16. Jan. 1937 Athen (Vater: Nikolaos M., Offz.; Mutter: Elisabeth, geb. Adam), griech.-orth., verh. s. 1968 m. Birgit, geb. Neumann, 3 S. (Nikolaos, Gellasios, Philipp) - 1958-63 TU Clausthal; Promot. 1971 Hamburg; Habil. 1977 ebd. - BV: Aufbau d. Kruste in d. Ostalpen aus Schweremessungen u. d. Ergebn. d. Refraktionsseismik, 1971; Geophysical investigation of the Hellenides, 1977; Geophysikal. Unters. d. Helleniden u. d. geodynamischen Konsequenzen f. ihre Entwickl., 1984. Zahlr. Veröff. üb. Iran, Äthiopien, d. Mittelmeer u. d. Rote Meer - Spr.: Engl., Griech.

MALAN, Thomas Michael

s. Soik, Helmut Maria

MALANGRÉ, Heinz

Dr. jur., geschäftsf. Gesellschafter Einhard-Verlag GmbH - Tempelhofer Str. 21, 5100 Aachen - Geb. 25. Juli 1930 Aachen - Präs. IHK Aachen; VR-Mitgl. TÜV Rheinl. u. Stadtsparkasse Aachen; Vorst.-Mitgl. DIHT; Präs. Vereinig. d. IHK'n Land Nordrh.-Westf.; Präs. Deutsch-Belgisch-Luxemburg. Handelskammer, Brüssel.

MALANGRÉ, Kurt

Oberbürgermeister (b. 1989), MdEP - Wilhelmstr. 2, 5100 Aachen - Geb. 18. Sept. 1934 Aachen, verh., 5 Kd. - Abit. 1955; Stud. Rechts- u. Staatswiss. Köln u. Bonn; Stud. Musik u. Gesang Aachen u. Frankfurt/M. (Staatsex.); 1. jurist. Staatsex. 1958 OLG Köln; 2. jurist. Staatsex. 1963 b. Justizmin. Düsseldorf; s. 1963 RA in Aachen - S. 1969 Mitgl. d. Stadtrates (1970 Wahl z. Fraktionsvors. d. CDU u. 1972 z. Bürgerm.); s. 1973 OB d. Stadt Aachen; 1975 Vors. d. Rates d. REGIO Aachen (Arbeitsgem. d. Stadt Aachen sow. d. Kr. Aachen, Heinsberg, Düren u. Euskirchen); s. 1979 MdEP; Vizepräs. Geschäftsordn.- u. Petitionsaussch.; Mitgl. Rechtsaussch., stv. Vors. Dt. Delegation (EVP-Fraktion) - Offz. d. Leopoldordens (Belgien); Kommand. d. Ordens Adolf v. Nassau (Luxemburg); BVK; 1981 Alcide-de-Gasperi-Med.; Komturkreuz d. Ordens Oranje-Nassau (Niederl.); 1982 Großkreuz d. zivilen VO (gran cruz del merito civil) (Spanien); 1983 BVK I. Kl.; 1983 Ehrenbürger d. Rhein.-Westf. TH Aachen; 1985 Ritter d. Silvesterordens (Vatikan); 1985 Komturkreuz d. belg. Kronenordens; 1987 Offiz. franz. Ehrenlegion; 1988 Komptur Gregoriusorden (Vatikan).

MALCHERS, Heribert

Leiter Puppenspiele Stadt Köln u. Hänneschen-Theater (s. 1988) - Dabringhauser Str. 150, 5000 Köln 80 (T. 0221 - 68 22 84) - Geb. 7. Okt. 1947 Köln, verh. s. 1983 m. Anne, geb. Sonne, 3 Kd. (Hansi, Thorsten, Laura) - Abit.; Jurastud.; Schausp.ausb. - Tätigk. als Schausp.: Schauspielhaus Köln unter Heyme, Millowitsch-Theater, Düsseldorfer Schauspielhaus b. Beelitz; s. 1974 WDR Köln als Schausp., Regieassist. u. Regiss.; 1982-85 Dt. Welle (als Regiss.); s. 1985 Regiss. wieder WDR (zahlr. kölsche Hörsp. u. Krimis, sow. Film üb. Hänneschen Theater); s. 1991 Vorst.-Mitgl. d. Kölner Theaterkonferenz e.V. - Liebh.: Sport (insbes. Tennis aktiv), Klavier, Kölner Gesch. - Spr.: Engl., Franz., Lat., Ital.

MALER, Anselm

Dr., Prof. GH Kassel - An der Turnhalle 27, 3500 Kassel (T. 0561 - 40 77 20) - Geb. 29. Nov. 1935 Köln (Vater: Prof. Wilhelm M., Komp. †1976 (s. XVIII. Ausg.); Mutter: Hedwig, geb. Beyerle), ev., verh. s. 1968 m. M. Antonia, geb. Alonso, 2 Kd. (Manuel, Alicia) - 1956-63 Stud. German., Roman., Phil. Univ. München, Freiburg, Berlin, Bonn; Promot. 1966; Habil. Univ. Bern 1977 - 1966 wiss. Assist. Univ. Göttingen; 1977 Priv.-Doz. Univ. Bern; 1980 Prof. Univ. Oldenburg; 1981 Prof. GH Kassel; 1986 Visiting Prof. Bangkok. 1985 Mitgl. Wiss. Beirat Brüder Grimm Ges. - BV: D. Held im Salon, 1973; D. exot. Roman, 1975; Zachariä: D. Renommist, D. Schnupftuch, (hg.) 1974; J. W. Goethe, fünf Studien z. Werk (hg.) 1983; Galerie d. Welt (hg.) 1988; Exotische Welt in populären Lektüren (hg.) 1990; Einzelveröff. u. Übers. a. d. Span. - Liebh.: Antike, Antiken, Musik - Spr.: Span., Engl. - Bek. Vorf.: Wilhelm M. (Vater).

MALETTKE, Klaus

Dr. phil., Prof. f. Neuere Geschichte Univ. Marburg - Pappelweg 28, 3550 Marburg (T. 06421 - 3 13 19) - Geb. 30. Mai 1936 Rastenburg/Ostpr. (Vater: Karl M., Lehrer; Mutter: Margret, geb. Bäcker), ev., verh. s. 1965 m. Waltraut, geb. Suthoff-Groß, T. Nicole Mariette - Stud. Gesch., Roman., Erzieh.wiss. Univ. Marburg, Dijon u. Paris; Brevet de Langue Française 1958 Dijon, Promot. 1965 Marburg, Habil. 1972 FU Berlin - 1971-80 Prof. FU Berlin; s. 1980 Lehrst. f. Neuere Gesch. Univ. Marburg - BV: D. Beurteil. d. Politik Bismarcks (1862-1866) in d. Pariser Presse, 1969; Opposition u. Konspiration unt. Ludwig XIV., 1976; Jean-Baptiste Colbert, 1977; Ämterkäuflichk.: Aspekte soz. Mobilität im europ. Vergleich (17. u. 18. Jh.), 1980; Soz. u. polit. Konflikte im Frankr. d. Ancien Régime, 1982; Nationalsozialismus an d. Macht, 1984; Humanismus u. höfisch-städtische Eliten im 16. Jh. Humanisme et élites des cours et des villes au XVI siècle, 1989 - 1980 Mitgl. Hist. Kommiss. Berlin u. 1981 Hist. Kommiss. f. Hessen; 1983 Wiss. Beirat Dt. Hist. Inst. Paris - Spr.: Latein, Franz., Engl., Ital.

MALETZKE, Gerhard

Dr. phil., Prof. - Argonnenstr. 21, 7000 Stuttgart 50 (T. 0711 - 52 37 03) - Geb. 6. Jan. 1922, T. Gertraud - Stud. Univ. Hamburg (Psych., Phil., German.), Dipl.-Psych. 1949, Promot. 1950 - Tätigk. in zahlr. wiss. Inst.; s. 1983 Prof. f. Kommunikationswiss. - BV: Psych. d. Massenkommunikation, 1963 (auch Jap., Span. u. Portug.); Ziele u. Wirkungen d. Massenkommunikation, 1976; Kommunikationsforschung als empirische Sozialwiss., 1980; Medienwirkungsforschung - Grundl., Möglichk., Grenzen, 1981; Bausteine z. Kommunikationswiss. 1949-84, 1984; Massenkommunikationstheorien, 1987; Kulturverfall durch Fernsehen?, 1988; Kultur u. Medien, 1991 - Liebh.: Fremde Kulturen, Musik - Spr.: Engl., Franz., Span., Norweg.

MALICH, Siegfried

Dr. rer. pol., Doctor of Health Sciences (USA), Prof. Gesundheitswiss. u. Präventionsstrategien, UEFT-Univ. Neuchâtel/Schweiz (s. 1989), Vors. AKTION PRÄVENTION (s. 1987) - Geb. 4. Juni 1923 Schwarmitz/Schles. (Vater: Willy M., Lehrer; Mutter: Hedwig, geb. Conrad), verh. s. 1979 m. Gisela, geb. Sündermann, 2 Söhne aus 1. Ehe - 1941-50 Wehrdst. u. Kriegsgefangensch.; 1950-53 Stud. Univ. Göttingen u. Marburg; Promot. 1958 Marburg - 1954-56 Direkt.-Assist. Elektrotechn. Ind. Frankfurt/M.; 1956-59 Forschungsstellenleit. Hamb. Welt-Wirtsch.-Inst. (HWWA); 1959-68 Haupt-VR (zul. Sektionsleit.) Kommiss. d. EG, Brüssel. 1978 Mitgl. Intern. Ges. z. Erforsch. v. Zivilisationskrankh. u. d. Umwelt, 1979 Bundesvereinig. f. Gesundheitserziehung, 1981 Schweiz. Vereinig. f. Ernährung; 1987 Gründungsmitgl. Aktion Prävention - Üb. 100 Fachveröff., insbes. in Fachztschr. - Interessen: Ernährungswiss. u. Gesundheitsvorsorge - Spr.: Engl., Franz., Russ., Niederl.

MALKOWSKI, Dario

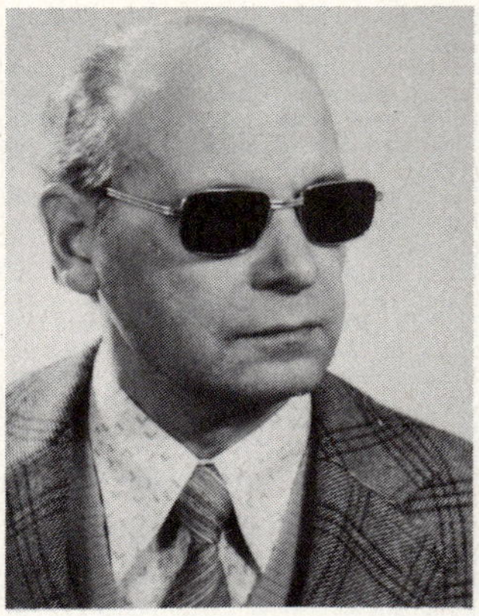

Bildhauer u. Keramiker, freischaffender Künstler - Schillerstr. 12, O-3300 Schönebeck/Elbe (T. 30 53) - Geb. 14. Juni 1926 Schönebeck/Elbe, ev., verh. s. 1975 m. Regina, geb. Wolf in 2. Ehe, Sohn Arnim (aus 1. Ehe) - M. 18 Jahren durch Kriegsverletzung völlig erblindet - 1947 Holzschnitzergewerbeprüf.; 1949-53

Fachschulstud. Keramik, Bildhauerei in Magdeburg u. Leipzig; Bildhauer-Staatsex. 1953 - Ausgez. Werke u.a.: Louis-Braille-Preis (Büste); Altarkreuz Nordhausen-Salza; Plastiken f. Hörspielpr. d. Kriegsblinden; Lesender Blinder DZB Leipzig - Bek. Vorf.: Dario Paini, bek. Illusionist u. Hypnotiseur, königl.-bayer. u. fürstl. anhaltinischer Hofkünstler (Großvater).

MALKOWSKI, Rainer

Schriftsteller - Bahnhofstr. 10, 8204 Brannenburg/Obb. - Geb. 26. Dez. 1939 Berlin - BV/Ged.: Was f. ein Morgen, 1975; Einladung ins Freie, 1977; V. Rätsel e. Stück, 1980; Zu Gast, Ged. 1983; Was auch immer geschieht, Ged. 1986; D. Meer steht auf, Ged. 1989 - U. a. Leonce- u. Lena-Preis (1979); Mitgl. d. Bayer. Akad. d. Schönen Künste.

MALLACH, Martin

Dipl.-Landw., Dipl.-Volksw., Hauptgeschäftsführer Gesamtverb. d. Dt. Land- u. Forstwirtschaftl. Arbeitgeberverb. - Godesberger Allee 142-148, 5300 Bonn 2 (T. 0228 - 81 98-2 48) - Geb. 22. April 1939 Berlin, kath. - Ref. Arbeit u. Sozialordn. im Dt. Bauernverb., Bonn; Vors. d. Vereins z. Förd. d. Informationsdienstes Forum Sozialstation, Bonn.

MALLINCKRODT, von, Thomas

Pressesprecher Allianz München - 8000 München - Geb. 19. März 1958 Heidenheim/Brz.

MALLMANN, Walter

Bürgerbeauftragter d. Landes Rhld.-Pfalz (s. 1987) - Am Stadtgarten 19, 6540 Simmern/Hunsrück (T. 26 46) - Geb. 19. Juli 1940 Ney (Vater: Heinrich M., Anstreicher u. Landwirt; Mutter: Theresia, geb. Liesenfeld), kath., verh. s. 1961 m. Klara, geb. Kuhn, 2 Söhne (Volker, Michael) - Fach- u. Verw.sch. - Präsid.-Mitgl. Intern. Volkssportverb. (IVV) - Freiherr-vom-Steim-Plak.; BVK I. Kl. - Liebh.: Wandern, Langstreckenlauf - Spr.: Engl.

MALTESE, George

Ph. D., Prof. f. Mathematik - Einsteinstr. 64, 4400 Münster (T. 0251-83 30 87) - Geb. 24. Juni 1931 Connecticut/USA (Vater: Giorgio M., Arbeiter; Mutter: Sebastiana, geb. Morello), kath., verh. s. 1956 m. Marlene, geb. Kunz, 2 Kd. (Christopher, Michelle) - Wesleyan Univ., USA; Yale Univ., USA; Ph.D. 1960 - 1963-73 Prof. Univ. of Maryland, USA; s. 1973 Prof. Univ. Münster - Spr.: Engl., Ital.

MALTRY, Werner

Dr.-Ing. habil., Prof., Abteilungsleiter Technik d. Aufbereitung, Lagerung u. Konservierung im Inst. f. Agrartechnik Bornim, Potsdam-Bornim - Max-Eyth-Allee 28, O-1572 Potsdam-Bornim (T. 33 13 11) - Geb. 14. Jan. 1931 Berlin, verh. m. Helga, geb. Klokow, Dipl. phil., 3 Kd. (Ulrich, Christian, Adelheid) - 1953-57 Stud. Masch.bau/Energiewirtsch. (Dipl.) TH Dresden; Promot. 1961; Habil. 1971 - 1985 Hon.-Prof. Ing.hochsch. Berlin-Wartenberg, z. Zt. Sektion 24 d. Humboldt-Univ. Berlin - 1991 Mitgl. d. Skandin. Agrarforscher-Assoz. - BV: Landwirtsch. Trocknungstechn. (m. Pötke), 1963 u. 1975 (slow. 1966, russ. 1979); Wirtsch. Trocknen, 1975 - Spr.: Engl., Schwed., Russ.

MALTZAN, Freiherr von, Jaspar

Dipl.-Ing., Mitglied d. Geschäftsführung Pfeifer & Langen, Köln, Vors. d. Zuckerind., Bonn - Linnicher Str. 48, 5000 Köln 41.

MALURA, Oswald

Maler - Hohenzollernstr. 16, 8000 München 40 (T. 39 85 87) - Geb. 9. Okt. 1906 Boleslau (Vater: Thomas M.; Mutter: Anna, geb. Kaschny), kath. - 1926-30 Kunstakad. München - Studienreisen Asien u. Südamerika - BV: Als Maler durch Indien, 1948 - 1964 Schwabinger Kunstpreis (Malerei) - Spr.: Poln., Engl., Span. - Lit.: A. Sailer, D. Maler O. M. Werkausw. 1945-76 (1976); Oswald Malura, Wege z. Bild (1986).

MALY, Werner

Dipl.-Volksw., Vorstandsmitglied Siemens AG (Vors. Bereichsvorst. Bereich Med. Technik) - Henkestr. 127, 8520 Erlangen (T. 09131 - 84 22 11) - Geb. 18. März 1934 Nürnberg.

MÁLYUSZ, Miklós

Dr. med., Prof., Direktor Physiol. Inst. Univ. Kiel - Adenauerstr. 23, 2300 Kronshagen (T. 0431 - 58 29 99) - Geb. 13. Mai 1936 Budapest (Vater: Prof. Dr. phil. Elemér M., Historiker), kath., verh. s. 1964 m. Dr. Gizella, geb. Kerekes, 2 Kd. (Thomas, Victoria) - 1954-60 Stud. Univ. Leningrad (Promot. 1961) u. Budapest (Facharzt f. Labormed. 1963); 2. Promot. 1970 Göttingen, Habil. 1972 Kiel - 1960-65 Physiol. Inst. Budapest; 1965-67 Visiting Prof. Rangoon (Birma); 1967-70 Max-Planck-Inst. Göttingen; 1971ff. Kiel (s. 1979 Prof.) - Spr.: Engl., Ital., Russ., Ungar.

MAMMITZSCH, Volker

Dr. rer. nat., Prof. f. Mathematik Univ. Marburg (s. 1973) - Haselhecke 20, 3550 Marburg/L. - Geb. 1. März 1938 Leipzig (Vater: Horst M., Rechtsanw.; Mutter: Ingeborg, geb. Werner), ev., verh. s. 1975 m. Elisabeth, geb. Eschenbach, 2 Kd. (Christoph, Irene) - 1951-54 Lehre Böhlen; 1954-57 Obersch. München; 1957-62 Univ. München (Math., Phys.). Promot. (1964) u. Habil. (1970) München (Math.) - 1961-73 Wiss. Assist., Akad. Rat, Wiss. Rat u. Prof. Univ. München - BV: Methode d. kleinsten Quadrate, 1973 (m. H. Richter) - Liebh.: Musik - Spr.: Engl.

MAMPEL, Siegfried

Dr. jur., Prof. - Roonstr. 14, 1000 Berlin 37 (T. 030 - 802 47 01) - Geb. 13. Sept. 1913 Halle/S. (Vater: Wilhelm M.; Mutter: Cläre, geb. d'Heureuse), ev., verh. s. 1950 m. Susanne, geb. Jenge, 2 Kd. (Sabine, Christian) - Human. Gymn. (Abit. 1932 Halle); 1. jur. Staatsprüf. 1935 Naumburg, gr. jur. Staatsprüf. 1939 Berlin, Promot. (summa cum laude) 1967 Univ. Köln - 1939-45 Wehrmacht u. amerik. Kriegsgefangenschaft; 1945-47 Justitiar d. CDU-Landesverb. Sachsen-Anhalt in Halle/S., 1947-50 Landesversich.-Anstalt in Halle/S., 1951 Flucht aus polit. Gründen n. Berlin (West), 1951-69 Unters.-Aussch. Freiheitl. Juristen, 1977 Hon.prof. FU Berlin, b. 1978 stv. Abt.-Leit. Bundesanst. f. Gesamtdt. Aufg., s. 1978 Vors., s. 1992 Ehrenvors. Ges. f. Dtschl.forsch. - BV: D. Verfass. d. sowj. Besatzungszone Dtschl., Text u. Komm., 1962, 2. A. 1966; D. Sowjetsektor v. Berlin, 1963; D. Recht in Mitteldtschl., Lehrb. 1966; Arbeitsverf. u. Arbeitsrecht in Mitteldtschl., 1966; Herrschaftssystem u. Verfassungsstruktur im Mitteldtschl., 1968; D. sozialist. Verfass. d. DDR, Text u. Komm. 1972, 2. A. 1982 - 1983 Gr. BVK.

MAMPELL, Klaus

Dr. phil., Genetiker, Schriftsteller - Postf. 11 28, 7997 Immenstaad am Bodensee - Geb. 1. Nov. 1916 Mannheim (Vater: Dr. med. Otfried M.), ev., verh. s. 1946 m. Tera, geb. Haex van Halen - Human. Schule in Dtschl., dan. naturwiss. Stud. in d. USA: (Biol.): Univ. Southern California, B.A. 1939; (Genetik): Exp. Embryologie, California Inst. of Technology; Promot. 1943 - 1947 Prof. f. Biologie, Genetik Univ. Pennsylvania. Gastprof. Univ. Oregon, California, Virginia, Mailand. Gastvorl. Univ. Wisconsin, Texas, Connecticut, Princeton, Columbia, Johns Hopkins, Yale, Berkeley, Vanderbilt, Notre Dame, Zürich, Tübingen, Leiden. Entd.: 1943 Mutator-Gene; 1945 Plasma d. Spermiums übertragene paternale Effekte; 1946 virusartiger Transfer v. Genen; 1968 zytoplasmatische Vererbung umweltbedingter Veränderungen - Wiss. BV: D. biol. Evolution, 1962; D. Entwicklung d. le-

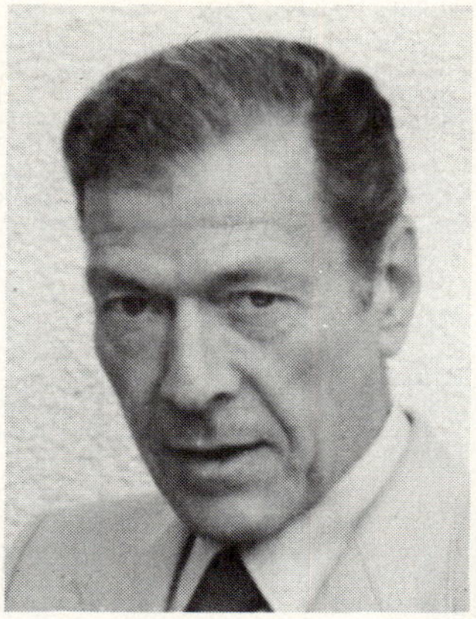

benden Welt, 1962. BV: Wohlgeboren Wolfgang Wundersam, R. 1952; Blender u. Söhne, R. 1952; D. letzte Testament, 1958; D. Gesch. d. berüchtigten Zauberers Doktor Faust, R. 1962; D. Sternenreise, 1986. Erzählungsbd.: M. spitzer Feder, 1959; Wie man berühmt wird, 1963; Was mir auffällt, 1985. Sprachglossen: Heraus m. d. Sprache, 1985. Satiren: Typisch französisch, 1985; Typisch amerikanisch, 1986 - Inter.: Musik, Züchtung neuer Variationen d. uralten indian. Kulturpflanze iskutasquash - Spr.: Engl., Franz., Niederl.

MANCHOT, Jürgen

Dr., Dipl.-Chem., Mitgl. des Gesellschafterausschusses der Henkel KGaA., Düsseldorf - Kraumenhausweg 3, 4020 Mettmann 2 - Geb. 26. Okt. 1936 Berlin.

MANDEL, Hans H.

Dr. jur., Bankdirektor - Mohrhaldenstr. 136, CH-4125 Riehen (Schweiz) (T. Basel 67 03 11) - Geb. 19. April 1907 Thorn (Vater: Paul M., Gutsbesitzer; Mutter: Hedwig, geb. Thal), ev., verh. s. 1951 m. Hertha, geb. Ewert, 3 Kd. (Hans-Joachim, Sabine, Christine) - Gymn. Stettin; 1930-33 Univ. Halle (Rechtswiss.) - 1933-36 Reichsbank, Halle (-insp.); 1937-45 Dt. Golddiskontbank, Berlin (Bankrat); 1948-54 Bank dt. Länder, Frankfurt/M. (Dir.); 1954-1972 Bank f. Intern. Zahlungsausgleich (Mitgl. Dir. u. Chef Bankabt.) - BV: Bank f. Intern. Zahlungsausgl., Europa - Bd. 67 Europ. Wirtsch., Nomos 1974 - 1968 Gr. BVK - Spr.: Engl., Franz., Ital.

MANDEL, Horst G.

Konsul, Fabrikant (Horst Mandel GmbH & Co., Mäntel/Kostüme) - Rankestr. 33-34, 1000 Berlin 30 (T. 24 90 06) - Geb. 19. Mai 1919 Berlin (Vater: Jakob M.), verh. m. Käthe, geb. Boldt - Konsul v. Südafrika 1983, 1970 BVK I. Kl. - Spr.: Engl., Franz. - Rotarier.

MANDEL, Michael

Dr. phil., Regisseur - Platanenstr. 33, 4000 Düsseldorf - Geb. 3. Juni 1948 Frankfurt/M., ledig - Gymn. Freiburg (Abit. 1967); Stud. Angl. u. German. Univ. Frankfurt, Norvich u. Berlin; Promot. 1977 - 1979 Dramat. Bielefeld; Regie-Assist. Düsseldorf, Freiburg; s. 1981 freiberufl. Regiss. Gastregien in d. UdSSR - BV: Denken u. Sprechen, 1977 - Insz.: Könry Ubu (1980), D. Wasserhuhn (1981), Frankenstein (1981), Schrott (1982), Aristophanie (1982), Quartett (1983), Gespenster (1983), Kennen Sie d. Milchstr. (1983), D. Kaiser u. d. Arch. (1984), Voll auf d. Rolle (1985), D. kahle Sängerin (1986), Heine Projekt (1986), Ritt auf d. Wartburg (1987), Per Anhalter durch d. Galaxis (1988), Kabale u. Liebe (1989), D. Räuber (1990), u.a. - 1982 Förderpreis f. Lit. Stadt Düsseldorf - Liebh.: Reisen - Spr.: Engl., Franz., Span.

MANDELKOW, Karl Robert

Dr. phil., Prof. f. Literaturwissenschaft Univ. Hamburg - Heilwigstr. 37, 2000 Hamburg 20 (T. 46 11 73) - Geb. 7. Dez. 1926 Hamburg, ev.-luth., verh. s. 1956 m. Eva, geb. Valentin, 4 Kd. - Promot. 1958 Univ. Hamburg - 1961 Doz. Univ. Amsterdam; 1965 o. Prof. Univ. Leiden/Niederl.; 1970 o. Prof. Hamburg - BV: Goethe im Urteil s. Kritiker, 4 Bde. 1975-84; Orpheus u. Maschine, 1976; Goethe in Dtschl., 2 Bde. 1980-89. Herausg.: Briefe v. u. an Goethe, 6 Bde. (1962-69).

MANDL, Heinz

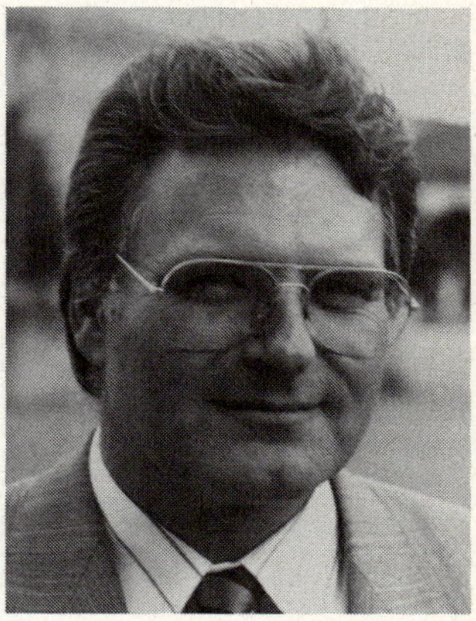

Dr. phil., Prof. f. Päd. Psychologie Univ. München - Am Einfang 8c, 8032 Gräfelfing (T. 089 - 85 37 43) - Geb. 21. Mai 1937 München (Vater: Georg M., Bundesbahnamtm.; Mutter: Rosa, geb. Suckfüll), kath., verh. s. 1973 m. Brigitte, geb. Kirsch - 1. u. 2. Lehramtsprüf. 1958/61 München; Dipl.-Psych. 1970 München; Promot. 1975 München - 1958-67 Lehrer; 1967-78 Assist.; ab 1978 Prof.; 1986 Fellow d. American Psychol. Ass.; 1988-90 Dir. Dt. Inst. f. Fernstudien. S. 1988 DFG-Gutachter; 1989-91 Präs. European Association for Research on Learning and Instruction - BV: Kognitive Entwicklungsverläufe v. Grundschülern, 1975; Schuleingangsdiagnose, 1978; Kognitive Komplexität, 1978; Schülerbeurt. im Längsschnitt, 1980; Texte verstehen - Texte gestalten, 1981; Z. Psych. d. Textverarb., 1981; Emotion u. Kognition, 1983; Emotionspsych., 1983; Kogn. Proz. u. Unterr., 1983; Learning and Comprehension of Text, 1984; Lernen im Dialog m. d. Computer, 1985; Päd. Psychol., 1986; Learning Issues f. Intelligent Tutoring Systems, 1988; Wissenspsychologie, 1988; Knowledge Acquisition with Text and Pictures, 1989; Learning and Instruction. European Research in an intern. Context (Volumne 1 and 2), 1990; Designing Hypermedia for Learning, 1990; Lern- u. Denkstrategien, 1992; Wissenschaftl. Weiterbildung u. Selbststudium, 1991; Impulse z. Weiterlernen, 1992.

MANEVAL, Helmut

Dr. rer. pol., Dipl.-Volksw., o. Prof. f. Volkswirtschaftslehre Univ. d. Bundeswehr München (s. 1975) - Adelheidstr. 28, 8000 München 40 - Geb. 10. Febr. 1931 Pforzheim - Dipl.-Volksw. Heidelberg 1955; Promot. 1958 Heidelberg - 1963 stv. Dir. Inst. f. angew. Wirtschaftsforsch. Tübingen; 1972 Privatdoz. Tübingen; 1973 Prof. Univ. Köln - BV: D. Phillips-Kurve, 1973; D. Konjunkturanfälligk. d. Wirtsch. Baden-Württ. im Vergleich z. Bundesgebiet, 1974 (Mitverf.: H. Enke u. L. Rall).

MANG, Anton

Werkzeugmacher, Motorrad-Weltmeister - Am Malerwinkel 2, 8087 Zankenhausen (T. 08144 - 13 31) - Geb. 29. Sept. 1949 Inning (Vater: Alois M., Maurer; Mutter: Maria, geb. Ritzel), kath., verh. m. Colette - BV: Weltmeister auf zwei Rädern, 1981 - Darst. in Märchenfilmen - 1980 silb. Lorbeerblatt; 5 Motorrad Weltmeister-Titel - Spr.: Engl.

MANG, Hans J.
Dr. rer. nat., o. Prof. f. Theoret. Physik u. Direktor Physik-Department TH bzw. TU München (s. 1964) - Am Mühlbach 56, 8046 Garching/Obb. (T. 089 - 320 28 30) - Geb. 4. Febr. 1931 Ludwigshafen/Rh. (Vater: Rudolf M., Bankprokurist; Mutter: Charlotte, geb. Büttner), ev., verh. s. 1957 m. Carola, geb. Lehn, 2 Kd. (Daniel, Belisa) - Univ. Mainz u. Heidelberg (Physik). Promot. (1957) u. Habil. (1961) Heidelberg - 1961-64 Privatdoz. Heidelberg. Fachveröff. - Spr.: Engl.

MANGER, Hansjörg
Dr.-Ing., Geschäftsführer Robert Bosch GmbH - Postfach 10 60 50, 7000 Stuttgart 10 (T. 0711 - 8 11-61 00) - Geb. 6. Juni 1936 Donaueschingen, verh., 2 Kd. - Stud. Elektrotechn. u. Physik TH Karlsruhe; Promot. 1964 - Spr.: Engl., Franz.

MANGER, von, Jürgen
Schauspieler, Kabarettist, Schriftst. - Hölkeskampring 184, 4690 Herne 1 (T. 3 07 11) - Geb. 6. März 1923 Koblenz (Vater: Fritz v. Manger-Koenig, I. Staatsanw.; Mutter: Antonia, geb. v. Manger), kath., verh. s. 1952 m. Ruth, geb. Stanszus - Gymn. Hagen (Abitur 1941); Schauspiel- u. Gesangsausbild.; 1954-58 Univ. Köln u. Münster (Rechts- u. Staatswiss.) - S. 1945 bühnentätig (Schausp. Hagen, Bochum, Gelsenkirchen). Gastsp. Bundesrep., deutschsprachl. Ausl. Zahlr. Rundf.- u. Fernsehsend. 9 Langspielplatten (Höchstaufl.) - BV: Bleibense Mensch! - Träume, Reden u. Gerede d. Adolf Tegtmeier, 1966 - 2 Goldene Schallpl. (f.: Stegreif-Geschichten I/II) - Spr.: Ital., Franz. - Kreierte d. Figur d. Adolf Tegtmeier, m. d. er insb. d. Denk- u. Sprechweise d. Menschen d. Ruhrgebiets bekanntmachte - Bruder: Prof. Dr. med. Ludwig v. Manger-Koenig †1983 (s. XXII. Ausg.).

MANGOLD, Hans
Rechtsanwalt u. Notar (1952-63), Leit. d. Hess. Brandversich.anstalt u. d. Kommunalen Versorgungskasse (1963-78), Mitgl. d. Staatsgerichtshofs d. Landes Hessen (1968-87) - Humboldtstr. 31, 3500 Kassel, Geb. 3. Sept. 1915, ev., verh. s. 1943 m. Marga, geb. Henze - Mitgl. Hauptaussch. Histor. Kommiss. f. Hessen, Ehrenvors. Hess. Museumsverb., Ehrenmitgl. Museumsverb. Thüringen - Gr. BVK; Leuschnermed. Land Hessen; Goethe-Plak.; Wappenring d. Stadt Kassel; Dt. Feuerwehr-Ehrenkreuz in Gold.

MANGOLD, Helmut K.
Dr. rer. nat., Ltd. Dir. u. Prof. a.D. - Coesfeldweg 47, 4400 Münster/W. (T. 86 25 80) - Geb. 19. Juni 1924 Heilbronn/N. (Vater: Karl M., Fotograf u. -händler; Mutter: Helene, geb. Haag), ev., verh. s. 1961 m. Anne, geb. Wenzel, 3 Kd. (Barbara, Michael, Ulrike) - Univ. Tübingen, Würzburg, Heidelberg (Chemie) - 1954-57 Res. Fellow, 1957-69 Assist., Assoc. (1962) u. Full Prof. (1966) Univ. of Minnesota, Austin u. St. Paul, Minn. (USA), Consultant, Oak Ridge Inst. of Nuclear Studies, Oak Ridge, Tenn. 1963-72. 1970-89 Ltd. Dir. Inst. f. Biochemie u. Technol. (H.-P.-Kaufmann-Inst.) Bundesanst. f. Fettforsch. 1975 Gast-Prof. Univ. Kairo, 1978 Univ. Alexandrien, 1978 Japan. Universitäten, 1981 Südafr. Univ., 1983 CSIR-DAAD Gastprof. Indien; Mitgl. Beirat J. Lipid Mediators, Lipids, Separation Sci. Technol. - Herausg.: Ether Lipids, Biochemical and Biomedical Aspects (m. F. Paltauf) Acad. Press, New York (1983); Lipids Vols I u. II, CRC Press, Boca Raton (1984); Biologically Active Ether Lipids (m. P. Braquet u. B.B. Vargaftig) Karger Publ., Basel (1988). Rund 200 Fachveröff. 9 Patente - 1977 Heinrich-Wieland-Preis; 1987 Stefano-Fachini-Preis; 1989 BVK - Liebh.: Bücher, Aquarellieren - Spr.: Engl.

MANGOLD, Max
Dr. phil., Prof. f. Phonologie u. Phonetik - Hellwigstr. 17, 6600 Saarbrücken (T. 6 20 70) - Geb. 8. Mai 1922 Basel (Schweiz) - S. 1956 (Habil.) Lehrtätigk. Univ. Basel u. Saarbrücken (1959; 1963 apl. Prof.; 1969 Wis. Rat u. Prof.; gegenw. Prof.) - BV: u. a. Laut u. Schrift im Deutschen, 1961; Aussprchlehre d. bek. Fremdspr., 1964.

MANGOLD, Werner
Dr. phil., o. Prof. f. Soziologie - Im Heuschlag 7, 8520 Erlangen - Geb. 21. Mai 1927 - 1962 Prof. PH Osnabrück; 1968 o. Prof. Univ. Erlangen-Nürnberg. Facharb.

MANI, Nikolaus
Dr. med., em. o. Prof. f. Gesch. d. Med. Univ. Bonn (s. 1971) - Im Eichholz 26, 5300 Bonn 1 - Geb. 19. März 1920 Andeer (Vater: Jakob M., Lehrer; Mutter: Leni, geb. Pedrett) - Arztdipl. 1947 Genf; Promot. 1951 Basel - 1957-64 med. Bibl. Privatdoz. f. Gesch. d. Med. Univ. Basel 1964; 1965-71 Prof. Univ. of Wisconsin, Madison/USA, u. 1967/68 Visit. Prof. Yale u. Harvard Univ. (1985 emerit.). In- u. ausl. Fachmitgl.sch. - BV: D. histor. Grundlagen d. Leberforschung, T. 1 u. 2. 1959 u. 1967 - Spr.: Franz., Engl., Ital.

MANITZ, Günther
Dr. med., Prof., Wiss. Rat, i.R. - Heinrich-v.-Stephan-Ring 55, 4400 Münster/W. (T. 61 48 79) - B. 1964 Privatdoz., dann apl. (Inn. Med. u. Gastroenterol.) u. Wiss. Rat u. Prof. Univ. Münster. Facharb.

MANLEITNER, Manfred F.
Dipl.-Ing., o. Prof., Bauingenieur - Hardenbergstr. Nr. 33, 1000 Berlin 12 (T. 31 03 31 - 232); priv.: Kleiststr. 12, 1000 Berlin 37 (T. 801 12 48) - o. Prof. Hochsch. d. Künste Berlin Fachber. Architektur (Lehrstuhl f. Tragwerkslehre, Statik u. Festigkeitsl.).

MANLEY, Geoffrey Allen
Dr., Prof. TU München - Lichtenbergstr. 4, 8046 Garching - Geb. 1. Dez. 1945 England - 1964-67 Cambridge Univ. (B.A.); 1967-70 Princeton Univ. (M.Sc. u. Ph.D.) - 1970-74 Assist. Prof. Mc Gill, 1974-78 Assoc. Prof.; 1977-79 Humboldt-Stip. BRD; ab 1980 Prof. TU München u. Leit. d. Inst. f. Zoologie. Forsch. z. vgl. Physiol. d. Hörsystems d. Wirbeltiere - BV: Peripheral Hearing Mechanisms in Reptiles and Birds, 1990. Zahlr. Einzelarb. in Fachjournalen - Fellow of the Acoustical Soc. of America.

MANLIK, Josef
I. Bürgermeister Stadt Neunburg vorm Wald - Rathaus, 8462 Neunburg/Opf. - Geb. 13. Okt. 1927 Wittowa (Egerland) - Zul. Finanzbeamter. CSU.

MANN, Albrecht
Dr. phil., Univ.-Prof. f. Baugeschichte RWTH Aachen (s. 1968) - Nordhoffstr. 2, 5100 Aachen (T. 8 25 82) - Geb. 7. Nov. 1925 Dresden (Vater: Paul M., Kaufm.; Mutter: Elise, geb. Ulbricht), ev., verh. s. 1949 m. Ingeborg, geb. Sieben, 4 Kd. (Sabine, Gundula, Christine, Christoph) - Kreuzgymn. Dresden; Stud. Dresden (1946-47; Arch.) u. FU Berlin (1948-52; Kunstgesch.). Promot. 1952 Berlin; Habil. 1963 Aachen - S. 1963 Lehrtätig. Aachen (Baugesch.) - BV: St. Aposteln in Köln, 1961; Doppelchor u. Stiftermemorie, 1961; D. Neuromanik, 1964; Wohnhöhlen, 1981; Ringwälle, Atlantis u. Utopien, 1983; Vicus Aquensis - D. Karol. Ort Aachen, 1984. Mitautor: Handb. z. rhein. Baukunst d. 19. Jh. (1968). Weit. Veröff. z. Baugesch. d. MA (1954ff.), d. 19. u. 20. Jh. (1963ff.), z. Sozialgesch. d. Archit. (1981ff.) - Lit.: Renovatio Romani imperii (Festschr. Stephany), 1986; Fak. f. Arch. d. RWTH Aachen, 1988/9, 98f., 119; ebd. 1990/1, 97ff.

MANN, Are
Dr. rer. nat., em. Univ.-Prof. - Kemperweg 13, 4400 Münster/W. (T. 2 42 46) - Geb. 11. Sept. 1925 Dorpat (Vater: Max M., Gartenbau-Oberlehrer; Mutter: Axella, geb. Kirpson), ev., verh. s. 1956 m. Karin, geb. Hebsaker, 3 Kd. (Taimi, Verena, Paul) - Univ. Mainz u. Marburg (Dipl.-Phys. 1952). Promot. 1955 Aachen (TH); Habil. 1964 Marburg - 1957-59 Assistant Prof. New York Univ.; 1961-65 Wiss. Rat Physikal. Inst. Univ. Marburg (1964 Privatdoz.); 1965-90 Dir. Inst. f. Theoret. Physik I Univ. Münster - Spr.: Engl.

MANN, Bernhard
Dr. phil., Prof. f. Neuere Geschichte - Geißhäuserstr. 41, 7406 Mössingen - Geb. 13. Okt. 1936 Stuttgart (Vater: Dr. Wolfgang M., Doz.; Mutter: Hildegard, geb. Finckh), ev., verh. s. 1962 m. Ute, geb. Naumann, 6 Kd. - BV: D. Württemberger u. d. dt. Nationalversammlung 1848/49, 1975; Biograph. Handb. f. d. preuß. Abgeordnetenhaus 1867-1918, 1988.

MANN, Dieter
Schauspieler - Lübzer Str. 37, O-1147 Berlin - Geb. 20. Juni 1941 Berlin - Gast-Doz. f. Schauspielregie a. d. Hochsch. f. Schauspielkunst, Berlin - Ca. 50 Rollen am Dt. Theater, Berlin; Film- u. Fernsehrollen; Arbeit im Hörspiel; Soloabende - Liebh.: Segeln - Spr.: Russ., Engl.

MANN, Frédéric
s. Bohle, Hermann

MANN, Gerhard
Dr. oec. publ. (habil.), Dipl.-Kfm., Univ.-Prof. f. Betriebswirtschaftslehre Univ. Köln (s. 1969) - Echternacher Str. 19a, 5000 Köln 41 - Geb. 24. Sept. 1928 Braunschweig - 1964-66 Privatdoz. u. Doz. (1965) Univ. München; 1966-69 ao. Prof. Univ. Erlangen-Nürnberg. Facharb.

MANN, Golo
Dr. phil., Dr. h. c., Prof., Historiker - Alte Landstr. 39, CH-8802 Kilchberg/Zürichsee (Schweiz) (T. Zürich 91 46 66) - Geb. 27. März 1909 München (Vater: Drs. h. c. Thomas M., Schriftsteller †1955 (s. XII. Ausg.); Mutter: Katja, geb. Pringsheim †1980), luth. - Schule Schloß Salem (Gymn.); Univ. München, Berlin, Heidelberg (Promot. (Hauptf. Phil.) 1932 b. Prof. Karl Jaspers) - B. 1935 Lektor f. Dt. Lit. u. Gesch. Ecole Normale Superieure, St. Cloud, dann Univ. Rennes, 1937-40 Redakt. Ztschr. Maß u. Wert, Zürich, ab 1942 Prof. f. Gesch. Olivet College (b. 1943) u. Claremont Men's College (USA), WS. 1958/59 Gastprof. Univ. Münster, s. 1960 Ord. (b. 1964) u. Honorarprof. f. Polit. Wiss. TH bzw. Univ. Stuttgart - BV: Friedrich v. Gentz - Gesch. e. europ. Staatsmannes, 1947 (amerik. Ausg. 1946); V. Geist Amerikas, 1954; Außenpolitik, 1958 (m. Dr. Harry Pross; Fischer-Bücherei); Dt. Geschichte d. 19. u. 20. Jh., 1958; Geschichte u. -n, 1962; Ist d. Krieg noch zu retten? - D. wichtigsten militärpolit. Meinungen, 1963; Wilhelm II., 1964; V. Weimar n. Bonn - 50 J. dt. Republik, 1970; Wallenstein, Biogr. 1971; Wallenstein, Bildbd. 1973; Zwölf Versuche, Ess. 1973; Erinnerungen u. Gedanken. E. Jugend in Deutschl., 1986. Herausg.: Neue Propyläen-Weltgesch. (1960 ff.); Mithrsg.: Neue Rundschau (s. 1963) - 1962 Berliner Kunstpreis (Fontane-Preis), 1965 Mannheimer Schiller-Preis, 1967 Gold. Ludwig-Thoma-Med.; 1968 Georg-Büchner-, 1969 Gottfried-Keller-Preis, 1972 Lit.preis d. Dt. Freimaurer; 1972 Gr. BVK; 1973 Dr. h. c. Univ. Nantes u. Pour le Mérite; 1974 Bay. VO.; 1967 o. Mitgl. Bayer. Akad. d. Schönen Künste; 1977 American Academy of Arts and Sciences; 1977 Schiller-Gedächtnispreis; 1980 Ehrenpreis Stadt München; 1982 Bayer. Maximiliansorden f. Kunst; 1982 Aschendorfer Geschichtspreis (erstm. verliehen); 1982 Jakob-Fugger-Med.; 1984 Ernst-Robert-Curtius-Preis f. Essayistik; 1985 Goethe-Preis; 1987 Bodensee-Preis; Dr. h. c. Univ. Bath (Engl.) - Liebh.: Wandern - Spr.: Engl., Franz., Span. - Bek. Vorf.: Prof. Alfred Pringsheim u. Hedwig Dohm (Schriftst.); Heinrich M. (Onkel); Geschw.: Erika (†), Monika (Schriftst.) u. Klaus M.

MANN, Hans
Dr. phil., Fischereibiologe, Honorarprof. f. Hydro- u. Fischereibiol. Univ. Hamburg (s. 1963) - Blumenstr. 2, 2000 Hamburg 60 (T. 47 24 75) - Geb. 10. Dez. 1910 Berlin (Vater: Fritz M., Lehrer; Mutter: Elsbeth, geb. Schmolling), ev., verh. s. 1939 m. Marianne, geb. Szabo, 2 Kd. (Margarete, Helmut) - Realgymn. u. Univ. Berlin (Promot. 1934) - Wiss. Tätigk. Landes- (1934-38) bzw. Reichsanstalt f. Fischerei, Berlin (1939-45), u. Bundesforschungsanst. f. Fischerei, Hamburg (s. 1947). Facharb. - 1981 BVK.

MANN, Heinrich
Bauunternehmer, MdL Saarland (s. 1975) - Werbelner Str. 4, 6620 Völklingen-Ludweiler - Geb. 27. Sept. 1927 Jakobsweiler/Pfalz, ev., verh. s. 1950, 2 Kd. - 1952 Gründung e. Bauuntern.; 1953 Meisterprüf. im Bauhandwerk.

MANN, Helmut
Dr. med., Prof. f. exper. Med. TH Aachen - Fuchserde 7, 5100 Aachen - Geb. 18. Febr. 1938 Köln (Vater: Max M., Amtsgerichtsrat; Mutter: Dr. jur. Else, geb. Wessel), verh. s. 1974 m. Kook-Ja, geb. Park, 3 Kd. (Daniel, Julia, Lilian) - Stud. Univ. Köln, Innsbruck, Lausanne; Promot. 1963 Köln; Habil. 1980 Aachen; 1978 Facharzt f. Innere Med. (Zusatzbez. Nephrol.); apl. Prof. TH Aachen - Spr.: Lat., Franz., Engl.

MANN, Irene
(Eigtl. Irene Freifrau von Cramm) Regisseurin, Choreographin - 8069 Loipersdorf Nr. 7 - Geb. 12. April Königsberg/Ostpr., ev., verh. s. 1965 m. Berno Frhr. v. Cramm (Schausp.) - Ausb. Tänzerin, Charakterballerina, Schausp., nicht abgeschl. Gesangsausb. - 1969-72 Beraterin in Fragen Ballett im ZDF; s. 1973 Choreogr. f. Theater, ARD, ZDF, priv. Prod.; Regiss. f. Musical, Operetten, Theater u. FS - Insz.: B. 1976 alle gr. Shows choreogr.; eig. Shows; s. 1973 1. Regie Theater Essen: Hallo Dolly; 1985 Staatstheater Saarbrücken: Lustige Witwe; 1992 Augsburg: König u. Ich. FS hauptsächl. ARD: D. Montagsmaler, Michael Schanze Show, u.a. 20 Musicals, dar. deutschspr. Erstauff.: Hans Andersen (Wien 1986), Hallo Dolly (Staatstheater Braunschweig 1987); 1991 3 weitere Musicals, 6 Operetten; Wie einst im Mai (m. René Kollo am Staatstheater München, UA Mai 1992). FS: René Kollo - D. Star u. seine Stadt (1990) - Robert Stolz Med.; Peter Kreuder Med. - Spr.: Engl., Franz.

MANN, Karl
Kurdirektor, Geschäftsf. d. Kur- u. Klinikverwaltung GmbH (s. 1973) - Buchenstr. 6, 6927 Bad Rappenau (T. 07264 - 51 28) - Geb. 7. Mai 1925 Bad Rappenau, verh. s. 1952 m. Liselotte, geb. Traut, 2 Kd. (Ulrich, Christiane) - Obersch.; Ausb. f. d. gehob. Verwaltungsdst. m. Abschluß - B. 1973 Städt. Oberverwaltungsrat; Vorst. Schwärzberg Kurklinik AG; Geschäftsf. Salinen Kurklinik GmbH; Beiratsmitgl. Heilbäderverb. Baden-Württ. - Liebh.: Tennis - Spr.: Franz.

MANN, Malcolm G.
Generaldirektor, Vors. d. Geschäftsfg. Remington Rand GmbH., Frankfurt/M., Vorst. Torpedo AG. ebd. - Höhenblick 6, 6240 Königstein/Ts.

MANN, Norbert
Richter am Amtsgericht, MdB (1985-87) - Hagdorn 20a, 4330 Mülheim/R. - Geb. 4. Juni 1943 - 1979 Gründ.mitgl. d. Sonstigen Polit. Vereinigung DIE GRÜNEN u. 1980 d. Partei DIE GRÜNEN , 1979-

81 u. 1989/90 Mitgl. im Bundesvorstand, 1986-91 Mitgl. d. Kammer f. öffentl. Verantwortung d. EKD.

MANN, Walther
Dr.-Ing., o. Prof. f. Statik d. Hochbaukonstruktionen TH Darmstadt (s. 1967) - Claudiusweg 19b, 6100 Darmstadt (T. 4 72 75) - Geb. 20. Nov. 1931 Odrau (Vater: Ludwig M.; Mutter: Hermine, geb. Schindler), verh. m. Hedwig, geb. Barth - TH Darmstadt. Promot. Darmstadt - Zeitw. Philipp Holzmann AG., Frankfurt/M. Fachveröff.

MANNACK, Eberhard
Dr. phil., Prof. f. Deutsche Philologie - Am Kolen Born 2, 2305 Heikendorf - Geb. 22. April 1928 Mittelherwigsdorf (Vater: Erich M., Beamter; Mutter: Hedwig, geb. Pilz), ev., verh. s. 1957 m. Helga, geb. Buchmann, 3 Kd. (Thomas, Bettina, Philine) - Gymn. (Abit. 1947); 1948-53 Stud.; Promot. 1953, Habil. 1968 - O. Prof., Dir. Inst. f. Lit.wiss. Univ. Kiel - BV: A. Gryphius, 1963, 2. A. 1985; u. 68, 2. A. 1986; D. Pegnitzschäfer, 1968, 2. A. 1988; J. Rist, Werke 1969ff.; Goethe, Raumdarst. u. Realitätsbezug, 1971; Zwei d. Literaturen?, 1977; A. Gryphius, Klassiker-A., 1991; Barock in d. Moderne, 1991. Herausg.: Reihe Lit. u. Lit.wiss. d. 20. Jh. Mithrsg.: Daphnis - Spr.: Engl., Franz.

MANNER, Wolfgang
Polizeipräsident - Polizeipräsidium, 4600 Dortmund - Geb. 1932, verh., 3 Töcht. - Liebh.: Jogging.

MANNHARDT, Horst-Günter
Katechet, Vors. Verb. Kirchl. Mitarbeiter Deutschlands (VKM) - Pinneberger Weg 33, 1000 Berlin 20 (T. 030 - 366 58 34) - Geb. 27. Nov. 1928 Halle/S., ev. - Ausb. z. A-Katecheten - 1977-83 Vors. VKM Berlin; 1983-87 Vors. VKM Deutschl. (Durchsetzung e. Tarifvertrages f. kirchl. Mitarb. in d. Landeskirche Berlin-Brandenburg (Berlin West) - BV: Kleines Lexikon d. Reformation (m.a.) - Liebh.: Gartenarbeit, Anlage e. biol. Teiches.

MANNHEIM, Walter
Dr. med., Prof. f. Med. Mikrobiologie u. Bakterienphysiol. (s. 1971) u. Leit. d. Inst. f. Med. Mikrobiol. d. Zentrums f. Hygiene und Med. Mikrobiol. (s. 1979) Univ. Marburg - Am Krappen 36, 3550 Marburg/L. - Geb. 27. Nov. 1930 Kaiserslautern - Promot. 1959 Univ. Bonn; Habil. 1967 Univ. Marburg - Üb. 100 Facharb.

MANNHERZ, Karl Heinz
Dr. med., Prof., Chefarzt i. R. - Hohenzollernstr. 36, 4100 Duisburg (T. 33 11 75) - Geb. 20. Nov. 1909 Kleinaga/Thür. (Vater: Karl M., Fabrikdir.), verh. m. Annemarie, geb. Becker, 2 Kd. - Univ. Heidelberg, München, Wien, Greifswald - S. 1947 (Habil.) Privatdoz. u. apl. Prof. (1954) Univ. Heidelberg. Fachveröff. - 1979 Ernst v. Bergmann Plakette.

MANNSTEIN, von, Coordt
Prof., Inhaber u. Geschäftsf. von Mannstein werbeagentur, medical innovation, political communication, Solingen, Düsseldorf, München, innovation ltd. London - Hackhausen 15, 5650 Solingen 11 (T. 0212 - 7 28-0; Teletex 21 22 319 maso; Telefax 0212 - 72 82 22) - Geb. 8. März 1937 Flensburg - Internat Salem; Staatl. Akad. Stuttgart - Prof. f. Kommunikation u. Design Univ. Essen; Mitgl. Kurat. ZNS; Mitgl.

Bierconvent Intern.; Mitgl. Dt. Komitee f. UNICEF.

MANSHARD, Walther
Dr. rer. nat. (habil.), Dr. h.c., em. o. Prof. Geogr. Inst. Univ. Freiburg - Schwarzwaldstr. 24, 7812 Bad Krozingen (T. 07633 - 34 88) - Geb. 17. Nov. 1923 Hamburg (Vater: Otto M., Lehrer; Mutter: Ida, geb. Gerber), verh. s. 1951 m. Kiku, geb. Koch, T. Andrea - Univ. Hamburg (1945-49) u. Southampton/Engl. (1950-52) - S. 1952 Lehrtätig. Univ. Accra/Ghana (Doz.), Köln (1959; Privatdoz.), Gießen (1963; Ord. u. Dir. Geogr. Inst.); 1969-73 Leit. Abt. Umwelt-Wiss. u. Erforsch. d. natürl. Ressourcen UNESCO, Paris; 1977-80 Vice Rector. United Nations Univ., 29th Floor, Toho Seimei Bldg. 15-1, Shibuya 2-chome Shibuya-ku, Tokyo 150, Japan - BV: D. geogr. Grundlagen d. Wirtschaft Ghanas, 1961; Agrargeogr. d. Tropen, 1968; Tropical Agriculture, 1974; D. Städte d. trop. Afrika, 1977; Renewable Natural Resources and the Environment, 1982; Entw.probleme in Agrarräumen Trop.-Afrikas, 1988 - 1989 Mitgl. Acad. Europaea - Spr.: Engl., Franz.

MANSKE, Dietrich Jürgen
Dr. phil., Prof. f. Regionalgeogr. Univ. Regensburg - Gartenstr. 4, 8411 Altenthann/Krs. Regensburg - Geb. 21. April 1937 Eberswalde - Stud. Univ. Erlangen, Hamburg (Geogr., German., Gesch., Geol.); Promot. 1966 Erlangen; Habil. 1983 Regensburg - 1966-68 wiss. Assist. Univ. Erlangen; 1968ff. Univ. Regensburg, 1984 C2-Prof. f. Regionalgeogr. - BV: Planungsregionen in d. Opf.; Naturräumliche Gliederung Blatt Regensburg; Wales - E. wirtschafts-, sozial- u. bevölkerungsgeogr. Unters. e. brit. Peripherraumes unt. bes. Berücks. v. Mittel- u. Westwales. Mithrsg.: Regensburger Beitr. z. Regionalgeogr. u. Raumplanung - Spr.: Engl., Serbokroat.

MANSTETTEN, Rudolf
Dr. rer. pol., Dipl.-Hdl., Univ.-Prof. f. Berufs- u. Wirtschaftspädagogik Univ. Osnabrück (s. 1984) - Albrechtstr. 28, 4500 Osnabrück - Geb. 10. Sept. 1941 Geilenkirchen, kath., verh. m. Beatrice, geb. Pullem, T. Nicola Alexandra - Dipl.-Prüf. f. Handelslehrer 1967; Promot. 1970; Habil. 1983, Univ. Köln 1968-84 wiss. Assist., Akad. Rat, Privat-Doz. Univ. Köln - BV: D. Berufsberatungsgespr., 1975; Päd. Beratung, 1982; Kommunikation u. Interaktion im Unterr., 1983; Mitautor: Kompendium Fachdidaktik Wirtschaftswiss., 1983; zahlr. Ztschr.- u. Sammelwerkbeitr. - Liebh.: Schach, Tennis, Reiten.

MANTE, Willi
Dr. agr., Prof., Agrarwissenschaftler - Zul. Stubenrauchstr. 43, 1000 Berlin 37 (T. 811 62 18) - Geb. 30. Okt. 1919 Häsen, ev., verh. in 2. Ehe (1965) m. Ingrid, geb. Kastenholz, S. Otfried) - Humboldt- u. Techn. Univ. Berlin (Gartenbau). Promot. (1955) u. Habil. (1961) Berlin (TU) - S. 1961 Privatdoz.,

Prof. (1965), Vors. d. Fachbereichsrats Fachber. Internat. Agrarentwickl. TU Berlin s. 1977 - Spr.: Engl.

MANTELL, Ursula,
geb. Oomen
Dr., Prof. f. Anglistik/Linguistik - Am Herrenweiher 17, 5500 Trier - Geb. 23. Okt. 1936 Dortmund, verh. s. 1968 m. Leroy Mantell - BV: Automat. syntaktische Analyse, 1968; Sprachl. Konstituenten mod. Dichtung, 1970 (zus. m. R. Kloepfer); Linguist. Grundl. poet. Texte, 1973 (Teilübers. Holl.); D. engl. Spr. in d. USA: Variation u. Struktur, 1982 - 1964 Fak.preis f. Diss. (Univ. Freiburg) - Spr.: Engl., Franz.

MANTEUFFEL, von, Claus
s. Zoege v. Manteuffel, Claus

MANTHEY, Christian
Klavierfabrikant (Ferd. Manthey Pianofortefabrik KG. u. Pianofortefabrik A. Grand) - Reichenberger Str. 125, 1000 Berlin 36 (T. 618 16 64).

MANTHEY, Ferdinand
Klavierfabrikant (Ferd. Manthey Pianofortefarik) - Reichenberger Str. 125, 1000 Berlin 36 (T.618 16 64) - Zeitw. Vors. Fachverb. d. Dt. Klavierind.

MANTHEY, Gerhard
Bundesgeschäftsführer Fachgr. Journalismus (dju/SUJV) in IG Medien-Druck u. Papier, Publiz. u. Kunst - Friedrichstr. 15, 7000 Stuttgart 1 - Geb. 9. Sept. 1949 Mannheim, led. - Mittl. Reife, Handelssch., Bankkaufm. - 1969-75 Redakt., 1975-78 stv. DBG-Pressesprecher, s. 1978 Geschäftsf. Dt. Journalisten-Union - BV: D. Schere im Kopf, 1978; u. zahlr. Fachveröff. Neue Technik in d. Redaktion u. sogen. Neue Medien - Spr.: Engl.

MANTHEY, Joachim
Dr. med., Privat-Dozent f. Innere Med. Univ. Heidelberg, Chefarzt Abt. Innere Med./Kardiol. Kreiskrkhs. am Plattenwald/Landkr. Heilbronn - Am Plattenwald, 7107 Bad Friedrichshall (T. 07136 - 28 14 91) - Geb. 2. Juli 1943 Kaiserslautern.

MANTLER-BONDY, Barbara, geb. Bondy
Journalistin, Schriftst. - Tiepolostr. 2, 8000 München 19 (T. 17 14 36) - Geb. 21. Okt. 1927 Berlin (Vater: Philippe Bondy, Kaufm.; Mutter: Berthe, geb. Gast, bek. Schausp., 1915-27 Mitgl. Thalia-Theater Hamburg), kath., verh. s. 1968 m. Dr. Herbert Mantler - Gymn. (Abit. 1944 Reichsdt. Schule Budapest); 1947-50 Stud. Literaturwiss. Sorbonne Paris (Lic. é's Lettres) - 1951-53 Feuill.-redakt. D. Neue Ztg., München; 1953-54 Lektorin f. Deutsch u. Dt. Lit. Oberlin College, Oberlin (USA); 1955-61 fr. Publizistin; s. 1961 Redakt. u. Lit.kritik. Südd. Ztg., München - BV: Gefährl. Jahre - 9 Berichte, 1959; D. unversöhnl. Traum - Dichterporträts aus zwei Jahrh., 1986; Zehn Minuten f. die Dichter, 1991. Herausg.: Lebenskunst o. d. Fähig. menschlicher zu leben, Heilung durch Nähe - seel. Kranke brauchen uns. Mithrsg.: D. Gedichtbuch - Lyrik-Anthol. (1971; m. Dr. Rudolf Goldschmit; Georg v.d. Vring, Ged. u. Lieder (1979 m. Dr. Rudolf Goldschmit) - Kurat.-Mitgl. Landerzieh.-Heime Salem u. Schloß Stein; 1966 Theodor-Wolff-Preis, 1977 Gr. Preis Akad. f. Kinder- u. Jugendlit. Volkach); 1976 Silbergriffel Stiftg. z. Förd. d. Schrifttums in München; 1979 Bayer. VO. - Spr.: Engl., Franz.

MANZ, Friedrich
Dr. med., Prof., stv. Direktor Forschungsinst. f. Kinderernährung Dortmund (Univ. Münster) - Zu erreichen üb. Forschungsinst. f. Kinderernährung, Heinstück 11, 4600 Dortmund 50 (T. 0231 - 71 40 21) - Geb. 22. Juli 1941, verh. s. 1966 m. Irmgard, geb. Schad-Klaus, 2 Kd. (Helmut, Annette) - Gymn.; Med.-Stud. Univ. Tübingen u.

FU Berlin; Promot. 1968, Habil. 1980 - 1971-83 wiss. Assist. Univ.-Kinderklinik Heidelberg; s. 1983 apl. Prof. Univ. Heidelberg/Münster u. stv. Direktor Forschungsinst. f. Kinderernährung, Dortmund - 1983 Milupa-Preis Herbert-Quandt-Stiftg. - Liebh.: Wachstum, Ernährung, Stoffwechsel b. gesunden Kindern - Spr.: Engl., Franz.

MANZ, Rudolf
Dr. med., em. Prof. f. Gerichtl. Medizin - Lindauer Weg 1, 4044 Kaarst üb. Neuss/Rh. - Geb. 3. Sept. 1908 Neustadt/Weinstr., ev., verh. m. Ingeborg, geb. Boehlk - Univ. Freiburg/Br., Heidelberg (Physikum), Hamburg, Innsbruck, Würzburg (Staatsex., Promot.). Habil. 1942 Göttingen - 1950 apl. Prof. Univ. Göttingen, 1957 ao. Prof. Univ. Köln (Dir. Inst. f. Gerichtl. Med. u. Kriminalistik), 1960 o. Prof. Dt. Akad., 1966 Univ. Düsseldorf (Dir. Inst. f. Gerichtl. Med.), s. 1975 em. Prof. Facharb.

MANZKE, Hermann
Dr. med., Prof., Ärztlicher Direktor Kinderkrkhs. Seehospiz Kaiserin Friedrich, Norderney - Zu erreichen üb. Kinderkrkhs. Seehospiz, 2982 Norderney - Geb. 13. Mai 1933 Stettin, ev., verh. s. 1963 m. Traute, geb. Behrmann, 2 S. (Holger Christian, Jens Martin) - Abit.; Med. Staatsex. 1958; Promot. 1959; Habil. 1970-75 apl. Prof.; b 1987 Ltd. Oberarzt Univ.-Kinderklinik Kiel; s. 1987 Chefarzt u. Ärztl. Dir. - BV: Entwicklungsprognose v. Kindern m. perinatalen Risikofaktoren, 1984; üb. 100 Publ. in med. Fachztschr. - Spr.: Engl.

MAPPES, Alfons

Prälat, Leiter d. deutschsprachigen katholischen Seelsorge in Washington, D. C., USA - 6330 Linway Terrace, Mc Lean, Virginia 22101, USA (T. 001/703/356 - 44 73); priv.: Weichselstr. 62, 6500 Mainz 1 (T. 06131 - 5 26 01) - Geb. 18. Sept. 1918 Frankenthal/Pfalz, kath., ledig.

MARAHRENS, Johannes
Bauer, Präs. i.R. Landwirtschaftskammer Weser-Ems, Oldenburg (b. 1982), AR-Vors. Nordd. Hagel-Versicherungs-Ges. a.G., Gießen, u. Concordia Versich.ges. a.G., Hannover, u.a.- Meyerhof, 4520 Melle-Garden/Oldbg. - Geb. 8. Mai 1912 Ehrisburg (Vater: August M., Landesbischof u. Abt zu Loccum; Mutter: Agnes, geb. Werner), ev., verh. s. 1949 m. Elisabeth, geb. Prenzler, 4 Söhne (Friedrich, August-Wilhelm, Johannes, Matthias) - Realgymn. Hannover - 1969 Ehrenbürger Tierärztl. Hochsch. Hannover; 1972 Gr. BVK - Liebh.: Lit., Sport.

MARBACH, Karl Theodor
s. Kadelbach, Gerd

MARCARD, von, Enno
Bankier (Bankhaus Marcard & Co, Hamburg) - Blumenstr. 10, 2000 Hamburg 60 (T. 47 60 07) - Geb. 14. Dez. 1900 Hamburg, kath., verh. s. 1957 m.

MARCARD, Maren, geb. Gerths, 4 Kd. (Enno-Edzard, Ramona, Mathias, Micaela) - S. 1922 Bankhaus Delmonte & Co. bzw. Marcard & Co. (1941; 1937 Geschäftsinh.) - Liebh.: Reiten, Antiquitäten, Bücher (bes. Gesch.)

MARCELLUS, Antonius
s. Reimers, Emil

MARCHI, Otto
Dr. phil., Schriftsteller - Weinmarkt 9, CH-6004 Luzern - Corresp. 13. April 1942 Luzern - Stud. Geschichte u. Dt. Literaturgesch. Univ. Zürich; Promot. 1970 - B. 1982 Journalist u. Redakt.; seither freiberuflicher Schriftst. - BV: Schweizer Geschichte f. Ketzer, 1971; Rückfälle, R. 1978; Sehschule, R. 1983; Landolts Rezept, R. 1989. Beitr. f. Anthol.

MARCINOWSKI, Heinz
Dr.-Ing., o. Prof. f. Strömungsmaschinen - Thumersbach 94, A-5700 Zell am See (Österreich) (T. 06542 - 22 85) - Geb. 24. Nov. 1910 Sielbeck (Vater: Dr. med. Johann M.; Mutter: geb. Rode), ev., verh. s. 1947 m. Heidi, geb. Kapferer, 3 Kd. (Peter, Cornelia, Bettina) - TH Hannover (Dipl.-Ing. 1935). Promot. 1956 Karlsruhe - 1935-59 Fa. J. M. Voith, Heidenheim (zul. Abt.sleit.); s. 1959 TH bzw. Univ. Karlsruhe (Ord. u. Inst.sdir.). Zahlr. Fachveröff.

MARCKS, Friedrich
Dipl.-Ing., em. VST Bilfinger + Berger Bau AG - Gertelsklingen 21, 6149 Rimbach - Geb. 23. Aug. 1924 Berlin (Vater: Erich M., General; Mutter: Elisabeth, geb. Tietgens), ev., verh. s. 1958 m. Freya, geb. v. Kameke, 2 Kd. (Eckart, Christian) - Stud. Bauing.wesen TH Karlsruhe u. Braunschweig; Dipl.ex. 1949 - 1949-1970 Niederlassungsleit. Vorstandsmitgl. (1972-79) Berger Bauboag u. Bilfinger + Berger Bau-AG - Spr.: Engl. - Bek. Vorf.: Historiker Erich M. (Großv.), Bildhauer Gerhard M., s. dort (Großonkel).

MARCKS, Marie
Karikaturistin, Graphikerin u. Autorin - Handschuhsheimer Landstr. 94, 6900 Heidelberg (T. 06221 - 48 01 66) - Geb. 25. Aug. 1922 Berlin, gesch., 5 Kd. - Abit., Priv. Kunstsch. b. Else Marcks, Berlin; Stud. Arch., Berlin u. Stuttgart - Fr. Graphikerin u. Karikaturistin; Ausstellungsgestalt., u.a. Weltausstellung Brüssel - BV: Weißt du daß du schön bist?, 1974; Immer ich!, 1976; D. paar Pfennige!, 1979; Krumm dich beizeiten!, 1977; (Buch ich zw. euch?, 1982; Marie, es brennt! Autobiogr., 1984; D. Unfähigkeit z. mauern, 1987; Schwarz-weiß u. bunt, Autobiogr. II, 1989 u.v.m. - Liebh.: Gesch., Kunst (bes. Bild.), Arch., Ökol. - Spr.: Engl. - Bek. Vorf.: Gerhard Marcks, Bildhauer (Onkel); Erich Marcks, Historiker (Großonkel).

MARCZINSKI, Hans-Jürgen
Dipl.-Ing., Vorsitzender d. Geschäftsführung Thyssen Maschinenbau GmbH Wagner Dortmund - Herrenstr. 18, 4700 Hamm 5 (T. 02381 - 3 47 44) - Geb. 27. Dez. 1929 Bartenstein/Ostpr. (Vater: Williy M., Lehrer a. D.; Mutter: Maria, geb. Spauschuß), ev., verh. s. 1957 m. Evelin, geb. Paust, 2 Kd. (Jörg, Götz) - Obersch. Hann.-Münden, Masch.schloss.lehre, TH Hannover, Allg. Maschinenbau, Dipl. 1956 - Vors. Ausstellungsausch. VDW; Vorst.-Mitgl. Verb. Dt. Masch.- u. Anlagenbau (VDMA), Frankfurt; Mitgl. engerer Vorst. Verein Dt. Werkzeugmaschinenfabriken (VDW) u. Fachgem. Werkzeugmasch. im VDMA, Frankfurt. Mitgl. Comité Européen de Coopération des Industries de la Machine-Outil, Brüssel, u. gesetzte Fachgr. f. Werkzeugmaschinenbau d. Kommiss. d. Bundesrep. Deutschl. u. d. UdSSR f. wirtschaftl. u. wissenschaftl.-techn. Zusammenarb.; Präsid.-Mitgl. d. DIN - Spr.: Engl.

MARCZOK, Alfons
Geschäftsführer Greviga, Zweigniederl. Conservenfabr. Eugen Lacroix GmbH. - Elsener Haus 5, 4048 Grevenbroich-Elsen - Geb. 21. März 1916 Beuthen/OS.

MARDER, Jürgen

Redakteur - Gartenstr. 17, 8042 Schleißheim vor München (T. 089 - 315 05 06) - Geb. 17. Aug. (Vater: Bruno M., Justizoberrentm.; Mutter: Elise, geb. Ménarde), ev., verh. s. 1947 m. Gudula, geb. Koehler, S. Peter - N. Abit. Stud. Publizistik - 1947-58 Redakt. Fränk. Landesztg. (Nürnbg. Ztg.); 1958-81 Redakt. Ev. Pressedst. (epd); 1963-69 Chefredakt. schwesternrevue. Clubmitgl. Schlaraffia, DJV, Intern. Presseclub München - BV: Ev. Leben in Würzburg, 1963; Publizistik - Festschr. f. Otto Groth, 1965; Geschichte - Gegenwart - Ausblick - 500 J. Ludwig-Maximilians-Univ. München, 1972; Wegzeichen - Festschr. f. Hugo Maser, 1977; Nur kein Neid auf München, Feuill., 1979; D. aufgeschnauzelte Schnauzl, Feuill., 1983 - BVK - Spr.: Latein., Griech., Franz. (Schulkenntn.) - Bek. Vorf.: Hans Schomburgk (Afrikaforscher).

MARDUS, Günter
Dipl.-Ing., Hochschullehrer, Mitglied d. Abgeordnetenhauses v. Berlin (s. 1991) - Alt-Buckow 15b, 1000 Berlin 47 (T. 030 - 604 16 75) - Geb. 27. Sept. 1924 Salzwedel, ev., verh. s. 1953 m. Christine, geb. Kahlow, 6 Kd. (Angelika, Gudunla, Jens Peter, Corinna, Rüdiger, Bettina) - Gymn. Salzwedel; 1942-45 Wehrdienst (zul. Leutnant z.S.); Abit.; Stud. Physik 1946-54 TU Berlin; Dipl.-Ing.; s. 1991 Stud. Politol. FU Berlin - 1954-58 wiss. Assist.; 1958-63 wiss. Mitarb. (u.a. Forsch.gruppenleit.), u. 1962-68 Lehrbeauftr. TU Berlin; 1963-71 Doz. an Ing.-Schule Akad. Beuth; s. 1971 Prof. TFH Berlin - 1979-85 Bezirksstadtrat Berlin-Neukölln; 1978/79 u. s. 1991 MdA - BV: Rechenübungen z. Kerntechnik, 1968; Du u. d. Physik, Neubearb. 1971. Mitverf. Begriffe d. Kerntechnik (DIN-Normenheft 5, 1973) - 1991 Ehrensenator TFH Berlin - Liebh.: Sport - Spr.: Engl.

MARGARETHA, Paul
Dr. phil., Prof. f. Organ. Chemie Univ. Hamburg (s. 1980) - Beselerstr. 8, 2000 Hamburg 52 - Geb. 27. Juni 1944 Zürich - Promot. 1969 Univ. Wien, Habil. 1974 Genf (CH). 1978-80 Prof. associé, Strasbourg - Spr.: Engl., Franz., Portug.

MARGET, Walter
Dr. med., Prof., ehem. Vorstand Abt. f. Antimikrobielle Therapie/Univ.-Kinderklinik München, Editor-in-Chief d. intern. Ztschr. (engl.) Infection - Münchner Str. 1, 8000 München 70 (T. 089 - 723 20 82, Fax 089 - 724 17 51), priv.: Am Buchenwald 8, 8133 Feldafing (T. 08157 - 31 89) - Geb. 1. Aug. 1920 Stuttgart, verh. m. Marianne, geb. Vater, 2 Kd. (Claudia, Matthias) - Staatsex. 1946 Heidelberg. 1946-1951 Hygiene-Inst. Heidelberg, 1951-61 Univ.-Kinderklinik Freiburg/Br. Habil. 1961 Freiburg. 1961-67 Lehrtätig. u. zul. Oberarzt Kinderkl., apl. Prof. 1967 Tübingen, seith. Univ. München - BV: Zahlr. Buchbeitr. u. Fachveröff. in Ztschr. Herausg. u. Mithrsg. von 6 Werken, 3 dt. u. 3 angelsächs. Ztschr. - Corresp. Fellow of Infectious Diseases Soc. of America; Gründungspräs. European Soc. Paediatric Infectious Diseases; 1961 Moro-Preis Dt. Ges. f. Kinderheilkde; Bill-Marshall-Med., BVK.

MARGGRAF, Wilhelm

Dr. med., Prof., Chirurg, Chefarzt - Schlehenweg 5, 5900 Siegen 1 (T. Siegen 6 26 46) - Geb. 5. Juni 1915 Oberhausen/Rhld. (Vater: Wilhelm M., Studienrat), ev., verh. s. 1953 m. Ursula, geb. Nagel, 2 Kd. (Achim, Regina) - Univ. Bonn u. Göttingen. Promot. u. Habil. Göttingen - S. 1957 Privatdoz. u. apl. Prof. (1962) Univ. Göttingen (1959-64 Oberarzt Chir. Klinik); s. 1964 Chefarzt Chir. Abt. Kreiskrankenhs. Siegen/Haus Hüttental. Üb. 80 Fachveröff. - 1962 Fellow Intern. College of Angiology; 1970 Fellow of the Intern. College of Surgeons - Liebh.: Malerei - Spr.: Engl., Franz.

MARGGRAF, Wolfgang
Dr. habil., Musikwissenschaftler, Prof. f. Musikwissenschaft Musikhochschule Weimar - Barfüßerstr. 12, O-5900 Eisenach (T. 00623 - 45 19) - Geb. 2. Dez. 1933 Leipzig, verh. s. 1974 m. Annemarie, geb. Lorz, 2 Söhne (Jens Sebastian) - Stud. Univ. Jena u. Leipzig; Promot. 1964; Habil. 1985 - S. 1990 Rektor d. Musikhochsch. Weimar - BV: Franz Schubert, 1967; Giacomo Puccini, 1977; Giuseppe Verdi, 1982; Bach in Leipzig, 1985 - Liebh.: Phil., Kunst - Spr.: Engl., Ital.

MARIACHER, Anton
Dr. rer. comm., Dipl.-Kfm., Wirtschaftsjournalist - Fuchsshohl 11a, 6232 Bad Soden 2 (T. 06196 - 2 94 11) - Geb. 23. Sept. 1946 Zell a. See (Vater: Anton M., Pensionär; Mutter: Katharina, geb. Schirocky), verh. s. 1981 m. Dr. med. Claudia, geb. Sammet, 2 Söhne (Stephan, Philipp) - Wirtschaftsuniv. Wien (Dipl.-Kfm., Promot.) - B. 1977 Wirtschaftsberater; 1977-82 Wirtschaftsredakt. Münchner Merkur; 1982-84 Geschäftsl. Wienerwald-Konzern, München; Leiter Öffentlichkeitsarb. im Verb. d. Chem. Ind., Frankfurt; Geschäftsf. d. Initiative Geschützter leben - BV: Standortanalysen im Fremdenverkehr (Diss.), 1975 - Liebh.: Klass. Musik, Tennis, Skilauf, Surfen, hist. Lit. - Spr.: Engl., Span.

MARIENFELD, Claire
Mitglied d. Deutschen Bundestages - Lenauweg 28, 4930 Detmold (T. 05232 - 8 97 13) - Geb. 21. April 1940, kath., verh. s. 1960 m. Karl M., 2 Söhne (Marcus, Frank) - Pharm.-Techn. Assist. - 1972 Beitritt CSU, s. 1976 Mitgl. CDU - Ratsmitgl., zul. stv. Bürgermeisterin; Mitgl. Verteidigungsausch. u. Unterausch. Abrüstung u. Rüstungskontrolle.

MARIENFELD, Wolfgang
Dr. phil., Prof., Hochschullehrer - Bergener Str. 38, 3000 Hannover 61 (T. 579 97 38) - Geb. 8. Okt. 1926 Hannover - S. 1957 Doz. u. Prof. (1963) Päd. Hochsch. Nieders. Abt. Hannover (Didaktik d. Gesch.), Univ. Hannover (1978) - BV: Konferenzen üb. Deutschland, 1963; D. Gesch. im Unterr., 1966; Gesch. im Lehrbuch d. Hauptsch., 1972; Ur- u. Frühgesch. im Unterr., 1979; D. Deutschlandproblem in s. gesch. Entwicklg., 2. A. 1985; Deutschlandbild u. Deutsche Frage in d. Geschichtsbüchern d. Bundesrep. Deutschl. u. in d. Richtlinien d. Länder. Studien z. intern. Schulbuchforsch. Bd. 43, 1986; D. Historikerstreit, 1987; D. Gesch. d. Deutschlandprobl. im Spiegel d. polit. Karikatur, 1990, 2. A. 1991.

MARINESCU, Constantin

Regisseur (Künstlername Marinescu, Costin) - Türnicher Str. 3, 5000 Köln 51 (T. 0221 - 36 35 09) - Geb. 1. Jan. 1943 Rumän. (Vater: Alexander M., Priester; Mutter: Maria, Lehrerin), orth., verh. m. Doina, geb. Dragnea (Schauspielerin, Theater- u. Filmwissenschaftlerin) - Abit.; Stud. Theaterhochsch. IATC (Inst. Theater u. Filmkunst); I. L. Caragiale, Bukarest, Schauspiel u. Regie; Dipl.-Theaterregiss. 1971 - Engag. als Regiss.: 1971-74 Dach-Theater, Bukarester Uni-Center; 1974-75 Nationaltheater in Tirgu Mures; 1975-78 Stadttheater Arad; 1978-85 Stadttheater Pitesti; Gastregie v. Stadttheater C. I. Nottara, Bukarest. Prof. an d. Schauspielfak. d. Theaterhochsch. I. L. Caragiale, Bukarest; s. 1985 in Deutschl., Gastregie b. versch. Freien Gruppen; s. 1987 Theater d. Stadt Langenfeld, Spielleit. u. Mitgl. d. Direktoriums, s. 1991, Künstl. Leit. d. Theaters; Privatdoz. an d. Schule d. Theaters Theater d. Keller, Köln - Wichtigste Insz.: 1970: D. trag. Gesch. d. Doktor Faustus, Christopher Marlowe, als Urauff. f. Rumänien im Studio-Theater Cassandra an o.g. Theaterhochsch. Bukarest; 1971-85: D. Frösche (Aristophanes); Heinr. IV (Pirandello); Einsame Menschen (Gerhard Hauptmann); D. Tod e. Handlungsreisenden (A. Miller); D. Schreibmaschine (J. Cocteau); Tod e. Anarchisten (Dario Fo); Provinzanekdoten (A. Vampilow); D. Emigranten (S. Mrożek); D. Mineralquellen v. Madrid (Lope de Vega); Calandria (nach B. D. da Bibiena); D. Wald (A. Ostrowski). S. 1985 in Deutschl.: Romulus d. Große (F. Dürrenmatt); D. Unterrichtsstunde (E. Ionesco); Tango, Striptease u. Auf hoher See (Mrożek); D. Stühle (E. Ionesco); D. Sturm (Shakespeare); Inferno (nach Dante Alighieri); Raumschwindelgefühl (nach Morgenstern); D. Liebhaber (A. Pinter); Projekt Kurt Weill im Spiegel seiner Zeit; D. Tausch (Paul Claudel); Leutnant Gustl (v. A. Schnitzler); Fabians Traum (n. E. Kästner); Aus d. Leben v. Herrn Wendriner (Texte v. K. Tucholsky) - Wichtige Rollen als Schauspieler: Mister Smith in D. kahle Sängerin (E. Ionesco); Walter in D. zerbrochene Krug (Kleist); Ricá Venturiano in O noapte furtunoasă (E. stürm. Nacht, I. L. Caragiale); Puck in E. Sommernachtstraum (Shakespeare) - 1980 Gr. Preis b. Nationalen Kolloquium f. Regie (Insz. v. E. Albees Wer hat Angst v. Virginia Woolf); 1981 Erster Preis f. Regie u. d. beste Auff. b. Nationalen Theaterfestival f. Epoletti Invizibili (Versteckte Epauletten) v. Th. Manescu; 1982 Gr. Pr. f. Regie u. Auff. b. Festivalul restituirilor dramatice f. Masti (Masken) nach Ion Sava - Spr.: Deutsch, Rumän., Franz.

MARING, Klaus D.

Gas- u. Wasser-Installateur-Meister, Geschäftsführer - Hochstr. 8, 3300 Braunschweig (T. 0531 - 7 50 43) - Geb. 7. März 1935 Braunschweig, kath., verh. s. 1963 m. Gertrud, geb. Mann, 2 Kd. (Bianca M., Viola P.) - Handwerkslehre, Fortbildung - Ehrenoberm. d. Innung Sanitär-, Heizungs-, Klima- u. Klempnertechnik Braunschweig; Landesinnungsm. d. Fachverb. Sanitär-, Heizungs-, Klima- u. Klempnertechnik Nieders.; altern. Vorst.-Vors. d. Innungskrankenkasse Braunschweig, altern. Vorst.-Vors. d. Landes-Verb. d. Innungskrankenkassen in Nieders.; Kirchenvorst.-Mitgl. Kath. Probstei Pfarrgemeinde St. Aegidien Braunschweig; Ratsherr d. Stadt Braunschweig (Planungsaussch., Wirtsch.-Aussch.) - 1984 25jähr. Meisterjubiläum; 1988 10jähr. Oberm.jubiläum - Lieb.: Arch., Gesch., Kunst, Musik, Reisen, Burgen, Schlösser, Fotogr., Theater - Spr.: Engl.

MARISCHKA, Georg

Filmregisseur u. Autor - Mark-Twain-Str. 5, 8000 München 60 (T. 83 29 99) - Geb. 29. Juni 1922 Wien, kath., verh. s. 1961 m. Ingeborg, geb. Schöner (Schausp.), 2 Töcht. (Juliette, Nicole) - Regieassist. b. Willi Forst; s. 1951 Filmregiss. Filme: D. fidele Bauer, Einmal keine Sorgen haben, Hanussen, Sklavenkarawane, Peter Voß - d. Held d. Tages, M. Himbeergeist geht alles besser (Österr. Bundesfilmpreis 1961), D. Buch v. San Michele, D. Vermächtnis d. Inka u. a.; Drehb.: u. a. D. Sünderin. Div. Fernsehfilme (Autor: Ferdinand Lassalle, ZDF 1972. Regiss.: Vidocq; 2 Finger einer Hand, Streichquartett, Boccaccio. Apartment f. drei, Volksfeind, Ende d. Vorstellung. Schauspieler: Strohfeuer, 21 Hours in Munich, Odessa File, Boys of Brasil, Sept Morts sur Ordonnance, Baby Sitter, Le Bon et les Mchants, D. blaue Palais, D. Ding, Lieb' Vaterland, magst ruhig sein, u. a. - Sammelt historische Autographen (Napoleonica) - Spr.: Engl., Franz., Ital., Span. - Eltern u. Vorf. s. Franz O. F. M. (Bruder).

MARJAN, Marie-Luise

Schauspielerin - Averhoffstr. 28, 2000 Hamburg 76 (T. 040 - 220 47 22) - Geb. 9. Aug. 1940 Essen - N. Mittl. Reife (Hattingen) 1958-60 Musikhochsch. Hamburg (Schauspielausbild. Prof. Eduard Marks) - Zahlr. Bühnen- u. Fernsehrollen (Charakterdarst.); u. a. Mutter Helga Beimer in d. TV-Serie Lindenstraße (s. 1985) - Lieb.: Kochen, Wandern - Spr.: Engl. (durch Seminare Hollywood).

MARKAU, Eike

Vorsitzender d. Geschäftsführung Messe Frankfurt GmbH - Ludwig-Erhard-Anlage 1, 6000 Frankfurt am Main 1 (T. 069 - 75 75-0).

MARKEFKA, Manfred

Dr. rer. pol., Dipl.-Hdl., Univ.-Prof. f. Soziologie, Dipl.-Handelslehrer - Dstl.: Römerstr. 164, 5300 Bonn 1 - 1956-63 Stud. Wirtsch.- u. Soz.wiss. Univ. Köln, Dipl.-Hdl.-Lehrer 1959, Promot. 1963 - 1962-65 Lehrtätig. kfm. Schulen, wiss. Assist., 1965-69 Doz., 1972 Univ.-Prof. f. Soziol. - BV: Jugend-Begriffe u. Formen in soz. Sicht, 1967; Übergang in d. Berufswelt, 1970; zus. m. B. Nauck: Zw. Lit. u. Wirklichk., 1972; Vorurteile - Minderheiten - Diskrimin., 6. A. 1990; Handb. d. Familien- u. Jugendforsch., Bd. 1: Familienforsch., Bd. 2: Jugendforsch. (m. R. Nave-Herz), 1989.

MARKELIN, Antero

Dipl.-Ing., Prof., Architekt, Ord. f. Städtebau u. Entwerfen Univ. Stuttgart (s. 1966) - Keplerstr. 11, 7000 Stuttgart 1 (T. 121 33 60) - Geb. 10. April 1931 Finnland (Vater: Dipl.-Landw. Einar M.. Verw.beamter; Mutter: Marjatta, geb. Rinne), ev., verh. s. 1962 m. Dipl.-Ing. Ulla, geb. Lehtonen, 3 Kd. (Lilli, Lina. Maikki) - Schule Helsinki; TH München u. Helsinki - S. 1961 Arch. Mehrere Stadtplanung. u. Bauten in Finnland u. Bundesrep. Dtschl., 1974 Wohngr. Elementa Bonn, 1975 Päd. Hochsch. Weingarten - BV: Stadtbild in d. Planungspraxis, 1976 (m. Michael Trieb); Umweltsimulation, 1979 (m. Bernd Fahle); Stadtbaugesch. Stuttgart, 1985 u. 1991 (m. Rainer Müller). Herausg.: Mensch u. Stadtgestalt (1974ff.) - Mitgl. Dt. Akad. f. Städtebau u. Landespl., Finn. Architektenverb. SAFA, Int. Soc. of City a. Region. Planners - Spr.: Finn., Schwed., Engl.

MARKERT, Hans-Günter

Autor, Regisseur (Ps. Joy Markert) - Grunewaldstr. 14, 1000 Berlin 62 (T. 215 20 31) - 1982 Vorst.-Mitgl. BAF Berliner Arbeitskr. Film, 1986 stv. Vors. VS-Berlin - 8 Drehb. f. Kino u. FS, üb. 40 Hörsp. b. ARD u. ORF. Insz. Fernsehsp.: Ich fühle was, was du nicht fühlst (Buch u. Regie, m. Helga Krauss), 1982; Theaterst. u. Buchveröff. Asyl, 1984; Theaterst. Erichs Tag, 1986. BV: Malta, 1989, 2. A. 1990. Hörsp.: Akkordeon (1988); Malta (1988); Hören, erinnern (1989); Schöneberg (1990); Blumenküsserin (1991); Kleisther (1992); Spielfilm: D. Göttin v. Malta (Buch u. Regie, 1992). S. 1989 Kindergesch. fürs Radio. Radio-Essays.

MARKERT, Joy

s. Markert, Hans-Günter

MARKERT, Kurt

Dipl. rer. pol., Dr. jur., M. C. J. (New York Univ.), Honorarprof. Freie Univ. Berlin, Direktor b. Bundeskartellamt (Vors. 8. Beschlußabt.) - Ilmenauer Str. 2a, 1000 Berlin 33 - Geb. 22. Juni 1933 Sennfeld (Vater: August M.; Mutter: Maria, geb. Volk), verh. m. Birgit, geb. Kuckartz - Spr.: Engl., Franz.

MARKERT, Oswald

I. Bürgermeister - Rathaus - 8721 Dittelbrunn/Ufr. - Geb. 22. Juni 1933 Holzhausen - Landw. CSU.

MARKGRAF, Gerhard

Dipl.-Ing., Bauunternehmer, Vorstandsmitgl. Bayer. Bauindustrieverb. München, stv. Vors. RKW-Landesgr. Bayern - Dieselstr. 9, 8580 Bayreuth - Geb. 1929, verh. - Dipl.-Ing. Bauingenieurwesen TU München - Ehrensenator E.h.

MARKL, Hubert S.

Dr. rer. nat., o. Prof. f. Zoologie, Verhaltensforschung -Fak. Biol. Univ. Konstanz, Postf. 55 60, 7750 Konstanz - Geb. 17. Aug. 1938 Regensburg - Stud. Univ. München; Promot. 1962 Univ. Frankfurt, Habil. 1967 - 1968-74 o. Prof. TH Darmstadt; s. 1974 Prof. Univ. Konstanz. 1986-91 Präs. Dt. Forsch.gemeinsch. u. Vizepräs. Alexander v. Humboldt-Stiftg. - BV: Evolution, Genetik u. menschl. Verhalten, 1986; Natur als Kulturaufgabe, 1986; Wissenschaft: Z. Rede gestellt, 1989; Wissenschaft im Widerstreit, 1990; zahlr. Veröff. in intern. Ztschr. - Mitgl. Heidelberger Akad. d. Wiss., American Assoc. for the Advancement of Science, Bayer. Akad. d. Wiss., American Acad. of Arts and Sciences, Dt. Akad. d. Naturforscher Leopoldina, Halle, Rhein.-Westf. Akad. d. Wiss., Indian Acad. of Sciences; 1984 Karl-Vößler-Preis u. Lorenz-Oken-Med. (1. Träger); 1989 Arthur-Burkhardt-Preis; 1991 Karl Winnacker-Preis; Gr. BVK; Verdienstkreuz m. Stern d. Rep. Polen.

MARKO, Hans

Dr.-Ing., Dr.-Ing. E. h., o. Prof. u. Direktor Inst. f. Nachrichtentechnik TH bzw. TU München (s. 1962) - An der Dornwiese 2, 8032 Gräfelfing/Obb. (T. München - 85 24 24) - Geb. 24. Febr. 1925 Kronstadt/Siebenbürgen (Vater: Dr. Alexander M., Rechtsanw.; Mutter: Gertrud, geb. Tischler), ev., gesch., 3 Kd. (Johannes, Anka, Corina) - Gymn.; TH Stuttgart (Dipl.-Ing. 1950, Promot. 1952) - 1952-62 Standard Elektrik Lorenz AG., Stuttgart (Entwicklungsing.). Mitgl. Informationstechn. Ges. im VDE, Dt. Ges. f. Kybernetik (1971-73 Präs.; 1974-76 Vizepräs.), Fellow IEEE. Mehrf. Patentinh. - BV: Theorie linearer Zweipole, Vierpole und Mehrtore, 1971; Methoden d. Systemtheorie, 1977. Herausg.: Buchr. Nachrichtentechn. Mithrsg.: Buchr. Kybernetik. Zahlr. Einzelarb. - 1957 Preis Nachrichtentechn. Ges. im VDE; 1984 Karl-Küpfmüller-Pr. d. Nachrichtentechn. Ges. im VDE; Ehrenpromotion TH Darmstadt - Spr.: Engl.

MARKS, Erich

Dipl.-Päd., Bundesgeschäftsführer Dt. Bewährungshilfe, Bonn - Mirbachstr. 2, 5300 Bonn 2 (T. 0228 - 35 37 26, Fax 0228 - 36 16 17) - Geb. 22. Juni 1954 Bielefeld, ev., verh. s. 1983 m. Renate Hofer-M., 2 Kd.

MARKS, Friedrich

Dr. rer. nat., Dipl.-Chem., Prof. f. Biochemie, Leiter Abt. Biochemie Dt. Krebsforschungszentrum Heidelberg - Im Bildsacker 34, 6903 Neckargemünd-Dilsberg (T. 06223 - 36 95) - Geb. 17. Dez. 1936 Berlin (Vater: Carl-Peter M., Offz.; Mutter: Johanna, geb. Reddemann), ev., verh. s. 1963 m. Lilli, geb. Beins, 3 Kd. (Andreas, Hans-Joachim, Katja) - 1956-61 Stud. Chemie Univ. Marburg u. München (Promot. 1964) - Rd. 200 wiss. Publ., u. a. Molekulare Biol. d. Hormone, 1979 - Liebh.: Malerei, Musik, Tanzen - Spr.: Engl.

MARKUS, Axel

Dipl.-Wirtschafts-Ing., Vorstandsmitglied adidas AG, Herzogenaurach (s. 1990) - Heidenreichstr. 9, 8540 Schwabach-Walkersdorf (T. 09122 - 64 90 50) - Geb. 2. Okt. 1943, verh. s. 1966 m. Gudrun, geb. Schlösser, 2 Kd. (Stefanie, Christian) - Stud. Wirtschaftsing. TU Berlin; Dipl. 1969 - Vorst. f. Controlling, Finanzen u. Steuern - Liebh.: Tennis, Radfahren, Surfen, Ski - Spr.: Engl.

MARKWORT, Helmut

Geschäftsführer/Chefredakteur - Arabellastr. 23, 8000 München 81 - Geb. 8. Dez. 1936 Darmstadt (Vater: August M., Justizamtmann; Mutter: Else, geb. Volz), verh. s. 1965 m. Elke, geb. Wolters, S. Moritz - Human. Gymn., Abit.; Volont. - Redakt. Darmstädter Tagebl., Wuppertaler Generalanz., 1962-64 Chefreporter D. Mittag, 1964-66 Korresp. stern, 1966-70 Chefredakt. Bild + Funk, 1970-91 Chefredakt. Gong, 1979-91 Chefredakt. die aktuelle, 1983-91 Chefredakt. die 2, s. 1991 Geschäftsf. Burda Holding GmbH & Co. KG - Liebh.: Fußball, Tennis - Spr.: Engl.

MARNAU, Alfred

Schriftsteller - 120, Eyre Court, London NW8 9TY - Geb. 24. April 1918 Preßburg, kath., verh. m. Senta, geb. Polányi, T. Corinna - BV: Ges. Gedichte, 1948; D. steinerne Gang, R. 1948; D. Verlangen n. d. Hölle, R. 1951; Räuber-Requiem, Ged. 1961; in engl. Spr.: Christopher Marlowe, Andrew Marvell, Ess. 1948 (London); Free among the Dead, R. 1950; The Guest, 1956; (London u. New York); New Poems, 1985; D. Mitwirkenden, 1986. Übers.: John Webster, D. Herzogin v. Malfi, u. D. weiße Teufelin, 1986; Endre Ady: Ged. u. Novellen; Christopher Marlowe: Doktor Faustus, 1988; Eduard II, 1990. Herausg.: Kunst- u. Lit.ztschr.; Jesse Thoor, D. Sonette u. Lieder, 1956 - Ritter Malteserorden - Liebh.: Engl. Dichtung.

MARNER, Waldemar Josef

Dr. jur., Landrat St. Wendel - Mommstr. 25a, 6690 St. Wendel - Geb. 3. Febr. 1927 Nastätten/Ts., kath., verh. m. Gerda, geb. Schmidt, T. Gabriele Elisabeth - Abit. Limburg; Stud. Rechtswiss.; 1. jurist. Staatsex. 1951; Promot. 1953; 2. jurist. Staatsex. 1955 - Ehrenamtl. Vorst.-Mitgl. GVV Köln; AR-Vors. Wasserverb. Landkr. St. Wendel GmbH; AR-Mitgl. VSE; VR-Vors. Kreissparkasse St. Wendel; VR-Mitgl. Landesbank Saar Girozentr.; Vizepräs. Saarl. Sparkassen- u. Giroverb.

MARNEROS, Andreas

Dr. med., Prof., Leiter Abt. Med. Psychol. u. allg. Psychopathol., Psychiatrische Klinik Univ.-Nervenklinik - Sigmund-Freud-Str. 25, 5300 Bonn 1 (T. 0228 - 280 27 15) - Geb. 22. März 1946 Limassol/Zypern - Stud. Aristoteles-Univ. Saloniki/Griechenl. (Med.); Staatsex. m. Ausz. u. Ehrenpreis, Promot. 1977 Mainz; Habil. 1979 Köln (Psychiatrie, Psychotherapie u. Neurol.) - 1983 Prof. Psychiatr. Univ.-Klinik Köln; 1985 Univ. Bonn - BV: Schizoaffective Psychoses (m. M. T. Tsuang), 1986; zahlr. Veröff. üb. Prognose u.

Verlauf d. schizoaffektiven Psychosen, d. Schizophrenie, psychotische Depression, Psychopathol. d. org. Psychosen, Pharmakotherapie, gegenw. Forschungsschwerp. d. Verlaufspsychiatrie - Aristeion (f. d. besten Abiturienten); Ehrenpreis Ethikis Trapezis v. Hellas (f. d. besten Univ.-Absolv.) - Muttterspr.: Griech., Fremdspr.: Dt., Engl.

MARON, Gottfried

Dr. theol., Prof. f. Kirchen- u. Dogmengeschichte Univ. Kiel - Exerzierplatz 30, 2300 Kiel 1 (T. 9 31 51) - Geb. 5. März 1928 Osterwieck/Harz, ev., verh. s. 1969 m. Illa, geb. Hahn - Promot. 1956 Univ. Göttingen; Habil. 1969 Univ. Erlangen - 1956 Wiss. Ref. Konfessionskundl. Inst. Ev. Bund Bensheim; 1964 Assist. Univ. Erlangen; 1969 Privatdoz. ebd.; s. 1973 Prof. Kirchl. Hochsch. Berlin; 1976 Prof. Univ. Kiel. 1979 Präs. Ev. Bund - BV: Individualismus u. Gemeinsch. b. C. v. Schwenckfeld, 1961; Ev. Bericht v. Konzil 1964-66; Kirche u. Rechtfertig., 1969; D. röm.-kath. Kirche v. 1870-1970, 1972; Z. Gespräch m. Rom, 1988; M. Luther u. Epikur, 1988.

MAROSKE, Dieter

Dr. med., Prof. f. Chirurgie Univ. Marburg - Bruchwiesenweg 21, 3550 Marburg/L.

MAROTZ, Günter

Dr.-Ing., Prof., Leiter Versuchsanstalt f. Wasserbau d. Univ. Stuttgart - Pfaffenwaldring 61, 7000 Stuttgart 80 - Geb. 4. Juli 1930 Berlin - 1970 Dekan Fak. Bauwesen Univ. Stuttgart. Vorles. auch Univ. Tübingen - 70 wiss. Veröff.; Schriftleit. Fachztschr. Wasserwirtschaft.

MAROTZKE, Wolfgang

Dr. jur., Prof. f. Bürgerliches Recht, Zivilprozeßrecht u. Freiwillige Gerichtsbarkeit Univ. Erlangen-Nürnberg (s. 1989) - Kochstr. 2, 8520 Erlangen (T. 09131 - 85 22 51-52) - Geb. 5. Dez. 1949 Bielefeld, verh. s. 1973 m. Annette, geb. Brockmann, 2 Töcht. (Eva, Petra) - Abit. 1968; Stud. Rechtswiss. Univ. Köln u. Bielefeld; 1. jurist. Staatsprüf. 1973 Hamm; 2. jurist. Staatsprüf. 1975 Düsseldorf; Promot. 1977 u. Habil. 1984 Bielefeld - 1984-89 Prof. Univ. Konstanz - BV: D. Anwartschaftsrecht - e. Beispiel sinnvoller Rechtsfortbildung?, 1977; Gegenseitige Verträge im Konkurs u. Vergleich, 1985. Mitautor d. 12. A. d. Staudinger (Großkomment. z. BGB).

MAROTZKI, Winfried

Dr. phil., o. Prof. f. Erziehungswiss. PH Magdeburg (s. 1991) - Lockkoppel 7, 2000 Hamburg 65 - Geb. 4. Juni 1950, verh. s. 1991 m. Ulrike Walther, 1 Kd. - Stud. Philos., German., Erziehungswiss. Hamburg; Promot. 1983; Habil. 1989 - Veröff.: Bücher u. Ztschr. z. Bereich Lern- u. Bildungstheorie.

MARQUARD, Günter

Journalist - Fritz-Reuter-Allee 46, 1000 Berlin 47 (T. 606 12 17) - Geb. 18. April 1924 Berlin - S. 1946 Rhein. Ztg. (Köln), Berliner Stadtbl. (1947; Ressortleit.), RIAS Berlin (1951; Chef v. Dienst), SFB (1955; Leit. Gesamtnachr.-Abt.). Herausg.: Polec - 3-sprach. Wörterb. (Dt./Engl./Franz.) u. Lexikon f. Politik u. Wirtsch. (1964) - BVK.

MARQUARD, Odo

Dr. phil., o. Prof. f. Philosophie Univ. Gießen (s. 1965) - Nelkenweg 27, 6300 Gießen (T. 3 57 05) - Geb. 26. Febr. 1928 Stolp/Pom.

MARQUARDT, Hans

Dr. phil., Dr. phil. nat. (habil.), em. o. Prof. f. Forstbotanik - Marzeller Weg 2, 7847 Badenweiler - Geb. 1. Okt. 1910 Öhringen/Württ. (Vater: Emil M., Regierungsdir.; Mutter: geb. Luppold), verh. s. 1939 m. Dr. med. Charlotte, geb. Jung - Univ. Tübingen (Musikwiss.; Promot. 1934) u. Freiburg (Botanik; Promot. 1938) - S. 1940 Doz., apl. (1946), ao. (1950) u. o. Prof. (1954) Univ. Freiburg (Dir. Forstbotan. Inst., 1979 emerit.). Spez. Arbeitsgeb.: Zytogenetik, Mutationsforschung, Gründungsvors. Ges. f. Umweltmutationsforschung - BV: Natürliche u. künstl. Erbänderungen, 1957 (Rowohlts Dt. Enzyklopädie); Strahlengefährdung d. Menschen durch Atomenergie, 1959 (m. G. Schubert); Biologie d. Chromosoms in Hdb. Pathologie Bd. 2/1, 1971; über 150 Publ. in wiss. Ztschr.

MARQUARDT, Hans Wilhelm

Dr. med., Prof., Direktor Abt. f. Allg. Toxikologie Univ.-Krankenhs. Eppendorf (s. 1978) u. Leit. Fraunhofer Inst. f. Toxikol. u. Aerosolforsch. Hannover (s. 1982) - Kortenredder 3, 2000 Hamburg 65 (T. 040 - 605 07 48) - Geb. 28. Aug. 1938 Berlin (Vater: Prof. Dr. med. Peter M.; Mutter: Ilse, geb. Grunert), ev.-luth., verh. s. 1974 m. Dr. med. Hildegard, geb. Ströcker, 2 S. (Peter, Jens) - Stud. Med. Marburg, Kiel, Münster, Köln, Promot. 1964 Köln - 1968-79 Memorial Sloan-Kettering Cancer Center New York, NY u. McArdle Lab. Cancer Res. Madison, Wis./USA - 1975 Research Career Development Award, US Public Health Service; 1978 Felix-Wankel-Tierschutz-Forschungspreis; 1979 Jürgen u. Margarete Voss Preis f. Krebsf. d. Werner-Otto-Stiftg.

MARQUARDT, Henning

Dr. med., Prof. f. Urologie, Facharzt - Stallupöner Allee 11, 1000 Berlin 19 (T. 305 42 30) - Geb. 5. Okt. 1936 Kassel (Vater: Alfred M., Chefarzt (Chirurg); Mutter: Anneliese, geb. Herwig), ev., verh. s. 1967 m. Eugenie, geb. Kalt, S. Michael - Staatsex. u. Promot. 1961, Facharzt f. Urol. 1970, Habil. 1975, Prof. f. Urologie (FU Berlin) 1978 - B. 1978 Hochschullehrer FU Berlin, s. 1978 auch Praxis u. Privatklin. - Üb. 100 wiss. Publ. u. Vortr. - Spr.: Engl., Franz.

MARQUARDT, Jörg-Werner

Generalkonsul Recife/Brasilien (s. 1991) - Auswärtiges Amt, GK Recife Postf. 15 00, 5300 Bonn 1 (T. 005581 - 361 20 62) - Geb. 2. Aug. 1950 Wolfratshausen (Vater: Werner M., Oberst a.D.; Mutter: Renate, geb. Stoldt), ev., verh. s. 1982 m. Brigitte, geb. Maushagen, 2 Töcht. (Sandra, Nicole) - Jura; 1979 1. Staatsex. Mainz; 1982 Prüf. f. höheren Auswärt. Dienst, Bonn - Oberltn. d. Res.; 1982-85 Botschaft Dakar/Senegal; 1985-88 Botsch. London; 1988-91 Ausw. Amt - Liebh.: Fotografie, Sport - Spr.: Engl., Franz., Portug.

MARQUARDT, Klaus

Dr. rer. pol., Senator e. h., Mitinhaber Intercountry Management Corp., Luzern - Roggenkamp 14, 4630 Bochum 1 (T. 0234 - 79 10 91) - Geb. 18. Dez. 1926 Berlin (Vater: Dr. jur. Arno M.; Mutter: Ruth, geb. Ludwig), ev., verh. s. 1952 m. Dr. Brigitte, geb. Weber, 3 Töcht. (Claudia, Bettina, Daniela) - Univ. u. TU Berlin. Dipl.-Volksw. 1948; Promot. 1951 (beides Berlin) - S. 1951 Aral AG, Bochum (b. 1971 Vorst.-Mitgl., 1971-86 - Vors.). AR-Vors. Westfalenbank AG, Bochum, Energieversorgung Sachsen Ost AG, Dresden; AR-Mitgl. Gerling-Konzern Zentrale Vertriebs-AG, Köln; Beirat Hypothekenbank in Essen AG, Essen - 1985 Gr. BVK - Liebh.: Alte Kunst - Spr.: Engl., Franz. - Rotarier.

MARQUARDT, Manfred

Dr. theol., Direktor d. Theologischen Seminars (s. 1989) - Hagstr. 8, 7410 Reutlingen (T. 29 05 10) - Geb. 18. Mai 1940 Britz (Mark Brandenb.) (Vater: Wilhelm M., Landw.; Mutter: Else, geb. Dombrowski), ev.-meth., verh. s. 1966 m. Christel, geb. Wendt, 3 Kd. (Helge, Sören, Birte) - Zentralsch. Britz, Gymn. Altenkirchen u. Neuwied, Univ. Wuppertal, Münster, Tübingen, Bochum, Promot. 1975 - 1967-77 Gemeindepfarrer Wuppertal u. Kiel, s. 1977 Doz. f. Systemat. Theol. Reutlingen - BV: Praxis u. Prinzipien d. Sozialethik John Wesleys, 2. A. 1986 (engl. Übers. 1992). Beitr. in theol. Ztschr. u. Lexika (Theologenlex., EKL, TRE, u.a.) - 1976 Uni-

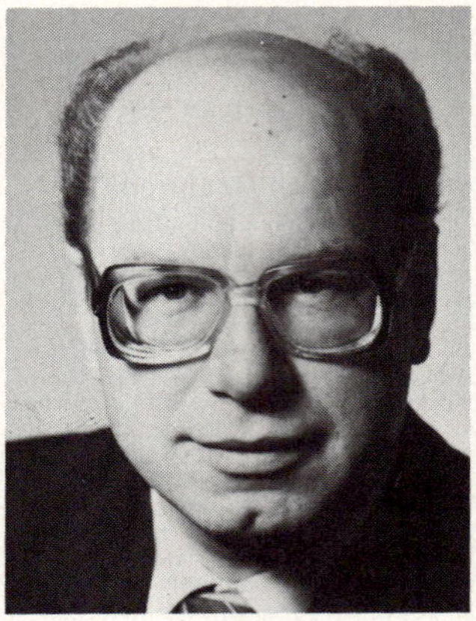

versitätspreis Kiel - Liebh.: Musik - Spr.: Engl., Franz.

MARQUARDT, Niels

Dr. rer. nat., Dipl.-Physiker, Prof., Beschleunigerphysik Univ. Dortmund (s. 1986) - Vormholzstr. 16, 4630 Bochum (T. 0234 - 70 16 25) - Geb. 7. Jan. 1940 Berlin, ev., verh. s. 1970 m. Joana, geb. Schlieper, 3 Söhne (Christian, Thomas, Claudio) - Physikstud. Univ. Göttingen, Heidelberg; Dipl. 1966 Heidelberg; Promot. 1969 ebd.; Habil. (Exper. Physik) 1980 Bochum - 1985 Prof. f. Kernphysik Univ. Bochum - 1977 Universitätspreis Univ. Bochum - Spr.: Engl., Franz., etwas Russ. - Bek. Vorf.: Maria Mayer-Göppert, Nobelpreis Physik 1963 (Tante).

MARQUARDT, Peter

Dr. med., Dipl.-Chem., Prof., Direktor Inst. f. experimentelle Therapie Univ. Freiburg i. R. - Laufener Str. 9, 7800 Freiburg/Br. (T. 4 17 25) - Geb. 8. Okt. 1910 Berlin (Vater: Hans M., Rechtsanwalt u. Notar; Mutter: Margarete, geb. Göppert), ev., verh. s. 1985 m. Merit, geb. Schlagintweit, 3 S. aus 1. Ehe - Dipl.-Chem. 1935; ärztl. Approb. u. Promot. 1937 - S. 1946 (Habil.) Lehrtätigk. Univ. Freiburg (1953 apl. Prof.). Ehem. stv. Vors. Dt. Lebensmittelbuchkommiss. u. Kommiss. f. d. menschl. Ernährung d. EG Brüssel, ehem. Mitgl. Advisory Panels f. Zusatzstoffe d. WHO. z.Z. noch Kosmetikkommiss. b. Bundesgesundh.amt, Arzneimittelkommiss. Dt. Apotheker u. private consultant of EG Brüssel. Zahlr. Fachveröff. - Med. d.'Argent de l'Academie de Médécine (Paris); Gr. BVK - Spr.: Franz., Engl.

MARQUARDT, Rolf

Dr. med., Prof. f. Augenheilkunde, Augenarzt - Baldingerweg 8, 7900 Ulm - Geb. 8. Sept. 1925 Öhringen (Vater: Emil M., Reg.-Dir.; Mutter: Eugenie, geb. Luppold), ev., verh. m. Hannelore, geb. Piesch - Med.-Stud. Univ. Freiburg - Tätigk. Pathol. Inst. Wuppertal, Univ.-Augenklinik Freiburg, Mainz, 1972-90 gf. Dir. d Univ.-Augenklinik Ulm, 1989/90 Dekan d. Klin.-med. Fak. ebd. - Zahlr. Publ. in ophthalmolog. Fachztschr. In- u. Ausl.; Redakt.mitgl. f. Augenärztl. Fortb.

MARQUARDT, Werner

Angestellter, MdB (s. 1961; Wahlkr. 38/ Hannover III) - Sudewiesenstr. 9, 3014 Laatzen 1 - Geb. 2. Juni 1922 Kl.-Wittenberg, verh. s. 1945 m. Ruth, geb. Kopsch, S. Norbert - Volkssch.; kaufm. Lehre - Ab 1939 kaufm. Angest.; 1941-47 Wehrdst. u. Gefangensch., dann nieders. Verw.sdst. (zul. Pers. Ref. d. Min. f. Ernährung, Landw. u. Forsten). SPD s. 1947 (1955 Vors. Unterbez. Hannover-Land/Springe).

MARR, Folkert

Rechtsanwalt, Geschäftsf. Bundesmarktverb. d. Fischwirtschaft, Hamburg - Beckmannstr. 9, 2000 Hamburg 52 - Geb. 28. Mai 1935 - BV: Wegweiser d. d. Lebensmittelrecht, DTV-Beck Rechtsberater, 1981.

MARRÉ, Heribert

Dr. rer. pol., Geschäftsführer Suhrkamp Verlag u. Insel Verlag, Frankfurt/M. - Postf. 101945, 6000 Frankfurt/M. 1.

MARSCHALL, Hans

Dr. rer. nat., o. Prof. f. Theoret. Physik - Schlehenrain 13, 7800 Freiburg/Br. (T. 5 38 72) - Geb. 13. Sept. 1913 Otterbach/Rhpf. - S. 1950 (Habil.) Lehrtätigk. Univ. Marburg, Bonn (1954), TH Darmstadt (1955), Univ. Freiburg (1956; 1960 Ord.). Facharb. üb. Theoret. Kernphysik.

MARSCHALL, Manfred

Sekretär ÖTV München, Referent f. Polit. Bildung, Redakteur - Antoniterstr. 45, 5300 Bonn 2 - Geb. 20. Dez. 1937 München - 1954-58 Schule f. Chemieberufe; 1964-67 Hochsch. f. Polit. Wiss. (bde. München) - 1965-68 Redakt. Ztschr. direkt; 1972-83 MdB; Gründ. Dt.-Poln. Ges. (Vorst. s. 1974). SPD s. 1964 (1967-73 Kreisvors., 1967-83 Unterbez.vorst.) - BV: Radioaktivität u. Gesundheitsgefährd., Dok. 1982; Straßenlärm - Qual ohne Ende?, Sachb. 1984.

MARSCHALL von BIEBERSTEIN, Michael, Freiherr

Dr. phil., Leiter Deutsches Kulturinstitut in Madrid - Calle Zurbaran, 21, E-28010 Madrid 4 - Geb. 1. Juli 1930, ev., verh. (Ehefr.: Karin), 8 Kd. - 1961-74 Leit. Goethe-Inst. Rom; 1974-79 Leit. Goethe-Inst. Paris - Neben Übers. (Ungaretti, Montale, Pavese, Pasolini) Schr. ü. zeitgen. Lit. u. Fragen dt. u. europ. Kulturpolitik in Merkur, Akzente, Preuves, Die Zeit, Ulisse, Faz. u.a. - 1970 ital. Komturkreuz; 1971 Mitgl. PEN-Zentrum BRD; 1974 Europapreis Alcide de Gaspéri; Goldmed. Enciclopedica Italiana; 1982 Übersetzerpreis Circe Sabaudia.

MARSCHALL von BIEBERSTEIN, Walther, Freiherr

Dr. jur., Botschafter d. Bundesrep. Deutschl. in Birma - Botschaft d. Bundesrep. Deutschl., 32 Nat Mauk Street, Rangoon, Birma (T. 5 04 77 u. 5 06 03) - Geb. 29. Mai 1930 Freiburg/Br. (Vater: Fritz Frhr. M. v. B., Univ.-Prof.; Mutter: Nora, geb. Kübler), ev., verh. m. Dr. med. Hninsi Kyin - Jura-Stud. Univ. Freiburg (Refer. 1954, Promot. 1960, Dipl.-Kons. Abschl.prüfg. 1961) - S. 1958 Ausw. Dienst; 1976-79 Leit. Völkerrechtsref. AA; 1979-85 Botsch. in Dhaka, Bangladesch, s. 1985 Botsch. in Rangun, Birma - BV: Z. Probl. d. völkerrechtl. Anerkenn. d. bd. dt. Reg. - E. Beitr. z. Diskuss. üb. d. Rechtslage Deutschl., 1959; D. Krieg in Kambodscha 1970-1975, (in: Festschr. f. Wilhelm Grewe) 1981 - Spr.: Engl., Franz., Span.

MARSCHALL von BIEBERSTEIN, Wolfgang, Freiherr

Dr. jur., o. Prof. f. Deutsches u. Ausländ. Bürgerliches Recht, Handels- u. Intern. Privatrecht Univ. Bonn (s. 1978) - Niebuhrstr. 61, 5300 Bonn 1 (T. 21 61 67) - Geb. 4. Aug. 1928 Freiburg/Br. (Vater: Prof. Dr. jur. Fritz, Ord. d. Rechte (s. X. Ausg.); Mutter: Nora, geb. Kübler), ev., verh. m. Christa, geb. v. Wendorff, 5 Kd. (Ernst, Christoph, Peter, Heinrich, Elisabeth) - Univ. Freiburg, Bern, Frankfurt, Chicago (1961 auch Visiting Assistant Prof.) - 1966 b. 1967 Privatdoz. Univ. Freiburg, 1967-78 Univ. Frankfurt - BV: D. Abzahlungsgeschäft u. s. Finanzierung, 1959; Reflexschäden u. Regreßrechte, 1967; D. Produktenhaftpflicht in d. neueren Rechtspr. d. USA, 1975; Gutachten z. Reform d. finanziert. Abzahlungskaufs,

1978; Fälle u. Texte z. Schuldrecht (m. A. Lüderitz), 5. A. 1986. Herausg.: Zivilrechtslehrer dt. Sprache (1988, m. Hyung-Bae Kim) - Rechtsritter Johanniterorden.

MARSCHEWSKI, Erwin

Bundestagsabgeordneter (s. 1983; Landesliste NRW) - Bundeshaus, 5300 Bonn 1 - Geb. 31. März 1940 - CDU (stv. Vors. Ruhrgeb., Rechtspolit. Sprecher d. CDU/CSU-Fraktion).

MARSCHNER, Horst

Dr. agr., o. Prof. u. Direktor Inst. f. Pflanzenernährung TU Berlin - Schottmüllerstr. 100 b, 1000 Berlin 37 (T. 80 62 85) - Geb. 30. Okt. 1929 Zuckmantel - Habil. 1961 Hohenheim - Zul. LH Hohenheim. Fachaufs.

MARSCHNER, Wilhelm

Rektor a. D., MdL Schlesw.-Holst. (s. 1975) - Hamburger Chaussee 140, 2300 Kiel 1 - Geb. 5. Nov. 1926 Niederkreibitz, verh. - S. 1948-75 Schuldst. Kiel (1962-75 Rektor Fröbel-Sch.). Rats- u. Magistratsmitgl. Stadt Kiel 1970-74, Vors. Finanzaussch. SH-Landtag. SPD s. 1952 (div. Funkt.).

MARSCHNER, Wolfgang

Prof. Musikhochsch. Freiburg, Violinist, Kompon., Dirig. - Burgunderstr. 4, 7800 Freiburg/Br. (T. 0761 - 2 33 80) - Akad. f. Musik u. Theater Dresden; Mozarteum Salzburg - 1956 Prof. Folkwangsch. Essen; 1958 Prof. Musikhochsch. Köln; s. 1963 Prof. Musikhochsch. Freiburg; Intern. Konzerttätigk.: Edinburgher Festsp., Berliner Philharm., Royal Philharm. Orch. London, Dir. Dt. Spohr-Akad. u. Intern. Violin-Wettb. Ludwig Spohr Freiburg, Festival Wolfgang Marschner, Hinterzarten - Werke: Violinkonz., Orch.konz., Instrumentalw., Solosonaten f. Violine, Streichquartett - 1954 Kranichsteiner Musikpreis f. Interpret. mod. Musik; BVK.

MARTEAU, Claus

Schauspieler, Regiss., Theaterleit. - Euro Theater Central Bonn, Postf. 24 51, 5300 Bonn 1 - Geb. 8. Okt. 1927 Osterode/Harz, kath. - Max-Planck-Gymn. Göttingen u. Josephinum Hildesheim; 1943 Theatersch. Hannover - 1946-49 Schausp. u. Regieassist. Stadttheater Göttingen u. Nieders. Kammerspiele; 1950-60 Theaterleit. u. Regiss. Hausbühne Harz u. Theater-tangente, Göttingen und theater im kleinen raum, Münster; 1961-65 Dramat. CCC- u. Arca-Film Berlin; 1965-68 Filmref. BMG Bonn; s. 1969 Dir. Bonner Theater Central (Begr.). 1978ff. Dt. Koord. Arbeitsgem. Euro Theater (Begr.). 1983ff. Eurotheatertage Bonn (Begr. u. Künstl. Gesamtltg.) in Zusammenarb. m. d. Stadt Bonn u. d. Botsch. d. EG. 1989ff. Zeittheater 2000, Initialfestival e. intern. Gemeinschaftsprojektes z. Gesch. Europas (Begr. u. Künstl. Gesamtltg.). Üb. 100 Bühneninsz. Göttingen, Münster, Berlin, Bonn - Liebh.: Gesch., Psych., Musik, Malerei, Reiten, Sportfliegerei.

MARTELL, Sophie

s. Wech, Ursula

MARTEN, Rainer

Dr. phil., Prof., Philosoph - Turnseestr. 36, 7800 Freiburg/Br. - Geb. 28. Nov. 1928 Mill Valley (USA), verh. m. d. Malerin Helga M. - S. 1963 (Habil.) Lehrtätigk. Univ. Freiburg (1969 apl., 1979 Prof.) - BV: D. Logos d. Dialektik, 1965; Existieren, Wahrsein u. Verstehen, 1972; Platons Theorie d. Idee, 1975; D. menschliche Tod, 1987; D. menschl. Mensch, 1988; Denkkunst, 1989; Heidegger lesen, 1991. Fachaufs., Buchbeitr.

MARTENS, Ekkehard

Dr. phil., Prof. f. Philosophiedidaktik - Biesterfeldweg 7, 2000 Hamburg 52 - Geb. 2. Nov. 1943 Oppeln - Stud. (Phil., Päd. u. alt. Sprachen), 1. u. 2. Staatsex., Promot. 1972, Habil. 1977 - S. 1978 Prof. f. Phil.didakt. Univ. Hamburg - BV: D. selbstbezügliche Wissen in Platons Charmides, 1973; Dialog.-pragmat. Phil.didaktik, 1979; Sich im Denken orientieren, 1990; D. Faden d. Ariadne, 1991. Herausg.: Philosophie - e. Grundkurs (zus. m. H. Schnädelbach), 1985; Unterrichtsmaterialien f. d. Phil.-unterr., Platon-Übers., Ztschr. f. Didakt. d. Phil., Aufs. z. Phil., Phil.didaktik u. Erziehungswiss.

MARTENS, Günther

Journalist, Vors. Schlesw.-Holst. Journalistenverb., Kiel - Blocksberg 19, 2300 Kiel - Geb. 1. Juni 1930.

MARTENS, Gunter

Dr. phil., Prof. f. Deutsche Literaturwiss. Univ. Hamburg - Schulweg 10, 3111 Wulfsode (T. 05829 - 15 91) - Geb. 30. März 1934 - Stud. German., Phil., klass. Philol. TU Stuttgart, Univ. Hamburg u. Münster, Promot. 1968 - 1973-75 Gastprof. Univ. Kiel; 1977 Prof. Univ. Hamburg; 1982/83 Gastprof. Johns-Hopkins-Univ. Baltimore/USA - BV: Vitalismus u. Expressionismus, 1971; Texte u. Varianten, 1971.

MARTENS, Hans-Josef

Dipl.-Kfm., Geschäftsführer Torrington GmbH - Krefelder Str. 22-26, 5102 Würselen, priv.: Am Wacholder 59 A, 5120 Herzogenrath - Geb. 27. Sept. 1948.

MARTENS, Jochen Alexander

Dr. rer. nat., Prof. f. Zoologie - Draiser Str. 64, 6500 Mainz - Geb. 10. Juni 1941 Jena (Vater: Alexander M., Archit.; Mutter: Adelheid, geb. Rosenhain), ev. - Gymn. (Abit. 1962); 1962-68 Stud. Univ. Mainz (Zool.), Staatsex. 1967, Promot. 1968 (Biol., Chem.), Wiss. Assist. - 1972-76 Assist. Prof., 1976-77 Priv.doz., 1977 wiss. Rat u. Prof. Univ. Mainz, 1979-86 Generalsekr. Dt. Ornithologen-Ges., Forsch.-Reisen n. Indien, Nepal, Iran, UdSSR (Kaukasus, Sibirien) - BV: Catalogus Faunae Graeciae, II. Aves Thessaloniki, 1969 (m. and.); Spinnentiere-Arachnida; Weberknechte-Opiliones, 1978; Lautäußerungen, verwandtsch. Bez. u. Verbreitungsgesch. asiat. Laubsänger, 1980. Herausg.: Beitr. z. Fauna, Faunengenese u. Zoogeographie d. Nepal-Himalaya (1987) - Liebh.: Asiat. Kunst - Spr.: Engl., Franz.

MARTENS, Karl-Heinz

Sparkassendirektor - Bundesallee 171, 1000 Berlin 31 (T. 8 69 -1) - Geb. 4. Nov. 1925 - S. 1972 Vorstandsmitgl. Sparkasse d. Stadt Berlin West.

MARTENS, Peter H.

Verleger, Werbe- u. Unternehmensberater - Hauptstr. 41, 6240 Königstein-Schneidhain/Ts. (T. 06174 - 50 06) - Geb. 8. Sept. 1938 Berlin (Vater: Richard M., Bankinspektor; Mutter: Elisabeth, geb. Marquardt), kath., led. - Schule Berlin (Mittl. Reife); 4 J. Druckerei- u. Verlagslehre; Akad. f. Grafik, Druck u. Werbung Berlin - S. 1969 selbst. - BV (1969-73): Rationelle Schreibtischarbeit, Optimale Textprogrammierung, Kniffe u. Pfiffe, D. Optimal-Werbeplan-System, D. Optimal-Zeitplan-System, Optimale Werbeplanung (Handb.), Checklist z. Planung e. Direktwerbekampagne, Handb. d. Etatsätze, Honorar-Handb., D. optimal geplante Leben. Herausg. div. Schriftenreihen.

MARTENS, Wolfgang

Dr. phil., em. Univ.-Prof. Univ. München (s. 1979) - Nockstr. 15, 8110 Murnau (T. 08841 - 36 25) - Geb. 12. Jan. 1924 Templin/Uckermark, ev., verh. s. 1953 m. Helga, geb. Seemann, 3 Tÿcht. (Brigitte, Corona, Andrea) - Stud. Univ. Köln (German., Gesch., Franz.); Promot. 1952; Habil. 1968 (Dt. Philol.) FU Berlin - 1952/53 Sorbonne Paris; 1955-57 Bibliothekarlehrinst. Köln; 1977 Bibl.-Ass.; 1958-68 Assist. u. wiss. Rat FU Berlin; 1968-72 o. Prof. f. Neuere dt. Lit.gesch. Univ. Münster; 1972-79 Univ. Wien. 1973 Gastprof. Ohio State Univ. Columbus/Ohio USA, 1985 Univ. of the Witwatersrand, Südafrika, 1990 Vanderbilt Univ. Nashville TN, USA - BV: Bild u. Motiv im Weltschmerz, 1958, 2. A. 1975; D. Botschaft d. Tugend, 1968, 2. A. 1971; Lyrik kommerziell, 1975; Literatur u. Frömmigkeit in d. Zeit d. frühen Aufklärung, 1989. Herausg.: D. Patriot 1724-26, 4 Bde. (1968-84); K.Ph. Moritz, Anton Reiser (R. 1972, neue Ausg. 1986); D. Gesellige 1748-50 (3 Bde. 1987); D. Mensch 1751-56 (6 Bde. 1992). 73 Aufs. z. neueren dt. Lit. - S. 1979 Korr. Mitgl. d. Österr. Akad. d. Wiss. Wien - Spr.: Franz., Engl.

MARTENSEN, Erich

Dr. rer. nat., o. Prof. f. Mathematik Univ. Karlsruhe (Angew. Analysis u. math. Physik) - Zuckmayerstr. 11, 6109 Mühltal 2 - Geb. 5. Nov. 1927 Schleswig - Stud. Univ. Kiel, Göttingen; Promot. 1954 Kiel; Habil. 1961 Univ. München - 1954-63 Wiss. Mitarb. Max-Planck-Ges., 1964 o. Prof. TH Darmstadt, s. 1972 in Karlsruhe - BV: Potentialtheorie, 1968; Analysis, z.Zt. 4 Bde., mehrf. Aufl. 1969-92.

MARTERSTEIG, Manfred

Wirtschaftsprüfer, Präsident Württ. Genossenschaftsverb. Raiffeisen/Schulze-Delitzsch, Stuttgart - Stangenstr. 25, 7022 Leinfelden-Echterdingen - Geb. 27. Nov. 1928.

MARTI, René

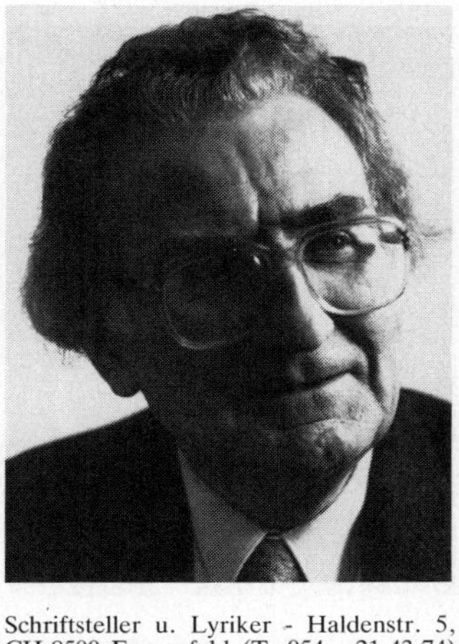

Schriftsteller u. Lyriker - Haldenstr. 5, CH-8500 Frauenfeld (T. 054 - 21 43 74) - Geb. 7. Nov. 1926 Frauenfeld, ev., verh. m. Elsbeth, geb. Wahrenberger, 3 Kd. (Cathérine, Christine, René) - Kantonssch. Frauenfeld; Handelssch. Lausanne; Polytechnic School London; eidg. kaufm. Fähigkeitszeugnis; Sprachdipl. d. Cambridge Proficiency Class; Polytechnic-School-Certificate; Stud. Literaturwiss. u. Phil. Univ. Konstanz - 1950 Gründ. u. Leit. d. Neuen Presse Agentur (NPA); Rundfunkmitarb.; nebenamtl. Sprachlehrer f. Franz. u. Engl; Mitredakt. lit. Marktztschr. PUBLIKATION (Bremen, München); 1967 Mitbegr. Interessengem. dtschspr. Autoren, 1969-73 deren stv. Vors.; Vorst. Zürcher Schriftstellerverein. Begr. d. japan. Renga-Lyrik in Reimform; Mitgl. Fr. Dt. Autorenverb. (FDA) u. Schweiz. Schriftst.-Verb.; Vorst.-Mitgl. dt.-schweiz. P.E.N.-Zentrum; im Schiedsgericht d. Intern. Bodensee-Clubs; o. Mitgl. Regensburger Schriftstellergruppe int. u. TURMBUND, Innsbruck; Aktivmitgl. INTERN. P.E.N., Centre of German-speaking Writers Abroad, London (s. 1988). S. 1989 fr. Schriftst. u. Journalist - BV: D. unauslöschl. Licht, Nov., La lumière qui ne s'eteint point (franz. Übers.ausgabe); Dom d. Herzens, Ged.; Weg an Weg, Ged.; D. verbrannten Schreie, Ged.; D. unsichtbare Kreis, Erz.; Stationen, Erz.; Die fünf Unbekannten (Hauptautor m. Lyrik u. Erz.); Besuche dich in d. Natur, Ged. (m. Lili Keller); Ged. z. Verschenken (m. Lili Keller); Gib allem ein bißchen Zeit (Renga-Dichtung m. Brigitta Weiss); Etliche Vertonungen (LP u. Kassetten), in üb. 80 Anthol. Übers. v. Ged. ins Engl., Franz., Pers., Poln. Herausg.: Schweizer Frauen-Korrespondenz u. Leben u. Umwelt (1958-85) - 1985 AWMM-Lyrikpreis - Liebh.: Kunst.

MARTIENSSEN, Werner

Dr. rer. nat., o. Prof. u. Direktor Physikal. Inst. Univ. Frankfurt/M. (s. 1962) - Philipp-Holzmann-Str. 20, 6072 Dreieich 4/Hessen (T. 06103 - 8 45 37) - Geb. 23. Jan. 1926 Kiel (Vater: Prof. Dr. phil. Oskar M., Erf. Kreiselkompaß u. a.; Mutter: Marie-Luise, geb. Flichtenhöfer), ev., verh. s. 1953 m. Dr. Helga, geb. Reich †1987, 3 Töcht. (Marie Luise, Renate, Doris) - Gymn. Kiel; Univ. Würzburg u. Göttingen (Physik). Promot. (1952) u. Habil. (1957) Göttingen - 1957-61 Assist. u. Doz. Univ. Göttingen; 1961-62 ao. Prof. TH Stuttgart. 1972-78 Senat Dt. Forschungsgemeinsch. (1974-78 Hauptaussch., 1980-88 Vors. Fachaussch. Physik), 1974-77 Mitgl. Wiss.rat; 1976-78 Vizepräs. Europ. Physikal. Ges.; s. 1988 Dt. Akad. d. Naturforscher Leolpoldina. Spez. Arbeitsgeb.: Festkörperphysik, Optik u. Nichtlineare Dynamik - BV: Einf. in d. Physik, Bd. I-IV 1969ff. - 1988 BVK I. Kl. - Liebh.: Musik, Wintersport - Spr.: Engl.

MARTIN, Adrian Wolfgang

Schriftsteller u. Maler - Oberdorfstr. 67, CH-9100 Herisau - Geb. 29. April 1929 St. Gallen, verh. m. Regina Brunnschweiler, 2 Kd. (Flandrina, Donato) - Abit.; Univ. - 1977 Gründ.: Fondazione Salina, Ital. - BV, Lyrik, Ess., Roman: Phoenix, 1955; Requiem, 1960; Janus v. Neapel, 1966; Ged., 1967; Giano di Napoli, 1969; Salina, 1977; u.a. - Aquarelle - Literaturpreis: 1953 Bern, 1962 u. 1978 St. Gallen; 1980 Premio Sicilia; 1990 Verdienstplak. d. Intern. Ges. Griechenland-Großgriechenland; 1991 Premio Enrico Pestalozzi; 1970 Ehrenbürger Santa Marina Salina; Mitgl. PEN-Club; Ehrenmitgl. Univ. Sanfilippese, Sizilien u. Accad. Tiberina, Rom - Liebh.: Symbolforschung - Spr.: Ital., Franz.

MARTIN, Albrecht

Studiendirektor a. D., MdL Rhld.-Pfalz (1967-91), Präsident des Landtages (1974-85), Minister für Bundesangelegenh. v. Rhld.-Pfalz (1985-89) - Hugo-Reich-Str. 10, 6550 Bad Kreuznach (T. 6 57 00) - Geb. 9. Juli 1927 Bad Kreuznach, ev., verh., 4 Kd. - Oberrealsch. u. Gymn. Bad Kreuznach (durch Kriegsdst. unterbr.; Abit. 1946); Univ. Mainz (Theol., Gesch., German.). Staatsex. 1952 u. 54 - Versch. Gymnasien. 1960-72 Lehrbeauftr. f. Stud.- u. Berufsfragen d. Facultastheologen Univ. Mainz. 1956-63 Stadtratsmitgl. Oppenheim, 1964-86 Bad Kreuznach. CDU - 1976 Gr. BVK, 1982 Stern u. Schulterbd. dazu.

MARTIN, Bernd

Dr. phil., Prof. f. Neuere u. Neueste Geschichte - Hist. Seminar Univ. Freiburg, Werthmannplatz, 7800 Freiburg (T. 203-23 78) - Geb. 8. Aug. 1940 Berlin - Stud. Angl., Gesch., Politik u. Erziehungswiss. Univ. Marburg (Staatsex. 1966, Promot. 1967, Habil. 1973 Univ. Freiburg) - S. 1976 Prof., 1976/77 Forschungsaufenth. Harvard (USA) u. Taipei (Taiwan), 1988 VR China; 1982 Gastprof. Oxford, 1989/90 Bern - BV: Dtschl. u. Japan im Zweiten Weltkrieg, 1969 (Japan. Ausg.); Friedensinitiativen u. Machtpolitik im Zweiten Weltkrieg, 2. A. 1976; Weltmacht od. Niedergang - Dt. Großmachtpolitik im 20. Jh., 1989. Herausg.: D. dt. Beraterschaft in China (1981); Japans Weg in d. Moderne (1987); Martin Heidegger u. d. Nationalsozialismus - E. Kompendium (1989); Deutschland in Europa. E. historischer Rückblick (1992). Mithrsg.: D. Juden als Minderheit in d. Geschichte (3. A. 1985); Agriculture and Food Supply in the Second World War (1985). D. Freiburger Univ. in d. Zeit d. Nationalsozialismus (1991).

MARTIN, Ernst

Fernsehjournalist, Redakteur Deutschlandfunk Köln (ab Nov. 1989) - Rheinstr. 35, 5300 Bonn 2 - Geb. 4. Juli 1941 Naumburg (Vater: Herbert M., Pfarrer; Mutter: Erika, geb. Hartwig), ev., verh. s. 1978 m. Karin, geb. Hoche - 1961-67 Stud. Theaterwiss., German. u. Phil. FU Berlin - 1968-73 Reporter u. Moderator SFB Berlin; 1973-81 Mitarb. versch. Fernseh-Magazine; 1981-83 ZDF Mainz, 1983-87 ZDF Bonn; 1987/88 Sprecher Hess. Landesregierung; 1989 ZDF Mainz; 1989-91 Leit. Bereich PR Öffentlichkeitsarbeit Deutschlandfunk; 1992 Sprecher Philip Morris GmbH, München - BV: Deutschlandpolitik d. 80er Jahre. CDU. Mitgl. Berliner Presseclub - Spr.: Engl., Franz.

MARTIN, Franziska

s. Sivkovich, Gisela

MARTIN, Gerhard

Dipl.-Geol., Dr. phil. nat., Dr. habil., Honorarprof. Univ. Gießen - Elisabethenstr. 19, 6350 Bad Nauheim (T. 06032 - 8 59 85) - Geb. 2. Juli 1929 Gießen, verh., 2 Söhne (Peter, Johannes) - 1949-55 Stud. Univ. Frankf. - 1956-59 Standard Oil Co. of California in Maracaibo, Venezuela; s. 1960 freiberufl. tätig als Geologe (Erdöl- u. Erdgasexploration u.a. Industrieprojekte). 1982-85 kommiss. Prof. f. Geologie Univ. Gießen. Schwerp.: Nordseeraum, Westafrika, Tschadbecken, Libyen, Arab. Golf, Jemen, Chile, Venezuela, Indochina, Sibirien.

MARTIN, Gerhard

1. Bürgermeister d. Stadt Rain (s. 1990) - Hauptstr. 60, 8852 Rain; priv.: Pfarrer-Rößle-Str. 7, 8851 Niederschönenfeld - Geb. 10. Sept. 1956.

MARTIN, Gerhard Marcel

Dr. theol., Prof. f. Prakt. Theologie Univ. Marburg, Schriftsteller - Lahntor 3, 3550 Marburg - Geb. 21. März 1942 Düsseldorf (Vater: Ernst M., Obering.; Mutter: Irmgard, geb. Staudemeyer), verh. s. 1981 m. Ulrike, geb. Spill, 2 Töcht. (Juliane Charlotte, Franziska) - 1. theol. Ex. 1967 Düsseldorf, Promot. 1973 Tübingen, 2. theol. Ex. 1976 Darmstadt, Pfarrer (Ordin.) 1976 - Ab 1969 Lehrauftr./Assist. Univ. Tübingen; 1973/74 Stud.jahr u. Lehrauftr. in New York u. St. Louis; 1975-82 Stud.leit. Ev. Akad. Arnoldshain; 1982 Prof. Marburg - BV: Wir wollen hier auf Erden schon ... D. Recht auf Glück, 1970; Fest u. Alltag. Bausteine z. e. Theorie d. Festes, 1973 (engl. Übers. 1976); V. Unglauben z. Glauben, 1976; Hautnah Amerika. Profane u. relig. Erfahr., 1977; Hoffnung weltweit. Impulse u. Texte aus Bangalore, 1979; Kunst-stücke. Z. Dialog zw. Kunst u. Glaube, 1981; Weltuntergang, Gefahr u. Sinn apokalypt. Visionen, 1984; Werdet Vorübergehende. D. Thomas-Evangelium zw. Alter Kirche u. New Age, 1988. Zahlr. Aufs./Beitr., Predigten, Lyr.

MARTIN, Gunther

Prof., Schriftsteller u. Übers. - Altmannsdorfer Str. 164/12/17, A-1230 Wien; u. Höglwörthweg 55, A-5020 Salzburg - Geb. 12. Dez. 1928 Rodaun/ Niederösterr., kath., verh. m. Otti, geb. Haltrich, 2 Kd. (Rüdiger, Gudrun) - Human. Gymn.; Fotokl. Graph. Lehr- u. Versuchsanst. Wien; Abschlußdipl. 1951 - Tätigk. Filmind. u. Filmpresse, Journ., Rundfunkautor; 1959-61 Pressechef d. Philips Österr.; s. 1961 fr. Autor, Publ. u. Lit. Übers. - BV: Schnapsbrevier; D. Silb. Vlies; Wien, Gesichter e. Stadt; Als Victorianer in Wien; D. ist Österr. Militärmusik; Hietzinger Gesch.; u.a. Herausg.: Das Große Keinmalkeins (v. Ludwig Hevesi). Üb. 30 Buchübers. - 1977 Österr. Med. f. Verd. um d. Denkmalschutz; 1984 Österr. Prof.-Titel; 1985 Gold. Ehrenz. Niederösterr. - Liebh.: Kulturgesch., Militärgesch. - Spr.: Engl., Niederl., Franz., Ital. - Bek. Vorf.: Josef Schretter, Tiroler Maler (Großonkel).

MARTIN, Hans

Dr.-Ing., Prof. f. Arbeitswissenschaft GH Kassel - Zu erreichen üb. Gesamthochsch., (Arbeitswiss.), Heinrich-Plett-Str. 40, 3500 Kassel (T. 0561 - 804-44 41); priv.: Kissinger Str. 16, 3501 Emstal-Sand - Geb. 9. April 1945 Köppern/Ts. (Vater: Hans M.; Mutter: Ria, geb. Güldner), verh. s. 1969 m. Heidelore, geb. Laudert, 2 Kd. (Heike, Michael) - 1965-71 Stud. Wirtschaftsing. TU Berlin; Dipl.-Ing. 1971, Promot. 1976 - 1971-76 wiss. Assist. TU Berlin; 1976-79 wiss. Ref. Projektträger Humanisier. d. Arbeitslebens, Bonn; ab 1980 Prof. GH Kassel - BV: E. Methode z. integr. Betriebsmittelanordn. u. Transportplan., (Diss.) 1976; Neue Anforder. an Produktionsplan.- u. Steuer.syst. b. neuen Formen d. Arbeitsstrukturier., 1979; D. Ergebnisse d. Forschungsprogr. Humanisier. d. Arbeitslebens u. was wir daraus lernen können, 1981; Techn. Aspekte d. ind. Arbeit, Lehrkurs 1981; Arbeit u. Umwelt, 1982; CAD u. Qualifikation-Einfluß auf d. Personalplanung, 1983; D. Gestalt. zukünft. Büroarb.plätze - Hard- u. Sofware-Ergonom. Aspekte, 1985; Krit. d. Benutzerfreundlichk. v. CNC-Steuerungen, 1986; Auswirk. v. CIM-Konzepten auf d. Arbeitssituation, 1987; CAD u. Ergonomie - menschengerechte Arb.gestaltung b. rechnergestützten Konstruieren, 1988; Handb. z. softwareergonom. Gestaltung v. Bildschirmmasken, 1989.

MARTIN, Hans

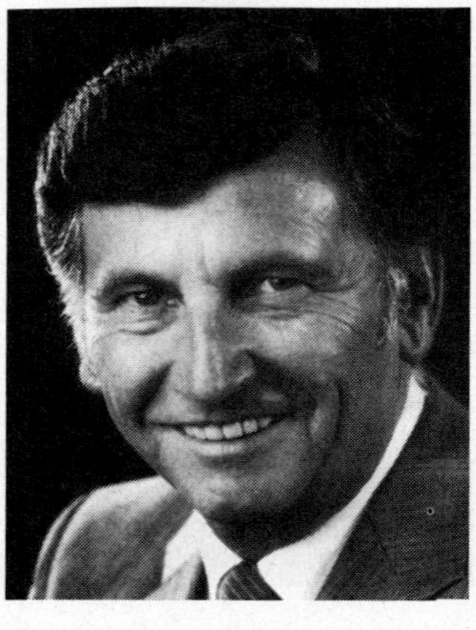

Oberbürgermeister - Rathaus, 6450 Hanau/M. - Geb. 18. Okt. 1930 Frankfurt/ M., ev., verh. - Abit., Verwaltungslehre; Stud. d. Rechte; gr. rechtswiss. Staatsprüf. 1961 - Kommunalbeamter in Frankfurt/M.; zul. Magistratsdir.; 1966 Bürgerm., s. 1972 Oberbürgerm. Stadt Hanau (m. kurzer Unterbrechung). SPD.

MARTIN, Hans-Dieter

Dr. rer. nat., Prof. f. Organische Chemie - Haafstr. 13, 8700 Würzburg - Geb. 18. Jan. 1939 Berlin (Vater: Fridolin M., Apoth.; Mutter: Elsa, geb. Kohlstock), kath., verh. s. 1965 m. Marianne, geb. Maucher, 2 Kd. - Gymn. Singen, Abit. 1958; 1958-65 Chem.stud., Promot. 1965-69, Habil. 1969-74, alle Freiburg - 1975-80 wiss. Rat u. Prof. Würzburg, 1980 Lehrstuhlinh. Düsseldorf - 1980 Carl-Duisberg-Gedächtnispreis Ges. Dt. Chemiker.

MARTIN, Hans-Herbert

Dr. re. nat., o. Prof. u. Direktor Inst. f. Mikrobiologie TH Darmstadt (s. 1966) - Stefan-George-Weg Nr. 40, 6100 Darmstadt (T. 6 33 91) - Geb. 17. März 1926 - 1963-66 Doz. TH München. Fachveröff.

MARTIN, Hansjörg

Schriftsteller - Haidbrook 71, 2000 Wedel/Holst. - Geb. 1. Nov. 1920 Leipzig - Stud. Malerei u. Graphik - Zirkusclown, Maler, Dekorateur, Journalist, Bühnenbildner, Dramaturg - BV: 36 Jugend- u. Kinderbücher; 29 Krimis; Gegen d. Wind, R. 1984. Hörsp., Drehbücher f. Film u. Fernsehen (z. T. Übers. in 14 Spr.) - 1986 BVK.

MARTIN, Hans-Peter

Dr. rer. pol., Dipl.-Volksw., stv. Hauptgeschäftsführer Niederrhein. Ind. u. Handelsk. Duisburg-Wesel-Kleve zu Duisburg - Mercatorstr. 22/24, 4100 Duisburg (T. 28 21-276) - Geb. 28. Okt. 1934 Bremen - VR-Vors. Versuchsanst. f. Binnenschiffbau, Vors. Niederrh.-kommiss., Geschäftsf. Schifferbörse Duisburg-Ruhrort, gf. Vorst.-Mitgl. Niederrh. Verkehrsverb.; AR-Mitgl. d. Technologieparks Eurotec, Moers; Vorst.-Mitgl. d. Europ. Entwicklungszentrums f. d. Binnenschiffahrt e.V., Duisburg (EBD).

MARTIN, Helmut

Dr. phil., Prof. f. Sinologie - Ruhr Univ. Bochum, 4630 Bochum (Fax 02302 - 7 16 83) - Geb. 5. März 1940 Kassel (Vater: Christian-Adolf M., Kaufm.; Mutter: Mari-Lies), verh. s. 1969 m. Tienchi, geb. Liao, T. Katja - Stud. München, Belgrad, Paris, Heidelberg (Promot. 1966); 1967-70 Stud. Ostasien (Taiwan u. Japan) - 1972-79 Inst. f. Asienkunde Hamburg, s. 1979 Prof. Ruhr-Univ. Bochum, 1980-82 Dir. Landesinst. f. Arabische, Chines. u. Japan. Sprache NRW in Bochum - BV: Li Liweng üb. d. Theater, 1966; Chinakunde in d. Sowjetunion, 1972; Mao intern, 1974; Mao Tsetung - D. machen wir anders als Moskau, 1975; Martin/Liao: Chin.-dt. Wortschatz, 1977; China o. Maoismus, 1980; Cult & Canon The origin and developement of State Maoism, 1982; Dt. Fernostbibliogr., 1979-82. Herausg.: Mao Zedong Texte (7 Bde., 1979-82); Cologne-Workshop (1984); on Contemporary Chinese Lit. (1986); Chinathemen, Bochum (69 Bde.), neue chines. Bibl. (7 Bde., 1985-87 m. Diederichs); Pekingmenschen (1989); Li Ang, Gattenmord (1990); Bei Dao, Gezeiten (1990); self-portrayals of Contemporary Chenese Writers, New York (1992); vgl. Christa Gescher, Literature, Language and Politics. Helmut Martin: Writings on China 1965-90, Selected Bibliogr. (1991) - Bek. Vorf.: Prof. Gottfried Martin, Philosoph (Onkel).

MARTIN, Helmut

Maler - Ubierstr. 101, 5300 Bonn 2 (T. 0228 - 35 42 84) - Geb. 7. Sept. 1941 Düsseldorf, ledig - Besuch priv. Kunstsch. Berlin u. Amsterdam - S. 1978 Hausmaler d. Galerie Edition Todt - Kunstrichtung: Keine feste Stilrichtung.

MARTIN, Henno

Dr. rer. nat., em. o. Prof., Geol.-Paläontol. Inst. Univ. Göttingen (s. 1965) - Ludwig-Beck-Str. 19, 3400 Göttingen (T. 2 26 10) - 1967 o. Mitgl. Akad. d. Wiss. Göttingen; 1969 Draper-Med. Geol. Ges. v. Südafrika; 1975 Hans Stille Med. Dtschl. Geol. Ges.; 1980 Gustav Steinmann Med. Geol. Vereinig. - Arbeitsgeb.: Gebirgsbildung; Kontinentverschieb.; präkambr. Stratigraphie u. Korrelation.

MARTIN, Holger

Dr.-Ing., Prof. f. Therm. Verfahrenstechnik - Nokkstr. 22, 7500 Karlsruhe - Geb. 3. Dez. 1942, verh. s. 1964 m. Marianne, geb. Reich, 2 Kd. (Uwe, Katrin) - Univ. Karlsruhe (Dipl.-Ing. 1969, Promot. 1973, Habil. 1980) - 1977 Obering. Inst. f. Therm. Verfahrenstechnik Univ. Karlsruhe. S. 1980 Prof. Univ. Karlsruhe; s. 1980 Leit. Intern. Sem. f. Forsch. u. Lehre in Chemieing.-Wesen, Techn. Physikal. Chemie Univ. Karlsruhe. Zahlr. Fachveröff. u. Buchbeitr. in: Advances in Heat Transfer, 1977; Heat Exchanger Design Handbook, 1983; VDI-Wärmeatlas, 1974ff.; BV: Wärmeübertrager, 1988, Heat Exchangers, 1992 - 1980 Arnold Eucken-Preis VDI; 1984 Dt.-frz. Alexander v. Humboldt-Preis.

MARTIN, Janis

Kammersängerin, Opernsängerin - Viktor-Scheffel-Str. 2, 8000 München 40 (T. 089 - 33 94 96) - Geb. 16. Aug. Sacramento, California/USA, S. Robert - Gesangsstud. San Francisco u. New York - Gastsp.: San Francisco Opera; Chicago Lyric Opera; Metropolitan Opera New York; Mailänder Scala; Grand Opera Paris u. Genf; Opernhäuser Zürich, München, Hamburg; Bayreuther Festsp., Salzburger Festsp., Helsinki-Festival, Hongkong-Festival, Opera-Festival Savolinna, Wiener Festwochen - 1980 Berliner Kammersängerin, Senat Berlin - Spr.: Deutsch, Ital., Franz.

MARTIN, Jochen Gustav

Dr., Prof. f. Alte Geschichte - Seminar f. Alte Geschichte, Werthmannplatz 1, 7800 Freiburg - Geb. 26. Dez. 1936 Peiskretscham Kr. Gleiwitz/OS. (Vater: Rudolf M., Bankangest.; Mutter: Luzie, geb. Bormke), kath., verh. s. 1962 m. Eva-Maria, geb. Ozimek, 2 Töcht. (Isabel, Anne-Eve) - Gymn. Marne; Stud. Gesch. u. Lat. Kiel, Tübingen, Freiburg; Staatsex. 1961, Promot. 1965 (Freiburg), Habil. 1972 (Konstanz) - 1962-65 Redakt., 1965-72 Wiss. Assist., 1972-76 Univ.-Doz. Konstanz, 1976-80 o. Prof. Bielefeld, 1978-80 Prorektor ebd., s. 1980 o. Prof. Freiburg, s. 1979 Schriftl. Saeculum, Mitgl. Inst. f. Hist. Anthropol. - BV: D. Popularen in d. Gesch. d. spät. röm. Rep. (Diss.), 1965; Atlas z. Kirchengesch., 1970; Z. Genese d. Amtspriestertums in d. frühen Kirche, 1972; Spätantike u. Völkerwanderung, 1987. Mithrsg.: D. Gr. Ploetz (29. A., 1980); Z. Sozialgesch. d. Kindheit (1986); Aufgaben, Rollen u. Räume v. Frau u. Mann (1989); Christentum u. Antike Gesellschaft (1990) - Spr.: Engl., Franz., Ital.

MARTIN, Jörg

Dr., Leitender Bibliotheksdirektor Univ.-Bibl. Hohenheim (1973) - Garbenstr. 15, 7000 Stuttgart 70 (T. 0711 - 4 59-21 00; Telefax 459 - 32 62) - Geb. 11. Okt. 1936 Hofgeismar/KS, verh. m. Angele, geb. Yenikomshian, 2 Kd. (Maral, Nigol) - Stud. Univ. Mainz (Musikwiss., Orientalistik, Geogr.); Staatsex. 1963, Promot. 1967 - 1970 Univ.-Bibl. Mainz u. Trier, 1973 Univ.-Bibl. Hohenheim.

MARTIN, Johannes-Josef

Dr.-Ing., Fabrikant, gf. Gesellsch. Josef Martin Feuerungsbau GmbH., München - Montsalvatstr. Nr. 3, 8000 München 40 - Geb. 19. Dez. 1909 Köln.

MARTIN, Klaus-Rainer

Dipl.-Sozialpäd., Heilpädagoge, Diakon, 1. Vors. Berufsverb. d. Sozialarb., Sozialpäd. u. Heilpäd. (1978-87) - Bolande 30, 2067 Reinfeld/Holst. (T. 04533 - 2 00 80) - Geb. 22. Aug. 1938 Hartenstein/Erzgeb. (Vater: Max M., Fabrikarb.; Mutter: Emma, geb. Sachse), ev., verh. s. 1967 m. Ursula, geb. Franck, 3 Töcht. (Gabriele, Carola, Ulrike) - 1952-55 Lehre im Steinkohlebergbau; 1959-64 Diakonensch. u. Fachhochsch. d. Rauen Hauses Hamburg; 1964-65 Heilpäd. Sem. Bethel, Bielefeld - S. 1965 Leit Heilpäd. Kinderheim Reinfeld; 1967-77 Vors. Berufsverb. d. Heilpäd. - BV: Einf. in Theorie u. Praxis d. Heimerziehung, 1977; Erziehung verhaltensgestörter Kinder, 1978; Öfftl. Erziehung als Aufgabe d. Ges., 1979; Heilpäd. Heimerziehung, 1982 (alle m.a.). Herausg.: Sozialarb. u. Sozialpäd. im Grundriß, (1983). Zahlr. Veröff. in päd. Fachztschr. - S. 1978 Marathon- u. Ultra-Langstreckenlauf (100 km); 1980 Gold. Sportabzeichen; 1987 erfolgr. Teiln. am 1000-Kilometer-Deutschl.-Lauf (v. d. Ostsee zu d. Alpen in Tagen) - Liebh.: Skisport, Bergwandern.

MARTIN, Ludwig A. C.

Publizist, Verlagsdirektor a.D., Seminarleit. Akad. f. Publiz., Hamburg, Dt. Journalistensch., München, Wirtschaftsakad. Schlesw.-Holst., Kiel, Bildungsbeauftr. d. BDZV (Bundesverb. Dt. Ztg.verleger) - Dorfstr. 49, 2082 Groß-Nordende (T. 04122 - 4 32 69) - Geb. 8. Nov. 1919 - Prof. of Journalism (USA). Emerit. 1985 - BV: D. Illustration d. dt. Tagesztg. (Diss.); Weltsensation im Bild, Bildjourn. enquête, 100 J. Weltsensat. in Pressefotos. Praxis u. Weiterbildung v. Bildredakt. u. Photodokementare(innen), Piag-Verlag Baden-Baden - BVK.

MARTIN, Ludwig Markus

Generalbundesanwalt a. D., Ehrenpräs. d. Dt. Sektion d. Internat. Juristen-Kommission, d. Vereinig. f. d. Gedankenaustausch zw. dt. u. ital. Juristen, u. d. Intern. Ges. f. Menschenrechte - Postfach 51 02 29, 7500 Karlsruhe 51 - Geb. 25. April 1909 Martinszell/Allgäu (Vater: Joachim, Kaufm.; Mutter: Maria Anna, geb. Endraß), rk., verh. s. 1943 m. Renate, geb. Borgmeyer, 4 Kd. (Hans-Joachim, Gabriele, Franz-Ludwig, Maria Elisabeth) - Univ. München (Rechtswiss., Volkswirtsch.), Gregoriana Rom (Phil.) - Ab 1937 bayer. Justizdst.; 1939-46 Wehrmacht (zul. Ltn. d. R.) u. Kriegsgefangensch.; s. 1950 Bundesjustizmin., Bundesgerichtshof (1951; 1952 Bundesanw., 1953 -richter, 1963 Generalbundesanw.) - Fachveröff. - Hohe in- u. ausl. Ausz.

MARTIN, Matthias

s. Fröba, Klaus

MARTIN, Michael

Dr. med. Prof. f. Innere Medizin, speziell Angiologie Städt. Kliniken, Geriatrische Klinik, Zu den Rehwiesen 9, 4100 Duisburg 1 - Geb. 27. Okt. 1932 Altona (Vater: Dr. Ing. Karl Otto M.; Mutter: Anna, geb. Rahtjen), verh. m. Dr. med. Ute, geb. Bruer, 2 Kd. (Moses, Nele) - Med.-Stud. Hamburg - S. 1977 Chefarzt Geriatr. Klinik - BV:(Mitverf.) Thrombolyse b. chron. Arteriopathie, 1970; Defibrinierung m. thrombinähnlichen Schlangengiftenzymen, 1975; Geriatrie f. Stud., 1980; Streptokinase in Chronic Arterial Disease, 1982; D. Streptokinase-Behandl. peripherer Arterien- u. Venenverschl. unter bes. Berücks. d. ultrahohen Dosier., 1985; D. Kurzzeitlyse m. ultrahoher Streptokinase-Dosierung z. Behandl. peripherer Arterien- u. Venenverschlüsse, 1988; Phlebologische Krankheitsbilder, 1990; Therapieschemata Geriatrie, 1991. Übers. m. Bearb. d. amerik. Buches D. 36-Stunden-Tag üb d. Pflege d. verwirrten ält. Menschen, spez. d. Alzheimer-Kranken - Spr.: Engl.

MARTIN, Norbert

Dr. phil., Univ.-Prof. f. Soziologie Koblenz u. Rom (Lateran-Univ.) - Am Sonnenhang 21, 5414 Vallendar (T. 0261 - 6 15 66) - Geb. 11. Juli 1936 Herschbach/Ww., kath., verh. s. 1965 m. Renate, geb. Spahl, 4 Kd. (Maria, Johanna, Isabel, Bernhard) - Abit.; 1958-63 Stud. German., kath. Theol.; Staatsex. Münster, Dipl. Christl. Sozialwiss. 1962 Münster; 1963-68 Univ. Münster, Freiburg, Saarbrücken (Soziol., Phil., Päd.); Promot. 1968; Habil. 1970 - 1963/64 Wiss. Mitarb. Sozialforschungsst. Dortmund (Prof. Schelsky); 1964 Univ. Ass. Bochum, 1964-69 Saarbrücken. Mitbegründer d. Sekt. f. Soziol. d. Görresges. z. Pflege d. Wiss. - 1969/70 Min. f. Jugend, Familie u. Gesundh., Bonn; 1970 Prof. Freiburg u. Koblenz; 1972-88 Berater d. ZdK; 1980 Auditor Röm. Bischofssynode; 1982-92 Mitgl. Päpstl. Rat f. d. Familie; s. 1981 Prof. an d. Lateran-Univ.; s. 1986 ständ. Gastprof. am Groot Seminarie in Rolduc, Niederl.; s. 1990 Vizepräs. u. Prof. d. MEDO-Inst. f. Studien üb. Ehe u. Familie in Rolduc, Niederl. - Mehrere BV: u.a. D. Ordenspartisan, 1969; Soziol. d. Abtreibung, 1971; Dr. Friedrich Kühr, 1974; Familie u. Religion, 1981; Brennp. Ehe u. Familie, 1981; Gemeinsch. d. Lebens u. d. Liebe, 1985; Communio Personarum, 3 Bde., 1985 - Liebh.: Bergsteigen, Modellieren, Bauernmalerei, Architektur - Spr.: Engl., Lat., Griech., Ital., Franz.

MARTIN, Richard Graham

Dr. phil., M.A., Prof. f. Englische u. Amerik. Literatur - Karl-Friedrich-Str. 23, 5100 Aachen (T. 0241 - 1 47 13) - Geb. 5. Dez. 1934 London (Vater: Colin M., Versich.kfm.; Mutter: Beatrix, geb. Wilbraham), verh. in 2. Ehe s. 1982 m. Dagmar, geb. Pohlenz, 2 Kd. (Christopher, Nicola) - Univ. of Cambridge, B.A. 1956, M.A. 1960 Ruhr-Univ. Bochum, Promot. 1971 - 1956-63 Engl.lehrer Oslo, Kopenhagen, Rom u. Hamburg; 1961-63 Lehrbeauftr. Univ. Hamburg; 1963-65 Lektor Univ. Kiel; 1965-66 Lecturer West London College; 1966-73 Lektor, spät. Akad. Rat Ruhr-Univ. Bochum; s. 1973 Prof. TH Aachen; 1977 Visit. Fellow, Wolfson College, Cambridge; 1987/88 Gastprof. Univ. of Maryland - BV: The Love that Failed: Ideal and Reality in the Writings of E.M. Forster, 1974; Ink in Her Blood: The Life and Crime Fictions of Margery Allingham, 1988 - Liebh.: Schreiben (Fiktion, Lyrik), Kochen - Spr.: Engl., Franz., Ital.

MARTIN, Wolfram

Ordenskanzler - Zu erreichen üb.: Orden Dt. Falkoniere - Poststr. 65, 5920 Bad Berleburg.

MARTINEK, Michael

Dr. iur., Dr. rer. publ., Master of Comp. Jurispr. (New York Univ.), Univ.-Prof., Lehrst. f. Bürgerl. Recht, Handels- u. Wirtschaftsrecht, Rechtsvergleichung u. Intern. Privatrecht Univ. d. Saarlandes - Am Kieselhumes 92, 6600 Saarbrücken (T. 0681 - 6 36 02) - Geb. 5. Okt. 1950 b. Düsseldorf, ev., verh. in 2. Ehe s. 1985 m. Margarethe, geb. Albus, 2 Töcht. (Madeleine, Monique) - 1969-71 kaufm. Lehre; 1971-80 Stud. Rechtswiss., Phil. u. Verwaltungswiss. Berlin, London, Hamburg, Speyer u. New York; Dr. iur. 1978 FU Berlin; Dr. rer. publ. 1981 Speyer; M.C.J. 1982 New York - 1982-86 Hochschulassist. Tübingen u. Kiel; s. 1986 Lehrstuhlinh. in Saarbrücken, 1990 Ruf nach Erlangen abgelehnt - BV: Repräsentantenhaftung, 1978; Entwicklungshilfe-Verw., 1981; Ungerechtfertigte Bereicherung (m. Dieter Reuter), 1983; Franchising, 1987; Intern. Kartellprivatrecht, 1987; Vertriebsrecht, 1988/92; Fallsamml. z. Handels-, Gesellschafts- u. Wertpapierrecht, 1988; Moderne Vertragstypen, 1991; Zulieferrecht, 1992 - Liebh.: Musik, Klavierspielen.

MARTINI, Anna

Konzertsängerin - Joseph-Stelzmann-Str. 62, 5000 Köln 41 (T. 0221 - 42 70 63) - Geb. 17. Aug. 1957 Bergisch-Gladbach, kath., verh. s. 1988 m. Prof. Dr. Uwe Henrik Peters, Sohn Amadeus - Dipl. d. Künstl. Reifeprüfung 1989 Köln - Intern. Konzertlaufbahn; s. 1984 umfangr. gesangpäd. Erfahrung; 1989 Leit. d. Workshop Let the Music Play auf d. Annual Conference der NAPT (USA) - 1990 Bandaufnahme v. Robert Schumanns op. 35 nach Texten v. Justinus Kerner; Rundfunkeinspielung in d. Rolle d. Fee aus d. Spieloper Die Königsboten od. Pontevona v. Michael Braunfels - Repertoire vor allem im Grenzbereich v. Pathologie d. Psyche u. Gesang; Kompos. v. Komponistinnen; Neue Musik - Spr.; Engl., Ital. - Bek. Vorf.: Karl Bayer, 1885-1944, Violinist, Konzert- u. Kapellmeister (Großvater).

MARTINI, Gustav-Adolf

Dr. med. (habil.), em. o. Prof. f. Innere Medizin u. Dir. Med. Univ.sklinik Marburg - Blitzweg 18, 3550 Marburg (T. 2 68 21) - Geb. 13. Juli 1916 Marienhöhe/Westpr. (Vater: Dr. jur. Gustav Adolf M., Syndikus; Mutter: Gertrud, geb. Gamm), ev., verh. s. 1943 m. Elisabeth, geb. Schierloh, S. Jürgen - Stud. d. Med. Univ. Breslau, Tübingen, Freiburg - 1953-63 Privatdoz. u. apl. Prof. (1959) Univ. Hamburg (Oberarzt I. Med. Univ.sklinik), s. 1964 o. Prof. Univ. Marburg - 1965 ff. Präs. Europ. Assoc. f. the Study of the Liver, 1972 ff. Vors. Dt. Ges. f. Verdauungs- u. Stoffwechselkrankh. 1963 korresp. Mitgl. Franz., 1966 Schweizer Ges. f. Gastroenterol. 1966 Ehrenmitgl. Vlaamse Vereenig. v. Gastroenterol., 1974 Royal Coll. of Phys. Edinburgh, Hon., F. R. C. P. Ed., u. 1975 Americ. Coll. of Phys., F. A. C. P., Hon.; 1978 Pres. Intern. Soc. of Internal Med.; 1979-80 Vors. Ges. Dt. Naturforscher u. Ärzte - 1982 Ehrenmitgl. Dt. Ges. Inn. Med. Mitherausg.: Klinische Wochenschr., Ergebnisse f. Innere Med., D. Internist, Ztschr. f. Gastroenterologie - 1967 Gold. Sportabz. - Spr.: Engl., Franz., Ital.

MARTINI, Louise

Schauspielerin - Widenmayerstr. 39, 8000 München 22 - Geb. 10. Nov. 1931 Wien (Vater: Leopold Chiba, Buchhändler; Mutter: Anna, geb. Martini), verh. s. 1966 in 2. Ehe m. Heinz Wilh. Schwarz - Abit.; Staatsakad. f. Musik u. Darstell. Kunst, Wien - Ca. 100 FS-Spiele u. Filme, Theater Wien, Schauspielhs. Hamburg, Kammersp. München, Residenztheater Salzburger Festspiele - 1978 Gold. Kamera, Österr.; 1987 Gold. Ehrenmed. d. Stadt Wien - Liebh.: Musik - Spr.: Engl. - Lit.: Div. Publ. üb. Kabarett u. Theater.

MARTINI, Wolfram

Dr. phil., o. Prof. f. Klass. Archäologie Univ. Gießen (s. 1985) - Otto-Behanghel-Str. 10 D, 6300 Gießen (T. 0641 - 3 80 24) - Geb. 15. Sept. 1941 Hamburg (Vater: Fritz M., Germanist; Mutter: Ruth, geb. Hölscher), calv., verh. m. Renate, geb. Cornelius, 2 Kd. (Thomas, Alexandra) - Abit. 1961 Stuttgart; Stud. Univ. Heidelberg, Lawrence (Kansas), Mainz, Rom, Hamburg; Promot. 1968 Hamburg - 1968-78 Assist. Archäol. Inst. u. s. 1978 Prof. Univ. Kiel. 1969-79 Ausgrab. auf Samos; o. Mitgl. d. Zentraldir. d. Dt. Archäol. Inst.; Vertrauensdoz. d. Studienstiftg. d. Dt. Volkes - BV: D. etrusk. Ringsteinglyptik, (Diss.) 1970; D. Gymn. v. Samos, (Habil.Schr.) 1984; D. arch. Plastik d. Griechen, 1990 - Korr. Mitgl. Österr. Archäol. Inst. - Spr.: Engl., Franz., Ital., Neugriech. - Rotarier.

MARTINOTY, Jean-Louis

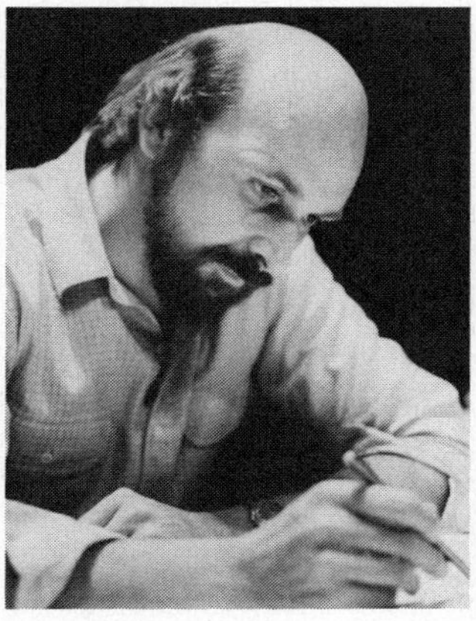

Prof., Regisseur, Generalint. d. Pariser Oper (1986-89) - 6 Rue des Rondeaux, F-75020 Paris - Geb. 20. Jan. 1946 Etampes/Frankr. (Vater: Louis M., Insp.; Mutter: Genevieve M.) - Univ.; Dipl. Latein, Alte griech. u. franz. Lit. 1969; Stud. Cello, Musik u. Theater - Dramat. u. Kritiker, Prof., Mitarb. J. P. Ponnelle; s. 1975 Opern- u. Theater-Regiss. in Frankr., Deutschl., USA, Österr., Schweiz, Engl.; 1985 Südwestf. (Film-Oper Pasticcio) - Versch. Publ. üb. Musik u. Kunst. BV: Voyages à l'intérieur de l'opéra baroque - de Monteverdi à Mozart, 1990; (Fayard), L'Opéra Imaginaire (Messidor), 1991 - 1981, 82, 83 Franz. Preis d. Kritik - Spr.: Deutsch, Engl., Ital.

MARTINSEN, Wolfram O.

Dipl.-Ing., Vorsitzender d. Bereichsvorst. Verkehrstechnik, Siemens AG - Werner-v.-Siemensstr. 50, 8520 Erlangen (T. 09131 - 72 46 05) - Geb. 12. April 1941 Berlin, verh. s. 1969 m. Dr. Sylvia, geb. Knippenberg, 2 Kd. (Nina, Malte) - Abit. 1962; 1962-68 TU Braunschweig; Abschl. Dipl.-Ing. - Liebh.: Lit., Musik - Spr.: Engl., Franz.

MARTINSSON, Gunnar

Dipl.-Gartenarch., o. Prof. f. Landschafts- u. Gartengestaltung - Bunsenstr. 18, 7500 Karlsruhe - S. 1965 ao. u. o. Prof. (1967) TH bzw. Univ. Karlsruhe. Facharb. - 1983 Friedrich-Ludwig-v.-Sckell-Ehrenring Bayer. Akad. d. Schönen Künste.

MARTINY, Anke

Dr. phil., Journalistin, Politikerin - Johann-Sigismund-Str. 7, 1000 Berlin 31 - Geb. 1. Juli 1939 Dortmund, gesch., 3 Kd. - Mädchengymn. Wuppertal (Abit. 1959); Stud. Musikwiss., German., Theaterwiss., Soziol. Berlin, Wien, Göttingen; Redaktionsvolont.; Promot. 1965 - Musikkrit.; fr. Journ. 1972-89 MdB (VII-XI Wahlp./Landesl. Bay.); März 1989-Jan. 91 im rotgrünen Senat Senatorin f. Kulturelle Angelegenh. in Berlin; s. 1965 SPD (1975/76 u. 1986 Mitgl. Parteivorst. Wirtschaftspolitik, Verbraucherpolitik, Kulturpolitik, Gleichst.politik). Mitgl. GEW - BV: Marktmacht u. Manipulation. Sind d. Verbraucher Objekt od. Subjekt d. Wirtschaftsordnung, 1977; Wer nicht kämpft, hat schon verloren. Frauen u. d. Mut z. Macht, 1986; Kühle Gefühle z. Lage d. Nation, 1991.

MARTIUS, Gerhard

Dr. med., Prof., Chefarzt Gynäk. Abt. Martin-Luther-Krkhs., Berlin (s. 1967), apl. Prof. Freie Univ. ebd. (s. 1968) - Wildpfad 1, 1000 Berlin 33 (T. 826 10 91) - Geb. 31. Jan. 1924 Bonn (Vater: Prof. Dr. med. Dr. h. c. Heinrich M., Ord. f. Geburtshilfe u. Gynäk. Univ. Göttingen (s. XIV. Ausg.); Mutter: Berta, geb. Weinlig), ev., verh. s. 1951 m. Theda, geb. Freiin von dem Bussche-Hünnefeld, 3 Kd. (Joachim-Alexander, Goetz-Heinrich, Sibylle-Friedericke) - Gymn. u. Univ. Göttingen, Promot. 1948 Göttingen; Habil. 1956 München - 1949-67 Med. Univ.klinik Göttingen, Univ.-Kinderklinik Zürich (1950), Univ.-Frauenkliniken Tübingen (1951) u. München (I.; 1954; 1962 apl. Prof., 1965 I. Oberarzt) - BV: Pathogenese d. Morbus haemolytions neonatorum, 1956; Geburtenerleichterung, 1959; D. Vorb. auf d. Geburt, 4. A. 1959; Lehrb. d. Geburtshilfe, 12. A. 1988; Differentialdiagnose in Geburtshilfe u. Gynäkol. in 2 Bd., 1988; Therapie in Geburtshilfe u. Gynäkol. in 2 Bd., 1988; Krankenpflegelehrb. Geburtsh. u. Gynäkol., 8. A. 1988; Hebammenlehrb., 5. A. 1990; Geburtshilfl.-perinatol. Operationen, 1987; Gynäkol. Operationen, 2. A. 1988. Etwa 300 Einzelarb. - Rotarier - Bek. Vorf.: (Großv.): Prof. Dr. Friedrich M., Ord. f. Innere Med. Univ. Rostock (Begr. d. Konstitutionslehre).

MARTIUS, Walter

Wirtschaftsberater, Vorstandsvors. Schutzgemeinsch. d. Kleinaktionäre, Frankfurt - Gräfrather Str. 17, 5600 Wuppertal 11 (T. 0202 - 73 80 02, Fax 0202 - 73 11 86) - Geb. 13. Dez. 1919 - Div. Mandate.

MARTY, Willy

Fabrikant, gf. Gesellsch. Weser-Sperrholzwerke GmbH., Holzminden/Eschershausen, Gesellsch. Weser-Holzwerke GmbH., Göpfritz/W. (Österr.) - Kurpfalzstr. 5, 6908 Wiesloch - Geb. 8. März 1919, kath., verh. m. Charlotte, geb. Woldt, 2 Kd.

MARTZ, Georg

Dipl.-Ing., Prof. FH Rhld.-Pfalz, Mainz - Moritzstr. 51, 6500 Mainz-Weisenau (T. 06131 - 8 59 55) - Geb. 10. Febr. 1923 Lodz (Vater: Heinrich Karl M., kaufm. Dir.; Mutter: Else, geb. Fröhnel), ev., verh. s. 1958 m. Dr. Margarethe, geb. Armbruster (Lyrikerin) - Stud. u. Dipl. 1958 TH Graz (Fak. Bauingenieurwesen) - B. 1963 Ing.-Büros Ulm, Kempten/Allg.; 1963-71 Baurat u. Doz. Ingenieursch. Mainz; 1971 Prof. FH Rhld.-Pfalz, dort auch Presseref. (b. 1987) - BV: Fabeln u. Florabeln, Vierzeiler,

1979; Am Donnerstag jeder Woche, Kurzprosa, 1983. Kurzgesch. in Anthol., Ztschr. u. Kulturtelefon; 1. Preis f. Kurzgesch. 1954. Fachlit.: Siedlungswasserbau in 5 Teilen, (1. Teil in 4. A. 1991, 2. u. 3. Teil in 3. A. 1987 bzw. 89, alle übers. ins Griech.); Aufgabensammlg., I (1986), II (1988); Einf. in d. ökol. Umweltschutz, 1975; (übers. ins Griech.). Versch. Beitr. in lexikal. Werken (z.T. ins Span. übers.). Beitr. in Ztschr. usw. - Spr.: Poln. - Lit.: In einschläg. Büchern, versch. Periodika; u.a. H. Knebel, Prof. Georg Martz - 60; G. M. wird 65 (AZ, Mainz); Literarisches Rheinl.-Pfalz heute (Autorenlexikon 1988).

MARTZ, Margarethe,
geb. Armbruster

Dr. phil., Schriftstellerin u. Malerin - Moritzstr. 51, 6500 Mainz-Weisenau (T. 06131 - 8 59 55) - Geb. 11. Nov. 1925 Lukač/Virovitica/Jugosl. (Vater: Gottfried A., Unternehmer; Mutter: Maria, geb. Sauer), ev., verh. s. 1958 m. Prof. Georg M., Dipl.-Ing. - Stud. u. Promot. 1950 Univ. Graz (Phil. Fak.) - B. 1959 beim Landesschulrat v. Steiermark, Graz; b. 1975 Lehrtätigk. - BV: Was d. Tag trägt, 1976; Stockwerke nach innen, 1979; V. Hochhaus z. Monddach, 1983; Schnecken-Geduld, 1983; Worte aus d. Schnee, 1986; Brief an Goethe, Prosa 1988; Muttermale, Lyrik u. Aquarelle, 1992; Ged. u. Beitr. in Anthol., u.a. Innenansicht e. Zeit (Anlaß: 40 J. Rheinl.-Pfalz), Ankunft, 1987, Aufbruch 1991, Ztschr., Hörf., Kulturtel. - Werke: Aquarelle, Tuschmalerei, Zeichn.; Ausst. an versch. Orten; Buchillustrationen - Spr.: Serbo-kroat. - Lit.: J. Hempel, Lit. Leben in Rhld.-Pfalz, 1968-80; G. Borrmann in Vierteljahresztschr. Mainz, 1984/3; Literarisches Rheinl.-Pfalz heute (Autorenlexikon 1988) sowie in verschiedenen Ztschr. u. Ztg.

MARUHN, Siegfried

Washington-Korrespondent WAZ, Essen - 6712 River Trail Court, Bethesda, MD 20817, USA - Geb. 13. April 1923 Tilsit/Ostpr., ev., verh. m. Christel, geb. Teschke, 4 Söhne (Jürgen, Joachim, Matthias, Robert) - 1970-88 Chefredakt. Westd. Allg. Ztg. (WAZ) - 1975 Gr. BVK.

MARWYCK, van, Christian

Dr. med., Prof., Direktor a. D. Hygiene-Inst. Bremen - Osterwaldstr. 73, 8000 München 40 (T. 089 - 361 39 07) - Geb. 27. Nov. 1912 Duisburg (Vater: Christian v. M., Chefing.; Mutter: Elisabeth, geb. Bergmann), verh. s. 1942 m. Waltraud, geb. Kachholz, 3 Kd. (Ilka, Christian, Ute) - Univ. Freiburg, Würzburg, Heidelberg, Königsberg, Münster (Promot. 1939) - 1938-39 Lektorat f. Pathol. Trinity College (Univ.) Dublin; Kriegsdst. als Tr.-Arzt u. Armeehygieniker; 1939-58 Assist. u. Oberarzt Hyg.-Inst. Univ. Münster (Habil.; 1954 apl. Prof.). Mitgl. Ges. dt. Naturforscher u. Ärzte, Dt. Ges. f. Elektronenmikr., Dt. Ges. f. Hygiene u. Mikrobiol. - BV: Penicillin u. Mikroorganismen, 1949. Zahlr. Fachvorträge u. Publi. - Liebh.: Musik, Reiten - Spr.: Engl., Franz.

MARX, Eberhard

Dr. phil., Museumsdirektor i. R. - Maarweg 47, 5300 Bonn-Duisdorf - Geb. 14. Febr. 1914 Wesel/Rh. (Vater: Karl M., Regierungs- u. Baurat; Mutter: Katharina, geb. Hübenthal), ev., verh. s. 1947 m. Lucie, geb. Tode - Gymn. Hildesheim, Hannover, Breslau; Stud. Prag (1934-38) u. Berlin (1950 b. 1953 FU). Promot. 1955 - 1954-55 Assist. u. Lehrbeauftr. FU Berlin; 1955-58 wiss. Mitarb. Dt. Verein f. Kunstwiss.; 1958-61 Leit. Amt f. Kunst ebd. (Haus am Waldsee); 1962-76 Dir. Städt. Kunstmuseum Bonn. Bearb. Schrifttum z. dt. Kunst (Jg. 1950-55) - BV: Heinrich Nauen, 1966; August Macke u. d. Rh. Expressionisten, 1973; 25 Jahre Kunst in d. BRD, 1974 - BVK I. Kl. - Spr.: Engl.

MARX, Hans Joachim

Dr. phil., Univ.-Prof. f. Histor. Musikwissenschaft - Alsterchaussee 3, 2000 Hamburg 13 - Geb. 16. Dez. 1935 Leipzig (Vater: Oskar M.; Mutter: Inge, geb. Meißner), verh. s. 1970 m. Dr. Magda, geb. Weber, S. Thomas - Promot. Basel 1966, Habil. Bonn 1972 - BV: D. Überliefer. d. Werke A. Corellis, 1980; D. Tabulaturen d. XVI. Jh., in: Schweizer Musikdenkmäler, Bd. VI-VIII s. 1967; Lebensbeschreib. d. Hamburger Musikers, Schriftstellers u. Diplomaten Johann Matheson (1681-1764), 1982. Zahlr. Aufs. in in- u. ausländ. Fachztschr. Herausg.: Göttinger Händel-Beitr. u. Karlsruher Veröff. d. Intern. Händel-Akad. (s. 1987) - Mitgl. Joachim Jungius-Ges. d. Wissenschaft, Hamburg - Spr.: Engl., Ital.

MARX, Hans-Joachim

Dipl.-Ing., Vorstandsmitglied Axel Springer Verlag AG - Axel-Springer Platz 1, 2000 Hamburg 36 (T. 040 - 34 72 33 23) - Geb. 19. Febr. 1931, verh. m. Barbara, geb. Cramer, 2 Kd. (Harriet, Jan Frederik) - Stud. Maschinenbau 1958 TH Darmstadt - Präs. European Rotogravure Assoc., München; Vorst. IFRA Darmstadt; Präs. Altamira, Madrid - Spr.: Engl.

MARX, Helmut

Dr. rer. nat., Prof., Physiker - Helgebachstr. 53, 6330 Wetzlar/L. - Geb. 4. Nov. 1918 Marburg - S. 1945 Wiss. Mitarb. Opt. Werke Ernst Leitz GmbH., Wetzlar; s. 1951 (Habil.) Lehrtätigk. TH Aachen u. Univ. Mainz (1953; 1958 apl. Prof. f. Theoret. Physik). Facharb.

MARX, Herbert

Beiratsmitglied Kamax-Werke Rudolf Kellerman GmbH & Co. KG, Osterode; AR-Vors. Kamax-Verbindungstechnik Rudolf Kellermann GmbH & Co. KG, Osterode - Petritorwall 25a, 3300 Braunschweig (T. 4 28 30) - Geb. 8. Mai 1913 Lemgo - Gymnasium - Ehem. (s. 1930) Miag bzw. Bühler-Miag, Braunschweig (1951 Geschäftsf., dann Vors. d. Geschäftsf.) - Spr.: Engl. - Rotarier.

MARX, Nikolaus

Dr.-Ing. habil., Prof. f. Maschinenbau u. Verbrennungskraftmaschinen Univ. Hamburg (s. 1977) - Elbinsel Krautsand 12, 2168 Drochtersen 1 (T. 04143 - 64 32) - Geb. 4. Jan. 1938 Neiße (Vater: Alfred M., Kaufm.; Mutter: Katharina, geb. Benne), verh. s. 1959 m. Sophie, geb. Fuchs, 2 Söhne (Mario, Christian) - Gymn. 1959; TU Berlin 1965; 1972 Promotion; Dipl.-Ing. - S. 1977 Prof. Univ. Hamburg - Liebh.: Tischtennis, Motorrad, Jagd - Spr.: Engl., Russ.

MARX, Siegfried

Dr. iur., Prof., Ordinariatsrat u. Rechtsdirektor, Justitiar Bistum Limburg - Schliemannweg 29, 6000 Frankfurt/M. 50 - Geb. 23. Juli 1928, kath., verh. s. 1952 m. Johanna, geb. Koch, 3 Kd. (Eva-Maria, Andreas, Susanne) - Stud. Gesch., German. Univ. Berlin; Stud. Rechtswiss. Univ. Berlin u. Frankfurt; Promot. München - Lehrbeauftr. Prof. Phil.-Theol. Hochsch. St. Georgen, Frankfurt; Hon.-Prof. Theol. Fak. Fulda.

MARX, Siegfried

Dr. sc. nat., Prof., Astronom, Direktor Karl-Schwarzschild-Observatorium Tautenburg (s. 1975) - Dorfstr. 70, O-6901 Tautenburg (T. 0037 - 789 78 37) - Geb. 19. Aug. 1934 Berlin, verh. s. 1958 m. Annegred, geb. Blum, 2 Söhne (Rüdiger, Andreas) - Stud. 1954-60 Univ. Jena; Dipl. in Astronomie; Promot. A 1968 Jena; Promot. B 1984 AdW Berlin - 1961-74 wiss. Assist. Univ.-Sternwarte Jena; 1984-87 Sekr. d. Arbeitsgr. Astrofotogr. b. d. IAU - BV: Himmelsfotogr. m. Schmidt-Teleskopen (m. W. Pfau), 1990 u. 91; Astronomie - Gesicht e. alten Wissensch. (m. Dorschner, Friedemann, Pfau), 1974. Herausg.: Astrophotographie (1988) - Spr.: Engl.

MARX, Werner

Dr. jur., Ph. D., em. Prof. u. Direktor Husserl-Archiv, Univ. Freiburg (Dt. Idealismus, Gegenwarts- u. griech. Phil.) - Schloß, 7801 Bollschweil/Br. (T. Staufen 59 88) - Geb. 19. Sept. 1910 Mülheim/Ruhr (Vater: Karl M.; Mutter: Emilie, geb. Kann), jüd., verh. s. 1937 m. Hilde, geb. Ritter - Univ. Freiburg, Berlin, Bonn, New School New York - 1949-63 Assistant, Associate u. Full Prof. New York City, 1958 Gastprof., 1962 Fulbright Prof. Univ. Heidelberg - BV: The Meaning of Aristotle's Ontology, 3. A. 1954; Heidegger u. d. Tradition, 1961, engl. 1971; D. Bestimmung d. Phil. im Dt. Idealismus, 1965; Absolute Reflexion u. Sprache, 1967; Vernunft u. Welt, 1970, engl. 1971; Hegels Phänomenologie d. Geistes, 1971, engl. 1975; Einführung in Aristoteles' Theorie vom Seienden, 1972; Schelling: Gesch., System, Freiheit, 1977 (engl. 1986); Heidegger: Freiburger Gedenkvorträge (m. H. G. Gadamer u. C. F. v. Weizsäcker), 1977; D. Sterblichen, 1979; D. Wesen d. Bösen u. seine Rolle in d. Gesch., 1981; Gibt es auf Erden e. Maß?, 1983 (engl. 1986); Ethos u. Lebenswelt, 1986; Selbstbewußtsein in Hegels Phänomenol. d. Geistes, 1986; D. Phänomenol. Edmund Husserls, 1987 - 1965 Ruhr-Kulturpreis - Spr.: Engl., Franz. - Meiner: Phil. in Selbstdarstellungen, 1975; Schelling: Gesch., System, Freiheit, 1977; Heidegger: Freiburger Gedenkvorträge (zus. mit H. G. Gadamer u. C. F. v. Weizsäcker), 1977.

MARX, Will

Bankier, Teilh. Bankhaus Sal. Oppenheim jr. & Cie., Köln/Frankfurt (s. 1969) - Mühlweg 28, 6240 Königstein 2 (Falkenstein) - Geb. 28. Aug. 1919 Köln (Vater: Paul M., Bankier; Mutter: Maria, geb. Klagges), verh. m. Anne-Gret, geb. Zapp - Zul. Vorstandsmitgl. Commerzbank AG. ARsmandate - Spr.: Engl., Franz. - Rotarier.

MARX, Wolfgang

Dr. phil., Prof. f. Psychologie Univ. München - Antonienstr. 7, 8000 München 40 (T. 34 37 77) - Geb. 20. Juni 1943 Weidenau/Sieg (Vater: Joh. Friedr. M., Kaufm.; Mutter: Maria, geb. Andersen), verh. s. 1970 m. Erika, geb. Stimpfl, T. Julia - Dipl.-Psych. 1968, Promot. 1972, Habil. 1978 - S. 1980 Prof. f. Psych. München. Entd. d. T-Effekts. S. 1991 Dekan Fak. f. Psych. u. Päd. - BV: Semant. Dimensionen. Verhaltenstheoret. Konzepte e. psychol. Semantik (m. A. v. Eye), 1984; Verbales Gedächtnis u. Informationsverarbeitung, 1988; Subjektive Strukturen (m. A. Hejj), 1989. Mithrsg.: Münchner Univ.-Schriften Psychol. u. Pädagogik.

MARX-MECHLER, Gerhard

Dr., Prof., Schriftsteller - Wohnh. in 7300 Eßlingen/N. - Geb. 6. Sept. 1919 Grünthal/Erzgeb., ev., verh. s. 1945 m. Maria Marion, geb. Schmitz - Germanistikstud.; Promot. Univ. Würzburg - Mitarb. SWF, WDR, SR u. Österr. Rundf.; s. 1961 im Staatsdienst, Berufspäd. Hochsch. Stuttgart - BV: Seltsame Verhältnisse od. Aufbruch in Marienbad; Herr Tschann auf Geschäftsreise; Rauenfels; Im Halbdunkel; Begegnungen; Mittelmeerreise f. Liebh.; Von beiden Seiten gesehen; D. Mann unter d. Emailschild; Die Irrwege d. Herrn Tschann; Nordlandreise; Kitsch-Texte; Bildbetrachtung; Novellen im Unterricht; Enstehung e. modernen Romans; Abendges. b. André Maurois (Hörbild. WDR); D. Insel (Hörsp.); E. versunkene Epoche (Hörbild, SWF, WDR, Österr. Rundf.); Von d. Pforte d. Unsterblichkeit. Versuch üb. Jean Cocteau (Hörbild. SWF, SR, WDR, Österr. Rundf.).

MARXEN, Klaus

Dr. jur., o. Prof. f. Strafrecht, Strafprozeßrecht, Wirtschaftsstrafrecht u. Rechtsphil. Univ. Münster (s. 1989) - Zumsandestr. 31, 4400 Münster (T. 0251 - 3 44 04) - Geb. 15. Jan. 1945 Marne/Holst., ev., verh. s. 1968 m. Ute, geb. Sievers, 2 Kd. (Tobias, Julia) - Gymn. Marne/Holst.; Stud. Rechtswiss., Gesch., Phil. Univ. Kiel; 1. u. 2. Staatsex. 1970 u. 75; Promot. 1974 u. Habil. 1982 Frankfurt - 1983-85 Prof. Univ. Bremen; 1985-89 Prof. Univ. Bielefeld. S. 1984 Richter am Landgericht im zweiten Hauptamt - BV: D. Kampf gegen d. liberale Strafrecht, 1975; D. sozialethischen Grenzen d. Notwehr, 1979; Straftatsystem u. Strafprozeß, 1984; Rechtl. Grenzen d. Amnestie, 1984.

MARZAHN, Christian

Dr. phil., Dr. h.c., Prof. f. Sozialpädagogik Univ. Bremen - Kreftingstr. 4, 2800 Bremen 1 - Geb. 22. Juni 1941 Stuttgart - Stud. German., Latein, Päd., Kunstgesch.; Staatsex. 1969; Promot. 1973 - 1979 Prof.; 1984 Dekan; 1986-92 Konrektor Univ. Bremen - BV: Konflikt im Jugendhaus, 1975; Sozialpäd. - Instit., Partizipat., Selbstorganisat., 1978; Sucht u. Ordn., 1983; Zähmen u. Bewahren - D. Anfänge bürgerl. Sozialpolitik, 1984; Criminalia, 1988 - 1992 Ehrendoktor - Spr.: Latein., Span., Engl.

MARZEN, Philipp

Präsident a. D., Oberverwaltungsgericht Saarlouis - Erlenhainstr. 34, 6601 Eschringen - Geb. 27. Febr. 1909 - Zul. Präs. Landesarbeitsgericht Saarbrücken.

MARZIN, Werner

Dr. jur., Hauptgeschäftsführer Münchener Messe- u. Ausstellungsges. mbH, Hauptgeschäftsf. Gesellschaft für Handwerks-Ausstellungen und -Messen mbH, Hauptgf. IMAG - Internat. Messe- u. Ausstell.dst. - Theresienhöhe 13, 8000 München 2 (T. 089 - 510 72 50) - Geb. 1. Nov. 1930 Teplitz-Schönau, kath., verh. s. 1955 m. Dr. Gerta, geb. Eichler, 3 Kd. (Wolfgang, Bernd, Petra) - 1950-54 Jura-Stud. München u. Würzburg. Jurist. Staatsprüf. 1954 u. 1958; Promot. 1957 - 1959-64 Anwaltsass., Rechtsanw., Beamter Landeshauptstadt München, s. 1964 Abt.lt. u. Prok. MMG - Münchener Messe- u. Ausstell.ges., s. 1978 Hauptgf., s. 1966 Gf., s. 1968 Hauptgf. Ges. f. Handwerksausst. u. Mess., s. 1981 Hauptgf. IMAG; s. 1981 Sprecher d. Unternehmensgruppe Messe München Intern.; Mitgl. Landesvorst. Bayer. Handwerkstag, stv. Vors. Ausst.- u. Messe-Aussch. d. Dt. Wirtsch. - AUMA, Köln, Mitgl. Dir.-Komit. Union d. Foires Internationales - UFI, Paris, Vizepräs. Export-Club Bayern, VR-Mitgl. Ital. HK, München, Vorst.-Mitgl. Dt. Handelskammer f. Spanien, Madrid - Gr. BVK; Bayer. VO.; Grande Ufficiale dell'Ordine al Merito della Rep. Italiana; Gr. silb. Ehrenzeichen d. Rep. Österreich; Croix de Chevalier dans l'Ordre National de Mérite - Spr.: Engl., Franz., Ital.

MASCHLANKA, Annemarie,
geb. Krapp

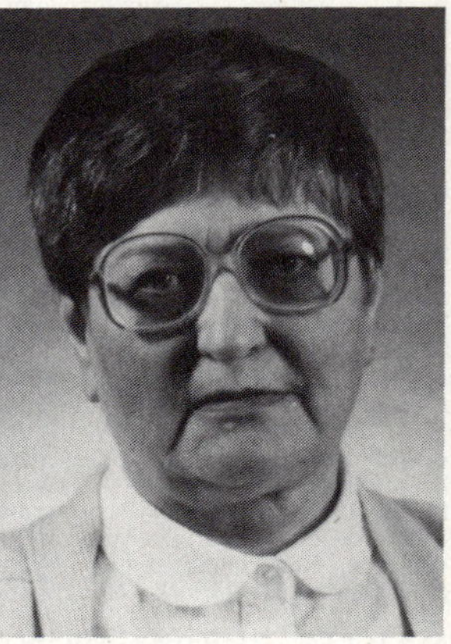

Kinderspiel-Autorin (Ps. Annemarie Krapp) - Lampennesterstr. 64, 6601 Riegelsberg-Saar (T. 06806 - 4 83 91) - Geb. 3. Juni 1924 Neuenburg an d. Enz, ev., verh. s. 1949 m. Johannes M., 2 Kd.

(Michaela, Hans-Christian) - Human. Abit. 1943; 1943/44 Kunstakad. München; 1947 Journal. Kurs Dr. Otto Groth; 1947/48 Zeichensch. München - 1948-88 etwa 112 Kindersp., u.a.: Matz, d. Gassenjunge v. Bethlehem; D. Weihnachtsmann verlor e. Ohr; Geht es hier n. Bethlehem?; Ist ja alles schon bezahlt; D. Engel d. Weihnacht; E. Tag v. Weihnachten od. d. splinige Onkel Jonathan, Weihnachtsspiel 1988; Vorsicht Gauner od. D. Herr Brimbramborium, 1989; D. Engel m. d. Trillerpfeife, Weihnachtsspiel f. Kinder 1989; E. Bengel geht z. Schule, e. Spiel nach Motiven aus Collodis Pinocchio u. d. Hölzernen Bengele v. Otto Julius Bierbaum, 1990; D. eigensüchtige Riese nach Oscar Wilde, Weihnachtsspiel, 1991; D. Meerfräulein u. d. Meerhexe nach HC Andersens Die kleine Seejungfer, Märchenspiel 1992; D. Zwiebeldieb, od. D. Liebe geht durch d. Magen, Indisches Märchenspiel f. Kinder 1992 u.a.- Ehrenpreis dt. Kriegsgräberfürsorge - Liebh.: Modellieren, schnitzen, töpfern - Spr.: Lat., Griech.

MASCHMANN, Ingeborg

Dr. phil., Prof. f. Schulpädagogik Päd. Hochsch. Lüneburg - Hindenburgstr. 110, 3140 Lüneburg - Geb. 9. März 1921 Hamburg - Fachveröff.

MASCOS, Werner

Journalist, Vorsitzender Sozialfond u. stv. Vors. d. Autorenversorgungswerks VG WORT - Am Weinberg 1, 3550 Marburg/L. - Geb. 19. Dez. 1921 Krefeld - S. 1951 freiberufl. Korrespondent Tagesztg., Pressedienste u. Ztschr. S. 1954 Vorst.-Mitgl. Hess. Journalistenverb.; Vors. Verkehrsverein Marburg, Arbeiterwohlfahrt Marburg, Verein z. Forderung u. Förderung d. Herzchirurgie Marburg - Veröff.: Großen Marburgern auf d. Spur u. Graben - Bach - Brunnen - BVK; Gold. Ehrennadel sow. Medaille Stadt Marburg; Ehrenmitgl. DLRG, d. Dt. Journalistenverb. (DJV) u. d. Hess. Journalistenverb. (HJV); Silb. Verdienstspange Arbeiterwohlfahrt; Otto-Ubbelohde-Preis d. Kreises Marburg-Biedenkopf; Ehrenbrief d. Landes Hessen - Liebh.: Autographensamml.

MASEBERG, Eberhard

Herausgeber JS/D. Magazin f. junge Soldaten - Obenhauptstr. 4, 2000 Hamburg 63 - Geb. 28. Juni 1923 Danzig (Vater: Ludwig M., Verwaltungsrat), ev., verh. s. 1954, 3 Kd. - Univ. Münster/W. u. Hamburg (Rechts- u. Staatswiss.) - Zul. Chefredakt. DAS. Vors. Akad. f. Publizistik; Vors. Stiftg. Wiss. u. Presse.

MASER, Gottlob

Kaufmann, Geschäftsführer C. Müller S 18 GmbH, Gebr. Maser GmbH, bde. Nürnberg, GeTeFa Gebrauchstechnik Fahrig GmbH München, Vorst.-Vors. AOK Mittelfranken - Bärenschanzstr. 2b, 8500 Nürnberg (T. 26 24 56).

MASER, Peter

Priv.-Doz., Dr. theol., Dozent Ev.-Theol. Fakultät Univ. Münster - V.-Siemens-Str. 3 B, 4404 Telgte (T. 02504 - 53 99) - Geb. 3. Aug. 1943 Berlin, ev., verh. s. 1968 m. Malwine, geb. Brandt, 2 Kd. (Jakob, Rebekka) - Stud. d. Ev. Theol.; Staatsex. 1968 Halle/S.; Promot. 1971 Halle/S.; Habil. 1988 Münster - BV: Jüd. Alltag - Jüd. Feste, 3. A. 1989; Glauben im Sozialismus, 1989; H. E. v. Kottwitz, 1990; Berathung d. Armuth, 1991; An uns ist es zu preisen - Aus d. jüd. Gebetb., 1991; Juden in Oberschles., 1992; Kirchen u. Religionsgemeinsch. in d. DDR, 1992.

MASER, Siegfried

Dr. phil., Dr. h. c., Prof. Univ.-GH Wuppertal - Roonstr. 22, 5600 Wuppertal 1 (T. 0202 - 30 15 92) - Geb. 30. Nov. 1938 Stuttgart (Vater: Heinrich M.; Mutter: Gertrud, geb. Walker), ev., verh. s. 1965 m. Helga, geb. Federmann, 2 T. (Claudia, Vera) - Promot. 1965 Univ. Stuttgart - 1996-71 Doz., 1971-78 Prof. (1976-78 Rektor HBK Braunschweig), s. 1978 Prof. Univ.-GH Wuppertal, 1987-91 Rektor ebd. - BV: Numerische Ästhetik, 1970; Allg. Kommunikationstheorie, 1971 (Portug. 1975) - 1991 Ehrendoktor d. Techn. Univ. Kosice (CSFR) - Spr.: Engl., Franz.

MASER, Werner

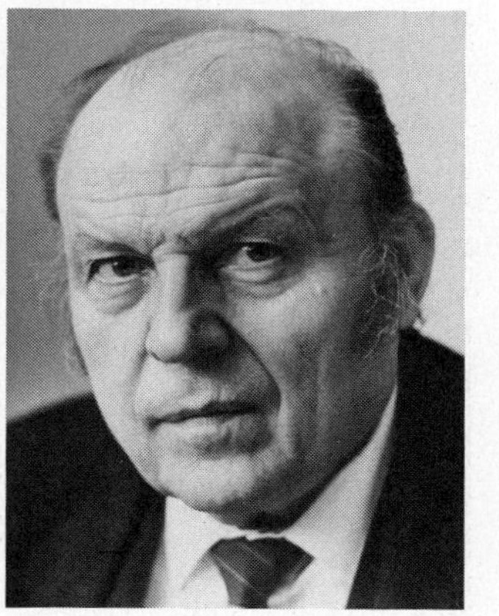

Dr. phil., Prof. f. Geschichte u. Völkerrecht an d. Martin-Luther-Univ. Halle-Wittenberg (s. 1991), Schriftsteller - Am Renngraben 2, 6720 Speyer/Rh. - Geb. 12. Juli 1922 Paradeningken/Ostpr. (Vater: Gustav M., Landw. u. Trakehner-Pferdezüchter; Mutter: Auguste, geb. Siebert), ev., verh. in 2. Ehe (1961) m. Ingrid, geb. Wenz, 3 Kd. (Mahela Renate, Eva Mirjam, Thomas) - Oberrealsch. Königsberg/Pr. (Abit.); Kriegsdst. als Inf.-Offz.; Univ. Berlin (Humboldt), München, Erlangen (Theol., Phil., Gesch., Politik, Päd., German.). Staatsex. 1951 Berlin; Promot. 1954 - 1950-52 Wiss. Assist. Berlin; 1955-57 Lexikon-Redakt. Frankfurt/M.; 1957-60 Chefredakt. u. Schriftl. Bochum, Leverkusen, Mannheim. Gutacht. d. Bundesreg., Hochschullehrer in d. BRD u. Gastprof. in Finnl., USA u. Japan. Erstmal. Auswert. d. Dokumente d. ehem. Hauptarchivs d. NSDAP f. d. Geschichtswiss. - BV: Genossen beten nicht - Kirchenkampf d. Kommunismus, 1963; D. Frühgeschichte d. NSDAP. Hitlers Weg bis 1924, 1965; Hitlers „Mein Kampf“. E. Kommentar, 1966; Adolf Hitler. Legende - Mythos - Wirklichkeit, 1971 (8. A. in 7 Jahren); D. Sturm auf d. Republik. Frühgesch. d. NSDAP, 1973; Hitlers Briefe u. Notizen, S. Weltbild in handschr. Notizen, 1973; Adolf Hitler - Mein Kampf. D. Fahrplan e. Welteroberers, 1974; Mein Schüler Hitler. D. Tagebuch s. Lehrers Paul Devrient, 1975; Nürnberg. Tribunal d. Sieger, 1977; Am Anfang war d. Stein - D. Gesch. d. Abendl./E. Wettlauf um d. Bodenschätze, 1984; Deutschl. Traum o. Trauma. Kein Requiem, 1984; D. Regime. Alltag in Deutschland 1933-45, 1983; Friedrich Ebert. D. erste dt. Reichspräs., E. polit. Biogr. 1987; Hindenburg. E. polit. Biogr. 1989; Helmut Kohl. E. polit. Biogr. 1990; Zw. Kaiserreich u. NS-Regime. D. erste dt. Republik 1918-33, 1992. Werke s. 1963 in rd. 100 Ausg. u. Übers. Hrsg. Micro-Edition: Nürnberger Prozeß, 125 Bde., dt., engl., franz., 1981; Völkerrechtsverletzungen d. Alliierten im Zweiten Weltkrieg, 40 000 Dok. d. Wehrmachtsunters.st., 1981 - Liebh.: Besitz. u. Züchter bedeut. Trakehner-Pferde; Kunstsammler - Spr.: Lat., Griech., Hebr., Russ.

MASING, Walter Ernst

Dr. rer. nat., Prof. - Danziger Str. 19, 6120 Erbach (T. 06062 - 39 87) - Geb. 22. Juni 1915 St. Petersburg (Vater: Albert M., Studienrat; Mutter: Elisabeth, geb. v. Schroeder), verh. 1940-81 m. Ruth, geb. Frieser (Ehrenbürgerin Pont de Beauvoisin, Isére u. Pont de Beauvoisin/Savoie) †, 3 Kd. (Helgard, Angela, Alexa) - Stud. d. Physik Univ. Dorpat/Estl., Rostock, Leipzig; Promot. 1940 ebd. - B. 1947 Entwicklungsphysiker (Laborleit.) Berlin, 1948 Mitgründung Fa. Dr. Masing & Co., Erbach. Zahlr. Patente. In- u. ausl. Fachmitgl.sch. - BV: Ignitronsteuerungen, 1961; Qualitätslehre, 6. A. 1979; Handbuch d. Qualitätssicherung, 2. A. 1988 - 1975 Edwards Medal (Amerik. Ges. f. Qualitätskontrolle), 1976 BVK a. Bde. u. I. Kl. - Liebh.: Fliegen, Segeln - Spr.: Engl., Franz. - Lions-Club.

MASKUS, Rudi

Dr. phil., em. o. Prof. f. Pädagogik - Römerstr. 164 (Univ.), 5300 Bonn; priv.: Hochstr. 13, 6300 Gießen-Allendorf - Geb. 26. April 1920 Breslau (Vater: Robert M., Sparkasseninsp.; Mutter: Elisabeth, geb. Jensch), ev., verh. s. 1954 m. Waltraut, geb. Brieger, 2 Kd. (Dr. Rüdiger, Ursula) - Stud. Päd., Phil., Gesch., Angl., Publiz. Bielefeld, London, Münster - 1951-60 Volks- u. Realschullehrer (1954), 1960-61 Doz. Päd. Inst. Weilburg, 1961-67 Doz. u. Oberstudienrat im Hochschuldst. Univ. Gießen, 1967-71 Prof. Päd. Hochschule Schwäb. Gmünd (Systemat. u. histor. Päd.), s. 1971 o. Prof. u. Dir. Sem. f. Schulpäd. Univ. Bonn - BV: u. a. Gesch. d. Mittel- u. Realschule, 1966; D. fachl. Ausbild. d. Volksschullehrers, 1967; D. Schulwirklichkeit als Studienfeld, 1967 (m. F. Roth); Paläoanthropologie u. Didaktik, 1973; Motivation in Erziehung u. Unterricht, 7. A. 1986; Unterricht als Prozeß, 1976; 20 Beitr. z. Sexual- bzw. Geschlechtserziehung, 1979; üb. 300 päd. Fachveröff. - BVK; Ehrenvors. Dt. Ges. f. Geschlechtserz. (DGG); 1991 DGG-Bayern-Preis; o. Mitgl. Freie Dt. Akad. d. Wiss. u. Künste - Liebh.: Lit., Kunst - Spr.: Engl., Franz. - Festschr. z. 60. Geb., Fortschritt u. Engagement, (A. Engels u. H. Emden) 1980.

MASS, Edgar

Dr. phil., Prof. f. Roman. Philol. Univ. Köln - Hebbelstr. 60, 5000 Köln 51 (Bayenthal) - Geb. 13. März 1939 Berlin, verh. s. 1967 m. Gabriele, geb. Ostmann, 3 Kd. (Caroline, Nicolai, Rebecca) - Abit. 1961; Stud. Univ. Freiburg, Paris, Berlin; M.A. 1969, Promot. 1973, Habil. 1979 Berlin - Gastprofessuren Univ. Freiburg u. Reims - BV: Le Marquis d'Adhémar, 1973; Lit. u. Zensur: Lettres persanes v. Montesquieu, 1981. Herausg.: L'Encyclopédie et Diderot (1985); Marcel Proust: Combray (1989) - 1987 Vizepräs. d. Société Montesquieu; 1988 Korr. Mitgl. d. Acad. Nationale, Bordeaux; 1990 Chevalier d. Ordens Palmes Académiques.

MASSARRAT, Sadegh

Dr. med., Prof. f. Innere Medizin Univ. Marburg (s. 1971) - Gunzelinweg 10, 3550 Marburg - Geb. 24. Mai 1932 - Promot. 1958; Habil. 1969 - Üb. 85 Facharb.

MASSENBACH, Freiherr von, Wichard

Dr. med. (habil.), em. o. Prof. u. Dir. Frauenklin. Med. Hochsch. Lübeck (1964-74 - Emil-Nolde-Weg 8, 3400 Göttingen - Geb. 9. Jan. 1909 Berlin, ev., verh. s. 1937 m. Helga, geb. Stille, 4 Kd. (Susanne, Klaus-Berthold, Sitta, Jost Eduard) - Univ. Freiburg/Br., Göttingen (Med. Staatsex. 1933), Rostock, München, Graz - 1941-64 Privatdoz. u. apl. Prof. (1949) Univ. Göttingen; 1954-64 Chefarzt Städt. Frauenklinik u. Dir. Krkhs. Süd/Ost Lübeck (ltd. Med.dir.) - BV: Hebammenlehrbuch, 1948 (m. Schäfer u. Zimmermann) - 1977 Hochschulmed. Med. Hochsch. Lübeck.

MASSENBERG, Norbert

Dr. rer. pol., Vorstandsmitglied i. R. TELA Versicherungs-AG. f. Techn. Anlagen, München - Breitschwertstr. 5, 8000 München 71 (T. 79 41 48) - Geb. 3. Juni 1913 - Stud. Wirtsch.swiss. u. Physik - Tätigk. Telefunken u. Siemens; s. 1958 Vorst. TELA - Liebh.: Malen (zahlr. Einzelausst. i. d. BRD, Künstlername: Bert Berg).

MASSENKEIL, Günther

Dr. phil., em. o. Prof., Direktor Inst. f. Musikwissenschaft Univ. Bonn (1966-91) - Böckingstr. 3, 5340 Bad Honnef/Rh. (T. 61 33) - Geb. 11. März 1926 Wiesbaden (Vater: Dr. phil. Joseph M., Oberstudiendir.; Mutter: Lotte, geb. Böhlen), kath., verh. s. 1954 m. Ursula, geb. Gross, 4 Kd. (Julia, Sabine, Christoph, Monika) - Univ. Mainz u. Paris (Sorbonne); Staatl. Hochschulinst. f. Musik Mainz. Promot. u. Habil. Univ. Mainz. 1973 Kurat.-Vors. Max-Reger-Inst. Künstler. Tätigk. als Konzertsänger (Baß-Bariton) - BV: Unters. z. Problem d. Symmetrie b. W. A. Mozart, 1962; Mehrst. Lamentationen aus d. 1. Hälfte d. 16. Jh., 1965; D. Oratorium, 1970; D. Gr. Lexikon d. Musik, 8 Bde., 1978-82, 2. A. 1987. S. 1977 Herausg. Kirchenmusik. Jahrb. - Spr.: Franz., Engl.

MASSING, Otwin

Dr. phil., Dipl.-Soz., o. Prof. f. Politikwiss. Univ. Hannover (s. 1975; 1976/77 Pro-Rektor, 1977/78 Rektor, 1978/79 Vizepräs.) - Moltkeplatz 6, 3000 Hannover 1 (T. 0511 - 66 61 26) - Geb. 3. Mai 1934 Namborn/Saar (Vater: Otto M., Hüttenarb.; Mutter: Berta, geb. Veit), kath., verh. s. 1960 m. Gisela, geb. Schmitt, 2 Kd. (Anja, Erik) - Stud. Univ. Saarbrücken u. Frankfurt/M.; Dipl.ex. 1962; Promot. 1964 - 1965-69 Assist. Univ. Frankfurt/M., Wiss. Dir. u. Prof. (1970) München, 1972ff. stv. Vors. Dt. Vereinig. f. Polit. Wiss.; 1973-78 Mitgl. Redaktionsrat d. Polit. Vierteljahresschrift (PVS) - BV: u. a. Fortschritt u. Gegenrevolution, 1966; Anagogische Modelle, 1967; Adorno u. d. Folgen, 1970; Politische Soziologie, 1974; Reform im Widerspruch, 1976; Verflixte Verhältnisse, 1987; Im Labyrinth d. Moderne, 1992. Mithrsg.: Sozialwiss. u. Recht (1972ff.), Konkretionen politischer Theorie u. Praxis (1972), Prismata (1974), Anti-Sozialismus aus Tradition? (1976) - 1957ff. Stip. Cusanuswerk u. 1968ff. DFG - Liebh.: Kammermusik, Fotografie - Spr.: Engl., Franz.

MASSMANN (ß), Hans

Dr., Landrat, Landwirt - 4509 Brockhausen Bez. Osnabrück - 1972 BVK I. Kl.

MASSMANN, Renate

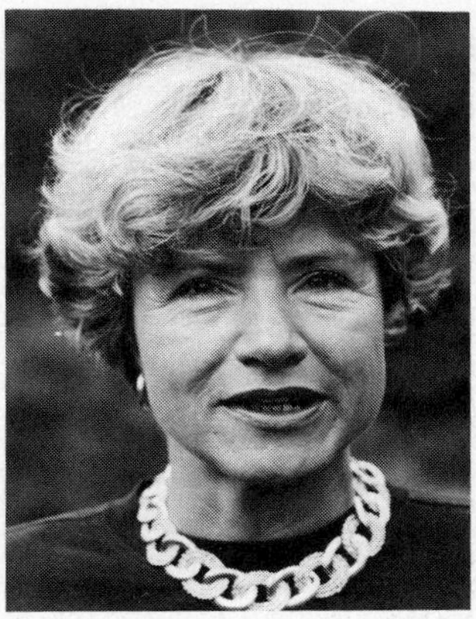

Dr. med., Ärztin f. Allgemeinmedizin, Leitende Ärztin d. Lebenshilfe Wuppertal - Einern 29, 5600 Wuppertal 2 (T. 0202 - 52 46 42) - Geb. 4. März Wuppertal, ev., verh. m. Dr. Helmut J. Massmann, Facharzt f. Innere Medizin, Chefarzt a.D., 2 Töcht. (Katja, Sonja) - Abit. Sutd. d. Medizin in Freiburg, Düsseldorf, München; Staatsex. München, Promot. München - Assitentenzeit u.a. Univ.kinderklinik München u. Neurol.-Psych. Klinik in Wuppertal (Prof. Sturm); 1965 Übernahme d. med. Leitg. d. gerade etablierten Lebenshilfe Wuppertal (sie gehört zu d. Pionieren d. Lebenshilfe u. betreut heute 380 geistig u. körperl. behinderte Menschen); 6 Jahre 1. Vors., s. 1988 Präs. d. GEDOK

(Verb. d. Gemeinschaften d. Künstlerinnen u. Kunstfreunde e.V.); Vorst.-Mitgl. Intern. Ges. d. Bildenden Künste - Veröff.: Werkwechsel I, 1989; Werkwechsel II. 1991 Katalog Projekt m. Ausstellung-GEDOK; Literaturdokumentation d. GEDOK, 1990; Ich schreibe, weil ich schreibe; Katalog Fantasie u. Form, Bereich Kunsthandwerk, 1990; Katalog: D. Dritte Auge - Medium Fotogr. m. Ausst. - 1980 Ehrenmed. d. Lebenshilfe; 1990 Ehrung f. große Verdienste f. d. Lebenshilfe Wuppertal (25 Jahre) - Interessen: Musik, Bildende Kunst, Literatur, Sport, Menschen, Lachen, Bridge, Golf - Spr.: Engl., Franz., Latein - Bek. Vorf.: Rudolf Herzog, Schriftst. (Großonkel).

MASSON, Christoph

Dr. jur., Generalstaatsanwalt - Krenner Weg 7, 8000 München 71 (T. 79 47 33) - Geb. 26. Aug. 1907 München (Vater: Christoph M., Stabszahlmeister; Mutter: Eleonore, geb. Pettinger), kath., verh. s. 1950 m. Hildegard, geb. Ittlinger - Gymn. u. Univ. München (Rechtswiss.; Promot. 1931). Jurist. Staatsprüf. 1930 u. 33 - S. 1933 Verwaltungs- (1936 ff. Justizmin.) u. Justizdst. (1954 ff. Verw.sgerichtsbarkeit; 1967 Generalstaatsanw. Bayer. VGH) - BV: Bayer. Kommunalgesetze, Loseblatt-Kommentar, 1961 ff. Schriftl.: Ztschr. f. Öfftl. Recht u. Öfftl. Verw./Bayer. Verw.sblätter (1955 ff.) - Liebh.: Reisen - Spr.: Engl., Franz., Ital., Russ.

MAST, Günter

Dipl.-Volksw., Geschäftsführer W. Mast KG., Jägermeister-Spirituosenfabrik, Präs. Eintracht Braunschweig (s. 1983) - Am Schwedendamm 3, 3340 Wolfenbüttel - Geb. 4. April 1926 - S. 30 Jahren kaufm. Leitg. Familienuntern. - Liebh.: Jagd, Kochen, Fußball (1983ff. Präs. Eintracht Braunschweig).

MASTEIT, Dietrich

Volkshochschuldirektor a. D., MdA Berlin a.D. (1971-81), stv. Vors. Nichtraucherbund Berlin - Angerburger Allee 43, 1000 Berlin 19 (T. 305 11 85) - Geb. 19. Jan. 1923 Gülzow/Pom., verh., 4 Kd. - 1949-53 Stud. Polit.wiss. (Diplomex.) - 1955-57 Sachbearb. Entschädigungsamt Berlin, dann pers. Ref. Senator f. Jugend u. Sport, ab 1964 Doz. f. Polit. Bildung, s. 1968 VHS-Dir. Kreuzberg ebd. 5 J. Wehrdst. SPD s. 1952.

MASTHOFF, Helga

Tennisspielerin - Lakronstr. 95, 4000 Düsseldorf 12 (T. 0211 - 29 24 50) - Geb. 11. Nov. 1941 Essen, verh. - Mittl. Reife, Höh. Handelssch. - Dt. Meisterin (10 × Einzel, 13 × Doppel, 6 × Mixed), insges. üb. 100 Dt. Titel; Intern. Meisterin Dtschl. (3 ×); Endsp. Paris; Wimbledon, unter d. letzten 8 (2 ×), 1970-72 Nr. 4 d. Welt; 1974 3. b. Sportlerin d. J.; Gew. vieler intern. Turniere; 1983, 84, 86 Senioren-Weltmeisterin; Federations Cup (11 ×); Flushing Meadow, unter d. letzten 4 - Ehrenmitgl. u. gold. Ehrennadel ETUF, Ehrenmitgl. Travemünde TVV, gold. Ehrennadel DTB, silb. Lorbeerbl. BRD.

MATARÉ, Charlotte

Prof., Hochschullehrerin - Flandrische Str. 48, 5100 Aachen (T. 6 19 37) - Geb. 14. Dez. 1913 Aachen - S. 1958 Doz. u. Prof. (1962) PH Aachen bzw. Rheinland/Abt. Aachen (Kunsterzieh.). Facharb.

MATENA, August

Verwaltungsangestellter, Mitgl. Hbg. Bürgerschaft (s. 1966) - Eilbeker Weg 55, 2000 Hamburg 76 (T. 20 96 06) - Geb. 29. Juni 1920 Sickingmühle Kr. Recklinghausen, verh., 2 Kd. - Volks- u. Handelssch. (Mittl. Reife); 1936-39 kaufm. Lehre - 1939-45 Arbeits- u. Wehrdst. (Kriegsmarine); s. 1945 Bauarb., Schaffner, Verw.sangest. (1947) Hamburg (1958 Personalratsvors. Rathausbehörde).

MATERN, Gerhard

Dr. phil., Dr. theol. (habil.), Prof., Kirchenhistoriker - Kanalstr. 22, 6400 Fulda - Geb. 7. Juni 1913 Lisettenhof/Ostpr. (Vater: Richard M., Landw.; Mutter: Lucia, geb. Belau), kath. - Gymn. Braunsberg (Hosianum); Staatl. Akad. ebd., Univ. Breslau u. Freiburg (Promot. 1944 u. 48). Habil. 1958 Freiburg - 1952-60 Doz. u. Prof. Phil.-Theol. Hochsch. Königstein/Ts.; 1960-62 Doz. Univ. Freiburg; s. 1962 o. Prof. PhThH Fulda; s. 1967 Honorarprof. (1971) Univ. Marburg - BV: D. kirchl. Verhältnisse in Ermland währ. d. späten Mittelalters, 1953; Z. Vorgesch. u. Gesch. d. Fronleichnamsfeier, bes. in Spanien - Stud. z. Volksfrömmigk. d. Mittelalters u. d. beginnenden Neuzeit, 1961; Zuspruch am Morgen. Ansprachen zu e. Lebensgestaltung in Zuversicht, 1988; E. neuer Schritt in Gottes Nähe. Ansprachen u. Meditationen, 1990; Damals u. heute. Menschen, denen Jesus begegnet, 1992. Fachveröff., Ztschr.beitr.

MATERN, Norbert

Dr. phil., Leiter d. Hauptabteilung Erziehung u. Gesellschaft im Bayer. Rundfunk, Lehrbeauftr. Univ. München - Schrimpfstr. 32a, 8035 Gauting (T. 089 - 850 44 86) - Geb. 20. Juni 1934 Braunsberg/Ostpr., kath., verh. s. 1960 m. Dipl. rer. pol. Annemarie, geb. Nieschlag, 3 Söhne (Ulrich, Dietrich, Rainer) - Gymn. Hildesheim; Univ. Bonn, Kiel, Frankfurt; Promot. 1959 - B. 1970 stv. Referatsleit. Bundespresseamt, Bonn; 1970-75 1. Redakt. in Chefredakt. Deutsche Welle - BV: München im Bombenkrieg, 1983; Ostpreußen - als d. Bomben fielen, 1986 - 1988 Kulturpreis/Publizistik d. Landsmannsch. Ostpreußen.

MATERN, Siegfried

Dr. med., Dipl.-Biochem., Prof., Lehrstuhlinhaber, Dir. Med. Klinik III RWTH Aachen - Geb. 12. Febr. 1940 Cottbus, ev., verh. m. Prof. Dr. rer. nat. Heidrun M. - 1958-65 Medizinstud. Univ. Berlin, FU Berlin, Univ. Freiburg; Promot. 1966 Freiburg; 1967-72 Stud. Physiol. Chemie u. Biochemie Univ. Tübingen; 1972 Dipl. Tübingen; Habil. 1977 Freiburg - 1972/73 Forschungsaufenth. Chem. Departm. d. Karolinska Inst. Stockholm/Schweden; s. 1984 Inh. Lehrst. f. Innere Medizin III (Schwerp. Gastroenterol. u. Stoffwechselkrankh.) RWTH Aachen - BV: Advances in Bile Acid Research (m. Hackenschmidt, P. Back u. W. Gerok), 1975; Advances in Glucuronide Conjugation (m. K. W. Bock u. W. Gerok), 1985 - Rotarier (s. 1987).

MATEŠIĆ, Josip

Dr. phil., o. Prof. f. Slavistik - Uhlandstr. 11, 6945 Hirschberg/Großsachsen/Kr. Bergstr. - Geb. 4. Sept. 1927 Kaptol, kath., verh., 2 Kd. (Andreas, Katharina) - Stud. Univ. Zagreb, Erlangen, Moskau; 1953 Staatsex., Promot. 1959, Habil. 1969 - 1959-62 Assist. Zagreb; 1963-67 Lektor in Gießen; 1968 Assist. Fribourg/Schweiz; 1969 Lehrstuhlvertr. Göttingen; s. 1969 o. Prof. Mannheim - BV: Erlanger Liederhandschr., 1959; D. Wortakzent d. s-ken Schriftspr., 1969; Rückläufiges Wörterb. d. S-ken, 1973. Phraseolog. Wörterb. Kroatisch, Kroat.-Dt., Russ.-Dt., Lexikologie, Phraseologie, Gattungsgesch. d. russ. Lit., Südslavische Literaturen. Herausg.: Mannheimer Beitr. z. Slav. Philol. - Korr. Mitgl. d. Kroatischen Akad. d. Wiss., Zagreb; "Foreign member" in d. Royal Soc. of Arts and Sciences in Gothenburg (Göteborgs Kungl. Vetenkapsoch Vitterhets-Samhälle) - Liebh.: Fußball - Spr.: Russ., Dt., Kroat., Sloven., Bulg., Poln., Čech.

MATHEIS, Rainer

Fernseh-Sendeleiter Südwestfunk - Hans-Bredow-Str., 7570 Baden-Baden (T. 07221 - 276 29 13) - Geb. 21. Mai 1947 Konstanz, kath., verh. s. 1976 m. Cornelia, geb. Schellhorn, 2 Kd. (Anna, Stefan) - Abit.; 1969/70 Univ. Tübingen, 1970-74 Univ. Freiburg, 1974-76 Univ. Konstanz; 1. u. 2. jurist. Staatsex.; M.A. (Soziol. u. Polit. Wiss.) - 1979-85 Ref. in d. Fernsehdirektion d. SWF; s. 1985 Fernseh-Sendeleiter u. Koordinator 3. Programm - Veröff.: Parkwohnstift Rosenau - e. soziol. Unters., in Konstanzer Blätter, 1976 - Liebh.: Jogging - Spr.: Engl., Franz.

MATHEWS, Peter

Autor u. Werbeleiter Rowohlt Verlag - Hohe Weide 58, 2000 Hamburg 20 - Geb. 22. Okt. 1951 Bremerhaven, verh. s. 1988 m. Monika Paulick, 2 Kd. - Dipl.-Volksw. - BV: Beule, 1984; E. Kommissar f. alle Fälle, 1985; Flieg, Adler Kühn, 1985; D. Schädiger, 1986; D. Scheidungsparty, 1989. Herausg. d. thriller-Magazins Schwarze Beute (alles zus. m. N. Klugmann) - 1986 Dt. Krimi-Preis.

MATHIEU, Theodor

Dr. jur., Senator h. c., Alt-Oberbürgermeister Stadt -Bamberg - Ludwigshöhe 6, 8600 Bamberg (T. 0951 - 5 43 43) - Geb. 14. März 1919 Hohenkamm/Kr. Freising, kath., verh. s. 1951 m. Herta, geb. Schropp, 2 Töcht. (Christine, Hedwig) - Jura-Stud. Erlangen - 1952-58 Richter LG Bamberg, 1952-54 Bundesmin. d. Justiz, 1957-58 Doz. Bayer. Rechtspflegesch., 1958-82 Oberbürgermeister, 1976-81 Mitgl. Bayer. Senat - BVK I. Kl., Bayer. VO, Goldmed. f. Verd. um kommun. Selbstverw. Bayern, Commendatore VO Rep. Ital., Ehrenringe österr. Städte Villach u. Feldkirchen, Gr. Ehrenz. in Gold f. Verdienste um d. Rep. Österr., Komtur d. Päpstl. Ritterordens d. Hl. Gregor d. Gr., Ehrensenator Univ. Bamberg (1980), Ehrenmitgl. d. Dt. Städtetages (1983), Ehrenbürger d. Stadt Bamberg (1984), Honorary Freemann of The Borough of North Bedfordshire-GB (1984).

MATHIS, Edith

Kammersängerin - Zu erreichen üb. Bueker-Management, Postf. 11 69, 3000 Hannover 1 - Geb. 11. Febr. 1939 Luzern, kath. - Oper (Hamburg. Staatsoper, Bayer. Staatsoper München, Wiener Staatsoper, Opéra de Paris, Covent Garden Opera London, Metropolitan Opera New York), Oratorium, Lied. Festivals: Salzburger Festsp., Edinburgh Festival, Glyndebourne Festival, Luzerner Musikfestwochen, Tanglewood Festival, Mozart Festival New York. Zahlr. Schallplattenaufn. - Mozartmed. Salzburg, Kunstpreis Stadt Luzern, Reinhart-Ring Ges. f. Theaterkultur Zürich - Spr.: Engl., Franz., Ital.

MATIASEK, Hellmuth

Dr. phil., Staatsintendant; Generalint. Städt. Bühnen Wuppertal - Rinkl-Hof, 8201 Kleinholzhausen/Obb. (T. Brannenburg 20 80; OFS: München 22 25 02) - Geb. 15. Mai 1931 Wien (Vater: Johannes M., Oberamtsrat; Mutter: Wilhelmine, geb. Karasek), kath., jetzt ev., verh. I) 1957 m. Felicitas, geb. Ruhm, T. Katharina, II) 1967 Cornelia, geb. Froboess (Schausp.), T. Agnes, Sohn Kaspar - Max-Reinhardt-Sem. u. Univ. Wien (Theaterwiss., German., Psych.) - 1953 Begr. u. Leit. kaleidoskop. (Avantgardist. Theater), 1955 Regiss. Landestheater Salzburg, 1960 Städt. Bühnen Köln (unt. Prof. O. F. Schuh), 1962 Int. Landestheater Salzburg, 1964 Generalint. Staatstheater Braunschweig; 1972-79 Otto-Falkenberg-Schauspielsch. München; 1979-83 Generalint. Wuppertal, ab 1. Sept. 1983 Chef Staatstheater am Gärtnerplatz, München. Gastregiss. München, Wien (Burgtheater), Hamburg (Staatsoper, Schauspielhaus), Berlin (Theater am Kurfürstendamm, Komödie). Bek. Bühneninsz.: Komödie d. Eitelkeit (Braunschweig), Landshuter Erzählungen (Hamburg), Ascanio in Alba (Salzbg. Festsp.); Fernsehen: u. a. Biedermann u. d. Brandstifter, Falstaff, Elga, Staatsexamen, Im bayer. Stil - BV: D. Komik d. Clowns (Diss.) - 1963 Österr. Theaterdirektoren-Preis - Liebh.: Buchbinderei - Spr.: Engl., Franz.

MATIS, Paul

Dr. med., Dr. med. h. c., Prof. - Albblickweg 8, 7447 Aichtal (T. 07127 - 5 17 14) - Geb. 18. Mai 1920 Mähr.-Schönberg - Promot. 1945 Prag; Habil. 1958 Tübingen (Allgem. Chirurgie) - S. 1964 apl. Univ.-Prof.; 1967-86 gf. Gesellsch. F. K. Schattauer-Verlag GmbH, Stuttgart. Mitgl. u.a. Soc. Intern. Chir. (1950). Ehrenmitgl. Dt. Ges. f. Phlebol. u. Proktol.; Ehrenmitgl. Dt. Ges. f. Lympholog.; 1969 E.-K.-Frey-Medaille; 1982 Rudolf-Jürgens-Gedenkmed. in Gold; 1984 BVK I. Kl. - Lit.: Med. Welt 1980: S. 779, 1985: S. 645, 646 u. 1990: S. 379, Hämostaseologie 1990, H. 3.

MATIS, Ulrike

Dr. med. vet., Dr. med. vet. habil., Univ.-Prof., Vorstand Chirurgische Tierklinik d. Univ. München (s. 1989) - Hans-Denzinger-Str. 19, 8000 München 40 - Geb. 26. März 1945 Ellwangen/Jagst - Tierärztl. Prüf. 1970; Promot. 1973 München; Habil. 1981 München; Priv.-Doz. 1981 - S. 1982 Lehrtätigk. München. Spez. Arbeitsgeb.: Orthopädie, Traumatol. - 30 Veröff. in Fachztschr., sow. 25 Beitr. in Lehr- u. Handb. - 1983 Mitgl. Vet. Orthop. Soc., 1987 Europ. Soc. Vet. Orthop. Traumatol., 1987 Arbeitsgemeinsch. Osteosynthese; 1989 Bundesgesundheitsrat.

MATKO, Karl

Landrat Landkreis Schwarzenberg/Erzgeb., MdL Freistaat Sachsen - Crandorfer Str. 91, O-9435 Erla/Erzgeb. - Geb. 10. Juni 1940 Schwarzenberg, kath., verh. s. 1970 m. Martina, geb. Becke, 2 Kd. (Markus, Daniela) - Abit. 1959 Schwarzenberg; Bauing. 1963 Glauchau; Postgrad. 1973 TU Dresden - 1985-90 stv. Stadtbaudir. Schwarzenberg; s. 1990 Abg. Kreistag; VR-Vors. Kreissparkasse.

MATOUSCHEK, Erich

Dr. med., Dr. rer. nat., Prof., Direktor Urolog. Klinik Städt. Klinikum, Karlsruhe, Akad. Lehrkrkhs. d. Univ. Freiburg (s. 1968) - Fridtjof-Nansen-Str. 49, 7500 Karlsruhe 41 - Verh. s. 1964 m. Dr. med. Eleo, geb. Madelung, 4 Kd. (Andreas, Gero, Eva, Niko) - S. 1963 (Habil.) Lehrtätigk. Univ. München u. Freiburg (1969 apl. Prof. f. Urol.). Facharb. (Bücher u. Handb.-Beitr.) - Ehren- u. korr. Mitgl. zahlr. ausl. wiss. Ges.

MATSCHIE, Christoph

Dipl.-Theologe, Mechaniker, MdB (s. 1990) - Am Planetarium 31, O-6900 Jena (T. 003778 - 2 24 20) - Geb. 15. Juli 1961 Mühlhausen, ev., led. - 1978-81 Berufsausb. m. Abit. als Mechaniker in Zella-Mehlis; Stud. Theol. 1984-89 Rostock u. Jena; Dipl. 1989 Jena - 1989 Sprecher d. SDP Jena; 1990 Vertr. d. SDP/SPD am Zentralen Runden Tisch in Berlin; 1990 Vorst.-Mitgl. u. Präs.-Mitgl. d. SPD-Ost - Spr.: Engl., Span.

MATSCHKE, Manfred Jürgen

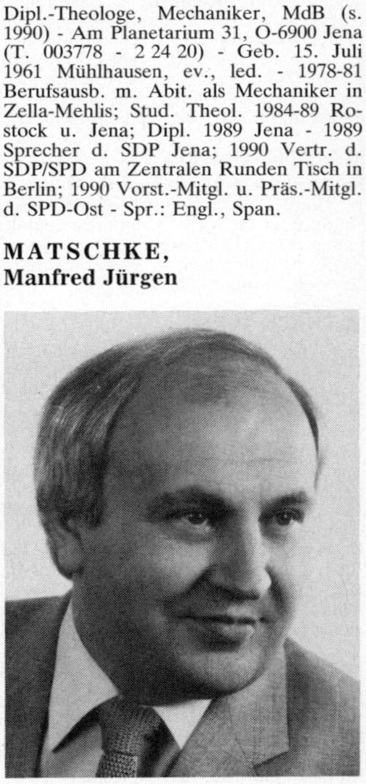

Dr. rer. pol., Dipl.-Volksw., Univ.-Prof. f. Wirtschaftswiss. TU Clausthal - Inst. f. Wirtschaftswiss., Adolph-Roemer-Str.

2a, 3392 Clausthal-Zellerfeld (T. 05323 - 72 22 46) - Geb. 21. Juni 1943 - Dipl.-Volksw. 1968 Univ. Köln; Promot. 1973, Habil. 1977 - 1977-82 Prof. Univ.-GH Siegen; s. 1982 Prof. TU Clausthal - 1971-77 Schriftltg. Betriebswirtschaftl. Forschung u. Praxis (BFuP); s. 1977 Mithrsg. BFuP - BV: Entscheidungswert d. Untern., 1973; Funktionale Unternehmungsbewert., 1979; Finanzierung d. Unternehmung, 1991. Zahlr. Fachveröff.

MATSCHL, Gustav

Dr. jur., Ltd. Ministerialrat, MdL Bayern (s. 1978, CSU), Vors. d. Aussch. f. Bundes- u. Europaangelegenh. im Bayer. Landtag - Rosenstr. 9, 8026 Ebenhausen - Geb. 27. Dez. 1932 Böhmerwald, verh., 2 Kd. - Gymn. Passau (Abit. 1951); Univ. München u. Köln (Rechtswiss.). Gr. jurist. Staatsprüf. 1960 München - S. 1960 Justizdst. München (Staatsanw. u. Richter) u. Innenmin. (stv. Leit. Abt. Siedlungs- u. Wohnungsbau).

MATTENKLOTT, Gert

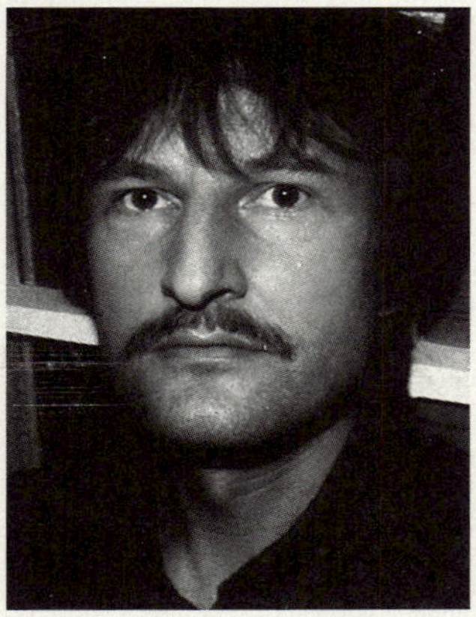

Dr. phil., Schriftsteller, Prof. f. Geschichte d. Neueren dt. Literatur m. bes. Berücks. d. Lit.theorie Univ. Marburg (s. 1972) - Bamberger Str. 8, 1000 Berlin 30 - Geb. 21. Jan. 1942 Oranienburg/Berlin (Vater: Günther M., Verwaltungsbeamter; Mutter: Irene, geb. Ostermann), verh. s. 1968 m. Gundel, geb. Krebs, 2 Kd. (Caroline, Benjamin) - Univ. Berlin u. Göttingen. Promot. 1968; Habil. 1970 - Zul. Privatdoz. FU Berlin. 1968 Gast Yale Univ. (USA), 1983/84 Univ. Pisa (phil. Fak.), anschl. Forsch. in USA u. Israel (Akad.-Stip. Stiftg. Volkswagenwerk), 1985 Univ. Venedig, s. 1986 Adjunct Prof. d. Univ. of Massachusetts at Amherst - BV: Melancholie in d. Dramatik d. Sturm u. Drang, 1968; Bilderdienst - Ästhet. Opposition b. Beardsley u. George, 1970; Grundkurs 18. Jh., 1974 (m. a.); Nach links gewendet, 1980; Karl Blossfeldt, 1981; D. übersinnl. Leib, 1983; Blindgänger, 1985; Berlin Transit (m. Gundel M.), 1987; Deutsche Briefe (m. Hannelore u. Heinz Schlaffer), 1988; Jüdische Intelligenz in dt. Briefen, 1988; Üb. Juden in Deutschland, 1991. Mithrsg.: Lit. im histor. Prozeß (12 Bde. 1973-80, m. K. Scherpe) u. Kontext 2 (1978). Mitarb.: Encyclop. Europea (Mailand), MERKUR, Rundfunkessays - Spr.: Engl., Franz., Ital.

MATTERN, Karl-Heinz

Dr., Prof., Präsident Bundesakademie f. öfftl. Verwaltung a. D. - Bodelschwinghweg 5, 5300 Bonn 1 (T. 28 14 18) - Geb. 11. Dez. 1918 Danzig (Vater: Paul M., Schulrat; Mutter: Hertha, geb. Letkemann), ev., verh. s. 1956 m. Notburga, geb. Eiermann, 4 Kd. (Ulrike, Hans Günther, Elke, Volker) - Promot. 1949 Univ. Tübingen; Gr. jurist. Staatsprüf. 1951 Tübingen - 1951 Verw. Dt. Bundestag; 1965 Vorst. Inter Nationes; 1970-83 Präs. Bundesakad. f. öfftl. Verw.; 1957-69 Lehrauftr. Univ. Saarbrücken; s. 1979 Hon.prof. Univ. Münster; Vors. Stiftungsrat Ostd. Kulturrat - BV: D. Exilreg., 1953; Kommentar z. Atomgesetz (Mitverf.), 1961; Grundlinien d. Parlaments, 1969; D. Verw.handeln im Richtsteig v. Ziel u. Ergebnis, 1984; Allg. Verwaltungslehre, 1989; Anforderungen an d. öfftl. Verwaltung, 1991. Zahlr. Aufs. üb. öfftl. rechtl. u. verw. wiss. Themen - 1982 Ritter d. franz. Ehrenlegion; 1983 Gr. Silb. Ehrenz. Rep. Österr.; 1983 Gr. BVK - Spr.: Engl., Franz. - Lit.: Festschr. Verw.führ., -praxis, -wandel, 1983.

MATTES, Helmut

Dr. rer. pol., Dipl.-Kfm., Vorstand d. Baden-Württbg. Bank AG, Stuttgart - Zu erreichen üb. Bad. Württbg. Bank AG, Stuttgart - Geb. 19. Juli 1934 Gosheim - AR-Vors. Brauerei Cluss AG, Heilbronn, u. Eisen- u. Drahtwerk Erlau AG, Aalen; st. AR-Vors. ZEAG Zementwerk Lauffen - Elektrizitätswerk Heilbronn AG, Heilbronn; AR Hüller-Hille GmbH, Ludwigsburg, Südwestdt. Salzwerke AG, Heilbronn u. Karlsruher Versich. AG, Karlsruhe; VR Maschinenfabrik Diedesheim GmbH, Mosbach; Beiratsvors. Richard-Drautz-Stiftung Firma J. Weipert & Söhne GmbH & Co. KG, Heilbronn, u. GVG Grundstücksverw.ges. mbH Heilbronn; Beirat Papier Union GmbH & Co. KG, Frankfurt.

MATTHÄUS, Volkhart

Dipl.-Ing., Bereichsvorstandsmitglied Bereich Halbleiter d. Siemens AG - Zu erreichen üb. Siemens AG, Wittelsbacherplatz 2, 8000 München 2 - Geb. 24. März 1943 Karlsbad, verh. s. 1967 m. Brigitte, geb. Langner, 2 Töcht. (Katrin, Silke) - Dipl.-Ing., Wirtsch.-Ing.wesen 1968 TU Berlin - Spr.: Engl.

MATTHÄUS-MAIER, Ingrid, geb. Matthäus

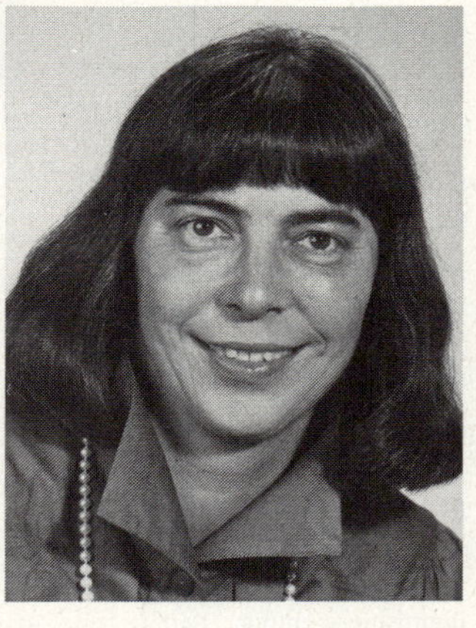

Richterin, MdB (s. 1976; Landesliste NRW/SPD) - Am Paddenofen 4, 5205 Sankt Augustin 1 - Geb. 9. Sept. 1945 Werlte (Vater: Heinz-Günther M., techn. Angest.; Mutter: Helmtraud, geb. v. Hagen, Chemotechn.), verh. s. 1974 m. Dipl.-Math. Robert M., 2 Kd. (T., S.) - B. 1982 FDP (ausgetr.; 1972 Bundesvors. Jungdemokraten, s. 1974 Mitgl. Landes- u. Bundesvorst.); s. Ende 1982 SPD; Jan.-Okt. 1988 Vors. d. 2. Untersuchungsaussch. d. Dt. Bundestages z. Unters. d. Atomskandals; s. Sept. 1988 stv. Fraktionsvors. u. Vors. d. Arbeitskreises Finanzpolitik d. SPD-Bundestagsfrakt. - Spr.: Engl., Franz.

MATTHEIS, Gregor

Dr., Rechtsanwalt, Vorstandsmitglied Raab Karcher AG, Essen - Lüdemannsweg 6, 4650 Gelsenkirchen-Buer (T. 0209 - 37 96 66) - Geb. 29. März 1933 Gelsenkirchen, kath., verh., 2 Kd. (Dorothee, Christoph) - Stud. Rechts- u. Staatswiss.; 1. Refer.-Ex.; 2. Ass.-Ex. - Wirtsch.-Jurist Ruhrgas AG, Essen; Chefjustitiar Erdgas Münster; Generalbevollm. Veba Oel AG, Gelsenkirchen - Liebh.: Musik, Sport - Spr.: Engl., Franz.

MATTHES, Dieter

Dr. phil. nat., Prof., Zoologe - Schleifweg 53, 8525 Uttenreuth - Geb. 21. Aug. 1919 Auerbach/Vogtl. (Vater: Oskar M., Studienrat i. R.; Mutter: Gertrud, geb. Berndt), ev., verh. s. 1972 m. Dr. Carla, geb. Mattner, 4 Kd. (Tobias, Cornelia, Fabian, Manuel) - Stud. Zool., Botanik, Chemie. Promot. 1948 - S. 1962 (Habil.) Lehrtätigk. Univ. Erlangen-Nürnberg (1968 apl. Prof.); 1970 Wiss. Rat u. Prof.; 1973 Abt.vorst.; 1978 Extraordinarius; 1985 Lehrstuhlvertr. - Spez. Arbeitsgeb.: Morphologie, Ökologie u. Systematik d. Protozoen, Tiersoziol., Sexualbiol. d. Insekten - BV: Wimpertiere, 1966 (m. F. Wenzel); Tiere miteinander, 1967; Vom Liebesleben d. Insekten, 1972; Plagegeister d. Menschen 1974 (m. Dr. Carla Matthes); D. Felsenküste d. Adria, 1976; Tiersymbiosen, 1978; Seßhafte Wimpertiere, 1982; Suctoria in: Protozoenfauna, 1988; Tierische Parasiten, 1988. 180 Einzelarb. Herausg.: Archiv f. Protistenkd.; Protozoenfauna (14 Bde) - Spr.: Engl.

MATTHES, Eckhard

Dr. phil., Direktor Inst. Nordostdt. Kulturwerk Lüneburg (s. 1982) - Korb 28, 2120 Lüneburg (T. 04131 - 4 64 11) - Geb. 6. Juli 1940 Hamburg (Vater: Prof. Dr. Walther M.), verh. s. 1980 m. Irmgard, geb. Böhler, 2 Söhne (Nikolaus, Stephan) - Stud. Hamburg, Heidelberg, Berlin, Leningrad; M.A. 1972 FU Berlin; Promot. 1978 FU Berlin - 1966-69 Sem. f. osteurop. Gesch., Osteuropa-Inst. FU Berlin; 1969/70 Forsch.aufenth. Univ. Leningrad/UdSSR; 1971-82 Wiss. Angest. Univ.-Außenamt FU Berlin - BV: D. veränderte Rußl. Studien z. dt. Rußlandverständnis im 18 Jh. zw. 1725 u. 1762, 1981 - Spr.: Engl., Russ.

MATTHES, Franz

Dr., Hauptgeschäftsführer Bundesverb. Dt. Kartoffelbrenner, Geschäftsf. Verb. Bayer. Landw. Brennereien - Schmaedelstr. 2, 8000 München 60 - Geb. 11. Juli 1930 Nürnberg - Stud. Landwirtsch. TU München-Weihenstephan.

MATTHES, Günter

Journalist - Geb. 31. Dez. 1920 Leipzig (Vater: Richard M., Beamter), ev., verh. s. 1946 m. Else, geb. Rösner, 2 Söhne (Dieter, Ulrich) - Mitgl. Chefredakt. D. Tagesspiegel, Berlin a.D., Kommentator, 1970-72 Vors. Berliner Presse Club - BV: Samml. v. Glossen: Am Rande bemerkt, 3. A. 1960-63; Berliner Spitzen, 2. A. 1976/77; Berliner Spitzen II, 1980; Menschen, Macht u. Meinung, 1990 - 1966 Theodor-Wolff-Preis; 1968 BVK II., 1979 I. Kl.; 1991 Ernst-Reuter-Plak. Land Berlin; Gold. Sportabz. - Spr.: Engl.

MATTHES, Joachim

Dr. phil., o. Prof. f. Soziologie - Badstr. 1a, 8500 Nürnberg - Geb. 1. Juni 1930 Magdeburg, ev. - 1949-55 Freie Univ. Berlin (Phil., Soziol., Rechtswiss.). Promot. Berlin; Habil. Münster - B. 1960 Ev. Akad. Loccum (Wiss. Ref.), anschl. Wiss. Inst. Diakon. Werk EKD Bonn (Wiss. Ref.), dann Sozialforschungsst. Dortmund/Univ. Münster (Ref. Abt.-leit., 1967 Dir.), 1964-67 Päd. Hochsch. Ruhr/Abt. Hagen (o. Prof. f. Soziol. u. Sozialpäd.), s. 1967 Univ. Münster (o. Prof.), Bielefeld (1969) u. Erlangen-Nürnberg (1976); 1979-82 Vors. Dt. Ges. f. Soziol. - BV: D. Emigration d. Kirche aus d. Gesellschaft, 1964; Gesellschaftspolit. Konzeptionen im Sozialhilferecht - Z. Kritik d. neuen dt. Fürsorgegesetzgeb. 1961 (1965ff.); Religion u. Ges.-Einf. in d. Religionssoziol., Bd. I 1967; Kirche u. Ges.-Einf. in d. Religionsseoziol., Bd. II 1969; Einf. in d. Stud. d. Soziol., 1973 u. 1981. Div. Herausg., dar. m. a. Intern. Jahrb. f. Religionssoziol., Alltagswissen, Interaktion u. gesellschaftl. Wirklichkeit, 1973 u. 1981.

MATTHES, Karl J.

Dr. med., Internist, Prof. Univ. Gießen - Klinikstr. 36, 6300 Gießen - Geb. 16. Dez. 1931 Leipzig (Vater: Prof. Karl H. M.; Mutter: Hedwig, geb. Weiss), ev., verh. s. 1965 m. Doris, geb. Stemper († 1978), s. 1981 m. Bettina, geb. Kemkes, 4 Kd. (Karl, Katharina, Elisabeth, Karoline) - Stud. d. Med. u. Chemie Univ. Erlangen, Freiburg, Lausanne; Staatsex. u. Promot. 1954; Habil. 1966 - S. 1967 Univ. Gießen (1971 Prof.). Fachmitgl.sch. - BV: Biochemische Untersuchungen z. Pathol. d. Leberstoffwechsels b. menschl. Lebererkrankungen, 1968. Fachveröff. In- u. Ausl. - Liebh.: Reisen, Fotogr., Gesch. - Spr.: Engl., Span., Franz., Ital.

MATTHES, Siegfried

Dr. rer. nat. (habil.), em. o. Prof. f. Mineralogie - Trautenauer Str. 52, 8700 Würzburg (T. 0931 - 7 56 35) - Geb. 7. Sept. 1913 Pausa/Vogtl., ev., verh. s. 1953 m. Ursula, geb. Vogel, 2 Töcht. (Uta, Heike) - Univ. Leipzig u. Berlin - 1940-44 Wehrdst., 1944/45 Freistellung f. Forsch.aufgabe z. Asbestsynthese als wiss. Assist. am Mineralog. Inst. Univ. Leipzig; 1950-55 Privatdoz. Univ. Frankfurt/M.; s. 1955 ao. u. o. Prof. (1962-81) Univ. Würzburg (Dir. Mineral. Inst.). Spez. Arbeitsgeb.: Mineralogie, Petrologie - BV: Mikroskopie d. techn. nutzbaren Asbeste, in: H. Freund, Handb. d. Mikroskopie in d. Technik, 1955; Mineralogie - e. Einf. in d. spezielle Mineralogie, Petrologie u. Lagerstättenkunde, 3. A. 1990; Spessart, Sammlung geol. Führer (m. M. Okrusch), 2. A. 1987. Zahlr. Fachveröff. - Spr.: Engl., Ital.

MATTHES, Werner

Dr. jur., Rechtsanwalt, Geschäftsf. Bundesverb. d. Dt. Hefeindustrie - Schaumkrautweg 2-4, 2000 Hamburg 65.

MATTHESS, Georg

Dr. rer. nat., Prof. f. Hydrogeologie - Geologisch-Paläontol. Institut, Olshausenstr. 40, 2300 Kiel (T. 880 28 58) - Geb. 28. Febr. 1932 Darmstadt, verh. s. 1961 m. Helga, geb. Reineck, 2 Kd. (Volker, Barbara) - Stud. Darmstadt - 1957-73 Hess. Landesamt f. Bodenforsch. Wiesbaden, s. 1973 Univ. Kiel - BV: D. Beschaff. d. Grundwassers, Lehrb., Bd. 2 1973, 2. A. 1990 (engl. Übers.: The Properties of Groundwater, 1981); Allgem. Hydrogeologie - Grundwasserhaushalt (m. Karoly Ubell), Lehrb., Bd. 1 1983. Herausg.: Progress in Hydrogeochemistry (1992 engl. m. a.) - 1990 Hans STILLE-Med. - Spr.: Engl.

MATTHESS, Walter

Verleger, Werbefachmann - Dohnenstieg 20, 1000 Berlin 33 - Geb. 4. Okt. 1903 Zwickau/Sa. (Vater: Emil M., Justizbeamter; Mutter: geb. Mosig), verh. in 2. Ehe (1949) m. Lydia, geb. Höfner, 4 Kd. (Jutta, Thomas, Peter, Michael) - Obersch.; Buchhändlerlehre - Werbeleit. Verlagswesen (u. a. Querschnitt u. Vogue); gegenw. Hauptgesellsch. Dorland GmbH u. Dorland Werbeagentur Berlin, Hauptges. u. Geschäftsf. Haus d. Werbung GmbH. & Co. KG. Berlin, Mitglied Weltwirtschl. Ges. - 1964 BVK - Liebh.: Sport (Tennis, Schwimmen, Ski) - Rotarier - Spr.: Engl.

MATTHEUS, Bernd

Schriftsteller (Ps. Elena Kapralik, Franz Loechler, Eike Hühnermann) - Zu erreichen üb. Matthes & Seitz Verlag, Postfach 19 06 24, 8000 München 19; priv.: Kassel - Geb. 8. März 1953 Eisenach - BV: Jede wahre Sprache ist unverständlich, 1977; Antonin Artaud. Leben u. Werk d. Schausp., Dichters u. Regiss., 1977; (m. K. Kollmann) Briefe üb. d. Spr., 1978; D. Augen öffnen sich im Unklaren u. schließen sich im Verdunkelten, Notizen, 1980; Georges Bataille. E. Thanatographie I, 1984; Heftige Stille. Andere Notizen, 1986; Georges Bataille. E. Thanatographie II, 1988; Herausg. (m. A. Matthes): Ich gestatte mir d. Revolte, (1985). Versch. Übers. aus d. Franz. - Spr.: Engl. - Lit.: Dt. Literatur-Lex., Bd. 10, 3. A. 1985; Kürschners dt. Literurkalender, 59. Jg.,

1984; The Intern. Authors and Writers Who's Who, Cambridge, 10. A. 1985/86

MATTHIAS, Klaus

Dr. phil., Studiendirektor Inst. f. Literaturwiss. Univ. Kiel (s. 1967) - Konsulweg 5, 2409 Scharbeutz/Ostsee - Geb. 1. Juni 1929 Lübeck, verh. s. 1960 m. Gabriele, geb. Delbrück (Studiendir.), 4 Töcht. (Renate, Claudia, Bettina, Julia) - Human. Gymn. Lübeck; Stud. Lit.wiss., Musikwiss. u. Gesch. Kiel; 1. Staatsex. 1954; Promot. 1956; 2. (päd.) Staatsex. 1957; 1983-87 Zweitstud. Kunstgesch. Kiel - 1955-67 Lehrtätigk. Gymn.; Tätigk. Musik- u. Literaturkritiker u. s. 1981 Museumspäd. Lübeck; 1965 Gründ. Th. Mann-Ges., Lübeck (Vors. b. 1974); 1971 Org. u. Leit. H. Mann-Tagung, Lübeck; 1985 Gründ. u. wiss. Leit. Th. Mann-Archiv Lübeck; 1989 Th. Mann-Akad. am TM-Archiv Lübeck - BV: D. Musik b. Th. Mann u. H. Hesse, 1956; Stud. z. Werk Th. Manns, 1967; Th. Mann u. Skandinavien, 1969; H. Mann 1871/1971 (Herausg.), 1973. Div. Veröff. üb. Th. Mann, Th. Fontane, C.F. Meyer, Sudermann/Kerr, St. Zweig, M. Frisch, Mozart, Beethoven, z. Musik-Erzähllit., Musikgesch. Lübecks, Neuen Musik, Mod. Arch. Veröff. v. Lyrik. - Spr.: Lat., Griech., Engl.

MATTHIES, Frank-Wolf

Schriftsteller - Zwinglistr. 39, 1000 Berlin 21 (T. 030 - 391 33 10) - Geb. 4. Okt. 1951 Berlin, verh. s. 1977 m. Petra, geb. Neumann, 3 Kd. (Jenny, Franz-Jule, Gustav) - Abit.; Ausb. Kunstschlosser - Kontenf., Dispatcher, Schuster, Taxifahrer, Leichenwäscher, Kameramann, Fernmeldemech., Filmvorf. - BV: Morgen, 1979; Unbewohnter Raum m. Möbeln, 1980; F. Patricia im Winter, 1981; Exil, 1983; Tagebuch Fortunes, 1985; Stadt, 1985; Stadt, 1986; D. Märchen v. Franz Lövenhertz, 1987; Gelächter, 1987; D. Sehn-Sucht, 1987; Inventar d. Irrtümer, 1988; D. Labyrinth d. Glücks, 1990; Adressen - aus d. Heften f. Patricia, 1990; D. Märchen v. d. Varta-Schlange, 1990; Poets Corner, 1992; Du bist d. Ort vor d. Ende d. Welt, 1992 - 1984-85 Villa Massimo, Stip. f. Lit., Rom - Liebh.: Lit., Phil. - Spr.: Engl., Franz., Latein., Norweg., Russ.

MATTHIES, Hans-Jürgen

Dr.-Ing., Dr.-Ing. E.h., em. o. Prof., ehem. Direktor Inst. f. Landmaschinen TH d. TU Braunschweig (s. 1958), ehem. Vors. VDI-Ges. Agrartechnik (1983-88), Mitgl. Braunschw. Wiss. Ges. (s. 1974), 1966/68 Dekan Fakultät Maschinenb. u. Elektrotechn., 1978/79 Rektor Techn. Univ. Braunschweig - Wöhlerstr. Nr. 15, 3300 Braunschweig - Geb. 9. Nov. 1921 Teterow/Meckl. (Vater: Ernst M., Fabrikbes.; Mutter: Helene, geb. Klement), ev., verh. s. 1944 m. Ursula, geb. Benz - N. Wehrdst. TH Berlin u. Stuttgart - Zul. Chefkonstrukteur Gebr. Welger, Wolfenbüttel. Im II. Weltkr. Oblt. u. Batterief. Mehrere Patente u. Gebrauchsmuster. Zahlr. Fachveröff., darunt. D. Strömungswiderstand b. Belüften landw. Erntegüter (VDI-Forschung, H. 454 1956) - BV: Einf. in d. Ölhydraulik, 1984 - 1988 Gold. Ehrenzeichen d. VDI; 1991 Ehrendoktor d. TU München - Spr.: Engl.

MATTHIES, Horst

Dr. rer. nat., Aufsichtsratsvorsitzender d. Deutschen Paket Dienst GmbH, Unna - Siegrunweg 45b, 2000 Hamburg 56 (T. 81 58 55) - Geb. 22. Febr. 1932 Braunschweig - Stud. Volksw.

MATTHIESEN, Hinrich

Schriftsteller - Uasterjen, 2280 Morsum/Sylt (T. 04654 - 6 10) - Geb. 29. Jan. 1928 Westerland/Sylt (Vater: Meinert M., Kapitän; Mutter: Hilda, geb. Jacobsen), ev., verh. s. 1953 m. Gondel, geb. Behrends, T. Svendine - Obersch. Lübeck; Univ. Kiel u. Valparaiso/Chile - 1950-54 Lehrer, 1954-57 Lehrer in Chile, 1962-74 in Mexiko - BV: Minou, R. 1969; Blinde Schuld, R. 1970; Tage, d. aus d. Kalender fallen, R. 1972; D. Skorpion, R. 1974; Acapulco Royal, R.

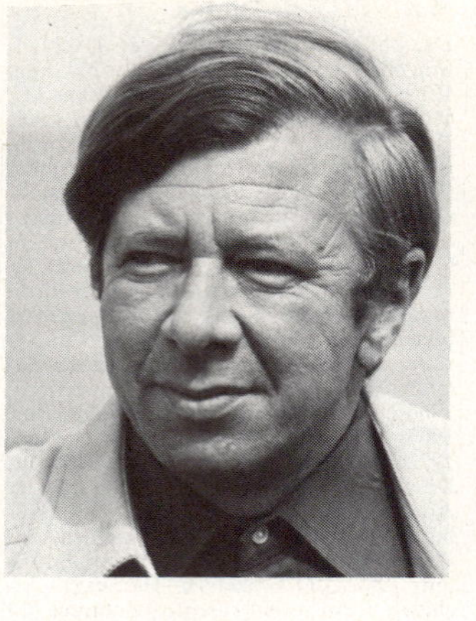

1976; Tombola, R. 1977; D. Variante, R. 1978; D. Mestize, R. 1979; Verschlungene Pfade, Erz. 1979; Brandspuren, R. 1981; Reifezeit, Erz. 1981; D. Ibiza-Spur, R. 1981; Mit dem Herzen einer Löwin, R. 1983; Unter dem Mond von Veracruz, Erz. 1983; D. Barcelona-Affäre, R. 1983; Fluchtpunkt Yucatán, R. 1984; I. den Fängen d. Nacht, R. 1984; D. Málaga-Mann, R. 1984; D. Canasta-Trick, R. 1985; D. Gift, R. 1986; D. Córdoba-Testament, R. 1986; Vabanque, R. 1987; VX, R. 1988; Nacht d. Erinnerung, R. 1989; Fleck auf weißer Weste, R. 1990; D. Enkel, Erz. 1990; Mein Sylt, Sachb. 1990; Ein Sieg zuviel, R. 1991; Atlantik Transfer, R. 1991; D. Spur d. Katze, R. 1992; D. Theunissen-Testament, R. 1992. Mithrsg.: Michel ohne Mütze, Anthol. (1991) - Liebh.: Reisen, Gesch. u. Kultur Lateinamerikas - Spr.: Engl., Span., Fries. als Mutterspr. - Lit.: Who's who in Lit. 1978/79; Kürschners dt. Lit.-Kal., 1973; Schriftst. in Schl.-Holst. heute, 1980.

MATTHIESEN, Klaus

Minister f. Umwelt, Raumordnung u. Landwirtschaft Nordrh. Westf. - Schwannstr. 3, 4000 Düsseldorf (T. 0211 - 4 56 60) - Geb. 15. Febr. 1941 Gangerschild, ev., verh. - Mittelsch.; Ausbild. Bundespost; Fachhochsch. f. Sozialarb. (8 Sem.). Staatsex. Kiel - 1968ff. Studienleit. Grenzakad. Sankelmark (Erwachsenenbild.); b. 1983 MdL Schlesw.-Holst.; 1983-85 Landwirtschaftsmin. NRW. SPD s. 1962 (1973-83 Oppositionsf. Schlesw.-Holst.).

MATTHIESSEN, Kjeld

Dr. phil., Prof. f. Klass. Philologie - Heinrich-von-Stephan-Ring 34, 4400 Münster (T. 61 49 89) - Geb. 21. Juli 1930 Bad Oldesloe (Vater: Hugo M., Archit.; Mutter: Grete, geb. Nölke, Archit.), verh. s. 1962 m. Hildegard, geb. Martin, 2 S. (Kai, Holger) - Katharineum Lübeck; Univ. Kiel, Tübingen, Münster, Hamburg; Promot. Hamburg - 1960-65 Wiss. Mitarb. Lexikon frühgriech. Epos, 1965-70 Wiss. Assist. Münster, 1970 Habil., 1962-63 Forsch.-saufenth. Italien, 1968-69 USA - BV: Elektra, Taurische Iphigenie, Helena, 1964; Stud. z. Textüberlief. d. Hekabe d. Euripides, 1974.

MATTHIESSEN, Peter

Landrat a. D., MdL Schlesw.-Holst. (1967-75) u. a. - Pünstorfer Str. 96, 2210 Itzehoe (T. 04821 - 4 29 49) - Geb. 17. Jan. 1907 Kiel (Vater Theodor M., Justizrat; Mutter: Elisabeth, geb. Grühn), ev., verh. s. 1957 m. Dr. Gisela, geb. Botsch, 2 Kd. (Juliane, Matthias) - Realgymn. Univ. Marburg, Jena, Kiel (Rechts- u. Staatswiss.) - Reg.-Ref., - Ass., -Rat, Landrat Eckernförde u. Itzehoe. Wehrdst. u. sowjet. Kriegsgefangensch. (1945-54). CDU s. 1957 - 1973 Gr. BVK - Spr.: Engl. - Rotarier.

MATTHÖFER, Hans

Dipl.-Volksw., Bundesminister a.D., Vorstandsvors. Beteiligungsges. f. Gemeinwirtschaft (BGAG), Frankfurt/M. - Schreyerstr. 38, 6242 Kronberg/Taunus (T. 7 93 34) - Geb. 25. Sept. 1925 Bochum (Vater: Johann M., Fabrikarbeiter; Mutter: Eva, geb. Elz), kath., verh. s. 1951 m. Traute, geb. Mecklenburg - Volkssch.; n. Sonderreifeprüf. Stud. Wirtschafts- u. Sozialwiss. Wisconsin u. Frankfurt - Stahlind., 1942-43 Arbeits-, 1943-45 Wehrdst. (Panzergrenadiere; zul. Uffz.) u. Gefangensch., Werkstud., 1953-57 IG Metall (Abt. Wirtschaft), 1957-60 OECD (Missionsmitgl. Washington); 1961-72 IG Metall (Leit. Abt. Bildungswesen). 1971-73 Präs. Dt. Stiftung f. Entwicklungsländer. 1961-87 MdB; 1972-74 Parlam. Staatssekr. Bundesmin. f. wirtschaftl. Zusammenarbeit. 1974-78 Bundesminister f. Forschung u. Technologie. 1978-82 Bundesmin. d. Finanzen; 1982 Bundesmin. f. d. Post- u. Fernmeldewesen; s. 1987 Chef d. Gewerkschaftsholding BGAG. SPD s. 1950 (1973-87 Mitgl. d. Parteivorst.; 1985-87 Schatzmeister d. Partei) - BV: D. Unterschied zw. Tariflöhnen u. d. Effektivverdiensten in d. Metallind. d. Bundesrep., 1956; Technological change in the metal Industries (2 T.), 1961/62; D. Beitrag pol. Bild. z. Emanzipation d. Arbeitnehmer - Materialien z. Frage d. Bildungsurlaubs, 1970; Streiks u. streikähnl. Formen d. Kampfes d. Arbeitnehmer im Kapitalismus, 1971; F. e. menschl. Zukunft - Sozialdemokrat. Forschungs- u. Technologiepolitik, 1976; Humanisier. d. Arbeit u. Produktivität in d. Industrieges., 1977. Zahlr. Art. zu Fragen d. Gewerksch.-, Finanz- u. Entwickl.-Politik. Herausg.: Ztschr. links (1951-53), Expres Español (b. 1972), Vorwärts (1985-88) - 1973 Gran Oficial de la Orden de Bernardo O'Higgins (Chile); 1982 Großkreuz d. BVO; 1984 Gran Cruz del Merito Civil (Spanien); 1985 Gran Maestre de la Orden del Mayo al Mérito (Argentinien) - Liebh.: Schach - Spr.: Engl., Span.

MATTHYS, Heinrich

Dr. med., Prof., Ärztl. Direktor Abt. Pneumologie Med. Univ.klinik Freiburg - Hugstetterstr. 55, 7800 Freiburg (T. 270 38 06) - Geb. 24. März 1935 Zürich - BV: Med. Tauchfibel; Lungenkrankh., Schlafstörungen - Spr.: Engl., Franz., Ital.

MATTICK, Wolfgang

Dipl.-Ing., Vorstandsmitglied Brown, Boveri & Cie. AG., Mannheim (s. 1971) - Telemannstr. 4, 6940 Weinheim/Bergstr. - Geb. 25. Aug. 1920 Dresden - Zul. stv. Vorstandsmitgl. BBC (S. auch Nachtrag). Vors. Fachgem. Kraftmasch./VDMA, Frankfurt/M.

MATTIG, Edmund

Verw.-Angestellter, MdA Berlin (1975-79) - Herthastr. 1n, 1000 Berlin 33 - Geb. 19. April 1929 Dömitz/Elbe - 1961-74 Informationszentrum Berlin (zul. stv. Leit.); 1971-75 Bez.verordn.-Vorsteher Wilmersdorf; s. 1974 stv. Leit. d. Verwaltung im Reichstagsgebäude Berlin d. Dt. Bundestages u. Leit. d. hist. Ausst. Fragen an d. Dt. Geschichte. CDU (1975-77 Mitgl. Landesvorst.) - 1979 BVK a. Bde., 1989 BVK I. Kl.

MATTIG, Wolfgang

Dr. rer. nat., Prof. f. Astronomie (Sonnenphysik) - Schoeneckstr. 6, 7800 Freiburg (T. 0761 - 3 73 49) - Geb. 22. Nov. 1927 Brandenburg (Vater: Max M., Schneidermstr.; Mutter: Hedwig M.), ev., verh. s. 1953 m. Ingrid, geb. Schaack, 2 T. (Claudia, Bettina) - Abit. Brandenburg, Dipl. 1953 Berlin, Promot. 1957 Berlin.

MATUSSEK, Paul

Dr. med., Dr. phil., Prof., ehem. Leiter Forschungsstelle f. Psychopathologie u. -therapie Max-Planck-Ges., München, Vorst. Stiftg. f. analytische Psychiatrie (s. 1987) - Keferstr. 5, 8000 München 40 (T. 34 45 11) - Geb. 1. Febr. 1919 Berlin - Univ. Breslau, Berlin, Würzburg, Heidelberg (Phil., Psych., Med.). Promot. 1944 (phil.) u. 46 (med.); Habil. 1952 - 1952-68 Privatdoz. u. apl. Prof. (1959); Univ. München (Psychiatrie) - BV: Metaphys. Probleme d. Med., 2. A. 1950 (span. 1953); Ideologie, Glaube u. Gewissen, 1965 (m. Egenter; auch franz., engl., span.); Endogene Depression, 1965 (m. Halbach u. Troeger); D. Konzentrationslagerhaft u. i. Folgen, 1971 (auch engl.); Kreativität als Chance, 1974; Beitr. z. Psychodynamik endogener Psychosen, 1990. Herausg.: Psychotherapie schizophrener Psychosen (1976). Zahlr. Einzelarb. Mitarb.: Ztschr. f. psychosomat. Med. (1954ff.).

MATUZ, Josef Eugen

Dr. phil., Docteur en Etudes Orientales, Prof. f. Osmanistik u. Turkologie - Sundgauallee 21, 7800 Freiburg (T. 8 52 91) - Geb. 27. Okt. 1925 Budapest/Ung. (Vater: Josef Wagner, Archit.; Adoptivv.: Ladislaus M.; Mutter: Etelka, geb. Kovács), ev.-ref., verh. s. 1949 m. Klara, geb. Csákóy - Univ. Budapest, Frankfurt, Freiburg, Straßburg (Turkolog., Persistik, Arabistik, Mongolistik, Hungarolog., Gesch., Phil.); Dipl. Lehramt Höh. Sch. (Gesch.) 1954 Budapest; Promot. 1961 u. 1965; Habil. (Osmanistik u. Turkolog.) 1972 Freiburg; Läng. Orientaufenth. (Türkei, Libanon, Syrien, Ägypten) - 1948-51 Ref. ungar. Verteid.min.; 1951-53 Wiss. Mitarb. Militärhist. Archiv Budapest; 1953-56 Leit. Gesch.wiss. Abt. Ges. z. Verbreitung wiss. Kenntn. Budapest; 1957-61 Sozialpäd. Darmstadt, Düsseldorf, Köln; 1962-63 Orient. Sem. Univ. Freiburg; 1963-64 Centre National de la Recherche Scientifique, Paris-Straßburg; 1964-68 Lektor Orient. Sem. Univ. Freiburg; 1968-70 Habil.stip. DFG; 1970-73 Lektor u. Priv.doz. Orient. Sem. Univ. Freiburg; 1973-75 Univ. Doz.; 1975-76 Ref. Orient-Inst. Dt. Morgenl. Ges. Beirut; 1975-78 apl. Prof. Orient. Sem. Univ. Freiburg; s. 1979 Prof. Orient. Sem. Univ. Freiburg - Entd.: Handschr. Quellen u. Urkunden z. Gesch. d. islam. Völker, (osman. Türken) - BV: Herrscherurk. Sultan Süleymáns d. Prächtigen (1520-1566), 1971; D. Kanzleiwesen Sultan Süleymáns d. Prächtigen, 1974; D. Osman. Reich, Grundlinien seiner Gesch., 1985; u. a. Buchveröff.; div. Fachaufs. in Deutsch, Franz., Engl., Türk., Ungar. - 1973 Ehrenurk. d. Türk. Staatsmin.

MATZ, Guenther

Dr. phil. nat., Dipl.-Phys., Prof. Univ. Dortmund - Teschensudberg 45a, 5600 Wuppertal 12 - Geb. 14. Mai 1920 Braunschweig (Vater: Dr.-Ing. Werner M.; Mutter: Hertha, geb. Schluttig), ev., verh. s. 1951 m. Helga, geb. Mueller, 2 Kd. (Richard, Konstanze) - Univ. Frankfurt (Dipl. 1948, Promot. 1950) - S. 1978 Hon.-Prof. Dortmund; 1950-57 techn. Physiker Bayer Leverkusen; 1957-78 Aufbau d. verf.techn. Abt. Bayer Elberfeld; s. 1978 Forsch. Verf.technik (therm. Trennverf.). Mitbegr. Fachaussch. Kristallisat. Ges. f. Verf.technik u. Chemieing.wesen (GVC) im VDI (1976--82 Obmann). Pat. in Dtschl. u. USA - BV: D. Kristallisat. in d. Verf.-technik, 1954; Berechn. v. gußeisernen emaillierten Druckbehältern, (m. P. Gayer) 1959; Kristallisat., Grundl. u. Technik, 1969; D. Thermodynamik d. Wärme- u. Stoffaustausches in d. Verf.-technik, Bd. I u. II., 2. A. 1979 u. 80. Üb. 60 Fachveröff. - 1983 VDI-Ehrenmed. - Liebh.: Gesch. - Spr.: Engl., Franz.

MATZ, Johanna (Hannerl)

Schauspielerin - Opernring 4, A-1010 Wien (T. 52 17 97) - Geb. 5. Okt. 1932 Wien, verh. I) 1956-77 m. Dr. med. Karl Hackenberg (Arzt), Sohn Daniel Stefan, II) 1982 Harry Wutzler (Großhandelskfm.) - Ballettunterr.; Akad. f. Musik u. darstell. Kunst u. Reinhardt-Sem. Wien - S. 1950 Burgtheater Wien. Filme: Asphalt, D. alte Sünder, Maria Theresia, Du bist d. Schönste f. mich, D. Försterchristel, D. Gr. Zapfenstreich, Ich tanze mit dir in d. Himmel hinein, D. Jungfrau auf d. Dach (1953 Hollywood), Arlette erobert Paris, D. Perle v. Tokay, Alles f. Papa, Ingrid, d. Gesch. e. Fotomodells,

Reich mir d. Hand, mein Leben, D. Kongreß tanzt, Regine, . . . und führe uns nicht in Versuch., Es wird alles wieder gut, Im Prater blüh'n wied. d. Bäume, Hoch klingt d. Radetzky-Marsch, D. Dreimäderlhaus, D. unvollk. Ehe, Frau Warrens Gewerbe, D. Leben beginnt um 8, D. glückl. Jahre d. Thorwalds, D. ganze Welt ist himmelblau, Rote Lippen soll man küssen, Ruf d. Wälder, D. Kapitän u. a.; Fernsehen - 1966 Kammerschausp.

MATZAT, Hartmut

Univ.-Prof. f. Kommunikationslehre u. Hochschuldidaktik GH/Univ. Kassel, Witzenhausen - Rohnsweg 15, 3400 Göttingen (T. 0551 - 79 44 79) - Geb. 12. April 1936 Königsberg (Vater: Herbert M.; Mutter: Hedwig, geb. Paul), verh. s. 1974 m. Dr. Antje, geb. Walther, 2 Kd. (Moritz, Talena) - 1956-62 Stud. Hamburg, London, Göttingen; Engl. Spr. u. Lit., Sport, Päd., Psych.; 1968-73 Zahnmed. Göttingen - 1964-67 Studienrat Bremen; s. 1974 Prof. Kassel (1976-77 Dekan FB Intern. Agrarwirtsch.). 1977 Gastprof. Univ. of Brit. Columbia, Vancouver; 1988 Gastprof. Beijing Agricultural University - BV: A Practical Approach to College a. University Teaching, UBC Vanvouver, 1979; Praktische Wege z. Hochschullehre, 2. A. 1990 (1989 chin. u. 1990 amharische Übers.).

MATZAT, Wilhelm

Dr. phil. nat., Prof. f. Siedlungsgeographie - Buschackerweg 8, 5300 Bonn 1 (T. 64 44 90) - Geb. 19. Okt. 1930 Tsingtau/China (Vater: Willy M., Missionar; Mutter: Dorothea, geb. Werdermann), ev., verh. s. 1967 m. Karla, geb. Reetz, 3 S. (Mathias, Georg, Lorenz) - Stud. Erlangen, Worcester/USA, Göttingen, Frankfurt - 1961-69 Wiss. Assist. Geogr. Inst. Univ. Frankfurt, s. 1970 Prof. Univ. Bonn - Herausg. d. Reihe: Studien u. Quellen z. Gesch. Schantungs u. Tsingtaus - Spr.: Engl.

MATZEN, Hans

Reisebürokaufmann, Geschäftsführer DER-Reisebüro Alexander Bartholomae GmbH - Wilhelmstr. 8, 6200 Wiesbaden (T. 0611 - 1 34-1 23); priv.: Weilbächer Wälder, 6238 Hofheim-Langenhain (T. 06192 - 89 49) - Geb. 22. Juni 1936 Frankfurt/M. - Presse-, Rundfunk- u. Fernseh-Journalist; Buch-Autor, z.B. Kleine Hessenreise am Wochenende - Liebh.: Seereisen.

MATZEN, Oscar H. F.

Kaufmann - Ferdinand-Ancker-Str. 11, 2000 Hamburg 52 (T. 82 44 88) - Geb. 3. Nov. 1901 - 1925 Mitbegr. Hbg. Handelshaus Matzen & Timm. Handelsrichter a. Landgericht Hamburg. Gilt als e. d. besten Kenner d. Westafrika-Geschäfts.

MATZKER, Joseph

Prof., Dr. med., Chefarzt Hals-Nasen-Ohrenklinik Städt. Krankenanstalten Köln - Neufelder Str. 32, 5000 Köln 80 - Geb. 17. Febr. 1923 Hirschberg (Riesengebirge) - S. 1957 Privatdoz. u. apl. Prof. (1963) Univ. Mainz. Über 150 Veröffentl. - BV: E. binauraler Hörsynthese-Test z. Nachweis zerebraler Hörstörungen (1958); Ärztl. Rat f. Kehlkopflose (1975) - BVK I. Kl.

MATZKER, Reiner

Dr. phil., Verleger - Zillestr. 111, 1000 Berlin 10; Postf. 13 01 93, -13 - Geb. 24. Juni 1953 Gretesch - Stud. Univ. Berlin, Wien (German., Relig.wiss.); Promot. 1984 - BV: D. nützliche Idiot. Wahnsinn u. Initiation b. Jean Paul u. E.T.A. Hoffmann, 1984; D. Attraktor, 1987; E. Stein u. d. Phänomenologie, 1991. Herausg. d. kulturwiss.-relig.phil. Reihe „sog.". Mithrsg. d. Reihe Forschungsberichte z. German. Medienwiss.

MATZNER, Egon

Dr., Prof., Ordinarius f. Finanzwiss. an d. TU Wien u. Fellow am Wissenschaftszentrum Berlin f. Sozialforsch. - Beerenstr. 36, 1000 Berlin 37 (T. 030 - 801 30 48) - Geb. 2. März 1938 Klagenfurt, verh. s. 1984 m. Gabriele, geb. Holzer, 3 Kd. (Jörg, Robert, Sissela) - Stud. Betriebs- u. Volkswirtsch. Wirtschaftsuniv. Wien; Dipl.-Kfm. 1960; Doktor d. Handelswiss. 1961 - 1970 Doz. f. Volkswirtsch. u. Finanzwiss. Univ. Linz; Ord. f. Finanzwiss.; 1962/63 Direktionssekr. Bank f. Arb. u. Wirtsch.; 1966/67 Research Fellow Inst. for Intern. Economic Stud. Univ. Stockholm; 1972-84 Vorst. Inst. f. Finanzwiss. u. Infrastrukturpolitik TU Wien; 1984-89 Dir. Forsch.schwerp. Arbeitsmarkt u. Beschäftigung d. Wiss.zentrums Berlin - BV: D. Wohlfahrtsstaat v. morgen: Entwurf e. zeitgemäßen Musters staatl. Investitionen, 1982; Barriers to Fullemployment (m. J. Kregel u. A. Roncaglia), 1988; Beschäftigungsrisiko Innovation? (m. R. Schettkat u. M. Wagner), 1988. Herausg.: Beyond Keynesianism: The Socioeconomics of Production and Full Employment (1991, m. W. Streeck) - 1956 Österr. Jugendm. im 3 x 1000 m Staffellaufen; 1962 Theodor-Körner-Preis Wien- Spr. Engl., Franz., Schwed.

MAU, Günter

Dipl.-Ing., Prof., Schiffahrtssachverst., Honorarprof. f. Maschinenanlagen an Bord v. Schiffen TH Aachen - Sonnenholm 100, 2391 Westerholz b. Flensburg (T. 04636 - 7 45) - Geb. 28. Febr. 1915 Rostock (Vater: Friedrich M., Kaufm.), verh. s. 1939 m. Viktoria, geb. Wilcke, 2 Kd. (Günther, Viktoria) - Ing.sch. Bremen (Ex. 1940); TH Danzig (Diplom-Hauptprüf. 1944) - U. a. Hapag (zul. ltd. Ing.); 1952-69 Dir. Ingenieursch. Flensburg, 1970-78 Rektor Fachhochsch. Flensburg. Versch. Fachb., dar. zul.: Handb. Dieselmotoren im Kraftwerks- u. Schiffsbetrieb - Liebh.: Segelsport - Spr.: Engl.

MAU, Hans

Dr. med., em. o. Prof. u. Direktor Orthopäd. Univ.-Klinik Tübingen (s. 1963) - Burgholzweg 113, 7400 Tübingen - Geb. 15. Jan. 1921 Kiel - Promot. 1947 Hamburg; Habil. 1957 Heidelberg - 1957-63 Privatdoz. u. apl. Prof. (1962) Univ. Heidelberg. Fachmitgliedsch. - BV: Wesen u. Bedeut. d. enchondralen Dysostosen, 1958; Mau-Gabe: Sog. Säuglingskoliose u. ihre krankengymnast. Behandl., 1981; Ätiopathogenese d. Skoliose, 1982. Mithrsg.: Ztschr. f. Orthop. - Mitgl. Akad. Naturforsch. u. Ärzte Leopoldina, Halle.

MAU, Jürgen

Dr. phil. (habil.), Prof., Akad. Oberrat Seminar f. Klass. Philologie Univ. Göttingen - Otto-Lauffer-Str. 35, 3400 Göttingen-Weende (T. 3 27 25) - Geb. 26. Sept. 1916 Straßburg, ev., verw. - U. a. Dt. Akad. d. Wiss. zu Berlin. Spez. Arbeitsgeb.: Elektron. Datenverarb. an lit. Texten - BV: Sexti Empirici opera, Bd. I u. II (griech.) 1958 (Leipzig); Plutarchi moralia, Bd. V, 2 (griech.) 1969. Herausg.: Galen, Einf. in d. Logik, 1960 - Spr.: Engl.

MAUCH, Elmar

Dr., Oberbürgermeister (s. 1962), Präs. Fremdenverkehrsverb. Neckarland-Schwaben, Heilbronn - 6990 Bad Mergentheim - Geb. 19. April 1927 - Rd. 30 Ehrenämter auf kommun., Kreis- u. regionaler Ebene, u. a. Vizepräs. Landesfremdenverkehrsverb. Baden-Württ.

MAUCHENHEIM, Freifrau von, Helga

Autorin - Savignystr. 80, 6000 Frankfurt/M. (T. 069 - 74 53 39); u. 7758 Meersburg (T. 07532 - 29 77) - Geb. 24. Mai, ev., verw., 2 Kd. (Peer †1987, Marlene) - Inh. Ikonen-Kunststube Freifrau v. Mauchenheim, Frankfurt; Gutachterin, berat. Tätigk., spezialisiert auf russ. Ikonen d. 15.-19 Jh.; Vortragsreihen üb. russ. Ikonen (d. Einfl. d. Rurikiden u. d. Romanovs auf d. Ikonenmalerei Russl., d. Tafelmalerei in Ost u. West, Ikonen d. gemalte Wort Gottes usw.); Fachart. in Wochen- u. Monatsmagazinen - BV: Ikonen, Heilige Bilder d. Ostkirche. Veröff.: Ikonen-Kalender, jährl. s. 1979; Russ. Ikonen. Holländ. Ausg. - Liebh.: Russ. Kirchengesch.

MAUCHER, Eugen

Geschäftsführer BdK (Verb. d. Kriegsbeschädigten, -hinterbliebenen u. Sozialrentner Dtschl.s)/Bez. Süd-Württ.-Hoh., MdB (Wahlkr. 198/Biberach), Mitgl. Stadtrat Biberach - Zollerweg 1, 7950 Biberach/Riß (T. 90 87) - Geb. 16. Juli 1912 Gaisbeuren/Württ. (Vater: Landw.), kath., verh. s. 1942 m. Anni, geb. Henkel, Töcht. Angelika u. Theresia, Pfleges. Rudolf - Landw. (elterl. Betrieb) u. Banktätigk. (Spar- u. Darlehnskasse), 1939-45 Wehrdst. (schwer verwundet), spät. Angest. Versorgungsamt Ravensburg, Landesvors. Sozialaussch. Württ.-Hoh., 1947-56 MdL Württ.-Hoh. u. Baden-Württ., 1953-56 u. s. 1958 MdB. S. 1933 Jung-Zentrum; s. 1946 CDU (mitbegr.; Kreisvors., Mitgl. gf. Landesvorst.).

MAUCHER, Helmut

Dipl.-Kfm., Präsident u. Delegierter d. Verwaltungsrates d. Nestlé SA, Vevey, Schweiz, VR Crédit Suisse Holding u. Schweizerische Kreditanst., Zürich, Zürich-Vesich.-Ges. Zürich, Mitgl. d. intern. Beirates Morgan Bank, New York, AR Henkel KGaA, Düsseldorf, Mitgl. Intern. Beraterkreis d. Allianz-Versich. München - 55, Avenue Nestlé, CH-1800 Vevey - Geb. 9. Dez. 1927 Eisenharz/Allg. - S. 1948 Nestlé (zun. Deutschl., Leit. dt. Nestlé Gr.; s. 1981 Konzernspitze Schweiz) - 1983 BVK I. Kl; 1984 Goldmed. Amerik. Wirtschaftsmagazin FORTUNE (Disz. Unternehmensführ.); 1987 Gr. BVK.

MAUDER, Horst

Dr., Dipl.-Phys., Prof. u. Direktor Astronom. Inst. Univ. Tübingen (s. 1975) - Ob dem Viehweidle 21 B, 7400 Tübingen (T. 6 22 14) - Geb. 4. Mai 1937 Nürnberg (Vater: Albert M., Kaufm.; Mutter: Ilse, geb. Nestler), ev., verh. s. 1963 m. Elke, geb. Kabermann, 3 Kd. (Christoph, Ulrike, Tilmann) - Stud. Univ. Erlangen-Nürnberg; Dipl.ex. 1961; Promot. 1966; Habil. 1971 - Fachmitgl.sch. (1974 ff. Schriftf. Astronom. Ges.) - Spr.: Engl.

MAUEL, Kurt

Dr.-Ing., Prof. - Widdauenerstr. 8, 5090 Leverkusen 1 (T. 02173 - 4 14 83) - Geb. 24. Juli 1926 Köln (Vater: Dr. med. Willy M., Arzt; Mutter: Hedwig, geb. Tilmann), kath., verh. s. 1952 m. Hildegard, geb. Hachenberg, 3 Kd. (Peter, Stephan, Hedwig) - Abit. 1946; Stud. Masch.bau TH Braunschweig u. Aachen, Dipl.-Ing. 1951, Promot. TU München 1965; Habil. TU Berlin 1971, apl. Prof. TU Berlin 1976 - 1952-58 Konstrukt. u. Projekting., s. 1958 Geschäftsf. VDI, 1973 Bereichsleit., s. 1965 Schriftl. Ztschr. Technikgesch. - BV: Rivalität zw. Heißluftmasch. u. Verbrennungsmotor, 1967; Naturwiss., Technik u. Wirtsch. im 19. Jh., 1976; D. Technik in d. ant. Welt, 1979 (übers. a. d. Engl.) - 1984 BVK - Liebh.: Gesch., Wiss.- u. Technikgesch. - Spr.: Engl.

MAUER, Aloys

Dipl.-Kfm. - Friedrich-Ebert-Str. 17, 6142 Bensheim-Auerbach - Geb. 14. Juli 1927 Wartenburg/Ostpr., verh., 4 Kd. - Zuvor Vorstandsmitgl. Preussag AG., Hannover, 1971-74 -vors. Kübel AG., Bensheim. ARsvors. 3K France S.A.R.L., Paris-Iory, u. 3K Española S.A., Barcelona; Vorst.smitgl. Verb. Holzind. Rheinpfalz/Rheinhessen, Neustadt, u. Verb. Holzind. u. Kunststoffverarb. Hessen, Wiesbaden.

MAUER, Burkhard

Generalintendant Städt. Bühnen Nürnberg (s. 1986) - Zu erreichen üb. Städt. Bühnen, Richard-Wagner-Pl. 2-10, 8500 Nürnberg 70 - Chefdramat. Bremen, Nürnberg, Bochum, Berlin, München.

MAUER, Rainer

Rechtsanwalt, Hauptgeschäftsführer Bundesverb. Bekleidungsindustrie, Köln, Aussch.-Vors. f. Heimarbeit d. BDA - Lilienweg 4, 5064 Rösrath - Geb. 22. Nov. 1931 Frankfurt/M. (Vater: Karl-Wilhelm M., selbst. Holzkaufm.; Mutter: Hedwig, geb. Ramp), kath., verh. s. 1961 m. Gabriele, geb. Steuer, 3 Kd. (Thomas, Manuela, Antonius) - Stud. Rechtswiss. Univ. München u. Frankfurt; jurist. Staatsprüf. 1956 u. 1960, bde. Frankfurt/M. - 1961-71 Ref. bzw. Stellv. d. Geschäftsf. Arbeitgeberverb. Chemie u. verwandte Ind. Land Hessen, Wiesbaden; 1972-78 Geschäftsf. Bundesvereinig. d. Arbeitgeber im Bundesverb. Bekleidungsind., Köln; s. 1979 Hauptgeschäftsf. Bundesverb. Bekleidungsind., Köln; Vorst.-Mitgl. Textil- u. Bekleidungs-Berufsgenoss. u. Bekleid.fachsch. Aschaffenburg e.V.; Vors. Altenheim Wöllner-Stift e.V. Ehrenamtl. Richter b. Bundesarbeitsgericht.

MAUERMAYER, Gisela

Dr. rer. nat., Zoologin - Böcklinstr. 60, 8000 München 19 (T. 15 29 41) - Geb. 24. Nov. 1913 München (Vater: Oberstudienrat Dr. phil. Theodor M., Naturwiss.ler; Mutter: Gisela, geb. Schmidt, Altphilologin), led. - Gymn., Univ. u. Bayer. Landesturnanstalt München - 1936-45 Turn- u. Sportlehrerin; 1954-74 Bibliotheksleit. Zool. Staatssamml. München. Mitgl. Ältestenrat NOK - Sportl. Erfolge. Weltrekorde Frauen-Fünfkampf, Kugelstoßen u. Diskuswerfen, 20 x dt. Meisterin, 2 x Welt-, 1 x Europameisterin, 1936 olymp. Goldmed. Diskuswerfen, 7 Ehrenbriefe Stadt München - Liebh.: Musik, Reisen, Kunsthandwerk.

MAUERMAYER, Wolfgang

Dr. med., em. o. Prof. u. Direktor Urolog. Klinik u. Poliklinik TU München (Klinikum r. d. Isar) - Birkenstr. 15, 8011 Neukeferloh/Obb. (T. München 46 71 00) - Geb. 2. Juni 1919 München, verh. m. Aloisia, geb. Kratzer, 2 Kd. (Andreas, Constanze) - Schule Schloß Salem; Univ. Erlangen, Würzburg, München. Promot. (1945) u. Habil. (1969) München - Interne u. chirurg. Ausbild.; s. 1948 Assistenz-, Ober- (1952) u. Chefarzt (1963) München (zul. Urolog. Abt. Krkhs. r. d. Isar). Entwickl. urolog. Operationsinstrumente - 1955 Maximilian-Nitze-Preis Dt. Ges. f. Urologie - BV: Transurethrale Operationen, 1981; Transurethral Surgery, 1983. Etwa 80 Einzelarb. - 1979 Ehrenmitgl. Berufsverb. Dt. Urologen, d. Österr. Ges. f. Urologie u. d. Ital. Ges. f. Urologie; 1979 Bayer. VO; 1980 Grann Uff. d. Republ. Italien; 1982 Bergmann Plak. Dt. Ärzteschaft; 1985 Ehrenmitgl. Dt. Ges. f. Urol.; 1986 Dr.-Ing. E.H. - Liebh.: Farbfotogr., Kunstgesch. - Spr.: Engl., Ital. - Lit.: Urologe (A) 24,2.: (1985).

MAUERSBERG, Wolfgang

Dr., Chefredakteur Hannoversche Allgemeine Zeitung - Postfach 209, 3000 Hannover (T. 0511 - 518 18 00) - Geb. 6. Jan. 1942 Hannover, verh., 2 Kd. - Stud. Gesch., Osteurop. Gesch., German. Göttingen, Münster, Erlangen; Promot. 1973 Erlangen.

MAUERSBERGER, Frank

Kaufmann, Präsident Bundesverb. Dt. Wach- u. Sicherheitsuntern., u. d. COESS, European Confederation of Security Services, Vors. Bundesvereinigung Dt. Geld- u. Werttransportunternehmen (s. 1982) - Elsa-Brandström-Str. 10, 4500 Osnabrück (T. 0541 - 6 38 87; Büro: 0541 - 3 31 11-0) - Geb. 11. Sept. 1922 Trier, verh. s. 1946 m. Irene, geb. Runge, 4 Kd. (Wolfgang, Mareile, Axel, Jörn) - Abit. 1943 Osnabrück - Vors. Dt. Alpenverein, Sekt. Osnabrück (s. 1968) - 1983 Verdienstmed. Verdienstorden d. Bundesrep. Deutschl.; Bürgermed. d. Stadt Osnabrück; 1992 BVK I Kl.

MAUERSBERGER, Helga

Journalistin, Geschäftsf. Medienberatung, Production & Script Consulting - Alsterdorferdamm 8, 2000 Hamburg 60 - Geb. 23. April 1931 Eisenach (Vater:

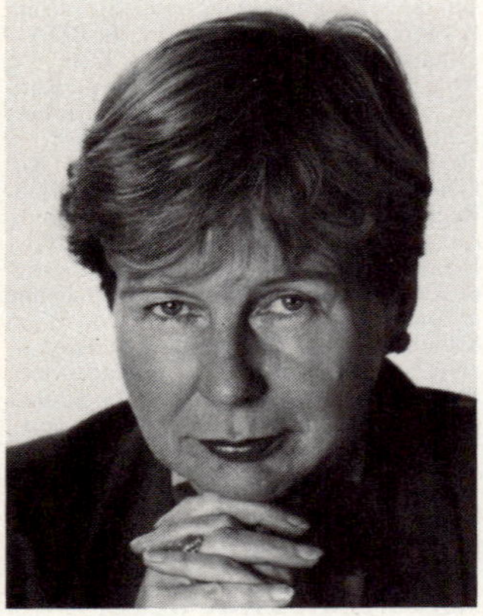

Prof. Erhard M., Kirchenmusiker; Mutter: Else, geb. Moll), gesch. - 1949-51 Univ. Mainz; 1951-55 Univ. Frankfurt (Musikwiss., German., Psych., Gesch.) - 1952-57 Journ. u.a. Frankf. Neue Presse, Spiegel; 1957-80 Redakt. Hess. Rundf. u. NDR; 1980-91 Geschäftsf. Studio Hamburg Atelier GmbH - Spr.: Engl. - Bek. Vorf.: Thomaskantor Prof. Erhard M. (Vater), Kreuzkantor Prof. Rudolf M. (Onkel).

MAUERSBERGER, Volker-Jürgen

Dr. disc. pol., ARD-Hörfunkkorrespondent, Iberische Halbinsel - Calle Monteverde 37, E-28042 Madrid, Alameda de Osuna (T. 320 29 73) - Geb. 18. Juli 1939, ev., verh. s. 1982 m. Ute, geb. Walberg, 3 Kd. (Mathias, Anna-Babette, Julia) - Gymn. Hagen-Haspe; Stud. Sozialwiss. Univ. Münster u. Göttingen; Dipl.-Sozialw. 1967; Promot. 1971 Göttingen - ARD-Korresp. Madrid; Chefredakt. Radio Bremen; s. 1986 ARD-Korresp. Madrid - BV: Rudolf Pechel u. d. Deutsche Rundschau - Studie z. Konservatismus 1918-33, 1971 - Liebh.: Lit., Malerei - Spr.: Engl., Span.

MAULL, Hanns W.

Dr. phil., Dr. rer. pol. habil., Prof. f. Außenpolitik u. Intern. Politik Univ. Trier (s. 1991), stv. Dir. d. Forschungsinst. d. Dt. Ges. f. Auswärtige Politik in Bonn (s. 1991) - Fritz-von-Wille-Str. 107, 5500 Trier - Geb. 5. Okt. 1947 Augsburg, kath., verh. s. 1989 m. Doris Schroeder - 1969-73 Stud. Polit. Wiss., Neuere Gesch., Kommunik.-Wiss. München u. London; Promot. 1973 München; Habil. 1986 München - 1973/74 Research Fellow, Intern. Inst. f. Strategic Studies, London; 1975/76 Research Fellow, Centre f. Contemp. Europ. Studies, Univ. Sussex; 1976-79 Europ. Dir. Trilateralen Kommiss., Paris; 1979-82 Redakt. Bayer. Rundfunk, München; 1982-87 Akad. Rat a.L., Univ. München; 1987-91 Prof. f. Intern. Politik, Kath. Univ. Eichstätt; 1985-91 Visiting Prof. of Intern. Relations, Johns Hopkins Univ. Bologna Center; 1979-91 Ext. Mitarb. Forsch.inst. d. Dt. Ges. f. Auswärtige Politik Bonn, u. d. Stiftg. Wiss. u. Politik, Ebenhausen - Mehrere Stip., zul. 1991 Stip. als Distinguished Visitor d. Policy Study Group, Tokio - BV: u.a. Erdgas u. wirtschaftl. Sicherheit, 1981; Raw Materials, Energy and Western Security, 1984/85; Korea (m. I. M. Maull), 1987; Strategische Rohstoffe, 1988. Herausg.: Ein ganz normaler Staat? (1989;, m. W. Bleek); The Gulf War (1990; m. O. Pick); Südafrika: Politik, Gesellsch., Wirtsch. am Ende d. Apartheid (1990); zahlr. Publ. in dt., engl., jap., franz. u. ital. Spr. in Sammelwerken u. Fachztschr. - Spr.: Engl., Franz., Ital.

MAUNZ, Theodor

Dr. jur. utr., Prof., Staatsminister a.D. - Hartnagelstr. 3, 8032 Gräfelfing/Obb. (T. München 854 39 85) - Geb. 1. Sept. 1901 Dachau/Obb. (Vater: Theodor M., Lehrer; Mutter; Katharina, geb. Pernpointner), kath., verh. s. 1928 m. Maria, geb. Dannhauser, 3 Kd. - Gymn.; Univ. München - 1927-35 u. 1946-52 bayer. u. bad. innere Verw.; 1932-69 (emerit.) Lehrtätigk. Univ. Freiburg (Privatdoz., 1935 ao., 1937 o. Prof.) u. München (1952 o. Prof.); 1957-64 bayer. Min. f. Unterr. u. Kultus (zurückgetr.). 1951/52 Mitgl. Vorl. Min.rat Südweststaat; 1960/61 Präs. Ständ. Konfz. d. Kultusmin. d. Länder in d. BRD - BV: Hauptprobleme d. öfftl. Sachenrechts, 1933; Lehrb. d. Verw.rechts, 1937; Lehrb. d. Dt. Staatsrechts, 1951, 27. A. 1988; Kommentar z. Verlagsrecht, 1952, 2. A. 1984 (m. Schwicker); Komm. z. Grundgesetz, 1959-88 (m. Dürig) - 1961 Goldmed. Bayer. Akad. d. Wiss. - Festschrift f. Th. M. (1971 u. 81).

MAUR, Hanns

Präsident Bundessprachenamt - Zu erreichen üb. Bundessprachenamt, Horbeller Str. 52, 5050 Hürth/Rhld.; priv.: Briandstr. 104, 5300 Bonn 1.

MAURATH, Johann

Dr. med., Prof., Chefarzt i.R. Chirurg. Klinik Krankenhaus Lahr (b. 1980) - Philosophenweg 1, 7630 Lahr/Schwarzw. (T. 71 56) - Geb. 13. Juni 1915 Unzhurst/Baden (Vater: Josef M., Kaufm.; Mutter: Maria, geb. Winter), kath., verh. s. 1946 m. Gerdi, geb. Goldschmidt, 3 Kd. (Monika, Christel, Tobias) - Univ. Würzburg, Rostock, Freiburg (Med. Staatsex. 1941). Promot. 1941 Freiburg; Habil. 1957 Tübingen - S. 1957 Lehrtätigk. Univ. Tübingen, Marburg (1964 apl. Prof.), Freiburg (1970 apl. Prof.). In- u. ausl. Fachmitgliedsch. - BV: Pathophysiol. d. Atmung in d. Lungenchir., 1955 (auch span.); D. sog. symptomat. Hernie u. deren Bruchzufälle, 1964; Gutachten-Fibel, 1967 - Liebh.: Jagd, Modellflug - Spr.: Engl., Franz.

MAURER, Alfons

Industriekaufmann, Staatssekretär Innenmin. Baden-Württ. (b. 1990), MdL Baden-Württ. (s. 1976) - Erlenweg 23, 7980 Ravensburg (T. 0751 - 1 61 12) - Geb. 30. Okt. 1927 Ravensburg (Vater: Markus M.; Mutter: Ida, geb. Heim), kath., verh. s. 1952 m. Theresia, geb. Schwarz, 6 Kd. (Anton, Mechtild, Luitgard, Alfons, Meinrad, Ilga) - Handelssch.; Bilanzbuchhalter - S. 1968 Prokurist u. kaufm. Leit. CDU (s. 1965 Kreisvors.).

MAURER, Christian

Dr. theol., em. Prof. f. Neues Testament - Fellenbergstr. 1, CH-3000 Bern (Schweiz) - Geb. 30. April 1913 Arosa/Schweiz (Vater: Gustav M.; Mutter: Anna, geb. Koller), reform., verh. s. 1942 m. Susanna, geb. Schäfer, 4 Kd. - Theol.stud. Zürich, Berlin, Basel - 1937-54 Pfarrer Beggingen u. Fehraltorf/Schweiz (1951); s. 1947 Lehrtätigk. Univ. Zürich (Privatdoz.), Theol. Schule (Kirchl. Hochsch.) Bethel (1954 Prof.), Univ. Bern (1966 Ord., 1978 emerit.) - BV: D. Gesetzeslehre d. Paulus, 1941; D. Galaterbrief, 1943; Ignatius v. Antiochien u. d. Johannesevangelium, 1949; Ev. Predigt heute, 1957; Wahrheit u. Wahrhaftigkeit, e. Grundfrage krit. Theologie, 1966; Aufs. z. neutestamentl. Wiss. in Fachztschr. Herausg.: Wort u. Dienst (Jb. d. Theol. Hochsch. Bethel), 1959).

MAURER, Friedemann

Dr. phil., o. Prof. f. Pädagogik Univ. Augsburg (s. 1987) - Baustätter Str. 44, 7410 Reutlingen (T. 07121 - 27 05 51) u. 7201 Hausen ob Verena - Geb. 3. Juni 1940 Hausen ob Verena, Kr. Tuttlingen (Vater: Karl M., Bürgerm. †1991; Mutter: Else, geb. Enslin), ev., verh. s. 1967 m. Ute Elisabeth, geb. Anders, 2 S. (Hans Michael, Philipp) - Gymn. Tuttlingen; Päd. Inst. Weingarten; Univ. Tübingen (Päd., Phil., Gesch.), Promot. 1967 - 1967-68 Wiss. Assist. Univ. Tübingen; 1968-79 Prof. PH Reutlingen; 1972 Gastprof. PH Berlin; Rufe auf Ord. 1973 (PH Berlin) u. 1979 (Univ. Paderborn) abgelehnt; 1979-83 o. Prof. TU Braunschweig; 1983-87 o. Prof. Univ. Tübingen u. Vorst.-Mitgl. Stiftg. Dt. Inst. f. Fernstud. Tübingen. Üb. 60 fachwiss. Veröff. Vors. Kunststiftg. Hohenkarpfen (Kunstverein Schwarzwald-Baar-Heuberg) - Spr.: Franz., Engl., Latein.

MAURER, Hans

Hauptlehrer a. D., Bayer. Staatsmin. f. Ernährung, Landwirtsch. u. Forsten (s. 1990), MdL Bayern (s. 1970) - Ludwigstr. 2, 8000 München 22 (T. 2 18 20) - Geb. 1933 - 1984 2. stv. Fraktionsvors. CSU; 1986-90 Staatssekr. im Bayer. Staatsmin. f. Unterricht u. Kultus - 1980 Bayer. VO, 1984 Bayer. Verfassungsmed. in Silber.

MAURER, Hans

Journalist, Ehrenvors. Dt. Journalisten-Verb., Landesverb. Rhld.-Pfalz - Mainzer Str. 10, 5400 Koblenz - Geb. 10. Okt. 1904 Koblenz - 1925-43 Koblenzer General-Anzeiger (1936 stellv. Chefredakt.), 1949-70 Rhein-Zeitung (1951 Chef v. Dienst, 1956 Chefredakt.) - 1964 Silberschild Rhld.-Pfalz, 1968 Gr. BVK, 1969 Palmes Académiques, 1987 Ehrenmitgl. Dt. Journalistenverb., 1989 Gold. DJV Ehrennadel.

MAURER, Hans-Joachim

Dr. med., Prof., Chefarzt, Radiologe - Slevogtstr. 10, 6908 Wiesloch - Geb. 2. Febr. 1922 Magdeburg (Vater: Dr. med. Walter M., prakt. Arzt; Mutter: Gerda-Maria, geb. Kempfe), ev., verh. s. 1949 m. Brigitte, geb. Magnus, 4 Kd. (Karen Sibylle, Hans-Joachim, Axel, Viktoria) - Gymn. Güstrow (Domsch.); Univ. Kiel, Berlin, Tübingen - S. 1956 (Habil.) Lehrtätigk. Univ. Erlangen, Bern (1957), Saarbrücken (1959), Bonn (1963; 1964 Doz. (beamt.), 1965 apl. Prof., Düsseldorf (1968) apl. Prof., Doz. (beamt.) u. Oberarzt Inst. u. Klinik f. Med. Strahlenkd.); 1971 Prof. (Ord.) f. Radiologie Univ. Tromsö/Norwegen, 1975 Chefarzt Radiolog. Abt. St. Josefs Krankenhaus, Heidelberg, 1976 apl. Prof. Univ. ebd., 1987 Chief of Radiology of Oman a. Head, x-ray dept., Royal Hospital, Al Ghubra-Muscat, Sultanate of Oman. Mitgl. Deutsche Röntgen-Ges., Dt. Ges. f. Naturforscher u. Ärzte, Brit. Inst. f. Radiology, Royal Soc. of Med., Hon. Mem. Roy. Coll. Radiol. Naturforsch. Ges. Bern. Mithrsg.: Diagnostik d. Geschwulstkrankh., 1962 (m. H. Bartelheimer); Magenoperation - Magenoperierter, 1969 (m. H. Bartelheimer u. H. W. Schreiber); Nierenverletzungen bei stumpfen Traumen des Körperstammes, 1968 (m. D. Günther); D. Hiatushernie, 1971 (m. W. Otto); Herausg.: Berichtsbd. 3. Dt.-japan. Kongr. Angiol. (1985); Physik d. bildgebenden Verfahren in d. Medizin (m. E. Zieler); Politik u. Medizin II (m. E. H. Schallenberger). Übers.: Bacq/Alexander: Grundl. d. Strahlenbiol., 1958. Etwa 275 Fachaufs. - Liebh.: Gesch., Porzellan - Rotarier.

MAURER, Hans-Martin

Dr., Prof., Ltd. Staatsarchivdirektor, Leit. Hauptstaatsarchiv Stuttgart - Konrad-Adenauer-Str. 4, 7000 Stuttgart 1 - Geb. 22. Juni 1929 Hattenhofen/Württ. - Honorarprof. f. Landesgesch. Univ. Stuttgart; Vors. Württ. Gesch.- u. Altertumsverein. Herausg.: Ztschr. f. Württ. Landesgesch.

MAURER, Hartmut

Dr. jur., o. Prof. f. Öffentl. Recht - Säntisblick 10, 7750 Konstanz 19 (T. 07533 - 13 12) - Geb. 6. März 1931 Stuttgart - Gymn. Tübingen u. Stuttgart; Univ. Tübingen u. Göttingen (Rechtswiss.). Jurist. Staatsprüf. 1954 (Tübingen) u. 59 (Stuttgart); Promot. 1957 (Göttingen), Habil. 1965 (Tübingen) - B. 1965 Doz. Univ. Tübingen, 1969 Ord. Univ. Marburg, 1978 Univ. Konstanz. Fachveröff.

MAURER, Helmut

Dr. med., Prof., Chefarzt Hals-Nasen-Ohren-Abt. Rastphul-Krankenhaus, Saarbrücken - Max-Planck-Str. 9, 6650 Homburg/Saar (T. 6 12 29) - Geb. 14. Sept. 1926 - S. 1961 (Habil.) Lehrtätigk. Univ. d. Saarl./Klinikum Homburg (1967 apl. Prof. f. HNOheilkd.). Üb. 50 Fachveröff.

MAURER, Karl

Dr. phil., em. o. Prof. f. Roman. Philologie - Am Buchenhain 2a, 4630 Bochum-Weitmar (T. 47 00 81) - Geb. 15. April 1926 Darmstadt (Vater: Prof. Dr. phil. Dr. h. c. Friedrich M., Germanist (s. dort); Mutter: Dr. phil. Jula, geb. Matthes), ev., verh. s. 1957 m. Irmgard, geb. Maßmann, 2 Söhne (Franz, Wolfheinrich) - Univ. Freiburg/Br. (Promot. 1951), Basel, Lille, Paris, Pisa. Habi. 1955 Bonn - S. 1956 Lehrtätigk. Univ. Bonn (1959 Ord.) u. Bochum (1965) - BV: Interpretationen z. späteren Lyrik Paul Valérys, 1954; Giacomo Leopardis Canti u. d. Auflös. d. lyr. Genera, 1957; Himml. Aufenthalt - Fray Luis de Leóns Ode Alma región luciente . . . , 1958. Hrsg. Ztschr. Poetica (1967-86).

MAURER, Rainer

Dr. rer. nat., Prof. f. Pharmazie FU Berlin - Schopenhauer Str. 93, 1000 Berlin 38 (T. 030 - 803 44 55) - Geb. 18. März 1937 Tübingen (Vater: Dr. Wilhelm M., Apotheker; Mutter: Senta, geb. Roessle), ev., verh. s. 1964 m. Sigrid, geb. Dinkel, 2 Töcht. (Tatjana, Nicolette) - Pharmaz.stud. Univ. München (Staatsex. 1961); Promot. (b. Prof. Karlson u. Nobel-Preistr. Prof. Butenandt) 1964 Univ. München; Habil. 1973 Tübingen - 1964/65 Postdoctoral Res. Fellow Calif. Inst. Tech.; Wiss. Assist. MPI f. Virusforsch. Tübingen; 1974 FU Berlin; s. 1980 stv. Dir. Inst. f. Pharmaz. FU. 1965 Entd. Östradiol-Kern-Rezeptor. Entw. Agar-Kapillar-Meth. z. Invitro-Testung v. Anti-Krebs-Arzneimitteln - BV: Disk-Elektrophorese, 1968 (Übers. ins Russ. 1971); Polyacrylamide Gel Electrophoresis, 1971; rd. 130 wiss. Publ. in wiss. Ztschr. - 1983 Felix-Wankel-Tierschutz-Forschungspreis; 1987 Hauptpreis E. Graff-Stiftg. f. Tierschutz - Liebh.: Musik, Sport - Spr.: Engl., Franz.

MAURER, Reinhart Klemens

Dr. phil., Prof. f. Philosophie - Freie Univ. Berlin, Institut f. Philosophie, Habelschwerdter Allee 30, 1000 Berlin 33 - Geb. 26. März 1935 Xanten (Vater: Dr. Paul M.; Mutter: Hanna, geb. Siemshen), verh., 3 Kd. - Gymn. Bad Harzburg u. Krefeld; Stud. Phil., Dtsch, Engl. Münster, Kiel, Wien; Promot. Münster 1964, Habil. Stuttgart 1969 - 1962-75 wiss. Assist., Doz. u. apl. Prof. Univ. Stuttgart, s. 1975 Prof. f. Phil. FU Berlin - BV: Hegel u. d. Ende d. Gesch., 1965, 2. erw. A. 1980; Platons Staat u. d. Demokr., 1970; Revolut. u. Kehre, 1975; Jürgen Habermas' Aufhebung d. Phil., 1977 - 1964 u. 1974 Preise d. Univ. Münster u. Stuttgart - Spr.: Engl., Franz.

MAURER, Rolf

Dr. med., Prof., Chefarzt Abt. f. Hals-Nasen-Ohren-Erkrankungen, plast. Operationen sow. Stimm- u. Sprachstörungen Ev. Krankenhaus - Waldstr. 47, 5300 Bonn-Bad Godesberg - Geb. 29. April 1919 Ludwigshafen/Rh. (Vater: Karl M., Oberlandesgerichtsrat a. D.; Mutter: Emma, geb. Bauer), ev., verh. s. 1950 m. Dr. med. Elisabeth, geb. Schüttler, 2 Kd. (Joachim, Barbara) - Univ. Heidelberg, Berlin, Königsberg - S. 1953 (Habil.) Privatdoz. u. apl. Prof. (1959) Univ. Bonn (zul. Oberarzt Klinik f. HNOkranke) - BV: D. heut. Stand d. Tonsillenerkrank., 1958. Üb. 70 Einzelarb.; 5 Röntgen-Kinofilme - Korr. ausl. Mitgl. Soc. Française d'Oto-Rhino-Laryngologie - Gold. Sportabz.

MAURER, Ulrich

Rechtsanwalt, MdL Baden-Württ. (Wahlkr. 3, Stuttgart III) - Kyffhäuserstr. 79, 7000 Stuttgart 30 (T. 0711 - 56 86 91) - Geb. 29. Nov. 1948 Stuttgart - SPD.

MAURER, Walter

Prof., Chefarzt - Städt. Krankenhaus, 8550 Forchheim/Ofr. - Geb. 31. Aug.

1920 Hechlingen - S. 1962 (Habil.) Privatdoz. u. apl. Prof. (1972) Univ. Erlangen-Nürnberg (Chir.); s. 1963 Chefarzt Chir. Abt./Städt. Krkhs. Forchheim.

MAURER, Wolfdieter
Prof., Dirigent, Generalmusikdir. Würzburg - Schloss Thüngen, 8702 Thüngen (T. 09360 - 16 36) - Geb. 23. Nov. 1941 Wien (Vater: Raimund M., Offz.; Mutter: Katharina, geb. Kotzian), kath. - 1960-64 Univ. Wien (Musikwiss., Psych.); 1960-64 Musikakad. Wien (Stud. b. Swarowsky, Schmid) - 1964-66 Wiener Sängerknaben; 1966-68 Chordir. Klagenfurt; 1968-71 Kapellm. Basel, 1971-72 München, 1972-77 Braunschweig, 1977-79 Oldenburg; s. 1979 GMD Würzburg; 1991 Prof. an d. Univ. f. Musik u. schöne Künste, Tokyo - Spr.: Engl., Franz., Ital.

MAURICE, Klaus
Dr. phil., Generalsekretär d. Kulturstiftung d. Länder - Kurfürstendamm 102. 1000 Berlin 31 (T. 030 - 893 10 07) - Geb. 17. Febr. 1936 München, ev., verh. m. Dorothy Ann Schade-M. - Stud. Kunstgesch.; Promot. 1967 Univ. München - 1979 Hauptkonservator am Bayer. Nationalmuseum München, 1983 stv. Generaldir. am Deutschen Museum München - BV: D. Dt. Räderuhr, 1976; Clockwork Universe, 1980; D. drechselnde Souverän, 1985 - 1978 Gold. Ehrennadel d. Zentralverb. d. dt. Uhrmacherhandw. - Liebh.: Segeln - Spr.: Engl., Franz. - Bek. Vorf.: Chéri Maurice, Gründer d. Hamburger Thalia-Theaters.

MAURIN, Viktor
Dr. phil. (habil.), o. Prof. u. Direktor Geolog. Inst. TH bzw. Univ. Karlsruhe (s. 1965) - Kriegsstr. 95, 7500 Karlsruhe (T. 81 39 93) - Geb. 19. Juli 1922 Kapellen (Österr.) - U. a. Doz. TH Graz. Etwa 80 Fachveröff.

MAURITZ, Alfred
Dr. rer. pol., Dipl.-Kfm., Direktor - Sachsenhäuser Landwehrweg 41, 6000 Frankfurt 70 (T. 0611 - 68 28 00) - Geb. 16. Dez. 1932 Guecho (Spanien) - Vorstandsmitgl. Binding-Brauerei AG, Frankfurt/M.; ARsvors. Mainzer Aktien-Bierbrauerei; ARsvors. Brauereiges. vorm. Meyer & Söhne, Riegel; stv. ARsvors. Dortmunder Actien-Brauerei AG; ARsmitgl. Hansa-Brauerei, Dortmund.

MAURITZ, Hans Werner
Dr. rer. pol., Kaufmann - Breslauer Str. 1b, 7850 Lörrach (T. 07621 - 8 88 10) - Geb. 9. Juli 1928 Barmen (Vater: Friedrich M., Oberstltn.; Mutter: Grete, geb. Goeters), ev., verh. s. 1958 m. Monika, geb. Kleyböcker, 3 Kd. (Ilsaben, Nicola, Veit) - Abit. (Barmen), Banklehre, Stud. Nürnberg u. Köln; Dipl.-Kfm. Köln; Promot. Köln - AR- u. VR-Mand., Beirat Sauerst.-Ind. Frankfurt.

MAURUS, Wolfgang
Direktor Bundeszentrale f. politische Bildung, Bonn - Berliner Freiheit 7, 5300 Bonn - Geb. 10. Febr. 1943 Temeschburg/Rumänien, kath., verh. s. 1971 m. Christa, geb. Lexow, 2 Kd. (Christine, Moritz) - Stud. Polit. Wiss. (M.A.) Univ. München - 1970-81 Kultur- u. Bildungsref. CSU-Landesleit., Persönl. Ref. CSU-Generalsekr. u. CSU-Parteivors.; 1982-86 Abt.-Leit. u. Geschäftsf. Hanns-Seidel-Stiftg.; s. 1986 Dir. BpB - Liebh.: Phil., Politik, Gesch., Sport, Reisen - Spr.: Engl., roman. Spr.

MAUS, Robert
Dr. jur., Oberjustizrat a. D., Landrat Landkr. Konstanz (s. 1973), Ehrensenator d. Univ. Konstanz, MdL Baden-Württ. (s. 1972; Vors. Innenaussch. u. Wahlprüf.aussch.) - Neureben 1, 7702 Gottmadingen (T. 07731 - 7 12 37) - Geb. 9. Juni 1933 Singen, verh., 3 Kd. - Gymn. Singen; Univ. Heidelberg, Bonn, Freiburg/Br. (Rechts- u. Staatswiss.). Jurist. Staatsex. 1957 u. 61; Promot. 1962 - 1961-70 Justizdst. BW (Richter, Staatsanw., Notar), 1970-73 Bürgerm. Gottmadingen u. MdK Konstanz (stv. Fraktionsf.); VR-Vors. SWF u. AR-Vors. d. Werbeges. (WiS) GmbH im SWF; VR-Vors. Jugendwerk Gailingen, VR Regionales Rechenzentrum Süd. Oberrhein GmbH, Freiburg, VR-Mitgl. ÖVA Mannheim, Kraftwerk Laufenburg (Schweiz), u. Sparkasse Gottmadingen, Präsid.-Mitgl. DRK-Landesverb. Baden u. d. Landkreistages v. Baden-Württ.; Kreisvors. DRK-Kreisverb. Konstanz, Vizepräs. Ges. d. Freunde u. Förderer d. Univ. Konstanz - CDU - Gold. Sportabz.; BVK am Bde., BVK I. Kl., Gr. BVK; Feuerwehrehrenkreuz in Silber; Ehrenzeichen d. DRK - Spr.: Engl., Franz.

MAUSER, Heinz

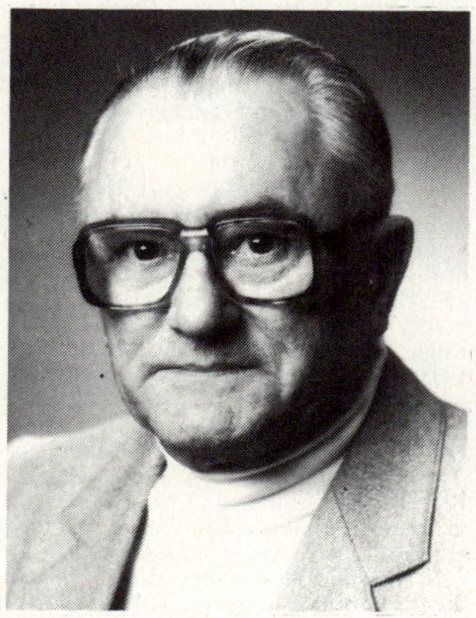

Dr. rer. nat., Prof., Inst. f. Physikal. Chemie Univ. Tübingen - Frauenstr. 43, 7410 Reutlingen (T. 23 08 87) - Geb. 27. Febr. 1919 Plochingen (Vater: Ludwig M., Arch.; Mutter: Lisa, geb. Röllig), verh. s. 1952 m. Inge, geb. Bevernick, 4 Kd. (Werner, Rainer, Ute, Gernot) - S. 1961 (Habil.) Lehrtätigk. Tübingen (apl. Prof. f. Physikal. Chemie). Photokinetik - BV: Formale Kinetik, 1974. Zahlr. Fachveröff.

MAUSER, Peter
Fabrikant, all. u. gf. Gesellsch. Mauser KG/Verpackungen (1981ff.), AR-Vors. Mauser Werke GmbH - Schildgesstr. 71, 5040 Brühl/Rhld.

MAUSER, Wolfram
Dr. phil., o. Prof. f. Neuere dt. Literaturwissenschaft Univ. Freiburg (s. 1964) - Columbastr. 3, 7801 Pfaffenweiler (T. 07664-68 10) - Geb. 29. Jan. 1928 Faistenau (Vater: Dipl.-Ing. Alfons M., Oberlandforstm.; Mutter: Maria, geb. Mitterhammer), kath., verh. s. 1977 m. Helmtrud, geb. Brodmann, 4 Kd. (Wolfram, Ingrid, Manfred, Ulrike) - Univ. Innsbruck, Cincinnati (USA), Nancy (Frankr.), Perugia (Ital.). Promot. (1951) u. Habil. (1960) Innsbruck - Zul. Oberassist. Univ. Innsbruck - BV: Karl Hillebrand - Leben, Werk, Wirkung, 1960 (Dornbirn); Bild u. Gebärde in d. Sprache Hofmannsthals, 1962; Beschwör. u. Reflexion. Bobrowskis sarmat. Ged., 1970; Text u. Reflexion Celans Fadensonnen, 1972 (m. a.); Dicht., Religion u. Ges. im 17. Jh. D. Sonn. d. A. Gryphius, 1976; Hugo v. Hofmannsthal, E. psychosoz. Stud., 1977; Christa Wolff: Nachdenken üb. Christa T., 1987 (m. Helmtrud Mauser). Fachaufs. Herausg.: Corso di lingua tedesca (1958, 7. A. 1965); Eichendorff - Histor.-krit. Ausg., Bd. VIII/1 u. 2 (1962/66), Bd. IX (1970); Erinnerte Zukunft (üb. Christa Wolf) (1986); Geträumte Welt (1987). Üb. 50 wiss. Aufs. - 1960 Theodor-Körner-Preis Wien - Spr.: Engl., Franz., Ital.

MAUTSCHKA, Georg
Prof., Leit. Abt. Schulmusik Staatl. Hochsch. f. Musik Frankfurt - Chattenstr. 48, 6500 Mainz-Weisenau.

MAUVE, Karl-Eberhard
Dr. rer. pol., Kaufmann, Inh. Dr. Mauve & Co., Ratingen, pers. haftender Gesellsch. Protagon Sportprodukte Dr. Mauve KG, Ratingen - Am Tannenbaum 13, 4030 Ratingen-Hösel (T. 02102 - 6 71 53) - Geb. 2. Mai 1934 Kattowitz (Vater: Dr. Karl M., Gutsbes.; Mutter: Ilse, geb. Achilles), ev., verh. s. 1963 m. Brigitte, geb. Hildenbrand, 3 S. (Carl-Philipp, Christian, Gregor) - Jurastud. München, Hamburg u. Köln (1. jurist. Staatsprüf. 1959); Promot. 1962 - Univ. of Colorado/USA u. Univ. Graz (Stud. Volksw.) - 1969-74 Dir. KHD-Ind.anl. AG; 1975-80 Generalbevollm. Dt. Babcock; 1980-82 Vorst.-Mitgl. Wasag-Chemie AG; ab 1983 selbst. (s.o.). Mitautor versch. Abhandl. üb. Marketing in d. Investitionsgüterind. Schmalenbachs Ztschr. f. betriebswirtschaftl. Forsch. - Ehrenbürger Boulder/Colorado (USA) - Liebh.: Reiten, Wirtschaftspolitik - Spr.: Engl., Franz. - Bek. Vorf.: Carl-Philipp Mauve (1760-1829), Kriegs- u. Domänenrat d. Grafsch. Lingen u. Tecklenburg; Ludwig Mauve (1840-1915) Mitbegr. d. Oberschles. Industriereviers.

MAVIGNIER da SILVA, Almir
Prof., Maler u. Graphiker - Schöne Aussicht 35, 2000 Hamburg 76 (T. 220 81 86) - Geb. 1. Mai 1925 Rio de Janeiro/Brasilien (Vater: Melchizedek Mavignier, Schiffskapt.; Mutter: Margarida, geb. da Silva), verh. s. 1965 m. Sigrid, geb. Quarch, S. Delmar - N. Abitur Stud. Malerei Rio de Janeiro u. Ulm (Diplom Abt. Visuelle Kommunikation Hochsch. f. Gestalt.) - S. 1959 fr. Maler u. Graph. Ulm; s. 1965 Prof. f. Malerei Kunsthochsch. Hamburg. Spez. Arbeitsgeb.: Konkrete Malerei m. Unters. v. opt. Phänomenen. Bilder; Serigraphien; Plakate. Ausstellungskataloge; Galerie d. Spiegel Köln (1966; Geh durch d. Spiegel) u. Kestner-Ges. Hannover (1968); Kunstgewerbemuseum, Zürich (1974); Mus. f. Kunst u. Gewerbe, Hamburg (1981); Josef Albers Museum, Bottrop (1985). Intern. Einzelausst.: Biennale Venedig (1964, 68, 86), Biennale Sao Paulo (1969 - dt. Abt.), Documenta III (1964) u. IV (1968) - Div. Preise, u. a. I. Biennale d. Plakate Warschau, Museum of modern art Kyoto u. 6. Biennale f. Graphik Tokio - Spr.: Portugies., Ital., Franz., Span., Dt.

MAX, Anton
Kaufmann, Inh. Fa. Conrad Hamann, Vizepräs. IHK Detmold, Vors. Einzelhandelsverb. Lippe, ARsvors. Salamander-Bund, Kornwestheim - Birkenallee 52b, 4930 Detmold 17 - Geb. 7. Febr. 1903, kath., verh. s. 1933 m. Leni, geb. Hoseit, 5 Kd. (Barbara, Brigitte, Wolfgang, Sabine, Dietrich) - Gymn. - 1968 BVK I. Kl.

MAXWELL, Silvester
s. Dörner, Claus S.

MAY, Alfred
Dipl.-Volksw., Direktor a.D. - Kreuzdornweg 37, 4050 Mönchengladbach 4 (Wickrath) - Geb. 8. Juni 1916 Rüdesheim/Rh. (Vater: Emil M., Direktor; Mutter: Alma, geb. Berger), ev., verh. s. 1950 m. Berty, geb. Hinzen, 2 Kd. (Ursula, Werner) - Gymn.; Univ. Köln, Mainz, Frankfurt/M. - Assist. Verbandsgeschäftsfg.; Leit. Rechnungswesen Industrieuntern.; Prok. u. kaufm. Leit. Ind.untern.; zul. Vorst.-Mitgl. Niederrh. Licht- u. Kraftwerke AG, Mönchengladbach-Rheydt.

MAY, Angelica
Cellistin, o. Hochsch.-Prof. Staatl. Hochsch. f. Musik Wien - Promenadegasse 19, A-2391 Kaltenleutgeben b. Wien (T. 02238 - 5 52) - Geb. 17. Sept. Reutlingen, verh. m. Prof. Dr. Gerhard Petry, 2 Töcht. (Carolina, Magdalena) - Stud. Klavier u. Violoncello Musikhochsch. Stuttgart, Trossingen, München - Mehrere J. b. Pablo Casals, s. 1958 solist. Tätigk. als Cellistin; Prof. Hochsch. f. Musik Düsseldorf; s. 1984 o. Prof. Hochsch. f. Musik u. Darst. Künste Wien - 1957 Grandprix b. Concours Intern. Pablo/Casals Paris; 1974 Smetana-Med. Prag; 1985 BVK - Spr.: Engl., Franz.

MAY, Georg
Dr. theol., Lic. jur. can., o. Prof. u. Direktor Kirchenrechtl. Seminar Univ. Mainz (s. 1960) - Fränzenbergstr. 14, 6501 Budenheim (T. 61 82) - Geb. 14. Sept. 1926 Liegnitz/Schles. (Vater: Wilhelm M.; Mutter: Gertrud, geb. Pietsch), kath. - 1958-60 ao. Prof. Phil.-Theol. Hochsch. Freising - BV: D. kirchl. Ehre als Voraussetzg. d. Teilnahme a. d. euch. Mahle, 1960; D. kanon. Formpflicht b. Abschluß v. Mischehen, 1963; D. neue Mischehenrecht, 1966; D. Gebrauch d. Volkssprache . . . , 1969; Interkonfessionalismus in d. ersten Hälfte des 19. Jh., 1969; Mischehe heute, 1970; D. sog. Handkommunion, 2. A. 1971; Demokratis. d. Kirche, 1971; D. Prinzipien d. jüngsten kirchl. Gesetzgeb. . . . , 1971; D. Seels. a. Mischehen i. d. Diözese Mainz u. Bisch. L. Colmar, 1974; D. alte u. d. neue Messe, 1975; Mit Kath. zu besetzende Professuren a. d. Univ. Tübingen 1817-1945, 1975; Interkonfessionalismus i. d. dt. Militärseelsorge v. 1933-1945, 1977; Ludwig Kaas - D. Priester, d. Politiker u. d. Gelehrte aus d. Schule v. Ulrich Stutz, 3 Bde. 1981-82; D. dt. Bischöfe angesichts d. Glaubensspaltung d. 16. Jh., 1983; Reformation u. dt. Bischöfe. E. unerläßl. Beitrag z. Lutherjahr, 1983; D. Glaube in d. nachkonziliaren Kirche, 1983; Einf. in d. kirchenrechtl. Meth. (m. A. Egler), 1986; D. Krise d. Kirche ist e. Krise d. Bischöfe (Kard. Šeper), 1987; D. Recht d. Gottesdienstes in d. Diözese Mainz z.Z. v. Bischof Joseph Ludwig Colmar (1802-1818), 2 Bde. 1987; Kirchenkampf od. Katholikenverfolgung? Ein Beitrag zu d. gegenseitigen Verhältnis v. Nationalsozialismus u. d. christlichen Bekenntnissen, 1991 - Lit.: FIDES ET IUS. Festschr. f. G. M. z. 65. Geb. (1991).

MAY, Heinz
Dr., Oberfinanzpräsident, Leit. OFD Nürnberg - Krelinastr. 50, 8500 Nürnberg - 1984 Bayer. VO.

MAY, Hermann
Dr. rer. pol., Prof. f. Wirtschaftswissenschaft u. ihre Didaktik Pädagog. Hochschule Heidelberg (s. 1981) - Hauptstr. 66, 7600 Offenburg (T. 0781 - 2 43 31) - Geb. 24. Dez. 1936 - Univ. Mannheim, München, Paris, Basel, Freiburg i. Br. - 1961-74 Wirtschaftl. Bildungsber., Untern.berat.; 1972-74 Lehrbeauftr. PH Esslingen; 1974-81 Doz. Univ. Würzburg, 1977-81 ebd. Inst. f. Soziol.; 1988 Visiting Prof. Towson State Univ. (Baltimore, USA); 1988 Visiting Prof. Massachusetts Inst. for Social Studies (Boston, USA) - BV: D. Kapitalbeteiligungsges. als Instrument z. Realisierung d. Investivlohnes, 1974; Arb.lehre, 1978; Arbeitsteilung als Entfremdungssituation in d. Industrieges. v. Emile Durkheim b. heute, 1985 (Übers. ins Amerikan. 1991); Ökonomie f. Pädagogen, 1990. Herausg.: Handb. z. ökonom. Bildung, 1991; zahlr. Beitr. in Fachztschr. - 1973 Pieroth-Preis - Spr.: Engl., Franz., Lat.

MAY, Michaela
(eigentl. Gertraud Schiffer, geb. Mittermayr), Schauspielerin - Zu erreich. üb. Agentur Alexander, Lamontstr. 9, 8000 München 80 - Geb. 18. März 1952 München (Vater: Josef M; Mutter: Anneliese, geb. Dirnagl), kath., verh. s. 1980 m. Dr. Jack Schiffer - Schauspiel.-Ausb., Staatl. geprüf. Erzieherin - S. 1962 zahlr. Rollen b. Theater, Film, FS u. Funk in Berlin, Hamburg, München; 7 Filme, ca. 70 FS-Spiele, Tourneen - Liebh.: Tennis, Ski, Segeln, Bücher, Kochen, Klavier - Spr.: Engl., Franz.

MAY, Willi F.
Dr. rer. pol., Hauptgeschäftsführer Bundesverb. Spedition u. Lagerei, Bonn - Heerstr. 30, 5482 Grafschaft 2 (T. 02225 - 58 17) - Geb. 5. Juli 1932

Nammen, ev., verh. s. 1964 m. Vera, geb. Witt, 2 Kd.

MAYBERG, Katharina

Film-, Fernseh- u. Bühnenschauspielerin - Elbchaussee 204/8, 2000 Hamburg 52 (T. 880 35 35) - Geb. 31. März 1929 Hamburg (Vater: Richard Neb, Kapitän; Mutter: Katharina, geb. Steffen), verh. m. Alf Teichs (Filmprod.), S. Jan - Schauspielausbild. - Viele Hauptrollen in dt., ital., span., jugosl. Filmen u. im dt. Fernsehen (u. a. Hinter Klostermauern, Der Theodor im Fußballtor, Vera Brühne, Die Nibelungen) - Bühnen-Engag. Josefstadt Wien, Kammerspiele München, Ernst Deutsch- u. St. Pauli-Theater Hamburg u.a. - Jugosl. Staatspreis f. Spielfilm Der Hochwaldjäger - Liebh.: Segeln, Reiten, Antiquitäten - Spr.: Ital., Engl.

MAYDELL, Baron von, Bernd

Dr. jur., o. Prof. f. Bürgerliches Recht, Arbeits- u. Sozialrecht, Direktor d. Max-Planck-Inst. f. ausl. u. intern. Sozialrecht, München (s. 1992) - Siebengebirgsstr. 58a, 5205 St. Augustin 2 (T. 02241 - 33 88 18) - Geb. 19. Juli 1934 Reval/Estl. (Vater: Hans v. M., Landwirt; Mutter: Martha, geb. Dehn), ev., verh. s. 1960 m. Christamaria, geb. Sethe, 3 Kd. (Olaf, Renata, Boris) - Abitur 1954; Stud. d. Rechts- u. Staatswiss. Univ. Marburg u. Berlin; Promot. 1960 Marburg; 1. u. 2. jur. Staatsex. 1958 u. 1963; Habil. 1971 Bonn - 1963-75 Univ. Bonn (wiss. Assist., 1970 Akad. Rat, 1971 Doz.); 1975-81 FU Berlin; 1981-92 Univ. Bonn. Vorst.-Mitgl. d. Ges. f. Rechtsvergleich.; Europ. Inst. f. Soziale Sicherheit; Intern. Ges. f. d. Recht d. Arbeit u. d. soz. Sicherheit; Mitgl. Sachverständigen-Aussch. f. d. Kontrolle d. Anwend. d. Konventionen d. Intern. Arbeitsorg. in Genf - BV: Sach- u. Kollissionsnormen im intern. Sozialversicherungsrecht, 1967; Geldschuld u. Geldwert, 1974; Grenzen d. Eigenwirtschaft gesetzl. Krankenversicherungsträger (m. R. Scholz); Kommentar z. Sozialgesetzbuch I, 2. A. 1981 (m. Burdenski u. Schellhorn) u. X/3, 1984 (m. Schellhorn); D. Neuordn. d. sozial. Alterssich. d. Frau, 1982; Harmonisierung d. Alterssich.?, 1984; Lexikon d. Rechts: Sozialrecht, 1986; Kommentar z. SGB V, 1988; Soziale Rechte in d. EG, 1989; Probleme sozialpolit. Gesetzgebung, 1991 - Spr.: Engl., Franz.

MAYER, Arthur

Dr. phil., em. o. Prof. f. Angew. Psychologie - Möwestr. 38, 8000 München 82 (T. 430 65 51) - Geb. 8. Dez. 1911 Ottenbach/Württ., kath., verh. s. 1953 m. Alice, geb. Schölich, 3 Kd. - Univ. Würzburg, Freiburg, Bonn. Promot. 1945; Habil. 1951 - 1943-45 ltd. Psychologe Inst. f. klin. Psych. Bonn, 1947-48 Berufsberat. Arbeitsamt Heidelberg, 1948-63 Assist., Doz. (1951), apl. (1954), ao. (1957) u. o. Prof. (1959) WH Mannheim (Dir. Psych. Inst.), s. 1963 o. Prof. Univ. München (Abt.-Vorst. Psych. Inst., emerit. 1976) - BV: D. soziale Rationalisierung d. Industriebetriebes, 1951; Mensch im Betrieb, 1953; Mensch u. Arbeit, 1955. Herausg.: Handb. d. Betriebs- u. Organisations-Psych. (2 Bde.); Organisationspsych., 1978 - 1984 BVK I. Kl.; 1987 Hugo Münsterberg-Med. - Liebh.: Musik - Spr.: Engl.

MAYER, Bruni

Landrätin Kreis Rottal-Inn (1987 m. 53,68% Unabhängige Wählergemeinsch.) - Landratsamt Rottal-Inn, 8340 Pfarrkirchen - Geb. 10. Juli 1947 Pfarrkirchen - Modistin, Geschäftsst.leit.

MAYER, Carlheinz

Generalagent f. Deutschland d. Yasuda Fire & Marine Insurance Comp., Ltd., Tokyo - Meister-Johann-Str. 5, 5000 Köln 41 - Geb. 20. Okt. 1922 Berlin (Vater: Dr. med. dent. Heinz M.; Mutter: Martha, geb. Hartwig), ev., verh., 2 S. (Michael, Stephan) - Abit. 1941, 1948 Lehre, 1951 Bezirksdir., 1960-72 Vorstand, alles Nordstern Allgemeine Vers.-AG., Köln/Berlin.

MAYER, Christian

Schriftsteller (Ps. Carl Amery) - Drächslstr. 7, 8000 München 90 (T. 45 14 97) - Geb. 9. April 1922 München (Vater: Prof. Dr. phil. Dr. theol. h. c. Anton M., Historiker (s. dort); Mutter: Anna, geb. Schneller), kath., verh. s. 1950 m. Marijane, geb. Gerth, 5 Kd. (Gregor, Benedikt, Pia, Anna, Ambros) - Gymn. Freising u. Passau; Stud. Roman. u. Lit. München u. Washington (USA) - Fr. Schriftst.; 1968-70 (Rücktr.) Dir. Städt. Biblioth. München. 1976 Vors. VDS; 1980-87 Vors. Dt. Lit.fonds; 1989-91 Präs. d. bundesdt. PEN - BV: D. Wettbewerb, R. 1954; D. Gr. Deutsche Tour, R. 1959; D. Kapitulation oder Deutscher Katholizismus heute, 1963; Fragen an Welt u. Kirche, Ess. 1965; D. Ende d. Vorsehung - D. gnadenlosen Folgen d. Christentums, 1972; D. Königsprojekt, R. 1974; D. Untergang d. Stadt Passau, R. 1975; Natur als Politik, Ess. 1976; An d. Feuern d. Leyermark, R. 1979; Leb wohl geliebtes Volk d. Bayern, Ess., 1980; E. starke Position, od. Ganz normale MAMUS, Satiren, 1985; D. Wallfahrer, R. 1986; D. Geheimnis d. Krypta, R. 1990; Bileams Esel, Ess. 1991. Bühnenstücke: Ich stehe z. Verfügung (UA. 1967 München). Fernsehsp.: Ansichten v. Bayern (1972); Hörsp.: Ich stehe z. Verfügung; Finale Rettung Michigan (1984); D. Schirmspringer (1986); D. Penthouse-Protokoll (1987/88). Herausg.: D. Provinz - Kritik e. Lebensform (1964); Übers. J. F. Powers, Gottes Schrift ist schwer zu lesen (1965) - 1958 Förderungspreis Stadt München; 1975 Ernst-Hoferichter-Preis; 1979 Turkan-Preis München; 1989 Friedrich-Märker-Preis f. Essayistik; 1991 Literaturpr. d. Landeshauptstadt München - Spr.: Engl., Franz., Ital., Span.

MAYER, Claus-Jürgen

Dr. med., Dr. med. habil., Prof., Oberstarzt, stv. Kommandeur Sanitätsakad. d. Bundeswehr - Neuherbergstr. 11, 8000 München 45 - Geb. 21. Sept. 1938 Berlin (Vater: Hermann M.; Mutter: Anneliese, geb. Deppe), verh. m. Karin, geb. Völkel, 2 S. (Thomas, Jens-Peter) - Med. Staatsex. 1966 LMU München, Promot. 1970; Habil. 1975, alles München - 1982 apl. Prof. f. Physiol. München - Lehrstabsoffz. Sanitätsakad. d. Bundeswehr; Referent Bundesmin. d. Verteidigung - Entw. Neuromodulation v. Nervenzellen - 1985 Ehrenkreuz d. Bundeswehr in Silber - Spr.:Engl., Franz.

MAYER, Dieter Heinzjörg

Dr. rer. nat., Univ.-Prof. f. Theor. Physik TU Clausthal (s. 1991) - Leibnizstr. 10, 3392 Clausthal (T. 05323 - 72 30 04) - Geb. 22. Sept. 1943 Freising, verh. s. 1977 m. Christiane, geb. Guilbert, S. Francois - 1963-68 Stud. Physik Univ. München; Dipl. 1969, Promot. 1972 München, Habil 1979 Aachen - 1972-74 wiss. Assist.; 1974-76 Post-doc (IHES Paris, Simon-Fraser Univ. Vancouver); 1981 Heisenberg-Stip.; 1980-84 Gastprof. Essen, Heidelberg, Gießen; 1985-91 apl. Prof. RWTH Aachen; 1991 KFA Jülich; 1989-91 Gastprof. am MPI f. Mathematik, Bonn - BV: The Ruelle-Araki Transfer Operator in Classical Statistical Mechanics, 1980.

MAYER, Eberhard

Dr. rer. nat., Prof. f. Geographie - Im Eichholz 10, 5300 Bonn 1 (T. 0228-28 17 91) - Geb. 16. Mai 1933 Stuttgart (Vater: Erwin M., O.stud.rat; Mutter: Helene, geb. Bopp), ev., verh. s. 1958 m. Margret, geb. Dippon - Gymn. Stuttgart; 1952-57 Univ. Stuttgart (Geogr., Biol., Chem.), Staatsex. 1957, Promot. 1959, Habil. 1971 - 1957-61 Wiss. Assist., 1971 Priv.doz., 1971-72 Univ.Doz. Stuttg., 1972 Prof. Univ. Bonn - BV: Mod. Formen d. Agrarkolonis. im sommertrockenen Spanien, 1960; D. Balearen: Soz. u. wirtsch.s-geogr. Wandl. mediterranen Inselarchipels unt. d. Einfl. d. Fremdenverkehrs, 1976; Vegetationsgeogr. auf geoökol. Grundl. (m. H.-J. Klink), 1982; Aufs. u. Beitr. im Fachztschr., Sammelb. u. e. span. Lexikon - Spr.: Span., Engl.

MAYER, Frederic

Dr., Kammersänger, Opernsänger Staatstheater am Gärtnerplatz München (s. 1968) - Tirschenreuther Str. 19, 8000 München - Geb. 21. April 1931 Lincoln Nebraska, USA, verh. s. 1974 m. Rosemarie, geb. Hege, 3 Kd. (Eric, Kirk, Paul) - B.A. Degree Midland College, Fremont Nebraska, USA; M.A. u. Ed.D. Degrees Columbia University New York; Stimmbildung m. Maestro R. Pandicio (N.Y.) u. Hans Hopf (München) - 1958-68 Musik-Prof. Columbia Univ. New York - Konz., Oper, Oratorien USA (New York, Chicago etc.). Gastsp.: Berlin, Frankfurt, Wien, Stuttgart - BV: The Changing Voice, 1965 - 1974 Bayer. Kammersänger.

MAYER, Gerhart

Dr. phil., Dr. sc. rel., em. o. Prof. f. Neuere dt. Literatur - Gabriel-Biel-Str. 8, 6720 Speyer/Rh. - Geb. 4. Juni 1926 Stuttgart, ev., verh. s. 1958 m. Margit, geb. Schlünder, 2 Kd. (Elke-Birgit, Jörg-Peter) - 1946-50 Univ. Marburg (Dt., Engl., Päd.; Staatsex. 1950). Promot. 1951 u. 54 Marburg; Habil. 1958 Braunschweig - 1958-65 Doz. u. apl. Prof. (1964) TH Braunschweig; dazw. 1958-62 Lehrstuhlvertr. Univ. Salamanca (Span.); s. 1965 o. Prof. Univ. Mainz - BV: D. Begegnung d. Christentums m. d. asiat. Religionen im Werk Hermann Hesses, 1956; Rilke u. Kassner, 1960; D. geist. Entwickl. Wilhelm Raabes, 1960; D. dt. Bildungsroman, 1992 - Lit.: Festschr. Interdisziplinarität. Dt. Sprache u. Lit. im Spannungsfeld d. Kulturen (1991) - Spr.: Engl., Span.

MAYER, Günter

Dr. theol., Prof. Univ. Mainz - Ruländerstr. 10, 6501 Zornheim (T. 06136 - 4 48 37) - Geb. 6. April 1936 Pirmasens (Vater: Wilhelm M.; Mutter: Henriette, geb. Wilhelm), ev., verh. s. 1965 m. Elisabeth, geb. Busch - Stud. Mainz; Promot. 1960 ebd.; Habil. 1970 Münster - S. 1972 Prof. f. Theol. Univ. Mainz - BV: D. Mischnatraktat Para, 1964; E. Zaun um d. Tora, 1972; Index Philoneus, 1974; D. jüdische Frau in d. hellenistisch-römischen Antike, 1987 - Spr.: Franz., Engl.

MAYER, Hannelore

s. Valencak, Hannelore

MAYER, Hans

Dr. phil., Dr. phil. h. c., o. Prof. f. Dt. Literatur u. Sprache TU Hannover (1965-73; emerit.), Honorarprof. Univ. Tübingen (s. 1975) - Neckarhalde 41, 7400 Tübingen - Geb. 19. März 1907 Köln - Univ. Köln, Bonn, Berlin (Rechts-, Staatswiss., Gesch., Phil.). Promot. 1931 Köln - Forschungsstip. Inst. f. Sozialforsch. Genf/New York (1935-39) u. Hochschulinst. f. Intern. Studien Genf (1936-41); 1946/47 Chefredakt. Radio Frankfurt/M.; 1947/48 Dozent Akad. d. Arbeit Frankfurt/M.; 1948-63 Ord. Univ. Leipzig (Dt. Literaturgesch. u. Gesch. d. Weltlit.). Gastprof. TU Berlin (1965) u. Milwaukee/USA (1971). 1954ff. Vorst.-Mitgl. Dt. Schiller-Ges. - BV (Auswahl): Georg Büchner u. s. Zeit, 1946; Thomas Mann - Werk u. Entwickl., 1950; Studien z. dt. Lit.gesch., 1954; Dt. Lit. u. Weltlit., 1957; Richard Wagner, 1959; V. Lessing b. Thomas Mann, 1959; Bertolt Brecht u. d. Tradition, 1961; Ansichten - Z. Lit. d. Zeit, 1962; Z. dt. Klassik u. Romantik, 1963; Z. dt. Lit. d. Zeit - Zusammenhänge/Schriftst./Bücher, 1967; Dt. Lit. s. Thomas Mann, 1968; Brecht in d. Gesch. - 3 Versuche, 1971; D. Lit.kritik d. Gegenw., 1971ff.; Thomas Mann, 1980; versuche üb. d. Oper, 1981; Augenblicke. E. Leseb. 1987; D. umerzogene Lit., 1988; D. unerwünschte Lit., 1989. Herausg.: Meisterw. dt. Lit.kritik (4 Bde. 1962-76), Dtsch. Literaturkritik d. Gegenwart, 1972; Georg Büchner u. s. Zeit, 1972; Vereinzelt Niederschläge, 1973; Goethe im 20. Jh. (1967), Außenseiter (1975); Nach Jahr u. Tag, Reden, 1968; Richard Wagner - Mit- u. Nachwelt, 1978; Doktor Faust u. Don Juan, 1979; E. Deutscher auf Widerruf. Erinner., 2 Bde. 1982/84 - 1969 Ehrendoktor Univ. Brüssel u. 1972 Univ. of Wisconsin; 1955 Nationalpreis III. Kl. (Ost), 1965 Johann-Heinrich-Merck-Preis Dt. Akad. f. Sprache u. Dicht. (abgelehnt), Lit.preis Verb. d. dt. Kritiker; 1974 Ehrenmed. Collège de France; 1964 o. Mitgl. Akad. d. Künste Berlin (1971 Dir. Abt. Lit.); 1975 Ehrenmitgl. Modern Language Assoc. of America; 1980 Gr. Lit.preis d. Stadt Köln; Med. f. Wiss. u. Kunst Hamburg; 1987 Gr. BVK m. Stern u. Schulterbd., Ernst-Bloch-Pr. Ludwigshafen, Ehrensenator Univ. Hannover. Mitgl. PEN-Zentrum BRD - Spr.: Franz., Engl., Ital.

MAYER, Hans-Eberhard

Dr. phil. (habil), o. Prof. f. Mittlere u. Neuere Geschichte u. Histor. Hilfswiss. Univ. Kiel (s. 1967) - Neue Universität, Haus 16, 2300 Kiel - Geb. 2. Febr. 1932 Nürnberg - U. a. Doz. Univ. Innsbruck. Facharb.

MAYER, Hans-Peter

Dr. iur. utr., Prof. - Felix-Oberborbeckstr. 15, 2848 Vechta (T. 04441 - 8 31 30) - Geb. 5. Mai 1944, kath., verh. s. 1971 m. Susanne, geb. Kamienski, 3 Kd. (Dominik, Daniel, Birgit) - Stud. Rechtswiss. Univ. Tübingen, Kiel u. Würzburg; Promot. 1975 Würzburg - Rechtsanwalt, Prof. u. Rektor der Kath. Fachhochschule Norddeutschland - BV: Einführung in d. Recht; Familienrecht; Kindschaftsrecht. Versch. Aufs. u. empirische Untersuchungen.

MAYER, Helga Barbara

s. unt. König, Barbara

MAYER, Josef

I. Bürgermeister Stadt Thannhausen - Rathaus, 8907 Thannhausen - Geb. 26. Sept. 1924 Konzenberg - Dipl.-Verwaltungswirt.

MAYER, Karl Heinz

Dr. rer. nat., Prof. f. Mathematik Univ. Dortmund - Eichenmarkweg 10, 4600 Dortmund 30 (T. 0231 - 48 22 28) - Geb. 9. Juli 1936 Düsseldorf (Vater: Anton M.; Mutter: Magdalena, geb. Görlich), kath., verh. s. 1965 m. Barbara, geb. Damm, 2 Kd. (Stefanie, Till) - 1956-64 Math.stud. Univ. Köln, Tübingen, Bonn; 1. Staatsex. f. d. höh. Lehramt 1961, Promot. 1964, Habil. 1969 - 1964-70 wiss. Assist. Bonn; 1970 o. Prof. Dortmund - BV: O(n)-Mannigfaltigk., exot. Sphären u. Singularitäten, (m. F. Hirzebruch) 1968; Relationen zw. charakterist. Zahlen, 1969; Algebraische Topologie, 1989.

MAYER, Karl Ulrich

Dr., Prof., Direktor Max-Planck-Institut f. Bildungsforschung - Lentzeallee 94, 1000 Berlin 33 (T. 030-82 99 51) - Geb. 10. April 1945, verh. m. Marta, geb. Babiak, 3 Kd. (Uljana, Roman, Antonia) - 1964-68 Stud. Soziol., German., Phil., Theol. Univ. Tübingen, Spokane, Wash./USA, New York, Konstanz; B.A., M.A.; Promot. 1973, Habil. 1977 - Projektleit. Univ. Konstanz; wiss. Ass. Univ. Frankfurt; wiss. Mitarb. Univ. Mannheim; wiss. Leit. Zentrum f. Umfragen, Meth. u. Analysen (ZUMA), Mannheim; Prof. f. Soziol. Univ. Mannheim; s. 1983 wiss. Mitgl. u. Dir. MPI f. Bildungsforsch. - BV: Ungleichheit u. Mobilität im soz. Bewußtsein, 1975; Klassenlagen u. Sozialstruktur (m. J. Handl u. W. Müller), 1977; Allg. Bevölkerungsumfrage d. Sozialwiss. Beitr. zu meth. Problemen d. Allbus 1980 (m. P. Schmidt), 1984; Ereignisanalyse (m. P. Blossfeld u. A. Hamerle), 1986; The Comprehensive School Experiment Revisited: Evidence from Western Europe (m. A. Leschinsky), 1990; Event History Analysis in Life Course Research (m. N. Tuma), 1990; Lebensverläufe u. sozialer

Wandel, Sonderheft 31, Kölner Ztschr. f. Soziol. u. Sozialpsychol., 1990; Vom Regen in d. Traufe: Frauen zw. Beruf u. Familie (m. I. Allmendinger, J. Huinink), 1991 - Spr.: Engl.

MAYER, Klaus

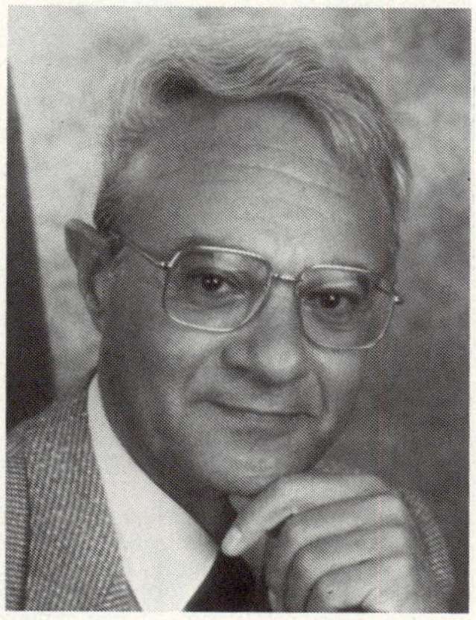

Dr. med., Dr. phil., Dipl.-Psych., em. Univ.-Prof., Ärztl. Direktor d. Neurol. Poliklinik u. Abt. Neuropsychol. Univ. Tübingen, Konsiliararzt u. Gutachter f. Neurol. u. Neurotraumatologie an d. Berufsgenossenschaftl. Unfallklinik Tübingen, ärztl. Vorst.-Mitgl. Kurat. ZNS f. Unfallverletzte m. Schäden d. zentralen Nervensystems, Bonn - Eduard-Spranger-Str. 9, 7400 Tübingen (T. 6 13 03) - Geb. 6. Sept. 1926 Düsseldorf (Vater: Karl M., Ltd. Angest. †; Mutter: Martha, geb. Bleser †), kath., verh. s. 1958 m. Hanny, geb. Kober, 2 Söhne (Thomas, Peter) - Stud. d. Med., Psych., Phil. Univ. Marburg, Bonn, D'dorf; Promot. 1956 (phil.) u. 1957 (med.); Habil. 1963 - 1970-72 Dekan. In- u. ausl. Fachmitgl.sch. Mitgl. versch. Hochsch.-gremien u. min. Kommiss. Zahlr. wiss. Veröff. - BVK I. Kl.

MAYER, Klaus

Dr. phil., Prof. f. Soziologie Univ. Bonn (s. 1976) - Kösliner Weg 8, 5309 Meckenheim - Geb. 5. Mai 1935 Wien, verh. - 1958-63 Stud. Gesch. Univ. Wien; Promot. 1963 Wien; Habil. (Soziol.) 1975 Linz - BV: D. Sozialstruktur Österreichs, 1970; Landtagsabgeordnete in Ober-Österreich, 1973; Dynamik sozialen Verhaltens, 1975; D. Evolution d. transatlantischen Welt 1945-1990, 1991.

MAYER, Klaus-Dieter

Generalsekretär Dt. Billard-Bund - Konrad-Adenauer-Str. 43, 6072 Dreieich/Hessen.

MAYER, Lothar

Dr.-Ing., Dipl.-Ing., Sprecher d. Vorstands d. Philipp Holzmann AG - Taunusanlage 1, 6000 Frankfurt/M. 1 - Geb. 26. Nov. 1933 - AR- u. Beirats-Mitgl. v. div. Ges.

MAYER, Martin

Dr. agr., Oberregierungsrat, MdB Bayern (s. 1990) - Am Baumgarten 5, 8011 Siegertsbrunn/Obb. - Geb. 1941 Siegertsbrunn - Volkssch.; Landw.slehre; Höh. Ackerbausch. Landsberg; Stud. Landw. Freilassing-Weihenstephan, Paris, Bonn. Promot. 1969; 2. Staatsex. 1972 - Gutachtertätigk. Elfenbeinküste; Bayer. Landw.min. 1972ff. MdK München; 1978-1990 MdL. CSU.

MAYER, Max

Dipl.-Ing., Ministerialdirektor i. R., Unternehmensberater (s. 1972) - Lucas-Cranach-Str. 16, 5300 Bonn-Bad Godesberg (T. 37 93 20) - Geb. 30. Juni 1913 Regensburg (Vater: Eduard M., Bankdir.; Mutter: Mathilde, geb. Angermann), ev., verh. s. 1947 m. Rita, geb. Schoen, 3 Töcht. (Ingelo Christina, Andrea Susanne, Claudia Martina) - Maximilians-Gymn. u. TH München (Maschinen- u. Flugzeugbau; Dipl.-Ing. 1936). 2. Staatsex. (Flugbaumeister) 1939 Berlin - 1938-43 Testpilot u. Erprobungsing. Versuchsst. Peenemünde; 1944/45 Leit. e. Erprobungsgruppe f. Raketenflugzeuge u. Flugkörper ebd.; 1949-57 Techn. Prüfer u. Mitgl. Dt. Patentamt, München; 1957-62 Ref. f. Flugkörpersysteme Bundesverteidigungsmin. (Min.rat); ab 1962 Leit. Abt. Weltraum- u. Luftfahrtforsch. Bundesmin. f. Wiss. Forsch. (Min.dirig. bzw. - dir.); s. 1972 Luftfahrt- u. Weltraumberater Dresdner Bank AG, s. 1976 Repräsentant, b. 1982 Senior Technical Adviser d. Raytheon Co., USA; Vizepräs. Club d. Luftfahrt v. Dtschl.; Vors. d. Kuratoriums d. Lilienthalstift.; Ehrenmitgl. Dt. Ges. f. Luft- u. Raumfahrt; Mitgl. Club d. amerik. Botschaft u. Intern. Club La Redoute - Versch. Buch- u. Ztschr.beitr. - BVK I. Kl. - Liebh.: Farbfotogr., Segeln - Spr.: Engl.

MAYER, Mechthild

Schriftstellerin u. Malerin - Allensteiner Str. 16, 7500 Karlsruhe 1 (T. 0721 - 68 45 00) - Geb. 9. Jan. 1918 Ellwangen/J., kath., verw. s. 1970 - Ausb. Kinderpflegerin u. Kindergärtnerin, Ausb. im bildhaften Gestalten b. H. Meyer-Weingarten (gegenständl. u. figürl. Malerei), T. Sand (Abstrakt.), G. Manz (Portrait) - Ausst. in Bad. Kunstverein Karlsruhe, Käuze-Theater, Bundesverfassungsgericht u. in d. Dt. Bank, Karlsruhe. 1972-82 üb. 10 Lesungen bzw. Rezitat. in Karlsruher Theatern, b. Vernissagen, im Rahmen d. Karlsruher Bücherfrühlings; Beteilig. b. Kollektivlesung in d. Lit. Ges. Karlsruhe - BV: D. Sonnenspeicher, 1973; Schierling od. d. Beschaffenheit d. ganz einfachen Tages, 1975; D. Blume Begriffenezeit, 1977 (alle 3 Gedichtbd.). Herausg.: Bildbd. m. eig. Arb. u. lyr. Komment. (1978); Erwähnung v. Bildged. b. Gisbert Kranz, Bd. II (1981); Mitarb. an Anthol. sowie Karlsruher Literaturtelefon - Lit.-Dipl. Univ. Delle Arti, Ital.

MAYER, Paul

Prof., Dipl.-Ing., Bergass., Leiter Techn. Aufsichtsdienst Berufsgenoss. d. keram. u. Glas-Ind. - Röntgenring 2, 8700 Würzburg - Geb. 18. Okt. 1929, kath., verh. s. 1957 m. Marga, geb. Schleicher, Tocht. Dr. med. Barbara - Abit.; TH Aachen (Dipl.-Ing.); Assessorenausb. - Prof. f. Sicherheitstechnik TFHS Berlin - BV: Angew. Sicherheitstechnik, Handb. d. Arbeitsschutzes; weit. Veröff. - Liebh.: Klass. Musik, klass. Lit., Politik - Spr.: Engl.

MAYER, Richard

Bürgermeister a. D., Geschäftsführer, MdL Bad.-Württ. (1972-76) - Sommerhaldenweg 6, 7238 Oberndorf-Aistaig (T. 07423 - 44 47) - Geb. 22. Juni 1925 Göllsdorf/Württ., kath., verh., 2 Kd. - Gymn. Rottweil; Höh. Verwaltungssch. Haigerloch - 1943-47 Kriegsdst. u. franz. Gefangensch.; n. Verw.-Ausb. Sachbearb. Landratsamt Rottweil, Stadtverw. Oberndorf u. Kirchheim/Teck; 1956-74 Bürgermeister Aistaig. 1960-66 Vors. Zweckverb. Wasserversorgungsgr. Kleiner Heuberg; 1965-68 Gesamtvorst. Württ. Gemeindetag; 1968-75 Vors. Abwasserverb. Aistaig. 1965 ff. MdK Rottweil (1971 Fraktionsspr.). SPD. 1976 ff. Schramberger Wohnungsbau GmbH (Gf.).

MAYER, Robert

Rechtsanwalt, ehem. Gf. Vereinig. d. Bayer. Schuhfabr., Nürnberg - Gastelshof 5, 8431 Seubersdorf (T. 09492-13 03) - Geb. 6. Okt. 1908 München - Stud. Rechtswiss. Gr. jurist. Staatsprüf. - Staatsdst. (zul. Reg.rat) - BVK a. B.

MAYER, Ruth

Autorin, Übers., Bücherherausg. u. Verlegerin, Journ. - Postf. 569, CH-8029 Zürich - Geb. 24. März 1943 St. Gallen/Schweiz - Handelsdipl. u. journ.-redakt. Ausb. - Inh. Frauenbuchverlag Edition R + F, Zürich - BV: u.a. Ansichtsseiten, Aphorismen, 1976 u. 1979. Herausg.: Bewegte Frauen (1977); Anfällig sein (1978); Im Beunruhigenden (1980); Frauen erfahren Frauen (1982); Sie will wissen wie weit ihre Kühnheit sie fortträgt (1984); E. Inselsommer v. Rosemarie Egger (1988) - 1977 Lit. Ehrengabe Kanton Zürich - Spr.: Engl., Franz. - Lit.: Ingeborg Drewitz, in: Ansichtsseiten (1976 u. 1979).

MAYER, Ursula Maria

Dr. med., Prof. f. Augenheilkd. Univ. Erlangen, Augenärztin - Essenbacher Str. 15, 8520 Erlangen - Geb. 26. Nov. 1936 Hamburg (Vater: Johann Baptist M., Ord. f. Pädiatrie, Homburg; Mutter: Gertrud, geb. Hauswirth), kath., ledig - Abit. 1955 Homburg/S.; Stud. Homburg, München, Paris; Staatsex. 1961 Homburg, Promot. 1962; 1962-64 Med.assist.; ab 1964 Augenheilkd. Düsseldorf (Prof. Dr. E. Custodis u. Prof. Dr. H. Pau), ab 1970 Erlangen (Prof. Dr. E. Schreck); Habil. 1974 - 1974 Akad. Rätin, 1976 Akad. Oberrätin; Oberärztin, 1980 apl. Prof. u. C3-Prof. - 1969 erstmal. Messung d. RQ v. Linsenepithelien; 1981 Anmeld. e. Augenspiegels m. Restlichtverstärk. - BV: Übers.: Prakt. Glaskörperchir. (v. J. Haut u. S. Limon, Franz. in Deutsch); Zeitschr.art. üb. exper. Ophthalmologie u. pädiatr. Ophthalmologie - 1958 u. 1961 SPECIA-Preis - Liebh.: Musik, Gärtnerei - Spr.: Lat., Franz., Engl., Span., wenig Ital. u. Altgriech. - Bek. Vorf.: Prof. Dr. Johann Baptist M., Prof. Hamburg u. Homburg/Saar Säuglingsernähr., Viruskrankh., Embryopathien, Diabetes (Vater).

MAYER, Walter

Dr. phil. nat., Prof. f. Chemie i.R. - Im Hassel 18, 6901 Dossenheim (T. Heidelberg 8 52 91) - Geb. 3. April 1915 Stockach/Baden, kath., verh. s. 1943 m. Ingeborg, geb. Oeller, 4 Kd. (Christa, Felicitas, Andrea, Hans-Walter) - Univ. Heidelberg (Chemie; Dipl.-Chem. 1939). Promot. (1941) u. Habil. (1953) Heidelberg - S. 1953 Privatdoz. u. Prof. Univ. Heidelberg, s. 1981 im Ruhestand. Fachveröff.

MAYER-BÖRICKE, Claus Ulrich

Dr. rer. nat., em. o. Prof. f. Kernphysik, Direktor Inst. f. Kernphysik KFA Jülich (1967-83) - Postf. 1913, 5170 Jülich; priv.: Kommstr. 5, 5170 Jülich (T. 02461 - 50 85) - Geb. 10. Aug. 1928 Stuttgart (Vater: Wilhelm M., Ing.; Mutter: Hertha, geb. Böricke), ev., verh. s. 1955 m. Dr. med. Elisabeth, geb. Müller, T. Anni Hertha - Phys.-Stud. Univ. Heidelberg, Dipl. 1954, Promot. 1958, Habil. 1967 (Stip. Stud.stift. dt. Volk); 1963/64 Research Assistant Prof. Florida State Univ., USA; 1964/65 Res. Research Associate, Argonne Nation. Lab., USA - S. 1967 o. Prof. Univ. Bonn - Üb. 170 wiss. Originalveröff. in intern. Fachztschr. u. Büchern - 1977 Ehrenmitgl. Roland Eötvös Physical Society, Ungarn - Spr.: Engl.

MAYER-KÖNIG, Wolfgang

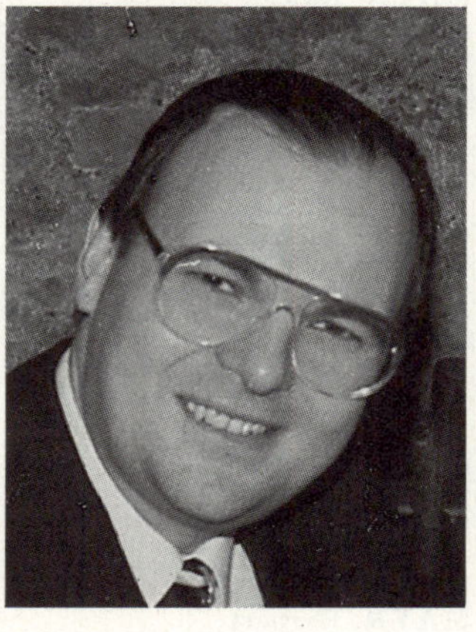

Handelsrat, a.o. Hochschulprofessor d. Rep. Österreich, Schriftst. - Wohnhaft Wien (T. 0043 - 22 24 25 83 62) - Geb. 28. März 1946 Wien, kath., ledig - Herausg. u. Verleger d. intern. Kulturztschr. LOG; Lektor u. Gastdoz. Univ. in Frankr., Ital., Österr. u. USA; Mitgl. Akad. d. Wiss. u. Künste: Accademia Cosentina, Acc. Tiberina, Akad. Burckhardt; 1971-78 Sekr. d. Österr. Bundeskanzlers; 1972 Generalsekr. intern. Kongress z. Erarb. v. Richtlinien f. Technologietransfer, Forschungsförd. u. Wissenschaftspolitik; 1973 Mitverf. Zivildienst-Bundesgesetzentw.; 1975 Koord. off. humanit. Hilfsprogramm f. Indochina; 1976 Koord. div. Verhandl. m. arab. Staaten; 1975-79 Vors. Österr. Führungskräftetag. d. Berufsförderungsinst. z. Koord. v. Managementprobl.; s. 1978 Industrietätigk.; 1978-90 Dir. u. Vorst.-Mitgl. d. Porr AG; AR-Mitgl. d. Allbau AG, Technobau AG, Umwelttechnik AG etc.; Geschäftsf. Transportbeton KG; Vizepräs. Pro Austria Nostra. S. 1992 Ständiger Repräsentant d. Rep. Sierra Leone b. d. Vereinten Nationen, d. UN-Ind.entw.organisation sowie d. Intern. Atomenergie-Behörde in Wien; Nationaler Entwicklungshilferepräsentant d. Rep. Sierra Leone in Europa - BV: u.a. Sichtbare Pavillons, 1968; Texte u. Bilder, 1974; Vorläufige Versagung, 1985; Chagrin non dechiffré, 1986; Colloqui nella stanza, 1986 - 1976 Österr. Ehrenkreuz f. Wiss. u. Kunst; 1975 Offizierskr. d. ägyptischen VO; 1982 Ehrenz. Niederösterr.; Gold. Verdienstz. ÖRK; Commendatore Rep. San Marino; Ehrenz. I. Kl. fürstl. Abt v. Lilienfeld; Verdienstkreuz d. griech.-orth. Papstpatriarchen v. Alexandrien; päpstl. Ehrenz. Leo XIII.; Ordre des Arts et des Lettres de la Rép. Française; Adlerorden d. Bundeslandes Tirol in Gold; Großkreuz Pour le Mérite - Lit.: Karl Krolow in Tagesspiegel Berlin 1970; Kurt Adel, Z. österr. Lit. s. 1945, 1982; A hatalom bonyolult angyala Budapest 1990, u.a.

MAYER-KUCKUK, Theo

Dr. rer. nat., o. Prof. u. Direktor Inst. f. Strahlen- u. Kernphysik Univ. Bonn (s. 1965) - Nußallee 14, 5300 Bonn; priv.: Königswinter (T. 2 23 80) - Geb. 10. Mai 1927 Rastatt, kath., verh. s. 1965 m. Irmgard, geb. Meyer - Univ. Heidelberg (Physik). Promot. (1953) u. Habil. (1963) Heidelberg - 1953-59 Assist. Univ. Heidelberg; 1960-61 Research Fellow California Inst. of Technology Pasadena; s. 1964 auswärt. Wiss. Mitgl. Max-Planck-Inst. f. Kernphysik Heidelberg; s. 1982 o. Mitgl. d. Rhein.-Westf. Akad. d. Wiss.; Präs. Dt. Physikal. Ges. - BV: Kernphysik, Lehrb. 1970, 4. A. 1984; Atomphysik, Lehrb. 1977, 3. A. 1985; D. gebrochene Spiegel, 1989 - 1963 Röntgen-Preis Univ. Gießen - Spr.: Engl., Franz.

MAYER-KULENKAMPFF, Ilse

Dr. phil., em. Prof. f. Sozialpädagogik Univ. Oldenburg - Ofenerstr. 10, 2900 Oldenburg/O. - Geb. 6. Juli 1916 Berlin - Staatsex. f. d. Höh. Lehramt 1941; Promot. 1943; 1948-49 Jahresstip. f. d. USA (Gruppenpäd.) - Päd. Mitarb. u. zeitw. Leitg. VHS Kassel; 1967 Prof. PH Oldenburg f. Sozialpäd.; s. 1981 emerit. - Bek. Vorf.: Otto Mayer, Begr. d. dt. Verwaltungsrechtswiss.

MAYER-REINACH, Ursula

Opern- u. Konzertsängerin - P.O.Box 6011, Tel Aviv 61060/Israel (T. 03 - 44 86 97) - Geb. in Kiel (Vater: Dr. Albert M.-R., bek. Musikwiss.; Mutter: Antonie Mathilde, geb. Heuser, Opernsängerin), verh. s. 1967 in 2. Ehe m. Peter Gradenwitz - Gesangsstud. b. Maria Golombek (Hamburg) u. George Armin (Kopenhagen); Gesangspäd. Ausb. Musikhochsch. Hamburg (Prof. Maja Stein) - Opern- u. Konz.tourneen in westeurop. Länder, USA, Israel. Fernsehen, Schallpl.aufn., Rundf. - Zahlr. Urauff. zeitgenöss. Musikwerke auf intern. Festivals, in Konz. u. Rundf. - Liebh.: Tiere, Garten, Schwimmen, Wandern - Spr.: Engl., Franz., Ital., Hebr., Schwed.

MAYER-SKUMANZ, Lene

Schriftstellerin - Lampig 15/12, A-1020 Wien - Geb. 7. Nov. 1939 Wien - Vornehml. Kinder- u. Jugendb. - U. a. Österr. Staatspreis f. Jugendlit. (1965) u. Kath. Kinderb.preis (1981).

MAYER-TASCH, Peter Cornelius

Dr. jur., Prof. f. Politikwiss. u. Rechtstheorie - Am Seeberg 11, 8913 Schondorf/Ammersee (T. 08192 - 6 68) - Geb. 13. März 1938 Stuttgart (Vater: Eberhard M., Fabrikdir.; Mutter: Elisabeth), kath., verh. s. 1964 m. Dorothee, geb. Tidow, 5 Kd. (Marina, Verena, Tertia, Adrian, Lucius) - Jura-Stud., 1. jur. Staatsprüf. Univ. München 1961, Promot. Univ. Mainz 1964, Dipl. f. Rechtsvergleichung Straßburg/Coimbra 1964/65, Dipl. Bobogna Center der Johns Hopkins-Univ. 1965 - 1966-71 Wiss. Assist. Mainz, 1971 Priv.-Doz. Univ. Mainz, s. 1971 Prof. Univ. München, 1975/78/79/85/87/88 gf. Dir. Geschw.-Scholl-Inst., Mitgl. d. Lehrkörpers u. d. Senats d. Hochsch. f. Politik. Kurat.-Mitgl. mehrerer ökol. Inst. - BV u.a.: Ökologie u. Grundgesetz, 1980; D. Welt als Baustelle, 1982; Aus d. Wörterbuch d. polit. Ökologie, 1985; D. Bürgerinitiativbewegung, 5. A. 1985; D. Luft hat keine Grenzen, 1986; D. verseuchte Landkarte, 1987; E. Netz f. Ikarus, 1988; Transit, 1990; Natur denken, 1991; D. Politische Theorie d. Verfassungsstaates, 1991 - Liebh.: Lyrik, Bild. Kunst, Architektur, Esoterik, Naturheilkd. - Spr.: Engl., Franz., Ital. - Lit.: u.a. Persönlichkeiten Europas (Dtschl.), Luzern 1976.

MAYER-VORFELDER, Gerhard

Finanzminister Baden-Württemberg, VfB-Präsident, MdL - Einsteinstr. 106, 7000 Stuttgart 50 - Staatssekr. Baden-Württ. Finanzmin.; 1980-91 Minister f. Kultus u. Sport Baden-Württ.; s. 1977 Mitgl. CDU-Landesvorst.; s. 1979 Kreisvors. CDU Stuttgart.

MAYERHOFER, Elfie

Opern- u. Operettensängerin (Koloratursopran) - Grinzingerstr. 4a, A-1190 Wien - Geb. 15. März 1917 Marburg/Südslawien (Vater: Hans M., Lehrer; Mutter: Maria M.), kath. - Musikhochsch. u. Stern'sches Konservat. Berlin; Gesang Prof. Fred Husler - Bühnen Wien (Volksoper), Düsseldorf (Dt. Oper am Rhein), Hamburg (Staatsoper), München (Theater am Gärtnerpl.), Berlin (Theater am Kurfürstendamm), Dortmund u. a. Gast Staatsoper Wien, Bühnen d. Stadt Köln, Theater d. Hansestadt Bremen, Hess. Staatstheater Wiesbaden, Landestheater Salzburg. Raimundttheater Wien, Salzburger u. Bregenzer Festspiele. Rundf. u. Ferns. Spez. Johann Strauß. Filme: Frauen für Golden Hill, Hotel Sacher, D. Vorhang fällt, D. himmelblaue Abendkleid, Wir bitten z. Tanz, Meine Frau Theresa, D. Lied d. Nachtigall, D. kl. Hofkonzert, Wiener Melodien, Anni - E. Wiener Ballade, D. himml. Walzer, Höll. Liebe, E. Mann m. Grundsätzen, Geliebter Lügner, Küssen ist keine Sünd' - Liebh.: Jagd, Samml. intern. Volkslieder u. Trachtengruppen aus aller Welt - 1967 Johann-Strauß-Statuette Stadt Wien (Ehrengeschenk); 1971 Johann-Strauß-Ring Dt. Bühnenclub; 1975 Gold. Ehrenzeichen f. Verdienste um d. Land Wien, 1975 in Monaco Urkunde als bedeut. u. beliebteste Johann-Strauß-Interpretin d. Gegenw. - Spr.: Serbokroat., Slov., Franz., Engl.

MAYINGER, Franz

Dr.-Ing., o. Prof. f. Thermodynamik TU München - Zu erreichen üb. Lehrstuhl A f. Thermodynamik, TU München, Arcisstr. 21, 8000 München 2 (T. 089 - 21 05 34 35) - Geb. 2. Sept. 1931, kath., verh. s. 1958 m. Franziska Lindermeir, 3 Kd. (Thomas, Brigitte, Wolfgang) - 1951-55 Stud. Maschinenbau; Promot. 1961 TU München - 1962-69 MAN Nürnberg (Leit. Forschungsabt.); 1969-81 Prof. u. Dir. Inst. f. Verfahrenstechnik Univ. Hannover; s. 1981 o. Prof. f. Thermodynamik. S. 1971 Mitgl. Reaktorsicherheitskommiss. (RSK) (1983-84 Vors.); s. 1989 Mitgl. Bayer. Akad. d. Wiss. (Math. naturwiss. Klasse) - BV: Thermodynamik, Bd. 1 1986, Bd. 2 1988; Strömung u. Wärmeübergang in Gas-Flüssigkeitsgemischen, 1981 - Spr.: Engl., Franz.

MAYNTZ, Renate

Dr. phil., Drs. h.c., Prof., Direktorin Max-Planck-Institut f. Gesellschaftsforschung, Honorarprof. d. Univ. zu Köln - Lothringer Str. 78, 5000 Köln 1 (T. 0221 - 3 36 05-10) - Geb. 28. April 1929 Berlin, ev., verh. s. 1962 m. Hann Trier - Abit. 1947 Berlin; B.A. Wellesley College (USA) 1950; Promot. im Hauptfach Soziol. FU Berlin; Habil. 1957 FU Berlin - 1983-84 Gastprof. Stanford Univ.; 1974-80 Mitgl. Senat d. DFG; 1973-85 Prof. f. Soziol. Univ. Köln, u. Dir. Inst. f. Angew. Sozialforsch.; 1971-73 Prof. f. Organisationssoziol. Hochsch. f. Verwaltungswiss. Speyer; 1968 Theodor-Heuss-Lehrstuhl New School for Social Research New York; 1966-70 Mitgl. Dt. Bildungsrat; 1965 Gastprof. Flacso Santiago de Chile; 1965-71 Prof. f. Soziol. Wirtsch.- u. sozialwiss. Fakultät FU Berlin; 1959-60 Visiting Ass. Prof. Columbia Univ. New York; 1958-59 Fellowship Rockefeller Foundation - BV: Soziol. d. Organis., Band 166, 9. A. 1977 (holl. Übers., 1965; span. Übers., 1967; dän. Übers., 1969); (zus. m. Fritz W. Scharpf) Policy-Making in the German Federal Bureaucracy, 1975; Soziol. d. öff. Verw., 3. A. 1984 (ital. Übers., 1982); Forschungsmanagement, 1985; Differenzierung u. Verselbständigung (zus. m. Rosewitz, Schimank u. Stichweh), 1988. Herausg.: Bürokrat. Organis., (1968); Implementation polit. Programme - Empir. Forschungsber., (1980); Implementation polit. Programme II - Ansätze z. Theoriebild., (1983); Development of Large Technical Systems (1988, zus. m. Thomas P. Hughes); Policy Networks (1991, zus. m. Bernd Marin) - 1977 Ehrenpromot. Univ. Uppsala; 1979 Ehrendoktor Univ. Parix X - Nanterre; 1991 Arthur-Burkhardt-Preis.

MAYR, Anton

Dr. Dr. h. c. mult, o. Prof. f. Mikrobiologie u. Seuchenlehre - Veterinärstr. 13, 8000 München 22 - Geb. 6. Febr. 1922 Dürrnhaar/Obb. - 11 Fachb. 413 Einzelpubl. Herausg.: J. Vet. med. B u. Zbl. Bakt. Hyg. B - Ehrenmitgl. zahlr. wiss. Ges.; Mitgl. Akad. d. Naturforscher Leopoldina. Zahlr. Ehrungen, u. a. Bayer. VO.; Dr. h.c. Univ. Zürich, Hochsch. Hannover u. TU Weihenstephan.

MAYR, Christian

Vors. Richter am BGH a. D. - Käthe-Kollwitzstr. 16, 7500 Karlsruhe 41 - Geb. 29. Jan. 1911 München, ev., verh., 2 Kd. - 1939 Amtsgerichts-, 1959 Oberlandesgerichtsrat, 1961 Bundesrichter, 1976-79 Vors. Richter (4. u. 1. Strafsenat) BGH.

MAYR, Hans

Industriekaufmann, Gewerkschaftsvors. i.R. - Zu erreichen über IG Metall, Wilhelm-Leuschner-Str. 79-85, 6000 Frankfurt/M. 11 (T. 069 - 2 64 71) - Geb. 13. Dez. 1921 Freudeneggg/Neu-Ulm (Vater Beamter), verh., 1 Tocht. - Handels- u. Wirtschaftssch., Akad. d. Arbeit Univ. Frankfurt - Industriekaufm. b. Junkers Flugzeug- u. Motorenwerke AG, Dessau; s. 1948 hauptamtl. Gewerkschafter; 1951 Vors. DGB-Kreis Göppingen; 1955 1. Bevollm. d. IG Metall-Vorst., Göppingen; s. 1962 gf. Vorst.-Mitgl. d. IGM (1963-77 zust. f. Tarifpolitik); 1972 2. Vors., 1983-86 1. Vors. 1960-64 MdL Baden-Württ. S. 1964 Richter Bundesarbeitsgericht Kassel. SPD - BV: Perspektiven d. Arbeitszeitverkürzung, 1984; Streit um Arbeitszeit, 1984 (bde. m. Hans Janßen, Hg.); Qualifizierte Mitbestimmung in Theorie und Praxis, Schriftenreihe.

MAYR, Herbert

Dr. rer. nat., Prof. Inst. f. organische Chemie TH Darmstadt - Petersenstr. 22, 6100 Darmstadt - Geb. 8. Juni 1947 Weilheim/Obb., kath., verh., 3 Kd. - Stud. Chemie Univ. München (Dipl. 1971, Promot. 1974); 1975/76 Case Western Reserve Univ. Cleveland/Ohio; Habil. 1980 Univ. Erlangen-Nürnberg - 1984-91 Prof. Med. Univ. Lübeck; s. 1991 Prof. TH Darmstadt - BV: Meth. z. Aufbau v. Kohlenstoff-Gerüsten durch elektrophile Alkylierungen v. Alkenen; Kationische Polymerisationen - 1980 Habilitationspreis Univ. Erlangen-Nürnberg; 1983 Dozentenstip. Fonds d. Chem. Ind.; 1987 Gastprof. Univ. College London, 1991 Gastprof. Gunma Univ., Japan.

MAYR, Otto

Dr. rer. nat., Generaldirektor Dt. Museum München - Postf., 8000 München 26 (T. 089 - 217 93 13) - Geb. 2. Nov. 1930 Essen, verh. s. 1958 m. Louise, geb. Erb, 3 Kd. (Otto, Sophie, Rudolf) - Dipl.-Ing. (Maschinenbau) 1956 TH München; Master of Science 1964 Univ. of Rochester (USA), Promot. (Technikgesch.) 1968 TH München - 1968-83 Konservator Smithsonian Inst., Washington D.C.; s. 1983 Generaldir. Dt. Mus. - BV: Frühgesch. d. techn. Regelungen, 1969 (engl. Übers.); Authority, Liberty and Automatic Machinery, 1986 (dt. u. ital. Übers.).

MAYR-HOEFFNER, Harald

Gesellschafter u. Geschäftsführer Dachziegelwerk Mayr, Straubing - Regensburger Str. 34, 8440 Straubing - Geb. 8. Juli 1939 Potsdam, verh. m. Ingelore, geb. Krüger, 2 S. (Simon, Timor) - Dipl.-Kfm. Univ. München - Geschäftsf. versch. Firmen; stv. Vors. Bayer. Ziegelindustrieverb.; Handelsrichter LG Regensburg.

MAYRHOFER, Manfred

Dr. phil., Dr. Litt. h.c. (Univ. of Illinois), o. Prof. f. Allg. u. Indogerman. Sprachwissenschaft - Bauernfeldgasse 9/2/6, A-1190 Wien - Geb. 26. Sept. 1926 Linz/Österr. (Vater: Dipl.-Ing. Josef M., Generaldir.; Mutter: Irma, geb. Fischer) - Stud. Indogerman. Sprachwiss., Semitistik, Phil. Promot. 1949 Graz - 1948 Lektor Univ. Graz, 1951 Privatdoz. ebd., 1955 Univ. Würzburg, 1957 apl., 1958 o. Prof. das., 1962 Univ. Saarbrücken, 1966 Univ. Wien - BV: Handb. d. Pali, 2 Bde. 1951; Sanskrit-Grammatik, 1953, 3. A. 1978 (auch engl.); Kurzgef. etymolog. Wörterb. d. Altind., 1956-80; Antiguo Persa, Léxico etimológico, 1958 (Madrid); Handb. d. Altpersischen, 1964 (m. Wilhelm Brandenstein); D. Indo-Arier im Alten Vorderasien, 1966; Onomastica Persepolitana, 1973; D. Arier im Vord. Orient - E. Mythos?, 1974; Z. Namengut d. Avesta, 1977; D. avestischen Namen, 1977; Supplement z. Sammlung d. altpers. Inschriften, 1978; D. altpers. Namen, 1979; Sanskrit u. d. Sprachen Alteuropas, 1983; Indogermanische Grammatik I: Lautlehre, 1986; Etymologisches Wörterb., d. Altindoarischen, 1986ff. - 1968 Mitgl. Österr. Akad. d. Wiss. Wien; 1963 ausw. Mitgl. Soc. Finno-Ougrienne, Helsinki; 1965 Accad. di Scienze e Lettere, Mailand; 1971 Sächs. Akad. d. Wiss.; 1973 Ehrenmitgl. Ungar. Akad. d. Wiss., 1975 korr. Mitgl. Königl. Schwed. Akad. f. Lit., Gesch. u. Altertümer, 1976 Acad. des inscriptions et belles-lettres, Paris, 1977 Bayer. Akad. d. Wiss., 1977 Poln. Akad. d. Wiss., 1978 Heidelberger Akad. d. Wiss., 1980 Königl. dänische Akad. d. Wiss., 1982 Göttinger Akad. d. Wiss., 1988 Sowj. Akad. d. Wiss., 1990 Finnische Akad. d. Wiss. - 1972 Ritterkr. I. Kl. d. finnl. Ordens d. Weißen Rose; 1973 Kommandeurskr. Kaiserl. iran. Humayun-Orden; 1986 Österr. Ehrenz. f. Wiss. u. Kunst.

MAYRÖCKER, Friederike

Lehrerin, Schriftst. - Zentagasse 16/40, A-1050 Wien (Österr.) (T. 54 37 80) - Geb. 20. Dez. 1924 Wien (Vater: Franz-Xaver M., Volksschuldir.; Mutter: Friederike, geb. Petschauer), kath., gesch. - Abitur; Lehrbefähigungsprüf. f.

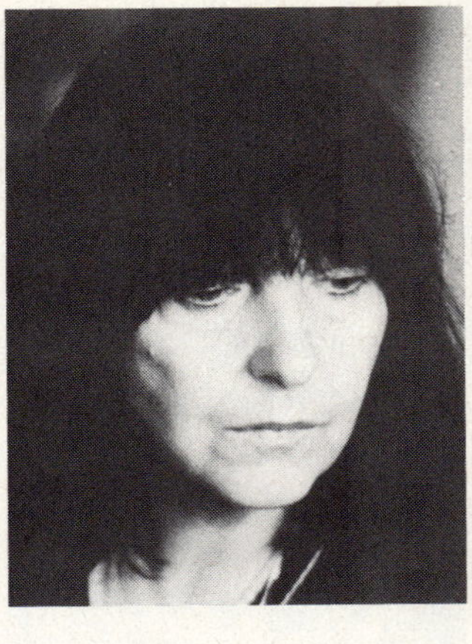

Engl. - S. 1946 Schuldst. Wien (Fremdsprachenoberlehrerin) - BV: u.a. D. Abschiede, Prosa 1980, Neuaufl. 1987; Akt e. Treppe hinabsteigend, n. Duchamp, Prosa 1981; ich, d. Rabe u. d. Mond, Kinderb. 1981; schwarze Romanzen, Ged. 1981; Gute Nacht, guten Morgen, Ged. 1982; Reise durch d. Nacht, Erz. 1984. Fernsehsp.: Traube (mit Ernst Jandl u. Heinz v. Cramer, 1971); Magische Blätter, 1983 (Prosa); D. Anheben d. Arme bei Feuersglut, 1984 (Prosa, Lyr.); Materialienbuch FM, hg. S. J. Schmidt (1984); Rosengarten, Prosa 1985; D. Herzzerreißende d. Dinge, Prosa 1985; D. Jahr Schnee, Prosa, Lyr., Hsp., Bildged., 1985; Winterglück, Ged. 1986; D. Donner d. Stillhaltens (m. Bodo Hell), Prosa u. Fotos 1986; Magische Blätter II, Prosa, Hsp., Bildged. 1987; Mein Herz mein Zimmer mein Name, R. 1988; Ges. Prosa 1949-75, 1989; Umbra, d. Schatten (zus. m. Linde Waber), 1989; Zittergaul, Kinderb. m. eig. Zeichn., 1989; Variantenverz. od. Abendempfindung an Laura, 1989; Aus e. Stein entsprungen: zu Karl Prantl's Arb. in Stein, Prosa, 1989; Entfachung, 1990; Empfindliche Träume, 1990; Magische Blätter III, 1991; Stilleben, R. 1991; 1 Häufchen Blume, 1 Häufchen Schuh, TV-Film üb. Friederike Mayröcker (ORF 1990) Regie Carmen Tartarotti u. Bodo Hell; Nada.Nichts. E. Konversationsstück (Auftr.arb. d. Wiener Festwochen), 1991; "das besessene Alter", Ged., 1992; als es ist - Texte zur Kunst, Ged. u. Prosa, 1992; ländliches Journal/Deinzendorf, Ged. u. Prosa (m. Fotos v. Bodo Hell), 1992; Übersetzung meines Buches "Reise durch d. Nacht" (amerik. Übers. durch Beth Bjorklund, amerik. Titel night train); Proëm auf d. Änderungsschneider Aslan Gültekin, 1992; Nimbus d. Kappe, nach Olaf Nicolai (m. Bildern v. Olaf Nicolai), 1992 - 1964 Theodor-Körner-Preis, 1968 Hörspielpreis Bund d. Kriegsblinden Dtschl. (f.: 5 Mann Menschen, m. Ernst Jandl). 1974 Österr. Würdigungspreis f. Lit., 1975 Preis d. Stadt Wien, 1977 Georg-Trakl-Preis f. Lyrik, 1981 Anton-Wildgans-Preis, 1982 Gr. Österr. Staatspreis f. Lit., Roswitha Med. f. Lit., s. 1982 Mitgl. Österr. Kunstsenat, Mitgl. Akad. d. Künste, Berlin-West; Mitgl. dt. Akad. f. Sprache u. Dichtung, Darmstadt, 1985 Lit.preis SWF Baden-Baden; 1989 Hans-Erich-Nossak-Lit.preis - Liebh.: Zeichnen - Spr.: Engl. - Lit. ü. F. M. von Bense, Gomringer, Weibel, Okopenko, Jandl, Bisinger, Schmidt-Dengler, Schweizer, Moser, Lindemann, Schöning, Schafroth, Engerth, Ramm, Heissenbüttel, Dischner, Bezzel, G. Lindemann, S. J. Schmidt etc.

MAZURA, Franz

Ehrenmitglied Nationaltheater Mannheim - Eichendorffstr. 1, 6803 Edingen-Neckarhausen (T. 06203 - 36 31) - Geb. 22. April 1924 Gnigl/Salzburg, kath., verh. s. 1957 m. Elisabeth, geb. Friedmann, 2 Kd. (Susanna-Martin) - Ing.-Stud. Maschinenbau (Abschl. 1942); 1950-55 Musikhochsch. Detmold - S. 1971 Bayreuther Festsp., s. 1980 Metropolitan Opera New York. Staatsschauspiel: Lear von Shakespeare (Rolle Lear) - Grammy Award (f. Moses u. Aron); Dt. Schallplattenpr. f. Lulu - Liebh.: Malen, Zeichnen - Spr.: Engl.

McDANIEL, Barry
Kammersänger - Schopenhauerstr. 31, 1000 Berlin 38 - Geb. 18. Okt. 1930 Kansas/USA, gesch., 3 Kd. - Juilliard School of Music, New York; Hochsch. f. Musik, Stuttgart - Engagem. Mainz, Stuttgart, Karlsruhe; s. 1962 Dt. Oper Berlin - Partien: Papageno, Guglielmo, Barbier, Harlekin (Ariadne), Wolfram, u.a. - Festspiele: Bayreuth, Salzburg, München, Amsterdam, Berlin, Edinburgh - 1971 Kammersänger, Dt. Oper Berlin.

McDOWELL, James

Stv. Intendant u. Chefdisponent Theater Heilbronn - Karmeliterstr. 41, 7100 Heilbronn - (T. 07131 - 8 33 98) - Geb. 25. Juni 1946 Miami Beach/Florida (USA), led. - Columbia Univ. - American Ballet Theatre School - Solotänzer u.a.: Harkness Ballet, New York (USA), Israel National Opera, Augsburg, Bremerhaven, Kassel, München - 1979-82 Disponent Dt. Schauspielhaus Hamburg - Liebh.: Theater, Musik, Wassersport - Spr.: Engl. (Muttersprache), Deutsch.

MEBS, Gudrun
Schriftstellerin - Schleißheimer Str. 64, 8000 München 40 (T. 089 - 52 76 52) - Geb. 8. Jan. 1944 Bad Mergentheim, ledig - Schauspielsch. Frankfurt/M. - Schausp., Welt-Tournee m. Goethe Inst.; Kinderb.-Autorin - BV: Birgit - e. Gesch. v. Sterben, 1982; Sonntagskind, 1983; (18 Übers.) - 1983 Stip. Dt. Literaturfond; 1984 Dt. Kinderbuchpreis, u. La Vache qui lit.

MECHEL, Fridolin P.
Dr., Prof., Physiker, Institutsleiter Fraunhofer-Inst. f. Bauphysik, Stuttgart - Landhausstr. 12, 7031 Grafenau-Döffingen - Geb. 16. April 1930 Blickweiler/Saar, kath., verh., 3 Kd. - Stud. Univ. Mainz, Heidelberg, Göttingen; Dipl. 1957; Promot. 1960, Habil. 1966 Göttingen; a.o. Prof. Saarbrücken 1971; 1966-77 Entwicklungsleit. f. Dämmstoffe in Ind.; s. 1977 Institutsleit.; 1960-66 Ass. u. Doz. Univ. Göttingen; s. 1971 a.o. Prof. Saarbrücken; s. 1973 Vors. Fachber. Akustik d. Dt. Physikal. Ges. - BV: Schallstreuung, 1966; Schallabsorption u. Schalldämpfung, 1975; russ. Taschenb. Akustik, 1985 - Spr.: Engl., Franz.

MECHOW, von, Ulf
Autor, Regisseur, Prod. - Im Schloß, 6303 Hungen - Geb. 18. Jan. 1939 München (Vater: Karl Benno v. M., Schriftst.), verh. m. Angela, geb. Helwig, 2 Kd. (Alexander, Johanna) - Odenwaldsch. Abit. 1959 - Kameraassist.; Produktionsassist.; Regieassist. b.: F.J. Wild, Kurt Wilhelm, R.A. Stemmle, John Huston, Nicholas Ray, Delbert Mann; s. 1964 Dramat.; Drehb. f. FS

Übers. u. Synchronis.: Hair, Easy Rider, Performance u.a. Buch u. Regie: Wintermärchen (Spielfilm). Theater u. Filme f. Kinder: Löwenzahn, Knock Out. S. 1977 ständ. fr. Mitarb. Hess. Rundf. u. FS, üb. 30 Fernsehfilme - 1972 1. Preis f. bestes Feature f. Wintermärchen (Dt. Festspielbeitr. in Edingburgh, London, Bergamo, Adelaide/Auckland) - Liebh.: Musik, Kunst - Spr.: Engl., Franz.

MECHTEL, Angelika
Schriftstellerin - Zu erreichen üb. Paul List Verlag, Goethestr. 43, 8000 München 2 - Geb. 26. Aug. 1943 Dresden (Vater: Walter Mechtel, Journalist, zul. Korresp. Südd. Rundfunk, 1967 in Aden ermordet; Mutter: Gisela, geb. Altendorf, Schausp.), verh. 1962-85 m. Wolfhart Eilers (Verleger/Relief-Verlag; s. dort), 2 Töcht. (Anke, Silke) - 1961-64 Redaktionsmitgl. Literaturztschr. Relief; ab 1965 Redakt. Literaturztschr. Aspekte - Impulse; s. 1972 Mithrsg. Autorenztschr. Publikation. S. 1965 Vors. Gruppe München Lit. Union; Mitgl. VS u. (1965) Gruppe 61 - BV: Gegen Eis u. Flut, Ged. 1963; Lachschärpe, Ged. 1965; D. feinen Totengräber, Erz. 1968; Kaputte Spiele, R. 1970 (auch franz. u. poln.); Hochhausgeschichten, Erz. 1971; Alte Schriftst. in d. BRD - Gespräche u. Dokumente, 1972; Friß Vogel, R. 1972; D. gläserne Paradies, R. 1973 (auch poln.); D. Blindgängerin - Gesch. e. alleinstehenden Frau, 1974; E. Plädoyer f. uns - Gespr. u. Dokum., 1975; Hallo Vivi, Kd.r. 1975; D. Träume d. Füchsin, Erz. 1976; Kitty Brombeere, Kd.r. 1976; Keep unhoping o. weiter im Leichtlohntrott, Erz. u. Report, 1976; Wir sind arm w. s. reich, R. 1977; Kitty u. Kay, Kd.r. 1978; Gott u. d. Liedermacherin, R. 1983. Hörsp.: D. Belagerung d. gläs. Turmes (1968), D. Puppe in meinem Kopf (1969), Elisa, laß dich beißen (1970), D. Niederlage e. Ungehorsamen (1971), Hochhausgesch. I u. II (1971), Märchen v. einem, der auszog d. Fürchten zu lernen (1973), Mut z. eigenen Courage (1973), Vater, Sohn u. Ritterkr. (1974), Bereitsch.sdst. (1974), D. Freistunde (1974), Wenn d. Wasser b. zum Halse steht (1974), Hilf dir selbst (1977). Fernseh f.: D. Leben ist Schreiben (1971), Fluchtversuch (1974), Barbara u. d. Flipper (1975), Eskapaden (1975), Nächtl. Unfall (1975) - 1970 Förderpreis Stadt Nürnberg, 1971 Förderpreis Bundesverb. d. Dt. Industrie, 1971 Tukan-Preis; 1972 Mitgl. PEN-Zentrum BRD. S. 1982 im P.E.N. Präsidium - Spr.: Engl., Franz.

MECHTERSHEIMER, Alfred

Dr. rer. pol., Oberstleutnant a. D., Friedensforscher, MdB (1987-90) - Weilheimer Str. 13a, 8130 Starnberg (T. 08151 - 41 15) - Geb. 13. Aug. 1939 Neustadt (Weinstr.), kath., verh. s. 1967 m. Ruth, geb. Lambert, 2 Kd. (Gregor, Bettina) - Dipl.-Polit. 1970 FU Berlin, Promot. 1978 Univ. München - B. 1979 Oberstltn. d. Luftw., 1979 MPI f. Sozialwiss. Starnberg, 1982-90 Leit. Forschungsinst. f. Friedenspolitik Starnberg,

s. 1990 Sprecher d. Friedenskomitees 2000 f. Entmilitarisierung, Truppenabzug u Selbstbestimmung - BV: MRCA-Tornado, 1977; Rüstung u. Frieden, 1982 (Taschenb. 1984); D. Atomkrieg führbar u. gewinnbar machen?, 1983; Zeitbombe NATO, 1984; Militärmacht Sowjetunion, 1985; Militarisierungsatlas d. Bundesrep., 1988.

MECKE, Dieter
Dr. rer. nat., Dipl.-Chem., o. Prof. f. Biochemie Univ. Tübingen (s. 1974) - Torstr. 44, 7400 Tübingen-Hirschau (T. 7 22 17) - Geb. 8. März 1933 Heidelberg (Vater: Reinhard M., Prof.; Mutter: Maria, geb. Guillery), kath., verh. s. 1964 m. Uta, geb. Schwartzkopff, 3 Kd. (Sabine, Andrea, Roland) - Dipl.ex. 1959; Promot. 1963; Habil. 1969 - 1964-74 Univ. Freiburg (wiss. Assist. u. 1971 Abt.svorst.). Fachmitgl.sch. - Spr.: Engl., Franz.

MECKE, Wilhelm
Dr.-Ing., em. o. Prof. f. Landstraßen-, Erd- u. Grundbau TH bzw. TU Braunschweig (s. 1956) - Paschebürring 8, 3410 Northeim 1 (T. 05551 - 5 44 13) - Geb. 12. Aug. 1907 Hannover (Vater: Wilhelm M.; Mutter: Lina, geb. Möhrs), verh. m. Thea, geb. Frenzel, 1 Tochter.

MECKEL, Christoph
Schriftsteller, Graphiker - Kulmbacher Str. 3, 1000 Berlin 30 - Geb. 12. Juni 1935 Berlin (Vater Dr. phil. Eberhard Meckel, Schriftst. †1969 (s. XVI. Ausg.); Mutter: Dr. phil. Annemarie, geb. Pietzker), protest. - Gymn.; Graphikstud. Freiburg u. München (3 Sem.) - BV: Hotel u. Schlafwandler, Lyrik 1958; Nebelhörner, Lyrik 1959; Im Land d. Umbramauten, Prosa 1961; Wildnisse, Ged. 1962; Tullipan, Erz. 1965; Bei Lebzeiten singen, Ged. 1967; Lieder aus d. Dreckloch, Ged. 1972; Bockshorn, R. 1973; Licht, Erz. 1978; Erinn. a. Johannes Bobrowski, 1978; Ausgewählte Ged., 1955-78; Säure, Ged. 1979; Suchbild - Üb. meinen Vater, 1980; Nachricht f. Baratynski, 1981; D. wahre Muftoni, Erz. 1982; E. roter Faden, Erz. 1983; Zeichn. u. Bilder, 1983; Souterrain, Ged. 1984; Jahreszeiten, 1984; Ber. z. Entstehung e. Weltkomödie, 1985; Sieben Bl. f. Monsieur Bernstein, 1986; Plunder Pro, 1986; D. Buch Jubal, Ged. u. Graph. 1987; Berliner Doodles, 1987; Poet. Grabschr., Rad. 1987; Hundert Ged., 1988; Pferdefuß, Ged. u. Zeichn. 1988; Erinnerung an. Joh. Bobrowski. Neuaufl. v. 1978 m. Forts. 1989; D. Buch Shiralee, 1989. Graph. Zyklen: Moel (1959), D. Krieg - D. Stadt - Weltheater (1960), D. Turm (1961), D. Meer (1965). Manifest d. Toten (1971); Werkauswahl (1981); Anabasis (1982); Komödien d. Hölle/Trilogie (Säure 1979, Souterrain 1984, Anzahlung auf e. Glas Wasser 1987) - 1959 Förderpreis Immermann-Preis, 1961 Julius-Campe-Preis, 1971 Kurzgeschichtenpreis Intern. Autoren-Coloquium Hamm/Neheim-Hüsten/Iserlohn/Soest, 1973 Literaturpreis Neue Lit. Ges., Hamburg, 1978 Rainer-Maria-Rilke-Preis, 1980 Breuer Lit.preis; 1981 Ernst-Meister-Preis Stadt Hagen (erstm. verliehen), 1982 Georg-Trakl-Preis f. Lyrik Stadt Salzburg; 1973 Mitgl. PEN-Zentrum BRD; 1980 Mitgl. Dt. Akad. f. Sprache u. Dicht., Darmstadt - Spr.: Engl., Franz.

MECKEL, Markus
Theologe, Pfarrer, MdB (SPD) - Zu erreichen üb. Bundeshaus, 5300 Bonn 1 - Geb. 18. Aug. 1952 Müncheberg, verh. - 1971-78 Stud. d. Theol. Naumburg u. Berlin - 1980-82 Vikariat in Vipperow/Müritz, 1982-88 Pfarramt in Vipperow, Initiator v. Friedenssemin. u. Vernetzung v. opposition. Gruppen, 1988-90 Leit. Ökumen. Begegn.- u. Bild.zentr. in Niederndodeleben b. Magdeburg; m. Martin Gutzeit Initiator d. SPD/DDR, stv. Vors. u. Gründ.; Apr.-Aug. 1990 Außenmin. d. DDR.

MECKENSTOCK, Hanns J.
Dr.-Ing., Univ.-Prof. f. Vermessungskunde Berg. Univ.-GH Wuppertal -

Domagkweg 90, 5600 Wuppertal 1 (T. 0202 - 75 13 58) - Geb. 22. Aug. 1928 Essen (Vater: Ernst M., Wirtschaftsing.; Mutter: Else, geb. Bachmann), ev., verh. s. 1956 m. Gerda, geb. Schulze, 3 Söhne (Roger, Axel, Burkhard) - Dipl.-Ing. 1954 TH Hannover, Ass. f. Vermessungswesen 1958, Promot. 1963 RWTH Aachen - Schriftleit. Ztschr. f. Vermessungswesen u. Raumordn. - Liebh.: Fotogr., Briefmarken - Spr.: Engl., Franz.

MECKLENBURG, Norbert
Dr. phil., Prof. f. Neuere dt. Literaturwiss. - Siebenbirgsallee 74, 5000 Köln 41 (T. 44 44 30) - Geb. 13. Mai 1943 Insterburg (Vater: Horst M., Minist.rat; Mutter: Ilse, geb. Petereit), led. - 1953-62 Kieler Gelehrtensch.; 1962-64 Militärdst.; Stud. German., ev. Theol., Phil. u. Päd. Kiel, Tübingen, Köln, Staatsex. 1970, Promot. 1971, Habil. 1981 - BV: Krit. Interpretieren, 1972; Erkenntnisint. u. Lit.wiss., 1974; Naturlyr. u. Ges., 1977; Erzählte Provinz, 1982; D. grünen Inseln, 1987; Uwe Johnson: Versuch, e. Vater zu finden, 1988.

MECKSEPER, Cord Reinhard
Dr.-Ing., Prof. f. Bau- u. Kunstgeschichte Univ. Hannover (s. 1974) - Eisenacher Weg 4, 3000 Hannover 1 - Geb. 29. Okt. 1934, ev. - Promot. 1969, Habil. 1970 Univ. Stuttgart - 1973/74 Prof. Staatl. Hochsch. f. Bildende Künste Berlin - Buch- u. Aufsatzpubl. z. Bau- u. Kunstgesch., Stadtbaugesch., Burgenkd. u. Denkmalpflege - 1985 Verdienstkreuz 1. Kl. Nieders. VO.

MECKSEPER, Friedrich
Maler u. Graphiker - Landhausstr. 13, 1000 Berlin 31 - Geb. 8. Juni 1936 Bremen (Vater: Gustav M., Arch.; Mutter: Lilly, geb. Debatin), verh. s. 1962 m. Barbara, geb. Müller, 3 Kd. (Julia, Josephine, Cornelius) - 1955-57 Kunstakad. Stuttgart, 1957-59 Kunsthochsch. Berlin - 1968 Gastdoz. London; 1977 Gastprof. Wuppertal. 1977-79 Leit. Radierkl. Intern. Sommerakad. Salzburg. Zahlr. Arbeiten, dar. Bilder, Graph., Bücher. Ausstell. In- u. Ausl. (auch New York, Chicago, Tokio, Melbourne) - 1963 Dt. Rom-Preis (Villa Massimo), 1970 Preis Intern. Graphik-Biennale Tokio - Liebh.: Ballonsport, Dampfloks - Spr.: Engl. - Lit.: F. M.-Monogr. (Piper-Verlag, München).

MEDEM, Freiherr von, Eberhard

Dr. jur. h. c., Ministerialdirigent, Univ.-Kanzler a.D. - Ernst-Poensgen-Allee 5, 4000 Düsseldorf 12 - Geb. 29. Dez. 1913 Beeskow/Mark (Vater: Walter-Eberhard v. M., Chefredakteur; Mutter: Edith, geb. v. Budde), ev., verh. in 2. Ehe (1952) m. Linde, geb. Seehausen, 5 Kd. (Monica, Wolf-Eberhard, Christopher, Alexander, Gevinon) - Franz. Gymn. Berlin; Stud. Rechts- u. Staatswiss. - Kriegsdst. u. Gefangensch.; 1950-54 Dt. Forschungsgem. (Ref.); 1954-62 Kultusmin. Nordrh.-Westf.; 1962-69 Kanzler Univ. Bonn, dann Abt.leit. Min. f. Wiss. u. Forschung NRW - 1959ff. Lions-Club; Ehrensenator Univ. Bielefeld - Ehrenbürger TH Aachen u. Univ. Bonn; Univ.-Med. Univ. Köln u. Münster; 1970 Off.kreuz Palmes Académiques u. VO Luxemburg; 1978 Gr. BVK; Medaille Musikhochsch. Köln u. Dt. Sporthochschule Köln; 1989 VO Land Nordrh.-Westf. - Liebh.: Musik, Pferdesport - Spr.: Franz., Engl. - Bek. Vorf.: Hermann v. Budde, pr. Staatsmin. f. d. Eisenbahnwesen (Großv.).

von der MEDEN, Jobst

Vorstandsvorsitzer Verkehrsopferhilfe, Hamburg (b. 1991) - Langmaackweg 5a, 2000 Hamburg 52 (T. 880 19 68) - Geb. 12. Mai 1918 Hamburg.

MEDICUS, Dieter

Dr. jur., o. Prof. f. Bürgerl. Recht u. Antike Rechtsgeschichte - Beiselestr. 25, 8132 Tutzing - Geb. 9. Mai 1929 - S. 1961 (Habil.) Lehrtätigk. Univ. Hamburg, Kiel (1962 Ord.), Tübingen (1966 Ord.), Regensburg (1969 Ord.), München (1978 Ord.). Fachveröff. - O. Mitgl. Bayer. Akad. d. Wiss. phil.-hist. Kl. - Spr.: Ital., Engl. - Rotarier.

MEDIGER, Walther

Dr. phil., Prof., Wiss. Rat, Historiker - Siegesstr. Nr. 11, 3000 Hannover (T. 81 31 55) - Geb. 2. Jan. 1915 Kiel - S. 1952 (Habil.) Lehrtätigk. TH bzw. TU Hannover (1958 apl. Prof., 1967 Wiss. Rat u. Prof.). Spez. Arbeitsgeb.: Mittelalterl. u. neuere Geschichte. Wiss. Veröff.

MEDUGORAC, Ivan

Dr., apl. Prof. - Sonnenbergstr. 32, 7000 Stuttgart - Geb. 28. Sept. 1928 Vinište/Jugosl. (Vater: Zarko M., Eisenbahnbeamt.; Mutter: Mara, geb. Martinović), kath. - Stud. Theol. Sarajevo (Dipl. 1952), Naturwiss./Biol., Chem., Biochem. Sarajevo u. Belgrad (Dipl. 1958). Promot. 1966 Frankfurt (Biol., Biochem.); Habil. 1977 Tübingen (Humanphysiol.) - S. 1971 Wiss. Assist., Doz. (1977), Prof. (1981), apl. Prof. (1983) Univ. Tübingen - Spr.: Kroat., Russ., Engl.

MEESMANN, Werner

Dr. med., o. Prof. f. Pathol. Physiologie Klinikum d. Univ. (GHS) Essen - Hufelandstr. 55, 4300 Essen - Geb. 16. Jan. 1924 Witten/Ruhr - Habil. 1960 Heidelberg - B. 1966 apl. Prof. Univ. Heidelberg, dann o. Prof. Univ. Bochum. Fachveröff.

MEESSEN, Hubert

Dr. med. (habil.), Dres. med. h. c., em. Prof. f. Allg. Pathologie u. Pathol. Anatomie - Schloßmannstr. Nr. 35, 4000 Düsseldorf - Geb. 10. Sept. 1909 Würselen/Rhld. (Vater: Hubert M., Bildhauer; Mutter: Hubertine, geb. Schirp), kath., verh. s. 1938 m. Margarete, geb. Hein, S. Karl-Matthias - Univ. Freiburg/Br., Wien, Berlin - 1939 Privatdoz. Univ. Freiburg/Br., ao. Prof. 1942 Dt. Univ. Prag, 1949 o. Prof. u. Dir. Pathol. Inst. Med. Akad., jetzt Univ. Düsseldorf (1977 emerit.) - BV: Cytoarchitekton. Atlas d. Rautenhirns d. Kaninchens, 1949; Experimentelle Histopathol., 1952; Pathol. d. Laboratoriumstiere, 1958; Lymphgefäßsystem, 1972; Mikrozirkulation, 1977; Zw. Leben u. Tod, 1979; Exper. Pathomorphol., 1982. Div. Handb.- u. Ztschr.beitr. Mithrsg.: Ergebn. d. Allg. Pathol. u. pathol. Anat., Virchows Archiv. Handb. d. Allg. Pathol. Bayer-Film: Mortui vivos docent, 1986 - 1960 Claude-Bernard-Med. Montreal/Can.; 1964 Ehrenmitgl. Acad. Nac. d. Med. Rio de Janeiro/Bras.; 1968 Ehrendoktor Rio de Janeiro; 1971 Ehrendoktor Szeged; 1974 Ernst-v.-Bergmann-Plak.; 1977 Ehrenmitgl. Dt. Ges. f. Lungen- u. Atmungsforsch.; 1981 Gr. BVK; 1982 Paul-Linser-Med; Ehrenmitgl. Dt. Ges. f. Kreislaufforsch.

MEESSEN, Karl Matthias

Dr. jur., o. Prof. f. Öfftl. Recht, Völker- u. Europarecht sow. Intern. Wirtschaftsrecht, zugl. Prof. of Intern. Trade Law - Eichleitnerstr. 30, 8900 Augsburg; u. Graduate Inst. of Intern. Studies, 132 rue de Lausanne, CH-1211 Genf - Geb. 30. Juli 1939 (Vater: Prof. Dr. med., Dr. h. c. mult. Hubert M.), verh. s. 1964 m. Heidi, geb. Boie, 2 Kd. (Franziska, Maximilian) - 1969-73 Rechtsanwalt; s. 1975 Prof.; 1979-83 Präs. Univ. Augsburg; 1982-86 Berater f. Intern. Wirtschaftsrecht d. American Law Inst. (Restatement (Third): Foreign Relations Law). 1986 Gastprof. Univ. of Chicago Law School, 1991 Gastprof. Univ. Paris II - BV: Völkerrechtl. Grundsätze d. internat. Kartellrechts, 1975; Kollisionsrecht d. Zusammenschlußkontrolle, 1984 - 1976 BVK.

MEFFERT, Heribert

Dr. oec. publ., o. Prof. f. Betriebswirtschaftslehre - Potstiege 56, 4400 Münster (T. 86 26 94) - Geb. 11. Mai 1937 Oberlahnstein (Vater: Heinrich M.), verh. m. Helga, geb. Kopp - S. 1968 (Habil.) Lehrtätigk. Univ. München (Privatdoz.) u. Münster (1969 o. Prof., Dir. Inst. f. Wirtschafts- u. Sozialwiss. u. Inst. f. Marketing) - BV: Marketing, 6. A. 1986; Strategische Untern.führung u. Marketing, 1988; Marktorientiertes Umweltmanagement, 1992 - Spr.: Engl. - Rotarier.

zur MEGEDE, Ekkehard

Sportjournalist - Oldenburgallee 12a, 1000 Berlin 19 (T. 304 44 23) - Geb. 19. Nov. 1926 Reetz/Neum. (Vater: Dr. med. Arnd z. M., prakt. Arzt; Mutter: Käthe, geb. Juhr), ev., gesch. s. 1973, 3 Kd. (Claudia †, Andreas, Matthias) - Realgymn. Arnswalde; Redaktionsausbild. Tagesspiegel Berlin - S. 1950 Redakt. Leichtathletik, Illustrierte Berliner Ztschr. (1959; zul. Chef v. Dienst), Tagesspiegel (1964) - BV: . . . und dann trennten wir uns - Läufer, Lorbeer u. Legenden, 1966; Geschichte d. Olymp. Leichtathletik, 3 Bde. 1968/69/84; Progression of World Records, 1987 - Liebh.: Leichtathletik - Spr.: Engl. - Bek. Vorf.: Johannes Richard z. M., Schriftst. (R.: Quitt, D. Blinkfeuer v. Brüsterort u. a.) - Stammtafeln vergl. D. Märker/Heimatbl. f. d. Bereich d. ehem. Grafsch. Mark (H. 4, 1966; S. 63-69).

MEGERLE, Klaus Reiner

Dr. phil., Prof. f. Polit. Wissenschaften - Dohnenstieg 6a, 1000 Berlin 33 (T. 030 - 832 67 53) - Geb. 1. Febr. 1943 Stuttgart (Vater: Albert M., kfm. Angest.; Mutter: Margarete, geb. Kirchner), ev., verh. s. 1969 m. Gabriele, geb. Marggraff, Tocht. Cathrin - Stud. Gesch., Polit.-Wiss. u. Leibeserz. Tübingen, FU Berlin; Promot. 1972, Habil. 1977 - 1979 Prof. f. Polit. Wiss., bes. histor. Grundl. d. Politik, 1982 Akad. Rat, FU Berlin - BV: Dt. Außenpolit. 1925, 1974; Württ. im Industrialisier-Prozeß Dtschl., 1982. Herausg.: D. nationalsozialist. Machtergreif. (1982); Warum gerade d. Nationalsozialisten? (1983). Mithrsg.: Modell Studienreform (1976); Gesch. als polit. Wiss. (1979); Polit. Identität u. nat. Gedenktage (1989); Politische Teilkulturen zw. Integration u. Polarisierung (1990).

MEGGLE, Josef Anton (Toni)

Gf. Gesellschafter Meggle Milchindustrie GmbH & Co. KG, Wasserburg, Vors. Milchind.-Verb., Bonn - Megglestr. 6-12, 8090 Wasserburg am Inn 2.

MEHL, Dieter

Dr. phil., o. Prof. f. Engl. Philologie Univ. Bonn (s. 1968) - Uckerather Str. 74, 5330 Königswinter 21 (T. 17 98) - Geb. 21. Sept. 1933 München - Promot. u. Habil. München - Zul. Univ. München. Vorst.-Mitgl. Dt. Shakespeare-Ges; Kurat. ev. Studienwerk Villigst. Vertrauensdoz. Studienstiftg. d. Dt. Volkes - BV: D. Pantomime im Drama d. Shakespearezeit, 1964 (engl. 1965); D. mittelengl. Romanzen d. 13. u. 14. Jh., 1967 (engl. 1969); Geoffrey Chaucer: E. Einf. in s. erzählenden Dichtungen, 1973 (engl. 1986); D. engl. Roman b. z. Ende d. 18. Jh., 1977; D. Tragödien Shakespeares, 1983 (engl. 1986). Mithrsg.: Ztschr. Archiv f. d. Stud. d. neueren Sprachen u. Lit.; European Studies in English Literature.

MEHL, Gerd

Sportberichter - Zu erreichen üb. SWF, 7570 Baden-Baden - Geb. 1. Dez. 1922 - Zahlr. Fernsehübertrag. In- u. Ausl., bes. Leichtathletik u. Skikonkurrenzen.

MEHL, Ulrike

Dipl.-Ing., MdB (s. 1990), Mitgl. im Umwelt- u. Landwirtschaftsausschuß - Waldweg 1, 2371 Groß Vollstedt (T. 04305 - 12 70) - Geb. 6. Aug. 1956 Leibolz/Hess., verh. s. 1980 m. Dipl.-Ing. Ulrich M., Landschaftsökol., 2 Töcht. (Franka, Greta) - Lehre im Garten- u. Landschaftsbau; Stud. FH Geisenheim (Abschl. 1978) - 1978-80 Angest. b. Min. f. Ernähr., Landwirtsch. u. Forsten Schlesw.-Holst.; 1980/81 Landesamt f. Naturschutz u. Landschaftspflege; 1983/84 Projektleit. Landeskampagne Mehr Natur in Dorf u. Stadt Bd. f. Umwelt u. Naturschutz, Landesverb. SH; 1980-85 Kreisvors. Krs. Rendsburg-Eckernförde; 1985-89 BUND Landesvors., 1986-90 stv. Bundesvors. - Liebh.: Gesch. (insb. frühes Mittelalter), Kunst (insb. expressionist. Malerei).

MEHLER, Horst

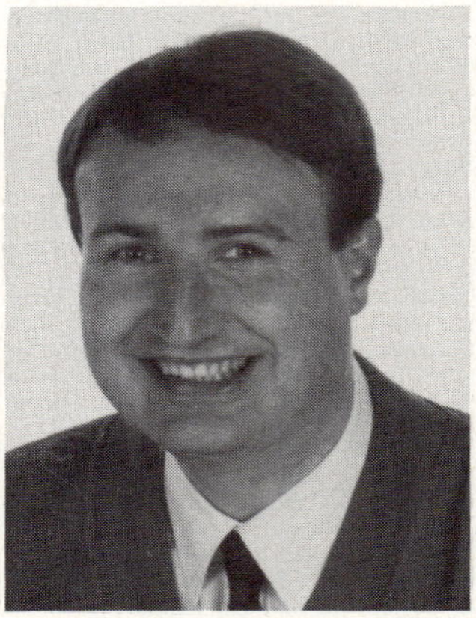

Schriftsteller (Ps. Ha. A. Mehler) - Hermann-Schuster-Str. 9, 6274 Hünstetten-Wallbach (T. 06126 - 5 18 07) - Geb. 11. März 1952 Fulda, verh. s. 1981 m. Regina, geb. Erdmann, S. Marco Maximilian - Stud. German. u. Gesch. Univ. Frankfurt u. Würzburg; Staatsex. 1977 Würzburg; Stud. Phil. an priv. Akad. in Dänemark, Engl. u. USA - 1978-82 Fernsehredakt. ZDF, Wiesbaden (Produktion v. ca. 200 Filmen); 1982/83 Chefredakt. Wiesbadener Verlag; s. 1983 fr. Schriftst., Bestsellerautor - BV: Ca. 35 Bücher, Übers. in and. Spr., u.a. Wie mache ich mich als Immobilienmakler selbständig; Geld; Wie Profis motivieren; Wie man m. Immobilien e. Vermögen aufbaut; Manager-Geheimnisse; Handb. Führungskräfte; Selfmademen u. Millionäre; Wie schreibe ich e. Bestseller - Spr.: Engl., Franz., Griech., Lat.

MEHLHORN, Heinz

Dr. rer. nat., Prof., Lehrstuhlinhaber Univ. Bochum - Zu erreichen üb. Ruhr-Univ. Bochum, Lehrst. f. Spez. Zoologie u. Parasitologie, 4630 Bochum (T. 0234 - 700 45 63) - Geb. 30. Sept. 1944, kath., verh. s. 1973 m. Birgit, geb. Horbert, 3 Kd. (Martin, Isabelle, Tim) - Promot. 1971 Bonn; Habil. 1975 Düsseldorf - 1977-84 Abt.-Leit. Parasitologie Univ. Düsseldorf; s. 1984 Lehrst. Spez. Zool. u. Parasitologie RUB Bochum; s. 1983 Vizepräs. Dt. Ges. Parasitologie; s. 1987 Vors. Tierschutz-Kommiss. d. Regierungspräs.; 1987-91 Dekan; ab 1989 Präs. Dt. Ges. Parasitologie; s. 1989 Sekr. d. Dt. Nationalkomit. f. Biowiss.; 1989-93 Treasurer Europ. Soc. of Parasitologists; 1990-92 Präs. dt. Biolog. Fak.; 1993 Präs. u. Organisator d. Weltkongreß f. Protozoologie in Berlin, ICC - BV: Grundriß d. Parasitologie (m. Piekarski), 1981, 3. A. 1988; Diagnose d. Parasiten d. Menschen (m. Peters), 1983; Diagnose u. Therapie d. Parasiten d. Tiere (mit Düwel und Raether), 1986. Herausg.: Ztschr. f. Parasitenkunde = Parasitology Research (s. 1983); Parasitology in Focus (1988); Grundriß d. Zoologie (1989); Schach d. Ungeziefer (1990, m. B. Mehlhorn); Gefahren f. Hund u. Halter (1992, m. B. Mehlhorn); Gesundheit f. Zierfische (1992, m. B. Mehlhorn u. G. Schmahl). 120 Originalarb. - 1984 Aaronson-Preis Senat v. Berlin - Spr.: Engl., Franz.

MEHLHORN, Peter

Dr. jur., Rechtsanwalt, Aufsichtsratsmitgl. Gerling-Konzern, Welt-Versich. AG Köln u. Ausl. Konzernges. - Friedrich-Schmidt-Str. 32, 5000 Köln-Braunsfeld - Geb. 30. Aug. 1928 - AR-Mandate.

MEHLIG, Rainer

Bundesgeschäftsführer d. Verb. dt. Musikschulen - Breslauer Str. 32, 5309 Meckenheim - Geb. 25. April 1942, verh. s. 1967 m. Erdmute, geb. Dietze, S. Arne - Hochsch. f. Musik u. Theater Hannover; Musikpädagoge - Mitgl. Hauptaussch. Bundeswettbewerb Jugend musiziert u. im Hauptaussch. Dt. Chorwettbewerb - BV: Curriculum Musik. Früherziehung (Mitautor), 1976; Unsere Lieder in d. Musikschule, 1987.

MEHLING, Marianne,

geb. Wünzer

Dr. phil., Schriftstellerin - Maximilianstr. 2, 8100 Garmisch-Partenkirchen (T. 08821 - 23 91) - Geb. 12. Juli 1934 München (Vater: Rudolf W., Bayer. Kammersänger; Mutter: Clara, geb. v. Gropper), kath., verh. s. 1969 m. Franz Nikolaus M., 3 Kd. (Nicole, Beatrix, Jessica) - Stud. Theaterwiss., German., Kunstgesch., Phil.; Promot. 1964 München - Schausp., Schriftst. - BV: Van Gogh, 1967; Wir basteln f. Weihnachten, 1978; 24 Tage v. Weihnachten, 1979; D. schönsten Weihnachtsbräuche, 1980; Frohe Weihnachten, 1981; D. gr. Familienbuch f. d. Advents- u. Weihnachtszeit, 1983; Rund ums Osterfest, 1984; Knaurs gold. Weihnachtsbuch, 1985; Knaurs großer Bibelführer, 1985; s. 1982 Herausg. v. 41 Bde. d. Reihe Knaurs Kulturführer in Farbe - Liebh.: Musik, Theater - Spr.: Engl., Franz., Ital. - Bek. Vorf.: Eduard Hanauer, Dt. Staatssekr. im Reichsjustizamt unter Bismarck (Urgroßv.).

MEHNERT, Dietrich

Dr. jur., Rechtsanwalt, Geschäftsf. Verb. d. Druckindustrie Nord e.V. - Palmaille 98, 2000 Hamburg 50 (T. 38 20 36; priv.: 04101 - 3 48 73).

MEHNERT, Günther

Dipl.-Ing., Geschäftsführer Pickhardt & Gerlach GmbH., Werdohl (s. 1970) - Zum Wintergarten 33, 5980 Werdohl - Geb. 2. Okt. 1930 - Zul. stv. Gf. P & G.

MEHNERT, Hellmut

Dr. med., Prof., Chefarzt III. Med. Abt. Städt. Krankenhaus Schwabing (Leit. Forschergruppe Diabetes) - Kölner Pl. 1, 8000 München 23 (T. 3 80 11); Drosselweg 16, 8033 Krailling/Obb. (T. 857 12 49) - Geb. 22. Febr. 1928 Leipzig - S. 1963 (Habil.) Lehrtätigk. Univ. München (1974 ao. Prof. f. Inn. Med.). Spez. Arbeitsgeb.: Stoffwechsel, Ernährung, Diabetes. In- u. ausl. Fachmitgliedsch. Vertr. BRD WHO (Diabetes-Komitee), Vizepräs. Int. Diabetes-Vereinig. (IDF) - BV: D. Zuckerkranke u. s. Arzt 1961 (m. W. Seitz); Stoffwechselkrankheiten, 1970 (m. H. Förster); Diabetologie in Klinik u. Praxis, 1971 (m. K. Schöffling). Üb. 800 Einzelarb. - 1979 Ernst-v.-Bergmann-Plak., 1979 Bayer. Verdienstorden, 1989 BVK I. Kl.; 1981 Präs. d. Dt. Ges. f. inn. Med. - Spr.: Engl. - Rotarier.

MEHNERT, Karl-Richard
Dr. rer. nat., o. Prof. u. Direktor Inst. f. Mineralogie FU Berlin (s. 1954) - Takustr. 6, 1000 Berlin 33 (T. 838 34 21) - Geb. 19. Juni 1913 Berlin (Vater: Carl M.; Mutter: Gertrud, geb. Engel), ev., verh. s. 1942 m. Eleonore, geb. Schwarz, 1 Kd. - Oberrealsch. Riesa/Sa.; Univ. Leipzig. Promot. 1938; Habil. 1947 - 1938-54 Assist. u. Doz. (1948) Univ. Freiburg/Br. - BV: Migmatites and the Origin of Granitic Rocksm, 1968. Einzelarb. zu gesteinskundl. u. geochem. Fragen - 1961 Mitgl. Dt. Akad. d. Naturforscher (Leopoldina), Halle/S.

MEHNERT, Peter
Dr. rer. nat., Univ.-Prof. f. Chemie Inst. f. Verfahrenstechnik TU München - Clemensstr. 50, 8000 München 40 (T. 089 - 308 29 11) - Geb. 2. Nov. 1935 Dresden (Vater: Wolfgang M., Architekt; Mutter: Johanna, geb. Vetters), verh. s. 1963 m. Gisela, geb. Sommerwerck, 2 Söhne (Florian, Martin) - Dipl.-Chem. 1963, Promot. 1966, Habil. 1971.

MEHREN, Günther
lic. phil., Schriftsteller - Schwarzenbacher Str. 23, 3392 Clausthal-Zellerfeld (T. 05323 - 36 98) - Geb. 26. März 1928 - Univ. Göttingen, München, Tübingen, Basel (Ethnol., Psych., Kunstgesch.), C. G. Jung-Inst., Zürich, Psychoanalytiker. 1980/81 Gast-Doz. Jung-Inst. Stuttgart - BV: Angst vertreiben, Ged. 1977; Erziehung b. d. Basotho, 1978; Hysterie u. Ekstase, 1988.

MEHRER, Helmut
Dr. rer. nat., Prof., Dipl.-Physiker, Direktor Inst. f. Metallforschung Univ. Münster - Zu erreichen üb. Inst. f. Metallforschung Univ. Münster, Wilhelm-Klemm-Str. 10, 4000 Münster (T. Münster 83 35 71) - Geb. 22. Okt. 1939 Heilbronn (Vater: Paul M., Kellermeister; Mutter: Emma, geb. Scheible), ev., verh. s. 1974 m. Karin, geb. Munz, 4 Kd. (Tobias, Julia, Simon, Lisa) - Gymn. Heilbronn; Physik-Stud. Univ. Stuttgart u. ETH Zürich; Dipl. 1965, Promot. 1968 Univ. Stuttgart - Univ.-Doz. Univ. Stuttgart, 1980 apl. Prof. ebd.; s. 1984 Prof. Univ. Münster; 1990 Gastprof. California Inst. Technology; 1990/91 Dekan d. FB Physik d. Univ. Münster; 1992 Gastprof. Univ. Debrecen - BV: Diffusion in Solid Metals and Alloys, 1990. Ca. 130 Fachveröff. - Spr.: Engl., Franz.

MEHRGARDT, Otto
Prof. (emerit.) - Gehrenring 33, 3400 Göttingen-Geismar (T. 7 33 31) - Geb. 29. Sept. 1916 Kassel (Vater: Fritz M., Postbeamter; Mutter: Emmi, geb. Hahn), ev., verh. s. 1943 m. Maria, geb. Lüth, 2 Kd. (Ulrike, Sönke) - Hohe Schule (Abit.); Päd. Hochsch.; Hochsch. f. Kunsterzieh. - 1951-52 Konrektor Volkssch.; s. 1952 Doz. nieders. Lehrerfort- bzw. Lehrerbild.; 1958-74 Lehrst. f. Kunst- u. Werkerz. PH Göttingen. Erf.: Schulwerkbank (DGBM Nr. 1870558). Fachveröff. - Liebh.: Bild. Kunst, Design - Spr.: Lat., Engl., Franz.

MEHRING, Johannes
Dr. rer. nat., Vorstandsmitglied Victoria Feuer-Versicherungs-AG., Berlin/Düsseldorf - Rheinallee 122, 4000 Düsseldorf - Geb. 30. Juni 1923 Osnabrück.

MEHRING, Wolfram
Theaterleiter, Regiss., Schausp., Theaterpäd. - 12, Boulevard Poissonnière, F-75009 Paris - Geb. 25. Juni 1930 Münster - Stud. Phil. u. German. Univ. Münster u. Paris (Sorbonne); 2 J. Ausb. b. Etienne u. Maximilien Decroux, Paris - 1951-54 Schausp. Bundesrep., ab 1955 auch Regiss. u. Dramat.; s. 1958 Leit. (Gründ.) Intern. Theaterzentrum Theatre de la Mandragore Paris; Gründ. Mandragore-Zentren in Afrika, Asien, Amerika. S. 1960 Tourneen durch Deutschl., Österr., Frankr., Spanien usw., s. 1966 in aller Welt. Sem., Vorles., Lehrauftr. Entw. Körperspr. als transkulturelle Ausdrucksspr. in Verbind. m. gespr. Wort, Integrat. versch. Bewußtseinsstrukturen in d. Arb. e. neuen Darst. - Insz. (Paris): u.a. Goldtopfkom. (Plautus, 1959); Leonce u. Lena (Büchner, 1959); Woyzeck (Büchner, 1960). Metamorphosen (Mehring, 1963); V. morgens b. Mitternacht (Kaiser); D. gestiefelte Kater (Tieck); Scherz, Satire, Ironie; La Mort de Büchner, Collage; D. Hofmeister (Lenz); Antigone; König Ödipus; Visuelle Spektakel. Gastinsz. u.a. in Düsseldorf, Frankfurt, Hamburg, Wiesbaden, Nürnberg, Mannheim, Darmstadt, Neuss, München (s. 1971), u. im Ausl. - BV: zul. Masques Brules, Aphorismen u. Bildbd., 1983; Le Masque du Rite au Théâtre, 1985 - Beste Insz. Pariser Theaterbiennale; 1. Preis franz. Fernsehen - Spr.: Franz., Engl. - Lit.: FS-Porträts; Beiträge in Theaterztschr. in Deutschl., Frankr., Afrika, Ostasien.

MEHRTENS, Jürgen
Oberstadtdirektor - Rathaus, 2870 Delmenhorst (T. 1 22 23); priv.: Bismarckstr. 39 (T. 1 22 37) - Geb. 7. April 1912 - Spr.: Engl., Franz. - Rotarier.

MEIBOM, von, Irmgard,
geb. Stoltenhoff
Vorstandsmitglied Konfz. Kirchl. Werke u. Verb., Vereinig. Dt. Gewässerschutz, Ehrenpräs. Evgl. Aktionsgem. f. Familienfragen, Dt. Evgl. Frauenbund, Ehrenmitgl. Arb.gem. d. Verbraucherverb., Arb.gem. Hauswirtschaft, Mitgl. Jury Umweltzeichen - Höhenweg 99, 5300 Bonn 1 - Geb. 21. August 1916 Mülheim/Ruhr (Vater: Dr. theol. h. c. Ernst Stoltenhoff, Generalsuperint. d. Rheinprov. (s. X. Ausg.); Mutter: Gertrud, geb. Funcke), ev., verh. s. 1940 m. Min.rat a. D. Dr. jur. Hanspeter v. M., 3 Kd. - Abitur 1935; Ex. als Krankengymnastin 1938 - 1981 Gr. BVK; VO. Land Nordrh.-Westf.

MEICHSNER, Dieter
Schriftsteller - Rögenweg 31, 2000 Hamburg 67 (T. 603 90 19) - Geb. 14. Febr. 1928 Berlin (Vater: Walter M., Privatgelehrter; Mutter: Frida, geb. Tuchscherer), verh. 1957 m. Dr. Edith, geb. Neise, 2 Kd. (Maximilian, Karoline) - Obersch., Humboldt- (1946-48) u. Freie Univ. Berlin (1948-50; Gesch., German., Angl.) - S. 1966 NDR (Chefdramat. bzw. Hauptabt.leit. Fernsehspiel) - BV: Versuch's noch mal mit uns!, Tatsachenbericht 1948; Weißt Du, warum?, R. 1952; D. Studenten v. Berlin, R. 1954. Bühnenst.: Besuch aus d. Zone (1958). Hörsp. u. Fernsehsp. u. a. 1000 Milliarden (FS 1975), Bergpredigt (FS 1983) - 1960 Ernst-Reuter-Preis, 1970 Alexander-Zinn-Preis Stadt Hamburg; 1981 Gold. Kamera Hörzu; Mitgl. Fr. Akad. d. Künste Hamburg; 1972 Mitgl. PEN-Zentrum BRD.

MEID, Wolfgang
Dr. phil., Prof. f. Sprachwissenschaft - Reithmannstr. 20, A-6020Innsbruck - Geb. 12. Nov. 1929 Pfungstadt - S. 1961 (Habil.) Lehrtätigk. Univ. Würzburg, 1965 Innsbruck (o. Prof.) - Fachveröff. z. Indogerman., German. u. Keltol. - 1974 Mitgl. Österr. Akad. d. Wiss.

MEIDEL, Erich
Dr., stv. Hauptgeschäftsführer IHK Würzburg-Schweinfurt - Altstadtstr. 2, 8720 Schweinfurt (T. 3 22 97).

MEIDENBAUER, Georg
Fabrikant (Fa. J. G.Schrödel, Nürnberg), Vors. Verb. d. Dt. Spielwarenind., Nürnberg, u. a. Vorst.-Mitgl. Intern. Spielwarenmesse Nürnberg - Holzwiesenstr. 10-28, 8500 Nürnberg - Geb. 2. Nov. 1927.

MEIDINGER, Ingeborg,
geb. Geise
Dr. phil., Schriftstellerin - Schobertweg 1a, 8520 Erlangen (T. 4 13 07) - Geb. 16. März 1923 Berlin (Vater: Kurt G., Kaufm. †1973; Mutter: Irene, geb. Minsberg †1986), ev., verh. s. 1946 m. Dr. jur. Konrad M., Rechtsanw. †1979 - Lyz.; Stud. German. u. Gesch.; Musikausbild. (Sopranistin). Promot. 1945 Erlangen - Mitarb. in- u. ausl. Ztg. - BV/R.: D. Freilassung, 1958; D. Mond v. gestern, 1963; Ich schenke mir ein Jahr, 1980. Erz.: D. Mondbude, 1955; Hannibal u. d. Unsterblichkeit, 1957; D. Amt schließt um 5, 1960; Nie-Land, 1964; D. Fallgrube, 1971; Nichts ist geschehen, 1973; Ordentl. Leute, 1976; Kleinkost u. Gemischtfarben, 1978; Tee im Parterre, 1982; Alle Katzen sind nicht grau, 1982; Zweimal Ortwin, 1983; Eine Minute Vergänglichkeit, 1985; Mauros Partner, 1988; Menuett in Schwarz, 1990. Ged.: Helle Nacht, 1955; Saat im Sand, 1963; Gegenstimme, 1970; Nouvel Age - Neues Alter, 1971 (Dt.-Franz.); Quersumme, 1975; Framtidskrönika - Zukunftschronik, 1978 (Dt.-Schwed.); Europa-Kontrapunkte, 1978; Zw. Stein u. Licht, Letzte Notizen f. K., 1979; Ich bin geblieben, wo du warst, 1981; Jenseits d. Wortmarken, 1982; Was sich abspielt, 1983; Zwischenzeiten, 1988; Mut d. Tauben, 1990; Mit durchsichtigen Worten, 1992. Erlanger Topographien, Ess. 1976. Div. Herausg. Hörsp. - 1956 Wilibald-Pirkheimer-Med.; 1972 Kunstpreis Stadt Erlangen; 1973 Kogge-Ehrenring Stadt Minden; 1976 Hans-Sachs-Bühnenpr., 1979 Max Dauthendey-Plak. u. Mölle-Lit.-Preis (Schweden); 1982 Hugo-Carl-Jüngst-Med.; 1985 BVK; 1988 Wolfram-von-Eschenbach-Preis; 1990 Graphikum-Lit.preis - Mitgl. D. Kogge (1967ff. Vors., s. 1988 Ehrenvors.), PEN-Zentrum BRD u. a. - Liebh.: Kirchenmusik - Spr.: Engl., Franz., Ital. (z. Verständ.) - Lit.: üb. Autorin: 1977 C. H. Kurz „Quersummen", 1978 PEN (BRD): Mitgl., Gesch., Aufg.

MEIDINGER-GEISE, Inge
s. Meidinger, Ingeborg

MEIER, Alfred
Dipl.-Ing., Präsident Oberpostdirektion München (s. 1977) - Arnulfstr. 60, 8000 München 2 - Geb. 12. Jan. 1933, verh., 3 Töchter - Zul. Bundesmin. f. d. Post- u. Fernmeldewesen.

MEIER, Bertold
Vorstandsmitglied Dt. Gewerbe- u. Landkreditbank AG., Frankfurt - Vogelsbergstr. 9, 6451 Hochstadt.

MEIER, Christa,
geb. Stangl
Lehrerin, Oberbürgermeisterin v. Regensburg (s. 1990) - Harzstr. 14, 8400 Regensburg - Geb. 6. Dez. 1941 Regensburg (Vater: Rupert Stangl, Reichsbahngehilfe (gef. 1945); Mutter: Theresia, geb. Peintinger), verh. m. Ludwig M. (Architekt) - v.-Müller-Gymn. Regensburg; 1961-64 PH Regensburg. Lehramtsprüf. 1964 u. 68 - B. 1970 Aachen, dann Regensburg. 1972ff. Stadträtin Regensburg; s. 1982 Vors. d. Kulturpolitischen Aussch. d. Bayer. Landtags. SDP s. 1966 (Vors. Stadt Regensburg) - BVK.

MEIER, Christian
Dr. phil., Prof. f. Alte Geschichte - J. M. Fischer Str. 14, 8021 Hohenschäftlarn - Geb. 16. Febr. 1929 Stolp/Pom., ev., verh. m. Dr. Elisabeth, geb. Lefhalm, 3 Kd. (Andreas, Johann Christian, Franziska) - S. 1963 (Habil.) Lehrtätigk. Univ. Frankfurt, Freiburg (1964), Basel (1966 Ord.), Köln (1968 Ord.), Basel (1973), Bochum (1976), München (1981). Vors. Verb. d. Historiker Deutschl. (1980-88) - BV: Res Publica Amissa, 1966, m. neuer Einf. 1980; D. Entstehung d. Begriffs Demokratie, 1970; Histor. Prozesse (m. K.-G. Faber), 1978; D. Entstehung d. Politischen b. d. Griechen, 1980; D. Ohnmacht d. allmächt. Dictators Caesar, 1980; Caesar, 1982; Introduction à l'Anthropologie Politique de l'Antiquité Classique, 1984; Politik und Anmut, 1985; 40 J. nach Ausschwitz, 1987, erw. A. 1990; Kannten d. Griechen d. Demokratie? (m. P. Veyne), 1988; D. polit. Kunst d. griech. Tragödie, 1988; D. Welt d. Gesch. u. d. Provinz d. Historikers, 1989; Deutsche Einheit als Herausforderung, 1990; D. Nation, d. keine sein will, 1991.

MEIER, Eckart
Dr., Dipl.Ing. agr., Hauptgeschäftsführer Zentralverb. Dt. Getreide-, Futter- u. Düngemittelhandel e.V., u. Bundesverb. d. Großhandels m. Dünge- u. Pflanzenbehandlungsmitteln e.V., bde. Bonn - Buschstr. 2, 5300 Bonn 1 (T. 0228 - 21 50 58; Fax 22 09 62) - Geb. 10. März 1943 Hannover - Geschäftsf. Zentralaussch. d. Agrargewerbl. Wirtsch.; Hauptgeschäftsf. u. Vorst.-Mitgl. Zentralverb. Dt. Kartoffelhandel e.V.; Vorst.-Vors. Unterstützungskasse d. Landsmannsch. Thuringia e.V., Essen.

MEIER, Friedhelm
Dr., Dipl.-Landw., Geschäftsf. Landmaschinen- u. Ackerschlepper-Vereinig. - Taunusstr. 79, 6370 Oberursel (T. 7 26 27) - Geb. 6. Jan. 1930 Langenberg (Vater: Wilhelm M., Ing.; Mutter: Emmy, geb. Grimberg), ev., verh. s. 1960 m. Dr. Helga, geb. Thomae, 3 Kd. (Ulrike, Sabine, Klaus) - Gymn.; Landwirts.slehre; Stud.; Promot. 1960 - 1958-60 Presseref., s. 1961 LAV (1976 - Gf.) - Liebh.: Mineralogie - Spr.: Engl., Franz.

MEIER, Friedrich Wilhelm
Dr. rer. pol., Dipl.-Kfm., Dipl.-Volksw., Vorstand u. Arbeitsdirektor Vereinigte Elektrizitätswerke Westf. AG, Dortmund - Geb. 6. Dez. 1930 Gelsenkirchen (Vater: Dr. Friedrich M.; Mutter: Luise M.), ev., verh. s. 1961 m. Dr. phil. Barbara, geb. Steinberger, 2 Kd. - Promot. 1958 Univ. Köln.

MEIER, Gerhard
Schriftsteller - Lehnweg 17, CH-4704 Niederbipp (Schweiz) - Geb. 20. Juni 1917 Niederbipp (Vater: Klinikpfleger; Mutter: Schäfertochter), verh., 3 Kd. - N. Schule Technikum (Stud. abgebr.) - Üb. 30 J. Fabriktätigk. (Zeichner f. Lampen) - BV/Ged.: Einige Häuser nebenan, 1973; Erz.: D. andere Tag, 1974; R.: D. Besuch, 1976; D. schnurgerade Kanal, 1977; Toteninsel, 1979; Borodino, 1982; D. Ballade v. Schneien, 1985; Werkausgabe in drei Bde., 1987; Land d. Winde, 1990 - 1983 Petrarca-Preis; 1991 Fontane-Preis - Liebh.: Gärtnern.

MEIER, Gernot
Dipl.-Math., Prof. f. Wirtschaftsinformatik Univ.-GH-Duisburg - Josef-Neuberger-Str. 24, 4000 Düsseldorf 12 (T. 0211 - 23 52 49) - Geb. 27. Mai 1944 Köln (Vater: Gerhard M., Bankkfm.; Mutter: Maria, geb. Rickert), kath., ledig - 1963-69 Stud. Math. Univ. Köln (Dipl.-Math. 1969) - 1969-81 IBM Deutschl. GmbH; s. 1981 Univ.-GH-Duisburg.

MEIER, Hans
Dr. rer. nat., Leiter Staatl. Forschungsinst. f. Geochemie, apl. Prof. f. Physikal. Chemie Univ. Erlangen-Nürnberg (s. 1972) - Himmelreich 10, 8609 Bischberg.

MEIER, Heinrich
Dr. phil., Geschäftsführer Carl Friedrich v. Siemens Stiftg. (s. 1985) - Südliches Schloßrondell 23, 8000 München 19 (T. 089 - 178 03 30) - Geb. 8. April 1953, verh. s. 1983 m. Wiebke, geb. Neupert, 2 Kd. (Desiderius, Anima) - Stud. Phil., Polit. Wiss., Soziol.; Promot. 1985 Freiburg/Br. - BV: J.-J. Rousseau, Diskurs üb. d. Ungleichheit (krit. Ed. m. dt. Übers. u. ausführl. Kommentar), 1984, 2. durchgeseh. u. erw. A. 1990; Carl Schmitt, Leo Strauss u. D. Begriff d. Polit., 1988 (franz. Übers. 1990, jap. Übers. 1992, amerik. Übers. 1993); D. Lehre Carl Schmitts, 1992. Herausg.: D. Herausforderung d. Evolutionsbiol. (1988); Z. Diagnose d. Moderne (1990).

MEIER, Henning
Dipl.-Math., Vorstandsmitglied Bayern-Versicherung/Öfftl. Lebensversich.anstalt, München i.R. (1964-90) - Spitzstr. 17, 8034 Germering/Obb. (T. München 84 39 90) - Geb. 12. März 1925 Ham-

burg (Vater: Hinrich M.; Mutter: Gertrud, geb. Berschel), ev., verh. s. 1953 m. Herta, geb. Bestmann, 3 Töcht. (Sabine, Andrea, Gisela) - Obersch. (Abit. 1943) u. Univ. Hamburg (1948-53; Math., Rechtswiss., Volksw., Physik) - 1946-64 Dt. Ring Lebensversich. AG, Hamburg, Nova Krankenversich. ebd. (1953; Prokurist u. Chefmath.), Sparkassen-Versich., Stuttgart (1958; Vorst.-Mitgl.). Vorst.-Mitgl. Dt. Ges. f. Versich.math.; Vorst.-Vors. Inst. f. Berufsbild. Münchner Versich.wirtsch., Verein dt. Lebensversicherer, Vorst. Berufsbild.wiss; stv. Vors. Berufsbild.ausch. Berufsbild.werk d. Versich.wirtsch.; Vorst.-Mitgl. Bild.werk d. Bayer. Wirtsch., Bayern Versich. München (s. 1964). Veröff.: Schaltalgebra, Entwickl. d. Rentenversich. (Blätter d. DGfV 1957 bzw. 63), EDV-Technik u. Versich.math. (Blätter d. DGfV 1975) - 1980 BVK - Spr.: Engl., Franz.

MEIER, Herbert
Dr. phil., Schriftsteller - Appenzellerstr. 73, CH-8049 Zürich - Geb. 29. Aug. 1928 Solothurn (Vater: Albert M., Kaufm.; Mutter: Anna, geb. Muller), kath., verh. s. 1954 m. Yvonne, geb. Haas, 3 Kd. (Jonas, Livia, Titus) - Univ. Basel u. Fribourg (Germ.; Promot. 1954) - Schausp.; Dramat.; Lektor. 1977-82 Chefdramat. Schauspielhaus Zürich, 1986 Writer-in-residence USC, Los Angeles - W.: Ejiawanoko, M. 1953; D. Barke v. Gawdos, Dr. 1954; Siebengestirn, Ged. 1956; Dem unbek. Gott, Orat. 1957; D. König v. Bamako, Puppensp. 1958; D. Jonas u. d. Nerz, Dr. 1959; Ende September, R. 1959; Verwandtschaften, R. 1963; Skorpione, Fernsehsp. 1964; D. verborgene Gott - Studien zu Ernst Barlach, 1963; Kaiser Jovian, Oper 1966; Sequenzen, Ged. 1969; Rabenspiele, Sch. 1969; D. neue Mensch steht weder rechts no links, er geht, Manif. u. Reden 1969; Stiefelchen, Ein Fall, R. 1970; Wohin geht es denn jetzt?, Reden 1971; Anatomische Geschichten, Erz. 1973; Stauffer-Bern, Sch. 1974; Dunant, Sch. 1976; Carlotta/Der Visitator, Monodramen, 1977; Bräker, Komödie 1978; D. Göttlichen, Sch. 1980; Schlagt d. Laute, schlagt sie gegen alles, Kom. 1981; Zanin, Kom. 1986; Bei Manesse, Theaterst. 1989; Der Fähnrich von S..., Kom. 1991; Mythenspiel, 1991. Übers.: Was ihr wollt (Shakespeare), 1981; Medea (Euripides), 1981; Romeo und Julia (Shakespeare), 1982; D. Misanthrop (Molière), 1983; Britannicus (Racine), 1984; Ophelia (Libretto), 1984; Kaffeehaus (Goldoni), 1985; D. Leben ist Traum. Sch. 1987 (Calderon, 1988 - 1955 Lit.pr. Fr. Hansestadt Bremen, 1975 Kunstpr. Lions-Club Basel, 1963 Preis Schweiz. Schiller-Stiftg., 1964 Conrad-Ferdinand-Meyer-Preis; 1964 Willibald-Pirkheimer-Med., 1970 Welti Preis, 1975 Solothurner Kunstpreis - Spr.: Franz., Ital., Engl.

MEIER, Karl A.
Kaufm. Direktor, Geschäftsführer i. R. Linke-Hofmann-Busch Waggon-Fahrzeug-Maschinen GmbH., Salzgitter - Hohe Wiese 3, 3301 Stöckheim - Geb. 17. Jan. 1913 - Zul. Gf. Scharfenbergkupplung GmbH., Salzgitter.

MEIER, Konrad
I. Bürgermeister - Rathaus, 8563 Schnaittach/Mfr. - Geb. 29. Okt. 1923 Schnaittach - Zul. Techn. Angest. CSU.

MEIER, Richard
Dr. jur., Präsident i.R. Bundesamt f. Verfassungsschutz - Geb. 6. Jan. 1928 München - Stud. Rechtswiss. - 1954-57 Justizdst. Wuppertal; 1958-70 Bundesamt f. Verfassungsschutz (1964 Abt.leit.); 1970-75 Bundesnachrichtendst. Pullach;

1975-83 Präs. BfV. S. 1983 Sicherheitsberater f. Ind. u. Wirtsch.

MEIER, Wilhelm F.
Kaufmann, pers. haft. Gesellsch. Eggers & Franke, Bremen - Töferbohm 8, 2800 Bremen 1 - Geb. 17. Febr. 1935 - Honorarkonsul v. Frankreich.

MEIER-BEER, Jürgen
Dr., Sendeleiter Fernsehen NDR - Gazellenkamp 57, 2000 Hamburg 54 - Geb. 11. März 1950, ev., verh. s. 1989 m. Katja - Jurist. Stud. u. Refer. in Dtschl., Großbrit., u. USA Promot. Frankfurt/M. - S. 1969 div. Aufgaben im NDR - BV: Kabelfernsehen, 1979.

MEIER-BRUCK, Walter
Bankkaufmann - Lindenhof, 2071 Rausdorf - Geb. 15. Jan. 1905 Berlin - Vorstandsmitgl. Commerzbank AG, Hamburg (b. 1970).

MEIER-PETER, Hansheinrich
Dr.-Ing., Prof. - Am Thinpl. 27, 2392 Glücksburg (T. 04631 - 22 20) - Geb. 24. Jan. 1939 Berlin, verh. s. 1974 m. Monika, geb. Voss - 1958 Praktikum Bremen, 1958-65 Stud. TU Hannover u. Univ. Hamburg; Dipl.-Ing. Schiffstechnik 1965 TU Hannover; Promot. 1974 TU Hannover - 1970 Lloyds Register, 1974-82 Konstruktionsleit. Schiffsmaschinenbau AG Weser Bremen - Div. nationale u. Europatente - Mitautor: Handb. f. Schiffsbetriebstechnik 1972, 1982; Handb. d. Werften 1966, 1986 - Spr.: Engl., Franz.

MEIER-PLOEGER, Angelika
Dr. agr., Prof., Hochschullehrerin FH Fulda (s. 1986) - An der Wegelänge 17, 3430 Witzenhausen (T. 05542 - 51 00) - Geb. 8. Febr. 1952 Recklinghausen, kath., gesch., T. Ariane - 1971-75 Stud. Univ. Gießen; Dipl. oec. troph.; Promot. 1978 - B. 1981 wiss. Mitarb. Univ. Gießen; 1981-83 Tätigk. in d. Industrie; 1984 Berufung an d. FH Niederrhein (FB Haushalt u. Ernährung) - BV: Lebensmittelqualität - ganzheitl. Methoden u. Konzepte (m. H. Vogtmann), 1988 - Liebh.: Kunst, Theater, Ökologie - Spr.: Engl., Franz.

MEIER-PRESCHANY, Manfred
Dr. rer. pol., Prof., Geschäftsf. Gesellsch. M.P. Consult + Partner Intern. Consultants GmbH - Myliusstr. 41, 6000 Frankfurt/M. 1 (T. 069 - 97 10 10-0); priv.: Grüner Weg 5, 6240 Königstein/Ts. - Geb. 21. Jan. 1929 - B. 1984 Vorst.-Mitgl. Dresdner Bank AG; AR-Mitgl. Hoffmann-La Roche AG Grenzach; Mitgl. d. Wirtschaftsbeirats d. DSL-Bank, Bonn; div. weitere Mandate -

Hon.-Prof. Univ. Karlsruhe - Spr.: Engl., Franz. - Rotarier.

MEIER zu KÖCKER, Heinz Friedrich
Dr. rer. nat., o. Prof. Inst. f. Energietechnik, Fachgeb. Energieverfahrenstechnik u. Brennstofftechnik TU Berlin (s. 1968) - Waldmüllerstr. 10a, 1000 Berlin 37 (T. 817 31 09) - Geb. 13. Febr. 1931 Gelsenkirchen (Vater: August M., Kaufmann; Mutter: Gertrud, geb. Schümer), ev., verh. s. 1958 m. Dr. rer. nat. Ingrid, geb. Steinheuer, 2 Kd. (Petra, Gerd) - 1951-57 Chemiestud. Bamberg u. Aachen (Dipl.-Chem.). Promot. (1960) u. Habil. (1965) Aachen - 1965-67 Chefchem. Erno, Bremen - Forsch.-schwerp.: Verflüssigung v. Kohlen u. Biomassen - Spr.: Engl.

MEIERKAMP, Dierk
Dipl.-Math., Direktor Signal-Versicherungen Dortmund - Joseph-Scherer-Str. 3, 4600 Dortmund 1 (T. 0231 - 1 35 - 0) - Geb. 7. April 1942 Wuppertal - Vorst.-Mitgl. SIGNAL Krankenversich./Unfallversich. aG Lebensversich. AG, u. Polizeiversich.-AG (PVAG).

MEIJERE, de, Armin
Dr. rer. nat., Prof. f. Organische Chemie - Brombeerweg 13, 3400 Göttingen (T. 0551 - 2 34 22) - Geb. 18. Mai 1939 Homberg/Rh. (Vater: Theodor d.M., Bäcker; Mutter: Kunigunt, geb. Fischer), ev., verh. s. 1964 m. Ute, geb. Fitzner, 2 Kd. (Arne, Kerstin) - Abit. Homberg 1958; Stud. Chemie Freiburg u. Göttingen, Dipl. 1963, Promot. 1966, Habil. 1971 - 1963-69 Wiss. Assist., 1969-72 Oberass., 1973 Visiting Prof. Madison, Wisc./USA, 1974 apl. Prof., 1977 o. Prof. Hamburg, 1978 Visiting Scientist IBM Lab., San Jose, CA, USA, 1984 Visiting Prof. Haifa, Israel, 1985 Visiting Prof. Princeton N. Y. USA, 1989 Univ.-Prof. Göttingen, 1990 Prof. Associé Univ. d'Aix-Marseille III. 1981-82 Sprecher Fachber. Chemie Univ. Hamburg; 1980-84 Vors. Ortsverb. Hamburg d. Ges. dt. Chemie; 1986-88 gf. Dir. Inst. f. Org. Chem. - Entd.: Struktur-Reaktivitätsbez. a. polycyclischen Verbindungen u. neue synth. Meth. - BV: 7 Drehb. z. Studienprogr. Chemie, ZDF; 5 Buchveröff.; 230 wiss. Publ. - 1972 Doz.stip. Fonds d. Chem. Ind.; 1992 Mitgl. Königlich-Norwegische Akad. d. Wiss. - Liebh.: Graphiken, ant. Keramik, Fossilien - Spr.: Engl., Franz.

MEILICKE, Heinz
Dr. jur., Rechtsanwalt u. Steuerberater, em. Honorarprof. f. Steuerrecht FU Berlin (1951ff.) - Poppelsdorfer Allee 106, 5300 Bonn (T. 63 16 35) - Geb. 25. Dez. 1904 Berlin, verw., 3 Kd. - Univ. Berlin u. Graz - AR-Mandate. Zahlr. Fachveröff., dar. auch Bücher - Spr.: Engl.

MEIMBERG, Rudolf
Dr. rer. pol., em. o. Prof. f. Volkswirtschaftslehre - Fasanenstr. 18, 6078 Neu-Isenburg 2/Hessen - Geb. 19. Dez. 1912 Prüm/Eifel (Vater: Richter) - Univ. Göttingen (Rechtswiss., Nationalök. - S. 1939 (Habil.) Lehrtätigk. Univ. Berlin, TH Prag (1944 Ord.), Univ. Frankfurt/M. (1954 Honorarprof.) u. Mainz (1960 Ord.); zeitw. Banktätigk. (b. 1952 Dir. Berliner Zentralbank, dann Direktoriumsmitgl. Südd.Bank, ab 1956 Dir. Dt. Bank). Kriegsteiln. (Reserveoffz. Panzergren.) - BV: Wirtschaft u. Währung zwischen Ost u. West, 1950 (auch engl.); D. Wirtschaft Westberlins, 1950 (auch engl.); D. öffentl. Finanzen in d. SBZ, 1951 (m. Franz Rupp); Üb. d. Einseitigkeit, 1951; D. wirtschaftl. Entwickl. in Westberlin u. in d. sowjet. Zone, 1952 (auch engl.); Probleme d. Richtigen im Leben d. Ges., 1952; Alternativen d. Ordnung, 1956; Z. Streit üb. d. Wechselkurs d. DM, 1960; D. Geldwert im Widerstreit d. Interessen, 1961; D. rationale Gehalt gesellschaftl. Leitbilder, 1979; Z. Vertretbarkeit v. Störungen d. Marktwirtsch., 1983; Principien d. Wirtschafts- u. Gesellschaftspolitik, 1989. Zahlr. Einzelarb.

MEINARDUS, Günter
Dr. rer. nat., em. o. Prof. f. Mathematik Univ. Mannheim - Weinstr. 102d, 6730 Neustadt 19 (T. 06321 - 3 19 36) - Geb. 11. Juni 1926 Bremen (Vater: Eduard M.), verh. s. 1974 m. Gertrud, geb. Krause - Habil. Univ. Hamburg (1959), o. Prof. TU Clausthal (1964), Univ. Erlangen-Nürnberg (1968) u. Univ. Siegen. Div. Fachveröff. u. Fachb. - Mitgl. d. Leopoldina, Halle.

MEINBERG, Eckhard
Dr. phil., M. A., Prof. f. Pädagogik, Leiter Päd. Seminar Dt. Sporthochschule Köln - Matthias-Curt-Str. 7, 5042 Erftstadt-Friesheim (T. 02235 - 7 14 07) - Geb. 27. Okt. 1944 Holzhausen (Vater: Walter M.; Mutter: Grete, geb. Schlup), ev., verh. m. Barbara, geb. Weber - Promot. 1973; Habil. 1978 - 1973-78 wiss. Assist.; 1978 Wiss. Rat u. Prof. Univ. Bochum; 1979 o. Prof. f. Päd.; s. 1987 Prorektor f. Forsch. an d. Dt. Sporthochsch. Köln - BV: D. Päd. in d. Nachfolge Hegels (Diss.), 1973; Leist. in Sport u. Ges., 3. A. 1982; Erziehungswiss. u. Sportpäd., 1979; Sportpäd. Konzepte u. Perspektiven, 1981; Hauptprobl. e. Sportpäd., 1984, 2. A. 1991; Kinderhochleistungssport: Fremdbestimmung oder Selbstentfaltung?, 1984; D. Moral im Sport - Bausteine e. neuen Sportethik, 1991. Herausg.: Kindheit - interdisziplinär betrachtet (1984); D. Menschenbild d. modernen Erziehungswiss. (1988). Div. Aufs.

MEINCKE, Jens Peter
Dr. jur., o. Prof. f. Bürgerl. Recht, Röm. Recht u. Steuerrecht Univ. Köln - Am Grünen Weiher 10, 5060 Bergisch Gladbach 2 - Geb. 22. Okt. 1935 Hamburg, ev., verh. 4 Kd. - Habil. 1972 Hamburg - BV: D. Recht d. Nachlaßbewertung im BGB, 1973; Kommentar z. ErbStG., 8. A. 1987 (m. Michel); D. Einkommensteuerrecht, 15. A. 1988 (m.a.).

MEINCKE, Ulrich
Dr. iur., Rechtsanwalt, Vorstandsmitgl. Vereins- u. Westbank AG, Hamburg (s. 1981) - Justus-Brinckmann-Str. 89, 2050 Hamburg 80 - Geb. 9. Aug. 1937 Hamburg, ev., verh., 3 Kd. - Banklehre b. M.M. Warburg-Brinckmann-Wirtz & Co., Hamburg; 1957-62 Stud. Rechtswiss. Univ. Graz, Freiburg u. Hamburg; jurist. Staatsprüf. 1962 u. 68; Promot. 1967 - 1968-80 Synd. u. Leit. Kreditabt. (Dir.) Westbank/Vereins- u. Westbank. AR-Vors. Montblanc-Simplo GmbH, SKV Kredit-Bank GmbH, Kiel, u. Hanseatische Investitions-Bank GmbH, Hamburg; div. weitere Mand. - Liebh.: Musik, Sport - Spr.: Engl. - Rotarier.

MEINDL, Dieter
Dr. phil., Univ.-Prof. Inst. f. Anglistik u. Amerikanistik Univ. Erlangen-Nürnberg (s. 1982) - Am Weißen Berg 27, 8521 Weisendorf (T. 09135 - 36 69) - Geb. 6.

Febr. 1941, kath., verh. s. 1973 m. Helga Meindl-Batzoni, 4 Kd. (Christian, Matthias, Anne, Friederike) - Stud. Engl. u. Franz. Univ. Erlangen, Caen u. Tübingen; M.A. (Vergl. Lit.wiss.) Univ. of Arkansas, 1965; Staatsex. 1968 Tübingen; Promot. 1972 Erlangen; Habil. (Nordamerik. Philol.) 1979 Erlangen - 1980 Priv.-Doz. Univ. Erlangen; 1981 Lehrstuhlvertr. Univ. Mainz u. 1990 Univ. Augsburg. 1988 Gastprof. Southeast Missouri State Univ. - BV: Bewußtsein als Schicksal. Z. Struktur u. Entwicklung v. William Faulkner Generationenromanen, 1974; D. amerik. Roman zw. Naturalismus u. Postmoderne (1930-60). E. Entwicklungsstudie auf diskurstheoret. Grundl., 1983 - 1975/76 American Council of Learned Soc. Fellow, Charlottesville (Va.) - Liebh.: Ökologie, Garten - Spr.: Engl., Franz.

MEINDL, Vinzenz

Dr. phil., Dipl.-Chem. - Am Forsthaus 65, 6078 Neu-Isenburg 2 (T. 06102 - 5 12 88) - Geb. 15. Febr. 1924 Bozen (Vater: Vinzenz M., Gymn.-Dir.; Mutter: Klara, geb. Horváth), kath., verh. s. 1954 m. Annelies, geb. Berwigg, 3 Kd. (Christoph, Christiane, Nicole) - Univ. Innsbruck (Chem., Geophys., Phil.), Promot. 1953 - 1954-63 Laborleit. (s. 1958 Chefchem.), 1964-72 Vorst.-Mitgl., s. 1973 selbst. Berater - Liebh.: Geisteswiss., Reisen, Musik - Spr.: Engl.

MEINECKE, Carl-Theodor

Dr. rer. pol., Geschäftsführer Lindemann Maschinenfabrik GmbH, Düsseldorf (1987ff.) - Zu erreichen üb. Lindemann Maschinenfabrik GmbH, Erkrather Str. 401, 4000 Düsseldorf 1 - Geb. 1. Febr. 1927 Braunschweig - 1971-84 Vorst.-Mitgl. Korf Stahl AG, Baden-Baden; 1984-87 Geschäftsf. Bison-Werke Bähre & Greten GmbH & Co. KG, Springe - Spr.: Engl. - Rotarier.

MEINECKE, Georg

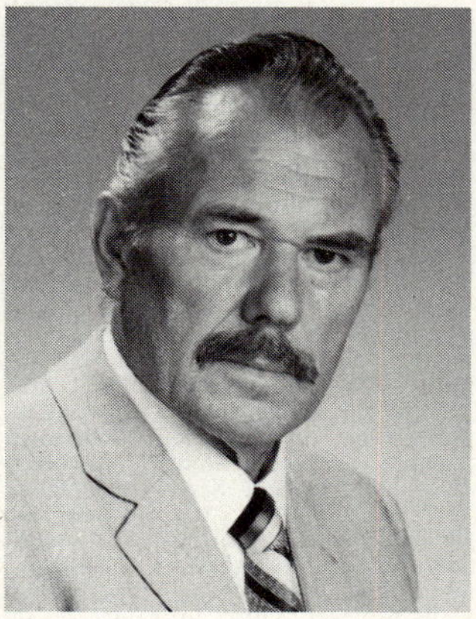

Dr. iur., Rechtsanwalt - Riehlerstr. 28, 5000 Köln 1 (T. 0221 - 73 29 73) - Geb. 31. Jan. 1926 Arnsberg/Westf. (Vater: Wilhelm M., Eichungsdirektor v. Schleswig-Holstein; Mutter: Berta, geb. Diesing), ev., verh. s. 1957 m. Bärbel, ge. Rieger, 3 Kd. (Markus, Boris, Beate) - Staatl. Gelehrtenanstalt (Human. Gymn.), Kiel; Luftkriegsschule I Dresden-Klotzsche; Stud. Rechts- u. Staatswiss. Univ. Göttingen; Referendar-Ex. OLG Celle; Promot. Göttingen; Ass.-Ex. OLG Hamburg - S. 1957 Rechtsanwalt in Köln, Spezialgebiet: ärztl. Kunstfehler - Vertrauensanwalt d. Verfolgten d. NS-Regimes; ehrenamtl. Tätigk. in versch. Menschenrechtsorg.; Mitte d. 70-Jahre Vorbild d. 39-teiligen ZDF-Fernsehserie Der Anwalt (Patienten-Anwalt).

MEINEKE, Jürgen

Hauptgeschäftsführer Landesvereinig. d. Arbeitgeberverb. in Hamburg - Feldbrunnenstr. 56, 2000 Hamburg 13 (T. 040 - 41 40 12-0).

MEINEL, Christoph

Dr. rer. nat., Univ.-Prof. f. Wissenschaftsgeschichte Univ. Regensburg - Zu erreichen üb. Univ. Regensburg, Postf. 10 10 42, 8400 Regensburg - Geb. 28. Nov. 1949 Dresden, verh. m. Dr. med. Bettina, geb. Groh (Kinderärztin), 3 Söhne (Florian, Felix, Thomas) - Stud. Univ. Marburg u. Kent/Engl.; Promot. 1977; Habil. 1987 - Lehr- u. Forschungstätigk. an d. Univ. Hamburg, Marburg, Mainz u. TU Berlin. 1987/88 Fellow am Wissenschaftskolleg zu Berlin - Arbeiten z. Geschichte d. Chemie u. z. Naturphil. d. frühen Neuzeit - 1986 Alexandre-Koyré-Med. d. Académie Intern. d'Histoire des Sciences, Paris; Korr. Mitgl. d. Joach. Junguis-Ges., Hamburg; Vors. Fachgr. Geschichte d. Chemie in d. Ges. Dt. Chemiker.

MEINEL, Erhard

Dipl.-Volksw., Direktor DBP Telekom, Leiter Akad. f. Führungskräfte d. Dt. Bundespost - Am Kamin 20, 5300 Bonn 3 (T. 0228 - 48 52 92) - Geb. 19. April 1936 Berlin, ev., verh. s. 1965 m. Helga, geb. Schilling - Stud. Maschinenbau staatl. Ing.-Schule Berlin (Abschl. 1959); Stud. Wirtschaftswiss. FU Berlin (Dipl.-Volksw.) - Leiter d. Postamtes Berlin 65; Hilfref. Bundespostmin.; Leit. e. Studiengr. d. Führungsakad. d. DBP; s. 1983 s.o. - Liebh.: Klass. Musik, Ski. Motorsport - Spr.: Engl., Franz.

MEINEL, Hans Georg

Dr. rer. nat., Generalsekr. Dt. Unesco-Kommission - Colmantstr. 15, 5300 Bonn 1 (T. 69 20 91) - Geb. 3. Juni 1928, verh. s. 1959 m. Ilse, geb. Meyer, 2 Kd. (Wulf, Ute) - Stud. d. Geogr. u. Naturwiss. Univ. Würzburg - 1959-62 Lektor Indian Inst. of Science, Bangalore; 1962-72 Leiter Goethe-Inst. Calcutta, Ankara. Beirut; 1972-75 Leit. Nahostbüro Dt. Akad. Austauschdst., Kairo, Prof. Univ. Kairo - BV: Wissenschaftsdeutsch, 1969 - Liebh.: Lit., Musik, Golf - Spr.: Engl.

MEINEN, Günter

Kaufmann, Präsident Dt. Tanzsportverb. - Hartwigstr. 37a, 2800 Bremen - Geb. 25. Juli 1925 Brake/Unterweser, verh. s. 1949 m. Anneliese, geb. Beltner - 1967 1. Vors. Grün-Gold-Club, Bremen, s. 1974 Präs. Dt. Tanzsportverb. 1980 ehrenamtl. Richter Bundessozialgericht - 1960 Gold. Ehrennadel GGC u. 1980 DTV; BVK - Vizemeist. Standardtänze.

MEINERS, Hermann

Dr. rer. nat., Univ.-Prof., Direktor Inst. f. Zahnärztl. Werkstoffkunde Univ. Münster - Waldeyerstr. 30, 4400 Münster (T. 0251 - 83 71 25) - Geb. 13. Juni 1935 Emsdetten (Vater: Hubert M., Stud.-Dir.; Mutter: Hedwig, geb. Schürmann), kath., verh. s. 1966 m. Mechthildis, geb. Sommer, Krankengymn., 2 S. (Jan, Klaus) - Physikstud.; Dipl. 1964; Promot. 1969 Münster; Habil. 1976 - 1970/71 Res. Assoc. Pitt-Univ. Pittsburgh, USA; 1982 Prof. f. Zahnärztl. Werkstoffkunde Univ. Münster - BV: Röntgenphysik u. Strahlenschutz f. Zahnmediziner, 1981; Taschenb. d. Zahnärztl. Werkstoffkunde (Mitautor), 3. A. 1988. Mithrsg.: Fortschritte d. Zahnärztl. Prothetik u. Werkstoffkunde 3 Bde. (1980, 84, 87 u. 89).

MEINERT, Rotraud

s. Busch-Meinert, Rotraud

MEINHARDT, Hans

Dr. rer. pol. Dipl.-Kfm., Vorstandsvorsitzer Linde AG - Abraham-Lincoln-Str. Nr. 21, 6200 Wiesbaden - Geb. 14. Mai 1931 - Versch. AR-Mitgliedsch.

MEINHARDT, Helmut

Dr. phil. habil., Prof. Univ. Gießen (s. 1972; 1976/77 Dekan) - Otto-Behaghel-Straße 10, 6300 Gießen (T. 702 25 03) - Geb. 15. Dez. 1933 Dingelstädt/Eichsf. (Vater: Heinrich M., Kaufm.; Mutter: Elisabeth, geb. Fiedler), kath., verh. s. 1965 m. Margarete, geb. Berger, 2 Kd. (Birgitta, Matthias) - Stud. d. Phil., Kath. Theol., Griech. Univ. Münster; Promot. 1963 ebd.; Habil. 1971 Gießen - BV: Teilhabe b. Platon, 1968; Platon, D. Sophist. Übers. u. Komm., 1990; Fachb.beitr. z. antik. u. mittelalterl. Phil. Herausg.: Lexikon d. MA - Liebh.: Musik, Theater - Spr.: Engl., Franz., Griech., Hebr., Latein.

MEINHARDT, Horst

Dipl.-Kfm., Vorstand d. Schuhfabrik Manz AG. - Jakobsberg 18e, 8600 Bamberg (T. 2 4027) - Geb. 13. März 1930 Zeitz - Lions-Club.

MEINHARDT, Karl-Ernst

Dr. jur., Geschäftsführer, Vorstandsvors. Frankfurter Immobilienbörse IHK - Frauenlobstr. 50, 6000 Frankfurt/M. (T. 77 32 69) - Geb. 27. Juni 1925 Meiningen/Thür. (Vater: Karl M., Bankier; Mutter: Helena, geb. Ledermann), ev., verh. s. 1956 m. Helga, geb. Schlüter, S. Frank - Ass. d. Rechtswiss. Univ. Frankfurt/M.; 2. jur. Staatsex. 1956; Promot. 1957 - Mitgl. Vollverslg. IHK Frankfurt/M.; Vorst.vors. Arbeitsgem. Dt. Immobilienbörse; gf. Vorst.-Mitgl. Akad. f. Welthandel Frankfurt/M. - BV: Kriminalfälle aus d. Reichsstadt Frankfurt, 1964.

MEINHOLD, Gottfried

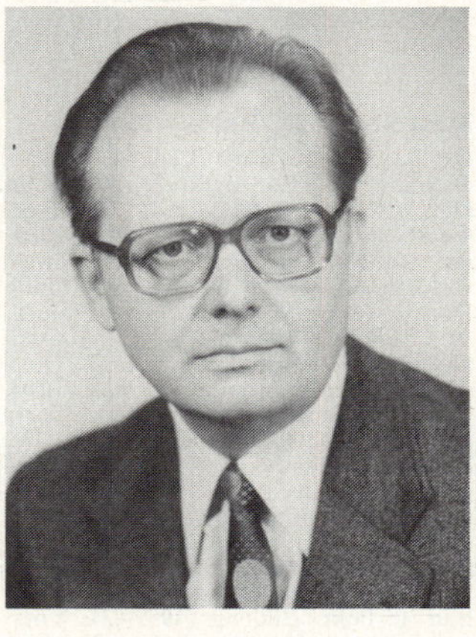

Dr. phil. habil., Prof., Prorektor an d. Univ. Jena - Käthe-Kollwitz-Str. 8, O-6900 Jena (T. 2 68 04) - Geb. 28. Juni 1936 Erfurt, ev., verh. s. 1956 m. Elisabeth, geb. Sammler, 2 Kd. (Wieland, Ricarda) - Abit. 1954; Stud. 1954-59 PI Erfurt u. Univ. Jena; Dipl.-Phil. 1959; Promot. Dr. phil. 1964 Humboldt-Univ. Berlin; Habil. 1968 Univ. Jena - 1971 Doz. Phonetik u. Sprechwiss.; 1985 Prof. Univ. Jena; 1990 Prorektor f. Geistes-, Kultur- u. Sozialwiss. - BV: Dt. Standardaussprache, 1973; Phonologie d. dt. Gegenwartsspr. (m. E. Stock), 1980, 82; Romane: Molt oder D. Untergang d. Meltaker, 1982; Weltbesteigung, 1984; Sein u. Bleiben, 1989; Mit Rätseln leben, 1988; Erz.: Kilidone u. andere Merkwürdigkeiten, 1986 - Spr.: Engl., Russ.

MEINHOLD, Helmut

Dr. rer. pol., Prof. f. Wirtschaftl. Staatswissenschaften - Sitzbuchweg 12, 6900 Heidelberg-Ziegelhausen - Geb. 22. Nov. 1914 Stargard/Pom. (Vater: Hermann M., Gymnasiallehrer; Mutter: geb. Schnee), ev., verh. s. 1941 m. Gerda, geb. Scholz (Kiel), 4 Kd. - Univ. Leipzig u. Hamburg (Dipl.-Volksw.). Promot. 1939 u. Habil. 1944 Kiel - 1937-40 u. 1945/46 Inst. f. Weltwirtschaft, Kiel; 1941/42 Inst. f. dt. Ostarbeit Krakau (Assist.); 1946-52 Bundeswirtschaftsmin. u. Vorgänger (zul. Min.rat); s. 1952 Univ. Heidelberg (Ord.) u. Frankfurt/M. (1962). S. 1952 Mitgl. wirtschaftswiss. Beirat Bonn (1959-86 Vors.). Fachveröff.

MEINIKE, Erich

Verwaltungsangestellter, MdB (1969-76; Wahlkr. 85/Oberhausen) - Im Kreuzfeld 1, 4200 Oberhausen 11 (T. 6 99 93) - Geb. 27. Nov. 1929 Duisburg (Vater: Wilhelm M., Geschäftsf.; Mutter: Auguste, geb. Huschke), verh. s. 1955 m. Hannelore, geb. Thiel, 2 Söhne (Udo, Klaus) - Mittelsch.; Ausbild. gehob. Kommunaldst.; Verwaltungs- u. Wirtschaftsakad. (Diplom) - S. 1946 Stadtverw. Oberhausen (u. a. stv. Leit. Straßenreinigungs- u. Fuhramt). SPD s. 1947.

MEININGHAUS, Alfred

Industriekfm., Gewerkschaftssekr., MdB (1976-87; Wahlkr. 114) - 4600 Dortmund 30 - Geb. 14. März 1926 Dortmund - 1943-48 Kriegsd. u. Gefangensch. - 1950 kfm. Angest. - 1964 Gewerksch.sekr. IG Metall; 1975/76 Bürgerm. u. 2. stv. Oberbürgermeister Dortmund; 1969-76 Mitgl. Rat d. Stadt Dortmund.

MEINK, Ago

Dr. rer. pol., Dipl.-Kfm., Industriekaufmann, Geschäftsf. Nord. Maschinenbau Rud. Baader GmbH + Co. KG., Lübeck - Wachtelschlag 19, 2400 Lübeck (T. 59 75 92) - Geb. 17. Okt. 1929 Rendsburg - Mitgl. Geschäftsltg. Nord. Maschinenbau Rud. Baader GmbH + Co KG, Lübeck; Geschäftsf. Baader Verw. GmbH, Lübeck; Beirat Gerling-Konzern, Köln.

MEINRAD, Josef

Prof., Schauspieler - Zu erreichen üb.: Burgtheater, Dr.-Karl-Lueger-Ring 2, A 1014 Wien 1 - Geb. 21. April 1913 Wien (jüngstes v. 12 Geschwistern), kath., verh. m. Germaine, geb. Clement - Untergymn. Wien; Priestersem. Wiener Neustadt (5 J.); Volontär Lackind.; Schauspielakad. Wien - S. 1938 Schausp. Wiener Bühnen (Kabarett ABC, Komödie, Volks-, Renaissance-, s. 1948 Burgtheater); Lehrtätigk. Akad. Wien. Gastsp. Bühne: Franzl, Ingeborg, D. zerbrochene Krug, Axel an d. Himmelstür, Kabale u. Liebe, Lysistrata, Helden, D. Sommernachtstraum, D. Unmensch, D. Glasmenagerie, D. beiden Nachtwandler, Cyprienne, Was ihr wollt, Färber u. s. Zwillingsbruder, Anatol, Viel Lärm um Nichts, Donadieu, D. Kaiser v. Amerika u. v. a.; Film: u. a. D. Prozeß, Anni, D. Siegel Gottes, Fregola, D. Theodor im Fußballtor, D. bunte Traum, D. Verschwender, 1. April 2000, Geld aus d. Luft, Kaiserwalzer, D. Weg in d. Vergangenheit, Seine Tochter ist d. Peter, Um Thron u. Liebe (Sarajevo), D. Kongreß tanzt, D. Deutschmeister, Sissi, Opernball, D. Trapp-Familie, D. unentschuldigte Stunde, Auf Wiederseh'n, Franziska!, D. Trapp-Familie in Amerika, The Cardinal (Innitzer); Fernsehen: Pater Brown (Serie) u. a. - 1959 Iffland-Ring (lt. Vermächtnis v. Werner Krauß), 1963 Kainz-Med. Stadt Wien u. Österr. Ehrenkreuz f. Wiss. u. Kunst I. Kl.; Kammerschausp.; 1973 Ehrenmitgl. Burgtheater; 1983 Raimund-Ring Wien - Liebh.: Kunsttischlerei, Schnitzen, Tierhege - Lit.: Weigel/Melchinger/Ruhle, J. M.; Hans Weigel, D. Schausp. J. M.

MEINZ, Theo

Vorstandsmitglied Hessische Landesbank - Girozentrale - 6000 Frankfurt/M. - Geb. 3. Nov. 1932 Schönecken (Eifel), verh., 2 Kd. - Stud. Univ. Mainz, Dipl.-Volksw. (1957), Landesbank Rheinland-Pfalz - Girozentrale -, Mainz (1959), Lt. Hauptabt. Wertpapiere, Gelddisposit. u. Auslandsgesch. (1966), ab 1970 Börse, Wertpap., Refinanzier., Anlageberat. Hessische Landesbank, Vorstandsmitglied s. 1975.

MEINZOLT, Gerhard

Dr. jur., Rechtsanwalt (s. 1976) - Kreuzweg 6, 8031 Stockdorf - Geb. 21. Sept. 1924 München (Vater: Dr. jur. h.c. Friedrich M., Oberstlandesgerichtsrat († 1984); Mutter: Martha, geb. Becker), ev., verh. s. 1951 m. Erika, geb. Völk, 3 Kd. - Univ. München (Rechtswiss.). Gr. jurist. Staatsprüf. - 1963-75 Vorstandsmitgl. Berlinische Feuer-Versich.s-Anstalt, München u. Aachen-Leipziger Versichs.-AG., Aachen - Liebh.: Theater, Konzert - Spr.: Engl., Franz.

MEIRER, Karl
Geschäftsführer Renolit-Werke GmbH., Worms - Breiter Michelsweg 41, 6520 Worms/Rh. - Geb. 23. Febr. 1923 Kirn/Nahe.

MEIS, Rudolf
Dr. phil., o. Prof. f. Psychologie Päd. Hochschule Ruhr/Abt. Duisburg - Laupendahler Höhe 12, 4300 Essen 18 (T. 02054 - 39 75) - Dipl.-Psych.

MEISE, Rudolf
Bundesrichter - Herrenstr. 45 a, 7500 Karlsruhe - Geb. 27. Mai 1920 Bad Harburg - B. 1970 OLG Frankfurt (1963 OLGsrat), dann BGH.

MEISE, Wilhelm
Dr. phil., Prof., Zoologe, Lehrbeauftr. Univ. Hamburg (Stammesgeschichte u. Systematik d. Vögel) - Am Weiher 23, 2000 Hamburg 20 (T. 40 80 22) - Geb. 12. Sept. 1901 Essen (Vater: Wilhelm M., Malerm.; Mutter: Karoline, geb. Albrecht), ev., verh. 1930-84 m. Eva, geb. Lehmann, 3 Kd. (Werner, Helmut, Gisela) - Promot. 1928 Berlin (Univ.); Habil. 1936 Dresden (TH) - 1929-45 Assist. u. Kustos Staatl. Museum f. Tierkunde Dresden; 1949-51 Kustos Zool. Mus. Berlin; 1951-69 Kustos u. Hauptkustos Zool. Mus. Hamburg. Vors. Ornithol. Verein Dresden (1930-45) u. Hamburg (1957-84), Verein Jordsand z. Begr. v. Vogelfreistätten an d. dt. Küsten (1952-62), Naturwiss. Verein Hamburg (1964-66) - BV: D. Kuckuck, 1930; D. Abendsegler, 1951. Herausg.: 50 J. Seevogelschutz, 1957 (Festschr. Verein Jordsand); Naturgesch. d. Vögel, 3 Bde. 1958/66 (m. R. Berndt); M. Schönwetter, Handb. d. Oologie, 1960 ff.; Mithrsg.: Grzimeks Tierleben (1968-70) - Prof. 1975 - Spr.: Engl., Franz., Russ.

MEISEL, Kurt
Staatsintendant a. D. Bayer. Staatsschauspiel/Residenztheater (1972-83) - Geb. 18. Aug. 1912 Wien, verh. s. 1953 m. Ursula, geb. Lingen (Schausp.; Vater: Theo L. †1978), S. Christoph - Schauspielsch. Volkstheater Wien - Volkstheater Wien, Kammersp. München, Stadttheater Leipzig, b. 1945 Preuß. Staatstheater Berlin, später Hebbel-Theater, Theater am Kurfürstendamm u. Schiller-Theater ebd., 1960-64 (Rücktr.) Oberspiell. Bayer. Staatsschauspiel München, zul. Oberspiell. Burgtheater Wien - 1952 Kunstpreis Stadt Berlin; 1963 Bayer. Staatsschausp.; 1975 Bayer. VO.; 1975 Ludwig-Thoma-Med.; 1979 Ehrenmed. Stadt Wien i. Gold; 1983 Ehrenmitgl. Bayer. Staatsschausp.

MEISEL, Peter G.
Dr. jur., Rechtsanwalt, Geschäftsf. Unternehmensverb. Westf.-Mitte u. Westf.-Nordwest (s. 1967) - Reiherstr. 12, 4700 Hamm 1 - Geb. 26. Aug. 1930 Großenhain/Sachsen, verh. s. 1958 m. Gretel Sütterlin - Univ. Freiburg - Altern. Vorst.-Vors. Landesverb. d. Ortskrankenkassen, Westf.-Lippe, Dortmund, d. Med. Dienst d. Krankenkassen (MdK) Westf.-Lippe, d. AOK Hamm, u. Verwaltungsaussch. d. Arbeitsamtes Hamm; Vorst.-Mitgl. Landesversicherungsanst. Westf., Münster; gf. Vorst.-Mitgl. Bildungswerk Westf.-Mitte, u. Verein Werkarztzentr. Westf.-Mitte - BV: D. Verfassung u. Verw. d. Stadt Konstanz im 16. Jh.; Konstanzer Stadtrechtsquellen; Kommentar z. Mutterschutzgesetz, 3. A. 1988; Komment. z. Arbeitszeitordn., 2. A.; Arbeitsrecht f. d. betriebl. Praxis, 5. A. 1988; D. Mitwirk. u. Mitbestimm. d. Betriebsrats in personellen Angelegenh., 5. A.; Bundesurlaubsges., Komment. 3. A.; Arbeitsschutz f. Frauen u. Mütter (Reihe: D. aktuelle Betrieb). Zahlr. Aufs. üb. arbeitsrechtl. Themen in Ztschr.; Vorträge üb. arbeitsrechtl. Fragen in Betrieben u. Verb. - 1987 BVK am Bde. - Spr.: Engl., Franz.

MEISER, Ernst
Assessor, Vorstandsmitgl. Agrippina Versicherung AG, stv. AR-Vors. d. Agrippina Rechtschutzvers. AG (s. 1974) - Fürst-Pückler-Str. 8, 5000 Köln 41 (T. 40 94 08) - Geb. 19. Sept. 1930 Beuthen/OS. (Vater: Ernst M., Eisenbahner; Mutter: Erna, geb. Brunner), ev., verh. s. 1963 m. Ursula, geb. Mansfeld, Tocht. Carola - 1958-62 Stud. Rechtswiss. Frankfurt u. Köln; Gerichtsrefer. OLG-Bez. Düsseldorf - 1952-58 Versich.s-sachbearb.; 1968-74 Abt.sleit. bzw. -sdir. - Spr.: Engl.

MEISNER, Joachim
Dr. theol., Kardinal, Erzbischof v. Köln (s. 1989) - Kard.-Frings-Str. 10, 5000 Köln 1 - Geb. 25. Dez. 1933 Breslau-Lissa - Bankkfm.; Stud. Theol.; Priesterweihe 1962 - Kaplan Heiligenstadt u. Erfurt, später Rektor Diözesancaritas, Bischofsweihe 1975, Auxiliarbischof in Erfurt-Meiningen, 1980 Bischof v. Berlin, 1983 Kardinal.

MEISNER, Norbert
Wiss. Assistent, Senator f. Wirtschaft u. Technologie (s. 1991), MdA Berlin (1979-89 u. s. 1991) - Zu erreichen üb. Martin-Luther-Str. 105, 1000 Berlin 62 (T. 7 83-1) - 1989/90 Senator f. Finanzen.

MEISSNER, Boris
Dr. jur., Dipl.-Volksw., em. o. Prof. f. Ostrecht - Kl. Budengasse 1, 5000 Köln (T. 23 97 54) - Geb. 10. Aug. 1915 Pleskau/Rußland (Vater: Arthur M., Richter; Mutter: Xenia, geb. v. Dombrowa), verh. m. Irene, geb. Sieger - Univ. Dorpat (Dipl.-Volksw. 1935). Promot. 1955 Hamburg - Univ. Posen u. Breslau (Assist.), Wehrdst., b. 1953 Forschungsst. f. Völkerrecht u. ausl. öfftl. Recht Hamburg (Ref.), dann Ausw. Dienst (u. a. Legationsrat I. Kl. Dt. Botschaft Moskau), s. 1959 Univ. Kiel (Ord.) u. Köln (1964; Dir. Inst. f. Ostrecht). Ehrenmitgl. Dt. Ges. f. Osteuropakd.; Mitgl. Direktorium Bundesinst. f. ostwiss. u. intern. Studien (1961-71); Mitgl. Direktor. Ostkolleg Bundeszentrale f. Polit. Bildung (1959-82); Vors. Arbeitskr. f. Ost-West-Fragen b. Auswärt. Amt (1972-82); Präs. Göttinger Arbeitskr. (e. V.); s. 1981 o. Mitgl. der Rhein.-Westf. Akad. d. Wiss. (Kl. f. Geisteswiss.); o. Mitgl. d. Balt. Histor. Komm. - BV: u. a. Verfass. d. Kommunist. Staaten, 1981 (m. Georg Brunner); Nationalitätenprobleme in d. Sowjetunion u. Osteuropa, 1982 (m. Georg Brunner); D. Verhältnis v. Partei u. Staat im Sowjetsystem, 1982; Weltmacht Sowjetunion, 1982; Kontinuität u. Wandel i. d. Ost-West-Beziehungen, 1983 (m. Axel Seeberg); Staatl. Kontinuität, 1983 (m. Gottfried Zieger); D. Selbstbestimmungsrecht d. Völker u. d. dt. Frage, 1984 (m. Dieter Blumenwitz); D. Sowjetblock zw. Vormachtstellung u. Autonomie, 1984 (m. Richard Löwenthal); Sowjetische Kurskorrekturen. Breshnew u. s. Erben, 1984; Staatl. u. nationale Einheit Dtschl. - ihre Effektivität, 1984 (m. Dieter Blumenwitz); Sowjetges. am Scheideweg, 1985; Partei, Staat u. Nation in d. Sowjetunion, 1985; Außenpolitik u. Völkerrecht d. Sowjetunion, 1986; D. Aktionsprogramm Gorbatschows, 1986; D. Überwindung d. europ. Teilung u. d. deutsche Frage (m. Dieter Blumenwitz); D. Potsdamer Abkommen u. d. Deutschlandfrage, Bd. II (m. Theodor Veiter), 1987; D. Sowjetunion im Umbruch, 2. A. 1990; D. baltischen Nationen. Estland, Lettland, Litauen, 2. A. 1991; D. Rußlanddeutschen - Gestern u. heute, 1992 (m. H. Neubauer, A. Eisfeld). Zahlr. Einzelarb. - 1979 BVK I. Kl.; 1977 Kgl. Schwed. Nordstern-Orden 1. Kl.; 1985 Gr. BVK - Liebh.: Tennis.

MEISSNER, Carl-Friedrich
Vorstandsmitglied Deutsche Bundespost

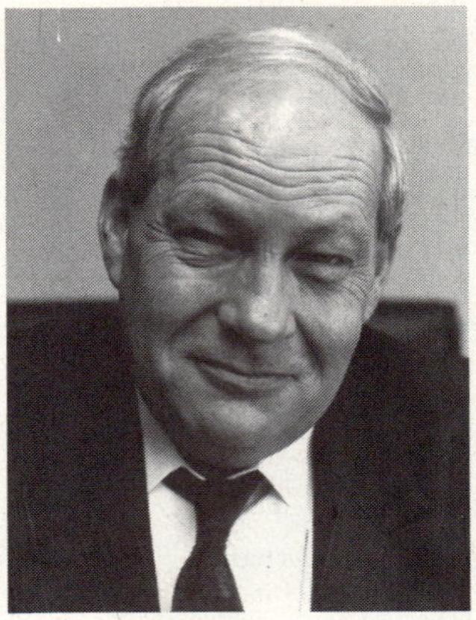

Telekom - Godesberger Allee 117, 5300 Bonn 2 - Geb. 17. Nov. 1938 Berlin.

MEISSNER, Günther
Dr. rer. nat., Prof. f. Theor. Physik Univ. Saarbrücken (s. 1972) - Dr.-Ehrhardt-Str. 25, 6670 St. Ingbert (T. 06894 - 3 45 40) - Geb. 6. Juli 1932 Kronsdorf (Vater: Helmut M., Lehrer; Mutter: Leopoldine, geb. Heider), kath., verh. s. 1966 m. Rosemarie, geb. Peters, 2 Kd. (Michael, Carolin) - Dipl.-Physik 1959 TH München; Promot. 1963, Habil. 1971 - 1964-66 wiss. Assist. Marburg u. Tübingen, 1967 Max-Planck-Inst. München, 1968/69 Res. Assoc. Cornell Univ./USA; 1969-71 Sen. Scientist, Inst. Laue-Langevin, Garching-Grenoble; s. 1972 Ord. Univ. Saarbrücken. Zahlr. Veröff. üb. Quantenkristalle u. Kristallisation, Strukturelle Phasenumwandl., Elektron-Phononwechselwirk., Zweidimensionale Elektronensysteme - Liebh.: Violine, Zeichnen, Tennis, Ski - Spr.: Engl., Franz.

MEISSNER, Hans Günther

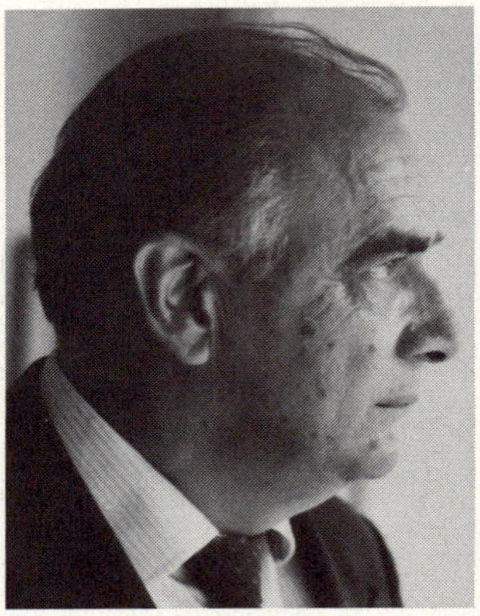

Dr. rer. pol., Dipl.-Kfm., Prof. f. Marketing Univ. Dortmund - Hölderlinstr. 87/89, 5000 Köln 40 (T. 02234 - 7 13 60) - Geb. 24. Sept. 1929 Düsseldorf (Vater: Karl M., kaufm. Angest.; Mutter: Leni, geb. Steltmann), ev., verh. s. 1963 m. Dr. Bettina, geb. Granow, 2 Kd. (Ruth Christiane, Patrick Jan) - 1950-52 kaufm. Lehre; 1953-56 Stud. Betriebswirtsch. Univ. Köln (Dipl.-Kfm. 1955, Promot. 1958) - 1956 Wiss. Assist. Univ. Köln; 1965 Privatdoz. ebd.; 1970 Prof. Köln; 1973 Lehrst. f. Market. Dortmund - BV: Anthropol. Grundl. d. Exportmarktforsch., 1959; D. Entwicklungsgesch., 1966; Exportpolitik, 1974; Außenhandels-Market., 1981; Strategisches Intern. Marketing, 1987; Marketing f. gemeinnützige Wohnungsunternehmen, 1987 - Spr.: Engl., Span.

MEISSNER, Hans-Dieter
Dipl.-Ing., Vorstandsmitglied MAN Aktienges., München, Vorst.-Vors. MAN Gutehoffnungshütte AG, Oberhausen - Zu erreichen üb. MAN Gutehoffnungshütte AG, Postf. 11 02 40, 4200 Oberhausen 11 - Geb. 5. Mai 1927 Berlin (Vater Rudolf M.; Mutter: Margarete, geb. Mosel), ev., verh. s. 1955 m. Marlis, geb. Heicks, 2 Kd. (Jochen, Birgit) - Stud. Bauing.wesen TU Berlin; Dipl.ex. 1950 ebd. - 1950-53 Ing.tätigk. Ing.büro, 1953-54 Bauleiter, 1954-63 Abt.leit.; 1963-65 Handlungsbevollm., 1965-67 Prokurist Ind.anlagenbau, 1967-70 Abt.-dir., 1970-79 Vorst.-Mitgl. GHH Sterkrade - Liebh.: Golf, Tennis, Ski - Spr.: Engl. - Lions-Club.

MEISSNER , Hans-Otto
Dr. jur., Konsul I. Kl. a. D., Schriftsteller - Widenmayerstr. 50, 8000 München 22 (T. 22 42 15) u. Jagdhaus Siebenschlaf, 8211 Unterwössen (T. 08641 - 84 51) - Geb. 4. Juni 1909 Straßburg/Elsaß (Vater: Dr. jur., Staatsmin. Otto M., 1920-45 Chef Präsidialkanzlei Berlin, † 1953 (s. X. Ausg.); Mutter: Hildegard, geb. Roos, † 1952), kath., verh. m. Marianne, geb. Mertens, T. Andrea (geb. 1943) - Univ. Heidelberg, Freiburg, Göttingen, Lausanne, Trinity College, Cambridge - 1935-45 Auswärtiger Dienst (1935-36 u. 1939-40 London, 1936-39 Tokio, 1940-41 Moskau, 1942-45 Mailand); dazw. 1941-42 Kriegseinsatz (verw.). Oberstlt. d. R.; Deutschordensherr; div. Ehrenmitgliedsch. - BV: Üb. 72 Bücher, dar. D. Fall Sorge; D. Machtergreifung; Völker, Länder u. Regenten; Wildes rauhes Land - Reisen u. Jagen im Norden Kanadas, 1969; D. Wunder d. Aufgeh. Sonne - Japan zw. Tradition u. Fortschr., 1970; Abenteuer der Weltentdeckung, 12 Bde. 1963-71; Alatna - Duell in d. Wildnis, 1970; Im Zauber d. Nordlichts - Reisen u. Abenteuer am Polarkr., 1972; Herrlich wie am ersten Tag, Bildband 1974; Abenteuer Persien, 1975; D. überlistete Wildnis, 1982; D. verschollenen Schiffe d. Lapérouse, 1984; Strassburg, oh Strassburg, 1985; Rund um Kap Horn, 1986; Erster Klasse in d. Wilden Westen, 1987; davon verfilmt: Dr. Holl (1972), D. Fall Sorge (1961), Duell in d. Wildnis (1975), Inseln d. Südsee (1979) (60. Buch) - 1986 Gr. BVK - Liebh.: Reisen, Jagd - Spr.: Engl., Franz., Ital., Span.

MEISSNER, Hartwig
Dr. rer. nat., Prof. f. Mathematik u. Didaktik d. Math. Univ. Münster - Am Diekamp 12, 4400 Münster ' Geb. 15. Nov. 1938 Berlin (Vater: Erich M., Ing.; Mutter: Ilse, geb. Bogula), verh. s. 1964 m. Elfi, geb. Kiener, 3 Kd. (Jörn, Karen, Inga) - Abit. 1958 Landshut; 1958-65 Stud. Math., Physik, Päd. u. Phil. Univ. München, Hamburg, Berlin (1. Staatsex. f. d. Höh. Lehramt 1965 Hamburg, 2. Staatsex. 1967 ebd., Promot. 1966 ebd.) - 1965 Assist. Math. Sem. Univ. Hbg.; 1967-70 Stud.-Ass. u. Stud.rat am Gymn.; 1970-73 wiss. Rat u. Prof. Math. Sem. Hbg.; s. 1973 Lehrst. f. Math. u. ihre Didakt. PH Westf.-Lippe, später Univ. Münster. Vortr. auf Kongr. im In- u. Ausl., Lehrerfortb., 1979-83 Mitgl. wiss. Beirat Intern. Gr. f. Psych. of Math. Educ. (PME) - Zahlr. Veröff. z. Math. u. ihre Didakt. m. Schwerp. Geometrie, Einsatz v. Computern, Arithmetik, Lernpsych. - Liebh.: Sport, Bergsteigen, Skilaufen - Spr.: Engl., Franz.

MEISSNER (ß), Johannes
Dr. rer. nat., Honorarprof. für Biophysik, Univ. Kiel (s. 1965), Mitgl. in d. Leitung d. Strahlenschutzseminars Univ. Kiel (1980-91) - 2061 Borstel üb. Bad Oldesloe (T. 04537 - 72 01) - Geb. 27. Juni 1914 Rheinsberg/Mark, ev., verh. s. 1951 m. Ulla, geb. Rosin, s. 1980 verw., 2 Kd. (Gabriele, Jörn) - Univ. Berlin (Physik; Promot. 1941) - 1941-49 Entmagnetisierungsgruppe (zul. wiss. Leit.), 1949-80 Forsch.inst. Borstel, Inst. f. Experiment. Biologie u. Med. (Leit. Abt. Biophysik, 1978-80 kom. Inst.dir.) - BV: Kernenergie u. Leben, 1966. Mithrsg.: D. Anwendung radioaktiver Isotope in d. Tuberkuloseforschung (1967); Herzschrittmacher m. nukleåren

Batterien (1973); D. Hypothesen im Strahlenschutz (1985). Beitrag Handb. med. Radiologie: Berufsrisiko b. Umgang m. radioaktiven Stoffen (1985); Beitrag Radiation Exposure and Occupational Risks: Occupational Risks in the Handling of Radioactive Substances (1990).

MEISSNER, Kurt
Rechtsanwalt u. Notar, MdA Berlin (1971-79) - Gawanstr. 51, 1000 Berlin 28 (T. 401 51 07) - Geb. 26. April 1924 Duisburg, verh., 10 Kd. - Oberrealsch. (Abit.); n. 3j. Wehrdienst. Jurastud. Gr. jurist.Staatsprüf. - Langj. Justitiar Duisburg-Ruhrorter Hafen-AG.; s. 1965 RA u. Nt. (1968) Berlin. 1968 ff. Bezirksverordn. Reinickendorf. CDU s. 1961.

MEISSNER, Manfred
Dr., Vorstandssprecher d. Hypothekenbank in Hamburg AG - Hohe Bleichen 17, 2000 Hamburg 36 (T. 3 59 10-0).

MEISSNER, Otto
Filmkaufmann, Firmeninhaber terranova Film- u. Fernsehprod. Otto Meissner KG, Berlin (s. 1985) - Zu erreichen üb. novafilm fernsehprod. Otto Meissner KG, Wilmersdorfer Str. 94, 1000 Berlin 12 (T. 882 74 98) - Geb. 27. Juni 1925 Berlin, ev., verh. s. 1960 m. Renate, geb. Schwarz, 2 Söhne (Lutz, Oliver) - Gym. - 1948-55 Produktionsleit. Real-Film; 1956-62 Herstellungsleit. Film-Hansa u. Ufa-Film-Hansa; 1962-64 freischaff.; b. 1965 Hauptabt.-Leit. ZDF; s. 1966 Inh. novafilm - Liebh.: Fliegen, Segeln - Spr.: Engl., Franz.

MEISSNER, Werner

Komponist, Kapellm. - Brennerstr. 22, 7016 Gerlingen/Württ. - Geb. 16. Okt. 1926 Lyck/Ostpr., ev., verh. m. Lydia, geb. Feil - Musikhochsch. Weimar - Theaterkapellm. 1947-52 Braunschweig, 1952-53 Worms, 1958-64 Baden-Baden. B. 1978 außerd. Gastsp. als Musikal. Leit. u.a. in Celle, Darmstadt, Frankfurt/ M., Heidelberg, Konstanz, Memmingen sow. an versch. Freilicht-Theatern; langjähr. fr. Rundfunk-Mitarb.; Schallpl.-Aufn.; Orchesterw., Klavierst., Ballettmusiken, Lieder, Chansons. Erfolgr. Schausp.- u. Hörspielmusik-Komp. - Liebh.: Phil., Psych., Lit., Esoteriker.

MEISSNER, Werner
Dr., Prof. f. wirtsch. Staatswissenschaft Univ. Frankfurt - Schumannstr. 34a, 6000 Frankfurt/M. 1 - Geb. 24. April 1937 Velbert - Stud. Wirtschaftswiss. Univ. Köln, Berlin, Stanford (USA) u. Uppsala (Schwed.) - BV: Oligopolanalyse, 1965; Ökonometrische Mod., 1971; Investitionslenk., 1974; D. Lehre d. Fünf Weisen, 1980; D. neue Wohlstand, 1985; Wirtschaftsstruktur u. Strukturpolitik, 1989 - Spr.: Engl., Franz., Span., Schwed.

MEISTER, Caesar
Senator a. D. - Bergedorfer Str. 122, 2050 Hamburg 80 (T. 724 51 56) - Geb. 20. Nov. 1927 Hamburg, verh. - Volks- u. Handelssch.; inf. Einberuf. kurze kaufm. Lehre - B. 1951 kaufm. Angest. Hamburg, dann Geschäftsf. e. Baugenoss., 1966-74 Bausenator ebd. 1953-61 Bezirksabg. Bergedorf; 1966-78 Mitgl. Hbg. Bürgersch. SPD.

MEISTER, Dietrich
Zollhauptsekretär i.R., MdL Hessen (s. 1970) - Boyneburger Str. 14a, 3440 Eschwege (T.05651 - 2 18 85) - Geb. 18. Juli 1927 Reinfeld/Kr. Belgard (Pommern), ev., verh. s. 1953 m. Brunhilde, geb. Koch, 2 Kd. (Volker, Jörg-Uwe) - Obersch. in Schivelbein - N. Kriegseinsatz als Marinehelfer u. Soldat (1943-45), Former, Kraftfahrer - S. 1952 Bundeszollverwaltung (Zollgrenzdienst). CDU (s. 1963 Kreisvors.), 1964-74 MdK Kreis Eschwege u. 1974ff. im Werra-Meißner-Kreis, Vors. Unterausschs. Justizvollzug d. Hess. Landtags. 1974 Mitgl. d. 6., 1979 d. 7., 1984 d. 8., 1989 d. 9. Bundesversamml. - 1987 BVK I. Kl.

MEISTER, Edgar
Rechtsanwalt, Vorstandsmitgl. Dt. Pfandbrief- u. Hypothekenbank AG - Oberer Lindenstruthweg 16, 6242 Kronberg - Geb. 21. Mai 1940 Kassel, ev., verh. s. 1967 m. Ursula, geb. Helfmeyer - Stud. Rechts- u. Staatswiss. Univ. Marburg; gr. jurist. Staatsprüf. 1969 - 1975 Dir. Bank f. Gemeinwirtsch. AG; 1977 Generalsekr. Beteiligungsges. f. Gemeinwirtsch. AG, Frankfurt; AR Dt. Wohnstätten-Hypothekenbank AG, Berlin-Wiesbaden, u. Dt. Bau- u. Bodenbank AG, Frankfurt/M. - Spr.: Engl.

MEISTER, Erhard
Dr. rer. nat., Prof. TH Darmstadt (Math.) - Tieckstr. 6, 6100 Darmstadt - Geb. 12. Febr. 1930 Bernburg - 1963-66 Privatdoz. u. Doz. (1964) Univ. Saarbrücken. Gastdoz. Univ. Strathclyde (1966); 1966-70 o. Prof. TU Berlin; 1970-74 o. Prof. Univ. Tübingen; 1971-83 Vors. d. GAMM-Fachaussch. Angewandte Analysis u. mathemat. Physik; 1982-87 Mitgl. d. Senats- u. Bewilligungsaussch. d. DFG f. Angelegenh. d. Sonderforschungsbereiche - BV: Monogr.: Herausg. in dt. Spr.: Einführ. in d. Theorie d. eindimens. singul. Integraloperatoren v. F. Gohberg u. N. Krupnik, 1979; Integraltransform. m. Anwend. auf Probl. d. mathem. Physik, 1983; Randwertaufgaben d. Funktionentheorie, 1983.

MEISTER, Klaus
Dr. phil., Prof. TU Berlin, Althistoriker - Wielandstr. 17, 1000 Berlin 41 (T. 030 - 852 56 47) - Geb. 26. März 1938 Nürnberg - 1957-62 Stud. klass. Phil. u. Gesch. Univ. Tübingen u. München (dort Staatsex. 1962); Promot. 1966 München, Habil. 1971 Saarbrücken 1962-71 wiss. Assist.; 1971 Prof. Univ. Saarbrücken; 1974 Prof. Köln; 1977 o. Prof. PH Berlin, 1980 dass. TU Berlin - BV: D. sizil. Gesch. b. Diodor, 1967; D. griech. Sizilien, 1969; Hist. Kritik b. Polybios, 1974; D. Ungeschichtlichk. d. Kalliasfriedens u. deren hist. Folgen, 1982; D. griech. Gesch.schreibung. V. d. Anfängen bis z. Ende d. Hellenismus. 1990.

MEISTER, Konrad
Prof. f. Klavier u. Didaktik d. Klavierspiels Hochsch. f. Musik u. Theater Hannover, Pianist - Auf dem Lärchenberge 14b, 3000 Hannover 1 - Geb. 30. Juli 1930 Heidelberg (Vater: Hermann M., Schriftst. u. Verleger; Mutter: Ada, geb. Brandt), verh. I) 1957-79 m. Siegrid, geb. Ernst; II) s. 1979 m. Anne, geb. Hammann, 4 Kd. (Beate †, Rudolf, Cornelius, Gabriele) - Human. Gymn. Heidelberg (Abit. 1949); 1952-56 Musikstud. Heidelberg u. Detmold (b. Conrad Hansen, Dipl.) - Zahlr. Konzertreisen In- u. Ausl. Lehrtätig. Musikhochsch. Heidelberg, Bremen u. (s. 1973) Hannover; s. 1977 Prof. Fachveröff. in Musikztschr.; Gründer u. Leit. Goslarer Klaviertage - Liebh.: Lit., Phil., Bergsteigen.

MEISTER, Richard
Ministerialrat, Personalreferent f. d. höheren Dienst (s. 1984), Hauptverw. Dt. Bundesbahn - Friedrich-Ebert-Anlage 43-45, 6000 Frankfurt 1 (T. 265 52 01); priv.: Kennedyallee 58 (T. 631 31 03) - Geb. 19. April 1935 Erlangen (Vater: Anton M., Textilkfm.; Mutter: Marie, geb. Prütting), ev., verh. s. 1962 m. Rosmarie, geb. Suntheimer, 2 Kd. (Kathrin, Martin) - Stud. d. Rechtswiss. Univ. Erlangen, Kiel, München; 1. u. 2. jur. Staatsex. 1957 bzw. s. 1962 Dt. Bundesbahn (1972 Gf. Betriebskrankenk.; 1973 Abteilungspräs.; 1974 Vorstandsvors. Versicherungsanst.; 1976 Vizepräs. Bundesbahn-Sozialamt).

MEISTERJAHN, Reinhold
Dr. agr., Dozent Dt. Landjugend-Akad. Fredeburg e.V. - Fasanenweg 21, 5330 Königswinter 21 - Geb. 14. April 1951, kath., verh. s. 1976, S. Michel, Boris - hum. Gymn. Steinfeld; Wehrdst.; Stud. Agrarwiss. Univ. Bonn (Promot., 2. Staatsprüf.) - 1983-89 Geschäftsf. Bund Dt. Landjugend; s. 1989 Dozent s.o. - Spr.: Engl.

MEISTERMANN-SEEGER, Edeltrud, geb. Lindner
Dr. phil., Prof., Psychoanalytikerin - Christian-Gau-Str. 30, 5000 Köln 41 (T. 49 22 25) - Geb. 6. April 1906 Köln (Vater: Jakob Lindner, Historiker; Mutter: Maria, geb. May), verh. in 3. Ehe (1959) m. Prof. Georg Meistermann, Maler (s. dort), 4 Kd. (Claus, Buja, Donate u. Monika Bingemer) - Univ. Köln, Bonn, Freiburg (Psych., Phil., Biol.). Promot. 1946 Köln - S. 1947 Lehrbeauftr. u. Honorarprof. (1963) Univ. Köln (Sozialpsych. Probleme d. Persönlichkeitsstruktur). 1964ff. Präs. Dt. Ges. f. Psychoanalyt. Forsch. Mitgl. Dt. Psychoanalyt. Vereinig. (Berlin) u. Royal Soc. of Med. (London) - BV: Leitf. d. Bilder, 1947; Leben als Gastarbeiter, 1968; Gestörte Familien, 1976; Psychoanalyse, 1978; Kurztherapie Fokaltraining, 1986, 2. A. 1988 - 1977 BVK am Bde., 1987 BVK I. Kl. - Liebh.: Mod. Kunst - Spr.: Engl.

MEIXNER, Albert
I. Bürgermeister - Rathaus, 8901 Zusmarshausen/Schw. - Geb. 4. April 1932 Zusmarshausen - Zul. Techniker. CSU.

MEIXNER, Horst
Dr. phil., Prof. f. dt. Literatur u. Kulturwiss. Univ. Mannheim, Lyriker u. Essayist - Otto-Beck-Str. 24, 6800 Mannheim 1 (T. 0621 - 41 51 27) - Geb. 10. Juli 1932 Stuttgart (Vater: Gustav M., Kaufm.; Mutter: Elise, geb. Niethammer) - Promot. 1961, Habil. 1970 - BV: Naturalist. Natur, Diss. 1961, 1992; Romant. Figuralismus, 1971; Berührungspunkte, Ged. 1991; Tag- u. Nachtblitze, Aph. 1992; Walddorf, Ged. 1992; Schnittstellen, Ged. 1992; zahlr. Aufs. z. neueren dt. Lit. u. z. Kulturwiss. - Liebh.: Musik, Bild. Kunst - Spr.: Engl., Franz., Ital.

MEIXNER, Josef
Dr. phil., Dr. rer. nat. h. c., em. o. Prof. Theoret. Physik - Am Blockhaus 31, 5100 Aachen-Hanbruch - Geb. 24. April 1908 Percha/Obb., verh. s. 1933 m. Hildegard, geb. Diemke, 3 Söhne (Michael, Georg, Reinhard) - Univ. München (Math., Phys.; Promot. 1931). Habil. 1937 Gießen - 1937 Privatdoz. Gießen, 1939 Univ. Berlin, 1942 ao., 1951 o. Prof. u. Inst.dir. TH Aachen, 1974 emerit. - Ztschr.aufs. - 1968 Ehrendoktor Univ. Köln; Mitgl. Rhein.-Westf. Akad. d. Wiss., Düsseldorf - Lit.: Proceedings

Koninklijke Nederl. Akad. v. Wetenschappen (1979); Nature (1971).

MEIXNER, Robert
Dr. jur., Regierungspräsident - Peterpl. 9, 8700 Würzburg (T. 38 01); priv.: Maasweg 3 (T. 7 67 88) - Geb. 5. Dez. 1909, ev.-luth., verh. s. 1951 m. Ursula, geb. v. Korff - Stud. Rechtswiss. - Ab 1937 Reg. Würzburg, Landratsämter Naila u. Luditz, 1947-56 Bayer. Innenmin., seither Reg. Würzburg (1956 Vizepräs., 1968 Präs.). Mitarb.: Kommentar üb. d. Gemeinde- u. Landkreiswahlrecht in Bayern - 1970 Bayer. VO., 1973 Gr. BVK - Spr.: Engl. - Rotarier.

MELCHER, Hanno W.
Fabrikant, Geschäftsf. Weinbrennerei Dujardin & Co. vorm. Gebr. Melcher (gegr. 1810), Krefeld-Uerdingen - Jentgesallee 44, 4150 Krefeld - Geb. 8. Febr. 1936 Düsseldorf (Vater: Wilhelm M., Fabr. †1969 (s. XV. Ausg.); Mutter: Marie-Luise, geb. Matthes), verh. m. Karin, geb. Erbe - Bankausbild. Krefeld; Stud. Sorbonne (Paris) - S. 1965 Dujardin - Liebh.: Golf, Jagd - Spr.: Engl. (1 J. USA-Aufenth.), Franz. (Stud.).

MELCHERS, Georg

Dr. phil., Hon.-Prof. Univ. Tübingen, em. wiss. Mitgl. Max-Planck-Inst. f. Biologie - Corrensstr. 45, 7400 Tübingen (T. 6 14 38) - Geb. 7. Jan. 1906 Cordingen/Hann. (Vater: Georg M., Landw.; Mutter: Betty, geb. Voss), ev., verh. s. 1931 m. Eleonore, geb. Drexler, 3 Söhne (Dr. rer. nat. Prof. Fritz (Biochemiker); Dipl.-Ing. Christoph (Architekt); Dr. Dipl.-Volksw. Konrad) - Gymn. Leopoldinum Detmold; Univ. Freiburg/Br., Kiel, Göttingen (Bot., Zool., Chem., Phys.; Promot. 1932) - Assist. Botan. Univ.-Inst. Göttingen u. München, Kaiser-Wilhelm-Inst. f. Biol. Berlin (1934), Abt.leit. Arbeitsstätte f. Virusforsch. KWI f. Biochemie u. Biol. ebd. (1941) u. Max-Planck-Inst. f. Biol. Tübingen (1945), (1946-76 Dir.). S. 1947 Honorarprof. Univ. Tübingen (Bot.);

1984-92 Dir. Agrogenetic Corp., Tokio. Veröff. üb. Genetik, Evolutionsforsch., Entwicklungsphysiol., Virusforsch., somat. Hybridisierung v. Pflanzen durch Fusion v. Protoplasten z. B. Kartoffeln u. Tomaten - Korr. Mitgl. American Soc. of Plant Physiologists; 1976 Kungl. Fysiogr. Sällskapet Lund/Schwed.; 1982 Ehrenmitgl. Dt. Bot. Ges.; 1984 Assoc. Étran. Acad. Scien. Paris; Honorary Memb. Japan Acad.; Foreign Assoc. Nat. Acad. USA; 1992 Ehrenmitgl. Ges. f. Pflanzenzucht e.V.; 1965 Mendel-Med. Tschechosl. Akad. d. Wiss.

MELCHERS, Hans H. P.

Gf. Direktor a. D. Vereinigte Wirtschaftsdienste GmbH., Frankfurt (1954-74) - Tulpenstr. 3, 7701 Büsingen (T. 13 15) - Geb. 29. Jan. 1908 Tientsin/China (Vater: Karl F. M.), verh. in 2. Ehe (1941) m. Ursula, geb. Ehrlicher, 3 Kd. - B. 1933 kaufm. Tätigk. Hamburg, Johannesburg, Foochow, Shanghai, 1934-45 Leit. Ostasien Transocean Nachrichten-Agentur, Shanghai, ab 1946 Dir. dpd/Dt. Pressedst. u. dpa/Dt. Presse-Agentur, Hamburg, 1953 Bundespresseamt, Bonn - 1970 BVK I. Kl., 1974 Gr. BVK.

MELCHERT, Helmut

Prof., Lehrer f. Gesang Staatl. Hochsch. f. Musik Hamburg - Bernadottestr. 43, 2000 Hamburg 50 (T. 880 60 86) - Geb. 24. Okt. 1910 Kiel (Vater: Max B., Beamter; Mutter: geb. Wille), ev., verh. s. 1939 m. Edith, geb. Rohr, 2 Kd. - Stud. Musikwiss. - Opernsänger (Mitgl. Hamburger u. Berliner Oper); s. 1961 Hochschulprof. (Mod. Opernrepertoire) - Spr.: Engl., Franz.

MELCHIOR, Hansjörg

Dr. med., Prof., Leit. Arzt Klinik f. Urologie d. Städt. Kliniken Kassel - Mönchebergstr. 41/43, 3500 Kassel (T. 0561-803-26 00) - Geb. 8. Juli 1937 Kassel (Vater: Dr. med. Paul M., Kinderarzt; Mutter: Ruth, geb. Ernst), ev., verh. s. 1963 m. Karin, geb.Meyer-Delpho, 3 S. (Steffen, Andres, Tobias) - Abit. Gymn. Kassel (altsprachl.) 1957; 1957-65 Stud. Naturwiss., Physik, Med. Marburg; Staatsex. 1966, Promot. 1966, Habil. 1972 - 1977 ltd. Oberarzt Urolog. Klinik RWTH Aachen, 1975 apl. Prof., s. 1977 Chefarzt. 1981-83 1. Vors. Vereinig. Norddt. Urologen e.V., s. 1983 Vors. Urol. Chefärzte; s. 1990 Gründungspräs. d. Vereinigung d. Mitteld. Urologen; 1992/93 Präs. Dt. Ges. Urologie - Entd.: Uro-Rheografie - BV: Ureterdynamik, 1971; Urodynamics, 1973; Urolog. Funktionsdiagnostik, 1980 - 1973 Maximilian-Nitze-Preis - Liebh.: Mod. Kunst, Golf - Spr.: Engl.

MELICHAR, Ferdinand

Dr. jur., Prof., Rechtsanwalt, Gf. Vorstandsmitgl. Verwertungsges. WORT - Goethestr. 49, 8000 München 2 - Geb. 4. Dez. 1938 Berlin (Vater: Prof. Alois M., Komp.) - BV: D. Wahrnehmung v. Urheberrechten durch Verwertungsges., 1983 - Spr.: Engl., Franz.

MELLER, Horst S.

Dr. phil., Prof. f. Literaturwiss. - Unterer Igel 21, 6921 Waldwimmersbach - Geb. 25. Aug. 1936 Berlin (Vater: Paul Friedrich M., Maurer; Mutter: Liesbet Margarete, geb. Sommer), verh. s. 1963 m. Margrit, geb. Wegner, 2 Kd. (Marius, Caroline) - Stud. Angl., Roman., Phil. u. Päd. Berlin, London, Heidelberg; Staatsex. 1960 FU Berlin; Promot. 1968 Heidelberg; Habil. 1974 - S. 1974 Prof. f. Angl. Univ. Heidelberg - BV: D. Ged. als Einüb.: Z. Dichtungsverständnis William Empsons, 1974; British and American Classical Poems, 1966; Zeitgenöss. engl. Dichtung: Einf. i. d. engl. Dichtungsbetrachtung m. Interpretationen: Lyrik (1966); Lebende Antike: Symposion f. Rudolf Sühnel (1967); Zum Verstehen engl. Gedichte (1984); London: The Urban Experience in Poetry and Prose (1987); Robert Burns: Lieder u. Ged. zweisprachig (1988).

MELLEROWICZ, Harald

Dr. med., Prof., Leiter Inst. f. Leistungsmedizin (s. 1963), Berlin 33 - Terrassenstr. 11, 1000 Berlin 38 (T. 823 86 34) - Geb. 31. März 1919 Weinberg/Schles. (Vater: Prof. Dr. rer. pol. Konrad M., emerit. Ord. f. Betriebsw.-lehre † (s. XVII. Ausg.); Mutter: Agnes, geb. Samm), kath., verh. s. 1950 m. Rosemarie, geb. Kindler, 3 Söhne (Holger, Harald, Hanns) - Promot. Königsberg/Pr. (1944); Habil. Berlin (FU) - FU Berlin (b. 1963 Privatdoz., dann Prof. f. Sportmed.). Bes. Arb.geb.: Ergol. u. Ergometrie, Prävent. rehabilit. Cardiol.; Vors. Forsch.gem. f. Arb.- u. Sportmed., Berlin - BV: D. Ökonomieprinzip d. trainierten Kreislaufs in d. präventiven u. rehabilitiven Med. (Habil.), 1956; Präventive Cardiol., 1961; Ergometrie, 3. A. 1979; D. Kreislauf d. Jugendl. b. Arbeit u. Sport, 2. A. 1981 (Basel); D. körperl. Leistungsvermögen d. heut. Jugend, 1965; Gesundheit u. Leistung, 1985 - 1944 Schaudinn-Preis Univ. Königsberg; 1970 Philip-Noel-Baker-Preis UNESCO-Weltrat f. Sport u. Leibeserzieh. - Bek. Kurzstreckenläufer (7 Dt. Meistersch., Studentenweltm., 9 Länderkampfsiege; Bestzeiten: 100 m 10,4; 200 m 21,0) - Spr.: Engl., Franz.

MELLERT, Volker

Dr., Dipl.-Phys., Prof. f. Angewandte Physik Univ. Oldenburg (s. 1974) - Kuhlenpool 5, 2900 Oldenburg (T. 0441 - 798 35 69) - Geb. 15. Okt. 1943 Uelzen (Vater: Friedrich M., Kapt.; Mutter: Annelise, geb. Morgernstern), verh. s. 1972 m. Eva, geb. Hartling - Promot. 1971 Göttingen - 1970-74 wiss. Assist.; 1984-86 Vizepräs. Univ. Oldenburg. 3facher Patentinh. (Verf. z. richtungstreuen Schallfeldabbild., Kunstkopf-Stereofonie) - Spr.: Engl.

MELLIS, Bruno

Fabrikant, Vors. Verb. serienmäß. Sarghersteller im Bundesgeb., Frankfurt/M. - Jägerstr. 80, 4200 Oberhausen-Sterkrade (T. 6 01 68).

MELSHEIMER, Olaf

Dr. rer. nat., Prof. f. Theoret. Physik Univ. Marburg (s. 1972) - Geschw.-Scholl-Str. 26, 3550 Marburg/L. - Geb. 5. Jan. 1937 Gießen - Promot. (1966) u. Habil. (1972) Marburg - Facharb.

MELZER, Friso

Dr. phil., Dr. theol., Oberstudienrat a. D. - Glaswaldstr. 16, 7744 Königsfeld-Burgberg - Geb. 27. Febr. 1907 Aurich/Hann., ev., verh. s. 1935 m. Helene, geb. Hamel, 3 Kd. - 1926-34 Univ. Breslau (Dr. phil. 1930), Tübingen (Dr. theol. 1934), Basel, Oxford (Phil., German., Theol.) - 1931-33 Assist. Univ. Tübingen (Ev. Theol. Fak.), 1935-40 Missionar u. Theol.doz. Indien (Basel-Mission), spät. Dorfpfarrer, 1949-51 Prorektor Intern. Inst. (YMCA), Mainau, 1951-69 Schuldst. Künzelsau u. Geislingen, 1970-74 Leit. Ev. Missionssch. d. Bahnauer Brudersch., 1978-87 Gastdoz. Fr. Ev. Theol. Akad. Basel - BV: u. a. Im Ringen um d. Geist, 1931; Goethes Faust, e. ev. Auslegung, 1932; Kirche u. Lit., 1933; Theol. Begegnung m. Indien, 1948; Christus u. d. ind. Erlösungswege, 1949; D. christl. Wortschatz d. dt. Sprache, 1951; Unsere Sprache im Lichte d. Christus-Offenbarung, 2. A. 1952; Blätter d. Besinnung, 2. A. 1953; Konzentration, 1955; Meditation in Ost u. West, 1957; Anleit. z. Meditation, 2. A. 1959; Staunen u. Gelassensein, 1960; D. Wort in d. Wörtern - D. dt. Sprache im Dienste d. Christus-Nachfolge, 1965, 2. A. 1990; Ev. Verkündigung u. dt. Sprache, 1970; D. Licht d. Welt/Beitr. z. Begegnung m. asiat. Hochreligion, 1973; Konzentration, Meditation, Kontempl., 1974; Chr. Ashrams in Südind., 1976; Innerung/Stufen u. Wege d. Meditation, 2. A. 1977; Wege d. Denkens/Anleit. z. Philosophieren, 1977; Indien greift nach uns/Begegn. m. d. mod. Hinduismus, 1978; Antwort aus d. Schweigen/D. Guru als Seelenführer, 1978; Mein lit. Lebensweg, 1979 (Herausg. H. Kl. Hofmann); Sonne u. Regen, Rückbl. a. Kindh. u. Jugend (1907-1935), 1980; D. Christus-Botsch. üb. d. Religionen, 1981; Gott od. Götze, 1983; Durch Christus erleuchtet, 1983; Gnade u. Schönheit /Grundfr. christl. Kunstauffass., 1985; Anthroposophie - Ausweg oder Irrweg?, 16 Briefe üb. d. Unterschied zw. Anthroposophie u. Christus-Nachfolge, 1986; Unsere Sprache zw. Alltag u. Altar, 1987; Versenkung oder Begegnung?, 1987; Besinnliches ABC zur dt. Sprache, 1990; D. Sprache d. Rose. Zeugnisse u. Studien aus 50 Jahren, 1992. Herausg.: Ev. Monatsschr. Neubau (1946-53); Ges. Schr. d. Sadhu Sundar Singh (übers. u. erl.; 11. A. 1984); Übers.: St. J. Samartha, Hindus vor d. universalen Christus (1970) - Spr.: Engl.

MELZER, Werner

Stifter u. gf. Vorst.-Mitgl. Stiftg. z. Schutze gefährdeter Pflanzen, Vorst.-Mitgl. Dt. Naturschutzring/Bundesverb. f. Umweltschutz - Kalkuhlstr. 24, 5300 Bonn 3.

MELZER-LENA, Brigitte

Dipl.-Psych., Geschäftsführerin u. Leiterin IJF Institut f. Jugendforschung (s. 1981) - Hallstattweg 2, 8025 Unterhaching - Geb. 4. Aug. 1944 Regensburg, verh. - 1968 Dipl. Psychol. Univ. München - Marktforscherin in versch. Inst. - Liebh.: Sport, Bridge - Spr.: Engl., Franz.

MEMMEL, Linus

Oberstaatsanwalt a. D., MdB (1957-76; Wahlkr. 237/Würzburg; 1961 CDU/CSU-Fraktionsvors. u. Richterwahlaussch.), Mitgl. Europ. Parlam. u. Präs. Dt. Atomforum - Würzburger Str. 93, 8706 Höchberg/Ufr. (T. Würzburg 4 88 95) - Geb. 24. Juli 1914 Rothenburg/Tauber (Vater: Oskar M., Bierbrauer; Mutter: Caroline, geb. Koch), kath., verh. s. 1937 m. Käthe, geb. Pfadenhauer, 5 Kd. (Annemarie, Johannes, Peter, Ursula, Anton) - Altes Gymn. u. Univ. Würzburg (Rechtswiss.). Ass.ex. 1941 - 1947-57 Justizdst. Würzburg (Staatsanw. LG, 1951 AGsrat, 1954 Strafrichter/Vors. Jugendschöffengericht). 1952-57 Stadtrat Würzburg, 1939-45 Kriegseins. (Infanterieoffz.). CSU s. 1954 - Bayer. VO., Gr. BVK - Spr.: Engl.

MEMMER, Hermann

Dr., gf. Direktor a.D. d. Fürst Thurn u. Taxis Gesamtverwalt. (b. 1987) - Emmeramsplatz 5, 8400 Regensburg - Geb. 18. März 1932 Merzig/Saarland (Vater: Richard M., AGsrat; Mutter: Elisabeth, geb. Müller), kath., verh. s. 1961 m. Kuni, geb. Rück, 2 Kd. (Angela, Sabine) - Abit. (1951); Jurist. Staatsex.; 1968-69 Lehrg. f. Führungskräfte d. Bayer. Staatskanzlei - Ministerialrat Bayer. Staatsmin. d. Innern; Chairman of the Board Art Wire/Doduco, New Jersey, U.S.A.; Vors. AR Bayer. Metallwerke Dachau GmbH, Unidor GmbH; stv. Vors. VR bzw. AR: Fürst Thurn u. Taxis Bank oHG, Fürstl. Brauerei Thurn u. Taxis, Dt. Industrieges. mbH; VR-Mitgl. Dr. E. Dürrwächter Doduco KG, Fr. Kammerer GmbH; Beirat: Dresdner Bank, Industriekreditbank, Verb. Bayer. Grundbes., Vorst. Landesversicherungsanst. Niederbayern/Opf., Mitgl. im Kuratorium Deutschl. d. Insead, Fontainebleau.

MENACHER, Peter

Dr., Oberbürgermeister d. Stadt Augsburg (s. 1990) - Maximilianstr. 4, 8900 Augsburg (T. 0821 - 3 24 21 00) - Geb. 29. Nov. 1939 Augsburg, kath., verh. m. Ingeborg, geb. Ehegartner, 3 Kd. - Stud. an d. ehem. päd. Hochsch. Augsburg - 6 Jahre Lehrer, anschl. Assist. an d. päd. Hochsch. - 1971 Zweitstud. Erziehungswiss., polit. Wiss. u. Gesch., Promot. München (z. pol. Bildung) - 1970-76 Mitarb. im Bayer. Staatsmin.; s. Mai 1976 Stadtschulrat in Augsburg, Vors. d. Schulaussch. d. Dt. Städtetages, s. 1990 Mitgl. im Präsid. d. Dt. Städtetages - BV: Jugendliche u. Parteien, 1970.

MENCK, Horst

Kaufmann, Wirtschaftsberater, Honorarkonsul v. Paraguay (s. 1974) - Vossberg 5, 2070 Grosshansdorf (T. 04102 - 6 13 54) - Geb. 21. März 1935 Hamburg, verh. s. 1967 m. Helga, geb. Jensen, 4 Kd. (Michael, Marianne, Christian, Carsten) - Ausbild. in Hamburg - Geschäftsf. intern. Konzerne in Lateinamerika, Ostafrika u. Dtschl. Jetzt berufl. selbst. tätig Kaufm. im Groß- u. Außenhandel (intern. Kaffeehandel), Spezialist f. Latein-Amerika. Wirtsch.- Finanz- u. Anlageberat. - Spr.: Engl., Span.

MENDE, Erich

Dr. jur., Bundesminister a. D. - Am Stadtwald 62, 5300 Bonn 2 (T. 31 44 86) - Geb. 28. Okt. 1916 Groß-Strehlitz/OS. (Vater: Max M., Lehrer), kath., verh. s. 1948 m. Margot, geb. Hattje (ev. Kunstmalerin), 4 Kd. (Walter-Rainer (aus 1. Ehe), Marcus, Manuela, Matthias) - Gymn. Johanneum Gr.-Strehlitz, 1945-49 Universität Köln u. Bonn (Rechts- u. Staatswissenschaften) - Reichsarbeits- u. Wehrdst. (Inf.), Berufsoffz. (zul. Major u. Regimentskdr.), ab 1946 Parteigeschäftsf. NRW, Verbandssynd., s. 1949 MdB (FDP; 1950-53 Fraktionsgf., 1953-57 stv., 1957-63 Fraktionsvors.; 1970 ff. CDU), 1963-66 (Rücktr.) Bundesmin. f. gesamtd. Fragen u. Stellv. d. Bundeskanzlers. Div. Wirtschaftsfunktionen. 1945-70 (Austr.) FDP (1960-68 Bundesvors.) - BV: D. FDP - Daten/Fakten/Hintergründe, 1972; D. verdammte Gewissen; D. neue Freiheit, 1984; V. Wende zu Wende 1962-1982, 1986 - 1945 Ritterkreuz; 1967 Großkreuz VO. BR Deutschland, ausl. Orden (6 Großkreuze) - Liebh.: Bücher, Musik, Schwimmen, Radfahren, Reiten - Spr.: Franz., Engl. - Nichtraucher.

MENDE, Hans Horst

Dr. rer. nat., Prof. f. Physik - Besselweg 41, 4400 Münster (T. 0251-86 24 73) - Geb. 22. Nov. 1926 Liegnitz/Schles., kath., verh. s. 1958 m. Hedwig, geb. van Wüllen, 3 Kd. (Christa-Maria, Gudula, Andreas) - Gymn. Coesfeld, Abit.; Univ. Münster, Dipl. Physik, Promot., Habil. - Spr.: Engl.

MENDE, Michael

Dr. phil., Prof. f. Werkpädagogik Braunschweig - Am Landwehrgraben 23, 3000 Hannover 81 - Geb. 23. Juni 1945 Schleswig (Vater: Gerhard M., Polizeihauptkommiss.; Mutter: Ingeborg, geb. Turné), ev., verh. s. 1982 m. Marlies v. Treeck-Mende - Stud. Kunst- u. Werkpäd., Polit. Wiss., Berufspäd. Berlin (HfbK, FU, PH); 1. Staatsprüf. 1970, Promot. 1978 TU Berlin - 1973-77 wiss. Assist. TU Berlin; 1978 Doz., 1980 Prof. f. Werkpäd. (Lehrgeb. Technol. u. Arbeitsorg.) HBK Braunschweig - BV: Qualifikationsstruktur u. berufl. Curricula, 1974 u. 76; Techn. Entw. u. Struktur d. Arbeitstätigk., 1979; Industrieachäol. Erkund. z. Landwirtsch. in Niedes., 1983; Niedersachsen u. Bremen: Denkmale d. Ind. u. Technik, 1990; Sturm, Vollst. Mühlen-Baukunst, 1991; zahlr. Aufs. z. Technikdidaktik u. Technikgesch. u.a. in Schütte 1981; Ruppert 1986; Bayerl 1989; Wengenroth 1989; Technikgeschichte 1984, 1989 u. 1991; arbeiten + lernen 1981, 1982, 1988, 1990; Der Anschnitt 1987 u. 1990; Kultur & Technik 1989; scuola-officina 1986, 1987, 1988 u. 1991 - Spr.: Engl., Niederl.

MENDE, Walter

Dr. jur., Oberstadtdirektor Leverkusen (s. 1989) - Im Kirchfeld 13, 5090 Leverkusen 1 (T. 0214 - 352-88 00) - Geb. 14. Juli 1944 Oels/Schles., ev., gesch., T. Sophie-Charlotte - Stud. Rechtswiss.; Besuch ENA (Frankr.); Promot. Dr. jur. Köln; Ass. jur. NRW - 1973-81 Regierungsdir. BMWi Bonn; pers. Ref. d. Staatssekretärs BMWi; 1982 Beigeordn. - BV: D. in d. Prozeßvergleich aufgenommene Klagerücknahme, 1976 - Liebh.: Klavierspiel, Sport, Rotarier - Spr.: Engl., Franz. - Bek. Vorf.: Dr. jur. Erich Mende, Vizekanzler a. D. (Vater).

MENDEN, Erich

Dr. rer. nat., em. Prof. f. Ernährungswissenschaft - Institut f. Ernährungswissenschaft Univ. Gießen - Wilhelmstr. 20, 6300 Gießen - Geb. 25. Dez. 1924 Trier (Vater: Anton M., Geschäftsf.; Mutter: Gertrud, geb. Cartus), kath., verh. s. 1953 m. Marietheres, geb. Hagen, 3 S. (Axel, Rolf, Dieter) - Stud. Pharmazie; Staatsex. Mainz 1951, Promot. 1955, Habil. 1970 - B. 1956 Physiol.-Chem. Inst. Univ. Mainz, 1964 Res. Assoc. Dep. Nutrit. Food Science, Mass. Instit. of Technol. (USA), 1973-75 Dekan (Ernähr.wiss.) Gießen, 1975-90 gf. Dir. Inst. f. Ernähr.wiss. Univ. Gießen, 1982-86 Präs. Dt. Ges. f. Ernährung, s. 1982 Mitgl. Americ. Inst. of Nutrit., s. 1985 Treasurer Intern. Union of Nutrit. Sciences (IUNS) - Üb. 150 Arb. in Fachztschr.; Büch. in dtsch., engl. Spr., franz., holl. u. span. Übers. - 1977 Paech-Preis Berlin; 1991 Ehrenmitgl. Österr. Ges. f. Ernährungsforsch. - Spr.: Engl.

MENDEN, Werner

Dr.-Ing., Dipl.-Phys., Ministerialdirigent, Unterabteilungsleit. Bundesmin. f. Forschung u. Technologie, AR-Vors. Forschungszentrum Geesthacht GKSS - Argelander Str. 129, 5300 Bonn 1 - Geb. 27. Febr. 1930 Kempen/Rh., ev., verh.

MENDGEN, Jürgen

Dipl.-Braumeister, Dipl.-Kfm., Brauereibesitzer - Hettnerstr. 5, 5500 Trier (T. 4 16 26) - Geb. 15. Febr. 1940 Trier (Vater: Carl M., Kaufm.; Mutter: Elisabeth, geb. Bethge), kath., verh. s. 1964 m. Yvonne, geb. Grenzhaeuser, S. Sascha - Stud. Betriebswirtsch. Univ. München u. Köln (Ex. 1965); Brauereitechnol. TU Berlin (Ex. 1968) - Gf. Gesellsch. Löwenbrauerei Trier J. Mendgen. Vizepräs. IHK Trier - Spr.: Engl., Franz., Span.

MENDRZYK, Hildegard

Dr. phil., Prof., Chemikerin - Prausestr. 28, 1000 Berlin 45 (T. 831 26 32) - Geb. 27. Febr. 1905 Ortelsburg, ev., led. - Univ. Berlin (Chemie, Physik, Biol.) - 1927-30 Kaiser-Wilhelm-Inst. Berlin (Wiss. Hilfskraft); 1931-35 Leipziger Wollkämmerei (Chemikerin); 1935-70 Staatl. Materialprüfungsamt Berlin bzw. Bundesanstalt f. Materialprüf. (zul. Ltd. Dir.). Beiratsmitgl. Dt. Verb. f. Materialprüf., Stiftg. Warentest, Dt. Rheolog. Ges., Dt. Rheologen-Vereinig. Obm. u. Mitgl. zahlr. Aussch. DNA. Mitarb.: Sommer/Winkler, D. Prüfung d. Textilien; Nitsche/Wolf, Prakt. Kunststoffprüf.; Koch/Sarlow, Gr. Textil-Lexikon. Üb. 30 Fachaufs. - 1965 Ehrennadel DNA (Waldemar-Hellmich-Kr.).

MENG, Brigitte

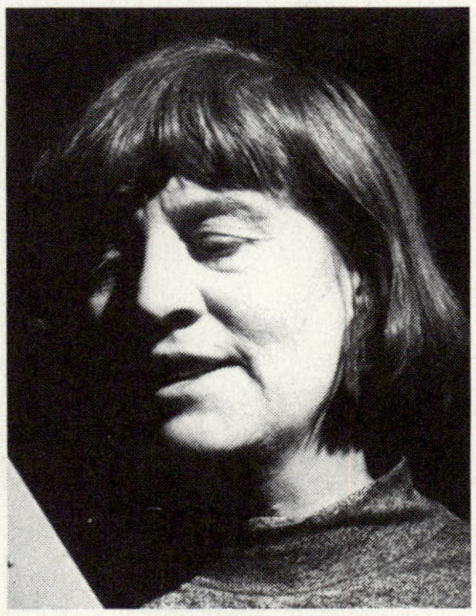

Schriftstellerin - Pfirsichstr. 8, 6006 Zürich (T. 01 - 363 90 31) - Geb. 19. Febr. 1932 (Vater: Heinrich M., Prof. f. Psychol. Univ. Basel), gesch., T. Andrea - 1952-55 Ausb. Inst. f. Angew. Psychol.; Dipl. - Leit. v. Kinderspielgruppen - BV: Fische sind meine Brüder; Unter d. Maske; D. schwarze Zimmer; Für niemandes Kopf gedacht - 1955 u. 1961 Preise in Dramenwettbew. - Liebh.: Lit., bild. Kunst, Architektur - Spr.: Engl., Franz., Ital., Span.

MENGDEN, von, Bruno

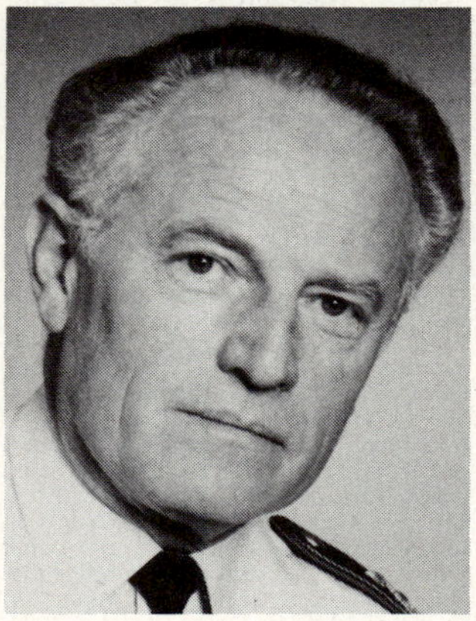

Generalmajor u. Befehlshaber Wehrbereich VI - Saarstr. 14, 8000 München 40 (T. 089 - 30 69 30 00) - Geb. 1. Juni 1934 München, kath., verh. s. 1959 m. Adele, geb. v. Mengden, 4 Kd. (Bruno, Michael, Elisabeth, Horst-Jürgen) - Human. Gymn.; Stud. Physik u. Chemie; nach Stud. Ausb. z. Flugzeugführer u. Offz. d. Bundeswehr - Jet-Flugzeugführer (F 84F, F 104, Starfighter, Alpha-Jet); Staffelkapitän; Abt.leit. NAMMA (NATO MRCA (Tornado) Management Agency), München; Kommodore Jagdbombergeschwader 34, Memmingen; General Flugsicherheit in d. Bundeswehr, Köln; Kommandeur 1. Luftwaffendivision, Meßstetten; Chef d. Stabes d. 2. Alliierten Takt. Luftflotte, Mönchengladbach - BVK I. Kl.; Gold. Ehrenkreuz d. Bundeswehr; Bayer. VO. - Liebh.: Jagd, Golf, Ski, Segeln, klass. Musik - Spr. Engl.

MENGE, Wolfgang

Schriftsteller - Zu erreichen üb. Radio Bremen, Bürgermeister-Spitta-Allee 45, 2800 Bremen 33 - Geb. 10. April 1924 - Zeitungskorresp. London, Tokio, Hongkong - Fernsehtätigk. (u.a. Moderat.: Drei nach neun, RB; 1983-87 Talkshow Leute, SFB); Journalist u.a. für d. Hamburger Abendblatt u. D. Welt. S. Anfang d. 50er Jahre Autor f. Funk u. Fernsehen. Veröff.: vornehml. Drehb. f. Film u. Fernsehen, dar. E. Herz u. e. Seele, D. Millionenspiel, Adrian u. Alexander, Hallo-Nachbar, Fernsehsp.: Reichshauptstadt privat (Mehrteiler v. NDR/SFB); Unternehmen Köpenick (Sechsteilige Serie ZDF, 1986); Reichshauptstadt privat (Zweiteiler NDR/SFB, 1987); Ende d. Unschuld (Zweiteiler WDR, 1990); Motzki (Serie 13 Teile (NDR/WDR, 1992); Negerküsse, 1992 - Liebh.: Kochen (Buch: Ganz einfach - chines., 1969) - 1987 Grimme-Preis; 1973 u. 1991 Preis d. Dt. Akad. f. Darstellende Künste; Prix Futura; Prix Italia; Gold. Bildschirm; u.a.

MENGEL, Konrad

Dr. agr., Prof. Inst. f. Pflanzenernährung Univ. Gießen (s. 1976) - Südanlage 6, 6300 Gießen - Geb. 8. Nov. 1929 Rosenthal/Hessen, verh. s. 1955, 4 Kd. - Gymn.; Univ. (Dipl.-Landw. 1954). Promot. 1956 (Agrikulturchemie); Habil. 1962 (Pflanzenernährung) - S. 1962 Lehrtätigk. Univ. Gießen (1967 apl. Prof., gegenw. Honorarprof. f. Pflanzenernährung). Gastdoz. Univ. Izmir (Türkei). 1967-76 Dir. Landwirtschaftl. Forschungsanstalt Büntehof, Hannover - BV: Ernährung u. Stoffwechsel d. Pflanze, 6. A. 1984; Principles of Plant Nutrition (m. E. A. Kirkby), 3. A. 1982. Zahlr. Einzelarb. - Spr.: Engl., Franz.

MENGELBERG, Heinrich

Dr. rer. pol., Dr. jur., Dipl.-Kfm., Hauptgeschäftsführer Handwerkskammer Mannheim (s. 1951) - Werderstr. 15, 6800 Mannheim (T. 2 58 57) - Geb. 3. Juni 1913 - Promot. 1939 - S. 1945 Handwerksorg.

MENGER, Christian-Friedrich

Dr. jur., o. Prof. f. Öffl. Recht, insb. Verw.recht - Piusallee 109, 4400 Münster/W. (T. 230 33 15) - Geb. 1. Nov. 1915 Oppeln/OS., ev., verh. s. 1952 m. Gisela, geb. Ernst, 2 Kd. (Jürgen, Sybille) - Gymn.; Univ. Heidelberg u. Göttingen (Promot. 1940). Ass.ex. 1949 - S. 1952 (Habil.) Lehrtätigk. Univ. Münster, Hochsch. f. Sozialwiss. Wilhelmshaven (1952 o. Prof.), Hochsch. f. Verw.wiss. Speyer (1955), Univ. Kiel (1961) u. Münster (1967) - BV: u. a. D. Begriff des sozialen Rechtsstaates, 1953; System d. verw.gerichtl. Rechtsschutzes, 1954; Landesrecht vor Bundesgerichten?, 1963; Mod. Staat u. Rechtsprech., 1968; Verfass. u. Verw. in Gesch. u. Gegenw., 1972; Dt. Verfassungsgesch. d. Neuzeit, 1975, 7. A. 1989.

MENGER, Reinhard

Dr.-Ing., Vorstand Georg-Agricola-Ges., u. Dt. Aktionsgem. Bildung-Erfindung-Innovation (DABEI) - Anton-Haas-Str. 7, 8224 Chieming - Geb. 3. Okt. 1920 Berlin (Vater: Dr. med. Ludwig M.; Mutter: Erika, geb. Ruppert), verh. m. Brunhild, geb. Köchig, 2 Kd. (Jörg, Kerstin) - Stud. Schiffs- u. Allg. Maschinenbau TH Danzig u. Braunschweig; Promot. 1955 ebd. - 1955-62 Versuchsing. u. Abt.leit. Fahrzeugind.; 1962-69 Fabrikleit. Elektroind.; 1970-85 Dir. Verein Dt. Ing. (VDI). Präs. Gemeinschaftsaussch. Technik (GdT); Mitgl. Museumsrat Dt. Mus., Fachaussch. Naturwiss. Dt. UNESCO-Kommiss. - 1960 VDI-Ehrenring, 1980 BVK I. Kl.; 1985 Gr. BVK; Ehrenmitgl. VDI.

MENGER, Wolfgang

Dr. med., Prof., Kinderarzt - Physikalische Therapie, Klimatherapie, Asthma im Kindesalter - Emsstr. 29, 2982 Norderney/Nordsee (T. 04932 - 8 13 12) - Geb. 19. Juli 1919 Berlin (Vater: Dr. med. Ludwig M., Internist; Mutter: Erika, geb. Ruppert), ev., verh. s. 1948 m. Hildegard, geb. Schall, 4 Kd. (Irmgard, Waltraud, Dietmar, Hartmut) - Gymn. Berlin (-Steglitz) u. Domgymn. Halberstadt; Stud. Berlin, Danzig, Wien. Med. Staatsex. (Berlin) u. Promot. (Danzig) 1944; Habil. 1957 (Mainz) - 1945-50 Kinderklinik Bremen; 1951-57 Univ.-Kinderklinik Mainz (1957 Privatdoz.; 1964 apl. Prof.); 1957-83 Ärztl. Dir. d. Kinderkrankenhauses Seehospiz "Kaiserin Friedrich", Norderney; s. 1978 Lt. Arzt d. Asthma- u. Allergiezentrum, Rehabilitationseinricht., Insel-Internat "Kinderheil" Norderney. Vors. Landesfachaussch. f. d. Anerkenn. v. Artbez. f. Kurorte, b. 1991 Vors. Aussch. f. Meeresheilk. im Dt. Bäderverband, 1983-89 Vors. Vereinig. f. Bäder- u. Klimakd. im Dt. Bäderverb., 1983-89 Mitgl. d. Präs. d. Dt. Bäderverb., Intern. Soc. of Bioclimatology, Dt. Ges. Phys. Med. u. Rehabil., Ges. Paediatrische Pneumologie, Diakonische Konferenz der EKD - BV: Häufigkeit u. Art meteorotroper Erscheinungen im Kindesalter, 1958 (Basel/New York); Indikationen f. d. Meeresheilkd., 5. A. 1983. Gf. Herausg.: Unser Kind ist allergisch (1989). Mithrsg.: Grundlagen d. Kurortmedizin (1987); Kinderkuren u. Kinderheilverfahren (1988) - BVK; Ehrenmitgl. Dt. Ges. phys. Med. u. Rehabil. u. Dt. Bäderverb.; Ehrenvors. Forschungsgem. f. Meeresheilkunde. 1991 Beneke-Preis f. Meeresheilkunde.

MENGERINGHAUSEN, Rolf

Hauptgeschäftsführer Hütten- u. Walzwerks-Berufsgenoss., Geschäftsf. Landesverb. Rhld.-Westf. d. gewerbl. Berufsgenoss., bde. Essen - Bandelstr. 12, 4300 Essen 1 - Geb. 1926 Duisburg.

MENGES, von, Dietrich Wilhelm

Dr. jur., Rechtsanwalt, Generaldirektor i. R. - Am Wiesental 16, 4300 Essen-Bredeney (T. 42 15-05) - Geb. 26. Okt. 1909 Wangritten/Ostpr. (Vater: Gutsbesitzer), verh. s. 1933 m. Maria, geb. v. Oppen, 5 Kd. (dar. S.) - Ass.ex. - B. 1938 Reichskommissar d. Berliner Börse, dann Leitg. väterl. Besitz Ostpr., Wehrdst. (Inf., zul. Hptm. d. R.), 1947-66 Vorstandsvors. Ferrostaal AG., Essen, 1966-75 Vorstandsvors., 1975-83 AR Mitgl. Gutehoffnungshütte Oberhausen; 1969-78 Präs., s. 1978 Ehrenpräs. IHK zu Essen; s. 1983 Ehrenvizepräs. Dt.-Schwed. Handelskammer, Stockholm; Ehrenmitgl. Dt. Ges. f. Ausw. Politik, Bonn; 1961-81 Vors. Arbeitsgem. Entwickl.länder, Köln; Ehrenvors. Aussch. f. Agrarwirtsch. Bundesverb. d. Industrie, Köln; s. 1983 Präs. Birger-Forell-Stiftg., Bonn; s. 1976 Präs. Arab.-Dt. Vereinig. Ghorfa f. Handel u. Ind., Bonn-Bad Godesberg; s. 1979 Mitgl. Corporate Strategic Planning Council Intern. Management and Development Inst., Washington; s. 1982 Intern. Counselor Fowler-Mc Cracken Commission, Washington. - BV: Unternehmensentscheide - E. Leben f. d. Wirtsch., 1976; Afrika morgen - Schlachtfeld oder Partnersch., 1980; Reisen, Reiten, Jagen - Erlebn. in vier Kontinenten, 1982; D. Preis d. Friedens, 1983 - Liebh.: Landw., Jagd - Spr.: Engl., Franz. - Rotarier - Lit.: Ferdinand Simoneit. D. Neuen Bosse, 1966.

MENGES, Georg

Dr.-Ing., em. Univ.-Prof. am Lehrstuhl f. Kunststoffverarb. d. TH Aachen (s. 1965) - Am Beulardstein 19, 5100 Aachen-Laurensberg (T. 0241 - 80 38 06) - Geb. 19. Dez. 1923 Gernsbach (Vater: Georg M., u. a. Bürgerm.), ev., verh. m. Margarethe, geb. Lavis - TH Stuttgart (Maschinenbau; Dipl.-Ing. 1953). Zahlr. Facharb. u. -bücher - 1982 Swinborn Award; 1982 John W. Derham Memorial Award; 1983 Intern. Award of SPE u. zahlr. andere; 1984 Vieweg Med. d. VDJ - Spr.: Engl., Franz., Russ. - Rotarier.

MENGES, von, Klaus

Dr. rer. pol., Vorstandsmitglied Ferrostaal AG - Hohenzollernstr. 24, 4300 Essen 1 (T. 0201 - 8 18-01) - Geb. 20. Juli 1937 Berlin, verh. m. Heinke, geb. von Winning, 4 Kd. (Joachim, Albrecht, Katharina, Barbara) - 1948-57 Gymn.; 1957/58 landwirtsch. Ausbild. in Dtschl. u. Engl.; 1959-62 Stud. Betriebswirtsch. Univ. Göttingen, Köln u. USA; Promot. Köln - 1963-76 Assist. Univ. Köln - Vorst.-Mitgl. Nah- u. Mittelostverein, u. Afrika Verein; AR Deggendorfer Werft, u. Eisenbau GmbH; VR-Mitgl. S.P. Burda-Moden, Moskau, u. Trinkaus u. Burkhardt - Spr.: Engl., Franz., Span.

MENKE, Friedrich

Dr. phil., Studiendirektor, Mitgl. Brem. Bürgerschaft (1975-87, jugendpolit. Sprecher) - Koenkampstr. 28, 2800 Bremen 1 - Geb. 12. Febr. 1931 Neubrandenburg/Meckl., ev., verh., 4 Kd. - Gymn.; Univ. München, Perugia, Göttingen (Geschichtswiss., German., Phil.). Staatsex. 1960 (Göttingen) u. 62 (Bremen); Promot. 1960 (Göttingen) u. - S. 1962 brem. Schuldst. 1983-89 stv. Leit. d. Kippenberg-Gymn. Vorst.-Mitgl. Kunstverein Bremen. Vors. Bd. Freiheit d. Wiss., Sekt. Bremen (s. 1975) u. Dt.-Franz. Ges. Bremen (s. 1980). CDU s. 1964 (s. 1979 Landesvors. Ev. Arbeitskr.)

MENKE, Hubertus

Dr. phil., Prof. f. Deutsche Philologie (Niederdt., Niederländisch) Univ. Kiel - Feldstr. 94, 2300 Kiel 1 - Geb. 31. Aug. 1941 Warburg/Westf. (Vater: Josef, M., Landw., 1953-65 CDU-Bundestagsabg.; Mutter: Irene, geb. Seemann), kath., verh., 2 Kd. - Stud. German., Gesch., Niederl. 1963/64 Univ. Göttingen, 1964-69 Bonn/Köln, 1966 Löwen/Belg., 1970/71 Münster; M.A. 1969; 1. phil. Staatsex. 1969; Promot. 1974; Habil. 1983 - 1983 o.

Prof. Univ. Kiel, Dir. German. Sem. (Niederdt./Niederl. Abt.) - Dir. Inst. f. Landesforsch.; - Entd. einiger mittelalterl. Hss. u. Drucke (Niederdt./fries.) - BV: D. Namengut d. frühen karolingischen Königsurkunden, 1980; V. Reinicken Fuchs, 1981; Aufs. z. niederdt. u. niederl. Spr. u. Lit. Herausg.: Sprachgeschichte, Landesforschung - 1980 Henning-Kaufmann-Preis z. Förderung d. dt. Namenforsch. - Spr.: Engl., Franz., Niederl.

MENKE, Karl-Heinz

Dr. agr., o. Prof. f. Tierernährung - Zu erreichen üb. Universität Stuttgart, Keplerstr. 7, 7000 Stuttgart 1 - Geb. 15. Aug. 1927 Warburg/W. (Vater: Josef M., Landw., 1953-65 CDU-Bundestagsabg.; Mutter: Irene, geb. Seemann), kath., verh. s. 1955, 4 Kd. - König-Wilhelm-Gymn. Höxter; Univ. Göttingen u. Bonn (Dipl.-Landw. 1953). Promot. (1955) u. Habil. (1960) Bonn - 1960 Privatdoz., 1965 apl. Prof. Univ. Bonn, 1967 o. Prof. Univ. (LH) Hohenheim (Dir. Inst. f. Tierernährung). Arbeitsgeb.: Biochemie d. Ernährung, bakt. Vitaminsynthesen, Spurenelementstoffw. - BV: Tierernährung u. Futtermittelkd., 1975 (m. Huss). Handbuchbeitr. - Spr.: Engl.

MENKE, Klaus

Dr. rer. nat., Prof. f. Mathematik Univ. Dortmund - Rolevinckstr. 38, 4600 Dortmund (T. 43 78 50) - Geb. 16. Febr. 1943 Dortmund (Vater: Dr. med. dent. Herbert M., Zahnarzt; Mutter: Annemarie, geb. Brinkmann), ev., verh. s. 1977 m. Uta, geb. Hackenberg - Stud. Math. Physik Univ. Göttingen u. Heidelberg; Dipl. Math. 1967 Göttingen, Promot. 1970 TU Berlin, Habil. 1975 Univ. Dortmund - S. 1975 Lehrtätigk. Dortmund (1978 Prof.). Versch. Veröff. z. Funktionentheorie - Liebh.: Musik, Sport - Spr.: Engl., Franz.

MENKE, Uwe

Bürgermeister Stadt Bad Segeberg - Schulkamp 6, 2360 Bad Segeberg - Geb. 5. Dez. 1938 Fehrenbötel (Vater: Helmut M.; Mutter: Nanny, geb. Gustävel), ev., verh. s. 1966 m. Marlen, geb. Stitterich, 2 T. (Andrea, Kirsten) - Mittl. Reife, Verw.-Lehre - Liebh.: Politik - Spr.: Engl.

MENKE, Wilhelm

Dr. phil., Prof., Direktor Max-Planck-Inst. f. Züchtungsforschung (s. 1968). Emerit. wiss. Mitgl. Max-Planck-Inst. f. Züchtungsforschung (s. 1978) - Dresdener Str. 12, 5090 Leverkusen 1 - Geb. 18. Juni 1910 Paderborn (Vater: Wilhelm M., Kaufm.; Mutter: Elisabeth, geb. Meesmann), verh. 1938 m. Dr. Gertrud, geb. Scheibmair - Stud. Münster, Graz, Berlin. Habil. 1944 Berlin -S. 1958 apl. Prof., Ord. (1961) u. Honorarprof. (1968) Univ. Köln (Botan. Inst.). Fachveröff. - 1962 Mitgl. Dt. Akad. d. Naturforscher (Leopoldina), Halle/S.

MENKE-GLÜCKERT, Peter

Publizist, Ministerialdirektor a. D. - Zu erreichen üb. Augustastr. 1, 5300 Bonn 2 (T. 0228 - 35 59 19, Fax 0228 - 35 59 66) - Geb. 27. März 1929 Karlsruhe (Vater: Emil M.-G.; Mutter: Hilde, geb. Kluge), ev., verh. s. 1965 m. Wanda, geb. v. Laskowski (Journalistin), S. Peter-Christian - Gymn.; Stud. Psych., Rechtswiss. Jurist. Staatsex. 1950 u. 1955; 1963-67 Ref. f. Forschungsplanung Bundesmin. f. wiss. Forsch., Bonn; 1966-70 gf. Vors. Arbeitsgem. Friedens- u. Konfliktforsch.; 1967-70 Leit. Abt. Wiss.ressourcen OECD Paris; 1970-82 Abt.leit. Umwelt Bundesinnenmin. Bonn; 1974-82 Vors. Ges. f. Zukunftsfragen Berlin; stv. Vors. Kurat. Friedrich-Naumann-Stiftg.; Präses Verb. Liberaler Akademiker (VLA); Mitgl. Kammer f. kirchl. Entw.dst. d. Ev. Kirche - BV: Friedensstrategien - Wiss. Techniken helfen d. Politik, 1969; Bürgeranwälte - Beamte v. morgen, 1975; Medienmarkt im Umbruch, 1978; Kommentar z. Großfeuerungsanlagenverord., 1985; Stand u. Entw. d. Ab-

fallwirtschaft in IWL-Praxis-Handb. Abfall/Altlasten, 1987. Zahlr. Buchbeitr. u. Ztschr.aufs. z. Techn.politik, Umweltökonomie u. Umweltplanung, Friedensforschung.

MENKHOFF, Herbert

Dr.-Ing., Prof., Institutsdirektor - Am Sahlgarten 2, 3004 Isernhagen 4 (T. 05139 - 8 73 94) - Geb. 6. April 1928 Brackwede/Bielefeld (Vater: Erich M., Betriebsleit.; Mutter: Helene, geb. Thomas), ev., verh. s. 1955 m. Martha, geb. Kirsch, 3 Kd. (Lukas, Ruth, Andreas) - Dipl.-Ing. 1958, Promot. 1962 TH Aachen - 1961-64 Abteilungsleit. Theodor Küppers/Bauges., Oberhausen; 1965-68 stv. Niederlassungsleit. Philipp Holzmann AG, Karlsruhe; 1968-73 Geschäftsf. Projectconsult GmbH (Kienbaum-Gruppe), Gummersbach; s. 1974 Geschäftsf. Inst. f. Bauforsch., Hannover. 1979ff. Lehrbeauftr. Univ. Hannover - BV: Raumgewichtsbestimmung m. Hilfe radioakt. Isotope, 1962; Bau-Enquête, 1973. Zahlr. Einzelarb. - 1963 Borchers-Plak. TH Aachen - Liebh.: Münzen, Briefm. - Spr.: Engl.

MENNE, Alexander

Dr. rer. pol. h. c., Ehem. Vorstandsmitglied d. Hoechst AG - Im Brühl 37, 6242 Kronberg/Ts. (T. 06173 - 18 66) - Geb. 20. Juni 1904 Dortmund (Vater: Kaufm.), kath., verh. m. Marianne, geb. Müller, 1 S. - Realgymn. Dortmund; Bankausbild. - 1929-39 Dir. Gleno Paint Products, London; 1940-51 Vorstandsmitgl. Glasurit-Werke M. Winkelmann AG., Hamburg/Hiltrup; 1952-69 Vorstandsmitgl. Farbwerke Hoechst AG. vorm. Meister Lucius & Brüning, Frankfurt-Höchst. Zahlr. Ehrenstell. dar. Präs. Verb. d. Chem. Ind. (1946-56), Dt.-Amerik. Ges., Steuben-Schurz-Ges., Vizepräs. Bundesverb. d. Dt. Ind. (1949 ff.), mitbegr.). ARsmand.; Vors. Ausstellungs- u. Messeaussch. d. Dt. Wirtsch., Vors. BDI-Atom- u. BDI Europaaussch.; 1954-75 Präs., seither Ehrenpräs. Steuben-Schurz-Ges., 1961-69 u. 1972 MdB (1965-69 Vors. Ausschuß f. Wirtschafts- u. Mittelstandsfragen). FDP - 1954 Ehrendoktor Univ. Münster; 1956 Ehrenpräs. VdCI; 1968 Ehrenmitgl. BDI; 1952 Gr. BVK, 1954 Stern dazu. 1960 Gr. Silb. Ehrenz. m. Stern Bundesrep. Österr.; 1983 Gold. AUMA-Med. - Spr.: Engl. - Rotarier.

MENNE, Ferdinand W.

Dr. phil., Prof. f. Sozialpädagogik Univ. Dortmund - Wichernstr. 35, 4400 Münster (T. 0251 - 27 36 18) - Geb. 6. April 1941 Bad Driburg-Pömbsen - Univ. Münster (1. phil. Staatsprüf. 1967, 2. Staatsex. 1978); Promot. 1970, Habil. (Soziol. u. Sozialphil.) 1978 FU Berlin - 1978/79 Studienrat z.A. f. Deutsch u. Sozialwiss.; s. 1978 Prof. Dortmund - BV: Kirchl. Sexualethik gegen ges. Realität, 1971 (Herausg.); Neue Sensibilität, 1974 (m. J. Lell; Herausg.); Relig. Gruppen, 1976 u. 77; Aufs. in Ztschr. u. Sammelw.

MENNE, Fritz C.

Botschafter a. d. - Zu erreichen üb. Auswärt. Amt, Postfach, 5300 Bonn - Geb. 14. Juni 1919 Berlin (Vater: Karl M., Konsul; Mutter: Elfriede, geb. Beermann), ref., verh. s. 1945 m. Franzi, geb. Flenker, 3 Kd. (Henrike, Karl-Hubert, Klaus) - 1946ff. Rechtswiss. Univ. Münster, 1950 Öfftl. Recht Univ. Charlottesville, Va./USA - Wehr- u. Kriegsdst. (zul. Hptm. d. Res. u. Batteriechef). S. 1951 AA, Auslandsposten: Amsterdam, Washington, Paris, Brüssel, Sofia, Bagdad, Helsinki - Liebh.: Basteln, Gärtnern - Spr.: Engl., Franz.

MENNEKES, Friedhelm

Dr. phil., Prof., Jesuit, Hochschullehrer, Pfarrer - Offenbacher Landstr. 224, 6000 Frankfurt (T. 069 - 6 06 11) - Geb. 6. März 1940, kath., ledig - Zuschneidelehre; Abit. am Abendgymn.; Stud. Phil. (Lizentiat), Polit. Wiss. (Promot.); Stud. Kath. Theol. (Habil.) - Prof. f. Prakt. Theol., Homiletik, Relig.- u. Kunstsoziol. Phil.-Theol. Hochsch. Sankt Georgen Frankfurt; Pfarrer in Köln Sankt Peter; Ausstellungsmacher - BV: Menschenbild-Christusbild, 1984; Mythos u. Bibel, 1985; Christusgesichter. Arnulf Rainer, 1985; Abstraktion - Kontemplation, 1986; Kein schlechtes Opium: A. Hrdlicka, 1986; Beuys zu Christus, 1988; Faith. D. Religiöse im Werk von James Brown, 1989 - Interessen: Gegenwartskunst, Theater, New York - Spr.: Engl., Span.

MENNEMEIER, Franz Norbert

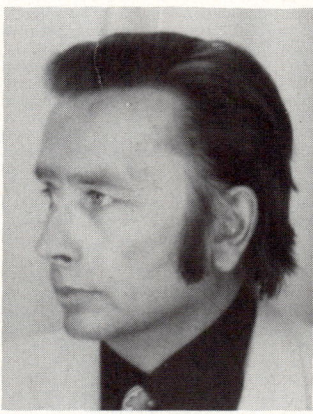

Dr. phil., o. Prof. f. Vgl. u. Allg. Literaturwiss. Univ. Mainz (s. 1979) - Bettelpfad 56, 6500 Mainz (T. 83 26 32) - Geb. 1. Okt. 1924 Beckum (Vater: Bernhard M., Päd.; Mutter: Anna, geb. Brinkschulte), kath., verh. s. 1957 m. Felicitas, geb. Wilhelm, St. Stephan - Stud. d. Germ., Angl., Gesch., Phil. - BV: D. moderne Drama d. Auslandes, 3. A. 1976; F. Schlegels Poesiebegriff, 1971; Modernes dt. Drama, 2 Bde. 1973/75; D. Exildramatik, 1980; B. Brechts Lyrik, 1982; Lit. d. Jh.-Wende, 2 Bde. 1985/88 - Herausg.: E. Barth, Ges. Werke (1960); D. Dramatiker Pirandello (1965); Dt. Lit. in d. Weltlit. (IVG-Kongr. Bd. 9, 1986) - Spr.: Engl., Franz.

MENNER, Klaus

Prof. f. Kinderheilkunde, Chefarzt - Kinderklinik Kreiskrankenhaus, 6430 Bad Hersfeld - Geb. 31. Mai 1931 Halle/S. (Vater: Dr. Erich M., Zool.; Mutter: Margarete, geb. Richter), verh. m. Lisa, 3 Kd. (Christina, Karin, Martin) - Stud. Med. Martin-Luther Univ. Halle-Wittenberg; Facharzt, Habil. 1969 - 1971 Oberarzt, 1978 Chefarzt - Beitr. zu verschied. Lehrb. - Spr.: Engl.

MENNICKEN, Jan-Baldem

Dr. jur., Ministerialdirektor, Leiter d. Abt. Umwelt-, Meeres- u. Polarforsch., Geowiss., Luft- u. Raumfahrt, Verkehr im Bundesmin. f. Forsch. u. Technol. - Heinemannstr. 2, 5300 Bonn 2 (T. 0228 -

59 32 91) - Geb. 1. Febr. 1935 Köln, verh. s. 1960 m. Christiane, geb. Terrahe, 2 Kd. (Caroline, Jan Baldem jr.) - Stud. Rechts- u. Staatswiss.; 1. u. 2. jurist. Staatsprüf.; Promot. 1966 - S. 1969 BMFT u. Rechtsvorg.; 1971-74 abgeordnet z. EG-Vertr., Brüssel, 1977-83 beurl. z. EG-Kommiss. als Gen.Dir. Euralom-Versorgungsagentur; Kurat.-Vors. Alfred-Wegener-Inst. f. Polar- u. Meeresforsch.; AR-Vors. DARA GmbH u. UFZ-Umweltforsch.zentrum Leipzig-Halle GmbH; Kurat.-Mitgl. Max-Planck-Inst. f. Aeronomie; Mitgl. Vorstandsrat Dt. Ges. f. Luft- u. Raumfahrt (DGLR) - Spr.: Engl., Franz.

MENNICKEN, Reinhard

Dr. rer. nat., Prof. f. Mathematik Univ. Regensburg - Universitätsstr. 31, 8400 Regensburg - Geb. 16. März 1935 Köln - 1957-63 Stud. Math. u. Phys. Univ. Köln, Dipl.-Math. 1963, Promot. 1963, Habil. 1968, alles Univ. Köln - 1969 Doz. Univ. Konstanz; 1970 nebenamtl. Lehrbeauftr. Freiburg; 1971 Abt. Vorst. u. Prof. Univ. Regensburg, 1972/73 Lehrst.Vertr. Univ. Erlangen, nebenamtl. Lehrbeauftr. Univ. Regensburg; 1973/74 Lehrst.Vertr. TU Braunschweig, nebenamtl. Lehrbeauftr. Univ. Regensburg; 1974 o. Prof. TU Braunschweig, 1975 Prof. Univ. Regensburg, Leit. e. Abt. Angew. Math., 1979-81 Dekan d. Fak. f. Math., s. 1982 o. Prof. Univ. Regensburg. Visit.Prof.: 1982 Univ. Campinas SP/Brasilien, Univ. Blanca/Argentinien, 1984 Inst. f. Math. Buenos Aires/Argentinien, 1988 Univ. Toronto/Kanada, 1989 Univ. Toronto/Kanada, 1990 Univ. Witwatersrand, Johannesburg/Südafrika, 1988 Tagungsleit. d. GAMM-Jahrestagung; 1988 Tagungsleiter d. DMV-Jahrestagung; s. 1988 Sekretär d. GAMM. Herausg. d. GAMM-Mitteilungen. Mithrsg. d. ZAMM u. d. Surveys on Mathematics for Industry; AMS, DMV, SAMS, SIAM, SMF.

MENNIG, Günter

Dr.-Ing., stv. Institutsleiter DKI, Honorarprof. TH Darmstadt (s. 1973) - Trondheimstr. 23, 6100 Darmstadt (T. 06151 - 5 65 89) - Geb. 3. Nov. 1939 Friedrichshafen - Stud. Allg. Maschinenbau TH Stuttgart; Dipl. 1964; Promot. 1969 - 1964-70 Wiss. Assist. Univ. Stuttgart; 1970-73 Assoc. Prof. Indian Inst. of Tech. Madras/Indien - 1972 Award f. beste Veröff. in Plast. & Polym., London - Spr.: Engl.

MENNIGMANN, Horst-Dieter

Dr. rer. nat., Prof. f. Mikrobiologie u. molekulare Genetik - Eppsteiner Str. 6, 6234 Hattersheim - Geb. 1. Mai 1930 Düsseldorf (Vater: Heinz M., Bankdir.; Mutter: Hildegard, geb. Schliffer), verh. s. 1960 m. Gisela, geb. Laqua, S. Ulf Henning - Stud. Univ. Kiel, Marburg, Innsbruck, Göttingen; Promot. 1955 ebd.; Habil. 1965 Frankfurt/M. - Spr.: Engl.

MENNINGER, Dieter

Fernsehredakteur u. Regiss. - Tannenweg 2, 5036 Overath/Rhld. (T. 02206 - 21 74) - Geb. 6. Mai 1921 Leipzig (Vater Ernst M., Revisor; Mutter: Gertrud, geb. Quaasdorf), ev., verh. s. 1954 m. Edith, geb. Kaminski, 3 Kd. (Petra, Martina, Martin) - 1931-39 König-Albert-Gymn. Leipzig; Univ. ebd.; 1940 Einberufung - 1949-51 Schausp.; 1952 SWF-Rundfunkreporter; 1959 SWF-Fernsehredakt. u. -regiss. (üb. 50 sozialkrit. Fernsehfilmber. in Zusammenarb. m. Gottfried Gülicher, wichtige Titel s. dort) - Ehrenvors. Rhein. Berg. Naturschutzverein - BV: (m. G. Gülicher); Essen wir uns krank?, 1970; Wechseljahre im Beruf, 1972; Belügt uns nicht!, 1978; Lerne Abschied nehmen. Protokolle eines Schlaganfalls, 1991 - EK II (1942) u. I (1944); 1965 Ehrenvolle Anerk. Adolf Grimme Preis; 1969 Fernsehpreis Arbeiterwohlfahrt; 1972 Wilhelmine-Lübke-Preis Dt. Altershilfe; 1973 Georg-Michael-Pfaff-Med.; 1974 Silb. Steuerschraube (Bund Dt. Steuerbeamten); 1980 Umweltschutzmed.; 1983 Ernennung zum Accademico delle Nazioni v. Centro Studi e Ricerche delle Nazioni Italien; 1984 Silberne Ähre 13. Intern. Agrarfilmwettbewerb Berlin; 1985 BVK; 1987 Theodor-Heuß-Med. Rheinlandtaler - Liebh.: Natur- u. Landschaftsschutz, Psych., Wandern - Spr.: Lat., Griech., Engl.

MENRAD, Siegfried

Dr. rer. pol., o. Prof. f. Betriebswirtschaftslehre - Schloßbergstr. 15/1, 7400 Tübingen (T. 4 92 10) - Geb. 20. Nov. 1928 Schwäb. Gmünd - Promot. u. Habil. Tübingen - B. 1969 Ord. Univ. Mainz, dann Tübingen. Fachveröff.

MENSAK, Alfred

Fernseh-Redakteur - Rabienstr. 30, 2862 Worpswede (T. 04792 - 8 46) - Geb. 18. Aug. 1926 Niedersee - Leit. III. Fernsehprogr. Radio Bremen - Herausg.: Siegfried Lenz, Gespr. m. Manès Sperber u. Leszek Kolakowski (1980); Üb. Phantasie (1982); Lit. im Kreienhoop (1984 m. Manfred Dierks). FS: August Strindberg, Filmporträt 1969; So zärtlich war Suleyken, FS-Fassung m. Philipp Wiebe 1971 - 1976 Adolf-Grimme-Preis - Spr.: Engl.

MENSCH, Gerhard

Dr. rer. pol., Dipl.-Volksw., Dipl.-Kfm., Prof. Case Western Reserve Univ., Cleveland - 1371 Oakridge, Cleveland, Ohio 44121 (T. 216 - 381 81 24) - Geb. 12. Nov. 1937 Ummendorf (Vater: Otto M., Fabr.; Mutter: Anneliese, geb. Lautner), verh. m. Karin, geb. Walter, 3 Kd. (Ulrich, Tina, Thilo) - Nach Stud. in Forsch. u. Lehre (Stanford, Berkeley, Tulane, Bonn, Berlin) - BV: Ablaufplanung, 1968; D. technolog. Patt, 1975 Innovationspraxis, 1976 - Spr.: Engl., Franz.

MENSCHING, Horst Georg

Dr. rer. nat., em. o. Prof. f. Geographie: Trockengebiete - Ökologie - Pulverhofsweg 46, 2000 Hamburg 72 - Geb. 5. Juni 1921 Porta-Westf. (Vater: Georg M., Lehrer; Mutter: Tina, geb. Kahre), ev., verh. s. 1989 m. Renate, geb. Panzlaff - 1945-49 Univ. Göttingen, Promot. 1949, Prof. 1958, o. Prof. TU Hannover 1962, o. Prof. Univ. Hamburg 1974, em. 1985; Gastprof. Univ. Paris, Kuweit, Amman, Wien (1988) - 1962-74 Dir. Geogr. Inst. TU Hannover, s. 1974 Inst. f. Geogr. Univ. Hamburg, 1975-81 Senator Dt. Forsch.sgemeinsch., 1968-72 u. 1980-84 Vors. Nationalkommitee d. Geogr. d. BRD, Berater nat. u. intern. Org. d. Entwicklungshilfe, bes. in d. Sahelzone (Desertifikation) - O. Mitgl. Akad. d. Wiss. Göttingen (s. 1974) u. Akad. d. Nat.forsch. Leopoldina Halle/S., korr. Mitgl. Akad. d. Wiss. Wien; Ehrenmitgl. Ungar. Akad. d. Wiss (1986), Ehrenmitgl. Geogr. Ges. Hannover, Darmstadt, Paris Ungarn, Wien - BV: Zw. Rif u. Draa, 1955 (russ. u. tschech.); Marokko, 1957; Tunesien, 1968 u. 1979; Nordafrika u. Vorderasien (gem. m. E. Wirth), 1973 u. 1980; Morphodynamik im J. Marra u. Vorland, 1984; D. Sahelzone, 1986. Herausg.: Phys. Geogr. d. Trockengeb. (1982); Desertifikation (1990). 200 Art. in Fachztschr. - Spr.: Engl., Franz.

MENSENDIEK, Jürgen

Dipl.-Pol., Verbandsdirektor, Geschäftsführer Landesverkehrsverb. Westfalen - Friedensplatz 3, 4600 Dortmund (T. 0231 - 52 75 06/07; Telefax 0231 - 52 45 08).

MENSLER, Hanns

Verkehrsdirektor i. R., Schriftst. - Nußdorfer Weg Nr. 8, 6740 Landau/Pfalz (T. 24 83) - Geb. 3. Aug. 1901 Straßburg/Els., ev., verh. s. 1926 m. Elfriede, geb. Becker, 1 Kd. - Oberrealsch.; Ausbild. Redaktion Berg.-Märk. Ztg., Elberfeld; Stud. Volksw. - 1923-38 Schriftl. Elberfeld, Wertheim (1925), Würzburg (1931), 1938-43 Bürgerm. Wertheim, 1943-45 Schriftl. Straßburg, 1947-50 Verkehrsdir. Paderborn, 1950-56 Hauptschriftl. Bad Kissingen, dann Verkehrsdir. Landau - BV: Seelen u. Fahrtenspiegel, Ged. 1925; Wertheim, zauberhafte Frankenstadt, 1928; Am Rande d. Alltags, N. 1942; D. Truhe, R. 1942; Ruf d. Heimat, R. 1943; Bürgermeister Hämmerlein, R. 1950; Skandinav. Rhapsodie, Erz. 1952; Der Fremde ging leise davon, R. 1956, 2 Bühnenst. (D. Spielmann, 1950; D. Quelle, 1951); 10 Hörsp.

MENSSEN (ß), Hans Georg

Dr. rer. nat., Generalsekretär Dt. Pharmazeut. Gesellschaft (b. Ende 1991), Mitglied d. Geschäftsltg. Phytopharmazie/Phytotherapie RP A. Nattermann & Cie. GmbH Gruppe Rhône-Poulenc (1988-90) - Akazienweg 3, 5010 Bergheim/Erft - Geb. 8. Juni 1926, ev., verh. s. 1959 m. Herta, geb. Schenderlein, 2 Kd. (Hans Dietrich, Adriane) - Stud. Med. Univ. Kiel u. Pharmazie Univ. Würzburg; Staatsex. 1957 u. Promot. 1958 Würzburg - B. 1960 Assist. Univ. Würzburg; ab 1960 Fa. Nattermann (1962-70 Phytowerk Ehrenfeld, 1970-78 Pharmazeut. Forsch. u. Entw. d. Firmengr., 1975-78 Leit. Forschungsrat, 1978-83 Leit. Ressortdirektorat Wiss., b. 1985 Mitgl. Führungskonfz., dann Vors. Phytoplanungskr. 1963 Mitgl. Dt. Arzneibuch-Kommiss. u. Pharmazeut. Aussch. BPI, 1964-85 Vors. Phytochem. u. Phytoparhmazeut. Aussch. BPI, 1965-92 Vorst. d. Fachab. Phytopharmaka BPI; 1966-91 Vorst.-Mitgl. Ges. f. Arzneipflanzenforsch.; 1967/77 Vors. Dt. Pharmazeut. Ges., Untergr. Köln; 1968 Mitgl. Dt. Arzneimittel Codex (DAC); 1969-77 stv. Vors. Rhein. Landesgr. Dt. Pharmazeut. Ges.; 1970-91 Mitgl. Expertengr. Europ. Arzneibuch-Kommiss.; 1978-83 Vors. Rhein. Landesgr., 1978 Vorst.-Mitgl. Dt. Pharmazeut. Ges.; 1978 Beruf. in Zulassungskommiss. E b. BGA durch d. Min.; 1983 Dt. Vertr. Expertengr. 13; s. 1984 Generalsekr. Dt. Pharmazeut. Ges.; 1986 Lenkungsaussch. Phyto u. Vors. Aussch. Phytopharmaka BPI. 3 Hauptpat., 47 Länderpat.; 90 Publ. - BV: Mod. Aspekte d. Phytotherapie, 1981; Phytotherapeut. Welt, 1983; Pflanzen als Arzneimittel - Ratgeber, 1986; Qualitätskontrolle v. Phytopharmaka, 1985 - Phytoptherap. Manual, 1989 - Lit.: Art. in Fachztschr. - 1986 BVK am Bde.; 1991 Ehrenmitgl. Rhein.-Ld.-Gr. d. DPhG.

MENTEN, Bert

Betriebswirt, Geschäftsführer Sanofi Beauté GmbH Köln (s. 1984, vorm. Premier Cosmetics) - Im Waldwinkel 109, 5060 Bergisch-Gladbach 2 - Geb. 9. Aug. 1939 Köln (Vater: Michael M., Handelsvertr.; Mutter: Margarethe, geb. Müller), kath., verh. s. 1960 m. Margot, geb. Kramer, 2 Kd. (Ralph, Martina) - Gymn.; Handelssch.; Lehre als Ind.kfm.; Wirtsch.akad. (Volks- u. Betriebswirtsch., Jura; Externenabit.); Univ. (5 Sem. Jura) - 1961-68 Assist. Geschäftsleit. H. Odendahl Parf. Import u. Estée Lauder Cosmetic GmbH (1964); 1968-72 gf. Gesellsch. Novick Cosmetic GmbH & Co. KG; 1973-83 Geschäftsf. Novicos Cosmetic GmbH, Köln, s. 1984 s.o.; Mitgl. Wirtschaftspol. Club, Ind.-Club - Liebh.: Musik, Lit., Theater - Spr.: Engl., Franz.

MENTZ, Siegfried

Sportpfarrer Ev. Kirche in Deutschland (1981-90) - Nikolausberger Weg 73, 3400 Göttingen (T. 0551 - 4 12 55) - Geb. 10. Mai 1940, ev., verh. s. 1967 m. Gerda, geb. Teipel, 3 Kd. (Matthias, Andreas, Stefanie) - Stud. Theol. - Mitgl. wiss. Beirat Dt. Sportbund; Gründungsmitgl. d. INAS-FMH (Intern. Sports Federation for Persons with Mental Handicap) - BV: Mit Andreas fing alles an - Wie sich d. leben e. geistig behinderten Kindes durch Sport u. Spiel verändern kann, 1982 - 1986 Breitensportpokal durch dt. Sportjournalisten - Liebh.: Klass. Musik - Spr.: Engl., Franz. - Bek. Vorf.: Eduard Mörike, Dichter (Urgroßonkel).

MENTZINGEN, Freiherr von, Franz

Botschafter d. Bundesrep. Deutschl. in Lima/Peru - Av. Arequipa 4202-4210 - Geb. 1932 - Jura-Stud. - S. 1957 Ausw. Dienst; Ausl.posten in Kolumbien, Indien, 1972 Royal College of Defense Studies, London, Genf (Ständ. Vertret. b. d. UN-Büro u.a. intern. Org.), Sudan (1980-84), Zimbabwe (1984-88), Kenia (1988-91).

MENZ, Lorenz

Dr., Staatssekretär Staatsmin. Baden-Württ. (s. 1984) - Rich.-Wagner-Str. 15, 7000 Stuttgart 1 (T. 0711 - 21 53-1) - Zul. Min.dir. Min. f. Wiss. u. Kunst.

MENZ, Maria

Schriftstellerin (Ps. Marie Anna Riem) - Kronenstr. 11, 7951 Oberessendorf üb. Biberach/Riß - Geb. 19. Juni 1903 Oberessendorf - BV/Ged.: Innenwelt, 1968; Anmutungen, 1969; Oberland, 1979 (Mundart). 3bänd. Gesamtausg. d. Ged. (1981) - 1982 Droste-Hülshoff- u. Johann-Peter-Hebel-Preis.

MENZ, Peter

Landrat d. Landkreises Hildburghausen - Zu erreichen üb. Landratsamt, Marktplatz 2, 6110 Hildburghausen - Geb. 6. März 1954 Martinroda, ev., led.

MENZ, Walter

Dipl.-Kfm., Vorstandsmitglied Aachener u. Münchener Lebensversich. AG, u. Aachener u. Münchener Versich. AG - Dstl.: Robert-Schuman-Str. 51, Aureliusstr. 2, 5100 Aachen; priv.: Landgrafenstr. 114, 5000 Köln 41 - Geb. 12. April 1936, kath., verh., 3 Kd. - Ausb.: Wirtschaftspr., Steuerber.

MENZ, Willi

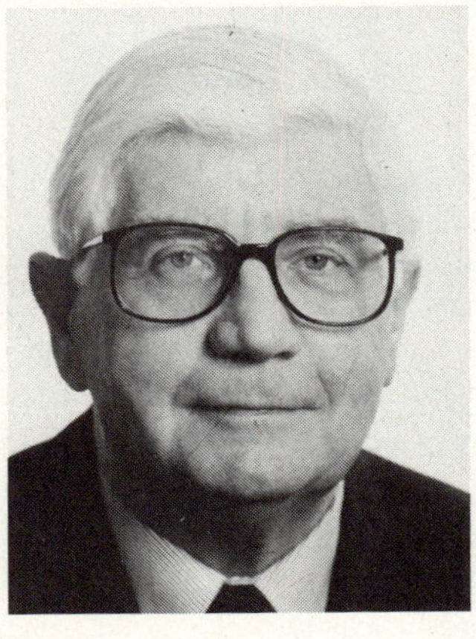

Stadtrat, Polizeipräsident a. D. - Limbacher Str. 16 (Wallstadt), 6800 Mannheim 51 - Geb. 12. Okt. 1923 Mannheim, verh. m. Renate, geb. Mayer - 1971-88 Polizeipräs. in Mannheim; s. 1989 Mitgl. Gemeinderat d. Stadt Mannheim; AR- u. VR-Mand. in städt. Ges. - 1988 BVK I. Kl.; 1986 Mannheimer Bloomaul-Orden u. a. - Rotarier.

MENZE, Clemens

Dr. phil., o. Prof. f. Pädagogik - Paul-Gerhardt-Str. Nr. 8, 5303 Bornheim-Walberberg (T. 16 23) - Geb. 20. Sept. 1928 Tietelsen (Vater: Clemens M., Landw.; Mutter: Elisabeth, geb. Menke), kath. - 1949-54 Univ. Köln (German., Klass. Philol., Phil.). Promot. u. Habil. Köln - S. 1963 Privatdoz., Wiss. Rat u. Prof. (1965), o. Prof. (1967) Univ. Köln (1975/77 Rektor) - BV: D. Bildungsbegr. d. jg. Schlegel, 1964; Wilhelm v. Humboldts Lehre u. Bild v. Menschen, 1965; Wilhelm v. Humboldt u. Heyne, 1966; Die Bildungsreform Wilhelm v. Humboldts, 1975; Bildung u. Bildungswesen, 1980.

MENZEL, Erich

Dr.-Ing., Prof., Physiker - Kasernenstr. 32, 3300 Braunschweig (T. 33 80 80) - Geb. 13. Aug.1918 Danzig (Vater: Karl M., Rechtsanw.; Mutter: Martha, geb. Allert), ev., verh. s. 1947 m. Dr. Christel, geb. Kopp - TH Danzig (Dipl.-Ing. 1944). Promot. 1949 Stuttgart - S. 1947 Assist. u. Doz. Univ. Tübingen, TH Darmstadt (1956; 1959 apl. Prof.), TH bzw. TU Braunschweig (1962; 1963 Abt.-Vorsteher Physikal. Inst.), 1978 Prof., 1977 Fellow Opt. Soc. Am. - BV: Fourier Optik u. Holographie, 1973 (m. W. Mirandé, J. Weingärtner). Zahlr. Fachveröff., Herausg.: Ztschr. Optik (1968 ff.) - Liebh.: Lit., Fotogr.

MENZEL, H. H. Werner

Dr. med., Ltd. Chefarzt Amalie-Sieveking-Krankenhaus, Hamburg i. R., apl. Prof. f. Innere Medizin Univ. Hamburg (s. 1948) - Feldkamp 6, 2000 Hamburg 67 (T. 644 83 44) - Geb. 8. Okt. 1908 Düsseldorf (Vater: Walter M., Architekt; Mutter: Frieda, geb. Noll), ev., verh. s. 1935 m. Herta, geb. Meis, 3 Kd. - Promot. 1937 Düsseldorf; Habil. 1941 Tübingen - U. a. Oberarzt Charité Berlin - BV: Beruf u. Berufung d. Arztes, 1958 (B. Bornikoel u. Chr. Scholz); Menschl. Tag/Nacht-Rhythmik u. Schichtarbeit, 1962. Zahlr. Arbeiten üb. klin. Fragestellungen, bes. langweil. Organperioden - 1963 Mitgl. New York Acad. of Sciences; 1966 Vesalius-Med., 1971 Ehrenmitgl. Intern. Soc. for Chronobiology; 1973 Ludolph-Brauer-Med.; 1978 Ehrenmitgl. Nordwestdt. Ges. f. Innere Med. u. 1986 Europ. Chronobiologische Ges.

MENZEL, Hans-Dieter

Dipl.-Volksw., Hauptgeschäftsführer Industrieverb. Haus-, Heiz- u. Küchentechnik/HKI (s. 1973) - Am Hauptbahnhof 10, 6000 Frankfurt/M. (T. 23 41 57) - Geb. 29. Aug. 1934.

MENZEL, Heinz

Mitglied d. Deutschen Bundestages (1976-90) - Katharinastr. 14, 4650 Gelsenkirchen-Buer - Geb. 22. Jan. 1926 Kunzendorf/Schles., verh., 2 Kd. - Volkssch.; 1940-43 Werkzeugmacherlehre; 1957-58 Sozialakad. - 1943-46 Kriegsdst. u. -gefangensch.; 1946-60 Bergmann (Hauer); 1960-86 Sekr. IG Bergbau u. Energie (1969 Abt.-Leit. Hauptverw.). 1974-76 Ratsmitgl. Gelsenkirchen. SPD s. 1957.

MENZEL, Josef Joachim

Dr. phil., Prof. Univ. Mainz (s. 1972) - Großgewann 18, 6500 Mainz 41 (T. 06136 - 4 26 95) - Geb. 19. Juni 1933 Mühlsdorf, kath., verh. s. 1967 m. Dr. phil. Maria, geb. Tinhof - Stud. Altphil., Gesch. Univ. Münster, Heidelberg, Graz, Wien; Promot. 1962; Habil. 1970 - Fachmitgl.schaften (meist Vorst.) - Herausg.: Jahrb. d. Schles. Friedrich-Wilhelms-Univ. (bish. 32 Bde.); Beitr. z. Gesch. u. Landeskunde Oberschlesiens (2 Bde.). Mithrsg.: Gesch. Schlesiens (3 Bde.), Quellen u. Darstellungen z. Gesch. Schlesiens (bish. 27 Bde.). Zahlr. hist. Fachpubl. - 1967 Förderpreis Oberschlesischer Kulturpreis.

MENZEL, Klaus

Dr. med. (habil.), Prof., Chefarzt Kinderklinik i. R. - Goerdeler Str. 6, 2940

Wilhelmshaven - Geb. 17. Aug. 1924 - B. 1966 Privatdoz., dann apl. Prof. Univ. Münster (Kinderheilkd.); 1987 Hon.-Prof. FH Wilhelmshaven. Üb. 100 Fachveröff. - 1976 Ernst-v.-Bergmann-Plak.

MENZLER, Wilhelm

Dr. jur., Vorstandssprecher Patrizier-Bräu AG., Nürnberg (1974 i. Ruhest.) - Ewaldstr. 70, 8500 Nürnberg (T. 59 11 28) - Geb. 4. Juni 1907 Kulmbach - Gr. jurist. Staatsprüf. - Langj. Banktätigk.; 1953 ff. Vorstandsmitgl. Lederer-Bräu AG., Nürnberg u. Brauerei Joh. Humbser AG., Fürth - Rotarier.

MERBOLD, Ulf

Dr. rer. nat., Wissenschaftler, erster dt. Astronaut - Am Sonnenhang 4, 5200 Siegburg - Geb. 20. Juni 1941, verh., 2 Kd. (Susanne, Hannes) - Promot. 1976 Univ. Stuttgart - Astronaut European Space Agency - BV: Flug ins All, 1986 - Versch. Ehrungen - Liebh.: Segelflug, Skifahren - Spr.: Engl.

MERCATOR

s. Stolze, Diether

MERCK, Johann Peter

Konsul a.h. der Philippinen, Fabrikant, Direktor, pers. haft. Gesellsch. E. Merck, Darmstadt - Am Löwentor 24, 6100 Darmstadt - Geb. 3. Febr. 1927 Darmstadt (Vater: Wilhelm M., Fabrikant; Mutter: Ernesta Rogalla, v. Biberstein), ev., verh. in 2. Ehe m. Heidemarie, geb. Rowohl-Vogel, 3 Kd. (Wilhelm Alexander, Peter Emanuel, Andrea Christiane) - Gymn., Bankkfm., Dolmetscherex. - BVK I. Kl. - Liebh.: Sportfahrzeuge, Sportschießen - Spr.: Engl. - Bek. Vorf.: Kriegsrat Johann Heinrich M. (Freund Goethes).

MERCKER, Hermann

Dr. med., Prof., Pharmakologe - Nizzaallee 25, 5100 Aachen - Geb. 3. Febr. 1912 Mariensee/Nieders. - S. 1945 (Habil.) Privatdoz. u. apl. Prof. Univ. Göttingen; b. 1974 Ltd. Dir. u. Prof. Max-v.-Pettenkofer-Inst./BGA. Üb. 50 Veröff. z. Physiol. u. Pharmak.

MERFORTH, Manfred

Dipl.-Landw., Staatssekretär b. Min. f. Ernährung, Landwirtsch. u. Forsten Kiel (1988-92) - Forstweg 75, 2300 Kiel 1 - Geb. 27. Dez. 1926 Auerbach/Vogtland, ev., verh. s. 1954 m. Hannelore, geb. Geipel, 2 Kd. (Katrin, Klaus) - 1950 Landw.-Lehre Rodewisch/Vogtland; Landwirtsch.-Stud.; Dipl.-Landw. 1953 Göttingen - Mitarb. Agrarsoz. Ges. Göttingen u. Arb.-Gem. z. Verbesseung d. Agrarstruktur Hessen; 1964-73 Landwirtsch.-Min. Wiesbaden u. 1973-88 Hannover.

MERGELL, Arnold F.

Kaufmann, pers. haft. Gesellsch. Harburger Oelwerke Brinckman & Mergell, Hamburg, Vors. Verb. Dt. Ölmühlen. Bonn - Seehafenstr. 2, 2000 Hamburg 90 (T. 77 11 40).

MERGELSBERG, Wolfgang

Dr. rer. oec., Dipl.-Kfm., Generalbevollmächtigter d. Readymix Aktienges. f. Beteiligungen, Ratingen, Vors. d. Geschäftsfg. d. Readymix Kies GmbH. Vorst.-Mitgl. Bundesverb. d. Dt. Kies- u. Sandind. e.V. - Pigageallee 19a, 4000 Düsseldorf 13 - Geb. 4. Mai 1934.

MERGEN, Armand

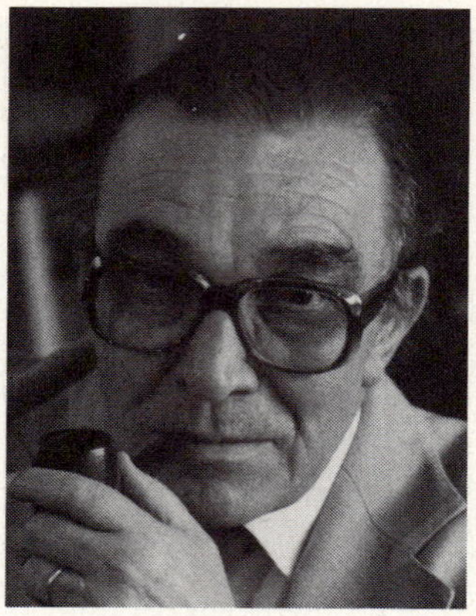

Dr. Dr. jur., em. Prof. - 20, Rue de Strassen, L-8156 Bridel (T. 00352 - 33 21 03) - Geb. 29. Jan. 1919 Heffingen/Lux. (Vater: Jean M., Ing.-Chemiker; Mutter: Maria, geb. Faber), kath., verh. s. 1977 m. Eva-Beate, geb. Lodde - Stud. Rechtswiss., Med., Psych., Luxembourg, Innsbruck, Brüssel u. Paris; Promot. Innsbruck u. Luxembourg - 1941-44 Assist. Univ. Innsbruck; 1947-56 Rechtsanw. Luxembourg, Mitglied Inst. Grand.-Dueal, Abt. sciences médicales u. sciences morales - Kriminologische Praxis; s. 1947 Lehrtätigk. Univ. Mainz (1953 Habil.); 1949-55 Leit. Inst. de défense sociale Luxembourg (Mitbegr.); 1980-81 Prof. d. Kriminol. Univ. Lausanne (Schweiz); em. 1984. Gründungsmitgl. Dt. Kriminol. Ges. (Ehrenpräs.) u. Soc. Intern. de défense sociale - BV: D. Kriminalität d. Geisteskranken, 1942; La narcoanalyse, 1949; Die Tiroler Karrner, 1949; Methodik kriminalbiol. Unters. 1952 (auch franz.); D. kriminol. Gutachten, 1959; D. Wiss. v. Verbrechen, 1961; D. Kriminologie, 1967; D. geborenen Verbrecher, 1968; Tat u. Täter, 1971; Krankheit u. Verbrechen, 1972; Spiel mit d. Zufall, 1973; Verunsicherte Kriminologie, 1975; Spiel m. d. Glück, 1976; D. Kriminologie, 2. A. 1978; Grausame Spiele, 1981; D. BKA-Story, 1987; Tod in Genf, 1988; D. blinde Göttin, 1989; Beschaffungskriminalität, 1990; Apalien, 1990; La situation des toxicomanes dans les prisons d'Europe. (Rapport fait à la demande de la Commiss. des Communautés Européennes), 1991. Herausg.: Kriminol. Schriftenreihe; Sexualforsch. - Stichwort u. Bild (2 Bde.); Dokumentation üb. d. Todesstrafe; Kriminol. Aktualität - 1953 Ordo equester de St. Agatha, 1977 Officier de l'Ordre de mérite - Liebh.: Sportfliegerei (Begründ. u. erster Präs. Union des Pilotes d'aviation Luxembourgeois), Fechten, Musik, Kunst - Spr.: Franz., Engl., Ital., Luxembg.

MERGNER, Hans

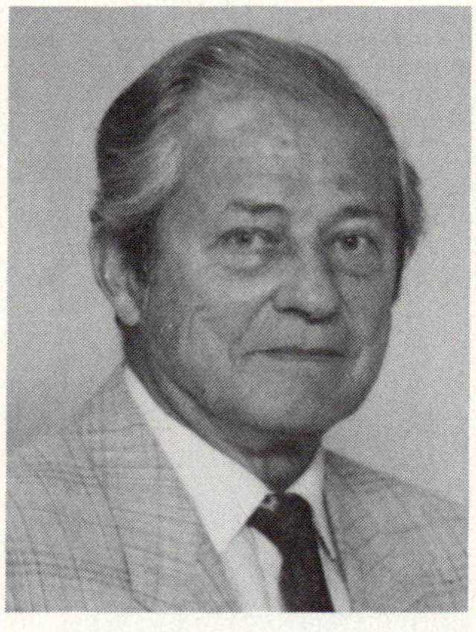

Dr. rer. nat., em. Prof. f. Spez. Zoologie Ruhr-Univ. Bochum - Ruhr-Universität, Postf. 102148, Universitätsstr. 150, 4630 Bochum (T. 0234 - 7 00-44 42) u. Hansstr. 1, 4630 Bochum-Stiepel (T. 0234 - 47 05 02) - Geb. 8. Mai 1917 Lemgo (Vater: Konrad M., Studienprof.; Mutter: Luise, geb. Tasche), ev.-luth., verh. s. 1955 m. Maria Theresia, geb. Zieger, 3 Söhne (Hans Joachim, Wolfgang Christian, Andreas) - 1949-56 Univ. Tübingen (Promot. 1956), 1963 Habil., 1968 apl. Prof., 1970 o. Prof., emerit. 1984 - Entd.: Embryonalentw. Eudendrium (Hydroida), Induktion v. Oscularrohren b. Spongilliden, Ökol. u. Diversität v. Korallenriffen, Organon vasculosum laminae terminalis. Zahlr. Publ. u. Buchart., Orchideenkde. - Liebh.: Klass. Musik, Kakteen- u. Orchideenkultur, Reisen, Tauchen in Korallenriffen, Photographieren - Spr.: Engl.

MERIAN, Svende

Schriftstellerin - Chrysanderstr. 132, 2050 Hamburg 80 - Geb. 25. Mai 1955 Hamburg (Vater: Maurer) - Stud. generale (Gesch., German., Med., ev. Theol., Päd.), dar. Schwerp.: Mittelalter u. 20. Jh. S. 1991 auch Wiss. Mitarb. d. Hamburger Bürgerschaft, Arb.schwerp.: Soziale Gerontologie - BV: D. Tod. d. Märchenprinzen, 1980 (schwed. u. holl.); Mutterkreuz, 1983; D. Mann aus Zucker, 1985; Vaters Hände, Nov. 1990. Herausg.: Scheidungspredigten (1986); Satire-Leseb. v. Frauen (1991); u.a. - Liebh.: Dt. Dichtung d. MA, zeitgen. Film - Spr.: Engl., Franz., Ital.

MERK, Bruno

Dr. jur., Staatsminister a. D. - Markgrafenweg 15, 8870 Günzburg - Geb. 15. April 1922 - S. 1946 CSU, 1958-77 MdL Bayern, 1966-77 Bayer. Innenminister, 1977-86 geschf. Präs. BSGV, 1985-90 ehrenantl. Präs. BRK, 1986-91 Mitgl. Bayer. Senat.

MERK, Gerhard Ernst

Dr. rer. pol., Dipl.-Volksw., Dipl.-Hdl., Prof. f. Volkswirtschaftslehre, insb. Geld u. Währung - Albertus-Magnus-Str. 2, 5900 Siegen 1 - Geb. 8. Mai 1931 Mannheim, kath., verh. s. 1964 m. Dr. rer. nat. Martha, geb. Jansen (Apothekerin), 2 Töcht. (Irene, Judith) - 1952-56 Univ. Heidelberg (Dipl.-Volksw., Promot.), 1956-1958 Univ. Mannheim (Dipl.-Hdl.) - 1958-66 Industrie- (Fried. Krupp/Abt. Marktforsch., Essen), dann Lehrtätigk. (1973 Prof. GH Siegen) - 1962ff. Präs. Ges. f. Wirtschaftskd., Essen bzw. Siegen; 1983ff. Obmann Arbeitsgem. Währungsethik, Köln; 1984ff. Mitgl. Beirat Görres-Ges., Bonn/Köln; 1988 Präs. Jung-Stilling-Ges., Siegen - BV: Wissensch. Marktforsch., 1962; Dringlichkeit Wirtschaftsk. Bildung, 1965; Programm. Einf. in d. Volksw.-lehre, 4 Bde. 1973/1974; Einf. in d. Geldlehre, 1974; Grundlehren d. Nationalökonomik, 2 Bde. 1975; Mikroök., 1976; Z. Begrenzung d. Offensivwerb., 1977; Grundbegriffe d. Erkenntnislehre f. Ökonomen, 1985; Ges. Aufs. z. Wirtschaftstheorie, 1986; Jung-Stilling-Lexikon Wirtsch., 1987; Jung-Stilling-Lexikon Religion, 1988; Jung-Stilling, e. Umriß seines Lebens, 1989; Oberbergmeister Joh. Hch. Jung, e. Lebensbild, 1989. Herausg.: Acta Monetaria/Jahrb. f. Geldordnung u. -politik (1976ff.); versch. Herausg.schaften; versch. Gedichtbändchen - Lit.: (Gold) Rohstoff-Hortungsobjekt-Währungsmetall, Festgabe f. Gerhard Merk, 1981; Güter u. Ungüter, Freundesgabe f. Gerhard Merk, 1991; Blicke auf Jung-Stilling, Festgruß an Gerhard Merk - Liebh.: Bibliophilie.

MERK, Otto

Dr. theol., o. Prof. Univ. Erlangen-Nürnberg (s. 1974) - Rühlstraße 3a, 8520 Erlangen (T. 09131 - 5 74 22) - Geb. 10. Okt. 1933 Marburg/L. (Vater: Prof. Dr. jur. Walther M.; Mutter: Gertrud, geb. v. Buengner), ev., verh. s. 1967 m. Margret, geb. Ladendorf, 2 Kd. - Hum. Gymn. Philippinum Marburg; Stud. Univ. Marburg u. Heidelberg; 1. theol. Staatsex. 1960; Promot. 1966; Habil. 1970 Marburg - 1966-74 Assist. u. Prof. (1972) Univ. Marburg. Mitgl. Studiorum Novi Testamenti Societas (s. 1971) u. Ges. f. Theol. (s. 1974) - BV: Handeln aus Glauben. D. Motivierungen d. paulinischen Ethik, 1968; Bibl. Theol. d. Neuen Testaments in ihrer Anfangszeit, 1972; Verantwort., 1982 (m. E. Würthwein). Herausg.: R. Bultmann, Theol. d. Neuen Testaments, 7.-9. A. (1977/80/84); Schriftauslegung als theol. Aufklärung (1984); Glaube u. Eschatologie. Festschr. W. G. Kümmel (1985, m. E. Gräßer). Div. Fachbeitr. - Bek. Vorf.: Prof. Dr. jur. Ludwig Enneccerus, Parlamentarier (Urgroßv.).

MERK, Otto

Chefredakteur tz - Zu erreichen üb.: Pressehaus Bayerstraße, 8000 München 2 - Geb. 10. Jan. 1922 München - Kriegsdst. (Luftw.-Offz. u. Fernaufkl.); s. 1946 Ztg.svolont. Münch. Mittag, Journ. Münch. Merkur u. tz (1968 stv. Chefredakt., 1970 Redaktionsleit., 1973 Chefred.) - 2 Bücher z. Luft- u. Raumfahrt.

MERK, Rudolf

Dipl.-Chem., Kaufmann (Merk & Cie., Landshut), b. 1979 Vors., dann Ehrenvors. Uniti Bundesverb. mittelständ. Mineralölunternehmen, Hamburg - Annabergweg 13, 8300 Landshut/Bay. - Geb. 16. Febr. 1912.

MERKEL, Friedemann

Dr. theol., o. Prof. f. Prakt. Theologie u. Religionspäd. - Potstiege 58, 4400 Münster (T. 86 26 25) - Geb. 28. Jan. 1929 Freiburg/Br., ev., verh. s. 1957 m. Marianne, geb. Kempf, 4 Töcht. (Ute, Eva, Gesine, Juliane) - Gymn. Pforzheim; Stud. Ev. Theol. Ex. 1952 u. 1953 Karlsruhe; Promot. 1958 Heidelberg - 1953-54 Vikar u. Religionslehrer; 1954-60 wiss. Assist. u. Lehrbeauftr. Univ. Heidelberg; 1960-65 Doz. Predigersem. Bad Kreuznach u. Pfarrer Mandel; s. 1965 Ord. Kirchl. Hochsch. Berlin (1968-70 Rektor) u. Univ. Münster (1970) - BV: Gesch. d. ev. Bekenntnisse in Baden v. d. Reformation b. z. Union, 1960; Im Angesicht d. Gemeinde, 1970.

MERKEL, Friedrich-Wilhelm

Dr. phil. nat., Prof. i.R., Zoologe - Karlsbader Str. 19, 6370 Oberursel 6 - Geb. 27. Aug. 1911 - S. 1955 (Habil.) Privatdoz. u. apl. Prof. (1961) - BV: Orientierung im Tierreich, 1980. Veröff. z. Ornithologie.

MERKEL, Harald

Dipl.-Kfm., Geschäftsführer Martin Merkel GmbH & Co. KG, Hamburg - Schrödersweg 8, 2000 Hamburg 61 - Geb. 17. Jan. 1941 - Vorst.-Mitgl. Arbeitg.verb. d. dt. Kautschukind., Hannover.

MERKEL, Helga

s. Elstner, Helga

MERKEL, Horst

Dr. med. (habil.), em. Prof., Direktor Patholog.-Bakteriolog. Inst. Städt. Krankenhaus Kiel - Knooper Weg 188, 2300 Kiel (T. 4 80 96) - Geb. 13. Juni 1911 Chemnitz/Sa. (Vater: Robert M., Ing.; Mutter: geb. Richter), verh. 1942 m. Katharina, geb. Gorol - Univ. Leipzig - B. 1948 Privatdoz., dann apl. Prof. Univ. Kiel, emerit. 1977. Fachveröff. - Liebh.: Fotogr.

MERKEL, Rudolf

Dr. jur., Bundesrichter - Herrenstr. 45a, 7500 Karlsruhe - Geb. 26. Okt. 1921 - B. 1968 OLG Frankfurt/M., dann BGH Karlsruhe.

MERKELBACH, Reinhold

Dr. phil., o. Prof. f. Klass. Philologie - Parkstr. 2, 8139 Bernried (T. 08158 - 83 24) - Geb. 7. Juni 1918 Grenzhausen (Vater: Paul M.; Mutter: Gertrud, geb. Stade), ev., verh. m. Lotte, geb. Dorn, 3 Kd. (Judith, Anna, Paul) - S. 1950 (Habil.) Lehrtätigk. Univ. Köln, Erlangen (1957 Ord.), Köln (1961) - BV: u. a. Unters. z. Odyssee; D. Quellen d. griech. Alexanderromans; Roman u. Mysterium; Isisfeste; Fragmente Hesiodea (m. W. L. West). Krit. Beitr. zu antiken Autoren, Mithras, Inschr. von Erythrai (m. H. Engelmann), Assos, Kalchedon, Ephesos (m. mehr. Mitarb.), Mithras. Mani u. s. Religionssystem, Nikaia in d. röm. Kaiserzeit, Platons Menon, D. Hirten d. Dionysos; Abrasax (m. M. Totti) - 1978 Dr. h. c. Besançon; 1979 Mitgl. Rhein.-Westf. Akad. d. Wiss.; 1986 Korr. Mitgl. d. Brit. Acad.

MERKENSCHLAGER, Michael

Dr. med. vet., Prof., Lehrstuhl f. Physiologie u. Physiol. Chemie Inst. f. Physiologie, Physiolog. Chemie u. Ernährungsphys., Tierärztl. Fakultät d. Univ. München - Veterinärstr. 13, 8000 München 22 (T. 089 - 21 80 25 51).

MERKER, Günter Peter

Dr.-Ing. habil., apl. Prof. f. Thermodynamik TU-München - Niederholzstr. 33/ 2, 7990 Friedrichshafen (T. 07541 - 3 22 66) - Geb. 9. April 1942 Augsburg (Vater: Erich M., Elektro-Ing.; Mutter: Charlotte, geb. Niedermeier), kath., verh. s. 1974 m. Monika, geb. Zimmermann, S. Maximilian - Dipl.-Ing. 1969, Promot. 1974, Habil. 1978, alles TU München - 1969-78 wiss. Assist. TU München; 1978-80 Fachref. MTU München; 1980-86 Prof. in Karlsruhe; 1986ff. MTU Friedrichshafen Abt. Analytik - BV: Konvektive Wärmeübertrag. Fachb. 1987 - Spr.: Engl.

MERKER, Hans-Joachim

Dr. med., o. Prof. f. Anatomie FU Berlin (s. 1973) - Pacelli-Allee 41, 1000 Berlin 33 (T. 832 82 40) - Geb. 7. Okt. 1929 Merseburg (Vater: Dr. med. Rudolph M.; Mutter: Hertha, geb. Stelling), ev., verh. s. 1966 m. Antje, geb. Hellenschmied, T. Ulrike - Stud. d. Med. Berlin, Gießen; Promot. 1958 Berlin; Habil. 1964 ebd. - Fachmitgl.schaften, u. a. Anatom. u. Europ. teratolog. Ges. - 200 Fachveröff. Teratologie u. Embryologie - Spr.: Engl.

MERKER, Ulrich

Dr., Geschäftsführer Fachverb. Elektroleuchten (ZVEI), Gf. Fördergemeinsch. Gutes Licht - Stresemannallee 19, 6000 Frankfurt/M. 70.

MERKES, Manfred

Dr. phil., Prof. f. neuere Geschichte - Fritz-Pullig-Str. 14, 5205 St. Augustin 2 (T. 02241-2 99 67) - Geb. 8. Mai 1929 Trier (Vater: Peter M., Berufsschuldir.; Mutter: Franziska, geb. Blau), kath., verh. s. 1971 m. Ursula, geb. Wagner, 2 T. (Barbara, Martina) - Gymn. (Abit. 1949); 1949-55 Stud. Bonn, Freiburg (Gesch., Angl.), Stud.Ass. 1957, Promot. 1958, Habil. 1971 - 1972 apl. Prof., 1973 Doz., s. 1980 Prof. auf Lebenszeit - BV: D. dt. Politik im Span. Bürgerkrieg 1936-1939, 2. A. 1969 - Spr.: Engl., Franz., Span.

MERKL, Gerhard

Dr. jur., Richter, MdL Bayern (s. 1974) - Rosenstr. 13, 8421 Teugn (T. 09405 - 10 28) - Geb. 1940 - CSU.

MERKL, Rudolf

I. Bürgermeister Stadt Vilseck - Rathaus, 8453 Vilseck/Opf. - Geb. 10. Febr. 1929 Schlicht - Land- u. Gastw. CSU.

MERKLE, Hans

Dipl.-Sozialw., Vorsitzender Arbeitskr. Werbefernsehen d. dt. Wirtschaft - Schöne Aussicht 59, 6200 Wiesbaden - Geb. 9. Juni 1939 Karlsruhe - Manager External Relations Procter & Gamble GmbH, Schwalbach/Ts.; Pres. World Federation of Advertisers (WFA), Brüssel.

MERKLE, Hans L.

Dr. h. c., Prof., Direktor i. R. - Postf. 10 60 50, 7000 Stuttgart 10 (T. 81 10) - Geb. 1. Jan. 1913 Pforzheim (Vater: Emil M., Druckereibesitzer u. Verleger; Mutter: Zeline, geb. Kilgus) - Stud. Rechtswiss. u. Volksw. - 1949-58 Vorst.-Mitgl. Ulrich Gminder AG, Reutlingen; s. 1958 Geschäftsf., Vors. d. Gfg. (1963) u. AR-Vors. (1984-88) Robert Bosch GmbH, Stuttgart. Mitgl. Max-Planck-Gesellschaft. AR-Mandate (z. T. Vors., 1984ff. Dt. Bank, Frankfurt/M.) - BV: Inflation u. Öffentl. Finanzen, 1975 - 1973 Prof.-Titel baden-württ. Landesreg.; 1973 Frhr.-v.-Stein-Med. in Gold F.S.V.-Stiftg. Hamburg - Sammelt Erstausg. dt. Literatur - Spr.: Engl. - Rotarier (Ehrenmitgl. Rotary Club Stuttgart). - B. 1979 (Austr.) CDU.

MERKLE, Ludwig

Dr. phil., Journalist, Schriftst. - Perlacher Bahnhofstr. 9, 8000 München 83 - Geb. 28. März 1928 München, verh. s. 1949 m. Dr. Elli Röckl, 3 Söhne (Alexander, Stefan, Andreas) - Stud. Ztg.-Wiss. u. German. München - 1986/87 Lehrbeauftr. Univ. München - BV: Bairische Grammatik, 1975; D. Pyrenäen sind schön, aber hoch, 1988; u.v.a.

MERKLE, Udo

Dr. med., Prof. f. Anatomie (Extraord. i.R.) - Niendorfstr. 13, 8520 Erlangen - Geb. 24. Aug. 1920 Stuttgart (Vater: Victor M., SKF-Dir.; Mutter: Irene, geb. Krause), ev. - Eberhard-Ludwigs-Gymn. Stuttgart; Univ. Tübingen (Med.). Promot. u. Habil. Tübingen - B. 1964 Lehrtätigk. Univ. Tübingen, dann Erlangen (1967 apl. Prof., 1980 Extraord.). Fachaufs.

MERKLEIN, Helmut

Dr. theol., Dr. theol. habil., Prof. f. Neues Testament Univ. Bonn - Töpferstr. 6a, 5307 Wachtberg - Geb. 17. Sept. 1940 Aub, kath. - Theol. Abschlußex. 1964 Phil.-Theol. Hochsch. Bamberg; Promot. 1972 Univ. Würzburg, Habil. 1976 ebd. - 1965-71 kirchl. Dienst; 1972-77 Wiss. Assist.; 1977 Privatdoz. Univ. Würzburg; 1977-80 o. Prof. Univ.-GH Wuppertal; s. 1980 o. Prof. Univ. Bonn - BV: Wiss. Monogr. (Theol.): D. kirchl. Amt nach d. Epheserbrief, 1972; Christus u. d. Kirche, 1973; D. Gottesherrsch. als Handlungsprinzip, 1978, 3. A. 1984; Jesu Botschaft v. d. Gottesherrsch., 1983, 3. A. 1989; Stud. zu Jesus u. Paulus, 1987.

MERKT, Hans

Dr. med. vet., Prof. f. Fortpflanzung u. Haustierbesamung - Im Gehäge 2, 3004 Isernhagen 2 (K.B.) (T. Hannover 73 36 26) - Geb. 3. Okt. 1923 Koblenz - S. 1958 (Habil.) Privatdoz., Wiss. Rat (1963), apl. Prof. (1963), o. Prof. (1965) Tierärztl. Hochsch. Hannover (Dir. Klinik f. Andrologie u. Besamung d. Haustiere) - BV: D. Schnittentbindung b. Rind in d. neuzeitl. Geburtshilfe. Zahlr. Einzelarb. - Ehrenprof. Universidade Federal do Rio Grande do Sul, Ehrenmitgl. Soc. de Veterinaria do Rio Grande do Sul u. Soc. de Veterinária de Pernambuco; korr. Mitgl. Soc. de Medicina Veterinaria Argentina, Dr. h. c. Univ. Federal Rural de Pernambuco u. Univ. Nacional de Asunción, Univ. Austral de Chile, Inhaber Iwanow-Medaille; Gold. Verdienstmed. Akad. Rolnicza/Warschau.

MERKWITZ, Jürgen

Dr. rer. nat., o. Prof. f. Informatik TH Aachen (s. 1973) - Schwerzfelder Str. 29c, 5106 Roetgen (T. 02471 - 29 36) - Geb. 24. Mai 1932 Bremen (Vater: Willy M., StudR; Mutter: Margarete, geb. Grashorn), ev., verh. s. 1960 m. Brigitte, geb. Hahn, 3 Kd. (Thomas, Gisela, Wolfgang) - Stud. d. Math. Univ. Heidelberg - 1960-73 Wissenschaftler Kernforschungszentrum Karlsruhe - Spr.: Engl.

MERL, Wilhelm Anton

Physiker - Ob. Wingertweg 69, 7530 Pforzheim - Geb. 19. Juni 1929 München, kath., verh. s. 1955 m. Gisela, 4 Kd. - TH München, Dipl. 1954 - 1971 Leit. Forsch. u. Entw. Doduco KG, 1975 Techn. Geschäftsf. Bayer. Metallwerke; 1989 Alleingeschäftsf.; 1990 freiberufl. Ind.berater, Ing.-Büro Resma - BV: D. elektr. Kontakt, 1959 (übers. Russ. 1962); Werkstoffe f. elektr. Kontakte (Mitverf.), 1960. Ca. 60 wiss.-techn. Veröff. u. Pat. Mithrsg.: Elektr. Kontakte u. ihre Werkstoffe (1984).

MERSCHMEIER, Jürgen

Journalist, Managing Director (Public Affairs), Burson-Marsteller GmbH - Godesberger Allee 90, 5300 Bonn 2 (T. 0228 - 37 69 32) - Geb. 16. Nov. 1946 Münster, kath. - Abit. 1966 Münster; 1966-72 Stud. Phil. u. Kath. Theol. Univ. Münster, Rom (Gregoriana) u. Bonn - 1973-77 Pers. Ref. d. CDU-Bundesgeschäftsf.; 1977-84 Redakt. Köln. Rundschau (zul. stv. Chefredakt.); 1985 Leit. Bonner Studio Aktuell Presse-Fernsehen (APF); 1985-89 Sprecher CDU - Liebh.: Enten sammeln, Lesen (hist. Lit., Biogr.), Theater, Wandern - Spr.: Engl., Ital., Franz.

MERSEBURGER, Peter

Journalist, freier Publizist (s. Juli 1991) - Nassauische Str. 30, 1000 Berlin 31 - Geb. 9. Mai 1928 Zeitz, Regierungsbez. Merseburg (Vater: Karl Erich M. Graphiker; Mutter: Gertrud, geb. Troeger), verh. m. Sabine, geb. Rüdiger, 2 Kd. (Stephan, Kathrin-Carolina) - Leibniz-Obersch. Leipzig; Univ. Halle/S. u. Marburg (German., Neuere Gesch., Soziol.) - B. 1956 u. spät. Hannoversche Presse, dazw. NDR u. Neue Ruhr-Ztg., 1960-65 D. Spiegel (u. a. Korresp. Berlin u. Bonn), seither NDR (1967 Leit. Fernsehsend. Panorama, 1969 Chefredakt. Fernsehen), 1977ff. ARD-Korresp. Washington u. Ostberlin (1982), 1987-91 Fernsehkorresp. u. Studioleit. ARD-Studio London. SPD s. 1950 - BV: D. unberechenbare Vormacht - Wohin steuern d. USA?, 1983; Grenzgänger - Innenansichten d. and. dt. Republik, 1988 - 1984 u. 1987 Jakob-Kaiser-Preis; 1991 Fritz-Sänger-Preis - Liebh.: Literatur, Schach, Schwimmen, Kochen - Spr.: Engl., Franz.

MERSMANN, Hermann

Dr. jur., Oberfinanzpräsident i.R., Leiter Oberfinanzdir. Köln (1971-80) - Riehler Platz 2, 5000 Köln 1 (T. 7 72 71); priv.: Mörikestr. 8, -51 - Geb. 21. Juni 1915 Kiel (Vater: Dr. jur. Heinrich M., Rechtsanwalt u. Notar), verh. m. Hildegard, geb. Ratzow - B. 1967 Oberfinanzdir. Köln, dann Berlin (Finanzpräs.; Leit. Abt. Zoll u. Verbrauchssteuern).

MERSON, Georg

Dr. jur. & oec. (coventry), Magister jur. u. Magister econ. (Warschau), Vorstandsmitglied Dr. Merson & Partner (Consulting) Ltd., London, Vors. VR u. Direkt. MBC Ind. Products Trading Corp., Wilimington/USA, Seniorpartner Dr. Merson & Partner, Untern.beratung, Diepoldsau/Schweiz - Sonnenstr. 1, CH-9444 Diepoldsau/St. Gallen - Geb. 20. März 1924 Wilna/Lit. (Vater: Prof. Dr.-Ing. Hermann M.; Mutter: Olga, geb. Gräfin Lutzensky Fittinghoff v. Schell), kath., verh. in 3. Ehe (1976) m. Galina, Künstlern. Lanskaja, 2 Kd. (Irene, Georg) - Gymn. Wilna u. Pinsk (Abit. 1941); 1941-43 kaufm. Lehre Reichskommissar f. d. Ukraine; 1943-45 Militäreins.; b. 1956 Staatsdst. Warschau (zul. Ltd. Ministerialdir. Min. f. Kultur u. Kunst; 1957-58 Rechtsanw.; s. 1959 Unternehmensberat.; Mitgl. Science Management Assoc., Boston/Philadelphia; Mitgl. Expertenring d. Bundesverb. Mittelständ. Wirtschaft BVMW, Bonn; Ehrenmitgl. Accad. Italia delle Asti e del Lavoro, Parma - BV (USA): D. dt. Steuerrecht, 1975; D. Steuerrecht u. d. Auslandsinvestition, 1976; D. Management, 1977; Betriebsaufspaltung - ein Maßanzug für mittelständ. Unternehmen, 1982 - 1944 EK I; 1955 Gr. Verdienstkreuz in Gold (Polen) - Spr.: Russ., Poln., Franz., Engl., Ital.

MERTÉ, Hanns-Jürgen

Dr. med., Prof. u. Direktor Augenklinik TU München/Fak. f. Med. (s. 1967) - Eisensteinstr. 1, 8000 München 80 (T. 98 03 22) - Geb. 17. Aug. 1921 Jena (Vater: Dr. phil. Willy M., Mathematiker u. Physiker Zeiss-Werke; Mutter: Antonie, geb. Popp), verh. s. 1956 m. Dr. med. Gertrud, geb. Richter, 4 Kd. (Birgit, Nicole, Ralph Laurent, Egmont) - Univ. Jena, Berlin. Promot. 1945; Habil. 1953 - 1953-67 Privatdoz. u. apl. Prof. (1961) Univ. München; zul. Chefarzt Augenabt. Städt. Krkhs. rechts d. Isar ebd. S. 1961 Lehrauftr. f. Sehbehinderte, 1966 ff. Präs. Intern. Ges. f. Ergophthalmologie; Vors. Sektion Gutes Sehen Dt. Grünes Kreuz. Diverse Fachmitgliedsch. - BV: Grundl. d. Tonographie, in: Augenheilkd. in Klinik u. Praxis, 1958 (Herausg.: Rohrschneider); Sehorgan, Normale Anatomie, in: Pathologie d. Labor.stiere, Bd. I 1958 (Hrsg.): Cohrs, Jaffe, Meessen); Arbeits- u. Sozialmed. in: Axenfeld, Lehrb. u. Atlas d. Augenheilkd.; Ergophthalmologie, in: Augenheilkunde in Praxis und Klinik (Herausg.: François und Hollwich). Herausg.: Arbeitsmedizin, Fragen in d. Ophthalmol. (1969-87), Augenärztl. Fortbild. (1970-88), Clonidin in der Augenheilkunde (1974), Genesis of Glaucoma (1978); Mitherausg.: Pharmako-Therapie (s. 1977), Historia Ophthalmologica Internationalis (s. 1978), Claucoma Klin. Mb. Augenheilkd. (s. 1979, Hauptschr.leit.); Clinica oculistica e patologia oculare. Zahlr. Fachaufs. - 1955 korr. Mitgl. Chilen. Ophthalmol. Ges.; 1975 Charter Member Acad. Ophthalmologica Intern.; Ehrenmitgl. Franz. (1972) u. Span. (1973) Ergophthalmol. Ges., Österr. Ophthalmol. Ges., Griech. Ophthalmol.-Histor. Ges., Charter Member Intern. Glaucoma Congr.; Societas Ergophthalmologica Internat. (Präs. 1966, Ehrenpräs. 1978); Präs. Internat. Association of Ocular Surgeons (1980); Präs. Glaukomliga; 1981 Ernst-v.-Bergmann-Plak. d. Bundesärztekammer; 1982 Gold. Ehrennadel Dt. Grünes Kreuz; 1985 Univ.-Med. Neapel; 1986 Mansoura; 1986 Ismailia; 1987 Inst. Ocul. Roma; 1987 Joh.-Aug.-Heinr. Duncker-Med.; u. a. intern. u. nat. Ausz. - Spr.: Engl., Schr.: Franz., Span., Ital.

MERTEN, Detlef

Dr. rer. pol., Dr. jur., Prof. f. Staats- u. Verwaltungsrecht, Sozialrecht - von-Dalberg-Str. 8, 6731 St. Martin - Geb. 29. Nov. 1937 Berlin, ev. - 1956-60 Jura- u. Volksw. FU Berlin, Promot. 1963, Habil. 1971 - S. 1972 o. Prof., 1977-79 Rektor Hochsch. f. Verw.wiss. Speyer - BV: D. Inhalt d. Freizügigkeitsrechts, 1970; Rechtsstaat u. Gewaltmonopol, 1975; Rechtsstaatlichkeit u. Gnade, 1978; D. Katte-Prozeß, 1980; Gemeinsch.-komment. z. Sozialgesetzbuch, 1978; Grundfragen d. Einigungsvertrages, 1991.

MERTEN, Hubert

Betriebswirt (grad.), Geschäftsf. Merten & Storck, Drensteinfurt - Amtshofweg 12, 4406 Drensteinfurt - Geb. 10. Febr. 1947.

MERTEN, Klaus

Dr. soc., Prof. f. Kommunikationsforschung - Pfarrweg 13, 6301 Annerod (T. 0641 - 4 24 21) - Geb. 31. Juli 1940 Potsdam (Vater: Rolf M., Dr.-Ing.; Mutter: Margit, geb. Ocholt), ev., verh. s. 1971 m. Frogard, geb. Nölting, 2 Söhne (Jan, Christoph) - TH Aachen, Univ. Münster, Dipl.-Soz. 1971, Promot. Univ. Bielefeld 1976 - 1972-76 Wiss. Assist. Univ. Bielefeld, 1976-78 Lehrst.-vertr. Univ. Mainz/Gießen, 1979 Prof. Univ. Gießen, 1984 Prof. Univ. Münster - BV: FORTRAN IV, 1975 u. 1980; Kommunikation, 1977; Inhaltsanalyse, 1983, 2. A. 1992; Struktur d. Berichterstatt. d. Tagespresse, 1985; Bild d. Ausländer, 1986; FORTRAN 77, 1988; Methoden, 1991; Funkkolleg Medien u. Kommunikation, 1991; Kontakte per Annonce, 1992; Medien u. Kommunikation, 1992 - 1977 Top Award Intern. Communication Association Berlin; 1990 Fritz-Thyssenpreis - Liebh.: Joggen, Kreta - Spr.: Engl., Lat., Neugriech.

MERTEN, Richard

Dr. med., Prof., Internist, Laborarzt - Brinckmannstr. 21, 4000 Düsseldorf - Geb. 6. Dez. 1910 Köln (Vater: Hans M., Mittelschullehrer; Mutter: Margarete, geb. Kraemer), kath., verh., 3 Söhne - Gymn. u. Univ. Köln. Promot. 1935; Habil. 1953 - Assist. Charité Berlin, Univ.klin. Köln u. Mainz, Max-Planck-Inst. Tübingen u. Regensburg; apl. Prof. 1959 Univ. Düsseldorf. Zahlr. Veröff. üb. Stoffwechselprobleme, Enzyme, Methoden z. Frühdiagnose d. Carcinoms,

Qualitätssicherung in med. Labor - Spr.: Engl.

MERTENS, Franz-Josef

Dr. jur., Abteilungsdirektor, MdB (Wahlkr. 95/Bottrop-Recklinghausen IV) - Gerichtsstr. 3, 4250 Bottrop (T. 02041 - 2 21 63) - SPD.

MERTENS, Hans-Joachim

Dr. iur., o. Prof. u. gf. Direktor Inst. f. ausl. u. intern. Wirtschaftsrecht Univ. Frankfurt/M. - Kronberger Str. 16, 6240 Königstein 2 (T. 06174 - 57 77) - Geb. 25. Juli 1934 Guben (Vater: Heinz M., RA u. Notar; Mutter: Margarete, geb. Lange), verh. s. 1962 m. Isa, geb. Cuntze, 2 Kd. (Annette, Georg) - Stud. d. Rechts- u. Wirtsch.swiss. Univ. Kiel u. Lausanne; Promot. 1961 Kiel; Habil. 1966 Mainz - 1966 Privatdoz. Mainz, 1967 Prof. Lausanne - BV: D. Selbstbindung d. Verw. a. Grund d. Gleichheitsgrundsatzes, 1963; Eigentumsvorbehalt u. sonstige Sicherungsmittel d. Verkäufers im ausl. Recht, 1964; D. Begriff d. Vermögensschadens im Bürgerl. Recht, 1967; Wirtschaftsr. (m. Kirchner u. Schanze), 2. A. 1982. Zahlr. Fachveröff. Mitautor jur. Kommentare z. Aktien-GmbH- u. Bürgerl. Recht, u.a. Kölner Kommentar z. AktG: Vorst. (zul. 1990); AR u. KGaA; Hachenburg GmbHG: Durchgriff (zul. 1989) Geschäfsf.; Münchener Kommentar z. BGB: Deliktsrecht (zul. 1986); Soergel, BGB: Schadensrecht (zul. 1990). Gf. Herausg.: D. Aktienges. (1976ff.) - Spr.: Engl., Franz. - Rotarier.

MERTENS, Heinz

Dr.-Ing., Prof. TU Berlin (s. 1981) - Institut f. Konstruktionslehre u. Thermische Maschinen TU, Str. des 17. Juni 135, 1000 Berlin 12 (T. 030 - 31 42 23 35) - Geb. 30. Nov. 1936, kath., verh. s. 1962 m. Ursula, geb. Schier, 2 Kd. (Klaus, Antje) - Maschinenbau-Ing. 1959 Nürnberg, Dipl.-Ing. 1965 TH München, Promot. 1969 TH München - 1959-61 Robert Bosch GmbH Nürnberg, 1970-81 Siemens AG; Dynamowerk Berlin - BV: Hütte, Elektr. Energietechn., Beitrag: Mechan. Entwurfsberechn., 29. A. 1978; Dubbel, Taschenb. f. d. Maschinenbau: Beiträge zu Mechan. Konstruktionselementen, 17. A. 1990.

MERTENS, Johannes

Dipl.-Hdl., Oberstudiendirektor, MdHB (s. 1982) - Quadenweg 24a, 2000 Hamburg 61 (T. 51 25 64) - Geb. 25. April 1935 Münster (Vater: Hermann M., Transportuntern.; Mutter: Maria, geb. Schröer), kath., verh. s. 1964 m. Eva-Beate, geb. Porsch, 3 Kd. (Marianne, Michael, Markus) - 1954-59 Stud. Univ. Münster u. Hamburg (Ex. 1959 u. 60) - 1959/60 Tutor intern. Franziskus-Kolleg Hbg.; s. 1960 Stud.rat, s. 1971 Oberstud.dir. 1968-74 Mitgl. gf. Landesvorst. GEW Hbg. (Kassenverw.). CDU (ab 1980 Kreisvors. Eimsbütel, ab 1980 Mitgl. Landesvorst. Hbg.) - BV: Mathematik f. Wirtschaftsschulen, Schulb. 1968 - Liebh.: Politik, Gesch., Math. - Spr.: Latein, Engl., Franz.

MERTENS, Meinolf

Landwirt, MdL Nordrh.-Westf. (s. 1966), Vors. Zweckverb. Naturpark Arnsberger Wald - 5768 Sundern 6/Sauerl. (T. 02933 - 36 80) - Geb. 4. Juni 1923 Bönkhausen, verh., 4 Kd. - Gymn. (Abit.); Höh. Landbausch. Staatl. gepr. Landw.; Meisterprüf. - S. 1956 stv. Landrat Kr. Arnsberg bzw. Hochsauerlandkreis. 1956 ff. MdK. CDU. 1979 Mitgl. Europ. Parlament.

MERTENS, Peter

Dr., Dipl.-Wirtsch.-Ing., Prof. f. Wirtschaftsinformatik - Waldstr. 26, 8501 Rückersdorf (T. 0911 - 57 90 23) - Geb. 18. Mai 1937 Seifhennersdorf (Vater: Werner M.; Mutter: Elsbeth, geb. Grunewald), verh. s. 1976 m. Prof. Dr. Krista, geb. Rösel, T. Kerstin - Oberrealsch. Saarbrücken; TH Darmstadt, TU München - 1960-66 wiss. Assist. TH Darmstadt u. TU München; Mitarb. u. Geschäftsf. Orga-Ratio AG; 1968-70 Prof. Univ. Linz/Österr.; s. 1970 Prof. Univ. Erlangen-Nürnberg - BV: u. a. Programmierte Einführ. in d. Betriebsw.-lehre; Grundzüge d. Wirtschaftsinformatik; Integrierte Informationsverarb., Lexikon d. Wirtsch.informatik; Aufbauorg. d. DV; Simulation; Zwischenbetriebl. Kooperat. u. Integrat. b. d. Datenverarb.; Betriebl. Dokumentation und Inf.; Substanzerhaltg. bei Scheingewinnbesteuerung; Betriebl. Expertensystem-Anwendungen; Prognoserechnung; Lernprogramme Unternehmensanalyse m. Kennzahlen; PPS-Controlling - BVK - Liebh.: Sport - Spr.: Engl., Franz.

MERTENS, Rudolf

Dipl.-Ing., Bergassessor a. D., Geschäftsführer Maschinenfabrik Möllers GmbH. - Berliner Allee Nr. 2, 4152 Kempen - Geb. 17. Juli 1935.

MERTES, Joachim

Bäcker, Bezirksgeschäftsführer d. SPD Rheinland-Hessen/Nassau (s. 1985), MdL (Landesliste 2, s. 1983) - Beller Weg 4a, 5449 Buch/Hunsrück (T. priv.: 06762 - 74 74, dstl.: 06761 - 55 08) - Geb. 18. April 1949 Trier, kath., verh. - Bäckerlehre, Gesellenprüf. 1966 - 1967-75 Bundeswehr (Hauptfeldwebel d.R.); 1969 Eintr. SPD; versch. Funktionen in d. Arb.gemeinsch. d. Jungsoz. u. in d. SPD; 1978-83 Landesgeschäftsf. d. SPD; 1979 Vors. d. SPD-Fraktion im Kreistag; 1982 Vors. d. SPD-Unterbezirks Rhein-Hunsrück-Mosel; 1989 Ortsbürgermeister Buch; s. 1968 Mitgl. d. Gewerkschaft, z.Zt. GdP.

MERTINS, Erich

Bankier, pers. haft. Gesellsch. Hermsbank (gegr. 1926), Hamburg - Kampstr. 5, 2000 Oststeinbek (T. Hamburg 712 29 19).

MERTINS, Günter

Dr. rer. nat., Prof. f. Geographie Univ. Marburg - Krokelstr. 30 6301 Krofdorf-Gleiberg; dstl.: Deutschhausstr. 10, 3550 Marburg - Zul. Prof. Univ. Gießen.

MERTNER, Edgar

Dr. phil., o. Prof. f. Engl. Philol. (emerit.) - Weierstraßweg 9, 4400 Münster (T. 8 65 28) - Geb. 13. Dez. 1907 Gurten/Posen, ev., verh. s. 1938, 4 Kd. - Univ. Marburg, Breslau, Berlin, Halle (German., Neuere Spr., Phil.). Promot. (1930) u. Habil. (1938) Halle - 1938 Privatdoz. Univ. Halle, 1947 apl. Prof. Univ. Kiel, 1951 Ord. u. Seminardir. Univ. Münster - BV: D. Prosawerk Rudyard Kiplings, 1940; Engl. Literatur v. d. Renaissance b. z. Gegenw. in: Standop/Mertner, Engl. Lit.gesch., 3. A. 1976 (m. H. Mainusch); Pornotopia, 1970 - Lit.: Festschr. z. 60. Geburtstag.

MERTSCH, Hans

Beamter, MdA Berlin (s. 1971) - Swakopmunder Str. 14, 1000 Berlin 65 (T. 451 79 89) - Geb. 15. April 1927 Berlin, verh., 2 Kd. - Obersch. Berlin, 1943-44 kaufm. Lehre (weg. Einberuf. nicht abgeschl.), ab 1946 Lehre Bezirksamt Wedding, Dt. Hochsch. f. Politik ebd. - B. 1953 Angest. öfftl. Dienst, dann Beamter (gegenw. Hauptsachbearb. Rudolf-Virchow-Krkhs.). SPD s. 1946.

MERTZ, Bernd-Arnulf

Journalist, Bühnen- Fernseh- u. Buchautor - Altheimstr. 5, 6000 Frankfurt/M. 50 - Geb. 10. Juli 1924, ev., verh. s. 1953 m. Christiane, geb. Eisler (Schausp.) - Abit., Schauspielsch. (Regiss.); Autodid. - Tätigk. als Seminarleit. - BV: Psych. Astrol. (I-III); Astrol.; Handdeutung; Tarot-Numerologie; D. Magie d. Zahlen; D. Horoskop in d. Hand; D. ägyptische Tarot; D. Esoterik in d. Atrologie, 1988; D. Karma im Tarot, 1988; Grundlagen d. Klass. Astrologie; Goldmann Handb. d. Astrologie; D. Grundwissen d. Astrologie, 1990; D. Lichter d. Himmels geben Zeichen, 1990; Handbuch d. Astromedizin, 1990; Schicksalspunkte im Horoskop; insges. 30 B. Reiseführer: Magisch

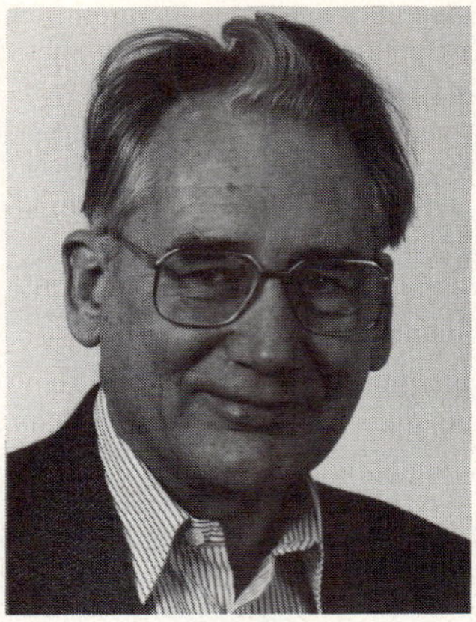

Reisen, Ägypten u. Griechenland. Fernsehsp.: Keine Spürhunde f. d. Fiskus; D. Aufgabe d. Dr. med. Graefe; u.a. Bühnenstücke: D. Boss ist tot; Erschieß mich doch, Liebling; u.a. - Liebh.: Relig., Ägypten.

MERTZ, Christian

Dr. rer. nat., Dipl.-Chem., Geschäftsf. Gesellschafter Lindenmeyer GmbH & Co., Heilbronn - Bergstr. 26, 7108 Möckmühl-Züttlingen - Geb. 1. Juli 1932.

MERVELDT, Gräfin v., Eka

Reisejournalistin - Zul. Wochenztg. D. Zeit, Hamburg - Seeliger Straße 11, 8000 München 81 (T. 98 74 95, 6) - Geb. 20. Mai 1911 Kowanowko, verh. 1949 m. Hanns Hubertus Graf v. M., Kunstmaler †1969 - Oberlyzeum (Abit.); Volontär Scherl-Verlag Berlin; Ressortchef Redakt. D. Zeit, Hamburg - BV: Weltreisen f. Anfänger, 1963; Mexiko City f. Anfänger, 1968; Reisen zu neuen Weltwundern, 1968; 4 mal Florenz, 1982; Monographie u. Werkkatalog 1991. Herausg.: Reise Textb. Florenz (1989) - 1969 Theodor-Wolff-Preis (f. d. Beitrag: Los Angeles oder D. Lust am Wohnen, D. Zeit 1968) - 1982 Premio Ponte Vecchio, Florenz - Spr.: Engl., Franz., Ital.

MERX, Volker

Dr. rer. pol., Hauptgeschäftsführer Industrie- u. Handelskammer Darmstadt, Vors. d. Verbandes d. Geschäftsf. dt. Industrie- u. Handelskammern - Rheinstr. 89, 6100 Darmstadt - Geb. 19. Dez. 1939 - Stud. Staatswiss. Univ. Göttingen u. Köln - 1966-72 wiss. Mitarb. Inst. f. Wirtschaftspolitik Univ. Köln (Prof. Müller-Armack); 1973-77 IHK Stade, 1978-86 Hauptgeschäftsf. IHK Offenbach/M.

MERZ, Erich

Dr. rer. nat., Prof., Institutsdirektor Kernforschungsanlage Jülich, Inst. f. Chem. Technologie RWTH Aachen - Nordstr. 44, 5170 Jülich (T. priv.: 02461 - 29 71; dstl.: 02461 - 61 31 14) - Geb. 30. Okt. 1928 Albstadt, ev., verh. s. 1955 m. Elisabeth, geb. Stein, 2 Söhne (Klaus, Bernd) - Chemiestud. Univ. Mainz; Ing.-Schule Essen; Ing. (grad.) 1952; Dipl.-Chem. 1955; Promot. 1957; Habil. 1965 Aachen - 1955-58 wiss. Assist. Max-Planck-Inst. f. Chemie Mainz; 1959-60 Res. Assoc. Carnegie Inst. of Technology, Pittsburgh, Pa/USA; 1961-67 KFA Jülich (Abt.-Leit. f. Radiochemie u. Chem. Technol., s. 1968 Inst.-Dir., s. 1974 Mitgl. Reaktorsicherheitskommiss.). Ca. 250 wiss. Veröff. u. 20 Patente - 1978 BVK am Bde. - Spr.: Engl., Franz.

MERZ, Ferdinand

Dr. phil., em. Prof. f. Psychologie Univ. Marburg (s. 1964) - Unter d. Gedankenspiel 3, 3551 Wehrda (T. Marburg 8 27 33) - Geb. 16. Mai 1924 Chicago - Habil. 1960 Würzburg, zul. Univ. Marburg. Fachveröff.

MERZ, Friedhelm

Journalist, Chefredakteur sozialdemokr. Wochenzeitung Vorwärts (b. 1987) - Am Römerlager 21, 5300 Bonn 1 (T. 02221 - 67 17 05) - Geb. 11. Okt. 1937 Iserlohn/W. (Eltern: Peter (Schneidermeister) u. Paula M.), kath., verh. s. 1961 m. Elisabeth, 2 Söhne (Markus, Tobias) - Stud. Rechts- u. Staatswiss., Soziol. Münster, Marburg - 1963-65 fr. Journ.; Abt.sleit. Hilfswerk Misereor, Aachen; 1970-71 Wochenztg. Publik; 1972 Entwicklungsmin.; 1973-74 Büro Bundeskanzler Willy Brandt; 1974-76 Chefredakt. sozialdemokrat magazin - BV: Ministory, 1964; E. Provisorium lacht, 1965; D. zweite Entwicklungsjahrzehnt 1970-1980, 1970; Entwicklungshilfe - Versuch e. Gesamtdarstell., 1969/70; Freiheit für den Sieger / Dokumentation der port. Revolution 1974 (Hrsg.), 1976; Vorwärts 1876-1976 (Hrsg.), 1976 - Spr.: Engl., Franz.

MERZ, Horst

Dr. rer. nat., Univ.-Prof. f. Physik Univ. Münster - Stellmacherweg 142, 4400 Münster (T. 02534 - 4 12) - Geb. 20. Juni 1933 Heidelberg - Physik-Stud., Promot. 1966, Habil. 1971, Prof. 1972.

MERZ, Klaus

Schriftsteller - CH-5726 Unterkulm - Geb. 3. Okt. 1945, verh. - 1965-70 Primar- u. Sekundarlehrerdipl. - BV: Latentes Material, Erz. 1978; D. Entwurf, Erz. 1982; Bootsvermietung, Prosa u. Ged. 1985; Tremolo Trümmer, Erz. 1988. Div. Theaterarb., Hörsp. u. FS-Drehb. Auff. in d. Schweiz u. BRD - 1976 u. 81 Werkjahre f. Lit. d. Kt. Aargau; 1979 Preis d. Schweiz. Schiller-Stiftg. - Spr.: Franz., Engl.

MERZ, Walter

Dr. rer. pol., Dipl.-Kfm., Ing. VDI, Direktor i. R., AR-Mitgl. Signal Lebensversich. AG u. DEUFINANZ AG, bde. Dortmund - Eintrachtstr. 36, 4600 Dortmund (T. 12 31 48) - Geb. 16. Jan. 1922 Stuttgart, ev., verh. s. 1958 m. Renate, geb. Gayler, 3 Kd. - TH Stuttgart; WH Mannheim; Univ. Heidelberg - BV: Z. Ermittlung d. wagnistreuen Prämie f. d. Betriebsunterbrechungsversich., 1952 - Ehrenamtl. Richter LG Dortmund (s. 1975).

MERZBACHER, Klaus Peter

Chefdramaturg, Regiss. - Im Rehteich 11, 7506 Bad Herrenalb (T. 07083 - 39 50) - Geb. 26. Okt. 1948 Pähl/Weilheim am Ammersee - Stud. German., Theaterwiss., Musikgesch. Univ. Erlangen - S. 1972 Dramat. u. Regiss. div. dt. Theater; 1981-86 Lehrauftr. Univ. Trier; s. 1987 Chefdramat. Theater Baden-Baden; s. 1990 Presseref. Rheinl.-Pfälz. Staatstheater, Mainz; s. 1991 Persönlicher Referent d. Generalint. u. Leit. d. öffentlichkeitsarbeit an d. Städt. Bühnen Erfurt.

MERZDORF, Günther

Bezirksstadtrat, s. 1982 zugl. stellv. Bez.-Bürgerm. - Matterhornstr. 76f, 1000 Berlin 38 (T. 803 37 91) - Geb. 8. April 1926 Potsdam (Vater: Johannes M., Kaufm.; Mutter: Gertrud, geb. Schreiner), ev., verh. s. 1952 m. Karla, geb. Schultz, T. Alexa - Gymn. (Reifeprüf. n. Kriegsdst. u. Gefangensch.); FU Berlin (Publizistik, Soziol., Psych., Phil.) - 1951-54 fr. Journ., dann Aufnahmeleit. u. Regieassist. SFB, 1957-62 pers. Ref. Senator f. Volksbild. (Prof. Tiburtius); s. 1962 Bezirksstadtrat Zehlendorf (1962 f. Wirtschaft, 1965 zugl. f. Finanzen, s. 1975 f. Sozialwesen). CDU (1956-69 Kr.vors. Zehlendorf), s. 1975 Mitgl. German-American Committee Berlin - 1980 BVK.

MERZKIRCH, Wolfgang

Dr. rer. nat., Prof. f. Physik u. Strömungstechnik - Brockhauser Str. 66, 4630 Bochum (T. 0234 - 79 33 50) - Geb. 1. Aug. 1935 Wittenberg (Vater: Franz M., Phys.; Mutter: Grete, geb. Roth), kath., verh. s. 1964 m. Brita, geb. Koopmann, 2 Kd. (Susanne, Christoph) - Stud. Univ. Freiburg - Proréktor f.

Forsch. Ruhr-Univ. Bochum - BV: Flow Visualization, 1974, 1987; Flow Visualization II, 1981.

MERZYN, Gottfried

Dr. rer nat., Dipl.-Phys., Prof. f. Didaktik d. Physik Univ. Göttingen (s. 1980) - Waldweg 26, 3400 Göttingen (T. 0551 - 39-92 20) - Geb. 11. Juni 1941 Berlin - 1961-66 Physik-Stud. Univ. Heidelberg, Bonn; Dipl.-Phys. Heidelberg, 1966; Dr. rer. nat. Bonn, 1970 - 1972 Doz. PH Nieders. - Zahlr. Fachveröff.

MESALLA, Horst

Dr., Generalintendant Schlesw.-Holst. Landestheater u. Sinfonieorchester - Lollfuß 53, 2380 Schleswig - Geb. 1935.

MESCHKAT, Klaus

Dr. phil., Prof. f. Sozialwissenschaften Univ. Hannover - Sedanstr. 49, 3000 Hannover 1 (T. 0511 - 31 34 87) - Geb. 29. Okt. 1935 Berlin - Stud. Soziol. u. osteurop. Gesch. FU Berlin; Promot. 1965 - 1958/59 Vors. Verb. Dt Studentensch. (VDS); 1965-68 wiss. Assist. Osteuropa-Inst. FU; 1968/69 Gastprof. in New York (NYU), 1969/70 in Medellín/ Kolumbien, 1973 in Concepción (Chile); s. 1975 Univ. Hannover - BV: D. Pariser Kommune im Spiegel d. sowjet. Geschichtsschreib., 1965; Kolumbien. Gesch. u. Gegenw. e. Landes im Ausnahmezustand, (m. a.) 1980. Mitherausg. Jahrb. Lateinamerika. Analysen u. Berichte (jährl. s. 1977) - Spr.: Engl., Span., (Russ., Franz. u. Portug.).

MESCHKE, Hildegard

Schriftstellerin (Ps.: Hilde Ahemm) - Forststr. 91, 7000 Stuttgart (T. 61 31 76) - Geb. 18. Juli 1908 Berlin - BV: Kl. Strophe im ewigen Lied, N. 1939; Begegnung zw. Traum u. Tag, Kindheitsgesch. 1941; D. hungrigen Augen, N. 1946; Florian, R. 1948; D. verschwender. Herz, R. 1952; Tates Wahltochter, Erz. 1976. Lit.kritiken.

MESCHZAN, Dietrich

Dipl.-Kfm., Geschäftsführer G + H MONTAGE GmbH - Bürgermeister-Grünzweig-Str. 1, 6700 Ludwigshafen (T. 0621 - 50 22 00) - Geb. 27. Jan. 1933 Berlin, ev., verh. s. 1963 m. Ursula, geb. Kübler, 3 Kd. - Abit.; Lehre Ind.-Kaufm., Stud. Betriebswirtsch. Univ. Frankfurt, Dipl.-Kfm. 1961 - S. 1975 Geschäftsf. G + H MONTAGE GmbH.

MESEKE, Hedda

Dr. jur., Staatssekretärin im Ministerium f. Ernährung, Landwirtschaft u. Forsten (b. 1990) - Zu erreichen üb. Calenberger Str. 2, 3000 Hannover (T. 12 01) - Geb. 18. Juli 1942.

MESKE, Christoph

Dr. rer. nat., Prof. f. Biologie - Bundesforschungsanstalt f. Fischerei, Außenstelle Ahrensburg - Wulfsdorfer Weg 204, 2070 Ahrensburg - Geb. 14. Sept. 1928 Essen (Vater: Bruno M., Dipl.-Chem.; Mutter: Erna, geb. Blank), ev., verh. s. 1965 m. Barbara, geb. Wiskott, 3 T. (Dagmar, Ulrike, Gesine) - Math.-nat. Gymn. Schwerte/Ruhr; Stud. Biol. Univ. Münster, Promot. (Zool.), Habil. 1972 Göttingen - 1961-65 Inst. f. med. Parasitol. Univ. Bonn, 1965-69 MPI Ahrensburg, Leit. Außenstelle BFA f. Fischerei, s. 1975 apl. Prof. f. Aquakultur u. Nutzfischprod. Göttingen - BV: Aquakultur v. Warmwasser-Nutzfischen, 1973 - Liebh.: Jagd - Spr.: Engl.

MESSER, Hans

Dr. rer. pol., Vorsitzer d. Geschäftsfg. Messer Griesheim GmbH, Frankfurt/M., gf. Gesellsch. Messer Industrie GmbH, Königstein, Chairman Messer Griesheim Industries Inc., Wilmington/USA, Distillers MG Ltd., u. Messer Griesheim Ltd., Großbritannien; VR-Mitgl. Schweißtechnik AG, Schweiz; Beiratsmitgl. Ruma-Plastik GmbH, Wiesbaden - Hardtberg, 6240 Königstein/Ts. (T. 39 42; Büro: Frankfurt/M. 4 01 91) - Geb. 1. Febr. 1925 Frankfurt/M. (Vater: Adolf M., Ing., Begr. Stammfa. †1954; Mutter: Thea, geb. Bicker), verh. s. 1948 m. Ria, geb. Kaiser, 3 Kd. (Thomas, Stefan, Andrea) - Stud. Chemie u. Betriebsw. Frankfurt u. Köln - S. 1945 väterl. Untern. (1953 Leitg.) - 1962 Ehrensenator TH, jetzt TU Braunschweig; Präs. IHK Frankfurt; 1982 BVK I. Kl. - Spr.: Engl., Franz., Span. - Rotarier. 1979 Norw. Konsul f. Hessen; 1985 Gr. BVK; 1985 Ehrensenator TH Darmstadt.

MESSER, Walter

Dr. rer. nat., Honorarprof. f. molekulare Biologie, Mikrobiol. u. Biochemie FU Berlin - Hammerstr. 45d, 1000 Berlin 37 - Geb. 20. Nov. 1935 Stuttgart - Univ. Stuttgart u. Tübingen (Biol., Biochemie; Promot. 1963) - 1963-65 Max-Planck-Inst. f. Virusforsch.; 1965-67 Univ. Calif., Berkeley; s. 1968 MPI f. molekul. Genetik, Berlin.

MESSERER, Friedrich

Dipl.-Volksw., Generalbevollm. Direktor Siemens AG. - Atzelsberger Steige 28, 8520 Erlangen - Geb. 17. Mai 1918 Hengersberg/Ndb.

MESSERER, Rainer

Oberstudienrat, MdL Bayern (s. 1978) - Fichtenstr. Nr. 30, 8832 Weißenburg/ Mfr. - Geb. 11. März 1943 Treuchtlingen - Gymn. Weißenburg (Abit. 1962); Univ. Erlangen (Päd., Chem., Biol.). Staatsex. 1967 u. 69 - S. 1969 Werner-v.-Siemens-Gymn. Weißenburg. 1972 ff. MdK Weißenburg-Gunzenhausen (b. 1978 Fraktionsf.); 1978 ff. Mitgl. Stadtrat Weißenburg. SPD.

MESSERKNECHT, Walter

Dipl.-Kfm., Geschäftsführer u. Gesellsch. Diedrich Messerknecht GmbH & Co., Bremen - Gustav-Brandes-Weg 7B, 2800 Bremen 33 - Geb. 4. Sept. 1929, ev., verh. s. 1960 m. Erika, geb. Lassen, 2 Kd. (Stefan, Andrea) - Ausb.: Einzelhandelskaufm.; Betriebsw.-Stud., Diplomex. 1954 Univ. Hamburg - Geschäftsf. u. Gesellsch. Messerknecht Datensysteme GmbH, Meister Computerpartner GmbH & Co., Bremen; AR-Vors. BFL Ges. d. Bürofachhandels mbH & Co.; Vors. Fachverb. Bürowirtsch. Bremen; stv. Beiratsvors. Handelskammer Bremen Einzelhandels-Abt., Beirat Bundesverb. Bürowirtsch.; Vors. Bremer Hockey-Club u. Golf-Club Oberneuland; Vorst.-Mitgl. Rotary-Club Bremen-Roland, Einzelhandelsverb. Nordsee - Liebh.: Tennis, Jagd, Gesch. - Spr.: Engl. - Rotarier.

MESSERSCHMID, Ernst

Dr. rer. nat., o. Prof., Physiker u. Wissenschafts-Astronaut - Der Schöne Weg 6, 7410 Reutlingen (T. 07121-4 32 43) - Geb. 21. Mai 1945 Reutlingen, ev., verh. s. 1977 m. Gudrun, geb. Hess - Hochschulreife (2. Bildungsweg) 1965; 1967-72 Stud. Physik Univ. Tübingen u. Bonn, 1970-73 Förder. durch Studienstiftg. d. dt. Volkes u. 1970-75 CERN-Fellowship; Dipl. 1972; Promot. 1976 Univ. Freiburg - 1975-76 Wiss. Assist. Univ. Freiburg; 1975/76 Mitarb. b. Entwurf u. Bau v. Teilchenbeschleunigern im Brookhaven National Laboratory u. 1977 DESY; 1978-82 wiss. Mitarb. DFVLR-Inst. f. Nachrichtentechnik, Oberpfaffenhofen. S. 1983 Wissensch.-Astronaut DFVLR, Köln-Porz; 30.10.-6.11.1985 Spacelab-Mission D1 m. Challenger. Wiss. Schwerp.: Experiment. u. theoret. Arb. an Protonenstrahlen in Kreisbeschleunigern, Mitarb. an d. Strahloptik d. PETRA Speicherrings b. DESY, Hamburg, Mitarb. b. d. Entw. v. satellitengestützten Seenotrufsyst.; wiss. u. operationelle Vorbereit. v. D-1 bzw. D-2 Spacelab-Experimenten; s. 1986 Dir. u. Prof. Inst. f. Raumfahrtsysteme d. Univ. Stuttgart. Rd. 40 Veröff., davon 13 in intern. Ztschr. u. Tagungsbd. - BV: D1-Unser Weg ins All, 1985 (m. a.) - 1976 Preis d. Wiss. Ges. Freiburg/Br.; 1985 BVK I. Kl. u. Verdienstmed. Land Baden-Württ.; 1985 Space Flight Medal d. NASA - Liebh.: Segel- u. Flugsport (Hochsee-Segelschein, Privatpiloten-Lizenz), Skifahren, Musik, Reisen - Spr.: Engl., Franz., Russ. (Grundkenntn.).

MESSERSCHMIDT, Hans

Dr.-Ing., Bergass. a. D., Bergwerksdirektor - Leneckeweg 3, 4600 Dortmund-Kirchhörde (T. 73 68 34) - Geb. 30. April 1926 Dortmund (Vater: Dr. Ludwig M., Prok. Harpener Bergbau AG.; Mutter: Erna, geb. Lindemann), ev., verh. s. 1956 m. Brigitte, geb. Haack, 3 Kd. (Jörg, Ina, Volker) - Bergakad. Clausthal. Dipl.-Ing. 1951; Promot. 1953; Bergass. 1955 - 1957-61 Rheinelbe Bergbau AG. (1959 Betriebsdir.); 1962-69 Hansa Bergbau AG. (1965 Vorstandsmitgl.), 1966 Spr. d. Vorst. Rheinelbe Bergbau AG, 1970 Ruhrkohle AG; Mitgl. d. Vorst. Bergbau AG, Gelsenkirchen, 1972 Spr. d. Vorst. Bergbau AG Gelsenkirchen; u. d. Bergbau AG Herne/Recklinghausen, 1977-84 Vorstandssprecher Bergbau AG Lippe; 1984 Vorstandssprecher Bergbau AG Niederrhein - Div. Mandate - Liebh.: Jagd, Golf, Musik - Rotarier.

MESSERSCHMIDT, Heino

Dr. sc. agr. h. c. (Göttingen), Intern. Agrarberater (Spez. f. Tierproduktion in Tropen u. Subtropen) - 2215 Gokels Krs. Rendsburg-Eckernförde (T. 04872 - 25 22) - Geb. 10. Dez. 1915 Braunschweig.

MESSERSCHMIDT, Lothar

Dr. iur., Prof., Bundesrichter Bundesverwaltungsgericht (s. 1970) - Hardenbergstr. 31, 1000 Berlin 12 - Geb. 1. Juli 1923 Rügenwalde (Vater: Fritz M., Oberst a. D.), verh. m. Barbara, geb. Höer, 2 Kd. (Christian, Dietrich M.) - Zul. OVG Hamburg.

MESSERSCHMIDT, Otfried

Dr. med., Prof. - Mortonstr. 13, 8000 München 45 (T. 31 66 11) - Geb. 29. Dez. 1920 Rügenwalde/Pom. (Vater: Friedrich M., Offz.; Mutter: Katharina, geb. Richter), ev., verh. s. 1982 m. Doris, geb. Funk, 8 Kd. (Christiane, Ulrike, Fritz, Otfried, Daniel, Franziska, Alexander, Theresa) - Med.-Stud.; Facharztausb. als Radiol. - 1945-56 Röntgenol. (Klinik); 1956-81 Bundeswehr (Ehem. Leit. Labor. f. exper. Radiol., München, Oberstarzt a. D.). 1974ff. Vors. Vereinig. Dt. Strahlenschutzärzte - BV: Auswirkungen atomarer Detonationen auf d. Menschen, 1960; Chirurgie d. Gegenwart. Kombinationsschäden als Folge nuklearer Explosionen, 1975. Medical Procedures in a Nuclear Disaster, Biol. Folgen v. Kernexplosionen, 1984. Herausg. Strahlenschutz in Forsch. u. Praxis, 1979 - Redakt. u. Herausg. Med. Fachb. - Spr.: Engl., Franz. - Bek. Vorf.: Daniel Gottlieb Messerschmidt (1685-1735), Arzt u. Forschungsreisender Sibirien.

MESSING, Theodor

Dr.-Ing., gf. Gesellsch. Industrie Consult Dr. Messing GmbH, Duisburg, Beiratsmitgl. Ges. f. Technologieförd. u. Technologieberatung Duisburg - Tannenstr. 41, 4330 Mülheim/Ruhr - Geb. 15. Nov. 1924.

MESSINGER, Bernd

Landtagsvizepräsident - Zu erreichen üb. Hess. Landtag, Schloßpl. 1, 6200 Wiesbaden - S. 1983 MdL Hessen (Grüne-Fraktion; 1985 wie oben).

MESSMER, Bruno-Josef

Dr. med., Univ.-Prof., Direktor Klinik Thorax-, Herz-Gefäßchirurgie RWTH Aachen - II. Rote Haag Weg 17, 5100 Aachen - Geb. 8. Mai 1936 Rorschach/ SG (Vater: Josef M., Schlosser; Mutter: Elisabeth, geb. Schmid) - Spez. Arbeitsgeb.: Thorax-, Herz- u. Gefäßchirurgie - Mitgl. zahlr. nat. (BRD, Schweiz, USA) u. intern. Fachges. Mithrsg. mehrerer Fachztschr. - Liebh.: Gemäldesammeln (Klass., moderne, zeitgenöss. Kunst), Musik, Pferde - Spr.: Engl., Franz., Ital. - Rotarier.

MESSMER (ß), Kurt

Dr., Bundesrichter Bundesfinanzhof - Ismaninger Str. 109, 8000 München 27 - Geb. 14. April 1922.

MESSNER, Reinhold

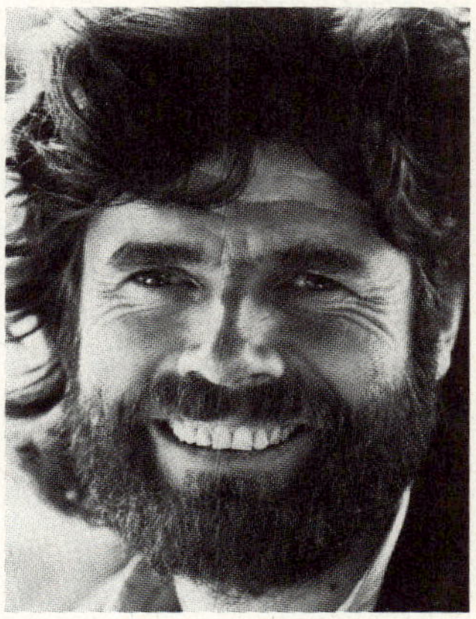

Bergsteiger, Autor, Bergbauer, Vortragsredner - I-39020 Juval/Staben - Geb. 17. Sept. 1944 Brixen, T. Láyla (Mutter: Nena Holguin), 2 Kd. (Magdalena, Gesar Simon, Mutter: Sabine Stehle) - Zahlr. Bergbücher (div. Übers.) u. Filme (Himalaja) - 2 mal Aufstieg Mount Everest (zul. im Alleingang); bestieg alle 14 Achttausender, Klettertouren in allen Kontinenten; 1989/90 Antarktis-Durchquerung in 92 Tagen zu Fuß - 1982 Kgl. Orden Nepal; 1986 Sitara-i-Imtiaz Orden Pakistan; 2. ital. Orden: Cav. u. Comm.; Literaturpreise Primi Monti u. DAV; e. olympische Med. in Calgary abgelehnt; 1989 Ispo-Preis München.

MESSNER, Rudolf

Dr. phil., Prof. f. Erziehungswissenschaft Univ.-GH Kassel - Burgfeldstr. 8, 3500 Kassel (T. 31 10 27) - Geb. 26. Juli 1941 Schwaz (Österr.) (Vater: Jakob M., Postbeamter; Mutter: Leopoldine, geb. Feiler), kath., verh. s. 1972 m. Annelies, geb. Hackl - Lehrerex. 1960-62, Promot. 1967 Univ. Innsbruck - 1960-63 Lehrer an Grund- u. Sekundarsch.; 1967-72 Wiss. Assist. Univ. Konstanz u. Bern; s. 1972 Prof. f. Erzieh.wiss. Kassel; 1976-82 Vors. Ref. Schulprakt. Studien; 1984-87 Fachgutachter Erzieh.wiss. d. DFG; s. 1986 im Direktorium Wiss. Zentr. I d. GH Kassel; 1989/90 Dekan FB 1 u. Vors. d. Senat GH Kassel - BV: Didakt. Impulse (m. H. Rumpf), 1971; Didaktik off. Curricula (m. A. Garlichs u. a.), 1974; Schuldeutsch? (m. H. Rumpf), 1976. Herausg.: Lesegesch. als Kulturaneignung (1984). Mithrsg.: Unterrichtet wird auch morgen noch (1982); Bildung u. Zukunft (1989); Wozu noch Bildung? (1990); zahlr. Leseb. - Liebh.: Gesch., Lit. - Spr.: Engl. - Bek. Vorf.: Prof. Johannes M., Sozialethiker (Onkel); Prof. Joseph M., Domkapellmeister u. Komp. (Onkel).

MESTAN, Antonin

Dr. phil., Prof. f. Slawistik Univ. Freiburg - Kapplerstr. 49, 7800 Freiburg (T. 673 - 19) - Geb. 29. Aug. 1930 Prag, verh. s. 1959 m. Vera, geb. Horalek - Univ. Prag (Promot. 1953, Habil. 1959) - 1954-66 Akad. d. Wiss. Prag; s. 1966 Univ. Freiburg. 1974 Gastprof. Massachusetts - BV: Gesch. d. tschech. Lit. d. 19. u. 20. Jh., 1984; Tschech. Literatur 1785-1985, 1987; Wörterb. zu K. H. Macha, Maj (m. V. Mestanova), 1988; Dt. Muse tschech. Autoren (m. V. Mestanova), 1989 - Spr.: Slaw. Spr.

MESTERN, Hans A.

Dr. h. c., Staatsrat i. R. - Alte Landstr. 106, 2000 Hamburg 63 (T. 538 36 49) - Geb. 8. Mai 1903 Hamburg, ev., verh. I) 1930 m. Hildegard, geb. Deecke †, 5 Kd., II) 1956 Elfriede, geb. Seehase - Univ. Freiburg/Br. u. Hamburg; 1927-28 Austauschstud. Yale Univ. (USA). Ass.ex. 1930 - 1933-45 Rechtsanw. Hamburg, 1946-68 Senatsdir. u. -synd. (1947) bzw. Staatsrat ebd., 1976 Ehrendoktor Univ. Hamburg (Fachber. Theol.); b. 1977 Präs. Synode d. Ev.-Luth. Kirche im Hbg. Staate u.a. - Spr.: Engl.

MESTMÄCKER, Ernst-Joachim

Dr. jur., Dr. rer. pol. h. c., Prof., Direktor Max-Planck-Inst. f. ausländ. u. intern. Privatrecht Hamburg, Gesellschaftsr., Wirtschaftsr., Europarecht, Rechtsvergl. - Caprivistr. 13, 2000 Hamburg 55 (T. 86 26 63) - Geb. 25. Sept. 1926 (Vater: Ernst M., Kaufm.; Mutter: geb. Könnecker) - Univ. Frankfurt/M., Promot. u. Habil. Frankfurt, s. 1959 o. Prof. f. Bürgerl. Recht, Handels- u. Wirtschaftsrecht Univ. Saarbrücken, Münster (1963), Bielefeld (1969-78; erster Rektor), 1974-78 Vors. Monopolkommiss., 1984-90 Vizepräs. Max-Planck-Ges. z. Förderung d. Wiss., München - BV: Verw., Konzerngewalt u. Rechte d. Aktionäre, 1958; D. marktbeherrsch. Unternehmen im Recht d. Wettbewerbsbeschränk., 1959; D. Vermittl. v. europ. u. nat. Recht im Syst. unverfälscht. Wettbewerb, 1969; Ziele u. Meth. d. europ. Integration, 1972 (m. Hans v. d. Groeben); Europ. Wettbewerbsr., 1974; Normenzwecke u. Systemfunkt. im Recht d. Wettbewerbsbeschr., 1974 (m. Hoppmann); Copyright in Community Law, 1976; Medienkonzentration u. Meinungsvielfalt, 1978; D. sichtbare Hand d. Rechts, 1978; Kommunikation ohne Monopole, 1980; Recht u. ökonom. Gesetz, 2. A. 1984; D. verwalt. Wettbewerb, 1984; GWB, Gesetz gegen Wettbewerbsbeschränkungen, Kommentar (m. Immenga), 2. A. 1992. Zahlr. Einzelarb. Mithrsg.: Ztschr. f. d. ges. Staatswissensch.; ORDO Jahrbuch f. d. Ordnung v. Wirtschaft u. Gesellsch.; Schriftenreihe Wirtschaftsrecht u. -politik; Schriftenreihe Wirtschaftsrecht d. intern. Telekommunikation (Law and Economics of Intern. Telecommunications); Rabels Ztschr. f. ausl. u. intern. Privatrecht - 1980 Ludwig-Erhard-Preis f. Wirtschaftspubliz.; 1989 Ernst Hellmut Vits-Preis; 1980 Ehrendoktor (Volksw. Fak.); 1984 Ehrensenator Univ. Bielefeld.

METHFESSEL, Siegfried

Dr. rer. nat., Dipl.-Physiker, em. o. Prof. f. Experimentelle Physik Ruhr-Univ. Bochum - Gerhart-Hauptmann-Straße 4, 5810 Witten-Herbede (T. 7 38 57) - Geb. 5. Juli 1922 Dessau (Vater: Friedrich M., Kaufm.; Mutter: Renate, geb. Busse), ev., verh. s. 1951 m. Ingeborg, geb. Heide, 5 Kd. (Christoph, Johannes, Michael, Elisabeth, Friedrich) - Dipl.ex. 1950 Halle/S.; Promot. 1955 Clausthal - 1958-69 Forschungstätigk. IBM, Zürich u. Yorktown, N.Y./USA. Emerit. 1987. Fachmitgl.sch. - Spr.: Engl.

METHFESSEL, Wolfgang

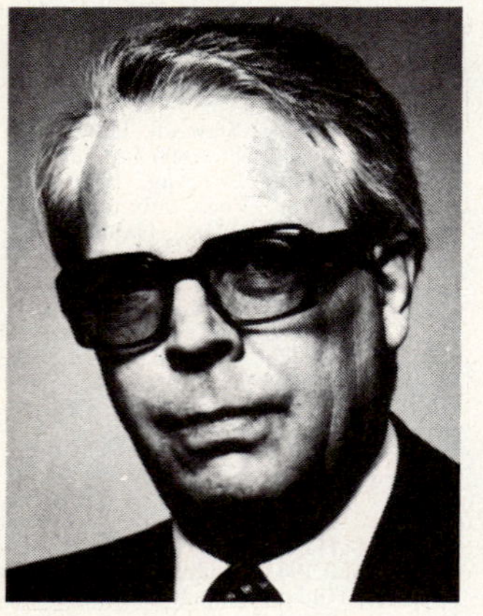

Dr. jur., Univ.-Prof. f. Wirtschaftsrecht - Auf dem Dudel 35, 4330 Mülheim/Ruhr (T. 0208 - 3 23 01) - Geb. 11. April 1925 Berlin, verh. s. 1963 m. Edith, geb. Kühn - Stud. u. Promot. (1951) Univ. Berlin - 1953 Rechtsanwalt in Berlin u. 1954-72 in Mülheim-Ruhr, s. 1961 zugl. Notar -BV: Vertragsrecht, Bd. 1: Allg. Grundl., 1977; Band 3: Verfüg.gesch., 1979. Div. Veröff. - Liebh.: Gründ. u. Ordensmeister d. Mülheimer Weinkonventes - Spr.: Engl., Franz.

METSCHER, Thomas Wilhelm

Dr. phil., Prof. f. allgem. Literaturwissensch., Literaturtheorie u. Ästhetik Univ. Bremen - Heidland 15, 2802 Ottersberg 2 (T. 04293 - 6 65) - Geb. 30. Juli 1934 Berlin (Vater: Wilhelm Hans M.; Mutter: Charlotte, geb. Sander), verh. s. 1966 m. Priscilla, geb. Neely - Stud. d. Angl., German., Phil. Univ. Berlin (Freie), München, Heidelberg, Bristol; Promot. 1966 - BV: Sean O'Caseys dramat. Stil, 1968; Faust u. d. Ökonomie, 1976; Kunst u. soz. Prozeß, 1977; Kunst, Kultur, Humanität, 1982; D. Friedensgedanke in d. europ. Lit., 1984 - Liebh.: Alpinismus - Spr.: Engl., Franz.

METT, Rudolf

Bürgermeister a.D. - M.-Luther-Str. 1, 8729 Königsberg - Geb. 8. Jan. 1926 Memel - 1960 kommun. Wahlbeamter, s. 1963 MdK - BV: V. Königsberg nach Rom - d. Weg d. Regiomontanus, 1976; Herkunft u. Fam. d. Joh. Müller v. Königsberg, 1980; D. Königsberg im Haßgau, 1980; Kbg. Reformationsgesch., 1983 - 1978 Bayer. Denkmalschutzmed., 1978 Copernicus-Med., 1980 Bayer. Med. f. kommun. Selbstverw. - S. 1978 Mitgl. Intern. Akad. f. Kosmologie.

METTERNICH, Josef

Prof., Kammersänger - Rat-Jung-Str. 21, 8133 Feldafing/Obb. (T. 5 29) - Geb. 2. Juni 1915 Hermülheim/Rhld., verh. s. 1954 m. Kammers. Lieselotte, geb. Losch, S. Hans-Christian - S. 1940 Opernsänger Berlin, Wien, München (1950 Mitgl. Bayer. Staatsoper), Hamburg, New York (Ital. Bariton); s. 1963 Doz. u. Prof. Musikhochsch. Köln. Alle Verdi-, Wagner- u. Strauss-Partien.

METTERNICH, Walter

Dipl.-Volksw., Geschäftsführer Verb. d. Aluminium verarbeitenden Ind., Frankfurt/M. - Paul-Löhe-Str. 3, 6050 Offenbach - Geb. 10. April 1929.

METTERNICH-WINNEBURG, Fürst von, Paul Alfons

Landwirt, Präs. Automobilclub v. Dtschl./AvD (s. 1960) u. Intern. Automobil-Verb./FIA (s. 1970, vorher Vizepräs.) - Schloß, 6225 Johannisberg/Rhg. (T. Rüdesheim 81 12) - Geb. 26. Mai 1917 Wien (Vater: Clemens Fürst v. M.-W.; Mutter: Isabel Silva y Carvasac), kath., verh. s. 1941 m. Tatjana Fürstin Wassiltschikoff - Abitur u. Handelsdiplom - Liebh.: Sport (insb. Automobilsport; zahlr. Erfolge, u.a. Carrera Panamericana, Mille Miglia, Tour de France Automobile), Weinbau - Spr.: Engl., Franz., Span., Ital. - Urenkel d. Staatskanzlers Fürst Metternich.

METTLER, Liselotte

Dr. med., Prof., Frauenärztin - Düsternbrooker Weg 45, 2300 Kiel 1 (T. 0431 - 56 46 87) - Geb. 6. Juni 1939 Wien (Vater: August M., Dipl.-Ing.; Mutter: Margarete M.), ev., verh. m. Prof. Dr. M. R. Parwaresch, 2 Kd. (Bijan, Firos) - Promot. 1965, Habil. 1976, Prof. 1981 - Stv. Dir. UFK Kiel, ständ. Schriftf. d. Dt.-Franz. Ges. f. Geburtshilfe u. Gynäkol., ständ. Schriftf. Dt. Ges. z. Stud. d. Fertilität u. Sterilität, Mitherausg. American Journal of Reproductive Immunology - Erf.: Immunol. Kontrazeptivum auf Sperm-Antigen-Basis - BV: Sperma-Antigenität als Ursache steriler Ehen - Fortschr. d. Fertilitätsforsch., 1976 - Ausz. auf versch. Kongr. - Liebh.: Musik, Segeln, Skifahren - Spr.: Engl., Franz., Span., Pers.

METTLER-MEIBOM, Barbara

Dr. phil., Prof. f. Politikwiss. Univ.-GH Essen, Schwerp. Kommunikation u. Medien - Goldfinkstr. 37, 4300 Essen 1 - Geb. 1947 Düsseldorf (Mutter: Irmgard v. Meibom), ev., 2 Kd. (Nathalie, Pascale) - Stud. Gesch., Soziol. u. Politikwiss.; Promot. 1973 Konstanz; Habil. 1985 Hamburg - Mitbegr. Inst. f. Informations- u. Kommunikationsökol. Bonn; Kurat.-Mitgl. Ev. Medienakad. - BV: Soziale Kosten in d. Informationsges., 1987; D. Private u. d. Technik (m. B. Böttger), 1990. Mitherausg.: Jahrbuch f. Ökologie - Heisenberg Stip.

METTMANN, Walter

Dr. phil. (habil.), o. Prof. u. Direktor Roman. Seminar Univ. Münster (s. 1963) - Mevissenstr. 16, 5000 Köln 1 (T. 73 12 25) - Geb. 25. Sept. 1926 Köln (Vater: Johann M., Staatsbeamter; Mutter: Elisabeth, geb. Marx), kath., verh. s. 1953 m. Emmy, geb. Petrovics - 1946-51 Univ. Köln u. Paris. Promot. (1951) u. Habil. (1958) Köln - 1958-63 Privatdoz. u. apl. Prof. (1963) Univ. Köln - BV: Studien z. religiösen Theater Tirso de Molinas, 1954; La Historia de la Donzella Teodor, 1962; Alfonso X, Cantigas de Santa Maria, 4 Bde. 1959/72, 3 Bde. 1986/89; Beroul/Thomas, D. Tristanroman, 2. A. 1968; Dichtungslehren d. Romania, 1972; D. volkssprachl. apologet. Lit. auf d. Iberischen Halbinsel im Mittelalter, 1987; Alfonso de Valladolid, Ofrenda de Zelos, 1990 - 1974 Korr. Mitgl. Akad. d. Wiss. zu Göttingen, 1982 o. Mitgl. Rheinisch-Westf. Akad. d. Wiss. Düsseldorf - Spr.: Franz., Span., Portug., Engl., Ital.

METZ, Bernhard

Dr. phil. nat., Prof. f. Geographie - Albrecht-Dürer-Str. 12, 7835 Teningen - Geb. 15. Dez. 1938 Frankfurt/M. - Abit. 1959; Stud. Frankfurt u. Innsbruck, Promot. 1966, Habil. 1973 Freiburg - 1971/72 Univ. of Manitoba Postd. Fellowship. Sprecher d. Sekt. Geographie in d. Ges. f. Kanada-Studien in dt.sprachigen Ländern - Spr.: Engl.

METZ, Egon

Rechtsanwalt, Geschäftsf. Dt. Genossenschafts- und Raiffeisenverb. - Adenauerallee 127, 5300 Bonn 1.

METZ, Günter

Dr., stv. Vorstandsvorsitzender Hoechst AG - Postf. 80 03 20, 6230 Frankfurt/M. 80 - Geb. 29. April 1935 Rastatt - Vorst. Industrievereinig. Chemiefaser, Frankfurt, Nah- u. Mittelostverein, Hamburg, Inst. f. Unternehmensplanung, Gießen; AR Berliner Handels- u. Frankfurt Bank, Frankfurt/M., Messer Griesheim GmbH, Frankfurt, Wacker-Chemie AG, München, Schenker-Rhenus AG, Dortmund, Zürich Intern. (Deutschland) Versich. AG, Frankfurt, Dt. Allg. Versich. AG, Frankfurt, Walter-Bau AG, Augsburg; Beirat P. A. Lückenhaus GmbH & Co., Wuppertal.

METZ, Johann-Baptist

Dr. theol., Dr. phil., o. Prof. u. Dir. Seminar f. Fundamentaltheol. Univ. Münster (s. 1963) - Kapitelstr. 14, 4400 Münster/W. (T. 3 66 62) - Geb. 5. Aug. 1928 Welluck/Opf. (Vater: Karl M., Industriekfm.; Mutter: Sibylle, geb. Müller), kath. - Oberrealsch. Amberg; Phil.-Theol. Hochsch. Bamberg, Univ. Innsbruck u. München. Priesterweihe 1954 - 1958 b. 1961 Seelsorger, 1962/63 Stip. Dt. Forschungsgem. Mitgl. Gründungsaussch. Univ. Bielefeld; Vorst.-Mitgl. Intern. Paulus-Ges.; Konsultor Sekr. f. d. Ungläubigen (II. Vat. Konzil); Beiratsmitgl. d. Inst. f. d. Wiss. v. Menschen, Wien, u. im Wiss.zentrum NRW/Kulturwissenschaftl. Inst. - BV: Christl. Anthropozentrik, 1962 (in 5 Spr.); Armut im Geiste, 1962 (in 6 Spr.); D. Dialog, 1966 (in 6 Spr.); Z. Theol. d. Welt, 1968 (in 10 Spr.); Kirche im Prozeß d. Aufklärung, 1970 (in 5 Spr.); Theol. in d. interdiszipl. Forsch., 1971 (in 2 Spr.); Leidensgeschichte, 1974 (in 3 Spr.); Unsere Hoffnung, 1975 (in 8 Spr.); Zeit d. Orden?, 1977 (in 5 Spr.); Ermutigung z. Gebet (m. K. Rahner), 1977; Glaube in Gesch. u. Gesellsch., 1977 (in 6 Spr.); Gott n. Auschwitz (m. E. Kogon), 1979; Jenseits bürgerl. Religion, 1980 (in 6 Spr.); Unterbrechungen, 1981; Zukunftsfähigkeit. Suchbewegungen im Christentum (m. F.-X. Kaufmann), 1987; Welches Christentum hat Zukunft?, 1990; Gottespassion, 1991; Augen f. d. Anderen (m. H.-E. Bahr), 1991. Herausg.: Weltverständnis im Glauben (1963); D. Theol. d. Befreiung: Hoffnung od. Gefahr f. d. Kirche ? (1986). Mithrsg.: Geist in Welt (1957); Hörer d. Wortes (1963); Gott in Welt (1964); Ztschr. Concilium; Lateinamerika u. Europa. Dialog d. Theologen (1988) - Spr.: Engl. - Lit.: M. Xhaufflaire, La Théol. politique de J. B. M. (1972; 2spr.); G. Bauer, D. polit. Theol. v. J. B. M. als theol. Begründ. ges. Verantwort. (1976); N. Ancic, D. polit. Theol., v. J. B. Metz als Antw. auf d. Herausforder. d. Marxismus (1981); G. Neuhaus, Transzendentale Erfahrung als Geschichtsverlust? (1982); E. Schillebeeckx (Hg.), Mystik u. Politik. Festschr. z. 60. Geb. v. J.-B. M. (1988).

METZ, Karl Heinz

Dr. phil., Dr. habil., Prof. Univ. Erlangen - Kochstr. 4, 8520 Erlangen (T. 09131 - 85 39 37) - Geb. 14. Juni 1946, kath., ledig - 1960-63 Schlosserlehre; 1969-74 Stud. Gesch., German., Politol., Phil.; M.A. 1974, Promot. 1976, Habil. 1983, alles München - BV: Grundformen historiographischen Denkens, 1979; Sozialpolitik u. Industrieges. in Großbritannien 1795-1911, 1988; Cromwell, 1992 - 1977-79 Res. Fellowship Oxford; 1982-84 Fellow ZiF, Bielefeld; 1984 Heisenberg-Stip. - Liebh.: Lyrik/Lit., Kampfsport/Waldlauf, Tanzen, Klass. Musik/Jazz - Spr.: Engl., Franz, Latein.

METZ, Paul

Geschäftsführender Gesellschafter d. Metz-Werke GmbH & Co. KG - Ritterstr. 5, 8510 Fürth/Bay. 1 - Gr. BVK; Bayer. VO; Staatsmed. f. bes. Verdienste um d. bayer. Wirtschaft.

METZ, Reinhard

Journalist, MdBB (1971-76, 1987ff. stv. Vors. CDU-Fraktion), MdB (1976-87) - Nernststr. 151, 2800 Bremen 33 - Geb. 18. Aug. 1937 Hannover, ev., verh. m. Renate, geb. Bunger, 3 Kd. (Harald, Ulrike, Anna) - Gymn. Hannover (Abit.); 1959-65 Univ. Hamburg u. Bonn (Rechts- u. Wirtschaftswiss.) - Journalist. Tätigk. (u.a. Bonner Rundschau). 1967-74 Landesgeschäftsf. Jg. Union. CDU (s. 1974 stv. Landesvors.).

METZ, Roland

I. Bürgermeister Stadt Arnstein - Rathaus, 8725 Arnstein/Ufr. - Geb. 5. Mai 1936 Würzburg - Zul. Kaufm. Angest. CSU.

METZ, Wolfgang

Dr. phil., Prof., Ltd. Bibliotheksdirektor i.R. Pfälz. Landesbibiothek, Speyer, Honorarprof. Univ. Mainz - Albert-Schweitzer-Str. 14, 6720 Speyer/Rh. - Geb. 12. April 1919 Hildesheim - 1960-64 Lehrbeauftr. Univ. Göttingen; s. 1968 Lehrb. u. Honorarprof. (1971) Univ. Mainz u. Fribourg (1972). Zahlr. Geschichtsveröff.

METZ, Wolfgang

Dipl.-Kfm., Landesgeschäftsführer SPD Bayern - Oberanger 38/II, 8000 München 2 (T. 089 - 23 17 11-51) - Geb. 28. Sept. 1942 Koblenz, kath., verh. 2 Töcht. - Dipl.-Kfm., Wirtschaftsjournalist - Tätigk. im Ind.- u. Bankwesen (Bankprok.); b. 1985 stv. Pressesprecher SPD-Fraktion Bayer. Landtag. Vors. Verein Kunst u. Ges.

METZ, Wulf

Dr. theol., Privatgelehrter - Sonnenstr. 7, 8264 Waldkraiburg (T. 08638 - 8 35 45) - Geb. 25. Febr. 1943 Bamberg (Vater: Ernst M., Generalmaj. †; Mutter: Gerda, geb. Höhle), ev., verh. I) 1967 m. Dr. phil. Jutta, geb. Lindner, 2 Kd. (Stefanie, Daniel), II) s. 1986 m. Cornelia, geb. Halder, S. Dominik - Oberrealsch. Bamberg u. Garmisch; Univ. Erlangen (Promot. 1968, Theol. Prüf. 1969) - 1966-69 Vikar u. Studieninsp. Theol. Stud.heim Erlangen; 1970-72 Wiss. Assist. f. Syst. Theol. Univ. Erlangen-Nürnberg; 1972-75 Pfarrer in München-Moosach; 1975-85 Prof. f. Neues Test. Syst., Theol. u. Relig.wiss. FHS München; 1969-85 Mitgl. Redakt. Luth. Monatshefte - BV: Necessitas Satisfactionis? 1970; Kirche u. Relig. in d. Illustr., 1971; Lichtbildserie Buddhist. Frömmigk., 1980; Lichtbildserie Chin. Relig., 1981; Lichtbildserie Hinduist. Frömmigk., 1986; D. Religion d. Erhabenen, 1989; Buddhismus, 1992. Herausg.: Aspekt Relig. (1978); Bekennen in der Zeit (1981); Glauben weitergeben (1982). Mithrsg.: Bekenntnis aktuell (1979); The World's Religions, A Lion Handbook (1982), auch holl., franz., ital., span., schwed.; Handbuch Weltreligionen (1983) - Zahlr. relig.wiss. Forsch.reisen n. Afrika u. Asien - Spr.: Engl., Franz., Ital., Span.

METZE-MANGOLD, Verena

Dr. phil., Leiterin Öffentlichkeitsarbeit u. Presse Hessischer Rundfunk - Wiesenau 58, 6000 Frankfurt/M. 1 (T. 069 - 72 93 32) - Geb. 7. Okt. 1946 Kassel, verh. s. 1974 m. Dr. Klaus-Rüdiger Metze, S. Mark-Rüdiger - 1967-73 Stud. Soziol., Polit. Wiss., Wirtsch.- u. Sozialgesch. Univ. Marburg; Promot. 1974 Marburg - 1975 wiss. Lehrbeauftr. u. fr. Autorin; 1976-87 Leit. Christl. Pressea-kad. (cpa) Frankfurt; 1979/80 Lehrauftr.; 1981-85 Ringvorlesungen. S. 1982 Mitgl. Dt. Unesco-Kommiss. (Fachaussch. Kommunikation) u. Vollzugsaussch. d. Dt. Unesco-Kommiss. - BV: Informationstechnologien u. Intern. Beziehungen, 1984; Lust u. Unlust am Trivialen - Ermittlungen aus gegebenem Anlaß: Holocaust (Texte), 1989.

METZEN, Josef

Dipl.-Ing., Leitender Geschäftsführer IHK Dortmund, gf. Vorst. Ges. f. Technik u. Wirtsch., Gf. Ges. d. Freunde d. Univ. Dortmund, Vors. Landesverb. f. Weiterbild. NRW - Sauerbruchstr. 7a, 5810 Witten-Annen/Ruhr (T. 02302 - 6 23 35) - Geb. 4. Okt. 1931 Osterfeld/Oberhausen - Ass.ex. - BVK 1983 - Spr.: Engl., Franz.

METZENAUER, Dieter

Dipl.-Ing., gf. Gesellsch. Metzenauer Ferro-Electric GmbH, Wuppertal, Vorst.-Mitgl. Zentralverb. Elektrotechnik- u. Elektronikind., u. Ausstellungs- u. Messe-Aussch. d. dt. Wirtsch. (AUMA); Vors. Ausstellerbeirat Hannover-Messe; AR-Mitgl. Dt. Messe AG, Hannover, Elektro-Messehaus Hannover GmbH; Ehren-Vors. Fachverb. Schaltgeräte, Schaltanlagen im ZVEI. Vizepräs. IHK Wuppertal, Handelsrichter - Postf. 10 09 08, 5600 Wuppertal 1 (T. 7 28 97).

METZGER, Günter

Dr., Dipl.-Volksw., Hauptgeschäftsführer Dt.-Portugies. Industrie- u. Handelskammer/Camara de Comercio e Industria Luso-Alema - Av. Liberdade, 38-2, P-1200 Lisboa/Lissabon (Portugal) - Geb. 6. Mai 1941 Göttingen - 1969-80 Hauptgeschäftsf. Dt.-Peruanische Ind.- u. Handelskammer in Lima.

METZGER, Günther

Oberbürgermeister Darmstadt, Rechtsanwalt u. Notar, MdB (1969-76; Wahlkr. 145/Darmstadt), Oberbürgermeister - Fichtestr. 41, 6100 Darmstadt (T. 4 82 66) - Geb. 23. Jan. 1933 Heppenheim/Bergstr. (Vater: Staatsmin. a. D. Ludwig M. (s. dort); Mutter: Margarete, geb. Rückert), verh. m. Hilke, geb. Ennen, 6 Kd. (dar. 2 Pflegekd.) - Obersch.; Stud. Rechtswiss. Beide jurist. Staatsprüf. - S. 1962 RA, s. 1972 Notar Darmstadt, 1964 ff. MdK; s. 1973 stellv. Vors. SPD-Bundestagsfraktion. SPD s. 1956 - Liebh.: Sport, Lit., Musik - Spr.: Engl., Franz.

METZGER, Heinrich Otto

Leitender Geschäftsführer Industrie u. Handelskammer - Bezirkskammer Ludwigsburg d. Region Stuttgart - Kurfürstenstr. 4, 7140 Ludwigsburg (T. 07141 - 1 22-2 01) - Geb. 11. Juni 1944 Höfen/Enz Kr. Calw, ev., verh. s. 1974 m. Elisabeth, geb. Rüben, T. Carolin - Stud. Rechtswiss. Tübingen u. Bonn - Spr.: Engl., Franz.

METZGER, Ludwig

Staatsminister a. D. - Fichtestr. 41, 6100 Darmstadt (T. 4 82 66) - Geb. 18. März 1902 Darmstadt (Vater: Ludwig M., Kutscher; Mutter: Margarete, geb. Schneider), ev., verh. s. 1931 m. Margarete, geb. Rückert, 3 Söhne (Günther, Eberhard, Ludwig) - Mittelsch. Darmstadt; n. Abit. (Abendkurse) Univ. Gießen, München, Wien (Rechtswiss. u. Volksw.). Ass.ex. - Ab 1916 Schreibgehilfe Kreisamt Darmstadt, Stud., Praktikant Hess. Hauptfürsorgest. Darmstadt u. Hess. Gesandtsch. Berlin, Ass. AG Gießen u. Darmstadt (auch Staatsanwaltschaft), Staatsanw.sch. Mainz u. b. 1933 (Entlass.) Kreisamt Heppenheim, Vors. Bund relig. Sozialisten in Hessen, s. 1934 Rechtsanw. Darmstadt (jetzt auch Notar), 1936 weg. illeg. Tätigk. f. d. SPD vorübergeh. Haft, 1945-51 Oberbürgerm. Darmstadt, MdL Hessen, 1947-48 Mitgl. Exekutivrat d. Vereinigten Wirtschaftsgebietes (d. ersten Monate Vors.), 1951-53 Hess. Kultusmin., 1953-69 MdB (zeitw. Mitgl. SPD-Fraktionsvorst.), Mitgl. Europ. Parlament (I. Vizepräs.). Bereits vor 1933 SPD, b. 1971 Mitgl. Parteivorst. - Liebh.: Bücher, Wandern, Skilaufen - Spr.: Franz., Engl. - Ehrensenator TH Darmstadt; 1976 Ehrenbürger Stadt Darmstadt.

METZGER, Martin

Dr. theol., Prof. f. Altes Testament u. Bibl. Archäol. Univ. Kiel (s. 1974) - Müllershörn 23, 2302 Flintbek (T. 04347 - 45 81) - Geb. 11. Jan. 1928 Wiedenest (Vater: Johannes M., Oberlehrer; Mutter: Barbara, geb. Buxmeyer), ev., verh. s. 1955 m. Lucie, geb. Sinnhoefer, 4 Kd. (Hiltrud, Friedegard, Tilman, Albrecht) - 1947-50 Stud. evang. Theol. Hamburg; 1950-53 Bonn; 1953-54 Hamburg; 1954-57 Bonn; Promot. 1957; Habil. 1969 - 1957-70 Doz. f. Altes Testament am Predigersem. Hamburg; 1969/70 Privatdoz. Univ. Hamburg; 1970/71 Univ.-Doz.; 1971-74 Wiss. Rat u. Prof. Univ. Hamburg - BV: D. Paradieserz., d. Gesch. ihrer Auslegung, 1959; Grundriß d. Gesch. Israels, 1. A. 1963; 8. A. 1990, (Übers. ins Portug., 2 A., Japan. u. Ital.); Königsthron u. Gottesthron... in Ägypt. u. im Vord. Orient im 3. u. 2. Jhtsd. v. Chr., 2 Bd., 1985; D. spätbronzezeitlichen Tempelanlagen v. Tell Kāmid el-Lōz, Bd. 1, Stratigraphie, Architektur, Installationen, 1991.

METZGER, Walter Erich

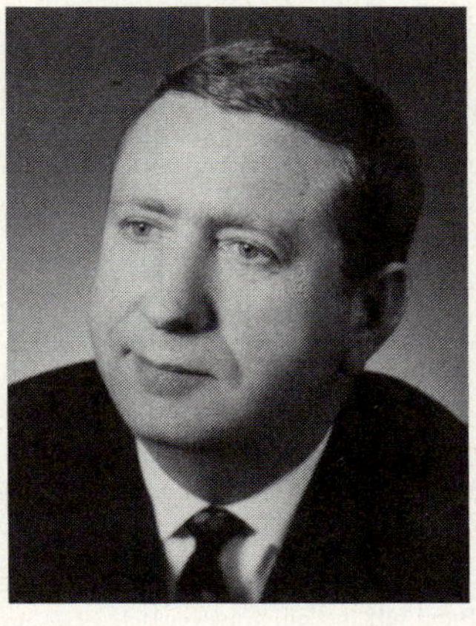

Luftfahrt- u. Reisefachjournalist, Senator, Chefredakteur, PR-Berater, Inh. (Gründer) Intern. Luftverkehrs-Werbung, Stuttgart (s. 1948). Spez. Arbeitsgeb.: Luftfahrt, Flugtouristik, Tourismus - ILW-Haus, 6951 Neckarzimmern (T. 06261 - 29 58) u. Hotel Stuttgart International, Appart. 1019, 7000 Stuttgart 80 - Geb. 5. Juli 1924 Maulbronn (Vater: Friedrich Wilhelm M., Steinmetz- u. Bildhauerm.; Mutter: Luise, geb. Schempf), verh. s. 1968 m. Gisela, geb. Trumpp - Handelssch., Ausb. Ind- u. Werbekfm., Rust. Lehrinst., Stud.-Lehrg. Prof. Dr. Wartenweiler a. d. Herzberg/Aarau/Schweiz - 1952-64 Dtschl.-Chefredakt. Intern. Flug-Revue; s. 1956 Mitgl. LPC-Luftfahrt-Presse-Club, DJV, FIJET. Kurator Götz von Berlichingen-Kuratorium, Neckarzimmern, 1976ff. Zahlr. in- u. ausl. Fachmitgl.schaften, Luftw.-Hptm. d.R. (Presseoffizier) - BV: Zweimal Götz v. Berlichingen (d. Histor. u. Goethes Götz), 1980 - Mitwirk. ARD-TV Z. blauen Bock u. ZDF D. verflixte Monat - Ausz. u. a.: Al Merito della Rep. Ital., Cavaliere Uffic. u. Commendatore Grande Uff. Ritterord. v. Hl. Georg, Ehrenmitgl. u. Senator Accad. Romana, Gründungs-Senator Academia Cosmologica Nova - Intern. Freie Akad. f. neue Kosmologie - München/Wien/Luzern, Ehrenmitgl. Union d. Ecrivains et Journ. Hellenes du Tourisme, Athen - Ausgez. 1973 m. d. internat. Preisen „Ercole d'Oro", „Leader del Turismo" u. „Leader d'Opinione" durch d. ital. Ministerpräs. i. Capitol zu Rom - Liebh.: Antiquitäten, Tierfreund, Fotografie, Filmen - Spr.: Engl., Ital.

METZING, Hellmut

Senator h. c., Alleininh. Metzing Steinind., Inh. Kaiserstein bruch GmbH, bde. Kirchheim, AR Deutsche Steinind. AG, Honorarkonsul a. D. - Lindemannstr. 18, 4000 Düsseldorf (T. 0211 - 66 74 94) - Geb. 25. Juni 1919 Berlin (Vater: türk. Konsul Dr.-Ing. E. h. Adalbert M., Industrieller; Mutter: Johanna, geb. Zeidler), ev., verh. s. 1945 m. Ursula, geb. Reukauff, 2 Kd. (Angelika, Hellmut) - Oberrealsch. Berlin; Steinmetzlehre; Techn. Inst. f. Hoch- u. Tiefbau - 1953-81 Alleininh. u. 1981-84 Mitinh. m. Ph. Holzmann AG an d. Fa. Zeidler & Wimmel, Steinbruch-, metzbetr., -ind. GmbH & Co (gegr. 1776, Berlin), Kirchheim - 1952-63 Vors. Industrieverb. Naturwerkstein, Mainfranken; 1976-86 Präsidialmitgl. u. 1971-86 Vors. d. Außenwirtschaftsaussch. IHK Würzburg-Schweinfurt. Mitgl. Industrie-Club Düsseldorf; Vorst. Dt. Weltw. Ges. Berlin, Münchener Herrenclub. Mitschirmherr Symposium Europ. Bildhauer 1962 (auf eig. Werksgelände) - 1964 Ehrensenator u. Goldmed. Univ. Würzburg; 1971 Bayer. VO.; 1979 BVK I. Kl.; 1983 Commendatore d. ital. Verdienstordens; Ehrenpräs. Zentralverb. d. Dt. Naturwerkstein-Wirtsch. e.V., u. d. Dt. Naturwerksteinverb.; Ehrenbürger d. Gemeinde Kirchheim, u. d. Stadt Valpolicella San Ambrogio, Ital.

METZINGER, Friedrich

Dr. rer. pol., Dipl.-Volkswirt, Dipl.-Dolmetscher, Hauptgeschäftsf. Arbeitsgem. Dt. Filztuchfabriken, Geschäftsf. Filztuchverwaltungsges. mbH - Max-Reger-Straße 14, 6000 Frankfurt/M. 70 (T. 63 54 42) - BV: Auf schmalem Grat, D. dt. Filztuchind., On the Edge, D. Filztuchind. d. Bundesrep. Dtschl., Vierhundert J. am Webstuhl d. Zeit; Üb. d. Kubismus (Übertr. aus d. Franz.); D. Entstehung d. Kubismus - e. Neubewertung; E. vergessener Maler im Rijksmuseum Kröller-Müller, Otterlo - Gold. Sportabz. (25), BVK, Lehrschein DLRG, Dt. Rettungsschwimmabz. in Gold - Spr.: Engl., Franz.

METZLER, Arno

Rechtsanwalt, Hauptgeschäftsführer Dt. Schaustellerbund, Berlin - Hochkreuzallee 67, 5300 Bonn 2 - BV: Schausteller Handb. (Gesetze u. Vorschriftensamml.), 1. A. 1984, 2. A. 1992 - Spr.: Engl.

METZLER, Dieter

Dr., Prof. f. Alte Geschichte u. Didaktik d. Gesch. Univ. Münster - Kellermannstr. 3, 4400 Münster (T. 2 29 02) - Geb. 18. Mai 1939 Münster (Vater: Ernst M., Bauing.; Mutter: Mathilde, geb. Meyer), T. Irina - Promot. 1966, Habil. 1977 - S. 1977 Lehrst. f. Alte Gesch. u. Didaktik d. Gesch. Münster - BV: Porträt u. Ges., 1971; Königl. Innenpolitik im vorislam. Iran, 1977 u. 82; div. Aufs. z. Archäol. u. Alten Gesch. - Liebh.: Reisen - Spr.: Engl., Franz., Ital., Griech., Latein.

METZLER, Manfred

Dr. rer. nat., Dr. med. habil., Prof. Univ. Würzburg - Hessenstr. 100, 8700 Würzburg (T. 0931 - 28 23 40) - Geb. 14. Aug. 1942 Bamberg (Vater: Karl M., Beamter; Mutter: Margarete, geb. Baumgärtner), kath., verh. s. 1967 m. Doris, geb. Striebel, 2 S. (Robert, Richard) - 1961-67 Chemiestud. Univ. Erlangen u. München; Dipl. 1967 u. Promot. 1970 Univ. München, Habil. 1978 Univ. Würzburg - 1970-71 Texas A&M Univ./USA; 1971-73 Fa. Knoll, Ludwigshafen; 1973-81 wiss. Mitarb. Univ. Würzburg, ab 1981 Prof. ebd. - BV: Biotransformationen org. Fremdsubstanzen, (m. G. Bonse) 1978 (japan. Übers. 1980) - Spr.: Engl.

METZNER, Helmut

Dr. rer. nat., o. Prof. f. Pflanzenphysiologie - Sternbergstr. 11, 7400 Tübingen-Pfrondorf (T. 07071 -8 26 00) - Geb. 15. Sept. 1925 Osnabrück, ev., verh. s. 1951 m. Dr. Barbara, geb. Reinboldt - Ratsgymn. Osnabrück; n. Kriegsdst. (1943-45 Marine) Univ. Münster u. Göttingen (Promot. 1950) - 1955 Privatdoz. Univ. Göttingen (1956/57 Rockefeller Fellow Univ. Berkeley/USA); 1961 ao., 1964 o. Prof. Univ. Tübingen (Dir. Inst. f. Chem. Pflanzenphysiol.) - BV: Biochemie d. Pflanzen, 1973; Pflanzenphysiolog. Versuche, 1982. Herausg.: Progress in Photosynthesis Research I-III (1969), D. Zelle. Struktur u. Funktion (3. A. 1981); Photosynthetic Oxygen Evolution (1978). Zahlr. Fachveröff. - Mitgl. New York Acad. of Sciences, zahlr. wiss. Ges. u. a., Dr. h. c. Univ. Gent (1977).

METZNER, Karl Hans

Dr. med., Sanitätsrat, Internist, Ehrenvors. Kassenärztl. Vereinig. Rheinhessen u. Vors. Bezirksärztekammer (Ps. MOGON) - Schwarzwaldstr. 9, 6500 Mainz 42 (T. 06131 - 8 19 66; Fax 06131 - 83 48 84) - Geb. 12. Sept. 1921 Mainz (Vater: Heinrich M., Studienrat; Mutter: Anne, geb. Fluch), kath., verh. s. 1960 in 2. Ehe m. Sieghilde, geb. Lier, 5 Kd. (Josef, Anne, Christopher, Thomas, Matthias) - Gymn. (Abit.); Med.-Stud. (Staatsex., Promot.); Stud. Phil., Psych. u. Musikwiss. - S. 1959 Vors. Kassenärztl. Vereinig. u. Bezirksärztekammer Rheinhessen; Vorst. Landesärztekammer u. zahlr. a. fachspez. Ämter. Gf. Gesellsch. Neubrunnen Bad GmbH - BV: Einf. in d. Praxisrationalis.; D. biol. Ansichten Ewald Herings; Bykothek - BVK I. Kl.; Sanitätsrat; Hartmann-Tieding-Plak.; Ernst-v.-Bergmann-Plak.; Peter Aspelt-Med.; Hans-Böckler-Med. - Spr.: Franz., Engl., Ital.

MEUELER, Erhard

Dr., Univ.-Prof. f. Erwachsenenbildung Univ. Mainz (s. 1981) - Unterdorf 78, 6114 Groß-Umstadt/Raibach (T. 06078 - 57 72) Geb. 24. Aug. 1938 Waldbröl, ev., verh. m. Christiane, geb. Kunkel, 2 Söhne (Christof, Niels) - 1960-66 Stud. Päd., Deutsch, German. Göttingen; Promot. 1972 Göttingen; Habil. 1977 Darmstadt - 1966-68 Studienrefer.; 1968-70 Assist. PH Göttingen; 1970-74 Stip. (Schulbuch-Entw.); 1974-81 Kirchenverw. d. Ev. Kirche in Hessen u. Nassau in Darmstadt (Oberkirchenrat f. Erwachsenenbild.) - BV: Soziale Gerechtigkeit, 2 Bde. 1971; Katechismus u. Curriculum, 1972; Lernbereich Dritte Welt, 1978; Erwachsene lernen, 1982; Wie aus Schwäche Stärke wird, 1987 - Liebh.: Schriftstellerei, Jazz, Kochen - Spr.: Engl., Franz.

MEUFFELS, Heinrich
Realschullehrer, MdL Nordrh.-Westf. (s. 1966) - Am Kirchberg 34, 5130 Geilenkirchen (T. 26 60) - Geb. 18. April 1927 Birgden Kr. Geilenkirchen, kath., verh., 9 Kd. - Gymn. (Abit.); Schreinerausbild.; Stud. Theol., Sport, Geogr. - S. 1954 Realschuldst. 1961-63 Bürgerm. Amt Waldenrath; 1961 ff. MdK (1964 Vors. Schul- u. Kulturaussch.); 1965 ff. Stadtverordn. Geilenkirchen. CDU s. 1948 (1965 Kreisvors.).

MEUNIER, Wolfhart
Dirktor im Bundesgrenzschutz - Grenzschutzschule, Ratzeburger Landstr. 4, 2400 Lübeck 1 - Geb. 7. Aug. 1931.

MEURER, Anton
Schulleiter, Mitgl. Brem. Bürgerschaft (s. 1959) - Vorkampsweg 267, 2800 Bremen 33 (T. 23 66 23) - Geb. 2. April 1919 Lontzen Kr. Eupen, kath., verh., 5 Kd. - Obersch.; Univ. Bonn (Phil., Psych.) - 1940 b. 1945 Wehrdst.; s. 1947 brem. Schuldst. (1954 Leit. St.-Johannis-Sch.). CDU (Mitgl. Landesvorst.).

MEURER, Dieter
Dr. jur., Univ.-Prof. f. Strafrecht, Strafprozeßrecht, Rechtsphilosophie u. Vorsitzender Richter LG Marburg, gf. Dir. Inst. f. Kriminalwiss., Leit. Forsch.-stelle f. Rechtsinformatik - Savignyhaus, Universitätsstr. 6, 3550 Marburg 1 (T. 06421 - 28 31 20) - Geb. 11. Aug. 1943 Heimersheim/Ahr (Vater: Adolf M., Kaufm.; Mutter: Erika, geb. Bender), kath., verh. s. 1972 m. Dr. Dorothea, geb. Meichsner, 3 Kd. (Friederike, Arthur, Richard Sebastian) - Staatl. Apostelgymn. Köln (Abit. 1964); Jura-Stud. Univ. Köln, 1. jur. Staatsprüf. 1968, 2. jur. Staatsprüf. 1973, Promot. 1971, Habil. 1978 - 1969-73 Rechtsrefer., 1973-78 wiss. Assist., 1978 Privatdoz., 1979 o. Prof., 1982 Richter OLG, 1985 gf. Dir., 1991 Vors. Richter LG Marburg - BV: Fiktion u. Strafurteil, 1973; D. Bekämpfung d. Ladendiebst., 1976; Grundl. z. Strafrecht, 1979 (3. A. 1982), 1980 (2. A. 1982) u. z. Strafprozeßrecht, 1981 (3. A. 1991); Z. Strafbark. d. Anschaff., Bereitstell. u. Ausleihe v. Schriften m. straftatbestandsmäßigem Inhalt insb. in Bibl., 1981; Einf. in d. Kriminalwiss., 1982; Bundespersonalvertretungsrecht, 1985 (2. A. 1992). Herausg.: Kriminalwissenschaftl. Studien (1982ff., 13 Bde.). Mithrsg.: Festschr. f. R. Lange (1976); Z. Beweiswert von Personenidentifizierungen (1990); Recht d. Computerpraxis (1991) - Liebh.: Musik u. Graphik - Spr.: Engl., Franz.

MEURER, Siegfried
Dr.-Ing., Dr.-Ing. E. h., Prof., ehem. Vorstand MAN Maschinenfabrik Augsburg-Nürnberg, Augsburg (s. 1962), Honorarprof. TH Aachen (s. 1969; Verbrennungskraftmaschinen) - Am Riedlerberg 17, 8185 Kreuth (T. 3 12) - Geb. 9. Mai 1908 Dresden - S. 1938 MAN; dazw. 1945-50 franz. Luftfahrtmin. - 1958 Ehrendoktor TH, jetzt Univ. Karlsruhe; 1982 Honory Degree of Doctor of Technology Univ. of Technology Loughborough Great Britain; Diesel-Med. in Gold; Nürnberger Erfindermed. in Gold; Silb. Ehrenzeichen d. d. VDI; Prechtsl-Med. TH Wien; Werner-von-Siemens-Ring; Wilhelm-Exner-Med.; James Watt Intern. Medal; Sae Fellow Member - Spr.: Franz., Engl. - Rotarier.

MEURERS, Joseph
Dr. phil., o. Prof. (em.) f. Astronomie Univ. Wien - Schlechinger Str. 7, 8211 Schleching-Ettenhausen - Geb. 13. Febr. 1909 Köln (Vater: Joseph M., Versicherungsdir.; Mutter: Bertha, geb. Gross), kath., verh. s. 1943 m. Alice, geb. Jung, 3 Söhne (Bernhard, Georg, Bruno) - Univ. Freiburg/Br., Göttingen, Bonn (Physik, Astronomie, Math., Phil.). Promot. 1934; Staatsex. f. d. höh. Lehramt 1963; Habil. 1938 - S. 1949 Prof. Univ. Bonn (apl.), Wien (1962 Ord. u. Dir. Sternw.), Honorarprof. Univ. Salzburg. 1966-70 Dir. Intern. Inst. Görresgesellsch. für d. Begegnung v. Naturwiss. u. Theol; Mitgl. Intern. Astronom. Union u. Dt. Astronom. Ges. - BV: Wilhelm Diltheys Gedankenwelt u. d. Naturwiss., 1936; Um d. Einheit d. Wiss., 1947; D. gegenw. Verhältnis v. Natur- u. Geisteswiss. u. s. Bedeut. f. d. geist. Situation d. Zeit, 1951; D. Alter d. Universums, 1954; Astronom. Experimente, 1956; D. geist. Einwirk. d. Materialismus auf d. Wiss. d. Ostens, 1957; D. Weltbild im Umbruch d. Zeit, 1958; Wiss. im Kollektiv, 1959; D. Sehnsucht n. d. verlorenen Weltbild, 1962; Können wir v. Gott wissen?, 1964; Kl. Weltallkunde, 1967; Weltallforsch., 1971; Kl. Wissenschaftslehre, 1971; Allg. Astronomie, 1972; Metaphysik u. Naturwiss., 1976; Kosmologie Heute, 1984; Gott - bist Du?, 1984 - Präs. 80. Dt. Katholikentag 1964 Stuttgart, 1979 Diaconus permanens ecclesiae catholicae.

MEUSEL, Ernst-Joachim
Dr. jur., Rechtsanwalt, Geschäftsf. Mitgl. Dir. Max-Planck-Inst. f. Plasmaphysik, Garching (s. 1968) - Auweg 11, 8046 Garching/Obb. (T. München 329 15 82) - Geb. 4. Febr. 1932 Magdeburg (Vater: Dr. jur. Ernst M., Oberlandesgerichtsrat; Mutter: Gertrud, geb. Lehmann), ev., verh. s. 1957 m. Eva-Maria, geb. Schmidt, 3 Kd. (Burkhard, Michaela, Claudia) - Domgymn. Naumburg u. Heese-Gymn. Berlin; 1950-54 Univ. Berlin u. Bonn (Rechts- und Staatswiss.). Promot. 1958 Köln; Ass.ex. 1960 Düsseldorf - 1962-64 Justitiar DEA-Steinkohlenbergwerke Graf Bismarck, Gelsenkirchen; 1964-68 Geschäftsf. Ges. f. Kernverfahrenstechnik mbH, Jülich; 1969-70 Vors. Arbeitsgemeinschaft d. Großforschungseinrichtungen - BV: Grundprobleme d. Rechts d. außeruniversitären staatl. Forsch., 1982; s. 1977 Mithrsg. Zeitschrift u. Handb. Wissenschaftsrecht - Spr.: Engl. - Rotarier, Rechtsritter Johanniterorden.

MEUSEL, Werner
Geschäftsführer Zinser Textilmaschinen GmbH, Ebersbach/Fils i.R., Unternehmensberater - Am Kugelrain 22, 7336 Uhingen 1 (T. 07163 - 81 70) - Geb. 27. Okt. 1926 Magdeburg (Vater: Wilhelm M., Fabrikant; Mutter: Emmy, geb. Behrens), ev., verh. s. 1955 m. Brunhild, geb. Strödecke, T. Uta - Univ. Halle/S. u. Leipzig (Rechtswiss.). Jurist. Staatsex. - Justitiar; Syndikus - AR Volksbank Ebersbach/Fils - 1989 BVK am Bde. - Spr.: Engl.

MEUSERS, Helmut
Geschäftsführer Verb. d. Dt. Tuch- u. Kleiderstoffindustrie, Köln - Ahrstr. 16, 5023 Lövenich/Rhld. (T. Büro: Köln 42 58 91) - Geb. 2. Juli 1914 - Staatsdst. (zul. Reg.srat).

MEUTHEN, Erich
Dr. phil., o. Prof. f. Geschichte d. Mittelalters - Leipziger Str. 7, 5000 Köln 40 (T. 02234 - 7 39 00) - Geb. 31. Mai 1929 Mönchengladbach (Vater: Wilhelm M., Konrektor; Mutter: Maria, geb. Welty), kath., verh. s. 1963 m. Gertrud, geb. Schultes, 3 Kd. (Claus, Dominik, Pia Maria) - Univ. Köln, Archivsch. Marburg - Höh. Archivdst., 1961 Archivrat, 1966 Archivdir. Aachen, 1967 Priv.-Doz. Aachen, 1971 o. Prof. Bern, 1976 Köln - Entd.: Quellen d. 15. Jh. - BV: D. letzten Jahre d. Nikolaus v. Kues, 1958; Kirche u. Heilsgesch. b. Gerhoh v. Reichersberg, 1959; D. Trierer Schisma v. 1430, 1964; Nikolaus v. Kues, 1964, 6. A. 1985 (japan. 1973); Aachener Urkunden, 1972; Acta Cusana I/1-2, 1976-82; D. 15. Jh., 1980, 2. A. 1984; D. Basler Konzil, 1985; Kölner Univ.-Gesch. I. D. alte Univ., 1988 - 1977 korr. Mitgl. Heidelberger Akad., 1977 o. Mitgl. Hist. Kommiss. Bayer. Akad., 1982 o. Mitgl. Rhein.-Westf. Akad.

MEVEN, Peter
Opern- u. Konzertsänger, Kammersänger - Poststr. 7, 4000 Düsseldorf (T. 0211 - 32 89 50) - Geb. 1. Okt. 1929, verh. s. 1951 m. Erika, geb. Klöcker, 4 Töcht. (Petra, Claudia, Martina, Britta) - Bildhauer in Wien u. Köln; dann Gesangstudium b. Robert Blasius Köln - 1957 1. Engagem. Hagen, dann Mainz, Wiesbaden, Düsseldorf, Dt. Oper am Rhein (s. 1964) - Auftr. auf allen bedeut. Bühnen Europas, auch Bayreuth, Metropolitan/New York, Salzburger Festsp.; Konz. in allen Musikzentren Europas - Liebh.: Malerei, Bildhauerei.

MEVERT, Friedrich

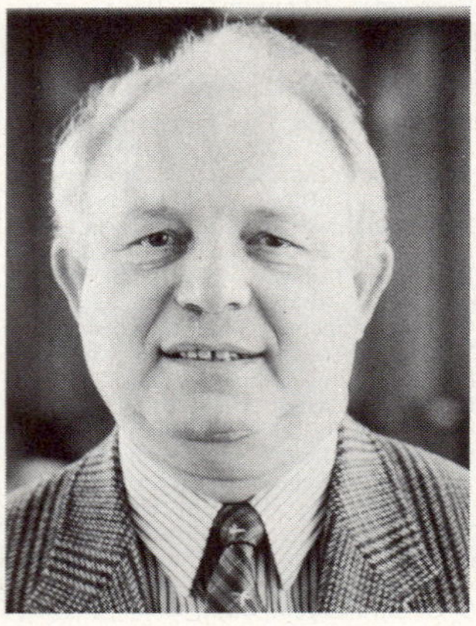

Hauptgeschäftsführer Landessportbund Nieders. (s. 1978), Geschäftsf. Sport in Nieders.-Medien GmbH, Vorstandsmitgl. Nieders. Inst. f. Sportgesch. - Ferd.-Wilhelm-Fricke-Weg 10, 3000 Hannover 1 (T. dstl. 0511 - 12 68-1 00; priv. 0511 - 46 12 19) - Geb. 21. April 1936 Bückeburg, verh. s. 1959 m. Monika, geb. Reuter, 3 Kd. (Susanne, Sybille, Fritjof) - 1956-61 Stud. Sport u. Anglistik Köln u. Göttingen - 1963-78 Geschäftsf. Dt. Sportjugend im DSB - BV: Olympia, Nippon u. wir - Olympiafahrt d. dt. Jugend, 1964; Intern. u. europ. Sportorg., 1981; Olymp. Spiele d. Neuzeit - v. Athen b. Los Angeles, 1983; Jugendarbeit im Sport, 1985 - Gold. Sportabz. Div. Ausz. nationaler Sportverb.

MEVES, Christa,
geb. Mittelstaedt

Analyt. Kinder- u. Jugendlichenpsychotherapeutin, Schriftst. - Albertstr. 14, 3110 Uelzen - Geb. 4. März 1925 Neumünster (Vater: Carl M., Kunsterzieher, Maler), kath., verh. s. 1946 m. Dr. med. habil. Harald M., 2 Kd. - Gymn. Neumünster (Abit. 1943); Stud. d. Phil., German., Geogr., Psychol. Univ. Breslau, Kiel, Hamburg (Ex. 1948); Psychagogenausbild. Psychotherapeut. Inst. Hannover u. Göttingen - S. 1962 fr. Praxis Uelzen. Mithrsg.: Rhein. Merkur/Christ u. Welt (1978ff.) - BV (auch engl., holl., span., franz., jugosl., japan., afrikaans); Schulnöte u. Kinder, Mut z. Erziehen, 1970; Erziehen lernen in tiefenpsychol. Sicht, 1971; Verhaltensstörungen b. Kindern, 1971; Manipulierte Maßlosigkeit, 1971; Wunschtraum u. Wirklichk., 1972; D. Bibel antwortet u. in Bildern, 1973; Ehealphabet, 1973; Ich will leben, 1974; Kinderschicksal in uns. Hand, 1974; Freiheit will gelernt sein, 1975; Ninive darf nicht untergehen, 1975; Uns. Leben muß anders werden, 1976; Lange Schatten - helles Licht, 1976; Werden wir e. Volk v. Neurotikern?, 1977; Seelische Gesundheit u. bibl. Heil, 1978; ANIMA, 1979; Kleines ABC f. Seelenhelfer, 1980; Unsere Kinder wachsen heran, 1981; Ich will mich ändern, 1981; d. Weg z. Sinnerf. Leben, 1981; Problemkinder brauchen Hilfe, 1982; Kraft aus d. du leben kannst, 1983; Großeltern-ABC, 1983; Aus Vorgeschichten lernen, 1985; Plädoyer f. d. Schamgefühl, 1985; Ermutigung z. Freude, 1987; Postitiv gesehen, 1987; D. alte Glaube u. d. neue Zeit, 1988; Im Schutzmantel geborgen, 1989; E. neues Vaterbild, 1989; Eltern-ABC, 1990; Zeitloses Maß in maßloser Zeit, 1991; D. Bibel hilft heilen, Kurswechsel, 1992; u. a. - 1974 Bölsche-Med.; 1976 Prix AMADE; 1977 Goldmed. Herderbücherei; 1979 Nieders. VO.; 1979 Konrad-Adenauer-Preis; 1980 Medal of Merit; 1985 BVK.

MEVES, Hans
Dr. med., Prof. f. Physiologie Univ. Saarbrücken (Homburg) - An der Farrwiese 1, 6650 Homburg-Saar - Geb. 13. Sept. 1925 Berlin (Vater: Richard M., Min.-Dirig.; Mutter: Marie-Luise, geb. Back), ev., verh. s. 1955 m. Dorothea, geb. Altmeyer - Promot. 1951 Univ. Marburg, Habil. 1956 Univ. Kiel - 1967-70 o. Prof. in Kiel; 1970-80 Plymouth/Engl.; ab 1980 o. Prof. Homburg. S. 1990 pens. Spez. Arbeitsgeb.: Untersuch. an Nervenfasern.

MEVISSEN, Annemarie,
geb. Schmidt

Stv. Bürgermeisterin u. Senatorin f. Soziales a.D. v. Bremen (1971-75) - Oberneulander Landstr. 164, 2800 Bremen-Oberneuland (T. 361 22 03) - Geb. 24. Okt. 1914 Bremen (Eltern: Wilhelm (Regierungsrat, Sozialdemokrat) u. Gesine, geb. Schmidt), verh. s. 1943 m. Werner M. (Bibliotheksdir.), 2 Kd. (T., S.) - Gymn. - 1934-44 Buchhändlerin; ab 1952 Senatorin f. Wohlfahrt u. Jugend u. Bürgerm. (1967) Bremen (1967 stv. Präs. Senat). 1947-52 Mitgl. Brem. Bürgerschaft. SPD.

MEWES, Dieter
Dr. Ing., Univ.-Prof. u. Vorst. Inst. f. Verfahrenstechnik Univ. Hannover (s. 1982) - Brennenhorst 1, 3012 Langenhagen - Geb. 18. Dez. 1940 Berlin, ev., verh. s. 1969 m. Hannelore, geb. Hasselmann, 3 Kd. (Marc-Oliver, Juliane, Gwendolyn) - 1959-66 Stud. Verfahrenstechn. TU Berlin; Dipl. 1966; Promot. b. Prof. Brauer 1970; Habil. f. Verfahrenstechnik TU Berlin 1972 - 1966-73 Wiss. Assist. (Prof. Brauer); 1973-82 Fa. Degussa AG; 1976 Prok.; 1978 Vice-Pres. Degussa Inc. USA; 1981 Abteilungsdir. Degussa AG - BV: Stoffaustausch, 1971; Siebbodenextraktionskolonnen, 1979 - 1965 Dt. Meistersch. im Rudern Doppelzweier - Spr.: Engl.

MEWS, Sibylle,
geb. Rörig

Kinderbuchautorin - Ainmillerstr. 33, 8000 München 40 (T. 089 - 39 18 25) - Geb. 17. Mai 1927 Clausthal/Zellerfeld, ev., verh. s. 1952 m. Hannes M. (Dipl-Ing.), 3 Kd. (Florian, Bernhard, Viktoria) - Sch. in Eberswalde b. Oberprima; Stud. Kunstpäd. Berlin-Schöneberg; Ex. - 1 J. Erzieherin b. schwererziehbaren Mädchen, Berlin - BV: Apfel im Schlafrock, 1968; D. Haus m. d. vielen Fenstern, 1972; Kennst Du Dominikus Munk, 1975; Otto kommt m. allem klar, 1977; Zwitsch, 1981; Du bist zu dick, Isabella, 1982; D. sanfte Riese, 1986; Willis Sonntage, 1988; Chrysobal, d. Zauberer, 1991. Div. Anthol. 11 Hörsp. - Liebh.: Malen, Natur, vor allem Blumen u. Bäume, Lesen, Reisen - Spr.: Engl., Franz., Ital.

MEWS, Siegfried
M.A., Ph.D., Prof. of German Univ. of North Carolina at Chapel Hill, USA - CB 3160, 438 Dey Hall, Chapel Hill, N.C. 27599-3160/USA - Geb. 28. Sept. 1933, gesch., S. Randolph - Staatsex. (Engl., Gesch.) 1961 Hamburg, M.A. (Engl.) 1963 Southern Illinois Univ., Ph.D. (Vergl. Lit.wiss) 1967 Univ. of Illinois, Urbana - BV: Carl Zuckmayer, 1981; Ulrich Plenzdorf, 1984. Herausg.: The Fishermann and His Wife: Günter Grass's The Flounder in Critical Perspective (1983); Bertolt Brecht in Critical Perspective (1989).

MEWS, Wolfgang
Baudirektor, Leit. Wasser- u. Schiffahrtsamt Regensburg - Erlanger Str. 1, 8400 Regensburg.

MEY, Frédéric (in Frankr.)
s. Mey, Reinhard

MEY, Reinhard (Friedrich)

Chansonsänger (dt./franz.), Texter, Komp. - , Sigismundkorso 63, 1000 Berlin 28 (Frohnau) - Geb. 21. Dez. 1942 Berlin, verh. (Ehefr.: Hella), 2 Söhne (Frederik, Maximilian) - Franz. Gymn. Berlin; kaufm. Lehre Industrie ebd. - Rege Gastspieltätigk. Zahlr. Lieder, bes. bekannt: Üb. d. Wolken u. D. heiße Schlacht am kalten Buffet (div. Langspielpl.) - BV: Ich wollte wie Orpheus singen, Lyrik 1967ff. - 1983 BVK - Liebh.: Fliegen (2 Pilotenscheine) - Ist f. leise Lieder - Spr.: Franz.

MEY, Rudolf

Dr. med., Prof., Direktor Landesfrauenklinik u. Hebammenschule - Obere Str. 2, 7000 Stuttgart-Berg (T. 29 99 91) - Geb. 2. Sept. 1920 Hechingen/Hoh. - S. 1960 (Habil.) Lehrtätigk. Univ. Freiburg (1967 apl. Prof. für Geburtshilfe u. Gynäk.). Facharb.

MEYDING, Dietrich

Dr. jur., Oberfinanzpräsident Oberfinanzdir. Karlsruhe - Moltkestr. 10, Postf. 4809, 7500 Karlsruhe (T. 0721-135-24 30). - Geb. 31. Dez. 1929 Stuttgart, verh., 3 Kd.

MEYENBORG, Ulrich

Senator d. Hansestadt Lübeck, Bildung u. Kultur - Eggersstr. 13, 2400 Lübeck 14 - Geb. 22. Sept. 1940 Stockelsdorf, ev., verh. s. 1965, 2 Kd. (Birgit, Jörg) - SPD.

MEYENDORF, Rudolf Albert

Dr. med., M.D.C.M., Prof. f. Psychopathologie, Nervenarzt - Psychiatr. Klinik Univ. München, Nußbaumstr. 7, 8000 München 2 (T. 089 - 5160 3375/3325) - Geb. 10. März 1934 Wanne-Eickel (Vater: Rudolf Wilhelm M., Schlosser; Mutter: Luise, geb. Pothoff), ev.-frk., verh. s. 1962 m. Mona, geb. Ajram, 3 Kd. (Rudolf Samir, Rima, Rona) - 1953-58 Stud. Ev. Theol. Berlin, Hamburg u. Zürich, Abschl. (B.D.) am intern. Baptist Theol. Sem.; 1951-65 Med.-Stud. Tübingen, FU Berlin, Freiburg/Br. u. Montreal/Kanada (Abschl. M.D. u. C.M.); dt. Promot. 1968, Habil. 1975, bde. München - S. 1966 Nervenklinik Univ. München; s. 1968 Oberarzt, s. 1975 Hochsch.lehrer Psychiatr. Klinik Univ. München. Ca. 70 Fachveröff. in intern. Ztschr. - Spr.: Engl., Franz., Ital., Russ.

MEYER, Adolf

Dr.-Ing., Prof., Direktor - Hainbuchenweg 8, 6906 Leimen-Lingental b. Heidelberg (T. 06224 - 7 14 55) - Geb. 3. März 1921 Wellendorf Kr. Uelzen (Vater: Hermann M., Kaufm.; Mutter: Frieda, geb. Koertke), verh. s. 1949 m. Hildegard, geb. Schulze - TH München u. Braunschweig. Dipl.-Ing. 1948, Promot. 1950, Habil. 1955 (alles Braunschweig) - 1948-54 Assist. u. Oberingenieur TH Braunschweig (Inst. f. Baustoffkd. u. Materialprüf.); s. 1955 Lehrtätigk. TH Braunschweig u. Darmstadt (1967 apl. Prof.). 1955-66 Dir. Labor. d. westl. Zementind. Beckum; 1966-86 Dir. Heidelberger Zement Aktiengesellschaft, Heidelberg; s. 1986 Ingenieurbüro Meyer + Partner. Fachgeb.: Bauphysik, Baustoffkunde u. Holzbau. Bücher u. Fachaufs. - Spr.: Engl. - Rotarier.

MEYER, Adolf-Ernst

Dr. med., Dr. rer. soc., em. Prof., Abt. Psychosomatik u. Psychotherapie Med. Univ.sklinik Hamburg - Körnerstr. 17, 2000 Hamburg 60 (T. 27 62 55) - Geb. 6. Dez. 1925 Zürich/Schweiz (Vater: Adolf M., Ing.; Mutter: Georgette, geb. v. Rotz), verh. m. Almuth, geb. Kittel - S. 1961 (Habil.) Lehrtätigk. Hamburg (1973 o. Prof. f. Psychosomat. u. Psychotherapie). Fachveröff.

MEYER, Albert

Dr. h.c., Staatssekretär, MdL Bayern (s. 1966; 1972ff. stv. Fraktionsvors.) - Postf. 43, 8728 Haßfurt/Ufr. - Geb. 31. März 1926 Schweinfurt/M. (Vater: prakt. Arzt) - Gymn. Schweinfurt; 1946-49 Univ. Erlangen (Volksw., Rechtswiss.). Gr. jurist. Staatsprüf. 1954 - 1943-45 Luftwaffen-, Arbeits- u. Kriegsdst. (zul. Uffz.); s. 1955 bayer. Finanzverw. (1963 Vorsteher Finanzamt Zeil, Regierungsdir., Staatssekretär Finanzmin.). 1961-66 Bezirksvors. Jg. Union Unterfranken. CSU (Mitgl. Bezirksvorst. Landesaussch. u. -vers.).

MEYER zum GOTTESBERGE, Alf

Dr. med. (habil.), em. o. Prof. f. Hals-, Nasen- u. Ohrenheilkunde - Heiligenstr. 38, 4000 Düsseldorf-Urdenbach (T. 71 35 22) - Geb. 5. April 1908 Herford, ev., verh. m. Maria, geb. Bücher - 1940 Privatdoz., 1948 apl. Prof. Univ. Köln, 1953-77 o. Prof. u. Klinikdir. Med. Akad., jetzt Univ. Düsseldorf. 1962 Vors. Dt. Ges. f. HNOärzte. Fachveröff. - 1953 Mitgl. Dt. Akad. d. Naturforscher (Leopoldina), Halle/S.; 1970 Vors. Ges. Dt. Naturforscher u. Ärzte - Spr.: Engl. - Rotarier.

MEYER, Anton

Dr. rer. pol., Dr. rer. pol. habil., Dipl.-Oec., Univ.-Prof. Johannes Gutenberg-Univ. Mainz - Saarstr. 21, 6500 Mainz (T. 06131 - 39 37 56) - Geb. 28. Jan. 1955 Nördlingen, kath. - Stud. Betriebswirtsch.lehre Univ. Augsburg; Dipl. 1979; Promot. 1983; Habil. 1989 - S. 1979 Vorst. Förderges. Marketing, s. 1983 Marketing-Club Augsburg; s. 1991 Sprecher d. Vorst. d. Förderges. Finanzdienstleistungs-Marketing (FFM) e.V. - BV: Dienstleistungs-Marketing, 1983, 4. A. 1990; Zukunftsorientiertes Marketing, 1984; Marketing-Systeme, 1990.

MEYER, Bernd

Lehrer, Senator f. Inneres Bremen (b. 1989) - Bokelbergstr. 6, 2820 Bremen 70 - Geb. 18. Mai 1946 Bremen, ev., verh. - Gymn. (Abit.); 1965-66 Pol.beamter, 1967-69 Päd. Hochsch. Bremen, 1969-71 brem., 1971-79 nieders. Schuldst., 1971-79 Mitgl. Brem. Bürgerschaft, s. 1979 Senator. SPD.

MEYER, Bernhard

Unternehmer (Fa. Siebdruck + Werbung), Vors. Fachverb. Siebdruck i.R., Wiesbaden - Borsteler Chaussee 85-95, 2000 Hamburg 61 (T. 51 58 76).

MEYER, Brunk

Dr. sc. agr., o. Prof. u. Direktor Inst. f. Bodenkunde Univ. Göttingen/Landw. Fak. (s. 1967) - Eulenloch 15, 3400 Göttingen-Herberhausen (T. 27 42) - Geb. 26. Juni 1929 Berlin (Vater: Friedrich M.), verh. m. Ursula, geb. Tretrop - Stud. Landw. (Dipl.-Landw.) - Habil. 1967 Göttingen - Zahlr. Fachveröff.

MEYER, Curt

Dr. rer. nat., o. Prof. f. Mathematik - Am Wiedenhof 6, 5060 Bensberg-Herkenrath (T. 29 41) - Geb. 19. Nov. 1919 - S. 1955 (Habil.) Lehrtätigk. Univ. Hamburg (1961 apl. Prof.; 1965 Wiss. Rat u. Prof.) u. Köln (1966 Ord.) - BV: D. Berechnung d. Klassenzahl Abelscher Körper üb. quadrat. Zahlenkörper, 1957. Div. Einzelarb.

MEYER, Detlev

Schriftsteller - Blankenbergstr. 1, 1000 Berlin 41 (T. 030 - 851 22 40) - Geb. 12. Febr. 1950 (Vater: Kurt M.; Mutter: Ursula, geb. Weighardt), verh. s. 1980 m. W. Hoffmann, geb. Sieg, 3 Kd. (Lucy, Harry, Tasso) - Stud. Bibliothekswiss.; Dipl.-Bibl. 1973 FU Berlin - 1973/74 Bibliothekar in Toronto; 1975/76 Entwicklungshelfer in Jamaica - BV: Heute nacht im Dschungel, 1981, Neuausg. 1992; Im Dampfbad greift nach mir e. Engel, 1985; David steigt aufs Riesenrad, 1987; E. letzter Dank d. Leichtathleten, 1989; Stehen Männer an d. Grachten, 1990; Heiße Herzen (zus. m. Ralf König), 1990 - 1980, 1984, 1988 u. 1990 Berliner Autoren-Stip.; 1986 Alfred-Döblin-Stip. - Liebh.: Jugendarb., Pfadfinderei - Spr.: Engl., Franz., Lat.

MEYER, Dieter H.

Geschäftsführer Lloyd-Schuhfabrik Meyer & Co. GmbH., Sulingen - 2839 Stadt b. Sulingen Nr. 39 - Geb. 28. Juni 1937 Berlin.

MEYER, Ernst

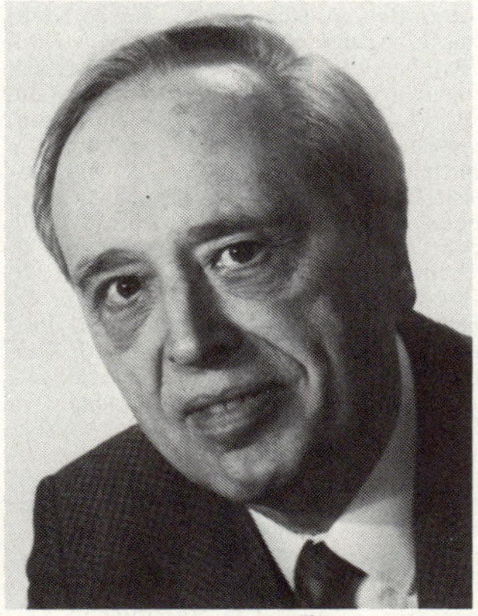

Dr. phil., Prof. f. Pädagogik - Schlittweg 34, 6905 Schriesheim (T. 06203 - 6 27 17) - Geb. 10. Juli 1920 Worms/Rh. (Vater: Ernst M., Monteur; Mutter: Margarete, geb. Lob), ev., verh. s. 1947 m. Trude, geb. Heintz, 3 Kd. (Gerhard, Ursula, Irmtraud) - Päd. Akad. Neuenahr; Univ. Frankfurt u. Mainz (Päd., Psych.) - 1946-57 Lehrer Volks- u. Versuchssch.; 1949-54 u. 1958-59 Doz. Päd. Hochsch. Worms; 1956-58 Leit. Lehrerfortbildungswerk Rheinhessen; s. 1960 Prof. PH Berlin u. Heidelberg (1961; Leitg. Schulpäd. Ausb., Forschungsst. Didaktik u. Hochschulinternes Fernsehen, Audiovisuelles Zentrum). Präs. Intern. Ges. f. Gruppenarb. in d. Erziehung, Stockholm; Ehrenpräs. Weltbd. f. Erneuerung d. Erzieh. (Dt.spr. Sekt.) - BV: Gruppenunterricht - Grundleg. u. Beispiel, Lehrerhandb. 8. A. 1983; Offene Schultür - Zeitnahe Unterrichtsarbeit, Lehrerhandb. 1957; Unterrichtsvorb. in Beispielen, 16. A. 1973; Sozialerzieh. u. Gruppenunterr. - intern. gesehen, 1963; Schulpraktikum, 4. A. 1973; Fernsehen in d. Lehrerbild., 1966; Unterrichtsthema Angst, 1978; Europ. Pädagog. Symposion (5 Bde.) 1977/79; Trainingshilfen z. Gruppenunterr., 1981; Kinder u. Jugendl. in seel. Not, 1982; Spiel u. Medien in Familie, Kindergarten u. Schule, 1983; Frontalunterr., 1984; Burnout u. Streß - Praxishilfen z. Bewältigung. Herausg.: Gruppenpäd. - Gruppendynamik, Audiovisuelle Mittler in d. Unterrichtspraxis, Didaktische Studien, Unterrichtspraxis, Unterr.-Praxishilfen f. Lehrer, Vierteljahresschr. Erziehungswiss.-Erziehungspraxis, Forum Päd.; Schriftenreihe Grundl. z. Schulpäd. (zus. m. R. Winkel) - Lit.: Wöhler, Kh. (Hrsg.), Gruppenunterr. Festschr. z. 60. Geb. (1981); Weber, A. (Hrsg.), Kooperatives Lehren u. Lernen in d. Schule. E. M. z. 65. Geb. (1986).

MEYER, Ernst-August

Kaufmann (Inh. v. 5 Sparmärkten Ronnenberg u. Hannover), Präs. Einzelhandelsverb. Nieders., Hannover - 3003 Ronnenberg/Hann. - Geb. 25. Juni 1911.

MEYER, Eva

Dr. phil., Autorin, Dozentin - Goethestr. 61, 1000 Berlin 12 (T. 030 - 313 51 57) - Geb. 16. Juni 1950 Freiburg - Stud. Phil., German., Kunstgesch., Archäol., Roman. Univ. Freiburg u. Berlin; M.A. 1975; Promot. 1982; Ausb. z. Puppenspielerin Figurentheaterschule Bochum - Mitgründung Lilith-Frauenbuchladen u. Verlag in Berlin - BV: Zählen u. Erzählen. Für e. Semiotik d. Weiblichen, 1983; Versprechen - E. Versuch ins Unreine, 1984; Architexturen, 1986; D. Autobiographie d. Schrift, 1989; D. Unterschied, d. e. Umgebung schafft. Kybernetik, Psychoanalyse, Feminismus, 1990.

MEYER, Franz Hermann

Dr. rer. nat., Prof. f. Botanik Univ. Hannover - Fasanenstr. 11, 3002 Wedemark 2 (T. 05130 - 81 47) - Geb. 22. Aug. 1928 Cuxhaven (Vater: Wilhelm M., Arch.; Mutter: Frieda, geb. Haack), ev., verh. s. 1958 m. Dr. Ursula, geb. Mevius, 3 Kd. (Klaus Dieter, Renate Ursula, Christian Wolfgang) - 1949-54 Stud. Botanik, Zool., Mikrobiol., Chemie u. Physik Univ. Hamburg (Dipl.-Biol. 1954, Promot. 1956, Habil. 1962) - 1970-76 Präs., s. 1988 Ehrenpräs. Dt. Dendrol. Ges. - BV: D. pflanzl. Symbiosen, 3. A. 1962 (übers. ins Poln.); Mycorrhiza and other Plant Symbioses. (in: Symbioses Vol. 1. Academic Press, 1966); Distribution of Ectomycorrhizae in Native and Man-Made Forests. (in: Ectomycorrhizae. Academic Press, 1973); Bäume in d. Stadt, 1978, 2. A. 1982, (übers. ins Ital.) - Liebh.: Gartengestalt.

MEYER, Friedrich A.

Vorstandsvorsitzender ADV/ORGA F. A. Meyer AG, Wilhelmshaven - Friedrich-Paffrath-Str. 116, 2940 Wilhelmshaven - Geb. 24. Juli 1936 - Honorarkonsul d. Rep. Finnland.

MEYER, Gerd

Dr. phil., Prof. f. Politikwissenschaft - Schellingstr. 4, 7410 Reutlingen (T. 07121 - 3 60 07) - Geb. 8. Juli 1942 Berlin - 1962-68 Stud. Politikwiss., Gesch., German., Staatsex. 1968, Promot. 1969, Habil. Univ. Tübingen 1976 - 1969-77 Wiss. Assist., s. 1977 Prof., 1972/73 u. 1979-81 Inst.-Dir., 1991/92 Dekan Fak. Sozial- u. Verh.wiss. Univ. Tübingen - BV: Sowj. Dtschl.-Politik im J. 1952, 1970; Bürokrat. Sozialismus, 1977; Sozialist. Systeme, 1979. Polit. System d. DDR, 2 Bde. 1985, 1991; Polit. Kultur Polens, 1989; D. DDR-Machtelite in d. Ära Honecker, 1991 - Spr.: Engl., Franz.

MEYER, Gerd

Lehrer, MdL Saarland (s. 1975) - Überhofenerstr. 40, 6621 Püttlingen-Köllerbach - Geb. 24. Nov. 1944 Köllerbach - CDU (stv. Vors. Landtagsfrakt.), u. Landtagsaussch. f. Kultur, Bildung u. Sport.

MEYER, Gerhard

Dr.-Ing., Hüttendirektor i. R. - Hoher Weg 4, 3150 Peine - Geb. 10. Juli 1906 Peine (Vater: Gerhard M., Kommerzienrat; Mutter: geb. Overbeck), verh. s. 1938 m. Ursula, geb. Busch, verw. - TH München u. Berlin - Zul. Vorstandssprecher Ilseder Hütte, Peine (b. 1970) - Bruder: Otto G. M.

MEYER, Gerhard

Rechtsanwalt, Hauptgeschäftsführer d. Vereinig. d. Arbeitgeberverb. energie- u. versorgungswirtschaftl. Unternehmungen - Kurt-Schumacher-Str. 24, 3000 Hannover 1 - Geb. 19. Jan. 1937 Deutsch-Eylau (Vater: Gerhard M., Ing.; Mutter: Gertrud, geb. Lucke), verh. s. 1990 m. Wiebke M., geb. Kolumbe, 2 Söhne (Kay-Daniel, Jan Moritz) - 1967 Ass.ex. Hamburg; 1968-77 ltd. Tätigkeit Industrie (Mineralöl, NE-Metalle); 1974-77 MdHB, F.D.P.-Fraktionsvors.; 1975-79 Mitgl. Rundfunkrat NDR; 1977-78 Senator, Präses d. Justizbeh. Hamburg; 1978-81 Senator f. Justiz v. Berlin; 1978-82 Mitgl. Bundesvorst. F.D.P.; s. 1966 Ehrenpräs. Weltbund Liber. u. Radik. Jugend - Spr.: Engl.

MEYER, Gottfried

Prof., Maler - v.-Beck-Str. 1, 7500 Karlsruhe - Geb. 21. Febr. 1911 - Stud. Kunsthochsch. Berlin - Lehrtätigk. Köln, Freiburg/Br., Karlsruhe (Leit. Zeichen- u. Malkl. Kunstakad.).

MEYER, Hans Joachim

Dr. sc. phil., Prof., Anglist, Sächsischer Staatsminister f. Wissenschaft u. Kunst

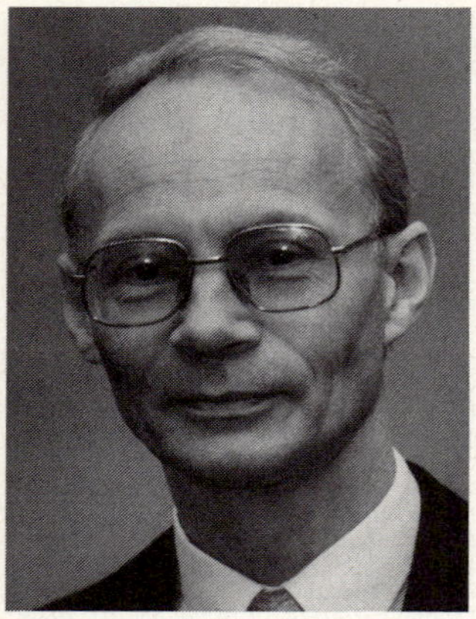

(s. Nov. 1990) - Albertstr. 14, O-8060 Dresden - Geb. 13. Okt. 1936 Rostock, kath., verh. s. 1961 m. Irmgard, geb. Kaczmarek, 3 Kd. (Gebhard, Ulrich, Rita) - Stud. Anglistik u. Gesch.; 1964 Dipl. Phil., 1971 Dr. phil., 1981 Dr. sc. phil. - S. Febr. 1990 Vors. d. Gemeinsamen Aktionsaussch. kath. Christen in d. neuen Bundesländern; April-Okt. 1990 Min. f. Bildung u. Wiss. d. DDR - Mithrsg.: Englisch f. Physiker (1976, m. H. Heidrich); English for Scientists: A practical Writing Course (m. H. Heidrich) - 1990 Thomas-Morus-Med. - Spr.: Engl.

MEYER, Hans Jürgen

Dr. med., Augenarzt, Prof., Chefarzt Marienhospital, Osnabrück (s. 1970) - Wilhelmstr. 83, 4500 Osnabrück (T. 32 64 07) - Geb. 2. Febr. 1932 Bremen (Vater: Dr. med. Helmut M.; Mutter: Elsbeth, geb. Lühmann), ev., verh. s. 1964 m. Borghilde, geb. Kusche, 3 Kd. (Carsten, Peter, Holger) - Stud. Univ. Göttingen, Innsbruck, Kiel, Freiburg/Br. Promot. 1956; Habil. 1967 - BV: Transplantations-Chir., Kapitel Hornhautübertragung - Liebh.: Segelsport - Spr.: Engl., Franz.

MEYER, Hans-Gerd Merten

Dr.-Ing., Prof., Präsident Inst. f. Bautechnik, Berlin - Reichpietschufer 74-76, 1000 Berlin 30 (T. 030 - 2 64 87-2 11) - Geb. 21. Nov. 1932 Hinte/Ostfriesl. (Vater: Merten M., Rektor; Mutter: Marie-Luise, geb. Bietendüfel), ev., verh. s. 1959 m. Rommy, geb. Völler, 3 Kd. (Sonka, Jens Merten, Inka) - TH Hannover (Bauing.wesen; Dipl.-Ing. 1958, Promot. 1967) - 1958-64 Assist. Lehrstuhl f. Baustoffkd. TH Hannover; 1964-69 Reg.-Rat Amtl. Materialprüf.-anst. f. Bauwesen Hann.; 1969 ff. Inst. f. Bautechnik Berlin. Mitherausg. Ztschr. Bauphysik; zahlr. Fachveröff. u. Vorträge - 1974 Honorar-Prof. TU Hannover - Liebh.: Segeln - 1953 Dt. Hochschulmeister Rudern (Achter); 1954 dass. Vierer u. Achter - Spr.: Engl.

MEYER, Hans-Günther

Steuerberater, Präs. Dt. Motorsport-Verb., DSB-Haus d. Sports II - O. Fleck-Schneise 12, 6000 Frankfurt/M. 71 (T. 069 - 695 00 20, Fax 069 - 69 50 02 20), priv. Scheeßeler Str. 23, 2773 Scheeßel-Westervesede (T. u. Fax 04263 - 16 62) - Verh. m. Margried, geb. Lück - Gold. DMV-Ehrennadel m. Brillanten; BVK.

MEYER, Hans-Hermann

Dr. med., em. Prof. u. ehem. Direktor Psychiatr. u. Neurol. Univ.sklinik d. Saarl. (s. 1958) - Kraepelinstr. 6, 6650 Homburg/Saar (T. 41 20) - Geb. 14. Juni 1909 Königsberg/Pr. (Vater: Prof. Dr. med. Ernst M., Ord. f. Psychiatrie u. Neurol. Univ. Königsberg; Mutter: Käte, geb. Schmieden), verh. s. 1939 m. Liselotte, geb. Koenig - Univ. Königsberg, Marburg, München. Habil. Heidelberg - 1949-58 Privatdoz. u. apl. Prof. (1954) Univ. Heidelberg - BV: D. Liquor, 1949. Zahlr. Einzelarb. Mithrsg.: Zentralbl. f. Neurol. u. Psychiatrie - Bruder: Prof. Joachim-Ernst M.

MEYER, Heinrich

Dipl.-Volksw., Geschäftsführer Technotex GmbH, Eystrup - Bruchstr. 29, 2811 Bücken - Geb. 3. Jan. 1932.

MEYER, Heinz

Dr. phil. habil., Prof. f. Soziologie - Am Wisselbach 22, 5102 Würselen - Geb. 5. Aug. 1936 Aachen, verh., 4 Kd. (Balthasar, Agnese, Mohammed, Jo) - Dipl. (Psych.) 1961, Promot. (Soziol.) 1969, Habil. (Soziol.) 1974 - 1963-65 wiss. Assist. f. Psychol. u. 1965-67 f. Europ. Gesch.; 1967-70 Chefredakt. d. hippolog. Fachztschr. St. Georg; 1970-72 wiss. Assist. f. Soziol.; 1970-85 hippolog. Fachberat. d. Ztschr. Reiter Revue. S. 1975 Prof. f. Soziol. (Schwerp.: Anthropol. u. Verhaltensforsch.) - BV: Mensch u. Pferd, 1975; Mensch u. Tier, 1975; D. Frau-Sein: genet. Dispos. u. ges. Prägung, 1980; Psychol. u. Soziol. d. Reitens, 1982; Gesch. d. Reiterkrieger, 1982; Alienation, Entfremdung u. Selbstverwirklich., 1984; Welt, Gesellschaft u. Individuum, 1987; Religionskritik, Religionssoziol. u. Säkularisation, 1988; Reiten u. Ausbilden, 1988; Kunst, Wahrheit u. Sittlichkeit, 1989; D. ästhetische Urteil, 1990. Veröff. in hippol. Fachztschr. - Calgary White Hatter - Interessen: Grenzbereich zw. Soziol., Anthropol. u. Phil.

MEYER, Heinz-Horst

Bankvorstandsmitglied, Präsident Dt. Bahnengolf-Verb. - Gärtnerstr. 44, 2083 Halstenbek - Geb. 7. Aug. 1946, verh. m. Marianne, geb. Ramcke, 2 Kd. (Bianca, Anders) - Ausb. z. Bankkaufm.; Dipl.-Bankbetriebswirt (ADG) - Generalsekr. Intern. Bahnengolf-Verb. - 1967 Dt. Mannschaftsmeister Bahnengolf.

MEYER, Heinz-Werner

Vorsitzender d. Deutschen Gewerkschaftsbundes (s. 1990) - Hans-Böckler-Str. 39, 4000 Düsseldorf 30 (T. 430 12 00) - Geb. 24. Aug. 1932 - SPD (1975-85 Mitgl. d. Landtages Nordrh.-Westf.). 1987-90 MdB.

MEYER, Helmut

Dr. med. vet., Dr. h.c., Dipl.-Landw., o. Prof. Inst. f. Tierernährung Tierärztl. Hochschule Hannover - Kaulbachstraße 11, 3000 Hannover (T. 53 77 92) - Geb. 2. Juli 1927 Gadderbaum/W. - S. 1962 (Habil.) Tiho Hannover (1968 Ord.) - BV: Vererbung u. Krankheit, 2. A. 1973 (m. Wegner); Pferdezucht u. Pferdefütterung, 1974 u. 79 (m. Löwe). Mitarb.: Tierzüchtungslehre, 2. A. 1972; Veterinärhygiene, 1972; Schweinezucht, 1978. Herausg.: Übersichten z. Tierernährung (1973); Symposium Ernährung Hd u. Ktz (1979, 87 u. 89); Ernährung d. Hundes (1984 u. 90); Pferdefütterung (1986 u. 91).

MEYER, Herbert

Verkehrsdirektor, Geschäftsf. Fremdenverkehrsverb. Ostbayern, Regensburg - Baumhackergasse Nr. 7, 8400 Regensburg - Geb. 3. Mai 1921.

MEYER, Herbert

Dr. phil., Prof., Museumsdirektor i. R. - Am Schelmenbuckel 46, 6800 Mannheim 51 (T. 79 28 68) - Geb. 23. Okt. 1908 Köln (Vater: Dr. med. vet. Ernst M., Tierarzt), ev., verh. s. 1952 m. Gertrud, geb. Freihen †1985 - Friedrich-Wilhelm-Gymn. Köln; Univ. ebd., Heidelberg, Berlin (German., Klass. Philol.). Promot. 1933; Staatsex. 1933, Bibliothekar. Fachprüf. 1936 - 1936-52 Bibl.ass. u. -rat (1939) Stuttgart, 1952-59 Buchhändler (Antiquariatsbuchh. Gunzert-Freihen), 1959-70 Bibl.dir., 1968-73 Museumsdir. Mannheim. 1966-68 Lehrbeauftr. WH bzw. Univ. Mannheim. Mitgl. Verein Dt. Bibliothekare, Schiller- u. Hölderlin-Ges. - BV: Eduard Mörike im Spiegel s. Dichtung, 1950; Mörikes Zeichnungen, 1952; Wilhelm Waiblingers Tageb., 1956; Schiller, Vermischte Schriften, 1958 (Nationalausg. Bd. XXII); Schillers Flucht nach Mannheim, 1959; Eduard Mörike, 1961, 3. A. 1969; Mörike, Maler Nolten, 1967/71; Das Nationaltheater Mannheim 1929-1979, 1979; Schiller im Mannheimer Dt. Comödienhaus, 1989 - 1983 Schillerplak. Stadt Mannheim - Rotarier.

MEYER, Horst

Dr. rer. pol., Dipl.-Ing., gf. Gesellsch. INTEI Industriebeteiligungsges. mbH, Hannover, u. Fa. DR. MEYER & PARTNER Ges. f. Unternehmensberat. u. Beteilig.management mbH, Hamburg, Olympiasieger im Rudern - Ostwender Str. 8, 3000 Hannover 1 (T. 0511 - 31 19 03) - Geb. 20. Juni 1941 Hamburg (Vater: Otto M., Bäckerm.; Mutter: Erna, geb. Dening), ev., verh. s. 1973 m. Jutta Meyer-Siebert - Staatl. Ing.-Sch. Hamburg (Ing. grad. 1964); Univ. Hannover (Dipl. u. Promot. 1970) - 1975 gf. Gesellsch. FAC Fein- u. Agrochemie, Hannover; 1982 gf. Gesellsch. INTEI u. INTEC (s. o.). 1974 Geschäftsf. Stiftg. Dt. Sporthilfe; s. 1976 pers. Mitgl. NOK; s. 1977 Mitgl. Gutachteraussch. Stiftg. Dt. Sporthilfe - BV: Industriewirtsch. in Theorie u. Praxis, (m. a.) 1975; D. Produktivitätsermittl. ind. Betriebe, (Diss.) 1975; Handlungsmuster Leistungssport, (m. a.) 1977 - 1964 Silb. Lorbeer d. Bundesrep. Deutschl. - Liebh.: Gesch., Kunst, Musik - 1964 Olympia-Silbermed. im Rudern; 1962/66 Weltmeister im Achter; 1968 Olympiasieger im Rudern (Achter); 1963/64/65/67 Europameister u. mehrf. dt. Meister im Rudern - Spr.: Engl., Franz., Ital.

MEYER, Horst

Verleger - Weißwasserweg 9, 1000 Berlin 45 - Geb. 27. März 1930 Stettin (Vater: Walter M., Kaufm.; Mutter: Anneliese, geb. Bartz), verh. s. 1954 m. Renate, geb. Hamer, 3 S. (Lutz, Klaus, Jens) - 1936-43 Volkssch. u. Stadtgymn. Stettin, 1946-49 Rheingau-Obersch. Berlin (Abit.) - S. 1949 Werbung (KERI). Nachrichtendst. (bnd), Buchhandel (KAWE), Verlagswesen (Haude & Spener, Erika Klopp Verlag, arani-Verlag), Medienbüro H.M. - Spr.: Engl.

MEYER, Irene

Generalkonsulin, Leit. Generalkonsulat d. BRD in Cleveland (1968-74; zuständ. f. Ohio, Kentucky, West Virginia) - Grabenstr. 51, 5300 Bonn-Beuel - 1969 BVK I. Kl.

MEYER, Jens J.

Journalist - Gödersenweg 25, 2000 Hamburg 65 (T. 040 - 602 93 06) - Geb. 21. März 1946 Hamburg, verh. s. 1970 m. Susanne Schwarz, 2 Söhne (Alexander, Nikolaus) - 1975 Pressesprecher u. 1987 Mitgl. d. Geschäftsleitg. Burda Verlag.

MEYER, Joachim-Ernst

Dr. med., Dr. med. h. c., o. Prof. f. Psychiatrie - Herzberger Landstr. 46, 3400 Göttingen (T. 4 13 98) - Geb. 2. Juli 1917 Königsberg/Pr., ev., verh. s. 1953 m. Ruth, geb. Thwaites, 2 Töcht. (Barbara, Marion) - Gymn.; Univ. Königsberg u. Berlin (Promot. 1940). Habil. 1952 Freiburg/Br. - Dt. Forschungsanst. f. Psychiatrie München, Univ. Freiburg (Abt. f. klin. Neurophysiol.), München (Oberassist. Nervenklinik; 1958 apl. Prof.), Göttingen (1963 Ord. u. Dir. Psychiatr. Klinik; 1968/69 Rektor d. Univ., emerit. 1985) - BV: D. Entfremdungserlebnisse - Über Herkunft u. Entstehungsweisen d. Depersonalisation, 1959; Anorexia nervosa - Symposium, 1965; Tod u. Neurose, 1973 (auch ital., jap., engl.); Todesangst u. d. Todesbewußtsein d. Gegenwart, 2. A. 1982 - 1966 korr. Mitgl. Royal College of Psychiatrists, London; 1985 Ehrenmitgl. Dt. Psychoanalyt. Ges. Berlin; Ehrendoktor Univ. Münster - Spr.: Engl. - Eltern s. Hans-Hermann M. (Bruder).

MEYER, Jörg-Udo

Dipl.-Kfm., Museumsdirektor, Leit. Landesmuseum Volk u. Wirtschaft - Ehrenhof 2, 4000 Düsseldorf 30 - Geb. 16. Jan. 1941.

MEYER, Josef

Betriebsleiter, Staatssekretär, Chef Staatskanzlei Nieders. a. D. - Vechtaer Str. 24, 2832 Twistringen - Geb. 19. März 1936 Twistringen, verh., 4 Kd. - Volkssch.; Maschinenschlosserlehre - S. 1970 Techn. Leit. Chemie-Kosmetikfabrik Schmees KG., Twistringen. 1965 ff. Ratsmitgl. u. 1969-74 stv. Bürgerm. Twistringen; 1970 ff. MdK Grafsch. Hoya. CDU s. 1956.

MEYER, Josef

Vorstandsmitglied Hess. Landesbank (Girozentrale) - Junghofstr. 18-26, 6000 Frankfurt/M. 1 - Geb. 13. Juni 1928 Augsburg, verh., 3. Kd. - S. 1942 Stadtsparkasse Augsburg, Girozentrale Stuttgart (1958; Abteilungsdir.), Bankhaus Trinkaus, Düsseldorf (1961; Dir.), Dt. Bank AG., Frankfurt (1972), Dt. Sparkassen- u. Giroverb., Bonn (1974; Geschäftsf.), Hess. Landesbank/Girozentrale (1976; Vorstandsmitgl.). Div. Funkt. u. Mand., u.a. 1983 Präs. Arbeitsgem. f. wirtsch. Verw.; AR-Vors. Rechenzentrum d. Hess. Sparkassenorg. GmbH, Frankfurt; AR-Mitgl. GZS Ges. f. Zahlungssyst. mbH, Frankfurt.

MEYER, Joseph-Franz

Dipl.-Ing., Werftbesitzer u. Fabrikant (Fa. Jos. L. Meyer, Schiffswerft, Maschinenfabrik, Kesselschmiede, Papenburg) - Bahnhofstr. 5, 2990 Papenburg 1 (T. 04961 - 8 12 34) - Geb. 15. Jan. 1908 (Vater: Dipl.-Ing. Franz-Joseph M.; Mutter: Käthe, geb. Bueren), verh. s. 1941 m. Berna, geb. Beckmann - TH Berlin - S. 1936 selbst. - Spr.: Engl. - Rotarier.

MEYER, Jürgen

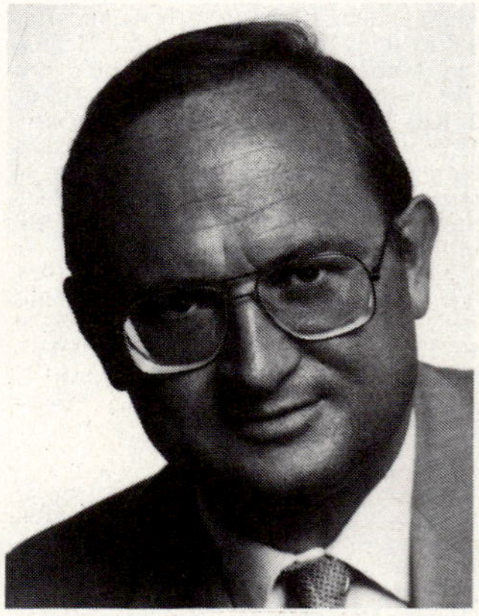

Dr. jur. habil., Rechtsanwalt, Prof., MdL Baden-Württ. (1976-80), MdB (s. 1990) - Radgasse 27, 7900 Ulm (T. 0731 - 2 71 95) - Geb. 26. März 1936 Düsseldorf (Vater: Heinz M., selbst. Kaufm.; Mutter: Elisabeth, geb. Struzyna), verh. s. 1972 m. Gisela, geb. Zimmermann, 3 Kd. (Ulrich, Brigitte, Stephan) - Abitur 1955 Düsseldorf; Stud. d. Rechtswiss.; 1. u. 2. jur. Staatsex. 1959 u. 64; Promot. 1963 Tübingen; Habil. 1975 Freiburg, 1981 apl. Prof. Univ. Freiburg - 1965/66 Stud.aufenth. USA (Princeton u. Ann Arbor); s. 1967 Max-Planck-Inst. f. ausl. u. intern. Strafrecht, Freiburg. SPD s. 1970: Kreisrat s. 1979 - BV: Dialektik im Strafprozeß, 1965; D. Wiederaufnahme d. Strafverfahrens im dt. u. ausl. Recht, 1974; Wiederaufnahmereform, 1977; Öfftl. Vorverurteilg. u. faires Strafverf., 1986; Betäubungsmittelstrafrecht in Westeuropa, 1987; Gewinnabschöpfung bei Betäubungsmitteldelikten, 1989. Zahlr. Fachveröff. - 1981 BVK - Liebh.: Fußball, Tennis, Leichtathletik, Schach, Ski (1986 15. Gold. Sportabz.) - Spr.: Engl., Franz.

MEYER, Jürgen

Vorstandsmitglied Stahlwerke Peine Salzgitter AG (b. 1990) - Geb. 28. April 1926 - S. 1947 Tätigk. im Stahlhandel; 1958 Geschäftsf. d. ehem. O.R. Krause,

Ndrl. Hannover; 1962 nach Fusion m. Salzgitter Eisenhandel in Salzgitter Stahl GmbH Geschäftsf.-Tätigk. in Hannover u. Düsseldorf; 1973-90 Vorst.-Mitgl. Stahlwerke Peine-Salzgitter AG; AR-Mand.: Salzgitter-Stahl GmbH (Vors.), LGA Gastechnik GmbH (stv. Vors.), Saarberg Oel u. Handel GmbH, Bergbau AG Lippe; Chairman of the Board Feralloy Corp., Chicago, Ill., USA; Delta Steel Houston, Texas, USA; Vorst.-Mitgl. Wirtsch.vereinig., Walzstahlvereinig., Arbeitsgemeinsch. Handel m. d. DDR.

MEYER, Jürgen

Dr.-Ing., Direktor u. Prof. Physikalisch-Techn. Bundesanst. Braunschweig, Prof. Staatl. Hochsch. f. Musik Detmold - Bergiusstr. 2a, 3300 Braunschweig (T. 0531 - 51 10 11) - Geb. 16. März 1933 Braunschweig (Vater: Fritz Jürgen M., Botaniker), ev., verh. s. 1962 m. Ingeborg, geb. Voigt, 4 Kd. (Klaus, Horst, Wolfgang, Elke) - Stud. Elektrotechnik u. Akustik; Promot. 1960 Braunschweig - 1958 wiss. Mitarb., 1971 Leit. Labor. f. Musik. Akustik Phys.-Techn. Bundesanst., s. 1985 Leit. Fachgr. Hörakustik ebd.; s. 1968 Doz. f. Akustik Staatl. Hochsch. f. Musik Detmold - BV: Akustik d. Holzblasinstrumente, 1966; Orgelakustik, 1966; Akustik u. musikalische Aufführungspraxis, 1972 (engl. Übers. Acoustics and the Performance of Music, 1978); Physikalische Aspekte d. Geigenspiels, 1978; Akustik d. Gitarre, 1985. Rd. 90 Fachveröff. zu Themen d. Musik- u. Raumakustik - Liebh.: Musik, Violinspiel bes. Kammermusik - Spr.: Engl., Franz., Latein - Bek. Vorf.: Fritz Meyer, Violinpäd. u. Schriftst. (Großv.).

MEYER, Jürgen A. E.

Dr. iur., Prof. f. Arbeits- u. Sozialrecht Univ. Bremen (s. 1974) - Uhlandstr. 16, 2800 Bremen 1 (T. 0421 - 34 16 34) - Geb. 20. Okt. 1937 Memel/Ostpr. (Vater: Ernst M., Kaufm.; Mutter: Hildegard, geb. Schiel) - Humanist. Gymn. Rendsburg (Abit. 1957); Stud. d. Rechtswiss. Univ. Kiel, Bonn; 1. u. 2. jur. Staatsex. 1962 u. 66; Promot. 1970 Kiel - 1966-70 Wiss. Assist. Univ. Kiel; 1970-73 Wiss. Assist. u. Doz. (1972) Univ. Gießen; 1982 Konrektor Univ. Bremen (b. 1984). Mitgl. Bund demokr. Wissenschl. u. ÖTV - BV: Engl. Parlamentsprivileg., Monogr. 1971; Handelsvertreterrecht, 1978; Sozialgerichtsprotokolle, 1981. Mithrsg. d. Reihen Abh. z. Handels-, Gesellschafts-, Wirtschafts- u. Arbeitsrecht, u. Recht d. Arbeit u. d. soz. Sicherheit - 1971 Preis d. Univ. Kiel f. d. akad. J. 1970/71 - Liebh.: Klass. Musik, mod. Lit. - Spr.: Engl., Franz., Span.

MEYER, Karl Otto

Dr., Ltd. Museumsdirektor, Leiter d. Staatl. Museums Oldenburg - Sodenstich 118, 2900 Oldenburg - Geb. 2. Aug. 1929 Braunschweig (Vater: Karl M., Steuerrat; Mutter: Ilse, geb. Leifold), ev., verh. s. 1957 m. Irene, geb. Schmücking, 2 T. (Carola, Ulrike) - Promot. 1954 - 1956 Altonaer Mus. Hamburg; 1962 Zool. Inst. Univ. Saarbrücken; 1964 Mus. f. Natur Stadt Dortmund; s. 1972 Staatl. Mus. Oldenburg. Honorarprof. Univ. Oldenburg f. Zoologie u. Ausstell.-Didaktik. Wiss. Arbeiten in d. Ber. Zool., Paläontol. u. Museologie - Spr.: Engl.

MEYER, Karl-Otto

Chefredakteur, MdL Schlesw.-Holst. (s. 1971) - Buchauweg, 2391 Schafflund (T. 5 71; Büro: Flensburg 78 55) - Geb. 16. März 1928 Adelbylund b. Flensburg, ev. (Dän. Kirche), verh., 5 Kd. - N. dän. Privatsch. Lehrersem. Skaarup/Dänem. (Ex. 1949) - 1949-50 Lehrer dän. Privatsch. Husum; 1950-63 Schulleit. dän. Privatsch. Schafflund; seit 1963 Chefredakt. Flensborg Avis u. Südschlesw. Heimatztg. (1964). 1959 ff. Gemeinderatsmitgl. Schafflund u. MdK Flensburg-Land. SSW (1960 Vors.).

MEYER, Klaus

Dr. phil., Botschafter, Ständiger Vertreter d. Bundesrep. Deutschl. b. d. OECD, Paris (s. 1985) - Geb. 10. April 1928 Köln (Eltern: Hans u. Elfriede M.), kath., verh. m. Ingeborg, geb. Buhrow, 4 Kd. (Bernhard, Ruth, Klaus, Thomas) - Univ. Göttingen (Phil., German., Soziol.). Promot. 1952, Dipl.-Volksw. 1955, beide Göttingen - 1955 Eintr. Ausw. Amt; 1959-67 stv. Kabinettschef d. Präs. d. EG-Kommission Prof. W. Hallstein; 1967-69 Min.dirig. im Bundeskanzleramt; 1969-77 stv. Generalsekretär d. EG-Kommiss.; 1977-82 Generaldir. f. Entwickl. d. EG-Kommiss.; 1982 Sonderberat. d. Präs. d. EG; 1982-85 Botschafter d. Bundesrep. Deutschl. in d. ČSSR - Spr. Engl., Franz, Niederl.

MEYER, Klaus

Dr. phil., Univ.-Prof. f. osteurop. Geschichte FU Berlin - Grunewaldstr. 43C, 1000 Berlin 41 (T. 030 - 793 18 27) - Geb. 23. Febr. 1928 Rendsburg, ev., verh. s. 1965 m. Helga, geb. Harder, 2 Kd. (Carsten, Ulrike) - Stud. Gesch. u. German.; Promot. 1956 Hamburg; Habil. 1971 Berlin - Univ.-Prof. f. osteurop. Gesch. Osteuropa-Inst. FU Berlin - BV: Th. Schiemann als politischer Publizist, 1956; D. wiss. Leben in d. UdSSR, 1959, 2. A. 1961; D. sowjet. Bildungspolitik s. 1917 (m. O. Anweiler), 1961, 2. A. 1979; D. sowjet. Bildungspolitik 1958-73 (m. O. Anweiler, F. Kuebart), 1976; Bibliogr. z. osteurop. Gesch. Verzeichnis d. zw. 1939 u. 1964 veröfftl. Lit. in westeurop. Sprachen z. osteurop. Gesch. b. 1945 (hg. v. W. Philipp), 1972; D. Statuten d. Wiss. Akad. d. UdSSR, 1982; Berlin u. Osteuropa, 1991 - O. Mitgl. J.-G.-Herder-Forschungsrat u. Balt. Hist. Kommiss. sowie d. Nordostd. Kulturwerks e.V.

MEYER, Kurt

Dr.-Ing., em. o. Prof. f. Statik d. Hochbaukonstruktionen TU München (s. 1966) - Koebkeweg 28, 8036 Herrsching/Ammersee (T. 08152 - 81 77) - Geb. 28. Juli 1914 Frankfurt/M., verh. s. 1943 m. Ilse, geb. Weiersmüller - Hum. Gymn. Nürnberg; TH München (Dipl.-Ing. 1939). Promot. 1953, em. 1982.

MEYER, Laurenz

Hauptabteilungsleiter VEW AG, Arnsberg, MdL Nordrh.-Westf. - Fasanenstr. 88, 4700 Hamm 1 (dstl.: T. 02931 - 84-22 10) - Geb. 15. Febr. 1948 Salzkotten, kath., verh. s. 1972 m. Susanne, geb. Mattern, 4 Töcht. (Laura, Nora, Greta, Anna-Louisa) - Stud. Volkswirtsch.; Dipl.-Volksw. 1975 Münster - Wirtschaftspolit. Sprecher d. CDU-Fraktion im Landtag Nordrh.-Westf. - Spr.: Engl.

MEYER, Leslie

s. Rühmkorf, Peter

MEYER, Lothar

Dr. rer. pol., Dipl.-Kfm. - Wangenheimstr. 46, 1000 Berlin 33 (Grunew.) (T. 825 42 93) - Geb. 6. Juli 1921 Berlin (Vater: Dr. jur. Paul M., Syndikus; Mutter: Erna, geb. Bothe), ev., verh. s. 1958 m. Gisela, geb. Bock - Volkssch.; 1937-40 kaufm. Lehre Medizin-Technik; Sonder-Reife Abendkurse (Abitur); TU Berlin (Betriebsw.). Dipl.-Kfm. 1955; Promot. 1962 - B. 1957 Fachschriftst., 1965-73 Bezirksstadtrat f. Wirtsch. Bezirksamt Berlin-Wedding, 1973 Untern.-Beratung, Berlin. Präs. Intern. Technogeograph. Ges. Berlin - Liebh.: Naturwiss. Lit., Grenzgeb. d. Psych. - Spr.: Engl.

MEYER, Ludwig

Ingenieur, Landwirt, MdL Bayern (s. 1978) - Salzburg 1, 8301 Neufahrn/Ndb. - Geb. 11. Mai 1925 Haindlingberg, verh., 3 S. - Gymn. Pfarrkirchen; 1942-45 Arbeits- u. Kriegsdst. (Ostfront); Landw. Praktik.; Landw.ssch. Schweiklberg u. Weltenburg; 1949-50 Höh. Landw.ssch. Witzenhausen. Ing. (grad.) - B. 1954 landw. Verwalter, dann eig. Betrieb. Zeitw. Bürgerm. u. Landrat. CSU s. 1954.

MEYER, Ludwig

Geschäftsführer Deumu Dt. Erz- u. Metall-Union GmbH., Hannover - An d. Feldmark 8, 3000 Hannover-Bornum - Geb. 24. Aug. 1917.

MEYER, Manfred

Dr.-Ing., Prof., Leiter Elektrotechnisches Institut Univ. Karlsruhe - Gartenstr. 70, 6749 Niederotterbach (T. 06340 - 82 34) - Geb. 9. April 1928 Berlin (Vater: Karl M., Mühlenbauing.; Mutter: Helene, geb. Füldner), ev., verh. s. 1954 m. Eleonore, geb. Kuschmider, 2 Kd. (Marion, Matthias) - TU Berlin (Dipl.-Ing. 1953, Promot. 1956) - 1953 Wiss. Assist.; 1956-79 versch. Tätigk. Siemens AG; s. 1979 Ord. Univ. Karlsruhe. Zahlr. Erf. auf d. Geb. Stromrichter u. elektr. Antriebe (17 erteilte Pat.) - BV: Thyristoren in d. techn. Anwend., Bd. 1: Stromrichter m. erzwungener Kommutier. (Siemens AG), 1967; Elektr. Antriebstechnik, Bd. 1 1985, Bd. 2 1987; Leistungselektronik: Einführung, Grundlagen, Überblick, 1990 - Liebh.: Lit., Gartenbau, Politik, Wandern - Spr.: Engl.

MEYER, Manfred

Dr. rer. nat., Dipl.-Ing., Prof., Ordinarius f. Betriebswirtschaftslehre, insb. Operations Research, u. Vorst. Betriebsw. Inst. Univ. Erlangen-Nürnberg (s. 1970) - Ginsterweg 56, 8500 Nürnberg.

MEYER, Martin

Steuerberater, Vorst. Steuerberaterkammer Köln - Pommernstr. 4, Postf. 22 51, 5250 Engelskirchen - Geb. 9. Nov. 1944 Rüneroth - Vorst. Steuerberater-Verb. Köln; AR-Vors. Akad. f. Steuer- u. Wirtschaftsrecht d. Steuerber.-Verb. Köln GmbH; Mitgl. Steuerrechtsaussch. DStV; Geschäftsf. ATS Allgem. Treuhand- u. Steuerberatungsges. mbH.

MEYER, Michel

Dipl.-Volksw., Prof., Ltd. Ministerialrat Nieders. Ministerium f. Wirtschaft, Technol. u. Verkehr - Brehmstr. 62, 3000 Hannover 1 (T. 0511 - 81 52 86) - Geb. 5. Mai 1927 Hannover, verh. s. 1959 m. Hannelore, geb. Schwill, 3 Töcht. (Karoline, Franziska, Ulrike) - Univ. Helsingör, Hamburg, Göttingen (Staatswiss.) - Wirtschaftsforsch., Kommunal- u. Staatsverw. Honorarprof. TU Braunschweig (Fremdenverkehrspol.). Bäderbeiratsvors. Norderney, Bad Pyrmont, Bad Nenndorf. AR-Mand., Beirat Dt. Wirtschaftswiss. Inst. f. Fremdenverkehr Univ. München u. Dt. Zentrale f. Tourismus, Frankfurt/M. Div. Facharb. Mithrsg.: Schriftenreihe Nordd. Inst. f. Fremdenverkehrs- u. Heilbäderforsch., Braunschweig.

MEYER, Otto

Dr. phil. (habil.), o. Prof. f. Mittlere Geschichte, Landesgesch. u. Histor. Hilfswiss. - Neubaustr. Nr. 64a, 8700 Würzburg (T. 5 52 52) - Geb. 21. Sept. 1906 München - 1947 Privatdoz., 1949 apl. Prof. Univ. Würzburg. 1955 ao. Prof. Phil.-Theol. Hochsch. Bamberg, 1962 o. Prof. Univ. Würzburg. Facharb. - Rotarier.

MEYER, Otto

Staatssekretär Bayer. Staatsmin. f. Unterricht u. Kultus (s. 1988), MdL Bayern (s. 1966) - Landrichter-v.-Brück-Str. 13, 8872 Burgau/Schwaben (T. 3 43) - Geb. 23. Juni 1926 Burgau, kath., verh., 2 Kd. - Gymn.; n. Arbeits- u. Wehrdst. Stud. Päd. - Läng. Studienaufenth. USA. CSU (Mitgl. Landesaussch. u. Kulturpol. Spr.).

MEYER, Otto

Staatsminister (b. 1985), MdL Rhld.-Pfalz (s. 1959; 1963-68 stv. Fraktionsvors.) - Ortsstr. 39, 5429 Herold/Unterlahnkr. (T. Katzenelnbogen 2 69) - Geb. 24. März 1921 Herold (Vater: Landwirt), ev., verh. s. 1945 m. Hedwig, geb. Gießelmann, 2 Kd. (Ingrid, Rolf) - Volks-, Landw.s- (2) u. Bauernhochsch. (1 Sem.) - 1941-45 Wehrdst. (zul. Ltn. u. Kompanieführer); s. 1945 Landw. (auf elterl. Hof selbst.); s. 1948 ehrenamtl. Bürgerm. Herold; s. 1968 Min. f. Landw., Weinbau u. Forsten bzw. f. Landw., Weinbau u. Umweltschutz sow. stv. Min.präs. (1971-75) Rhld.-Pf. CDU (1968ff. stv. Landesvors.) - 1981 Gr. BVK m. Stern u. Schulterbd.

MEYER, Otto

Rechtsanwalt, Hauptgf. Dt. Brauer-Bund (b. 1976) - Annaberger Str. 28, 5300 Bonn-Bad Godesberg (T. 7 68 56); priv. Jägerweg 15 - Geb. 8. Mai 1915.

MEYER, Paul Werner

Dr. oec., Dipl.-Kfm., em. Univ.-Prof. - Rankenweg 4, 8540 Schwabach - Geb. 17. Okt. 1924 Nürnberg, ev., verh. s. 1950 m. Ria, geb. Raab, 2 Kd. - Promot. 1949; Habil. 1964 - 1971ff. Vorst.-Vors. Förderges. Marketing Univ. Augsburg - BV u. a.: Marktforschung, 1957; D. Werbeerfolgskontrolle, 1963; D. machbare Wirtsch., 1973. Herausg.: Schriftenr. Schwerpunkt Marketing (1973ff.) - Spr.: Engl.

MEYER, Peter

Dr. rer. nat., Lehrer, Mitglied d. Abgeordnetenhauses v. Berlin (Mitgl. Umweltausschuß) - Holsteinische Str. 26, 1000 Berlin 31 (T. 030 - 861 11 00) - Geb. 11. Dez. 1935 Magdeburg, verh., 1 Kd. - Bachelor of Arts (BA) in Physik 1958 Univ. of Cal. at Los Angeles (UCLA), Dipl.-Phys. 1961, Promot. 1966, beides Bonn - Aufrufe z. Gründung v. Umweltschutz-Bürgerinitiativen (WDR-Interview 1971) Berlin; 1972-74 Umweltschutz-Bürgerinitiative m. Schülern (Ergebnis: Motorbootfahrverbot) Berlin. S. 1976 SPD-Umweltpolitik.

MEYER, Philipp

Dr. iur. h.c., Regierungspräsident a. D. - Schellingstr. 23, 8700 Würzburg (T. 8 79 16) - Geb. 2. Aug. 1919 Lichtenfels (Vater: Heinrich M., Stadtarchivar; Mutter: Barbara, geb. Braun), kath., verh. s. 1961 m. Franziska, geb. Dobermüller, S. Heinrich - Hum. Gymn.; Stud. d. Rechtswiss. - Regierungspräs. Würzb. - 1980 Bayer. VO.; Outstanding Civilian Service Medal (USA); 1984 Gr. BVK; Komturkreuz d. päpstl. St. Gregoriusordens; Ehrenbürger Julius-Maximilians-Univ. Würzburg; Vors. Seb. Kneipp Stiftg. - Spr.: Engl.

MEYER, Reinhard

Sparkassendirektor, gf. Vorstandsmitgl. Sparkasse d. Stadt Berlin West, Berlin 31 - Kerschensteiner Weg 7, 1000 Berlin 47 (T. 603 68 84) - Geb. 21. April 1921 - Bankausbild. - B. 1972 Vorstandsmitgl., dann gf. Vorstandsmitgl. SdSBW.

MEYER, Ricardo A.

Geschäftsführer Deutsch-Brasilianische Industrie- u. Handelskammer/Câmara de Comércio e Indústria Brasil-Alemanha - Rua Barão de Santo Ângelo, 33, C. Postal 2095, Porto Alegre (Telex 520067).

MEYER, Rolf

Dr., Geschäftsführer Bundesverb. Dt. Pflanzenzüchter - Kaufmannstr. 71, 5300 Bonn 1.

MEYER, Theo

Dr. phil. habil., Prof. f. Deutsche Literatur - Hessenstr. 72, 8700 Würzburg - Geb. 8. Nov. 1932 Solingen (Vater: Paul M., Angest.; Mutter: Katharina, geb. Heinz), kath., led. - Abit. 1953 Solingen; Stud. Lit., Phil. u. Gesch. Köln u. Freiburg, Staatsex. 1963 Köln, Promot. 1967, Habil. 1975 Mainz - 1963-75 wiss. Assist. u. Assist.prof., s. 1975 Prof. f. neuere dt. Lit.gesch. Univ. Würzburg - BV: Kunstprobl. u. Wortkombinat. b. Gottfried Benn, 1971; Theorie d. Naturalismus (Hrgb.), 1973; Arno Holz u. Johannes Schlaf: Papa Hamlet (Hrsg.), 1979; Arno Holz: Sozialaristokrat (Hrsg.), 1980; D. Gelähmte, romant. R. 1980; Nietzsche u. d. Kunst, 1986; Schattenlicht, Ged. 1986; Aufs. z. mod.

Lit. - Liebh.: Musik, Kunstgesch., Malerei, Schach - Spr.: Engl., Franz., Lat.

MEYER, Victor

Dr. phil. nat., Prof., Bakteriologe - Veilchenweg 6, 2406 Storkelsdorf/Holst. - Geb. 26. Jan. 1909 Lüneburg (Vater: Friedrich M.; Mutter: Emma, geb. Fick), ev., verh. s. 1937 m. Irmgard, geb. Becker, 2 Kd. (Günther, Inge) - Katharineum Lübeck; TH München, Univ. Freiburg u. Kiel (Naturwiss.) - 1934-40 u. 1946-49 Lebensmittelind. (Labor- bzw. Techn. Leit.), 1940-43 Wehrdst., 1943-45 Forschungsinst. f. Lebensmittelfrischhalt. Kriegsmarine (Marinechemierat), 1949-65 Inst. f. Meeresforsch. Bremerhaven (Abt.sleit.), s. 1965 Bundesforschungsanstalt f. Fischerei Hamburg (Dir. u. Prof. Inst. f. Biochemie u. Technol.). Mitarb.: G. Borgstrom: Fish as Food, New York 1965 (Kap.: Marinades); J. Schormüller, Handb. f. Lebensmittelchemie, III/2 1968 (Kap.: Biochem. u. mikrobiol. Fische u. Fischerzeugnisse, Mikrobiol. Methodik) - Mitgl. Ges. Dt. Chemiker, Dt. Ges. f. Hyg. u. Mikrobiol.

MEYER, Volkmar

Dr. med., Prof., Internist u. Kardiologe, Chefarzt im Auguste-Viktoria-Krankenhs. Berlin (s. 1975) - Zu erreichen üb. Auguste-Viktoria-Krankenhs., Rubensstr. 125; 1000 Berlin 41 - Geb. 11. Nov. 1933 Adorf/Vogtland - Stud. Leipzig u. Berlin; Staatsex. 1958; Promot. 1959; Ausb. in d. USA 1959-63; Habil. 1971 - 1963-75 Klin. u. wiss. Tätigk. u. s. 1965 Lehrtätigk. FU Berlin - Veröff. in Ztschr. u. Vortr. auf d. Geb. d. Kardiol., Monogr. üb. Antiarrhythmika.

MEYER, Werner

Autor, Regiss., Prod. - Homburger Str. 8, 1000 Berlin 33 (T. 030 - 821 54 66) u. 75 Mort St., Balmain, 2041, Australia (T. 02 - 818 10 34) - Geb. 28. Febr. 1948, verh. - 1968-71 Soziol. Frankfurt; 1974-78 Päd. Berlin; Staatsex. 1978 - Fr. Autor u. Regiss., 1984-85 Regiedoz. Film TV School Sydney - BV: Boris u. Lila, 1976; Bevor d. Eltern kamen, 1976. Insz.: D. Kd. aus No 67., Film 1980 (Mitverf. u. Mitregie) - 1980 Bundesfilmpreis f. d. beste Nachwuchsreg. u. D. Rose v. Lidice, Karlovy Vary; 1986 D. Darling River Kids; 1990 PATERS AWARD for Best Film Script For Teenagers for EAGLE'S PATH - Spr.: Engl., Franz.

MEYER, Wilhelm

Dr. rer. nat., Prof. f. Geologie Univ. Bonn - Heerstr. 16, 5309 Meckenheim - Geb. 19. Dez. 1932 Berlin, ev., verh. s. 1964 m. Diedela, geb. Booß, 3 Kd. (Gerta, Anselm, Ulrike) - 1951-57 Stud. FU Berlin (Dipl.-Geol. 1956, Promot. 1957); Habil. TU Clausthal - 1957-59 Erzbergbau Siegerland AG; 1959-69 TU Clausthal; ab 1969 Univ. Bonn - BV: Geologie d. Eifel, 1986 - 1967 Credner-Preis Dt. Geol. Ges.; 1983 BVK.

MEYER, Wilhelm (Willi)

Dr. rer. pol., Prof. f. Volksw. Methoden u. Lehrmeinungen Univ. Marburg (s. 1972) - Rossgarten 1, 3550 Marburg/L. - Geb. 6. Febr. 1937 - Promot. 1966 Köln - BV: Wettbewerbsverzerrungen im intern. Handel, 1967. Einzelarb.

MEYER, Wladimir

Dr. med., Prof., Pathologe - Annabergstr. 4, 6500 Mainz - Geb. 24. Dez. 1912 Charkow - S. 1953 (Habil.) Lehrtätigk. Univ. Marburg (1959 apl. Prof.) u. Mainz (1966 Wiss. Rat u. Prof.; 1973 Abt.vorst. u. Prof.). Zahlr. Fachveröff.

MEYER, Wolfgang

Dr. Ing., Direktor, Vorstandsmitglied Kölner Verkehrs-Betriebe AG und der Köln-Bonner Eisenbahnen AG - Scheidtweilerstr. 38, 5000 Köln 41 (Braunsfeld) (T. 0221 - 547-34 00) - Geb. 22. Okt. 1938 Siegburg (Vater: Ernst M., Bauing.; Mutter: Else, geb. Becker), ev., verh. s. 1966 m. Ute, geb. Reschat, 2 Kd. (Andreas, Anja) - Gymn. Gummersbach u. Solingen; TH Aachen, Dipl.-Ing. (Bauing.) 1965, Promot. 1973 - Wiss. Assist. Verkehrswiss. Inst. TH Aachen, Mitarb. Arbeitsgr. Generalverkehrsplan Minist. f. Wirtschaft, Mittelst. u. Verkehr NRW, Mitarb. Rat v. Sachverst. f. Umweltfr. Bundesmin. d. Innern, Abt.-Leit. u. Prok. Städtebahnges. Rhein-Sieg mbH, s. 1977 Dir. u. Vorst.-Mitgl. Kölner Verkehrs-Betriebe AG, s. 1978 Vorst.-Mitgl. Köln-Bonner Eisenbahnen AG; s. 1985 Geschäftsf. d. Rail Consult Ges. f. Verkehrsberat. mbH, s. 1986 d. Häfen Köln GmbH - BV: Verfahren z. Ermittl. d. Leist.sfähigk. v. Verkehrswegen, 1971; Entwickl. v. Erzeugungsmod. d. Güternahverkehrs auf Straßen, 1974; u. a. Fachveröff. - 1974 Borchers-Plak. TH Aachen - Liebh.: Lit., Sport - Spr.: Engl., Franz.

MEYER, Wolfram

Oberstudiendirektor, MdL Baden-Württ. (Wahlkr. 28, Karlsruhe) - Wehrastr. 2, 7500 Karlsruhe 51 (T. 0721 - 133 33 32) - Geb. 27. Dez. 1931 Karlsruhe - CDU.

MEYER, Wulf-Uwe

Dr. phil., o. Prof. f. Psychologie Univ. Bielefeld - Dürerstr. 21, 4800 Bielefeld 1 (T. 0521 - 88 72 33) - Geb. 26. März 1940 Breslau (Vater: Friedrich M., Fürsorger; Mutter: Ella, geb. Rosentreter), ev., verh. s. 1968 m. Barbara, geb. Göckenjan, 3 Kd. (Jan, Grit, Hanno) - 1961-65 Stud. Univ. Münster; 1965-67 Univ. Bochum (Dipl. Psych. 1967, Promot. 1971) - 1967-70 wiss. Assist. Univ. Bochum; 1970-72 wiss. Angest. ebd.; 1972-75 Akad. Rat/Oberrat Bochum; 1975ff. Prof. Bielefeld - BV: Leistungsmotiv ..., 1973; Leistungsmotivat. u. Verhalten, 1976 (m.a.); D. Konzept v. d. eig. Begab., 1984; u.a. zahlr. Beitr. in wiss. Ztschr.

MEYER-ABICH, Hans-Jürgen

Dr. jur., Stadtdirektor - Zul. Weserstr. 6, 2940 Wilhelmshaven (T. 2 59 42) - Geb. 3. Nov. 1925 Emden (Vater: Dr. Friedrich M.-A., Staatssekr. a. D. (s. XVI. Ausg.); Mutter: Marie-Elisabeth, geb. Roschlaub), ev., verh. s. 1963 m. Margrit, geb. Teschen - Obersch. Hamburg (Auf d. Uhlenhorst); Univ. ebd. u. Münster (Rechtswiss.). Staatsprüf. 1949 (Hamm) u. 53 (Hannover); Promot. 1954 Bonn - B. 1956 Verw.spräsid. Oldenburg u. Nds. Wirtschafts- u. Verkehrsmin. (Reg.sass.), dann Justizdst. Hannover (Gerichtsass.) u. Oldenburg (1958-63 Staatsanw.), s. 1963 Stadtverw. W'haven (Stadtrat bzw. -dir.). SPD - Liebh.: Sport, Schiffahrt.

MEYER-ABICH, Klaus Michael

Dr. phil., o. Prof. f. Naturphilosophie im Kulturwissenschaftl. Inst. im Wissenschaftszentrum Nordrh.-Westf. (s. 1989) u. an d. Univ. Essen (s. 1972) - Hagmanngarten 5, 4300 Essen 15 (T. 0201 - 46 68 80; Fax: 0201 - 46 06 74) - Geb. 8. April 1936 (Vater: Prof. Dr. Adolf M.-A.; Mutter: Siever Johanna, geb. Berghaus), ev.-luth., 2 Kd. (Susanne, Matthias) - Stud. Physik, Phil. u. Wiss.-gesch. Univ. Hamburg, Göttingen, Bloomington u. Berkeley; Dipl.-Phys. 1961, Promot. Phil. 1964 - 1964-70 Ass. Univ. Hamburg, 1970-72 MPI z. Erforsch. d. Lebensbeding. d. wiss.-techn. Welt, Starnberg; 1976-81 Vors. Vereinig. Dt. Wissensch. (VDW); 1979-82 Mitgl. Enquête-Kommissionen: Zukünftige Kernenergiepolitik d. Dt. Bundestags. 1984-87 Senator f. Wiss. u. Forsch. d. Freien u. Hansestadt Hamburg; s. 1987 Mitgl. d. Enquête-Kommiss. "Schutz d. Erdatmosphäre" d. Dt. Bundestags - BV: Korresp., Individualität u. Komplementarität, 1965; Energiepolitik ohne Basis, 1978; Energieeinsparung als neue Energiequelle - wirtschaftspolit. Steuerungsmöglichk. u. altern. Technol., 1979; Was braucht d. Mensch, um glücklich zu sein - Bedürfnisforsch. u. Konsumkritik, 1979; Frieden mit d. Natur, 1979; Handlungsmöglichk. d. Energiepolitik (m. U. Steger), 1980; Wie möchten wir in Zukunft leben? - D. harte u. d. sanfte Weg (m. B. Schefold), 1981; Mikroelektronik u. Dezentralisier. (m. U. Steger), 1982; Physik, Phil. u. Politik, 1982; Wege z. Frieden m. d. Natur - Prakt. Naturphil. f. d. Umweltpolitik, 1984; AUSgebrütet - Argumente z. Brutreaktorpolitik (m. R. Ueberhorst), 1985; D. Grenzen d. Atomwirtsch. (m. B. Schefold), 1986; Wissensch. f. d. Zukunft - Holistisches Denken in ökolog. u. gesellschaftl. Verantwortung, 1988; Aufstand f. d. Natur - V. d. Umwelt z. Mitwelt, 1990 - 1964 Carl Christiansen-Preis; 1987 Theodor-Heuss-Preis - Spr.: Engl., Span., Griech.

MEYER-ARNDT, Hartwin

Dr.iur., Präsident d. Rechnungshofs d. Freien Hansestadt Bremen (s. 1989) - Schwachhauser Ring 18, 2800 Bremen - Geb. 31. Aug. 1933 Bremen, ev., 4 Kd. (Silke, Fokke, Gerrit, Malte) - Stud. Rechts- u. Staatswiss. Freiburg, München, Göttingen; 1. Staatsex. 1956 Celle; 2. Staatsex. 1961 Hamburg; Promot. 1960 Göttingen - S. 1961 Steuer- u. Finanzverw.; 1973-84 Senatskanzlei (stv. Chef); 1984-89 Haushaltsabt.leit. d. Senators f. Finanzen.

MEYER-BERKHOUT, Ulrich

Dr. rer. nat., o. Prof. f. Experimentalphysik (Sektion Physik) Univ. München (s. 1965) - Rabenkopfstr. 18, 8000 München 90 (T. 642 19 71) - Geb. 14. März 1927 Ede (Niederl.), ev., 5 Kd. - 1955-56 Rask Ørsted-Fellow, Kopenhagen; 1956-58 Wiss. Mitarb. Univ. Stanford; 1961-65 Privatdoz. Univ. Heidelberg; 1962-64 Wiss. Mitarb. CERN, 1964-65 Wiss. Mitarb. Dt. Elektronen-Synchroton DESY, Hamburg. 1965-68 Honorarprof. Univ. Hamburg. Facharb.

MEYER-BERTENRATH, Jürgen

Dr. med., Dr. rer. nat., Chefarzt Zentrallabor./Stadtkrkhs. Hanau, Honorarprof. f. Klin. Chemie Univ. Marburg (Bereich Humanmed.) - Am Seegarten 23, 6451 Erlensee.

MEYER-BLÜCHER, Joachim

Dr. jur., Vorst.-Mitgl. Bank f. Handel u. Industrie, Mitgl. d. Vorst. Bankenverb. Berlin - Uhlandstr. 9-11, 1000 Berlin 12 - Geb. 13. Jan. 1924 Everloh/Hann. - Div. Mitgliedsch.

MEYER-BRÖTZ, Günter

Dr.-Ing., Wiss. Mitarb. AEG-Telefunken, Ulm, Honorarprof. f. Datenerfassung u. autom. Zeichenerkennung TU Berlin (s. 1967) - Gerhart-Hauptmann-Weg 17, 7900 Ulm/D. (T. 5 35 75) - Geb. 21. April 1927 Berlin (Vater: Walther Meyer, Studienrat; Mutter: Elisabeth, geb. Brötz), kath., verh. s. 1951 m. Elsa, geb. Lorenz, 2 Töcht. (Angela, Doris) - TU Berlin - S. 1951 Telefunken bzw. AEG-Telefunken (Forschungsinst.). Mitgl. Nachrichtentechn. Ges. - BV: Analoge u. hybride Rechnersysteme, in: Taschenb. d. Nachrichtenverarb., 1967; Methoden d. automat. Zeichenerkennung, 1969 - 1957 Preis Nachrichtentechn. Ges. - Spr.: Engl.

MEYER-BURGDORFF, Gerhard

Dr. med., Prof., Chefarzt I. Chirurg. Abt. Allg. Krankenhaus St. Georg (1967-86) - Noorderstrunwai 21, 2278 Nebel/Amrum - Geb. 19. Juni 1921 - S. 1959 (Habil.) Lehrtätigk. Univ. Kiel (1966 apl. Prof.) u. Hamburg (1967 apl. Prof.) - BV: D. Chir. d. chron. arteriellen Verschlußkrankh., 1963 (m. A. Wanke). Einzelarb. - 1960 Preis Vereinig. nordwestd. Chirurgen.

MEYER-CORDING, Ulrich

Dr. jur., Prof. Univ. Köln - Hinter Hoben 6, 5300 Bonn 1 (T. 0228 - 23 28 10) - Geb. 22. Mai 1911 Dresden, ev., verh. s. 1950 m. Dr. Gisela, geb. Cording, S. Claus - Stud. Rechtswiss.; Refer.; Ass.; Promot. Leipzig; Habil. 1956 Köln - 1950ff. Justizmin. Bonn (Min.-Rat); Atommin. (Min.-Dirig.); Wirtschaftsmin. (Min.-Dir.); Vizepräs. Europ. Investitionsbank Luxemburg; Vorst.-Vors. Rheinhyp.-Bank Köln - BV: D. Recht d. Banküberweisung, 1951; D. Vereinsstrafe, 1957; D. Rechtsnormen, 1971; Wertpapierrecht, 2. A. 1990 - Gr. BVK m. Stern; Großoffz. Ordre du Merit Luxemburg - Liebh.: Schwimmen, Skilauf, Wandern, Theater - Spr.: Engl., Franz., Ital. - Bek. Vorf.: Prof. Lothar Meyer, Entd. d. Periodischen Systems d. Elemente (Großv.).

MEYER-DOHM, Peter

Dr. rer. pol., Dr. oec. h. c., Honorarprof., Leiter Bildungswesen Volkswagen AG, Wolfsburg (s. 1981) - An der Oberburg 9, 3302 Cremlingen (T. 05306 - 21 68) - Geb. 25. April 1930 Hamburg (Vater: Heinrich M., Kaufm.; Mutter: Anna, geb. Dohm), verh. s. 1965 m. Uta, geb. Hintze, 3 Kd. (Johannes, Sita, Veronika) - Obersch. Hamburg; Verlagsbuchhändlerlehre; Univ. Hamburg u. Göttingen. Promot. (1956) u. Habil. (1964) Hamburg - 1964-65 Privatdoz. Univ. Hamburg; 1965-81 o. Prof. f. Wirtschaftslehre (insb. Absatzw. u. Konsumforsch.) Univ. Bochum (zeitw. Rektor) - BV: D. westd. Büchermarkt, 1957; Buchhandel - E. Bibliogr. (m. H. Kliemann), 1963; Sozialökonomische Aspekte d. Konsumfreiheit, 1965; Buchhandel als kulturw. Aufgabe, 1967; Absatzwirtsch. Kommunikation (m. H. Kuhlmann), 1972; Rajasthan - Dimension e. region. Entwicklung (m. S. Saruprìa), 1985.

MEYER-GALOW, Erhard

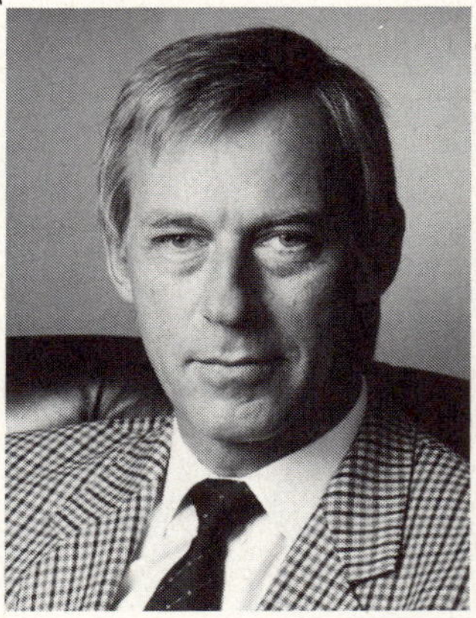

Dr., Vorstandsvorsitzender d. Brenntag AG, stv. Vorst.-Mitgl. d. Stinnes AG - Humboldtring 15, 4330 Mülheim/Ruhr 1 (T. 0208 - 4 94-0) - Geb. 4. Jan. 1942 Frankfurt/M., verh., 3 Kd. - Stud. Chemie; Promot. 1968 z. Dr. phil. nat. - S. 1969 in d. Forsch.abt. d. Metallges. AG, Frankfurt/M.; 1974 Wechsel z. Sachtleben Chemie GmbH, Duisburg (Leit. Laborbereich), 1982 Geschäftsbereichsleit. Chemieprod.; 1983 Vorst. Th. Goldschmidt AG, Essen (f. d. Ressorts Marketing/Vertrieb, Materialwirtsch. u. Ausland); 1988 Vorst.-Mitgl. BRENNTAG AG, Mülheim/R., u. Mitgl. d. Direktoriums Stinnes AG, Mülheim/R.; s. 1989 Vorst.-Vors. d. BRENNTAG AG u. Regionalverantwortung USA; s. 1991 stv. Vorst.-Mitgl. d. Stinnes AG.

MEYER-HARTMANN, Hermann

Redaktionsdirektor Hildesheimer Allgemeine Zeitung - Lehmkamp 8, 3201 Diekholzen-Barienrode (T. 05121 - 26 43 18) - Geb. 4. Febr. 1929 Braunschweig, verh. s. 1959 m. Eleonore Lustig, T. Anke - S. 1976 AR Landeskrankenhilfe VVaG Lüneburg, s. 1981 Landeslebenshilfe VVaG Lüneburg - BV: Zielpunkt (Luftkrieg), 1985 - 1987 Christophorus-Preis; 1988 Theodor-

Wolff-Pr.; 1989 Silb. Ehrenzeich. Verkehrswacht - Liebh.: Fliegen, Fotografieren - Spr.: Engl.

MEYER-HEYE, Hans-Heinrich

Hauptgeschäftsführer Handwerkskammer Bremen (s. 1987) - Ansgaritorstr. 24, 2800 Bremen 1 (T. 0421 - 30 50 00; Telefax 0421 - 30 50 10); priv.: Schwachhauser Heerstr. 65 B - Geb. 3. Okt. 1945 - S. 1976 Hanwerksorg.

MEYER-JOSTEN, Jürgen

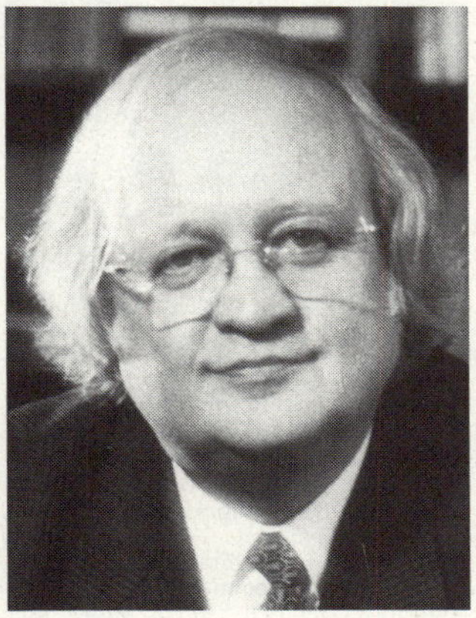

Prof., Pianist, Leiter d. Hauptabt. Musik d. Bayer. Rundfunks - Zu erreichen üb. Bayer. Rundfunk, Rundfunkplatz 1, 8000 München 2 - Geb. 10. Juli 1934 Berlin, ev., verh., 2 Kd. - Musikstud. Klavier 1949-55 Berlin - S. 1955 Konzerttätigk. im In- u. Ausland, Rundfunk-, Fernseh-, Schallplattenaufn.; 1960-63 Musikredakt. b. RIAS Berlin; ab 1963 Musikredakt. in d. E-Musik b. Bayer. Rundf.; s. 1967 Leit. d. Intern. Musikwettbewerbs d. ARD; s. 1976 Leit. d. Hauptabt. Musik d. Bayer. Rundfunks. S. 1979 Hon.-Prof. Musikhochsch. München (Vorlesungen üb.: D. Gesch. d. Klaviermusik u. d. Klavierspiels). S. üb. 20 Jahren Jurymitgl. intern. Musikwettbewerbe in aller Welt - BV: Musiker im Gespräch, 1980-83 (jap. Übers.); Conversations. Gespräche mit berühmten Pianisten, 1989 - Einzelmitgl. d. Dt. Musikrats - Interessen: Lit. d. 19 Jh., Wein, Atlantikinseln.

MEYER-KÖNIG, Werner

Dr. rer. nat., o. Prof. f. Mathematik - Murtener Str. 6, 7800 Freiburg i. Br. - Geb. 26. Mai 1912 Böblingen/Württ. (Vater: Dr. med. Ernst M.-K., prakt. Arzt; Mutter: Karoline, geb. Laggai), ev., verh. s. 1948 m. Annemarie, geb. Munz, 3 Töcht. (Martina, Andrea, Daniele) - 1930 b. 1945 Univ. Tübingen, Kiel, TH Stuttgart (Math., Physik) - S. 1947 Doz., apl. (1953), ao. (1958) u. o. Prof. (1960) TH bzw. Univ. Stuttgart. Visiting Prof. Univ. of Cincinnati (1956/57) u. Wisconsin (1967/68) - BV (Herausg.): Gerhard Grüss, Variationsrechnung, 2. A. 1955 - Mitgl. Dt. Mathematiker-Vereinig., Ges. f. angew. Math. u. Mechanik, American Math. Soc.

MEYER-KRENTLER, Eckhardt

Dr. phil., Prof. f. Neuere dt. Literaturgesch. Univ. Paderborn - Ritterholz 6, 4799 Borchen - Geb. 19. Febr. 1946 Gütersloh, verh. m. Ursula M.-K., 2 Kd. - Stud. Univ. Münster: 1965 rer. pol., 1967-73 phil.; Staatsex. Lehramt 1972; Promot. 1973 Münster; Habil. 1982 Paderborn - 1973 wiss. Assist. Univ. Münster; 1974-82 wiss. Assist. Univ. Paderborn; 1982 Priv.-Doz. Univ. Paderborn; 1982 Univ. München; 1983 Prof. f. Neuere dt. Lit.gesch. Univ. Paderborn; 1986/87 Univ. Münster; 1988 Univ. Paderborn; 1990 Univ. Göttingen; 1991 Univ. Bochum - BV: D. andere Roman, 1974; D. Bürger als Freund. E. sozialeth. Programm u. s. Kritik in d. neueren dt. Erzähllit., 1984; Unterm Strich. Lit. Markt, Trivialität u. Erzählkunst b. Wilh. Raabe, 1986; Willkomm u. Abschied - Herzschlag u. Peitschenhieb. Goethe - Mörike - Heine, 1987; Arbeitstechniken Literaturwiss., 1990; Literatur u. Theologie. 4 Vorträge, 1990. Edition & EDV. Elektronische Arbeitshilfen f. Editoren, Philologen, Bücherschreiber (m. Diskette), 1992. Aufs. u. a. zu Gellert, Goethe, Storm, Raabe, S. Kirsch, Lit.- u. Rechtsgesch., Rhetorik, EDV u. Lit.wiss. - Spr.: Engl., Franz., Latein.

MEYER-LANDRUT, Andreas

Dr. phil., Staatssekretär, Chef d. Bundespräsidialamts - Kaiser-Friedrich-Str. 16, 5300 Bonn 1 - Geb. 31. Mai 1929 Reval/Estl. (Vater: Dr. Bruno M.-L., Fabrikdir.; Mutter: Käthe, geb. Winter), ev., verh. s. 1960 m. Johanna, geb. Karatsony v. Hodos, 2 Kd. (Suzanne, Ladislas) - Gymn. Bielefeld (Abit. 1950); Stud. Slaw., Osteurop. Gesch., Soziol. Göttingen u. Zagreb. Promot. 1954 Göttingen - S. 1955 Ausw. Dienst (1980-83 u. 1987-89 Botsch. Moskau); 1983-87 Staatssekr. im Ausw. Amt - Spr.: Russ., Serbokroat., Engl., Franz., Schwed.

MEYER-LARSEN, Werner

Dr., Dipl.-Volksw., Wirtschaftsjournalist - 516 Fifth Avenue, New York NY 10036, USA (T. 001 212 221 7584) - Geb. 27. März 1931 Bremerhaven (Vater: Heinrich M., Ing.; Mutter: Engeline, geb. Larsen), ev.-luth., 5 Kd. (Armin, Gudrun, Ingolf, Ortrud, Reglind) - 1960-70 Ressortleit. Wirtsch. Sonntagsblatt; 1970-85 leit. Redakt. u. Kolumnist D. Spiegel; s. 1985 Leit. Spiegel-Büro New York - BV: Chemiefasern, 1970; D. Untergang d. Unternehmers, 1978; D. Ende d. Ölzeit, 1979; Auto-Großmacht Japan, 1980; Harvard Energie Report, Dt. T., 1980; D. Orwell-Staat, 1983; Ende d. Nachfrage?, 1984 - Spr.: Engl. - Rotarier.

MEYER-LAURIN, Harald

Dr. jur., Prof. f. Bürgerl. u. Röm. Recht Ukrain. Fr. Univ. München (s. 1976), Hon.-Prof. Berufsakad. Baden-Württ. Villingen-Schwenningen (s. 1991) - Hans-Thoma-Str. 1, 7800 Freiburg/Br. (T. 0761 - 7 36 47) - Geb. 30. Sept. 1934 Berlin (Vater: Hans Meyer, Fabr.; Mutter: Herta, geb. Laurin), verh. s. 1965 m. Gred, geb. Knesch, 2 Kd. (Vera, Christian) - 1953-57 Univ. Berlin (FU) u. Freiburg. Jurist. Staatsex. 1957 u. 64; Promot. 1963; Habil. 1973 - 1972-88 Rechtsanw. - BV: Gesetz u. Billigkeit im att. Prozeß, 1965 (Graezist. Abh., Bd. I). Div. Einzelarb. - 1971 korr. Mitgl. Real Acad. Hisp. Amer. de Ciencias, Artes y Letras Cadiz; 1987 Ehrennadel Land Baden-Württ.

MEYER-MARSILIUS, Hans-Joachim

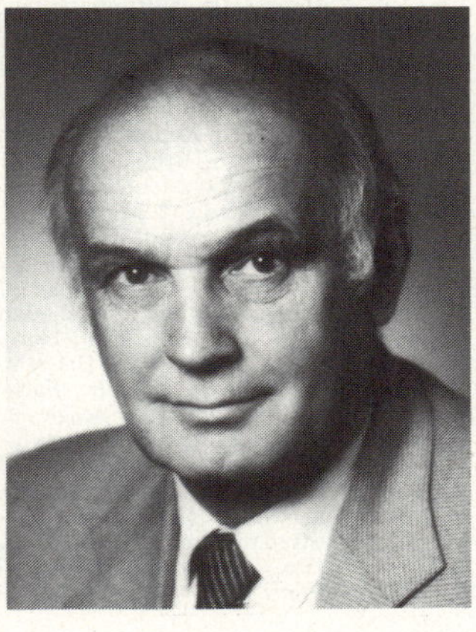

Dr. jur., Hauptgeschäftsführer a.D. Handelskammer Deutschland-Schweiz (1984 i. R.) - Geduldweg 18, CH-8810 Horgen (T. 01 - 725 57 77) - Geb. 9. Febr. 1918 Gießen - Univ. Frankfurt/M. (Rechtswiss.). Gr. jurist. Staatsprüf. - 1951 Rechtsanw.; 1952 Bundesst. f. d. Warenverkehr ebd.; 1954 HK Dtschl.-Schweiz - Ehem. Sprecher d. Arb.gemeinsch. d. Gf. d. Ausl.handelsk., Gesellsch. d. Swissmarket Unternehmensberat. GmbH, Dresden u. Berlin - BV: Handb. d. Niederlassungsrechts, Niederlassungsrecht in d. EWG, D. Handelsvertreter in d. EWG (auch franz., ital., niederl.), Abkommen Schweiz-EWG, Doppelbesteuerungsabk. Dtschl.-Schweiz, D. Schweiz im Europa d. 90er Jahre, Beziehungen Schweiz-EG, u.a.m. - 1971 BVK I. Kl., 1978 Gr. BVK; 1984 Silb. Ehrenteller Stadt Frankfurt u. Ehrenmed. IHK Frankfurt; 1985 Verdienstmed. Land Bad.-Württ.; 1986 Bayer. Staatsmed.; 1985 Secretary of the Commission for Systematic of metamorphic Rocks - Spr.: Franz., Engl. - Lions - Petrographie.

MEYER-OERTEL, Friedrich

Regisseur, Operndir. Wuppertaler Bühnen - Zimmerstr. 39, 5600 Wuppertal 1 (T. 0202 - 30 54 33) - Geb. 3. April 1936 Leipzig, ev., verh. m. Helga Op gen Orth, Schausp. - Stud. Musikakad. Wien (Theaterwiss., Phil.) u. Univ. Wien (Kompos., Oboe) - 1. Insz. Theater d. Jugend, Wien; Regie Wiener u. Stuttgarter Staatsoper; 1968-72 Oberspielleit. Mainz; 1974-79 Oberspielleit. Oper Mannheim; ab 1979 Oberndir. u. Chefregiss. Oper Wuppertal. Gastinsz. an versch. Theatern. Doz. f. dramat. Unterr. Hochsch. Mannheim, Heidelberg u. Düsseldorf, Akad. d. Künste, Berlin. Viele Ur- u. Erstaufführungen d. Musiktheaters. Hon.-Prof. (durch d. Min. f. Wiss. u. Forsch. in Nordrh.-Westf.) - Liebh.: Kunst, Segeln, Italien - Spr.: Ital., Engl. - Rotarier.

MEYER-PLATH, Bruno

Dr.-Ing. (habil.), Prof., Architekt - Bevenser Weg 10, 3000 Hannover - Geb. 26. Sept. 1902 Krönnevitz/Pom. - S. 1951 Lehrtätigk. TH, jetzt TU Hannover (1961 apl. Prof. f. Baugesch. u. Formenlehre) - BV: u. a. D. Landmauer v. Konstantinopel (m. A. M. Schneider); D. Porta Nigra in Trier, 1969 (m. E. Gose).

MEYER-PRIES, Dierk

Dipl.-Volksw., Oberstadtdirektor Osnabrück (s. 1983) - Humperdinckstr. 20, 4500 Osnabrück (T. 0541-4 88 61) - Geb. 7. Mai 1938 Rastenburg/Ostpr., ev., verh. s. 1965 m. Ursula, geb. Pries, 2 S. (Lars, Nils) - Stud. Volksw. - 1972-82 Stadtkämmerer Osnabrück - BV: Argumentationshilfen u. Leitfaden f. kommunale Privatisierungsansätze, 1984; Fondsfinanzierung zur Entlastung kommunaler Haushalte, 1985 - Liebh.: Schach, Lit. - Spr.: Engl., Franz.

MEYER-SCHÜLKE, Ellen-Urs

Dipl.-Volksw., M. Com., Geschäftsführerin Fachverb. Elektromediz. Technik im Zentralverb. Elektrotechnik- u. Elektronikind. (ZVEI) - Stresemannallee 19, 6000 Frankfurt/Main 70 - Geb. 19. Juni 1943 Dortmund (Vater: Erik Sch., Hptgeschäftsf. a.D.; Mutter: Elfriede, geb. Stegmann), ev., verh. s. 1969 m. Bernd Meyer, 2 Kd. - Univ. Kiel, Tübingen, Saarbrücken, Freiburg, Kapstadt (Südafrika) - Liebh.: Lit., Theater - Spr.: Engl., Franz.

MEYER-WILMES, Jürgen

Dr., Vorsitzender Diözesanrat d. Katholiken im Bistum Berlin - Kirschenallee 19, 1000 Berlin 19 - 1981 Komturkreuz m. Stern päpstl. Gregorius-Orden.

MEYER zu BENTRUP, Reinhard

Dr. agr., Landwirt, MdB (VIII. Wahlp./Landesl. NRW) - Salzufler Str. 149, 4800 Bielefeld 17 - Geb. 22. Mai 1939 Gadderbaum, ev., verh., 3 Kd. - N. Abit. 1960 Landw. Lehre; 1962 USA; Stud. Landw. Berlin u. Bonn (Dipl. 1967, Promot. 1970) - 1969 Übern. elterl. Betrieb Heepen. Mitgl. Gemeinderat Brönninghausen (1969), Kreistag Bielefeld (1970) u. Rat Stadt Bielefeld (1973-79). CDU (div. Funkt.).

MEYER zu SELHAUSEN, Hermann

Dr. oec. publ., Dr. rer. pol. habil., o. Prof. f. Bankbetriebslehre Univ. München - Dresselstr. 19, 8000 München 82 (T. 089 - 430 13 09) - Geb. 17. Febr. 1940 Bielefeld - 1960-62 Lehre Bankkaufm. Bielefeld; 1962-67 Stud. Betriebsw., München; Dipl. 1967, Promot. 1970, Habil. 1975, alles München - 1967-75 wiss. Assist.; 1975-85 o. Prof. Univ. d. Bundeswehr, München; 1985ff. o. Prof. München - BV: Optimalplanung von Kapitalbeschaffung u. Kapitalverwendung in d. Kreditbank m. d. Meth. d. Unternehmensforschung, 1970; Quantitative Marketing-Modelle in d. Kreditbank, 1976 - Spr.: Engl.

MEYER zur HEIDE, Günter

Elektromechaniker, MdL Nordrh.-Westf. (s. 1970) - Brunnenstr. 271, 4901 Hiddenhausen 1, (T. 05221 - 6 19 29) - Geb. 16. Dez. 1936 Lippinghausen, verh., 1 Kd. - Volkssch.; Elektromechanikerhandw. - 1966 b. 1969 Mitgl. Gemeinderat Lippinghausen. SPD s. 1961.

MEYERHOFF, Günther

Dr. rer. nat., Prof. f. Physikal. Chemie - Händelstr. 11, 6500 Mainz-Gonsenheim (T. 4 19 95) - Geb. 4. Nov. 1919 Hagen/W. (Vater: Friedrich M., Kaufm.; Mutter: Elisabeth, geb. Fromm), ev., verh. s. 1951 m. Claire, geb. Krug, 3 Töcht. (Dr. Martina, Michaela, Dr. Marie-Claire) - 1939-41 u. 1945-47 Stud. Physik Rostock, Leipzig, Göttingen. Diplom 1947 Göttingen; Promot. (1951) u. Habil. (1954) Mainz - Prof. u. Abt.-Vorst. Inst. f. Physikal. Chemie Univ. Mainz. 1962 Gastprof. RTI Durham, N.C./USA. Über 160 Facharb. - Mitgl. Dt. Bunsen-Ges., Ges. Dt. Chemiker, DECHEMA.

MEYERING, Horst B.

Schneidermeister, ehem. Präs. Landesinnungsverb. Nordrhein - Sternstr. 34, 4000 Düsseldorf 30 (T. 0211 - 49 90 91) - Geb. 17. April 1935 Düsseldorf (Vater: Johannes M., Schneider; Mutter: Paula, geb. Stratmann), kath., verh. s. 1960 m. Hildegard, geb. Sassen, T. Martina Maria - 1950-53 Lehre; Meisterprüf. 1958 u. 1980; Refaex. 1957 - S. 1964 selbst.; 1966 Lehrlingswart. 1968-72 Vors. jg. Maßschneider; 1972 Finanzrichter; 1981-90 Präs. Landesinnungsverb., Obermeister d. Schneiderzunft Düsseldorf. Erf.: Tanzanzug einteil. - 1981 Ausstatt. Theater Theatral Louvain u. Oper Mastricht - Liebh.: Reiten, Tanzsport - 1958 Gold. Tanzsportabz. - Spr.: Engl., Fläm., Holl.

MEYERS, Franz

Dr. jur., Ministerpräsident a. D. - Bergstr. 137, 4050 Mönchengladbach (T. 02161 - 1 62 54) - Geb. 31. Juli 1908 Mönchengladb. (Vater: Franz M., Polizeibeamter; Mutter: Emma, geb. Havenstein), kath., verh. s. 1985 m. Wilhelmine, geb. Esterhues - Univ. Freiburg/Br. u. Köln. Promot. 1933; Ass.ex. 1934 - S. 1935 Rechtsanw. Mönchengladbach, 1940-45 Wehrdst. (zul. Hptm. d. R.; EK II u. I), 1950 b. 1970 MdL Nordrh.-Westf., Febr.-Okt. 1952 Oberbürgerm. Mönchengladbach, 1952-56 Innenmin. NRW u. Mitgl. Bundesrat, ab 1956 gf. Vorstandsmitgl. CDU, 1957-58 MdB, 1958-66 Min.präs. NRW u. Mitgl. Bundesrat (1960/61 Präs.). Zahlr. Mitgliedsch. (auch Ehren-) - BV: NATO-Politik, Wirtschaft, Technik, Kultur, 1960 (Brosch.); Anmerkungen, 1961; gez. Dr. Meyers - Summe e. Lebens, 1982 - Großkreuz VO. BRD (1959) u. Ital. Rep. (1960), Orden El sol de Peru (1960), Krone v. Thailand (1960), Bayer. VO. (1963); 1963 Ehrenring Stadt Düsseldorf; 1960 Silb. DRK-Ehrenz.; 1970 Ehrenvors. CDU-Kreisverb. Mönchengladbach - Liebh.: Bücher (bes. Biogr.), Musik (Bratscher), Reiten - 1964 Gold. Sportabz.; 1978 Ehrenbürger Stadt Mönchengladbach - Spr.: Engl., Franz.

MEYERS, Hans

Dr. phil., Maler, Prof. f. Bild. Kunst - Troyes-Str. 42a, 6100 Darmstadt-Eberstadt (T. 5 14 50) - Geb. 10. Juli 1912 Düsseldorf (Vater: Johann M., Scherenmeister †1915; Mutter: Anna, geb. Pass †1956), ev., verh. s. 1942 m. Gisela, geb. Körber, 3 Kd. (Klaus, Gertrud, Irmgard) - Univ. Köln; Kunstakad. Düsseldorf. Promot. 1950 Mainz - 1937-39 Studienass. Köln; 1939-41 Doz. Hochsch. f. Lehrerbild. Koblenz; 1941-45 Studienrat Frankfurt/M.; 1948-60 Doz. Päd. Inst. Darmstadt; s. 1961 Prof. Hochsch. f. Erzieh. Univ. Frankfurt. Üb. 300 Landschaftsgemälde u. -zeichnungen im priv. u. öfftl. Besitz - BV: E. Bilderb. v. Kindern f. Kinder, 1942; Wir machen unseren Schulschmuck selbst, 2. A. 1956; Fröhl. Kinderkunst, 3. A. 1965; 150 bildner. Techniken, 17. A. 1987 (übers. in engl., niederl., dän., norw., schwed., nordamerik., ital., jugosl.); 150 bildner. Themen, 6. A. 1975 (übers. in engl. u. nordamerik.); D. Welt d. kindl. Bildnerei, 2. A. 1962; Stilkd. d. naiven Kunst, 2. A. 1962; Wir erleben Kunstwerke, 1962; Erzieh. z. Formkultur, 1966; Kind u. bildhaftes Gestalten, 1968; Laienkunst, 1972; Theorie d. Kunsterziehung, 1973; (Hrsg.): Fachdidaktisches Studium/Kunst, 1978; Praxis d. Kunsterzieh., 1980; Ged. d. Mädchen, 1981; D. landsch. u. figürl. Expressionismus v. Hans Meyers (Hrsg. H. Leber), 1982; D. zeichn. Werk v. Hans Meyers (Hrsg. H. Leber), 1986; Festschr. f. H. M. z. 70. Geb. (hg. H. Sandtner), 1984; Tierzeichnungen v. Nungesser, 1985 - Spr.: Engl., Franz.

MEYERWISCH, Karl

Vorstandsmitglied Krupp Stahl AG, Bochum - Rüdinghauser Berg 25, 5810 Witten/Rüdinghausen - Geb. 17. Okt. 1937 Suttorf.

MEYN, Erich

Dr. rer. pol., Dozent f. Wirtschaftslehre - Mertonstr. 30, 6000 Frankfurt/M. (T. 77 26 92) - Geb. 12. März 1913 Halberstadt/Harz, ev., verh. s. 1939 (Ehefr.: Dr. rer. pol. Hedwig), 4 Kd. (Matthias, Ulrike, Konrad, Marianne) - Realgymn. Hirschberg; HH u. Univ. Leipzig. Promot. 1938 - Vor u. n. d. Kriege wiss. Assist. Univ. Frankfurt, s. 1947 Doz. (1949 hauptamtl.) Akad. d. Arbeit ebd. (turnusmäß. wiederh. Leiter).

MEYN, Klaus

Dr. sc. agr., Geschäftsf. Arbeitsgem. Dt. Tierzüchter (ADT), Arbeitsgem. Dt. Rinderzüchter (ADR) u. Bundesverb. Dt. Fleischrinderzüchter u. -halter (BDF) - Adenauerallee 174, 5300 Bonn 1 (T. 0228 - 21 20 71/2; Telex 88 68 07; Telefax 21 20 74) - Geb. 30. Okt. 1937, ev.-luth. - 1961-64 Landwirtschaftsstud. Göttingen; Promot. 1967 - 1968-74 Regierungsberat. Kenya, 1974-80 Weltbank, s. 1981 Geschäftsf. ADT, ADR u. BDF (s. 1988).

MEYNE, Jens

Dr. rer. pol., Verleger, gf. Gesellsch. Korsch Verlag GmbH & Co, Gilching vor München, Michel Verlag, Gräfelfing, Gunkel GmbH, Gräfelfing, Happy Produkt Verlag GmbH, Gilching, Litei Verlag KG, Gilching - Maria-Eich-Str. 101, 8032 Gräfelfing (T. 089-85 51 91) - Geb. 19. Febr. 1923 Borstorf, ev., verh. s. 1955 m. Frauke, geb. Ippen, 3 Kd. (Christine, Niels, Andreas) - Univ. Hamburg (Dipl.-Volksw.), Promot.

MEYNEN, Emil

Dr. phil., Prof., Direktor a. D. - Langenbergweg 82, 5300 Bonn-Bad Godesberg (T. 34 29 82) - Geb. 22. Okt. 1902 Köln - Univ. Köln (Promot. 1926), Leipzig, Innsbruck, Berlin. Habil. 1935 Köln - 1936 Privatdoz., 1942 apl. Prof. f. Geogr. Univ. Berlin, 1941 Leit. Abt. f. Landeskd. Reichsamt f. Landesaufnahme ebd., 1947 Dir. Amt f. Landeskd., Remagen, 1955 Honorarprof. f. Dt. Landeskd. u. Kartogr. Univ. Köln, 1969-79 Dir. Inst. f. Landeskd./Bundesforschungsanst. f. Landeskd. u. Raumordnung, Bonn-Bad Godesberg, 1964 Vors. ICA Commiss. Definition, Classification and Standardization of Technical Terms in Cartography; 1968 Vors. IGU Commiss. Intern. Geogr. Terminology. Hrsg.: Forsch. z. dt. Landeskd. (1939-72), Geogr. Taschenb. (1940ff.), Erdkdl. Wissen (1952ff.), Orbis Geographicus (1960-84), Kartensamml. u. -dokumentation (1966ff.), Multilingual Dictionary on Technical Terms in Cartography (1973), Intern. Geogr. Glossarium (1984) - 1967 Robert-Gradmann-, 1969 Alexander-v.-Humboldt-, 1978 Carl-Ritter-Med., bde. in Gold, 1969 Gr. Verdienstkreuz d. VO. d. Bundesrep. Deutschland - Lit.: Im Dienste d. Geographie u. Kartographie, Symposion, E. Meynen, 1973.

MEYSEL, Inge

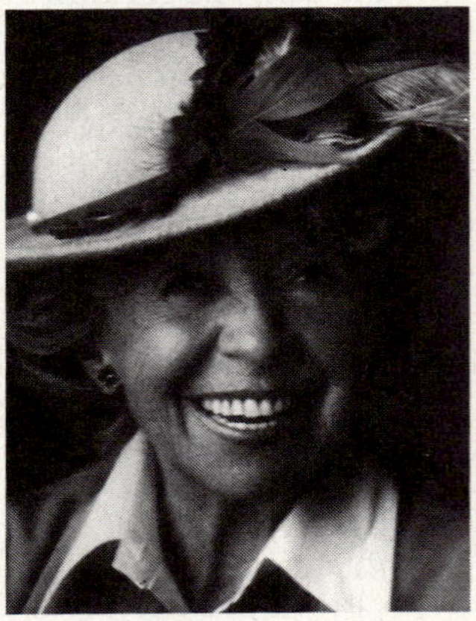

Schauspielerin (Mitgl. Thalia-Theater, Hamburg) - Südstrand 13, 2101 Bullenhausen üb. Hamburg 90 - Geb. 30. Mai 1910 Berlin (Vater: Julius M, Kaufm. †; Mutter: Margarete, geb. Hausen † 1980), ev., in 2. Ehe 1965 verw. (Ehem.: John Olden, Regiss.; s. XIV. Ausg.) - Margareten-Oberlyz. Berlin; Ausbild. Ilka Grüning u. Lucie Höflich - S. 1930 Schausp. (unt. Hitler Spielverbot). Zahlr. Bühnenrollen, dar. Urauff.: S. Adam u. Eva, Tätowierte Rose, Madame Sans Gêne, Picnic, Fenster z. Flur, D. Frau im Morgenrock, Schmetterlinge sind frei. Fernsehen (üb. 30 Rollen)/u.a.: Biberpelz, Der Rote Hahn, Ratten, Schau heimwärts, Engel - Jeweils mehrm. Gold. Otto, Gold. Kamera, Fernseh-Bambi, 1981 BVK I. Kl. (abgelehnt) - Liebh.: Antiquitäten, alte Uhren, Schwimmen - Spr.: Engl., Franz.

MEYSENBUG, Freiherr von, Carl-Max

Dr.-Ing., Prof. f. Werkstoffkunde TH Darmstadt - Fichtestr. 22, 6100 Darmstadt (T. 06151 - 4 75 00) - Geb. 23. Sept. 1913 Dresden (Vater: Max v. M., Offz.; Mutter: Erna, geb. Freiin v. Dieskau), verh. s. 1949 m. Elisabeth, geb. Ohler - TH Darmstadt (Ing.-Dipl. 1938), Promot. 1949) - S. 1969 Honorarprof. - BV: Kunststoffkd. f. Ing., Lehrb. f. Techn. Hochsch. u. Fachhochsch., 1963, 4. A. 1973 (Span. 1967) - Liebh.: Musikgesch., Klass. Musik - Spr.: Engl., Franz., Ital. - Bek. Vorf.: Malwida v. Meysenbug 1816-1903, Schriftst.

MEYTHALER, Friedrich-Hermann

Dr. med., Ltd. Oberarzt Augenklinik u. apl. Prof. f. Augenheilkd. Univ. Erlangen-Nürnberg (s. 1978) - Leipziger Str. 75, 8520 Erlangen - Geb. 25. Mai 1930 Würzburg (Vater: Dr. med. Friedrich M., Internist; Mutter: Hermine, geb. Baer), kath., verh. s. 1966 (Ehefr.: Barbara), T. Mareike - Gymn. Erlangen; Univ. Erlangen u. Freiburg (Med.). Promot. (1957) u. Habil. (1972), apl. Prof. 1978 Erlangen - S. 1966 Oberarzt. Üb. 100 Facharb. - Liebh.: Briefm., Fotogr., Tennis - Spr.: Engl., Span.

MEZGER, Peter

Journalist - Zu erreichen üb. Rundfunkpl. 1, Bayer. Rundfunk, 8000 München 2; priv.: Piazza Adriana, 20, Roma/Italia - 1982-85 ARD-Korresp. Ankara (Türkei), s. 1986 ARD-Korresp. Rom (Italien).

MIBRI

s. Briechle, Michael

MICHA, Birgitt

Chefredakteurin Meine Familie & ich - Zu erreichen üb. Chefredakt. Meine Familie & ich, Arabellastr. 23, 8000 München 81 - Geb. 22. Jan.

MICHAEL, Berthold

Dr. phil., Prof. f. Schulpädagogik Univ. Göttingen, Fachber. Erziehungswissensch. - Heinrich-Sohnrey-Str. 59, 3402 Dransfeld (T. 3 50) - Spr.: Engl. - Rotarier.

MICHAEL, Gerhard

Dr. phil., Dr. rer. hort. h. c., o. Prof. (emerit.) f. Pflanzenernährungslehre u. Bodenbiologie - Fruwirthstr. 20, 7000 Stuttgart-Hohenheim - Geb. 25. März 1911 Magdeburg, ev., verh. (in 1. Ehe verw.), T. Irmgard - Gymn. Magdeburg; Univ. Halle u. Berlin (Chemie, Botanik) - Assist. Univ. Leipzig, Königsberg, Berlin, ab 1941 Privatdoz. (Berlin), s. 1947 Ord. u. Inst.sdir. Univ. Jena u. LH bzw. Univ. Hohenheim (1960). Herausg.: D. mineral. Ernährung d. Pflanze (Bd. IV Handb. d. Pflanzenphysiol.); Mithrsg.: Ztschr. Pflanzenernährung u. Bodenkd., Ztschr. Acker- u. Pflanzenbau - 1961 Mitgl. Dt. Akad. d. Naturforscher (Leopoldina), Halle/S.

MICHAEL, Matthias

Assessor, Geschäftsf. Zentralverb. Werbetechnik - Klosterstr. 73-75, 4000 Düsseldorf 1 - Geb. 12. Aug. 1930.

MICHAELIS, Hans

Dr. rer. pol., Prof. Univ. Köln, Generaldirektor a.D. d. Europ. Gemeinschaften - Friedr.-Schmidt-Str. 68-70, 5000 Köln 41 (T. 0221 - 49 61 08) - Geb. 7. Aug. 1914 Duisburg (Vater: Oswald M., Oberstudiendir.; Mutter: Else, geb. Battenberg), verh. s. 1953 m. Liselotte, geb. Eicke - Univ. Freiburg/Br., Berlin, Bonn (Math., Naturwiss., Nationalök.). Promot. 1938 Bonn - 1938-41 Wirtschaftssachverst. Preisbildungsinst. Bremen, 1941-45 Abt.leit. Reichskommissar f. d. Preisbild. Berlin (zwischenzeitl. Fronteinsatz Osten, vor Moskau schwer verwundet), 1945-46 Berat. SHAEF Frankfurt/M., 1946-50 Leit. Preisbildungsst. Rhld.-Hess.-Nass. u. Generalsekr. Preisrat f. d. franz. Zone Baden-Baden (1946), 1950-53 Leit. Ref. Preispolitik Bundeswirtschaftsmin. Bonn. Mitgl. Verhandl.deleg. Schuman-Plan u. EVG; 1953-60 Leit. Abt. Kosten, Preise, Betriebsw. Hohe Behörde d. EG f. Kohle u. Stahl Luxemburg, 1960-67 Dir. u. Generaldir. (1966) Kommiss. d. Europ. Atomgemeinsch. Brüssel, 1967-71 Generaldir. f. Forsch. u. Technol. Kommiss. d. EG ebd., 1972-76 Berat. EG-Kommission f. Rohstoffpolitik; Mitgl. Enquête-Kommiss. Zukünftige Kernenergiepolitik Dt. Bundestag, u. Vorsorge z. Schutz gegen Klimaschäden Dt. Bundestag. S. 1969 Hon.-Prof. Univ. Köln WISO-Fak. Vorles. üb. Energiewirtsch. u. Kernenergie. Zahlr. Fachveröff. z. Europ. Integration, Energie- u. Rohstoffpolitik u. Kernenergieentwickl. - BV: insbes. Handb. d. Kernenergie, 1982 u. 1986; Preisbildung b. öfftl. Aufträgen u. Beschaffungswesen (Komm. b. Forkel), Loseblattsamml. (m. C. A. Rhösa), 1953 - Gr. BVK - Liebh.: Astronomie - Spr.: Engl., Franz.

MICHAELIS, Hans-Thorald

Dr. phil., Studiendirektor i. R., Direktor

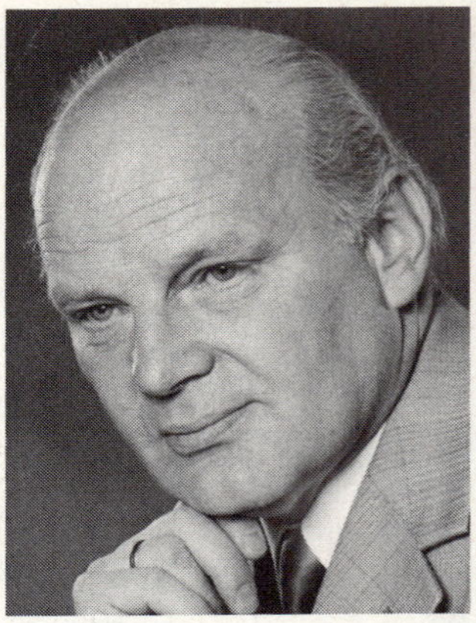

Archiv f. dt. u. Europ. Schützengesch. im Dt. Schützenbund (DSB) - Am Gut Bau 7, 5100 Aachen-Richterich (T. 0241 - 17 37 18) - Geb. 23. April 1925 Hannover, ev., verh. s. 1953 m. Roselinde-Marie, geb. v. Görschen, 2 Kd. (Angelika, Hans-Christoph) - Stud.; Promot. 1963 Marburg (Gesch.) Aufbau u. Leitg. d., Archivs f. dt. u. europ. Schützengesch. - S. 1963 üb. 45 Buch- u. Ztschr.-veröff. - 1986 Member of the General Soc. of Mayflower Descendants, Ill./USA - Spr.: Engl., Franz. - Bek. Vorf.: Hugo Erich v. Boehmer (Großv.), Wilhelm u. Heinrich Biltz, Prof. Drs. (Großonkel), Justus Henning Boehmer, (1674-1749) Rechtsgelehrter Halle.

MICHAELIS, Richard

Dr. med., Prof. Univ.-Kinderklinik Abt. Neuropädiatrie Entwicklungsneurol. - Frondsbergstr. 23, 7400 Tübingen - Geb. 30. Mai 1931 Schwäbisch Hall (Vater: Friedrich M., Arzt; Mutter: Maria, geb. Noll), ev., verh. s. 1963 m. Inge, geb. Rooschüz, 3 Kd. (Katja, Ulla, Isabel) - Stud. Freiburg, Tübingen, München, Helsinki, Los Angeles - Ärztl. Dir. o.g. Abt. Univ.-Kinderklinik. Arbeitsgeb.: Normale u. auffällige Entwicklung d. Kindes, Neurologie d. ersten Lebensjahre, Entw. ehem. sehr unreifer Frühgeborener, Zerebralparesen, neurologische Erkrankungen d. Kindes. Mitgl. Ges. f. Neuropädiatrie u. Dt. Ges. f. Kinderheilkde.

MICHAELIS, Rolf

Dr. phil., Redakteur (Theater- u. Lit.-Kritik) d. Zeit (s. 1973) - Isestr. 127, 2000 Hamburg 13 (T. 46 15 26) - Geb. 8. Aug. 1933 Schwäb. Hall (Vater: Friedrich M., Arzt; Mutter: Maria, geb. Noll), verh. s. 1958 m. Dorothea, geb. Brude, 3 Kd. (Nikolai, Stella, Angela) - Stud. German., engl. u. franz. Phil., Philol., Kunstgesch. - 1958 Stuttgarter Ztg., 1964 Leit. Lit.blatt Frankf. Allg. Ztg., 1968 Kulturkorr. Frankf. Allg. Ztg. Berlin, 1973-86 Leit. Lit.blatt Zeit. Jury Buch d. Monats (s. 1966), Jury Berliner Theatertreffen (1967-73, 1975-80, 1985-88) - BV: D. Struktur v. Hölderlins Oden, 1958; D. schwarze Zeus - G. Hauptmanns 2. Weg: D. späten Dramen, 1962; Heinrich v. Kleist, 1964; Federico García Lorca, 1967; Von d. Bühnenwelt z. Weltbühne - Siegfried Jacobsohn u. D. Schaubühne, 1980; Kleines Adreßb. f. Jerichow u. New York - Register z. U. Johnsons „Jahrestagen", 1983 - Theodor-Wolff-Preis 1960; 1987 Publiz.-Preis Dt. Bibliotheksverb.; Mitgl. PEN-Zentrum BRD, ITI - Spr.: Engl., Franz., Ital.

MICHAELIS, Udo

Geschäftsführer Bundesinnungsverb. f. d. Musikinstrumenten-Handwerk - Scheidemannpl. 2, 3500 Kassel.

MICHAELIS, Walfried

Dr. rer. nat. habil., Prof. f. Experimentalphysik - Elbring 14, 2105 Seevetal 2 - Geb. 8. März 1931 Medebach/Kr. Brilon (Vater: Johann M., Justizoberinsp.;

Mutter: Auguste, geb. Cords), ev., verh. s. 1960 m. Dorothea, geb. Pallhorn †1988, T. Kirsten; verh. s. 1990 m. Christa, geb. Klitzing - Gymn. Siegen; Univ. Heidelberg, Göttingen (Dipl. 1958), Karlsruhe (Promot. 1962), Frankfurt, (Habil. 1974) - 1963 Abt.-Leit. u. stv. Inst.-Leit. Kernforschungszentrum Karlsruhe; 1973 Inst.-Leit. Inst. f. Physik GKSS Forsch.-Zentrum Geesthacht; 1979 Prof. Univ. Hamburg - Üb. 230 wiss. Veröff. (Kern- u. Neutronenphysik, Spaltstoffflusskontrolle, Elektronik, Laserphysik, Umweltforschung). Zahlr. Patente (Meerestech., Umweltschutz).

MICHAELS, Horst
Dipl.-Kfm., Geschäftsf. Gesellschafter Heinrich Kopp GmbH & Co. KG - Postf. 60, 8756 Kahl a. M. (T. 06188 - 40-1), Tulpenweg 13, 8755 Alzenau - Geb. 13. März 1931 Hamburg, ev., verh. s. 1970 m. Ute, geb. Wicher, 2 Kd. (Arno, Bianca) - Ausb. z. Industriekaufm.; Stud. Betriebswirtsch. Univ. Hamburg, Marburg, Frankfurt; Dipl.-Kfm. 1956 Frankfurt - Präs. IHK Aschaffenburg; Mitgl. Finanz- u. Steuerausssch. DIHT, Bonn; s. 1970 ehrenamtl. Richter Finanzgericht Nürnberg; Vors. Kahler Bund f. Volksbildung.

MICHAELS, Jost
Prof., Klarinettist, Pianist, Dirigent - Alter Postweg 71, 4930 Detmold - Geb. 25. Febr. 1922 Hamburg, verh. s. 1947 m. Hildegard, geb. Uhrhan, 4 Kd. (Kirsten, Dagmar, Axel, Kai) - Johanneum Hamburg; (Klavier: Ilse Fromm-Michaels (Mutter), Klarinette: R.Gräfe, Violine: Eva Hauptmann) - 1942-50 I. bzw. Soloklarinettist Städt. Orch. Göttingen (b. 1945) u. Symphonie-Orch. NWDR Hamburg; s. 1949 Doz. u. Prof. (1956) Nordwestd. Musik-Akad. Detmold (Klarinette, Klavier, Bläser-Ensemble, Partiturkunde). Begr. Bläsersextett Detmold u. Detmolder Bläserkr., Ehrenmitgl. NDR-Sinfonieorch., Einzelmitgl. Dt. Musikrat, o. Mitgl. Bayer. Akad. d. Schönen Künste - Neuausg. klass. u. romant. Solo- u. Kammermusik-Lit.

MICHALETZ, Claus
Dipl.-Kaufmann., Mitinhaber u. Geschäftsf. Springer-Verlag, Berlin, Heidelberg, New York, London, Paris, Tokyo, Hong Kong, Barcelona, Budapest, Board of Director Springer-Verlag New York Inc., New York, Board of Director Eastern Book Service, Tokyo, Springer-Verlag Tokyo Inc., AR-Mitgl. Univ.druckerei M. Stürtz AG, Würzburg - Schweinfurthstr. 59, 1000 Berlin 33 (T. 030 - 831 39 37) - Geb. 11. Dez. 1933 Gleiwitz (Vater: Dr. jur. Alfons M.; Mutter: Käthe, geb. Czerwionka), kath., verh. s. 1959 m Margret, geb. Striegel, 2 Kd. (Tilmann, Juliane) - Abitur; Buchhändlerlehre; Stud. d. Betriebs- u. Volkswirtsch. Univ. Köln; Dipl.ex 1959 ebd. - Ehrenamtl. Verbandstätigk. (u. a. Börsenverein d. Dt. Buchhandels) - Spr.: Engl.

MICHALEWSKY, v., Nikolai

(Ps. Victor Karelin, Mark Brandis) Freier Schriftsteller - Tüschendorfer Str. 23, 2801 Grasberg (T. 04283 - 18 76) - Geb. 17. Jan. 1931 Dahlewitz Krs. Teltow, verh. s. 1983 m. Reinhild, geb. Roschwig - 1954-76 Journ.; 1959 Forschungstaucher - BV: Korallenjäger, 1971; Aufstand d. Matrosen, 1972; Damals in Budapest, 1982; als Vertragsautor der WHO: Sieger in Weiß, 1987; Grüner Auftrag f. Fortuna: 1. In gefährlichen Tiefen; 2. Küsten im Sturm, 1988; 3. Im Kielwasser d. Todes, 1989. Romane, Jugendb., Erz., Hörsp. Zahlr. Dokumentarfilme, zumeist z. Thema Seefahrt u. Hochseefischerei (ARD) - Journ.preise: 1980 Entwicklungshilfe, 1981 Hochseefischerei, 1983 Denkmalschutz - Liebh.: Segeln, Tauchen - Spr.: Ital., Russ.

MICHALIK, Regina
Dipl.-Psych., Mitglied Bundesvorst. d. GRÜNEN - Colmantstr. 36, 5300 Bonn 1 (T. 0228 - 69 20 21) - Geb. 4. Febr. 1958, ledig - BV: Die quotierte Hälfte - Frauenpolitik in grün-alternat. Parteien, 1985 - Interessen: Feministin.

MICHALKE, Alfons
Dr.-Ing., Univ.-Prof. f. Strömungslehre HFI TU Berlin (s. 1972) - Eichenallee 57, 1000 Berlin 19 (T. 030 - 304 62 45) - Geb. 14. Nov. 1929 Berlin, kath., gesch., 4 Kd. (Christian, Martin, Clemens, Petra) - 1951 Maschinenschlosser Berlin; Dipl.-Ing. (Maschinenbau) 1957, Dr.-Ing. 1961, Habil. 1971, alles Berlin - 1957-72 wiss. Mitarb. DFVLR-Inst. f. Turbulenzforsch. Berlin - 1992 AIAA Aeroacoustics Award.

MICHALOPOULOU, Marina
Leiterin Ballettschule Marina Michalopoulou, Karlsruhe, Solotänzerin Bad. Staatstheater Karlsruhe (1977-85) - Schubertstr. 5, 7514 Eggenstein (T. 0721 - 78 67 96) - Geb. 28. Mai 1950 Athen - Ballettausb. Athen u. London - 1969-77 Primaballerina Opernhaus Athen. Lehrtätig. in Athen u. Karlsruhe - Spr.: Engl., Franz., Griech.

MICHALZIK, Kurt
Dr. med., Prof., Ltd. Oberarzt Univ.-Frauenklinik Erlangen-Nürnberg - Hindenburgstr. 32, 8520 Erlangen - Geb. 28. Febr. 1916 Lakellen/Ostpr. (Vater: Franz M., Kaufm.; Mutter: Martha, geb. Nadolny) - Univ. Königsberg u. Leipzig - S. 1957 (Habil.) Lehrtätig. Univ. Erlangen bzw. -Nürnberg (1963 apl. Prof. f. Geburtshilfe u. Frauenheilkd.) - BV: Portio-Karzinom, Frühdiagnose, Morphol., Genese, 1958.

MICHATSCH, Walter
Vorstandsmitglied Alfons Müller-Wipperfürth AG., Leichlingen - Schimmelweg 31, 5600 Wuppertal-Vohwinkel - Geb. 14. Sept. 1925 - Textiling.

MICHEL, Detlef
Dr. phil., Schriftsteller - Kantstr. 125, 1000 Berlin 12 (T. 030 - 312 14 31) - Geb. 26. Mai 1944 Türkheim/Elsaß (Vater: Erich M., Ing.; Mutter: Erna, geb. Müller) - N. Abit. 1964 (Braunschweig) Stud. German. u. Soziol. Tübingen, München, Berlin - 1973-76 Doz. FH f. Wirtschaft Berlin; 1976-79 Akad. Rat Univ. Osnabrück. Herausg.: Berliner Hefte (1976-82). Mitarb. Reichskabarett u. Grips Theater. Bühnenst.: Das hältste ja im Kopf nicht aus (1975), D. schönste Zeit im Leben (1978), E. lk. Geschichte (1980), Alles Plastik (1981), Ab heute heißt du Sara (1989, alle m. V. Ludwig); D. letzte Wähler (1989), Drehb.: u.a. Ordnung ist das halbe Sterben (1983), Hart an d. Grenze (1984), Tod macht erfinderisch (1985), Fifty-Fifty (1988), Solo f. Georg (1989) - 1975 Brüder-Grimm-Preis DGB.

MICHEL, Diethelm
Dr. theol., o. Prof. f. Altes Testament - Fischtorplatz 20, 6500 Mainz 1 - Geb. 22. Febr. 1931 Mülheim/Ruhr (Vater: Wilhelm M., Maschinensetzer; Mutter: Christine, geb. Gulau), ev., verh. s. 1987 m. Edeltraud, geb. Thiem - 1951-56 Stud. Theol. Promot. 1959; Habil. 1964 - 1956-59 Stiftsinsp. Bonn; 1959-65 Lektor Univ. Heidelberg (Hebräisch); 1965-81 Prof. Kirchl. Hochsch. Berlin (1972/73 Rektor); s. 1981 Univ.-Prof. in Mainz - BV: Tempora u. Satzstell. in d. Psalmen, 1957; Israels Glaube im Wandel, 1968; Grundlegung e. hebräischen Syntax, Bd. 1, 1977; Qohelet (EdF 258), 1988; Untersuchungen z. Eigenart d. Buches Qohelet (BZAW 183), 1989 - Spr.: Engl.

MICHEL, Dietrich (Dieter)
Dr. med. (habil.), ehem. Chefarzt Innere Abt. Stiftsklinik Augustinum, München, apl. Prof. f. Inn. Med. Univ. ebd. (s. 1961) - Fritz-Reuter-Str. 10a, 8000 München 60 (T. 88 50 38) - Med. Univ.-Klinik Leipzig u. München.

MICHEL, Gerhard
Dr. phil., Univ.-Prof. f. Erziehungswiss. Univ. Düsseldorf - Rheinstr. 11, 4052 Jüchen 7 - Geb. 13. Febr. 1938 Gelsenkirchen (Vater: Ferdinand M.; Mutter: Maria, geb. Wilmshöfer), kath., verh. s. 1964 m. Ulrike, geb. Exler, 3 S. (Ludger, Christian, Matthias) - 1. Lehrerex. 1963 Dortmund, 2. Lehrerex. 1966 Gelsenkirchen, Promot. 1971 Bochum - 1963-68 Volksschullehrer; 1968-71 Förderungsassist.; 1971-76 wiss. Assist.; 1976-80 o. Prof. PH Neuss" s. 1980 Prof. Düsseldorf - BV: Schulb. u. Curriculum, 1973; D. Welt als Schule, 1978.

MICHEL, Hanns-Günther
Hauptgeschäftsführer Diakon. Werk d. Ev. Landeskirche in Baden - Vorholzstr. 3, 7500 Karlsruhe 1.

MICHEL, Hans
Prof. - Blumenau 82, 2000 Hamburg 76 - Geb. 14. Aug. 1920 Weimar (Vater: Robert M., Architekt; Mutter: Ella, geb. Bergmann) - Ausbild. Offenbach - Maler; Gebrauchsgraph.

MICHEL, Hans
Bürgermeister Stadt Hemsbach/Bergstr. - Pumpwerkstr. 20, 6944 Hemsbach - Geb. 7. Nov. 1922 Hemsbach (Vater: Johann M., Spengler u. Installat.; Mutter: Katharina, geb. Döringer), kath., verh. s. 1947 m. Thea, geb. Wegmann, S. Hans-Joachim - 1937-41 Lehre (Spengler u. Install.) - 1941-46 Kriegsdst., Gefangensch. (schwer kriegsdst.); 1949 mitl. kommunal. Verw.dst., 1946-57 Verw.Angest., s. 1955 gehob. Verw.dst., 1957-61 Ratsschreiber, 1955-67 Richter sozialger. Mannheim, 1953-71 Kreisrat, s. 1961 Bürgerm. Hemsbach - 1978 Gold. Sportabz.; 1981 BVK a. Bd.; 1981 Ehrenmed. Gemeindetag Bad.-Württ. - Liebh.: Sport, Garten, Wandern.

MICHEL, Hartmut
Dr., Direktor, Vorstandsvors. Rolu-Normenbau AG. - 7407 Rottenburg/Neckar - Geb. 6. Jan. 1924 Mülheim/Ruhr.

MICHEL, Hartmut
Dr., Prof., Direktor am Max-Planck-Inst. f. Biophysik, Frankfurt/M. - Zu erreichen üb. Max-Planck-Inst. f. Biophysik, Heinrich-Hoffmann-Str. 7, 6000 Frankfurt/M. 71 - Geb. 18. Juli 1948 Ludwigsburg/Württ., ev., verh. s 1979 m. Ilona, geb. Leger, 2 Kd. (Andrea, Robert Joachim) - 1969-75 Stud. Biochemie Univ. Tübingen u. München; Dipl. 1975 Tübingen; Promot. 1977 (b. D. Oesterhelt) Würzburg; Habil. 1986 München - 1977-79 Wiss. Assist. Univ. Würzburg; 1979-87 Gruppenleit. Max-Planck-Inst. f. Biochemie - Arbeitsgeb.: Kristallisation u. Strukturaufklärung v. Membranproteinen u. photosynthetischen Reaktionszentren - 1988 Nobelpreis f. Chemie.

MICHEL, Heinz
Dr. jur., Rechtsanwalt, stv. Hauptgeschäftsf. i.R. IHK Rhein-Neckar - Königstuhlstr. 3, 6800 Mannheim-Lindenhof (T. 81 21 73) - Geb. 29. Aug. 1910 Berlin (Vater: Emil M., Generaldir. Dt. Telefon-Werke; Mutter: Martha, geb. de Roche), ev., verh. s. 1941 m. Gerda, geb. Schülke, 2 Töcht. (Verena, Dipl.-Bibliothekarin; Ursula) - Schulen Berlin, Zürich, Zuoz; Univ. Berlin u. Erlangen (Rechtswiss.) - 1939-41 Fachgruppe Schrott, Berlin, Wehrdst. u. Kriegsgefangensch. (Spätheimkehrer), 1951-53 Schmuckwarenindustrieverb., Pforzheim, seither IHK Mannheim bzw. Rhein-Neckar.

MICHEL, Heinz
Verlagsdirektor (Münstersche Zeitung) - Falgerstr. 16, 4400 Münster/W. (T. 4 01 77) - Geb. 14. März 1913 Münster/W.

MICHEL, Joseph
Dr. jur., Dipl.-Volksw., Präsident Verb. Sparda-Banken i.R. - Hamburger Allee 2-10, 6000 Frankfurt a. M. 90; priv.: Kantstr. 10, 6500 Mainz 1 - Geb. 1. Okt. 1926.

MICHEL, Konrad
Vorstandsmitglied Phoenix-Gummiwerke AG., Hamburg (s. 1967) - Schanzengrund 22, 2000 Hamburg 92 (T. 796 21 95) - Geb. 17. Juni 1912 Berlin (Vater: Emil-Ludwig M., Fabr.; Mutter: Luise, geb. Schicht), verh. m. Katja, geb. Pauly - Ab 1939 Berliner Handels-Ges., ab 1936 Siemens, s. 1952 Phoenix.

MICHEL, Lothar
Dr. phil., Dipl.-Psych., Prof. f. Psychologie - Langgasseweg 19, 6940 Weinheim/Bergstr. (T. 1 48 62) - Geb. 6. Okt. 1929 Hamburg, verh. s. 1959 m. Waltraut, geb. Neuendorff, 3 Kd. (Matthias, Bettina, Christian) - S. 1963 (Habil.) Lehrtätig. Univ. Freiburg/Br. u. WH bzw. Univ. Mannheim (1966 Ord.) - BV: Hochschuleingangstest f. d. Studienfeld Med., Bonn 1977; Gerichtl. Schriftvergleichung, Berlin 1982; Mithrsg.: Psychol. Diagnostik (4 Bde.), Göttingen 1982. Hrsg. Mannheimer Hefte f. Schriftvergleichung, 1975ff. Üb. 80 Einzelaufsätze.

MICHEL, Markus
Schriftsteller - Chutzenstr. 27, CH-3007 Bern (T. 031 - 46 00 77) - Geb. 18. Sept. 1950 Bern, verh., S. Sebastian - BV: Tanz d. Krähen, 1982; Hilde Brienz, 1984; Frost, 1991; D. Ohr am Abflussrohr, Theaterst. 1991; Reise nach Amerika, R. 1991 - 1981 Prix Suisse Schweizer Radio Preis - Spr.: Franz., Engl.,Ital.

MICHEL, Otto
D., o. Prof. f. Neues Testament u. Wissenschaft d. nachbibl. Judentums (emerit.) - Hauffstr. 12, 7400 Tübingen (T. 07071 - 2 10 39) - Geb. 28. Aug. 1903 Elberfeld, ev., verh. m. Ilse, geb. Schubring, 4 Kd. - Gymn. Elberfeld; Univ. Tübingen u. Halle; Pred.sem. Wittenberg (Lutherstadt) - 1929 Privatdoz. Univ. Halle/S., 1940 Univ. Tübingen, 1946 o. Prof., 1957 Dir. Institutum Judaicum - BV: Paulus u. s. Bibel, 1929, 2. A. 1972; Prophet u. Märtyrer, 1932;

Kommentar z. Hebräerbrief, 8. A. 1984; D. Zeugnis d. Neuen Testam. v. d. Gemeinde, 1941, 2. A. 1983; Medizin u. Theologie im Gespräch, 1947; Komm. z. Römerbrief, 5. A. 1978. Herausg.: Josephus, Jüd. Krieg (Übers. m. Komm.) 4 Bde. 1960/68; Aufsehen a. Jesus, 3. A. 1981; Gestaltwandel d. Bösen, 1975; Dienst am Wort (Ges. Aufs., hg. v. Klaus Haacker), 1986; Anpassung od. Widerstand?, Autobiogr. 1991 - Mitgl. New Testament Soc. u. Jewish World Congress (Jerusalem); stv. Vors. Arbeitsgem. f. Aramäisches Schrifttum - Lit.: Abraham unser Vater - Juden u. Christen im Gespräch üb. d. Bibel (Festschr. z. 60. Geburtstag); Josephus Studien (Festschr. z. 70. Geburtstag), Festschr. Theol. Beitr. Heft 4-5, 1983 (80. Geb.); Bibelarbeiten D. Wort v. Kreuz (hg. E. Lubahn/O. Rodenberg. 1987); Theol. Stud.: Heilsgeschichtl. Theol. u. Verkündigung (hg. e. Lubahn, 1988); Theol. Studienbeitr. (Lebendige Hoffnung, 1989); V. Gott erkannt (1990).

MICHEL, Peter
Geschäftsführer Dt. Schützenbund, Bundesleistungszentr. Schießen - Schießsportschule, Lahnstr. 120, 6200 Wiesbaden-Klarenthal (T. 0611 - 4 68 07-0).

MICHEL, Reiner M.
Dr. rer. pol., Dipl.-Kfm., Prof., gf. Gesellsch. 5M-Unternehmensberatung GmbH; Ref. Managementsem. Neue Betriebswirtsch. - Gottfried-Keller-Str. 42, 8012 Ottobrunn (T. 601 13 02) u. Anton-Gabele-Str. 13, 7790 Meßkirch (T. 07575 - 28 18) - Geb. 3. Juni 1939 Mülheim/Ruhr (Vater: Wilhelm M., Maschinensetzer; Mutter: Christel, geb. Gulau), ev., 3 Kd. (Frank, Eva, Tom) - Univ. Köln; Dipl.-Kfm. 1962; Promot. 1968 - 1963-68 Thyssen-Gas AG u. 1968-71 Marketing-Chef NGW, bde. Duisburg-Hamborn; 1971-83 Diamalt AG, München (ab 1973 Vorst.-Mitgl.); Beirat Langguth Erben KG, Traben-Trarbach; Conseil d'Administration Soc. Française des Colloides S.A., Paris (b. 1983); Dir. Diener Steinhaus, München; ab 1984 selbst. Unternehmensberater; Prof. f. Unternehmensplanung u. -führung, ab 1989 Wirtsch.ingenieurwesen - BV: Ökonomische u. außerökonom. Determinanten d. Arbeitsangebotes; Finance-Management; Optimale Investitionspolitik; Finance-Controlling; Know How d. Unternehmensplan.; Taschenb. Projektcontrolling; Taktische u. strategische Finanzplanung m. d. PC; Finanzplanung u. -controlling; Taschenb. Investitionscontrolling. Rd. 20 wiss. Einzelveröff. - Liebh.: Tennis, Ski, Surfen, Gerätetauchen, Motorradfahren.

MICHEL, Rudolf (Rudi)
Sportjournalist - Herchenbachstr. 22, 7570 Baden-Baden (T. 2 34 42) - Geb. 2. Aug. 1921 Kaiserslautern (Vater: Julius M., Kaufm.; Mutter: Elisabeth, geb. Hoffmann), kath. - 2 Sem. Jurastud. - Wehrmacht (Offz.); 1945-48 Bankwesen; s. 1948 Südwestfunk (Leit. Hauptabt. Sport). Viele Fernsehübertrag., bes. Fußball - 1982 Gold. Mikrophon HÖRZU (WM-Berichte).

MICHEL, Wilhelm
Direktor i.R. Mauser-Werke, Bammental, Gesellsch. Lockweiler Plastic Werke, Lockweiler/Saar, Ehrenvors. Qualitätsverb. Kunststofferzeugn., Bonn, AR-Vors. Arbeitgeberverb. Südwestd. Kunststoffind., Mannheim; Kurat.-Vors. Gesamtverb. kunststoffverarb. Ind. - Im

Enkler 5, 6906 Leimen - Geb. 14. Mai 1915 - 1983 BVK.

MICHELMANN, Gottfried
Rechtsanwalt u. Notar - Lerchesbergring 98, 6000 Frankfurt/M. 70 (T. 68 18 68) - Geb. 12. Sept. 1914 Berlin (Vater: Dr. med. Reinhold M., Frauenarzt; Mutter: Käthe, geb. Bolte), ev. - Franz. Gymn. Berlin; Lehre Reichskredit-Ges. AG; Univ. ebd. (Rechtswiss.) - 1940 Ref. Reichsgruppe Banken, 1941 Anwaltsass., Wehrdst. (zul. Ltn. d. R.), 1946 Rechtsanw.; 1949 stv. Int. Hess. Rundfunk; 1954 Geschäftsf. Werbung im Rundfunk GmbH; 1956 Notar; 1957-80 Dir. Dt. Bank, Fil. Frankfurt; Vorst.-Vors. Frankfurter Museumsges.; Vizepräs. Rechtsanwaltskammer Frankfurt/M. - 1982 Gr. BVK - Spr.: Franz., Engl. - Rotarier.

MICHELS, Gerhard
Dipl.-Kfm., I. Bürgermeister - Rathaus, 8056 Neufahrn/Obb.; priv.: Galgenbachweg 18h - Geb. 21. Jan. 1944 Tilsit/Ostpr. - CSU.

MICHELS, Joachim
Kaufmann, Präs. Bundesverb. d. dt. Güternahverkehrs, Frankfurt/M., u. a. - Am Sonneneck 3, 4791 Borchen - Geb. 24. Mai 1926 - Vors. Tarifkommiss. Güternahverk. (TKN); AR-Vors. Kravag Sachversich. d. dt. Kraftverk. VAG, Hamburg, u. Kravag Lebensversich. AG; Vorst.-Vors. Straßenverkehrsgenoss. Westf.-Lippe (SVG), MÜnster, u. Berufsgenoss. f. Fahrzeughaltungen (BG), Hamburg; stv. Vorst.-Vors. Bundeszentral-Genoss. Straßenverk. (BZG), Ffm; VR Bundesanst. Güterfernverk. (BAG), Köln, Handelsges. f. Kfz-Bedarf (HGK), Düsseldorf, u. Gerling-Konzern, Köln.

MICHELS, Martina

Dipl.-Phil., Mitglied d. Abgeordnetenhauses v. Berlin, stv. Fraktionsvors. (s. 1991) - Platz der Vereinten Nationen 3, O-1017 Berlin (T. 030 - 437 57 73) - Geb. 1. Dez. 1955 Berlin, gesch., 2

Töcht. (Silke, Claudia) - Abit.; Stud. Humboldt-Univ., Dipl. 1980 - 1990 Mitgl. d. ersten freigewählten Stadtverordnetenvers. v. Berlin (ehem. DDR) - Liebh.: Lit. - Spr.: Russ., Engl., Franz.

MICHELS, Meinolf
Landwirt, MdB (Wahlkr. 106/Höxter-Lippe II) - Großeneder Nr. 6, 3531 Borgentreich (T. 05644 - 253) - CDU.

MICHELS, Rudolf
Dipl.-Ing., Techn. Vorstand Kraftwerke Mainz-Wiesbaden AG, Geschäftsf. Heizkraftwerk GmbH, Mainz (s. 1977) - Pfälzer-Wald-Str. 8, 6500 Mainz-Hechtsheim (T. 06131 - 83 52 88) - Geb. 3. Mai 1932 Bad Charlottenbrunn/Schles., kath., verh. s. 1958 m. Ursula, geb. Neubert, 3 Kd. (Markus, Mareile, Frank) - Abit. 1952; Dipl.-Ing. f. Elektrotechnik 1958 RWTH Aachen - 1958-59 Siemens; 1959-61 Klöckner-Moeller GmbH, Bonn; 1961-69 Stadtwerke Bonn (Obering. Stromverteil.); 1969-77 Stadtwerke Mainz AG (Techn. Vorst.) - Spr.: Engl.

MICHELS, Tilde
Jugendbuchautorin - Weizenfeldstr. 3, 8000 München 40 (T. 089 - 361 25 36) - Geb. 3. Febr. 1920 Frankfurt/M., verh., S. Stephan - Abit.; Fremdsprachenstud.; Übers.-Ex. 1940 Hamburg - Fremdsprachen-Sekr. Frankf./M. u. Paris - BV: Kleiner König Kalle Wirsch, 1969 u. 91; Gustav Bär, 1980 u. 91; Es klopft b. Waja in d. Nacht, 1985 u. 90; Halim v. d. fernen Insel, 1986; Freundschaft f. immer u. ewig, 1989; Lena vom Wolfsgraben 1991 - 1987 Gustav Heinemann Friedenspreis; 1990 Österr. Staatspreis, Ehrenliste; Dt. Jugendbuchpr., Auswahlliste - Spr.: Engl., Franz.

MICHELS, Willi
Arbeitsdirektor, Vorstandsmitgl. Thyssen Edelstahlwerke AG. (s. 1972) - Auestr. 4, 5810 Witten/Ruhr (T. 58 31); priv.: Am Wittenstein 4, 4324 Hattingen-Welper - Geb. 27. Sept. 1919 - 1960-72 Vorstandsmitgl. IG Metall.

MICHELSEN, Hans Günter
Schriftsteller (Dramatiker) - Zul. zu erreichen üb.: Suhrkamp-Verlag, Postfach 2446, 6000 Frankfurt/M. - Geb. 1920 Hamburg (Vater: Offz.) - 1939-49 Wehrdst. u. sowj. Gefangensch.; n. Rückkehr versch. Berufe (u. a. Schausp., Theaterdramat. u. -pressechef). Bühnenst.: Stienz, Feierabend 1 u. 2, Lappschiess, Drei Akte, Helm, Frau L, Plan-Spiel - 1963 Förderungspreis Fr. Volksbühne Berlin (f.: Stienz), 1965 Gerhart-Hauptmann-Preis FVB (Helm), Bremer Literaturpreis (Helm), 1967 Berliner Literaturpreis (Helm).

MICHELSEN, Peter
Dr. phil., M. A., o. Prof. f. Neuere dt. Literaturgeschichte - Erlbrunnenweg 11, 6916 Wilhelmsfeld Kr. Heidelberg - Geb. 17. Jan. 1923 Mölln (Vater: Hans-Ludwig M., Kaufm.; Mutter: Karoline, geb. Harting), ev., verh. s 1953 (Ehefr.: geb. Walter), 2 Kd. (Christian, Martina) - Obersch. Lübeck (Z. Dom). Univ. Göttingen. Promot. (1951) u. Habil. (1960) Göttingen - 1952 Lektor Univ. Aberystwyth (Wales), 1954 Stip. Dt. Forschungsgem., 1956 Redakt. Dt. Univ.ztg.; 1957 Prof. f. Deutsch Univ. Halifax (Kanada), 1960 Privatdoz. Univ. Göttingen, 1963 Ord. u. Seminardir. TH Braunschweig, 1967 Ord. Univ. Heidelberg - BV: Friedrich Hebbels Tageb., 1951 u. 66; Lawrence Sternes u. d. dt. Roman d. 18. Jh., 1962, 2. A. 1972; Zeit u. Bindung, 1976; Der Bruch m. d. Vaterwelt, 1979; D. unruhige Bürger, 1990 - Spr.: Engl., Franz.

MICHELSEN, Robert
Dipl.-Ing., Vorstandsvorsitzender i. R. Hoffmanns Stärkefabriken AG, Bad Salzuflen, AR-Vors. i. R. INEFA Kunststoffe AG, Itzehoe - Langenbergstr. 47, 4902 Bad Salzuflen 1 u. Brunnenstr. 6, 2210 Itzehoe - Geb. 11. Mai 1920 Kiel (Vater: Robert M.; Mut-

ter: Dorothea, geb. Engel), ev., verh. s. 1948 m. Käthe, geb. Gründel, 2 Kd. (Gabriele, Ingo) - Oberrealsch.; Stud. Maschinenbau (Feinwerktechnik) - U. a. Techn. Leit. u. Werksleit. Spez. Arbeitsgeb.: Unterwasserschall (Ortung, Fischsuchanlagen, Netzsonden). Zahlr. Erf. (üb. 40 Schutzrechte). Ehem. Vorst. VIK, Essen; Beirat Dt. Bank AG; Mitgl. Vollvers. IHK Lippe z. Detmold; Handelsrichter LG Detmold - Liebh.: Fotogr., techn./wiss. Videofilme - Spr.: Engl.

MICHL, Anton
Ass. jur., Leiter d. Hauptabteilung Beschäftigungsbedingungen u. Sozialpolitik Siemens AG - Wittelsbacher Platz 2, 8000 München 2 - Geb. 3. März 1930 München - Vorst. Vereinig. d. Arbeitgeberverb. in Bayern e. V., Verein d. Bayer. Metallind. e. V.; AR Vacuumschmelze GmbH, Hanau.

MICHL, Berthold
Dr. med., Prof., Cardiologe, Geriatriker - Pariser Str. 13, 8000 München 80 (T. 48 97 04); priv.: Mondseestr. 27, 8000 München 82 - Geb. 22. Mai 1915 München - Zun. Hochsch. f. Musik, München, dann Stud. d. Med. Univ. ebd.; Approb. 1940; Promot. 1943 - 1945 ff. Ltd. Arzt Concordia-Hospital, Merano/Ital.; 1963 Tätigk. Univ. New Orleans/USA u. Mayo Clinic, Rochester/USA; 1977 Prof.; s. 1974 Mitgl. World Medical Assoc. New York/USA, Mitgl. Americ. Assoc. of University Professors Washington D.C. - 1943 Reiterabz. - Liebh.: Musik, Hi-Fi-Technik, Fliegen (1956 Privatpilotenschein m. Kunstflugberechtig. u. Flugfunksprechzeugn.) - Spr.: Engl., Franz.

MICHL, Ernst
Oberamtsrat, MdL Bayern (s. 1975) - Lagerstr. 73 i, 8031 Puchheim (T. 80 57 75) - Geb. 1935 - CSU.

MICHLER, Markwart
Dr. med., Facharzt f. Chirurgie u. Orthopädie, Badearzt, o. Prof. f. Gesch. d. Med. Univ. Gießen (1965-73, Krankheitshalber) Oberfeldarzt d. R. d. BW a.D. - Ernst-Putz-Str. 36, 8788 Bad Brückenau - Geb. 30. April 1923 Breslau (Vater: Dr. phil. Waldemar M., StudR; Mutter: Leonie, geb. Olleck), ev., verh. m. Dr. med. Inge, geb. Stemmler (Fachärztin f. Orthopädie), 2 Söhne (Waldemar, Karl-Friedrich †) - Gymn. Breslau; Univ. ebd., Berlin, Bonn. Habil. 1965 Hamburg - BV: D. Klumpfußlehre d. Hippokratiker, 1963; D. hellenist. Chirurgie, T. I 1968; D. Spezialisierungsproblem u. d. antike Chirurgie, 1969; Einführung in d. med. Fachsprache (m. J. Benedum u. I. Michler), 2. A. 1981; D. Siegel d. Med. Fak. Gießen (m. J. Benedum), 1982. Sammarb.: Medical Ethics in Hippocratic Bone Surgery, 1977; D. Geburt d. Ästhetik im alten Griechenland u. ihre Beziehung z. bild. Kunst, Gymnastik u. Med., 1985; Hermann Krukenberg u. s. Unterarmplastik, 1985-87; Z. Hallux valgus in d. Antike,

1986; D. Festungslazarett II (Hochbunker am Striegauer Platz), 1990; u.a. Ca. 50 Art. in Enzyklop. etc. Zahlr. Einzelarb. Auswahlübers.: G.B. Morgagni, Üb. Sitz u. Ursachen d. Krankheiten (1965) - Mitgl. Intern. Acad. of History of Med., The New York Acad. of Sciences, Soc. Intern. d'Histoire de la Méd., History of Science Soc., Intern. Ges. f. Gesch. d. Veterinärmed., Intern. Ges. f. Orthop. u. Traumatol. - Bek. Vorf.: J. G. Sternagel, schles. Landeshistoriker um 1800; A. v. Menzel, Maler; Karl Wilhelm M., schles. Mundartdichter (Großonkel).

MICK, E. W.

Dr. phil., Direktor Dt. Tapeten-Museum - Brüder-Grimm-Pl. 5, 3500 Kassel - Geb. 10. Juni 1926, röm. kath., verh. s. 1981 m. Barbara, geb. Simon - 1977-79 Präs. d. Ges. d. Bibliophilen - BV: Hauptwerke d. Dt. Tapetenmuseums (2 Bde. Tokyo, 1981, in jap., engl. u. dtsch.); 2 Bibliphile Taschenbücher (Dortmund 1980/2), Altes Buntpapier, Goethes umränderte Blättchen - Jahresgabe d. Hess. Brandvers.-Anst. f. 1983; Johann Ev. Holzer (München 1984); Austerlitz 1805 (Kassel 1990).

MICKEL, Wolfgang W.

Dr. phil. habil., o. Prof. f. Wiss. Politik Päd. Hochschule Karlsruhe - Heuchelheimer Str. 122, 6380 Bad Homburg v.d.H. (T. 06172 - 3 25 31) - Geb. 6. April 1929 Offenbach/M., kath., verh. s. 1952 m. Dipl.-Päd. Marianne, geb. Ströhler, 2 Kd. (Wolfgang, Astrid) - 1948-52 Univ. Frankfurt (Politik, Gesch., German., Angl., Amerikan., Phil., Theol.); Ex. f. höh. Lehramt 1952; Promot. 1957 Frankfurt; Habil. 1972 Köln - 1953-55 Stud.-Ref.; 1955-72 höh. Schuldst. Land Hessen; Studiendir. - BV: Politische Bildung an Gymn., 1967; Methodik d. polit. Unterr., 4. A. 1980; Lehrpläne u. polit. Bildung, 1971; Lernfeld Europa, 1991. Herausg.: Europ. Bildungspolitik (1978); Handlexikon z. Politikwiss. (1986); Arbeitsbuch: Politik (1986); Gesch., Politik u. Ges. (1987); Handbuch z. polit. Bildung (1988) - 1978 Mérite européen in Silber; 1989 Stadtältester; 1991 BVK I Kl.

MICKSCH, Jürgen

Dr. phil., Studienleiter Ev. Akad. Tutzing - Schloßstr. 2, 8132 Tutzing - Geb. 20. Jan. 1941 Breslau, ev., verh. m. Hildegard, geb. Stöver - Theologe 1965 (Univ. München, Heidelberg, Berlin); Soziologe 1971 (Univ. Münster, Erlangen); Promot. 1971 Erlangen-Nürnberg - 1965 Vikar Regensburg; 1966 Stud.-Insp. Erlangen; 1971-73 wiss. Mitarb. u. 1974-84 Oberkirchenrat b. Kirchenamt d. EKD Frankfurt. Ab 1974 Vors. Oekumen. Vorbereitungsaussch. f. d. Woche d. ausl. Mitbürger, Frankfurt; ab 1980 Vors. Oekumen. Kommiss. f. d. Unterstützung orth. Priester (Körpersch. öfftl. Rechts), München; ab 1986 Vors. d. bundesweiten Arbeitsggem. f. Flüchtlinge, PRO ASYL, Frankfurt/M., u.a. - BV: u.a. Jugend u. Freizeit in d. DDR, 1972; Gastarbeiter werden Bürger, 1978; Christen u. Muslime im Dialog, 1982 (Übers. in engl., franz. u. schwed.); Mit Einwanderern leben. Positionen ev. Ausländerarbeit, 1984; Ev. Ausländergemeinden, 1986; Kulturelle Vielfalt statt nat. Einfalt. E. Strategie gegen Nationalismus u. Rassismus, 1989; Interkulturelle Politik statt Abgrenzung gegen Fremde, 1992. Herausg.: u.a. Positiv od. negativ? AIDS als Schicksal u. Chance (1988); Deutschland - Einheit in kultureller Vielfalt (1991) - Liebh.: Segeln - Spr.: Engl.

MIDDEL, Rudolf

Dipl.-Ing. d. Farbenchemie, Kaufmann, Geschäftsf. Middel + Bülling GmbH, Hagen, Middel + Brensing GmbH, Gummersbach - Zu erreichen üb. Geibelstr. 46, 4000 Düsseldorf-Grafenberg - Vors. Bundesverb. Großhandel Heim u. Farbe, Bodenbelag, Farben, Heimtextil, Tapeten; AR-Vors. Produkt- u. Marketing Zentrale e.G., Hagen.

MIDDELSCHULTE, Achim

Dipl.-Ing., Dipl.-Kfm., Bergassessor, Vorstandsmitgl. Ruhrgas AG, Vors. d. Arbeitgeberverb. v. Gas-, Wasser- u. Elektrizitätsuntern., Hannover, u. d. Dt. Kinderschutzbundes, Ortsverb. Essen - Huttropstr. 60, 4300 Essen 1 (T. 0201 - 18 41) - Geb. 31. Mai 1945 Unna/Westf. - TH Aachen (Bergbau), Univ. München (Betriebswirtsch.) - AR-Mitgl. Gas Union GmbH, Frankfurt, Südd. Erdgas Transport Ges. mbH, Haan, u. Elster AG, Mainz; Beiratsmitgl. Pipeline Engineering GmbH, Essen; stv. VO-Vors. d. Ges. v. Freunden u. Förderern d. Univ. Essen-GH e.V., Essen; AR Kromschröder AG, Osnabrück; VR-Mitgl. Stiftung Weserbergland-Klinik, Höxter, u. (Council) British Chamber of Commerce in Germany; Beirat diga - d. gasheizung gmbh, Essen; stv. Vorst.-Mitgl. d. Bundesvereinigung d. Dt. Arbeitgeberverb., Köln; Vorst. Haus d. Technik e.V., Essen. Herausg. d. Ztschr. "gwf" - D. Gas u. Wasserfach.

MIDDENDORF, Helmut

Dr. rer. pol., Wirtschaftsprüfer, Vorstandsmitglied BDO Dt. Warentreuhand AG - Ferdinandstr. 59, 2000 Hamburg 1 - Geb. 16. Nov. 1928 Bersenbrück, verh. m. Renate, geb. Boettner, 3 Kd. (Thomas, Niklas, Barbara) - Spr.: Engl., Franz. - Rotarier.

MIDDENDORF, Ingeborg

Schriftstellerin - Fuggerstr. 30, 1000 Berlin 30 (T. 030 - 213 31 59) - Geb. 19. Nov. Oldenburg in O., led., S. Julian Paul - Stud. Philol. u. Päd.; Lehrerausb. - BV: Gedichtbd., 1978; Etwas zw. ihm u. mir, Kurzgesch.bd. 1985. Rezensionen sow. Übers. v. Kurzgesch. in Engl., Finn., Niederl. Hörsp.: D. Besuch (1984) - 1978 Förderpreis Nordrh.-Westf.; 1982 u. 87 Schriftstellerstip. Senat f. Kultur Berlin; 1988 Arbeitsstip. Senat f. Kultur Berlin - Spr.: Engl., Franz., Ital.

MIDDENDORFF, Jürgen

Dipl.-Brau-Ing., Königl. Norw. Konsul, pers. haft. Gesellschafter Brauerei Herrenhausen KG - Herrenhäuser Straße 83/97, 3000 Hannover 21 (T. 0511 - 79 07-0) - Geb. 5. Febr. 1930 - Vorst.-Mitgl. Arbeitgeberverb. Ernährungsind. Nieders.-Bremen; Beiratsmitgl. Ind.-Club Hannover u. Dt. Bank Hannover - Ritterkreuz I. Kl. d. Kgl. St. Olav Ordens; Vizedoyen d. Konsular-Korps Nieders.; Ehrenbürger d. Tierärztl. Hochsch. Hannover - Spr.: Engl. - Rotarier.

MIDDENDORFF, Wolf

Dr. jur., Prof., Richter am AG a.D. - Lerchenstr. 15, 7800 Freiburg/Br. (T. 2 61 01) - Geb. 6. Juni 1916 Bielefeld (Vater: Theodor M., Juwelier; Mutter: Pauline, geb. Fuchs), ev., verh. s. 1945 m. Dorothee, geb. Aring - Gymn. Bielefeld u. Freiburg; Univ. Freiburg (Rechtswiss.) - S. 1950 Justizdst. (1954 AGrat (Verkehrsrichter) Freiburg). 1964 Berat. Nationalchines. Reg. Formosa (i. A. d. UNO); 1965 Gutachter Europarat; 1966 Research Prof. of Law New York Univ. Mitgl. in- u. ausl. kriminolog. Org.; Prof. Univ. u. Doz. Landespol.sch. Freiburg; Ref. Max-Planck-Inst. f. ausl. u. intern. Strafrecht, Freiburg - BV: Jugendkriminologie, 1956 (span. 1964); Soziologie d. Verbrechens, 1959 (span. 1961); New Forms of Juvenile Delinquency - Their Origin, Prevention and Treatment, 1960; 600 Alkoholtäter - E. Beitrag z. Kriminologie d. Verkehrsdelikte, 1961; Todesstrafe - ja oder nein?, 1963; D. Strafrichter, 1963; Kriminolog. Reisebilder, 1967 (span. 1971 u. 1980); D. kriminolog. Prognose in Theorie u. Praxis, 1967 (span. 1970 u. 1983); D. polit. Mord, 1968; The Effectiveness of Punishment, 1968; D. Gewaltkriminalität in USA, 1970; Beitr. z. histor. Kriminologie, 1972; Beitr. z. Verkehrskriminol., 1972 (span. 1976); Menschenraub, Flugzeugentf., Geiselnahme, Kidnapping, 1972 (span. 1976); D. Prozeß geg. Maria Stuart, 1972; Verkehrsdelikte in d. Schweiz, 1974; D. Gewaltkriminalität uns. Zeit, 1976 (span. 1978); D. Fall Chillingworth u. D. Briefe d. Edith Thompson, Kriminalfeatures (m. Dorothee Middendorff); Kriminologie in Fällen, 1980; Freiburger Kleiner Pitaval, 1984; Kriminologie d. Tötungsdelikte, 1984; D. Straftäter u. sein Schicksal, 1984; Badischer Pitaval, 1985; Staatsstreiche in Historischer u. Kriminologischer Sicht, 1988; V. Abraham Lincoln bis Melvin Belli, Amerik. Strafverteidiger u. ihre Prozesse, 1989; Palastrevolutionen, 1990; D. Attentat auf König Zogu I. v. Albanien, 1991; D. Mensch als Restrisiko d. Technik, 1991 - Liebh.: Bibliophilie - Spr.: Engl. - Rotarier.

MIDUNSKY, Karl Heinz

Vorstandsmitglied d. Linotype-Hell AG - Zu erreichen üb. Linotype-Hell AG, Mergenthaler Allee 55-75, 6236 Eschborn - Geb. 1. Febr. 1944, verh. - Dipl.-Betriebswirt 1967 Pforzheim; MBA 1971 USA - Mitgl. im Prüfungsaussch. f. Wirtsch.prüfer (Hessen u. Rheinl.-Pfalz).

MIECK, Ilja

Dr. phil., Prof. f. Neuere Geschichte - Schwalbachstr. 45a, 1000 Berlin 49 (T. 030 - 746 23 57) - Geb. 11. Juli 1932 Berlin - Abit. 1950; Stud. FU Berlin (Gesch., Geogr., Angl.), 1. Staatsex. u. Promot. 1957, 2. Staatsex. 1959, Habil. 1971 - 1959-65 Höh. Schuldst., s. 1965 Hochschullehrer an d. FU Berlin; Rufe nach Heidelberg u. Bayreuth abgelehnt - BV: Preuß. Gewerbepol. in Berlin 1806-44, 1965; Europ. Gesch. d. Frühen Neuzeit, 4. verb. A. 1989; D. Entsteh. d. mod. Frankreich 1450-1610, 1982. Herausg.: Ämterhandel im Spätmittelalter u. im 16. Jh. (1984); Handb. d. europ. Wirtschafts- u. Sozialgesch., Bd. 4 (1992) - 1973 Mitgl. Histor. Kommiss. Berlin (1987 Sektionsleit. f. d. Gesch. d. dt.-franz. Beziehungen). Weit. Arbeitsgeb.: Historische Umweltforschung.

MIEDER, Wolfgang

Dr., Prof. f. Germanistik u. Volkskunde a. d. University of Vermont (s. 1977) - 158 Oak Hill Road, Williston, Vermont 05495, USA - Geb. 17. Febr. 1944, verh. s. 1969 m. Dr. Barbara M. (Germanistin) - Ph.D. (Dr. of Philosophy) Michigan State Univ. 1970, German. - Leit. d. German. u. Slaw. Univ. of Vermont, Burlington - Üb. 50 Bücher in dt. u. engl. Sprache üb. Sprichwörter, Märchen, Volkslieder u. dt. Lit. sowie intern. Volkskunde - 1990 Prof. d. Jahres f. Vermont - Liebh.: Intern. Sprichwörterforsch. Herausg. Proverbium: Yearbook of Intern. Proverb Scholarship (s. 1984) - Spr.: Engl., Franz.

MIEDERER, Siegfried-Ernst

Dr. med., apl. Prof. Univ. Bonn, Chefarzt Med. Klinik Ev. Johannes-Krankenhaus Bielefeld - Gehsenweg 33, 4800 Bielefeld (T. 0521 - 10 11 96) - Geb. 28. März 1942 Berlin, ev., verh. s. 1972 m. Ute, geb. Wernicke, S. Kai - Stud. Univ. Erlangen; Promot. 1968 Erlangen; Habil. 1975 Bonn - 1979 apl. Prof. Bonn. Entd.: Pylorokardiale Expansion d. Gastritis, erste endoskopische Choledochocelenspaltung - BV: Histotopographie d. Magenschleimhaut, 1978; Proglumide, Gastrin Receptor Antagonist, 1978 u. 1980. Fachherausg.: Gastroenterologie u. Hepatologie in Therapiehandb., 1.-3. A. (1989) u. Internist. Differentialdiagnostik, 1. + 2. A. (1990). Üb. 400 wiss. Publ. (Physiol., Morphol.) - 1958 Dt. Vizemeister Modellhangflug; 1964 Ewald Kroth-Med. - Liebh.: Gesch., Malerei, Lyrik, Motor- u. Flugsport - Spr.: Engl., Latein.

MIEHE, Ulf

Schriftsteller - Nr. 5, 8024 Kreuzpullach - Geb. 11. Mai 1940 Wusterhausen/Dosse - Lektor - BV: In ds. lauten Lande, Ged. 1968; D. Zeit in W u. anderswo, Erz. 1968; Ich hab noch einen Toten in Berlin, R. 1973; Puma, R. 1976; Lilli Berlin, R. 1981. Herausg.; Übers.

MIEHLKE, Adolf

Dr. med., Dr. h. c., o. Prof. f. Hals-Nasen-Ohrenheilkunde - Hainholzweg 62, 3400 Göttingen (T. 4 64 32) - Geb. 16. Sept. 1917 Oberweinberge - S. 1954 (Habil.) Lehrtätigk. Univ. Saarbrücken (1959 apl. Prof.); 1963 o. Prof. u. Klinikdir. HNO-Klinik Univ. Göttingen. Emerit. - BV: D. Chir. d. Nervus facialis, 1960, engl. A. 1973; Arbeitsb. HNO (zus. m. Mitarb.), 1980; Speicheldrüsenkrankheiten (zus. m. Seifert, Haubrich, Chilla), 1984. Zahlr. Einzelveröff. - 1963 Ehrenmitgl. Jap. Ges. f. HNO-ärzte, 1967 Collegium Oto-Rhino-Laryngologicum Amicitiae sacrum, 1970, Ehrenmitgl. d. Südafrikan. u. Ungar. Ges. f. HNOärzte; 1964 Mitgl. Dt. Akad. d. Naturforscher Leopoldina; 1966 korr. Mitgl. Amerik. Ges. f. Plast. Chir. u. Wiederherstellungschir., 1970 Österr. u. Schweizer. Ges. d. HNOärzte; 1977 Irische Ges. d. HNO-Ärzte; 1978 Ägypt. Ges. d. HNO-Ärzte; s. 1985 Senator Leopoldina; 1989 Honorary Fellow Royal College of Jurgeons of Edinburgh; 1990 Ehrendoktor d. Med. Fak. d. Univ. d. Saarl.; Ehrenmitgl. d. Dt. Ges. f. HNO-Heilkd., Kopf- u. Halschirurgie - Spr.: Engl., Franz.

MIEHLKE, Klaus

Dr. med., Prof. f. Innere Medizin Univ. Mainz, Chefarzt Rheumaklinik II - Leibnizstr. 23, 6200 Wiesbaden (T. 06121 - 57 51 11) - Generalsekr. Dt. Ges. f. innere Med.; Wiss. Beirat Dt. Ges. f. Rheumatol.; Generalsekr. IX. Europ. Rheumakongr. Wiesbaden - Rd. 150 wiss. Publ., Filme, ausl. Vorträge - BVK I. Kl.; Ehrenmitgl.: American Rheumatism Assoc., Österr. Ges. f. Rheumatol., Österr. Ges. f. Erkrankungen d. Bewegungsapparates; Mitgl.: New York Academy of Science, Wiss. Beirat Bundesärztekammer u. Arzneimittel-Zulassungskommiss. d. Bundesreg. b. Bundesgesundheitsamt Berlin.

MIELAU, Günter

Landesbezirksvorsitzender u. Geschäftsf. Arbeiterwohlfahrt Nordwürtt. - Wilhelm-Röntgen-Str. 38, 7302 Ostfildern 1 (Ruit)/Kr. Esslingen - Geb. 24. März 1925 Berlin, verh. s. 1969 m. Ursula, geb. Sternberg - Verwaltungsakad. - Bürgerm. a.D.; Bezirksvors. AWo; 1. Vors. Landesfamilienrat Baden-Württ.; Mitgl. Bundesaussch. d. AWo Bonn - 1979 Gold. Verdienstmed. Baden-Württ.; 1985 BVK I. Kl. - Liebh.: Reisen, Wandern, Theater, Philat.

MIELE, Rudolf

Mitgesellschafter u. Gf. Miele & Cie. GmbH. & Co., Gütersloh, Mielewerke GmbH, Gütersloh - Thesingallee 8, 4830 Gütersloh 1 - Geb. 4. Nov. 1929 Gütersloh.

MIELERT, Heinz

Generaldirektor a. D. - Wiesenau 18, 6242 Kronberg/Ts. (T. 06173-45 29) - Geb. 16. Aug. 1908 Schwerin/Warthe - Stud. Rechtswiss. - Bankwesen (Justitiar; Abt.sleit.); 1949-69 Sarotti (Verkaufsleit., 1956 Vorstandsmitgl., 1958 -vors.). Zahlr. Ehrenstell. in- u. ausl. Facheinricht. - 1969 Gr. BVK, 1979 Stern dazu.

MIELKE, Friedrich

Dr.-Ing., Dipl.-Ing., Dipl.-Gewerbel., Prof. TU Berlin - Hünenring 14, 8839 Konstein - Geb. 20. Sept. 1921 Neuneck (Vater: Friedrich M., Baumeister; Mutter: Marie, geb. Kiecksee), verh. s. 1945 m. Ilse Juliane, geb. Österwind, 5 Kd. (Friedrich, Cornelia, Rainer, Martin, Pia) - Stud. TH u. Univ. Berlin, TH Linz, Promot. Dresden 1957; 1945-46 Archit., 1946-51 Gewerbel., 1951-58 Konservat. Bau- u. Kunstdenkm., 1959-80 Prof. f. Denkmalpfl. TU Berlin; 1973 Gründ. u. 1. Vors. Arbeitskr. d. Doz. in d. BRD (b. 1976). 1974-77 Obm. Bau-Arbeitsaussch. Treppen im Fachnormenaussch. Bauwesen, 1980 pens.; s. 1979 Leit. Arbeitsst. f. Treppenforsch. Konstein - Begr. d. Scalalogie; 1985-88 Lehrer Kath. Univ. Eichstätt - BV: D. Holländische Viertel in Potsdam, 1960; Potsdam wie es war, 1963 (m. M. Baur); D. Gesch. d. dt. Treppen, 1966; D. Bürgerhaus in Potsdam, 2 Bde. 1972; D. Zukunft d. Vergangenheit, 1975; D.

Berliner Denkmal f. Friedrich II., 1976; Potsdamer Baukunst, 1981; Collectaneen in Scalalogia, 1985; Treppen in Eichstätt, 1989 - Mitgl. Koldewey-Ges.; Mitgl. Dt. Akad. f. Städtebau u. Landesplanung; korr. Mitgl. Comp. des Architectes en chef des Monuments Histor. en France; Gründ. d. Ges. f. Treppenforsch. (Scalalogie); 1943 Gold. Versehrten-Sportabz.; 1991 Ehrenbürger d. Stadt Potsdam - Spr.: Lat., Griech., Franz., Ital., Engl.

MIERAU, Hans-Dieter

Dr. med. dent., Prof. Leiter Sektion Parodontologie/Univ.s-Zahn-Mund-Kieferklinik Würzburg - Friedrich-Ebert-Ring 37, 8700 Würzburg (T. 7 49 27) - Geb. 11. Febr. 1930 Hildburghausen (Vater: Herbert M., Kaufm.; Mutter: Mally, geb. Florschütz), ev., verh. s. 1957 m. Dr. Hildegard, geb. Koehler, 4 Kd. (Gabriele, Christine, Peter, Johannes) - Stud. Zahnmed. Zahnärztl. Staatsex. 1955; Promot. 1958, Habil. 1979 - S. 1979 Doz. u. Prof. (1981) - Entwickl. e. oberflächenmorphol.-ätiol. ausgerichteten Konzepts f. d. Genese v. Karies, Zahnbetterkrank., Zahnstein u. Gingivarezessionen aufgrund eig. Ergebn. aus d. Grundl.forsch.; Entw. mikroelektron. Meth. z. quantitativen Bestimm. d. Plaqueflächen u. -dicken, d. Oberflächenrauhigkeit v. Hartsubstanzen in d. Mundhöhle u. d. Mikrozirkulation (Gewebspuls, Velozimetrie) am Menschen, Unters. an vor- u. frühgeschichtl. Zähnen - Etwa 70 Fachveröff. u. 220 Vortr. - 1983 Eugen-Fröhlich-Preis d. Dt. Ges. f. Parodontol. - Liebh.: Bild. Kunst, Klass. Musik.

MIES, Herbert

Dipl.-Betriebsw., ehem. Vorsitzender (b. 1990) Dt. Kommunist. Partei (DKP), Vorst.-Mitgl. d. Marx-Engels-Stiftg., Vors. Mannheimer Gesprächskreis Geschichte u. Politik e.V. - Hohensalzaerstr. 3, 6800 Mannheim 31 (T. 0621 - 77 35 03) - Geb. 23. Febr. 1929 Mannheim (Vater: Heinrich M., Eisenbahner; Mutter: Wilhelmine, geb. Koch), verh. m. Gerda M., 3 Kd. (Helga, Doris, Frank) - 1943/44 Lehrerausbildungsanst., 1954-59 Moskauer Staatl. Wirtschaftsinst.; Dipl.-Betriebsw. - BV: Wir Kommunisten u. d. Grundgesetz, 1977; Weg u. Ziel d. DKP, 1979; Z. Politik d. DKP, 1979; Wende nach rechts, 1983 - Lenin-Orden (UdSSR); 1987 Intern. Lenin-Friedenspreis; Karl-Marx-Orden (DDR); Orden d. Freundsch. (CSSR); Ehrennadel d. Gewerkschaft HBV - Liebh.: Fotogr., Schnitzen - Spr.: Russ.

MIESBACH, Hermann Albrecht

Dr. jur., Ministerialdirigent a.D. Bayerisches Staatsministerium f. Arbeit u. Sozialordnung - Richard-Pietzsch-Weg 3, 8000 München 71 (T. 089 - 79 80 39) - Geb. 19. Febr. 1931 (Vater: Dr. iur., Dr. med. e.h., Senatspräs. München †1970), kath., verh. s. 1960 m. Ingrid, geb. Eggendorfer, 3 Kd. (Michael Clemens, Christian Markus, Thomas Raphael) - 1941-49 Realgymn. Berchtesgaden; Abit.; Stud. Rechte u. Volksw. Univ. München; 1. jurist. Staatsprüf. 1953; Promot. 1957 München; Gr. jurist. Staatsprüf. 1958 München - 1959-62 Ref. Sozialpolit. Abt. Siemens AG Zentrale; 1962-69 (zeitw. Vors.) Siemens-Juniorenkr. S. 1963 Bayer. Staatsmin. f. Arbeit u. Sozialordnung, s. 1971 Leit. Krkhs.-Abt. 1967-70 Mitgl. Hauptaussch. d. Bayer. Landesjugendringes, 1968-72 Selbstverw. d. Landesarbeitsamtes Südbayern, 1968-73 Prüf.-Aussch. (Prüfer) f. d. Gr. jurist. Staatsprüf.; 1970-77 Unparteiischer Vors. d. tarifl. Schlichtungsst. d. bayer. Metallind. - BV: D. Abänderung od. Ersetzung d. angefochtenen Verwaltungsaktes während d. sozialgerichtl. Verfahrens, 1962. Herausg.: Jugendgesetze (1968). Fachaufs. u. -vortr. - 1987 Ehrenz. d. dt. Ärzteschaft (Bundesärztekammer); Mitgl. d. Max-Planck-Ges. z. Förd. d. Wiss. - Liebh.: Biogr., Schwimmen (schwerbehindert 80%, geh- u. stehbehindert), Klass. Musik - Spr.: Engl. (85. Wilton-Park-Konfz.-Teilnehmer 1966) - Bek. Vorf.: Senatspräs. OLG München (Großv.).

MIESKES, Johann (Hans)

Dr. phil., o. Prof. f. Erziehungswissenschaft - Zul. Stephanstr. 41, 6300 Gießen (T. 0641 - 4 15 64) - Geb. 17. Febr. 1915 Zeiden/Siebenbürgen (Vater: Johann M.), verh. m. Christiane, geb. Mentzel, 5 Kd. - Stud. Erziehungswiss., Theol., Psych., Med. u. Theol. Staatsex. 1941; Promot. 1941, Habil. 1946; Med. Staatsex. 1958 - Ab 1946 Prof. m. vollem Lehrauftr. Univ. Jena (Begr. Inst. f. wiss. Erziehungsberat. u. päd. Therapie); 1958-61 Dir. Studienbüro f. Jugendfragen Bonn; Ord. f. Erziehungswiss. Sem. u. Inst. f. päd. Forsch. Univ. Gießen. Emerit. 1981 - BV (1948-74): Erziehungswiss. u. päd. Forsch., Schulwirklichkeit, Schulwirklichk. u. Menschwerdung, Jugendliche in d. Situation d. Straffälligkeit, Peter Petersen - Wirken u. Werk, Jena-Plan u. Schulreform, Päd. d. Fortschritts, D. Päd. d. DDR in Theorie, Forsch. u. Praxis (2 Bde.), D. päd. Problem 1973, Spielmittel, recht verstanden, richtig gewählt u. gut genutzt; Kriesspielzeug u. martial. Geist, 1981; Dr. Heinz Brandsch, Biogr. 1983; D. Kindergartenidee im Siebenb., 1986; Prinzip Erzieh., 1987; Geschichte u. Dokumentation d. Lehrerseminars in Hermannstadt (1878-1948), 1992 - Wissenschaftl. Preis d. Spielzeugbranche; Gold. Verdienstnadel d. Siebenbürger Sachsen; Kulturpreis d. Landsmannschaft d. Siebenb. Sachsen; Ehrenvors. d. St. L. Rothges. f. Pädagogik.

MIETH, Dietmar

Dr. theol., o. Prof. f. theol. Ethik Univ. Tübingen (s. 1981), Leiter d. Zentrums Ethik in d. Wissenschaften (s. 1990) - Blumenstr. 3, 7401 Neustetten 1 (T. 07472 - 2 39 60) - Geb. 23. Dez. 1940, kath., verh. s. 1968 m. Irene, geb. Lehnert, 2 Kd. (Corinna, Dominik) - Stud. Theol., Phil., German.; Staatsex. 1967 Würzburg; Promot. 1968 Würzburg, Habil. (Theol. Ethik) 1974 Tübingen - 1974-81 Prof. f. Moraltheol. Univ. Freiburg/Schweiz; 1978 Dir. Sekt. Moraltheol. Concilium; s. 1990 Sekr. d. Europ. Ges. f. Kath. Theologie - BV: u. a. D. Einheit v. vita activa u. vita contemplativa, 1969; Dichtung, Glaube u. Moral, 1976; Epik u. Ethik, 1976; Moral u. Erfahrung, 1977; Gotteserfahrung u. Weltverantwortung, 1982; D. neuen Tugenden, 1984; Arbeit u. Menschenwürde, 1985; D. Spannungseinheit v. Theorie u. Praxis, 1986; Geburtenregelung, 1990; Schwangerschaftsabbruch (m. Irene Mieth), 1991 - Spr.: Engl., Franz. - Lit.: W. Nethöfel, Moraltheol. n. d. Konzil (1987).

MIETH, Walter Heribert

Dr.-Ing., Geschäftsführer Gebr. Eickhoff Maschinenfabrik u. Eisengießerei mbH, Bochum - Meininghausstr. 2, 4600 Dortmund 1 - Geb. 6. April 1932 Dortmund, ev., verh. s. 1961 m. Dipl.-Kfm. Annemarie, geb. Eberhardt, 2 Kd. (Jan, Susanne) - Stud. Allg. Maschinenbau TH Hannover u. Wirtsch.wiss. Univ. Köln; Promot. 1968 Aachen.

MIETHING, Christoph

Dr. phil., Prof. Roman. Seminar Univ. Münster - Rumphorstweg 27, 4400 Münster (T. 0251 - 2 25 77) - Geb. 4. Jan. 1944 Luckau (Vater: Gerhard M.; Mutter: Ursula, geb. Ziegler), ev., verh. s. 1969, 2 Kd. - Stud. Roman., German. u. Phil. Univ. Freiburg u. Konstanz; Promot. 1973, Habil. 1981 - S. 1982 Prof. in Münster - BV: Marivaux, 1975 u. 1979; Saint-Sartre, 1983.

MIETHKE, Jürgen

Dr., Präsident Sparkassen- u. Giroverband f. Schlesw.-Holst., Kiel - Catharinenberg 36, 2302 Molfsee/Holst. (T. 04347 - 20 40) - Spr.: Engl. - Rotarier.

MIETHKE, Jürgen

Dr. phil., o. Prof. f. Mittelalterliche u. Neuere Gesch., Univ. Heidelberg - Veltenhofer Str. 23, 6900 Heidelberg 1 (T. 06221 - 83 35 35) - Geb. 15. Juli 1938 Berlin (Vater: Eckhard M., Pfarrer; Mutter: Gerda, geb. Knobloch), ev., verh. s. 1967 m. Stud.R. Veronika, geb. v. Ditfurth, 3 Kd. (Wolf Eckhard, Agnes, Berthold) - Abit. 1957, Promot. 1967, Habil. FU Berlin 1967, Prof. FU Berlin - BV: Ockhams Weg z. Sozialphil., 1969; Acta Universitatis Heidelbergensis, Bd. 1-2 1986-90; Kaiser u. Papst im Konflikt, Z. Verhältnis v. Staat u. Kirche im späten Mittelalter (zus. m. Arnold Bühler), 1988.

MIETZ, Georg-Wilhelm

Polizeihauptwachtmeister a. D., MdL Nordrhein-Westf. (s. 1975) - In der Brachbach 17, 5931 Netphen-Deuz (T. 02737 - 33 61) - Geb. 28. Febr. 1932 - CDU.

MIETZEL, Gerd

Dr. rer. nat., Prof. Univ. Duisburg - Lotharstr. 65, 4100 Duisburg 1 (T. 379 25 42) - Geb. 19. Febr. 1936 Lübeck (Vater: Hermann M., Kaufm.; Mutter: Else, geb. Bremer), ev., verh. s 1966 m. Hannelore, geb. Weber, 3 Söhne (Jan, Kai-Thomas, Thorsten) - Stud. Erziehungswiss. u. Psychol.; 1. Lehrerprüf. 1960 Hamburg, Dipl.-Psych. (1962) u. Promot. (1965) Univ. Kiel - 1964-68 Päd. Assist. PH Braunschweig; 1968-70 Doz. PH Ruhr, Abt. Duisburg; s. 1970 o. Prof. PH Ruhr, jetzt Univ. Duisburg; 1984-87 Senior Lecturer Boston University; 1989 Visiting Prof. Univ. of Washington - BV: D. Einstell. v. Abiturienten z. Volksschullehrerberuf, 1968; Päd. Psych., 1973 u. 1975 (Span. 1976); Beanspruch. v. Schülern, 1977; Wege in d. Psych., 1979 (Holl. 1988); Interpret. v. Leist., 1982; Kombinierter Schultest, 1973; Psychologie in Unterricht u. Erziehung, 1986; Wege in d. Entwicklungspsychologie. Kindheit u. Jugend, 1989; Wege in d. Entwicklungspsychol. Erwachsenenalter u. Lebensende, 1992 - Spr.: Engl.

MIHM, Arend

Dr. phil., o. Prof. f. Germanistik Univ. Duisburg - Walramsweg 6, 4100 Duisburg 1 - Geb. 18. Dez. 1936 Weimar (Vater: Wilhelm M.; Mutter: Käthe, geb. Sievers), ev., verh. s 1963 m. Dipl.-Hdl. Margret, geb. Nierste, 3 Kd. (Asmus, Olaf, Dörte) - 1957-63 Univ. München, Köln u. Hamburg (Promot. 1964) - 1964-69 Univ. Hamburg; 1972/73 Indiana Univ./USA; 1989/90 Dokkyo Univ. Japan; s. 1970 Univ. Duisburg - BV: Aus d. Frühzeit d. weltl. Rede, 1965; Überlief. u. Verbreit. d. Märendicht., 1967; Linguist. Beschreib. d. Verfremdungseffektes, 1972; Sprachstatist. Kriterien z. Tauglichk. v. Leseb., 1973; Soz. sprachvarietäten am Niederrh., 1979; D. Chronik d. Johann Wassenberch, 1980; Z. Entst. neuer Sprachvarietäten, 1982; Linguist. Empirie u. kausale Interpretat., 1983; Dialekte in d. Industriezone, 1984; Sprache am Rhein u. Ruhr, 1985; Language and Social Innovation, 1988; D. Duisburger Stadtrecht 1518, 1990; Aspekte interkultureller Narrativik, 1991.

MIHR, Karl-Heinz

Betriebsratsvorsitzender, Mitgl. Europ. Parlament (III. Wahlp.) - Schweriner Weg 4, 3505 Gudenberg/Hessen - SPD.

MIKAT, Paul

Dr. jur., Dr. h.c. mult. Prof., Minister a. D., MdB (1969-87), Senator h. c., Präs. Görres-Ges. z. Pflege d. Wiss. (s. 1967), o. Mitgl. d. Rhein. Westf. Akad. d. Wissenschaften u. d. österr. Akad. d. Wiss. - Erich-Hoepner-Str. 21, 4000 Düsseldorf - Geb. 10. Dez. 1924 Scherfede/W. (Vater: Leo M., Krupp-Angest.; Mutter: Maria, geb. Tölle), kath., verh. s. 1954 m. Edith, geb. Hintzen, 3 Töchter (Marianne, Barbara, Annette) - Schulen Essen (Reifeprüf. n. Abendkursen); Lehr- u. Praktikantenzeit Krupp; n. 1945 Univ. Bonn (Theol., Kunstgesch., German., Gesch., Rechtswiss.). Beide Theologieex.; 1. jurist. Staatsprüf. 1953; Promot. 1954; Habil. 1956, alles Bonn - 1942-45 Kriegsmarine (zul. Ltn.); 1951-54 Schuldst. Bonn; 1954-57 Justizvorbereitungsdst. OLG-Bezirk Köln; s. 1957 o. Prof. Univ. Würzburg u. Bochum (1965; Dt. Rechtsgesch., Kirchen-, Bürgerl. u. Handelsrecht); 1962-66 (Sturz Kabinett Meyers) Kultusmin. Nordrh.-Westf. 1963/64 Präs. Stând. Konfz. d. Kultusmin. d. Länder d. BRD. 1966-69 MdL NRW. 1969-87 MdB. CDU s. 1945 (1966 Mitgl. Bundesvorst. u. s. 1969 Fraktionsvorst. CDU/CSU Bundestagsfrakt.), 1987 Vors. d. Kommiss. Montanregionen d. Landes NRW; s. 1989 Vors. Kohle-Kommiss. d. Bundesregierung; Vors. d. Stiftg. Bibel u. Kultur - BV: u. a. Kirchen u. Religionsgemeinsch., 1960; D. Verhältnis v. Kirche u. Staat in d. BRD, 1964; Scheidungsrechtsreform in e. pluralist. Ges., 1970; Z. rechtl. Bedeutung religiöser Interessen, 1973; Religionsrechtl. Schriften, 2 Bde. 1974; Dotierte Ehe - rechte Ehe, 1978; Kirche u. Staat in d. neueren Entwicklung, 1980; Rechtsprobleme d. Schlüsselgewalt, 1981; Geschichte, Recht, Religion, Politik, 2 Bde. 1984; Ethische Strukturen d. Ehe, 1987; D. Polygamiefrage in d. frühen Neuzeit, 1988. Zahlr. Einzelveröff. - 1965 Narrenorden Wider d. tier. Ernst Aachener Karnevalsverein; 1969 Gr. BVK m. Stern u. Schulterbd.

MIKI, Mie

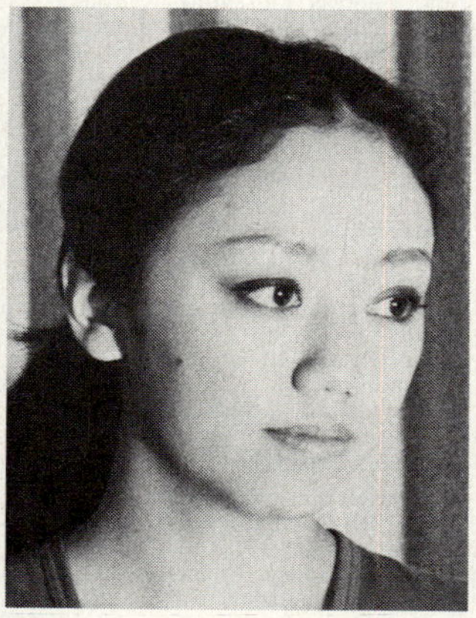

Dozentin f. klass. Akkordeon Folkwanghochsch. Essen, Abt. Duisburg - Zu erreichen üb. Konzertbüro Andreas Braun, Lindenthalgürtel 1 a, 5000 Köln 41 (T. 0221 - 43 13 37) - Geb. 15. Sept. 1956 Tokyo/Japan, verh. m. Georg Friedrich Schenck - Zahlr. Schallplattenaufn. (u.a. Mie Miki spielt Domenico Scarlatti) - Ehrendoz. Staatl. Musikkonservat. Tianjin/V.R. China - Spr.: Jap., Deutsch.

MIKULICZ, Hilde

Schauspielerin - 8131 Sibichhausen - (Vater: Prof. Dr. med. h. c. Felix von Mikulicz-Radecki, zul. Ord. f. Geburtshilfe u. Gynäkologie Freie Univ. Berlin †1966 (s. XIV. Ausg.); Mutter: Käthe, geb. Finzenhagen) - N. Abitur Reinhardt-Sem. Wien - Bühnen Wien (Burgtheater), Berlin (Schiller-Theater, Fr. Volksbühne), Düsseldorf, Zürich, Köln, Darmstadt, Stuttgart, München u. a. Festsp. Salzburg, Recklinghausen, Bad Hersfeld. Rundfunk u. Fernsehen - Spr.: Engl., Franz., Ital.

MIKURA, Gertrud

Prof., Schriftstellerin (Ps.: Vera Ferra-Mikura) - Geblergasse 44, A 1170 Wien - Geb. 14. Febr. 1923 Wien (Vater: Raimund U., Kaufm.; Mutter: Maria, geb. Fleischl), verh. s. 1948 m. Ludwig M. (b. Ruhest. Mitgl. Wiener Staatsopernballett), 2 Kd. (Elisabeth, Ludwig) - Laufmädel, Stenotypistin, Redaktionssekr., Verlagslektorin, fr. Schriftst. - BV: D. Sackgasse, R. 1948; Melodie am Morgen, Ged. 1948. Üb. 40 Kinderb. - 1951 Förd.spreis Stadt Wien f. Lit. u. Lyrikpreis Theater d. Jugend, 1956 Förd.preis Theodor-Körner-Stiftg. u. Jugendbuchpreis Stadt Wien, 1962, 63, 64, 71, 73 österr. Staatspreis f. Kleinkinderlit., 1962, 63, 64, 69, 70, 73 u. 83 Kinderbuchpreis Stadt Wien, 1964 staatl. Förd.spreis f. Hörsp.; 1983 Staatl. Würdigungspr. f. Jugendlit., Titel Prof.; 1984 staatl. Kinderb.Preis; 1988 Ehrenmed. d. Stadt Wien in Gold; Mitgl. Österr. PEN-Club - Liebh.: Musik.

MIKUS, Werner

Dr. rer. nat., Prof. Univ. Heidelberg - Adalbert-Stifter-Str. 10, 6903 Neckargemünd (T. 06223 - 68 44) - Geb. 19. Nov. 1937 Lorenzdorf (Vater: Johann M.; Mutter: Paula, geb. Winnefeld), kath., verh. s. 1967 m. Gerhild Claudia, geb. Wenzel, S. Roman - 1959-66 Stud. Univ. Marburg, Zürich u. Freiburg (Promot. 1966); Habil. 1972 Bochum - 1973 Prof. Univ. Heidelberg - BV: D. Auswirk. e. Eisenbahnknotenpunktes auf d. geogr. Struktur e. Siedl., 1966; D. Auswirk. d. Agrarplan. nach 1945 auf d. Agrar- u. Siedlungsstruktur d. Raumes Westf., 1967; Verkehrszellen. Beitr. z. verkehrsräuml. Glieder. am Beisp. d. Güterverkehrs d. Großind. ausgew. EG-Länder, 1974; Industriegeogr., 1978; Ind. Verbundsyst., 1979; Peru: Raumstrukturen u. Entwicklungen in e. Andenland, 1988. Herausg.: Struktur- u. Entwicklungsprobleme d. Industrie Perus (1985); D. Praxisbezug d. Entwicklungsländerforschung - Grundsätze u. Beispiele aus Asien, Afrika u. Lateinamerika (1988); Industrielle Kooperation zw. EG- u. Andenpakt-Ländern (1992) - Spr.: Ital., Span., Engl., Franz.

MILBRADT, Georg

Dr. rer. pol., apl. Prof. f. Volkswirtschaftslehre, Sächsischer Staatsminister d. Finanzen (s. 1990) - Carolaplatz 1, O-8060 Dresden; Hegerskamp 96, 4400 Münster (T. 0251 - 31 55 43) - Geb. 23. Febr. 1945 Eslohe, kath., verh. s. 1975 m. Angelika Meeth, 2 Kd. - Stud. Volksw. Univ. Münster (Dipl. 1968, Promot. 1973, Habil. 1980) - 1973-80 Wiss. Assist. Univ. Münster; 1981-83 Lehrstuhlvertr. Univ. Mainz. 1983ff. Stadtkämmerer Münster - BV: Ziele u. Strategien d. Debt Management, 1975; Probl. d. Indexierung volkswirtschaftl. wichtiger Größen, 1982.

MILCHERT, Petra

Schauspielerin, Sängerin - Stofferkamp 37b, 2000 Hamburg 65 - Geb. 24. Nov. 1957 Hamburg (Vater: Joachim M., Makler; Mutter: Irma, geb. Kaufmann), ev. - Gymn. Hamburg u. München; Staatsoper Hamburg (Ballettausbild.) - Schausp. Bühne, Film, Fernsehen (auch Derrick) - Liebh.: Reisen, Kochen, Segeln - Spr.: Engl., Franz.

MILDE, Gerald

Dr. rer. nat., habil., Dipl.-Geol., Prof. f. Hydrogeologie an d. Univ. Bonn - Zu erreichen üb.: Berliner Str. 95, 1000 Berlin 37 (T. 030 - 8 31 46 04) - Geb. 29. Dez. 1932 Breslau (Vater: Max M., Zollbeamter; Mutter: Charlotte, geb. Wilde), kath., verh. s. 1960 m. Dr. habil. Karin, geb. Darmer - Dipl.-Geol. 1956, Promot. 1960, Habil. 1966 Bergakad. Freiberg/Sa. - 1956-60 wiss. Aspirant Geol. Inst. Bergakad. Freiberg; 1960-62 wiss. Arbeitsleit. Dt. Akad. d. Wiss. (Prakt. Geophysik) Freiberg; 1962-66 wiss. Mitarb. Dt. Brennstoffinst. Freiberg; 1967-75 o. Prof. f. Hydrogeol. Bergakad. Freiberg; 1976-79 Chefgeol. Consultingber. Rhein. Braunkohlenw. AG, Köln; 1979-90 Abt.-Leit. Bodenhygiene, Hygiene d. Wassergewinn. Inst. f. Wasser-, Boden- u. Lufthygiene Bundesgesundheitsamt. Üb. 200 Facharb., 16 Monogr. z. Hydrogeol.

MILDE, Gottfried

Rechtsanwalt, Hess. Minister d. Innern (1987-91), MdL Hessen (s. 1966; 1974 Fraktionsvors.) - Beethovenstr. 34, 6103 Griesheim (T. 26 20) - Geb. 14. April 1934 Breslau - 1940-44 Volkssch. Breslau, 1946-53 Gymn. Schweinfurt; 1953-56 und 1958-59 Stud. Rechtswiss. Jurist. Staatsprüf. 1959 (Würzburg) u. 1963 (Darmstadt) - 1956-58 kaufm. Angest. (z. Finanzierung d. Reststud.); 1964-66 Staatsanw., s. 1973 Rechtsanwalt. CDU s. 1961 (stv. Landesvors.).

MILDE, Horst G. E.

Präsident d. Landtags Niedersachsen (s. 1990), s. 1991 Vors. d. Landesverb. d. Volkshochsch. Nieders., Verwaltungspräs. a. D. Nieders. Verwaltungsbez. Oldenburg - Wilhelm-Nieberg-Str. 9, 2900 Oldenburg - Geb. 6. April 1933 Breslau (Vater: Karl M.; Mutter: Marta, geb. Fuhrmann), ev., verh. m. Brigitte, geb. Ladewig, 3 Kd. (Stefanie, Mathias, Kristiane) - Gymn. Breslau u. Leer - 1951-67 städt. Beamter Leer, 1965-68 stv. Landrat Kr. Leer, 1968-73 Bürgerm. Leer. 1967-73 u. 1977ff. MdL Nieders. (1970-73 stv. Fraktionsvors.), 1986-91 Oberbürgermeister Stadt Oldenburg. SPD (stv. Vors. Bezirksvorst. Weser-Ems.

MILDE, Wolfgang

Dr. phil., Prof., Leit. Handschriftensammlung Herzog August Bibl. Wolfenbüttel (s. 1968) - Zur Altenau 17, 3340 Wolfenbüttel - Geb. 3. Juli 1934 Allenstein, ev., verh., 1 Sohn - Stud. Univ. Jena, FU Berlin, Frankfurt/M. (German., ev. Theol., Bibl.-wiss.); Promot. 1966 Berlin - 1986 Prof. FU Berlin - BV: D. Bibliothekskat. d. Klosters Murbach, 1968; Mittelalterl. Handschr. d. Herzog August Bibl., 1972; Gesamtverz. d. Lessing-Handschr., 1982ff.; De captu lectoris, 1988; Faksimile-Ausg.: Beringerius Turonensis, Rescriptum contra Lanfrannum, 1988; G. E. Lessing, D. Faust, 1988; Einhard, Vita Karoli Magui, 1991; Miniaturen z. Weihnachtsgesch., 1991. Herausg.: Stud. z. Bibliotheksgesch. (1973ff.); zahlr. Aufs. in Fachztschr. (Lessing Yearbook, Scriptorium, Wolfenbütteler Beitr., Codices Manuscripti, Braunschweig. Jahrb., Börsenbl. f. d. dt. Buchhandel, Gutenberg Jahrb., u. a.) - 1989 Med. Merentibus Univ. Wroclaw - Liebh.: Wandern, Reisen - Spr.: Engl.

MILDENBERGER, Friedrich

Dr. theol., o. Prof. f. Syst. Theologie - Universität, 8520 Erlangen - Geb. 28. Febr. 1929 - Promot. 1962; Habil. 1964 - S. 1964 Lehrtätigk. Univ. Tübingen u. Erlangen (1970 Ord.). Bücher u. Aufs.

MILEWSKI, Peter

Dr. med., Prof., Chefarzt Inst. f. Anaesthesiol., operative Intensivmed. u. Schmerztherapie Klinik am Eichert, Göppingen, Akad. Lehrkrankenhaus Univ. Ulm - Robert-Mayer-Weg 13, 7320 Göppingen (T. 07161 - 6 82 02) - Geb. 15. April 1939.

MILHOFFER, Petra

Dr. rer. pol., Prof. Univ. Bremen - An der Kämenade 23b, 2800 Bremen 44 - Geb. 9. Juni 1946 Bad Homburg (Vater: Hans M., Ing.; Mutter: Melitta, geb. Schaldt) - Stud. Soziol. Univ. Frankfurt u. Berlin; Dipl. 1971 (Soziol., Phil.) Univ. Frankfurt; Promot. 1973 Berlin (Soziol., Psych., Päd., Politik, Ökon.) - Lehrauftrag PH Berlin, Univ. Bremen, s. 1974 Prof. f. Erz. u. Gesellsch.wiss. m. d. Schwerp. Sozialisation u. politische Bildung im Elementar- u. Primarbereich Univ. Bremen - BV: Familie u. Klasse, Monogr. (dän.) 1973; Familiensoziol. Einf. Aufsatzsamml. (Hg. m. D. Claessens), 5. A. 1973; E. Reader als Einf., 1973, 5. A. 1980; div. Aufs. z. Grundschulpäd., Sozialisation, Frauenrolle. Sex.erziehung zw. Elternh. u. Grundsch. (Hg.), 1988 - Interessen: Frauenbeweg., Geschlechtsrollen, Bibliothekspäd. in d. Grundschule, Schulmodelle, Sexualpäd., Mozart - Spr.: Engl., Franz.

MILICH, Günter

Dr. rer. pol., Direktor i. R. - Am Weissen Berg 7, 6242 Kronberg 3 (Ts.) (T. 67 0 39) - Geb. 29. März 1911 Berlin, ev., verh. s. 1941 m. Ingeborg, geb. Schulz - Univ. Marburg u. Berlin (Wirtschafts- u. Staatswiss., Phil., Gesch.), Dipl.-Volksw. 1934; Promot. 1936 - S. 1937 AEG (1957 Generalbevollm., 1974 Ruhest.) - 1969 Gr. BVK; Gold. Ehrenplakette Zentralverb. d. Elektrotechn. Ind. - Spr.: Engl. - Rotarier.

MILJAKOVIĆ, Olivera

Kammersängerin, Opernsängerin, Solistin Wiener Staatsoper - Neulinggasse 37, A-1030 Wien - Geb. 26. April 1939 Belgrad, orth., gesch., T. Claudia - Realgymn. Belgrad; 1960 Hochsch. f. Musik Belgrad; Stud. Kunst Gesch. (nicht abgeschl.); 1960 Opernhaus Belgrad; s. 1962 Solistin Wiener Staatsoper; Gastsp. in Europa, USA, Südamerika, Japan; Festspiele in Salzburg, Bayreuth, Dubrovnik - Rollen: u.a. Susanna, Zerlina, Despiena, Cherubisso, Blondchen, Ilie, Pamina, Papagena (Mozart) - 1984 Kammersängertitel - Liebh.: Kunstgesch., Philos., Sport - Spr.: Franz., Jugosl., Ital., Russ., Engl., Dt.

MILL, Edith

Schauspielerin - 102-904 Clarke Rd. Port Moody, B.C., V3H IL 7 Canada - Geb. 16. Aug. Wien, verh. m. d. Filmproduzenten Richard König (†), 1 Kd. - Reinhardt-Sem. Wien - Burgtheat. Wien. Filme: u. a. 2 Menschen, Geliebtes Frl. Doktor, Heiße Ernte, Auferstehung.

MILL, Frank

Nationalspieler, Fußballweltmeister 1990 in Italien, Spieler b. Borussia Dortmund.

MILLAU, Klaus

s. Haft, Fritjof

MILLER, Franz R.

Komponist, Schriftsteller, Chefredakteur - Gossenbrotstr. 6, 8900 Augsburg (T. 0821 - 52 99 81) - Geb. 7. Mai 1926 Augsburg, kath. - Staatsprüf. (Kompos./Dirigieren) Augsburg-München - 1956-76 Schulmusikerzieher; s. 1976 Chefredakt. Ztschr. Lied u. Chor, Ebbes d. Bez. Schwaben; Bundeschorleit. d. Dt. Sängerbundes; Vors. Musikkomm. d. Europ. Chorverb. u. d. Alpenländ. Chorverb. - BV: Einbruch in d. Pose, 1979; Begegnungen, 1980; Heilignacht-Gesch., 1981; D. Ottobeurer Schöpfung, 1982; D. Lech u. seine Abenteuer, 1986; Bewegtes Leben, 1987 - 1986 BVK I. Kl.; 1986 Gold. Verdienstmed. Med. Bayer. Rundf.; 1991 Bayer. VO. - Spr. Engl., Franz., Ital. - Lit.: Joseph O. Zöller Wichtiger als Karajan; Hans-Elmar Bach, Chorgesang im Wandel.

MILLER, Frieder

Dipl.-Verwaltungswirt (FH), Oberregierungsrat PH Ludwigsburg, Ltd. Verw.-Beamter Ludwigsburg - Tulpenweg 7, 7403 Ammerbuch (T. 07073 - 74 25) - Geb. 11. Jan. 1936 Oberndorf/Neckar, ev., verh. s. 1961 m. Brigitte Obrig, 3 Kd. (Martin, Barbara, Matthias) - Ausb. f. d. geh. württ. Verwaltungsdst., Dipl.-Verw.-Wirt (FH) 1960 Stuttgart - 1961-72 Bürgerm. Pfäffingen Kreis Tübingen; 1980-84 Vorstandsmitgl. Volksbank Ammerbuch - Liebh.: Landeskunde, Familienforsch., Klass. Musik (Chorsänger) - Spr.: Franz.

MILLER, Hermann

Vorstandsmitglied Ford-Werke AG., Köln (s. 1967) - Rautenstrauchstr. 65, 5000 Köln 41 - Geb. 13. März 1913 Mannheim.

MILLER, Hubert

Dr. rer. nat., Dipl.-Geol., o. Prof. f. Geologie Univ. München (s. 1986) - Am Waldhang 3, 8031 Gilching - Geb. 3. April 1936 München (Vater: Dr. med. vet. Maximilian M., Reg.vet.dir.; Mutter: Sophie, geb. Specht), kath., verh. s. 1962 m. Gabriele, geb. Weigl, 5 Kd. (Adelheid, Raimund, Christoph, Wolfgang, Stephan) - Dipl.ex. 1960; Promot. 1962; Habil. 1968 - 1963-65 Prof. Univ. de Chile, Santiago, 1966-71 Wiss. Assist. u. Doz. Univ. München, 1971-73 Prof. Univ. Austral, Valdivia/Chile, 1973-86 Prof. Univ. Münster. 110 Fachveröff. - Liebh.: Bergsteigen, Musik - Spr.: Span., Engl., Ital., Franz.

MILLER, Johannes

Dr. rer. pol., gf. Gesellschafter Milcell Arzneimittel Dr. Miller GmbH + Co. - Ballindamm 11, 2000 Hamburg (T.

328 11 20); priv.: Grote String 22, 2000 Hamburg 65 (T. 608 09 12) - Geb. 21. April 1927 Hamburg (Vater: Dr. Josef M., Tierarzt; Mutter: Helene, geb. Hoffmann), kath., verh. s. 1964 m. Renate, geb. Sander, 3 Kd. (Marie-Hélène, Christoph Markus, Oliver Stephan) - Stud. Univ. Hamburg, HH St. Gallen/Schweiz (Lic. oec.), Univ. Fribourg/Schw. (Promot.) - 1962-63 Marketingdir. Uhrenfabr. Laco; 1964-74 Geschäftsf. Vorst. Dt. Juwelen Inst. (GDE), Hamburg; 1974-75 Gf. Präs. Diamantbörse Frankfurt; s. 1976 gf. Gesellsch. Milcell Arzneimittel (s.o.); 1981 Stellv. Vors. Dt. Zelltherapietag e. V. - Liebh.: Musik, Skifahren, Eislauf, Schwimmen - Spr.: Engl., Franz.

MILLER, Josef

Dipl.-Ing. agr., Ministerialrat a. D., Staatssekr. Bayer. Staatsmin. f. Ernährung, Landwirtsch. u. Forsten (s. 1990), MdL (s. 1986) - Albert-Einstein-Str. 10 1/2, 8940 Memmingen - Geb. 12. Juli 1947 Oberschöneberg, Landkr. Augsburg, kath., verh. s. 1976 m. Elisabeth, geb. Rattinger, 2 Kd. (Ulrich, Monika) - Lehre als Landwirt; Abit. 1969 Bayernkolleg Augsburg; Dipl.-Ing. agr. 1972 TU München; Staatsex. f. d. höh. landwirtschaftl. Staatsdst. 1974.

MILLING, Peter

Dr. rer. pol. habil., Steuerberater, Prof. Univ. Mannheim - Postf. 10 34 62, 6800 Mannheim 1 (T. 0621 - 292-55 27/25) - Geb. 7. Okt. 1944 Cottbus (Vater: Heinz M., Kaufm.; Mutter: Gerda, geb. Hübner), ev., verh. s. 1968 m. Christa, geb. Fleischmann, S. Michael - Univ. Mannheim (Dipl. 1970, Promot. 1972, Habil. 1979) - S. 1980 Univ.-Prof. Univ. Osnabrück; s. 1991 Univ. Mannheim - BV: D. Grenzen d. Wachstums (Mitverf.), 1972; D. techn. Fortschritt b. Produktionsprozeß, 1974; Systemtheoret. Grundl. z. Plan. d. Unternehmenspolitik, 1981. Herausg.: Computer-Based Management of Complex Systems (1989); Managementsysteme u. Systemmanagement (1991) - 1974 Preis Karin-Islinger-Stift; 1990 Outstanding Scholarly Contribution Award, The Institute for Advanced Studies.

MILLOWITSCH, Willy

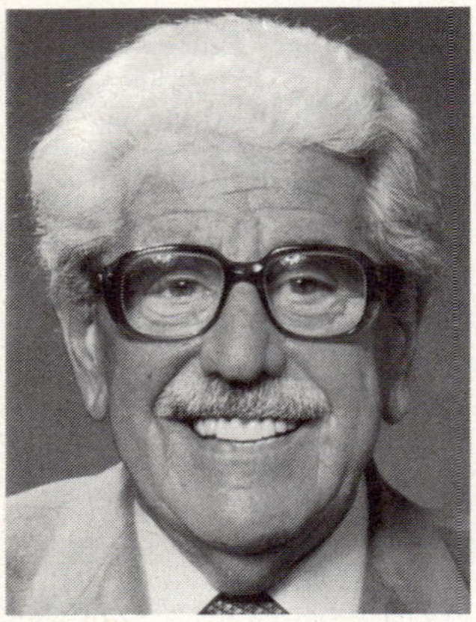

Schauspieler u. Theaterleiter - Vinzenzallee 11, 5000 Köln 40 (T. Köln 25 28 75) - Geb. 8. Jan. 1909 Köln (Vater: Peter M.; Mutter: Käthe, geb. Plank, Wien), kath., verh. s. 1946 m. Gerda, geb. Feldhoff, 4 Kd. (Katarina, Peter, Susanne, Mariele) - Film, Fernsehen - Eigenes Theater in Köln, Aachener Str. 5.

MILTNER, Karl

Dr. jur., Oberregierungsrat, Regierungspräsident Karlsruhe (s. 1988), MdB (1969-88; Wahlkr. 185/Tauberbischofsheim; s. 1983 stv. Vors. CDU/CSU-Bundestagsfraktion) - Erlenweg 2, 7517 Waldbronn (T. 6 58 65) - Geb. 16. Juli 1929 Engen (Eltern: Dr. Karl (Bürgerm.) u. Katharina M.), kath., verh. s. 1959 m. Olga, geb. Dransfeld, T. Kathrin - Univ. Heidelberg (Rechtswiss.; Promot. 1957) - Tätigk. Landratsamt Tauberbischofsheim. CDU.

MILZ, Klaus

Dr. rer. pol., Dipl.-Ing., Prof., Vors. d. Geschäftsführung AEG Westinghouse Transport-Systeme GmbH, Berlin - Nonnendammallee 15-21, 1000 Berlin 20 - Geb. 23. Aug. 1938 Kaiserslautern (Vater: Johann M., Ing.) - TH Aachen u. TU Berlin (Vordipl. 1959 Aachen, Hauptdipl. 1962, Elektrotechnik u. Promot. 1970 Berlin) - 1963 Entw.- u. Projektierungsing. AEG-Berlin; s. 1977 Leit. Geschäftsber. Bahntechnik AEG Aktiengesellschaft. S. 1976 Lehrauftr. Elektr. Bahnen TU Berlin, s. 1982 Honorarprof. ebd. - Spr.: Engl., Franz.

MIMKES, Jürgen

Dr., Dipl.-Phys., Prof. f. Festkörperphysik - Univ.-GH Paderborn, Warburgerstr. 100, 4790 Paderborn - Geb. 10. Juli 1939 Berlin (Vater: Carl M., Dipl.-Ing.; Mutter: Ingeborg, geb. Baatz), verw. s. 1989, verh. in 2. Ehe s. 1991 m. Etta Döbler, geb. Cramer, 4 Kd. - Univ. Göttingen, FU Berlin, TU Berlin u. Missouri-Rolla/USA, Habil. TU Berlin 1975 - S. 1976 Lehrst.vertr. TU Clausthal.

MINDT, Dieter

Dr. phil., Prof. f. Didaktik d. engl. Sprache u. Literatur - Ilsensteinweg 54, 1000 Berlin 38 - Geb. 24. Mai 1939 Berlin - BV: Strukt. Gramm., generat. Transformationsgrammatik u. engl. Schulgrammatik, 1971; Mod. Linguistik, 1975; Unterr.planung Engl. f. d. Sekundarstufe I, 1979; Sprache - Grammatik - Unterr.grammatik, 1987. Herausg.: EDV in d. Angew. Linguistik (1988).

MINDT, Heinz R.

Dipl.-Ing. u. Psychologe, Wissenschaftspublizist (Pseud.: Felix R. Paturi) - Auheimer Str. 16, 6458 Rodenbach (T. 06184 - 5 23 80) - Geb. 3. Nov. 1940 Breslau (Vater: Ernst M., Oberingen. u. Kunstmaler; Mutter: Herta, geb. Höhn), verh. m. Ana Paula, geb. Cardoso, T. Miriam - Univ. Stuttgart u. TH Darmstadt, Dipl. (Elektro- u. Informationstechn.) u. Hochsch.prüf. in Psych. 1964 - 1964-66 Erstell. v. EDV-Programmen f. Kernreaktoren u. Erarbeit. weltweiter Energiew.prognosen, b. 1972 Herausg. elektrotechn. Fachlit. (Meß- u. Regeltechn.), s. 1972 fr. Schriftsteller; s. 1985 wiss. Pressebeirat b. AA - Üb. 20 BV, dar.: D. Rolltreppeneffekt, Satire 1972; Geniale Ingenieure d. Natur, 1974; Zeugen d. Vorzeit - A. d. Spuren europ. Vergangenheit, 1976; Mit d. Rad durch zwei Jahrhunderte, 1979; Unbekannter Nachbar Orient, 1982; Von d. Erde z. d. Sternen, 1983; D. Alpen, 1984; D. Wald, 1985; D. Geschichte v. Glas, 1986; Chronik d. Technik, 1988; Reisen zu Gott - Christliche Pilgerfahrten in Europa, 1989; Schnurfiguren in aller Welt, 1989; Chronik der Erde, 1991; Übers. in 13 Spr. Zahlr. Veröff. in Ztschr.; Fernsehberichte aus Forsch. u. Technik - 1982 Verdienstursukunde f. zeitgenöss. Lit. d. Accademia Italiana; Mitgl. Mensa, Inst. Canarium u. d. Nippon Ayatori Kyokai - Interessengeb.: Botanik, Speläologie, Prähistorie, Ethnologie, Wandern - Spr.: Engl., Franz.

MINETTI, Bernhard

Schauspieler (Mitgl. Städt. Bühnen Berlin u. Köln) - Hüningerstr. 20, 1000 Berlin 33 (T. 832 42 61) - Geb. 26. Jan. 1905 Kiel (Vater: Henry M., Architekt; Mutter: geb. Schauz), verh., 2 Kd. - Realgymn. Kiel; Univ. München u. Berlin; 1925-27 Staatl. Schauspielsch. Berlin - S. 1927 Bühnen Gera, Darmstadt (1928), Berlin (Staatstheater; 1930-45), Kiel (1946), Hamburg (Dt. Schauspielhaus; 1947-49), Frankfurt/M. (Schauspielhaus; 1951-56), Düsseldorf (Schauspielhaus; 1956-58). 1949-51 Gastsp. Hannover, Bochum, Essen, Aachen, Bonn; ab 1959 Staatl. Bühnen Berlin. Gastsp. Bochum, Wien, Paris, Venedig. Üb. 300 Bühnenrollen: Faust, Hamlet, Macbeth, Wallenstein, Brutus, Franz Moor, Geßler, Sigismund, Robespierre, Revisor, Misanthrop, Kaiser v. Amerika, Ottokar, Antrobus, Prospero, Edgar, Krapp, Caribaldi, Weltverbesserer (Th. Bernhard), Faust (Goethe), Lear (Shakespeare), Andreas Doria (Fiesko), Er (Einfach Kompliziert), Gaunt (Richard II.) - 1964 Kulturpreis Stadt Kiel, 1970 DGB-Kulturpreis 1971, 1973 Berliner Kunstpreis; 1965 Berliner Staatsschausp.; 1970 Ehrenmitgl. Schiller- u. Schloßpark-Theater Berlin; 1974 Kritikerpreis; 1978 Gr. BVK; 1979 Mitgl. Berliner Akad. d. Künste; 1980 Ernst Reuter Plak. in Silber (Senat Berlin); 1985 Ehrenmitgl. Fr. Volksbühne Berlin; 1985 Prof. h. c. (Senat Berlin); 1985 Premio Curcio (Roma) - Liebh.: Bild. Kunst - V. Jugend auf fußballbegeistert.

MINETTI, Hans

Dipl.-Ing., Dr.-Ing., Ehrenvorsitzender Dt. Beton-Verein, Wiesbaden, Ehrenmitgl. Forschungsges. f. d. Straßenwesen, Köln, Fédération Intern. de la Précontrainte, Paris - Jungfrauenthal 24, 2000 Hamburg 13 - Geb. 19. Juli 1898 Hamburg - TH Braunschweig - Tätigk. Dyckerhoff & Widmann, Held & Francke, Lenz-Bau AG. (1946-54 Vorstandsmitgl.) - 1966 Ehrensenator TU Berlin; 1964 Gr. BVK, 1969 Stern dazu - Liebh.: Reisen, Baukunst, Archäologie.

MINGERS, Annemarie

Dr. med., Prof. f. Kinderheilkunde Univ. Würzburg - Univ.-Kinderklinik, Josef-Schneider-Str. 2, 8700 Würzburg - Geb. 18. Aug. 1930 Dülmen - Univ. Düsseldorf (med. Staatsex. u. Promot. 1962), Habil. 1975 Univ. Würzburg - 1969 Fachärztin; 1975 Privatdoz. Würzburg; 1978 Oberärztin Univ.-Kinderkl. Würzb.; 1980 (C 3) Prof. ebd. Wiss. Publ. u. Vorträge z. Hämostaseol. Probl., Kindesmißhandl.

MINKE, Gernot

Dr.-Ing., Dipl.-Ing., Prof., Architekt - Am Wasserturm 1, 3500 Kassel (T. 88 30 50) - Geb. 8. April 1937 Rostock (Vater: Fritz M., Dipl.-Landw.; Mutter: Brunhilde, geb. Lehmann), ev., 2 Söhne (Sebastian, Stephanus) - Tellkampfsch. Hannover (Abitur 1957); Arch.stud. Hannover, Berlin; 1963 Dipl.ex.; Promot. 1969 - 1964-67 u. 1969-73 wiss. Mitarb. bzw. Doz. Univ. Stuttgart. S. 1967 Gastprof. Engl., Niederl., Mexiko, USA, Venezuela, Guatemala, Paraguay. 1971/72 Dir. Inst. f. Umweltplanung, Ulm, s. 1974 Prof. f. Tragkonstruktionen u. Experimentelles Bauen Gesamthochsch. Kassel Univ., Ltr. Forschungslabor f. Experim. Bauen, s. 1979 Planungsbüro f. ökolog. Bauen. Pat. üb. Leichtbaukonstr. - BV: Z. Effizienz von Tragwerken, 1970; Alternatives Bauen, 1980; Low-Cost-Bauen, 1980; Häuser m. grünem Pelz, 1982 (m. G. Witter); Lehmbauforschung, 1984; Climatic Zones and Rural Housing in India (m. N. K. Bansal), 1988. Herausg.: Schriftenreihe Bauen m. Lehm. Üb. 150 Fachveröff. in in- u. ausl. Ztschr. - Spr.: Engl. - Lit. z. Person in Zodiac Nr. 22, Mailand 1974, S. 100–125.

MINKE, Hans-Ulrich

Dr. theol., Landespfarrer f. Diakonie, Direktor Diakon. Werk Oldenburg - Gottorpstr. 23, 2900 Oldenburg (T. 0441 - 2 10 01-11/12) - Geb. 24. Juni 1936 Liegnitz/Schlesien, ev., verh. s. 1966 m. Ruth, geb. Eurich - Abit. 1956; Stud. Bethel, Heidelberg, Hamburg; Promot. 1966 Hamburg - 1966-82 Pfarrer in Wilhelmshaven - Liebh.: Gesch.

MINNIGERODE, Bernhard

Dr. med., Prof., Facharzt f. Hals-, Nasen- u. Ohrenkranheiten - Am Stadtwald 7, 4300 Essen 18 (Kettwig) - Geb. 11. Sept. 1923 Berlin - S. 1960 (Habil.) Lehrtätigk. Göttingen (apl. Prof. f. HNOheilkd.). Fachveröff.

MINNIGERODE, von, Gunther

Dr. rer. nat., o. Prof. f. Exp. Physik, I. Phys. Inst. Univ. Göttingen (s. 1973) - Hermann-Föge-Weg 10, 3400 Göttingen (T. 5 88 28) - Geb. 6. Okt. 1929 Osterode/Harz (Vater: Werner v. M., Forstmeister; Mutter: Margarete, geb. v. Drachenfels), ev. - Stud. Physik. Promot. (1959) u. Habil. (1966) Göttingen - Zul. Univ. Köln (Lehrstuhl f. Angew. Phys.; 1967-73). Spez. Arbeitsgeb.: Tieftemperatur u. Festkörperphysik - S. 1979 Mitgl. Akad. d. Wiss. Göttingen - Spr.: Engl.

MINTUS, Otto

Minister f. Ernährung, Landwirtschaft u. Forsten Sachsen-Anhalt (1990-92) - Dorfstr. 28 A, O-3521 Vohlgast (T. Havelberg 91 45) - Geb. 8. Aug. 1933, verh. m. Anny, geb. Niemann, 5 Kd. (Marlies, Udo, Petra, Andrea, Torsten) - Dipl.-Landwirt - Liebh.: Volksmusik.

MINTZEL, Johann Albrecht (Alf)

Dr. phil. habil., Dipl.-Soziologe, Univ.-Prof., Ord. f. Soziologie Univ. Passau (Ps. Alf Mintzel) - Adalbert-Stifter-Str. 8, 8390 Passau (T. 0851 - 5 81 63) - Geb. 18. April 1935 Augsburg (Vater: Kurt M., Ltd. Reg.dir.; Mutter: Käthe, geb. Pöller), verh. s. 1964 m. Inge Lu, geb. Schaltenbrand, 3 Töcht. (Anne Katharina, Theresa Florentine, Caroline Isabel) - 1955-57 Stud. Fr. Malerei u. Graphik; 1959-72 Stud. Jura, Soziol., Psych., Politik u. Gesch.; Dipl.-Soziol. 1967; Promot. 1974; Habil. 1978 FU Berlin - 1967-74 wiss. Assist.; 1974-81 Assist.-Prof.; s. 1981 o. Prof. - BV: Berlin - Hauptstadtanspruch u. Westintegration (m.a.), 1967; D. CSU. Anatomie e. konservativen Partei, 1975, 2. A. 1978; Gesch. d. CSU, 1977; D. Stadt Hof in d. Pressegesch. d. 16., 17. u. 18. Jh., 1979; D. Volkspartei, 1984; Es ist noch Zeit genug, Bilder u. Ged. (m. Inge Lu Mintzel), 1989 - Liebh.: Malerei, Zeichnen, Gesch. d. Pressewesens, Naturgesch. d. Menschen - Spr.: Engl.

MIRA, Brigitte

Schauspielerin - 1000 Berlin - Geb. 20. April 1916 Hamburg, verh. (in 5. Ehe) - Soubrette, Tänzerin, Chargendarst., Charakterschausp. b. Faßbinder. RIAS-Serie: D. Insulaner. Fernsehen (u. a. Berlin Alexanderpl., 1980); Film (1973 ff. Angst essen Seele auf, Mutter Küsters Fahrt z. Himmel, Jeder f. sich selbst u. Gott gegen alle) - 1974 Dt. Filmpreis (Putzfrau, in: Angst . . .).

MIRBETH, Herbert

1. Bürgermeister d. Stadt Hemau - Rathaus, 8416 Hemau/Opf. - Geb. 6. Juni 1948 Hemau - CSU.

MIROW, Jürgen

Dr. jur., Chefsyndikus i.R. Allianz Versicherungs AG - Luisenweg 13, 8011 Grasbrunn 1 - Geb. 10. April 1922 Kiel (Vater: Georg M.; Mutter: Frieda, geb. Bulling), verh. s. 1950 m. Gertrud, geb. Stahmer, 2 Kd. (Cornelia, Oliver).

MIROW, Michael

Dipl.-Wirtsch.-Ing., Dr. rer. pol., Direktor Siemens AG, Leiter d. Hauptabt. Unternehmensstrategien - Zu erreichen üb. Siemens AG, Wittelsbacherplatz 2, 8000 München 2 (T. 089 - 234 42 40) - Geb. 6. Okt. 1938 Rio de Janeiro, verh. 3 Kd. - Stud. TH Darmstadt; Dipl. Wirtsch.-Ing.; Promot. 1964 Univ. Frankfurt/M. - BV: Kybernetik - Grundlagen e. allgemeinen Theorie d. Organisation, 1969.

MIROW, Thomas

Dr. phil., Senator, Chef d. Senatskanzlei d. Freien u. Hansestadt Hamburg (s. Juni 1991) - Grasweg 48, 2000 Hamburg 60 - Geb. 6. Jan. 1953 in Paris, verh., 2 Kd. - Stud. d. polit. Wiss., Soziol. u. Roman., Promot. z. Dr. phil. (1970-75). 1975-83 Assist., Ref. u. schließl. Leit. d. Büro v. Willy Brandt; 1983-87 Dir. d. Staatl. Pressest. d. Freien u. Hansestadt Hamburg; 1988-91 selbst. Politik- u. Unternehmensberater in Hamburg. Mitgl. d ZDF-Fernsehrats.

MIRWALD, Walter
Journalist, Pressesprecher Dt. Sportbund - Otto-Fleck-Schneise 12, 6000 Frankfurt 71 (T. 069 - 67 00-2 28) - Geb. 2. Juli 1949 Sulzbach.

MISCH, Dieter Wolfgang
Dr. rer. pol., Dipl.-Kfm., Dipl.-Volksw., Hauptgeschäftsführer BSI - Stresemannstr. 30, 5205 St. Augustin 3 (T. 02241 - 31 23 54) - Geb. 19. Aug. 1933 Breslau, ev., verh. s. 1961 m. Margot, geb. Suffrian, 3 Kd. (Klaus-Dieter, Susanne-Martina, Rolf-Peter) - Stud. Univ. Köln (1956 Dipl.-Kfm.), Univ. Bonn (1959 Dipl.-Volksw.), Univ. Köln (1964 Dr. rer. pol.) - 1959-65 Bundesstelle f. Außenhandelsinformation Köln, 1966-69 BDI Köln, s. 1969 Bundesverb. Dt. Spirituosen-Ind. (BSI) Bonn - BV: D. wirtschaftl. Neutralismus, 1964 - Liebh.: Auslandsreisen, Tanzmusik, Skisport - Spr.: Engl., Franz., Ital.

MISCH, Gerda,
geb. Lachmund

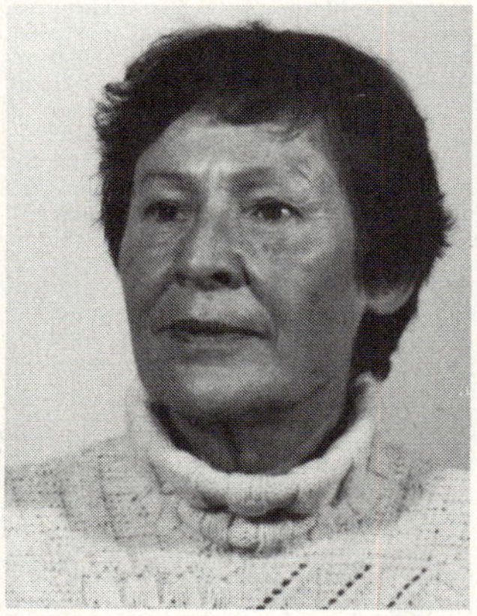

Realschulrektorin i. R., MdA Berlin (s. 1975) - Petunienweg 133, 1000 Berlin 47 - Geb. 3. Juni 1920 Berlin, verh., 1 Kd. - SPD.

MISCHE, Justus
Dipl.-Kfm., Vorstandsmitglied Hoechst AG - Zu erreichen üb. Postfach 80 03 20, 6230 Frankfurt/M. 80 (T. 069 - 305-0) - Geb. 5. Jan. 1938 - S. 1990 Präs. Bundesarbeitgeberverb. Chemie e.V.

MISCHEL, Werner
Dr. med., Chefarzt Frauenklinik Oldbg. Landeskrankenhaus, Sanderbusch (s. 1965) - 2945 Sanderbusch/O. (T. Sande 8 12 35) - Geb. 3. Juni 1919 Leipzig (Vater: Otto M., Kaufm.; Mutter: Margaretha, geb. Rennschuh), ev., verh. s. 1946 m. Dr. med. Annelies, geb. Pürsten, 3 Kd. (Matthias, Maja, Markus) - Nicolai-Gymn. u. Univ. Leipzig (1942 b. 1948). Promot. 1948 Leipzig; Habil. 1957 ebd., umhabil. 1958 Hamburg - S. 1957 Lehrtätigk. Univ. Leipzig (zul. Oberarzt Frauenklin.) u. Hamburg (1958; Privatdoz.); 1961-65 Oberarzt Frauenklin. Hamburg (Bülowstr.). Schriftf. Hbg. Geburtshilfl. Ges. (1961/62), Nordwestd. Ges. f. Gynäk. (1962/63), Ärztl. Verein Hamburg (1964). Buchbeitr.: Papierelektrophorese in d. Geburtshilfe u. Gynäk. (A. Dittmer, Papierelektrophorese, 1961; Jena), Physiol. u. Pathol. d. Laktation, Mastitis (A. Schwalm/D. Döderlein, Frauenheilkd. u. Geburtshilfe, 1964) - Liebh.: Sport, Musik - Spr.: Lat., Griech., Engl., Russ.

MISCHNICK, Wolfgang
Bundesminister a. D., MdB - Bundeshaus, Haus T IX, 5300 Bonn - Geb. 29. Sept. 1921 Dresden (Vater: Walter M., Verwaltungsangest.; Mutter: Marie, geb. Röllig), ev., verh. s. 1949 m. Christine, geb. Dietzsch, 3 Kd. (Gudrun, Lothar, Harald) - Gymn. (Abit.) - 1939-45 Wehrdst., 1945 Mitbegr. LDP Dresden, Stadtverordn., 1947 stv. Vors. LDP Sachsen, 1948 Flucht n. Frankfurt/M., MdL Hessen (III. Wahlp.), Mitgl. Bundesvorst. FDP (1954), 1953-57 Vizepräs. Vers. Landeswohlfahrtsverb. Hessen, 1954-57 Bundesvors. Dt. Jungdemokr., s. 1957 MdB (1959 Fraktionsgeschäftsf., 1963 stv., 1968 Fraktionsvors.), 1961-63 (Rücktr.) Bundesmin. f. Vertriebene, Flüchtlinge u. Kriegsgeschädigte (Kabinett Adenauer), 1964-88 stv. Parteivors., 1967-77 Landesvors. FDP Hessen, Vors. Rundfunkrat d. DLF, Vorst.-Vors. Friedrich-Naumann-Stiftg. - 1973 Großkreuz VO. BRD; 1975 Wilhelm-Leuschner-Med.; Ehrenvors. FDP Hessen - Liebh.: Sport (bes. Fußball), Musik, Gesch., Skat.

MISSALLA, Heinrich
Dr. theol., Prof. f. Theologie Univ.-GH Essen - Querenburger Höhe 285, 4630 Bochum (T. 0234 - 70 40 39) - Geb. 26. Juni 1926 Wanne-Eickel (Vater: Felix M., Bergmann; Mutter: Agnes, geb. Lensker), kath., ledig - Stud. Phil., Theol. u. Päd. Univ. Paderborn, München u. Münster (Promot. 1969) - 1969 Doz. Koblenz; s. 1971 Prof. Univ.-GH Essen (1981 Konrektor) - BV: Gott mit uns, 1968; Weltbezogener Glaube, 1969; F. Volk u. Vaterland, 1978.

MISSFELDT, Jochen
Schriftsteller - Lauacker 10, 2262 Stadum (T. 04662 - 25 68) - Geb. 26. Jan. 1941 Satrup, ev., verh. s. 1967 m. Ruth, geb. Finckh, 3 Töcht. (Fanny, Nina, Judy) - S. 1982 Stud. Musikwiss., Phil., Volkskd. - Oberstltn. d. Luftwaffe - BV: Gesammelte Ängste, Ged. 1975; Mein Vater war Schneevogt, Ged. 1979; Zw. Oben zw. Unten, Erz. 1982; Capo Frasca u. and. Fliegergesch., Erz. 1984; Solsbüll, R. 1989; D. Rapskönig, Kinderb. 1990 - 1980 Förderpreis Friedr. Hebbel-Stiftg. - Spr.: Engl.

MITCHELL, Terence Nigel
Ph.D., D.Sc., Prof. f. Chemie Univ. Dortmund - Brinksitzerweg 7, 4600 Dortmund 1 - Geb. 19. Nov. 1942 Cirencester/Engl. (Vater: Ernest M., Ing.; Mutter: Rosa, geb. Arnold), verh. s. 1969 m. Karin, geb. Thilemann, S. Christopher - Univ. College London (B.Sc. 1964, Ph.D. 1967) - S. 1980 Prof. Univ. Dortmund (1981-82 Dekan Abt. Chemie) - Liebh.: Wein, Gärtnern - Spr.: Deutsch, Franz.

MITGUTSCH, Ali
Kinderbuchautor u. Illustrator - Türkenstr. 54, 8000 München 40 - Geb. 21. Aug. 1935 München, kath., verh. s. 1960 m. Karin, geb. Ramm, 3 Kd. (Oliver, Florian, Katrin) - Lehre als Lithogr.; Graphikstud. graph. Akad. München - BV: Pepes Hut; Kraxenflori; Rund herum in meiner Stadt; Bei uns im Dorf; Komm m. ans Wasser; Rund ums Rad; Rund ums Schiff; Wir spielen Abenteuer; u.v.m. - 1968 Dt. Jugendbuchpreis, Hans Christian Anderson-Pr. - Liebh.: D. Restaurieren alter Bauernhäuser.

MITSCH, Alfred
Dr. jur., Ltd. Ministerialrat, Vors. Zulassungs- u. Prüfungsaussch. f. Wirtschaftsprüfer Land Hessen, Rheinl.-Pfalz u. Saarl. - Schloßbergstr. 50, 6530 Bingen - Geb. 2. Sept. 1920 Herbstein, verh. s. 1954 m. Vera, geb. Herter, 3 Kd. - Referendar-Ex. 1941, Promot. 1941, Ass.-Ex. 1946 - 1941 wiss. Assist. m. Lehrauftr.; 1942-45 Soldat (Uffz.); 1946-51 Richter u. Staatsanw.; ab 1951 Ministerialbeamter.

MITSCHERLICH, Eilhard
Dr. med. vet., Dr. med. vet. h. c., o. em. Prof. u. ehem. Direktor Tierärztl. Inst. Univ. Göttingen (s. 1955) - Goerdelerweg 8, 3400 Göttingen (T. 2 26 03) - Geb. 25. Juli 1913 Königsberg/Pr. (Vater: Prof. Dr. phil. Dr. agr. h. c. Eilhard M., Ord. f. Pflanzenbau Univ. Königsberg u. Berlin (s. XII. Ausg.); Mutter: Luise, geb. Clauß), ev. - 1948-55 Doz. u. apl. Prof. (1952) Tierärztl. Hochsch. Hannover. Facharb. - BV: Trop. Tierseuchen u. ihre Bekämpf., 1970 (m. K. Wagener); Microbial Survival in the Environment (m. E. H. Marth), 1984 - 1969 Ehrendoktor Tierärztl. Hochsch. Hannover - Bek. Vorf./Onkel: Prof. Oskar Waldemar M., Ravensburg, Großonkel: Prof. Alexander M., Freiburg/Br., Urgroßv.: Prof. Eilhard M., Berlin; Bruder: Gerhard M.

MITSCHERLICH, Gerhard
Dr. d. Forstw., em. o. Prof. Univ. Freiburg (s. 1950; 1963/64 Rektor) - Sonnhalde 92, 7800 Freiburg/Br. (T. 55 21 27) - Geb. 21. April 1911 Königsberg/Pr., ev. - B. 1950 Forstm. Pr. Versuchsanst. f. Waldw. Eberswalde u. Forstamt Lutter/Bbg. (n. Kriegsende) - BV: D. Tannen-Fichten- (Buchen-) Plenterwald, 1952; Wald, Wachstum u. Umwelt, 1978; Wald, Zauber u. Wirklichkeit, 1982. Einzelarb. - Ehrendoktor Univ. München - Eltern u. Vorf. s. Eilhard M. (Bruder).

MITSCHERLICH-NIELSEN, Margarete
Dr. med., Ärztin u. Psychoanalytikerin - Freiherr vom Stein Str. 25, 6000 Frankfurt/M. - Geb. 17. Juli 1917 Graasten/Dän. (Vater: Nis Peter N., Mutter: Margarete, geb. Leopold), verh. s. 1955 m. Alexander Mitscherlich, Psychoanalyt. † 1982 (s. XXI. Ausg.), S. Mathias - Stud. Lit. u. Med. - Ärztin, Psychoanalyt., Beirat Hamburger Inst. f. Sozialforsch. u. Mitherausg. Ztschr. Psyche - BV: Unfähigkeit zu trauern (zus. m. A. Mitscherlich), 1967; Müssen wir hassen?, 1972; Ende d. Vorbilder, 1980; Männer (zus. m. H. Dierichs), 1980; D. friedfertige Frau, 1985; Erinnerungsarbeit, 1987; D. Zukunft ist weiblich, 1987 - 1982 Leuschner-Med., 1984 Flensburger Kulturpreis - Liebh.: Lit. - Spr.: Engl., Dän., Franz.

MITSCHKA, Arno
Dr. phil., em. o. Prof. f. Mathematik u. Didaktik d. Mathematik Univ. Münster - Melchersstr. 24, 4400 Münster/W. (T. 2 26 21) - Geb. 18. April 1911 Waldenburg/Schles. - Stud. Math., Phys., Chem., Musikwiss., Päd. - BV: Elemente d. Gruppentheorie, 1972; Axiomatik in d. Geometrie, 1977 (Studienbücher Mathematik); Didaktik d. Geometrie in d. Sekundarstufe I, 1982.

MITSCHKE, Manfred
Dr.-Ing., o. Prof. u. Direktor Inst. f. Fahrzeugtechnik TU Braunschweig (s. 1966) - Buchfinkweg 1, 3300 Braunschweig (T. 0531 - 87 56 69) - Geb. 5. Mai 1929 Waldenburg - Habil. 1961 TH Braunschweig - Zul. Robert Bosch GmbH, Stuttgart - Beratender Prof. an d. Tongji-Univ. Shanghai - BV: Dynamik d. Kraftfahrzeuge, 1972 (poln. u. chin. Übers.), 2. A. Bd. A 1982 u. 1988 (1987 poln. Übers.), Bd. B 1984 (1989 poln. Übers.), Bd. C 1990. Herausg.: Fahrzeugtechn. Schriftenr.; Zahlr. Fachveröff. - 1964 VDI-Ehrenring; 1987 SAE-Japan-Award; Wiss. Beirat b. Bundesmin. f. Verkehr, Gr. Technik; Mitgl. Braunschweig. Wiss. Ges.

MITSCHKE-COLLANDE, von, Volker
s. Collande, v., Volker

MITTAG, Rudolf
Dr. rer. nat., Geschäftsführer a. D. Wacker-Chemie GmbH, München - Hochackerstr. 32b, 8012 Riemerling (T. 089 - 609 01 28; Büro: München 089 - 21 09-1) - Geb. 1. Juli 1920 Tetschen/Elbe, verh. (Ehefr.: Theresa) - Stud. Chemie Prag u. Aachen (Dipl.-Chem.) - Ehrensenator TU München - Spr.: Engl. - Rotarier.

MITTAS, Wolfgang
Rechtsanwalt, Justitiar d. SFB - Am Hirschsprung 43, 1000 Berlin 33 (T. 832 30 94) - Geb. 23. Dez. 1931 Berlin (Vater: Wilhelm M., Kaufm.; Mutter: Agnes, geb. Dürre), ev., verh. s. 1965 m. Ines, geb. Wittkowski, 2 Töcht. (Tatjana, Julia) - Stud. Rechtswiss. Univ. Frankfurt/M. (1951), Berlin/Freie (1952-54), Chicago (1955). Staatsprüf. 1954 u. 59 - S. 1959 RA; Synd. Ind. - Liebh.: Geschichte, Malerei - Spr.: Engl., Franz.

MITTELMEIER, Heinz
Dr. med., Prof. u. Direktor Orthopäd. Klinik Univ. d. Saarl. (s. 1964) - Klinikum, 6650 Homburg/Saar (T. 1 61); priv.: Am Gedünner 25, 6650 Homburg/Saar - Geb. 9. Okt. 1927 Kothau/Bay. (Vater: Georg M.; Mutter: Berta, geb. Eberl), verh. m. Mia Moster-Mittelmeier - Univ. München u. Graz. Promot. 1954; Habil. 1961 - 1961-64 Privatdoz. FU Berlin. 1967-68 Vors. Südd. Orthopäden-Vereinig.; 1969-73 Vors. Arbeitsgem. wiss.-med. Fachges. 1964 Präs. Dt. Ges. Orthop. Traum, 1974; 1988 Präs. Dt. Ges. Plast. u. Wiederherst.Chir. Zahlr. Fachveröff. - Ehrenmitgl. versch. nat. u. intern. wiss. Ges.; 1982 Lexer-Preis; 1987 Saarl. VO.

MITTELSTAEDT, Horst
Dr. phil. nat., Prof., em. wissenschaftliches Mitglied d. Max-Planck-Inst. f. Verhaltensphysiologie - 8130 Seewiesen - Geb. 28. April 1923 - Univ. Kiel, Heidelberg - 1960-91 wiss. Mitgl. Dir. Max-Planck Inst. f. Verhaltensphysiol.; 1968-77 Präs. Ges. f. Kybernetik; Hon.-Prof. TU München - Arbeiten üb. Reafferenzprinzip, 1950/71; Biologische Regelung, 1956; Schwereorientierung, 1973/78; Subjektive Vertikale, 1983ff.

MITTELSTAEDT, Peter
Dr. rer. nat. (habil.), o. Prof. f. Theoret. Physik Univ. Köln (s. 1965; 1970/71 Rektor) - v.-Bodelschwingh-Weg 10, 5042 Erfstadt-Lechenich - Zul. München.

MITTELSTAEDT, Werner
Freier Autor, Zukunfts- u. Friedensforscher - Rotthauser Str. 97, 4650 Gelsenkirchen 1 - Geb. 2. Jan. 1954 Gelsenkirchen, verh. s. 1977 - Industriekaufm. 1970-73 - S. 1977 Vors. d. Ges. f. Zukunftsmodelle u. Systemkritik e.V.; Herausg.: Ztschr. Blickpunkt Zukunft (m. d. GZS) - BV: Wachstumswende - Chance f. d. Zukunft, 1988; zahlr. and. Veröff. in Ztschr. - Spr.: Engl., Franz.

MITTELSTEINER, Karl-Heinz

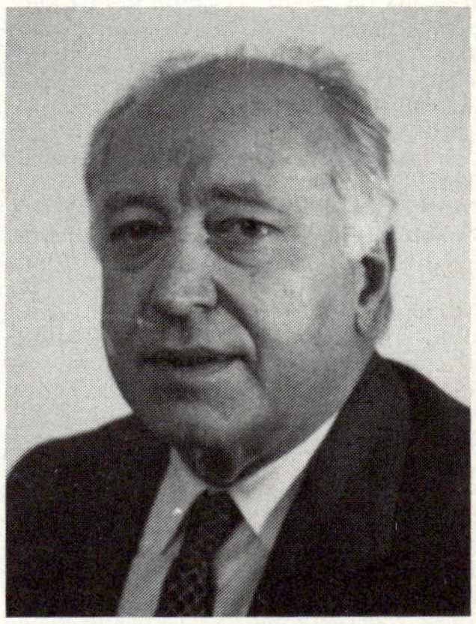

Steuerberater. AR Hamburger Bank von 1861 (s. 1979), Präs. Steuerberaterkammer Hamburg (s. 1961), stv. Vorst.-Vors. DATEVeG (s. 1966), 1. Vizepräs. Bundessteuerberaterkammer (s. 1975), AR-Vors. Germadent eG - Große Bleichen 68, 2000 Hamburg 36 (T. 34 55 13) - Geb. 31. Jan. 1923 Hamburg (Vater: Max M., Techn.; Mutter: Alice, geb. Peuss), ev., verh. s. 1969 in 2. Ehe m. Ingeborg, geb. Kramer, 3 Kd. (Michael, Claus, Jutta) - Mittelsch.; Lehre Bankkaufm. Prüf. Bilanzbuchh. - BV: Handb. d. Steuerberat., 1963; Kommentar z. Finanzgerichtsordn., 1966; Kommentar z. Steuerberatungsgesetz, 2. A. 1975; Abgabenordnung, 1976; Illustr. Gesch. d. steuerberatenden Berufes, 1984;

Handb. z. Steuerberater-Gebührenverordnung - 1973 BVK I. Kl., 1983 Gr. BVK.

MITTELSTEN SCHEID, Erich

Dr.-Ing., Fabrikant, Beiratsvors. Vorwerk & Co., Wuppertal-E. (s. 1969) - Hohenstaufenstr. 22, 5600 Wuppertal-Barmen (T. 55 31 55) - Geb. 30. Juni 1907 Barmen (Vater: Geheimrat August M. S., Fabr. (s. XII. Ausg.); Mutter: Mathilde, geb. Vorwerk), ev., verh. s. 1936 m. Charlotte, geb. Ibach - TH München (Maschinenbau) - 1932-33 USA; s. 1934 Vorwerk & Co. KG. (1938 pers. haft. Gesellsch.). Zahlr. Ehrenstell. - 1965 Ehrenbürger TH Aachen; 1964 Wallace Clark Award; 1968 Gr. BVK - Liebh.: Musik, Skilaufen, Bergsteigen - Spr.: Engl., Franz. - Rotarier.

MITTELSTEN SCHEID, Jörg

Dr. jur., Rechtsanwalt, pers. haft. Gesellsch. Vorwerk & Co., Wuppertal-Barmen, Präs. IHK Wuppertal/Solingen/Remscheid (s. 1985), Vizepräs. DIHT, u. Eurochambres - Zu erreichen üb. Vorwerk, Mühlenweg 17-37, 5600 Wuppertal 2 - Geb. 7. Mai 1936 - AR-Mitgl. Gothaer Versicherungsbank Köln; Konzern-Beirat Commerzbank AG, Frankfurt; Beirat Johnson Chemie GmbH, Haan, Barmenia Versich. Wuppertal.

MITTELSTENSCHEID, Karl Otto

Dipl.-Volksw., Vorstandsmitglied i.R. Schering AG, Berlin/Bergkamen - Stuhmer Allee 1B, 1000 Berlin 19 (T. 304 43 82) - Geb. 19. Mai 1916 Berlin (Vater: Dr. phil. Erich M.; Mutter: Else, geb. Wurm), ev., verh. in 2. Ehe s. 1959 m. Felicitas, geb. Meyer, 3 Kd. (Thomas, Wieland, Katrin) - Stud. WH Berlin, Univ. Genf, Frankfurt, Heidelberg - Mehrere AR-Mandate (Vors.), etc. - 1977 Gr. BVK; 1981 Stern z. Gr. BVK - Rotarier.

MITTELSTRASS (ß), Jürgen

Dr. phil., Prof., Ord. f. Philosophie Univ. Konstanz (s. 1970) - Uhlandstr. 31, 7750 Konstanz (T. 5 54 10) - Geb. 11. Okt. 1936 Düsseldorf (Vater: Ernst M., Kaufm.; Mutter: Charlotte, geb. Gödecken), ev., verh. s. 1962 m. Renate, geb. Senger, 4 Töcht. (Bettina, Katharina, Julia, Johanna) - Promot. (1961) u. Habil. (1968) Erlangen - 1963-70 Wiss. Assist. u. Doz. (1968) Univ. Erlangen. 1970 Visit. Prof. Temple Univ. Philadelphia - BV: D. Rettung d. Phänomene, 1962; Neuzeit u. Aufklärung, 1970; D. Möglichkeit v. Wissenschaft, 1974; Wiss.-theorie als -kritik, 1974 (m. P. Janich u. F. Kambartel); Wiss. als Lebensform, 1982; Fortschritt u. Eliten, 1984; D. Modernität d. Antike, 1986; Geist, Gehirn, Verhalten (m. M. Carrier), 1989; D. Flug d. Eule, 1989; D. Wahrheit d. Irrtums, 1989; Geisteswissenschaften heute (1991, m. W. Frühwald u.a.); Umweltstandards (1992, m. K. Decker u.a.). Herausg.: Enzyklopädie Phil. u. Wiss.theorie (1980ff.); Zukunft d. Alterns u. gesellschaftl. Entwicklung (1992, m. P. B. Baltes) - 1985-90 Mitgl. Wiss.-Rat, 1987-91 Mitgl. Akad. d. Wiss. zu Berlin; s. 1988 Mitgl. Acad. Europaea, 1989 Leibniz-Preis d. Dt. Forsch.gemeinsch., 1992 Arthur Burkhardt-Preis - Liebh.: Sport (Feldhockey, Tennis, Ski), Malerei - Spr.: Lat., Griech., Engl.

MITTENDORFF, Herbert

Dr. jur., Vorstandsmitglied Dt.-Südamerik. Bank AG., Hamburg (s. 1974) - Drosselweg 6a, 2070 Ahrensburg (T. Büro: 34 10 71) - Geb. 23. Mai 1927 Bremen (Vater: Oswald M., zul. Präs. Rechnungshof, Bremen; Mutter: Elisabeth, geb. Reisener), ev., verh. s. 1954 m. Hannelore, geb. Rösch, 3 Kd. (Rüdiger, Frank, Anke) - Univ. Hamburg, Frankfurt/M., Pisa (Rechts- und Staatswiss.); Jurist. Staatsprüf. 1950 u. 1953 - 1954-65 Kreditanst. f. Wiederaufbau, Frankfurt/M. (Abt.sdir.), 1965-74 Geschäftsf. Dt. Ges. f. wirtschaftl. Zusammenarbeit (Entwicklungsges.) mbH., Köln - Spr.: Engl., Ital., Span.

MITTER, Wolfgang

Dr. phil., Prof., Direktor Abt. Allg. u. Vergl. Erziehungswissenschaft Dt. Inst. f. Intern. Päd. Forsch. Frankfurt/M. - Im Rosengärtchen 43, 6370 Oberursel/Ts. - Geb. 14. Sept. 1927 Trautenau (Vater: Karl M., Studienrat), kath., verh. s. 1957 m. Sylvia, geb. Saenger, 2 T. (Doris, Sonja) - 1948-54 Stud. Univ. Mainz u. Berlin (1. u. 2. Staatsex. f. Lehramt an Gymn., Promot.) - 1978-81 u. s. 1987 Dir. Forschungskollegium Dt. Inst. f. Intern. Päd. Forsch. Frankfurt; 1981-85 Präs. Comparative Education Soc. in Europe; s. 1991 Präs. World Council of Comparative Societies - BV: D. sowj. Schulwesen, 1970; Secondary school graduation: univ. entrance qualifications in socialist countries, 1978; Hochschulzugang in Europa, 1979; Kann d. Schule erziehen?, 1983; Education for all, 1984; Schule zw. Reform u. Krise, 1987 - Liebh.: Musik (Klavier), Wandern - Spr.: Engl., Russ., Franz., etwas Poln. u. Ital.

MITTERER, Erika

Schriftstellerin - Veitingerg. 147, Wien XIII (T. 804 36 36) - Geb. 30. März 1906 Wien, kath., verh. s. 1937 m. Dr. Fritz Petrowsky, 3 Kd. - Mittelsch.; Fürsorgeausbild. - W: Dank d. Lebens, Ged. 1930; Höhensonne, Erz. 1933; Gesang d. Wandernden, Ged. 1935; D. Fürst d. Welt, R. 1940 (norw. 1942); Begegnung im Süden, Erz. 1941; D. Seherin, Erz. 1942; Wir sind allein, R. 1945; D. nackte Wahrheit, R. 1951; Wasser d. Lebens, R. 1953; Kl. Damengröße, R. 1953; Briefwechsel in Gedichten (aus R. M. Rilkes Nachlaß), 1950; Ges. Gedichte, 1956; Tauschzentrale, R. 1958; Verdunkelung, Dr. 1958; D. Welt ist reich u. voll Gefahr, Auswahlbd. 1964; Klopfsignale, Ged. 1970; Entsühnung d. Kain, Ged. 1974; Alle unsere Spiele, R. 1977 (engl. 1988); D. verhüllte Kreuz, Ged. 1985; D. Fürst d. Welt (Neuausg.), R. 1988 - 1930 Julius-Reich-Preis, 1948 Preis f. Dichtkunst Stadt Wien, 1971 Handel-Mazzetti-Preis, 1975 Ehrenkreuz f. Wissensch. u. Kunst, 1985 Österr. Ehrenzeichen f. Wiss. u. Kunst, 1986 Gold. Ehrenmed. Stadt Wien.

MITTERMAIER, Rosi

Skifahrerin - Königstandstr. 4, 8100 Garmisch-Partenkirchen - Geb. 5. Aug. 1950 (Vater: Heinrich M., Hotelier), verh. m. Christian Neureuther (Ski- u. Skischuhfabrikant, FS-Unterhalter u. Wintersportler), 2 Kd. (Ameli, Felix-Christian) - S. 1968 Olympiateilnehmerin (Abfahrtslauf, Slalom, alpine Komb.). 16 x Dt. Alpine Meisterin; 1976 (Olympiade Innsbruck) 2 Gold- u. 1 Silbermed.; 1976 Gewinnerin Alpiner Worldcup; 1976 Bambi; 1978 Gold. Kamera - BV: Skizirkus, 1977; Unser Skibuch (Skilehrb.), 1983; Skiparadiese (Skigebietführer, m. Chr. Neureuther), jährl.

MITTERMAYR, Hannes K.

Präsident St. Petersburg Travel Center Inc./USA, Honorarkonsul d. Bundesrep. Deutschl. in Florida/USA - 4400 Central Avenue, St. Petersburg, Fl 33711, USA - Geb. 4. Jan. 1929 Wels (Vater: Hans M., Kaufm.; Mutter: Leopoldine, geb. Sillinger-Burg), kath., verh. s. 1953 m. Dr. rer. oec. Ernestine, geb. Schilling, Sohn Markus Aurelius - Abit. 1948 Bundesrealgymn. Wels; Absolutorium Univ. Innsbruck 1952, staatl. Lehramtsprüf. f. Geogr. - S. 1960 Präs. St. Petersburg Travel Center Inc. S. 1976 Honorarkonsul - 1966 Kiwanis of the Year Award; 1972 Ehrenbürger St. Petersburg, Florida; 1975 Verdienstmed. Rep. Österr. in Gold f. Verd. um d. Fremdenverkehr; 1985 Mitgl. Presidential Task Force u. Verdienstmed. USA; 1986 BVK I. Kl. - Liebh.: Segeln, Golf, Schach - Spr.: Engl., Franz., Span. - Lit.: Who is Who in Österr.

MITTERMEIER, Jakob

Konrektor, MdL Bayern (s. 1978) - Lantpertstr. 4, 8058 Erding/Obb. - Geb. 6. Juni 1939 Aufhausen (Eltern: Jakob (Hilfsarb.) u. Anna M.), verh., 2 T. - 1950-59 Domgymn. Freising (Abit.); 1959-60 Bundeswehrdst. Koblenz; 1960-66 TH München (Math., Phys.). Prüf. f. d. Lehramt an Realsch. - S. 1966 Realschuldst. München, Erding (1966), Markt Schwaben (1973; I. Konrektor). 1972 ff. Mitgl. Gemeinderat Altenerding, Stadtrat Erding u. Kreistag Erding. CSU.

MITTERMÜLLER, Alois

Buchbinder, DGB-Kreisvors., MdL Bayern (b. 1978), Stadtrat München (s. 1978), Vorst.svors. AOK München, stv. ARsvors. GEWOG München - Nadistr. 20, 8000 München 40 (T. 351 86 94) - Geb. 1940 - SPD.

MITTERMÜLLER, Horst

Dr. rer. pol., Bankdirektor, Vorstandsmitgl. Dt. Centralbodenkredit-AG, Berlin/Köln i.R. - Kaiser-Wilhelm-Ring 27-29, 5000 Köln (T. 5 72 11); priv.: Odinweg 23, 5060 Bensberg - Geb. 8. Mai 1929 Saarbrücken (Vater: Dr. Hermann M.; Mutter: Inge, geb. Ellingen), verh. m. Ursula, geb. Berg, 4 Kd. (Thomas, Andreas, Julia, Jan) - Univ. Köln. Dipl.-Kfm.

MITTIG, Hans-Ernst

Dr. phil., Prof. f. Kunstgeschichte Hochsch. d. Künste Berlin - Dudenstr. 32, 1000 Berlin 61 - Geb. 10. Mai 1933 Hamburg (Vater: Heinrich M., Kaufm.; Mutter: Margarete, geb. Lunde) - Gr. Jurist. Staatsprüf. 1961, Promot. 1967 - Hochschulassist; s. 1974 PH, jetzt Hochsch. d. Künste Berlin (Prof.) - BV: Kloster Medingen, 1971; Dürers Bauernsäule, 1984; NS-Architektur f. uns, 1991. Mithrsg.: Denkmäler im 19. Jh. (1972); D. Dekoration d. Gewalt (1979) - Liebh.: Schach, Gartenbau - Spr.: Engl., Franz., Ital., Lat.

MITTLER, Elmar

Dr., Prof., Direktor d. Nieders. Staats- u. Univ.bibl. Göttingen, Hon.-Prof. d. Univ. Mainz, Sprecher d. Bundesvereinigung Dt. Bibl.verb. - Prinzenstr. 1, 3400 Göttingen - Geb. 8. Mai 1940.

MITTMEYER, Hans-Joachim

Dr. med., Prof. f. Gerichtl. Medizin u. Verkehrsmedizin Univ. Tübingen - Kolberger Str. 9, 7406 Mössingen - Geb. 30. Nov. 1940 Magdeburg (Vater: Dr. Benno M., Arzt; Mutter: Magdalena, geb. Haller), ev., verh. s. 1971 m. Dorothea, geb. Diener, 2 T. (Claudia, Kornelia) - Promot. 1969, Habil. 1978 - 1978-81 Privatdoz., s. 1981 Prof. in Tübingen.

MITZKAT, Hans-Jürgen

Dr. med., Prof. f. Inn. Medizin Med. Hochsch. Hannover - Gropiusstr. 22, 3000 Hannover 71 - Geb. 11. Febr. 1931 Bremen (Vater: Richard M., Baurat u. Abt.-Leit.; Mutter: Margarethe, geb. Boeckmann), ev.-luth., verh. s. 1957 m. Brigitte, geb. Meyer, 2 S. (Martin, Markus) - 1950/51 u. 1956/57 Univ. Zürich u. Göttingen (12 Sem. Med., 2 Sem. Chemie; Stip. Studienstiftg. d. dt. Volkes; ärztl. Prüf. 1957, Promot. 1957, Approb. 1959) - 1960-63 Stip. Dt. Forschungsgemeinsch., Phys.-chem. Inst. Univ. Marburg; 1963-67 wiss. Assist. Med. Poliklinik Univ. Marburg; s. 1978 Prof. Hannover. 120 Veröff. üb. endokrine Regulation d. Leberstoffw., Leberstoffw. b. Diabetes mell., Insulin-Sekretion, C-Peptid-Sekretion, Hypoglykämie-Diagnostik, periphere Parameter v. Hormonwirk., Schwangersch. u. Diabetes, Fertilitätstör. u.a. - Spr.: Engl.

MITZLAFF, Stefan

Dr. rer. pol., Kunstmaler - Anthonieweg 16, 3500 Kassel - Geb. 11. Juni 1943 Berlin, verh. s. 1984 m. Elke, geb. Lehmann, T. Jo Marie - 1954-67 Stud. Grafik AGS Basel; Sozialwiss. Univ. Basel u. Mannheim, Dipl. Soz.; Soz.-Psychiatr., Soz.-Arbeit Univ. Konstanz, Lic. rer. Soc., 1978; Promot. 1986 Univ. Bremen - Kunstausst. Schweiz, Bundesrep. Dtschl., USA (s. 1967). 1980, 1984ff. Gastdoz. Univ. Hawaii; GH-Univ. Kassel. Fachübers.

MITZSCHERLING, Peter

Dr. rer. pol., Dipl.-Kfm., Senator a.D. - Holstweg 17, 1000 Berlin 37 - Geb. 14. Dez. 1928 Löbau/Sa., verh. s. 1953 m. Gisela, geb. Richter, 2 Kd. (Ulrich, Ulrike) - Abit. Radeberg 1947, Stud. Volks- u. Betriebsw. Dipl. 1959 u. Promot. 1967 TU Berlin - 1948-60 Berliner Sozialversich., 1961-74 wiss. Mitarb. Dt. Inst. f. Wirtschaftsforsch., Berlin (s. 1967 Leit. Abt. DDR u. östl. Ind.länder), 1974-80 Senatsdir. (Staatssekr.) f. Arbeit in Berlin. MdB (1980-89, zul. Vors. Unteraussch. Außenwirtsch.- u. Handelspolitik d. Bundestages, stv. Vors. Arbeitskr. Wirtschaftspolitik SPD-Fraktion), 1989-91 Senator f. Wirtsch. d. Landes Berlin. AR-Mitgl. Landesbank Berlin, Kurat. Ost West Wirtschafts-Akad., u.a. - SPD - Zahlr. Veröff. z. Wirtschafts- u. Sozialpolitik - Gr. BVK.

MLEINEK, Mischa Joachim

Schriftsteller - Leopoldstr. 52, 8000 München 40 (T. 39 07 88) - Geb. 18. Nov. 1927 Berlin - N. Abitur journalist. Ausbild. - Redakt., Dramat., Übers. - BV/R.: Küß nicht in Italien, Heute Nacht in Foggy Hill, Keiner kommt an Ben vorbei, Mörder aus d. Märchenbuch, Mallorca-Story, Was haben Sie gegen Lilien?, Tatort Achterbahn, Ich finde Mörder reizend, Ich mache d. Rechnung, Schattenspiel, Steine schweigen, Es taut am Monte Rosa, Engel sterben nicht; Ged.: D. kl. Menagerie. 600 Lieder u. Chansons, 12 Drehb., Kabarettprogramme, Funk- (üb. 500) u. Fernsehsend. (700). Musicalübers.: Stop The World . . . , Espresso Bongo, Workhouse Donkey, Can-Can, Robert and Elizabeth, Towaritsch, Mikado, Your Own Thing, A Chorus Line - Liebh.: Filmen, Mineralogie - Spr.: Engl., Ital.

MLYNSKI, Dieter A.

Dr.-Ing., Dipl.-Phys., o. Prof. Theoret. Elektrotechnik Univ. Karlsruhe (s. 1973), Institutsleit. - Albert-Schweitzer-Str. 47, 7500 Karlsruhe (T. 68 66 63) - Geb. 30. Jan. 1932 Berlin (Vater: Alfons M., Ing.; Mutter: Elisabeth, geb. Wieczorek), kath., verh. s. 1963 m. Eleonore, geb. Ross, 2 Söhne (Alexander, Michael) - Stud. d. Phys. Univ. Jena; Dipl.ex. 1958 Jena; Promot. 1964 Aachen; Habil. 1968 ebd. - 1959-63 Ind.tätig. Siemens AG, Karlsruhe; 1963-72 TH Aachen (wiss. Assist., Obering. u. 1969 Wiss. Rat u. Prof.); 1969, 71, 79, 83 u. 89 Gastprof. USA; s. 1985 Sprecher Dt.-Franz. Inst. f. Automation u. Robotik, Teilinst. Karlsruhe; European Editor of Journal of Circuits, Systems and Computers; Fellow of The Inst. of Electrical and Electronics Engineers - 1991 Ehrendoktor d. TU Danzig, Polen - Spr.: Engl.

MOAZAMI-GOUDARZI, Yadollah

Dr. med., Prof., Arzt f. Allgemein-, Unfall- u. Kinderchirurgie, Oberarzt f. Traumatologie d. Univ.-Klinikums Rudolf Virchow Berlin - Klistostr. 28, 1000 Berlin 37 (T. 030 - 815 43 87) - Geb. 30. April 1932 Broudjerd/Iran, verh. s. 1963 m. Sieglinde, geb. Goldkuhle, 2 Kd. (Modjgan, Mehran) - Med.-Stud. Univ. Frankfurt; Staatsex. 1960, Promot. 1964, Approb. 1979, Habil. 1983 - 1967 Arzt f. Chir.; 1968-70 Oberarzt chir. Abt. Bezirkskrankenhs. Forbach/Baden; 1971-77 Chefarzt d. 1. chir. Klinik d. Iran. Luftwaffe; 1978 Dozent Dt.-Iran. Univ.; 1979-87 Oberarzt f. Kinderchir. u. Leit. Kindertraumatologie Rudolf Virchow-Krkhs. Berlin; Mitgl. Dt. Ges. f. Chir., Unfall- u. Kinderchir., Berufsverb. Dt. Chirurgen, Berliner Ges. f. Chir. u. Unfallchir. - Zahlr. wiss. Arb. u. Publ. üb. Chir., Unfall- u. Kinderchir. - Liebh.: Sport, Musik - Spr.: Persisch, Deutsch, Engl.

MOCKENHAUPT, Hubert

Dr. phil., Dipl.-Soziol., Ordinariatsrat

am Bischöfl. Generalvikariat Trier, Doz. f. Kath. Soziallehre Sem. f. Gemeindepastoral Koblenz u. f. Soziol. Fachsch. f. Altenpflege Trier - Kleine Eulenpfütz 10, 5500 Trier (T. 0651 - 7 55 40) - Geb. 3. Febr. 1925, kath. Priester - 1945-57 Stud. Phil., 1947-51 Theol., 1964-67 Volksw., 1967-70 Soziol. u. Sozialgesch.; Promot. 1976 Saarbrücken - Leit. d. Abt. Sozial-Pastorale Dienste; Vors. Arbeitsgem. d. Soz. Sem. in d. Bundesrep. Dtschl.; Nationalleit. UNIO APOSTOLICA Dtschl. - BV: Kath. Sozialpolitik im 20. Jh., 1976; Weg u. Wirken d. geistl. Sozialpolitikers Heinrich Brauns, 1977 - 1969 Ehrenconventual-Kaplan d. Souveränen Malteserordens; 1970 BVK.

MOCKER, Karl

Dr. jur., Staatssekretär a.D. - Königsturmstr. 2, 7070 Schwäbisch Gmünd (T. 50 45) - Geb. 22. Nov. 1905 Horatitz/Sudetenland, kath., verh. m. Willa, geb. Lienert, Sohn Rüdiger - Realgymn. Saaz; Univ. Prag (Promot. 1929), HH Wien - Ab 1935 Anwaltspraxis Komotau/Sudetenl. (b. 1945) u. Schwäb. Gmünd (1947 ff.); 1972-76 Staatssekr. baden-württ. Landesreg. (m. Sitz u. Stimme im Kabinett). 1948-81 Vors. Landesverb. Baden-Württ. u. Mitgl. Präsidium Bundesverb. d. Vertriebenen; 1950-60 u. 1963-64 MdL Württ.-Baden bzw. Baden-Württ. (1953 ff. Fraktionsvors. GDP); 1953-57 MdB. GDP (1955 ff. Franktionsvors.). AR-, VR-Mand. CDU - Gr. BVK m. Stern, Verdienstmed. Baden-Württ., Verfassungsmed. in Gold Baden-Württ.

MOCKER, Klaus

Hauptgeschäftsführer Wirtschaftsverb. d. dt. Kautschukindustrie e. V. - Zeppelinallee 69, 6000 Frankfurt 90 (T. 069 - 7 93 60) - Geb. 23. Nov. 1938 Frankfurt - Spr.: Engl., Franz.

MODERHACK, Dietrich

Dr. rer. nat., Prof. f. Pharmazeutische Chemie TU Braunschweig - Adolfstr. 52, 3300 Braunschweig (T. 0531 - 7 13 17) - Geb. 14. April 1940 Berlin (Vater: Dr. Richard M., Archivdir.; Mutter: Charlotte, geb. Janetzky), ledig - 1962-65 Pharmazie-Stud. Braunschweig; Staatsex. 1965, Promot. 1968; 1974/75 DFG-Stip. Univ. of East Anglia (Engl.); Habil. 1978 - S. 1965 Apotheker; 1970 Akad. Rat, 1975 Oberrat, s. 1982 Prof., alles TU Braunschweig. Facharb. in versch. Ztschr. - Spr.: Engl., Ital.

MODICK, Klaus

Dr. phil., Schriftsteller - Tegelbuschweg 59, 2901 Wiefelstede (T. 04458 - 6 69) - Geb. 3. Mai 1951 Oldenburg, verh. s. 1984 m. Marjorie Jamison, geb. Gifford. 2 Töcht. (Marlene, Emily) - Abit. 1971; 1. Staatsex. Lehramt an Gymn. (Deutsch, Gesch.) 1977 Hamburg; Promot. (Lit.-Wiss.) 1980 ebd. - 1979-83 Werbetexter in Hamburg; s. 1983 fr. Schriftst., Krit. u. Übers. - BV: Lion Feuchtwanger im Kontext d. 20er J., 1981; Moos, 1984; Ins Blaue, 1985; D. Grau d. Karolinen, 1986; D. Stellen d. Schrift, 1988; Weg war weg, 1988; Privatvorstellung, 1989: D. Schrift v. Speicher, 1991; D. Schatten, den d. Hand wirft, 1991; D. Licht in d. Steinen, 1992. Übers.: William Gaddis: D. Erlöser - 1986 Lit.-Förderpreis Hamburg; 1989 Nieders. Künstlerstip.; 1990/91 Stip. Villa Massimo; 1992 Poetik-Dozentur in Tokyo/Japan - Spr.: Engl., Franz., Lat., Ital., Griech. - Lit.: Harry Nutt: Tiefbohrungen ins Blaue. Üb. d. Schriftst. K. M.; Ulrich Baron: K. M. (KLG).

MODLMAYR, Hans-Jörg

M.A., Schriftsteller, Kulturkritiker - Graf Landsbergstr. 4, 4280 Borken-Gemen (T. 02861 - 21 73) - Geb. 6. März 1940 Füssen (Vater: Jörg M.), verh. s. 1965 m. Hildegard, geb. Heimath, 2 T. (Maria-Margaretha, Maria-Antonia) - 1960-69 Stud. Univ. Würzburg, Innsbruck, Southampton, Cambridge (Peterhouse), Heidelberg; B.A. 1966; M.A. 1971 Cambridge - 1962-63 Assist. Teacher Gosport County Grammar School; 1969-73 Dt. Lektor Gonville & Caius College Univ. Cambridge. Mitgl. Verb. Dt. Schriftst. - BV: Blech-Konserven-Romantik, 1968; König Lear auf Patmos (m. Linolschnitten v. F. Möser), Teil I 1973; König Lear auf Patmos, Gedichtzyklus (Symphony No. 1 v. J. J. Gordon); D. heilige Stadt, Gedichtzyklus (Linolschn. Fritz Möser, Vertonung J. J. Gordon); Hiob, Gedichtzyklus (m. Linolschnitten v. Fritz Möser, Vertonung J. J. Gordon); Neue Psalmen, Gedichtzyklus (Vertonung in Symphony No. 3 v. J. J. Gordon, BBC3, 21.2.91); Emsdettener Totentanz, Gedichtzyklus (m. Linolschnitten v. Fritz Möser, Vertonung William Thomas Mc Kinley, (Boston, UA 1992); Kantate MAUERN, Gedichtzyklus (Linolschnitte v. Fritz Möser, Vertonung William Thomas Mc Kinley, UA 1992 in Boston, Mass.).

MÖBIUS, Werner

Geschäftsführer AEG-Elotherm GmbH., Remscheid - Hammesberger Str. 31, 5630 Remscheid - Geb. 6. April 1928.

MÖBUS, Claus

Dr. phil., Prof. f. Angewandte Informatik Univ. Oldenburg - Schloßgartenstr. 33, 6940 Weinheim - Geb. 15. Mai 1946 Wilhelmshaven (Vater: Horst M., Fernmeldetechn.; Mutter: Erika, geb. Haas), ev., verh. s. 1972 m. Elke, geb. Wilhelm - Univ. Heidelberg (Dipl.-Psych. 1970, Promot. 1974, Habil. 1978) - 1977 Prof. f. Psych. FU Berlin; s. 1978 Prof. f. Angew. Informatik Univ. in Oldenburg - BV: Fachveröff. z. angew. Informatik, Statistik u. kogn. Prozesse, intelligente Tutorsysteme. Mithrsg. d. Journal of Artificial Intelligence in Education (s. 1991). Mitgl. Ges. f. Informatik (GI), Dt. Ges. f. Psychol. (DGfP), Cognitive Science Soc., Assoc. for Computing Machinery (ACM), The American Assoc. for Artificial Intelligence, Soc. for the Study of Artificial Intelligence & Simulation of Behaviour (AISB).

MOEBUS, Joachim Friedrich

Dr. phil., Prof. f. Soziologie u. Religionswiss. FU Berlin - Carmerstr. 2, 1000 Berlin 12 (T. 313 71 02) - Geb. 24. April 1928 Berlin (Vater: Friedrich Rudolf M., Kaufm.; Mutter: Margarete, geb. Sperling), ev., verh. s. 1963 m. Tana, geb. Herzberg, T. Saskia Annabell - Univ. u. FU Berlin (Promot. 1959, Habil. Religionswiss. 1972, Habil. Soziol. 1979) - S. 1972 Prof. Fachveröff.

MÖBUS, Walter

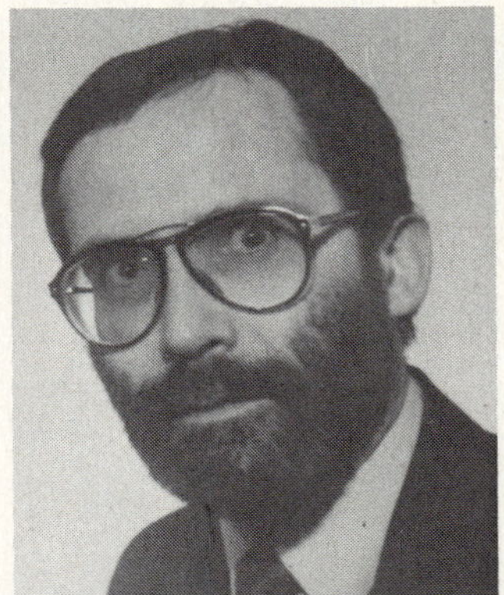

Dr.-Ing., Mitglied d. Landtages Thüringen (s. 1990) - Weizenstr. 18, O-5400 Sondershausen (T. 03632 - 83 95) - Geb. 5. Okt. 1947 Schwebendorf, ev., verh. s. 1971 m. Renate, geb. Kiel, 6 Kd. (Ronald, Hendrik, Christiane, Bernhard, Fabian, Wieland) - Stud. 1968-72 TU Dresden; Dipl.-Ing. 1972; Promot. 1978 TU Dresden - 1990 Mitgl. d. Volkskammer - Liebh.: Lit. - Spr.: Engl., Russ.

MÖBUSZ, Rüdiger

Werbegrafiker, MdL Schlesw.-Holst. (Wahlkr. 37/Lübeck Mitte) - Vermehrenring 4A, 2400 Lübeck (T. 0451 - 6 66 11; 0431 - 596, 2209) - Geb. 26. Jan. 1940 Lübeck - SPD.

MOECK, Hermann

Dr. phil., Musikverleger, Inh. Fa. Moeck Verlag u. Musikinstrumentenwerk - Postf. 143, 3100 Celle (T. 8 85 30) - Geb. 16. Sept. 1922 Lüneburg, ev., verh., 4 Kd. - Stud. Phil., Musikwiss., Kunstgesch., Psychol., Völkerkd. Univ. Göttingen u. Münster - Vice-Pres. Soc. of Recorder Players; Ehrenmitgl. IHK Lüneburg-Wolfsburg; Pastgovernor Rotary Intern; Vorst.-Vors. Celler Schloßtheater. Zahlr. Art. üb. Musikinstr. Mithrsg.: Ztschr. TIBIA (f. Holzbläser) - BVK 1. Kl. - Liebh.: Lesen, Schreiben, Sammeln, Boot- u. Radfahren, u. a.

MÖCK, Kurt

Dipl.-Volksw., Vorsitzer d. Geschäftsltg. Union Dt. Lebensmittelwerke GmbH., Hamburg (1981 Ruhest.) - Babenkoppel 7, 2070 Großhansdorf - Geb. 25. März 1919 - Stud. Volkswirtsch.; Trainee-Ausb. Unilever-Konzern - Verkaufs- u. Marketing-Dir. Indonesien, Gf. Margarine-Union. Versch. Ehrenämter, dar. 1972 ff. Vors. Dt. Markenverb.

MÖCKEL, Andreas

Dr. phil., o. Prof. f. Sonderpädagogik - Von-Luxburg-Str. 9, 8700 Würzburg (T. 0931 - 8 32 85) - Geb. 30. Jan. 1927 Großpold/Rumänien (Vater: Dr. Konrad M., Pfarrer; Mutter: Dr. Dora, geb. Schullerus), ev., verh. s. 1959 m. Anneliese, geb. Fröhlich, 3 T. (Katharina, Maria, Anna) - 1953-58 Stud. Tübingen, Berlin u. München (Päd., Phil., Gesch.), Dr. phil. 1961 Tübingen - 1962 Doz. PH Reutlingen, 1967 Prof. u. Leit. Inst. f. Sonderpäd. PH Reutlingen, 1976 Prof. Univ. Würzburg - BV: D. besondere Grund- u. Hauptschule, 1976; Geschichte d. Heilpäd., 1988. Aufs. in Fachztschr.

MÖCKEL, Ulrich

I. Bürgermeister Stadt Bad Wörishofen - Rathaus, 8939 Bad Wörishofen/Schw. - Geb. 15. Jan. 1942 Zwickau/Sa. - Zul. Oberregierungsrat. CSU.

MÖCKESCH, Erich

Gf. Gesellschafter Bier-Drive GmbH, Heilbronn - Weipertstr. 17, 7100 Heilbronn (T. 07131 - 7 60 25) - Geb. 31. Juli 1926, ev., gesch., 3 S. (Dr. Michael, Hans-Georg, Harro-Christian) - Vicepräs. Bierconvent Intern. München; Chairman of Board of Dir. Beer-Drive AG/CH-Chur; Member of Board of Dir. Beer-Drive Mexicana S.A./Monterrey, N.L. Mexico - Div. Patente.

MÖCKL, Karl

Dr., Prof. f. Neueste Geschichte Univ. Bamberg - Soden Str. 4, 8600 Bamberg - Stud. Gesch., Polit. Wiss. u. Soziol.; Promot. 1969 Univ. München - 1978 o. Prof. Univ. Bamberg. 1974 Mitgl. Intern. Comm. f. Representative and Parliamentary Inst.; 1980-84 Mitgl. Beirat f. Wiss.- u. Hochschulfragen d. Bayer. Staatsmin. f. Unterr. u. Kultus; Associazione degli Storici Europei - BV: D. Prinzregentenzeit. Ges. u. Politik während d. Ära d. Prinzregenten Luitpold in Bayern, 1972; D. mod. bayer. Staat. E. Verfassungsgesch. v. Aufgeklärten Absolutismus b. z. Ende d. Reformepoche, 1979; zahlr. weit. Veröff.

MÖHLE, Alfred

Dr.-Ing., o. Prof. f. Photogrammetrie (emerit.) - Lutfridstr. 16, 5300 Bonn (T. 62 44 49) - Geb. 23. Mai 1903 Minden/W. - S. 1944 ao. u. o. Prof. (1953) Univ. Bonn/Landw. Fak. (Inst.sdir.). Fachaufs.

MÖHLE, Dorothea

Dr., Prof. f. Romanistik GH Kassel - Konrad-Adenauer-Str. 8, 3500 Kassel (T. 0561 - 31 45 00) - Geb. 11. März 1930 Berlin (Vater: Carl M., Bürovorsteher; Mutter: Irma, geb. Helmhake), ev. - Stud. Roman. Univ. Göttingen u. Freiburg (Promot. 1967) - 1952-62 Schuldienst; 1967-75 Hochschuldoz. PH Göttingen; s. 1975 Prof. Kassel - BV: D. neufranz. Adjektiv, 1968; D. Wortschatzstruktur in Lehrwerken f. d. Franz.unterr., 1980; Planen in d. Fremdspr., 1982; Div. Aufs. in Fachztschr. u. in Sammelbde. - Spr.: Franz., Span., Engl.

MÖHLE, Karl-August

Dr.-Ing., Prof., Lehrgebiet Wasserversorgung Univ. Hannover - Zu erreichen üb. Univ. Hannover, Welfengarten 1, 3000 Hannover 1 - Geb. 17. Febr. 1933 - Fachveröff.

MÖHLENBRUCH, Hermann J.

Geschäftsführer, Dir. Klöckner Rohstoff-Handel, Bottrop - Lindenhof 30a, 4330 Mülheim/Ruhr (T. 48 68 84) - Geb. 23. Okt. 1926 Altenbögge (Vater: Hermann M.; Mutter: Anna, geb. Rohmann), kath., verh. s. 1952 m. Doris, geb. Brinker, S. Dirk.

MÖHLENKAMP, Walter

Ing., Großhandelskaufmann (Fa. Gebr. Meyer, Melle), Vors. Verb. d. Fachfirmen f. Molkerei- u. Käserei-Einricht. u. - Bedarf (s. 1960) u. a. - Bergstr. Nr. 10, 4520 Melle (T. 27 35) - Geb. 11. April 1915 Hamburg (Vater: Otto M., Betriebsleiter; Mutter: Else, geb. Albrecht), kath., verh. in 2. Ehe (1959) m. Hildegard, geb. Nolting, 2 Töcht. (Renate, Ruth) - Hindenburg-Oberrealsch. Hamburg (Obersekundareife); Maschinenbauerlehre; Ing.sch. Berlin (Maschinenbau) - 1939-45 Ing.-Offz. (aktiv); s. 1946 techn. Großhändler - Liebh.: Musik, Tennis (Mitgl. Tennis-Club Melle).

MÖHLER, Karl

Dr.-Ing., em. o. Prof. f. Ingenieurholzbau u. Baukonstruktionen - Gottfried-Keller-Str. 9, 7505 Ettlingen/Baden (T. 3 03 41) - Geb. 5. Juni 1912 Karlsruhe (Vater: Gabriel M., Postbeamter; Mutter: geb. Göpfrich), kath., verh. s. 1939 m. Maria, geb. Füger - Realgymn. u. TH Karlsruhe (Bauing.wesen; Dipl.-Ing. 1938). Promot. (1942) u. Habil. (1956) - S. 1958 ao. u. o. Prof. (1962) TH bzw. Univ. Karlsruhe. Spez. Arbeitsgeb.: Holzbau, Materialprüf., Baustoffkd. Mitgl. Dt. Ges. f. Holzforsch., Intern. Vereinig. f. Brücken- u. Hochbau, Forest Products Research Soc. - BV: Hölzerne Hausdächer, 8. A. 1968; Holzbautaschenb., 7. A. 1974 (bde. Mitverf.); Holzbau Atlas, 1978 (Mitverf.). Zahlr. Einzelarb. - 1978 DIN Ehrennadel, 1981 BVK; 1981 Dr.-Ing. E. h. d. RWTH Aachen - Spr.: Engl., Franz.

MÖHLIG, Wilhelm

Dr. phil., Prof. f. Afrikanistik, Bantuistik - Stumbshofstr. 38, 5030 Hürth-Alstädten (T. 02233-7 67 75) - Geb. 2. Sept. 1934 Essen (Vater: Wilhelm M., Ind.kfm.; Mutter: Hermine, geb. Straube), ev., verh. s. 1966 m. Adelheid, geb. Winter, 3 Kd. (Matthias, Nora, Ruth) - Abit. Staatl. Gymn. Oberhausen 1954, 1954-56 Lehre Großhdlkfm.; 1958-62 Jura-Stud. Köln u. Genf, 1962-67 Stud. Afrikanist. Köln; Promot. 1967, Habil. 1972. 1973-75 Gastprof. Univ. Nairobi - S. 1975 Prof. Univ. Köln - BV: D. Sprache d. Dciriku, 1967; D. Stellung d. Bergdialekte im Osten d. Mt.Kenya, 1974; Z. Sprachgesch. u. Ethnohistorie in Afrika (Hrsg.), 1977; Language and Dialect Atlas of Kenya, 1980 - Liebh.: Musik - Spr.: Engl., Franz., Niederl., Swahili.

MÖHLMEIER, Manfred

Dr. jur., Rechtsanwalt u. Notar, Vors. Haus-, Wohnungs- u. Grundeigentümerverb. Ruhr - Huyssenallee 50, 4300 Essen 1.

MÖHN, Dieter

Dr. phil., Prof. f. Deutsche Philologie (m. bes. Berücks. d. Niederdeutschen) Univ. Hamburg (s. 1969) - Teichweg 31, 2075 Ammersbek (T. Hamburg

(605 13 33) - Geb. 1. Juli 1936 Stuttgart (Vater: Helmut M., Amtmann; Mutter: Johanna, geb. Henk), verh. s. 1963 m. Irmtraut, geb. Muth, 2 Kd. (Klaus Henning, Julia) - Progymn. Berleburg, Aufbaugymn. Laasphe; Univ. Marburg - 1961-69 Univ. Marburg (1964 Wiss. Rat. 1968 Akad. Oberrat); Vors. VDI-Aussch. Spr. u. Technik; Vors. Inst. f. nd. Sprache u. Verein f. nd. Sprachforsch. - BV: D. Struktur d. niederu. mitteld. Sprachgrenze zw. Siegerland u. Eichsfeld, 1962. Mithrsg.: Interdisziplinäres dt. Wb. in d. Diskussion (1979); Fachspr. Intern. Ztschr., (1979ff.); Hamburgisches Wörterbuch (1986ff.); Mitautor: Rückl. mhd. Wb. 1981; Handb. d. nd. Sprach- u. Lit.-Wiss., 1982; Fachsprachen. E. Einf., 1984; D. Sprache d. Windmühlen u. Windmühlenbauer, 1986. Mittelniederdeutsches Handwörterbuch, 1991ff.; A. Schirmer, Wörterbuch d. dt. Kaufmannssprache. Neudruck m. Nachwort, 1991. Zahlr. Einzelarb. - 1986 Ehrenprof. Tongji-Univ. Shanghai - Liebh.: Wandern, Naturwiss. - Spr.: Engl., Franz.

MÖHN, Edwin
Dr. phil. nat., Prof., Hauptkonservator Staatl. Museum f. Naturkunde Stuttgart/ Zweigst. Ludwigsburg - Ziegelstr. 10, 7141 Steinheim/Murr (T. Marbach 73 68) - Geb. 24. Sept. 1928 Dauborn - S. 1962 (Habil.) Lehrtätig. TH bzw. Univ. Stuttgart (1968 apl. Prof. f. Zool.). Fachveröff.

MÖHR, Jochen Robert
Dr. med., Prof. f. Medizinische Informatik - School of Health Information Science, Univ. of Victoria, P.O.Box 1700, Victoria, B.C., V8W 2Y2/Kanada - Geb. 27. Okt. 1939 Shanghai (Vater: Kurt M., Apotheker; Mutter: Irmgard, geb. Boettner), ev., verh. s. 1991 m. Christine R. Anglin, 2 Söhne (Leif, Marcel) - Med.-Stud. Marburg u. Montpellier/Frankr., Staatsex. 1965, Promot. 1965, Habil. (Med. Informatik) 1976 - 1965-67 Forsch.aufenth. Univ. of Illinois, Chicago, 1967-70 Ärztl. Tätigk. Med. Hochsch. Hannover, 1970-77 Med. Informatik, Lehrtätig. TU Braunschweig, 1977-86 Prof. f. Med. Informatik Univ. Heidelberg, ab 1986 Univ. Victoria, Kanada - BV: Verdenstudie, Strukturanalyse allgemeinmed. Praxen, 1977; Betriebsärztl. Informationssysteme, 1980; EDV Gesamtkonzept Klinikum d. Ruprecht-Karls-Univ. Heidelberg, 1986 - Liebh.: Sport, Jagd, Bild. Kunst, ostasiat. Kunst - Spr.: Engl., Franz. - Bek. Vorf.: Friedrich Nietzsche.

MÖHRES, Franz-Peter
Dr. phil., em. o. Prof. f. Zoologie u. Dir. Zoophysiol. Inst. Univ. Tübingen (s. 1954, em. 1980) - Gaußweg 6, 7400 Tübingen 3 (T. 07071 - 7 22 46) - Geb. 24. April 1912 Köln (Vater: Paul M., Kaufm.; Mutter: Gertrud, geb. Bosbach), kath., verh. s. 1944 m. Hildegard, geb. Krähmer, 6 Kd. - 1952-54 Privatdoz. Univ. München - BV: Käfer, 1964 (auch holl., schwed., engl.); Welt unter Wasser, 1965 (auch franz., engl., schwed., span., holl.). Fachaufs. - Liebh.: Lit., Phil. - Spr.: Franz.

MÖHRING, Helmuth
Bäcker, Geschäftsführer - Heinrich-Thiede-Str. 2, 2120 Lüneburg (T. 6 24 44) - Geb. 11. März 1922 Brockhöfe Kr. Uelzen, verh., 2 Söhne - Mittelsch. (Mittl. Reife); 1945-48 Bäckerlehre väterl. Betrieb - 1939-45 Arbeits- u. Wehrdst. (Berufsunteroffz.; Reserveoffz.); 1948-55 Bäckerges.; 1955-69 Parteigf. Unterbez. Lüneburg-Harburg. Oberst d. Res. 1946-54 Ratsmitgl. u. Bürgerm. Gde. Brockhöfe, 1978-86 Vizepräs. Reservistenverb., 1986/87 Präs. VdRBw, 1987ff. Ehrenpräs.; 1988-92 Vizepräs. Dt. Atlantische Ges., Bonn. 1969-83 u. 1986/87 MdB (stv. Arbeitskreisvors., Kontaktabg. z. WEU/Paris u. Europa-Parlament u. Europarat, Straßburg, Mitgl. d. Nordatl. Vers.-NATO-Parlam.). SPD s. 1946 - 1964 - 1972 BVK I. Kl.; 1979 Kommandeurkreuz d. Ordens u. Finn. Löwen, 1981 Gr. BVK; Ehren-

kreuz d. Bundeswehr in Gold; Ehrenmed. d. Stadt Paris; Ehrennadel/Eintr. Ehrenbuch Landkr. Lüneburg; Ehrenvors. Arbeiterwohlfahrt Kreisverb. Lüneburg/Lüchow-Dannenberg.

MÖHRLE, Friedhelm
Oberbürgermeister Stadt Singen (s. 1969) - Rathaus, 7700 Singen/Hohentwiel - Geb. 1934 - Stud. Tübingen, Paris (Jurist). Zul. Oberreg.rat - Spr.: Franz., Ital., Engl.

MÖHRMANN, Dieter G.
Dr., Mitgl. Geschäftsleitg. Raab Karcher (UK) Ltd. u. Chairman John Hudson Ltd. - Sicilian House, Sicilian Ave. Southampton Row, London WIA 2QH (T. 01 - 4 04 51 61); priv.: 97 Hereford RD, London W.2 - Geb. 19. Jan. 1931, verh. m. Prof. Dr. Renate.

MÖHRMANN, Friedrich
Speditionskaufmann, Präs. Bundesverb. d. Dt. Güterfernverkehrs, Frankfurt/M., u. a. - Sebastian-Kneipp-Str. 8, 3180 Wolfsburg - Geb. 19. Jan. 1908.

MÖHRMANN, Renate,
geb. Hammond-Norden

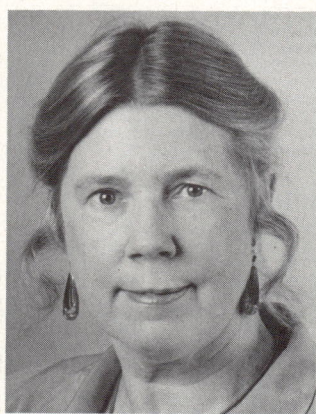

Dr. phil., Prof. Univ. Köln, MdL Nordrh.-Westf. (s. 1990) - Vorgebirgstr. 35, 5000 Köln 1 - Geb. 26. Aug. 1934 Hamburg (Vater: Wilhelm H.-N., Schriftst.; Mutter: Erna, geb. Michel), verh. m. Dr. Dieter M. (Dipl.-Kfm.), 2 Kd. (Malte, Ulrike) - Stud. German. Roman., Phil. u. Medienwiss. Hamburg, Lyon, New York, Promot. 1972, Habil. 1976 - 1957-58 Assist. Ecole normale d'Institutrices, Châlons sur Marne, 1958-67 Priv. Sprachensch. Hamburg, 1968-70 Assist. City Univ. New York, 1973-77 Akad. Rätin an der Univ. Duisburg, s. 1977 Prof. Univ. Köln Inst. f. Theater-, Film- u. Fernsehwiss. - BV: D. vereinsamte Mensch. Stud. z. Wandel d. Einsamkeitsmotivs im R. v. Raabe b. Musil, 1974; D. andere Frau. Emanzipationsansätze dt. Schriftst. im Vorfeld d. Achtundvierziger Revolution, 1977; Frauenemanzipation im dt. Vormärz. Texte u. Dokumente, 1978; D. Frau m. d. Kamera. Filmemacherinnen in d. BRD, 1980; Frauenliteraturgesch. Schreibende Frauen v. Mittelalter bis z. Gegenw., 1985; Berlin - Theater d. Jahrhundertwende, 1986; D. Schauspielerin. Z. Geschichte d. weiblichen Bühnenkunst, 1989; Theaterwissenschaft heute. E. Einführung, 1990; zahlr. Aufs. zum Theater u. Film. Herausg. d. Reihe Stud. z. Theater, Film u. FS, 1982.

MÖLBERT, Elisabeth R. G.
s. Freund-Mölbert, Elisabeth R. G.

MÖLK, Ulrich
Dr. phil., o. Prof. f. Roman. Philologie Univ. Göttingen (s. 1974) - Hainholzweg 44 A, 3400 Göttingen (T. 4 79 78) - Geb. 29. März 1937 Hamburg (Vater: Heinrich M., Postbeamter; Mutter: Berta, geb. Boehm), ev., verh. s. 1962 m. Renate, geb. Nass - 1955-59 Stud. Roman. u. Klass. Philol. Promot. 1959; Habil. 1966 - 1960-66 Assist.; 1966-67 Privatdoz.; 1967-74 o. Prof. Gießen - BV: Guiraut Riquier, Kanzonen, Krit. Text u. Kommentar, 1962; Trobar clus - trobar leu, Studien z. Dichtungstheorie d. Trobadors, 1968; Répertoire métrique de la poésie lyr. franç. dès origines à 1350, 1972; L. D. Trotzki, Literaturtheorie u. Literaturkritik, ausgew. Aufsätze, hrsg. u. eingeleitet, 1973; Trobadorlyrik, Eine Einführung, 1982; G. Flaubert, Une Nuit de Don Juan, Krit. Text m. Beigaben, 1984; Z. Vorgesch. d. Gregoriuslegende, 1987; Lohier et Malart. Fragment e. verschollenen franz. Heldenepos, 1988; Roman. Frauenlieder (hg., übers. u. kommentiert), 1989 - S. 1979 Mitgl. Göttinger Akad. d. Wiss., 1992-94 deren Präs. - Spr.: Franz., Ital., Engl., Span.

MÖLLEMANN, Jürgen W.
Lehrer, Bundesminister f. Wirtschaft (s. 1991), MdB (s. 1972) - Coesfeldweg 59, 4400 Münster/W. (T. 86 38 38) - Geb. 15. Juli 1945 Augsburg (Vater: Wilhelm M., Polsterermstr. †; Mutter: Franziska, geb. Reisner †), kath., verh. s. 1975 m. Studienrätin Carola M.-Appelhoff, 3 Töcht. (Anja, Maike, Esther) - Gymn. Rheinberg (Abit. 1965); Bundeswehrdst. (Fallschirmj.); Päd. Hochsch. Münster (Staatsex. 1969). II. Staatsprüf. 1971 - Ab 1969 Lehrer; s. 1970 FDP (Vors. Bez.verb. Westf.-Nord); Mitgl. Landesvorst. NRW (1983 Vors.) u. Bundesvorst.; Mitgl. Ausw. u. Verteidig.-Aussch. Dt. Bundestag (b. 1982); 1982-87 Staatsmin. Ausw. Amt; 1987-91 Bundesmin. f. Bildung u. Wiss.; 1981-91 Präs. Dt.-Arab. Ges. - Liebh.: Mod. Literatur - Spr.: Franz., Engl.

MÖLLENDORFF, von, Horst

Pressezeichner - Güntzelstr. 66, 1000 Berlin 31 (T. 854 17 83) - Geb. 26. April 1906 Frankfurt/O., ev., verh. m. Madeleine, geb. Hesper (Schausp.) - BV: D. kl. Schmunzelbuch, 1939; Berlin ohne Worte, 1948. Üb. 6000 Karikaturen. Figuren: 1930 Smily, 1940 Fäustchen, 1953 Kessi - 1987 BVK am Bde. - Liebh.: Jazzmusik.

MÖLLENDORFF, von, Wolf
Dipl.-Ing., Architekt (BDA), Akademiedirektor - Lentzeallee 9, 1000 Berlin 33 - Geb. 25. Okt. 1908 Frankfurt/O. (Vater: Curt v. M., Offz.; Mutter: Gertrud, geb. Bothe), ev., verh. s. 1935 m. Gerda, geb. Braun, 3 Kd. (Michael, Ulrike (ZDF-Moderatorin), Gernot) - TH Berlin (Dipl.-Ing. 1935) - 1960-71 Dir. Akad. f. Werkkunst u. Mode, Berlin. Sakral-, Schul- u. Wohnbauten. Üb. 20 Wettbewerbspreise - BV: Lebend. Bauen, 1953; Im Gespräch m. d. Schöpfung, 1968 - Ritter Johanniter-Orden; 1989 BVK I. Kl. - Bek. Vorf.: Wichard v. M., Generalfeldmarschall (Anf. 18. Jh.).

MÖLLENSTEDT, Gottfried
Dr.-Ing., em. o. Prof. f. Physik - Wolfgang-Stock-Str. 29, 7400 Tübingen (T. 6 32 74) - Geb. 14. Sept. 1912 Versmold/W. (Vater: Heinrich M.; Mutter: geb. Schulte z. Surlage), ev., verh. s. 1940 m. Dorothea, geb. Tanner, 2 Söhne (Manfred, Ulrich) - TH Danzig (Physik; Dipl.-Ing. 1939, Dr.-Ing. 1940, Dr.-Ing. Habil. 1945) - 1938-44 Assist. TH Danzig, 1945-47 fr. Forscher Heidenheim/ Brenz, 1947-53 Abt.-Leit. Südd. Labor., Mosbach/Baden, s. 1950 Doz., ao. (1953) u. o. Prof. (1960) Univ. Tübingen (Dir. Inst. f. Angew. Physik; 1966-68 Rektor, emerit. 1980). Hauptarbeitsgeb.: Elektronenphysik. Erf.: Elektronen-Biprisma-Interferenzen- u. Energie-Analysator - BV: Electron Emission Microscopy, in: Advances in Electronics, Bd. 18 1963 (m. F. Lenz); Neue Anwendungen d. freien Elektrons in Physik u. Technik, 1967. Zahlr. Fachaufs. - 1979 Mitgl. Dt. Akad. d. Naturforscher Leopoldina; Ehrenmitgl. Dt. Ges. f. Elektronenmikroskopie Membres D'Honneur de la S.F.M.E.; 1986 Hon. Fellow of the Japanese Soc. of Electron Microscopy; 1987 Preis d. Körber-Stiftg. Grüne Rosette f. d. Europ. Wiss. - Liebh.: Golf.

MÖLLER, Achim-Dietrich
Redakteur u. Regisseur NDR - Vietinghoffweg 7, 2000 Hamburg 61 (T. 040 - 551 16 96) - Geb. 25. Febr. 1930 Stolp/ Pommern, verh. s. 1955 m. Dagmar, geb. Pflugradt, S. Johan Christian - 1953-55 Stud. Univ. Kiel, Hamburg (German., Gesch., Kunstgesch., Psychol.) - B. 1952 Regiss. Berliner Rundf.; 1955-68 fr. Rundfunkjourn.; 1968-73 ltd. Redakt. Jahreszeiten-Verlag Hamburg; s. 1973 Redakt. u. Regiss. Bildungsprogramm NDR. S. 1955 Hörsp. u. Features f. d. NDR, SFB, BR. Dt.-spr. Sendungen f. d. ital., belg. Rundf., sowie f. skandin. Rundfunkanst. (Oslo, Stockholm, Helsinki). Insz. v. Hörsp. u. Features b. NDR (Bildungsprogramm).

MÖLLER, August
Dipl.-Volksw., Hauptgeschäftsführer Bundesverb. d. Dt. Textileinzelhandels, Bundesverb. d. Dt. Lederwareneinzelhandel u. Verb. Dt. Bettenfachgeschäfte - Sachsenring 69, 5000 Köln 1 (T. 0221 - 336 99 20) - Geb. 9. April 1931.

MOELLER, Bernd
Dr. theol., o. Prof. f. Kirchengeschichte - Herzberger Landstr. 26, 3400 Göttingen (T. 4 28 50) - Geb. 19. Mai 1931 Berlin (Vater: Dr.-Ing. Max M., Industrieller; Mutter: Carola, geb. Bielitz), ev., verh. s. 1957 m. Irene, geb. Müller, 3 Kd. - Stud. Ev. Theol. u. Gesch. Promot. 1956 Mainz; Habil. 1958 Heidelberg, 1958 Privatdoz. Univ. Heidelberg; 1964 Ord. Univ. Göttingen (1971/72 Rektor). 1976 Vors. Verein f. Reformationsgesch. - BV: Johannes Zwick u. d. Reformation in Konstanz, 1961; Reichsstadt u. Reformation, 1962, Neuausg. 1987 (franz. 1966; engl. 1972; jap. 1990); Gesch. d. Christentums, 5. A. 1992; Spätmittelalter, 1966; Pfarrer als Bürger, 1972; Deutschl. i. Zeitalter d. Reformation, 3. A. 1988; D. Reformation u. d. Mittelalter, 1991. Herausg.: Kirche in i. Gesch. (Handb. 1974ff.), Archiv f. Reformationsgesch. (1976-79). Mithrsg.: Öku-

men. Kirchengesch. (5. A. 1988/89) - 1977 Mitgl. Göttinger Akad. d. Wiss.

MÖLLER, Carl

Dipl.-Ing., Geschäftsführer Landschaftsverb. Osnabrück - Michaelweg 2, 4500 Osnabrück (T. 5 54 43) - Geb. 29. Okt. 1930 Osnabrück (Vater: Carl M.; Mutter: Maria, geb. Niessing), kath., verh. s. 1957 m. Hildegard, geb. Vonhöne, 4 Kd. (Annekatrin, Hendrik, Albrecht, Eckhard) - Maurerhandw.; TH Karlsruhe (Bauing.wesen; Diplom-Hauptprüf. 1956) - 1964-87 u. s. 1991 Ratsherr Osnabrück; 1981-85 Oberbürgermeister v. Osnabrück; 1965-67 MdL Nieders.; Vors. d. Dt.-Franz. Ges. Osnabrück - BV: Osnabrück - Friedens- u. Kongreßstadt, 1974; 1200 Jahre Stadt Osnabrück; Benno v. Osnabrück als Architekt - Gold. Sportabz. (22 x); BVK.

MÖLLER, Christian

Dr. theol., o. Prof. f. Prakt. Theologie Univ. Heidelberg (s. 1988) - Zu erreichen üb. Seminar f. Prakt. Theologie, Karlstr. 16, 6900 Heidelberg - Promot. 1968 Marburg - B. 1972 Pfarrer Wolfhagen b. Kassel, 1972-88 Prof. f. Prakt. Theol. Kirchl. Hochsch. Wuppertal - BV: Von d. Predigt z. Text, 1970; Seelsorglich predigen, 1983; Lehre v. Gemeindeaufbau, Bd. I 1987, Bd. II 1990; Gottesdienst als Gemeindeaufbau, 1988.

MÖLLER, Dietrich

Landwirtschaftsmeister, MdL Hessen, stv. Vors. CDU Landtagsfraktion - Germershäuser Str. 28, 3556 Weimar-Oberweimar (T. 06421 - 7 82 04) - Geb. 3. Nov. 1937 Dortmund, ev., verh., 2 Kd. - Ausbilder u. Prüfer f. Landwirtschaftsm. Vors. Arbeitskr. Landwirtsch. u. Forsten; Präs. Landesjagdverb. Hessen; stv. Vors. d. CDU-Landtagsfrakt., Vors. d. CDU Agraraussch. Hessen.

MÖLLER, Dietrich Ekkehard

Dr.-Ing., Prof., Direktor Institut f. Vermessungskd. TU Braunschweig - Technische Univ., Postfach, 3300 Braunschweig - Geb. 18. Dez. 1927 Greiz/Thür. (Vater: Karl M., Verwaltungsamtm.; Mutter: Else, geb. Keßler), ev., verh. s. 1953 m. Marga, geb. Halbritter, 2 Kd. (Wolfgang, Eva-Christine) - Aufbausch. Gotha, TH Berlin-Charlottenburg (Dipl. 1953), Referendarzeit (Gr. Staatsprüf. 1960), Promot. 1962 TH Karlsruhe - 1954-56 wiss. Assist. TH Karlsruhe, 1960-72 wiss. Assist. u. Wiss. Rat ebd., s. 1972 TU Braunschweig - 1972 Mitgl. u. 1990 Vors. Dt. Geodätischen Kommiss. bei d. Bayer. Akad. d. Wiss.; 1976 Vors. Dt. Ges. f. Polarforsch.; 1981-84 Vors. Dt. Landesaussch. SCAR; 1981 Mitgl. Braunschweig. Wiss. Ges.; 1981-84 Alternate Delegate d. Bundesrep. Dtschl. im Scientific Committee on Arctic Research (SCAR); 1983-91 Mitgl. wiss. Beirat d. Alfred-Wegener-Inst. f. Polarforsch. in Bremerhaven; 1983-87 Vizepräs. u. s. 1987 Präsid.-Mitgl. Alfred-Wegener-Stiftg.; 1984-92 Mitgl. Dt. Landesaussch. SCAR.

MÖLLER, Erwin

Dr., Dipl.-Wirtschaftsing., Vorstandsvorsitzender Preussag AG Berlin/Hannover, Hon.-Konsul Großherzogtum Luxemb. - Karl-Wiechert-Allee 4, 3000 Hannover 61 (T. 0511 - 5 66-14 13) - Geb. 23. Jan. 1939, verh. - Stud. TU Darmstadt - AR-Vors. Metaleurop S.A., Fontenay-sous-Bois, VTG Vereinigte Tanklager u. Transportmittel GmbH, Hamburg; Chairman of Board of Dir. Amalgamated Metal Corp. PLC, London; AR-Mitgl. Hannov. Lebensversich. AG, Hannover, kabelmetal electro GmbH, Hannover, Salzgitter Stahl GmbH, Düsseldorf; VR-Mitgl. DSL-Bank, Bonn.

MÖLLER, Franz

Dr., Rechtsanwalt, Ministerialdir. a. D., MdB (s. 1976), 1980-82 Obmann d. CDU/CSU-Bundestagsfrakt. im Aussch. f. Raumordn., Bauwesen u. Städtebau - Udetstr. 44, 5205 St. Augustin 2 (Hangelar) (T. 02241 - 2 21 58) - Geb. 2. Nov. 1930 Lingen (Vater: Bernhard M.; Mutter: Maria, geb. Jungehülsing), kath., verh. s. 1962 m. Ilse, geb. Domgörgen, 3 Kd. (Nicola, Andrea, Martin) - Stud. d. Rechts- u. Staatswiss. Univ. Münster, Freiburg; 1. u. 2. jur. Staatsex. 1955 u. 1960; Promot. 1958 - 1960-76 Verw. Dt. Bundestag (Mitarb. Wiss. Dst., pers. Ref. Bundestagspräs., Personal- u. -abt.sleit., zul. Leit. Abt. Dienste f. Abg.); s. 1974 Landrat Rhein-Sieg-Kr. CDU (1970 Mitgl. Kr.tag ebd.), s. 1982 Vors. BT-Aussch. f. Raumordn., Bauwesen u. Städtebau. Veröff. in wiss. Ztschr. - 1971 BVK a. Bde., 1982 BVK I. Kl., 1986 Gr. BVK - Lit.: Wolfgang Wiedemeyer, Gefragt: F. M.

MOELLER, Gert

Fabrikant, Vorstandsmitgl. H. Moeller AG., Geschäftsf. Klöckner-Moeller Elektrizitäts GmbH., bde. Bonn, Moeller Schaltgeräte GmbH., Bad Ems, u. Klöckner-Starkstrom GmbH., Köln - Hein-Moeller-Str. 7-11 u. Nidegger Str. 10, 5300 Bonn.

MÖLLER, Günther

Rechtsanwalt, Geschäftsf. Fachgem. Büro- u. Informationstechnik/VDMA - Lyoner Str. 18, 6000 Frankfurt/M. 71.

MÖLLER, Hans

Dr. rer. pol., em. Prof. f. Volkswirtschaftslehre (unter bes. Berücks. d. intern. Wirtschaftsbezieh.) - Klarweinstr. 26, 8000 München 60 (T. 811 43 34) - Geb. 12. Juni 1915 Berlin (Vater: Prof. Otto M., Maler (s. XIV. Ausg.); Mutter: Erna, geb. Senkbeil), verh. s. 1948 m. Leonore, geb. Mann, 4 Kd. (Stephan, Christoph, Juliane, Tobias) - Privatdoz. Berlin, Breslau, Frankfurt/M., s. 1953 Ord. Frankfurt u. München (1958) - BV: Kalkulation, Absatzpolitik u. Preisbild., 1941, 2. A. 1962; Intern. Wirtschaftsorg., 1960; Außenw.politik, 1961; Z. Vorgesch. d. Dt. Mark, 1961; D. Boden in d. Polit. Ökonomie, 1967; D. Ende e. Weltwährungsordnung?, 1972; D. Europ. Union als Währungsunion?, 1979 (m. W. Cezanne); Umweltökonomik, 1981 (m. R. Osterkamp u. W. Schneider) - Wiss. Beirat b. BWM; Mitgl. Bay. Akad. d. Wiss. - Rotarier.

MÖLLER, Hans Herbert

Dr. phil., Niedersächs. Landeskonservator i. R., 2. Vors. d. Dehio-Vereinig. - Bergener Str. 6 B, 3000 Hannover 61 (T. 0511 - 57 74 36) - Hon.-Prof. f. Kunstgesch. an d. Univ. Göttingen; Mitgl. d. Inschr. Kommiss. d. Akad. d. Wiss. zu Göttingen.

MÖLLER, Heiner

Mineralölkaufmann, MdB (1972-76) - Moislinger Allee 67a/b, 2400 Lübeck - Geb. 22. Nov. 1943 Lübeck, ev., verh., 1 Kd. - Gymn. (Obersekundareife); 1961-63 kaufm. Lehre; Akad. f. Absatzw. (Betriebsw.). 1964-65 Gast Univ. Wisconsin/USA (Marketing/Management) - U. a. Ref. Stabsabt. Ernst Boie KG., Lübeck. CDU s. 1967.

MÖLLER, Heinrich

Chefredakteur, Präs. Gesamtverb. Neuzeitl. Textilpflegebetriebe - Brüggenpoth 56, 4370 Marl 6 (T. 02365 - 76 74) - Geb. 5. Dez. 1913 Gelsenkirchen (Vater: Franz M., Schreinerm.; Mutter: Magdalena, geb. Gerharz), kath., verh. s. 1953 m. Elisabeth, geb. Annuß, 4 Kd. (Heinz-Rudi, Jürgen, Birgit, Joachim) - Ab 1955 Chefredakt; ab 1953 Präs. Gesamtverb. Neuzeitl. Textilpflege-Betriebe; ab 1956 Vors. Leistungs-Gemeinsch. Textilpflege - 1966 BVK.

MÖLLER, Heinz

Gesellschafter Heinrich Möller Söhne GmbH & Co. KG - Bahnhofstr. 12-16, 2370 Rendsburg - Gesellsch. Schlesw.-Holst. Zeitungsverlag GmbH, Flensburg; AR-Mitgl. Gothaer Versich.bank, Köln - BVK I. Kl., Gr. BVK.

MÖLLER, Helmut

Dr. phil., Prof., Volkskundler - Friese-weg 2, 3400 Göttingen - B. 1969 Privatdoz., dann apl. Prof. Univ. Göttingen (Dt. Volkskd.).

MÖLLER, Helmut

Dr. phil., Prof. f. Erziehungswissenschaft - Nelkenweg 67, 6300 Gießen (T. 3 11 07) - Geb. 18. April 1918 Karwesee/Osthavelland (Vater: August M., Lehrer; Mutter: Marie, geb. Panzer), ev., verh. s. 1943 m. Gisela, geb. Werneburg, 2 Kd. (Bernd-Joachim, Gabriele) - Abit. 1937; 1945-51 Stud. (1. Staatsex. 1950, Promot. 1951, Erw.-Prüf. u. 2. Staatsex. [Ass.] 1957) - 1950-55 wiss. Assist. u. O.-Assist. päd. Fak. Jena; 1956-63 Stud.-Ass. u. Stud.-Rat Gymn. Essen; 1963-72 Stud.-Rat u. O.-Stud.-Rat im Hochsch.dst. Univ. Gießen; 1972-82 Prof. ebd. - BV: Peter Petersen 1884-1952, 1964 u. 66; Stiftg. Mitteldt. Kulturrat, 1978; Art. i. Mitteld. Vorträge; Gedenktage d. mitteld. Raumes; Aus Deutschlands Mitte; Histor. Landeskunden Mitteldeutschlands. Herausg.: Mitteldt. Kulturrat, Berichte, Mitteilungen, Beiträge (1987ff.) - 1972-91 Präsid. d. Mitteldt. Kulturrates - Liebh.: Kunstgesch., Innenarch. - Gold. Skiabz.; 1989 BVK am Bde. - Spr.: Engl., Franz.

MÖLLER, Hermann

Dr.-Ing., geschäftsf. Gesellschafter der Firmen Johannes Möller Hamburg GmbH & Co KG u. Dr.-Ing. Hermann Möller GmbH - Schillerstr. 43, 2000 Hamburg 50 - Vorst.-Mitgl. Fachgemeinsch. Fördertechnik VDMA u. d. TÜV Norddeutschl.

MÖLLER, Horst

Dr. phil., Direktor d. Inst. f. Zeitgeschichte, o. Prof. f. Neuere u. Neueste Geschichte Univ. Regensburg - Leonrodstr. 46b, 8000 München 19 (T. 089 - 12 68 80) - Geb. 12. Jan. 1943 Breslau (Vater: Theodor M., Bauuntern.; Mutter: Elisabeth, geb. Neuwirth), kath., verh. m. Hildegard, geb. v. d. Bank, 2 Kd. - 1963-69 Stud. Gesch., Phil., German. Univ. Göttingen u. Berlin (Staatsex. 1969, Promot. 1972, Habil. 1978) - 1969-77 Wiss. Assist. FU Berlin; 1978 Mitarb. Bundespräsidialamt Bonn; 1979-82 stv. Dir. Inst. f. Zeitgesch. München; 1978-82 Privatdoz. FU Berlin u. Univ. München; 1982-89 o. Prof. f. Neuere Geschichte in Erlangen-Nürnberg; 1990-92 Hon.-Prof. an d. Univ. Regensburg - S. 1985 Vors. d. Arbeitsgem. außeruniversitärer histor. Forsch.einricht. in d. BRD; 1985-87 Mitgl. Gründungsdir. Haus d. Gesch. d. BRD; 1986 Gastprof. St. Antony's College Oxford/Engl., u. 1988 a. d. Sorbonne Paris; Mitgl. u. a. d. Hist. Kommiss. b. d. Bayer. Akad. der Wiss., d. Kommiss. f. Gesch. d. Parlamentarismus u. d. Polit. Parteien sow. d. Hist. Kom z. Berlin - BV: Aufklär. in Preußen, 1974; Exodus d. Kultur. Schriftst., Wissensch. u. Künstler in d. Emigration nach 1933, 1984; Weimar. D. unvollendete Demokr., 1985; Parlamentarismus in Preußen 1919-1932, 1985; Vernunft u. Kritik. Dt. Aufklärung im 17. u. 18. Jh., 1986; Fürstenstaat od. Bürgernation. Dtschl. 1763-1815, 1989; Theodor Heuss. Staatsmann u. Schriftsteller, 1990 (dt. u. franz.). Mithrsg.: Jb. d. Hist. Forsch. (s. 1982); D. Dritte Reich (1983); Deutschlands Weg in d. Diktatur (1983); Intern. Biographical Dictionary of Central European Emigres 1933-45, vol II, 1. u. 2. (1983); Hist. Bibliographie (s. 1987); Enzyklopädie dt. Gesch. (1988ff.). Herausg.: Francia, Forsch. z. westeurop. Gesch. (1990ff.); Beihefte d. Francia (1989ff.); Pariser Hist. Studien (1989ff.); Reflexionen üb. Deutschland im 20. Jh.; Vierteljahrshefte f. Zeitgeschichte (m. K. D. Bracher u. H.-P. Schwarz); zahlr. wiss. Aufs. - BVK I. Kl. - Spr.: Franz., Engl.

MÖLLER, Hugo

Dr. phil., Prof. f. Realschulpädagogik - Rögenfeld 36, 2000 Hamburg 64 - Geb. 18. Febr. 1912 Neumünster/Holst. (Vater: Wilhelm M., Bäckerm.), ev., verh. s. 1946 m. Gertrud, geb. Kremeike, 2 Söhne (Jörn, Peter) - Päd. Akad. u. Univ. Kiel; Promot. (Phil., Kunst- u. Vorgesch.) 1939 - 1933-50 Lehrer, Rektor; 1939-45 Wehrm.; 1946-48 Antiquitäten-Werkstatt; 1950-55 Assist. Univ. Kiel (Inst. f. Päd. u. Psych.); s. 1955 Prof. Päd. Hochsch. Göttingen. Initiator Industrie-Praktikum f. Lehramtskand. u. Theol.; Mitgl. Komm. f. berufl. Bldg. Dt. Ind.- u. Handelstag u. wiss. Beirat W.-Raymond-Stiftg. - BV: Weltanschaul. Grundl d. Erziehungslehre Pestalozzis (Im Lichte d. Gestaltphil.), 1940; D. Industrie-Praktikum, 1959 (m. Arlt); Was ist Didaktik?, 12. A. s. 1962; D. Hauptschule, Aufg. u. Probl., 1972; Z. Zt wiss. Arb. an d. Erkenntnistheorie d. Gestaltphil. (in Vorber.) - Liebh.: Malerei - Spr.: Engl., Franz.

MÖLLER, Joseph

Dr. theol., o. Prof. f. Philosophie - Universitätsstr. 10, 8900 Augsburg (Univ.), u. Seewiesstr. 23, 8133 Feldafing - Geb. 9. Juli 1916 Mainz (Vater: Adam M.; Mutter: geb. Becker), kath. - Univ. Fribourg, Rom, Freiburg/Br. (Phil. Theol.). Priesterweihe 1941; Habil. 1949 Mainz - S. 1953 Ord. Univ. Tübingen u. Augsburg (1972) - BV: D. Geist u. d. Absolute, 1951; Existenzphil. u. kath. Theol., 1952; Absurdes Sein?, 1959; V. Bewußtsein zu Sein, 1962; Z.Thema Menschsein, 1967; Glauben u. Denken im Widerspruch, 1969; Wahrheit als Problem, 1971; Virtus politica, 1974; D. Chance d. Menschen - Gott genannt, 1975; Menschsein - ein Prozeß, 1979; Tractatus ontologicus, 1981; Sein u. Schein d. Religion, 1983; Fundamentalethik u. d. Menschenrechte, 1984; D. Streit um d. Gott d. Philosophen, 1985; Spuren d. Erlösung, 1986; Auf d. Suche nach d. verborgenen Gott, 1987; Religionsphilosophie heute, 1988.

MOELLER, Julius

Dr. med., Prof., ehem. Chefarzt Innere Abt. Städt. Krankenanstalten Hildesheim - Westpreussenstr. 4, 3200 Hildesheim - Geb. 22. Aug. 1918 - S. 1951 (Habil.) Privatdoz. u. apl. Prof. (1957) Univ. Würzburg (zul. Oberarzt Med. Klinik). Spez. Arbeitsgeb.: Hochdruck, Nierenkrankh. Zahlr. Fachveröff.

MÖLLER, Karl

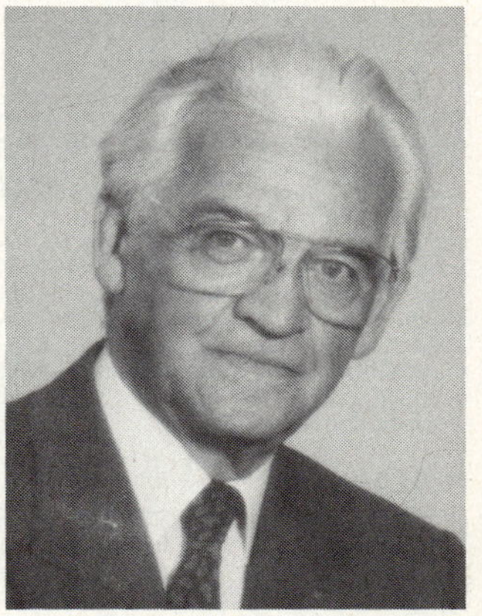

Landesminister a. D. - Im Burggarten 3, 4570 Quakenbrück - Geb. 25. März 1919 Quakenbrück, kath., verh. 1950 - Obersch.; Zimmererhandw.; 1937/38 u. n. Kriegsende Fachsch. Meisterprüf. 1948 - 1938-45 Soldat; 1950 Übern. d. s. 1813 besteh. Familienbetriebes; 1955-78 MdL Nieders.; 1965-70 Nds. Min. f. Wirtschaft u. Verkehr, u. Mitgl. Dt. Bundesrat. Zeitw. Kreishandwerksm. u. -tagsabg. CDU - 1972 Gr. Nds. Verdienstkr.; 1976 Gr. BVK; 1978 Nds. Landesmed.; 1979 Ehrenbürger d. Stadt Quakenbrück; 1984 Gr. BVK m. Stern; 1986 Ehrenring d. Dt. Handwerk; 1987 Ehrenpräs. d. Nds. Handwerk.

MÖLLER, Klaus-Peter

Rechtsanwalt u. Notar, Vizepräs. (1979-88), Landtagspräs. (1988-91) Hess. Landtag, MdL Hessen (s. 1977) - Goethestr. 29, 6300 Gießen - Geb. 8. Aug. 1937 Darmstadt - Gymn. Gießen; Univ. Bonn, München, Würzburg (Rechts- u. Staatswiss.). Jurist. Staatsprüf. 1960 u. 65 - S. 1965 RA u. Nt. (1977) Gießen; Stadtverordn.vorst.

MÖLLER, Lothar

Ass. d. Bergfachs, Hauptgeschäftsführer Wirtschaftsverb. Erdöl- u. Erdgasgewinnung - Brühlstr. 9, 3000 Hannover (T. 0511 - 131 95 55) - Geb. 13. März 1933.

MÖLLER, Olaf

Dipl.-Math., Mitglied d. Landtages Thüringen (s. 1990) - B.-Delbrück-Str. 52, O-6900 Jena (T. 078 - 2 32 74) - Geb. 18. Febr. 1962, pantheist., verh. s. 1984 m. Heike, geb. Nitsch, 3 Kd. (Anne, Lisa, Paul) - Stud. Math., Anthropol.; Dipl. Math. Jena 1988 - 1982/83 Milchfahrer - Erf.: Verfahren z. Lösung d. Wicksel'schen Korpuskelproblems - Insz.: Auf hoher See (Slavomier Mrožek) - 3. Preis b. d. Schweriner Kreismeistersch. im Sportl. Angeln; Abzeichen f. gutes Wissen in Gold - Liebh.: Obstkuchen, Holz, Berge, Dixieland - Spr.: Engl., Franz., Russ., Ungar. - Bek. Vorf.: Ur-Ur-Großmutter (mütterlichers.) stadtbekannte Kräuterhexe in Mühlhausen/Thür.

MÖLLER, Paul

Bürgermeister, MdL Schleswig-Holst. (s. 1968) - An d. Bäderstr. 34, 2444 Heringsdorf/Holst. (T. 3 78) - Geb. 26. Sept. 1916 Fargemiel/Holst., ev., verh., 1 Kd. - Volkssch.; landw. Lehre - B. 1937 landw. Tätigk., dann Wehr- (aktiv) u. Kriegsdst. (zul. Hauptwachtm.), anschl. Landw., s. 1955 Bürgerm. Gde. Heringsdorf. Zeitw. Vizepräs. LK SH. 1953-70 MdK Oldenburg. SPD s. 1946 (bereits 1932 Mitgl. Reichsbanner-Schwarz-Gold)- 1964 Frhr.-v.-Stein-Med.

MOELLER, Peter

Rechtsanwalt, Hauptgeschäftsf. Verb. d. Dt. Blumen-Groß- u. Importhandels, Generalsekr. Union Fleurs, Intern. Verb. Blumengroßhandel, Redakt. Fachztschr. Blumen - Rehweg 4, 4044 Kaarst - Geb. 18. Mai 1935.

MÖLLER, Peter

Dr. rer. nat., Prof. f. Geochemie, Privatdoz. f. Analyt. Chemie FU Berlin - Am Sandwerder 42, 1000 Berlin 39 (T. 803 32 13) - Geb. 17. Mai 1937 Elbing/Ostpr. (Vater: Karl M. Ing.; Mutter: Ilse, geb. Sauerland), verh. s. 1964 m. Sybille, geb. Beyer, 2 Töcht. (Astrid, Kerstin) - 1957-64 Chemie-Stud. Berlin (Dipl. 1964, Promot. 1967, Habil. 1974) - 1964-71 Wiss. Assist.; s. 1971 Leit. Geochemie Hahn-Meitner-Inst. Berlin. Üb. 178 Publ., 15 Buchbeitr., 3 Bücher, Forschungsber. - Spr.: Engl.

MÖLLER, Richard

Architekt, MdL Hessen (1970-75; u. 1976 ff.) - Gartenstr. 3, 6404 Neuhof (T. 06655 - 4 32) - Geb. 23. Nov. 1927 Neuhof - Volkssch.; 1942-46 Zimmererlehre; 1952-54 Fachsch. f. Bauhandw. (Bautechnikerprüf.) - S. 1964 fr. Arch. 1970 ff. Landesvors. Hessen u. stv. Bundesvors. Mittelstandsvereinig. CDU/CSU.

MÖLLER, Rolf

Staatssekr. a.D., Generalsekretär Volkswagen-Stiftung (s. 1983) Hannover - Postf. 81 05 09, 3000 Hannover 81 - Geb. 29. Aug. 1930 Bremervörde (Vater: Ernst M., Baubeamter; Mutter: Marie, geb. Wienberg), ev., verh. s. 1959 m. Bärbel, geb. Bienengräber, 2 Töcht. (Susanne, Sabine) - 1950-57 Stud. Rechts- u. Staatswiss. Univ. Freiburg, München, Ohio/USA, Bonn; Ass. 1962 Bonn - 1957-68 Geschäftsf. Dt. Studentenwerk, 1968-75 Bereichsleit. Dt. Forschungsgemeinsch., beide Bonn, 1975-79 Präs. Christ.-Albr.-Univ. Kiel, 1979-82 Staatssekr. Nieders. Min. f. Wiss. u. Kunst - Spr.: Engl., Franz.

MÖLLER, Vera,

geb. Mohr

Malerin, Bildhauerin, Schriftstellerin (Ps.: Vera Mohr-Möller) - Pepers Diek 14, 2000 Hamburg 55 (T. 86 05 19) - Geb. 25. April 1911 Kiel, ev., verh. s. 1932 m. Wilhelm M., 2 Kd. - Landeskunstsch. Hamburg - Werke: Porträts, fr. Plastiken, Bronzen, Thema: Ballett, Spielzeugmodelle (Steiff, Schildkröt); Glaskuppel D-24m aus transp. Glasmosaik (eig. Techn.) im Shoppingcenter Brent Cross in London (1962). Entd.: Kristallografik (1964) - BV (Kinderb.): Klein-Erna, 5 Bde. 1938/65 (GA. üb. 2 Mill.); Claudia hat Köpfchen, 1950; Phantast. Getier, 1953; Kl.-Erna, Auswahl m. Platte, 1967; Klein Erna aktuell, 1972; D. Roller-Rallye, 1968. Versch. Bilderb.; durchschaut, Gedichtband - Liebh.: Golf (Dt. Meisterin 1953) - Großv.: bek. Mathematiker (D. Mohrsche Satz).

MÖLLER, Wolf-Detlef

Versicherungskaufmann, Geschäftsf. Eutiner Sommersp. GmbH (s. 1981) - Wolfsberg 19, 2420 Eutin (T. 04521 - 7 11 99 u. 53 22) - Geb. 1. Aug. 1938 Swinemünde, ev., ledig - Wirtschafts-Abit.; Ausb. Versich.-Kaufm. - S. 1967 CDU-Ortsvorstand Eutin; s. 1975 1. Vors. TSV Fissau; s. 1981 selbst. Versich.-Kaufm., Hauptvertr. Colonia Versich., 1982-86 MdK Ostholst.; s. 1983 1. Vors. THW-Helfervereinig. Eutin; s. 1984 1. Vors. WMV; Geschäftsf. CDU-Kreistagsfrakt. Ostholstein u. CDU-Pressespr.; s. 1986 Stadtvertr. Eutin u. stv. Fraktionsvors. CDU-Stadtfrakt.; s. 1986 Vors. Paneuropa-Union, Ortsgr. Eutin; s. 1986 stv. Ortsvors. Pommersche Landsmannsch., Ortsgr. Eutin; s. 1986 Stadtvertr. u. Aussch.-Mitgl. Personalaussch., Wirtsch.förderungsaussch. u. Aussch. f. Jugend, Kultur u. Sport; s. 1986 Mitgl. Eutiner Schützengilde v. 1668; Mitgl. Fremdenverkehrsverein f. Eutin u. Umgebung - Liebh.: Kultur, Sport, Politik - Spr.: Engl., Franz., Span., Russ.

MÖLLERS, Josef H.

Vorstandsmitglied i.R. Allg. Dt. Philips Ind. GmbH, Geschäftsführer i.R. Philips GmbH., bde. Hamburg - Sickerkoppel 15, 2000 Hamburg 68 (T. 601 97 37) - Geb. 7. Nov. 1917.

MÖLLMANN, Gunther

Regisseur - Kantstr. 117, 1000 Berlin 12 - Geb. 4. Jan. 1950 Heiden/Kr. Borken - Staatsex. German., Sozialwiss., Phil. - 1977-82 Regieassist. Staatstheater Stuttgart u. Schauspielhs. Bochum; 1980-83 Regiss. Schauspielhs. Bochum; s. 1983 fr. Regiss.

MÖLLRING, Hartmut

Ministerialrat a. D., Landtagsabgeordneter in Niedersachsen (CDU) - Hohnsen 51, 3200 Hildesheim (T. 05121 - 8 40 07) - Geb. 31. Dez. 1951 Großilsede, ev., verh. s. 1980 m. Dr. Eva, geb. Simons, 3 Kd. (Nikolai, Gregor, Lara) - 1972-78 Stud. Jura Marburg u. Göttingen; 1. Staatsex. 1978, 2. Staatsex. 1980 - Spr.: Engl.

MÖNCH, Ernst

Dr.-Ing., em. o. Prof. f. Mechanik u. Spannungsoptik - Reinekestr. 25, 8000 München 90 (T. 64 96 43) - Geb. 2. Nov. 1909 Grünwald/Obb. (Vater: Ernst M., Ing.; Mutter: Rosa, geb. Fink), kath., verh. s. 1948 m. Isabella, geb. Ittlinger †1988, Sohn Ernst - TH München (Diplomprüf. 1933, Promot. 1940). Habil. 1943 München - 1935-37 Konstrukteur Ges. f. Linde's-Eismaschinen, Höllriegelskreuth/Obb.; s. 1937 Assist. (Prof. Dr. Ludwig Föppl), Privatdoz. (1946), apl. (1948) u. o. Prof. (1967) TH bzw. TU München (emerit. 1978), dazw. 1949-52 Kontraktprof. Univ. Tucumán (Argent.) - BV: Prakt. Spannungsoptik, 3. A. 1972 (m. L. Föppl); Einführungsvorl. Techn. Mechanik, 6. A. 1986 - Liebh.: Bergsteigen, Kammermusik.

MÖNCH, Ronald

Prof. u. Rektor Hochsch. Bremen - Holbeinstr. 20, 2800 Bremen 1 - Geb. 10. Aug. 1942 Neckargemünd (Vater: Walter M., Prof.; Mutter: Ursula, geb. Bott), verh. s. 1973 m. Yayla, geb. Bucak, 1 Kd. (Zozan) - 1. jurist. Staatsex. 1966 Heidelberg, 2. Ex. 1971 Stuttgart - 1972-73 Rechtsanw.; s. 1973 Doz. bzw. Prof. - BV: Komment. z. Brem. Personalvertretungsgesetz, 1979 (m. a.) - Spr.: Engl., Franz., Span., Neugriech., Türk.

MÖNCH, Walter

Dr. phil., o. Prof. f. Romanistik (emerit.) - Backnanger Str. 7, 7000 Stuttgart 50 - Geb. 18. Okt. 1905 Rathenow/Havel, ev., verh. m. Ursula, geb. Valborg, geb. Bott, 2 Kd. - Friedrich-Werdersches-Gymn. Berlin; Univ. Berlin u. Dijon. Promot. (1931) u. Habil. (1935) Berlin - 1935 Privatdoz. Univ. Berlin, 1939 o. Prof. f. Roman. Philol. Univ. Heidelberg, 1950 Leit. Dt. Abt. Dolmetscher-Inst. das., 1956 o. Prof. WH Mannheim (1963/64 Rektor), 1964 Univ. Tübingen - BV: Ch. Nodier u. d. dt. u. engl. Lit., 1931; Frankr.s Dichtung v. d. Renaissance b. z. Gegenw. im Spiegel geistesgeschichtl. Probleme, 1935; D. ital. Platon-Renaissance, 1936; Frankr.s Lit. im XVI. Jh., 1938; Voltaire u. Friedrich d. Gr. - D. Drama e. denkwürd. Freundsch., 1943; D. Gastmahl - Begegnungen abendl. Dichter u. Phil., 1947; D. Sonett - Gestalt u. Gesch., 1954; D. WH Mannheim, 1957; Dt. Kultur v. d. Aufklärung b. z. Gegenw., 1962; Franz. Theater im 20. Jh., 1965; Frankreichs Kultur. Tradit. u. Revolte, 1972; Werde, der du bist, Wagner a. d. Wege zu sich selbst, 1977; Hector Berlioz. E. Künstlerleben in d. europ. Welt d. Dicht. u. Musik, 1985. Übers.: Voltaire, Ortega y Gasset, Nodier - Liebh.: Musik - Spr.: Franz., Engl., Span., Ital. - Rotarier; Officier de l'Ordre des Palmes académiques.

MÖNCKMEIER, Friedrich

Fernsehjournalist, Leiter ZDF-Korrespondentenstelle Sachsen - Wiesentorstr. 3, O-8060 Dresden - Geb. 27. Nov. 1938 Berlin (Vater: Dr. Otto M., Wirtsch.-prüf.; Mutter: Hilde, geb. Güttich) - Abit. u. Wehrdst. (Reserveoffz. d. Bundeswehr); Stud. German., Gesch., Theatergesch. München - S. 1962 ZDF-Ausl.-Dokumentation, s. 1969 ZDF-Magazin, s. 1980 ZDF-Korresp. f. Israel, Griechenl., Zypern, Türkei, s. 1986 ZDF-Hauptredakt. Außenpolitik, s. 1988 ZDF-Korresp. f. Italien, Vatikan, Malta, s. 1991 Leit. ZDF-Korresp.stelle Sachsen - 1966 Gold. Ähre f. Dokumentation üb. dän. Landwirtsch., Intern. Agrarfilmwettb. Berlin - Liebh.: Theater, Musik - Spr.: Engl., Franz., Ital., Span.

MÖNNICH, Horst

Schriftsteller - Wolfsberger Str. 25, 8211 Breitbrunn/Chiemsee (T. 3 09) - Geb. 8. Nov. 1918 Senftenberg/L., ev., verh. s. 1952 m. Modeste, geb. Dahlweid, 3 Kd. (Matthias, Andreas Nikolaus, Modeste) - Reform-Realgymn. Senftenberg; Univ. Berlin (German. u. Ztg.swiss.) - B. 1945 Wehrdst. (Obltn. d. Luftw.); 1948-50 Redakt. Sonntagsbl. - BV: u. a. D. Autostadt - Abenteuer e. techn. Idee, R. 1952 (üb. 120 Ts.; auch schwed. u. jap.); D. Kuckucksruf, Erz. 1951; D. Land o. Träume - Reise durch d. dt. Wirklichkeit, 1955; V. Menschen u. Städten, Reiseberichte 1955; Erst d. Toten haben ausgelernt, R. 1957; in 7 Städten, Dialoge 1959; Guten Morgen, alte Erde, Anthol. 1958; Reise durch Rußland - Ohne Plan im Land d. Pläne, 1961; D. vierte Platz - Chronik e. westpr. Familie, 1962 (auch holl.); Wiederbegegnung - Dtschl. Mitte/Dtschl. Osten, Anthol. 1965; Hiob im Moor, Hörsp., 1966; Einreisegenehmigung - E. Deutscher fährt n. Dtschl., 1967; Jahrg. 1918 in: Jahr u. Jahrg., 1968; Aufbruch ins Revier - Aufbruch n. Europa / Gesch. d. Ruhrgebiets, 1971 (üb. 160 Ts.); Quarantäne i. Niemandsld., Hörsp. 1972; E. Dortmunder Agent, Biogr. 1974; Labyrinthe d. Macht, 1975; Am Ende d. Regenbogens, Hörsp., 1980; Nur d. Liebe, Anthol., 1981; Jugenddorf, Reise in e. neue Welt, 1984; BMW E. dt. Gesch., 1. Buch Vor d. Schallmauer (1916-1945), 2. Buch D. Turm (1945-1972), 1989, 4. A. 1990; BMW. E. dt. Gesch. in Bildern, 1991; Hör- u. Fernsehsp. - 1950 Hörspielpreis NWDR, 1967 u. 70 Ernst-Reuter-Preis (f. d. Hörsp.: Einreisegenehmigung u. Quarantäne); Mitgl. Gruppe 47 u. PEN-Zentrum BRD (1972).

MÖNNINGHOFF, Paul

Dr. jur., Stadtkämmerer a. D., Geschäftsf. Mönninghoff GmbH. (s. 1943) - Wiemelhauser Str. 228, 4630 Bochum; priv.: Monkenhof, 4630 Bochum-Stiepel - Geb. 24. Febr. 1903, verh. (Ehefr.: Gerda) - Banklehre; Stud. Rechtswiss. Gr. jurist. Staatsprüf. - Stadtkämmerer u. -rechtsrat Wanne-Eickel. Wehrdst. (zul. Ltn. d. R.) - Liebh.: Musik, Filmen, Segeln.

MÖRATH, Werner

Dr. rer. pol., Unternehmensberater, Vors. Verw.rat Schleicher & Schuell GmbH - Am Steinacker 10a, 4005 Meerbusch 1 (T. 02159 - 71 89) - Geb. 18. Juli 1924 - 1963-65 stv. Vorst.-Mitgl. Feldmühle AG, Düsseldorf; 1966-71 Vorst.-Mitgl. Companhia Siderurgica Mannesmann, Belo Horizonte; 1971-85 Mitgl. Geschäftsleitg. Henkel KGaA, Düsseldorf - Spr.: Engl., Franz., Span., Portug.

MÖRBITZ, Eghard

Journalist, Hauptstadt-Korrespondent - Dorfstr. 37, 5307 Villiprott (T. 0228 - 32 49 35) - Geb. 29. Jan. 1926 Dresden (Vater: Dipl.-Ing. Siegfried M.; Mutter: Edith, geb. Reichler), verh. s. 1973 m. Gisela, geb. Broich, T. Petra - Humanist. Gymn. Dresden (Mitgl. Dresdner Kreuzchor; Abit.); Wehrdst. (Fähnr. z. See); Stud. d. Med., dann Buch- u. Ztschr.hdl., Redakt.svolont., 1947-49 Journ. Stuttgart (Rhein-Neckar-Ztg.), s. 1949 Korresp. (Frankf. Rundschau) Bonn. Mitgl. Bundespressekonfz., Dt. Presseclub.

MÖRIKE, Klaus D.

Dr. med., Prof. f. Anatomie u. Entwicklungsgesch. - Im Eulenrain 35, 7000 Stuttgart 1 (T. 24 26 98) - Geb. 21. Okt. 1916 Reutlingen, verh. 1943 m. Gretl, geb. Haßler - Promot. 1941 Göttingen; Habil. 1954 Tübingen - 1954 Privatdoz., apl. Prof. (1960) u. Wiss. Rat (1964; Anat. Inst.) Univ. Tübingen, i. R. 1980 - BV: Biologie d. Menschen, 1959, 11. A. 1981 (m. E. Betz u. W. Mergenthaler); Lehrb. u. Atlas d. makroskopischen Anatomie f. Zahnärzte, 1969 (m. F. Kiss u. J. Szentágothai); Röntgentomogr.-anatom. Atlas, 1970 (m. H. Schmidt) (japan. u. span. A., 1971); Atlas of MR Tomography (m. R. Bauer u. a.), 1987; Gesch. d. Tübinger Anatomie, 1988 - Liebh.: Ornithologie, Genealogie.

MÖRK, Bernd

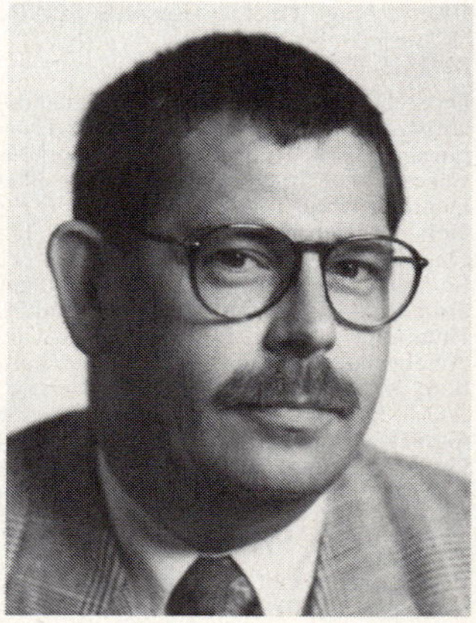

Bezirksschornsteinfegermeister, staatl. anerk. Betriebswirt d.H. - Lachentorstr. 23, 7250 Leonberg-Höfingen (T. 07152 -

2 74 73) - Geb. 9. April 1952 Stuttgart (Vater: Rolf M., Bez.-Schornsteinfegerm.; Mutter: Waltraud, geb. Jeutter), ev., verh. s. 1973 m. Inge, geb. Zeger, 2 Kd. (Sven, Britta) - Mittl. Reife 1968; Lehre (Gesellenprüf. 1970, Schornsteinfegermeister 1974) - 1975-84 Bundesvors. Zentralverb. s. o.; 1980-84 Geschäftsf. Dt. Schornsteinfegerverlag; s. 1980 Mitgl. Württ. Bau-Berufsgenoss. CDU (1980 Ortsvors.); s. 1989 Stadtrat in Leonberg; CDU Kreisvorst.-Mitgl. - Spr.: Engl.

MÖRL, Manfred

Dr. med., Privatdoz. f. Innere Medizin, Chefarzt - Zu erreichen üb. Rot-Kreuz-Krankenhaus, Schiffdorfer Chaussee 29, 2650 Bremerhaven - Geb. 8. Mai 1941 Saaz/Eger (Vater: Prof. Dr. Franz M., Chir.; Mutter: Erika, geb. Payr), ev. - Abit. 1959 Halle/S.; Promot. 1965 ebd., Habil. 1979 Erlangen. 105 Publ., 2 Bücher, mehrere Handbuchbeitr.

MOERLER, Klaus

Geschäftsführer Westdeutsche Nahrungsmittel-Werke GmbH, Bad Laer - Schwarzdornweg 18, 2000 Hamburg 65 (T. 040 - 536 03 30) - Geb. 8. Sept. 1931 Köslin/Pommern, verh. s. 1959 m. Helga, geb. Tiefenbach, 2 S. (Jens, Kai) - Stud. Univ. Hamburg, Köln (Volkswirtschaftslehre, Rechtswiss.); Dipl. 1954 - Management Trainee Unilever; Werbekaufm.; Marketing-Geschäftsf. im In- u. Ausl. (1967-72 Buenos Aires, 1972-75 London). Stv. Sprecher Pommersche Landsmannschaft; Präsid.-Mitgl. Ostsee Club - Liebh.: Gesch., Sport - Spr.: Engl., Span., Latein.

MÖRS, Ingo

Autor u. Regiss., Texter - Schumannstr. 53, 2000 Hamburg 76 (T. 040 - 220 20 63) - Geb. 18. Juli 1936 Köln, gesch. - S. 1959 Stud. Psych., Lit. u. Theaterwiss. - Mitgl. Bundesverb. d. Fernseh- u. Filmregiss. in Dtschl., d. Dramatiker-Union, d. Hbg. Filmbüro, u. d. Arbeitsgemeinsch. d. Drehbuchautoren.

MOERSCH, Karl

Journalist, Staatsminister a. D. (Ausw. Amt) - Aalener Str. 10, 7140 Ludwigsburg/Oßweil/Württ. - Geb. 11. März 1926 Calw/Württ., ev., verh., 1 Kd. - N. Abit. 1944 Kriegsdst. (Werfertruppe) u. amerik. Gefangensch.; Volontär Schwaben-Echo (Oberndorf); Gasthörer Univ. Tübingen - Redakt. Rheinpfalz (Ludwigshafen), Dt. Forschungsdst. (Bad Godesberg), D. Gegenwart (Frankfurt); Leit. FDP-Presseabt. (Bonn); 1970-74 Parlam. Staatssekr., 1974-76 Staatsmin. AA Bonn. 1960ff. Stadtverordn. Oberursel. B. 1982 (Austr.) FDP (1971-74 Landesvors. Baden-Württ.); 1964-76 MdB; 1980-85 Mitgl. Exekutivref. UNESCO (Paris) - BV: Kursrevision; Europa f. Anfänger; Bei uns im Staate Beutelsbach; Sind wir denn e. Nation?; Ein Unterthan das ist ein Tropf (Hrsg.); Geschichte d. Pfalz; Sueben, Württemberger u. Franzosen - Spr.: Engl.

MÖRSDORF, Josef

Dr. theol., Dr. phil., em. o. Prof. f. Moraltheologie - Burglesau 33, 8604 Schesslitz (T. 09542 - 12 68) - Geb. 22. März 1906 Muhl b. Trier (Vater: Johann M., Gewerbeschuldir.; Mutter: Mathilde, geb. Steffen), kath. - 1930-42 Kaplan Berlin, Potsdam, Steglitz; 1942-51 Pfarrer Berlin (St. Hedwig); 1955 Privatdoz. Univ. München; s. 1956 ao. u. o. Prof. (1958) Phil.-Theol. Hochsch. Bamberg - BV: D. kl. Berufsschule, 1932; Gestaltwandel d. Frauenbildes u. -berufs in d. Neuzeit, 1958; D. Streik als gesellschaftl. Phänomen u. sittl. Problem, 1959; Kirchl. Leben im alten Berlin, 1962 - Bruder: Klaus M.

MÖRSDORF, Karl

Dr. med., Prof., Pharmakologe - Gudenauer Weg 52, 5300 Bonn-Ippendorf (T. 28 17 28) - Geb. 11. März 1927 Völklingen/S. - S. 1961 (Habil.) Lehrtätigk. Univ. Bonn (1967 apl. Prof.; 1969 Wiss. Rat u. Prof.). Üb. 50 Fachaufs. - Bruder v. Josef u. Klaus Mörsdorf (s. dort).

MOES, Eberhard

Dr. phil., Schriftsteller (Ps.: Eberhard Monorby), Herausg. u. Chefredakt. Pressedst. Die Auslands-Redaktion (1950-79) - Am Gautor 1, 6500 Mainz (T. 06131 - 22 86 10) - Geb. 21. Nov. 1903 Waldenburg/Schles., verh. - W.: Lockton d. Fremde, R. 1941; D. Dame Mercedes, R. 1942; Land an d. Biskaya, Ess. 1942; Hundert Gesichter hat d. Frau, Erz. 1943; Eramun, Sch. 1943; E. Tag sollst du reich sein, Erz. 1947.

MÖSCHEL, Wernhard

Dr. iur., o. Prof. f. Bürgerl., Handels- u. Wirtsch.recht Univ. Tübingen (s. 1973) - Falkenweg 40, 7400 Tübingen (T. 6 48 15 u. 29 25 56) - Geb. 16. Juni 1941 Regensburg (Vater: Georg, Arzt; Mutter: Cäcilie, geb. Theben), kath., verh. s. 1967 m. Birgitta, geb. Severin, T. Ulrike - Stud. Univ. Münster, München, Genf; Promot. 1967; Habil. 1972 Bielefeld - Mitgl. wiss. Beirat b. BuWiMi, d. Kronberger Kreises, d. Monopolkommiss. - BV: D. rechtl. Behandl. d. Paralleleinfuhr v. Markenware innerh. d. EWG, 1968; 70 Jahre dt. Kartellpolitik, 1972; D. Wirtsch.recht d. Banken, 1972; D. Oligopolmißbrauch im Recht d. Wettbewerbsbeschränkungen (USA, Großbrit., EWG, BRD), 1974; Rechtsordn. zw. Plan u. Markt, 1975; Pressekonzentration u. Wettbewerbsges., 1978; D. Trennsyst. in d. U.S.-amerik. Bankwirtsch., 1978; Monopolverb. u. Satzungskontrolle, 1978; Entflechtungen im Recht d. Wettbewerbsbeschränkungen, 1979; Z. Problemat. e. Kriminalisierung v. Submissionsabspr., 1980; D. Auflös. vollzogener Untern.-Zusammenschlüsse n. d. GWB, 1982; Lehrb. d. Rechts d. Wettbewerbsbeschränk., 1983 - Liebh.: Tennis, Sammeln v. Porträtstichen - Spr.: Engl., Franz.

MÖSENEDER, Karl

Dr. phil., Prof., Lehrstuhl f. Kunstgeschichte u. Christl. Archäologie, Univ. Passau - Linzerstr. 10a, 8390 Passau - Geb. 11. Jan. 1949 Vöklabruck/Österr. (Vater: Karl M., Beamter; Mutter: Maria, geb. Stoitzner), kath. - 1969-74 Univ. Salzburg (Promot. 1974); Habil. 1980 Univ. Regensburg - 1975-77 Mitarb. Reallex. z. Dt. Kunstgesch., München; 1977-88 Inst. f. Kunstgesch. Regensburg - BV: Montorsoli - Die Brunnen, 1979; Philipp Otto Runge u. Jakob Böhme, 1981; Barocke Bildphil. u. Emblem, 1981; Zeremoniell u. Monumentale Poesie, 1983.

MÖSER, Georg Otto

Vorstandsmitglied Gerresheimer Glas AG. (1969 b. 1978, i.R.) - Postf. 330249, 4000 Düsseldorf 30; priv.: Kibbenheide 11, 4020 Mettmann (T. 02104 - 5 28 82) - Geb. 15. Aug. 1922 Sao Paulo (Vater: Wilhelm M., Bankdir.; Mutter: Emma, geb. Raeder), ev., verh. s. 1949 m. Edith, geb. Icken, 3 Kd. (Maja, Michael, Tessa) - Stud. Univ. Rio de Janeiro (Ing.wiss.) - Spr.: Portug., Engl.

MÖSLEIN, Siegfried

I. Vizepräsident d. Bayer. Landtags, MdL Bayern (s. 1970) - Schulstr. 19, 8621 Großheirath/Ofr. (T. 09565 - 3 01) - Geb. 1. Juli 1927 - CSU - 1980 Bayer. VO; 1986 BVK I. Kl.; 1989 Bayer. Verfassungsmed. in Gold.

MÖSLER, Gustava

Dr., Programmdirektorin Hörfunk/ Bayer. Rundf. - Rundfunkpl. 1, 8000 München 2.

MÖSSBAUER, Rudolf L.

Dr. rer. nat., o. Prof. f. Physik TU München - Zu erreichen üb. James-Franck-Str., 8046 Garching b. München, priv.: Stümpflingstr. 6a, 8022 Grünwald - Geb. 31. Jan. 1929 München, 3 Kd. (Peter, Regine, Susanne) - Stud. TU München (Physik; Diplomprüf. 1955; Promot. 1958 b. Prof. Maier-Leibnitz) - B. 1960 Forschungstätigk. Max-Planck-Inst. f. med. Forsch., Heidelberg, dann California Inst. of Technology, Pasadena (1961 Prof.), 1964-72 o. Prof. u. Dir. Department Physik (Garching) TH bzw. TU München, 1972-77 Dir. Inst. Max v. Laue - Paul Langevin - 1961 Nobel-Preis f. Physik (Mössbauer-Effekt); 1962 Bayer. VO., 1964 Gr. BVK m. Stern u. Schulterband; 1963 Dr. Sci. Hon. G.-Adolphus-Coll., Minnesota; 1971 Ausw. Mitgl. Americ. Acad. of Arts a. Sciences Boston; 1973 Dr. Sci. Univ. of Oxford/ Engl.; 1973 Dr. Sci. Univ. Lille/Frankr.; 1974 Dr. h. c. Grenoble; 1975 Dr. Sci. Univ. of Leicester/Engl.; 1975 Ausw. Mitgl. Acad. Naz. dei Roma, Mitg. Dt. Phys. Ges., Amerik. Phys. Ges., Europ. Phys. Ges.; Bayer. Akad. d. Wiss.; Ges. Dt. Naturforscher u. Ärzte; Dt. Ges. d. Naturforscher/Leopoldina, Halle/S.; Päpstl. Akad. d. Wiss. u. Ind. Akad. d. Wiss., Neu Delhi; 1984 Bayer. Maximilians-Orden f. Wiss. u. Kunst, 1985 Gold. Lomonossow-Med. Sowjet. Akad. d. Wiss.; 1985 Dr. h. c. Univ. Saarbrücken; 1986 Einstein-Med. Albert-Einstein Ges. Bern; 1986 Dr. h. c. Ungar. Wiss. Akad. Budapest; 1989 Dr. h. c. Eötvös Loránd Univ. Budapest, u. Univ. of Montreal.

MÖSSNER, Jörg Manfred

Dr. iur., Univ.-Prof., Direktor d. Inst. f. Finanz- u. Steuerrecht Univ. Osnabrück, Richter am Niedersächsischen Finanzgericht - Hinterm Vogelherd 28 a, 2070 Ahrensburg - Geb. 1. Okt. 1941, verh., 2 Kd. (Stephan, Jutta) - Stud. Rechts- u. Wirtschaftswiss. Univ. München u. Köln - 1973 Prof. f. Völkerrecht Univ. d. Bundeswehr Hamburg; 1983 Prof. f. Steuerrecht Univ. Osnabrück; Gastprof. in Paris, Stockholm; Vorst.-Mitgl. Dt. Vereinig. f. Intern. Steuerrecht - Veröff.: Staatsrecht, Einführung in d. Völkerrecht, Fundheft f. öfftl. Recht, Kommentar z. Außensteuerrecht, Rechtsprechung Intern. Steuerrecht, Lehrb. Allg. Steuerrecht - Liebh.: Musik, Lit., Gesch.

MOESTA, Carlheinz

Dr. phil., Journalist, MdL Rhld.-Pfalz (s. 1971) - Gartenstr. 14, 5488 Adenau/Eifel (T. 23 68) - Geb. 24. April 1928 Boppard, verh., 2 Kd. - Realgymn.; Stud. Philol., Vergl. Literaturwiss. - Freiberufl. Tätigk. als Journ.; 1965-74 stv. Bundesvors. Bundesvereinig. d. Fachjourn. f. Jugendarb.; 1969-78 Mitgl. Stadtrat Adenau; 1971-78 Vors. SPD-Kreisverb. Ahrweiler; Vors. SPD Ortsverein Adenau; Vorst.-Mitgl. SPD Unterbez. Ahrweiler; stv. Vors. Rundfunkrat Südwestfunk; Mitgl. Kurat. Univ. Mainz u. Stiftg. Bahnhof Rolandseck. SPD s. 1957 (Mitgl. Fraktionsvorst., s. 1985 stv. Vors. Landtagsfrakt.).

MOESTA, Hasso

Dr. rer. nat., Prof. f. Physikal. Chemie - Birkenstr. Nr. 25, 6601 Bübingen/Saar (T. 06805 - 3 63) - Geb. 30. Nov. 1925 Dresden (Vater: Dr. med. Kurt M., Arzt), ev., verh. s. 1948 m. Liselotte, geb. Melchior, 3 Kd. - Dipl.-Phys. 1950; Promot. 1954 (Physikal. Chemie); Habil. 1963 - B. 1959 Industrie- (Laborleit.), dann Hochschultätigk. (Univ. Bonn, 1968 apl. Prof.; Univ. Saarbrücken, 1970 Ord./Lehrst. II). Spez. Arbeitsgeb.: Physikal. Chemie d. Festkörper. Mitgl. Dt. Bunsen-Ges. u. Ges. Dt. Chem. - BV: Chemisosption in Metall-Metall-Systemen, 1968 - Spr.: Engl.

MÖSTL, Hubert

Kaufmann - Am Niederhahn 111, 3490 Bad Driburg - Geb. 10. Sept. 1942 - Geschäftsführer Marcus-Klinik GmbH & Co. KG, Caspar Heinrich Klinik GmbH & Co. KG, Bade- u. Brunnenbetrieb GmbH & Co. Holding, Kurverwaltung Bad Driburg, Caspar Graf v. Oeynhausen-Sierstorpff, COS Klinikbau- u. Management GmbH + Co., Moritz-Klinik GmbH + Co., alle Bad Driburg.

MOGG, Walter

Wissenschaftl. Angestellter, MdL Baden-Württ. (Wahlkr. 61, Hechingen-Münsingen), stv. Vors. d. Aussch. f. Wissensch. u. Kunst - Lärchenstr. 9, 7432 Bad Urach-Sirchingen (T. 0711 - 459-26 30) - Geb. 20. Aug. 1937 Nagold - SPD.

MOGGE, Winfried

Dr. phil., Leiter Archiv d. dt. Jugendbewegung (s. 1976) - Burg Ludwigstein, 3430 Witzenhausen 1 (T. 05542 - 18 62) - Geb. 15. Aug. 1941 Iserlohn (Vater: Wilhelm M., Redakteur; Mutter: Anna, geb. Müller), verh. s. 1966 m. Wiltrud, geb. Wenning - 1961-68 u. 1973-75 Univ. Berlin u. Erlangen (Gesch., Germanistik; Promot. 1976) - 1968-73 Leiter Heim-VHS Burg Rothenfels, s. 1980 Lehrbeauftr. Gesamthochsch. Kassel - BV: u. a. Nürnberg u. d. Landsberger Bund, 1976; div. Herausg. u. Fachveröff. (Landesgeschichte; Jugendbewegung).

MOGWITZ, Hanns

Dr. jur. - Flemingstraße 25 a, 8000 München 81 (T.098 27 08) - Geb. 27. Febr. 1909 - Staatsdst. (zul. ORR), 1968-74 Vorst.-Mitgl. Münchener Rückvers.-Ges., vorher stv. - Offz.skreuz Orden d. Eichenkrone Großherzogtum Luxemburg. Gr. Silb. Ehrenz. Rep. Österr.

MOH, Günter Harald

Dr. rer nat., Dr. habil., Dr. h. c., Prof. f. experimentelle Mineralogie u. Lagerstättenkunde - Schwabenheimer Weg 7c, 6900 Heidelberg (T. 06221 - 83 11 47); Mineralog.-Petrograph. Inst. d. Univ., Im Neuenheimer Feld 236, 6900 Heidelberg (T. 06221 - 56 28 10) - Geb. 2. Mai 1929 Liegnitz (Vater: Paul M., Bahnbeamter; Mutter: Olga, geb. Kastner), ev., verh. s. 1958 m. Ursula, geb. Müller, 2 Töcht. (Susanne, Annette) - Lehre Masch. u. Apparatebau, Stud. (Chem., Mineral.) Univ. Halle, FU Berlin u. Heidelberg; 3 J. Geophys. Laboratory, Carnegie Inst. of Washington/ USA - S. 1964 wiss. Assist., s. 1967 (habil.) Priv.doz., s. 1972/73 Prof. Univ. Heidelberg - BV: 100 wiss. Publ. (dtsch. u. engl.) - Ehrenprof. d. Univ. Wuhan-Hubei u. Nanjing, China; korr. Mitgl. Akad. f. Geowiss., Beijing; Mitgl. u. Ehrenmitgl. zahlr. nat. u. intern. wiss. Vereinigungen - 20 x Gold. Sportabz.

MOHING, Walter

Dr. med., Prof., Orthopäde Fak. f. klin. Med. Univ. Ulm, Chefarzt a.D. - Holbein 7, 8902 Neusäss 1 - Geb. 16. März 1920 - S. 1963 (Habil.) Lehrtätigk. Univ. Erlangen-Nürnberg (1969 apl. Prof.). Fachveröff.

MOHL, Hans

Dr. med. h. c., Fernsehjournalist - Fontanestr. 49, 6500 Mainz 31 - Geb. 30. Nov. 1928 Kiel - S. 1963 Leit. d. ZDF-Redakt. Gesundheit u. Natur (Send. Gesundheitsmagazin Praxis, Aktion Sorgenkind) - BV: U. a. 7 Erfolgsprogr. f. d. Gesundh., 1975; Iß d. Richtige, 1977 - Intern. Japanpreis, Ehrenzeichen dt. Ärzteschaft; 1980 Ehrendoktor f. Medizin Univ. Erlangen - Liebh.: Karikaturen - Spr.: Engl.

MOHL, Max

Dr. rer. pol., Dipl.-Kfm., Inhaber Afrika-Museum Wiesenbach/Heidelberg - Hermann-Löns-Weg 13 - Geb. 1927 Besigheim/Neckar, verh. m. Irene Mohl, Doz. Univ. Heidelberg, T. Martina Maximiliane - Verf. v. Büchern üb. Afrika, Indien, Ceylon, Sowjetunion, Japan u. d. dt. Ind. 1986 Gründ. e. eig. Verlages; eig. Afrika-Mus. in Wiesenbach/Heidelberg. Ethnol. Arb. b. Stamm d.

Wamakonde/Ostafrika - BV: Meisterwerke d. Makonde (deutsch u. engl.).

MOHLER, Armin
Dr. phil., Journalist u. Schriftst., Geschäftsf. Carl-Friedrich-v.-Siemens-Stiftg., München 19 (1964-85), Univ.-Doz. f. Wiss. v. d. Politik Univ. Innsbruck/Rechts- u. Staatswiss. Fak. (s. 1967) - Liebigstr. 3, 8000 München 22 (T. 22 28 83) - Geb. 12. April 1920 Basel/Schweiz (Vater: Ernst M., Beamter; Mutter: Frieda, geb. Weingartner), verh. s. 1949 m. Edith, geb. Weiland, 2 Söhne (Gert, Wulf) - Realgymn. u. Univ. Basel (Promot. 1949) - 1949-53 Sekr. v. Ernst Jünger, dann Pariser Korresp. D. Tat, Zürich (1953-61), D. Zeit, Hamburg (1955-60), D. Furche, Wien (1957-61), Christ u. Welt, Stuttgart (1960-61) u. s. 1961 fr. Schriftst. (München). 1965-85 Kolumnist D. Welt - BV: D. Konservative Revolution in Dtschl., 2. A. 1972; D. 5. Republik, 1963; Was d. Deutschen fürchten, 1965; Vergangenheitsbewältigung, 1996; Sex u. Politik, 1972; Von rechts gesehen, 1974; Tendenzwende f. Fortgeschrittene, 1978; Vergangenheitsbewältigung, Neue erw. Fassung 1981; Wider die All-Gemeinheiten, 1981 - 1967 Konrad-Adenauer-Preis Dtschl.-Stiftg. - Liebh.: Kunstgesch. - Spr.: Franz., Engl.

MOHLER, Hans
Oberlehrer, Schriftst., Sekr. Basler PEN-Club - Crestalunga, 7425 Masein/Schweiz - Geb. 25. Okt. 1919 Thusis, ev., verh. I) s. 1944 m. Helene Josephine, geb. Chardon, 2 Kd., verw., II) s. 1968 m. Charlotte, geb. Studer, 1 S. - Lehrersem. Chur; Univ. Zürich, Bern, Lausanne, Sekundarlehrerpatent 1946 Zürich - BV: Kl. Sternreise, Ged. 1943; Aus e. Hirtensommer, Erz. 1944; Am Rand d. Tages, R. 1944; Ritt durch d. Herbst, Erz. 1945; 2 Erzählungen, 1947; Offenbarung u. Untergang, Erz. 1950; D. kl. Dorftheater, Erz. 1955; Rezept f. Sieger, Erz. 1960; Direktor Midas, Erz. 1960; D. Kampf m. d. Drachen, R. 1961; Fasnacht, Sachb. 1963; D. Domlesch, Sb. 1965; Thusner Wanderb., 1966. Libretto f. e. Jenatsch-Oper (Raffaele d'Alessandro, 1952); Regimentsspiel, R. 1969, u. 5teil. Hörsp., 1972; Hirtensommer, Erz. 1979; Georg Jenatsch, R. 1988; Glut u. Flammen, R. 1990 - Liebh.: Wintersport, Reiten, Malen u. Modellieren.

MOHN, Reinhard
Verleger, Aufsichtsratsvors. Bertelsmann AG, Gütersloh (b. 1991), Vorst. d. Bertelsmann-Stiftg., Gütersloh - Geb. 29. Juni 1921 Gütersloh (Vater: Heinrich M., Verleger; Mutter: Agnes, geb. Seippel), ev. - Wehrdst. (Offz.) u. Kriegsgefangensch. (Nordafrika, USA); s. 1946 Bertelsmann-Verlag (1947 Leitg.).

MOHNEN, Heinrich (Heinz)
Dr. jur., Amtsgerichtspräsident a. D., Oberstadtdir. a. D., Honorarprof. f. Bürgerl. Recht, insb. Wohnungsrecht, Univ. Köln (s. 1964) - Lovis-Corinth-Str. 12, 5000 Köln 41 (T. 48 84 85) - Geb. 11. März 1914 Köln - B. 1965 Stadt-, dann Oberstadtdir. Köln. 1977 Rechtsanwalt. Veröff. rechtl. Natur - Spr.: Engl. - Rotarier.

MOHR, Albert-Richard

Dr., Prof. f. Musikwissenschaft, Theaterhistoriker - Bockenheimer Anlage 6, 6000 Frankfurt/M. (T. 55 79 62) - Geb. 27. Dez. 1911 Frankfurt/M. - Oberrealsch. u. Univ. Frankfurt/M. (Musik- u. Kunstgesch., Germanistik), ebd., Assist. Musikwiss. Inst. u. Univ. Musik-Dir., zugl. wiss. Mitarb. am Städt. Manskopfschen Musik- u. Theaterhistor. Museum u. verantw. Leit. v. Ausstellungen u. Konzerten, Doz. Staatl. Hochsch. f. Musik u. Darstellende Kunst (Opernkl.) u. Hochsch. f. Theater (Musik- u. Theatergesch.), Ztg.kritk. u. Komment. Hess. Rundf., Begr. Arb.kreis f. neue Musik u. d. Musik- u. Theaterarchives (Bühnenfotos, Notenmanuskripte, Bühnenbildentwürfe usw.), jetzt in Stadt- u. Univ. Bibl. Frankfurt/M.), Redakt.-Mitgl. Musiktschr. Syrinx Brüssel; I. Dramat. u. Regiss., gleichz. künstl. Betriebsdir. Opernhaus Ffm., Gastsp. u. a. in Bulg., Griechenl., Jugosl., Rum., Span.; daneb. Dir.-Mitgl. Dante-Alighieri-Ges. u. Beauftr. d. Ständ. Rats d. Komponisten in Europa als Leit. intern. Musikfeste u. Ausstellungen. Beauftr. d. Bundesanst. f. Arbeit (Musiktheater im In- u. Ausl.), gleichz. Prof. South. Illinois State-Univ. (USA) u. Gastvorles. div. Univ. - BV: u. a. Frankfurter Theaterleben im 18. Jh. 1940; V. d. Wandertruppe z. Komödienhaus, 1967; D. Römerberg-Festsp., 1968; D. Frankf. Mozart-Buch, 1968; Lebensbilder dt. Int., 1970; D. Singakad., 1972; D. Frankfurter Oper, 1972; D. Frankf. Schauspiel, 1974; Musikleben in Frankfurt a.M., 1976; D. Frankfurter Opernhaus 1880-1980, 1980; Christl. Kunst in Frankfurt am Main, 1983; Zauberwelt, 200 J. Bühnenbild d. Frankfurter Oper, 1986; Musik in d. Kunst, 1989. Aufs. in Ztg. u. wiss. Ztschr. - Verdienstkr. bulgar. u. rumän. Krone, Ehrenmitgl. Wiener Mozart-Gem., Österr. Ehrenkr. f. Kunst u. Wiss. I. Kl., Salzburger Mozart-Med., Namenseintragung auf d. Ehrentafel d. Wiener Ehrenhofes, BVK I. Kl., Dr. lit. hum. h. c. Rom, Mozart-, Ehren- u. Goethe-Plak. Stadt Frankfurt/M., Stoltze-Preis, Goethe-Med. d. Ld. Hessen, Weltkultur-Preis f. Lit., Kunst u. Wiss. d. Accad. Italia m. Siegesstatue als Persönlichkeit d. Jahres 1984; Ehrenmitgl. d. Alten Oper Frankfurt/M. m. Bronzerelief im Foyer; Gr. BVK; Hess. VO - Stifter d. Frankf. Mozart-Med. - Lit.: E. Wolff: Festschr. z. 65. Geb.Tag, D. Bühnenjahrb. 1971, 1973, 1978, 1983, 1988 u. 1990, D. Bühnengenossensch. 1973 u. 1988, Riemann: Musiklexikon, Frank-Altmann: Tonkünstler-Lexikon, Who is who in the arts, 100 J. Intern. Stiftung Mozarteum, Frankfurter Gesichter, Accademia Italia: Personaggi contemporanei, B. Hartmann: A. R. Mohr, e. Leben f. d. Kunst, 1984, erw. A. 1989; Robert Didion u. Bernhard Hartmann. Zum Leben u. Schaffen d.

Musik- u. Theaterhistorikers A. R. Mohr (1992).

MOHR, Curt
Dipl.-Ing., techn. Direktor, DIN Dt. Institut f. Normung - Burggrafenstr. 4-10, 1000 Berlin 30; priv.: Krottnaurerstr. 70, 1000 Berlin 38 (T. 030 - 2 60 11) - Geb. 30. März 1930 Berlin (Vater: Curt M., Facharzt; Mutter: Elisabeth, geb. Heift), kath., verh. s 1963 m. Barbara, geb. Schmidt, T. Anne Monika - Gymn., Abit. 1949; TU Berlin, Dipl. (Masch.bau) 1957 - S. 1957 DNA (1961-74 Geschäftsf. Fachnormenausch. Informationsverarb.; s. 1975 Mitgl. Geschäftsleit.). Spez. Arbeitsgeb.: Dt. u. intern. Normung.

MOHR, Dieter
Dr., Direktor Statist. Landesamt Schlesw.-Holst. - Fröbelstr. 15-17, 2300 Kiel 1 (T. 0431 - 68 95-269).

MOHR, Fritz
Oberregierungsrat a. D., MdL Rhld.-Pfalz (s. 1971) - Thilmanystr. 5, 5520 Bitburg (T. 41 41) - Geb. 14. Sept. 1924 Mausbach/Rhld., kath., verh., 1 Kd. - Gymn., 1942-45 Soldat (schwerkriegsbesch.); 1948-52 Stud. Rechts- u. Staatswiss. 1953 Studienaufenth. USA - 1954-61 Fr. Wirtschaft; s. 1962 öfftl. Dienst. MdK. CDU s. 1947 (Vors. Kreisverb. Bitburg-Prüm).

MOHR, Gerhard
Regisseur, Schauspieler - Zossener Str. 45, 1000 Berlin 61 (T. 030 - 6 93 83 10) - Geb. 2. März 1958 Würzburg - Stud. Theater- u. Musikwiss. Köln u. München, Schauspielausb. München - Engagements in Hannover, Bad Hersfeld (Festspiele), Berlin, Basel, Ulm, Wunsiedel (Festsp.) - Insz. Schausp. u. Oper an verschiedenen Bühnen im In- u. Ausland.

MOHR, Hans

Dr. rer. nat., Drs. h. c., Prof. f. Biologie Univ. Freiburg (s. 1960), Projektleit. SFB 48/206 d. DFG (s. 1968), Vorst.-Mitgl. Akad. f. Technikfolgenabschätzung, Stuttgart - Neuhäuser Str. 108, 7815 Kirchzarten (T. 6 75 91) - Geb. 11. Mai 1930 Altburg (Vater: Friedrich M., Werkmeister; Mutter: Rosine, geb. Strinz), verh. 1957 m. Dr. Elisabeth, geb. Kraut, 2 Söhne (Andreas, Leonhard) - Promot. 1956 u. Habil. 1959 Univ. Tübingen - BV: Wissenschaft u. menschl. Existenz, 2. A. 1970; Molekulare Grundlagen d. Entwicklung, 1971; Lectures on Photomorphogenesis, 1972; Structure and Significance of Science, 1977; Lehrb. d. Pflanzenphysiol., 4. A. 1992; Biol. Erkenntnis, 1981; Photomorphogenesis (Hrsg.), 1983; Homo investigans/H. politicus, 1985; Natur u. Moral - Ethik in d. Biologie, 1987. Zahlr. Fachaufs. - 1966 Mitgl. Dt. Akad. d. Naturforscher (Leopoldina); 1982 Fellow d. Wiss.-Kollegs Berlin; 1982 Mitgl. Heidelberger Akad. d. Wiss., 1982 Ehrendoktor Univ. Strasbourg u. 1983

Univ. Limburg; Honorary Editor, Planta - Rotarier.

MOHR, Heinrich
Dr., Prof. f. Literaturwissenschaft u. Sozialgeschichte d. Lit. Univ. Osnabrück - Clemens-Str. 37, 4500 Osnabrück - Geb. 16. Juli 1938 Mannheim (Vater: Heinrich M., Monteur; Mutter: Bärbel, geb. Gerlach), ev., verh. s. 1966 m. Eva Maria, geb. Schlichthärle, 4 Kd. (Babette, Susanna, Henriette, Benjamin) - Stud. German., Gesch., Polit. Wiss. u. Phil. Univ. Freiburg, Berlin u. München (Promot. 1966) - Assist. Ruhr-Univ. Bochum; Lektor Univ. Besançon (Frankr.); s. 1974 Prof. Osnabrück - BV: Wilhelm Heinse. D. erot.-relig. Weltbild u. s. naturphil. Grundl., 1971; zahlr. Aufs. z. Lit. in d. DDR; Mitherausg. Jahrb. z. Lit. in d. DDR, 1. Bd. 1980, 7. Bd. 1990.

MOHR, Heinz
Geschäftsf. Gesellschafter - Schreibersheide 36, 5060 Bergisch Gladbach 2 (T. 02202 - 3 21 82) - Geb. 27. Sept. 1918, kath., verh. s. 1974 m. Henriette, geb. Weyer, Tocht. Ursula - Kaufm. Lehre; Wirtschafts- u. Verw. Akad. Köln - S. 1981 Mitgl. Berat. Aussch. d. EG f. Kohle u. Stahl Luxemburg; Vizepräs. Gesamtverb. Dt. Brennstoffhandel Bonn - BVK; Sportplak. d. Landes Nordrh.-Westf.; Gold. Ehrenring Rhein. Bergischer Kreis; 1988 BVK I. Kl.

MOHR, Johannes
Dr. rer. pol., Bankdirektor i.R. - Taunusanlage 8, 6000 Frankfurt/M. (T. 25 57 -1); priv.: Pfarrer-Stockheimer-Str. 24, 6500 Mainz-Bretzenheim - Geb. 25. März 1926 Ütersen - B. 1970 stv., dann o. Vorstandsmitgl. Dt. Bau- u. Bodenbank AG.

MOHR, Konrad
Dr. phil., Prof., Pädagoge, Staatssekr. a. D., MdL Rhld.-Pfalz (s. 1967) - Im Wäldchen, 5471 Saffig - Geb. 16. Mai 1921 Blankenrath, kath., verh., 8 Kd. - Gymn. (Abit. 1940); n. Arbeits- u. Wehrdst. Päd. Akad. Bad Neuenahr u. Univ. Mainz (Promot.) - Zeitw. Volksschullehrer; s. 1958 Doz. u. Prof. (1963) PH Koblenz. S. 1956 MdK Koblenz-Land (1960 Fraktionsvors.); zul. Staatssekr. rhld.-pfälz. Kultusmin. CDU s. 1950 (Kreisvors.) - 1970 BVK.

MOHR, Lambert

Selbst. Kaufmann, gf. Gesellschafter in d. Mohr-Gruppe, MdL Rheinland-Pfalz, stv. Vors. Haushalt- u. Finanzausch. - Geb. 15. Juni 1930 Plaidt, kath., verh. s. 1951 m. Maria, geb. Mürtz, T. Silvia - Verb.-Gemeinderat Andernach-Land, s. 1960 Kreistagsmitgl., stv. Vors. CDU Kreistagsfraktion, Ehrenvors. Raiffeisenbank Pellenz eG Plaidt, s. 1970 Beiratsmitgl. Westdt. Genoss.-Zentralbank - BVK I. Kl.; Freiherr v. Stein-Plak.

MOHR, Paul
Bürgermeister d. Stadt Warburg (s. 1989), MdL Nordrh.-Westf. - Bei der

Kirche 26, 3530 Warburg 1 (T. 05641-25 03) - Geb. 7. April 1936 Dössel/Kr. Höxter, kath., verh. s. 1963 m. Heide M., 3 Kd. (Daniela, Matthias, Hans-Peter) - 1951-60 Jungwerker u. Assist. d. Bundesbahn; 2. Bildungsweg, 1960 Stud. Päd. - 1963 Lehrer; 1967 Schulleit. 1969-75 Gemeinderat Dössel; s. 1975 Rat Stadt Warburg; 1975-89 MdK Höxter; 1981-89 stv. Landrat Kr. Höxter; s. 1983 MdL - 1980 Bundesfördermed. Musik - Liebh.: Jugendarb., Sport, Musik (Jazz u. Volksmusik).

MOHR, Rudolf

Dipl.-Kfm., Unternehmensberater - Nietzschestr. Nr. 10, 6800 Mannheim 1 - Geb. 2. Febr. 1911.

MOHR, Walter

Dr. phil., Prof., Historiker - Blieskasteler Str. 1, 6600 Saarbrücken 3 (T. 6 16 37) - Geb. 21. Okt. 1910 Völklingen/Saar, kath., verh. s. 1947 m. Agnes, geb. Schwarz - S. 1948 Doz. u. ao. Prof. (1950) Univ. d. Saarl. (Gesch. d. Mittelalters) - BV: König Heinrich I. (919-367, 1950; Studien z. Charakteristik d. karoling. Königstums im 8. Jh., 1955; D. karoling. Reichsidee, 1962; Frank. Kirche u. Papsttum zw. Karlmann u. Pippin, 1966; Waldes v. s. Berufung b. z. s. Tode, 1971; Gesch. d. Herzogtums Lothringen, T. I: Gesch. d. Herzogt. Groß-Lothr. (900 b. 1048), 1974; T. II Niederlothr. b. zu s. Aufgehen im Herzogt. Brabant, 1976; D. Entwickl. d. fläm. Eigenständigkeitsgefühls b. z. Beginn d. 13. Jh., 1977; Gesch. d. Herzogtums Lothr., T. III: D. Herzogt. d. Mosellaner, 1979; Gesch. d. Herzogtums Lothr., T. IV: D. Herzogtum Lothr. zw. Frankr. u. Dtschl., 1986 - 1965 Mitgl. Intern. Commiss. for the History of Representative and Parliamentary Institutions; 1974 Ehrenmitgl. Interuniversitair Centr. Standen en Landen, Brüssel; 1981 Mitgl. Acad. Européenne d'Histoire Brüssel; 1988 Commandeur d. belg. Kroonordens; 1991 Saarländischer VO. - Liebh.: Forsch. z. Gesch. d. abendl. Universalismus.

MOHR, Werner

Dr. med., Prof., Facharzt f. Innere Med. u. Tropenkrankh., ehem. Chefarzt Klin. Abt. Bernhard-Nocht Inst. - Oderfelderstr. 6, 2000 Hamburg 13 (T. 47 03 34) - Geb. 21. Mai 1910 Koblenz (Vater: Prof. Dr. med. Fritz M., Inh. d. ersten dt. Lehrstuhls f. Psychotherapie; Mutter: Paula, geb. Besenbruch), ev., verh. s. 1937 m. Erika, geb. Roth (Tochter v. Prof. Dr. med. Otto R., Erfinder des Roth-Draegerschen Narkose-Apparates), 4 Söhne (Dr. rer. pol. Jens-Uwe, Prof. Dr. med. Wolf-Rüdiger, Dr. med. Jost-Werner, Dr. med. Bernd-Wolfgang) - Gymn. Koblenz; Univ. Würzburg, Kiel, München, Freiburg, Heidelberg (Promot. 1933). Habil. 1940 Hamburg - S. 1940 Lehrtätigk. Univ. Hamburg (1948 apl. Prof. f. Inn. Med. u. Tropenmed.). 1967ff. Präs. Dt. Tropenmed. Ges. Spez. Arbeitsgeb.: Tropenkrankh., Malaria, Bilharziose, Anthropozoonosen, Brucellose, Milzbrand, Ornithose, Toxoplasmose. Mitgl. zahlr. Fachges. Mitarb.: Handb. d. Inneren Med. (Kapitel: Tollwut, Lepra, Rotz, Melioidosis, Maul- u. Klauenseuche, Psittakose, Milzbrand, Rotlauf, Mykosen, Toxoplasmose), Handb. d. prakt. Med., Lehrb. d. Tropenkrankh., Klinik d. Gegenw. (Kap.: Milzbrand, Rotlauf, Rotz, Maul- u. Klauenseuche, Protozoenkrankh. u. Mycosen), Therapie innerer Erkrank. (Kap.: Therapie trop. u. einheim. Wurmkrankh., Therapie d. Infektions- einschl. Tropenkrankh.). Hrsg.: Handb. d. Infektionskrankh. (m. Gsell); Lehrb. d. Tropenkrankh., 1. A. (Hrsg. Mohr, Schumacher, Weyer); Lassafieber: in Ergebn. d. Inn. Med. u. Kinderheilk., 1978; Klinische Virologie (Hrsg. Gsell, Krech, Mohr), 1986. Div. Fachaufsätze - 1968 Ehrenmitgl. Soc. de Pathologie Exotique, Paris, s. 1973 Ehrenmitgl. tropenmed. Sektion kanad. Ges. f. Mikrobiologie, s. 1977 österr. Ges. f. Tropenmed., s. 1978 dt. Ges. f. Tropenmed., s. 1971 d. Association of Westafrican Radiologists; 1981 Ehrenmitgl. Schweizer. Ges. f. Tropenmed. u. Parasitol.; 1982 Korr. Mitgl. Chilen. Ges. f. Parasitol.; 1982 Prof. h. c. Univ. Cayetano Heredia Lima (Peru); 1984 Gold. Ehrennadel d. Medizinischen Univ. Lübeck - Spr.: Engl., Franz., Span. - Bek. Vorf.: Ururgroßv. vs. Justinus Kerner, Arzt u. Dichter.

MOHR-MÖLLER, Vera

s. Möller, Vera

MOHREN, Joseph Heinrich

Betriebswirt (grad.), Bankkfm., Vorstandsmitgl. Landesbank Berlin - Tannenbergallee 32a, 1000 Berlin 19 - Geb. 22. Aug. 1937 Aachen (Vater: Paul M., Kaufm.; Mutter: Maria, geb. Hellmanns), kath., verh. s. 1962 m. Marlies, geb. Becker, 2 Kd. (Petra, Ulf).

MOHRHOF, Siegfried

Leiter d. Fernseh-Programmbereichs Fernsehspiel, Unterhaltung u. Familie im WDR (b. 1988) - Jakob-Katzfey-Str. 37, 5358 Münstereifel (T. 02253 - 51 11) - Geb. 24. Jan. 1925 Swinemünde (Vater: Friedrich M., Navigationslehrer; Mutter: Frieda, geb. Erdmann), ev., verh. s. 1947 m. Edith, geb. Nissen, 3 Kd. - 1948-50 Stud. Päd., 1950-55 Lehrer an Volks- u. Mittelschulen, 1956-62 Inst. f. Film u. Bild (FWU), 1962/63 Ltr. Landesbildst. S-H, 1963-88 WDR Köln.

MOHS, Martin H.

Dr. sc. nat., Apotheker u. Chemiker, Partner THE EXECUTIVE'S COUNSEL, Managementberatung f. Führungskräfte d. Wirtschaft, Hamburg/Zürich (s. 1989) - Meistersingerweg 16, 2000 Hamburg 56 (T. 040 - 81 82 84) - Geb. 21. Sept. 1934 Hamburg (Vater: Paul M., Apotheker; Mutter: Milly, geb. Sulzbacher), verh. s. 1962 m. Anna Luise, geb. Schmidt, 2 Söhne (Marcus, Philipp) - Pharmaz. Staatsex. 1960 Freiburg/Br.; Promot. (Chemie) 1962 Zürich - 1960-64 W. H. Rorer, USA; 1964-84 Beiersdorf AG, Hamburg (1970 Vorst.); 1985/86 Nattermann, Köln; s. 1986 Vors. d. Geschäftsfg. Glaxo GmbH, Bad Oldesloe; s. 1986 Geschäftsf. Glaxo, Hamburg - Liebh.: Golf, Fliegen (PPL) - Spr.: Engl.

MOKLER, Paul H.

Dr., Prof., Physiker (GSI-Darmstadt) - Planckstr. 1, 6100 Darmstadt 11 (T. 06151 - 35 97 11) - Geb. 3. Mai 1941, ev., verh. s. 1968 m. Hannelore, geb. Klein, 2 Kd. (Annette Viola, Florian Tillmann) - 1960-68 Stud. Univ. Heidelberg; Physik Dipl. 1965; Promot. 1968; Venia legendi 1973 Univ. Köln - 1968/69 wiss. Mitarb. Max-Planck-Inst. f. Kernphysik, Heidelberg; 1969-73 Kernforschungsanlage Jülich; s. 1973 Ges. f. Schwerionenforsch. (GSI), Darmstadt. 1973-80 Priv.-Doz. Univ. Köln; 1980-84 Priv.-Doz. TH Darmstadt; s. 1984 Hon.-Prof. Univ. Gießen - Mithrsg.: Ztschr. f. Physik D, Atoms, Molecules and Clusters (s. 1986) - 1975 Röntgenpreis d. Univ. Gießen.

MOKROS, Ralf J.

Dipl.-Ing. (FH), Gf. Gesellschafter TBG-Consulting GmbH - Büros: 8972 Sonthofen (T. 08321-90 45), 6000 Frankfurt (069-75 10 15) - Geb. 28. März 1933 Bad Elster.

MOKROSCH, Reinhold

Dr. phil., o. Prof. f. Prakt. Theol. u. Religionspäd. Univ. Osnabrück - Felix-Nußbaumstr. 20, 4500 Osnabrück (T. 0541 - 68 21 34) - Geb. 22. Febr. 1940 Hamburg, ev., verh. s. 1967 m. Viola, geb. Held, 2 Kd. (Verena, Pascal) - Stud. Ev. Theol. Tübingen, Zürich, Berlin, Hamburg; 1. theol. Ex. 1965 Hamburg; 2. theol. Ex. 1975 Darmstadt; Promot. 1972 Tübingen - 1967-72 wiss. Ltg. e. Lutherforsch.projektes Univ. Tübingen; 1972-74 wiss. Assist. Univ. Tübingen; 1974-76 Pfarrer; 1976-84 Akad. ORat Univ. Darmstadt; s. 1984 Prof. Univ. Osnabrück. 1983-86 Vors. Rel.päd.-Prof.verb. d. BRD; s. 1983 Vors. Bundesvereinig. ev. Erzieher - BV: Theol.

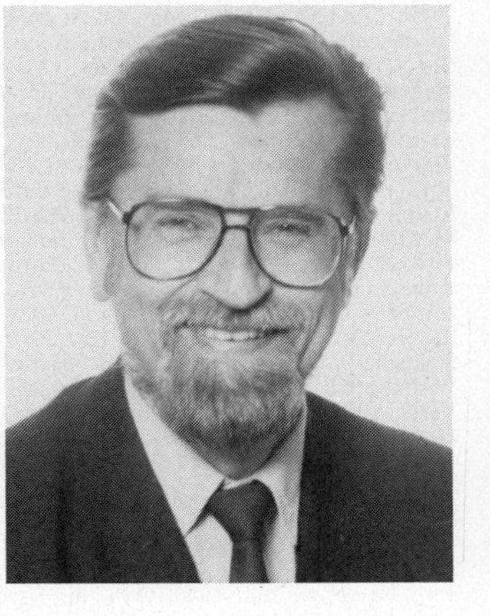

Freiheitsphil.: Schelling u. Tillich, 1976; D. religiöse Gewissen, 1979; Friedenserziehung, 1980; Mittelalter, 1981; Ethik 9/10, Ethik 11, Ethik 7/8 1986; Christl. Werterziehung, 1987; Geisteswissenschaften öffentlich, 1988; Werterziehung u. Entwicklung, 1989; Die Bergpredigt im Alltag, 1991; Kulturwissenschaften aktuell, 1992 - Liebh.: Griechenland u. griech. Spr.; Musik (Violine) - Spr.: Engl., Altgriech., Neugriech., Hebr., Latein.

MOLDAENKE, Günter

Lic. theol., Prof., Pfarrer - Goethestr. 48, 6903 Neckargemünd - Geb. 16. April 1909 Berlin (Vater: Prof. Lic. Theodor M.; Mutter: Frieda, geb. Hirsch), ev., verh. s. 1937 m. Erika, geb. v. Harnier, 5 Kd. - Gymn. Berlin; Univ. Tübingen, Marburg, Berlin (ev. Theol.). Staatsex. (1934), Licentiat (1934) u. Habil. (1936) Berlin - S. 1934 Lehrtätigk. Luther-Akad. Dorpat, Univ. Königsberg (1936) u. Heidelberg (1937; apl. Prof. f. Kirchengesch.). Spez. Arbeitsgeb.: Reformationsgesch. - BV: Schriftforsch. u. -ausleg. im Zeitalter d. Reformation, Bd. I (Matthias Flacius Illyricus) 1936; Zur Zuflucht - Gedanken z. Kirchbau heute, 1955.

MOLERUS, Otto

Dr.-Ing., o. Prof. f. Mech. Verfahrenstechnik Univ. Erlangen-Nürnberg (s. 1968) - Lärchenstr. 7, 8551 Hemhofen/Mfr. (T. 09195 - 73 52) - Geb. 18. Juni 1934 Zweibrücken (Vater: Oskar M.), verh. s. 1960 m. Christiana, geb. Kürten - Promot. (1963) u. Habil. (1966) Karlsruhe - Zul. Doz. TH bzw. Univ. Karlsruhe (Wiss. Rat Inst. f. Mech. Verfahrenstechnik). Fachveröff. - 1967 Arnold-Eucker-Preis.

MOLIÈRE, Kurt

Dr. rer. nat., Prof., Direktor am Fritz-Haber-Inst. d. Max-Planck-Ges., Berlin 33 (s. 1970, emerit. 1980) - Bogotastr. Nr. 19, 1000 Berlin 37 (T. 030 - 802 93 63) - Geb. 7. März 1912 Böhmenhöfen/Ostpr. (Vater: Kurt M.; Mutter: Gertrud, geb. Hoepfner), franz.-reform., verh. s. 1942 m. Edith, geb. Schaefer, 4 Kd. - Univ. Berlin - S. 1948 (Habil.) Lehrtätigk. TU Berlin (1954 apl. Prof. f. Physikal. Chemie). Div. Fachveröff.

MOLINA, Olivia

Sängerin, Schauspielerin, Komponistin - Oderfelder Str. 21, 2000 Hamburg 13 (T. 040 - 48 82 12) - Geb. 3. Jan. 1946 - Fr. Musikschule, Mexico-City - 1985 Gründ. eig. Firma Musikproduk. u. Verlag EDICION INDOAMERICA GmbH; Präs. u. Mitbegründ. d. Vereins Patenschaft Kinder Lateinamerikas Olivia Molina e.V., Bonn 1987 - Rollen: Jesus Christ Superstar, Kiss me Kate, Herr Puntila u. sein Knecht Matti, Mahagonny, Evita, Sorbas, Feuerwerk, Dreigroschenoper, selbstkomp. Misa Latinoamericana (UA 1. Adv. 1980 in d. Münsterbasilika Essen); 1971 Entdeckung d. Jahres; 1974 Lied d. Fernsehlotterie; 1977 Künstlerin d. Jahres; 1980 1. Preis Nordring-Festival Helsinki - Liebh.: Musik, Reisen, Sport, Sprachen - Spr.: Engl., Dt., Span., Franz. - Bek. Vorf.: Gonzalo Molina, Orchesterchef (Vater).

MOLINSKI, Hans

Dr. med., Prof., Leiter Psychosomat. Abt. Univ.-Frauenklinik Düsseldorf - Kurze Str. 1, 4156 Willich 1 (T. 02154-33 37) - Geb. 11. Aug. 1923 Berlin (Vater: Konrad M., Stud.rat; Mutter: Wanda, geb. Raabe), kath., verh. s. 1957 m. Annegret, geb. Heckhausen, 3 Kd. (Elizabeth, Stefanie, Georg) - 1964-52 Univ. Münster 1946-52, psychoanalyt. Ausb. USA u. Köln - S. 1964 Univ.-Frauenklinik D'dorf (s.o.), s. 1978 Präs. Ges. f. prakt. Sexualmed. - BV: D. unbew. Angst v. d. Kind, 1972; In blijde verwachting niet zonder last (Antwerpen/Amsterdam), 1977; D. Psychosomat. d. Frau, 1980, 2. A. 1981, 3. A. 1986 (jap.) - Spr.: Engl., Franz., Span., Russ.

MOLINSKI, Waldemar

Dr. phil., Dr. theol., Prof., Moraltheologe - Ohligser Str. 35, 5600 Wuppertal 11 (T. 73 08 48) - Geb. 4. Nov. 1926 Berlin (Vater: Dr. phil. Konrad M., Mutter: Wanda, geb. Raabe), kath. - Promot. Innsbruck (1951) u. Löwen (1958); Priesterweihe 1955 Berlin - 1960-64 Studentenpfarrer Berlin; 1961-70 Lehrbeauftr. Freie Univ. (Kath. Theol.); 1962-71 ao. Prof. Päd. Hochsch.; 1968-71 Leit. Kath. Akad. ebd.; s. 1971 o. Prof. PH Rheinland; 1972 Bergische Univ. Wuppertal - BV: Unehel. Kinder - rechtlose Kinder, 1967; Unwiderrufl. Verheißung d. religiösen Grundl. d. Staates Israel, 1968; Kath. Schule v. morgen, 2. A. 1969; Kindererziehung in d. Mischehe, 1969; D. vielen Wege z. Heil, 1969; Zölibat morgen, 1970; D. Diskussion um d. Taufe, 1971; Mischehe - Fakten, Fragen, Folgerungen, 1973; Ehe in d. Gesch. d. Theol., 1976; Versöhnen durch Strafen?, 1979. Mitherausg.: Proteste f. d. Frieden (1983). Zahlr. Einzelarb. - Spr.: Engl., Franz., Span.

MOLITOR, Bernhard

Dr. oec. publ., Ministerialdirektor Bundesministerium f. Wirtschaft - Waldburgstr. 60, 5480 Remagen - Geb. 10. Aug. 1932 Greifswald (Vater: Prof. Dr. jur. Erich M., Senatspräs.; Mutter: Maria, geb. Peters), kath., verh. s. 1959 m. Yoshiko, geb. Sumida, 4 Kd. (Ruth, Michael †, Norbert, Stephan) - 1952-57 Stud. Wirtsch.- u. Rechtswiss. Univ. Köln, Göttingen, München, Lausanne, Nancy u. am Europa-Kolleg Brügge - 1957-58 Wiss. Assist. Inst. f. Betriebswirtsch. Univ. Würzburg; 1958-75 Kommiss. Europ. Gemeinsch. Brüssel (s. 1968 Dir. f. Volkswirtsch. d. Mitgliedstaaten u. Konjunktur); 1975ff. Bundesmin. f. Wirtsch. Bonn (Ministerialdirig. u. Leit. Unterabt. Grundsatzfragen d. Wirtschaftspolitik, Konjunktur- u. Wachstumspolitik, ab 1979 Ministerialdir. u. Leit. Abt. Gewerbl. Wirtschaft, Wirtschaftsförd. Berlin, ab 1982 Leit. Abt. Wirtschaftspolitik). 1967-68 Prof. Europa-Kolleg Brügge; 1968-69 Gastprof. Univ. Brüssel - BV: Textsamml. z. Wirtschafts- u. Währungsunion (m. Rainer Hellmann), 1973; Ökonom. Wandel u. Verwaltungsreform (m. Herbert König), 1988; Chancen u. Möglichkeiten e. intern. Koordinierung d. Wirtschaftspolitik, 1990 - 1980 BVK, 1984 BVK I. Kl., 1989 Gr. BVK; 1979 Gr. Gold. Ehrenz. Rep. Österr.; 1984 Chevalier de la Légion d'Honneur; 1986 Commendatore Ordine Al Merito della Repubblica Italiana - Spr.: Franz., Engl., Ital.

MOLITOR, Bruno

Dr. rer. pol., o. Prof. f. Volkswirtschaftslehre u. Direktor Inst. f. Verteilungstheorie u. Sozialpolitik Univ. Würzburg - Sanderring 2, 8700 Würzburg - Geb. Linz/Rh. - Stud. Volksw. Dipl.-Volksw. 1950 Tübingen; Promot. 1952 ebd.; Habil. 1964 Hamburg - BV (Auswahl): Vermögensverteilung als wirtschaftspolit. Problem, 1965; Lohnt sich d. Systemüberwind.?, 1974; Verteilungspolitik in Perspektive, 1975; Sozialpolitik auf d. Prüfstand, 1976; Wiss. u. Politik im Widerstreit, 1977; Lohnpolitik u. Arbeitsmarkt, 1977; D. Moral d. Wirtschaftsordnung, 1980; Staatsversagen, 1981; Macht es d. Staat besser als d. Markt?, 1982; Wohlfahrtsstaat - D. realisierte Utopie, 1982; Marktw. u. Wohlfahrtsstaat, 1982; D. Sozialstaat auf d. Prüfstand, 1984; Umgang m. d. totalitären Macht, 1984; D. Europ. Gemeinschaft in d. Bewährung, 1985; Entwicklungspolitik am Scheideweg, 1985; Wirtschafts- u. Sozialpolitik in d. Demokratie, 1986; Soziale Sicherung, 1987; Lohn- u. Arbeitsmarktpolitik, 1988; Wirtschaftspolitik, 1988; Wirtschaftsethik, 1989; Transformation e. Zentralverw.wirtsch.: d. Beispiel d. DDR, 1990.

MOLITOR, Karl

Dr., Hauptgeschäftsführer u. Vorstandsmitgl. Bundesarbeitg.verb. Chemie - Abraham-Lincoln-Str. 24, 6200 Wiesbaden (T. 71 90 16) - Geb. 22. Mai 1928.

MOLKENBUR, Günter

Rechtsanwalt, Vorstandsmitglied VP Schickedanz AG i. R. - Hubertusstr. 2, 8500 Nürnberg 20 (T. 0911-59 35 68) - Geb. 11. Juli 1926 Münster (Vater: Heinrich M., Stadtoberrentmstr.; Mutter: Josefine, geb. Günter), kath., verh. s. 1957 m. Marlies, geb. Kellner, 2 T. (Heike, Susanne) - Abit. Münster 1947; 1947-51 Jura-Stud. Münster, 1. jur. Staatsprüf. Hamm, 2. jur. Staatspr. Düsseldorf 1954 - 1955-57 Ass. Münster, 1957-61 Leit. Pers.abt. u. stv. Leit. Rechtsabt. Bergwerksges. Walsum, 1961-69 Prok. Karmann GmbH Osnabrück, s. 1968 Dir., 1969-90 Vorst.-Mitgl. VP Schickedanz AG u. Rechtsvorgänger. 1969-90 Mitgl. Sozialpol. Hauptaussch. d. Hauptverb. d. Papier, Pappe u. Kunststoffe verarb. Ind.; stv. Vors. Verb. Bayer. Papier, Pappe u. Kunststoff verarb. Ind. - Spr.: Engl.

MOLL, Albrecht

Dr. med., em. Prof., Chefarzt i. R. - Tennelbachstr. 43, 6200 Wiesbaden - Geb. 18. Juni 1913 - (Vater: San.Rat Dr. med. Karl M.; Mutter: Gertrud, geb. Glaser), ev., verh. s. 1945 m. Karla, geb. Barczewski, 4 Kd. (Thomas, Andreas, Verena, Stephan) - Univ. Göttingen, München, Berlin, Hamburg - S. 1952 (Habil.) Privatdoz. u. apl. Prof. (1958) Univ. Erlangen u. Mainz. 1956-78 Chefarzt Innere Abt. Stadtkrkhs. Rüsselsheim/M. - BV: D. Herzinfarkt im jüngeren Lebensalter, 1961 (m. Hamacher). Üb. 100 Einzelarb., vorwieg. Cardiologie - Liebh.: Photogr., Expeditionen - Spr.: Engl. - Mitgl. Lions-Club.

MOLL, Friedrich

Dr. rer. nat., Apotheker, Lebensmittelchem., o. Prof. f. Pharmazie Univ. Mainz (s. 1974) - Kirschblütenweg 14, 6500 Mainz 33 - Geb. 18. Mai 1930 Tübingen (Vater: Dr. Josef, Oberstudiendir.; Mutter: Mathilde, geb. Ott), kath., verh. s. 1965 m. Mr. pharm. Helga, geb. Dick, 3 Kd. (Beate, Monika, Peter) - Stud. Tübingen; Promot. 1960; Habil. 1966 - 1960-63 Wiss. Assist. TH Braunschweig, 1968 Oberassist. u. 1972 apl. Prof. Univ. Tübingen. Mitgl. Ges. Dt. Chemiker, Dt. Pharmaz. Ges. (Vors. Landesgr. Rhld.-Pf.) u. Ges. f. Arzneipflanzenforsch. - BV: Biochem. u. biopharmaz. Untersuchungsverfahren, 1974 - 1970 Carl-Mannich-Forschungsstip. - Spr.: Engl., Franz.

MOLL, Hans H.

Dr.-Ing., Vorstandsvorsitzender Maschinenfabrik Augsburg-Nürnberg AG (1974-79) - Aribostr. 24, 8032 Gräfelfing - Geb. 10. Mai 1913 Essen (Vater: Heinrich M.; Mutter: Christine Elise, geb. Backhuys), kath., verh. m. Irene Johanna, geb. Schumacher, 5 Kd. (Christiane, Anka, Monika, Hans, Patrick) - Kloster Ettal; TH Aachen. Promot. 1939 - 1939 Betriebsing. Junkers Flugzeug- u. Motorenwerke, Dessau, 1943 Leit. Arbeitsvorb. Daimler-Benz Flugmotorenwerke, Genshagen, 1945 Teilh. Wilhelm Schröder Landmaschinen, Hamburg, 1949 Techn. Leit. Maschinenfabrik Diedesheim u. Betriebsleit. Gebr. Boehringer Werkzeugmaschinenfabrik, Göppingen, 1953-60 Werkleit. Stammw. Untertürkheim u. stv. Vorst.-Mitgl. Daimler-Benz AG, Stuttgart (Gesamtleitg. Werke Untertürkheim, Gaggenau, Berlin), 1961-65 Mitgl. Direktorium Fried. Krupp, Essen, 1966-73 Vorst.-Mitgl. M.A.N.; AR-Vors. Claas oHG, Harsewinkel; Vors. d. Beirats Schwäb. Hüttenw. GmbH, Wasseralfingen; u.v.a. Ämter - Liebh.: Jagd, Segeln - 1971 Bayer. VO, 1973 Gr. BVK; 1977 Staatsmed. f. bes. Verd. um d. bayer. Wirtschaft.; 1979 Grashof-Denkmünze VDI; 1980 Gr. Gold. Ehrenz. Rep. Österreich - Rotarier.

MOLL, Helmut

Dr. med., Chefarzt Kinderklinik (1964-91) u. ärztl. Direktor Marienhospital Papenburg - Moorstr. 53, 2990 Papenburg - Geb. 6. Juni 1927, verh. m. Dr. med. Hildegard, geb. Gehrt (Kinderärztin), 4 Kd. (Christoph, Stephan, Martin, Hildegard) - 1970-81Vorstandsmitgl. u. Schatzm. Dt. Ges. f. Kinderheilkde.; 1982-89 Vorst.-Mitgl. Ärztekammer Aurich - BV: Atlas d. normalen u. patholog. Handskelettentwickl., 1960 (m. F. Schmid); Pädiatr. Unfallfibel, 1971 (m. J. H. Ries); Pädiatr. Krankheitsbilder. Farbatlas f. Klin. u. Praxis, 1975 (ital. 1975; engl., span., jap. 1976), 2. A. 1983. Zahlr. Ztschr.veröff. - 1965 Vesalius-Gedenkmünze; 1982 Ehrenmitgl. Dt. Ges. f. Kinderheilkde.; 1990 Ehrenplak. d. Ärztekammer Nieders.

MOLL, Kurt

Kammersänger, Mitgl. Hamburgische, Bayer. u. Wiener Staatsoper - Billwerder Billdeich 500, 2050 Hamburg 80 - Geb. 11. April 1938 Buir/Rhld., kath., verh. s. 1968 m. Ursula, geb. Pade, 3 Kd. (Christine, Thomas, Susanne) - 1958-61 Stud. Staatl. Hochsch. f. Musik Köln - Spr.: Engl., Franz., Ital.

MOLL, Rolf

Dipl.-Ing., Aufsichtsratsvorsitzender DEKRA AG, Stuttgart, Vorst.-Vors. DEKRA e.V. - Zu erreichen üb. DEKRA AG, Schulze-Delitzsch-Str. 49, 7000 Stuttgart 80 (T. 0711-786 12 23) - Geb. 20. Dez. 1928, verh., 2 Töcht. - Abit. 1948; 1948-50 Lehre als Kfz-Mech.; 1949-54 Motorrad-Sport-Aktivitäten; 1950-54 Stud. Ing.wiss. TH Stuttgart (Dipl.) - 1953-75 Vorst.-Vors. Motor Sport Club Stuttgart (MCS); 1954-55 Nat. Automobil-Rallye-Aktivit. m. Walter Schock; 1954-57 Techn. Abt. ARAL AG, Stuttgart; 1955-60 Intern. Rallyes; s. 1957 DEKRA (1957 Prüfing.; 1961 Leit. techn. Abt.; 1965 stv. Vorst.-Mitgl.; s. 1968 Vorst.-Vors. DEKRA e.V. u. AR-Vors. DEKRA AG); s. 1949 Mitgl. ADAC u. AvD; s. 1987 Sportpräs. d. AvD (Automobilclub v. Dtschl.) - S. 1975 Ehrenvors. MCS, 1985 BVK - Liebh.: Reiten - 1956 Rallye-Europameister m. Walter Schock - 2. Pl. im Gesamtklassement Rallye Monte Carlo; 1960 Gesamtsieg Rallye Monte Carlo, Rallye Europam.

MOLL, Silvius

Dipl.-Kfm., Wirtschaftsprüfer, Gesellsch. u. Generalbevollm. DWT Dt. Warentreuhand AG (1981-87) - Am Tyrol 29, 5860 Iserlohn - Geb. 24. Juli 1941 (Vater: Rudolf M.; Mutter: Hildegard, geb. Raffenberg), kath., verh. m. Ursula, geb. Dalberg, 2 Kd. (Charles, Michaela) - Abit.; Stud. Volks- u. Betriebsw. Univ. Köln u. Fribourg (Schweiz); Dipl. 1966 Köln - 1972 Prok. u. 1978 Gesellsch. Kontinentale Treuhand GmbH.

MOLLENHAUER, Klaus

Dr. phil., o. Prof. f. Päd. Univ. Göttingen - Baurat-Gerber-Str. 7, 3400 Göttingen - Geb. 31. Okt. 1928 Berlin (Vater: Dr. h. c. Wilhelm M., Erziehungsdir.; Mutter: Charlotte, geb. Schneider), ev., verh. s. 1960 m. Susanne, geb. Reitzenstein, 4 Kd. (Julie, Moritz, Sofie, Peter Paul) - Gr. Schule Wolfenbüttel (Abit.); Päd. Hochsch. u. Univ. Göttingen u. Hamburg (Psych., Päd., German., Soziol.). Promot. 1958 Göttingen - Wiss. Assist. Univ. Göttingen; Wiss. Rat FU Berlin; ao. Prof. PH Berlin; s. 1966 o. Prof. Kiel, Frankfurt (1969) u. Göttingen (1972); 1986/87 wiss. Mitgl. Wiss.-Kolleg zu Berlin - BV: D. Ursprünge der Sozialpädagogik in d. industriellen Gesellschaft, 1959; Einf. in d. Sozialpäd., 1964; Erziehung u. Emanzipation, 1968; Zwischen Gemeinde u. Ges., 1969; Theorien z. Erziehungsprozeß, 1972; D. Familienerziehung (m. a.), 1975; Methoden d. Erziehungswiss. (m. a.), 1977; Vergessenen Zusammenhänge, 1983; Umwege, 1986; Sozialpäd. Diagnosen, 1992. Herausg.: Soziale Bedingungen familialer Kommunikation (1976).

MOLLENHAUER, Klaus

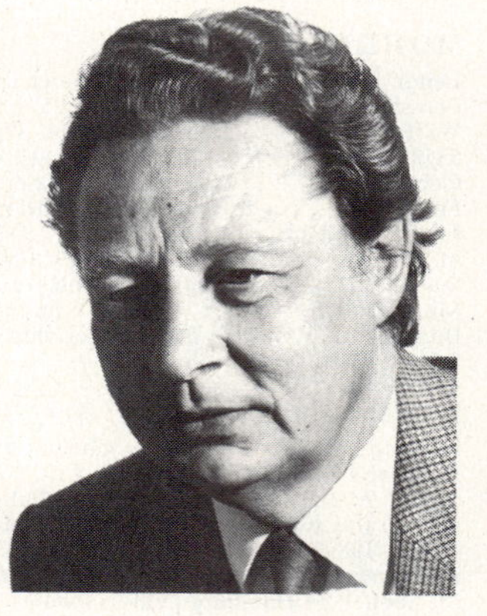

Dr.-Ing., Univ.-Prof. f. Verbrennungskraftmaschinen TU Berlin - Orber Str. 25, 1000 Berlin 33 (T. 825 20 73) - Geb. 16. April 1931 Berlin (Vater: Eduard M., Ing.; Mutter: Margarete, geb. Sange), verh. s. 1959 m. Renate, geb. Herrenkind, 2 Kd. (Jörg, Inken Katrin) - Dipl.-Ing. 1957, Promot. 1967, Habil. 1971 - S. 1971 Prof. TU Berlin - BV: D. Wärmeübergang in d. Verbrennungskraftmasch., 1977; Beitr. üb. Verbrennungsmotoren in: Dubbel, Taschb. f. d. Maschinenbau, 1990.

MOLLER-RACKE, Harro

Aufsichtsratsvorsitzender u. Gesellschafter d. Pott-Racke-Dujardin GmbH + Co KG - 6530 Bingen am Rhein - Geb. 8. Aug. 1920, verh., 4 Kd.

MOLLER-RACKE, Marcus

Vorstandsvorsitzender u. Gesellsch. d. Pott-Racke-Dujardin GmbH + Co. KG - Zu erreichen üb. A. Racke GmbH + Co., Postf. 16 53, 6530 Bingen am Rhein - Geb. 26. Mai 1956.

MOLLOWITZ, Günter

Dr. med., Prof., Chefarzt i. R. Chirurg. Abt. Krankenhaus Bethanien, Moers - Am Strand 2, 4100 Duisburg-Rheinhausen (T. 02065 - 6 18 16) - Geb. 16. Jan. 1920 Königsberg/Pr., ev., verh. s. 1952 m. Almuth, geb. Garlichs, 2 Kd. (Wolfgang, Astrid) - Univ. Königsberg, Greifswald, Kiel - S. 1957 (Habil.) Privatdoz. u. apl. Prof. (1963) Univ. Kiel; Chefarzt Johanniter-Krkhs. Rheinhausen - BV: Methode z. fortlfd. Registrierung d. ges. Galleausscheid. b. Menschen, 1956; D. Unfallmann, 1964, 74 u. 86; Kl. Krebs-Fibel, 1964; D. ärztl. Gutachten im Versich.wesen, 1968. Zahlr. Fachaufs.

MOLLWO, Erich

Dr. phil., em. o. Prof. f. Angew. Physik - Rathsbergerstr. 63, 8520 Erlangen (T. 82 55 95) - Geb. 23. Juni 1909 Göttingen (Vater: Prof. Dr. Ludwig M. (s. X. Ausg.); Mutter: Erika, geb. Voigt), ev., verh. s. 1937 m. Lotte, geb. Kern, 2 Kd. - Kaiser-Wilhelm-Gymn. Hannover; Univ. Göttingen u. München. Promot. u. Habil. Göttingen - S. 1948 o. Prof. u. Inst.svorst. f. Angew. Physik Univ. Erlangen-Nürnberg. Spez. Arbeitsgeb.: Festkörperphysik - BV: Maser u. Laser, 1966. Beitr. in Sammelw. u. Fachztschr. - Mitgl. Bayer. Akad. d. Wiss., 1978, New York Academy of Sciences, 1982.

MOLNAR-WASSMANN, Eva-Maria

Prof. Musikhochsch. Heidelberg-Mannheim (s. 1980), Gesangspädagogin - Breslauer Str. 21, 6834 Ketsch (06202 - 6 23 87) - Geb. 10. Okt. 1929 Hejöcsaba/Ung. (Vater: Bertalan M., Geigenbauer u. Kunstmaler; Mutter: Emilia M), ev., verh. s. 1978 in 2. Ehe m. Walfried W., S. Robert - Stud. Liszt-Akad. Budapest/Ung.; staatl. Dipl. f. Konzertgesang u. Gesangspäd. Engagements Nürnberg, Mannheim; Gastsp. in bedeutendsten Opernhäusern Europas u. USA - Kammersängerin - Liebh.: Golf, Tierzucht, Teppichknüpfen, Stickerei.

MOLO, Ritter von, Friedrich

Oberstleutnant a. D. - Im Asemwald 26/17/248, 7000 Stuttgart 70 - Geb. 18. Mai 1925 Schwäb. Gmünd (Vater: Alois Ritter v. M., Gen.ltn., † 1943; Mutter: Else, geb. Münchow, † 1969), ev., verh. s. 1976 m. Monika, geb. Freiin v. Rassler - Abit. 1942 Wien; Württ. Notariatsprüf. 1951 Stuttgart - 1942-45 Soldat (1945 schwer verw., zul. Ltn.); 1947-51 Württ. Justizdst., 1953-60 Notariatsfachm. Württ. Landsiedl. GmbH, Stuttgart; 1961-82 Bundeswehr (zul. Oberstlt. u. Kommand. e. Verteidigungskreiskdo.). S. 1973 Reg. Kommendator Bad.-Württ. Kommende d. Johanniter-O. - 1945 EK II; Verw.abz. schwarz; 1954 Ehrenritterkreuz Johanniterorden; 1960 Rechtsritterkreuz Joh.O.; 1973 Kommendatorenkr. Joh.O.; 1977 BVK am Bde.; 1982 BVK I. Kl. - Liebh.: Gesch. - 1961 Dt. Sportabz. unt. Versehrtenbeding. in Silber; 1965-80 Dt. Sportabz. unter Versehrtenbed. in Gold (14x) - Spr.: Engl., Franz. - Bek. Vorf.: Walter v. M., Schriftst. (Großonkel).

MOLS, Manfred

Dr., o. Prof. d. Politikwiss. Univ. Mainz - Im Rheinblick 17, 6531 Weiler - Geb. 27. Febr. 1935 Bochum, kath., verh. s. 1965 m. Dr. Dietlinde, geb. Bittner, 3 Kd. (Georg-Rüdiger, Joachim, Anke Marie) - Stud. d. Politikwiss., Gesch., Phil., öfftl. Recht Univ. Freiburg, München, Glasgow - BV: Allg. Staatslehre o. polit. Theorie, 1969; Mexiko - D. institutionalisierte Revolution, 1976 (m. H. W. Tobler); Mexiko im 20. Jh. Polit. System, Regierungsprozeß u. polit. Partizipation, 2. A. 1983; El marco internacional de América Latina, 1985; Demokratie in Lateinamerika, 1985. Herausg.: Integration in Lateinamerika (1980, m. D. Benecke u. M. Domitra); Integration u. Kooperation in Lateinamerika (1981, auch in span.); Entwicklungsstrategien in Lateinamerika in Vergangenheit u. Gegenwart (1983, m. J. Brisson); D. Beziehungen zw. Lateinamerika u. d. Bundesrep. Deutschl./Europa (1984); La transformación democrática Argentina (m. E. Garzón-Valdés u. A. Spitta); Neue Konzepte in d. Entwicklungszusammenarbeit m. Lateinamerika (1991, m. A. v. Gleich u. G. Kohlhepp); Entw.diskussion u. Entwicklungspraxis in Lateinamerika, Südostasien u. Indien (1991, m. P. Birle) - Spr.: Engl., Franz., Span., Portug.

MOLSBERGER, Josef

Dipl.-Volksw., Dr. rer. pol., o. Prof. f. Volkswirtschaftslehre Univ. Tübingen - Ammertalstr. 5, 7407 Rottenburg 5 (T. 07472 - 2 33 68) - Geb. 9. Mai 1934 Andernach (Vater: Johann Josef M., Prok.; Mutter: Therese, geb. Kalb), kath., verh. s. 1967 m. Gretel, geb. Müller, S. Philipp - Stud. Volksw. Bonn, Köln, Harvard, Dipl. 1958 Bonn, Promot. 1967 Bonn, Habil. 1974 Köln - 1958-63 wiss. Mitarb. Inst. f. Mittelstandsforsch. Bonn, 1963-73 wiss. Assist. Univ. Köln, 1973-74 Forschungsstip. DFG, 1974-75 wiss. Mitarb. Univ. Köln, 1975-77 Priv.-Doz. Univ. Köln, s. 1977 o. Prof. Univ. Tübingen, 1983 u. 88 Gastprof. Univ. of Washington, Seattle (USA), 1987 u. 88 Gastprof. Univ. Airlangga, Surabaya (Indonesien) - BV: Patentschutz u. Konzentration, 1960; Zwang z. Größe?, 1967; Vermögenspolitik u. Eigenkapitalversorg. mittelständischer Unternehmen, (m. U. Schillert), 1976; Zahlungsbilanzwirk. allg. Unternehmensgewinnsteuern, 1977 - Spr.: Franz., Engl., Ital.

MOLSNER, Michael

Schriftsteller - Jägersberg Hof 5, 8975 Fischen 2 (T. 08322 - 65 37) - Geb. 23. April 1939 Stuttgart, verh. - Redaktionsvolont. - Gerichsreporter; s. 1967 fr. Autor - 1987 Dt. Krimi-Preis f. D. ermordete Engel; 1988 Dt. Krimi-Preis f. Untern. Counter-Force; 1989 Dt. Krimi-Preis f. Urian's Spur (alle aus d. Roman-Serie D. Euro-Ermittler) u. f. D. Ehre e. Offiziersfrau - Spr.: Engl., Franz.

MOLT, Peter

Dr. phil., Vorsitzender Europ. Forum f. Entwicklungsdienst - Thomas-Mann-Str. 52, 5300 Bonn 1 - Geb. 11. Sept. 1929 Stuttgart (Vater: Walter M., Rechtsanw.; Mutter: Elisabeth, geb. Kneer), kath., verh. s. 1957 m. Brigitte, geb. Kühnle - Eberhard-Ludwigs-Gymn. Stuttgart; 1949-56 Stud. Gesch., Soziol., Volksw., Polit. Wiss. Univ. Tübingen, Heidelberg, Los Angeles. Promot. 1956 Heidelberg - 1957-60 Forschungsstip. Univ. Heidelberg; 1960 b. 1965 Polit. Akad. Eichholz; 1962-66 Leit. Inst. f. Intern. Solidarität Konrad-Adenauer-Stiftg.; 1966-70 Gf. Dt. Entwicklungsdst. 1971-75 Leitd. Beamter Freiwilligendst. d. Vereinten Nationen, Genf, 1975-81 Resident Representative d. Vereinten Nationen in Togo u. Obervolta, gegenw. wie oben. CDU - BV: D. Reichstag vor d. improvisierten Revolution, 1963; Latein-Amerika - E. Analyse s. gegenw. Probleme, 1965. Mitverf.: Kandidaturen z. Bundestag (1961); Lateinamerika - e. polit. Länderkunde, 4. A. 1972 - 1965 Kommandanturkreuz ital. u. Offz. chilen. u. ruandischer VO. - Liebh.: Tennis, Skifahren, Bergsteigen, Musik - Spr.: Engl., Franz., Span. - Bek. Vorf.: (Großv.): C. G. Molt, Begr. Allg. Dt. Versicherungsverein, Stuttgart (maßgebl. an d. Einf. d. Haftpflichtversich. beteiligt).

MOLTMANN, Günter

Dr. phil., Prof. f. Mittlere u. Neuere Geschichte - Steenbargkoppel 27, 2000 Hamburg 65 (T. 607 03 06) - Geb. 18. Dez. 1926 Hamburg (Vater: Alexander M., Studienrat; Mutter: Maria, geb. Sailer), ev., verh. s. 1960 m. Joetta, geb. Laing, 3 Söhne (Nicolas, Christian, Peter) - Heinrich-Hertz-Gymn. Hamburg; 1946-52 Univ. Hamburg u. Marburg (Gesch., German.); 1953-55 Studiensem. Hamburg. Promot. 1956 - 1956-61 höh. Schuldst. Hamburg (1959 Studienrat); 1961-67 Lehrerbild. Bielefeld (1965 o. Prof. Päd. Hochsch.); s. 1967 Univ. Hamburg (Univ.-Prof.). N. wiederh. Studienaufenth. 1970/71 Gastprof. USA. Mitgl. Joachim Jungius-Ges. d. Wiss., Verb. d. Historiker Dtschl., American Historical Assoc., Org. of Am. Histor., 1975-78 Vors. Dt. Ges. f. Amerikastud. - BV: Amerikas Dtschl.politik im II. Weltkr., 1958; D. Entwickl. Dtschl. v. 1949 b. zu d. Pariser Verträgen (1955), 1963; Atlantische Blockpolitik im 19. Jh., 1973; USA-Ploetz, 1985. Herausg.: Dt. Amerikaauswanderer im 19. Jh. (1976); Aufbruch n. Amerika, Friedr. List u. d. Auswand. aus Baden u. Württ. 1816/17 (1979, NA. 1989); Germans to America: 300 years of Immigration 1683-1983 (1982). Mithrsg.: Zeitgesch. im Film- u. Tondokument (1970); Stud. z. mod. Gesch. (1971ff.); Amerikastud. (1973-90); Rußl. - Deutschl. - Amerika, Festschrf. Fritz T. Epstein (1978) - Spr.: Engl., Franz.

MOLTMANN, Jürgen

Dr. theol., DD., DD., DD., DD., DD., Dr. theol. h. c., Prof. f. Systemat. Theol. - Liebermeisterstr. 12, 7400 Tübingen - Geb. 8. April 1926 Hamburg, ev., verh. (Ehefr.: Theologin), 4 Töcht. - Schule Hamburg (1944 Notabitur); Wehrdst. u. engl. Kriegsgefangensch.; 1948-52 Univ. Göttingen (Theol.) - Vikar; Pfarrer; Studentenseelsorger (Bremen); s. 1957 (Habil.) Lehrtätigk. Univ. Göttingen (Privatdoz.), Kirchl. Hochsch. Wuppertal (1958 Prof.; zeitw. Rektor), Univ. Bonn (1963 Ord.), Tübingen (1967 Ord.). 1967/68 Gastprof. USA - BV: Chr. Petzel u. d. Calvinismus in Bremen, 1958; Prädestination u. Perseveranz, 1961; Anfänge dialekt. Theol., 1963; Theol. d. Hoffnung - Begründ. u. Konsequenzen christl. Eschatologie, 1964; Mensch, 1971; D. gekreuzigte Gott, 1972; D.Sprache d. Befreiung, 1972; D. Experiment Hoffnung, 1974; Kirche i. d. Kraft d. Geistes, 1975; Zukunft d. Schöpfung, 1977; Trinität u. Reich Gottes, 1980; Gott in d. Schöpfung, 1985 - 1971 Literaturpreis Insel Elba (f. Theol. d. Hoffnung).

MOLZAHN, Alexander

Prof., Cellist - Im Klingenfeld 61, 6000 Frankfurt/M. (T. 54 72 87) - Geb. 25. Aug. 1907 Frankfurt/M. - Gymn. u. Musikhochsch. Frankfurt; Lehrer: Georg Wille u. Adolf Steiner, beide Berlin - Ab 1939 Lenzewski-Quartett; langj. Lehrtätigk. Musikhochsch. Frankfurt (Prof.). Zahlr. Konzertreisen.

MOMBAUR, Martin

M.A., Dozent, MdL Nieders. (Fraktionsvors. D. Grünen) - Plater Weg 30, 3130 Lüchow (T. 05841 - 36 51) - Geb. 2. Aug. 1938 Köln (Vater: Ernst M., Laborant; Mutter: Hedwig, geb. Färber), ev., verh. s. 1965 m. Inge, geb. Ritterbusch, 3 Kd. (Ulrike, Stephan, Pascal) - Abit. 1968 Abendgymn. Saarbrücken; 1969-73 Stud. Phil., Soziol., Politol. u. Gesch. Univ. Göttingen (M.A.) - 1979-80 Bundesvors. Bundesverb. Bürgerinitiat. Umweltschutz; 1982 Frakt.vors. D. Grünen im Nieders. Landtag. Idee u. Org. d. Gorlebentrecks v. Gorleben nach Hannover (1979) - BV: Sozialismus in Osteuropa, 2 Bde. 1971/72; D. Grünen - Regierungspartner v. morgen? Spiegelb., 1982 - Liebh.: Bücher, Musik, Antiquitäten, sammelt Fossilien - Spr.: Engl.

MOMBAUR, Peter Michael

Dr. jur., Gf. Präsidialmitglied Dt. Städte- u. Gemeindebund sowie Nordrh.-Westf. Städte- u. Gemeindebd., Generalsekr. Rat d. Gemeinden u. Regionen Europas/Dt. Sektion, stv. Verfassungsrichter d. Verfassungsgerichtshofs f. d. Land Nordrh.-Westf. - Kaiserswerther Str. 199-201, 4000 Düsseldorf 30.

MOMBERGER, Eckhard

Dr., Vorstandsvorsitzender Hessen-Nassauische Versich.-Anstalt, Wiesbaden - Kranichweg 23, 6272 Niederhausen/Ts.

MOMBURG, Rolf

Dr. jur., Oberkreisdirektor Minden - Sonneneck 7, 4950 Minden (T. 0571 - 807 - 28 95) - Geb. 9. Dez. 1928 Wesel, ev., verh. s. 1955 m. Ingrid, geb. Martens, 3 Kd. (Frank, Claus, Christiane) - 1. u. 2. jurist. Staatsex., Promot. - Oberkreisdir.; Vors. d. Dt. Ges. f. Mühlenkunde u. Mühlenerhaltung, AR-Vors. bzw. -Mitgl. in gemeinn. Wohnungsuntern. u. kommun. Ges. - Spr.: Engl., Span.

MOMM, Axel

Bankier, Teilh. Delbrück & Co. Privatbankiers Berlin/Köln/Hamburg/Aachen/Frankfurt/München - Hahnwaldweg 22, 5000 Köln 50 (T. 02236 - 6 46 59; Büro: Köln 1 62 41) - Geb. 11. Jan. 1932 Berlin - AR-Mandate - Spr.: Engl., Franz. - Rotarier.

MOMM, Klaus Eberhard

Ing. (grad.), Kaufmann, Konsul, Generalbevollmächtigter Kühne & Nagel (AG & Co.), stv. Vors. Afrika Verein, Hbg., Vorst.-Mitgl. Australien-Neuseel.-Südpazifik-Verein, Hbg. - Wilhelm-Kaisen-Brücke 1, 2800 Bremen 1 - Geb. 14. Mai 1928 Haarlem/Niederl., ev., verh. s. 1958 m. Ulla, geb. Hartmann, T. Karina - Spr.: Engl., Franz.

MOMMERTZ, Karl Heinz

Dr.-Ing., Prof. f. Produktionstechnik - Sohnstr. 65, 4000 Düsseldorf 1 - Geb. 28. Sept. 1929 Aachen, kath., verh., 2 Söhne (Eckard, Stefan) - Realgymn. Aachen; Stud. Masch.bau TH Aachen, Dipl.-Ing. 1956, Promot. 1959 TU Clausthal - 1956-59 Assist. Inst. f. Masch.wes. u. Elektrotechn. TU Clausthal, 1959-64 Bochumer Verein f. Gußstahlfabrik. AG (ht. Krupp Stahl AG), 1964-66 Klöckner-Werke AG Hütte Bremen (Obering., Leit. techn. Betriebswirtsch.), 1966-68 Leit. Energie- u. Betriebswirtsch. Verein Dt. Eisenhüttenleute (VDEh), s. 1968 Dir. u. Geschäftsf. Betriebsforsch.inst. VDEh f. angew. Forsch. GmbH, 1979 Hon.-Prof. TH Aachen, 1981 Ehrenprof. TH f. Stahl u. Eisen, Peking.

MOMMERTZ, Paul

Schriftsteller - Werner-Friedmann-Bogen 18, 8000 München 50 (T. 089 - 149 12 90) - Geb. 5. Febr. 1930 Aachen (Vater: Lambert M., Konditor; Mutter: Katharina, geb. Baumanns), kath., verh. s. 1960 m. Helene, geb. Groneschild, 2 Kd. (Susanne, Martin) - Univ. Würzburg, Wien, Bonn (German., Gesch., Kunstgesch.) - Verf.: Hörsp., Bühnenst., Drehb. (Aktion T 4, D. Wannseekonfz., Hamsun, u. a.) - Tukan-Preis d. Stadt München, Dramatikerpr. Münchener Kammersp.; DAG Fernsehpreis; Silberne Nymphe v. Locarno; Erster Preis f. besten Dokumentarspielfilm b. 85' World Television Festival Tokio.

MOMMSEN, Hans

Dr. phil., o. Prof. f. Neuere Geschichte Univ. Bochum (s. 1968) - Äskulapweg 16, 4630 Bochum-Querenburg (T. 70 24 45) - Geb. 5. Nov. 1930 Marburg/L. (Vater: Prof. Dr. phil. Wilhelm M., Historiker †1966 (s. XIV. Ausg.); Mutter: Marie-Therese, geb. Iken), ev., verh. s. 1966 m. Margaretha, geb. Reindl - 1951-56 Stud. Gesch., German., Phil. Promot. 1959 - Wiss. Assist. Univ. Tübingen (1960-61) u. Heidelberg (1963-68); Ref. Inst. f. Zeitgesch. München (1960-61); 1972/73 Fellow Inst. for advanced Study, Princeton; 1983/84 Fellow Wiss.kolleg Berlin. SPD s. 1960 - BV: D. Sozialdemokratie u. d. Nationalitätenfragen im Habsburg. Vielvölkerstaat, 1963 (Wien); Beamtentum im III. Reich, 1966; Zahlr. Einzelarb. Redaktion: Sowjetsystem u. Demokr. Ges. (Vergl. Enzyklopädie) - Bek. Vorf.: Prof. Dr. phil. Theodor M., Historiker, 1902 Nobel-Preis (Urgroßv.) - Bruder: Wolfgang J. M.

MOMMSEN, Wolfgang J.

Dr. phil., D. Litt. (h. c.), Prof. f. Neuere Geschichte Univ. Düsseldorf (s. 1968), 1977-85 Dir. Dt. Histor. Inst. London, President Comittee f. History of Historiography of the International Comm. of Historical Sciences, 1988-92 Vors. d. Verb. d. Historiker Dtschl. - Leuchtenberger Kirchweg 43, 4000 Düsseldorf-Kaiserswerth - Geb. 5. Nov. 1930 Marburg/Lahn, ev., verh. s. 1965 m. Sabine, geb. v. Schalburg, 4 Kd. (Hans, Kai, Kerstin, Johanne) - Realgymn. u. Univ. Marburg, Köln, Leeds - 1967/68 Privatdoz. Univ. Köln - BV: Max Weber u. d. dt. Politik 1890-1920, 2. A. 1974; Ägypten u. d. europ. Imperialismus, 1961; D. Zeitalter d. Imperialismus, 1968; D. Geschichtswiss. jenseits d. Historismus, 1971; Max Weber. Ges., Polit. u. Gesch., 1974. Herausg.: D. moderne Imperialismus (1971), Imperialismustheorien (1977), D. europ. Imperialismus, Aufs. u. Abhandlungen (1979), Max Weber and his Contemporaries (1987); Nation u. Gesch. (1990); D. autoritäre Nationalstaat (1990). Mithrsg. Max Weber-Gesamtausg. - Ehrenmitgl. Historical Assoc. - Eltern u. Vorf. s. Hans M. (Bruder).

MOMPER, Walter

Diplom-Politologe, Regierender Bürgermeister v. Berlin a. D., MdA Berlin (s. 1975) - Rathaus Schöneberg, John-F.-Kennedy-Pl., 1000 Berlin 62 (T. 78 31) - Geb. 21. Febr. 1945 Sulingen - SPD. 1985-89 Fraktionsvors. SPD Berlin; 1989-91 Reg. Bürgermeister v. Berlin.

MON, Franz

Dr. phil., Schriftsteller - Reinhardstr. 12, 6000 Frankfurt/M. - Geb. 6. Mai 1926 Frankfurt/M. - Lektorentätigk. - BV/Ged.: artikulationen, 1959; sehgesänge, 1964; einmal nur das alphabet gebrauchen, 1967; herzzero, 1968; Texte üb. Texte, Ess. 1970; Lesebuch, 1972; hören u. sehen vergehen, 1978; fallen stellen, 1981; Es liegt noch näher, 1984; Knöchel d. Alphabets, 1989. Hörsp. - 1971 Karl Sczuka-Preis; 1982 Karl-Sczuka-Pr. SWF (f. d. Hörsp.: Wenn z. B. nur einer in e. Raum ist).

MOND, van den, Friedhelm

Dipl.-Ing., Oberbürgermeister Stadt Oberhausen - Speldorfer Str. 63, 4200 Oberhausen 1 - Geb. 12. März 1932 Oberhausen (Vater: Anton v. d. M., Bergmann; Mutter: Elli, geb. Andrezejewski), ev., verh. s. 1955 m. Marie-Luise, geb. König, 5 Kd. (Axel, Barbara, Volker, Hauke, Dirk) - Dipl.-Ing. f. Bergbau 1956, Ass. Lehramt 1977 - 1982 Ehrenring Stadt Oberhausen - Liebh.: Sport, Wandern, Garten.

MONDI, Bruno

Kameramann - Boelckestr. 22, 1000 Berlin 42 (T. 786 71 61) - Geb. 30. Sept. 1903 Schwetz (Vater: Max(imilian) M.; Mutter: Franziska, geb. Derucki), verh. 1932 m. Margarethe, geb. Wensch - Zahlr. Filme, dar. D. Biberpelz, D. kalte Herz, D. Czardasfürstin, Maske in Blau, Scampolo, D. veruntreute Himmel, Wartezimmer z. Jenseits.

MONHEIM, Bernd

Dr. oec. publ., Dipl.-Kfm., Mitglied d. Geschäftsführung Suchard Tobler Vertriebs GmbH, Bremen - Theaterstr. 31, 5100 Aachen (T. 0241 - 40 33 53) - Geb. 15. Mai 1933 Berlin - Stud. Freiburg u. München - AR AM Lebensversich. AG.

MONISSEN, Hans Georg

Dr. rer. pol., M. A., Dipl.-Volksw., o. Prof. Univ. Würzburg (s. 1984) - Sanderring 2/IV, 8700 Würzburg - Geb. 14. Mai 1937 Gustorf (Vater: Balthasar M., kaufm. Angest.; Mutter: Katharina, geb. Aretz), kath., verh. s. 1965 m. Bettina, geb. Baudisch, 2 Kd. (Stephan, Nicola) - Dipl.ex. 1962 Köln; M. A. 1965 USA; Promot. 1968 Hamburg; Habil. 1973 Konstanz - 1965-74 Wiss. Assist. u. Doz.; 1975-84 Prof. Univ. Münster u. Gießen.

MONK, Egon

Regisseur - Mittelweg 47, 2000 Hamburg 13 - Geb. 18. Mai 1927 Berlin (Vater: Otto M.; Mutter: Frieda, geb. Thiel), verh. s. 1950 m. Ulla, geb. Wollank, 2 Söhne (Sebastian, Bertolt) - Lessing-Gymn. Berlin; Schausp.schule; Assist. Bertolt Brecht, Erich Engel, Berthold Viertel - 1949-53 Berliner Ensemble, s. 1957 NDR, 1960-68 Leit. Hauptabt. Fernsehsp., 1968 kurzfr. Int. Dt. Schauspielhaus Hamburg - Zahlr. Bühnen- u. Fernsehinsz. (zul. 1988 D. Bertinis) - 1965 Adolf-Grimme-Preis; 1966 Goldene Kamera, Fernsehpreis DAG u. Jakob-Kaiser-Preis; 1973 Fernsehpreis Akad. Darstellende Künste (a. 1966); 1983 Gold. Gong; Gold Award d. Intern. Film and TV Festival of New York; Adolf-Grimme-Pr. m. Gold; Mitgl. d. Akad. d. Künste Berlin; 1987 Ehrenprof. d. Freien u. Hansestadt Hamburg; 1988 Kritikerpreis - Lit.: Karl Günter Simon, D. Kronprinzen, 1969.

MONNARD, Jean-François

Generalmusikdirektor Osnabrück - Uhlandstr. 12, 4500 Osnabrück - Geb. 4. Nov. 1941 Lausanne, ev., verh. m. Lia Rottier - Jurastud. Univ. Lausanne (Licence jur.); Stud. Orchesterdirig. Folkwang Hochsch. Essen; Reifeprüf. Hauptfach Dirig. 1968 - 1968-70 Pfalztheater Kaiserslautern; 1970-72 Opernhaus Graz; 1972-77 Theater Stadt Trier; 1981-84 Stadttheater Aachen (1983-84 Kommiss. Generalmusikdir.); 1985-88 Opernhaus Wuppertal. Mitarb. Ztschr. u. Rundf. - Konz. m. d. wichtigsten Orch. d. Schweiz u. ausl. Orch. in Amsterdam, Stockholm, Wien u. a.; Gastsp.

Opernhäuser Zürich, Bordeaux, Düsseldorf, Catania. Mitgl. Schweizer Tonkünstlerverein.

MONNERJAHN, Rudolf

Dr. jur., Rechtsanwalt u. Notar, Mitgl. Brem. Bürgerschaft (s. 1975) - Wilhelm-Böhmert-Str. 14, 2800 Bremen 33 - Geb. 23. Mai 1934 Bremen, verh., 2 Kd. - Gymn. Bremen; Univ. Hamburg u. Freiburg/Br. (Rechtswiss.). Jurist. Staatsex. 1958 u. 62 (Hamburg); Promot. 1963 (Freiburg) - S. 1963 RA u. Nt. (1971) Bremen. SPD.

MONORBY, Eberhard

s. Moes, Eberhard

MONREAL, Gerhard

Dr. med. vet., Prof., Tierarzt - Luchsweg 7c, 1000 Berlin 33 - Geb. 15. Febr. 1928 Leipzig (Vater: Josef M., Landwirt; Mutter: Maria, geb. Gerling), kath., verh. s. 1958 m. Dorothea, 2 T. (Frauke, Heike) - Gymn. Mayen (Eifel), Abit.; Stud. Univ. Mainz u. Gießen, Staatsex. u. Promot. 1953, Habil. Gießen 1967 - 1954-69 Landesvet.untersuchungsamt Koblenz, s. 1969 Lehrst. f. Geflügelkrankheiten; FU Berlin - Spr.: Engl.

MONSCHAW, von, Helmut

Dipl.-Ing., Geschäftsführer Fachgem. Werkzeugmaschinen u. Fertigungssysteme/VDMA, u. Verein Dt. Werkzeugmaschinenfabriken (VDW) - Corneliusstr. 4, 6000 Frankfurt/M. 1 - Geb. 8. März 1943.

MONSSEN-ENGBERDING, Elke

Ltd. Regierungsdirektorin, Vors. Bundesprüfstelle f. jugendgefährdende Schriften (s. 1991) - 5300 Bonn 2 - Geb. 22. Okt. 1950 Köln (Vater: Heinz M., kfm. Angest.; Mutter: Ellen, geb. Walther, Beamtin), ev., verh. m. Rainer Engberding, Kriminaldir., Sohn Robert - Stud. Rechtswiss. Univ. Bonn; 1975 u. 78 jur. Staatsprüf. - 1979-87 stv. Vors. d. BPjS; 1987-91 Ref. im BMJFFG.

MONTADA, Manfred

Ständiger Stellvertr. d. Hauptgeschäftsführers f. d. Bereich Güterverkehr Verband Dt. Verkehrsunternehmen (VDV) - Kamekestr. 37-39, 5000 Köln 1 (T. 0221 - 7 72 06-50) - Geb. 27. Okt. 1935 Trier - Ministerialrat a.D.

MONTANER, Antonio

Dr. rer. pol., Dipl.-Volksw., Dipl.-Kfm., o. Prof. f. Volkswirtschaftsl. u. Finanzwiss. - Lisztstr. 109, 6700 Ludwigshafen/Rh. (T. 56 24 59) - Geb. 14. Aug. 1919 Mainz (Vater: Antonio M., Fabrikant; Mutter: Anna Maria, geb. Geier) - Univ. Heidelberg u. Berlin - S. 1947 (Habil.) Lehrtätigk. Univ. Mainz (1953 apl., 1956 o. Prof.) - BV: D. Papier- u. Zellstoffw. Südamerikas, 1942; D. Institutionalismus als Epoche amerik. Geistesgesch., 1948; Sozialpolitik, 4. A. 1957; Außenhandelspolitik, 2. A. 1954. Herausg.: Gesch. d. Volksw.slehre (1967); Riv. internaz. di sc. econom. e commerc. (Mailand) - Spr.: Engl., Franz., Span., Ital., Portug. - Lit.: Festgabe z. 60. Geb. Probleme d. wirtschaftspolit. Praxis in histor. u. theoret. Sicht (hg. v. H. Winkel u. K. G. Zinn), 1979.

MONTANUS, Heinz

Geschäftsführer Salzgitter Stahl GmbH., Düsseldorf - Postfach 4820, 4000 Düsseldorf - Geb. 26. März 1930.

MONTFORT, Norbert

Botschafter a. D. - Haus Hellenthal, 5064 Rösrath - Geb. 6. Mai 1925 - Jurist. Stud. - 1955 Eintritt Ausw. Dienst, Auslandsposten: Kairo, Alexandria, Beirut, Bagdad, Taiz, Kuwait, Nouakchott, Djiddah, Rabat; 1976-79 Ref.leit. Nahost AA, 1979-84 Nahostbeauftragter AA.

MONTLEART, de, Alexander

Autor, Dramaturg, Regisseur, Chefredakteur Medienzentrale SKA - Alte Heerstr. 90, 5205 St. Augustin 2 (T. 02241 - 15 29 65) - Geb. 9. Okt. 1937 Berlin - Stud. Theaterwiss., Roman. u. Publiz. Univ. München u. Paris - B. 1972 Dramat. Hess. Staatstheater Wiesbaden, dann Chefdramat. Nationaltheater Mannheim. Int. Stadttheater Lüneburg - 1965 Förderpreis Venedig; 1985 Silb. Ehrennadel Volksbühne; BVK; 1990 Wirtschaftsfilmpreis - Spr.: Engl., Franz., Ital., Span.

MOOG, Hans-Jürgen

Dr. iur., Bürgermeister Stadt Frankfurt/M. - Rathaus-Römer, 6000 Frankfurt am Main 1 - Geb. 13. Juni 1932 Frankfurt/M. (Vater: Erich M., RA u. Notar; Mutter: Theodora, geb. Schwanz), ev., verh. s. 1969 m. Gisela, geb. Köster, T. Gabriele - Refer. 1957 Würzburg, Promot. 1960 ebd., Ass. 1961 Frankfurt/M. - Vorst.-Vors. DRK Bezirksverb. Frankfurt/M., AR-Vors. Frankfurter Fleischmarkt u. Verbundbetriebe Beteiligungsges. mbH, Dt. Städte-Reklame GmbH, AR Frankfurter Aufbau AG, Gas-Union GmbH, Main-Kraftwerke AG, Messe Frankfurt GmbH, Nassauische Heimstätte GmbH, Frankfurt Holding Ges. f. Beteiligungen mbH, alle Frankfurt, Oberhess. Gasversorg. GmbH, Friedberg (Hessen); stv. AR-Vors. Main-Gaswerke AG, Frankfurt; Beirat Preußische Elektrizitäts-AG, Hannover; Vors. Beirat General Accident, Dir. f. Dtschl., Sulzbach/Perth (Schottland); Vorst. Dt. Kanal u. Schiffahrtsverein Rhein-Main-Donau, Nürnberg, Vers.leit. Ev. Regionalverb. Frankfurt/M., Kurat. Kinderhilfestiftg.; stv. Beiratsvors. Dt. Zentrale f. Tourismus, Frankfurt/M.; Präsid. Dt.-Ibero-Amerik. Ges., Frankfurt/M., Schulverein Anna Schmidt, Frankfurt/M., Renn-Klub Frankfurt/M. - Synode d. Ev. Kirche in Hessen u. Nassau - Spr.: Engl.

MOOG, Helmut

Dr. phil., o. Prof. f. Heilpädagogische Musikerziehung - Bachemer Str. 244, 5000 Köln 41 - Geb. 9. Dez. 1927 Opladen - Dir. Sem. f. musische Erziehung in d. Heilpäd., 1970-72 Dekan - BV: Beginn u. erste Entwicklung d. Musikerlebens im Kindesalter, 1963, 2. A. 1967; D. Musikerleben d. vorschulpfl. Kindes, 1968 (engl. 1976); Singb. 1, 1972; Singb. 2, 1973; Lehrerhandb. z. d. Schülerbde. 1 u. 2, 1973; Blasinstr. b. Behinderten, 1978. Herausg.: Musik b. Behinderten (1988). 102 Art. z. Musik b. Behinderten u. z. Musikpsych. in in- u. ausl. Fachztschr. u. Handb. - Präs. Dt. Ges. f. Musik b. Behinderten; Mitgl. Soc. for Res. in the Psych. of Music and Music Education, Univ. of Keele (Engl.), Council for Res. in Musik Education, Univ. of Illinois, Intern. Adviser Music Education for the Handicapped Inc., Provo/USA, Commiss. on Musik Therapy and Music in Special Education d. Intern. Soc. for Music Education (ISME) - Spr.: Engl., Schwed.

MOORMANN, Günter

Dr. med., gf. Gesellschafter Uniferm GmbH & Co. Hefefabrik, Nordwestdt. Hefe-Union Hefe- u. Spiritusfabrik GmbH & Co. KG, R. Moormann, Gutshofbrennerei Moormann GmbH & Co. KG, alle Werne - Arenbergstr. 2, 4712 Werne - Geb. 26. Mai 1941 Klagenfurt (Vater: Dr. jur. Arnold M.; Mutter: Dr. jur. Hänny, geb. Ehling), kath., verh. s. 1972 m. Ulrike, geb. Tangerding, 3 Kd. (Jan, Sven, Maike) - Med.-Stud. Univ. Münster (Staatsex. 1966, Promot. 1968) - Gf. Gesellsch. s. o, Vorst.-Mitgl. Unternehmensverb. Westf. Nord-West, Hamm, AR-Mitgl. NWD-Hefe- u. Spritwerke AG, Hameln.

MOORTGAT-PICK, Waldemar

Dr.-Ing., Dipl.-Phys., Entwicklungsleit. u. Technischer Berater Gorenje Vertriebs GmbH, München, IGR, Düsseldorf (s. 1984) - Am alten Tor 11, 8224 Chieming (T. 08664 - 12 94) - Geb. 13. Nov. 1923 Braunschweig (Vater: Prof. Dr. phil. Anton M., siehe XVI. Ausg.; Mutter: Gertrud, geb. Salje), ev., verh. s. 1950 m. Elisabeth, geb. Beddig, 4 Kd. (Angela, Gabriele, Ulrike, Gudrid) - Lehre Rundf.mechaniker; Stud. d. Phys. u. Hochfrequenztechn. TH Braunschweig; Gesellenprüf. 1947; Dipl.ex. 1950; Promot. 1958 - 1950/51 Entw.sing. Merkur Apparatebau, Rastatt; 1951-54 Körting (Entw.sing. u. Gruppenleit.); 1954-56 AEG-Telefunken, Ulm (Entw.ing. Röhren-Halbleiter); 1956-83 wied. Körting (s. 1973 Geschf. Ber. Entw.); s. 1984 s.o. Mitgl. div. Fachverb., 75 Patentanmeld., ca. 70 Fachveröff. u. Vortr.

MOOS, Alfred

Dipl.-Kfm., Prof. f. Wirtschaftsinformatik FH Heidelberg - Gartenstr. 4a, 6944 Hemsbach (T. 06201 - 7 19 43) - Geb. 21. April 1943 Hemsbach, ev., verh. s. 1986 m. Annelore Müller, T. Christina - Banklehre; Stud. Betr.wirtsch.lehre u. Dipl. 1970 Univ. Mannheim - BV: Wirtschaftsinformatik, 1986; SQL-Datenbanken, 1991 - Interessen: Entw. d. Wissenschaften, Gesch. allgemein - Spr.: Engl., Franz.

MOOS, von, Peter

Dr. phil., o. Prof. f. Mittellatein. Philologie - Salzstr. 53, 4400 Münster/W. - B. 1969 Wiss. Assist., dann Ord. Univ. Münster.

MOOSBRUGGER, Helfried L.

Dr. phil., Prof. f. Psychologie Univ. Frankfurt - Institut f. Psych. Univ., Mertonstr. 17, 6000 Frankfurt/M. (T. 069- 798/31 53) - Geb. 3. Jan. 1944 Graz/Österr. (Vater: Dr. Herbert M., Dipl.Ing., ltd. Reg.beamter; Mutter: Dr. Hedwig, geb. Intichar), verh. s. 1967 m. Dr. Gislinde, geb. Knižek, 3 Kd. (Brigitte, Barbara, Robert) - Stud. Univ. Graz/Österr., Marburg, Innsbruck/Österr. (Promot. 1969 Innsbruck) - 1969-71 Univ.-Assist. Innsbruck; 1971-77 ltd. Tätigk. Dt. Inst. f. Intern. Päd. Forsch. Frankfurt u. Lehrbeauftr. Univ. Trier, Mainz u. Frankfurt; s. 1977 Prof. Univ. Frankfurt (1978/79, 1987/88 u. 1991/92 Inst.-Dir., 1981/82 Dekan u. Senator). S. 1983 Lektor u. Gastprof. Univ. Graz/Österr. - BV: Multivariate statist. Analyseverf., 1978; Psych. Statistik (m. H. Müller), 1981, 2. A. 1990; Regressions- u. Varianzanalyse (m. N. Klutky), 1987, 2. A. 1992; Statistik-Arbeitsbuch (m. Chr. Zwingmann), 1989; Methoden d. Typologischen Persönlichkeitsforsch. (m. D. Frank). Zahlr. Beitr. in wiss. Ztschr. u. Büchern - Spr.: Engl.

MOOSDORF, Johanna

Schriftstellerin - Kastanienallee 27, 1000 Berlin 19 (T. 302 29 31) - Geb. 12. Juli 1911 Leipzig (Vater: Hermann M., Buchdrucker u. Verlagsdir.; Mutter: Anna, geb. Eis), o. B., verh. s. 1932 m. Paul Bernstein (Ende 1944 KZ Auschwitz †), 2 Kd. (Barbara, Thomas Bernstein) - Höh. Mädchensch. Leipzig - 1939-44 Büroangest., 1946-47 Redakt. Leipz. Volks-Ztg., 1947-49 Chefredakt. März/Lit. Ztschr. (Leipzig) - BV: Brennendes Leben, Ged. 1946; Zw. zwei Welten, N. 1947; Flucht n. Afrika, R. 1952 (auch engl., franz., amerik., schwed.); D. Nachtigallen schlagen im Schnee, R. 1954 (auch franz.); D. Himmel brennt, R. 1955; Schneesturm in Worotschau, N. 1957; Nebenan, R. 1961 (auch engl., amerik., schwed., poln., jugosl. Ausg.); D. lange Nacht, Erz. 1963; Fahrt nach Matern, Dr. 1964; D. Andermanns, R. 1969; Die Freundinnen, R. 1977; Sieben Jahr sieben Tag, Ged. 1979; Neue Gedichte, 1983; Jahrhunderttäume, R. 1989; Fahr hinaus in d. Nachtmeer, Ged. 1990; D. Tochter, Erz. aus 4 Jahrzehnten, 1991; Regula Venske: Nachwort D. Tochter, 1991; Regula Venske: Nachwort zu DIE ANDERMANNS (Taschenb.-Ausg.), R. 1992. Hörsp. (u. a. Blinder Spiegel) - 1963 Nelly-Sachs-Preis Stadt Dortmund (f. Nebenan) - Lit.: Fritz Hüser, Dichter u. Denker unserer Zeit (Folge 32: J. M., m. Bibliogr.); Regula Venske, Johanna Moosdorf. Schriftstellerin geg. d. Vergessen, in: Frauenlit. ohne Tradition, 1987; Regula Venske: Nachwort z. D. Freundinnen, 1988.

MORATH, Paul

I. Bürgermeister - Rathaus, 8501 Feucht/Mfr. - Geb. 6. Dez. 1922 Feucht - Zul. Verwaltungsoberamtsrat.

MORAVETZ, Bruno Stefan

Journalist (Ps. mora) ZDF-Sport (Ski, Fechten, Wildwasser) - Edelweißweg 37, 8964 Nesselwang (T. 08361-546) - Geb. 11. Sept. 1921 Kronstadt/Siebenb. (Vater: Stefan M., Kaufm.; Mutter: Else, geb. Silbernagel), ev., verh. s. 1945 m. Charlotte, 3 T. (Christiane, Bettina, Petra) - Human. Gymn. Kronstadt, Abit. - Redakt. Sport/Feuill. mehr. Tageszt g., Fachztschr. SKI (1958-63), Chefredakt. - BV: Spur Frei!, 1961; D. gr. Buch d. Berge (Hrsg.), 1978; D. gr. Buch v. Ski, 1981 - Div. Film-Dokument. (ZDF-Sport), ZDF-Matinee: 8000 m hoch, 1979 - 1980 Bambi; Gold. Gong, NOK-Fernsehpreis Silberkugel - Liebh.: Ski, Bergsteigen, Garten (Grasmähen m. Sense) - Spr.: Franz., Engl., Rumän., Ung.

MORAVITZ, Ingeborg-Liane

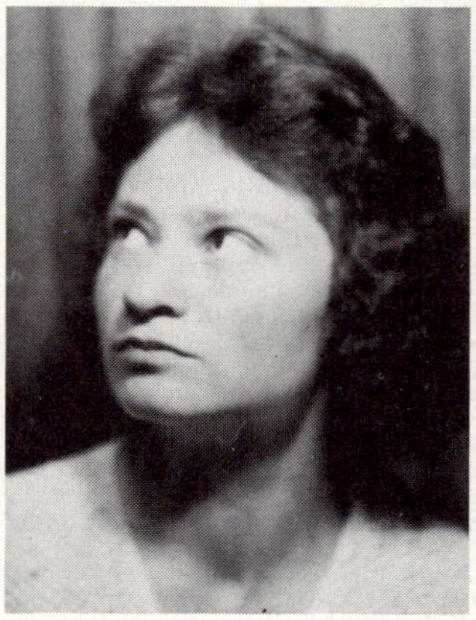

Akad. Malerin u. Graphikerin, Schriftstellerin, Restaurateurin - Wällischgasse 12/3/13, A-1030 Wien (T. 0222 - 739 00 23) - Geb. 7. Okt. Wien/Österr., kath., verw. - Kunstgewerbe-Meisterkl., Akad. d. Bild. Künste Meisterkl., Akad. Malerin, Schriftst. - BV: Lyrikbogen d. Kreis, D. Banner, Anstoß, Winfried, v. Mensch z. Mensch; D. Brücke; vielf. Mitarb. in Grafik; Div. Ztschr. Schriftstell. Arb. in Lyrik u. Prosa in 29 Bde. Jahrbücher u. Anthol. - 3 Preise in Malerei u. Grafik; 1988 Ehrenmitgl. d. Verb. kath. Schriftsteller - Liebh.: Alternativmed. Hildeg. v. Bingen, Kräuter, Steine - Spr.: Engl., Franz. - Bek. Vorf.: Milanovich de Takovo, Nachkomme d. Obrenovich (Schwiegerv.); Nationalrat u. Landtagspräs. Hans Morawitz (Herausg. d. 1. Österr. Adressb.).

MORAW, Peter

Dr. phil., Prof. f. Mittelalterliche Geschichte, Dt. Landesgesch. u. Wirtsch.- u. Sozialgesch. - Hermann-Löns-Str. 49, 6300 Gießen (T. 0641 - 2 57 30) - Geb. 31. Aug. 1935 Mährisch Ostrau (Vater: Wilhelm M., Lehrer; Mutter: Karola, geb. Neuwirth), kath., verh. s. 1964 m. Dr. Ursula, geb. Scholz, 2 Töcht. (Susanne, Barbara) - Gymn. Heidelberg (Abit. 1955); Stud. Univ. Heidelberg, Staatsex. Höh. Lehramt 1960, Promot. 1961, Habil. 1971 - 1972 Univ.-Prof. Bielefeld, 1973ff. Gießen - BV: D. Stift St. Philipp z. Zell in d. Pfalz, 1964; König, Reich u. Territorium im späten Mittelalter (Habil.-Schr.) 1971; Kl. Gesch. d. Univ. Gießen, 2. A. 1990; V. offener Verfassung zu gestalteter Verdichtung (Propyläen Gesch. Deutschl. 3), 1985. Herausg. div. Bücher, e. Buchreihe u. d. Ztschr. f. histor. Forsch. 90 Aufs. in wiss. Ztschr. u. Sammelbd. - Mitgl. Hist. Kommiss. f. Hessen; Hess. Hist. Kommiss. Darmstadt; Hist. Kommiss. f. d.

Sudetenländer; Collegium Carolinum; Kommiss. f. Kulturgesch. d. Spätmittelalters u. f. Inschriften b. d. Göttinger Akad. d. Wiss.; Konstanzer Arbeitskr. f. mittelalterliche Gesch.; Arbeitskr. f. Mediävistik Herzog August Bibl. Wolfenbüttel; Hist. Kommiss. Bayer. Akad. d. Wiss.; Korr. Mitgl. Pfälz. Ges. d. Wiss.; Kommiss. f. gesch. Landeskunde in Baden-Württ.; o. Mitgl. Sudetendt. Akad. d. Wiss.; 1983 Geschichtspreis Univ. Gießen.

MORAWIETZ, Kurt

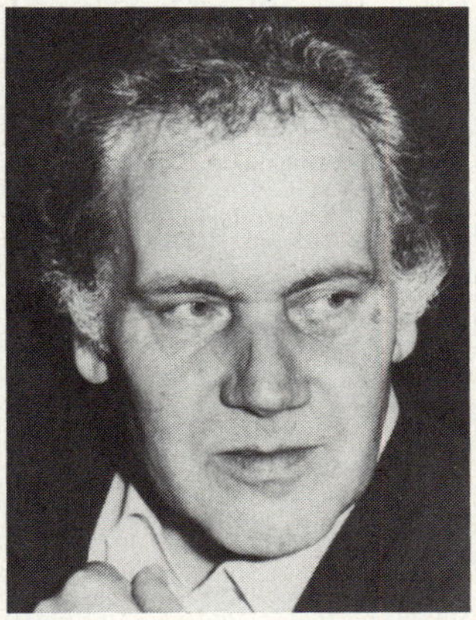

Schriftsteller - Leinstr. 17, 3000 Hannover 1 (T. 0511 - 32-77 77) - Geb. 11. Mai 1930 Hannover (Vater: Robert M., Buchbinder; Mutter: Annemarie, geb. Liebner), kath., verh. s. 1957 m. Ursula, geb. Senger, 2 Söhne (Walther, Wieland) - Volks- u. Verw.sch. Hannover; Lehre Stadtverw. ebd. - Stadtangest. (Kulturamt Hannover) b. 1992; Initiator d. Lyrik-Telefons in Deutschland (1978); Geschäftsf. Gerrit-Engelke-Gedächtnis-Stiftg. Herausg.: Lit.Ztschr. Die Horen (1955ff.). 1963 Auslandsstip. AA Bonn. S. 1959 Mitgl., 1969-81 Vorst.-Mitgl. VS Nieders., s. 1974 Vorst. Fördererkr. dt. Schriftst. Nieders. u. Bremen, Beiratsmitgl. Literaturrat Nieders., Heimatbd. Nieders., Hann. Künstlerverein, Dt.-Ital. Kultur-Ges., Dt. Schillerges., 1969 Gründungsmitgl. Karl-May-Ges., Mitgl. PEN-Club, s. 1981 - BV: Nkajala, Afrika-R. 1949; Droben in d. Bergen, Kanada-N. 1952; Wegweisende Hände, Anthol. 1957; Die ihr noch atmet, Ged. 1958; Schlagzeug u. Flöte, Anthol. 1961; G. W. Leibniz, Ess. 1962; 300 J. Herrenhausen, kulturgesch. Samml. 1963; Dt. Teilung, Lyrik-Leseb. aus Ost u. West 1966; Matineen Dt. Teilung, Insz. G. Fleckenstein (s. d.), 1968-69; Aufs. aus 10 Jahrg. d. Horen, Ess. 1967; Ostwärts Westwärts, Ged. 1972; Jahrgang 30, Ged. 1975; Festl. Herrenhausen (Musik u. Theater 1666-1977), 1977; Nieders. liter. (65 Autorenporträts), 1978; Mich aber schone, Tod (Gerrit Engelke 1890-1918), Biogr. 1979; Glanzvolles Herrenhausen (Gesch. e. Welfenresidenz u. ihrer Gärten), 1980; Niedersachsen literarisch (100 Autorenporträts), 1981; Niedersachsen literarisch: Kl. Gesch. d. Lit. in Nieders. (600-1980), 1983; China im Umbruch, 1985; Jahrgang 30, Ged. (erw. bibl. Neuaufl.), 1987; Nieders. literarisch: Handb. f. Veranstalter, 1988; Bittere Erde - Terra Amara, Dialog in Ged. (zweispr.) (m. Giuseppe Scigliano), 1988; Nibelungenlied u. Dietrich v. Bern in neuer Sicht, 1988; Hermann d. Cherusker in neuer Sicht, 1989. Herausg.: Judas Dupont (bibl. Aufl m. Grafiken), Erz. 1990; Zw. Wolken u. Großstadtrauch, Gerrit - Engelke - Dokumentation (m. Karl Riha u. Florian Vaßen), 1992. Beitr. in 90 Anthol. In- u. Ausl. (Lyr./Prosa auch Schwed., Engl., Dän., Serbokroat., Poln., Ital., Arab.). Lyrik auf Schallplatten 1980; 81. Vertonung v. Ged.: Reinhard Stroetmann (1980), Jens Ehlers (1982) - 1971 Lyrik-Preis Junge Dicht./ Nieders., 1980, 88 Alfred-Kerr-Preis f. d. Horen, 1982 Künstlerstip. f. Lit. d. Landes Nieders.; 1986 Lit. Marktpreis d. Literanover (3 Plastiken v. Hans-Jürgen Breuste); 1992 Staatspreis f. Lit. des Landes Nieders. - Liebh.: Bücher (bes. Erstausg.; umfangr. Bibl., Samml., Reise- u. Abenteuerlit., umfangr. Samml. Karl May) - Lit.: Franz Lennartz, in: Dt. Schriftst. d. Gegenw. (1978); Hendrik Bicknaese: D. Horen - z. Charakteristik ihrer Anf. 1955-57, Magister-Arb. (1982); Prof. Dr. Hans-Otto Hügel: die horen 1955-85 - E. Ztschr. aus Hannover, Katalog z. Horen-Ausst. 1985/86; Antje Doutiné: 25 Jahre Horen (Fernseh-Film), 1980; Sieghard Hennig: 30 J. Horen, Fernseh-Film, 1985; Literatur mein Leben (Arb.Titel), Im Gespräch m. Alexander May. Fernsehfilm v. Hanns Menninger, Radio Bremen 1992.

MORDEK, Hubert

Dr. phil., o. Prof. f. Geschichte d. Mittelalters, Dir. Hist. Seminar Univ. Freiburg - Werthmannplatz, 7800 Freiburg i. Br. (T. 0761 - 2 03-34 93) - Geb. 8. Mai 1939 - 1960-66 Univ. Kiel, Würzburg, Tübingen, 1966-74 Dt. Hist. Inst. Paris u. Rom - 1977/78 Prodekan Univ. Tübingen, 1980/82 Dekan u. Prodekan Univ. Freiburg, 1982 Gastprof. Univ. Basel, 1982/83 Akad.-Stip. Stiftg. Volkswagenwerk, 1986 Gastprof. Shandong-Univ. Jinan, VR China, 1991 Fellow Univ. Berkeley, USA, 1991/92 Forsch.-jahr DFG - BV: Kirchenrecht u. Reform im Frankenreich, 1975. Herausg. zw. Buchreihen u. mehrerer Bücher. Zahlr. Aufs. in wiss. Ztschr. u. Sammelbd.

MORDHORST, Artur K.

Dr. rer. pol., Rechtsanwalt, Fachanw. f. Steuerrecht - Chilehaus B VI, 2000 Hamburg 1 (T. 32 66 56) - Geb. 11. Juli 1936 Hamburg - Stud. u. Ausb. in Hamburg, Lausanne, Paris, Straßburg, Luxemburg u. Santiago de Compostela; bde. jur. Staatsex. u. Promot. z. Dr. rer. pol. in Hamburg - Präs. Dt. Karate-Verb. - Liebh.: Musik u. Lit., Reiten, Tauchen u. Karate - Spr.: Engl., Franz., Span., Port., Ital. u. Schwed.

MORDHORST, Günter

Dr., jur., Rechtsanwalt, Vorstandsvors. VARTA Batterie AG, Hannover, u. VARTA AG, Bad Homburg - Am Leineufer 51, 3000 Hannover 21 (T. 0511 - 79 03-6 02); u. Seedammweg 55, 6380 Bad Homburg v.d.H.; priv.: Erlenweg 2, 3255 Lauenau - Geb. 14. Jan. 1927 Ratzeburg, verh. s. 1947 m. Gisela, geb. Stelter, Tocht. Elisabeth (Richterin) - Abit.; Stud. Rechtswiss.; Ass. - AR-Vors. VB Autobatterie GmbH, Hannover; Landesbeirat Niedersachsen Commerzbank AG; Beirat Frankfurter Versich.-AG.

MORDMÜLLER, Gottlieb

Prof., Leit. Abt. Kunstpädagogik Staatl. Hochsch. f. Bild. Künste a. D., Braunschweig (1972-76 Rektor, gleichz. Ruhest.) - Husarenstr. 46, 3300 Braunschweig - Geb. 2. Okt. 1913 Braunschweig (Vater: Gottlieb M., Schuhmacherm.; Mutter: Emma, geb. Hagemann), ev., verh. s. 1940 m. Gerda, geb. Bartholomie, 2 Kd. (Rainer, Heidrun) - Stud. Kunstpäd. München, Danzig, Berlin. Staatsex. 1938 - 1946-63 Studien- u. Oberstudienrat (1954). Bilderausstell. Hannover u. Braunschweig - Liebh.: Lit. - 1964 Gold. Sportabz. - Spr.: Franz., Engl.

MORDSTEIN, Friedrich

Dr. phil., o. Prof. f. Philosophie - Rungestr. 43, 8000 München 71 (T. 791 35 00) - Geb. 22. Juni 1920 München (Vater: Friedrich M., Oberstudienrat), kath., verh. s. 1951 m. Dr. Irmgard, geb. Burgstedt - Ludwigs-Gymn. u. Univ. München (Phil., Psych., Gesch., Klass. Philol.; Promot. 1947). Habil. 1959 - 1950-54 höh. Schuldst.; 1954-58 wiss. Assist.; s. 1958 Lehrtätigk. Päd. Hochsch. Augsburg/Univ. München (1960 ao., 1966 o. Prof.) u. PH München/Univ. München (1970 o. Prof.) - BV: u. a. Menschenbild u. Gesellschaftsidee, 1966; Ist d. Marxismus e. Humanismus?, 1969.

MORFILL, Gregor

Dr., Prof., Physiker, Direktor am Max-Planck-Inst. f. Extraterrestrische Physik - Giessenbachstr., 8046 Garching (T. 089 - 32 99-35 67) - Geb. 23. Juli 1945 Oberhausen, verh. s. 1968 m. Valerie, geb. Gilbert, 2 Kd. (Julia, Gary) - Stud. Imperial Coll. of Science and Technology, London; BSC., ARCS., DIC, PhD. 1971 London, Habil. 1977 Heidelberg.

MORGAN, Pat

s. Müller, Petra.

MORGENROTH, Dieter

Ing. f. Landbau, MdL Bayern (s. 1975) - Berg-am-Laim-Str. 89, 8000 München 80; priv.: Zehntstr. 2, 8605 Hallstadt (T. 09503 - 3 71) - Geb. 1945 - CSU.

MORGENROTH, Friedrich

Journalist, Schriftst. - Schauenburgstr. 8, 3500 Kassel-W'höhe - Geb. 12. Febr. 1906 Ohligs/Solingen - Univ. Marburg, Köln, Kiel, Berlin (Rechts- u. Theaterwiss.) - 1931-71 Redakt. Kreuzztg., Berlin, Theaterverlag Langen-Müller ebd. (1934), Ztg.sschau, Detmold (1947), Constanze, Hamburg (1949) - BV: Tonkakeila-Tonkakill, Kinderb. 1950; Manegen-Zauber, Verse 1955; Belichtet u. bedichtet, Verse 1957; Sag es m. Versen, 1972; Hofgeschichten, Kdb. 1978; 2. Hofgesch., Kdb. 1979 - Liebh.: Versrätsel.

MORGENSCHWEIS, Fritz

Ap. Protonotar, Prälat, Generalvikar i.R. Bistum Regensburg - Niedermünstergasse 1, 8400 Regensburg 11 - Geb. 13. April 1920 Sulzbach-Rosenberg/ Oberpf. - Gymn.; Stud. Theol., Priesterweihe Regensburg; 1985 Apostol. Protonotar. Mitgl. Bayer. Senat - 1980 Bayer. VO.; BVK I. Kl.; Kulturpreis Sulzbach-Rosenberg.

MORGENSTERN, Beate

Schriftstellerin - Hosemannstr. 6, O-1055 Berlin - Geb. 15. April 1946 Cuxhaven, gesch. - Stud. German., Kunsterzieh. Humboldt-Univ. Berlin, Dipl. 1968 - S. 1991 Mitgl. d. Bundesvorst. d. dt. Schriftstellerverb. (VS); s. 1991 Präsid.-Mitgl. P.E.N. (Ost) - BV: Jenseits d. Allee, Erz. 1979; Nest im Kopf, R. 1989.

MORGENSTERN, Dietrich

Dr. rer. nat., Ph. D., em. Prof. f. Math. Stochastik - Im Dorffeld 58, 3005 Hemmingen - Geb. 26. Sept. 1924 Ratzeburg/ Schlesw. (Vater: Dr. Kurt M.; Mutter: Dora: geb. Garbe), ev., verh. s. 1959 m. Elisabeth, geb. Schlüter - Dipl.-Math., - Ing. (1950) u. Promot. (1952) Berlin (TU); Ph. D. (1955) Bloomington/USA - 1955-59 Doz. TU Berlin; 1959-62 ao. Prof. Univ. Münster; s. 1962 o. Prof. Univ. Freiburg/Br. u. s. 1971 TU Hannover, pens. 1986 - BV: Neuere Entwickl. in d. klass. statist. Mechanik u. in d. kinet. Gastheorie, 1958 (m. C. Truesdell); Vorles. üb. theoret. Mechanik, 1961 (m. I. Szabó); Einf. in d. Wahrscheinlichkeitsrechnung u. math. Statistik, 2. A. 1968.

MORGENSTERN, Frank

Generalmusikdirektor, Musikal. Oberleiter Staatstheater Cottbus (s. 1963) - Karl-Liebknecht-Str. 136, O-7500 Cottbus (T. 0959 - 79 19 19) - Geb. 17. Juli 1928 - Abit.; Musikhochsch. Leipzig; Staatsex. 1951 - B. 1957 Kapellmeister Theater Stralsund; 1957-63 1. Kapellmeister in Cottbus; s. 1963 Musikal. Oberleiter u. Leit. d. Sinfonie-Konzerte Theater Cottbus - Kunstpreis d. Bezirkes Cottbus - Spr.: Engl., Franz., Lat., Ital.

MORGENSTERN, Hans Dieter

Industrie-Kfm., MdL Nordrh.-Westf. (s. 1975) - Bramkampsieke, 4991 Lübbecke-Obermehnen (T. 05741 - 83 46) - Geb. 30. April 1935 - CDU.

MORGENSTERN, Wolfgang

Dipl.-Volksw., Schriftsteller, Journalist i.R. - Theo-Fischer-Weg 29, 6000 Frankfurt/M. (T. 76 38 97) - Geb. 30. Juni 1927 Köln, kath., verh. s. 1956 m. Hilde, geb. Fechner, 2 Töcht. (Christine, Cornelia) - B. 1957 Wiss. Assist., dann Redakt. UPI (b. 1961) u. Hess. Rundfunk (Leit. Abt. Sozialfunk). Mitgl. Club Frankf. Wirtschaftsjourn. - BV: Taschencomputer-Handb., 3. A. 1979; Prognose-Hdb., 1980 - Spr.: Engl.

MORICH, Horst

Vorsitzender Gewerkschaft Holz u. Kunststoff (1981ff.) - Sonnenstr. 14, 4000 Düsseldorf - Geb. 22. Febr. 1934 Bad Lauterberg, ev., verh. s. 1958 m. Renate, 3 Kd. (Michael, Christiane, Anja) - Volkssch., Tischlerlehre - Tätigk. als Bau- u. Möbeltischler, 1959 Gewerksch.-sekr., 1973 Bez.leit. Schlesw.-Holst./ Hamburg, 1977 stv. Vors., 1981 Vors. GHK.

MORIO, Walter

Oberbürgermeister Stadt Landau, Präs. Dt. Dahlien- u. Gladiolenges. ebd. - Altes Stadthaus, 6740 Landau/Pfalz (T. 1 32 00) - Geb. 1. Nov. 1920 - CDU.

MORISSE, Karl August

Dr. jur., Stadtdirektor Pulheim - Postf. 1120, 5024 Pulheim (T. 02238 - 5 66 77) - Geb. 14. März 1942 Köln (Vater: August M., Steuerbevollm.; Mutter: Gertrud, geb. Lunkewitz), ev., verh. s. 1972 m. Angelika, geb. Kopp, 2 T. (Silke, Anke) - Ab 1961 Stud. Rechtswiss. Univ. Köln u. Bonn (Refer. 1966); 1967/68 Hochsch. f. Verw.wiss. Speyer (Promot. 1969, Ass. 1971) - 1971-72 Rechtsanw., Syndikus b. Wirtschaftsprüfer; 1972-75 Reg.- u. Oberreg.-Rat im Bundesmin. f. Ernährung, Landwirtsch. u. Forsten; ab 1975 Gemeindedir., dann Stadtdir. Pulheim - BV: D. Rechtsgrund f. d. Haftung d. Erwerbers e. Handelsgesch. unter Lebenden, 1969 - Liebh.: Cello, Tennis, Ski - Spr.: Engl., Franz.

MORITZ, Cordula

s. Bölling-Moritz, Cordula

MORITZ, Horst-Hubert

Rechtsanwalt, gf. Vorstandsmitglied (s. 1989) u. Hauptgeschäftsf. Einzelhandelsverb. Frankfurt (s. 1969), Einzelhandelsverb. Wetterau Friedberg (s. 1971), gf. Vorstandsmitgl. Arbeitgeberverb. Hess. Brennstoffhändler Frankfurt (s. 1985), gf. Vors. Inkasso- u. Kreditschutz f. d. Einzelhandel (s. 1988) - Kapellenstr. 38, 6200 Wiesbaden - Geb. 1. Okt. 1931 Bingen, kath., verh. m. Maria Moritz, geb. Hohoff, 2 Töcht. (Christina, Verena) - 1952-56 Stud. Rechts- u. Staatswiss., Volksw. Univ. Mainz, München, Frankfurt/M., Bonn u. Köln; 1. u. 2. jurist. Staatspr. - S. 1961 Einzelhandelsverb. Rheinhessen, Mainz u. Geschäftsf. Einzelhandelsverb. Pfalz, Kaiserslautern; s. 1962 Geschäftsf. Einzelhandelsverb. Oberhausen/Rhld.; s. 1983 stv. Vors. Schutzgem. gegen unrechtmäßige Ausschaltung d. Einzelhandels in Frankfurt/M. u. Umgeb.; 5 J. Stadtverordn. in Oberhausen u. 1976-81 u. 1982-85 Stadtverordn. Wiesbaden. 1982-87 Alternierender Vors. Vertreterversamml. AOK Frankfurt.

MORITZ, Klaus

Dr. jur., Prof. FB Reform. Juristenausb. Univ. Hamburg - Eilersweg 41, 2000 Hamburg 73 (T. 677 11 67) - Geb. 6. März 1944 Königsberg - Banklehre; Stud. Univ. Genf u. Frankfurt/M.; 1. u. 2. jurist. Staatsex., Promot. 1972 - 1974 Assist.-Prof. FU Berlin; 1977 Prof. Hamburg - BV: D. Argument v. d. Wirtschaftsverfass., (Diss.) 1974; NS-Verbrechen vor Gericht 1945-1955, 1978 (m. Noam); D. franz. Arbeitsgericht, 1987.

MORITZ, Vincenz

Vorstandsmitglied Rechtsrhein. Gas- u. Wasserversorg. AG, Köln - Beethovenstr. 15, 5000 Köln 40.

MORITZEN, Niels-Peter

Dr. theol., o. Prof. f. Missions- u. Religionswissenschaft Univ. Erlangen-Nürnberg (s. 1967) - Schwalbenweg 12, 8520 Erlangen (T. 4 37 38) - Geb. 2. Febr. 1928 Krusendorf (Vater: Johannes M., Pastor; Mutter: Luise, geb. Egidi), ev., verh. s. 1955 m. Ruth, geb. Becken, 5 Kd. (Katharina, Klaus, Hanna Luise, Dorothea, Christoph) - Schulen Kiel, Husum, Templin; Univ. Kiel u. Erlangen. Theol. Examen 1951 u. 1955; Promot. 1953 - 1955-62 Pastor Dt. Gemeinde Sonderburg (Dänemark); 1962-67 Ref. Dt. Ev. Missionsrat, Hamburg - BV: D. Vereinigungskirche d. S. M. Mun, 1980; Werkzeug Gottes in d. Welt: Leipziger Mission 1836-1936, 1986. Herausg.: Jahrb. Ev. Mission (1963-67); Lexikon zur Weltmission, 1975; Schriftleit. Ev. Missionsztschr. (1969-74) - Spr.: Dän., Engl.

MORLOK, Jürgen

Dr. rer. pol., Dipl.-Volksw., Leit. d. Fachbereichs Außenbeziehungen d. Daimler-Benz AG - Carl-Hofer-Str. 21, 7500 Karlsruhe 41 (T. 4 23 12) - Geb. 30. Sept. 1945 Karlsruhe, verh., 2 Kd. - Gymn. Karlsruhe, Ettlingen (Abit. 1966); Univ. Berlin/Freie, Karlsruhe (Politik, Wirtsch.wiss.; Dipl.ex. 1971, Promot. 1974) - 1971ff. Ratsmitgl. Karlsruhe; 1972-88 MdL Baden-Württ. FDP s. 1964 (1974 Landesvorst.-Mitgl., 1978-84 -vors. Baden-Württ., 1978 Mitgl. Bundesvorst., 1980 FDP-Bundespräsid., 1982-84 stv. Bundesvors.), 1976-84 Vors. FDP/DVP Fraktion - BV: Was wollen d. Jungen in d. FDP, 1973; Leitlinien f. eine verteilungspol. Gesamtkonzept. in einer offenen Ges., 1975; Liberale Profile, 1983 - 1984 BVK I. Kl.; 1988 Gr. BVK.

MORON, Edgar

Dipl.-Polit., Referent d. SPD-Bundestagsfraktion f. Fragen d. Innenpolitik, MdL Nordrh.-Westf. (s. 1990) - Stettiner Str. 43, 5042 Erftstadt (T. 02235 - 27 81) - Geb. 28. Aug. 1941 Beuten/Oberschl., kath., verh. s. 1967 m. Isolde, geb. Hannemann, S. Oliver - Abit.; Stud. Politikwiss. u. Sozialwiss. Otto Suhr Inst. d. FU Berlin; Dipl. Polit. - Assist. v. Prof. Ernst Fraenkel am John-F.-Kennedy-Inst. d. FU Berlin; Mitarb. b. Ostkolleg d. Bundeszentrale f. polit. Bildung; s. 1973 Ref. d. SPD-Bundestagsfraktion; s. 1975 Vors. d. SPD-Fraktion im Rat d. Stadt Erftstadt - Interessen: Bergsteigen, Fotographieren.

MORS, Karl

Dr., Prof. i. R. f. Didaktik der Mathematik - Haldenweg 36, 7980 Ravensburg (T. 2 38 26) - BV: Hechingen u. Zollerburgen in alten Ansichten, 1982; Hechingen u. Burg Hohenzollern, e. historischer Führer, 1989.

MORSBACH, Adolf

Dipl.-Ing., Assessor d. Bergfachs, Vorstandsvorsitzender Haftpflichtverb. d. Dt. Industrie (HDI) - Riethorst 2, 3000 Hannover 51 (T. 0511 - 645-40 01) - Geb. 12. Sept. 1933 Essen, verh. - Dipl.-Hauptprüf. 1960 TH Aachen, Staatsprüf. Ass. d. Bergfachs 1963 - AR-Vors. Hannover Allg. Versich.-AG, Hannover, Hannover Rückversich.-AG Hannover, Eisen u. Stahl Rückversich. AG Hannover; AR Westfalia Separator AG, Oelde; VR-Vors. Hannover-Finanz GmbH Hannover; Beiratsmitgl. Allg. Kreditversich. AG, Commerzbank AG (Landesbeirat Nieders.), Norddt. Landesbank Hannover.

MORSBACH, Emil-Wilhelm

Kaufmann, selbst. Handelsvertreter, Gesellsch. Willi Morsbach oHG - Herichhauser Str. 17, 5600 Wuppertal 12 (T. 0202 - 47 57 96) - Geb. 6. März 1915 Wuppertal-Cronenb. - BV: Wo d. Wälder noch rauschen, R. 1947 (5. Aufl. 1961); Wo d. Amboss erklingt, R. 1948; D. Antwort aus dem Sturm, R. 1979; D. eig. Gewissen, N. 1982.

MORSCH, Hans-Günter

Versicherungsvermittler f. Versicherungsgruppe Hannover (VGH) - Albrecht-Haushofer-Str. 6, 3200 Hildesheim - Geb. 28. Febr. 1929 - Mitgl. LIONS Intern. - Spr.: Engl.

MORSCH, Karl-Heinz

Textil-Kaufmann, Vizepräsident Verb. d. Saarländ. Einzelhandels, 1. Vors. d. Saarländ. Textileinzelhandels - Viktoriastr. 10, 6600 Saarbrücken (T. 0681 - 3 35 32) - Geb. 20. Okt. 1940 Saarbrücken, kath., verh., 2 Kd. (Michael, Christina) - Lehre b. d. Fa. Bredl Ravensburg - Präsid.-Mitgl. Bundesverb. dt. Textileinzelhandels Köln; Mitgl. Vollvers. IHK Saarland - Liebh.: Musik, Theater, Sport - Spr.: Engl., Franz., Span.

MORSEY, Rudolf

Dr. phil., o. Prof. f. Neuere Geschichte, insb. Verfassungs- u. Verwaltungsgesch. - Blumenstr. 5, 6730 Neustadt-Geinsheim (T. 06327 - 57 18) - Geb. 16. Okt. 1927 Recklinghausen, kath., verh. s. 1961 m. Marie-Luise, geb. Buschkötter, 4 Kd. - Gymn. (Paulinum) u. Univ. Münster - S. 1965 (Habil.) Lehrtätigk. Univ. Bonn (Privatdoz.), Univ. Würzburg (1966 Ord.), Hochsch. f. Verw.wiss. Speyer (1970 Ord.). S. 1968 Präs. Kommiss. f. Gesch. d. polit. Parteien; 1982-85 Vors. d. Arbeitsgem. außeruniversitärer hist. Forsch.einricht. in d. BRD; s. 1977 Vizepräs. d. Görres-Ges. - BV: D. oberste Reichsverw. unt. Bismarck, 1957; D. Interfraktionelle Ausschuß 1917/18 (m. E. Matthias), 2 Bde. 1959; D. Regierung d. Prinzen Max v. Baden (m. E. Matthias), 1961; Clemens August Kardinal v. Galen, 1966; D. Dt. Zentrumspartei 1917-33, 1966; D. Protokolle d. Reichstagsfraktion u. d. Fraktionsvorst. d. Dt. Zentrumspartei 1926-33, 1969; Brüning u. Adenauer, 1972; Z. Entstehung, Authentizität u. Kritik v. Brünings „Memoiren", 1975; D. Untergang d. polit. Katholizismus, 1977; D. Protokolle d. Reichstagsfraktion d. Dt. Zentrumspartei 1920-1925 (m. K. Ruppert), 1981; D. Bundesrepublik Deutschland, 1987; Katholizismus, Verfassungsstaat u. Demokratie, 1988; Adenauers Deutschlandpolitik, 1991; D. Ermächtigungsgesetz v. 24. März 1933, 1992. Herausg.: Zeitgesch. in Lebensbild. (6 Bde. 1973/84); W. Marx/H. Brüning, Reichstagsreden (1974); J. Schauff, D. Wahlverhalten d. dt. Katholiken (1975); J. Hofmann, Journalist in Demokratie, Diktatur u. Besatzungszeit (1977); Verwaltungsgesch. (1977). Mithrsg.: D. Ende d. Parteien 1933 (1960, Neuausg. 1979); H. Brüning, Reden u. Aufs. e. dt. Staatsmanns (1968); Christliche Demokratie in Europa (1988, m. W. Becker); Christen u. Grundgesetz (1989, m. K. Repgen); Veröffentl. d. Kommission f. Zeitgesch. (1965ff.); Adenauer-Stud. (1971ff.); Geschichtl. Stud. z. Politik u. Gesellsch. (1971ff.); Quellen z. Gesch. d. Parlamentarismus u. d. polit. Parteien (3. Reihe 1970ff., 4. Reihe, 1984ff.); Soziale Orientierung (1979ff.); Forsch. u. Quellen z. Zeitgesch. (1980ff.); Rhöndorfer Ausg. (Adenauer) (1983ff.); Zs. D. Verwaltung (1979ff.); Hist. Jb. (1979ff.); Gesch. im Westen (1986ff.); Katholizismusforsch. (1988ff.) - 1987 Gr. BVK; 1988 Staatspreis d. Landes Nordrh.-Westf.; 1991 Komturkreuz d. päpstl. Gregoriusordens.

MORY, Stephan

Dipl.-Physiker, Dr. rer. nat., wissenschaftl. Projektleiter Laserlaboratorium Adlershof Berlin (s. 1991), MdA Berlin - Wolfmarsteig 43, O-1185 Berlin (T. 673 42 47) - Geb. 20. Febr. 1941 Soran, ev., verh. s. 1968 m. Dr. Birgit, geb. Gräfe, 2 Kd. (Maria, Tobias) - Filmkopierfacharb.; Physikstud., Dipl. 1968, Promot. 1974 Univ. Berlin - 1968-70 Laborleit. DEFA-Kopierwerk; 1970-91 wiss. Mitarb. Akad. d. Wiss., alles Berlin - Erf.: Spezielle Farbstofflager (ca. 15 Pat.) - Spr.: Engl., Russ.

MOSBLECH, Berndt

Lehrer, Autor, Lektor - Beecker Str. 154, 4100 Duisburg 11 (T. 0203 - 55 71 07) - Geb. 1. Sept. 1950 Duisburg, kath., ledig - Stud. German., Phil. u. Theol. Univ. Duisburg u. Köln, Staatsex. f. d. Lehramt Sekundarstufe II u.a. - S. 1971 Gründer u. Leit. Lit. Werkstatt Duisburg (LWD); s. 1973 Lektorat f. versch. Verlage, Edit. d. Ilex-Drucke; s. 1977 2. Vors. Europ. Autorenvereinig. Die Kogge, Minden; s. 1985 Vors. Vinzenzkonfz. Romero, Duisburg - S. 1970 üb. 80 Buchpubl., zul. Als wären 24 Std. e. Tag, Ged. 1984 (5. A. 1985) - Werke: Lyrik, lyr. Prosa, Erz., Ess., Kritik u. wiss. Veröff. - Versch. Literaturpreise - Spr.: Engl., Franz., Lat.

MOSCH, von, Heinrich

Regierungspräsident v. Mittelfranken - Promenade 27, 8800 Ansbach. - 1980 Bayer. VO.

MOSEBACH, Karl-Oskar

Dr. rer. nat., Prof., Wiss. Abteilungsvorsteher Physiol.-Chem. Univ. Bonn - Gudenauer Weg 103, 5300 Bonn-Venusberg (T. 28 16 23) - Geb. 26. Jan. 1919 - Stud. Chemie - Habil. 1960 Bonn - B. 1965 Privatdoz., dann apl. Prof. Bonn. Fachveröff.

MOSEBACH, Rudolf

Dr. phil. nat., em. o. Prof. f. Mineralogie, Petrologie u. Biomineralogie - Marburger Str. 267, 6300 Gießen - Geb. 8. Nov. 1910 Frankfurt/M. (Vater: Karl M., Kaufm.; Mutter: Anna, geb. Pressl), ev., verh. s. 1947 m. Dr. phil. Marga, geb. Bäder, 4 Kd. (Charlotte, Richard, Renate, Reinhard) - Abit. 1929 Frankfurt/M., Univ. ebd. (Mineral., Geol., Chem.), Promot. 1932, Dr. phil. nat. habil. 1936, Privatdoz. 1938, apl. Prof. 1945 Frankfurt/M., 1948 Univ. Tübingen, 1957 Univ. Münster (Abt.sleit. Petrol. u. Lagerstättenkd.), 1958 o. Prof. Univ. Gießen (Dir. Mineral. Inst.), 1961 Dekan Naturwiss.-Phil. Fak., 1962 Rektor, 1963-64 Prorektor d. Univ., 1971-75 Vizepräs., 1975-77 Präs. d. Group. international pour la Recherche scient. en Stomatologie et Odontologie (G.I.R.S.O.), Sitz Brüssel - Üb. 100 Fachveröff. Mineralogie, Hydrotherm. Mineralsynthese, Kristalloptik u. Polarisationsmikroskopie, Biomineralogie - 1967 Prix Annuel du G.I.R.S.O., Liège. Ehrenmitgl.: 1973 G.I.R.S.O., 1975 Circulo medico di Cordoba (Argent.), 1975 Benemerita Soc. medico-quirurgica del Guayas, Guayaquil (Ekuador); 1982 Dr.-Dipl. erneuert (50 Jahre); 1984 Auszeichn. in Gold m. Eichenkranz d. Dt. Verkehrswacht - Liebh.: Musik (Violine, Bratsche), Lit., Mineralien - Spr.: Franz., Engl.

MOSECKER, Karl

Kaufmann, gf. u. all. Gesellsch. Unternehmensgruppe Mosecker, Münster, Vizepräs. IHK Münster, Präs. Bundesverb. d. Sanitär-Fachhandels (1979-85), 2. Vors. ebd. - Erlenallee 12, 4400 Münster/W. (T. 31 44 90, Büro: 0251 - 76 09-0) - Geb. 2. Jan. 1932 Münster (Vater: Paul M., Kaufm.; Mutter: Marie-Luis, geb. Meyer), kath., verh. m. Elisabeth, geb. Schaefer, 4 T. (Anke, Uta, Dorit, Katrin) - Gymn.; Höh. Handelssch.; Ausbild. Großhandelskfm. - 1984 BVK - Liebh.: Segeln, Musik, Kunst - Spr.: Engl.

MOSEL, Ulrich

Dr. phil. nat., Prof. f. Theor. Physik Univ. Gießen (s. 1972) - Finkenweg 1, 6307 Linden (T. 06403 - 6 25 34) - Geb. 8. Febr. 1943 Hannover (Vater: Hermann M., Beamter; Mutter: Elfriede, geb. Börner), ev., verh. s. 1969 m. Sigrun, geb. Schneider, 3 Söhne (Christoph, Stephan, Michael) - Stud. Univ. Frankfurt/M. - 1970-72 Forsch.aufenth. USA (Oak Ridge National Lab.; Univ. of Washington, Seattle), 1973-89 Visiting-Prof. Argonne Nat. Lab. Univ. of Washington, State Univ. of New York, Michigan State Univ., Oak Ridge Natl. Lab., Lawrence Berkeley Lab. Theor. Kern- u. Hochenergie-Physik; insbes. Schwerionenphysik. 1990-92 Vors. Fachaussch. Kern- u. Hadronenphysik d. DPG - Fellow d. American Physical Soc.; in- u. ausl. Fachmitgl.sch. - Spr.: Engl.

MOSER, Albert

Prof., Präsident Salzburger Festspiele, Vizepräsident Ges. d. Musikfreunde in Wien - Hofstallgasse 1, A-5010 Salzburg; Bösendorferstr. 12, A-1010 Wien - Geb. 16. Juli 1920 Graz, verh. s. 1957 m. Hanny Steffek-Moser, Kammersängerin - Mat.; Stud. Phil. u. German. Univ. Graz u. Wien - 1947 Generalsekr. Musikverein f. d. Steiermark; 1958 Dir. Wiener Staatsoper; 1961-63 Generalsekr. Wiener Staatsoper; 1963-73 Dir. Wiener Volksoper; 1972 Generalsekr. Ges. d. Musikfreunde, Wien; s. 1983 Präs. Salzburger Festsp. - 1970 Prof.-Titel u. Ehrenmitgl. MV f. Steiermark; 1974 Ehrenmitgl. Volksoper Wien; 1976 Gr. Silb. Ehrenzeichen f. Verd. um d. Land Wien; 1980 Gr. Ehrenzeichen f. Verd. um d. Rep. Österr.; 1981 Gr. Gold. Ehrenzeichen Land Steiermark; 1985 Clemens Krauss-Med.; 1985 Johannes Brahms-Med. d. Singvereins d. Ges. d. Musikfreunde in Wien; 1986 Orden d. Kaiserl. Jap. Reg. Heiliger Schatz am Halsband, Goldene Strahlen; 1990 Gr. Ehrenzeichen Land Salzburg; 1990 Croix de Commandeur de l'Ordre PRO MERITO MELITENSI (Malteser Ritterorden - Liebh.: Lit., Musik - Spr.: Engl., Franz., Ital.

MOSER, Alexander Friedrich

Oberregierungsrat, Kanzler Hochschule f. Musik München (s. 1975) - Adelheidstr. 25B, 8000 München 40 (T. 089 - 271 93 52) - Geb. 6. März 1941 München, kath., ledig - Abit. Wilhelmsgymn. München 1961; 1961-64 Musikstud. (Klavier b. Prof. M. Landes-Hindemith u. Dirig. b. Prof. M. Zallinger) München; 1964-68 Stud. Rechtswiss. Univ. München - 1968-71 Rechtsref.; 1971-75 Regierungsrat Bayer. Finanzverw.

MOSER, Dietz-Rüdiger

Dr. phil. habil., o. Prof. u. Vorst. d. Inst. f. Bayer. Literaturgeschichte Univ. München (s. 1984) - Karolinenplatz 3 (Amerikahaus), 8000 München 2 (T. 089 - 21 80-24 02; Fax 089 - 52 55 98); Abelestr. 2, 8050 Freising (T. 08161 - 6 76 25) - Geb. 22. März 1939 Berlin (Vater: Prof. Dr. Dr. Hans Joachim M.; Mutter: Hanna Walch-Moser, Studiendir.), ev., verh. s. 1966 m. Sigrid, geb. Schrader, 3 Kd. (Anke-Christiane, Heike-Angela, Lukas-Fabian) - Stud. FU Berlin, Univ. Kiel Saarbrücken, Göttingen (Studienstiftg. d. Dt. Volkes); Promot. 1967 Göttingen; Habil. (Volkskd.) 1978 Freiburg - 1968-72 Assist. Inst. f. ostd. Volkskd. Freiburg; 1970-78 Lehrbeauftr. Univ. Freiburg; 1978-84 Heisenberg-Stip.; Lehrtätigk. FU Berlin, Univ. Heidelberg u. Münster - BV: Musikgesch. d. Stadt Quedlinburg, 1968; Lazarus Strohmanus Jülich, 1975, 2. A. 1980; D. Tannhäuser-Legende, 1977; Verkündigung durch Volksgesang, 1981; Fastnacht, Fasching, Karneval. D. Fest d. Verkehrten Welt, 1986; Maskeraden auf Schlitten, 1988; Neues Handb. d. deutschspr. Gegenwartsliteratur s. 1945, 1990; Clara Schumann-Briefe, 1990; Feste u. Bräuche im christlichen Jahreslauf, 1991. Herausg.: Kulturgeschichtliche Forschungen (1983ff.); Begründ. d. Ztschr. Lit. in Bayern (1984ff.); Lit. aus Bayern u. Österr. (1989ff.) - 1970 Förderpreis Univ. Innsbruck.

MOSER, Edda

Kammersängerin - Zu erreichen üb. Oper d. Stadt Bonn, Am Boeselagerhof 1, 5300 Bonn 1 - Geb. 27. Okt. 1942 Berlin (Vater: Prof. Dr. phil. Hans-Joachim M., Musikwiss.ler †1967 (s. XV. Ausg.); Mutter: Dorothea, geb. Duffing), ev. - Konservat. Berlin - S. 1970 Opernbühnen Wien, München, Hamburg, Köln, New York (Met). Zahlr. Sopranpartien (bes. Mozart). Film: Don Giovanni (Joseph Losey); eig. Show (FS) - BV: Mehr als Worte, Anthol. (Beitr.) - 1982 Kammers. Wien; div. Schallplattenpreise (3x Grand Prix du Disque) - Spr.: Engl., Ital., Franz. - Bek. Vorf.:

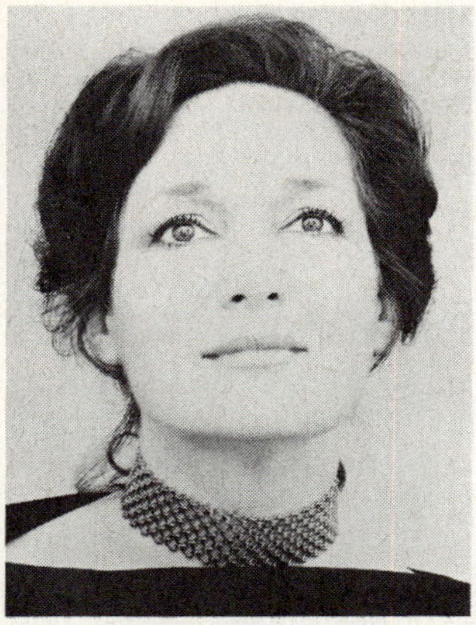

Andreas M., Geiger, Freund Johannes Brahms (Großv.).

MOSER, Hans

Dr. jur., Versicherungsjurist, Direktor Colonia Krankenversicherung AG. - Welscher Heide 28, 5060 Bergisch-Gladbach - Geb. 1. Dez. 1934 Nürnberg (Vater: Dr. Eugen M., Dipl.-Volksw.; Mutter: Marianne, geb. Hoffmann), ev., verh. s. 1963 m. Jutta, geb. Keppner, 3 Kd. (Klaus, Martin, Ulrike) - Gymn.; Jura-Studium; Ass.; Promot. - 1962-66 Justitiar Hanseatische Krankenversich., 1966-73 Vorst.smitgl. Hanse-Merkur Krankenversich., 1974 ff. Colonia Krankenversich. AG. - Spr.: Engl., Franz.

MOSER, Heribert

Dr. rer. nat., Prof., Physiker - Baldurstr. 73, 8000 München 19 (T. 15 59 72) - Geb. 8. April 1922 München (Vater: Heribert M., Rektor; Mutter: Luise, geb. Messerer), kath., verh. s. 1950 m. Helga, geb. Probst, 2 Kd. (Brigitte, Wolfgang) - Gymn. (b. 1940) u. Univ. München (1946-49). Promot. (1949) u. Habil. (1954) München - 1940-45 Wehrdst.; s. 1949 Assist., Privatdoz. (1954), apl. Prof. (1963) Univ. München (Experimentalphysik); 1954-67 Gymnasiallehrer f. Physik u. Math. München (Oberstudienrat); 1967-87 Dir. Inst. f. Radiohydrometrie Ges. f. Strahlen- u. Umweltforsch. mbH, Neuherberg. Mitgl. Dt. Physikal. Ges., Americ. Geophys. Union, Kommiss. f. Glaziologie d. Bay. Akad. d. Wiss. - BV: Einf. in d. Raman-Spektroskopie, 1962 (m. J. Brandmüller; auch russ. u. franz.); Isotopenmeth. in d. Grundwasserkd., 1972 (m. W. Drost, F. Neumeier, W. Rauert; auch engl. u. franz.); Isotopenmeth. in d. Hydrologie, 1980 (m. W. Rauert) - Liebh.: Kammermusik, Bergsteigen - Spr.: Engl.

MOSER, Hubertus

Vorstandsvorsitzender d. Landesbank Berlin - Girozentrale - Bundesallee 171, 1000 Berlin 31 (T. 8 69-01) - Geb. 16. Okt. 1935 Zerbst, verh., 1 Kd. - 1954-57 Kreissparkasse Plön; 1957-61 Städt. Sparkasse Stuttgart; 1961-75 Sparkasse Stadt Berlin West (ab 1970 Vorst.-Mitgl.); 1975-83 Vorst.-Mitgl. Hessische Landesbank, Frankfurt; 1983 Vorst.-Vors. Sparkasse Stadt Berlin West, 1990 Überführung d. Inst. auf d. Landesbank Berlin - Girozentrale.

MOSER, Jürg

Freier Publizist, Schriftst. - Frohburgstr. 85, CH-8006 Zürich (T. 0041 - 1 363 52 36) - Geb. 11. Juli 1952 Basel - Regelmäßiger Kolumnist b. versch. Ztg. u. Ztschr., Rundf.-Autor - BV: Hinter d. Vorhang, Ged. 1983; Aus zweiter Hand, Kurzgesch. 1984; Thommi u. Claudia in Gefahr, Kinderb. 1990; D. Schweiz heiter betrachtet - E. fröhlicher Reiseführer, 1991.

MOSER, Leo

Gewerkschaftler, 1960-75 MdL Saarl. - Lantertalweg 11, 6680 Neunkirchen/Saar-Haus Furpach (T. 3 11 74) - Geb. 1. Aug. 1920 Wellesweiler - Volkssch.; Handwerk - 1939-45 Wehrdst., dann Metallarb. (1950 Betriebsratsvors.) u. 2. Vors. Industrie-Verb. Metall Saar (1953), 1960-72 Landesbezirksvors. DGB Saar.

MOSER, Max

Fabrikant, Inh. Max Moser GmbH. & Co. KG., Obernzell, Geschäftsf. Charmor GmbH. & Co. KG., Griesbach - Passauer Str. 234, 8391 Obernzell/Ndb. - Geb. 28. April 1925 - Jahrel. nebenbei Kommunalpolitiker (u.a. L. Bürgerm. Obernzell) - Prägte den Begriff Freizeitbekleidung.

MOSER, Tilmann

Dr. phil., Psychoanalytiker, Schriftsteller - Aumattenweg 3, 7800 Freiburg - Geb. 1938 - Stud. Literatur u. Soziol.; Promot. 1969 Gießen - 1969-78 Assist. u. Doz. f. Psychoanalyse am FB Jura Univ. Frankfurt; Journalist; s. 1973 Psychoanalytiker - BV: Gespräche m. Eingeschlossenen, 1969; Lehrjahre auf d. Couch, 1974; Gottesvergiftung, 1976; Grammatik d. Gefühle, 1976; Kompaß d. Seele, 1984; D. erste Jahr, 1986; Körpertherapeutische Phantasien, 1989; D. zerstrittene Selbst, 1990; Strukturen d. Unbewußten, 1991; Besuche bei Brüdern u. Schwestern, 1992; Stundenbuch, 1992.

MOSER, Willibald

Studienrat, MdL Bayern (s. 1970) - Gutenbergstr. 2, 8480 Weiden/Opf. (T. 2 54 00) - Geb. 1934 - SPD.

MOSER, Wolf

Dipl.-Kfm., vorm. Hauptgeschäftsführer Vereinig. d. Arbeitgeberverb. in Bayern, sowie Verein d. Bayer. Metallindustrie, München - Richard-Wagner-Str. 59, 8023 Pullach/Isartal (T. München 793 04 64) - Geb. 11. Mai 1921 Füssen/Allg. (Vater: Bürgerm.), verh. (Ehefr.: Herta) - Ehrenämter u. Funktionen - Gr. BVK m. Stern; Bayer. VO; Staatsmed. f. soziale Verdienste; Gr. Ehrenzeichen f. Verdienste um d. Rep. Österreich.

MOSHAGE, Julius

Schriftsteller - Hubertusstr. 1, 4800 Bielefeld 14 (T. Bielefeld 44 58 62) - Geb. 25. Juni 1906 Augustdorf/Lippe, ev., verh. s. 1932 m. Hertha, geb. Wieneke - Schmiedelehre; Ing.sch. Lage/Lippe - Montageing., Betriebsleit., Prok., Dir. Maschinenind. - BV: Prakt. Rostschutz, 1934; M. Zirkel u. Hammer durch d. Welt, 1937 (üb. 75 Ts.); N. Indien verpflichtet, 1936; Montage im Urwald, 1938; V. Glaserjungen d. uns d. Sterne näher brachte, Fraunhofer-Biogr. 1940; Weiße Kohle am Tigerberg, 1941; Am Wasserfall d. Tji Pamuha, 1941; D. Chinesenmord v. Batavia, 1942; Schätze d. Südsee, 1949 (üb. 60 Ts.); Glücksvogel narrt d. Südsee, 1951; Kabel durch d. Rote Meer, 1951; Diebe im Werk!, 1952; Mensch, Türkentauben!, 1952; Der Zauberer v. Nias, 1952; D. Adler-Detektive, 1954; Lockende Tiefe, 1954; Schneller! Schneller! 1955; Blitzende Steine, 1958; Energie bewegt d. Welt, 1960; D. Feuerjungen v. Golden Hill, 1960; Adams Söhne, 1963; Unt. Perlenpiraten, 1966; Abenteuer in d. Südsee, 1966; Reis f. alle, 1967; Tempo - Tempo!, 1968; Pulu Batu, 1968; Diamanten-Story, 1971; Energie - Kraft ohne Grenzen, 1974; Erfinder wandeln d. Welt - Wegber. d. Fortschr., Zeitalter d. Ingenieure, 1975; Sie schreiben zw. Paderborn u. Münster, 1976; Erfinder u. Ing., 1977 - Liebh.: Fotogr.

MOSIS, Rudolf

Dr. theol., Prof. f. Altes Testament - Liebermannstr. 46, 6500 Mainz 31 (T. 06131 - 7 26 96) - Geb. 16. Jan. 1933 Mannheim (Vater: Otto M., Arbeiter; Mutter: Josefine, geb. Vogel), kath., ledig - Abit. 1952; Stud. Univ. Freiburg u. Rom (Liz. theol. 1959, Promot. 1962 Rom/Gregoriana), Habil. 1972 Univ. Freiburg - 1961 Kaplan; 1963-67 Repetitor f. Phil.; 1969-73 Wiss. Assist. Univ. Freiburg; 1973-86 o. Prof. Kath. Univ. Eichstätt (1978-83 Präs.); 1986 Prof. Univ. Mainz - BV: D. Mensch u. d. Dinge nach Johannes v. Kreuz, 1964; Stud. z. Theol. d. chronist. Gesch.werkes, 1973 - 1987 BVK am Bde. - Spr.: Franz., Ital., Engl., Span. (Latein, Griech., Hebr.).

MOSLÉ, Hüter-Georg

Dr.-Ing., em. Prof. f. Werkstofftechnik Univ.-GH Duisburg (Fachber. Maschinenbau) - Elisabethstr. 71, 4000 Düsseldorf 1 - Geb. 1. März 1924 Frankfurt/M., verh. in 2. Ehe m. Dr. Helen, geb. v. Ssachno, 2 Kd. (Kai, Katja) - TU Berlin (Chemie); Dipl.-Ing. 1951, Promot. 1953, Habil. f. Maschinenbau 1962; Umhabil. 1969 TU München, 1974 apl. Prof. ebd. - 1954-75 Siemens AG (Werkstoffgeb.), Berlin u. München (zul. Prok.); s. 1975 o. Prof. in Duisburg. Emerit. 1989. Vors. Aussch. Schallemissionsanalyse in d. GDZfP, d. Arbeitskr. Kombinierte Beschichtungen d. DGO; Vors. Ortsverein Duisburg d. Ges. f. Dt.-Chin. Freundschaft, s. 1988 Mitgl. Bundesvorst. d. Ges. f. Dt.-chin. Freundschaft. Üb. 140 Veröff. z. Kunststofftechnik, Korrosion u. Korrosionsschutz, Ultraschallschwächung, Schallemissionsanalyse, Werkstoff-Analytik, Werkst. i. d. Med. - Liebh.: Malen, Ostasiatika, Kochen - Spr.: Engl., Latein.

MOSLENER, Gerhard

Dr. jur., Rechtsanwalt, Vorstandsvorsitzer i. R. F. Reichelt AG., Hamburg - Buchenhof 11, 2000 Hamburg 52 (T. 82 90 02) - Geb. 2. Juni 1911 Tsingtau/China (Vater: Friedrich M., Major; Mutter: geb. Zepernick), verh. 1936 m. Brigitte, geb. Peters - U. a. Hauptgeschäftsf. Mineralölw.sverb., Hamburg, u. Vorstandsmitgl. Eisenbahn-Verkehrsmittel AG., Düsseldorf (1962), Mitgl. Lions Intern. - Liebh.: Kunst.

MOSLER, Hermann

Dr. jur., Dr. jur. h. c., Richter am Intern. Gerichtshof Den Haag (1976-85), em. o. Prof. f. Öfftl. Recht, insb. Völkerrecht u. Ausl. öfftl. Recht Univ. Heidelberg, Direktor Max-Planck-Inst. f. Ausl. öfftl. Recht u. Völkerrecht ebd. (1954-76), Mitgl. Ständ. Haager Schiedshof (1954-85), Richter (1959-81) u. Vizepräs. (s. 1974) Europ. Gerichtshof f. Menschenrechte - Mühltalstr. 117a, 6900 Heidelberg (T. 4 82-1) - Geb. 26. Dez. 1912 Hennef/Rhld. (Vater: Karl M., Gerichtspräs.; Mutter: Marga, geb. Loenartz), kath., verh. s. 1939 m. Anne, geb. Pipberger, 5 Kd. - Promot. (1937) u. Habil. (1946) Bonn - 1937-45 Assist. u. Ref. Kaiser-Wilhelm-Inst. f. ausl. öfftl. Recht u. Völkerr., Berlin, 1946-49 Rechtsanw. u. Privatdoz. f. Staats-, Verw.- u. Völkerrecht Univ. Bonn, 1949-54 o. Prof. f. Öfftl. Recht Univ. Frankfurt/M., dazw. 1951-53 Leit. Rechtsabt. AA Bonn. Veröff. z. Völker-, Europa- u. Öfftl. Recht - Dr. jur. h.c. Univ. Brüssel u. Univ. d. Saarlandes; o. Mitgl. Heidelberger Akad. d. Wiss.; (Präs. 1982-86); Korr. Mitgl. Österr. Akad. d. Wiss. u. Accad. Nazionale Italiana dei Lincei; Mitgl. Inst. de Droit intern. u. Kuratorium Hague Academy of International Law; wiss. Mitgl. Max-Planck-Ges. z. Förd. d. Wiss..

MOSLER, Peter

Schriftsteller - Wohnh. in 6484 Birstein-Wettges (T. 06668 - 13 67) - Geb. 1. Jan. 1944 München, ledig, S. David - Magisterex. 1970 Frankfurt - Kulturjourn. f. Ztg., Ztschr. u. Rundf. - BV: G. Büchners Leonce u. Lena, 1974; Was wir wollten, was wir wurden, Studentenrevolte - 10 J. danach, 1977, 6. erw. A. 1988; D. vielen Dinge machen arm, 1981; Hüte dich vor d. Zeichen d. Widder, 1986; Meine Liebe ist ein offenes Messer (m. Ralf Klement), Ged. 1991. Mitverf.: Aufbrüche: Abschiede. Stud. z. dt. Lit. s. 1968 (1979); Zw. Unruhe u. Ordnung. E. dt. Lesebuch (1989). Herausg.: Schreiben n. Auschwitz (1989). Prosa, Lyrik, Essay.

MOSONYI, Emil

Dr.-Techn., Dr. mult. h. c., em. Prof. f. Wasserbau u. -wirtschaft - Griess-Str. 10, 7701 Büsingen (T. 07734-16 06) - Geb. 10. Nov. 1910 Budapest (Vater: Emil M., Postverwaltungsoberrat; Mutter: Maria, geb. Riesz), kath., verh. in 2. Ehe (in 1. 1962 verw.) s. 1963 m. Hedvig, geb. Fülepp, 2 Kd. (Magdalena, Emil) aus 1. E. - Gymn. u. TU Budapest - Zahlr. Wasserbauprojektierungsarb. Ungarn (u. a. Leitg., Entwurf u. Ausführung Staustufe Tiszalök/Theiß (Wasserkraftwerk, Wehranlage, Schiffsschleuse)). S. 1950 (Habil.), Korr. Mitgl. u. Dr. d. ung. Akad d. Wiss., Lehrtätigk. TU Budapest (1953 Ord. f. Wasserbau II/Lehrstuhl) u. TH bzw. Univ. Karlsruhe (1965 Ord. u. Dir. Versuchsanstalt f. Wasserbau u. Kulturtechnik u. Theodor-Rehbock-Flußbaulabor.). Beratung u. Bearb. v. Wasserbauprojekten in d. BRD (RMD-Kanal, Schluchseewerk, Rheinausbau etc.), in mehr. europ. Ländern, Afrika, Asien, Mittel- u. Südamerika. Visiting Prof. Univ. of Wisconsin, Milwaukee (USA). Zeitw. Sachverst. FAO/UN u. Vizepräs. Intern. Commiss. on Irrigation and Drainage; z. Zt. Fakultätsmitgl. u. Lehrbeauftr. Intern. Inst. for Hydraulic & Environmental Engineering, Delft/Holland, u. Lehrbeauftr. NORAD Courses, Trondheim/Norw. Üb. 200 Fachveröff., dar. ung. Hand- (Hydrolog. Dimensierung v. Großspeichern (1948), Niederdruckwasserkraftanlagen (1949), Konstruktiver Wasserbau (1950), Wasserkraftwerke I. u. II (1956/58), 2. A. 1966 (Düsseldorf) u. Lehrb. (Wasserkraftnutzung I u. II (1952/53) Hydraulik (m. G. Karádi; 1955)) - Korr. Mitgl. 1961 Österr. Wasserwirtsch.verb., 1963 Sociedad Cientifica Argent., 1969 L'Acad. d. Sciences, Inscript. et B. Lettr. de Toulouse. 1973 Méd. de Vermeil de la Recherche et de l'Invention, Paris. 1970 Senior Foreign Scientist Fellowship, National Science Foundation, Washington/USA, f. Lehre u. Forsch. Univ. Wisconsin-Milwaukee. 1975 Dr. of Sc., Univ. of Wisconsin-Milwaukee, USA. 1975 Honorary Visit. Prof., Univ. of Eng. and Techn., Lahore, West Pakistan. 1976 Dr.-Ing. E. h., Techn. Univ. München. 1978 Ehrenmitgl. Dt. Verb. f. Wasserwirtsch. u. Kulturbau. 1979 Johann Joseph Ritter v. Prechtl-Med., TU Wien; 1980 Ehrendoktor Univ. Lüttich, Belgien, 1982 Ehrendoktor Northwestern Univ., Evanston USA; u.v.a. Ehrenämter u. -mitgliedschaften - Liebh.: Fotogr., Kunstgesch., Musik - Spr.: Ung., Dt., Engl., Wort: Ital., Franz.

MOSSLER, Claus Peter

Dr., Sprecher d. Vorstandes Genossenschaftsverb. Rheinland - Severinstr. 214-218, 5000 Köln 1.

MOSTHAV, Franz

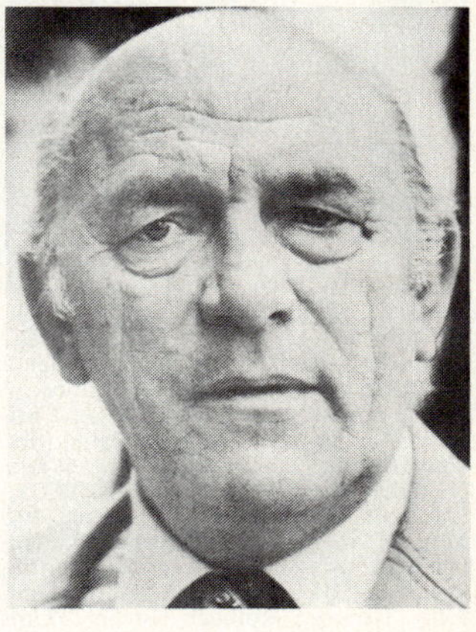

Intendant a.D., Regisseur u. Schauspieler - Kidlerstr. 11, 8000 München 70 - Geb. 13. Juni 1916 Oedheim/Württ. (Vater: Franz M., Steiger Salzbergw.; Mutter: Antonie, geb. Kauz), kath., gesch., 2 Kd. - Ausbild. Univ. u. Schauspielsch. München - Schausp. Staatstheater München u. Nationaltheat. Mannheim; Leit. bzw. Int. Bad. Landesbühne Bruchsal. Vornehml. Charakterrollen d. klass. u. mod. Theat. Film u. Ferns. Gastsp. - Sport: Reiten, Fechten, Schwimmen, Ski - Spr.: Engl., Ital.

MOSZKOWICZ, Imo

Regisseur, Intendant d. Kreuzgangspiele Feuchtwangen (ab 1989) - Uhlandstr. 40, 8012 Ottobrunn/Obb. (T. 089 - 601 85 71) - Geb. 27. Juli 1925 Ahlen/W. (Vater: Benjamin M., Schuhmacher; M.: Sara Gelbart), jüd., verh. s. 1956 m. Renate, geb. Dadieu, 2 Kd. (Martin, Daniela) - Schauspielsch. Düsseldorf - Regieassist. v. Gustaf Gründgens u. Fritz Kortner. Gastprof. Mozarteum Salzburg, Max-Reinhardt-Sem. Wien u. Hochsch. f. Musik u. Darstell. Kunst, Graz. Rd. 200 Schauspielinsz.; Regie: Oper, Film, Fernsehen - Gr. BVK - Spr.: Engl., Span.

MOTEKAT, Helmut

Dr. phil., ao. Prof. f. Neuere dt. Literatur - Heinrich-Marschner-Str. 49a, 8011 Vaterstetten - Geb. 6. Okt. 1919 Gilgetal/Ostpr. (Vater: Friedrich M.; Mutter: Bertha, geb. Karschies), ev., verh. s. 1944 m. Dorothea, geb. Haenicke, 2 Kd. (Utta-Barbara, Thomas) - Realgymn. Tilsit; Univ. Königsberg u. Göttingen (Promot. 1946). Habil. 1950 München - 1946-48 Lecturer College of the Rhine Army Göttingen (Dt. Sprache u. Lit.); s. 1948 Assist., Privatdoz. (1950) u. Prof. (1957) Univ. München. Gastprof. USA, Kanada, Bras., Neuseeland - BV: Arno Holz - Wesen u. Werk, 1953; Experiment u. Tradition - V. Wesen d. Dichtung im 20. Jh., 1962; Stoffe - Formen - Strukturen/Studien z. dt. Lit.gesch., 1962; Ostpr. Lit.gesch., 1977; D. zeitgenöss. dt. Drama, 1977. Zahlr. Einzelarb. Verf. u. Herausg.: Brockhaus-Wörterb. Dt.-Engl.; Hrsg.: Louise v. François (Briefe) - 1960 Silb. Jean-Paul-Med., 1982 Ostpreuß. Kulturpr. f. Wissensch.; 1986 BVK - Lit.: Vergleichen u. Verändern, Festschr. z. 50. Geburtstag (1970); Romantik u. Moderne, Festschr. z. 65. Geb. (1986).

MOTSCHMANN, Jens

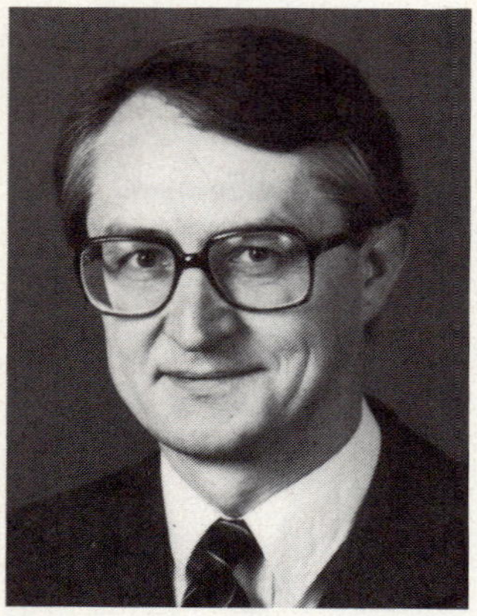

Pfarrer, Sprecher Bekennende Gemeinsch. - Oberneulander Landstr. 113b, 2800 Bremen 33 - Geb. 30. Juni 1942 Berlin, ev., verh. s. 1971 m. Elisabeth Charlotte, Baronesse v. Düsterlohe, 3 Kd. (Franziska, Johannes, Georg Christoph) - Stud. Ev. Theol. u. Politikwiss. Univ. Berlin, Hamburg, Bayreuth u. Kiel (1. theol. Ex. 1969, 2. theol. Ex. 1971) - Pfarrer Nordelb. Ev.-Luth. Kirche; 1985 Mitbegr. u. Sprecher Bekennende Gemeinsch.; s. 1987 Pfarrer St. Martini, Bremen - BV: Kirche zw. d. Meeren, 1981. Mithrsg.: Rotbuch Kirche (1976); D. neue Rotbuch Kirche (1978); So nicht, Herr Pfarrer! (1991) - Lit.: Art. in Ztschr.

MOTSCHMANN, Klaus

Dr. phil., Prof., Publizist - Ahrweilerstr. 12, 1000 Berlin 33 (T. 030 - 821 53 24) - Geb. 4. März 1934, ev., verh. s. 1962 m. Dagmar, geb. Sell, 3 Kd. (Markus, Ariane, Cornelius) - Stud. Ev. Theol., Politol. u. Neuere Gesch. in Ost- u. West-Berlin; Dipl.-Pol. 1960; Promot. 1969 FU Berlin - S. 1971 Prof. f. Politologie Hochsch. d. Künste Berlin. Vorst.-Mitgl. Ev. Notgem. in Deutschl., Ev. Sammlung Berlin; Wiss. Beirat Inst. f. Demokratieforsch. Würzburg; 1971-82 Schriftleit. Konservativ-heute; s. 1982 ständ. Mitarbeiter d. Ztschr. CRITICÓN; s. 1986 Schriftl. Erneuerung u. Abwehr - BV: Ev. Kirche u. pr. Staat 1918/1921, 1971; Sozialismus, d. Geschäft m. d. Lüge, 1977; Sozialismus u. Nation, 1979; Ev. Kirche zw. Widerstand u. Anpassung, 1979; Herrschaft d. Minderh., 1983; Angst als Waffe, 1985; Politik in d. Kirche, 1988; Mythos Sozialismus, 1990.

de la MOTTE, Diether

Prof., Komponist, Lehrer f. Komposition u. Theorie Hochsch. f. Musik u. Darstellende Kunst Wien - Aichholzgasse 20-22/7, A-1120 Wien (T. 837 30 84) - Geb. 30. März 1928 Bonn, ev., verh. - Opern, Orchesterw., Chor- u. Kammermusik - BV: Musikal. Analyse, 1968; Harmonielehre, 1976; Form in d. Musik, 1979; Kontrapunkt, 1981; Musik ist im Spiel, 1989.

MOTTÉ, Magdalena

Dr. phil., apl. Prof. u. Akad. Oberrätin Univ. Dortmund (s. 1987) - II. Rote-Haag-Weg 2, 5100 Aachen (T. 0241 - 6 13 92) - Geb. 30. Jan. 1936 Aachen, kath. - Abit.; 1. Stud. PH; Lehramtsprüf. 1959 u. 1962; 2. Stud. (Päd., Phil., Theol., German.); Promot. 1969; Habil. 1979 - 1959-65 Schuldst.; 1965-71 Assist. PH Rheinl. u. Ruhr; 1971-79 Akad. ORätin PH Rheinl., Abt. Aachen; 1979-87 Priv.-Doz. u. apl. Prof. TH Aachen; s. 1987 an d. Univ. Dortmund; Lehrauftr. Univ. Wien f. Mod. Lit. u. christl. Glaube. Schwerp.: Dt. Lit. u. ihre Didaktik. Forschungsschwerp.: Kinder- u. Jugendlit.; Moderne Lit. u. christl. Glaube - BV: Religiöse Erfahrung in modernen Ged., 1972; Moderne Kinderlyrik, 1983. Mithrsg.: Lesebücher (1980f. u. 1986). Div. Beitr. in Ztschr. z. Thema: Religiöse Erfahrung in mod. Lit.

MOTTL, Felix

Dr. jur., Oberstaatsanwalt Bayer. Oberstes Landesgericht i. R., Präsident Deutsche Verkehrswacht - Hildebrandstr. 11, 8000 München 19 - Geb. 24. Aug. 1925 München (Vater: Wolfgang M., Güterdir.; Mutter: Laura, geb. Lex), kath., verh. s. 1954 m. Friederike, geb. Diez - 1946-48 Jurastud. (2. Staatsprüf. u. Promot. 1951) - 1978 Bayer. VO; 1979 Gold. Diesring VdM; Gold. u. silb. Ehrenzeichen Dt. Verkehrswacht; Gold. Ehrenz. ADAC Gau Südbayern; 1983 BVK I. Kl.; 1987 Kommandeurkreuz d. Großherzoglich-Luxemb. VO. - Bek. Vorf.: GMD Felix Mottl (Großv.).

MOTZ, Wolfgang

Komponist, Prof. f. Gehörbildung an d. Musikhochsch. Freiburg - Obermatten 9, 7803 Gundelfingen - Geb. 10. Sept. 1952 Mannheim - 1975-80 Musikhochsch. Freiburg (Kompos., Musiktheorie, Klavier, Gehörbild.); 1981/82 Konservat. Venedig (Computermusik) - Musikw.: ... verschwunden ... (1978); Los Dictadores (1980); Quintett (1981); Sotto pressione (1982); In d. Spuren e. neuen Erde (1983); Daß du Recht schaffest dem Waisen u. Armen (1983); ... als ob's aus dunklen Fernen rief (1984); Aufzubrechen ... ins Offene (1984); Konzert f. 12 Solisten u. e. Dirigenten (1985); ... per non sentirci soli ... (1985); ... non svanisce (1987); An d. Hoffnung (1988); Caprichos (1989); ... und lächelnd ihr Übel umarmen (1990); voix ... tranchantz (1991) - 1979 Förderpr. Stadt Dresden; 1981 Kompos.pr. Stadt Mönchengladbach; 1983 Förderpr. Stadt Stuttgart; 1988 Kompos.pr. WDR Köln - Spr.: Engl., Franz., Ital., Span.

MOULINES, Carlos-Ulises

Dr. phil., Univ.-Prof. f. Theorie u. Geschichte d. Naturwiss. FU Berlin (s. 1988) - Ahornstr. 14, 1000 Berlin 41 - Geb. 26. Okt. 1946 Caracas/Venezuela, verh. s. 1981 m. Adriana, geb. Valadés - Stud. Univ. Barcelona (Physik, Phil.); Magister 1971 Barcelona; Promot. 1975 München - 1976-83 Lehrst. f. Wissenschaftstheorie UNAM (Mexico), 1984-88 Lehrst. f. Wiss.theorie Univ. Bielefeld - BV: La estructura del mundo sensible, 1973; Exploraciones metacientíficas, 1982 - 1983 Preis Nat. Akad. d. Wiss. Mexiko; 1987 An Architectonic for Science - Liebh.: Novellen - Spr.: Engl., Franz., Span., Katal. - Lit.: W. Stegmüller. Theorie u. Erfahrung, Bd. II.

MOULL, Geoffrey

1. Kapellmeister u. Stellv. d. Generalmusikdirektors Städt. Bühnen Bielefed (s. 1992) - Brunnenstr. 3-9, 4800 Bielefeld - Geb. 5. Sept. 1955 Toronto/Kanada, verh. s. 1990 m. Monika Starke-Moull, 2 Kd. (Jessica, Kevin) - Dirigentenstud.: b. A. Brott, McGill University, Montreal, b. M. Stephani Nordwestd. Musikakad., Detmold, b. Kirill Kondrashin, Amsterdam; Meisterkurse b. F. Ferrara u. S. Celibidache - 1979-83 Kapellm. Städt. Bühnen Osnabrück; 1983-89 Kapellm. Theater Trier; 1989-92 Kapellm. Städt. Bühnen Münster; Gastdirig. in Canada, Bundesrep., Niederl., Österr., Ital., Frankr., Luxemb., Belg. - 1976-79 Stip. Dt. Akad. Austauschdienst (DAAD) - Spr.: Engl., Franz., Ital.

MOUTY, Friedrich Peter

Dr. jur., Licencié en Droit, Landgerichtsrat a.D., Bürgermeister - Rathaus, 6633 Wadgassen/Saar - Geb. 2. Juli 1931 Dillingen/Saar, verh. m. Rosemarie, geb. Katgeli, T. Gabriele - 1972-74 kommiss. Amtsvorst., ab 1974 Bm. (gewählt b. 1994) - Mitgl. Landesdenkmalrat, Vors. Kultur- u. Sozialaussch. Saarl. Städte- u. Gemeindetag. Herausg. heimatgesch. Schr.; Mithrsg. Gesamtw. d. saarl. Schriftst. Johannes Kirschweng (11 Bde); Wadgasser Autorenles. u.v.a., Kulturaust. Wadgassen-Arques (franz. Partnerstadt) - Liebh.: D. dän. Philosoph u. Theol. Kierkegaard (auch Diss.-Thema) - Spr. Franz., Engl.

MOXTER, Adolf

Dr. rer. pol. (habil), o. Prof. f. Betriebswirtschaftslehre, insb. Treuhandwesen - Thomas-Mann-Str. Nr. 1, 6000 Frankfurt/M. - Geb. 3. Okt. 1929 Frankfurt/M. - S. 1961 Ord. Univ. Saarbrücken u. Frankfurt (1965) - BV: Method. Grundfragen d. Betriebsw.slehre, 1957; D. Einfluß v. Publizitätsvorschr. auf d. unternehmer. Verhalten, 1962.

MRASS, Walter

Dr. rer. hort., Dipl.-Ing., Direktor u. Prof., Leit. d. Bundesforschungsanst. f. Naturschutz u. Landschaftsökol., Leit. Inst. f. Landschaftspflege u. Landschaftsökol., Bonn - Am Buchebonne 2g, 5340 Bad Honnef (T. 02224 - 7 19 45) - Geb. 8. Febr. 1930 Breslau/Schles., verh. s. 1962 m. Sabine, geb. Korsch, 3 S. (Marcus, Sebastian, Gregor) - Stud. Gartengestalt. u. Landschaftspflege TU Hannover; Dipl.-Ing., Promot. - Lehrbeauftr. Friedr.-Wilhelm-Univ. Bonn - Versch. Fachveröff. - Korr. Mitgl. d. Akad. f. Raumforsch. u. Landespflege, Hannover; Mitgl. d. Gr. Rates d. Intern. Federation of Landscape Architects - Spr.: Engl.

MROCH, Karl-Egbert

Dr. jur., Staatssekretär, Bevollmächtiger d. Landes Mecklenburg-Vorpommern - Godesberger Allee 18, 5300 Bonn 2.

MROSS, Marko Matthias

Dipl.-Kfm., Geschäftsführer Carl Poellath GmbH. u. Co. KG. - Romanstr. 62a, 8000 München 19 (T. 089-17 24 42) - Geb. 19. März 1938 Berlin (Vater: Hanns-Walther M., Oberst; Mutter: Margarete, geb. Lang) - Außenhdlslehre; USA-Aufenth., Militärdst, Stud. Betriebswirtsch. München; Dipl.-Kfm. 1972 - Spr.: Engl., Franz., Span., Ital.

MROSS, Michael

Journalist, Filmautor, Regiss. (u.a. WDR/ARD) - Hohenstaufenring 57a, 5000 Köln 1 (T. 0221 - 23 34 20) - Geb. 2. Nov. 1958 Köln - Dt. u. intern. Produktionen, u. Reportagen.

MROZEK, Hinrich

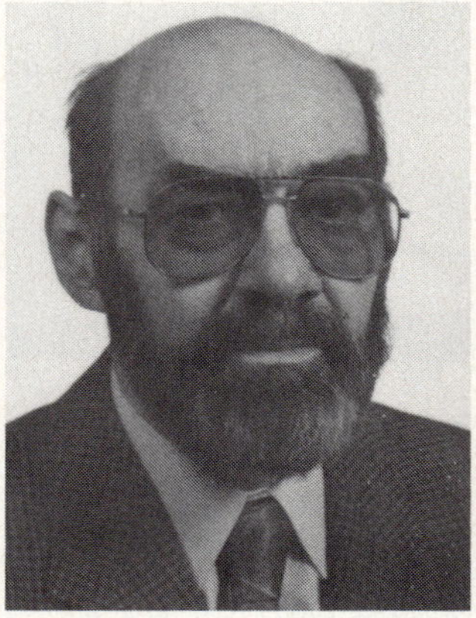

Dr. rer. nat., Prof. f. Mikrobiologie Univ. Münster - Heideweg 12, 2371 Schülp - Geb. 31. Juli 1927 Kiel (Vater: Dr. Oskar M., Chemiker; Mutter: Dr. Tenge, geb. Dahl, Zool.), verh. s. 1950 m. Emilie, geb. Heidinger, 3 Kd. - Promot. 1957 Univ. Kiel - 1959-89 Henkel, Düsseldorf (1964-89 Leit. d. Mikrobiol., 1978-88 AR-Mitgl.). 1972 Lehrauftr. Lebensmittelmikrobiol., 1978 Honorarprof. Univ. Münster - Ca. 100 wiss. Veröff. u. Buchbeiträge z. Lebensmittelmikrobiol. u. -hygiene, üb. Desinfektionsmittel u. ihre Wirksamkeitsprüfung - Bek. Vorf.: Prof. Dr. Friedrich Dahl, Zoologe (Großv.).

MROZIEWSKI, Paul

Gastronom, Ehrenvors. Landesverb. Gaststätten- u. Hotelgewerbe d. Hansestadt Hamburg - Heimfelder Str. 112a, 2100 Hamburg 90 - Geb. 1. April 1913 Borschimmen/Ostpr. - BVK.

MUCH, Hans Eberhard

Dr. h. c., Zahnarzt, Porträtmaler, Landschaftsmaler - Grünes Schloss, 8501 Heroldsberg (T. 0911 - 55 88 00) - Geb. 9. Sept. 1934 Naumburg/Bo., ev., verh. s. 1960 m. Karola, geb. Opolony, 2 Töcht. (Michaela, Helen) - Stud. d. Zahnheilkunde FU Berlin; Ex. 1959 - Freiberufler - Verdienstkreuz d. Souv. Mil. Ordens d. Hl. Johannes; Antonius Kreuz; Ehrenkommandeur d. Greifenordens; Komtur d. S. OS. J. Ritter v. Malta; Silb. Verdienstmed. d. öst. Ferdinandus Orden; Großkreuz d. Souv. Ord. St. John of Jerusalem - Hereditory Order; Ritter v. Malta; Ritter d. Souv. Ordens d. Hl. Johannes v. Jerus. (Priorat USA); Ehrendoktor Univ. Albany/N.Y.; Ehrenmitgl. d. St. Andrew Association, u. d. österr. Albert-Schweitzer-Ges. - Liebh.: Malen - Spr.: Engl.

MUDERSBACH, Martin

Dipl.-Kfm., Geschäftsführer AKF Kreditbank GmbH & Co. - Friedrich-Ebert-Str. 90, 5600 Wuppertal 1 (T. 3 99-0) - Geb. 30. Dez. 1951.

MUDRACK, Klaus

Dr. rer. nat., Prof. Inst. f. Siedlungswasserw. Univ. Hannover - Westermannweg 37a, 3000 Hannover 21 - Geb. 20. Dez. 1924 Torgau/Elbe, ev., verh. s. 1956, 2 Töcht. (Anne, Katrin) - Univ. Berlin u. Münster (Biol., Chemie; Promot. 1955) - Spez. Arbeitsgeb.: Wasser- u. Abwasserbiol. - BV: Anleitungen f. einfache Untersuchungen auf Kläranlagen, 1965, 6. A. 1987 (m. Hans Rüffer); Lehr- u. Handb. d. Abwassertechnik Bd. II u. III, 2. A. 1975/76; Biologie d. Abwasserreinigung, 2. A. 1987 (m. Sabine Kunst).

MÜCHLER, Günter
Dr. phil., Chefredakteur Deutschlandfunk Köln - Brahmsstr. 33, 5309 Meckenheim 2 - Geb. 25. Juli 1946, kath., verh. m. Hiltrud, geb. Beyer, 3 Kd. (Henny, Eva, Benno).

MÜCKE, Gottfried
Dipl.-Ing., Generalkonsul Rep. Malediven, Leit. d. Touristischen Informationsbüro Rep. Malediven - Zu ereichen üb. Frankfurter Airport Center D9, 6000 Frankfurt am M. 75 - Geb. 29. Mai 1932 - 1973-88 Vorst.-Mitgl. Flughafen Frankfurt Main AG; Geschäftsf. Maltour Tourismus- u. Handels GmbH.

MÜCKE, Rufus
s. Mühlfenzl, Rudolf

MÜCKENHAUSEN, Eduard
Dr. phil., Dr rer. techn., Dr. rer. nat. h. c., o. Prof. f. Bodenkunde - Oderstr. 47, 5300 Bonn-Ippendorf - Geb. 17. Febr. 1907 Enzen/Rhld. (Vater: Jakob M., Lederfabr.; Mutter: Anna, geb. Esser), kath., verh. s. 1938 m. Elsa, geb. Ludwig, T. Gabriele - Stud. Geol. u. Landw. Univ. Bonn u. TH Danzig - 1934-38 Pr. Geol. Landesanst. Berlin; 1938-39 Dt. Ammoniak-Verkaufsvereinig. ebd.; 1939-46 Wehrdst. u. Gefangensch.; 1946-55 Oberlandesgeologe Geol. Landesamt NRW; 1955-75 Ord. u. Inst.sdir. Univ. Bonn. 1969 ff. Präs. Dt. Bodenkundl. Ges. 5 Fachmitgliedsch. - BV: D. wichtigsten Böden d. Bundesrep. Dtschl., 2. A. 1959; Entstehung, Eigenschaften u. Systematik d. Böden d. BRD, 2. A. 1977; D. Bodenkunde u. ihre Grundlagen, 3. A. 1985. Zahlr. Einzelarb. - 1968 Mitgl. Kgl. Schwed. Akad. d. Wiss.; 1970 korr. Mitgl. Dt. Archäol. Inst., 1973 Rhein.-Westf. Akad. d. Wiss; 1977 Dr. rer. nat. h. c.; 1978 Mitgl. Finn. Akad. d. Wiss., 1979 Mitgl. Königl. Akad. d. Wiss., Lit. u. Schöne Künste v. Belgien - Spr.: Engl.

MÜCKL, Wolfgang Johann
Dr., o. Prof. f. Wirtschaftstheorie Univ. Passau - Am Weiher 15, 8391 Salzweg b. Passau (T. 0851 - 4 99 88) - Geb. 12. Juli 1936 Traunstein (Vater: Hans M., Beamter; Mutter: Therese, geb. Ostler), kath., verh. s. 1967 m. Angelika, S. Stefan Matthias - Gymn. Garmisch-Partenkirchen, Stud. Volksw. Univ. München u. Tübingen, Dipl. 1960, Promot. 1972, Habil. 1974 - 1965-75 wiss. Referent, 1974-75 Priv.-Doz., 1975-78 Univ. Doz., 1978 Prof. - BV: Wirtschaftspolit. Zielkonflikte in d. BRD, 1969 (m. P. Baumgarten); Langfrist. Probleme d. Lohnpolitik u. Vermögensbild. in Arbeitnehmerhand, 1971; Gleichgewichtswachstum, Einkommens- u. Vermögensverteil., 1975; Wirtschaftstheorie u. Wirtschaftspolitik, Gedenkschr. f. Erich Preiser, 1981 (hg. m. A. E. Ott); Föderalismus u. Finanzpolitik, Gedenkschr. f. Fritz Schäffer, 1990. Zahlr. Beitr. in wiss. Zeitschr. u. Sammelwerken - Liebh.: Kunstgesch., Botanik - Spr.: Engl., Franz.

MÜER, Ludger
Caritasdirektor, Geschäftsf. Caritasverb. f. d. Diözese Münster - Kardinal-von Galen-Ring 45, 4400 Münster/W.

MÜGGENBURG, Günter
Journalist, Geschäftsführer Westfilm Medien-GmbH, Generalbevollm. f. neue Medien WAZ-Gruppe (s. 1984) - Sachsenstr. 36, 4300 Essen 1 (T. 0201 - 206 46 02) - Geb. 3. März 1926 Essen (Vater: Steiger) - N. Abitur 1946 Studien USA - Kriegseins., Bergmann, Maurergehilfe, s. 1948 Journ. Westd. Allg. Ztg. u. WDR (1960; b. 1969 Bonn-Korresp., dann Asien-Korresp. ARD m. Sitz Hongkong u. 1973ff. ARD-Korresp. Washington/USA), Chefredakt. ARD-Tageesschau, 1983 WDR (Leit. Studio Düsseldorf). Geschäftsf. Kabelcom, Beteiligungsges. f. Breitbandkabel-Kommunikation mbH, Essen; Vorst.-Mitgl. Bundesverb. Privater Rundf. u. Telekommunikation, Bonn; VR-Mitgl. RTL plus, Köln; Vors. Programmbeirat RTL plus, Köln - 1970 BVK - Spr.: Engl., Franz.

MÜHE, Marlene
Leiterin Pressestelle Bundesmin. f. Umwelt, Naturschutz u. Reaktorsicherheit, Sprecherin d. Bundesumweltministers (s. 1987)- Königstr. 62, 5300 Bonn 1 (T. dstl.: 305 20 10/15, priv.: 22 18 30) - Geb. 12. Aug. 1956 Offenbach/Queich, kath., ledig - Stud. Germanistik, Politik 1976-81 Mainz; 1. Staatsex.; 1981-83 Volontariat SWF; 1983-85 Fr. Mitarb. im Rundf., SWF Landesstudio Rhld.-Pfalz, Ber. Politik; 1985-87 Pressesprecherin b. Umwelt- u. Gesundheitsmin. v. Rhld.-Pfalz - Liebh.: Sport (Ski, Tennis), Lit., Reisen - Spr.: Engl., Franz.

MÜHL, Johannes

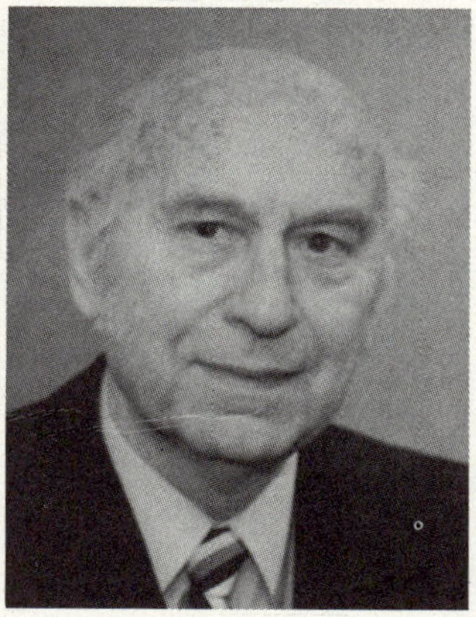

Dr. rer. pol., Bankdirektor i. R. - Am Zollstock 3, 6380 Bad Homburg v.d.H. (T. 4 13 24) - Geb. 21. April 1912 Breslau (Vater: Franz M.; Mutter: Martha, geb. Radwansky), kath., verh. s. 1939 m. Dora, geb. Engler, T. Brigitte - König-Friedrich-Gymn. Breslau; Lehre Bankhaus Eichborn & Co.; Univ. ebd. (Rechts- u. Staatswiss.; Dipl.-Volksw. 1938). Promot. 1949 - B. 1939 versch. Banken, dann TH Darmstadt (Assist. Fak. f. Kultur- u. Staatswiss.), 1951-64 Rhein. Girozentrale u. Provinzialbank, Düsseldorf (zul. Dir.), b. 1975 Dt. Girozentrale/Dt. Kommunalbank, Berlin/Frankfurt (b. 1972 Vorst.-Mitgl., dann - vors.). AR- u. VR-Mand., dar. stv. - vors. -Liebh.: Pferdesport - Spr.: Engl.

MÜHL, Karl Otto

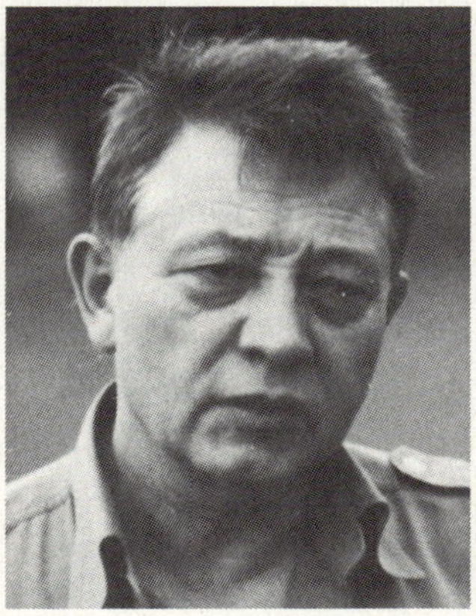

Schriftsteller - Am Deckershäuschen 74, 5600 Wuppertal 1 (T. 0202 - 70 82 99) - Geb. 16. Febr. 1923, verh. s. 1970 m. Dr. med. Dagmar, geb. Friebel, 3 Töcht. (Anna, Maren, Julia) - Abit.; Exportkaufm. - BV: Romane: Siebenschläfer, Trumpeners Irrtum; Stücke: Rheinpromenade, Rosenmontag, Kur in Bad Wiessee, Wanderlust, Hoffmanns Geschenke, Reise d. alten Männer, Kellermanns Prozeß, Am Abend kommt Crispin - Von-Der-Heydt-Preis Stadt Wuppertal.

MÜHL, Otto
Dr. jur., Bundesrichter a. D., o. Prof. f. Bürgerl. Recht, Handels- u. Wirtschafts- u. Prozeßrecht Univ. Mainz (s. 1966) - Heidesheimer Str. 59, 6500 Mainz-Gonsenheim - Geb. 10. Okt. 1911 - B. 1961 Oberlandesgericht Celle, dann Bundesverw.sgericht Berlin - BV: D. Lehre v. Gutachten u. Urteil, 1970.

MÜHLBACHER, Eberhard
Prälat, Generalvikar Diözese Rottenburg-Stuttgart - Eugen-Bolz-Platz 1, 7407 Rottenburg 1 (T. 07472 - 2 91) - Geb. 24. Mai 1927 Ludwigsburg (Vater: Carl M., Kalkulator; Mutter: Emma, geb. Zieger), kath., ledig - 1949-52 Stud. kath. Theol. Univ. Tübingen - B. 1957 Vikar; b. 1967 Bischöfl. Sekr.; s. 1972 Domkapitular; s. 1981 Generalvikar - 1966 Ehrendomherr v. Bobbio (Italien); 1986 Apostolischer Protonotar - Spr.: Engl., Ital., Span.

MÜHLBAUER, Adolf
Dr., Bankdirektor, Vorstandsvors. Stuttgarter Volksbank AG. - Kohlerstr. 20, 7000 Stuttgart 71 (T. Büro: 2 00 11) - Geb. 10. Nov. 1932 Rimbach - Spr.: Engl. - Rotarier.

MÜHLBAUER, Alfred
Dr.-Ing., Prof., Direktor Institut f. Elektrowärme Univ. Hannover - Westerfeldweg 44, 3002 Wedemark 2 - Geb. 9. Nov. 1932 Bad Wörishofen - BV: Floating-Zone Silicon, 1981 (m. W. Keller).

MÜHLBAUER, Johann
Dr.-Ing., Prof., Lehrbeauftr. f. Wasserwirtschaft in E-Ländern Univ. Bochum, Geschäftsf. Ges. f. Technol.transfer mbH, Wasser- u. Siedlungswasserwirtsch., Wasserbau, Umwelt- u. Kulturtechnik - Gröndelle 3, 5620 Velbert-Langenberg (T. 02052 - 24 66).

MÜHLBAUER, Karl
Direktor, Sprecher d. Geschäftsfg. Steinbock GmbH., Moosburg - Merianstr. 7, 8052 Moosburg/Obb. (T. 80 -1) - Geb. 10. Dez. 1911.

MÜHLBAUER, Klaus Georg
Dipl.-Betriebsw., Gf. Gesellschafter Thermoval Deutschl. GmbH (s. 1979) u. Patent-Verwertungsges. mbH - Zülpicher Str. 70, 5164 Nörvenich (T. 02426 - 53 22) - Geb. 25. Aug. 1940 Heidelberg, kath., verh. s. 1967 m. Ulrike, geb. Koch, 4 Kd. (Viola, Daniel, Aline, Philipp) - Lehre Industriekaufm. Heidelberg; Stud. dt. Angest.-Akad. (Schwerp. Absatzwirtsch. u. Marketing), Großhansdorf/Hamburg; Betriebsw. grad., nachträgl. Dipl. - 1971-78 kaufm. Leit. u. Dir. VMH-Multibeton/Leverkusen - Mitinh. weltw. Pat. f. Fußbodenheizungen - Zahlr. Fachveröff. in d. Fach- u. Wirtschaftspresse üb. energiepolit. Aspekte u. wirtsch. Betrachtungen d. Wärmeverteilsysteme (Fußbodenheizungen) - Liebh.: Frankr., franz. Weine, Tennis.

MÜHLBERG, Heinz
Dr. rer. nat., Direktor - Albertstr., 5430 Montabaur (T. 51 98) - Geb. 16. März 1921 Leipzig (Vater: Martin M., Kaufm.; Mutter: Erna, geb. Hänsel), ev., verh. s. 1947 m. Charlotte, geb. Seydaack, T. Beatrix - Gymn. Leipzig; Univ. Leipzig, Jena, Heidelberg (Dipl.-Chem. 1945). Promot. 1949 Heidelberg - S. 1949 Gewerkschaft d. Keramchemie GmbH, Siershahn (1964 Techn. Dir., 1968 Mitgl. Grubenvorst.). Spez. Arbeitsgeb.: Chem. Verfahrenstechnik auf d. Sektor Oberflächenbearb. v. Metallen - Gold. Sportabz. - Spr.: Engl., Franz.

MÜHLBEYER, Hermann
Staatssekretär Min. f. Arbeit u. Frauen (1984-92) u. MdL Baden-Württ. (s. 1973) - Oststr. 36, 7107 Bad Friedrichshall/Württ. - Geb. 5. Mai 1939 Jagstfeld, kath., 3 Kd. - Volkssch.; Bergmannslehre; Kath. Sozialinst. Hohenaschau/Obb.; 1963-66 Höh. Fachsch. f. Sozialarb. Freiburg/Br. Staasex. f. Sozialarb. u. Wohlfahrtspfl. 1966 - B. 1962 Steinsalzbergwerk Bad Friedrichshall (unt. Tage); 1966-84 Kreisjugend- u. Sozialamt Heilbronn (Ref.leit.). CDU (div. Funkt.); Landesvors. d. Christl. Demokr. Arbeitnehmerschaft (CDA).

MÜHLEISEN, Hans-Otto
Dr. phil., Prof. f. Politikwissensch. Univ. Augsburg - Universitätsstr. 10, 8900 Augsburg (T. 0821 - 5 98-6 13) - Geb. 2. Dez. 1941 Freiburg/Br. - Promot. 1970 (Vergl. Parteienforsch.), Habil. 1978 (Frankfurter Schule) - Ab 1981 Ord. Augsburg - BV: Theoriebild. u. polit. Parteien (Diss.), 1970; Umweltschutz als polit. Prozeß (m. W. Jäger), 1976; Grenzen polit. Kunst, 1982; D. Geld d. Parteien, 1983; Inseln als Brennpunkte intern. Konflikte (m. J. Düllfer), 1986; D. Franz. Revolution u. d. dt. Südwesten, 1989; Prakt. Politikwiss. im vorderösterreichischen Breisgau, 1990; Polit. Tugendlehre u. Regierungskunst, Stud. z. Fürstenspiegel d. Frühen Neuzeit (m. Th. Stammen), 1990.

MUEHLEK, Karl
Dr. theol., Prof. Univ. Passau (s. 1978) - Hoellgasse 24, 8390 Passau (T. 0851 - 3 32 65) - Geb. 25. Juli 1930 Roettingen/Tauber, kath., ledig - Promot. 1972 Univ. Würzburg - 1975 ao. Prof. f. Päd. u. Katechetik Phil.-theol. Hochschule Passau; s. 1978 o. Prof. Kath.-Theol. Fak. Univ. Passau; 1983-85 Dekan Kath.-Theol. Fak. Univ. Passau; Diözesanvors. d. Dt. Katechetenvereins - BV: Religionsb. f. d. Hauptsch. u. Lehrerkomm. - 1984 Päpstl. Ehrenprälat - Spr.: Lat., Griech., Engl.

zur MÜHLEN, von, Alexander
Dr. med., Prof., Leiter Abt. f. Klinische Endokrinologie Med. Hochschule Hannover - Zu erreichen üb. Med. Hochsch., Konstanty-Gutschow-Str. 8, 3000 Hannover 61 - Geb. 13. Mai 1936, verh. s. 1977 m. Ulrike, geb. Warnecke, 5 Kd. (Insa, Friederike, Patrick, Constantin, Nicolas) - Med. Staatsex. 1963 Freiburg/Br.; Promot. 1964 ebd.; Habil. 1971 Göttingen - S. 1974 Med. Hochsch. Hannover (Prof. f. Inn. Med.). Wiss. Veröff. üb. Endokrinol. (spez. Schilddrüse, Hypophyse, Hypothalamus).

MÜHLEN, Heribert
Dr. theol., Dr. phil., o. Prof. f. Dogmatik u. Dogmengeschichte - Scherfederstr. 70, 4790 Paderborn/W. (T. 6 38 48) - Geb. 27. April 1927 Mönchengladbach, kath. - Priesterweihe 1955 - S. 1962 Doz. u. o. Prof. (1964) Theol. Fakult. Paderborn - BV: u. a. D. Heil. Geist als Person, 5. A. 1988 (auch ital., engl.); Una mystica Persona, D. Kirche, 3. A. 1968 (auch ital., franz., span.); Entsakralisierung, 2. A. 1971; Morgen wird Einheit sein, 1974; D. Erneuerung d. christl. Glaubens, 2. A. 1976 (auch span., franz.). Mithrsg.: Erfahrung u. Theol. d. Heil. Geistes (1974; m. C. Heitmann), Einübung in d. christl. Grunderfahrung (2 Bd.), 14. A. 1985 (auch engl., franz., span., portug., niederl., poln., ungar., kroat., korean.); Erfahrungen m. d. Heil. Geist, 3. A. 1981; Geistesgaben heute, 1982; Dokumente z. Erneuerung d. Kirchen, 1982; Grundentscheid., 1984; Jugend erfährt Gott, 1984; Gemeinde-Erneuerung aus d. Geist Gottes, 2 Bde. 1984; Befreiende Gemeinschaft im Geist, 1985; Neu mit Gott, 3. A. 1992.

MÜHLEN, zur, Karl-Heinz
Dr. theol., Prof. f. ev. Theologie Univ. Bonn (s. 1981) - Novalisweg 6, 5309 Meckenheim - Geb. 16. März 1935 - BV: Nos extra nos. Luthers Theol. zw. Mystik u. Scholastik, 1972; Reformator. Vernunftkritik u. neuzeitl. Denken, 1980; Freiheit u. Lebensgestaltung. Ausgew. Texte M. Luthers, 1983. Mithrsg. v. VF.

MÜHLENBERG, Michael

Dr., Prof. f. Zoologie u. Ökologie Univ. Würzburg - 8721 Michelau-Prüßberg (T. 09382 - 77 76) - Geb. 29. Febr. 1944 Siegen (Vater: Friedr.-Wilh. M., Bundesbahndir.; Mutter: Ursula, geb. Parlow), ev., verh. s. 1968 m. Mechthild, geb. Hoffmann, 2 Töcht. (Roswitha, Eva) - Staatsex. Biol., Chemie u. Physik 1968, Promot. Zool., Botanik u. Physik 1972, Habil. Zool./Ökol. 1977 - 1972-77 wiss. Assist. u. Akad. Rat; ab 1977 Leit. Ökol. Station Steigerwald Univ. Würzburg; s. 1980 Univ.-Prof. f. Tierökol. (spez. Synökol.) Würzburg - BV: Freilandökol., Taschenb. 1976, 1989; Parc National de la Comoé, wiss. Nationalparkführer 1982; Pirang, Ecological Investigations In A Forest Island In The Gambia (Koautor), 1988 - Interessen: Biol. Freilandarb., Reisen in d. Tropen, Freizeitpferde - Spr.: Engl., Franz.

MÜHLENDAHL, von, Karl Ernst

Dr. med., Prof. f. Kinderheilkunde Univ. Münster, Chefarzt Kinderhospital Osnabrück - Kinderhospital, Iburger Str. 187, 4500 Osnabrück - Geb. 14. Jan. 1939 Berlin (Vater: Ernst v. M., Dipl.-Chemiker; Mutter: Esther, geb. v. Rennenkampff), ev., verh. s. 1970 m. Maja, geb. v. Cube, 3 Kd. - Promot. 1964 Univ. München, Habil. 1976 Berlin, s. 1980 apl. Prof. in Münster.

MÜHLENHAUPT, Kurt

Maler, Bildhauer, Schriftst. - Sakrower Kirchweg 15, 1000 Berlin 22 - Geb. 19. Jan. 1921, verh. m. I) Frieda; II) Hannelore, 2 Kd. (Carol, Christine) - Hochsch. f. Bild. Künste Berlin - BV: Berliner Blau, 1980; Reiseerlebnisse, 1983; u.v.m.

MÜHLENWEG, Gustav

Vorstandsmitglied i.R. Kraftwerk Altwürttemberg AG., Ludwigsburg - Stresemannstr. 40, 7140 Ludwigsburg - Geb. 7. Juni 1914 - S. 1933 KA.

MÜHLER, Erich

Direktor i. R. - Kainzenweg 20, 8390 Passau (T. 5 18 57) - Geb. 5. März 1905 Mühlau/Sa. - Bank- u. Industrietätigk. (zul. langj. Vorst. Eterna) - Spr.: Engl., Franz. - Rotarier.

MÜHLFELD, Claus

Dr. phil., Prof. f. Soziologie Univ. Bamberg - Langer Moos 15, 8602 Erlau - Geb. 10. Nov. 1940 Weinheim (Vater: Wilhelm M., Ind.-Kfm.; Mutter: Dorothea, geb. Kraus), kath., verh. s. 1972 m. Heide, geb. Steinberg - Stud. Phil., Soziol. u. Psych. (Promot. 1969, Habil. 1974) - 1966-69 wiss. Mitarb. Univ. Heidelberg; 1969-74 Doz. Univ. Augsburg; 1974-78 Prof. Univ. Münster; ab 1978 Univ. Bamberg - BV: Sprache u. Sozialisat., 1975; Familiensoziol., 1976; Ehe u. Fam., 1982; Basale Soziol. (m. H. Reimann u. a.) 1975, 4. A. 1991 (Übers. Ital. u. Isländ.); Familie-Arbeit-Beruf, 1979; Ethnosoziol., 1984; Qualifikation Lernbehinderter, 1984; Türkische Arbeitnehmerges., 1985; Konflikte u. Kooperation in Verb., 1985; Nationalsozialistische Familienpolitik, 1989; Rezeption d. NS-Familienpolitik 1933-1939, 1992 - Liebh.: Ethnol. Stud., Fotogr. - Spr.: Engl., Franz.

MÜHLFENZL, Isabel,
geb. Paintner

Dr. oec., Dipl.-Kfm., Wirtschaftsjournalistin Bayer. Rundf., Kolumnistin - Leitenhöhe 24, 8031 Seefeld-Hechendorf (T. 08152 - 7 87 98) - Geb. 12. Aug. 1927 Frontenhausen (Vater: Dr. Josef P., prakt. Arzt; Mutter: Isabella, geb. Heim), kath., verh. s. 1964 m. Rudolf Mühlfenzl, Präs. Bayer. Landeszentr. f. neue Medien (BLM), T. Isabelle Caroline - Realgymn. Kempten/Allg.; Dipl.-Kfm. 1954 München, Promot. 1959 Nürnberg - Fernsehredakt. BR, Wirtsch.- u. Wiss.journ., Kolumnistin, Fernseh-Moderat. (ABC d. Wirtsch. + Blickpunkt Wirtsch.). Mitgl.schaft: Ludwig-Erhard-Stiftung, Mont-Pelerin-Society - BV: D. Irrtum, Lehrb. Volksw.; Übers.: Milton Friedman (aus d. Engl.) - Fernsehserien Deutsch u. Engl. (Wirtschaftswiss.), FS-Dok., rd. 50 Filme - Publiz.-Preis BAG; 1988 Ferdinand v. Miller-Med. f. Publizistik - Liebh.: Reisen, Wirtschaftsgesch. - Spr.: Engl., Franz., Ital.

MÜHLFENZL, Rudolf

Journalist u. Medienberater - 8031 Hechendorf/Pilsensee - Geb. 30. Nov. 1919 München, verh. m. Dr. Isabel M., T. Caroline - Univ. München, Stud. d. Neueren Geschichte, Volkswirtsch., Zeitungswiss.; 1948-61 Leit. d. Wirtschaftsfunks d. BR, 1964-69 Hauptabt.-leiter, 1969-83 Chefred. TV u. Koordinator Politik; 1969-83 Stellv. d. TV-Dir.; 1983-84 Dir. d. MPK (Münchner Pilotges. f. Kabelkommunikation); 1984-89 Präs. d. Bayer. Landeszentrale f. neue Medien; Rundfunkbeauftragter f. die neuen Bundesländer v. Okt. 90-Dez. 91 - BV: Interview mit dem Geld, 1958; 20 Jahre danach - Ess. im Buch, 1965; D. Irrtum-Weltwirtschaft zw. Angst u. Hoffnung (zus. m. Dr. Isabel M.), 1975; Geflohen u. Vertrieben, 1981 - Bayer. Staatsmed., Bay. VO., Gr. BVK.

MÜHLFRIED, Erich

Dipl.-Ing., Techn. Direktor Wuppertaler Bühnen - Talstr. 17, 5600 Wuppertal 1 (T. 0202 - 71 27 84) - Geb. 1. Juli 1938 Hamburg, (Vater: Walter M. †; Mutter: Gertrud, geb. Höber), verh. s. 1982 m. Susanne, geb. Zöllner, 4 Kd. (Stefan, Annika, Nina, Svenja) - Zimmererlehre; FHS f. Bauwesen Hamburg (Ing.-Ex. 1960); Prüf. Theatermeister 1970, Beleuchtungsm. 1971, Nachdipl. 1983 - 1977 Gründung Theatertechn. Seminar Hamburg. Fachveröff. in: Bühnentechn. Rundschau - Liebh.: Zeichnen, Hochsee-Segeln - Spr.: Engl.

MÜHLSCHLEGEL, Bernhard

Dr. rer. nat., em. o. Prof. Inst. f. Theoret. Physik Univ. Köln - Franzstr. 1a, 5000 Köln 41 (T. 40 46 21) - Geb. 13. Sept. 1925 Berlin, ev. - Falk-Realgymn. u. Humboldt-Univ. Berlin (Physik, Math.). Promot. 1953 Berlin; Habil. 1960 München - 1957-58 Assist. Univ. Heidelberg; 1960-62 Privatdoz. Univ. München. Gast Univ. of Illinois (1960-62, 1977-78), Pennsylvania (1965-66) u. California (1970-71, 1977-78, 1982-83), Stanford Univ. (1988). Mitgl. American Physical Soc. Fachveröff. - Spr.: Engl., Franz. - Rotarier.

MÜHR, Egon

Oberkreisdirektor Hochsauerlandkreis - Bachumer Weg 15a, 5760 Arnsberg 1 - Geb. 15. Dez. 1933 - Mitgl. d. Landschaftsvers. Westf.-Lippe.

MÜHRINGER, Doris

Schriftstellerin - Goldeggasse 1, A-1040 Wien (T. 0222 - 65 30 405) - Geb. 18. Sept. 1920 Graz/Österr. - Universitätsstud. - BV: Ged. I, 1957; Ged. II, 1969; Staub öffnet d. Auge, Ged. III, 1976; Mein Tag-mein Jahr, 1983; Vögel d. ohne Schlaf sind, Ged. IV, 1984; Tanzen unt. d. Netz, Kurzprosa, 1985; D. hatten d. Ratten v. Schatten. E. Lachb., 1989, 2. A. 1992. Herausg.: D. Lesebuch, Schulb. (1985) - 1954 Georg Trakl-Preis f. Lyrik; 1961 Literaturpr. Stadt Wien; 1973 Literaturpr. Steiermark; 1981 silb. Ehrenmed. Stadt Wien; 1985 Gr. Literaturpr. Steiermark; 1991 Verleihung d. Berufstitels Professor - Lit.: Christian Loidl, Wege im Dunkel, Möglichk. z. Analyse v. Doris Mühringers poetischem Werk (Diss., 1983).

MÜLDER, Dietrich

Dr. forest., o. Prof. f. Forstl. Betriebswirtschaftslehre - Jacob-Henle-Str. 6, 3400 Göttingen (T. 4 66 38) - Geb. 25. Sept. 1906 Hildesheim, ev., verh. s. 1949 m. Elisabeth, geb. Harttung, 5 Kd. - Gymn. Emden u. Stade; Univ. Tübingen u. München, Forstl. Hochschule Hann. Münden u. Eberswalde - S. 1950 (Habil.) Privatdoz., apl. (1958) u. o. Prof. (1966) Univ. Göttingen (Forstl. Fak. Hann. Münden), 1974 emerit.; b. 1971 Oberforstm. u. Leit. Klosterforstamt Göttingen. 1956ff. Lehrtätigk. Univ. of California, Berkeley (Lehrstuhl f. Waldbau). 1971ff. Mitgl. Dt. Forstw.rat - BV: 6 Bücher u. 160 Fachaufs. - Spr.: Engl. (9 J. USA) - Bek. Vorf.: Prof. Dietrich M. (Homer-Forscher), Onno Klopp (Historiker).

MUELDER, Dirk

Schriftsteller, Übers., Filmemacher, Dir. Zentrum f. Politische Studien - Salzbrunner Str. 38, 1000 Berlin 33 (T. 030 - 826 48 24) - Geb. 1. Okt. 1937 Hannover, T. Tina - Stud.: Spr. u. Lit. (Angl., Roman.) Berkeley, Paris u. München; Film in Berlin - Übers. (Engl., Franz.); Autor (Theaterst., Drehb., Kurzgesch., Romane, Ged.); Regie u. Prod. (Filme).

MÜLDER, Jürgen B.

Dr. rer. nat., Personalberater, Gesellschafter Amrop International Mülder & Partner GmbH, Frankfurt - Airport Center, 6000 Frankfurt 75 (T. 069 - 69 35 41) - Geb. 14. Sept. 1937 Celle, verh. m. Annekatrin, geb. Merks, 3 Kd. (Philip, Annabel, Jochen) - TH Clausthal; Dipl.-Berging. 1964, Promot. 1968, M.B.A. 1968 Insead, Fontainebleau - Gesellsch. Amrop International Mülder & Partner Unternehmensberat. GmbH, Berlin, Dresden, Düsseldorf, Frankfurt, Hamburg, München. President Europe of Amrop Intern. - Spr.: Engl., Franz., Span. - Bek. Vorf.: Prof. Dietrich M., Homer-Forscher (Großv.).

MÜLHAUPT, Erwin

Dr. theol., Prof. f. Kirchengeschichte (entpfl.) - Dürrbachstr. 26, 7500 Karlsruhe 41 - Geb. 25. Mai 1905 Todtnau/Baden (Vater: Postinsp.), ev., verh. 1933 m. Hedwig, geb. Würth, 2 Kd. - Gymn. Konstanz; Univ. Tübingen, Berlin, Rostock, Göttingen (Promot. 1929) - 1929-49 Pfarrer Baden; 1949-1970 Doz. u. Prof. (1951) Kirchl. Hochsch. Wuppertal (1961 ff. Rektor) - BV: D. Predigt Calvins, ihre Geschichte, ihre Form u. ihre relig. Grundgedanken, 1931; Johannes Calvin, Diener am Wort Gottes, 1934; Geschichtsbilder aus d. Kirchspiel Haag, 1938; Martin Luthers Evangelienausleg., 4 Bde. 1938/53; D. Evangelium im Gefangenenlager Chartres, 1947; D. Psalmen v. Chartres, 1947; Reformatoren als Erzieher, 1956; Martin Luthers Psalmenausleg., 3 Bde. 1959/65; Rhein. Kirchengesch. v. d. Anfängen b. 1945, 1970; Luthers Testament, 1972; Luther üb. Müntzer, 1973; D. Kölner Dom i. Zwielicht d. Kirchen- u. Geistesgesch., 1965; Heimaterinn. u. Heimatbezieh. Phil. Melanchthons, 1978; D. Konstanzer Reformation 1520-1548, 1980; Supplementa Calviniana, Bd. 7: Calvins Psalmpredigten, Passions-, Oster- u. Pfingstpredigten, 1981; Luther im 20. Jh., 1982. Bek. Vorf.: John Jacob Astor, New York (1763-1848).

MÜLHAUPT, Ludwig

Dr. rer. pol., o. Prof. f. Betriebswirtschaftslehre - Klausenerstr. 36, 4400 Münster/W. (T. 7 43 34) - Geb. 14. Juli 1912 Schiltigheim/Els. - HH Mannheim, Univ. Freiburg/Br. u. Köln. Dipl.-Volksw. Freiburg; Promot. Köln; Habil. Kiel - 1943-60 Doz., wiss. Dezern. (Forschungsabt. Inst. f. Weltw.) u. Ord. (1956) Univ. Kiel - 1960-80 Dir. d. Inst. f. Wirtschafts- u. Sozialwiss., Inst. f. Kreditwesen u. Kommunalwiss. Inst. Univ. Münster; 1962-82 Studienleit. VWA Essen - BV: D. Wirtschaftsgrundsätze d. Dt. Gemeindeordnung u. ihre Auswirk. auf d. Rechnungswesen d. Gemeinden, 1939 (Diss.); Strukturwandl. u. Nachkriegsprobleme d. Wirtschaft Schwedens, 1952 (Kieler Studie); D. Bindungsgedanke in d. Finanzierungslehre unt. bes. Berücks. d. holländ. Finanzierungslit., 1966; Strukturwandl. im westdt. Bankwesen, 1971 (m. U. Fox); D. Bankw. in d. DDR; Einf. in d. Betriebswirtsch.slehre d. Banken; Struktur u. Grundprobleme d. Bankbetr. u. d. westd. Bankwesens, 3. A. 1980; Theorie u. Praxis d. öfftl. Rechnungsw. in d. Bundesrep. Dtschl., 1987 - 1983 BVK - Lit.: Bankbetriebl. Lesebuch (z. 65. Geburtstag), 1978 (Hrsg. H.-D. Deppe); Doppik u. Kameralistik (z. 75. Geburtstag), 1987 (Hrsg. P. Eichhorn); Goldwirtsch. u. Rechnungswesen, 1989 (Hrsg. H.-D. Deppe).

MÜLLE, Karl

Bezirksstadtrat a. D. v. Wedding (1955-75; Vertr. d. Bürgerm.) - Marienpl. 5c, 1000 Berlin 45 (T. 73 42 56) - Geb. 7. April 1914 Berlin (Köpenick) - Verw.-Angest. Unt. Hitler KZ, Verf. VGH (Vorb. z. Hochverrat), n. 3j. Haft Militärdst.; 1948 gemaßregelt SED. SPD s. 1928.

MÜLLENBROCK, Heinz-Joachim

Dr. phil., o. Prof. f. Anglistik (neuere engl. Lit.) Georg-August-Univ. Göttingen - Thomas-Dehler-Weg 14, 3400 Göttingen (T. 0551 - 2 38 88) - Geb. 12. April 1938 Hamburg (Vater: Karl-Heinz M., Kaufm.; Mutter: Gretchen, geb. Reese), ev.-luth., verh. s. 1969 m. Elfi, geb. Müller, T. Maren - Abit. Gymn. Uhlenhorst-Barmbek, Hamburg, 1957; 1957-63 Stud. Angl. Univ. Hamburg - S. 1965 Wiss. Assist., s. 1973 o. Prof. S. 1985 Beirat Görres-Ges. z. Pflege d. Wiss. - BV: Lit. u. Zeitgesch. in Engl. zw. d. Ende d. 19. Jh. u. d. Ausbruch d. 1. Weltkrieges, 1967; Whigs kontra Tories: Studien z. Einfluß d. Politik auf d. engl. Lit. d. frühen 18. Jh., 1974; Popes Ges.lehre in An Essay on Man: E. Unters. d. 3. Epistel, 1977; Lit. d. 18. Jh., 1977; D. hist. Roman d. 19. Jh., 1980; Engl. Lit. u. Politik im 20. Jh., 1981; Neues Handb. d. Lit.-Wiss., Bd. 12: Europ. Aufklär. II, 1984; D. engl. Landschaftsgarten d. 18. Jh. u. s. lit. Kontext, 1986; Engl. Lit. in d. Göttinger Univ.-Bibliothek d. 18. Jh., 1988; Motive u. Themen in englischspr. Lit. als Indikatoren lit.geschichtl. Prozesse, 1990; D. Macht d. Wortes einst u. jetzt - Aspekte gegenwärtiger Rhetorikforsch., 1992 - Liebh.: Sport.

MÜLLENHEIM-RECHBERG, Freiherr von, Burkard

Botschafter a. D. - Zu erreichen üb. Leitenhöhe 24, 8036 Herrsching a. A. - Geb. 25. Juni 1910 Berlin (Vater: Walter v. M.-R., zul. Major 5. Jägerbatl. (gefallen 1916 Argonnen); Mutter: Maria, geb. v. d. Brincken, †1965), ev., verh. s. 1954 m. Anne-Marie, geb. v. Jaduczynski - Reform-Realgymn.; 1929-33 Seeoffz.-ausbild.; 1945-49 Stud. Rechtswiss. I. jurist. Staatsex. 1949 Frankfurt/M. - Ab 1933 Seeoffz., zul. Korvettenkapt. (1941-45 Kriegsgefangener (Untergang Schlachtschiff Bismarck) England u. Kanada); 1952-75 Ausw. Dienst (Gesandtschaftsrat Reykjavik, 1954 Oslo, 1955 Mitgl. Dt. Delegation NATO, Paris, 1956 Zentrale Bonn, 1958 Konsul Kingston, 1962 Botschafter ebd., 1965 Kinshasa/Kongo, 1968 Generalkonsul Ontario, zul. Botsch. Dar-es-Salaam) - BV: Schlachtschiff Bismarck 1940/41 - D. Bericht e. Überlebenden, 1980 (Übers. in 10 Spr.); Schlachtschiff Bismarck - E. Überlebender in seiner Zeit, 1987 (in d. USA erschienen 1990, in Großbritannien 1991) - 1968 BVK I. Kl. - Liebh.: Geschichte, Afrikastudien, Musik, Segeln, Skilaufen - Spr.: Engl., Franz.

MÜLLER, A. M. Klaus

Dr. rer. nat., Prof. f. theoret. Physik TU Braunschweig - An der Wasserfurche 32, 3302 Cremlingen-Destedt - Geb. 20. Febr. 1931 Petersdorf/Schlesien (Vater: Dipl.-Ing. Max M.; Mutter: Dorothea, geb. Wagenknecht), verh. m. Adelheid, geb. Althaus, 3 Kd. - 1950-56 Stud. TH Braunschweig.

MÜLLER, Achim

Dr. rer. nat., Prof. f. Chemie Univ. Bielefeld - Am Hang 6, 4806 Werther - Geb. 14. Febr. 1938 Detmold - Dipl.-Chem. 1962, Promot. 1965, Habil. 1967 - 1971

Prof. Univ. Dortmund; 1977 o. Prof. f. anorgan. Chemie Univ. Bielefeld. Mitgl. Editorial Board versch. intern. Fachzeitschr., Org. v. intern. Kongressen - Erf. auf d. Geb. d. Übergangsmetall, -Chemie, -Biochemie, Katalyse u. Spektroskopie - 6 Buchveröff. in engl. Spr., 1980-91 - Mitgl. Acad. Europ. (Paris), N.Y. Acad. Sci. - Liste d. 1000 meistzit. Autoren (Inst. Sci. Inform.).

MÜLLER (gen. Müller-Remscheid), Adolf

Mitglied des Bundestages (1961-87) - Hasenberger Weg 42a, 5630 Remscheid-Lennep (T. 6 17 17) - Geb. 13. Mai 1916 Lennep (Vater: Adolf M., Schleiferm.; Mutter: Hedwig, geb. Drekopf), kath., verh. s. 1942 m. Elisabeth, geb. Spiegel, 2 Töcht. (Eva-Maria, Elisabeth) - Volkssch.; Schleiferlehre - 1937-45 Arbeits- u. Wehrdst.; s. 1947 DGB (Fachsekr. f. Arbeitsrecht u. Sozialpolitik, 1953 gf. Vors. Remscheid, 1958-78 stv. Landesbezirksvors. NRW). Vorsitzender Waisenhausstiftg. Remscheid; Mitgl. Kath. Arbeiter-Beweg. u. Kolpingfamilie. CDU s. 1945 (u. a. stv. Vors. Sozialaussch. Rhld., Vorst.-Mitgl. Sozialaussch. Bund u. Landesvorst. Rhld.) - BV: Arbeitsmarkt - Risiko u. Chance, 1968 - 1970 BVK I. Kl.; 1972 Komturkreuz Gregorius-Orden; 1979 Gr. BVK m. Stern; Ehrenmitgl. Vorst. d. CDA (Bund u. NRW) - Liebh.: Fotogr.

MÜLLER, Adolf

Landrat Kr. Ostallgäu (s. 1972) - Landratsamt, 8952 Marktoberdorf/Schw. - Geb. 4. Sept. 1935 Oberrieden - Zul. Oberregierungsrat.

MÜLLER, von, Adriaan

Dr. phil., Prof., Prähistoriker - Bondickstr. 78, 1000 Berlin 28 (T. 414 22 11) - Geb. 30. März 1928 Berlin (Vater: Otto v. M., Kaufm.; Mutter: Therese, geb. van der Bijll), ev., verh. I) s. 1952 (Ehefr.: Dorothea), 3 Kd. (Bettina, Andreas, Corinna), gesch., II) s. 1974 m. Klara, geb. Muci, 2 Kd. (Marco, Tibor) - Promot. 1953 Bonn - S. 1955 Museum f. Vor- u. Frühgesch. Berlin (1967 Dir.). 1990 Ruhestand - Grabungen Irak (1956/57) u. Indien (1966/67) - BV: Formenkreise d. frühröm. Kaiserzeit i. Raum zw. Havelseenplatte u. Ostsee, 1957; Fohrde u. Hohenferchesar - Zwei german. Gräberfelder d. früh. röm. Kaiserzeit aus d. Mark Brandenburg, 1962; D. jungbronzezeitl. Siedlung v. Berlin-Lichterfelde, 1964; Berlins Urgesch., 1964; Gesch. unt. uns. Füßen, 1968; Berlin vor 800 Jahren, 1968; Gesicherte Spuren, 1972; Bürger, Bauer, Bettelmann - Berlin im Mittelalter, 1979; D. Ausgrab. auf d. Burgwall v. Berlin-Spandau, 1983 (m. K. Muci); D. Archäologie Berlins, 1986; Ausgrab. u. Funde v. Burgwall in Berlin-Spandau, T. 1 1986; Ausgrab., Funde u. naturwissenschaftl. Untersuchungen auf d. Burgwall v. Berlin-Spandau, 1989 - Spr.: Engl.

MÜLLER, Albrecht

Dipl.-Volksw., MdB (s. 1987) - Bundeshaus, 5300 Bonn - Geb. 16. Mai 1938 Heidelberg (Vater: Karl M., Kaufm.; Mutter: Gertrud, geb. Kirsch), ev., 4 Kd. (Moritz, Susanne, Hannes, Nele Lotte Marie) - N. Abit. kaufm. Lehre; Stud. Volksw. u. Soziol. München, Berlin, Nottingham. Dipl.-Volksw. 1963 München - 1963-68 Wiss. Assist. Univ. München; 1968-69 Ghostwriter Bundeswirtschaftsmin. Prof. Schiller; 1970-72 Leit. Abt. Öffentlichkeitsarb. SPD-Vorst. (zuständ. f. Bundeswahlkampf 1972); 1973-82 Leit. Abt. Planung Bundes-Kanzleramt - Spr.: Engl.

MÜLLER, Alfons

Dipl.-Volksw., Inhaber Fachbüro f. kommunales Satzungswesen, Bürgermeister Güntersleben - Roßstr. 25, 8702 Güntersleben (T. 09365-92 10) - Geb. 16. Juli 1930 Güntersleben (Vater: Hermann M., Landw. u. Straßenwärter; Mutter: Elisabeth, geb. Öffner), kath., verh. s. 1956 m. Rita, geb. Issing, 3 T. (Birgit, Susanne, Angelika) - Abit., Stud. Phil., Finanzmath., Rechtswiss., Dipl. 1956 - 1956-58 wiss. Tätigk. Förderungsst. Bundeswirtschaftsmin., 1958-62 Betriebsberat., 1963 Verwalt.geschäftsleit. - Kommun. Praxis Wiesentheid, s. 1960 Fachbüro f. Kommun. Satzungswesen, Beitr.- u. Gebührengestalt. u. Kommun. Finanzwesen (Ermittl. v. Abwassergebühr, Finanzier. v. Abwasseranlagen in Bayern), s. 1966 Bürgerm. Güntersleben u. Kreisrat Landkr. Würzburg, 1974 Kreisvors. Bayer. Gemeindetag, s. 1977 Mitgl. Dt. Forstwirtschaftsrat - Fachveröff. - Gold. Ehrenmed. Güntersleben, Silb. Kreisplak. - Spr.: Engl., Latein.

MÜLLER, Alfons

Verbandsgeschäftsführer, Bürgerm. Stadt Wesseling, MdB (s. 1980; Landesliste NRW) - Hessenweg 1, 5047 Wesseling (T. 02236 - 4 96 37) - Geb. 28. Mai 1931 Berzdorf Kr. Köln (Vater: Karl-Mathias M., Postoberschaffner; Mutter: Maria, geb. Dunkel), verh. s. 1957 m. Margarete, geb. Quantius, 3 Kd. (Hildegard, Wolfgang, Angelika) - Volkssch.; Lehre Huf- u. Wagenschmied, Schweißer u. Schlosser; 1955-56 Kath.-Soz. Inst. Bad Honnef (Abschlußdipl.) - 1956-60 Bez.-Sekr. Kath. Arbeitn.-Beweg. (KAB) Kr. Bergheim Erft, ab 1960 Verbandssekretär bzw. Geschäftsf. (1964) KAB, s. 1971 Bundesvors. KAB Dtschl. 1965-85 Rundfunkrat WDR. 1956-61 Ratsmitgl. Gde. Berzdorf; s. 1961 Ratsmitgl. Stadt Wesseling. 1965-75 MdK Köln; 1969-75 stv. Landrat; s. 1976 MdK Erftkreis; s. 1976 Bürgerm. Wesseling; s. 1980 MdB. CDU (s. 1955, s. 1982 Vors. Bezirksverb. CDA-Mittelrhein) - Liebh.: Fußball, Lit., Gesch.

MÜLLER, Andreas

Studienrat, Feuilleton-Journalist, Dramaturg Spott-Licht-sat. Unterhaltungstheater, Frankfurt/M. - Dreibrunnenstr. 1, 6100 Darmstadt (T. 06151 - 42 28 50) - Geb. 22. Okt. 1950 (Vater: Martin M., Architekt, 1945 Bürgerm. v. Erfurt), ledig - Stud. German., Politik, Gesch., Phil.; 1. u. 2. Staatsex. - BV: Demokratisierung d. Schule, 1972. Versch. Kabarettprogr. u. Theaterst., dort auch Rollen, Portraits v. Büchner-Preis-Trägern u. Opernsängern. Aktion Theaterfoyer Darmstadt - Liebh.: Kreativität, Politik, Literatur - Spr.: Engl., Lat., Griech.

MUELLER, Andreas

Journalist, Chefredakteur Goslarsche Zeitung, Goslar - Kneippstr. 51, 3380 Goslar (T. 05321 - 8 16 59) - Geb. 22. Nov. 1926 Riga.

MÜLLER, von, Andreas G.

Dipl.-Kfm., geschäftsführender Gesellschafter Jacob Jürgensen GmbH (s. 1984) - Ordinger Weg 11, 2000 Hamburg 52 - Geb. 18. Sept. 1947 Hamburg (Vater: Geert W., Holzkaufmann; Mutter: Eva, geb. Oppers), ev., verh. m. Paulina, geb. M.-Hess, 4 Kd. - Abit. 1968; 1968-70 Banklehre (Bankkfm.); 1970-75 Stud. Betriebswirtschaftslehre Univ. München, Dipl.-Kfm.

MÜLLER, Auwi

Dr. jur., Rechtsanwalt, Bankkfm., Hauptgeschäftsf. Arbeitgeberverb. Oldenburg, Vors. Landesversicherungsanst. Oldenburg/Bremen, AOK Oldenburg u. a. - Tuchtweg 15, 2900 Oldenburg (T. 2 61 59) - Geb. 29. März 1916 Braunschweig (Vater: August M., Fleischerm.; Mutter: Helene, geb. Fischer), verh. s. 1966 m. Uschi, geb. Decker, 3 Kd. (Caroline, Ingrid, Sabine) - Abitur; Buchhändler- u. Bankkfm.lehre; Stud. d. Jurisprudenz Univ. Münster - 1957 Gold. Sportabz., 1976 BVK - Spr.: Engl., Franz.

MÜLLER, Benno

Geschäftsführer Radium Elektrizitäts-Ges. mbH., Wipperfürth (b. 1981, Ruhest.) - Leuchtenbirkener Weg 11, 5272 Wipperfürth (T. 02267 - 51 47) - Geb. 30. Mai 1913 - Vors.-Vorst. Eugen-Wolfrich-Kersting-Stiftg., Wipperfürth - Rotarier - BVK.

MÜLLER, Bernd

Redaktionsleiter mittwochs um 8 (Westdeutscher Rundfunk) - Appellhofpl. 1, 5000 Köln 1 (T. 0221 - 220 37 33) - Geb. 6. Juli 1940 Düsseldorf, kath., verh., 2 Kd. - Stud. German. u. Gesch., Phil.; Staatsex. - Journalist. Tätigk. b. Rhein. Post, Dt. Welle, WDR. S. 1985 Vors. Landespressekonfz. NRW.

MÜLLER, Berndt

Dr. phil. nat., Prof. f. Theoret. Physik Duke Univ., Durham/USA (s. 1990) - Zu erreichen üb. Department of Physics, Duke Univ., Durham, NC 27706/USA - Geb. 8. Febr. 1950 - Stud. Frankfurt; Dipl. (Physik) 1972; Promot. 1973 - 1975-89 Prof. Univ. Frankfurt - BV: D. Struktur d. Vakuums, 1985; Neural Networks, 1990 - 1975 Röntgenpreis Giessen.

MÜLLER, Bert-Günter

Dr.-Ing., Dipl.-Ing., Univ.-Prof. f. Markscheidekunde RWTH Aachen (s. 1972) - Diemstr. 18, 5100 Aachen (T. 0241 - 6 72 78) - Geb. 10. Mai 1928 Köln, kath., verh. s. 1960 m. Helga, geb. Diericks, 2 Kd. (Elmar, Ingo) - Stud. Univ. Bonn u. Köln, TH Hannover; Dipl.ex. 1951 Bonn; Promot. 1962 Stuttgart; Habil. 1971 Aachen - 1955 Vermessungsass. Köln, b. 1963 wiss. Assist., Obering. u. Lehrbeauftr. TH Aachen, b. 1965 Stadtverw. Duisburg, b. 1972 Fachhochsch. Aachen, gleichz. tätig f. Kommunale Gemeinschaftsst. f. Verwaltungsvereinfach. (KGSt), Köln - BV: Elektron. Datenverarbeitung im Bau- u. Vermessungswesen, 1971. Herausg.: Beitr. z. rationellen Computer-Einsatz m. zahlr. eigenen Beitr. (s. 1983); Reihe Objekt-Vermessung u. -Dok. u.a. m. eigenen Beitr.; Systemtechn. u. method. Aspekte f. Objektvermessungen im Nahbereich - Liebh.: Tennis, Ski - Spr.: Engl.

MÜLLER, Bodo

Dr. phil., o. Prof. f. Roman. Philologie - Am Büchsenackerhang 57, 6900 Heidelberg-Zh. (T. Heidelberg 80 25 89) - Geb. 10. Okt. 1924 Sagan/Schles., verh. s. 1957 m. Dr. Ilse, geb. Strömsdörfer - S. 1961 (Habil.) Lehrtätigk. (Univ. Erlangen-Nürnberg u. Heidelberg (Ord.) - BV: Góngoras Metaphorik - Versuch e. Typologie, 1963; D. Struktur d. Gegenwartsfranzösischen, 1975; La Gaule romaine et la structure linguistique de la France, 1979; Le français d'aujourd'hui. 1985; Diccionario del español medieval. 1988; zahlr. Ztschr.aufs.

MÜLLER, Bruno

Dr.-Ing., Prof., Mitglied d. Bereichsvorstandes Energieübertragung u. -verteilung d. Siemens AG - Paul-Gossen-Str. 100, 8520 Erlangen - Geb. 18. Nov. 1930 - Lehrauftrag Univ. Hannover.

MÜLLER, Burkhart

Generalsekretär d. Dt. Forschungsgemeinschaft - Kennedyallee 40, 5300 Bonn-Bad Godesberg - Geb. 17. Mai 1932 Hamburg (Vater: Prof. Horst M., Ord. d. Rechte; Mutter: Elfriede, geb. Beyer), ev., verh. s. 1967 m. Doris, geb. Peters, 2 Kd. (Katrin, Michael) - Stud. Rechts- u. Staatswiss. Freiburg u. Speyer. Gr. jurist. Staatsprüf. Stuttgart - Ehem. Kanzler TH Aachen u. Lehrbeauftr. f. Schul- u. Ausbildungsrecht (Phil. Fak.). Div. Fachveröff. - 1985 Ehrenplak. in Gold IHK Aachen; BVK; Ehrensenator d. TH Aachen; officier de l'ordre de la couronne (Belgien) - Liebh.: Malen u. Zeichnen - Spr.: Engl.

MÜLLER, C. Detlef

Dr., Univ.-Prof. (s. 1987) - Alte Str. 24, 5480 Remagen/Rh. (T. 02642 - 2 35 56) - Geb. 19. Juli 1927 Berlin (Vater: Dr. Gerhard M., Banklexikon, zahlr. Publ. zu Geogr. u. Wirtsch.), ev., S. Albrecht - Staatl. Franz. Gymn. Berlin; Stud. Friedrich-Wilhelm-Univ. Berlin, Univ. Heidelberg; Promot. 1953 Heidelberg; Habil. 1966 ebd., beide Theol. Fak. - 1959-66 Forschungsbeauftr. Akad. d. Wiss. Heidelberg (koptische Lit.); 1966 Priv.-Doz., 1972 apl. Prof., 1976 Univ.-Doz. f. d. Fach Kirchengesch., insbes. d. Christl. Orients Heidelberg; 1976 wiss. Rat u. Prof. f. Sprachen, Lit. u. Kirchengesch. d. Christl. Orients Orientalisches Sem. Univ. Bonn - BV: D. Engellehre d. koptische Kirche, 1959; Kirche u. Mission unter d. Arabern in vorislamischer Zeit, 1967; Grundzüge d. christl.-islam. Ägypten v. d. Ptolemäerzeit b. z. Gegenwart, 1969; D. orientalischen Nationalkirchen, 1981 (Sammelwerk D. Kirche in ihrer Gesch. u. selbst.) - Liebh.: Bibliogr., Reisen u. damit zusammenhängende Sammlungen, Seemannschaft - Spr.: Europ. Sprachen u. Sprachen d. Vorderen Orients - Bek. Vorf.: Pfarrer Gustav Th. Müller, Art. z. pr. Gesch. (Großv.), weitere Verwandtschaft bek. Preußen d. 16.-19. Jh.

MÜLLER, C. Wolfgang

Dr. phil., Prof. f. Erziehungswiss. TU Berlin - Bozener Str. 3, 1000 Berlin 62 (T. 853 75 78).

MÜLLER, Carl Werner

Dr. phil., Prof. f. Klass. Philologie Univ. d. Saarlandes - Goerdelerstr. 87, 6600 Saarbrücken - Geb. 28. Jan. 1931 Mödrath/Bergheim (Vater: Richard M., Lehrer; Mutter: Maria, geb. Offergeld), verh. s. 1962 m. Rita, geb. Kröber, 2 Kd. (Ricarda, Christoph) - Stud. Univ. Bonn, Tübingen, Athen (Promot. 1960 Bonn, Habil. 1970 Saarbrücken) - S. 1978 o. Prof. f. Gräzistik Univ. Saarbrücken - BV: Gleiches zu Gleichem. E. Prinzip frühgriech. Denkens, 1965; D. Kurzdialoge d. Appendix Platonica. Philol. Beitr. z. nachplaton. Sokratik, 1975; D. griech. Roman, 1981; Z. Datierung d. sophokleischen Ödipus, 1984; Erysichthon, 1987; Otto Jahn, 1991. Herausg.: Ztschr. Rheinisches Museum f. Philologie (s. 1985); Zum Umgang m. fremden Sprachen in d. griech.-röm. Antike, 1992 - 1980 korr. Mitgl. Akad. d. Wiss. u. d. Lit. Mainz, 1989 Dt. Archäolog. Inst., 1992 Sächs. Akad. d. Wiss. Leipzig.

MÜLLER, Charles

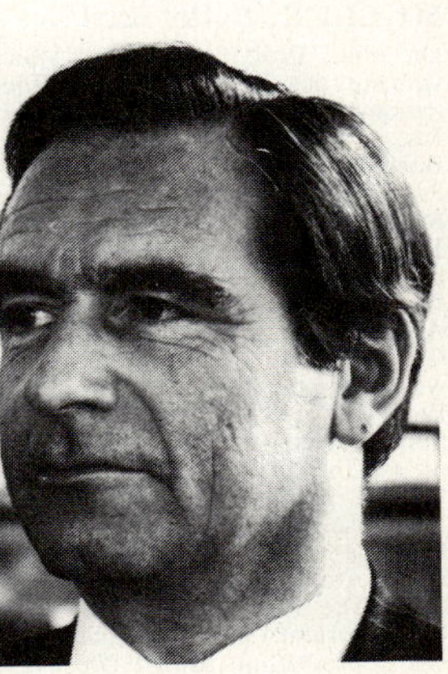

Diplomat, ehem. Botschafter d. Schweiz in d. Bundesrep. Dtschl. - Les Rochettes, CH-1170 Aubonne - Geb. 4. Juli 1922 Zürich (Vater: Hans Martin M., Postbeamter; Mutter: Clara, geb. Meyer), prot., verh. s. 1950 m. Marlise, geb. Brügger - 1934-41 Gymn. Zürich; 1941-42 Univ. Zürich, 1943-46 Inst. Univ. Hautes Etudes Intern. Genf (lic. ès sc. pol.) - 1946 Eidg. Polit. Departement (Außenmin.); ab 1950 zahlr. Ausl.posten: Botsch. Kairo, Moskau (1955), Europ. Freihandels-Assoz. Genf (EFTA, 1960), Botsch. Washington (1967), Botsch. in Indonesien, Kambodscha u. Südvietnam (1970), Generalsekr. EFTA (1976), Botsch. in BRD (1981-87). S. 1987 VR-Mitgl. Westdt. Landesbank (Schweiz) AG; s. 1989 AR-Mitgl. d. Bank Julius Bär (Dtschl.) AG. Versch. and. Mandate - Spr.: Franz., Engl.

MÜLLER, Christian Gerhard
Dipl.-Ing., Mitglied d. Bundestages (s. 1990) - Gutenbergstr. 52, O-8800 Zittau (T. 03583 - 31 19) - Geb. 24. Dez. 1947 Görlitz, verh. s. 1971 m. Margit, geb. Vater, 2 Kd. (Wolfram, Annegret) - Abit.; 1967 Berufsausb. (Masch.bauer); danach TU Dresden, Fachrichtg. Kraft- u. Arb.masch.; Dipl. auf d. Gebiet d. Verdichtersteuerung; päd. Zusatzdipl. (Ing.päd.) 1985 TU Dresden - 1971-75 Wiss. Assist IHS (später TH) Zittau, Lehrst. Kraftwerksautomation; 1975-77 Patentprüfer AfEP Berlin, danach Fachschullehrer; s. 1989 Doz. f. Automatisierungstechnik Ing.schule Görlitz - Liebh.: Wandern, Kanufahren, Camping, Kochen, Lesen - Spr.: Engl., Russ.

MÜLLER, Claus
Dr. rer. nat., em. o. Prof. f. Mathematik - Horbacherstr. 33, 5100 Aachen (T. Aachen 1 26 61) - Geb. 20. Febr. 1920 Solingen (Vater: Michael M., Kaufm.; Mutter: Grete, geb. Porten), ev., verh. s. 1947 m. Irmgard, geb. Döring, 3 Kd. - Univ. Bonn u. München - S. 1947 (Habil.) Lehrtätigk. Univ. Bonn (1952 apl. Prof.) u. TH Aachen (1955 o. Prof. u. Dir. Inst. f. Reine u. Angew. Math.). Emerit. 1985 - BV: Grundprobleme d. math. Theorie elektromagnet. Schwingungen, 1957; Spherical Harmonics, 1967. Zahlr. Fachaufs. - 1969 korr. Mitgl. Naturwiss. Akad. Zaragoza (Spanien), 1970 Mitgl. Rhein.-Westf. Akad. d. Wiss. - Spr.: Engl., Franz. - Rotarier.

MÜLLER, Detlef
Drehbuchautor - Geb. 1. Mai 1929 Halberstadt, 2 Kd. (Henrike, Kristine) - DEFA-Nachwuchsstudio Berlin; FU Berlin (Theaterwiss., Publiz.) - Autor f. Kabarett, Hörsp., Fernsehsp. Drehb.: FS-Krimireihe Tatort, D. Alte, Fall f. zwei, Eurogang; FS-Spiele: Heinrich Zille, Schlagzeilen üb. e. Mord, Herr Soldan hat keine Vergangenh., Drei Tage bis Allerseelen, Diamantenparty, D. Tod aus d. Computer, D. Eindringling, Unser Haus (1992 D.A.G. Fernsehpreis in Gold); div. FS-Spezials - Liebh.: Bild. Kunst, Lit., Bergwandern, Schach, Gartenarbeit - Spr.: Franz.

MÜLLER, Detlef Karl
Dr. phil., Prof. f. Pädagogik, Sozialgeschichte des Bildungswesens, Bildungssoziologie - Ruhr-Universität Bochum, Inst. f. Pädagogik, Postf. 10 21 48, 4630 Bochum; priv.: Hustadtring 151 - Geb. 25. Aug. 1937 Essen (Vater: Walter M.; Mutter: Frieda, geb. Haager), verh. s. 1964 m. Ingrid, geb. Thiele, Buchhändlerin, Inh. u. Geschäftsf. d. Univ.-Buchhdlg. Schaten-Müller Bochum - Abit.; Stud. Phil., Soziol., Politol., German., Päd. Univ. Frankfurt - 1965-71 wiss. Assist. Univ. Frankfurt; s. 1972 Prof. Univ. Bochum; 1978-86 Sprecher Sonderforsch.bereich 119 Wissen u. Ges. im 19. Jh.; 1983-87 Dekan Fak. f. Phil., Päd. u. Publiz. - BV: Sozialstruktur u. Schulsystem, 1977, TB 1981; The Qualifications Crisis and School Reform in Late Nineteenth-Century Germany, 1980; The Rise of the Modern Educational System. Structural change and social reproduction 1870-1920, 1987, TB 1989; Datenhandb. z. dt. Bildungsgesch., Bd. II: Höhere u. mittl. Schulen 1. Teil, 1987. Zahlr. Aufs. z. Bildungsgesch. - Aktiver Reiter - Spr.: Engl.

MÜLLER, Dieter
Dr. med. (habil.), Ltd. Arzt Medizin. Klinik/Stadtkrankenhaus Hof, apl. Prof. f. Inn. Med. Univ. Erlangen-Nürnberg (s. 1974) - Zu erreichen üb. Stadtkrankenhaus, Eppenreuther Str. 9, 8670 Hof/S.

MÜLLER, Dietrich
Dr. rer. nat. - Handelmannweg 1, 2000 Hamburg 52 (T. 880 48 48) - Geb. 4. Jan. 1924 Magdeburg - Stud. Chemie (Dipl.-Chem.) - Zul. Geschäftsf. Reemtsma Cigarettenfabriken GmbH Hamburg.

MÜLLER, Dietrich
Musiklehrer, Komponist, stv. Direktor Musikschule Eisenach - Goethestr. 15, O-5900 Eisenach - Geb. 23. Jan. 1927 Neuhaus am Rennweg/Thür., ev., verh. s. 1954 m. Ruth-Erika, geb. Walter, 2 Kd. (Frank-Dietrich, Constanze) - Hochsch. f. Musik; Staatsex. 1952 Weimar - Kinderoper Kalif Storch, Eisenach 1967; Violinkonzert, Sondershausen 1955; Kammermusik Erfurt; Orchestermusiken Gotha; s. 1968 Leit. Männerchor d. Wartburgstadt; 1971-83 Orch. Bad Langensalza; 1988 Konzert f. Fagott u. kl. Orch., Erfurt - Kompos.: Sinf. Musik, Kammermusik, Kirchenmusik, Chormusik, Oper D. schwarze Galeere (Text Kurt Wiesner u. Wilhelm Raabe) - Spr.: Engl.

MÜLLER, Donat
Zimmermeister, Präs. Handwerkskammer f. Schwaben (1984ff.; vorh. Vizepräs.), Präs. Verb. d. Bayer. Zimmerer u. Holzbaugew., Mitgl. d. Bayer. Senats - Zu erreichen üb. Schmiedberg 4, 8900 Augsburg - 1984 Ehrenring d. Dt. Baugewerbes.

MÜLLER, Egon
Dr. med., Prof., Direktor Neurolog. Klin. - St.-Josef-Hospital, 4630 Bochum - Geb. 22. Sept. 1921 Altharzdorf (CSR) - S. 1962 (Habil.) Lehrtätigk. Univ. Hamburg, 1969 apl. Prof. Neurol., 1977 o. Prof. Neurol. Ruhr-Univ. Bochum, 1986 emerit.

MÜLLER, Erhardt
Oberkreisdirektor Landkr. Goslar (s. 1962) - Zeppelinstr. 37, 3380 Goslar - Geb. 28. Juli 1927 Schachtebich/Thür. (Vater: Peter M., Kaufm.; Mutter: Agnes, geb. Müller), kath., verh. s. 1958 m. Gisela, geb. Lassoff, 2 Söhne (Frank-Peter, Torsten) - B. 1944 Realgymn. Heiligenstadt, dann Fulda, Abit. 1946; Stud. Rechtswiss. Jurist. Staatsex. 1951 (Würzburg) u. 55 (Hannover) - 1958 Reg.rat - Liebh.: Musik, Kunst, Literatur, Sport - Spr.: Engl., Franz., Latein - Rotarier.

MÜLLER, Erich
Generaldirektor, Ass. Vice President Columbia Tri-Star Film Distr., Inc. - Ickstattstr. 1, 8000 München 5 - Geb. 14. Febr. 1921 - Präsident General Columbia S. A., France; Supervisor Eastern Europe; Aussch.-Vors. Filmförd. d. Landes Berlin; Aussch.-Mitgl. d. Filmförd. d. BMI; BVK I. Kl.; Kommandeurkreuz d. Griech. Phönixordens.

MÜLLER, Erich
Dr. rer. nat., em. Prof. f. Verfahrens- u. Umwelttechnik TFH Berlin (s. 1971) - Ilsensteinweg 3c, 1000 Berlin 38 - Geb. 8. Mai 1927 Lemberg (Vater: Josef (Sepp) M.; Mutter: Gisela, geb. Mang), ev., verh. s. 1953 m. Martha, geb. Münch, T. Sabine - Stud. Physik/Geophysik Univ. Göttingen, Promot. 1953 Göttingen - 1962-66 Chefphysiker Hüttenwerk Salzgitter; b. 1971 Werksleit. Askania-Werke Berlin. 1970-82 Lehrbeauftr. FU Berlin Instrumentelle Geophysik; 1978-90 Dekan FB Verfahrens- u. Umwelttechnik - BV: Lehrb. Mechanische Trennverfahren I u. II, 1980/83.

MÜLLER, Erika
s. Merveldt, Gräfin v., Eka

MÜLLER, Ernst
Dr. med. (habil.), em. o. Prof. u. Direktor Univ.s-Hals-Nasen-Ohrenklinik Kiel (s. 1960) - Thüringerstr. 10, 7141 Oberstenfeld (T. 07062 - 33 09) - Geb. 12. Juni 1908 Tübingen - Lehrtätigk. Univ. Jena (1944 Doz.) u. Tübingen (1954 apl. Prof.). Facharb.

MÜLLER, Ernst Wilhelm
Dr. phil., Prof. i. R. f. Ethnologie - Joh.-Gutenb.-Univ., Postf. 3890, 6500 Mainz - Geb. 21. April 1925 Gelsenkirchen - B. 1967 Privatdoz. Univ. Heidelberg, 1969 Prof. Univ. Mainz, Ruhest. 1986. 1969-73 Vors. Dt. Ges. f. Völkerkd., Frankfurt/M. - BV: Le droit de propriété chez Mongo-Bokote, 1958; D. Begriff Verwandtschaft in d. modernen Ethnosoziol., 1981; Ethnologie als Sozialwiss., 1984 - 1977 Off. Palm. acad. sénég. - Lit.: D. Vielfalt d. Kultur: Ethnol. Aspekte v. Verwandtsch., Kunst u. Weltauffassung: Ernst Wilh. Müller z. 65. Geb. (Hrsg. K. H. Kohl, H. Muszinski, I. Strecker 1990).

MÜLLER, Ernst Wilhelm
Hauptabteilungsleiter Siemens AG - Wittelsbacherpl. 2, 8000 München 2 - Geb. 31. Jan. 1935, verh. m. Gisela, geb. Kruppa, T. Insa - Siemens Stammhauslehre - Spr.: Engl.

MÜLLER, Ernst-August
Dr. rer. nat., Prof. f. Angew. Mechanik u. Strömungsphysik - Schlesierring 44, 3400 Göttingen (T. 7 31 72) - Geb. 11. Nov. 1925 Uengsterode (Vater: Peter M., Hauptlehrer; Mutter: Erika, geb. Schick), verh. s. 1951 m. Brunhild, geb. Stohlmann, 2 Töcht. (Dorothea, Johanna) - 1936-43 Wilhelmsch. Kassel; n. Abit. (1946) Univ. Göttingen (Physik, Math.; Dipl.-Phys. 1950). Promot. (1953) u. Habil. (1961) Göttingen - S. 1961 Privatdoz., apl. (1967) u. o. Prof. (1970) Univ. Göttingen; 1969 ff. Dir. Max-Planck-Inst. f. Strömungsforsch. ebd. - BV: Fluglärm, s. Messung u. Bewertung, s. Berücks. b. d. Siedlungsplanung - Maßnahmen zu s. Minderung, 1965 (m. W. Bürck, M. Grützmacher, K. Matschat, F.-J. Meister); Mechanics of Sound Generation in Flows, 1979; Vortex Motion, 1982 (m. H. G. Hornung); Fortschritte d. Akustik, FASE/DAGA 1982 (m. Koautoren) - 1981 BVK am Bde.

MÜLLER, Erwin
Bezirksstadtrat a. D. f. Gesundheitswesen (s. 1985) - Maximiliankorso 45, 1000 Berlin 28 (T. 406 10 33) - Geb. 27. Juli 1931 Differdingen/Luxemb. (Vater: Jakob M., Haumstr. i. R.; Mutter: Hildegard, geb. Schleder), kath., verh. s. 1968 m. Monika, geb. Linde, S. Frank - Pädagogium Alzey; Päd. Akad. Trier; 1. u. 2. Lehrerprüf. - 1954-71 Schuldst. Rhld.-Pfalz u. 1965 Berlin. SPD (s. 1951; 1970-82 Vors. Berlin-Reinickendorf; 1971-75 MdA u. Landesgeschäftsf. Berlin, 1975-85 Bezirksstadtrat f. Sozialw.). S. 1983 ehrenamtl. Geschäftsf. Karl-May-Ges. - 1976 Gold. Sportabz.

MÜLLER, Felix
Dr. phil., Chefdramaturg - Württ. Staatstheater, 7000 Stuttgart - B. 1973 Theater am Turm Frankfurt/M., dann Württ. Staatstheater Stuttgart.

MÜLLER, Frank G.
Dr. rer. oec., Prof. f. Volkswirtschaftslehre/Umweltökonomie u. Ökonomie f. natürliche Ressourcen Concordia Univ. Montreal (s. 1974) - Concordia Univ. Montreal, Quebec, Kanada (T. 514 - 8 48-39 17) - Geb. 17. April 1941 ev., verh. s. 1971 - Dipl.-Volksw. 1966 FU Berlin; Promot. Univ. Bochum; Grad. Stud. Univ. of Pensylvania, Philadelphia, USA - 1970-74 Assist.-Prof. Univ. of Waterloo, Ontario/Kanada - BV: Substitutionseffekte in öffentlichen Budgets. Umweltschutz als neue politische Aufgabe, 1985; mehrere Aufs. u. Beitr. zum Thema Umweltpolitik - Spr.: Engl., Franz., Span.

MÜLLER, Franz
Dr.-Ing., Prof. f. metallurgische u. keramische Thermodynamik - Victor-Gollancz-Str. 47, 5170 Jülich (T. 02461 - 15 41) - Geb. 3. Sept. 1929 Roerdorf (Vater: Nikolaus M.; Mutter: Helene, geb. Kintzen), kath., verh. s. 1960 m. Josefine, geb. Strahl, 4 Kd. (Marlene, Gerhard, Dorothea, Hildegard) - Staatl. Gymn., Abit. Alsdorf 1951; 1953-58 Stud. Eisenhüttenkd. u. phys. Chemie TH Aachen, Dipl.-Ing. 1958, Promot. 1960, Habil. 1970, apl. Prof. TH Aachen 1973 - 1958-60 wiss. Assist. Inst. f. phys. Chemie Univ. Saarbrücken, 1960-62 Klöcknerw. Düsseldorf, 1962-64 wiss. Assist. Lehrst. f. theor. Hüttenkd. TH Aachen, 1964-68 Abt.leit. Inst. f. Chem. Technol. KFA Jülich, 1968-70 Habil.-Stip. Dt. Forsch.gem. b. National Physical Laboratory London, 1970 Doz. Inst. f. Gesteinshüttenkd. RWTH Aachen, 1973 apl. Prof., s. 1980 Prof. ebd. Zahlr. Veröff. in Fachztschr. - Liebh.: Architektur, Landwirtsch. - Spr.: Engl., Franz.

MÜLLER, Franz W.
Dr. phil. (habil.), o. Prof. f. Roman. Philologie - Universität, 6000 Frankfurt/M. - Geb. 12. Aug. 1912 Eimersdorf/Saar - Univ. Marburg, Berlin, Dijon - 1943 Doz., 1949 apl. Prof. Univ. Marburg, 1950 o. Prof. FU Berlin, 1963 Univ. Frankfurt/M. - BV: D. Grundbegriffe d. gesellschaftl. Welt in d. Werken d. Abbé-Prévost; Z. Gesch. d. Wortes u. Begriffes „Nation" im franz. Schrifttum d. Mittelalters b. z. Mitte d. 15. Jh. (Habil.sschr.); D. Rosenroman u. d. lat. Averroismus d. 13. Jh.

MÜLLER, Friedrich
Dr. jur., Prof. Univ. Heidelberg - Von der Tann-Str. 15, 6900 Heidelberg - Geb. 22. Jan. 1938 Eggenfelden - Promot. 1964 Univ. Freiburg - Priv.-Doz. 1968, 1969 Univ.-Doz. ebd., 1971 o. Prof. Heidelberg - BV: u. a. Korporat. u. Assoziat., 1965; Normstruktur u. Normativität, 1966; Schulgesetzgeb. u. Reichskonkordat, 1966; Normbereiche v. Einzelgrundrechten, 1968; D. Positivität d. Grundrechte, 1969; Freiheit d. Kunst als Probl. d. Grundrechtsdogmatik, 1969; Entfremd. Z. anthropol. Begründ. d. Staatstheorie b. Rousseau, Hegel, Marx, 1970 (Übers. Japan. 1974); Strafverfolgung u. Rundfunkfreiheit (m. and.), 1973; Religionsunterricht als ordentl. Lehrfach (m. and.), 1974; Fallanalysen z. Jurist. Methodik, 1974, 2. A. 1989; Recht - Sprache - Gewalt, 1975 (Übers. Chines. 1986); Polit. Freiheitsrechte d. Rundfunkmitarb. (m. and.), 1976; Jurist. Methodik, 2. A. 1976; Jurist. Methodik u. Polit. System, 1976; Rechtsstaatl. Form - Demokrat. Politik. Beitr. z. Öfftl. Recht, Methodik, Rechts- u. Staatstheorie, 1977; D. Einheit d. Verf., 1979; Leistungsrechte im Normber. e. Freiheitsgarantie, 1982 (m. a.); D. Recht d. Fr. Schule nach d. Grundgesetz, 2. A. 1982; Strukturier. Rechtslehre, 1984 (Übers. Brasil.); Entfremdung, 2. A. 1985; Richterrecht, 1986; Positivismus (Lexikon des Rechts), 1986; Einheit d. Rechtsordnung (ebd.); Untersuchungen z. Rechtslinguistik (Hrsg.), 1989; Grundl. d. Normtheorie u. Jurist. Methodik, 1990 (Übers. Span.); Arbeitsmethoden d. Verfassungsrechts, 1990 (Übers. Span.); Zukunftsperspektiven d. Fr. Schule (Hrsg.), 1988; Jurist. Methodik, 4. A. 1990; Essais z. Theorie v. Recht u. Verfassung, 1990; D. Positivität d. Grundrechte. Fragen e. praktischen Grundrechtsdogmatik, 2. A. 1990 - Veröff. (literarisch, Autorenname Fedja M.): Lieder aus d. Thermidor, 1984; Ged. v. Engel d. Herrn, 1984; Lieder aus Nanous Zeitrechnung, 1986; Ged. aus d. Papierkorb unsrer Junta, 1987; Ged. v. Boulevard d. Grimassen, 1988; Gedichte vom Zustand, 1991; Prosa v. 52 Vorfällen, 1992 - Lit.: V. Neumann, D. Werk v. F. M. (1980); Chr. Müller, Z. Radikalenfrage, zugl. Bemerk. z. Methodik F. M. (Festschr., 1981); I. Maus, Z. Probl. d. Rationalitäts- u. Rechtsstaatspostulats in d. gegenw. jurist. Meth. am Beisp. F. M. (1981); P. Bonavides, D. Theorie d. Verfassungsinterpr. nach d. Meth. v. F. M. (1984, Brasil.); Christensen-Kromer, Zurück z. Positivismus? (Krit. Justiz 1983); J. Richter, D. Freiheit d. privaten Schulen. Z. dogmat. Begründ. d. Privatschulfreiheit durch F. M. (1983); Lin, F. M., in: E. Zehn-Tage-Reise durch Europa. Eindrücke - Gedanken - Gespräche (1985); O. Passavant, Norm, Normativismus (Lex. d. Rechts, 1986); Christensen, Strukturierende Rechtslehre (Lex. d. Rechts, 1987); ders., D. Probl. d. Richterrechts aus d. Sicht d. Struktur. Rechtslehre (1987); T. Hattori, Jurist. Methodologie b. F.M. (1987, Japan.); Jeand'Heur, D. Position d. Struktur. Rechtslehre zu Sprach- u. Rechtswiss.schaft (1988);

Christensen, Was heißt Gesetzesbindung? (1989); Jeand'Heur, Sprachl. Referenzverhalten b. d. jurist. Entscheid.-tätigk. (1989); Christensen, Einleitung zu: F. M., Essais, 1990; Seibert, Zeichen u. Gesetzesbindung: Arbeiten z. Rechtssprache aus d. Strukturier. Rechtslehre, 1991.

MÜLLER, Fritz

Dr. rer. pol., Geschäftsführer Conti Reederei-Gruppe - Kanalstr. 7, 8043 Unterföhring; priv.: Rainholzstr. 3b, 8022 Grünwald - Geb. 27. Febr. 1937.

MÜLLER, Gerhard

Dr. med., Prof., Anatom - Bebelstr. 68, 6500 Mainz-Bretzenheim - Geb. 30. Mai 1925 Großwaltersdorf (Vater: Arthur M., Justizbeamter; Mutter: Anna, geb. Martin), ev., verh. s. 1958 m. Charitas, geb. Sanden, 2 Söhne (Tobias, Jan) - Gymn. Freiberg/Sa. (Abit. 1943); 1946-51 Univ. Greifswald u. Jena (Med.). Promot. (1951) u. Habil. (1957) Jena - 1951 Assist., 1953 Oberassist. Univ. Jena (Anat. Inst.), 1957 Assist. Univ. Mainz (Anat. Inst.), 1958 Dir. Anat. Inst. Kabul (Afghanistan), 1960 beamt. Doz., 1964 apl. Prof. Univ. Mainz (Anat. Inst.). Spez. Arbeitsgeb.: Histochemie, Funkt. Anat.Mitgl. Anat. Ges. u. Ges. f. Histochemie - Fachaufs. Mithrsg.: Ztschr. Acta histochemica - Spr.: Engl., Franz.

MÜLLER, Gerhard

Dr. theol., D.D., Prof. f. Histor. Theologie, Bischof Ev.-Luth. Landeskirche Braunschweig (s. 1982), Leitender Bischof d. Vereinigten Ev.-Luth. Kirche Deutschlands (s. 1990) - Zu erreichen üb. Ev.-Luth. Landeskirche, Neuer Weg 88-90, 3340 Wolfenbüttel (T. 05331 - 8 02-1 00) - Geb. 10. Mai 1929 Marburg/L. (Vater: Karl M., Prokurist; Mutter: Elisabeth, geb. Landau), ev., verh. s. 1957 m. Ursula, geb. Herboth, 2 Söhne (Martin, Stephan) - Univ. Marburg, Göttingen, Tübingen (Theol., Gesch.). Theol. Ex. 1954 u. 56; Promot. 1955 Marburg, Habil. 1960 - 1956/57 Pfarrer Hanau/M.; 1957-59 Stip. DFG Italien; 1960-1966 Assist. u. Doz. (1961) Univ. Marburg; 1967 o. Prof. Erlangen. Spez. Arbeitsgeb.: Neuere Kirchengesch., bes. d. 16. Jh. - BV: Franz Lambert v. Avignon u. d. Reformation in Hessen, 1958; Nuntiaturberichte a. Dtschl. 1530-31, 1963; D. röm. Kurie u. d. Reformation, 1523-34, 1969; D. Bedeutung August Vilmars f. Theol. u. Kirche, 1969; Nuntiaturber. a. Dtschl. 1532, 1969; Andreas Osiander d. Ä., Ges.ausg., Bd. I 1975, Bd. II 1977; D. Rechtfertigungslehre, 1977; A. Osiander d. Ä., Ges.ausg., Bd. III 1979, Bd. IV 1981, Bd. V 1983, Bd. VI 1985, Bd. VII 1988, Bd. VIII 1990; Reformation u. Stadt, 1981; Zw. Reformation u. Gegenw., 1983; Zw. Reformation u. Gegenw. II, 1988; Causa Reformationis. Beitr. z. Reformationsgesch. u. z. Theologie M. Luthers, 1989 - Spr.: Engl., Ital.

MÜLLER, Gerhard

Dr. jur. - Rantzauallee 11, 2407 Bad Schwartau - Geb. 2. Juni 1926 - Ehrenvors. Nordmetallverb. d. Metall- u. Elektroind., Hamburg, Ehrenpräs. Gesamtverb. metallindustr. Arbeitgeberverb. (Gesamtmetall), Köln, u. Präsid.-Mitgl. Bundesvereinig. d. Dt. Arbeitgeberverb.

MÜLLER, Gerhard

Dr. rer. nat., Dipl.-Math., Ass. - Ortlindestr. 6/III, 8000 München 81 - Geb. 5. Sept. 1924 - Vorstandsmitgl. Bayer. Rückversicherung AG, München, Doz. Dt. Versicherungsakademie, Inst. f. Berufsbildung d. Münchener Versicherungswirtschaft e. V., München, Lehrauftr. Univ. München f. Versicherungsmathematik.

MÜLLER, Gerhard Ludwig

Dipl. theol., Dr. theol. habil., Univ.-Prof. f. Dogmatik Univ. München (s. 1986) - Lindpaintnerstr. 29, 8000 München 60 (T. 089 - 834 04 44) - Geb. 31. Dez. 1947, kath. - Stud. Univ. Mainz, München, Freiburg (Phil. u. kath. Theol.); Dipl. (Theol.) 1972 Mainz; Promot. 1977 Freiburg; Habil. (Dogmatik u. ökum. Theol.) 1985 Freiburg - 1978-82 Kaplan in d. Diözese Mainz; 1985 Priv.-Doz. Freiburg - BV: Bonhoeffers Theologie d. Sakramente, 1979; Für andere da. Christus - Kirche - Gott in Bonhoeffers Sicht d. mündig gewordenen Welt, 1980; Bonhoeffer, Gemeinsames Leben. Krit. Ausg. in DBW 5, 1985; Gemeinschaft u. Verehrung d. Heiligen. Geschichtl.-systemat. Grundlegung d. Hagiologie, 1986; Heiligenverehrung - ihr Sitz im Leben d. Gemeinde u. ihre Bedeutung im Leben d. Gemeinde, 1986; Was heißt: Geboren v. d. Jungfrau Maria? E. theol. Deutung, 2. A. 1991; Laßt uns mit ihm gehen. Eucharistiefeier als Weggemeinschaft, 1990; Gnadenlehre. Texte z. Theologie, 1991 - Spr.: Engl., Franz., Ital., Griech., Hebr., Latein.

MÜLLER, Gerhard Maria

Dr. jur., Prof., Präsident Bundesarbeitsgericht a. D. - Tannenkuppenstr. 17, 3500 Kassel (T. 3 90 86) - Geb. 10. Dez. 1912 Limburg/L. (Vater: Peter-Paul M.; Mutter: Mina, geb. Matter), verh. s. 1941 m. Anna-Maria, geb. Schnädter, S. Hans-Peter - Gymn. Limburg; Univ. Frankfurt/M. (Phil., Gesch., Rechtswiss.). Gr. jurist. Staatsex. 1939; Promot. 1942 - 1939 u. 1942-44 Wehrdst., 1939-41 Kreiskommunalverw. Limburg, n. Kriegsende Leit. Arbeitsamt ebd., 1946-54 Präs. LAG Hessen, Frankfurt, seith. Senats- u. Präs. (1963, i.R. 1981) BAG. S. 1967 Honorarprof. f. Arbeitsrecht Univ. Köln - BV: Arbeitsgerichtsverfahren, 1949; D. Mitbestimmungsrecht, 1949; Kommentar z. Mitbestimmungsgesetz Bergbau u. Eisen, 1952; Arbeitsfrieden u. -gerichte, 1953; Arbeitsrecht, 1953; Arbeitsgerichtsgesetz, 6. A. 1955; Kündigungsschutzgesetz, 1960 (m. a.); Arbeitskampf u. Recht, 1986; Grundlagen d. Tarifautonomie d. Bundesrep. Deutschl., 1989. Herausg.: Prakt. Arbeitsrecht (8 Bde. 1954/62), D. Arbeitsrecht d. Gegenw. (1964 ff.). Etwa 150 Einzelveröff. - BVK I. Kl., Gr. Silb. Ehrenz. a. Bd. Rep. Österr.; 1973 Komt. päpstl. Gregorius-Orden; 1974 Ehrenkr. Wiss. u. Kunst I. Kl. Rep. Österr.; Ehrenmitgl. Weltrichterbd.; Gr. BVK m. Schulterbd. u. Stern dazu.

MÜLLER, German

Dr. rer. nat., Dr. rer. nat. h. c., Ph. D. h. c., o. Prof. f. Mineralogie u. Petrographie - Silcherweg 4, 6919 Bammental üb. Heidelberg (T. 06223 - 52 89) - Geb. 9. Febr. 1930 Schramberg (Vater: German M.; Mutter: Helene, geb. Wagner), verh. s. 1951 m. Renate, geb. Hoffmann, 11 Kd. - Promot. Bonn, Habil. Tübingen - S. 1953 Petrograph Ankara, Leit. Petrogr. Labor. Mobil Oil AG. in Dtschl. (1954), Lagerstättengeologe Äthiopien (1958), Assist., Dozent, Wiss. Rat Univ. Tübingen (1959), ao. (1964) u. o. Prof. (1967) Univ. Heidelberg (Dir. Inst. f. Sedimentforsch.). Mehrere Fachmitgliedsch. - BV: Methoden d. Sediment-Unters., 1964 (engl. 1967); Recent Developments in Carbonate Sedimentology in Central Europe, 1968; Sedimente u. Sedimentgesteine (m. Füchtbauer), 1970; Sedimentology of Parts of Central Europe, 1971; Schwermetalle in Flüssen u. Seen als Ausdruck d. Umweltverschmutzung (m. Förstner), 1974 - 1974 Distinguished Lecturer Americ. Assoc. of Petroleum Geologists; 1986 Philip Morris Forschungspreis; 1989 Honorary member Society of Economic Paleontologists and Mineralogists; 1990 Honorary fellow Geological Society of America - Spr.: Engl., Franz. - Rotarier.

MÜLLER, Gert

Fabrikant, gf. Gesellsch. Carl Weber & Co. GmbH., Vors. Gesamtverb. d. Leinenind. - Detmolder Str. 6-10, 4811 Oerlinghausen/Lippe (T. 50 33).

MÜLLER, Gert Heinz

Dr. phil., em. Prof. f. Mathematik u. math. Logik - Trübnerstr. 42, 6900 Heidelberg (T. 41 31 48) - Geb. 29. Mai 1923 Troppau, ev. - Univ. Graz, ETH Zürich, Inst. Henri Poincaré Paris. Promot. 1947 Graz; Habil. 1962 Heidelberg - S. 1962 Lehrtätigk. Heidelberg (1963 Doz., 1965 apl. Prof., 1966 Wiss. Rat u. Prof., 1973 o. Prof.); 1977-79 u. 1988/89 Dekan; Präs. Intern. Soc. Study of Time (b. 1979) und Deutsch. Ver. Math. Logik (b. 1981); Vicepres. of Div. Union of Logic, Methodology and Phil. of Science b. 1983; o. Mitgl. Acad. Intern. d. Phil. des Sci. Bruxelles. Gastprof. an vielen Univ. weltweit - BV: D. phil. Werk Franz Kröners, 1962 (Basel). Math. Facharb. Herausg.; Math. Fachztschr., Bibliography Math. Logic, 6 Bd. - Spr.: Engl., Franz.

MÜLLER, Gottfried

Dr. theol., Publizist, Präsident d. Thüringer Landtages (s. 1990) - Heydenreichstr. 11, O-6900 Jena (T. 03641 - 5 22 90) - Geb. 16. Aug. 1934 Schweina, Krs. Meiningen, ev., verh. s. 1959 m. Gisela, geb. Zickendraht, 3 Kd. (Eckehard, Barbara, Christian) - Stud. German. u. Theol. 1953-60 Leipzig u. Jena; Promot. 1964 - 1964-67 Pfarrer in Dornburg; 1967-72 Stud.pfarrer in Jena; 1972 Redakt. u. Vors. d. Bibelanst. Altenburg; Gen.sekr. d. Bibelwerkes in d. DDR; 1981 Chefredakt. d. Kirchenztg. Glaube u. Heimat, Weimar/Jena; 1987 Verlagsleit.; 1990 Min. f. Medienpolitik - BV: D. Feuer brennt, Bericht üb. Martin Luther, 1963; D. ersten Jahrzehnte, d. Neue Testam. m. Bildern u. Fakten aus s. Umwelt, 1976; V. Olymp nach Korinth, 1979; Unter d. Christus v. Corcorado, 1981; Taufwein aus d. Ritterkeller, 1984; D. Kirchenmaus, 1988 - 1990 Schmerl-Preis f. ev. Publiz.

MÜLLER, Gregor E., O. S. B.

Dr. theol. (habil.), em. o. Univ.-Prof. f. Pädagogik u. Phil. Univ. Bamberg - Schloß Jägersburg, Fürstenweg 1, 8557 Eggolsheim Ofr. (T. 09191 - 1 35 65) - Geb. 3. Jan. 1917 Freiburg/Br. (Vater: Ernst M.; Mutter: Katharina, geb. Matthis), kath. - Stud. Bahia/Brasil. (Phil.), Rio de Janeiro (Theol.), Freiburg (Moralpsych.) - 1944-49 Prof. f. Psych. u. Päd. Univ. Bahia; s. 1959 Doz. u. Prof. Phil.-Theol. Hochsch. Bamberg, s. 1979 Univ., emerit. 1985 - BV: Os Beneditinos na Bahia, 1947; D. Wahrhaftigkeitspflicht u. d. Problematik d. Lüge, 1962; Bildung u. Erziehung im Humanismus d. ital. Renaissance, 1969; Mensch u. Bildung im ital. Renaiss.-Humanismus: Vittorino da Feltre u. d. humanist. Erziehungsdenker, 1984 - Spr.: Portugies.

MÜLLER, Günter

Rechtsanwalt, Hauptgeschäftsf. Wirtschaftsvereinig. Ziehereien u. Kaltwalzwerke e.V., Geschäftsf. Vereinigung d. Drahtwebereien e.V., bde. Düsseldorf - Rostocker Str. 12, 4005 Meerbusch - Geb. 10. Nov. 1934.

MÜLLER, Günter

s. Müller-Schweinitz, Günter

MÜLLER, Günter

Schriftsteller - Davenstedter Holz 57, 3000 Hannover 91 (T. 0511 - 40 68 67) - Geb. 13. Juli 1944, verh. s. 1967 m. Bärbel, geb. Dießelmann - BV: Am schwarzen Brett, 1978; D. toten Fische sind d. Vorboten d. stummen Frühlings, 1979. Hörsp.: Nicht alle verlieren ihren Arbeitspl., 1977; V. d. Notwendigk. zu leben, 1981; D. Schwimmer, 1983; Alle in e. Boot, 1984; E. Affäre am Nachmittag, 1986; D. Umstellung od. IF 54 GOTO, 1989; E. Begegnung im Dunkeln, 1991; u. a. - 1976 USA-Stip. d. AA u. d. State-Department; 1979 Fördergabe z. Georg-Mackensen-Pr. Nieders; 1980 Nachwuchsstip. f. Lit. - Spr.: Engl., Franz.

MÜLLER, Günther

Dr. phil., Historiker, MdB (s. 1965; CDU/CSU-Fraktion) - Vincenz-Schüpfer-Str. 43, 8000 München 71 (T. 75 76 39) - Geb. 27. Sept. 1934 Passau (Vater: Gustav M., Angest.; Mutter: Lina, geb. Oberbauer), ev., verh. s. 1958 m. Liane, geb. Pokorny - Gymn. Passau; Bayer. Sportakad. u. Univ. München (Gesch., German., Ztg.swiss.; Promot. 1963 m. Summa cum laude) - Tätigk. kommunale Kulturarb., Stadtbibl. u. VHS München; 3 Mon. Berat. Indien. Studienreisen Afrika, Asien, USA. 1955-72 (Austr.) SPD; s. 1972 CSU - BV: König Max II. u. d. soz. Frage, 1963; D. Bundestagswahl, 1965; D. Zukunft d. SPD, 1968; Rote Zelle Deutschland - oder Was wollen d. Jungsozialisten wirklich?, 1972 - Liebh.: Bergsteigen, Bayer. Gesch. u. Volkskunst, Schwimmen (u. a. bayer. Schwimmeister) - Spr.: Engl.

MÜLLER, Günther Heinrich

Dr. med., Univ.-Prof., Frauenarzt - Paul-Klee-Weg 8, 4000 Düsseldorf 31 (T. 0211-40 24 20)- Geb. 15. Nov. 1921 Oelsa-Dresden (Vater: Alfred M., Fabrikant; Mutter: Hedwig, geb. Künstner), ev., verh. s. 1953 m. Dr. Müller, geb. Hellmann, 3 Kd. (Annette, Reinert, Bettina) - Gymn.; Univ., Staatsex. u. Promot. 1948, Priv. Doz. 1960, Prof. 1966 - 1953-67 Oberarzt, 1968-86 Chefarzt Frauenklinik d. Diakoniekrkhs. Düsseldorf. 100 wiss. Arb. m. Entd. im Bereich d. Gynäkol. u. Geburtshilfe - BV: D. Eiweißstoffwechsel d. weibl. Genitalorg., 1961; D. Zelleiweißstoffwechsel währ. d. Nidation, Plazentation u. Keimentwickl., 1964; D. operierte Kranke, 1969; D. behütete Geburt, 1982. S. 1989 Veröff. v. Kurzgeschichten u. Bildern im Almanach dt. Schriftsteller-Ärzte - Liebh.: Literatur, Malen, Modellieren, Kunstgesch., Musikgesch. u. Musizieren - 1981 Gold. Sportabz. - Spr.: Engl.

MÜLLER, Hanns Christian

Regisseur, Autor, Komp. - Amalienstr. 79, 8000 München 40 - Geb. 14. April 1949, verh. m. Gisela Schneeberger, Schausp., S. Philip - Stud. Psych., Phil., Gesch. Univ. München; Regie Otto Falckenbergschule - 1975 LTT, 1976-78 musikal. Leitg.; Schillertheater Berlin; s. 1978 ständ. Zusammenarb. m. Gerh. Polt u. Gisela Schneeberger - BV: Kehraus, Unser Kanal, Kriegerdenkmal, Faria Hoh, Fast wie im richtigen Leben, Bd. 1 u. 2, Da schau her, Exoten, Wirtshausgespräche, München leuchtet, Scheibenwischer, Militär, u.v.a. Fernsehfilme (Regie, Musik, Text). Prod. v. 15 LPs - 2x Adolf-Grimme-Preis; Bundesfilmpreis, u.v.a.

MÜLLER, Hans

Dr., Fabrikant, pers. haft. Gesellsch. Südd. Rohrmattenfabrik W. Müller - Roßwachtstr. 50, 8060 Dachau (T. 1 05 21) - Geb. 22. Nov. 1925 - Stud. Volksw. u. Rechtswiss. - Zeitw. Vors. Verb. d. Rohrgewebeind., München.

MÜLLER, Hans

Dipl.-Ing., Hüttendirektor i. R., Vorstandsmitgl. Edelstahlwerke Buderus AG f. Technik u. Verkauf (EG) - Am Rasselberg 20, 6330 Wetzlar (T. 06441 - 3 74-5 80) - Geb. 7. Jan. 1916.

MÜLLER, Hans

Dr. phil., Prof. f. Geschichte Univ. Dortmund - Turmalinweg 10, 4600 Dortmund (T. 48 20 90) - Geb. 20. März 1928 Dortmund (Vater: Georg M., Korresp.; Mutter: Klara, geb. Koska), verh. s. 1952 m. Katja, geb. Kaufhold, 4 Kd. (Susanne, Andreas, Annette, Kathrin) - 1948-50 Stud. Päd.; 1961-68 Gesch. (Promot. 1968, Habil. 1971) - 1950-64 Lehrer; ab 1974 Prof. - BV: Kath. Kirche u. Drittes Reich, 1961; Säkularisation u. Öffentlichk., 1971; Z. Effektivität d. Geschichtsunterr., 1972.

MÜLLER, Hans E.

Dr. rer. nat., Dr. med., Prof., Medizinaldirektor - Alter Rautheimer Weg 16, 3300 Braunschweig - Geb. 26. März 1930 Zweibrücken (Vater: Dr. Emil M., Oberstaatsanw.; Mutter: Erna, geb. Küßwetter), ev., verh. s. 1966 m. Ilse, geb. v. Voigt, 2 T. (Ulrike, Sibylle) - Human. Gymn.; Stud. Chem. u. Med. Univ. Mainz; Assist. Bochum, Göttingen, Bonn, Habil. 1970 (Mikrobiol.), apl. Prof. Bonn - S. 1975 Leit. Staatl. Med.-Untersuchungsamt Braunschweig. Mehr als 300 Veröff. in in- u. ausl. wiss. Ztschr.

MÜLLER, Hans G.

Zeitungsverleger, Geschäftsf. Zeitungsverlag Westfalen - Bahnebredde 7, 4600 Dortmund-Löttringhausen - Geb. 16. Juni 1924 Weidenau (Vater: Hugo M.), verh. m. Dr. Sonja, geb. Eisold.

MÜLLER, Hans Günter

Dr.-Ing., Prof., Aufsichtsratsmitglied d. Mannesmann Demag AG, Duisburg (s. 1991) - Wolfgang-Reuter-Platz, 4100 Duisburg 1 - Geb. 1. April 1926.

MÜLLER, Hans-Aurel

Dr. med., Prof. f. Geburtsh. u. Frauenheilkd./Medizinaldirektor a. D., Gynäkologe - Kockerellstr. 19, 5100 Aachen - Geb. 2. März 1910 Berlin - Zul. Chefarzt Frauenklin./Knappschaftskrkhs. Bardenberg. S. 1952 (Habil.) Lehrtätigk. Univ. Marburg (1958 apl. Prof.; 1971 Honorarprof.) - BV: Therapie d. Frauenkrankh., 8. A. 1956 (m. H. Kahr). Zahlr. Einzelarb.

MÜLLER, Hans-Joachim

Dipl.-Ing. (FH), Geschäftsführung Verb. Kommunale Abfallwirtschaft u. Stadtreinigung e.V. (VKS), Köln - Kölner Ring 142, 5042 Erftstadt (T. 02235 - 7 67 69) - Geb. 24. März 1930 Klötze/Kr. Gardelegen, kath., verh. s. 1956 m. Gisela, geb. Hoffmann, Sohn Wolf-Dieter - Gymn.; Maurerlehre (Gesellenprüf.); 1950-55 FH Land Rhld.-Pfalz, Koblenz (Tiefbau-Ing.) - 1959-62 Ltd. Konstrukteur Krupp/Koppers; 1962-69 Dir. Stadtreinig. Mönchengladbach; s. 1969 Ref. Dt. Städtetag, Köln (zugl. Geschäftsfg. VKS, u. Arbeitsgemeinsch. f. Abfallwirtschaft AfA, beide Köln); 1989 Haupt-Reft. d. DST - Erf.: Müllverbrennungsofen, Patentanmeld. N 3816/W-AZ W 31 170 Ia/24d u. Müllverbrennungseinricht. AZ 30 232 Ia/24d (bde. 1961) - BV: Straßenreinigung, 1971; Praxis d. kommunalen Winterdienstes, 1983; Kommunaler Winterdienst, 3. A. 1989; Müll- u. Abfalltechnik, 2. A. 1992; Stadtreinigung, 1992 - Liebh.: Reisen, Lit., Wandern, Psych. u. Naturheilkd. - Spr.: Engl.

MÜLLER, Hans-Jürgen

Dipl.-Volksw., Geschäftsführer Bundesverb. d. Dt. Exporthandels e. V., Verein Hamburger Exporteure e. V. - Gotenstr. 21, 2000 Hamburg 1 (T. 040 - 23 60 16 24; Telex: 2 162 388 wga d).

MÜLLER, Hans-Peter

Dr. theol., o. Prof. f. Altes Testament einschl. nordwestsemit. Lit. Univ. Münster (s. 1983) - Rockbusch 36, 4400 Münster - Geb. 21. Febr. 1934 Berlin (Vater: Karl M.; Mutter: Martha, geb. Kindler), ev., verh. s. 1959 m. Karin, geb. Engmann, S. Hans-Michael - Stud. Univ. Berlin, Basel (ev. Theol.), Promot. 1963 Heidelberg; Habil. 1967 Münster - 1959-64 Pfarrer Berlin-Friedenau, s. 1966 Univ.dst., 1971-78 Wiss. Rat u. Prof. Münster, 1978-83 o. Prof. f. Altes Testament Univ. Hamburg - BV: Ursprünge u. Strukturen atl. Eschatologie, 1969; Hiob u. s. Freunde, 1970; D. Hiobproblem, 1978; Jenseits d. Entmythologisierung, 1979; Vergleich u. Metapher im Hohenlied, 1984; Mythos - Kerygma - Wahrheit, 1991. Herausg.: Ztschr. f. Althebraistik (ab 1988); Was ist Wahrheit? (1989); Wissen als Verantwortung (1991); Babylonien und Israel (WdF 633, 1991) - Spr.: Engl., Franz.

MÜLLER, Hans-Peter

Rechtsanwalt, Aufsichtsratsmitglied d. TREUARBEIT AG Wirtschaftsprüfungsges. Steuerberatungsges., Frankfurt/M. - Geb. 11. Mai 1925 Hamburg - 1946-50 Stud. Rechtswiss. Univ. Hamburg; Assessorex. 1954 Hamburg - BV: WP-Handbuch, 1992 (Mitautor); Adler/Düring/Schmaltz, Rechnungsleg. u. Prüf. d. Unternehmen, 5. A. 1987 (Mitautor); Budde/Forster, D-Mark Bilanzgesetz, Kommentar 1991 (Mitautor).

MÜLLER, Hans-Robert

Dr. phil., o. Prof. em. f. Mathematik - Am Schiefen Berg 49, 3340 Wolfenbüttel (T. 7 29 37) - Geb. 26. Okt. 1911 Graz/Steierm. (Vater: Prof. Dr. med. Paul M., Hygieniker u. Bakt.; Mutter: geb. Hocevar), ev., verh. s. 1946 m. Liselotte, geb. Becker, 3 Kd. (Ingeborg, Klaus, Frank) - Univ. (Promot. 1937) u. TH Graz. Habil. 1939 - 1936 Assist. Univ. Graz, 1940 Doz. (Math.), 1950 ao. Prof., 1952 zugl. Lehrauftr. TH ebd., 1954 Prof. Univ. Ankara (Inh. Lehrstuhl f. Math.), 1956 o. Prof. TU Berlin (Dir. Inst. f. Geometrie), 1963 TH Braunschweig (Dir. Inst. f. Math. D) - BV: Ebene Kinematik, 1956 (m. W. Blaschke); Lehrb. d. Kinematik, 1956 (Ankara); Sphär. Kinematik, 1962; Kinematik, 1963 (Samml. Göschen).

MÜLLER, Hans-Werner

Dipl.-Hdl., Maschinenbaumeister, MdB (s. 1976, Wahlkr. 246/Saarlouis) - Klosterstr. 37, 6618 Wadern-Nunkirchen - Geb. 3. Sept. 1942 Nunkirchen, kath., verh., 1 Kd. - Franz. Internatssch. (Mittl. Reife); Schule Lebach (Abit. 1962); Maschinenbauerhandw.; Univ. Saarbrücken (Rechts- u. Wirtschaftswiss.; Dipl. 1967) - Ab 1967 kaufm. Schuldst. Saarl. (1974 Oberstudienrat); 1975 Übern. Handwerksbetrieb. Mitgl. Kreistag Merzig-Wadern u. Gemeinderat Wadern. CDU s. 1967 (div. Funkt.).

MUELLER, Harald Waldemar

Schriftsteller - Borkumer Str. 18, 1000 Berlin 33 - Geb. 18. Mai 1934 Memel, verh. s. 1974 m. Ingrid, geb. Wegener, 3 Töcht. (Miriam, Anja, Maike) - Schauspielsch. R. v. Zerboni; 1957-60 Stud. Theaterwiss. u. German., München - 1952 Bergmann Dinslaken; 1953/54 Hotelboy Düsseldorf, Köln; 1955/56 Telefonist Todendorf; 1961 Fabrikarb. Kanada; 1962-64 Rezitator Kiel; 1965-67 Messevertr. Mainz; 1972-74 Dramat. Schillertheater Berlin - BV: Gr. Wolf, 1971; Halbdt., 1971; Vier Stücke, 1977. Hörsp.: u.a. E. seltsamer Kampf um d. Stadt Samarkand; Rosel; Strandgut; Stille Nacht; D. Zögling; Henkersnachtmahl; D. tolle Bomberg; Kohlhaas. Übers.: G. B. Shaw: Pygmalion, D. Häuser d. Herrn Sartorius; Ländl. Werbung; Androklus u. d. Löwe; E. Bond: D. See; u.v.m. Insz.: Gr. Wolf, UA. Münchner Kammersp. 1970; Halbdt., UA. Münchner Kammersp. 1970; Stille Nacht, UA. Staatl. Schauspielbühnen Berlins 1974; Strandgut, UA. Staatl. Schauspielbühnen Berlins 1974; Winterreise, UA. Staatstheater Braunschweig 1976; Henkersnachtmahl, UA. Bühnen d. Stadt Bielefeld 1979; Frankfurter Kreuz, UA. Württ. Landesbühne Esslingen 1979; D. Trasse, UA. Städt. Bühnen Dortmund 1980; D. tolle Bomberg, UA. Städt. Bühnen Dortmund 1982; Totenfloss, UA. Theater Oberhausen 1984; E. seltsamer Kampf um d. Stadt Samarkand, UA. Städt. Bühnen Münster 1986; Bolero, UA. Schauspiel Bonn 1987; Kohlhaas, UA. Hersfelder Festsp. 1990; Doppeldeutsch, UA. Mecklenburg. Staatstheater Schwerin, 1992; u.v.m. - 1969 Gerhart-Hauptmann-Preis; Suhrkamp-Förderstip.; 1990 Bochumer Preis f. Figurentheater - Liebh.: Psych., Hunde, Kochen - Spr.: Engl., Franz.

MÜLLER, Heinrich

Dr. med. vet., em. o. Prof. f. Veterinärchirurgie u. Augenheilkunde - Frankfurter Str. 94, 6300 Gießen (T. 702 47 46) - Geb. 2. März 1912 Bromskirchen/Hessen (Vater: Julius M., Landw.; Mutter: Katharina, geb. Geldbach), ev., led. - Gymn. Weilburg; Univ. Gießen (Promot. 1939) - Habil. 1954 - 1954 Doz. Univ. Gießen, 1955 Prof. m. Lehrstuhl Humboldt-Univ. Berlin, 1958 apl., 1960 o. Prof. Univ. Gießen - BV: Lehrb. d. Spez. Chir. f. Tierärzte, 16. A. 1986; Allg. Chirurgie f. Tierärzte u. Studierende, 1975; Der Huf, Lehrb. d. Hufbeschlages, 4. A. 1988. Zahlr. Einzelarb. - Liebh.: Photogr.

MÜLLER, Heinrich A.

Dr. phil., Prof. f. Psychol. Univ. Osnabrück, Abt. Vechta (s. 1963) - Lange Wand 25, 2848 Vechta/O. (T. 26 13) - Geb. 27. Mai 1929 Oberselters/Ts., kath., verh. s. 1952 m. Gudrun, geb. Schröder, 3 Kd. (Michael, Bettina, Johannes) - 1948-51 PH Weilburg; 1952-59 Univ. Mainz (Psych.) - B. 1959 Volksschullehrer, dann Mitarb. Dt. Inst. f. Intern. Päd. Forsch. Frankfurt/M., 1961-63 Schulpsychologe u. Lehrbeauftr. PH Weilburg - BV: Methoden d. Erstleseunterr. u. ihre Ergebnisse - E. empir. Beitrag z. Vergleich d. ganzheitl. u. lautsynthet. Lehrverf., 1964; Walter Horney, Schule u. Disziplin, 1964.

MÜLLER, von, Heinrich-Wolfgang

Vizepräsident a. D. Oberverwaltungsgericht f. d. Land Nordrh.-Westf. - Dechaneischanze 9, 4400 Münster/W. (T. 3 46 70) - Geb. 21. Sept. 1913.

MÜLLER, Heinz-Wolfgang

Dipl.-Ing., Direktor i.R. ASEA Brown Boveri AG - Peter-Rosegger-Str. 30, 6800 Mannheim-Feudenheim - Geb. 10. März 1923 - Zul. Gf. Hochtemperatur-Reaktorbau GmbH, Mannheim.

MÜLLER, Helmut

Dr., Verleger u. Kunsthändler - Mucherstr. 4, 5000 Köln 91 - Geb. 2. Jan. 1925 Köln (Vater: Wilhelm M., Werkmeister; Mutter: Regina, geb. Frank), kath., verh. s. 1954 m. Liselotte, geb. Frangenberg, 2 Kd. (Angelika, Heribert) - Abit.; Univ. Köln, Dipl., Promot. - Inh. Rheinau-Verlag; AR-Mand. Kölner Messe- u. Ausst.ges.; Ratsmitgl. Stadt Köln - BVK - Liebh.: Sammeln, Lesen - Spr.: Engl.

MÜLLER, Helmut

Chefreporter u. Bonner Korresp. Westf. Nachrichten, Münster - Schlesienstr. 60, 4400 Münster (T. 0251 - 61 41 04) - Geb. 29. Nov. 1921 Borken/W., kath., verh. s. 1956 m. Marianne, geb. Kittner, T. Eva Maria - Abit.; Stud. Volksw. Univ. Münster - S. 1965 Chefreporter Westf. Nachrichten; s. 1974 Bonner Korresp., Mitgl. Bundespressekonfz. - BV: 11 Buchveröff. (u.a. E. Tag wie tausend andere, 1967; So sah ich Rußland, 1960; Grüne Hölle Vietnam, 1967; Fünf vor Null (Kriegsende in Deutschl.), 1972 - 1984 BVK I. Kl., 1987 Gr. BVK; 1985 Emil-Dovifat-Journalistenpreis - Spr.: Franz., Engl., Russ.

MÜLLER, Helmuth

Dr. med., Prof. - Flüggenstr. 10, 8000 München 19 - Geb. 14. Mai 1909 - S. 1950 Privatdoz. u. apl. Prof. (1956) Univ. Münster (Kinderheilkd.). Spez. Arbeitsgeb.: Psychopathol. d. Kindes- u. Jugendalters, Sozialpädiatr. - BV: Pädiatr. Diagnostik u. Therapie (jetzt in 27. A.); Adoleszentenmed., 1988.

MÜLLER, Herbert

Dr., Mitgl. d. Geschäftsführung (Sprecher) Rationalisierungs-Kurat. d. Dt. Wirtsch. (RKW) - Düsseldorfer Str. 40, 6236 Eschborn - Geb. 16. Aug. 1938 - Stud. Volksw.

MÜLLER, Herbert

M. A., Leiter Stadttheater Herford (s. 1990) - Nibelungenstr. 34, 8430 Neumarkt (T. 09181 - 3 09 10) - Geb. 16. April 1948 Aschaffenburg (Vater: Dr. Hermann M., Oberstaatsanw.; Mutter: Annemarie, geb. Lenk), verh. s. 1976 m. Elsi, geb. Brodkorb, 2 Kd. - Univ. Erlangen (Magisterex. 1974) - Regieassist. Günther Büch, Städt. Bühnen Nürnberg; 1983-86 Oberspielleit. Theater Hof; 1986-90 Leit. Kulturamt Stadt Schwabach - Insz.: Momo (nach Michael Ende) Städt. Bühnen Münster, UA 1982; E. kl. Zauberflöte (Kinderoper nach Mozart), Würzburger Festsp. 1984 - Künstl. Leit. Schloßspiele Neumarkt (s. 1981).

MÜLLER, Herbert W.

Dr.-Ing., em. o. Prof. Fachgebiet f. Maschinenelemente u. Getriebe TH Darmstadt (s. 1963) - Ostpreußenstr. 53, 6100 Darmstadt-Eberstadt (T. 5 23 35) - Geb. 22. Nov. 1914 Borstendorf, ev., verh. s. 1944 m. Ruth, geb. Kacholdt, T. Barbara - TH Dresden (Maschinenbau; Dipl.-Ing. 1940). Promot. 1961 Darmstadt - Entwickl. Flugtriebwerke (1944 Junkers, Dessau; 1946 SNECMA, Paris) u. Industriemotoren (1952 JIO/Rockwell, Pinneberg) - BV: D. Umlaufgetriebe, Berechnung, Anwendung, Auslegung, 1971 (Übers. USA: Epicyclic Drive Trains: Analysis, Synthesis and Applications, 1981); Kompendium Maschinenelemente, 1987.

MÜLLER, Hermann Josef

Dr. phil., M.A., Univ.-Prof. Berg. Univ.-GH Wuppertal (s. 1974) - Neuenweg 39, 5632 Wermelskirchen 3 (T. 02196 - 8 05 75) - Geb. 6. Okt. 1932 Linde üb. Lindlar (Vater: Hermann M.; Mutter: Maria, geb. Schwirten), kath., verh. s. 1965 m. Hildegard, geb. Rüller, 2 Söhne (Ulrich, Johannes) - Univ. Bonn u. Münster; M.A. 1964 Bonn, Promot. 1968 Münster - 1966-71 Wiss. Ref. Dt. Inst. f. wiss. Päd. Münster, 1971-74 Wiss. Rat u. Prof. PH Dortmund. S. 1974 o. Prof. Berg. Univ.-GH Wuppertal, Fach Weiterbild., Schwerp. Gesundheitsbild. - Liebh.: Kirchenmusik - Spr.: Engl., Franz.

MÜLLER, Horst

Dr. rer. nat., Prof. f. Theoret. Informatik (IMMD) Univ. Erlangen-Nürnberg (s. 1972) - Am Europakanal 40, 8520 Erlangen - Geb. 13. April 1942 Oschatz/Sa. - Promot. 1968; Habil. 1971 TU Hannover.

MÜLLER, Horst

Dr. med., Prof., Chefarzt Augenklinik Bürgerhospital Frankfurt/M. (s. 1955) - Moselstr. 1, 6380 Bad Homburg v. d. H. (T. 4 43 30; Praxis: Frankfurt 59 06 08/09) - Geb. 26. Juli 1921 Frankfurt/M. (Vater: Dr. med. Max M., Augenarzt; Mutter: Liesel, geb. Scherer), verh. m. Christiane, geb. Appel - Promot. 1945; Habil. 1952 - S. 1952 Privatdoz. u. apl. Prof. (1958) Univ. Heidelberg (zul. Oberarzt Augenklinik); s. 1969 Honorarprof. Univ. Frankfurt - Fachveröff. - 1955 v. Graefe-Preis - Spr.: Engl., Franz. - Rotarier.

MÜLLER, Horst

Dr.-Ing. habil., Prof. a. D. - Wätjenstr. 29, 2800 Bremen 1 (T. 21 45 15) - Geb. 17. Aug. 1901 Görlitz (Vater: Alfred M., Tuchfabrikant; Mutter: Anna, geb. Schmidt), ev., verh. s. 1929 m. Suse, geb. Petrick, 3 Kd. (Barbara, Christine, Peter) - Realgymn. Görlitz; kaufm. Lehre; TH Berlin Maschinen- u. Flugzeugbau; Dipl.-Ing. (1926). Promot. (1929) u. Habil. (1931) Hannover - 1931-51 TH Hannover (1939 apl. Prof.); 1935-66 Staatl. Ing.sch. Bremen (1962 Leit. Abt. Maschinenbau) - BV: Führer durch d. Techn. Mechanik, 1935; Mechanik d. Motor- u. Segelfluges, 1936 (m. Prof. Everling; Göschen); Festigkeits- u. Elastizitätslehre, 4. A. 1970. Mitarb.: Ringbuch d. Luftfahrt, Flugtechn. Handb., Netz, Formeln d. Technik.

MÜLLER, Horst

Selbst. Computer-Kaufm., Präs. Magischer Zirkel v. Deutschl. - Mühlenfeld 4, 3005 Hemmingen (T. 0511 - 42 00 21) - Geb. 30. Dez. 1925 Wilhelmshaven (Vater: Eugen M., Ing.; Mutter: Else, geb. Hector), ev., verh. s. 1966 m. Elke, geb. Rasch, 5 Kd. (Karin, Thomas, Matthias, Martin, Sebastian) - Mittl. Reife; Lehre Industriekaufm., Ausb. Computerfachm. - 1960 Gesellsch. u. Geschäftsf. Computer Müller GmbH. 1975 Präs. Mag. Zirkel u. Intern. Vereinig. d. Amateur- u. Berufszauberkünstler - BV: Eingeschlossen in Lorient - Kriegstageb. e. Steuermannsgefreiten,

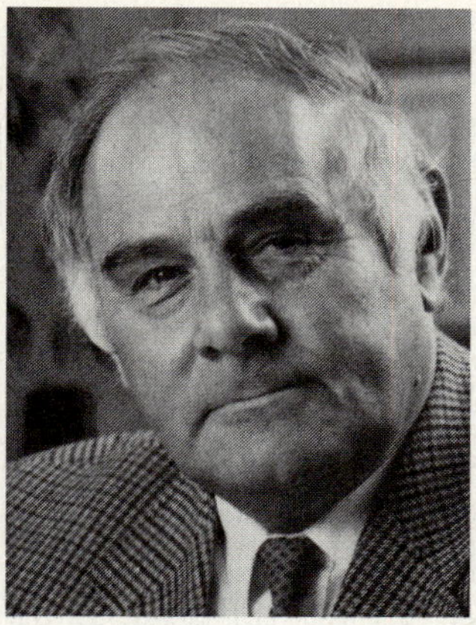

1978; Primus Inter Pares Hein Eis-Steine im Weg - 1977 Ehrenpräs. Israel Magic Club; Ehrenmitgl. All India Magic Club Bombay (1978) u. Acad. of Magical Arts Hollywood (1979); 1979 Titel: Prince of Arts, Tel Aviv; 1983 Kalanagring - Liebh.: Zauberkunst - Spr.: Engl., Franz.

MÜLLER, Horst

Dr. rer. nat., Prof. f. anorgan. Chemie u. Radiochemie Univ. Freiburg - Mauracher Str. 21, 7819 Denzlingen (T. 07666 - 33 69) - Geb. 7. Aug. 1929 Stade - Promot. 1958, Habil. 1964 - Spr.: Engl., Span.

MÜLLER, Horst H. W.

Schriftsteller, Graphiker, Maler - Marschweg 46, 2358 Kaltenkirchen (T. Hbg. 45 57 68) - Geb. 4. Juli 1941 Berlin (Vater: Otto M., Tischlerm.; Mutter: Herta, geb. Lipski), ev. - Gymn. Bad Bramstedt; Wehrdst. (zul. Oblt. d. R.); Univ. Göttingen u. Hamburg (German., Geogr., Phil.) - Mitarb. sozialist. u. lib. Zeitungen. Literaturwiss. Fachveröff. SPD s. 1969, VS in d. IG Druck u. Papier s. 1974 - BV: Attackismen nebst Blutblasen oder Einfälle u. Auswüchse e. unbequemen Untergebenen, Aphorismen, Gedichte, Marschlieder, 1961; Die um d. Jugend bald d. Krallen wieder schließen, Ged. 1966; Kurt Hiller, Bio-Bibliogr. 1969; Verpackt in meinen Blick, Zeichn. u. Ged. 1977 - Realistische Gemälde, in priv. u. öffentl. Besitz, u. a. Paris (Univ.), London (Brit. Museum), Jerusalem (Nat. u. Univ. Library), München (Staatl. Graph. Samml.), Utrecht (Centraal Museum) - Liebh.: Musik, Rudern - Spr.: Engl., Franz.

MÜLLER, Hubert

Dr. iur. can., Dr. theol. habil., Univ.-Prof. f. Kirchenrecht u. kirchl. Rechtsgeschichte, Dir. Kirchenrechtl. Sem. d. Univ. Bonn - Regina-Pacis-Weg 1a, 5300 Bonn 1 (T. 0228 - 73 72 67) - Geb. 15. Nov. 1936, kath. - Gymn. Carolinum Osnabrück (Abit. 1957); 1957-59 Hochsch. Sankt Georgen Frankfurt (Philosophicum); 1959-63 Univ. Münster, Hochsch. Sankt Georgen Frankfurt, Priestersem. Osnabrück (Theol.Ex.); 1965-69 Päpstl. Univ. Gregoriana Rom (Dr. iur. can.); 1972-75 Univ. Würzburg (Dr. theol. habil.) - 1976-77 Privatdoz. Univ. Würzburg; 1977-80 o. Prof. GH Eichstätt; s. 1980 o. Prof. Univ. Bonn; s. 1972 Lehrauftr. Päpstl. Univ. Gregoriana Rom - BV: Z. Verhältnis zw. Episkopat u. Presbyterat im 2. Vatikan. Konzil, 1971; D. Anteil d. Laien a. d. Bischofswahl, 1977; D. Gesetz in d. Kirche zw. amtl. Anspruch u. konkretem Vollzug, 1978. Herausg.: H. Flatten, Ges. Schr. z. kanon. Eherecht (1987). Mithrsg.: Grundriß d. nachkonziliaren Kirchenrechts (1980); Handb. d. kath. Kirchenrechts (1983); Forschungen z. Kirchenrechtswiss. (s. 1986); D. Bischofskonfz. Theol. u. jurid. Status (1989). Zahlr. Beitr. in Fachztschr. u. Sammelw. - Vorst. Consociatio Internationalis Studio Iuris Canonici Promovendo; Mitgl. Ges. f. d. Recht d. Ostkirchen; Mitgl. Europ. Ges. f. kath. Theol. - Spr.: Lat., Ital., Engl.

MÜLLER, Irmgard

Dr. rer. nat., Prof. f. Geschichte d. Medizin u. Naturwiss. Univ. Bochum - Am Gebrannten 5, 4630 Bochum 1 (T. 0234 - 79 94 99) - Geb. 13. Mai 1938 Düsseldorf (Vater: Heinrich M., General i. BGS; Mutter: Trude, geb. Heischkeil), ev., led. - Altspr. Gymn. Düsseldorf. Stud. Pharmaz. Univ. Freiburg 1959-62; 1962 Pharmaz. Staatsex. (1963 Approb. Apoth.). Anschl. Stud. Gesch., Gesch. d. Pharm. u. d. Med. in Freiburg, Bonn u. Düsseldorf (1969 Prom. Dr. rer. nat. Univ. Düsseldorf). 1969-76 wiss. Ass. Inst. f. Gesch. d. Med., Univ. Düsseldorf. Ab 1970 jährl. läng. Aufenth. Zoolog. Station Neapel m. Unterstütz. d. DFG z. Erforsch. d. Gesch. d. Meeresbiologie. 1976 Habil. Univ. Düsseldorf f. Gesch. d. Pharm. u. Naturwiss. - 1977 Ernenn. z. Prof. Univ. Marburg f. d. Fach Gesch. d. Med., 1985 Ruhr-Univ.-Bochum (Lehrst. Gesch. d. Med.) - BV: Publikationen z. Arzneimittelgesch., Gesch. d. Schiffsmed. u. -pharm., Gesch. d. Meeresbiologie u. d. Med., Botanik im Mittelalter.

MÜLLER, J. Heinz

Dr. rer. pol., em. Prof. f. Volkswirtschaftslehre - Ringstr. 13, 7815 Kirchzarten (T. 07661 - 53 15) - Geb. 5. Juni 1918 Siegburg, kath., verh. s. 1945 m. Marianne, geb. Kalker, 4 Kd. - Beethoven-Gymn. Bonn; Univ. Köln, Marburg, Bonn (Wirtschaftswiss.). Promot. (1946) u. Habil. (1949) Bonn - 1946 Assist., 1949 Doz. Univ. Bonn, 1955 o. Prof. Univ. Freiburg (Dir. Inst. f. Regionalpolitik u. Verkehrswiss., Mitdir. Volksw. Sem.) - BV: Grundl. e. allg. Theorie d. Wahlakte, in: Jahrb. f. Nationalök. u. Statistik, Bd. 164, 1952; Nivellier. u. Differenzier. d. Arbeitseinkommen i. Deutschland s. 1925, in: Volkswirtschaftl. Schriften Heft 13, Berlin 1954; Grenzen d. Raumordnungspolit. i. Rahmen e. Marktwirtsch. (m. B. Dietrichs u. J. Klaus), in: ORDO, Bd. XII, 1960/61; D. ökonom. Theorie zw. log. Formalismus u. empirischer Aussage, in: Systeme u. Methoden i. d. Wirtschafts- u. Sozialwissensch., Festschr. f. E. v. Beckerath, Tübingen 1964; D. Einkommensstruktur i. versch. dt. Ländern 1874-1913 unt. Berücksicht. regionaler Verschiedenheiten, Berlin 1972 (zus. m. S. Geisenberger); Regionale Strukturpolitik i. d. Bundesrepublik. Krit. Bestandsaufnahme, Göttingen 1973, Schriften d. Kommiss. f. wirtschaftl. u. soz. Wandel, Bd. 3; Überprüf. d. Eignung d. Arbeitsplatzes als Zielgröße regionaler Strukturpolit., einschl. d. Problems d. Erfassung d. Qualität d. Arbeitsplatzes, Berlin 1975 (m. R. Held u. a.); Artikel „Produktionstheorie", in: Kompendium d. Volkswirtschaftslehre (hrsg. von W. Ehrlicher u. a.), 5. A. Göttingen 1975; Methoden z. regional. Analyse u. Prognose, 2. A. Hannover 1976; Wandlungen i. Syst. d. soz. Sicherung, in: Fortentwickl. d. soz. Sicherung, Limburg 1978; Demograph., wirtschaftl. u. siedlungsstrukt. Grundl. d. künft. Stadtverkehrs, in Akt. Probl. d. Stadtverkehrs, Schriftenr. d. DVWG, Rh. B 45, Düsseldorf 1980; Fernstraßenbau als Mittel reg. Strukturpol.? in: Landeszentr. f. pol. Bild. Baden-Württemberg (Hrsg.): Verkehrspolitik, 1980; Einf. i. d. Volkswirtsch.lehre (m. H. Peters), 11. A. 1985; div. Fachartikel.

MÜLLER, Johann Baptist

Dr. disc. pol., Dipl.-Sozialwirt, Prof. f. Politikwiss. Univ. Stuttgart - Bruno-Frank-Str. 41, 7000 Stuttgart 75 (T. 0711 - 44 46 77) - Geb. 31. Mai 1932 Bodnegg/Württ. - Dipl. 1962 Göttingen; Promot. 1972 Göttingen; Habil. 1976 Stuttgart - BV: Bedürfnis u. Ges., 1971; Liberalismus u. Demokratie, 1978; D. Deutschen u. Luther. Texte z. Gesch. u. Wirkung, 1983; Determinanten politischer Entscheidung, 1985; Herrschaftsintensität u. politische Ordnung, 1986; Konservatismus u. Außenpolitik, 1988; Deutschland u. d. Westen, 1989; D. politischen Ideenkreise d. Gegenwart, 1991.

MÜLLER, Johannes

Gewerkschaftler, MdB - Erfurter Str. 14, 1000 Berlin 62 (T. 854 48 54) - Geb. 5. Aug. 1905 Schaffhausen/Saar, kath., verh., 3 Kd. - Volkssch.; Elektrohandwerk, Meisterprüf. - Ab 1925 Elektrotechniker, Ankerwickler, Monteur u. Bauleit. (ab 1929 Berlin), ab 1946 Bezirksverordn. Weißensee, 1947-48 Ref. f. Gewerkschafts- u. Sozialpolitik Landesverb. Berlin CDU, s. 1948 Sekr. Gewerksch. d. Techniker u. Werkm. u. Dt. Angest.-Gewerksch. (1948-49 Vorst.s-mitgl. UGO), 1951-61 MdA; 1961-80 MdB (Vertr. Berlins) - 1973 Gr. BVK.

MÜLLER, Johannes

Dr. rer. nat., Prof., Leiter Sektion Mykologie Hygiene-Inst. Univ. Freiburg - Brandelweg 24, 7830 Emmendingen-Maleck - Geb. 18. Febr. 1927 Guben, verh. m. Helga, geb. Melchinger † 1983; in 2. Ehe m. Hildegard, geb. Bayer, 4 Kd. - Stud. Biol. Univ. München; Promot. 1956; Habil. (med. Mikrobiol.) 1978 Freiburg - Forsch. u. Entw. in Med. Mykologie; Schriftleit. mycoses; 1982-85 Vizepräs. Int. Soc. for Human and Animal Mycology ISHAM; 1990-93 Vors. Deutsch-sprach. Mykologischen Ges. - Üb. 100 wiss. Publ. in Mykosen, Sabouraudia, u. a.; Handb.-Beitr. üb. Med. Mykologie - Spr.: Engl., Franz.

MÜLLER, Karl

Dr., Prof. Univ. Göttingen - Diedershäuser Str. 13, 3400 Göttingen (T. 0551 - 6 11 93) - Geb. 10. Jan. 1926 Olsberg (Vater: Dr. Xaver M., Tierarzt; Mutter: Luzie, geb. Schmiehausen), kath., verh s. 1954 m. Gertrud, geb. Grube, 3 Kd. (Martin, Andreas, Anette) - Dipl. 1953, Promot. 1957, Habil. 1974 - 1958-68 Ind.; ab 1968 Redakt. Potato-Res. (Journal); 1977 Prof.; 1980-84 Gf. Dir. - BV: Üb. 100 Veröff., u. a. Veränder. wertgebender Inhaltsstoffe in d. Kartoffelknolle, 1974; Determination of sugars and other org. compounds - Liebh.: Garten, Briefmarken - Spr.: Engl.

MÜLLER, Karl G.

Dr.-Ing., o. Prof. u. Vorst. Inst. f. Fertigungstechnik A TU München/Abt. Maschinenwesen (s. 1967) - Lessingstr. 2, 8051 Eching/Obb. (T. München 319 26 15) - Geb. 25. Febr. 1911 Jena - 1956-59 Lehrtätigk. TH Darmstadt. Fachveröff.

MÜLLER, Karl Georg

Dipl.-Kfm., stv. Vorstandsvorsitzender Dt. Genoss.-Bank, Frankfurt - Zu erreichen üb. DG Bank, Wieshüttenstr. 10, 6000 Frankfurt/M. 1; priv.: Konrad-Adenauer-Str. 18, 6103 Griesheim - Geb. 28. Juli 1929 - Stv. Vors. AR Südwestbk. AG, Stuttgart; VL-Leasingges. d. Volksbanken mbH Unterföhring; AR BayWa AG, München; Centralgenoss. f. Viehverwert. eG Hannover; Landwirtsch. Fleischzentrale GmbH, Hannover; denka Dt. Kraftfutter GmbH, Düsseldorf; Dt. Bauernsiedl. Dt. Ges. f. Landentwickl. (DGL) GmbH Düsseldorf; Dt. Genoss. - Hypothekenbk. AG, Hamburg/Berlin; Dt. Raiffeisen-Warenzentrale GmbH, Frankfurt/M.; Dt. Milch-Kontor GmbH, Hamburg; DG Bank Finance Company BV, Amsterdam; Dugena Uhren u. Schmuck eG, Darmstadt; R + V Allg. Versich. AG, Wiesbaden; Vereinigte Kunstmühlen AG, Ergolding; Westfleisch Schlachtfinanz AG, Münster; div. weitere Mand.

MÜLLER, Karl Walter

Studiendirektor, MdL Rhld.-Pfalz (1971-87; 1975-83 Aussch.-Vors. Wirtsch. u. Verk.; s. 1983 Vors. Rechnungsprüfungs-Aussch.), Mitgl. d. Bezirkstags Pfalz (s. 1989) - Kreuzweg 30, 6780 Pirmasens/Pf. (T. 4 57 30) - Geb. 1931 Pirmasens, ev., verh., 3 Kd. - Gymn. Pirmasens (Abit.); kaufm. Lehre (Ind.); 1954-57 Stud. Wirtschaftswiss. u. Päd. Mannheim u. Heidelberg. Dipl.-Hdl. 1957 - S. 1958 Tätigk. Fach- u. Berufssch. SPD s. 1966.

MÜLLER, Karl-Ernst

Dr. Prof., Hochschullehrer - Niendorfstr. 21, 8520 Erlangen - U. a. Prof. PH Nürnberg d. Univ. Erlangen-Nürnberg.

MÜLLER, Karlheinz

Dr. med., Prof. f. Bluttransfusionskunde u. Angew. Gewinnungsphysiol. - Am Weidenbrunkel Nr. 24, 3551 Dagobertshausen - Geb. 8. Sept. 1929 Leipzig - S. 1967 Lehrtätigk. Univ. Marburg.

MÜLLER, Karl-Heinz

Regierungsdirektor a. D., MdL Bayern (s. 1974) - Adalbert-Stoll-Str. 10, 8901 Aystetten (T. 0821 - 48 25 65) - Geb. 1936 - SPD - 1984 Bayer. Verfassungsmed. in Silber; 1985 Bayer. VO.; 1988 BVK.

MÜLLER, Klaus

Dr. phil., o. Prof. f. Neuere Gesch. Univ. Düsseldorf (s. 1971) - Drosselweg 10, 4052 Korschenbroich 2 (T. 02161 - 67 25 18) - Geb. 13. Mai 1936 Siegen, ev., verh. s. 1966 m. Elsbeth, geb. Groß, 2 Kd. (Antje, Silke) - Stud. Marburg, Hull, Bonn; Promot. 1962 u. Habil. 1970 Bonn - BV: D. kaiserl. Gesandtschaftswesen im Jahrh. nach d. Westf. Frieden, 1976; Quellenkd. z. dt. Gesch. d. Neuzeit, Bd. 3, 1982; Quellen z. Gesch. d. Wiener Kongresses, 1986 - Spr.: Engl., Franz.

MÜLLER, Klaus

Dr. jur., Oberstadtdirektor i. R. - Am Waldesrand 81, 5800 Hagen 1 - Geb. 4. Dez. 1927 - Mitgl. Präsid. Dt. Städtetag; Mitgl. Verw.-Rat WestLB; AR-Mand.

MÜLLER, Klaus

Dr. jur., o. Prof. f. Bürgerl. Recht, Handels-, Ausl. u. Intern. Privatrecht sow. Rechtsvergleich Univ. Mainz (s. 1966), Oberlandesgerichtsrat (s. 1967; im Nebenamt), Honorarprof. Univ. Stuttgart (s. 1968) - Collinistr. 10, 6800 Mannheim (T. 2 33 39) - Geb. 14. Juni 1933 Mannheim - Univ. Heidelberg (Rechtswiss.). Promot. u. Habil. Heidelberg; Gr. jurist. Staatsprüf.

MÜLLER, Klaus

Redakteur, Schriftst. (Ps.: Stephan Gräffshagen) - Pflegerstr. 3, 8000 München 60 (T. 811 43 37) - Geb. 5. Dez. 1922 Glatz/Schles., kath., verh. m. Waltraut, geb. Kuczka, 3 Kd. - Realgymn.; Univ. Breslau u. München (7 Sem. Kunstgesch. Archäol., German.); Redaktionsvolontär Ztg. D. Allgäuer, Kempten - 1948-53 Hauptschriftl. Ztschr. D. Fährmann, Freiburg; 1954-60 Redakt. Ztschr. Gong, Nürnberg; s. 1961 Redakt. Bayer. Rundfunk/Fernsehen (Redaktionsleit.). 1960 ff. Beisitzer f. Bayern Filmbewertungsst. Wiesbaden - W: Traum u. Tat, Ged. 1948; Die Gralsucher, Ged. 1947; Der Falschspieler, N. 1947; D. Spiel v. d. Brudersuche, Laiensp. 1947; Requiem, Ged. 1948; D. innerste Klang, Ess. 1948; Am Rande geschehen, Jugendb. 1951; D. Schild d. Achilles, Jgd.b. 1952; M. klarem Blick, Jgd.b. 1953; D. Abenteuerbuch, Jgd.b. 1954; Hl. Abenteuer, Erz. 1958; Bis um Neun wird viel geschehen, Erz. 1966. Herausg.: Gespielt u. aufgenommen (Bildbd. d. Laiensp., 1953). Autor u. Regiss. versch. Fernsehfilme - 1944 Lyrikpreis Schles. Hochsch., 1946 Novellenpreis Ztschr. D. Zukunft, 1973 Preis Stadt u. Provinz Viterbo - Liebh.: Bücher, Schallpl.

MÜLLER, Klaus

Dr. phil., Univ.-Prof. f. mod. Japan, Univ. Düsseldorf - Paradiesstr. 19, 4600 Dortmund 41 (T. 0231 - 4 05 32) - Geb. 24. April 1936 Nürnberg, verh. s. 1965 m. Margit, geb. Rudolf, 2 Kd. - Stud. Tübingen, München; Promot. 1965 München, Habil. 1977 Bochum - Spr.: Engl., Japan.

MÜLLER, Klaus J.

Dr. rer. nat., em. o. Prof. f. Paläontologie - An den Eichen 8, 5300 Bonn 1 (Röttgen) (T. 25 23 62) - Geb. 6. Febr.

1923 Berlin (Vater: Arthur M., Kaufmann; Mutter: Traute, geb. Schwandt), ev., verh. s. 1952 m. Eva-Maria, geb. Globig - Gymn.; 1946-51 Stud. Geol. u. Paläontol. Berlin. Promot. (1951 FU) u. Habil. (1954 TU) Berlin - S. 1954 Lehrtätigk. TU Berlin (Privatdoz., 1957 Diätendoz., 1960 apl. Prof., 1963 Wiss. Rat) u. Univ. Bonn (1964 ao., 1967 o. Prof.; Dir. Inst. f. Paläontol.); emerit. 1988. Gastprof. Univ. Tokio (1962). Spezialabh. z. Paläontol. u. Geol. d. Paläozoikums. Zahlr. Facharb. (bes. üb. Fossilien m. erhaltenen Weichteilen u. üb. Conodonten) - 1986 Ausw. Mitgl. d. Kgl. Schwed. Akad. d. Wiss., Consulting editor Royal Society of Edinburgh; Keith Preis Royal Soc. of Scotland - Spr.: Engl.

MÜLLER, Klaus-Detlef

Dr. phil., o. Prof. Deutsches Seminar d. Univ. Tübingen (s. 1987) - Am Baylerberg 5, 7400 Tübingen-Unterjeringen - Geb. 16. Aug. 1938 Halle/S., ev., verh. s. 1966 m. Bärbel, geb. Mertz - Promot. 1966 Univ. Tübingen, Habil. 1975 - Fachgutachter DFG; 1975-87 Dir. Inst. f. Literaturwiss. Univ. Kiel; Vors. Kommiss. f. d. Germanist. Forsch. d. DFG - BV: D. Funktion d. Gesch. im Werk Bertolt Brechts, 1967; Autobiogr. u. Roman, 1976; Bürgerl. Realismus, 1981; Bertolt Brecht. Epoche-Werk-Wirkung, 1985; Goethe, Dichtung u. Wahrheit, 1986. Herausg.: Bertolt Brecht. Große kommentierte Frankfurter u. Berliner Ausg. (1988ff.)

MÜLLER, Klaus-Jürgen

Dr. phil., o. Prof. f. Neuere Geschichte Univ. d. Bundeswehr u. Univ. Hamburg - Hanfstieg 25, 2000 Hamburg 53 - Geb. 27. Febr. 1930 Hamburg (Vater: Carl A. M.; Mutter: Eleonora, geb. Dohrendorff), kath., verh. s. 1959 m. Dr. Ingeborg, geb. Blessing, 2 Kd. (Thomas, Beatrix) - Promot. 1953, Staatsex. 1955, Habil. 1970, alles Hamburg - Wiss. Rat Militärgesch. Forschungsamt; 1970 o. Prof. PH Ludwigsburg; 1973 o. Prof. Univ. d. Bundeswehr, Hamburg; 1977 Prof. Univ. Hamburg, Gastprof. Univ. Tel Aviv, Paris (Sorbonne), Univ. Montpellier, Oxford (St. Antony's) 1991; 1982-86 Präs. BRD-Komit. f. d. Gesch. d. 2. Weltkrieges; 1988ff. Präs. dt.-franz. Historiker-Komit.; Mitgl. Inst. d'Histoire des Relations Intern., Paris - BV: D. Ende d. Entente Cordiale, 1956; Dünkirchen 1940 (m.a.), 1958; D. Heer u. Hitler, 1969; Militär, Politik u. Ges. in Deutschl., 1979 u. 82; General Ludwig Beck, 1980 ; D. dt. Widerstand 1933-45, 1986 - Spr.: Engl., Franz., Latein.

MÜLLER, Konstantin

Gewerkschaftler, Mitgl. Bayer. Senat - Stiftsbogen 19/2, 8000 München 70 - Geb. 15. Juli 1919 München, verh. - U a. Leit. DAG-Landesverb. Bayern.

MÜLLER, Kurt

Dr. phil., Fabrikant, Gesellsch. Dr. Kurt Müller KG, Krefeld, Ges. Dt. Fibrit-Ges. Ebers & Dr. Müller mbH ebd. - Kliedbruchstr. 69, 4150 Krefeld (T. Büro: 73 29 00) - Geb. 3. Aug. 1905.

MÜLLER, Leonhard

Dr.-Ing., Prof. Univ. Erlangen, Vorstandsmitglied Berliner Kraft- u. Licht AG (Bewag) - Schopenhauerstr. 11, 1000 Berlin 38; u. üb. BEWAG, Stauffenbergstr. 26, 1000 Berlin 30 (T. 030 - 267 23 11) - Geb. 27. März 1929 Landeshut - Stud. Elektrotechnik, TU Braunschweig; Promot. 1957 - Prok. u. Leit. Abt. Berat. u. Öffentlichkeitsarb. Hastra, Hannover; 1969-71 Geschäftsf. Landesgr. Nieders./Bremen VDEW; 1972-84 Vorst.-Mitgl. BELG (1983 Energieversorg. Oberfranken), 1983/84 Überlandw. Unterfranken. AR Bergmann Kabelw. AG - BV: Wanderungsvorgänge v. kurzen Hoch-Strom-Lichtbögen im eigenerregten Magnetfeld zw. ruhenden Laufschienen u. zw. sich trennenden Kontaktstücken; Reihenkondensatoren in elektrischen Netzen; Selektivschutz elektr. Anlagen.

MÜLLER, Lothar

Präsident Landeszentralbank in Bayern (s. 1979), Mitgl. Zentralbankrat d. Dt. Bundesbank - Ludwigstr. 13, 8000 München 22 (T. 089 - 28 89-32 00) - Geb. 27. Jan. 1927 München, ev., verh. m. Dr. Irmgard, geb. Anschütz, 4 Kd. - Stud. Rechtswiss. 1954 Bayer. Finanzverw., 1975 Ministerialdir. u. 1977 Amtschef im Bayer. Staatsmin. d. Finanzen - BV: Veröff. auf d. Gebiet d. Staatsrechts u. d. Außenpolitik, d. Finanzwiss., d. Handels- u. Steuerrechts sowie d. Währungspolitik - 1977 Bayer. VO; 1983 BVK I. Kl.; 1987 Gr. BVK - Spr.: Engl.

MÜLLER, Lukas-Felix

Dr. med. vet. (habil.), o. Prof. f. Innere Tiermedizin u. Direktor Klinik u. Poliklinik f. kl. Haustiere Freie Univ. Berlin (s. 1956) - Bergstr. 14, 1000 Berlin 39 (T. 805 14 26) - Geb. 10. Okt. 1918 Klotzsche/Sa. - 1950-56 Doz., Prof. m. Lehrauftr. (1951) u. vollem L. (1953) Univ. Leipzig. Üb. 60 Fachveröff. - Spr.: Engl., Franz. - Rotarier.

MÜLLER, Manfred

Generalsekretär Dt. Ringer-Bund - Schweizerstr. 90, 6000 Frankfurt/M. 70 (T. 069-61 97 73) - Geb. 7. Nov. 1935 Frankfurt/M. - S. 1973 Generalsekr. d. Dt. Ringer-Bund; s. 1969 Präs. d. Hess. Ringer-Verb.; s. 1968 Präs. d. Athletik-Sport-Ver. Frankfurt-Süd.

MÜLLER, Manfred

Bischof v. Regensburg (s. 1982) - Niedermünstergasse 1, 8400 Regensburg (T. 0941-5 69 90) - Geb. 1926 Augsburg - Stud. Phil. und Theol. Dillingen u. München - 1955-72 Religionslehrer u. Studiendir. Augsburg; 1972-82 Weihbischof v. Augsburg u. Titularbischof v. Jubaltina - 1981 Bayer. VO.

MÜLLER, Manfred Wolfgang

Dr. rer. nat., o. Prof. f. Mathematik Univ. Dortmund - Beisterweg 9, 4600 Dortmund 50 (T. 0231 - 71 20 19) - Geb. 6. Juli 1936 Pisek (CSFR) (Vater: Josef M., Oberstltn. a.D.; Mutter: Hilde, geb. Klietsch), kath., verh. s. 1973 m. Marianne, geb. Biser - 1956-61 Stud. Math., Physik, Phil. Univ. Stuttgart (Staatsex. 1961 u. 1963, Promot. 1967, Habil. 1970) - 1973 o. Prof. Univ. Dortmund (1975-76 Dekan Abt. Math., 1978-82 Prorektor) - BV: Approximationstheorie, 1978; 30 Publ. in intern. math. Fachztschr. - Liebh.: Golf, Schach - Spr.: Engl., Franz.

MÜLLER, Margarete

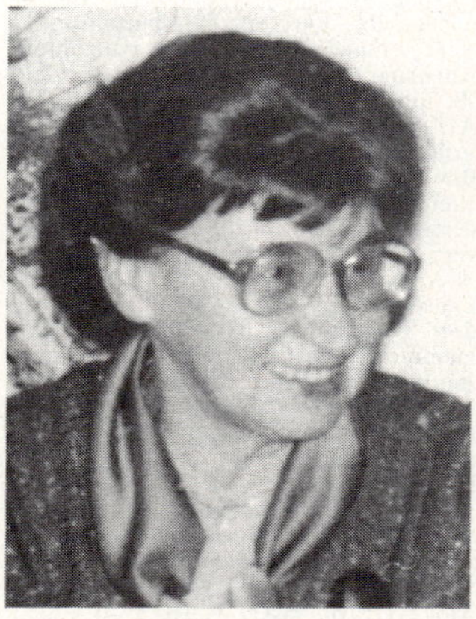

Übersetzerin, Autorin (Ps. Müller-Henning) - Boessnerstr. 3d, 8400 Regensburg (T. 0941 - 2 32 87) - Geb. 8. Juli 1924 Kiew, ev., verw., S. Alexander (Arzt), 3 Stiefkd. (Christine, Karin, Gert) - Dolm.-Dipl. Engl. - B. 1983 Angest. im Fremdsprachendst. Univ. Regensburg. Mitgl. d. RSGI, d. Turmbund/Innsbruck u. d. FDA - BV: Am Hang, 1974; Anfang d. Kreises, 1980; Siehst du d. Säntis, 1984; So viel Himmel, Lyr. u. Kurzprosa 1984; D. Jahr macht seinen Weg, e. Jahrb. f. Kinder in Versen 1985; Dt. Nachdichtung d. Sonettenkranz v. Vladimir Solouchin, 1990; Gläserne Brücken, Ged. 1992 - Liebh.: Spr., Lit., Reisen, Malerei - Spr.: Engl., Ital., Russ., Ukrainisch.

MÜLLER, von, Margarethe Maria

Dr. phil., Präsidentin a. D. Kath. Frauengemeinschaft Deutschlands - Dechaneischanze 9, 4400 Münster - Geb. 1. Nov. 1918 Kellen (Vater: Johann Leonhard; Mutter: Maria, geb. Hahnen), kath., verh. s. 1948 m. H.-W. v. M. - Promot. 1948 Münster - 1952-61 Leit. Intern. Bildungswerk Düsseldorf; 1972-81 Präs. kath. Frauengemeinschaft Dtschls; 1978-85 Vizepräs. Weltunion d. Familienorg., Paris. Versch. Ztschr.-Art. üb. Frauenfragen, Ostkirchensituation, Ausländerprobl. - Gold. Kreuz v. Jerusalem; BVK I. Kl.; Pro Ecclesia et Pontifice; Paulusplak. d. Bistums Münster - Interessen: Frauenfragen, Kirchen d. Ostens, Dritte Welt, Reisen - Spr.: Engl., Franz.

MÜLLER, Matthias

Filmemacher - August-Bebel-Str. 104, 4800 Bielefeld (T. 0521 - 17 83 67) - Geb. 29. März 1961 Bielefeld - Stud. Kunst, Deutsch Univ. Bielefeld; 1987 1. Staatsex.; 1987-91 Stud. Freie Kunst Hochsch. f. Bild. Künste Braunschweig; 1991 Meisterschülerabschl. b. Prof. G. Büttenbender - Org. v. Avantgardefilmreihen f. d. Univ. u. Kunsthalle Bielefeld u. d. HBK Braunschweig; Experimental-film-Tourprogramme u.a. f. Goethe-Inst. in Kanada u. USA; div. Präsentat. dt. Filmprogr. a. intern. Festivals; s. 1985 Gründungsmitgl. d. Künstlergruppe Alte Kinder u. Aufbau e. Experimentalfilm-Verleihs; Ausst. u. Ausst.beteilig. - S. 1980 Filme, z.T. gemeins. m. Christiane Heuwinkel u. Dirk Schaefer: Continental Breakfast, 1985; Final Cut, 1986; Epilog, 1987; Aus d. Ferne, 1989; Home Stories, 1990; Sleepy Haven, 1992; u.a. - 25 Filmpreise auf intern. Festiv., u.a. American Federat. of Arts Experimental Film Award; Experimentalfilmpr. d. Intern. Kurzfilmtage Oberhausen; Golden Gate Award / New Visions d. Intern. San Francisco Film Festiv.; Preis d. dt. Filmkritik; FBW-Präd. bes. wertv. f. Aus der Ferne - Kopien u.a. im Besitz des Centre Georges Pompidou, Paris - Lit.: Independent Eye, Toronto 1990; Blimp, Graz 1991; Experimentalfilm u. Bild. Kunst, 1990; Alte Kinder, 1985.

MÜLLER, Max

Dr. phil., Dr. theol. h. c., Dr. theol. h. c., o. Prof. f. Philosophie (emerit.) - Kartäuserstr. 136, 7800 Freiburg/Br. - Geb. 6. Sept. 1906 Offenburg/Baden (Vater: Otto M., Landgerichtsrat; Mutter: geb. Zoeller), kath., verh. s. 1946 m. Gisela, geb. Letulé †1985 - Gymn. Freiburg; Univ. Berlin, München, Paris, Freiburg (Promot. 1930). Habil. 1937 (Dozentur 1938 aus polit.-weltanschaul. Gründen verweigert) - Ab 1939 Doz. Collegium Borromaeum, Wehrdst., 1942-43 Abt.leit. f. Berufsberatung u. Lehrstellenvermittlung größeres Arbeitsamt, 1943-45 Personalchef gr. Industriewerk, dann Privatdoz., Ord. (1946) u. Honorarprof. (1971) Univ. Freiburg, 1960-71 Ord. Univ. München. 1957 Gastprof. Loewen (Belg.) - BV: Üb. Grundbegriffe phil. Wertlehre, 1932; Sein u. Geist, 1940; D. christl. Menschenbild u. d. Weltanschauungen d. Neuzeit, 1945; D. Krise d. Geistes, 1946; Existenzphil. im geist. Leben d. Gegenw., 4. A. 1986; La crise de la métaphysique, 1953; Expérience et histoire, 1959; Symbolos, 1967; Erfahrung u. Geschichte - Grundzüge e. Phil. d. Freiheit als transzendentale Erfahrung, 1971; Philos. Anthropol., 1974; Sinn-Deutungen d. Geschichte, 1976; D. Kompromiß od. V. Unsinn u. Sinn menschl. Lebens, 1980 - 1971 Bayer. VO., 1973 Gr. BVK, 1976 Stern dazu, 1983 Komtur d. päpstl. Gregoriusordens; 1989 Ehrendoktor Univ. Freiburg u. Univ. Augsburg - Bek. Vorf.: Dr. Max Zoeller, Altphilologe, Verf.: Latium u. Rom, Griech. u. röm. Privataltertümer, Gesch. d. röm. Lit. u. Röm. Rechts- u. Staatsaltertümer (Großv. ms.).

MÜLLER, Michael

Dipl.-Betriebswirt, Bundestagsabgeordneter (s. 1983; Landesliste NRW) - Bundeshaus, 5300 Bonn 1 - Geb. 10. Juli 1948 - SPD.

MÜLLER, Norbert

Dr. med., Prof., Chefarzt Neurolog.-psychiatr. Klinik d. Stadt Karlsruhe (s. 1968) - Städt. Klinikum, 7500 Karlsruhe - Geb. 2. Juni 1924 Merzig/S. - S. 1960 (Habil.) Lehrtätigk. Univ. Bonn (1966 apl. Prof.). Üb. 100 Fachaufs.

MÜLLER, Norbert

Dr. phil., Prof. Univ. Mainz (s. 1975) - Lion-Feuchtwanger-Str. 47, 6500 Mainz 42 - Geb. 9. Dez. 1946 Speyer (Vater: Dr. med. dent. Emil M.; Mutter: Hildegard, geb. Osteroth), kath., verh. s. 1975 m. Eva, geb. Dieck, 3 Kd. (Teresa, Andreas, Susanna) - 1972 Protokollchef Olymp. Dorf, München, Vors. Kurat. Olymp. Akad. NOK Dtschl., Mitgl d. Intern. Olymp. Akad. Olympia/Griechenl., Vizepräs. Comité Intern. Pierre de Coubertin (Lausanne), Mitgl. Aussch. f. Wiss. u. Bild. d. Dt. Sportbundes, Präsid. Dt. Olympische Ges., u. IOC-Kommiss. f. d. IOA - BV: Verf. zahlr. sporthist. Abhandl., bes. z. olymp. Gesch.: V. Paris b. Baden-Baden. D. Gesch. d. Olymp. Kongresse, 1981; Sport History, 1985 - Edition des textes choisis de Pierre de Coubertin, 3 Bde, 1987 - 1964/65 Dt. Jugend- u. Juniorenm. - Liebh.: Archäol., Briefmarken - Spr.: Franz., Engl.

MÜLLER, Okko

Dr. jur., Vorstandsmitglied Unilever, London - Zu erreichen üb. Unilever, GB-London EC4P - Geb. 1936 Berlin - Stud. Rechtswiss. - S. 1963 Unilever-Konzern; 1977-80 Chairman u. Man.Dir. Lever Brothers Malaysia; 1981-89 Vors. d. Geschäftsfg. Union Dt. Lebensmittelwerke GmbH.

MÜLLER, Oscar W.

Prokurist Hünersdorff + Bührer KG, Ludwigsburg, Geschäftsf. Hünersdorff GmbH, Ludwigsburg - Finkenweg 9, 7101 Massenbachhausen (T. 07138 - 75 86) - Geb. 12. Jan. 1936 Osterode/Ostpr., verh. m. Sigrid Kaminski, 2 Kd. - Werbe- u. Verkaufsfachsch. Hannover - 1956-66 Günther Wagner Pelikan-Werke, Hannover; 1966-67 Vereinigte Papierwerke Schickedanz & Co., Nürnberg (Product Manager); 1967-74 Wolf-Geräte GmbH, Betzdorf (Marketing Manager); 1974-79 Sedus Christof Stoll GmbH & Co. KG, Waldshut (Marketing/Managing Dir.); 1979-82 Röder GmbH, Frankfurt (Managing Dir.); 1982-87 August Fröscher GmbH & Co. KG, Steinheim, ab 1988 Hünersdorff GmbH, Ludwigsburg/Württ. - Spr.: Engl., Franz.

MÜLLER, Otto

Dipl.-Ing., Techn. Direktor, Vorstandsmitgl. Busch-Jaeger Dürener Metallwerke AG., Lüdenscheid - Im Goseborn 7, 5880 Lüdenscheid - Geb. 13. Okt. 1924.

MÜLLER, Paul

Dr. rer. nat., o. Prof. f. Biogeographie - Birkenstr. 22, 6601 Bübingen/Saar - Geb. 11. Okt. 1940 Gersweiler - Promot. 1967 - S. 1971 (Habil.) Lehrtätigk. Univ. Saarbrücken (ehem. Präs.). Div. Facharb.

MÜLLER, Paul-Gerhard

Dr. theol., Prof. f. Wiss. d. Neuen Testaments - Im Sabel 25, 5500 Trier (T. 0651 - 8 65 63) - Geb. 29. Juni 1940 Sulzbach/S., kath. - Promot. 1972, Habil. 1976 Univ. Regensburg - 1979 Dir. Kath. Bibelwerk in Deutschl., Stuttgart; 1989 Ordinariatsrat im Bischöfl. Generalvikariat Trier, Leit. Diözesanst. f. Bibelarb. Trier; Mitgl. Studiorum Novi Testamenti Soc. u. AG dt.-spr. kath. Neutestamentler. Zahlr. Bücher u. Beitr. z. exeget. u. bibelwiss. Themen.

MÜLLER, Peter

Direktor i. R. - Wirmerstr. 12, 4000 Düsseldorf - Geb. 9. Juni 1916 Düsseldorf, kath., verh. - B. 1968 Geschäftsf. Vermögensverw.- u. Treuhand-Ges. d. DGB mbH, Düsseldorf; Ober- bzw. Bürgermeister (1964) Düsseldorf. 1968-81 Sprecher d. Geschäftsfg. Beamtenheimstättenwerk, Gemeinn. Bauspark. f. d. öffentl. Dienst, GmbH, Hameln - Commandeur Légion d'Honneur, Commander of the British Empire; Komturkreuz ital. VO. Gr. BVK; Ehrensenator Univ. D'dorf.

MÜLLER, Peter

Dr. med., Prof. f. Psychiatrie Univ. Göttingen - Hohe Linde 18, 3400 Göttingen - Geb. 28. Dez. 1940 Braunschweig, verh. m. Dr. Käthe, 3 Kd. - Stud. Univ. Göttingen, Kiel, Berlin (Med., Psychol., Soziol.); Promot. 1966; Habil. 1977 - 4 Bücher zu sozialpsychol. u. psychiatr. Therapie-Fragen - 1980 Hermann-Simon-Preis.

MÜLLER, Petra

(Ps. Pat Morgan) Choreographin, Schausp., Moderatorin - Lindwurmstr. 179, 8000 München 2 (T. 089 - 76 23 98, Fax 089 - 721 22 39); zu erreichen üb. Agentur Riese-Burghardt, 4000 Düsseldorf (T. 0211 - 32 92 11-12) - Geb. 29. Juni 1951 Hamburg (Vater: Max M., Textilkaufm.; Mutter: Elfi, geb. Schwinn), kath., gesch., 2 Kd. (Nicole-Andrea, Maria †) - Ausb. b. Nika Nilanowa/Erika Smetana (russ. Schule f. Tanz), Kölner Tanzakad., Folkwangsch. Essen, Dancer Fitzgerald, New York - Schausp., Tänzerin; Gründ. v. Deutschlands einz. Show-Schule u. Ballett Petra-Dancers, Sängerin d. Gr. Rockefeller. Auftr. in FS-Send., u.a. Plattenküche, b. Kanzlerfest, Modenschauen u.v.m. - 1980 silb. Löwe RTL (f. Musiktitel d. Gr. Rockefeller: Here comes the queen) - Liebh.: Malerei, Kochen, Schneidern - Spr.: Engl., Franz., Ital., Span.

MÜLLER, Reimund

Dr. rer. oec., Marketing-Berater - Ziesenisstr. 9, 2000 Hamburg 70 (T. 040 - 652 47 52) - Geb. 10. Aug. 1925 Freiberg/Sa. (Vater: Carl M., Musikdir.; Mutter: Charlotte, geb. Mothes), verh. s. 1949 m. Helga, geb. Lühmann, S. Ralph-Axel - Univ. Leipzig u. Hamburg - Ltd. Tätigk. (Marketing) Unilever, Reemtsma, Henkel; s. 1960 selbst. (Dr. Reimund Müller Marketing u. Marktforsch.). 1976-82 Vizepräs. Dt. Marketing-Vereinig. Mitautor: Marketing Enzyklopädie (1974) - Spr.: Engl., Franz.

MÜLLER, Richard

Dr. agr., em. o. Prof. f. Tierernährung - Merler Allee 24, 5300 Bonn-Röttgen (T. 25 15 90) - Geb. 11. Aug. 1912 Weiden/Rhld. (Vater: Lehrer), verh. s. 1941 m. Katharina, geb. Sibenhorn - S. 1942 (Habil.) Privatdoz., apl. (1947), ao. (1961) u. o. Prof. (1967) Univ. Bonn (Landw. Fak.). Fachveröff.

MÜLLER, Richard

Oberamtsrat a. D., MdB (s. 1972; Wahlkr. 223/Bayreuth) - Nobelstr. 16, 8580 Bayreuth/Ofr. (T. 9 92 95) - Geb. 31. März 1920 Lichtenfels (Eltern: Anton (Kaufm.) u. Anna M.), verh. s. 1943, Sohn - Obersekundareife - S. 1938 Landratsamt Coburg u. Reg. v. Oberfranken ebd. (1949; 1965 Oberamtsrat). 1940-45 Wehrdst. 1960-62 Mitgl. Stadtrat Bayreuth; 1962-72 MdL Bayern. SPD s. 1977 (Unterbez.svors. Bayreuth) - 1971 Bayer. VO. - Liebh.: Fußball (Vizepräs. u. Bezirksvors. Oberfranken d. Bayer. Fußballverb.

MÜLLER, Richard

Zolloberamtsrat, Bundesvorsitzender Bund d. Dt. Zollbeamten - Trierer Str. 8, 5513 Tawern - Geb. 7. April 1928 Tawern (Vater: Willy M., Beamter; Mutter: Anna, geb. Weber), kath., verh. s. 1950 m. Hildegard, geb. Bamberg, 2 S. (Nikolaus, Reinhold) - Abit. 1949; Zollinsp.-Prüf. 1955 - S. 1950 Ämter in d. Zollverw.; s. 1973 Bundesvors. - 1968 Gold. Sportabz.; 1978 BVK a. Bde.; 1988 BVK I. Kl. - Spr.: Franz., Engl.

MÜLLER, Richard G. E.

Dr. rer. nat., em. o. Prof. f. Psychologie - Kiebitzweg 8, 2056 Glinde - Geb. 9. Aug. 1910 Dortmund (Vater: Emil M., Böttcher; Mutter: Emilie, geb. Scharf), ev., verh. s. 1936 m. Käthe, geb. Rohkohl, 2 Kd. (Almut, Marbod) - Stud. Psych., Päd., Soziol., Heilpäd. Dipl.-Psych. 1951; Promot. 1947 - 1934-54 Lehrer u. Leit. Volkssch.; 1955-62 Leit. Sondersch.; s. 1963 o. Prof. Päd. Hochsch. Ruhr/Abt. Hagen u. Univ. Dortmund (emerit. 1978) - BV: D. erziehungsschwierige Schulkind, 1962; D. Schule f. erziehungsschw. Kinder u. Jugendl., 1964; Ursachen u. Behandl. v. Lese-Rechtschreibe-Schwächen, 1967; Verhaltensstörungen b. Schulkindern, 1970; Vorschulerziehung, 1972; Psych. f. Pädagogen, 1983. Üb. 80 Fachaufs. - Liebh.: Alte Musik.

MÜLLER, Rolf

Dr. phil., Staatssekretär a.D., Sprecher Hess. Landesreg. (1989-91) - Ulmenstr. 9, 6460 Gelnhausen - Geb. 1. Dez. 1947 Gelnhausen - Univ. Frankfurt/M. (German., Politikwiss.). Beide Staatsex. - 1971ff. Schuldst.; 1970-78 Stadtverordn. Gelnhausen; s. 1974 MdK Main-Kinzig; s. 1978-88 MdL Hessen. CDU - 1969 Dt. Hochschulm. Schwimmen.

MÜLLER, Rolf

Dr. phil., Prof. f. Germanistik Univ. GH Kassel - Berliner Str. 30, 3501 Ahnatal - Geb. 1. Febr. 1936, verh. s. 1984 m. Regine, geb. Eiser - Wiss. Tätigk. Univ. Marburg (Dt. Sprachatlas) u. Kiel, Inst. f. dt. Sprache Mannheim - Forschungsst. Freiburg, Doz. PH Freiburg u. s. 1973 Prof. Univ. GH Kassel m. Fachricht. Germanistik/Sprachwiss. - Spez. Forschungen: Gesprochene Sprache; Sprache u. Schrift, insbes. Legasthenie; Sprachgesch. d. Deutschen als Hoch- u. Schriftsprache; Probl. d. Verhältnisses v. Umgangssprache zu Fach- u. Sondersprachen.

MÜLLER, Rudolf

Studiendirektor, MdB (s. 1972) - Tauberweg 4, 8720 Schweinfurt/Ufr. (T. 4 15 10) - Geb. 26. Nov. 1932 Thomigsdorf/Sudetenl. (Vater: Rudolf M., Landwirt; Mutter: Maria, geb. Kramer), kath., verh. s. 1959 m. Christl, geb. Fiedler, S. Arno - Dom-Gymn. Freising (Abit. 1953); 1953-57 Univ. München (Wirtschaftswiss., Geogr.). Staatsex. 1957 u. 59 - S. 1960 Wirtschaftswiss. Gymn. u. Mädchen-Realsch. Schweinfurt (s. 1969 stv. Dir., 1972 Schulleit.). 1968-72 Mitgl. Stadtrat Schweinfurt. SPD s. 1963 (1972 Kreisvors. Schweinfurt-Stadt) - Liebh.: Briefm., Gesch. - Spr.: Engl., Franz.

MÜLLER, Rudolf

Dipl.-Kfm., Fabrikant, Inh. Rudolf Müller, Schuhfabrik (Müllerschuh), Kirchheim, Vors. Verb. d. Baden-Württ. Schuhind., Stuttgart - Mozartstr. 12, 7312 Kirchheim/Teck (T. Büro: 36 61) - Geb. 28. Febr. 1922.

MÜLLER, Rudolf

Dipl.-Landw., Geschäftsführer, Vors. Bundesverb. d. kartoffelverarb. Industrie, Oberpleis-Frohnhard - Mozartstr. 59, 7118 Künzelsau/Württ. (T. 20 48) - Geb. 27. Nov. 1915 Eubigheim/Odenw., ev., verh., 3 Kd. - Gymn. Karlsruhe; LH Hohenheim - 2 J. landw. Praxis, Arbeits-, Militär-, 1939-45 Wehrdst. (Artl., zul. Hptm. d. R.), 1946-48 Stud., dann Württ. Landw. Zentralgenoss., Stuttgart, s. 1953 Geschäftsf. Flachswerk Künzelsau, Künzelsau-Nagelsberg, Mitgl. Gemeinderat Künzelsau; 1964-72 MdL Baden-Württ. DVP/FDP.

MÜLLER, Rudolf J. E.

Dipl.-Kfm., Steuerberater, MdA (s. 1971) - 1000 Berlin 28 - Geb. 23. Mai 1938 Stettin (Vater: Rudolf M., Fleischermeister; Mutter: Gerda, geb. Stüber), ev., verh. s. 1971 m. Rosa, geb. Paul, 2 S. (Alexander, Florian) - Humboldtsch. (Abit. 1957) u. FU Berlin (Dipl. 1964) - Div. Ämter. CDU.

MÜLLER, Stephan

Dr. rer. nat., M. Sc., o. Prof. f. Geophysik - Frohburgstr. 138, CH-8057 Zürich (T. 363 20 07) - Geb. 30. Juli 1930 Marktredwitz/Ofr. (Vater: Hermann M., Oberstlt. a. D., techn. Kaufm.; Mutter: Johanna, geb. Leuze), ev., verh. s. 1959 m. Doris, geb. Pfleiderer, 2 Söhne (Johannes, Tobias) - Obersch. Passau u. Stuttgart; Univ. Stuttgart (Physik; Dipl.-Phys. 1957); Stip. TU Berlin u. Columbia Univ. New York (M. Sc. 1959). Promot. 1962 Stuttgart - 1962-64 Wiss. Assist. TH Stuttgart, 1964-71 o. Prof. TH bzw. Univ. Karlsruhe. 1964/65 Gastprof. Southwest Center for Advanced Studies Dallas (USA); 1968-69 Dekan Fak. f. Naturwiss. Univ. Karlsruhe; 1969/70 Gastprof. Univ. of Texas Dallas (USA); 1971ff. Ord. ETH Zürich u. Dir. Schweizer. Erdbebendienst; s. 1977 Ord. Univ. Zürich - Präs. Schweizer. Geophys. Kommiss. (s. 1972); Präs. European Seismological Commission (1972-76), Intern. Commiss. on Controlled Source Seismology (1975-83), Executive Council of the European Mediterranean Seismological Centre (1976-82), Governing Council of the Intern. Seismological Centre (1975-85), Schweizer. Landeskomitee f. d. Intern. Geodynamics Project (1977-80), Schweizer. Ges. f. Geophysik (1977-80), European Geophysical Soc. (1978-80); Vorst. Abt. f. Naturwiss. ETH Zürich (1978-80); 1987-91 Präs. Intern. Assoc. of Seismology and Physics of the Earth's Interior. Hauptherausg. Fachztschr. Annales Geophysicae (1982-87); Mithrsg. Fachztschr. Pure and Applied Geophysics (1971-83); Mitgl. Herausg.stab Journal of Geophysics - Ztschr. f. Geophysik (1969-87), Tectonophysics (1971-77 u. s. 1984), Bolletino di Geofisica Teorica ed Applicata (s. 1978), Journal of Geodynamics (s. 1983). BV: Synthese normal dispergierter Wellenzüge auf d. Grundl. d. Theorie linearer Syst., 1962 (m. M. Ewing) - Mitgl. Schweizer. Akad. d. Naturwiss. (Bern), Dt. Akad. d. Naturforscher Leopoldina (Halle), Elected Member Soc. of the Sigma Xi, Intern. Chapter (New York), Foreign Associate Royal Astronomical Soc. (London), Fellow American Geophysical Union (Washington), Honorary Member European Geophysical Soc., Honorary Fellow Geological Soc. (London), Founding Member, Academia Europaea (London).

MÜLLER, Theodor

Dr. phil., Prof., Museumsdirektor a. D., Honorarprof. f. Mittlere u. neuere Kunstgesch. Univ. München (s. 1955) - Hermine-Bland-Str. 5, 8000 München 90 - Geb. 19. April 1905 Ingolstadt - Promot. 1928 München (Pinder) - 1928-68 Bayer. Nationalmuseum München (zul. Generaldir.) - BV: u. a. Mittelalterl. Plastik Tirols, 1935; Alte bayer. Bildhauer, 1950; Gesch. d. dt. Plastik, 1953 (m. Adolf Feulner); D. Bildw. in Holz, Ton u. Stein v. d. Mitte d. 15. bis gegen Mitte d. 16. Jh.s, 1959; Dt. Plastik d. Renaissance b. z. 30j. Krieg, 1963; Sculpture in the Netherlands, France and Spain 14-1500, 1965; Gotische Skulptur in Tirol, 1976. Zahlr. Einzelarb. Mitherausg.: Pantheon (1960-80); Georg Petel, 1973; Ingolstadt, 1974 - Mitgl. Bayer. Akad. d. Wiss. (1959) u. Bayer. Akad. d. Schönen Künste (1967); 1959 Bayer. VO; 1969 Gr. BVK; 1986 Bayer. Maximiliansorden.

MÜLLER, Thomas

Dipl.-Ing., Vorstandsmitgl. Conrad Scholtz AG., Hamburg (s. 1972) - Oelsnerring 163g, 2000 Hamburg 52 (T. 82 91 24) - Geb. 21. April 1932 Hamburg-Blankenese.

MÜLLER, Thomas

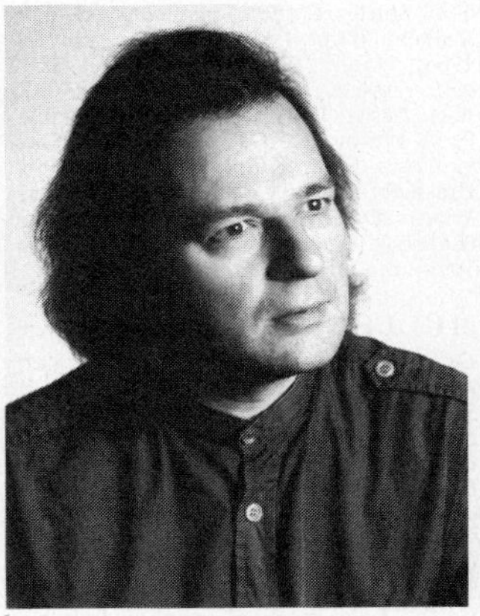

Komponist, Dirigent, Pianist - Weißbuchenweg 4, O-4059 Halle/Saale (T. 61 24 17) - Geb. 12. Jan. 1939 Leipzig, ev., verh. s. 1985 m. Eva Haßbecker - 1957-61 Hochsch. f. Musik Dresden, Dipl. 1962; Meisterschülerstud. Akad. d. Künste Berlin 1975-78 als Komp. - 1969-74 Kapellmeister Theater Halle; 1975-77 Musikalischer Oberleit. Thomas-Müntzer Theater Eisleben; s. 1989 Leit. d. Ensembles Konfrontation - Veröff.: Sinfonische u. Kammermusikalische Werke - 1961 Carl-Maria von Weber-Preis d. Stadt Dresden (als Pianist); 1988 Händel-Preis.

MÜLLER, Traute

Geschäftsführerin ZEBRA (Zentrum f. berufl. Reintegration v. Arbeitslosen) (s. 1987), Vors. SPD-Landesorganisation Hamburg (s. 1988), Senatorin f. Frauen u. Stadtentwicklung (s. Juli 1991) - Alter Steinweg 4, 2000 Hamburg 11 - Geb. 18. Mai 1950 Itzehoe, led. - Schulbesuch in Hamburg-Barmbek (Mittl. Reife); Buchhändler.ausb. in Hamburg; Fachabit. (2. Bildungsweg); Stud. Sozialpäd. FH, dan. Univ. Hamburg (Abschl. Dipl.-Päd.) - S. 1976 Tätigk. in d. Erwachsenenb., zun. VHS Hamburg, anschl. Ref. in d. Behörde f. Schule u. Berufsb. f. d. Weiterb. ausländ. Arbeitnehmer, dan. Abt.-Leit. f. Allgemeinbild. in d. Stiftg. Berufl. Bildung - Arbeitslosenbildungswerk. Mitgl. Gewerksch. ÖTV; Mitgl. Arbeiterwohlfahrt Hamburg. S. 1970 SPD-Mitgl.; 1973/74 Mitgl. Hamburger Jusolandesvorst.; 1976/77 stv. Bundesvors. Jungsozialisten in d. SPD; 1977-84 Vors. SPD-Distrikt Eimsbüttel-Süd; s. 1984 Kreisvors. SPD Eimsbüttel, b. 1991 Landesvors. Hamburger SPD-Landesvorst.

MÜLLER, Ulrich

Präsident Rechnungshof v. Berlin a. D. - Spanische Allee 95a, 1000 Berlin 38 (T. 883 80 11) - Geb. 29. Juli 1929 - Gymn. Berlin; Stud. Rechtswiss. Bonn. Beide jurist. Staatsprüf. - 1950-51 Senatsverw. f. Finanzen, 1951-69 Senatsverw. f. Bundesangelegenh. Bonn, 1969-73 Senatsdir. u. Chef d. Senatskanzlei Berlin, 1973-91 Präs. d. Rechnungshofs v. Berlin. SPD - Ernst-Reuter-Plakette.

MÜLLER, Ulrich

Rechtsass., Parlamentsrat a.D., Hauptgeschäftsf. Ind.- u. Handelskammer Bodensee-Oberschwaben, MdL Baden-Württ. (CDU) - Schlierer Str. 67, 7980 Ravensburg (T. 0751 - 3 31 12) - Geb. 11. Dez. 1944 Schwäbisch-Hall, ev., verh. s. 1978 m. Sylvie, geb. Leitner, 4 Kd. (Alexander, Caroline, Angela, Andreas) - 1967-72 Jurastud. Tübingen - Wirtschaftsrat Bonn; Staatsmin. Baden-Württ.; Landtag Baden-Württ.; s. 1985 Mitgl. Rundfunkrat SWF Baden-Baden. Ehrensenator FH Ravensburg - BV: u.a. Denken-Reden-Überzeugen, Lehrb. d. Diskussionstechn., 3. A. 1980 - Spr.: Engl. - Rotarier.

MÜLLER, Ulrich

Dr. rer. nat., Prof. f. Chemie Univ. Marburg - Geb. 6. Juli 1940 Bogotá, verh., 3 Kd. (Antje, Jan, Marcel) - Stud.

TH Stuttgart, Studienstiftung d. Dt. Volkes; Dipl.-Chem. 1963; Promot. 1966; Habil. 1972 Marburg - 1967-70 wiss. Assist. Univ. Karlsruhe; 1970-72 wiss. Assist. Univ. Marburg; 1972 Univ.-Prof. Marburg. 1975-77 Gastprof. Univ. v. Costa Rica. Kurse an versch. Univ. Brasilien u. Chile - BV: Schwingungsspektroskopie, 1982; übers. Chemie (Lehrb.); Anorganische Strukturchemie, 1991 - Spr.: Engl., Franz., Span.

MÜLLER, Walter E.

Dr. rer. nat., Prof., Fachautor, Leit. Abt. f. Psychopharmakol. Zentralinst. f. Seelische Gesundheit, Mannheim - Zu erreichen üb. Zentralinst. f. Seelische Gesundheit, 6800 Mannheim - Geb. 22. Okt. 1947, verh. s. 1972 m. Heidrun, geb. Becker, 3 Kd. (Helge, Ulf, Juliane) - Stud. Univ. Frankfurt u. Mainz; Promot. 1974, Habil. 1980 (Pharmakol. u. Toxikol.). 1986 Prof. Univ. Heidelberg - S. 1983 Leit. Psychopharmakol. Labor u. s. 1989 Leit. Abt. f. Psychopharmakol. Zentralinst. f. Seel. Gesundh., Mannheim; s. 1991 Prof. f. Psychopharmak. Univ. Heidelberg - BV: The benzodiazepine receptor, 1987; Alpha-acid glycoprotein (m.a.), 1989. Zahlr. Veröff. in wiss. Ztschr. - 1976 Fritz-Küls-Preis Dt. Pharmakol. Ges. - Spr.: Engl., Franz.

MÜLLER, Walter Jochen

Dr.-Ing., Hafendirektor, Vorstand Duisburg-Ruhrorter Häfen AG. - Alte Ruhrorter Str. 42-52, 4100 Duisburg 13 (T. 0203-80 32 10) - Geb. 19. Febr. 1935 Wurzen - Stud. TH Dresden u. Hannover - Assist. TH Darmstadt - Spr.: Engl.

MÜLLER, Walter W.

Dr. phil., Prof. f. Semitistik - Holderstrauch 7, 3550 Marburg/L. - Geb. 26. Sept. 1933 Weipert/Erzgeb. (Vater: Willibald M., Schlosser; Mutter: Cäcilie, geb. Schmidl), kath., verh. s. 1958 m. Ingeborg, geb. Kopsch, 2 Söhne (Thomas, Stefan) - 1955-62 Stud. Orientalistik u. Theol. Mainz, Tübingen, Los Angeles. Promot. (1962) u. Habil. (1968) Tübingen - S. 1973 Prof. Univ. Tübingen (apl.) u. Marburg (1975 Ord.). Spez. Arbeitsgeb.: Sabäistik. Zahlr. Fachveröff. Mitverf.: Sabaic Dictionary, 1982. Herausg.: Lexikon d. Arab. Welt (1972); H. v. Wissmann, D. Gesch. v. Saba. II. (1982). Mithrsg.: Texte aus d. Umwelt d. Alten Testaments (s. 1982) - 1977 Mitgl. Marbg. Gelehrte Ges., 1978 korresp., 1983 o. Mitgl. Dt. Archäol. Inst. Berlin, 1982 Mitgl. Arab. Komm. d. Österr. Akad. d. Wiss.; 1987 o. Mitgl. Akad. d. Wiss. u. d. Lit., Mainz; 1990 Mitgl. Sudetendt. Akad. d. Wiss. u. Künste.

MÜLLER, Wendelin

I. Bürgermeister Stockstadt/Main - Rathaus, 8751 Stockstadt/Ufr. - Geb. 22. Okt. 1924 Heimbuchental - Dipl.-Ing., Architekt. CSU.

MÜLLER, Werner

Prokurist, MdL Bayern (1965-75) - Wettersteinstr. 14, 8031 Puchheim/Obb. (T. München 87 70 72) - Geb. 20. Okt. 1910 Langen/Hessen, ev., verh., 2 Kd. - Wittelsbacher Gymn. München- S. 1931 Münchner Elektrohandwerksgroßbetrieb. 1944-45 1/2 J. KZ. Mitbegr. CSU (u. a. Bezirksvors. München (jetzt Ehrenvors.) u. Landesschatzm.) - 1973 Bayer. VO.

MÜLLER, Werner E. G.

Dr. rer. nat., Prof. f. Physiolog. Chemie - Semmelweisstr. 12, 6200 Wiesbaden (T. 0611 - 6 71 61) - Geb. 19. Aug. 1942 Sprendlingen (Vater: Dr.-Ing. Jakob M., Stud.Dir.; Mutter: Marie, geb. Bopp), ev., verh. s. 1971 m. Isabel, geb. Zahn, T. Claudia - Abit. 1961; Promot. 1967; Prof. 1971 - 1977 Abt.-Leit. u. Prof. f. Angew. Molekularbiologie Inst. f. Physiol. Chemie Univ. Mainz - BV: Chemotherapie v. Tumoren, 1975; The DNA-Modifying Antibiotic Bleomycin, 1976; Aggregation in Sponges, 1978; Biochemistry of Antivirals, 1978; Biochemical and Morphol. Aspects of Ageing, 1981. Zahlr. Originalveröff. auf d. Geb. d. Molekularbiol., Zellbiol. u. Chemotherapie - 1972 Boehringer-Ingelheim-Preis; 1977 Zimmermann-Preis; 1980 Bürger-Preis; 1986 Kani Medal (Tokio); 1986 Ruder Bosković Medal in Gold (Zagreb); 1987 Ruder Bosković-Founders Plaque - Liebh.: Paläontologie, Unterwasser-Fotographie - Spr.: Engl., Franz. - Bek. Vorf.: Justus v. Liebig - Lit.: Who's Who in the World.

MÜLLER, Wilhelm

Bundesgeschäftsführer Arbeiter-Samariter-Bund Deutschland - Sülzburgstr. 140, 5000 Köln 41 - Geb. 24. März 1942.

MÜLLER, Wilhelm Johann

Dr.-Ing., Prof. TH Darmstadt - Wilhelminenstr. 18, 6100 Darmstadt (T. 2 20 88) - Geb. 14. Aug. 1901 Knapsack (Vater: Heinrich M.; Mutter: Auguste, geb. Gehrt), ev., verh. s. 1933 m. Ilse, geb. Kirsten, 3 Kd. (Gudrun, Harald, Norbert) - Dipl.-Ing. 1925 Berlin, Promot. 1932 Stuttgart - 1926/27 Ing. Ruhrverb. Essen; 1927-46 Stadtverw. Halle/S.; 1949-59 Sydney u. Perth/Austr.; s. 1959 Prof. TH Darmstadt - BV: Disposal of Sewage and Other Water-borne Wastes (m. and.), 1956, 2. A. 1971; Treatment of mixed domestic sewage and industrial waste waters in Germany (OECD), 1966; Re-use of waste waters in the Federal Republic of Germany (OECD), 1969; Bericht üb. Probl. d. Reinhalt. v. Gewässern, 1973; Nutzung u. Wiederverw. v. Abwässern, 1976; Water Reuse in the Fed. Rep. of Germany in Water Renovation and Reuse, 1977; D. Reinhalt. d. Gewässer im Lehr- u. Handb. d. Abwassertechn, Bd. I 1967, 2. A. 1973, 3. A. 1982 - Spr.: Engl.

MÜLLER, Willi

Landwirt, MdL Bayern (s. 1970) - 8591 Stemmas/Ofr. (T. 09233 - 82 02) - Geb. 1936 - CSU - 1981 Bayer. VO; 1987 BVK am Bde.

MÜLLER, Willy

Angestellter, MdB (s. 1965; Wahlkr. 86/ Mülheim-Ruhr) - Schumannstr. 28, 4330 Mülheim/Ruhr (T. 5 63 68) - Geb. 14. Juli 1925 Mülheim/Ruhr, kath., verh., 4 Kd. - Volkssch.; Lehre Anwaltsbüro - Anwaltsgehilfe, ab 1942 Arbeits- u. Wehrdst. (schwerbeschädigt; zul. Obergefr.), 1945-49 sowjet. Kriegsgefangensch., spät. Angest. AOK (beide Verw.prüf.). S. 1961 Ratsmitgl. Mülheim. B. 1967 (Rücktr.) Vizepräs. Dt.-Korean. Ges. SPD s. 1950 (1963 Vors. Unterbez. Mülheim).

MÜLLER, Wolfgang

Ltd. Baudirektor i. R. - Warthestr. 8, 3070 Nienburg (T. 1 34 18) - Geb. 14. Mai 1910 Bad Gandersheim (Vater: Heinrich M., Amtsgerichtsrat; Mutter: Marie, geb. Böhlke), ev., verh. s. 1946 m. Erika, geb. Bunke, 3 Kd. (Gerhard-Hinrich, Ulrike, Christiane) - Gymn. Gandersheim; Maurerlehre; TH Stuttgart u. Braunschweig (Arch.; Dipl.-Ing. 1934). II. Staatsprüf. (Bauass.) 1938 Berlin - U. a. Wasserstr.-Neubauamt Braunschweig (Ass.); Kriegsdst.; 1946-48 fr. Arch.; 1948-61 Doz. Ing.sch. Holzminden (Baurat). 1961-72 Dir. d. Staatl. Ingenieurakad. f. Bauwesen in Nienburg/ Weser (heute Teil d. FH Hannover) - BV: Städtebau, 1974 - Spr.: Engl., Franz.

MÜLLER, Wolfgang

Dr. rer. nat., o. Prof. f. Mathematik Univ. Bayreuth - Waldsteinring 31, 8580 Bayreuth.

MÜLLER, Wolfgang

Dr. rer. pol., o. Prof. f. Betriebswirtsch.lehre (insbes. Versicherungswirtsch.) Univ. Frankfurt/M. (s. 1975) - Mertonstr. 17, 6000 Frankfurt/M. (T. 798 31 69) - Geb. 10. Nov. 1936 Eisenach - Habil. 1973 Hamburg - BV: D. Simulation betriebswirtschaftl. Informationssysteme, 1969. Mitautor: Unternehmerische Versicherungswirtschaft, 1990. Herausg.: Veröff. d. Sem. f. Versicherungslehre d. Univ. Frankfurt. Mithrsg.: Schr. z. Unternehmensführung. Übers.: H. A. Simon, Entscheidungsverhalten in Org., 1981 (aus d. Engl.). Zahlr. Fachaufs.

MÜLLER, Wolfgang J.

Dr. phil., Prof., Kunsthistoriker - Blücherstr. 8, 2300 Kiel (T. 8 63 45) - Geb. 20. Nov. 1913 Rostock (Vater: Ernst M., Kaufm.; Mutter: Marie, geb. Piehl), ev. - Gymn. Rostock; Univ. ebd. u. München (Promot. 1939) - S. 1950 (Habil.) Privatdoz. u. apl. Prof. (1957) Univ. Kiel (Mittlere u. Neuere Kunstgesch.) - BV: Georg Flegel u. d. Anfänge d. Stillebenmalerei. Ausst.-Kat.: D. Sprache d. Bilder, Braunschweig, 1978; Miteherausg.: Emkendorf u. Knoop (m. D. Lohmeier), 1986 - Spr.: Engl., Franz., Niederl.

MÜLLER-BARDORFF, Johannes

Dr. theol., em. o. Prof. f. Ev. Religionspädagogik, Univ. München (s. 1963) - Pembaurstr. 11, 8000 München 60 (T. 88 86 37) - Geb. 12. Aug. 1912 Gautzsch b. Leipzig - Habil. 1953 Univ. Leipzig; Prof. f. NT Univ. Jena; 1963 Prof. f. Religionspäd. Univ. München, vorm. PH, emerit. 1980 - BV: Gesch. u. Kreuz b. Luther, 1938, Verstehen u. Unterweisen, 1967; Wort, Antwort u. Verantwortung, 1968, Paulus 1970.

MÜLLER-BARDORFF, Ulrich

Dipl.-Kfm., Steuerberater, Vorstandsmitglied Verbandsdir. Württ. Genossenschaftsverb. Raiffeisen/Schulze-Delitzsch, Geno-Haus, Stuttgart, Vorst.-Mitgl. Mittelständ. Kreditbank eG, Stuttgart, Vorst.-Vors. Arbeitgeberverb. genoss. Groß- u. Außenhdl. Baden-Württ., Stuttgart - Banaterstr. 15, 7032 Sindelfingen - Geb. 13. Juni 1935 (Vater: Dr. Konrad M.-B., Chemiker; Mutter: Maria, geb. Kretzschmar), verh. m. Christine, geb. Zons, Dipl. Volksw. - Mitgl. Präsid. Dt. Genossenschafts- u. Raiffeisenverb. e.V., Bonn; Beirat R + V-Versich.gruppe, Wiesbaden; Vorst.-Vors. Genossenschaftl. Arbeitgeberverb. Württemberg e.V., Stuttgart; AR RWG GmbH Datenverarbeitungsges., Stuttgart; VR Akad. Dt. Genossenschaften e.V., Montabaur.

MÜLLER-BECK, Hansjürgen

Dr. phil. (habil.), Prof. u. Direktor Inst. f. Urgeschichte Univ. Tübingen (s. 1969), Dir. Urgeschichtl. Museum Blaubeuren, Präs. Comm. Palecology of Early Man/INQUA, Vors. Archaeologica Venatorie e.V., o. Mitgl. Dt. Archäol. Inst., Komm.-Mitgl. Vergl. u. Allg. Archäol., Dt. Archäol. Inst. - Hundskapfklinge 42 a, 7400 Tübingen - Geb. 13. Aug. 1927 Apolda/Thür. (Vater: Johannes M., Redakt.; Mutter: Hildegard, geb. Goebel), verh., 1 Sohn - Mommsen-Gymn., Berlin, Landgraf-Ludwig-Gymn., Gießen; Univ. Heidelberg, Bern, Fribourg/Schw., Tübingen. Promot. 1955 Tübingen; Habil. 1965 Freiburg - 1956-61 Abt.- u. Forsch.assist. Bernisches Histor. Museum; 1962-65 DFG-Stip., 1965-66 Gastdoz. Univ. of Wisconsin, Madison/USA; 1966-69 Doz. Freiburg. O. Mitgl. Dt. Archäol. Inst. Ausgrabungen Mitteleuropa, Kleinasien, Kanad. Arktis, Südamerika. Kulturentwicklung im Eiszeitalter 1990. In: Liedtke: Eiszeitalter. Zahlr. Veröff. stratigr., techn. u. archäol. Art.

MÜLLER-BERGHAUS, Gert

Dr. med., Prof., Direktor Abt. Hämostaseologie u. Transfusionsmed. (s. 1989) - Benekestr. 2-8, 6350 Bad Nauheim (T. 06032 - 34 51) - Geb. 17. Okt. 1937 Völklingen (Vater: Joachim M., Dipl.-Ing.; Mutter: Liselene, geb. Wolff), verh. s. 1963 m. Rotraud, geb. Christ, 3 Kd. (Jan, Ben, Nina) - 1964-67 USA-Aufenth. (Detroit; Columbia Univ., New York); s. 1981 Leit. d. Klin. Forschungsgruppe f. Blutgerinnung u. Thrombose d. Max-Planck-Ges. Giessen. Fachmitgl.sch. Üb. 300 Fachveröff. - 1974 Frerichs-Preis Dt. Ges. f. Innere Med. - Liebh.: Malerei - Spr.: Engl.

MÜLLER-BLATTAU, Wendelin

Dr. phil., Prof. f. Musikwissenschaft Univ. d. Saarl. - Am Ludwigsplatz 5, 6600 Saarbrücken (T. 0681 - 58 54 49) - Geb. 16. Sept. 1922 Freiburg (Vater: Joseph M.-B., Prof.; Mutter: Emmi, geb. Eggers), ev., verh. s. 1945 m. Magda, geb. Martens, 2 Töcht. (Beate, Gabriele) - Stud. Musikwiss. Stuttgart, Univ. Heidelberg u. Saarbrücken - 1956 Univ.musikdir., s. 1968 Prof. Präs. Saar-Sängerbund; Vors. Landesmusikrat Saar - BV: Trouvères u. Minnesänger, 1957; Tonsatz u. Klanggestaltung bei Giovanni Gabrieli, 1966. FS-Film An hellen Tagen - 1973 Gold. Sportabz.; 1978 Louis-Spohr-Plak.; 1988 Verdienstmed. d. Stadt Solingen; 1989 BVK I. Kl. - Spr.: Franz., Engl., Ital.

MÜLLER-BOCHAT, Eberhard

Dr. phil., Univ.-Prof. Univ. Köln - Mörikestr. 2, 5000 Köln 51 - Geb. 16. Juli 1928 Düsseldorf, ev. - Abit. 1946 Leipzig; 1948-56 Stud. Univ. Bonn, München, Paris, Madrid, Genua, Köln; Promot. 1956 Köln; Habil. (Roman. Philol.) 1964 München - 1964 o. Prof. f. Roman. Philol. Univ. Bochum; 1969 o. Prof. Univ. Köln (Dir. Roman. Sem. Petrarca-Inst. u. Portug.-Brasil. Inst.); s. 1967 wiederh. Gastprofessuren in Rio de Janeiro, Fortaleza (Brasilien), Dakar (Senegal), Yaoundé (Kamerun) - Bücher, Beitr. zu wiss. Sammelwerken u. Aufs. in Fachztschr. (Ital. Humanismus, ital., span., franz., portug. u. brasil. Lit., afrikan. Lit. in franz. u. portug. Sprache).

MÜLLER-BÖHM, Ulrich

Rechtsanwalt, Geschäftsf. Fachverb. Industrie versch. Eisen- u. Stahlwaren - Otmarstr. 4, 4300 Essen - Geb. 22. Mai 1927.

MÜLLER-BÖLING, Detlef

Dr., Univ.-Prof., Rektor d. Univ. Dortmund - Zu erreichen üb. Univ. Dortmund, Postf. 50 05 00, 4600 Dortmund - Geb. 17. Juli 1948 Berlin, verh. - Stud. d. Betriebsw. Aachen u. Köln; Dipl.-Kfm. 1972, Promot. 1977 - 1981 Univ.-Prof. Univ. Dortmund; 1986/87 Dekan FB WiSo; Dir. Betriebsw. Inst. f. empir. Gründungs- u. Org.forsch. - BV: Arbeitszufriedenheit b. Automatisierter Datenverarb., 1978; Akzeptanzfaktoren d. Bürokommunikation, 1986; Gründungsatlas NRW, 1987; Informations- u. Kommunikationstechn. f. Führungskräfte, 1990 - 1986 SEL-Forschungspreis Techn. Kommunikation; 1991 Forschungspreis Stiftg. Industrieforsch. - Liebh.: Segeln.

MÜLLER-BOHN, Jost

Schriftsteller - Charlottenstr. 111, 7410 Reutlingen (T. 07121 - 4 26 08) - Geb. 23. Mai 1932, verh. - BV: J. S. Bach, Musiker im Dienste Gottes; D. Mensch M. Luther; L. Richter - d. geistl. Leben e. dt. Malers; Trilogie: Bleib du im ewgen Leben, Bd. 1, Mein guter Kamerad, Bd. 2, D. Flügel sind stark, Bd. 3; Liebenswerter L. Richter; Gemälde-Bildbd. Denn ihrer ist d. Himmelreich 4 Bd., 366 Holzschnitte v. L. Richter; Matthäus-Passion zu Jerusalem; D. aus d. Osten kamen; Entscheid. Jahrhundertwende; E. neues Herz - besiegter Tod; Adolf Hitler. Verführer d. Christenheit, Die Magie e. Antichristus; Noahs letzte Taube, 1990; Geheimkommando zw. Himmel u. Erde; Blitzkrieg zw. Hakenkreuz u. Sowjetstern; Christusbotschaft unter Stasi-Terror; u.v.m. - Bek. Vorf.: Hermann Müller-Bohn, Schriftst. (Großvater).

MÜLLER-BRAUNSCHWEIG, Hans

Dr. phil., Prof., Dipl.-Psych., Psychoanalytiker, Zentrum f. psychosom. Me-

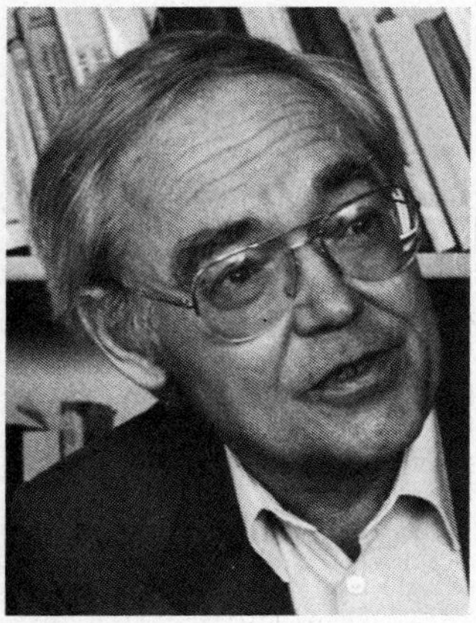

dizin Univ. Gießen (1962-88), jetzt fr. Praxis - Volpertstriesch 4, 6301 Wettenberg 3 (T. 0641 - 8 56 96) - Geb. 6. Juli 1926 Berlin (Vater: Dr. phil. Carl M.-B., Psychoanalyt.; Mutter: Ada, geb. Schott, Psychoanalyt.), ev., verh. s. 1957 m. Heide, geb. Wilhelm, Bewegungstherapeutin, 2 Töcht. (Kathrin, Ines) - 1946-55 Humboldt-Univ. u. FU Berlin, Hochsch. f. bild. Künste Bln; (Psych.-Dipl. 1954, Promot. 1974, Habil. 1976) - 1970-84 Leit. Gießener Psychoanalyt. Inst.; s. 1977 Prof. f. klin. Psychosomatik - BV: D. Wirkung d. frühen Erfahr. D. erste Lebensj. u. s. Bedeut. f. d. psych. Entw., 1975. Arb. üb. Psychoanalyse u. Körperbezogene Psychotherapie - Beteilig. an drei Kunstausst.

MÜLLER-BROICH, Adolf

Dr. rer. nat., o. Prof. f. Biophysik - Universität, 8400 Regensburg - Geb. 1. Juli 1927 - Habil. 1964 Heidelberg. Fachveröff.

MÜLLER-BRÜHL, Helmut

Intendant, Musikdirektor - Bonnstr. 192, 5040 Brühl - Geb. 28. Juni 1933 Brühl (Vater: Theodor M., Kaufm.; Mutter: Margarethe, geb. Mehr), kath., verh. s. 1964 m. Monika, geb. Ross, 2 Kd. (Daniel, Christiane) - Abit. 1954; 1954-60 Stud. Phil., Theol., Musik- u. Kunstwiss. Univ. Bonn u. Köln - Intendant Brühler Schloßkonzerte, Kölner Kammerorch., Capella Clementina. Forschungsgeb.: Musiktheater d. Barock. Üb. 200 Schallpl. - Kulturpreis d. Erftkreises, 1985 BVK - Spr.: Engl., Latein, Griech.

MÜLLER-BÜTOW, Horst

Dr. Dr., Hals-Nasen-Ohren-Arzt - Berliner Promenade 16, 6600 Saarbrücken (T. 0681 - 3 46 18) - Geb. 2. April 1936 Gumbinnen-Ostpr., ev., gesch., 1 Kd. (Nagib) - Med.stud. Tübingen u. Hamburg; Staatsex. 1962, Promot. 1963; Stud. Phil. (Orientalistik) Hamburg u. Saarbrücken, Ex. 1980, Promot. Dr. phil. - HNO-Praxis in Saarbrücken; Präs. Hartdegen-Stiftg. (Hilfswerk f. Leprakranke in Thailand) - BV: Lepra, E. med.hist. Überblick unt. bes. Berücksichtig. d. mittelalterl. arab. Med. (Europ. Hochschulschr.) - Gratialritter d. Lazarusordens - Liebh.: Sprachwiss. - Spr.: Engl., Franz., Arab., Thai.

MÜLLER-BUSCHBAUM, Hanskarl

Dr. rer. nat., o. Prof. f. Anorgan. Chemie - Von-der-Goltz-Allee 37, 2300 Kiel 1 (T. 68 56 80) - Geb. 24. Mai 1931 Wallendorf, ev., verh. s. 1961 m. Brigitta, geb. Pleiner, 2 Söhne (Peter, Klaus) - Schulgemeinde Wickersdorf, Hermann-Lietz-Sch. Gebesee; 1952-56 Univ. Greifswald (Dipl.-Chem.). Promot. 1960 Greifswald; Habil. 1966 Gießen - S. 1966 Lehrtätigk. Univ. Gießen u. Kiel (1969 Ord. u. Inst.dir.). Spez. Arbeitsgeb.: Festkörperchemie bei hohen Temperaturen unt. Berücks. hochfrequenter Gasplasmaentladungen u. CO2-Hochleistungsglaser. Rd. 400 Fachveröff. - Wilhelm-Klemm-Preis d. GdCh; Mitgl. d. Leopoldina, Halle.

MÜLLER-BUSSE, Albrecht

Dr.-Ing., Geschäftsführer Aluminium- u. Metallwerke Sörensen & Köster GmbH., Neumünster, Werksleiter Vereinigte Leichtmetallwerke GmbH. ebd. - Ricarda-Huch-Str. 5, 2350 Neumünster - Geb. 28. Juni 1921 Hannover, ev., verh. s. 1949 m. Ingeborg, geb. Petersen, 2 Kd. - Realgymn. u. TH Hannover (Maschinenbau; Dipl.-Ing. 1944).

MÜLLER-DECHENT, Gustl

Journalist, Schriftst. - Ulmenweg 7, 6368 Bad Vilbel (T. 8 59 78) - Geb. 4. Juni 1915 München (Vater: Georg M., Werkmeister; Mutter: Katharina, geb. Dechent), ev., verh. s. 1946 m. Thea, geb. Haas, 2 Söhne (Stefan, Thomas) - Realgymn. München; Zeitungsvolontariat - Ressortleit. (Lokales, Kommunalpolitik) Main-Post (Würzburg), Main-Echo (Aschaffenburg), Frankfurter Rundschau - BV: Wenn d. Toaka ruft, Erz. 1947; D. Marktbärbl, Erz. 1948; Schmalfilmen - mein Hobby, 1950; Fotografieren Perfekt, 1974; Filmen Perfekt, 1975. Filmdrehbücher: D. blühende Wüste u. Lesotho - d. Dach Afrikas. Fernsehserie: Helden des Alltags - 1965 Dr.-Joseph-E.-Drexel-Preis.

MÜLLER-DIETZ, Heinz

Dr. jur., o. Prof. f. Straf-, -prozeßrecht, -vollzug u. Kriminol. Univ. Saarbrücken (s. 1969) - Neubergweg 21, 7811 Sulzburg (T. 0 76 34) - Geb. 2. Nov. 1931 - Habil. 1966 Freiburg/Br. - Zul. Privatdoz. Univ. Freiburg - BV: Grenzen d. Schuldgedankens im Strafr., 1967; Strafbegriff u. Strafrechtspflege, 1968; Strafvollzug u. Ges., 1970; Strafvollzugsgesetzgeb. u. -reform, 1970; Wege z. Strafvollzugsref., 1972; Strafzwecke u. Vollzugsziel, 1973; Strafe u. Staat, 1973; Probleme d. mod. Strafvollzuges, 1974; Empir. Forschung u. Strafvollzug, 1976; Strafvollzugsrecht, 2. A. 1978; Grundfragen d. strafrechtl. Sanktionensyst., 1979; Rechtsberat. u. Sozialarbeit, 1980; Grenzüberschreitungen. Beitr. z. Beziehung zw. Lit. u. Recht, 1990. Einzelarb.

MÜLLER-ELMAU, Eberhard

Schauspieler, Spielleiter - Kleperweg 3, 3400 Göttingen (T. 5 65 86) - Geb. 9. Okt. 1905 Mainberg (Vater: Dr. phil. Dr. theol. h. c. Johannes Müller, Schriftst. (s. X. Ausg.); Mutter: Irene, geb. Sattler), verh. s. 1932 m. Gerda, geb. Kuntzsch, 4 Kd. (Raidar, Markwart, Folker, Birgit) - Univ. Rostock u. München (Med.); Max-Reinhard-Sch. Berlin - S. 1926 Stadttheater Osnabrück, Bayer. Landesbühne München (1927), Dt. Theater Prag (1930), Schauspielhaus Bremen (1931), Reuß. Theater Gera (1933), Landestheater Braunschweig (1935), Städt. Bühnen Dortmund (1938) u. Mainz (1946), Dt. Theater Göttingen (1953). Viele Insz. - Spr.: Engl., Franz. - Bek. Vorf.: D. Dr. Johannes Müller, Ernst Sattler.

MÜLLER-ELMAU, Markwart

Regisseur u. Schauspieler - Wielandstr. 36/4, 7900 Ulm (T. 0731 - 2 74 59) - Geb. 1. Aug. 1937 München (Vater: Eberhard M.-E., Regiss. u. Schausp.; Mutter: Gerda, geb. Kuntzsch), verh. s. 1967 m. Rosali, geb. Wolf, T. Natalie Elena Zoe - Gymn. Göttingen, Abit. 1957; Univ. Göttingen German., Gesch., Kunstgesch., Hochsch. d. Künste, Berlin u. Max-Reinhard-Sem. Abschlußdipl. - 1959-64 Schausp.; 1964-78 Regiss. u. Schausp.; 1978-91 Oberspielleit. Essl., Konstanz, Ulm, ab 91/92 Schauspieler am Nationaltheater Mannheim - Theaterstück: Bodensee-Revue (UA. 1981) - Rollen: u.a. Dorfrichter Adam (Kleist), Krull/Maske (Sternheim), Argan/Orgon (Molière), Alceste (Enzensberger); Halm (Fliehendes Pferd/Walser), Scheu (Wachtel/Karasek); Insz. u.a. Schiller, Shakespeare, Brecht, B. Strauß, H. W. Müller (3 Urauff.), Cèchov, Horváth, Kabale u. Liebe/Schiller (vorgeschl. f. Theatertreffen Berlin), Brecht: Kaukas. Kreidekreis (Singapur 1989 i.A. Goethe-Inst.), Handke: Kaspar (Sri Lanka 1992, i.A. Goethe-Inst.). Film: Hirnbrennen - Spr.: Engl., Franz., Latein.

MÜLLER-EMMERT, Adolf

Dr. jur. utr., Rechtsanwalt, Oberstaatsanwalt a. D., MdB (s. 1961, SPD) - Otterberger Str. 75, 6750 Kaiserslautern 27 (T. 7 05 33) - Geb. 1. März 1922 Ludwigshafen/Rh., kath., verh. m. Emilie, geb. Stuppy, 4 Kd. - Realgymn.; Univ. Heidelberg (Promot. 1954). Staatsex. 1948 u. 51 - Kriegsteiln. (Kampfflieger); s. 1951 Justizdst. Rhld.-Pfalz (1952 Staatsanw. Kaiserslautern). Div. Parteifunktionen, u. a. Vors. Unterbezirk Kaiserslautern, - Gr. BVK, Gold. Sportabz. 1982 z. 19. ×.

MÜLLER-FELSENBURG, Alfred

Lehrer i. R., Schriftsteller - Lahnstr. 10, 5800 Hagen (T. 02331 - 8 66 01) - Geb. 26. Dez. 1926 Bochum (Vater: Alfred M., Monteur †; Mutter: Maria, geb. Knoll †), kath., verh. s. 1951 m. Agnes, geb. Neumann, 3 Kd. (Michael, Ines-Maria, Angela-Maria) - 1941-43 Lehrerbildungsanst. Hofheim/Ts., 1943-44 Großkrotzenburg; 1949-51 Päd. Akad. Essen-Kupferdreh (2. Staatsprüf. 1954 Halver) - 1951-63 Lehrer in Halver; 1963-64 Lehrer in Ratingen, 1964-78 Lehrer in Hagen; s. 1978 fr. Schriftst. 2. Vors. u. Presseref. Autorenkr. Ruhr-Mark (b. 1981), s. 1966 Mitgl. Verb. Dt. Schriftst.; s. 1964 Arbeitskr. D. gute Jugendb., Essen; s. 1984 Inklingsges. f. Lit. u. Ästhetik, Aachen - BV: S. 1958 Romane, Kinder- u. Jugendb., wiss. Arb. (Päd., Relig.-Päd. u. Phil.), Essays, Glossen, Lyrik, Kurzgesch., Spielszenen, Biogr., Gebete, Kritiken, Science-fiction, Serien (insges. 58 Bücher; zul. Wie e. Sonnenstrahl/Texte z. Freuen; Gott & Co./Gebete e. renitenten Laien; Wie erfährt unser Kind Gottes Welt heute?; Polonius Popokappewitscho/Lauter kl. Zwergengesch., alle 1986); Ich will, daß bunte Blumen blühen; Hinter d. Nichts ist e. Blümchenwiese (Blindenb.), alle 1987; Dir kann ich alles sagen, Geb. f. Kinder u. ihre Eltern, 2. A. 1990; Jeder Tag e. neuer Anfang, 1989; Sprache: Instrument d. Verständigung - od. Vehikel d. Distanz?, 1989; Goethe f. jeden Tag, 2. A. 1991; M. Sokrates durch d. Jahr, 1990; Lichtenberg f. jeden Tag, in Vorber. Übers. fläm., ital., franz., span., türk., Blindenschrift - 1964 bestes relig. Jugendb. (BICE); 1979 Arbeitstip. d. Kultusmin. v. NRW; Hugo-Carl-Jüngst-Med. Hagen, mehrere 2. u. 3. Preise b. Lit.-Wettb.; 1988 Alfred-Müller-Felsenburg-Preis, Hagen - Liebh.: Reisen, Schwimmen, Wandern, bild. Kunst, Lesen - Lit.: Kürschners Dt. Lit.-Kal.; Lex. d. Jugendschriftst. in dt. Sprache, u.v.a.

MÜLLER-FREIENFELS, Reinhart

Dr. phil., Dramaturg - Gerokstaffel 1, 7000 Stuttgart (T. 23 32 05) - Geb. 14. März 1925 Berlin (Vater: Prof. Dr. phil. Richard M.-F., Philosoph (s. X. u. XI. Ausg.); Mutter: Käte, geb. Icke), ev., verh. s. 1964 m. Irene, geb. Marhold - Univ. Marburg u. Frankfurt/M. (German., Phil., Gesch.). Promot. 1954 - 1955-56 Redakt. Hess. Rundfunk (Fernsehen); 1957-60 Dramat. u. Schausp. Kl. Theater am Zoo, Frankfurt; 1961-85 Leit. Hauptabt. Fernsehspiel Südd. Rundf., Stuttgart. Zahlr. Fernsehbearb. v. Romanen: Am grünen Strand d. Spree, Wer einmal aus d. Blechnapf frißt, Memento Mori u. a. Div. Veröff. üb. FS u. Fernsehspiele - Spr.: Engl., Franz. - Rotarier - Bruder: Wolfram M.-F.

MÜLLER-FREIENFELS, Wolfram

Dr. jur., Dr. rer. pol., Dres jur. h. c., em. Prof. f. Dt. u. Ausländisches Privatrecht - Reutestr. 18, 7800 Freiburg/Br. (T. 29 05 33) - Geb. 3. Juni 1916 Konstanz/B., ev., 3 Kd. - Grunewald-Gymn. Berlin u. Marienstift Stettin; 1934-37 Lehre Bankhaus Gebr. Arnhold - S. Bleichröder, Berlin; Univ. Berlin, Bonn, Exeter, München, Marburg, Königsberg/Pr. (Dipl.-Volksw.). Beide jurist. Staatsex. Berlin; Habil. 1943 Königsberg - 1945 ao. Prof. Univ. Gießen, Generalbevollm. Bankhs. Bethmann, Frankfurt/M., 1946 o. Prof. Univ. Marburg, 1951/2 Gastprof. London School of Economics, 1955 o. Prof. Univ. Frankfurt/M., 1963 Univ. Freiburg (Dir. Inst. f. ausl. u. intern. Privatrecht), 1985 emerit. - BV: D. Vertretung b. Rechtsgeschäft, 1955; Ehe u. Recht, 1962; Zur revolutionären Familiengesetzgebung d. VR China v. 1.5.1950, 1969; Familienrecht i. In- u. Ausland Bd. I, 1978, Bd. II 1986; Stellvertretungsregel. in Einheit u. Vielfalt, 1982; Sozialversich.-, Familien- u. Internationalprivatrecht u. d. Bundesverf.gericht, 1984. Zahlr. Einzelarb. - 1960 Ehrendoktor Univ. Stockholm, 1974 Univ. Basel, Mitgl. Académie Intern. de Droit Comparé, Paris; Mitgl. Österr. Akad. d. Wiss., Phil.-hist. Klasse K.M. Unidroit Rom - Spr.: Engl., Franz. - Rotarier - Lit.: Festschr. f. W. Müller-Freienfels (1986) - Eltern s. Reinhart M.-F. (Bruder).

MÜLLER-GAZUREK, Johann

Richter Sozialgericht Berlin, Mitgl. Bundesvorst. Die Grünen (s. 1987) - Kyllmannstr. 22, 1000 Berlin 45 (T. 030 - 833 14 50) - Geb. 23. Dez. 1947 Esslingen, verh. s. 1972, T. Tanja - 1969 Stud. FU Berlin (Jura u. Soziol.) - S. 1978 Verw.jurist, s. 1980 Richter. 1985-87 Vorst.-Mitgl. AL Berlin - BV: Ausländer-Sozialrecht, 1983 (m. Klaus Groth).

MÜLLER-GERBES, Geert

Journalist u. Talkmaster, RTL plus, Bonn - Saynstr. 11, 5300 Bonn 3 (T. 0228 - 48 23 00) - Geb. 18. Sept. 1937 Jena/Thür., verh. m. Margot, geb. Pohl, 4 Söhne (Stefan, Hartmut, Tilman, Philip) - Volontariat Heidenheimer Ztg.; FU Berlin (Gesch., Soziol., Rechtswiss.) - 1962-65 freiberufl. Journalist f. Tagesspiegel, RIAS, SFB; 1965-66 Redakt. Tagesspiegel; 1967-69 IBM Deutschl.; 1969-74 Presseref. d. Bundespräs.; 1974/75 Presseref. Bundesmin. f. Jugend, Fam. u. Gesundh.; 1976-92 Deutschl. Korresp. Radio Luxemburg u. RTL plus. 1978-84 Vorst.-Mitgl. Bundes-Pressekonfz. S. 1988 Talkmaster u. Moderator, u.a. Die Woche, Bonnfetti, Wie bitte?!, Deutsche Welle Drehscheibe Europa.

MÜLLER-GOTTHARD, Edgar

Vorstand Victoria Feuer-Versich.-AG u. Victoria Rückversich.-AG, Berlin - Victoriapl. 1, 4000 Düsseldorf 1 - Zul. Nordstern-Versich.-Gruppe.

MÜLLER-GRAFF Peter-Christian

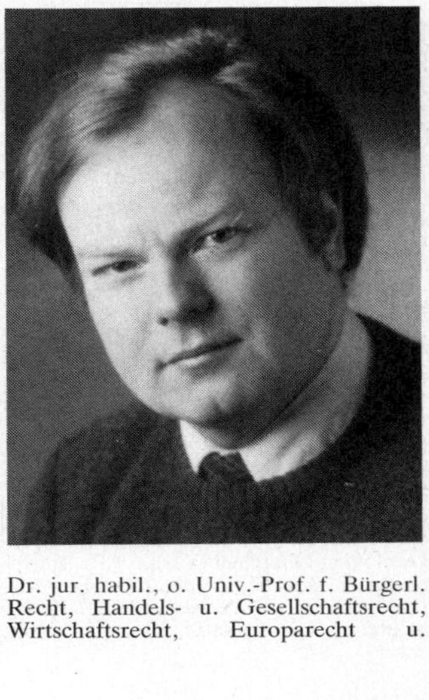

Dr. jur. habil., o. Univ.-Prof. f. Bürgerl. Recht, Handels- u. Gesellschaftsrecht, Wirtschaftsrecht, Europarecht u.

Rechtsvergl. Univ. Trier (s. 1986), Dekan Rechtswiss. (1990-91), Prof. associé Univ. de Nancy II Faculté de Droit (1989-90), Richter am OLG Köln - Universität Trier, Tarforster Höhe, Postf. 38 25, 5500 Trier (T. 0651 - 201 25 16) - Geb. 29. Sept. 1945 Freising/Oberbay. (Vater: Dr. Ing. Christian M.; Mutter: Marie-Luise, geb. Riedmaier) - Stud. Rechtswiss. Göttingen, Berlin, Tübingen (1. Staatsex. 1969), Cornell/USA (Studienstiftg. d. Dt. Volkes); 1972 Ref. EG Brüssel; Promot. 1973 Tübingen; 2. Staatsex. 1974; Habil. 1982 Tübingen - 1974-82 Wiss. Assist. Univ. Tübingen, Jurist. Fak.; 1982-86 Univ.-Prof. Univ. Köln Rechtswiss. Fak.; Vorst.-Mitgl. Wiss. Ges. f. Europarecht; Präsid.-Mitgl. Arbeitskreis Europ. Integration - BV: Rechtl. Auswirkungen e. laufenden Geschäftsverb. im amerikan. u. dt. Recht, 1974; D. Direktwahl d. europ. Parlaments, 1977 (2. A. 1979; griech 1979; engl. 1979); L'intervention d. pouvoirs publics dans la vie économique - Allemagne (Hrsg. Savy) 1978; Unternehmensinvestit. u. Investitionssteuerung im Marktrecht, 1984; Staat u. Wirtsch. in d. EG, 1987; Langzeitverträge im Recht gegen Wettbewerbsbeschränkungen, 1988; Privatrecht u. Europ. Gemeinsch.-recht - Gemeinsch.privatrecht, 1989 (2. A. 1991); Binnenmarktziel u. Rechtsordnung - Binnenmarktrecht, 1989; Binnenmarkt u. Rechtsordnung, 1990; Beseitigung d. mengenmäßigen Beschränkungen zw. d. Mitgliedstaaten, Kommentierung 1991; Techn. Regeln im Binnenmarkt (Hrsg.), 1991; Wettbewerbsregeln im gemeinsch.europ. Binnenmarkt, 1991; Öffentl. u. priviligierte Unternehmen im Recht d. Europ. Gemeinschaften (m. F. Zehetner), 1991. Zahlr. Fachaufs. - Spr.: Engl., Franz., Span., Lat., Altgriech.

MÜLLER-GROELING, Hubertus

Dr. rer. pol., Dipl.-Volksw., Prof. u. Direktor am Inst. f. Weltwirtsch., Kiel - Roesoll 6, 2305 Heikendorf (T. 0431 - 24 15 68) - Geb. 9. Nov. 1929 Osterode/Ostpr. (Vater: Hubert M., Landw.; Mutter: Gabriele, geb. v. Groeling), ev., verh. s. 1961 m. Maria, geb. Freiwald, 2 Kd. (Axel, Karolin) - 1953-58 Univ. Heidelberg (Dipl. rer. pol.); Promot. 1964 Saarbrücken - 1959-68 Assist. Univ. d. Saarl.; 1969-70 Assist. Univ. Kiel; 1971-73 Forsch.gruppenleit. Inst. f. Weltwirtsch.; 1973ff. Abt.leit. ebd., 1989ff. Vizepräs. ebd.; 1973ff. Schriftleit. Weltw. Archiv u. Kieler Studien; 1987-91 stv. Vorst.-Vors. Friedrich-Naumann-Stiftg., 1987ff. Vors. d. Auswahlaussch. d. Begabtenf. ebd.; 1991ff. Vorst.-Mitgl. ebd. u. d. Arbeitsgemeinsch. d. Forsch.-einrichtungen d. blauen Liste - BV: Maximier. d. soz. Gesamtnutzens u. Einkommensgleichh., 1965; Reflections on a troubled world economy, 1983 (Mithrsg.) - Mitgl. Ges. f. Wirtschaftsw., American Economic Assoc., Royal Economic Soc.

MÜLLER-HABIG, Margot

Aufsichtsrat Westfalia-Separator - Bahnhofstr. 26 4140 Oelde/Westf. - Geb. 8. Aug. 1919 Oelde/Westf.

MÜLLER-HABIG, Maria

Aufsichtsrat Westfalia Separator, Oelde/Westf. - Schraberg 10, 5804 Herdecke/Ruhr - Geb. 13. Dez. 1939 Diestedde.

MÜLLER-HENNEBERG, Hans

Dr. jur., Rechtsanwalt, Geschäftsf. Verb. d. württ.-bad. Papierfabriken, Verein d. Papier-, Pappen-, Zell- u. Holzstoff-Fabriken in Südbaden, Vereinig. Feinpapier, Vg. Durchschlagpaier, Vg. Kunstdruck-, Chromo- u. Buntpapier, Vg. Echt Pergament, Vg. Holzfrei, alle Stuttgart - Im Taxiswald 7, 7022 Leinfelden-Oberchen/Württ. (T. Büro: Stuttgart 23 28 82) - Geb. 26. Aug. 1907 - S. 1956 Gf. v. Verb. Herausg.: Kommentar z. Kartellgesetz.

MÜLLER-HERMANN, Ernst

Dr. rer. pol., Volkswirt - Rilkeweg 40, 2800 Bremen-Oberneuland (T. 25 94 17) - Geb. 30. Sept. 1915 Königsberg/Pr. (Vater: Dr. med. Fritz M., Frauenarzt), ev., verh. s. 1945 m. Ruth, geb. Fien, 3 Kd. (Barbara, Sabine, Andreas) - Gymn.; 1932-34 Univ. Königsberg Jura u. Nationalök.; Stud. a. Verfolgungsgr. aufgegeben); kaufm. Lehre (Spedition/Schiffahrt). Promot. 1963 Bonn - Kaufm. Angest. Königsberg u. Bremen (Speditions- u. Schiffahrtsunternehmen), 1940-45 Wehrdst., 1946-48 Landesgeschäftsf. mitbegr. CDU Bremen, 1947-52 Mitgl. Brem. Bürgerschaft (1950 Fraktionsvors.), ab 1949 Redakt. Weser-Kurier, Bremen. Vors. Ges. z. Stud. strukturpolit. Fragen (1964ff.); MdB (1952-79); Mitgl. Europ. Parlam. (1977-84) u. Rundfunkrat Dt. Welle (1969ff.). CDU (1968-74 Vors. Landesverb. Bremen u. Arbeitskr. II. Wirtsch. u. Ernähr. CDU/CSU-Bundestagsfrakt. (1969ff.); 1971ff. Mitgl. Bundesvorst.), 1984-85 Berat. d. Bremer Senats in EG-Fragen - BV: Ordnung u. Wettbewerb - Grundl. d. Verkehrspolitik, 1955; D. Grundl. d. gemeins. Verkehrspolitik in d. EWG, 1963; Bonn zw. d. Weltmächten, 1971; DB-Sanierung - höchste Eisenb., 1976; Politik d. Bewährung im Wandel, 1985; Eines Menschen Weg u. Zeit, 1989 - Liebh.: Musik - Spr.: Engl. - Großv. ms.; Prof. Ludimar Hermann (bek. Physiologe) - Lit.: W. Bell, Kennen Sie eigentlich den? - M.-H., 1965.

MÜLLER-HEUSER, Franz

Dr. phil., Prof., Rektor Hochschule f. Musik Köln u. Präs. d. Dt. Musikrates - Dagobertstr. 38, 5000 Köln 1.

MÜLLER-HILL, Benno

Dr. rer. nat., o. Prof. u. Mitdirektor Inst. f. Genetik Univ. Köln (s. 1968) - Händelstr. 53, 5000 Köln 1 (T. 25 25 33) - BV: D. Philosophen u. d. Lebendige, 1981; Tödliche Wissenschaft, 1984.

MÜLLER-HIRSCHMANN, Hans-Jürgen

Präsident Bund Dt. Jäger - Hausdorffstr. 99, 5300 Bonn 1 (Fax 0228 - 23 12 05) - Geb. 22. Jan. 1933 - Vers. Generalvertr. Blattschuß-Verleger.

MÜLLER-HOHENSTEIN, Klaus

Dr., o. Prof. f. Geographie Univ. Bayreuth - Albert-Preu-Str. 13, 8580 Bayreuth (T. 0921 - 5 62 82) - Geb. 15. Aug. 1936 Neusalz - 1. u. 2. Staatsex. 1963 u. 65 Univ. Heidelberg, Promot. 1968 Erlangen, Habil. 1976 ebd. - BV: D. Wälder d. Toskana, 1969; D. ostmarokkanische Hochplateaus, 1978; D. Landschaftsgürtel d. Erde, 2. A. 1981; An introduction to the vegetation of Yemen, 1984; Marokko, 1990.

MÜLLER-HORNBACH, Gerhard

Prof. Hochsch. f. Musik u. Darst. Kunst Frankfurt/M., Komponist - Taunusblick 3, 6368 Bad Vilbel 3 - Geb. 26. Febr. 1951 Hornbach (Vater: Helmut M.; Mutter: Gudrun, geb. Becker), ev., verh. s. 1977 m. Susanne, geb. Bangert, 2 Kd. (Maria, Johannes) - 1973-78 Stud. Schulmusik, Kompos., Musikwiss., Ges.wiss. - S. 1981 Prof. Künstler. Leit. d. Mutare Ensemble Frankfurt - Musikw.: u.a. Gesänge d. Liebe - 1981 Rompreis (Villa Massimo).

MÜLLER-IBOLD, Klaus

Dr.-Ing., Prof., Oberbaudirektor i.R. c/o College of Environmental Design, King Fahd Univ. of Petroleum and Minerals, Dhahran 31261 (Saudi Arabien) - Geb. 6. April 1929 Shanghai/China (Vater: Dr. phil. Carl M., Chemiker; Mutter: Martha, geb. Stenzel), ev., verh. s. 1955 m. Eva, geb. Meyer-Ibold, 3 Kd. (Till, Karen, Sabine) - Kaiser-Wilhelm-Schule (1935-45) u. American School Shanghai (1947-48); St. Johns Shanghai (1948-49) u. TH Hannover (1949-54; Arch. u. Städtebau; Dipl.-Ing. 1954). Promot. 1961 - 1955-62 Stadtverw. Hannover (Leit. Abt. Sonderauf./Stadtplanungsamt) u. 1963-68 Stadtbaurat in Kiel; 1968-72 Univ. Dortmund (Prof. f. Stadt- u. Regionalplanung); 1972-80 Oberbaudir. Freie u. Hansestadt Hamburg., s. 1985 Prof. u. Lehrstuhlinh. (Stadt u. Regionalplanung) an d. Univ. in Dhahran, Saudi Arabien; Vors. Bauaussch. Städtetag u. a. - BV: Städte verändern ihr Gesicht (m. Hillebrecht); D. Stadtregion als Raum zentraler Orte - Prämie Stiftg. d. Dt. Gemeinden u. Gemeindeverb. z. Förd. d. Kommunalwiss. - Mitgl. Dt. Akad. f. Städtebau u. Landesplanung, Vorst. intern. Verb. f. Wohnungswesen, Städtebau u. Raumplan, intern. Vereinig. d. Stadt- u. Regionalplaner - Spr.: Engl.

MÜLLER-JAHNCKE, Wolf-Dieter

Dr. rer. nat., Prof., Apotheker, Kurator Dt. Apotheken-Museum - Friedrichstr. 3, 6900 Heidelberg (T. 06221 - 2 58 80) - Geb. 12. Febr. 1944 Kirche, ev. - Approb. z. Apoth. 1970; Promot. 1973; Habil. 1982 - 1986 Hon.-Prof. Univ. Marburg, 1988 Hon.-Prof. Univ. Heidelberg - BV: Münzen u. Medaillen d. gräfl. Häuser Sayn (m. F.E. Volz), 1975; Magisch-astrol. Theorie u. Praxis in d. Heilkunde d. frühen Neuzeit, 1985 - Spr.: Engl., Franz., Ital., Latein.

MÜLLER-JENSEN, Axel

Dr. med., Prof. f. Neurologie Univ. Hamburg, Chefarzt - Müllenhoffweg 24, 2000 Hamburg 52 - Geb. 5. Dez. 1942 Hamburg (Vater: Wilhelm M.-J., Arzt; Mutter: Käthe, geb. Jensen), ev. - 1962-67 Stud. Univ. Hamburg (Promot. 1968, Habil. 1977) - 1979 Oberarzt Neurol. Univ.-Klinik Hbg.-Eppendorf; s. 1982 Prof.; s. 1986 Chefarzt Neurol. Abt. Allg. Krankenhaus Hbg.-Altona. Üb. 70 wiss. Publ. in nat. u. intern. Fachztschr. - Spr.: Engl.

MÜLLER-JENTSCH, Walther

Dr. rer. pol., Prof. f. Sozialwissenschaften Univ.-GH Paderborn (s. 1982) - Dörener Weg 29, 4790 Paderborn - Geb. 28. Nov. 1935 Düsseldorf - Univ. Frankfurt/M. u. London (Soziologie, Politikwiss., Industrial Relations); Dipl.-Soziol. 1969 Frankfurt; Promot. 1975 Bremen - 1969-81 Wiss. Mitarb. Inst. f. Sozialforsch. Frankfurt. 1990 Gastprof. Univ. of Warwick (Coventry/Engl.) - BV: Gewerksch. in d. Bundesrep., 2 Bde. 1975/77 (m. J. Bergmann u. O. Jacobi); Anpass. an d. Krise - Gewerksch. in d. 70er Jahren, 1982 (m. G. Brandt u. O. Jacobi); Soziologie d. industriellen Beziehungen, 1986; Zukunft d. Gewerkschaften - E. intern. Vergleich, 1988; Basisdaten d. industriellen Beziehungen, 1989; Konfliktpartnerschaft, 1991. Herausg. d. Schriftenreihe Industrielle Beziehungen.

MÜLLER-KARPE, Hermann

Dr. phil. (habil.), Honorarprof. Univ. Frankfurt (s. 1980) - Am Limperichsberg 30, 5330 Königswinter 41 Thomasberg - Geb. 1. Febr. 1925 Hanau/M. - Univ. Graz u. Marburg (Vorgesch., Klass. Archäol., Alte Gesch.). Promot. Marburg; Habil. München - U. a. Konservator Prähistor. Staatssamml. München; 1958-63 Privatdoz. Univ. ebd., 1963-79 o. Prof. u. Dir. Inst. f. Vorgesch. Univ. Frankfurt - BV: u. a. Niederhess. Urgesch., 1951; V. Anfang Roms, 1959; Z. Stadtwerdung Roms, 1962; Handb. d. Vorgesch., Bd. I 1966, II 1968, III 1975, IV 1980; Vorgesch. Europas, 1968; Geschichte d. Steinzeit, 1974; Einführung in d. Vorgeschichte, 1975. Zahlr. Einzelarb.

MÜLLER-KIRSTEN, Harald J. W.

Dr. phil., Prof. f. Theor. Physik Univ. Kaiserslautern - Davenportplatz 16, 6750 Kaiserslautern - Geb. 19. Mai 1935 Halle/S. (Vater: Wilhelm M., o. Prof.; Mutter: Ilse, geb. Kirsten), ev., ledig - Univ. Sydney, Perth/Austr. (B.Sc. Honours 1958, Ph.D. 1960 [dt. Anerk. als Dr. phil. 1961], Habil. Univ. München 1971) - 1960-71 Wiss. Mitarb. u. Assist. Inst. f. Theor. Physik Univ. München; 1967 Assist.-Prof. American Univ. of Beirut/Libanon; ab 1971 Wiss. Rat u. Prof. in Kaiserslautern. 90 Veröff. in intern. Ztschr. f. Physik u. Math. - BV: Supersymmetry World Scientific (m. A. Wiedemann), 1987.

MÜLLER-KRUMBACH, Renate

Dr. phil., Kunsthistorikerin, Hauptkustodin d. Museen u. Gedenkstätten d. Stiftung Weimarer Klassik - Frauenplan 1, O-5300 Weimar - Geb. 23. Juli 1936 Jena (Vater: Gerhard K., Prof. Dr., Geophysiker; Mutter: Traute, geb. Oeser), ev., verh. s. 1964 m. Philip Oeser (Maler) - Abit. 1954; Stud. Kunstgesch./Klass. Archäol. Univ. Jena; Dipl./Staatsex.; Promot. 1968 Leipzig - 1959-68 wiss. Assist. Staatl. Kunstsammlungen Weimar; 1968-90 freiberufl. (kunsthistor. Publ., Gutachtertätigk.) - BV: Louis Held, Hofphotograph, 1985; mehr. Publ. üb. Porzellan/Fächer d. 18./19. Jh.; ca. 25 wiss. Publ. - 1991 Kunstpreis d. Stadt Weimar - Liebh.: Lit. - Spr.: Engl.

MÜLLER-KRUMBHAAR, Heiner

Dr., Prof., Physiker Forschungszentrum Jülich u. RWTH, Aachen - Forschungszentrum, 5170 Jülich (T. 02461 - 61-0) - Geb. 1944 Liegnitz/Schles. - 1979 Walter-Schottky-Preis (f.: Theorie d. Kristallbild.).

MÜLLER-KRUMWIEDE, Hans-Walter

s. Krumwiede, Hans-Walter

MÜLLER-LANCÉ, Karl-Heinz

Dr. phil., Prof. f. Musik Päd. Hochschule Freiburg - Mittelweg 4, 7801 Umkirch/Br. (T. 3 97).

MÜLLER-LAUTER, Wolfgang

Dr. phil., em. o. Prof. f. Philosophie - Klopstockstr. 27, 1000 Berlin 27 (T. 802 61 55) - Geb. 31. Aug. 1924 Weimar (Vater: Paul A. Müller, Klavierbauer; Mutter: Selma, geb. Weiß), ev., verh. s. 1955 m. Erika, geb. Geißler, 4 Kd. (Wolfgang, Torsten, Martina, Corinna) - FU Berlin (Phil., Soziol., German.) - S. 1961 Lehrtätigk., 1974-76 Rektor Kirchl. Hochsch. Berlin - BV: Möglichkeit u. Wirklichkeit bei Heidegger, 1960; Nietzsche, S. Philos. d. Gegensätze u. die Gegens. s. Philos., 1971; Dostojewskijs Ideendialektik, 1974. Div. Aufsätze. Herausg.: Nietzsche Werke Krit. Gesamtausg. (ab 1987), Nietzsche-Stud. Intern. Jahrb. f. d. Nietzsche-Forsch. (1972ff.), Supplementa Nietzscheana (1989ff.) TRE (Theolog. Realenzyklopädie I-XII) (1977ff.) - Liebh.: Schach (Thür. Meister 1941, Berliner Pokalm. 1953).

MÜLLER-LEIENDECKER, Klaus F.

Bankkfm., Konsul a.h. v. Panamá, Vorst. Ibero-Amerika Bank AG, Bremen - Domshof 14-15, 2800 Bremen (T. 0421 - 3 63 00-0) - Geb. 1941 Pereira/Kolumbien - VR-Vors. Banco Alemán-Panameno S.A., Panamá; VR-Mitgl. Crédit Français Intern., Paris; Vorst.-Mitgl. Ibero-Amerika-Verein, Hamburg/Bremen, Carl-Schurz-Ges., Bremen.

MÜLLER-LIMMROTH, Wolf

Dr. med., o. Prof. u. Direktor Inst. f. Arbeitsphysiologie TH bzw. TU München (s. 1965) - Rottenbucherstr. 5, 8032 Gräfelfing/Obb. (T. München 85 58 04) - Geb. 14. Okt. 1921 Obersdorf/W. (Vater: Ernst M.-L., Rektor; Mutter: Hedwig, geb. Knoop), ev., verh. s. 1952 m. Hildegard, geb. Limper, 2 Töcht. (Ulrike, Sabine) - Realgymn. Siegen u. Bismarck-Obersch. Dortmund (1935); 1940-48 Univ. Münster (Promot.) - 1948-65 Assist., Privatdoz. (1953), Doz. (1958), apl. Prof. (1959), Wiss. Rat (1962) Univ. Münster, Nachweis d. biretinalen Assoziation in d. Sehbahn - BV: Elöektrophysiol. d. Gesichtssinns.1959; D. Gesichtssinn, in: Landois-Rosemann, Lehrb. d. Physiol., 1961; Sport in Therapie u. Rehabilitation, 1964; Handb. d. Verkehrsmed., 1968; Gesund u. fit am Steuer, 1971 (m. Hettinger); Sinnesorgane u. Nervensystem in Schmidtke: Ergonomie I, 1973; Arzneimittel u. Straßenverkehr, 1974 - Mitgl. Dt. Physiol. Ges. EEG-Ges. f. Arbeitswiss., Dt. Ges. f. Verkehrsmed., Ärztekoll. ADAC, 1974 Jahrespreis Verein f. Gerberei-Chemie u. -technik, 1977 Ehrenmedaille d. Dtsch. Ges. f. Badewesen; 1984 Gr. BVK- Liebh.: Schmalfilmen, Elektronik.

MÜLLER-LINK, Peter-Heinz

Senator a. D., Rechtsanwalt, Mitgl. Hbg. Bürgerschaft (1953-74) - Walter-Frahm-Stieg 20, 2000 Hamburg 70 (T. 656 30 45) - Geb. 2. Jan. 1921 Hamburg, ev., verh. m. Gabriele, geb. Kerner (†), 2 Kd., s. 1977 verh. m. Gudrun, geb. Hilbert - Realgymn. d. Johanneums Hamburg (Notabit.); 1945-48 Univ. ebd. (Rechtswiss.). Ass.ex. 1952 - 1939-45 Soldat (Hptm. a. D. Grenadier-Regt. 76); s. 1952 Rechtsanw. Hamburg; 1961-66 Senator ebd. (Baubehörde). FDP (1954-66 stv. Landesvors. Hamburg, 1983-85 Vors.). Vors. d. Verwaltungsrates Aug. Prien Bauuntern.; Ehrenvors. Landesverb. Hamburg d. FDP.

MÜLLER-LINOW, Bruno

Prof., Maler u. Graphiker - Ludwigshöhstr. 3, 6100 Darmstadt, u. Hauptstr. 13, 5551 Hochscheid/Hunsrück (T. 06531 - 4 50) - Geb. 31. Juli 1909 Pasewalk/Pom. - S. 1936 Kunstlehrer an Kunstsch.; 1956 Dir. Werkkunstsch. Trier, b. 1974 Prof. TH Darmstadt, Architektur-Fak. Hauptarb.geb.: Bildnis, Stilleben, Aquarell, Glasfenster u. Radierung. Magisterarb. üb. Müller-Linow a. d. Univ. Mainz. Mitgl. Münchner Secession - Kunstpreise u. Ausz. als Maler.

MÜLLER-LÖNNENDUNG, Ludwig

Dr. phil., Doz. Kath. Landvolkshochsch. Anton Heinen, Hardehausen - Am Alpenkamp 4, 3530 Warburg 2 (T. 05642 - 61 34) - Geb. 19. Aug. 1933 Heggen/Kr. Olpe, kath., verh. s. 1961 m. Helga, geb. Lönnendung, S. Bernd - Stud. Rechtswiss., Phil. Erziehungswiss. Köln, Münster, Bonn; Staatsex. 1959, Promot. 1982 - 1960-62 Rechts- u. Kreditabt. Dt. Bank AG; 1963-68 Dir.-Assist. Krombacher Brauerei Krombach; s. 1968 LVH Hardehausen. Mitgl. Veranst.gem. Radio Hochstift, Paderborn/Höxter; Vors. Verbandsvers. Krankenhaus Zweckverb. Warburg - Veröff. zu Fragen d. bäuerl. Erbrechts - Spr.: Engl., Franz., Lat.

MÜLLER-LUCKMANN, Elisabeth, geb. Luckmann

Dr. rer. nat., Prof. a. D., Psychologin - Theaterwall 19, 3300 Braunschweig (T. 4 31 44) - Geb. 16. Okt. 1920 Braunschweig (Vater: Friedrich Luckmann, Prokurist; Mutter: Anna, geb. Pontzen), ev., verh. 1951-62 m. Dr. Rolf Müller (gesch.) - Dipl.-Psych. 1944; Promot. 1945, Habil. 1955 (alles Braunschweig) - 1962ff. Prof. TH bzw. TU Braunschweig; 1972ff. Vors. Dt. Ges. f. Sexualforsch. (1970-75); Mitgl. Dt. Ges. f. Psychologie - BV: Die Glaubwürdigkeit kindl. u. jugendl. Zeuginnen b. Sittlichkeitsprozessen, 2. A. 1963; Gerichtl. Psych., 1962 (m. G. Blau); Wie man d. Alltag zu zweit besteht, 1979; Vivre à deux, 1982; Levens lessen, 1982; D. gr. Kränkung, 1985; Männer um 50, 1986; Mrs. Chivers Tod, 1988; Sei doch (k)ein Frosch, 1989;

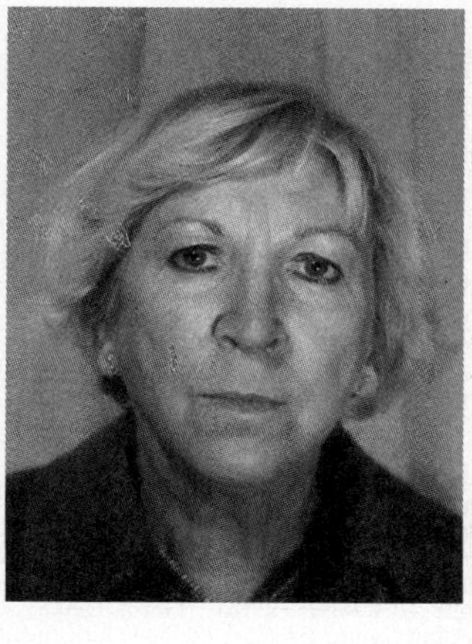

Ich habe ihn getötet, 1992 - Spr.: Latein, Engl., Franz., Schwed.

MÜLLER-LUTZ, Heinz Leo

Dr. rer. pol., Honorarprof. f. Betriebswirtschaftslehre v. Versicherungsunternehmen Univ. München (s. 1963) - Pippinstr. 12, 8035 Gauting/Obb. (T. München 850 22 31) - Geb. 10. Aug. 1912 Darmstadt (Vater: Leo Müller, Offz.; Mutter: Louise, geb. Steinmüller), kath., verh. s. 1945 m. Elisabeth, geb. Herold, 2 Kd. (Marie-Louise, Hendrik) - Univ. Frankfurt/M. (Dipl.-Volksw. u. Promot.) - Üb. 50 J. Allianz (zul. Vorst.) - BV: u. a. Grundbegriffe d. Versich.lehre, 1959 (auch franz., engl., ital., span.); D. programmierte Büro, 1964; D. automatisierte Büro, 1965; Gedanken u. Erfahrungen, 1987. Herausg.: Intern. Versich.wörterbuchsystem (f. 24 Spr., 1989) - Ehrenvors. Verein f. Versich.wiss. u. -praxis in Hessen, Frankfurt/M. u. AWV Eschborn; Komturkreuz St.-Sylvester-Orden; 1971 Bayer. VO., 1976 Gr. BVK.

MÜLLER-MEININGEN, Ernst, jr.

Dr. jur., Rechtsanwalt u. Publizist, Ehrenvors. Bayer. Journalistenverb. (s. 1971; 1951-71 Vors.), Mitgl. Bay. Rundfunkrat (1950-78), Presserat (1955-70), Bayer. Senat (1966-79) - Mauerkircherstr. 29, 8000 München 80 (T. 98 67 68) - Geb. 8. Juni 1908 München (Vater: Dr. jur. Ernst M.-M., bayer. Justizminister u. stv. Ministerpräs. Reichstags- u. Landtagsabg. † 1944 (s. X. Ausg.); Mutter: Frida, geb. Steinhard), ev., verh. s. 1932 m. Hilde, geb. Sand †1987, 3 Kd. (Gertrud, Johanna, Max) - Univ. München (Rechtswiss.). Ass.ex. 1933 - Währ. d. III. Reiches Berufsverbot; s. 1946 Kommentator Südd. Ztg., München - BV: D. Parteigenossen, 1946; D. Verteidiger im dt. Strafrecht, 1960; D. Rache ist mein - Theorie u. Praxis d. Todesstrafe, 1962; Todesstrafe u. öfftl. Meinung, 1964; Ist d. Rundfunkfreiheit in Gefahr?, 1965; Justiz u. Presse in Deutschland, 1966. Herausg.: Kommentare v. gestern und heute (Anthol. 1967); D. Jahr Tausendundeins - e. dt. Wende? (1987); Orden, Spiesser, Pfeffersäcke (1989) - 1971 Ehrenmitgl. Dt. Journalistenverb.; 1970 Dt. Journalistenpreis; 1969 Ludwig-Thoma-Med.; 1965 Theodor-Wolff-Preis; 1988 Wilhelm Hoegner-Preis (1. Preisträger).

MÜLLER-MERBACH, Heiner

Dr. rer. pol., Dipl.-Wirtschaftsing., Prof. f. Betriebswirtschaftslehre Univ. Kaiserslautern, Chefredakt. Ztschr. technologie & management (s. 1985) - Am Löwentor 11, 6100 Darmstadt (T. 71 88 92) - Geb. 28. Juni 1936 Hamburg (Vater: Dr. Erich M., Bankprokurist; Mutter: Gertrud, geb. Müller), ev., verh. s. 1969 m. Uta, geb. Schade - 1955-61 TH Darmstadt (Dipl.-Wirtschaftsing.) - 1983-85 President IFORS (Intern. Federation of Operational Research Societies); 1985-87 Vors. Verb. dt. Wirtschaftsing. (VWI) - BV: Operations Research, 3. A. 1973; Optimale Reihenfolgen, 1970; Operations-Research-Fibel f. Manager, 2. A. 1971; Einf. i. d. Betriebswirtschaftslehre, 2. A. 1976; Mathematik f. Wirtschaftswissenschaftl., 1974; Quantitat. Ansätze in d. Betriebswirtschaftslehre, 1978; D. stoische Manager, 1991; Philosophie-Splitter f. d. Management, 1991 - 1986 Ehrenprof. Tongji-Univ., Shanghai, China - Spr.: Engl.

MÜLLER-MICHAELS, Harro

Dr. phil., Prof. f. Literaturwiss. (Didaktik d. German.) Univ. Bochum (s. 1975) - Unterfeldstr. 10, 4630 Bochum (T. 79 32 05) - Geb. 18. April 1936 Stettin (Vater: Martin M., Landw.; Mutter: Magda, geb. Michaels), ev., verh. s. 1966 m. Dr. med. Sigrid, geb. Fuchs, 2 Kd. (Olaf, Juliane) - Stud. d. German., Angl., Päd., Leibeserz. Univ. Marburg u. Münster; Promot. 1964 - 1967-71 Akad. Rat PH Oldenburg; 1971-75 o. Prof. Univ. Bayreuth. 1973-75 u. 1984-87 Dekan - BV: Dramat. Werke im Dt.unterricht, 2. A. 1975; Literatur im Alltag u. Unterricht, 1978; Positionen d. Deutschdidakt., 1980; Deutschkurse, 1987. Herausg.: Jahrbuch d. Deutschdidaktik (1978ff.); Dt. Dramen (1981); Deutschunterr. als Aufklärung (1989); Lesebücher: Schwarz auf weiß (1987), Lektüre (1991) - S. 1988 Vors. d. Lit. Ges. Bochum - Spr.: Engl.

MÜLLER-NORDEGG, von, Bernhard

Direktor i. R., stv. ARsvors. Alois Zettler Elektrotechn. Fabrik GmbH. u. Alois Zettler GmbH., beide München - Luisenstr. 27, 8000 München 2 (T. 59 27 35) - Geb. 1. März 1907 - Zul. kaufm. Geschäftsf. Zettler.

MÜLLER-PLANTENBERG, Clarita, geb. von Trott zu Solz

Dr. rer. pol., Prof. GH Kassel - Nora-Platiel-Str. 5, 3500 Kassel; Cosimaplatz 8, 1000 Berlin 41 (T. 030 - 851 43 91) - Geb. 9. Nov. 1943, ev., verh. s. 1966 m. Urs M.-P., 2 Kd. (Vera Elisabeth, Nikolas Adam) - Dipl. (Soziol.), Promot. 1971 Berlin - BV: Überlebenskampf u. Selbstbestimmung, Arbeiter- u. Volksbewegung in kolumbianischen Städten, 1983; Frau u. Familie im gesellschaftl. Befreiungsprozeß, 1983; 3 Analysen z. chilenischen Situation zw. 1964 u. 1982, 1983. Herausg.: Indianergebiete u. Großprojekte in Brasilien (1988) - Spr.: Engl., Franz., Span.

MÜLLER-POHLE, Hans

Dr. jur., Rechtsanwalt, Honorarprof. f. Handels-, Gesellschafts- u. Wirtschaftsrecht TH bzw. TU Braunschweig (s. 1964) - Vor d. Warte, 3501 Nieste üb. Kassel (T. 05605 - 22 76) - Geb. 8. Aug. 1906 Ellrich/Hohenstein.

MÜLLER-REHM, Klaus Hildebrand

Dipl.-Ing., Regierungsbaurat a. D., o. Prof. (emerit.) a. d. Hochsch. f. bild. Künste Berlin - Miquelstr. 92, 1000 Berlin 33 (T. 832 50 25) - Geb. 26. Juni 1907 Berlin (Vater: Dr. med. Franz Müller, Arzt; Mutter: Else, geb. Rehm), ev., verh. in 3. Ehe m. Gisela, geb. Bölsing, 2 Söhne (Kai, Ebbo) aus d. 1959 verw. 1. E. m. Minni, geb. Westermann - Kaiserin-Augusta-Gymn. u. TH Berlin (Entwurfsem. Prof. H. Poelzig). Reg.sbaum. 1935 - B. 1945 Staatsbeamter, Ausstellungs-, Krankenhaus-, Hotel- u. Wohnungsbauten Berlin (u. a. Mitwirk. Berliner Großsiedl. Lankwitz, Schillerhöhe u. Spring. Objekt I d. Interbau 1957, m. Dipl.-Ing. G. Siegmann, Gropius-Stadt u. Heerstr. Nord). Div. Wettbewerbserfolge, darunt. 1948 2 I. Preise Gartenstadt Tegel u. Rund um d. Zoo, 1953 I. Preis Schillerhöhe - BV: Haus u. Wohnung, 1954; Wohnbauten v. heute, 1955; Berlin u. s. Bauten (Mitwirk.), 1974; Dichtung u. Duennung, 1986; Graphik aus 6 Jahrzehnten, 1989, Lenchen Piepkorn, Erinnerungen aus 6 Jahrzehnten, 1990; Monologe e. Kosmikers, 1991; Ich stehe morgens auf Paralipomena, 1992.

MÜLLER-REINIG, Helmut

Journalist, Persönlicher Beauftragter d. Ministerpräsidenten (s. 1991) - Mannesmannufer 1a (Staatskanzlei), 4000 Düsseldorf 1 - Geb. 3. April 1927 Frankenberg/Eder (Vater: Müller †; Mutter: geb. Reinig), ev. - N. Abit. Journalistensch. München; redakt. Ausbild. Zeitung - Korresp. u. polit. Redakt. versch. Ztg.; 1958-73 Korresp. u. Chef v. Dienst dpa-Landesbüro Düsseldorf; 1973-78 Pressechef Landtag NRW; 1978-90 Reg.sprecher Landesreg. NRW - Spr.: Engl.

MÜLLER-RÖMER, Frank

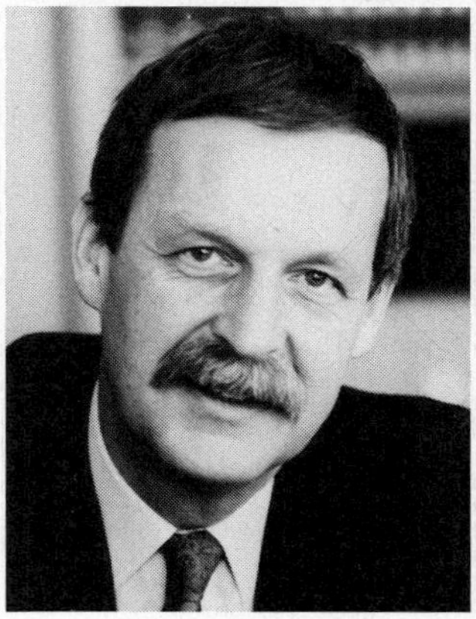

Dipl.-Ing., Techn. Direktor Bayer. Rundfunk - Rundfunkpl. 1, 8000 München 2 - Geb. 24. März 1936 Hainsberg b. Dresden - Abit.; Stud. Nachr.technik TH Stuttgart (Dipl.-Ing.) - 1962-74 Siemens AG; s. 1975 Techn. Dir. Bayer. Rundf. - Zahlr. Buchbeitr.; Veröfftl. in Fachztschr. u. in d. Tagespresse. Mithrsg. u. Autor d. Lose-Blatt-Sammlung: D. neuen Medien (1985) - Zahlr. Mitgl.schaften; 1984 Gold. Satellit (HÖRZU).

MÜLLER-RUCHHOLTZ, Wolfgang

Dr. med., Dr. med. dent., Dr. med. h.c., o. Prof., Direktor Inst. Immunologie Univ. Kiel - Brunswiker Str. 4, 2300 Kiel 1 (T. 0431 - 5 97-33 40) - Geb. 22. Sept. 1928 Mülheim/R., ev., verh. s. 1964 m. Dr. med. Ruth, geb. Nagel, 3 Kd. (Eva, Michael, Christoph) - Lehrstuhlinh. f. Immunol. Univ. Kiel.

MÜLLER-SALGET, Klaus

Dr. phil., apl. Prof. f. Neuere dt. Literaturwiss. Univ. Bonn - Seydlitzstr. 11, 5200 Siegburg (T. 02241 - 5 05 52) - Geb. 26. Febr. 1940 Siegburg (Vater: Karl M.-S.; Mutter: Grete, geb. Scholz), verh. m. Jutta, geb. Hempel, 3 Kd. (Paul, Lukas, Gesa) - Stud. Univ. Bonn; Promot. 1970; Habil. 1980 - 1970-74 wiss. Assist. u. Doz. Univ. Gießen u. 1974-83 Univ. Bonn; 1983-85 Prof. a.Z. Univ. Bonn; 1985/86 Lehrstuhlvertr. Univ. Bonn u. Univ. Passau; 1986-88 Doz. Univ. Erlangen-Nürnberg; 1990/91 Lehrstuhlvertr. Univ. Bonn - BV: Alfred Döblin. Werk u. Entwicklung, 1972, 2. A. 1988; Erzählungen f. d. Volk. Evang. Pfarrer als Volksschriftsteller im Deutschl. d. 19. Jh., 1984; Erl. u. Dok. z. Max Frisch: Homo faber, 1987; Heinrich v. Kleist: Sämtl. Werke u. Briefe, Bd. 3: Erz., Anekdoten, Ged., Schriften (Hrsg.), 1990; Abhandl. z. dt. Lit. d. 18.-20. Jh. - Liebh.: Musik, Fotogr. - Spr.: Engl., Franz., Latein.

MÜLLER-SALIS, Wolfram

Rechtsanwalt, Geschäftsf. MS Beteiligungs GmbH - Ulmenring 32, 6501 Ober-Olm (T. . 06136 - 8 97 93) - Geb. 5. Sept. 1924 Berlin, ev., verh. s. 1954 m.

Gisela, geb. Schiersand, 2 Kd. (Bettina, Detlef) - Stud. Rechts- u. Staatswiss. Berlin u. Göttingen - 1942-49 Wehrdst. u. russ. Gefangensch. 1961-70 Dt. Schiffahrtsbank AG Bremen (zul. stv. Vorstandsmitgl.); 1971-84 Geschäftsf. Großanlagen-Leasing GmbH Mainz u. zahlr. Beteiligungsges. - Liebh.: Gesch. - Spr.: Engl.

MÜLLER-SCHWEFE, Gerhard

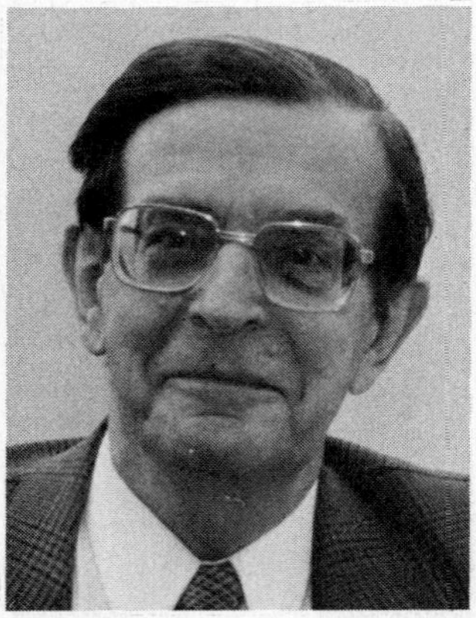

Dr. phil., o. em. Prof. Englisches Seminar Univ. Tübingen (s. 1956) - Rappenberghalde 19, 7400 Tübingen (T. 4 16 26) - Geb. 23. April 1914 Bochum (Vater: Johannes M.-S., Pastor; Mutter: Mathilde, geb. Landgrebe), verh. s. 1944 m. Martha, geb. Klein, 4 Kd. (Constanze, Gerhard, Elisabeth, Thomas) - Univ. Berlin u. Tübingen (Engl. u. Dt. Philol., Phil., Theol.). Promot. (1938) u. Habil. (1954) Tübingen - 1962/63 Gastprof. State Univ. of Iowa (USA) - BV: u. a. D. persönl. Menschenbild Matthew Arnolds in d. dichter. Gestaltung, 1955; Einf. in d. Stud. d. Engl. Philol., 2. A. 1968; Shakespeare - Seine Welt, Unsere Welt, 1964; Einf. in d. Gedichtsinterpretation, 1968; William Shakespeare, Welt - Werk - Wirkung, 1978; Corpus Hamleticum, 1987; Shakespeare im Narrenhaus I (1990), II (1992) - Mitgl. Modern Humanities Research Assoc., Dt. Shakespeare-Ges., Dt. Ges. f. Amerikastudien, Royal Soc. of Arts, Renaissance Soc. of America - Bek. Vorf.: Prof. Dr. theol. Johannes Müller, Propst Magdeburg.

MÜLLER-SCHWEINITZ, Günter

Dr. rer. nat., o. Prof. f. MAth. u. ihre Didaktik TU Braunschweig - Gelsenkirchenstr. 3, 3300 Braunschweig-Querum - Geb. 14. Juni 1925 Berlin, verh. m. Gisela, geb. Schweinitz, S. Martin - BV: Reelle Zahlen, 1972.

MÜLLER-SEIDEL, Walter

Dr. phil., o. Prof. f. Neuere dt. Literaturgeschichte - Pienzenauer Str. 164, 8000 München 81 (T. 98 82 50) - Geb. 1. Juli 1918 Schöna/Sa. (Vater: Martin Müller, Postbeamter; Mutter: Rosa, geb. Seidel), verh. m. Dr. phil. Ilse, geb. Peters, 1 Kd. (Almuth) - Stud. German., Gesch., Engl. Phil. 1949; Habil. 1958 - Assist. Univ. Heidelberg; 1958-60 Privatdoz. Univ. Köln; s. 1960 ao. u. o. Prof. (1965) Univ. München. 1968-72 Vors. Dt. Germanisten-Verb., 1974 Bay. Akad. d. Wiss. - BV: Versehen u. Erkennen - E. Studie üb. Heinrich v. Kleist, 1961; Probleme d. lit. Wertung - Üb. d. Wissenschaftlichkeit e. unwiss. Thema, 1965; Theodor Fontane. Soz. R.kunst in Deutschl., 1975; Die Geschichtlichk. d. dt. Klassik, 1983; D. Deportation d. Menschen. Kafkas Erzählung In d. Strafkolonie im europ. Kontext, 1986.

MÜLLER-SOMMER, Maria, geb. Janicki

Dr. phil., Bühnenverlegerin (Ps. Maria Sommer), Verwaltungsratsvorsitzende VG Wort u. Neue Zentralst. d. Bühnenautoren u. Bühnenverleger, Vorst.-Mitgl. u. Vors. Medienkommission Verb. Dt. Bühnenverleger - Schweinfurthstr. 60, 1000 Berlin 33 - Verh. m. Dr. med. Richard M. (†), verw. - Stud. German., Kunstgesch. u. Theaterwiss.; Promot. - BVK I Kl. - Mitgl. PEN-Club - Spr.: Engl., Franz., Ital.

MUELLER-STAHL, Armin

Schauspieler - Geb. 17. Dez. 1930 Tilsit, ev., verh. s. 1970 m. Gabriele, geb. Scholz, Sohn Christian - Schauspielsch. Ostberlin - BV: Verordneter Sonntag, 1981; Drehtage Musicbox - Avalon, 1991 - Rollen: Höfel, Nackt unter Wölfen; von Bohm, Lola; Korb, Glut; Leon, Bittere Ernte, in rd. 70 Filmen. Rd. 60 Bühnenhauptrollen - Div. Preise in d. DDR; 1981 Bundesfilmpreis; 1986 Darstellerpr. in Toronto f. Bittere Ernte; u.a. - Liebh.: Musik, Malerei.

MUELLER-STAHL, Hagen

Regisseur, Schauspieldirektor Staatstheater Kassel (1976-78) - Bonner Str. 1, 1000 Berlin 33 - Geb. 1926 Tilsit - Humboldt-Univ. Berlin (Theaterwiss., German.) - Dramat. Theater am Schiffbauerdamm Berlin, Regiss. Volksbühne, Schaubühne Hallesches Ufer (1961) ebd. u. a., s. 1971 ltd. Oberspiell. Nationaltheater Mannheim. S. 1980 Lehrtätigk. an d. Hochsch. d. Künste in Berlin (HdK) als Gastprof. Zahlr. Insz., Fernsehsp. u. Dokumentarfilme - 1972 o. Mitgl. Dt. Akad. d. Darstell. Künste, Frankfurt/M.

MÜLLER-STEINECK, Eberhard

Dr. rer. pol., Geschäftsführer Stoffe & Schnitte GmbH, Berlin - Boothstr. 22, 1000 Berlin 45 - Geb. 4. Okt. 1942 Erfurt, ev., verh. s. 1975 m. Gesina, geb. Kröner, 2 Kd. (Lily, Wilhelm) - Dipl.-Volksw. 1967 Univ. Köln, Promot. 1970 Köln - 1967-70 Unternehmensberat.; 1970-74 Planungsstab, 1974-78 Geschäftsf. CDU/CSU-Bundestagsfrakt.; 1978-82 Abteilungsdir. Bundesinst. f. Berufsbildung; 1982-85 Präs. Landesversorgungsamt; 1985/86 Präs. Landesamt f. Zentrale Soz. Aufg.; 1986-89 Staatssekr. b. Senator f. Gesundheit u. Soziales Berlin - BV: D. einkommenssteuerl. Förderung d. Wohnungsbaus in sozialpolit. Sicht, 1971; Grundl. e. Umweltschutzpolitik, 1972.

MÜLLER-STÜLER, Michael Martin

Dr. iur., stv. Vorstandsmitgl. Thuringia Versicherungs-AG., München (s. 1976), Dir. London & Aachen Munich Marine Insurance Co. Ltd., London (s. 1976) u. London & East Riding Marine Ins. Co. Ltd. (s. 1976), Generalbevollm. Aachener u. Münchener Versicherung AG. (s. 1977) - Rosemerryn, Broom Close, Esher, Surrey/Great Brit. - Geb. 10. Okt. 1934 Düsseldorf (Vater: Dr. med. Martin M., Augenarzt; Mutter: Ingeborg, geb. Abegg), ev., verh. s. 1968 m. Wiebke, geb. Schmidt, 2 Kd. (Anna, Johannes) - Stud. d. Rechtswiss. Univ. Hamburg, Berlin (Freie), Freiburg; Ass. 1965; Promot. 1966 - BV: D. Direktanspruch gegen d. Haftpflichtversicherer, 1966; D. Recht d. öff.-rechtl. Sachversicherung, 2. A. 1968 (m. Schmidt-Sievers) - Liebh.: Schöne Künste, Klass. Kraftwagen - Spr.: Engl., Franz.

MÜLLER-SUUR, Hemmo

Dr. med., Prof., Univ. Göttingen - Heinz-Hilpert-Str. 4, 3400 Göttingen (T. 5 59 45) - Geb. 11. Nov. 1911 Königsberg/Pr. (Vater: Karl Müller, Ingenieur; Mutter: Helene, geb. Suur), ev., verh. s. 1939 m. Gisela, geb. Zelle, 4 Kd. (Niels, Almuth, Ingrid, Roland) - TH München u. Hannover, Univ. Gießen, Freiburg/Br., Rostock, Bonn, Göttingen - S. 1948 (Habil.) Privatdoz., apl. Prof. (1954), Wiss. Rat u. Prof. (1969) Univ. Göttingen (Psychopathol.); 1948-69 Oberarzt Landeskrkhs. ebd. - BV: D. psychisch Abnorme - Unters. z. Allg. Psychiatrie, 1950; D. Sinn-Problem in d. Psychose, 1980. Zahlr. Einzelarb. - 1971 Prinzhorn-Med. - Festschr. z. 60. Geburtst.: D. Wirklichkeit d. Unverständlichen.

MÜLLER-van ISSEM(ß), Gerd

Dr., Geschäftsführer Industrievereinig. Gartenbedarf (IVG), u. Fachverb. Fahrrad- u. Kraftradteile-Industrie - Kaiserswerther Str. 135, 4000 Düsseldorf 30 - Geb. 21. Nov. 1946.

MÜLLER-VOLBEHR, Jörg

Dr. jur., Prof. f. Öffentliches Recht u. Kirchenrecht - Waxensteinstr. 16, 8038 Gröbenzell b. München - Geb. 1. April 1936 Bremen, ev., verh. s. 1966 m. Hille, geb. Bakenhus, 2 Kd. (Gerd, Heike) - Altes Gymn. Bremen, 1955-59 Jurastud., Refer. 1960-63 - 1964-71 Landeskirchenrat, 1971-75 Oberkirchenrat, 1976-77 Univ.doz. in München, s. 1978 Prof. an d. Univ. Marburg/L. - Wiss. Veröff. auf d. Gebieten d. Staats- u. Verwaltungsrechts, d. Sozialrechts, d. Kirchenrechts u. d. kirchlichen Rechtsgeschichte - Spr.: Lat., Griech., Engl.

MÜLLER-WARMUTH, Werner

Dr. phil. nat., Univ.-Prof. u. Direktor Inst. f. Physikal. Chemie Univ. Münster - Julius-Hart-Str. 6, 4400 Münster/W. (T. 2 21 04) - Geb. 1. Okt. 1929 Hamburg, ev., verh. s. 1955 m. Inge, geb. Schmidtke, 2 Söhne (Bernd, Niels) - Abit. 1949 Hamburg; Promot. 1955 Frankfurt/M.; 1961 Habil Mainz - 1955-65 MPI f. Chemie Mainz, 1965-73 Euratom Forsch.zentr. Ispra (Italien) S. 1961 Lehrtätigk. Univ. Mainz (1967 apl. Prof. f. Phys. Mainz, 1973 o. Prof. f. Phys. Chemie Münster). 1978-82 Rektor Westf. Wilhelms-Univ. Ca. 170 Fachveröff.

MÜLLER-WILLE, Michael

Dr., Dr. h.c., Prof. f. Vor- u. Frühgesch. Univ. Kiel - Holtenauerstr. 178, 2300 Kiel (T. 0431 - 8 30 27) - Geb. 1. März 1938 Münster/W. (Vater: Wilhelm M.-W., Prof.; Mutter: Josepha, geb. Graf), kath., verh. m. Margareta, geb. Göransson, 3 Kd. (Staffan, Anna, Klaus) - Univ. Münster, Uppsala, Montpellier - 1970 Priv.-Dozent Kiel, 1976 ao. Prof. ebd., 1976 o. Prof. Univ. Mainz, 1981 o. Prof. Univ. Kiel, 1989-92 Rektor Univ. Kiel - Mitgl. Akad. d. Wiss. u. Lit. Mainz - Spr.: Engl., Franz., Schwed.

MÜLLICH, Hermann

Dr. phil., Prof. f. Musik/Didaktik, Leiter d. Fachgebietes Musik/Musikpäd. Univ. Erlangen-Nürnberg - Rothenbühl 13, 8601 Gundelsheim/Bamberg (T. 0951 - 4 14 89) - Geb. 17. April 1943 Bamberg (Vater: Hans M., Amtsgerichtsdir.; Mutter: Maria, geb. Stöckhert), kath., verh. s. 1975 m. Birgit, geb. Treusch, Tocht. Anja - 1962-67 Musikstud. Musikhochsch. München; 1967-69 Refer. Gymn. (2. Staatsex.); Stud. Musikwiss., Päd., Psych. Univ. Erlangen-Nürnberg (Promot.) - 1969-82 Studiendir. Mus. Gymn. Bamberg; Doz. VHS u. Univ. Bamberg sowie Musikhochsch. Würzburg; s. 1983 Prof. Univ. Erlangen-Nürnberg. Musikpäd./wiss. Forschungsarb.; komp./dirigent. Tätigk.; Vortr. u. Leit. v. Lehrgängen. Doz. an ausl. Ausbildungsstätten u. b. intern. Kongressen - BV: Zahlr. musikwiss./-päd. Veröff., u. a. Bücher: D. A-cappella-Chorwerke Harald Genzmers, 4. A. 1990; Klang-System - Lehrb., Übungsteil, Musikcass., 3. erw. A. 1990 (teilübers. ins Engl., Ital., Jap., Chin.); Spiel, Spaß, Spannung, Lehrb. Arbeitsheft Musikcass., Videokass., 2. erw. A. 1991, Bd. II Kurz-Projekte, 1991; Vom Rag zum Rock, I. Notenbd.: Neue Komp., 1991, 2. A. 1991, II. Lehr- u. Lernb., Kass./Playbacks, 1991; Komponisten-Portrait, Musikcass., Videokass., 1991; Neue Klassen-Prod.: Auswertung spezif. Unters.ergebn., 1991; Musikpäd. u. Musik d. 20. Jh., 1991. Herausg.: Unterrichtsmodelle (1991) inkl. Medien. Festschr. Harald Genzmer (1991); Festkonzert, Musikcass., Videocass. (1990); Einheit u. Vielfalt d. Musikpäd. in Deutschl. (Schrift zum Symposion)/Musik im Diskurs, Bd. 10 (1991) - Rd. 100 Kompos. in 17 Verlagen, Werke f. Chor, Orch., versch. Soloinstrumente; Kammermusik; Lieder; Kirchenmusik; Kantaten; Jugend- u. Schulmusik; Kompos.auftr.; Auff. im In- und Ausl., Rundf. u. Schallpl., Kassetteneinsp., Video- u. Fernsehaufn., Weihnachtsevangelium, Beethoven-Klavierkonzerte, Haydn-Konzert als Solist, Dirigent - 1977 Valentin-Becker-Preis f. Kompos.; 1978/79 drei 1. Pr. b. Chorwettb. (als Dirig.); 1984 Weltpreis d. Kultur (Italien) f. komp., künstler., musikwiss. u. päd. Gesamtschaffen; 1988 ABI-Goldmed. (USA); 1991 IBC-Cambridge-Pr.; 1991 Video-Pr. (USA).

MÜLLMERSTADT, Helmut

Dipl.-Volksw., Magister d. Verwaltungswiss., Bürgermeister Laufenburg (Baden) - Wolfsgrubenweg 7, 7887 Laufenburg (T. 07763 - 78 92) - Geb. 15. Mai 1940 Bielefeld, verh. s. 1979 m. Ewa-Maria, geb. Szargut - Univ. Konstanz (Dipl.-Volksw.), Hochsch. f. Verw.-Wiss. Speyer (Magister u. 2. Staatsex.) - Liebh.: Lit., Kunstgesch., Wandern - Spr.: Engl.

MÜNCH, Ewald

I. Bürgermeister - Rathaus, 8555 Adelsdorf/Mfr. - Geb. 13. Okt. 1929 Bamberg - Zul. Personalleiter.

MÜNCH, Fritz

Dr. jur., Prof., Oberregierungsrat a. D. - Jaspersstr. 2/387, 6900 Heidelberg - Geb. 8. April 1906 Oberhomburg/Lothr., ev., verw., 5 Kd. - 1923-25 Bankausbild.; 1925-29 Stud. Rechtswiss. - Mitgl. Max-Planck-Inst. f. ausl. öfftl. Recht u. Völkerrecht Heidelberg; s. 1951 (Habil.) Privatdoz. u. apl. Prof. (1955) Univ. Bonn (Völker-, Staats- u. Verw.srecht) - Membre Inst. de Droit Intern. - BV: Effets d'une nationalisation à l'Etranger, Cours Acad. de Droit Intern., 1959; Gedenken an Grotius, Friedens-Warte 1986; Bismarcks Affäre Arnim; 1990.

MÜNCH, Helmut

Dr. jur. utr., Notariatsdirektor u. Vorst. Notariat Mannheim - Schöpflinstr. 3, 6800 Mannheim 1 (T. 0621 - 41 14 82) - Geb. 3. Aug. 1933 Neuthard/Baden, kath., verh., 4 Kd. - 1954-57 Univ. Heidelberg (Rechtswiss.; Promot. 1961). Jurist. Staatsex. 1957 u. 1962 - Ab 1962 Justizdst. (1965 LG-Rat, 1970 -dir. Mannheim). SPD.

MÜNCH, Helmut

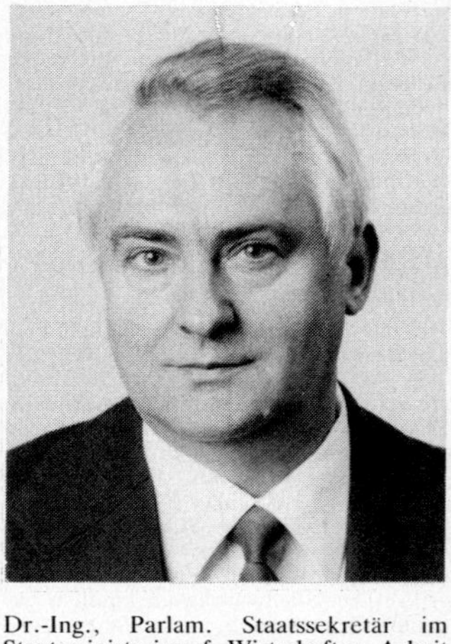

Dr.-Ing., Parlam. Staatssekretär im Staatsministerium f. Wirtschaft u. Arbeit im FS Sachsen (s. 1990) - Budapester Str. 5, O-8010 Dresden (T. 51 - 485 22 17) - Geb. 5. Juli 1939 Golzow, Kr. Belzig, ev., verh. s. 1964 m. Kriemhild, geb. Baum, 3 Kd. (Thilla, Aimuth, Thietrun)

- Dipl.-Ing. (Textiltechn.) 1963 TU Dresden; Promot. Dr.-Ing. (Vliesstofftechn.) 1984 - 1963-90 wiss. Mitarb./Bereichsleit. im Inst. f. Techn. Text; 1990 stv. Leit. d. Koord.aussch. z. Bildung d. Landes Sachsen; s. Okt. 1990 MdL - Erf. auf d. Geb. Bastfaserspinnerei u. Vliesstoffherstellung - Liebh.: Go.

MÜNCH, von, Ingo

Dr. jur., o. Prof. f. Öfftl. Recht, 2. Bürgermeister Hansestadt Hamburg a.D., ehem. Präses d. Behörde f. Wiss. u. Forschung, u. d. Kulturbeh. - Hochrad 9, 2000 Hamburg 52 (T. 040 - 82 96 24) - Geb. 26. Dez. 1932 Berlin (Vater: Waldemar v. M., Oberst a. D.; Mutter: Marie, geb. Koch v. Hernhaussen), ev., verh. s. 1963 m. Dr. Eva-Marie, geb. Winterhager, 2 Söhne (Ferdinand, Maximilian) - 1951-54 Univ. Frankfurt/M. (Rechtswiss.). Promot. (1958) u. Habil. (1963) Frankfurt - 1963 Privatdoz. Univ. Frankfurt; 1965 Ord. Univ. Bochum; 1973 Univ. Hamburg - BV: D. völkerrechtl. Delikt in d. mod. Entwickl. d. Völkerrechtsgemeinschaft, 1963; Völkerrecht, 2. A. 1982; Grundbegriffe d. Staatsrechts, Bd. 1, 4. A. 1986, Bd. 2, 4. A. 1987. Herausg.: Dokumente d. geteilten Dtschl. (1968); Grundgesetz-Kommentar, 3. A. 1981-85; Dokumente d. Wiedervereinigung Deutschlands (1991). Mithrsg.: Völkerrecht u. Außenpolitik.

MÜNCH, Joachim

Dr. rer. pol., Dipl.-Ing., Dipl.-Kfm., Geschäftsführer bzw. stv. Gf. in allen Gesellsch. d. Kabelwerke Reinshagen GmbH, Wuppertal (b. 1982) - Hordenbachstr. 32, 5600 Wuppertal 21 - Geb. 15. Mai 1917 Kulmbach (Vater: Friedrich M., Fabrikdir.; Mutter: Aline, geb. Tamm), ev., verh. s. 1953 m. Hannelore, geb. Steinwender, S. Norbert - Dipl.-Ing. 1946; Dipl.-Kfm. 1947; Promot. 1949 (alle München) - Mitgl. d. Prüfungsaussch. f. Wirtschaftspr. in NRW u. mehrer. Aussch. d. IHK Wuppertal, ehrenamtl. Richter am Fin.-Ger. Düsseldorf - BVK I. Kl. - Liebh.: Wassersport, Skilauf, Reisen - Spr.: Engl., Franz.

MÜNCH, Richard Friedrich

Dr. phil., Prof. f. Soziol. Heinrich Heine Univ. Düsseldorf (s. 1976) - Universitätsstr. 1, 4000 Düsseldorf - Geb. 13. Mai 1945 Niefern - Abit. 1965 Hebelgymn. Pforzheim; Promot. 1971 Heidelberg; Habil. 1972 Augsburg - 1970-74 wiss. Assist. Univ. Augsburg; 1974-76 Prof. f. Soziol. Univ. Köln; 1985-87 Dekan Phil. Fak. Univ. Düsseldorf. 1985, 86, 88 u. 89 Gastaufenth. an d. Univ. of California, Los Angeles - BV: Mentales System u. Verhalten, 1972; Ges.theorie u. Ideologiekritik, 1973; Theorie soz. Systeme, 1976; Legitimität u. polit. Macht, 1976; Soziologie d. Politik, 1982; Theorie d. Handelns, 1982; D. Struktur d. Moderne, 1984; D. Kultur d. Moderne, 1986; Dialektik d. Kommunikationsges., 1990; Sociological Theory I-III, 1992 - 1985 Reinhard u. Emmi Heinen Preis Univ. Düsseldorf; 1988 Ehrenmed. Univ. Düsseldorf; s. 1988 Mitgl. d. New York Acad. of Sciences - Spr.: Engl., Franz.

MÜNCH, Werner

Dr., Prof., Ministerpräsident Land Sachsen-Anhalt (s. 1991) - Hegelstr. 42, O-3010 Magdeburg - Geb. 25. Sept. 1940 Kirchhellen, verh., 3 Töcht. - 6 Jahre Berufssoldat d. Bundeswehr; Stud. Polit. Wiss., Soziol., Gesch. Univ. Freiburg; Promot.; Habil. - Prof. f. Politikwiss. FH Vechta - CDU. 1984-90 Mitgl. d. Europa-Parlaments (Fraktion d. Europ. Volkspartei); ehrenamtl. Mitarb. b. Aufbau d. CDU in Sachsen-Anhalt; 1990 Finanzmin. Sachsen-Anhalt; s. 1991 Min.präs. s.o.; s. Nov. 1991 Vors. d. Landesverb. d. CDU Sachsen-Anhalt;

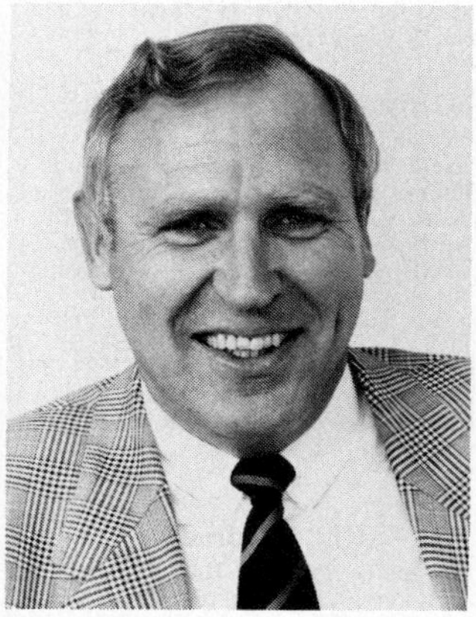

Mitgl. im CDU-Präsid. u. CDU-Bundesvorstand.

MÜNCHHAUSEN, Freiherr von, Thankmar

Dr., polit. Korrespondent d. FAZ - 11, rue de Miromesnil, 75008 Paris (T. 42 65 49 87) - Geb. 12. Jan. 1932 Breslau, ev. - Stud. Heidelberg, Paris (Polit. Wiss., Gesch.) - S. 1962 Redakt. FAZ; 1970-76 Nahost-Korresp. (Beirut); s. 1977 Paris - BV: Kolonialismus u. Demokratie, 1977; Mameluken, Paschas u. Fellachen, 1981; Bilder d. Orients, 1990.

MÜNCHOW, Heinz

Schriftsteller, Regiss., Funkmoderator, Schausp. u. Rundfunksprecher (Ps. Torsten Koesselin) - Waldpark 20, 7531 Eisingen (T. 07232 - 8 14 83) - Geb. 26. Mai 1929 Dramburg/Pom. (Vater: Hans M., Großkaufm.; Mutter: Selma, geb. Klisch, Großkauffr.), ev., verh. m. Christine, geb. Ehrentraut, 3 Kd. (Torsten, Christian, Birthe) - Abit.; päd. Ausb. Berlin; Schauspielsch. Maria Will; Abschlußex. - BV: 29 Jugendb.: u.a. Lausbubengesch. Mücke, Ricci-Rotfuchs, Pfifferling u. Schummelmayer, Stunde d. Zorns, Schenkte d. Orangenbaum; Romane: Galina, Schrei d. Kummer in d. Wind, Hypochonder Balduin, Thyminatage, u. a.; niederd. Hörsp.; 32 Folgen nationalsozialist. Komment. im WDR, Rias Berlin (Schulf.) u. NDR; Lebensbilder im Hörf.; Texte f. Schallpl. - Insz.: Unteres Neckartal (1979), Stauferzeit in Wimpfen (1980), Tübinger Vorleseb., Spektakel um d. Vogelweideler, Gerichtstag z. Heuchlingen, D. lebenslängl. Kind, D. Lotse geht v. Bord, Hugo Kümmerling. Hauptrolle (FS): Musik aus d. Kaiserpfalz - 1974 Preis AA u. Reisestip.; 1979 Landesförderpreis - - Liebh.: Reisen, Arb. auf d. Bauernhof, Hausgestalt. - Spr.: Engl.

MÜNCHSCHWANDER, Peter

Dipl.-Ing., stv. Vorstandsmitglied Dt. Bundesbahn - Am Seeberg 3, 6380 Bad Homburg v.d.H. (T. 06172 - 41 700) - Geb. 3. Okt. 1937 Berlin, ev., verh. s. 1977, 1 T. - Stud. Allg. Maschinenbau; Dipl.-Ing. München.

MÜNDEMANN, Günter

Geschäftsführer, Sprecher d. Geschäftsfg. Transfracht Dt. Transportges. mbH. - Gutleutstr. 160-164, 6000 Frankfurt/M. (T. 069 - 23 89 - 1 00) - Geb. 13. Nov. 1936 - AR-Vors. BTS Buss-Trans Container Service GmbH, Hamburg; AR-Mitgl. Dt. Umschlagsges. Schiene - Straße (DUSS) mbH, Frankfurt/M.; stv. VR-Vors. ROLAND Umschlagsges. f. kombinierten Güterverkehr mbH & Co. KG, Bremen; Beiratsvors. DeCeTe Duisburger Container-Terminalges. mbH, Duisburg, u. CDM Container Depot München GmbH & Co. Service KG, München; Beiratsmitgl. Ztschr. D. Bundesbahn, Dt. Bundesbahn Zentrale Hauptverw., Frankfurt/M.; Mitgl. Verkehrswirtsch. Kr. Düsseldorf, u. Verkehrswiss. Ges. (DVWG), Bez.-vereinig. Rhein-Main.

MÜNDER, Johannes

Dr. jur., o. Prof. Inst. f. Sozialpädagogik TU Berlin - Mozartstr. 12, 1000 Berlin 46 - Geb. 6. Dez. 1944 Töpen/Hof (Vater: Hans M.; Mutter: Emma, geb. Kern), ev., verh. s. 1969 m. Rosemarie, geb. Schüller, 2 Kd. - Stud. Univ. München, Berlin, Regensburg (Rechtswiss., Soziol.); 1. jurist. Staatsex. 1971; 2. jurist. Staatsex. 1974; Promot. 1974 - 1975 Zentrum f. Interdisziplinäre Forsch. Bielefeld; 1975 Bundesmin. f. Arbeit; 1976-79 FH Wiesbaden; 1979 PH Berlin; 1980 TU Berlin - Vorst.-Mitgl. versch. sozialwissenschaftl. Inst. - BV: Frankfurter Lehr- u. Praxiskommentar z. KJHG, 5. A. 1991; Familien- u. Jugendrecht, 3. A. 1992; Sozialhilfe u. Arbeitslosigkeit, 2. A. 1985; Lehr- u. Praxiskommentar z. BSHG, 3. A. 1991; Beratung, Betreuung, Erziehung u. Recht, 2. A. 1991. Herausg.: Praxismaterialien, Jugendhilfe u. Sozialarbeit. Mithrsg.: Recht d. Jugend u. d. Bildungswesens.

MÜNDNICH, Karl

Dr. med., o. Prof. u. Direktor Univ.s-klinik f. Hals-, Nasen- u. Ohrenkrankheiten Münster (s. 1962) - v.-Esmarch-Str. 19, 4400 Münster/W. (T. 8 26 25) - Geb. 28. Jan. 1908 Dunkeltal - Dt. Univ. Prag u. Med. Akad. Düsseldorf. Promot. u. Habil. Prag - Lehrtätigk. Dt. Univ. Prag (1939), Med. Akad. Düsseldorf (1940), Univ. München (1956 apl. Prof.); 1960-62 Chefarzt HNOklinik Städt. Krkhs. Ludwigshafen. 1970 ff. Präs. Dt. Ges. f. HNOheilkd., Kopf- u. Halschir. - BV: D. Schußverletzungen d. Ohres u. d. seitl. Schädelbasis, D. Röntgenschichtbild d. Ohres, Plast. Operationen an d. Ohrmuschel etc. Üb. 200 Einzelarb. - Div. Ehrenmitgliedsch., dar. südamerik. Fachges.; 1971 Ehrenmitgl. Dt. Ges. f. HNO-Heilkd. u. Kopf- u. Halschirurgie sowie d. Österr. Otolaryngolog. Ges. u. d. Soc. Francaise d'otolaryngologie et chir. univers. maxillo-facial, Paris.

MÜNICH, William

Dr. med., Prof., Augenarzt - Trautenauerstr. 26, 8700 Würzburg (T. 5 17 73) - Geb. 12. Sept. 1923 Würzburg (Vater: Friedrich M., Kaufm.), kath., verw. s. 1973, T. Brigitte - Univ. Würzburg. Promot. (1951) u. Habil. (1962) Würzburg - S. 1956 Privatdoz. u. apl. Prof. (1962) Univ. Würzburg (1957-62 Oberarzt Augenklinik). Zahlr. Fachveröff.

MÜNKER, Dieter

Dr. oec. publ., Dipl.-Kfm., Hauptgeschäftsführer IHK f. Augsburg u. Schwaben - Stettenstr. 1 u. 3, 8900 Augsburg - Geb. 6. April 1938 Remscheid, ev., verh. m. Annegrete, geb. Schneider, 2 Kd. - Banklehre; Stud. Betriebswirtsch. (Schwerp. Finanzier., Rechnungsleg.) - 1964-67 wiss. Assist. Univ. München, 1967-69 IHK Augsburg; 1970-80 Kloeckner-Werke AG, Duisburg (in ltd. Positionen); ab 1980 Hauptgeschäftsf. IHK f. Augsburg u. Schwaben.

MÜNKER, Gerd

Dr. med., Prof., HNO-Arzt plast. Operationen, Allergol., Direktor HNO-Klinik Klinikum Ludwigshafen - Bremserstr. 79, 6700 Ludwigshafen/Rh. (T. 0621 - 5 03-34 01) - Geb. 6. Dez. 1936 Berg. Gladbach (Vater: Hans Hellmut M., OStud.rat; Mutter: Ilse Hanna, geb. Hammerstein), ev. - Gymn. Remscheid; Med.-Stud. Marburg/L., Wien, Freiburg, Promot. 1963, Habil. 1973, apl. Prof. 1979 - 1966-85 Univ.-HNO-Klinik Freiburg - 1981 Ludwig-Haymann-Preis.

MÜNKNER, Hans H.

Dr. jur., Prof. f. In- u. Ausl. Genossenschaftsrecht Univ. Marburg - Am Schlag 19, 3550 Marburg/L.

MÜNNICH, Frank E.

Dr. rer. pol., Prof. - Medizinisch-Pharmazeutische Studiengesellschaft e. V., Dreizehnmorgenweg 44, 5300 Bonn 2 - Geb. 16. Mai 1937 Hettstedt/Kr. Mansfeld, verh. - Stud. Volkswirtsch.lehre 1956-60 Univ. Heidelberg; Promot. 1965 - 1967/68 Economics Dep. Massachusetts Inst. of Techn., Cambridge, Mass.; 1968/69 Center f. Planning a. Development Res. Univ. California, Berkley; 1968-72 o. Prof. f. Volkswirtschaftsl. u. Ökonometrie Abt. Raumplanung Univ. Dortmund; 1970-71 Dekan Abt. Raumplanung Univ. Dortmund; 1972-74 o. Prof. f. Volkswirtschaftsl. u. Ökonometrie Univ. Essen; 1974-78 o. Univ.-Prof. f. Wirtschaftsl. u. Ökonometrie Univ. Innsbruck; 1978-88 o. Prof. f. Volkswirtsch.lehre, insbes. Wirtsch.theorie Univ. München; 1985 Hauptgeschäftsf. Med.-Pharmaz. Studienges. u. Paul-Martini-Stifg. - Zahlr. Veröff. insb. z. Gesundheitsökonomik - Harkness Fellow.

MÜNSTER, Clemens

Dr. phil., Prof., Fernsehdirektor a. D., Schriftst. - Salzstr. 1, 8229 Ainring - Geb. 15. Jan. 1906 Cochem/Mosel, verh. s. 1936 m. Mathilde, geb. Embden, 2 Töcht. (Monika, Maria) - Univ. Münster/W. u. München (Physik, Chemie, Math.) - B. 1929 Univ.assist., dann Angest. opt. Ind. (zul. Abt.-Leit. Carl Zeiss, Jena), 1945-49 Mithrsg. Frankfurter Hefte, 1949-71 Chefredakt. f. Kultur u. Erzieh., Fernsehbeauftr. u. -dir. (1954) Bayer. Rundfunk. 1969-74 Präs. Hochsch. f. Fernsehen u. Film - BV: Dasein u. Glauben, 1948; D. Reich d. Bilder, 1949; Mengen - Massen - Kollektive, 1952; D. Scherbengericht - D. Aufz. d. Georg C., R. 1964; Aufstand d. Physiker, Erz. 1968. 3 Fernsehsp. Hrsg.: D. Bundesrep. heute - E. Bestandsaufn. in Beisp. (1965). Mithrsg.: Ingeborg Bachmann, Werke (1978) - BVK I. Kl. - Spr.: Engl., Franz. - Eltern u. Vorf. s. Arnold M. (Bruder).

MÜNSTER, Hans P.

Dipl-Volksw., Geschäftsführer Verein dt. Metallhändler, Wirtschaftsverb. Großhandel Metallhalbzeug - Ulrich-von-Hassell-Str. 64 u. Verein, 5300 Bonn 1 - Geb. 30. Juli 1941.

MÜNSTER, Graf zu, Hermann-Siegfried

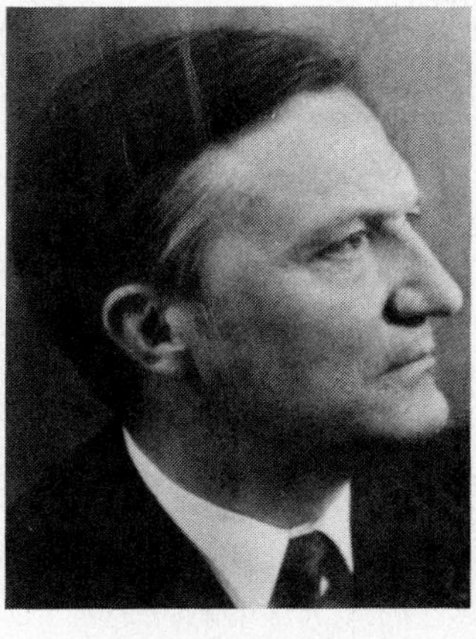

Dr., M. A., Bankier, Verwaltungsrat Trinkaus & Burkhardt, Düsseldorf - Büro: Umweger Str. 66, 7570 Baden-Baden 11 (T. 07223 - 6 00 14-15; Fax 07223 - 6 00 16); priv.: 53, Chemin de St. Maurice, CH-1222 Vesenaz (Genf) - Geb. 19. Okt. 1925 Königsfeld (Vater: Alexander Graf zu M.; Mutter: Sofie, geb. Freiin v. Richthofen), ev., verh. s. 1955 (Ehefr.: Susanne) - Stud. TH München, Univ. Minnesota - 1954/55 Intern. Arbeitsamt Genf, dann Generalbevollm. Commerzbank AG, Frankfurt, dann Mitinh. Bankhaus Trinkaus & Burkhardt, Düsseldorf. Zeitw. Lehrbeauftr. TH bzw. Univ. Stuttgart (Bankbetriebslehre). Spez. Arbeitsgeb.: Vermögensverw., Kredit- u. Auslandsgeschäft - Spr.: Engl., Franz.

MÜNSTER, Rudolf

Hotelkaufmann, Geschf. Partner RWM Hotel Consult - Kurfürstendamm 28, 1000 Berlin 15 (T. 883 21 43) - Geb. 28. Mai 1934 Berlin (Vater: Walter M., Beamter; Mutter: Anna, geb. Kliemt), ev., verh. m. Annelie, geb. Jungermann, T. Anna-Manis - Hotel- u. Betriebsw.-lehre, U. C. L. A. u. Cornell University (Bachelor of Science) - Hoteltätigk. in Engl., Frankr., Spanien, Schweiz, USA, Venezuela, Salvador, Indonesien, 1963-66 Verkaufsdir. Frankf. Inter-Continental; 1967-68 Dir. Hannover Inter-Cont.; s. 1968 gf. Dir. Bristol Hotel Kempinski, Berlin; 1973-80 Vorst.mitgl. Kempinski AG; s. 1980 Geschäftsf. RWM Hotel Consult Berlin - Ehrenpräs. HSMA Dtschl.; Ehrenmitgl. Clefs d'Or - Liebh.: Bergwandern, Golf, Reisen - Spr.: Engl., Franz., Span., Ital., Indones.

MÜNSTERMANN, Hans-Jochem

Prof., Dekan Abt. Aachen d. Hochschule f. Musik Köln - Theaterstr. 2-4, 5100 Aachen.

MÜNTEFERING, Franz

Industriekaufmann, MdB (s. 1975/SPD) - Zu erreichen üb.: Bundeshaus, 5300 Bonn - Geb. 16. Jan. 1940 Neheim-Hüsten (Vater: Franz M., Arb.; Mutter: Anna, geb. Schlinkmann), verh. s. 1961 m. Renate, geb. Latusek, 2 Kd. (Beatrix, Mirjam) - B. 1975 Ind.kfm., s. 1969 Stadtrat.

MÜNTEFERING, Heinrich

Dipl.-Ing., Vorstandsmitgl. i. R. Felten & Guilleaume Carlswerk AG., Köln-Mülheim (1965-75) - Kardinal-Schulte-Str. 2, 5060 Bensberg - Geb. 9. Juli 1914 - Zeitw. Vizepräs. Vereinig. Dt. Marketing- u. Verkaufsleiter-Clubs, Düsseldorf; zeitw. Vors. Fachverb. Kabel u. isolierte Drähte/ZVEI, Köln.

MÜNTNER, Wolfdieter

Geschäftsführer Bundesverband Draht, Gf. Eisendraht-Vereinigung, beide Kaiserswerther Str. Nr. 137, 4000 Düsseldorf (T. 45 64-220); Gf. Stahldraht-Vereinigung - Grünstr. 34, 5800 Hagen/W. (T. 33 00 04) - Geb. 15. März 1928.

MÜNZ, Peter

Dr. rer. pol., Vors. Erweiterte Tarifkommiss. d. allg. Güternahverkehrs (1982-88) - Kopernikusstr. 7, 5300 Bonn 2 (T. 33 38 07) - Geb. 13. April 1917 Königsberg - Reg.-Dir. Bundesverkehrsmin., Vizepräs. Bundesanst. f. d. Güterfernverk. (1970-74), 1974-82 Präs. Bundesanst. f. d. Güterfernverkehr - BV: Wirtschaftsrecht d. Straßenverkehrs-Güterkraftverkehrsges. u. Personenbeförderungsges. m. Nebenvorschriften (m. Haselau), 1991.

MÜNZBERG, Gerhard

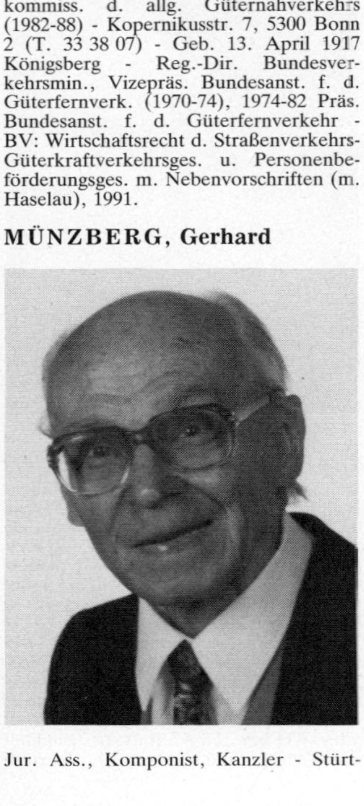

Jur. Ass., Komponist, Kanzler - Stürtzelstr. 12, 8710 Kitzingen (T. 09321 - 47 89) - Geb. 3. Dez. 1902 Kloda - 1930 Assist. Univ. Kiel u. Berlin - BV: Mundartlieder aus Schlesien u. Franken, 1971; Eichendorff-Lieder, 1972; Spiegelungen, 1972; Chorlieder, 1973; Schles. Balladen u. Lieder, 1974; Roter Mohn, 1980; Silesia cantat - Klavierlieder, 1982; Auf d. Weg durch d. Zeit, Klaviermusik, 1985. 5 Schallplatten: Spiegelungen 1, 1975; Lach'a bißla, flann a bißla, Alles hat sei Zeit, 1975; Spiegelungen 2, 1977; Mohnlieder, 1982; Im Dunkel liegt d. Land, 1982. Konz. u. Rundfunksendungen m. obigen Liedern, Kantaten u. Sinfonischen Dichtungen - 1977 1. Träger Kulturförderpreis d. Stadt Kitzingen; 1980 BVK.

MÜNZBERG, Hans-Georg

Dr.-Ing., Prof. f. Flugantriebe - Kuglmüllerstr. Nr. 14, 8000 München 19 (T. 17 38 93) - Geb. 21. Aug. 1916 Tetschen/Böhmen (Vater: Rudolf M., Industrieller), kath., verh. m. Margot, geb. Lang - Realgymn. Tetschen; Dt. TH Prag (Dipl.-Ing. 1939). Promot. 1942 TH Berlin - S. 1939 BMW-Flugmotoren, Berlin (Berechnungsing., Abt.sleit.), Soc. Nationale d'Etude et de Construction de Moteurs d'Aviation, Paris (1946; Abt.-, Hauptabt.-, Entwicklungsleit.), TU Berlin (1957 Ord. u. Inst.dir.), TU München (1964 Ord. u. Inst.dir.) - BV: Flugantriebe, Grundl., Systematik u. Technik d. Luft- u. Raumfahrtantr., 1972; Optimierung u. Betriebsverhalten v. Gasturbinen, 1976 (m. J. Kurzke). Zahlr. Fachveröff. - 1965 Ehrenbürger v. Tennessee (USA); 1981 Mitgl. Sudetendt. Akad. d. Wiss. u. Künste München; 1986 Ehrennadel DGLR; 1987 Médaille de l'Aéronautique - Spr.: Engl., Franz. - Bek. Vorf.: Emilian Fibich, Senatspräs. Oberster Gerichtshof, Wien (Großv. ms.); Zdenek Fibich, Komponist (Großonk.) - Lit.: Rudolf Ohlbaum, Bayerns 4. Stamm - d. Sudentendt., 2. A. 1981; Otto David, Motortechn. Ztschr., 9/1981.

MÜNZBERG, Olav

Dr. phil., Prof. h. c., Schriftsteller u. Geisteswiss. - Wilmersdorfer Str. 106, 1000 Berlin 12 (T. 030 - 324 23 41) - Geb. 25. Okt. 1938 Gleiwitz/OS - 1967 Ass. Kammergericht Berlin; Promot. 1972 FU Berlin (Relig.- Phil.- Kunstwiss. u. German.). S. 1989 Vors. Verb. Dt. Schriftst. (VS) Berlin-West in d. IG-Medien; s. 1991 erster gesamtberliner Vors. d. VS-Berlin; 1985-89 Vors. d. Neuen Ges. f. Lit. (NGL) Berlin; s. 1974 Redakt. Ztschr. Ästhetik u. Kommunikation - BV: D. Schwierigkeit Kunst zu machen, 1973; Rezeptivität u. Spontaneität, 1974; Eingänge u. Ausgänge - 1962 u. zehn Jahre danach, Ged. u. Kommentierungen, 1975; Aufmerksamkeit - Klaus Heinrich z. 50. Geb., 1979; José Clemente Orozco, 1981; Kurt Mühlenhaupt, 1981; Gewalt ist Armut, 1982; Ich schließe d. Tür u. fange zu leben an, 1983; Geburt d. mexikanischen Wandmalereibewegung in d. frühen zwanziger Jahren, 1984; Diego Rivera, 1987; Vom Alten Westen z. Kulturforum: D. Berliner Tiergartenviertel, 1988; Malet-Lit. aus Malta, 1989; Anthol.; Step human into this world, poems, 1991 - Film Bemalte Wände (Wandmalerei in d. BRD u. Berlin) 1987, SFB/ARD; u.v.m. - Lit.: Takis Antoniou, Zeitenwechsel-Notate z. zeitgen. Dichtung in Deutschl., Athen 1981, Berlin 1984.

MÜNZBERG, Wolfgang

Dr. jur., o. Prof. f. Bürgerliches- u. Zivilprozeßrecht - Burgholzweg 64, 7400 Tübingen (T. 2 37 26) - Geb. 21. Nov. 1928 Bad Homburg v. d. H. (Vater: Rudolf M., Kaufmann; Mutter: Margarete, geb. Kunz), verh. s. 1958 m. Gisela, geb. Preuße (Rechtsanw.) - Realgymn. Oberursel; Univ. Frankfurt/M. (Rechtswiss.). Ass.ex. 1958. Promot. (1959) u. Habil. (1965) Frankfurt - S. 1965 Ord. Univ. Kiel u. Tübingen - BV: D. Wirkungen d. Einspruchs im Versäumnisverfahren, 1959; Verhalten u. Erfolg als Grundl. d. Rechtswidrigkeit u. Haftung, 1966; Komm. d. Zwangsvollstreckung in Stein-Jonas, ZPO. (s. 1968) - Liebh.: Musik - Spr.: Engl.

MÜNZEL, Frank

Dr. phil., Honorarprofessor, Wiss. Referent Max-Planck-Inst. f. Ausländ. u. Intern. Privatrecht Hamburg - Sandstücken 10, 2000 Hamburg 72 - Geb. 15. April 1937 Berlin, verh. s. 1962 m. Dr. Ursula, geb. Unser, 3 Kd. (Stephan, Judith, Georg) - Stud. Jura u. Sinologie; 2. jurist. Staatsex. 1965 Frankfurt; Promot. 1967 Bochum - BV: D. Recht d. VR China, 1982; Chinas Recht, 1983; Unternehmens- u. Gesellschaftsrecht d. VR China, 1989 - 1989 Hon.-Prof. Univ. Göttingen - Spr.: 7 Spr., dar. Jap. u. Chin.

MÜNZEL, Manfred

Dr. med., Prof. f. Hals-Nasen-Ohrenheilkunde, Chefarzt - Forstweg 3, 2100 Hamburg 90 - Geb. 3. Okt. 1940 Schweinfurt (Vater: Adam M., Ing.; Mutter: Betty, geb. Beiergrößlein), kath., verh. s. 1980 m. Margret, geb. Oeltjebruns - 1959-65 Med.-Stud. Würzburg, Wien, Hamburg - 1971-75 Oberarzt Univ.-HNO-Klinik München, s. 1975 Chefarzt Allg. Krkhs. Hamburg - BV: Biochemie d. Speicheldrüsensekrete, 1976.

MÜNZENBERG, Karl Joachim

Dr. med., Prof. f. Orthopädie Univ. Bonn - Arnoldstr. 6a, 5300 Bonn 3 - Geb. 14. März 1931 Sangerhausen (Vater: Karl M., Pastor; Mutter: Maria, geb. Rauschning), ev., verh. s. 1970 in 2. Ehe m. Edith, geb. Brückmann, 3 Kd. (Thomas, Ulrike, Friederike) - Entd. Mineral Brushit im Knochen - BV: Orthopädie in d. Praxis, 1981; D. Natriumfluoridtherapie d. Osteoporose, 1982 (m. K. Karzel); D. orthopäd. Schuh, 1983; Schmerzem im Bein, 1986 (m. G. Thomalske) - Liebh.: Cembalo u. Orgel - Spr.: Latein, Griech., Engl.

MÜNZER, Holger

Schauspieler, Komponist, Dozent Hochschule d. Künste Berlin - Steinrückweg 5, 1000 Berlin 33 - Geb. 14. Febr. 1939, gesch. - 1962-64 Schauspielschule Zinner München; 1967-79 Komposition b. Peter Jona Korn (Richard-Strauß-Konservat. München) - Dozent f. Rhetorik im FB Kommunikationswiss. Hochsch. d. Künste Berlin; Mitgl. im Akad. Senat d. Hochsch. d. Künste, Berlin. Gründer u. Vors. Verein Künstlerkolonie Berlin; Gründer u. Leit. d. Theatergruppe Café Größenwahn; Gründer u. Leit. d. Wilden Bühne Berlin (Gastspieltheater); 1968-71 Musikal. Leit. aller drei dt.sprachigen Ensembles d. Musicals HAIR - Kindermusical: Wasja kauft d. Hund im Sack (russ. Staatspr.), u.v.a. Musicals u. Revuen (auch Platten u. FS). Vertonungen bes. v. Texten v. Erich Kästner (Interpreten u. a. auch Lore Lorenz u. Werner Schneyder); mehrere Spielfilm-Kompositionen - 1978 Dt. Kritikerpreis als Mitgl. im Rainer-Behrend-Ensemble f. D. Verbrannten Dichter Theater tribüne Berlin - Spr.: Engl., Franz. - Bek. Vorf.: Martin Luther ms. (direkt).

MÜNZNER, Hans

Dr. phil., o. em. Prof. f. Statistik u. Versicherungsmathematik - Hundekehlestr. 16/17, 1000 Berlin 33 (T. 826 40 57) - Geb. 23. April 1906 München (Vater: Richard M., Fabrikdir.; Mutter: geb. Furtner), ev., verh. s. 1934 m. Elfriede, geb. Rothenbach, 4 Kd. (Irmela, Hans-Friedrich, Gertrud, Richard) - Gymn. Aschaffenburg; Univ. Frankfurt/M. u. Göttingen (Promot. 1931) - 1931 Wiss. Assist. Univ. Göttingen, 1937 Privatdoz., 1939 Dir. Inst. f. Math. Statistik u. Wirtschaftsmath., 1944 apl. Prof. ebd., 1956 Ord. u. Dir. Sem. f. Statistik bzw. 1958 Inst. f. Statistik u. Wirtschaftsmath. FU Berlin, 1973 emerit. 70 Einzelarb. - 1960 Mitgl. Intern. Inst. f. Statistik.

MÜNZNER, Horst

Industriekaufmann, Senator h.c., Prof. Dr. Ing. E.h. - Ebne 38, A-6632 Ehrwald/Tirol - Geb. 22. Jan. 1925 Niederwiesa/Sa., ev. verh. s. 1950 m. Jutta, geb. Berndt, 3 Kd. (Elke, Sabine, Jörg) - Ehrenpräs. d. Industrie- u. Handelskammer Braunschweig; Präs. d. Dt. Handelskammer in Österreich; AR-Vors. Umform- u. Kunststoff-Technik AG, Erfurt, d. Umformtechnik GmbH, Erfurt, d. MTW Schiffswerft GmbH, Wismar; stv. Vors. Österr. Industrieholding AG Wien, u. d. Austrian Industries, Wien; stv. AR-Vors. AGAB Wien, u. FER Fahrzeugelektrik Ruhla; AR-Mitgl. Alusingen GmbH, Singen, Hanse-Schiffs- u. Maschinenbau-Ges. mbH, Rostock, Hoesch AG, Dortmund, Howaldtswerke-Deutsche Werft AG, Kiel, Mobil-Oil AG, Hamburg, Rütgerswerke AG, Frankfurt/M.; Beiratsvors. Roth-Technik GmbH, Gaggenau.

MÜRAU, Hans-Joachim

Dr. jur., Rechtsanwalt, Hauptgeschäftsf. Verb. d. dt. Essigindustrie, Bundesverb. d. Dt. Feinkostindustrie, Verb. d. dt. Senfindustrie, Verb. d. Suppenindustrie, Fachverb. d. Gewürzindustrie - Reuterstr. 151, 5300 Bonn 1 (T. 0228 - 21 20 17) - Geb. 25. Juni 1937 Berlin, verh., 3 Kd. - Generalsekr. intern. Vereinig. Verb. d. Suppen-, Soßen- u. Essigindustrie.

MÜRB, Robert Josef

Dipl.-Ing., Prof., Gartenoberbaudirektor a.D., Freier Landschaftsarchitekt BDLA - Andersenstr. 7, 7500 Karlsruhe (T. 0721 - 88 47 28) - Geb. 13. Mai 1932 Baden-Baden (Vater: Robert M. †; Mutter: Theresia, geb. Neff †), kath., verh. s. 1958 m. Rosemarie, geb. Hilgenaß, 4 Kd. (Sabine, Annette, Christof, Katharina) - Human. Gymn. (Abit. 1951); TU Hannover (Dipl. 1958) - 1958-62 Landschaftsarch. Tübingen; 1963-79 Gartenoberbaudir. Karlsruhe; s. 1979 o. Prof. TU Darmstadt - Ehrenpräs. Dt. Ges. f. Gartenkunst u. Landschaftspflege - Herausg. Fachztschr.: Garten u. Landschaft - 1967 Bundesgartenschau Karlsruhe (Schloß- u. Stadtgarten); 1976 Augustaplatz Baden-Baden; 1984 Dachgärten BAKOLA Mannheim; 1988 Erw. Kurpark Bad Liebenzell - Spr.: Engl., Franz.

MUERMANN, Hanns-Erwin

Dipl.-Kfm., gf. Vorstandsmitglied Verb. d. Dt. Essenzenindustrie u. Vereinig. Dt. Riechstoff-Hersteller - Meckenheimer Allee 87, 5300 Bonn 1.

MÜRTZ, Robert

Dr. med., Prof., Internist - Gräulinger Str. 120, 4000 Düsseldorf - Geb. 27. Mai 1925 - S. 1962 (Habil.) Lehrtätigk. D'dorf (1967 apl. Prof.; Chefarzt Med. Klinik u. Ärztl. Dir. Kliniken d. Landeshauptstadt). Zahlr. wiss. Veröffentlichungen - 1962 Hörlein-Preis.

MÜSELER, Karl

Rechtsanwalt, Chefjustitiar Preussag AG i. R. - Ostfeldstr. 42, 3000 Hannover-Kirchrode - Geb. 25. Febr. 1918 - AR-Vors. Willy F. P. Fehling GmbH, Hannover; Vorst.-Vors. Verein Antike u. Gegenwart, Hannover; Vorst.-Mitgl. Wilhelm-Busch-Ges.; Dir. Preussag-Münzkabinett, Hannover.

MÜSER, Helmut

Dr. rer. nat., Prof., Physiker - Am Dornbusch 18, 6239 Vockenhausen/Ts. - Geb. 18. Dez. 1915 Bochum (Vater: August M., Ingenieur; Mutter: Toni, geb. Thiel), ev., verh. s. 1945 m. Margret, geb. Hohmann - Bismarck-Realgymn. Dortmund u. Wöhler-Sch. Frankfurt; Univ. Frankfurt (Promot. 1942) - 1943-45 wiss. Mitarb. Univ. Prag; s. 1946 Assist., Oberassist. u. Wiss. Rat Univ. Frankfurt (1951 Privatdoz., 1957 apl. Prof.), dazw. 1953-54 Univ. Bristol - BV: Einf. in d. Halbleiterphysik, 1960 - Spr.: Engl.

MÜSER, Horst

Dr. rer. nat., o. Prof. d. Fachrichtung Technische Physik Univ. d. Saarlandes (s. 1965) - Bodelschwinghstr. 1, 6602 Dudweiler/Saar (T. 06897 - 7 20 35) - Geb. 6. Okt. 1925 Dortmund (Vater: August M.), ev., verh. s. 1954 m. Renate, geb. Krämer, 4 Kd. - Promot. (1955) u. Habil. (1959) Münster/W. - Div. Fachveröff. - Spr.: Engl. - Rotarier.

MÜSSIG, Hans-Joachim

Dipl.-Sozialw., Hauptgeschäftsführer Zentralverb. d. Dachdeckerhandwerks - Postf. 51 10 67, 5000 Köln 51 - Geb. 17. Aug. 1934 - Generalsekr. Intern. Föderation d. Dachdeckerhandwerks - BVK am Bde.

MÜTHEL, Lola

Kammerschauspielerin, Staatsschauspielerin Frankfurt/M. - Maria-Eich-Str. 43, 8032 Gräfelfing/Obb. (T. München 85 32 17) - Geb. 9. März 1919 Darmstadt (Vater: Lothar M., Regiss. (s. XIV. Ausg.); Mutter: Marga, geb. Reuter, Sängerin), ev., verh. s. 1958 m. Hans Caninenberg (Schausp.), 2 Kd. (T. aus 1. Ehe, Andreas aus 2. Ehe) - Staatl. Schauspielsch. Berlin - 1938-44 Staatstheater Berlin, danach Schweiz, s. 1950 wieder dt. Bühnen, 1982 Residenz Theater München. Bek. Rollen: Katharina, Eboli, Lysistrata, Eliza, Dolly Gallagher, Gräfin Terzky (Wallenstein, 1972 unt. Prof. Walter Felsenstein, München), Penthesilea (Kleist), Medea (Euripides), Die See (Edw. Bond). Film, Rundfunk, Fernsehen. Verf.: Tod d. bunten Laternen (1968 ARD-Ferns.) - Liebh.: Bücher, Tennis, Schwimmen, Musik - Spr.: Franz., Engl.

MÜTHERICH, Florentine

Dr. phil., Prof., Kunsthistorikerin - Bauerstr. 12, 8000 München 40 (T. 37 09 20) - Geb. 26. Jan. 1915 Bestwig - S. 1949 Mitarb. Zentralinst. f. Kunstgesch. München. B. 1969 Lehrbeauftr. (Abendländ. Buchmalerei), dann Honorarprof. (Mittelalterl. Kunstgesch.) Univ. München. Zahlr. Fachveröff.

MÜTING, Dieter

Dr. med., Prof., Chefarzt Spezialklinik f. Leberkrankheiten, Bad Kissingen - Königsberger Str. 1, 8730 Bad Kissingen - Geb. 11. Nov. 1921 Breslau (Vater: Dr. phil. Josef M., Stud.R.; Mutter: Luise, geb. Veith), verh. 1949 m. Elisabeth, geb. Reuter - B. 1954 Assist. Univ. Greifswald; ab 1959 (Habil.) Privatdoz. u. apl. Prof. (1964) Univ. Saarbrücken (zul. Ltd. Oberarzt I. Med. Klinik Homburg) - BV: D. Aminosäurenhaushalt d. Menschen, 1958; D. Eiweiß-Stoffwechsel bei Leberkrankh., 1963. Zahlr. Einzelarb. - 1966 Affiliate Royal Soc. of Med., London; 1968 New York Acad. Sci. - Liebh.: Zoologie.

MÜTTER, Bernd

Dr. phil., Prof. f. Geschichtsdidaktik Univ. Oldenburg - Bonhoefferstr. 23, 4791 Hövelhof - Geb. 28. Sept. 1938 Kleve (Vater: Johann M., Kaufm.; Mutter: Magda, geb. Küppers), kath., verh. s. 1967 m. Gertraud, geb. Heinrich, 2 Kd. (Ruth, Bernd) - Staatsex. Gesch. u. Deutsch 1963 Univ. Münster, Ass.ex. 1968 Bielefeld, Promot. 1973 Münster, Staatsex. Sozialwiss. 1976 Bielefeld - 1969-75 Schuldienst Paderborn; 1975-81 Oberstudienrat u. Studiendir. Univ. Bielefeld; 1979/80 Lehrstuhlvertr., 1981 Prof. Univ. Oldenburg - BV: D. Geschichtswiss. in Münster zw. Aufklär. u. Historismus, 1980; Wirtschaft u. Ges. im Zeitalter d. Industrialisier. Arbeitsb. f. d. Sekundarstufe II (m. J. Kocka), 1980; Historie, Didaktik, Kommunikation. Wiss.Gesch. u. aktuelle Herausforderungen (m. S. Quandt), 1988; D. Ideologie d. Nationalsozialismus. Unterr.Modell u. Arbeitsb. f. d. Sekundarst. II, 1988; zahlr. Aufs. z. Gesch.-didaktik u. Wiss.gesch.

MUGHRABI, Haël

Dr. rer. nat., Dipl.-Phys., o. Prof. f. Allg. Werkstoffeigenschaften Univ. Erlangen-Nürnberg - Zu erreichen üb. Lehrstuhl I, Inst. f. Werkstoffwiss., Martensstr. 5, 8520 Erlangen - Geb. 2. Juni 1937 Stuttgart, verh. s. 1969 m. Sybille, geb. Hamma - Engl. Schulbildung in Jerusalem u. Kairo; 1955-58 Mechanikerlehre Rob. Bosch GmbH; Stud. Physik Univ. Stuttgart (Dipl. 1965, Promot. 1970) - 1967-84 Wiss. Mitarbeiter Max-Planck-Inst. f. Metallforsch., Inst. f. Physik, Stuttgart; 1978/79 Gastprof. Cornell Univ., Ithaca, N.Y./USA; 1990/91 Beiratsmitgl. f. Wiss.- u. Hochschulfragen d. bayer. Wissenschaftsmin.; 1989-91 Mitgl. d. Senats d. Univ. Erlangen-Nürnberg; 1991-93 Dekan d. Techn. Fak. d. Univ. Erlangen-Nürnberg. Arbeitsgeb.: Mikrostruktur, mechanische Eigenschaften u. Materialermüdung. Ca. 120 Veröff. - Spr.: Engl., Franz., Arab. - Rotarier.

MUHL, Horst

Verbandsgeschäftsführer - Poststr. 1, 7530 Pforzheim (T. 3 30 28) - Geb. 1938 - B. 1966 AEG (Paris), dann Uhrenindustrieverb. Pforzheim e. V. (1968 Gf.).

MUHR, Gerd

Gewerkschaftler, VRsvors. Intern. Arbeitsorg., Genf (1980 ff.) - Hans-Böckler-Str. 39, 4000 Düsseldorf (T. 4 30 11) - Geb. 11. April 1924 Bad Honnef/Rh. - B. 1969 IG Metall (Vorstandsmitgl.), dann DGB (stv. Vors.). 1969 ff. turnusmäßig Vors. Verb. Dt. Rentenversicherungsträger, Frankfurt/M. ARsmandate.

MUHR, Willi

Dipl.-Ing., Direktor, Vorst.-Mitgl. RGW Rechtsrhein. Gas- u. Wasserversorg. AG, Köln - Auf dem Loor 53, 5000 Köln 90 (T. 02203 - 8 43 01) - Geb. 3. Dez. 1929 - VR-Mitgl. Gaswärme-Inst. Essen.

MULACK, Gunter

Dr. jur., LL. M. (Berkeley), Botschafter d. Bundesrep. Deutschl. in Dhahia Kuwait u. Bahrain (s. 1991) - Dhahia Area 1, Ave 14, Villa 13, Kuwait - Geb. 23. Sept. 1943 Landsberg/Warthe, ev., verh. m. Dr. Michèle, geb. Polard, T. Alexandra - Stud. Jura u. Islamwiss. Marburg, Freiburg, Göttingen; Jurist. Staatsex. 1968; LL.M. 1970 Berkeley; Promot. 1972 - S. 1971 Ausw. Dienst: Kairo, Beirut, Kuwait, Caracas, Amman, Casablanca - 1989 BVK - Liebh.: Segeln, Reitsport, Islam. Kunst - Spr.: Engl., Franz., Arab., Span., Russ.

MULERT, Max

Dr. jur., Rechtsanwalt u. Notar, Lehrbeauftr. f. Wirtschaftsrecht a. d. FH Flensburg - Prof.-Mensing-Str. 13, 2390 Flensburg (T. 0461 - 5 23 38) - Geb. 6. Okt. 1940 Düsseldorf (Vater: Max M., Landrat; Mutter: Dr. Luise, geb. Fritsch), verh. s. 1972 m. Heiderose, geb. Röhrs, 2 Kd. (Gerrit, Hendrik) - Stud. d. Rechtswiss. Univ. Würzburg, München, Münster - Geschäftsf. IHK Bonn, IHK Flensburg; s. 1980 selbständig.

MULJAČIĆ, Žarko

Dr. phil. habil., Prof. f. Romanistik, Balkanologie - Mörchinger Str. 29, 1000 Berlin 37 (T. 811 50 47) - Geb. 2. Okt. 1922 Split/Kroatien (Vater: Ante M., Kaffeehausbes.; Mutter: Anka, geb. Tudorić), kath., verh. s. 1950 m. Ita, geb. Končina, S. Dr. med. Ante M. - Gymn. Split b. 1940; 1940-43 u. 1945-47 Stud. Roman. Phil. Zagreb, Dipl. 1947, Promot. 1955, Habil. 1960 (beide Zagreb) - 1947-49 Gymn.lehrer Pula, 1949/50 Split; 1950-63 Archivar Staatsarch. Dubrovnik; 1953-56 Wiss. Assist., 1956-61 Doz. f. Ital. Spr., 1961-65 apl. Prof., 1965-72 o. Prof., alles Univ. Zagreb; Stip. Alex.-v.-Humboldt-Stift. München u. Göttingen, s. 1973 Prof. f. Roman. Sprachwiss. FU Berlin. S. 1977 korresp. Mitgl. Kroat. Akad. d. Wiss. u. schönen Künste Zagreb; Korr. Mitgl. d. Accad. della Crusca Florenz - BV: T. Basiljević-Bassegli, 1958; Fonologia generale e fonologia della lingua italiana, 1969, 2. A. 2 Bde. 1972-73; Introduzione allo studio della lingua italiana, 1971, 2. A. 1982; Fonología General. Revisión crítica de las nuevas corrientes fonológicas, 1974; Scaffale italiano, 1991 - 1964 Jahrespreis Stadt Zadar; 1971 Preis Republik Kroatien; 1971 Commendatore dell'Ordine al Merito della Repubblica Italiana; 1983 Intern. Preis G. Galilei f. Italianistik - Spr.: Ital., Dtsch., Franz., Engl. - Lit.: P. Galić-D. Gracin, Ž. Muljačić, ordinario di lingua italiana nella Facoltà di lettere di Zara, Aevum, XLVII, 1973; W. Schweickard, Bibliogr. degli scritti di Žarko Muljačić, in: Romania et Slavia Adriatica. Festschr. f. Žarko Muljačić (hg. G. Holtus, J. Kramer), 1987.

MULZER, Johann

Dr. rer. nat., Prof. f. Organ. Chemie FU Berlin - Friedrichsthaler Weg 20, 1000 Berlin 28 (T. 030 - 404 16 07) - Geb. 5. Aug. 1944 Prien/Chiemsee, kath., verh. s. 1974 m. Dr. Inge, geb. Konrad, Staatsanwältin, 3 Kd. (Johanna, Wolfgang, Michael) - Univ. München (Studienstiftg. Maximilianeum); Dipl. 1969; Promot. 1974 (R. Huisgen); Postdoc 1975 Harvard Univ. (E. J. Corey); Habil. 1980 München - 1976-82 wiss. Assist.; 1982-83 C3-Prof. Univ. Düsseldorf; s. 1984 C4-Prof. FU Berlin - Ca. 60 Fachveröff. - 1982 Dozentenstip. d. Fonds d. chem. Ind.; 1983 Förderpreis Jost-Herkel-Stiftg. - Liebh.: Gesch., Musik - Spr.: Engl., Latein.

MUMM von SCHWARZENSTEIN, Christine

Galeristin Galerie im Rahmhof, Frankfurt am Main - Saalgasse 30, 6000 Frankfurt 1 - Geb. 30. Dez. 1917 Thorn (Vater: Paul Lohmeyer, Präs. Reichspostdir.; Mutter: Margarethe), ev., verh. s. 1940 m. Georg Mumm v. S., 2 Kd. (Bettina, Corrina) - Lessing-Gymn. (Abit.) Frankfurt - Stadtverordnete, stv. Stadtverordn.vorst. gf. Vorstandsmitgl. Heussenstamm-Stift. - 1974 Römerplakette Stadt Frankf.; 1974 u. 1980 Ehrenbrief u. -nadel d. Landes Hessen, 1977 BVK, 1974, 1980 Römerplak. Stadt Frankfurt - Liebh.: Kommunalpolitik, Kunst - Spr.: Engl., Franz.

MUMMENDEY, Amelie

Dr. rer. nat., Prof. f. Psychologie - Goldstr. 15, 4400 Münster (T. 0251-4 53 43) - Geb. 19. Juni 1944 Bonn (Vater: Robert M., Graphiker; Mutter: Annemarie, geb. Werner), verh. s. 1968 m. Hans-Dieter, geb. Schmidt, S. Robert - Abit. Bonn 1963; Dipl. Psych. 1968, Promot. Mainz 1970, Habil. Münster 1974 - 1968-74 wiss. Assist. Mainz, 1974-79 Doz. Münster, s. 1979 Prof. Münster - BV: Bedingungen agressiven Verhaltens, 1972; Agressives Verh., 1976; Frauenfeindlichkeit (zus. m. Schmidt), 1973; Soziale Einstellungen (zus. m. Schmidt u.a.), 1975; Social Psychology of Aggression, 1984 - Spr.: Engl., Franz.

MUMMENDEY, Hans Dieter

Dr. phil., Dipl.-Psych., Prof. f. Psychol. u. Sozialpsychol. Univ. Bielefeld (s. 1974) - Universitätsstr. 25, 4800 Bielefeld 1; priv.: Winkelshütter Str. 1, 4807 Borgholzhausen - Geb. 21. Juni 1940 - 1971-74 Univ.-Prof. Univ. Düsseldorf - BV: Einstellung u. Verhalten, 1979; Einführung in d. Sozialpsychologie, 1979; D. Fragebogen-Methode, 1987; Verhalten u. Einstellung, 1988; Psych. d. Selbstdarstellung, 1990; D. Republikaner, 1990; D. Bauchtänzerin, 1991; Bielefeld-Burano & retour, 1991. Herausg.: Ztschr. Bielefelder Arbeiten z. Sozialpsychol. (s. 1976), Verleger (s. 1990): Neues Literaturkontor (Prosa, Lyrik).

MUMMENHOFF, Carl

Fabrikant, gf. Gesellsch. C. & F. Fraling GmbH & Co. (Weberei) - Bahnhofstr. 45, 4418 Nordwalde/W.

MUMMERT, Rochus M.

Dr. rer. pol., Dipl.-Kfm., Unternehmensberater (1972ff.) - Lindenstr. 12a, 8000 München 90 - Geb. 19. Juli 1930 Liegnitz (Vater: Hans M., Unternehmer; Mutter: Charlotte, geb. Kutz), ev. - FU Berlin (Betriebsw.). Dipl.-Kfm. 1953; Promot. 1956 - 1956-1957 Direktionsassist. Kochs-Adler-Nähmaschinenwerke AG., Bielefeld; 1957-60 General Manager Adler Industries, Inc., New York; 1960-65 Leit. Hauptabt. Vertrieb Kraftfahrzeuge Henschel-Werke AG., Kassel; 1965-67 Exportleit. Volkswagenwerk AG., Wolfsburg; 1967-71 Vorstandsmitgl. Klöckner-Humboldt-Deutz AG., Köln - Liebh.: Sport (Segeln/Bayer. Yacht-Club Starnberg, Tennis/Tennis-Club Großhesselohe) - Spr.: Engl.

MUNARI, Franco

Dr. litt., o. Prof. f. Klass. Philologie Freie Univ. Berlin (s. 1962) - Ehrenbergstr. 35, 1000 Berlin 33 (T. 838 22 12); priv.: Richard-Strauss-Str. 6, 1000 Berlin 33 (T. 826 55 79) - Geb. 9. Februar 1920 Pernumia/Italien (Vater: Dr. med. Marco M.; Mutter: Dora, geb. Cassinis) - Univ. Pisa, Florenz, Leipzig, Oxford, Uppsala (Klass. Philol.). Promot. 1939 Pisa - 1955-62 Dozent Univ. Florenz, Uppsala, Bonn (1957; 1961 apl. Prof.). 1964/65 Gastprof. Univ. of North Carolina, Chapel Hill - BV: u. a. Catalogue of the MSS of Ovid's Metamorphoses, 1957; Ovid im Mittelalter, 1960; Il codice Hamilton 471 di Ovidio, 1965; Ovids Amores, 5. A. 1970; Epigrammata Bobiensia, 1955; M. Valerii Bucolica, 2. A. 1970; Matthäus Vindocinensis I, 1977; II, 1982 u. III, 1988; Kleine Schriften, 1980 - Spr.: Ital., Engl., Schwed., Franz.

MUND, Uwe

Generalmusikdirektor Musiktheater im Revier Gelsenkirchen (s. 1977) - Overwegstr. 28, 4650 Gelsenkirchen (T. 0209 - 14 20 76) - Geb. 30. März 1941 Wien (Vater: Hans Werner M., Beamter; Mutter: Anna, geb. Mozuba), verh. s. 1971 m. Gunda, geb. Kunze, 2 T. (Birgit-Constanze, Vera-Christine - Univ. Wien; Akad. f. Musik (b. Prof. H. Swarowsky) - 1962 Dirig. Wiener Sängerknaben; 1964 Solorepet. unter Herbert v. Karajan Wiener Staatsoper. Dirig.: 1965-69 Opernh. Freiburg/Br., 1969-73 München (Gärtnerplatztheater), 1973-75 Kiel (Bühnen d. Landeshauptst.), 1975-77 Frankfurt (Städt. Bühnen); ab 1977 GMD Gelsenkirchen. Gastdirig. im In- u. Ausl., u.a. Wiener Staatsoper, Nationaltheater München, Hamburger Staatsoper, Salzburger Festspiele, Stuttgart, Frankfurt, Warschau, San Francisco, Berlin, Paris, Brüssel, Tokyo (NHK), Rom, Barcelona, Leipzig - W.: Komp. v. Schauspielmusiken, Liedbegleiter - Liebh.: Kunst, Sport, Natur, Tiere - Spr.: Engl., Franz., Latein, Ital.

MUND-HOYM, Stefan

Dr. med., Prof., Chefarzt f. Gynäkol. u. Geburtshilfe St. Joseph-Krkhs. Berlin - Bitterstr. 4, 1000 Berlin 33 - Geb. 7 Sept. 1940 - Medizinstud. Univ. Freiburg, Wien u. Kiel; Promot. 1966 Freiburg, Habil. 1979 Bonn, 1985 apl. Prof. Köln - Zahlr. Publ. in nat. u. intern. Ztschr. - Spr.: Engl., Franz., Span.

MUNDHENKE, Reinhard

Dipl.-Kfm., Geschäftsführer Frankfurter Allgemeine Zeitung GmbH, Frankfurt/M. (s. 1972), Landesarbeitsrichter (s. 1973) u. a. - Cimbernstr. 12 a, 6238 Hofheim/Ts. (T. 74 09; Büro: Frankfurt 75 91 -0) - Geb. 18. Juni 1930 Berlin (Vater: Julius M., Verlagsdir.; Mutter: Elisabeth, geb. Blancke), ev., verh. s. 1954 m. Helene, geb. Bundschuh, T. Esther - 1953-57 Univ. München (Dipl. 1957) - Tätigk. Ztg.- u. Ztschr.wesen - BV: D. Verlagskaufmann, 1977 - Spr.: Franz., Engl. (USA-Aufenth.).

MUNDINGER, Fritz

Dr. med., Univ.-Prof., em. Ärztl. Direktor, Neurochirurg - Kaschnitzweg 6, u. St. Josefs Krankenhaus 7800 Freiburg (T. 5 68 15) - Geb. 13. Juni 1924 Freiburg (Vater: Karl M., Hotelbesitzer; Mutter: Maria, geb. Isele), kath., verh. m. Monica, geb. Störring, 2 Söhne (Friedrich Alexander, Peter-Matthias) - Berthold-Gymn. Freiburg; 1943-49 Univ. Heidelberg u. Freiburg (Med.) - S. 1958 (Habil.) Lehrtätigk. Univ. Freiburg

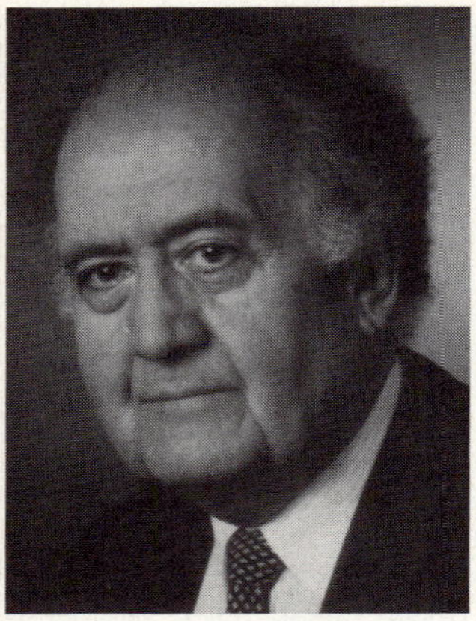

(1964 Prof.; gegenw. St. Josefskrkhs. Freiburg. Spez. Arbeitsgeb.: Stereotakt. Hirnoperationen b. Bewegungsstör., chron. Schmerzen, Epilepsie, Radioisotopenbehandl. nicht resezierbarer Hirntumoren, Hypophysenchir. - BV: Stereotakt. Operationen am Gehirn; Hypophysentumoren - Hypophysektomie, 1967 (m. T. Riechert); Stereotaktische Hirnoperationen, 1975; Stereotaxis in Parkinson Syndrome (m.a.), 1979 - Ehrenmitgl. Soc. Medica do Pontificia Universidade Católica, Rio de Janeiro (1964), Soc. Medica do Instituto dos Bancários, Rio de Janeiro (1964), Soc. Argentina de Neurologia, Psiquiatriá y Neurocirurgiá, Buenos Aires (1965), Assoc. Med. Argent., Soc. Argent. de Ciencias Neurológicas, Psiquiátrias y Neuroquirurgicas. Capitulo de Neurócirurgiá, Buenos Aires (1970); Med. Fakultät Santiago de Chile (1971); Slovak. Med. Ges. (1975); Tschechoslowak. Ges. Neurochirurgie (Purkinje), 1977; Sociedad Neurologia de Colombia (1991); Honorpres. World Soc. f. functional and stereotactic Neurosurgery; Ehrenpräs. Europ. Ges. f. stereotakt. u. funktionelle Neurochirurgie; Auswärt. Mitgl. Soc. Neurochir. Fennica, Helsinki (1964); korr. Mitgl. Soc. Chilena de Neurol., Psiqu. y Neurocir. u. Soc. Chilena de Endocrinologia, beide Santiago de Chile (1964), Soc. Venezolana de Neurocir. (1970), Österr. Ges. f. Neurochirurgie, Sociedade Brasileira de Neurocirurgia, Sao Paulo; Ord. Mitgl. zahlr. internat. u. nationaler Fachges. - Liebh.: Musik - Spr.: Engl.

MUNDORF, Heinz-Dieter

Dr. rer. pol., Hauptgeschäftsführer Bundesarbeitsgemeinschaft d. Mittel- u. Großbetriebe d. Einzelhandels (s. 1972) - Lindenallee 41, 5000 Köln 51 (T. 37 67 90).

MUNDORF, Karl-Heinz

Rechtsanwalt b. Oberlandesgericht - Ebertpl. 4, 5000 Köln 1 (T. 0221 - 12 40 11); priv.: Oldenburger Str. 1, 5000 Köln 60 - Geb. 21. März 1933 Köln, kath., verh. s. 1960 m. Ursula, geb. Görres, Rechtsanw., 3 Kd. (Ute, Antje, Till) - Stud. Rechtswiss.; 1. Staatsex. 1959 Köln, 2. Staatsex. 1962 Düsseldorf - Liebh.: Tessin, Fernreisen, Lit. - Spr.: Engl.

MUNDT, Barbara

Dr. phil., Prof. u. Direktorin Kunstgewerbemuseum Stiftg. Preuß. Kulturbesitz Berlin (s. 1987) - Zu erreichen üb. Kunstgewerbemuseum, Tiergartenstr. 6, 1000 Berlin 30 - Geb. 1936 Hildesheim - Stud. Kunstgesch., German. u. Roman. - S. 1970 Tätigk. im Kunstgewerbemus. Berlin. Zahlr. Veröff., dar. Bücher (Buch üb. Historismus, ersch. 1981, gilt als Standardwerk), Kataloge, längere Beitr. in Sammelw., Aufs. - Liebh.: Musik, Theater.

MUNDT, Gerhart

Dr. jur., Rechtsanwalt, Kaufm., Geschäftsf. Bayern-Chemie, Aschau b. Kraiburg/Inn, Vorst.-Mitgl. Ges. f. Flugtechnik GmbH, Ottobrunn - Titurelstr. 2, 8000 München 81 - Geb. 12. April 1934.

MUNDT, Hans-Josef

Dr. phil., Geschäftsführer Autorenversorgungswerk u. Sozialfonds VG WORT - Kolberger Str. 11, 8000 München 80 (T. 98 45 51; Büro 51 41-245) - Geb. 13. März 1914 Siegburg (Vater: Josef M., Apotheker; Mutter: Paula, geb. Engelblecks), kath., verh. s. 1943 m. Dr. Edith, geb. Heuser, S. Dr. med. Christoph - Gymn. Siegburg; Stud. Phil., Kunst-, Literaturgesch., Zeitungswiss. Univ. München, Freiburg, Bonn, Paris. Promot. 1948 - 1939-46 Wehrdst. u. Kriegsgefangensch.; s. 1948 Verlagslektor, -redakt., -leit. u. Gf. Verlag Kurt Desch. Versveröff. Herausg.: Theodor Fontanes Ges. Werke (1954); m. Robert Jungk; Modelle für eine Neue Welt (1964 ff.; D. Griff nach der Zukunft, Wege ins neue Jahrtausend, Deutschland ohne Konzeption?, Unsere Welt 1985, Das umstritt. Experiment - D. Mensch, Liebe u. Hunger, Vor uns d. Paradies?, Eskalation d. neuen Waffen, D. Weg ins Jahr 2000, Maschinen wie Menschen, Herausford. an d. Zukunft, Weil wir überleben wollen, Welt-Gesundheitsreport, Hat d. Familie noch e. Zukunft? u. a.) - Mitgl. Gruppe 47, PEN-Zentrum BRD u. Dt. UNESCO-Kommiss.

MUNK, Klaus

Dr. med., o. Prof. u. Direktor Inst. f. Virusforschung Univ. Heidelberg (Dt. Krebsforschungszentrum) - Am Gutleuthofhang 30, 6900 Heidelberg (T. 80 27 35) - Geb. 25. Nov. 1922 Berlin - Habil. 1961 München - S. 1962 Lehrtätigk. Heidelberg (1967 Ord.). Fachveröff.

MUNKEL, Helmut

Dipl.-Kfm., Direktor, Vorstandssprecher KRAVAG Lebensversicherungs-AG - Am Mühlenberg 21, 2114 Hollenstedt/Nordheide - Geb. 9. Juli 1929 Köln (Vater: Adolf M., Oberbrandmeister; Mutter: Hedwig, geb. Miesen), kath., verh. s. 1978, 2 Kd. (Helmut, Dagmar) - Abit.; Univ. Köln, Stud. Wirtsch.- u. Soz.wiss., Dipl.Kfm. Köln 1959 - 1949-58 Vers.-Angest., 1959-75 Dir., 1975 ff. Vorst.smitgl. - Spr.: Engl.

MUNO, Heinz

Dr.-Ing., Geschäftsführer Fachgem. Antriebtechnik/Montage, Handhabung, Industrieroboter/Fluidtechnik (2)/VDMA - Lyoner Str. 18, 6000 Frankfurt/M. 71.

MUNRO, Nick

Komponist, Texter, Produzent - Barmbeker Str. 138, 2000 Hamburg 60 - Geb. 28. Juni 1927 Hamburg (Vater: Dr. med. Jan M., Arzt; Mutter: Elisabeth, geb. Boës), verh. s. 1966 m. Vera, geb. Bekker (Galeristin) - 1947-52 Musikhochsch. Hamburg - S. 1952 Theater, Hörfunk, Fernsehen, Schallpl. (1960). Zahlr. Welthits - 1972 Sieger Grand Prix Eurovision (Après toi); zahlr. Gold. u. Platin-Schallpl. - Spr.: Engl., Ital., Span.

MUNRO, Peter

Dr. phil., Prof., Direktor Kestner-Museum (1969-81), Prof. f. Ägyptologie FU Berlin (1981ff.) - Zu erreichen üb. FU Berlin, Rudeloffweg 9, 1000 Berlin 33 - Geb. 8. Jan. 1930 Hamburg (Vater: Dr. med. Jan. M.; Mutter: Elisabeth, geb. Boës), ev. - Stud. Ägyptologie, Klass. Archäol., Semitistik, Hamburg, Göttingen, Kairo. Promot. 1957; Habil. 1967 - 1957-60 Doz. Goethe-Inst. Kairo; 1960-63 Stip. Dt. Forschungsgem.; 1963-65 Lektor Dt. Akad. Austauschdst. Kairo. S. 1973 Grab. in Ägypten - BV: D. spätägypt. Totenstelen, 1969; D. Unas-Friedhof Saqqara, 1991. Div. Einzelarb. - O. Mitgl. Dt. Archäol. Inst. - Spr.: Engl., Franz. - Bek. Vorf.: Dr. Neil M., Arzt u. Anthropologe, Erforsch. d. Ainus Japan (Großv.).

MUNSKE, Horst Haider

Dr. phil., o. Prof. f. German. u. Dt. Sprachwiss. u. Mundartkd. Univ. Erlangen (s. 1975, Dekan 1984-86, Senator s. 1986) - Lange Zeile Nr. 129 A, 8520 Erlangen - Geb. 5. Mai 1935 Görlitz (Vater: Horst M., Studienrat; Mutter: Hildegard, geb. Nowotny), ev., verh. s. 1960 m. Barbara, geb. Wolff, 3 Kd. (Michael, Matthias, Tjark) - Stud. Univ. Bonn, Berlin (Freie), Marburg; Promot. (1962) u. Habil. (1970) ebd. - 1957-62 wiss. Mitarb. Dt. Sprachatlas; 1963-65 Lektor Uppsala/Schweden; 1971-75 Prof. f. German. u. Nord. Philol. Univ. Marburg (1971-73 Dekan) - Mitgl. Kommiss. f. bayer. Landesgesch. Bayer. Akad. d. Wiss., Fryske Akad. (Niederl.), Wissenschaftler Rat Inst. f. dt. Sprache Mannheim, Kommiss. f. Rechtschreibfragen. S. 1988 DFG-Fachgutachter, s. 1990 Vertrauensdoz. d. DFG Univ. Erlangen-Nürnberg - BV: D. Suffix -inga/-unga in d. germ. Spr., 1964; D. german. Rechtswortschatz im Bereich d. Missetaten I, 1973. Herausg.: Dt. Wortschatz (Festschr. L. E. Schmitt, 1988) - Spr.: Engl., Schwed.

MUNTER, Heinz

Dr. rer. pol., Dipl.-Ing., Unternehmensberater - Innocentiastr. 13, 2000 Hamburg 13 - Geb. 9. Febr. 1924 Berlin (Vater: Dr. med. Hans M., Internist; Mutter: Charlotte, geb. Nitschke), ev., verh. s. 1950 m. Irmgard, geb. Hertter, 2 Kd. (Karl-Heinz, Marion) - Gymn. Berlin; kaufm. Lehre Frigidaire GmbH.; TU ebd. (Wirtschaftsing.wesen); Dipl.-Ing. 1950, Promot. 1953 - U. a. Geschäftsf. Philips Electrologica GmbH u. Siemag Feinmechan. Werke GmbH, bde. Eiserfeld/Sieg, u. Philips Bürotechn. GmbH, Hamburg; Dir. Philips Kommunikations Industrie AG - BV: Was kostet Ihr Betrieb?, 1954; Wie bucht u. fakturiert man elektronisch?, 1960; Buchungsmaschinen, 1961.

MUNZ, Gerhard

Ass., Bankdirektor Dt. Bank AG, Filiale Aalen (s. 1966) - Humboldtstr. 12, 7080 Aalen (T. 07361 - 3 21 56) - Geb. 4. Jan. 1929, ev., verh. m. Ingeborg, geb. Gödry - Ausb. Banklehre; Stud. Rechtswiss. Heidelberg; Staatsex. 1960 Stuttgart - Mitgl. Vollvers. IHK Ostwürtt.; Beiratsvors. Tiede GmbH + Co., Rissprüfanlagen, Essingen; Beiratsmitgl. Mohr Maschinen- u. Apparatebau-Ges. mbH, Gerabronn; Beiratsmitgl. Bartec Barlian-Technik Ges. f. Sicherheits-Componenten mbH, Bad Mergentheim; u.a. - Liebh.: Kochen, Golf, Fliegen - Spr.: Engl.

MUNZ, Rudi

Dipl.-Verwaltungswissensch., Bundesgeschäftsführer Fachgr. Journalismus dju/SWJV in d. Industriegewerkschaft Medien - Postf. 10 24 51, 7000 Stuttgart 10 (T. 0711 - 201 82 38) - Geb. 9. Jan. 1954 Plochingen/N. - Abit. Plochingen/N. 1973; 1973-79 Stud. Verw.wiss. Univ. Konstanz.

MUNZERT, Eberhard

Dr. jur., Prof., Präsident Landesrechnungshof - Graf-von-Galen-Str. 3d, 4800 Bielefeld 1 (T. 0521 - 10 95 00) - Geb. 23. März 1932 Hannover (Vater: Alfred M.; Mutter: Lydia, geb. Berthold), ev., verh. m. Ilsemarie, geb. Wenzel, 2 Kd. (Elisabeth, Eberhard) - Stud. d. Rechtswiss. Rechtsrat Bielefeld (1960-65); Beigeordn. f. Rechts- u. Sozialwesen Stadt Herford (1965-68); Beig. f. Recht, Sicherheit u. Ordnung Stadt Bielefeld (1968-73); Stadtkämmerer Bielefeld (1974-78); Oberstadtdir. Bielefeld (1978-83); Staatssekr. Innenm. NRW (1983-87); Präs. Landesrechnungshof NRW (s. 1987). Ständ. Vertr. d. Präs. Landesjustizprüf.amt NRW. Hon.-Prof. d. Univ. Bielefeld. SPD. - 1973-88 Präsid.-Mitgl. Dt. Leichtathletikverb. (s. 1985 Präs.); 1979 Gold. Sportabz.; BVK I. Kl. - Spr.: Engl.

MUNZINGER, Ludwig W.

Dr. jur., Herausgeber Munzinger-Archiv GmbH/Archiv f. publizist. Arbeit (s. 1957) - Hans-Züricher-Weg 7, 7980 Ravensburg (T. 0751 - 3 19 16 Btx, Telefax 17 261) - Geb. 24. Febr. 1921 Weingarten/Württ. (Vater: Dr. phil. Ludwig M., 1913 Archivgründ. (s. XII. Ausg.); Mutter: Cora, geb. Hartenstein), verh. m. Maria, geb. Rülke, 4 Kd. - Univ. Leipzig, München, Tübingen (Promot.; Diss.: Beitr. z. rechtl. Schutz d. Nachricht). Gr. jurist. Staatsprüf. - Spr.: Engl. - Rotarier.

MURAWSKI, Hans

Dr. rer. nat., em. Prof. (s. 1980) - Rhönstr. 100, 6457 Maintal 2 Kr. Hanau - Geb. 12. Febr. 1915 Wuppertal (Vater: Dr. phil. Walter M., Chemiker; Mutter: Maria, geb. Schneider), ev., verh. s. 1942 m. Felizitas, geb. Hoffmann, S. Alexander - Schulen Wuppertal u. Frankfurt/M.; Univ. Frankfurt u. Breslau. Promot. 1941 Breslau; Habil. 1951 Göttingen - 1939 Hilfsassist. Univ. Breslau; 1944-45 Angest. Reichsforschungsrat Breslau; 1949-54 Assist. u. Privatdoz. (1951) Univ. Göttingen; 1944-45 Diätendoz. TH Karlsruhe; 1955-68 Kustos, apl. Prof. (1958) u. Wiss. Rat (1961) Univ. Köln (Geol. Inst.), o. Prof. u. Dir. Geolog.-Paläontol. Inst. Univ. Frankfurt (1968 ff.). Leit. Dt. Tekton. Kommiss. Dt. Geol. Ges. u. a. Herausg.: Geol. Wörterb., Dt. Handwörterb. d. Tektonik. Mitherausg.: Int. Tectonic Lexicon; Plateau Uplift - The Renish Shield. Mitarb.: Int. Geograph. Glossary. Zahlr. Fachaufs. - Ehrenmitgl. Deutsch. Geolog. Ges. (1978).

MURAWSKI, Josef

Dipl.-Volksw., Vorstandsmitglied Mannesmann AG, Düsseldorf - Brühler Weg 46, 4005 Meerbusch 1 - Geb. 2. Febr. 1928 Gelsenkirchen - Vorstandsmitgl. Arbeitgeberverb.

MURKEN, Axel Hinrich

Dr. med., Prof. f. Geschichte d. Medizin, Arzt - Zu erreichen üb. Inst. f. Gesch. d. Med. u. d. Krankenhauswesens, RWTH, Wendlingweg 2, 5100 Aachen (T. 0241 - 808 80 95) - Geb. 2. Dez. 1937 Gütersloh (Vater: Dr. med., Diedrich M., Facharzt f. Frauenheilkd.; Mutter: Elisabeth, geb. Goebel), ev., verh. s. 1971 m. Christa, geb. Altrogge, 3 Kd. (Wenzel, Julian, Imme) - Med.-Staatsex. Münster 1965, Med. Promot. Münster 1965, Habil. Düsseldorf 1973 - 1965-68 Med.-Assist., 1968/69 Assist.-Arzt Krankenanst. Gilead Bethel/Bielefeld, 1969-75 Wiss.-Assist. Univ. Düsseldorf, 1975-81 Wiss. Rat u. Prof. Münster, s. 1981 o. Prof. (Vorst. Lehrst. f. Gesch. d. Med.) RWTH Aachen; s. 1978 Vors. Dt. Ges. f. Krankenhausgesch.; s. 1984 Vors. Dt. Krankenhausmuseum Oldenburg - BV: D. Bild d. dt. Krkhs. im 19. Jh., 1977, 2. A. 1978; Hier liegt mein Mann u. läßt schön grüßen - D. Krkhs. auf alten Postkarten, 1978; D. baul. Entw. d. dt. allg. Krkhs. im 19. Jh., 1979; Joseph Beuys u. d. Medizin, 1979; Kind, Krankheit u. Krkhs. im Bilderb. v. 1900 b. 1982, 2. A. 1983; Lehrb. d. Med. Terminol., 1984, 2. A. 1986; V. Expressionismus b. z. Soul u. Body Art. Malerei f. Einsteiger, 1985 (m. Christa Murken-Altrogge); V. Armenhospital zum Großklinikum - D. Geschichte d. Krkhs. v. 18. Jh. b. z. Gegenwart, 1988, 2. A. 1991; Künstler aus Gugging. Z. Art Brut d. Gegenwart (m. Michael Daxner, Johann Feilacher, Ulrich Kattmann), 1989; D. Darstellung d. Geisteskranken in d. bildenden Kunst (m. Franciscus Joseph Maria Schmidt), 1991; V. d. Avantgarde bis z. Postmoderne. D. Malerei d. 20. Jh. (m. Christa Murken-Altrogge), 1991.

MURMANN, Heinz

Dr. phil., Journalist - Dahlmannstr. 26, 5300 Bonn (T. 0228 - 21 56 09) - Geb. 15. Nov. 1928 Hammelburg/Bay., kath., verh. s. 1961 m. Dr. Gertrud, geb. Eberhard - Promot. 1957 Tübingen - Vors. Dt. Presseclub, Bonn.

MURMANN, Klaus

Dr. iur., Vorsitzender d. Geschäftsfg. d. Sauer-Sundstrand GmbH, Neumünster, Präs. Bundesvereinigung d. Dt. Arbeitgeberverb., Köln - Bismarckallee 24, 2300 Kiel 1 - Geb. 3. Jan. 1932 Dortmund - Stud. Bonn, Harvard, Sorbonne, Kiel (Promot. 1957). Ass.-ex. - B. 1967 (10 J.) Ratsherr Kiel (CDU) - 1991 Gr. BVK m. Stern - Liebh.: Lesen, Segeln, Tennis, Ski.

MURR, Stefan

s. Horstmann, Bernhard

MURRAY, William-Bruce

Kammersänger, Opernsänger (Bariton) Dt. Oper Berlin - Wilmersdorfer Str. 151, 1000 Berlin 10 - Geb. 13. März 1935 New York/USA, ev., verh. s. 1958 m. Nancy-Lee, geb. Adams, 3 Kd. (John, Christopher, Judith) - Adelphi Univ. (B.A. 1956); Sprach-Stud. Yale Univ., Univ. per Stranieri, Perugia, Goethe-Inst. Blaubeuren - S. 1960 Hauptrollen Scala/Mailand, Genf, Staatstheater München, Stuttgart, Frankfurt, New York, Dt. Oper Berlin, u.a.

MUSCHALLIK, Hans Wolf

Dr. med., Internist, Vors. Kassenärztl. Bundesvereinig. (1969-85) u. Kassenärztl. Vereinig. Nordrh. (1960-85) - Zu erreichen üb. Herbert-Lewin-Str. 3 (KBV), 5000 Köln 41 - Geb. 4. Juni 1911 - 1985 Gr. BVK m. Stern u. Schulterbd.; 1985 Ehrenvors. d. Kassenärztl. Bundesvereinig. u. d. Kassenärztl. Vereinig. Nordrhein; Paracelsus-Med.

MUSCHAWECK, Willy

I. Bürgermeister Stadt Beilngries - Rathaus, 8432 Beilngries/Oberbay. - Geb. 17. April 1940 Neumarkt/Opf. - Zul. Regierungsoberinsp. CSU.

MUSCHEID, Dieter

Richter, Mitgl. Landtag Rheinl.-Pfalz (s. 1979) - Hafenstr. 2-4, 5400 Koblenz - Geb. 15. März 1943 - SPD.

MUSCHG, Adolf

Dr. phil., Schriftsteller - Vorbühlstr. 7, CH-8802 Kilchberg (Schweiz) (T. 01 - 91 55 61) - Geb. 13. Mai 1934 Zürich (Schweiz) - Stud. German. u. Anglist. (Zürich); Promot. 1959 - Zun. höh. Lehramt, 1962-1964 Lektor Intern. Christ. Univ. Tokio, 1964-67 Assist. Univ. Göttingen, 1967-69 Lehrtätigk. Cornell Univ., Ithaca (N. Y.) u. 1970 ff. Eidgen. TH Zürich - BV: Im Sommer d. Hasen, R. 1965; Gegenzauber, R. 1967; Mitgespielt, R. 1970; Liebesgeschichten, Erz. 1972; Albissers Grund, R. 1974; Entfernte Bekannte, Erz. 1976; Gottfried Keller, Essay 1977; Why Arizona (1977); Goddy Haemels Abenteuerreise (1980). Hörsp.: Wüthrich im Studio (1962); D. Kerbelgericht (1969 ges. WDR u. Buchausg., 1971 Theaterfassg.) Noch e. Wunsch, Erz. 1979; Baiyun, R. 1980; Lit. als Therapie? Essay 1981; D. Licht u. die Schüssel, R. 1984. Bühnenw.: D. Aufgeregten von Goethe (UA. 1970 Zürich). Fernsehsp.: Rumpelstilz (1969; m. Paula Wessely); High Fidelity o. ein Silberblick (dt. u. schweiz. Ferns. 1973) - 1967 Georg-Mackensen-Literaturpreis; Ehrengaben Stadt u. Kanton Zürich, 1974 Hermann-Hesse-Preis; 1984 Literaturpreis Stadt Zürich u. a.

MUSCHLER, Werner

Dr. rer. nat., Prof. f. Physik Fachhochsch. Würzburg/Schweinfurt (s. 1971) - Lönsstr. 6, 8726 Gochsheim/Ufr. - Geb. 24. Dez. 1930 Lauf/Pegnitz - 1950-57 Univ. Würzburg (Physik; Dipl.). Promot. 1961 Würzburg - 1961-65 Assist. Univ. Würzburg; 1965-66 Doz. Polytechnikum Würzburg/Schweinfurt; 1966-71 Mitarb. MPI f. Aeronomie/Abt. Weltraumphysik, Lindau/Göttingen; s. 1986 Dekan FB Allgemeinwiss. FH Würzburg/Schweinfurt. 1978-90 Mitgl. Gemeinderat Gochsheim. Fachaufs. - Liebh.: Intern. Amateurfunk - Spr.: Engl.

MUSCHOLL, Erich

Dr. med., em. o. Prof., Neuropharmakologie - Obere Zahlbacher Str. 67, 6500 Mainz - Geb. 3. Juli 1926 Hindenburg/OS. (Vater: Dr. Erich M.; Mutter: Hanne, geb. Bartsch), verh. s. 1960 m. Hilde, geb. Osburg, 3 Kd. - Promot. 1952 u. Habil. 1959 Mainz; Brit. Council Scholar Edinburgh (1956-57) - Fachaufs. u. Herausg. Fachztschr. - 1973-91 Gf. Dir. Pharmakol. Univ.-Inst. - 1984 Mitgl. Dt. Akad. d. Naturforscher/Leopoldina, Halle/S.

MUSSGNUG, Martin

Rechtsanwalt, Parteivors. - Bahnhofstr. 46, 7200 Tuttlingen/Württ. (T. 7 12 66) - Geb. 11. Febr. 1936 Heidelberg, ev., verh., 4 Kd. - Gymn. Schweinfurt; Univ. Heidelberg (Rechtswiss.). Gr. jurist. Staatsprüf. 1963 - S. 1963 RA Tuttlingen. 1968-72 MdL Baden-Württ. NPD s. 1964 (1967 ff. stv. u. Landes-, 1971 ff. Parteivors.).

MUSSGNUG (ß), Reinhard Alexander

Dr. iur., o. Prof. f. öfftl. Recht, Finanz- u. Steuerrecht, Univ. Heidelberg (s. 1978) - Keplerstr. 40, 6900 Heidelberg (T. 4 62 22) - Geb. 26. Okt. 1935 Mannheim (Vater: Dr. Ernst M., LG-Rat; Mutter: Erna, geb. Bell), verh. s. 1965 m. Dr. phil. Dorothee, geb. Stürmer, 2 Kd. (Friederike, Terese) - Stud. Heidelberg, Erlangen, München; Promot. 1964 Heidelberg; Habil. 1969 ebd. - 1971 bis 1975 o. Prof. FU Berlin, 1975-78 Univ. Mannheim; 1976ff., 1978-82 Vizepräs. Hochschulverb. - BV: D. Dispens v. gesetzl. Vorschriften, 1964; D. Recht auf d. gesetzl. Verw.-Beamten, 1970; D. Haushaltsplan als Gesetz, 1976; Wem gehört Nofretete? 1977; Mitbestimmungsrecht d. Personalräte an d. Univ., 1985 - Liebh.: Lit., Musik - Spr.: Engl.

MUSSHOFF, Karl A.

Dr. med., Prof., Ehem. Direktor Abt. f. Strahlentherapie Univ. Freiburg - Eichenweg 33, 7573 Sinzheim-Vormberg (T. 07221 - 8 39 06) - Geb. 11. Juni 1910 Elberfeld (Vater: Gustav M., Beamter; Mutter: Amalie, geb. Kauls), ev., verh. s. 1951 m. Margarethe, geb. Herbst, 2 Kd. (Stephan, Renate) - Univ. Kiel, Freiburg, Bonn, Düsseldorf, München - S. 1960 (Habil.) Lehrtätigk. Freiburg (1966 apl. Prof. f. Inn. Med. u. Strahlenkd., 1973 Prof.). 1973ff. Präs. Group of Eur. Radiotherapists (1970-72 Vizepräs.). Gründungsmitgl. Arbeitsgem. (A.G.) Strahlentherapie in d. Dt. Röntgenges. u. in d. Dt. Krebsges. Mitgl. Kurat. dt. Krebshilfe - Mithrsg.: J. Cancer Res. Clin. Oncol. (b. 1984); Strahlentherap.; Int. J. Radiation Oncology Biol. Phys. (b. 1983); Pneumonologie-Pneumology (b. 1975) - BV: Herz, Kreislaufkrankh. u. Sport, 1960 (m. H. Reindell u. a.); Differentialdiagn. selt. Lungenerkrank. in Röntgenbild, 3. A. 1979 (m. J. Weinreich † u. H. Willmann); Volumenbestimmungen am Beisp. d. Herzens in (Ed. H. R. Schinz u. a.) Lehrb. d. Röntgendiagnostik, 6. A. 1965; Herzmasse (m. H. Reindell), Aortenmasse (m. J. Emmrich), das Sportherz (m. H. Reindell u. H. Roskamm) in Hdb. Medizin. Radiologie X/1, 1969; Röntgendiagn. d. Herzens (m. H. Reindell) in (Ed. H. Roskamm u. H. Reindell) Herzkrankh., 2. A. 1982; Strahlentherapie (m. U. Rühl) in (Ed. E. Buchborn u. a.) Therapie Inn. Krankh., 6. A. 1988; D. Behandl. d. Lymphogranulomatose (m. K.-H. Strickstrock u. L. Boutis) in (Ed. L. Heilmeyer u. Hittmair) Hdb. d. gesamten Haematologie V/3, 1969; Diagnosis and Therapy of Malignant Lymphoma, 1974; Maligne Systemerkrank. in (Ed. E. Scherer) Strahlentherapie - Radiologische Onkologie, 3. A. 1987; Non-Hodgkin-Lymphome (m. G. Brittinger, P. Meusers) in (Ed. R. Gross, C.G. Schmidt) Klin. Onkologie, 1985. Mitarb. b. H. Reindell, P. Bubenheimer, H.-H. Dickhut, L. Görnandt: Funktionsdiagnostik d. gesunden u. kranken Herzens, 1988 - Ehrenmitgl. Vereinig. Europ. Strahlentherapeuten (GER) u. Dt. Krebsges.; 1983 Remscheider Röntgen-Plak., 1985 Leopold Freund Med. d. Österr. Ges. f. Radioonkol., Radiobiol. u. med. Radiophysik, 1985 Honorary Fellow Americ. College of Radiology, Mitgl. d. Kösener S.C. - Lit.: Handb. d. dt. Ges., 1970; Persönlichkeiten Europas, Deutschland I, 1976; Men of Achievement, 1977; Dictionary of International Biography, 1978; International Book of Honor 1. Ed., 1985; Who's Who in the World 5.-10. Ed. 1980-92; Veröff. in div. Nachschlagew.

MUSSIL, Edgar

Dr. jur., gf. Vorstandsmitglied Arbeitgeberverb. d. Versicherungsunternehmen in Dtschl. (vorh. Hauptgeschäftsf.) a. D., Verw.ratsmitgl. Bundesanst. f. Arb., ehrenamtl. Richter a. Bd.arb.gericht a. D. - Wangener Str. 13, 8000 München 71 (T. 75 42 18) - Geb. 8. April 1912 Marktredwitz (Vater: Emil M., Obering.; Mutter: geb. Michael), ev., verh. - Akt. Offz. (zul. Major i. G.); b. 1949 sowjet. Gefangensch.; Stud.; s. 1953 Verbandswesen - BV: Personelle Mitbestimmung, 1953; Kommentar z. Tarifvertr. f. d. priv. Versich.gewerbe, 1962 - 1980 Gr. BVK.

MUSSMANN(ß), Frank

Kanzler Hochschule f. Gestaltung Offenbach - Schloßstr. 31, 6050 Offenbach/M.

MUSSMANN, Heinrich

Dr. phil., Prof., Oberbaudirektor a. D. - Brockmüllerstr. 4, 5170 Jülich (T. 5 40 55) - Geb. 26. März 1911 Dessau (Vater: Heinrich M., Oberpostinsp.; Mutter: Anna, geb. Schramm), ev., verh. s. 1943 m. Lydia, geb. Groß, 3 Töcht. (Mechthild, Ulrike, Barbara) - Friedrichs-Gymn. Dessau; Univ. Göttingen (Physik) - 1935-36 Assist. Univ. Göttingen (Inst. f. Angew. Mechanik); 1936-46 Physiker Fried. Krupp, Essen (Forschungsanstalten); 1947-1964 Dozent Staatl. Ingenieursch. f. Maschinenwesen ebd.; 1964-71 Dir. Staatl. Ingenieursch. Jülich, 1971-76 Leit. Abt. Jülich Fachhochsch. Aachen - 1976 BVK; 1986 Ehrensenator FH Aachen - Spr.: Russ.

MUSSNER, Franz

Dr. theol., Lic. bibl., em. o. Prof. f. Bibl. Theologie - Universität, 8400 Regensburg - Geb. 31. Jan. 1916 Edlham/Obb. (Vater: Franz M., Schreiner), kath., led. - Stud. Passau, München, Rom - S. 1952 (Habil.) Lehrtätigk. Univ. München (Privatdoz.), Theol. Fak. Trier (1953; o. Prof.), Phil.-Theol. Hochsch. (1965) u. Univ. Regensburg (1967) - BV: D. Anschauung v. „Leben“ im 4. Evangelium, 1952; Christus, D. All u. d. Kirche, 2. A. 1968; Was lehrt Jesus üb. d. Ende d. Welt, 1958; D. Botschaft d. Gleichnisse Jesu, 2. A. 1964; D. Jakobusbrief, Komm. 5. A. 1987; D. Brief an d. Kolosser, Komm. 1965; D. Johanneische Sehweise u. d. Frage n. d. histor. Jesus, 1965; Praesentia Salutis - Ges. Studien z. Neuen Testament, 1967; D. Wunder Jesu, 1967; D. Auferstehung Jesu, 1969; Geschichte d. Hermeneutik von Schleiermacher b. z. Gegenwart, 2. A. 1976; D. Galaterbrief, Komm. 5. A. 1988; Traktat über d. Juden, 2. A. 1988 (übers. in 5 Weltspr.); Der Brief an d. Epheser, Komm. 1982; Apostelgeschichte, 2. A. 1988; D. Kraft d. Wurzel, 2. A. 1989; Dieses Geschlecht wird nicht vergehen, 1991 - 1985 Buber-Rosenzweig-Med.

MUTH, Hanswernfried

Dr. phil., Ltd. Museumsdirektor Mainfränk. Museum Würzburg - Lortzingstr. 38, 8700 Würzburg (T. 0931 - 7 58 14) - Geb. 8. Juni 1929 Würzburg, kath., verh. s. 1957 m. Felizitas, geb. Schiffer, 5 Kd. (Barbara, Michael, Matthias, Christoph, Kilian) - Univ. Würzburg u. München; Promot. 1954 Würzburg - 1954-69 Mainfränk. Mus. Würzburg; 1969-78 Städt. Galerie Würzburg; s. 1978 Mainfränk. Mus. Würzburg - BV: Aigentl. Abb. d. Statt Bamberg, 1967; D. Dom zu Würzburg, 1969; Liebenswertes Würzburg, 3. A. 1987; Tilman Riemenschneider u. s. Werke, 4. A. 1984; Katalog d. Riemenschneider-Werke im Mainfränk. Mus., 1982; Wolfgang Lenz, 1985; Katalog Slg. Eckert, 1987 - 1986 BVK am Bde. - Liebh.: Wandern, Reisen, Fotogr. - Spr.: Engl., Lat., Griech.

MUTH, Hermann

Dr. rer. nat., em. Prof. f. Biophysik u. Physikal. Grundlagen d. Medizin - Am Gedünner 5, 6650 Homburg/Saar (T. 26 85) - Geb. 3. Febr. 1915 Bad Vilbel/Hessen (Vater: Wilhelm M., Bauleit.; Mutter: Elise, geb. Kohl), verh. s. 1945 m. Margret, geb. Hack, 5 Töcht. (Barbara, Petra, Evelyn, Corinna, Tanja) - Oberrealsch. u. Univ. Frankfurt (Physik, Physikal. Chemie, Biol.; Promot. 1941) - 1942-59 wiss. Mitarb. Kaiser-Wilhelm- bzw. Max-Planck-Inst. f. Biophysik Frankfurt (1947 I. Assist.); 1952-1959 Privatdoz. u. apl. Prof. (1958) Univ. Frankfurt; s. 1959 Ord. u. Dir. Inst. f. Biophysik Univ. d. Saarl. Homburg, 1965 u. 66 Vors. Dt. Ges. f. Biophysik; 1974-81 Mitgl. Intern. Kommiss. f. Strahlenschutz; emerit. 1983. Zahlr. Veröff. Mitarb. v. 8 Fachb. - Spr.: Engl., Franz.

MUTH, Jakob

Dr. phil., o. Prof. f. Pädagogik - Eichenweg 3, 5628 Heiligenhaus/W. (T. 6 85 49) - Geb. 30. Juni 1927 Gimbsheim, ev., verh. s. 1953 m. Marianne, geb. Fölsing, 2 Kd. (Cornelia, Henning) - Päd. Akad. Bad Neuenahr u. Worms; Univ. Mainz (Päd., Phil.). Promot. 1958 - 1958-60 Doz. Päd. Akad. Worms, dann Prof. Päd. Hochsch. Kettwig (1965 o. Prof.; 1962-64 Rektor) u. Ruhr/Abt. Duisburg (1968), s. 1970 o. Prof. Univ. Bochum. Mitgl. Dt. Bildungsrat; b. 1975 Vors. Richtlinienkommiss. f. d. Grundsch. - BV: D. Aufgabe d. Volkssch. in d. mod. Arbeitswelt, 3. A. 1968; 5 Fibeln aus 5 Jh., 1961; Päd. Takt, 3. A. 1982; D. Ende d. Volkssch., 1963; D. Schülersein als Beruf, 1966; V. acht b. eins, 3. A. 1970; Wirtsch.- u. Arbeitslehre, 1968; Akzente d. Grundschulreform, 1971; Integrative Schulversuche in d. Bundesrep., 1976; Schulpädagogik, 1978; Behinderte in allgem. Schulen, 1980; Integration v. Behinderten, 1986; Wege z. Gemeinsamkeit, 1988 - Spr.: Engl.

MUTH, Reinhard

Dr., Weingutbesitzer (Rappenhof), Präs. Dt. Weinbauverb. (s. 1980), Bürgerm. (1978ff.) - 6526 Alsheim/Rhh.

MUTHESIUS, Peter

Chefredakteur, Geschäftsführer - Am Wasserturm 8, 6000 Frankfurt 50 (T. 069 - 548 51 18) - Geb. 26. April 1930 Düsseldorf (Vater: Dr. Volkmar M., Publizist; Mutter: Helene, geb. Roßbach), ev., verh. s. 1955 m. Elke, geb. Mohr, 2 Kd. - Dipl-Kfm., Dipl.-Volksw. - Redakt. Ztschr. f. d. gesamte Kreditwesen, bank & markt + technik, Geschäftsf. Fritz Knapp Verlag, VR-Vors. Bund d. Steuerz. Hessen - BV: Bankbilanzen, Bankautomation. Mithrsg. kreditwirtsch. Sammelw.

MUTHMANN, Robert

Rechtsanwalt, Landrat a.D. - Ludwig-Weinzierl-Str. 9, 8391 Salzweg (T. 0851 - 4 18 15) - Geb. 10. Mai 1922 Barmen, ev., verh. s. 1949 m. Hermine, geb. Reisböck, Sohn Alexander - Jura-Stud. (bde. Ex.) - Journ.; Verwaltungsjurist; 1964-72 Landrat in Wegscheid (b. z. Gebietsreform); Rechtsanwalt Passau - BV: Blattwerk; Pusteblumen - 1972 BVK I. Kl.; Ehrenbürger Gemeinde Wegscheid.

MUTIUS, von, Dagmar

Schriftstellerin (Ps. Eleonore Haugwitz) - Klingenhüttenweg 10, 6900 Heidelberg 1 - Geb. 17. Okt. 1919 Oslo (Vater: Gerhard v. Mutius †, Diplomat u. Verf. phil. Bücher) - Dolmetschersch. f. Franz.; b. 1946 landwirtsch. Lehre u. Tätigk. - BV: Wetterleuchten, 1962; Grenzwege, 1964; Wandel d. Spiels, 1966; Versteck ohne Anschlag, 1975; Einlad. in e. altes Haus, 1980; Draußen - d. Nachtwind, 1985 - 1963 Eichendorff-Preis; 1965 Andreas Gryphius-Preis; 1987 BVK; 1988 Sonderpreis d. Kulturpreis Schlesien d. Landes Niedersachsen; 1990 pro arte-

Med. d. Künstlergilde Eßlingen; u.a. - Spr.: Franz.

MUTKE, Hans-Guido

Dr. med., Facharzt f. Frauenkrankh., Leit. d. Fliegerärztl. Untersuchungsstelle München, Mitbegr. d. Dt. Ges. f. Luft- u. Raumfahrtmed. (Leit. d. Arbeitsgr.: Die Frau in d. Luft- u. Raumfahrt) - Drygalskiallee 118/1701, 8000 München 71 (Fax 089 - 790 15 13 - Geb. 25. März 1921 Neisse (Vater Max M., Beamter; Mutter: Rosa geb. Trautmann), 2 Kd. (Michael, Manuela) - Stud. Berlin, Greifswald, Danzig, Zürich, Bern, Buenos Aires, Göttingen, Hamburg, München - Arbeitsgeb.: Begründer d. terminierten Schwangerschaft, Weiterentwickl. z. Geburts-Timing d. Kind ist d. Zeitgeber f. d. Geburt, nicht d. Mutter; Behandl. d. kinderl. Ehe; Grundlegende Unters. u. Veröffentl. üb. Schwangerschafts-Timing-Störung zw. Mutter u. Kind, gyn. Probl. in d. Luft- u. Raumfahrtmed.; Arbeiten u. Vortr. üb. Erste Hilfe, Operation u. Geburtsmöglichk. i. d. Schwerelosigk., Forschungsprogramm f. d. Space-Lab-Flüge. Üb. 70 Fachveröff. u. Vortr. in Budapest, Tokio, New York, Singapur, Bangkok, Madrid, Buenos Aires, Moskau, London, Acapulco, Rom, Nizza, Las Vegas, Paris, Peking, Miami, New Orleans, San Franzisko, Kyoto, Montreal, Sydney, Lissabon, Brisbane, Rio de Janeiro. Einl. zu Vorträgen üb. Timingstörungen i. Peking, Taiwan usw. Patent f. Equipment f. Operationen, biol. Experimente im Weltraum (Erste Hilfe b. Unfällen usw.). Erste Veröff. in d. Welt üb.: Fliegen m. Düsenflugzeugen (Jan. 1946) - Flog bei Kriegsende d. erste Düsenflugzeug d. Welt, Me 262; legte als Flugkapt. auf üb. 60 Flugzeugtypen üb. 1 Mill. km zurück; Inh. Berufsflugzeugführerschein I. Kl.; Ehrenmitgl. (neben Werner v. Brauns u. Prof. Oberth) d. Dt. Ges. f. Luft- u. Raumfahrtmed.

MUTSCHLER, Carlfried

Prof., Dipl.-Ing., Architekt - E 7, 7, 6800 Mannheim - Geb. 18. Febr. 1926 Mannheim (Vater: Wilhelm M.), verh. m. Isolde, geb. Autenrieth - TH Karlsruhe - S. 1953 fr. Arch. Kirchen, Schulen, Verwaltungsgeb., Institute u. a. - Mitgl. Dt. Akad. f. Städtebau u. Landesplanung; 1976 Lehrauftrag Städel Schule - Hochschule d. Bildend. Künste, Frankfurt/M.; 1984 Präs. Freie Akad. d. Künste, Mannheim - 1969, 70, 78, 88 Hugo-Häring-Preis; 1970 o. Mitgl. Akad. d. Künste Berlin, 1978 Gr. BDA-Preis.

MUTSCHLER, Ernst

Dr. rer. nat., Dr. med., Prof. f. Pharmakologie - Am Hechenberg 24, 6500 Mainz 42 (T. 06131 - 59 33 05) - Geb. 24. Mai 1931 Isny (Vater: Ernst M., Apotheker; Mutter: Luise, geb. Krauss), ev., verh. s. 1966 m. Heidi, geb. Krauss, 3 Kd. (Martin, Heike, Frauke) - Pharmazeut. Prüf. 1957, Med. Prüf. 1964, Promot. 1959 u. 1965 - 1968-74 Abt.-Vorst. Univ. Mainz; s. 1974 Dir. Pharmakol. Inst. Univ. Frankfurt/M. Ca. 600 wiss. Publ. - BV: Allg. Toxikol., (m. A. Ariens u. A. Simonis) 1978; Anatomie, Physiol. u. Pathophysiol. d. Menschen, (m. G. Thews u. P. Vaupel) 4. A. 1991; Arzneimittelwirk., 6. A. 1991; DAB 9 - Kommentar, 4 Bd. 1988 - 1971 Dr. Willmar-Schwabe-Preis; 1980 Preis d. Dt. Therapiewoche; 1981 Homburg-Preis; 1986 Boehringer-Ingelheim-Forschungspreis (f. Arb. auf d. Gebiet d. Reizübertragung im Nervensystem) - Liebh.: Klass. Musik - Spr.: Franz., Engl.

MUTTERS, Tom

Dr. h. c., Ehrenvorsitzender d. B.V. Lebenshilfe f. geistig Behinderte - Raiffeisenstr. 18, 3550 Marburg 7 - Geb. 23. Jan. 1917 Amsterdam (Vater: Jacobus M.; Mutter: Ziepje, geb. Hoppe), verh. s. 1951 m. Ursula, geb. Bruckhoff, 4 Söhne (Reinier, Roland, Frank, Dirk) - Stud. Päd. u. Psych. Univ. Amsterdam u. Marburg - Fabrikarbeiter; Lehrer; Dir. Unterrichtsfilminst. u. a.; Bundesgeschäftsf. Lebenshilfe. Zahlr. Publ. üb. Behindertenprobl.; insb. üb. geistig Behinderte - 1973 Gold. Ehrennadel Stadt Marburg; 1979 BVK I. Kl.; 1982 Offz.-Orden u. Oranien-Nassau; 1982 Ehrenplak. Landkr. Marburg/Biedenkopf; 1983 Med. Stadt Marburg; Ausz. v. Behindertenverb.; 1987 Gr. BVK; 1987 Ehrendoktor FB Humanmedizin Philips Univ. Marburg - Liebh.: Skifahren, Berge, Musik - Spr.: Niederl., Engl., Franz.

MUTZ, Manfred

Lehrer, Oberbürgermeister d. Stadt Gießen, MdL (1978-85) - Am Alten Friedhof 10, 6300 Gießen - Geb. 18. Jan. 1945 Werdorf - Mittelsch. Herborn; 1961-64 Maschinenschlosserlehre; Hessenkolleg Rüsselsheim (Abit.); Univ. Gießen (Math., Phys.). Beide Staatsex. f. d. Lehramt an Gymn. - 1975-78 Berufsschuldst. Gießen. SPD.

MYDRA, Thomas

s. Ueltzen, Klaus-Jochen.

MYNAREK, Hubertus

Lic. phil., Dr. theol., o. Prof. i. R. d. Univ. Wien, Religionswissenschaftler, Kulturphilosoph, Sachbuchautor - Turnhallstr. 9, 6559 Odernheim (T. 06755 - 6 21) - Geb. 6. April 1929 Groß-Strehlitz/Schles., 3 Kd. (Hubertus, Markus, Diana) - Stud. Univ. Krakau, Lublin, Münster u. Würzburg; Promot. 1954 Krakau; Habil. 1966 Würzburg - 1966 a.o. Prof. f. Relig.phil. u. Fundamentaltheol. a. d. Phil.-Theol. Hochsch. Bamberg; 1968 o. Prof. f. Relig.wiss. d. Univ. Wien; 1971/72 Dekan d. Kath.-Theol. Fak. d. Univ. Wien - Begründ. d. Konzept. e. Ökolog. Humanismus u. e. neuen Ökolog. Religion - BV: Phil. d. relig. Erlebnisse, 1963; D. Mensch - Sinnziel d. Weltentwickl., 1967; Mensch u. Sprache, 1967; D. Mensch - D. Wesen d. Zukunft, 1968; Existenzkrise Gottes?, 1969 (ital. 1970); Herren u. Knechte d. Kirche, 1973; Religion - Möglichk. od. Grenze d. Freiheit?, 1977; Eros u. Klerus, 1978 (griech. u. span. 1979); Orientierung im Dasein, 1979; Zw. Gott u. Genossen, 1981; Ökolog. Religion, 1986; Verrat an d. Botschaft Jesu - Kirche ohne Tabu, 1986; D. Vernunft d. Universums, 1988; Religiös ohne Gott?, 1989; D. Kunst zu sein, 1989; Mystik u. Vernunft, 1991; Denkverbot. Fundamentalismus in Christentum u. Islam, 1992 - Liebh.: Musik, Lit., Sport - Spr.: Engl., Poln., Altgriech., Lat.

MYRAKIS, Sandro

s. Schlorke, Dieter

(MYSS-)LUBINGER, Eva

Schriftstellerin (Künstlern. Lubinger) - Lindenbühelweg 16, A-6020 Innsbruck (T. 05222 - 8 60 48) - Geb. 3. Febr. 1930 Steyr/Österr., kath., verh. s. 1952 m. Prof. Dr. Walter M., 2 Söhne (Michael, Wolfgang) - Stud. (6 Sem.) Kunstgesch. u. German. - Tätigk. f. ORF (Funkerz.) u. Ztg. Präsent (Glossen) - BV: Verliebe m. kleinen Fehlern, R. 4. A.; Verlieb Dich nicht in Mark Aurel, R. 2. A.; D. Hund, d. Nonnen frißt, R.; Arche Noah exklusiv, R.; Flieg m. n. Samarkand, R.; Zeig mir Lamorna, R. 2. A.; Pflücke d. Wind, Ged.; Annas Fest, R.; Dem Licht auf d. Spur, Bildbd. - 1967 u. 70 Lit.-Preis Stadt Innsbruck (Lyrik u. Drama) - Inter.: Botanik, Reisen, Hunde, Tierschutz.

N

NAARMANN, Berthold

Bankdirektor, Gf. Vorstandvorsitzender d. Darlehnskasse im Erzbistum Paderborn - Kamp 17, 4790 Paderborn (T. 05251 - 1 21-0) - Geb. 31. März 1930 Oelde, kath., verh. s. 1967 m. Dr. Margit, geb. Siebers, 2 Kd. (Julia-Margarita, Georg-Benedikt) - Bankausb. im In- u. Ausl. - Zahlr. Mand. u. Ämter, u.a. Gesellsch. Bonifatius GmbH Druck-Buch-Verlag, Paderborn; Vorst.-Mitgl. Malteser-Hilfsdienst, Erzbistum Paderborn (Finanzkurator), Förderverein d. Erzbischöfl. Akad. Bibl. Paderborn, Verein f. kath. Arbeiterkolonien (Nichtseßhafte) in Westf., Münster, u. Verein z. Pflege wiss. Forsch. auf d. Geb. d. Ökumenik, Paderborn; AR Aachener Grundvermögen Kapitalanlageges. mbH, Köln; VR Cura Beratungs- u. Beteiligungsges. f. soz. Einricht. mbH, Herne, Bischöfl. Hilfswerk MISEREOR, Aachen; Kurat. Landvolkshochsch. Anton Heinen, Hardehausen u. Heimvolkshochsch. St. Hedwigs-Haus, Oerlinghausen; stv. Vors. Kirchensteuerrat Erzdiözese Paderborn; Mitgl. Diözesanausssch. Caritasverb. f. d. Erzbistum Paderborn, Verein f. Caritasheime d. Erzbistums Paderborn; Beirat Bruderhilfe Kassel VVaG, Kassel, Westdt. Genossenschafts-Zentralbank eG, Düsseldorf; Vors. Prüfungsausssch. Banken IHK, Paderborn u. div. Anlageausssch. v. Spezial- u. Investment-Fonds - Komtur d. Silvesterordens, Offizierkreuz d. Souveränen Malteser-Ritterordens; BVK am Bde.

NABER, Kurt G.

Dr. med., Urologe, Honorarprof. Univ. Marburg (1975-92), apl. Prof. TU München, Chefarzt, Urolog. Klinik, Elisabeth Krankenhaus - Schulgasse 20, 8440 Straubing/Ndb. (T. 09421 - 7 10 17 00; Fax 09421 - 71 02 70) - Geb. 23. Mai 1941 Litzmannstadt (Vater: Dr. med. Viktor N., Arzt; Mutter: Berta, geb. Weilbach), ev.-freik., verh. s. 1966 m. Heide, geb. Genz, 3 Kd. (Christoph, Martin, Elisabeth) - Promot. 1966 München, Habil. 1973 u. Prof. a. e. 1974 Univ. Marburg/Lahn - Mitherausg. von Tagungsb. Über 300 Einzelarb. - 1972 Grayson-Caroll-Preis - Spr.: Engl. - Rotarier.

NACHTIGALL, Dieter

Dr. rer. nat., Prof. f. Physik u. ihre Didaktik Univ. Dortmund - Auf'm Hilmkamp 15, 5757 Wickede-Wiehagen (T. 02377 - 35 48) - Geb. 4. Febr. 1927 Berge/Havelland (Vater: Walter N., Postbeamter; Mutter: Emma, geb. Eisermann), verh. s. 1959 m. Else, geb. Herre †1987, 3 Kd. (Thomas, Christof, Susanne) - 1. u. 2. Lehrerex. 1946/47, Dipl. in Physik 1956, Promot. 1964 RWTH Aachen - 1959-65 Kernforschungsanl. Jülich; 1965-66 CERN-Labor Genf; 1966-71 EURATOM Geel/Belgien; s. 1971 Prof. f. Physik u. ihre Didaktik in Dortmund. Hon.-Prof. Highway-Inst. Xian/China - Herausg. u. Mitverf. d. Reihen: Didaktik u. Naturwiss. Konzepte d. Physik - Advisory Prof. East China Normal Univ. Shanghai; Mitgl. Intern. Commiss. on Physics Education (ICPE) - Spr.: Engl.

NACHTIGALL, Horst

Dr. phil., Prof., Direktor Völkerkundl. Sem. Univ. Marburg (1963-89) - Pommernweg 19, 3550 Marburg/L. (T. 4 16 66) - Geb. 4. Febr. 1924 Berge/Mark, verw., T. Birgit - Promot. (1950)

u. Habil. (1957) Mainz - 1957-63 Doz. Univ. Mainz. 1952/53 Kolumbian. Erziehungsmin. Bogotá; 1961/62 Univ. Buenos Aires (Prof.). Forschungsreisen: Kolumbien, Argentinien, Peru, Tunesien, Marokko, Guatemala, Mexiko - BV: Tierradentro - Archäologie u. Ethnographie einer kolumbianischen Landschaft, 1955; D. amerik. Megalithkulturen, 1958; Alt-Kolumbien, 1961; Indianerkunst der Nord-Anden, 1961; Indian. Fischer, Feldbauern u. Viehzüchter - Beitr. z. peruan. Völkerkd., 1966; Völkerkd., 1972, 2. A. 1974; D. Ixil, Maya-Indianer in Guatemala, 1978; West-Tarasken, Beiträge z. Archäol. Ethnologie u. Akkulturation e. westmexik. Volkes, 1992. Üb. 200 Fachaufs.

NACHTIGALL, Werner

Dr. rer. nat., o. Prof. f. Zoologie Univ. Saarbrücken (s. 1969) - Bayernstr. 12, 6600 Saarbrücken (T. 6 75 00) - Geb. 7. Juni 1934 Saaz/Sudetenl. (Vater: Emil N.; Mutter: Emilie, geb. Haßmann), verh. m. Dr. Martha, geb. John - Promot. u. Habil. München - S. 1966 Privatdoz. Univ. München. Etwa 200 Fachveröff. u. 20 Bücher - O. Mitgl. d. Akad. d. Wiss., d. Lit. Mainz u. d. Sudetendt. Akad. d. Wiss.; Mitgl. DGPh (Dt. Ges. f. Photographie) u. Ges. f. Physikalische Biol.; 1968 Fabricius-Med.; 1982 Karl-Ritter-v.-Frisch-Med. (Wiss.-Preis Dt. Zool. Ges.).

NACHTMANN, Josef

I. Bürgermeister Stadt Pappenheim - Rathaus, 8834 Pappenheim/Mfr. - Geb. 6. Jan. 1930 Komotau (Tschechosl.) - CSU.

NACHTSHEIM, Friedrich

Dr. oec., Dipl.-Volksw. - Husarenweg 34, 8100 Garmisch-Partenkirchen - Mitgl. versch. Aufsichtsräte u. Beiräte, zul. Sprecher d. Vorst. d. Fichtel & Sachs AG, Schweinfurt - BVK I. Kl.; Bayer. VO. u. andere Auszeichnungen.

NACHTWEY, Joachim

Rechtsanwalt u. Notar, Aufsichtsratsvorsitzender Lindener Volksbank e.G., Hannover - Minister-Stüve-Str. 22, 3000 Hannover (T. 44 40 44).

NADOLNY, Isabella,

geb. Peltzer

Schriftstellerin - Chiemseering 20, 8224 Chieming/Chiemsee (T. 2 65) - Geb. 26. Mai 1917 München (Vater: Alexander Peltzer, Maler), verh. 1941 m. Burkhard N., Schriftst. † 1968 (s. XV. Ausg.), S. Sten - BV: Liebenswertes an d. Männern, 1958; E. Baum wächst übers Dach, R. 1959; Seehamer Tageb., 1962; Vergangen wie e. Rauch - Familienchronik, R. 1964; Allerlei Leute - auch 2 Königinnen, 1967; D. schönste Tag, 1980; Providence u. zurück, R. 1988. Übers.: Alle Herrlichkeit auf Erden; Love Story u. a. - 1966 Tukan-Preis Stadt München, 1975 Ernst Hoferichter-Preis.

NADOLNY, Sten

Dr. phil., Schriftsteller - Kollatzstr. 19, 1000 Berlin 19 - Geb. 29. Juli 1942 Zehdenick/Havel (Vater: Burkhard N., Schriftst.; Mutter: Isabella, Schriftst.) - Abit. 1961 Traunstein/Obb.; Stud. Neuere u. Mittelalterl. Gesch. u. Politologie; Staatsex.; Promot. 1976 FU Berlin - BV: Netzkarte, R. 1981; D. Entdeckung d. Langsamkeit, R. 1983; Selim oder D. Gabe d. Rede, R. 1990 - 1980 Ingeborg-Bachmann-Preis; 1985 Hans-Fallada-Preis, 1986 Premio Vallombrosa - Bek. Vorf.: Rudolf N., Diplomat (Großv.).

NÄBAUER, Pia

Sozialarbeiterin (grad.), Vors. Dt. Multiple Sklerose Ges./Bundesverb., München (1979ff.) - Schönbichlstr. 87, 8036 Herrsching/Ammersee (T. 80 47) - Geb. 29. April 1913 München (Vater: Fabrikant), kath., verh. 1952 m. Dr. Martin N., Physiker † - Div. Prüf. - Tätigk. Gesundheitsamt München u. Seuchenkrkhs. Pasing. 1972ff. Sozialwerksaufg. DMSG; 1983 Vorst.-Mitgl. Landesarb.gem. Hilfe f. Behinderte - 1980 Elisabeth-Norgall-Preis; 1982 Bayer. VO. u. Bayer. Staatsmed. f. bes. soz. Verd.; 1983 Gr. BVK u. gold. Med. d. Dt. Parität. Wohlfahrtsverb.; 1984 Silb. Med. Stadt München, München leuchtet; Gold. Ehrenzeichen DMSG, 1987 Ehrenpräs. DMSG; 1987 Präs. Zonta Intern. München 1 - Liebh.: Musik, Tanz, Garten.

NAEGELE, Hermann

Dr. rer. pol., Dipl.-Kfm., Fabrikant (versch. Firmen/Chemie-Möbel) - Neue Heidenheimer Str. 48, 7080 Aalen/Württ. (T. Büro: 60 05) - Geb. 8. März 1913 Augsburg (Vater: Hermann N., Fabr.; Mutter: Betty, geb. Göllner), verh. s. 1936 m. Ingeborg, geb. Weise - Univ. München u. Erlangen - Zeitw. Vors. Industrieverb. Putz- u. Pflegemittel - Liebh.: Tennis.

NÄGLER, Cornelius

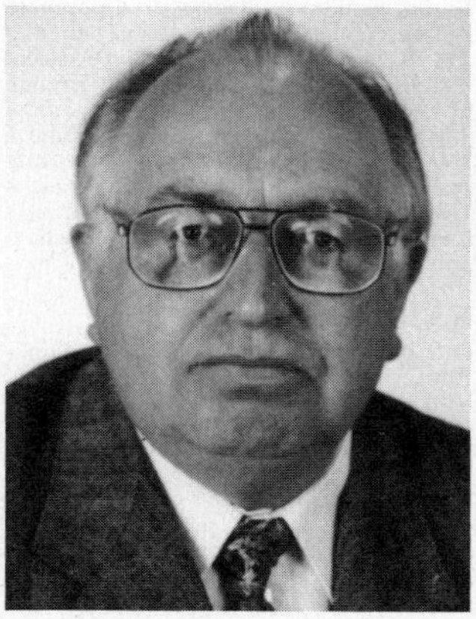

Agraringenieur, Mitglied d. Landtages Sachsen-Anhalt, CDU-Fraktion - An der Geistpromenade 65, O-4240 Querfurt (T. 40 71) - Geb. 2 Juni 1936, kath., verh. s. 1958 m. Eva, geb. Rudloff, 2 Kd. (Martina, Andreas) - Vermessungstechniker Halle; Meister d. Wasserwirtsch. Halle; Agraring. Naumburg - Vermessungstechniker, Wasserwirtschaftler, Agraring. - Liebh.: Musik (Unterhaltungs- u. Volksmusik) - Spr.: Russ.

NÄHLEN, Egon

Geschäftsführer Zeda Gesellschaft f. Datenverarbeitung u. EDV-Beratung mbH & Co. - Zu erreichen üb. Am Diek 25, 5600 Wuppertal 2 (T. 0202 - 6 99-0) - Geb. 29. Okt. 1947.

NÄRGER, Heribald

Dr. jur., Aufsichtsratsvorsitzender Siemens AG (s. 1988) - Wittelsbacherplatz 2, 8000 München 2 - Geb. 25. Nov. 1923 Liegnitz/Schlesien, ev., verh. s. 1952 m. Natascha, geb. Lohse, 3 Kd. (Ulrike, Nikolaus, Johannes) -Promot. 1949 - S. 1951 Bayer. Vereinsbank München (1960 Vorst.-Mitgl.) u. Siemens AG, Berlin/München (1963 stv., 1968 o. Vorst.-Mitgl.; 1988 AR-Vors.). AR-Mandate - Spr.: Engl. - Rotarier.

NÄTSCHER, Karl-Heinz

Dipl.-Kfm., Oberregierungsrat, MdL Bayern (s. 1978) - Am Bauholz 234, 8721 Poppenhausen-Kützberg/Ufr. - Geb. 20. Aug. 1936 Amberg/Opf., kath., verh. m. Ilse, geb. Mehl, 2 Kd. - Realgymn. Bad Neustadt (Mittl. Reife); 2j. Maschinenbaupraktik. Kugelfischer Schweinfurt; Balthasar-Neumann-Polytechnikum Würzburg; n. Abit. (1960) Univ. Würzburg (Rechts- u. Wirtschaftswiss.; Dipl.-Kfm. 1965) - S. 1966 Handwerkskammer f. Unterfr., Kugelfischer (1968), Diöz. Trier (1969), Reg. v. Niederbay. (1970) u. Unterfr. (ORR). CSU.

NÄVEKE, Rolf

Dr. rer. nat., Dipl.-Biol., Prof. f. Mikrobiologie TU Braunschweig - Lagesbüttel, Immenlag 5, 3301 Schwülper (T. 05303 - 48 88) - Geb. 17. Febr. 1928 Dresden - 1947-54 Stud. Biol. Univ. Hamburg; Dipl. 1954, Promot. 1956; Habil. 1965 TU Braunschweig - S. 1971 o. Prof. TU Braunschweig.

NAGEL, Alexander

Regierungsdirektor, MdL Baden-Württ. (s. 1968) - Am Hassel 1, 6901 Dossenheim/Bergstr. (T. Heidelberg 8 54 05) - Geb. 10. Juli 1925 Pforzheim, ev., verh., 2 Kd. - Gymn. Heidelberg (Kriegsabit. 1943); 1943-46 Arbeits-, Wehrdst. (40 % kriegsbesch.), Gefangensch.; 1947-55 Stud. Arch., Rechts- u. Staatswiss. Heidelberg u. Karlsruhe (1955 Dipl.-Ing.) - S. 1957 Staatsdst. (1966 Oberreg.sbaurat). 1965 ff. Gemeinderat Dossenheim. FDP/DVP (1964 Kreisvors. Heidelberg-Land).

NAGEL, Alfred

Dipl.-Ing. (FH), Vorsitzender Bundesverb. d. Bediensteten d. Techn. Überwachung, d. Normenaussch. Sport- u. Freizeitgerät im DIN b. CEN u. ISO, Leit. d. Zentralst. f. Zertifizierung b. TÜV Bayern Sachsen - Fernpaßstr. 32, 8000 München 70 (T. dstl.: 089 - 57 91-19 81; priv.: 089 - 769 19 77) - Geb. 1. Aug. 1938 Kempten/Allgäu, verh. s. 1961, 2 Kd. (Michaela, Stefan) - Stud. Maschinenbau - BV: Sicherheit auf Kinderspielplätzen, 1989. Wiss. Veröff. z. Thema Sicherheit b. Skilauf - DIN Ehrennadel, München leuchtet - Liebh.: Sport, Politik - Spr.: Engl.

NAGEL, Bernhard

Dr. jur. M.C.L., Prof. - Amselstr. 10, 3500 Kassel - Geb. 25. Jan. 1942 Stuttgart, verh. s. 1977 m. Christine, geb. Schmeißer - Gymn. Stuttgart; Jura-Stud. Univ. Heidelberg u. München; Master of Comp. Law 1968 Univ. of Michigan/USA, Dr. jur. 1972 Univ. Frankfurt/M. - 1972-74 Hochschulref. b. GEW-Hauptvorst. - BV: Untern.mitbestimmung, 1980; Fristverträge an Hochsch. u. Forschungseinricht., Kommentar 1986; Mitbestimmung u. Grundgesetz, 1988; Wirtschaftsrecht I u. II, Lehrb. 1987 u. 89; EG-Wettbewerbsrecht u. Zulieferbeziehungen d. Automobilindustrie, 1992 - Liebh.: Musik u. Kunst - Spr.: Engl., Franz.

NAGEL, Carl-Martin

Dipl.-Kfm. - Ferdinand-Porsche-Str. 10-14, 6000 Frankfurt/M. 61 (T. 069 - 81 64 08) - Geb. 13. März 1936 Frankfurt, verh. m. Hannelore, geb. Pletzsch, 2 Töcht. (Anke, Silvia) - Vorsitzender Bundesverb. d. Dt. Rohstoffwirtschaft, Köln - Liebh.: Musik, Klavierspiel, Sport.

NAGEL, Claus Dieter

Chefredakteur - v.-Wettstein-Str. 9, 1000 Berlin 33 - Geb. 2. Mai 1923 Leipzig, ev., verh. - Realgymn. (Abit.); Jurastud. Berlin u. Freiburg - 1947 Leit. Polit. Redaktion Die Welt (Berlin), 1949 Chef Berliner Redaktion Welt am Sonntag, 1970 Leit. Büro Axel Springer, 1986-89 Informationschef Axel Springer Verlag AG - Herausg. zahlr. Berlin-Bücher - 1970 u. 83 BVK - Spr.: Engl., Franz.

NAGEL, Clemens

Lehrer, MdL Rhld.-Pfalz (s. 1975) - Eichstr. 199, 6741 Minfeld - Geb. 6. März 1945 - SPD.

NAGEL, Dieter

Dr. rer. pol., Vorstandsvorsitzender Thüga Aktiengesellschaft - Mandlstr. 3, 8000 München 40 - Geb. 14. Sept. 1939 - AR-Mandate.

NAGEL, Frank Norbert

Dr. rer. nat., Prof. Inst. f. Geographie u. Wirtschaftsgeographie Univ. Hamburg - Harvestehuder Weg 96, 2000 Hamburg 13 (T. 040 - 45 77 72) - Geb. 16. Juni 1943 Danzig (Vater: Dr. Bernd A., Rechtsanwalt; Mutter: Ilse, geb. Sommer), verh. s. 1984, S. Richard A. - Stud. Architektur TH Braunschweig, Geogr., Geol., Roman., Phil., Päd. Univ. Hamburg u. Univ. de. Dijon; Dipl. d'Etudes Supérieures (III degré) 1968 Dijon; Staatsex. 1970; Promot. 1975; Habil. 1980 - S. 1975 Schriftleit. Mitt. d. Geogr. Ges. Hamburg; s. 1987 Leit. Fachber. Kulturgeogr. u. Industriearchäol. an d. Lauenburg. Akad. f. Wiss. u. Kultur Mölln; s. 1991 Geschäftsfg. d. Arbeitskr. f. Kanada-Stud. Univ. Hamburg - BV: Wirtschaftsregion Burgund/Bourgogne, 1976; Eisenbahnnetzentw. in Schlesw.-Holst. u. Hamburg, bes. stillgelegte Strecken, 1981; Mitarb. am Gr. Brockhaus s. 1984; Kunst- u. Reiseführer (m. Landeskd.) Burgund, 1988; zahlr. Veröff. bes. z. Planung in ländl. u. peripheren Räumen Dtschl., Frankr. u. Kanadas - Liebh.: Musik, Fotogr. - Spr.: Engl., Franz., Span.

NAGEL, Gottfried

Dipl.-Volksw., Vorstandsmitglied Kaufhof AG. Köln - Odinweg 33, 5060 Bensberg (T. 5 43 61) - Geb. 2. Sept. 1916 - U. a. Geschäftsf. Nordsee Dt. Hochseefischerei GmbH., Bremerhaven, u. Margarine-Union GmbH., Hamburg - Spr.: Engl.

NAGEL, Hans

Dr. med., em. Chirurg, em. Chefarzt Hospital z. Hl. Geist, Horb (s. 1947) - Südring 41, 7240 Horb/N. (T. 43 96) - Geb. 17. Febr. 1912 Weißenstein/Württ., kath., verh. s. 1938 m. Hedwig, geb. Halbe, 5 Kd. - Gymn. Ehingen/D.; Univ. Tübingen, Würzburg, Münster, München - Univ.skliniken München; DRK-Krkhs. Stuttgart. 1939-45 Wehrmacht - Ritter Orden v. Hl. Grabe zu Jerusalem, 1978 BVK.

NAGEL, Herbert

Fabrikant, pers. haft. Gesellsch. Herbert Nagel KG. (Fahrgeräte- u. Hebezeugbau) - 7120 Bietigheim - Geb. 1905 - S. 1945 selbst.

NAGEL, Herbert Christian

Schriftsteller, Journalist, Abteilungsleiter Presseamt Stadt Gelsenkirchen (Ps. H. C. Hollister) - Beckeradstr. 5, 4650 Gelsenkirchen-Buer - Geb. 3. Nov. 1924 Oberhausen - Abit. 1942; Stud. Rechtswiss. - BV: ca. 250 Romane, Erz. (Ges.-Aufl. ca. 70 Mill. weltweit) - Liebh.: Segeln.

NAGEL, Ivan

Prof. f. Ästhetik d. darstell. Künste, Hochschule d. Künste Berlin - Zu erreichen üb. HdK, Postf. 12 67 20, 1000 Berlin 12 - Geb. 28. Juni 1931 Budapest (Ungarn) - Stud. Phil. u. Literaturwiss. Univ. Paris, Heidelberg, Durham (Engl.), Frankfurt u. Harvard - 1961-68 Chefdramat. Münchener Kammersp.; 1969-71 Theaterkritiker Südd. Zeitung; 1971-79 Int. Dt. Schauspielhs. Hamburg; 1981-83 Kulturkorresp. FAZ (New York). Präs. Festspiele Theater d. Welt (1979, 1981, 1987); 1985-88 Int. d. Schauspiels Staatstheater Stuttgart. Zahlr. Veröff. (Ess., Theaterkritiken) - Autonomie u. Gnade - Üb. Mozarts Opern (1984); Gedankengänge als Lebensläufe (1987); Kortner, Zadek, Stein (1989) - Spr.: Deutsch, Engl., Ungar. (Muttterspr.), Franz., Ital. - Lit.: Lebensbeschreibung (Interview) in: Theater heute, Jahresheft 1985.

NAGEL, Karl

Rektor a. D., MdL Nordrh.-Westf. (s. 1966) - Am Uhlenspiegel 14, 4282 Borken (T. 02861 - 36 45) - Geb. 26. Aug. 1928 Raesfeld Kr. Borken, kath., verh., 5 Kd. - Gymn. (durch Arbeits- u. Wehrdst. unterbr.; Reifeprüf.); Univ. Münster (Phil., Theol.); Päd. Akad. Oberhausen u. Münster (Päd.). Beide Lehrerprüf. - Schuldst. (1961 Rektor Velen). 1964 ff. MdK Borken (Fraktionsvors.). CDU s. 1946.

NAGEL, Reinhard

Dr. med. (habil.), o. Prof. f. Urologie Freie Univ. Berlin (s. 1969) - Oldenburgallee 62, 1000 Berlin 19 (T. 305 70 55) - Geb. 21. Febr. 1927 Berlin -

Promot. u. Habil. Berlin - 1967 Prof. Univ. Köln (Vorsteher Urol. Abt./Chir. Klinik) - BV: D. Nierentransplantation, 1965; Praxis d. Prostatazytologie, 1984 (engl. Ausg. 1985). 270 Einzelarb.; 6 Buchbeitr.; üb. 200 Vortr. - 1979/80 Präs. Dt. Ges. f. Urologie - S. 1972 Rotarier.

NAGEL, Tilman
Dr. phil., o. Prof. f. Arabistik - Wilhelmspl. 1 (Universität), 3400 Göttingen - Geb. 19. April 1942 - Promot 1967 - S. 1971 Lehrtätig. Univ. Bonn (1972 apl. Prof.) u. Göttingen (1981 o. Prof.) - BV: u.a. Alexander d. Gr. u. d. früh-islam. Volksliteratur, 1978; Staat u. Glaubensgemeinsch. im Islam, 2 Bde. 1981; D. Koran - Einf. Texte/Erläut., 1983; D. Festung d. Glaubens - 1989 o. Mitgl. d. Akad. d. Wiss. Göttingen.

NAGEL, Werner
Feinmechaniker, MdB (s. 1972; Wahlkr. 179/Mannheim I) - Hofheimer Str. 17, 6800 Mannheim 31 (T. 0621 - 77 32 89) - Geb. 18. Febr. 1934 Mannheim, verh.; Sohn - Volkssch.; Feinmechanikerhandw.; Ausbild. Werkzeugmaschinenbau - S. 1951 Motorenwerke Mannheim AG. (1963 Betriebsratsvors.). 1959-72 Stadtratsmitgl. Mannheim (1970 Fraktionsf.). SPD s. 1952.

NAGEL, Wolfgang
Senator f. Bau- u. Wohnungswesen (s. 1989), MdA Berlin - Wolburgsweg 37, 1000 Berlin 20 - Geb. 3. Aug. 1944 Lüdden (Vater: Hermann N., Postbeamter; Mutter: Maria, geb. Fischer), verh. m. Karin, geb. Markus, 4 Kd. (Jens, Gunther, Gunnar, Annekatrin) - Gymn. Bielefeld (Abit. 1965); Stud. Psych., German., Gesch., Päd. Univ. Münster u. FU Berlin - 1966-71 Erzieher; ab 1971 wiss. Mitarb. Dt. Inst. f. Urbanistik. Ab 1981 Mitgl. Abgeordnetenhaus Berlin; s. 1989 Senator - Spr.: Engl., Franz., Schwed., Latein.

NAGEL, Wolfram
Dr. phil., Prof. f. Vorderasiat. Altertumskunde Univ. Köln - Hansaring 76, 5000 Köln 1 (T. 0221 - 12 13 55) - Geb. 23. Okt. 1923 Berlin (Vater: Friedrich N., AG-Dir.; Mutter: Charlotte, geb. v. Winterfeld) - 1948-54 FU Berlin; Promot., Habil. 1966 - 1960-71 Kustos Staatl. Mus. Berlin; ab 1971 Prof. Köln - BV: Altoriental. Kunsthandwerk, 1963; Bauern- u. Stadtkulturen im vordynast. Vorderasien, 1964; Djamdat Nasr-Kulturen, 1964; D. mesopotam. Streitwagen 1966; Neuassyr. Reliefstile, 1967; Frühe Plastik aus Sumer, 1968; Ninus u. Semiramis, 1982; Kalakent, 1984 - Spr.: Lat., Griech., Engl., Franz., Akkad.

NAGL, Erwin Ludwig
Dipl.-Kfm., Vorstandsvorsitzender Philipp Holzmann - Held & Francke Bau AG, München - Aschauer Str. 21, 8000 München 90 (T. 089 - 6 80 07-266) - Geb. 17. Juli 1928 München (Vater: Ludwig N. †; Mutter: Cäcilie, geb. Sieber †), kath., verh. s. 1956 m. Hedi, geb. Hauber, 2 Töcht. (Karin, Ulrike) - Gymn. München; Univ. München, Dipl. 1952 - Präs. Bayer. Bauindustrieverb., Vorst. Hauptverb. Dt. Bauind., Beirat Mannheimer Versich. AG - Spr.: Engl.

NAGL, Manfred
Dr.-Ing., o. Prof. f. Informatik RWTH Aachen (s. 1986) - Ronheider Weg 4, 5100 Aachen (T. 0241 - 60 24 28) - Geb. 16. Mai 1944 Landskron (Vater: Leopold N.; Mutter: Aloisia, geb. Frenzl), kath., T. Steffi - Stud. Math./Physik Univ. Erlangen-Nürnberg, Examen 1969, Promot. (Dr.-Ing. Informatik) 1974, Habil. Informatik Techn. Fak. Univ. Erlangen 1978 - 1969-71 Forschungszentrum Siemens Erlangen; 1971-79 Wiss. Assist. IMMD Univ. Erlangen; 1979-81 Prof. Univ. Koblenz; 1981-86 o. Prof. Angew. Informatik Univ. Osnabrück - BV: Graph-Grammatiken, 1979; Einf. in d. Programmiersprache Ada, 1982, 2. A. 1987, 3. A. 1991, 4. A. 1992; Methodisches Programmieren im Großen - Modellieren auf Entwurfsebene, 1990.

Herausg. u. Mithrsg. v. 6 Tagungsb.; ca. 40 Fachveröff.

NAGL, Walter

Dr. phil., Prof. f. Biologie Univ. Kaiserslautern - Turnerstr. 112, 6750 Kaiserslautern (T. 0631 - 7 37 82; Univ. 0631 - 205 24 06) - Geb. 9. Juli 1940 Wien (Vater: Hubert N., Bahnbeamter; Mutter: Leopoldine, geb. Huber), kath., verh. s. 1967 m. Elisabeth, geb. Rössler, gesch. 1979, 2 Kd. (Alexander, Regina) - Promot. 1962 - 1962-71 Wiss. Assist. u. Doz. Univ. Wien u. Max-Planck-Inst. f. Pflanzengenetik; 1972/73 Gastprof. Harvard Univ.; s. 1974 o. Prof. in Kaiserslautern - BV: Chromosomen, 1972 u. 1980; Zellkern u. Zellzyklen, 1976; Endopolyploidy and Polyteny, 1978; Elektronenmikrosk. Laborpraxis, 1981; Gentechnologie u. Grenzen d. Biologie. Herausg. mehrerer Fachztschr. (1987). 195 wiss. Publ. - Mitgl. New York Acad. Science, Acad. Europaea, Ges. Zellbiol., Ges. Genetik u. v. a.; div. Preise - Spr.: Engl.

NAGLSCHMID, Friedrich G. M.

Dr. rer. nat., Studiendirektor, Dir. MTI-Press - Augustenstr. 50, 7000 Stuttgart 1 (T. 0711 - 61 11 67) - Geb. 29. Okt. 1944 Kelheim, kath., verh. s. 1984 m. Stephanie, geb. Braun, S. Matthias - Stud. Biol. u. Chemie Univ. Stuttgart; Staatsex. 1972; Promot. 1979 Stuttgart - Dir. Schulaufsicht (Biol., Umwelterziehung, Medien); 1973-77 Verl. u. Chefredakt. D. Taucher. 1976-86 Sachabt. Leit. Verb. Dt. Sporttaucher Wiss. u. Forsch.; s. 1986 Vizepräs.; s. 1987 gf. Vorst. Aktionsgemeinsch. Artenschutz - BV: Paradiese unter Wasser, 1979; Gefährliche Meerestiere, 1981; Tauchreiseführer Menorca, 1982; Tauchreiseführer Italien, 1984; Gewässerbeobachtung-Gewässerschutz, 1985; Tauchreiseführer Türkei, 1985; Fit m. Sporttauchen, 1990; Galapagos, 1990; Korallenriffe d. Welt, 1991; Tauchabenteuer Weißer Hai, 1991. Herausg.: Edition Freizeit u. Wissen;

Schwerp. d. Tauchforsch.; Schulsport Tauchen; Schwerp. d. Umweltforsch.; Leistungssport Flossenschwimmen - Liebh.: Tauchen, Kunst, Fotogr., UW Archäol. - Spr.: Engl., Franz., Ital., Span.

NAGLSCHMID, Stephanie
Verlegerin Verlag Stephanie Naglschmid, ILVA (Internationale Lizenzverwertungs-Agentur Naglschmid - Rotebühlstr. 87 a, 7000 Stuttgart 1 - Geb. 4. April 1961, verh. m. Dr. Friedrich N., S. Matthias.

NAGY, Janos B.
Opernsänger Dt. Oper am Rhein - Annastr. 45a, 4000 Düsseldorf 30 - Geb. 9. Juli 1940 Pocsaj (b. Debreczen)/Ungarn, reform., verh. s. 1966 m. Eva, geb. Pless, 2. S. (Janos, Attila) - Bela-Bartok-Konservat. Budapest; priv. Weiterbild. Budapest u. b. Tito Gobbi, Florenz - Solist: Staatsoper Budapest, Dt. Oper am Rhein; Gast: Staatsoper Wien, Dt. Oper Berlin, Hamburg. Staatsoper, Opernhaus Zürich, Houston Opera, Liège, u. a. - Ital. Tenorfach: Don Carlos, Riccardo, Cavaradossi, Des Grieux, Kalaf, Ernani, G. Adorno, Manrico, Turiddu, Canio, André Chenier, Pinkerton. Rundfunk-, TV- u. Schallplattenaufnahmen. Konzertauftritte Berliner Philharmonie etc. - 1985 Franz-Liszt-Preis, merited artist - Liebh.: Natur, Angeln, Kunstgesch. - Spr.: Ungar., wenig Ital.

NAHODIL, Otakar
Dr. phil. habil., Dr. sc. hist., Dipl.-Ethn., Prof. f. Soziologie PH Freiburg u. Völkerkunde Univ. Freiburg - Zasiusstr. 124, 7800 Freiburg - Geb. 1. Dez. 1923 Prag, kath. - Univ. Prag, Sofia, Leningrad; Dr. phil. 1949 Prag; Dipl.-Ethn. 1950 Leningrad; Dr. sc. hist. med Prag. Habil. 1957 Prag - 1950-62 Kanzel f. Ethnographie Karls-Univ. Prag; 1966/67 Gastprof. Univ. Mainz; b. 1989 Prof. f. Soziol. PH Lörrach u. PH Freiburg; 1970 Umhabil. Univ. Freiburg; 1972 apl. Prof. Univ. Freiburg. Schriftst., Essayist. Übersetzer - BV: Kultur d. primit. Ges. 1957; Mutterkulte, 1959-60; Kultur u. Humanität, 1970; Menschl. Kultur u. Tradition. Kulturanthropol. Orientierungen, 1971; Stimmen d. Völker, Ess. 1988. Herausg.: Československá Etnografie (1953-62); Bücherreihe Acta Culturologica (s. 1985) - S. 1955 Ehrenmitgl. Poln. Ethnol. Ges. - Spr.: Engl., Franz., Ital., Griech., Latein, Russ., Tschech., Slowak., Tungus., Usbek., u. a. - Lit.: Kultur u. Tradition. Festschr. f. Prof. O. Nahodil, hg. v. K. Mácha (1983).

NAHRGANG, Günther
Dr.-Ing., Prof. f. Hydrogeologie Univ. Köln - Stachelsweg 10, 5000 Köln 91 (T. 0221 - 86 17 19) - Geb. 5. Aug. 1916 Karlsruhe, verh. s. 1947 m. Dorothea, geb. Musiol, 2 S. (Christoph, Sten) - Abit. 1936 Karlsruhe; Stud. Bauingenieurwesen TH Karlsruhe (Dipl.-Ing. 1947, Promot. 1951) - Prof. f. Wasserbau u. Wasserversorgung FH Köln; Honorarprof. f. Hydrogeol. Univ. Köln - BV: Z. Theorie d. vollkommenen u. unvollkommenen Brunnens, 1954.

NAHRGANG, Siegfried
Dr.-Ing., o. Prof. f. Grundgebiete d. Elektro- u. Regelungstechnik (emerit.) - Rosenweg 3, 7500 Karlsruhe 51 (T. 3 26 30) - Geb. 21. März 1908 Karlsruhe (Vater: Carl N.; Mutter: geb. Strecker), verh. 1953 m. Carla, geb. Pilz - Schule u. TH Karlsruhe (Elektrotechnik). Promot. 1937 - Ab 1937 AEG Berlin (Kabelwerk Oberspree), 1941 v. OKM z. Torpedoversuchsanstalt Gotenhafen abkommandiert, 1946-50 Forschungstätig. Office National d'Etudes et de Recherches Aéronautiques, Toulouse u. Paris, 1950-59 Brown, Boveri & Cie. AG., Mannheim, 1959-73 Ord. u. Inst.sdir. TH bzw. Univ. Karlsruhe. Facharb.

NAHRSTEDT, Wolfgang A.
Dr. phil., Prof. f. Erziehungswiss. Univ. Bielefeld (s. 1971) - Droste-Hülshoff-Str. 39, 4800 Bielefeld 1 - Geb. 2. Aug. 1932

Hamburg, 2 Kd. (Iris, Jan) - Stud. Univ. Hamburg (Päd., Geschichtswiss., Literaturwiss.); Staatsex. 1964; Promot. 1968 - Vorst. Kommiss. Freizeitpäd. Dt. Ges. f. Erziehungswiss.; Chairman Beratergr. Ausbildung Europ. Leisure u. Recreation Ass.; Leit. Inst. f. Freizeitwiss. (IFKA), Studienkreis f. Tourismus - BV: D. Entstehung d. Freizeit, 1972, 2. A. 1988; Freizeitpäd., 1974; Freizeitberatung, 1975; Freizeitdienste in d. USA, 1978; D. Freizeitpäd., 1982; Strategien offener Kinderarbeit, 1986; Aktivspielplätze, 1987; Selbstorganisierte Freizeitkultur, 1987; Päd. selbsorganisierter Bürgerhäuser, 1988; D. Wiederentdeckung d. Muße, 1989; Leben in freier Zeit, 1990; D. Altmark: Neues Reisen in Europa, 1991; Freizeit bildet - bildet Freizeit?, 1991; Reiseleiter u. Reisemanager, 1992. Herausg.: Freizeitpäd. Forum f. Kultur, Medien, Sport, Tourismus, Baltmannsweiler/Schneider (s. 1979); IFKA-Schriftenreihe (s. 1983).

NAJORK, Peter
Direktor - In der Molzkaute 17, 5910 Kreuztal Kr. Siegen/W. - Geb. 7. Juli 1912 Amsterdam (Niederl.) - S. 1947 Adlerwerke vorm. Heinrich Kleyer AG., Frankfurt/M., Mayfarth AG. ebd. (Kaufm. Dir.), Blefa GmbH. bzw. AG., Kreuztal (1956 ff. Geschäftsf. bzw. Vorstandsmitgl.).

NAKHOSTEEN, John Alexander

Dr. med. habil., Prof., Internist, Pnemol., Allergol., Chefarzt Augusta Krankenanstalt, Akad. Lehrkrankenhaus - Bergstr. 26, 4630 Bochum - Geb. 3. März 1937 Isfahan/Iran (Staatsangeh.: USA), angl., verh. s. 1968 m. Gabriele, geb. Krebs, 3 Kd. - 1959 Claremont College, California, Bachelor of Arts polit. Wiss.; 1970 med. Staatsex. Univ. Köln; 1975 Promot. ebd.; Habil. 1981 Essen - 1981 Doz., 1989 apl. Prof. med. Fak. Univ. Essen; 1982 Gastprof. Univ. Calif. San Diego (Med. Fak.); 1983 Chefarzt, Abt. f. Pneumol. Augusta Krkhs., s. 1992 Ärztl. Dir. Augusta Krkhs. - Erf.: Scopin Übungsphantom f. Bronchoskopie - BV: Fiberbronchoskopie: E. Einf., 1978; Bronchology: Research, Diagnosis, Meth., Martinus Nithof, Den Haag, 1981; Atlas u. Lehrb. d. flexiblen Bronchoskopie, 1983; Current Pulmonology, 1986; Atlas d. Bronchoskopie, 1989 - Üb. 50 Facharb.; 3 Filme - Liebh.: Musik, Langlauf (1984 London Marathon) - Spr.: Engl., Franz., Span.

NAKONZ, Christian
Generalkonsul - Zu erreichen üb. Postf. 1500, 5300 Bonn 1 - Geb. 28. Dez. 1936 Berlin (Vater: Rudolf N., Meteorologe, vermißt 1941; Mutter: Edith, geb. Potratz † 1975), verh., 5 Kd. - Abit. 1956 nach 1 Jahr USA-Austausch; 1956-60 Stud. Rechtswiss. Berlin (FU) u. Freiburg. 1961/62 Stip. Thyssen-Stiftg. Freiburg (Inst. f. Kriminol. u. Strafvollzugskd.); 1962 Carl Duisberg-Ges.; 1965/66 Dt. Inst. f. Entw.politik Berlin; s.

1966 AA (u. a. Kairo, Islamabad); 1974 Pers. Ref. StS Günter Gaus, StäV Berlin (Ost); 1978-90 Botsch. in Cotonov, Freetown, Mouronia, ferner im Bundeskanzleramt Bonn, an Botsch. Islamabad im DDR-MfAA Berlin. 1990 Gesch.träger TIRANA; 1991 Generalkonsul Karachi.

NANNEN, Henri

Publizist, Gründer d. Stern, Begr. Stiftung Henri Nannen, Emden (Kunsthalle m. Werken d. 20. Jh.) - Hinter dem Rahmen 13, 2970 Emden - Geb. 25. Dez. 1913 Emden (Vater: Klaas N.; Mutter: Elise, geb. Buitenduif), verh. s. 1990 in 2. Ehe m. Eske, geb. Nagel, S. Christian - Univ. München (Kunstgesch. b. Pinder) - Ab 1937 Schriftl. Ztschr. Kunst (München), 1940-45 Wehrdst. (Luftw.), 1946-49 Herausg. u. Chefredakt. Hannoversche Neueste Nachr. (b. 1947) u. Abendpost (Hannover). Von 1948-83 Chefredakteur bzw. Herausg. (1981) d. Stern, b. 1969 eig. Verlag (Vg. Henri Nannen GmbH., Hamburg) - BV: Glanz v. Innen, 1943; Kl. Musikbrevier, 1943 - 1962 Ehrenbürger fränk. Gde. Volkach (f. Wiederbeschaff. Madonna im Rosenkranz); BVK I. Kl.; Komturkreuz Orden f. Verdienste um d. Rep. Italien; 1971 ZDF-Verdienstmed.; 1983 Gründ. Stiftg. Henri Nannen z. Bau d. Kunsthalle in Emden (Eröffnung Okt. 1986); 1989 Ehrenbürger d. Stadt Emden, Gr. BVK; 1989 BVK I Kl.; 1992 Nieders. Verdienstmed. - Spr.: Engl., Holl., Ital.

NANZ, Claus Ernest

Dr. rer. oec., Dipl. rer. pol., Managementberater - Landhaus Valbrava, 8986 Mittelberg - Geb. 14. Juni 1934 Stuttgart - Stud. Wirtschaftswiss. Univ. Frankfurt, Promot. Univ. Mannheim - Geschäftsf. u. AR in dt. Großuntern.; s. 1976 Inh. Eurofound Intern. Management Consultants - BV: Fluktuation: D. Probl. u. betriebl. Maßn. s. Minderung - Preis d. Univ. Mannheim u. d. Rhein-Main-IHK f. d. beste wiss. Arb. d. Univ.-Jahres 1960 - Liebh.: Bergwandern, Ski- u. Wassersport, wiss. Reisen - Spr.: Engl., Franz., Ital., Span.

NAOUM, Jusuf

Freier Schriftsteller - Kreuzweg 2d, 6272 Niedernhausen - Geb. 25. Febr. 1941 (Vater: Amine N., Schriftst., Phil.), led. - Masseur; staatl. Prüf. z. med. Bademeister 1979 Berlin - 1982-87 Vorst.-Mitgl. VS Hessen - BV: Orient. Kaffeehausgesch., 1987; D. Scharfschütze, 1988; D. Rote Hahn, 1989; Kaktusfeigen, 1989; Sand, Steine u. Blumen, Ged. 1991. Karakus u. a. Märchen. Lesungen zus. m. arab. Musikern - Liebh.: Reisen, Sport - Spr.: Arab., Dt., Franz. - Bek. Vorf.: Kapitän Ibrahim Naoum, hohe Ausz. durch Napoleon III (Großv.).

NAPP-ZINN, Klaus

Dr. rer. nat., Prof. f. Botanik, Univ. Köln - Gyrhofstr. 15, 5000 Köln 41 - Geb. 26. Juli 1927 Köln (Vater: Prof. Dr. rer. pol. Anton Felix N.-Z., Ord. f. Volksw.lehre Univ. Mainz u. Frankfurt/M. † 1965 (v. XIV. Ausg.)); Mutter: Irmgard, geb. Eller), ev., 5 Kd. (Hans-Georg, Christoph, Winfried, Elisabeth, Hellmut) - Univ. Köln u. Mainz (Naturwiss., Geogr.). Promot. 1950 Mainz; Habil. 1956 Tübingen - S. 1957 Lehrtätigk. Univ. Köln (1963 Prof. Botan. Inst.). 1964-68 Gastprof. Univ. Grenoble. Spez. Arbeitsgeb.: Entwicklungsphysiol., Anat., Morphol., Systemat. u. Genetik v. Pflanzen - BV: Beitr. z. Anat. u. Morphol. d. Involucral- u. Spreublätter d. Compositen, 1956; Mißbild. im Pflanzenreich, 1959; Anat. d. Blattes, 5 Bde. 1966/88; Vergleichend-anatom. Unters. a. petaloiden Hochblättern I, II, 1978/79; Beitr. z. systematischen Anatomie d. Asteraceae-Anthemideae, 1989. Ca. 90 Beitr. in Fachztschr. u. Sammelwerken - Spr.: Engl., Franz., Span.

NARHOLZ, Gerhard

Komponist, Dirigent, Musikverleger und -prod. - Schleibinger Str. 10, 8000 München 80 - Geb. 9. Juni 1937 Vöcklabruck/Österr. (Vater: Leopold N., Keramikfabr.; Mutter: Maria, geb. Willingstorfer), kath., verh. s. 1965 m. Rotheide, geb. Pehofer, 3 Söhne (Christoph, Gregor, Robert) - Musikakad. (Kompos.) u. Univ. Wien (Päd., Musikwiss.) - Gründ. Musikverl. SONOTON (1965) u. SONOTON Recorded Music Library (größtes Dt. Musikarch. m. üb. 20.000 Musikw.). Mehr als 1000 Kompos. (Tanz-, Unterhaltungs-, Film-, Fernsehmusiken) - U.a. 1971 Three Star Award BBC London - Spr.: Engl.

NARR, Karl J.

Dr. phil., o. Prof. f. Ur- u. Frühgeschichte - Nerzweg 48, 4400 Münster/W. (T. 24 81 18) - Geb. 9. Juni 1921 Düsseldorf (Vater: Otto N., Kaufm.; Mutter: Gertrud, geb. Busch), kath., verh. s. 1952 m. Therese, geb. Pelzer, 2 Kd. (Angelika, Thomas) - Hohenzollern-Gymn. Düsseldorf; 1940 u. 1946-50 Univ. Bonn. Promot. 1950 Bonn; Habil. 1959 Göttingen - S. 1959 Lehrtätigk. Univ. Göttingen (zul. apl. Prof.) u. Münster (1965 Ord., 1965-86 Dir. Sem. f. Ur- u. Frühgesch. u. Inst. f. Frühmittelalterforsch.). Emerit. 1986. 1952 Stip. Dt. Forschungsgem. Spez. Arbeitsgeb.: Steinzeit u. Grenzbereiche der prähistorischen Archäologie - BV: Die vor- u. frühgeschichtl. Besiedl. d. Berg. Landes, 1954 (m. U. Marschall u. R. v. Uslar); D. Rhein. Jungpaläolithikum, 1955; Deutschland in ur- u. frühgesch. Zeit, 1957; Urgesch. d. Kultur, 1961 (auch franz. u. niederl.); Kultur, Umwelt u. Leiblichkeit d. Eiszeitmenschen, 1963; Studien z. Älteren u. Mittleren Steinzeit d. Niederen Lande, 1968; Zeitmaße in d. Urgesch., 1978. Herausg.: Handb. d. Urgesch. (1966/74), Münstersche Beitr. z. Ur- u. Frühgesch. (1967-83). Mithrsg.: Studien aus Alteuropa (1964), Münstersche Mittelalterschr. (1970-91), Saeculum Jahrb. f. Universalgesch. (1972ff.) - 1966 o. Mitgl. d. Dt. Archäol. Inst. (vorh. (1954) korr.); 1960 Mitgl. Current Anthropol., 1969-89 Röm.-German. Kommiss. DAI, 1972 Inst. f. Interdisziplinäre Forschung Görres-Ges., 1973 Inst. f. Histor. Anthropol., 1976 o. Mitgl. Rhein.-Westf. Akad. d. Wiss., Mitgl. Altertumskomm. f. Westf., 1980-89 Komm. f. Allg. u. Vergleich. Archäol. DAI - Lit.: J. Filip, Enzyklopäd. Handb. z. Ur- u. Frühgesch. Europas II. 1969; Jahrb. 1976 Rhein.-Westf. Akad. d. Wiss. 1977 - Spr.: Franz., Engl.

NARTEN, Johanna

Dr. phil., Prof., Sprachwissenschaftlerin - Robert-Koch-Str. 9, 8525 Uttenreuth - Geb. 5. Okt. 1930 Hannover - Promot. 1961; Habil. 1971 - S. 1971 Lehrtätigk. Univ. Erlangen-Nürnberg (1973 Wiss. Rätin; 1978 ao. Prof. f. Vergl. Indogerman. Sprachwiss.) - BV: Sigmat. Aoriste im Veda, 1964; Ameša Spentas im Avesta, 1982; D. Yasna Haptanhāiti, 1986; D. Sasanidische Archetypus (m. Hoffmann), 1989. Rd. 30 Fachaufs.

NARZISS (ß), Ludwig

Dr. agr., o. Prof. f. Chem. Technologie, Direktor Inst. f. Brauereitechnol. I u. Bayer. Versuchs- u. Lehrbrauerei Weihenstephan TH bzw. TU München/Fak. f. Brauwesen (s. 1964) - Liebigstr. 28a, 8050 Freising/Obb. (T. 42 92) - Geb. 30. Sept. 1925 München (Vater: Ludwig N., stv. Braueredir.; Mutter: Therese, geb. Forster), kath., verh. s. 1951 m. Dorothea, geb. Leisle, 2 Töcht. (Gisela, Eva-Maria) - Dürer-Oberrealsch. Nürnberg (Abit. 1943); Hochsch. f. Wirtschafts- u. Sozialwiss. ebd. (1948) u. TH München/Fak. f. Brauwesen (1948-51; Dipl.-Brauereiing.). Promot. 1956 - 1958-64 I. Braumeister Löwenbräu, München. Div. Mitgliedsch., dar. Brit. Inst. of Brewing, American Soc. of Brewing Chemists, Master Brewers Assoc. of America - Spr.: Engl.

NASEMANN, Theodor

Dr. med., em. o. Prof. f. Dermatologie - Buchenstr. 3, 8139 Bernried - Geb. 30. Juni 1923 Hamburg (Vater: Theodor N., Kaufm.; Mutter: Luise, geb. Thiessen), ev., verh. s. 1954 m. Brigitte, geb. Wierig, 4 Kd. (Gabriele, Joachim, Susanne, Dorothee) - Obersch. u. Univ. Hamburg (Med.). Promot. 1950 Hamburg; Habil. 1956 München - S. 1956 Lehrtätigk. Univ. München (1962 apl. Prof.; zul. Ltd. Oberarzt Dermatol. Klinik), Frankfurt (1969 o. Prof. u. Dir. Hautklinik); 1978 o. Prof. u. Dir. Univ.-Hautklinik Hamburg. Emerit. 1988. Mitgl. im Verb. dt. Schriftst.ärzte - BV: D. Viruskrankh. d. Haut, 1961; D. Infektionen durch d. Herpes-simplex-Virus, 1965 (Jena); Lehrb. d. Hautkrankheiten u. vener. Infektionen f. Studierende u. Ärzte, 1973; Viruskrankheiten d. Haut, d. Schleimhäute u. d. Genitale, 1974; Histopathol. d. Hautkrankh., 1982; Lyrik u.a. Immergrüner Diwan; Erlebte Dermatologie. Zahlr. Einzelarb - 1983 Mitgl. Americ. Dermatol. Assoc., 1984 Mitgl. Dt. Akad. d. Naturforscher Leopoldina; korr. u. Ehrenmitgl. Finn., Ital., Schwed., Span., Hondur., Bulg., Poln., Franz., Österr., Israel., Japan., Korean., Griech. Dermatol. Ges. - Sammelt histor. Zinnfiguren - Spr.: Engl.

NASER, Siegfried

Dr., Landrat Kr. Kitzingen (s. 1984) - Landratsamt, 8710 Kitzingen - Geb. 17. Jan. 1951 Iphofen - Zul. Oberregierungsrat. CSU - BV: Jurist. Fachpubl., u.a. Z. Frage d. sog. Demokratisier. d. Bundeswehr - 1978 Preistr. unterfränk. Gedenkjahrstiftg. f. Wiss.

NASKO, Horst

Dipl.-Ing., Dr. tech., stv. Vorstandsvorsitzender d. Siemens Nixdorf Informationssysteme AG, Leiter d. Vorstandsbereichs Systemplanung, Anwendungssoftware u. Projekte - Otto Hahn-Ring 6, 8000 München 83 (T. 089 - 636-01); Fürstenallee 7, 4790 Paderborn (T. 05251 - 8-0) - Geb. 1933 Wien.

NASS, Rudolf

Dipl.-Ing., Geschäftsführer, Vorst. Rationalisierungskurat. d. dt. Wirtschaft (s. 1978) - Soltauer Str. 43, 3000 Hannover 61 (T. 0511 - 57 57 06) - Geb. 16. Nov. 1921 Hannover (Vater: Wilhelm N., Feinmech.meist.; Mutter: Meta, geb. Isermann), verh. s. 1950 m. Elfriede, geb. Bock, 2 Kd. (Gabriele, Thilo) - 1959-65 Univ. Hannover (Dipl.-Ing. Elektrotechnik) - 1964 Handelsrichter; 1972 Ratsherr; 1973 VR Hann. Hochschulgem. - 1983 BVK - Liebh.: Segeln, Skilaufen, Filmen - 1971 Gold. Sportabz. - Spr.: Engl., Franz.

NASSAUER, Hartmut

Richter a. D., MdL Hessen (s. 1974) - Akazienweg 6, 3549 Wolfhagen (T. 23 66) - Geb. 17. Okt. 1942 - CDU.

NASSENSTEIN, Heinrich

Dr. phil., Prof., Abt.-Direktor Bayer AG, Leverkusen i. R., Leit. Fachbereich Techn. Physik - Hegelstr. 6, 5090 Leverkusen-Steinbüchel (T. 9 26 74) - Geb. 14. Mai 1920 Opladen (Vater: Heinrich N., Reichsbahnbeamter; Mutter: Margarethe, geb. Huettemann), kath., verh. s. 1950 m. Lore, geb. Mersch - Aloysianum Opladen (Abit. 1938); Univ. Köln (Physik, Chemie, Math., Phil.). Promot. (1950) und Habil. (1958) Köln - S. 1951 Bayer. S. 1958 Lehrtätigk. Univ. Köln (1966 apl. Prof. f. Angew. Physik). Zahlr. Fachveröff. - 1956 VDI-Ehrenring - Liebh.: Literatur, Wandern - Spr.: Engl., Franz., Lat., Griech.

NAST, Klaus

Dipl.-Ing., Ltd. Bergdirektor, Leit. Landesbergamt Baden-Württ. - Urachstr. 23, 7800 Freiburg/Br.; priv.: Grunerner Str. 4, 7813 Staufen - Geb. 12. Juni 1934 - Öfftl. best. Sachverst. f. Bergbau u. Rohstoffgewinn.

NASTAINCZYK, Wolfgang

Dr. theol., o. Prof. f. Prakt. Theologie (Religionspädagogik u. Katechetik) - Heckenweg 3c, 8400 Regensburg (T. 0941 - 3 12 74) - Geb. 1. Jan. 1932 Leobschütz/OS. (Vater: Dr. Josef N., Oberstudienrat; Mutter: Gertrud, geb. Tenzler); kath. - Phil.-Theol. Hochsch. Königstein, Univ. Freiburg u. Mainz. Promot. 1956 Freiburg; Habil. 1962 Mainz. Priesterweihe 1957. 1957-60 Kaplan; 1960-62 Präfekt; 1962 Privatdoz.; 1964 ao. Prof. PhThH Regensburg; s. 1968 o. Prof. Univ. ebd. - BV: 24 Bücher, zul.: Glauben weitergeben - Glauben entfalten, 1986; zahlr. Aufs. u. Bespr. in Fachztschr., bes. in KatBl - 1984 Päpstl. Ehrenprälat - Spr.: Lat., Griech., Engl., Franz., Russ.

NASTELSKI, Günter

Dr. jur., Vorstand Industrieverwaltungsges. AG, Bonn - Zanderstr. 5, 5300 Bonn 2 (T. 0228 - 84 42 37) - Geb. 15. Dez. 1937 Düsseldorf (Vater: Prof. Dr. Karl N., Senatspräs. b. Bundesgerichtshof; Mutter: Lilli, geb. Korff), ev., verh. s. 1974 m. Hedda, geb. Niemeyer, 2 Kd. (Daniela, Jörg) - Stud. Rechtswiss. Univ. Heidelberg u. Freiburg; Promot. u. 2. Staatsex. 1966 - 1967-72 Tätigk. im Bundesmin. f. Wirtsch.; 1973-77 im Bundesmin. d. Finanzen; s. 1977 Geschäftsführer u. Vorst. Industrieverwaltungsges., Vors. u. Mitgl. mehrerer AR.

NASTOLD, Hans-Joachim

Dr. rer. nat., o. Prof. f. Mathematik u. Direktor Math. Inst. Univ. Münster (s. 1966) - Am Schütthook 75, 4400 Münster (T. 61 53 33) - Geb. 13. Juli 1929, verh. s. 1956 m. Theophila, geb. Kostka, 3 Kd. (Annette, Ingrid, Ulrike).

NATERMANN, Jan

Prof., Konzertpianist - Am Rautenberg 18, 4930 Detmold 14 (T. 4 74 59) - Geb. 25. Nov. 1910 Castrop/W., kath., verh. s. 1942 m. Josefine, geb. Breuer - Gymn. Castrop (Abit.); n. staatl. Privatmusiklehrerprüf. Musik- u. Philologiestud. Köln u. Berlin - 1941-45 Wehrdst. - S. 1946 Doz. u. Prof. (1950) Nordwestd. Musik-Akad., Detmold. Konzertauftreten In- u. Ausl. Gründer Brahms-Klavierquartett u. Trio con flauto - 1974 BVK - Spr.: Franz., Engl.

NATKE, Hans Günther

Dr. rer. nat., Prof. f. Schwingungs- u. Meßkunde Univ. Hannover, Inst.-Dir. - Pyrmonter Str. 51, 3000 Hannover 91 (T. 0511 - 42 37 23) - Geb. 9. Mai 1933 Elbing (Vater: Walter N., Reg.-Amtmann; Mutter: Charlotte, geb. Süß), ev., verh. s. 1957 m. Brigitte, geb. Holk, 4 Kd. (Astrid, Charlotte, Bernd, Ulrich) - Dipl.-Math. 1958 TH Hannover; Promot. 1968 TH München; Habil. 1971 TU Berlin - 1958 Amt f. Bodenforsch. Hannover; 1959-76 Vereinigte Flugtechn. Werke, Bremen; 1976 Ord. Univ. Hannover (Dir. Curt-Risch-Inst. f. Dynamik, Akustik u. Meßtechnik) - BV: Identification of Vibrating Structures, 1982; Einf. in Theorie u. Praxis d. Zeitreihen- u. Modalanalyse, 1983; Structural safety evaluation based on system identification approaches (m. J.T.P. Yao), 1988; Application of system identification in engineering, 1988; Baudynamik, 1989. Veröff. in Fachztschr. - O. Mitgl. Braunschweigische Wiss. Ges., Klasse f. Bauwiss.; 1990 Max-Planck-Forsch.-Preis (zus. m. J. T. P. Yao, College Station, TX, USA).

NATSCHINSKI, Gerd

Komponist u. Dirigent, freischaffend - Am Tierpark 52, O-1136 Berlin (T. 00372 - 512 51 10) - Geb. 23. Aug. 1928, verh. 1) s. 1947 m. Inge, geb. Raschke, 2), s. 1979 m. Gundula, geb. Gouby, 3 Kd. (Thomas, Viola, Felix) - Autodidakt; 1952-53 Meisterkl. Hanns Eisler Akad. d. Künste Berlin - 1953-54 Chefdirig. Gr. U-Orch. Berliner Rundf.; 1978-81 Int. Metropoltheater Berlin. Beiratsmitgl. Franz-Grothe-Stiftg. u. Dramatiker Union - Kompos.: 70 Filmmusiken; Orch.w. (U- u. E-Musik); 400 Chans., Lieder, Songs, Pop; Musiktheater 13 Werke, u.a.: Messeschlager Gisela (1960 Berlin, Metropoltheater), Servus Peter (1961 Chemnitz), D. Frau d. Jahres (1963 Berlin, Friedrichstadtpalast), Mein Freund Bunbury (1964 Berlin, Metropoltheater), Terzett (1974 Leipzig), Casanova (1976 Berlin, Metropoltheater), D. Dekameronical (I/II/

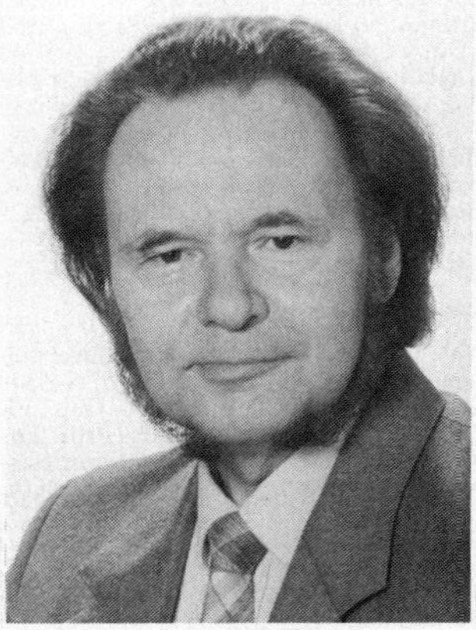

III 1979 Halle, IV/V 1982 Wittenberg), Planet d. Verliebten (1984 Berlin, Metropolth.), Caballero (1988 Leipzig), Hoffmanns Erzählungen (Ballett frei n. Offenbach, 1986 Berlin, Komische Oper); Dirig.: Theater, Konz., Film, Rundf., Schallpl., TV, Show - Spr.: Engl. - Lit.: Pflicht, Musicalführer 1985 u. 1988; Degenhardt u.a., Das Musical, 1980; Schneidereit, Müller, Operette v. A-Z, 1981; New Grove, Who's Who in Music in the World u.a.

NAU, Heinz

Dr. phil., Prof. f. Embryo-Toxikologie, Pharmakologie, Analytische Chemie - Hegauer Weg 43, 1000 Berlin 37 - Geb. 10. Mai 1943 Feldkirchen/Österr. (Vater: Walter N., Kaufm.; Mutter: Adele, geb. Dussik), verh. s. 1974 m. Nina, geb. Ness, S. Andreas - Stud. Univ. Innsbruck, Dr. phil. (Chem.) - Research Assoc. (USA), Prof. Inst. Toxikolog. FU Berlin - BV: Role of Pharmakokinetics in Prenatal and Perinatal Medicine, 1978; Pharmakokinetics and Drug Metabolism in Teratogenesis, 1987. Üb. 230 Veröff. in Fachztschr. u. Bücher - Spr.: Engl. - 1990 Honorary Doctorate Univ. Uppsala, Sweden.

NAU, Wilhelm

Altlandrat d. Kreises Garmisch-Partenkirchen - Mittenwalderstr. 5 a, 8100 Garmisch-Partenkirchen (T. 08821 - 5 55 53) - Geb. 14. Juli 1916 Augsburg (Vater: Wilhelm N., Oberingenieur; Mutter: Maria, geb. Schimpfle), kath., verh. s. 1942 m. Liselotte, geb. Witt, 3 Söhne (Gerhard, Wolfgang, Helmut) - Realgymn.; Univ. München u. Heidelberg (Rechtswiss., Volksw.). Gr. jurist. Staatsprüf. - 1951-84 Landratsämter Landsberg (Regierungsrat) u. Garmisch (1958; Oberregierungsrat, 1965 Landrat). Ehrenvors. SOS-Kinderdorf. Kreisbeauftr. d. Paneuropa-Union - Mitarb.: Verw.recht in Bayern (1950), Arbeits- u. Wehrdst. CSU - Bayer. VO; 1982 Staatsmed. f. Soz. Verdienste; 1983 BVK; 1984 Bayer. Verdienstmed. in Silber f. Kommunalpolitik - Liebh.: Archäol., Kunstgesch., Bergsteigen, Skifahren - Führte d. Lawinenwarndienst auf d. Zugspitze ein.

NAUBER, Adalbert

Violinvirtuose, Prof. Musikhochsch. Freiburg - Richard-Strauss-Str. 25, 7800 Freiburg/Br.

NAUCKE, Wolfgang

Dr. jur., Prof. Univ. Frankfurt/M. (s. 1971); Richter OLG ebd. - Lärchenweg 6, 6242 Kronberg (T. 06173 - 6 38 96) - Geb. 8. Juni 1933 Carlsfeld (Vater: Dr. med. Hans N.; Mutter: Meta, geb. Hartmann), ev., verh. s. 1964 m. Helga, geb. Saare, 2 Kd. (Jutta, Maria) - Stud. d. Rechtswiss. Univ. Kiel, Lausanne, Glasgow - 1964-71 Prof. Univ. Kiel u. Richter OLG ebd. - BV: Kant u. d. psychol. Zwangstheorie Feuerbachs, 1962; Z. Lehre v. strafb. Betrug, 1964; Üb. d. jurist. Relevanz d. Sozialwiss., 1972; Strafrecht. E. Einf., 1975, 6. A. 1991; Tendenzen d. Strafrechtsentw., 1975; Gutachten f. d. 51. DJT (Ladendiebstahl), 1976; Grundlinien e. rechtsstaatl.-prakt. allgem. Straftatlehre, 1979; Rechtsphil. Grundbegriffe, 1982, 2. A. 1986; D. Wechselwirkung zw. Strafziel u. Verbrechensbegriff, 1985; Versuch üb. d. aktuellen Stil d. Rechts, 1986.

NAUDASCHER, Eduard

Dr.-Ing., o. Prof. u. Direktor Inst. f. Hydromechanik Univ. Karlsruhe (s. 1968) - Hauffstr. 19, 7500 Karlsruhe (T. 0721 - 88 28 63) - Geb. 3. Aug. 1929 Sofia/Bulg. (Vater: Dipl.-Ing. Eduard N.; Mutter: Emma, geb. Pohl), kath., verh. in 2. Ehe s. 1981, 4 Kd. (Eva, Hanno, Angela, Regine) - 1939-44 Dt. Obersch. Sofia, 1946 b. 1948 Lessing-Realgymn. Mannheim; TH Karlsruhe (Bauing.wesen; Dipl.-Ing. 1954). Promot. 1959 - U. a. 1960-68 Assistant u. Associate Prof. Univ. of Iowa, Iowa City (USA). Div. Mitgliedsch. (auch USA). Üb. 140 Fachveröff., dar. Flow-Induced Structural Vibrations, 1974; Practical Experiences with Flow-induced Vibrations, 1980; Hydraulik d. Gerinne u. Gerinnebawerke, 1987; Hydrodynamic Forces, 1991 - 1968 Walter L. Huber Civil Engineering Research Prize; 1975 Karl E. Hilgard Hydraulics Prize American Soc. of Civil Engineering; 1987 Hydraulic Structures Medal; Ehrenmitgl. d. Intern. Assoc. Hydraulic Engineering - Liebh.: Musik (Klavierspiel) - Spr.: Bulg., Engl., Franz.

NAUHAUS, Gerd

Dr. phil., Musikwissenschaftler, Leit. s. Schumann-Archivs Zwickau (s. 1991) - Heinrich-Heine-Str. 1, O-9550 Zwickau/Sachs. - Geb. 28. Juli 1942 Erfurt, kath., verh. s. 1965 m. Ursula Karsdorf, 3 Kd. (Martin, Georg, Julia) - Abit. 1961 Erfurt; Stud. Schulmusik, German. u. Musikwiss. 1961-65/1969 Univ. Halle-Wittenberg; Promot. 1980 ebd. - 1967-70 Musikdramaturg am Theater Zwickau; s. 1970 wiss. Mitarb., s. 1985 stv. Dir. Robert Schumann-Haus Zwickau; Wiss. Sekr. d. Rob.-Schumann-Ges. Zwickau e.V. - BV: Robert Schumann, Tage- u. Haushaltsbücher, 2 Bde. 1982/87; Clara Schumann, Chöre u. Klaviersonate g-Moll 1989, 1991 - 1986 Robert-Schumann-Preis d. Stadt Zwickau - Liebh.: Lit., Architekt.

NAUJOKAT, Dirk

Dipl.-Volksw., Geschäftsführer Verb. f. d. Güternahverkehrsgewerbe, Landesverb. f. d. Verkehrsgewerbe, Hamburg, Verein Hamburger Fuhrherren v. 1885, Verb. d. Hamburger Omnibusgewerbes u. Überwachungsgem. Bauabfalltransport, Hamburg - Himmelmoorchaussee 9, 2085 Quickborn (T. 04106 - 6 75 45) - Geb. 14. Okt. 1943, verh. s. 1973 m. Sybilla, geb. Lund, 2 Kd. (Arne, Susan) - 1965-70 Stud. Volksw. Univ. Hamburg.

NAUJOKS, Eberhard

Dr. phil., Prof., Historiker - Wildermuthstr. 32, 7400 Tübingen (T. 2 41 12) - Geb. 3. Juni 1915 Darmstadt (Vater: August N., Oberstudiendir.; Mutter: Irma, geb. Winkler), ev., verh. s. 1941 m. Margret, geb. Bünding, T. Susanne - 1933-38 Univ. Heidelberg, Berlin, Gießen. Promot. Gießen; Habil. Tübingen - B. 1940 Schuldst., dann Soldat u. 1945-48 sowjet. Kriegsgefangensch., spät. Univ.assist. u. Gymnasiallehrer, b. 1964 Privatdoz., seither apl. Prof. u. Wiss. Rat (1971) Univ. Tübingen (Neuere Gesch.) - BV: D. kath. Arbeiterbeweg. u. d. Sozialismus in d. ersten Jahren d. Bismarckschen Reiches, 1939; Obrigkeitsgedanke, Zunftverfass. u. Reformation - Studien z. Verfassungsgesch. Ulms, Eßlingen u. Schwäb. Gmünds, 1958; Bismarcks ausw. Pressepolitik u. d. Reichsgründ. (1865-71), 1968; D. Franz. Revolution u. Europa, 1969; D. parlamentar. Entstehung d. Reichspressegesetzes in d. Bismarckzeit, 1976; Kaiser Karl V. u. d. Zunftverfassung. Ausgew. Aktenstücke zu d. Verfassungsänderungen in d. oberdt. Reichsstädten (1547-56), 1985; Stadt u. Industrialisierung in Baden u. Württ. (1800-1914) in Veröff. d. Alemannischen Inst. Freiburg 1, 1988 - Spr. (Schrift): Engl., Franz.

NAUJOKS, Rudolf

Dr. med. dent., o. Prof. f. Zahnheilkunde - Maasweg 4a, 8700 Würzburg (T. 7 27 07) - Geb. 24. Juli 1919 - Promot. (1948) u. Habil. (1955) Hamburg - S. 1955 Lehrtätigk. Univ. Hamburg (1961 apl. Prof.) u. Würzburg (1963 Ord. u. Klinikdir.). 1962 Gastprof. Harvard School of Dental Medicine, Boston. Div. Mitgliedsch. Ca. 150 Fachveröff. Spezialgeb.: Kariol., Epidemiol. u. Orale Präventivmed.

NAUL, Roland

M. A., Dr. phil., Prof. f. Sportwiss. Essen (s. 1980) - Südostring 24, 4409 Havixbeck (T. priv.: 02507-79 44; dstl.: 0201-320 64 10/15) - Geb. 26. Nov. 1948 Bocholt, ev., verh. s. 1972 m. Maria, geb. Bruns - Abit. 1968; Stud. Erziehungswiss., Psych., Soziol., Sportwiss. Univ. Münster, Magister Prüf. 1974; Promot. 1978 - 1975-80 Mitarb. Univ. Münster - In- u. ausl. Fachmitgliedschaften - BV: Schulturnen u. Körperlichk. im Kaiserreich, 1985; Jugendsport im ersten Drittel unseres Jh., 1988; Volleyball-Sekundarstufe II, 8. A. 1990; Turnen u. Sport. The Cross-Cultural Exchange, 1991; Beitr. u. Analysen z. Fußballsport 1, 2; 1987, 1989; ca. 90 Fachveröff. - Spr.: Engl., Franz., Niederl.

NAUMANN, Alexander

Dr. phil., Dr. med. h. c., em. Prof. f. Strömungslehre (Gasdynamik, biotechn. Strömungen) - Eginhardstr. 10a, 5100 Aachen (T. 15 25 40) - Geb. 15. Juli 1905 Plauen/V. (Vater: Rudolf N., Kaufm.; Mutter: Frieda, geb. Martini), ev., verh. s. 1939 m. Marianne, geb. Bresgen, S. Dieter (Prof. Univ. Dortmund) - Univ. Leipzig (Promot. 1931), Habil. 1941 TH Aachen. 1942 Doz., 1949 apl. Prof., 1956 Wiss. Rat, 1963 o. Prof. TH Aachen, Dir. Aerodynam. Inst.; emerit. 1973; 1955-66 Dir. Inst. f. Angew. Gasdynamik Dt. Vers.-Anst. f. Luft- u. Raumfahrt; 1956-73 Mitgl. Advisory Group Aerospatial Res. u. Devel. NATO, 1972 Wiss. Beirat Helmholtz-Inst. f. Biomed. Technik; 1956-75 Board of Dir. Kármán-Inst. Fluid Dyn. Brüssel. Mitgl. mehr. Fachkommiss. u. wiss. Ges. - Ca. 120 fachwiss. Veröff. - 1974 Senator ehrenh. TH Aachen, 1970 Rhein.-Westf. Akad. d. Wiss., 1979 Ehrendoktor TH Aachen - Spr.: Engl., Franz. - Festschr. 1975: Sonderh. 22 d. Abhandl. Aerodyn. Inst. Aachen.

NAUMANN, Bernd

Dr. phil., Univ.-Prof. f. Sprachwissenschaft Univ. Erlangen (s. 1983) - Bergstr. 3a, 8523 Baiersdorf (T. 09133 - 34 26) - Geb. 27. Febr. 1938 Hirschfeld/Sa., verh. s. 1968 m. Dr. Ursula, geb. Petry, S. Jakob - Gymn. Weiden; Stud. Univ. Erlangen, Heidelberg, Bristol (German., Angl.); Promot. 1967; Habil. 1982 - 1964-69 wiss. Assist. Univ. Erlangen; 1969-75 Lecturer Univ. College Dublin; 1975-82 wiss. Angest. Univ. Erlangen, s. 1983 Prof. s. o. - BV: Grammatik d. dt. Sprache zwischen 1781 u. 1856. D. Kategorien d. dt. Grammatik in d. Tradition v. J.W. Meiner u. J.Chr. Adelung, 1986; Einf. in d. Wortbildungslehre d. Deutschen, 1986 - 1984 Habil.-Preis Univ. Erlangen/Nürnberg.

NAUMANN, Gottfried

Dr. med., o. Prof. f. Augenheilkunde, Vorstand d. Augenklinik m. Poliklinik Univ. Erlangen-Nürnberg (s. 1980), Direktor Univ.-Augenklinik Tübingen (1975-80) - Schwabach-Anlage 6, 8520 Erlangen (T. 09131 - 85 43 62) - Geb. 25. April 1935 Wiesbaden (Vater: Dr. med. Otto N.; Mutter: Gretel, geb. Fürer), ev., verh. s. 1964 m. Dr. med. Lieselotte, geb. Müller, 4 Töcht. (Uta, Maike, Doerte, Frauke) - 1961-74 Univ.-Augenklinik Hamburg (Prof. Sautter); 1965-66 Armed Forces Inst. of Pathol., Washington/D.C. (Prof. L. E. Zimmermann) - In- u. ausl. Fachmitgl.sch. Fachveröff.: (m. Ko.-Autoren) Pathologie d. Auges, 1980 (1986 engl., 1987 jap.). Herausg.: (m. Gloor) Wundheilung d. Auges u. ihre Komplikationen (1980); Klin. Mbl. Augenheilk., Publ. üb. Mikrochirurgie d. Auges u. Ophthalmopathol. - 1970 Konietzny-Preis; 1991 Mackenzie Medal; Fellow Amer. Acad. Ophthalm.; Member Acad. Ophthalm. Intern. - Spr.: Engl.

NAUMANN, Hans-Günter

Dipl.-Volksw., Landtagsabgeordneter Bayern (s. 1970) - Säbenerstr. 246, 8000 München 90 (T. München 64 37 82) - Geb. 1935 - SPD (s. 1982 Parteivors. München).

NAUMANN, Hans-Heinz

Dr. med., em. o. Prof. f. Hals-, Nasen- u. Ohrenkrankheiten - Steinkirchnerstr. 12, 8032 Gräfelfing/Obb. (T. München 85 33 24) - Geb. 8. Jan. 1919 Berlin, ev., verh. s. 1946 m. Margrit, geb. Rosenwerth, 2 Kd. (Ulrike, Thomas) - 1939-43 Univ. Leipzig, Würzburg, Freiburg, Frankfurt. Promot. 1943 Frankfurt; Habil. 1951 Würzburg - 1951-61 Privatdoz. u. apl. Prof. (1957) Univ. Würzburg (Oberarzt Klinik f. HNOkranke); s. 1962 Ord. u. Klinikdir. FU Berlin (1968/69 Dekan Med. Fak.) u. Univ. München (1970), 1986 emerit., 1971/72 Präs. Dt. Ges. HNO-Heilkd., Kopf- u. Halschir.; 1972/73 Präs. Dt. Ges. f. Plast. u. Wiederherstellungschir. - BV: D. Mikrozirkulation in d. Nasenschleimhaut, 1961; Kopf- u. Halschir., 4 Bde. 1972/75; Hals-Nasen-Ohren-Heilkd. (m. Becker u. Pfaltz), Lehrb. 1982, auch engl., franz., span. u. ital. Ausg., 3. A. dt. 1986; Differentialdiagnostik HNO, 1990; Zentr. Hrsg. Handb. HNO (3 Bd.) 1991-92. Zahlr. Einzelveröff. Div. Filme - 1965 Mitgl. Dt. Akad. d. Naturforscher (Leopoldina); Korr. u. Ehrenmitgl. zahlr. ausl. Fachges.; Mitgl. Collegium ORLAS, Präs. 1986/87; 1989 E. v. Bergmann-Plak. d. Bundesärztekammer; 1990 BVK am Bde. - Spr.: Engl., Franz.

NAUMANN, Joachim

Dr., Städt. Museumsdirektor - Schulstr. 4, 4000 Düsseldorf 1 (T. 0211 - 899 42 01) - Geb. 25. Juni 1935 Berlin - Univ. München u. Marburg; Promot. 1972 (German./Europ. Kulturgesch.) - 3 J. wiss. Assist. Univ. Marburg; s. 1972 Museumsberater f. Nordhessen im Auftr. d. Hess. Museumsverb. u. Leit. Abt. Hess. Volkskd. b. d. Staatl. Kunstsamml. Kassel, u. komm. Leit. Abt. Plastik u. Kunsthandw.; s. 1978 stv. Dir. Staatl. Kunstsamml. Kassel u. Dir. Hess. Landesmuseum Kassel; s. 1979 Leit. Hetjens-Museum - Dt. Keramikmuseum Düsseldorf - BV: Meisterwerke hess. Töpferkunst. Wanfrieder Irdenware um 1600, 1974; Hess. Töpferei zw. Spessart, Rhön u. Vogelsberg, 1975; Haubenschachteln. Bemalte Spanschachteln aus Hessen, 1977; Alltag in Hessen - Hist. Belege, 1978; E. Teufelsbuch d. Werraware m. rhein. Ahnen, 1982; Keramik v. Niederrhein, 1988 - Spr. Dän., Engl.

NAUMANN, Karl-Eduard

Dr.-Ing., Hafenbaudirektor i. R. - Struckholt 7, 2000 Hamburg 63 (T. 59 97 56) - Geb. 5. Sept. 1909 Potsdam (Vater: Prof. Dr. Ernst N., Geologe; Mutter: Gertrud, geb. Paetsch), ev., verh. s. 1939 m. Carmen, geb. Rusitska, T. Susanne Wurm, Fachärztin f. Neurologie - TH Berlin (Dipl.-Ing. 1934). Promot. 1948 Braunschweig. - B. 1945 Kriegsmarine (Marinebaurat); 1946-74 Hafenverwaltung Hamburg (1956 Leit. Hafen-, 1958 Strombauabt., 1961 I. Bau-, 1963 Hafenbaudir.). Ehrenvors. Hafenbautechn. Ges. Hamburg; Mitgl. Intern. Verb. f. Schiffahrtskongresse, Brüssel, Architekten- u. Ing.verein sow. Übersee-Club, beide Hamburg, Dt. Verkehrswiss. Ges. Zahlr. Fachaufs. - Mitgl. Dt. Akad. f. Städtebau u. Landesplanung - Spr.: Engl., Franz. - Bek. Vorf.: Prof. Dr. Ernst N., Univ.smusikdir. u. Komp., 1832-1910 (Großv.); Prof. Dr. Carl Friedrich N., Mineraloge u. Geologe, 1792-1873 (Urgroßv.); Johann Gottlieb N., Hofkapellm. u. Komp., 1741-1801 (Ururgroßv.).

NAUMANN, Michael
Dr. habil., Verlagsleiter Rowohlt-Verlag - Rowohlt Verlag, 2057 Reinbek - Geb. 8. Dez. 1941 Köthen (Vater: Eduard N., RA; Mutter: Ursula, geb. Schönfeld), verh. s. 1969 m. Christa, geb. Wessel, 2 Kd. (Felix, Johanna-Marie) - Stud. Univ. München, Marburg - Assist. Univ. Bochum, 1976-78 Queen's College, Oxford - BV: Abbau d. verkehrten Welt: Karl Kraus, 1969; Teheran: E. Revolution wird hingerichtet, 1980; Amerika liegt in Kalifornien, 1983; Strukturwandel d. Heroismus, 1984; D. Gesch. ist offen, 1990.

NAUMANN, Peter
Dr. med., o. Prof. f. med. Mikrobiologie u. Virologie - Dörpfeldstr. 4a, 2000 Hamburg 52 (T. 040 - 80 44 43) - Geb. 28. Juni 1922 Oschatz/Sa. - S. 1960 (Habil.) Lehrtätig. Univ. Hamburg (1966 apl. Prof.) u. Düsseldorf (1969 o. Prof.). Fachaufs.

NAUMANN, Rudolf
Dr.-Ing., Prof., I. Direktor Dt. Archäol. Inst. i. R. - Siegelhäuserstr. 12, 7151 Affalterbach - Geb. 18. Juli 1910 Fichtenau b. Berlin (Vater: Arndt N., Oberingenieur; Mutter: Jenny, geb. Porzig), protest., verh. s. 1949 m. Elisabeth, geb. Stöffler - Oberrealsch. Waldenburg/Schles.; TH Berlin (Promot. 1935). Habil. 1948 Hannover - 1937-43 Wiss. Ref. DAI/Abt. Istanbul; 1949-54 Doz. u. apl. Prof. f. Allg. Baugesch. (1953) TH Hannover; 1954-60 II. Dir. DAI/Abt. Rom, 1961-75 I. Dir. DAI/Abt. Istanbul. Ausgrabungen: Syrien, Türkei, Italien, Persien - BV: D. Quellbezirk v. Nimes, in: Denkmäler antiker Arch., Bd. 4, 1937; Forsch. in Kommagene, Istanbul-Forsch., Beiheft 10, 1939 (m. F. K. Dörner); Yazilikaya, Felsbilder/Arch./Kleinfunde, Wiss. Veröff. Dt. Orient-Ges., Bd. 61 (m. K. Bittel u. H. Otto); D. Hethiter, Kunstw. aus Berliner Samml., III, 18 1948; Bogazköy-Hattuscha, Wiss. Veröff. DOG, Bd. 63, 1952 (m. K. Bittel); Arch. Kleinasiens v. ihren Anfängen b. z. Ende d. hethit. Zeit, 2. A. 1971; Palinuro, Ergebnisse d. Ausgrab., 2 Bde. 1958/60; Takht-i-Suleiman, Teheran-Forsch. Bd. 1, 1960; D. Euphemia-Kirche am Hippodrom zu Istanbul u. ihre Fresken, Ist.-Forsch., Bd. 25, 1965 (m. H. Belting); D. Rundbau in Aezani m. d. Preisedikt d. Diokletian, Ist.-Mitt., Beiheft 10, 1973; D. Zeustempel zu Aizanoi, Denkmäler Ant. Archit. 12, 1979; Didyma, D. Ausgrabungen d. Thermen. Ist.-Mitt. 30, 1980.

NAUMANN, Walter
Dr. phil., o. Prof. f. Vergl. Literaturwissenschaft TH Darmstadt (s. 1962) - Schwambstr. 25, 6100 Darmstadt - Geb. 3. Nov. 1910 Aussig/Böhmen (Vater: Martin N., Ingenieur; Mutter: Luise, geb. Nowitzky), ev., verh. s. 1941 m. Hanna, geb. Jacobsohn, 3 Kd. (Ruth, Andreas, Naomi), gesch., wiederverh. s. 1975 m. Elfriede, geb. Neubuhr, 2 Kd. (Anne, Matthias) - Gymn. Hirschberg/Schles.; Stud. Roman. Philol., German., Angl. Univ. Marburg, München, Dijon, Bonn. Promot. 1935 Bonn - 1935-38 Dt. Lektor Toulouse u. Paris (1937); 1939-62 Dozent u. Prof. (zuerst f. Franz., dann f. Neuere dt. Lit.gesch.) USA (McPherson College, Kansas; 1943 Univ. of Michigan; 1945 Oberlin College; 1947 Univ. of Wisconsin; 1955 Ohio Univ.; 1957 Ohio State Univ.), 1951 u. 62 Guggenheim Fellow - BV: D. Sprachgebrauch Mallarmé's, 1936; Grillparzer - D. dichter. Werk, 1956; Traum u. Tradition in d. dt. Lyrik, 1966; Hofmannsthal - D. jüngste dt. Klassiker, 1967; D. Dramen Shakespeares, 1978 - Liebh.: Kunstgesch., Spr.: Engl., Franz. - Bek. Vorf.: Friedrich N. (Onkel).

NAUMANN, Walter
Dr. med., Prof., Röntgenologe - Martin-Luther-Anlage 8, 6450 Hanau/M. (T. 2 83 38) - Geb. 8. Nov. 1905 Geyer/Erzgeb. - Zul. Chefarzt Röntgenabt. Stadtkrkhs. Hanau (i. R.). S. 1946 (Habil.) Lehrtätig. Univ. Göttingen (1952 apl. Prof. f. Röntgenol. u. Inn. Med.) - BV: Funktionelle Dünndarmdiagnostik im Röntgenbild, 1948. Üb. 40 Einzelarb. - Rotarier.

NAUMANN, Wolf-Dietrich
Dr. agr., Prof. i. R. Inst. f. Obstbau u. Baumschule Univ. Hannover (s. 1966) - Haus Steinberg, 3203 Sarstedt; priv.: Bergfeldstr. 38, 3201 Diekholzen 2 (T. 05121 - 26 36 35) - Geb. 23. Aug. 1925.

NAUMANN, Wolfram
Dr. phil., o. Prof. f. Japanologie - Kaulbachstr. 51 a, 8000 München 22; priv.: Im Brühl 19, 7811 Sulzburg - Geb. 1931 - Oberrealsch. Mühldorf/Inn; Univ. München (Rechtswiss., Japanol.). I. Jurist. Staatsex. 1955, Promot. 1960, Habil. 1964 (alles München) - 1964-68 Doz. Univ. Münster; 1968-69 Wiss. Rat Univ. Freiburg; s. 1969 o. Prof. Univ. München. Fachveröff.

NAUMANN ZU KÖNIGSBRÜCK, Clas-Michael

Dr. rer. nat. habil., Univ.-Prof., Hochschullehrer, Zoologe - Huppenbergstr. 41, 5307 Wachtberg-Pech - Geb. 26. Juni 1939 Dresden, ev., verh. s. 1974 m. Dr. Storai N.z.K.-Nawabi, 2 Kd. (Alexander, Roxana) - Stud. Biol., Chemie, Paläontol. Univ. Tübingen u. Bonn; Promot. 1970 Bonn; Habil. 1977 München - 1970-72 Doz. f. Zoologie Univ. Kabul/Afghanistan; 1973/74 Assist. Univ. Bonn, 1975-77 Assist. Univ. München; 1977 Univ.-Prof. Univ. Bielefeld (Fak. f. Biol.); 1989 Berufung an Univ. Bonn, zugl. Dir. Zoolog. Forsch.inst. u. Museum Alexander Koenig, Bonn. 1982 Gastprof. Univ. Moskau; 1987 visiting prof. Univ. Kyoto - BV: Untersuchungen z. Phylogenie u. Systematik d. holarktischen Sesiiden, 1971; D. Kirghisen d. afghanischen Pamir (m. R. Dor), 1978; Zygaena-purpuralis-Komplex, 1983; Verbreitungsatlas Gatg. Zygaena, 1984 - Liebh.: Ethnol., Ergologie, Zentralasien-Kunde, Gesch. - Spr.: Engl., Franz., Türkisch, Persisch - Bek. Vorf.: Bruno N.z.K., Gründer Fa. Seidel + Naumann, Dresden (Ur-Großv.).

NAUMER, Hans
Prof. Univ. Tübingen, Studiendirektor i.R. - Peter Cornelius-Str. 6/1, 7410 Reutlingen 1 (T. 07121 - 1 72 54) - Geb. 10. April 1926 Neustadt/Weinstr. (Vater: Georg N., Mutter: Luise, geb. Haubold), ev., verh. s. 1952 m. Sigrid, geb. Ehmann, T. Regina - Oberrealsch. Neustadt; 1946-51 Stud. Lehramt Univ. Mainz. 1. u. 2. Staatsex. - Fachlehrer f. Chemie; 1964-90 stv. Schulleit. Friedr. List-Gymn. Reutlingen; s. 1969 Lehrbeauftr. Univ. Tübingen. 1975-80 Moderator (Fach Chemie) Kultusmin. Baden-Württ.; b. 1990 Vors. bzw. Mitgl. versch. Prüfungskommiss. - BV: Naumer-Löhr, Chemie in Frage u. Antwort (m. Löhr, 2 Bde.), 1974; Untersuchungsverfahren in d. Chemie (m. Heller), 1986, 2. A. 1990 (russ. Aufl. in Vorb.). Zahlr. Art. in Fachztschr. - 1981 Elected Member of the New York Acad. of Sciences; 1984 Hon.-Prof. (Did. u. Meth. d. Chemie) Univ. Tübingen - Liebh.: Lesen, Musik, Sport-Wandern - Spr.: Engl.

NAUNIN, Dietrich
Dr.-Ing., Prof. f. Elektronik TU Berlin - Inst. f. Elektronik, TU Berlin, Einsteinufer 17, 1000 Berlin 10 - Geb. 2. Nov. 1937 Münster (Vater: Dr. Helmut N., 1. Landesrat; Mutter: Dr. Gisela, geb. Güldner), ev., verh. s. 1968 m. Mirja, geb. Turtola, 2 Kd. (Martti, Marja) - Abit. 1957; Dipl.-Ing. 1963 Aachen, Promot. 1968 Berlin, Habil. 1971 - S. 1972 Prof. TU Berlin. N. Mitarb. AEG; s. 1987 Präs. DGES (Dt. Ges. f. Elektr. Straßenfahrzeuge) - BV: Einf. in d. Netzwerktheorie, 1976; Elektr. Straßenfahrzeuge, 1989. Herausg. wiss. Buchreihe: Electrical Energy Systems and Engineering - Spr.: Engl., Franz.

NAURATH, Bruno
Dr.-Ing., Prof., Ltd. Regierungsvermessungsdirektor a. D. - Gottfried-Kinkel-Str. 11, 5350 Euskirchen/Rhld. - Geb. 20. Okt. 1911 Elberfeld, kath., verh. m. Rosemarie, geb. Lugan, 2 Kd. (Bruno, Rosemarie) - Realgymn. Elberfeld; 1930-33 Univ. Bonn. Ass.ex. 1937 - 1937-51 u. s. 1953 Amt f. Flurbereinigung Euskirchen; dazw. 1951-52 Bundeslandw.smin. S. 1953 Lehrbeauftr. u. Honorarprof. (1966) Univ. Bonn (Flurbereinigung u. ländl. Siedlung) - BV: D. Flurbereinigungsverfahren in d. Ländern d. BRD, 1954 (m. Rauhut); D. Aussiedlung im Flurbereinigungsverf., 1958.

NAVE-HERZ, Rosemarie,
geb. Herz
Dr., Dipl.-Hdl., o. Prof. f. Soziol. Univ. Oldenburg (s. 1975) - Quellenweg 18, 2900 Oldenburg (T. 7 41 10) - Geb. 29. März 1935 Berlin (Eltern: Ehel. Armin, Bundesbahnrat, u. Margarete H.), ev., verh. s. 1957 m. Heino N., 2 Kd. (Klaus-Armin, Rosegret) - Stud. Univ. Köln; Promot. 1963 - 1965 b. 1967 wiss. Mitarb. Inst. f. Bildungsforsch. MPG, Berlin; 1967-71 Prof. PH Nieders.; 1971-75 o. Prof. PH Rhld., Abt. Köln; Vors. d. Wiss. Beirat f. Frauenpolitik d. BMJF. Fachmitgl.sch.; Vorst.-Mitgl. Dt. Ges. f. Soziologie - BV: Vorberufl. Unterr. in Europa u. Nordamerika, 1966; Modelle z. Arbeitslehre, 1971; D. Dilemma d. Frau in uns. Ges., 2. A. 1975; Beruf - Freizeit - Weiterbildung, 1976; D. Rolle d. Lehrers, 1977; Familie u. Freizeit, e. empirische Studie, 1978; D. Gesch. d. Frauenbeweg. in Deutschl., 1982, 3. A. 1990; Kinderlose Ehen, 1988. Herausg.: Erwachsenensozialisation (1981); Wandel u. Kontinuität d. Familie in d. BRD (1988); Handb. d. Familien- u. Jugendforsch. (2 Bde. 1989) - Spr.: Engl.

NAWRATH, Günter
Dipl.-Kfm., Kaufmann - Wandsbeker Str. 3-7, 2000 Hamburg 71 - Geb. 28. Mai 1924 Berlin - B. 1966 Finanzchef Rheinstahl Henschel, Kassel (6 J.), dann Vorst.- bzw. AR-Vors. (1981) Otto Versand, Hamburg. Div. AR-Mand.

NAWRATH, Karl
Dr. med. dent., o. Prof. f. Kieferorthopädie - Beuthener Str. 1, 6500 Mainz (T. 8 60 41) - Geb. 30. Jan. 1908 Beuthen/OS. - S. 1960 (Habil.) Lehrtätig. Univ. Mainz (1970 Ord.). Üb. 40 Fachaufs.

NAWROCKI, Joachim
Journalist - Pacelliallee 29a, 1000 Berlin 33 (T. 832 53 39) - Geb. 23. Mai 1934 Berlin (Vater: Paul N., Kaufm.; Mutter: Erna, geb. Rebling), ev., 2 Söhne (Jan, Jörg) - Askan. Obersch. u. Freie Univ. Berlin (Volksw., Publiz., Phil.) - S. 1959 Korresp. Tagesspiegel, Dt. Ztg. (1962), FAZ (1964), Die Zeit (1969) - BV: D. geplante Wunder - Leben u. Wirtschaften im anderen Deutschland, 1967; Brennpunkt Berlin - Polit. u. wirtschaftl. Realitäten, 1971; Komplott d. ehrbaren Konzerne - Marktmanipulationen, Wettbewerbsverzerrungen, Preisdiktate, 1974; Bewaffnete Organe in d. DDR, 1979; Merian-Reisef. Berlin, 1981; D. Beziehungen zw. d. beiden Staaten in Dtschl., 1986; Berlin - Stadtansichten, 1986 (Hrsg.); Besser reisen - Berlin, 1989 - 1966 Theodor-Wolff-Preis; 1974 BVK - Liebh.: Musik, mod. Kunst - Spr.: Engl.

NAYHAUSS-CORMONS (ß), Graf von, Mainhardt

Journalist - Rodderbergstr. 91, 5300 Bonn 1 (T. 0228 - 34 40 76) - Geb. 1. Juli 1926 Berlin (Vater: Stanislaus N.-C., Offz. [1933 in Gestapo-Haft umgekommen]; Mutter: Erika, geb. v. Mosengeil), verh. s. 1966 m. Sabine, geb. Beierlein, 2 Töcht. (Tatjana, Tamara) - Kriegsabit., Wehrdienst; 1947-48 Volont. Nachrichten f. Außenhandel - 1948-55 Presseattaché Schwed. Generalkonsulat Berlin (1951-52 gleichz. Redakt. Rias); Bonner Korresp.: 1956-58 D. Spiegel, 1958-60 Stern, 1963-66 Quick; 1967-72 Redakt. Jasmin; 1972-76 Chefredakt. z.b.V. u. Bonner Repräs. Verlag Gruner & Jahr; 1974-78 Bonner Korresp. Wirtschaftswoche; 1975-81 Kolumnist Welt u. Welt am Sonntag; jetzt Kolumnist Bild-Ztg. u. Autor - BV: Endlich Frieden, 1985; Bonn vertraulich, 1986; Zu Gast bei, 1986; Helmut Schmidt - Mensch u. Macher, 1988 - BVK I. Kl. - Liebh.: Mod. Sprachen, Sport, Bücher - Spr.: Engl., Franz. - Bek. Vorf.: Julius N., Mitbegr. Zentrumspartei, Mitgl. d. Reichstages (Großv.).

NAZARETH, Daniel
Chefdirigent MDR-Sinfonie-Orchester Leipzig - Le Grand Large, MC-98000 Monte Carlo - Geb. 8. Juni 1948 Bombay (Vater: Edgar N., Rhetorikprof.; Mutter: Enid, geb. Pereira), kath., verh. s. 1988 m. Wiebke, geb. Küster, 1 Kd. (Vijay) - Ab 1964 Wirtsch.-Stud. Univ. Bombay (Bachelor's degree 1968) u. Musik-Stud. (Klavier u. Theorie; Licentiate 1969 Royal Schools of Music London); ab 1972 Stud. Kompos. u. Dirig. Hochsch. f. Musik u. Darst. Kunst Wien (Dipl. Dirig.) - Klavierkonz., Dirig. Bombay Chamber Orch.; ab 1975 Dirig.-Assist. Wiener Musikverein; 1976 Boston Symph.-Orch.; 1977 Opern-Debut Spo-

leto/Italien (neue Prod. v. Mozarts Cosi fan Tutte); Gastdirig. in Aufn.-Studios u. Konz.sälen gr. europ. Orch.; 1982-85 Chefdirig. Symph. Orch. Berlin; 1988-90 Chefdirig. Teatro San Carlo, Napoli/Italia; 1990-92 Musikdirektor Ente Lirico Arena di Verona - 1969 Sir Adrian Boult Cup; 1974 Preis Malko Intern. Dirig.-Wettb. Kopenhagen; 1976 Koussevitsky Music Foundation Conductors Award; 1978 1. Pl. Intern. Ernest Ansermet Dirig.-Wettb. Genf - Spr.: Engl., Deutsch, Franz., Hindi, Ital.

NEBE, Gerhard

Dr.-Ing., Dipl.-Ing., Geschäftsführer Pohlschröder GmbH. & Co. KG. - Nerzweg 8, 4600 Dortmund 30 (T. 48 10 72) - Geb. 20. Jan. 1932 Fischau/Westpr., ev., verh. s. 1962 m. Sigrid, geb. Hennings, 3 Kd. (Angela, Christina, Hartmut) - Werkzeugmacherl.; Meisterprüf.; Staatl. Ing.-Schule Hagen/Iserlohn, TH Aachen - S. 1952 Ind.tätigk. (Betriebsing., Konstruktions- u. Techn. Leit., Techn. Geschäftsf.). - 1965 Borchers-Plak. TH Aachen, 1972 Gold. Sportabz. (11 mal) - Liebh.: Jazz, Hobby-Malerei - Spr.: Engl.

NEBEL, Gerd

Dipl.-Ing., Präsident Oberpostdirektion a. D. Hamburg (1969-75) - Reichskanzlerstr. 38, 2000 Hamburg 52 (T. 80 25 35) - Geb. 2. Nov. 1910 Warstade/Hemmoor, ev., verh. s. 1959 m. Rosl, geb. Reuther, 2 Kd. (Margit, Wolfram) - Realgymn. Nienburg/Weser; TH Hannover u. Danzig (Maschinenwesen, Elektrotechnik). Dipl.-Ing. 1935 - S. 1939 Postdst. (Reichspostdir. Oldenburg, Bundespostdir. Bremen, Köln, Saarbrücken, Hannover) - Kriegsausz.; 1970 BVK I. Kl. - Gold. Sportabz. - Spr.: Engl., Franz.

NEBEL, Hans

Staatssekretär a. D. Wirtschafts- u. Verkehrsmin. v. Schles.-Holst. (1971-83) - Hohrott 7, 2305 Heikenhof (T. Kiel 24 22 90) - Geb. 16. Juni 1918 Hannover, ev., verh. s. 1949 m. Ingeborg, geb. Herrmann, 3 Kd. (Hans-Joachim, Ingo, Andreas) - Univ. Göttingen (Rechts- u. Staatswiss.) - Zul. Staatssekr. Nieders. Wirtschafts- u. Verkehrsmin. - Spr.: Engl. - Rotarier.

NEBELUNG, Dietrich

Dr. jur. - Limastraße 12, 1000 Berlin 37 (T. 84 31 79) - Geb. 13. Jan. 1921 Preuß. Holland/Ostpr. - B. 1969 Dresdner Bank AG., Frankfurt/M. (Dir.), dann Berliner Bank AG. (Vorstandsmitgl.). ARsmandate.

NEBELUNG, Günter

Dr. jur., Oberregierungsrat, a. D. - Römerfeld 5, 5067 Bergisch Gladbach (T. 02202-5 37 29) - Geb. 7. April 1906 Stettin (Vater: Max N.; Mutter: Erna, geb. Hellwich), verh. s. 1938 m. Käte, geb. Bäumler, 4 Kd. - 1946-50 Dir. Braunschweig. Landes-Brandversicherungsanstalt; 1951-71 gf. Präsidialmitgl. Gesamtverb. d. Versich.swirtsch. - 1973 BVK I. Kl.

NEBENTHAL, Lutz D.

Pressechef Dt. Leichtathl.-Verb. - E.-Pasque-Str. 15, 6146 Alsbach (T. 06257 - 34 82) - Geb. 25. Jan. 1939 Braunschweig, verh., 1 Kd. - Stud. German. - Pressechef intern. Sport-Großveranst. Zahlr. Sportb. (Autor u. Mitautor) - 1977 Preis f. beste Pressearb. Weltsport (AIPS) u. 1986 Europa (UEPS) - Spr.: Engl., Franz., Ital.

NEBENZAHL, Itzhak Ernst

Dr. jur., Dr. phil. h.c., Prof., Kanzler (1985-88), Präs. (1982-85) Jerusalem College of Technology, Vors. öfftl. Kommiss. f. d. Bezüge d. Parlamentsmitgl. (1985/87) - 9 Bate Mahse Street, Jerusalem (T. 27 25 22) - Geb. 24. Okt. 1907 Frankfurt/M. (Vater: Dr. Leopold N., Fabrikant † 1957; Mutter: Betty, geb. Hirsch † 1968), jüd., verh. s. 1933 m. Hildegard, geb. Hollander, 4 Kd. (dar. 2 S.) - Univ. Frankfurt, Berlin, Freiburg (Rechtswiss., Phil., Volksw.) - 1930-32 Assist. Univ. Frankfurt (gegenw. emerit. o. Prof. d. Rechte); 1934-46 Rechtsberat. Jerusalemer Privatbank; ab 1937 Partner Hollander-Konzern (Stockholm, New York, London, Buenos Aires etc.); 1948-50 Dir. Jewish-Agency Abt. f. d. Entwickl. Jerusalem; 1954-61 Mitgl. u. Vors. (1957-61) Rat u. Aussch. Bank of Israel; 1956-61 Mitgl. Direktorium Bank Leumi Le-Israel; 1961-81 Staatskontrolleur u. 1971-81 Kommissar f. Beschw. d. Publikums/Ombudsman d. Staates Israel; 1982/83 Vors. Reg.kommiss. f. Öl-Energievers.; 1965 in Jerusalem Veranst. u. Präs. d. intern. Kongresses d. obersten Rechnungskontrollbehörden; 1965-68 Vors., b. 1980 Mitgl., Präsidium INTOSAI (Intern. Org. d. Obersten Rechnungskontrollbehörden); 1977-80 Vizepräs. Intern. Ombudsman Steering Committee. Gastgeber d. 1980 in Jerusalem abgehalt. 2. Intern. Ombudsman-Konf.; 1973-75 Mitgl. staatlicher Unters.kommission f. d. Yom-Kipur Krieg - 1952-61 Königl.-Schwed. Generalkonsul in Israel; Ritter I. Kl. Kgl.-Schwed. Vasa-Orden; 1985 Dr. I. E. Nebenzahl Inst. f. Qualitätskontrolle u. -sicherung d. ind. Prod. am Jerusalem College of Technol. gegründet - Spr.: Hebr., Engl., Franz., Dt.

NECKER, Tyll

Dipl.-Volksw., Dr. h. c., Fabrikant, Geschäftsf. u. Gesellsch. Hako-Werke GmbH & Co., Bad Oldesloe - Geb. 2. Febr. 1930 - BDI-Vize-Präs.; AR Bundespost Telekom, Jungheinrich, Industriekreditbank, Gerling, Deutsch-Südamerik. Bank, Dt. Masch.- u. Schiffbau, Heraeus, Minimax; Beraterkr. Deutsche Bank, IBM Europe Advisory Council.

NECKERMANN, Peter

Kaufmann, Vizepräs. Nationwide Insurance Comp. Columbus/Ohio (USA) - 246 North High Straat, Columbus/Ohio 43216 - Geb. 26. Okt. 1935 Würzburg (Vater: Josef N., Kaufm. (s. dort); Mutter: Annemarie, geb. Brückner), kath., verh. s. 1960 m. Jutta, geb. Völk, 2 Kd. (Susanne, Christian) - Univ. Frankfurt (Betriebsw.; Dipl.-Kfm.) - S. 1962 gleichnam. Untern., s. 1977 USA (s.o.) - Liebh.: Reitsport (1967 hess. Meister im Springreiten) - 1976 span. Med. f. tourist. Verdienste u. Gold. Verdienstmed. mexikan. Staatsrat f. Tourism. - Spr.: Engl. - Rotarier - Lit.: Karl Günter Simon, D. Kronprinzen (1969).

NEDELMANN, Carl

Dr. med., Direktor Inst. f. Psychoanalyse u. Psychotherapie Michael-Balint-Inst. Hamburg (s. 1983) - Finkenau 19, 2000 Hamburg 76 (T. 040 - 291 88 38 34) - Geb. 14. Juni 1936 Essen (Vater: Dr.-Ing. Heinz N., Kohlechem.; Mutter: Margarete, geb. Koppe), verh. s. 1965 m. Helga, geb. Bayne, 3 Söhne (Heinz, Max, Philipp) - Gymn. Goethesch. Essen; Stud. Univ. Zürich, Bonn, Marburg, Kiel, Tübingen; Med. Staatsex. 1965; Promot. 1966 - 1972 Arzt f. Psychiatrie; 1973 Psychoanalytiker; 1973-83 Oberarzt Abt. f. Psychoanalyse Univ. Tübingen. 1983-85 Vors. Dt. Ges. f. Psychotherapie, Psychosomatik u. Tiefenpsychol., 1992-94 Vors. Dt. Psychoanalyt. Vereinig., Mitgl. Dt. u. Intern. Psychoanalyt. Vereinig. - BV: u. a. D. CDU-Staat (m. Gert Schäfer), 1967; Z. Psychoanalyse d. Objektbeziehungen (m. G. Jappe), 1980; Psychoanalyse u. Politik (m. Hellm. Becker), 1983; Z. Psychoanalyse d. nuklearen Drohung, 1985; D. Methode d. Balint-Gruppe (m. H. Ferstl), 1989; weitere Veröff. in Fachztschr. - Spr.: Engl., Franz.

NEDER, Herbert

Landrat Landkreis Bad Kissingen (s. 1990) - Zu erreichen üb. Landratsamt, 8730 Bad Kissingen/Ufr. - Geb. 11. Dez. 1939 Oberthulba - Zul. Landtagsabg. CDU.

NEEB, Rolf

Dr. rer. nat., Prof. f. Anorgan. u. Analyt. Chemie - Carl-Orff-Str. 22, 6500 Mainz 33 (T. 47 69 83) - Geb. 7. Jan. 1929 Mainz (Vater: Arthur N., Kaufm.; Mutter: Anna, geb. Lerch), verh. s. 1958 m. Brigitte, geb. Steinheimer - Promot. u. Habil. Mainz - S. 1959 Lehrtätigk. Univ. Mainz (Abt.vorst. u. Prof.) - BV: Inverse Voltammetrie, 1969; Elektrochemische Analytik (m. G. Henze), 1986. Zahlr. Fachaufs. - Bek. Vorf.: Prof. Johannes N., Philosoph, Bonn, 1767-1843 (Urgroßv.).

NEES, Albin

Dr., Beamter, Staatssekretär im Staatsmin. f. Soziales, Gesundheit u. Familie - Albertstr. 10, O-8060 Dresden (T. 59 90 - 6 06) - Geb. 26. Mai 1939 Krombach, kath., verh. s. 1968 m. Eva, geb. Leinfelder, 3 Kd. (Brigitte, Josef, Martina) - Abit. 1960; Stud. Phil. u. Theol. Würzburg u. Bonn; Stud. Jura Würzburg; Referendarex. 1968; Ass.ex. 1971; Promot. 1973 - S. 1973 Richter; 1970-74 Mitgl. d. Synode; s. 1979 bayer. Sozialmin. - BV: Gemeins. Synode d. Bistümer, 1974; Sozialhilfe-Leistungs- u. Verfahrensrecht, 1986.

NEES, Georg

Dr. phil, Honorarprof. f. Angew. Informatik Univ. Erlangen-Nürnberg (s. 1977) - Im Heuschlag 13, 8520 Erlangen - Mitgl. Dt. Werkbund (DWB), Ges. f. elektron. Kunst (GEK), Assoc. f. Computing Machinery (ACM), Intern. Soc. f. the Arts Science and Technol. (ISAST).

NEESE, Paul

Maschinenschlosser, MdL Nieders. (s. 1978) - Auf den Äckern 11, 2170 Hemmoor - Geb. 10. April 1939 Westersode, verh., 3 Kd. - Volkssch.; Maschinenschlosserlehre - S. Lehrzeit Hemmoor Zement AG. (1967 Betriebsratsvors.; gegenw. ARsmitgl.). Ratsherr Westersode (1964-68) u. Hemmoor (1968 ff.); MdK Hadeln (1972-77) u. Cuxhaven (1977 ff.). SPD s. 1959.

NEFF, Reinhold

Bankdirektor - Rehbachstr. 19, 6707 Schifferstadt (T. 06235 - 28 72) - Geb. 29. Jan. 1929 Schifferstadt (Vater: Michael N. †; Mutter: Eva, geb. May †), kath., verh. s. 1950 m. Hilde, geb. Glaser, 2 Töcht. (Michaela, Charlotte) - Abit.; Kaufm. Fachsch. (Bankkfm.) - Liebh.: Theater, Sport - Spr.: Engl., Franz.

NEFF, Wolfgang

Dr., Partner u. Geschäftsführer d. Roland Berger & Partner GmbH Intern. Personalberater (s. 1990) - Bockenheimer Landstr. 42, 6000 Frankfurt 1 (T. 069 - 17009132); priv.: Claudiusweg 25, 6100 Darmstadt (T. 06151 - 4 67 17) - Geb. 12. April 1945, verh. s. 1978 m. Helga, geb. Kauder, Apothekerin, 1 T. - 1974 Ass. Landgericht Darmstadt; 1974-81 Dir. VDO Adolf Schindling AG Frankfurt u. Geschäftsf. e. Tochterges.; 1982-86 Geschäftsf. u. stv. Hauptgeschäftsf. Bundesverb. d. Pharmazeut. Ind.; 1987-89 Leit. Büro Führungskräfte d. Wirtsch. - Mehrf. Hessenmeister; Teilnehmer an dt. Endkämpfen (Leichtathletik) - Lieb.: Sport (Tennis, Skilaufen).

NEGEL, Hans

Dr. oec., Dipl.-Kfm., Vorstandsmitgl. i.R. Rhenus AG., Dortmund - Sophienstr. 3-5, 6800 Mannheim 1 (T. 0621 - 41 49 97) - Geb. 5. April 1912 Klausberg (Vater: Alois N., Kaufm.; Mutter: Hedwig, geb. Richtarsky), verh. s. 1953 m. Gisela, geb. Jung - Univ. Frankfurt, Erlangen, Nürnberg. Dipl.-Kfm. 1937; Promot. 1938.

NEGLEIN, Hans-Gerd

Industriekfm., Leiter Bereich Regionen, Vorst.-Mitgl. Siemens AG - Zu erreichen üb. Siemens AG, z.Hd. Fr. Rottmann, Wittelsbacherpl. 2, 8000 München 2 (T. 089 - 234 23 00) - Geb. 17. Juni 1927 Letmathe/Westf. - AR-Mitgl. Albingia Versich. AG, Alusingen GmbH, Singen, u. d. Dt. Finanzierungsges. f. Beteiligungen in Entwicklungsländern GmbH (DEG); Vorst.-Vors. d. Ausst.- u. Messeaussch. (AUMA) d. Dt. Wirtsch., u. d. BDI-Arbeitskr. Messen u. Ausst.; Vorst. Carl-Duisberg-Ges., Köln; Kurat.-Mitgl. Ibero-Amerika-Stiftg., Hamburg, Senior Experten Service, Bonn; stv. Vors. Außenwirtschaftsbeirat b. Bundesmin. f. Wirtsch.; Vorst.-Mitgl. Afrika-Vereins e.V., Hamburg; Präsid.-Mitgl. Intern. Handelskammer - Generalkommissar d. Bundesrep. Dtschl. f. d. Weltausst. '92 in Sevilla.

NEGWER, Georg

Dr., Botschafter in d. Türkei - Atatürk Bulvari 114, Ankara/Türkei - 1979-82 Botsch. Warschau; 1983-84 Chefinspekteur d. Ausw. Dienstes, Bonn.

NEHER, Erwin

Dr. rer. nat., Prof., Physiker, Dir. Max-Planck-Inst. f. biophysikal. Chemie, Göttingen (s. 1983) - Hirtenweg 3, 3406 Eddigehausen (T. 05594-18 20) - Geb. 20. März 1944 Landsberg/Lech, kath., verh. s. 1978 m. Dr. Eva-Maria, geb. Ruhr, 5 Kd. (Richard, Benjamin, Carola, Sigmund, Margret) - Stud. Physik TU München u. Univ. of Wisconsin, Madison/Wisc., USA; Master of Science 1967, Promot. 1970, München - S. 1970 Wissensch. Max-Planck-Inst. München u. Göttingen; 1975-76 Res. Assoc. Yale Univ., New Haven/Conn., USA - Erf.: Meth. z hochauflösenden Stromregistrierung in biol. Membranen; patch clamp Tech.; Arb. üb. Ionenkanäle in biol. Membranen u. d. Sekret. v. Neurotransmittern u. Hormonen - BV: Elektron. Meßtechn. in d. Physiol., 1974; Single Channel Recording, 1983. Mitherausg. Journal of Physiology (London) - Versch. wiss. Preise.

NEHLER, Uwe

Dr. med., Facharzt f. Allgemeinmedizin, Mitgl. d. Landtages Sachsen-Anhalt (s. 1990) - Bahnhofstr. 12, O-3213 Groß Ammensleben (T. 09182 - 4 20) - Geb. 6. Febr. 1946 Ilsenburg/Harz, verh. s. 1964 m. Edelgard, geb. Bendix, 2 Söhne (Andreas, Marcel) - Stud. Humanmed. 1966-72 Med. Akad. Magdeburg; Staatsex. 1972; Promot. 1972 - 1974-90 Leit. d. Landambulatorium Groß Ammensleben - Spr.: Engl., Russ.

NEHM, Albert

Stellmacher, MdB (Wahlkr. 126/Werra-Meißner) - Am Graben 3, 3507 Baunatal 3 (T. 0561 - 9 33 39) - SPD.

NEHRING, Alfred

Dr. jur., Managing Director d. Heath-DMP (Financial Consulting) Ltd., London-Luxemburg (C. E. Heath Group, London) (s. 1984) - 6D, route de Trevès, L-2633 Senningerberg - Geb. 27. Juni 1933 Insterburg, ev., verh. s. 1975 m. Karin, geb. Struckmann, S. Claus - Banklehre; Jura-Stud.; Promot. 1960 Göttingen, Ass.-Ex. 1962 - BV: D. Assoziierung überseeischer Länder u. Gebiete m. d. Gemeinsamen Markt, 1960; Schriftenr. d. Inst. f. Völkerrecht Univ. Göttingen - Spr.: Engl., Franz.

NEHRLING, Heinz

Dr. rer. pol., Dipl.-Kfm., Staatssekretär Min. f. Stadtentwickl. u. Verkehr Nordrh.-Westf. - Breite Str. 31, 4000 Düsseldorf (T. 837 43 30); priv.: Beginenstr. 8a, 4223 Voerde - Geb. 31. März 1928 Weimar/Thür., verh., 2 Kd. - Gymn.; Stud. Volks- u. Betriebsw. Dipl.-Kfm. 1948; Promot. 1950 - Revisionsleiter; Verkaufsdir.; Betriebsberater. AR-Vors. Flughafen Düsseldorf GmbH, Intern. Bauausstellung Emscherpark GmbH; stv. AR-Vors. Duisburg-Ruhrorter-Häfen AG; AR-Mitgl. Landesentwicklungsges. NRW GmbH. Fraktionsgeschäftsf. 1962-73 (Mandatsniederleg.) MdL NRW (SPD); 1964-74 Ratsmitgl. Oberhausen; 1973-74 Staatssekr. Min. f. Bundesangelegenh. Nordrh.-Westf.; 1974-85 Staatssekr. Min. f. Wirtsch., Mittelstand u. Verkehr Nordrh.-Westf.; 1985-90 Staatssekr. Min. f. Stadtentwickl. Wohnen u. Verkehr.

NEIDEL, Heinz
Institutsdirektor - Dieckmannstr. 12, 8500 Nürnberg (T. 61 71 31) - Geb. 6. Juli 1935 Nürnberg (Vater: Simon N., Ingenieur), ev., led. - Abitur; Staatsex. (Verw.recht) - 1962 Redakt., 1964 Chef v. Dienst Jg. Stimme, Stuttgart; 1968 Lektor, 1971 Geschäftsf., 1974 Dir. Inst. f. Mod. Kunst, Nürnberg. Hrsg.: Werkverz. Werner Knaupp (1974); Mitherausg.: Prinzip Collage (m. Franz Mon, 1968) - Liebh.: Lit., Theater, Musik, bild. Kunst, Arch., Fotogr., Kochen - Spr.: Engl.

NEIDEL, Werner
Direktor, Mitglied Geschäftsfg. H. F. & Ph. F. Reemtsma und Reemtsma Cigarettenfabriken GmbH., Hamburg - Elbchaussee 545, 2000 Hamburg 55 - Geb. 15. Jan. 1912 Erfurt/Thür., ev.

NEIDHARD, Hans
Dr. jur., Landgerichtspräsident a. D., Honorarprof. f. Rechtswiss. TH bzw. Univ. Stuttgart (s. 1960) - Eduard-Pfeiffer-Str. 115, 7000 Stuttgart (T. 25 17 27) - Geb. 17. April 1899 Hagenau/Els., kath., verh. m. Gertrud, geb. Baumbach, 4 Kd. - Gymn. Straßburg/Els.; Univ. Tübingen (Promot. 1923) - 1925-64 (Ruhest.) Justizdst. Stuttgart (1928 Amts-, 1940 Landgerichts-, 1945 Oberlandesgerichtsrat, 1948 Reg.sdir. Justizmin., 1949 Senatspräs. OLG, 1952 Landgerichtspräs. 1958 Präs. Staatsgerichtshof Baden-Württ.). Üb. 50 Fachveröff. - 1964 Gr. BVK m. Stern.

NEIDHARDT, Friedhelm
Dr. sc. pol., Prof. Wiss.zentrum f. Sozialforschung Berlin - Theodor-Heuss-Platz 8, 1000 Berlin 19 - Geb. 3. Jan. 1934 Gadderbaum - Stud. Univ. Hamburg, Kiel, Indiana/USA, Buenos Aires/Arg., Dipl. sc. pol.; Promot.; Habil. München 1969 - 1969 Prof.; 1980 Mitgl. Dt. Wissenschaftsrat; 1974 Mitgl. zahlr. wiss. Beiräte; 1977 Herausg. Fachztschr.; 1987 Vors. Kuratorium Ges. f. Infrastruktureinrichtungen d. Sozialwiss. (GESIS) - BV: Soz. Schichtung, 1966; Familie in Deutschl., 1966; D. Junge Generation, 1967; Frühkindl. Sozialisat., 1975; Analysen z. Terrorismus, 1982; Gruppensoziol., 1984; Kultursoziol., 1986; Gewalt u. Repression, 1990; Strukturen moderner Öffentlichkeit, 1991 - Spr.: Engl., Span.

NEIDHÖFER, Gerhard
Dr. ès sciences, Dipl.-Ing., Prof. - Lilienstr. 4, CH-5212 Hausen b. Brugg (T. 056 - 41 54 18) - Geb. 12. Sept. 1931 Merl/Mosel, verh. s. 1962 m. Heidi Eugster, 2 Kd. (Christoph, Nicole) - Stud. TH Darmstadt (Elektrotechnik); Dipl. 1957; Promot. (Angew. Math.) 1958 Univ. de Grenoble - Leit. e. Entw.-Abt. Asea Brown Boveri & AG, Baden/Schweiz - BV: Herstellung d. Wicklungen elektr. Maschinen (Mitautor), 1973; Handb.reihe Energie, Bd. 4 Elektr. Energietechnik (Mitautor), 1987 - Hon.-Prof. TH Darmstadt - Liebh.: Klavier, Orgel, klass. Musik - Spr.: Engl., Franz.

NEIDLEIN, Richard
Dr. rer. nat., o. Prof. f. Pharmaz. Chemie u. Direktor Pharmaz.-Chem. Inst. Univ. Heidelberg (s. 1973) - Mümmelmannweg 3, 6900 Heidelberg-Schlierbach (T. 80 26 79) - Geb. 25. Okt. 1930 Schwäb. Hall (Vater: Konrad N., Kaufm.; Mutter: Emmy, geb. Frenz), ev., verh. s. 1962 m. Edda, geb. Kuhlmann, 2 Söhne (Axel, Ulf-Götz) - Univ. Tübingen (Pharmazie; Promot. 1958 b. Walter Hückel) u. Marburg (Chemie; Dipl.-Chem. 1961). Habil. 1964 Marburg - 1964-67 Doz. Univ. Marburg; 1965 Carl-Mannich-Stip.; 1967-74 Prof. u. Dir. Pharmazeut.-chem. Inst. Univ. Karlsruhe; s. 1974 o. Prof. u. Dir. Pharmaz.-Chem. Inst. Univ. Heidelberg. Spez. Arbeitsgeb.: Nichtbenzoide, quasiaromatische Verbindungen, überbrückte carbocycl. u. heterocycl. Annulene, Heterocyclenchemie, Synthesen u. Methoden, neue Farbstoffe, Reaktionen gespannter Benzocyclopropene Systeme

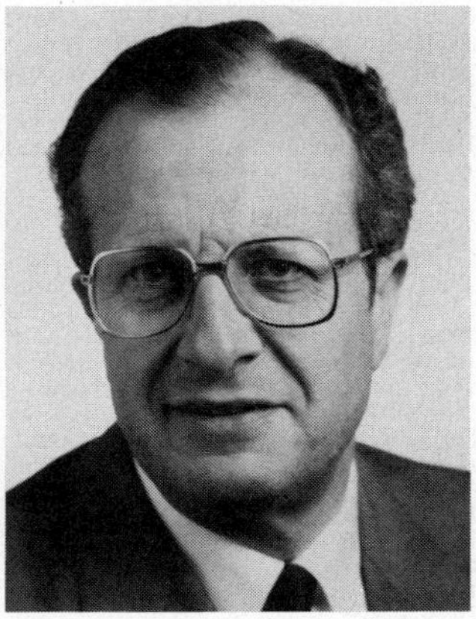

mit Metallkomplexen, pusch-pull-Systeme, Synthesen m. Metallkomplexen, Organ. Schwefelverbind., organ. Phosphorverbind.), Phosphonate, Phosphonowirkstoffe, elektr. Leiter, Heterokumulene Cyclo-additionen, organ.-chem. Kationen, Anionen, Anwendung v. Mikroorganismen u. Enzymen in d. Organischen Synthese (Biotechnologie), Isolierung v. Pflanzeninhaltsstoffen, Arzneimittel-Synthese, -Analytik, -Metabolismus enzymatische Synthesen. 450 Fachveröff. - Mitgl. Max-Planck-Ges. z. Förderung d. Wiss. e.V., wiss. Ges. Dt. Chemiker (GDCH), Schweiz. Chem. Ges., Schweiz. Chemikerverb., Ges. f. Heterocycl. Chemie (Society of Heterocycl. Chemistry), Dt. Pharmazeut. Ges. (DPhG), Kurat.-Mitgl. Dt. Therapiewoche u. Arzneimittelausst., Karlsruhe, s. 1978 Auswahlaussch. d. Alexander-von-Humboldt-Stiftg., s. 1982 Advisory-Committee of the Society of Heterocyclic Chem., s. 1985 Vicepräs. Intern. Society of Heterocyclic Chemistry - Liebh.: Musik, Golf, Tennis - Spr.: Engl. - Lions-Club.

NEIDLINGER, Toni
I. Bürgermeister Markt Garmisch-Partenkirchen (s. 1978; vorher II. Bgm.) - Rießerkopfstr. 5, 8100 Garmisch/Obb. - Geb. 14 April 1940 München - Rechtsanw. CSU.

NEIMKE, Ekkehard M. E.
Dipl.-Kfm., Geschäftsführer Pleuger Worthington GmbH - Jagersredder 4, 2000 Hamburg 65 (T. 605 53 84).

NEINHAUS, Bruno
Direktor, i. R. - Kruppstr. 5, 4300 Essen - Geb. 13. Juni 1911 - B. 1972 stv., dann o. Vorstandsmitgl. Rhein.-Westf. Elektrizitätswerk AG., Essen (1977 i. Ruhest.). ARsmandate.

NEINHAUS, Tillmann
Dipl.-Kfm., Ltd. Geschäftsführer Vestische Gruppe u. stv. Hauptgeschäftsf. IHK Münster (s. 1979), Vorst.-Mitgl. Technologieberatungsstelle Ruhr, stv. AR-Vors. Entwicklungsagentur Emscher-Lippe GmbH - Düwelssiepen 4, 4600 Dortmund 50 (T. 0231 - 73 68 78) - Geb. 24. Okt. 1943 Berlin (Vater: Robert N., Synd.; Mutter: Hella Schulte), kath., verh. s. 1966 m. Ursula Goedde-Menke, 2 Kd. (Antje, Holger) - Jesuitenkolleg Büren; Univ. Münster (Betriebsw.) - 1966 Direktionsassist. kunstverarb. Ind.; 1967-68 Referatsleit. CDU-Wirtschaftsrat Bonn; 1969-78 Geschäftsf. IHK Dortmund - BV/Mitautor: Wirtschafts- u. Finanzpolitik im Zeichen d. Soz. Marktw., 1967; D. Programm d. Wirtsch.-Marktw. als polit. Chance, 1970 - Spr.: Engl., Ital.

NEISE, Karl
Dr. rer. nat., o. Prof. f. Psychologie - Am Wildwechsel 24, 5000 Köln 91 (T. 0221-84 35 05) - Geb. 23. Jan. 1928 Freienohl (Vater: Hugo N., Beamter; Mutter: Juliana, geb. Köster), kath., verh. s. 1960 m. Monique, geb. Ricouard, 3 Kd. (Anno, Patrick, Catherine) - Gymn.; Lehrerakad., Univ. Köln, Dipl.-Psych. 1965, Promot. 1969 Köln - 1951-61 Lehrer, 1961-69 wiss. Hilfskraft u. Assist., 1969-74 Akad. Rat, s. 1974 o. Prof. Univ. Köln. 1. Vors. Montessori-Vereinig. - FS-Filme: Vom falschen Lernen - Liebh.: Genealogie - Spr.: Franz., Engl.

NEITZEL, Gerhard
Industriekaufmann, Unternehmensberater - Schneebergstr. 82, 1000 Berlin 46 (T. 774 51 82) - Geb. 20. Aug. 1929 Berlin, verh. s. 1958 m. Ilse, geb. Henning, 2 Kd. (Carlo, Carola) - Gymn.; Abit. 1948, Lehre Ind.-Kfm. - 1963 Bilanzbuchh. - 1952-70 Einkaufsleit., 1971-87 Geschäftsf. Schindler Aufzügefabrik GmbH - Spr.: Engl.

NEITZEL, Heinz A.
Dr. phil., Prof. f. Klass. Philologie (Gräzistik) - Schmittstr. 46, 5357 Swisttal-Buschhoven (T. 02226 - 58 58) - Geb. 6. Nov. 1938 Bublitz/Pom., verh. s. 1969 m. Dr. Susanne, geb. Spies, 2 Kd. (Christian, Lydia) - 1958-64 Stud. Klass. Philol.; Staatsex. 1965, Promot. 1967 Hamburg; Habil. 1975 Bonn - 1973 Privatdoz. Univ. Bonn; s. 1977 Prof. ebd. (s. 1980 Prof. C 3) - BV: Dramat. Funktion d. Chorlieder b. Euripides (Diss.), 1967; Homer-Rezeption b. Hesiod (Habil.-Schr.), 1975 - Liebh.: Lektüre, Klavierspiel - Spr.: Engl., Franz., Ital., Latein, Griech., Hebr.

NEITZEL, Neithart
Staatssekretär im Sozialmin. Mecklenburg-Vorpommern (s. 1990), MdL Schlesw.-Holst. (1975-83 u. 1987/88) - Zeppelinring 68, 2300 Kiel - Geb. 16. Jan. 1943 Berlin, verh., 2 Kd. - Gymn. Bochum u. St. Peter-Ording (Abit. 1962); 1962-70 FU Berlin u. Univ. Kiel (Politik- u. Rechtswiss.). Jurist. Staatsprüf. 1971 u. 74 - S. 1974 Grenzschutzverw., s. 1986 Sozialmin. Schl.-Holst., s. 1990 Sozialmin. Meckl.-Vorp., FDP s. 1966 (1980-83 Vors. FDP-Frakt. im Landtag) Schl.-Holst.

NEITZKE, Alfred
Dr. agr., Prof. u. Direktor i. R. - Capristr. 6, 2300 Kiel (T. 8 11 21) - Geb. 3. Aug. 1922 Ebeleben/Thür., verh. m. Ruth, geb. Longuet - S. 1966 Honorarprof. Univ. Kiel (Milchw.).

NEITZKE, Klaus
Vorstandsvorsitzender d. Howaldtswerke-Deutsche Werft AG, Kiel - Werftstr. 115, 2300 Kiel 14 - Geb. 12. Sept. 1930 Stettin, verh. m. Ingrid, geb. Nawroth, 3 Kd. (Lars, Cord, Niels).

NELKE, Gerd
Konsul, Unternehmer - Dannkampsweg 2, 3006 Hannover-Burgwedel - Geb. 11. Juli 1937 Hannover (Vater: Karl N., Sped.-Kaufm.; Mutter: Luise, geb. Thoms), ev., verh. s. 1966 m. Hiltrud, geb. Bertallot, 2 Kd. (Matthias, Dinah) - Abit.; Bank-Volont. in London; Stud. Betriebs- u. Volksw. Univ. Göttingen u. London - Geschäftsinh., Teilh. in mehr. Firmen in Dtschl., Frankreich, Togo, Benin, Elfenbeinküste, Indien - Spr.: Engl., Franz.

NELKEN, Dinah
Schriftstellerin - Berliner Str. 19, 1000 Berlin 31 (T. 87 97 12) - Geb. 16. Mai 1900 Berlin, verw., S. Peter † 1966 (s. XIV. Ausg., Bd. II/Ost) - Lyz. - BV: 1 1/2-Zimmer-Neubauwohnung, R. 1932; ich an dich, R. 1938 (etwa 500 Ts.); ich an mich, Tageb. 1951; Spring üb. deinen Schatten - spring!, R. 1954, 5. A. 1963 (unt. d. Titel: Geständnis e. Leidenschaft); addio amore, R. 1958; V. ganzem Herzen, R. 1965; Fleur Lafontaine, Schneedderich: D. Mördergrube, R. 1968; D. angstvolle Heldenleben e. gewissen Fleur Lafontaine, R. 1971. Zahlr. Filmstoffe u. Drehb., zul. Tageb. e. Verliebten (nach: ich an mich), Liebe ohne Illusionen; Fernsehfilm: Engel küssen keine fremden Herren - Mitgl. Dt. PEN-Zentrum Ost u. West bzw. PEN-Zentrum DDR - Spr.: Ital.

NELKOWSKI, Horst Hans
Dr.-Ing., Prof. Inst. f. Festkörperphysik TU Berlin (s. 1974) - Weissenstadter Ring 39K, 1000 Berlin 20 (T. 366 35 49) - Geb. 6. Jan. 1921 Berlin (Vater: Felix N., Kaufm.; Mutter: Elisabeth, geb. Wiszniewski), ev., verh. s. 1955 m. Karin, geb. Jarmuske, 2 Kd. (Andrea, Martin) - Stud. TU Berlin; Dipl.ex. 1953; Promot. 1956; Habil. 1970 - 1970/1971 Prodekan, 1972-74 gf. Dir. II. Physikal. Inst.; 1974-82 gf. Dir. Inst. f. Festkörperphysik; 1979-82 Vors. Physik. Ges. Berlin, 1982-84 stv. Vors., sd. Schatzmeister ebd. Mitautor: Bergmann-Schaefer, Lehrb. d. Experimentalphysik Bd. IV - Liebh.: Musik, Bergwandern - Spr.: Engl., Franz.

NELLE, Engelbert
Dipl.-Handelslehrer, MdB (Wahlkr. 40/Gifhorn-Peine) - Klingenbergstr. 100, 3200 Hildesheim (T. 05121 - 2 49 89) - CDU.

NELLES, Dieter
Dr.-Ing., Elektroing., Prof. f. Energieversorgung Univ. Kaiserslautern - Friedrichstr. 86, 6242 Kronberg/Ts. 3 (T. 06173 - 16 84) - Geb. 13. März 1939 Frankfurt (Vater: Wilhelm N., Elektromeister; Mutter: Helene, geb. Bräuning), ev., verh. s. 1967 m. Ute, geb. Derzbach, 2 S. (Oliver, Matthias) - Facharbeiterprüf. Starkstromelektr. 1957 Siemens Frankfurt; Fachschulreife 1959 Frankfurt; Ing. grad. Starkstromtechnik 1962 ebd.; Dipl.-Ing. Allg. Elektrotechnik 1966 Darmstadt; Promot. 1972 Berlin - 1957-58 Monteur Siemens Frankf.; 1958-59 Bundespost; s. 1962 Ing. AEG Frankfurt (1972-82 Abt.leit. f. Techn.-Wiss. Berechn. AEG-Telefunken); ab 1982 Lehrst. f. Energieversorg., Kraftwerkstechnik u. Energieübertragungstechnik Univ. Kaiserslautern - Spr.: Engl.

NELLES, Paul Arnold
Staatssekretär Ministerium f. Arbeit, Gesundheit u. Soziales v. Nordrh.-Westf. - Horionpl. 1, 4000 Düsseldorf.

NELLMANN, Eberhard
Dr. phil., Prof. f. Ältere Germanistik Univ. Bochum - Goldammerweg 11, 5810 Witten - Geb. 16. Juni 1930 Tübingen - Stud. Univ. Tübingen, München, Freiburg; Phil. Staatsex. u. Promot. 1958 Freiburg; Habil. 1971 Bonn - 1972 apl. Prof. Bonn; s. 1979 Prof. Bochum - BV: D. Reichsidee in dt. Dichtung d. Salier- u. frühen Stauferzeit, 1963; Wolframs Erzähltechnik, 1973; D. Annolied, 1975, 3. A. 1986.

NEMBACH, Ulrich
Dr. theol., Dr. jur., Prof. f. Prakt. Theologie - Platz der Göttinger Sieben 2, 3400 Göttingen (T. 0551 - 39 71 39) - Geb. 11. Dez. 1935 Breslau, ev., verh. s. 1966 m. Gertrudis, geb. Legge, 2 Kd. (Eberhard, Inke) - Stud. Theol. u. Jura - BV: u.a. D. Stellung d. ev. Kirche u. ihrer Presse z. 1. vatikan. Konzil, 1962; Predigt d. Evang., Luther als Prediger, Pädagoge, Rhetor, 1972; Diakonie in Kirchenverfass. u. Gemeindeordn., 1982; 10 m, Student 1982; Hörfunk als mod. Brauchtum, 1989; Gruppe: Chance d. Gemeinde, 1989. Herausg.: Rechtsanspruch: Religionsunterr. (1975); Begründ. d. Rechts (1979); Jugend u. Religion in Europa (1987) - Spr.: Engl.

NEMETH, Carl
Dr. phil., Prof., Intendant Vereinigte Bühnen Stadt Graz-Land Steiermark - Kaiser-Josef-Pl. 10, A-8010 Graz; Freßnitz 27, A-8101 Gratkorn (T. 03127 - 23 81) - Geb. 11. Jan. 1926 Wien, kath., verh. s. 1972 m. Christine Maurer-Kronegg, S. Michael-Alexander - Human. Gymn. Wien; Promot. 1949 Univ. Wien - 1950 Mitarb. Haydn-Soc. Inc.; 1953 wiss. Hilfskraft Univ. Wien; 1955 Wiss. Sekr. Franz-Schmidt-Gde. Wien; s. 1958 Angest. Österr. Phonotek (1961 Leit.); 1964

Leit. Künstler. Betriebsbüro Volksoper Wien; s. 1972 Int. s. o.; 1974-78 Direktionsmitgl. Steir. Herbst; 1976 Geschäftsf. Philharm. Orch., Graz - BV: Franz Schmidt - e. Meister nach Brahms u. Bruckner; rd. 100 Fachart. - 1957 Theodor-Körner-Preis; 1976 Ehrenbürger Stadt Dallas, Texas; 1979 Int.prämie d. Bundesmin. f. Unterr. f. Urauff. Orpheus Ex Machina v. Peter Daniel Wolfkind u. Ivan Eröd, 1981 f. d. UA. Wölfli-Szenen v. Gösta Neuwirth, Wolfg. Rihm, Georg Haas u. Anton Prestele; 1982 f. ÖE v. Barnstable od. Jemand auf d. Dachboden v. Francis Burt u. f. d. UA D. Propheten v. Michael Rot; 1983 Hon.-Prof. Univ. Graz u. Orden Cavaliere ufficiale al merito Rep. Italien; 1985 Ehrenkreuz I. Kl. f. Kunst- u. Wiss.: Gold. Ehrenz. d. Landeshauptstadt Graz; 1986 Gr. Gold. Ehrenz. d. Landes Steiermark - Spr.: Engl., Ital.

NEMITZ, Burkhard

Chefdramaturg (Oper, Schauspiel, Ballett) - Sternstr. 39, 2000 Hamburg 36 - Geb. 19. Okt. 1951, verh. s. 1978 m. Maria, geb. Gockel, S. Sascha - Engagements, u.a. am Schauspiel Frankfurt, Ruhrfestspiele Recklinghausen, Düsseldorfer Schauspielhaus, Staatstheater Darmstadt. Arb. m. d. Regisseuren, u.a. Johannes Schaaf, Wilfried Minks, Horst Zankl, Klaus Weise, Anna Badora, Peter Carp, Daniel Karasek, B.K. Tragelehn.

NEMITZ, Kurt

Dr. rer. pol., Honorarprof. Hochsch. Bremen, Senatsdirektor a. D., Präsident Landeszentralbank Bremen (1976-92), Mitgl. Zentralbankrat Dt. Bundesbank - Zu erreichen üb. Landeszentralbank, Kohlhökerstr. 29, 2800 Bremen (T. 0421 - 32 91-211) - Geb. 10. Juli 1925 Berlin - Univ. Berlin, Harvard Univ. (USA), Univ. Bonn - 1953-56 Redakt. PPP; 1956-58 stv. u. Pressechef (1957) Landesreg. NRW; 1961-64 DGB-Bundesvorst.; 1965-76 Senatsdir. u. Vertr. Senator f. Wirtschaft u. Außenhdl. Bremen. Mitgl. Kurat. RKW u. a. - BV: Sozialist. Marktw., 1960; Gewerkschaft - Wirtschaft - Gesellschaft, 1963; Mitbestimmung u. Wirtschaftspolitik, 1967 - Gr. BVK.

NEMNICH, Hans Friedrich

Buchhändler i.R., 1. Vors. Bundesverb. d. Kehlkopflosen (1980-87), Präs. CEL (Conföderation Europ. Laryngektomierten) (s. 1986) - Luisenstr. 20, 6440 Bebra 1 (T. 06622 - 29 45) - Geb. 19. Jan. 1916 Aachen, ev., verh. s. 1943 m. Gerda, geb. Wolff, 4 Kd. (Friedrich, Rainer, Christiane, Bettina) - Gymn. Höh. Handelssch., Buchhändler - 1956-68 div. Ämter in kommunalen Parlamenten; 1953-88 1. Vors. Kreisverkehrswacht Hersfeld-Rotenburg, s. 1989 Ehrenvors.; s. 1977 1. Vors. Bezirksverein Würzburg d. Kehlkopflosen; s. 1983 Vors. Landesverb. Hessen d. Bundesverb. d. Kehlkopflosen - 1966 Silb. Ehrenz. u. 1978 Gold. Ehrenz. Dt. Verkehrswacht; 1986 Gold. Ehrenplak. Dt. Parität. Wohlfahrtsverb. - Interessen: Motorsport, Verkehrssicherheitsfragen, Betreuung v. Kehlkopflosen als Selbstbetroffener - Spr.: Engl., Franz.

NEMO

Pantomime, Regisseur, Autor - Scheibenstr. 21, 4000 Düsseldorf 30 (T. 0211 - 492 03 66) - Geb. 7. April 1949 Düsseldorf - Tätigk. f. Lit., Theater, Film u. Fernsehen; Tourneen durch Europa, Afrika, Südamerika u. d. Nahen Osten - BV: Bilder aus d. Niemandsland, 1977; Zertretene Masken, 1979 (alles Lyrik); D. Augen müssen geschützt werden, 1981; Tod d. Gefühle, Lyrik, 1984; Spaß an Pantomime, Sach- u. Bildb., 1985 - Div. Insz., Videotapes, Performances -

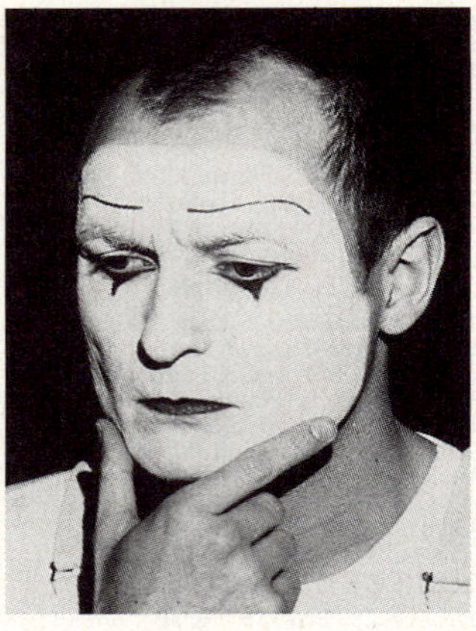

1979 Förderpreis Land NRW; 1980 TZ-Rose München.

NENNIGER, Peter

Dr. phil., Dipl.-Psych., Univ.-Prof. f. Pädagogik Univ. Kiel u. Basel, Direktor Inst. f. Päd. Univ. Kiel - Klausbrooker Weg 106, 2300 Kiel 1 - Geb. 29. Mai 1944 Biel/Schweiz, kath., verh. s. 1973 m. Margot, geb. Bader, S. Markus - Matura 1964; Stud. Psychol. Univ. Freiburg u. Mannheim; Dipl. 1970 Mannheim; postgrad. stud. 1971 Aix-en-Provence; 1971-76 Ergänzungsstud. Erziehungswiss.; Ausb. als Systemanalytiker in Mannheim u. Frankfurt; Promot. 1977 Mannheim; Habil. 1984 Freiburg - Mitgl. d. Sachverst.rates d. Inst. f. d. Päd. d. Naturwiss., u. d. Sachverständigenkommiss. d. Landtags f. Fragen d. Weiterbildung - BV: Verarbeitsmuster v. Misserfolg, 1978; D. päd. Verhältnis in d. Lehr-Lern-Forsch., 1988; Studien z. Mehrdimensionalität v. Lehr-Lern-Prozessen, 1992; zahlr. dt.- u. fremdspr. Veröff. in Fachztschr. - 1978 IFAK-Preis Wiesbaden - Spr.: Engl., Franz., Ital., Span.

NENTWIG, Armin

MdL Bayern (s. 1986) - Bayreuther Str. 33, 8450 Amberg (T. 09621 - 6 36 66, Fax 09621 - 6 36 63) - Geb. 15. Mai 1943 - Vors. d. SPD Unterbezirkes AM-NM-SUL, Bundesvors. d. Selbsthilfeverb. Schädel-Hirnpatienten in Not e.V.

NENZEL, Walter

Schriftsteller - Höfener Str. 103, 7815 Kirchzarten (T. 07661 - 44 51) - Geb. 26. Sept. 1907 (Vater: Wilhelm N.; Mutter: Berta, geb. Braun), ev., verh. s. 1940 m. Johanna, geb. Wagner, 2 S. (Rüdiger, Burghard) - Abit. 1929; 1929-35 Stud. Univ. Bonn, Heidelberg, Berlin, Köln (German., Gesch., Phil.; Staatsex. 1935 Köln) - BV: Hat Lyrik noch Lebensberechtig.? Ess. 1971; Ehe d. Nacht sich neigt, Ged. 1972; Liederb. e. armseligen Christen, 1978; M. Gott ins neue Lebensj., 1980; Als ich ein Kind war, 1981; Glück u. Zufriedenheit, 1985; D. größere Liebe, Erz. 1988; Kerngedanken, Aph. 1988; D. goldenen Schwingen, Trag. (Frielings Theater-Jahrbuch), 1992; u. einige unveröff. Werke - 1947 Lyrikpreis Südverlag.

NERKE, Joachim

Lehrer, Kreisschulrat, Mitgl. d. Landkreistages - Gaußstr. 14, O-4203 Bad Dürrenberg - Geb. 24. April 1939 Schmellwitz, Krs. Schweidnitz (Schles.), kath., verh. s. 1961 m. Margit, geb. Blumtritt, 2 Söhne (Michael, Stefan) - 1954-57 Schlosserlehre; 1957-63 Betriebsmechaniker; 1963-67 Stud. Halle, Staatsex.; 1967-91 Fachlehrer f. Math. u. Phys. - S. 1990 Kreistagsabg., Präs. d. Kreistages; Kreisschulrat; Landesvors. d. Paneuropa-Union Sachsen-A.; Mitgl. d. Präsid. d. CPS-Brusewitz-Zentrum.

NERLICH, Günter

Staatsbankdirektor i. R., Konsul d, Republik Indonesien - Hordorfer Str. 111, 3300 Braunschweig (T. Braunschw. 3 69 95) - Geb. 4. Febr. 1925 Braunschweig (Vater: Karl N.), verh. m. Hedwig, geb. Sularz - B. 1984 Vorst.-Mitgl. Norddt. Landesbank/Girozentrale, Hannover/Braunschweig - Spr.: Franz., Engl. - Rotarier.

NERLICH, Michael

Dr. phil., o. Prof. f. Literaturwissenschaft - Innsbrucker Str. 5, 1000 Berlin 62 (T. 854 69 35) - Geb. 11. März 1939 Brandenburg/H. (Vater: Walter N., Direktor; Mutter: Hildegard, geb. Bache), verh. s. 1969 m. Evelyne, geb. Sinnassamy, T. France, geb. 1977 - Univ. Köln (Roman., Kunstgesch., Phil.). Promot. (1964) u. Habil. (1966) Köln - S. 1967 Lehrtätigk. Univ. Bonn, Univ. Köln, Univ. Göttingen, Univ. Minnesota, TU Berlin (1969 Ord.) - Dir. Museum Charroux d'Allier, Frankr. - BV: Span. Epentheorie, 1964; Fray Luis de Leon, 1966; Kunst, Politik u. Schelmerei, 1969; Kritik d. Abenteuer-Ideologie, 1977; La Mirada Extranjera, 1986; Ideology of Adventure, 1987; Apollon et Dionysos. Montaigne, Stendhal, Robbe-Grillet, 1989; Cervantes's Exemplary Novels and the Adventure of Writing, 1990; Stendhal, 1992. Herausg.: Ztschr. Lendemains (1975ff.); Eutopías; Hispanic Issues - Liebh.: Photograph (u. a. ZOOM) - Spr.: Ital., Span., Portugies., Franz., Engl.

NERMUTH, Manfred

Dr. phil., o. Univ.-Prof. Inst. f. Wirtsch.wiss. Univ. Wien (s. 1989) - Luegerring 1, A-1010 Wien (T. 040103 - 22 40) - Geb. 5. März 1948 Wien - 1966-72 Univ. Wien (Math. u. Physik); Promot. 1973; 1972-74 Inst. f. Höh. Stud. Wien (Ökon. u. Soziol.), 1975 Univ. Cambridge, Engl. (Economics); Habil. 1981 Wien - 1976 Assist. Inst. f. G. & W. Univ. Bonn; 1977 Assist. C.O.R.E., Kath. Univ. Löwen; 1977-85 Assist. Inst. f. Wirtschaftswiss. Univ. Wien; 1985-89 Univ.-Prof. Fak. f. Wirtsch.wiss. Univ. Bielefeld. Gastprof. Cornell Univ., Ithaca, N.Y., Univ. of Southern California, Los Angeles, New York Univ. - BV: Information Structures in Economics, 1982. Ca. 30 Fachveröff., u. a. zu Fragen d. ökonom. Theorie - Spr.: Engl., Franz., Ital., Span., Griech., Chin., Latein.

NERNHEIM, Willi Ernst

Oberkreisdirektor a. D., Geschäftsf. Wittlager Kreisbahn GmbH. - 4508 Bohmte, Landkr. Osnabrück.

NERTH, Hans

(Ps. f. Ottokar Fritze) Schriftsteller, Regiss. - Sächsische Str. 63a, 1000 Berlin 31 u. Promenade Reine Astrid, Menton/Südfrankreich - Geb. 18. Febr. 1931 Lübben/Spreew. (Vater: Otto Fritze, Justizinsp.; Mutter: Gertrud, geb. Fröhlich), ev. - Paul-Gerhardt-Sch. Lübben; TU Berlin (Architektur; Dipl.-Ing.) - S. 1958 fr. Schriftst. - BV: Hurra General, R. 1963; Polfahrt, R. 1965. Ständiger Mitarb. überregionaler Ztgen.; FS-Dok. Die Rückkehrer u. a.; 100 Hörsp. (auch Kunstkopfrealisationen) u. Features (außereurop. Themenkr.; Co-produktion mehrerer dt. Sender: u. a. Kann man hier leben?, 1975; Ich suche Amerika, 1976) - 1962 Feature-Preis Radio Bremen, 1978 Ernst-Schneider-Pr. - Spr.: Engl., Franz.

NES ZIEGLER, van, John

Rechtsanwalt, Landtagspräsident a.D., Komplementär Grundbesitzanlageges. Dr. Schweyer KG, Köln - Am Petershof 7, 5000 Köln 41 - Geb. 20. Mai 1921 Köln, verh. - Reform-Realgymn. Köln; 1939-40 u. 1945-47 Univ. Berlin u. Köln (Rechts- u. Staatswiss.) - 1948-51 Bundesvors. Sozialist. Dt. Studentenbd.; 1950 Präs. Sozialist. Stud.-Internationale; s. 1956 Mitgl. Rat d. Stadt Köln (1956-73 Fraktionsvors. SPD); 1953-54 u. 1958-85 MdL NRW (1966-70 Präs., 1970-80 Vizepräs., 1980-85 Präs.); 1973-80 Oberbürgerm. Stadt Köln. Vors. Dt.-Tschech. Ges. SPD s. 1946 (ab 1950 UB-Vorst. Köln, Bez.vorst. u. Landesvorst., 1970-75 stv. Vors.) - 1969 Gr. BVK, 1973 Gr. BVK m. Stern, 1981 Gr. BVK m. Stern u. Schulterbd., 1974 Danebrog Command. I, 1977 Großoffz. Orden Leopold II König v. Belgien, 1978 Kommand. d. Ordens d. tunes. Rep., 1980 Großoffz.-kreuz VO d. ital. Rep. u. Ehrensenator Univ. Köln, 1981 Großoffz.kr VO d. Großherzogt. Luxemburg, 1982 Gold. Med. Handwerkskammer D'dorf, 1984 Großkreuz d. VO d. Bundesrepublik Dtschl., 1984 Großkr. d. VO Spaniers; 1991 Ehrenbürger d. Stadt Köln - Liebh.: Lit. - Spr.: Engl., Franz., Span.

NESEKER, Herbert

Direktor Landschaftsverband Westfalen-Lippe (1979-91) - Frhr.-v.-Stein-Platz 1, 4400 Münster/W. - Geb. 12. März 1929 Münster, verh. s. 1954 m. Irmgard, geb. Hakenes - Stud. Rechtswiss. Münster, Hamburg, Köln - S. 1958 Tätigk. im höh. Dienst Landschaftsverb. Westf.-Lippe; s. 1966 Beigeordneter (Landesrat) Abt. Sozialhilfe u. Sondersch.; s. 1971 Ministerialdirigent Min. f. Arbeit, Gesundh. u. Soziales Nordrh.-Westf., s. 1974 Landesrat (Leit. d. Haupt- u. Personalabt.) Landschaftsverb. Westf.-Lippe.

NESSEL, Eckhard

Dr. med., Prof. Univ.-Hals-, Nasen- u. Ohrenklinik Münster (s. 1967) - Hittorfstr. 57, 4400 Münster/W. (T. 8 12 95) - Geb. 5. Juni 1924 Striegau (Vater: Benno N., Oberpostinsp.; Mutter: Elfriede, geb. Rother), ev., verh. s. 1956 m. Lieselotte, geb. Thielmann (†) - Obersch.; Univ. Erlangen u. Münster. Promot. u. Habil. Münster - S. 1952 Univ. Münster (1960 Oberarzt, 1967 Wiss. Rat u. Prof. HNOklinik; 1960 Privatdoz., 1967 apl. Prof.). 1966 Fortbild. USA. Zahlr. Facharb., dar. Üb. d. Tonfrequenzspektrum d. patholog. veränderten Stimme (Habil.sschr., 1960) u. D. Berufsschäden d. Kehlkopfes (Archiv f. klin. u. exper. Ohren-, Nasen- u. Kehlkopfheilkd. (Kongreßband) 185, 1965) - Spr.: Engl., Franz.

NESSEL, Rolf Joachim

Dr. rer. nat., Mathematiker, Prof. RWTH Aachen (spez. f. Approximationstheorie) - Heimstr. 10, 5102 Würselen (T. priv.: 02405 - 7 39 58; dstl.: 0241 - 80 45 26) - Geb. 29. Aug. 1936 Mönchengladbach (Vater: Johann N., Polizeibeamter; Mutter: Agnes, geb. Höffges), kath., verh. s. 1968 m. Heidrun, geb. von Dühren, 4 Kd. (Arndt, Bernd, Carola, Dagmar) - Gymn. Mönchengladbach (Abit.); 1956-62 Stud. Math. u. Physik f. d. Höh. Lehramt; 1962 Wiss. Prüf.; Promot. 1965 (Math.), Habil. 1970 (Math.), alle RWTH Aachen - Facharb. - Borchers-Plakette RWTH Aachen (1965) - Liebh.: Fußball - Spr.: Engl.

NESSELHAUF, Herbert

Dr. phil. (habil.), o. Prof. f. Alte Geschichte - Erwinstr. 58, 7800 Freiburg/Br. (T. 7 29 43) - Geb. 26. Mai 1909 Karlsruhe (Vater: Rudolf N., höh. Regierungsbeamter; Mutter: Paula, geb. Thomas), verh. 1936 m. Mathildis, geb. Coerrens, 4 Kd. - 1932-45 Wiss. Hilfsarb. u. Beamter (1939, Prof.) Pr. Akad. d. Wiss. Berlin; 1940-45 Wehrdst.; s. 1946 Ord. Univ. Kiel, Freiburg (1948), Konstanz (1966, em. 1975). 1964 Mitgl. Wiss.rat; 1968-74 Vizepräs. DFG. Mithrsg.: Hermes (1952ff.) - Mitgl. Heidelberger Akad. d. Wiss.

NESSLER (ß), Roland

Landesbundvorsitzender Dt. Beamtenbund Nieders. (s. 1989) - Gr. Packhofstr. 28, 3000 Hannover 1 - Geb. 1937 - 1958-64 Stud. Univ. Göttingen (Erdkunde, Latein, Erzieh.wiss.) - S. 1974 Oberstud.dir. - 1966-69 Vors. Arbeitsgemeinsch. d. Refer. u. Ass. im Philologenverb. Nieders., 1967-73 Vors. Arbeitsgemeinsch. d. Ass. u. Refer. aller Bundesländer im Dt. Philologenverb., 1968-75 Aussch.-Vors. Lehrerbild. im Dt. Lehrerverb., 1974-78 stv. Bundesvors. d. Dt. Philologenverb., s. 1978 Vors. d. Philologenverb. Nieders. Nach Zugehörigkeit z. Landesleitung d. Dt. Beamtenbundes Nieders. (1978, jetzt Landesbundvors. s.o.).

NESTLE, Horst W.

Dipl.-Kfm., gf. Gesellsch. Nestle GmbH + Co., Nestle Consulting GmbH + Co., Nestle Beteiligungs GmbH, alle Stuttgart - Cäsar-Flaischlen-Str. 23, 7000 Stuttgart 1 (T. 22 10 87) - Geb. 5. Juli 1946 Stuttgart (Vater: Max Alfred N., † 1970; Mutter: Margot, geb. Simon), ev., ledig - Dillmann-Realgymn. Stuttgart, Internat Schloß Ising/Chiemsee (Abit.); Bankpraktikum; Univ. Mannheim, Heidelberg (Wirtsch.wiss.) - Liebh.: Jagd, Golf, Segeln - Spr.: Engl., Franz.

NESTLER, Paolo

Dipl.-Ing., em. Prof., Architekt (BDA, DWB), Inh. Lehrstuhl f. Innenarchitektur Akad. d. bild. Künste München (1966-69 (Rücktr.) Präs.) - Etztalbreite 3, 8137 Berg/Starnberger See (T. 08151 - 58 47) - Geb. 4. Juli 1920 Bergamo/Ital., verh. - Gymn. Bergamo; Stud. Mailand u. München (Dipl. 1948 TH). Emerit. 1985 - BV: Neues Bauen in Italien, 1954; (m. P. M. Bode) Dt. Kunst s. 1960 - Architektur, 1976 - 1964 Grand Prix Triennale Mailand; 1968 o. Mitgl. Akad. d. Künste Berlin - Spr.: Ital., Franz. - Rotarier.

NESTLER, Peter

Publizist, Beigeordneter, Kulturdezernent d. Stadt Köln (s. 1979) - Godesberger Str. 11, 5000 Köln 51 (T. 0221 - 221-41 10) - Geb. 13. April 1929 Leipzig, verh. m. Dr. med. Veronica M., geb. Schorsch, Fachärztin f. Kinder- u. Jugendpsychiatrie, S. Piers R. - Humanist. Gymn.; Stud. FU Berlin (Publizistik, Germanistik, Theaterwiss.) - 1955-60 Journalist, 1960-63 f. d. Auswärt. Amt tätig; 1963 Gründung des Artists in Residence-Programms mit d. Ford Foundation; 1964-71 Dir. Dt. Akad. Austauschdst. Berlin u. Ltr. Berliner Künstlerprogramm; 1972 Ltd. Senatsrat, Ltr. Kulturabt. Senator f. Wissensch. u. Kunst Berlin; 1977-79 Ständ. Vertr. d. Senators f. Kulturelle Angelegenh. Berlin; o. Mitgl. Goethe-Inst. München, Kurat. d. Stftg. Kunstsamml. Nordrh.-Westf., Kulturaussch. Dt. Städtetag, Vorst.: Germania Judaica, Kurat. Bibliothekar-Lehrinst. Land NRW, Kurat. British Council, Bach-Verein, Kurat. Joseph Haydn-Inst., Dt. Unesco-Kommission, Kölner Kunstverein, Beirat Inst. Français, Ital. Kulturinst. u. Belg. Haus Köln, Vorst. Ges. f. Rhein. Geschichtskunde, Freunde d. Wallraf-Richartz-Museums, VR Dt. Bühnenverein, Jury Gr. Lit.preis Köln, Kurat. Melanchthon-Akad. Köln, Vors. Intern. Progr. d. Inst. for Art and Urban Resources (New York) u. a. - Zahlr. Veröff. üb. Kulturpolitik u. kulturelle Stadtentwicklungsplanung - Interessen: Bild. Kunst, Musik, Stadtentwicklungsplanung - Spr.: Engl.

NESTROY, Harald

Botschafter d. Bundesrep. Deutschl. in Costa Rica (1985ff.) - Zu erreichen üb. Embajada de la Republica Federal de Alemania, Apartado 4017, San José/Costa Rica - Geb. 1. Febr. 1938, verw., 1 T. - 1979-82 Botsch. Volksrep. Kongo; 1982-85 Generalkonsul in Atlanta/USA.

NETTA, Heinz

Chemieingenieur, MdL Nordrh.-Westf. (s. 1966) - Holunderweg 7, 4353 Oer-Erkenschwick (T. 13 33) - Geb. 24. Febr. 1928 Oer-Erkenschwick, ev., verh., 2 Kd. - Volks- u. Fachsch. - Maschinensteiger; Labortechniker; Bergbauangest. S. 1956 Stadtverordn. Oer-Erkenschwick (Bürgerm.); s. 1964 MdK Recklingen. SPD (1960 Stadtverbandsvors.) - 1970 BVK.

NETTE, Herbert

Dr. jur., Schriftsteller - Park Rosenhöhe 8, 6100 Darmstadt (T. 7 44 65) - Geb. 14. März 1902 Oberhausen/Rhld. (Vater: Ludwig N., Ingenieur; Mutter: Sofie, geb. Kerber), ev., verh. s. 1927 m. Waltraut, geb. Lettenbaur, 1 Kd. - Realgymn.; Ausbild. Buchhandel; Univ. Rostock u. Jena (Promot. 1925) - 1927-43 Feuilletonredakt. Darmstädter Tagbl. u. Köln. Ztg. (1941), Wehrdst., 1946-49 lit. Leit. Claasen & Roether Verlag, Darmstadt, 1950 b. 1953 Feuilletonredakt. Frankfurter Allg. Ztg., 1954-73 Cheflektor Eugen Diederichs Verlag, Düsseldorf - BV: Grundstock e. Bibl., 1928; D. gr. Deutschen in Italien, 1938; Wort u. Sinn - V. d. Elementen d. Sprache, 1946; Adieu les Belles Choses - E. Sammlung letzter Worte, 1971; Friedrich II. v. Hohenstaufen, 1975; Jeanne d'Arc, 1977; Karl V., 1979; Elisabeth I., 1982. Herausg.: Goethes Reden (1947), Goethe im Gespräch (1947), Wilhelm v. Humboldt; Üb. d. Verschiedenheit d. menschl. Sprachbaues (1949), Wilhelm u. Caroline v. Humboldt - E. Leben in Briefen (1956), Goethes Tageb. (1957), G. Ch. Lichtenberg: Aphorismen, Briefe, Satiren (1962) - 1956-77 (Austr.) Mitgl. PEN-Zentrum BRD (ausgetr. 1977).

NETTE, Wolfgang

Journalist, Korresp. d. WDR im Bonner Studio - Dahlmannstr. 14, 5300 Bonn - Geb. 15. Jan. 1934 Darmstadt (Vater: Herbert N., Schriftst.; Mutter: Waltraut, geb. Lettenbaur), ev., verh. s. 1961 m. Christa, geb. Keim, 2 Kd. (Oliver, Anuschka) - Abit. 1954; Volont. Darmstadter Echo, 1958-62 Redakt. FAZ; s. 1963 WDR-Korresp Washington, DDR-Berlin, Moskau - BV: DDR-Report, 1969 - Spr.: Engl., Russ.

NETTER, K. J.

Dr. med., o. Prof. f. Pharmakologie Univ. Marburg (s. 1976) - Lahnberge, Pharmakolog. Inst., Karl-von-Frisch-Str., 3550 Marburg (T. 06421 - 28 50 00, Fax 06421 - 28 56 00) - Geb. 8. Febr. 1929 Kiel (Vater: Dr. Hans N., em. o. Prof. f. Physiol. Chemie, s. XVII. Ausg. †), verh. m. Dr. med. et phil. Petra, geb. Munkelt - Stud. d. Med. Univ. Kiel; Habil. 1963 Hamburg - 1954-57 Max-Planck-Inst. f. Zellchemie München; 1957-66 Pharmakol. Inst. Univ. Hamburg; 1967-76 Prof. u. Vorst. Abt. Toxikol. Pharmak. Inst. Univ. Mainz. Fachveröff.

NETTER, Petra,

geb. Munkelt

Dr. phil., Dr. med., Prof. f. Psychologie - Priv.: An den Brunnenröhren 14, 3550 Marburg (T. 06421-6 46 11); dstl.: Fachbereich Psychologie Univ. Gießen, Otto-Behaghel-Str. 10, 6300 Gießen - Geb. 1. April 1937 Hamburg (Vater: Dr. Werner M., Rektor; Mutter: Greta, geb. Hellmann †), verh. s. 1965 m. Prof. Dr. K. J. Netter - Dipl.-Psych. Univ. Hamburg 1960, Med. Staatsex. 1966, Promot. 1963 u. 1970 Hamburg, Habil. 1975 Mainz - 1968-75 wiss. Angest. Inst. f. Med. Statist. Mainz, 1975-77 Prof. f. Psych. Univ. Düsseldorf, 1977-79 Prof. f. Med. Psych. Univ. Mainz, s. 1979 Prof. f. Different. Psych. Univ. Gießen.

NETTESHEIM, Martin

Dr., kaufm. Geschäftsführer Hahn-Meitner-Inst. Berlin GmbH - Glienicker Str. 100, 1000 Berlin 39 - Geb. 23. Juni 1936, verh., 5 Kd. - 1. jurist. Staatsex. 1960; Stip. d. Franz. Reg. (Stud. Paris) 1960/61, Stud. Oxford u. London 1963, Promot. (Vertr.schließ.kompetenz d. Europ. Atomgem.) 1963, 2. jurist. Staatsex. 1965 - 1966 Bundesmin. f. wiss. Forsch., 1969 Dt. Vertret. b. d. EG (im Ref. Forsch. Euratom), 1971 Ref.leit. (Bilaterale Bezieh. West), 1973 Dt. Vertret. b. d. EG (Ref.leit. Forsch. Euratom), ab 1979 kaufm. Geschäftsf. Hahn-Meitner-Inst. Berlin GmbH.

NETZER, Günter

Manager CWL-Werbung, Fußball-Bundesliga-Moderator RTL-Plus (s. 1988) - Hauptstr. 16, CH-8280 Kreuzlingen - Geb. 1944 Gladbach - 1962-77 akt. Borussia Mönchengladbach, Real Madrid (1973), Grasshoppers Zürich (1976) - 1970 Dt. Meist., 1972 Europameist., 1973 Dt. Pokalsieger, 1974 Weltmeist., 1974 u. 75 Span. Pokalsieger (m. Real), 1975 u. 76 Span. Meist. (m. Real). 1972 Dt. Fußballer d. J. Insges. 37 Ländersp., 1978-86 Fußball-Manager Hamburger Sportverein.

NETZER, Hans

Landtagsvizepräsident a. D. im Saarland, Oberbürgermeister d. Mittelstadt Völklingen - Neues Rathaus, 6620 Völklingen - Geb. 28. Sept. 1935 Völklingen - Prakt. Sozialwirt. SPD - Präs. Turnverein Völklingen v. 1889, u. Saarl. Behindertensportverb.

NETZER, Manfred

Assessor jur., Hauptgeschäftsführer Verb. d. nordbayer. Textilindustrie, Geschäftsf. Ind.- u. Handelsgremium Hof - Blücherstr. 4, 8670 Hof/S.; priv.: Theodor-Fontane-Str. 24 - Geb. 14. Aug. 1929 Berlin (Vater: Dr. med. Bernhard N. †; Mutter: Hildegard, geb. Schwieder), verh. m. Ilse, geb. Schwerdtfeger, T. Ira-Beate.

NETZER, Remigius

Redakteur, Maler u. Schriftst. - Adalbertstr. 57, 8000 München 40 - Geb. 23. März 1916 Düsseldorf (Eltern: Hubert (Bildh.) u. Anna N.), verh. 1944 (Ehefr.: Anna-Ellen N.) - Viele J. Bayer. Rundfunk. Präs. Künstler-Vereinig. München (Neue Gruppe) - BV: Kokoschka, Lovis Corinth, Auf d. Weg z. Moderne. Herausg.: Kokoschka Memoiren - Bayer. VO.

NEU, Erich

Dr. phil., Univ.-Prof. f. Vergleichende Sprachwissenschaft u. Hethitologie - Hustadtring 151, 4630 Bochum 1 - Geb. 26. Nov. 1936 Wetzlar/L., led. - Promot. Univ. Marburg 1966, Habil. Univ. Göttingen 1972, apl. Prof. Univ. Göttingen 1974, o. Prof. Univ. Bochum 1976 - 1974/75 Vors. Fachber. Sprachwiss. Univ. Göttingen, 1978/79 Dekan Abt. f. Philol. Univ. Bochum - BV: Interpret. d. hethit. mediopassiven Verbalformen, 1968; D. hethit. Mediopassiv u. s. indogerman. Grundl., 1968; E. althethit. Gewitterritual, 1970; D. Anitta-Text, 1974; Hethit. Keilschr.-Paläographie II (m. Chr. Rüster), 1975; Althethit. Ritualtexte in Umschr., 1980; Stud. z. endungsl. Lokativ d. Hethit., 1980; Glossar zu d. althethit. Ritualtexten, 1983; Registerband zu H. Kronasser, Etymologie d. hethit. Spr., 1987; D. Hurritische: E. altorientalische Spr. in neuem Licht, 1988; Hethit. Zeichenlex. (m. Chr. Rüster), 1989; Deutsch-Sumerographisches Wörterverzeichnis (m. Chr. Rüster), 1991. Herausg.: (m. Chr. Rüster): Festschrift H. Otten (1973 u. 88); (m. W. Meid): Hethit. u. Indogerm. (1979); Gedenkschr. H. Kronasser (1982) - 1968 Preis Phil. Fak. Univ. Marburg; 1991 Ordentl. Mitgl. d. Akad. d. Wiss. u. d. Literatur, Mainz.

NEU, Otto

Dr. med., Prof., Internist, Nervenarzt, Ltd. Medizinaldirektor i. R., ehem. Chefarzt d. Inneren Klinik u. ärztl. Direktor Städt. Krankenhaus Marienhospital Arnsberg (1974-91) - Auf dem Lüsenberg 43, 5760 Arnsberg 2 (T. 02931 - 1 32 02 bzw. 2 16 06).

NEU, Tilmann

Dr. phil., Prof. f. Kunstpädagogik Univ. Frankfurt (s. 1984, Ps. Till) - Alt-Seckbach 1, 6000 Frankfurt/M. 60 (T. 069 - 47 99 39) - Geb. 13. Sept. 1943, ledig - Werkkunstsch. Saarbrücken, Univ. Saarbrücken, Hochsch. f. Bild. Künste Kassel, Univ. München; 1. u. 2. Staatsex. f. Kunsterziehung, Promot. 1977 (Kunstgesch.) Univ. Saarbrücken - Kunsterzieher; Prof. f. Kunstpäd. S. 1969 Ausst. als Künstler - BV: Notizen aus d. Provence, 1977; Kleine Morphologie d. Insel Sifnos, 1978; V. d. Gestaltungslehre z. d. Grundl. d. Gestaltung, 1978; Nowheremanhattan, 1981; Türen, 1982; Sonnenbilder, 1985; Ocker-Bilder, 1987 - Spr.: Franz.

NEUBAUER, Dieter

Dr. rer. nat., Chemiker, Geschäftsführer Rheinische Olefinwerke GmbH - 5047 Wesseling - Geb. 28. April 1934 Ludwigshafen/Rh. (Vater: Erwin N., Kaufm.; Mutter: Mina, geb. Veith), ev., verh. s. 1960 m. Margot, geb. Helbig, 2 Töcht. (Antje, Katja) - 1953-59 Univ. Heidelberg (Chemie; Dipl.). Promot. 1959 Heidelberg - 1960-71 BASF; 1972-79 Dir. BASF Española; 1979-84 Grubenvorst. Gewerksch. Victor/Chem. Werke; 1984-88 Produktionsleit. Düngemittel BASF - BV: Costa Brava kennen u. lieben, 1981; Madrid kennen u. lieben, 1982; Costa del Sol Andalusien kennen u. lieben, 1988 - Liebh.: Mineral. - Spr.: Engl., Franz., Span.

NEUBAUER, Franz

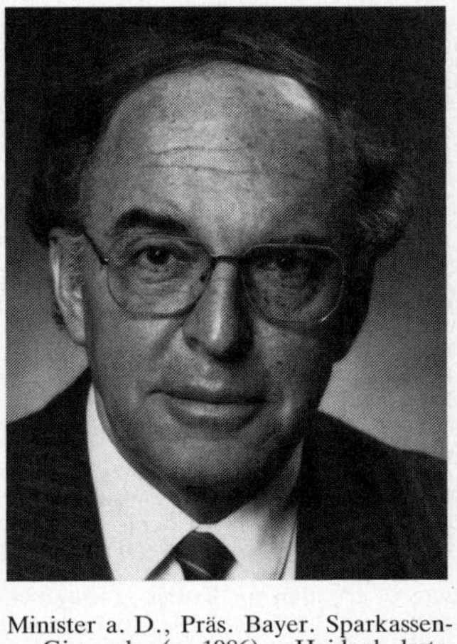

Minister a. D., Präs. Bayer. Sparkassen- u. Giroverb. (s. 1986) - Haidenholzstr. 76, 8209 Stephanskirchen (T. 08036 - 5 72) - Geb. 1930 Marienbad/Egerl., verh., 3 Kd. - Stud. Rechtswiss. - Bayer Finanzverw.; 1977-84 Staatssekr. Bayer Justiz- bzw. Innenmin.; 1984-86 Min. f. Arbeits- u. Sozialordn. Bayern; MdL Bayern 1970-86. 1982ff. Sprecher Sudetend. Landsmannsch. CSU - 1978 Bayer. VO; 1984 Bayer. Verfassungsmed. in Silber; 1986 Ehrenz. Dt. Ärzteschaft (höchste Ausz. d. Bundesärztekammer f. Nichtmediziner); 1991 Gr. BVK m. Stern.

NEUBAUER, Günter

Ing., Vorstand i. R. Hübner Elektromaschinen AG (b. 1983) - Am Hirschsprung 57B, 1000 Berlin 33 - Geb. 8. Aug. 1923 Berlin (Vater: Erich N.; Mutter: Olga), ev., verh. s. 1958 m. Rosemarie, geb. Gerath, 2 Söhne (Dr. Lutz, Rainer) - Ehrenpräs. Landesjagdverb. Berlin, Vorst.-Mitgl. i. R. Dt. Jagdschutzverb. - Kriegsausz.; DJV Verd.-Abz. Gold; BVK.

NEUBAUER, Hellmut

Dr. med., em. o. Prof. f. Augenheilkunde - Gyrhofstr. 23, 5000 Köln 41 (T. 44 27 23) - Geb. 5. März 1921 Frankfurt/M., ev., verh. - S. 1956 (Habil.) Lehrtätigk. Univ. Marburg (1962 apl. Prof.) u. Köln (1966-86 Ord. u. Klinikdir.). 260 Fachveröff.

NEUBAUER, Helmut

Dr. phil., o. Prof. f. Osteurop. Geschichte - Quinckestr. 46, 6900 Heidelberg (T. 4 35 53) - Geb. 12. März 1925 Rodheim/Hessen, ev., verh. s. 1955 m. Dr. Traute, geb. v. Köppen, 3 Kd. - Gymn. Frankfurt/M. (b. 1943); 1950-55 Univ. ebd. u. München (Gesch., Slaw.). Promot. (1955) u. Habil. (1962) München - 1955 Assist. Osteuropa-Inst. München; 1962 Privatdoz. Univ. München; 1964 ao., 1966 o. Prof. Univ. Heidelberg - BV: München u. Moskau 1918 - Z. Gesch. d. Rätebeweg. in Bayern, 1958; Car u. Selbstherrscher - Beitr. z. Gesch. d. Autokratie in Rußland, 1964. Herausg.: Deutschland u. d. russ. Revolution (1968).

NEUBAUER, Karl Wilhelm

Dr., Leitender Bibliotheksdirektor Univ. Bielefeld (s. 1985) - Universitätsstr. 25, 4800 Bielefeld 1 - Geb. 6. Nov. 1939

Theben/CSFR - Stud. Univ. Tübingen, Berlin, Göttingen; Promot. 1964 Berlin - 1964-65 wiss. Assist. Kirchl. Hochsch. Berlin; 1965-68 Staatsbibl. Preuß. Kulturbesitz Berlin; 1968-72 Arbeitsst. f. Bibl.-Technik Berlin; 1972-85 ltd. Bibl.-Dir. Staatsbibl. P. K. Berlin; 1985 Dir. Univ. Bielefeld; Bund-Ländergruppe Bibliothekswesen; Vors. d. AG Informationstechnik; Vors. Normenaussch. Bibl. u. Dokumentationswesen (NABD) im DIN; Mitarb. u. z. Teil Vors. in versch. intern. Fachgremien - BV: Z. Theorie u. Praxis d. modernen Bibliothekswesens, 3 Bde. (Hrsg.). Zahlr. Veröff. in d. Fachpresse - Spr.: Engl., Franz.

NEUBAUER, Uwe
Dr., Botschaftsrat Beirut - P. O. Box 2820, Beirut - Zul. Leit. Wirtschaftsdienst GK New York.

NEUBAUER, Walter Friedrich
Dr. rer. pol., Dipl.-Psych., Prof. Univ. Bonn - Auf dem Stephansberg 42, 5309 Meckenheim (T. 02225 - 63 71) - Geb. 6. Febr. 1938 Hartmannshof, ev., verh. s. 1966 m. Erika, geb. Hahn - Promot. 1967 Univ. Erlangen-Nürnberg, Habil. 1972 Linz/Donau - S. 1973 Wiss. Rat u. Prof. PH Rhld., Abt. Bonn (1974 o. Prof.), s. 1980 Univ. Bonn - BV: Sozialpsych. junger Angest., 1972; Selbstkonzept u. Identität im Kindes- u. Jugendalter, 1976; Konflikte in d. Schule (m.a.) 1981; zahlr. Aufs. in Fachztschr.

NEUBAUER, Wolfgang
Dr. phil., Prof. f. Allg. Pädagogik u. Medienpädagogik Univ. Bonn, Dir. Audiovisuelle Medienzentrum - Windheckenweg 30-32, 5358 Bad Münstereifel (T. 02253 - 87 91) - Geb. 2. April 1938 Kiel (Vater: Erich N.; Mutter: Lucia, geb. Strelczyk), kath., verh. s. 1964 m. Dr. Christianne Neubauer-Bruck, 2 Söhne (Stephan, Pascal) - Ab 1960 Lehramtsstud.; Promot. 1972 Braunschweig 1963-73 Schuldst.; s. 1973 Hochschultätigk. Aachen u. Siegen; s. 1978 Prof. Bonn - BV: Einf. in d. Medienkd., 1980; Einf. in d. Medienerzieh., 1982; Medienerzieh. in d. Grundsch., 1980; Medienpäd., 1979; weit. Buchveröff. u. div. Aufs. - Musikw.: Lied- u. Kirchenmusikkompos. - 1976 Prix Quetelet Lüttich; 1986 Thomasius-Med. Univ. Halle - Liebh.: Musik.

NEUBECKER, Ottfried
Dr. phil., Direktor Abt. Wappenrolle Wappen-Herold/Dt. Herald. Ges., Vorst.-Mitgl. Acad. Intern. d'Héraldique - Carl-von-Ossietzky-Str. 9, 6200 Wiesbaden (T. 0611 - 46 38 79) - Geb. 22. März 1908 Berlin (Vater: Prof.: Karl N.; Mutter: Renée, geb. v. Meyenburg), ev., verh. in 2. Ehe (1956) m. Irmgard, geb. v. Lippe, 4 Kd. (Klaus, Gerhard, Irene, Désirée) - Univ. Genf, Heidelberg, Berlin (Jura, Gesch., Kunstgesch.) - Zahlr. Publ., zul.: Kl. Wappenfibel - Einf. in d. Heraldik, 1969; Heraldik - Wappen, ihr Ursprung, Sinn u. Wert, 1977; Gr. Wappen-Bilder-Lexikon d. bürgerl. Geschlechter Dtschlds, Österreichs u. d. Schweiz, 1985 - 1956 Komtur m. Stern span. Orden St. Raimundo de Penafort; 1973 BVK; Ehrenmitgl. bzw. korr. Mitgl. in- u. ausl. Fachges.; Ehrenpräs. Dr. O. Neubecker - Spr.: Engl., Franz.

NEUBELT, Wolfgang
Direktor, Vorsitzender Dt. Parität. Wohlfahrtsverb./Landesverb. Niedes. u. Eilenriedestift e.V., AR-Vors. Gemeinsch. Dt. Altenhilfe GmbH, Vorst.

Berufsgen. Ges. Dienst - Gandhistr. 11, 3000 Hannover 71 - Geb. 13. Sept. 1927.

NEUBER, Friedel
Vorstandsvorsitzer Westd. Landesbank Girozentrale, Düsseldorf (s. 1981) - Herzogstr. 15, 4000 Düsseldorf 1 - Geb. 10. Juli 1935 Rheinhausen - Ausb. Ind.kfm. - 1953-61 Finanz- u. Rechnungsw. sowie Revisionsabt. Fried. Krupp Hüttenwerke AG; 1961-69 Geschäftsf. Bertha-Krankenhaus GmbH, Duisburg; 1962-75 MdL Nordrh.-Westf.; 1969-81 Präs. Rhein. Sparkassen- u. Giroverb.; Vorst.-Vors. Verb. d. öffl. Banken e.V., Bonn/Bad Godesberg; AR-Vors. Preussag AG, Hannover; AR-Mitgl. Deutsche Solvay-Werke GmbH, Solingen, Deutsche Babcock AG, Oberhausen, Lufthansa Commercial Holding GmbH, Köln, Fried. Krupp GmbH, Essen, STEAG AG, Essen, Thyssen Stahl AG, Duisburg, VIAG AG, Bonn; VR-Mitgl. Dt. Girozentrale-Deutsche Kommunalbank, Frankfurt; VR-Vors. LTU Lufttransport Unternehmen GmbH & Co. KG, Düsseldorf.

NEUBER, Karl
Geschäftsführer i.R. Dt. Fernkabel-Ges. mbH., Berlin/Rastatt - Richard-Strauss-Str. 9, 7550 Rastatt/Baden - Geb. 29. März 1922 - Kaufm. Werdegang.

NEUBER, Peter Hartmann
Ministerialrat a. D., Oberbürgermeister a. D., Staatssekretär Niedersächsisches Finanzministerium (s. 1990) - Schiffgraben 10, 3000 Hannover 1 (T. 0511 - 1 20-81 05) - Geb. 13. März 1937 Berlin - Stud. d. Rechte in Göttingen u. Heidelberg; 1968/69 Landesdienst Nieders.; 1969-75 Bundesmin. f. Städtebau, 1975-90 Oberbürgerm. Neunkirchen/Saar.

NEUBERGER, Hermann
Präsident DFB u. Landessportverb. f. d. Saarland, Vizepräs. FIFA, Ehrenpräs. INTERTOTO, Ehrenvors. Saarl. Fußball-Verb., Mitgl. Präsid. NOK - Landessportschule, Im Stadtwald, 6600 Saarbrücken (T. 3 10 42); priv.: Geisberg 27a, 6601 Bischmisheim - Geb. 12. Dez. 1919, kath., verh. m. Irmgard, geb. Rössler, 4 T. (Martina, Gabi, Ulrike, Hiltrud) - Journ., Geschäftsf. Saarland-Sporttoto GmbH u. Saarland Spielbank GmbH - Sport- u. Reitsportabz., Gr. BVK m. Stern, Saarl. VO.

NEUBERT, Jürgen
Dr. sc. nat., Dipl.-Psychologe, Oberbürgermeister d. Stadt Dessau (s. 1990) - Rathaus, O-4500 Dessau - Geb. 24. April 1940, verh. s. 1964 m. Renate, geb. Schwarz, 2 Töcht. (Stefanie, Bettina) - Brauer u. Mälzer, Dessau 1960; Dipl.-Psych. 1965, Promot. 1969, Habil. 1982 (alles TU Dresden); 1965-69 wiss. Ass. Inst. f. Psychol. d. TU Dresden; 1969-90 Leit. d. Arbeitshyg. u. Arbeitspsychol. Unters.stelle Dessau - BV: Gruppenverf. d. Arbeitsanalyse u. Arbeitsgestaltung, 1966; ca. 50 Einzelart. z. Arbeits- u. Org.psychol. (f. Ztschr., Monograph. u.ä.) - Spr.: Engl.

NEUBERT, Diether
Dr. med., o. Prof. f. Pharmakologie u. Toxikologie - Musäusstr. 7, 1000 Berlin 33 (T. 76 62 87) - Geb. 5. Sept. 1929 Berlin, verh. m. Eveline, geb. Thamm, 3 Kd. - Habil. Berlin - S. 1968 apl. u. o. Prof. FU Berlin. Facharb.

NEUBERT, Heinz
Dr. oec., Vorsitzender d. Geschäftsführung Sachsenhydraulik GmbH Chemnitz - Zu erreichen üb. Zwickauer Str. 221, O-9030 Chemnitz - Geb. 26. Febr. 1939 Chemnitz - 1960-64 Univ. Leipzig, Dipl.-Wirtsch.; Promot. 1971 Leipzig.

NEUBERT, Oskar-Maria
Botschafter a.D. - Auf dem Niederberg 1, 5205 St. Augustin 2 - Geb. 14. Okt. 1914 Elberfeld, verh. s. 1951, 2 Söhne - 1949 Dipl. rer. pol. Univ. Hamburg - 1963 b. 1969 Botsch. Niger u. 1970-74 Liberia; 1974-77 Generalkonsul Amsterdam/Niederlande; 1977-79 Botschafter in Lybien - 1956 Komturkreuz Star of Africa (Liberia), 1968 Großkr. Nigr. VO, 1969 BVK I. Kl., Großoffz. nigr. Nationalorden, 1974 Großkr. Orden d. Afrikan. Erlösung (Liberia).

NEUBÜSER, Uwe
Rechtsanwalt, Abg. Hbg. Bürgerschaft (s. 1970; CDU) - Ole Hoop 17, 2000 Hamburg 55 - Geb. 28. Nov. 1945 - Wirtschaftstätig. (Leit. Arbeits- u. Unternehmensrecht).

NEUBURGER, Ambros
Polizeibeamter, MdL Bayern (s. 1975) - Pfarrwiese Nr. 3, 8752 Sailauf (T. 06093 - 81 60) - Geb. 1925 - SPD.

NEUBURGER, August
Ministerialrat a. D., Rechtsanwalt - Scheffelstr. 11, 6900 Heidelberg (T. 2 53 85); Büro: Mannheim 2 12 12) - Geb. 22. Dez. 1902 Baiertal/Baden (Vater: Georg N., Landw.; Mutter: Luise, geb. Grimm), kath., verh. s. 1933 m. Hilde, geb. Merz - Realsch., Gymn., Lehrersem. u. Univ. Heidelberg (Rechts-u. Staatswiss.) - B. 1924 Lehrer, dann Studium (Werkstudent), s. 1931 RA Rastatt u. Mannheim (1932), s. 1938 auch Fachanw. f. Steuerrecht, 1939 b. 1943 Wehrdst., anschl. Vertragsass. Industrie, 1946-47 Min.rat Reg. Württ.-Baden, 1949-61 MdB (zeitw. Vors. Finanzaussch.). Zahlr. ARsmandate; zeitw. VRsvors. Dt. Bundespost. CDU - 1968 Gr. BVK m. Stern u. Schulterbd.

NEUBURGER, Edgar
Dr. rer. nat., Prof. f. Mathematik Univ. d. Bundeswehr München - Schneeglöckchenstr. 103, 8000 München 50 (T. 15 81 20-0) - Geb. 4. April 1935 Ludwigshafen/Rh. (Vater: August N., Rechtsanw.; Mutter: Hilde, geb. Merz †), kath., verh. s. 1963 m. Elke, geb. Risse, 3 Kd. (Rahild, Aristid, Benedikt) - Abit. Rastatt; Stud. Math. u. Physik Univ. Heidelberg, Freiburg (Schweiz) u. München (Dipl. 1960, Promot. 1965, Habil. 1968) - 1969 Wiss. Rat TU München; 1973 Lehrst. f. Math. Univ. d. Bundeswehr München. S. 1965 vereid. Sachverst. f. Altersversorg., 1979 Gründ. Prof. Dr. E. Neuburger-Inst. f. Wirtschaftsmath. u. betriebl. Altersversorg. GmbH München. Vorst. dt. Ges. f. Versich.math.; Vorst. IVS-Inst. versich.-math. Sachverst. f. Altersversorg. u. a. Mand. Schriftleit. Blätter d. Dt. Ges. f. Versich.math. - BV: Kommunikat. in Gruppe, 1970; Einf. in d. Theorie d. linearen Optimalfilters, 1972; zahlr. Fachveröff. - Liebh.: Wandern, Skifahren, Segeln, Wein - Spr.: Engl., Franz.

NEUBURGER, Kurt
Schriftsteller, Dramaturg, Regiss., Schausp., Sprecher, Doz. - Solmsstr. 40, 1000 Berlin 61 (T. 030 - 693 63 29) - Geb. 1. Nov. 1902 Berlin, ev., led. - Ausb. Rostocker Stadttheater (Schausp., Dramat., Regie) - Schausp. u.a. in Lübeck, Breslau u. Berlin. Während NS-Zeit keine Tätigk. im erlernten Beruf, Verlust d. meisten Manuskripte. Ab 1945 Mitarb. am kulturellen Neuaufbau Ber-

lins (u.a. Schloßpark-Theater, Kunstamt Kreuzberg); Gründ. u. Leit. d. Lit. Werkstatt Kreuzberg, Tätigk. als fr. Schriftst. in Berlin (West) - Entw.: Das Ritning, eig. lit. Gattung (u.a. Neue Dt. Hefte Nr. 110/1966, Akzente 6/1982, BV 1987) - BV: D. Leute v. Turakarki, 1966; D. Tod d. Herrn Tarantel, 1967; Lesebuch, Gerüchte v. herzlichen Leben, Prosa 1977; wer füttert im winter d. fliege im bernstein, Ged. 1977; D. Wasserbüffel ließ sich nicht d. Leitstrick durch d. Nase ziehn, Ostasiat. Tageblätter 1983; Gespräche vorm Ertrinken, Ged. 1983; Artisten od. D. Wettlauf, 1985; Nachtigall im Aus, Ritninge 1987; Knaben nicht minder, Ged. 1988 - 1964 Wieland-Preis; 1965 Arbeitsstip. d. Senators f. Kunst u. Wiss. Berlin; 1987 Kreuzberger Kunstpreis - Lit.: Nur nicht alt werden (FS 1979); Ingeborg Drewitz, in: Zeit-Verdichtung, Ess., Krit., Portraits (1980); Berliner Autorenstadtb. d. Akad. d. Künste Berlin (1985); Ernest Wichner, in: L80 Nr.44 (1987); Vorgänge. lwk-edition. Berlin (o.J.).

NEUDECK, Rupert
Dr. phil., Journalist, Schriftsteller - Kupferstr. 7, 5210 Troisdorf (T. 02241 - 4 60 20; Telefax 02241 - 40 11 91) - Geb. 14. Mai 1939 Danzig (Vater: Edmund N., Studienrat; Mutter: Gertrud, geb. Bielang), kath., verh. s. 1970 m. Christel, geb. Schänzer, 3 Kd. (Yvonne, Marcel, Milena) - Stud. Univ. Bonn, Paderborn, Münster, Berlin u. Salzburg (Kath.Theol., German., Slawist., Phil.; Promot. 1972) - S. 1970 Redakt. Kath. Inst. f. Medieninformat.; ab 1977 Redakt. Deutschlandfunk Köln. Vors. Verein Dt. Notärzte-Komitee Cap Anamur - BV: Polit. Ethik b. Jean-Paul Sartre u. Albert Camus, 1974; D. Dschungel ins Wohnzimmer - Auslandsberichterst. im Fernsehen, 1976; Wie helfen wir Asien? E. Schiff f. Vietnam, 1980; D. letzte Fahrt d. Cap Anamur I, 1983; Afrika - Kontinent ohne Hoffnung, 1985; Radikale Humanität, 1986; Afghanistan. Polit. Reportagen, 1988; Humanitäre Radikalität. Cap Anamur/Not-Ärzte, 1988 - Insz.: Als d. Fernsehen noch nicht d. Fernsehen war, (WDR) 1978 - Cavaliere-Orden Rep. Somalia; 1985 Theodor-Heuss-Med. (f. Gründ. Dt. Notärzte-Komitee); 1991 Bruno Kreisky Menschenrechtspreis, Wien - Spr.: Engl., Franz., Poln.

NEUDECKER, Gustav
Prof., Hornist - Corniceliusstr. 56, 6450 Hanau/M. - Geb. 19. Okt. 1921 Kleinauheim/M., verh. s. 1946 m. Ilse, geb. Herbert, 2 Söhne (Rainer, Thomas) - Staatl. Hochsch. f. Musik Frankfurt/M. - S. 1946 I. Solo-Hornist Hess. Rundfunk; Dozent Nordwestd. Musikakad. Detmold (1953-66) u. Musikhochsch. Frankfurt (s. 1965) - 1948 Preisträger Intern. Musikwettbew. f. Horn, Genf.

NEUDECKER, Wilhelm
Dr. phil. h. c., Ehrensenator Ludwig-Maximilians-Univ. München, Ehrenpräs. FC Bayern München, Ehrenmitgl. im DFB - 8000 München 2 - Geb. 24. Okt.

1913 Straubing, verh., 1 Sohn - Lehre, Meisterprüf. - 1933-35 Landespolizei; 1935-45 Stab Luftgauarzt V u. Luftflottenarzt 3 (zul. Hauptfeldw., Offz.anw.); ab 1945 Bauleit. am Wiederaufbau Münchn. Frauenkirche, Hl.-Geist-Kirche u.a. Baudenkm.; s. 1948 selbst. Bauuntern.; 1962-79 Präs. FC Bayern München; 1975-86 Ligavors., Präsid.-Mitgl. DFB, u. Mitgl. mehrerer Kommiss. UEFA - BV: E. Skorpion geht durchs Leben, 1989 - Kriegs-VK I. u. II. Kl. m. Schwertern; Reichssportabz.; Gr. BVK; Bayer. VO.; Med. München leuchtet in Gold; Gold. Ehrenring d. Stadt München.

NEUENZEIT, Paul

Dr. theol., o. Prof., f. Kath. Religionslehre u. -päd. Univ. Würzburg (s. 1965) - Schneewittchenweg 9, 8700 Würzburg - Geb. 1. Juli 1931 Werl/W. (Vater: Dr. med. Fritz N., prakt. Arzt; Mutter: Dr. med. Elisabeth, geb. Kaiser), kath., verh. s. 1966 m. Claudia, geb. Wuttig - Gymn. Werl; Univ. München (Theol., Phil., Psych., Päd.) - 1958-65 Lektor f. Theol. Kösel-Verlag, München - BV: D. Herrenmahl - Studien z. paulin. Eucharistieauffass., 1960 (auch franz., ital., span.); Kl. Bibelkunde z. Neuen Testament, 1966 (auch engl., span., franz.); Bilder d. Hoffnung, 2 Bde., 1980; Juden u. Christen auf neuen Wegen z. Gespräch, 1990. Herausg.: Schriften z. Katechetik, D. Funktion d. Theol. in Kirche u. Ges. (Sammelbd.; 1969); Mithrsg.: Studien z. Alten u. Neuen Testament - Mitgl. Studiorum Novi Testamenti Societas; AKK; DGfP; etc. - Spr.: Lat., Engl., Franz.

NEUFANG, Gerhard

Dr. rer. pol., Vorst. Neufang Brauerei AG Saarbrücken, Geschäftsführer Schloss-Neufang Saarl. Brauerei-Vertriebsges. mbH, Saarbrücken - Dudweiler Landstr. 3, 6600 Saarbrücken (T. 3 06 11) - Geb. 9. Juli 1922 Saarbrücken (Vater: Oskar Friedrich N., Vorst. ob. Brauerei † 1964; Mutter: Irmgard, geb. Majert †), ev., verh. s. 1952 m. Barbara, geb. Baentsch, 2 Kd. - Stud. Volksw. - Finanz- u. Handelsrichter - Spr.: Franz.

NEUFANG, Günter

Dr. rer. pol., Kaufmann, Teilh. Buersche Druckerei Dr. Neufang KG., Gelsenkirchen-Buer - Oemkenstr. 140, 4660 Gelsenkirchen-Buer (T. 7 55 77) - Geb. 25. Febr. 1926 Zeitz (Vater: Philipp N.), verh. m. Ellen, geb. Kaschewitz - Stud. Volksw. - S. 1955 Druckereigewerbe, 1969-74 Präs. Bundesverb. Druck; 1981 ff. Vor. Verb. d. Druckind. Westf.-Lippe - Spr.: Engl. - Rotarier.

NEUFELD, Karl Heinz

Dr. phil., Dr. theol., o. Univ.-Prof., Jesuit - Zuccalistr., 8000 München; u. Sillgasse 6, A-6020 Innsbruck - Geb. 16. Febr. 1939 Warendorf/Westf., kath., ledig - Stud. Univ. Pullach, Frankfurt, Lyon, Paris (Phil. u. Theol.); Lic. phil. 1965, Lic. theol. 1970, Dr. theol. 1975, Dr. theol. habil. 1979/80 (Innsbruck), Dr. phil. 1983 München - Ffm-Hochschulsekr.; Assist. b. K. Rahner; Mitarb. Stimmen d. Zeit; 1978-89 Prof. f. systemat. Theol. Pontificia Università Gregoriana Rom; s. 1989/90 Prof. f. Fundamentaltheol. Innsbruck - BV: Arbeiten z. H. d. Lubac, K. Rahner, Ad. v. Harnack; Fundamentaltheol.; Atheismus; Dialog; Forschungen z. Theol. d. 19. u. 20 Jh. - Spr.: Engl., Franz., Ital., Span., Griech., Latein.

NEUFERT, Kurt

Bühnen- u. Musikverleger - Albert-Fritz-Str. 7, 6900 Heidelberg (T. 06221 - 78 11 11) - Geb. 16. Febr. 1920 Niederschlettenbach/Pfalz, kath., verh. s. 1960 m. Edith, geb. Haug - Univ. Heidelberg (6 Sem. Phil.) - B. 1950 Schausp. u. Regiss. (u. a. Heidelberg, Mannheim, Düsseldorf), dann Schriftst., Journ. u. Verleger (Bühnen- u. Musikverlag). Mitgl. Dt. Journ.-Verb., Verb. Dt. Sportpresse - BV: Rudi Rosenthal - E. Musikant zieht durch d. Welt. Funkfeuilletons. Bühnenst.: Frauen ohne Chancen (Musikal. Lsp.), Pfälzer Musikanten (Operette), Old Germany (Musical), Der Wettermacher (Ballett), Sabine, sei sittsam! (Musical), D. Wette (Kurzoper), Eva macht Geschichte/n (Musical), Zwecks Heirat (Kurzoper), Ladies and Gentlemen (Musical), Hamlet (dt. Neufass. u. Neuübers. d. Oper v. Ambroise Thomas), Ankou, d. Gerechte (Neuerschein. Oper). Drehb. zu Kurz- u. Kulturfilmen. Buch- u. Ztschr.veröff. - Ehrenmitgl. Sportpresse Baden-Württ., 1976 Olympia-Verdienstmed. f. Innsbruck; 3 gold. Ehrennadeln v. Mannheimer Sportvereinen (MERC, MSC, MRC) - Spr.: Franz., Ital.

NEUGEBAUER, Günter

Steuerbeamter, MdL Schleswig-Holstein - Fr.-v.-Flotow-Str. 3, 2370 Rendsburg (T. 04331 - 2 42 26) - Geb. 13. Juni 1948 Rendsburg (Vater: Richard N.; Mutter: Gerda, geb. Preisner), verh. s. 1975 m. Jutta N. - Realschulreife - 1974-82 Senator, 1974-88 Mitgl. Rat d. Stadt Rendsburg, s. 1979 Landtag, 1973-82 SPD-Ortsvereinsvors., 1982-90 SPD-Kreisvors., s. 1988 Parlamentar. Vertr. d. Min. f. Wirtsch., Technik u. Verkehr d. Landes Schleswig-Holst. - Liebh.: Dt. Gesch. - Spr.: Engl., Franz.

NEUGEBAUER, Rudolf

Dr.-Ing., em. Univ.-Prof. f. Fördertechnik u. Lasthebemaschinen TH Darmstadt (s. 1966) - Stefan-George-Weg 36, 6100 Darmstadt (T. 6 45 92) - Geb. 5. April 1924 Breslau.

NEUGEBAUER, Walter

Dr., Forstassessor a. D., pers. haft. Gesellsch. Pein & Pein/Forstbaumschulen, Halstenbek, Vors. Bundesverb. Forstsamen - Forstpflanzen, Bonn - Heidkampsweg 67, 2084 Rellingen/Holst. - Geb. 14. März 1922 Langenbielau/Schles.

NEUGEBAUER, Wilbert

Dr. rer. nat., Prof., Direktor staatl. Anlagen u. Gärten a.D., Zool.-botan. Garten Wilhelma, Stuttgart - Zu erreichen üb. Wilhelma, Postf. 50 12 27, 7000 Stuttgart 50 - Geb. 25. Sept. 1924 Reichenberg, verh. s. 1954 m. Irene, geb. Hafner, 2 Töcht. (Ute, Birgit) - Stud. Zool., Botanik, Chemie, Geogr.; Staatsex. 1954; Promot. 1961 - S. 1971 Intern. Union v. Dir. Zool. Gärten; 1976 Hon.-Prof. - Gr. BVK.

NEUHÄUSER, Gerhard

Dr. med., Prof. f. Neuropädiatrie, Kinderarzt - Feulgenstr. 12, 6300 Gießen (T. 0641 - 702 44 60) - Geb. 26. Jan. 1936 Neustadt/Cob. (Vater: Dr. Armin N., Arzt; Mutter: Gertrud, geb. Leutheusser), ev., verh. s. 1965 m. Dorothea N., 2 Kd. (Ulrike, Christoph) - Gymn. Casimirianum Coburg; Univ. München u. Freiburg - 1960 wiss. Assist., 1971 Priv.-Doz., s. 1978 Prof. Univ. Gießen - BV: Folgen encephalitischer Erkrankungen b. Kindern, 1972; Genetische Aspekte d. Behinderung, 1982; Entwicklungsstörungen d. Zentralnervensystems, 1986; Geistige Behinderung, 1990; ca. 350 Art. in versch. Ztschr. u. Büchern - Liebh.: Wandern, Fotogr. - Spr.: Engl.

NEUHAUS, Alfred Hubertus

Industriekaufmann, Geschäftsf. Gesellschafter Gebrüder Neuhaus GmbH, Schwetzingen, Ehrenmitgl. Vollvers. IHK Rhein-Neckar, Mannheim, MdB (1976-83) - Postf. 16 60, 6830 Schwetzingen (T. 06202 - 2 55 62) - Geb. 16. Dez. 1930 Heidelberg, kath., verh. s. 1958 m. Hildegard, geb. Schwarz, 2 Kd. (Patricia, Philipp) - Stud. d. Soziol., Rechtswiss., Gesch.; prakt. Ausbild. Niederl., Brasilien, USA - AR-, VR- u. Beiratsmand., u. a. Großkraftwerk Mannheim AG, Landeskreditbank Bad.-Württ., Karlsruhe, Deutsche Bank AG, Mannheim. 1961-76 Handelsrichter LG Mannheim. CDU. Vizepräs. Dt. Jagdschutz-Verb. Landesjägermeister LJV Baden-Württ. - Liebh.: Jagd, alte Kunst, Theater, Alpinismus.

NEUHAUS, Dieter E.

Regisseur, Dramaturg, Schausp., Autor - Neugartstr. 2, 7800 Freiburg/Br. (T. 0761 - 6 53 19) - Geb. 24. Nov. 1944 - Stud. German., Phil. u. Theaterwiss. Univ. Köln, Berlin u. Bochum - Regiss., Dramat. u. Schausp. Nordmark Landestheater Schleswig (1971/72), Stadttheater Luzern (1972-75), Theater Stadt Bonn (1975-78), Städt. Bühnen Freiburg (s. 1978) - BV: Theater spielen, 1985.

NEUHAUS, H. Joachim

Dr. phil., Prof. f. Sprachwissenschaft - Westf. Wilhelms-Univ., Johannisstr. 12-20, 4400 Münster - Geb. 17. Aug. 1945 Saarbrücken (Vater: Dr.-Ing. Heinz N.; Mutter: Marianne, geb. Helfen), kath., verh. s. 1983 - Fulbright Stud. California, M.A. 1969, Promot. 1971, Prof. 1973 - 1973-77 Wiss. Rat u. Prof. Univ. Münster, s. 1977 o. Prof. Münster, 1976 Gastprof. in Helsinki u. 1978/79 Stanford, 1983 u. 88 Univ. of Calif. - BV: Publ. z. engl. Sprachwiss. u. ling. Datenverarbeitung.

NEUHAUS, Helmut

Dr. phil., o. Univ.-Prof. u. Institutsvorst. Inst. f. Gesch. Univ. Erlangen (s. 1989) - Kochstr. 4, 8520 Erlangen (T. 09131 - 85 23 57) - Geb. 29. Aug. 1944 Iserlohn, ev., verh. m. Dorothea, geb. Harr, T. Katharina - Stud. Gesch., German., Phil. u. Jura Univ. Tübingen u. Marburg; Staatsex. (Gesch., German., Phil.) 1971 Marburg; Promot. (Mittelalterl. u. Neuere Gesch.) 1975 Marburg; Habil. (Neuere Gesch.) 1986 Köln - 1971-77 Univ. Marburg; 1977-88 Univ. Köln; 1986-89 Priv.-Doz. Univ. Köln; 1987/88 Prof. Kath. Univ. Eichstätt - BV: Reichstag u. Supplikationsaussch., 1977; D. Konstitutionen d. Corps Teutonia zu Marburg, 1979; Reichsständische Repräsentationsformen im 16. Jh., 1982. Herausg.: Persönlichkeiten d. Verwaltung. Biogr. z. dt. Verwaltungsgesch. 1648-1945 (1991).

NEUHAUS, Hermann-Josef

Verwaltungsoberinspektor, Präsident Deutscher Familienverb. (s. 1969) - Redigerstr. 62, 4400 Münster/W. (T. 8 40 74) - Geb. 7. April 1920 Münster/W. (Vater: Fritz N., Kaufm.; Mutter: Maria, geb. Böcker), kath., verh. s. 1945 m. Elisabeth, geb. Hofmann, 8 Kd. (Marie-Luise, Christoph, Peter, Paul, Matthias, Gregor, Benedikt, Theresia) - Realgymn.; Lehre Sachversich. - Wehrdst. u. Gefangensch.; Landesversich.sanstalt Westfalen (1954-58 Personalratsvors.). 1948-64 Ratsmitgl. Münster. 1958-75 MdL Nordrh.-Westf. CDU s. 1945 (mitbegr.) - Liebh.: Mod. Graphik.

NEUHAUS, Ludwig

Dr. med., Prof., Chefarzt Geburtshilfl.-Gynäk. Abt. Kreiskrankenhaus Memmingen - Leebstr. 1, 8940 Memmingen/Allgäu - Geb. 21. Okt. 1919 Uivar/Rumän. (Vater: Ludwig N.; Mutter: Anna, geb. Kamp), kath. - Dt. Realgymn. Temesvar/Banat; Univ. München. Promot. 1943 München; Habil. 1953 Würzburg - S. 1944 Univ.s-Frauenklinik Würzburg (1954 Oberarzt; 1953 Privatdoz., 1959 apl. Prof.). Mitgl. Fachges. - Publ.: D. biol. Voraussetz. e. Superfetation d. Frau, Beilageheft z. Ztschr. f. Geburtshilfe, Bd. 141 1954. Üb. 40 Einzelarb.

NEUHAUS, Walter

Landwirt, MdL Nordrh.-Westf. (s. 1975) - Amphop Nr. 1, 5885 Schalksmühle (T. 02351 - 5 07 71) - Geb. 19. April 1932 - CDU.

NEUHAUS, Walter

Dr. phil., o. Prof. f. Zoologie (em.) - Rednitzstr. 70, 8500 Nürnberg (T. 8 56 07) - Geb. 29. Aug. 1908 Linden/Ruhr, ev., verh. m. Maria, geb. Thomas, 2 Kd. - Gymn. Steele; Univ. Berlin, Bonn, Marburg. Promot. 1935; Habil. 1940 - 1935 Assist. Univ. Marburg, 1938 Univ. Erlangen, 1940 Doz. (1941-45 Kriegsdst.), 1950 apl. Prof. ebd., 1965 o. Prof. Univ. Hamburg. Arbeiten üb. Biologie u. Entwickl. d. Trematoden. Sinnesphysiol., insb. Chemoperception.

NEUHAUS, Wilhelm

Prof. Musikhochschule Köln, Konzertpianist - Lebensbaumweg 39, 5000 Köln 71 (T. 0221 - 79 15 89) - Geb. 4. März 1927 Köln, kath., verh. s. 1956 m. Hannelore, geb. Bertz, 3 Kd. - Abit. 1946; Staatl. Hochsch. f. Musik Köln; Klavierstud. b. Prof. Hans Anwander; Staatl. Musiklehrerprüf. 1948, Reifeprüf. f. Klavier 1951; Privatstud. b. Prof. Paul Baumgartner - Konzert- u. Rundfunktätigk. im In- u. Ausl. Schallpl.-Aufn.

NEUHAUS-SIEMON, Elisabeth

Dr., Univ.-Prof., Mitvorstand Inst. f. Pädagogik II Univ. Würzburg - Sonnenrain 17, 8701 Reichenberg b. Würzburg (T. 0931 - 6 82 71) - Geb. 9. Okt. 1928, verh. - 1. u. 2. Prüf. f. d. Lehramt an Volkssch.; Prüf. f. d. Lehramt an Realsch.; Promot. 1961 Münster - Doz. Paderborn; Prof. Ludwigsburg; 1974 Prof. Univ. Würzburg - BV: Reform d. Grundschule, 5. überarb. u. erweit. Aufl. d. "Reform des Primarbereiches", 1991. Herausg.: Schreibenlernen im Anfangsunterr. d. Grundsch. (2. A. 1984); ca. 50 Veröff. in Fachztschr., -lexika u. Handb.

NEUHAUSEN, Friedrich

Geschäftsführer, MdB (Landesliste Nieders.) - Poststr. 4, 3036 Bomlitz-Bennefeld (T. 05161 - 4 93 08) - FDP.

NEUHAUSER, Peter

Monsignore, Diözesan-Caritasdirektor im Kath. Caritasverb. München-Freising - Hirtenstr. 4, 8000 München 2 - Geb. 25. März 1940 Kirchensur, ledig - Stud. Theol. u. Phil. - BV: Fünf nach Fünf, Kirche in d. Großstadt. Redaktion Praedica Verbum - Spr.: Engl.

NEUHOFF, Kurtwalter

Dipl.-Ing., Generalbevollmächtigter Mannesmann AG i. R. - Mannesmannufer 2, 4000 Düsseldorf (T. 820-24 43); priv.: Semmelweisstr. Nr. 40, 4330 Mülheim/Ruhr - Geb. 16. Juli 1921 Bous - Bergakad. Clausthal; TH Aachen - 1968-69 stv. Vorst.-Mitgl. Thyssen-Röhrenwerke AG.; 1970-74 Vorst.-Mitgl. Mannesmannröhren-Werke AG.; 1975-86 Vorst.-Mitgl. Techn. Überwachungs-Verein Rhld., Köln; Handelsrichter Landgericht Duisburg; Kurat.-Mitgl. Stiftg. Ev. Kranken- u. Versorgungshaus zu Mülheim/Ruhr.

NEUHOLD, Günter

Dirigent, Generalmusikdirektor Staatstheater Karlsruhe (s. 1989) - Am Pfinztor 13, 7500 Karlsruhe 41 (T. 0721 - 49 58 36, Telefax 0721 - 49 58 25 - Geb. 2. Nov. 1947 Graz, verh. m. Emma Schmidt, Pianistin, S. Martin - 1969 Dipl. Hochsch. f. Musik Graz; Academia Sante Ecilia Rom, Hochsch. f. Musik Wien - 1972-81 Kapellmeister an versch. dt. Bühnen (zul. Hannover u. Dortmund); 1981-85 Musikdir. PARMA Teatro Regio u. Orchestra Sinfonica (A. Toscanini); 1985-90 Musikdir. Königl. Philh. Orch. v. Flandern, Antwerpen, danach Gastdirig. (Werke u.a.: Schönbergs Gurrelieder, Skrjabins Prométhée, Verdis Requiem); s. 1989 Karlsruhe s.o., Premieren: D. Entführung aus d. Serail, Tristan u. Isolde, Arabella, Schweigsame Frau, D. Frau ohne Schatten - Gastdirig. u.a. Wiener Philharmoniker, Wiener Symphoniker, Mailänder Scala, RAI-Orch. v. Rom, Torino u. Milano; ständ. Gastdirig. Staatskapelle Dresden u. Semperoper; intern. Radio- u. TV-Engagem. Radio France (Festival Montpellier), ZDF, ORF, RAI, RTVE Madrid, BBC, Canadian B.C., WDR Köln, NDR Hannover, Radio-TV Moskau u. ABC Australia; 1985 Eurovisionssendung aus d. Vatikan, Beethoven, Missa Solemnis; Operntourneen nach Japan, Moskau u. USA; 1978, 1980, 1983 u. 1986 Dirig. Salzburger Festspiele (Mozart); Leiter v. Konz. im Rahmen d. Festival van

Vlaanderen - Preisträger intern. Dirigentenwettbewerbe u.a.: 1976 1. Preis Florenz; 1977 1. Pr. San Remo, Marinuzzi; 1977 2. Pr. Wien, Swaroski; 1977 1. Pr. Salzburg, Böhm; 1977 3. Pr. Mailand, Cantelli.

NEUKE, Angela
Prof. f. Bildjournalistik Univ.-GH Essen, FB 4 (ehem. Folkwangschule f. Gestaltung) - Oberstr. 45, 4300 Essen 1 (T. 0201 - 44 09 16) - Geb. 1943 Berlin, 2 Töcht. (Lillemor, Anna-Liisa) - 1963-66 Fotografie-Stud. Folkwangsch. f. Gestaltung, Essen (b. Prof. Dr. Otto Steinert) - 1967-80 freiberufl. Fotojourn. München. S. 1982 Vorst.-Mitgl. d. Dt. Ges. f. Photographie (DGPh) - Einzelausst. (m. Katalog): A. Neuke (1982, Museum Folkwang, Essen); Staatstheater - Mediencircus (1986, PPS Galerie Hamburg); Staatstheater - Mediencircus (1989, Rheinisches Landesmuseum Bonn); Staatstheater - Mediencircus (1991, Transart Galerie, Köln, Städt. Galerie im Lenbachhaus, München). Gruppenausst. (m. Katalog): u.a. Sequenzen - Serien (1987, Museum f. Fotografie Braunschweig u.a.); Dokument u. Erfindung, Fotografien aus d. BRD 1945 b. heute (1989, Ausst. d. Fotogr. Akad. GDL Kunstamt Tiergarten, Berlin, 1990 Philadelphia); Culture medium A notion of truth (1989, Intern. Center of Photography, ICP, New York, N.Y.); Otto Steinert u. Schüler (1990, Museum Folkwang Essen); Zustandsberichte (1992, Inst. f. Auslandsbezieh. FA-Galerie Friedrichstr. Berlin).

NEUKIRCH, Helmut
Bundesjugendsekretär - Brehmstr. 84, 4000 Düsseldorf (T. 62 47 47) - Geb. 21. Sept. 1926 Dortmund (Vater: Matthias N.; Mutter: Maria, geb. Berg), kath., verh. s. 1951 m. Ilse, geb. Steinbock, S. Harald - Gymn. (Mittl. Reife); Betriebselektrikerlehre; Sozialakad. Dortmund - 1945-55 Betriebselektr. u. Techn. Angest. Industrie (1947-55 Betriebsratsmitgl.); 1955-64 Jugendsachbearb. IG Metall (Vorst.); s. 1964 Bundesjugendsekr. DGB. 1965 ff. Vors. Dt. Bundesjugendring. SPD s. 1948 - Liebh.: Jazz, Polit. Kabarett, Mag. Kunst - Spr.: Engl.

NEUKIRCHEN, Johannes
Ministerialdirigent, Ständ. Vertr. d. Ministers f. Bundesangelegenh. d. Landes Rhld.-Pfalz b. Bund (Bonn) - Schedestr. 1-3, 5300 Bonn 1 (T. 0228-26 905-31) - Geb. 27. Nov. 1940 Koblenz, kath., verh. m. Henriette N., 1 Kd. - Stud. Klass. Philol., Phil., Gesch. Univ. Mainz u. München; 1. u. 2. Staatsex. f. d. Lehramt an Gymn. (1966, 1967) - BV: Publ. zu Bildungspolitik u. Föderalismus - Interessen: kultur- u. gesellschaftspolit. Entw., Vgl. Kulturgesch., Sprachen (insbes. Mittelmeerkulturen) - Spr.: Engl., Franz., Roman. Spr. - Bek. Vorf.: Carl Schurz.

NEUKIRCHEN, Kajo
Dr. rer. pol., Vorstandsvorsitzender Hoesch AG - Eberhardstr. 12, 4600 Dortmund 1 - Geb. 17. März 1942 - AR-Vors. O & K Orenstein & Koppel AG, Dortmund, Hoesch Stahl AG, Dortmund; AR-Mitgl. KHD AG, Köln, Ruhrgas AG, Essen, L. Schuler GmbH, Göppingen, Allianz Versich. AG, München; Beirat Nordstern Allgemeine Versich.-AG, Köln; Mitgl. Verw.beirat Dresdner Bank AG, Frankfurt, Ruhrgas AG, Essen, Allgem. Kreditversich. AG, Mainz.

NEUKUM, Otto
Landrat (s. 1966), Mitgl. Bayer. Senat - Landratsamt, 8600 Bamberg/Ofr. - Präs. d. Bayer. Landkreistages. CSU - 1984 BVK I. Kl.

NEULING, Christian
Dr., Dipl.-Ing., Mitgl. Abgeordnetenhaus v. Berlin (s. 1979) - Zu erreichen üb.: CDU-Fraktion, Rathaus, 1000 Berlin 62.

NEULING, Willy
Dr. rer. pol. (habil.), Prof., Ministerialrat a. D. - Luisenstr. 115, 5300 Bonn - Geb. 13. März 1901 Hamburg (Vater: Wilhelm N., Ewerführereibesitzer; Mutter: Frieda, geb. Schlichting), ev., verh. s. 1929 m. Dr. Olga, geb. Meyer, 2 Kd. (Jan Peter, Ruth Susanne) - Oberrealsch. Hamburg; Univ. ebd., München u. London (Wirtschaftswiss.). Dipl.-Volksw. - 1932-42 Privatdoz. u. apl. Prof. (1940) Univ. Hamburg, dann Lehrstuhlvertr. Univ. Göttingen u. ao. Prof. TH Dresden, n. 1945 Doz. Sozialhyg. Akad. Hamburg u. Verwaltungs- u. Wirtschaftsakad. Lüneburg, 1948-66 Stellv. d. Bevollm. d. Landesreg. Schlesw.-Holst. b. Bund. Mitgl. Verein f. Socialpolitik - BV: D. Stellung d. 3 gr. Dominien im Brit. Königreich n. d. Kriege, 1927; Dtschl.s Wirtschaftserfolg 1924-29, 1931; Möglichkeiten u. Grenzen d. Wirtschaftslenkung, 1941; Neue dt. Agrarpolitik, 1950; D. Wirtschaftsführung e. mittelbürgerl. Familie 1949-65, 1968 - Spr.: Engl., Franz.

NEUMAIER, Ferdinand
Dr. phil., Prof., Geologe - Friedrich-Herschel-Str. 11, 8000 München 80 (T. 48 16 28) - Geb. 22. Dez. 1905 Passau, kath., 2 Kd. - Zul. Dir. Naturwiss. Sammlungen, München. S. 1934 (Habil.) Privatdoz. u. apl. Prof. (1941) Univ. München (Geol.). Arbeiten üb. Sedimentpetrographie, niederbayer. Tertiär, Radioaktivität d. Wassers, Anwend. radioakt. Isotope in d. Hydrol. u. im Wasserbau.

NEUMAN, Friedrich A.
Dr. rer. pol., Fabrikant, Geschäftsf. Gesellsch. Fa. F. A. Neuman GmbH & Co. KG, Eschweiler - Am Burgfeld 18, 5180 Eschweiler (T. 7 91 90) - Geb. 8. Juni 1909 Eschweiler (Vater: Josef N., Fabr.; Mutter: Johanna, geb. Thyssen), kath., verh. 1937 m. Margret, geb. Spelberg - Univ. Tübingen u. Köln (Volksw.) - Ehrenpräs. d. Verb. NRW-Metallind. u. d. Landesvereinig. d. Arbeitgeberverb. NRW, Düsseldorf - 1982 Gr. BVK m. Stern - Spr.: Engl., Franz. - Rotarier.

NEUMANN, Bernd
Parlam. Staatssekretär b. Bundesmin. f. Forsch. u. Technologie (s. 1991), MdB (s. 1987) - Am Wall 135, 2800 Bremen 1 - Geb. 6. Jan. 1942 Elbing/Westpr., ev., verh., 2 Kd. - Stud. d. Päd. - Lehrer im brem. Schuldienst, s. 1971 beurlaubt. 1967-73 Landesvors. JU Bremen, 1969-73 Bundesvorst. JU (1971-73 deren stv. Bundesvors.). S. 1967 Mitgl. Landesvorst. CDU Bremen; 1971-87 Mitgl. d. Bremischen Bürgerschaft; 1973-87 Vors. d. CDU-Fraktion Bremen; s. 1975 Mitgl. im Bundesvorst. d. CDU; s. 1979 Landesvors. d. CDU Bremen; Vors. d. Bundesfachaussch. Medienpolitik d. CDU-Deutschlands; AR-Vors. d. Kernforsch.anlage Jülich; Vors. d. Senats d. Dt. Luft- u. Raumfahrtanstalt. Mitgl. im Rundfunkrat v. Radio Bremen.

NEUMANN, Dieter
Generalstaatsanwalt b. Kammergericht Berlin - Am Karlsbad 6-7, 1000 Berlin 30 - Geb. 16. Dez. 1941 Teplitz-Schönau, verh. s. 1970 m. Fon Nie, geb. Hadi, 2 Kd. (Nadja, Sebastian) - Jurastud. Berlin.

NEUMANN, Dietrich
Dr. rer. nat., o. Prof. f. Zoologie, insb. Physiol. Ökologie, Univ. Köln (s. 1967) - Kurt-Schumacher-Str. 164, 5042 Erftstadt-Lechenich - Geb. 12. Nov. 1931 Göttingen (Vater: Prof. Dr. phil. Friedrich N., Deutschphilologe (s. XX. Ausg.); Mutter: Ilse, geb. Graul), ev., verh. s. 1961 m. Josefina, geb. Ogando-Rubio, 2 Kd. - Univ. Göttingen. Promot. (1958) u. Habil. (1964) Würzburg - 1964-67 Doz. Univ. Würzburg, 1981 Mitgl. Rhein.-Westf. Akad. d. Wiss. Zahlr. Fachaufs. u. Buchbeitr. - Bruder: Peter N. (s. dort).

NEUMANN, Dirk
Dr. jur., Vizepräsident Bundesarbeitsgericht (s. 1986), Präsident Dt. Arbeitsgerichtsverband (s. 1981) - Graf-Bernadotte-Pl. 3, 3500 Kassel - Geb. 26. April 1923 - Zul. Vors. Richter BAG.

NEUMANN, Erich
Verwaltungsdirektor Wuppertaler Bühnen/Oper-Operette-Tanztheater-Schauspiel - Spinnstr. 4, 5600 Wuppertal 2.

NEUMANN, Franz
Dr. phil., Prof., Hochschullehrer - Zu erreichen üb.: Mönchebergstr. 19, 3500 Kassel 1 - Prof. u. Präs. GH Kassel.

NEUMANN, Franz
Dr.-Ing., Prof. f. Metallurgie RWTH Aachen - Bergweg 5, 4750 Unna-Billmerich (T. 02303 - 8 21 07) - Geb. 17. Mai 1927 Eschweiler (Vater: Anton N., Techn. Kaufm.; Mutter: Katharina, geb. Schleip), verh. s. 1956 in 2. Ehe m. Ursula, geb. Böhmer, 4 Kd. (Sabine, Susanne, Franz-Philipp, Antonia) - Stud. Eisenhüttenkd. (Dipl.-Ing. 1954), Promot. 1957, Habil. 1964 TH Aachen - 1957-63 Obering. TH Aachen; 1963-67 Chefmetallurge Fa. Striko; 1967-84 Chefmetallurge Fa. Brown Boveri; zugl. Doz. RWTH Aachen, Ltg. v. Ind.-Seminaren u. Ind.berat. Zahlr. Pat. auf d. Geb. d. Metallurgie; b. 1984 AWT-Vorstand; wiss. Beirat mehrerer Institutionen; Ltg. (bzw. Mitgl.) versch. Fachausschüsse d. AWT, VDG, VDEh. - BV: Div. Veröff. insbes.: Technol. d. Schmelzens v. Gußeisen u. Stahlguß, 1983; Metallurg. Schmelzführ., 1972 (auch franz., engl., jap., russ., jugoslav.) - 1959 Eugen Piwowarski-Preis - Liebh.: Musik - Spr.: Engl.

NEUMANN, Friedrich-Karl
Dr.-Ing., Prof., Oberbaudirektor a. D. - Auf dem Kämpchen 2, 5800 Hagen (T. 5 36 86) - Geb. 18. Juni 1905 Oppeln/OS. (Vater: Friedrich N., Beamter; Mutter: Anna-Luise, geb. Bix), ev., verh. s. 1935 m. Maria, geb. Bialek, 3 Kd. (Peter, Karola, Nikolaus) - Maurerlehre; 1922-25 Staatl. Baugewerksch. Breslau; 1925-26 Staatl. Kunstakad. ebd.; 1926-27 Akad. d. bild. Künste Wien; 1927-29 TH Aachen (Dipl.-Ing.). Promot. 1932 - 1929-31 Stadtbauamt Beuthen/OS. (Arch.), 1931-35 Oberschles. Landges. Oppeln Abt.sleit.), 1935-51 Staatsbausch. Berlin u. Eckernförde (1945; bei beiden Doz.), 1951-70 Staatl. Ing.sch. f. Bauwesen Hagen (Dir.). Fachmitgliedsch. - BV: Baukonstruktionslehre, Lehrb. 2 Bde. (m. Frick u. Knöll; 1951 ff. all. Autor, div. Aufl., auch span.) - 1971 BVK I. Kl. - Rotarier.

NEUMANN, Gerd-Heinrich

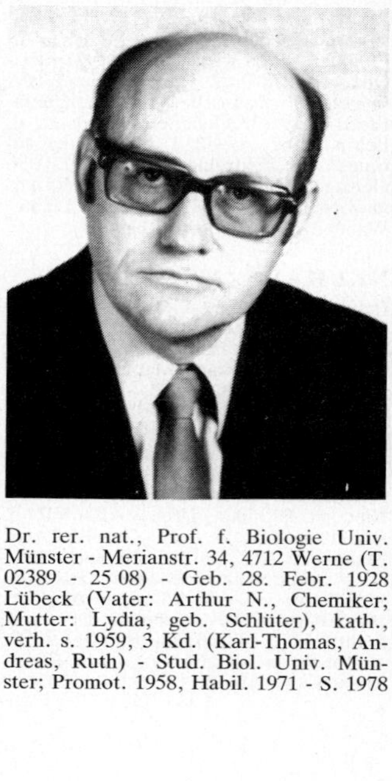

Dr. rer. nat., Prof. f. Biologie Univ. Münster - Meriansstr. 34, 4712 Werne (T. 02389 - 25 08) - Geb. 28. Febr. 1928 Lübeck (Vater: Arthur N., Chemiker; Mutter: Lydia, geb. Schlüter), kath., verh. s. 1959, 3 Kd. (Karl-Thomas, Andreas, Ruth) - Stud. Biol. Univ. Münster; Promot. 1958, Habil. 1971 - S. 1978 Prof. in Münster - BV: Moral u. Verhaltensforsch., 1974; Einf. in d. Humanethologie, 1979, 2. A. 1983. Zahlr. weit. Fachveröff. üb. Verhaltensbiol. - spez. Aggressions- u. Vorurteilsforsch. Leit. d. Seevogelrettungs- u. Forschungsstation d. Dt. Tierschutzbundes auf Sylt.

NEUMANN, Gerhard
Dr., Prof. f. klass. Archäologie Univ. Tübingen - Robert-Wörner-Str. 51, 7401 Dußlingen - Geb. 22. Okt. 1931 Liessau, ev. - Promot. 1960 - S. 1972 Doz., s. 1977 Prof. - BV: Gesten u. Gebärden in d. griech. Kunst, 1965; Probleme d. griech. Weihreliefs, 1979.

NEUMANN, Gerhard
Dipl.-Hdl., Hauptgeschäftsführer IHK Wetzlar - Friedenstr. 2, 6330 Wetzlar/Lahn.

NEUMANN, Gerhard
Dr. phil., o. Prof. f. Neuere dt. Literaturgeschichte - Müllerstr. 42, 8000 München 5 - Geb. 22. Juni 1934 Brünn/Mähren (Vater: Dipl.-Ing. Rudolf N., Dir. Staatsgewerbesch. Pilsen; Mutter: Edith, geb. Daniczek), kath., verh. s. 1963 m. Brigitte, geb. Bülle, 2 Söhne (Patrick, Holger) - Stud. Freiburg/Br., Wien, Paris. Promot. 1963; Habil. 1972 - Sprachlehrer Goethe-Inst. Paris; s. 1964 Hochschullehrer (Wiss. Rat u. Prof. Univ. Bonn, 1975 o. Prof. Univ. Erlangen-Nürnberg, 1979 Univ. Freiburg, 1986 Prof. Univ. München) - BV: u. a. Dt. Epigramme, 1969; Ideenparadiese - Unters. z. Aphoristik v. Lichtenberg, Novalis, Schlegel u. Goethe, 1976. Herausg.: D. Aphorismus (1976); Franz Kafka: D. Urteil (1981); Franz Kafka. Schriftverkehr (1990, zus. m. Wolf Kittler). Mithrsg. Krit. Kafka Ausgabe, Goethe Ausgabe DKV; Reihe Rombach Wiss., Litterae - Mitgl. d. Bayer. Akad. d. Wiss.

NEUMANN, Günter
Dr. phil., em. o. Prof. f. Vergl. Sprachwissenschaft Univ. Würzburg (s. 1972) - Thüringer Str. 20, 8700 Würzburg (T. 2 63 55) - Geb. 31. Mai 1920 Freiberg/Sa. (Vater: Fritz N., Rektor; Mutter: Charlotte, geb. Vogler), ev., verh. s. 1953 m. Jutta, geb. Hein, 2 Kd. (Elisabeth-Charlotte, Christian-Dietrich) - Human. Gymn.; Stud. Klass. Philol., German., Vergl. Sprachwiss. Univ. Göttingen. Promot. 1953, Habil. 1958 Göttingen - 1951-61 Schuldst., 1963-69 o. Prof. Gießen u. 1969-72 Bonn - BV: Untersuchungen z. Weiterleben hethitischen u. luwischen Sprachgutes, 1963; Neufunde lykischer Inschriften, 1979; Phrygisch u. Griechisch, Österr. Akad. Wiss., Phil.-hist. Kl., Sitz.-Ber. 499. Bd. 1988 - O. Mitgl. Akad. d. Wiss. Göttingen; korr. Mitgl. Österr. Akad., korr. Mitgl. Braunschweigische Wiss. Ges. - Spr.: Engl., Norweg.

NEUMANN, Hans
Dipl.-Volksw., Geschäftsführer Verb. Dt. Sektkellereien u. Verb. d. Weinbrennereien, beide Wiesbaden (s. 1950) - Zugspitzstr. 8, 6200 Wiesbaden-Dotzheim (T. Büro: 37 20 93) - Geb. 25. März 1909 Greschin/Posen (Vater: Gustav N., Techn. Direktor Textilind.; Mutter: Ida, geb. Scheerschmidt), verh. m. Erika, geb. Pfennig - Dt. Gymn. Lodz; TH Danzig, Univ. Berlin, Leipzig, Tübingen (Dipl.-Volksw. 1933) - 1933-36 Landw. Bank, Danzig, 1936-39 Landbd. Weichselgau, Dirschau/Graudenz, 1939-40 Landesbauernschaft, Danzig, 1940 b. 1943 Landw. Zentralst. Krakau u. Zentral-Handelsges. Ost, 1943-45 Wehrm. 1946-49 Verw. f. Ernährung, Landw. u. Forsten, Frankfurt/M. - BV (unt. Ps.): Polen u. d. Danziger Hafen, 1935 - 1974 BVK I. Kl.

NEUMANN, Hans-Hendrik
Hauptgeschäftsführer i. R. - Droysenstr. 34, 2000 Hamburg 52 - Geb. 4. Aug. 1910 Wuppertal, verh., 3 Kd. - Stud. Elektrotechnik - Berufssoldat (bei Kriegsende Oberstlt. u. Reg.skdr.); mehrj. Gefangensch.; 1949-76 Dir. -

Geschäftsführer Philips GmbH, Hamburg, 1976-84 AR Philips GmbH.

NEUMANN, Hans-Joachim

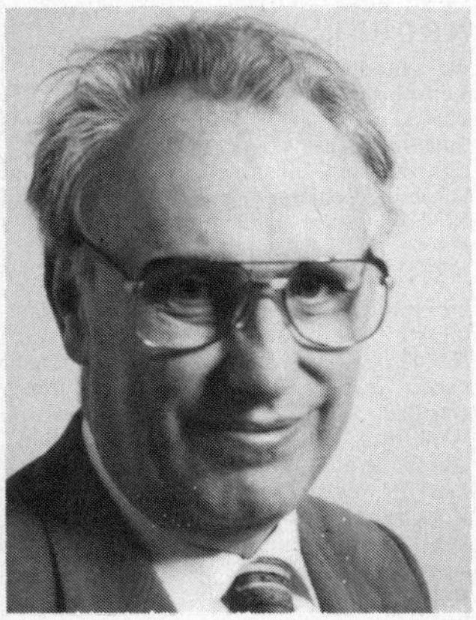

Dr. rer. nat., Dr. habil., Prof., Dipl.-Chemiker, stv. Direktor Inst. f. Erdölforschung - Einersberger Blick 3, 3392 Clausthal-Zellerfeld (T. 05323 - 711-101) - Geb. 25. Okt. 1930 Forst (Lausitz), ev., verh. s. 1959 m. Waldtraut, geb. Brandes, 5 Kd. (Klaus-Dietrich, Ute, Jürgen, Eckhard, Silke) - 1950-56 Stud. Chemie; Dipl. 1956; Promot. 1959 (alle TH Braunschweig); Habil. 1969 TU Braunschweig; Habil. 1983 TU Clausthal; 1959-69 Wiss. Assist. Inst. f. Chem. Technol. TU Braunschweig; s. 1969 s.o.; 1976-82 apl. Prof. TU Braunschweig - Arbeiten auf d. Geb. d. Chemie u. Technol. d. Erdöls - BV: Composition and Properties of Petroleum, 1981; Petroleum Refining, 1984; Bitumen u. seine Anwendung, 1981 - 1956 1. Preis d. TH Braunschweig; 1976 Honorarprof. TU Clausthal; 1986 Plak. d. Technol.-Metallurg. Fak. Univ. Belgrad; 1990 Ehrenmitgl. d. Serbischen Chem. Ges., u. d. Ges. f. Metallurgie, Kohlechemie u. Tribologie Rumäniens; 1990 Honorarprof. Univ. Galatz (Rumänien) - 1988/89 Präs. Lions Club Oberharz - Liebh.: Malen - Spr.: Engl. - Vorf.: Max Neumann, Kanusportler in d. 20er J. (Vater) - Lit.: Kürschners Dt. Gelehrten-Kalender, zahlr. Nachschlagew.

NEUMANN, Heinrich Eberhard

Dr. jur., Stadtdirektor a. D., Rechtsanwalt - Stauseebogen 113, 4300 Essen 15 (T. 0201 - 46 29 47) - Geb. 8. Jan. 1920 Thorn (Vater: Dr. jur. Hellmut N., Oberbürgerm. a. D.; Mutter: Helene, geb. Thiel), ev., verh. s. 1948 m. Brigitte, geb. Maenz, T. Barbara - Gymn. Erfurt; Univ. Jena u. Köln (Rechtswiss.). Jurist. Staatsex. 1940 u. 49 - S. 1951 RA, 1961ff. Ratsherr, 1970 Beigeordn. Stadt Essen, 1983-85 auch Stadtdirektor, dann Ruhestand. CDU s. 1953. Mitherausg.: Taschenlexikon sozialversicherungsrechtl. Entscheidungen (Unfallversich.; 1959) - Liebh.: Geschichte, Klass. Musik, Bergsteigen - Spr.: Engl., Franz. - Rotarier.

NEUMANN, Horst

Dr. rer. nat., Prof. TU Braunschweig, Präsident Nieders. Landesamt f. Wasser- u. Abfallwirtschaft - Ringstr. 6, 3201 Diekholzen (T. Hildesheim 26 33 01) - Geb. 29. Sept. 1929 Berlin-Charlottenburg, ev., verh. s. 1960 m. Lore, geb. Lehsten - Univ. u. FU Berlin; Promot. 1958 - 1958-60 Inst. f. Wasser-, Boden- u. Lufthygiene; ab 1961 Nieders. Wasseruntersuchungsamt - BV: Kartoffelveredelungsind.-, Schlacht- u. Fleischverarbeitungsbetr., Darmverarbeitungsbetr., Tierkörperbeseitigungsanst., in: Lehr- u. Handb. d. Abwassertechnik, Bd. V u. VI, 1985 u. 86. Mitautor (3 Beiträge): Taschenbuch d. Industrieabwasserreinigung, 1991 - 1990 BVK am Bde.

NEUMANN, Johannes

Lehrer i. R., Mitgl. Hbg. Bürgerschaft (1978-82) - Ernst-Horn-Str. 16d, 2000 Hamburg 54 (T. 040 - 540 79 56) - Geb. 27. Febr. 1918 Czarnikau/Netze (aufgew. Stettin), verh. s. 1953 m. Edith, geb. Griese †1986, Sohn (†) - Marienstift-Gymn. Stettin (Abit. 1937); Arbeitsdst., Wehrm., engl. Gefangensch.; Univ. Hamburg (Chemie, Phys., Math., Phil.). Staatsex. 1951 u. 56 - Schuldst (zul. Pestalozzi-Sch.). 1962ff. Mitgl. Bundesvorst. Pommersche Landsmannsch. SPD s. 1959 (div. Funkt.). Vors. Ruheständler in d. GEW-Hamburg u. Kurat.-Vors. Unteilb. Dtschl., Hamburg.

NEUMANN, Johannes

Dr. iur. can., Dipl.-Theol., o. Prof. f. Rechts- u. Religionssoziologie Univ. Tübingen (s. 1966; 1970/1971 Prorektor, 1971/72 Rektor), Hon.-Prof. Univ. Mannheim - Trottbergstr. 13, 7602 Oberkirch (T. 07802-76 90) - Geb. 23. Nov. 1929 Königsberg/Pr. (Vater: August N., Obering.; Mutter: Margarete, geb. Novitzki), verh. s. 1978 m. Dipl. theol., Dipl.-Psych. Ursula, geb. Streif, 2 Kd. - 1949-55 Stud. Phil., Gesch., Theol., 1956-61 Rechtswiss. - Lehrer (1955-58), Wiss. Assist. (1958-65) - Sprecher d. Zentrums z. interdisziplinären Erforschung d. Lebenswelten behinderter Menschen (ZIEL); Vorst. Forsch.inst. f. Arbeit, Technik u. Kultur Univ. Tübingen - BV: D. Spender d. Firmung in d. Kirche d. Abendl., 1963; Mischehe u. Kirchenrecht, 1967; D. Kirche u. d. kirchl. Gewalt in d. dt. Kirchenrechtswiss. v. Ende d. Aufklärung b. z. I. Vatikan. Konzil, 1970; D. Kirchenrecht - Chance u. Versuchung, 1972; Synodales Prinzip, 1973; Menschenrechte - auch in d. Kirche?, 1976; Grundriß d. Kathol. Kirchenrechts, 1981/84; Funktionsverlust d. Familie?, 1989; Probleme d. Sozialunion, 1990; Ursprünge u. sozialpolitische Motive d. Wohlfahrtspflege in Württemberg, dargest. an d. Anfängen dreier Behindertenheime, 1991. Herausg.: Auf Hoffnung hin (1964); Mithrsg.: Theol. im Wandel (1967); Geistige Behinderung u. soziales Leben (1985, m. Elisabeth Wacker); Toleranz u. Repression. Z. Lage religiöser Minderheiten in modern. Ges. (1987, m. M. W. Fischer); Arbeit im Behindertenheim (1987). Zahlr. Aufs. - 1973 Univ.medaille.

NEUMANN, Karl

Dr. phil., Prof. f. allg. Pädagogik Univ. Göttingen (s. 1980) - Von-Bar-Str. 15, 3400 Göttingen - Geb. 17. Okt. 1939 Holzminden, ev. - 1960-65 Stud. Phil., Päd., German. u. Gesch. Berlin, Wien u. Göttingen; Promot. - 1965-80 Lehrtätigk. als wiss. Assist., Akad. Rat u. Hochschuldoz. - BV: Gegenständlichk. u. Existenzbedeut. d. Schönen. Untersuchungen z. Kants Kritik d. ästhetischen Urteilskraft, 1973; Kindsein. Z. Lebenssituat. v. Kindern in mod. Ges., 1981; Taschenb. d. Deutschunterr. (m. G. Lange, W. Ziesenis), 1986; Gesch. d. Kindergartens (m. G. Erning u. J. Reyer), 1987; Bildung, Gesch. u. Zukunft. Erich Weniger als polit. Pädagoge, 1988; Soldatentum u. Bildung (m. D. Hoffmann), 1992. Zahlr. Aufs. z. Anthropol., Kindheitsforsch., Weiterbild. u. Lehrerausbild.

NEUMANN, Karl J.

s. Newman, Karl J.

NEUMANN, Klaus

Dr., Dipl.-Math., o. Prof. f. Operations Research Univ. Karlsruhe (s. 1970) - Strütweg 17, 7541 Straubenhardt 5 (T. 07082 - 86 57) - Geb. 8. Dez. 1937 Liegnitz (Vater: Helmut N. †; Mutter: Gertrud, geb. Büttner †), ev., verh. s. 1966 m. Gisela, geb. Kaiser, 3 Söhne (Jörg Michael, Marc Andreas, Jan Peter) - Stud. d. Math. Dresden u. München; Dipl.ex. 1961; Promot. 1964, Habil. 1968 - 1968-70 Leit. Rechenzentrum Univ. Karlsruhe - BV: Operations Research Verfahren, Bd. I-III 1975-77; GERT Networks, 1979; Stochastic Project Networks, 1990; Operations Research, 1992 - Liebh.: Bergwandern, Kunstreisen, Musik - Spr.: Engl.

NEUMANN, Kurt

Oberamtsrat a. D., MdL Rhld.-Pfalz - Pfalzgrafenstr. 16, 6508 Alzey - Geb. 5. März 1927 - SPD.

NEUMANN, Kurt

Geschäftsführer Fels-Werke Peine-Salzgitter GmbH. (s. 1972) - 3380 Goslar/Harz.

NEUMANN, Manfred

Dr. rer. pol., Prof., Ordinarius f. Volkswirtschaftslehre unt. bes. Berücks. d. Genoss.wesens u. d. Versich.wiss. u. Vorst. Volksw. Inst. Univ. Erlangen-Nürnberg (s. 1969) - Robert-Koch-Str. 16, 8560 Lauf/Pegnitz.

NEUMANN, Paul

Gemeindedirektor a. D., MdB (s. 1965) - Bardenweg 8, 2093 Stelle-Buchwedel (T. 24 59) - Geb. 6. Dez. 1929 Ziegenhals/Schles., verh., 2 Kd. - Obersch. Schlesien; Staatl. Handelssch. Hamburg; kaufm. Lehre ebd. (Im- u. Export); 1954-56 Braunschweig-Kolleg; Univ. Hamburg (Volksw.) - Kaufm. Angest.; Tätigk. DGB; 1962-65 Gemeindedir. Stelle. 1958-71 MdK Harburg (1964-69 Fraktionsvors.); 1959-62 Ratsherr, 1968-71 Bürgerm. Stelle. SPD s. 1948 (Mitgl. Unterbezirksvorst. Lüneburg-Harburg).

NEUMANN, Peter

Geschäftsführer Saarbrücker Druckerei u. Verlag GmbH (1974-90)- Glogauer Str. 13, 6600 Saarbrücken (T. 0681 - 81 29 53) - Geb. 20. Sept. 1926 Leipzig (Vater: Prof. Dr. phil. Friedrich N.; Mutter: Ilse, geb. Graul), ev.-ref., verh. s. 1956 m. Erika, geb. Anschütz, 2 Kd. (Almut, Volkmar) - 1953-67 Herst.leit. versch. Verlage in Düsseldorf, Frankfurt, Hamburg, 1968-71 Techn. Leiter Rundschau Itzehoe, 1971-74 kfm. Dir. Druckerei Schwann Düsseldorf, 1974-90 Geschäftsf. Saarbrücker Druckerei u. Verlag; Vors. Versorgungswerk Graph. Betriebe Saarl.; 1980-86 Vors. Hist. Verein Saar, Redaktion Wandelhalle d. Bücherfreunde (Ges. d. Bibliophilen); Mitgl. Beirat Lichtenberg-Ges. - 1990 BVK.

NEUMANN, Peter Horst

Dr. phil., o. Prof. Univ. Erlangen - Erlenstegenstr. 28, 8500 Nürnberg - Geb. 23. April 1936 Neiße/Oberschles., kath., verh. s. 1960 m. Astrid, geb. Steinkopf, 2 ind. Adoptivkd. - Abit. 1955 Aue (Sachsen); 1955-58 Stud. d. Musik u. Musikwiss. Univ. Leipzig; 1958-65 German., Kunstgesch., Musikwiss., Phil. Univ. Berlin u. Göttingen (Promot. 1965) - 1965-68 wiss. Assist. Univ. Erlangen; 1968-80 o. Prof. Univ. Fribourg (Schweiz); 1980-83 o. Prof. Univ. Gießen. Gastprof. Genf, Bern u. Neuchâtel. Zahlr. Gastvortr., lit. u. krit. Beitr. f. Radio, Ztg. u. Ztschr. - S. 1984 Präs. d. Eichendorff-Ges. - BV: Jean Pauls Flegeljahre, 1966; Z. Lyrik Paul Celans, 1968; Konkordanz z. Lyrik Paul Celan, 1969; D. Weise u. d. Elefant. Brecht-Stud., 1970; D. Preis d. Mündigkeit, 1977; D. Rettung d. Poesie im Unsinn, 1981. Mithrsg. d. kulturwiss. Jahrb. Aurora.

NEUMANN, Rainer

Dr. rer. pol., Bundesgeschäftsführer Wirtschaftsjunioren Deutschland (1984-91), jetzt Zentralverb. d. Dt. Handwerks - Johanniterstr. 1, 5300 Bonn 1 - Geb. 28. März 1949 Göttingen (Vater: Dr. rer. nat. Fritz N., Chemiker; Mutter: Erika, geb. Nikisch), verh. s. 1979 m. Christine, geb. Fett - Dipl.-Volksw. 1974 u. Promot. 1979 (beide Bonn) - Univ.tätigk. Bonn, 1978-80 Geschäftsf. Ges. f. wirtschafts- u. verkehrswiss. Forsch. (1981ff. Vorst.); 1981-84 Ref. Dt. Industrie- u. Handelstag ebd. - BV: D. qualitative u. quantitative Beeinträchtig. d. Umwelt durch den Kraftfahrzeugverkehr . . . , 1973; Ökologie u. Verkehr . . . , 1980; Verkehrssysteme im Wandel . . . , 1980; (Hrsg. m. M. Zachcial).

NEUMANN, Volker

Rechtsanwalt u. Notar, MdB (s. 1983, Landesliste Nieders.) - Zu erreichen üb.: Bundeshaus, 5300 Bonn 1; priv.: Große Str. 56, 4500 Bramsche - Geb. 10. Sept. 1942 Forst/Lausitz, 1 Kd. - Gymn. Osnabrück, Abit. 1962; Univ. Bonn u. Münster (Rechts- u. Staatswiss., Volkswirtsch.) - S. 1979 RA, s. 1974 Notar - 1968 Ratsherr, 1972-78 u. 1980-83 SPD-Fraktionsvors. Kreistag Osanbrück. SPD s. 1967 (UB-Vors. Osnabrück-Land).

NEUMANN, Walter

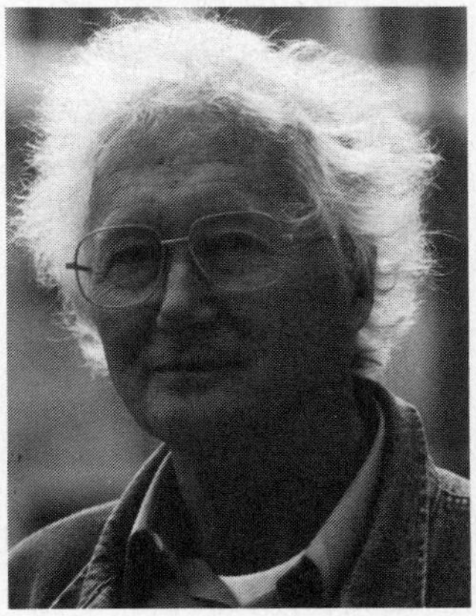

Dipl.-Bibl., fr. Schriftsteller (s. 1989) - Talstr. 41, 7762 Ludwigshafen a.B., (T. 07773 - 3 62) - Geb. 23. Juni 1926 Riga/Lettland, ev., 4 Kd. (Marina, Frank, Harald, Ingo) - Bibl.-Dipl. 1969 Köln - 1951-62 Arb. als Techniker; 1962-89 Bibl.-Lektor. S. 1964 Mitgl. Verb. dt. Schriftst.; s. 1973 Mitgl. P.E.N. - BV: Biogr. in Bilderschrift, Lyr. 1969; Grenzen, Lyr. 1972; Mots-Clés (Schlüssel-Worte), Lyr. 1973; Stadtplan, Erz. 1974; Jenseits d. Worte, Lyr. 1976; Lehrged. z. Gesch., 1977; Mitten im Frieden, Lyr. 1984; D. Sonnenthron. Lyr. Übers. a. d. Lettischen., 1990 - 1981 Andreas-Gryphius-Preis; 1989 Eichendorff-Preis - Spr.: Engl., Lett. - Lit.: Jürgen P. Wallmann: In d. Gedächtnisfächern. Z. Lyrik W.N.'s.

NEUMANN, Wilhelm P.

Dr. rer. nat., Prof. f. Organ. Chemie - Tiroler Str. 18, 4600 Dortmund 50 (T. 73 10 66) - Geb. 29. Okt. 1926 Würzburg (Vater: Prof. Dr. med. Dr. phil. Wilhelm N., Pharmakologe u. Toxikologe † 1965 (s. XIV. Ausg.); Mutter: Margarete, geb. Bertram), verh. m. Gerda, geb. Deutskens, 3 Kd. - Univ. Würzburg (Chemie; Dipl.-Chem. 1950). Promot. 1952 Würzburg; Habil. 1959 Gießen - 1955-59 Max-Planck-Inst. f. Kohlenforsch. Mülheim; s. 1959 Lehrtätigk. Univ. Gießen (1965 apl. Prof.; Abt.leit. u. Prof. Inst. f. Org. Chemie) u. Dortmund (1968 o. Prof. f. Organ. Chemie) - BV: D. organ. Chemie d. Zinns, 1967 (engl. 1970). Z. Zt. 250 Einzelarb., dar. Handbuchbeitr. üb. Metallorgan. Chemie u. radikalische Reaktionen - Fellow of the Japan Soc. for the Promotion of Science; Ehrenmitgl. Argentinische Chem. Ges. (SAIQO) - Liebh.: Barockmusik, Reisen, Bergwandern, Segelfliegen - Spr.: Engl., Franz.

NEUMANN-DUESBERG, Horst

Dr. jur. (habil.), Landgerichtsrat a. D., o. Prof. f. Arbeits- u. Sozialrecht, Bürgerl. Recht, Handels-, Wirtschafts-, Zivilprozeß-, Urheber- u. Presserecht - Kiefernweg 2, 3406 Bovenden (T. Göttingen 3 15 73) - Geb. 12. Mai 1907 Graudenz/Westpr. - 1944 Doz. Dt. Univ. Prag, 1949 apl. Prof. Univ. Münster, 1955 o. Prof. Hochsch. f. Sozialwiss., Wilhelmshaven, 1962 Univ. Göttingen -

BV: Presseberichterstattung, -urheberrecht u. Nachrichtenschutz, 1949; Sprache im Recht, 1949; D. gesprochene Wort im Urheber- u. Persönlichkeitsrecht, 1949; D. Mitbestimmungsrecht, 1958; Betriebsverfassungsrecht (Lehrb.), 1960. Zahlr. Einzelarb.

NEUMANN-MAHLKAU, Peter

Dr.-Ing., Prof., Präsident Geol. Landesamt NRW - De-Greiff-Str. 195, 4150 Krefeld 1 - Geb. 27. Aug. 1934 Grudziadz (Vater: Gerhard N.-M., Landwirt), ev., verh. m. Dagmar Malone, geb. Ebsen, Ph.D, 2 Kd. (Henning, Annemete) - Dipl.-Ing. 1961; Promot. 1966; Habil. - 1972-89 Prof. f. Geologie Univ.-GH Essen (1977/78 Dekan, 1979-83 Rektor). 1984 Adjunct Prof. Cal. State Univ. Long Beach - Spr.: Engl., Franz.

NEUMAR, Rudolf

Dr., Präsident Bundespatentamt, München (s. 1971) - Schwanseestr. 64, 8000 München 90 (T. 63 34 20) - Geb. 29. April 1919, verh. - Zul. Senatspräs. BPA.

NEUMAYER, Peter Alexander

s. Alexander, Peter

NEUMEIER, John

Choreograph u. Ballettdirektor Hamburgische Staatsoper (s. 1973) - Zu erreichen üb. Ballett-Zentrum Hamburg John Neumeier, Caspar-Voght-Str. 54, 2000 Hamburg 26 (T. 040 - 21 11 88-0, Fax 040 - 21 11 88-88) - Geb. 24. Febr. 1942 Milwaukee (Wisc., USA) - Ausbild. b. Sheila Reilly, Milwaukee, B. Stone u. W. Camryn, Chicago, V. Volkova, Kopenhagen u. Royal Ballet School, London - 1963-69 Engagem. Stuttgart, 1969-73 Frankfurt (Ballettdir. u. Chefchoreogr.: u. a. Feuervogel (Strawinsky), Romeo u. Julia (Prokofieff), Nußknacker (Tschaikowsky), Kuß d. Fee (Strawinsky), Daphnis u. Chloé (Ravel), s. 1973 Hamburg (Ballett-UA: 1., 3., 4., 5., 6. u. 10. Sinf., Lieder aus D. Knaben Wunderhorn v. Gustav Mahler, E. Sommernachtstraum, D. Kameliendame, Illusionen- wie Schwanensee, Matthäus-Passion, Artus-Sage, Othello, Endstation Sehnsucht, Dornröschen, Peer Gynt, Amleth, Mozart u. Themen aus: Wie es Euch gefällt, Magnificat - BVK; 1983 Dance Magazine Award USA; 1987 Dr. h.c. Marquette Univ., Milwaukee, USA, u. Prof.-titel durch d. Hamburger Senat; 1988 Dt. Tanzpreis, u. Prix Diaghilev Paris; 1989 dän. Danebrog-Orden; 1991 Chevalier des Arts et des Lettres.

NEUMEISTER, Hanna,

geb. Meyer

Dr. med. dent., Zahnärztin - Am Blänkebach 14, 3200 Hildesheim (T. 05121 - 4 64 26) - Geb. 6. Juli 1920 Bad Harzburg (Vater: Ernst M., Oberstudiendir.; Mutter: Elisabeth, geb. Brühling), ev., gesch., 2 Söhne (Axel, Thomas) - Obersch. Nienburg/W. u. Bremen (Abit.); n. Kriegseins./DRK (KVK m. Schwertern) Univ. Hamburg, Göttingen, Kiel (Zahnmed.; Staatsex. 1949, Promot. 1950) - 1950-56 Assist. Kiel (Kieferklinik) u. Kreiensen (1951) sow. Schulzahnärztin Gandersheim (1953); s. 1956 eig. Praxis Greene. Mitgl. Gemeinderat Kreiensen u. Kreistag (1969 Fraktionsf.), 1972-87 Mitgl. Dt. Bundestag, 1978-88 Präs. Bundesvereinig. f. Gesundheitserz., 1980-88 Präs. d. Dt. Rheuma-Liga. CDU s. 1967 - 1967 Gold. Sportabz., 1979 BVK I. Kl.; 1986 Gr. BVK.

NEUMETZGER, Curt-Albert

Kaufmann, pers. haft. Gesellsch. Fa. Jean Wunderlich (Brillanten/Perlen/Farbsteine/Diamantschleiferei; gegr. 1856), Hanau, Vors. Dt. Diamant-Komitee ebd. u. Bundesverb. d. Im- u. Exporteure v. Edelsteinen u. Perlen, Frankfurt/M. - Auf der Aue 1, 6450 Hanau (T. 2 02 05) - Geb. 3. Dez. 1928 Hanau (Vater: Hans N., Kaufm.; Mutter: Hildegard, geb. Heymann, verh. m. Dr. Annette N.-Schosland, 4 Kd. (Caroline, Verena, Cordelia, Viola) - Spr.: Engl., Franz. - Mitgl. Lions-Club.

NEUMEYER, Dieter

Dr. oec. publ., Dipl.-Kfm., Geschäftsführer - Kopernikusstr. 11, 8000 München 80 (T. 089-47 41 52) - Geb. 26. Juli 1931 - Univ. München; Promot. 1958 - B. 1960 Siemens, dann Zündapp-Werke, München - Liebh.: Segeln, Skilaufen - Spr.: Engl. - Rotarier.

NEUNAST, Armin

Dipl.-Ing., Geschäftsführer Verb. Rhein. Bims- u. Leichtbetonwerke - Sandkaulerweg 1, 5450 Neuwied/Rh.; priv.: In der Felster 68, 5470 Andernach - Geb. 17. Jan. 1938.

NEUNDÖRFER, Konrad

Dr., Hauptgeschäftsführer Gesamtverb. d. Textilindustrie in d. BRD - Frankfurter Str. 10-14, 6236 Eschborn (T. 06196 - 9 66-0; Telefax 06196 - 4 21 70; Telex 4072 561) - Geb. 8. Aug. 1934.

NEUNEIER, Peter

Schriftsteller - Leppestr. 81, 5277 Marienheide (T. 02264 - 86 82) - Geb. 30. Juli 1926 Köln, verw., T. Nadine - Gymn. Fachsch. (Köln) - Redakt. (Kulturzeitschr. Spuren); Veranst. Oberbergischer Künstlersommer; VR Kölner Studentenwerk - BV: R.: Akkord ist Mord; Lackfresser; Schlagt zurück; Zw. Harlem u. Eastvillage. Kurzgesch., Fernsehfilm u. Hörsp. - 1974 Literaturstip. Kultusmin. v. NRW - Interessen: Eisexped. (Erstüberquerung d. gr. Gletschers d. Welt 1971, Vatnajökull, Island; Expeditionsleit. b. 3 Grönland-Inlandeis-Exp.) - Spr.: Engl. - Lit.: M. Walser, Was ist Lit.?, u.a.

NEUNER, Peter

Dr. theol., Prof. f. Dogmatik Univ. München - Grünwalder Str. 103a, 8000 München 90 (T. 089 - 64 01 00) - Geb. 23. März 1941 München (Vater: Andreas N., Studiendir.; Mutter: Mathilde, geb. Schmid), kath., ledig - Univ. München (Dipl.-theol. 1965; Promot. 1976; Habil. 1978) - 1966-68 Kaplan Traunstein; 1972-80 wiss. Assist. Univ. München; 1980-85 Prof. f. Fundamentaltheol. Univ. Passau - BV: Relig. zw. Kirche u. Mystik, 1977; Relig. Erfahr. u. gesch. Offenbar., 1977; Döllinger als Theol. d. Ökumene, 1979; Kleines Handb. d. Ökumene, 2. A. 1987; D. Laie u. d. Gottesvolk, 1988; Stationen e. Kirchenspaltung, 1990. Herausg.: E. Troeltsch, Briefe an Friedrich v. Hügel 1901-1923 (1974); Auf Wegen d. Versöhn. (Festschrift, H. Fries; 1982); In Verantwortung f. d. Glauben (Festschrift H. Fries; 1992).

NEUNHOEFFER, Hans

Dr. rer. nat., Dipl.-Chem., Prof. f. Chemie TH Darmstadt - Auf dem Sand 1, 6109 Mühltal (T. 06151 - 14 72 66; dstl.: 06151 - 16 29 66) - Geb. 7. Mai 1936 Breslau (Vater: Otto N., Prof.; Mutter: Käthe, geb. Reinke), ev., verh. s. 1965 m. Margaret, geb. Kirnberger, 2 Kd. (Ellen-Ulrike, Torsten-Henrik) - Dipl. Chemie 1959 Univ. Berlin; Promot. 1962 TH Darmstadt; Habil. 1970 ebd. - S. 1971 Prof. TH Darmstadt (1979-81 Dekan FB 9) - BV: The Chemistry of Heterocyclic Compounds, 1978 - Liebh.: Politik, Musik, Sport - Spr.: Engl., (Russ.).

NEUNZIG, Hans A.

Lektor, Übers., Schriftst. - Landsberger Str. 9, 8919 Utting - Geb. 18. März 1932 Meißen, ev., verh. s. 1958 m. Ilse, geb. Osten - 1974-82 Leit. Nymphenburger Verlagshandlung, München - BV: Johannes Brahms, Monogr. 1973; Lebensläufe d. Dt. Romantik, 2 Bd. 1984 u. 1986; E. neue europ. Musik, 1985. Herausg.: Leseb. d. Gruppe 47 (1983); Meilensteine d. Musik, 3 Bde. (1991).

NEUPERT, Herbert

Dr., Ministerialdirektor a. D. - Peter-Schwingen-Str. 21, 5300 Bonn-Bad Godesberg (T. 32 27 66) - Geb. 4. Febr. 1911 - Langj. Tätigk. Bundesverkehrsmin. (u. a. 14 J. Ref. Abt. Seeverkehr (Hamburg), anschl. Ref. Bonn, 1969-73 Leit. Abt. Allg. Verkehrspolitik), 1969-73 VR-Vors. d. SNV (Studienges. Nahverkehr Hamburg); 1973-78 Vorst.-Vors. Studienges. f. d. kombinierten Verkehr, Frankfurt/M.; b. 1978 Geschäftsf. HSB-Studienges., München; Vors. Verb. f. Studentenwohnheime, Bonn; 1973-84 Vors. d. Wissenschaftl. Beirats d. SNV; 1973-85 Rechtsanwalt in Bonn; 1979ff. stv. Vors. d. Erweiterten Tarifkommiss. d. allg. Güternahverkehrs (ETKN) - 1974 Gr. BVK.

NEURATH, Friedrich

Dr. med., Prof. f. Orthopädie Univ. Marburg - Wehrdaer Weg 45, 3550 Marburg/L.

NEURATH, Hans

Dr., Drs. h. c., em. Prof. of Biochemistry Univ. Washington, Seattle, WA (USA), Hon.-Prof. Univ. Heidelberg, Redakt. v. Biochemistry - 5752-60th N.E. Seattle, WA 98105 (USA) - Geb. Österr. - Redakt. Publ.serie The Proteins (3 Aufl.); Ausw. Wiss. Mitgl. Max-Planck-Ges., Mitgl. National Acad. of Sciences (USA) u. American Acad. of Arts a. Sciences; Ehrenmitgl. Japanese Biochemical Soc. - Ca. 370 Publ. auf d. Geb. d. Biochemie.

NEUREUTHER, Erich

Regisseur u. Autor - Straßbergerstr. 2, 8000 München 40 - Geb. 1. Mai 1932 München (Vater: Emil N.; Mutter: Olga, geb. Renz), ev., verh. s. 1980 in 2. Ehe m. Katja N. - Obersch. Otto Falckenberg-Sch. - Schausp. (Marburg, Lübeck, München); Regieassist. Bayer. Staatsschausp., Film u. Fernsehen; s. 1963 Regiss. (freiberufl.) f. Theater u. FS - Theater-Insz. u.a. in Köln, Stuttgart, Berlin, München, rd. 300 Fernsehprod.: FS-Spiel, Serie, Musical, Unterhalt., Dok., Kabarett - Liebh.: Kunst- u. Kulturgesch., Reisen - Spr.: Engl., Span.

NEUROHR, Günter

Oberbürgermeister Stadt Radolfzell am Bodensee (s. 1976) - Marktplatz 2, 7760 Radolfzell - Geb. 8. März 1935 Kaiserslautern, verh., 3 Kd. - Lehre im Elektromasch.bau, Elektro.Mstr., Stud. Dipl.-Ing. FH - 1965-70 Stadtwerkedir. Crailsheim; 1970-76 1. Beigeordn. d. Stadt Singen - Liebh.: Sport, Musik - Spr.: Franz.

NEUSCHÄFER, Hans-Jörg

Dr. phil., o. Prof. f. Roman. Philologie u. Literaturwiss. Univ. Saarbrücken (s. 1966), Präs. d. Dt. Romanistenverb. (s. 1979) - Fasanenweg 6, 6601 Scheidt/Saar (T. Saarbrücken 81 85 81) - Geb. 29. Dez. 1933 Worms/Rh. - Habil. 1967 Gießen - Facharb.

NEUSEL, Hans

Bürgermeister a. D., MdL Hessen (s. 1970; 1974 Vizepräs.) - Rote-Breite-Str. 14, 3501 Obervellmar (T. Kassel 82 22 70) - Geb. 18. Dez. 1914 Hohenkirchen Kr. Hofgeismar - N. Mittl. Reife Handwerkslehre - Durch Kriegsbeschäd. Verwaltungsdst. (zul. Oberinsp. Kreisverw. Kassel); 1962-70 Bürgerm. Gde. Obervellmar. MdK Kassel-Land (1956 Fraktionsf.). SPD (1954 Unterbezirksvors.).

NEUSEL, Hans Heinrich

Staatssekretär Bundesinnenmin. Bonn (s. 1985) - Am Kottenforst 50, 5300 Bonn 1 (T. 25 22 88) - Geb. 10. Sept. 1927 Dortmund (Vater: Hans N., Malermstr.; Mutter: Alma, geb. Adams), verh. s. 1959 m. Karin, geb. Rose, T. Susanne - Stud. Rechts- u. Staatswiss., Volkswirtsch. - 1959 Bundeswirtschaftsmin., 1963 Bundeskanzleramt, 1977 Bundestagsverw., 1979-84 Chef d. Bundespräsidialamts, 1984-85 Beauftr. d. Bundeskanzlers im ad-hoc-Aussch. Europa der Bürger.

NEUSER, Ernst-Jürgen

Dr., Dipl.-Holzw., Hauptgeschäftsführer Dt. Holzwirtschaftsrat - Bahnstr. 4, 6200 Wiesbaden; priv.: Alban-Köhler-Str. 10 - Geb. 24. Mai 1929.

NEUSER, Wilhelm

Dr. theol., Prof., Kirchenhistoriker - Lehmbrock 17, 4401 Ostbevern (T. 025032 - 75 14) - Geb. 13. Juni 1926 Siegen/W., ev. - S. 1960 (Habil.) Lehrtätigk. Univ. Münster (1967 apl. Prof. f. Kirchengeschichte u. Konfessionskd.; 1971 Wiss. Rat u. Prof.). Fachveröff.

NEUSS (ß), Franz-Josef

Dr. phil., Chefredakteur HF - Vorgebirgstr. 1a, 5000 Köln 1 (T. dstl.: 389 42 01) - Geb. 5. Sept. 1929 Aachen, kath., verh. s. 1962, 4 Kd. (Raimund, Ursula, Christa, Michael) - Univ. Würzburg u. München (German., Gesch., Phil.). Promot. 1955 München - 1955-58 Volont. u. Redakt. Aachener Volksztg.; 1958-61 polit. Redakt. Dt. Ztg. u. Wirtschaftsztg., Köln; 1961-66 dass. Westd. Rundf. ebd.; s. 1966 Ressortleit. Dt. Welle, Köln, s. 1987 Chefredakt.

NEUSSER, Hans Jürgen

Dr. rer. nat., habil., Prof. f. Physikal. Chemie - Kleiberstr. 25, 8011 Vaterstetten - Geb. 20. Nov. 1943 Troppau (Vater: Johann N., Prok.; Mutter: Aurelia, geb. Korschofsky), kath., verh. s. 1973 m. Irmgard, geb. Rollmann, 2 S. (Mathias, Sebastian) - 1963-68 Physik-Stud., Promot. 1971, Habil. 1977 TU München - S. 1977 Lehrtätigk., 1978-79 Priv.doz., s. 1979 Prof. TU München - BV (Mitautor): Multiphoton Spectroscopy of Molecules. Zahlr. Fachveröff. - 1983 Chemiepreis Akad. d. Wiss. zu Göttingen.

NEUSSER, Martin

Verleger u. Herausgeber d. General-Anzeiger Bonn - Justus-von-Liebig-Str. 15, 5300 Bonn 1 - Geb. 4. Nov. 1953, kath., verh. s. 1986 m. Ute, geb. Tachmusch - Bank- u. Verlagskaufm. - S. 1983 Geschäftsführer Bonner Zeitungsdruckerei u. Verlagsanstalt H. Neusser GmbH & Co KG - S. 1981 Senator Benjamin Franklin Inst. New York - Liebh.: neue Medien - Spr.: Engl., Franz. - Bek. Vorf.: John Crome, engl. Landschaftsmaler (Ur-Ur-Großv.), Hermann Neusser, Mitbegr. der alt-kath. Kirche in Dtschl. (Ur-Großv.).

NEUTHALER

s. Wallnöfer, Heinrich

NEUTSCH, Bernhard

Dr. phil., em. o. Prof. f. Klass. Archäologie - Unt. Fauler Pelz 2, 6900 Heidelberg u. Mariahilfpark 3/404, A-6020 Innsbruck/Tirol (Österr.) - Geb. 5. März 1913 Weimar/Thür., ev., verh. s. 1951 m. Margarete, geb. Cramer, 4 Söhne (Wolfgang, Michael, Raphael, Bernhard) - Univ. Jena (Archäol., Klass. Philol.). Promot. 1939 Jena; Habil. 1949 Heidelberg - Assistenzen Jena, Marburg, Heidelberg, Rom (1952-56 I. Assist. Dt. Archäol. Inst.); s. 1949 Privatdoz., apl. Prof. (1956) u. Honorarprof. (1968) Univ. Heidelberg (b. 1968 Wiss. Rat Archäol. Inst.); 1968-72 Wiss. Rat u. Prof. Univ. Mannheim (Leit. Archäol. Inst.); s. 1972 o. Prof. u. Inst.-Dir. Univ. Innsbruck. Emerit. 1983. 1976 Honorarprof. Univ. Karlsruhe. Ausgrabungen Unteritalien (u. a. Missionsleit. Siris-Herakleia u. Elea) - BV: D. Maler Nikias v. Athen - E. Beitrag z. griech. Künstlergesch. u. z. pompej. Wandmalerei, 1940; D. Sport im Bilde griech. Kunst, 1949 (auch jap.); Studien z. vortanagr.-att. Koroplastik, 1952; Z. unterird. Heiligtum v. Paestum, 1957. Arb. z. Magna-Graecia-Forsch. u. zu Goethes Rezeption antiker Kunst. Herausg.: Archäol. Forsch. in Lukanien; Festschr. Forschungen u. Funde (1980, m. Vorwort üb. Vita u. Werke) - 1967 Ehrenbürger Policoro/Südital. (früher Herakleia); 1974 Offizierskreuz VO. d. Ital. Rep.; 1983 Gross. Silb. Ehrenzeichen f. Verd. um d. Rep. Österr.; 1987 Premio della Siritide Policoro/Südital.; Gewähltes Mitgl. intern. Forsch.-Inst. in Dtschl., Österr., u. Ital.; Mitbegr. Archäol. Ges. Innsbruck.

NEUWIRTH, Gösta

Dr. phil., Komponist u. Musikwissenschaftler, Prof. an d. Hochschule d. Künste Berlin - Geb. 1937 Wien - BV: Franz Schreker, 1959; D. Harmonik in d. Oper der ferne Klang v. F. Schreker, 1972 - Trio f. Streicher, 1953-76; Streichquartett, 1976; E. wahre Geschichte (Kammeroper), 1981; Piss-Pott od. Pot of pieces f. Klavier, 1973-81; Schandbuch d. gewarnten Liebe f. Violine, 1989; Gestern u. Morgen, Feerie f. Proust f. Ensemble, 1974-92 - 1987 Würdig.preis d. Rep. Österreich.

NEVELING, Wilhelm

Architekt - Waitzstr. 9, 2300 Kiel (T. 5 31 68) - Geb. 15. März 1908 Berlin - Stud. u. zeitw. Tätigk. Berlin - 1965 Kulturpreis Stadt Kiel.

NEVEN, Hasso Ernst

Ind. agr., Landwirt, MdL Nieders. (s. 1974) - Im Dorfe 2, 2111 Egestorf üb. Nordhude (T. 04175 - 4 74) - Geb. 8. Aug. 1937 Hamburg-Harburg (Vater: Ernst N., Maurerm.; Mutter: Elisabeth, geb. Sellhorn), ev., verh. s. 1963 m. Liselotte, geb. Schülert, 3 Kd. (Dorothea, Hasso, Olaf) - Mittl. Reife; Ing.akad. f. Landbau Celle - 1970-72 Bürgermeister. FDP (1968-74 Kreistagsabg., Vors. Bez.-verb. Lüneburg) - Spr.: Engl.

NEVEN-DU MONT, Dietlind,
v. Xylander

Schriftstellerin, Illustratorin - Peißerstr. 13, 8011 Aying - Geb. 1. Mai 1926 München, verh., 3 Kd. (Christian, Fabian, Severin) - BV: Ich bin Tiger, 1957; Gr. Preis f. Tiger, 1958, 2. A. 1968; D. kl. Harlekin, 1957; Max Pim, 1960; D. Getüm, 1968; E. Getüm kommt selten allein, 1974; M. Susi fing es an, 1976; Wenn d. Eulen schaurig heulen, 1982; Vatergesch., 1981; D. doppelte Gemoppel, 1982; Klaus Bär u. d. Umleitung, 1985; Paul u. Philipp, 1986; Wenn du schläfst, siehst du so harmlos aus. 1990. Übers. v. Bilderb.

NEVEN DU MONT, Reinhold

Dr. phil., Verleger, Geschäftsf. Verlag Kiepenheuer & Witsch, Köln (s. 1967) - Hedwigshöhe 16, 5064 Rösrath - Geb. 12. Nov. 1936 Köln (Vater: Dr. Kurt N. D. M.), verh. m. Gisela, geb. Heinz - S. 1963 K & W.

NEVEN DUMONT, Alfred

Verleger (Herausg.: Kölner Stadtanzeiger, Express, Mitteldeutsche Zeitung, NP-EXPRESS) - Breite Str. 70, 5000 Köln - Geb. 29. März 1927 Köln - Mitinhaber u. AR-Vors. M. DuMont Schauberg-Verlag/Großdruckerei, Köln; Präs. d. Ind.- u. Handelskammer zu Köln - 1980 Gr. BVK; 1984 Ehrenmitgl. BDZV.

NEVERMANN, Knut

Dr. iur., Priv.-Doz., Staatsrat Kulturbehörde Fr. u. Hansestadt Hamburg (1988-91) - Hamburger Str. 45, 2000 Hamburg 76 - Geb. 6. Jan. 1944 Hamburg (Vater: Dr. Paul N., Hbg. Bürgerm.), verh. - Jura-Stud. 1963-70 Hamburg, München, Berlin; jurist. Staatsex. 1970 u. 1974, Promot. 1980 Hamburg, Habil. 1986 FU Berlin (FB Polit. Wiss.) - 1970-73 Wiss. Mitarb. b. Dt. Bildungsrat; 1974-85 Max-Planck-Inst. f. Bildungsforsch.; zul. Dir. Landesinst. f. Schule u. Weiterbild. Soest - BV: D. Schulleiter, 1982; Schulaufsicht u. Schule, 1980; Wie kamen d. Nationalsozialisten an d. Macht?, 1985 - Spr.: Engl.

NEWESELY, Heinrich

Dr. phil., Prof. f. Med. Chemie u. Werkstoffkundl. Theorie (s. 1972) u. Direktor Inst. f. Klin.-Theoret. Zahn-, Mund- u. Kieferheilkd. FU Berlin - Leichhardtstr. 19, 1000 Berlin 33 (T. 832 42 32) - Geb. 11. Jan. 1933 Innsbruck (Österr.), verh. m. Elisabeth, geb. Weingartner, 3 Kd. (Brigitte, Georg, Barbara) - 1965 Privatdoz. u. apl. Prof. (1969) f. Kristallchemie u. Mikromorphol. TU Berlin, insb. Archäometrie (M. Group PACT, Conseil de l'Europe) - BV: Mechanisms and Action of Trace Elements in the Mineralization of Hard Tissues, 1972; Physikal.-chem. Aspekte d. Zementbindung, 1972. Mithrsg.: Calcified Tissue Res. Oralprophylaxe - Mitgl. Kommiss. Biokristallitforsch. Mainzer Akad. d. Wiss.; Leit. Arb.-gruppen f. Implantatwerkst. Fédération Dentaire Intern. u. Intern. Standardisation Org. ISO sow. Dt. Inst. f. Normung DIN. Präs. Intern. Document. Center for Preventive Dentistry.

NEWIAK, Sven-Olaf

Dr.-Ing. habil., Prof., Direktor Deutsche Private Finanzakademie AG München, Hon.-Prof. TH Ilmenau - F.-Brüning-Str. 6, O-1580 Potsdam - Geb. 23. Jan. 1947 Dresden, verh. s. 1968 m. Tatjana, geb. Schkurdoda, 3 Kd. (Monika, Monique, Denis) - Stud. Halbleitertechn. 1965-70 UdSSR; Promot. Dr.-Ing. 1973 UdSSR; Habil. 1982 - 1984 Hon.-Doz.; 1990 Hon.-Prof. TH Ilmenau. Fachveröff. - Spr.: Russ., Engl.

NEWIGER, Hans-Joachim

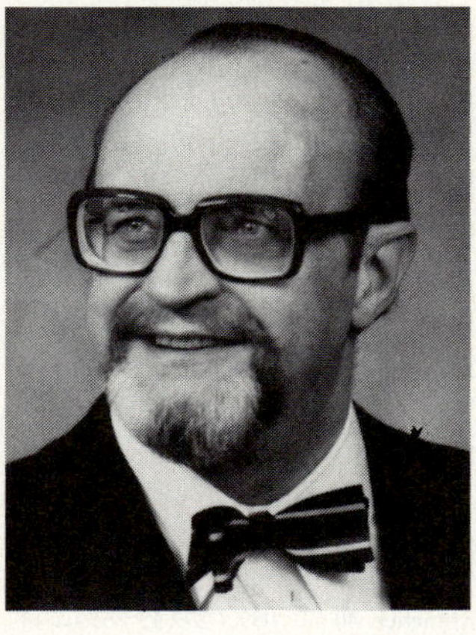

Dr. phil., em. o. Prof. f. Klass. Philologie Univ. Konstanz - Otto-Hahn-Str. 37, 4800 Bielefeld 12 (T. 49 14 18) - Geb. 1. April 1925 Königsberg/Pr. (Vater: Hermann N., Landwirt; Mutter: Charlotte, geb. Dunkel), ev., verh. s. 1955 m. Hanna Marie, geb. Stüßel, 2 Kd. (Corinna, Nicolaus) - Promot. Univ. Kiel 1953; Stip. Dt. Archäolog. Inst. in Griechenl. u. Ital., 1956; Lehrtätigk. Univ. Kiel, 1954, Univ. Hamburg, 1955; Lektor Univ. Kiel, 1957; Habil. 1968; Lehrstuhlvertr. Univ. Göttingen 1968; o. Prof. TU Berlin 1969, Univ. Konstanz 1971 - BV: Volbehr-Weyl-Bülck-Newiger, Professoren u. Dozenten d. Christian-Albrechts-Univ. zu Kiel, 1956; Metapher u. Allegorie - Stud. zu Aristophanes, 1957; Unters. zu Gorgias' Schrift Über das Nichtseiende, 1973. Zahlr. Beitr. zu Fachztschr.- u. Sammelwerken 1956-92. Herausg.: Antike Komödien: Aristophanes (1968, 2. A. 1976); Diller, Kleine Schr. z. antiken Lit. (m. H. Seyffert, 1971); Aristophanes u. d. Alte Komödie. Wege d. Forschung (1975); Aristophanes, Sämtl. Komödien (1976, 2. A. 1980, 3. A. 1990) - 1970 Korr. Mitgl. Dt. Archäolog. Inst. u. 1973 Griech. Humanist. Ges. Athen; Ehrenritter d. Johanniter-Ord. - Liebh.: Musik, Theater, Marinegesch. - Spr.: Engl., Griech.

NEWMAN, Karl J.

Dr. jur., Dr. phil., Dr. phil. h. c., Prof. - Landsberger Str. 73, 5300 Bonn-Tannenbusch (T. 70 73 60, 66 25 92) - Geb. 9. Juli 1913 Hohenelbe/Böhmen, kath., verh. I) 1951 m. Betty, geb. Alexander († 1968), 2 Kd. (Hans Anton, Elisabeth) - Gymn. Olmütz; Deutsche Univ. Prag, Balliol College, Oxford - s. 1945 Lehrtätigk. Univ. Oxford, London (1946), Natal (1949), Dacca (1950; 1951 Ord. f. Polit. Wiss.), Köln (1962; 1964 Wiss. Rat u. Prof. f. Polit. Wiss.). Gastprof. f. Intern. Beziehungen Univ. Eslamabad/Pakistan 1977-80, Gastvorles. amerik. Univ. (Columbia, Harvard u. a.). 1969 Vizepräs. Bundesanst. f. gesamtdt. Aufgaben, Bonn - BV: Essays from Pakistan, 1953; Essays on the Constitution of Pakistan, 1956; Entwicklungsdiktatur u. Verfassungsstaat, 1963; Zerstörung u. Selbstzerstörung d. Demokratie, 1965; European Democracy between the Wars, 1971; Wer treibt die Bundesrepublik wohin, 1968; Polit.-Soziolog. Problematik d. APO, 1974 - 1958 Mitgl. Amerik. Akad. d. Polit. Wiss. - Liebh.: Musik, Lit., Bergsteigen - Spr.: Tschech., Engl., Ital., Urdu - Mitarb. an d. pakistan. Verfassung (1953 u. 1956).

NEY, Norbert

Autor, Übers. - Bachstr. 127, 2000 Hamburg 76 (T. 040-229 72 53) - Geb. 30. Juni 1951 Eutin/Holst. - B. 1971 Lehre Industriekaufm.; Übersetzerprüf. 1974; Autodidakt - 1976-78 1. Vors. AGAV (Arbeitsgem. Alternativer Autoren & Verleger); 1983-89 1. Vors. Verb. dt. Schriftst. (VS) Landesverb. Hamburg; 1984-87 Literaturtelefon-Jury Hbg. - BV: Tendenzwendgedichte, 1976/78/80; Danke, man lebt!, 1978,80; Laßt mich bloß in Frieden, 1981; Ich bin sterilisiert, 1981,83,84; Nichtdestotrotz, 1981; Liebe, Laster, Leid & Lust, 1984; Nicht m. Dir u. nicht ohne Dich, 1984, 1987 u. 88,89,90,91 (im 225. Tsd.); Sie haben mich zu e. Ausländer gemacht ..., 1985, 4. A. 1992, Blindenschr.ausg. 1986; Das and. Junggesellenkochb., 1985; Traumberufe - Berufsträume, 1985; Tumult & Träume, 1985; Ratgeber Sterilisat./Handb. f. Frauen u. Männer, 1985; D. Buch v. großen Durst, 1987; Leseb. Eifersucht, 1987; Ratgeber Sterilisation, 1988; Was sind d. f. Zeiten? D. besten Satiren aus d. gewendeten 80er J., 1988; Abenteuer-Schiff Hamburg. Reisef. f. Kd. durch d. Stadt, 1988/89/90/91. Dänemark - Sehen & Erleben, 1991; D. Nordseeinseln - Sehen & Erleben, 1992; Heiter bis wolkig, 1992; Fröhlich ins Leere, 1992; Manche Tage - Ged.Zyklus (1-6), 1992. Übers.: Yilmaz Güney-Sürü/D. Herde (1981); Nâzim Hikmet: Menschenlandschaften, 5 Bde. (1978-81, zus. m. Ümit Güney); u.v.a. - 1978 Förderstip. Baden-Württ.; 1984 + 88 Preis Jugendtaschenb. d. Monats (f.: Sie haben mich zu einem Ausländer gemacht) u. Stadtschreiber Glückstadt/Elbe; 1988 Reisestip. d. Ausw. Amts f. Lit. Aufenthalt in Portugal; 1991 Stadtschreiber in Ottendorf; 1992 Stip. d. Wilke-Stiftg. Bremerhaven - Liebh.: Eig. Katze, Kochen, Collagieren - Spr.: Engl., Franz., Türk. - Lit.: Dr. Jürgen Lodemann, Zehn Karlsruher Autoren u.v.a.

NIBEL, Theo A.

Kaufmann, Ehrenvors. Wirtschaftsverb. d. Handelsvertreter u. -makler Baden-Württ., Stuttgart, Handelsrichter LG ebd. u. a. - Weinbergweg 84, 7000 Stuttgart 80 (T. 68 16 85) - Geb. 2. Mai 1919 Fürth/Bay. - Mitgl. Einigungsst. f. Wettbewerbsstreitigkeiten IHK Mittl. Neckar, Stuttgart - BVK I. Kl.

NICK, Dagmar

Schriftstellerin - Kuglmüllerstr. 22, 8000 München 19 (T. 17 34 32) - Geb. 30. Mai 1926 Breslau (Vater: Prof. Dr. jur. Edmund N., Komponist † 1974; Mutter: Kaete, geb. Jaenicke † 1967), ev., verh. in 3. Ehe m. Dr. med. Kurt Braun - Lyz.; Stud. Graphologie München - BV: Märtyrer, Ged. 1947; D. Buch Holofernes, Ged. 1955; In d. Ellipsen d. Mondes, Ged. 1959; Einladung n. Israel, Prosa u. Ged. 1963; Einlad. nach Rhodos, Prosa, 1967; Zeugnis u. Zeichen, Ged. 1969; Rhodos, Prosa 1975; Sizilien, Prosa 1976; Fluchtlinien, Ged. 1978; Götterinseln d. Ägäis, Prosa 1981; Gezählte Tage, Ged. 1986; Medea, e. Monolog, Prosa 1988; Im Stillstand d. Stunden, Ged. 1991. Ged. in Anthol. u. a. Übers. aus d. Engl.: Robert Frost, Gedichte, 1951; Israel - gestern u. heute, Dokumentation 1968; Götterinseln d. Ägäis, Reiseb. 1982. Hörsp.: D. Flucht, D. Verhör, Requiem - 1948 Liliencron-Preis Stadt Hamburg; 1951 Ehrengabe Stift. z. Förder. d. Schrifttums; 1963 Literaturpreis Landsmannsch. Schlesien; 1966 Eichendorff-Lit.preis; 1970 Ehrengabe z. Andreas-Gryphius-Preis; 1977 Roswitha-Gedenkmed.; 1981 Tukan-Preis d. Stadt München; 1986 Kulturpreis Schlesien Land Nieders; 1987 Schwabinger Kunstpreis f. Lit. d. Stadt München - 1965 Mitgl. PEN-Zentrum BRD - Spr.: Engl.

NICKAU, Klaus

Dr. phil., o. Prof. f. Klass. Philologie Univ. Göttingen - Wagnerstr. 9, 3400 Göttingen - Geb. 4. Dez. 1934 Berlin - Stud. Univ. Hamburg, Tübingen, Athen; Promot. 1960 Hamburg, Habil. 1969 Bonn - S. 1969 Privatdoz. Bonn; s. 1970 o. Prof. Göttingen - BV: Ammonii qui dicitur liber de adfinium vocabulorum differentia, 1966; Unters. z. textkrit. Meth. d. Zenodotos v. Ephesos, 1977. Mithrsg.: Beitr. z. Altertumswiss.; Glotta - Ztschr. f. griech. u. lat. Spr.

NICKEL, Egbert

Dr. jur., Prof. f. Zivil-, Arbeits- u. Wirtschaftsrecht TH Darmstadt, Richter Hess. Landessozialgericht - Geb. 7. Juni 1936 Tilsit/Ostpr. (Vater: Gustav N., Kaufm.; Mutter: Edith, geb. Grunwald), ev., verh. s. 1964 m. Christa, geb. Frühsorger, 2 Töcht. (Stefanie, Veronika) - 1955-60 Stud. Rechtswiss. Univ. Heidelberg, Hamburg u. München; 1. jurist. Staatsex. 1960, 2. Prüf. 1965 - 1965-72 Wiss. Assist. TH Darmstadt; 1975-77 Lehrauftrag Verw.-Hochsch. Speyer; s. 1972 Prof. f. Zivil-, Arbeits- u. Wirtschaftsrecht TH Darmstadt; 1972 Ev. Akad. Arnoldshain; 1981 Richter Hess. Landessozialgericht (2. Hauptamt) - BV: D. Problematik d. unechten Unterlass.-delikte im Hinblick auf Grundsatz: nullum crimen sine lege (Art. 103 Abs. 2 GG; Diss.), 1972; Komment. §§ 1-58 HGB im Gemeinschaftskomment. z. Handelsgesetzb., 1980, 4. A. 1989; Einführung in d. Recht, 5. A. 1991 - Liebh.: Musik, Gesch., Theol. - Spr.: Engl.

NICKEL, Gerhard

Dr. phil., M. A., o. Prof. f. Linguistik u. Anglistik - Keplerstr. 17, 7000 Stuttgart 1 - Geb. 15. Aug. 1928 Kostellitz/OS. - s. 1962 (Habil.) Lehrtätigk. Univ. Erlangen-Nürnberg, Kiel (1963 o. Prof.), Stuttgart (1969 o. Prof., 1975 Dir. Sprachenzentr.). 1966 Gastprof. USA, 1971/72 Gastprof. FU Berlin. 1968-76 1. Vors., 1977 ff. Ehrenpräs. Ges. f. Angew. Linguistik (GAL); 1969 Vizepräs., 1972-78 Generalsekr., 1978-81 Vizepräs. Assoc. Intern. de Linguistique Appliquée (AILA); Dir. Europ. Inst. of Applied Linguistics (EIAL). Organisator IV. Weltkongreß f. Angew. Linguistik Stuttgart 1975; 1979 Gastprof. Alexandria/Ägypt., 1980 Bingham Prof. Univ. Louisville/USA; 1981 Ehren-Vizepräs. AILA; 1984 Gastprof. Eastern Michigan Univ.; 1987 Fellowship Intern. Christ. Univ. Tokyo. Fachveröff. - Honorary Fellow u. Diamond Jubilee Med. Inst. of Linguists; 1986 Verdienstmed. Univ. Posen - Lit.: Festschr. z. 60. Geb. (1988).

NICKEL, Horst

Dr. phil., Prof. f. Entwicklungs- u. Erziehungspsych. Univ. Düsseldorf - Universitätsstr. 1, 4000 Düsseldorf - Geb. 30. Sept. 1929 Spangenberg (Vater: Konrad N.; Mutter: Marie, geb. Stückrath), ev., verh. s. 1959, 2 Kd. (Wolfram, Cordula) - Schule (Abit.); 1950-53 Lehrerstud.; 1957-61 Stud. Psych., Päd., Psychopathol., Polit. Wiss. Dipl.-Psych. 1961 Marburg; Promot. 1965 Erlangen - 1953-57 Lehrer an Volks- u. Mittelsch.; 1962-65 Wiss. Ass. PH Bayreuth; 1965-67 Wiss. Rat Univ. Hamburg; 1967-69 Prof. PH Flensburg; 1969-72 o. Prof. u. Dir. Sem. f. Psych. PH Rhld./Abt. Bonn; s. 1972 Univ.-Prof. Heinrich-Heine-Univ. Düsseldorf, Leit. Inst. f. Entwickl.- u. Sozialpsych., 1976 Ruf an d. Univ. Frankfurt, 1982 Ruf an d. Univ. Erlangen-Nürnberg - BV: D. visuelle Wahr-

NICKEL, Hubertus
Dr. rer. nat., Univ.-Prof. f. Reaktorwerkstoffe und Brennelemente TH Aachen (s. 1972) - Am Waldeck 5, 5170 Jülich-Koslar (T. 5 34 24) - Geb. 6. März 1930 Breslau (Vater: Josef H., Landwirt; Mutter: Anna, geb. Stiller), kath., verh. s. 1958 m. Irmgard, geb. Haase, T. Gabriele - Stud. d. Chemie u. Werkstoffkd.; Promot. 1959; Habil. 1967 - 1960 Wiss. Mitarbeiter Forsch.zentrum Jülich (KFA); 1967 Privatdoz., 1971 Dir. Inst. f. Reaktorwerkst. KFA Jülich - Mitgl. versch. in- u. ausl. Beratungsgremien, u. a.; 1972 Mitgl. Reaktor-Sicherheitskommiss.; 1978 Kurat.mitgl. Physikal. Techn. Bundesanst. Braunschweig; 1981 Fraunhofer Ges. Inst. f. zerstörungsfr. Prüfverf., Saarbrücken - BV: Grafitische Werkstoffe f. Kernreaktoren (m. W. Delle, K. Koizlik); Gefügeanalyse metallischer Werkstoffe (m. K. Schmidt, H. Hoven, K. Koizlik, J. Linke). Üb. 500 Einzelarb. - Spr.: Engl.

NICKEL, Karl
Dr. rer. nat., em. o. Prof. f. Angew. Mathematik - Schlierbergstr. 88, 7800 Freiburg i. Br. (T. 40 31 59) - Geb. 9. Febr. 1924 Tübingen (Vater: Carl, Schlachthausverw.; Mutter: Hedwig, geb. Dewald), ev., verh. s. 1948 m. Gunilde, geb. Horten, 3 Kd. - 1943-48 Stud. Göttingen, Tübingen; 1948 Dipl.-Math.; 1949 Dr. Univ. Tübingen, 1958 Habil. TH Karlsruhe, 1948-50 Assist. Univ. Tübingen; 1950/51 Assist. TH Stuttgart; 1951-55 Inst. Aerotecnico Córdoba, Argentinien; 1955 TH Braunschweig; 1956-76 TH Karlsruhe; 1961-62 ap. Prof., 1962-76 o. Prof. TH Karlsruhe; 1964-65 Univ. of Notre Dame USA; 1966-67 IBM-Lab. Rüschlikon/Schweiz u. Yorktown Heights USA; 1970-71 Univ. of Wisconsin Madison, USA; 1975 Banach Zentrum Warszawa, Polen; 1976-89 Univ. Freiburg (Inst. f. Angew. Mathematik) - BV: ALGOL-Praktikum, E. Einf. i. d. Programmieren, 1964, 2. A. 1979; KLEN, Palmström als Programmierer, 1977; KLEN, Schüttelreime selbst gemacht, 1987; Schwanzlose Flugzeuge (zus. m. M. Wohlfahrt), 1990. Herausg.: Interval Mathematics (1975); Interval Mathematics 1980 (1981); Interval Mathematics 1985 (1986) - 1970 Mitgl. Dt. Akad. d. Naturforscher Leopoldina; 1981 Hon. Prof. Liaoning-Univ. in Shenjang/China; 1991 Mitgl. Akad. Tworutschestwa USSR (Acad. of Creative Endeavours).

NICKEL, Klaus G.
Dr. phil., Dipl.-Geol., Prof. f. Angewandte Mineralogie Eberhard-Karls-Univ. Tübingen (s. 1991) - Wilhelmstr. 56, 7400 Tübingen (T. 0707 - 29 68 02) - Geb. 29. Juni 1953 Langen/Hessen - Lehre Chemielaborant 1972; Dipl.-Geol. 1979 Mainz; Ph. D. 1983 Hobart, Australien - 1983-86 Wissenschaftler Max-Planck-Inst. f. Chemie; 1986-91 Max-Planck-Inst. f. Metallforsch.; Patentinhaber - Zahlr. Fachveröff.

NICKLIS, Werner
Dr. phil., em. o. Prof. Univ. Bayreuth - Kopernikusring 52, 8580 Bayreuth - Geb. 7. Dez. 1920 - Dt. Aufbauschule 1933-39, Kriegsdst. u. Gefangensch. 1939-46, Päd. Akad. 1946/47, Volksschuldst. Rheinl.-Pfalz 1947-63, 1. LAP 1947, 2. LAP 1950; 1952-60 Stud. (Päd., Psych., Soziol., Gesch., Phil.) Univ. Heidelberg; Promot. 1960 - 1963-75 Doz. u. Prof. f. Schulpäd. Päd. Hochsch. Braunschweig, s. 1975 Prof. Univ. Bayreuth (1979/80 Dekan). Emerit. 1989 - BV: Kybernetik u. Erziehungswiss., 1967; Handwörterb. d. Schulpäd., 1971; Erziehungswiss. Forschungsmeth., 1976; Versuch e. Theorie d. Lehrerbildung u. d. Gestaltwandel d. Univ., 1988; zahlr. Beitr. in V. f. wiss. Päd. u. div. Ztschr.; Hauptarb.gebiet: Gesch. d. Lehrplan- u. Wissensch.theorie - 1970-75 Mitgl. d. Intern. Beirats d. Österr. Min. f. Wiss. u. Forsch. z. Univ.gründung Klagenfurt - Liebh.: Musik (Violine).

NICKLITZ, Walter
Oberregierungsbaurat, Bezirksstadtrat a. D., Architekt - Fritz-Reuter-Allee 50, 1000 Berlin 47 (T. 606 31 60) - Geb. 28. Nov. 1911 Berlin , verh. s. 1939 m. Charlotte, geb. Puschnus, 2 Kd. (Klaus u. Annette) - Mittelsch. (Mittl. Reife) - Maurerlehre; HTL (Ing.prüf. 1938) - Mitarb. Architektenbüro Schlüter u. Amstein, Leit. Entwurfsabt. Treuhandst. Berliner u. schles. Wohnungsuntern. u. Bauabt. Alkett, Berlin, in 1945 Ref. Entwurfsabt. Hauptamt f. Hochbau Magistrat Groß-Berlin, 1949-51 Stadtrat u. Leit. Abt. Bau- u. Wohnungswesen Berlin, 1952-61 Bezirksstadtrat u. Leit. Abt. Bau- u. Wohnungswesen Bezirksamt Wedding. 1959-65 Stv. Bürgerm. Zeitw. MdA Berlin. SPD s. 1932 - 1974 Ernst-Reuter-Plak. in Silber; 1982 Stadtältester v. Berlin.

NICLAUSS, Karlheinz
Dr. phil., Prof. f. Politikwissenschaft u. Zeitgeschichte Univ. Bonn - Eifelweg 34, 5480 Remagen 2 - Geb. 19. Jan. 1937 Bad Godesberg (Vater: Wilhelm N., Polizeibeamter; Mutter: Berta, geb. Kröller), ev., verh. s 1965 m. Heidrun, geb. Spindler, 2 Söhne (Norbert, Stefan) - Abit. Bad Godesberg 1958; Promot. Univ. Bonn 1965, post graduate Genf 1965/66, Habil. Univ. Bonn 1972 - 1966-70 Assist. Univ. Bonn, 1970-72 DFG-Stip., 1973/74 Gesamtdt. Inst., 1974-77 Gastprof. Saarbrücken, Hamburg, Berlin, Trier, Bochum, s. 1974 Prof. phil. Fak. Univ. Bonn - BV: D. Sowjetunion u. Hitlers Machtergreifung, 1966; Demokratieger. in Westdtschl., 1974; Kontroverse Dtschl.pol., 1977; Restauration od. Renaissance d. Demokratie?, 1982; Kanzlerdemokratie - Bonner Regierungspraxis v. Konrad Adenauer b. Helmut Kohl, 1988 - Liebh.: Lit., Sport - Spr.: Engl., Franz., Russ.

NICOL, Klaus
Dr. phil. nat., Prof., Dipl. Physiker - Adelheidstr. 13, 6000 Frankfurt 50 (T. 069 - 52 20 71) - Geb. 27. Mai 1939 Mindelheim (Vater: Ernst N., Architekt; Mutter: Carola, geb. Bannick), ev., verh. s. 1961 m. Waltraud, geb. Uth, 3 Kd. - Stud. Physik u. Promot. Univ. Frankfurt - S. 1979 Prof. f. Biomech./Beweg.-Lehre d. Sports Univ. Münster - Erf.: Kapazitive Meßgeräte f. Kraft u. Kraftverteil.; Geschwindigkeitsmeßgerät auf Ultraschall-Basis.

NICOLA, Karl
Bürgermeister, MdL Baden-Württ. (s. 1972) - Hinterdorfstr. 6, 7831 Weisweil/Br. (T. 2 02) - Geb. 3. Dez. 1939 Freiburg/Br., ev., verh., 2 Kd. - Progymn. Kenzingen; Handelssch.; kaufm. Lehre - Ind.kfm. Leit. Betriebsrechnung; gegenw. Bürgerm. Weisweil. SPD (div. Funktionen). 1972-92 Vors. Aussch. Ländl. Raum d. Landtages Baden-Württ.

NICOLAI, Heinz
Dr. phil., em. Prof. f. Literaturwissenschaft - Parkallee 11, 2070 Ahrensburg (T. 5 30 71) - Geb. 11. Nov. 1908 - S. 1957 (Habil.) Lehrtätigk. Univ. Hamburg (1963 apl., 1969 o. Prof.). Facharb. - S. 1966 Gastprof. in Canada (Waterloo), Südafrika (Johannesburg), USA (Ann Arbor) - Zahlr. Publ. üb. Goethe u. s. Zeit.

NICOLAI, Jürgen
Dr., Prof., Ltd. wiss. Direktor i.R. Inst. f. Vogelforschung „Vogelwarte Helgoland", Wilhelmshaven - Ackerstr. 4, 2948 Schortens 1 (T. 04423 - 69 53) - Geb. 24. Okt. 1925 Neidenburg/Ostpr., ev., verh. s. 1955 m. Annemarie, geb. Feix, 2 Töcht. (Marion, Gabriele) - Stud. Zool. Anthropol., Botanik; Promot. 1954 Univ. Mainz; Habil. 1973 Univ. München - Apl. Prof. f. Zool. Univ. Hamburg - BV: Elternbeziehung u. Partnerwahl im Leben d. Vögel, 1970; Vogelleben, 1973 (Übers. Engl., Franz.); Fotoatlas d. Vögel, 1982 (Übers. Ital.); Naturerlebnis Vögel, 1990 - Spr.: Engl., Franz.

NICOLAI, Sibylle
Schauspielerin u. Moderatorin (ZDF, ARD, SAT 1) - Elisabethpl. 1a, 8000 München 40 (T. 089 - 272 15 66) - Geb. 12. Sept. Frankfurt/M. - Staatl. Hochsch. f. Musik u. Darst. Kunst Frankfurt 3 Schallpl. Mitgl. d. Münchener Lach- & Schießges. Darstellerin in Tatort, M. Gott, Herr Pfarrer, Nur f. Busse etc. Moderatorin Freizeit (ZDF), Telestar (WDR), Köpfchen, Köpfchen (SAT 1), Blitzableiter (SDR) u.a. - Spr.: Engl., Franz., etwas Russ.

NICOLAI, Ulrich
Dirigent - Lorenzonistr. 66, 8000 München 90 (T. 089 - 64 83 80) - Geb. 8. Aug. 1949 Gießen/L., ev., verh. s. 1983 m. Edith, geb. Johne, 3 Kd. (Beryl, Carla, Moritz) - 1968-71 Math.- u. Physikstud. Gießen u. Marburg; 1971-77 Musikstud. Frankfurt (Dirig. u. Klavier); Staatsex. 1975; Klavier-Dipl. u. Dirig.-Dipl. 1977; 1974 Dirigentenkurs Salzburger Mozarteum (b. C. Melles u. H. v. Karajan) - 1977 musikal. Leit. Jugenddorch. Kassel; 1977/78 Lehrauftr. f. Klavier Musikhochsch. Frankfurt; s. 1990 Lehrauftr. Musikhochsch. München. 1979/80 Gastspielreisen Südamerika; 1980-89 Kapellmeister an Staatstheater am Gärtnerplatz, München. S. 1988 ständiger Gastdirig. in St. Gallen; s. 1990 Musikal. Leit. d. Regieklasse an d. Hochschule f. Musik, München; Gastdirig. an versch. Opernhäusern; Leitung mehrerer Ur- u. Erstaufführungen - Spr.: Engl., Franz., Ital.

NICOLAI, Walter
Dr. phil., Altphilol., Prof. Univ. Mainz - Wallaustr. 53, 6500 Mainz (T. 63 26 20) - Geb. 25. März 1933 Frankfurt/O. (Vater: Rudolf N.; Mutter: Martha, geb. Walter), ev., verh. s. 1964 m. Dr. Rosemarie, geb. Haas, 2 Kd. - BV: Hesiods Erga, 1964; Kl. u. gr. Darstellungseinheiten in d. Ilias, 1973; Versuch üb. Herodots Geschichtsphil., 1986; Z. doppelten Wirkungsziel d. aischyleischen Orestie, 1988; Euripides' Dramen m. rettendem Deus ex machina, 1990.

NICOLAISEN, Heinrich
Bankdirektor, Geschäftsführungs-Ges. f. Berlin-Anlagen Bassmann & Partner mbH, Berlin - Bundesallee 160, 1000 Berlin 31 - Geb. 29. März 1930 Halle/S. (Vater: Wilhelm N., Univ.-Prof.; Mutter: Paula, geb. Kähler), verh. s. 1955 m. Ingrid, geb. Schroeder, 3 Kd. (Michael, Karin, Ute) - Abit.; Banklehre - Spr.: Engl. - Lions Intern.

NICOLAISEN, Peter
Dr. phil., Prof., Hochschullehrer - Zu erreichen üb.: Mürwiker Str. 77, 2390 Flensburg - Prof. PH Flensburg.

NICOLAS, T. A.
s. Adolph, Thomas Viktor

NICOLAUS, Fritz
Dr.-Ing., Geschäftsführer Hch. Nicolaus GmbH (Pergamentpapierfabrik), Ronsberg (s. 1968) - Nicolausstr. 12, 8956 Günzbach/Allgäu - Geb. 21. Juni 1933 Obergünzburg, verh. m. Monika, geb. Niethammer.

NICOLAUS, Norbert
Dipl.-Ing., Vorstandsvorsitzender Eduard Ahlborn AG., Hildesheim, gf. Gesellsch. Vosswerke GmbH., Sarstedt - Am Hanlah 48, 3210 Elze (T. 05124 - 23 13) - Geb. 3. April 1929 Elze (Vater: Karl N., Obering.; Mutter: Hedwig, geb. Kasten), verh. s. 1954 m. Annelie, geb. Tangermann, 4 Kd. (Ingo, Torsten, Inga-Britta, Till) - Maschinenbau TU Braunschweig - Zahlr. Erfind. - Spr.: Engl., Franz.

NICOLAYSEN, Gert
Dr. jur., Prof. f. Öffil. Recht, Europarecht, Öffil. Wirtschaftsrecht - Bockhorst 68a, 2000 Hamburg 55 (T. 870 17 47) - Geb. 7. Febr. 1931 Hamburg (Vater: Nicolay N., Schulleit.; Mutter: Gertrud, geb. Koch), ev.-luth., verh. s. 1963 m. Ursula, geb. Führhaack, T. Nele - Univ. Hamburg (Jura), 1. u. 2. Staatsex., Promot. 1958, Habil. 1973 - 1960 Wiss. Ref., 1970 wiss. Rat u. Prof., 1979 Prof. Hamburg - BV: Europ. Gemeinsch.recht, 1979; Bewilligung u. Förderabgabe nach d. BBergG, 1982; Europarecht I, 1991; zahlr. Beitr. in Ztschr. u. Sammelw. Herausg.: Europarecht.

NICOLET, Auréle
Flötist, Prof. Musikhochsch. Freiburg - Zu erreichen üb. Staatl. Hochsch. f. Musik, Schwarzwaldstr. 141, 7800 Freiburg - Geb. 1926 Neuchâtel - Univ. Zürich; Konservat. Paris - Solo-Flötist Stadtorch. Winterthur u. Berliner Philharmoniker (9 J.); Prof. Musikhochsch. Berlin u. gegenw. Freiburg/Br. Konzerte, Schallpl. - Div. Preise, dar. 1964 Musikpreis Verb. d. dt. Kritiker.

NICOLETTI, Susi
Prof., Kammerschauspielerin - Goethegasse 1, Wien 1 (T. 52 52 56) - Geb. 3. Sept. München, verh. m. Prof. Dr. phil. Ernst Haeussermann †1984 (s. XXII. Ausg.), Kd. - Lyz.; Tanzausbild. - Solotänzerin Münchner Opernbühne, danach Schausp. Bayer. Landesbühne München, Städt. Theater Nürnberg u. Burgtheater Wien (1940). N. 1945 wiederh. Salzbg. Festsp. - Bühne: Katharina, Viola, Rosalinde, Käthchen, Marianne, Regine, Melitta, Ännchen, Claudia u. v. a. Zahlr. Filme; Fernsehen. S. 1954 o. Prof. Reinhardt-Sem. Wien - Mutter: Schausp.

NICOLIN, Friedhelm
Dr. phil., o. Prof. f. Allg. Pädagogik Univ. Düsseldorf - Forststr. 11, 5300 Bonn 1 (T. 25 11 07) - Geb. 10. Febr. 1926 Aachen (Vater: Christian N.; Mutter: Tinny, geb. Frings), kath., verh. s. 1954 m. Milly, geb. Mühlenberg,

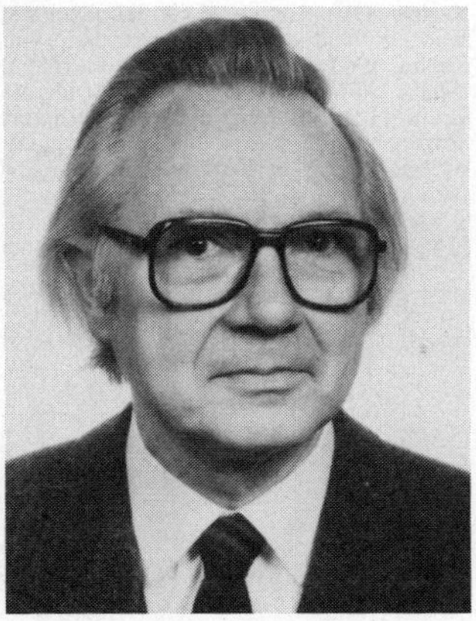

Schriftstellerin †1978 (s. XX. Ausg.), 3 Kd. (Mechthild, Bernadette, Felicitas) - Univ. Köln, Bonn, München (Phil., Päd., Germ., Gesch.). Promot. 1954 Bonn - 1957-67 Leit. Hegel-Archiv; 1961 Lehrbeauftr. Univ. Bonn; s. 1962 Prof. PH Rhld./Abt. Neuss; s. 1980 Univ. Düsseldorf - BV: Hegels Bildungstheorie 1955; Päd. als Wiss., 1969; Hegel 1770-1970 - Leben, Werk, Wirkung, 1970; D. jg. Hegel in Stuttgart, 1970; Stichwort Bildung, 1974; V. Stuttgart nach Berlin - D. Lebensstationen Hegels, 1991. Zahlr. Beitr. in Fachztschr. u. Sammelwerken (s. 1956). Herausg.: Hegel, Enzyklopädie (1959 u.ö., m. O. Pöggeler); Litt, Päd. u. Kultur (1965); Briefe v. u. an Hegel, 2 Bde. 1977/81; Hegel, Frühe Schriften, 1989; Hegel, Frühe Exzerpte, 1991. Mithrsg.: Hegel-Studien (s. 1961); Kultur u. Erkenntnis (s. 1984). Lit.: Päd. Rundschau 41 (1987), 91-99.

NIEBEL, Fritz

Ministerialdirektor a. D. - Drachenfelsstr. 11, 5307 Wachtberg-Niederbachem (T. Bonn 34 44 78) - Geb. 20. Okt. 1913 Düsseldorf, verh., 2 Kd. - Univ. Freiburg/Br., München, Bonn (Rechts- u. Staatswiss.). Gr. jurist. Staatsprüf. 1939.

NIEBELING, Hugo

Autor, Regisseur, Filmproduzent - Druckerweg 10, 4010 Hilden/Rhld. (T. 85 15) - Geb. 2. Febr. 1931 Düsseldorf, kath., 2 Töcht. (Ute, Karen) - Humboldt-Gymn. Düsseldorf; kaufm. Lehre (Mannesmann); Schauspielausb. ebd. - Dokumentarfilme: Stählerne Adern (Bundesfilmpreis 1957/Filmband in Gold), Druckgefäß Kahl, Stahl-Thema m. Variationen (Grand Prix 1960 Rouen, 1961 Bundesfilmpr./Filmbd. in Gold u. a.), Alvorada (1963 Bundesfilmpr./ Filmbd. in Gold, Preise Edinburgh u. Cork, Oscar-Nomination; Cannes-Beitrag), Petrol (1965 Preise Edinburgh, Cork, Chicago, Kulturfilmprämie Intern. Rang; Cannes-Beitrag), Mit Licht schreiben (1967 Kulturfilmprämie Intern. Rang, 1968 Dt. Ind.filmpreis u. a.), Pastorale, Eroica (beide Berliner Philharmoniker unter Herbert v. Karajan), Allegro (Prädikat: Besonders wertvoll; 1971 Kurzfilmpreis Buenos Aires), 9 Ballettfilme, darunter Giselle (Besonders wertvoll; 1971 Grand Prix Menton), Percussion for Six (1971 Regiepreis Menton), Violin concerto (m. d. New York City Ballet; Besonders wertvoll; 1974 Bundesfilmpreis/Filmbd. in Gold, Grand Prix Besancon), Duo concertant (1975 Gr. Prix Besancon), Serenade (1975 Preis d. Publik. Besancon), Lustwandel in Hohelohe (3 Filme 1975/76). Himml. Cantorey (3 Weihnachtsf. 1975/ 76, m. d. Berliner Philh.); Serenade, e. spätromant. Erinnerung (üb. Fr. W. II v. Preußen, 1978); D. Auftrag, d. uns bleibt (ges.polit. Film f. d. Bayer AG 1982/83; Prädikat: Besonders wertvoll, Wirtschaftsfilmpreis 1984); So schließt sich d. Kreis, 100 J. Berufsgenoss. (sozialpolit. Film f. BG Chemie, 1986); Es wäre gut, daß ein Mensch würde umbracht für d. Volk (Johannespassion), Spielfilm, 1990/ 91 - 1964 Förderpr. Gr. Kunstpr. Nordrh.-Westf. - Liebh.: Musik, Kunstgesch.

NIEBERGALL, Heinz Rudolf

Dr. rer. nat., Prof., Univ. Karlsruhe, Leiter d. Inst. f. Lebensmittelchemie (s. 1982) - Bismarckstr. 11, 7500 Karlsruhe (T. 0721-2 75 02) - Geb. 25. April 1927 Neustadt/Weinstr. (Vater: Albert N., Heilprakt.; Mutter: Rosa, geb. Kronenberger), ev., verh. s. 1953 m. Walpurgis, geb. Jurascheck - Stud. in Karlsruhe; Dipl.ex. 1952; Promot. 1956; Staatsex. (Lebensm.chem.) 1974; Habil. 1970 (alle Karlsruhe) - 1957-62 wiss. Mitarb. Battelle-Inst. Frankfurt/M., 1963-76 Akad. Oberrat, Wiss. Rat u. Prof., apl. Prof. (1973) Univ. Karlsruhe, Wiss. Rat u. Prof. Univ. Würzburg (1976-78), 1978-81 Prof. Univ. Frankfurt/M., gf. Dir. Inst. f. Lebensm.Chem. u. Lehrstuhlinh., 1980-81 Dekan Fachber. Biochemie, Pharmazie u. Lebensmittelchemie d. J.W.G.-Univ. Frankfurt/M. Patentinh. (31 Erf.). Zahlr. Fachveröff. - S. 1980 o. Mitgl. Arbeitsgr. Bedarfsgegenstände d. GDCh.; s. 1980 Fachgutachter d. DFG - Liebh.: Verhaltenspsychol., Evolutionswiss., Musik - Spr.: Engl.

NIEBUHR, Ratje

Landwirt, Landrat Kr. Verden - 3091 Neddernhude b. Verden/Aller - 1970 BVK I. Kl.

NIEDDERER, Hans

Dr. rer. nat., Prof. f. Theorie u. Praxis d. Physikunterrichts Univ. Bremen - Schumannstr. 71 b, 2822 Schwanewede (T. 04209 - 10 08) - Geb. 23. Dez. 1938 Santiago/Chile (Vater: Fritz N., Export-Kaufm.; Mutter: Inga, geb. Olsson), ev., verh. s. 1979 in 2. Ehe m. Almuth, geb. Bursian, gesch., 4 Kd. (Sven-Erik, Gösta, Falk, Heiko) - Staatsex. 1965 in Physik u. Math. Univ. Tübingen, Promot. 1972 Univ. Kiel - 1965 Wiss. Mitarb. IPN Kiel, Projektleit.; 1974 Prof. Univ. Bremen - BV: IPN-Curriculum Physik: D. elektr. Stromkreis, 1975; Schwingungen, Schall, Lärm, 1981; Elektronik, 1975; Wissenschaftstheorie u. Physikunterr., 1982 - Liebh.: Musik (Geige) - Spr.: Engl.

NIEDERALT, Alois

Bundesminister a. D. - Wiener Str. 3a, 8023 Pullach/Isartal - Geb. 10. April 1911 Niedermurach (Vater: Georg N., Landw.; Mutter: geb. Paumer), kath., verh. s. 1940 m. Carola, geb. Rittner, 3 Kd. - Gymn. Straubing; Univ. München (Rechts- u. Staatswiss.) - Ab 1935 Gerichtsrefer., 1938-49 Reg.sass. u. -rat bayer. innere Verw. (Wolfratshausen, Bad Reichenhall, Laufen (n. Kriegsende) u. Traunstein; dazw. Wehrdst. (zul. Ltn. d. R.) u. Kriegsgefangensch.) u. Staatskanzlei (1949), dann Oberreg.srat u. Reg.sdir. Bevollm. Bayerns b. Bund (stv. Bevollm.), 1953-69 MdB (CSU/CDU, 1962-66 Bundesmin. f. Angelegenh. d. Bundesrates u. d. Länder - 1967 Großkreuz VO. BRD.

NIEDERDELLMANN, Herbert

Dr., Dr. med., o. Univ.-Prof., Arzt f. Mund-, Kiefer- u. plast. Gesichtschirurgie - Franz-Josef-Strauß-Allee, 8400 Regensburg - Geb. 16. April 1939 Braunschweig - Ärztl. Dir. Klinik u. Poliklinik f. Mund-, Kiefer- u. Gesichtschirurgie am Klinikum d. Univ. Regensburg - Erf.: Neue Osteosynthesesysteme - BV: Verletzung d. Gesichtsschädels (m. Schilli), 1980; Buch- u. Zeitschriftenbeiträge - Spr.: Engl., Franz.

NIEDEREHE, Hans

Dr. phil., Prof. f. Romanistische Sprachwiss. Univ. Trier - Hauptstr. 135, 5501 Mertesdorf (T. 0651 - 5 73 62) - Geb. 28. Mai 1937 Köln - Staatsex. 1965 in Franz. u. Deutsch; Promot. 1966 Univ. Köln, Habil. 1973 Univ. Hamburg - 1964-73 Wiss. Assist. u. Wiss. Oberrat, 1973 ff. o. Prof. - BV: Straße u. Weg in d. galloroman. Toponomastik (Diss.), 1967; D. Sprachauff. Alfons d. Weisen. Stud. z. Sprach- u. Wissenschaftsgesch. (Habil.-Schr.), 1975; Alfonso X el Sabio y la Lingüística de su Tiempo, 1987.

NIEDERLÄNDER, Hubert

Dr. jur., o. Prof. f. Bürgerl. u. Röm. Recht sow. Rechtsvergl. - Bächenbuckel 8, 6900 Heidelberg-Ziegelhausen - Geb. 10. Febr. 1921 Ormesheim/Saar (Vater: Andreas N.; Mutter: Katharina, geb. Ruppert), verh. 1959 m. Elke, geb. Ostermann - Univ. München u. Heidelberg (Nationalök. u. Rechtswiss.). Promot. (1948) u. Habil. (1951) Heidelberg - 1951 Privatdoz. Heidelberg, 1952 ao. Prof. Graz, 1956 o. Prof. Heidelberg (1972-79 Rektor) - BV: D. Bereicherungshaftung im klass. Röm. Recht, 1953. Fachabh. u. -aufs.

NIEDERLEITHINGER, Ernst

Dr. jur., Ministerialdirektor, Leit. d. Abt. Handels- u. Wirtschaftsrecht im Bundesjustizmin. - Heinemannstr. 6, 5300 Bonn 2 - Geb. 22. März 1934 Coburg, verh., 3 Kd. - Stud. Rechts- u. Wirtsch.wiss. München. Refer.Ex. 1957; Ass.ex. 1961 München - S. 1962 Bundeskartellamt - BV: D. Stellung d. Versorgungsw. im Gesetz gegen Wettbewerbsbeschränkungen, 1968; Kommentar z. Kartellgesetz, 1977-82 (m. L. Ritter u. U. Schmidt) - Spr.: Engl.

NIEDERMAYER, Josef

I. Bürgermeister Stadt Viechtach - Rathaus, 8374 Viechtach/Ndb. - Geb. 1. Juni 1926 Viechtach - Kaufm. CSU.

NIEDERMAYER, Josef

Dr. phil., Direktor a. D. Geolog. Landesamt Hamburg (s. 1954) - Durchdeich 8, 2050 Hamburg 80 (T. 737 27 90) - Geb. 23. Juli 1911 Karlsruhe (Vater: Michael N., Obering.; Mutter: Maria, geb. Föhrenbach), kath., verh. s. 1940 m. Margrit, geb. Isert, 3 Kd. (Ingrid, Karin, Klaus) - Realgymn. Köln-Deutz; Univ. Bonn (Geol., Mineral., Geogr., Chemie; Promot. 1934). Geol. Staatsex. Berlin (1935, 1939) - 1934-36 Univ. Bonn (Assist.); ab 1937 Pr. Geol. Landesanstalt bzw. Reichsamt f. Bodenforsch. (1938), Berlin; 1941-48 Kriegsdst. u. -gefangensch.; 1948-54 Amt f. Bodenforsch., Hannover (Bezirksgeologe). S. 1958 Lehrbeauftr. Univ. Hamburg. 6 Fachmitgliedsch. Lions Club - Zahlr. Veröff. (Angew. Geol., Hydro- u. Quartärgeol.) - Liebh.: Reisen - Spr.: Engl., Franz.

NIEDERMEIER, Georg

Dr. oec., Dipl.-Kfm., Vorstandsmitglied Walter Bau-AG - Gerhart-Hauptmann-Str. 32, 8900 Augsburg 22 (T. 0821-9 30 30) - Geb. 8. Febr. 1932 Reichenrott/Kr. Mühldorf, kath., verh. s. 1964 m. Inge, geb. Kirsch, 3 Kd. (Cornelia, Florian, Barbara) - Abit. 1950 Mühldorf/ Inn; 1950-54 Stud. Univ. München (Betriebsw., Dipl.-Kfm.); Promot. 1957 Univ. Erlangen-Nürnberg - AR Kathreiner AG, Poing; Beirat Suspa GmbH, Langenfeld - Spr.: Engl., Franz., Portug.

NIEDERMEIER, Hermann Josef

MdL Bayern (s. 1978) - Hochsteinstr. 15, 8360 Deggendorf/Ndb. - Geb. 26. Mai 1936 Euschertsfurth, verh., 1 Kd. - Volkssch.; Wasserbauwerkerlehre (Abschl. Verden/Aller) - 1953 b. 1962 Wasser- u. Schiffahrtsamt Regensburg (zul. Wasserbauvorw.); 1963-78 Geschäftsf. SPD Deggendorf, s. 1972 SPD-Stadtrat u. s. 1978 Kreisrat.

NIEDERREITHER, Ernst

Kulturfilmregisseur, Autor u. Kameramann - Richard-Strauss-Str. 33, 8000 München 80 (T. 47 37 43) - Geb. 25. Aug. 1915 München (Eltern: Johann (Kaufm.) u. Helene N.), kath., verh. s. 1950 m. Hildegard, geb. Amon - Gymn., Univ. (Kunstgesch.) u. Staatl. Lehranst. f. Lichtbildwesen München; prakt. Ausbild. Bavaria-Film ebd. - Zahlr. Kultur- u. Dokumentarfilme, darunt. preisgekrönt: Glückl. Menschen, Wir u. d. anderen, D. Sitzung ist eröffnet, D. Filmschnitt, Thailand - Mai pen rai. Hörsp. Mitarb. elektron. Unterrichts-Dokumentation; Erz. Bayer. Rundfunk/Kinderfunk (auf Weltreise) - EK I; Silb. Bär Berliner Filmfestsp. u. a. - Liebh.: Segeln, Skilaufen, asiat. Literatur - Spr.: Engl., Span., Siames.

NIEDHART, Gottfried

Dr. phil., Prof. f. Neuere Geschichte Univ. Mannheim - Wilhelmstr. 49, 6800 Mannheim 51 (T. 0621 - 79 30 33) - Geb. 22. Aug. 1940 Görlitz (Vater: Paul N., Postamtsrat; Mutter: Eva, geb. Knobloch), kath., verh. s. 1976 in 2. Ehe m. Eva, geb. Hüttenrauch - Stud. Gesch., German., polit. Wiss. Univ. Frankfurt, Hamburg u. Marburg; Staatsex. 1965; Promot. 1969 Mannheim, Habil. 1976 ebd. - 1970 Akad. Rat, 1980 Prof. Univ. Mannheim - BV: Großbritannien u. d. Sowjetunion, 1972; Kriegsbeginn 1939, 1976; Handel u. Krieg in d. brit. Weltpolitik 1738-63, 1979; Einführ. in d. engl. Gesch., 1982; D. Westen u. d. Sowjetunion, 1983; Gesch. Englands im 19. u. 20. Jh., 1987; Intern. Beziehungen 1917-47, 1989; Lernen aus dem Krieg? Deutsche Nachkriegszeiten 1918 u. 1945 (zus. mit D. Riesenberger), 1992.

NIEDIECK, Lothar

Dipl.-Kfm., Dipl.-Hdl., Prokurist , stv. Vors. Bundesverb. Pharmazeut. Ind., Frankfurt (1974ff.) - Bergiusstr. 67, 2800 Bremen 33 (T. 27 13 47) - Geb. 5. Nov. 1925 Magdeburg (Vater: Bernhard N., Hdl.; Mutter: Charlotte, geb. Lederer), verh., 3 Kd. (Heike, Renate, Susanne) - 1949-52 Stud. Univ. München. Dipl.-Kfm. 1952; Dipl.-Hdl. 1952 - BV: D. Verkehr m. freiverkäufl. Arzneimitteln, 1971; Drogisten u. Paragraphen, 1971 (m. A. Frey) u. zahlr. Aufs. in d. Fachpresse - 1983 BVK I. Kl. - Spr.: Engl., Ital.

NIEDING, von, Norbert

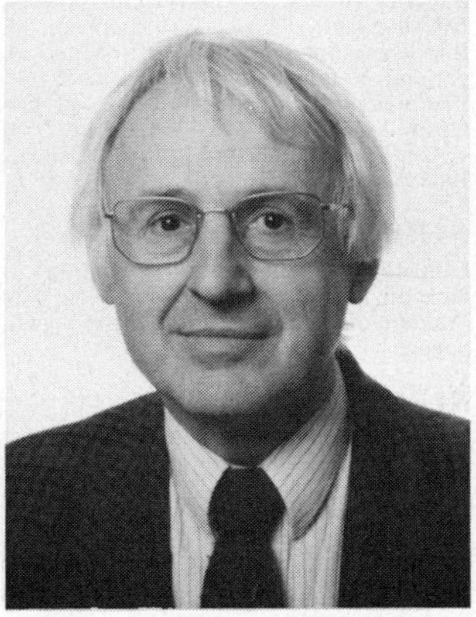

Jurist, Präsident Bundesamt f. d. Anerkennung ausl. Flüchtlinge - Zu erreichen üb. Rothenburger Str. 29, 8502 Zirndorf (T. 0911 - 655 32 37) - Geb. 23. Febr. 1934 Marienburg (Vater: Norbert N., Päd.; Mutter: Karin, geb. Erben), kath., verh. m. Hilde, geb. Frauendorfer (Lehrbeauftr. Hochsch. f. Musik Würzburg), 3 Kd. (Bernd, Bettina, Judith) - 1954-58 Stud. Rechtswiss. Frankfurt u. Mainz; 1959-63 Rechtsref., 1. u. 2. jurist. Staatsprüf. - 1973-82 Abt.-Präs. Umweltbundesamt; s. 1982 Dir., 1990 Präs. Bundesamt s.o. - BV: Berufschancen f. Juristen, Fachb. 3. A. 1986 - 1968 Helferzeichen in Gold Techn. Hilfswerk; s. 1986 Mitgl. Gutachterkommiss. f. d. Verwalt. d. Ges. f. Strahlen- u. Umweltforsch., München - Liebh.: Berufsfeldforsch., neuere Gesch. - Spr.: Engl.

NIEDRIG, Heinz
Dr.-Ing., Dipl.-Ing., Prof. f. Experimentalphysik (s. 1970) u. gf. Direktor Optisches Inst. TU Berlin (s. 1974) - Str. d. 17. Juni 135, 1000 Berlin 12 (T. 314 27 35) - Geb. 11. Febr. 1935 Berlin (Vater: Erich N., Kaufm. †; Mutter: Helene, geb. Bräunig), ev., verh. s. 1962 m. Gerlinde, geb. Herziger, 3 Kd. (Regina, Roman, Christiane) - Stud. Physik TU Berlin; Promot. 1965 u. Habil. 1970 ebd. - 1981 Gastwissenschaftler b. IBM/Yorktown Heights/USA - Fachmitgl.sch. (1971-73 Vors. Physikal. Ges. Berlin); 1990/91 Vors. Dt. Ges. f. Elektronenmikroskopie - BV: Wellencharakter d. Materie in Bergmann/Schaefer, Lehrb. d. Experimentalphysik Bd. III, 1987; Physik, in: Hütte, Grundlagen d. Ingenieurwiss., 1989; Physik, Springer-Lehrbuch, 1992. Herausg.: Electron Interactions with solids (1982). Üb. 100 Fachveröff. - Spr.: Engl.

NIEFER, Werner
Dipl.-Ing. (FH), Dr. E. h., Dr. h. c., Prof., Vorstandsvorsitzender Mercedes-Benz AG, stv. Vorst.-Vors. Daimler-Benz AG, Stuttgart - Geb. 26. Aug. 1928 Plochingen/N. - Stud. Maschinenbau FHS Eßlingen - 1952-62 Daimler Benz AG, 1962-76 Motoren- u. Turbinen Union Friedrichshafen GmbH (1968 Geschäftsf.) - 1976 stv. Vorst.-Mitgl., 1978 o. Vorst.-Mitgl., 1987 stv. Vorst.-Vors. Daimler-Benz AG; 1989 Vorst.-Vors. Mercedes-Benz AG; AR DLW AG, Kunz-Holding GmbH & Co. KG. Voith-Gruppe, J. Wagner GmbH; Beirat Allianz-Versich. AG, Ndl. Baden-Württ., Hapag-Lloyd AG; stv. Vors. d. Beirats Deutsche Bank AG Stuttgart; Mitgl. in Aufsichtsgremien v. versch. Beteiligungsges. d. DB-Konzerns.

NIEGEL, Lorenz
Dipl.-Ing. (FH), Journalist, MdB (s. 1969), CDU/CSU-Fraktion; Wahlkr. 226/ Kulmbach) - Saarstr. Nr. 26, 8620 Lichtenfels/Ofr. - Geb. 20. Juni 1933 Lichtenfels (Vater: Andreas N., Steuerrat), kath., 3 Kd. (Bernhard, Ursula, Annette) - Gymn. Bamberg; Höh. Ackerbausch. Triesdorf/Mfr. (Fachhochsch.) - 1955-62 Kreisgeschäftsf. Bayer. Bauernverb.; 1962-69 Presseref. Landesebene. Ltd. Funktionen Jg. Union Bayern (u. a. 1959-63 Bezirksvors. Oberfranken). CSU s. 1955; Vors. d. Bundestagsunteraussch. ERP; Mitgl. d. parlam. Vers. d. Europarates u. WEU; Vizepräs. Landwirtschaftsaussch. d. Europarates - 1978 BVK; 1981 Bayer. VO; 1982 Gr. gold. Ehrenz. Rep. Österr., 1987 BVK I. Kl.

NIEHAUS, Gerd
Dipl.-Ing., Kommunikationsberatung - Hohrott 5, 2305 Heikendorf - Geb. 1924 Waldenburg, verh. m. Christa, geb. Schulz.

NIEHAUS, Ruth
Schauspielerin - Zu erreichen üb.: Oberstr. 18c, 2000 Hamburg 13 - Geb. 11. Juli 1928 Krefeld (Vater: Friedrich N., Ingenieur; Mutter: Elisabeth, geb. Nettesheim), kath., verh. 1950 m. Dr. jur. Ivar Lissner, Schriftst. † 1967 (s. XV. Ausg.), T. Imogen - Luisen- (Abit.) u. Schauspielsch. Düsseldorf - Bühne: Rebecca, Ophelia, Luise, Hl. Johanna (Shaw), Solveig, Pippa, Zoe, Cressida, Belisa, Elektra, Desdemona, Kameliendame, Anne Frank, Johanna, Gretchen, Natalie; Schneider Wibbel, Netter Herr, Blanche, Iphigenie, Zeugin d. Anklage u. a.; Film: u. a. D. Haus in Montevideo, Weg ohne Umkehr, Am Anfang war es Sünde, Rosenmontag, Studentin Helen Willtuer, Auferstehung; FS: Reichshauptstadt privat, Adrienne Mesurat, Teresa; Regie: Eurydice, Jüngster Tag, Rebecca - BV: Turm d. Lüste. Drehb., Videofilme - Liebh.: Bildhauerei - Spr.: Engl.

NIEHOFF, Karena
Journalistin, Schriftst. - Zähringerstr. 13, 1000 Berlin 31 (T. 883 55 89) - Geb. 21. Dez. 1927 Berlin, ev., gesch., Tochter Ariane - Gymn. - S. 1946 Journ. (Feuill., Theater, Lit., Film, Reisebeschreib., Reportage). 1956 ff. Deleg. Berlins Filmbewertungsstelle d. Länder u. Kurat. Jg. dt. Film - BV: Dr. Goebbels, 1949; Berlin - Buch d. Berliner Senats, 1957; Stimmt es - Stimmt es nicht? / Porträts/ Kritiken/Ess. 1946-62, 1962 - 1981 Bundesfilmband in Gold; 1972 Mitgl. PEN-Zentrum BRD - Liebh.: Politik, Reisen.

NIEHUIS, Edith,
geb. Janßen
Dr. phil., Diplompädagogin, MdB, Vors. d. Bundestagsaussch. f. Frauen u. Jugend - Sperberring 28, 3412 Nörten-Hardenberg (T. 05503 - 82 34) - Geb. 2. Aug. 1950 Gölriehenfeld, ev., verh. m. Gerhard N., 2 Kd. - 1. Staatsex. (Lehramt an Grund- u. Hauptsch.) 1972 Oldenburg; Dipl.-Päd. 1977 Göttingen; Promot. 1983 Göttingen - 1973 päd. Mitarb. in ländl. Erwachsenenb.; 1973-76 wiss. Mitarb. b. Paritätischen Bildungswerk; 1976-79 päd. Mitarb. Heim-VHS Jägerei Hustedt u. 1980-87 Mariaspring - BV: Analyse d. Erwachsenenb. in d. BRD u. DDR, 1973; Dezentraler Kindergarten, Elternmitwirkung u. Elternb., 1976; Polit. Erwachsenenb. in Landgemeinden, 1976; D. Landjahr, 1984; Orientierungskurs f. Frauen in d. Lebensmitte, 1986.

NIEHUSS, Achim

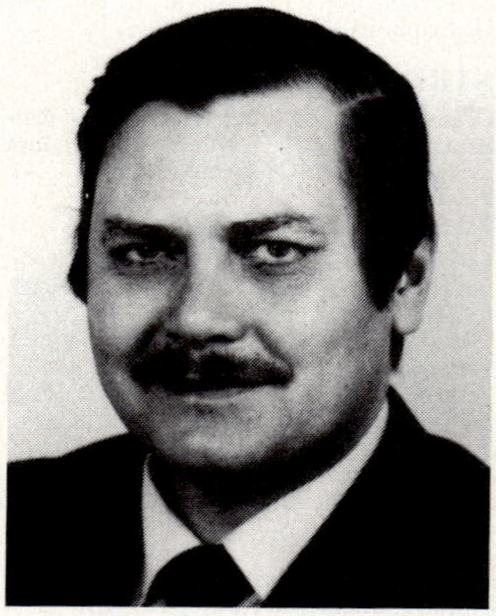

Rechtsanwalt u. Notar, Bürgermeister a. D. - Dollenberg 1, 6348 Herborn (T. 02772 - 4 11 18) - Geb. 8. Nov. 1930 Arnsberg (Vater: Prof. Dr. jur. Paul N., Min.-Dir. a. D.; Mutter: Elsa, geb. Schildt), ev., verh. m. Anni, geb. Horst, 3 Kd. (Dr. med. dent. Helge, Dr. med. Heike, Hilke) - Univ. Frankfurt/M., Bonn, Köln. Gr. jur. Staatsprüf. 1960, 1960-62 Rechtsanw., 1961-65 Bundesmin. f. Wirtsch. (1964 Reg.rat), 1965-72 Stadtdir. Heessen, 1972-77 Bürgerm. Herborn. 1961-65 MdK Bonn (Frakt.-Geschäftsf.). CDU (s. 1981 Stadtverordn. Herborn) - Liebh.: Malen - Spr.: Engl., Span.

NIELAND, Helmut
Dr. jur., Vorsitzender d. Gesellschafteraussch. Bankhaus Hermann Lampe KG., Bielefeld/Düsseldorf (s. 1992), AR- u. Beiratsmitgl., Honorarkonsul Großherzogtum Luxemburg - Jägerhofstr. 8-10, 4000 Düsseldorf - Geb. 28. Mai 1926 Volmarstein, verh. s. 1957 m. Wiltrud, geb. Krebs - Abit.; Refer.- u. Ass.ex.; Rechtsanw.; Promot.

NIEMANN, Hans-Werner
Dr. phil., Prof. f. Neuere Geschichte Univ. Hannover - Blumenstr. 33, 2900 Oldenburg - Geb. 19. Juli 1950 Veltheim/ Krs. Minden (Vater: Heinrich N., Oberamtm.; Mutter: Erika, geb. Hohmeier), ev.-luth., verh. s. 1974 m. Dagmar, geb. Witter, 2 Kd. (Jan-Malte, Elga) - Staatl. Besselgymn. Minden; Stud. Gesch. u. Angl. TU Hannover; Staatsex. f. d. höh. Lehramt 1973; Promot. 1975; Habil. 1977 - 1974-81 Wiss. Assist. Hist. Sem. Univ. Hannover; s. 1981 Prof. f. Neuere Gesch. m. Einschl. d. Wirtsch.- u. Sozialgesch. - BV: u.a. D. Bild d. ind. Untern. in dt. Romanen d. Jahre 1890-1945, 1982; Technik u. Gesch., 1984; zahlr. Aufs. in hist. Fachztschr. - 1980 Mitgl. Hist. Kommiss. f. Nieders. u. Bremen - Liebh.: Malen, Klavier, Fossilien - Spr.: Engl., Franz., Lat.

NIEMANN, Harry
Generalintendant Oldbg. Staatstheater - Milanweg 7, 2900 Oldenburg/O. (T. 2 71 47) - B. 1967 Int. Stadttheater Pforzheim, dann Generalint. Staatstheater Oldenburg.

NIEMANN, Heinrich
Dr.-Ing., Prof., Inhaber Lehrstuhl f. Informatik 5 (Mustererkennung) u. Vorst. Inst. f. Math. Maschinen u. Datenverarb. Univ. Erlangen-Nürnberg (s. 1975) - Martensstr. 3, 8520 Erlangen.

NIEMAX, Kay
Dr. rer. nat., Prof., Arbeitsgruppenleiter Inst. f. Spektrochemie u. Angew. Spektr. Dortmund (s. 1985) - Am Wiesenberge 2, 5840 Schwerte-Geisecke (T. 02304 - 4 20 50) - Geb. 2. Jan. 1945 Sielbeck, verh. s. 1970 m. Karin, geb. Teerkorn, 2 Kd. (Katrin, Jens) - Stud. Univ. Kiel; Promot. 1972; Habil. 1979 Kiel - 1970-85 wiss. Ang., wiss. Assist. u. wiss. Oberrat Univ. Kiel; 1979/80 Joint Inst. f. Labor. Astrophysics Boulder, Colorado, USA; 1984 apl. Prof.; s. 1987 Lehrbefugn. Univ. Dortmund - Üb. 110 Fachpubl. in Büchern u. intern. Ztschr. - Spr.: Engl., Franz.

NIEMCZIK, Heinz
Filmproduktionsleiter u. Produzent - Thomaestr. 13, 6200 Wiesbaden (T. 0611 - 52 11 57) - Geb. 14. Febr. 1928 Bielitz (Vater: Heinrich N., Kaufm.; Mutter: Helene, geb. Nickel), kath., verh. s. 1955 m. Marianne, geb. Olfermann - Realgymn. Bielitz (b. 1944); Univ. Wien u. Mainz (8 Sem. Chemie); Schauspielsch. Hertha Genzmer, Wiesbaden - 1953-59 fr. Aufnahmeleit.; 1959-90 Hess. Rundfunk/Fernsehen Prod.leiter-Film - Liebh.: Sport, Musik - Spr.: Engl.

NIEMEYER, Adolf D.
Stv. Vorstandsvorsitzender a.D. Continental Gummi-Werke AG. - Ostfeldstr. 30, 3000 Hannover-Kirchrode - Geb. 10. April 1915 Nechtelsen b. Bremen - Oberreal- u. Wirtschaftsobersch. (Reifezeugnis); kaufm. Lehre Im- u. Export - Div. Ehrenstell., dar. Vors. Wirtschaftsverb. der dt. Kautschukind. (1965-69 u. 1972-75), dann Ehrenmitgl. Beiratsmandate u. a.

NIEMEYER, Carl Wilhelm
Herausgeber d. Schaumburger Zeitung - Klosterstr. 32-33, 3260 Rinteln/Weser (T. 05751 - 40 00-0) - Geb. 1. Okt. 1917 Hameln - Abit. 1936.

NIEMEYER, Gerhard
Dr. rer. pol., Dipl.-Ing., o. Prof. f. Wirtschaftsinformatik Univ. Regensburg (s. 1972) - Nestroystr. 11, 8400 Regensburg - Geb. 4. Nov. 1935 Baruth b. Berlin - Stud. TU Berlin.

NIEMEYER, Gisela
Dr. jur., Richterin Bundesverfassungsgericht (Erster Senat) - Zu erreichen üb. Bundesverfassungsgericht, 7500 Karlsruhe - Geb. 25. Sept. 1923 (Vater: Lehrer; Mutter: Parlamentsstenografin), verh. 2 Kd. - Jura-Stud. Univ. Kiel - 1972-75 Richterin Bundesfinanzhof München; 1975-77 Präs. Finanzgericht Düsseldorf (erste Frau); s. 1977 Bundesverfassungsrichterin. SPD - BV: Gegenstand d. Verfahrens b. Anfechtung v. Steuerbescheiden (Diss.).

NIEMEYER, Hans Georg
Dr. phil., Prof. Univ. Hamburg (s. 1980), Archäologe - Willistr. 22, 2000 Hamburg 60 - Geb. 30. Nov. 1933, verh. s. 1959 m. Dr. Doris, geb. Brandes, 4 Kd. - Human. Gymn.; Stud. Marburg u. Hamburg, Promot. 1959, Habil. 1966 Univ. Köln - 1974-78 Vors. Dt. Archäol.-Verb. - BV: Einf. in d. Archäol., 1968; Stud. z. statuarischen Darst. d. röm. Kaiser, 1968; Phönizier im Westen (Hg.), 1982 - 1970 Korr. Mitgl. Real Academia de la Historia, Madrid, 1979 Hispanic Society of America, s. 1982 o. Mitgl. Dt. Archäol. Inst., s. 1988 o. Mitgl. Jungius Ges., Hamburg.

NIEMEYER, Horst

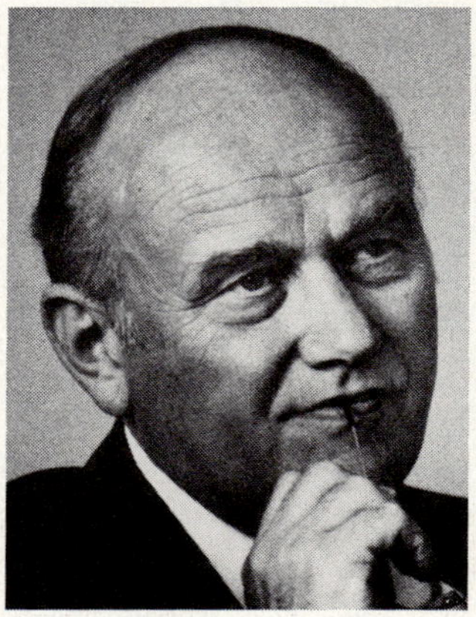

Dr. jur., Generalsekretär Stifterverb. f. d. Dt. Wissenschaft (s. 1979) - Brucker Holt 56-60, 4300 Essen 1 - Geb. 1928 - Werdegang: DFG (Ref.), Dt. Forschungs- u. Versuchsanst. f. Luft- u. Raumfahrt (gf. Vorst.), Kommiss. d. Europ. Gemeinsch./Forschungszentrum Ispra (Dir.).

NIEMEYER, Horst
Dr. rer. nat., o. Prof. f. Mathematik TH Aachen (s. 1973) - Meischenfeld 36, 5100 Aachen-Kornelimünster (T. 33 58) - Geb. 30. Juni 1931 Düsseldorf (Vater: Tierarzt), verh. m. Mary, geb. Reinsel - Habil. - 1967-73 o. Prof. f. Instrumentelle u. Angew. Math. u. Leit. Zentrale Rechenanlage Univ. Marburg; s. 1973 o. Prof. f. Math. TH Aachen. Facharb.

NIEMEYER, Johannes
Dr. jur., Dr. h. c., Regierungsdirektor a.D., stv. Leit. Kommissariat d. dt. Bischöfe Bonn - Ahrstr. 1, 5205 St. Augustin 2 (Hangelar) - Geb. 21. März 1927 Ramsdorf, kath., verh. s. 1954 m. Roswitha, geb. Schmidt, 6 Kd. (Matthias, Christian, Bettina, Markus, Laurenz, Konstanze) - Abit. 1945; Stud. Rechts- u. Staatswiss. Univ. Münster; Refer. 1949, Ass. 1953, Promot. 1961 Univ. Würzburg - 1953/54 Staatsanw.; 1955 Richter; 1955-59 Bundesjustizmin. (Völkerrecht); ab 1959 s.o. S. 1961 Vorst-Mitgl. Zentralst. f. Entwicklungshilfe Aachen; ab 1968 Mitgl. ZDF-Fernsehrat (1982 Vors. Aussch. f. Politik u. Zeitgesch.); ab 1969 Mitgl., ab 1976 Vors. Kath. Inst. f. Medieninformation Köln; 1971 Berater, ab 1973 Mitgl. Gemeinsame Synode Dt. Bistümer, s. 1980 Mitgl. Beirat Hilfswerk MISEREOR, ab 1985 VR-Vors. Dt. Entwicklungsdst. - 1966 Komturkreuz m. Stern päpstl. Gregoriusorden; 1966 Gr. Nieders. Verdienstkreuz; 1983 BVK I. Kl.; 1979 Ehrendoktor Adamson Univ. Manila.

NIEMEYER, Werner
Ministerialdirektor Bundesmin. f. Arbeit u. Sozialordnung - Bendenweg 4, 5305 Alfter (T. 0228 - 64 46 80) - Geb. 24. Mai 1936 - Stud. Rechtswiss. Univ. Freiburg/Br., Würzburg u. Bonn; 1. u. 2. jurist. Staatsex. - 1964-67 richterl. Tätigk. an mehreren Gerichten im Bereich d. OLG Hamm; s. 1967 im Bundesmin. f. Arbeit u. Sozialordnung; s. 1975 Leit. Ref. f. Grundsatzfragen d. gesetzl. Rentenversich.; s. 1985 Leit. d. Abt. Sozialversich., Sozialgesetzb.

NIEMEYER, Wolfhart
Dr. med., Prof. i. R. f. Hals-, Nasen- u. Ohrenheilkunde unter bes. Berücksicht. d. Audiologie a. d. Univ. Marburg -Sü-

derstr. 26, 2251 Wester-Ohrstedt - Geb. 26. Juli 1923 Lüneburg - Med.stud. Hamburg u. Mainz; Facharzt f. HNO 1958, 1965 Habil - 1969 apl. Prof., 1971 Prof. an einer Univ., Gastvorles. CSSR, Schweiz, Schweden, Japan, USA, Italien. Div. Buchveröff. üb. Audiologie u. zahlr. Einzelarb. - 1980-85 Präs. u. 1990 Ehrenmitgl. d. Intern. Association of Physicians in Audiology, 1982 Vizepräs., 1988-90 Präs. Intern. Ges. f. Audiol. - 1975 Preis Berufsverb. d. Dt. HNO-Ärzte, 1980 Ernst-v.-Bergmann-Plak.; 1983 Ehrenplak. Landesärztekammer Hessen; 1990 BVK.

NIEMITZ, Carsten

Dr. rer. nat., Prof. f. Biologie u. Anthropol. FU Berlin - Zu erreichen üb. FU, Fabeckstr. 15, 1000 Berlin 33 (F. 030 - 8 38-29 00, Fax 8 38-65 56) - Geb. 29. Sept. 1945 Dessau (Anh.) (Vater: Johannes N., Verleger u. Buchdruckerm.; Mutter: Ruth, geb. Voigt), ev. - Stud. Biol. u. Anthrop., Math. u. Med. Univ. Giessen, Freiburg, Göttingen u. Berlin; 1968-71 Max-Planck-Inst. f. Hirnforsch.; Dipl.Biol. 1971; Promot 1974, Habil. 1981 - 1975-78 Wiss. Assist. Anatom. Inst. Göttingen; s. 1978 Prof. u. Leit. Abt. Humanbiol. FU. Bes. Engagement in Umweltfragen u. non-verb. Kommunikation d. Menschen. Expedit. nach Sulawesi u. Malysia - BV: Biometrie d. Gatt. Tarsius, 1977; Biol. of Tarsiers, 1984; Erbe u. Umwelt, 1987; D. Regenwaldbuch, 1990 u.a. Übersetzer u. Mitverf. weit. Bücher. Autor einig. naturwiss. Filme - Liebh.: Malerei, Lyrik - Spr.: Engl., Franz.

NIEMITZ, Walter

Dr. rer. nat., Chemiker - Tapiauer Allee 5, 1000 Berlin 19 (T. 304 94 62) - Geb. 20. Dez. 1916 Hamburg (Vater: Hermann N., Fabrikant; Mutter: Gertrud, geb. Weule), ev., verh. in 2. Ehe (1952) m. Erika, geb. Kienast, 5 Söhne (Hanno, Folke, Klausjürgen, Matthias, Christian) - Johanneum Hamburg; Univ. Hamburg u. München (Chemie). Dipl.-Chem. 1944; Promot. 1948 - S. 1949 Hyg. Inst. Hamburg (Wiss. Angest.), Untersuchungsanstalt f. Städtehyg. (1957; Leit. Abt. Fluß- u. Abwasser, Abt.svorsteher, stv. Anstaltsleit.), Bundesgesundheitsamt (1964; Ltd. Dir. u. Prof.; Leit. Abt. Abwasser- u. Umwelthygiene b. Gewässerschutz; stv. Vors. Fachgruppe Wasserchemie d. Ges. Dt. Chem.; Mitgl. Abwassertechn. Vereinig. u. Water Pollution Control Federation, DVGW, DGMK, JAWPR - Spr.: Engl., Franz.

NIEMÖLLER, Klaus Wolfgang

Dr. phil., Univ.-Prof., Musikwissenschaftler - Geranienweg 5, 5000 Köln 71 (T. 70 11 60) - Geb. 21. Juli 1929 Gelsenkirchen (Vater: Dr. Karl Wilhelm N., Presseamtleiter; Mutter: Margarete, geb. Helmich), ev., verh. s. 1956 m. Dr. Ursula, geb. Stoltenberg, 4 Kd. (Axel, Claudia, Oliver, Konstanze) - Human. Gymn.; Stud. d. Musik- u. Theaterwiss., Kunstgesch. Univ. Köln, 1956-58 Stip. DFG - S. 1958 Hochschuldst. Univ. Köln (1964 Privatdoz., 1969 apl. Prof., 1970 Wiss. Rat u. Prof.), 1975ff. o. Prof. Univ. Münster, 1983 o. Prof. Univ. Köln. 1977 I. Vors. Joseph-Haydn-Inst., Köln; 1986 gf. Vorst.-Mitgl. Robert-Schumann-Forsch.-St., Düsseldorf - BV: Kirchenmusik u. reichsstädt. Musikpflege im Köln d. 18. Jh., 1960; Untersuchungen z. Musikpflege u. Musikunterr. an d. dt. Lateinsch. v. ausgehenden Mittelalter b. um 1600, 1969; D. sprachhafte Charakter d. Musik, 1980; Ber. üb. d. Intern. Schostakowitsch-Symposion Köln 1985, 1986 - 1971 Dent-Medal Royal Music Assoc., London; 1976 o. Mitgl. Rhein-Westf. Akad. d. Wiss.; 1989 Präs. Ges. f. Musikforsch. - Liebh.: Kammermusik, Dressurreiten - Spr.: Engl.

NIENABER, Gerhard

Dr. rer. pol., Dipl.-Kfm., Vorstandsvorsitzender Brauergilde Hannover AG, Hannover - Fichtenweg 4, 3003 Ronnenberg/Benthe (T. 05108 - 36 84) - Geb. 6. Okt. 1926 Gadderbaum, verh. s. 1963 m. Dr. Ruth, geb. Götze - Univ. Hamburg - 1952-64 Treuhand- u. Wirtschaftsprüfungsges. (1957 bestellter Wirtschaftsprüfer); AR-Mitgl. Gilde Brauerei AG, Hannover, Hofbrauhaus Wolters AG, Braunschweig, Brauerei Wülfel AG, Hannover, Malzfabrik Langkopf GmbH, Peine; stv. VR-Vors. Landschaftl. Brandkasse, Hannover.

NIENDORF, Horst

Schauspieler u. Regiss., Dir. Hansa-Theater Berlin - Alt Moabit 48, 1000 Berlin 21 (T. 392 73 77) - Geb. 31. Aug. 1926 Piesteritz/Wittenberg, ev., T. Andrea - Dt. Schauspielsch. Berlin - Theater, Film, Fernsehen, Funk u. Synchron.

NIENHAUS, Antonius

Dr., Geschäftsführer Centrale Marketinggesellschaft d. dt. Agrarwirtsch. mbH (CMA) - Koblenzer Str. 148, 5300 Bonn 2 (T. 0228 - 84 70); Röttgen, Zedernweg 13 - Geb. 10. Mai 1932.

NIENHAUS, Christian

Dipl.-Ökonom, Geschäftsführer Berliner Verlag GmbH - Karl-Liebknecht-Str. 29, O-1026 Berlin (T. 2 44 28 65) - Geb. 5. Febr. 1960 Hamm, verh. m. Brigitte, geb. Liebelt, S. Leopold - 1978-82 Stud. Wirtsch.-Wiss. Univ. Bochum - BV: D. Rentenreform, 1983.

NIENHAUS, Franz

Dr. rer. nat., Prof. f. Pflanzenkrankheiten, insb. Virologie - Rosenweg 30, 5357 Swisttal-Buschhoven (T. Rheinbach 33 12) - Geb. 2. Mai 1929 Wissen (Schloß), kath., verh. s. 1957 m. Hildegard, geb. Ruhland, 3 Kd. (Uta, Thomas, Barbara) - Gymn. Siegburg; Univ. Bonn (Naturwiss.). Promot. (1956) u. Habil. (1962) Bonn - S. 1957 Univ. Bonn (1962 Privatdoz., 1964 Doz., 1968 apl. Prof., 1969 Wiss. Rat u. Prof.). 1965-68 u. 75 Gast American Univ. of Beirut, 1962/63 u. 71 Univ. of California - BV: Phytopatholog. Praktikum - Methoden u. Übungsb., 1969; Lehrb. d. Phytomed. (m.a.), 1975, 2. A. 1985; Virus and Similar Diseases in Tropical and Subtropical Areas, 1981; Viren, Mykoplasmen u. Rickettsien, 1985; Farbatlas Waldschäden (m.a.), 1988. Div. Einzelarb. - Liebh.: Archäologie, Malerei, Orchideenkultur - Spr.: Engl.

NIENHAUS, Volker

Dr. rer. oec., Prof. f. Wirtschaftslehre, Lehrst. Wirtschaftspol. II Univ. Bochum - Dachsfeld 38a, 4300 Essen 11 - Geb. 19. Juli 1951 Essen, verh. s. 1976 m. Hannelore, geb. Hemmer, 2 Kd. (Robert, Luisa) - Stud. Univ. Bochum (Wirtschaftswiss.); Dipl. 1974; Promot. 1979; Habil. 1985 - BV: Strukturpolitik a. gewerksch. Sicht, 1980; Kontroversen um Markt u. Plan, 1982; Islam u. mod. Wirtschaft, 1982; Economic Cooperation a. Intergration among Islamic Countries, 1987; u. 5 weit. Bücher.

NIENHEYSEN, Franz-Josef

Dr. rer. pol., Dipl.-Kfm., Sprecher d. Vorstands Renk AG, Augsburg (s. 1978) - Am Schmutterhang 43, 8902 Neusäß - Geb. 16. April 1927 Essen, kath., 4 Kd. (Jens, Katrin, Kay, Jan) - 1947-49 Banklehre; 1949-52 Stud. Betriebsw. Univ. Köln - 1952-62 Prüfungsleit. Westd. Ind.-Treuhand-Ges., Mülheim; 1962-70 Dir. Gutehoffnungshütte Aktienverein, Oberhausen; Leit. d. Revision u. Betriebsw.; s. 1971 Vorst.-Mitgl. Renk AG, Augsburg - Spr.: Engl.

NIENS, Walter

Dr. rer. techn., Direktor i. R., Honorarprof. f. Arbeitswiss. TU Berlin (s. 1958) - Hainbuchenstr. Nr. 10b, 1000 Berlin 28 (T. 406 10 11) - Geb. 14. Juli 1905 Dortmund (Vater: Emil N., Eisenbahninsp.; Mutter: Amalie, geb. Kreitz), ev., verh. s. 1937 m. Dr. phil. Liselotte, geb. Wülfing, v. Ditten, S. Hans-Joachim - Univ. Marburg, Frankfurt/M., Kiel (Naturwiss.). Promot. 1935 TH Danzig - 1932-36 Assist. TH Danzig, 1936-38 Assist. Telefunken, 1938-70 Mitarb., Betriebs- (1940; Forschungsinst.) u. Techn. Dir. AEG bzw. AEG-Telefunken (1949; Abt. Zentrales Ausbildungswesen). Div. Ehrenämter, dar. VR-Mitgl. Ges. v. Freunden d. TU Berlin. Ehren-Vorst.-Vors. Inst. f. techn. Weiterbildung - BV: Elektrotechnik, 4. A. 1976; 44 Wege z. staatl. gepr. Ing., 2. A. 1966 (m. A. Leber); Handb. f. d. Ing.schulwesen, 1965 (m. H. Friebe u. O. Monsheimer) - Ehrenmitgl. Berliner Math. Ges. (1965), Inst. f. Techn. Weiterbild. Berlin (1970) u. TU Berlin (1979); 1965 BVK I. Kl.; 1972 Gold. Ehrenplak. Zentralverb. d. Elektrotechn. Ind. - Liebh.: Klass. Musik, etrusk. Kunst - Spr.: Engl.

NIENSTEDT, Gerd

Stimmbildner, Regisseur, Opernsänger, Schauspieler - Auf dem Emmerberge 17, 3000 Hannover - Geb. 10. Juli 1932 Hannover (Vater: Reinhold N., Kaufm.; Mutter: Helene, geb. Schlüter), 2 Söhne (Volker, Uwe) - Kfm. Lehre; 1951-54 Musikhochsch. Hannover - S. 1954 Opernsänger (u. a. Festspiele Bayreuth u. Salzburg; div. Schallpl.); 1972-88 auch Chefdisponent u. Intendant Bielefeld, Wiesbaden, Hof, Detmold, Eutiner Sommerspiele; Prof. am Konservat. d. Stadt Wien - Spr.: Engl., Franz.

NIEPAGE, Helmut

Dr. med. vet., Prof. f. Veterinärmedizin - Dernburgstr. 7, 1000 Berlin 19 (T. 321 96 35) - Geb. 26. April 1918 Malchin/Meckl. (Vater: Dr. Martin N., Oberstudienrat; Mutter: Gerta, geb. Düber), ev., verh. s. 1945 m. Ingeborg, geb. Böhme, 5 Kd. (Maria, Konrad, Johanne, Renate, Rudolf) - Heinrich-Hertz-Realgymn. Hamburg; 1937-41 Friedrich-Wilhelm-Univ. Berlin (Veterinärmed.). Promot. 1949 Humboldt-Univ. Berlin; Habil. 1958 Humboldt-, 1960 Freie Univ. Berlin - 1942-45 Wehrdst.; 1945-54 tierärztl. Praxis; 1954-58 Oberassist. Humboldt-U. Berlin; s. 1960 Doz. u. Prof. (1965) FU Berlin. Spez. Arbeitsgeb.: Veterinärmed. Hämatologie - BV: Methoden d. prakt. Hämatol. f. Tierärzte, 2. A. 1989; Naumann (1754-1836) Spec. Pathol. u. Therapie, 1988. Fachveröff.

NIEPMANN, Fritz

Dipl.-Ing., Fabrikant, Gesellsch. Maschinenfabrik Fr. Niepmann GmbH & Co., Gevelsberg - Hagener Str. 122, 5820 Gevelsberg (T. 6 04 36) - Geb. 16. Juli 1926 Haßlinghausen (Vater: Otto N., Fabr.; Mutter: Martha, geb. Weber), ev., verh. s. 1956 m. Jutta, geb. Kaufmann, 2 Kd. (Hella, Frank) - Maschinenbausch. - Spr.: Engl.

NIERHAUS, Herbert

Dr. phil., Vorsitzender Bildungswerk d. DAG - Grasweg 46, 2000 Hamburg 60 (T. 040 - 48 74 41) - Geb. 26. Jan. 1929, verh. s. 1961 m. Baerbel, geb. Büchy, 2 Söhne (Andreas, Christopher) - Abit. 1949, Stud. Univ. Münster, London, Amsterdam, Köln; Promot. 1957 Köln - Vorst. RKW; Wirtschafts- u. Sozialaussch. d. EG; Vorst. FIET Genf; AR Studio Hamburg GmbH; AR-Vors. Bildung u. Reisen GmbH; Mitgl. Wirtsch.- u. Sozialaussch. d. EG; Rundfunkrat DLF - BV: Bildungsurlaub, 1972; Arbeitswelt auf d. Bühne, 1975; Fernsehspiele, 1985 - 1983 BVK I. Kl., 1989 Gr. BVK, 1991 Gr. BVK m. Stern - Spr.: Engl., Franz.

NIERHAUS, Rolf

Dr. phil., Prof. i. R., Archäologe - Wohnst. Augustinum, Weierweg 10, Apt. 4208, 7800 Freiburg/Br. (T. 478 54 38) - Geb. 15. Juni 1911 Frankfurt/M., ev., led. - Univ. Freiburg, München, Frankfurt, Leipzig (Klass. Altertumswiss.). Promot. 1936 Leipzig; Habil. 1960 Tübingen - 1937-55 (m. Unterbr.) Denkmalpflege Baden; s. 1957 Univ. Tübingen (Assist., 1960 Privatdoz., 1966 apl. Prof.) u. Freiburg (gegenw. Wiss. Rat u. Prof. i. R.); 1961ff. Dt. Archäol. Inst./Abt. Madrid (II. Dir.). Spez. Arbeitsgeb.: Provinzialrömische Archäologie - BV: Strophe und Inhalt im pindar. Epinikion, 1936; D. röm. Brand- u. Körpergräberfeld Auf der Steig in Stuttgart-Bad Cannstatt, 1959; D. sweb. Gräberfeld v. Diersheim - Studien z. Gesch. d. Germanen am Oberrhein v. Gall. Krieg b. z. alemann. Landnahme, 1966; Studien z. Römerzeit in Gallien, Germanien u. Hispanien, 1977 - 1965 o. Mitgl. DAI; 1975 wirkl. Mitgl. Österr. Arch. Inst. (Wien) im Ausl. - Spr.: Engl., Franz., Ital., Span.

NIERMANN, Ernst

Dr. theol., Apostolischer Protonotar, Generalvikar d. Kath. Militärbischofs f. d. Dt. Bundeswehr, Leit. Kath. Militärbischofsamt - Adenauerallee 115, Postf. 190199, 5300 Bonn 1 (T. 0228 - 22 10 15) - Geb. 23. Juni 1930 Bonn (Vater: Dr. Otto N., Amtsarzt; Mutter: Martha, geb. Schabel), kath. - Abit. 1950 Gymn. Aachen; Stud. Phil. u. Theol. Univ. Bonn, Innsbruck u. Madrid; Priesterweihe 1958 Aachen, Promot. 1963 Univ. Innsbruck - 1963-66 Seelsorger Bistum Aachen, danach versch. Tätigk. Kath. Militärseelsorge; s. 1981 Militärgeneralvikar - 1985 BVK I. Kl. - Spr.: Span., Franz., Engl.

NIERMANN, Erwin

Stadtdirektor a.D. - Kleiner Domhof, 4950 Minden (T. 0571 - 89-2 03) - Geb. 23. Juni 1929 Hagen/Westf. (Vater: Karl N., Kaufm.; Mutter: Herta, geb. Peddinghaus), ev., verh. s. 1962 m. Irmgard N., 2 Kd. (Ralf, Ulrike) - Stud. Rechtswiss.; Ass. 1959, Promot. 1960 Münster - 1959-61 Reg. Münster; 1964-71 Stadtdir. Gronau; 1971-91 Stadtdir. Minden - Liebh.: Lit., Sport - Spr.: Engl., Franz.

NIERMANN, Johannes

Dr. phil. (habil.), Dr. paed., Dipl.-Verw., Dipl.-Paed., Univ.-Prof. - Kapellenweg 4, 2992 Kluse 1 - Geb. 12. März 1940 Dörpen, verh. s. 1968 m. Priv.-Doz. M. Monika, geb. Ternes, 3 Töcht. (Anabel, Eva-Johanna, Elena-Katharina) - Landw.-Lehre, Stud. Phil., Psych., Gesch., Erzieh.-, Soz.- u. Verw.wiss. - 1954 Landw.-Lehrling; 1958 Jugendleit. Bistum Osnabrück, 1961 Jugendref. Generalvikariat Bistum Osnabrück; 1962 Verw.-Insp.-Anwärter; 1971 Wiss. Mitarb. Phil. Fak. RWTH Aachen, 1972 Wiss. Assist. Päd. Fak. Univ. Bonn, 1976 Doz. PH Kiel, 1980 Priv.-Doz. TU Berlin u. Prof. PH Kiel, 1984 Prof. Phil. Fak. Univ. Köln - BV: Soz. Päd. in d. DDR, 1972; Lehrer in d. DDR, 1973; Wörterb. d. DDR-Pädagogik, 1974; D. Probl. d. Entfremd. b. Karl Marx - Vers. e. päd. Lösung, 1974; D. Kinderspielpl., 1976; Lebenszeitl. Sozialisation, 1981; Meth. d. Unterr.differenzier., 1981; Schallpl. u. Toncass. im Deutschunterr., 1981; Kulturanthropol. Aspekte interkultureller Erzieh. im Kindesalter, 1981; Spannung u. Spaß d. sinnvoll. Spielen, 1983; Kinder in d. Türkei, 1984. Mitarb.: Päd. d. Gegenw., 1977; Handb. Schule u. Unterr., Bd. 3, 1981. Zahlr. Beitr. in Sammelbde. u. Ztschr. (s. 1969) - Liebh.: Musik, Theater, Lit.

NIES, Friedrich (Fritz)

Dr. phil., o. Prof. Univ. Düsseldorf - Mörikestr. 28, 4044 Kaarst (T. 60 13 32) - Geb. 13. Febr. 1934 Ludwigshafen (Vater: Fritz N., Prokurist; Mutter: Lilli, geb. Gutmann), kath., verh. s. 1959 m. Hildegard, geb. Hansen, 3 Kd. (Axel, Barbara, Charlotte) - Stud. Roman. u. German. Univ. Heidelberg, Dijon, Paris (Sorbonne); Promot. 1961; Habil. 1970; s. 1970 Lehrst. f. Romanistik, Düsseldorf - S. 1974 Leit. Akad. Auslandsamt Univ. D'dorf; s. 1987 Fachgutachter Roman. DFG; 1980-84 Fachausschußvors. DFG; s. 1985 Mitgl. Bibliotheksaussch. DFG; 1983-87 Vors. Dt. Romanistenverb.; Vors. Jury DVA-Übersetzerpr.; Mitgl. Jury Paul-Celan-Preis - BV: D. Histörchen (Tallemant des Réaux), 1963; Poesie in prosaischer Welt, 1964; Gattungspoetik u. Publikumsstruktur, 1973; Genres Mineurs. Texte z. Theorie u. Gesch. nichtkanonischer Lit., 1978; Bahn u. Bett u. Blütenduft. E. Reise durch d. Welt d. Leserbilder, 1991 - 1973 Prix

Strasbourg; 1985 Officier de l'Ordre des Palmes académiques; 1989 BVK; 1990 Prix France-Allemagne; 1991 Alexander v. Humboldt-Preis f. d. wissenschaftl. Zusammenarbeit zw. Deutschl. u. Frankr.

NIESCHLAG, Eberhard

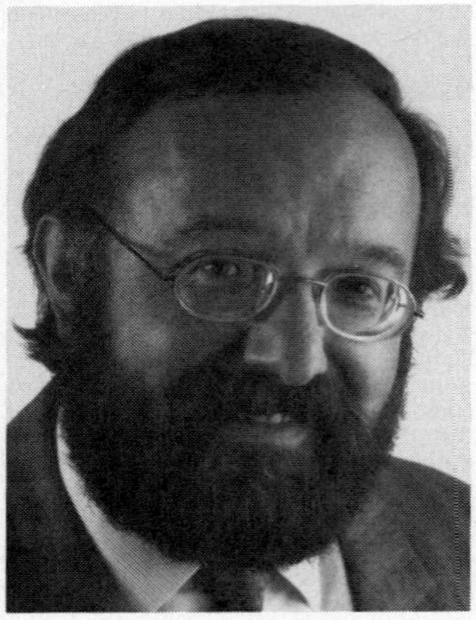

Dr. med., Prof. f. Inn. Medizin Univ. Münster - Domagkstr. 11A, 4400 Münster (T. 0251 - 83 60 97) - Geb. 1941 Bad Godesberg (Vater: Heinrich N.; Mutter: Marianne, geb. Koch), kath., verh. s. 1973 m. Susan, geb. Kritz, 2 Töcht. (Alexa, Luise) - Med. Staatsex. 1967, Promot. 1967, Habil. 1975 f. Inn. Med. - 1976-86 Leit. Abt. Exper. Endokrinol. Univ.-Frauenklinik Münster; 1980-88 Leit. Forschungsgr. Reproduktionsmed. Max-Planck-Ges. Münster; s. 1986 Dir. Inst. f. Reproduktionsmed. Univ. Münster. 1981-85 Präs. Intern. Ges. f. Androl.; s. 1985 Vors. WHO Task Force for the Regulation of Male Fertility; s. 1990 Präs. d. Dt. Ges. f. Endokrinologie - 140 Beitr. in Büchern; 350 Publ. in Ztschr. - Spr.: Engl.

NIESE, Rolf

Dr. rer. nat., Pädagoge, MdB (s. 1987) - Rothenhauschaussee 59, 2050 Hamburg 80 - Geb. 21. Aug. 1943 Wentorf - Stud. Math., Phys., Päd., Phil. Hamburg. Promot. 1973 - 1974-87 Schuldst. Hamburg (Gymn. Bornbrock). 1978-86 Mitgl. Hbg. Bürgerschaft. SPD s. 1962.

NIESERT, Karl

Bundesrichter a. D. - Hüninger Str. 4, 1000 Berlin 33 (T. 832 73 96) - Geb. 24. Okt. 1907 - Zul. Bundesverw.sgericht.

NIESSEN (ß), Ferdinand

Prof. Dr. jur., Präsident a. D., Honorarprof. f. Eisenbahnwesen Univ. Köln (s. 1958) u. Münster (s. 1967) - Konrad-Adenauer-Ufer 55, 5000 Köln 1 (St.Vincenzhaus) (T. 0221-16 39-447) - Geb. 15. April 1906 - B. 1963 Abt.-Präs. Bundesbahndir. Köln (Verkehrsabt.), dann Präs. Bundesbahndir. Münster - 1971 Gr. BVK.

NIESSEN, Heinz-Dieter

Dr. rer. nat., Prof. f. Mathematik - An der Broelhecke 1, 5010 Bergheim - Geb. 9. Aug. 1940 Köln (Vater: Franz N.; Mutter: Anna, geb. Königsfeld), kath., verh. s. 1965 m. Antonie, geb. Kirschbaum, 2 Kd. (Anke, Gero) - 1960-64 Univ. Köln u. Montpellier (Math.), Dipl. u. Promot. - 1964-70 Assist. Univ. Köln u. Konstanz, 1970 Doz. Konstanz, 1970-72 Wiss. Rat u. Prof. Köln, s. 1972 o. Prof. Univ. Essen.

NIESSEN, Josef

Komponist - Luckenkopfstr. 1, 8182 Bad Wiessee/Obb. (T. 86 14) - Geb. 24. Nov. 1922 Escherbrück/Rhld. (Vater: Peter N., Offz.; Mutter: Gertrud, geb. Breuer, Konzertpianistin), kath., verh. in 2. Ehe 1954-67 m. Ilse, geb. Werner (Schausp.) - Gymn. (Abit.); 1938-44 m. Kriegsunterbr. Musikhochsch. Köln u. Berlin (Kompos.lehre, Kirchenmusik). Pianistenex. - S. 1945 Dirig. Bayer. Rundf. Orch.suiten, Klavierkonzerte, Film- u. Ballettmusiken (u. a. Ganovenballett), Musical Duell um Aimée - Liebh.: Tennis, Segeln, Skilaufen, Antiquitäten-Rotarier - Spr.: Engl., Franz.

NIESSEN, von, Wolfgang

Dr. rer. nat., Prof. TU Braunschweig - Wolfenbüttelerstr. 68, 3300 Braunschweig (T. 0531 - 391 53 44) - Geb. 23. Jan. 1941 Wuppertal (Vater: Alfred v. N., Dipl.-Ing.; Mutter: Helma, geb. Berg), ev., gesch., 2 Kd. (Yorck, Cornelia) - Master of Science 1966 Cornell Univ./USA; Promot. 1970, Habil. 1976 TU München - 1970-77 wiss. Mitarb. u. Assist.; 1977ff. Prof. f. Theoret. Chemie TU Braunschweig. Üb. 200 wiss. Veröff. - Liebh.: Kunst, Musik - Spr.: Engl., Franz. - Bek. Vorf.: Carl Berg, Untern., Erbauer d. Luftschiffe (Großv.).

NIESSLEIN, Erwin

Dr. agr., Dipl.-Ing., Prof. f. Forstpolitik u. Raumplanung - Eichbergstr. 2, 7800 Freiburg/Br. - Geb. 10. Aug. 1925 Wr. Neustadt - Promot. 1954; Habil. 1964 - S. 1974 Prof. Univ. Freiburg - BV: u. a. Humane Marktwirtschaft - Ökonom. Aspekte d. Umweltspolitik, 1981; Forstpolitik, 1985; Was wir üb. d. Waldsterben wissen, 1985. Zahlr. Einzelarb.

NIESSNER, Wolfgang

Komponist, Kapellmeister, Lehrbeauftr. Hochsch. Mozarteum, Salzburg (s. 1984) - Alpenstr. 93, A-5020 Salzburg (T. 0662 - 2 90 78) - Geb. 13. Jan. 1953 Salzburg, verh. s. 1979 m. Andrea, geb. Teufl, 2 Kd. (Stephan, Sophie) - Stud. Kompos., Dirig., Chorleit. Hochsch. Salzburg u. Wien; Stud. Musikwiss. u. Kunstgesch. Univ. Salzburg - S. 1979 Theaterengagem. Graz u. s. 1984 Steir. Herbst, Salzburg, Salzburger Festsp.; fr. Mitarb. Universal-Edition Wien, Komp.; s. 1983 Beschäftig. m. Computermusik - Veröff.: Vorfrühling, Liederzyklus n. August Stramm (1979 u. 83); Variationen f. Orch. (1974); 2 Streichquartette, Canto f. Fagott solo (1976); Intèrieur f. 7 Instr. (1983); Nachtlinien f. gemischt. Chor n. Georg Trakl (1983); Pastorale f. Kammerensemble (1984); Le tombeau de Trakl, f. Chor u. Orch. (1984); Schauspielmusiken f. d. Landestheater Salzburg - Liebh.: Reisen - Spr.: Engl., Ital.

NIETH, Hellmut

Dr. med., Prof., Chefarzt Innere u. Infektions-Abt. Med. Klinik I Städt. Kliniken Fulda - Sachsenstr. Nr. 26, 6411 Kürzell 1 (T. Fulda 6 12 44; dstl. 8 44 60) - Geb. 25. Juni 1922 Lörrach/Baden, ev., verh. - S. 1958 (Habil.) Lehrtätigk. Univ. Marburg (1970 apl. Prof.) u. Tübingen (1963; 1965 apl. Prof. f. Innere Med.) - BV: Diagnost. Methoden b. Nierenerkrank., 1960 (mehrere Übers.). Üb. 100 Fachaufs. - Spr.: Engl., Franz. - Rotarier.

NIETHAMMER, Arnolf

Dr. phil., o. Prof. f. Allg. Pädagogik Univ. Münster - Zu erreichen üb. Univ., FB 21 (Päd.), Scharnhorststr. 121, 4400 Münster.

NIETHAMMER, Dietrich

Dr. med., Prof., Kinderarzt, Ärztl. Dir. Abt. II Univ.-Kinderklinik Tübingen (Schwerpunkte: Allgem. Pädiatrie, Hämatologie, Onkologie) - Zu erreichen üb. Kinderklinik, Rümelinstr. 23, 7400 Tübingen (T. 07071 - 29 47 44) - Geb. 24. Okt. 1939 Leipzig (Vater: Dr. Gerhard N., Fabrikbes.; Mutter: Irmgard, geb. Voigt), ev., verh. s. 1966 m. Dietlinde v. Criegern, 3 Söhne (Martin, Andreas, Christian) - Med.-Stud. Univ. Tübingen, Wien, München (Staatsex. 1966 Tübingen, Promot. 1967, Habil. 1977 Ulm), 1969-71 Dept. Biochemistry, Scripps Clinic and Research Foundation, La Jolla, Calif., USA, s. 1972 Facharztausb. Univ.-Kinderklinik Ulm - S. 1978 C3-Prof. Tübingen; s. 1986 o. Prof. f. Kinderheilkd. 1985-89 Vors. Ges. f. Pädiatr. Onkol., u. s. 1985 Dir. Leibnizkolleg, Tübingen - BV: Hämatologie (m. E. Kleihauer u. E. Kohne), 1978 - Spr.: Engl.

NIETHAMMER, Frank

Dr. jur., stv. Aufsichtsratsvorsitzender AG f. Industrie u. Verkehrswesen, Frankfurt/M. (s. 1966) - Altkönigstr. 34, 6240 Königstein/Ts. - Geb. 7. April 1931 Leipzig (Vater: Dr. Gerhard N., Fabrikbes.; Mutter: Irmgard, geb. Voigt), ev., verh. m. Ingrid, geb. Massengeil, 3 Kd. (Kerstin, Jens, Antje) - Realgymn.; Univ. Tübingen u. Marburg. Promot. 1958 - S. 1955 Assist. Univ. Marburg, Syndikus Treuhand-Vereinig. AG. (1958), Erdölwerke Frisia (1960), Geschäftsleit. Wayss & Freytag KG. (1963); Präs. Ind.- u. Handelskammer Frankfurt/M; VR-Mitgl. Treuhandanstalt Berlin; AR-Mandate - Honorarkonsul Rep. Kamerun (1975).

NIETHAMMER, Horst

Dr.-Ing., Direktor - Heubergweg 9, 8201 Raubling/Obb. (T. 27 77) - Geb. 27. Juli 1904 Waldheim/Sa. (Vater: Kommerzienrat Dr. Konrad N., Fabrikant; Mutter: Käthe, geb. Böhmer), verh. m. Jutta, geb. Filtzer, 7 Kd. - Stud. Tübingen, München, Dresden - U. a. Leit. Fachgr. Zellstofferzeugn., n. 1945 Berat. Zellstoff- u. Papierind., 1949-51 Gruppenleit. Heinrich Nicolaus, Kempten, 1951-63 Vorstandsmitglied Aschaffenburger Zellstoffwerke AG., Redenfelden, dann Geschäftsf. Niethammer KG., Uhingen, u. Betriebsw.-Techn. Inst. Papier GmbH., Bonn. ARsmandate - Brüder: Günther u. Wilhelm († 1972, s. XVI. Ausg.) N.

NIETHAMMER, Lutz

Dr. phil., Prof. f. neuere Geschichte Fernuniv. Hagen u. Vorstand Wissenschaftszentrum NRW, Kulturwissenschaftliches Inst. - Hagmanngarten 5, 4300 Essen 15 (T. 0201 - 46 68 80) - Geb. 26. Dez. 1939 Stuttgart (Vater: Robert N., Grafiker; Mutter: Annlis, geb. Mostert, Malerin u. Grafikerin); s. 1990 verh. m. Dr. Regina, geb. Schulte, 2 Töcht. (Rebecca, Lena) - Stud. Gesch., Theol., Sozialwiss. Univ. Heidelberg, Bonn, Köln u. München; Promot. Heidelberg 1971 - 1968-72 wiss. Assist. Ruhr-Univ. Bochum; 1972/73 Res. Fellow St. Anthony's College Oxford; 1973-82 o. Prof. Univ. Essen; 1978/79 Gastprof. Maison des sciences de l'homme Paris; 1987-88 Fellow Wiss.kolleg Berlin - BV: Angepaßter Faschismus, 1969; Entnazifizierung in Bayern, 1972; Communalbaumeister, 1979; Posthistoire, 1989; D. volkseigene Erfahrung, 1991. Herausg.: Arbeiterinitiative 1945 (1976); Wohnen im Wandel (1979); Lebenserfahr. u. Gedächtnis (1980); Lebensgesch. u. Sozialkultur im Ruhrgeb. 1930-60, 3 Bde., (1983-85); D. Menschen machen ihre Gesch. ... (1984); Marschallplan u. europ. Linke (1986); Bürgerliche Gesellschaft in Deutschland (1990) - Spr.: Engl., Franz.

NIEWERTH, Heinrich

Dr. jur., Rechtsanwalt, Notar, Oberbürgerm. Oldenburg, MdL Nieders. (s. 1967) - Otterweg 39, 2900 Oldenburg/O. (T. 3 13 05; Büro: 2 62 94) - Geb. 13. Juni 1937 Hildesheim, ev., verh., 4 Kd. - Schule Oldenburg; Stud. Rechtswiss. Jurist. Staatsprüf. 1962 u. 66 - S. 1967 RA Oldenburg. Ratsherr Oldenburg.

NIEZOLDI, Gerhard

Hörspieldramaturg u. Autor - Kaiserdamm 29, 1000 Berlin 19 (T. 301 98 96) - Geb. 23. Juli 1920 Plauen/Vogtl. (Vater: Otto N., Offz.; Mutter: Mathilde, geb. Schramm), ev., verh. in 2. Ehe (1953) m. Waltraut, geb. Karjus, 2 Kd. (Peter Christoph, Eva-Elisabeth) - 1946-51 Univ. Greifswald u. Tübingen (German., Phil.) - S. 1952 Südd. Rundfunk u. RIAS Berlin (1959; Hörspieldramat., stv. u. 1969 Leit. Hörspielabt., 1985 pens.). Hörsp.: D. Tod erlebt e. Spaß (SDR, 1952), Prinzessin sein in Seramund (SDR u. RAI, 1955), D. Tageb. d. Benjamin Gniebel (SR, 1963), D. Andere (SR, 1964), Mackenzies Messer (HR u. ORTF Paris, Bern), Unbescholten (WDR, 1968); Funkerz.: Begegnung zwischen bunten Kreiseln (RIAS), Lachs-Gericht (RB), Aus d. Sprachschatz d. Herrn Kopper (RB) u. a. - 1952 Hörspielpreis SDR.

NIGGEMANN, Hermann

Beiratsvorsitzender Eisenwerke Fried. Wilh. Düker GmbH & Co., Karlstadt, Vors. Wirtschaftsverb. Gießerei-Industrie/Landesverb. Bayern, München - Hauptstr. 35, 8752 Laufach/Ufr. (T. Karlstadt 79 11) - Geb. 4. Febr. 1926.

NIGGEMANN, Karl August

Unternehmensberater, Gesellsch. u. Geschäftsf. Inst. f. Wirtschaftsberatung Karl A. Niggemann & Partner GmbH, Meinerzhagen - An der Linde 12, 5882 Meinerzhagen 1 (T. 02354 - 1 30 66) - Geb. 27. Mai 1941 Meinerzhagen, ev., verh. s. 1964 m. Heidemarie, geb. Grüber, 2 Kd. (Britt, Mark) - Lehre Bankkaufm.; Dipl. 1961 Bankakad. - AR-Vors. Rewatex AG, Berlin, Dahlhausen-Holding AG, Köln; gf. Gesellsch. d. N & B Beteiligungsges. mbH, Frankfurt/M., d. Karl A. Niggemann Industriebeteiligungen KG, Meinerzhagen, d. Märkischen Kunststoffholding GmbH & Co. KG, Meinerzhagen, d. MK Wohnbau GmbH & Co. KG, Meinerzhagen, d. ExperTeam Treuhand Dr. Will GmbH, Meinerzhagen; wirtschaftl. Beirat b. div. Handels- u. Produktionsuntern. - BV: Langfrist. Liquiditätssicher. - prakt. Maßn. z. Vermeid. finanzieller Engpässe, 1980; Prüf. d. Finanzier. u. Sanier., 1981; Beleihungsgrundsätze d. Banken u. Spark. heute, 1981; Unternehmenswachstum durch Steuern finanziert, 1982 - Spr.: Engl.

NIGGEMANN, Walter

Dr., Mitglied d. Unternehmensleitung Vorwerk & Co. - Mühlenweg 17-37, 5600 Wuppertal (T. 0202 - 56 40) - Geb. 2. Juni 1943.

NIGGEMEIER, Horst

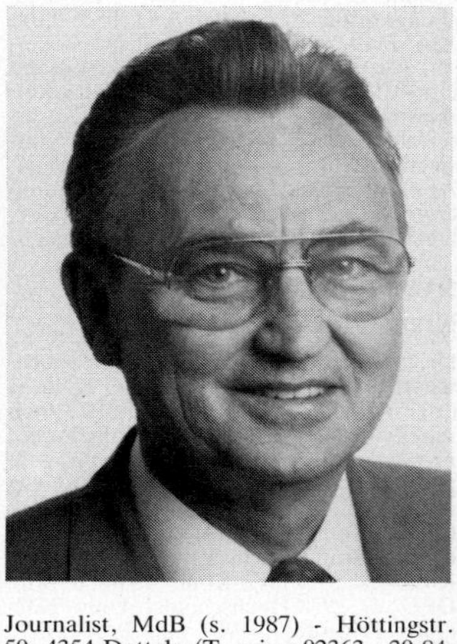

Journalist, MdB (s. 1987) - Höttingstr. 50, 4354 Datteln (T. priv.: 02363 - 20 84; dstl.: 0228 - 16 33 20 u. 02363 - 35 51 18) - Geb. 10. Mai 1929 Datteln (Vater: Walter N., Bergmann; Mutter: Anna, geb. Linn), ev., verh. s. 1957 m. Renate, geb. Börste, 2 Söhne (Horst, Frank) - Mittl. Reife - 1967-92 Bürgerm.; 1968-87 Vors. SPD-Unterbez. Recklingh.; 1974 SPD-Fraktionsvors. Kreistag Recklinghausen - BV: Wohin treibt die SPD? 1984 (m.a.) - Major d. Reserve; 1985 Ehrenkreuz d. Bundeswehr in Gold; 1987 BVK I. Kl.; 1991 VO Land Nordrh.-Westf. - Spr.: Engl., Franz.

NIGGEMEYER, Heinz

Dr. med., Prof. Universitäts-Kinderklinik Würzburg (b. 1982) - Josef-Schneider-Str. 2, 8700 Würzburg - Geb. 10. Febr. 1920 Haan - S. 1955 (Habil.) Lehrtätigk. Würzburg (1962 apl. Prof., 1978 ao. Prof., 1982 i. R.). Handbuch- u. Ztschr.beitr.

NIGGEMEYER, Hermann

Dr. phil., Museumsdirektor i. R., Honorarprof. f. Völkerkunde Südasiens u. Museumskd. Univ. Frankfurt (s. 1966) - Siefenfeldchen 39, 5303 Bornheim (T. 7 32 18) - Geb. 7. Mai 1908 - S. 1938 Kustos u. Dir. Museum f. Völkerkd. Frankfurt - Expeditionen: Molukken, Neuguinea, Indien - BV Kuttia Kond - Dschungelbauern in Orissa, 1964.

NIGGL, Günter

Dr. phil., Prof. f. Neuere dt. Literaturgesch. Kath. Univ. Eichstätt - Dstl.: Ostenstr. 26-28, 8078 Eichstätt; priv.: Kilian-Leib-Str. 129, 8078 Eichstätt (T. 08421 - 31 19) - Geb. 12. Juli 1934 Augsburg (Vater: Hans N., Oberstudiendir.; Mutter: Erna, geb. Kirstahler), kath., verh. s. 1962 m. Irmgard, geb. Hilgers, S. Bernhard - Staatsex. 1959, Promot. 1965, Habil. 1973 - 1973 Privatdoz.; s. 1977 o. Prof. - BV: Fromm b. Goethe. E. Wortmonogr., 1967; Joseph v. Eichendorff im Urteil s. Zeit, 3 Bde. 1975-86; Gesch. d. dt. Autobiogr. im 18. Jh., 1977; D. Autobiographie. Zu Form u. Gesch. e. lit. Gattung, 1989.

NIKLAS, Jan

Schauspieler - Zu erreichen üb. Agentur Baumbauer, Keplerstr. 2, 8000 München 80 - Geb. u. aufgew. in München - Schulzeit in München u. London - Schausp.-Unterr. in London, dan. abgeschl. Schausp.-Ausbild. Max Reinhardt-Schule Berlin - Theaterengagements: 1968/69 Stadttheater Regensburg, 1970-72 Hess. Staatstheater Wiesbaden, 1973-75 Thalia Theater Hamburg, 1981/82 Theater an d. Josefstadt Wien. S. 1975 freiberufl. Tätigk. - Zahlr. Bühnenrollen: Acaste (Menschenfeind), Robert (Halb auf d. Baum), Schüler/Valentin (Faust), Güldenstern/Laertes (Hamlet), Collin (The Kneck), Harry (Zicke Zacke), Karl V. (Martin Luther u. Thomas Münzer), Martinon (D. Mondvögel), Ferdinand (Kabale u. Liebe), Aimwell (Strategen d. Liebe), Harry (E. besserer Herr), Dreyfus (Dreyfus), Masham (D. Glas Wasser), Aumerle (Richard d. Zweite), Mortimer (Maria Stuart), Archenholz (Gespenstersonate), Fritz Lobheimer (Liebelei). Zahlr. TV-Rollen u.a. in: Theodor Schindler (WDR 1978/79), Regie: H. W. Geissendörfer; Kabale u. Liebe (BR 1980), Regie: H. Schirk; D. Gerechten (ZDF 1982), Regie: F. Guthke; Peter the Great (USA 1984/85), Regie: L. Schiller u. M. Chomsky; Anastasia (USA 1986), Regie: M. Chomsky. Filmrollen u.a. in: Ansichten e. Clowns (BRD 1977), Regie: V. Jasny; Loose Connexions (Engl. 1983), Regie: R. Eyre; Oberst Redl (Ung. 1984), Regie: I. Szabo; The Rose garden (USA-Dtschl. 1989), Regie: F. Rademakers; Dr. M. (Franz.-Deutsch 1990), Regie: Claude Chabrol. - 1987 Golden Globe Hollywood.

NIKLAUS, Dietlef

Dr. phil., Prof. f. Pädagogik Univ. Göttingen - Grasweg 5, 3354 Dassel (T. 05562 - 4 13) - Geb. 6. März 1929, verh. m. Liselotte Paschkowski-Niklaus, 4 Kd. (Katharina, Christoph, Alexander, Tatjana) - Ab 1951 Lehrerstud.; Staatsex. Göttingen; ab 1958 Stud. German. u. Gesch.; ab 1970 Stud. Erziehungswiss., Phil. u. Politikwiss. Univ. Göttingen; Promot. 1976 - Lehrer an allen Schularten; s. 1976 Hochschuldoz.; s. 1980 Prof. f. Schulpäd. - BV: Autorität u. Führungsverh., 1976. Wiss. Forsch. im Bereich Schule u. Erwachsenenbild., päd. Filme - S. 1985 Ehrenmitgl. New York State Foundations of Education Assoc. - Spr.: Engl., Latein.

NIKOLAI, Lutz

s. Dröscher, Vitus B.

NIKOLAOU, Theodor

Dr. phil., Dr. theol., o. Prof. f. Orthodoxe Theologie, Vorstand Inst. f. Orthodoxe Theol. Univ. München (s. 1984) - Dienstanschr.: Ludwigstr. 29, 8000 München 22 (T. 21 80-21 74) - Geb. 24. März 1942 Anawra/Magnesia (Griechenl.), orth., verh. s. 1971 m. Helene, geb. Thiel, 2 Kd. (Tanja, Konstantin) - Stud. Theol., Klass. Philol., Phil. in Konstantinopel, Thessaloniki u. Bonn; Promot. (Dr. phil) 1968 Bonn u. (Dr. theol.) 1981 Thessaloniki; Habil. 1975 Bern, Umhabil. 1976 Bonn (f. Griech. Patristik u. byzantin. Geistesgesch.) - Ab 1972 Lehrauftr., ab 1976 Privatdoz., 1978-84 apl. Prof. f. Orth. Theol. Univ. Bonn - BV: D. Neid b. Johannes Chrysostomus, 1969; D. Ansichten üb. Staat u. Recht b. G. Plethon Gemistos, 1974, 2. A. 1989; D. Willensfreiheit u. d. Affekte d. Seele n. Klemens v. Alexandrien, 1981. Herausg. Ztschr. Orthodoxes Forum. Zahlr. Einzelarb. aus d. Bereich d. patr. u. byzant. Theologiegesch. u. d. ökumen. Theol. - 1972 Ehrenpreis Akad. d. Wiss. Athen; s. 1977 Mitgl. d. Intern. Gemischten Kommiss. f. d. offiziellen Dialog zw. d. Orth. Kirche u. d. Luth. Weltbund; 1991 o. Mitgl. d. Europ. Akad. d. Wiss. u. Künste (Salzburg).

NIKOLOWSKI, Wolfgang

Dr. med., Prof., Ärztl. Direktor i. R. Hautklinik Krkhs. Zweckverb. Augsburg (s. 1961) - Mozartstr. 3, 8902 Neusäß 1 (T. 48 36 02) - Geb. 6. März 1918 Gittersee/Sa. (Vater: Heinrich N., Volkssch.lehrer; Mutter: Käthe, geb. Johst), ev., verh. s. 1944 m. Liselotte, geb. Schüz, 2 Kd. (Jutta, Rainer) - Gymn. Dresden; Studium Berlin, Tübingen, Danzig, München. Promot. 1943 Danzig (Medizinische Akad.); Habil. 1953 Tübingen - S. 1953 Privatdoz. u. apl. Prof. (1958) Univ. Tübingen (1946-61 Assistenz- u. Oberarzt (1952) Hautklinik). 1960/61 Geschäftsf. Dt. Zentralaussch. f. Krebsbekämpf. Etwa 200 Facharb. - 1963 korr. Mitgl. Österr. Dermatol. Ges. - Liebh.: Musik (Klavier) - Spr.: Engl., Franz., Span.

NIKURADSE, Alexander

Dr.-Ing., Physiker, Prof. TU Berlin (Elementarteilchen d. Materie), Lehrbeauftr. TU München (Physikal. Vorgänge in Isolierstoffen) - Großhesseloher Str. 21, 8000 München 71 (T. 79 64 97) - Geb. 10. Nov. 1900 Samtredi (Georgien) - Habil. 1929 München - U. a. Dir. Inst. f. Elektronen- u. Ionenforsch., München. Fachveröff. - BVK - Bruder: Johann N.

NILL, Elisabeth

Oberstudienrätin, MdL Baden-Württ. (1972-88) - Stöckenbergweg 37, 7300 Esslingen (T. 37 88 34) - Geb. 26. Febr. 1932 Stuttgart, ev., led. - Mädchen-Gymn. Stuttgart-Bad Cannstatt (Abit.), Univ. München u. Tübingen (Gesch., Engl., Dt.). Staatsex. 1957 (Wiss.) u. 59 (Päd.) Tübingen. S. 1959 Höherer Schuldst. Freudenstadt u. (1976) Esslingen. 1968-76 Stadträtin Freudenstadt, 1973-76 Kr.verordnete. SPD s. 1965 (1973-75 Mitgl. Landesvorst. BW; 1979-89 Kreisrätin Esslingen). S. 1987 Mitgl. SPD-Landesvorst. u. d. Präsid. d. ba-wü SPD; s. 1987 Vors. Kulturbeirat b. SPD-Landesvorst. S. 1989 Stadträtin in Esslingen - Spr.: Engl. (Stud. u. Engl.-Aufenth.).

NIMMERGUT, Jörg

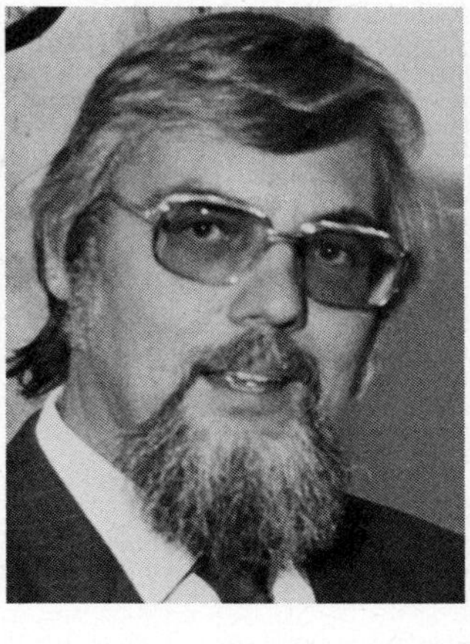

Historiker, Fachjournalist, Konservator Dt. Ordensmuseum - Eversbuschstr. 108, 8000 München 50 (T. 089 - 812 29 63) - Geb. 27. Aug. 1939 Berlin, verh. s. 1965 m. Ulla Höfler, T. Anja - Abit.; Stud. Päd. Berlin, German. u. Roman. München; Werbefachl. Akad. München, Dipl. - S. 1964 eig. Werbeagentur J. N. München. Präs. Förderkr. Dt. Ordensmuseum (FDOM). 1989ff. Chefredakt. Orden & Militaria-Magazin - Mehr als 50 BV: u.a. Werben m. Sex, 1966, 1981; Im Bannkr. d. Tabletten, 1968; Kreativitätstraining, 1972; Dtschl. in Zahlen, 1972, 73, 74; Schule d. erfolgreichen Bewerbung, 1972, 1981; Korrespondenztraining, 1973; Kontakttraining, 1974; Regeln u. Training d. Ideenfindung, 1975; 12.000 Marketing- u. Managementbegriffe, 1977; Westwind weht d. China, 1978; Leitf. d. Org.entw., 1978. 1977-80 Editor u. Lektor d. Reihe Kompaktwissen; 1975-78 Chefredakt. Orden & Militaria-Journ.; 1980-87 Chefredakt. Info-Aktuelles Magazin f. Orden, Militaria, Zeitgesch.; Dtschl.-Katalog Orden u. Ehrenz., s. 1977; Antiquitäten-Dt. Orden, 1979; Antiquitäten - Dt. Militaria 1808-1945, 1980; Orden Europas, 1981; Miniaturen u. Dosen, 1982. Herausg. d. Edit. Dt. Ordensmuseum, 4. Bde. (s. 1988); Historische Wertpapiere (1990); Handbuch Dt. Militaria (1989); Handbuch Deutsche Orden (1989) - Zahlr. Ausz. u. Preise, u.a.: 1964 IAA Youth-Award Welt-Kongr. d. Werbung (USA); 1985 Gold. Ehrenmed. f. Publiz. (Dtschl.); 1985 Ritterkr. Etoile Civic (Frankr.); 1986 Ehrenkr. d. Albert-Schweitzer-Ges. (Österr.); 1988 Kdr. I. Kl. Militaire de la Milice v. Hl. Grab u. Rubens-Med. f. Kunst u. Kultur, Belgo-Hispanica; Verdienstmed. Dt. Rotes Kreuz. Zahlr. Ehrenmitgl. - Lit.: Wickert, Wer ist wer in Werbung u. Werbeforsch. in Westeuropa? (1974); Kindlers Lexikon d. Lit. (1980); Üb. d. Publ. J. N., Drobria Plastika, Prag (1981). - Lit.:

NIMZ, Horst

Dr. rer. nat., Prof., Chemiker, Leiter Bundesforschungsanst. f. Forst- u. Holzwirtsch.-Institut f. Holzchemie, Leuschnerstr. 91, 2050 Hamburg 80 - Geb. 21. April 1930 (Vater: Bruno N., Kaufm.; Mutter: Marta, geb. Penke), ev., verh. m. Christa, geb. Lorenz, 2 Töcht. (Birgit, Sabine) - 1950-58 Stud. Chemie Univ. Rostock; Promot. 1958, Habil. 1968 Univ. Heidelberg - 1969-82 Doz. u. Prof. in Karlsruhe; ab 1982 Inst.-Leit. in Hamburg (s. o.). Üb. 100 Publ. in Ztschr., sechs Patente - Spr.: Engl.

NINNEMANN, Helga

Dr. rer. nat., Prof. f. Photobiologie - Corrensstr. 41, 7400 Tübingen - Geb. 7. Mai 1938 Königsberg (Vater: Helmut N., Dipl.-Ing.; Mutter: Toni, geb. Neumann) - Univ. Frankfurt, Tübingen, Caltech. Pasadena, Univ. California San Diego - La Jolla, Promot. 1966 - BV: Zellteilung, 1971 u. 1981; Photoreceptors for Circadian Rhythms, 1979.

NIPKOW, Karl Ernst

Dr. phil., Dr. theol. h.c., o. Prof. f. Praktische Theologie (Religionspäd.) - Weiherstr. 49, 7400 Tübingen 9 (T. 8 18 26) - Geb. 19. Dez. 1928 Bielefeld (Vater: Ernst N., Amtmann; Mutter: Margarete, geb. Spiekerkötter), ev., verh. s. 1954 m. Rosemarie, geb. Kowalzyk, 2 Kd. (Renate, Markus) - Univ. Heidelberg u. Marburg (Päd., Ev. Theol., German., Angl.) - 1954-61 höh. Schuldst.; 1961-65 Stud.rat im Hochschuldienst u. Lehrbeauftr. Univ. Marburg (Gymnasialpäd.); 1965-1968 Prof. Päd. Hochsch. Hannover (Päd.); s. 1968 o. Prof. Univ. Tübingen (Religionspäd.). Vorst.-Vors. Comenius-Inst. Münster; Mitgl. d. Kammer d. EKD f. Bildung u. Erziehung - BV: D. Individualität als päd. Problem b. Pestalozzi, Humboldt u. Schleiermacher, 1960; Ev. Unterweis. oder ev. Religionsunterr.?, 3. A. 1967; Grundfragen d. Religionsunterr. in d. Gegenw., 2 A. 1969; Christl. Bildungstheorie u. Schulpolitik, 1969; Schule u. Religionsunterr. im Wandel, 1971; Grundfragen d. Religionspäd., 3 Bde. 1975-82, I u. II: 4. A. 1990, III: 2. A. 1988; Medien im Religionsunterr. (zus. m. Mattl/Mutschler), 1978; Religionsunterr. in d. Leistungsschule, 1979; Moralerziehung, 1981; Christl. Erz. u. Glaube (koreanisch), 1983; Erwachsenwerden ohne Gott? - Gotteserfahrung im Lebenslauf, 3. A. 1990; Bildung als Lebensbegleitung u. Erneuerung, 1990. Mithrsg.: D. Lehrer in Schule u. Ges. (4. A. 1976); Funkkolleg Religion (1985); Glaubensentwicklung u. Erziehung (2. A. 1989); Praktische Theologie u. Kultur d. Gegenwart (1991); Religionspädagogik I (Texte) (1991) - Bek. Vorf.: Dr. h. c. Paul N., Erfinder d. Fernsehens.

NIPPERT, Oswald

Kaufmann, Präs. Bundesverb. d. Selbständigen/Dt. Gewerbeverb., Bonn - Am Katzenberg, 8700 Würzburg - Geb. 3. Nov. 1918.

NIRK, Rudolf A.

Dr. jur., Prof., Rechtsanwalt Bundesgerichtshof Karlsruhe (s. 1963) - Lammstr. 11, 7500 Karlsruhe (T. 2 56 11) - Geb. 11. Okt. 1922 Ravensburg (Vater: Karl N.; Mutter: Rosa, geb. Dorn), verh. s. 1945 m. Gerda, geb. Teuchert, 2 Söhne (Reinhard, Thomas) - Stud. Univ. Tübingen u. Los Angeles/USA - 1953-62 RA Balingen; Vorstandsmitgl. Dt. Anwaltverein (Vizepräs.); Vors. Gesetzgeb.aussch. f. ZPO/GVG d. DAV; RA-kammer Bundesgerichtshof (Vizepräs.); Dt. Inst. f. Schiedsgerichtswesen; AR-Mitgl. Bayer. Motorenwerke AG (BMW); Beirat Günter-Graf-Hardenberg-Stiftg. - BV: Geschmacksmusterkomm., 1989; Wettbewerbsstreitigk. (NJW-Schriftenr.) Nr. 34, 1990; Studienbuch üb. d. ges. Gewerbl. Rechtsschutz, 1981; Gewerbl. Rechtsschutz (Schaeffer Bd. 15), 1985 (m. Bruchhausen); Patentkomment., 1971 (m. Möhring). Herausg.: Lindenmaier-Möhring, Nachschlagewerk d. BGH, Neue Jurist. Wochenschrift, Handb. d. Aktienges. - 1972 VO d. BRD; 1980 Gr. Silb. Med. d. Kurat. f. Sicherheit im Skisport; 1982 Gr. BVK - Liebh.: Golf (Präs. Golf-Club Baden-Baden), Ski (Jurist. Beirat Dt. Skiverband).

NISCHKE, Michael

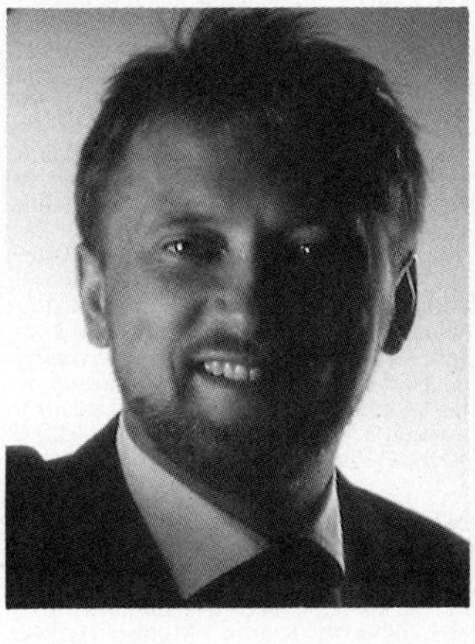

Dipl.-Ing., freier Autor u. Fotodesigner - Oberanger 6, 8024 Oberhaching (T. 089 - 613 53 70) - Geb. 3. März 1956 Berlin-Schmargendorf, T. Mona-Kira - Abit. 1976; Dipl.-Ing. (Fotoing.wesen) Köln - S. 1988 Ressortleit. Color-Foto - BV: Verfremdungen, I. 1988; Dynax in d. Praxis, 1989; Kinder meisterhaft fotografiert, 1990; Verfremdungen, II. 1990; Blitz-Fotoschule, 1990; Labor-Fotoschule, 1991; Licht u. Farbe exakt messen, 1992 - 1988 Kodak Fotobuchpreis; 1989 Berufung z. Deutschen Ges. f. Photographie - Liebh.: Kultur + Wirtschaft, Modernes Design - Spr.: Engl., Franz., Schwed., Dän., Norweg.

NISIUS, Ernst Heinrich

Ministerialdirigent a.D., Abt.-Leit. Verfassungsschutz Ministerium d. Innern Rhld.-Pfalz (b. 1991) - 6501 Heidesheim - Geb. 13. Dez. 1929 Mayen, kath., verh. s. 1953 m. Margot, geb. Boos, 2 Kd. (Peter, Jutta) - Verwaltungslehre; 1. u. 2. Verw.prüf.; Verw.-Dipl. 1958 Verw.- u. Wirtschaftsakad.; 1963 Ex. f. d. höh. Polizeidienst Polizeiführungsakad. Hiltrup.

NISSEL, Siegmund

Dr. h. c., Prof. Hochsch. f. Musik Köln, Musiker - 29, The Park, Londen NW 11/ England (T. 458 - 20 85) - Geb. 3. Jan. 1922 München (Vater: Isidor N., Betriebsleit.; Mutter: Malvine, geb. Mandll), israelit., verh. s. 1957 m. Muriel, geb. Griffiths, 2 Kd. (Claire, Daniel) - Privatunterr. b. Prof. Max Rostal - S. 1948 Gründungsmitgl. Amadeus-Quartett - Ehrendoktor Univ. York u. London; Offz. of British Empire; BVK - Spr.: Engl., Ital.

NISSEN, Gerhardt

Dr. med., Univ.-Prof. f. Kinder- u. Jugendpsychiatrie, Prof. h. c. (Madrid), em. Ordinarius u. Dir. Klinik f. Kinder- u. Jugendpsychiatrie Univ. Würzburg, Füchsleinstraße 15 - A.-Frank-Str. 9, 8700 Würzburg - Geb. 21. Sept. 1923 Tondern/Dänem. (Vater: Peter N.; Mutter: Frieda, geb. Ingwersen), ev., verh. s. 1957 m. Gerda, geb. Thomas, 2 Kd. (Susanne, Thomas) - Obersch. Flensburg; Univ. Wien u. Kiel (Med., Phil.). Promot. 1950 - 1950-54 Flensburg, Husum u. Univ. Kiel; 1954-63 Städt. Nervenklinik Bremen, 1963-78 Dir. Klinik f. Kinder- u. Jugendpsychiatrie u. s. 1975 Dir. Humboldt-Krankenh. in Berlin-West. Präs. Deutsche (1971-73) u. Vizepräs. Europ. Ges. f. Kinder- u. Jugendpsychiatrie; Präs. Gesamtverb. Dt. Nervenärzte (1987-91) - BV: Depressive Syndrome im Kindes- u. Jugendalter, 1971; Psych. Störungen im Kinder- u. Jugendalter, 2. A. 1989; Spez. Lehrb. d. Kinder- u. Jugendpsychiatrie, 5. A. 1989; Intelligenz, Lernen u. Lernstörungen, 1977; Biol. u. soz. Aspekte d. Entw. u. Erzieh. d. Kindes, 1980; Psychiatrie d. Säugl. u. frühen Kleinkindalters, 1982; Psychiatrie d. Klein- u. Vorschulalters, 1983; Psychiatrie d. Schulalters, 1984; Kinder- u. jugendpsychiatr. Pharmakother. in Klinik u. Praxis, 1984; Psychiatrie d. Pubertät, 1984; Psychiatrie d. Jugendalters, 1985; Prognose psych. Erkrankungen im Kindes- u. Jugendalter, 1986; Allg. Therapie psych. Erkrankungen im Kindes- u. Jugendalter, 1987; Psychogene Erkrankungen u. ihre Therapie im Kindes- u. Jugendalter, 1988; Somatogene Psychosyndrome u. ihre Therapie im Kindes- u. Jugendalter, 1989; Psychogene Psychosyndrome u. ihre Therapie im Kindes- u. Jugendalter, 1990; Endogene Psychosyndrome u. ihre Therapie im Kindes- u. Jugendalter, 1991. Üb. 400 Einzelarb. üb. Neurol. Psychiatrie, Psychotherapie. Mithrsg.: Münch. Med. Wschr.; Ztschr. f. Kd.- u. Jgd.Psychiatr.; Spektrum d. Psychiatrie u. Nervenheilkunde; Frühförderung interdisziplinär. Psychiatrie Journal (Ottawa) u.a. - E. v. Bergmann-Plak. d. Dt. Ärzteschaft; BVK am Bde.

NISSEN, Godber

Dipl.-Ing., Prof., Architekt (BDA) - Georg-Bonne-Str. 10, 2000 Hamburg 52 (T. 82 40 42) - Geb. 24. Juni 1906 (Vater: Julius N., Kaufm.; Mutter: Hedwig, geb. Nothmann), verh. m. Annemarie, geb. Münch, 3 Kd. - TH Dresden u. Berlin - Bis 1945 Architekt Berlin, dann Hamburg (b. 1971 Prof. u. Leit. Architekturabt. Kunsthochsch.). Zahlr. Bauten, dar. Theater Bielefeld, Kliniken Tübingen, Düsseldorf, Saarbrücken, Hamburg u. Hannover, Börse u. IHK Düsseldorf, Verw.gebäude Reemtsma u. Commerzbank Hamburg, Biozentrum Univ. Hambg. - Mitgl. Dt. Werkbund, Tessenow-Ges. u. -Stiftg., Fr. Akad. d. Künste, Hamburg - 1977 Heinrich-Tessenow-Med. in Gold; 1982 Plak. Fr. Akad. d. Künste Hamburg; Ehrenmitgl. Fr. Akad. d. Künste Hamburg.

NISSEN, Hans J.

Dr. phil., Prof. f. Vorderasiat. Archäologie FU Berlin - Nollendorfstr. 28, 1000 Berlin 30 - Geb. 22. Juni 1935 Heidelberg (Vater: Stig N., Dipl.Ing.; Mutter: Huberta, geb. Radloff), ev., verh. s. 1962 m. Margarete, geb. Speer, 4 Kd. (Annegret, Berta, Karen, Nils F.) - Promot. 1963 Univ. Heidelberg - 1964-67 Dt. Archäol. Inst. Baghdad; 1968-71 Orient. Inst. Univ. of Chicago; 1971ff. Prof. FU Berlin, 1977-81 Vizepräs. ebd. - BV: The Uruk Countryside, 1972 (m.a.); Grundz. e. Gesch. d. Frühzeit d. Vord. Orients, 1983; The Early History of the Ancient Near East, 1988; Grabungsber. (Iraq, Iran, Pakistan, Jordanien) u. zahlr. Fachart.

NISSEN, Karl-Heinz

Vizepräsident Bundesfinanzhof a. D. (1981-86) - Postf. 86 02 40, 8000 München 86 - Geb. 3. Nov. 1918 Wunstorf.

NISSEN, Oskar

Dipl.-Ing., Industrieberater (Union Carbide Europe S.A., Genf/Schweiz) - Parkstr. 16, 6240 Königstein/Ts. (T. 2 10 82) - Geb. 4. Juli 1909 Libau - Zul. Vorstandsmitgl. Knapsack-Griesheim AG., Knapsack (Werksleit. Griesheim-Autogen, Frankfurt/M.) - Spr.: Engl., Franz. - Rotarier.

NISSEN, Walter

Dr. phil., Archivdirektor i. R. - Herzberger Landstr. 89a, 3400 Göttingen (T. 5 53 12) - Geb. 3. Sept. 1908 Hamburg (Vater: Hans N., Kaufm.; Mutter: Gertrud, geb. Soltau), ev., verh. s. 1941 m. Helga, geb. Kleinecke, S. Peter - Univ. Hamburg u. Halle/S. (Gesch., Lat., German.; Promot. 1938) - 1950-58 Dir. Dt. Zentralarchiv, Abt. Merseburg; s. 1959 Dir. Stadtarchiv Göttingen - BV: Archival. Forsch. z. Gesch. d. dt. Arbeiterbeweg., 1954/56; V. Wesen u. Wert geschichtl. Quellen, 1960 (Dortmunder Vorträge, 44); Göttinger Gedenktafeln, 1962; Göttinger Bürgerb., 1964; D. Göttinger Stadtarchiv, 1969; Göttingen gestern u. heute, 1972.

NITSCH, Manfred

Dr. oec. publ., Prof. f. Polit. Ökonomie Lateinamerikas - Am Sandwerder 8c, 1000 Berlin 39 (T. 803 75 51) - Geb. 11. Febr. 1940 Gernrode (Vater: Dr. Arthur N., Privatschulinh.; Mutter: Gertrud, geb. Paschen), verh. s. 1966 m. Ingeborg, geb. Heeren - Gymn. Bad Harzburg; Stud. Göttingen, Genf, Middlebury (USA), München (Wirtsch.wiss., Päd., Spr.), Dipl.-Hdl. 1965, Promot. 1968 - 1967-70 Wiss. Mitarb. Univ. München, 1970/71 Max-Planck-Inst. f. Patentrecht, 1972-77 Stiftg. Wiss. u. Polit. Ebenhausen, s. 1977 Prof. FU Berlin, Lateinamerika-Inst. - BV: Entwickl.finanz. in Lateinamerika - dargest. am Beisp. Columbiens, 1970; (m. Wolf Grabendorff): Brasilien - Entwickl.mod. u. Außenpolitik, 1977; Proalcool - Analyse u. Evaluierung d. brasil. Biotreibstoffprogramms (m. Uta Borges, Heiko Freitag, Thomas Hurtienne), 1984 - Spr.: Engl., Span., Franz., Portug.

NITSCHE, Hellmuth

Dr. phil., Prof. Inst. f. Soziol. Univ. Würzburg - Auf der Röthe 17, 8700 Würzburg (T. 0931-27 34 12) - Geb. 10. Aug. 1925 Granesau (Vater: Maximilian N., kfm. Angest.; Mutter: Sophie, geb. Weihrich), kath., verh. s. 1964 m. Ursula, geb. Schröppel, 2 Kd. (Kathrin, Peter) - 1946-51 Stud. German. u. Kultursoziol. Univ. Jena; Promot. 1959 Leipzig - Prof. f. Neuere dt. Lit. Univ. Berlin (Ost); 6 J. f. DDR in China, Ägypten u. Ungarn, danach Entlass. wegen Regime-Kritik (Verhaft. m. Ehefrau), 1977 Wechsel in d. BRD. 1978-81 Bundesvors. Ges. f. Menschenrechte Frankfurt; Vorst.-Mitgl. Inst. f. Demokratieforsch. Würzburg; Mitgl. Kurat. Intern. Ges. f. Menschenrechte; Ehrenmitgl. kath. Studentenverbind. Rheno-Frankonia; Teiln. an intern. Menschenrechtskonf. in: Rom, Madrid, London, Bonn, Stockholm u. Washington - BV: Zw. Kreuz u. Sowjetstern, 1983; Antwort an Bahro u. Genossen, 1984 - Liebh.: Lit., Filmkunst, Staats- u. Ges.Lehre, Wassersport - Spr.: Engl., Tschech.

NITSCHE, Joachim

Dr. rer. nat., o. Prof. f. Mathematik - Im Hau 10, 7802 Merzhausen/Br. (T. Freiburg/Br. 40 43 27) - Geb. 2. Sept. 1926 Nossen - S. 1953 (Habil.) Lehrtätigk. FU Berlin u. Univ. Freiburg (1959 apl., 1962 o. Prof.; Dr. Inst. f. Angew. Math.).

NITSCHE, Peter

Dr., Prof. f. Geschichte Osteuropas - Albert-Einstein-Str. 21, 2308 Preetz - Geb. 23. Mai 1933 Breslau - Abit. 1952 Merseburg; Univ. Köln (Promot. 1961, Habil. 1971) - 1977-79 Dekan Phil. Fak. Univ. Kiel; s. 1986 Wissenschaftl. Leit. d. Schlesw.-Holst. Univ.-Ges. - BV: D. Aufstieg Moskaus, 2 Bde. 1966/67; Großfürst u. Thronfolger. D. Nachfolgepolitik d. Moskauer Herrscher, 1972; D. Mongolenzeit u. d. Aufstieg Moskaus (1240-1538). In: Handb. d. Gesch. Rußl. I., 1981; D. Osteuropa-Bestände d. Eutiner Landesbibl., 1989; Nicht an die Griechen glaube ich, sondern an Christus, 1991 - Spr.: Russ., Poln., Serbokroat.

NITSCHE, Rudolf

Dr. rer. nat., o. Prof. f. Kristallographie (s. 1969) - Schloßhofstr. 14, 7801 Buchenbach (T. 7 15 69) - Geb. 1922 Bad Godesberg - 1945-51 Univ. Heidelberg (Chemie). Promot. 1951 Heidelberg; Habil. 1966 Zürich (ETH) - 1951-54 DuPont USA; 1954-57 Siemens-Reinigerwerke Erlangen; 1957-68 RCA-Forschungslabor Zürich (Leit. Abt. Kristallsynthese). Fachveröff.

NITSCHE, Wolfgang M.

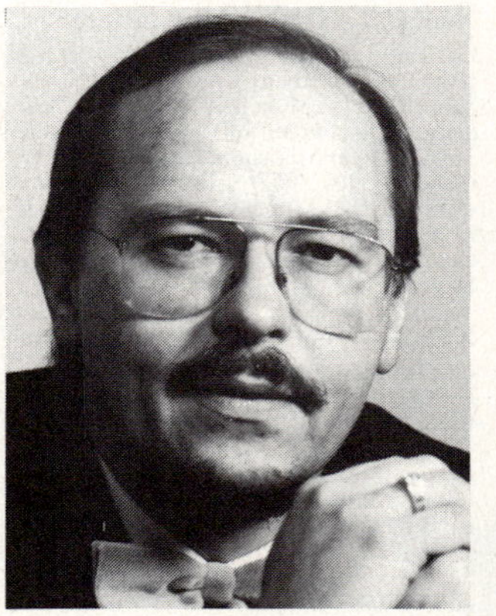

Präsident d. BDV, Chefredakteur d. Wirtschaftsmagazins Verkaufen - Zu erreichen üb. BDV-Beufsverband, Postfach 12 06 04, 5300 Bonn 1 (T. 0228 - 21 68 68) - Geb. 26. Dez. 1946, verh. - Schriftsetzer, Journ., Kommunikationswiss., Marketing-Fachstud. (Spez.: Werbung, Absatzförd., Verkauf in Konzeption, Strategie, Durchführung) - 1974-80 Sales-Manager b. EUROCON, Luxemburg; 1980-85 Verkaufstrainer/ BDV Marketing-Manager b. EUROCON, Luxemburg; Akad.leit./MBA; s. 1986 Präs. Bundesverb. Dt. Verkaufs- & Vertriebskräfte BDV e.V. Bonn; s. 1992 Präs. d. AESA (Assoc. European Sales-Adviser and -Manager) - BV: Studien-Handbuch f. Angewandte Vertriebswirtschaft, 1988; Verkaufsabschluß, 1991; Verkaufspsychologie in: Handbuch f. Angewandte Psychologie, Band 3, 1981 - Liebh.: Politik, Kunstmalerei, Kultur - Lit.: Bestsellerbuch: Spitzenverkäufer (1990).

NITSCHKE, August

Dr. phil., Prof. - Ochsenweide 1, 7400 Tübingen - Geb. 18. Sept. 1926 Hamburg, ev., verh., 6 Kd. - Promot. 1950 Göttingen; Habil. Münster - BV: Naturerkenntnis u. politisches Handeln im Mittelalter, 1967; Kunst u. Verhalten, 1975; Hist. Verhaltensforschung, 1981; Junge Rebellen, 1985; Körper in Bewegung, 1989; Mutige im System, 1991.

NITSCHKE, Eberhard

Dr. phil., Journalist - Birlinghovenerstr. 13 b, 5300 Bonn 3 (T. 48 13 32) - Geb. 26. Sept. 1924 Berlin (Vater: Alfred N., Kaufm.; Mutter: Gertrud, geb. Sembach), verh. m. Vera, geb. Kemmerling, S. Oliver - Stud. d. Rechtswiss., German., Angl., Gesch. Univ. Bonn u. Freiburg/Br.; Promot. 1953 Bonn - S. 1953 Journ. (1959-64 Südd. Ztg.; 1964-89 Die Welt) - Spr.: Engl., Franz.

NITSCHKE, Horst

Dr. theol., Schriftsteller - Wehneltsteig 7, 1000 Berlin 13 - Geb. 25. Okt. 1923 Breslau, ev., verh. s. 1949 m. Marianne, geb. Hein, 5 Kd. (Bettina, Justus, Gundula, Patricia, Asmus) - Stud. ev. Theol. Halle (Staatsex. 1948, 2. theol. Ex. 1951, Promot. 1951) - 1951 Doz. Ev. Kirchenmusiksch. Halle; 1953 Pfarrer Sietzsch; 1956 Studienleit. Ev. Akad. Magdeburg; 1961 Verlagslektor Gütersloh; ab 1983 Schriftst. - BV: u. a. Da pries ich d. Freude (Text-Bild-Band), 1965; Wörterb. d. gottesdienstl. Lebens, 1966; Jesus: Ihr seid meine Freunde (Text-Bild-Band), 1977; Jesus: Ihr sollt einander lieben (Text-Bild-Band), 1977. Features, Buch- u. Filmkritiken in DLF, SFB, RIAS. Herausg.: Ztschr. f. Gottesdienst u. Predigt.

NITSCHKE, Lothar

Sänger, Mitgl. Medium-Terzett - Birkenhof, 4520 Melle 5-Buer (T. 05427 - 14 44) - Geb. 26. Mai 1932 Breslau, verh. s. 1957 m. Karin N., 2 Töcht. (Sabine, Katharina) - Gymn.; Konservat. Osnabrück (Gesang) - Üb. 600 Fernsehsend., zahlr. Bühnenauftr., 52 Langspielpl., 120 Single-Pl. - Div. Kompos. (leichte Muse) - Löwen v. Radio Luxemburg, Löns-Med. f. Verdienste um dt. Liedgut.; Edelweiß 90 (als beliebteste Gruppe Deutschlands).

NITTINGER, Johannes

Dr.-Ing. (habil.), Dr. h. c., Prof., Ltd. Ministerialrat a. D. - Schopenhauerstr. 1, 3000 Hannover 61 (T. 55 52 77) - Geb. 7. Okt. 1906 Linz/Rh. - B. 1971 Nieders. Innenmin. S. 1950 Lehrbeauftr. u. Honorarprof. (1955) TH bzw. TU Hannover, Geschäftsf. Wirtsch.verb. Geodäsie/ Kartogr. - Ehrendoktor Univ. Bonn; 1971 Gr. BVK.

NITTNER, Ernst

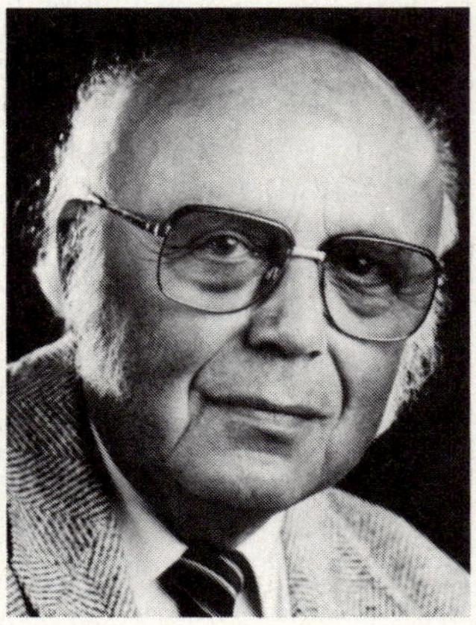

Dr. phil., Prof. f. Zeitgeschichte - Spitzsteinstr. 28, 8201 Flintsbach/Inn - Geb. 10. März 1915 Kaaden/Eger (Vater: Ernst N., österr. (k.u.k.) Offz.; Mutter: Emilie Mischka), kath., verh. s. 1940 m. Ilse Schindler, T. Gerburg - 1933-38 Dt. Univ. Prag (Gesch., Slaw.). Promot. 1938 - 1939-45 Militär- bzw. Kriegsdst. (Oblt.d.R.) u. Gefangensch.; 1946-60 höh. Schuldst. Bayern; 1960-73 Doz. u. Wiss. Leit. in d. Offiz. Ausb. d. Bundeswehr u.a.: Zentr. Inn. Führung,

Stabsakad. Wehrakad.; ab 1973 Prof. Hochsch. d. Bundesw. München. Polit. Funkt., dar. Stadt-Kreisrat, Bundesvers. Berlin (1954) - BV: u.a. Weg z. Heute - Gesch. uns. Zeit, 1964 (4 A.); Dokumente z. sudetend. Frage, 1967; Kontinuität u. Wandel - Vortr. z. Erzieh. u. Bildung in d. Bundesw., 1980; Bünd. Jugend u. kath. Erneuer. b. d. Sudetendt. 1930-38, 1983; D. Sozialethiker B. Bolzano, 1983; Hitlers Machtergreifung u. d. sudetendt. Einigungsbeweg., 1984; Die dt.-slaw. Nachbarschaft in europ. Sicht, 1984; D. Ausweisung d. Sudetendt. als tschech. Probl., 1985; D. gesamtstaatl. Katholikentag Prag 1935, 1985; D. Prager Univ. im Spiegel d. dt.-tschech. Nachbarschaft, 1986; Z. Ideologiebegriff Eug. Lembergs, 1986; Jordan Simon, OSAEr. E. Leben im Spannungsfeld d. Kath. Aufklärung, 1987; Adalbert, d. 2. Bischof v. Prag, Brücken-Bauer zw. Ost u. West, 1987; Tausend Jahre deutsch-tschech. Nachbarschaft, 1988; A. Naegle, Rektor d. Prager Dt. Univ., 1988 (Tschech. 1991). Herausg.: 1000 J. Bistum Prag (1973) - 1969 BVK; 1991 BVK I. Kl.; 1978 Sudetend. Kulturpreis f. Wiss.; 1979 Ritterkreuz päpstl. Sylvester-Orden; 1986 Bayer. VO; 1990 H.Schütz-Preis; Mitgl. Collegium Carol., Sudetend. Akad. d. Wiss., Histor. Kommiss. d. böhm. Länder; 1. Vors. Inst. Bohemicum - Liebh.: Wandern, Gespräche (zw. d. Generationen) - Bek. Vorf.: Eduard N., Pionier d. österr. Fliegerei †1913 (Großonkel) - Lit.: Gräben u. Brücken - Festschr. z. 65. Geb.; Kontinuität u. Wandel; Gedanken z. Erzieh. u. Bildung in d. Bw. (hg. v. Koll); Volksbote v. 8.3.85; Egerländer biogr. Lex. 1987 Bd. 2.

NITTNER, Konrad

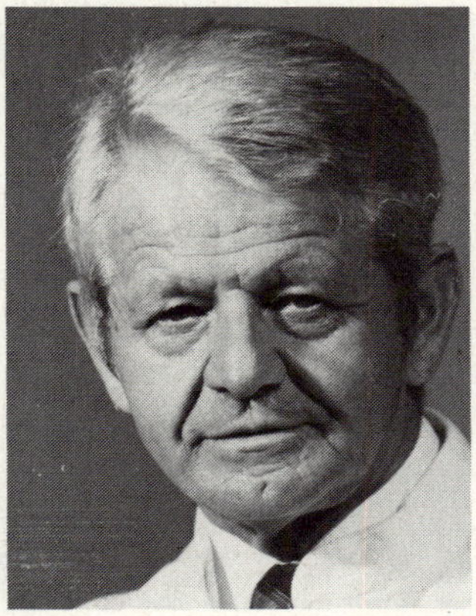

Dr. med., Univ.-Prof., Arzt - Clarenbachstr. 156, 5000 Köln 41 (T. 0221 - 40 38 09) - Geb. 23. Aug. 1921 Neupaka/Böhmen, kath., verh. s. 1948 m. Dr. med. Ursula, geb. Wende, 3 Söhne (Günther-Arnulf, Stefan-Frank, Jens-Thomas) - Med.-Stud.; Staatsex. 1947 Marburg; Promot. 1948 ebd.; Habil. 1963 - - 1955 Facharzt f. Neurol. u. Psych.; 1964 Facharzt f. Neurochir.; 1969 apl. Prof.; 1970 Abt.-Vorst. u. Prof.; o. Prof. Univ. Köln. Ehrenamtl. im Ärztl. Beirat dt. Parkinsonvereinig.; ehem. im Exekutivkomit. Europ. Ges. f. Stereotaxie u. funktionelle Neurochir. - BV: Handb. u. Lehrb.beitr. f. Neurochir., f. Stereotaxie u. funktionelle Neurochir. sowie üb. Rückenmarkstumoren; üb. 200 Veröff. im dt. u. intern. Schrifttum - Liebh.: Musik, Sport.

NITZ, Hans-Jürgen

Dr. phil., o. Prof. f. Geographie - Kramberg 21, 3406 Bovenden 1 (Lenglern) (T. 05593 - 6 43) - Geb. 20. Aug. 1929 Westerstede/Oldenburg (Vater: Paul N., Lehrer; Mutter: Paula, geb. Hausmann), ev., verh. s. 1958 m. Renate, geb. Jäger, 4 Kd. (Ulrike, Frauke, Ulf-Christoph, Mareike) - Päd. Hochsch. Oldenburg; Univ. Hamburg u. Heidelberg (Geogr., Geol., Bot., Frühgesch.). Promot. (1958) und Habil. (1967) Heidelberg - 1951-54 Lehrer; 1959-61 Assist. PH Lüneburg; 1961-67 Wiss. Assist. Univ. Heidelberg (Geogr. Inst.); 1967-68 Privatdoz. Univ. Heidelberg; s. 1969 o. Prof. u. Inst.dir. Univ. Göttingen. Forschungsreisen: Indien (1963/64, 1971/72 u. 1986) - BV: Formen d. Landw. u. ihre räuml. Ordnung in d. oberen Gangesebene, 1971. Herausg.: Histor.-genetische Siedlungsforschung (1974); The Medieval and Early-modern Rural Landscape of Europe under the Impact of the Commercial Economy (1987).

NITZ, Rolf-Eberhard

Dr. med., Pharmakologe, Pharma-Consulting, bes. für Pharmamarkt d. UdSSR - Heinrich-Bingemer-Weg 64, 6000 Frankfurt 60 (T. 06109 - 3 55 75) - Geb. 12. Jan. 1925 Kurow/Pommern, ev., verh. s. 1952 m. Germa, geb. Sigmund, 2 Kd. (Wolfgang, Christiane) - Med. Akad. Danzig, Univ. Kiel; Assist. Med. Inst. d. Max-Planck-Ges. Göttingen - 1952-59 Leit. Pharmak., 1959-67 Leit. Med. Forsch., 1967-87 Dir. Pharmasparte Cassella AG u. Geschäftsf. d. Cassella-Riedel Pharma GmbH - Entd.: Intensain, Corvaton u. a. Pharmazeutika - Liebh.: Fotografieren, Filmen - Spr.: Engl., Franz., Russ.

NITZLING, Erich S.

Kaufmann, Beratender Betriebswirt, Geschäftsf. Gesellsch. GEVAB-Gruppe - Bau + Betrieb v. Krankenanst. - Falkensteiner Str. 5, 6000 Frankfurt/M. (T. 59 30 53) - Geb. 24. Dez. 1934 Lorch/Rh., verh. m. Christiane, Freifr. v. d. Borch-Nitzling, 3 Kd. (Peter, Bodo, Alexander) - Gymn. Aufbauschule, Ausb. i. Leverkusen u. Wuppertal (b. 1954); 1964-70 Stadtverordn. Frankfurt/M., 1970-86 Mitgl. Hess. Landtag.; s. 1989 Vors. Arbeiterwohlfahrt, Frankfurt/M., u. d. Johanna-Kirchner-Stiftg. SPD Frankf. - 1964 Ehrenbürger New Orleans, 1978 BVK a. Br., 1986 BVK I. Kl.

NITZSCHE, Werner

Dr. agr., Dipl.-Landw., Prof. TU Berlin - Rheinbabenallee 25, 1000 Berlin 33 (Z. 030 - 823 97 46) - Geb. 24. Okt., ev., verh. s. 1959 m. Ursula, geb. Scheffler, 2 Söhne (Frank, Gunther) - Dipl. 1955 Humboldt-Univ. Berlin; Promot. 1959 Univ. Gießen; Habil. 1972 Univ. Bonn - 1960-83 Wissenschaftler MPI Köln-Vogelsang - BV: Haploids in Plant Breeding, 1977 - Vorf.: Johann Gregor Mendel (verschwäg.).

NITZSCHKE, Volker

Dr. phil., Prof. f. Didaktik d. Sozialwiss. - Südring 93, 6500 Mainz-Bretzenheim (T. 06131 - 33 19 37) - Geb. 24. April 1928 Berlin - Stud. PH Berlin, Dt. Hochsch. f. Politik Berlin u. FU Berlin, 2 Lehrerprüf., Dipl.-Politol., Promot. - 1950-61 Lehrer in Berlin; 1961-69 wiss. Mitarb. Univ. Frankfurt; 1969-73 Hochschulref. im Hess. Kulturmin.; s. 1973 Prof. Johann Wolfgang-Goethe-Univ. Frankfurt. Mitgl./Gastprof.: Dt. Inst. f. Fernstudien, Univ. Southampton, Univ. Adelaide/Südaustralien - BV: D. Auseinandersetzung um d. Bekenntnissch. in d. Weimarer Rep. in Zusammenhang m. d. Bayer. Konkordat, Diss. 1965; Z. Wirksamkeit politischer Bildung, Schulbuchanalyse, in: Max Traeger-Stiftg., Forschungsber. 1966; Materialien f. d. Sachunterr., 1975ff.; Neue Ansätze z. Methodik d. politischen Unterr. (m. F. Sandmann), 1982; Multikulturelle Ges. - multikulturelle Erziehung?, 1982; Metzler Handb. f. d. polit. Unterr. (m. F. Sandmann), 1987; Politik. Lernen u. Handeln f. heute u. morgen (3 Schülerbde., 3 Lehrerbde.), 1990-92. Mithrsg.: Politische Didaktik, Vierteljahresschr. f. Theorie u. Praxis d. Unterr.

NIXDORFF, Peter

Dr., Prof., Vizepräsident TH Darmstadt - Heinrich-Fuhr-Str. 13a, 6100 Darmstadt (T. 06151 - 42 32 78) - Geb. 7. Okt. 1939 Frankfurt/Od., verh. s. 1969 m. Prof. Dr. Kathryn, geb. Kenny - B.A. 1961; Dipl.-Pol. 1963 FU Berlin; Ph. D. 1970 Univ. of Florida - 1968-71 Assist. Prof. Univ. of Kentucky; 1971-73 Lehrstuhlvertr. Univ. Konstanz; s. 1973 Univ.-Prof. TH Darmstadt - Spr.: Engl.

NOACK, Barbara

Schriftstellerin - Almeidaweg 19, 8130 Starnberg - Geb. 28. Sept. 1924 Berlin, ev. - Univ. (1 Sem. Anglistik, 1944) u. Kunsthochsch. Berlin (2 Sem.) - Illustratorin; Journalistin - BV/heit. R.: D. Zürcher Verlobung, 1955 (verfilmt); Valentine heißt man nicht, 1956; Italienreise - Liebe inbegriffen, 1957 (verfilmt); E. gewisser Herr Ypsilon, 1961; Geliebtes Scheusal, 1963; Danziger Liebesgesch., 1964; Was halten Sie v. Mondschein?, 1966; ... und flogen achtkantig aus d. Paradies, 1969; E. Knaben Phantasie hat meistens schwarze Knie, 1971; D. Bastian, 1974; Ferien sind schöner, 1974; D. kommt davon, wenn man verreist, 1977; Auf einmal sind sie keine Kinder mehr, 1978; Flöhe hüten ist leichter, 1980; Eine Handvoll Glück, 1982; So muß es wohl im Paradies gewesen sein, Erz. 1984; E. Stück v. Leben, R. 1984; E. Platz an d. Sonne, Kinderb. 1985; D. Zwillingsbruder, R. 1988. TV-Serien: D. Bastian, 3 sind einer zuviel. TV-Sendung: Kann ich noch ein bißchen bleiben; Mal raus aus dem Alltag. 1985 Benefizband: E. Platz an d. Sonne.

NOACK, Cornelius Christoph

Dr. rer. nat., Dipl.-Phys., o. Prof. f. Physik Univ. Bremen (s. 1972) - Händelstr. 7, 2800 Bremen (T. 218 29 65) - Geb. 20. Aug. 1935 Heidelberg, verh. s. 1963 m. Barbara, geb. Jacob, 3 Kd. (Ruth, Natascha, Susanna) - Stud. d. Phys. Heidelberg u. Paris; Promot. (1964) u. Habil. (1967) Heidelberg - 1967-71 Privatdoz. Univ. Heidelberg (1970-71 Prorektor). S. 1987 stv. Vors. Bremer Energiebeirat. Forsch.aufenthalte Israel (1962/63), Dänemark (1976), Holland (1986), USA (1967/68, 1979/80, 1987) - BV: Scheitert d. Hochschulreform?, TB 1973; Kritischer Studienführer, TB 1976; Physik - e. Querschnitt d. Forsch., 1976. Herausg.: Energie f. d. Stadt d. Zukunft (1989). Fachveröff. - Spr.: Engl., Franz.

NOACK, Detlef

Dr., Dipl.-Holzw., o. Prof., Institutsdirektor, Holztechnologie - Bergedorfer Weg 3, 2057 Wentorf (T. Büro: Hamburg 73 96 21) - Geb. 9. Mai 1931 Reinbek (Vater: Dr. Erich N., Oberstud.dir. i. R.; Mutter: Charlotte, geb. Normann), ev., verh. s. 1961 m. Helga, geb. Hübbe - Wilhelms-Gymn. Eberswalde, Sachsenwald-Obersch. Reinbek; Univ. Hamburg (Holzw.; Promot. 1958) - S. 1957 Bundesforschungsanstalt f. Forst- u. Holzw., Hamburg-Reinbek (1963 Leit. Inst. f. Holzphysik u. mech. Technol. d. Holzes; 1969 Ltd. Dir. u. Prof. S. 1976 Univ. Hamburg, o. Prof. f. Holztechnol. u. gleichz. Inst.-Ltr. Bundesforschungsanst. - Spr.: Engl., Schwed.

NOACK, Detlef M.

Dr. phil., o. Prof. f. Kunst- u. Kulturgeschichte, Hochsch. d. Künste Berlin (s. 1975) - Hardenbergstr. 33, 1000 Berlin 12 - Geb. 15. Nov. 1925 Berlin (Vater: Karl N., Flugkapt. Dt. Lufthansa; Mutter Friedel, geb. Gürmann), verh. s. 1957 m. Renate, geb. Zech, T. Dunja - Franz. Gymn. Berlin; Freie Univ. Berlin, Sorbonne Paris, Hochsch. f. bild. Künste Berlin (Kunstgesch., Archäol., Soziol., Malerei) - 1959-62 Dt. Archäol. Inst. Madrid (Photoarchiv); 1964-67 Leit. Goethe-Inst. São Paulo (Brasil.); s. 1967 o. Prof. Hochsch. f. bild. Künste Kassel (1969-71 Rektor). 1974 Gastprof. Univ. Salvador (Bahia) - 1975-77 Präs. d. H.d.K. Berlin - BV: Farbfenster franz. Kathedralen, 1959; Griech. Vasen im Museo Arqueologic Nacional Madrid, 1962; Tut ench amun, 1964. Bildbde.: Griechenland (1957), auch engl.; Spanien (1961), versch. wiss. Publ. u. Aufs. Forsch.ber.: Sakrale Kolonialarchitektur in Lateinamerika, spez. Altiplano - Liebh.: Fotogr., Film - Spr.: Span., Franz., Portug.

NOACK, Dietrich

Dipl.-Ing., Prof. f. Entwurf, Bauplanung u. Baukonstruktion Hochsch. d. Künste Berlin (FB Arch.) - Kranzallee 1, 1000 Berlin 19 (T. 030 - 304 64 93) - Geb. 14. Juli 1927 Lieberose, ev., verh. m. Dipl.-Ing. Roswita, geb. Gruner, Arch., 2 Kd. (Christoph, Sophie) - 1948-53 Stud. Arch. Hochsch. f. bild. Künste Berlin - 1954-59 angest. Arch.; s. 1960 fr. Arch.; s. 1971 Prof. - Bauwerke: Wohnhäuser, kirchl. Bauten, Hochschuleinricht. (u.a. Hörsäle) - BV: Pflanzen u. Fenster (m. W. U. von Hentig), 1964; Berliner Ziegelbauten 1830-1980, 1984; Bauten f. d. Rundfunk, in: Berlin u. s. Bauten, 1987.

NOACK, Hans-Georg

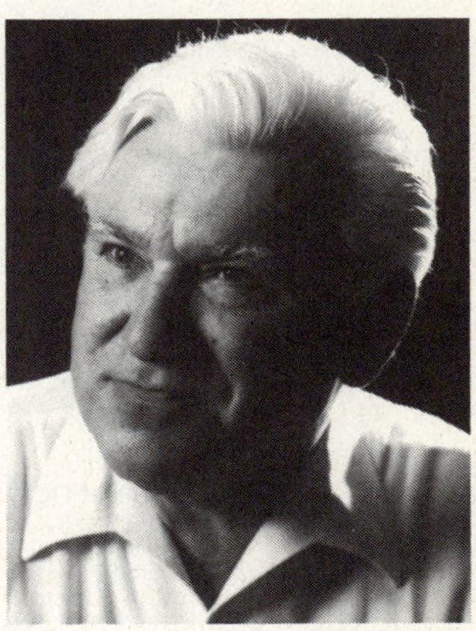

Schriftsteller, Übersetzer, Leiter Arena Verlag, Würzburg (1980-91) - Am Gemeindeweg 18, 8702 Eisingen (T. 09306 - 5 06) - Geb. 12. Febr. 1926 Burg - Gemeinderat; s. 1982 Ehrenvors. Leonhard-Frank-Ges. - BV: (z. T. schwed., dän., franz., engl., tschech., span., russ.) u. a.: D. gewaltlose Aufstand, R. 1965; Rolltreppe abwärts, R. 1971; Benvenuto heißt willkommen, R. 1973. Herausg.: Wir sprechen noch darüber (1972, m. Dieter Lattmann), Rechtslexikon f. Schüler, Lehrer, Eltern (1974) - 1970 Ehrenliste österr. Staatspreis f. Jugendlit. (D. Milchbar z. bunten Kuh), 1970 u. 73 Dt. Jugendbuchpreis (f. Übers. aus d. Engl.), 1972 u. 74 Auswahlliste dt. Jugendbuchpreis (Rolltreppe abwärts, Benvenuto heißt willkommen), 1976 Ehrenliste Hans-Christian-Andersen-Preis; 1979 Gr. Pr. dt. Akad. f. Kinder- u. Jugendlit.; 1990 Friedrich-Bödecker-Preis; BVK - Spr.: Engl., Franz. - S. 1978 PEN-Mitgl. - Lit.: Lesungen m. ausführl. Nachwort v. Prof. Dr. Malte Dahrendorf (z. 50. Geb.); H.-G. N. in d. Schule (z. 60. Geb.).

NOACK, Herbert

Bundesrichter - Hardenbergstr. 31, 1000 Berlin 12 - Geb. 2. Febr. 1925 - B. 1971 Hess. Verwaltungsgerichtshof, dann Bundesverw.sgericht.

NOACK, Hugdieter

Dr. med., apl. Prof. f. Frauenheilkd. Univ. Münster (s. 1960), Chefarzt i. R. - Drögestr. 29, 4800 Bielefeld 1 (T. 88 57 11) - Geb. 23. Okt. 1919 Gera (Vater: Bruno N., Superint.; Mutter: Katharina, geb. Fischer), ev., verh. s. 1943 m. Dr. med. Sigrid, geb. Dembowski, 3 Kd. (Ragna, Ernst-Joachim, Sigrid-Kirsti) - Gymn. Gera; Univ. Freiburg u. Leipzig. Promot. (1945) u. Habil. (1953) Leipzig - 1953-59 Lehrtätigk. Univ. Leipzig (Oberarzt Frauenklinik; 1958 Prof. m. Lehrauftr.) u. Med. Akad. Magdeburg (1958 Prof. m. Lehrstuhl u. Dir. Frauenklinik); 1959-84 Chefarzt Frauenklinik Ev. Johannes-Krkhs. Bielefeld. Spez. Arbeitsgeb.: Hormonelle Einflüsse auf d. Leistungsfähigkeit d. Frau; geburtshilfl. Einflüsse auf d. perinatale Kindersterblichkeit. Fachmitgliedsch. - BV: Hormonelle Regulationen in d. Frühschwangerschaft; E. kl. Frauengymnastik (m. Sommer, 6

A.); Frau u. Sport (1960, m. Klaus); Lehrb. d. Therapie (5. A. 1975, Hrsg.: Braun); Frau u. Arbeit (1976) - Liebh.: Bücher.

NOACK, Paul

Dr. phil., em. o. Prof. f. Polit. Wissenschaft Fakultät f. Sozialwissenschaften Univ. München (b. 1986) - Alb.-Schweitzer-Str. 13, 8034 Germering/Obb. (T. München 84 28 69) - Geb. 28. Sept. 1925 Hagen/W. (Vater: Paul N., Direktor; Mutter: Paula, geb. Hartmann), verh. s. 1954 m. Hella, geb. Deuringer, 2 Kd. (Matthias, Eva) - Gymn. Oberursel; Stud. Freiburg/Br., Genf, Paris. Promot. 1953 Freiburg - 1953-58 Polit. Redakt. FAZ; 1958-68 Redakt. u. stv. Chefredakt. Münchner Merkur - BV: u. a. D. Intellektuellen, 1960; D. dt. Nachkriegszeit, 1966; Friedensforschung - e. Signal d. Hoffnung?, 1970; Intern. Politik - E. Einf., 1970; Dt. Außenpolitik s. 1945, 1971; Was ist Politik?, 1973; D. Scheitern d. Europ. Verteidigungsgemeinsch., 1977; D. manipul. Revolution, 1978; Ist d. Demokratie noch regierbar?, 1980; Korruption - d. andere Seite d. Macht, 1985; D. dritte Kraft - Streitschr. f. e. zeitnahen Liberalismus, 1986 - Ehrenpräs. dt.-franz. Ges. f. München u. Oberbayern; stv. Vors. Theodor-Heuss-Preis; Leiter d. Politischen Clubs d. Ev. Akad. Tutzing (b. 1991); 1986 BVK am Bde. - Spr.: Franz., Engl.

NOBILING, Dietmar

Dipl.-Ing., Betriebsrat BABCOCK-BORSIG, Berlin - Laubenheimer Str. 20, 1000 Berlin 33 (T. 821 55 77) - Geb. 12. Februar 1944 Mühlberg/Elbe (Vater: Walter N., Kunstgewerbl.; Mutter: Irmgard, geb. Görlich), ev. - B. 1960 Oberschule; Lehre Kesselbauer; 1963-66 Staatl. Ingenieursch. Beuth; Ing.ex. - CDU (1971-75 Landesvors. CDU-Soz.aussch. Berlin, 1971ff. Bez.sverordn. Wilmersdorf, 1975 Fraktionsvors.), ab 1977 stv. Vors. CDU Sozialaussch. Berlin - 1984 BVK - Liebh.: Röm. Kunst u. Gesch.

NOBIS, Günter

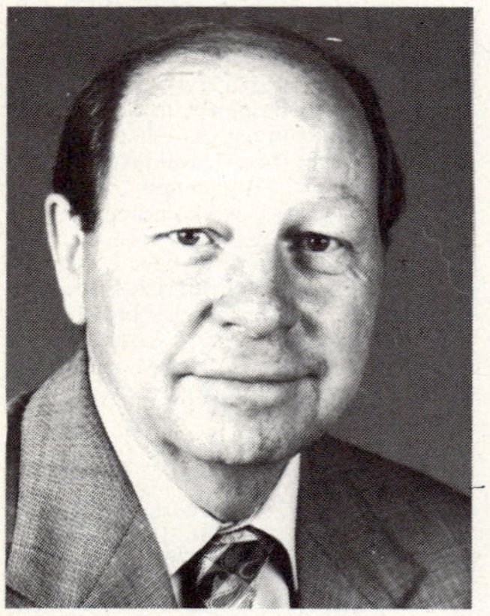

Dr., Prof., ehem. Direktor Zool. Forschungsinst. u. Museum Alexander Koenig, Bonn (s. 1979) - Herrenacker 4, 5300 Bonn 3 (T. 0228-48 51 57) - Geb. 1. Juni 1921 Güsten/Anhalt, ev., verh. s. 1956 m. Dr. Asta, geb. Brunsch (Oberstud.rätin), 2 Töcht. (Dr. med. Astrid, Dr. med. Senta) - 1940-41 Stud. d. Naturwiss. (Zool.) Halle/S. u. 1945-48 Kiel; Promot. 1948 Univ. Kiel; Staatsex. 1954 Univ. Kiel; Habil. Univ. Köln 1968 - 1972 apl. Prof.; 1949-54 wiss. Assist. Inst. f. Haustierkd. Univ. Kiel; 1955-76 Höh. Schuldst. (Stud.dir.); 1977 Hauptkustos Abt. Theriol. Mus. Koenig, Bonn; Museumsdir.; 1992 Leit. d. Forsch.stelle f. klass. Archäozoologie d. Univ. Köln in Pyla/Messenien, SW-Peloponnes. Forschungsexp.: Jericho/Transjord. (1955/56); Stud.reisen: Norwegen, Island (1961), UdSSR, Ungarn, CSFR, Frankr. (1965), Zypern (1976), China, Indien (1979), Tanzania (1980), Bulgarien (1983), Griechenland, Israel (1984), Kreta (1985), Südafrika, Namibia (1986), Tunesien (1987), Australien, Neuseeland (1988), Südamerika, Galapagos (1990) - BV: V. Wildpferd z. Hauspferd, 1971; D. älteste Haushund lebte v. 14.000 Jahren, 1979; D. Beginn d. Haustierhaltung in d. Alten Welt, 1984; D. Geschichte d. Pferdes - s. Evolution u. Domestikation, 1990. Herausg.: Ztschr. Tier u. Museum - 1978 Vors. Ges. Freunde u. Förd. Mus. Koenig, Bonn; 1979 Vorst. Alexander-Koenig-Stiftg.; 1982 Korr. Mitgl. Dt. Archäol. Inst.; 1986 BVK I. Kl. - Liebh.: Kunst, Sport (Schwimmen) - Spr.: Engl., Franz. - Lit.: E. Stather, Prof. Dr. Günter Nobis, in: Mainz, Vierth. f. Kultur, Polit., Wirtsch., Gesch., 5. Jg., H. 2, 1985; Prof. Dr. Günter Nobis 70 Jahre, in: Tier und Museum, Bd. 2, H. 3, 1991.

NOBLÉ, Karlheinz

Intendant, Leiter Saarl. Landestheater - Scharnhorststr. 10, 6600 Saarbrücken 6.

NOCKE, Franz-Josef

Dr. theol., Prof. f. Kath. Theol. (Dogmatik) Univ. Duisburg - Mainstr. 13, 4100 Duisburg 1 (T. 0203 - 33 66 29) - Geb. 27. Nov. 1932 Bochum, kath. - Stud. Phil., Kath. Theol. u. German. (1953-54 Paderborn, 1954-55 Innsbruck, 1955-62 München, 1959/60 Paris); Promot. (Kath. Theol.) 1962 München - 1965-70 Kaplan Essen; 1968-70 Studentenseelsorger Gelsenkirchen; 1970ff. Prof. Duisburg - BV: Sakrament u. personaler Vollzug b. Albertus Magnus, (Diss.) 1967; Liebe, Tod u. Aufersteh., 1978; Eschatol., 1982 (übers. ins Ital. u. Span. 1984); D. Frage n. d. Leiden, 1983; Einüb. in d. Systemat. Theol., 1984; Wort u. Geste. Z. Verständnis d. Sakramente, 1985 (übers. ins Ital. 1988); Handbuch d. Dogmatik (m. Theodor Schneider u.a.), 2 Bde. 1992.

NOCKE, Heinz Peter

Handelsvertreter, Wettkampfschwimmer, Weltrekordler - Karl Theodor Str. 53, 5600 Wuppertal 1 (T. 0202-43 77 00) - Geb. 25. Okt. 1955 Langenberg/Rhld. (Vater: Günter N., Untern.; Mutter: Christel, geb. Herder), ev., verh. s. 1981 m. Cornelia, geb. Krielke - Silb. Lorbeerblatt (zweimal); Wahl Sportler d. J.: 1974 2. Pl., 1977 3. Pl. - 1971-84 insges. 23 Dt. Meistertitel; 1974-77 9mal Europam., einmal Silber; einmal Weltm.; zweimal Vizeweltm.; zweimal Bronze Olymp. Sp. (Montreal 1976). 36 Dt. Rekorde; 12 Europarekorde; 4 Weltbestzeiten - Spr.: Engl.

NOE, Hermann

Geschäftsführer Dock- u. Schiffahrtsges. Kaiserhafen Noe & Co., Bremerhaven - An d. Allee 12, 2850 Bremerhaven 3 (T. 59 86 11) - Geb. 11. April 1921 Chemnitz/Sa. (Vater: Hermann N., Generaldir. Schichau GmbH.; Mutter: Lilly, geb. Elsäßer), verh. s. 1954 m. Gabriele, geb. Merkel, S. Winfried - Stud. Volksw. London und Cambridge, Wirtschaftsw. Berlin - Vorst.- Vors. Schichau Unterweser AG., Bremerhaven (b. 1982). Vizepräs. IHK Bremerhaven, Vorst. Wirtschaftskammer Bremen - Spr.: Engl. - Rotarier.

NOÉ, Ludwig

Bürgermeister d. Stadt Naumburg a. D. - Birkenweg 15, 3501 Naumburg - Geb. 1930 - Dipl.-Verw.-Wirt (FH) 1954 - Stv. Kreistagsvors. Landkr. Kassel.

NÖBEL, Wilhelm

Dr. phil., Ministerialrat, PR- u. Pressechef Deutsche Welle Köln (s. 1991), MdB (1976-90) - Ferd.-Schmitz-Str. 69, 5330 Königswinter 1 - Geb. 5. Nov. 1936 Bonn (Vater: Peter N. †; Mutter: Anna Maria †), kath., verh. s. 1991 m. Monika, geb. Herrmann, 2 Kd. aus erster Ehe (Ralf, Anne) - Staatl. Gymn. Siegburg (Abit. 1957); Stud. d. Gesch., Altphilol., Phil. Univ. Bonn - S. 1964 wiss. Mitarb. u. Presseref., 1970-76 Leit. Ref. Öffentlichkeitsarb. Bundestagsverw. - Fachveröff. SPD (s. 1966) - Liebh.: Sport, Kunst - Spr.: Engl.

NÖCKEL, Heinz

Ing., Techn. Direktor, Vorstandsmitgl. Rhein-Ruhr-Bau AG., Düsseldorf - Am Karrenberg 43, 5605 Tönisheide - Geb. 12. Okt. 1914.

NÖDL, Fritz

Dr. med. (habil.), em. Prof. f. Dermatologie u. Venerologie - Universitätskliniken, 6650 Homburg/Saar - Geb. 20. Jan. 1912 - 1950-60 Privatdoz. u. apl. Prof. Univ. Göttingen (zul. Oberarzt Hautklin.); s. 1960 Ord. Univ. d. Saarl. (Hautklin. Homburg). Zahlr. Facharb.

NÖFER, Günter

Dr. jur., Rechtsanwalt, MdL Nordrh.-Westf. (1970 b. 1975) - Römerstr. 44, 5210 Troisdorf/Rhld. (T. 7 58 06) - Geb. 10. Juni 1928 Altenrath/Rhein-Sieg-Kr., verh., 3 Kd. - Gymn.; Univ. Köln (Rechts- u. Staatswiss., spät. Betriebsw.). Jurist. Staatsprüf. 1958 u. 62 - 3 1/2j. Tätigk. Kölner Wirtschaftsprüfungsges.; s. 1962 RA OLG Köln. 1956 ff. Ratsherr Stadt Troisdorf (1958-68 Fraktionsf.); 1961 ff. MdK Rhein-Sieg-Kr. (1963-70 Fraktionsvors.). CDU s. 1946 (u. a. 1968-70 Kreisvors. Siegkr.).

NÖHBAUER, Hans F.

Dr. phil., Journalist, Schriftst. - Schleißheimer Str. 110, 8000 München 40 (T. 18 30 24) - Geb. 28. Okt. 1929 Dietersburg/Ndb. (Vater: Hans N.; Mutter: Therese, geb. Hirler), kath. - Stud. d. Lit., Phil., Ztg.wiss. Univ. München - 1958-59 Bay. Fernsehen, 1959-70 Abendztg. München (Feuillet.), 1970 b. 1972 Cheflektor Droemer Verlag - BV: Von A - Z im Kinderland, 1970; D. Bajuwaren, 1976; D. gr. Bayer. Geschichtenbuch, 1979 (Hrsg.); D. Wittelsbacher, 1979; Wittelsb. u. Bayern, 1980; Adalbert Prinz v. Bayern: D. Wittelsb., 1980 (Hrsg.); München - eine Gesch. d. Stadt u. ihrer Bürger, Bd. I 1982, Bd. II 1992; Bayerns Parks u. Gärten, 1983; Kl. bairische Lit.gesch., 1984; D. Chronik Bayerns, 1987. Herausg.: Bayer. Bauerngesch. (1984); Gesch. z. bayer. Gesch. (1985), u. a.; zahlr. Rundfunk- u. TV-Sendungen - 1980 Ehrenmed. München leuchtet; 1985 Tukan-Lit.preis d. Stadt München - Spr.: Engl., Franz.

NÖLDNER, Klaus

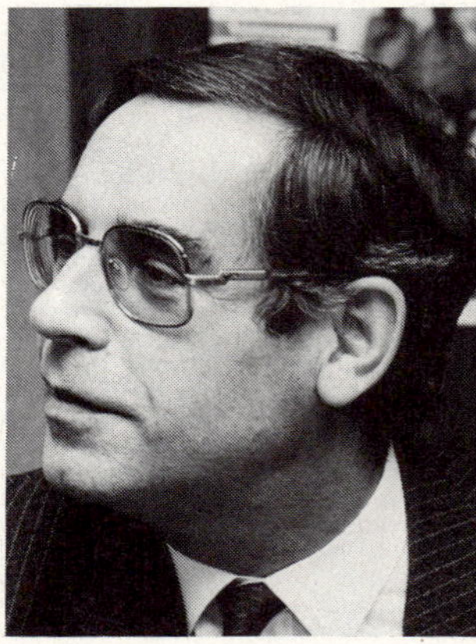

Dipl.-Volksw., Hauptgeschäftsführer Hartmannbund-Verb. d. Ärzte Dtschl., gf. Vorst.-Mitgl. Deutsch-poln. Ges. f. ärztl. Zusammenarbeit e.V., Vors. Arbeitsgemeinschaft Gesundheit u. Umwelt - Godesberger Allee 54, 5300 Bonn 2 - Geb. 4. April 1935 Putbus, Rügen - Christianeum Hamburg, Stud. Univ. Hamburg, Berlin, mehrj. Auslandsaufenthalte Lateinamerika, Asien, Afrika (im Rahmen d. Entwicklungspolitik) - Vors. CARE Dtschl. Bonn u. Vizepräs. CARE Intern. - Liebh.: Segeln - Spr.: Engl., Franz., Span.

NÖLKE, Ernst-Ludwig

Dr. med., Chefarzt geburtshilfl.-gynäkol. Abt. Marien-Krankenhaus, Bergisch-Gladbach - Dr. Robert-Koch-Str. 18, 5060 Bergisch-Gladbach 2 (T. 02202 - 12 91) - Geb. 25. Sept. 1927 Köln (Vater: Dr. med. Wilh. N.; Mutter: Helene, geb. Böttrich), kath., verh. s. 1952 m. Margrit, geb. Dumas, 5 Kd. (Barbara, Friederike, Christian, Angela, Stefan) - Stud. Univ. Göttingen, Tübingen, Freiburg; Ex. u. Promot. 1953 Freiburg.

NOELL, Kurt

Dr. jur. h. c., Hauptgeschäftsführer Bundesverb. d. landw. Berufsgenoss., Geschäftsf. Gesamtverb. d. landw. Alterskassen, Bundesverb. landw. Krankenkassen, Zusatzversorgungskasse f. Arbeitnehmer in d. Land- u. Forstw. a. D.; Präs. d. Landseniorenverb. Hessen - Herrenwiesen 12, 3500 Kassel (T. 308 12 70/3 62 32) - Geb. 22. Dez. 1919, verw., 3 Kd. - Kriegsdst. (6 × verw., Hptm. a. D.); Stud. d. Rechts- u. Staatswiss. Univ. Göttingen, Marburg; Gr. Jur. Staatsex. - Vors. u. Mitgl. in- u. ausl. Fachverb. 5 Bücher u. zahlr. Veröff. üb. Sozialrecht u. Agrarsozialrecht - Dozent Verwaltungsseminar LSV Kassel - 1969 BVK I. Kl, 1976 Gr. BVK, Gold. Sportabz. (25 ×), Kriegsausz. - Spr.: Engl.

NOELLE, Horst Carl

Dr. med., Prof., ehem. Chefarzt Medizin. Klinik Zentralkrankenhs. Reinkenheide, Bremerhaven - von-Glahn-Str. 24, 2850 Bremerhaven-Sp. (T. 8 34 55) - Geb. 2. Febr. 1924 Wilhelmshaven (Vater: Dipl.-Ing. Heinrich N., Marine-Ob.Baurat; Mutter: Anni, geb. Neubert), ev., verh. s. 1955 m. Erika, geb. Stucken, 3 Kd. (Roswitha, Brigitte, Henning) - Stud. d. Med., Berlin, Würzburg, Hamburg; Staatsex. u. Promot. 1949 - 1949-68 Med. Univ.klinik Hamburg, Kiel, Gießen, Neurol. Univ.-klinik u. Inst. f. Ernährungswiss. ebd.; Leit. Sektion Bremen d. Dt. Ges. f. Ernährung e. V., Präs. d. Ernährungswiss. Beirats d. Dt. Fischwirtsch. 1966 Privatdoz., 1968 Wiss. Rat u. Prof.; 1975 Honorarprof. Üb. 160 Fachveröff. - Liebh.: Klass. Musik, Jagd - Spr.: Engl., Franz., Span.

NÖLLE, Peter

Dr. rer. nat., Abteilungsleit. Planung Senat f. Schulwesen, Jugend u. Sport Berlin, gf. Vorst. Otto Benecke Stiftg. - Onkel-Tom-Str. 15, 1000 Berlin 37 (T. 030 - 802 71 97) - Geb. 17. März 1939 Dortmund (Vater: Albert N., Arzt; Mutter: Martha, geb. Hoffmann), ev., verh. m. Carola, geb. Reitze, 3 Kd. (Peter, Kristina, Fabian) - Abit. 1958; Stud. Physik TH Aachen, FU Berlin u. Univ. Bonn - 1973 Wiss. Assist. Univ. Bonn; 1977/78 Univ. Nagoya u. Tokio. S. 1965 Vorst. Otto Benecke-Stiftg. - 1984 BVK - Spr.: Engl., Lat., Franz., Jap.

NÖLLE, Ulrich

Vorstandsmitglied D. Sparkasse in Bremen (s. 1981) - Am Brill 1-3, 2800 Bremen 1 - Geb. 8. Aug. 1940 Dortmund (Vater: Albert N., Arzt; Mutter: Martha, geb. Hoffmann), verh. m. Ingeborg, geb. Wehr, 4 Kd. - S. 1961 Stadtspark. Dortmund (zul. stv. Vorst.-Mitgl.); s. 1977 Vorst.-Mitgl. Stadtspark. Hannover; AR NordFinanz Bank AG, Gutbrod AG.

NÖLLE, Wilfried

Dr. phil., Botschafter - Strässchensweg 22, 5300 Bonn 1 - Geb. 6. Juli 1925 (Vater: Aloys N., Oberst; Mutter: Else, geb. Köppen), kath., verh. m. Anna-Marie, geb. Bannwarth - 1943-45 Soldat; Stud. Orientalistik; Promot. 1950 Tübingen - S. 1960 Ausw. Dienst (New Delhi, La Paz, Kuala Lumpur, Ankara); 1980-85 Gesandter in Peking; 1985-88 Botsch. Maputo) - Em. o. Honorarprof. Univ. La Paz u. Ankara; korr. Mitgl. kgl. span. Akad. d. Gesch. - Kriegsausz.; 1983 BVK; ausl. Orden.

NOELLE-NEUMANN, Elisabeth, geb. Noelle

Dr. phil., Dr. oec. h. c., em. o. Prof. u. Direktor Inst. f. Publizistik Univ. Mainz (b. 1983), Leit. selbstbegr. Inst. f. De-

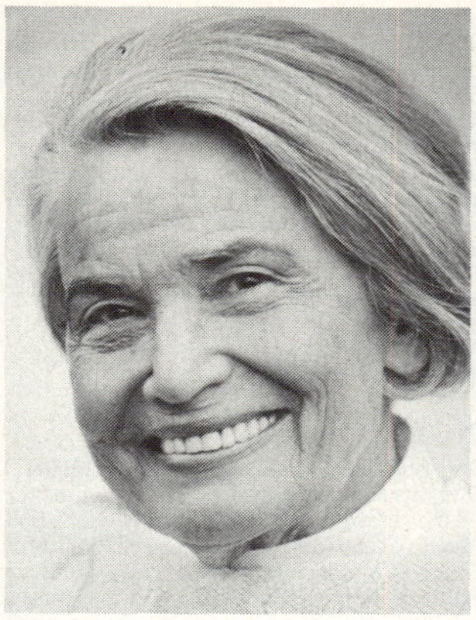

moskopie Allensbach (s. 1947) - 7753 Allensbach/Bodensee - Geb. 19. Dez. 1916 Berlin (Vater: Dr. jur. Ernst Noelle, Fabrikbes.; Mutter: Eva, geb. Schaper), ev., verh. I) s. 1946 m. Erich-Peter Neumann † 1973 (s. XVI. Ausg.), II) s. 1979 m. Prof. Dr. Heinz Maier-Leibnitz (s. dort) - Univ. Berlin (Promot. 1940), Königsberg/Pr., München (Gesch., Phil., Ztg.wiss., Amerikakd.), Columbia, Mo./ USA; prakt. Ausbild. DAZ, Berlin - 1940-43 Redakt. (Dt. Allg. Ztg., D. Reich, Frankf. Ztg.), ab 1943 anonyme journalist. Tätigk.; Lehrtätigk. FU Berlin (Doz.) u. Univ. Mainz (1965 ao., 1968 o. Prof., em. 1983). S. 1978 Gastprof. Univ. Chicago, 1978 Ehrendoktor Hochsch. St. Gallen, Vorst.-Mitgl. d. Konrad-Adenauer-Stiftung, Mitgl. Ludwig-Erhard-Stiftung, Council-Mitgl. (1972-88), 1978-80 Präs. World Assoc. for Public Opinion Research - BV: Meinungs- u. Massenforsch. in USA - Umfr. üb. Polit. u. Presse, 1940; Umfrageforsch. in d. Rechtspraxis, 1961; Umfragen in d. Massenges. - Einf. in d. Meth. d. Demoskopie, 1963, 7. A. 1976 (auch franz., holl., tschech., span., russ.); Öffentlichkeit als Bedrohung, 1977; D. Schweigespirale. Öffentl. Meinung - unsere soziale Haut, 1980, TB 1982 (engl. Übers. Univ. Chicago, 1984, Paperback 1986; japan. Übers. 1988); Macht Arbeit krank? Macht Arbeit glückl.? - E. aktuelle Kontroverse (m. Burkhard Strümpel), 1984; D. Antwort d. Zeitung auf d. Fernsehen. Gesch. e. Herausforderung, 1986; D. verletzte Nation. Üb. d. Versuch d. Deutschen, ihren Charakter zu ändern (m. Renate Köcher), 1987; Arbeitslos. Report aus e. Tabuzone (m. Peter Gillies), 1987; Öffentl. Meinung. D. Entdeckung d. Schweigespirale, 1989, erw. A. 1991; Zweifel am Verstand (m. Heinz Maier-Leibnitz), 1987; Demoskopische Geschichtsstunde. Vom Wartesaal d. Gesch. z. Dt. Einheit, 1991. Mithrsg.: The Germans (1947-80), Jahrb. d. öfftl. Meinung (1947ff.), Fischer Lex. f. Publizistik - Massenkommunikation (1971/89); Alber-Broschur Kommunikation (s. 1975); Intern. Journal of Public Opinion Research (s. Gründung 1989) - 1976 Gr. BVK; 1977 Ehrenbürgerin v. Allensbach; 1978 Alexander von Rüstow-Med.; 1985 Nürnb. Trichter; 1985 Georges Lurcy Gastprof. Univ. v. Chicago; 1987 Viktor Mataja-Med.; 1990 Verdienstmed. Land Baden-Württ.; 1990 Helen Dinerman-Award d. WAPOR - Bek. Vorf.: Fritz Schaper, Bildhauer (u. a. Denkmäler Goethe (Berlin), Lessing (Hamburg), Luther (Erfurt), Krupp (Essen)), Berlin 1841-1919 (Großv. ms.).

NÖLLING, Wilhelm

Dr. rer. pol., M. A., Senator a. D., Präsident d. Landeszentralbank, Hamburg (s. 1982), Mitgl. Zentralbankrat Dt. Bundesbank - Ost-West-Str. 73, 2000 Hamburg 11 - Geb. 17. Nov. 1933 Wemlighausen (Vater: Karl N., Waldarbeiter; Mutter: Helene, geb. Schmidt), ev., verh. s. 1958 m. Maria, geb. Straube, 3 Kd. (Katherine, Philip, Anna) - 1948-50 Handelssch.; 1954-56 Akad. f. Gemeinwirtsch. Hamburg; 1956-59 Univ. Hamburg (Dipl.-Volksw.), 1961-64 Univ. of California, Berkeley (Master of Arts in Economics) - 1950-54 Verw.angest.; 1966-69 Doz. Akad. f. Wirtsch. u. Politik, Hamburg. 1966ff. Bezirksabg. Eimsbüttel. 1969-1974 MdB, 1974-76 Gesundheits-Senator in Hamburg, 1976-78 Senator f. Wirtsch., Verkehr u. Landwirtsch. in Hamburg, 1978-82 Senator d. Finanzen in Hamburg. SPD s. 1964 - BV: Arbeitslosigkeit u. Berufsnot d. Jugend in d. USA, 1968. Herausg. u. Übers.: Walter W. Heller, D. Zeitalter d. Ökonomen - Neue Dimensionen d. Wirtschaftspolitik (1968). Zahlr. Veröff. in Tagesztg., Ztschr. u. Büchern. Herausg.: Hamburger Beitr. z. Wirtsch.- u. Währungspolitik in Europa - Spr.: Engl.

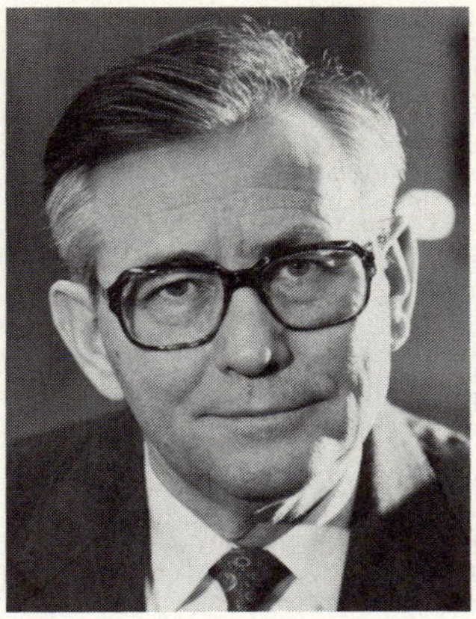

NOELTE, Rudolf

Regisseur - 8137 Allmannshausen - Geb. 20. März 1921 Berlin, verh. m. Cordula, geb. Trantow (Schausp.), 2 Söhne (Jens, Jan) - Univ. Berlin (German., Kunstgesch.) - 1959-60 künstler. Leit. Theater d. Freien Volksbühne Berlin. Insz. u. a.: Draußen v. d. Tür, D. Schloß, D. Wildente, Ödipus, Maria Stuart, Drei Schwestern, D. Kirschgarten, D. Kassette, D. Snob, Todestanz, Misanthrope, D. Ratten, Tartuffe, Dantons Tod, Hamlet, Egmont; Opern: Lulu, Don Giovanni, Eugen Onegin, Pique Dame, D. verkaufte Braut, D. Freischütz, Manon, Otello; Film: D. Schloß; Ferns.: Woyzek, Irrungen Wirrungen - 1953 Preis Verb. dt. Kritiker; 1960 Kunstpreis Berlin; 1975 BVK I. Kl.; 1986 Bayer. Maximiliansorden; 1972 o. Mitgl. Akad. d. Künste Berlin (1976 Dir. Abt. Darst. Kunst).

NÖRING, Friedrich

Dr. rer. nat., Prof., Geologe - Georg-Krücke-Str. 6, 6200 Wiesbaden (T. 06121 - 40 95 60) - Geb. 6. Aug. 1912 Niederrodenbach/Kr. Hanau, verh. s. 1979 m. Dr. Renate, geb. Motzka, T. Beate - Stud. Univ. Frankfurt/M. u. Berlin; Dipl.-Geol. 1938, Promot. 1937 u. 39 Univ. Berlin, 2. Staatsprüf. 1940 - Reichsstelle (Reichsamt) f. Bodenforschung Berlin; Geologe in Hamburg, Berlin, Wiesbaden, Hungen; 1965-76 Leit. Hess. Landesamt f. Bodenforsch.; 1976-82 Leit. Geol. Forschungsstelle OVAG - BV: Erschließung d. Trink- u. Betriebswassers, 1969 - 1960 DVGW-Ehrenring; 1978 Bunsen-Pettenkofer-Ehrentafel - Liebh.: Gesch. - Spr.: Engl., Franz. - Lit.: Biogr. dt. Wasserwissenschaftler u. -wirtschaftler (1955); D. Porträt (Wasser, Luft u. Betrieb, 1959); Persönliches (Gas- u. Wasserfach, 1977).

NÖRR, Dieter

Dr. jur., Dr. h. c., Prof. f. Röm. u. Bürgerl. Recht - Prof. Huber-Pl. 2, 8000 München 22 (T. 28 55 07) - Geb. 20. Febr. 1931 München - Univ. München (Rechtswiss., Gesch.). Jurist. Staatsprüf. 1955 u. 58 München; Promot. 1955, Habil. 1959 ebd. - S. 1960 Ord. Univ. Münster (Dir. Rechtswiss. Sem. u. Inst. f. Röm. Recht) u. München (1970; Vorst. Leopold-Wenger-Inst. f. Rechtsgesch.). Facharb. - 1972 o. Mitgl. Bayer. Akad. d. Wiss., München; 1967/70 korr. Mitgl. Rhein.-Westf. Akad. d. Wiss.; 1979 korr. Mitgl. Heidelberger Akad. d. Wiss.; 1985 korr. Mitgl. Österr. Akad. d. Wiss.; Präs. Dt. Studienzentrum in Venedig.

NÖRR, Knut Wolfgang

Dr. jur., Dr. h. c., o. Prof. f. Röm. Recht, Neuere Privatrechtsgesch., Kirchen- u. Bürgerl. Recht - Forschungsst. f. intern. Privatrechtsgesch., Neue Aula. Wilhelmstr. 7, 7400 Tübingen - Geb. 15. Jan. 1935 München, verh. s. 1966 m. Elisabeth, geb. Kergl, 2 Kd. - Ind.kfm.; Univ. Heidelberg u. München. I. u. II. jur. Staatsex. 1957 u. 63; Promot. 1960; Habil. 1966, sämtl. München - S. 1966 Ord. Univ. Bonn u. Tübingen (1971) - Facharb. Mithrsg.: Ztschr. d. Savigny-Stiftg. f. Rechtsgesch., Wien; Comparative Studies in Continental and Anglo-American Legal History, Berlin; Beiträge z. Rechtsgesch. d. 20. Jh., Tübingen - Ausw. wiss. Mitgl. Max-Planck-Inst. f. europ. Rechtsgesch., Frankfurt/ M.; Mitgl. Board of Directors Inst. of Medieval Canon Law, Berkeley; Vorst.-Mitgl. Deutsch-Ostasiatisches Wissenschaftsforum, Tübingen; 1988 Max Rheinstein Visiting Prof. Univ. of Chicago; 1989 Member Inst. for Advanced Study Princeton.

NOESKE, Klaus

Dr. med., Pathologe, Prof. - Schleswiger Weg 31, 4790 Paderborn (T. 3 31 52) - Geb. 8. April 1934 Wriezen/Oder (Vater: Berthold N., Kaufm.; Mutter: Klara, geb. Reich), ev., gesch., 2 Kd. (Marianne, Heinrich) - Stud. FU Berlin; Fachausb. Kassel, Gießen - S. 1972 Aufbau u. Leit. Path. Inst. - Liebh.: Klavierspiel - Spr.: Engl., Franz., Russ.

NÖSTLINGER, Christine

Schriftstellerin - Ottakringer Str. 167/3/4, A-1160 Wien - Geb. 1936 Wien - Zahlr. Jugend- u. Kinderb. - 1972 Friedrich-Bödecker-Preis, 1973 Dt. Jugendb.-Preis, 1984 Hans-Christian-Andersen-Preis.

NÖTH, Heinrich

Dr. rer. nat., o. Prof. f. Anorgan. Chemie - Eichleite 25a, 8022 Grünwald/Obb. (T. München 641 34 61) - Geb. 20. Juni 1928 München - Dipl.-Chem. (1952). Promot. (1954) u. Habil. (1962) München - S. 1962 Lehrtätigk. Univ. München (1965 Extraord.), Marburg (1966 Ord.), München (1969), 1955/56 Research Officer ICI Billingham (Engl.); 1972-74 Vors. Arbeitsgem. Lehrstuhlinh. Unterr.inst. f. Chem. (ADUC); 1970-76 Mitgl. Engeres Kurat. Fonds d. Chem. Ind.; 1975-83 Vorst.-Mitgl. Ges. dt. Chem.; 1988/89 u. 1992 Präs. Ges. dt. Chem., 1990 Vizepräs. ebd.; 1990 Präs. Euchem. Mithrsg.: Ztschr. f. Naturforsch. Reihe B (s. 1972), Journal Organomet. Chemistry u. Chem. Berichte. Zahlr. Fachaufs. - 1974 o. Mitgl. Bayer. Akad. d. Wiss.; 1976 Alfred-Stock-Gedächtnispreis; 1979 Centenary Lectureship Chemical Society; 1980 korr. Mitgl. Akad. Wiss. Göttingen; 1981 Ehrenmitgl. d. Royal Society of Chemistry; 1985 Mitgl. Akad. d. Naturforscher Leopoldina; 1988 Dr. h. c. Univ. Marburg; 1989 D. Sc. h. c. Univ. Leeds; 1991 Bayer. Maximiliansorden f. Wiss. u. Kunst.

NÖTH, Winfried Maximilian

Dr. phil., Prof. f. Anglistik u. Linguistik Univ.-GH Kassel - Auf der Bünte 1, 3500 Kassel (T. 0561 - 6 83 83) - Geb. 12. Sept. 1944 Gerolzhofen (Vater: Dr. phil. Ernst N., Oberstud.dir.; Mutter: Frida, geb. Feldt), ev., verh. s. 1969 m. Ursula, geb. Hartlich, 3 Kd. (Dorothea, Annette, Frithjof) - Abit. 1963 Braunschweig; 1965-69 Stud. Angl., Roman. Univ. Münster, Genf, Lissabon u. Bochum (Promot. 1971, Habil. 1976) - 1969-76 Wiss. Assist. Bochum; 1976-78 Doz. Bochum u. TH Aachen (Lehrstuhlvertr.); 1978ff. Prof. in Kassel (1981/82 Dekan FB Angl./Roman.; 1985/86 Gastprof. Univ. of Wisconsin, USA) - BV: Strukturen d. Happenings, 1972; Semiotik, 1975; Dynamik semiot. Systeme, 1978; Lit.semiot. Analysen, 1980; Handbuch der Semiotik, 1985; Handbook of Semiotics, 1990.

NOETZEL, Joachim David

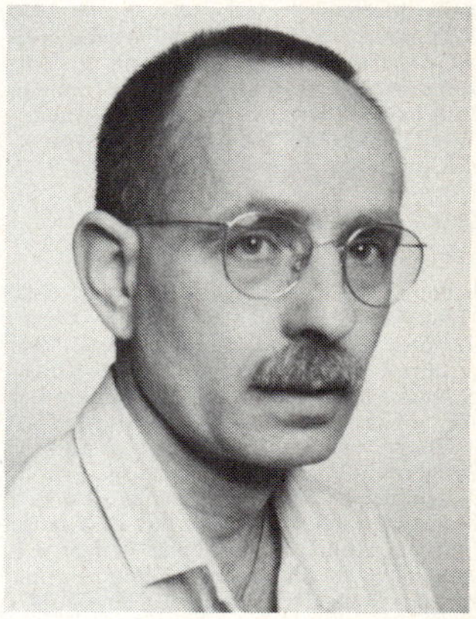

Germanist, Schriftst. - Marburger Str. 5, 1000 Berlin 30 (T. 030 - 213 57 36) - Geb. 13. Aug. 1944, jüd., ledig - Obersch.; Stud. German., Gesch., Phil. (Univ. DDR) - Fr. Lektor; Herausg.; leit. Tätigk. im Buchhandel u. im Verlagswesen, fr. Schriftst.; 1973-76 Mitgl. Fr. Dt. Autorenverb.; 1976-88 Bundesverb. Dt. Autoren; 1976 Berliner Autorenvereinigung - BV: D. Gesch. v. Schneemann Naserot u. d. Dackel Naseweiß, 1967; Verpflichtung d. Gewissens, 1980; Spuren u. Strukt., 1982; D. Lyriker Kuno Felchner, 1982; div. Anthol. s. 1982; List als Mittel z. Widerstand - D. Jude Andreas Biss u. d. Rettung v. 1700 Juden in Dtschl. finsterster Nacht, 1987; D. Komponist Manfred Umlandt, 1987; ab 1986 Rundfunkporträts üb. Maler (Alice Brasse-Forstmann, Helena Buchholz-Starck, Immanuel Meyer-Pyritz, Otto Adolf Brasse) u. d. Komponistinnen Alice Samter u. Prof. Grete v. Zieritz; AIDS - E. Krankheit fordert uns (Feature), 1987; Wir brauchen Euch - AIDS u. s. soz. Folgen (3 Teile m. Michael Horst, Rolf v. Bergmann, Egon Scholtyssek), 1987; D. Haus gegenüber - Wir haben AIDS (Funk-Feature m. Andre' Schaal, Rainer Rosenstein, Bernd Röhrig, Ferdinand Pütz), 1988; Liebe, ach Liebe - Wir fürchten d. Ächtung u. nicht d. Tod od. D. Grenzenlosigkeit e. tödl. Krankh. (Feature üb. d. Varianten d. Todes b. AIDS m. Alexander Hamid Schobery), 1989; Gräber sind Wunden d. Erde (Filmdokumentation üb. AIDS m. Klaus-Peter Paaschen, Wolfgang Grunow), 1989; Unüberhörbares Schweigen (Filmdokumentation üb. AIDS m. Hans Gerd Berger, Siegmar Harz), 1989; Helft uns, wir wollen leben - Interviews m. Dominik Schulmeister, Dieter Zöllner üb. d. Leben m. AIDS, 1990; D. Weg d. Kurt Raab (Feature), 1990; Milde d. ersten Begegnung (m. Olaf Svebbak, 4teil. Funkdok. üb. d. Integration AIDS-kranker), 1990; Werner von Neetzow: Sammler u. Mäzen (Dok.-Film), 1991 - Features üb. d. Kunstszene in Berlin. Sendefolgen üb. Dieter Fuhrmann, Peter Meinke, Burkhard Golz, Jürgen Clamonet, Rolf Kligge, Andreas Salmen u. Bernd Schultheiss 1992 - 1973 u. 1985 Ehrengabe d. Hermann-Sudermann-Stiftg. Berlin - Liebh.: Bücher, Graphiken d. 20. Jh., Lyrik, Theol., Phil., Musik - Spr.: Russ.

NÖTZEL, Klaus

Bankdirektor, Jurist, Vorstandsmitgl. Deutsche Ausgleichsbank, Bonn (s. 1974) - Zanderstr. 39, 5300 Bonn 2 (T. 33 02 58) - Geb. 14. Jan. 1930 Leipzig (Vater: Dipl.-Kfm. Hans N., Fabrikant; Mutter: Grethe, geb. Breiing), ev., verh. s. 1958 m. Marianne, geb. Krapp, 3 Kd. (Christoph, Martin, Carola) - Nicolaisch. Leipzig; 1949-53 Stud. Volksw. u. Rechtswiss. Univ. Bonn. 1. u. 2. jurist. Staatsprüf. - Vorstandsmitgl. Stift.

Hilfswerk f. behind. Kinder (s. 1972) - Spr.: Engl.

NOETZLIN, Günther

Dr.-Ing., Direktor - Langehegge 295, 4370 Marl/W. - Geb. 17. März 1918 Wuppertal - S. 1946 Chem. Werke Hüls AG., Marl (b. 1968 stv., dann o. Vorstandsmitgl.). Vorstandsmitgl. Vereinig. Industrielle Kraftwirtschaft u. Rhein.-Westf. Techn. Überwachungsverein. ARsmandate.

NÖTZOLDT, Elsbeth,

geb. Janda

Schauspielerin - Hausackerweg 35, 6900 Heidelberg 1 (T. 06221-2 22 10) - Geb. 27. Dez. 1923 Mannheim, verh. s. 1948 m. Fritz N. - Stud. Musikwiss., Kunstgesch., Phil.; Musikstud. Privatlehrerex. - Fr. Mitarb. b. SDR; Rezitatorin in Solo-Progr., auch in Kurpfälzer Mundart; Sängerin (Chansons) - Herausg. (m. F. Nötzoldt): D. Moritat v. Bänkelsang (M. Majer, Sprecher); Lieder aus d. Ghetto (auch in Holl.); D. lachende Pfälzer; Liselotte v. d. Pfalz, ihr Leben u. ihre Briefe; Lit. d. Pfalz aus 10 Jh. - 1969 BVK - Liebh.: Gesch., Musik, Antiquitäten, Reisen - Spr.: Engl., Franz.

NOGGE, Gunther

Dr. rer. nat., Prof., Direktor d. Kölner Zoos (s. 1981) - Riehler Str. 173, 5000 Köln 60 (T. 0221-76 30 66) - Geb. 10. Jan. 1942, verh. s. 1969 m. Karin, geb. Hempel, Sohn Oliver - Stud. Biol. Univ. Bonn (Dipl.-Biol. 1967, Promot. 1969, Habil. 1978) - 1969-73 Doz. f. Zool. Univ. Kabul/Afghanistan; 1973-81 Wiss. Assist. Univ. Bonn - BV: D. Kölner Zoo, 1985 (m.a.) - 1978 Insect Physiology Prize.

NOHLEN, Heinz

Dr. rer. pol., Geschäftsführer i. R. Niederrh. IHK Duisburg-Wesel-Kleve zu Duisburg (Dezernat: Öfftl. Finanzen, Steuern, Recht), Getreide- u. Warenbörse Rhein-Ruhr, Duisburg-Essen zu Duisburg u. Volks- u. Betriebsw. Vereinig. im rhein.-westf. Ind.gebiet, ebd., ehem. Mitgl. Zulassungsaussch. z. Wirtsch.prüferex. b. Min. f. Wirtsch., Mittelst. u. Verkehr - Trosperdelle 30, 4100 Duisburg 29 (T. 76 36 74) - Geb. 4. Aug. 1914 Dortmund (Vater: Hermann N., Ingenieur; Mutter: Käthe, geb. Römer), ev., verh. s. 1942 m. Annemarie, geb. Haefner, 4 Kd. (Birgit, Manfred, Detlev, Dierk) - Bismarck-Realgymn. Dortmund; Univ. Königsberg/Pr. u. Bonn (Wirtschaftswiss.) - 1965-74 Mitgl. Prüfungsaussch. f. Steuerberater b. Finanzmin. NRW. Oberstlt. d. R. a. D. - Liebh.: Genealogie.

NOHR, Günther

Chefredakteur Meine Geschichte u. Mein Erlebnis - Bismarckstr. 67, 1000 Berlin 12 (T. 030 - 342 40 00) - Geb. 22. Febr. 1942 Hamburg.

NOHSE, Lutz

Dipl.-Ing., gf. Gesellschafter Maschinenbau Gabler GmbH (s. 1962) u. Prof. Gabler Nachf. (s. 1979), beide Lübeck - Hasselbruchweg 16, 2400 Lübeck (T. 0451 - 39 45 41) - Geb. 2. März 1928 Hameln/Weser (Vater: Dr.-Ing. Fritz N.; Mutter: Hertha, geb. Rehbeck), ev., verh. m. Hertha, geb. Müller - 1950-56 TH Hannover (Schiffsmaschinenbau) - BV: Mod. Küsten-Uboote, 1972.

NOLD, Günter

Dr. phil., Prof. f. Didaktik d. engl. Sprache Univ. Göttingen u. PH Ludwigburg - Steinkleestr. 2, 6000 Frankfurt/M. 50 (T. 0611 - 548 17 42) - Geb. 15. März 1942 Mannheim (Vater: Anton N., Oberamtsrat; Mutter: Emilie N.), kath., verh. s. 1970 m. Dr. Friederike Nold-Hauser, 3 Kd. (Marcel, Nadja, Michel) - Abit. 1962 Human. Gymn.; ab 1962 Stud. Phil.-Theol. Hochschule St. Georgen Frankfurt, ab WS 1962/63 Univ. Frankfurt u. Univ. Bristol/Engl. (Theol., Phil., Angl., Politikwiss., Geogr.); 1. Staatsex. 1969, 2. Ex. 1970, Promot. 1973 - 1970-73 Stud.rat; 1973-77 Doz. PH Ludwigsburg; ab 1977 Prof. ebd.; ab 1980 Vertr. e. C4-Prof. f. Didaktik d. engl. Spr. Univ. Göttingen, ab 1981 gleichz. Prof. PH Ludwigsburg. Schulbuchautor - BV: Lehrerhandb., 1982; Wiss. Publik. in Deutschl., Österr., Belgien, Engl., USA - Liebh.: Reisen, Sprachen, handwerkl. Tätigk., Musik, Theol. - Spr.: Latein, Griech., Hebr., Engl., Franz., Ital.

NOLDEN, Wilhelm

Dr. jur., Rechtsanwalt, Aufsichtsratsvors. 3 M Deutschland GmbH., Neuss (s. 1974) u. Special Counsel European Legal Affairs 3 M Europe S. A., Brüssel, Geschäftsf. Kettelhack Riker Pharma GmbH., Borken - Carl-Schurz-Str. 1, 4040 Neuss/Rh.; priv.: Lessingstr. 15 - Geb. 21. Dez. 1913 - Gr. jurist. Staatsprüf. - Geschäftsf. Minnesota Mining & Manufacturing Comp. GmbH., Düsseldorf; 1970-74 Generaldir. 3 M Dtschl., ebd.

NOLL, Diether

Musikdirektor, 1. Kapellmeister Theater Potsdam - Köpenicker Landstr. 268, O-1195 Berlin (T. 05 - 632 80 29) - Geb. 22. Sept. 1934, ev., verh. m. Karin, geb. Möbius, 3 Kd. (Thomas, Christiane, Lukas) - Stud. 1954-57 Hochsch. f. Musik Weimar; Staatsex. Kapellmeister in Erfurt, Leipzig, Karl-Marx-Stadt (Chemnitz); 1969-83 Musikal. Oberleit. in Eisenach - S. 1981 Lehrauftrag Musikhochsch. Berlin, s. 1976 Musikdirektor - Kompos.: 9 Oratorien (Go down, Moses 1968, Chin. Requiem 1989), Orchesterwerke, Kammermusik, Lieder, 3 Kinderopern.

NOLL, Josef B.

Dipl.-Kfm., Direktor, stv. Vorstandsvorsitzer Nürnberger Bund Großeinkauf eG., Essen - Küppersheide 21, 4300 Essen 1 - Geb. 29. Jan. 1915.

NOLL, Lothar

Dipl.-Kfm., gf. Vorstandsmitglied Verband TEGEWA/Verb. d. Textilhilfsmittel-, Gerbstoff- u. Waschrohstoff-Ind. - Karlstr. 21, 6000 Frankfurt/M. (T. 255 63 40); priv.: Waldblickstr. 13, 6200 Wiesbaden (Medenbach) - Geb. 23. April 1936 Wiesbaden.

NOLL, Werner

Dr. rer. pol., o. Prof. Univ. Würzburg - Anne-Frank-Str. 11, 8700 Würzburg (T. 0931 - 7 23 74) - Geb. 4. Aug. 1931 Gieselwerder/Oberweser, verh. s. 1955 m. Anneliese, geb. Bütefür, 2 Kd. (Barbara, Ulrich) - Dipl.-Volksw. 1954, Promot. 1958, Habil. 1966, alles Göttingen - Lehrtätigk. Göttingen, Kiel, Heidelberg, Würzburg. Mitgl. wiss. Beirat Ges. f. öfftl. Wirtsch. u. Gemeinwirtsch. Stadtrat - BV: Volkswirtschaftl. Auswirk. e. kostensparenden techn. Fortschritts, 1967; Finanzwiss., 1979.

NOLL-WIEMANN, Renate

Dr. phil., Prof. f. Engl. Philologie Univ. Göttingen - Siburgstr. 25, 3110 Uelzen (T. 0581 - 7 38 06) - Geb. 23. Jan. 1939 Berlin (Vater: Siegfried W., Oberstudienrat; Mutter: Käthe, geb. Wellmer), ev., verh. s. 1971 m. Hermann N., Studiendir., T. Susanne - 1959-65 Stud. Angl., German. Univ. Hamburg, Innsbruck u. Marburg; Staatsex. 1965 Marburg, Promot 1969, Habil. 1974 ebd. - 1965-72 wiss. Angest. Dt. Sprachatlas Marburg; 1976-83 wiss. Assist. Univ. Wuppertal; ab 1983 Prof. Göttingen - BV: D. Erzählstruktur im Volksb. Fortunatus, 1970; D. Künstler im engl. Roman d. 19. Jh., 1977. Herausg.: Reihe Dt. Volksb. in Faksimiledrucken (1970ff.; bisher 13 Bde.).

NOLLAU, Günther

Dr. jur. utr., Präsident Bundesamt f. Verfassungsschutz (1972-75) - 8172 Lenggries/Oberbayern - Geb. 4. Juni 1911 Leipzig (Vater: Arthur/Max N.; Mutter: Gertrud, geb. Puff), ev., verh. s. 1942 m. Irmgard, geb. Zimmermann, 3 Töcht. (Sabine, Franziska, Sibylle) - Realgymn. Dresden-Blasewitz; Univ. Innsbruck, München, Leipzig, Wien. Bde. jurist. Staatsex. - 1941-50 Rechtsanwalt Dresden u. Krakau; s. 1950 Bundesamt f. Verfassungsschutz (zul. Präs.) u. Bundesinnenmin. (zul. Min.-Dir. u. Leit. Abt. Öfftl. Sicherheit) - BV: D. Internationale, 2. A. 1961 (engl. u. amerik. 1963, span. 1964, korean. 1965); Rote Spuren im Orient, 1963 (engl. u. amerik. (Russia's South Flank) 1964); Zerfall d. Weltkommunismus, 1963; Wie sicher ist d. Bundesrep.?, 1976; D. Amt, 1978; Gestapo ruft Moskau, 1979. Mitarb.: Fernsehsp. WDR: Zwietracht unt. Roten Fahnen, D. sog. DDR - Liebh.: Bergsteigen, Skilaufen - Spr.: Engl., Franz.

NOLLAU, Volker E.

Dr. habil., Prof., Staatssekretär a. D. - Bienertstr. 51, O-8027 Dresden (T. 051 - 471 44 15) - Geb. 14. März 1941 Stuttgart, ev., verh. s. 1987 m. Eva-Maria, geb. Donath, 3 Söhne (Albrecht, Christoph, Alexander) - Stud. Math. u. Theor. Physik 1959-64, Dipl.; Promot. Dr. rer. nat. 1966, Habil. Dr. sc. nat. 1971 - 1964-69 Assist., 1969-82 Oberassist., 1982-90 a.o. Doz; s. 1990 o. Prof. f. Stochastik TU Dresden - BV: Statist. Analysen, 1976; Steuerung stochastischer Prozesse, 1984; Semi-Markovsche Prozesse, 1982; Lexikon d. Stochastik, 5. A. 1991 - Liebh.: Kirchen- u. Geistesgesch. (ca. 100 Publ.) - Spr.: Engl., Russ.

NOLLER, Gerhard

Dr. theol., Studienprof. i. R., Pfarrer - Nördlinger Str. 27, 7410 Reutlingen (T. 16 12 39) - Geb. 18. Juni 1922 Langenburg, ev., verh., 3 Kd. - Gymn. Stuttgart, Ev.-theol. Sem. Maulbronn u. Blaubeuren (Abit. 1940); 1940-48 Kriegsdst. u. Gefangensch. (1945); Stud. Theol. Ev.-theol. Schule f. dt. Kriegsgef. Camp Norton/Engl. (1946-48) u. Univ. Tübingen (1948-51). Promot. 1960 Tübingen - 1951-54 Vikar u. Pfarrverweser Ebersbach/Fils u. Schwäb. Hall; s. 1954 Religionslehrer Theodor-Heuss-Sch. Reutlingen; s. 1967 Studienprof. u. Fachberater Ev. Religionslehre; 1962-80 Stadtratsmitgl. Reutlingen; 1965-89 MdK ebd.; 1968-80 MdL Baden-Württ. 1970-82 Mitgl. Rundfunkrat SWF (stellv. Vors.) - BV: Sein u. Existenz, 1963; D. Veränd. d. SPD (1977). Herausg.: Heidegger u. d. Theol. (1967); Metaphysik u. Theol. Realisation (1990) - 1974 BVK am Bde., 1978 BVK I. Kl.; 1972 Bürgermed. in Gold Stadt Reutlingen; 1986 Verdienstmed. d. Landes Baden-Württ.

NOLTE, Angela

Dr. rer. nat., Prof., Zoologin - Einsteinstr. 8, 4400 Münster/W. (T. 2 22 49) - Geb. 6. März 1922 Wambeln - S. 1953 (Habil.) Privatdoz. u. apl. Prof. (1959) Univ. Münster (1962 Wiss. Rätin u. Prof., 1967 Wiss. Abt.svorsteherin u. Prof. Zool. Inst., Prof. C 4: 1980). Fachveröff.

NOLTE, Claudia

Dipl.-Ing., Mitglied d. Deutschen Bundestages - Mühlgraben 28, O-6300 Ilmenau - Geb. 7. Febr. 1966 Rostock, kath., verh. s. 1990 m. Rainer N., S. Christoph - Elektrofacharb. u. Abit. 1985; Stud. d. Automat.techn. u. Kybernetik an d. TH Ilmenau; 1990 Dipl. - 1991 Abg. d. Volkskammer d. DDR - Liebh.: Musik (Klavier), Wandern, Zeichnen.

NOLTE, Eberhard

Dr. rer. pol., Dipl.-Kfm., Kaufmann, 1. Vors. Presse-Grosso Bundesverb. Dt. Buch-, Zeitungs- u. -Zeitschriften-Grossisten - Zu erreichen üb. Eupener Str. 161a, 5000 Köln 41.

NOLTE, Eckhard

Dr. phil., o. Prof. f. Musikpädagogik Univ. München - Zu erreichen üb. Lehrstuhl f. Musikpädagogik - Leopoldstr. 13, 8000 München 40 (T. 089 - 21 80-52 64) - Geb. 9. Sept. 1943, verh. m. Dagmar, geb. v. Storp, Apothekerin, 2 Kd. (Alexander, Annina) - Stud. Univ. Mainz, Nancy (Frankr.), Marburg (Schulmusik, Musikwiss., Roman., Päd.); Staatsex. Lehramt an Gymn.; Promot. (Musikwiss.) 1970 Marburg; Habil. (Musikpäd.) 1978 Bielefeld - Gymnasiallehrer; Leit. e. Jugendmusikschl.; wiss. Assist.; Priv.-Doz. Univ. Bielefeld; Lehrstuhlvertr. Univ. Düsseldorf; Prof. Univ. Bielefeld; Ruf auf Lehrkanzel f. Musikpäd. an d. Hochsch. f. Musik in Wien; Ord. Univ München - BV: D. Musik im Verständn. d. Musikpäd. d. 19. Jh., 1982; Mitherausg. d. Beitr. z. Musikpäd. u. d. Sitzungsber. d. Wiss. Sozietät Musikpäd. - Spr.: Engl., Franz., Lat.

NOLTE, Ernst

Dr. phil., o. Prof. f. Neuere Geschichte - Zu erreichen üb. Friedrich-Meinecke-Inst., Habelschwerdter Allee 45, 1000 Berlin 33 - Geb. 11. Jan. 1923 Witten/Ruhr (Vater: Heinrich N., Rektor; Mutter: Anna, geb. Bruns), kath., verh. s. 1956 m. Annedore, geb. Mortier, 2 Kd. (Georg, Dorothee) - Univ. Münster, Berlin, Freiburg (Phil., Philol.). Promot. 1952 Freiburg; Habil. 1964 Köln - 1953-64 höh. Schuldst.; s. 1965 Ord. Univ. Marburg u. Berlin/Freie (1973). 1985 Hanns Martin Schleyer-Preis. - Spez. Arbeitsgeb.: Dt. Parteien, ital. Gesch. s. 1870, intern. Faschismus - BV: D. Faschismus in s. Epoche, 1963 (auch amerik., engl., ital., span., franz. Ausg.); D. faschist. Bewegungen, 1966 (dtv-Taschenb.; auch schwed., franz., ital., japan. Ausg.), NA. (Leinen) 1968 (unt. d. Titel: D. Krise d. liberalen Systems u. d. faschist. Bewegungen); Sinn u. Widersinn d. Demokratisierung in d. Univ., 1968; Dtschl. u. d. Kalte Krieg, 1974; Marxismus - Faschismus - Kalter Krieg, 1974 (2. A. 1985); Was ist bürgerlich?, 1979; Marxismus u. Industr. Revolution, 1983; D. Europäische Bürgerkrieg 1917-45. Nationalsozialismus u. Bolschewismus, 1987; D. Vergehen d. Vergangenheit. Antwort an meine Kritiker im sogenannten Historikerstreit, 1987, 2. erw. A. 1988; Nietzsche u. d. Nietzscheanismus, 1990; Geschichtsdenken im 20. Jahrhundert, 1991 - 1973-77 (Austr.) PEN-Zentrum BRD - Spr.: Engl., Franz., Ital., Span.

NOLTE, Hans-Heinrich

Dr., Prof. f. Geschichte Univ. Hannover - Hist. Seminar, Schneiderberg 50, 3000 Hannover - Geb. 24. Mai 1938 Ulm (Vater: Heinrich N., Oberst; Mutter: Margret, geb. v. Schilgen, Lehrerin), verh. s. 1985 m. Dr. Christiane, geb. Kaiser, 4 Kd. (Insa, Christian, Heinrich, Jakob) - Staatsex. 1964, Promot. 1968, Habil. 1974 - 1960/61 Bundesvors. Liberaler Studentenbd.; 1980 Ltg. Sekt. Hannover Dt. Ges. f. Osteuropakd. - BV Zul.: D. dt. Überfall auf d. Sowjetunion 1941, 1991; Russland/UdSSR, 1991; Internal Peripheries in European History, 1991; D. Mensch gegen den Menschen, Überlegungen u. Forsch. zu 1941, 1992. Herausg.: Patronage u. Klientel (1989). Herausg. d. Reihe: Z. Kritik d. Geschichtsschreibung Bd. 1ff. (1981ff.) - Spr.: Latein, Griech., Mittelhochdeutsch, Engl., Russ. - Liebh.: Garten, Wandern.

NOLTE, Jost

Journalist, Literaturkritiker - Reinbeker Weg 75 A, 2050 Hamburg 80 - Geb. 29. Aug. 1927 Kiel (Vater: Wilhelm N., Gymnasiallehrer; Mutter: Erika, geb. Wätjen), verh. m. Irmgard, geb. Riege - Ab 1947 Regieassist. u. Dramat. Thalia-Theater Hamburg, 1953-57 Mitarb. Bergedorfer Ztg., 1957-71 Redakt. Die Welt d. Lit. u. 1972/73 Die Zeit, dann freiberufl., 1981-90 Redakt. b. NDR in Hamburg - BV: Grenzgänge - Berichte üb. Lit., 1972; Eva Krohn, 1976; Schädliche Neigungen, 1978; Es ist D. Leben, Anna - Briefe, 1983; Kollaps d. Moderne - Traktat üb. d. letzten Bilder, 1989 - 1968 Theodor-Wolff-Preis (f. Theater in d. Stunde d. Protests, Die Welt v. 31. Mai 1968); Mitgl. PEN-Zentrum BRD.

NOLTE, Margarethe

Schriftstellerin - Mühlenbergstr. 47, 5760 Arnsberg 1 (T. 02932 - 3 43 57) - Geb.

27. Juli 1934 Arnsberg, ledig - 1980-83 Gaststud. f. Erziehungs- u. Sozialwiss. Fernuniv. Hagen, Dipl. f. Lit. 1982 Univ. Salsomaggiore, Ital. - 1955-60 kaufm. Angest. Hagen; 1969-74 Chemielaborantin Hamburg; 1977-78 Altenpflegerin Dortmund; 1978-85 Nachtschwester Arnsberg; 1986-89 Erzieherin Arnsberg - BV: D. Sohn d. Mörders meines Vaters, 1967; L'Espace Culturel Franco-Allemand, 1981; Alltagstheorien, 1984; D. dt. Rechtsstaat, Ged. 1990; D. Atlanten erobern d. Mittelmeerraum, Anthol. 1990; Atlanta, d. letzte Königin v. Atlantis, Autorenporträts 1991; polit. Artikel, Leserbriefe in d. Neuen Revue 1991 u. 1992 - Preis v. Europa La Musa dell'Arte; Mitgl. Albo Professionale Degli Artisti Europei (Calvatone-Cremona Italy) - Liebh.: Schreiben, Lesen, Reisen, Autofahren - Spr.: Engl., Franz., Span., Lat., Ital., Griech., Portug., Afrikan., Niederl., Schwed., Russ.

NOLTE, Wolfgang
Dr., Prof. f. Math. TU Darmstadt - Am Geiersberg Nr. 6c, 6114 Groß Umstadt (T. 06078 - 35 41) - Geb. 4. Dez. 1934 Barsinghausen (Vater: Wilhelm N., kaufm. Angest.; Mutter: Irmgard, geb. Blume), ev., verh. s. 1968 m. Christiane, geb. Hergt, 3 Kd. (Gabriele, Kerstin, Martin) - Stud. TH Hannover.

NOLTEIN, von, Erich

Dr. jur., Rechtsanwalt - Bauerstr. 10/1, 8000 München 40 (T. 089 - 271 30 62) - Geb. 24. Juli 1924 Libau/Lettl., ev., verh. s. 1955 m. Ingeborg, geb. Konrad, T. Andrea - Jura-Stud. Univ. Posen u. München; 1. u. 2. jur. Staatsex. 1948 u. 52, Promot. 1959; Staatsprüf. Dolmetscher u. Übers. f. d. russ. Spr., Fachricht. Wirtsch., 1955, alles München - S. 1958 Rechtsanw. - Liebh.: Gesch. d. balt. Länder - Spr.: Russ., Lett. - Bek. Vorf.: Georg v. Noltein, Prof. f. Ingenieurwiss., Hochschulpäd. in Moskau u. Riga, Innovator d. russ. Eisenbahnwesens, Dr. h.c. Univ. Riga 1924 (Großv.).

NOLTEMEIER, Hartmut
Dr. rer. nat., o. Prof. f. Informatik - Schlesierstr. 34, 8700 Würzburg - Abit. 1959; Stud. Math., Phys. u. Phil. Univ. Göttingen u. München; Promot. (Math.) u. Habil. (Informat., Operat. Res.) TH Karlsruhe - Ind.tätig. s. 1971 o. Prof. Univ. Göttingen, Leit. e. Rechenzentr., s. 1978 o. Prof. TH Aachen, Rufe Univ. Berlin (TU) u. Frankfurt, s. 1982 o. Prof. Univ. Würzburg. Autor zahlr. Bücher u. Mithrsg. wiss. Ztschr.

NOLTENIUS, Rainer

Dr., Privatdozent, Leiter d. Fritz Hüser-Instituts f. dt. u. ausl. Arbeiterliteratur Dortmund (s. 1979) - Zu erreichen üb. Fritz Hüser-Inst. f. Arbeiterliteratur, Ostenhellweg 56-58, 4600 Dortmund 1 (T. 0231 - 542 - 2 32 27) - Geb. 16. Dez. 1938 Erfurt (Vater: Jan N., Dipl.-Ing., Architekt; Mutter: Hella, geb. Bruns) - Stud. Deutsch, Gesch., Kunstgesch. Univ. Göttingen, München, Zürich u. Mainz. Staatsex. 1966, Promot. 1968 Mainz, Habil. 1980 Freiburg - 1969-84. Hochschull. f. neuere dt. Lit.-Gesch. Freiburg/Br.; s. 1984 Privatdoz. Univ. Dortmund - BV: Hofmannsthal-Schröder-Schnitzler. Möglichk. u. Grenzen d. mod. Aphorismus, 1969; Projektstud. - Projektunterr. German. u. Dtschunterr. als Handlungsforsch., 1977; Dichterfeiern in Dtschl. - Rezeptionsgesch. als Sozialgesch., 1984; Alltag, Traum u. Utopie. Lesegesch. - Lebensgesch., 1988, 2. A. 1989. Herausg.: Illustrierte Geschichte d. Arbeiterlesens (1992). Forsch. u. Veröff. z. Lit.soziol. u. Sozialpsych. d. Rezeption v. Lit. u. Medien, Arbeiterkultur u. -Lit. d. 19. u. 20. Jh. Herausg. d. Schriftenr.: Forschungen z. Arbeiterlit. u. Ausst.kataloge z. Arbeiterkultur - 1970 Joh.-Gutenberg-Preis.

NOLTING, Rolf
Architekt, Oberbürgermeister Stadt Wolfsburg, Vors. nieders. Städteverb. - Luisenstr. 13, 3180 Wolfsburg 11 (T. 7 32 33) - Geb. 10. Dez. 1926 Bochum (Vater: Heinrich N., Wiegemeister; Mutter: Margarete, geb. Ernesti), verh. s. 1950 m. Anneliese, geb. Ehlers, 3 Kd. (dar. 2 S.) - 1937-43 Mittelsch. Vorsfeld (Mittl. Reife); 1944-50 Staatsbausch. Holzminden (Ing. f. Hochbau) - Arbeits- u. Kriegsdst. (1944 schwerverwundet; r. Oberschenkel amputiert); s. 1950 fr. Arch. 1960ff. Ratsherr Vorsfelde bzw. Wolfsburg; 1964ff. MdK Helmstedt (1968-72 Landrat); 1967-74 MdL Niedersachsen, Vors. Nds. Städteverb., Hannover. CDU s. 1960, s. 1976 Oberbgm. Stadt Wolfsburg.

NOLTING-HAUFF, Ilse
Dr. phil., o. Prof. f. Roman. Philologie - Buchauer Str. 13, 8000 München 71 - Geb. 28. April 1933 Bremen - Habil. Bonn - 1965 Privatdoz. Univ. Bonn; 1966 Ord. Univ. Bochum, 1975 Ord. Univ. München. Facharb.

NOLZEN, Karl-Heinz
Geschäftsführer, MdL Nordrh.-Westf. (s. 1970) - An d. Hütte 40, 5800 Hagen-Haspe (T. 4 91 53) - Geb. 3. Sept. 1926 Haspe, verh., 1 Kd. - Volkssch.; kaufm. Lehre - Industriekfm. Ratsherr Hagen (1964 Fraktionsgeschäftsf., 1969 -vors.). SPD s. 1949.

NONHOFF, Dieter
Dipl.-Kfm., Vorstandsmitglied Münchener Rückversich.-Ges. - Königinstr. 107, 8000 München 40 - Geb. 20. März 1934 - AR-Mitgl. Münchener Lebensversich. AG, München, Beiratsmitgl. CONCORDIA Lebensversich. AG, Hannover, u. Mecklenburg. Lebensversich. AG, Hannover.

NONNEMANN, Heimfrid
Dr. med., Prof., Chirurg (Chefarzt) FU Berlin (Chir.) - Im Dol 50, 1000 Berlin 33 - Geb. 24. Nov. 1933 Stettin (Vater: Heimfried N., Jurist, im II. Weltkr. gef.; Mutter: Hannemarthe, geb. Freise) - Univ. Marburg, Wien, Berlin, Paris, Heidelberg (Med. Staatsex. 1958). Promot. 1958 Heidelberg (Diss. üb. angeb. Speiseröhrenmißbild.) - S. 1965 Chirurg (1965-66 Äthiopien, 1966-67 Vietnam (I. Chefarzt Hospitalschiff Helgoland)) - BV: Wir fragten nicht, woher sie kamen - Arzt in Vietnam 1968 (franz. Ausg. 1969). Fachaufs. (Unfallchir., Med. Entwicklungshilfe) - 1966 VO. I. Kl. Rep. Vietnam, 1967 Ehrenorden I. Kl. Vietnam; 1967 DRK-Ehrenz. - Spr.: Franz., Engl. - Bek. Vorf.: Prof. Friedrich N., Altphilologe (1857-1934).

NOOKE, Günter
Dipl.-Physiker, MdL Brandenburg, Fraktionsvorsitzender BÜNDNIS 90 - Ziegelstr. 2, O-1040 Berlin - Geb. 21. Jan. 1959 Forst/Lausitz, verh. s 1981 m. Maria, geb. Herche, 3 Töcht. (Tobia, Martha, Antonia) - Baufacharb. m. Abit. 1975-78; Physikstud. Dipl.-Phys. 1980-85 Leipzig - 1990 Fachphys. d. Med. (Arbeitshyg. u. Umwelterad.) - 1990 Mitgl. Volkskammer (Wirtsch.ausssch.); 1990 VR-Mitgl. d. Treuhandanst.; s. 1991 Mitgl. d. Rundfunkrates Brandenburg.

NOPPEN, Rudi
Dr.-Ing., Prof., Vorstandsmitglied Dr. Ing. h.c. F. Porsche AG. (1983 ff.) - Porschestr. 42, 7000 Stuttgart 40 - Geb. 1943.

NORDEMANN, Wilhelm
Dr. jur., Prof., Rechtsanwalt u. Notar - Uhlandstr. 173/74, 1000 Berlin 15 - Geb. 8. Jan. 1934 Halle/S. (Vater: Wilhelm N., Oberregierungsrat; Mutter: Marianne, geb. Karsch), ev., verh. s. 1962 m. Helga, geb. Eckhorn, 5 Kd. (Axel, Jan-Bernd, Anke, Wiebke, Hans-Joachim) - Artland-Gymn. Quakenbrück (Abit. 1954); Univ. Göttingen u. Tübingen. Jurist. Staatsex. 1958 (Celle) u. 73 (Berlin); Promot. 1960 (Göttingen) - Justitiar Dramatiker-Union, Komponisten-Verb., VG. Bild-Kunst. 1972 Hon.-Prof. FU Berlin (Gewerbl. Rechtsschutz u. Urheberrecht) - BV: D. Reichweite d. Grundrechtsgarantien, 1960; Kommentar Urheberrecht, 1966; Lehrb. Wettbewerbsrecht, 1971; Komm. Intern. Urheberrecht, 1977 (franz. Ausg. 1982, engl. Ausg. 1989) - Liebh.: Musik, Briefm. - Rettungsschwimmer - Spr.: Engl., Franz.

NORDEN, van, Günther
Dr. phil., o. Prof. f. Neuere Geschichte - Mühle 122, 5600 Wuppertal-Ronsdorf - Geb. 24. Okt. 1928 Köln (Vater: Dr. Heinz van N., Kaufm.; Mutter: Elisabeth, geb. Kramer), ev., verh. s. 1956 m. Marianne, geb. Ossig, 3 Söhne (Jörg, Jens, Jochen) - Stud. Gesch. u. German. Univ. Köln (Staatsex. 1955, Promot. 1955) - 1960 Studienrat; s. 1961 Doz. u. Prof. (1965) PH Wuppertal bzw. Bergische Univ.-Gesamthochsch. Wuppertal. Vors. Aussch. f. Kirchl. Zeitgesch. d. Ev. Kirche im Rheinl. - BV: Kirche in d. Krise, 1963; D. deutsche Protestantismus i. Jahr d. nationalsoz. Machtergreif., 1979; Ev. Frauen im Dritten Reich, 1979; Dokumente u. Berichte aus d. III. Reich, 6. A. 1980; D. III. Reich im Unterricht, 4. A. 1981; Kirchenkampf im Rheinland, 1984; D. 20. Jh. (= Quellen z. rhein. Kirchengesch., Bd. V), 1990. Herausg.: Zwischen Bekenntnis u. Anpassung. Aufs. z. Kirchenkampf (1985). Mithrsg.: Wir verwerfen d. falsche Lehre (1984); Tut um Gottes willen etwas Tapferes! Karl Immer im Kirchenkampf (1989); Ev. Kirche im Zweiten Weltkrieg (1991).

NORDENSKJÖLD, von, Fritjof
Gesandter an der Botschaft d. Bundesrep. Deutschl. in Washington - Zu erreichen üb. Dt. Botschaft Washington, Postf. 15 00, 5300 Bonn 1 - Geb. 23. Dez. 1938.

NORDHEIM, von, Eckhard
Dr. theol., Prof. - Justus-Liebig-Str. 3, 6115 Münster b. Dieburg (T. 06071-3 60 80) - Geb. 20. Mai 1942 Wittenberg (Vater: Erich N., Steuerrat; Mutter: Hiltrud, geb. Zänglein), ev., verh. s. 1967 m. Ingrid, geb. Groneberg, 2 Kd. (Micha, Miriam) - Human. Gymn.; Stud. ev. Theol.; Promot. 1973 München; Habil. 1990 Frankfurt - 1974-80 Doz. u. Prof. auf Zeit f. Altes Testament Univ. Gießen, 1981-90 Oberkirchenrat, 1993 Hon.-Prof., s. 1984 ev. Vors. Dt. Koordinierungsrat d. Ges. f. Christl.-Jüd. Zusammenarb.; s. 1989 1. Vors. d. Buber-Rosenzweig-Stiftg.; s. 1991 Präs. d. Ges. z. Förd. sakraler jüdischer Musik - BV: (Zus. m. H. May) Jesus v. Nazareth, 1974 (Lehrbuch); D. Lehre d. Alten, I: D. Testament als Lit.gatt. im Judent. d. hellenist.-röm. Zeit, 1980; D. Lehre d. Alten, II: D. Testament als Lit.gatt. im Alten Vorderen Orient, 1985; D. Selbstbehauptung Israels in d. Welt d. Alten Orients, 1992 - 1988 Hedwig-Burgheim-Med. d. Stadt Gießen - Liebh.: Archäol. d. Vord. Orients, Judentum - Spr.: Engl., Franz. - Bek. Vorf.: Friedr. August v. N., Bildhauer (Urgroßonkel).

NORDHUES, Paul
Dr. theol., Weihbischof - Dompl. 12, 4790 Paderborn/W. (T. 21 52 41) - Geb. 8. Febr. 1915 Dortmund (Vater: Franz N., Rechtsbeistand; Mutter: Maria, geb. Feuerstein), kath. - Bismarck-Realgymn. Dortmund; Stud. Phil. u. Theol. Paderborn u. Würzburg. Promot. 1956 - 1945-52 Vikar, 1952-57 Subregens Paderborn, 1957-61 Regens Huysburg b. Halberstadt, s. 1961 Weihbischof Paderborn. Emerit. 1990 - BV: D. Kirchenbegriff d. L. de Thomassin, 1958.

NORDMEYER, Kurt

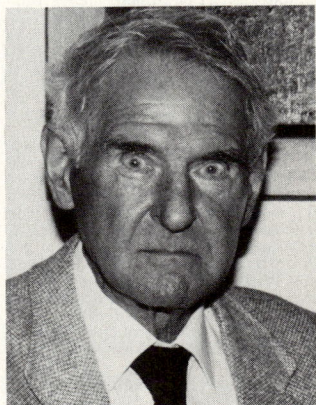

Dr. med. (habil.), Prof., Gynäkologe - Am Ruhrstein 51, 4300 Essen-Bredeney - Geb. 23. Mai 1907 Benrath (Vater: Pfarrer), ev., verh. s. 1936 m. Gerda, geb. Borgmann, 3 Kd. (Inge, Andreas, Ute) - 1932-50 Assistenz- u. Oberarzt (1944) Univ.-Frauenklinik Freiburg/Br. u. Göttingen (1934; 1938 Privatdoz., 1944 apl. Prof.), 1950-63 Chefarzt Frauenklinik Rudolf-Virchow-Krkhs. Berlin (zugl. apl. Prof. FU) u. Städt. Krankenanstalten Essen (1954), ab 1963 Ord.

u. Klinikdir. Univ. Münster u. Bochum, 1963-73 Klinikdir. Klinikum Essen. 1961ff. Vors. Studienges. f. prakt. Psych., Köln - BV: Lehrb. d. Geburtshilfe (m. H. Martius u. W. Bickenbach), 1946; Frauenkd., 1949. Zahlr. Fachaufs. - Liebh.: Bild. Kunst.

NORIS, Günter

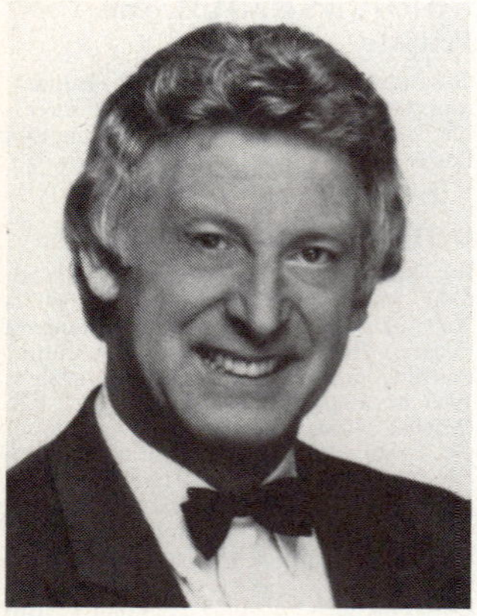

Pianist, Komponist, Bandleader - Theresia-von-Wüllenweber-Str. 16, 5014 Kerpen-Horrem (T. 02273 - 48 81) - Geb. 5. Juni 1935 Bad Kissingen, kath. - 1954-58 Bayer. Staatskonserv. f. Musik Würzburg (Klavier u. Kompos.-Lehre) - 1958-60 Jazzpianist Helmut Brandt-Combo, s. 1961 Arrangeur u. Dirig. b. RIAS Berlin, s. 1961 Schallpl. (Noris-Sound), s. 1966 weltweit Tourneen (u.a. m. Hildegard Knef), s. 1971 Gründ. Big Band d. Bundeswehr (1972 Olymp. Spiele München, 1974 Fußball-Weltmeistersch. offiz. Orch.), 1983 Gründ. e. eig. Big Band (Günter Noris Big Band), zahlr. Auftritte im Fernsehen - 1976 Gold. Schallpl. Japan, gold. Mikrophon; 1978 Premio Maritim Spanien; 1979 Dt. Schallpl.-Preis f. Tanzpl. d. Jahres, gold. Ehrenmed. d. Dt. Krebshilfe f. zahlr. Wohltätigk.-Konz.; 1980 gold. Taktstock - Gold. Ehrennadel d. ADTV, 1984 BVK; 1987 Gold. Schallpl. Dtschl.; 1988 Musik-Star d. ADTV - Liebh.: Antiquitäten, japan. Küche - Spr.: Engl., Franz.

NORMANN, F. E.

s. Eckhardt, Fritz

NORTH, Gottfried

Postdirektor a. D., zuletzt Leiter Bundespostmuseum - Ebelstr. 17, 6300 Gießen - Geb. 18. Jan. 1920 Gießen - BV: D. Post - ihre Gesch. in Wort u. Bild, 1988. Zahlr. Veröff. z. Gesch. d. Post- u. Fernmeldewesens - BVK am Bde.

NORTHEMANN, Wolfgang

o. Univ.-Prof. f. Fachdidaktik Sozialkd. TU Berlin (s. 1980) - Joachim-Friedrich-Str. 4, 1000 Berlin 31 (T. 030 - 892 81 54) - Geb. 24. Nov. 1927 Berlin, ev., verh. s. 1965 m. Bianka, geb. von Raschkauw - 1949-54 FU Berlin; 1. u. 2. Staatsprüf. - 1963/64 wiss. Assist.; 1964 Hochschuldoz., 1971 Prof., 1973 o. Prof. alles PH Berlin - BV: Geplante Information (m. Gunter Otto), 1969; Politischgesellschaftl. Unterr. in d. Bundesrep., 1978. Aufs. z. Didaktik d. polit. Bildung. Herausg.: Didaktische Modelle.

NORTMANN, Joachim

Prof., Bankier, Präs. Institut f. Betriebsund Finanzwirtsch. (s. 1964), gf. Gesellsch. Wirtsch.förderungsinst. - Höhenweg 33, 6270 Idstein (T. 06126 - 5 11 02 u. 5 39 27) - Geb. 19. Sept. 1919 Berlin (Vater: Robert N., Generaldir.; Mutter: Charlotte, geb. Hirschmann), ev. - Gymn.; CUA University - 1945-52 Wirtsch.kommentator Berlin, Bonn, London; 1952 ff. Gf. Ges. Nortmann'sche Vermögensverw. u. Garantieges.; 1953 bis 1960 Privatbankier; 1960-64 Vorst.-Vors. e. Aktienbank. Vorst.-Mitgl. Aktionsgemeinsch. Wirtschaftl. Mittelstand. Aussch.vors. Finanzstruktur Mittelständ. Unternehmer, 1971-73 Präs. Dt. Seglerbund. S. 1976 Vorst.-Mitgl. Vereinig. mittelständ. Unternehmer e. V., s. 1982 stv. Vors. Mittelstand in d. Medien e.V.; s. 1991 Vorst. d. FWM Finanzwirtschaftl. Mittelstandsarchiv, Dokumentations-Zentrum - BV: Klein- u. Mittelbetriebe gleich Bruchbetriebe?, 1975; Klein- u. Mittelbetriebe - Kellerkinder d. Wirtsch., 1976; D. geschröpfte Mittelstand, 1978. Zahlr. Fachveröff. in Tageszt. u. Fachztschr. in 38 Ländern - Liebh.: Segeln.

NOSBÜSCH, Johannes

Dr. phil., Prof. f. Philosophie Erziehungswiss. Hochsch. Rhld.-Pf., Abt. Landau - Scharfeneckstr. 5, 6740 Landau/Pf. 14 (T. 6 07 94).

NOSS, Willi

Licencié en Droit, Ltd. Oberstaatsanwalt, Chef d. Staatsanwaltschaft Saarbrücken a.D. - Charlottenstr. 8, 6600 Saarbrücken - Geb. 15. Dez. 1924 St. Wendel/Saar, kath., verh. s. 1954 m. Ruth, geb. Kliebenstein (Buchhändlerin), S. Christian - Stud. Univ. Saarbrücken (Jurisprudenz u. Kriminol.); Licence en Droit 1953, Diplôme des Etudes supérieures 1954, Dipl. d. Kriminol. 1956, 1. u. 2. jurist. Staatsex. 1957 u. 1961 - 1953-61 Assist. Kriminol. Inst. Univ. d. Saarlandes; nebenamtl. Doz. f. Recht d. Staatl. anerk. Wirtschaftsakad. Blieskastel/Saar. S. 1975 Vors. Landesarbeitskr. Christl.-Demokrat. Juristen.

NOSSEK, Robert

Dr. rer. nat., Prof. f. Physik i. R. (Didaktik u. Methodik d. Physikunterr.) Päd. Hochschule Karlsruhe - Wilhelm-Kolb-Str. 3d, 7500 Karlsruhe (T. 7 16 30) - Geb. 17. Febr. 1915 Gurahumora (Rumän.) - S. 1959 (Habil.) Privatdoz. Bergakad. Clausthal u. TH bzw. Univ. Karlsruhe (1965; 1968 apl. Prof. f. Physik). Fachaufs.

NOSTITZ, von, Siegfried

Dr. rer. nat., Generalkonsul a. D. - 8036 Widdersberg, Post Herrsching/Ammersee - Geb. 6. Nov. 1905 Hannover (Vater: Egon v. N., Offz.; Mutter: Henriette, geb. v. Mertens), verh. 1934 m. Gisela, geb. v. Dörnberg, 2 Kd. (Dagmar, Wolfgang) - Gymn.; 1923-27 Stud. Rechtswiss., 1945-49 Naturwiss. Gr. jurist. Staatsprüf. 1934-70 AA Berlin (Auslandsposten: 1935 Attache New York, 1939 Legationsrat) bzw. Bonn (1954 Botschaftsrat Ankara, 1960 Generalkonsul Algier, 1963 San Franzisko) - BV: D. Vernichtung d. Roten Mannes - Dokumentarbericht, 1970; Alger. Tageb. 1960-62, 1971; Rina Levinson: Ged. aus d. Russ. übertragen, 1986; Fedor I. Tjutschew: Ged. aus d. Russ. übertragen, 1991 - 1969 Gr. BVK.

NOSTITZ-RIENECK, Graf von, Leopold

Dipl.-Ing., Referent f. europ. Normung d. Vereinigung d. dt. Zentralheizungswirtsch. e.V. (VdZ), stv. Generalbevollm. f. Technik d. Ges. z. Förd. d. Heizungs- u. Klimatechnik mbH (GFHK) - Verbindungsstr. 19, 4010 Hilden (T. 02103 - 6 90 33).

NOSTITZ-WALLWITZ, von, Oswalt

Schriftsteller - Hirtenstr. 5, 8139 Bernried/Obb. (T. Tutzing 81 84) - Geb. 4. April 1908 Dresden (Vater: Alfred v. N.-W., kgl. sächs. Staatsmin.; Mutter: Helene, geb. v. Beneckendorff u. v. Hindenburg), kath., verh. in 2. Ehe (1944) m. Maria, geb. Freiin v. d. Bottlenberg, 7 Kd. (Christiane, Veronika, Manfred, Felicitas, Manuela, Sophie-Renata, Anima) - Gymn. Schloß Salem; Stud. Rechtswiss. Beide Staatsprüf. 1931 u. 36 Berlin - 1937-45 Ausw. Dienst (Legationssekr.); 1958-73 Euratom u. EG-Kommiss. (Übers.). 1978-83 Vors. Bundesverb. Dt. Autoren - BV: Georges Bernanos - Leben u. Werk, 1951; Präsenzen - Krit. Beitr. z. europ. Geistesgesch., 1967; E. Preuße im Umbruch d. Zeit - Hans Schwarz, 1980; Muse u. Weltkind. D. Leben meiner Mutter Helen von Nostitz, 1991. Mitverf., Herausg. u. Übers. - Mitgl. Ehrenrat Hugo-v.-Hofmannsthal-Ges. (1968) u. Willibald-Pirkheimer-Kurat. (1970) - Spr.: Franz., Engl., Ital. - Bek. Vorf.: Alexander Suworow (Ururururgroßv.); Fürst Georg Herbert zu Münster (Urgroßv.); Paul v. Hindenburg, Reichspräs. (Großonkel).

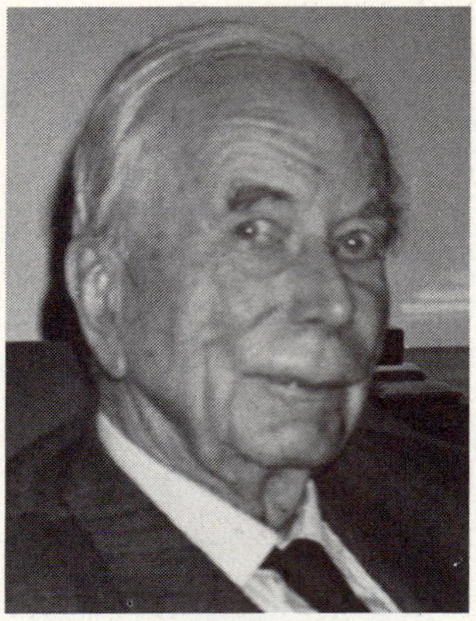

NOTH, Johann-Peter

Rechtsanwalt, Geschäftsf. Ges. z. Förderung d. Heizungs- u. Klimatechnik mbH - Verbindungsstr. 15-19, 4010 Hilden - Geb. 5. Aug. 1934 - Geschäftsf. Güteschutzgemeinschaft Verkehrszeichen, Verb. Hersteller v. gewerbl. Geschirrspülmasch., Fachabt. Gas-Wasserheizer, Gas-Spezialheizkessel, Fachabt. Fleischerei-, Koch- u. Räucheranl. im Fachverb. HKI, Industrieverb. Verkehrszeichen, Vereinig. Dt. Sanitärwirtsch.

NOTHHARDT, Baldur

Dr., Landrat - Stadtring 94, 6120 Michelstadt (T. 06062 - 70-2 02) - Geb. 8. Mai 1934 Mannheim, ev., verh. s. 1978 m. Theodora, geb. Kourela.

NOTHHELFER, Norbert

Dr. jur., Landrat, Regierungspräs. Südbaden (s. 1979), MdB (s. 1976; Wahlkr. 188) - Geb. 2. Juli 1937 Säckingen (Vater: Hans N., Justizrat; Mutter: Gertrud, geb. Wahl), kath., verh. s. 1969 m. Dorothee, geb. Schmid, 3 Kd. (Robert, Markus, Wolfgang) - Hum. Gymn. u. Kolleg St. Blasien; Stud. Rechtswiss. u. Volksw. Univ. Freiburg/Br., Tübingen, Hamburg, München; 1. u. 2. jur. Staatsex. 1961 u. 1965; Promot. 1964 München (Prof. Ulmer) - 1967 Ass. Landratsamt Emmendingen; 1968-69 zun. Landratsamt Wangen, dann Sonderprogramm Bundesinnenmin. (Tätigk. in Hamburg, Berlin, Paris, Wien), 1970-76 Waldshut (Stellv. d. Landrats; 1971 Amtsverweser alter u. 1972 neuer Ldkr.; 1973 Landrat) - Liebh.: Sport, Lit. - Spr.: Franz., Engl., Ital. - Rotarier.

NOTHOFER, Bernd

Dr., Prof. Univ. Frankfurt - Am Buchstein 33, 6390 Usingen 2 (T. 06081 - 1 52 72) - Geb. 18. Dez. 1941 Krefeld, kath., verh. s. 1976 m. Karin, geb. Leven, 2 T. (Christiane, Silvia) - Licence es Lettres 1966 Besançon; Ph.D. 1973 Yale Univ. - Gastprof. in Indonesien u. Brunei Darussalam - BV: The Reconstruction of Proto-Malayo-Javanic, 1975; Dialektgeogr. Unters. in West-Java u. im westl. Zentral-Java, 1980; Dialektatlas v. Zentral-Java, 1981; Bahasa Indonesia: Indonesisch f. Deutsche, 1985 - Spr.: Engl., Franz., Malaiisch.

NOTTBERG, Hermann

Bauer, MdL Nieders. (1967-74) - Alt-Hesepertwist Nr. 14, 4471 Twist (T. 3 16) - Geb. 18. Juli 1911 Hesepertwist - Volks- u. Landw.ssch. - Selbst. Landw. (auf elterl. Hof). 1939-45 Wehrdst. 1940 ff. MdK Meppen. 1948 ff. Bürgerm. Gde. Hesepertwist (jetzt Twist); 1950 ff. stv. Landrat Kr. Meppen. CDU - 1972 BVK I. Kl.

NOTTBOHM, Lothar

Dr. med., Prof., Ltd. Werkarzt Robert Bosch GmbH - Am Propsteihof 15, 3200 Hildesheim (T. 05121 - 49 34 16) - Geb. 7. Jan. 1924 Hildesheim, ev., verh. m. Ingeborg, geb. Rodewald, Sohn Gerd - Med.-Stud. Univ. Göttingen; Approb. u. Promot. 1950 - 1957 Arzt f. Inn. Krankh.; 1967 Arzt f. Arbeitsmed. 1970 Gastdoz. Akad. f. Arbeitsmed. Berlin; 1971 Lehrauftr. f. Arbeitsmed. Univ. Göttingen; 1977 Honorarprof. ebd. - BV: Berufl. Bleiexposition u. Bleiaufnahme, 1980; Ergonom. Arbeitsplatzgestaltung, 1976 u. 83; Zukünftige Schwerp. betriebsärztl. Arb., 1986.

NOTTEBOHM, Rudolf

Dipl.-Volksw., Autor - Am Glockenbach 5, 8000 München 5 (T. 089 - 260 49 32) - Geb. 25. Aug. 1939 Düsseldorf, verh. in 2. Ehe (1977) m. Herta, geb. Bloch, 2 Töcht. (Johanna, Antonia) - Univ. Hamburg (Dipl.-Volksw. 1965); 1967-70 Hochsch. f. Fernsehen u. Film München - S. 1971 fr. Autor (Krimis, Drehb. f. Film u. Ferns.) - BV: Per Anruf ins Nirvana, Thriller 1982; Dein Blut fließt auch nicht anders, Thr. 1984; Fast e. Jh. - Luis Trenker, 1987. Kommentartext d. ZDF-Serie: Kreta-Ursprung Europas (1984); ZDF-Serie: D. Heilige Reich (1989).

NOTTMEYER, Barbara Dorothee, geb. Bobrik

Schriftstellerin, Übersetzerin - Rheinhöhenweg 107, 5486 Oberwinter/Rh. (T. 02228 - 71 73) - Geb. 9. Nov. 1904 Berlin (Vater: Rudolf Bobrik, Kaiserl. Leg.rat; Mutter: Lisa, geb. Martiny), ev., verh. s. 1925 m. Dr.-Ing. Otto N., Dipl.-Berging., verw., 4 Kd. (Barbara, Wolfgang, Beatrix, Hartmann) - Univ. u. Kunstsch. d. Westens Berlin - S. 1953 freiberufl. Verlagsarb. Stuttgart, Übers.büro, Übers. im Bundesverteidigungsmin. S. 1963 Präsid. Ibero-Club, Bonn - BV: u.a. Anthol.: Goethe, Hölderlin, Heine, E.T.A. Hoffmann, 1948-51 - Zahlr. Ausz. u.a. BVK (a. Bd. 1969, I. Kl. 1978 u. Gr. 1984); Orden aus Kolumbien, Portugal, Venezuela, Spanien, Chile, Perú, Argentinien. Ehrenpräs. d. Ibero-Club Bonn - Liebh.: Kunst u. Lit. Lateinamerikas - Spr.: Span., Engl., Franz. - Bek. Vorf.: Sir Robert Blake (1599-1657).

NOTTMEYER, Dieter

Dr. rer. nat., Direktor (b. 1987), Leit. Verbindungsbüro Bonn C. Deilmann AG, Präs. Dt.-Somal. Ges. (1969ff.), gf. Präsidialmitgl. Dt. Atomforum (1981-88), Vorst.-Mitgl. Kerntechn. Ges. (1981-88) - Zu erreichen üb. Dt. Atomforum, Heussallee 10, 5300 Bonn 1 - Geb. 22. Aug. 1921 Berlin (Vater: Friedrich N., Oberstaatsanw.; Mutter: Hildegard, geb. Klußmann), ev., verh. s. 1948 m. Friederike, geb. Stein, 4 Kd. (Ulrike, Anke, Karin, Klaus) - Promot. 1954 Heidelberg - B. 1980 Geschäftsf. Uranerzbergbau GmbH. - 1976 BVK; 1982 Großoffz. d. Sterns v. Somalia - Spr.: Engl., Franz.

NOVAK, Helga M.

Schriftstellerin, 1979/80 Stadtschreiberin Bergen - Feldbergstr. 28, 6000 Frankfurt/M. - Geb. 8. Sept. 1935 Berlin, gesch., 2 Kd. (Ragnar Alexander; Nina) - Karl-Marx-Univ. Leipzig (Philosophie, Journalistik) - U. a. Teppichweberin, Monteurin, Laborantin, Buchhändlerin - BV: Ballade v. d. reisenden Anna, Ged. 1965; Colloquium m. vier Häuten, Ged. 1967; Geselliges Beisammensein, Prosa 1968; Wohnhaft in Westend - Dokumente/Berichte/Konversation, 1970 (m. Horst Karasek); Aufenthalt in einem irren Haus, Erz. 1971; Leseb. 3 - Eines Tages hat sich d. Sprechpuppe nicht mehr anziehen lassen / Texte z. Emanzipation d. Mündigkeit, 1972 (m. H. Karassek); Seltsamer Bericht a. e. alten

Stadt, Kinderb. 1973; Balladen vom kurzen Prozeß, Ged. 1975; D. Landnahme von Torre Bela, Pr. 1976; D. Eisheiligen, R. 1980; Vogel Peter, R. 1982; Grünheide Grünheide, Ged. 1955-80, 1984 - 1968 Bremer Literaturpreis; 1980 Preis Neue Lit.Ges. Hamburg; 1971 Mitgl. PEN-Zentrum BRD - Spr.: Isländisch - Isl. Staatsangehörige.

NOVER, Arno-Hermann

Dr. med., em. o. Prof. u. ehem. Direktor Univ.-Augenklinik Mainz (1965-90) - Hebbelstr. 65, 6500 Mainz 31 - Geb. 24. Juli 1922 Mainz (Vater: Dr. med. Hermann N., Arzt; Mutter: Dora, geb. Michel), ev., verh., T. Ulrike - Gymn. Berlin; Univ. ebd., Göttingen, Heidelberg (Med.). Promot. 1948 Heidelberg; Habil. 1954 Köln - 1954-65 Privatdoz. u. apl. Prof. (1960) Univ. Köln (Oberarzt Augenklinik) - BV: D. Augenhintergrund - Untersuchungstechnik. Zahlr. Einzelarb. - Ehrenmitgl. Österr. Ophthalmolog. Ges.

NOVOTNY, Fritz

Dipl.-Ing., Prof., Architekt - Berliner Str. 77, 6050 Offenbach (T. 069 - 8 20 30) - Geb. 14. Mai 1929 Leitmeritz - Ing. (Hochbau) 1948 Staatsbausch. Darmstadt; Dipl.-Ing. 1954 TH Darmstadt - 1958-62 Lehrer f. Arch. u. Raumgestalt. Werkkunstsch. Offenbach; 1971 GH Kassel Univ. (1973 Hon.prof.); 1968-75 Präsident Architektenkammer Hessen; 1973-79 Präs. Bundesarch.-kammer. Zahlr. Veröff. in Fachztschr. In- und Ausl. - Bauwerke: Verwaltungsgebäude, Hotels, Krankenhäuser, Wohnbauten, Industriebau, städtebaul. Plan. Zahlr. Wettbewerbserfolge, mehrfach vorbildl. Bauten in Hessen - Liebh.: Samml. Naiver Malerei, moderne Skulpturen, Untersuch. üb. Entsteh. früh. Städte in Nordböhmen - Spr.: Tschech., Engl.

NOVY, Klaus

Dr. rer. pol., Prof. f. Planungs- u. Bauökonomie TU Berlin (s. 1983) - Heisterbachstr. 12, 5000 Köln 41 (T. 0221 - 41 23 40) - Geb. 10. Sept. 1944, verh. s. 1977 m. Beatrix, geb. Füsser, 2 Söhne (Johannes, Leonard) - Stud. ETH u. Univ. Zürich, Univ. Köln; Dipl.-Volksw., Promot. 1977 Aachen - S. 1984 gf. Dir. Inst. Genossenschaftlich Wohnen, Köln u. Berlin; Gründer u. Vorst.-Vors. Wohnbund, Frankfurt/M. - BV: Strategien d. Sozialisierung, 1978; Genossenschafts-Bewegung, 1983; Anders Leben, 1985; Illustr. Gesch. d. Gemeinwirtsch., 1985; Lexikon d. Sozialismus, 1986; Einf. Bauen. Wiener Siedlerbewegung, 1985/91; Wohnreform in Köln, 1986; Reformführer NRW, 1991.

NOWACK, Kurt

Gewerkschaftssekretär a. D., MdL Nordrh.-Westf. (1970-85) - Stankeitstr. 43, 4300 Essen-Altenessen (T. 35 31 33) - Geb. 18. Juli 1922 Essen, verh. s. 1947 m. Erni, geb. Baum, S. Willi - Volksschule; Lehre Maschinenschlosser u. Autogenschweißer; 1957-58 Akad. d. Arbeit - Metallhandw., 1941-45 Kriegsdst., danach Bergmann, 1946-54 Metallarb., 1954-58 Heimleit. (1958-60 Betriebsratsmitgl. freigest.), 1960-82 Rechtsschutzsekr. IG Bergbau u. Energie. 1964-70 Ratsmitgl. Stadt Essen. SPD s. 1947 (1959-82 Ortsvereinsvors., 1972-80 stv. Vors. Essen) - 1965 Gold. Sportabzeichen; 1985 BVK I. Kl.

NOWAK, Hans-Michael

Geschäftsführer Frankfurter Getreide- u. Produktenbörse u. Immobilienbörse (IHK) - Börsenpl. 6, 6000 Frankfurt/M.

NOWAK, Herwig

Assessor, Geschäftsführer IHK Köln - Unter Sachsenhausen 10-26, 5000 Köln (T. 164 02 30).

NOWAK, Leo

Bischof in Magdeburg - Max-Josef-Metzger-Str. 1, O-3010 Magdeburg (T. 3 80 31) - Geb. 17. März 1929 Magdeburg, kath.

NOWAK, Rudi (Rudolf)

Amtmann, MdL Hessen (1970-74) - Friedrich-Ebert-Str. 44, 6111 Kleestadt (T. 06078 - 21 69) - Geb. 13. Mai 1921 Aussig/Elbe, verh. - Bürgersch.; kaufm. Lehre; Verwaltungsausbild. Prüf. 1951 u. 1959 - Metallind. Aussig, 1941-45 Kriegsdst., 1947 b. 1948 Ind. Ober-Ramstadt, anschl. AOK Dieburg, s. 1964 Kreisgesundheitsamt ebd. Mitgl. Gemeindevertr. u. Kreistag. Ab 1937 Dt. Sozialdemokr. Partei CSSR, n. 1945 SPD (Ortsvors.).

NOWAK, Winfried

Dr. rer. pol., Dipl.-Volksw., Hauptgeschäftsführer IHK Karlsruhe - Lammstr. 15-17, 7500 Karlsruhe - Geb. 19. April 1931 - Assessorex.

NOWAKOWSKI, Henryk

Dr. med., Prof. f. Innere Medizin - Parkberg 2, 2000 Hamburg 65 (T. 607 11 81) - Geb. 31. Dez. 1913 Berlin, kath., verh. s. 1961 m. Magdalena, geb. Schönauer, 3 Kd. (Sylvia, Markus, Elisabeth) - Univ. Berlin (Promot. 1939), Assist. Oskar-Ziethen-Krkhs. Berlin, Med. Univ. Klinik Jena, Max-Planck Inst. f. Hirnforsch. Gießen u. Göttingen, Fellowship d. US Public-Health-Service, Assist. u. Oberarzt 2. Med. Univ. Klinik Hamburg-Eppendorf, Habil. u. Privatdoz. 1953, apl. Prof. 1959, 1968-79 Abt.-Dir. 2. Med. Univ. Klinik Hamburg-Eppendorf (spez.: Endokrinol., Onkol.) - BV: Prakt. Endokrinologie, 1960, 4. A. 1976 (m. A. Jores; auch griech., span., ital.). Viele Einzelarb. - 1959 Martinipreis, 1974 Ludolf Brauer Med., 1979 Wilhelm Warner Pr. f. Krebsforsch. - Mitgl. Royal Soc. of Medicine London (1965), Sonderforsch.ber. 34 Endokrinol. d. DFG (1968-79), Tumorzentr. Hamburg (1976), Hamburger Krebsges. (Vors. 1981). Ehrenmitgl. Soc. de Endocrinologia y Metabologia Mexico, Nordwestdt. Ges. f. Inn. Med., Dt. Ges. f. Endokrinologie.

NOWOSAD, Alfred

Mitglied d. Bereichsvorstand d. Siemens AG - Wiesenweg 8, 8011 Zorneding - Geb. 19. April 1939 München, verh. s. 1964 m. Doris, geb. Berchtold, 2 Kd. - Industriekaufmann.

NOWOTTNICK-GENSCHOW, Rita-Maria

s. Genschow, Rita

NOWOTTNY, Friedrich

Intendant Westdeutscher Rundfunk, Köln (s. 1985), Vors. d. ARD (s. 1991), Journalist - Karl-Kaufmann-Weg 54, 5357 Swisttal-Buschhoven - Geb. 16. Mai 1929 Hindenburg/OS., verh. m. Gisela, geb. Gück, 2 Kd. - S. 1948 Journ., u. a. Freie Presse Bielefeld, Saarl. u. Westd. Rundfunk (1967; b. 1973 stv., dann ARD-Chefkorresp. u. Leit. WDR-Fernsehstudio Bonn). 1963 Mitbegr. Fernsehreihe: D. Markt - Wirtschaft f. jedermann, 1973-85 Bericht aus Bonn - 1973 u. 82 Gold. Kamera HÖRZU, 1976 Gold. Fernsehbambi, 1980 u. 1985 Gold. Gong, 1984 Ritter wider d. tier. Ernst Aachener Karnevalsverein, 1986 Gr. BVK.

NOWY, Arthur

Präsident a. D. - Parkwohnstift, 7506 Bad Herrenalb - Geb. 6. Aug. 1904 Berlin (Eltern: Ernst u. Emma N.), verh. s. 1930 m. Cornelia, geb. Heydenreich - Hohe Schule - Bank- u. Industrietätigk.; 1950-71 Sparkassenwesen 1(1962ff. Vorst.-Vors. Württ. Landessparkasse, Stuttgart). Versch. Ehrenstellungen. AR- u. Beiratsmandate - BV: Zauber d. Laute unserer Sprache, Feststell. u. Anreg. z. Umgang m. d. Spr., Bd. I u. II; Laute prägen unsere Sprache. Erkenntn. zu ihrem Werden, Wesen u. Wirken. Div. Fachveröff. - BVK I. Kl.; DRK-Ehrenz., 1974 Gr. BVK, 1977 Dr. Joh.-Christian-Eberle-Med., 1973 Gold. Ehrennadel d. Verb. dtsch. Freier Öffentl. Spark. - Bes. Interesse: Dt. Sprache.

NOYER-WEIDNER, Alfred

Dr. phil., Prof. f. Roman. Philologie - Am Gassl 3, 8031 Hechendorf (T. 08152-72 46) - Geb. 31. Aug. 1921 Schönwald/Ofr. - Habil. 1955 München - S. 1959 Ord. Univ. Saarbrücken, Wien (1962) München (1964) - BV: D. Aufklärung in Oberitalien, 1957; Symmetrie u. Steigerung als stilist. Gesetz d. Divina Commedia, 1961; Z. Frage d. Poetik d. Wortes in Ungarettis L'Allegria, 1980; Umgang mit Texten, 2 Bde., 1986. Einzelarb. Herausg.: Dt. Dante-Jahrb. (1964-67); Ztschr. f. franz. Spr. u. Lit. (1971 ff.), Baudelaire (1975). Mithrsg.: Apollinaire (1980) - 1957 Ludwig-Gebhard-Preis; 1970 Officier d. Palmes académiques; 1970 o. Mitgl. Bayer. Akad. d. Wiss.; 1985 Korr. Mitgl. Accademia Patavina di Scienze, Lettere ed Arti; 1990 Cavaliere Ufficiale d. ital. VO. (Al merito della Repubblica Italiana) - Lit.: Festschr. z. 60. Geb., Interpretation. D. Paradigma d. europ. Renaissancelit., 1982.

NOZAR, Manfred

Dr. jur., 1. Bürgermeister - Rathaus, 8902 Neusäß/Schwaben - Geb. 13. Sept. 1943 Augsburg - Zul. Oberverwaltungsrat.

NUBER, Hans Ulrich

Dr. phil., Prof. f. Prov.-röm. Archäologie Univ. Freiburg - Zu erreichen üb. Albert-Ludwigs-Univ., Glacisweg 7, 7800 Freiburg - Geb. 13. Nov. 1940 Schwerin - Stud. Univ. Frankfurt u. München; Promot. 1968 Frankfurt - 1972 Prof. Frankfurt; ab 1978 Univ. Freiburg. Archäol. Ausgrab. in Dtschl. - BV: Kanne u. Griffschale, 1972; zahlr. Fachpubl. im In- u. Ausl. - Ord. Mitgl. Dt. Archäol. Inst.; Mitgl. Komm. Gesch. Landeskde. Baden-Württ. u. Prov.-röm. Forsch. Schweiz; Temp. Member of the Inst. for Advanced Study Princeton, USA.

NUCK, Kurt

Dr. med., Oberregierungs- u. -gewerbemedizinalrat i. R., Honorarprof. f. Gewerbehyg. TH bzw. TU Hannover (s. 1954) - Stresemannallee 33c, 3000 Hannover (T. 88 76 33).

NÜCHEL, Heinz-Josef

Bildungsreferent, MdL Nordrh.-Westf. (s. 1975) - Probacherstr. 1, 5208 Eitorf (T. 02243 - 63 85) - Geb. 13. Nov. 1932, kath., verh. s. 1959 m. Therese, geb. Grimnitz, 2 Töcht. (Bernadette, Barbara) - Volkssch., Human. Gymn. - 1953-59 Finanzbeamter, 1960-64 Diözesanjugendführer Erzbistum Köln, 1964-67 Bundesleit. Kath. Jungmänner-Gemeinsch. Dtschl., 1967-74 Dir. Intern. Jugendaustausch- u. Besucherdst. d. BRD, s. 1975 Bild.ref. Erzdiözese Köln, s. 1987 Präs. Gemeinsch. Kath. Männer Dtschl. (GKMD) - CDU - 1979 BVK; 1985 BVK I. Kl.

NÜRNBERG, Eberhard

Dr. phil., Apotheker, Dipl.-Chemiker, o. Prof. u. Vorst. Inst. f. Pharmazie u. Lebensmittelchemie Univ. Erlangen-Nürnberg (s. 1975) - Ruhsteinweg 18, 8525 Weiher/Uttenreuth (T. 09134 - 6 69) - Geb. 5. April 1928 Berlin-Dahlem (Vater: Dipl.-Ing. Kurt N.; Mutter: Meta, geb. Waechter), ev., verh. s. 1956 m. Käte, geb. Kalkofen, 2 Kd. (Bernd, Wolf) - Stud. d. Pharmazie u. Chemie Univ. Marburg (Lehrer: Prof. Dr. Dr. h. c. H. Böhme); Staats- u. Dipl.ex. 1953 u. 1954; Promot. 1956; Habil. 1970 - 1956-75 E. Merck, Darmstadt, 1972 Honorarprof. Ca. 20 Patentanmeld. u. ca. 250 Publ. Mitgl. Dt. Pharmaz. Ges. u. Arbeitsgem. f. Pharmaz. Verfahrenstechn.; Ges. Dt. Chemiker. Mitarb. an: P. H. List, Arzneiformenlehre. Mithrsg. Externe Therapie v. Hautkrankh. u. Hager Handb. d. Pharm. Praxis, Bd. 2.

NÜRNBERG, Werner

Dr.-Ing., o. Prof. u. Direktor Inst. f. Elektr. Maschinen TU Berlin (s. 1949) - Schwendenerstr. 12a, 1000 Berlin 33 (T. 832 72 72) - Geb. 17. März 1909 Essen - Habil. 1946 - BV: Prüfung elektr. Maschinen, 5. A. 1965 (auch serb.); D. Asynchronmaschine, 2. A. 1962. Mithrsg.: Archiv f. Elektrotechnik (1948 ff.). Fachaufs.

NÜRNBERGER, Günther

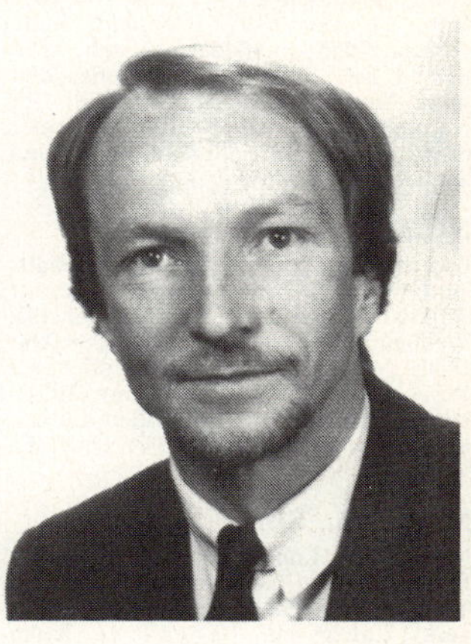

Dr. rer. nat., Dr. rer. nat. habil., Prof. Lehrstuhl f. Mathematik, Univ. Mannheim (s. 1989) - Im Grund 9, 6831 Plankstadt (T. 06202 - 2 41 03) - Geb. 13. Jan. 1948 Marktredwitz, ev., verh. s. 1982 m. Gudrun Tiller, T. Sandra - Dipl. Math. 1974; Promot. 1975; Habil. 1979 Nürnberg - 1979-83 Privatdoz. Univ. Erlangen-Nürnberg; 1983-85 Prof. f. Math. Univ. Mannheim; 1985-89 Prof. f. Math. Univ. Erlangen-Nürnberg. 1984-86 Leit. intern. wiss. Konfz.; wiss. Berater d. Siemens AG - BV: Delay Equations, Approximation and Application, 1985; Numerical Methods of Approximation Theory, 1987, Approximation by Sline Functions, 1989; ca. 50 wiss. Publ. in Math. - Liebh.: Musik, Sport - Spr.: Engl., Franz.

NÜRNBERGER, Ralf

Regisseur - Lohmeyerstr. 26, 1000 Berlin 10 - Geb. 23. März 1952 Berlin - Insz.: Bremen, Bonn, Kiel, Heidelberg, Heilbronn, Braunschweig, Wuppertal, Ulm - Liebh.: Reisen, Anthropol. - Spr.: Engl., Franz.

NÜRNBERGER, Richard

Dr. phil. (habil.), o. Prof. f. Mittlere u. Neuere Geschichte - Tuckermannweg 17, 3400 Göttingen (T. 5 75 90) - Geb. 9. Juni 1912 Eisleben - 1945 Privatdoz. Univ. Freiburg/Br., 1949 ao. Prof. Univ. Bonn, 1955 o. Prof. u. Seminardir. Univ. Göttingen - BV: D. Politisierung d. franz. Protestantismus, 1948; Machteroberung u. -behauptung in d. kommunist. Revolutionen, 1958. Zahlr. Einzelarb. - 1963 Akad. d. Wissensch. i. Göttingen.

NÜRNBERGER, Siegfried

Schauspieler u. Regiss., Mitgl. Hauptaussch. Freiw. Film-Selbstkontrolle, Landesarbeitsrichter - Taunusstr. 45, 6500 Mainz (T. 2 22 28) - Geb. 9. Febr. 1901 Frankfurt/M. (Vater: Arthur N., Stadtbaumeister; Mutter: Henriette, geb. Scheidemantel), ev., verh. s. 1931 m. Christel, geb. Ebling (Ballettm.), S. Hannes - Königstädt. Realgymn., Stern'sches Konservat. u. Schauspielsch. Dt. Theater Berlin - U. a. Dt. Theater Berlin, Landestheater Darmstadt u. Karlsruhe, Neues Theater Frankfurt/M., Neues Schauspielhaus Königsberg/Pr., Schauspielhaus Bremen, Städt. Bühnen Dortmund u. Frankfurt/M., Städt. Theater Mainz (1955 b. 1961 Int.). 1947-51 Vizepräs. GDBA. Insz.: Alle meine Söhne, Hamlet, Tartuffe, Donna Diana, E. Traumspiel, D. Gärtner v. Toulouse, Peer Gynt, D. Bürger v. Calais, Soldat Tanaka, E. Sommernachtstraum, D. Fledermaus, Wiener Blut, D. Kluge, D. Freischütz, E. Maskenball, Fedora, Mutter Courage u. ihre Kinder, Carabiniere, Turandot, D. Irre v. Chaillot, D.

Graf v. Luxemburg, Maria Magdalena u. a. - Spr.: Franz., Engl.

NÜSE, Ernst August

Oberstudiendirektor, Bürgermeister Stadt Meerbusch (1979-89) - Grenzstr. 9, 4005 Meerbusch 2 (T. 02159 - 41 69) - Geb. 17. Dez. 1927 Coesfeld, kath., verh. s. 1955 m. Hildegard, geb. Wältken, 4 Kd. (Heidrun, Stephanie, Matthias, Markus) - Stud., Dipl.-Hdl. 1955 Nürnberg - 1955-1958 Hdl. Gelsenkirchen, 1958-67 Düsseldorf, s. 1967 Schulleit.

NÜSSEL, Hans A.

Dipl.-Kfm., Prof. f. Betriebswirtschaftslehre (Marketing) Univ. Essen - Niersstr. 8, 4300 Essen 1 - Geb. 30. Mai 1929 Weilheim/Obb., ev., verh., 2 Kd. - Abit. 1949; kaufm. Lehre (Gehilfenprüf. 1951), Dipl.-Prüf. f. Kaufleute 1954 - 1955-70 prakt. Tätigk. Markenartikeluntern. u. Werbeagent.; s. 1971 Univ. Essen.

NÜSSEL, Simon

Mitglied des Landtages - Rimlas 6, 8582 Bad Berneck - Geb. 20. Jan. 1924 Hohenknoden, verh. - Volkssch. Bad Berneck; Landw.sch. Bayreuth u. Kulmbach; Höh. Landbausch. Jena-Zwätzen - Landw.; s. 1970 Staatssekr., 1987-90 Staatsmin. im bayer. Min. f. Ernährung, Landw. u. Forsten. Wehrdst. (Flugzeugf.); s. 1947 eig. Landw. 1954-58 u. s. 1959 MdL Bayern (1966 -70 Vizepräs. u. stv. CSU-Fraktionsvors.). Mitgl. Landessynode d. ev. Kirche - 1965 Bayer. VO; 1973 Georg-Bachmann-Med. Bayer. Bauernverb.; Ehrensenator Univ. Bayreuth; 1984 Gold. Verfassungsmed. d. Bayer. Landtags; 1986 Gr. BVK m. Stern u. Schulterbd.; 1988 Gold. Bayer. Landtags-Med.; 1989 Gold. Ehrenmed. d. Bayer. Bauernverb.; 1989 Gold. Prof.-Nicklas-Med. d. Bundeslandwirtsch.min.

NÜSSGENS (ß), Karl

Dr. jur., Prof., Vors. Richter BGH (III. Zivilsenat) a. D. - Zu erreichen üb. Herrenstr. 45a, 7500 Karlsruhe - Geb. 13. Nov. 1914 Aachen (Vater: Johann N., Schulrat; Mutter: Margarete, geb. Steinhauer), verh. m. Anne, geb. Düren, S. Karl-Heinz - Stud. 1933-37 Rechtswiss. Univ. Bonn u. Freiburg; Promot. 1938 Univ. Bonn (Hans Dölle); anschl. wiss. Assist.; ab 1949 Lehrauftr. Univ. Bonn, Honorarprof. ebd. (Bürgerl. Recht u. Zivilprozeßrecht); 1964 Bundesrichter (Bundesgerichtshof); 1976 Senatspräs. (Vors. Richter) am BGH; 1976-82 Vors. Karlsruher Jurist. Studienges.; Mitgl. Dt. Juristentag (1949), Zivilrechtslehrervereinig. u.a. - BV: D. Rückerwerb d. Nichtberechtigten, 1939; Probleme d. fachärztl. Aufklärungspflicht (Laryng. Rhinol), 1974; Entwicklungslinien d. Rechtsprechung d. VI. Zivilsenats (25 J. BGH), 1975; Zwei Fragen z. zivilrechtl. Haftung d. Arztes (Fritz Hauß), 1978; Medico-legale Fragen in d. Radiologie (RöFö), 1979; RGRK zu § 840 BGB, 1982; Z. ärztl. Dokumentationspflicht u. z. Einsichtsrecht d. Patienten in d. Krankenunterlagen (25 J. Karlsruher Forum), 1983; Z. Verhältnis zw. § 138 Abs. 1 BGB u. d. Regelungen d. AGBG (Winfried Werner), 1984; Schadensersatz b. ungerechtfertigten Anordnung d. Veröff. e. Gegendarstellung (Hans Joachim Faller), 1984; Rückwirkung d. höchstrichterl. Rechtsprechung z. d. Ratenkreditverträgen (Walter Stimpel), 1985; Einzelne Fragen aus d. Ber. d. Konsumentenkredits, insbes. unter Berücksichtigung d. neueren Rechtsprechung d. BGH (FLF 1986, 90); Eigentum, Sozialbindung, Enteignung (zus. m. Boujong), 1987; RGRK 12. A. zu § 823 BGB, Anhang 2, Arzthaftungsrecht, 1989; Z. Rechtsfortbildung b. § 839 I 2 BGB (Verweigerungsklausel) (Willi Geiger), 1989; Ausschluß d. Staatshaftung kraft Amtshaftung (Konrad Gelzer), 1991; Einzelarb. - 1982 Gr. BVK.

NÜSSLEIN (ß), Franz

Dr. jur., Generalkonsul a. D. - Schedestr. 8, 5300 Bonn 1 (T. 21 31 15) - Geb. 12. Okt. 1909 Kassel, kath., led. - Zul. Generalkonsul d. BRD in Barcelona.

NUHN, Hans-Eberhard

Dr. phil., Prof. f. Erziehungswiss. GH Kassel - Helleböhnweg 40, 3500 Kassel (T. 0561 - 3 23 97) - Geb. 30. Mai 1934 Kassel (Vater: August N., Kfz.meister.; Mutter: Amanda, geb. Heyde), ev., verh. s. 1964 m. Brigitte, geb. Paesler, 3 Kd. (Sabine, Susanne, Eckehard) - 1955-60 Stud. Univ. Marburg u. Bristol/Engl.; 2. Lehrerprüf. 1962 Kassel, Promot 1978 Erlangen - 1964-71 Lehrerausb. Kassel; 1972/73 Fulbright-Austausch u. Assist.-Prof. Pueblo/USA; s. 1974 Prof. Kassel - BV: Darstell. v. Formen der Unterrichtsorg., 1979; Lehrerberuf u. Binnendifferenz., 1983; Studenten heute, 1985; Umweltbewußtsein, 1989; Projektarbeit, 1990 - Liebh.: Garten, Amateurfunk - 1974 Gold. Sportabz. - Spr. Engl.

NUISSL, Ekkehard

Dr. phil., o. Prof. f. Erwachsenenbildung an d. Philipps-Univ. Marburg, Dir. d. Päd. Arbeitsstelle d. Dt. Volkshochschulverb. in Frankfurt - Eckenheimer Landstr. 309, 6000 Frankfurt/M. 1 - Geb. 15. Juni 1946 Kiel, 3 Söhne (Henning, Alexander, Benjamin) - Promot. 1974; Habil. 1987 - BV: Hochschulreform, 1973; Massenmedien, 1975; BUVEP (8 Bde.), 1979-81; Taschenbuch d. Erwachsenenbildung, 1982; Bildung im Museum, 1988; Politische Bildung, 1992.

NULTSCH, Wilhelm

Dr. rer. nat., Prof. Univ. Marburg (s. 1966) - Höhenweg 49, 3550 Marburg 1 (T. Marburg 3 27 27) - Geb. 20. März 1927 Magdeburg (Vater: Wilhelm N., Lehrer; Mutter: Elfriede, geb. Lehmann), ev., verh. s. 1950 m. Dorothea, geb. Simon, 2 Kd. (Wolf-Rüdiger, Sibylle) - 1936-44 Gymn. Quedlinburg (Abit.); 1946-53 Univ. Halle/S. (Biol., Chemie; Staatsex. 1951). Promot. 1953 Halle; Habil. 1959 Tübingen - 1960-66 Doz. Univ. Tübingen. Spez. Arbeitsgeb.: Pflanzenphysiol., Photobiol. - BV: Allg. Botanik - E. kurzes Lehrb. f. Mediziner u. Naturwiss.ler, 1964, 9. A. 1991 (auch engl., franz., holl., poln., span.); Mikroskop.-botan. Praktikum (m. Annelise Grahle), 1968, 8. A. 1988 - S. 1975 korr. Mitgl. d. Wiss. Ges. an d. Joh. Wolfg. Goethe Univ. Frankfurt; s. 1985 Präs. d. Dt. Bot. Ges.; s. 1991 Präs. d. Europ. Soc. for Photobiology - Spr.: Engl.

NUNGESSER, Rudolf

Arbeitsdirektor, Vorstandsmitgl. Hoesch Siegerlandwerke AG., Siegen - Am Kulmberg 18, 5900 Siegen/W. - Geb. 17. Aug. 1919 - Zul. Vorstandsmitgl. Hüttenwerke Siegerland AG. ARsmandate.

NUSCHELER, Franz

Dr. phil., Prof. f. Polit. Wissenschaft Univ. Duisburg - Angerstr. 5, 4100 Duisburg (T. 0203 - 33 17 33) - Geb. 11. April 1938 Bad Wörishofen (Vater: Konrad N., Mechaniker; Mutter: Maria, geb. Hierl), verh. s. 1967 m. Karin N., 2 Kd. (Max, Ulrike) - 1960-67 Univ. Heidelberg; Promot. 1967 - 1969-74 Wiss. Assist./Oberrat Univ. Hamburg; s. 1974 Lehrst. f. Intern. Politik Duisburg; s. 1989 Dir. Inst. f. Entwicklung u. Frieden - BV: Handb. d. Dritten Welt, 8 Bde. (m. Dieter Nohlen), 1982ff.; Polit. Org. u. Repräsentat., 2 Bde. (m. Klaus Ziemer), 1978; Lern- u. Arbeitsb. Entwicklungspol., 1985; Dritte Welt-Forschung, 1985; Japans Entwicklungspol., 1990 - Gustav-Heinemann-Friedenspreis - Liebh.: Reisen, Musik - Spr.: Engl., Span.

NUSSBAUM, Karl Otto

Domkapitular, Prälat, Dr. theol., em. o. Prof. f. Liturgiewissenschaft Univ. Bonn - Am Fronhof 13, 5300 Bonn-Bad Godesberg (T. 35 12 03) - Geb. 1. Juli 1923 Köln (Vater: Wilhelm N., Kaufmann; Mutter: Maria, geb. Mohr), kath. - 1944-48 Univ. Bonn; 1948-50 Priestersem. Köln (1957 prom. theol.) - 1950-57 Seelsorge Essen u. Walberberg; 1957-59 Priesterkolleg Campo Santo Teutonico Rom; 1960-65 Prof. Priestersem. Köln (1963 Habil.) - BV: Kloster, Priestermönch u. Privatmesse, 1961; D. Brustkreuz d. Bischofs, 1964; D. Standort d. Liturgen am christl. Altar vor d. J. 1000, 2 Bde. 1965; Liturgiereform u. Konzelebration, 1966; D. Handkommunion, 1969; D. eucharist. Hochgebete II-IV, 1971; Lektorat u. Akolythat, 1974; Z. Theol. d. Kindertaufordo., 1979; D. Aufbewahrung d. Eucharistie, 1979; Sonntägl. Gemeindegottesdienst ohne Priester, 1985. Zahlr. Aufs.

NUSSER, Franz

Dr. rer. nat., Geograph, Honorarprof. Univ. Hamburg (s. 1962) - Schenefelder Landstr. 14c, 2000 Hamburg 55 (T. 86 82 15) - Geb. 12. Sept. 1902 Wien - Ltd. Reg.-Direktor a. D. Dt. Hydrogr. Inst. - BV: D. Eiszeitverhältnisse an d. dt. Küsten zwischen Ems u. Trave, Atlas d. Eiszeitverhältn. d. Dt. Bucht u. d. westl. Ostsee, Hydrographie u. Glaziologie. Fachaufs. Übers.: Bertil Rodhe, Ostseeschlüssel f. Eismeldungen (1961).

NUSSER, Peter

Dr. phil., Prof. FU Berlin - Auguste-Viktoria-Str. 24a, 1000 Berlin 33 (T. 825 91 30) - Geb. 22. Okt. 1936 Berlin, ev. - Stud. German., Gesch., Päd., Phil. Univ. Berlin, Basel u. Göttingen (bd. Staatsex., Promot. 1963 Göttingen) - 1963-65 Assist. Prof. Ohio/USA; 1967-69 Wiss. Assist. FU Berlin; 1969-80 Prof. PH Berlin; s. 1980 Prof. FU Berlin - BV: Musils Romantheorie, 1967; Romane f. d. Unterschicht. Groschenhefte u. ihre Leser, 1973, 5. A. 1981; Massenpresse, Anzeigenwerb., Heftromane, 2 Bde., 1976; D. Kriminalroman, 1980; Schwarzer Humor, 1987; Trivialliteratur, 1991.

NUSSGRUBER, Rudolf H.

Regisseur - Hutweidengasse 35/9, A-1190 Wien - Geb. 7. April 1918 Wien (Vater: Gottfried N., Industriekfm.; Mutter: Leopoldina, geb. Zineder), verh. s. 1964 m. Anita, geb. Gutwell - Max-Reinhardt-Sem., Akad. d. Musik u. Darst. Kunst u. Graph. Lehranst., alles Wien - U.a. Spielfilmregiss.; s. 1962 üb. 50 Fernsehsp. ZDF (zul. Ringstraßenpalais, August d. Starke, E. Mann namens Parvus).

NUTZINGER, Hans G.

Dr. rer. pol., Prof. f. Theorie öfftl. u. privater Unternehmen GH Kassel - Nora-Platiel-Str. 4, 3500 Kassel (T. 0561 - 804 30 64) - Geb. 25 Mai 1945 Hauingen (Vater: Richard N.; Mutter: Luise, geb. Keller), ev., verh. s. 1970 m. Christel, geb. Bretzer, 2 T. (Verena, Heidi) - Abit. 1964 Lörrach; Univ. Heidelberg; Dipl. 1968, Promot. 1973, Habil. 1976 - S. 1978 Prof. in Kassel - BV: D. Stell. d. Betriebes in d. sozialist. Wirtsch., 1974; D. Marxsche Theorie u. ihre Kritik, (m. E. Wolfstetter) 1974; Mitbestimm. u. Arbeiterselbstverw., 1982; Arbeit ohne Umweltzerstörung, (m. H. C. Binswanger u. a.), 1983, überarb. Neuaufl. 1988; Mitbestimmung: Norm u. Wirklichkeit (m. H. Diefenbacher u. a.), 1984; Mitbest. in d. Krise (m. U. Schasse u. N. Teichert), 1987; Codetermination: A Discussion of Diff. Approaches (m. J. Backhaus), 1989; Erwerbsarbeit u. Dienstgemeinsch. (m. H. Beyer), 1991 - Spr.: Engl., Franz., Lat., Griech.

NUYKEN, Gerd

Dipl.-Kfm., Generalbevollmächtigter Fa. Wilh. Geldbach, Gelsenkirchen - Am Chursbusch 40, 4630 Bochum 5 - Geb. 17. Jan. 1932 - Vors. Vereinig. dt. Flanschenfabriken u. Fachverb. Rohrformstücke; Vorst.-Mitgl. Wirtschaftsverb. Stahlverformung.

NYSSEN, Joseph

Verlagsleiter Econ Verlag, Düsseldorf - Grupellostr. 28, 4000 Düsseldorf 1; Stubertal 58, 4300 Essen.

O

OAKES, Kevin

Regisseur, Choreograph, Bühnenautor, Schausp. - Gartenstr. 33, 6000 Frankfurt/M. - Geb. 14. Febr. 1949 Johannesburg/Südafrika, ev., ledig - Ausb. Schausp., Tanz, Gesang Hochsch. f. Darst. Kunst Frankfurt/M. u. Dance Centre London, b. Kammersängerin Erika Schmidt - 1979-80 künstler. Leit. Cafe Theatre, Frankfurt u. 1981-86 Fragile Theatre, London - BV: E. Heiltheater, Meth. durch Fragiles Theater; D. Schrei im Theater - Insz.: Hamlet, Katze auf d. heißen Blechdach, Becket od. d. Ehre Gottes, Hallo u. Adieu, u. a. Hauptrollen: Jason, Hamlet, Orest, Barnaby (Hello Dolly), Gogo (Warten auf Godot), Oscar Wilde. Tänzer in: Rhapsody in Blue, L'Apres Midi D'un Faun, Odds + Ends, u. a. Bühnenw.: Orest, Odds and Ends, Ut-Chinkaa, Rawknees, The Importance of Being Oscar - Liebh.: Menschen, Reisen, Kunst, Theater, Film - Spr.: Engl., Ital., Deutsch.

OBENDIEK, Edzard

Dr. phil., o. Prof. f. Didaktik d. Engl. Sprache Univ. Dortmund - Redtenbacherstr. 17, 4600 Dortmund 1 (T. 10 06 77).

OBER, Karl-Günther

Dr. med. (habil.), em. Prof. u. Vorst. Univ.-Frauenklinik Erlangen-Nürnberg (1962-83) - Am Meilwald 26, 8520 Erlangen - Geb. 24. Aug. 1915 Berlin, verh. s. 1948 m. Eva-Maria, geb. Rasch - 1948-62 Univ. Marburg u. Köln (1954) - BV: Gynäk. Endokrinologie, Gynäk. Krebsdiagnostik u. Therapie, Gynäk. Chir. Zahlr. Einzelarb. Mithrsg.: Gynäk. u. Geburtshilfe (3 Bde.) - 1981 Bayer. VO.

OBERBECK, Gerhard

Dr. rer. nat. (habil.), o. Prof. u. Direktor Inst. f. Geographie und Wirtschaftsgeogr., Leit. Gesamtgeogr. Abt., Univ. Hamburg (Siedlungsgeogr., Wüstungsforsch., Agrar- u. Wirtsch.geogr., Länderkunde, Planung) - Ginsterweg 4, 2087 Ellerbek - Geb. 5. Okt. 1925 Lehre (Vater: Richard O., Rektor; Mutter: Elisabeth, geb. Gärtner), verh. s. 1956 m. Dr. rer. nat. Urselmarie, geb. Jacobs, 4 Kd. (Jens, Dirk, Kerstin, Kay) - Stud. Geogr., Geol., German., Gesch. Univ. Braunschweig, Göttingen, Paris. Promot. 1955 Braunschweig, Staatsex. 1956 Göttingen. Habil. 1961 Hannover - 1955 Wiss. Ass. TH Hannover, 1958 Univ.-Lehrbeauftr. Zürich, 1960 Ober-Ing. TH Hannover, 1961 Privatdoz. ebd., 1961 Prof. Univ. Osnabrück, 1964 ao. u. o. Prof. (1966) Hamburg. 1965ff. Mitgl. Histor. Kommiss. f. Nieders., Joh. Jungius-Ges. Hamburg, 1. Vors. Geogr. Ges. ebd., Ehrenmitgl. Geogr. Ges. Hannover, o. Mitgl. Akad. f. Raumforsch. u. Landesplanung Hannover (1981/82 Präs.); korr Mitgl. Finnisch. Geogr. Ges. Helsinki; Präs. Braunschw. Wiss. Ges. - 4 Buch- u. üb. 100 Fachveröff.

OBERBECKMANN, Hans-Ludwig

Dr. jur., Geschäftsführer Dt. Sparkassen- u. Giroverband - Simrockstr. 4, 5300 Bonn 1; priv.: Pützstückerstr. 23, 5330 Königswinter 21 - Geb. 5. Nov. 1934 Schwelm (Vater: Dr., Senator; Mutter: Gertrud, geb. Dicke), ev., verh. s. 1962 m. Gisela, geb. Bohlmann, 2 Kd. (Michael, Kathrin) - Abit. 1955; Stud. Rechtswiss. Bonn u. Münster; 1 jurist. Staatsex. 1959, 2. jurist. Staatsex. 1964 - 1968-72 Oberkreisdir. Melle u. 1972-75 Bergheim; 1975-85 Geschf. Dt. Sparkassen- u. Giroverb.; s. 1986 RA Bonn.

OBERBERG, Igor

Kameramann - Oberhaardter Weg 33, 1000 Berlin 33 (T. 826 12 47) - Geb. 20. Febr. 1907 Ekaterinburg (Rußl.), griech.-orthodox, verh. s. 1953 (Ehefr.: Natalie), T. Ariadne - Amerik. Schule ASB Samokow (Bulg.) u. St.-Georgs-Gymn. Berlin. S. 1927 Film. U. a. Unter d. Brücken, In jenen Tagen, Film ohne Titel, D. Apfel ist ab, Es kommt e. Tag, D. Stärkere, Rittm. Wronski, Solange d. Herz schlägt, D. Rest ist Schweigen (1960 Preis d. Dt. Filmkritik f. d. beste Fotogr.), Melodie d. Nacht - 1972 Dt. Filmpreis/Filmband i. Gold (f. langjähr. hervorragend. Wirken i. dt. Film) - Liebh.: Tennis - Spr.: Russ., Engl., Franz.

OBERBERGER, Josef

Prof., Maler u. Graphiker - Franz-Joseph-Str. 23, 8000 München 23 (T. 34 62 84) - Geb. 21. Dez. 1905 Etzenricht/Opf. - Gymn. Regensburg; Kunstakad. München (Meisterschüler Olaf Gülbranssons) - 1939-73 (Ruhestand) ordentlicher Professor Kunstakad. München (Kl. f. Malerei, Graphik, Illustration, Glasm., Mosaik). U. a. Glasfenster f. d. Dome Luxemburg, Augsburg, Regensburg, Mosaik Vatikan Rom, Gobelin f. d. Weltausstell. 1958 Brüssel - 1976 Ehrenmitgl. Akad. d. Bildenden Künste, Kulturpreis Stadt Regensburg, 1980 Schwabinger Kunstpreis, 1981 Bayer. VO; 1986 Bayer. Maximiliansorden - Liebh.: Karikatur - Lit.: Olaf Gulbransson, Und so weiter; Dagny Gulbransson-Björnson, Olaf Gulbransson - S. Leben.

OBERDISSE, Karl

Dr. med., o. Prof. f. Innere Medizin (emerit.) - Schloßmannstr. 32, 4000 Düsseldorf 1 (T. 33 19 50) - Geb. 18. März 1903 Bochum, ev., verh., 3 Kd. - 1936 Privatdoz. Univ. Würzburg, 1942 apl. Prof., 1947 Chefarzt Knappschaftskrkhs. Bochum-Langendreer, 1951 apl. Prof. Med. Akad. Düsseldorf, 1954 Chefarzt Med. Klinik Wuppertal-E., 1956 Ord. Med. Akad., der späteren Univ. D'dorf (Dir. II. Med. Klinik u. Poliklin.). Zeitw. Vors. Dt. Diabetes-Ges., Dt. Ges. f. Endokrinologie, Dt. Ges. Innere Med. u. Präs. d. 3. Kongr. d. Intern. Diabetes-Federation, 1965/66 Rektor Univ. Düsseldorf, 1965-72 Hauptschriftl. Ztschr. Diabetologia, 1966 b. 1973 Mitgl. Bundesgesundheitsrat, s. 1966 Mitgl. Dt. Akademie d. Naturforscher Leopoldina/Halle - BV: D. medikamentöse Behandlung d. Schilddrüsenerkrankungen (m. W. Grab); D. Krankh. d. Schilddrüse (m. E. Klein u. D. Reinwein, 2. A. 1980). Herausg.: Handb. d. Inneren Med. Kapitel Diabetes m. (1975/76) - 1975 Langerhans-Plak. Dt. Diabetes-Ges., 1978 Gr. BVK.

OBERDORF, Anton

Dr. med., Prof., Arzt f. Pharmakologie u. Toxikologie - Woogstr. 59, 6703 Limburgerhof (T. 06236 - 80 22) - Geb. 28. März 1924 Düsseldorf - Univ. Düsseldorf (Pharmakol. u. Toxikol.); Habil. 1960; apl. Prof. 1969; Prof. Univ. d. Saarlandes 1972 - Fachveröff.

OBERDORFER, Erich

Dr. phil. nat., Museumsdirektor i. R., Honorarprof. f. Pflanzensoziol. Univ. Freiburg/Br. (s. 1964) - Brunnstubenstr. 31, 7800 Freiburg/Br. (T. 49 19 58) - Geb. 26. März 1905 Freiburg/Br. (Vater: Otto O., Kaufm.; Mutter: Lydia, geb. Sigmund), ev., verh. s. 1931 m. Kläre, geb. Barth, 5 Kd. - Univ. Freiburg/Br. (Promot. 1928) u. Tübingen - B. 1936 höh. Schuldst. Karlsruhe, dann Assist. Landessammlungen f. Naturkd., 1939-49 Konservator Landesst. f. Naturschutz, 1949-70 Dir. Landessamml. f. Naturkd. Mitgl. bzw. Ehrenmitgl. div. naturwiss. Vereine. Zeitw. Vizepräs. Dt. Botan. Ges. - BV: Pflanzensoziol. Exkursionsflora, 1949, 6. A. 1990; Südd. Pflanzengesell, 1957, 2. A. 1977/92; Pflanzensoziol. Studien in Chile, 1960. Etwa 120 Einzelarb. - 1977 Dr. h. c. TU München; 1989 Reinh.-Tüxen-Preis d. Stadt Rinteln.

OBERDORFER, Hans

Dipl.-Ing., Fabrikant, Vors. Treuhandstelle d. Metallindustrie, Stuttgart - Danziger Str. 9, 7920 Heidenheim/Brenz.

OBERENDER, Peter

Dr. rer. pol., Dipl.-Volksw., Prof. Univ. Bayreuth - Bodenseering 73, 8580 Bayreuth - Geb. 14. Juni 1941 Nürnberg (Vater: Ludwig O., Kaufm.; Mutter: Ella, geb. Morath), verh. m. Ute, geb. Englmann, 2 Kd. - Dipl.-Volksw. 1966; Promot. 1972, Habil. 1980 - S. 1980 o. Prof. Univ. Bayreuth - BV: Industrielle Forsch. u. Entw., 1973; Grundl. d. Mikroökoomie (m. a.) 1976; Marktdynamik u. intern. Handel, 1980 - Spr.: Engl., Franz.

OBERFELD, Charlotte

Dr. phil., Prof., Europ. Ethnologie Univ. Marburg - Georg-Voigt-Str. 76, 3550 Marburg/L. - BV: Volksmärchen aus Hessen, 1962; Märchen d. Waldecker Landes, 1970 (jap. 1989); D. Jugendb. als Medium lit. Kommunikation, 1974 (m. K. C. Lingelbach). Herausg.: Hessen - Märchenland d. Brüder Grimm (1984); Wilhelm Grimm: Irische Land- u. Seemärchen (1986); Märchen in d. Dritten Welt (1987). Mithrsg.: D. Menschen sind arm, weil sie arm sind - D. 3. Welt im Spiegel v. Kinder- u. Jugendb. (1977); Zw. Utopie u. heiler Welt - Z. Realismusdebatte in Kinder- u. Jugendmedien (1978); Kinder-Schul- u. Jugendtheater. Aspekte zu Theorie u. Praxis (1982); Brüder Grimm, Volkslieder (1985); Kommentarbd. (1989); D. selbstverständliche Wunder. Beitr. germanist. Märchenforsch. (1986); Wie alt sind unsere Märchen? (1990) - Liebh.: Bücher, Reisen, Musik - Lit.: Kürschners Gelehrtenkalender, Lexikon d. Kinder- u. Jugendlit., Bd. II, Andere Aspekte d. polit. Kultur, Freundesgabe f. Ch. O., 1980.

OBERGFELL, Herbert

Fabrikant, Gesellschafter d. KUNDO STAIGER GMBH, Zeit + Technik, St. Georgen, Geschäftsf. d. KUNDO SystemTechnik GmbH, St. Georgen, Präs. Verb. Dt. Uhrenindustrie, Schwenningen (b. 1986) - Bahnhofstr. 14, 7742 St. Georgen - Geb. 12. Aug. 1922 - Fachmitgl.sch., u. a. Beirat Arbeitgeberverb. Bad. Eisen- u. Metallind., Wirtsch.verb. Industrieller Unternehm. Baden, bde. Freiburg, u. IHK Villingen.

OBERHAMMER, Heinz

Dr. phil., Prof. f. Physik. Chemie - Wilder-muthstr. 4A, 7400 Tübingen (T. 07071-2 34 37) - Geb. 4. Juni 1939 Innsbruck (Vater: Karl O., Facharzt; Mutter: Paula, geb. Wild), verh. s. 1972 m. Ute, geb. Wilhelm, 2 Kd. (Clemens, Verena) - 1957-64 Univ. Innsbruck - 1965-67 Cornell Univ. USA, 1967-72 Univ. Ulm, s. 1972 Univ. Tübingen - Spr.: Engl., Ital.

OBERHAUSEN, Erich

Dr. rer. nat., Dr. med., Prof., Vorsteher Abt. f. Nuklearmedizin u. Med. Physik Radiologische Klinik Univ. d. Saarlandes. Arbeitsgebiete: Nuklearmedizin u. Strahlenbiophysik - Frühlingstr. 4, 6650 Homburg (T. 06848 - 8 37).

OBERHAUSER, Alois

Dr. rer. pol., o. Prof. f. Volkswirtschaftslehre u. Finanzwiss. - Waldackerweg 14, 7803 Gundelfingen (T. 0761 - 5 21 30) - Geb. 20. Jan. 1930 St. Ingbert - S. 1962 (Habil.) Lehrtätigk. Univ. Freiburg (1963 ao., 1965 o. Prof.) - BV: u. a. Finanzpolitik u. priv. Vermögensbild., 1963; Stabilitätspolitik b. steig. Staatsquote, 1975; Unternehmenskonzentrat. u. Wirksamkeit d. Stabilitätspolitik, 1979; Bildungsdarlehen, Stud. Bildung u. Wiss. 53 (Hrsg. Bundesmin. f. Bildung u. Wiss.), 1987; Familie u. Haushalt als Transferempfänger, Stiftg. D. Private Haushalt, 1989. Zahlr. Einzelarb.

OBERHEUSER, Wilhelm

Geschäftsführer Wirtschaftsverb. Industrieleder-Erzeugnisse u. Wirtsch.sverb. Industrieller Körperschutz, u. Bund Dt. Fliesengeschäfte, Mülheim/Ruhr - Mergelstr. 53, 4330 Mülheim (T. 5 20 66/7) - Geb. 12. Nov. 1918 Mülheim, ev., verh. s. 1947 m. Hermine, geb. Hein, T. Brigitte.

OBERHOLZ, Werner

Kaufmann, geschäftsf. Gesellsch. Paul Oberholz & Söhne Schloß- u. Beschlagfabrik - Zu erreichen üb. Paul Oberholz & Söhne, Schloß- u. Beschlagfabrik GmbH, Dürerstr. 16, 5620 Velbert 1.

OBERKÖNIG, August Christian

Dipl.-Volksw., gf. Gesellschafter Beckumer Leder-Bekleidungswerke GmbH - 4720 Beckum - Geb. 13. Aug. 1913.

OBERLACK, Hans Werner

Dr. rer. pol., Kaufmann - Frettchenweg 15, 2000 Hamburg 65 (T. 601 99 24) - Geb. 22. Nov. 1925 Wuppertal (Vater: Adolf O., Kaufm.; Mutter: Herta, geb. vom Hagen), ev., verh. s. 1955 m. Marianne, geb. Hurtzig, 3 Söhne (Hans Günther, Helmut, Gerhard) - Univ. Köln (Wirtschaftswiss.). Promotion 1955 - 1951-55 Vereinig. Dt. Elektrizitätswerke, Frankfurt/M.; 1955-60 Europ. Wirtschaftsrat/OEEC, Paris (Sachverst. f. energiew. Fragen); 1960-84 Hbg. Electricitäts-Werke AG. (HEW), Hamburg (1967 Vorst.-Mitgl.); gf. Gesellsch. d. Otto A. Müller GmbH, Hamburg; Berat. f. Energie- u. Finanzwirtsch. - BV: Energiepreisentwickl. u. allg. Preisbeweg. (Diss.) - 1972-81 Gold. Sportabz. - Liebh.: Histor. u. maritime Literatur, Rudern - Spr.: Franz., Engl. - Rotarier.

OBERLACK, Heinz

Dr. jur., Vorsitzer d. Geschäftsfg. d. Stadtwerke Mönchengladbach GmbH, Geschäftsf. d. Flughafenges. Mönchengladbach GmbH - Rembrandtstr. 15, 4050 Mönchengladbach 1 (T. 02161 - 8 54 75) - Geb. 11. Dez. 1929 Butzheim (Vater: Gerhard O., Bahnbeamt.; Mutter: Katharina, geb. Kramer), kath., verh. s. 1959 m. Edith, geb. Arndt, 4 Kd. (Thomas, Birgit, Markus, Judith) - 1950-54 Univ. Köln (Rechtswiss.). Jurist. Staatsex. 1954 u. 58; Promot. 1957 - Ab 1958 Dezern. Reg. Düsseldorf, anschl. Ref. Finanzmin. NRW, 1964-87 Stadtkämmerer M'gladbach. AR-Mand. u. a. - Liebh.: Mod. Kunst, Jogging - Spr.: Engl.

OBERLÄNDER, Erwin

Dr. phil., Prof. f. Osteurop. Geschichte Univ. Mainz (s. 1985), 1. Vors. Verb. d. Osteuropahistoriker (s. 1987) - Kirschallee 48, 5300 Bonn 1 - Geb. 19. März 1937 Königsberg/Pr. - Stud. Gesch. Osteuropas, Mittl. u. Neuere Gesch., Slav. Phil. Promot. (1963) u. Habil. (1972) Köln - 1963-75 Wiss. Ref. Bundesinst. f. ostwiss. u. intern. Studien, Köln; 1975-85 Prof. Univ. Münster - BV: Tolstoj u. d. revolutionäre Bewegung, 1965; Sowjetpatriotismus u. Gesch., Dokument. 1967; Arbeiterdemokr. o. Parteidiktatur? - Dokum. d. Weltrevolution, Bd. II 1967 (m. F. Kool; span. 1971); D. Anarchismus - Dokum. d. Weltrevolution, Bd. IV 1972. Herausg.: Hitler-Stalin-Pakt 1939. D. Ende Ostmitteleuropas (1989); Geschichte Osteuropas. Z. Entwickl. e. historischen Disziplin in Deutschland, Österreich u. d. Schweiz 1945-90 (1992) - Spr.: Engl., Russ.

OBERLÄNDER, Klaus

Dr., Vorstandsvorsitzender SKET Maschinen- u. Anlagenbau AG, Magdeburg, AR-Vors. d. SKET Schwermaschinenbau Magdeburg GmbH (s. 1990) - Jakobstr. 7 a, O-3011 Magdeburg - Geb. 12. März 1943 Altenburg, verh. - Stud. Wärmetechnik Dip.-Ing. 1961-67 TH Magdeburg; wiss. Oberassist. 1971-74 Wilhelm-Pieck-Univ. Rostock; Promot. Dr. oec. 1973, Promot. B Dr. sc. oec 1980 (bde. Rostock); 1967-71 Abt.-Leit. d. Forsch. Magdeburger Armaturenwerke Karl Marx; 1974-80 Abt.-Leit., Bereichsleit., stv. Dir. Wiss. u. Techn. VEB Forsch., Entw. u. Rationalisierung d. Schwermasch.- u. Anlagenbaus Magdeburg; 1980-87 Betriebsdir. d. VEB Entstaubungstechnik Edgar André, Magdeburg; 1987-90 Generaldir. VEB Schwermasch.bau-Kombinat Ernst Thälmann, Magdeburg.

OBERLÄNDER, Theodor Erich

Dr. agr., Dr. rer. pol., Prof., Bundesminister a. D., Industrieberater - Luisenstr. 6, 5300 Bonn - Geb. 1. Mai 1905 Meiningen/Thür. (Vater: Oskar O., Geh. Regierungsrat; Mutter: Klara, geb. Müller), ev., verh. m. Erika, geb. Buchholz, 3 Kd. - 1958 Großkreuz VO. BRD.

OBERLÄNDER, Wilfried

Optikermeister, Vors. Zentralverb. d. Augenoptiker, Düsseldorf, Vizepräs. Handwerkskammer Köln - Hohenzollernring 22-24, 5000 Köln 1.

OBERLE, Claus

Städt. Musikdirektor u. Fachlehrer f. Musik (s. 1984) - Mühlenstr. 34, 7733 Mönchweiler (T. 07721-7 16 33) - Geb. 27. April 1924 Villingen, kath., verw., 2 S. (Claus-Martin, Wolfgang-Erik) - Gymn.; Stud. Univ. Freiburg (Naturwiss.); Musiksch. d. Ortenau (Klavier u. Chor-/Orch.-Leit. b. P. Seeger, m. Abschl.-Ex.); Musikhochsch. Trossingen (Chor- u. Orch.-Leit. b. Lothar v. Knorr) - Pianist (Solo-Begl.); Chorleit.; Lehrtätigk. an versch. Gymn.; später auch an Jugendmusiksch. Villingen-Schwenningen; Aufb. Villinger Kammerorch., Erweiterung z. Sinfonie-Orch. Villingen-Schwenningen - Spr.: Franz., Lat.

OBERLIESEN, Rolf

Dr., Univ.-Prof. Univ. Hamburg - Im Quinhagen 5, 4790 Paderborn - Geb. 20. Febr. 1940 Paderborn, kath., verh. s. 1966 m. Ulrike, geb. Lippmann, 2 Töcht. (Claudia, Verena) - Facharb. Fernmeldetechnik; Stud. PH Paderborn u. Univ. Münster; 1. u. 2. Staatsex. f. d. Lehramt; Promot. 1977 Münster - Hochschullehrer f. Erziehungswiss.; Mitgl. Dt. Ges. f. Erziehungswiss.; stv. Vors. Ges. f. Arbeit, Technik, Wirtschaft im Unterr. - BV: Technikdidaktik u. Kybernetische Wiss., 1979; Information, Daten u. Signale - Gesch. techn. Informationsverarbeitung, 1982, 2. A. 1987. Mithrsg.: Ztschr. arbeiten u. lernen.

OBERLINNER, Lorenz

Dr. theol., Prof. f. neutestamentl. Lit. Univ. Freiburg i. Br. (s. 1984) - Kappenhofstr. 5, 7801 Buchenbach - Geb. 4. Juli 1942 Riepertsham/Bay., kath., verh. - Stud. Univ. Freising u. Freiburg; Promot. 1974; Habil. 1979 - 1981-84 Prof. FU Berlin u. Univ. Bonn - BV: Hist. Überlieferung u. christol. Aussage. Z. Frage d. Brüder Jesu in d. Synopse, 1975; Todeserwartung u. Todesgewißheit Jesu, 1980; Festschr. f. A. Vögtle, 1986, 1991; Anpassung od. Widerspruch (zus. m. A. Vögtle), 1992.

OBERMAIER, Fritz

Geschäftsführender Gesellschaft d. Obermaier Bäder München m. Niederlassungen in München, Stuttgart u. Zürich - Maximiliansplatz 10, 8000 München 2 (T. 089 - 22 46 51) - Geb. 17. Mai 1964 Landshut, kath., ledig - 1983-86 Stud. d. Betriebswirtsch.lehre Univ. Passau.

OBERMAIER, Josef Richard

Kaufmann, Bildhauer, Steinmetzmeister - Geb. 20. Mai 1922 Landshut (Vater: Josef O., Steinmetzm.; Mutter: Emilie, geb. Blume), kath., verh. s. 1961 m. Hildegard, geb. Huber, 2 Söhne (Josef, Fritz) - 1948 übern. d. elterl. Steinmetz-Betr. (s. 1895) u. Gründ. eig. Fa. Marmor-Obermaier; 1968, 71 u. 81 Gründ. drei weit. Firmen in München, Stuttgart u. Zürich (Bäder).

OBERMAN, Heiko A.

Dr. theol., DD, o. Prof. f. Kirchengeschichte u. Direktor Inst. f. Spätmittelalter u. Reformation Univ. Tübingen (1966-84) - 4735 N. Camino Antonio, Tucson, AZ 85718 (USA) - Geb. 15. Okt. 1930 Utrecht (Holl.), verh. s. 1955 m. Geertruida, geb. Reesink, 4 Kd. (Gerrit-Willem, Ida, Hester, Raoul) - Stedelijk-Gymn. Utrecht; Univ. Utrecht (1949, 1951-54, 1955-56), Sekolah Tingghi/Indonesien (1950), Oxford/Engl. (1954/55). Promot. 1957 - Lehrtätigk. vornehmlich USA. Div. Fachmitgliedsch. Zahlr. wiss. Veröff. - 1963 Mitgl. Amerik. u. Niederl. Akad. d. Künste u. Wiss. (korr.); 1988 corr. Fellow of the British Acad.; 1991 Member of the American Philosophical Society.

OBERMANN, Emil

Dr. phil., Chefredakteur Fernsehen SDR (b. 1984) - Neckarstr. 230, 7000 Stuttgart (T. 288-27 20); priv.: 61, Mirabellenstr. 46 (T. 32 39 00) - Geb. 27. Dez. 1921 Stuttgart - Stud. Nationalök., Soziol., Staatsrecht, Gesch. Promot. 1951 - S. 1952 Südd. Rundf. (Bonner Korresp., Wehrexp., Chefredakt., ARD-Kommentator). 1968 ff. Leit. FS-Disk.: Pro u. Contra - BV: u. a. Soldaten - Bürger - Militaristen, 1958; Gesellschaft u. Verteidigung (Handb.), 1971 - 1971 Gold. Kamera; 1972 Ernst-Schneider-Preis f. Wirtschaftssend.; 1977 Goldener Bambi; 1982 BVK - Liebh.: Wandern, Musik.

OBERMANN, Holger

Fernseh-Journalist, Ressortleit. FS Südd. Rundfunk, Sport (f. 2 Jahre beurlaubt) - Bopserwaldstr. 22, 7000 Stuttgart - Geb. 31. Aug. 1936, verh., 2 Kd. - Wirtschafts-Stud. Univ. Hamburg - Volontär Zeit, Hamburger Morgenpost; Redakt. Hamb. Morgenpost; 5 Jahre Auslandskorresp. USA; Hess. Rundf.-Ferns. (Chef v. Dienst); ARD-Sportkommentator. Fußball-Vertragsspieler u. Trainer, u. a. in USA, Gambia, Taiwan, Guinea, Kamerun sow. Kickers Offenbach u. Eintracht Frankfurt - Fußball-Fachb.; Kinderb.; Jogging-Buch (m. a.); Afrika-Buch. Medienpolit. Veröff. - BVK - Liebh.: Sportmed., Päd. - Spr.: Engl., Franz.

OBERMAYER, Inge

Journalistin, Schriftstellerin - Niendorfstr. 25, 8520 Erlangen (T. 09131 - 5 51 06) - Geb. 10. Nov. 1928 Berlin, ev., verw., 2 Kd. (Hanns-Jörg, Sibylle) - BV: Georgie, 1989; D. verschenkte Traum, 1990. Veröff. u. a.: Ess., Lyrik u. Schulspiele.

OBERMEIER, Frank

Dr. rer. nat., Prof., Physiker Max-Planck-Inst. f. Strömungsforschung Göttingen - Hambergstr. 16a, 3405 Rosdorf - Geb. 3. Juli 1939 Aachen, verh. s. 1965 m. Rotraut, geb. Kollert, 3 S. (Rüdiger, Volker, Bernd) - 1959-65 Univ. Göttingen; Promot. 1968; Habil. 1977 Göttingen - Gastwiss. MIT, Cambridge, Mass., USA; Caltech, Pasadena, Cal., USA; Lehrtätigk. Univ. Göttingen - Fachpubl.

OBERMEIER, Siegfried

Schriftsteller - Hirschplanallee 7, 8042 Oberschleißheim/Obb. - Geb. 21. Jan. 1936, verh. s. 1963 m. Traudl Schott (Malerin) - BV/R.: Kreuz u. Adler, 1978; Starb Jesus in Kaschmir?, 1983; D. roten Handschuhe, 1984; München leuchtet übers Jahr, R. 1985; Mein Kaiser, mein Herr, R. 1986. Herausg.: D. geheime Tagebuch König Ludwig II. v. Bayern (1986). Biogr.: Walther v. d. Vogelweide, 1980; Richard Löwenherz, 1982; Mein Kaiser, mein Herr, R. 1986; D. Muse v. Rom - Leben u. Werk d. Angelika Kauffmann, 1987; Und baute ihr einen Tempel, R. 1987; Im Schatten d. Feuerbergs, R. 1989; Kaiser Ludwig d. Bayer, Biogr. 1989; Caligula - d. grausame Gott, R. 1990; Würd' ich mein Herz d. Liebe weihn, R. 1991; Im Schatten d. Torquemada, R. 1992 - 1985 Litterra Med., 1986 Schleißheimer Kulturpr.

OBERNDÖRFER, Dieter

Dr. phil. (habil.), o. Prof. f. Wissenschaftl. Politik u. Soziologie Univ. Freiburg (s. 1963) - Alemannenstr. 5, 7801 Wittnau - Dir. d. Seminars f. wiss. Politik d. Univ. Freiburg; Dir. d. Arnold Bergstraesser-Inst. f. kulturwissenschaftl. Forsch.; s. 1974 Wiss. Beirat d. BMZ; 1975-77 Leit. d. Sozial-Wiss. Forsch.inst. d. Konrad-Adenauer-Stiftg.; s. 1984 VR d. DED; s. 1985 Mitgl. d. dt. UNESCO-Kommiss.; Leit. d. Colloquium Politicum d. Univ. Freiburg - BV: u.a. Wählerverhalten in d. Bundesrep. Deutschl. Studien zu ausgewählten Probl. d. Wahlforsch. aus Anlaß d. Bundestagswahl 1976, 1978; Sozialistische u. kommunistische Parteien in Westeuropa 1:Südländer, 1978; Kurt Georg Kiesinger. D. Gr. Koalition 1966-69. Reden u. Erklärungen d. Bundeskanzlers, 1979; Verwaltung u. Politik in d. Dritten Welt. Problemskizze, Fallstudien, Bibliogr., 1981; Kirche u. Demokratie (m. K. Schmitt), 1983; Begegnungen m. Kurt Georg Kiesinger. Festgabe z. 80. Geb., 1984; Wirtschaftlicher Wandel, religiöser Wandel u. Wertwandel. Folgen f. d. polit. Verhalten in d. Bundesrep. Deutschl. (m. H. Rattinger u. K. Schmitt), 1985; Entwicklungspolitik (m. Th. Hauf), 1986; Schutz d. tropischen Regenwälder durch Entschuldung, 1989; Stabilität u. Wandel in d. westdt. Wählerschaft. D. Verhältnis v. Sozialstruktur u. Wahlverhalten im Zeitraum v. 1976-87, (m. G. Mielke), 1990; D. offene Republik. D. zukünftige Gesicht Deutschlands, 1991.

OBERREUTER, Heinrich

Dr. phil., M. A., Prof. f. Politikwissenschaft Univ. Passau - Eppaner Str. 12, 8390 Passau (T. 0851 - 5 86 06) - Geb. 21. Sept. 1942 Breslau (Vater: Dr. Wilhelm O., Facharzt; Mutter: Margot, geb. Edle v. Kienle), kath., verh. s. 1966 m. Monika, geb. Dietze, 2 Kd. (Heike, Johannes) - Stud. Politikwiss., Kommunikationswiss., Gesch., Soziol. Univ. München (M. A. 1972, Promot. 1976) - 1968-72 Wiss. Mitarb. Univ. München u. (1970) Bundestag Bonn; 1972-78 Wiss. Assist. Geschw.-Scholl-Inst. Univ. München; 1978-80 Prof. Otto-Suhr-Inst. FU Berlin; s. 1980 Lehrst. f. Politikwiss. Passau. 1972ff. Vorst.-Mitgl. Dt. Vereinig. f. Parlamentsfragen; 1980ff. Mitgl. Wiss. Beirat Bundeszentrale f. polit. Bild.; 1981-83 Mitgl. Beirat Dt. Vereinig. f. Polit. Wiss. - BV: Parlamentar. Opposition im intern. Vergleich, 1975; Kann d. Parlamentarismus überleben? 1977; Notstand u. Demokr., 1978; Pluralismus, 1980; Freiheitl. Verfassungsdenken u. polit. Bild., 1980; Parlamentsreform in westl. Demokratien, 1981; Übermacht d. Medien, 1982; Machtverfall u. Machtergreif., 1983; Parteien, 1983. Mitherausg.: Portraits d. Widerstands, (1984) - 1974 Preis d. Bayer. Landtages - Spr.: Engl., Franz.

OBERRITTER, Helmut

Dr., Dipl.-Ernährungswissenschaftler Deutsche Ges. f. Ernährung, Frankfurt - Zu erreichen üb. DGE, Feldbergstr. 28, 6000 Frankfurt 1 (T. 069 - 72 01 46) - Geb. 26. Febr. 1953 Wernau am Neckar, verh. s. 1986 m. Thekla, geb. Hark - Stud. Univ. Hohenheim; Dipl. 1981; Promot. 1984 Tübingen - 1980-85 Forschungstätigk. Univ. Tübingen; 1985-90 Leit. Ref. Ernährungsberatung Dt. Ges. f. Ernährung; s. 1990 Wissenschaftl. Leit. d. DGE - 1986 Hermes-Vitamin-Preis - Liebh.: Photogr. - Spr.: Engl., Latein.

OBERSCHELP, Arnold

Dr. rer. nat., o. Prof. f. Logik u. Wissenschaftslehre - Am Reff 4, 2305 Heikendorf/Holst. (T. Kiel 24 20 75) - Geb. 5. Febr. 1932 Recklinghausen, verh. s. 1964 m. Dr. Anneliese, geb. Eisenbach - Promot. (1957 Univ. Münster), Habil. (1961 TH Hannover), s. 1968 o. Prof. Univ. Kiel - BV: Aufbau d. Zahlensystems, 1968, 1972, 1976; Set theory over classes, 1973; Element. Logik u. Mengenlehre I, 1974, II, 1978; Klassenlogik, 1983; Logik f. Philos., 1992; Fachaufs.

OBERSTE-LEHN, Harald

Dr. med., Prof., Direktor Hautklinik Städt. Ferdinand-Sauerbruch-Anstalten - Arrenberger Str. 20-54, 5600 Wuppertal-E. (T. 39 44 00) - Geb. 10. Mai 1921 Essen (Vater: Emil O.-L., Kaufm.; Mutter: Hedwig, geb. Leusmann), ev. - Stud. Marburg, Bonn, München, Düsseldorf. Promot. 1944 D'dorf; Habil. 1953 Kiel - S. 1953 Lehrtätigk. Univ. Kiel (1959 apl. Prof. f. Dermatol.) - BV: D. morphol. Abgrenz. d. Lichen planus, 1953 (Habil.schr.); D. Anwend. d. Antibiotica in d. Dermatol., in: Antibiotica et Chemotherapia, 1956; Papulöse Hautkrankh., in: Dermatol. u. Venerol., 1957; D. Haaranordn. b. Mensch u. Säugetier, 1959; Üb. d. Diagnose u. Therapie d. Dermatomykosen, 1975. 90 Einzelarb. - 1955 korr. Mitgl. Ital. Dermatol. Ges., Member American Academy of Dermatology.

OBERWINKLER, Franz Christoph

Dr. rer. nat., o. Prof., Direktor Botan. Garten Univ. Tübingen (s. 1974) - Auf der Morgenstelle 1, 7400 Tübingen - Geb. 22. Mai 1939 Bad Reichenhall (Vater: Christoph O., Oberwerkmeister; Mutter: Genoveva, geb. Brauneis), kath., verh. s. 1968 m. Dr. Barbara, geb. Mayr, 4 Kd. (Johannes, Clemens, Michaela, Claudia) - Stud. Biol., Chemie. Promot. 1965; Habil. 1972 - 1965-73 Wiss. Assist. Univ. Tübingen u. München; 1968-69 Assoc. Exped. FAO, Venezuela; 1974 Abt.vorst. Univ. München - Spez. Arbeitsgeb.: Mykologie, Basidiomycetes.

OBIDITSCH, Fritz

Dr. phil., Prof. - Bauernjörgstr. 37, 7987 Weingarten (T. 4 51 56) - Geb. 17. Juni 1926 Rosenthal/Sudetenl. (Vater: Karl O., Kaufm.; Mutter: Juliane, geb. Longin), kath., verh. m. Elisabeth, geb. Eberle, T. Gudrun - Promot. 1956 Tübingen - S. 1962 Doz., s. 1965 Prof. PH Weingarten (1971-74 Rektor) - BV: Einf. i. d. Soziol. d. Erz., 2. A. 1976; Akad. Lehrprogr. Soziol., 2. A. 1979; Sozialstruktur d. Bundesrep. Dtschl., 1976.

OBLADEN, Wolfgang

Oberbürgermeister Stadt Leverkusen (s. 1979) - Hemmelrather Weg 229, 5090 Leverkusen 1 (T. 0214-7 44 55) - Geb. 2. Juni 1923 Düsseldorf (Vater: Bernhard O.; Mutter: Maria, geb. Müller), kath., verh. s. 1953 m. Else, geb. Traut, 4 Kd. (Christoph, Martin, Norbert, Margret) - Gymn., PH, 1. u. 2. Staatsprüf. f. d. Lehramt an Grund- u. Hauptsch. - 1948 Lehrer, 1958 Konrektor, 1960 Rektor, 1969 Leit. Bezirkssem. f. d. Lehramt Grund- u. Hauptsch., 1970 Schulrat, 1973 Dezern. Schulabt. Reg.-Präs. D'dorf, 1961 Rat Stadt Leverkusen. 1969 Fraktionsf. CDU - Spr.: Engl.

OBLÄNDER, Manfred H.

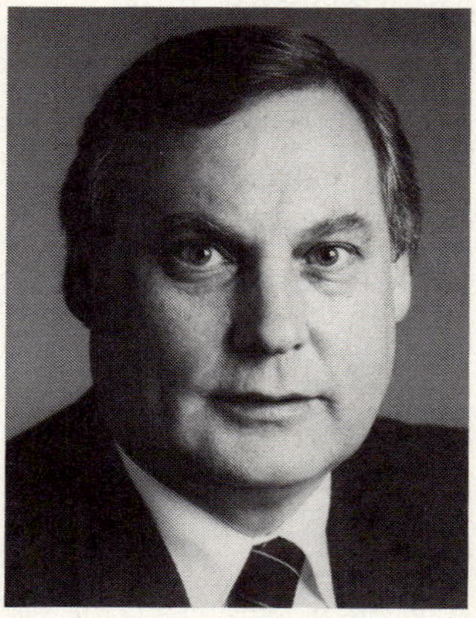

Stellv. Leiter Abt. Inland im Presse- u. Informationsamt d. Bundesregierung - Welckerstr. 11, 5300 Bonn 1 (T. 0228 - 2 08-31 02) - Geb. 25. April 1940 Eschelbronn, ev., verh. s. 1962 m. Frauke O.-Garlichs, 2 Kd. (Carsten, Heike) - 1954-57 Lehre als Ind.kfm.; 1959-62 Gasthörer Univ. Bonn (Polit. Wiss.) - S. 1962 Sachbearb., Ref. u. Ref.leiter Bundesmin. f. wirtschaftl. Zus.-arbeit, Leiter Chef v. Dienst Bundespresseamt. S. 1967 Mitgl. Präsid. Dt.-Somal. Ges.; s. 1987 stv. Vors. Verein Patenschaft Kinder Lateinamerikas - BV: Somaliade, 1971 u. 1980; Somalia - Nomadenland im Aufbruch, 1980; Zeit d. Dürre, Zeit d. Regens, 1983 - 1982 Großoffz. d. Ordens Stern v. Somalia; sow. weit. hohe Orden v. Argentinien, Côte D'Ivoire, Indones., Mali, Niger u. Thailand; 1984 BVK - Liebh.: Archäol., afrik. Kunst, Gartenarbeit - Spr.: Engl.

OBLINGER, Hermann

Dr. phil., em. o. Prof. f. Schulpädagogik - Adalbert-Stifter-Str. 12, 8902 Neusäß-Westheim/Schw. - Geb. 22. Dez. 1921 Sagan/Schles. - Promot. 1956 - S. 1956 Lehrtätigk. PH u. Univ. Augsburg (1971 Ord.) - BV: Schweigen u. Stille in d. Erziehung, 1968; Theorie d. Schule, 1975 u. 1980; D. Schule in d. Ges., 1981; Grundlegende Unterrichts-Konzeptionen, 1985. Zahlr. Einzelarb. z. Päd. u. Geobotanik. Hrsg. wiss. Berichte d. Naturwiss. Vereins f. Schwaben.

OBOTH, Heinrich

Dr. rer. pol., Vorstand GOLD-PFEIL Ludwig Krumm AG., Offenbach/Main - Am Haag 23, 6232 Neuenhain - Geb. 13. Mai 1924 - Dipl.-Kfm.

O'BRIEN-DOCKER, John

Komponist, Arrangeur, Texter, Verleger - Ohlwöhren 4, 2000 Hamburg 55 - Geb. 25. Dez. 1938 London (Vater: Robert O., Uhrm.; Mutter: Ada Coules), verh. s. 1969 m. Robin Luthe, 3 Kd. (Joanna, Ian, July) - Zahlr. Musiken (Schallpl., Hörsp.) - Liebh.: Lesen, Reisen - Spr.: Engl., Franz., Span., Ital., Deutsch, Neugriech.

OBRIG, Hans Wilhelm

Dr.-Ing., Geschäftsführer Wilhelm Hegenscheidt Ges. mbH Erkelenz; Pres. Hegenscheidt Corporation, Troy, Mich., USA; Director Hegenscheidt Australia, Melbourne, Australien - Gillhausenstr. 5, 4300 Essen-Bredeney (Tel. 41 29 77) - Geb. 10. Mai 1931 Wuppertal-Elberfeld (Vater: Hellmuth O., Kaufm.; Mutter: Marielis, geb. Vogt), ev., verh. s. 1962 m. Maria, geb. Jungmann, 2 Kd. (Eva, Hellmuth) - TH Aachen (Dipl.-Ing. 1954; Promot. 1961) - Spr.: Engl.

OCHSENFARTH, Christoph

Dr. rer. nat., Dipl.-Chem., Geschäftsführer Verb. d. chem. Industrie, Landesverb. NRW, BDI Landesvertretung NRW u. a. - Hobirkheide 32, 4300 Essen - Geb. 12. Juli 1914, verh. m. Renate, geb. Höltje, 3 Kd. - Gymn.; Stud. Chemie, Physik, Math., Mineral., Phil. - B. 1952 Ref. Wirtschaftsmin. NRW, dann ltd. Tätigk. Chem. Ind., s. 1958 wie oben - Liebh.: Musik.

OCHTRUP, Wolfgang

Geschäftsführer Siegener Verzinkerei GmbH, Verzinkerei Bochum GmbH, Verzinkerei Rhein-Main GmbH, Verzinkerei Würzburg GmbH - Hölkeskampring 179, 4690 Herne 1 - Geb. 17. Nov. 1934 Bochum - Spr.: Engl., Franz.

OCHWADT, Curd

Autor u. Wissenschaftler - Wohnhaft in 3000 Hannover - Geb. 27. März 1923, ledig - Stud. b. H. Ochsner u. an d. Univ. Freiburg/Br. - Verf. v. Schriften, Herausg. wiss. Quellenwerke, Übers. - Entd. d. einzigen bedeutenden dt. Militärevolutionärs - BV: D. Steinhuder Meer, 1967, 2. A. 1975; Voltaire u. d. Grafen zu Schaumburg-Lippe, 1977; Wilhelmstein u. Wilhelmsteiner Feld, o.J.; Wilhelm Graf zu Schaumburg-Lippe, Schriften u. Briefe, I 1976, II 1977, III 1983; M. Erwin Tecklenborg: D. Maß d. Verborgenen, Heinrich Ochsner z. Gedächtnis, 1981; Martin Heidegger, Hölderlins Hymne Andenken, 1982; M.

Heidegger, Seminare, 1986; D. Kristallnacht in Hannover, 1988; Ernst Barlach, Hugo Körtzinger u. Hermann Reemtsma, 1988; Hugo Körtzingers Bilder, Plastiken, Schr. 1991. Arthur Rimbaud, Briefe u. Dok., 1961 (Übers.); Isabelle Rimbaud, Rimbauds letzte Reise (Übers.); Martin Heidegger, Vier Seminare, 1977 (Übers.).

OCKENFELS, Rudolf

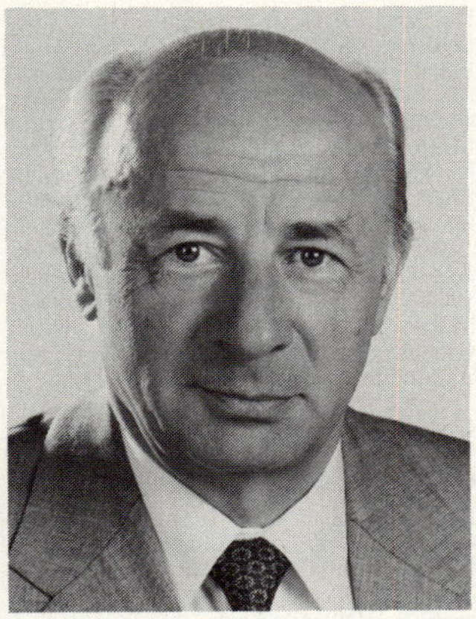

Dachdecker- u. Klempnermeister, Präsident Zentralverb. Dt. Dachdeckerhandwerk, Fachverb. Dach-, Wand- u. Abdichtungstechnik - Priv.: Kölnstr. 52, 5040 Brühl (T. 02232 - 4 90 55); dstl.: Postf. 511067, Fritz-Reuter-Str. 1, 5000 Köln 51 - Geb. 23. Aug. 1928 Brühl (Vater: Anton O. †; Mutter: Maria, geb. Ströbelt), kath., verh. s. 1952 m. Ingeborg, geb. Wichterich, 2 Kd. (Anton, Ellen) - 1945-49 Ausb. z. Dachdeckermstr. - 1945 Übern. d. elterl. Handwerksbetriebes (tödl. Unfall d. Vaters), 1966-72 Landesinnungsmstr. Dachd.verb. Nordrhein, 1972-78 gf. Vorst.-Mitgl. Zentralverb. d. Dt. Dachd.handw. e.V., 1978-90 Präs., ab Mai 1990 Ehrenpräs.; 1981-83 Präs. Intern. Föderat d. Dachd.-handw. (IFD) - 1981 BVK, 1986 BVK I. Kl.

OCKENFELS, Wolfgang

Dr. phil., Dr. theol. habil., Prof. Theol. Fak. Trier - Weberbach 17, 5500 Trier (T. 0651 - 4 87 57) - Geb. 25. Jan. 1947 Bad Honnef, kath., ledig - 1968-74 Stud. Theol. u. Phil. Walberberg/Bonn, 1974-78 Sozialphil. u. Volkswirtsch. Fribourg; Promot. - 1979 Redakt. Rheinischer Merkur; Chefredakt. v. Die Neue Ordnung. 1982-85 Akad. Rat Univ. Augsburg; Vorst.-Mitgl. Inst. f. Gesellschaftswiss. Walberberg - BV: Gewerkschaften u. Staat, 1979; Wahlkampf-Brevier, 1980; Technik u. Gewissen, 1985; Diskussion um d. Frieden, 1974; Politisierter Glaube, 1987; Kleine Kath. Soziallehre, 1989 - Spr.: Engl., Franz.

OCKER, Claus

Konzertsänger (Bariton), ehem. Prof. Musikhochschule Hamburg - Parkallee 109, 2800 Bremen 1 (T. 0421 - 34 00 35) - Geb. 20. Dez. 1923 Verden (Vater: Georg O., Kaufm.; Mutter: Carola, geb. Gibon), 2 Kd. (Michael, Corinna) - B. 1942 Neues Gymn. Bremen (Abit.); 1946-51 Musikhochsch. Hamburg (Meisterkl. Prof. O. Rees) - Liederabende u. Konzerte In- u. Ausl. (1968 Indien, Japan, Kanada u. a., 1983/84 Asien, 1984/85 Polen, 1989 China-Japan, 1990 China). S. 1991 Gastprof. an d. Aichi Kunsthochsch. Nagoya/Japan. Schallpl. - 1952 Concours intern. Genf (Silbermed.); 1987 Gastprof. USA, Masterclasses in Japan u. PR China - Liebh.: Bienen - Spr.: Engl.

ODENBREIT, Günter

Stadtdirektor - Grenzweg 23, 3180 Wolfsburg 13 - Geb. 26. Jan. 1940 Bonn, kath., verh. s. 1970 m. Ingrid, geb. Schmelzeisen, 2 Söhne (Andreas, Florian) - Stud. Rechtswiss.; Ass.Ex. 1970 Düsseldorf.

ODENDAHL, Doris

Bundestagsabgeordnete (s. 1983; Landesliste Baden-Württ.), bild.polit. Sprecherin - Bundeshaus, 5300 Bonn 1 - SPD.

ODENTHAL, Hans

Dr. med., Prof., Internist (Chefarzt) - Marienhospital, 4650 Gelsenkirchen; priv.: -Buer, Obererle 54 - Geb. 7. Juni 1918 (Vater: Jakob O., Landrat Kreis Kempen-Krefeld; Mutter: Klara, geb. Bartz), verh. m. Dr. Hella, geb. Peters, 4 Kd. (Hansjakob, Barbara, Susanne, Ludger) - Univ. München, Köln, Bonn, Tübingen, Straßburg - S. 1956 (Habil.) Lehrtätigk. Med. Akad. bzw. Univ. Düsseldorf (1962 apl. Prof. f. Inn. Med.); s. 1961 Chefarzt Gelsenkirchen - BV: Entzündungen d. Bluteiweißkörper. Üb. 60 Einzelveröff.

ODERMANN, Jochen

Gf. Gesellschafter Hager Dental GmbH, Duisburg - Denkmalstr. 7, 4100 Duisburg 1 (T. 0203-34 18 28) - Geb. 25. April 1938, verh. - Gymn., kaufm. Lehre; einj. Ausb. in England - Vors. Prüfungsaussch. IHK Duisburg, Abt. Dental; Vors. Arbeitsaussch. Dental-Union, Heusenstamm (Labor) - Silb. Ehrennadel IHK - Liebh.: Sportfischen, Tennis - Spr.: Engl.

ODERSKY, Walter

Dr. jur., Prof., Präsident Bundesgerichtshof (BGH) - Zu erreichen üb. Herrenstr. 45a, 7500 Karlsruhe 1 (T. 15 90) - Geb. 17. Juli 1931 Neustadt/OSchles. (Vater: Dr. Felix O., Landgerichtsvizepräs.; Mutter: Gisela, geb. Michael), kath., verh. s. 1957 m. Renate, geb. Pustet, 5 Kd. (Martin, Elisabeth, Gisela, Friederike, Felix) - Univ. München u. Pisa (Italien) - S. 1957 Richter, Staatsanw. u. Beamter im Bayer. Staatsmin. d. Justiz; 1974 Honorarprof. Univ. München. 1978 Vors. Kurat. Stiftg. Maximilianeum; 1983 Präs. Bayer. Oberstes Landesgericht; 1990 Präs. Bad. Bibliotheksges. Karlsruhe - 1982 BVK I. Kl., 1989 Bayer. VO; 1992 Gr. Gold. Ehrenzeichen am Bde. f. Verdienste um d. Rep. Österreich - Spr.: Engl., Franz., Ital.

ODEWALD, Jens

Dr., Finanzdirektor, 1985ff. Vorstandsvors. Kaufhof AG. - Leonhard-Tietz-Str. 1, 5000 Köln 1 - Geb. 1940.

ODLER, Ivan

Dr.-Ing., Prof. f. Bindemittel u. Baustoffe TU Clausthal, Direktor Amtliche Materialprüfanstalt f. Steine u. Erden TU Clausthal - Geb. 16. April 1930 Bratislava (Vater: Stephan O., Bankdir.), kath., verh. s. 1963 m. Dr. med. Maria, geb. Cvopa, T. Marika - 1953-58 wiss. Assist. Univ. Preßburg/CSSR; 1958-68 Laborleit. u. Leit. Ber. Forsch./Technik Inst. f. Bautechnik Preßburg; 1969-76 USA (wiss. Mitarb., Abt.leit. in d. Forsch.); s. 1976 o. Prof. TU Clausthal; s. 1985 Hon.-Prof. Tongji-Univ. Shanghai (China) - Spr.: Engl., Russ., Franz., Slowak.

ODRICH, Peter

Wirtschaftskorrespondent d. FAZ f. Japan, Südkorea, Taiwan u. Hongkong m. Sitz in Tokio - 7-15, Seijyo 4-Chome Setagaya-Ku, Tokyo 157/Japan.

OECHSNER, Hans

Dr. rer. nat., Dipl.-Phys., o. Prof. f. Techn. Physik Univ. Kaiserslautern (s. 1981) - Vogelweher Str. 7b, 6750 Kaiserslautern 32 (T. 0631 - 5 98 35) - Geb. 21. Febr. 1934 Nürnberg (Vater: Heinrich O., Beamter; Mutter: Emmi, geb. Giehl), ev., verh. s. 1960 m. Gertrud, geb. Albert, 3 Kd. (Martin, Susanne, Sibylle) - Stud. d. Physik Univ. Würzburg; Dipl.ex. 1960; Promot. 1963; Habil. 1972 - Forschungsaufenth. ETH Zürich 1968; ab 1965 Lehrbeauftr. u. 1972 Privatdoz. Univ. Würzburg; 1972-81 Prof. f. Phsyik TU Clausthal - BV: Thin Film and Depth Profile Analysis, 1984. Herausg. versch. Konferenzproceedings; üb. 120 wiss. Aufs. - 1987 Technol.-Transfer-Preis d. Bundesmin. f. Bildung u. Wiss. - Spr.: Engl. - Rotarier.

OECKL, Albert

Dr. rer. pol., Prof. - Jaspersstr. 2, 6900 Heidelberg-Emmertsgrund (T. 06221 - 3 88-5 95; Fax 06221 - 3 88-6 66 üb. Kollegium Augustinum) - Geb. 27. Dez. 1909 Nürnberg, kath., verh. s. 1936 m. Auguste, geb. Kühl - Stud. Rechtswiss. u. Volkswirtsch. Promot. 1934 - 1936-39 IG Farben, 1939-45 Kriegsteiln. (zul. Feldwebel), 1945-50 Wirtschaftsberater, 1951-59 Geschäftsf. Dt. Industrie- u. Handelstag, Bonn, 1959-74 Dir. BASF AG, Ludwigshafen, s. 1975 Public Relations- u. Kommunikations-Berater, 1961-67 Vors. Dt. Publ.-Rel.-Ges., Präs. Intern. Public Relations Assoc. (1967-69). 1960-78 Lehrtätigk. Univ. Heidelberg, Augsburg u. Intern. Univ. Rom - BV: Handb. d. Public Relations-Theorie u. Praxis d. Öffentlichkeitsarb. in Dtschl. u. d. Welt, 1964 u. 1976; D. Gesicht d. dt. Industrie, 1968 (m. O. Steinert). Herausg.: Taschenbuch d. Öfftl. Lebens (1950 bis heute). Üb. 300 Vortr., Art., Broschüren etc. - Albert Oeckl-Preis d. DPRG z. Förd. d. PR-Nachwuchses; 1967 Ehrenpräs. u. Ehrennadel in Gold Dt. Public-Relations-Ges., Ehrenmitgl. Dt. Inst. f. PR; 1977 Ehrenmitgl. Centre Européen des Relations Publiques; 1979 Ehrenmitgl. u. Gold. Ehrenmed. Intern. PR-Assoc.; 1975 Gr. BVK; Gold. Lorbeerblatt Bundesverkehrswacht f. 50 J. unfallfr. Fahren; Albert Oeckl-Stiftg. z. Förderung d. PR-Nachwuchses u. d. PR-Forsch. - Liebh.: Reisen, Kochen, Fotogr. - Spr.: Engl., Franz.

OEDEKOVEN, Dietrich

Stadtkämmerer - Rathaus, 6200 Wiesbaden (T. 06121 - 31-29 22) - Geb. 27. März 1928 Aachen (Vater: Albert O., Landw.; Mutter: Katharina, geb. Manstetten), kath., verh. s. 1952 m. Doris, geb. Neber, 3 Kd. (Albrecht, Claudia, Beate) - 1948-52 Univ. Köln u. Tübingen. Jurist. Staatsprüf. 1952 (Köln) u. 56 (Düsseldorf) - 1956-63 Dt. Städtetag; 1963-68 Stadtverw. Ludwigshafen/Rh. (Bürgerm.); seit 1968 Stadtverw. Wiesbaden (Stadtkämmerer); Beiratsmitgl. Hessen d. Dresdner Bank AG; AR-Mitgl. Kraftwerke Mainz-Wiesbaden AG. Vors. Finanzaussch. d. Dt. Städtetages u. Finanzaussch. d. Dt. u. d. Hess. Städtetages; VR-Vors. d. Nassauischen Brandversich.anst.; AR-Mitgl. Stadtwerke Wiesbaden AG. SPD - BV: Kommentar z. Schulfinanz- u. -verw.sgesetz Nordrh.-Westf., 1960; Komm. z. Bundesbauges., 1961 - Liebh.: Musik, Wassersport - Spr.: Engl.

OEDEMANN, Georg A.

Schriftsteller (Ps.: Georg Artur) - Albstr. 107, 7410 Reutlingen - Geb. 24. Febr. 1901 Hohenstein-Ernstthal, ev., verh. m. Gertrud, geb. Rüprich - Zul. städt. Angest. - BV: u. a. Wir schmelzen d. Eisen, 1938; Glückauf, Kumpel, 1938; Eldorado, 1954; D. Spielzeugschnitzer, 1954; Wolf d. Meere, 1957; Unternehmen Atlantic, 1958; D. Goldstr., 1959; D. Kinder d. silb. Berge, 1960; Sie sind d. Herz Berlins, R. 1962. Herausg.: Dt. Arbeiterdichter, 1951 - 1937 Dichterpreis Schneeberg - Urgroßv.: Seyfert, Arbeiterastronom Hohenstein (Verf.: Copernikus u. d. tellurian. Weltsystem).

OEDIGER, Friedrich-Wilhelm

Dr. phil., Prof., Ltd. Staatsarchivdirektor a. D. - Kanzlei 49, 4005 Meerbusch 1 (T. 28 17) - Geb. 9. Mai 1907 Hüls (Vater: Wilhelm O., Apotheker; Mutter: Josefine, geb. Kehren), kath., verh. s. 1935 m. Agnes, geb. Heringer († 1985) - Univ. Freiburg, Münster, Tübingen, Berlin (auch Inst. f. Archivwiss.). Promot. 1929 Tübingen - 1934-72 Staatsarchiv Düsseldorf (1938 Staatsarchiv-, 1952 Oberstaatsarchivrat, 1953 Staatsarchivdir.) - BV: Schriften d. Arnold Heymerick, 1939; Üb. d. Bildung d. Geistl. im späteren Mittelalter, 1953; D. Regesten d. Erzbischofs v. Köln, I 1954/58; D. Staatsarchiv D'dorf u. s. Bestände, I-II, IV-V, VIII 1957-74; D. älteste Totenb. d. Stiftes Xanten, 1958; D. älteste Ordinarius ebd., 1963; Zwei Briefbücher 1469-84, 1506-12 ebd., 1979; D. Gesch. d. Erzbistums Köln, 1 (-1191), 1964, 2. A. 1971; D. Erzdiözese Köln um 1300, 2 Bde. 1967/69; V. Leben a. Niederrhein, Aufsätze ..., 1973; Der Liber quondam notarii (W. Ysbrandi de Clivis, 1362-1446), 1978; D. Einkünfteverzeich. d. Grafen Dietr. v. Kleve 1319, I u. II, 1982; D. Wachszinspflichtigen d. Stiftes Xanten (zus. m. Klaus van Eickels), 1991 - 1964 Prof.-Titel; 1973 BVK I. Kl.

OEFF, Karl

Dr. med., Prof., Wiss. Rat Nuklearmed. Abt. Med. Univ.skliniken Berlin (Freie Univ.) - Karwendelstr. 42, 1000 Berlin 45 (T. 832 46 15) - Geb. 13. Jan. 1921 Hamberge/Meckl. - S. 1959 (Habil.) Lehrtätigk. FU Berlin (1965 apl. Prof.). Veröff. z. Nuklearmed.

OEFNER, Claus

Musikwissenschaftler, Direktor d. Bachhauses Eisenach - Beethovenstr. 15, O-5900 Eisenach (T. 7 27 47) - Geb. 26. Mai 1938, ev., verh. - Schulmusik Weimar; Stud. Musikwiss. Halle/S.; Promot. Dr. phil. 1975 Halle/S - 1960-90 Schulmusiker u. Musikdramat. Eisenach - BV: Arb. z. Eisenacher Musikgesch. (Bach, Telemann).

OEFTERING, Heinz-Maria

Dr. jur., Dr.-Ing., E. h., Prof., Bundesbahnpräsident a. D., VRspräs. Dt. Bundesbahn a. D., ARsvors. Dt. Verkehrs-Kredit-Bank AG., Berlin/Frankfurt, a. D., u. a. - Bernusstr. 22, 6000 Frankfurt/M. (T. Büro 26 51) - Geb. 31. Aug. 1903 München (Vater: Prof. Michael O.; Mutter: Ida, geb. Rattenhuber), verh. s. 1930 m. Irmy, geb. Hugel - Gymn. München; Univ. ebd. u. Heidelberg - 1932-34 Regierungsass. u. -rat Reichsfinanzhof, München, 1935-45 Reg.s- u. Oberreg.srat Reichsfinanzmin., Berlin, 1945-50 Präs. Rechnungshof Rhld.-Pfalz, Speyer (b. 1949 Vors. Berat. Finanzaussch. Militärreg. f. d. franz. Besatzungszone), 1950-57 Ministerialdir. (ständ. Vertr. d. Staatssekr.) Bundesfinanzmin., Bonn (Leit. Abt. II), 1957-72 I. Präs. Dt. Bundesbahn. 1948 ff. Honorarprof. Hochsch. f. Verw.swiss. Speyer u. Univ. Mainz (Steuerrecht). 1958-60 Präs. Intern. Eisenbahnverb. (UIC), Paris (erster Deutscher) - BV: D. Kl. Stadt u. ihr Bahnhof, 1965. Zahlr. Veröff. üb. Steuern u. Finanzen; Kommentare z. Lohn- u. Gewerbesteuer - 1965 Ehrendoktor TU Berlin; 1964 Offz.smed., 1971 Kdr. Franz. Ehrenlegion; 1966 Großoffz.skreuz belg. Orden Leopold II.; 1963 Gr. BVK m. Stern u. Schulterbd., 1971 Gr. Silb. Ehrenz. Rep. Österr.; 1968 Gold. Bürgermed. München u. a. hohe Orden - Liebh.: Musik, Modelleisenbahn, Publizistik.

OEHL, Wilhelm

Dr. phil., Prof., Hochschullehrer (entpfl.) - Olpketalstr. 23, 4600 Dortmund-Kirchhörde (T. 73 41 43) - Geb. 4. März 1904 Altweidelbach/Hunsrück - Schuldst. u. -verw.; Lehrerbild. (1959 o. Prof. PH Dortmund bzw. Ruhr/Abt. Dortmund; Mathematik u. Didaktik d. Rechenunterr.) - BV: V. d. Arbeit m. Dingmengen z. Zahlenrechnen, 5. A. 1968; D. Rechenunterr. in d. Grundschule, 10. A. 1976; D. Rechenunterr. in d. Hauptschule, 6. A. 1976. Herausg. Unterrichtswerk Die Welt der Zahl (s. 1952).

OEHLER, Christoph

Dr. phil., Prof. f. Soziologie u. empirische Bildungsforschung GH-Univ. Kassel, Honorarprof. Univ. Frankfurt - Magazinstr. 2, 3500 Kassel (T. 0561 - 87 55 57) - Geb. 7. Mai 1928, S. Nils Thomas - Stud. Phil. u. Soziol. Univ. Frankfurt; Promot. 1956 - Assist. Inst. f. Sozialforschung, Frankfurt; Ref. u. Abteilungsleit. Hochschulverw. - BV: Student u. Polit. (m. a.), 1961; Hochschulentwicklungsplanung, 1975; Studienplanung u. Studienreform, 1978; Forschungstransfer u. Ges., 1987; Hochschulentw. in d. BRD s. 1945, 1989 - Spr.: Engl., Griech., Lat. - Bek. Vorf.: Friedrich Nietzsche (Urgroßonkel vs.).

OEHLER, Dietrich

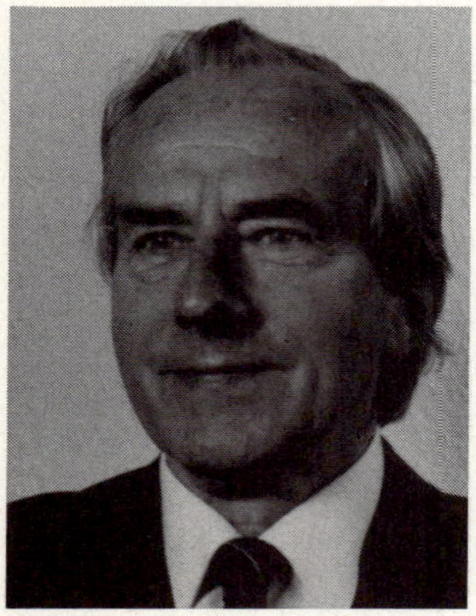

Dr. jur., em. o. Prof. f. Strafrecht, -prozeßrecht, Intern. u. Ausl. Strafrecht, Ev. Kirchenrecht - Franz-Seiwert-Str. 25, 5000 Köln 41 (T. 48 69 96) - Geb. 4. Okt. 1915 Görlitz/Schles. (Vater: Prof. Dr. phil. Hans O.; Mutter: geb. Miser), ev., verh. s. 1948 m. Margot, geb. Mezger (†), wiederverh. s. 1976 m. Dr. rer. pol. Emmy-Margarete, geb. Dehne, 3 Kd. (Bodo, Verena, Gesine) - Promot. 1939; Habil. 1949 - 1949 Privatdoz. Univ. Münster, 1951 ao., 1954 o. Prof. FU Berlin (1957/58 Dekan Jurist. Fak.), 1961 Univ. Köln (Dir. Kriminalwiss. u. Rundfunkrechtl. Inst.; 1966-68 Dekan) - BV: D. Irrtum üb. d. Grundl. d. Vertrages im dt. u. schweiz. Recht in rechtsvergl. Darstell., 1939; Wurzel, Wandel u. Wert d. strafrechtl. Legalordnung, 1950; D. objektive Zweckmoment in d. rechtswidr. Handlung, 1959; Gutachten z. Juristenausbild., 1970 (48. Dt. Juristentag); Intern. Strafrecht, 2. A. 1982; D. Entwickl. d. strafrechtl. Bestimmungen d. intern. Verträge, in: Festschr. f. Karl Carstens, 1984; D. Entstehung d. strafrechtl. Inquisitionsprozesses, Gedächtnisschr. f. Hilde Kaufmann, 1986; Kronzeugen etc., Ztschr. f. Rechtspolitik 1987. Div. Festschriftbeiträge u. Fachzeitschriftaufsätze. Mithrsg.: Schriftenreihe Rundfunkrechtl. Inst. Köln; Japan. Recht; Kölner Stud. z. Rechtsvereinheitlichung - Ehrenmitgl. Jap. Strafrechtl. Ges.; ao. Mitgl. jap. Rechtsvergl. Ges.; Corr. member Canadian Inter-Americ. Research Inst. Montreal, Quebec; Rapporteur Intern. Criminal Law Comm. d. Intern. Law Assoc.; Rappresent. Pres. della Commiss. scientifica d. Centro Intern. di Ricerche e Studi Sociolog., Penali e Penitenziari, Messina - Lit.: Festschr. f. D. Oehler, 1985 (hg. v. R. D. Herzberg) Bek. Vorf.: Großv. vs. war Bruder d. Mutter Friedrich Nietzsches.

OEHLER, Dolf

Dr. phil., Hochschullehrer, Literaturkritiker - Stud. Roman., German. u. Phil. Univ. Frankfurt u. Tübingen; Promot. 1973, Habil 1987 Frankfurt - 1977-83 Doz. u. Prof. Univ. Frankfurt; 1985-88 Prof. Associé Univ. Orléans; 1988/89 Gastprof. Univ. Paris VIII u. Trier - BV: Pariser Bilder 1 (1830-1848). Antibourgeoise Ästhetik b. Baudelaire, Daumier u. Heine, 1979; E. Höllensturz d. alten Welt. Z. Selbsterforsch. d. lit. Moderne, 1988.

OEHLER, Gerhard

Dr.-Ing. (habil.), Prof., Wiss. Mitarb. Forschungsges. Blechverarbeitung, Düsseldorf - Seebacher Str. 48, 6702 Bad Dürkheim (T. 34 04) - Geb. 30. Mai 1900 Dresden (Vater: Willibald O., Anwalt; Mutter: Gertrud, geb. v. Petrikowska), konfessionsl., verh. 1959 m. Anna-Maria, geb. Dziemba - TH Karlsruhe u. Dresden (Maschinenbau). Promot. (1925) u. Habil. (1936) Dresden - Industrietätigk.; S. 1952 apl. Prof. TH Hannover (Blechverarb.) - BV: Gestaltung gezogener Blechteile, 2. A. 1966; Blech u. s. Prüfung, 1953; Plechy a jejich zkouseni, 1958 (Prag); Blech- u. Kunststoffkonstruktionen, 1972; Schnitt-, Stanz- u. Ziehwerkzeuge, 6. A. 1973; Hydraul. Pressen, 1961 - Bek. Vorf.: David Friedrich Oe., Begr. sächs. Textilind. (Ururgroßv.).

OEHLER, Hans Albrecht

Philologe - Desiderius Lenz-Str. 3, 7452 Haigerloch - Geb. 5. Dez. 1926 Basel (Schweiz) - 1945-50 Univ. Tübingen (German., Angl., Gesch.) - 1956-59 Ref. Zentralverw. Goethe-Inst. München; 1959-90 Inst.-Leit. Tokyo, Marseille, Athen, Lissabon - Spr.: Engl., Franz., Portug., Neugriech., Jap.

OEHLER, Klaus

Dr. phil., em. o. Prof. f. Philosophie, ehem. Dir. des Phil. Seminars d. Univ. Hamburg - Büngerweg 5, 2000 Hamburg 52 (T. 82 95 65) - Geb. 31. Aug. 1928 Solingen (Vater: Herbert Oe., Zahnarzt; Mutter: Else, geb. Klostermann), ev., verh. s. 1961 m. Christine, geb. Linnemann, 3 Kd. (Livia, Elisabeth, Christian) - Stud. Philos. u. Klass. Philol. Promot. 1953 Tübingen; 1954 Lehrauftr. Univ. Marburg; Habil. 1960 Hamburg; 1961-63 Harvard Univ.; 1968 o. Prof. Univ. Hamburg; 1968 Ruf Univ. Mainz (abgelehnt). 1973/74 Member Inst. for Advanced Study in Princeton, N. J.; Member Inst. for Studies in Pragmatism an der Texas Tech. Univ. Korr. Mitgl. Athener Akad. Member Advisory Board Peirce Edition Project, Indiana University, Indianapolis; Mitgl. Joachim Jungius-Ges. d. Wiss., Hamburg - BV: D. Lehre v. Noet. u. Dianoet. Denken b. Platon u. Aristoteles, 1962, 2. A. 1985; Antike Philos., 1969. Kommentar: Peirce, Üb. d. Klarheit uns. Gedanken (1968, 3. A. 1985); James, D. Pragmatismus (1977); D. Unbewegte Beweger d. Aristoteles, 1984; Komment. z. Kategorienschr. d. Aristoteles, 1984, 2. A. 1986. Herausg.: Zeichen u. Realität, 3 Bde., 1984. Mithrsg.: Festschr. f. Gerhard Krüger (1962); Semiosis (1976); Zeitschr. f. Semiotik (1979); D. Welt als Zeichen. Klassiker d. modernen Semiotik, 1981 (engl.: Classics of Semiotics, 1987); Beitr. in Festschr. f. G. Krüger (1962), C. F. v. Weizsäcker (1973), M. Bense (1985, 1990), E. Moutsopoulos (1990), E. Walther-Bense (1992) - Mitgl. Dt. Ges. f. Semiotik (Präs. 1981); The Peirce Society (Präs. 1982); Mommsen-Ges.; Semiotic Soc. of America; Americ. Philos. Assoc. - Lit.: Gedankenzeichen. Festschr. f. K. Oe. z. 60. Geb. (hg. v. R. Claussen, R. Daube-Schackat, 1988) - Spr.: Engl., Franz., Griech.

OEHLERT, Günther

Dr. med., Prof., Chefarzt Frauenklinik - Stadtkrankenhaus, 6450 Hanau/M. (T. 29 69) - Geb. 4. April 1923 Königsberg/Pr. - S. 1957 (Habil.) Privatdoz. u. apl. Prof. (1962) Univ. Gießen (Geburtshilfe u. Gynäk.); 1982-84 Präs. Dt. Ges. f. Gynäk. u. Geburtshilfe - BV (m. Richard Kepp): Blutbildung u. -umsatz b. Feten u. Neugeborenen, 1962; Aktuelle Probleme d. Morbus haemolyticus neonatorum, 1963. Viele Einzelarb. u. Vortr.

OEHLERT, Wolfgang

Dr. med., Prof. Gemeinsch.praxis f. Pathologie, Freiburg - Höllentalstr. 1, 7815 Kirchzarten/Br. (T. 54 13) - Geb. 9. April 1922 Leipzig - S. 1960 (Habil.) Lehrtätigk. Univ. Freiburg (1966 apl. Prof. f. Allg. Pathol. u. pathol. Anat.). Üb. 200 Fachveröff., Mitarbeit an Lehru. Fachb. - Klin. Pathol. d. Magen-Darmtraktes. Schattauer-Verlag 1978.

OEHLSCHLÄGEL, Hans Ulrich

Rechtsanwalt, Oberbürgermeister a. D. - Am Pfalzmäuerchen 11, 6507 Ingelheim (T. 7 34 22) - Geb. 11. Mai 1930 Meißen (Vater: Hans Oe.; Mutter: Ulrike, geb. Vesper), ev., verw. s. 1975, 3 Kd. (Anselm, Ulrike, Caspar) - Gymn. (b. 1945; Sonderhochsch.reife f. Landw.); Stud. 1954-55 Gießen (Landw., Volksw.); Nicht-Schüler-Hochsch.reife (1955) Darmstadt; Stud. 1955-58 Frankfurt, Freiburg/Br., Mainz (Rechtswiss.). Staatsex. 1958 u. 62 Mainz - 1963-66 Stadtrechtsrat Zweibrücken, b. 1976 Oberbürgerm. Ingelheim - Ehrenbürger Stadt Autun/Burgund - Liebh.: Polit., Reisen - Spr.: Engl.

OEHME, Johannes

Dr. med., Prof., Chefarzt Städt. Kinderklinik Braunschweig (1964-81) - Am Schiefen Berg 28, 3340 Wolfenbüttel (T. 7 33 06) - Geb. 3. Sept. 1915 Leipzig, ev., verh. (Ehefr.: geb. Klinkhardt) - Promot. 1945; Habil. 1954. S. 1954 Lehrtätigk. Univ. Leipzig u. Marburg (1956); 1961 apl. Prof. - BV: Lues connata, 2. A. 1957 (Leipzig); Pathologie u. Klinik d. Cytomegalie, m. G. Seifert 1957 (Leipzig); Krebs bei Kd. u. Jugendl. (m. P. Gutjahr), 1981 (Köln); Pädiatrie im 18. Jh. Doc. Paed. 12, 1985; Med. in d. Zeit d. Aufklärung Doc. Paed. 13, 1986; D. Kind im 18. Jh. Doc. Paed. 16, 1988. Üb. 200 Einzelveröff. - 1972 korr. Mitgl. Schweizer. u. Österr. Ges. f. Pädiatrie; 1977 Ehrenmitgl. Dtsch. u. NVD sowie Sächs.-Thür. Ges. Kinderheilkd.; Bergmann-Plak.

OEHME, Peter

Schauspieler - Wohnh. in Thalwil am Zürichsee; zu erreichen üb. Komödie Düsseldorf - Geb. 11. Jan. 1920 Dresden, T. Franziska - Human. Abit.; 2 J. Schauspielsch. - 1943-49 Städt. Bühnen Leipzig; 1956-68 Schauspielhaus Zürich; danach freisch. Klass. u. mod. Rollen am Theater, b. Funk u. Fernsehen. Führt auch oft Regie.

OEHME, Wolfgang

Dipl.-Volksw., Senator E. h., Aufsichtsratsvorsitzender Esso AG, Hamburg - Kapstadtring 2, 2000 Hamburg 60 - Geb. 21. April 1923 Dresden - AR Dt. Unilever Hamburg, Mannesmann AG Düsseldorf, Otto Reichelt GmbH, Berlin; AR-Vors. Sächsische Olefinwerke AG, Böhlen; Beirat Hapag Lloyd AG u. Hermes Kreditversich. AG, bde. Hamburg; Kuratorium Übersee-Club, Hamburg; Kurat.-Mitgl. Dt. Museum München, Ges. z. Förderung d. Unternehmernachwuchses Köln; VR Dresdner Bank AG Frankfurt.

OEHMEN, Hans-Heinz

Dr.-Ing., em. Prof. Inst. f. Fördertechnik u. Bergwerksmaschinen Univ. Hannover (s. 1969) - Quantelholz 8, 3000 Hannover 21 (Marienwerder) (T. 0511 - 79 11 94) - Geb. 1. Mai 1918.

OEHMICHEN, Manfred

Dr. med., Prof. f. Rechtsmedizin Univ. Lübeck, Arzt - Zu erreichen üb. Inst. f. Rechtsmedizin, Univ. Lübeck, Kahlhorststr. 31-35, 2400 Lübeck - Geb. 18. Mai 1939 Görlitz (Vater: Heinz O., Dipl.-Landw.; Mutter: Marga, geb. Jahns), ev., verh. s. 1968 - 1959-66 Med.-Stud. Univ. Göttingen u. Homburg (Staatsex. 1966, Promot. 1967), Habil. 1977 Univ. Tübingen - 1969-77 Inst. f. Hirnforsch. Univ. Tübingen; 1977-81 Inst. f. Gerichtl. Med. ebd.; 1981-90 Inst. f. Rechtsmed. Univ. Köln; s. 1990 Inst. f. Rechtsmed. Med. Univ. Lübeck - BV: Cerebrospinal Fluid Cytology, 1976; Mononuclear Phagocytes in the Central Nervous System, 1978; D. Wundheilung, 1990. Herausg.: Rechtsmedizinische Forschungsergebnisse (1991); Rechtsmedizin in Deutschland Ost u. West (1991); Drogenabhängigkeit (1992).

OEHMIG, Heinz

Dr. med. (habil.), Prof. f. Anaesthesie - Schützenstr. 9, 7570 Baden-Baden (T. 07221-27 10 01) - Geb. 30. Okt. 1919 Baden-Baden (Vater: Rudolf O., Kaufm.; Mutter: Olga, geb. Jaeger), ev., verh. m. Dr. med. Rose, geb. Strominger - Oberrealsch. Baden-Baden; Univ. Freiburg, München, Heidelberg (Med. Staatsex. u. Promot.). Habil. Marburg - S. 1965 ao. (1967 pers. Ord.) u. o. Prof. (1969) Univ. Marburg (Dir. Anaesthesie-Zentrum), 1977 Chefarzt Inst. f. Anästhesiol. u. Intensivmed. Stadtklinik Baden-Baden. Facharb. - Liebh.: Musik, Astronomie, Modelleisenbahn, Fotogr. - Spr.: Engl.

OEHMKE, Hans-Joachim

Dr. med., Prof. f. Anatomie Univ. Gießen (s. 1973; 1974-88 Prodekan Med. Fak.) - Frankfurter Str. 57, 6300 Giessen (T. 7 76 25) - Geb. 13. Sept. 1934 Angermünde (Vater: Erich O., Schlosserm.; Mutter: Helene, geb. Berndt), ev., verh. s. 1959 (Ehefr.: Gabriele), 3 Kd. (Matthias, Stephan, Frank) - Stud. Humboldt-Univ. Berlin; Staatsex. 1958; Promot. 1959; Habil. 1972 Gießen - 1959-60 Wiss. Assist. Anatom. Inst. Humboldt-Univ. 1962-66 Anat. Inst. u. Univ.-Frauenkl. Marburg/L.; s. 1967 Anat. Inst. Univ. Gießen, s. 1979 Abt.Leit. f. Exper. Zahnheilkd. u. Oralbiol. Zentrum f. Zahn-, Mund- u. Kieferheilkd. Univ. Gießen. Mitgl. in- u. ausl. Fachges.

OEHMS, Wolfgang

Domorganist - Lindenstr. 34, 5500 Trier - Geb. 24. Okt. 1932 Saffig/Eifel (Vater: Kaspar O., Organist u. Musiklehrer; Mutter: Maria, geb. Stölben), kath., verh. s. 1958 m. Anita, geb. Gehlen, 4 Kd. (Marianne, Barbara, Susanne, Gregor) - Musikhochsch. Köln (Kath. Kirchenmusik); Prof. Josef Zimmermann ebd. (Orgel) - 1953-59 Kantor Stiftskirche Bonn; s. 1959 Organist Dom Trier; Orgelsachverständiger; Rundfunk- u. Schallplatten-Aufn.; Konzerte in europ. u. asiat. Ländern - BV: Mit Händen u. Füßen - Memorabilien e. Organisten, 1988; Mit Manual u. Pfeifen - Neue Memorabilien e. Organisten, 1989; Vox coelestis - E. etwas anderes Orgelbüchlein, 1992.

OEHMS, Wolfgang

Geschäftsführer im Verb. Dt. Sporttaucher (1975-92) - Islandstr. 30, 2000 Hamburg 73 (T. 040 - 678 49 92) - Geb. 7. Nov. 1946 Hamburg, verh. s. 1976 m. Renate, geb. Oetzmann - Ab 1992 Geschäftsf. im TUS Alstertal e.V. Hamburg - Spr.: Engl.

OEHRLEIN, Werner

Gf. Gesellschafter Dr. Grupe Außenwerbung GmbH Hamburg - Leuchtfeuerstieg 14, 2000 Hamburg 56 (040 - 81 77 24) - Geb. 26. Mai 1919 Hamburg (Vater: Luis O., Innenarch.; Mutter: Anna, geb. Laudon), ev., verh. in 3. Ehe (1964) m. Karin, geb. Schwabach, 2 Kd. (Oliver, Sascha) - Spr.: Engl., Franz. - Bek. Vorf. ms.: Gideon Frhr. v. Laudon, österr. Feldmarschall (1717-90).

OEL, Heribert J.

Dr. rer. nat., o. Prof. u. Vorst. Inst. f. Werkstoffwissenschaften III (Keramik/Glas) Univ. Erlangen-Nürnberg/Techn. Fakultät (s. 1968) - Lange Zeile Nr. 112, 8520 Erlangen (T. 5 22 12) - Geb. 14. Mai 1925 Drewer/W. (Vater: Josef O., Lehrer), verh. s. 1954 m. Lieselotte, geb. Kohlhauer, Tochter - Habil. 1964 Würzburg - 1964ff. Abt.leit. Max-Planck-Inst. f. Silikatforsch. AR-Mitgl. Hoechst CeramTec AG. Üb. 100 Fachaufs. - D. Sc. h.c. (Alfred University).

OELKE, Hans

Dr. rer. nat., Prof., Arbeitsgr. Ornitho-Ökologie, Naturschutz - 1. Zool. Inst., Univ. Göttingen, Berliner Str. 28, 3400 Göttingen - Geb. 9. Nov. 1936 Peine, verh. s. 1965 m. Heidi, geb. Auringer, 2 S. (Christoph, Matthias) - 1957-63 Stud. Univ. Göttingen, Innsbruck (Zoologie, Botanik, Chemie, Geogr.), Promot. (Zoologie) 1963 Göttingen; Habil. 1971 Göttingen - 1966-67 post-doc fellowship Dept. Zoology, Duke Univ., Durham N.C., USA; 1970-71 Utah State Univ. (Antarctic Res. Progr.); 1971-73 Kustos Nieders. Landesmuseum Abt. Naturkunde; 1971 apl. Prof. Göttingen - Herausg.: Beitr. z. Naturkd. Nieders. (1973ff.). Mithrsg.: Ztschr. Die Vogelwelt; Co-Autor: Grundriß d. Vogelzugskd., Prakt. Vogelkd., Markierungsmeth. f. Vögel, Federbestimmungssch. - 1958 Hörlein-Preis Dt. Biologen-Verb.

OELKERS, Jürgen
Dr. phil., o. Prof. f. Allg. Pädagogik Univ. Bern (s. 1987) - Trogmattweg 18, CH-3506 Grosshöchstetten - Geb. 21. März 1947 Buxtehude/Landkr. Stade, ev., verh. s. 1983 m. Lavinia, geb. Cyrol, 3 Söhne (Jakob, Jan-Philipp, Jonathan) - 1968-75 Stud. German., Gesch. u. Erziehungswiss. Univ. Hamburg; 1. Staatsprüf. f. d. Lehramt an Haupt- u. Realsch. 1973; Promot. 1975 - 1976-79 Wiss. Assist. chem. PH Rheinl./Abt. Köln; 1979-87 Prof. f. Allg. Pädagogik Hochsch. Lüneburg (1983-85 Rektor ebd.). S. 1985 Mitherausg. d. Ztschr. f. Päd, s. 1990 verantw. Schriftleit.; 1986-90 Vors. Komiss. Bildungs- u. Erzieh.phil. DGfE - BV: D. Vermittlung zw. Theorie u. Praxis in d. Päd., 1976; Antipäd. - Herausforderung u. Kritik, 2. A. 1990 (m. Th. Lehmann); Erziehen u. Unterr. - Grundbegr. d. Päd. in analyt. Sicht, 1985; Reformpädagogik - e. krit. Dogmengesch., 1989; D. große Aspiration - Z. Konst. d. Erzieh.wiss. im 19. Jh., 1989 - Liebh.: Barockmusik, Sammlung antiquar. Bücher - Spr.: Engl., Franz.

OELLER, Helmut
Dr. phil., Prof. u. Präsident Hochsch. f. Fernsehen u. Film, München (1984ff.) - 8193 Ammerland-Wimpasing/Obb. (T. 089 - 68 00 04-91) - Geb. 19. Okt. 1922 Würzburg - Stud. German., Gesch., Phil. B. 1971 Dir. Studienprogramm, dann Fernsehdir. Bayer. Rundfunk - 1971 Bayer. VO; 1984 u. 1985 Bayer. Verfassungsmed. in Silber; 1984 Gr. BVK - Spr.: Engl., Franz. - Rotarier.

OELLERS, Norbert
Dr., Prof. f. Literaturwissenschaft - Rüdigerstr. 14, 5300 Bonn 2 (T. 0228 - 34 57 74) - Geb. 8. Okt. 1936 Ratingen (Vater: Werner O., Schriftst.; Mutter: Susanne, geb. Beck), kath.-ev. s. 1964 m. Marlies, geb. Rengier, 2 Söhne (Christoph, Michael) - Gymn. Ratingen. Univ. Köln, München, Bonn (German., Gesch., Phil.), Promot. 1965 Bonn, Habil. 1973 Bonn - S. 1975 Prof. f. Neuere dt. Lit.gesch. Bonn, s. 1978 Hrsgb. Schiller-Nationalausg., 1987-91 1. Vors. d. Dt. Germanistenverb.- BV: Schiller - Gesch. s. Wirkung b. z. Goethes Tod, 1967; Schiller - Zeitgen. aller Epochen, 2 Bde., 1970-76; 7 Bde. d. Schiller-Nationalausg., 1969-91; Einf. in d. neuere dt. Lit.wiss., 1976 (zus. m. D. Gutzen u. Jürgen H. Petersen); Abhandl. z. dt. Lit. d. 18.-20. Jh. - Liebh.: Beschäftig. m. Kunst (Lit., Theater, Musik) - Spr.: Engl., Franz., Lat.

OELMANN, Hermann-Josef
Dr. rer. pol., Mitglied d. Geschäftsf. Waggon Union GmbH. a. D., Berlin u. Siegen (s. 1972) - Caspar-Theyß-Str. 14a, 1000 Berlin 33 - Geb. 28. Febr. 1915 Westerholt i. Westf., kath., verh. s. 1950 m. Marga, geb. Queck, 3 Kd. (Klaus, Ursula, Hans-Georg) - Univ. Bonn (Promot. 1949) - 2 J. Wirtschaftsprüfer; 5 J. elektrotechn. Ind., 10 J. Vorst. e. AG., Geschäftsf. e. GmbH.

OELMANN, Hubertus
Dipl.-Ing., Beigeordneter d. Stadt Köln, Tiefbau-Dezernent - Sinziger Str. 43, 5000 Köln 51 (T. 0221 - 34 17 97) - Geb. 16. März 1941 Haltern/W., verh. s. 1967 m. Ursula, geb. Czichy, 2 Kd. (Mark, Franka) - Dipl. 1969 RWTH Aachen, 2. Staatsex. 1972 Frankfurt - 1969-75 Straßenverw. Rhld.-Pfalz; 1975-79 Planungsdezern. Kr. Ahrweiler; 1979-85 Dezern. f. Bau u. Umwelt Erftkreis - Spr.: Engl., Franz.

OELMÜLLER, Willi
Dr. phil., Prof. f. Philosophie - Dechaneistr. 4, 4400 Münster/W. (T. 3 42 20) - Geb. 16. Febr. 1930 Dorsten/W., kath., verh. m. Ruth, geb. Dölle, 3 Kd. (Ralf, Judith, Anja) - Univ. Münster (Phil., German., Gesch., Päd.). Promot. (1956) u. Habil. (1967) Münster - 1957-62 höh. Schuldst.; 1962-65 Studienrat Hochschuldst.; 1965-80 o. Prof. Univ.-Gesamthochsch. Paderborn (Phil.); s. 1980 Ruhr-Univ. Bochum, 1967-81 Lehrbeauftr. Univ. Münster - BV: Friedrich Theodor v. Vischer u. d. Problem d. nachhegelschen Ästhetik, 1959; D. unbefriedigte Aufklärung, 1969; Was ist heute Aufklärung?, 1972; Prakt. Phil. im Prozeß d. Aufkl., 1972; Wozu noch Gesch.?, 1976; Weiterentw. d. Marxismus, 1977; Phil. Arbeitsbücher Bd. 1-10, 1977ff. (ersch. Bd. 1-8, 1977-91); Materialien z. Normendiskussion Bd. 1-3, 1978-79; Kunst u. Phil. Bd. 1-3 (ersch.: Ästhet. Erfahrung, 1981; Ästhet. Schein, 1982; Kunstwerk, 1983); Relig. u. Phil., Bd. 1-3 (ersch. Wiederkehr v. Relig.?, 1984; Wahrheitsansprüche d. Religionen heute, 1986; Leiden, 1986); Metaphysik heute?, 1987; Phil. u. Wiss., 1988; Phil. u. Weisheit, 1989; Theodizee - Gott vor Gericht?, 1990; Worüber man nicht schweigen kann, 1992. Mithrsg.: Histor. Wörterb. d. Phil., u. a.

OELSCHLÄGEL, Dieter
Univ.-Prof. - Elisenstr. 1, 4220 Dinslaken (T. 02134 - 3 69 90) - Geb. 13. Jan. 1939 Chemnitz/Sachsen, ev., verh. - Stud. Med. (1957-59) u. Päd. (1964-70) - Dipl.-Päd. - 1974-80 u. s. 1988 Vors. Verb. f. sozial-kulturelle Arb. in Dtschl. - BV: Jahrb. 1-3 zur Gemeinwesenarbeit - Liebh.: Sozialgesch., Sonderspr., Blues.

OELSCHLÄGER, Herbert A. H.

Dr. rer. nat., Dr. h. c. mult., em. o. Prof. f. Pharmazeut. Chemie - Wilhelm-Hauff-Str. 6, 6000 Frankfurt/M.; Billstedter Hauptstr. 82, 2000 Hamburg 74 (T. 732 73 35) - Geb. 18. Mai 1921 Bremen, ev., verh. s. 1951 m. Inge, geb. Lapp, 4 Kd. - Gymn. Bremen (Olbers); Univ. Hamburg. Promot. (1952) u. Habil. (1957) Hamburg - 1957 Privatdoz. Univ. Hamburg, 1963 ao. (Pharmazie), 1965 o. Prof. Univ. Frankfurt (Dir. Inst. f. Pharm. Chemie). Mitgl. Kurat. Dt. Arzneiprüfungs-Inst. München (1967), DAC-Kommission (Dt. Arzneimittel-Codex) 1968; Wiss. Beirat Bundesapothekerkammer (1971-86); Sachverst. f. Arzneim.-Synthese, -Analytik und Pharmakokinetik IHK Frankfurt/M. (1974); Mitgl. Wehrmed. Beirat b. Bundesverteidigungsmin. (1976); Vors. d. Akad. f. Pharmazeut. Fortbildung Hessen (1976-90); Präs. d. Dt. Pharmazeut. Ges. (1982-85); Sachverst. beim Bundesgesundheitsamt (Kommiss. B3) - Oberapotheker d. Res. Mithrsg. d. Archiv d. Pharmazie, Intern. Editorial Board Reviews of Drug Metabolism and Drug Interactions, Arzneimittel-Forsch./Drug Research. Üb. 200 Fachveröff. - 1969 korr. Mitgl. Tschechosl. Med. Ges. J. E. Purkyně; Bronzemed. Univ. Helsinki; 1981 Ehrennadel d. Dt. Apotheker; 1981 BVK I. Kl.; 1986 Ehrenmitgl. d. Tschechosl. Pharmaz. Ges.; 1986 Lesmüller-Med. d. Bundesvereinig. Dt. Apoth.vereinig. - ABDA u. d. Bundesapothekerkammer Dtschl.; 1986 korr. Mitgl. Akad. d. Wiss. u. d. Lit. Mainz; 1988 Ehrenmitgl. Ägypt. Pharmaz. Ges.; 1988 Ehrenmitgl. d. Ung. Pharmaz. Ges.; 1988 Jaroslav Heyrovský-Med. in Gold d. Tschechosl. Akad. d. Wiss.; 1990 Dr. h. c. Semmelweis-Univ. Budapest; 1990 Ehrenmitgl. d. Panhellenic Assoc. of Pharmacists; 1990 Ehrendoktor d. Univ. Regensburg; 1990 Gold. Hippokrates-Med. d. Slovak Medical Soc.; 1990 Copernicus-Med. d. Medical School d. Univ. Krakau - Spr.: Engl. - Rotarier.

OELZE, Fritz
Dr. med., Chefarzt a. D., Mitgl. Hbg. Bürgerschaft (1968-74) - Kakenhaner Grund 21, 2000 Hamburg 65 (T. 607 04 02) - Geb. 9. Mai 1923 Dahme/Mark, verh., 5 Kd. - Schule Jüterbog (Abit. 1941); 1941-45 u. 1946-50 Univ. München (Med. Staatsex. u. Promot. 1950; Diss.: Kontaktstörung u. Krankheit) - 1941-45 Wehrdst. (1945 Lt. d. R.); s. 1953 Allg. Krkhs. Ochsenzoll (1958-88 Chefarzt Abt. f. Naturheilverf.). Spez. Arb.geb.: Herz-Kreislauf, Stoffwechsel, Rehabilitation, Physikal. Med.; Freier Medizinjourn. Vorst.-Mitgl. Zentralverb. d. Ärzte f. Naturheilverfahren - BV: Herz-Kreislauferkrankungen natürlich behandeln, 1984, 2. A. 1985. Mitautor: Lehrbuch d. Naturheilverf., Bd. 1 (1986) - Mitgl. d. dt., Ehrenmitgl. d. belg. u. franz. Ärzte-Ges. f. Physikal. Med. u. Rehabilitation sowie d. gleichnamigen Europ. Akad.

ÖNNERFORS, Alf
Dr. phil., o. Prof. f. Mittellat. Philologie - Trebetastr. 3, 5500 Trier - Geb. 30. Nov. 1925 Hovmantorp/Schw. (Vater: Carl Ö., Werkm.; Mutter: Karin, geb. Widerström), o. B., verh. I) 1949 m. Ingrid, geb. Ahlen, S. Stellan, II) 1964 m. Dr. phil. Ute, geb. Michaelis, 3 Söhne (Olaf, Michael, Andreas) - Promot. u. Habil. Uppsala - 1956-63 Lehrtätigk. Univ. Uppsala u. Lund (1962); s. 1963 o. Prof. Univ. Berlin/Freie u. Köln (1970). Wiss. Abh., Textherausg. (lat.) u. Übers. - 1963 Mitgl. Wissenschafts-Sozietät Lund u. 1975 Rhein.-Westf. Akad. d. Wiss. - Spr.: Dt., Engl., Franz.

OEPEN, Heinrich
Dr. med., Prof. f. Humangenetik u. Gerontol. Univ. Marburg (Bereich Humanmed.) - Frhr.-v.-Stein-Str. 13, 3551 Wehrda.

OEPEN, Heinz
Dr. phil., Leiter Redaktion Musik I ZDF (s. 1971) - Essenheimer Landstr., 6500 Mainz-Lerchenberg (T. 7 01) - Geb. 28. Sept. 1925 Rommerskirchen, kath., verh. m. Gisela, geb. Brendel, 2 Söhne (Wolfgang, Rolf) - Realgymn. Musikhochsch. u. Univ. Köln - 1962 ff. fr. Mitarb. u. Redakt. (1961) WDR - BV: D. Kölner Musikleben 1760-1840, 1952 (Diss.).

OEPEN, Irmgard

Dr. med., Prof. am Institut f. Rechts-medizin Univ. Marburg - Wehrdaer Weg 3, 3550 Marburg - Geb. 25. Febr. 1929 - Präs. Ges. z. wiss. Unters. v. Parawiss. - BV: Leitfaden d. gerichtl.-med. Blutspuren-Untersuchung (m. F. Schleyer), 1977; An d. Grenzen d. Schulmed., 1985; Außenseitermeth. in d. Medizin (m. O. Prokop), 1986.

OERTEL, Burkhart

Dr. rer. nat., Dipl.-Phys., Prof. Univ. d. Bundeswehr München - Brunhildenstr. 4B, 8014 Neubiberg (T. 089 - 601 53 16) - Geb. 27. Dez. 1940 Stuhm/Westpr. (Vater: Egon O., Geneal.; Mutter: Margarete, geb. Wittek), ev., verh. s. 1966 m. Heide-Marie, geb. Hoeptner, 3 Töcht. (Daniela, Cordula, Amalinda) - 1961-67 Univ. Kiel, Tübingen u. Hamburg; Dipl. Phys. 1967 Kiel, Promot. 1970 ebd. - 1971 Wiss. Oberrat; 1979 Prof. Wiss. Beirat in versch. Org. - BV: Physik f. Bauing., 1976; Reihe Dt. Ortssippenbücher: Altensteigdorf 1620-1808, 1979, Nebringen 1558-1980, 1980, Gaildorf 1610-1870, 1981, Tailfingen 1558-1982, 1982, Bondorf 1562-1983, 1983, Berneck & Überberg 1662-1983, 1983, Mötzingen 1560-1984, 1984, Münster/Unterrot 1610-1920, 1986, Assamstadt 1669-1945, 1986, Altensteig Stadt 1660-1910, 1987, Walddorf 1616-1933, 1988, Nagold 1 1560-1910, 1991; Oberschwandorf 1650-1930, 1992 - 1984 Med. Pro Merito Genealogiae - Liebh.: Geneal., Forsch. f. öfftl. u. priv. Interessenten - Spr.: Engl., Lat.

OERTEL, Ferdinand
Dr. phil., Chefredakteur u. Autor - Sperberweg 30, 5100 Aachen (T. 02408 - 88 25) - Geb. 24. Okt. 1927, kath., verh. s. 1956, 3 Kd. - Stud. Amerikanistik, Anglistik, German. u. Kunstgesch. in Köln u. St. Louis (USA) - 1970-79 Vors. Arbeitsgem. Kath. Presse, 1974-80 Präs.; b. 1987 Vize-Präs., sd. Sekr. d. Intern. Föderation d. Kirchenpresse; s. 1971 Ratsmitgl. d. Weltunion d. Kath. Presse (UCIP) - BV: Romane: Jugend im Feuerofen; Weit war d. Weg (auch franz.); Kurzgesch.: Dabeisein ist alles; Miß-Erfolge (auch ital.); Herr im Haus sind unsere Kinder; Kleiner Mann wächst heran; Ach du liebe Familie; Der Familienratgeber (auch ital.); 50 ist doch kein Alter - Ritter d. Päpst. Gregoriusordens; BVK; Catholic Press Award; Israel. Ehrenplak.; Ehrenmitgl. UCIP.

OERTER, Georg W.
Dipl.-Kfm., Vorstandsmitglied Cyklop International AG - Auf dem Stumpelrott 12, 5000 Köln 50 (T. 0221 - 35 31 44) - Geb. 2. Febr. 1927 Petricken/Ostpr. - Management Consultant.

OERTER, Rolf
Dr. phil., Prof. f. Psych. Univ. München (s. 1981) - Rehkemperstr. 4, 8000 München 60 (T. 089 - 811 23 90) - Geb. 27. Juni 1931 Würzburg, verh., 2 Kd. - 1. u. 2. Lehramtsprüf., Dipl.-Psych. (1960), Promotion (1963), Habil. (1969 Würzburg). 1963-68 Wiss. Assist. Päd. Hochsch. München, 1969-73 o. Prof.

Psych. Päd. Hochsch., 1973-81 Univ. Augsburg, s. 1981 Univ. München - BV: Mod. Entwicklungspsychol., 1967, 20. A. 1984 (ital. 1974; span. 1975); Struktur u. Wandlung v. Werthalt., 1970; Psychol. d. Denkens, 1971, 6. A. 1980 (m. E. u. M. Dreher); Kognitive Sozialisation u. subjektive Struktur, 1977 (m. E. Weber). Mithrsg.: D. Aspekt d. Emotionalen in Unterr. u. Erz.; Ökologie u. Entwicklung (m. H. Walter), 1979. Hrsg.: Entwicklung als lebenslanger Prozeß, 1978; Entwicklungspsychol. (m. L. Moutada), 1982. Herausg.: Lebensbewältigung im Jugendalter (1985); Musikpsychol. (m. H. Bruhn u. H. Rösing).

OERTLING, Peter

Stadtpräsident d. Stadt Lübeck (s. 1990) - Rathaus, 2400 Lübeck.

OERTZEN, von, Joachim

Stv. Beiratsvorsitzender Brauerei Beck & Co., Bremen - Rabenkopfstr. 27, 8000 München 90 (T. 64 46 15) - Geb. 29. Juni 1915 Liessow/Meckl., ev. - Spr.: Engl. - Rotarier.

OERTZEN, von, Peter

Dr. phil., Prof., Landesminister a. D. - Odeonstr. 15/6, 3000 Hannover (T. 167 42 12) - Geb. 2. Sept. 1924 Frankfurt/M. (Vater: Friedrich-Wilhelm v. O., u. a. außenpolit. Redakt. Voss. Ztg., Berlin), verh. m. Ursula, geb. Siebrecht, 2 Töcht. (Eleonore, Susanna) - Univ. Göttingen (Phil., Gesch., Soziol.). Promot. (1953) u. Habil. (1962) Göttingen - S. 1963 o. Prof. u. Dir. Sem. f. Wiss. v. d. Politik TH bzw. TU Hannover; 1970-74 nieders. Kultusmin., 1974-82 wieder o. Prof. Univ. Hannover. 1972-77 Vors. Kurat. Stiftg. Volkswagenwerk. 1955-59 u. 1967-82 MdL Nieders. SPD s. 1946 (1970-83 Vors. Bez. Hannover, 1973 Mitgl. Parteivorstand) - BV: Betriebsräte in d. November-Revolution, 1964, 2. erw. A. 1976.

OERTZEN, von, Viktor

Hauptabteilungsleiter Landesprogramm Baden-Württ., Fernsehen Südd. Rundfunk/Südwestfunk (s. 1990) - Mergenthaler Str. 16, 7302 Ostfildern 4 (T. dstl.: 0711 - 2 88-34 20, priv.: 0711 - 457 00 33) - Geb. 24. Juni 1948 Ratingen, verh. 2 Kd. - Abit. 1967; Stud. 1967-68 generale Leibniz-Kolleg Univ. Tübingen, 1968-73 Stud. Politikwiss., Volkswirtsch. u. Staatsrecht Univ. Tübingen - S. 1969 fr. Mitarb. am SWF-Landesstudio Tübingen; 1972-74 landespolit. Hörfunkkorresp. Stuttgart; 1974-78 Redakt. d. Abendschau Baden-Württ. in Baden-Baden; 1978-81 ARD-Fernsehkorresp. f. Lateinamerika in Buenos Aires; 1981-85 Redakt. in d. Redaktion d. polit. Fernsehmagazins Report; 1986-88 Leit. d. FS-Redaktion Innenpolitik b. SDR Stuttgart; 1988-90 Leit. d. Programmber. Politik u. Ges. u. Stellv. d. Chefredakt. - Kurt-Magnus-Preis f. Hörfunk-Nachwuchsjournalisten; 1983 Bambi (f. Report); 1985 Intern. Fernsehpreis d. Stadt Genf (f. d. Dokumentarfilm ... und d. Erde wird weinen) - Spr.: Engl., Franz., Span.

OERTZEN, von, Wolfram

Dr., Physiker, o. Prof. Freie Univ. Berlin, Ltd. Wiss. Hahn-Meitner-Inst. GmbH Berlin (s. 1974), Leit. Fachaussch. Kernphysik d. Dt. Physik. Ges. (1986-90) - Schopenhauer Str. 9, 1000 Berlin 38 - Geb. 24. Juli 1939 Mannheim - Promot. 1967 Heidelberg - 1967-74 Max-Planck-Inst. f. Kernphysik Heidelberg, Inst. d. Physique Nucléaire, Orsay (Frankr.) u. Lawrence Berkeley Labor., Berkeley/USA. Gastprof. Univ. Tokyo/Japan, Univ. Straßburg/Frankr. S. 1980 Leit. Abt. Schwerionenphysik (HMI); 1985-90 Mitgl. Commission 1 d. CNRS (Frankr.).

OESER, Heinz

Dr. med., em. o. Prof. f. Röntgenologie - Römerstr. 18, 8035 Gauting - Geb. 16. Juni 1910 Dresden (Vater: Bruno O., Architekt (Beamter); Mutter: Marie, geb. Rohleder), verh. s. 1955 m. Helga, geb. Strunk, 3 Kd. (Michael, Yvonne, Suzanne) - Univ. München, Freiburg, Wien, Berlin. Med. Staatsex. 1934, Promot. 1936, Approb. 1936, Facharztanerk. 1940. Habil. 1944 - 1936-46 Charité Berlin (1939 ltd. Strahlentherapeut Geschwulstklinik), dann eig. Praxis, s. 1949 ao. u. o. Prof. (1966) FU Berlin (Dir. Univ.-Strahleninst. u. -klinik/Städt. Krkhs. Westend), 1970; 1970-78 Klinikum Steglitz - BV: Lymphbahn-Tafel d. Menschen, 1948; D. Strahlenbehandl. d. Geschwülste, 1954; Atlas d. Szintigraphie, 1968; Krebsbekämpfung: Hoffnung u. Realität, 1974; Krebs: Schicksal od. Verschulden, 1979 - 1976 Johann-Georg-Zimmermann-Preis; Albers-Schönberg-Med.; Ehrenmitgl. Dt. Rö. Ges. u. Österr. Rö. Ges. - Liebh.: Musik - Spr.: Engl.

OESER, Kurt

Dr.-Ing. E. h., Prof., Umweltbeauftragter d. Rates d. EKD - Westendstr. 26, 6082 Mörfelden-Walldorf 1 - 1979 Ehrendoktor TU Berlin.

OESTERGAARD, Heinz

Prof., Modeschöpfer - Zu erreichen üb. Großversandhaus Quelle, Nürnberger Str. 91-94, 8510 Fürth/Bayern (T. 0911 - 7 42-1); priv.: Luitpoldstr. 9, 8230 Bad Reichenhall - Geb. 15. Aug. 1916 Berlin, kath., led. - Gymn.; kaufm. u. Textilausbild.; Kunstsch. Prof. Breuhaus, Berlin, Abschlußzeugnis d. Zuschneide-Akad. - 1938-40 modeschöpfer. Tätigk. Modehaus Erich Vogel, Berlin; s. 1946 eig. Fa. ebd. bzw. München (1967). Modeberat. v. Textiluntern. u. Stoffirmen sowie mod. beeinfl. Industriekr. (Bayer, Hoechst, Enka, Quelle, Girmes, Triumph u. a.). Einf. neuer Fasern durch Modeschauen (Cupresa, Cuprama). Entwurf Dt. Polizei-Uniformen. 1978-85 Prof. f. Mode u. Design Fachhochsch. f. Gestaltung Pforzheim - 1956 Ehrenbürger Univ. Innsbruck - Liebh.: Skilaufen, Tennis, Schwimmen - Spr.: Ital., Engl., Franz.

OESTERHELD, Nikolaus Adolf

Lic. rer. pol., gf. Gesellschafter Fulgurit-Gruppe - Postf. 1208, 3050 Wunstorf 1 - Geb. 27. Nov. 1940 Hannover (Vater: Consul K. A. Oesterheld; Mutter: Ruth, geb. Lux), ev., verh. m. Rotraut, geb. Baier, 2 Kd. - Gymn. Inst. Rosenberg, Stud. Rechts- u. Wirtschaftswiss., Hochsch. St. Gallen, Univ. London, Cambridge, Bern. Diplom 1968.

OESTERHELT, Dieter

Dr., Prof., Direktor Max-Planck-Inst. f. Biochemie - Zu erreichen üb. Max-Planck-Inst. f. Biochemie, Am Klopferspitz 18a, 8033 Martinsried b. München (T. 089 - 85 78-23 87) - Geb. 10. Nov. 1940 München, verh. s. 1964 m. Monika, geb. Streicher, 3 Kd. (Patrick, Filipp, Verena) - Chemiestud. Univ. München; Dipl. 1965; Promot. 1967; Habil. 1973 - Prof. (Biochemie) Univ. Würzburg; Hon.-Prof. Univ. München. Entd.: Retinalabhängige Photosynthese - 1974 FEBS Anniversary Prize; 1982 Feldberg-Preis; 1983 Liebig-Denkmünze; korr. Mitgl. Akad. d. Wiss. Mainz; Präs. Ges. f. Biol. Chemie; 1987-89 Dannie-Heinemann-Preis d. Akad. d. Wiss. zu Göttingen; Mitgl. Dt. Akad. d. Naturforscher Leopoldina, Halle; o. Mitgl. Bayer. Akad. d. Wiss.; 1990 Kurt Beckurts-Preis; 1991 Korr. Mitgl. d. Akad. zu Göttingen, u. Korr. Mitgl. d. Rhein.-Westf. Akad. d. Wiss.

OESTERLE, Carl Otto

Honorarkonsul, geschäftsf. Gesellsch. Fa. Joh. Oesterle, Ulm, Direktor Amazonas Timber SA. Manaus, Amazonas Brasilien - Auf dem Berg 1, 7910 Neu-Ulm-Reutti - Geb. 17. Sept. 1938, ev., verh. s. 1972 m. Christina, geb. Fels, S. Christian Oliver - Hon.-Konsul d. Bundesrep. Deutschl. f. d. Staaten Amazonas, Acre, Rondonia u. Roraima - Spr.: Engl., Franz., Portug.

OESTERLE, Günter

Dr. phil., Prof. f. Neuere Dt. Literaturwiss. Univ. Gießen - Nahrungsberg 49, 6300 Lahn (T. 4 69 96) - Geb. 13. Aug. 1941 Stuttgart (Eltern: Pfarrer Siegfried u. Liselotte O.), ev., verh. s. 1967 m. Ingrid, geb. Spornhauer - Stud. d. German. Gesch., Phil., Politik Univ. Tübingen, Freiburg, Gießen - BV: Integration u. Konflikt, 1972 - Spr.: Engl., Franz.

OESTERLEIN, Willi

Feinmechanikermeister, Stadtältester v. Berlin - Akazienallee 48, 1000 Berlin 19 - Geb. 15. Sept. 1909 Stuttgart, verh., 1 Kd. - Volkssch.; Feinmechanikerhandw. Meisterprüf. 1937 - S. 1933 selbst. (Leipzig bzw. Berlin). 1963-71 Bezirksverordn. Charlottenburg. 1961-63 u. 1971-81 MdA Berlin. S. 1945 CDU Ost u. West.

OESTERLEN, Dieter

Dipl.-Ing., Regierungsbaumeister a. D., o. Prof. f. Gebäudelehre u. Entwerfen v. Hochbauten (Lehrstuhl B) TH bzw. TU Braunschweig (1953-76) - Baumstr. 11, 3000 Hannover (T. 81 40 71); Wohnung: Hauptstr. 58, 3004 Isernhagen 2 - Geb. 5. April 1911 Heidenheim/Brenz (Vater: Prof. Dr.-Ing. Fritz O., Ord. f. Wasserturbinen TH Hannover † 1953 (s. X. Ausg.); Mutter: Elisabeth, geb. Rupp), ev., verh. s. 1958 m. Eva-Maria, geb. Strödel, 3 Kd. - Goethe-Gymn. Hannover; TH Stuttgart (Schmitthenner) u. Berlin (Tessenow, Poelzig) - S. 1939 fr. Arch. Berlin u. Hannover (1945). 1962ff. Mitgl. Arbeitsaussch. Ev. Kirchenbautag. Bauten: u. a. Funkhaus Hannover (m. a.), TH-Hochhaus Braunschweig u. Inst. f. Werkstoffkunde, Christus-Kirche Bochum, Wilhelm-Busch-Sch. Hannover, Leineschloß (Nieders. Landtagsgeb.) ebd., Kongreßhalle Saarbrücken, Dt. Soldatenfriedhof Futapass b. Florenz, Zwölf-Apostel-Kirche Hildesheim, Histor. Museum Hannover, IHK Bielefeld, Verw.geb. VW-Stiftg., IBM Hannover, Concordia Feuer Vers. Ges., Rathaus Greven, Kunsth. Herford, Altenzentr. Oldenburg, Gemeindezentr. Arche Laatzen, Gemeindezentr. ELIA Langenhagen, Rathaus Langenhagen, Casino am Maschsee (m.a.), Intern. Begegnungszentr. d. Univ. Göttingen, OPD Bremen, Dt. Botsch. Buenos Aires, Arbeitsamt Goslar, Zuschauerraum d. Oper Hannover, Stadthalle Rastatt, Wasserkunst u. Vorplatz am Nds. Landtag. Restaurierungen: Marktkirche u. Leineschloß Hannover, Kirche Unser lieben Frauen Bremen, Lambertikirche Oldenburg - BV: Bauten u. Planungen, 1946-63; 1964 (m. Alexander Koch) - 1938 Schinkel-Plak., 1952 3 Laves-Preise Hannover, 1960 Krahe-Preis Braunschweig, 1965 Ausz. Stadt Bochum; 1966 o. Mitgl. Akad. d. Künste Berlin, 1974 BDA-Preis Bremen. 1975 Cembureau-Preis (f. Histor. Museum Hannover), 1976 BDA-Preise Niedersachsen, 1977 Architekturpr. Beton (f. Kunsth. Herford), 1979 Fritz-Schumacher-Preis, 1981 Kulturpr. Nieders.

OESTERMANN, Bernhard

Dr., Dipl.-Kfm., Administrateur Délégué Wasag-Chemie Holding S.A., Luxembourg, Gf. Schildkröt-Spielwaren GmbH., Mannheim - Kiefernhalde 22, 4300 Essen (T. 41 04 28) - Geb. 10. Febr. 1918, kath., verh. (Ehefr.: Dr. Christa), T. Ursula.

OESTERN, Hans-Friedrich

Dr. med., Prof., Chirurg - Mozartstr. 14, 3200 Hildesheim (T. 8 58 59) - Geb. 23. Mai 1912 Hildesheim (Vater: Prof. Friedrich O.; Mutter: Elisabeth, geb. Casselmann), ev., verh. s. 1944 m. Gerda, geb. Lubinus, S. Hans-Jörg - Promot. 1937 Göttingen - 1937-38 Assist. Pathol. Inst. Univ. Göttingen, 1938 b. 1958 Assist. u. Oberarzt Chir. Univ.sklinik Bonn (Habil. 1952; 1958 apl. Prof.), dazw. 1949-50 Oberarzt Bethesda-Krkhs. Duisburg u. 1950 Orthop. u. Unfallchir. Klinik Bern, v. 1958-77 Ärztl. Dir. u. Chefarzt Chirurg. Klin. Städt. Krkhs. Hildesheim. Zahlr. Fachveröff. - 1975 BVK - Spr.: Engl. - Rotarier.

OESTMANN, Karl-Dieter

Landwirt u. Unternehmer, MdL Nieders. (s. 1970) - Rodewalder Str. 233, 3091 Rethem/Aller (T. 5 14) - CDU.

OESTREICH, Joachim

Bankdirektor, Mitleit. Fil. Braunschweig Dresdner Bank, Vizepräs. IHK Braunschweig - Messeweg 4c, 3300 Braunschweig - Geb. 24. März 1911 Breslau - Rechtsanw.

OESTREICH, Jürgen

Legationsrat I. Kl., Wirtschaftsref. Botschaft d. BRD in Lissabon - CP 1046, Lissabon 1 (Portugal).

ÖSTREICHER, Karl

Landwirtschaftsmeister, MdL Baden-Württ. (Wahlkr. 21, Hohenlohe) - Haus Nr. 8, 7186 Blaufelden-Ehringshausen (T. 07958 - 635) - Geb. 23. März 1931 Rot am See-Kühnhardt - CDU.

OETINGER, Friedrich

Verleger - Poppelsbüteler Chaussee 55, 2000 Hamburg 66 (T. 607 00 55) - Geb. 21. Juli 1907 - Anspruchsvolle Kinder- u. Jugendliteratur (u. a. Astrid Lindgren (Pippi Langstrumpf m. d. dt. Aufl. v. 4 Mill.) u. James Krüss).

OETINGER, Friedrich

s. Wilhelm, Theodor

OETJEN, Georg Wilhelm

Dr. rer. nat., Aufsichtsratsmitglied Drägerwerk AG, Lübeck - Tondernstr. 7, 2400 Lübeck - Geb. 22. Okt. 1920 - Stud. Physik - Ehrenmitgl. d. Vorst. Verb. d. Dt. Feinmechanischen u. Opt. Ind., Köln; Mitgl. Dt. Physik. Ges. u. Verfahrenstechn. Ges. im VDI.

OETJENS, Johann Detlef

Direktor, Vorstand Neue Lebensversicherung v. 1964 AG, Hamburg u. Neue Unfallversich. v. 1989 AG, Hamburg - Lakweg 31, 2358 Kaltenkirchen (T. 04191 - 32 09) - Geb. 6. Nov. 1935 Desmerciereskoog (Vater: Claus Ewald O., †; Mutter: Ina, geb. Petersen), ev., verh. s. 1966 m. Renate, geb. Krömker, 3 Kd. (Silke, Klaus, Heike) - Obersch.; Stud., Dipl.Vers.Math. 1965 Univ. Hamburg - 1958-66 Revisor b. Wirtschaftsprüf., 1966 Versich.angest., 1968 Prok., 1970 Abt.-Dir. u. Chefmathematiker, 1972 Vorst.-Mitgl. - Liebh.: Handwerk am Eigenheim - Spr.: Engl.

OETKER, Arend

Dr. rer. pol., Dipl.-Kfm., Vorstandsvorsitzender Otto Wolff AG - Zeughausstr. 2, 5000 Köln 1 - Geb. 30. März 1939 Bielefeld, verh., 3 Kd. - Hptm. d. R. (Luftwaffe); 1962-66 Stud. Hamburg, FU Berlin u. Köln (Betriebswirtsch.lehre); Promot. 1967 Köln - Beiratsvors. Schwartauer-Werke GmbH & Co. KG, Bad Schwartau, Trampschiffahrts-Ges. mbH & Co., Hamburg; AR-Vors. Stahlwerke Bochum AG, Bochum, EBG Ges. f. Elektromagnetische Werkstoffe mbH, ebd., Rasselstein AG, Neuwied; VR-Vors. Richard Hengstenberg GmbH & Co., Esslingen; AR-Mitgl. Aachener- u. Münchener Beteilig.-AG, Aachen, VIAG AG, Bonn, Condor Versich.-AG, Hamburg, Mitgl. d. Gesellsch.aussch. Bankhaus Hermann Lampe KG, Bielefeld; stv. Vorst.-Vors. Stifterverb. f. d. Dt. Wiss., Essen, Atlantik-Brücke, Bonn; Präsid.-Mitgl. Bundesverb. d. Dt. Ind., Köln, Bundesvereinigung d. Dt. Arbeitgeberverb., ebd., u. Bundesvereinigung d. dt. Ernährungsind., Bonn - BV: Wachstumssicherung v. Familienuntern. Mithrsg.: D. 198. Jahrzehnt - Spr.: Engl.

OETKER, August

Pers. haft. Gesellschafter Dr. August Oetker KG, Vors. Geschäftsfg. Dr. August Oetker Nahrungsmittel KG - Lutterstr. 14, 4800 Bielefeld 1 - Geb. 17. März 1944 Bielefeld (Vater: Rudolf-

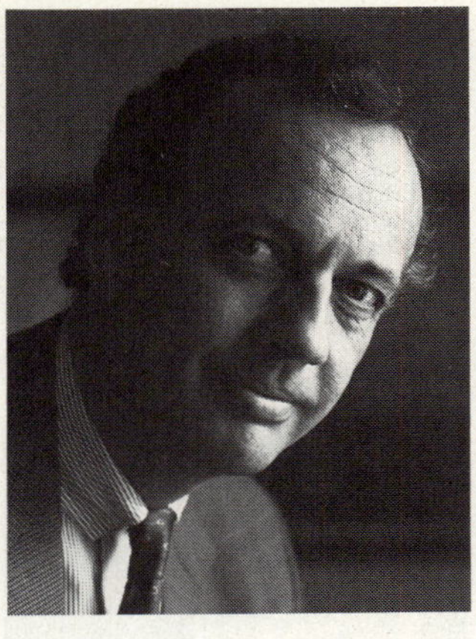

August O.; Mutter: Susanne, geb. Jantsch), ev. - 1964-65 Ausb. z. Reederei-Kaufm. Knoehr & Burchardt, Hamburg; 1968-72 Stud. Betriebsw. Univ. Hamburg u. Münster (Dipl.-Kfm.) - 1979-81 gf. Gesellsch. Dibona Markenvertrieb KG, Ettlingen; s. 1981 pers. haft. Gesellsch. Fa. Dr. August Oetker; s. 1983 Vors. d. Geschäftsf. Fa. Dr. August Oetker; gf. Gesellsch. Fa. Dr. Oetker Tiefkühlkost GmbH; s. 1984 Vors. d. Geschäftsfg. Dr. August Oetker Nahrungsmittel KG; Vors. Geschäftsfg. Oetker Intern.; Gesellsch. weit. Untern. d. Oetker-Gruppe; AR- u. Beiratsmand. - Spr.: Engl. - Bek. Vorf.: Dr. August Oetker.

OETKER, Rudolf-August

Fabrikant, Reeder - Lutterstr. 14, 4800 Bielefeld (T. 1 55 -0) - Geb. 20. Sept. 1916 Bielefeld (Vater: Rudolf O., gef. 1916 Verdun), ev., verh. in 3. Ehe (1963) m. Studienass. Maja, geb. v. Malaisé, 8 Kd. - Gymn.; Banklehre (Vereinsbk. Hamburg); s. 1944 Inh. (lange Zeit auch Leit.) Dr. August Oetker Nährmittelfabr., Bielefeld; s. 1951 Inh. Hbg.-Südamerik. Dampfschiffahrts-Ges. Eggert & Amsinck, Hamburg, u. a. Reedereien. ARsmand. - Liebh.: Kunst, Tennis - Bek. Vorf.: Dr. August O. (Apotheker), Firmengründer (Großv.).

OETKER-KAST, Dieter

Geschäftsführender Gesellschafter, Sprecher. d. Geschäftsfg. Casimir Kast - Igelbachstr. 13, 7562 Gernsbach (T. 07224 - 24 10) - Geb. 8. April 1934 Jena, ev., verh. s. 1962 m. Renate, geb. Bausch, 3 Söhne (Thomas, Andreas, Christian) - Papiering. (FH) - AR Verseidag AG, Krefeld; 1. Vizepräs. IHK Karlsruhe.

OETTING, Hermann

Dr.-Ing., Angestellter, MdB (1971-76; Wahlkr. 45/Braunschweig) - Schloßstr. 8, 3300 Braunschweig (T. 4 22 12) - Geb. 27. März 1937 Gladbeck/W. (Vater: Hermann O., Pastor; Mutter: Klara, geb. v. Hantelmann), ev., verh. s. 1970 m. Elke, geb. Baring, S. Martin - Gymn. Dorsten (Abit.); Praktika Bad Oeynhausen u. Athen; 1956-63 TH Braunschweig (Maschinenbau; Dipl.-Ing. 1963). Promot. 1968 Braunschweig (TU) - S. 1969 Volkswagenwerk AG., Wolfsburg (Entwickl. u. Forsch.). 1968 b. 1971 Ratsmitgl. Braunschweig. SPD s. 1960 (1970 Stadtkreisvors. Braunschweig) - Liebh.: Lesen, Spazierengehen, Reisen, Basteln - Spr.: Engl.

OETTINGER, Günther

Rechtsanwalt, MdL Baden-Württ. (Wahlkr. 13, Vaihingen) - Aspergstr. 5, 7257 Ditzingen (T. 07156 - 60 04) - Geb. 15. Okt. 1953 Stuttgart - CDU.

OETTINGER, Karl-Heinz

Geschäftsführer SPIWA Spielwaren-Handelsges. mbH. & Co. KG. u. INTERCONTOR Handelsges. f. intern. Spielwaren mbH., Vors. Vereinig. d. Spielwaren-Fachgeschäfte, alle Nünberg - Zu erreichen üb. Spiwa Spielwaren-Handelsges. mbH & Co. KG, Sigmundstr. 220, 8500 Nürnberg 1.

OETTLE, Karl

Dr. rer. pol., Prof. f. Betriebswirtschaftslehre - Sandstr. 11, 8034 Unterpfaffenhofen/Obb. (T. München 84 34 24) - Geb. 11. März 1926 Artern/U., ev., verh. m. Margrit, geb. Scheufele - Stud. Wirtsch.swiss. Univ. Tübingen 1948-51, Dipl.-Volksw.; Kfm. Göppingen/Württ., 1947-55 - S. 1962 (Habil.) Lehrtätigk. Univ. Tübingen; WH bzw. Univ. Mannheim (1964 Ord.), Univ. München (1968 Ord., Vorst. Inst. f. Verkehrsw. u. Öfftl. Wirtsch.) - BV: Unternehmerische Finanzpolitik, 1966; Verkehrspolitik, 1967; D. Gemeinden als wirtschaftspolit. Instanzen, 1968 (m. Heinz Lampert); Grundfragen öfftl. Betriebe, 1976; Raumwirtschaftl. Aspekte einer Betriebswirtschaftslehre d. Verkehrs, 1978; Ökonom. Probleme d. öfftl. Verkehrs, 1981; Betriebswirtschaftl. Beiträge z. öfftl. Finanzwirtschaft, 1991 - 1970 korr., 1971 o. Mitgl., 1975-78 Vizepräs. Akad. f. Raumforschung u. Landesplanung, Hannover; 1975 Staatsmed. f. bes. Verdienste um d. bayer. Wirtsch.

OETTMEIER, Horst

Kapellmeister, musikalischer Leiter d. Deutschen Folklore Ensemble - N.-Ostrowski-Str. 3, O-2080 Neustrelitz (T. 0037991 - 4 23 70) - Geb. 19. Sept. 1932 Hirschberg/S., ev., verh. s. 1982 m. Maria, geb. Kelemen, T. Astrid - Thomassch. u. Thomanerchor 1942-50 Leipzig; Abit.; Musikhochsch. Leipzig; Dipl. 1956 - Kapellmeister u. musikal. Leit. an versch. Theatern d. ehem. DDR.

OEYNHAUSEN, Freiherr von, Rab-Arnd

Dr. med., Chefarzt Städt. Krkhs. Verden/Aller u. Privatdoz. f. Chir. Univ. Göttingen (beides s. 1949) - Andreaswall 3, 2810 Verden/Aller (T. 25 91) - Geb. 17. Juli 1910 Bad Driburg/W. (Vater: Dr. med. Hans v. O., Arzt; Mutter: Franziska, geb. Muhlert), ev., verh. s. 1935 m. Perla, geb. Ruhstrat, 4 Kd. - Promot. (1934) u. Habil. (1949) Göttingen - 1935-49 Assist. Univ. Göttingen (Pathol. Inst., 1936 Chir. Klin.). Arbeiten z. Röntgenol. u. Antibiotika - Rotarier.

OFF, Werner

Pers. haft. Gesellsch. Georg Off KG u. Ehlers u. Off KG. - Colonnaden 70, Elbehaus, 2000 Hamburg 36 (T. 34 24 37; priv. 89 32 92) - Geb. 12. Febr. 1905 Heide (Vater: Georg O., Fabr.; Mutter: Frida, geb. Themel), ev., verh. s. 1942 m. Helga, geb. Kruse, 3 Kd. (Dagmar-Marina, Octavia, Manuel) - Univ. Hamburg (Rechtswiss.) - Div. Ehrenstell., dar. zeitw. Bundesvors. Ges. f. pers. Arbeitsmethodik. Zahlr. Mitgliedsch., dar. Ehrenmitgl. Golfclub Berchtesgaden e. V. u. Ausl.srepräs. Donaueuropäisch. Inst., Wien - Sammelt flämische Malerei (20. Jh.), Autographen, dekorative Graphik - Sport-Seeschiffer-Prüfung - Liebh.: Golf, Segeln - Spr.: Engl., Franz.

OFFELE, Wolfgang

Dr. theol., Dr. phil., Prof. f. Katholische Theologie u. Didaktik d. Glaubenslehre Univ. Frankfurt (s. 1965) - Bottenhorner Weg 37, 6000 Frankfurt (T. 78 71 97) - Geb. 26. Dez. 1928 Wanne-Eickel (Vater: Hans O., Musik- u. Mittelschullehrer † 1942; Mutter: Paula, geb. Dücker), kath. - Gymn. Wanne-Eickel; Phil.-Theol. Hochsch. Paderborn; Univ. München (Dr. phil.) u. Münster (Dr. theol.). Habil. Münster - 1955-62 Vikar u. Religionslehrer höh. Schuldst.; 1963-65 Assist. u. Privatdoz. Univ. Münster - BV: Geschichte u. Grundanliegen d. sog. Münchener katechet. Methode, 1961; D. Katechismus im Dienste d. Glaubenseinheit - Julius Pflugs ‚Institutio Christiani Hominis' als katechet. Beitrag z. interkonfessionellen Begegnung, 1965; D. Verständnis d. Seelsorge in d. pastoraltheol. Lit. d. Gegenw., 1966.

OFFERGELD, Rainer

Prof. jur. h. c., Rechtsanwalt u. Fachanwalt f. Steuerrecht, Bundesminister a.D., Oberbürgerm. Stadt Lörrach (1984ff.) - Rathaus, 7850 Lörrach - Geb. 26. Dez. 1937 Genua/Italien (Vater: Carlo O., Industriekaufm.; Mutter: Erna, geb. Buchter), kath., verh. s. 1967 m. Christel, geb. Hiller, 3 Töcht. (Sandra-Judith, Sybill, Sonja) - Gymn. (Abit. 1957); Stud. Rechtswiss. u. Volksw., Jurist. Staatsex. 1961 u. 65 - B. 1969 Steuerverw., dann Anwaltspraxis. MdB (1969-84; 1973/74 stv. Vors. Finanzaussch.), 1972 u. 1975-78 Parlam. Staatssekr. Bundesmin. d. Finanzen, 1978-82 Bundesmin. f. wirtsch. Zusammenarb. Versch. AR- u. VR-Mand. SPD s. 1963 (1969 Kreisvors. Waldshut) - BV: Entwicklungshilfe - Abenteuer oder Politik?, 1980 - Liebh.: Skilaufen, Musik - Spr.: Engl., Franz., Ital.

OFFERHAUS, Klaus Dieter

Dr. jur., Vizepräsident d. Bundesfinanzhofs - Ismaninger Str. 109, 8000 München 80; priv.: -Solln, Bertelestr. 64 - Geb. 12. Okt. 1934 Mannheim (Vater: Albert O., Obering.; Mutter: Helene, geb. Schuler), verh. s. 1961 m. Dr. Lotte, geb. Bollmann, 3 Kd. (Jan, Tom, Peter) - Stud. Rechtswiss. Göttingen, Tübingen, Heidelberg, Mainz - Höh. Finanz- u. Justizdst. (Oberfinanzdir. Karlsruhe, Bundesjustizmin.). Zahlr. Fachveröff.

OFFERMANN, Dirk

Dr., Prof., Physiker - Goebenstr. 24, 5600 Wuppertal 1 - Geb. 19. März 1937 Wuppertal - Univ. Bonn; Promot. 1967, Habil. 1974 - S. 1976 Univ.-GH Wuppertal - 1974 Physik-Preis DPG (zus. m. A. Steyerl, München).

OFFERMANN, Helmut

Dipl.-Kfm., Unternehmensberater - Ringstr. 1, 2852 Bederkesa - Geb. 10. Jan. 1926 Schwerte/Ruhr.

OFFERMANNS, Ernst Ludwig

Dr. phil., Prof. f. Neuere deutsche Literatur - Andréezeile 27d, 1000 Berlin 37 - Geb. 28. Juni 1931 Duisburg - Stud. German., Gesch. u. Phil. Bonn, Heidelberg, Köln; Promot. 1958 Köln, Habil. 1974 FU Berlin - S. 1971 Prof. FU Berlin, 1979 Gastprof. McGill Univ. Montréal, 1985/86 Peking-Univ. - BV: A. Schnitzler. D. Komödienwerk als Kritik d. Impressionismus, 1973.

OFFNER, Klaus Peter

Regisseur u. Schausp. - Zu erreichen üb. Stadttheater u. Studio, Rathausplatz 11, A-3100 St. Pölten - Geb. 4. Juni 1944 Wien, kath., verh. m. Adelheid, geb. Krammer, S. Alexander - Schauspielstud. - 1970-74 Direkt.-Assist. St. Pölten; 1976 Regiss. u. Schausp. Tourneen in Deutschl., Holland, Schweiz. 1985 Betriebsratsobmann - BV: Bearbeit. v. Märchen (u.a. Hänsel u. Gretel, Rumpelstilzchen, D. Schatzinsel) - Spr.: Engl.

OFFTERDINGER, Helmut

Bundesrichter BGH - Herrenstr. 45a, 7500 Karlsruhe - Geb. 25. Juli 1913.

OGAWA, Takashi

Flötist, Lehrbeauftr. Staatl. Musikhochsch. Heidelberg-Mannheim - Augustaanlage 17, 6800 Mannheim 1 (T. 0621 - 41 23 52) - Geb. 18. Juli 1952 Odawara/Japan (Vater: Yasuo O.; Mutter: Atsuko O.), verh. s. 1984 m. Keiko, geb. Iida, 1 Kd. (Tomo) - Stud. staatl. Hochsch. f. Musik u. darst. Kunst Hamburg (Prof. Karlheinz Zöller) - S. 1977 Solo-Piccoloflötist Natinaltheater-Orch. Mannheim; s. 1979 Lehrbeauftr. f. Flöte Staatl. Musikhochsch. Heidelberg-Mannheim. Konzerttätigk. f. Mod. u. Alte Musik m. hist. Instrumenten. Platten (CD)aufnahme m. Werken v. F.X.Richter - 1981 Preis intern. Wettb. Concours Musica Antiqua in Brügge (Belgien) - Liebh.: Forsch. üb. d. Flötenmusik d. Mannheimer Sch. - Spr.: Engl., Ital., Jap., Deutsch.

OGIERMANN, Helmut

Dr. phil., em. o. Prof. f. Philosophie - Offenbacher Landstr. 224, 6000 Frankfurt/M. 70 - Geb. 29. März 1910 Hindenburg/OS. - S. 1952 Doz. u. Prof. (1959) Phil.-Theol. Hochsch. St. Georgen (emerit. 1978) - BV: Hegels Gottesbeweise, 1948; Materialist. Dialektik, 1958; Sein-zu-Gott, 1974; Es ist ein Gott, 1981.

OGRIS, Werner

Dr. jur., Prof. f. Dt. Recht - Mariahilferstr. 71, A-1060 Wien (T. 56 41 57) - Geb. 9. Juli 1935 Wien (Vater: Alfred O., Angest.; Mutter: Maria, geb. Erber), kath., verh. s. 1963 m. Dr. jur. Eva, geb. Scolik, 2 Kd. (Martin, Michael) - Realgymn. Wels; Univ. Wien. Promot. (1958) u. Habil. (1962) Wien - 1958-62 Assist. Univ. Wien; s. 1962 Ord. Univ. Berlin/Freie (Dt. Rechtsgesch., einschl. Verfassungsgesch., u. Dt. Privatrecht) u. Wien (1966; Dt. Recht u. Österr. Verfassungs- u. Verwaltungsgeschichte; 1972-73 Dekan jur. Fakultät), s. 1972 korr., s. 1975 wirkl. Mitgl. d. Österr. Akad. d. Wiss., s. 1985 Ausw. Mitgl. d. Sächsischen Akad. d. Wiss. in Leipzig, s. 1988 Ausl. Mitgl. d. Kgl. Niederl. Akad. d. Wiss. in Amsterdam - BV: D. mittelalterl. Leibrentenvertrag, 1961 (Wiener rechtsgesch. Arbeiten Bd. VI), D. Entwickl.gang d. österr. Privatrechtswiss. im 19. Jh., 1968 (Schriftenr. d. Jur. Ges., Berlin, Bd. 32); D. Rechtsentwickl. in Österr. 1848-1918, 1975; Personenstandsrecht, 1977; Recht u. Macht b. Maria Theresia, 1980 (Tätigkeitsber. d. Österr. Akad. d. Wiss. 1980/81, Sonderdruck Nr. 1); Goethe - amtlich u. politisch, 1982 (Schriftenreihe Niederösterr. Jurist. Ges. 29/30, 1982); Jacob Grimm. E. polit. Gelehrtenleben, 1986; 175 J. ABGB, 1986/87; Friedrich d. Große u. d. Recht, 1987 (Neue Forsch. z. brandenburg-preuß. Gesch., Bd. 8); Z. Entwicklung d. Versich.aufsichtsrechts u. d. Versich.vertragsrechts in Österr. v. d. Mitte d. 19. Jh. b. z. Ende d. Monarchie, 1988 (Versich.gesch. Österr. Bd. 2); Z. Gesch. u. Bedeutung d. öst. ABGB, 1989 (Liber Memorialis François Laurent); Joseph v. Sonnenfels als Rechtsreformer, 1990 (Beihefte z. Jahrb. d. öst. Ges. zur Erforsch. d. 18. Jh. 2); Jacob Grimm, 1990 (Kleine Arbeitsreihe z. Europ. u. Vergleichenden Rechtsgesch. Bd. 19); ... Bey d. Copulation war kein Mensch als d. Mutter u. d. jüngste Schwester. Mozart u. d. Eherecht seiner Zeit (JAP I/1991-92). Zahlr. Fachaufs. - 1961 Preis Theodor-Körner-Stiftungsfonds z. Förd. v. Wiss. u. Kunst - Spr.: Engl.

OHFF, Heinz

Redakteur i. R. - Riehmers Hofgarten, Großbeerenstr. 57a, 1000 Berlin 61 (T. 786 64 65); 9, Pednolver Tce., St. Ives, Cornwall, TR 26 2EL (T. Penzance 79 53 88) - Geb. 12. Mai 1922 Eutin (Vater: Ernst O., Lehrer; Mutter: Ida, geb. Tews), ev., verh. s. 1957 m. Christiane, geb. Hartmann - BV: Pop u. d. Folgen, 1968; Hannah Hoech, 1969; Galerie d. neuen Künste, 1971; Anti-Kunst, 1973; Auch s. waren Preußen, 1979; Schinkel, 1981; Fürst Pückler, 1981; V. Krokodilen u. Künstlern, 1982; Eichendorff, 1983; 2mal Berlin, 1985; Gebrauchsanweisung f. Engl., 1988; Lenné, 1988; Königin Luise, 1989 - Liebh.: Reisefeuill. (Ps. N. Wendevogel) - Spr.: Engl. - Lit.: Eberhard Roters, Laudatio z. 60. Ars Viva Edition, 1982.

OHL, Herbert

Drogist, I. Bürgermeister - Herrenweg 17, 8222 Ruhpolding/Obb. - Geb. 23. Okt. 1932 Ruhpolding - CSU.

OHL, Karl

Vorstandsmitgl. Bundesverb. Dt. Investment-Ges., Frankfurt/M. - Eschenheimer Anlage 28, 6000 Frankfurt/M. 1 - B. 1982 Geschäftsf. Dt. Ges. f. Immobilienfonds mbH., Frankfurt.

OHLENDORF, Jürgen

Elektroingenieur, Mitinh. Behrend +

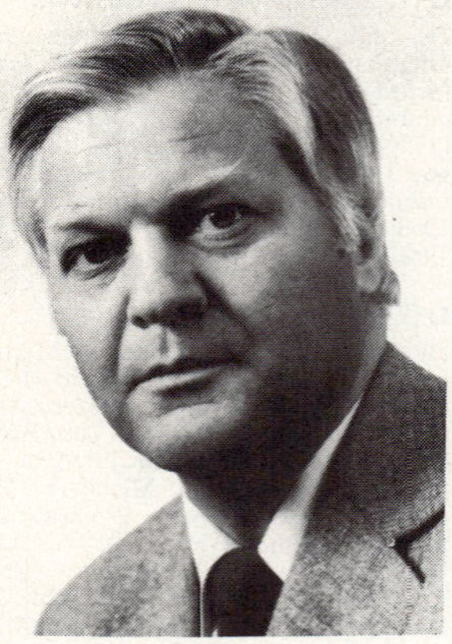

Ohlendorf, Ing.gesellschaft, Präsident Handwerkskammer Hannover u. Vereinig. d. Handwerker Nieders., AR-Vors. Gilde-Brauerei AG - Priv.: Lothringer Str. 37, 3000 Hannover 71 (T. 52 70 86); gesch.: Weidendamm 19, 3000 Hannover 1 (T. 71 69 84) - Geb. 13. März 1929 (Vater: Otto O., Landesbaurat; Mutter: Cläre, geb. v. Wolf), ev., verh. s. 1959 m. Christa, 2 Kd. (Axel, Sabine) - Obersch. Celle b. 1949; Starkstromelektr. Siemens AG, Hann., FHS Schiffbau u. Elektrotechn. Kiel Dipl. 1955 - S. 1959 gf. Gesellsch. EBO Elektro-Ing.bau Behrend u. Ohlendorf GmbH & Co. KG, Hann., s. 1961 B. + O. Ing.gemeinsch. Stv. AR-Vors. Brauergilde, stv. AR-Vors. Malzfabrik Langkopf Peine, VR Stadtspark., Präs. Handw.kammer, stv. Vorst.-Vors. Haus-, Wohnungs- u. Grundeigent.-Verein, alle Hannover; Beirat Landeszentralbank Niedersachsen - 1980 BVK; 1985 BVK I. Kl.

OHLIG, Karl-Heinz

Dr. theol., Prof. f. kath. Theologie (Relig.-wiss. u. Gesch. d. Christentums) - priv.: Vorstadtstr. 13, 6600 Saarbrücken 1 (T. 0681 - 5 78 20); dstl.: Univ. d. Saarlandes, 6600 Saarbrücken (T. 0681 - 302 35 70) - Geb. 15. Sept. 1938 Koblenz-Kesselheim (Vater: Josef O., Bankangest.; Mutter: Gertrud, geb. Hammes), kath., verh. s. 1973 m. Brigitte, geb. Blasius, T. Nadja, S. Kolja - 1957-59 u. 1960-63 Stud. kath. Theol., Phil., Gesch. Trier, 1959/60 Innsbruck, 1967/68 München, 1968/69 Münster, 1969/70 Saarbrücken - 1963-66 Kaplan Neunkirchen/S., 1966-70 Wiss. Assist. Saarbrücken, 1970-78 Prof. PH Saarbr., s. 1978 Prof. Univ. Saarbr. - BV: Woher nimmt d. Bibel ihre Autorität, 1970; D. theol. Begründ. d. neutestam. Kanons, 1972; Gott - e. Hoffnung, 1972; Braucht d. Kirche e. Papst?, 1973 (amerik. Übers. 1974); Jesus-Entwurf z. Menschsein, 1974; Schöpfung, 1984; Fundamentalchristologie, 1986; Texte z. Christologie, 2 Bde. 1989.

OHLIGER, Hans W.

Direktor i. R. - Altkönigstr. 21, 6240 Königstein/Ts. (T. 37 07) - Geb. 21. Juli 1904 Solingen - Kaufm. Lehre; Stud. Volksw. - Ab 1928 IG Farbenindustrie AG.; n. 1945 Chemikaliengroßhdlg. (eig. Gründ.); 1954-69 Farbwerke Hoechst AG. (Aufbau Verkaufsorg. f. synthet. Fasern; 1963 Vorstandsmitgl.). 1969 ff. Vors. Industrievereinig. Chemiefaser. Zeitw. Vors. Perlon-Warenzeichenverb. ARsmandate - Spr.: Engl., Franz. - Rotarier.

OHLMEIER, Dieter

Dr. med., Prof. f. Psychoanalyse u. Psychotherapie, Direktor Sigmund Freud-Inst. Frankfurt u. Lehrstuhl f. Psychotherapie GH-Univ. Kassel - Myliusstr. 20, 6000 Frankfurt/M. (T. 069 - 72 92 45) - Geb. 19. Mai 1936 Hamburg, verh. s. 1963 m. Dr. med. Rose-Marie, geb. Weckee, 3 Kd. - Human. Gymn. Christianeum Hamburg; Univ. Hamburg, Berlin, Freiburg, London, (Dipl.-Psych. 1962, Promot.(med.) Freiburg 1963). 1964-70 Psychiat.-neurol. Tätigk. Univ. Freiburg u. Ulm, 1970-76 Leit. Sekt. Gruppenpsychotherapie Univ. Ulm, s. 1976 Lehrstuhl f. Psychotherapie GH Kassel, 1980-85 Dir. Wiss. Zentrum f. Psychoanalyse u. Psychotherapie GH-Univ. Kassel. S. 1985 Leit. Sigmund Freud-Inst. (Ausb.u. Forschungsinst. f. Psychoanalyse) Frankfurt. 1976-82 Vors. Dt. Arbeitskr. Gruppenpsychoth. u. Gruppendynamik, 1982-86 Präs. Dt. Psychoanalyt. Vereinig. - BV: Psychoanalytische Entw.psych., 1973. Herausg.: Psychiatrieplenum (m. R. Koechel, 1987); Forschen u. Heilen. Auf d. Weg zu e. psychoanalyt. Hochsch. (m. H. Bareuther, H.-J. Busch u. T. Plänkers, 1989). Ca. 100 wiss. Veröff. in Fachztschr. - Liebh.: Bergsteigen - Spr.: Engl.

OHLMS, Winfried

Dr. jur., Hauptgeschäftsführer IHK Osnabrück-Emsland - Zu erreichen üb. IHK Osnabrück-Emsland, Neuer Graben 38, 4500 Osnabrück (T. 0541-35 31 00) - Geb. 8. Mai 1926 Osnabrück, kath., verh. s. 1958 m. Christa, geb. Förster, 2 Kd. (Michael, Mareike) - Gymn. Frankfurt/Wiesbaden; Stud. Rechts- u. Staatswiss.; jurist. Staatsex. 1949 u. 53, Münster/Oldenburg/Osnabrück; Promot. 1967 Univ. Münster - 1954-66 Nieders. Finanzverw. (Oberregierungsrat); 1966/67 Nieders. Finanzgericht (Finanzgerichtsrat); s. 1967 IHK Osnabrück-Emsland (Geschäftsf., s. 1983 Hauptgeschäftsf.). 1972-86 Rat Stadt Osnabrück - Spr.: Engl., Franz.

OHLY, Friedrich

Dr. phil., Dr. h. c., em. Prof. f. Dt. Philologie - Goerdelerstr. 54, 4400 Münster/W. (T. 7 35 52) - Geb. 10. Jan. 1914 Breidenbach/Hessen, ev. - Habil. 1944 Berlin - 1954 apl. Prof. Univ. Frankfurt/M.; 1956 Gastprof. Univ. Chicago; 1957 ao. Prof. Univ. Mainz; 1958 o. Prof. Univ. Kiel (Dir. German. Sem.); 1964 o. Prof. Univ. Münster (Dir. German. Inst.); 1970 o. Mitgl. Rhein.-Westf. Akad. d. Wiss. Spez. Arbeitsgeb.: Mediävistik, Goethe- u. Bedeutungsforsch. - BV: Sage u. Legende in d. Kaiserchronik, 1940; Hohelied-Studien - Grundzüge e. Gesch. d. Hoheliedausleg. d. Abendl. b. um 1200, 1958; Vom geist. Sinn d. Wortes im Mittelalter, 1966; D. Verfluchte u. d. Erwählte. Vom Leben m. d. Schuld, 1976; Diamant u. Bocksblut, 1976; Schr. z. mittelalterl. Bedeutungsforsch., 1977; Gesetz u. Evangelium, 1985; Geometria e memoria, 1985; Süße Nägel d. Passion, 1989; Metaphern f. d. Sündenstufen u. d. Gegenwirkungen d. Gnade, 1990; Bemerkungen e. Philologen z. Memoria, 1991 - 1967 Brüder-Grimm-Preis; 1968 korr. Mitgl. Österr. Akad. d. Wiss.; 1973 Honorary Mb. Mod. Language Assoc. of America; 1979 Korr. Mitgl. Mediaeval Acad. of America; 1979 Accad. Senese degli Intronati; 1983 Accad. Peloritana (Messina); 1991 Akad. d. Wiss. zu Göttingen - Lit.: Verbum et Signum, Festschr. f. F. O. (1975); Geometria e memoria (1985).

OHM, August

Maler u. Zeichner - Röntgenstr. 57, 2000 Hamburg 63 (T. 040 - 59 87 46) - Geb. 1. Aug. 1943 Berlin (Vater: Prof. Dr. Wilhelm O., Maler u. Arch.; Mutter: Erika, geb. Perwitz), ev., ledig - Abit. 1962; Dipl.-Designer 1963 Hamburger Werkkunstsch.; Stud. Univ. Hamburg u. FU Berlin - 1970-77 Lehrtätigk. Fachhochsch. Hamburg; 1978 FB-Leitg. Volkshochsch. Hamburg - Veröff.: Illustrationsfolge z. Apokalypse, 1976; Illustrationsfolge z. Salome, 1979 - 1977 Denkmal f. Caspar David Friedrich; Bilder im Stil e. struktur. Pointillismus - Liebh.: Kostümgeschichtl. Privatsamml. - Spr.: Engl., Franz. - Lit.: Birgit Götting, Werkkatalog Hans Werner Grohn, Ohms Apokalypse; Alexander Perrig, Ohms Salome; Eric Haskell, Ohms Herodias; Eric Haskell, Illustrationen z. d. Fleurs du Mal; Hans Joachim Haecker, Renaissance-Fantasien; Heike Doutiné, im Licht Venedigs; Eric Haskell, Illustrationen z. Arthur Rimbaud; Hanns Theodor Flemming, Ohms imaginäres Museum.

OHM, Dietrich

Dr. rer. nat. habil., Prof. f. Zoologie (spez. Verhaltensforsch.) Inst. f. Psychol. TU Berlin - Holbeinstr. 5, 1000 Berlin 45 (T. 833 30 23) - Geb. 3. Juni 1924 - Promot. 1948; Habil. 1957 - Lehrtätigk. Humboldt-Univ. u. TU Berlin (1962; 1964 apl. Prof., 1971 Prof.). Publ. üb. Verhaltensbiol.

OHM, Ehm

s. z. Megede, Ekkehard

OHNEIS, Gerhard

Dr., Rechtsanwalt, Geschäftsf. Verb. Bayer. Ausfuhrbrauereien, Verein Münchener Brauereien u. Wirtschaftsvereinig. Münchener Brauereien GmbH - Oskar-v.-Miller-Ring 1, 8000 München 2 (T. 28 29 85).

OHNESORG, Franz Xaver

Direktor Kölner Philharmonie - Bischofsgartenstr. 1, 5000 Köln 1 (T. 0221 - 20 40 80) - Geb. 9. März 1948 Weilheim/Obb., kath., ledig - Stud. Betriebswirtschaftslehre, Kunstgesch., Theater- u. Musikwiss. Univ. München; Dipl.-Kfm. 1973 - 1979-83 Orchesterdir. Münchner Philharmoniker; Leiter Betriebsabt. Gasteig; Medienbeauftr. b. Münchner Kabelpilotprojekt; s. 1984 Dir. Kölner Philharmonie u. Geschäftsf. KölnMusik GmbH - 1968 1. Preis Intern. Kammermusikwettbew. Colmar; 1986 Kölsch Preis d. Kölner Kaufleute - Liebh.: Architektur, Archäologie - Spr.: Engl., Franz.

OHNESORGE, Bernhart

Dr., Prof. f. Angewandte Entomologie Univ. Hohenheim i. R. (1968-89) - Salzäckerstr. 52, 7000 Stuttgart 80 (T. 728 52 77) - Geb. 28. Okt. 1923 Berlin (Vater: Kurt O., LGsdir.; Mutter: Dr. Irmgart, geb. Humperdinck), ev., verh. s. 1954 m. Dr. Erika, geb.Gallasch, 3 Söhne (Wolfgang, Reinhard, Rüdiger) - Stud. d. Forstwirtsch. Univ. Göttingen u. Freiburg; Promot. 1953 ebd.; Habil. 1966 Berlin (FU) - 1954-61 wiss. Mitarb. Nieders. Forstl. Versuchsanst., 1962 b. 1967 wiss. Angest. Biolog. Bundesanst. Berlin - BV: Tiere als Pflanzenschädlinge, 1976 - Spr.: Engl. - Bek. Vorf.: Engelbert Humperdinck, Komponist (Großv.).

OHNESORGE, Dieter

Geschäftsführer d. Elbe-Mulde-Wirtschaftsförderungsges. mbH in Bitterfeld (s. 1992) - Klausenbergweg, 6730 Neustadt a. d. Weinstr. (T. 85 51) - Geb. 19. Aug. 1937 Allenstein/Ostpr., ev., verh. s. 1966 m. Ortrud, geb. Gieseler, 3 Kd. (Bernhard, Rudolf, Karin) - Abit. 1957 Bad Gandersheim; Stud. Rechtswiss. Univ. München u. Göttingen (1. jurist. Staatsprüf. 1963, gr. jurist. Staatsprüf. 1967) - 1967-69 Justizdienst LG Hannover; 1969-74 Justitiar u. Vertr. e. Dezern. Landeshauptstadt Hannover; 1974-82 Stadtdir. Buchholz in d. Nordheide; 1982-92 Oberbürgerm. Stadt Neustadt a. d. Weinstr.

OHNESORGE, Friedrich-Karl

Dr. med., o. Prof., Direktor Inst. f. Toxikologie Univ. Düsseldorf - G.-Hauptmann-Weg 5, 4021 Mettmann II (T. 02104 - 5 26 15) - Geb. 20. Nov. 1925 - S. 1960 (Habil.) Lehrtätigk. Kiel (1967 Wiss. Rat u. Prof.), o. Prof. 1974. Fachaufs.

OHNESORGE, Gebhard

Rechtsanwalt, Hauptgeschäftsf. Verb. Hess. Zeitungsverleger - Graf-Vollrath-Weg 6, 6000 Frankfurt 90 (T. 069 - 78 70 27, Fax 069 - 789 63 40).

OHNEWALD, Helmut

Dr., Justizminister Baden-Württ. (b. 1992), MdL Baden-Württ. (Wahlkr. 25, Schwäbisch Gmünd) - Gemeindehausstr. 5, 7070 Schwäbisch Gmünd (T. 0711 - 2 79-21 00) - Geb. 10. Okt. 1936 Schwäbisch Gmünd - CDU.

OHNSORGE, Jochen

Dr. med., Prof. f. Orthopädie Med. Fak. RWTH Aachen (s. 1968) - Priv.: Kaiser-Friedrich-Allee, 5100 Aachen (T. 0241-7 77 55); dienstl.: Pauwelsstr. 1, 5100 Aachen (T. 0241-80 89 410) - Geb. 6. Jan. 1937 - Univ. München, London, Paris, Köln - Spr.: Engl., Franz.

OHOVEN, Mario

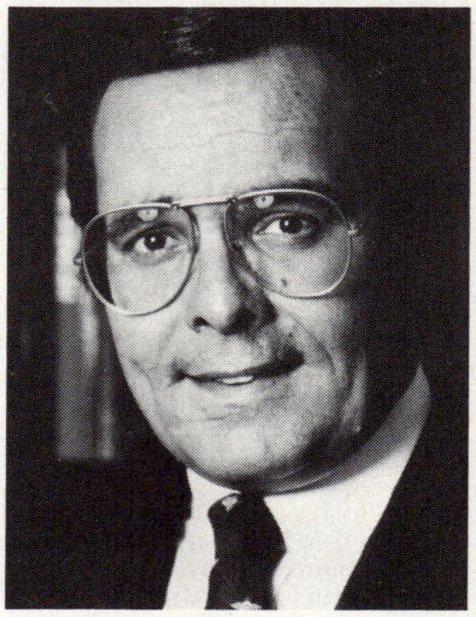

Bankkaufmann, gf. Gesellschafter - Heinrichstr. 85, 4000 Düsseldorf 1 (T. 0211 - 61 10 05) - Geb. 18. Mai 1946 Neuss, kath., verh. s. 1980 m. Ute Henriette, geb. Ulmer, 2 Kd. (Chiara Henriette, Michael-Charles) - Gymn.; Banklehre; Bankakad. - Seit üb. 20 J. im Bereich Vermögensanlagen führend tätig; beeinflußte innerh. d. Tätigk. d. Entwickl. steuerbegünstigter Investitionen entscheidend; Inh. Investor Treuhand (ca. 2 Mrd. DM Gesamtumsatz); Inh. EUB-Verlag. Präsid.-Mitgl. d. Stiftg. f. Wiss. u. Ges. d. Univ. Konstanz - Besteller-Autor: D. Magie d. Power-Selling - Liebh.: Jagd, Oper, Golf, Fußball - Spr.: Engl., Franz.

OHR, Renate

Dr. rer. pol., o. Univ.-Prof. f. Volkswirtschaftslehre, Lehrstuhl f. Außenwirtschaft Univ.-Hohenheim (s. 1988) - Wurmlingerstr. 32, 7000 Stuttgart 70 (T. 0711 - 76 13 29) - Geb. 12. Juli 1953 Ludwigshafen, ledig - Dipl.-Volksw. 1976 Mainz; Promot. 1979 Essen; Habil. 1986 Bochum - BV: Internationale Interdependenzen nationaler Geld- u. Gütermärkte b. flexiblen Wechselkursen, 1980; Budgetpolitik in offenen Volkswirtschaften, 1987.

OHRDORF, Hubertus

Dipl.-Kfm., Vorstandsmitglied Securitas Bremer Allg. Versich. AG u. Securitas-Gilde Lebensversich. AG - Osterholzer Dorfstr. 47 B, 2800 Bremen 44 (T. 0421 - 41 16 16) - Geb. 31. Dez. 1945 Parby/Elbe, ev., verh. s. 1969 m. Antje, geb. Prott, 4 Kd. (Anja-Ruth, Patrick, Sarah, Philipp) - Stud. Betriebsw. Univ. Hamburg; Ex. 1971.

OKER, Eugen

(Eigtl. Gebhardt, Friedrich, Johann) Schriftsteller - Haldenbergerstr. 21, 8000 München 50 - Geb. 24. Juni 1919, verh. s. 1960 m. Maria, geb. Augustin, 2 Kd. (Maximilian Friedrich, Barbara Johanna) - Oberrealsch. Amberg; Ausbild. z. Topograph u. Photogrammeter, Hafnermeister. 1988 Gründung d. Verlags Kuckuck & Straps - BV: Babba, sagt der Maxl, 1973; So was schüins, 1978; Lebensfäden, 1979; Bayern wo's kaum einer kennt, 4 Bde. 1982, 1983, 1985, 1986; Lebenspullover, 1986 u. a. m. - 1973 Astrid Lindgren-Preis (f.: Babba, sagt d. Maxl). 1991 Gründung d. SCHIRGELPOSTILLE (erste u. einzige Ztschr. d. Welt f. d. Betrachtung v. Raumbildern ohne optische Hilfsmittel) - Liebh.: Stereofotographie, Golf.

OKOPENKO, Andreas

Schriftsteller - Autokaderstr. 3/3/7, A-1210 Wien (Österr.) - Geb. 15. März 1930 Košice/ČSR (Vater: Andrij O., Psychiater u. Diplomat; Mutter: Vilma, geb. Sobotik), griech.-kath. - Gymn.; Univ. Wien (7 Sem. Chemie) - 1951-53 Exportkorresp.; 1954-67 Betriebsabrechner; s. 1968 fr. Schriftst. 1950-51 Mitgl. Gestaltungskr. Neue Wege, Wien, 1973-85 Mitgl. Grazer Autorenversammlung; s. 1987 AR-Mitgl. LVG; s. 1991 Präsid.-Mitgl. Intern. Erich-Fried-Ges. - BV: Grüner November, Ged. 1957; Seltsame Tage, Ged. 1963; D. Belege d. Michael Cetus, Erz. 1967; Warum sind d. Latrinen so traurig? - Spleengesänge, 1969; Lexikon e. sentimentalen Reise z. Exporteurtreffen in Druden, R. 1970; Orte wechselnd. Unbehagens, Ged. 1971; D. Akazienfresser, Parod. 1973; Warnung v. Ypsilon, Thrillgeschichten, 1974; Meteoriten, R. 1976; Vier Aufs., Ortsbestimmung e. Einsamkeit, 1979; Graben Sie nicht eigenmächtig!; Drei Hörsp., 1980; Ges. Lyrik, 1980; Johanna, Hörsp., 1982; Lockerged., 1983; Kindernazi, R. 1984; Schwänzellieder, 1991; Immer wenn ich heftig regne, Ged. 1992. Herausg.: publikationen einer wiener gruppe jg. autoren (1951-53; erstes Avantgarde-Blättchen Österr.s n. 1945); Mithrsg.: Hertha Kräftner, Warum hier? Warum heute?, Nachlaß 1963 (m. Otto Breicha, Neuausg. unt. d. Titel D. Werk, 1977) - 1966 Anton-Wildgans-Preis, 1977 österr. Staatspr. für Lit. (Würdigungspr.), versch. Förderungspreise f. Lyrik u. Prosa, DAAD-Berlin-Stipendium 1973 - Bek. Vorf.: Hryhorij F. Kwitka-Osnowjanenko, Begr. ukrain. Prosa (vs.).

OKRUSCH, Martin

Dr. rer. nat., Prof., Vorstand Inst. f. Mineral. u. Krist.-Strukturlehre Univ. Würzburg (s. 1982) - Am Hubland, 8700 Würzburg (T. 888 54 20) - Geb. 3. Dez. 1934 Guben (Vater: Friedrich O., Gewerbeoberlehrer; Mutter: Martha, geb. Siegmund), ev., verh. s. 1959 m. Irene, geb. v. Behr, 2 Kd. (Friederike, Georg) - Stud. Univ. Berlin (Freie) u. Würzburg; Promot. 1961; Habil. 1968 - 1961-70 Wiss. Assist. Würzburg; 1968/69 Gastprof. Univ. of Calif., Berkeley; 1970-72 Wiss. Rat u. Prof. Univ. Köln; 1972-82 o. Prof. u. Dir. Mineralog.-Petrogr. Inst. TU Braunschweig - BV: Spessart - Sammlg. Geol. Führer Bd. 44, 1965 (m. S. Matthes) - Liebh.: Kunst - Spr.: Engl.

OKSAAR, Els,

geb. Järv

Dr. phil., Dr. h. c., Dr. h. c., o. Prof. u. Direktorin Seminar f. Allg. u. Vergl. Sprachwissenschaft Univ. Hamburg (s. 1967) - Parkberg 20, 2000 Hamburg 65 (T. 607 08 03) - Geb. 1. Okt. 1926 Pernau/Estl. (Vater: Juhan J., Rechtsanwalt; Mutter: Luise, geb. Anderson), ev., verh. s. 1947 m. Dr. Arved O., S. Sven - Habil. 1958, s. 1958 Lehrtätigk. Univ. Stockholm u. Hamburg (1965) - 1967 Gastprof. Australian National Univ. Canberra, 1979 Fellow Japan Soc. f. Promotion of Science, 1987/88 Fellow Wiss. Kolleg Berlin. Gastvortr. USA, Asien, Australien. Präs. Intern. Assoc. f. the Study of Child Language, Mitgl. d. Wiss.rats - BV: Semantische Studien im Sinnber. d. Schnelligkeit, 1958; Mittelhochdeutsch, 1965; Berufsbezeichnungen im heutigen Deutsch, soziosemant. Unters. 1976; Spracherwerb im Vorschulalter, 1977, 2. A. 1988 (jap. 1980, engl. 1982); Fachsprachliche Dimensionen, 1988; Kulturemtheorie. E. Beitrag z. Sprachverwendungsforsch., 1988. Herausg.: Spracherwerb - Sprachkontakt - Sprachkonflikt, (1984); Soziokulturelle Perspektiven v. Mehrsprachigkeit u. Spracherwerb/Sociocultural Perspectives of Multilingualism and Language Acquisition (1987). Mithrsg.: Zeitschr. f. germ. Linguistik u. a. Div. Einzelarb. - S. 1967 Mitgl. Wiss. Rat Inst. f. dt. Spr.; s. 1979 Mitgl. Finn. Akad. d. Wiss.; s. 1982 Vice Präs. Intern. Society of Applied Sociolinguistics; s. 1984 Mitgl. Joachim Jungius Ges. d. Wiss.; s. 1988 Mitgl. Wiss.-kommiss. d. Wissenschaftsrates; s. 1989 Mitgl. Königl. Human. Wiss.akad. Lund - 1986 Ehrendoktor Univ. Helsinki, Finnland, 1987 Ehrendoktor Univ. Linköping/Schweden; 1986 Forscherpreis Immigrant Inst., Schweden; 1987 Essaypreis Dt. Akad. f. Sprache u. Dichtung; 1991 Konrad-Duden-Preis d. Stadt Mannheim - Liebh.: Musik - Spr.: Engl., Franz., Estn., Dän., Finn., Norw., Russ., Schwed.

OKSCHE, Andreas

Dr. med., Dr. med. vet. h.c., Dr. phil. h. c. (Lund), Prof. f. Anatomie - Aulweg 54, 6300 Gießen (T. 7 73 28) - Geb. 27. Juli 1926 Riga - S. 1960 (Habil.) Lehrtätigk. Univ. Marburg, Kiel (1961), Gießen (1964 ao., 1966 o. Prof.; Dir. Anat. Inst.; Mitgl. d. Gf. Vorst. Inst. f. Anat. Zytobiol.; 1968/69 Dekan Med. Fak.). Mitgl. in- u. ausl. Fachges., dar. Präs. European Soc. for Comparative Endocrinology (1973-77), Vors. Anat. Ges. (1978/79), Mitgl. Wiss. Aussch. Ges. Dt. Naturf. u. Ärzte (1978-84), Mitgl. d. Vorst.rates ebd. (1984-92), Präs. European Pineal Study Group (1981-87). Hon. Memb. Amer. Assoc. Anat. (1979), Vors. Kurat. W. G. Kerckhoff-Stiftg. u. Max-Planck-Inst. f. physiol. u. klin. Forsch., W. G. Kerckhoff-Inst. (1979ff.), zugl. Mitgl. Fachbeirat, Mitgl. Fachbeirat Max-Planck-Inst. f. exper. Endokrinologie (1990ff.), Mitgl. Wiss. Beirat Deutsches Primatenzentrum (1990ff., stv. Vors. 1991), Mitgl. d. Wissenschaftsrates (1980-82). Verantw. Herausg.: Cell Tissue Res. (1978ff.; Mithrsg. 1967-78). Herausg.: Hdb. Mikr. Anat. d. Menschen (1978ff.); Adv. Edit. Intern. Rev. of Cytol. (1970ff.); Gen. Comp. Endocrin. (1976ff.); Naturwissenschaften (1984ff.). Mithrsg.: Neuroglia (1980); The Pineal Organ (1981). Ca. 250 Veröff. z. Neuroanat., -histol. u. -endokrinol. - 1973 Dt. Akad. d. Naturforscher (Leopoldina), Senator (1984ff.); 1982 Distinguished Visiting Scholar Univ. of Adelaide; 1984 Royal Physiographical Soc. (Lund); 1986 Visiting Prof. Univ. of Hong Kong; 1988 New York Acad. of Sciences; 1989 Berthold-Med. d. Dt. Ges. f. Endokrinol.; 1989 Euricius-Cordus-Med. Philipps-Univ. Marburg - Spr.: Engl., Lett.

OLBING, Hermann

Dr. med., o. Prof. f. Kinderheilkunde Univ. GH Essen - Bernhardstr. 21, 4300 Essen 16 (T. 0201-40 64 67) - Geb. 7. Dez. 1930 Rhede (Vater: Bernhard O., Bankdir.; Mutter: Maria, geb. Veelken), kath., verh. s. 1959 m. Marianne, geb. Spiekermann, 3 Kd. (Bernd, Klaus, Kathrin) - Med.-Stud. Univ. Münster, Innsbruck, Freiburg - 1980-83 Präs. Dt. Ges. f. Kinderheilkd. - BV: Fortbildung in d. Kinderheilkunde. Nephrologie u. Urologie, 1981; Ethische Probl. in d. Pädiatrie u. ihren Grenzgebieten, 1982; Kinderkrankenhäuser f. d. Zukunft, 1982; Harnwegsinfekt. b. Kindern u. Jugendl., 3. A. 1987 - Spr.: Engl., Franz.

OLBRICH, Erhard

Dr. phil., Prof. f. Psychologie - Erlanger Str. 35, 8521 Weisendorf (T. 09131 - 85 47 44) - Geb. 22. April 1941 Mittelsteine (Vater: Reinhold O., DB-Sekretär; Mutter: Anna, geb. Herden), kath., verh. s. 1966 m. Marianne, geb. Meuser, S. Thomas - Stud. Psych., Phil. u. Theol., Dipl. u. Promot. Bonn; Psychophysiol. Berkeley/USA, 1979-84 Prof. Univ. Gießen, s. 1984 Prof. Univ. Erlangen-Nürnberg - S. 1977 Mitherausg. Intern. Journal of Behavioral Development - Mitverf. v. 3 psych. Büchern. Probleme d. Jugendalters, 1984 - Preis d. Rektors Univ. Bonn (f. d. Promot.); 1982/83 Armand-Hammer-Fellow d. Andrew Norman Institute for Advanced Study, Los Angeles - Spr.: Engl.

OLBRICH, Josef

Dr. phil., Prof. Institut f. Sozialpädagogik u. Erwachsenenbildung FU Berlin (s. 1976) - Lutherstr. 15b, 1000 Berlin 41 (T. 792 71 80) - Geb. 4. Mai 1935 Grüben (Vater: Josef O., Landwirt; Mutter: Maria, geb. Hoffmann), kath., T. Juliane - Gymn. Carolinum Osnabrück; Stud. Univ. Münster, Würzburg, Berlin (Freie); 1. u. 2. Staatsex. 1962 u. 64; Promot. 1969; Habil. 1974 - 1974-76 o. Prof. Hochsch. d. Bundeswehr Hamburg (zugl. Sprecher Fachber. Päd.); 1982/83 Gastprof. Univ. Wien. S. 1987 Mitgl. d. Rundfunkrates d. SFB - BV: Konzeption u. Methodik d. Erwachsenenbildung, 1972 (m. Helmut Keim u. Horst Siebert); Strukturprobleme d. Weiterbildung, 1973; Arbeiterbild. in d. Weimarer Rep., 1979; Legitimationsprobleme d. Erwachsenenbildung, 1979; Arbeiterbild. n. d. Fall d. Sozialistengesetzes (1890-1914) Konzeption u. Praxis, 1982 - Spr.: Engl., Franz.

OLBRICH, Wilfried

Dr.-Ing., Geschäftsführer GROHE Thermostat GmbH - Carl-Benz-Str. 10, 7630 Lahr - Geb. 24. Sept. 1937 - Stud. Maschinenbau FH Iserlohn u. TH Aachen; Promot. Betriebsorg. - 1973-77 Geschäftsf. Rollei-Werke, Braunschweig (Photoind.), 1977-86 P. F. Peddinghaus, Gevelsberg, Werkzeuge u. Werkzeugmasch.

OLBRICHT, Peter

Dr. phil., em. o. Prof. f. Sinologie - Lotharstr. 111, 5300 Bonn (T. 21 49 82) - Geb. 11. Nov. 1909 Weimar - S. 1946 Lehrtätigk. Univ. Göttingen (Lehrbeauftr., 1950 Privatdoz.) u. Bonn (1956 apl. Prof., 1963 o. Prof. u. Dir. Sinol. Sem.; 1975 em.). Div. Fachveröff. u. Übers. z. Gesch. u. Lit. d. chines. Mittelalters.

OLD, Broderick

s. Unger, Gert F.

OLDEKOP, Werner

Dr. rer. nat., em. Prof. f. Raumflug- u. Reaktortechnik TU Braunschweig (1966-92) - Bergiusstr. 2, 3300 Braunschweig (T. 5 19 77) - Geb. 1. Jan. 1927 Tallinn (Vater: Dr. med. Arnold O.; Mutter: Apollonia, geb. Badendieck), verh. s. 1954 m. Hannelise, geb. Heinrich, 2 Kd. (Gerhard, Vera) - 1946-51 Univ. Göttingen (Physik; Dipl.-Phys. 1951). Promot. 1952 Göttingen - 1952-53 Univ. Köln (Assist.); 1953-66 Siemens-Schuckertwerke AG., Erlangen. Emerit. 1992.

OLDENBURG, Dietrich

Präsident Landesarbeitsamt Hessen (s. 1986) - Letzter HAsenpfad 21, 6000 Frankfurt/M. 70 - Geb. 19. Jan. 1933 Berlin (Vater: Dr. Ulrich O., Steuerberater †; Mutter: Charlotte, geb. Stanke), ev., verh. s. 1964 m. Monika, geb. Bauck, 2 Kd. (Maike, Volker) - Abit.; 1952-56 Stud. Rechtswiss. Univ. Marburg u. Tübingen (bd. jurist. Staatsex.) - Dir. Arbeitsämter Braunschweig (1970-75) u. Hamburg (1975-86). 1978-90 Vors. Kurat. d. Stiftg. Grone-Schule, Hamburg; 1978-86 Beirat Facharb.-Ausb. GmbH; s. 1986 Vorst.-Vors. Berufsförderungswerk Frankfurt; s. 1986 Beiratsvors. Berufsbildungswerk Nordhessen, Arolsen; s. 1987 Vorst.-Mitgl. Bundesarbeitsgem. dt. Berufsförderungswerke; Vertr. d. Präs. d. Bundesanst. f. Arbeit in d. Bundesarbeitsgem. f. Rehabilitat.; s. 1988 VR-Vors. d. Berufsbildungswerkes Südhessen, Karben, u. s. 1990 d. Berufförderungswerkes Thüringen, Gera - Interessen: Preuss. Gesch., Vogelkd. - Spr.: Engl., Dän.

OLDENBURG, Julika

geb. Fischer

Journalistin u. Schriftst. - Hugo-Preuß-Str. 47, 3500 Kassel-Wilhelmshöhe (T. 0561 -31 13 69) - Geb. 15. Mai 1940 Bütow/Ostpommern (Vater: Julius F., Oberst a. D.; Mutter: Gisela, geb. Claus), ev., gesch., 2 Kd. (Carina, Katja) - Hochsch. f. Politik Berlin. Sprech- u. Schauspielausb. - Fr. Mitarb. überregion. Fach- u. Tagesztg.; Mitgl. Med. Fach- u. Standespresse. Filmsynchronisat. - BV: ... über alles in d. Welt, autobiogr. R., auch TB - Spr.: Engl.

OLDENDORFF, Klaus E.

Reeder, Gf. Gesellschafter Reederei Nord Klaus E. Oldendorff Ltd., Limassol, Klaus E. Oldendorff Holdings Ltd., Limassol - Sandy Beach AP. 021, Amathus Ave., Limassol/Zypern (T. 00357-5-32 39 40) - Geb. 14. April 1933 Lübeck, verh. s. 1979 m. Christiane, geb. Tilemann, 2 Söhne (Christian, Nikolaus) - Präs. Cyprus Shipping Council - Liebh.: Segeln, Skilaufen - Spr.: Engl., Franz., Schwed.

OLDENHAGE, Klaus

Dr. phil., Abteilungspräsident Bundesarchiv - Dorfstr. 6, O-1501 Ferch - Geb. 16. Febr. 1941 Göttingen, ev., ledig - Stud. Univ. Bonn (Gesch., Politische Wiss., Lat. Philol.); Promot. 1967 Bonn; Staatsprüf. f. d. höh. Archivdst. 1970 Marburg - 1970-85 Referatsleit. Bundesarchiv, 1985-89 Abt.leit. u. Leit. d. Filmarchivs im Bundesarchiv; s. 1989 Leit. Abt. Staatl. Schriftgut, s. 1990 d. Abt. Potsdam d. Bundesarchivs; s. 1984 Schatzm. Intern. Archivrat - BV: Kurfürst Erzherzog Maximilian Franz als Hoch- u. Deutschmeister 1780-1801, 1969; D. Bundesarchiv u. s. Bestände, 1977 - Spr.: Engl., Lat.

OLDENKOTT, Bernd

Botschafter d. Bundesrep. Deutschl. in Bangkok - 9, South Sathorn Road, P.O. Box 2595, Bangkok 10120, Thailand (T. 213-23 31/6) - Geb. 22. Sept. 1925 Dortmund, verh. s. 1957, 3 Kd. - Stud. Rechtswiss.; jurist. Prüf. 1951 u. 1954, diplomat.-konsular. Staatsprüf. 1957 - 1957-59 Konsulat Houston; 1962-67 Botsch. Neu-Delhi; 1971-74 Botsch. Jakarta; dazw. Ausw. Amt Bonn; 1974-79 Bundeskanzleramt; 1979-84 Botsch. in Lagos; 1984-88 Botsch. in Addis Abeba; s. 1988 Botschafter in Bangkok - Liebh.: Tennis, Ski, Bergwandern.

OLDENSTÄDT, Martin

Dr.-Ing., Vermessungsingenieur, Geschäftsf. Bund d. öfftl. bestellten Vermessungsing. (s. 1987), MdB (1972-76 u. 1979-87) - Auf dem Wiehern 9, 2722 Visselhövede-Wittorf (T. 04260 - 4 31) - Geb. 27. Nov. 1924 Barnstorf (Vater: Heinrich O. †; Mutter: Dora, geb. Wiechers †), ev., verh. s. 1960 m. Ingrid, geb. Weyland, 2 Kd. (Wiebke, Jan) - Obersch. Nienburg/Weser (Reifevermerk; nach Kriegsdst. u. engl. Gefangensch. Abit.); 1948-53 TH Hannover (Geodäsie; Dipl.-Ing.). Promot. 1960 Hannover - S. 1959 öfftl. best. Vermessungsing. Wittorf. CDU s. 1971 - Spr.: Engl. - Mitgl. Lions Club.

OLDEROG, Rolf

Dr. jur., Regierungsrat a. D., MdB (Vors. d. Arbeitsgr. Fremdenverkehr u. Tourismus d. CDU/CSU-Fraktion, Vors. d. CDU-Landesgr. Schlesw.-Holst., Mitgl. d. Fraktionsvors., Mitgl. d. Parlam. Kontrollkommiss. f. d. geheim. Nachrichtendst. u. d. Innenaussch.) - Lindenallee 60, 2440 Oldenburg/Holst. (T. 25 56) - Geb. 29. Dez. 1937 Hamburg, ev., verh., 2 Kd. - Mittel- u. Obersch. Oldenburg (Abit. 1957); Univ. Kiel u. Freiburg/Br. (Rechts-, Staatswiss., Volksw.). Gr. jurist. Staatsprüf. - U. a. Pers. Ref. schlesw.-holst. Min. f. Wirtschaft u. Verkehr. CDU (Kreisvors. Ostholst. u. Mitgl. Landesvorst. SH). Vors. Innenaussch. schlesw.-holst. Landtag (s. 1974), Grundsatzkommiss. schlesw.-holst. CDU u. schlesw.-holst. CDU-Landesgr. im Bundestag; 1975-80 stv. Vors. CDU-Fraktion u. Parlamentar. Vertr. Innenmin. v. Schlesw.-Holst. 1970-80 MdL Schlesw.-Holst. - BVK I. Kl.

OLDERSHAUSEN, Freiherr von, Hans-Felch

Dr. med., Dipl.-Chem., Prof., Oberarzt Med. Univ.sklinik Tübingen - Haydnweg 3, 7400 Tübingen (T. 6 12 85) - Geb. 26. Jan. 1920 Berlin - Promot. u. Habil. Berlin - Zul. FU Berlin. Üb. 100 Fachaufs. - 1972 Curt-Adam-Preis; Mitgl. Royal Soc. of Med. u. a.

OLDIGES, Franz Josef
Dr., Hauptgeschäftsführer AOK-Bundesverband - Kortrijker Str. 1, 5300 Bonn 2.

OLDIGES, Martin
Dr. iur., Prof. f. Öffentl. Recht Bielefeld (s. 1979) - Am Voßberge 6, 4800 Bielefeld 1 (T. 0521 - 12 18 32) - Geb. 30. Nov. 1940 Tilsit (Vater: Dr. Hermann O., Studienrat; Mutter: Dr. Ruth, geb. Gawehn), ev., verh. s. 1970 m. Margarethe, geb. Bagh, 3 S. (Thilo, Niklas, Viktor) - 1960-65 Stud. Marburg, Berlin; Promot. 1969, Habil. 1978, bde. Köln; 1. rechtswiss. Staatsex. Marburg 1965; 2. rechtswiss. Staatsex. Köln 1971 - 1971-78 wiss. Assist. Univ. Köln - BV: Grundlagen e. Plangewährleistungsrechts, 1970; D. Bundesregierung als Kollegium, 1984; u. a.

OLEARIUS, Christian
Dr. jur., Bankier - Zu erreichen üb. M. M. Warburg & Co., Ferdinandstr. 75, 2000 Hamburg 1 (T. 040 - 32 82-2 05) - Geb. 4. Mai 1942 Oberglogau, ev., verh. s. 1968 m. Barbara, geb. Meyer, 2 Kd. (Katharina, Joachim) - Stud. Univ. Heidelberg, Berlin u. Göttingen; Promot. 1969 Göttingen - Liebh.: Golf, Gesch., Segeln - Spr.: Engl.

OLESCH, Günter
Dr. jur., Hauptgeschäftsführer Zentralverb. Gewerblicher Verbundgruppen, ZGU, Generalsekr. Intern. Vereinig. v. Einkaufsverb. - Vorgebirgsstr. 43, 5300 Bonn 1 (T. 0228 - 9 85 84-0) - Geb. 28. Jan. 1941 Pforzheim - Zul. Hauptgemeinsch. d. Dt. Einzelhandels (Öffentlichkeitsarb.) u. 1972-76 Gesamtverb. d. Dt. Textilgroßhandels.

OLIVARI, Neven

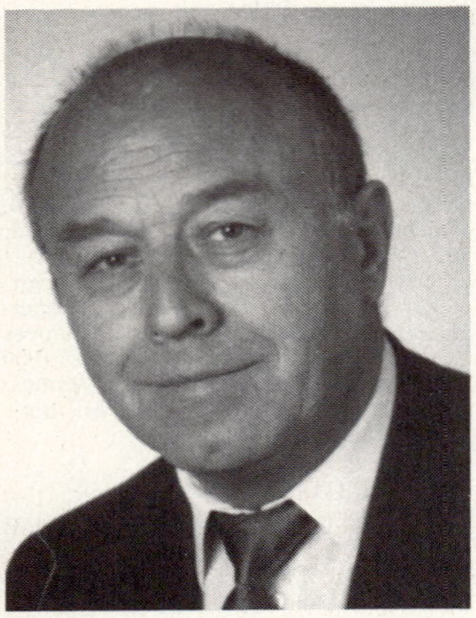

Dr. med., Prof., Chefarzt Abt. f. Plastische Chirurgie Krankenhaus Wesseling (s. 1982) - Zu erreichen üb. Dreifaltigkeits-Krkhs., Bonner Str. 84, 5047 Wesseling (T. 02236 - 7 73 87) - Geb. 28. Okt. 1932 Gradac, kath., verh. s. 1965 m. Brigitte, geb. Kock, 2 Söhne (Alexander, Nicolas) - Abit. 1951 Osjek; 1952-58 Med.-Stud. Zagreb; Promot. 1958 Zagreb; Habil. 1977 Köln - 1960-64 Chir. Abt. Dreifaltigkeits-Krkhs. Lippstadt; 1964-70 II. Chir. Lehrst. Köln-Merheim (Prof. Schink); 1970-82 Plast. Chir. Univ.-Klinik Köln (Prof. Schrudde); 1982 apl. Prof. Univ. Köln. Präs. Vereinig. d. Dt. Plast. Chirurgen - Entd. e. neuen Meth. z. Deckung v. Thoraxdefekten sow. Brustrekonstruktion n. Amputation (Latissimuslappen); 1988 Entw. neuer operativer Meth. f. Exophthalmus b. Morbus Basedow - 1980 Goldene Plak. Fondazione G. Sanvenero Rosselli per la chir. plastica Milano; 1986 Präs. 16. Jahrestagung d. Vereinig. d. Dt. Plast. Chir. Bonn; Mitgl. Brit. Assoc. of Plastic Surgeons, Soc. belge de Chir., Jugosl. Ges. f. Plast. Chir., Österr. Ges. f. Senologie; 1988 Ehrenpreis d. Vereinig. d. Dt. Plastischen-Chirurgie f. Entw. d. Latissimuslappens - Liebh.: Tennis, Malerei - Spr.: Engl., Croatisch.

OLLENBURG, Günter E. W.
Dr. rer. pol., Prof. f. Wirtschaftstheorie u. -politik FU Berlin - Teltower Damm 210, 1000 Berlin 37 (T. 030 - 815 42 43) - Geb. 29. Aug. 1928 Berlin (Vater: Wilhelm O., Kaufm.; Mutter: Wally, geb. Copernus), ev., verh. s. 1958 m. Ingrid, geb. Hackel, 4 Töcht. (Heidrun, Kerstin, Karin, Stefanie) - Abit. 1945/47, Kaufm.-Gehilfe 1947; Stud. Univ. London School of Eccs., FU Berlin, (Dipl.-Volksw. 1952, Promot. 1960, Habil. 1968, Steuerber. 1984) - 1961-63 Theor. Ref. Konzentrations-Enquête, 1964-66 Schriftf. Verein f. Socialpol., s. 1960 Mitgl. Royal Ec. Soc., s. 1961 List-Ges., s. 1958 Verein f. Socialpol. - BV: Wirtsch.-Wachstum, Gleichgewicht u. Dynamik, 1960. Mithrsg.: Gleichgewicht, Entw. u. soz. Beding. d. Wirtsch. (1979) - Liebh.: Phil., Philatelie, Psych. - Spr.: Engl. - Bek. Vorf.: Wilhelm Copernus, Pädagoge (Urgroßvater).

OLMS, Walter Georg

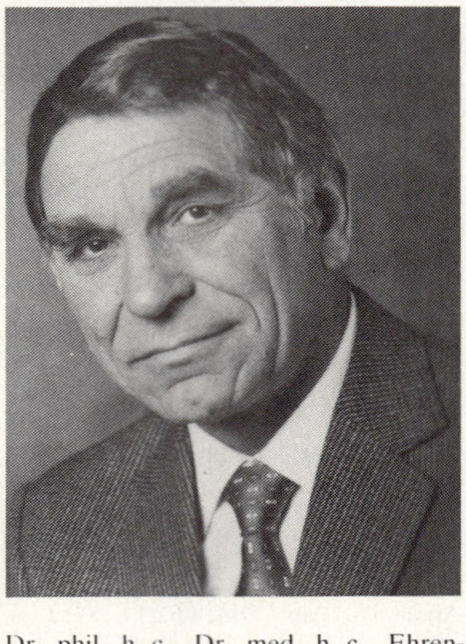

Dr. phil. h. c., Dr. med. h. c., Ehrensenator, Verleger - Hagentorwall 7, 3200 Hildesheim (T. 05121 - 3 70 07) - Geb. 4. Mai 1927, ev., verh. s. 1955 m. Edith, geb. Schlotter, 2 Söhne (Manfred, Dietrich) - Gymn., Buchhändlerlehre - 1953-60 Leit. d. Buchhändl.fachklasse Hildesheim; Gen.Bevollm. Georg Olms Verlag AG, Hildesheim - Zürich - New York; Geschäftsf. d. Weidmannschen Verlagsbuchhandlg. (gegr. 1680); Inh. d. Olms Araber Hamasa Gestüts; s. 1974 gf. Vors. d. Asil Clubs e.V. (Züchter asilarab. Pferde aus 29. Nat.) - BV: ASIL ARABER, Arabiens edle Pferde, Bd. I 1977, Bd. II 1980, Bd. III 1985 - Org. d. Asil Cup Intern.; Zuchtschau asilarab. Pferde: 1985 u. 1986 Dillenburg, 1988 Schloß Ludwigsburg, 1990 Maimarkt Mannheim - 1983 Dr. phil. h. c. Univ. degli Studi Urbino; 1985 Ehrensenator d. Univ. Hildesheim; 1988 Dr. med. h. c. J.-W.-Goethe Univ. Frankfurt/M. - Liebh.: D. arab. Kulturraum; jährl. Reisen auf d. arab. Halbinsel; Reiten u. Züchten asilarab. Pferde - Bek. Vorf.: Enkel v. Hermann Olms, 1986 Gründer d. gleichnamigen Buchhandlg. - Lit.: 100 Jahre Olms (Jubiläumsschrift, hg. W. Joachim Freyburg).

OLSCHOWY, Gerhard
Dr. rer. hort., Prof., Ltd. Direktor i. R. Bundesforsch.-Anstalt f. Naturschutz u. Landschaftsökologie, Bonn (1964-78), Ehrenmitgl. Dt. Rat f. Landespflege, Mitgl. Ehrenpräsid. d. Dt. Gartenbau-Ges., Korr. Mitgl. Akad. f. Raumforsch. u. Landespl., Hannover, Europ. Akad. f. Umweltfragen u. a. - Eschelbachstr. 11, 5300 Bonn (T. 23 17 95) - Geb. 14. Febr. 1915 Geseß/Schles. (Vater: Vinzenz O., Betriebsing.; Mutter: Selma, geb. Neumann), kath., verh. s. 1944 m. Felicitas, geb. Pahlen †1980, 3 Söhne (Roland, Folkhart, Wolfram), verh. s. 1984 m. Edith, geb. Bär - Eichendorff-Oberrealsch. Breslau; Univ. Berlin, TH München u. Hannover (Promot. 1955) - 1949-52 Assist. Inst. f. Angew. Pflanzensoziol. Weihenstephan; 1952-53 Ref. f. Landschaftspflege u. Grünplanung Zentralverb. d. Dt. Gartenbaus; 1953-64 Ref. f. Maßnahmen d. Landschaftspflege Bundesmin. f. Ernährung, Landw. u. Forsten. Landschaftsplanung (Staustufen Untere Isar, Rekultivierung Rhein. Braunkohlengeb., Parksiedl. München-Ramersdorf, Kernkraftwerk Biblis). S. 1958 Lehrbeauftr. u. Honorarprof. (1971) Univ. Bonn (Landschaftspflege) - BV: Landschaft u. Technik, 1970; Belastete Landschaft - Gefährdete Umwelt, 1971; Natur- u. Umweltschutz in fünf Kontinenten, Bd. I 1976 u. Bd. II 1985; Natur- u. Umweltschutz in d. Bundesrep. Deutschl., 1978 - 1965 Prof.-Titel; 1978 BVK I. Kl.; 1979 Alex v. Humboldt-Med. in Gold (FVS Hbg.); 1984 Gr. BVK; 1985 Umweltpreis Goldene Blume v. Rheydt.

OLSEN, Ferry
Regisseur (Ps.: Jill Hommers, Dieter Barnos) - Hauptstr. 48a, 8082 Grafrath (T. 08144 - 4 13) - Geb. 2. Juni 1925 Breslau (Vater: Hermann Scholz, Verw.-Angest.; Mutter: Helene Sch., Kammersängerin), ev., verh. s. 1955 m. Karen Sophia O., 3 Kd. (Karen, Janine, Mathias) - Ausb. z. Opernsänger - Staatsoper Berlin (Sänger); Komische Oper Berlin (Regievolont.); Regisseur (freiberufl.); Unterhaltung IV ZDF. Ca. 600 Insz., 120 Rollen, 70 Kompos. Autor d. Musicals: Wonderful Olly, Onkel Andreas, Dutsch u. Nelly, Feuervogelafrika, Les Clochards, Wenn ich einmal groß bin - Nationalpreis DDR, Ehrenkreuz I. u. II. Kl., Dt. Kreuz in Gold; Ehrenmitgl. Brigham Young Univ. - Liebh.: Bild. Künste - Spr.: Engl.

OLSEN, Karl-Heinrich
Dr. rer. techn. habil., em. Prof., Ltd. Direktor i. R. - Saarstr. 5, 3300 Braunschweig (T. 5 23 03) - Geb. 20. Dez. 1908 Graudenz/Westpr. - Promot. 1939; Habil. 1940 München 1940 ff. Doz. TH München, 1954-58 Doz. u. Prof. TH bzw. TU Braunschweig (Agrarpolitik, Landw. Betriebslehre u. Wirtschaftsgeogr.). 1959-65 Präs. Akad. f. Raumforsch. u. Landesplanung, Hannover, 1962-71 Generalsekr. Forsch.anst. f. Landw. Br.-Völkenrode, 1981-86 Präs. Braunschweig. Wiss. Ges. - BV: Oberflächengestalt., landw. Betrieb u. Agrarlandschaft, 1951; Grundl. d. westd. Agrarstruktur, 1955. Fachaufs. - 1965 Gr. BVK.

OLSHAUSEN, Hans-Gustav
Dr.-Ing., Prof., Ordinarius f. Baubetrieb u. Baubetriebswirtsch. Univ. Hannover - Am Kiefernforst 2, 4000 Düsseldorf 22 (T. 0211 - 20 18 18) - Geb. 23. Juni 1929 Hof Kogel/Mecklenburg (Vater: Konrad O.; Mutter: Alma, geb. Heinrich), kath., verh. s. 1957 m. Ingrid, geb. Pohl, 2 Kd. (Andreas, Ursula) - Dipl.-Ing. 1952 TH Karlsruhe, Dr.-Ing. 1977 TU Braunschweig. 1952-78 Beton- u. Monierbau AG (s. 1971 Vorstandsmitgl.). S. 1978 Hochschullehrer Univ. Hannover - Spr.: Engl.

OLSHAUSEN, von, Henning
Dr. jur., Prof. f. Öfftl. Recht u. Allg. Rechtslehre Univ. Mannheim - Johann-Fesser-Str. 10, 6710 Frankenthal - Geb. 4. März 1941 Naumburg/S. (Vater: Dietrich O., Oberpostdir.; Mutter: Luise, geb. Brendel), ev., verh. s. 1981 m. Ilse, geb. Stübinger, S. Philipp - Promot. 1969, 2. jurist. Staatsprüf. 1970, Habil. 1977 - 1977 Prof. Univ. Mainz; 1981 Prof. Bamberg; s. 1982 Prof. Univ. Mannheim - BV: Z. Anwendbarkeit v. Grundrechten auf jurist. Personen d. öfftl. Rechts, 1969; Landesverfassungsbeschwerde u. Bundesrecht, 1980. Div. Einzelarb.

OLSSON, Jens D.
Graphic Designer, Verleger - Fortunastr. 11, 4000 Düsseldorf 1 (T. 0211 - 66 05 90) - Geb. 14. Aug. 1944 Büsum/Nordsee - Kunststud. Hamburg; Dipl. (Graphic Designer) 1965 Hamburg - 1965-77 art director in intern. Werbeagenturen Düsseldorf u. Hamburg, zul. bei Lintas, Hamburg; 1977-82 selbst. art director u. Packungs-Designer in Hamburg; s. 1983 Mitinh. u. Geschäftsf. Verlag Eremiten-Presse, Düsseldorf. Herausg. v. Anthol. - Liebh.: Klass. Musik - Spr.: Engl., Ital., Lat.

OLSZEWSKI, Eugeniusz Zygfryd
Kunstmaler, 1991 Ausstellung Locarno, Erfinder d. Piktodiagramme - Unter d. Namen Eugen Siegfried Erlhoff als Arch. tätig (weitere Einzelh. s. u. Erlhoff).

OLSZEWSKI, Horst
Direktor Bereitschaftspolizei NRW (s. 1987) - Im Sundern, 4714 Selm 2 - Geb. 28. Juli 1932 Minden, ev., verh. in 2. Ehe m. Edeltraud, geb. Glosemeyer, Lehrerin, S. Nicolas - 1952 Polizeidst. NRW, 1962 Kommissar, 1971 Polizeirat; 1974-84 Leit. Werbe- u. Auswahldst. NRW; 1984-87 Leit. Höh. Landespolizeisch. Carl Severing Münster. Berufl. Spezialgeb.: Eignungsdiagnostik (Ausleseverf.). Mitbegründer Verhaltenstraining z. Konfliktbewältigung u. Kommunikationstraining f. d. Polizei NRW; Führungsforsch. u. -fortbild.; verhaltensorientierte Aus- u. Fortbild. v. Polizeibeamten - BV: Streß abbauen u. Konflikte bewältigen (Verhaltenstraining), 1988; Verhaltensmanagement in Org. (Streßreaktionen u. -bewältigung v. Individuen u. Org.) (m. J. C. Brengelmann, L. Rosenstiel); Verhaltenseffektivität u. Streß (m. J. C. Brengelmann u.a.), 1988 - BVK - Liebh.: sportpolit. Tätigk.

OLTERSDORF, Ulrich
Dr. med., Prof., Facharzt f. Hals-Nasen-Ohrenkrankheiten u. pathol. Anatomie - Auf d. hohen Feld Nr. 17, 7260 Calw (T. 3 08 18) - Geb. 13. Juni 1913 Berlin (Vater: Robert O., Stadtamtmann), ev., verh. s. 1943 m. Ursula, geb. Haase, 2 Söhne (Joachim, Peter) - Rheingau-Realgymn. (Friedenau) u. Univ. Berlin. Approb. 1939; Promot. 1942 - 1939-40 Assist. Pathol. u. Bakt. Inst. Oskar-Ziethen-Krkhs. Berlin (Lichtenberg); 1940-45 Hilfsarzt b. Berat. Pathologen e. Armee u. e. Wehrkr.; 1945-57 Assist. Univ. Tübingen (1953 Doz., 1959 apl. Prof. f. HNOheilkd.); s. 1958 fachärztl. Praxis Krkhs. Calw - BV: D. Wachstumskräfte u. d. formalen Vorgänge d. normalen u. pathol. Pneumatisation d. Gesichtsschädels, 1953 - 1953 Hermann-Marx-Preis Dt. Ges. f. HNOheilkd. - Liebh.: Segeln, Tennis.

OLTMANNS, Horst-Peter
Dr.-Ing., Prof. RWTH Aachen, Architekt, Ministerialdir. u. Beigeordn. Generalsekr. Vereinte Nationen - Hardtstr. 12, 5300 Bonn 2 (T. 0228 - 37 33 46) - Geb. 5. Sept. 1922 Dresden (Vater: Friedrich O., Verlagsbuchhdl.; Mutter: Charlotte, geb. Schweissinger), ev., verh. s. 1964 m. Ute, geb. Losehand, 2 S. (Patrick, Martin) - 1948-54 Stud. Arch.-Städtebau Royal Inst. ob British Architects London; Promot. 1958 TH Aachen, Kurse in Oxfort, Harvard u. Tokio - 1960-65 Leit. Auslandsabt. Bundesbaudir.; 1965-70 Arch.-Ing. Weltbank Washington; 1970-77 Oberster Baubeamter d. Bundes, Bonn; 1977-81 Leit. Umweltschutzfond UN, Sonderberat. Ausw. Amt (Bauwesen/Umwelt). 1971-79 1. Vors. Dt. Arch.-Ing.-Verb. DAI, Vors. Bundesarbeitsgemeinsch. d. Senior-Experten - BV: D. engl. Neustädte, 1958; Neuaufl. Verdingungsordn. f. Bauwesen, 1973; zahlr. weit. Fachveröff. - Bauwerke: 1954-58 Entw. u. Baultg. Neue Dt. Botsch. London, 1959-60 Neue Dt. Botsch. Tokio - 1954 Mitgl. Royal Inst. British Architects London; 1976 Hon. Fellow American Inst. Architects Washington; 1979 Ehrenmitgl. u. Vors. Beirat DAI; 1979 Honorarprof. RWTH Aachen; Vors. Sprecherrat Dt. Kulturrat.

OLZINGER, Franz J.
Dipl.-Kfm., Vorsitzender d. Geschäftsfg. JI CASE GmbH - Industriestr. 39, 4040

Neuss 1; priv.: Am Rheinblick 11, 6532 Oberwesen-Urbar (T. 06741 - 15 89) - Geb. 23. Dez. 1937 Böhm.-Röhren (Vater: Franz O., Polizeibeamter; Mutter: Maria, geb. Stuchl), kath., verh. s. 1963 m. Marianne, geb. Reithmeier, 2 Töcht. (Verena, Tanja) - Stud. Betriebsw. Dipl.-Kfm. 1967 Univ. München - Liebh.: Lit., Skilaufen - Spr.: Engl.

OLZOG, Günter

Dr. jur., Verleger - Elektrastr. 28, 8000 München 81 (T. 91 85 42) - Geb. 15. Febr. 1919 Dortmund, ev. verh. s. 1945 m. Ruth, geb. Wieter, 3 Kd. (Klaus-Peter, Dagmar, Karin) - Univ. München (Promot. 1949). Ass.ex. 1950 - 1945-47 Bayer. Staatsministerium f. Unterr. u. Kultus, 1948-49 Wiss. Assist. Inst. f. Völkerrecht München, seith. Verleger (Isar-, 1960-86 Günter Olzog Verlag). 1966-70 Vors. Bayer. Verleger- u. Buchhändler-Verb.; 1968-83 Prorektor Hochsch. f. Politik München; Beiratsmitgl. Akad. f. Polit. Bild., Tutzing - BV: u. a. D. polit. Parteien in d. BRD. Herausg.: Friedens-Leseb. Mithrsg.: Dokumentation deutschspr. Verlage; Dt. Handb. d. Erwachsenenbildung - 1969 Bayer. VO; 1987 BVK I. Kl.

OMANKOWSKY, Manfred

Dipl.-Polit., Bezirksstadtrat a.D., Vors. Dt. Familien-Verb./Landesverb. Berlin (1981ff.) - Im Amseltal 62, 1000 Berlin 28 - Geb. 27. Jan. 1927 Berlin - N. Begabtenabt. Otto-Suhr-Inst. Berlin - S. 1947 öfftl. Dienst (Presseref. Bezirksamt Reinickendorf, 1959 pers. Ref. Senator f. Arbeit, 1965 Leit. Abt. Jugend u. Sport BA Tiergarten). SPD s. 1947.

ONCKEN, Dirk

Dr. phil., Diplomat - Zu erreichen üb. Auswärtiges Amt, 5300 Bonn 1 - Geb. 2. Juni 1919 Heidelberg - S. 1952 Ausw. Dienst (u. a. Leit. Deutschl.- u. Wiedervereinigungsref., 1966ff. Gesandter NATO-Vertr., 1968ff. Gesandter Washington, 1970ff. Leit. d. Planungsstabes, 1972ff. Botsch. i. Griechenl., 1977ff. Botsch. in Indien, 1979-84 Botsch. Türkei) - 1984 Gr. BVK m. Stern - Vater: Prof. Dr. phil. Hermann O., bek. Historiker, 1869-1945 (s. X. Ausg.).

ONDRACEK, Gerhard

Dr. rer. nat., Prof. - Mauerstr. 5, 5100 Aachen (T. 0241 - 80 49 66) - Geb. 23. Sept. 1934 Jena (Vater: Kurt O., Kfz.-Meister; Mutter: Charlotte, geb. Beine), verh. s. 1960 m. Dora, geb. Schmidt, 2 Kd. (Claudia, Christian) - Dipl.-Ing. 1959 TH Magdeburg, Promot. 1965 TH Stuttgart, Habil. 1977 Univ. Karlsruhe - 1965 Abt.-Leit. Kernforsch.zentr. Karlsruhe; 1981-87 Prof. Univ. Karlsruhe; s. 1987 Prof. u. Inst.-Dir., Lehrst. Glas, Bio- u. Verbundwerkstoffe, RWTH Aachen - BV: Werkstoffkd., Lehrb. 1979, 2. A. 1986 (auch span. u. serbokroat.); Verbundwerkst. u. Stoffverbunde, 1982 u. 1985 - 1982 Gastprof. Inst. Balseiro Bariloche, Univ. de Cuyo, Rio Negro, Argentinien; 1982 Mitgl. New York Akad. of Sciences; 1990 korr. Mitgl. Coll. Europ. Jenense, Friedr. Schiller Univ. Jena - Spr.: Engl., Span.

ONKEN, Ulfert

Dr. rer. nat., Dipl.-Chem., em. Prof. f. Technische Chemie Univ. Dortmund - Gottlieb-Levermann-Str. 3, 4600 Dortmund 50 - Geb. 14. Mai 1925 Darmstadt (Vater: Wilhelm O., Gärtnermeister; Mutter: Katharina, geb. Galle), ev., verh. s. 1958 m. Dorothea, geb. Neckel †1991, 2 Kd. (Ulrich, Annette) - 1948-54 TH Darmstadt (Chemie), Dipl.-Chem. 1954; 1954-58 Univ. Göttingen (Promot. 1958) - 1954-58 Wiss. Assist. Univ. Göttingen; 1958-71 Hoechst AG, Frankfurt, (ab 1966 stv. Leit. Verfahrenstechnik); ab 1971 Univ. Dortmund. 1980-84 Ständiger Aussch. d. Dt. Bunsen-Ges. f. Physikal. Chemie; 1985 Gastprof. Univ. Kyoto/Japan. Patente - BV: Therm. Verfahrenstechnik, Monogr. 1975; Vapor-Liquid Equilibrium Data Collection (m. J. Gmehling), ab 1977 (15 Bde.); Grundzüge d. Verfahrenstechnik u. Reaktionstechnik, 1986; Stand u. Problembereiche d. Bioverfahrenstechnik in d. Bundesrep., 1988; Recommended Test Mixtures for Distillation Columns, 1990 - Liebh.: Musik - Spr.: Engl., Franz., Ital.

OOMEN, Ursula

Verehel. Mantell, Dr., Prof. f. Englische Sprachwissenschaft u. Medienwissenschaft - Zu erreichen üb. Univ. Trier, FB II, 5500 Trier - Geb. in Dortmund, verh. - Promot. 1964 Univ. Freiburg - Assist. u. Assoc. Prof. Georgetown Univ., Washington, D.C./USA; Prof. Univ. Trier, 1985 Dekan FB f. Sprach - u. Literaturwiss. - BV: Automatische syntaktische Analyse, 1968; Sprachl. Konstituenten mod. Poesie, 1970 (m. R. Kloepfer); Linguist. Grundlagen poet. Texte, 1973; D. engl. Sprache in d. USA, 1981 - Spr.: Engl., Franz., Lat.

OOSTERGETELO, Jan

Landwirt, MdB (VIII. Wahlp./Landesl. Nieders.) - Höcklenkamp 12, 4459 Uelsen - Geb. 9. Febr. 1934 Höcklenkamp (Vater: Landw.), ev.-ref., verh., 3 Kd. - Volkssch.; landw. Ausbild. - S. 1959 selbst. Mitgl. Kreistag u. Gemeinderat. SPD s. 1969 (Ortsvors. u. Mitgl. Unterbezirksvorst.).

OOYEN, van, Hansgeorg

Schriftsteller - In den Kämpen 5, 4370 Marl (T. 02365 - 3 25 07) - Geb. 23. Febr. 1954 Duisburg, verh. m. Monika, geb. Eschenröder, 2 Söhne (Sascha Oliver, Dario Alessandro) - 1976-82 Stud. German. u. Phil. Univ. Bochum - Mitgl. Landesvorst. NRW Verb. dt. Schriftsteller, stv. Mitgl. WDR-Rundfunkrat, Mitgl. Verb. dt. Schriftst. (VS) - BV: D. Schrift an d. Wand, Kurzgesch. u. Sat., 1981; Ende d. Bescheidenheit, Ged., 1984; Auch d. Worte verfärben sich, wenn sie einander berühren, Ged. 1987; Leben vorm Pütt, Texte u. Bilder aus e. Arbeitersiedlung, 1988; Fangschuß, 1989; u.v.m. Hörsp. zu Gegenwartsfragen, prod. in CSSR, DDR, BRD, Frankr., Ital. in den jeweil. Landesspr. Herausg. Besetz deinen Platz auf d. Erde (1984); Üb. d. Haß hinaus ... (m. Bernt Engelmann, 1985); 8 Minuten noch zu leben? (1987) - 1980 1. Preis d. Bulg. Rundf.; 1981 Stip. Kultusmin. NRW; 1984 Verdienstmed. Rundf. d. CSSR (f. Leist. auf d. Geb. d. Hörsp.); 1986 Alfred-Kitzig-Preis (Ahlen); 1987 Lit.preis d. Stadt Aachen; 1987 Dt. Kurzgesch.preis; u. a. - Spr.: Engl., Franz.

OPASCHOWSKI, Horst

Dr. phil., Prof. Univ. Hamburg, Wiss. Leiter B.A.T Freizeit-Forschungsinst., Hamburg - Hellholzkamp 1, 2050 Börnsen - Geb. 3. Jan. 1941 Beuthen/Oberschl. (Vater: Ernst O., Kaufm.; Mutter: Johanna, geb. Sauerland, Konzertpianistin), kath., verh. s. 1967 m. Elke, geb. Schewe, 2 Kd. (Alexander, Irina) - Abgeschloss. künstl. Schauspiel-Ausb.; Tätigk. als Reiseleiter, Reserveoffiz. (Olt. d. R.), Lehrer u. wiss. Ass. - Univ. Bonn u. Köln (Promot. 1968) - S. 1975 Prof. f. Erziehungswiss. Univ. Hamburg Inst. IV-Abt. Freizeitpäd. u. Freizeitwiss.; Vorst.-Mitgl. Kommiss. Freizeitpäd. d. Dt. Ges. f. Erziehungswiss. - Autor (Exposé u. Drehb.) d. Films „One, two, three - Germany" (Amtl. Beitr. d. Bundesrep. Deutschl. auf d. Expo '88 in Brisbane/Austral.); Berater d. Bundeswirtschaftsmin. f. d. Weltausst. Expo '92 in Sevilla; Fachpreisrichter im Architekturwettbewerb Berlin Olympia 2000; Vors. d. Sachverst.kommiss. Asbest-Technik-Freizeit im Bundesmin. f. Forsch. u. Technologie - 30 Buchveröff. 1970-90, u. a. Probleme im Umgang m. d. Freizeit, 1980; Allein in d. Freizeit, 1981; Freizeitzentren f. alle, 1981; Methoden d. Animation - Praxisbeisp., 1981; Handbuch Freizeit-Daten, 1982; Freizeit im Wertewandel (m. G. Raddatz), 1982; Arbeit, Freizeit, Lebenssinn?, 1983; Freizeit im Ruhest. (m. U. Neubauer), 1984; Freizeit u. Umwelt, 1985; Urlaub 85/86 - zu Hause u. auf Reisen, 1986; Urlaub 86/87. Was Reiseziele bieten müssen, 1987; Konsum in d. Freizeit, 1987; Sport in d. Freizeit, 1987; Päd. u. Didaktik d. Freizeit, 1987, 2. A. 1990; Wie leben wir n. d. Jahr 2000? Szenarien üb. d. Zukunft v. Arbeit u. Freizeit, 1988; Psychol. u. Soziol. d. Freizeit, 1988; Tourismusforsch., 1989; Freizeitalltag v. Frauen: Zw. Klischee u. Wirklichkeit, 1989; Urlaub 89/90. Trendwende im Urlaubsverhalten: D. Grenzen grenzenlosen Reisens, 1990; Urlaub 90/91. E. gesamtd. Reiseanalyse, 1991; Ökologie v. Freizeit u. Tourismus, 1991; Freizeitökonomie: Marketing v. Erlebniswelten, 1992 - Führender Freizeit- u. Tourismusforscher in d. BRD (dpa); Ferienvordenker (Welt am Sonntag); D. weithin bekannte Meinungsmacher d. Freizeitszene (D.Zeit); D. populärste Freizeitforscher d. Bundesrep. (FAZ) - Freizeitpapst (Wirtschaftswoche).

OPBERGEN, van, Gert

Dipl.-Ing., Geschäftsführer AGO Apparatebau-Ges. Josef van Opbergen mbH, IGO Ingenieur-Ges. Josef van Opbergen mbH - Dürerstr. 12, 4040 Neuss (T. 02101-46 46 16) - Geb. 13. Juli 1928 Neuss, ev., verh. s. 1953 m. Regina Hodißen, 6 Kd. (Piet, Regina, Cornel, Josef, Andreas, Sebastian) - Staatl. Ing.schule Essen (Dipl.-Ing.) - Vorstandsmitgl. FG Apparatebau im VDMA; IHK-Vizepräs.; Vors. Unternehmersch. Neuss u. Umgegend - BVK I. Kl. - Spr.: Engl.

OPDERBECKE, Hans Wolfgang

Dr. med. (habil.), Prof. f. Anästhesiologie Univ. Erlangen-Nürnberg, Generalsekr. d. Dt. Ges. f. Anästhesiologie u. Intensivmed. - Obere Schmiedgasse 11, 8500 Nürnberg 1.

OPEL, Adolf

Schriftsteller, Filmregiss. - Seidengasse 43, A-1070 Wien - Geb. 12. Juni 1935 Wien - Stud. Univ. Wien, State Univ. of Iowa USA (Lit., Psych., Film); Absolutorium 1959 - Kulturpubliz., Filmkritiker b. Vernissage; Herausg. d. Werke v. Adolf Loos; Filmregiss.; Gestalter v. Ausst. - BV: Durst vor d. Kampf, 1955; Heuchler u. Heilige, 1957; Wilhelm Voigt, gen. Hauptmann v. Köpenick, 1974; Roaring Twenties, 1980; Anthology of Modern Austrian Lit., Intern. PEN Books, 1981; Werke v. Adolf Loos (Hg.), 4 Bde. 1981-85. Filme: Todesfuge, 1978; Auferstehung d. Worte, 1978; Arielse, 1980; Ewig jung bleibt nur d. Phantasie, 1982; D. Macht d. Geistes üb. d. Stoff, 1983 - 1978 Grand Prix Intern. Filmfestival Thessaloniki; 1979 1. Preis Rassegna Intern. del film didattico, rom u. Filmpr. Wiener Kunstfonds; 1981 Theodor Körner-Pr. - Liebh.: Reisen - Spr.: Engl., Span., Franz. - Lit.: Zahlr. Zeitungsart. u. Kritiken u.a. v. Franz Theodor Csokor, Thornton Wilder, Hans Weigel.

OPGENOORTH, Ernst Rudolf

Dr. phil., Prof. f. Mittlere u. Neuere Geschichte Univ. Bonn - Bootsweg 34, 5205 St. Augustin 1-Mülldorf - Geb. 12. Febr. 1936 Kleve (Vater: Heinrich O., Finanzbeamter; Mutter: Eva, geb. Bongartz), kath., verw., 2 Söhne (Norbert, Hein) - Gymn.; Stud. Gesch., German., Phil. u. Publiz. Bonn u. FU Berlin, Promot. u. 1. Staatsex. f. d. Lehramt Bonn 1962, Habil. Bonn 1971 - Journ. Tätigk.; 1963-70 Wiss. Kommiss. d. BRD f. XIII. europ. Kunstausst. Valletta 1970, 1973 Vorst. u. 1979 Schriftf. Arb.gemein. z. preuß. Gesch. e.V.; 1983 Vorst. d. Hist. Kommiss. f. ost- u. westpr. Landesf.; Vertr. Doz. d. Friedr.-Naumann-Stiftg. - BV: Einf. in Stud. d. neueren Gesch., 3. A. 1989; Friedr.-Wilhelm. D. Gr. Kurfürst v. Brandenburg, 2 Bde., 1972 u. 1978; Volksdemokratie im Kino 1984 - Liebh.: Politik, Basteln, Musik - Spr.: Engl., Franz.

OPHOVEN, Hermann

(Ps. Armin von der Ach) Kantor, Musikdirektor FDB, Chordirektor ADC, Komponist - Kirchbergstr. 2, 8114 Uffing am Staffelsee/Obb. - Geb. 4. März 1914 Düsseldorf (Vater: Peter O., Organist u. Chorleit.; Mutter: Maria, geb. Issel), kath., verh. s. 1937 m. Else, geb. Kaiser, 2 Kd. (Wolfgang, Margret) - Human. Gymn.; Hochsch. f. Musik, Köln (Staatsex.) - 1933 Organist u. Chorleit. Ratingen, Köln, 1946 Düsseldorf - W.: Männer-, Gemischte-, Frauen- u. Kinderchöre, Volksliedsätze, Kirchenmusik; Aufführ. Sängerbundesfeste: Salzburg 1953, Am Niederrh. 1955, Wien 1958, Dortmund 1959, Gelsenkirchen 1960, Essen 1962, Olympiade 1972 München (Urauff. Kantate ‚Für d. Frieden in d. Welt') - 1957 Valentin-Becker-Komp.s-preis; 1972 Ernenn. Chor-ADC u. Musikdir. FDB.

OPITZ, Claudia

Dr. phil., Prof. f. Geschichte Univ. Hamburg - Geb. 2. Dez. 1955 - Stud. Konstanz u. Paris; Promot. 1985; Habil. 1990 - BV: Frauenalltag im Mittelalter, 1985; Maria, Abbild od. Vorbild?, 1990. Mithrsg.: Evatöchter u. Bräute Christi (1990).

OPITZ, Günter

Dr. rer. nat., o. Prof., Org. Chem. Inst. Univ. Heidelberg - Rappenbuckelweg 1, 6905 Schriesheim - Geb. 17. März 1926 Berlin (Vater: Dr. Emil O., Studienrat; Mutter: Marie, geb. Karmrodt), verh. m. Gabriele, geb. Scheytt - Univ. Tübingen. Promot. (1956) u. Habil. (1960), apl. Prof. u. Wiss. Rat (1966), o. Prof. Univ. Heidelberg (1972) - BV: Alpha-Aminoalkylierung, Monogr. 1960 (m. H. Hellmann). Facharb.

OPITZ, Klaus

Dr. med., Prof. Inst. f. Pharmakologie u. Toxikologie Univ. Münster - Görlitzer Str. 102, 4400 Münster (T. 24 82 11) - Geb. 7. Jan. 1927 - S. 1961 (Habil.) Lehrtätigk. Münster (1967 apl. Prof. f. Pharmak. u. Toxikol.). Üb. 90 Fachveröff.

OPITZ, Otto

Dr. rer. nat., o. Prof. f. Math. Methoden der Wirtschaftswiss. Univ. Augsburg - Memminger Str. 14, 8900 Augsburg - Geb. 8. Juni 1939 - Dipl.-Math. 1965, Dr. rer nat. 1968, Habil. 1970. Univ.-Prof. in Innsbruck; o. Prof. in Karlsruhe u. Augsburg - 50 wiss. Publ. - Liebh.: Musik, Sport.

OPITZ, Paul Heinrich

Dr.-Ing., Vorst. Maschinenfabrik Carl Zangs AG., Krefeld (s. 1970) - Greiffenbergsacker 16, 4050 Mönchengladbach 4 (T. 02166 - 5 93 70) - Geb. 26. Jan. 1923 Wuppertal-Elberfeld (Vater: Erich O., Prokurist; Mutter: Maria, geb. Niemöller), ev., verw., 2 Kd. (Jutta, Jochen) - Abit. 1940; Kriegsdst. (Marine); Mechanikerlehre; Stud. TH Aachen; Promot. 1958 - 1948-50 Mechaniker; 1960-64 Obering.; s. 1964 Vorst.smitgl. bzw. Gf. Vorst.smitgl. RKW Landesgr. NRW, s. 1977 Vors. Unternehmersch. Metall Krefeld - Liebh.: Jagd - Spr.: Engl.

OPITZ, Peter

Dr. jur., Geschäftsinhaber Berliner Handels- u. Frankfurter Bank - Bockenheimer Landstr. 10, 6000 Frankfurt/M. (T. 069 - 718-35 39) - Geb. 7. Juli 1940, ev., verh. - Vorst.-Vors. Bankenverb. Hessen; AR-Mitgl. Frankf. Kreditbank GmbH; Beiratsmitgl. Herausgebergem. Wertpapier-Mitteil., Frankfurt - Liebh.: Zeitgenöss. bild. Kunst, Lit. - Spr.: Engl., Franz., Ital.

OPITZ von BOBERFELD, Wilhelm

Dr. agr., Prof. Univ. Gießen - Ludwigstr. 23, 6300 Gießen (T. 0641 - 702 60 00) - Geb. 7. März 1941 Posen, ev., verh. m. Dr. med. Ursula, geb. Buchta, 1 Kd. - Dipl.-Landw. 1968; Promot. 1971; Habil. 1978 (Acker- u. Pflanzenbau), alles Bonn - 1983 apl. Prof. Univ. Bonn; 1984 Prof. Univ. Göttingen (Abt. Futterbau u. Grasland-

OPP, Karl-Dieter
Dr. rer. pol., Prof. f. Soziologie Univ. Hamburg - Sulkyweg Nr. 22, 2000 Hamburg 72 - Geb. 26. Mai 1937 Köln (Vater: Karl O., Bankprok.; Mutter: Melanie, geb. Steinböck), verh. s. 1966 m. Elisabeth, geb. Capellman, 2 S. (Boris, Manuel) - Abit.; Lehre als Ind.-Kaufm.,Wiss. Assist., o. Prof. - BV: U.a. Methodolog. d. Sozialwiss., 2. A. 1976; Verh.theor. Soziol., 1972; Soziol. im Recht, 1973; Abweichend. Verh. u. Ges.strukt., 1974; Individ. Sozialwiss. 1979; D. Entstehung sozialer Normen. 1983 - Spr.: Engl.

OPP, Walter

Prof. u. Univ.-Musikdirektor Univ. Erlangen - Gebbertstr. 46, 8520 Erlangen (T. 09131 - 2 29 31) - Geb. 30. Juli 1931 Marktredwitz (Vater: Hermann O., Pfarrer; Mutter: Margarete, geb. Schumacher), ev., verh. s. 1959 m. Rosemarie, geb. Kipfmüller, 4 Kd. (Agnes, Andreas, Christine, Mechthild) - Human. Abit. 1950 Regensburg; Stud. Kirchenmusik, Kompos., Theol. (Staatsex. Kirchenmusik 1955 Berlin) - 1957-67 Kirchenmusiker in Kitzingen, 1967-73 in Regensburg; 1973-81 Landeskirchenmusikdir. in Schlüchtern; s. 1981 Univ.-Musikdir. u. Prof. Erlangen - BV: Handb. f. d. kirchenmusikal. Dienst im Nebenamt, 1966/77; Verzeichnisse d. Choralvorsp. z. EKG, 1974; Ausgew. Choralvorsp., 1987 - 1969 Kulturförderpreis Regensburg.

OPPEK, Ernst
Prof., Dipl.-Gewerbelehrer, REFA-Ing., Dir. Landesinst. f. Unterr., Stuttgart - Heckenweg 8, 7141 Schwieberdingen (T. 07150 - 3 44 04) - Geb. 22. Sept. 1931, verh. s. 1958 m. Elke, geb. Mußfeldt - 1949 Lehre als Maschinenschlosser; Abit. 1954 Stuttgart; 1958 Diplomgewerbelehrer Fachricht. Maschinenbau; Assessorex. 1962 (bde. Stuttgart); 1958-74 Schuldienst. Lehrbeauftr. Berufspäd. Hochsch. Stuttgart f. Betriebswirtschaftslehre; 1975 Prof. Inst. f. Studieninf. u. Bildungsplanung Stuttgart; Landesstelle f. Erziehung u. Unterr.; s. 1979 Dir.; Erwerb versch. Lehrberechtigungen f. REFA-Verb. f. Arbeitsstud. u. Betriebsorganis. u. Lehrtätigkeit - Fachveröff. auf d. Geb. Bildungsforsch., Päd., Arbeitswiss. u. Betriebsorganis. u. neue Technol. - S. 1980 stv. Bundesvors. REFA-Verb. f. Arbeitsstudien u. Betriebsorganis. Darmstadt; s. 1989 Landesvors. REFA-Landesverb. Baden-Württ. - Schwerpunktarbeit in diesen Verbänden: Ausbildung und Entwicklung - Liebh.: Sport (Tennis), Theater, Lit. - Spr.: Engl.

OPPEL, Falk

Dr. med., Prof. f. Neurochirurgie, Chefarzt Neurochir. Klinik Krankenanst. Gilead, Bielefeld (s. 1986) - Hanglehne 57, 4800 Bielefeld 1 - Geb. 23. Jan. 1944 Darmstadt (Vater: Fritz O., Doz. f. Ing.-Bau; Mutter: Imma, geb. Scholl), ev., verh. s. 1982 in 2. Ehe m. Irene, geb. Lutz, 2 Söhne (Max, Felix) - Stud. Med. Univ. Berlin u. Heidelberg; Staatsex. 1972 Berlin, Promot. 1973 FU Berlin, Habil 1981 ebd. - 1978-86 Oberarzt Neurochir. Klinik Univ.-Klinikum Steglitz FU Berlin, 1983 Berufung z. Prof. Zahlr. Fachveröff. u. Buchbeitr. - Liebh.: Bildhauerei, Malerei.

OPPEL, Ottomar
Dr. med., Prof., Chefarzt Augenklinik Städt. Krankenanstalten Wuppertal (s. 1968) - Heusnerstr. 40, 5600 Wuppertal-B. (T. 56 62 30) - Geb. 25. Okt. 1920 Harras/Thür. (Vater: Albert O., Landwirt; Mutter: Elise, geb. Gleichmann), ev., verh. s. 1952 m. Gritta, geb. Höhlein, 2 Kd. (Solveig, Uwe) - Obersch. (Internat); Univ. Jena, Rostock, Jena. Promot. 1951 Jena; Habil. 1958 Mainz - 1955-68 Oberarzt Univ.s-Augenklin. Jena u. Mainz (1964-65 komm. Dir.; 1958 ff. Privatdoz. bzw. apl. Prof.). Fachveröff.

OPPELT, Winfried

Dr.-Ing., Dr.-Ing. E. h., em. o. Prof., Direktor Inst. f. Regelungstechnik TH Darmstadt (1957-77) - Meißnerweg 67, 6100 Darmstadt-Neu-Kranichstein (T. 71 84 94) - Geb. 5. Juni 1912 Hanau/M. (Vater: Richard O., Insp.; Mutter: geb. Weber), verw., 2 Kd. a. 1. Ehe (Arnulf, Ulrich) - TH Darmstadt - U. a. Laborleit. Hartmann & Braun AG, Frankfurt/ M. - BV: Grundgesetze d. Regelung, 1947; Stet. Regelvorgänge, 1949; Kl. Handb. techn. Regelvorgänge, 1953, 5. A. 1972 (auch franz., poln., rumän., russ., tschech., ungar.); Üb. d. Menschenbild d. Ingenieurs, 1984. Zahlr. Einzelarb. u.a. z. biolog. Kybernetik (Modelle d. Trancezuständen) - 1965 Ehrendoktor TH München; 1967 Fellow Inst. of Electrical and Electronic Engineers (USA); 1971 Grashof-Denkmünze d. VDI; 1979 Wilh.-Exner-Med. (Wien); 1980 VDE-Ehrenring; 1981 Gairn-EEC-Med. (London); 1982 Aachener u. Münchener Preis f. Techn. u. Angew. Naturwiss.; 1983 Ehrenpräs. Dt. Ges. f. Kybernetik (DGK).

OPPEN, von, Dietrich
Dr. phil., em. o. Prof. u. Direktor Sem. f. Sozialethik Univ. Marburg - Am Kornacker 8, 3550 Marburg (T. Marburg 8 13 60) - Geb. 22. Nov. 1912 Berlin (Vater: Konrad v. O., Major; Mutter: geb. v. Ruville), verh. 1951 m. Rosemarie, geb. Schoenborn - Zul. Päd. Akad. Kettwig - BV: Verbraucher u. Genossenschaft, 1959; D. personale Zeitalter, 1960; Als Christ leben, 1967; D. sachliche Mensch, 1968; Moral, 1973; Marburger Aufzeichnungen - Z. Krise d. modernen Welt, 1983. Div. Einzelarb. - Spr.: Engl., Franz. - Rotarier.

OPPEN, von, Kaspar
Dr., Dipl.-Ing., Direktor d. Gutehoffnungshütte AV AG. u. Ferrostaal AG. - Zitelmannstr. 10, 5300 Bonn 1 - Geb. 25. Febr. 1934 Weimar.

OPPENBERG, Dietrich

Verleger, Herausg. NRZ Neue Ruhr Zeitung/Neue Rhein. Ztg., Verleger Verlagsgruppe ECON, Ehrenvors. Arbeitsgem. Regionalpresse, VR-Vors. Versorgungswerk Dt. Presse, Vorst.-Vors. u. VR-Vors. Folkwang-Museums-Verein Essen - Sachsenstr. 30, 4300 Essen - Geb. 29. Juli 1917 Essen (Vater: Arnold O.; Mutter: Elise, geb. Rothenberg), ev., verh. s. 1945 m. Marianne. geb. Stiel, 2 Kd. - Realsch.; Verw.akad. - Anwaltsgehilfe, 1936 in e. Hochverratsprozeß zu 2 3/4 J. Zuchths. verurt., Verlagssekr. u. eig. Ztg.agentur, n. Kriegsende Verlagsleit. Ruhr Ztg., Essen, u. Lizenzträger Rhein. Echo, D'dorf, Ehrenvors. Rhein.-Westf. Ztg.verleger - BV: D. öfftl. Aufgabe d. Presse; Publiz. im Wandel.

OPPENBERG, Hans
Buchbindermeister, Vors. Bund Dt. Buchbinder-Innungen, München - Akazienhof 6, 4100 Duisburg - Geb. 8. Jan. 1912 - Ober-, Landes- u. Bundesinnungsm. - BDBI-Ehrenz. in Gold m. Brillanten; BVK am Bde. u. BVK I. Kl; Ehrenbundesinnungsm.; Handwerkszeichen in Gold; Augustinusorden.

OPPENHEIM, Freiherr von, Alfred
Bankier, pers. haft. Gesellsch. Bankhaus Sal. Oppenheim jr. & Cie. - Unter Sachsenhausen 4, 5000 Köln - Geb. 5. Mai 1934 (Vater: Friedrich Carl Frhr. v. O., s. dort) - Präs. Rh.-Westf. Börse, Düsseldorf, Vorst.-Mitgl. Verein von Banken u. Bankiers in Rhld. u. Westfl., Köln. Div. AR-Mand., dar. -Vors. Oppenheim Kapitalanlageges. m.b.H., Köln, u. stv. AG. Eiserfelder Steinwerke, Eiserfeld/S.

OPPENHEIMER, Johannes
Vizepräsident Bundesverwaltungsgericht (1980 ff.) - Carmerstr. 18, 1000 Berlin 12 - Geb. 10. Juli 1918 - 1963-71 Bundesrichter BVG, 1971-80 Senatspräs. BVG.

OPPENHOFF, Walter
Dr. jur., Rechtsanwalt - Kastanienallee 29, 5000 Köln 51 (T. 38 28 06) - Geb. 26. Mai 1905 Aachen (Vater: Fritz O., Richter; Mutter: Johanna, geb. Ebbgemann), verh. 1936 m. Rosl, geb. Seiferth - S. 1930 RA. Aufsichts- u. Beiratsmand., dar. AR Planungs AG f. Bauwesen Neufert Mittmann Graf Partner & Cie. KG, Köln, u. Coca-Cola GmbH, Essen; Beirat Waggonfabrik Talbot Aachen - 1970 Dr. BVK (abgel.); Ehrenvors. Kölner Anwaltsverein; Ehrenmitgl. d. Dt. Vereinigung f. gewerbl. Rechtsschutz u. Urheberrecht, d. AIPPI, d. Council d. IBA Section Buisness Law - Spr.: Engl., Franz. - Rotarier.

OPPENLÄNDER, Karl Heinrich
Dr., Prof., Präsident Ifo-Institut f. Wirtschaftsforschung, München (s. 1976) - Zu erreichen üb. Ifo-Institut, Poschinger Str. 5, 8000 München 80 - Geb. 17. Jan. 1932 Dörzbach, verh. s. 1958 m. Cäcilie O., 2 Kd. (Christine, Thomas) - Stud. Wirtsch.- u. Sozialwiss. Univ. München; Promot. 1963, Habil. 1975 - 1952-54 kaufm. Angest.; s. 1958 wiss. Mitarb. IFO, s. 1972 Vorst.-Mitgl., s. 1976 Vorst.-Vors. 1976 Privatdoz., 1983 apl. Prof.

OPPERMANN, Hans-D.
Dipl.-Volkw., Geschäftsführer Aluminium Walzwerke Singen, Präs. d. Aluminiumverarb. Ind., Frankfurt - Hohenstoffelnstr. 5, 7700 Singen (T. 07731-4 42 42) - Geb. 23. Juli 1931 Gelsenkirchen, ev., verh. s. 1958 m. Ute, geb. Heinrichs, S. Volker - Stud. Betriebsw. Univ. Göttingen u. Köln; Staatsex. 1957 Köln - Geschäftsf. Alusingen; Vors. Fachverb. Aluminiumfolien, Frankfurt; Vorst. Gesamtverb. dt. Aluminiumind.; AR-Mitgl. Alusuisse Svenske, Göteborg - Spr.: Engl., Franz.

OPPERMANN, Thomas

Dr. jur., Dr. phil. h. c., o. Prof. f. Öfftl. Recht u. Ausw. Politik Univ. Tübingen (s. 1967), Mitgl. Staatsgerichtshof Baden-Württ. - Burgholzweg 122, 7400 Tübingen (T. 4 95 33) - Geb. 15. Febr. 1931 Heidelberg (Vater: Prof. Dr. phil. Hans O., emerit. Ord. f. Klass. Philol. †; Mutter: Ella, geb. Borchers †), ev., verh. s. 1963 m. Ingrid, geb. Cording, 3 Söhne (Patrick, Roland, Arnold), T. Julia - Univ. Frankfurt, Freiburg, Lyon, Oxford/Engl. (Rechtswiss.). Jurist. Staatsprüf. 1955 u. 59; Promot. 1959, Habil. 1967 - 1960-67 Bundeswirtschaftsmin., Bonn (zul. Regierungsdir.) - BV u.a.: Kulturverwaltungsrecht, 1969; In welches Europa führen die Direktwahlen? 1978;

Bildung, 8. A. 1988; Amtshaftung d. Dt. Bundesbank, 1983; Wissenstransfer zw. Wirtsch. u. Univ. (m. Theis/Graumann), 1986; Europarecht, 1991; A new GATT for the Nineties (m. Molsberger), 1991 - Spr.: Engl., Franz.

OPPERMANN, Thomas
Richter am Verwaltungsgericht a. D., MdL - Unter den Linden 15, 3400 Göttingen (T. 0551 - 79 19 93) - Geb. 27. April 1954 Freckenhorst/Warendorf (Vater: Wilhelm O.; Mutter: Elisabeth, geb. Tönnies), ledig - 1. Staatsex. 1983 Univ. Göttingen, 2. Staatsex. 1986 OLG Celle - Rechtspol. Sprecher d. SPD-Frakt. im Nieders. Landtag, Vors. d. SPD-Unterbezirks Göttingen.

OPPERS, Heinz
Dipl.-Ing., Stadtdirektor - Schwalbenstr. 9, 4130 Moers 1 (T. 2 37 26) - Geb. 6. Dez. 1920 Moers (Vater: Heinrich O., Kaufmann; Mutter: Gertrud, geb. Mootz), ev., verh. s. 1969 m. Johanna, geb. Krumm, 2 Kd. (Angelika, Rüdiger) - Stud. TH Aachen, Fachricht. Hochbau, Städtebau u. Landesplanung, Dipl.-Ing. 1950 TH Aachen. S. 1975 Stadtdir. Stadt Moers, Wissenschaftl. Beir. Inst. f. Landesentwicklungsforsch. Land NRW. AR Landesentw.-ges. NW, Fernwärmeversorg. Niederrh., Dinslaken; Stadtw. Moers; Verb.vorst. Zweckverb. Gemeinschafts-Müllverbrennungsanl., Oberhausen; Mitgl. Vollversammlung Städte- u. Gemeindebund NRW, u. v. a. Zahlr. Schulen, Krankenhaus Homberg u. and. öffentl. Bauwerke - Liebh.: Malerei, Kunstgesch., Lyrik, Lit.gesch. - Spr.: Franz., Engl., Span., Ital.

OPPOLZER, Alfred Anton
Dr. phil. habil., M. A., Prof. Hochschule f. Wirtschaft u. Politik Hamburg - Ebertallee 27, 2000 Hamburg 52 (T. 040 - 89 42 65) - Geb. 5. Okt. 1946 Alsfeld (Vater: Anton O., Schlosser; Mutter: Anna, geb. Gruber), verh. s. 1974 m. Karin, geb. Möller, S. Sebastian - 1966-71 Stud. Soziol., Politik, Psych., Erziehungswiss. Univ. Marburg; Magisterex. 1971 (M. A.), Promot. 1973, Habil. 1990 - 1973-75 Wiss. Mitarb. Univ. Marburg; 1975-82 Prof. Univ. Kassel; s. 1982 Univ. HWP Hamburg - BV: Entfremd. u. Industriearbeit, 1974; Hauptprobl. d. Ind.- u. Betriebssoziol., 1976; Humanisier. d. Lohnarbeit, 1977; Wenn Du arm bist, mußt Du früher sterben, 1986; Flexibilisierung - Deregulierung, 1986; Neue Technologien u. Arbeitnehmerinteressen im Groß- u. Versandhandel, 1987; Arbeitsgestaltung, Handb. 1989; Effekte d. Arbeitszeitverkürzung in d. Metallind., 1989; Techn. Entw. u. betriebl. Weiterbildung, 1990; Kurzpausen f. Kassiererinnen, 1992. Herausg.: Gesch. d. Arbeit (1980). Mitverf.: Ind. Arbeitn. im Schwalm-Eder-Kreis, 1980 - Liebh.: Fotografie - Lit.: Div. Nachschlagew.

OPPOLZER, Siegfried
Dr. phil., o. Prof. f. Pädagogik (s. 1970), Präsident Univ. Bamberg a.D. - Höcherbühl 12, 8600 Bamberg (T. 0951-5 42 97) - Geb. 5. Febr. 1929 Repelen/Rhld. (Vater: Wenzel O., Arch.; Mutter: Elisabeth, geb. Kralemann), verh. s. 1957 m. Ursula, geb. Diepenbrock, 2 Kd. (Barbara, Martina) - 9 J. Gymn. Dortmund, 2 J. Päd. Akad. ebd.; 6 J. Univ. Münster - 4 J. Volksschullehrer, 2 J. Wiss. Assist., s. 1960 Doz. u. Prof. (1962) Päd. Hochschule Osnabrück. 1962-73 Lehrbeauftr. Univ. Münster; 1970-73 o. Prof. f. Erziehungswiss. PH Westf.-Lippe, Abt. Bielefeld; 1973-76 o. Prof. f. Schulpäd. GH Bamberg - BV: Anthropologie u. Päd. b. Rudolf Steiner, 1959; Z. Wissenschaftlichkeit d. Lehrerbild., 1965; Denkformen u. Forschungsmeth. d. Erziehungswiss., Bd. I 3. A. 1972; Denkformen u. Forsch.methoden d. Erzieh.wiss., Bd. II 2. A. 1971; Schulf. Handb. f. Erz. u. Unterr., 1968; Erziehungswiss. zw. Herkunft u. Zukunft d. Ges., 1971; Didaktik, Schr.-Reihe 1968ff. (ersch. 18 Bde.) - BVK; Bayer. VO.

ORB, Kurt H.
Journalist - Württembergallee 24, 1000 Berlin 19 (T. 304 05 52) - Geb. 5. Jan. 1922 Eberswalde - Abit. 1939 human. Gymn. - Fr. Journ., u.a. Redakt. Rundf.; stv. Vors. VR Versorgungswerk d. Presse. VK.

ORDEMANN, Herbert
Verleger, Vorstandsvors. Bremer Tageszeitungen AG (1981ff.) - Martinistr. 43, 2800 Bremen 1.

ORFANOS, Constantin E.
Dr. med., o. Univ.-Prof. f. Dermatol. u. Venerol., Direktor Univ.-Hautklinik FU Berlin (Steglitz), Prof. h.c. (Chin. Acad. Med. Sci.) - Thunerstr. 10, 1000 Berlin 45 (T. 817 79 79) - Geb. 28. Juni 1936 Neapolis/Kreta (Griechenl.) (Vater: Emmanuel O., Berufsoffz.; Mutter: Helena, geb. Nicolaides), griech.-orth., verh. in 2. Ehe m. Dr. med. Vera Marina, geb. Thommeck, 2 T. (Elena, Xenia-Alexandra) - Med.-Ex. 1960 Univ. Düsseldorf, Promot. 1961, Habil. 1969 Univ. Köln - 1972 Prof. Köln; 1978 Dir. Univ.-Hautklinik u. Poliklinik Steglitz FU Berlin. Rd. 400 wiss. Publ. in nat. u. intern. Fachztschr. - BV: Haar u. Haarkrankh., 1979; Retinoids, 1981; Hair Research, 1982; Adv. in Clinical Research, 1984; Dermatology in Five Continents, 1987; Hair and Hair Diseases, 1990 - 1971 Hans Schwarzkopf-Forschungspreis; 1977 Oscar Gans-Preis Dt. Dermatol. Ges.; 1975-90 Ehrenmitgl. zahlr. ausl. Fachges.; 1982-87 Generalsekr. 17. Dermatol. Weltkongr. - Spr.: Engl., Griech.

ORGASS (ß), Gerhard
Volkswirt (AWP), Generalsekretär Dt. Verband f. Wohnungswesen, Städtebau u. Raumplanung e. V., Bonn (s. 1977), MdB (1965-76), stv. Bundesvors. Sozialaussch. d. christl.-demokr. Arbeitnehmerschaft - Letersweg 6, 2000 Hamburg 63 (T. 538 28 51) - Geb. 23. Okt. 1927 Hamburg (Vater: August O., Schneidermstr.), kath., verh. s. 1952 m. Christel, geb. Wenger, 3 Söhne (Bernhard, Martin, Winfried) - Volks- u. Mittelsch.; Betonbauer- (1944) u. Maurerlehre (1947); Stud. Akad. f. Wirtschaft u. Politik (1962; alles Hamburg) - 1944-45 Wehrdst. u. Gefangensch., 1953-65 Mitgl. Hbg. Bürgerschaft. CDU s. 1950.

ORGEL-KÖHNE, Armin

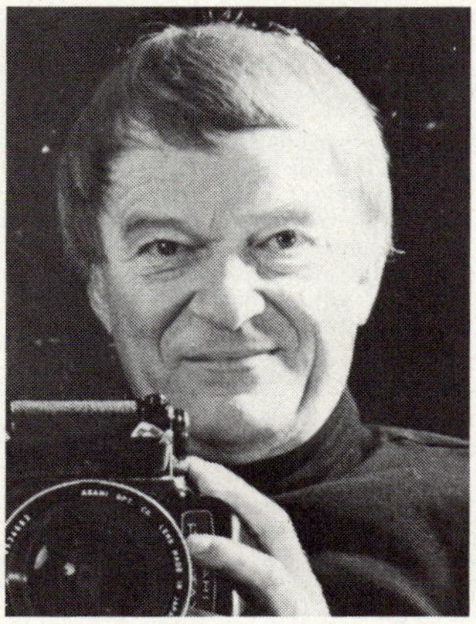

Bildjournalist im DJV Berlin, freiberufl. - Kamillenstr. 12, 1000 Berlin 45 (T. 030 - 832 52 64) - Geb. 14. Okt. 1920 Kunrau/Altmark, s. 1950 zus.lebend u. -arbeitend m. Liselotte Orgel-Köhne, T. Annette - Abit.; Päd. Ausb.; Kunsterziehung; Lehrerprüf. - S. 1950 freiberufl. Bildjournalist im DJV-Berlin; 1965-67 Lehrauftr. f. angew. Fotografie a. d. Hochsch. f. Bild. Künste Berlin, Abt. Angew. Kunst - BV: Zahlr. Bildbände (hg. Liselotte u. Armin O.-K.), u.a. Berlin - Bildband (terra magica - Reihe m. e. Geleitwort v. Willy Brand), 9. A. 1959; 6 Hefte Berliner Forum (v. Senat Berlin); Bildbücher: Philharmonie Berlin, Staatsbibl. Berlin, Zitadelle Spandau, Museumsdorf Düppel; 12 Bücher d. Kinder-Europa-Reihe (Übers. in engl. u. norw.); 5 Bücher d. panta-rei-Reihe (Schweiz); D. Tiergarten - Berlin, Gesch. u. Gegenw., 1985; Zahlr. Bildreportagen im In- u. Ausl.; Journalist. Porträts; Werbung - 1958 1. Preis Der Zeitungsleser; 1988 Sonderpreis D. Mauer Checkpoint Charlie - Liebh.: Gold- u. Silberschmuck, Ausst.: Schloß Seehaus, Worpswede u.A. - Lit.: Berlin, ach Berlin (1981).

ORGEL-KÖHNE, Liselotte

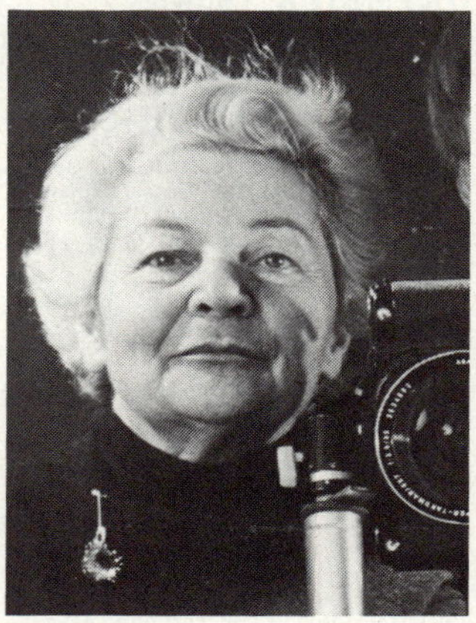

Bildjournalistin im DJV-Berlin, Fotografin, freiberufl. - Kamillenstr. 12, 1000 Berlin 45 (T. 030 - 832 52 64) - Geb. 25. Aug. Straßburg/Elsass, s. 1950 zus.lebend u. -arbeitend m. Armin Orgel-Köhne, T. Annette - 4 Sem. Photogr. im Lettehaus Berlin - S. 1939 tätig als eine d. ersten Bildberichterinnen Dtschl.; 1982-86 Fachbeirätin d. Gruppe Bild. Kunst d. GEDOK-Berlin - BV: S. Orgel-Köhne, Armin - S. 1972 Fotocollagen auf d. Grundl. eig. Aufnahmen; Einzel- u. Gruppenausst.; Lehrmeisterin Prof. Hannah Höch - Lit.: Berlin, ach Berlin (1981).

ORLIK, Peter
Dr. phil., o. Prof. f. Psychologie - Mecklenburgring 31, 6600 Saarbrücken (T. 81 47 15) - Geb. 14. Mai 1934 Magdeburg (Vater: Eduard O.; Mutter: Gerda, geb. Schneider), verh. (Ehefr.: geb. Kommerell) - Univ. Tübingen, München, Münster, Düsseldorf. Promot. 1963; Habil. 1966 - S. 1968 Prof. Univ. Düsseldorf (Wiss. Abt.svorsteher Psych. Inst.) u. Saarbrücken (1970 Ord. u. Inst.sdir.) - BV: Krit. Unters. z. Begabtenförderung, 1967. Fachaufs.

ORLT, Rudolf
Chefredakteur, Ev. Pressedienst West (s. 1982) - Konrad-Adenauer-Platz 18, 4030 Ratingen 4 (T. 02102-3 37 02) - Geb. 18. März 1928 Berlin (Vater: Walter O., OStudDir.; Mutter: Helene, geb. Bucek), ev., verh. s. 1975 m. Gudrun, geb. Daub - Stud. d. Gesch., Kunstgesch., Phil. Univ. Bonn - S. 1956 Redakt. Wuppertal, Bielefeld, Hamburg (Die Welt), Bonn (epd) - BV: Pflicht zum Frieden, 1973; Militärseelsorge im Dialog, 1975; Evang. Soziallexikon (Red., 1980) - Liebh.: Mod. Kunst, Reisen - Spr.: Engl.

ORTEGA Y CARMONA, Alfonso
Dr. phil., Prof. f. Klass. Philologie Univ. Freiburg - Conde Don Ramón, 6 Atico D, Salamanca (Spanien) (T. 23 63 25); u. Alb.-Ludwigs-Univ., Werthmannplatz, 7800 Freiburg/Br. - Geb. 29. Sept. 1929 Aguilas/Sp. (Vater: Juan O. y C., Ing.; Mutter: Maria, geb. Luz), kath., ledig - 1971-76 Dekan Phil. Fak., 1976 Pro-Rektor Univ. Salamanca (Sp.); s. 1970 Hon.-Prof. Univ. Freiburg - BV: In span. Spr.: D. Erwachen d. Lyrik in Europa, 1974; Plato: Erster Kommunismus d. Abendlandes, 1979; Prudentius (Lat.-Span.), 1981; Pindar (Übers. ins Span. m. Einleit. u. Komment.), 1981; zahlr. Fachveröff. - 1965 span. Nationalpreis Journalismus - Liebh.: Musik, Lat. Dichtung (Verf.) - Spr.: Franz., Ital., Engl., Portug., Deutsch, Neugriech. - Bek. Vorf.: Ortega y Gasset (Großonkel).

ORTH, Alfred
Kaufmann, Mitglied d. Bereichsvorst. Siemens AG, Bereich Private Kommunikationssysteme - Zu erreichen üb. Siemens AG, Hofmannstr. 51, 8000 München 70 - Geb. 20. Sept. 1928 Bellheim (Vater: Hugo O.; Mutter: Auguste, geb. Deutsch), verh. m. Brigitta, geb. Lemcke.

ORTH, Elisabeth
Schauspielerin - Hansi-Niese-Weg 25, A-1130 Wien - Geb. 8. Febr. 1936 Wien (Vater: Prof. Attila Hörbiger; Mutter: Paula Wessely, beide Schausp.), kath., verh. I) 1964 m. Friedhelm Ptok (Schausp.), II) 1969 Hanns Obonya (Schausp.), S. Cornelius - Realgymn. Wien; Film-Cutter-Ausbild. (6 Mon.); Max-Reinhardt-Sem. ebd. (2 1/2 J.; Abgangspreis als Jahrgangsbeste) - S. 1960 Bayer. Staatstheater u. Burgtheater Wien (1965). Bühne: Jungfrau v. Orleans, Hero (Des Meeres u. d. Liebe Wellen), Luise (Kabale u. Liebe), Emilia Galotti, Marie (Woyzeck); Fernsehen: Actis (Durell), Yerma (Lorca), Phadra (Jeffers), Libussa (Grillparzer) - BV: Märchen ihren Lebens, m. Eltern Paula Wessely u. Attila Hörbiger, 1975 - 1964 Kritikerpreis Bad Hersfeld (f.: Jungfrau v. Orleans); 1965 Bayer. Staatsschausp. - Liebh.: Musik, Antiquitäten - Spr.: Engl. - Bek. Vorf./Großv.: Prof. Hans Hörbiger (Welteislehre; H.-Ventil).

ORTH, Hans Joachim
Publizist - Kamper Weg 333, 4000 Düsseldorf-Gerresheim (T. 27 62 65) - Geb. 30. Dez. 1922 Düsseldorf (Vater: Karl O., Prokurist; Mutter: Louise, geb. Thomas), verh. in 2. Ehe (1969) m. Christina, geb. Nusselein - Handelsabit.; kfm. Ausbild.; Selbststud. - U. a. Presse- u. Werbechef; s. 1955 freischaff.; 1961-74 Bez.vors. Dt. Journalisten-Union (davon 6 J. Bundesvorst.) u. Vorstandsmitgl. IG Druck u. Papier; 1961-65 stv. Vors. Dt. Ges. f. Kultur- u. Wirtschaftsaustausch m. Polen; s. 1981 Kurat.-Mitgl. d. DPG - BV: Dies- u. jenseits d. Weichsel - D. Schlüssel z. heut. Polen; Polen - Partner v. morgen; Polen ohne Tabus; Düsseldorf creativ, 1980; Naive Kunst aus Polen, 1980. Üb. 500 Vorträge üb. Polen; ca. 350 Ausstell. m. poln. Thematika, dar. Fotoschau: Polens Jugend heute (eig. Aufn.) - Med. Amicus Poloniae; Goldmed. d. Intern. Posener Messe, d. Warschauer Buchmesse, d. Interart; Kopernikus-Med. d. Ztschr. Polen; Zacheta-Med.; Orden: Verdienst um d. Kultur (Polen); Ehrenurkunde Dt.-poln. Ges.; 1991 VO. d. Rep. Polen in Gold - Liebh.: Poln. Naive, Ikone; Hinterglasmalerei - Spr.: Engl., Franz., Poln.

ORTH, Ludwig
Dr. rer. pol., Dipl.-Kfm., Vorsitzender d. Geschäftsführung ZF Getriebe GmbH - Zu erreichen üb. ZF Getriebe GmbH, Postfach 3 15, 6600 Saarbrücken - Geb. 14. Juni 1933 Darmstadt - Univ. Frankfurt/M. - 1973 Vorst.-Vors. Olympia Werke AG, dann Group General Manager u. Vizepräs. ITT Europe, 1982-88 Vorst.-Mitgl. Standard Elektrik Lorenz AG (SEL), Stuttgart.

ORTHEN, Hubert
Dr. phil., Prof., Ministerialrat a. D. - Bleichstr. 7, 5650 Solingen 1 (T. 0212 - 20 32 23) - Geb. 5. Dez. 1919 Solingen, kath., verh. s. 1949 m. Elisabeth, geb. Richartz, 2 Söhne (Peter, Markus) - Stud. German., Gesch., Päd., lat. Philol. Univ. Köln, Bonn u. Strassburg; Promot. 1944 Köln - 1945-47 Tätigk. im Verlagswesen; 1947-84 Ref. u. Min.-Rat im Kultusmin. Nordrh.-Westf. S. 1971 Lehrtätigk. Päd. Hochsch. Rheinl. u. s. 1980 Päd. Fak. Rhein.-Westf. TH Aa-

chen. Veröff. in Ber. Päd., Kultur- u. Geisteswiss. - Spr.: Engl., Franz., Lat.

ORTHNER, Hans

Dr. med., Prof., Neuropathologe Univ. Göttingen (s. 1946) - R.-Koch-Str. 40, 3400 Göttingen (T. 39 66 17) - Geb. 7. Aug. 1914 Ried/Österr. (Vater: Dr. med. Franz O.; Mutter: Maria, geb. Gober), kath., verh. in 3. Ehe s. 1963 m. Ehefr. Annette, 8 Kd. (Sigrid, Franz-Helmuth, Hans-Jörg, Gerda, Christoph, Maria, Hans-Reinhard, Stephanie) - Human. Gymn., Stud. Univ. Innsbruck, Wien, München - 1975 Philipp-Stöhr-Medaille.

ORTIZ, Cesar

Dr.-Ing., Dr. theol., Prof., Architekt, Regionalvikar d. Prälatur Opus Dei in Deutschland, Köln (s. 1983) - Stadtwaldgürtel 73, 5000 Köln 41 (T. 0221 - 40 81 12) - Geb. 13. Jan. 1927 Madrid (Vater: José Ortiz-Echagüe, Fotograf), kath., ledig - Dt. Abit. 1945 Madrid; Dipl.-Architekt 1952 Madrid; Dr.-Ing. 1964 Madrid; Dr. theol. 1983 Pamplona; Priesterweihe 1983 Rom - 1952-75 freischaffender Architekt; 1967-83 a.o. Prof. f. Achitektur Univ. de Navarra Pamplona; 1975-83 Mitgl. d. zentralen Leitung d. Prälatur Opus Dei Rom; s. 1983 Regionalvikar d. Prälatur Opus Dei in Deutschl. Köln - BV: La arquitectura española actual, 1965; Los edificios de culto cristiano en los tres primeros siglos cristianos, 1987 - Bauwerke: Personalgebäude (1956) u. Verkaufsgebäude (1960) d. span. Automobilges. SEAT, Barcelona; Berufsschule Tajamar (1962), Madrid; Hauswirtschaftsschule Lliar (1964), Barcelona; Gymnasium Retamar (1968), Madrid - 1957 Reynolds Memorial Award; 1974 korr. Mitgl. Bayer. Akad. d. Schönen Künste - Spr.: Dt., Ital., Span. - Lit.: Luis Núñez: César Ortiz-Echagüe y Rafael Echaide in d. Reihe Artistas Españoles contemporaneos Madrid (1973); u. a.

ORTLIEB, Harald

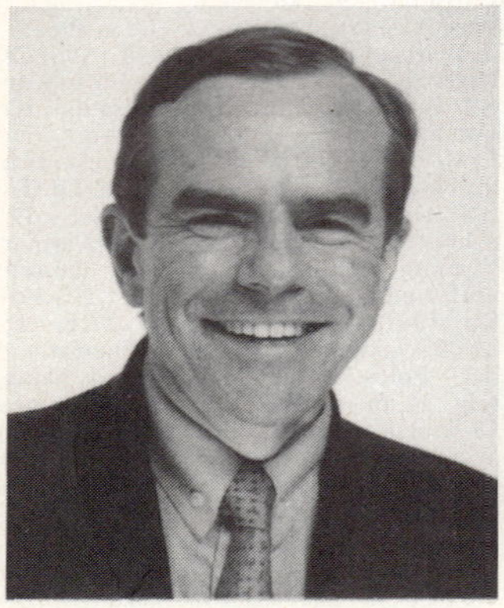

Inhaber TV/Videostudio - Bellevue 25, 2000 Hamburg 60 - Geb. 3. Dez. 1943 - Abit.; Stud. Hochsch. f. Bild. Künste, Hamburg, Abschl. Dipl. HBK Visuelle Kommunikation - S. 1972 freiberufl. als TV-Producer; 1985 Gründung Ortlieb TV Produktion KG; Videotechn. Dienstleister f. Fernsehen, Werbung, Industrie: Videoteam, Schnittstudio, Synchronisation. Eigene Programmschienen: Videogalerie d. Weltkulturen, Stundenbuch (TV-Serien u. Videocassetten-Editionen).

ORTMANN, Edwin

Schriftsteller, Übers. - Zu erreichen üb. Verlag Klett-Cotta, Rotebühlstr. 77, 7000 Stuttgart 1; wohnh. z. Z. in München - Geb. 1941 München - Frühe Auslandsaufenthalte: Sprachstud. in Engl., Frankr., Span.; Tätigk. als Bauarbeiter, Taxifahrer, Übersetzer an d. Sorbonne; s. 1965 fr. Übers.; s. 1979 fr. Autor; 1982 Jahresstip. Dt. Literaturfond. - BV: Phönix, Erz. 1981; D. Wunde kehrt ins Messer zurück, Erz. 1984; E. Wahnwitz v. Liebe - Roman in fünf Stimmen, 1988; Nie wieder Mozart!, R. 1992. Veröff. u.a. auch Hörspiele, Lyrik u. Essays.

ORTMANN, Rolf

Dr. med. (habil.), o. Prof. f. Anatomie - Tilsiter Weg 4, 5023 Weiden/Rhld. (T. Frechen 7 81 63) - Geb. 28. April 1913 - 1943 Doz. Univ. Würzburg, 1949 apl. Prof. Univ. Kiel, 1950 ao. Prof. Univ. Frankfurt (Prosektor Anat. Inst.), 1961 o. Prof. Univ. Köln (Dir. Anat. Inst.). Fachveröff.

ORTMEIER, Ludwig

Geschäftsführer u. Gesellsch. Ludwig Ortmeier GmbH, Vors. Bundesverb. Kunststoffkonfektion - Eggendobl 26, 8390 Passau (T. 0851 - 5 21 00; Telefax 57668) - Geb. 2. Mai 1927 Passau, kath., verh., 3 Kd. - Meisterprüf. Wirtsch. u. Handwerk - CSU (1. Vors. Kreisverb. Mittelstand, Beirat Bonn) - Liebh.: Lit., Musik, Theater, alte Baukunst - Spr.: Engl.

ORTNER, Gerhard E.

Dr. rer. comm., Dr. rer. soc. oec., Prof. FU Berlin u. Fernuniv. Hagen, Schriftsteller - Busdorfmauer 36, 4790 Paderborn - Geb. 18. Sept. 1940 Graz, verh. s. 1979 m. Renate, geb. Mügge - Stud. Wirtsch.-, Rechts- u. Erziehungswiss. Univ. u. Wirtschaftsuniv. Wien sowie Univ.-GH Paderborn (Promot. 1971 u. 72, Habil. 1973 Paderborn) - 1974-83 Institutsdir. Forschungszentrum FEoll; s. 1983 Wissensch. ZIFF Fernuniv. Hagen - BV: Die dt. Hochschule zw. Numerus Clausus u. Akademikerarbeitslosigkeit, (m. U. Lohmar) 1975; Bildschirm-Bildung, 1984; Schulcomputer, 1986; Positive Pädagogik, 1987 - Liebh.: Bild. Kunst, Musik, Sport - Spr.: Engl., Franz.

ORTNER, Hans Reinhold

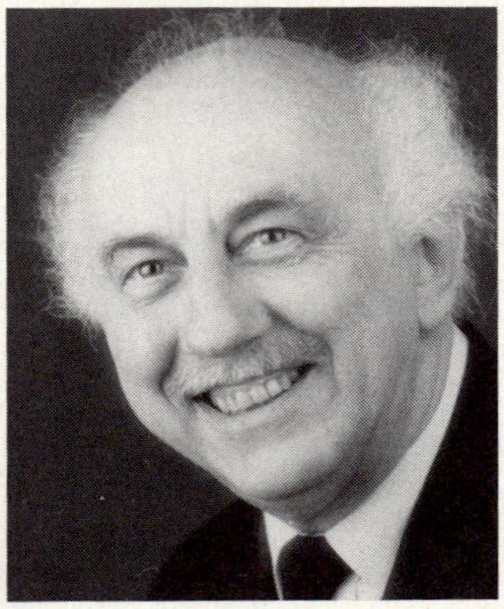

Dr. phil., Prof. f. Grundschulpädagogik Univ. Bamberg - Birkenstr. 5, 8608 Memmelsdorf (T. 0951 - 4 44 44) - Geb. 26. Nov. 1930 Neukirchen (Vater: Josef O., Lehrer; Mutter: Barbara, geb. Stiefler), kath., verh. s. 1958 m. Arngard, geb. Glier, 5 Kd. (Ulrich, Cordula, Alexandra, Michaela, Carolina) - Dipl.-Psych. 1959, Promot. 1963 - 1954-64 Grundschullehrer; 1964-66 Wiss. Assist.; 1966-72 Doz.; ab 1972 o. Prof. in Bamberg - BV: D. Sprachlabor im Leseunterr., 1971; Audiovisuelle Medien, 1972; In d. Tiefen d. Seele, 1976; Lernstör. b. Grundschulkindern, 1977; Kind-Schule-Gesundheit, 1979; Erzieh. aus christl. Verantwort., 1980; Du u. dein Leben, 1984, 2. A. 1990; Wenn du größer wirst, 1984; Religiös erziehen - wie?, 3. A. 1989; D. Berge werden erbeben, 2. A. 1985; Was weißt du von dir?, 1986; Kinder in psychischen Nöten, 1989; Liebe-Ehe-Sexualität, 1989; Wege in d. Selbstzerstörung, 1990; Personalisation u. d. Bestimmung d. Menschen, 1990; Verhaltens- u. Lernschwierigkeiten, 1991; Auf d. Spuren d. Bösen, 1991; Vom Elementarunterricht z. Grundschule, 1991. 85 Fachaufs. z. Grundschulpäd.; 703 Beiträge zu Fragen d. Erziehung u. christl. Lebensgestaltung.

ORZYKOWSKI, Bruno

Maschinenschlosser, MdL Nieders. (s. 1970) - Leuschnerstr. 18, 3000 Hannover (T. 46 23 04) - SPD.

OSBERGHAUS, Otto

Dr. rer. nat., em. o. Prof. f. Physik Univ. Freiburg (s. 1960) - Zum Baumgarten 3, 7802 Merzhausen (T. 40 35 88) - Geb. 2. Sept. 1919.

OSCHATZ, Georg-Berndt

Direktor d. Bundesrates Bonn (s. 1987) - Bundeshaus, Görresstr. 15, 5300 Bonn 1 - Geb. 5. April 1937 Zwickau/Sachsen (Vater: Rolf O., Kaufm.; Mutter: Annemarie, geb. Brehm), ev., verh. s. 1961 m. Christa, geb. Möwert, 3 Kd. (Georg-Ferdinand, Anne-Kathrin, Martin-Ulrich) - Christian-Sch. (Abit.) Hermannsburg; jurist. Stud. Hamburg (1966 Ass.ex.), 1967 Reg.-Ass. in Nieders.; 1968 Pers. Ref. CDU-Kultusmin. Langeheine; 1970-76 Ltr. Wissenschaftl. Dienst d. CDU-Frakt. i. Nds. Landtag; 1974 Vorst.-Mitgl. CDU Nieders., Mitgl. Nds. Landtag (1974-76); s. 1976 Oberstadtdir. Hildesheim; 1980-82 OB Wiesbaden; 1.-21.9.1982 Staatssekr. Nieders. Innenmin.; 1982-87 Nieders. Kultusmin.; 1984 Präs. Ständige Konferenz d. Kultusmin. - Spr.: Engl., Franz.

OSCHE, Günther

Dr. phil. nat., o. Prof. f. Biologie, Lehrstuhl Zoologie, Zoolog. Inst. Univ. Freiburg (s. 1967) - Jacobistr. 54, 7800 Freiburg/Br. (T. 2 22 14) - Geb. 7. Aug. 1926 Neustadt/Weinstr. (Vater: Hans O., Bankbeamter; Mutter: Marianne, geb. Baum), ev., verh. s. 1951 m. Elisabeth, geb. Riedel, 3 Kd. (Sylvia, Marion, Stefan) - Stud. Biol. Promot. (1951) u. Habil. (1963) Erlangen - 1951-67 Assist. u. Doz. (1963) Univ. Erlangen bzw. - Nürnberg - BV: Grundzüge d. Allg. Phylogenetik, Handb. d. Biol. Bd. III 1966; D. Welt d. Parasiten, 1966; Evolution, 1972; Ökologie, 1973; Biologie, 1976 (m. a.) - Mithrsg.: Zool. Jahrb. (Syst + Tiergeographie), Z. f. Systematik u. Evol. Forstung - S. 1969 korr. Mitgl. Akad. d. Wiss. u. d. Lit. Mainz, s. 1979 Mitgl. Dt. Akad. d. Naturforscher Leopoldina (Halle) - Liebh.: Malerei (Franz. Impressionisten) - Spr.: Engl., Franz.

OSKAR

s. Bierbrauer, Hans

OSLAGE, Hans Joachim

Dr. agr., Prof. f. Ernährungsphysiologie, Institutsdirektor - Bundesallee 50, 3300 Braunschweig (T. 51 21 81) - Geb. 4. Mai 1923 Oldenburg (Vater: Wilhelm O., Beamter; Mutter: Juliane, geb. Nesslage), ev.-luth., verh. s. 1952 m. Waltraut, geb. Erdmann, 3 Töcht. (Sabine, Christine, Ulrike) - Human. Gymn. Oldenburg; Univ. Göttingen, Davis/Calif. (Naturwiss. u. Landw.), Dipl., Promot., Habil. - 1966 Ltd. Dir. Inst. f. Tierernähr. FAL, 1968 Vizepräs. Forsch.-Anst. f. Landw., 1972 Präs. Forsch. f. Landw., 1976 Berat. Kommiss. d. Weltbankgruppe Intern. Agrarforsch., 1982 Präs. Germ. Counc. f. Tropical Agric. Research - Üb. 200 wiss. Publ.; Mithrsg. v. 5 wiss. Ztschr. - Gustav Fingerling Preis (f. wiss. Arb. üb. Tierernähr. u. -physiolog.) - Liebh.: Gesch., Jagd - Spr.: Engl.

OSMERS, Diedrich

Landwirt, MdL Nieders. (1970-78) - Grüne Linde 6, 2903 Bad Zwischenahn/Helle (T. 04403 - 83 24) - CDU.

OSRIC

s. Bütow, Hans

OSSIG, Hermann

Dr. jur., Direktor a. D. - Geb. 7. Juli 1925 Neustadt/OS - 1975-86 Vorstandsmitgl. Klöckner-Humboldt-Deutz AG, Köln (auf eig. Wunsch ausgesch). - 1984 BVK; 1987 Ehrenmitgl. Vorst. Dt. Ges. f. Personalführung, Düsseldorf.

OSSOWSKI, Leonie

Schriftstellerin - Hubertusallee 46, 1000 Berlin 33 - Geb. 15. Aug. 1925 Röhrsdorf/Schles. (Vater: Gutsbesitzer) - Verkäuferin, Sprechstundenhilfe, Fotolaborantin - BV: Stern ohne Himmel, R. 1956 (auch Theaterst.); Wer fürchtet sich vorm schwarzen Mann, R. 1967; Weichselkirschen, R. 1976; Die große Flatter, R. 1977; Blumen f. Magritte, Erz. 1978; Liebe ist kein Argument, R. 1981; Wilhelm Meisters Abschied, R. 1982; Neben d. Zärtlichkeit, R. 1984; Wolfsbeeren, R. 1987; D. Zinnparadies, Erz. 1988; Holunderzeit, R. 1991. Erz.; Drehb.; Theaterst.: Voll auf d. Rolle (1984); Ewig u. 3 Tage (1987) - 1978 Mitgl. PEN; 1980 Adolf Grimme Preis in Silb. f. d. Drehb. v. Die große Flatter; 1981 Kulturpreis Schlesien Nieders. Landesreg. (f. d. lit. Gesamtw.); 1983 Schillerpreis Stadt Mannheim; 1985 Brüder Grimm Preis d. Landes Berlin (f. d. Theaterst. Voll auf d. Rolle).

OSSWALD, Albert

Ministerpräsident a. D. - Inselweg 131, 6300 Gießen - Geb. 16. Mai 1919 Wieseck b. Gießen, verh. (Ehefr.: Margarete) - Volks- u. Handelsschule, kaufm. lehre - 1949-63 Stadtverordneter (1952 Vorst.), Bürgerm. (1954), Stadtkämmerer u. Oberbürgerm. (1957) Gießen, s. 1963 hess. Min. (b. 1964 f. Wirtsch. u. Verkehr, dann f. Finanzen) u. Ministerpräs. (1969-76; Rücktritt). SPD s. 1945 (1967 Vors. Bez. Hessen-S, 1969 Landesvors.; 1968 Mitgl. Parteivorst.) - 1963 Ehrenbürger Stadt Gießen u. -senator Univ. Gießen; 1970 Ehrenschild Reichsbund d. Kriegsbeschädigten; 1975 Gr. BVK m. Stern u. Schulterbd. - Liebh.: Wandern, Angeln, Schwimmen, Skatspielen.

OSSWALD, Hans

Dr. med., Prof., Abt.-Leiter Inst. f. Toxikologie u. Chemotherapie, Dt. Krebsforschungszentrum/Stiftg. d. Öfftl. Rechts - Kirschnerstr. 6, 6900 Heidelberg - Geb. 29. Okt. 1925 Hindenburg/OS. - S. 1961 (Habil.) Lehrtätigk. Univ. Bonn u. Heidelberg (1969 apl. Prof. f. Pharmak. u. Toxikol.). Zahlr. Fachaufs., insbes. Chemotherapie - 1971 Hufeland-Preis, 1973 Preis Freunde d. MH Hannover f. Förd. d. Krebsforsch.; 1985 Farmitalia Carlo Erba Preis.

OST, Friedhelm

Dipl.-Volksw., Staatssekretär a. D., MdB, Vors. d. Wirtschaftsaussch. d. Deutschen Bundestages - Heiersmauer 69, 4790 Paderborn - Geb. 15. Juni 1942 Castrop-Rauxel (Vater: Franz O., Kriminalbeamter; Mutter: Barbara, geb. Knauf), kath., verh. s. 1968 m. Erika, geb. Herrmann, 5 Kd. (Tilman, Dorit, Philip Eugen, Fabian, Mareike) - Univ. Freiburg/Br. u. Köln - 1966-69 Commerzbank; 1969-72 Bundesverb. dt. Banken; 1973-85 ZDF: Bilanz, heute u. heute journal: Redakt., Moderator u. Kommentator, 1982 Leit. v. Bilanz, 1984 Leit. d. Sendereihe Wiso, 1985-89 Chef Presse- u. Informationsamt d. Bundesreg., Regierungssprecher, 1990/91 Hauptgeschäftsf. d. Wirtschaftsvereinigung Bergbau e.V.; AR-Mitgl. Ruhrkohle AG. Wirtschaftspolit. Berater d. Bundeskanzlers - Publ. zu wirtschafts-, währungs- u. bankpolit. Themen - Liebh.: Tennis, Fußball - Spr.: Engl., Franz.

OSTEN-SACKEN und von RHEIN, Freiherr von der, Joachim

Dr.-Ing., selbst. Unternehmerberater, Vorst. Rationalisierungs-Kurat. d. Wirtschaft (RKW), Vors. Beirat RKW - Eichelbergstr. 25, 7560 Gaggenau-Bad Rotenfels (T. 07225 - 7 79 97) - Geb. 24. Okt. 1927 Pawiedlaugken/Ostpr. (Vater: Hans Frhr. v. d. O.-S. u. v. R., Pastor; Mutter: Ella, geb. Heß), verh. s. 1964 in 2. Ehe m. Hannelore, geb. v. Bardeleben, 2 Kd. (Dinnies, Arndt-Wedig) -

Abit.; Facharbeiterbrief; Stud. TH Aachen, Univ. Köln. Dipl.-Ing. 1954 - 1954-58 Assist. TH Aachen; 1959-79 AEG-Telefunken (1959-66 div. Pos.; 1967-73 Fachbereichsleit. Ind.-Antriebe; 1974-76 stv. Vorst.-Mitgl.; 1976-79 Vorst.-Mitgl. AEG-Telefunken Konsumgüter AG.); 1979-82 Vors. Geschäftsfg. Preh-Werke Bad Neustadt/S.; Beiratsvors. Merit-Werk Gummersbach; div. Beiratsmand. in d. Ind. - Liebh.: Segeln, Jagd, Gesch., Golf - Spr.: Engl.

OSTEN-SACKEN und von RHEIN, Freiherr von der, Peter

Dr. theol., Prof. f. Neues Testament Kirchl. Hochsch. Berlin - Kiesstr. 5, 1000 Berlin 45 (T. 030 - 773 51 15) - Geb. 3. März 1940 Gnojau/Westpr. (Vater: Hans O.-S., Pfarrer; Mutter: Irmgard, geb. Hantel), ev., verh. s. 1967, 3 Kd. - Gymn. Ernestinum Celle (Abit. 1959); Theol.stud. Göttingen, Kiel, Heidelberg, 1. kirchl. Ex. 1964, Promot. Göttingen 1967, Habil. 1973 - S. 1973 Prof. f. Neues Testament Kirchl. Hochsch. Berlin, s. 1974 Leit. Inst. Kirche u. Judentum ebd., 1980-82 Rektor Kirchl. Hochsch. Berlin - BV: Gott u. Belial, 1969; D. Apokalyptik in ihrem Verhältnis z. Prophetie u. Weisheit, 1969; Römer 8 als Beisp. paulinischer Soteriologie, 1975; Anstöße aus d. Schr., 1981; Grundzüge e. Theol. im christl.-jüd. Gespr., 1982 (engl. 1986); Katechismus u. Siddur, 1984; Evangelium u. Tora. Aufs. z. Paulus, 1987; Rabbi Akiva (m. P. Lenhardt), 1987; D. Heiligkeit d. Tora. Stud. z. Gesetz bei Paulus, 1989; Kinderb. (pseudonym). Herausg.: Veröff. Inst. Kirche u. Judentum (s. 1976); Studien z. jüd. Volk u. christl. Gemeinde (s. 1980), Stud. z. Kirche u. Israel (s. 1987); D. Judentum. Abhandl. u. Entwürfe f. Stud. u. Unterr. (s. 1981); Arb. z. neutestamentl. Theol. u. Zeitgesch. (s. 1987) - Spr.: Engl., Franz., Neuhebräisch.

OSTENDORF, Berndt

Dr., Prof. f. Nordamerik. Kulturgesch. Univ. München - Wittelsbacher Str. 3, 8000 München 5 - Geb. 8. April 1940 Langförden (Vater: Franz O., Lehrer; Mutter: Maria, geb. Arlinghaus), kath., verh. m. Jutta, geb. Busch, 2 Söhne (Kai, Tim) - Stud. Univ. Freiburg, Glasgow, Philadelphia, Harvard (Promot. 1969 Univ. Freiburg) - 1969-75 Akad. Rat Univ. Freiburg; 1976-81 Prof. Univ. Frankfurt; 1981ff. Prof. Univ. München. 1970/71 Gastprof. Univ. Mass./USA, 1975/76 Gastprof. Harvard, 1989 Gastprof. Univ. of New Orleans. 1986 Senior Fellow DuBois Inst., Harvard - BV: D. Mythos in d. Neuen Welt, 1971; Black Lit. in White America, 1982; Amerik. Gettolit., 1983. Herausg.: D. Vereinigten Staaten von Amerika. Ges., Außenpolitik, Kultur, Religion, Erziehung (1990).

OSTENDORF, Edith

Prof., Opern- u. Konzertsängerin - Ziegeleiweg 18, 5000 Köln 90 (Porz) (T. 02203-1 53 36) - Geb. 6. Juli 1927 Oldenburg/O. (Vater: Hinrich O.; Mutter: Adele, geb. Freels), ev., ledig - Abit. 1947; 1948-52 Stud. Münster, Abschlußprüf. Gesanglehrerin, Opern- u. Konzertsängerin; 2. Stud. Hochsch. Detmold (Philol., Engl. u. Schulmusik), Staatsex. 1964 - 1955-60 Opernsängerin (Solistin) u. Konzerttätigk.; 1964-65 Schuldst.; 1965-67 Lehrauftr. Hochsch. Detmold (Gesang); s. 1967 Hochsch. Köln - Spr.: Engl., Franz.

OSTENDORF, Edwin

Oberstudiendirektor - Friedrich-Ebert-Pl. 1/Rathaus, 4690 Herne/W. (T. 59 51); priv.: Eichenweg 7 (T. 5 37 85) - Geb. 26. Febr. 1909 - Spr.: Franz. - Rotarier.

OSTENDORF, Hans

Prof., Maler u. Kunsterzieher - Salzstr. 49, 4040 Neuss/Rh. (T. 2 57 60) - Geb. 8. Nov. 1924 Sevelten/O. (Vater: Franz O., Lehrer; Mutter: Maria, geb. Arlinghaus), kath., verh. s. 1949 m. Dorle, geb. Seidel, 4 Kd. (Claus, Jan, Til, Eva) - 1947-55 Kunstakad. Düsseldorf (1953 Meisteratelier Prof. Kamps). Staatsex. f. d. Lehramt an höh. Schulen (Fach Kunsterzieh.) - 1957-61 Studienass. u. -rat Dreikönigs-Gymn. Köln; s. 1962 Prof. Päd. Hochsch. Neuß bzw. Rhld./Abt. Neuss (Dir. Sem. f. Kunst- u. Werkerzieh.). Radierungen, Serigrafien, Ölbilder, keram. Bilder u. a. Ausstell. Bundesrep., Schweiz, USA (Emerson Art Gallery).

OSTENDORF, Heribert

Dr. jur., Univ.-Prof., Generalstaatsanwalt in Schlesw.-Holst. (s. 1988) - Hohenheisch 29, 2352 Bordesholm - Geb. 7. Dez. 1945 Vestrup, kath., verh. s. 1972 m. Christel, 2 Söhne (Boris, Niklas) - Abit. 1965; Stud. Rechtswiss.; 2. Staatsex. 1974; Promot. 1972; Habil. 1982 - 1974-79 Richter; 1979-81 Assist. u. Richter im Hochschuldst.; 1982 Prof. - BV: D. Recht z. Hungerstreit, 1983; D. Nürnberger Juristenurteil, 1985; Kommentar z. Jugendgerichtsgesetz, 2. A. 1991; D. Kriminalisierung d. Streikrechts, 1987.

OSTENDORF, Wilhelm

Dr.-Ing., Vorstandsmitgl. i. R. Brown, Boveri & Cie. AG., Mannheim-Käfertal (1958-73) - Lauffener Str. 24, 6800 Mannheim-Feudenheim (T. 79 17 82) - Geb. 14. Juli 1909 Burbach/W. (Vater: Hermann O.; Mutter: Marie, geb. Potthoff), verh. s. 1941 m. Magda, geb. Haag - Stud. Hannover u. Hoboken (USA) - S. 1939 BBC. Vorstandsmitgl. VDI (1963 ff.) u. a.

OSTENDORFF, Georg

Dr. jur., Oberlandesgerichtspräsident a. D. - Schillerstr. 16, 2300 Kiel (T. 5 71 97) - Geb. 1909 - S. 1962 Präs. LG Kiel u. s. 1972 OLG Schlesw.-Holst. - Spr.: Engl., Russ. - Rotarier.

OSTER, Herbert

Dipl.-Kfm., Hauptgeschäftsführer u. gf. Präsidialmitgl. Bundesverb. d. Dt. Gas- u. Wasserwirtschaft - Josef-Wirmer-Str. 1-3, 5300 Bonn 1 (T. 52 08-0).

OSTERBRAUCK, Willi-Dieter

Dr. rer. pol., Dipl.-Volksw., Bankdirektor i. R. - Richard-Wagner-Str. 13, 5000 Köln 50 (Rodenkirchen) (T. 35 38 48) - Geb. 4. April 1921 Hamm (Vater: Wilhelm O., Bundesbahnbeamter; Mutter: Friederike, geb. Stehling), kath., verh. s. 1951 m. Hannelore, geb. Küppers, T. Cornelia - Oberrealsch.; Univ. Münster, Oxford. Dipl.ex. 1949, Promot. 1951, beide Münster - S. 1952 Bausparkasse Heimbau AG., Köln (1960 Vorst.-Mitgl., 1978-82 Vorst.-Vors.); 1971ff. geschäftsf. Vorst.-Mitgl. Europ. Bausparkassenvereinig., Köln/Brüssel, 1967ff. Beiratsmitgl. Intern. Vereinig. d. Arbeitsstellen f. Eigentumsbild., Brüssel; 1973ff. Vors. Aussch. f. Bau- u. Bodenwirtsch. IHK Köln/Bonn; Vors. VR Intern. Assoz. Deutschspr. Medien, Köln - 1971 Familiar im Dt. Orden; 1973 Fellow Chartered Building Soc. Inst., Ware/Engl., 1978 BVK; 1979 Offiziersord. Rep. Tunesien; 1980 Ritter Päpstl. Orden St. Sylvester; 1981 BVK I. Kl.; 1980-83 Vizepräs., s. 1983 Präs. Intern. Bausparkassenverb. Chicago/USA; 1986 Gr. BVK - Liebh.: Kunst- u. Kulturgesch., Fahnenkunde, Brauchtum - Spr.: Engl., Franz.

OSTERHELD, Horst

Dr., Ministerialdirektor i.R. - Bergstr. 175, 5300 Bonn - Geb. 9. April 1919 Ludwigshafen/Rh. (Vater: Dr. Wilhelm O., Stadtrat, Ehrenb. Univ. Frankf./M.; Mutter: Emma, geb. Trunk), kath., verh. s. 1952 m. Ingrid, geb. Francke, 4 S. (Wolf, Rüdiger, Hartwig, Bernhard) - Abit. Wiesb. 1937; Kriegsteilnh. (Hauptm. d.R.), Kriegsgefangensch. Stud. Rechtswiss. 1951 Ausw. Dienst (Paris, Washington); 1960-69 Leit. Außenpolit. Büro im Bundeskanzleramt unter d. Bundeskanzlern Adenauer, Erhard u. Kiesinger (s. 1966 Min.direktor), Botschafter d. Bundesrep. Dtschl. in Chile, einstw. Ruhestand (aus polit. Gründen), 1974-79 Leiter Zentralstelle Weltkirche d. Dt. Bischofskonferenz, 1980-84 Abteilungsleit. im Bundespräsidialamt - BV: Konrad Adenauer, Ein Charakterbild, 1973 u. 1987; Konrad Adenauer, Leben u. Politik, 1975; Franz Schubert, Schicksal u. Persönlichkeit, 1978; Ich gehe nicht leichten Herzens... Adenauers letzte Kanzlerjahre, 1986; weit. Buchbeitr. - Hohe Ausz. aus Krieg u. Frieden.

OSTERHOF, Klaus

Dr., Maschinenfabrikant, Präs. Zentralvereinig. Berliner Arbeitgeberverb., Berlin 12 - Wandalenallee 2, 1000 Berlin 19 - Geb. 30. Juli 1928.

OSTERLAND, Martin

Dr. phil., Prof. f. Soziologie Univ. Bremen - Fritz-Haber-Str. 35, 2800 Bremen - Geb. 22. Febr. 1937 Köthen/Anhalt - 1962-69 Stud. Univ. Göttingen (Promot. 1969) - 1969-71 wiss. Assist. Soziol. Sem. Univ. Göttingen; 1971-77 Dir. Soziol. Forsch.inst. Göttingen (SOFI), seitd. Prof. Univ. Bremen - BV: Gesellschaftsbilder in Filmen, 1970; Materialien z. Lebens- u. Arbeitssituat. d. Ind.arbeiter, 1973; Arbeitsbeding. im Wandel, 1975; Arbeitssituation, Lebenslage u. Konfliktpotential, 1976; Berufsbiographie u. Arbeitsmarktkrise, 1991 u.a.

OSTERMEIER, Elisabeth,

geb. Gottschalk

Gewerkschaftssekretärin, Mitgl Hbg. Bürgerschaft (s. 1946) - Handweg 48d, 2000 Hamburg 90 (T. 760 34 41) - Geb. 9. Mai 1913 Kanzlershof Kr. Harburg - Volkssch. - N. Lehre 3 J. Verkäuferin; 1 1/2 J. Kraftfahrerin; unter Hitler 1/2 J. Schutzhaft; s. 1951 Sachbearb. u. Mitgl. gf. Vorst. (1954) Gewerksch. Nahrung - Genuß - Gaststätten. SPD s. 1931.

OSTEROTH, Dieter

Dr. rer. nat., Dipl.-Chemiker, Direktor i. R., ehem. Leit. Werk Witten d. Dynamit Nobel AG - Uhlandstr. 23, 4800 Bielefeld 1 (T. 0521 - 15 29 22) - Geb. 21. Sept. 1924 Halle/S. (Vater: Obering. Friedrich O. †; Mutter: Gertrud, geb. Janowski †), ev. - Stadtgymn. Halle/S. u. Kant-Sch. Karlsruhe (Abit. 1949); Stud. TH Karlsruhe u. Univ. Köln; Promot. 1960 Aachen - 1957-60 Inst. f. Kohleforsch. MPG Mülheim/R.; 1960-61 Forschungslabor. Chem. Fabrik Kalk, Köln; 1962-64 Betriebschemiker Dreiturm Seifenind. GmbH, Steinau; 1964-85 Dynamit Nobel AG Werk Witten. S. 1971 Lehrauftr. f. mod. Technol. d. Öle u. Fette Univ. Karlsruhe, s. 1986 Lehrauftr. f. Rohstoffkunde sowie Technik u. Umwelt FHS Lippe in Lemgo, s. 1988 Lehrauftr. Markt u. Umwelt FH Bielefeld. Mitgl. Ges. Dt. Chem., 1982-90 Mitgl. Museumsrat Dt. Museum München - BV: Aliphatische fluororgan. Verbindungen, 1964; Natürl. Fettsäuren als Rohstoffe f. d. chem. Ind., 1966; Kosmetikum Feinseife, 1972; Soda, Teer u. Schwefelsäure - d. Weg in d. Großchemie, 1985; Production of Toilet Soap, 1986; Von d. Kohle zu Biomassen, 1989. Herausg.: Chem.-techn. Lexikon (1979); Taschenb. f. Lebensmittelchemiker u. -technologen (1991). Mithrsg.: Ztschr. Chemie in Labor u. Biotechnik.

OSTERWALD, Karl-Hans

Dr. med., Prof., Internist - Eichkamp 19, 2330 Eckernförde - Geb. 25. Aug. 1911 Hannover - S. 1946 (Habil.) Lehrtätigk. Univ. Kiel (1956 apl. Prof. f. Innere Med.). Fachveröff. (Experiment. Unters. üb. Coronar- u. Hirngefäßdurchblutungen, üb. d. Kreislaufwirk. d. Mineralokortikoide; Klinische Beobacht. z. Libman-Sacks-Syndr.).

OSTERWALDER, Jörg

Dipl.-Ing., em. o. Prof., ehem. Direktor Inst. f. Hydraul. Maschinen u. Anl. Technische Hochschule Darmstadt - Im Eichenböhl 4, 6143 Bensheim-Auerbach/Bergstr. (T. 06251 - 7 19 34) - Geb. 13. Aug. 1918 St. Gallen (Schweiz) (Vater: Karl O.), verh. m. Ingrid, geb. Mann - 1944-67 Escher Wyss AG, Zürich (20 J. Leit. Hydraul. Forschungsabt.); Leit. IAHR-Arbeitsgruppe WG 5 (Darmstädt. Kreis) s. 1971; Dekan Fachbereich Maschinenbau THD 1974-75 - Zahlr. Fachveröff.

OSTHEEREN, Klaus Hermann

Dr. phil., Prof. f. Englische Philologie - Linzer Str. 33, 5000 Köln 41 (T. 41 13 22) - Geb. 17. Juli 1933 Berlin (Vater: Johannes O., Verw.sbeamter; Mutter: Hildegard, geb. Goetsch), verh. s. 1975 m. Ingrid, geb. Hantsch, T. Anja Stephanie - Stud. Angl., German., Roman., Phil. Berlin u. Cambridge, Promot. 1959 Berlin, Habil. 1973 München - 1960-71 wiss. Assist. Berlin, Heidelberg, München, 1971-73 Akad. Rat München, 1973-81 o. Prof. Köln, s. 1981 Münster - BV: Stud. z. Begriff d. Freude u. s. Ausdrucksmitteln in altengl. Texten (Diss.), 1959 - Liebh.: Kesselpauken.

OSTHERR, Karl-Heinz

Dr. jur., Vorstandsmitglied (i. R. s. 1979) Feuersozietät Berlin u. Lebensversicherungsanstalt Berlin, Berlin 30 - Flemmingstr. 11, 1000 Berlin 41 (T. 821 61 32) - Geb. 2. April 1914 Berlin.

OSTHOFF, Hans-Werner

Dr. jur., Prof., Vorsitzender d. Geschäftsführung i. R. Röchling'sche Eisen- u. Stahlwerke GmbH, Völklingen, u. Industrieverw. Röchling GmbH, Saarbrücken (1974 i. R.) - Buchenweg 25, 8135 Starnberg-Söcking - Geb. 11. Febr. 1911 Berlin - S. 1970 Honorarprof. Univ. Saarbrücken (vorher Lehrbeauftr.; Wirtschaftsrecht u. Industriepolitik d. Europ. Gemeinschaften); Lehrbeauftr. Univ. München. 1970ff. Mitgl. Wiss.rat. Aufsichts-, Bei- u. Verwaltungsratsmandate - 1971 Gr. BVK, Offc. de l'ordre du mérite du Gr. Duché de Luxembourg; Chevalier de la Légion d'Honneur, Frankr.

OSTHOFF, Wolfgang

Dr. phil., o. Prof. u. Direktor Institut f. Musikwiss. Univ. Würzburg (s. 1968) - Methfesselstr. 21, 8700 Würzburg (T. dstl.: 3 18 28) - Geb. 17. März 1927 Halle/S. (Vater: Prof. Dr. phil. Helmuth O., Musikwiss.ler (s. dort); Mutter: Heidi, geb. Heidsieck), ev., verh. s. 1955 m. Renate, geb. Götz, 3 Söhne (Daniel, Jonathan, Tobias) - Gymn. Frankfurt/M.; Konservat. ebd.; Univ. Frankfurt u. Heidelberg (Musikwiss., Phil., Mittellat.). Promot. Heidelberg; Habil. München - 1955-57 Stip. Dt. Forschungsgem.; 1957-63 Assist., Lehrbeauftr. (1959), Privatdoz. (1965), Doz. (1966) Univ. München. Spez. Arbeitsgeb.: Ital. Musik 15.-19. Jh., Beethoven- Pfitzner - BV: D. dramat. Spätwerk Claudio Monteverdis, 1960; Beethoven - Klavierkonzert c-Moll, 1965; Theatergesang u. darstell. Musik in d. ital. Renaissance - 15. u. 16. Jh., 1969; Heinrich Schütz, 1974; Stefan George u. les deux musiques - Tönende u. vertonte Dichtung in Einklang u. Widerstreit, 1989.

OSTHUES, Heinz

Dr. rer. pol., Bankdirektor i. R. - Wemhoffstr. 7, 4400 Münster/W. (T. 5 41 68; Büro: 4 09 11) - Geb. 8. Juli 1919 Münster/W. - Sparkassenlehre Münster (1935-38); Univ. Münster u. Kiel (Wirtschaftswiss.). Promot. Münster - 1950-60 Prüfer Rhein. Sparkassen- u. Giroverb., Düsseldorf; 1961-68 Vorstandsmitgl. bzw. -vors. (1964) Stadtsparkasse Wuppertal; 1968-84 stv. u. o. Vorst.-Mitgl. Landesbank f. Westf. bzw. Westd. Landesbank/Girozentrale, Münster - Spr.: Engl. - Rotarier.

OSTLER, Fritz

Dr. jur., Rechtsanwalt, ehem. Vizepräs. Dt. Anwaltverein (1959-79) u. Gründungspräs. Bayer. Anwaltverb. (1951-79), Vors. Münchener Anwaltverein v. 1950-72, Mitgl. Bayer. Landesjustizprüfungsamt v. 1947-70, Vorst.-Mitgl.

Münchener Jurist. Ges. v. 1966-81, seither Ehrenmitgl. - Ottostr. 10, 8000 München 2 (T. 59 19 24) - Geb. 14. Mai 1907 Freilassing/Obb. (Vater: Franz-Josef O., Zollfinanzrat; Mutter: Antonie, geb. Primisser), kath., verh. s. 1937 m. Margarete, geb. Loecherer, 3 Kd. (Erika, Christoph, Angela) - Gymn.; Univ. München (Promot.) - BV: Klageerzwingungsverfahren, 1931; Bayer. Justizgesetze, 4. A. 1986; Ostler-Weidner. Abzahlungsgesetz, 6. A. 1971; D. Rechtsanw. im Rechtsstaat, in: D. RA im Ostblock, 1959; D. dt. Rechtsanw.. 1963. Mitarb.: Staudinger, Kommentar z. BGB, 10. u. 11. A. 1955 (Kauf, Tausch u. Schenkung); D. dt. Rechtsanw. 1871-1971, 2. A. 1982 - 1961 Bayer. VO.; 1972 Gr. BVK; 1981 Hans-Dahs-Plak. d. dt. Anwaltsch.; 1987 Ehrenmitgl. Dt. Anwaltverein.

OSTMEYER, Fritz

Landwirt - 4801 Westbarthausen/W. - Geb. 21. Okt. 1915 Westbarthausen, verh., 2 Kd. - Mittl. Reife - Reserveoffz. 1958 ff. Landrat Kr. Halle, 1968-70 MdL NRW. CDU (1958 ff. Kreisvors.) - 1972 BVK I. Kl.

OSTROP, Heinrich

Bildungsreferent, MdL Nordrh.-Westf. (s. 1966) - Am Pastorenbusch 4, 4401 Nienberge/W. (T. 13 37) - Geb. 22. Jan. 1925 Olfen/W., kath., verh., 4 Kd. - Volkssch.; landw. Ausbild. - Kriegsdst.; Ltg. elterl. Landw.; s. 1955 Ref. Bistum München (gegenw. Referatsleit. f. ländl. Jugend- u. Erwachsenenbild.). Gemeindevertr. Olfen-Kirchspiel (1952-59) u. Nienberge (1964 ff.). CDU s. 1952.

OSTWALD, Thomas

Kaufmann, Schriftsteller - Am Uhlenbusch 17, 3300 Braunschweig (T. 0531 - 35 01 89) - Geb. 26. Jan. 1949 Braunschweig, ev., verh. s. 1972 m. Dagmar, geb. Petersen, 2 Kd. (Niels Florian, Tessa Daniela) - Handelssch. - S. 1984 selbst. Buchhdl. Verlagsinh. v. Edition Corsar (m. Dagmar Ostwald). 1. Vors. Gerstäcker-Ges. - BV: Karl May, Leben u. Werk, 4. A. 1977; Jules Verne - Leben u. Werk, 3. A. 1983; Sherlock Holmes. Aus d. Geheimakten d. weltberühmten Detektivs, 6 Bde. 1985; Till Eulenspiegels lustige Streiche, 5. A. 1985; D. gr. Trapperhandb., 3. A. 1988; Friedrich Gerstäcker - Leben u. Werk, 3. A. 1989; D. gr. Indianerhandb., 7. A. 1989. Herausg.: Texte z. Heftromangesch. (1978ff.); Gerstäcker-Nachdrucke (1980ff.); Charles Sealsfield - Leben u. Werk. Herausg. u. Bearb.: Gerstäcker-Neuausg. im Union-Verlag (m. Dr. Wolfgang Bittner). Herausg. versch. Ztschr. (Magazin f. Abenteuer-, Reise- u. Unterhaltungslit. Gerstäcker-Mitteilungen) - 1984 Volkacher Taler f. Verd. um Jugendlit. - Liebh.: Klass. Abenteuer- u. Reiseroman d. 19. Jh., Kinder- u. Jugendb. d. 19. Jh.

OSWALD, Eduard

MdB (s. 1987) - Waldweg 18, 8901 Dinkelscherben - Geb. 6. Sept. 1947 Augsburg - Dipl.-Betriebswirt (FH); Lehrer a. D.; 1978-86 MdL in Bayern; s. 1973 CSU-Kreisvors.

OSWALD, Paul

Dr. phil., em. o. Prof. f. Allg. Pädagogik (Schwerpunkt: Vorschulerziehung) - Sentruper Höhe 51, 4400 Münster/Westf. (T. 8 16 64) - Geb. 6. Aug. 1914 Duisburg (Vater: Johannes O., Schreinermeister; Mutter: Elisabeth, geb. Feldbusch), kath., verh. s. 1943 m. Ottilie, geb. Richter, 5 Söhne (Andreas, Thomas, Peter, Johannes, Stephan) - Gymn.; Univ. Bonn, Freiburg, Köln u. Münster, Päd. Akad. Essen (Phil., Theol., Päd.); Theol. Abschlußex. 1939; Prüf. f. d. Lehramt an Volksschulen 1946 u. 49; Promot. 1954 (Bonn) - 1946-54 Volksschullehrer, 1954-56 Dozent Päd. Hochsch. Vechta, 1956-58 Volksschulkon- u. -rektor, seith. Doz. u. Prof. (1963) PH Münster, PH Hamm, Abt. Dortmund d. PH Ruhr, s. 1972 Abt. Münster PH Westf.-Lippe, s. 1980 Univ. Münster. 1965-67 Prorektor PH Ruhr.

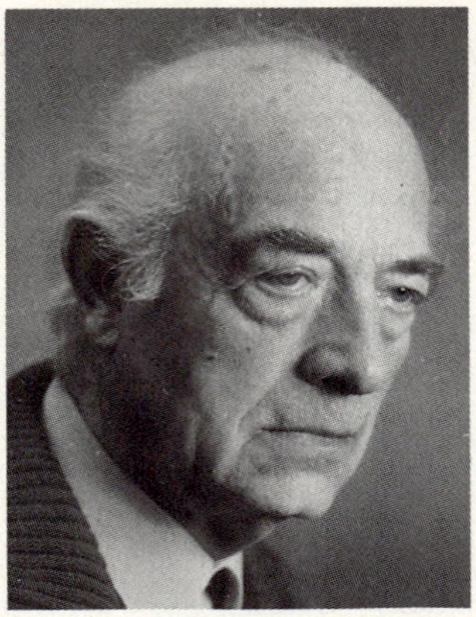

1966 Vors. Hochsch.rat PH Ruhr - 1974-83 Vors. Montessori-Vereinig. - BV: D. Kind im Werke Maria Montessoris, 1958 (jap. 1964); Bildungsprinzipien im Unterricht, 1964; D. Anthropol. M. Montessoris, 1970; Erziehungsmittel, 1973; Erziehen? - Heute?, 1980; m. G. Schulz: Grundgedanken d. Montessori-Päd., 1967 (jap. 1974); Montessori f. Eltern, 1974. Herausg.: Maria Montessori, V. d. Kindheit z. Jugend, 1966; m. G. Schulz: Maria Montessori, Üb. d. Bildung d. Menschen, 1966 (jap. 1971); D. Entdeckung d. Kindes, 1969; D. kreative Kind, 1972; Frieden u. Erz., 1973; Schule d. Kindes, 1976; Kosmische Erziehung, 1988; D. Macht d. Schwachen, 1989; R. C. Orem Montessori heute, 1975 - 1990 BVK.

OSWALD, Rolf

Geschäftsführer Arbeiterwohlfahrt Bezirksverb. Baden e. V. - Redtenbacherstr. 9, Postf. 11 69, 7500 Karlsruhe 1.

OTHMER, Friedrich Ernst

Dr. rer. nat., Prof., Direktor Philips Kommunikations Industrie AG - Sperberstr. 28, 8500 Nürnberg 40 - Geb. 14. April 1930 Gehrden (Han), verh. m. Waltraud, geb. Wunder - Stud. Math. TH Hannover u. Univ. Göttingen; Promot. 1959 Göttingen - S. 1976 Lehrauftr. Univ. Erlangen-Nürnberg. 1989/90 Vorst.-Mitgl. Informationstechn. Ges. (ITG) im VDE; 1991/92 Vors. Informationstechn. Ges. im VDE (ITG) - 1983 Hon.-Prof. f. Nachrichtentechnik Univ. Erlangen-Nürnberg.

OTREMBA, Heinz

(Ps. Peter Busch) Geschäftsführer Volksblatt Verlagsges. mbH, Würzburg, Echter Würzburg, Fränk. Gesellschaftsdruckerei u. Verlag GmbH - Oberes Hessental 3, 8706 Höchberg (T. 0931 - 40 02 83) - Geb. 28. Nov. 1931 Baumgarten (Vater: Karl O.; Mutter: Erna, geb. Strahler), kath., verh. s. 1955 m. Hanni, geb. Wurzel, 4 Kd. (Ulrike, Birgit, Sabine, Wolfgang) - Meisterprüf. graph. Gewerbe - Bruderschaftsmeister Weinbrudersch. Franken; 1. Vors. d. Künstlergilde Hetzfelder Flößerzunft; 1. Vors. d. Vereins z. Rettung v. Schloß Homburg am Main e.V.; Vorst.-Mitgl. d. Kolping-Bildungswerks d. Diözese Würzburg - BV: Dok. Wilhelm Conrad Röntgen, 1965; Werner Heisenberg, 1976; 15 Jh. Würzburg, (hrsg.) 1979; Würzburger Porträts, Lebensbilder berühmter Würzburger, 1982; Albert v. Koelliker, 1986; Rudolf Virchow, 1991 - 1979 BVK am Bde.; 1982 Gold. Verkehrswachtz.; 1985 Silb. Caritas-Kreuz; 1991 BVK I. Kl. - Liebh.: Philatelie, Fotogr., Wein - Spr.: Engl.

OTT, Alfred E.

Dr. rer. pol., o. Prof. f. Volkswirtschaftslehre - Lindenstr. 45, 7407 Rottenburg 5 (Wurmlingen) (T. 2 15 72) - Geb. 29. Okt. 1929 Kassel (Vater: Alfred M. O., Redakteur; Mutter: geb. Schäfer), kath., verh. s. 1957 m. Ilsemarie, geb. Münnich, 2 Kd. - Univ. Heidelberg u. München. Promot. Heidelberg; Habil. München - S. 1958 Lehrtätigk. Univ. München, Saarbrücken (1960 Ord.), Tübingen (1963; Dir. Inst. f. Angew. Wirtschaftsforsch.) - BV: Marktform u. Verhaltensweise, 1959; Einf. in d. dynam. Wirtschaftstheorie, 1963; Grundzüge d. Preistheorie, 1967. Zahlr. Fachaufs. Herausg.: Preistheorie (1965).

OTT, Claus

Dr. jur., o. Prof. f. Bürgerl. Recht Univ. Hamburg - Renettenweg 15, 2000 Hamburg 65 - Geb. 27. Juli 1937 Tübingen (Vater: Dipl.-Ing. Walter O.; Mutter: Hella, geb. Kastner), ev. - Stud. Rechtswiss. Tübingen, Hamburg, St. Andrews; Vizepräs. Univ. Hamburg (1977-80). Richter Hanseat. Oberlandesger. Veröff. u. a.: Recht u. Realität d. Unternehmenskorporat., 1977; Alternativkomment. z. Bürgerl. Gesetzb. (m. a.), 1979ff.; Lehrb. d. ökonom. Analyse d. Zivilrechts (m. H. B. Schäfer), 1986; Kommentar z. Verbraucherkreditgesetz (m. H. Bruchner u. K. Wagner-Wieduwilt), 1992. Herausg.: Allokationseffizienz in d. Rechtsordnung (m. H. B. Schäfer, 1989); Ökonomische Probleme d. Zivilrechts (m. H. B. Schäfer, 1991).

OTT, Elfriede

Prof., Kammerschauspielerin - Barmhartstalstr. 55, 2344 Maria Enzersdorf/Österr. (T. 02236 - 2 22 49) - Geb. 11. Juni Wien - Schausp. Theater in Josefstadt Wien; Leit. d. Schausp.-Abt. am Konservatorium d. Stadt Wien. S. 1983 gemeinsam m. Hans Weigel Initiatorin, Regiss. u. Int., künstler. Leit. d. Sommerspiele Nestroy auf Liechtenstein in Maria Enzersdorf - BV: Phantasie in Ö-Dur, 1974; Wenn man in Wien z. Welt kommt, 1977; Unterwegs zu meinen Bildern, 1984 - Josef-Kainz-Med.; Österr. Ehrenkreuz I. Kl. f. Wiss. u. Kunst; Nestroy-Ring d. Stadt Wien; Gold. Verdienstzeichen Land Salzburg; Gold. Ehrenmed. d. Marktgemeinde Maria Enzersdorf; Ehrenring d. Schauspieler d. Theaters in d. Josefstadt; Gold. Kamera; D. liebe Augustin; Ehrenmed. d. Stadt Wien in Gold.

OTT, Gabriel

Dr. phil., Prof. f. Rechts- u. Staatsphilosophie Univ. Bamberg - Karlstr. 9, 8605 Hallstadt b. Bamberg - Geb. 18. März 1927 Landsberg (Vater: Alois O., Oberlehrer; Mutter: Maria, geb. Schmid), kath. - 1945-49 Stud. Philol., Gesch., Phil. u. a. Univ. München; Promot. 1960, Habil. 1971 - 1949-63 Gymn.-Lehrer; 1972 Dekan Päd. Fak. Univ. Bamberg; 1977 Begründ. Studieng. Politikwiss. Univ. Bamberg. Vertrauensdoz. Konrad-Adenauer-Stiftg.; Mitgl. Hochsch. f. Politik München - BV: D. Bürgertum d. geistl. Residenzstadt Passau in d. Zeit d. Barock u. d. Aufkl., 1961; Zeitlichk. u. Sozialität z. Didaktik d. Gesch. u. d. Politik, 1969; Frühe polit. Ordnungsmod., 1971; Menschen - Völker - Reiche, Arbeitsb. 1975; Wurzeln unserer Gegenw. (Mitverf.) 1978; zahlr. Aufs. z. Theorie d. Politik, z. aktuellen Probl. u. Tagungsber. üb. Auslandssem. in Jugoslawien, Griechenl., Italien u. Frankr.; div. Buchbespr. - Liebh.: Essays, Ged., Malen, Schnitzen, Bergsteigen - Spr.: Engl., Franz., Ital., Latein u. Griech.

OTT, Gerhard

Dr. jur., Vorsitzender d. Exekutivversammlung des Weltenergierates - Folkwangstr. 1, 4300 Essen 1 - Geb. 5. Aug. 1932 - Präsidialmitgl. Dt. Nationales Komit. d. Weltenergierates - BVK am Bde.

OTT, Ulrich

Dr. phil., Direktor Schiller-Nationalmuseum u. Dt. Literaturarchiv, Marbach (ab 1985), Geschäftsf. Dt. Schiller-Ges., Marbach - Postf. 11 62, 7142 Marbach/N. (T. dstl.: 60 61) - Geb. 8. Okt. 1939 Essingen (Vater: Friedrich O., Pfarrer; Mutter: Gertrud, geb. Paulus), ev., verh. s. 1967 m. Angelika, geb. Radermacher, 5 Kd. (Georg, Albrecht, Martin, Corinna, Franziska) - Ev. Theol.-Sem. Schöntal-Urach; Univ. Tübingen, Wien, Berlin FU (Griech., Lat., German.). Promot. 1965; Staatsex. 1965 - 1965-70 Wiss. Mitarb. u. Wiss. Assist. Philolog. Sem. Univ. Tübingen, 1970-72 Bibl. Ref. (2. Staatsex. 1972); 1972-76 Bibl. Rat TU Hannover; 1976-80 stv. Bibl.Dir. Univ. Konstanz; 1980-85 Ltd. Bibl.Dir. Univ. Trier - 1983-86 Vors. Rudolf Borchardt Ges. - BV: D. Kunst d. Gegensatzes in Theokrits Hirtenged., 1969. Aufs. z. Bibliotheksw., z. klass. Philol. u. German. - Herausg.: Rudolf Borchardt: Gesammelte Werke in Einzelbdn. (1967ff.).

OTT, Werner

Dipl.-Kfm. - An der Schwedenschanze 65, 8500 Nürnberg-Weiherhaus (T. 0911 - 88 38 75) - Geb. 2. Okt. 1924 Nürnberg (Vater: Georg O., Ing.; Mutter: Betty, geb. Quehl), verh. s. 1952 m. Hella, geb. Loos, 2 Töcht. (Angelika, Ursula) - Gymn. (Abit.); Hochsch. (Dipl.) - Vors. Akad. f. Absatzwirtschaft, Nürnberg; AR Alte Leipziger Versich.gruppe, Oberursel - Herausg.: Handb. d. prakt. Marktforsch. (1973) - BVK am Bde. - Liebh.: Do-it-yourself, Fotografieren - Spr.: Engl.

OTTE, Hans

Komponist, Pianist, Hauptabteilungsleiter Radio Bremen (1959-84) - Eislebener Str. 46, 2800 Bremen - Geb. 3. Dez. 1926 Plauen (Vater: Johannes O., Apotheker; Mutter: Gertrud O.), verh. s. 1956 m. Uta, geb. Thuma, 2 Kd. (Raffael, Silvia) - Stud. in Dtschl., Italien u. USA - 1959-84 Musikchef Radio Bremen - Kompos. f. alle Kategorien, auch Musiktheater u. Klangenvironments - Kompos.-Preise u. Stip. (u. a. Rom Villa Massimo) - Spr.: Engl.

OTTE, Hans-Heinrich

Dipl.-Volksw., Wirtschaftsprüfer, Steuerberater, Vors. d. Vorst. BDO Dt. Warentreuhand AG, Hamburg - Goerdelerstr. 23, 2400 Lübeck - Geb. 23. Jan. 1926 - Chairman of the Council BDO Binder, Intern. Accountants & Consultants; Präs. Sankt Marien-Bauverein, Lübeck - Mitgl. d. Intern. Beirates d. Verw. u. Privat-Bank AG Vaduz, Liechtenstein; Vors. d. Vorst. d. Ges. f. Betriebswirtschaftslehre zu Kiel e.V.; Lehrbeauftr. Wirtschaftsprüf. d. Christian-Albrechts-Univ. Kiel - Spr.: Engl.

OTTEN, Ernst-Wilhelm

Dr. rer. nat., Prof. f. Experimentalphysik Univ. Mainz - Carl-Orff-Str. 47, 6500 Mainz (T. 47 66 21) - Geb. 30. Aug. 1934 Köln (Vater: Wilhelm O., Dipl.-Ing.; Mutter: Maria, geb. Musmacher), kath., verh. s. 1963 m. Eleonora, geb. Stojiljković, 2 Töcht. (Felicitas, Sofie) - Univ. Heidelberg (Dipl. 1959, Promot. 1962, Habil. 1966) - S. 1972 C4-Prof. Univ. Mainz - Div. ehrenamtl. Tätigk. in d. dt. u. intern. Forschungsorg. Rd. 120 Veröff. üb. Atom- u. Kernphysik in Fachztschr. - 1986 Mitgl. Akad. d. Wiss. u. d. Lit. Mainz; 1987 Gentner-Kastler Preis d. dt. u. d. franz. physikal. Ges.; 1989 Ausl. Mitgl. d. franz. Akad. d. Wiss. - Spr.: Engl., (Franz.).

OTTEN, Fred

Dr. phil., o. Prof. f. Slav. Philologie FU Berlin u. Direktor Slav. Sem. - Zehntwerderweg 168, 1000 Berlin 28 (T. 030 - 402 87 78) - Geb. 23. Juli 1942 Berlin (Vater: Prof. Dr. Heinrich O.; Mutter: Hertha, geb. Tilscher), verh. s. 1968 m. Elke, geb. Gaßmann, 2 Kd. (Kathrin, Jan) - Stud. Univ. Marburg, Kiel, Berlin; Promot. 1973 FU Berlin; Habil. 1983 Univ. Köln - 1983-85 Priv.-Doz. Univ. Köln; s. 1985 o. Prof. FU Berlin - BV: Unters. zu d. Fremd- u. Lehnwörtern b. Peter d. Gr., 1985; D. Reiseber. e. anonymen Russen üb. s. Reise n. Westeuropa im Zeitraum 1697/1699, 1985. Mithrsg.: Veröfftl. Abt. f. slav. Sprachen u. Lit. Osteuropa-Inst. (Slav. Sem.) FU Berlin - 1991 o. Mitgl. Akad. d. Wiss. u. d. Lit. Mainz.

OTTEN, Heinrich
Dr. phil., em. o. Prof. - Carl-Benz-Str. 1A, 6500 Mainz (T. 5 21 66) - Geb. 27. Dez. 1913 Freiburg/Br. (Vater: Heinrich O., Kaufmann; Mutter: Maria, geb. Viehöfer), verh. s. 1941 (Ehefrau: Hertha, geb. Tilscher), 2 Söhne (Fred, Joachim) - Univ. Berlin (Promot. 1940, Habil. 1950), 1947-58 Wiss. Mitarb. Dt. Akad. d. Wiss., Berlin (Doz. u. Prof.); 1959-79 o. Prof. Philipps-Univ., Marburg. Spez. Arbeitsgeb.: Hethitologie - BV: D. Überlieferungen d. Telipinu-Mythus, 1942; Mythen v. Gotte Kumarbi, 1950; Z. grammat. u. lexikal. Bestimmung d. Luvischen, 1953; Hethit. Totenrituale, 1958; D. Hethiterreich in Schmökel, H. Kulturgesch. d. Alten Orient, 1961; Fischer Weltgesch. 3: Hethiter, Hurriter u. Mitanni, 1966; E. althethit. Erz. um d. Stadt Zalpa, 1973; D. Bronzetafel aus Boğazköy - Ein Staatsvertrag Tuthalijas IV., 1988. Herausg.: Keilschrifttexte aus Boghazköi (1954ff.). Mithrsg.: Orientalist. Literaturztg. (1953-68), Ztschr. f. Assyriologie (1972ff.), Reallexikon d. Assyriologie (1960-80) - Mitgl. Akad. d. Wiss. u. d. Lit. Mainz (Präs. 1979-85) u. Dt. Archäol. Inst. Berlin (1959), Korr. Mitgl. Österr. Akad. d. Wiss., Wien (1972). Corresponding Fellow British Academy (1991).

OTTEN, Kurt
Dr. phil., em. Univ.-Prof. Univ. Heidelberg (s. 1975) - Neue Stücker 3, 6900 Heidelberg-Ziegelhausen (T. 80 28 99) - Geb. 2. März 1926 Trier (Vater: Jakob O., Prokurist; Mutter: Katharina, geb. Weckbecker), kath., verh. s. 1955 m. Dr. Lieselotte, geb. Poetzsch, 2 Söhne (Martin, Stefan) - Gymn. Trier; 1948-54 Univ. Tübingen. Promot. (1954) u. Habil. (1962) Tübingen - 1955-64 Univ. Tübingen (Assist.; 1962 Doz.), 1964-75 Univ. Marburg, o. Prof.; emerit. 1991. Spez. Arbeitsgeb.: Engl. Roman, Altengl.. Prosastil - BV: König Alfreds Boethius - Stud. z. engl. Philol., 1964; D. engl. Roman v. 16. z. 19. Jh., 1971; D. engl. Roman v. Naturalismus b. z. Bewusstseinskunst, 1986; D. engl. Roman. Entw. d. Gegenwart: Ideenroman u. Utopie, 1990 - Liebh.: Musik - Spr.: Engl., Franz.

OTTEN, Uschi
Dramaturgin Landestheater Württemberg Hohenzollern, Tübingen - Burgsteige 7, 7400 Tübingen - Geb. 3. Okt. 1953 Bendingbostel/Kr. Verden - Stud. Dt. Philol., Politik, Soziol., Päd. u. Phil. Univ. Göttingen; Staatsex. 1979 - 1980-85 Dramat. Junges Theater Göttingen - Spr.: Engl., Franz., Dän.

OTTENJANN, Helmut
Dr. phil., Prof., Ltd. Direktor Museumsdorf Cloppenburg, Niedersächs. Freilichtmuseum - Museumstr. 13, 4590 Cloppenburg (T. 25 04) - Geb. 15. Mai 1931 Cloppenburg (Vater: Dr. Heinrich O., Museumsdir.; Mutter: Maria, geb. Hiltemann), kath., verh. s. 1965 m. Mechtild, geb. Bitter, 3 Kd. (Henrike, Werner, Mareike) - Promot. 1957 - Assist. Schlesw.-Holst. Landesmuseum, Schleswig, German. Nationalmuseum, Nürnberg, Nord. Museum, Stockholm - BV: D. nord. Vollgriffsschwerter d. älteren u. mittleren Bronzezeit, 1969; Alte Bauernmöbel a. d. nordwestl. Nieders., 2. A. 1978; Volkstümliche Möbel aus d. Ammerland (m. Jaspers), 1983; Alte Bauernhäuser zw. Weser u. Ems, 2. A. 1982; Lebensbilder aus d. ländl. Biedermeier, 1984; Alte Tagebücher u. Anschreibebücher (m. Wiegelmann) - 1982 Niedersachsen-Preis f. Kultur - Spr.: Engl. - Mitgl. Lions Club.

OTTENJANN, Rudolf
Dr. med. (habil.), Chefarzt I. Med. Abt./ Städt. Krankenhaus München-Neuperlach, apl. Prof. f. Inn. Med. Univ. Erlangen-Nürnberg (s. 1973) - Oskar-Maria-Graf-Ring 51, 8000 München 23 - Geb. 19. April 1926 Cloppenburg/Oldbg.

OTTENTHAL, Elmar
Regisseur, stv. künstl. Leiter d. Vereinigten Bühnen Wien (Theater a. d. Wien, Romacher, Raimundtheater - Generalintendant Prof. Peter Weck) (s. 1989) - Ferrogasse 42, A-1180 Wien - Geb. 6. Sept. 1951 Innsbruck/Tirol, kath. - Matura Akad. Gymn. Innsbruck; Stud. Musikwiss. u. Kunstgesch. Univ. Hamburg; Fotographenausb. - 1974-77 Regieassist. Hansestadt Lübeck; 1977-82 Abendspielleit. Staatsoper Hamburg; 1982-86 stv. Oberspielleit. u. Assist. d. Dir (L. Maazel) Staatsoper Wien; 1986 freisch. Regiss. - Wagner- u. Verdi-Operninsz.: u.a. Götterdämmerung, Parsifal, Tannhäuser (Teatro alla Scala, Gran Teatro del Liceu, Opera Royal de Wallonie, Teatro Communale di Genova), Don Carlo, La Forza del destina (Vereinigte Bühnen Graz); weit. Insz. in Berlin, Hamburg, Wien; Zeitgen. Oper: von Einem Tulifant (Vereinigte Bühnen Wien u. ORF), etc. - Liebh.: Ski, Radfahren, Computer, Fotogr. - Spr.: Engl., Ital.

OTTENTHAL, Johannes

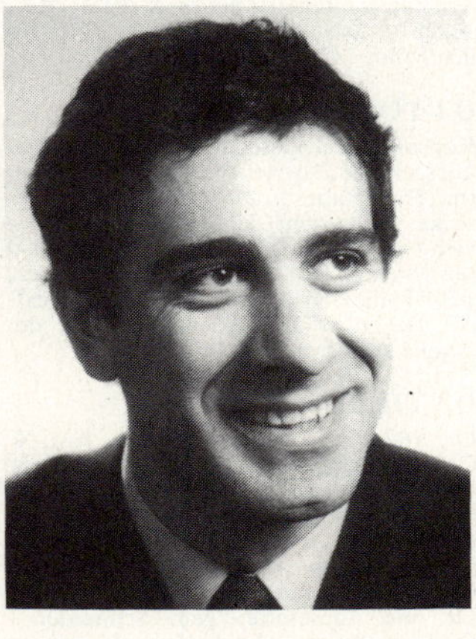

Dipl.-Betriebsw., Dipl.-Soziol., Maler u. Buchautor - Sandfeld 18, 8901 Horgau - Geb. 3. Aug. 1945 Csátalja/Ungarn, kath., ledig - Stud. Malerei, Kunstgesch., Soziol., Psychol., Päd. u. Betriebsw. München - BV: D. Industriearb. v. 1945 - E. Analyse v. Dok. d. dt. Ind. u. Betriebssoziol., 1980; Männergruppendynamik - Darst. u. Analyse e. Spontaneitätsgruppe, 1981. Expressive abstrakte Komp., surreale u. sozialkrit. Arb. - Spr.: Engl. - Lit.: Axel-Alexander Ziese, Meister bild. Künste, Bd. 1 (1983); Axel-Alexander Ziese, Künstlerkompendium, Bd. 1 (1984); Zeitschr. München Mosaik 7/8 (1982), u. 3/4 (1987); Wenzel Nemec, Auswahl zeitgenössischer dt. Malerei u. Graphik, T. I (1986); Who's who in Germany (1991).

OTTERSTEDDE, Reiner Lothar
Dipl.-Volksw., Geschäftsführer Brötje Beteiligungs GmbH, Ges. f. Ind. u. Handel - August Brötje Str. 17, 2902 Rastede 1 (T. 04402 - 80-5 44); priv.: Pleistermühlenweg 95, 4400 Münster - Univ. Hamburg u. Münster (Dipl.).

OTTINGER, Ulrike
Regisseurin, Autorin, Produz. - Fichtestr. 24, 1000 Berlin 61 (T. 030 - 692 93 94, Fax 030 - 691 33 30) - Filme (Buch, Regie, Kamera, Ausstatt.): 1972 Laokoon & Söhne, 1973 Happening Dok. Wolf Vostell Berlinfieber, 1975 D. Betörung d. blauen Matrosen, 1977 MADAME X - e. absolute Herrscherin, 1979 Bildnis e. Trinkerin, 1981 Freak Orlando, 1984 Dorian Gray im Spiegel d. Boulevardpresse, 1985 China. D. Künste - D. Alltag, 1986 Superbia - D. Stolz, 1987 Usinimage, 1989 Johanna d'Arc of Mongolia, 1991 Countdown, 1992 Taiga. Retrospektiven, Ausst., Installationen. Theaterarb. BV. 1987 Europa u. d. Stier, Pyramide, Wanderobjekt.

OTTNAD, Bernd
Dr. phil., Prof., Direktor Staatsarchiv Freiburg (1973-88) - Auwaldstr. 113, 7800 Freiburg im Br. (T. 1 65 59) - Geb. 9. Sept. 1924 Karlsruhe, kath., verh. s. 1953 m. Margarete, geb. Rösch, 2 Kd. (Adrian, Judith) - Stud. Gesch., German., Franz. Univ. Freiburg; Promot. 1952 - 1974-84 geschäftsf. Präs. Südwestdt. Archivtag - Herausg: Bad. Biogr. Neue Folge (I 1982, II 1987, III 1990; s. 1977), Baden-Württemb. Biogr. (s. 1987). Zahlr. Facharb. z. Archivistik u. Landesgesch. - Spr.: Engl., Franz., Ital., Latein.

OTTO, Dora
s. Drott, Karl

OTTO, Eckart
Dr. theol., Prof. f. Altes Testament u. Biblische Archäologie - Höhen 25, 2155 Jork-Borstel (T. 04142 - 29 37) - Geb. 19. Aug. 1944 Hamburg-Blankenese (Vater: Gustav O., Oberstud.Rat; Mutter: Gertrud, geb. Vogt), ev. luth., verh. s. 1973 m. Gesa, geb. Kröger - Promot. 1973, Habil. (AT) 1975 - 1975-78 Privatdoz., 1978-79 stv. Leit. d. Dt. Ev. Inst. f. Altert.wiss. d. Heiligen Landes in Jerusalem, 1979-86 Prof. Hamburg, 1983 Ordination z. Geistl. Amt, 1983-86 Mitgl. d. Synode d. Nordelb. Ev.-Luth. Kirche, 1986-91 o. Prof. Leit. d. Forschungsst. f. Hist. Palästinakde. Univ. Osnabrück, s. 1991 o. Prof. Leit. d. Inst. f. Bibl. Archäol. Univ. Mainz - Zahlr. Monographien z. Exegese d. AT, Bibl. Arch. u. altorientalischen Rechtsgeschichte.

OTTO, Frei
Dr.-Ing., Drs. h.c., Prof., Architekt - Berghalde 19, 7250 Leonberg 7 - Geb. 31. Mai 1925 Siegmar/Sachs., verh. m. Ingrid, geb. Smolla, 5 Kd. (Angela, Bettina, Christine, Dietmar, Erdmute) - Schulabschl. 1943, s. 1948 Architektur-Stud. TU Berlin, 1950/51 Stud. b. Wright, Mendelsohn, Saarinen, Mies van d. Rohe, Neutra, Eames u.a., Promot. 1953 TU Berlin - 1943-45 Wehrdst., danach b. 1947 Gefangensch., 1952-72 fr. Architekt, danach Berater (1958 Gründ. Entw.stätte f. d. Leichtbau Berlin), 1958-70 Gastprof. Washington Univ. St. Louis, Yale Univ. New Haven, Univ. of California Berkeley, Mass. Inst. of Techn. Cambridge, Harvard Univ. Cambridge, Univ. de Zulia Maracaibo (Venezuela), National Inst. of Design, Ahmedabad (Indien), Hochsch. f. Gestaltung Ulm, Sommerakad. Salzburg, 1964 Leit. Inst. f. leichte Flächentragwerke Univ. Stuttgart, Honorarprof., s. 1978 Ord. - BV: D. hängende Dach, (auch span., poln., russ.), 1954; Zugbeanspruchte Konstruktionen, Bd. 1 1962, Bd. 2 1965 (m. Trostel u. Schleyer, auch engl., span., ital., russ., ungar.); Mit-Autor Schriftenreihe IL (Mitteil. Inst. f. leichte Flächentragwerke), Bd. 1-21, s. 1969 (auch engl., teilw. japan., span.); div. Aufs. - Arbeiten in Kooperation m. a. Archit. u. Ing. wie Gutbrod, Tange, Omrania, Gribl, Bubner, Behnisch: 1953-56 Soz. Wohnungsbau, s. 1955 Zeltpavillons u. Hallen auf Bundes- u. intern. Gartenschauen (Kassel, Saarbrücken, Berlin, Köln, Hamburg, Mannheim, Lausanne), 1965 Wandelbare Dächer Cannes, Paris, 1965-67 Dt. Pavillon Weltausst. Montreal, 1967 Dach Luisenburg Wunsiedel 1968-70 Olympiadach München, 1968 Kuwait Sports City, 1968-72 Konferenzzentr. Mekka, 1970/71 City in the Arctic, 1972 Schatten in d. Wüste, 1973 Sarabhai-Zelt, 1975 Ceremony Tent f. Königin Elisabeth II, 1977 Bühnendach Pink Floyd, 1977/79 Sporthalle Jeddah, s. 1978 Government Center Riyadh, 1979 Flexible Bühnen im Rhein, u.v.a. (alle m. a.) - 1967 Prix Perret Prag; 1967 Kunstpreis Berlin; 1968 Ehrenmitgl. American Inst. of Architects; 1969 Knight of Marc Twain, Kansas City; 1970 Mitgl. Akdad. d. Künste, Berlin; 1971 Gr. Ausst. Mus. of Mod. Art, New York, erneuert 1975 u. 1977; 1971 Paul Bonatz Preis Stuttgart; 1973 Ehrendoktor Wash. Univ. St. Louis/ USA; 1974 Thomas Jefferson-Preis Charlottsville/USA; 1977 Ehrenprof. Univ. Federico Villareal Lima/Peru; 1978 Hugo Häring-Preis BDA Bad.-Württ.; 1980 Ehrendoktor Univ. Claverton Down Bath/Engl.; 1981 Gr. Preis d. BDA Biberach; Med. de Recherche, Akad. d'Architecture Paris; Ehrenmitgl. Royal Inst. of british Architects - Lit.: C. Roland: Frei Otto - Spannweiten (auch engl., span., ungar.), 1965; Current Biographie New York, 1968; Ludwig Glaeser: The Work of Frei Otto, 1971; Philipp Drew: Frei Otto - Structures (engl., deutsch), 1976; Heinrich Klotz: Architektur in d. Bundesrep., 1977.

OTTO, Gert
Dr. theol., Prof. f. Prakt. Theologie - Weißliliengasse 5, 6500 Mainz 1 - Geb. 10. Jan. 1927 Berlin, ev. - Humboldt-Univ. Berlin (Theol.). Theol.ex. Berlin (1951) u. Hamburg (1962); Promot. Berlin (1952), Habil. Hamburg (1962) - Lehrer, Erzieher, Ref. (Katechet. Amt), Doz. (Päd. Inst.), s. 1963 Ord. Univ. Mainz - BV: (Auswahl): Verkündigung u. Erziehung, 1957; Schule - Religionsunterricht - Kirche, 3. A. 1968; Handb. d. Religionsunterr., 3. A. 1967; Denken - um zu glauben/Predigtversuche f. heute, 1970; Vernunft, 1970; Kirche und Theologie, 1971; Schule u. Religion, 1972; Neues Handbuch d. Religionsunterr., 1972 (gem. m. H. J. Dörger u. J. Lott); Einf. in d. Prakt. Theol., 1976; Predigt als Rede, 1976; Einf. in d. Religionspädagogik, 1977 (m. H. J. Dörger u. J. Lott); V. geistl. Rede, 1979; Rhetor. predigen, 1981; Religion 5 b. 10, 1981 (m. H. J. Dörger u. J. Lott); Wie entsteht eine Predigt?, 1982; Vater unser, 1986; Religion contra Ethik?, 1986 (m. U. Baltz); Grundlegung d. Prakt. Theol., 1986 (= Prakt. Theol. Bd. 1); Predigt als rhetor. Aufgabe, 1987; Handlungsfelder d. Prakt. Theologie, 1988 (= Prakt. Theol., Bd. 2); Sprache als Hoffnung, 1989. Herausg.: Bibel d. Kinder (1965 u. 1980); Glauben heute (2 Bde. 1965/68); Grundwissen z. Theologie (2. A. 1969); Theologia Practica (1966ff.); Sachkunde Religion (7. A. 1984); Prakt.-theol. Handb. (2. A. 1975).

OTTO, Gunter
Dr. phil. h. c., Prof., Ord. f. Erziehungswissenschaft (Didaktik d. ästhet. Erziehung) - Hochallee 27, 2000 Hamburg 13 - Geb. 10. Jan. 1927 Berlin (Vater: Walter O., Hdls.Vertr.; Mutter: Charlotte, geb. Stein), ev., verh., - Realgymn. u. Kunsthochsch. Berlin (Kunstpäd.). Beide Staatsex. - 1946-56 Berliner Schulen (Studienrat); s. 1956 Päd. Hochsch. Berlin (1964 ao. Prof.) u. Univ. Hamburg (1969 o. Prof.). 1967-69 Honorarprof. Kunsthochsch. Berlin - BV: Kunst als Prozeß im Unterricht, 1964; Unterricht - Analyse u. Planung, 1965 (m. P. Heimann u. W. Schulz); Kunstunterr., 1970 (m. a.); Didaktik d. Ästhet. Erzieh., 1974; Texte z. Ästhet. Erzieh., 1975; Lehrer u. Schüler machen Unterricht, 1976 (m. a.); Didaktik u. Praxis, 1977 (m. a.); Didaktische Trends (m. Born), 1978; Auslegen (m. M. Otto), 1987. Herausg.: Handb. Kunst u. Werkerzieh., 1966-1970; Praxis u. Theorie d. Unterrichtens (m. W. Schulz), 1980-83. S. 1969 Mithrsg.: Kunst + Unterricht. Üb. 250 Einzelarb. - 1986 Dr. phil. h. c. Univ. Marburg.

OTTO, Hans
Prof., f. Musikerziehung Päd. Hochschule/C.-H.-Becker-Hochsch. Hannover - Byneburger Str. 4, 3440 Eschwege (T. 32 43).

OTTO, Hans-Hartwig
Dr. rer. nat., Dipl.-Chem., Apotheker, Prof. f. Pharmaz. Chemie Univ. Freiburg (s. 1978) - Etzmattenstr. 21, 7800 Freiburg (T. 07664 - 38 55) - Geb. 22. Mai 1939 Münster/W., ev., verh. s. 1963 m. Mechthilde, geb. Baucks, 3 Töcht. (Christiane, Annegret, Susanne) - FU Berlin u. Univ. Marburg; Promot. 1966 Marburg, Habil. 1972 ebd. - 1973-78 Prof. f. Pharmaz. Chemie Marburg; 1981/82 Visiting Fellow Princeton/USA; s. 1992 Präs. d. Dt. Pharmazeutischen

Ges. - BV: Helwig, Arzneimittel, 1988, 7. A. 1990.

OTTO, Hans-Joachim

Rechtsanwalt, MdB, medienpolitischer Sprecher d. FDP-Bundestagsfraktion (s. 1990) - Holzhausenstr. 13, 6000 Frankfurt 1 (T. 069 - 55 10 56) - Geb. 30. Okt. 1952 Heidelberg (Vater: Dr. Heinz O., Rechtsanw.; Mutter: Dr. med. Katja, geb. Bernheim), verh. s. 1982 m. Sibylle, geb. Birkenfeld, 2 Töcht. (Adriana Theresa, Antonia Josephine) - Human. Gymn. Heidelberg; 1971-77 Stud. Rechtswiss. Univ. München, Heidelberg u. Frankfurt; 1977 u. 79 Staatsex. Frankfurt - 1980-83 wiss. Assist. Univ. Frankfurt; s. 1984 Rechtsanw. - FDP 1980-83 Bundesvors. d. Jungen Liberalen, 1982-88 u. s. 1990 Mitgl. Bundesvorst., 1983-87 MdL Hessen, s. 1985 Mitgl. FDP-Bundesmedienkommiss. u. Bundesfachausch. Innen- u. Rechtspolitik; s. 1985 Vors. d. Frankfurter FDP, s. 1987 Mitgl. Landesvorst. Hessen; s. 1992 Vors. d. FDP-Medienbeirats.

OTTO, Hansjörg
Dr. jur., Prof. f. Bürgerliches Recht, Arbeitsrecht, Zivilprozeßrecht - Max-Born-Ring 15, 3400 Göttingen (T. 0551 - 3 31 36) - Geb. 23. Mai 1938 Oldenburg (Vater: Reinhold O., Syndikus; Mutter: Margot, geb. Artelt), ev., verh. s. 1964 m. Karin, 2 S. (Stefan, Marcus) - Abit. 1958 Aurich; 1. Staatsex. 1962, 2. Staatsex. 1967, Promot. 1970, Habil. 1977, alles Hamburg - 1977/78 wiss. Rat u. Prof. Bonn; s. 1978 o. Prof., Inst. f. Arbeitsrecht Göttingen - BV: D. Präklusion. E. Beitr. z. Prozeßrecht, 1970; D. Recht d. Angest. u. Arb. im öff. Dienst, 1973; Personale Freiheit u. soz. Bindung, 1978; Komment. d. §§ 320-327 BGB in J. v. Staudingers Kommentar, 12. A. 1979; Verfassungsrechtl. Gewährleistg. d. koalitionsspezifischen Betätigung, 1982; Ist es erforderlich, die Verteilung d. Schadensrisikos b. unselbst. Arbeit neu zu ordnen? in: Gutachten z. 56. Dt. Juristentag 1986; Einführung in d. Arbeitsrecht, 1991.

OTTO, Harro
Dr. jur., Dr. iur. et rer. pol. h.c., Prof. f. Straf-, -prozeßrecht u. Rechtsphil. - Weserstr. 5, 8580 Bayreuth - Geb. 1. April 1937 Sobbowitz/Danzig (Vater: Bruno O., Kaufm.; Mutter: Frida, geb. Tischkowski), ev., verh. s. 1966 m. Ute-Heide, geb. Franz, 2 Kd. (Tania, Malte) - Obersch. (Alstertal) u. Univ. Hamburg (Rechtswiss.). Jurist. Staatsprüf. 1960 u. 65 Hamburg. Promot. 1964 Hamburg. Habil. 1969 Gießen - S. 1971 Ord. Univ. Marburg u. Bayreuth (1977) - BV: Pflichtkollision u. Rechtswidrigkeitsurteil, 3. A. 1978; D. Struktur d. strafrechtl. Vermögensschutzes, 1970; Übungen im Strafrecht, 4. A. 1992; Grundkurs Strafrecht - Allg. Strafrechtslehre, 3. A. 1988; ... - D. einzelnen Delikte, 3. A. 1991; Bargeldloser Zahlungsverkehr u. Strafrecht, 1978; D. Niedergang d. Rechtsidee im utilitaristischen Zeitgeist, 1981; Banktätigk. u. Strafrecht, 1983; Recht auf d. eigenen Tod? Strafrecht im Spannungsverhältnis zw. Lebenserhaltungspflicht u. Selbstbestimmung (Gutachten f. d. 56. Dt. Juristentag), 1986; D. strafrechtl. Bekämpfung unseriöser Geschäftstätigkeit, 1990.

OTTO, Hartmut
Textiling. - Auf d. Berg 1, 7317 Wendlingen/N. - Mitgl. Geschäftsltg. Otto-Textilwerke GmbH u. Co., Wendlingen, Luxorette Haustextilien GmbH, Melchior GmbH.

OTTO, Hellmut
Dr. med., Prof., Ärztl. Leiter Zentrum f. Diabetes in Bremen - Graf-Moltke-Str. 63, 2800 Bremen 1 (T. 349 19 76) - Geb. 31. Jan. 1925 Hamburg - S. 1964 (Habil.) Lehrtätig. Univ. Münster/W. (1969 apl. Prof. f. Inn. Med.). B. 1990 Dir. Klinikum f. Inn. Med. Zentralkrkhs. Bremen-Nord - Üb. 100 Facharb. z. Diabetes. Hrsg.: F. Bertram, D. Zuckerkrankheit (5. A. 1963, auch span.), abc f. Zuckerkranke (14. A. 1970), Diätetik b. Diabetes mi., 1973, Betreuung d. Diabetikers in d. Praxis, 1976.

OTTO, Herbert
Dr. med., Prof., Pathologe in eigenem Institut tätig (s. 1987) - Amalienstr. 28a, 4600 Dortmund 1 - ; priv: Gerhart-Hauptmann-Str. 21 - Geb. 31. Juli 1922 Bremen (Vater: Johannes O., Direktor; Mutter: Meta, geb. Buman), verh. 1957 m. Gerda, geb. Horand, 2 Kd. - Promot. 1952; Habil. 1957 - S. 1957 Lehrtätig. Univ. Erlangen bzw. -Nürnberg (1963 apl. Prof., 1966 Wiss. Rat u. Prof., 1969 Abt.vorsteher u. Prof.) - 1971-87 Dir. Pathol. Inst./Städt. Kliniken Dortmund - BV: Morphol. u. pathol.-anat. Begutacht. d. Silikose, 1963. Üb. 200 Fachaufs.

OTTO, Hermann
Dr. rer. pol., Dipl.Volksw., Vorstandsvorsitzender Stadtsparkasse Dortmund - Freistuhl Nr. 2, 4600 Dortmund 1 (Sparkasse) - Geb. 29. April 1920.

OTTO, Joachim
Dr. rer. nat., Dr. med. habil., Prof. f. Physiol. Chemie - Spitzlbergerstr. 5a, 8032 Gräfelfing (T. 089 85 23 38) - Geb. 3. Febr. 1938 Magdeburg (Vater: Hanns O., Dipl.-Kfm., Steuerber. u. Wirtsch.sprüf.; Mutter: Ingeborg, geb. Nieder), ev., verh. s. 1966 m. Eva-Marie, geb. Mahner, 2 S. (Carsten, Kai Martin) - Abit. 1958 Homberg/Bez. Kassel; Chemiestud. Univ. Marburg (1964 Dipl.); Promot. 1970, Habil. 1978, bde. Univ. München (Med.).

OTTO, Karl A.
Dr. phil., Prof. f. Soziologie Univ. Bielefeld - Am Gottesberg 49, 4800 Bielefeld 1 (T. 0521 - 10 40 23) - Geb. 29. April 1934 Bielefeld, verh. s. 1954 m. Vera, geb. Dieckmann, 2 Kd. (Ralf, Kerstin) - 1969-73 Stud. Päd., Gesch., Polit. u. Soziol. Univ. Bielefeld; 1. u. 2. Staatsprüf. f. d. Lehramt 1972/74, Dipl.-Päd. 1973, Promot. 1975, Habil. 1980 Osnabrück - 1953-69 Journ./Redakt.; 1974-80 wiss. Assist., 1980 Doz. u. s. 1982 Prof. Bielefeld - BV: V. Ostermarsch z. APO, 3. A. 1977-82; D. Revolution in Deutschl. 1918/19, 1979; D. außerparlam. Opposition in Quellen u. Dokumenten (1960-70), 1989; D. Arbeitszeit, 1989.

OTTO, Klaus
Dr. rer. nat., Prof. f. Physiol. Chemie i.R. (1991) - Argelanderstr. 132, 5300 Bonn (T. 21 04 71) - Geb. 28. Mai 1926 Bonn - 1963 (Habil.) Privatdoz., Doz. (1967), apl. Prof. (1969), Abt.vorsteher u. Prof. (1970) Univ. Bonn (Leit. Abt. f. Enzymologie). Fachveröff.

OTTO, Klaus K.
Dipl.-Volksw., Geschäftsführer Einzelhandelsverb. Leverkusen-Solingen (s. 1978) - Kölner Str. 8, Postf. 10 10 64, 5650 Solingen 1 (T. 0212 - 20 30 28, Telefax 0212 - 20 51 09) - Geb. 3. März 1939 - Zul. Geschäftsf. Arbeitsgem. Zentralverb. d. Dt. Mechaniker. Handw.- u. Bundesverb. Bürotechnik. Düsseldorf.

OTTO, Marina
Primaballerina an d. Oper Leipzig - Undinenweg 10, O-7030 Leipzig - Geb. 24. März 1947 Jena, led. - Fachschule f. Tanz Leipzig - Rollen in: Legende v. d. Liebe. Romeo u. Julia, D. schlecht behütete Tochter, Abraxas, Schwanensee, Dornröschen, Carmen, Giselle, Coppelia, Sacre, Feuervogel, Julien Sorel, 7 Todsünden d. Kleinbürger, Erschaffung d. Welt, Liebeszauber - Liebh.: Tanz, Tiere, Natur.

OTTO, Michael
Dr., Versandkaufmann - Wandsbeker Str. 3-7, 2000 Hamburg 71 - Geb. 12. April 1943 - S. 1971 Vorst. Otto Versand, s. 1981 Vorst.-Vors. Otto Versand, Hamburg - S. 1982 Chairman of the Board Spiegel Inc., Chicago, USA; 1986 Manager d. Jahres (Ztschr. Industriemagazin).

OTTO, Rudolf
Vorstandsmitglied Gissler & Pass AG., Jülich - Adolf-Fischer-STr. 3, 5170 Jülich/Rhld. - Geb. 3. Juni 1912.

OTTO, Siegfried
Konsul, Vors. Geschäftsf. Firmengruppe Giesecke & Devrient GmbH., München (m. Papierfabr. Louisenthal), Präs. Giesecke & Devrient de México S.A., Mexico-City - Vogelweideplatz 3, 8000 München 80 (T. 41 19-1) - Geb. 25. Dez. 1914 Halle/S. - Honorarkonsul v. Mexico; Bayer. VO.; Orden Mexicana del Aquila Azteca; BVK am Bde.

OTTO, Stephan
Dr. theol., o. Prof. u. Vorst. Inst. f. Geistesgeschichte u. Phil. d. Renaissance Univ. München (s. 1973; 1975 Dekan Fachber. Phil.) - Rotfuchsweg 10, 8000 München 82 - Geb. 22. Dez. 1931 Berlin (Vater: Hugo O., Bankrat; Mutter: Gertrud, geb. Foerster), verh. s. 1980 m. Dr. iur. Lieselotte, geb. Schneider - Stud. d. Phil. u. Theol. Univ. München; Promot. 1959 ebd. - BV: D. Funktion d. Bildbegriffs in d. Theol. d. 12. Jh., 1963; Gottes Ebenbild in Geschichtlichkeit, 1964; Person u. Subsistenz, 1968; Materialien z. Theorie d. Geistesgeschichte, 1979; Rekonstruktion d. Gesch., 2 Bde. 1982/1992; Renaissance u. frühe Neuzeit, 1984; Giambattista Vico, 1989; D. Wissen d. Ähnlichem, 1992.

OTTO, Walter
Kaufm. Direktor, Vorstandsmitgl. Maschinenfabrik Deutschland AG., Dortmund, Handelsrichter LG Dortmund - Pastoratsweg 9, 4600 Dortmund-Kirchhörde - Geb. 12. Jan. 1906, verh. - Hindenburg-Realgymn. Dortmund.

OTTO, Werner
Dr. h.c., Kaufmann - Wandsbeker Str. 3-7, 2000 Hamburg 71 (T. 6 46 10) - Geb. 13. Aug. 1909 Seelow/Mark, verh., 5 Kd. - AR-Ehrenvors. u. VR-Ehrenvors. Verwaltungsges. Otto-Versand mbH, Hamburg; Otto AG f. Beteiligungen, Hbg.; Dt. Einkaufs-Center-Ges., Hbg.; Sagitta Group, Toronto/Canada, Paramount Group, New York/USA; versch. med. Stiftg. Herausg.: D. OTTO-Gruppe - M. 12 Unternehmerprinzipien z. Erfolg, 1982 - Ehrendoktor; div. Ausz. u. Orden; 1984 Gr. BVK m. Stern u. Schulterbd.; 1988 Ehrensenator Univ. Hamburg.

OTTOW, Johannes C. G.
Dr. sc. agr., Dipl.-Ing. agr., M. Sc. bact., o. Prof. f. Bodenmikrobiologie Inst. f. Mikrobiologie Justus Liebig Univ. Giessen (s. 1986) - Fuldaer Str. 8, 6301 Reiskirchen (T. 06408 - 6 21 80) - Geb. 4. Sept. 1935 Madioen/Indonesien (Vater: Dipl.-Ing. A. O.; Mutter: Elisabeth, geb. Kaiser), verh. s. 1968 m. Helga, geb. Wohlgemuth, 2 Kd. (Els Joke, Eric Aart) - Stud. Univ. Gießen u. Kansas/USA; Promot. 1969 Gießen - 1970-74

wiss. Assist. u. Doz. Inst. f. Mikrobiol. TH Darmstadt, 1974-86 Prof. Bodenbiochemie Univ. Hohenheim, Stuttgart-Hohenheim, 1985-86 Dekan, Fak. f. Agrarwiss., Past-Präsid. Kommiss. Bodenbiol. in Intern. Soc. Soil Sci (s. 1986) - Editor in Chief Biology & Fertility of Soils (Springer GmbH Intern.), 1969 Preis f. d. beste Diss. Univ. Gießen - Liebh.: Segeln, Brieftaubenzucht, Wandern, Modelleisenbahn - Spr.: Engl., Franz., Niederl. - Bek. Vorf.: Carl Wilhelm Ottow, 1. Missionar Neu-Guinea (1854), Urgroßvater.

OTTWEILER, Ottwilm

Dr., Dipl.-Päd., Direktor Päd. Zentrum Land Rhld.-Pfalz (s. 1986) - Europaplatz 7-9, 6550 Bad Kreuznach (T. 0671 - 840 88 20) - Geb. 5. Febr. 1945 Bad Eilsen, ev., verh. s. 1975 m. Irmhild, geb. Bleyer - Stud. Päd., Gesch., Soziol. Univ. Bonn, Neuwied, Koblenz, Aachen; 1. u. 2. Staatsex. 1969 u. 75; Dipl.-Ex. 1973; Promot. 1979 - 1969-76 Schuldst.; 1976-78 wiss. Assist. PH Aachen, 1978-86 Ref. Kultusmin. Rhld.-Pfalz. S. 1979 Lehrbeauftr. Univ. Koblenz; s. 1986 Vorst.-Mitgl. Ges. z. Förd. Päd. Forsch. - BV: D. Volkssch. im Nationalsozialismus, 1979. Zahlr. Fachveröff.

OTZEN, Peter Heinrich
Dr. agr., Dipl.-Landwirt, Direktor Landwirtschaftskammer Schlesw.-Holst. - 2305 Heikendorf - Geb. 18. Nov. 1941 Gottesgabe/Kr. Plön, verh., 3 Kd. - Stud. Landw. Univ. Kiel; Dipl. 1966; Promot. 1969.

OTZEN, Uwe
Hauptgeschäftsführer Industrie- u. Handelskammer zu Flensburg - Heinrichstr. 28-34, 2390 Flensburg (T. 0461 - 8 06 76; Telefax 0461 - 8 06 71).

OVERBECK, Egon
Dr. rer. pol., Dipl.Kfm., Generaldirektor i. R. - Mannesmannufer 4, 4000

Düsseldorf (T. 0211 - 82 00) - Geb. 11. Jan. 1918 Heide/Holst. (Vater: Georg O.), verh. m. Hannegret, geb. Wiechell, 4 Kd. - Univ. Frankfurt/M. (Betriebsw.) - B. 1945 Wehrmacht (zul. Major i. G.); 1956-61 Vereinigte Dt. Metallwerke AG, Frankfurt (stv., 1959 Vorst.-Mitgl.); 1962-83 Mannesmann Düsseldorf (Vorst.-Vors.); 1969-73 Vors. Wirtschaftsvereinig. Eisen- u. Stahlind.; 1969ff. Mitgl. Berat. Aussch. Europ. Gemeinsch. f. Kohle u. Stahl; 1976ff. Präs. Intern. Handelskammer (Dt. Gruppe). Div. Mandate - 1972 Ehrenmitgl. Amerik. Eisen- u. Stahl-Ind.; 1978 Gr. BVK; 1987 VO NRW - Spr.: Engl. - Rotarier - Liebh.: Jagd, Golf - Lit.: Ferdinand Simoneit, D. Neuen Bosse, 1966.

OVERBECK, Ludwig

Dr. med., Prof., ehem. Chefarzt Frauenklinik Städt. Krankenhaus Singen ((1970-90) - Buckengarten 9, 7700 Singen/Hohentwiel (T. 4 58 41) - Geb. 20. Mai 1926 Frankenthal/Pfalz (Vater: Ludwig O., Ing.; Mutter: Katharina, geb. Baumann), kath., verh. s. 1962 m. Dr. med. Felicitas, geb. Küstner, 2 Kd. (Peter, Nina) - Realgymn.; Univ. Mainz u. Heidelberg (Med. Staatsex. 1951). Promot. 1951 Heidelberg; Habil. 1961 Marburg - S. 1961 Lehrtätigk. Univ. Marburg u. Kiel (1967 apl. Prof. f. Geburtsh. u. Gynäk.; zul. Oberarzt Klinik f. Geburtsh. u. Frauenkrankh.). Spez. Arbeitsgeb.: Gynäk. Histopathol. u. Onkol. Etwa 80 Fachveröff. - Liebh.: Jagd, Segeln, Musik.

OVERBECK, Werner

Dr. med., Prof., Chefarzt Chirurg. Klinik Städt. Krankenhaus Kaiserslautern - St. Quentin Ring 77, 6750 Kaiserslautern/Pf. (T. 20 32 93) - Geb. 10. Aug. 1927 Berlin - S. 1962 (Habil.) Lehrtätigk. Freiburg (1968 apl. Prof. f. Chir.), Homburg, Mainz. Fachveröff. - 1962 VO Franz. Rep.; Verdienstkreuz d. Bundeswehr in Gold; Ehrenmitgl. Poln. Ges. f. Chirurgie.

OVERDIEK, Heinz-Friedrich

Dr. med., Dr. med. dent., o. Prof. f. Mund-, Zahn- u. Kieferheilkunde - Im Neuenheimer Feld 400, 6900 Heidelberg - Geb. 16. Mai 1920 Finsterwalde, Regierungsbez. Frankfurt/O. - S. 1959 (Habil.) Lehrtätigk. Univ. Bonn (1965 apl. Prof.) u. Heidelberg (1965 Ord.). Emerit. 1988 - Etwa 110 Facharb.

OVERESCH, Manfred

Dr. phil., Prof., Direktor Sem. f. Geschichte Univ. Hildesheim - Geb. 17. Nov. 1939 Burgsteinfurt, ev., verh. m. Sigrun, geb. Künne, 3 Kd. (Sonja, Cordula, Andor) - Stud. Univ. Münster, Tübingen, Wien (Altphilol., Gesch.); 1. u. 2. Statsex.; Promot. 1973 Tübingen; Habil. 1978 Münster - 1987 Gastprof. Pariser Sorbonne - BV: Chronik dt. Zeitgesch. Politik, Wirtsch., Kultur 1919-1949, 5 Bde., 1982-86; D. Deutschen u. d. dt. Frage, 1986; Hermann Brill in Thüringen 1895-1946, 1992 - Spr.: Engl., Franz.

OVERZIER, Claus

Dr. med., Prof., Chefarzt Innere Klinik Städt. Krankenanstalten Köln-Holweide (s. 1972) - Baldurstr. 16, 5000 Köln 91 (Rath) - Geb. 19. Juli 1918 Köln (Vater: Carl O., Rechtsanwalt; Mutter: Christine, geb. Goettert), kath., verh. s. 1945 m. Dr. med. Kriemhild, geb. Stieve (Tochter v. Prof. Dr. med. U. Berlin; s. XI. Ausg.), T. Brigitte - Gymn. Köln (Schiller); Univ. Freiburg, Bonn, Jena, Wien, Köln - S. 1950 (Habil.) Lehrtätigk. Univ. Berlin (Humboldt) u. Mainz (1952; 1956 apl. Prof.; 1954 Oberarzt, 1963 komm. Klinikleit., 1966 Vorsteher Abt. Klin. Endokrinol./Med. Klinik). Mitgl. wiss. Ges., Royal Soc. of Med. (Engl.) u. The Endocrine Soc. (USA) - BV: D. Intersexualität, 1961 (Übers.: London/New York u. Barcelona/Rio de Janeiro); Systematik d. Inneren Med., 7. A. 1983, (auch span., ital., holl., griech.); Dt. Silber, Formen u. Typen 1550-1850, 1987. Zahlr. Einzelarb. - Oberarzt d. Res. 2. Weltkrieg, Rußlandfeldzug, EK - Spr.: Engl., Franz.

OXFORT, Hermann

Rechtsanwalt u. Notar, MdA Berlin (1963-81; 1985-89; 1963-75 Vors. FDP-Fraktion) - Breite Str. 21, 1000 Berlin 20 (T. 333 24 08); priv.: Bocksfeldstr. 3c, 1000 Berlin 20 - Geb. 27. Okt. 1928 Erfurt, verh. in 2. Ehe (1969) m. Ruth, geb. Lenz, 3 Kd. (Angelika, Wolfgang, Ursula) aus 1. E., 1 T. (Livia) aus 2. E. - Gymn. Erfurt; 1949-52 FU Berlin (Rechtswiss.). Jurist. Staatsprüf. 1952 u. 57 - S. 1957 Rechtsanw. u. Notar (1968). 1975/76 Bürgerm. u. Senator f. Justiz Berlin, 1983-85 Senator f. Justiz. S. 1948 L- bzw. FDP (Vors. Landesverb. Berlin 1969-71 u. 1989-90 Vors. Landesverb. Berlin; 1968-89 Mitgl. Bundesvorst.); 1968 VR-Mitgl. d. Sparkasse d. Stadt Berlin West - BV: Plädoyer f. Berlin. Reden e. Liberalen 1963-71 - 1969 BVK, 1979 Gr. BVK.

OZIM, Igor

Prof., Geiger - Breibergstr. 6, 5000 Köln-Klettenberg (T. 41 47 07) - Geb. 9. Mai 1931 Ljubljana/Jugosl. (Vater: Rudolf O., Journalist; Mutter: Marija, geb. Kodritsch), kath., verh. s. 1963 m. Breda, geb. Volovsek, 2 Kd. (Peter, Tanja) - S. 1960 Prof. Musikhochsch. Ljubljana u. Köln (1963; Leit. Kl. f. Geige); s. 1985 Leit. e. Meisterkl. f. Violine am Konservatorium Bern. Konzertreisen in aller Welt. Schallpl. - 1951 Carl-Flesch-Med. London; 1953 I. Preis ntern. Wettbew. München - Liebh.: Fotogr. Spr.: Slowen., Serb., Dt., Engl., Franz.; Schr.: Ital., Russ.

P

PAAL, Gerhard

Dr. med., Prof., Psychiater u. Neurologe - Gartenweg 4, 8022 Grünwald - Geb. 21. Mai 1931 Heidelberg (Vater: Prof. Dr. med. Hermann P., Internist † 1965 (s. XIV. Ausg.); Mutter: Dr. med. Katharina, geb. Koch), kath., verh. s. 1958 m. Margarete, geb. Kirstein, 4 Kd. - Univ. Freiburg (Med., Phil., Psych.). Promot. Freiburg; Habil. Münster - S. 1964 Lehrtätigk. Univ. Münster (Privatdoz., 1969 apl. Prof.; 1966 Oberarzt Nervenklinik) u. Heidelberg (Neurol. Univ.Klinik 1969-74). 1975 Chefarzt Neurolog. Abt. Krankenhaus München-Harlaching - BV: Psychogen-somatogen - Diagnost. Möglichkeiten in d. tägl. Praxis, 1966; Therapie d. Hirndurchblutungsstör., 1984 - 1964 Curt-Adam-Preis.

PAASCH, Hans-Jürgen

Versicherungsdirektor - Friedensallee 254, 2000 Hamburg 50 (T. 88 70); priv.: 26, Caspar-Voght-Str. 22 - Geb. 30. Juni 1931 - Vorstandsmitgl. Hermes Kreditversicherungs-AG. (Bereich: Kautionsversich., Investitionsgüterkreditversich., Vertrauensschadenversich.).

PAASCH, Robert

Landesrat - Grimmstr. 8, 4400 Münster/W. (T. 2 35 17) - Geb. 28. Febr. 1909 Hamm/W. (Vater: Prof. Dr. Hermann P., Studienrat; Mutter: Sybilla, geb. Bideau), kath., verh. s. 1939 m. Irmgard, geb. Böllhoff, 2 Kd. (Renate, Joachim) - Univ. Münster u. Berlin (Rechts- u. Staatswiss.) - S. 1937 Provinzialverb. Westf. bzw. Landschaftsverb. Westf.-Lippe (1939 Landesverw.s-, 1950 -oberverw.s-, 1952 -rat; b. 1974 Kulturdezern., Leit. Abt. Westf.-Lipp. Versorgungs- u. Zusatzversorgungskasse) - 1962 Offz.-sehrenz. belg. Orden Leopold II. - Liebh.: Musik - Spr.: Engl.

PAASCHE, Ulrich

Dr. phil., Dipl.-Ing., Leiter d. Ressorts Technik u. Umwelt im Bayer. Rundf., u.a. Redakt. u. Moderator d. Sendung Technischer Report (s. 1990) - Rundfunkpl. 1, 8000 München 2 (T. 089 - 59 00-21 76) - Geb. 17. Nov. 1943 Wernigerode/Harz, verh., 3 Kd. - Abit. 1963 Erlangen; Dipl.-Ing. 1969 TU München; Promot. 1977 TU München - S. 1967 Mitarb. BR in versch. Funkt. (Hörfunk- u. Fernsehmoderator), 1981-86 Leit. techn. Inform. d. BR, 1987-90 Leiter d. Pressest. d. BR.

PAASCHE, Wilhelm

Oberkreisdirektor i. R. - Mühlenberg 14, 3130 Lüchow-Kolborn (T. 05841 - 20 54); in Kanada: Box 1499, 100 Mile House B.C. (T. 001-604-397-2129) - Geb. 18. Febr. 1913 Stallupönen (Vater: Wilhelm P., Landw.; Mutter: Margarete, geb. Schulz), ev., verh. s. 1944 m. Dora, geb. Kehler, 3 S. (Klaus, Wilhelm, Wolfgang) - Obersch. Stallupönen u. Vacha/Werra; Univ. München (Rechts- u. Wirtschaftswiss.) - 1939-45 Reserveoffz. (Artl.); 1945-46 Landrat Kr. Stormarn; 1946-52 Steuerberat. Ahrensburg/Holst.; 1953-56 Dezern. Bezirksreg. Braunschweig u. Lüneburg; 1956-62 Ref. Nieders. Min. f. Ernährung, Landw. u. Forsten; s. 1962 Oberkreisdir. Landkr. Lüchow-Dannenberg - BV: D. Hannoversche Wendland, 1971 - Liebh.: Sportflieger, Afrikareisen - Spr.: Engl., Franz. - Rotarier.

PAATSCH, Wolfgang

Dr.-Ing., Prof. u. Direktor an d. Bundesanstalt f. Materialforschung u. -prüfung (BAM) - Imbrosweg 16, 1000 Berlin 42 (T. 030 - 703 33 59) - Geb. 9. Juli 1941 Berlin (Vater: Dr. Dr. Rudolf P., Rechtsanw.; Mutter: Vera, geb. Erbs), kath., verh. s. 1972 m. Ilse, geb. Kuck - Dipl. 1967, Promot. 1970 - 1968 Laborleit. BAM, Berlin; 1975 Priv.doz. TU Berlin (FB Physik); 1985 Abt.leit. BAM, Berlin. 100 Fachveröff. - Liebh.: Sport, Musik - Spr.: Engl.

PABSCH, Ekkehard

Dr. agr., Prof., Bankdirektor i. R. - Geb. 26. Nov. 1929 Glatz, verh. m. Elisabeth, geb. Jacobs - Univ. Bonn - Beide jurist. Staatsprüf. - U. a. Regierungsdir. Bundesmin. f. Ernährung, Landw. u. Forsten (Landw. Ref. Dt. Vertr. EWG); 1969-85 o. Vorstandsmitgl. Landw. Rentenbank; Vors. Dt. Ges. f. Agrarrecht - Spr.: Engl., Franz., Ital., Span.

PABSCH, Wiegand

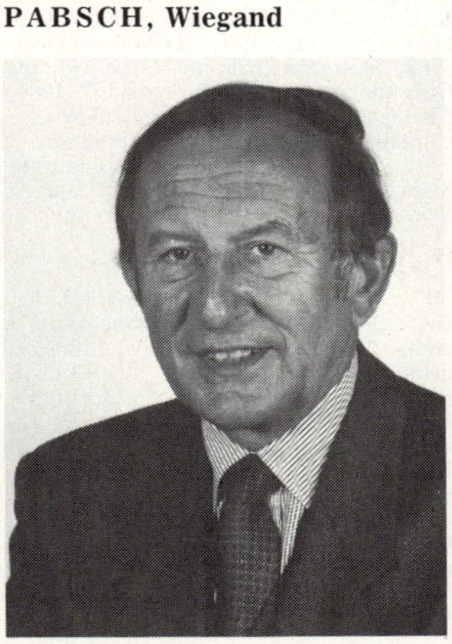

Dr. jur., Botschafter d. Bundesrep. Deutschl. in Santigo de Chile - Av. Presidente Errazuriz, 3532, Santiago de Chile - Geb. 2. Mai 1932 Glatz/Schlesien, kath., verh. s. 1964 m. Ursula, geb. Thunker, 4 Kd. (Katharina, Teresa, Julia, Andreas) - Stud. Rechts- u. Staatswiss. 1952-56 Univ. Bonn, Promot. 1963 - Ausw. Dienst: 1964-67 Botschaft Washington; 1967-70 Generalkonsulat Kalkutta (Zentrale); Dir. f. Abrüstung im NATO-Gen.-Sekr.; Gesandter in Washington, UAL f. intern. Technologiefragen im AA - Großkreuz d. VO d. Rep. Österreich - Liebh.: Gesch., Kunstgesch., Reiten - Spr.: Engl., Franz., Span., Ital.

PABST, Hans W.

Dr. med., o. Prof. f. Nuklearmedizin - Ismaninger Str. 22, 8000 München - Geb. 17. März 1923 Oesede bei Osnabrück - S. 1957 (Habil.) Lehrtätigk. Univ. (1963 apl. Prof.; Ltd. Oberarzt Inst. u. Poliklinik f. Physikal. Therapie u. Röntgenol.) u. TH bzw. TU München/Fak. f. Med. (1969 o. Prof.) - BV: Methoden u. Ergebnisse d. Studiums d. peripheren Zirkulation m. radioaktiven Isotopen, 1956. Zahlr. Buchbeitr. u. Fachaufs.

PABST, Hermann Ulrich

Dr., Rechtsanwalt, Geschäftsf. Bundesverb. d. dt. Binnenschiffahrt u. Verein f. Binnenschiffahrt u. Wasserstr. - Dammstr. 15-17, 4100 Duisburg-Ruhrort - Geb. 18. Mai 1932 Dinslaken.

PABST, Walter

Dr. phil., o. Prof. d. Roman. Philologie - Gebweilerstr. 1, 1000 Berlin 33 (T. 832 53 09) - S. 1958 o. Prof. FU Berlin, s. 1972 emerit. - Mithrsg. d. Romanist. Jahrbuch (s. 1953) - 1985 Mitgl. Mittelmeer-Akad. d. Wiss. zu Catania - Lit.: Festschr. f. W. P. z. 85. Geb. (1992) Romanische Lyrik/Dichtung u. Poetik (Hrsg. Titus Heydenreich, Eberhard Leube †, Ludwig Schrader).

PABST von OHAIN, Hans Joachim

Dr. phil., Adjunct Prof., Erfinder v. Turbinen-Triebwerken f. Flugzeuge (Ps. Hans v. Ohain) - 5598 Folkestone Dr., Dayton, Ohio/USA 45459 (T. 513 - 434 1120) - Geb. 14. Dez. 1911 Dessau (Vater: Wolf P. v. O.; Mutter: Katherine Luise, geb. Nagel), prot., verh. s. 1949 m. Hanny, geb. Lemke, 4 Kd. (Stephen, Christopher, Cathy u. Stephanie) - 1930-35 Physik-Stud. Univ. Göttingen (Promot. b. Prof. Pohl). 1936-45 Leit. Strahltriebwerks-Entw. Heinkel (hier Erf. d. Turbinentriebw. f. Flugz.); 1947-63 Gruppen-Leit. Aero-Space Forsch.-Lab. US Air Force, 1963-65 Chefwiss. Aero-Space Forsch.-Lab. ebd.; 1975-79 dass. Aero-Propulsion-Lab. S. 1980 Adjunct Prof. Univ. Dayton u. Florida/USA - BV: The Jet Age; Nat. Air & Space Mus., Smithsonian Institut.; Kap. 2: The Evolution and Future of Aeropropulsion Systems.

PACHALY, Peter

Dr., Prof. - f. Pharmazeut. Chemie - Robert-Koch-Str. 54, 5300 Bonn 1 - Geb. 29. Okt. 1934 Kiel (Vater: Dr. med. dent. Paul P., Zahnarzt; Mutter: Elfriede, geb. Ritter), ev., verh. s. 1963 m. Marie-Luise, geb. Eichholz, 2 T. (Susanne, Luise) - Abit. 1955 (Kieler Gelehrtensch.); 1957-60 Pharmaz.-Stud. Kiel, Pharmaz. Staatsex. 1960 Kiel, Promot. 1965, Habil. 1970, apl. Prof. 1971 - 1960 cand.pharm., s. 1961 Verw. v. Wiss. Assist. Hamburg, s. 1963 in Bonn, 1965-71 Wiss. Assist., s. 1971 Wiss. Rat u. Prof., s. 1980 Prof., s. 1987 Univ.-Prof. Univ. Bonn - BV: Dünnschichtchromatographie in d. Apotheke, 1982, 2. A. 1983; DC-Atlas, 1991; Beitr. in Houben-Weyl, Method. d. Organ. Chemie, 4. A., Bd. IVc, 1980: Katalyt. Hydrierung v. O- u. S-Heteroaromaten; in Hagers Handb. d. pharmaz. Praxis, Bd. 2 1991 - Liebh.: Musik - Spr.: Engl.

PACHE, Gerhard

Referent f. Medienfragen b. SPD-Vorstand, Bonn - Arndtstr. 1, 5300 Bonn 1 (T. 0228 - 21 43 42) - Geb. 29. Aug. 1937 Billerbeck/Kr. Coesfeld, verh. s. 1967 m. Ingerlil, geb. Jetzek - Stud. German., Publiz. u. Kunstgesch. an d. Univ. Münster; Mag. Artium 1966 - S. 1988 Mitgl. d. Programmaussch. von RTL plus - Liebh.: Wandern (am liebsten an d. Atlantikküste Spaniens u. Portugals) - Spr.: Engl.

PACHELBEL, von Rüdiger

M.A., LL. M., Botschafter a.D. - Castello di Albola, I-53017 Radda-in-Chianti (Si) - - Geb. 29. April 1926 Berlin (Vater: Dr. jur. Karl-Wolfgang Frhr. v. P.; Mutter: Frfr. Marieluise, geb. v.

Bartsch) - Joachimsthalsches Gymn., Templin. Kriegsdst. (1944/45). 1946ff. Stud. d. Rechtswiss. Univ. Hamburg, d. Völkerr. Univ. London, d. Politik, Phil. u. Nationalök. Univ. Oxford, B. A. u. M. A. (Oxon), u. intern. Wirtsch.recht Univ. Harvard (LL. M./Harvard) - S. 1953 Bundespresseamt (verantw. Redakt. engl.spr. Reg.bulletin); Ausw. Amt bzw. Ausw. Dienst, 1957 Presseabt. Botsch. London, 1963 -leit. Botsch. Kairo, 1965 Botsch.rat Lagos u. 1968 Rom), 1972-75 Sprecher AA Bonn, 1975 Botschafter im Libanon, 1979 Äthiopien, 1984 Griechenland, 1988-91 Dänemark - Gr. BVK - Liebh.: Kunst (Malerei, Bildhauerei), Gesch., Religionswiss. - Spr.: Engl., Franz., Ital., Arab.

PACHL, Peter P.

Dr. phil., Univ.-Prof. f. Opernregie, Regisseur, Musikschriftst., Int. d. Thüringer Landestheaters Rudolstadt, Anger 1, O-6820 Rudolstadt - Schellingstr. 123, 8000 München 40 (T. 52 95 48) - Geb. 24. April 1953 Bayreuth (Vater: Dr. med. Erwin P.; Mutter: Marie-Luise, geb. Büscher) - Musikgymn. Regensburger Domspatzen (hier schon eig. Schauspiel- u. Opernensemble); Stud. Musik-, Theater- u. Sprachwiss. Univ. München (daneben Assist. b. ZDF u. an Opernhäusern im In- u. Ausl.; Schüler v. Günther Rennert, Götz Friedrich, Hans Neuenfels, Herbert Junkers, Ulrich Brecht, Hansgünther Heyme, Hans-Peter Lehmann); Promot. 1977 - 1974/75 Regiss. u. Dramaturgiemitarb. Opernhaus Nürnberg; 1977-79 Spielleit. Musiktheater Wiesbaden; eig. Insz. in Ulm, Regensburg, Hildesheim, Koblenz, Wiesbaden, Wuppertal, Kassel, Bonn, Münster, Nürnberg u. München. Gründungsmitgl. Intern. Siegfried Wagner Ges. e.V. - BV: Siegfried Wagners musikdramat. Schaffen (Diss.), 1977; Siegfried Wagner - Genie im Schatten, 1988. Beitr. z. Musikztschr., f. d. BR, SFB, NDR u. d. ZDF. Herausg.: ISWG-Mitteil.-Blätter, Erinner. Kurt Söhnlein.

PACHMAYR, Friedrich

Dr. rer. nat., Lebensmittelchemiker - Camerloherstr. 131, 8000 München 21 (T. 14 60 54) - Geb. 8. Aug. 1931 München (Vater: Otto P., Kaufm.; Mutter: Elisabeth, geb. Fedoroff), ev., verh. s. 1957 m. Ursula, geb. Ackermann, 3 Kd. (Susanne, Otto, Johannes) - Oberrealsch. (Abit.) München; Stud. Lebensmittelchemie Univ. München; Staatsex. 1956 u. Promot. 1960 München - Gesellsch. O. Pachmayr Mineralwasser KG. (1961 Prokurist, 1967ff. Geschäftsf.), 1967ff. Geschäftsf. Straßburger Keller GmbH.; 1962 Vors. Verb. Dt. Heilbrunnengroßhändler, 1967 Vors. Verb. Bay. Erfrischungsgetränke-Ind., 1968 Präs.-Mitgl., 1981 Vize-Präs. u. 1985 Präs. Verb. Dt. Erfrischungsgetränke-Ind., stv. Vors. Abt. d. Dt. Bäderverb. u. 1985 Vors. Arbeitgeberverb. Bayer. Ernährungsw., 1985 Vorstandsmitgl. Bundesvereinig. Dt. Ernährungsind., Arbeitgebervereinig. Nahrung u. Genuß, u. Vereinigung d. Arbeitgeberverb. in Bayern. Ehrenamtl. Richter Bayer. LSG.

PACHNER, Rainer W.

Sänger, Musik- u. Gesangspädagoge - Krautgärten 1b, 7800 Freiburg 34 (T. 07664 - 28 52) - Geb. 13. Nov. 1947 Elmstein (Vater: Gustav P.; Mutter: Johanna, geb. Mulansky), verh. s. 1981 m. Ursula, geb. Schwörer, Sohn Nicolas Nando - Human. Gymn. Landau; 1966-71 Staatl. Hochsch. f. Musik Karlsruhe; 1971-77 Staatl. Hochsch. f. Musik u. Univ. Freiburg - S. 1975 Musikpäd.; s. 1976 Lehrbeauftr. Musikhochsch. Freiburg; Konzert- u. Oratoriensänger (Bass-Bariton) - Spr.: Engl., Franz., Ital.

PACHOWIAK, Heinrich

Weihbischof d. Diözese Hildesheim (s. 1958) - Domhof 23, 3200 Hildesheim - Geb. 25. März 1916 Hamburg, kath. - Gymn. Hamburg (Abit. 1935); Phil.-Theol. Hochsch. St. Georgen, Frankfurt/M. (Introitus-Ex. 1939); Priestersem. Hildesheim (Theol. Ex. 1940) - 1983 Gr. BVK.

PACK, Ludwig

Dr. rer. oec., Dipl.-Kfm., MBA, o. Prof. f. Betriebswirtschaftslehre, Unternehmensforschung, Business Administration - Langhaldenstr. 17, CH-8280 Kreuzlingen (T. 0041 - 72 - 75 45 05) - Geb. 3. Jan. 1929 Saarwellingen (Vater: Jakob P., pens. Bergmann; Mutter: Rosa, geb. Weisgerber), röm. kath., verh. s. 1957 m. Ingrid, geb. Kirchner, 2 Kd. (Karl Ludwig, Karin Elisabeth) - Stud. Betriebswirtsch., 1953 Dipl.-Kfm., 1956 Dr. rer. oec. Univ. Saarbrücken. S. 1961 (Habil.) Lehrtätigk. Univ. München (Privatdoz.). 1955-57 Assist. Univ. Saarbrücken, 1957-1961 Assist. Univ. München, 1961-67 o. Prof. Univ. Münster i. W., 1967-79 o. Prof. Univ. Mannheim, 1979 o. Prof. Univ. Konstanz, 1989 Hon.-Prof. Jiao Tong Univ. Shanghai. Begründ. Unternehmer-Sem. a. d. Univ. Münster (1966), Mannheim (1967) - BV: D. Elastizität d. Kosten, 1966; Planspiele, 1968; Aus- u. Weiterbild. v. Führungskräften, 1969; Arbeitszeit u. Arbeitstempo d. Hochschullehrer, 1977 - Liebh.: Musik, Photogr., Sport - Spr.: Engl., Franz.

PACZENSKY, von, Susanne

Dr. phil., Fr. Autorin - Berkeley, Californien, USA - Geb. 22. Jan. 1923, geb. Czapski, gesch., 2 Kd. (Alexander, Carola) - 1945/46 Ausb. als Nachrichtenredakt. b. d. DENA, Bad Nauheim; 1971-78 Stud. Soziol. Hamburg; Promot. 1981 Bremen - BV: D. Testknacker, 1974; Verschwiegene Liebe, 1981; D. neuen Moralisten, 1984; Gemischte Gefühle, 1987. Herausg. d. Reihe Frauen aktuell (1978-85) - Interesse: Feministin - Spr.: Engl., Franz.

PACZENSKY u. TENCZIN, von, Gert

Journalist u. Schriftsteller - Mühlengasse 5, 5000 Köln 1 - Geb. 21. Aug. 1925 Hausneindorf, verh. s. 1975 m. Anna, geb. Dünnebier (s. dort), 2 Kd. aus 1. Ehe (Alexander, Carola) - BV: D. Weißen kommen, 1970; Unser Volk am Jordan? - Beitrag z. Geschichte d. Israel-Konflikts, 1971; Wieviel Geld f. d. Dritte Welt?, 1972; Feinschmeckers Beschwerdebuch, 1976; Faustrecht am Jordan?, 1978; Weiße Herrschaft, 1979; über Fernsehen 1980; D. Ölkomplott, 1982; Nofretete will n. Hause (m. H. Ganslmayr), 1984; Cognac, 1984; Champagner, 1987; Teurer Segen - Christliche Mission u. Kolonialismus, 1991 - Mitgl. d. P.E.N., Ehrenbürger Stadt Cognac - Spr.: Engl., Franz. - Vorf. s. Gotha.

PADBERG, Friedhelm

Dr. rer. nat., Prof. f. Mathematik Univ. Bielefeld - Schultenstr. 2, 4802 Halle - Geb. 19. Jan. 1940 - Univ. Münster; Promot. 1970, Habil. 1973 - S. 1973 Prof. Bielefeld - BV: Elementare Zahlentheorie, 1972; Algebr. Strukturen, 1973; Lineare Algebra, 1976; Didaktik d. Bruchrechnung, 1978; Didaktik d. elementaren Zahlentheorie, 1981; Didaktik d. Arithmetik, 1986; Elementare Zahlentheorie, 1988; Didaktik d. Bruchrechnung - Gemeine Brüche/Dezimalbrüche, 1989; Lineare Algebra - E. elementare Einführung, 1991.

PADBERG, von, Lutz E.

Dr. phil., Prof. f. Kirchengeschichte ETF Löwen/B., Dozent f. Historische Theologie Freie Theol. Akad. Gießen - Bonhoefferstr. 13, 4416 Everswinkel (T. 02582 - 80 43) - Geb. 22. Febr. 1950, ev., verh. s. 1973 m. Claudia, geb. Gräwingholt - Stud. Gesch., German., Päd. u. Phil.; Promot. 1980 Münster; Fernstud. Funkkolleg Religion 1984 - 1974-85 Wiss. Ang. SFB 7 (Mittelalterforsch.) d. DFG Univ. Münster; s. 1986 ao. Prof. ETF Löwen/B. u. Doz. FTA Gießen; s. 1987 RR Johanniterorden - BV u. a.: Weltverbesserung oder Weltverantwortung?, 1982; Freiheit u. Autorität, 1984; Umstrittener Kirchentag, 1985; Feminismus, 1985; D. Bibel, 1986; New Age u. Feminismus, 1987; Bonifatius, 1989; Ethik im Spannungsfeld, 1989. Mithrsg.: Tradition als historische Kraft (1982); Goldbrakteaten d. Völkerwanderungszeit (1985ff.); E. Welt - e. Religion? (1988); D. konziliare Prozeß - Utopie u. Realität (1990) - 1990 Joh.-Tobias-Beck-Preis - Spr.: Engl., Franz.

PADBERG, Rudolf

Dr. theol., Univ.-Prof. - Ansgarstr. 13, 4790 Paderborn - Geb. 3. Febr. 1910 Hagen/W., ledig - Stud. Theol., Phil., Päd.; Promot. 1950 Tübingen; Habil. 1954 ebd. - Seelsorgl. Dienst; Univ.-Lehrauftr. München; Doz. Tübingen; 1956 Prof. Theol. Hochsch. Paderborn; 1965 Univ.-Prof. Ruhr-Univ. Bochum - BV: Erasmus als Katechet, 1956; Glaube u. Erziehung, 1959; Personaler Humanismus, 1964; Entkonfessionalisierung d. Relig.unterr., 1973; Erasmus v. Rotterdam, 1979; Kirche u. Nationalsozialismus, 1984 - 1979 Päpstl. Ehrenprälat.

PAECH, Eberhard

Fabrikant, gf. Gesellsch. Paech-Brot GmbH., Berlin 21 - Gelfertstr. 37, 1000 Berlin 33 (T. 832 51 98, Büro: 39 50 21) - Geb. 23. Jan. 1910 (Vater: Waldemar Paech, Brotfabr.; Mutter: Luise, geb. Riegel), verw. - Stifter: 1971 E.-P.-Preis (wird alle drei Jahre f. bes. Leistung auf d. Gebiet d. Brotes verg.) - Rotarier.

PAEFGEN, Günter Max

Direktor, pers. haft. Gesellschafter Friedrich Flick KG., Düsseldorf - Mörikestr. 16, 4000 Düsseldorf - Geb. 10. Jan. 1927 Düsseldorf, verh. m. Marita, geb. Keuter - Arbeits- u. Wehrdst. (1944/1945). Kaufm. Ausbild. Vereinigte Stahlwerke AG., Düsseldorf - S. 1951 Friedrich Flick KG. (1965 Geschäftsf. Verwaltungsges. f. industr. Unternehmungen Friedr. Flick GmbH.), s. 1968 Generalbevollmächtigte Friedrich Flick KG. (u. a. ARsmand. Buderus'sche Eisenwerke, Dynamit-Nobel AG., Feldmühle AG., Commerzbank AG., Soc. Métallurgique Hainot-Sambre S. A./Belg., Magal S/A Industria e Comércio/Brasil., Dunswart Iron and Steel Works Ltd./Südafrika) - Liebh.: Musik, Jagd.

PÄHLER, Karl-Heinrich

Dr. phil., Prof., Soziologe - 3201 Itzum üb. Hildesheim (T. 05064 - 4 47) - U. a. Prof. Päd. Hochsch. Alfeld.

PÄLLMANN, Wilhelm

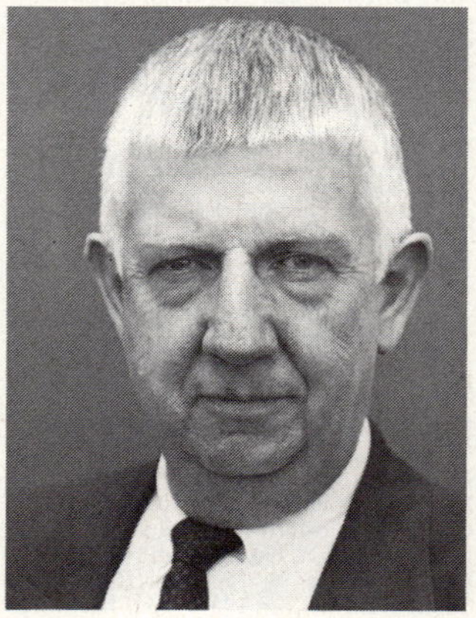

Dr.-Ing. E. h., Vorstandsmitglied Deutsche Bundespost Telekom - Zu erreichen üb. Generaldirektion Telekom Godesberger Allee 117, 5300 Bonn 2 - Geb. 1934.

PÄNTZER, Rudi

Generaldirektor, Vorstandsvors. C. Grossmann Eisen- u. Stahlwerk AG., AR-Vors. Gewerksch. Eisenhütte Westfalia, Lünen - Böcklinstr. 25, 5650 Solingen-Wald - Geb. 31. Okt. 1918. - Mitgl. Präs. Dt. Gießereiverb., Düsseldorf.

PÄRLI, Hans

Dr. rer. pol., Prof., Lehrbeauftr. Univ. Dortmund - Trapphofstr. 100, 4600 Dortmund 41 - Geb. 10. Dez. 1924 - Vereidigter Sachverst. f. Informationsverarbeitung im kaufm.-administrat. Ber.; Unternehmensberat. f. Datenverarbeitungsmanagement u. Org. - Mitgl. d. Ehrenrats d. BDU (Bundesverb. Dt. Unternehmensberater, Bonn); Berater in UdSSR Wirtsch.kontakten (incl. Baltikum, Estland m. 2 Ostsprachen).

PAETOW, Karl

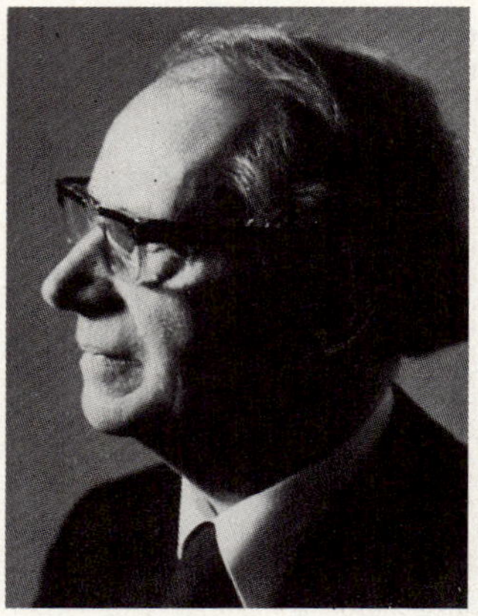

Dr. phil., Museumsdirektor, Schriftst. - Im Flachssiek 64, 4970 Bad Oeynhausen (T. 9 32 24) - Geb. 19. März 1903 Fürstenwalde/Spree (Vater: Carl P., Uhrmacherm.; Mutter: Lina, geb. Strate), ev., verh. I) m. Charlotte, geb. Pasche († 1962), S. Eckhard, II) Eva, geb. Müller - Oberrealsch. Kassel; Univ. Göttingen, Frankfurt/M., München, Köln, Berlin, Leipzig (Promot. 1928) - Assist. Museum am Augustuspl. Leipzig, 1930 Museumsleit. Stolp/Pom., 1935 wiss. Angest. Stadtverw. Kassel (b. 1945), 1951 Leit. Heimat- u. Tabakmuseum Bünde. S. 1933 VS, s. 1973 Dir. Dt. Märchen- u. Sagenmuseum, Am Kurpark 3 - BV: Klassizismus u. Romantik auf Wilhelmshöhe, 1928; Walter Schliephacke, e. dt. Maler, 1938; Bildchronik d. Stadt Kassel, 1938; Weihnachtsmann, sieh mich an, Bilderb. 1949; Frau Holle, M. u. Sagen 1952; Bünde im Widukindsland, 1953; Frau Holles Weg in Deine Seele, M., Sagen, Begegnisse 1955; D. Wittekindsage, 1960; D. schönsten Wesersagen, 1961; D. gr. Buch v. Rübezahl, 1965; Weihnachtsgesch. aus üb. 1000 Jahren, 1967; D. Goldene Auto, Liederreise ins Weserland, 1979; Bünde - Meine kleine Stadt erzählt, 1982 - Mitgl. u. Sonderpreis 1967 D. Kogge - 1965 für D. Jugendbuchpreis vorgeschlagen; 1980 BVK.

PAETZ, Heinz-Hermann

Einzelhändler, Steuerbevollm., Rechtsbeistand, Mitgl. Hbg. Bürgerschaft (s. 1978) - Heschredder 8, 2000 Hamburg 63 - Geb. 4. Okt. 1943 Hamburg, ev., verh. m. Hella, geb. Schwarz, 1 Kd. - Gymn. Hamburg (Abit. 1964); 2 J. Bundeswehr (Fähnrich d. R.); 1966-74 Univ. Hamburg (Rechtswiss., Betriebswirtsch.) - Mitarb. Steuerberat.; s. 1978 Selbst. Steuerber./Rechtsbeistand. SPD - Spr.: Engl., Franz.

PAETZKE, Ingo

Dr. rer. nat., Dipl.-Chem., Vorstandsmitglied BASF AG (s. 1983) - Zu erreichen üb. BASF AG, Postf., 6700 Ludwigshafen - Geb. 3. Nov. 1931.

PÄTZOLD, Erich

Senator f. Inneres (1989/90) - Fehrbelliner Platz 2, 1000 Berlin 31 - Geb. 8. Juni 1930 Sömmerda/Thür., ev., verh. s. 1962 m. Helga, geb. Plötz, 2 Kd. (Monika, Rainer) - Schule (Abit. 1948), Verw.sch.

u. -Akad. Berlin (Dipl.-Kameralist 1957, Verw.ass. 1958) - U. a. Ref. Berliner Finanzverw. (1962 Oberregierungsrat); 1964-70 Bezirksstadtrat f. Finanzen Wedding; 1970-73 Senatsdir. Senatsverw. f. Finanzen; 1973-81 Senator f. Gesundheit u. Umweltschutz v. Berlin; 1975-89 Mitgl. d. Abgeordnetenhs. v. Berlin. 1963-64 Bezirksverordn. Wedding (Fraktionsvors.). SPD s. 1950 (1967-71 stv., 1971-86 Kreisvors. Wedding; 1967-84 Landesvorst. Berlin).

PAETZOLD, Frank
Dr. jur., Aufsichtsratsvorsitzender Schlafhorst AG - Blumenbergerstr. 143-145, 4050 Mönchengladbach 1 (T. 02161-28-0) - Geb. 17. Sept. 1932 Berlin - Präs. IHK Krefeld/Mönchengl./Neuss.

PAETZOLD, Hans-Karl

Dr. rer. nat., o. em. Prof. f. Geophysik u. Meteorol. - Volksgartenstr. 10, 5000 Köln (T. 31 73 23) - Geb. 2. Jan. 1916 Guhrau/Schles. - Univ. Breslau u. Göttingen. Promot. 1939 Göttingen; Habil. 1955 München - S. 1955 Lehrtätigk. TH München (Privatdoz.) u. Univ. Köln (1961 Ord. u. Inst.dir.). Konstruktion: Paetzold-Sonde (Meßapparatur z. Feststell. d. Ozongehaltes d. Ozonosphäre). Spez. Arbeitsgeb.: Satellitenforsch. u. höchste Erdatmosphäre. Üb. 100 Fachaufs. - Liebh.: Kultur- u. Geisteswiss. - Spr.: Engl., Franz.

PAETZOLD, Peter
Dr. rer. nat. (habil.), o. Prof. f. Anorgan. Chemie u. Elektrochemie TH Aachen (s. 1968) - Ronheider Weg 4, 5100 Aachen - Zul. Doz. Univ. München - BV: Einführung in d. Allgem. Chemie, Lehrb. 1974, Facharb.

PÄTZOLD, Ulrich
Dr. phil., Univ.-Prof., Journalist - Geschwister-Scholl-Str. 14, 4600 Dortmund 1 - Geb. 20. Aug. 1943 Bielefeld, ev., verh. s. 1976 m. Ute, geb. Bernhardt, 3 Töcht. (Esther, Anna-Lisa, Katharina) - 1963-69 Stud. FU Berlin (Publiz.); Promot. Berlin - B. 1975 Redakt. im Rundf. u. an Ztg.: dann Hochschullehrer; Mitarb. in div. Kommiss. Neue Medien; Dir. Dt. Inst. f. publiz. Bildungsarbeit - BV: Medienatlas NRW, 1983; Offener Kanal - Porträt e. and. Rundf., 1987; Fernsehen in Dortmund, 1988 - Liebh.: Musik - Spr.: Engl.

PAFFEN, Johann
Präsident d. Oberpostdirektion Bremen (s. 1991) - Kurfürstenallee 130, Postfach 99 12 80, 2800 Bremen 1 (T. 0421 - 2 48-10 00) - Geb. 14. März 1929 Siersdorf b. Jülich, kath., verh. s. 1956 m. Elisabeth, geb. Reiners, T. Christiane - Stud. Rechtswiss. 1950-54 Univ. Köln; 1954 1., 1958 2. jurist. Staatsprüf. - S. 1959 Deutsche Bundespost; 1970-72 in Arbeitsgruppe d. BMI Reform d. öff. Dienstrechts; 1986 Vizepräs. d. OPD Dortmund. 1980-88 Bundesvors. d. Vereinig. d. höheren Beamten d. DBP - 1989 BVK I. Kl. - Liebh.: Neuere Geschichte - Spr.: Engl.

PAFFEN, Karlheinz
Dr. rer. nat., em. Prof. f. Geographie - Zum Baumgarten 5a, 7802 Merzhausen (T. 0761-40 72 16) - Geb. 18. Juli 1914 Moers/Rhld. - S. 1951 (Habil.) Lehrtätigk. Univ. Bonn (1958 apl. Prof.; Leit. Abt. Geogr. Landeskd. d. Rheinlande/Geogr. Inst.) u. Kiel (1967 o. Prof. u. Inst.sdir.). Fachvertret.

PAFFRATH, Hans-Georg
Kgl. Schwed. Generalkonsul f. Nordrh.-Westf., Kaufmann, Kompl. Galerie G. Paffrath KG, Vorst.-Mitgl. Düsseldorfer Reiter- u. Rennverein e.V. - Königsallee 46, 4000 Düsseldorf 1 (T. 0211 - 32 64 05) - Geb. 12. April 1922 Düsseldorf (Vater: Hans P., Kaufm.; Mutter: Eleonore Theegarten), kath., verh. s. 1958 m. Anna, geb. Åkerhielm, 5 Kd. (Hans, Georg, Caroline, Eleonore, Christina) - Realgymn. - Kavallerie-Sch. - Komtur Nordstern-Orden; Ehrenmitgl. d. Rheinischen Kunsthändlerverb. (RKV) e.V. - Liebh.: Reitsport.

PAGELS, Michael
Gewerkschaftler, Vors. DGB-Landesbez. Berlin (1982 ff.) - Keithstr. 1-3, 1000 Berlin 30 - Geb. 30. Juni 1934 Berlin - Gymn. Berlin; Hochsch. f. Wirtschaft u. Politik Hamburg - S. 1973 DGB Berlin.

PAGENSTECHER, Ulrich
Dr. rer. pol., em. o. Prof. f. Volkswirtschaftslehre - Ginsterweg 67, 8500 Nürnberg (T. 54 77 90) - Geb. 2. Juli 1924 Berlin.

PAGENSTERT, Gottfried

Dr. rer. nat., Botschafter d. Bundesrep. Deutschl. in Island - Zu erreichen üb. Büro: Túngata 18, IS-101 Reykjavik; POB 400, IS-121 Reykjavik (T. 003541 - 1 95 35/36; Fax 003541 - 2 56 99) - Geb. 4. Sept. 1928 Crossen/Oder (Vater: Josef P., Oberförster; Mutter: Arnolde, geb. Mehrmann), kath., verh. s. 1966 m. Elena, geb. Salvato, 3 Söhne (Konrad, Werner, Albrecht) - Forstw. Univ. Freiburg, München, Göttingen, Paris, Nancy. Diss. - Forstl. Wechselwirk. zw. Dtschl. u. Frankr. 18. u. 19. Jh. - Forstassessor - 1959 Auswärt. Dienst, Attaché London, 1962-65 Legationsrat Madrid. 1965-68 Vertreter d. Botschafters Daressalaam/Tansania, 1968-71 Assist. CDU/CSU-Fraktion Bundestag, 1972-75 Botschafter Tegucigalpa/Honduras, 1975 Generalkonsul Lourenço Marques/Mosambik, 1976-79 Botschafter Nikosia/Zypern; 1980-86 Generalkonsul f. New South Wales u. Queensland, Sydney/Australien; 1986-91 Botsch. Valletta/Malta - BVK; Merito Civil, Spanien; Morazan, Honduras; Merito Melitense d. Souveränen Malteser-Ordens - Liebh.: Gegenständl. Kunst, Wandern - Spr.: Engl., Franz., Ital., Span.

PAGGEN, Rudolf
Geschäftsführer Dt. Kraftwagen-Spedition GmbH, Düsseldorf - Zu erreichen üb. Dt. Kraftwagen-Spedition, Uerdinger Str. 64, 4000 Düsseldorf 30 - Geb. 30. Dez. 1929 Duisburg, verh. s. 1952 m. Hilde, geb. Bierfeld, 2 Kd. (Joachim, Birgit) - Lehre Speditionskaufm.

PAGNIA, Herbert
Dr. rer. nat., Prof. f. Physik TH Darmstadt - Außerhalb 7, 6101 Messel-Grube - Geb. 15. März 1929 Darmstadt (Vater: Alfons P., Lokführer; Mutter: Emma, geb. Rost), verh. s. 1963 m. Hiltrud, geb. Linke, 2 Kd. (Kristin, Frank) - Abit. 1947; Maurer (Facharb.prüf. 1950); Physikstud. Mainz u. Darmstadt (Dipl. 1955, Promot. 1961, Habil. 1969) - 1956-69 Wiss. Assist.; 1969-71 Doz.; s. 1971 Prof. - BV: Festkörperphysik, 1981; üb. 50 Facharb. - Spr.: Engl.

PAHL, Gerhard
Dr.-Ing., o. Prof. f. Maschinenelemente u. Konstruktionslehre TH Darmstadt (1964-90) - Mecklenburger Str. 79, 6100 Darmstadt-Eberstadt (T. 5 17 18) - Geb. 25. Juni 1925 Berlin - Langj. Tätigk. BBC Mannheim (1955ff. Abt.leit.). Dekan 1967-1969, Vizepräs. d. DFG 1978-84 - BV: Konstruktionslehre. Konstruieren m. 3D-CAD-Systemen, 1977 - Gold. Ehrenmünze d. VDI; 1982 Dechema-Med.; 1985 BVK I. Kl; 1986 Ehrenz. d. VDI; Dr. h. c. d. Univ. Veszprem/Ungarn; Dr.-Ing. E.h. d. TU München.

PAHL, Karl-Heinz
Dr.-Ing., Geschäftsführer d. Gesellsch. Paguag GmbH & Co u. Europlastic Pahl & Pahl GmbH & Co (s. 1970), Vors. d. Geschäftsf. PAG-O-FLEX GmbH (s. 1984), bde. Düsseldorf - Leuchtenberger Kirchweg 101, 4000 Düsseldorf 30 - Geb. 4. Nov. 1935, verh. s. 1970 m. Renate, geb. Adenauer, 2 Kd. (Felix, Anna) - Stud. Volks- u. Betriebswirtsch. Mschinenbau Univ. München, Aachen, USA; Dipl. 1965, Promot. 1969 - Liebh.: Segeln - Spr.: Engl., Franz.

PAHL, Manfred H.
Dr.-Ing., Prof. f. Mechanische Verfahrenstechnik Univ.-GH Paderborn (s. 1980) - Wewelsburger Weg 8, 4790 Paderborn - Geb. 9. Dez. 1940 Schön-Ellguth b. Breslau, ev., verh. s. 1963 m. Inge, geb. Meier, 2 Kd. (Marc-Oliver, Ilca-Ricarda) - 1965-70 Stud. Univ. Karlsruhe (Verfahrenstechnik); Promot. 1975 Karlsruhe - 1970-75 wiss. Mitarb. Inst. f. Mech. Verfahrenstechn. Univ. Karlsruhe; 1975-80 Leit. Mitarb. Fa. Bayer, Dormagen; 1985-87 Dekan FB Maschinentechnik - BV: Porenströmung, 1975; Prakt. Rheologie, 1983; Mischen b. Herstellen u. Verarbeiten v. Kunststoffen, 1986; 40 Fach-Veröff. z. Thema Porenströmung, Mischen, Rheologie, Zerkleinern - Liebh.: Gesch., Kunst.

PAHL, Max(imilian)

Dr. phil. nat. habil., em. Prof. f. Atomphysik - Eisbergweg 5, A-6111 Volders - Geb. 20. Mai 1908 Waldshut/Bad. (Vater: Max P., Baurat; Mutter: Karoline, geb. Roth), verh. s. 1961 m. Dr. Gerda, geb. Rolfes, 3 Töcht. (Caroline, Henrietta, Verena) - Gymn. - Univ. Freiburg/Br. (Physik, Physikal. Chemie, Math.). Promot. (1934) u. Habil. (1939) Freiburg - 1934-45 Univ. Freiburg (Physikal. Inst.); 1945-63 Max-Planck-Inst. f. Spektroskopie; 1963 b. 66 Univ. Kabul (Leit. Bonner Partnerschafts team); 1966-78 Univ. Innsbruck (Ord. u. Vorst. Inst. f. Atomphysik). Emerit. 1978. 1939-66 Lehrtätigk. Univ. Freiburg (1955 apl. Prof.) u. Bonn. Spez. Arbeitsgeb.: Atomare Stöße, Massenspektrometrie, Gasentlad. Mitgl. Dt. u. Österr. Physikal. Ges. - BV: Kinetik d. Gasreaktionen, 1961 (m. E. Cremer). Zahlr. Einzelarb. - 1979 österr. Ehrenkreuz f. Wiss. u. Kunst I. Kl. - Liebh.: Bergsteigen, Skilaufen (1931 Akad. Weltmeister Abfahrtslauf) - Spr.: Engl., Franz.

PAHL, Otto
Aufsichtsrat REMAG AG., Mannheim - Werderstr. 40, 6800 Mannheim - Geb. 3. Sept. 1910 Tauberbischofsheim - Stud. Rechtswiss. Ass.ex. - Wirtschaftsjurist.

PAHL, Peter J.
Prof., Ord. f. Theoret. Methoden d. Bau- u. Verkehrstechnik TU Berlin (s. 1969) - Schopenhauerstr. 63, 1000 Berlin 38 (T. 803 89 15) - Geb. 1937 - Zul. Massachusetts Inst. of Technology (USA).

PAHL, Walter
Betriebswirt (VWA), Direktor, Vorst. Gesamtverb. Gemeinnütziger Wohnungsuntern., Köln, Gartenstadt-Genossenschaft Mannheim - Stiller Weg 50, 6800 Mannheim 31 (T. 0621 - 75 60 36) - Geb. 16. Febr. 1923 Mannheim (Vater: Ludwig P., Tapeziermeister; Mutter: Klara, geb. Huser), kath., verh. s. 1945 m. Luise, geb. Bixner, 3 Kd. (Wolfgang, Ursula, Rainer) - 1956-59 Verw.- u. Wirtschaftsakad. Rhein-Neckar - AR Großkraftwerk Mannheim AG (s. 1972) - 1978 BVK; 1982 BVK I. Kl.; 1983 Ehrenmed. d. Gemeinn. Wohnungswirtsch. in Gold; 1985 Viktor-Aimé-Huber Plak.; 1987 Verdienstmed. Baden-Württ.; 1988 Gr. BVK.

PAHLEN, Baron von der, Klaus
Dr. jur., Mitgl. d. Geschäftsleitung W. Schlafhorst & Co., Mönchengladbach - Eickener Höhe 103, 4050 Mönchengladbach - Geb. 23. Febr. 1938 Eisenach/Thüringen (Vater: Hans E. v. d. P., Kaufm.; Mutter: Ingeborg, geb. Ditfurth), verh. m. Rosemarie, geb. Booth - Gr. jurist. Staatsprüf. 1966.

PAHLEN, Kurt
Dr. phil., Prof., Dirigent, Operndirektor, Musikschriftsteller - CH-8708 Männedorf/Zürich (T. 01 - 920 32 74) - Geb. 26. Mai 1907 Wien (Vater: Richard P., Pianist; Mutter: Rosine, geb. Kuhn), kath., 2 Kd. (Ricardo, Ivonne) - Mittelsch.; Univ. Wien (Promot. Musikwiss. [Phil.] 1929); Kapellmeistersch. Wiener Konserv. (Abschluß 1929) - 1929 Doz. Wiener VHS; Dirig. Wiener Volksoper; Gastdir. in zahlr. Städten (Oper u. Konzert); Beruf. nach Argent. (1939 Chefdirig. Philharm.); 1949 Prof. f. Musikwiss. Univ. Montevideo (Uruguay); Gastprof. zahlr. Univ. in Amerika u. Europa; 1957 Dir. Teatro Colon Buenos Aires; Gastdirig. in Europa. Zahlr. Vorträge im In- u. Ausl. (Opereinf. Salzburger Festsp., Osterfestsp., Bregenzer Festsp., Arena Verona, Opernfestival Savonlinna, Finnland); Fernseh- u. Rundfunkzyklen in Europa; Leit. Feierabend-Konz. in 13 Schweizer Städten; Leit. Forum f. Musik u. Beweg.; Sommerakad. (Meisterkurse) in Lenk/Schw.; Prof. u. Leit. Meisterkurs f. Operngesch. Intern. Opernstudio am Opernhaus Zürich - BV: S. 1943 insges. 56 Bücher, teilw. bis in 16 Spr. übers., u. a. Musikgesch. d. Welt; Oper d. Welt, Sinf. d. Welt, Musik hören, Musik verstehen, Biogr. Mozart, J. Strauss, Tschaikowsky - Zahlr. Lieder, 3 Kinder-Musicals (D. Prinzessin, Pinocchio, D. Zirkus) - Gr. Ehrenz. Rep. Österr.; Ehrenkreuz 1. Kl. f. Wiss. u. Kunst Rep. Österr.; Gr. BVK; Gold. Ehrenzeichen

Wien, Salzburg, u.a. - Spr.: Engl., Franz., Ital., Span., Portugies.

PAHLITZSCH, Gotthold

Dr.-Ing., Dr.-Ing. E. h., o. Prof. f. Werkzeugmaschinen u. Fertigungstechnik (emerit.) - Hermann-Riegel-Str. 15, 3300 Braunschweig (T. 33 16 71) - Geb. 19. April 1903 Dresden (Vater: Adolf P., Lehrer), ev., verh. m. Erika, geb. Kater, 2 Söhne (Andreas, Roland) - TH Dresden (Promot. 1932) - 1927-28 Betriebsleit. Wülfing AG, Wuppertal-V., 1929-34 Assist. u. Versuchsfeldleit. Lehrstuhl f. Werkzeugmaschinen TH Dresden, 1934-36 Hauptabt.leit. Junkers Motorenbau GmbH., Dessau, 1936-37 Betriebsdir. Dt. Werkstätten AG., Dresden-H., dann ao. Prof. TH Braunschweig, 1945-48 Vorstandsmitgl. Voigtländer AG., Braunschweig, 1950-71 o. Prof. u. Dir. Inst. f. Werkzeugmaschinen u. Fertigungstechnik TH bzw. TU - 410 Fachveröff. Mitarb.: Hütte u. Betriebs-Hütte (Abschn.: Holzbearb. u. -maschinen) - 1961 Ehrendoktor TU Dresden; Mitgl. Braunschweig. Wiss. Ges., Collége Intern. pour l' Etude Scientifique des Techniques de Production Mécanique (Pres. 1969/1970, Membre d'honneur 1973), Intern. Acad. of Wood Science, Intern. Union of Forestry Research Organisations; 1974 BVK; 1983 Georg-Schlesinger-Preis Berlin.

PAHLKE, Jürgen

Dr. rer. pol., o. Prof. f. Wirtschaftslehre, insb. Finanzwiss., Univ. Bochum (s. 1968) - Ifteweg 3, 5810 Witten-Schnee/Ruhr (T. 8 08 81) - Geb. 9. Juni 1928 Berlin (Vater: Karl P.; Mutter: Käthe, geb. Kadatz), verh. s. 1959 m. Dr. Traudl, geb. Härtle, 3 Kd. - Stud. Wirtschaftswiss. Dipl.-Volksw. 1952 Berlin (FU); Promot. 1958, Habil. 1968, beides Tübingen - BV: Welfare Economics, 1960; Steuerbedarf u. Geldpolitik in d. wachsenden Wirtschaft, 1970.

PAHLKE, Peter

Bankdirektor - Zu erreichen üb.: Landesbank Schlesw.-Holst., Martensdamm 6, 2300 Kiel - Geb. 4. Mai 1939 - Vorst. Landesbank Schlesw.-Holst./Girozentrale, Kiel.

PAINTNER, Hans

Landwirt, Angestellter, MdB (VIII. Wahlp./Landesl. Bay.) - Appersdorf 24, 8311 Tiefenbach/Bay. - Geb. 11. Nov. 1926 Altusried/Allg., kath., verh., 5 Kd. - Volkssch.; landw. Lehre; Landw.sch. - N. Kriegsdst. u. Gefangensch. eig. Landw. u. Prüf. Einfuhr- u. Vorratsst. Langj. Gemeinde- u. Kreisrat. FDP s. 1966.

PALITZSCH, Peter

Regisseur - Waldpromenade 28, 8035 Gauting (T. 089 - 850 36 34) - Geb. 11. Sept. 1918 Deutmannsdorf (Vater: Alwin P., Kaufm.; Mutter: Johanna, geb. Strauß), verh. s. 1974 m. Tanja, geb. von Oertzen - 1948-61 Berliner Ensemble; 1967-72 Württ. Staatstheater (Schauspieldir.), 1972-80 Schauspiel Frankfurt (Mitgl. d. Direktoriums). Zahlr. Bühneninsz., dar. Shakespeare, Büchner, O'Casey, Horvath, Brecht, Walser, Weiß, Dorst, Pinter, Turrini. Film: Mutter Courage u. ihre Kinder; Fernsehen: D. Prozeß d. Jeanne d'Arc zu Rouen 1431, Sand - Plädiert f. Polit. Theater.

PALLASCHKE, Diethard

Dr. rer. nat., Prof. f. Math. Univ. Karlsruhe - Universität, Kaiserstr. 12, 7500 Karlsruhe 1 - Geb. 30. Juni 1940 Friedland (Vater: Ernst P., Tischler; Mutter: Else, geb. Heinrich), verh. s. 1967 m. Ingrid, geb. Marx, T. Melanie - 1960-65 Univ. Göttingen u. Bonn (Math., Physik; Dipl. 1965, Promot. 1967, Habil. 1969) - S. 1970 Prof. Univ. Bonn, Darmstadt, Münster, wieder Bonn u. s. 1981 Karlsruhe - BV: Game Theory and Related Topics, (m. a.) 1979; Special Topics of Applied Mathematics, (m. a.) 1980. Buchübers. S. Rolewicz; Selected Topics in Operations Research and Mathematical Economics, 1983; Nondifferentiable Optimization: Motivations and Applications, (m. V. Demyanov) 1984. Buchübers. J. Lawrynowicz (1985) - Spr.: Engl., Franz., Poln.

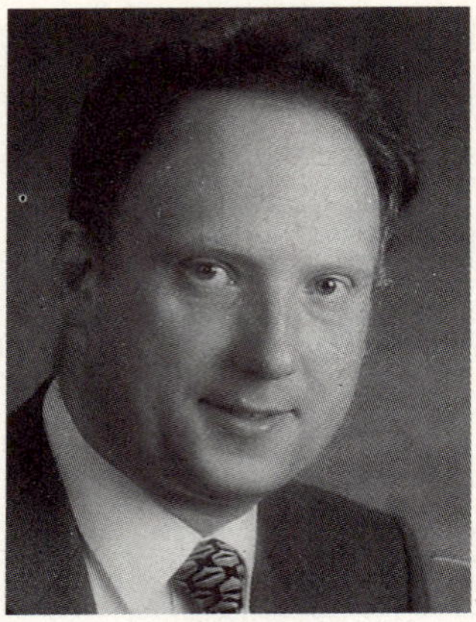

PALLAUF, Josef

Dr. agr., Prof. f. Tierernährung - Priv.: Waldbrunnenweg 24, 6300 Gießen; dstl.: Inst. f. Tierernährung Univ., Senckenbergstr. 5, 6300 Gießen - Geb. 28. Nov. 1939 Neubeuern/Inn (Vater: Anton P., Landwirt; Mutter: Katharina, geb. Schneebichler), kath., verh. s. 1978 m. Carol, geb. Mac Dougall, 4 Kd. (Kathrin, Anna, Antonia, Johannes) - Stud. Agrarwiss. TU München-Weihenstephan, Dipl.-Ing. agr. 1964, Landw.-Ass. 1966, staatl. Tierzuchtleit.prüf. 1967, Promot. TU München 1971, Habil. TU München 1973 - 1963-66 Refer., 1966-72 wiss. Assist., 1972 Forsch.aufenth. USA. 1973-75 Akad. Oberrat u. Priv.-Doz. TU München, s. 1975 Prof. Univ. Gießen. Autor u. Mitautor v. rd. 80 Publ. üb. Ergebn. d. Tierernährungsforsch. in wiss. Ztschr. - 1979 Henneberg-Lehmann-Fördererpreis Univ. Göttingen - Spr.: Engl.

PALLME KÖNIG, Ulf

Kanzler d. Heinrich-Heine-Univ. Düsseldorf (s. 1991) - Universitätsstr. 1, 4000 Düsseldorf, priv.: 5657 Haan 1 - Geb. Tötensen Krs. Harburg/Nieders., verh. m. Sigrid, geb. Kindler, 2 Kd. (Maike, Lars) - 1. jurist. Staatsex. 1972; Große jurist. Staatsprüf. 1975 - 1975-78 Persönl. Ref. d. Präs. d. Univ. Hohenheim; 1978-84 Richter am Verw.gericht Stuttgart; 1984-87 Prof. an d. Fachhochsch. f. öffentl. Verw. Stuttgart; 1987-91 Senatsrat b. d. Senatsverwalt. f. Wiss. u. Forsch. Berlin. 1980-87 Leit. v. Referendararb.-gemeinsch.; s. 1987 nebenamtl. Mitgl. d. Justizprüfungsämter Berlin u. Düsseldorf.

PALM, Dieter

Dr. rer. nat., Prof. f. Biochemie - Am Happach 69, 8708 Gerbrunn (T. 0931-70 69 77) - Geb. 10. Dez. 1934 Ludwigshafen (Vater: Albert P., Chemiker; Mutter: Adelheid, geb. Vortisch), ev., verh. s. 1960 m. Sigrid, geb. Schild, 3 Kd. - TU Karlsruhe, Berlin, München; Promot. 1960 München, UC Berkeley/USA - 1967 Priv.-Doz., 1971 Prof. Univ. Würzburg, 1990 Biozentrum Univ. Würzburg.

PALM, Guntram

Dr. jur., Finanzminister Baden-Württ. a.D. - Vordere Str. 20, 7054 Korb-Kleinheppach - Geb. 21. Juni 1931 Berlin, ev., verh. m. Ute, geb. Dollmann, 3 Kd. - Univ. Tübingen (Promot. 1959) u. Heidelberg (Volksw., Rechtswiss.). Gr. jurist. Staatsprüf. - RA; 1966-76 Oberbürgerm. Fellbach, 1964-72 MdL Baden-Württ. (zeitw. Vors. Aussch. f. Verwaltung u. Wohnungswesen); 1976 Staatssekretär Innenministerium, 1977-78 Justizminister, 1978-80 Innenminister, 1980-90 Finanzmin.

PALM, Hilde

s. Domin, Hilde

PALM, Joachim

Ing grad., Konstrukteur (spez. Hochspannungsschaltgeräte), Mitgl. Berliner Abgeordnetenhaus (s. 1975) - Am Horstenstein 24d, 1000 Berlin 48 (T. 721 41 22) - Geb. 28. Aug. 1935 Berlin (Vater: Paul P., Werbeleit.; Mutter: Gertrud, geb. Köhler), kath., verh. s. 1959 m. Ursula, geb. Sperr, 3 Kd. (Stephan, Regina, Agnes) - Gymn. (Mittl. Reife 1953); Ing.-Sch. Gauss. Ing. grad. 1958 Berlin - 1963-75 Bezirksverordn. Berlin-Tempelhof.

PALM, Jürgen

Dr. phil., Dipl.-Sportlehrer, Geschäftsführer Deutscher Sportbund - Hubertusanlage 32, 6051 Rembrücken (T. 06106 - 44 21) - Geb. 25. Juni 1935 Solingen (Vater: Fritz P., Gießereimeister; Mutter: Margarete, geb. Kuntze), ev., verh. s. 1972 in 2. Ehe m. Katalin, geb. Tóth, 4 Kd. (Islin, Barblin, Nicolai, Aline) - Dt. Sporthochsch. Köln, Stip. USA - Dt. Turner Bund (Bundesjugensekr., Kulturdezern.), Dt. Sportbund (Geschäftsf.), Präs. Trimm and Fitness Intern. Sport for All Assoc. (TAFISA), Director World Recreation Assoc. Spez. Arb.geb.: Freizeitsp., Entwickl. d. Aktion Trimm dich u. Lufthansa Fitness-Progr. (1976) - BV: Stadion d. Heiterk., 1960; D. Spiel beginnt, 1962; Unsere Kinder wollen turnen, 1966; Trimm Diät, 1974; Sport for All - Approaches from Utopia to Reality, 1991 - Ehrenbürger Winnipeg - Liebh.: Lyrik, Schauspiel, bäuerl. Gebrauchsgegenstände - Spr.: Engl., Franz., Ung., Span.

PALM, Klaus

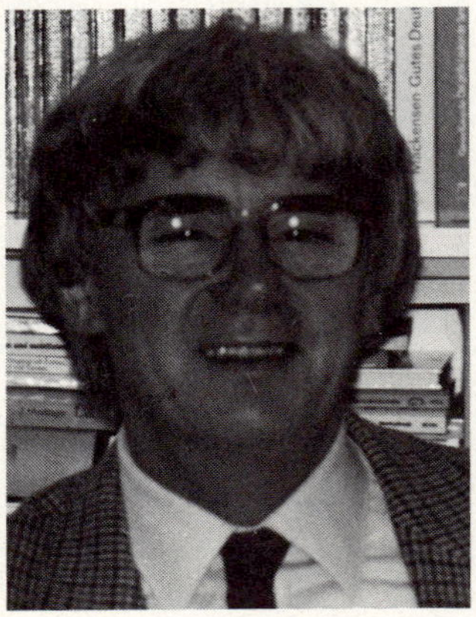

Prof. Hochsch. d. Künste Berlin, Fachschriftsteller u. Maler - Bozener Str. 11-12, 1000 Berlin 62 (T. 030 - 854 63 61) - Geb. 27. Jan. 1932 Berlin (Vater: Walter P., Schriftst.; Mutter: Ruth, geb. Schwarze), ev., verh. s. 1975 m. Ingrid, geb. Röder, T. Meike-Alexandra - Stud. Malerei u. Technol. d. Malerei - Hochschullehrer, Redakt., Fachschriftst. Präs. Dt. Farbenzentrum, Managing Direktor Intern. Akad. d. Farbwiss. - Veröff.: Farbwarenkd.; zahlr. Fachztschr.-Beitr. üb. Farbdesign u. Farbtechnol.

PALM, Siegfried

Prof., Cellist, Generalintendant Dt. Oper Berlin (1976-81) - Rebenhang 9, 5020 Frechen-Buschbell - Geb. 25. April 1927 Barmen (Vater: Siegfried P., Cellist † 1975; Mutter: Martha, geb. Platz † 1975), ev., verh., 3 Kd. (Stefan, Detlef, Corinna) - Realgymn. Wuppertal; Ausbild. Vater u. Enrico Mainardi (Meisterschüler) - 1947-62 I. Solocellist Sinfonieorchester Nordwestdeutscher Rundfunk; 1951-62 Mitgl. Hamann-Quartett; 1962-77 Prof. Musikhochsch. Köln (Leit. Meisterkl. f. Violoncello; 1972-76 Dir.); 1970-80 Mitgl. Programmbeirat Intern. Ferienkurse f. Neue Musik in Darmstadt (Kranichstein), 1972-77 Präs. d. Sektion Bundesrep. Dtschl. in d. ESTA (European String Teacher's Association), 1973-79 Mitgl. Hauptaussch. Musikwettbewerb d. ARD (Rundfunkanst. d. BRD Dtschl.) in München, 1976-81 Generalint. Dt. Oper Berlin; s. 1976 Präsid.-Mitgl. Dt. Musikrat, s. 1978 Präs. Verband Dt. Musikerzieher u. Konzertier. Künstler (VDMK) u. s. 1982 Präs. Intern. Ges. f. Neue Musik (IGNM, ISCM, SIMC). Konzertauftr. Europa, Afrika, Asien, USA. Eig. Schallpl. b. Wergo (Reihe: Gr. Interpreten d. Neuen Musik) - 1969 u. 76 Dt. Schallplattenpreis; 1972 u. 75 Grand Prix Intern. de Disque (f. beispielh. Interpretation d. Cello-Konzerts v. Bernd Alois Zimmermann); 1979 BVK I. Kl., 1980 Chevalier de L'Ordre National du Mérite de la Rép. Francaise, - Liebh.: Röm. Geschichte - Spr.: Engl., Ital. - Ab 1976 Generalint. Dt. Oper Berlin.

PALM, Ulrich

Bundesbankdirektor, I. Dir. Landeszentralbank Krefeld - Zu erreichen üb. Landeszentralbank, Postf. 3 70, 4050 Mönchengladbach - Geb. 14. Nov. 1921 Wuppertal (Vater: Rudolf P., Reichsbankrat; Mutter Else, geb. Habedank), ev., verh. s. 1949 m. Else, geb. Licas, S. Volker.

PALM, Ulrich

Dr. rer pol., Aufsichtsrat Wieland-Werke AG, Ulm - Alpenstr. 57, 7900 Ulm/D. - Geb. 26. Juli 1920 Unterkochen/Württ. (Vater: Hermann P.), verh. m. Elke, geb. Lassen - Div. Ämter.

PALM, Wilfried

Dr., Fabrikant, Mitinh. Papierfabrik Palm GmbH & Co., Neukochen - 7080 Aalen 1-Neukochen (T. 07361 - 5 77-0) - Geb. 25. Okt. 1920 Stuttgart - Rotarier.

PALMA, Bernd

Regisseur - Bismarckplatz 7, 8400 Regensburg - Geb. 25. Juli 1945 Parndorf, ledig - Maschinenbau-Stud.; Sprech- u. Schauspielunterr. b. Prof. Zdenko Kestranek - Bühneninsz.: Amerika (F. Kafka), Volkstheater Wien 1978/79; Operette (W. Gombrowicz) Volkstheater Wien 1978/79; Heut' abend tanzt Lysistrate, Theater d. Courage Wien 1979/80; D. Bündel (E. Bond), Volkstheater Wien 1979/80; D. Mann v. La Mancha (D. Wassermann), Musiktheater im Revier 1981/82; Amadeus (P. Shaffer), Städt. Bühnen Augsburg 1981/82; Anatevka (Bock), Musiktheater im Revier, Monsieur Prudhomme (H. Monnier), Städt. Bühnen Augsburg, D. Leuchtturm (P.M. Davies) Kammeroper Wien, D. verkaufte Braut (F. Smetana), Kammeroper Wien, alle 1983/84; D. Banditen (J. Offenbach), Nieders. Staatstheater Hannover, D. dieb. Elster (G. Rossini), Kammeroper Wien, D. Wildschütz (Lortzing), Bühnen Stadt Essen, D. Martyrium d. hl. Magnus (P.M. Davies), Kammeroper Wien, alle 1984/85. FS: Mutter Courage - Stella Kadmon, e. Portrait, ORF 1981/82; D. Weg nach Emmaus (Oper v. Th. Ch. David), ORF/BR 1982/83 - 1979 Skraup-Preis Volkstheater Wien (f. d. beste Regie) u. Förderpreis Stadt Wien z. Kainzmed. (f. d. beste Regie) - Spr.: Engl., Ital.

PAMPEL, Fritz

Dr.-Ing., Dr.-Ing. E. h., Beratender Ingenieur f. Verkehrswesen - Am Husarendenkmal 21, 2000 Hamburg 70 - 1981 Ehrendoktor TU Hannover (f. hervorrag. Verdienste auf d. Gebiet d. Verkehrswiss.); 1984 Dr.-Friedrich-Lehner-Med.; 1986 VÖV-Ehrenring.

PANAGIOTOPOULOS, Panagiotis D.

Dr.-Ing., o. Prof. Aristoteles Univ. Thessaloniki, Hon.-Prof. RWTH Aachen - Roermonder Str. 90-92, 5100 Aachen - Geb. 1. Jan. 1950 Thessaloniki/Griechenl., christl.-orth. - Dipl.-Ing. 1972 Univ. Thessaloniki; Dr.-Ing. 1974 ebd.; Priv.-Doz.; Habil. 1977 Aachen - BV: Inequality Problems in Mechanics a. Applications, 1985; Topics in Nonsmooth

Mechanics, 1987 - Alexander-v.-Humboldt-Senior Fellow; 1988 korr. Mitgl. d. Akad. v. Athen; 1989 Mitgl. Academia Europaea, London.

PANCHYRZ, Victor

Dr. jur., Stadtkämmerer v. Recklinghausen (v. 1962) - Reiffstr. 66, 4350 Recklinghausen (T. 2 61 35) - Geb. 16. Okt. 1920 Andreashütte/OS. (Vater: Roman P., Betriebsassist.; Mutter: Martha, geb. Mrochen), kath., verh. s. 1950 m. Martha, geb. Schulze-Hessing, 3 Söhne (Claus, Reinhard, Joachim) - Burg-Gymn. Oppeln; Univ. Erlangen. Promot. 1950; Ass.ex. 1952 - Justizdst.; Finanzverw. (Reg.srat).

PAND, Michael

(eigentl. Gspandl, Michael) Schauspieler u. Regisseur - Wien (T. 712 81 36) - Geb. 27. Juli 1955 Hainburg/D. - 3 J. Max-Reinhardt-Sem. Wien; weitergeh. Ausbild. New York (Lee Strasberg/Theatre Inst.); Bangkok (Stud. Klass. Thai-Tanz am Nationaltheater) - Bühnenengagements Hamburg, München, Wien. Filme; Fernsehsp.: Ein Schloß am Wörthersee (Poldi); Dokumentarfilm üb. Thailand (1989). S. 1990 in Hollywood - Spr.: Engl., Thailänd.

PANDULA, Dušan

Dr. h. c., Prof., Violinist, Dirigent, Komp., Publizist, Pädagoge - Hohemarkstr. 138, 6370 Oberursel 1 (T. 06171 - 2 32 98) - Geb. 19. Juli 1923 Košice/CSFR, verh. s. 1954 m. Renata, geb. Hlaváčková (Schriftst. 1930-87), S. Peter - 1940-46 Stud. Musikhochsch. Brünn u. Prag (Violine b. Prof. J. Burget, V. Nopp, W. Schweyda, M. Šlik u. J. Kocian; Trompete u. Paukensp. b. Prof. J. Lukáš u. V. Pařík; Dirig. b. Prof. Q. Arnoldi, V. Talich; Komp. b. Prof. A. Hába) - 1943-45 Violinist Brünner Oper; 1945-48 Violinist Gr. Oper Prag; 1948-68 Oper d. Nationaltheaters Prag (s. 1953 Konzertm.); 1945 Gründg. d. Hába/Novák-Quartetts Prag, 1.600 Konz. in aller Welt; 1969 Gründg. d. Pandula-Quartetts Stuttgart, 1.200 Konz.; 1980 Gründg. d. Hába-Quartetts Frankfurt/M.; s. 1978 Prof. Musikhochsch. Frankfurt/Leit. Kammermusikkl.); Chefdirigent Orch. Virtuosi di Praga (1968 aufgelöst), ehem. Mitgl. Komponistenverb. CSFR; Mitgl. FDA (Fr. Dt. Autorenverb.) Hessen. 1981 Leit. d. Königsteiner Meisterkonz. im Schloß. 1988 Gründ. u. Präs. HABA-Ges., Königstein/Ts. - BV: Gesch. d. tschech. Kammermusik; Gesch. d. Violinsp. in böhmischen, russ. u. sowj. Ländern; Hába-Monographie; Violin-Päd.; u.v.m. Herausg. v. Werken tschech. Komp. Komp.: Hommage à Rudolf Steiner (Streichquartett), 1967 u. weitere Streichquartette; Rubikon, 1967; Erbsen an d. Wand werfen (Streichquartett u. Tonbd.), 1969; Ouvertüre f. gr. Orch., Symphonie, Thackeray-Music f. Solovioline, Sonate f. Solotrompete; u.a. - 1979 gold. Med. u. Mitgl. d. Ital. Akad. d. Künste; 1982 Diploma di merito Univ. Parma; 1988 Ritter-Kreuz d. hl. Wenzeslaus - Lit.: u.a. Riemann Musiklex. (1961 u. 1975), auch Brockhaus-Riemann; Český hud. slovník, 1963; Čsl. konc. umělci a kom. soubory, 1964; Personaggi Contemporanei, Accademica Italia (1983); Profili di Artisti Contemporanei, Accad. Italia (1984); Versch. Aufs. in Ztschr. u. Ztg.

PANGELS, Franz-Josef

Landwirt, Mitglied d. Landtages v. Nordrh.-Westf. (s. 1990; Wahlkreis 6, Heinsberg II), Schwerpunkt Umweltpolitik, bes. Immissionsschutz im Landtag NW - Peter-Gehlen-Str. 25, 5140 Erkelenz-Matzerath (T. 02431 - 20 69) - Geb. 28. Juli 1935 Matzerath, kath., verh. s. 1964 - Gymn., versch. Fachsch. im landwirtschaftl. Bereich b. 1956 - S. 1960 Fachberat. im Managementber. f. Legehennengroßbetr. in Amerika u. Deutschland; Mitgl. Beirat DEU-Vertriebsges. Ulm u. Stabi-Fonds, Bonn. S. 1972 Übern. u. Erweit. d. elterl. Betr. - S. 1958 Mitgl. d. CDU; Kreisparteivors. Heinsberg; Stadtverb.vors. Erkelenz; stv. Bezirksvors. Aachen; Vors. Kreisagraraussch.; 1980-85 Mitgl. Kreistag Heinsberg; Vors. Gesellsch.vers. d. Wirtsch.-förderungsges. Kreis Heinsberg; Vorst.-Mitgl. Kreisbauernschaft Heinsberg - Liebh.: Musik, Reisen, Lesen.

PANITZ, Manfred

Rechtsanwalt, Hauptgeschäftsf. Bundesverb. d. Energie-Abnehmer (VEA) u. Geschäftsf. Inst. f. Energieeinsparung Beratungs-GmbH (IfE), Hannover - Wilhelm-Busch-Str. 20, 3167 Burgdorf (T. 05136 - 55 97) - Geb. 17. Juli 1946 Winsen/Luhe, verh. s. 1973 m. Renate, geb. Beutler, 2 Söhne (Philipp-Vincent, Arne-Alexander) - 1968-72 Stud. Rechtswiss. Univ. Göttingen.

PANITZKI, Werner

Generalleutnant a. D. - Gotenstr. 88a, 5300 Bonn 2 (T. 0228 - 37 36 00) - Geb. 27. Mai 1911 Kiel, verh., 3 Kd. - Oberrealsch. (Abit. 1930) - 1930-35 Preuß. Landespolizei (1933 Ltn.), dann Luftwaffe (Oblt., 1939-45 Hptm. Staffelkapt., Ia Luftflotte 3 u. Luftwaffen-Führungsstab, zul. Oberstlt. i. G.), 1945-47 Kriegsgefangensch., spät. kaufm. Tätigk., 1952-66 (Rücktr.) Bundeswehr (1955 Oberst, 1956 Brigadegeneral, 1957 Chef d. Stabes Fü-B, 1959 Generalmajor, 1960 Kommandeur Kommando d. Schulen d. Luftw., 1962 Kdr. General Luftwaffengruppe Nord u. Inspekteur d. Luftwaffe) - U. a. Kommandeurskreuz d. amerik. Verdienstmed. (1964) u. Gr. BVK m. Stern (1967).

PANKNIN, Walter

Dr.-Ing., Prof., Geschäftsführer i.R. - Einsteinweg 30, 7320 Göppingen/Württ. - Geb. 28. März 1925 Stretzin/Westpr. (Vater: Theodor P., Landwirt; Mutter: Anna, geb. Schulz), ev., verh. m. Klara, geb. Strecker, 2 Kd. - Gymn. Preuß. Friedland; TH Stuttgart (Maschinenbau) - Staatl. Materialprüfungsanstalt Stuttgart, L. Schuler, Göppingen (1970 Geschäftsf.), Max-Planck-Inst. f. Metallforsch., Stuttgart, TU Berlin (1961-70 o. Prof. f. Verformungskunde) - AR-Mitgl.: Sieber-Gruppe Holding GmbH, Sieber GmbH & Co KG, Eurotool GmbH - 1964 VDI-Ehrenring; 1978 Siebel-Gedenkmünze; 1985 Ehrenzeichen VDI; Ehrenmitgl. DFB, Hannover.

PANKOK, Kurt Peter

Bild- u. Objekt-Künstler, Galerist - Ahornweg 1, 7251 Wimsheim - Geb. 27. Jan. 1933, verh. m. Helga, geb. Bußmann, 4 Kd. (Thomas, Monika, Angelika, Gabriele) - Werkkunstsch. Wuppertal - Geschäftsf. Art Forum Galerie & Edition GmbH; Vorst.-Mitgl. Kunstverein Pforzheim; Mitbegr. Künstlerwerkstatt Pforzheim - Viele Ausstell. im In- u. Ausland - Spr.: Engl., Franz. - Lit.: Kataloge 1984, 89, 92.

PANKUWEIT, Klaus-Rolf

Bürgermeister a. D. - Westerstr. 8, 2253 Tönning/Eider - Geb. 17. Juli 1920 Königsberg/Pr. - Abit. 1939 - 1939-45 Soldat u. Berufsoffz.; 1946-60 u. 1979 Journ.; 1960-78 Bürgerm. Stadt Tönning.

PANNENBERG, Wolfhart

Dr. theol., D. D., o. Prof. f. Systemat. Theologie u. Vorst. Inst. Oekumene u. Fundamentaltheol. Univ. München (s. 1967) - Sudetenstr. 8, 8032 Gräfelfing (T. München 85 59 15) - Geb. 2. Okt. 1928 Stettin (Vater: Kurt P., Zollrat; Mutter: Irmgard, geb. Kersten), ev., verh. s. 1954 m. Hilke, geb. Schütte - Univ. Berlin, Göttingen, Basel, Heidelberg (Theol., Phil.). Promot. (1953) u. Habil. (1955) Heidelberg - 1955-58 Privatdoz. Univ. Heidelberg; 1958-61 Prof. Kirchl. Hochsch. Wuppertal; 1961-67 Ord. u. Sem.dir. Univ. Mainz - BV: D. Prädestinationslehre d. Duns Skotus, 1954; Was ist d. Mensch?, 7. A. 1985; Grundzüge d. Christologie, 5. A. 1976; Grundfragen syst. Theol., 3. A. 1979; D. Glaubensbekenntnis, 7. A. 1991; Wiss.-theorie u. Theol., 1973; Ethik u. Ekklesiologie, 1977; Die Bestimmung d. Menschen, 1978; Anthopologie in theol. Perspektive, 1983; Christl. Spiritualität, 1986; Metaphysik u. Gottesgedanke, 1988; Systematische Theol., Bd. I 1988, II 1991. Herausg.: Offenbar. als Gesch. (5. A. 1982) - Spr.: Engl. - 1972 Theol. Ehrendoktor Univ. Glasgow, 1977 Univ. Manchester, 1979 Univ. Dublin; 1977 o. Mitgl. Bayer. Akad. d. Wiss. - Lit.: Robinson/Cobb, Theol. als Gesch., 1967 (Neuland in d. Theol., Bd. III); Ign. Berten: Gesch., Offenbarung, Glaube - Einf. in d. Theol. W. P., 1970; F. Tupper: The Theol. of W. P., 1973; J. Rohls - G. Wenz: Vernunft d. Glaubens, 1988 (FS Bibliogr.); C. F. Braaten - Ph. Clayton: The Theology of Wolfhart Pannenberg, 1988; K. Koch: D. Gott d. Gesch. Theol. d. Gesch. b. W. P. als Paradigma e. phil. Theol. in Ökumene. Perspektive, 1988; St. J. Grenz: Reason for Hope. The Systematic Theology of W. P., 1990.

PANNKOKE, Eberhard

Dr. rer. nat., Leiter Dt. Tabak- u. Zigarrenmuseum - Fünfhausenstr. 12, 4980 Bünde/W.

PANNWITZ, von, Hans-Curt

Dr. jur., Vorstandsmitglied Vereins- u. Westbank AG (s. 1972) - Alter Wall 20, 2000 Hamburg 11 (T. 36 92 -1); priv.: Im Horn 3, 2105 Seevetal 11 - Spr.: Engl., Russ. - Rotarier.

PANTEL, Ernst-Georg

Dipl.-Volksw., Generalbevollmächtigter IBCOL TECHNICAL SERVICES GMBH, Haar - Hochackerstr. 30a, 8012 Ottobrunn-Riemerling - Geb. 23. Juni 1922 Stettin (Vater: Georg P.; Mutter: Charlotte, geb. Klitscher), ev., verh. s. 1958 m. Christel, geb. Holtz, T. Imogen - 1949-52 Stud. Volksw. Univ. Hamburg. Dipl.-Volksw. 1952 - VR-Vors. AIR LLOYD Dt. Helicopter Flugservice GmbH, St. Augustin - Spr.: Engl., Franz.

PANTEL, Volker

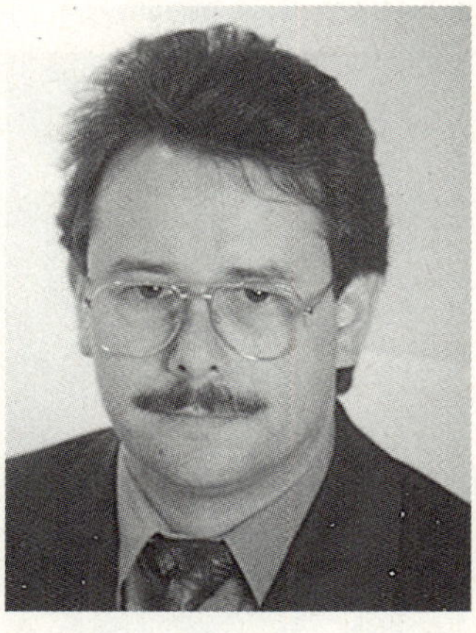

Geschäftsführender Gesellschafter d. E.S. Vermögensmanagement GmbH - Ziegelstr. 18, 7320 Göppingen (T. 07161 - 7 45 55) - Geb. 20. Juli 1957 Heutingsheim Kr. Ludwigsburg, ev., verh. s. 1981 m. Ute, geb. Löffel, T. Melanie - Kfm. - Entd.: EuroSwitch! Vermögensmanagement auf Basis v. Investmentfonds.

PANTELE, Erich Friedrich

Dipl.-Ing., Geschäftsführer u. Partner b. Dr. Radermacher & Partner Techno Consult GmbH, München (s. 1988) - Seestr. 17b, 8133 Feldafing - Geb. 28. Febr. 1946, kath., verh. s. 1974 m. Marie-Luise Hahmeier, 2 Kd. (Sigrun, Gernot) - Ing.stud. 1964-67 FH München; Hochsch.stud. 1967-72 TU München; Dipl.-Ing. Nachrichtentechnik-Informatik - 1967-71 IBM-Deutschland; 1972-76 Bayer. Akad. d. Wiss.; 1976-77 IABG; 1977-84 Dornier System GmbH; 1984-87 Roland Berger & Partner - Liebh.: Regattasegeln, Jagd, Golfen - Spr.: Engl.

PANTKE, Horst

Dr. med. dent., o. Prof. f. Zahn-, Mund- u. Kieferheilkunde - Am Schlanzahl 14, 6300 Gießen (T. 702 32 02); priv.: Am Wettenberg 10, 6301 Launsbach (T. 0641 - 8 29 81) - Geb. 19. Juni 1925 Bramsche - S. 1959 (Habil.) Lehrtätig. Marburg (1965 apl. Prof.) u. Gießen (1970 Ord. u. Klinikdir.). Üb. 60 Fachaufs.

PANZER, Baldur

Dr. phil., o. Prof. f. Slav. Philologie - Slavisches Institut, Schulgasse 6, 6900 Heidelberg 1 (T. 06221 - 54 26 35/29) - Geb. 29. April 1934 Pestlin (Vater: Friedrich P., Landwirt; Mutter: Erika, geb. Lorenz) - Gymn. (Abit. 1954); 1954-61 Univ. Kiel, München, Hamburg, Staatsex. (Griech., Latein) 1959 Hamburg, Promot. (Slav., Indogerman., Griech.) 1961 München, Habil. (Slav. Phil.) 1966 München - 1966-72 Univ.-Doz., 1972-74 apl. Prof. München, ab 1974 o. Prof. Heidelberg, 1977-79 Dekan Neuphil. Fak. Heidelb. - BV: Praes. hist. d. Russ., 1963; D. Slav. Konditional, 1967; Einteil. d. niederdt. Mundarten, 1971; Strukturen d. Russ., 1975; D. genet. Aufbau d. Russ., 1978; Sellius' Vocabularium, 1989; Handb. d. sbkr. Verbs I, 1991; D. slav. Sprachen in Gegenw. u. Gesch., 1991; Studien zum slavischen Verbum, 1991 - Spr.: Engl., Franz., Ital., Russ. - Lit.: Kürschners Gelehrtenkalender.

PANZER, Gisela

Dr., Geschäftsführerin Zentralverb. Naturdarm e.V., Verb. d. Tee-Einfuhr- u. Fachgroßh., Wirtschaftsvereinig. Groß- u. Außenh., ENSCA - European Natural Sausage Casings Association, Pronatura Marketing & Werbung GmbH, alle Hamburg - Gotenstr. 21, 2000 Hamburg 1 (T. 23 60 16 21).

PAPALEKAS, Johannes Chr.

Dr. rer. pol. (habil.), o. Prof. f. Soziologie - Erlenstr. 17, 4630 Bochum (T. 30 12 11) - Geb. 2. Jan. 1924 Athen - S. 1953 Lehrtätigk. Univ. Innsbruck, Münster (1958 apl. Prof., 1962 Wiss. Rat; Abt.sleit Sozialforschungsst. Dortmund), Bochum (1963 Ord. u. Inst.sdir.) - BV: Industriegesellschaft - Strukturen u. Tendenzen, 1969. Div. Einzelarb. - 1959 Gold. Kreuz Kgl. griech. Orden Georg I., 1966 Taxiarch Kgl. griech. Phoenix-Orden.

PAPE, Hans

Dr. Ing., Prof., beratender Ing. f. Bauphys. - Bernhard-Stade-Weg 9, 4600 Dortmund 50 (T. 73 09 06) - Geb. 20. März 1916 Hannover (Vater: Otto P., Arch.; Mutter: Martha, geb. Müller), ev., verh. s. 1974 m. Ingrid, geb. John - Patentinh. a. d. Gebiet d. Ölaufsaugung u. Dämmstoffe - Spr.: Engl., Franz.

PAPE, Inge,

geb. Grundmann

Malerin u. Graphikerin - Am Dachsbau 32, 1000 Berlin 27 - Geb. 30. Juni 1937 Berin (Vater: Erwin Grundmann, Landw.; Mutter: Erna, geb. Ströhmann), ev., verh. s. 1981 m. Prof. Rainer König, T. Gundula - 1952-58 Stud. Malerei Hochsch. f. bild. Künste Berlin; 1969-73 Stud. Graphik, ebd. - 1959-69 Glasmalerin, s. 1973 Grapikerin u. Malerin - Werke: 20 Glasfenster f. versch. Kirchen, Poster f. d. Öfftl.arb. d. Ev. Kirche, Kirchentagsplakate, Bucheinb., Schallplattenhüllen, Postkarten - Ausz. b. versch. Plakatwettb.

PAPE, Uwe

Dr. rer. nat., o. Prof. f. Wirtschaftsinformatik TU Berlin (s. 1971) - Prinz-Handjery-Str. 26a, 1000 Berlin 37 - Geb. 5. Mai 1936 Bremen, verh., 2 Kd. - Gymn. Bremen; 1955-1959 Univ. Göttingen. Promot. 1965; 1959-71 Assist. TH bzw. TU Braunschweig (b. 1963 Inst. f. Angew. Math., dann f. Rechentechnik); 1974 u. 1984 Gastprof. MIT Cambridge, USA; s. 1990 Gastprof. an d. Hochsch. f. Verkehrswesen, Dresden.

PAPENFUSS (ß), Rainer
Ass., Rechtsanwalt, Parlamentar. Geschäftsführer SPD-Frakt. - Konstanzer Str. 9, 1000 Berlin 31 (T. 883 81 54) - Geb. 7. Febr. 1941 Berlin-Pankow (Vater: Alfred P., Ing.; Mutter: Else, geb. Hackradt), ev., led. - Abit. 1960, Stud. Rechtswiss. u. Volkswirtsch. FU Berlin, 1. Staatsex. 1965, 2. Staatsex. i. Berlin 1969. S. 1970 RA selbst. - 1965-66 Bundesvorst. d. Gerichtsreferendarverb.; 1967-71 Kirchenältester Berlin-Frohnau; 1971-72 Bezirksverordneter, stv. Vors. SPD-Fraktion, s. 1972 Mitgl. Abgeordnetenhaus Berlin; Mitgl. d. Fraktionsvorst., Sprecher d. SPD f. d. Bereiche Wiss. u. Kunst, stv. Vors., Sprecher f. Haushalts- u. Finanzfragen, s. 1981 Chef Senatskanzl. Berlin, ab Juli 1981 selbst. RA u. 1982 Notar. S. 1975 Mitgl. Rundfunkrat SFB; VR-Mitgl. WBK u. Pfandbriefbank Berlin - Liebh.: Zigeunerforschung, Bild. Kunst, Holzschnittsammlg., Japanologie - Spr.: Engl., Franz.

PAPENHEIM, Felix
Dr. rer. pol., Dipl.-Ing., Regierungsbaurat a. D. - Markstr. 17, 7102 Neckarsulm - Geb. 19. Dez. 1916 Essen - B. 1966 stv., 1972 o. Vorstandsmitgl. Dt. Fiat AG., Heilbronn.

PAPENHEIM-ERNST, Margot

Dr.-Ing., Geschäftsbereichsleiterin Produktion/Logistik, IFAO Industrie-Consulting GmbH, Karlsruhe - Kaiserallee 3. 7500 Karlsruhe 1 - Geb. 14. Jan. 1957, kath., verh. s. 1987 m. Dr.-Ing. Wolfgang E. - Abit. 1977; Stud. Wirtsch.ing.wesen, Phil., Lit. 1977-84 Univ. Karlsruhe (TH); Dipl. Wirtsch.-Ing. 1984, Dr.-Ing. 1987.

PAPPENHEIM, Graf zu, Georg
Botschafter a. D. - Giselherstr. 16, 8000 München 40 (T. 30 65 15) - Geb. 28. Juli 1909 Parád/Ung. (Vater: Siegfried Graf zu P.; Mutter: Elisabeth, geb. Gräfin Károlyi de Nagykároly), kath., verh. m. Elisabeth, geb. Blankenburg, S. Reg.srat Alexander - Univ. München - Ausw. Dienst (u. a. Sofia, Madrid, Tanger, San Salvador, 1957 ff. Botsch. Panama, 1964 ff. Quito, zul. Bolivien) - 1969 BVK I. Kl.

PAPPERITZ, Doris
Journalistin, Moderatorin Sportclub SAT 1 (s. 1991) - Zu erreichen üb. SAT 1, Hegelstr. 61, 6500 Mainz 1 - Geb. 16. Juni 1948 Delmenhorst, verh. s. 1969 (Ehemann: Wolfgang, Dipl.-Kfm.), 1 S. - Stud. German. - 1976 Redakt. u. Reporterin WDR u. Radio Bremen; 1984-90 Sport-Moderatorin ZDF - 1986 Gold. Kamera - Liebh.: Segeln.

PAPPERMANN, Ernst
Dr. jur., Prof., Geschäftsführer d. KC Kommunal Consult GmbH, Hauptgeschäftsführer d. Dt. Städtetages a.D. - Am Südpark 39, 5000 Köln 51 (Marienburg) - Geb. 26. Nov. 1942 Bigge (Vater: Dr. med. Ernst P., Reg.Med.dir. i.R.; Mutter: Therese, geb. Joch), kath., led. - Abit.; Stud. Rechts- u. Verw.wiss.; Promot. 1967 Köln, Dipl. Hochsch. f. Verw.wiss. Speyer 1968, 1. jur. Staatspr. 1966, Ass. 1969 - 1970 Wiss. Assist. Univ. Bochum, Städt. Rechtsrat Dortmund, 1971 Beigeordn. Landkreistag NRW, Düsseldorf; 1976 Gründ.dir. FHS f. öffl. Verw. NRW, Gelsenkirchen; 1980 stv. Hauptgf. 1986 Hauptgf. Dt. Städtetag Köln. 15 Bücher, e. Gesetzessamml., üb. 150 Aufs. z. rechts- u. verw.wiss. Themen (s. 1967), Hauptschriftl. Ztschr. Verwaltungsrundschau, Hon.-Prof. Hochsch. Speyer - Präs. Dt. Bibliotheksverb. - Liebh.: Lit., Numismatik, Sport - Spr.: Engl., Franz.

PAPROTH, Eva
Dr. rer. nat., Dr. h. c., Dipl.-Geol., Geologin, Vors. Berufsverb. Dt. Geologen, Geophysiker u. Mineralogen e.V. (s. 1989) - Schönwasserstr. 103, 4150 Krefeld (T. 02151 - 59 38 45) - Geb. 9. Febr. 1928 Berlin (Vater: Dr.-Ing. Erich Paproth), ev., led. - Stud. Geol.-Paläontol., Mineral., Geophysik Freiburg u. Göttingen; Promot. 1953 Göttingen - 1983 Chevalier de l'Ordre de la Couronne; 1989 Dr. h. c. Université Catholique de Louvain - Spr.: Engl., Franz.

PAPST, Wolfgang
Dr. med., Prof., Chefarzt Augenabt. Allg. Krankenhaus Barmbek, Hamburg 33 - Lockhoppel 21, 2000 Hamburg 64 (T. 638 43 92) - Geb. 4. Okt. 1924 Köln (Vater: Bankdirektor), verh. 1950 m. Ruth, geb. Meesmann - 1944-50 Stud. (Med. Staatsex. 1950). Promot. 1952; Habil. 1959 - S. 1959 Lehrtätig. Univ. Hamburg (1965 apl. Prof. f. Augenheilk.). Üb. 70 Facharb. Monographie: Analyse d. Motilitätsstörungen d. Augen, 1961 - 1960 Martini-Preis Univ. Hamburg, 1964 Wiss. Preis Verein d. Rhein.-Westf. Augenärzte, 1965 Carl-Liebrecht-Preis Dt. Ophthalmolog.

PAQUET, Karl-Joseph

Dr. med., Prof., Arzt f. Chirurgie, Gefäß- u. Unfallchirurgie, Chefarzt Department f. Chirurgie u. Gefäßchir. d. Heinz Kalk-Krankenhaus - Postfach 21 80, 8730 Bad Kissingen (T. 0971 - 8 02 30) - Geb. 25. Aug. 1937 Aachen (Vater: Karl P., Prok.; Mutter: Katharina, geb. Offermanns), kath., verh. s. 1975 in 2. Ehe m. Dietlinde, 4 Kd. (Christina, Nicolas, Simon Benedict, Dominik) - Gymn. Aachen; Univ. Köln, Berlin u. Bonn - 1966-67 Wiss. Assist. Univ. Heidelberg, 1967-74 Wiss. Assist. Chir. Univ.klinik Bonn, s. 1974 Oberarzt, s. 1976 stv. Klinikdir., s. 1981 Chefarzt Department f. Chir. u. Gefäßchir. d. Heinz Kalk-Krkhs. Bad Kissingen - Entd.: Meth. z. Stillung v. Blutungen a. Speiseröhrenkrampfadern auf endoskop. Wege d. Injekt. - BV: Schrittmacher-EKG, 1968/1970; Allg. Klin. Unters.meth., 1978 (Span. 1980); Allg. Chir. f. Zahnmed., 1978; Sept. Chir., 1980; Portale Hypertension-Med. u. Chir. Probleme, 1982; D. Ösopha-gusvarizenblut.-Diagnose u. Therapie, 1984; Pankreas-Diagnose u. Therapie, 1992. Üb. 500 Publ. in Ztschr. in Dtschl., Engl., Span., Ital., Franz.; 300 Vortr. - 1988 Ehrenpreis d. Dt. Druidenordens (f. 1987 f. bes. wiss. Leistungen) - Liebh.: Antiquitäten, Golf - Gold. Sportabz. - Spr.: Engl., Franz., Ital. - Bek. Vorf.: Alfons Paquet, Schriftst. (Großonkel).

PARADIES, Hasko Henrich
Dr. rer. nat., Dr. med., Dipl.-Chem., Univ.-Prof., Dr. h. c. (Biochemie). Royal Crown of Spain, Madrid (1986). Ph. D. h. c. (Chemie & Biochemie) Albert Einstein Foundation, in den Pence, Missouri (1990), Biotechnologie m. Phys. Chemie, Märk. FHS Iserlohn - Frauenstuhlweg 3, 5760 Iserlohn (T. 02371 - 31 21 31) - Geb. 18. Febr. 1940 Bremen (Vater: Henry P., Jurist; Mutter: Erna, geb. Poppinga), ev., verh. s. 1973 m. Gudrun, geb. Patzelt, 3 Kd. (Gesa, Jan-Henry, Felix-Benjamin) - Univ. Münster, Uppsala, London, Cambridge u. Boston - 1974-83 Prof. FU Berlin (Biochemie d. Pflanzen); 1977-79 Prof. f. Chemie, Cornell U., Ithaca, N.Y.; 1992 Ethyl Visiting Prof., Louisiana State Univ., Baton Rouge; 1984-86 Leit. Forsch. u. Entw., Medice; 1985 Lehrbeauftr. f. Biotechnol./Chem. Technol. FH Iserlohn u. Univ. Hagen. Div. Veröff. z. Thema Chemie u. Physikal. Chemie; Patente (Chem.) weltweit - 1981 Member of the New York Acad. of Arts and Sciences; 1986 Albert Einstein Academy Bronce Medal Award, Missouri, USA, u. Ph. D. h. c. (Biochemie); Member of the Amer. Biograph. Res. Inst., N. C.; 1990 Medal of Honour ABI, N. C. (Teaching) - Liebh.: Tennis, Bücher - Spr.: Engl., Schwed. - Lit.: Küster; Who's Who i. the World. Veröff. in div. Nachschlagew.

PARAVICINI, Werner
Dr. phil., Prof. f. Mittl. u. Neuere Geschichte u. Histor. Hilfswiss. Univ. Kiel - Kronskamp 6, 2300 Kronshagen b. Kiel - Geb. 25. Okt. 1942 Berlin (Vater: Dipl.-Ing. Erich P.; Mutter: Irmgard, geb. Heppe), ev., verh. s. 1969 m. Anke, geb. Ebel, 3 Söhne (Heinrich, Friedrich, Walther) - Promot. 1970, Habil. 1982 - 1970-84 Mitarb. Dt. Hist. Inst. Paris, 1982 Privatdoz. Univ. Mannheim, 1984 Prof. Univ. Kiel - BV: Guy de Brimeu, 1975; Karl d. Kühne, 1976; D. Nationalarchiv in Paris; 1980; D. Nationalbibl. in Paris, 1981; D. Preußenreisen d. europ. Adels, Bd. 1 1989; D. Uffenbachsche Wappenbuch, 1990. Herausg.: Nord u. Süd in d. Dt. Gesch. d. Mittelalters (1990); Fürstl. Residenzen im spätma. Europa (m. H. Patze, 1991); Ritterorden u. Adelsges. im spätma. Deutschland (m. H. Kruse u. A. Ranft, 1991); Mare balticum, Festschrift E. Hoffmann (1991) - Liebh.: Musizieren m. d. Violine (Streichquartett).

PARCHWITZ, Rolf P.
Dr. phil., Intendant Badische Landesbühne Bruchsal - Brucker Str. 10, 8081 Schöngeising - Geb. 20. Sept. 1943 - Stud. Univ. München - Theaterwissenschaftler, Regiss., Schausp., Sänger, Komp., Musikkritiker.

PAREIGIS, Bodo
Dr. rer. nat., Prof. (Ord.) f. Math. Univ. München (s. 1973) - Lessingstr. 4, 8080 Fürstenfeldbruck (T. 2 30 20) - Geb. 9. Mai 1937 Hannover (Vater: Walter P., Kaufm.; Mutter: Charlotte, geb. Hillmann), ev., verh. s. 1965 m. Karin, geb. Nitsche, 2 Kd. (Stephan, Marko) - Stud. Univ. Göttingen, Heidelberg, Cornell-Univ./USA; Promot. 1963 Heidelberg, Habil. 1967 München - 1967-73 Privatdoz.; 1968, 71, 79 u. 85 Gastprof. USA. Fachmitgl.sch. - BV: Kategorien u. Funktoren, 1969 (engl. 1970); Grundbegriffe d. Math., 1974 (m. F. Kasch); Anal. u. proj. Geometrie f. d. Computer Graphik, 1990 - Spr.: Engl., Franz.

PARETTI, Sandra
(eigentl. Irmgard Schneeberger) Dr. phil., Schriftstellerin - Seehof, CH-8706 Meilen - Geb. 5. Febr. 1935 Regensburg

- Stud. German. u. Musik München u. Ausl. Promot. 1960 - Journalistin München (auch Kunstkritiken u. Prominentenporträts) - BV/R. (Millionenaufl. in üb. 24 Spr.): Rose u. Schwert, 1967; Lerche u. Löwe, 1969; Purpur u. Diamant, 1971; D. Wunschbaum, 1975; D. Zauberschiff, 1977; Maria Canossa, 1979; D. Echo Deiner Stimme, Gesch. 1983; D. Paradiesmann, 1983; Märchen aus 1 Nacht, 1985; Tara Calese, 1988; Laura Lumati, 1989; Regensburger Weltrheater, 1989; Mein München, 1990. Buch u. Fernsehen: D. Winter, d. e. Sommer war.

PARISEK, Dusan-Robert
Schauspieler, Pantomime, Theaterleit., Regiss. - Schloß, 7090 Ellwangen - Geb. 13. Aug. 1941 Brünn/CSFR, verh. m. Dobra, geb. Tusa, S. Dusan-Gerhard - Ausb. Akad. d. Musischen Künste Brünn/CSFR - 1967-71 künstler. Leit. d. Pantomimen-Ensemble, Regiss., Schausp. am Staatstheater Brünn; s. 1977 Dir. Schloßtheater Ellwangen Schloßfestspiele Ellwangen. S. 1971 freischaffend - BV: Alphabet d. Körperausdrucks, pan-Arbeitsb., 1983 - Rollen u.a.: Ist Ungleichheit Schicksal?, österr. preisgekr. Fernsehfilm f. UNO-Konfz. HABITAT Vancouver/Kan. (ORF, 1976); s. 1970 32 Film- u. Fernsehsend. (In- u. Ausl.), 45 Insz. an renom. Theatern Europas u.a. Staatsth. München, Stuttgart, Graz, Den Haag, Zürich etc. - 1968 Ehrenpreis d. Tschech. Lit-Verb. f. schöpferische Tätig. am Staatstheater Brünn als Theaterautor; 1976 Pr. d. UNO Konfz.

PARISEK-TUSA, Dobra
Dipl., Theaterleiterin Schloßfestspiele u. Schloßtheater Ellwangen, Theater Aalen (s. 1977), Autorin - Schloß, 7090 Ellwangen - Geb. 1. Nov. 1943 Ung. Hradisch/CSFR, verh. s. 1968 m. Dusan-Robert, S. Dusan-Gerhard - Ausb. Masaryk-Univ. Brünn.

PARK, Sung-Jo
Dr., Prof. FU Berlin - Bergengruenstr. 4, 1000 Berlin 38 - Geb. 30. Sept. 1936 Südkorea, verh. s. 1966 m. Mechthild, geb. Kolb, 2 Kd. (Susann, Mona) - Stud. Politikwiss., Ökon. (B.A. 1959); Promot. 1963; Habil. 1973) - BV: Entwicklungsplan. u. polit. Entw. in d. Dritten Welt, 1979; Entwick.politik u. d. EG, 1980 (m. and.); Mitbestimm. in Japan, 1982 - Spr.: Engl.

PARLASCA, Klaus
Dr. phil., em. o. Prof. f. Klass. Archäologie - Im Trutz 19-21, 6000 Frankfurt/M. 1 - Geb. 23. Sept. 1925 (Vater: Curt P., Kaufm.; Mutter: Liselotte, geb. Hoeft), ev., verh. s. 1956 m. Ingemarie, geb. Urbanek, 3 Kd. (Peter, Christoph, Susanne) - S. 1960 Univ. Frankfurt (1966 apl. Prof.) u. Erlangen (1971-90) o. Prof. u. Vorst. Archäol. Inst. FDP - BV: Röm. Wandmalereien in Augsburg, 1956; D. röm. Mosaiken in Dtschl. 1959; Mumienporträts u. verw. Denkmäler, 1966; Rep. d'Arte dell'Egitto, Bd. 1-3

1969-79; zus. m. J. B. Hartmann, Ant. Motive bei Thorvaldsen, 1979; Syr. Grabreliefs hellenist. u. röm. Zeit, 1982; D. antike Rom u. d. Osten. Festschr. f. K. Parlasca, 1990. Div. Einzelarb. - Mitgl. Dt. u. Österr. Archäol. Inst.

PARM

s. Meier, Heinrich-Christian

PARMAR, Daljit Singh

Dr.-Ing., B.Tech., M.Sc., VDI, Gesamtprokurist, Produktbereichsleiter Kroschu-Kabelwerke Kromberg u. Schubert GmbH u. Co - Viereichenhöhe 10, 4300 Essen 1 (T. 0201 - 47 29 03) - Geb. 20. Juni 1945 Patna (Indien), verh. s. 1977 m. Helga, geb. Wagner - Madras-Univ. Indien (B. Tech. 1968), Bradford-Univ. England (M. Sc. 1970), Kennedy Western Univ. California/USA (Promot. Ph. D. 1986) - S. 1981 Vorst.-Mitgl. Indo German Cultural Assoc. Ruhr; s. 1988 Bereichsleit. Produkt- u. Verfahrenstechnik Kroschu-Kabelwerke Kromberg u. Schubert GmbH u. Co Wuppertal - Zahlr. Pat. u. Erf. in d. Kabeltechnol., insb. f. d. Lichtwellenleiter-Technol. Miterf. MEGOLON-flammwidrige, halogenfreie Isoliermaterialien, bes. f. d. Kabelind. - BV: Transfer of Pilot Plant Technol. to normal Prod. in Cable Manufacture, 1986 -1990 Hind Rattan Award Neu Delhi, Indien; 1991/92 Intern. Excellence Award d. NRI Inst. in London - Liebh.: Fotogr., Reisen, Sport (Hockey, Fußball, Golf) - Spr.: Engl., Hindi, Pundschabi, Sanskrit.

PARNASS, Peggy

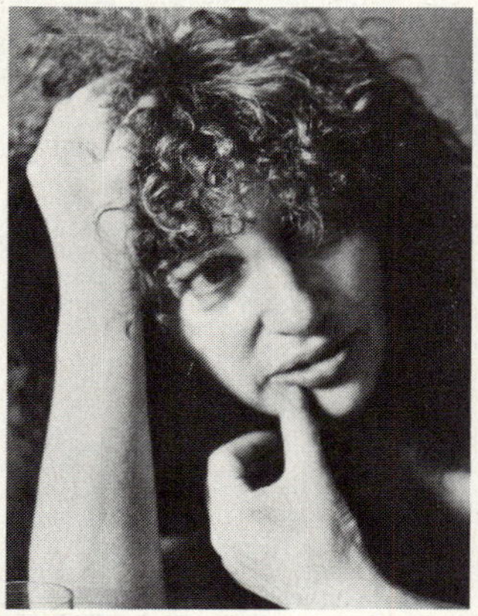

Autorin, Schauspielerin (Ps. Peggy Panther Parnass) - Lange Reihe 84, Haus 5, 2000 Hamburg 1 - Geb. 11. Okt., jüd. - Schule Stockholm; Stud. (Gasthörerin) Univ. Stockholm, London, Hamburg, Paris; Schauspiel-, Gesangs- u. Tanzunterr., 1974 Stud. Russ. u. Jura, 1975 Psych., Gestaltther. - S. 1965 div. Rollen als Schausp. b. Film (Zwei, Mauerblume), FS (u.a. D. Fernsehger. tagt), Hörfunk, Kabarett; Sprachlehrerin, Dolmetscherin, Lektorin, Gerichtsreporterin, Kolumnistin (u. a. stern, Konkret), Autorin, Textdichterin Chanson, Moderatorin, Synchronisat. Dok.film - Mitgl. Schriftst.verb. u. DJU - BV: Prozesse 1970-78, 1978; Unter d. Haut, 1983; Kleine radikale Minderh., 1986; Süchtig nach Leben, 1990; Prozesse, 1990; div. Reportagen, Kolumnen, Aufs., Beitr. in Anthol. u. f. FS, 7 Hörsp. f. NDR (u. a. Wege in d. Schuld), Chansontexte; Film (V. Richtern u. a. Sympathisanten, 1982) - 1979 Joseph Drexel-Preis (f. hervorr. journ. Leist.), 1980 Fritz Bauer-Preis (f. Buch: Prozesse); 1982 Bundesfilmpreis - Liebh.: Menschen, Tanzen, Musik, FKK, Sonne, Segeln, Pflanzen, Essen, Kochen, Kino, Theater, Skat, Scrabble, Flippern, Kurzgesch., Lachen - Spr.: Schwed., Engl., Franz., Dialekte - Lit.: Zeutzschel: D. Fernsehspiel-Archiv SFB-Porträt Peggy Parnass, 1983 u. Biogr., div. Kritiken u. Interviews in Presse, Funk, FS im In- u. Ausl.

PARR, Franz

Dr. med., Prof. i. R., - Rückertweg 1, 8730 Bad Kissingen - Geb. 7. März 1916 Würzburg (Vater: Georg P., Beamter; Mutter: Magdalena, geb. Bayer), verh. s. 1960 m. Gisela, geb. Weber - Promot. u. Habil. Würzburg - Etwa 50 Facharb.

PARTENSCKY, Johannes-Werner

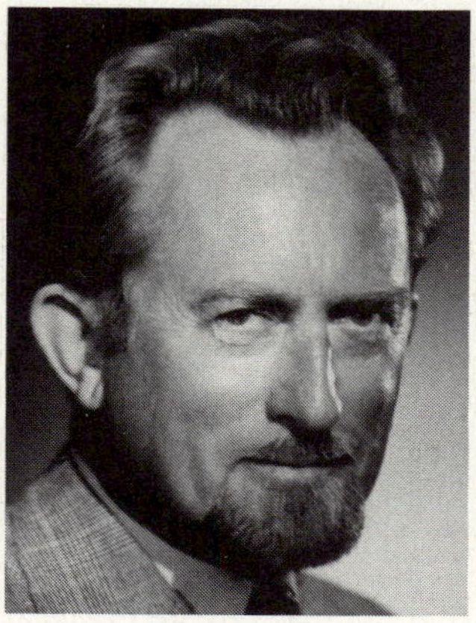

Dr.-Ing., Dr. phys., Prof. h. c., Dr. h. c., em. o. Prof. f. Verkehrswasserbau u. Küsteningenieurwesen Univ. Hannover - Wiehbergstr. 20, 3000 Hannover (T. 0511 - 84 19 89) - Geb. 3. April 1926 Stettin (Vater: Dr. jur. Werner P., Rechtsanw. u. Notar in Barth/Vorpommern; Mutter: Ilse, geb. Schröder), ev., verh. in 2. Ehe m. Susanne, geb. Arndt, 2 Töcht. (Karin, Birgit) - 1948-53 Stud. Bauing.wesen TH Karlsruhe; Promot. 1957 u. 1964 Karlsruhe u. Toulouse (Frankr.); 1958-59 Res. Assoc., M.I.T., Cambridge/USA; 1963-64 Stud. Univ. Toulouse - 1959-61 Obering. Flußbaulabor. TH Karlsruhe; 1961-65 Assoc. Prof. Univ. Laval, Quebec/Kanada; 1965-71 Prof. Univ. Montreal/Kanada; s. 1971 Ord. Univ. Hannover, Dir. Franzius-Inst. - 1990/91 Stiftg.-Professur durch d. Stifterverb. f. d. Dt. Wiss.; Emerit. 1991 - BV: Schiffshebewerke, 1984; Schleusenanlagen, 1986, Binnenwasserstraßen u. Binnenhäfen (in Vorb.); 155 wiss. Veröff. u. 220 techn. Berichte - 1964 Preis Univ. Mons, Belgien; 1966 Med. f. Forsch. u. Erfind. Paris Acad. of Sciences; 1967 Mitgl. New York Acad. of Sciences; 1985 Prof. h.c. Techn. Univ. Nanjing, VR China; 1988 Ehrenmitgl. Hafenbautechn. Ges.; 1991 Ehrendoktor Univ. Breslau (Wrodaw); 1991 Verdienstmed. d. Techn. Univ. Danzig (Gdansk) - Liebh.: Malerei, Musik, Jagd - Spr.: Engl., Franz.

PARTSCH, Karl Josef

Dr. jur., em. o. Prof. f. Öfftl. Recht - Frankenstr. 10, 6507 Ingelheim/Rh. (T. 22 64) - Geb. 24. Juni 1914 Freiburg/Br. (Vater: Prof. Josef P., Rechtshistoriker; Mutter: Ilse, geb. Rösler), verh. s. 1949 m. Juliane, geb. Bernhardt, T. Susanna - Gymn. Berlin; Univ. München, Freiburg (Promot. 1937), Frankfurt/M. Habil. 1953 Bonn - Ab 1938 kaufm.-jurist. Tätigk. (Wirtsch.), 1941-45 Wehrdst. u. Gefangensch., 1948 Ass.ex., 1948-1950 Ref. Dt. Städtetag, 1950-54 Assist. AA (Prof. Kaufmann), 1955-57 Konsul Neapel, s. 1957 Ord. Univ. Kiel, Mainz (1960), Bonn (1966; 1968/69 Rektor), 1970-90 Mitgl. UN-Aussch. z. Beseitigung d. Rassendiskriminierung, s. 1981 Mitgl. UNESCO-Menschenrechtsaussch. - BV: D. Anwendung d. Völkerrechts im innerstaatl. Recht, 1964; Parlamentar. Untersuchungsausschüsse (Gutachten Dt. Juristentag), 1964; Rechte u. Freiheiten d. Europ. Menschenrechtskonvention, 1966; Von d. Würde d. Staates, 1967; Rassendiskriminierung - D. UN-Konvention u. i. Wirkungsweise, 1971; D. Zoolog. Station in Neapel - Modell intern. Wissenschaftszusammenarb., 1980; New Rules for victims of armed conflict, 1982 (m. M. Bothe u. W. A. Solf). Zahlr. Abh. in dt., amerik., engl., franz., israel. u. ital. Ztschr. - Gr. BVK, UN-Friedensmed. - Liebh.: Ital. Kultur- u. Geistesgeschichte - Spr.: Engl., Franz., Ital. - Lit.: Festschr. D. Menschen Recht zw. Freiheit u. Verantwortung (1989).

PARTZSCH, Kurt

Landesminister a. D., Präs. Arbeiter-Samariterbund (s. 1962), Bundesverb. d. Arbeiterwohlfahrt (1971-83, vorher Vizepräs.), Bundesarbeitsgem. d. Fr. Wohlfahrtspflege - Davenstedter Holz 8, 3000 Hannover (T. 48 00 70, Amt: 19 01) - Geb. 26. Juli 1910 Dresden - Oberrealsch. Hannover; Techn. Staatslehranst. Hildesheim - Bauing.; 1961-74 Nieders. Sozialmin. u. stv. Min.präs. (1970). S. 1967 Mitgl. Bundesrat. 1951-74 MdL (b. 1961 Vors. Aussch. f. Haushalt u. Finanzen). SPD s. 1925 - 1967 Ehrenz. Dt. Ärzteschaft, 1985ff. Ehrenpräs. ASB.

PARUSEL, Jürgen

Freisch. Maler - Enzianstr. 2, 1000 Berlin 45 - Geb. 18. Juni 1940 Prittisch b. Landsberg/Warthe (Vater: Alfred P., Zollkommissar; Mutter: Magda P., geb. Keller) - Abit. Duisburg-Meiderich; 1966-72 Stud. Hochsch. f. bild. Künste (b. Arnold Bode u. Karl-Oskar Blase); 2. Staatsprüf. (Kunstpäd.) - Entsch. Kolorist. d. Malerei u. Druckgrafik.

PASCAL, Olivia

Schauspielerin - Zu erreichen üb. Agt. Doris Mattes, Merzstr. 14, 8000 München 80 - Geb. 26. Mai 1957 München, ledig - Mittlere Reife; 10 J. klass. Ballett (Nationaltheater München) - 14 Spielfilme (Kino); 1978 1. Fernsehrolle (Tatort); 1980-85 Bananas (Comedy + Musikshow) als Moderatorin u. Darstellerin. Div. Auftritte in Tatort, Derrick, Brigitta (Stifter-Verfilmung), Monaco Franze, Traumschiff, durchgehend in d. Schwarzwaldklinik, weibl. Hauptrolle in d. Serie Irgendwie & Sowieso. S. 1986 als Kommissarin bei Soko 5113, u.v.a. - 1978, 79 u. 80 Gold. bzw. Silb. Otto d. Jugendztschr. Bravo als beliebteste intern. Schauspielerin; 1990 Ernennung z. Ehrenkommissarin - Liebh.: Reisen, Bücher, Antiquitäten - Spr.: Engl., Portug.

PASCHEN, Heinrich

Dr.-Ing., o. Prof. f. Baukonstruktionslehre u. Vorfertigung TH bzw. TU Braunschweig (s. 1964) - Greifswaldstr. 44, 3300 Braunschweig (T. 6 48 27) - Geb. 6. Dez. 1918 Karlsruhe.

PASCHEN, Konrad

Prof. f. Theorie d. Sports u. d. Leibeserzieh. (pens.) - Großflottbeker Str. 11, 2000 Hamburg 52 (T. 89 51 37) - Geb. 16. Mai 1909 Hamburg, ev., verh. - S. 1953 Lehrtätigk. Univ. Hamburg (1967 Dir. Inst. f. Leibesüb.) - BV: Bewegungserziehung, 2. A. 1962; Stundenbilder d. Bewegungserzieh., Bd. I 4. A. 1966, II 3. A. 1967; Didaktik d. Leibeserzieh., 2. A. 1966; D. Schulsport-Misere, 1969. D. Curriculum-Revision in d. USA, in Schwed. u. Engl. u. i. Einfl. a. d. Leibeserz., 1972; Schulsport kontrovers, 1975; Berufssport a. Beisp. d. Fußballs, 1976; Tägl. Bewegungszeit i. d. Grundschule, 1972; Lifetime-Sport, 1977; Mein Weg zur Sportwissenschaft, 1979 - 1969 Intern. Award Ichper/USA, 1973 Ehrenurkunde d. KMK - Spr.: Engl., Franz., Schwed.

PASCHEN, Siegfried

Direktor, Vertriebschef Industriebetriebe Meyer Breloh GmbH & Co. KG, Geschäftsf. Interessengem. Kieselgur - 3042 Munster Krs. Soltau.

PASCHKE, Karl-Theodor

Ministerialdirektor, Leit. d. Personal- u. Verw.abt. im Auswärtigen Amt, Bonn - Geb. 12. Nov. 1935 Berlin, ev., verh. m. Pia-Irene, geb. Schwerber, 2 Kd. (Stefanie, Christoph) - Abit. 1955; jurist. Stud. Bonn u. München; 1. jurist. Staatsprüf. 1959; gr. Staatspr. 1963 - 1964-68 Konsul New Orleans (USA); 1968-71 Botschaftsrat Kinshasa (Zaire); 1972-77 Ausbildungsleit. f. d. höh. Ausw. Dienst (Bonn); 1977-80 Presseref. Botsch. Washington; 1980-84 Sprecher AA (Bonn); 1984-86 Ständ. Vertr. d. Bundesrep. Deutschl. b. d. Intern. Org., Wien; 1987-90 Gesandter d. Bundesrep. Deutschl. in Washington - BV: Reform d. Attaché-Ausb., 1975 - Liebh.: Musik, insb. Jazz - Spr.: Engl., Franz.

PASCHOS, Emmanuel A.

Prof., Physiker - Heiduferweg 51, 4600 Dortmund 50 (T. 0231 - 73 50 44) - Geb. 13. Juli 1940 Veroia, Griechenl. (Eltern: Anthony u. Maria P.), griech.-orth., verh. s. 1967 m. Sharon P., 3 Kd. (Anthony, Christina-Maria, John) - 1967 Ph.D. Cornell Univ. (USA) - Entd.: Parton Model, Eigensch. v. Quarks u. schwache Ströme - 85 wiss. Veröff. - American Physical Soc. Fellow - Spr.: Engl., Griech.

PASDELOUP, Jean-Marie

s. Durben, Wolfgang

PASDZIERNY, Rolf

Bundesgeschäftsführer d. Arbeitskreises Musik in d. Jugend (AMJ) u. d. Arbeitsgemeinsch. Deutscher Chorverbände (ADC), Wolfenbüttel (s. 1991) - Am Kruge 7, 3201 Barienrode (T. 05121 - 26 53 66) - Geb. 14. Okt. 1944, verh., 3 Kd. - Stud. Ev. Theol.; Fak.-Ex. - 1971-76 Dramaturg Junges Theater Göttingen; 1976-90 Chefdramaturg am Stadttheater Hildesheim; Aufbau d. Kinder- u. Jugendtheatersparte TUM-MELPLATZ. Lehrauftr. Wiss. Hochsch. u. FH Sozialpäd. Hildesheim.

PASEL, Johannes

Ehem. Vorstandsmitglied Ferrostaal AG - Westerwaldstr. 9, 4300 Essen 1 - Geb. 31. Mai 1907 - BVK I. Kl.

PASETTI, Peter

Schauspieler - Feilitzschstr. 34, 8000 München 40 (T. 34 62 81 u. 08807 - 55 05) - Geb. 8. Juli 1916 München (Vater: Prof. Leo P., Bühnenbildner, Ausstattungsdir. d. Bayer. Staatstheater; Mutter: Inge, geb. Hartmann), verh. in 3. Ehe m. Marianne, geb. Swoboda (Lektorin u. Autorin) - Musik- u. Schauspielausbild. München - Vorwieg. Kammersp. München (u. a. Jupiter (Amphytrion), Ludwig II. (Gewitter am See), Herakles (Alkestiade), Hassenreuther (D. Ratten, 1972). Zahlr. Filme. Hörfunk u. Fernsehen (Antonius u. Cleopatra, Cyprienne, D. Fall Winslow, Zeit d. Schuldlosen, Am grünen Strand d. Spree, Bedenkzeit, Geliebtes Scheusal, D. Herr Ornifle u. v. a.) - 1973 BVK; 1976 Schwabinger Kunstpreis; 1986 Filmband in Gold.

PASSIN, Günther

Prof. Hochsch. f. Musik München, Solo-Oboist - An der Rehwiese 31, 1000 Berlin 38 - Geb. 20. Mai 1937 Leipzig (Vater: Walter P., Fleischer; Mutter: Helene P.), verh. s. 1977 m. Erntraud P., 2 T. (Veronika, Constanze) - Hochsch. f. Musik Leipzig; Nordwestd. Musikakad. Detmold - Solo-Oboist Radio-Symph.-Orch. Berlin; o. Prof. München - Ausz. als Berliner Kammervirtuose - Liebh.: Sport.

PASSON, Ingo

Betriebswirt, Geschäftsführer Rhein-Neckar Fernseh GmbH (s. 1985) - Rote Turmstr. 16, 6940 Weinheim (T. 06201 - 1 38 38) - Geb. 7. Sept. 1943 Berlin, ev., verh. s. 1987 m. Christiane, geb. Köth - Kaufm. (Groß- u. Außenhdl.); Stud. Betr.- u. Volkswirtsch.; Weiterb. z. Management-Trainer, Medien- u. Kommunik.-Berater - 1965-84 Klöckner & Co., Duisburg (zul. Leit. Audiovisuelles Zentrum). Zahlr. Publ. in Fachlit. z. Themenkreis Video in d. Unternehmenskommunik. - Zahlr. Preise u. Ausz.

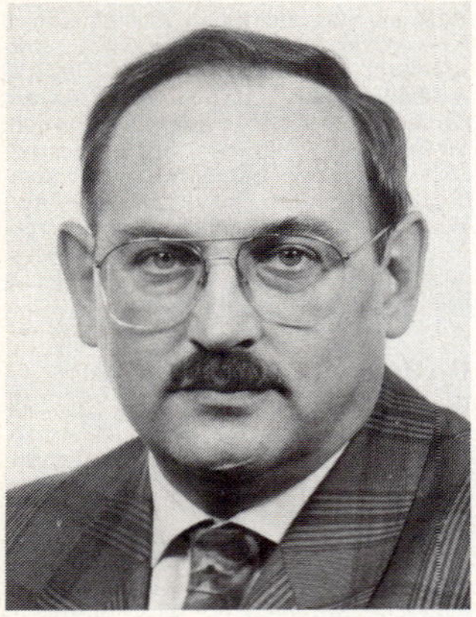

f. Buch u. Regie im Industriefilmber. - Liebh.: Musik, Reisen - Spr.: Engl.

PASSOW, Hermann

Dr. rer. nat., Prof., Direktor Max-Planck-Inst. f. Biophysik - Kennedy-Allee 70, 6000 Frankfurt/M. 70 (T. 6 30 31) - Geb. 18. Dez. 1925 Tübingen (Vater: Dr. Hermann P., Chemiker; Mutter: Else, geb. Wehber), verh. s. 1957 m. Inge, geb. Jentschura - Univ. Göttingen u. Hamburg - S. 1957 (Habil.) Lehrtätigk. Univ. Hamburg u. Saarbrücken (1962 o. Prof. u. Dir. II. Physiol. Inst., gegenw. Honorarprof.). Fachveröff.

PASSREITER (ß), Alois

I. Bürgermeister - Rathaus, 8305 Ergoldsbach/Ndb. - Geb. 13. Sept. 1928 Ergoldsbach - Zul. Kaufm. Angest. CSU.

PASTIOR, Oskar

Schriftsteller - Schlüterstr. 53, 1000 Berlin 12 (T. 030 - 883 17 29) - Geb. 20. Okt. 1927 Hermannstadt/Siebenbürgen (Vater: Oskar P., Zeichenlehrer; Mutter: Hilda, geb. Wolf) - 1938-44 Gymn. Hermannstadt (Abit. 1953); 1955-60 German.-Stud. Univ. Bukarest (Staatsex.) - 1945-49 Arbeitslager in d. UdSSR; 1950-55 Kistennagler u. Bautechniker Hermannstadt; 1960-68 Rundfunkredakt. Bukarest (Inlandsend. in dt. Spr.); 1968 Wechsel in d. Bundesrep. Deutschl.; s. 1969 fr. Schriftst. in Westberlin. Mitgl. Bielefelder Colloq. Neue Poesie, Akad. d. Künste West-Berlin, Dt. Akad. f. Sprache u. Dichtung Darmstadt - BV: Offene Worte, 1964; Ged., 1966; V. Sichersten ins Tausendste, 1969; Ged., 1973; Höricht, 1975; Fleischeslust, 1976; An d. Neue Aubergine, 1976; E. Tangopoem u. a. Texte, 1978; D. krimgotische Fächer, 1978; Wechselbalg, 1980; 33 Ged. (m. Francesco Petrarca), 1983; Sonetburger, 1983; Anagrammged., 1985; Lesungen m. Tinnitus, 1986; Jalousien aufgemacht, Leseb. 1987; Kopfnuß Januskopf, Ged. in Palindromen, 1990; Feiggehege, 1991; Vokalisen & Gimpelstifte, 1992, alles Ged.bde - 1969 Andreas-Gryphius-Förderpreis; 1976 Berliner Kunstpreis (Stip.); 1978 Förderpreis d. Kulturkr. im Bundesverb. d. dt. Ind.; 1981 Villa Massimo Rom (Ehrengast-Stip., anzutr. 1984); 1983 Preis Lit.magazin SWF; 1986 Ernst-Meister-Preis f. Lit. Stadt Hagen; 1988 Ehrengabe d. Kulturkr. im Bundesverb. d. dt. Ind.; 1990 Hugo-Ball-Preis - Spr.: Rumän. - Lit.: Krit. Lex. z. dtschspr. Gegenwartslit. (1984); Lex. d. dtschspr. Gegenwartslit. (1987); versch. Ztg.- u. Ztschr.-Art. (u. a. D. ZEIT, MERKUR, Schreibheft).

PASTUSZEK, Horst

Dr. rer. pol., Dipl.-Kfm., Aufsichtsratsmitglied Tchibo Holding AG - Josthöhe 59, 2000 Hamburg 63 - Geb. 4. Nov. 1927 Rathenow, ev., verh. s. 1953 m. Edith, geb. Havemann - 14 Semester Humboldt- u. Freie Univ. Berlin (Betriebsw.slehre u. verw. Wissensgeb.). Dipl.-Kfm. 1952; Promot. 1956 (summa cum laude) - 1952-55 wiss. Assist. Forschungsinst. f. Kreditwirtschaft u. Finanzierungen, Berlin, 1961-68 Vorst.-Mitgl. Kaiser's Kaffee-Geschäft AG, Viersen, b. 1991 Vorst.-Mitgl. TCHIBO Holding AG; VR-Mitgl. Treuhandanstalt, Berlin; AR-Mitgl. Beiersdorf AG, Reemtsma Cigarettenfabriken GmbH, Tchibo Frisch-Röst-Kaffee GmbH; Beiratsmitgl. Peek + Cloppenburg, Hamburg. - BV: Wirtschaftsordnung u. -publizistik, insb. Bankenpubliz., 1959.

PATER, Siegfried

Dipl.-Ing., Schriftsteller, Filmemacher - Postf. 15 01 06, 5300 Bonn 1 (T. 0228 - 23 64 86; Fax 0228 - 23 79 67) - - Geb. 26. Febr. 1945 Thum/Erzgeb., ev. - 1967-69 Entwicklungshelfer in Brasil.; 1980-82 VR-Mitgl. Dt. Entwickl.-Dienst (DED); 1986-89 gf. Vorst.-Mitgl. Heinrich-Böll-Stiftg. - BV: u.a. Entwicklung muß v. unten kommen, 1980; D. Brot d. Siegers, 1985; D. grüne Gewissen Brasiliens, 1989; McDonald's beißt kräftig zu, 1989; Stichwort Wende, 1990; Organhandel, 1991. Filme: u.a. D. Soja-Komplex (Buch u. Regie) WDR 1989; Verbrannte Erde (Buch) WDR 1990; Ein Ökoradikaler als Minister (Buch u. Regie) NDR 1990 - Zahlr. Buch-Preise: 1986 Eule d. Monats (Ztschr. Jugend u. Lit.); 1988 Buch d. Monats (Ztschr. Publik-Forum); u.a.

PATERMANN, Christian

Dr. jur., Ministerialrat - Heidebergenstr. 53, 5300 Bonn 3 (T. 0228 - 48 46 71) - Geb. 16. Aug. 1942 Gleiwitz/OS. (Vater: Josef P., Beamt.; Mutter: Lucie, geb. Schimke), kath., verh. s. 1969 m. Birgit, geb. Stolte, 3 Töcht. (Astrid, Britta, Christiane) - Stud. Rechtswiss. (1962-67) Freiburg, Lausanne, Genf, München, Bonn; Sprachstud. (1964/65) Santander. Promot. 1969; Ass.ex. 1971 - S. 1971 Bundesmin. f. Bildung u. Wiss., f. Forsch. u. Technol., u. 1988 Pressesprecher u. Leit. d. Leitungsstabes ebd. (Leit. Öffentlichkeitsarb., 1983 Ref. Multilaterale Zusammenarb.; dazw. 1974-79 Wiss.ref. Botsch. Washington; 1983-86 Vizepräs. d. Rates d. Europa-Labor. f. Molekularbiol., EMBL, Heidelberg). Mitautor: Entsorg. v. Kernkraftwerken (1981), Kernenergie ohne Atomwaffen (1982); Weltraum u. intern. Politik (1987). Zahlr. Einzelarb. - Ehrenmitgl. LAMAR Soc. of Intern. Law, Oxford/USA (Univ. of Mississipi) - Gr. Silb. Ehrenzeichen d. Rep. Österreich - Liebh.: Jazzmusik (ausüb.), Stiche u. Lithos (Samml.) - Spr.: Engl., Franz., Span., Russ.

PATERNA, Peter

Realschullehrer, MdB (s. 1976; Wahlkr. 14) - Vielohweg 179b, 2000 Hamburg 61 (T. 551 31 14) - Geb. 22. Dez. 1937 Cuxhaven (Vater: Dr. Wilhelm P., OStudDir.; Mutter: Dr. Erika, geb. Seipp), ev., verh. s. 1964 m. Iris, geb. Moos, 3 Kd. (Mischa, Tanja, Natascha) - S. 1963 Volks- u. Realschullehrer Hamburg (1973 stv. Schulleit.). SPD (1970-76 Abg. Bez.versamml. Eimsbüttel; 1973 Fraktionsvors. u. Vors. Stadtplanungsaussch.). Vors. Bundestagsaussch. f. Post- u. Telekommunikation; Mitgl. Infrastrukturrat b. BMPT, Innenaussch., u. d. Enquetekommiss. Technologiefolgenabschätzungen - Liebh.: Klass. Musik (Cellist), Tennis - Spr.: Engl.

PATRIZIUS

s. Walter Heinz Leykauf.

PATT, Albert H.

Ass., Geschäftsführer Hans Kaltenbach Masch.fabrik GmbH & Co. KG, Lörrach (s. 1990) - Am Möllerborn 18, 6451 Neuberg 2 (T. 06185-73 35) - Geb. 25. Mai 1932, kath., verh. s. 1959 m. RA Eva-Maria, geb. Erdsiek, 2 Kd. - Gymn. Attendorn (Abit. 1952); Univ. Tübingen (Rechtswiss.); Ass.-ex. Düsseldorf; 1962 Legal Expert NASMO - 1967-70 Geschäftsf. Eltro GmbH, Heidelberg, 1970-75 Nord-Micro GmbH, Bergen-Enkheim; 1975-90 Vors. d. Geschäftsltg. Contraves GmbH, Stockach/Baden, Beirat ebd. u. BDLI; Mitgl. Bezirksbeirat München d. Deutschen Bank AG - Spr.: Engl., Franz., Span.

PATT, Hans-Josef

Dr. rer. nat., Dipl.-Phys., Prof. f. Experimentalphysik u. Didaktik der Physik - Eduard-Mörike-Weg 8, 6601 Saarbrükken-Scheidt (T. 0681 - 81 89 72) - Geb. 20. April 1937 Troisdorf (Vater: Wilhelm P., Postbeamter; Mutter: Magdalena), kath., verh. s. 1962 m. Marlies, geb. Packbier, 3 Kd. (Thomas, Stefan, Annabella) - TH Aachen, Dipl.-Phys. 1962, Promot. 1964, Doz. 1966, Prof. 1968 - S. 1978 Prof. Univ. d. Saarl., Saarbrücken. 14 Bücher, 13 Forschungsber., 30 Beitr. z. wiss. Sammelw., 44 Aufs. in wiss. Fachztschr., 5 Videofilme, 3 Computerprogramme z. Plasmaphysik u. Didaktik d. Physik - 1962 Springorum-Denkmünze TH Aachen.

PATT, Hans-Peter

Ltd. Senatsrat b. Sen. f. Bau- u. Wohnungswesen Berlin, MdA Berlin (1981-87) - Leibnizstr. 42, 1000 Berlin 12 (T. 030 - 324 18 41) - Geb. 9. Nov. 1940 Berlin (Vater: Friedrich P., Schneiderm.; Mutter: Madeleine, geb. v. Maltzan), kath., gesch., 1 Kd. - Canisius-Kolleg Berlin; 1959-62 Banklehre Berlin; 1962-68 Stud. FU Berlin (Rechtswiss., 1. jurist. Staatsex. 1968, 2. Ex. 1971) - 1972-74 Rechtsanw.; 1975-81 Steuerverw. Berlin; 1981-87 Bez.amt Wilmersdorf.

PATURI, Felix R.

s. Mindt, Heinz R.

PATZE, Hans

Dr. phil., em. Prof. f. Nieders. Landesgeschichte, Mittlere u. Neuere Geschichte - Resedaweg 5, 3400 Göttingen-Nikolausberg (T. 27 36) - Geb. 20. Okt. 1919 Pegau (Vater: Bernhard P.), verh. m. Carmen, geb. de Ondarza - S. 1958 (Habil.) Lehrtätigk. Univ. Marburg, Gießen (1963 o. Prof. f. Mittelalterl. Geschichte u. dt. Landesgesch.), Göttingen (1970), Vors. Histor. Kommiss. f. Nieders. (1971-86), Mitgl. d. Gött. Akad. d. Wiss. (s. 1975), Mitgl. Residenzenkommiss. d. Akad. (s. 1986) - BV (1955-77): Recht u. Verfass. thür. Städte, Altenburger Urkundenb., D. Entsteh. d. Landesherrschaft in Thüringen, Bibliogr. z. thür. Gesch., Quellen z. Entsteh. d. Landesherrschaft. Hrsg.: BllDtLdG (b. 1986), Gesch. Thüringens (m. W. Schlesinger), Gesch. Niedersachsens, D. dt. Territorialstaat im 14. Jh., D. Burgen im dt. Sprachraum, Grundherrsch. i. spät. Mittelalter (2 Bde.), Geschichtsschreibung im spät. MA, Vorträge u. Forsch.

PATZELT, Paul

Dr. rer. nat., Prof. f. Kernchemie - Gabelsbergerstr. 17, 3550 Marburg/L. 1 - Geb. 18. Juli 1932 Neu-Mohrau/Schles. (Vater: Josef P., Landw.; Mutter: Gertrud, geb. Lowack), kath., verh. s. 1963 m. Brigitte, geb. Krautwurst, 3 S. (Michael, Marc-Christopher, Luc-Stephen) - Aufbaugymn. Iburg; 1954-60 Univ. Mainz (Chemie; Dipl. 1960). Promot. 1965 Mainz; Habil. 1971 Marburg - S. 1962 Univ. Mainz u. Marburg (1970 Akad. Rat; 1972 Prof.); dazw. 1967-70 Europ. Kernforschungszentrum CERN Genf (Research Associate bzw. Visiting Scientist); 1975-76, 1983-84 u. 1989-90 Dekan Fachber. Physikal. Chemie d. Univ. Marburg. Zahlr. Facharb. - Spr.: Engl., Franz.

PATZELT-HENNIG, Hannelore

Schriftstellerin - An der Windmühle 7, 2807 Achim - Geb. 20. März 1937 Tilsit/Ostpr., verh. s. 1959 m. Friedrich P., 2 Töcht. (Britta, Kerstin) - BV: Ländl. Gesch. aus Ostpr., 1975; In d. Stuben überall, 1978; Ehekrise, 1979; Melodien d. Lebens, 1979; E. anonymer Veilchenstrauß, 1980; Durch alle Zeit, 1982; D. Haus voll Gäste, 1983, 2. A. 1984; Damals in Ostpr., 1984; ... u. immer wieder Grenzen, 1985; Im Garten d. Lebens, 1986; Amanda im Schmalztopf, 1987, 2. A. 1992; Wenn leis d. Ähren rauschen,

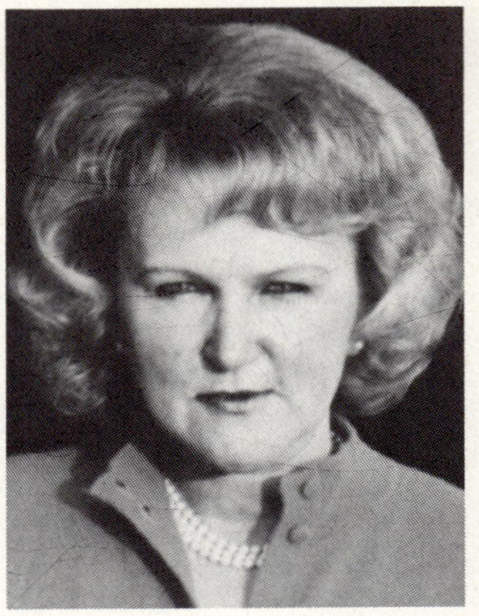

1988; Es kam e. Hund ins Haus, 1989; Weihnachten m. Mandolin, 1991; Mädchenjahre, 1992. Mitarb. in 13 Anthol., 129 Kalenderjahrb.; div. nat. u. intern. Ztg. u. Ztschr. (s. 1961). Mitarb. an Tonband-Publ.: Fastnacht u. Feste in Ostpreußen/Rosenau-Trio (1990) - 1980 Verdst.urkunde d. Landsmannsch. Ostpr.; 1986 AWMM Buchpreis.

PATZER, Harald

Dr. phil., em. Prof. f. Klass. Philologie - Frauenlobstr. 18a, 6000 Frankfurt a. M. (T. 77 56 40) - Geb. 2. Juli 1910 Berlin (Vater: Johannes P., Geschäftsm.; Mutter: Gefion, geb. Schadewaldt), ev., verh. s. 1940 m. Annemarie, geb. Becker, 1 Kd. - Realgymn. Potsdam; Univ. Berlin (Promot. 1936) - 1937 Assist., 1940 Doz., 1948 apl. Prof. Univ. Marburg, 1952 Ord. Univ. Frankfurt - BV: D. Problem d. Geschichtsschreib. d. Thukydides u. d. thukydideische Frage, 1936 (Neue Dt. Forsch.); D. Anfänge d. griech. Tragödie, 1962; D. dramat. Handlung d. Sieben gg. Theben, 1972; Dichter. Kunst u. poetisches Handwerk i. homer. Epos, 1972; Hauptperson u. tragischer Held i. Sophokles' Antigone, 1978; D. griech. Knabenliebe, 1982; Ges. Schriften, 1985.

PATZIG, Günther

Dr. phil., em. o. Prof. f. Philosophie - Calsowstr. 24, 3400 Göttingen (T. 4 29 29) - Geb. 28. Sept. 1926 Kiel (Vater: Conrad P., Admiral; Mutter: Gertrud, geb. Thomsen), verh. s. 1948 m. Christiane, geb. Köhn, 2 Kd. - Univ. Göttingen u. Hamburg (Klass. Philol., Phil.). Promot. (1951) u. Habil. (1958) Göttingen - 1958 Privatdoz. Univ. Göttingen, 1960 ao., 1962 o. Prof. Univ. Hamburg, 1963 o. Prof. Univ. Göttingen (Dir. Phil. Sem.) - BV: D. aristotel. Syllogistik, 3. A. 1969 (engl. 1968, rumän. 1971); Sprache u. Logik, 2. A. 1981 (ital. 1973); Ethik ohne Metaphysik, 2. A. 1983 (span. 1976); Tatsachen, Normen, Sätze, 1980 (span. 1986); Aristoteles, Metaphysik Z, gr. Text, dt. Übers. u. Kommentar (m. M. Frede), 1988. Zahlr. Ztschr. u. Buchbeitr. - 1971 o. Mitgl. Akad. d. Wiss. Göttingen; 1979-85 Mitgl. Senat DFG; 1984-85 Mitgl. Wiss.-Kolleg Berlin; 1988-90 Präs. Akad. d. Wiss. Göttingen; 1989 korr. Mitgl. J. Jungius-Ges. d. Wiss. Hamburg; 1983 Niedersachsenpreis f. Wiss.

PATZSCHKE, Jochen

Hauptlehrer, a. D., MdL Nieders. (s. 1970) - Freiherr-vom-Stein-Str. 12, 3202 Bad Salzdetfurth (T. Groß Düngen 05064 - 13 22) - Geb. 29. Aug. 1932 Roßla, Krs. Sangerhausen - Vors. d. SPD Unterbez. u. Kreisverb. Hildesheim s. 1974 - 1978 BVK.

PAU, Hans

Dr. med., Dr. h. c., em. o. Prof. f. Augenheilkunde - Himmelgeister Landstr. 87, 4000 Düsseldorf (T. 311 - 73 20) - Geb. 11. April 1918 Duisburg - S. 1951 (Habil.) Lehrtätigk. Med. Akad. Düsseldorf, Univ. Münster (1957 apl. Prof.),

Kiel (1959 Ord. u. Klinikdir.), Düsseldorf (1967 Ord. u. Klinikdir.). Emerit. s. 1986 - BV: D. Permeabilitätskatarakt, 1954; Reaktive Zellveränderungen in Horn- u. Netzhaut, 1957; Differentialdiagnose d. Augenkrankh., 1974, 1986; Lehrb. d. Augenheilkunde, (Axenfeld/ Pau) 1973; Therapie i. d. Augenheilkd., 1977; Augenheilkd. i. Kindesalter, 1978; Differential Diagnosis of Eye Diseasis, 1978, 1987; Diagnosi Differentiale in Oftalmologia, 1989 - 1971-72 Präs. Dt. Ophthalmol. Ges.; 1982 Dr. h. c.; 1986 Johannes Weyer-Med. d. Nordrh. Ärzteschaft; 1987 BVK I. Kl.; 1988 Ehrenmitgl. Dt. Ophthalmol. Ges. u. Vereinig. Rhein.-Westf. Augenärzte.

PAUDTKE, Helmut

Dipl.-Kfm., Geschäftsführer Fachvereinig. Chem. Bürobedarf im Verb. d. Chem. Ind. - Karlstr. 21, 6000 Frankfurt/ M. 1.

PAUELS, Heinrich

Dr. jur., em. o. Prof. f. Gesch., Didaktik d. Gesch. u. Polit. Bild. Univ. Köln - Rheinallee 13, 5300 Bonn-Bad Godesberg (T. 35 19 18) - Geb. 31. Juli 1914 in Weeze/Niederrh., kath., verh. s. 1942 m. Franziska, geb. Diederichs. - Abit. 1933; Univ. Köln u. Bonn (Gesch., Phil. u. Rechtswiss.); 1953-61 Ref. u. Gruppenleit. Bundeszentrale f. polit. Bild., Bonn, s. 1961 o. Prof. Mitbegr. Dt. Kommiss. f. d. Europ. Schultag, Mitbegr. Forschungsinst. Medienwirk. b. Jugendl., Köln. Herausg. versch. Lehrmittel z. Gesch.

PAUELS, Heinz

Komponist - Zu erreichen üb.: Städtische Bühnen, 5000 Köln - Geb. 1. März 1908 - Akad. d. Tonkunst München, Musikhochsch. Köln (Walter Braunsfels) - S. 1932 Kölner Bühnen (1948 ff. Leit. Schauspielmusik). Üb. 200 Schauspielmusiken, d. Opern: Moll Flanders u. O Hyazinthia, Ballette: Mardi gras u. Bereshit.

PAUER, Max

Dr. phil., Ltd. Bibliotheksdirektor Univ. Regensburg i. R. - Macheinerweg 14, 8400 Regensburg (T. 0941 - 9 21 00) - Geb. 10. Jan. 1924 München (Vater: Dr. phil. Franz P., Lehrer), kath., verh. s. 1954 m. Agnes, geb. Rauscher - 1955-59 Leit. Bibl.schule d. Bayer. Staatsbibl. München, dann Oberreg.bibl.rat u. Dir. Univ.bibl. Würzburg, 1964-89 Dir. Univ.bibl. Regensburg (Neugründ.); 1971-73 Vors. Verein Dt. Bibliothekare; s. 1978 Stadtrat - BV: D. wiss. Bibl.en Münchens, 1958. Herausg.: Beitr. z. Buch- u. Bibl.wesen (s. 1979); Wiss. Bibl.en in Regensburg (1981) - 1989 BVK.

PAUL, Bernhard

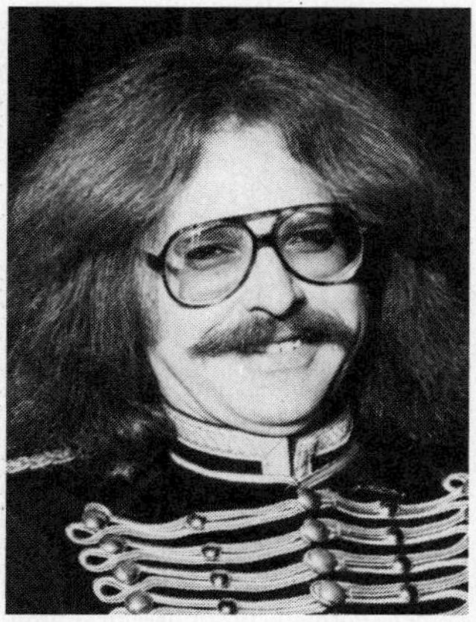

Circusdirektor Circus Roncalli - Neurather Weg 7, 5000 Köln 80 - Geb. 20. Mai 1947, kath., verh. m. Eliane, geb. Larible, 2 Kd. (Vivienne, Adrian) - Hoch- u. Tiefbau; Graphik-Stud. in Wien - Art Direktor d. Polit. Nachrichtenmagazins Profil (Österr.). Gründete 1976 d. Circus Roncalli; Gründung d. Roncalli Circusmus., das d. großen u. wichtigsten Sammlungen vereinigt - BV: Circus (Mitautor), 1976; Roncalli in Moskau (Mitautor); Roncalli u. seine Artisten, 1991. 1980 D. Reise z. Regenbogen (1,6 Mio. Zuschauer; erfolgreichste Unterhaltungsprod. d. Nachkriegszeit) - 1990 Kulturpreis Spiel - Liebh.: Circus u. Rock'n Roll - Spr.: Engl., Ital. - Bek. Vorf.: Josef Weyl, Texter v. Johann Strauss (Urgroßv.).

PAUL, Bodo

Dr. rer. oec., Dipl.-Kfm., Vorstandsmitgl. Orenstein & Koppel AG., Dortmund (b. 1981), Gen.Bevollm. d. Unternehmensgruppe Brügmann, Dortmund - Seibertzweg 4, 4600 Dortmund - Geb. 11. März 1924 Saarbrücken.

PAUL, Egbert

Dr. jur., Bundesrichter am Bundesverwaltungsgericht a.D. - Reifträgerweg 34, 1000 Berlin 38 - Geb. 26. Mai 1918 Magdeburg - 1936-45 Berufssoldat, schwere Kriegsverwundung in Rußland. Ruhestand s. 1986 - Gr. BVK.

PAUL, Eugen

Dr. theol., o. Prof. f. Religionspädagogik Univ. Augsburg/Kath.-Theol. Bereich (s. 1974) - Kirchenweg 11, 8901 Diedorf - Geb. 3. Mai 1932 Heilbronn/N. - Promot. 1969 - 1969 Doz. PH Weingarten; 1972 ao. Prof. Phil.-Theol. Hochsch. Passau. Bücher u. Aufs.

PAUL, Fred

Prof., Dr. med., M.D., Facharzt f. Inn. Med. u. Gastroenterologie, Chefarzt Med. Klinik II, Klinikum Ingolstadt - Krumenauerstr. 25, 8070 Ingolstadt (T. 0841 - 880-21 50) - Geb. 3. Mai 1938 Münster/W. (Vater: Hans, Offz.; Mutter: Berta, geb. Starbati), verh. m. Ingrid, geb. Scheu, 3 Kd. (Sabine, Susanne, Sebastian) - Stud. d. Med. u. Phsych. Univ. Berlin (Freie), Wien, Paris, Heidelberg; Habil. 1972 Hannover - Fachmitgliedsch.; zahlr. wissensch. Veröff. a. d. Gebieten gastrointestinale Hormone, gastrointestinale Motilität, operative Endoskopie; Fachbuchbeitr. - Liebh.: Musik, Gesch., Schach, Ski, Tennis - Spr.: Engl., Franz.

PAUL, Fritz

Dr. phil., o. Prof. f. Germanische, insbes. Nordische Philol. - Klosterweg 6a, 3400 Göttingen (T. 38 01 61) - Geb. 4. April 1942 Nesselwang (Vater: Friedrich P., Dipl.-Ing.; Mutter: Gertrud, geb. Weißenhorn), kath., verh. s. 1968 m. Brigitta, geb. Breitschädel, T. Sonja - Gymn. Kempten (Abit, 1962); 1964-68 Stud. München u. Oslo, Promot. 1968, Habil. 1972 - 1972 Prof. Bochum, 1979 o. Prof. u. Dir. Skandin. Sem. Univ. Göttingen, 1983/84 Dekan Philos. Fak., 1985-90 stv. Vors. Philos. Fakultätentag, s. 1985 Mitgl. intern. Aussch. d. Intern. Vereinig. d. Germanisten (IVG), s. 1987 Wiss. Beirat Brüder Grimm-Ges., s. 1988 o. ausl. Mitgl. Kgl. Schwed. Akad. f. Lit., Gesch. u. Altertumsforsch. Stockholm - BV: Symbol u. Mythos, Stud. z. Spätwerk H. Ibsens, 1969; Henrich Steffens, 1973; August Strindberg, 1979; Grundzüge d. neueren skandin. Literaturen, 1982, 2. A. 1991; Schwedische Lit. in dt. Übersetzung 1830-1980 (7 Bde.). 1987/88; Probleme d. Dramenübersetzung, 1991 - Spr.: Engl., Skandinav. Sprachen.

PAUL, Günter

Dipl.,-Ing., Prof. TH Darmstadt - Im alten Garten 1, 6126 Brombachtal (T. 06063 - 31 13) - Geb. 17. März 1921 Hirschberg/Schles. (Vater: Max P., Beamter; Mutter: Philomena, geb. Haney), kath., verh. s. 1945 m. Charlotte, geb. Herrmann, 2 Kd. (Gabriele, Matthias) - 1939-43 TH Berlin u. Univ. Bonn (Dipl.-Ing.); 1949-51 Refer. u. Ass. - 1945-49 Bauleit. Ing.-Büro; 1951-54 Stadt Essen (Abt.-Leit. Bodenordn. Innenstadterneuer.); 1955-76 Leit. Stadtvermess.amt Offenbach. Ab 1977 Prof. (aufgr. wiss. Leist.) TH Darmstadt - BV: Stadtkernerneuer., 1970 - Spr.: Engl.

PAUL, Hans-Ludwig

Dr. rer. nat., Dipl.-Biol., Prof. f. Virologie, Direktor Inst. f. Viruskrankh. d. Pflanzen Biol. Bundesanst. f. Land- u. Forstwirtsch. - Messeweg 11/12, 3300 Braunschweig (T. 0531 - 39 92 50) - Geb. 29. März 1926 Gleiwitz - Dipl. 1949, Promot. 1950 - S. 1953 Virologe. Hon.-Prof. Univ. Göttingen.

PAUL, Heinz Otto

Dr. phil., Prof. f. Musik, Hochschullehrer - Saargemünder Str. 183, 6600 Saarbrücken 6 (T. 85 33 31) - Geb. 14. Febr. 1926 Riegelsberg (Vater: Heinrich Max P., Amtsrentmeister; Mutter: Margarete, geb. Schneider), ev., verh. s. 1958 m. Ingeborg, geb. Weiss, 2 Kd. (Monika, Harald) - Lehrerausbildung, Stud. d. Schulmusik u. Phil. - BV: Musiksch. I/II, 1970/72; Musikerziehung u. Musikunterr. i. Gesch. u. Gegenwart, 1973 (Kompos.).

PAUL, Jürgen

Dr. phil., Prof. f. Kunstgeschichte - Neckarhalde 37, 7400 Tübingen 1 (T. 07071 - 4 15 63) u. Lachmannstr. 2, 1000 Berlin 61 (T. 030 - 694-42 25) - Geb. 15. Nov. 1935 Dresden (Vater: Eberhard P.; Mutter: Ruth, geb. Währer) - Stud. Univ. Freiburg, München, FU Berlin, Florenz; Promot. 1963, 1963-69 Univ. Köln, New York, Toronto; Habil. 1973 Tübingen - 1973-78 Prof. f. Archit. u. Stadtbaugesch., TU Braunschweig, s. 1978 Prof. f. Kunstgesch., Univ. Tübingen - BV: D. mittelalterl. Kommunalpaläste in Italien, 1965; D. Palazzo Vecchio in Florenz, 1969; Archit. in Dtschl. (m. H. u. M. Bofinger u. H. Klotz), 1979; D. dt. Rathaus im 19. Jh. (m. E. Mai u. St. Waetzoldt), 1982; Neue Städte aus Ruinen, Deutscher Städtebau d. Nachkriegszeit (m. K. v. Beyme, W. Durth u.a.), 1992; Mitarbeit Funkkolleg Kunst 1984/85; Moderne Kunst 1989; Dehio-Handb. d. Dt. Kunstdenkmäler, Baden-Württ. Süd, 1991.

PAUL, Theodor

Dr. jur., Rechtsanwalt, Präs. Zentralverb. d. Dt. Haus-, Wohnungs- u. Grundeigentümer (s. 1971) - Cecilienallee 45, 4000 Düsseldorf (T. 43 45 55) - Geb. 31. Juli 1925 Hagen - Zul. gf. Präsidialmitgl. ZdDHWuG.

PAUL, Wolfgang

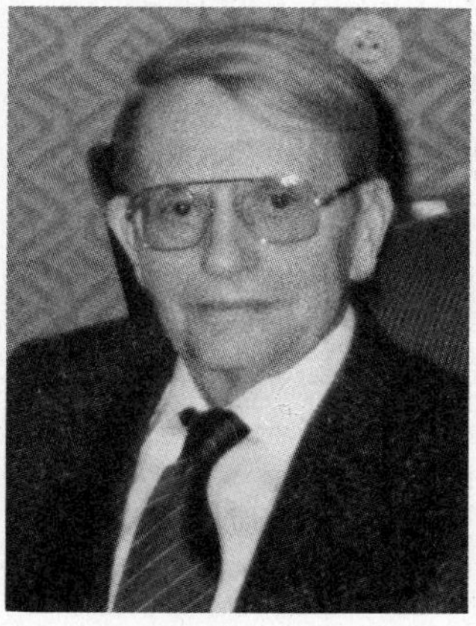

Schriftsteller, Vors. Gerhart-Hauptmann-Gesellschaft, Kurat.-Mitgl. Hermann-Sudermann-Stiftg. (s. 1969) - Bismarckallee 14, 1000 Berlin 33 (T. 892 83 02) - Geb. 8. Dez. 1918 Berlin (Vater: William P., Offizier, Beamter; Mutter: Margarete, geb. Hempel), ev., verh. s. 1948 m. Hanna, geb. Möller, 2 Kd. (Christiane, Siegfried) - Realgymn. u. Univ. Berlin (2 Sem. German., Kunstgesch., Ztg.wiss.) - S. 1946 Theater- u. Literaturkritiker Dresden u. Berlin (1949); s. 1958 auch Fernsehkrit. (u. a. D. Tagesspiegel) - BV: Dresden 1953, R. 1953; Rund ums Buch, Feuill. 1958; Televisionen, Feuill. 1958; Mauer d. Schande, Bericht 1961; Phantast. Augenblicke, Erz. 1962; Kampf um Berlin, Sachb. 1962 (30 Ts.); ... z. B. Dresden, Sachb. 2. A. 1965; Einladung ins andere Dtschl., Sachb. 1967; D. letzte Nacht, R. 1968; Entscheidung i. September - Das Wunder an der Marne 1914, Sachb. 1974; Erfrorener Sieg, 1975; D. Endkampf um Dtschl. 1945, 1975; D. Feldlager, 1978; Erspieltes Glück, 500 J. Lotterie u. Lotto, 1977; Brennpunkte, 1977. D. Heimatkrieg 1939-45, 1980; Gesch. d. 18. Panzerdivision, 1975; Wer war Hermann Göring, Biogr. 1983; D. Potsdamer Inf.-Regiment 9, 1983; dazu Dokumentenbd. 1984; Realgymn. Blasewitz - Gesch. e. sächs. Schule, 1984; Dresden - Gegenwart u. Erinnerung, R. 1986; Nehring-General d. Panzer, Biogr. 1986; Mein Vaterland, R. 1988; D. Grolmans - E. preußische Adelsfamilie 1777-1856, Biogr. 1989; D. Schlacht um Moskau 1941/42, Sachb. 1991; D. Heimatkrieg 1939-45, Taschenb. 1992. Neufassung: Baron v. Pöllnitz, D. verschwenderische Liebhaber (La Saxe galante, 1964). Mitarb. zahlr. Anthologien. Herausg.: Bild bde.: Dtschl. in d. 60er Jahren (1963), Anmut d. Leibes (1965), Glück auf Sylt (1966); Dresden in alten u. neuen Reisebeschreibungen, 1990. Hörspiele; Fernsehfilme (u. a. Lyrik d. Welt, 13 Farbf. 1968/69) - 1965 Premio giornalistico internazionale Citta di Roma; 1971 Mitgl. PEN-Zentrum BRD; 1985 BVK I. Kl. - Liebh.: Reisen - Spr.: Engl., Franz.

PAUL, Wolfgang

Dr. rer. pol., Hauptgeschäftsführer i. R. IHK f. d. Regierungsbezirk Lüneburg - Spechtsweg 8, 2120 Lüneburg (T. 4 42 10) - Geb. 15. Febr. 1910 Erfurt/ Thür. (Vater: Ferdinand P., Oberlehrer; Mutter: Charlotte, geb. Brandt), ev., verh. s. 1940 m. Charlotte, geb. Schütz, 2 Söhne (Wolfgang, Dietrich) - Lehre Dt. Bank, D'dorf; 1933-36 Univ. Köln, Marburg, Berlin - 1935-36 Wiss. Assist. Berlin, 1937-39 Ref. Wirtschaftsgruppe Groß- u. Außenhandel ebd., 1939-41 Wehrdst., 1942-45 Ref. Reichsmin. f. Rüstung u. Kriegsprod., Berlin (Generalreferat Wirtschaft u. Finanzen), 1945 dt. Wirtschaftssachverst. Amerik. Gruppe Kontrollrat ebd., s. 1946 Geschäfts-, stv. (1959) u. Hauptgf. (1961) IHK Lüneburg - BV (Mitverf.): D. Preisbild. im Groß-, Ein- u. Ausfuhrhandel, 1938; Heimatchronik d. Stadt u. d. Landkr. Celle, 1956 - Spr.: Engl. - Rotarier.

PAUL, Wolfgang

Dr.-Ing. (habil.), em. Prof. f. Experimentalphysik Univ. Bonn (s. 1952) - Stationsweg 13, 5300 Bonn (T. 3 46 32) - Geb. 10. Aug. 1913 Lorenzkirch (Vater: Prof. Dr. Theodor P., Pharmazeut; Mutter: Elisabeth, geb. Ruppel), verh. m. Liselotte, geb. Hirsche - TH München u. Berlin - 1944-52 Doz. u. apl. Prof. (1950) Univ. Göttingen. Fachveröff. - 1977 Ehrendoktorwürde Univ. Uppsala/ Schwed., 1981 TH Aachen, 1990 Univ. Poznau; 1979 Präs. Alexander-v.-Humboldt-Stiftg.; Mitgl. Akad. d. Wiss. NRW, Göttingen, Heidelberg, Leopoldina, Halle; 1980 Mitgl. Orden Pour le Mérite; 1981 Gr. BVK m. Stern; 1989 Nobelpreis f. Physik.

PAULEIKHOFF, Bernhard

Dr. med. (habil.), Dr. phil., Prof., Leiter Abt. f. Klin. Psychopathologie u. Med. Psych./Psychiatr. u. Univ.s-Nervenklinik Münster (s. 1967) - Besselweg 11, 4400 Münster/W. (T. 86 26 77) - Geb. 23. Okt. 1920 Varensell - S. 1956 Privatdoz. u. apl. Prof. (1962) Münster (Psychiatrie u. Neurol.) - BV: Atypische Psychosen, 1957; Seelische Störungen in d. Schwangerschaft u. n. d. Geburt, 1964; Person u. Zeit, 1979; D. Menschenbild im Wandel d. Zeit, 4 Bde. 1983-87; Endogene Psychosen als Zeitstörungen, 1986; Ideologie u. Mord. Euthanasie b. lebensunwerten Menschen, 1986; Partnerschaft im Wandel d. Zeit, 1989; Geist u. Zeit, 1990; Zeit u. Sein als Einheit, 1992.

PAULI, Günter

Beigeordneter Stadt Koblenz, MdB (Landesliste Rhld.-Pfalz) - Kierweg 1, 5400 Koblenz 1 (T. 0261 - 2 39 19) - SPD.

PAULI, Hans Adolf

Dr. jur., Ltd. Oberstaatsanwalt Münster - Zu erreichen üb. Staatsanwaltschaft Münster, Gerichtsstr. 6, 4400 Münster - Geb. 26. Mai 1929, kath., verh. s. 1958 m. Marlies, geb. Keßler, 2 T. (Eva Maria, Barbara) - 1949-53 Stud. Rechtswiss. Univ. Mainz u. Münster; Promot. 1957 Münster, 2. jurist. Staatsex. Düsseldorf - 1957-66 Dezern. Staatsanwaltsch. Duisburg u. Generalstaatsanwaltsch. Düsseldorf; 1966-73 Ref. Justizmin. NRW; s. 1973 Leit. Staatsanwaltsch. Münster.

PAULI, Herbert Karl

Dr. med., Chefarzt Geburtshilfl.-gynäkol. Abt. Kreiskrkhs. Elim, Privatdoz. Univ. Erlangen-Nürnberg (s. 1970) - Hohe Weide 17, 2000 Hamburg 19.

PAULIG, Oswald

Dipl.-Volksw., Direktor, Mitgl. Hbg. Bürgerschaft (s. 1953; 1965 Vors. SPD-Fraktion) - Heinrich-Heine-Weg 4, 2050 Hamburg 80 (T. 721 74 33) - Geb. 8. Mai 1922 Hamburg, verh. - Oberrealsch.; 1945-49 Stud. Wirtschaftswiss. (Werkstud.) - Wehrdst. (b. 1945 Flugzeugf.); GEG, Wohnungsbaukasse, Co op Zentrale AG. (1972-74 Vorstandsvors., dann ARsmitgl.), Co op Grundstücksges. KG. (1975 pers. haft. Gesellsch.), alle Hamburg. Präs. Bund dt. Konsumgenoss. S. 1970 Vors. SPD-Landesverb. Hamburg (1972-80).

PAULIG, Ruth,

geb. Köhl

Biologin, Kunsterzieherin, MdL Bayern (s. 1986) - 8036 Breitbrunn - Geb. 7. Juli 1949, verh. s. 1973 m. Hubert P., 3 Söhne (Vinzenz, Xaver, Wenzel) - Dipl. (Biol.) 1973 München; 1. u. 2. Staatsex. (Kunsterziehung) 1978/80 Akad. d. Bild. Künste München - Gründungsmitgl. Partei D. Grünen - Fachveröff. in Med. Virologie - Bek. Vorf.: Hermann Köhl, Ozeanflieger 1928.

PAULINA-MÜRL, Lianne-Maren

Dipl.-Volksw., Landtagspräsidentin Schlesw.-Holst. (s. 1987) - Henry-Dunant-Allee 25, 2300 Kronshagen - Geb. 18. Sept. 1944 Bühlau - SPD.

PAULING, Linus Carl

Dr. phil., Dr. h.c., Prof., Linus Pauling-Inst. of Science and Medicine, USA - 440 Page Mill Road, Palo Alto, California/USA - Geb. 28. Febr. 1901 Portland, verh. 1923-81 m. Ava Helen, geb. Miller †, 4 Kd. - Stud. Chemie, Physik, Math. u. Ing.wiss.; Promot. 1925 - 1926-27 Mitarb. Guggenheim-Inst., München; b. 1974 Prof. f. Chemie u.a. in Oxford, San Diego u. Stanford. Kurat.-Mitgl. Albert-Schweitzer-Friedens-Zentrum, Inst. z. Förderung gewaltfreier Politik, Saarbrücken - BV: The Nature of the Chemical Bond, 1939; No More War!, 1958; Vitamin C and the Common Cold, 1970; How to Live Longer and Feel Better, ersch. 1986 - 1954 Nobelpreis f. Chemie; 1962 Friedensnobelpreis; Ehrendoktor.

PAULITSCH, Peter

Dr. rer. nat., o. Prof. f. Mineralogie u. Petrographie u. Direktor Mineral. Inst. TH Darmstadt (s. 1960) - Landskronstr. 79, 6100 Darmstadt (T. 6 58 23) - Geb. 3. Mai 1922 Gradenberg - Habil. 1952 Graz - 1956-60 Lehrtätigk. TU Berlin (1959 apl. Prof.). Gastvortr. Univ. in China, Japan, Canada u. Sibirien. Reisen zu d. Metallagerstätten in Kenia, Pakistan, Türkei, Tunesien, Grönland, Irland u. Skandinavien. Zahlr. Fachveröff. Herausg.: Natural and Experimental Rock-Deformation; Kristalle als Geothermometer - 1972 Mitgl. Kommiss. f. Techn. Mineralogie; 1964-80 Sekr. Teaching Commiss. d. intern. Mineralogical Assoc.

PAULMANN, Gerhard

Dr.-Ing., Prof. TH Darmstadt - Berliner Str. 29, 6108 Weiterstadt 1 (T. 06150 - 21 70) - Geb. 2. Mai 1926 Frankfurt/M. (Vater: Heinrich P., Kaufm; Mutter: Adele, geb. Kamm), ev., verh. s. 1959 m. Marianne, geb. Friedrich, 2 Kd. (Johannes, Elisabeth) - Dipl.-Ing. 1955, Promot. 1969 - Ab 1964 Präs. Techn. Komitt. Intern. Tar Konfz. Üb. 80 Veröff. in wiss. Ztschr. - 1967 Lüer-Preis - Spr.: Engl., Franz.

PAULS, Rolf Friedemann

Dr. jur., Botschafter, i. R. - Kohlbergstr. 11, 5300 Bonn 3 - Geb. 26. Aug. 1915 Eckartsberga/Sa. (Vater: Superint. Bodo P., Oberpfarrer; Mutter: Alma, geb. Wilkens), ev., verh. s. 1951 m. Liselotte, geb. Serlo, 2 Söhne (Christian, Andreas) - Dom-Gymn. Naumburg (Abit. 1934); 1946-49 Univ. Hamburg (Promot. 1949) - Akt. Offz. (Inf., zul. Major i. G., Verl. d. l. Armes); s. 1949 Bundeskanzleramt u. AA Bonn (Ausl.-posten: Luxemburg, Washington, Athen, Brüssel. 1965 Botschafter Tel Aviv, 1969 Washington, 1973 Peking, 1976 Nato, Brüssel) - BV: Rettet uns d. Rüstungspolitik, 1982; Deutschlands Standort in d. Welt, 1984 - U. a. Ritterkreuz, Gr. BVK m. Stern.

PAULS, Wolfgang

Dipl.-Psych., freier Autor - Am Galgenberg 2-4, 6128 Höchst i. Odw. - Geb. 12. Dez. 1948 Lübeck, ev., 4 Kd. (Susanne, Oliver, Vera, Frederic) - 1965-68 Verwaltungslehre, Lübeck; 1969-72 Abendgymn., ebd.; Stud. Psych. u. Phil. 1972-79 Heidelberg - 1979-80 fr. Mitarb. e. Psych.-Praxis sow. Übers. psych. Fachb., wiss. u. populärwiss. Veröff.; 1980-83 Einzel- u. Gruppentherapeut Fachklinik f. suchtkranke Frauen in Altenkirchen/Ww. zugl. psychotherap. Weiterbild.; 1983-85 Begleitforsch. f. e. Modellversuch am Berufsförderungswerk (BFW) Hamburg; s. 1986 fr. Schriftst. u. VS-Mitgl. - Üb. 40 Hörfunk- u. Kassetten-Hörspiele f. Kinder; Drehb. f. FS-Filme: ZDF-Reihen Hals üb. Kopf, Löwenzahn u. Siebenstein; Hörfunkmanuskripte u. Theaterstücke; 14 Kinder- u. Jugendb., dar.: E. Versteck f. d. Fischotter, Jule u. Steffen b. Greenpeace, Das kann Opa doch nicht machen, E. Mütze voll Wind, sow. d. Bde. d. Ravensburger Krimi-Reihe: Scotland Yard - Liebh.: Kabarett, Fotogr. - Spr.: Engl., Franz. u. Ital. (Teilkenntnisse).

PAULSEN, Carsten

BaLandwirt, MdL Schlesw.-Holst. (Wahlkr. 6/Husum Eiderstedt) - Mühlenhof, 2254 Koldenbüttel - Geb. 20. Mai 1932 Koldenbüttel - CDU.

PAULSEN, Hans

Dr. rer. nat., o. Prof., Lehrstuhl f. Naturstoffchemie, Inst. f. Organ. Chemie Univ. Hamburg (s. 1972) - Hinsbeker Berg 11, 2000 Hamburg 65 - Geb. 20. Mai 1922 Hamburg - Promot. u. Habil. Hamburg - S. 1962 Lehrtätigk. Hamburg (1968 apl. Prof.). Üb. 400 Fachveröff. - 1980 Emil-Fischer-Med; 1983 Haworth-Memorial-Med.; 1985 C.S. Hudson-Award; 1989 Heyrovsky-Med.

PAULSEN, Peter

Dr.-Ing., Inhaber Ingenieurbüro f. Fertigungstechnik Dr.-Ing. Peter Paulsen, Homberg - Burghain 14, 6313 Homberg - Geb. 25. Mai 1928.

PAULSEN, Sönke

Landwirt, Verbandspräsident Norddt. Genossenschaftsverb. Schleswig-Holst. u. Hamburg (Raiffeisen-Schulze-Delitzsch) (s. 1982) - Raiffeisenstr. 1, 2300 Kiel (T. 0431 - 6 69 20).

PAULSEN, Uwe

Dr. sc. pol. - Blöckhorn 2, 2000 Hamburg 65 (T. 601 45 90) - Geb. 7. Sept. 1932 Ahrensbök (Vater: Hellmuth P., Bankprokurist i. R.; Mutter: Maria, geb. Schröder), verh. s. 1960 m. Marianne, geb. Dummer, Tocht. Sabine - Stud. Hamburg, Kiel (Wirtschaftswiss.). Dipl.-Volksw.; Promot. - 1959-1968 Verbandsgeschäftsf.; 1968-75 Vetriebs-. Verw.-, zul Alleinvorst. Bill-Brauerei AG; 1975-88 Vorst.-Vors. Bavaria St. Pauli-Brauerei AG; stv. Vors. Arbeitgebervereinig. Nahrung u. Genuß, Bonn; Vors. Nordernährung e.V., Hamburg, u. Brauereiverb. Nord e.V., Hamburg; stv. AR-Vors. Fleischwirtschaft Neubrandenburg AG; AR-Mitgl. Bavaria St. Pauli Brauerei AG, Hamburg - BV: Wettbewerbsprobleme d. dt. Brauwirtschaft im Gemeins. Markt (Agrarpolit. u. Marktw. H. 1), 1963 (Hrsg. v. W. Albers u. H. H. Herlemann); D. Hopfenmarkt d. EWG u. anderer wicht. Länder (m. R. Muck), 1965.

PAULUS, Dieter

Dr. jur., Rechtsanwalt - Brunnenwiese 35c, 7000 Stuttgart 75 - Geb. 22. März 1932 Stuttgart - Vorst.-Vors.: Allg. Rentenanstalt AG; Vorst.: Württ. Feuerversicherung AG, bde. Stuttgart; AR: Leonberger Bausparkasse AG, Leonberg, Baden-Württ. Bank AG, Württ. Hypothekenbank AG, bde. Stuttgart.

PAULUS, Hans

Landwirt, I. Bürgermeister Gde. Bubenreuth, Mitgl. Bayer. Senat, München - Hauptstr. 3, 8521 Bubenreuth/Mfr. - Geb. 3. Juni 1919 Bubenreuth. - 1980 Bayer. VO; 1984 Bayer. Verfassungsmed. in Silber.

PAULUS, Herbert

Dr. theol., Dr. phil., Theologe u. Kunsthistoriker - Haagstr. 7, 8520 Erlangen - Geb. 23. April 1913 Starnberg/Obb. (Vater: Dr. phil. Richard P., Galeriedir.; Mutter: Sophie, geb. Reichsgräfin v. Bothmer), ev., verh. s. 1942 m. Helga, geb. Polster, 5 Kd. (Helge, Frieder, Helmut, Kurt, Helma) - Promot. Erlangen (phil. 1944 u. theol. 1948) - Ab 1942 Vikar Württ., Generalvikar Ev. Kongregation Königsfeld, 1948-50 Pfarrverweser Württ., dann Leitg. Dt. Inst. f. Merowing.-Karoling. Kunstforsch., Erlangen, u. Dir. VHS ebd. (1956-78). 1956-72 Stadtratsmitgl., 1980 Vizepräs. Ordinex (Intern. Expertenorg.) Genf. Entd.: Goya's Skizzenb. v. 1770/71 (d. einz. erhaltene) - BV (Ps. Hermann Ludwig): E. Stern in d. Nacht od. D. Seelen Zwiegespräch, Epos 1940; Jubelnder Morgen, Ged. 1942; Gesch. d. Kunst am bayer. Hofe b. z. Ende d. 18. Jh., 1943; D. Gesinnungscharakter d. merowing.-westfränk. Basilikenbaues, 1944; D. Starnberger Fragmente, 1945; D. Wachsen unseres christl. Zweckbaues, 1947; Dogmatik-Merkstoff, 1949 u. 1971; Z. Ikonographie d. Gekreuzigten im Mittelalter, 1948; D. ikonogr. Besonderheiten in d. spätmittelalterl. Passionsdarstell. Frankens, 1952; D. Erlanger Landschaft, 1956; Goya, Ital. Skizzenb., 1958; Beitr. z. Erwachsenenbild., 1968; Fritz Heidingsfeld, 1968; Samml. Fam. Prof. Dr. Klein, Düsseldorf 1974, 2. erw. Aufl. 1985; Erlangen-Stadtführer, 1979; Josef Emil Schneckendorf (1865-1949) Sein Leben u. seine Bedeutung f. d. Edelglasschöpfung d. Jugendstils, 1992; 1992 Anthologie Buchwelt 93, Lyr. Texte, 1992. Mithrsg.: Beitr. z. Erwachsenenbild. an d. VHS Erlangen (1960); - verf.: Erlangen (Bildbd. v. Will v. Poswik; 1963); Schriftl.: Nachr. DIfMKK (s. 1951) u. Volk u. Schule (s. 1958) - 1967 Ital. VO. f. Kunst u. Wiss.; 1980 Goldmed. d. C.E.C.I.F. Brüssel; 1977 Ehrenmitgl. Acad. Gen. P.P. Roma; 1980 Acad. Int. de Lutèce-Paris; 1983 Acad. d'Italia con Med. Oro; 1984 Weltpreis d. Kultur (Vittoria) d. Centro Studi e Ricerche delle Nazioni-Calvatone/Italy - Liebh.: Angeln - Bek. Vorf.: Hofrat Adolf P., Begr. Münchner Sezession (Großv.); Ahnherr: Prof. Dr. Heinrich E. G. P., Orientalist, Jena, u. Rationalist, Heidelberg; ms.: Herzog Widukind v. Sachsen.

PAULUS, Rolf Manfred

Dr. phil., Literaturwissenschaftler, Fachjournalist - Karolinenstr. 97a, 6730 Neustadt/W. - Geb. 10. Juni 1942 St. Germanshof/Kr. Bergzabern (Vater: Karl P., Architekt; Mutter: Else, geb.

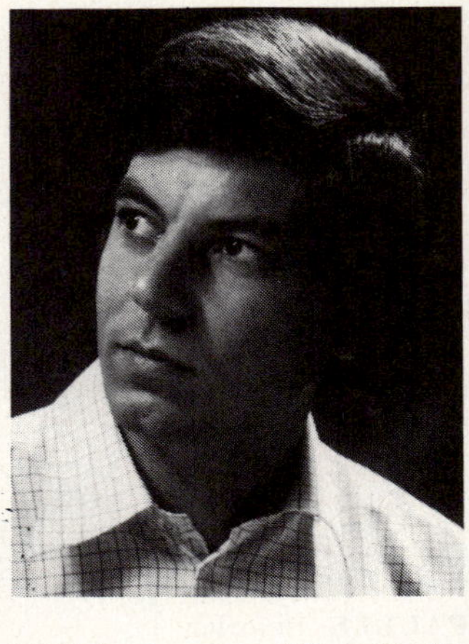

Mathias), ev., verh. s. 1973 m. Monika, geb. Groß - Gymn.; Stud. German. u. Kunstgesch. Heidelberg, Berlin u. Mannheim (Promot. 1980) - Fr. Lit.wissensch.; Lehrauftr. Univ. Mannheim (s. 1974); Redakt. Maler-Müller-Briefwechsel (Univ. Saarbrücken). Wiss. u. journ. Veröff., s. 1979 Mithrsg. d. Krit. Maler-Müller-Ausgabe - BV: Karl-Krolow-Bibliogr., 1972; Bibliogr. z. dt. Lyrik nach 1945 (m. Ursula Steuler), 1974, 2. A. 1977 (erweit.); Praxis. d. Informationsermittlung: Dt. Lit. (m. and.), 1978; Lyrik u. Poetik Karl Krolows 1940-1970, 1980. Herausg.: Maler-Müller-Almanach 1980, 1983, 1987 u. 1988; D. Lyriker Karl Krolow (1983, m. Gerhard Kolter); Karl Krolow (Text u. Kritik, 77. Hrsg., 1983); Karl Krolow: Ged. u. poetolog. Texte (1985); Hermann Sinsheimer. Schriftst. u. Theaterkritiker zw. Heimat u. Exil (1986, m. Gert Weber); August-Becker-Lesebuch (1986); Anna Croissant-Rust: Gesch. (1987, m. Bruno Hain); Mahler Müller: Poesie u. Mahlerey (1988); Maler Müller: Kleine Gedichte zugeeignet dem Herrn Canonicus Gleim (1990, m. Ch. Weiß); Maler Müller in neuer Sicht (1990, m. a.). Buchr./Mithrsg.: Pfalz-Bibliothek (s. 1985) - S. 1983 korr. Mitgl. Pfälz. Ges. z. Förd. d. Wiss., s. 1986 Jury-Mitgl. Hermann-Sinsheimer-Preis (Freinsheim).

PAULY, Ferdinand

Dr. phil., Dr. theol., o. Prof. f. Bistums- u. Landesgeschichte Theol. Fak. Trier - Zu erreichen üb. Univ., Theol. Fak., Postf., 5500 Trier - Geb. 3. Jan. 1917 Senheim/Mosel, kath. - S. 1961 Doz., ao. (1965) u. o. Prof. (1968) TF Trier. Bücher, Buchbeitr. u. Ztschr.aufs.

PAULY, Hans

Dr. rer. nat., apl. Prof., Wiss. Direktor Max-Planck-Inst. f. Strömungsforschung Göttingen (s. 1969) - Berliner Str. 7, 3406 Bovenden - Geb. 12. Nov. 1928 Bonn, kath., verh. s. 1960 m. Christa, geb. Nitz, 2 Kd. (Markus, Ursula) - Promot. 1958 Bonn - 1965 Privatdoz. Bonn, 1966 Doz., 1969 Wiss. Mitgl. u. Dir. Göttingen. 95 Publ. u. Buchbeitr. auf d. Geb. d. atom. u. molekul. Stoßproz.

PAULY, Walter

Dr., Dt. Generalkonsul in Marseille (Frankreich) - 388 Av. du Prado, F-13008 Marseille - Geb. 23. Juni 1918 Tübingen (Vater: Kommerzienrat Julius P.; Mutter: Anna, geb. Gold), kath., verh. s. 1968 m. Marianne, geb. Dietrich - Stud. d. Rechtswiss. Univ. München, Genf u. Columbia/USA - 1951 Vizekonsul Paris; 1952 b. 54 Gesandtsch.srat Lissabon; 1959-61 Konsul Genf; 1963-73 Dir. EG Brüssel; s. 1974 Marseille - 1955 Christorden (Portug.); 1974 Ehrendir. Europ. Kommiss. - Spr.: Franz., Engl., Ital., Span., Portug., Niederl.

PAUMEN, Hans

Oberamtsrat, MdL Nordrh.-Westf. (s. 1970) - Fasanenweg 26, 4000 Düsseldorf (T. 42 30 25) - Geb. 24. Juni 1929 Düsseldorf, verh., 3 Kd. - Verwaltungs- u. Wirtschaftsakad. Düsseldorf (Dipl.) - Führ. Funktionen Jg. Union. CDU.

PAUMGARTNER, Gustav

Dr. med., Prof., Direktor Med. Klinik II Univ. München - Tassilostr. 13, 8032 Gräfelfing - Geb. 23. Nov. 1933 Neumarkt/Steiermark (Österr.), kath., verh. s. 1963 m. Dr. med. Dagmar, geb. List †1988 - Matura 1952 Graz; 1952-53 Univ. Princeton; 1954-60 Med.-Stud. Graz u. Wien; Promot. 1960 Wien - Facharzt f. Inn. Med.; 1978 Extraord. Univ. Bern; 1979 Prof. f. Inn. Med. (Lehrst.) Univ. München, ab 1979 Vorst. Med. Klinik II, Klinikum Großhadern ebd.

PAUS, Heinz

Rechtsanwalt u. Notar, Fachanwalt f. Verwaltungsrecht - Baumstr. 16, 4930 Detmold (T. 05231 - 2 50 41) - Geb. 3. März 1948 Alstätte, kath., verh. s. 1977 m. Sabine Wehling, 2 Söhne (Henning, Benedikt) - Stud. Rechtswiss. 1969-73 Münster u. Tübingen; 1. Staatsex. 1973; 2. Staatsex. 1976 - Justitiar d. CDU-Landtagsfraktion NRW; innenpolit. Sprecher; stv. Vors. d. Bundesfachaussch. Innenpolitik d. CDU - 1991 BVK - Liebh.: Gesch., Bergwandern - Spr.: Engl., Niederl.

PAUSCH, Alfons

Dr., Steuerhistoriker, Leiter Dt. Steuer-Museum, Siegburg - Ölbergringweg 8, 5330 Königswinter - Geb. 1. Jan. 1922 Passau - BV: u. a. Schiller u. d. Steuern, 1959; Goethe u. d. Steuern, 1961; Steuerkuriosa s. Menschengedenken, 1962; Steuerseufzer m. Dekor, 1963; Steuervariationen aus aller Welt, 1964; Grillparzer im Finanzdienst, 1975; Friedrich d. Großen Cassen- u. Rechnungswesen, 1977; Steuerromantik, 1978; August d. Starke General-Steuer-Ordn., 1978; Karl VI. Mauth-Steuer-Ordn., 1979; Maria Theresia, Zollordn., 1980; Herzog Eberhard, Zehntabgaben-Ordn., 1981; Kaiser Napoleon, Dt.-franz. Zollordn., 1982; V. Beutesymbol z. Steuerbilanz, Kl. Kulturgesch. d. Rechnungswesens, 1982; Kaiser Maximilian I., Ordnung d. Gemeinen Pfennigs, 1983; Luther u. d. Steuern, 1983; Illustr. Geschichte d. steuerberat. Berufes (Mitautor), 1984; D. Zöllner-Apostel Matthäus, 1985; Beethovens Steuererklärung, 1985; Türkensteuer, 1986; Steuern in d. Bibel, 1986; D. Finanzpersonal im Spiegel d. Gesch., 1987; Heiratssteuer, 1987; Steuerzahler u. Steuerrebellen, 1988; Friedrich List als Steuerfachmann u. Zollpolitiker, 1989; Kleine Weltgesch. d. Steuern, 1989; Steuerzahler, Steuerobrigkeit, Steuerberatung, 1990; Persönlichkeiten d. Steuerrechts, 1992.

PAUSE, Gerhard

Dr. phil., Dipl.-Psych., Universitätsprof. - Habichtsweg 7a, 2120 Lüneburg (T. 4 13 80) - Geb. 25. Febr. 1930 - S. 1964 Prof. f. Psych. Univ. Lüneburg.

PAUSENBERGER, Ehrenfried

Dr. oec. publ., Dipl.-Kfm., o. Prof. f. Betriebswirtschaftl. Univ. Gießen (s. 1973) - Licher Str. 62, 6300 Gießen (T. 702 51 85) - Geb. 10. Mai 1931 Teisnach (Vater: Fritz P., Ltd. Angest.; Mutter: Juliane, geb. Stiglbauer), kath., 2 Kd. (Astrid, Marcus) - Stud. Univ. München u. Freiburg; Dipl.ex. 1955; Promot. 1957 - 1968-73 o. Prof. Hochsch. f. Wirtsch. u. Politik Hamburg. Wiss. Leit. Arbeitskr. Organisation u. Führ. intern. tätiger Unternehmen d. Schmalenbach-Ges. - DGfB; Fellow of the Acad. of Intern. Business. - BV: Gründungen, Umwandlungen u. Fusionen, 1961 (m. L. Beckmann); Wert u. Bewertung, 1962; Intern. Unternehm. in Entwicklungsländern. Ihre Strategien u. Erfahr., 1980; Intern. Management. Ansätze u. Ergebnisse betriebswirtschaftl. Forsch., 1981 (Herausg.); Entwicklungsländer als Handlungsfelder intern. Unternehmungen, 1982 (Hrsg.); Praxis d. intern. Finanzmanagement, 1985 (m. H. Völker) - Spr.: Engl., Franz. - Rotarier.

PAUSEWANG, Gudrun

Schriftstellerin - Brüder-Grimm-Weg 11, 6407 Schlitz - Geb. 3. März 1928 - BV: Rio Amargo, R. 1959; D. Weg n. Tongay, Erz. 1964; Plaza Fortuna, R. 1966; Bolivian. Hochzeit, R. 1968; D. Entführung d. Dona Agata, R. 1971; Aufstieg u. Untergang d. Insel Delfina, 1973; Karneval u. Karfreitag, R. 1976; Wie gewaltig kommt d. Fluß daher, R. 1978; D. Freiheit d. Ramon Acosta, R. 1981; D. letzten Kinder v. Schewenborn, Erz. 1983; Kinderbesuch, R. 1984; Etwas läßt sich doch bewirken, R. 1984; Pepe Amado, R. 1986; D. Wolke, R. 1987; Ich gebe nicht auf, Texte 1987; D. Tor z. Garten d. Zambranos, R. 1988; Fern v. d. Rosinkawiese, dokument. Bericht 1989; Kreuzweg f. d. Schöpfung, Bericht 1990; Geliebte Rosinkawiese, dokument. Bericht 1990. Herausg.: Südamerika aus erster Hand (1970); Übers. in mehrere Spr. - 1978 u. 84 Jugendbuchpreis Buxtehuder Bulle; 1984 Gustav-Heinemann-Friedenspreis (f. D. letzten Kinder ...); 1988 Dt. Jugendbuchpreis (f. D. Wolke).

PAUW, Ernst-Josef

Dr. rer. pol., Bankkaufmann, Generalbevollm. Lampebank, Hamburg - Bellevue 4, 2000 Hamburg 60 - Geb. 6. Okt. 1938 Lobberich - Dipl.-Kfm. 1966. Promot. 1968 - AR Studio Hamburg Atelier GmbH; Mitgl. Außenwirtschafts-Aussch. IHK Hamburg, u. Kulturring d. Studien- u. Förderges. d. Schlesw.-Holst. Wirtsch., Rendsburg - BV: Aspects of Financial Developments in Undeveloped Countries; D. Bankwesen in Ostafrika.

PAVEL, Hans-Joachim

Verlagsleiter, Chefdramat. Bayer. Staatstheater München/Kammersp. - Leopoldstr. 38a, 8000 München 40 (T. 089 - 34 52 18) - Geb. 13. Juli 1919 Guben/NL (Vater: Emil P., Arbeiter; Mutter: Elisabeth, geb. Krieger), ev., gesch., 3 Töcht. (Angela, Isabella, Stefanie) - Stud. Paris (1938), Berlin (1939), Freiburg/Br. (1944) - S. 1953 Verlagsleit. Div. Übers., dar. Giraudoux, Topaze, Beaumarchais - Liebh.: Archäol. - Spr.: Franz.

PAVLIK, Ladislav

Regisseur, Geschäftsf. Filmproduktion IMPULS-STUDIO München - Ottweiler Str. 6, 8000 München 83 (T. 089 - 670 11 04) - Geb. 18. März 1927 Louny/CSSR (Vater: Dipl.-Ing. Ladislav P.; Mutter: Marta, geb. Nováková), kath., verh. s. 1962 m. Melanie, geb. Veselá, T. Eva - Bühneninsz.; Kurzfilme u. Tonbildschauen - Spr.: Deutsch, Tschech., Engl.

PAWASSAR, Klaus

Prof., Dozent, Leiter Opern-Inst. Musikhochschule Köln (s. 1972) - Lotharstr. 32, 5000 Köln 41 - Geb. 19. Juni 1926 Riga-Lettland (Vater: Walter P., Angest.; Mutter: Irene, geb. Sadikoff), verh. s. 1955 m. Lilly, geb. Sunder, 3 Kd. (Frank, Georg, Irene) - Konservat. Riga, Lodz; Hochsch. Berlin-Charl., Detmold; 1950 Kapellm. Hagen, 1954 Opernkapellm. Augsburg,1964 Studienleit. u. Dir. Oper Köln, 1972 Leit. d. Opern-Inst. Musikhochsch. Köln - Orch.-Werke, Lieder, Klavierw. (nicht verlegt) - Silb. Ehrenz. d. Gen. Dt. Bühnenangeh. - Spr.: Engl., Lettisch, Ital.

PAWELKE, Ansgar

Rechtsanwalt, Geschäftsführer d. Arbeitgeberverb. d. Papierind. Sachsen/Thüringen-Asat (s. 1990) - Keplerstr. Nr. 16, 5300 Bonn-Bad Godesberg - Geb. 14. Sept. 1925 - B. 1990 Hauptgeschäftsf. Vereinig. d. Arbeitgeberverb. d. Dt. Papierind., Bonn.

PAWELSKI, Oskar

Dr.-Ing., Dipl.-Ing., Prof. TH Aachen (s. 1976) - Max-Planck-Str. 1, 4000 Düsseldorf (T. 6 79 21) - Geb. 21. April 1933 Witten/R. - Stud. Allg. Maschinenbau TH Hannover; Dipl.ex. 1957; Promot. 1960; Habil. 1970 Clausthal. S. 1971 Wiss. Mitglied u. Dir. Max-Planck-Inst. f. Eisenforschung, Düsseldorf; 1971 apl. Prof. TU Clausthal. Fachmitgl.sch. Mitarb. div. Fachb. - 1968 Masing-Gedächtnis-Preis - Liebh.: Violinspiel (Streichquartett) - Spr.: Engl.

PAWELZIK, Horst

Dr., Fabrikant, Inh. Nordchemie Chem. Fabrik Hamburg-Oldesloe - Ratzeburger Str. 9, 2060 Bad Oldesloe.

PAWLEK, Franz

Dr.-Ing., o. Prof. f. Metallhüttenkunde (emerit.) - Viktoriastr. 14, 1000 Berlin 45 (T. 833 50 18) - Geb. 11. Aug. 1903 Wien (Vater: Franz P., Handelsvertr.; Mutter: Adele, geb. Waber), kath., verw., 3 Kd. (Klaus, Rudolf, Brigitte) - TH Wien (Chemie; Promot. 1927) - 1927-31 Kelsen-Labor; 1931-46 AEG-Forschungsinst. (1939 Leit. Metallurg.-magnet. Abt.); s. 1946 TU Berlin (1948 ao., 1951 o. Prof.) - BV: Magnet. Werkstoffe, 1951; Metallhüttenkd., 1983. Üb. 100 Einzelarb. - 1978 Gold. Doktordipl. TU Wien; 1983 Ehrenmitgl. TU Berlin; 1986 Georg Agricola Denkmünze der G.D.M.B. - Liebh.: Fotogr. - Spr.: Engl.

PAWLIK, Kurt

Dr. phil., o. Prof. u. Direktor Psycholog. Inst. Univ. Hamburg (s. 1966) - Von-Melle-Park 11, 2000 Hamburg 13 (T. 41 23 47 22) - Geb. 16. März 1934 Wien - Promot. (sub auspiciis praesidentis) u. Habil. Wien - 1970-74 Präs. Criminol. Scientific Council Europarat Straßburg; 1972-74 Präs., 1974-76 Vizepräs. Dt. Ges. f. Psych.; 1976-83 stv. Vors. Fachgutachteraussch. Psych. DFG; 1978-84 Dep. Secretary-General, s. 1984 Secretary-General, International Union of Psychological Science. Abgel. Rufe: Canberra/Austral., Düsseldorf, Bonn, Mainz, Wien - BV: Personality Tests in Object. Test Dev., 1965; Dimensionen d. Verhaltens, 3. A. 1976; Diagnose der Diagnostik, 1977 (span. 1980); Multivariate Persönlichkeitsforsch., 1982; Fortschr. d. Experimentalpsychol. 1984. Herausg.: Meth. d. Psychol. (s. 1981); Internat. Dir. of Psychologists (1985); Diagnostische u. Allg. Psychol. (1988). Mithrsg.: Lehr- u. Forsch.texte Psych. (s. 1981); Multivariate Behavioral Res. (1967-75); Psych. Forsch. (1975-79); The German Journal of Psych. (s. 1977); Ztschr. f. Different. u. Diagnost. Psych. (s. 1978); Intern. Journal of Psych. (s. 1979); Methodika (s. 1984); Rev. of Personality and Sociel Psychol. (s. 1981).

PAWLIK, Peter-Michael

Dr. jur., Richter a.D., MdBB (s. 1983) - Kapitän-Dallmann-Str. 8, 2820 Bremen 71 (Blumenthal) - Geb. 16. Juli 1945 Bremen - Stud. Rechtswiss. Univ. Münster, 1. Staatsex. 1969, 2. Staatsex. 1973; Promot. 1973 - CDU (s. 1974 Vors. Kreisverb. Bremen-Nord) - Liebh.: Handelsschiffahrt, Schiffahrts- u. Schiffbaugesch.

PAWLIK, Sieghard

Ingenieur, MdL Hessen (s. 1978) - Am Lachgraben 20a, 6000 Frankfurt/M. 80 - Geb. 23. Juni 1941 Berlin - Hauptsch. Berlin; Maschinenschlosserlehre; Schweißerausbild.; 2 1/2 J. Abendkurse; 3 J. Beuth-Sch. ebd. (Ing. (Verfahrenstechnik)/grad.) - Elektro- und Gasschmelzschweißer/Rohrleitungsbau Berlin; s. 1961 Ing. Hoechst AG., Frankfurt. 1972 ff. Stadtverordn. Frankfurt. SPD (Mitgl. Unterbezirksvorst.).

PAWLOWSKI, Hans-Martin

Dr. jur., o. Prof. f. Bürgerl. Recht, Zivilprozeßrecht und Rechtsphilosophie Univ. Mannheim (s. 1966; 1969/70 Rektor) - Siegfriedstr. 11, 6905 Schriesheim (T. Schriesh. 6 16 83) - Geb. 30. Okt. 1931 Bochum (Vater: Martin P., Amtsgerichtsdir.; Mutter: Änne, geb. Böke), ev., verh. s. 1960 m. Dr. jur. Enka, geb. Korn, 4 Kd. - Univ. Münster, München, Freiburg (Rechtswiss.). Jurist. Staatsprüf. 1955 (Hamm) u. 60 (Düsseldorf). Promot. 1960; Habil 1964 (beides Göttingen) - BV: D. Rechtsbesitz im geltenden Sachen- u. im Materialgüterrecht, 1961; Rechtsgeschäftl. Folgen nichtiger Willenserklärungen, 1966; Gesetz u. Freiheit, 1969; D. Stud. d. Rechtswiss., 1969; Allg. Teil d. bürgerl. Rechts, 3. A. 1987; Methodenlehre f. Juristen, 1980, 2. A. 1991; Einf. in d. Jurist. Methodenlehre, 1986. Fachaufs.

PAWLU, Erich

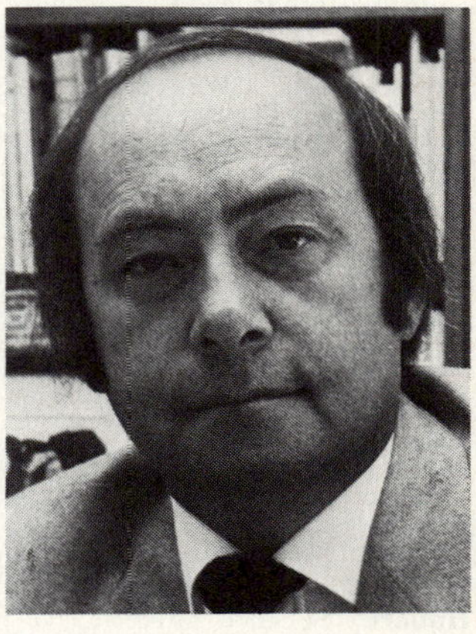

Studiendirektor, Schriftsteller - Steicheleallee 11, 8880 Dillingen (T. 09071 - 21 51) - Geb. 24. Febr. 1934 Frankstadt/Nordmähren, kath., verh. s. 1976 m. Marlene, geb. Kraus, 2 Kd. (Christian, Annette) - Abit. 1953 Human. Gymn. Ingolstadt; Stud. German., Gesch. u. Geogr. Univ. München, 1. Staatsex. 1957 München, 2. Staatsex. 1959 Regensburg; Referendarausb. Neu-Ulm, Marktredwitz u. Schwabach - S. 1959 Gymnasiallehrer Dillingen; ständ. Mitarb. Südd. Ztg., Neue Zürcher Ztg., D. Welt, SDR u. div. Computerfachztschr. m. Satiren; Tätigk. als Theater- u. Kunstkritiker; Leit. u. Ref. b. Lehrgängen Akad. f. Lehrerfortb. Dillingen; Mitgl. Künstlergilde Eßlingen; Autor v. Schulfunk-Send., Hörsp. u. Rundfunksketchen, Serien, Berichte u. Reportagen f. d. Augsburger Allg. - BV: Lehrdichtung, 1978; Literaturkritik, 1980; Gestörte Spiele od. D. umgedrehte Hitlerbild, Erz. 1981; E. kl. bißchen Reife, Erz. 1982; D. Wunderwelt d. Menschenseele, Sat. 1983; Wenn d. Computer Gesch. macht, Sat. 1986; V. Glück d. Denkpausen, Sat. 1987; Glück in trüben Zeiten, Sat. 1988; Skurrile Balladen, Ged. 1989; Gefühle auf Diskette, Sat. 1991 - 1968 Geldpreis d. Arbeits- u. Sozialmin. NRW; 1969 Förderungspr. Ostd. Kulturrat Bonn (f. Erz.); 1986 Sudetendt. Kulturpreis f. Lit.; 1986 u. 88 Erzählerpreis d. Ostdt. Kulturrates; Träger d. Achievement Award Medal - Liebh.: Bild. Kunst, Musik, Reisen - Spr.: Engl.

PECHEL, Peter

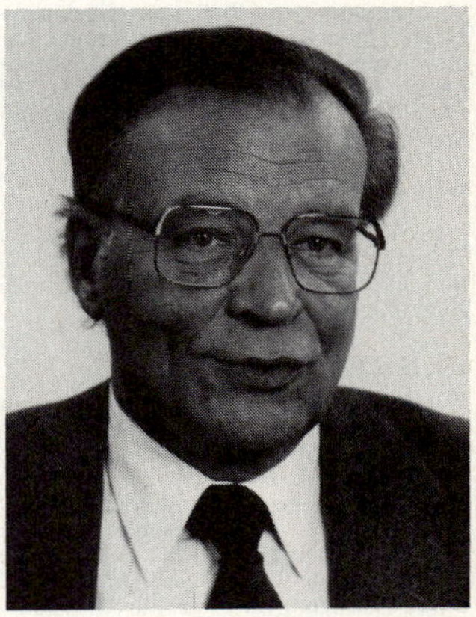

Dr. oec. publ., Chefredakteur a. D., Schriftst., stv. Vorsitzender CARE-Deutschland, Director CARE-International - Auf dem Girzen 4, 5307 Wachtberg - Geb. 21. April 1920 Berlin (Vater: Dr. phil., Dr. phil. h. c. Rudolf P., Publizist, Herausg. Dt. Rundschau; Mutter: Maria, geb. Fürst), ev.-luth., verh. s. 1953 m. Alice, geb. Prandhoff †, 2 Kd. (Vera-Maria, Peter) - Arndt-Gymn. Berlin; Univ. ebd., Göttingen, München, Zürich (Volksw., Staatswiss., Ztg.swiss.; Promot. 1950) - 1950-53 Redakt. Südwestfunk; 1954-59 Londoner Korresp. SWF, SFB, Radio Bremen, Ullstein-Verlag; 1960-66 Amerika-Korresp. Bayer. Rundf., SWF, SFB, Hess. Rundf., Radio Bremen, 1966-81 Chefredakt. SFB; Leit. u. Moderator Fernsehmagazin Kontraste u. FS-Pressekonferenz. Mitgl. Dt. Journalisten-Verb. - BV: D. Einkommensteuer im bundesstaatl. Finanzausgleich, 1950 (Diss.); Deutsche im Zweiten Weltkrieg - Zeitzeugen sprechen u. Voices from the Third Reich - An oral history (m. J. Steinhoff, D. Showalter), 1989. Mithrsg.: Dt. Rundschau (1963ff.) - U. a. EK 1; 1971 BVK; 1976 BVK I. Kl.; 1980 Jakob-Kaiser-Preis; 1986 Gr. BVK - Liebh.: Lesen, Reisen, Autofahren, Unterwasserfilmen - Spr.: Engl., Franz. - Rotarier - Bruder: Jürgen P. † 1969 (s. XV. Ausg.).

PECHMANN, Freiherr von, Hubert

Dr. oec. publ., o. Prof. f. Forstwissenschaft - Scherleweg 15, 8180 Tegernsee/Obb. (T. 47 87) - Geb. 19. Juli 1905 München (Vater: Friedrich Frhr. v. P., Generallt.; Mutter: Elisabeth, geb. Dornier), verh. m. Dr. med. Gertrud, geb. Schnitzler - Gymn. München; Univ. ebd. u. Freiburg (Forstwiss.). Habil 1938 München - 1938-73 (emerit.) Lehrtätigk. Univ. München (1948 Ord. u. Inst.-vorst.). Zahlr. Fachveröff.

PECHSTEIN, Johannes

Dr. med., Prof., Leitender Medizinaldirektor, Kinderarzt, Kinder- u. Jugendpsychiater - Zu erreichen üb. Kinderneurol. Zentrum, Hartmühlenweg 2/4, 6500 Mainz 1 - Geb. 13. Aug. 1930 Dresden, ev., verh. s. 1957 m. Ingeborg, geb. Reschke, 3 Kd. (Dr. med. Annette, Dr. jur. Matthias, Doris) - Stud. Humanmed. 1950-56 Humboldt-Univ. Berlin, FU Berlin, Univ. München - Dir. Kinderneurologisches Zentrum Rhld.-Pfalz, Inst. f. Soziale Pädiatrie in Mainz; Vorst.-Mitgl. Dt. Ges. f. Sozalpädiatrie u. Dt. Liga f. d. Kind - BV: Verlorene Kinder?, 1972; Umweltabhängigkeit d. frühkindlichen zentralnervösen Entwicklung, 1974; Sozialpädiatrische Zentren, 1975. Beitr. Handb. f. Kinderheilkd. etc. - Spr.: Engl. - Bek. Vorf.: Maler Max Pechstein.

PEDDINGHAUS, Günter

Dipl.-Ing., Fabrikant, Mitinh. Carl Dan. Peddinghaus GmbH & Co. KG - Hochstr. 5, 5828 Ennepetal 1 (T. 02333 - 79 62 70) - Geb. 27. Sept. 1908 Altenvoerde, verh. m. Josi, geb. Breimer - Univ. Hannover - S. 1934 Familienunternehmen - Ehrensen. TH Hannover (jetzt TU); Ehrenmitgl. Präsid. AIF (Arb.-Gem. Ind. Forschungsvereinig.) - Spr.: Engl., Franz. - Rotarier.

PEDELL, Klaus

Dipl.-Kfm., Bankdirektor - Zum Ebersberg 12, 3257 Springe 1 - Geb. 12. Mai 1935 - Geschäftsfg.-Mitgl. Quelle Bank GmbH & Co., Nürnberg.

PEDRETTI, Erica

Schriftstellerin u. Bildhauerin - 4 chemin d Beau Site, CH-2520 La Neuveville - Geb. 1930 CSFR - BV: u.a. Harmloses, bitte, R. 1970; Hl. Sebastian, R. 1973; D. Zertrümmerung v. d. Kind Karl/Veränd., R. 1977; Sonnenaufgänge Sonnenuntergänge, E. 1984; Valerie od. D. unerzogene Auge, R. 1986; Mal laut u. falsch singen, K. 1986. Div. Anthol. - Zahlr. Ausz., dar. Buchpreis schweiz. Schiller-Stiftg.; 1970 Prix Suisse; Berner Lit.pr.; 1984 Ingeborg-Bachmann-Pr.; korr. Mitgl. Dt. Akad. f. Spr. u. Dichtung Darmstadt.

PÉE, Herbert

Dr. phil., Museumsdirektor, Kunsthistoriker, Direktor i.R. Staatl. Graphische Samml., München (1971-78) - Suessenguthstr. 28, 8000 München 60 (T. 089 - 811 35 79) - Geb. 7. Juli 1913 Halberstadt (Vater: Georg P., Kaufmann; Mutter: Gertrud, geborene Herbst), ev., verh. s. 1944 m. Lieselotte, geb. Lehmann, Tocht. Gabriele - Gymn. (1919-31) Halberstadt; 1931-37 Stud. Kunstgesch. München, Berlin, Göttingen; Promot. - 1945-47 Amt f. Denkmalspflege, Braunschweig; 1947-51 Assist. Kunsthalle Hamburg; 1952-70 Dir. Ulmer Museum, Ulm - BV: u. a. Joh. Heinr. Schönfeld, 1971 - Spr.: Ital., Engl.

PEEGE, Joachim

Dr. rer. pol., Dipl.-Kfm., Dipl.-Hdl., o. Prof. f. Pädagogik, insb. Wirtschaftspäd. Univ. Mainz - Weidmannstr. 23, 6500 Mainz (T. 8 26 45) - Geb. 11. Juli 1923 Königsberg/Neumark - Habil. 1966 Erlangen - BV: u. a. Polit. Bildung aus d. Sicht d. Wirtschaftspädagogen, 1967; D. Fachschulreife, 1967; Kontakte m. d. Wirtschaftspädagogik, 1967; D. kaufm. Bildungswesen i. Rheinland-Pfalz, 1970; Konzeptionen ü. d. berufs- u. arbeitspädagogischen Kenntnisse d. Ausbilder, 1973; Individualis. d. Unterr. durch Wahlpflichtdifferenzier. in d. Realsch., 1977; Kosten d. Berufsausbild. Bankkaufm./Sparkassenkaufm., 1980; D. Betrieb im dualen System d. Berufsbildung, 1987; D. Berufsschule im dualen System d. Berufsbildung, 1988. Etwa 200 weitere Einzelarb.

PEEK, Werner

Dr. phil., Prof. f. Klass. Philologie Univ. Bielefeld - Dornberger Str. 86a, 4800 Bielefeld 1 (T. 0521 - 12 31 23) - Geb. 6. Juni 1904 Bielefeld (Vater: Heinrich P., Lehrer; Mutter: Alwine, geb. Meyer z. Selhausen), ev., verh. s. 1933 m. Dr. Ilse, geb. Schnelle, 3 Kd. (Ulrich, Holle, Imme) - 1923-29 Univ. Münster, Göttingen u. Berlin (Promot. 1929, Habil. 1937) - 1937-43 Doz., 1943-45 apl. Prof. Berlin; 1951-65 Ord. Halle/S. - Entd.: Theater d. antiken Stadt Epidauros, 1972 - BV: D. Isishymnus v. Andros, 1930; Kerameikos, Ergebn. d. Ausgrab. III, 1941; Griech. Versinschriften I, 1955; Griech. Grabged. 1960 - Mitgl. Akad. d. Wiss.: DDR, Sachsen, Heidelberg, Athen; Mitgl. Dt. Archäol. Inst.; Nationalpreis DDR; Ehrensenator Griech. Archäol. Ges. - Spr.: Engl., Franz., Ital., Neugriech.

PEEKEN, Heinz

Dr.-Ing., o. Prof. u. Direktor Inst. f. Maschinenelemente u. -gestaltung RWTH Aachen, Präs. Ges. f. Tribologie - Am Pannhaus 1, 5100 Aachen-Laurensberg (T. 0241 - 1 29 28) - Geb. 7. Nov. 1925 Schleswig - Habil. 1964 Braunschweig (TU).

PEESEL, Heinrich

Dr.-Ing., Direktor, Vors. d. Geschäftsfg. Rollei-Werke Franke & Heidecke (gegr. 1920), Braunschweig (s. 1964) - Tulpenweg 20, 3300 Braunschweig (T. 35 12 38; Büro: 70 71) - Geb. 4. März 1920 Steimke/Lünebg. Heide (Vater: Landwirt), verh. - Stud. Elektrotechnik u. Physik (durch Kriegsdst. unterbr.). Promot. 1958 (Diss.: Massives Eisen im Drehfeld) - U. s. Techn. Dir. Hamburg u. Geschäftsf. Darmstadt - Liebh.: Lesen, Klass. Musik, Fotogr., Golf - Rotarier.

PEETZ, Arthur

I. Bürgermeister Stadt Gefrees - Rathaus, 8586 Gefrees/Ofr. - Geb. 15. Jan. 1928 Gefrees - Zul. Stadtoberinsp. SPD.

PEETZ, Ulrich

Dr. rer. nat., Geschäftsführer Chem. Fabrik Kalk GmbH., Köln-Kalk - Schloßfeldweg 51, 5060 Bensberg Kr. Köln - Geb. 8. Aug. 1921 Halle/S. - Stud. Chemie.

PEFFEKOVEN, Rolf

Dr. rer. pol., Prof. f. Finanzwissenschaft Univ. Mainz, Inst.-Direktor - Kelterweg 12, 6500 Mainz 42 (T. 06131 - 50 43 17) - Geb. 29. Juni 1938 Gummersbach (Vater: Hermann P., kfm. Angest.; Mutter: Anneliese, geb. Weise), kath., verh. s. 1975 m. Andrea, geb. Matthiesen - Dipl.-Volksw. 1963 Univ. Bonn; Promot. 1966 TU Berlin, Habil. 1970 Univ. Mainz - 1970-80 o. Prof. Ruhr-Univ. Bochum; 1980-83 Univ. Kiel (Dir. Inst. f. Finanzwiss.); s. 1983 Univ. Mainz. S. 1973 Mitgl. Wiss. Beirat Bundesmin. d. Finanzen, s. 1985 Mitgl. Wiss. Beirat Univ. Sem. d. Wirtsch.; 1988/89 Wiss. Dir. Univ. Sem. d. Wirtsch.; s. 1991 Mitgl. Sachverständigenrat z. Begutacht. d. gesamtwirtsch. Entwickl. - BV: Zölle u. Lohnquote, 1966; Z. Theorie d. Steuerexports, 1975; Einf. in d. Grundbegriffe d. Finanzwiss., 1976, 2. A. 1986 - 1987 Hochschulmed. d. Hochsch. f. Verw.-Wiss. Speyer - Spr.: Engl., Franz.

PEHLE, William

Geschäftsf. Gesellschafter HMS Media Service GmbH - Irenenstr. 29, 6200 Wiesbaden - Geb. 3. Sept. 1946 Lokeren/Belg., verh.

PEHNT, Wolfgang

Dr. phil., Architekturhistoriker, Leit. Abt. Literatur u. Kunst Deutschlandfunk - Danziger Str. 2a, 5000 Köln 40 (T. 02234 - 7 31 59) - Geb. 3. Sept. 1931 Kassel (Vater: Walter P., Chefredakt.; Mutter: Herta, geb. Rohland), verh. s. 1962 m. Antje, geb. Dahl, 2 Kd. (Annette, Martin) - Univ. Marburg, München, Frankfurt; Promot. 1956 - 1956-63 Verlagslektor; 1963ff. Redakt. u. Leit. Abt. Lit. u. Kunst Deutschl.f.; SS 1992 Gastprof. Univ. Bochum - BV: Neue dt. Arch., 1970; D. Arch. d. Expressionismus, 1974 u. 81; D. Anfang d. Bescheidenh., 1983; D. Ende d. Zuversicht, 1983; Architekturzeichnungen d. Expressionismus, 1985; Karljosef Schattner, e. Architekt aus Eichstätt, 1988; D. Erfindung d. Geschichte, 1989; Rudolf Steiner, Goetheanum, 1991 - 1979 Dt. Preis f. Denkmalschutz; 1984 DAI-Literaturpr.; 1988 BDA-Kritikerpreis.

PEIFFER, Jürgen

Dr. med., em. o. Prof. f. Neuropathologie u. ehem. Direktor Inst. f. Hirnforschung Univ. Tübingen (1964-88) - Haldenbachstr. 17, 7400 Tübingen 9 (T. 8 12 09) - Geb. 1. Dez. 1922 Berlin, verh. s. 1951 - Eberhard-Ludwig-Gymn. Stuttgart; Univ. München. Promot. 1950 München; Habil. 1961 Würzburg - 1950-51 Univ.-Nervenklinik München; 1951-56 Dt. Forschungsanstalt f. Psychiatrie (Max-Planck-Inst.) ebd.; 1956-62 Univ.-Nervenklinik Würzburg; 1962-64 Neurol. Univ.klinik Gießen; Rektor u. Prorektor d. Univ. Tübingen 1968-71; Mitgl. d. Wissenschaftsrates s. 1972-77; Vors. d. Wiss. Kommission u. d. Aussch. Medizin d. Wissenschaftsrates; Ordentl. Mitgl. d. Heidelberger Akad. d. Wiss.; 1974-87 Senator d. Max-Planck-Gesellsch.; Mitgl. d. Wiss. Beir. d. Bundesärztekammer; Vors. Dtsch. Ges. f. Neuropathol. 1977/78. Spez. Arbeitsgeb.: Neuropathologie, vorwiegend Stoffwechselkrankh. d. Gehirns, morphologische Grundl. d. Schwachsinns. Mitgl. in- u. ausl. Fachges. - BV: Morphol. Aspekte d. Epilepsien, 1963; Neuropathol. im Lehrb. d. Pathol. (Ed. Rotter) 1975, 1978, 1980 u. im Lehrb. d. spez. Pathol. (Ed. Remmele), 1984; Medizin im Nationalsozialismus, 1991 - 1964 Preis Michael-Stiftg.

PEIL, Eckehart

Dr. jur., Rechtsanwalt, MdL SPD Nieders. (1974-82) - Schulstr. 12A, 3167 Burgdorf (T. 12 77) - Geb. 1935 Siegen - Univ. Göttingen, Tübingen, San Antonio (USA), Heidelberg (Rechts- u. Staatswiss.) - Ab 1980 Hauptgeschäftsf. Nieders. Städtetag, Hannover.

PEILER, Herbert

Sportjournalist - Eberhard-Wildermuth-Str. 23, 3500 Kassel - Geb. 17. Jan. 1921 Kassel (Vater: Friedrich P., Polizeibeamter; Mutter: Emilie, geb. Heubach), ev., verh. s. 1948 m. Margarete, geb. Müller, 3 Kd. (Hannelore, Walter, Ullrich) - 1946/47 Zeitungsvolont.; Sem. Columbia-Univ. New York, Prakt. in Houston u. Kansas City (USA) - 1947-81 Sport-Ressortleit. Kasseler Ztg., Kasseler Post u. Hess.-Nieders. Allg. (s. 1981 i. R.) - 1943 Ehrenblatt Dt. Heer; 1981 Sportplak. in Gold Stadt Kassel; 1981 BVK - 1971 Gold. Sportabz.; 1949 Fußball-Landesmeister m. Hessen Kassel - Spr.: Engl.

PEINE, Franz-Joseph

Dr. jur., Prof. f. Öffentl. Recht, FB Rechtswiss. FU Berlin - Telgter Str. 48, 4800 Bielefeld - Geb. 18. Aug. 1946 Detmold, kath., verh. s. 1978 m. Dr. Hannelore, geb. Orth, 3 S. (Matthias, Christopher, Michael) - 1969-74 Stud. Univ. Göttingen, Bielefeld (Rechtswiss.); 1974-76 Refer.; Promot. 1978; Habil. 1982 - 1976-82 wiss. Assist. Univ. Bielefeld; b. 1990 Prof. Univ. Hannover - BV: D. Recht als System, 1983; Systemgerechtigkeit, 1985; Gesetz üb. techn. Arbeitsmittel, 1986; Raumplanungsrecht, 1987.

PEINECKE, Karl Heinz

Prof., Dozent f. Schlaginstrumente Staatl. Hochschule f. Musik u. Darstell. Kunst - Urbanspl. 2, 7000 Stuttgart.

PEINEMANN, Bernhard

Autor (Ps. Steve B. Peinemann) - Zu erreichen üb. Dt. Inst. f. Ausländer, Heimhuder Str. 39, 2000 Hamburg 13 (T. 040 - 44 00 79) - Geb. 30. April 1948 Helmstedt, led. - Stud. Angl., German., Päd. u. Publiz. Univ. Braunschweig u. Hamburg; Staatsex. 1975 Hamburg - S. 1969 journal. Arb.; s. 1976 Lehrtätigk. S. 1987 Vorst. Dt. Inst. f. Ausländer, Hamburg (m. Lehrauftr. Goethe-Inst.) - BV: Feuer - d. Welt in Flammen, 1985. Veröff. zu Jugendkultur, Gegenkultur, Rockmusik. 2 Lyrikbde. - Liebh.: Gesch. d. Jugendkulturen; Natur; Florentin. Renaissance - Spr.: Engl., Lat., Ital. - Lit.: Kürschners Lit.-Lex.

PEINKOFER, Karl

Prof. Hochsch. f. Musik München, Musiker (Schlaginstr.) - Walchenseestr. 10, 8038 Gröbenzell (T. 08142 - 95 08) - Geb. 10. April 1916 München - BV: Handb. d. Schlagzeugs, 1969 u. 81 (engl. Übers. 1976).

PEIPER, Hans-Jürgen

Dr. med., o. Prof. f. Chirurgie - Senderstr. 41, 3400 Göttingen-Nikolausberg (T. 0551 - 2 26 73) - Geb. 4. Dez. 1925 Frankfurt/M. - Habil. Köln - S. 1967 Prof. Univ. Köln (apl.) u. Göttingen (1969; o.). Etwa 200 Fachveröff.

PEIPER, Ulrich

Dr. med., Prof., Direktor Physiol. Inst. Univ. Hamburg - Univ.-Krankenhaus Eppendorf, Physiol. Inst., Martinistr. 52, 2000 Hamburg 20 - Geb. 25. März 1933 Berlin (Vater: Albrecht P., Univ.-Prof.; Mutter: Herta, geb. Vieth), ev., verh. s. 1958 m. Ingeborg, geb. Dressler, 2 Kd. (Christian, Annette) - Staatsex. (Med.) 1956 Univ. Leipzig, Promot. 1956 ebd.; Habil. 1963 Univ. Würzburg - 1957-59 wiss. Assist. Physiol. Inst. Leipzig u. Würzburg; 1963 Privatdoz. Würzburg; 1968 apl. Prof. ebd.; s. 1981 Abt.-Dir. Physiol. Inst. Hamburg. Beitr. in div. Fachztschr.

PEIPERS, Harald Rudolf

Dr. jur., Hochtief AG. (s. 1956) Vorstandsmitglied - Im Heidkamp 4, 4300 Essen-Bredeney (T. 0201 - 42 44 82) - Geb. 8. März 1928 Bremen (Vater: Dipl.-Ing. Rudolf P.; Mutter: Clemence, geb. Hülbrock), ev., verh. s. 1963 in 2. Ehe m. Ingrid, geb. Aßmann, 4 Kd. (David Harald, Sabine, Carola, Marc Alexander) - Wirtsch.shochsch. Mannheim (Wirtsch.swiss.), Univ. Frankfurt u. Heidelberg (Jura). 1950 u. 1954 Jurist. Staatsprüf.; Promot. 1952 - 1955 La Genevoise, Lebensversich., Genf - Spr.:

Engl., Franz., Span. - Bek. Vorf.: David P., Philosoph (Großv.).

PEISERT, Hansgert

Dr. rer. pol., Prof. (Soziol. u. Bildungsforschung) - Postf. 55 60, 7750 Konstanz (T. 07531 - 8 81) - Geb. 30. April 1928 Berlin - 1956 Promot. (Basel), 1965 Habil. (Tübingen), 1967 apl. Prof. (Konstanz) - BV: Soziale Lage u. Bildungschancen in Dtschl., 1967; D. vorzeit. Abgang v. Gymn. (m. R. Dahrendorf), 1967; D. Ausw. Kulturpolitik d. BRD, 1978; D. Hochschulsystem in d. Bundesrep. Dtschl. (m. G. Framhein), 1979; Studiensituation u. stud. Orientierungen an Univ. u. Fachh. (m. T. Bargel, G. Framhein), 1987. Herausg.: Abiturienten u. Ausbildungswahl (1981).

PEISL, Anton

Dr. oec. publ., Vorstandsmitglied Siemens AG - Wittelsbacherplatz 2, 8000 München 2 (T. 089 - 2 34-24 00) - Geb. 30. Juli 1930 Freising b. München, verh., 3 Kd. (Dr. Martin, Ulrich, Dr. Wolfgang) - Stud. Volks- u. Betriebsw. Univ. München - Spr.: Engl., Franz.

PEISL, Johann S. (Hans)

Dr. rer. nat., Prof. f. Festkörperphysik, Röntgen- und Neutronenphysik, Dipl. Physiker - Wilhelm-Düll-Str. 18, 8000 München 19 (T. 089-157 52 53) - Geb. 11. Sept. 1933 Füssen (Vater: Sebastian P., Konditor; Mutter: Maria, geb. Meisenecker), kath., verh. s. 1960 m. Siegl. P., 2 T. (Anna, Barbara) - Oberrealsch. Füssen, Abit. 1952; TH München, Dipl.-Phys. 1958, Promot. 1962, Habil. 1966 - 1962 Wiss. Assist. TH München, 1963 TH Darmstadt, 1964 Akad. Rat TH Darmstadt, 1967 Doz., 1968 Wiss. Rat u. Prof. TH Darmstadt, 1968/69 Research Assist.-Prof., Physics Department u. Coordinated Science Labor. Univ. of. Illinois/USA, 1971 Prof. TH Darmstadt, 1971 Abt.svorst. u. Prof. Physik-Departm. TU München, s. 1974 o. Prof. f. Experimentalphysik Univ. München - Spr.: Engl.

PEITZ, Hubert

Dr. jur., Vorstandsmitglied Kraftübertragungswerke Rheinfelden AG, stv. Vors. Verb. d. Elektrizitätswerke Bad.-Württ., Stuttgart - Rheinbrückstr. 5-7, 7888 Rheinfelden (Baden) - Geb. 11. Dez. 1934, kath., verh. s. 1963 m. Gabriele, geb. v. Rosenberg, 2 Kd. - Human. Gymn., 1. u. 2. jur. Staatsex., Promot. - B. 1968 Wiss. Assist., 1969-77 Fachanwalt f. Steuerrecht, s. 1978 Vorst-Mitgl., versch. Mand. in AR u. VR sowie Verb.grem.- Spr.: Franz.

PEITZ, Marietta

s. Gesquière-Peitz, Marietta.

PEITZMANN, Stephan

Dipl.-Ing., Geschäftsführung Technik BTS - Broadcast Television Systems GmbH - Robert-Bosch-Str. 7, 6100 Darmstadt; priv.: Auf der Ebene 7, 6144 Zwingenberg.

PEKÁRY, Thomas

Dr. phil., o. Prof. f. Römische Geschichte Univ. Münster (s. 1971) - Zeppelinstr. 8, 4400 Münster (T. 2 55 03) - Geb. 13. Sept. 1929 Budapest (Vater: Deszö, Beamter; Mutter: Ilona, geb. Tory), verh. s. 1954 m. Irène, geb. Horváth - Stud. Archäol., Gesch. Univ. Budapest Bern - 1957-66 Assist. Univ. Bern, 1966-71 Doz. u. apl. Prof. Univ. Kiel - BV: Untersuchungen zu d. röm. Reichsstr., 1968; D. Fundmünzen von Vindonissa, 1971; D. Wirtsch. d. griech.-röm. Antike, 1976 - Spr.: Franz., Engl., Ital., Ungar., Altgriech., Latein.

PEKNY, Romuald

Kammerschauspieler - Neufahrnerstr. 24, 8000 München 80 (T. 98 74 36) - Geb. 1. Juli 1920 Wien (Vater: Rudolf P., Justizbeamter; Mutter: Marie, geb. Jakisch), kath., verh. s. 1951 m. Eva, geb. Petrus, Sohn Thomas - Akad. f. Musik u. Darst. Kunst, Max Reinhardt-Sem. Wien, 1985 Ernennung z. Prof. - Hauptrollen Münchner Kammersp., Wiener Burgtheater u. Salzburger Festsp. - 1982 Kainz-Med. u. Grillparzer-Ring - Liebh.: Musik.

PEKRUN, Martin

Dr.-Ing., Prof. - An der Wabe 26, 3300 Braunschweig (T. 37 23 28) - Geb. 22. April 1918 Dresden (Vater: Ing. Hermann P., Fabrikbesitzer (Getriebe); Mutter: Edith, geb. Kühn), ev., verh. s. 1951 m. Susanne, geb. Bergfeld, 4 Kd. (Reinhard, Wolfgang, Arnulf, Stefanie) - Realgymn. Radebeul; TH Dresden (1939) u. Braunschweig (1946-50; Maschinenbau; Dipl.-Ing.). Promot. 1959 Braunschweig - 1950-62 Konstrukteur (Leit. Entwicklungsabt.); s. 1963 Wiss. Rat u. Prof. TH bzw. TU Braunschweig (Pfleiderer-Inst.). Stv. Obmann Normengruppe Pumpen. Spez. Arbeitsgeb.: Kreiselpumpen - BV: Messungen an Pumpenanlagen, 1952. Beitr.: Taschenb. Hydraulik (1961) u. Betriebshütte (1964) - Spr.: Engl., Franz. - Bek. Vorf.: Otto P., Erfinder Pekrun-Getriebe (Großv.); Gustav Kühn, Schöpfer Neuruppiner Bilderbogen (Urgroßv. ms.).

PELCHEN, Georg

Dr. jur., Bundesanwalt - Herrenstr. 45a, 7500 Karlsruhe - Geb. 5. Juli 1915 - S. 1953 Bundesanwaltschaft b. Bundesgerichtshof (b. 1966 Oberstaats-, dann Bundesanw.).

PELLENS, Karl

Dr. phil., o. Prof. f. mittelalterl. u. frühneuzeitl. Gesch. u. Didaktik d. Gesch. - Lindenweg 2, 7981 Schlier 2 (T. 07529 - 8 41) - Geb. 13. April 1934 Essen, kath., verh. s. 1962 m. Margot, geb. Kamps, 3 Kd. (Ulrike, Norbert, Wolfgang) - Human. Gymn.; Stud. Gesch., Deutsch u. Franz. Univ. Bonn, Freiburg/Br. u. Freiburg/Schweiz (Promot. 1957); Ass. 1961 Trier - 1961-72 wiss. Mitarb. v. Joseph Lortz Inst. f. Europ. Gesch. Mainz; ab 1972 Prof. PH Weingarten/Württ. S. 1989 1. Vors. Intern. Ges. f. Geschichtsdidaktik. Herausg.: Mitteil. Intern. Ges. f. Geschichtsdidaktik (s. 1980); Studien z. Normann. Anonymus, 3 Bde. (1966-77); Didaktik d. Gesch. (1978); Geschichtskultur - Geschichtsdidaktik. Intern. Bibliogr. (1984, m. S. Quandt u. H. Süssmuth, 2. A. stark erweit. in Vorb.; Dorf - Stadt - Nation (1987); Oberschwaben. Zeugnisse seiner Gesch. (1987); Oberschwaben im Geschichtsunterricht (1989); Sonderheft Ungarn GPD, 1990; Histor. Gedenkjahre im polit. Bewußtsein, 1992 - Interessen: Intern. Austausch, europ. Zusammenarbeit - Spr.: Franz., Engl. - Lit.: Kürschners Gelehrtenkalender.

PELLERT, Wilhelm

Dr. phil., Schriftsteller, Regiss. - Erzbischofg. 25, A-1130 Wien (T. 0222 - 82 88 15) - Geb. 26. Jan. 1950 Wien, kath., verh. s. 1987 m. Ada, geb. Pirker, S. Maximilian - Realgymn. (Abit. 1968); Stud. Theaterwiss. u. German. Univ. Wien; Promot. 1978 - BV: Ulenspiegel, 1977; Neues Theater in d. Scala, 1979; Jesus v. Ottakring, 1980; Fahr wohl ins Leben, 1984; Fridolin u. Barto, 1985; D. Achte Zwerg, 1986; D. Bienenkönig, 1989; Ada u. Oma in Togo, 1990; Ayana u. d. goldenen Tor, 1992 - 1973 u. 1989 Theodor Körner Preis f. Lit.; 1976 Pr. d. Wiener Kunstfonds f. Film; 1979 Förderungspr. f. Film; 1983 Förderungspr. f. Lit. - Spr.: Engl., Franz.

PELLETIER, Gerd H.

ARD-Korrespondent Fernsehstudio Bonn (s. 1989) - Dahlmannstr. 14, 5300 Bonn 2 - Geb. 1. Juni 1935 Köln, ev., verh. s. 1962 m. Ingrid, geb. Hohnrath, 2 Kd. (Nicole, Marcel) - 1955-58 Stud. Angl., Publiz., Völkerrecht, Marxismus Univ. Münster u. FU Berlin - 1958-60 Zeitschr.-Redakt.; 1960-71 fr. Mitarb. FS, 1971-74 Auslandsredakt. WDR Ferns.; 1974-78 Ausl.-Koresp. ARD-Studio Washington; 1978-82 ARD-Fernsehstudio Bonn; 1982-88 Fernost-Korresp. u. Studio-Leit. Dt. Fernsehen (f. Japan u. Korea) in Tokio.

PELLNITZ, Dietrich

Dr. med., Prof., Chefarzt a. D., Konsiliararzt f. HNO Martin-Luther-Krkhs., Berlin - Kastanienallee 24, 1000 Berlin 19 (T. 302 20 58) - Geb. 31. Okt. 1913 Bernburg/S. - S. 1953 (Habil.) Lehrtätigk. FU Berlin (1960 apl. Prof. f. HNO-Heilkd.). Zahlr. Fachveröff. (auch Buchbeitr.) - Ehrenmitgl. mehrerer wissenschaftl. Ges. - 1984 BVK I. Kl. - Rotarier (1968/69 Clubpräs. Berlin).

PELNY, Stefan

Dr., Staatssekretär Staatskanzlei Kiel - Landeshaus, Düsternbrooker Weg 70, 2300 Kiel (T. 0431 - 5 96-24 00) - Geb. 24. März 1938 Stettin/Pommern, ev., verh. s. 1963 m. Inken, geb. Rüter, 2 Töcht. (Katja, Hannah) - 1958-62 Stud. Rechtswiss. Freiburg/Br. u. München; jurist. Vorbereitungsdst., 1962 2. Jurist. Staatsprüf.; Stud. Yale Law School, LL.M., Promot. - 1969 Richter Amtsgericht Lörrach; 1970-72 Ref. im Bundeskanzleramt; 1972-77 Leit. d. Büros d. Chefs d. Bundeskanzleramtes; 1977-83 Leit. d. Gruppe Polit. Planung d. Legislaturperiode in d. Planungsabt. d. Bundeskanzleramtes, stv. Abt.leit.; 1983-87 Vizepräs. Bundesamt f. Verfassungschutz; 1987 e. R.; Rechtsanwalt. S. 1988 Chef d. Staatskanzlei d. Ld. Schlesw.-Holst. - BV: D. legislative Finanzkontrolle in d. Bundesrep. Dtschl. u. in d. Vereinigten Staaten v. Amerika, Diss. 1972.

PELS-LEUSDEN, Hans

Prof., Maler u. Kunsthändler - Kurfürstendamm 58, 1000 Berlin 15 - Geb. 19. Aug. 1908 Lüdenscheid (Vater: Karl P., Rechtsanw.; Mutter: Elfriede, geb. Quincke), ev. - 1929-31 Ausb. b. Prof. Willy Jaeckel, Berlin - S. 1965 Leit. Galerie Pels-Leusden, Berlin; Teilhaber d. Villa Grisebach Auktionen daselbst; Stifter u. Dir. Kollwitzmuseum Berlin - Veröff.: Jährl. 10 Dokumentationskat. d. Galerie Pels-Leusden - Eig. Werke in zahlr. öfftl. Samml. u.a. Berlinische Galerie, Berlin - 1983 Prof.-Titel; 1988 BVK I. Kl. - Spr.: Franz., Engl.

PELSHENKE, Günter

Geschäftsführer Stiftg. Dt. Sporthilfe - Otto-Fleck-Schneise 4, 6000 Frankfurt/M. 71 (T. 069 - 678 03 42) - Geb. 25. Okt. 1931, verh., 2 Kd. - 1956 Dipl.-Sportlehrer; 1957-61 Kreissportlehrer in Wiedenbrück; 1961 Abteilungsleit. Gold. Plan DOG; 1965-68 Geschäftsf. DOG; Geschäftsf. Stiftg. Dt. Sporthilfe s. Gründung 1967; 1961 Veröff. D. Gold. Plan in d. Gemeinden; Sportförd. zw. Mäzenatentum u. Sponsorship (Stiftung Dt. Sporthilfe). 1956 Verl. August-Bier-Plak. d. Dt. Sporthochsch. Köln.

PELTZER, Martin

Dr. jur., Rechtsanwalt u. Notar - Niedenau 68, 6000 Frankfurt/M. (T. 71 73 66) - Geb. 28. Febr. 1931 Krefeld, verh. s. 1963 m. Ingeborg, geb. v. Werder - Früher Dir. Dt. Bank AG, Frankfurt, Vorstandsmitgl. Zellstoff-Fabrik Waldhof bzw. Papierwerke Waldhof-Aschaffenburg AG, Mannheim (b. 1971). Versch. Mandate.

PELZ, Franz Joseph

Dr. jur., Richter Oberlandesgericht Hamm, Vorsitzender Dt. Richterbund (s. 1987) - Heßlerstr. 53, 4700 Hamm; priv.: Zur Gräfte 23, 4400 Münster.

PELZ, Lothar

Dr. med. habil., Prof., Facharzt f. Kinderheilkunde, Facharzt f. Humangenetik - Fontaneweg 7, O-2540 Rostock (T. 0381 - 2 84 02) - Geb. 20. Dez. 1934 Gersdorf/Amtsh. Glauchau (Vater: Emil Walter P., Textiling. †; Mutter: Liesbeth †), verh. s. 1962 m. Antje, geb. Bückmann, 3 Kd. (Kai-Sebastian, Frauke, Antje Friederike) - Abit. 1953 Dessau; Stud. Humanmed. 1953-55 Halle/S. u. 1955-58 Dresden; Med. Staatsex. 1958 Dresden; Approb. 1960; Promot. 1962 - 1986 ao. Prof. f. Med. Genetik Univ. Rostock; 1990 o. Prof. f. Kinderheilkunde, Univ. Rostock - 1972 Gründungsmitgl. d. Arb.gemeinsch. Klinische Genetik in d. Ges. f. Pädiatrie d. DDR u. 1972-84 deren Vors.; 1978-90 Gründ.-Mitgl. u. Vorst.-Mitgl. d. Ges. f. Humangenetik d. DDR; 1990 Senator d. Univ. Rostock - Ca. 200 wiss. Veröff. auf d. Gebiet d. Klin. Genetik - 1972 Schloßmann-Preis d. Ges. f. Pädiatrie d. DDR; s. 1991 Mitgl. d. Dt. Akad. d. Naturforscher Leopoldina, Halle/S. - Spr.: Engl., Russ.

PELZ, Monika

Dr., Schriftstellerin, Sozialwissensch. - Wohnpark Alt Erlaa B/3062, A-1232 Wien - Geb. 6. Febr. 1944 Wien, ledig - Ausb. z. Antiquariatsbuchhändler, Lehrbrief 1971; Stud. Phil. Univ. Wien, Promot. 1984 - S. 1981 Mitarb. an sozialempir. Forschungsprojekten (Schwerp.: Frauen, Jugendl. Arbeitslose) - Veröff.: M. techn. Verstand. Mädchen in nichttraditionellen Berufen; Frauenarb., Karenzurlaub u. berufl. Wiedereingliederung; Weibl. Lebensformen, Frauenber. d. österr. Bundesreg., 1985. BV: Kinder- u. Jugendb.: Anna im a. Land, 1979; D. Diebe d. Zeit, 1984; Ferdis Zimmer u. Nicht mich will ich retten, d. Lebensgesch. d. Janusz Korczak, 1985; Reif f. d. Insel, 1987; D. Wasser b. z. Hals, 1988; E. Frau heiratet sowieso u. kriegt Kinder, 1990 - 1979 Kinder- u. Jugendbuchpreis Stadt Oldenburg; 1990 Heinrich Wolgast-Preis - Liebh.: Phil., Lit. - Spr.: Engl.

PELZER, Hans

Dr.-Ing., Dr. sc. techn. h.c., Prof. f. Allg. Vermessungskunde, Direktor Geodätisches Institut Univ. Hannover (s. 1977) - Am Leinewehr 25, 3000 Hannover 81 (T. 0511 - 83 18 84) - Geb. 20. Jan. 1936 Velbert (Vater: Hermann P., Arb.; Mutter: Johanna, geb. Mölter), 3 Kd. (Regina, Anne, Carsten) - Stud. Geodäsie Univ. Bonn; Promot. 1969, Habil. 1971 TU Braunschweig - Mitgl. Dt. Geodät. Kommiss. b. d. Bayer. Akad. d. Wiss (s. 1978), Nieders. Akad. d. Geowiss. (s. 1986), Braunschweigische Wiss. Ges. (s. 1989); 1988 Träger d. Marin-Drinov-Med. d. Bulg. Akad. d. Wiss.; 1990 Ehrendoktor Eidgen. TH Zürich - Spr.: Engl.

PELZER, Heinrich

Kaufmann, Vors. Fachverb. d. Dt. Teppich- u. Gardinenhandels, Köln, u. a. - Lutherstr. 17, 4100 Duisburg - Geb. 3. Mai 1905.

PENIN, Heinz

Dr. med., em. o. Prof., Direktor Univ.-Nervenklinik Epileptologie Bonn, Präs. Dt. EEG-Ges. (1968/69), Präs. Dt. Liga geg. Epilepsie (1971/72); Epileptolog., klin. Neurophysiol., Neurol., Psychiat. - Ennerthang 17, 5300 Bonn 3 (T. Bonn 44 22 47) - Geb. 29. Nov. 1924 Vater: Heinrich P., Oberstud.rat; Mutter: Hertha, geb. Thümmel), röm. kath., verh. s. 1954 m. Therese, geb. Zimmermann, 5 Kd. - S. 1965 (Habil.) Univ. Bonn; 1970 apl. Prof. f. Neurologie u. Psychiatrie; 1971 Wiss. Rat u. Prof.; 1979 o. Prof.; Nervenfacharzt - Facharb. - 1981 Ambassador for Epilepsy durch Epilepsy Intern.; 1984 Gr. Ehrenmed. in Gold durch den BDH (Bund Dt. Hirngeschädigter); 1989 BVK I. Kl.

PENK, Wolfgang

Journalist, Produzent u. Autor, Firmeninhaber - Zu erreichen üb. Live-Line GmbH u. Co. KG, Unter den Eichen, 6200 Wiesbaden - Geb. 3. April 1938 - B. Mitte 1991 Unterhaltungschef d. ZDF -

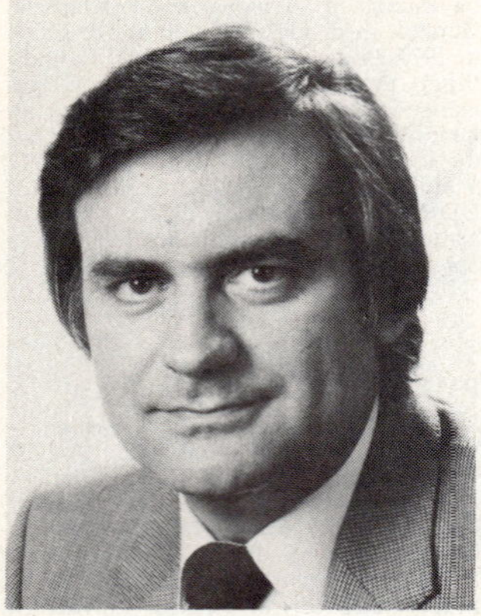

1975 UNICEF-Med., 1985 Bambi, 1987 Gold. Kamera; 1988 Telestar.

PENKA, Wolfgang
Geschäftsführer Verb. d. Park- u. Garagenhäuser - Dreieichstr. 42, 6000 Frankfurt/M. 70.

PENNDORF, Paul-Ernst
Rechtsanwalt, Sprecher d. Vorst. Dt. Hypothekenbank Frankfurt-Bremen AG - Im Klingenfeld 77, 6000 Frankfurt/M. 50 - Geb. 27. Dez. 1927 Wusterhausen, verh. s. 1955 m. Ilse, geb. Danulat, 3 Kd. (Sabine, Anja, Ulrich) - Banklehre; Jurastud., Assessorex.

PENNER, Willfried
Dr. jur., Staatsanwalt, Parlam. Staatssekr. Bundesverteidigungsmin. (1980-82), MdB (s. 1972; Wahlkr. 70/Wuppertal II), stv. Fraktionsvors. SPD-Bundestagsfraktion - Borner Str. 28, 5600 Wuppertal 12 (T. 0202 - 47 53 89) - Geb. 25. Mai 1936 W'tal, verh., 3 Kd. - Gymn. (Abit.); 1956-60 Stud. Rechtswiss. Gr. jurist. Staatsprüf. - S. 1965 Staatsanwaltsch. Wuppertal (I. Staatsanw.). 1969-73 u. 1975-79 Ratsmitgl. Wuppertal. SPD s. 1966.

PENNIGSDORF, Wolfgang
Rechtsanwalt, MdL Nieders. (s. 1970) - Grünewaldstr. 27, 3000 Hannover (T. 69 55 29) - SPD.

PENNINGSFELD, Franz
Dr. sc., Dipl. rer. hort., Prof. TU München (s. 1970) - Mauermayrstr. 9, 8050 Freising (T. 08161 - 6 26 46) - Geb. 16. Juli 1914 Köln (Vater: Maximilian P., Kaufm.; Mutter: Juliane, geb. Hachenberg), kath., verh. s. 1948 m. Wilma, geb. Koch, 4 Kd. (Franz-Peter, Monika, Hans-Dieter, Andreas) - Gymn.; 4 J. gärtner. Praxis; Gartenbaustud. Univ. Berlin; Promot. 1941 ebd. - S. 1945 Inst. f. Bodenkd. Fachhochsch. Weihenstephan (1947 Leit. u. Doz. f. Geol., Bodenkd. u. Pflanzenernährung), 1963-67 gleichz. Projektleit. Tunesien. S. 1955 Präs. Intern. Soc. f. Soilless Culture, s. 1970 Chairman Commiss. Plant Substrates Intern. Gartenbauwiss. Ges. - BV: Gerbera, 1980; Hydrokultur u. Torfkultur, 1966 (auch franz., span.); Ernährung im Blumen- u. Zierpflanzenbau, 2. A. 1960 - 1960 Justus-v.-Liebig-Preis Univ. Gießen - Spr.: Engl., Franz.

PENSE, Karl Eduard
Dr. rer. nat., Mineraloge, Prof. Univ. Mainz - Bahnhofstr. 64, 6501 Ober-Olm (T. 06136 - 8 87 97); dstl.: 6500 Mainz, Inst. f. Edelsteinforsch., Postf. 3980 (T. 06131 - 39 22 56) - Geb. 12. Nov. 1931 Eisenach (Vater: Reinhold P., Kfm.; Mutter: Leni, geb. zum Felde), ev., verh. s. 1956 m. Dr. med. Anneliese, geb. Kunz, 2 S. (Joachim, Manfred) - Stud. Univ. Mainz (Chemie, Mineral.). Promot. 1958; Habil. 1966 - 1958-66 Wiss. Assist., 1967ff. Leit. Inst. f. Edelsteinforsch. u. Prof. Mainz. Beiratsmitgl. Dt. Diamant-Inst., Pforzheim - Entd.: Strukturnachweis von Edelopalen u. Feldspaten - Liebh.: Musik, Theater, Lit., Spr. - Spr.: Engl., Ital., Span. (Altgr., Lat.).

PENSELIN, Siegfried
Dr. rer. nat., o. Prof. f. Angew. Physik Univ. Bonn (s. 1965), Dekan d. Math.-Nat. Fak. (1974/75 u. 1987-92) - Jägerstr. 8, 5300 Bonn 1 (T. 25 23 08) - Geb. 28. Sept. 1927 (Vater: Otto P., Kaufm.; Mutter: Wilhelmine, geb. Michel), ev., verh. s. 1957 m. Cora, geb. v. Weizsäcker, 4 Kd. (Gottfried, Andreas, Matthias, Christiane) - Univ. Göttingen u. Heidelberg (Physik; Dipl.-Phys. 1955). Promot. (1958) u. Habil. (1964) Heidelberg - 1960-61 Research Fellow Brookhaven National Laboratory, Upton, N. Y. (USA); 1979-83 (beurlaubt v. d. Univ. Bonn) Leiter Wiss. Sekr. f. d. Studienreform Land NRW in Bochum. Spez. Arbeitsgeb.: Atom-, Kern- u. Laserphysik. Mitgl. Vereinig. Dt. Wissenschaftler - 1985 BVK am Bde. - Spr.: Engl.

PENSKY, Heinz
Geschäftsführer, MdB (s. 1969, SPD; Wahlkr. 73/Mettmann II) - Spindecksfeld 29, 4030 Ratingen 6 (T. 02102-6 83 37) - Geb. 22. Aug. 1921 Essen, verh., 2 Kd. - Volkssch.; Elektrotechnikerausbild.; n. Kriegsdst. (1941-45) Verwaltungs- u. Wirtschaftsakad. (Öfftl. Recht) - Polizei u. Kriminalpol.; s. 1954 Gf. Gewerksch. d. Polizei NRW. 1929-33 Sozialist. Jugendbeweg. SPD s. 1953 (Ortsvors., Mitgl. Unterbezirks- u. Bezirksvorst.).

PENZEL, Erich
Prof., Hornist (Mitgl. Kölner Rundfunk-Sinfonieorch.), Dozent Staatl. Hochsch. f. Musik Köln - Wallrafpl. 5, 5000 Köln (WDR).

PENZEL, Maria Elisabeth
s. Stadelmann, Li

PENZKOFER, Alfons
Dr. rer. nat., Dipl.-Phys., Prof. Univ. Regensburg - Friedrich-Ebert-Str. 12, 8400 Regensburg (T. 0941 - 9 81 62) - Geb. 19. Okt. 1942 Allersdorf - Ca. 120 Fachveröff. üb. Laserphysik.

PENZKOFER, Ludwig
Landescaritasdirektor i. R., Mitgl. Bayer. Senat, München (b. 1989) - Mariahilfberg 7, 8390 Passau - Geb. 1909 Neuhaus/Inn - Priesterw. 1933 - S. 1935 Sekr. u. Dir. (1945) Caritasverb. Passau - Päpstl. Ehrenprälat.

PENZKOFER, Peter
Dr. oec. publ., Prof., Vorsitzender d. Geschäftsfg. Intern. Kapitalanlageges. mbH (s. 1988) - Königsallee 19, 4000 Düsseldorf - Geb. 28. Dez. 1940 München, kath., verh. s. 1978 m. Doris, geb. Müller - 1960-62 Banklehre Dresdner Bank; 1962-1967 Betriebsw. Univ. München; 1967-71 Wiss. Assist., 1971-72 Priv.-Doz. Univ. München; 1972-75 Ord. f. Betriebsw. Univ. Köln - 1975-85 Vorst.-Mitgl. Bauspark. Schwäb. Hall AG; 1985-88 Vorst.-Mitgl. Provinzial-Versich.anst. d. Rheinprovinz - Spr.: Engl.

PENZOLDT, Günther
Dr. phil., Theaterintendant, Dir. Theater d. Stadt Wolfsburg (1982ff.) - Zu erreichen üb. Theater Wolfsburg, Postf. 10 09 30, 3180 Wolfsburg - Geb. 31. Juli 1923 München (Vater: Ernst P., Bildhauer u. Schriftst. (s. XII. Ausg.); Mutter: Friedi, geb. Heimeran) - Univ. München - S. 1952 Düsseldorfer u. Hamburger Schauspielhaus (1955; Chefdramat. u. stv. Int.) sow. Stadttheater Baden-Baden (1968 Int.) u. Staatstheater Saarbrücken (1976). Vors. Dramaturg. Ges. (b. 1984) - BV: Büchner, 1965 - Bek. Vorf.: Geheimrat Prof. Dr. med. Dr. h. c. Franz P., Internist (Großv.).

PEPPER, Karl H.
Konsul, Kaufmann, gf. Komplementär Europahaus Grundstücksges. mbH & Co. KG, Vorst. Berlin-Charlottenburg AG f. Grundbesitz, Kompl. Karl H. Pepper Handelshof KG (Kaufzentrum Siemensstadt), Geschäftsf. Karl H. Pepper Vermögensverw. GmbH. ebd. - Amselstr. 18, 1000 Berlin 33 (T. Büro: 348 00 80) - Geb. 17. März 1910 Berlin, ev., verh. s. 1980 m. Carin, geb. Besemüller, S. Christian aus früh. Ehe - Gymn. (Z. Grauen Kloster) u. Univ. Berlin (Jura) - S. jg. Jahren selbst. (Rundfunk- u. Elektrogroßhandel) - 1971 Ir. Honoralkonsul f. Berlin; BVK 1. Kl.; VO. Land Berlin - Spr.: Engl. - Initiator u. Bauherr Europa-Center Berlin.

PEPPER, Wolfgang
Oberbürgermeister a. D. - Hermann-Hesse-Str. 3, 8900 Augsburg - Geb. 14. Okt. 1910 Kiel (Vater: Rudolf P., Buchdrucker; Mutter: Hildegard, geb. Pilz), kath., verh. s. 1944 m. Gretl, geb. Steinbock, S. Peter - Volkssch.; journalist. Volontariat - B. 1933 Journalist, dann kaufm. Angest., 1946-56 Lokalredakt. Augsburger Allgemeine, 1956-72 Bürgerm. u. Stadtkämmerer sow. Oberbgm. (1964) Augsburg. Vorstandsmitgl. Bayer. Städteverb. Aufsichts- u. Beiratsmandate (z. T. Vors.). SPD.

PERA, Franz
Dr. med., Prof. f. Anatomie Univ. Münster - Duddeyheide 63, 4400 Münster - Geb. 4. Okt. 1940 Pfarrkirchen (Vater: Dr. med. Walter P., Amtsarzt; Mutter: Anni, geb. Stiglmayr), kath., verh. s. 1966 m. Ursula, geb. Nowak, 2 Kd. (Susanne, Edgar) - Human. Gymn. Pfarrkirchen; Med.-Stud. Freiburg/Br. u. Wien (Ärztl. Prüf. 1966, Promot. 1966 Freiburg), Habil. 1970 - 1966 Assist. Inst. f. Humangenetik Freiburg; 1967 Anatom. Inst. Gießen, 1969 Anatom. Inst. Bonn, 1972 Doz., 1973 wiss. Rat u. Prof.; s. 1984 Prof. (C4) u. Dir. Anatom. Inst. Münster - BV: Mechanismen d. Polyploidisier. u. d. somat. Reduktion, 1971; D. ganz begreifliche Angst vor Testaten, 1979; Anatomie f. Menschen, 1981; D. mündliche Physikum, 1991; Approbationsordnungen f. Ärzte u. Zahnärzte, 1991; zahlr. wiss. Publ. üb. cytogenet., cytol., morphometr. Themen - Liebh.: Musik, Fotogr., Holzbearbeit.

PERELS, Christoph
Dr. phil., Prof., Direktor d. Fr. Dt. Hochstifts/Frankfurter Goethe-Museum, Frankfurt (s. 1983), Rundfunkrat-Mitgl. HR (s. 1986) - Gottfried-Keller-Str. 30, 6000 Frankfurt/M. 50 (T. 069 - 52 13 27) - Geb. 12. Mai 1938 Rehfelde, ev., verh. s. 1966 m. Maie, geb. Leppik - Stud. Dt. Philol., Gesch. u. Phil. Univ. Erlangen, Kiel, Paris u. Göttingen; 1. Staatsex. 1963; Promot. 1974 Göttingen; Habil. 1979 Braunschweig - 1980-83 Prof. f. Dt. Literaturwiss. TU Braunschweig; s. 1987 Hon.-Prof. Univ. Frankfurt/M. - S. 1986 Vorst.-Mitgl. Goethe-Ges. in Weimar; s. 1990 Mitgl. d. Stiftungsrats d. Stefan-George-Stiftg. - BV: Stud. z. Aufn. u. Kritik d. Rokokolyrik, 1974; Weichmanns Poesie d. Nieders. (m. J. Rathje u. J. Stenzel), 1983; Lyrik verlegen in dunkler Zeit, 1984. Herausg.: Reinhold Schneider, Gesammelte Werke, Bd. 5. Lyrik (1981); D. dt. Lit., Texte u. Zeugnisse, Bd. IV (m. W. Killy; 1983); Jahrb. d. Fr. Dt. Hochstifts (s. 1984); Gottfried Benn: Gedichte (1988); Sturm u. Drang (1988). Mithrsg. Frankfurter Clemens-Brentano-Ausg., Krit. Hugo-v.-Hofmannsthal-Ausg.

PERELS, Joachim
Dr. jur., Prof. f. Politische Wissenschaft - Kantstr. 4, 3000 Hannover 61 (T. 0511 - 55 66 44) - Geb. 31. März 1942 (Vater: Friedrich Justus P., Rechtsberater d. Bekennenden Kirche, 1945 ermordet); ev., verh. s. 1973 m. Jutta, geb. Simon, 2 Kd. (Heike, Benjamin) - Stud. Rechtswiss., Phil., Soziol. u. Polit. Wiss.; 1. jurist. Staatsex. 1967 Frankfurt; Promot. 1973 ebd.; Habil. (Polit. Wiss.) 1978 Hannover - 1968-74 Redakt. Stimme d. Gemeinde; s. 1968 Mithrsg. u. Redakt. Krit. Justiz - BV: Kapitalismus u. polit. Demokratie, 1973; Demokratie u. gesellschaftl. Emanzipation, 1988. Herausg.: Grundrechte als Fundament d. Demokratie (1979); Recht, Demokratie u. Kapitalismus (1984) - Spr.: Engl.

PERFAHL, Irmgard
Schriftstellerin - Am Stadtgraben 23, 7400 Tübingen (T. 07071 - 2 15 26) - Geb. 19. Nov. 1921 Birkfeld/Österr., ev., gesch., S. Ernst Amadeus - Stud. German. - 5 Bücher (1977-84), zul.: Guten Tag Freiheit; Schwarzes Lächeln Senegal; Mosaik, R. (in Druck); Veröff. in Ztschr.; Ged. v. Mario Luzi (Übers. aus d. ital.), 1989; u.a.m. - Versch. kl. Literaturpreise - Liebh.: Lit., Kunst, Musik - Spr.: Engl., Franz.

PERINO, Werner
Generaldirektor, Vorsitzender d. Geschäftsfg. der Dt. Fiat GmbH, Heilbronn - Affenbergstr. 12, 7102 Weinsberg/Württ. - Geb. 12. Jan. 1927 Karlsruhe - S. üb. 30 Jahren Fiat (1968 Vorst.). AR-Vors. Fiatallis Baumaschinen GmbH, Fiat Kredit Bank GmbH u. Fiatagri Dt. GmbH, alle Heilbronn; AR-Mitgl. Baden-Württ. Bank Aktienges., Stuttgart, Fiat Automobil AG, Heilbronn, MAGNETI MARELLI DT. GmbH, München; StVdBeirat Erwin Mehne GmbH + Co, Heilbronn u. Adolf Würth GmbH & Co. KG, Künzelsau; Vorst. ITAL. HANDELSKAMMER F. DTSCHL., Frankfurt; VdVorst. Freunde d. FH Heilbronn - 1977 BVK; Ehrensenator d. FH Heilbronn.

PERKAMPUS, Heinz-Helmut
Dr. rer. nat., o. Prof. f. Physikal. Chemie - Wickrather Str. 43, 4000 Düsseldorf-Oberkassel - Geb. 17. März 1925 Wolfenbüttel (Vater: Heinz P., Mutter: geb. Walterling), verh. 1952 m. Käte, geb. Weyand - TH Braunschweig (Chemie; Dipl.-Chem. 1951). Promot. (1953) u. Habil. (1957) Hannover - S. 1957 Lehrtätigk. TH Hannover (1963 apl. Prof.) TH bzw. TU Braunschweig (1964 Abt.-Vorsteher u. Prof.) Univ. Düsseldorf (1968 o. Prof.) - Herausg.: DMS UV-Atlas, Organ. Verbind., Bd. 1-5 1966-71 (dt.-engl.). Monogr.: Wechselwirk. von Elektronensyst. m. Metallhalogeniden, 1973, UV-VIS-Spektroskopie, Methoden u. Anwendungen (1985) - Liebh.: Klass. Musik.

PERKOW, Werner
Dr. rer. nat., Chemiker, ehem. Techn. Leiter Pflanzenschutz Urania GmbH., Hamburg (Tochterges. Nordd. Affinerie) - Starweg 88a, 2070 Ahrensburg - Geb. 9. Dez. 1915 Berlin, ev., verh. s. 1942 m. Lore, geb. Schmidt-Kraepelin, 3 Kd. (Ursula, Helmut, Ingrid) - Univ. Heidelberg (Dipl.-Chem. u. Promot.) - Spez. Arbeitsgeb.: Chem. Synthesen v. Pflanzenschutzmitteln - BV: D. Insektizide, 2. A. 1968; Wirksubstanzen d. Pflanzenschutz- u. Schädlingsbekämpfungsmittel, 1971-88; Strukturelemente biolog. wirksamer Verbindungen, 1992 - Liebh.: Bergsteigen, Kammermusik.

PERLITZ, Manfred
Dr., Prof. f. Betriebswirtschaftslehre Univ. Lüneburg - Steinkauler Weg 5, 5202 Hennef 1 (T. 02242 - 8 25 55) - Geb. 19. März 1943 Saarbrücken (Vater: August P., Vermessungsamtsrat; Mutter: Else, geb. Paragnick), ev. - Dipl.-Kfm. 1968, Promot. 1971, Habil. 1979 - 1971 Pennsylvania State Univ.; 1973 Harvard Business School; 1974 Asian Inst. of Management; 1980-88 Prof. Univ. Bonn, 1988-91 Univ. Lüneburg; s. 1991 Prof. f. Intern. Management, Univ. Mannheim. S. 1981 stv. Vorst.-Vors. Zentrale f. Fallstud.; s. 1985 Mitgl. Wiss. Beirat Univ.-Sem. d. Wirtsch. (USW), Erftstadt-Liblar; Kurat.-Mitgl. ICI, Bor-

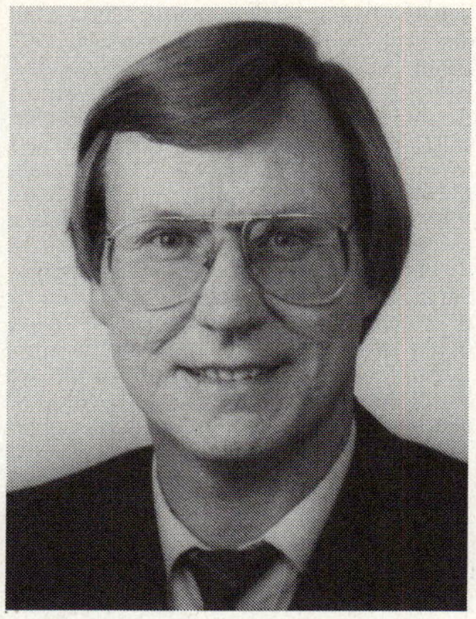

scherd; Berat.beirat INPUT, Bielefeld; Visiting Prof. Imperial College, London.

PERNICE, Johann-Anton

Dr. rer. pol., Dipl.-Kfm., Geschäftsf. Präsidiumsmitglied Hauptverb. d. Dt. Lebensmittel-Einzelhandels - Postf. 14 01 64, 5300 Bonn 1 - Geb. 2. Jan. 1931 Königsberg/Pr., ev., verh., 3 Söhne - Kaufm. Lehre (Landwarenhandel) Hildesheim; Stud. Jura u. Betriebswirtschaftslehre Univ. Marburg u. Hamburg - Gold. Sportabz. (16. Wiederholung), BVK I. Kl.

PERNICE, Rüdiger

Dr., Staatssekretär b. Ministerium f. Wissenschaft u. Kultur Saarland (1986-92) - Hohenzollernstr. 60, 6600 Saarbrücken (T. dstl.: 0681 - 5 03-5 03) - Geb. 9. Okt. 1944 Frankfurt/Oder, ev., verh. s. 1971 m. Veronika, geb. von Grot, 3 Töcht. (Julia, Christina, Susanne) - Stud. Rechtswiss.; 1. u. 2. Staatsex.; Promot. - 1972-86 Bundesmin. f. Bildung u. Wiss., Bonn - Liebh.: Intern. Beziehungen, Fremde Kulturen, Wandern, Reiten - Spr.: Engl., Franz.

PERPEET, Wilhelm

Dr. phil., em. o. Prof. f. Philosophie - Wiesenstr. 72, 5330 Königswinter 41 (T. Oberpleis 31 98) - Geb. 18. Febr. 1915 Mülheim/Ruhr (Vater: Ernst P.; Mutter: Margarete, geb. Verfürden), verh. s. 1957 m. Dr. Lotte, geb. Frech, 2 Kd. (Markus, Fabian) - Univ. Bonn (Phil., German., Gesch., Psych.). Promot. (1939), Staatsex. (1941) u. Habil. (1954) Bonn - S. 1954 Lehrtätigkeit Univ. Bonn (1960 apl. Prof.; 1963 Wissenschaftl. Rat; 1968 Vorsteher Abt. Ästhetik; 1970 o. Prof.; 1983 em. o. Prof.) - BV: Kierkegaard u. d. Frage n. e. Ästhetik d. Gegenw., 1940; Antike Ästhetik, 1961, 2. A. 1988; Erich Rothacker, 1968; D. Sein d. Kunst u. d. kunstphil. Methode, 1970; Ästhetik im Mittelalter, 1977; D. Kunstschöne, 1987.

PERRAUDIN, Wilfrid André

Kunstmaler - Höhlsgasse 6, 3550 Marburg (T. 06421 - 2 44 75) - Geb. 3. Dez. 1912 F. Moulins-Engilbert (Nièvre) - Acad. Nat. Supérieure d. Arts Décoratifs, Paris; Acad. d. Beaux Arts, Paris; Privatschüler v. Raoul Dufy u. Jean Souverbie - Kunsterzieher u. freisch. Maler; Gestalt. v. Kirchen u. Öfftl. Gebäuden, künstl. Verglas., Lichtwände, Mosaiken. Hauptwerke: St. Marien, Hinterzarten (Schwarzw.); St. Peter, Lörrach; St. Heinrich, Dortmund; St. Marien, Olpe; Christus-Erlöser, Kreuztal; St. Josef, Hamm - Illustr. u. zahlr. Plak. in Frankr.; Ölmalerei, Zeichn. - 1974 u. 76 Officier l'Ordre d. Palmes Acad. - Interessen: Naturwiss., Entomol., Neu-Entd. v. Insektenarten.

PERRIDON, Louis

Dr. en droit, o. Prof. f. Betriebswirtschaftslehre - Büchnerstr. 7, 8900 Augsburg - Geb. 1. Okt. 1918 - S. 1957 Lehrtätigk. Paris, Saarbrücken (1958), München (1965), Augsburg (1970). Bücher u. Aufs.

PERRIG, Alexander

Dr., Prof. Univ. Trier - Franz-Ludwig-Str. 39, 5500 Trier (T. 4 05 27) - Geb. 8. März 1930 Luzern - Promot. 1958 Basel, Habil. 1967 Hamburg - 1961-67 Wiss. Assist.; 1967-73 Univ.-Doz.; ab 1973 Prof.; 1980-85 Univ. Marburg, s. 1985 Ord. Trier - BV: Michelangelo Buonarrotis letzte Pietà-Idee, 1960; Michelangelo-Stud. I, III, IV, 1976/77; Lorenzo Ghiberti: Paradiesestür, 1987; Albrecht Dürer, 1987; Michelangelo's Drawings. The Science of Attribution, 1991 - Spr.: Engl., Franz., Lat., Ital., Span., Holl.

PERSCHAU, Hartmut

Minister des Innern d. Landes Sachsen-Anhalt - Halberstädter Str. 2, O-3014 Magdeburg (T. 091 - 387 21 63) - Geb. 28. März 1942.

PERSCHY, Maria

Schauspielerin - Maxingstr. 30, 1130 Wien/Österr. (T. 0222 - 82 98-1 94) - Geb. 23. Sept. 1938 Eisenstadt/Österr., kath., verw., T. Mariana - Realgymn.; Max-Reinhardt-Sem. Wien - 86 intern. Filme: u.a. Dial, M, For Murder, Vienna's Engl. Theater, E. Goldfisch an d. Leine (R. Hudson), Freud (M. Clift, Regie: J. Huston), Nasser Asphalt (H. Buchholz), D. Moralist (V. de Sica) - 1956 Kunstförderungspreis Stadt Wien; 1959 Beste weibl. Darst. San Sebastian Festival; 1963 Laurel Award Amerika (Top Ten Newcomers); 1986 Gold. Verdienstnadel im Namen Österr., Los Angeles - Liebh.: Klass. Musik, Lesen, Ski, Tennis - Spr.: Engl., Franz., Ital., Span.

PERSON, Hermann

Dr. rer. nat., Regierungspräsident a. D., Vors. Bad. Sportbd. (1964-89), Mitgl. Rundfunkrat SWF - In den Weihermatten 19, 7800 Freiburg/Br. (T. 5 45 55) - Geb. 6. Sept. 1914 Radolfzell/B. (Vater: Prof. Dr. phil. Karl P., Oberstudiendir., bad. Zentrums- (b. 1933) u. CDU-Politiker (ab 1945), 1948-51 Präs. Bad. Landtag, 1887-1956), kath., verh. s. 1940 m. Elisabeth, geb. Zimmermann, 5 Kd. - TH Karlsruhe, Univ. Freiburg (Physik, Math., Chemie; Stud. durch Wehrpflicht unterbr.). Promot. 1940 - 1940-1947 Wehrdst. (Marinemeteorologe) u. franz. Gefangensch., danach Meteorologe Dt. Meteorol. Dienst, 1949-67 Leit. Wetteramt Freiburg (zul. Oberreg.-Rat), 1967-79 Reg.-Präs. Freiburg. 1952-67 MdL Baden-Württ. CDU. AR-Mand. - Gr. BVK; Päpstl. Gregoriusorden; Franz. Ordre de mérite.

PERST, Hartwig

Dr. rer. nat., Prof., f. Organ. Chemie Univ. Marburg (s. 1972) - Willy-Mock-Str. 15, 3550 Marburg/L. - Geb. 15. Aug. 1937 Bad Hersfeld - Promot. 1965; Habil. 1972 - BV: Oxonium Ions in Organic Chemistry, 1971. - Facharb.

PERTHEL, Jochen

Dr. rer. pol., Dipl.-Kfm., Inhaber Robert Perthel Bauuntern. GmbH u. Co., Rausch & Balensiefen Bauuntern. GmbH u. Co., AREAL Grundstücks- u. Bauträgerges. mbH, City-Parkhaus GmbH u. Co. KG, Vors. Wirtschaftsvereinigung Bauind. Verbandsbezirk Köln - Schildergasse 32-34, 5000 Köln 1 - Geb. 19. März 1929.

PESCH, Hans-Wilhelm

Bürgermeister, MdB (s. 1983; Wahlkr. 78/Mönchengladbach) - Katharinenhof 17, 4050 Mönchengladbach 2 - CDU.

PESCH, Hubert Hans

Ehrenvorsitzender im Wirtschaftsverb. Filmtheater Rhld.-Westf. - Postf. 101266, 4200 Oberhausen 1 (T. 0208 - 2 35 57) - Geb. 23. Dez. 1919 Oberhausen (Eltern: Hubert, Baumeister, u. Anna P.), kath., ledig - Oberrealsch. Oberhausen; Folkswangsch. Essen (4 Sem. Grafik) - Spr.: Franz., Engl.

PESCH, Otto Hermann

Dr. theol., Dr. theol. h. c., Prof. f. Systematische Theologie - Sedanstr. 19, 2000 Hamburg 13 - Geb. 8. Okt. 1931 Köln, kath., verh. s. 1972, 1 Kd. - Gymn.; Phil.-Theol. Hochsch. Walberberg b. Bonn, Univ. München; Lic.theol. 1960, Promot. 1965 - 1965-71 Prof. f. Dogmatik Walberberg, 1971/72 Gastprof. Harvard-Divinity-School, Cambridge (USA), s. 1975 Prof. f. Syst. Theol./ Kontroverstheol. Hamburg, 1988/89 Gastprof. Temple Univ., Philadelphia, u. Emory Univ., Atlanta/USA - BV: Theol. d. Rechtfert. b. Martin Luther u. Thomas v. Aquin, 1967; Komm. z. Thomas v. Aquin: D. Gesetz, 1977; Einf. in d. Lehre v. Gnade u. Rechtfert. (zus. m. A. Peters), 1981; Hinführung zu Luther, 1982; Gerechtfertigt aus Glauben, 1982; Theol. Anthropol., 1983; Dogmatik im Fragment, 1987; Streiten f. d. e. Kirche (m. H. Fries), 1987; Thomas von Aquin, 1988 (2. A. 1989); Rechtfertigung im Disput (zus. m. Ulrich Kühn), 1991; Schriftl.: Neues Glaubensb., 1973 (18. A. 1988); zahlr. kl. Bücher u. Aufs. - Spr.: Engl., Franz., Lat.

PESCH, Rudolf

Dr. phil., Dr. theol., Prof. f. Theologie - Herzog-Heinrich-Str. 18, 8000 München 2 (T. 089 - 53 10 00) - Geb. 2. Sept. 1936 Bonn, kath., verh. s. 1962 - Stud. Kath. Theol., German., Gesch. Univ. Bonn u. Freiburg; Staatsex. 1962, Promot. 1964 u. 1967 Freiburg; Habil. (Neues Testament) 1969 Innsbruck - 1970-84 Prof. f. Neutestamentl. Lit. u. Exegese Frankfurt u. Freiburg; s. 1984 Theologe Akad. f. Glaube u. Form m. d. Integrierten Gemeinde München - BV: D. kirchl.-polit. Presse d. Katholiken, 1966; Naherwart., 1968; Jesu ureigene Taten, 1970; Freie Treue, 1971; Komment. z. Mk-Ew, 2 Bde. 1976/77, 7. A. 1984; So liest man synoptisch, 7 Bde. 1976/77; Synopt. Arbeitsb., 1980; Simon Petrus, 1980; D. Evangelium d. Urgemeinde, 3. A. 1984; D. Entd. d. ältesten Paulus-Briefes, 1984; Kommentar z. Apg, 2. Bde. 1986; Paulus - neu gesehen, 4. Bde. 1984/87; D. Prozeß Jesu geht weiter, 1988; zahlr. Ztschr.beitr.; Übers. ins Ital., Engl., Span. - 1983 Preis Wiss. Ges. Freiburg (f. Veröff. v. Forschungsergebnis. in allg. verständl. Form) - Spr.: Engl., Franz.

PESCH, Wilhelm

Dr. theol., Lic. bibl., em. o. Prof. f. Neues Testament Univ. Mainz, Seelsorger am Klinkum Mainz (s. 1980) - Liebfrauenstr. 3, 6500 Mainz (T. 23 43 23) - Geb. 11. Aug. 1923, kath. - Lic. bibl. 1960 Rom. Emerit. 1988 - BV: D. Lohngedanke in d. Lehre Jesu, 1955; D. Ruf z. Entscheidung, 1964; Matthäus d. Seelsorger, 1966. Div. Einzelarb.

PESCHAU, Bruno

Dr. rer. pol., Geschäftsführer Seefischmarkt Cuxhaven GmbH (s. 1984) - Carl-Vinnen-Weg 47, 2190 Cuxhaven - Geb. 29. Juli 1931 - B. 1983 Geschäftsf. Nordsee Dt. Hochseefischerei GmbH., Bremerhaven, u. Vors. Verb. d. dt. Hochseefischereien ebd.

PESCHECK, Christian

Dr. phil., Prof., Leiter Außenst. Würzburg Bayer. Landesamt f. Denkmalpflege (1957-77) - Joh.-Clanze-Str. 33, 8000 München 70 (T. 760 08 94) - Geb. 12. Aug. 1912 Breslau (Vater: Prof. Dr. jur. Paul P., zuletzt Bibliotheksdirektor Technische Hochschule Breslau (s. X. Ausg.); Mutter: Hedwig, geb. Schaper), verh. s. 1942 m. Hermine, geb. Schwartz, 2 Töcht. (Marianne, Eva-Brigitte) - Realgymn. Breslau; Univ. ebd. u. München (Vor- u. Frühgesch.). Promot. 1937 Breslau; Habil. 1942 Wien - S. 1942 Lehrtätigk. Univ. Wien (Dozent), Göttingen (1946 Doz.), Würzburg (1963 Honorarprof.) - BV: D. frühwandal. Kultur in Mittelschlesien, 1939; Bemalte Keramik vor 2500 Jahren, 1945; Lehrb. d. Urgeschichtsforsch., 1950; Vor- u. Frühzeit Unterfrankens, 3. A. 1975; D. Schwanberg im Steigerwald, 1968; D. Kultwagengrab v. Acholshausen, 3. A. 1989; D. german. Bodenfunde d. röm. Kaiserzeit in Mainfranken, 2 Bde. 1978.

PESCHEL, Gerhard

Dr. rer. nat., Prof. f. physikal. Chemie Univ./GH Essen - Geb. 9. Febr. 1932 Hameln (Vater: Max P., Molkereidir.; Mutter: Berta, geb. Henning), kath., verh. s. 1961 m. Irmgard, geb. Greife, 3 Töcht. (Gabriele, Susanne, Stefanie) - Dipl.-Chem. 1960, Promot. 1964, Habil. 1971 - 1964-72 wiss. Assist.; 1972-76 Doz.; ab 1976 Prof., Arbeitsgeb.: Struktur u. physikalische Eigenschaften dünner Flüssigkeitsfilme, Solvatation v. Festkörperoberflächen, Stabilität kolloidaler Systeme; Phasenübergänge höherer Ordnung; Umweltchemie v. Gewässern u. Kohlenwasserstoffen - Liebh.: Klass. Musik, Phil., Kulturgeschichte, Lit., Malerei - Spr.: Engl.

PESCHEL, Karin Johanna

Dr. rer. pol., Prof. f. Allg. Volkswirtschaftslehre, Rektorin d. Christian-Albrechts-Univ. zu Kiel - Wilhelm-Seeling-Platz 1, 2300 Kiel 1 - Geb. 25. Okt. 1935 Leipzig (Vater: Willy P., Kaufm.; Mutter: Gertrud, geb. Stiebing), ev. - Dipl.-Volksw. Münster 1960, Promot. Münster 1963, Habil Karlsruhe 1970 - 1963-70 Wiss. Assist. u. Akad. Rätin Univ. Karlsruhe, s. 1971 Prof. f. Wirtsch. u. Sozialwiss. Univ. Kiel, Dir. Inst. f. Theoret. Volksw. u. Inst. f. Regionalforsch. Herausg.: Schriften d. Inst. f. Regionalforschung d. Univ. Kiel, Florenz, München.

PESCHEL-GUTZEIT, Lore Maria

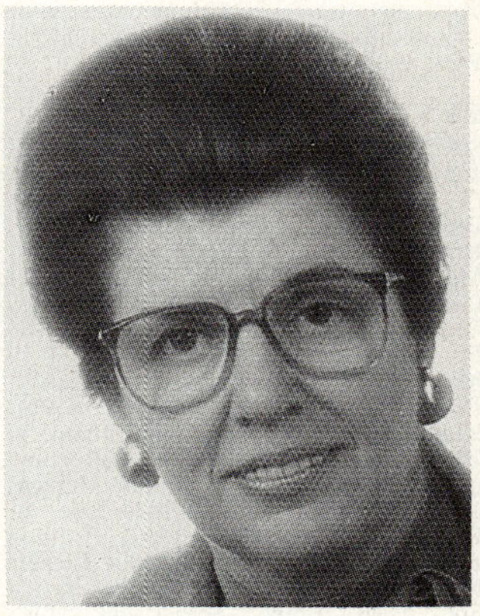

Dr. iur., Senatorin f. Justiz Fr. u. Hansestadt Hamburg (s. 1991), Vorsitzende Richterin Oberlandesgericht, Vors. Dt. Juristinnenbund (1977-83), Vors. d. Landesfrauenrats, Hamburg (s. 1990), Mitglied d. Kuratoriums Hamburger Sparkasse, d. Dt. Kinderschutzbundes u. d. Deutschen Liga f. d. Kind - Geb. 26. Okt. Hamburg (Vater: Hans Gutzeit, Generalmajor a.D.; Mutter: Eva, geb. Brüggmann), ev., 3 Kd. (Rolf, Katharina, Andrea) - Univ. Hamburg u. Freiburg/Br. (Rechtswiss.) - 1959 Rechtsanw. Freiburg, 1960 Richterin LG Hamburg, 1972 OLG ebd. S. 1967 Vors. Kommiss. Dt. Juristinnenbund Familien-, Renten-, Steuer-, Jugendhilfe-, Beamtenrecht; Lehrauftr. Univ. Hamburg. Veröff. z. Familien-, Steuer-, Erb-, Presse- u. Verfassungsrecht. Mitarb.: Staudingers Kommentar z. BGB (Recht d. elterl. Sorge).

PESCHL, Eduard F.

Brauereibesitzer (Brauerei E. F. Peschl, Passau), Ehrenpräs. Bayer. Brauerbund (s. 1969; vorher Präs.), Ehrenpräs. IHK Passau (s. 1974; 1949-74 Präs.) - Auerspergstr. 2, 8390 Passau (T. 5 40 41) - Geb. 7. Sept. 1903 Passau (Vater: Eduard P.; Mutter: Ulla, geb. Adler), kath., verh. s. 1931 m. Leonore, geb. Eckert, 3 Kd. (Martha, Leonore, Ernst) - TH München (Dipl.-Brauereiing.) - S. 1927 Brauereigewerbe. ARsmandate -

1961 Ehrensenator TH München; Bayer. VO., 1968 Gr. BVK m. Stern; Gold. bayer. Staatsmed. - Liebh.: Philatelie (Experte), Jagd, Fotogr. - Spr.: Engl., Franz. - Rotarier.

PESDITSCHEK, Manfred

Dipl.-Phys., Studienrat a. D., MdL Nieders. (s. 1978) - Bonhoefferweg 2, 3300 Braunschweig - Geb. 10. Febr. 1944 Hahnenklee, verh., 1 Kd. - Mittelsch. Braunschweig (Mittl. Reife); Laborantenlehre Physikal.-Techn. Bundesanst. ebd.; Ingenieursch. Lübeck (Physikal. Techn.; Ing./grad.); 2 J. Bundeswehrdst. (Reserveoffz.); TU Braunschweig (Physik; Dipl. 1975). 2. Staatsex. 1977 - Ab 1977 Lehrer Braunschweig-Kolleg. 1972-78 Ratsherr Braunschweig. SPD s. 1970.

PESEL, Peter

s. Mehren, Günther

PESENACKER, Wilhelm

Dr. jur., Kaufmann, Geschäftsführer WESTFA GmbH u. WESTFA-Mineralöl GmbH - Düsternstr. 1, 5800 Hagen-Halden (T. 02331-5 36 95) - Geb. 17. März 1927 Steinfurt (Vater: Hans P., Dir.; Mutter: Paula, geb. Bornhagen), kath., verh. s. 1955 m. Elisabeth, geb. Brand, 3 Kd. (Michael, Stefan, Monika) - Gymn.; Univ. Münster (Jura, Univ. Zürich Volksw.); 1. u. 2. Staatsprüf. Jura, Promot. - S. 1955 Geschäftsf. WESTFA GmbH u. Westfa-Mineralöl-GmbH, AR o. Beir. weit. Firmen, Handelsrichter, Finanzrichter, Wettbewerbsschlichter u.a. - 1981 BVK - Liebh.: Gesch.wiss. - Spr.: Engl.

PESOT, Alois

Prof., Kunsterzieher - Holzmattenstr. 1. 7800 Freiburg/Br. (T. 6 72 83) - U. a. Prof. Päd. Hochsch. Freiburg.

PESTUM, Jo

Schriftsteller, Film-, Funk- u. Fernsehautor - Langenhorst 28, 4425 Billerbeck (T. 02543 - 78 30) - Geb. 29. Dez. 1936 Essen, verh. s. 1961 m. Doris, geb. Knüppel, 2 Kd. (Stefan, Sarah) - Stud. Malerei Hochsch. Essen u. Düsseldorf (Schüler b. Josef van Heekern, Otto Pankok) - S. 1967 Schriftst. 1977-83 Bundesvorst. Verb. dt. Schriftst.; s. 1979 Mitgl. PEN - BV: Ca. 90 Buchveröff.: Romane (z. B. Zeit d. Träume, 1976), Kinderbücher (z. B. D. Astronaut v. Zwillingsstern, 1974), Kriminalromane (z. B. D. Kater u. d. kalten Herzen, 1980), Lyrik (z. B. Kreidepfeile u. Klopfzeichen, 1981). Herausg. Edition Pestum (übers. in viele Spr.) - Liebh.: Malerei, Karikatur, Satire, Kabarett - Spr.: Engl., Franz., Schullatein - Lit.: Lex. d. dt. Jugendlit.

PETEGHEM, van, Arseen-P.

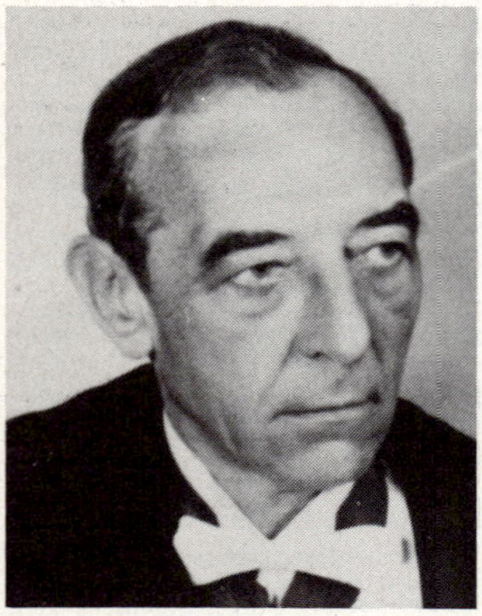

Ir., Prof. Metallkunde u. Elektrometallurgie - St.-Denijslaan 120, B-9000 Gent - Geb. 15. Juli 1928 Ertvelde (B), kath. - Burgerl. Scheikundig Ir. 1951 Staatl. Univ. Gent; Burgerl. Metallurgisch Ir. 1952 ebd.; Prof. Metallurgie Nicht-Eisen Metalle u. Elektrometallurgie Univ. Gent; Lehrbeauftr. f. Physikal. Chemie d. Metalle Univ. Hannover - 4 nationale belg. Ausz.; 1954 Preis Acta Technica Belgica - Spr.: Fläm., Franz., Dt., Engl.

PETER, Adalbert

Dr. theol., Dr. phil., o. Prof. f. Alttestamentl. Exegese Phil.-Theol. Hochsch. Fulda (s. 1947; zeitw. Rektor) - Domdechanei 4, 6400 Fulda (T. 7 10 18) - Geb. 16. Dez. 1903 Soisdorf/Hessen, kath. - lic. in re bibl. - Msgr.

PETER, Albrecht

Kammersänger - Kirchenweg 8, 8011 Baldham/Obb. (T. Zorneding 83 77) - Geb. 6. Aug. 1914 Nürnberg (Vater: Albrecht P., Mutter: Margarethe, geb. Sandrock), ev., verh. s. 1957 m. Kammers. Maud, geb. Cunitz - Oberrealsch. Nürnberg (Abit.) - Mitgl. Bayer. Staatsoper (Bariton). Gastsp. In- u. Ausl. - 1957 Bayer. Kammersp.; 1968 Bayer. VO. - Bek. Vorf.: Adele Sandrock (Schausp.).

PETER, Brunhilde

Dr. phil., Ministerin f. Arbeit und Frauen (1985-91), 1. Vors. VHS Dillingen - Zu erreichen üb. Franz-Josef-Röder-Str. 23, 6600 Saarbrücken 1 (T. 50 11); priv.: Am Schwimmbad 25, 6638 Dillingen - Geb. 4. Okt. 1925 Mainz, kath., verh., 3 Kd. - Stud. Dt. Theol. u. Phil.; Promot. 1955 - 1968-70 MdK Saarlouis. SPD.

PETER, Dieter

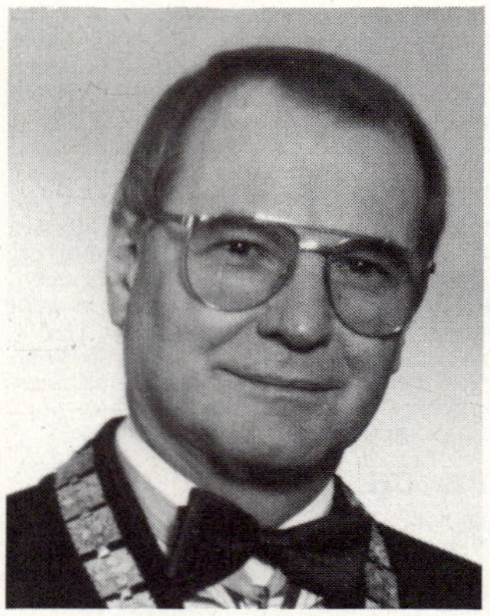

Ing., öffentlich bestellter u. vereidigter Sachverständiger f. d. Kraftfahrzeugwesen, Konsul - Zu erreichen üb. Ing. Büro, Wiesbadener Str. 35, 7500 Karlsruhe 21 - Geb. 6. Juni 1936, ev., verh. s. 1974 m. Christa, geb. Veidt, T. Britta - Kraftfahrzeughandwerk; Bundeswehrfachhochsch. - Selbständiger Sachverst. f. d. Kraftfahrzeugwesen - Würdenträger d. Ritterorden Cordon Bleu Du Saint Esprit; Botschafter d. Ordens f. d. Schweiz; Mitgl. im großen Rat d. Weltparlament u. d. Confederation of Chivalry; Mitgl. im diplomatischen Corps d. königlichen Hauses Prinz Francesco von Schwaben; Commandeur d. Ordens Of Asia Pacific; u. weitere ausl. Ehrungen.

PETER, Helmut

Ministerialdirektor a.D. - Finkenstr. 12, 6602 Dudweiler/S. - Geb. 20. Sept. 1919 - B. 1982 ständ. Vertr. d. saarl. Finanzministers.

PETER, Helwin

Gewerkschaftssekretär, MdB (VII. u. VIII. Wahlp./Landesl. Saarl.) - Am Zirkelborn 6, 6692 Oberthal/S. - Geb. 18. Juli 1941 Oberthal, kath., verh., Sohn - Volkssch.; 1955-58 Betriebselektrikerlehre (Saarbergwerke Saarbrücken); 1967-69 Akad. d. Arbeit Frankfurt/M. - B. 1967 Elektrohauer (unt. Tage) Schachtanl. Kohlwald u. Camphausen; s. 1969 Sekr. DGB/Landesbez. Saar. SPD s. 1963 (1974 Mitgl. Landesvorst.).

PETER, Herbert

Kirchenrat, Landeskirchenmusikdirektor i.R., Komponist - Am Hainstein 3, O-5900 Eisenach - Geb. 11. März 1926 Weimar/Thür., ev., verh. s. 1951 m. Ursula, geb. Nähler, 2 Söhne (Michael †1985, Christoph) - A-Kirchenmusikstud. 1945-49 Staatl. Musikhochsch. Weimar - 1950-61 Doz. Thüringer Kirchenmusiksch. Eisenach, 1961-87 Dir.; 1961-84 Leit. d. Eisenacher Bachchors; 1961-91 Landeskirchenmusikdir. d. Ev.-Luth. Kirche Thüringen - Kompos.: Oratorien (Komm, Heiliger Geist, D. verlorene Sohn, 2 Passionen), Kantaten, Motetten, Orgelwerke, Orch.werke (Musik f. Streichorch., Motif royal f. gr. Orch.), Bläsermusiken, Kammermusik.

PETER, Horst

Studiendirektor a. D., MdB (s. 1980) - Baunsbergstr. 47 A, 3500 Kassel (T. 0561 - 31 12 07) - Geb. 16. Febr. 1937 Kassel (Vater: August P., Bauarbeiter; Mutter: Else, geb. Siebert), ev., verh. s. 1960 m. Irmtraud, geb. Blumenstein, S. Frank Stephan - 1957-63 Univ. Marburg (Gesch., Politik, Allg.Philol.; Staatsex.) - 1968-81 Stadtverordn.; s. 1980 Bundestag. SPD - BV: Zukunft SPD, 1981; Konzepte Frieden, 1985; Mehrheit links v. d. CDU, 1986; Überschuldung, 1987; Grauzone zw. Union u. neuer Rechte, 1990 - 1981 Stadtmed. Kassel; 1990 BVK - Liebh.: Fußball, Mineralien.

PETER, Julius

Dr., Vorstandsmitglied Continental-Gummiwerke AG. (1981 ff.) - Königsworter Pl. 1, 3000 Hannover - Zul. Leitg. Bereich Technik/Techn. Prod.

PETER, Leo

Landwirt, Präsident Landwirtschaftskammer Saarland - Lessingstr. 12, 6600 Saarbrücken (T. 0681-6 65 05 0) - Geb. 20. Febr. 1926 Wiesbach, verh. s. 1951, 5 S. - Stud. Agrarwirtsch. - Bürgerm., VR Saarlandversich., Beirat Landeszentralbank.

PETER, Siegfried

Dr. rer. nat., o. Prof. f. Chem. Technologie - Lindenweg 3, 8521 Uttenreuth (T. 09134-14 52) - Geb. 9. Mai 1916 - S. 1950 (Habil.) Lehrtätigk. TH Hannover (1956 apl. Prof. f. Physikal. Chemie) u. Univ. Erlangen-Nürnberg (1968 Ord. u. Vorst. Inst. f. Techn. Chemie II). Fachveröff.

PETER, Werner

Obermeister, Präs. d. Bundesverb. d. Dt. Bestattungsgewerbes, Düsseldorf - Götzstr. 1, 1000 Berlin 42 - Geb. 15. Febr. 1921 (Vater: Karl P.; Mutter: Dorothea, geb. Schröder), verh. s. 1945 m. Ernestine, geb. Pascher, 3 Kd. (Christian, Sybille, Stephanie) - Abit. - 1959 Oberm. d. Bestatterinn. v. Berlin u. Brandenburg e.V., 1975 Vorst. Bundesverb. - AR-Vors. Fachverlag Dt. Bestattungsgewerbe GmbH, 1988 Vizepräs. d. Europ. Bestatter Union (EBU) - Liebh.: Garten, Schwimmen.

PETERMANN, Bernd

Dr. jur., Rechtsanwalt, Fachanwalt f. Verwaltungsrecht - Wirmerstr. 9, 4000 Düsseldorf 30 (T. 438 06 90); Büro: Klever Str. 31, Postf. 32 09 24 (T. 49 90 59) - Geb. 8. Aug. 1927 Duisburg-Ruhrort, kath., verh., 4 Kd. - Gymn. Duisburg (Abit. 1946); Univ. Köln (Rechtswiss.; Promot. 1953). Jurist. Staatsprüf. 1950 u. 53 - S. 1954 RA OLG Düsseldorf. Kirchl. Funktionen. Ratsherr Düsseldorf 1961-70; MdL. Nordrh.-Westf. 1970-80; CDU s. 1946. Kommentar z. Schulmitwirkungsgesetz NW, 12. A. 1991 - 1977 Ritter, 1982 Komtur, 1986 Komturkreuz m. Stern d. Gregoriusordens; 1980 BVK am Bde., 1985 BVK I. Kl.

PETERMANN, Franz

Dr. phil., Dipl.-Psych., Prof. f. Psychologie Univ. Bremen, Filmautor - Bröltalstr. 5, 5202 Hennef - Geb. 28. Sept. 1953 Weinheim, kath., verh. s. 1978 m. Prof. Dr. Ulrike, geb. Haßlinger (s. dort) - Stud. Psych. u. Sozialwiss. Univ. Heidelberg; Dipl.-Psych. 1975; Promot. 1977 Bonn - 1975-80 wiss. Mitarb. Univ. Heidelberg u. Bonn; 1980 Privatdoz. Bonn; 1980-81 Gastprof. TU Berlin; 1982-85 Prof. RWTH Aachen; 1985-91 Prof. Univ. Bonn; s. 1991 Lehrstuhlinh. f. klinische Psychol. an d. Univ. Bremen; 1985 wiss. Beirat Görres-Ges. z. Pflege d. Wiss. Zahlr. Veröff., Handb.- u. Ztschr.-Beiträge in d. Bereichen Psych., Sozialwiss. u. Med.; Herausg. v. Ztschr. u. Buchreihen (u. a. Ztschr. f. Klin. Psych., Psychopathol. u. Psychotherapie; Jahrb. f. personenzentrierte Psych. u. Psychotherapie; Materialien f. d. psychosoz. Praxis; Psychodiagnost. Verf.: Treatmentorientierte Diagnostik; Studien z. Jugend- u. Familienforsch., Kindheit u. Entwicklung) - BV: Psychotherapieforschung, 1977; Grundlagentexte d. Klin. Psych., 1977; Veränderungsmessung, 1978; Einzelfallanalyse, 2. A. 1989; Einstellungsmessung - Einstellungsforschung, 1980; Einzelfalldiagnose u. klin. Praxis, 2. A. 1992; Training m. aggressiven Kindern, 5. A. 1991; Psych. d. Vertrauens, 2. A. 1992; Verhaltenstherapie m. Kindern u. Jugendlichen, 1987; Psych. chronischer Krankheiten im Kindes- u. Jugendalter, 1987; Training m. Jugendlichen: Förderung v. Arbeits- u. Sozialverhalten, 3. A. 1992; Verhaltensgestörtenpäd., 1987; Vorurteile u. Einstellungen, 1988; Beratung v. Familien m. krebskranken Kindern, 2. A. 1990; Training m. sozial unsicheren Kindern, 4. A. 1992; Probleme im Jugendalter, 2. A. 1992; Entw. autistischer Störungen, 2. A. 1991; Chronisch kranke Kinder u. Jugendl., 1990; Asthma bronchiale im Kindes- und Jugendalter, 2. A. 1992; Psychologische Diagnostik, 2. A. 1992; Erlernte Hilflosigkeit, 4. A. 1992; Handbuch d. Entspannungsverfahren, 1992; Patientenschulung, 1992 - 8 Filmprod. - Liebh.: Musik, Bücher - Spr.: Engl.

PETERMANN, Günter

Dr., Prof. Univ. Würzburg - Erbshäuser Ring 14, 8702 Bergtheim - Geb. 2. Juni 1924 Greifenhagen (Vater: Willy P., Beamter; Mutter: Katharina, geb. Räther), ev., verh. s. 1948 m. Edeltraut, geb. Buxel, 2 T. (Heidemarie, Gabriele) - 1945-50 kaufm. Ausb.; 1950-53 Stud. FU Berlin - 1954-72 Tätigk. FU Berlin; ab 1972 Prof. (Ord.) Univ. Würzburg - BV: Marktstell. u. Marktverhalten d. Verbrauchers, 1963; Absatzwirtsch., 1979 - Spr.: Engl.

PETERMANN, Hartwig

Dr.-Ing., em. o. Prof. Pfleiderer-Inst. f. Strömungsmaschinen TH bzw. TU Braunschweig (s. 1953) - Flotowstr. 2, 3300 Braunschweig (T. 33 78 08) - Geb. 29. Aug. 1919 Beuthen/OS. (Eltern: Walter (Rechtsanw.) u. Irene P.), ev., verh. s. 1949 m. Christa, geb. Alaschewski, S. Klaus - TH Breslau (Maschinenbau; Diplom-Hauptprüf. 1944) - 1945-49 Assist. TH Braunschweig; 1949-53 Versuchsing. BBC, Mannheim - BV: Konstruktionen u. Bauelemente von Strömungsmaschinen, 1960; Strömungsmaschinen, 6. A. 1991 (türk., portugies., ital. Übers.); Einf. in d. Strömungsmaschinen, 3. A. 1988.

PETERMANN, Ulrike

Dr. phil., Prof. f. Psych. u. Leiterin d. Kinderambulanz d. Univ. Bremen; apl. Prof. an d. Univ. Bonn, Psychologin u. Pädagogin, Filmautorin - Bröltalstr. 5, 5202 Hennef - Geb. 6. Juni 1954 Bensheim, kath., verh. s. 1978 m. Prof. Dr. Franz Petermann (s. dort) - Dipl.-Soz.-Päd. 1978 Mannheim; Dipl.-Päd. 1980 Bonn; Promot. (Psych.) 1982 Berlin - 1980-83 wiss. Angest. Univ. Bonn; s. 1986 Privatdoz.; s. 1987 Prof. ebd. 1981 Mitgl. Görres-Ges. z. Pflege d. Wiss.; 1984-86 Habil.stip. v. d. Görres-Ges. Sachb.- u. Filmautorin - BV: Training m. aggressiven Kindern, 5. A. 1991; Training m. sozial unsicheren Kindern, 4. A. 1992; Kinder u. Jugendliche besser verstehen, 3. A. 1991; Sozialverhalten b. Grundschülern u. Jugendlichen, 2. A. 1992; Training m. Jugendlichen: Förderung v. Arbeits- u. Sozialverhalten, 3. A. 1992; Probleme im Jugendalter, 2. A. 1992. Zahlr. Handb.- u. Ztschr.-Beiträge in d. Bereichen Klin. u. Päd. Psych. - Schulpäd. - Liebh.: Musik, Sport - Spr.: Engl.

PETERMICHL, Harald F.
Chefdramaturg am Westfälischen Landestheater Castrop-Rauxel - Pallasstr. 85, 4620 Castrop-Rauxel (T. 02305 - 3 42 23) - Geb. 19. Aug. 1957 Fürsteneck, ledig - Stud. Theaterwiss., German., Kommunikationswiss. Univ. München - 1985 Gründ. Verlagshaus schröpf & schrat.

PETERS, A. F.
s. Unger, Gert F.

PETERS, Arno

Dr. phil., Prof., Historiker - Heinrich-Heine-Str. 93, 2800 Bremen (T. 23 20 22) - Geb. 22. Mai 1916 Berlin (Vater: Bruno P., Oberreichsbahnrat; Mutter: Lucy, geb. Schulz), verh. in 3. Ehe (1987) m. Marzena, geb. Ruminski, 7 Kd. (Anja, Axel, Anita, Aribert aus 1., Sabine aus 2., Marco, Mirko aus 3. Ehe) - Schule u. Univ. Berlin (Gesch., Kunstgesch., Ztg.wiss.) - Reisen Europa u. Übersee. 1974ff. Leit. Inst. f. Universalgesch. - BV: Synchronopt. Weltgesch., 1952 (140 Ts.; franz. 1962); D. perspektiv. Verzerrung v. Raum u. Zeit im hist.-geograph. Weltbilde d. Gegenwart, 1967; D. europazentr. Charakter unseres Weltbildes u. s. Überwindung, 1973; D. Neue Kartographie, 1984; Raum u. Zeit, 1985; D. maßstäbl. Darstell. d. Tondauer als Grundl. oktavanaloger Farbnotation, 1985; Klavierfibel, 1986; Peters-Atlas, 1989 deutsch u. engl., 1990 franz., ital., dän., 1991 span. - Mitgl. PEN-Zentrum - Liebh.: Segeln, Schwimmen, Radfahren, Boule, Schach - Spr.: Franz., Engl. - Entwickelte d. synchronopt. Methode (räuml. Darstell. d. Zeit) u. d. paritätische Geographie (Peterskarte u. Petersatlas) sowie d. Farb-Notation.

PETERS, Butz
Dr. jur., Leiter d. Abt. Medienpolitik, Recht u. Lizenzen b. Hundert, 6 - Paulsborner Str. 44, 1000 Berlin 33 (T. 030 - 89 69 42 20) - Geb. 22. Jan. 1958 Hannover - Stud. Rechtswiss. u. Publiz. Hannover, Göttingen, Lausanne, Genf, Wien; Promot. 1985 Göttingen; 1984/85 Volont. NDR - 1987-92 Leit. d. Ressorts Rechtspolitik u. 1990-92 Medien b. Norddeutschen Rundfunk - BV: D. Absahner, Organisierte Kriminalität in d. Bundesrepublik, 1990; D. RAF - Terrorismus in Deutschland, 1991 - Div. journal. Ausz. - Liebh.: Bergwandern, Reisen, Lesen.

PETERS, Carl Otto
Fabrikant, Mitinh. u. Geschäftsf. Gütersloher Fleischwarenfabrik J. F. Merten GmbH., Joh. Blankemeyer KG., Martena GmbH., alle Gütersloh - Brunnenstr. 13a, 4830 Gütersloh/W. - Geb. 30. Aug. 1908.

PETERS, Carsten
s. Schneider, Karl-Hermann

PETERS, Egbert
Dr. jur, o. Prof. f. Bürgerl. Recht, Handels- u. Zivilprozeßrecht - Holbeinweg 3, 7400 Tübingen (T. 60 04 17) - Geb. 27. Febr. 1928 Wiesbaden - S. 1962 (Habil.) Lehrtätigk. Univ. Marburg u. Kiel (1966 Ord.), Tübingen (s. 1979) - BV: D. Ausübung d. Stimmrechts b. nutznießungsbelasteten Aktien, 1952; D. sog. Freibeweis im Zivilprozeß, 1962; Ausforschungsbeweis im Zivilprozeß, 1966; Kieler WuV-Kurse Bd. 6, Zivilprozeßrecht, 1974, 4. A. 1986; Zwangsvollstreckungsrecht, 1976, 3. A. 1987; Richterl. Hinweispflichten im Zivilprozeß, 1983. Fachaufs.

PETERS, Friedhelm
Dr. phil., Prof. f. Sozialarbeit/Sozialpäd. FH Erfurt - Schwalbenstr. 47, 2000 Hamburg 60 - Geb. 2. Dez. 1948 Paderborn - Soz.-Arb.; Grad. 1972 FH Bielefeld; Dipl.-Soziol. 1975 Univ. Bielefeld - Stv. Vors. d. Intern. Ges. f. Heimerziehung FICE-Deutschland - BV: Gemeinwesenarbeit im Kontext lokaler Sozialpolitik, 1983; Jenseits v. Familie u. Anstalt, 2. A. 1992; Professionalität im Alltag, 1992.

PETERS, Fritz
Geschäftsführer Autoreifen-Vergölst Neugummierungswerke GmbH, Bad Nauheim (s. 1946) - Bad Nauheimer Str. 27, 6353 Steinfurth/Hessen- Geb. 28. Febr. 1910 - 1972 BVK I. Kl.

PETERS, Georg
Bürgermeister - Osterstr. 35, 2980 Norden/Ostfriesl. (T. 28 45) - Geb. 29. März 1908 Marienhafe/Ostfriesl., verh. - Volkssch.; Schriftsetzerlehre - Schrifts. Ztg.svertreter, ab 1937 Angest. Tabakfabrik, 1942-45 Wehrdst., 1946-49 u. 1956-64 Landrat Kr. Norden, S. 1964 Bürgerm. Stadt Norden. 1949-72 MdB. SPD s. 1926 (u. a. Bezirksvors. Weser-Ems) - 1973 Gr. BVK.

PETERS, Hans

Mitglied d. Europ. Parlaments (s. 1979) - Senftenbergstr. 16, 4600 Dortmund 14 (T. 0231 - 23 03 74) - Geb. 10. Dez. 1927 Uedem (Vater: Hermann P.; Mutter: Elisabeth, geb. Engelen), verh. s. 1949 m. Margarete, geb. Freck, 5 Kd. (Hans, Margarita, Elisabeth, Wilfried, Kristina) - Schuhmacherlehre; 1955/56 Stud. Sozialakad. Dortmund (Abschl. in Wirtsch., Recht, Soziol. u. Sozialpolitik); 1958-60 Rhetorikprakt. DGB-Bundessch. Hattingen (Abschl. Sprecherzieher) - 1961-73 Sekr. f. Bildungsfragen Hauptverw. IGBE, 1973-79 Leit. Wohnungsverw. f. Westf. Neue Heimat; Vizepräs. d. EUROPA-UNION Deutschland; Vors. d. Zentralaussch. d. Heinz-Kühn-Bildungswerkes (SBG); Vors. d. Europ. Staatsbürgerakad. Vorst.-Mitgl. Rhein.-Westf. Ausl.-Ges., Vors. Europa-Union, Kr. Dortmund u. Landesvors. d. EU in Nordrh.-Westf. S. 1951 Gewerkschaftsmitgl. SPD s. 1955 (1969-79 Rats-Mitgl. Dortmund, Vors. Schulaussch., stv. Frakt.-Vors.); s. 1989 Vizepräs. d. Europ. Parlaments; Mitgl. d. Fraktionsvorst. d. Sozialistischen Fraktion d. Europ. Parlaments - Ehrenring Stadt Dortmund.

PETERS, Hans
Versicherungsangestellter, Mitgl. Hbg. Bürgerschaft (s. 1978) - Saseler Str. 112, 2000 Hamburg 73 - Geb. 23. Nov. 1933 Hamburg, verh., 2 Kd. - Volkssch.; Gärtnerlehre; EDV-Ausbild. - Gärtner, Werft-, Hafenarb., EDV-Fachm. Industrie- u. Dienstleistungsbetriebe uno. Versicherungsw. (Mannheimer). SPD s. 1956.

PETERS, Hans Heinrich
Dr. jur., Geschäftsführer Hanseatische Wertpapierbörse Hamburg - Börse, 2000 Hamburg 11.

PETERS, Hans M.
Dr. phil., Prof., Zoologe - Sudetenstr. 29, 7400 Tübingen (T. 29 46 51) - Geb. 4. Juni 1908 Koblenz (Vater: Norbert P., Rechtsanwalt; Mutter: Anna, geb. Hausmann), kath., gesch. - Univ. Münster/W., Kiel, Bern - 1943 Doz. Univ. Straßburg; 1948 apl. Prof. Univ. Tübingen (1965 Vorsteher Abt. f. Physiol. Verhaltensforsch./Zoophysiol. Inst.) - BV: Grundfragen d. Tierpsych., 1948. Mitverf.: Soziol. u. Leben, 1952; Handb. d. Soziol., 1956. Übers.: Roeder, Neurale Grundl. d. Verhaltens (1968). Einzelarb. - Advisory Editor v. Environmental Biology of Fishes.

PETERS, Hans Peter
Vorstandsmitglied d. Westdeutschen Landesbank Girozentrale (WestLB) (s. 1988) - Herzogstr. 15, 4000 Düsseldorf 1 - Geb. 1. Aug. 1944 - Stud. Volkswirtsch. 1967-70 Univ. Köln u. Bonn; Stip. 1970-72 American Univ. Washington D.C. - 1972-85 Citibank in New York, Toronto, Paris, Stuttg., Santiago de Chile; 1985-86 Hauptabt.leit. Finanzwirtsch. Daimler Benz; 1986 Regionalbereichsleit. WestLB, s. 1988 Vorst.-Mitgl., s. 1990 Vorst.-Vors. WestLB (Europa) AG; AR-Mitgl. Gerresheimer Glas AG, Düsseldorf, Horten AG, Düsseldorf, Salzgitter AG, Salzgitter, Langbein-Pfannhauser Werke AG, Düsseldorf, Trienekens Entsorgung GmbH, Viersen, Banque-Franco-Allemande S.A., Paris; VR-Vors. WestLB International S.A., Luxemburg - Spr.: Engl., Franz., Span.

PETERS, Hans-Rudolf

Dr. rer. pol., o. Univ.-Prof. f. Volkswirtschaftslehre (Wirtschaftspol.) Univ. Oldenburg (s. 1974) - Rehweg 13A, 2900 Oldenburg (T. 0441 - 7 50 61) - Geb. 2. Mai 1932 Stadtoldendorf (Vater: Dipl.-Hdl. Rudolf P.; Mutter: Pauline, geb. Fricke), ev., verh. m. Liselotte, geb. Eckert - Stud. Univ. Göttingen u. Freiburg/Br.; Dipl.-Volksw. 1956 u. Promot. 1958 Freiburg/Br.; Habil. 1971 Marburg; Privatdoz. 1973 Univ. Bonn 1959-74 Bundesmin. f. Wirtsch. Bonn (Reg.dir.); 1988/89 Dekan FB Wirtsch.- u. Rechtswiss. d. Univ. Oldenburg - BV: D. Verkehrsmarkt 1958; Marktwirtschaftl. Verkehrsordnung, 1966; Regionale Wirtsch.pol., 1971; Grundzüge sektoraler Wirtsch.pol., 2. A. 1975; Polit. Ökonomie d. Marxismus - Anspruch u. Wirklichkeit, 1980; Grundl. d. Mesoökonomie u. Strukturpolitik, 1981; Einführung in d. Theorie d. Wirtschaftssysteme, 1987; Sektorale Strukturpolitik, 1988; Wirtschaftspolitik, 1992. Zahlr. Fachaufs. - Rotarier.

PETERS, Heinz
Freier Journalist u. Schriftsteller - Gottfried-Keller-Str. 41, 4030 Ratingen-Lintorf (T. 02102 - 3 59 12) - Geb. 24. Dez. 1936 Hohenlimburg (Vater: Heinrich P., Disponent; Mutter: Elise, geb. Wilken), verh. s. 1966 m. Ursula, geb. Wegescheid - Stud. Jura. Ztg.swiss. u. Soziol. Münster u. Köln. 1969-77 Redakt. Leit. Pressestelle DEW-Krefeld, Leit. Pressestelle IKW-Frankfurt - Spr.: Engl., Franz.

PETERS, Helge
Dr. sc. pol., Dipl.-Soz., Prof. f. Soziologie Univ. Oldenburg - Wittsfeld 14, 2900 Oldenburg (T. 0441 - 6 49 51) - Geb. 28. Nov. 1937 Lübeck (Vater: Klaus P., Realschulkonrektor; Mutter: Frieda, geb. Kunz), gesch., 2 Kd. (Sibylle, Tilmann) - Dipl.-Soz. 1964 Univ. Münster, Promot. 1967 ebd.; Habil. 1971 Univ. Bielefeld - 1964-68 wiss. Assist. Univ. Münster, 1969-72 wiss. Assist. Univ. Bielefeld; 1972-75 o. Prof. Univ. Frankfurt, 1975 o. Prof. Univ. Oldenburg - BV: Moderne Fürsorge u. ihre Legitimation, 1968; D. sanften Kontrolleure (m. a.), 1975; Stigma Dummheit (m. a.), 1981; Sozialarbeit als Sozialplan. (Hg.), 1982; Devianz u. soziale Kontrolle, 1989.

PETERS, Helge
Dr. med., Prof., Arzt, Direktor Chirurgische Klinik Klinikum Wiesbaden (s. 1981) - Ludwig-Erhard-Str. 100, 6200 Wiesbaden (T. 06121 - 43 20 90-1) Geb. 30. Nov. 1938 München (Vater: Prof. Dr. Gerd Peters), kath., verh. m. Andrea, geb. Laschet, S. Torsten - Stud. Univ. Bonn, München, Wien; Staatsex. 1964 Bonn; Promot. 1965 Bonn; Habil. 1975 Aachen; apl. Prof. 1978 Aachen - 1976-81 Ltd. Oberarzt Abt. Chir. Med. Fak. RWTH Aachen - 85 Publ., spez. chir. Pathophysiol. u. gastroenterol. Chir.; 60 publiz. Vortr. - Liebh.: Neuere Geschichte, Malerei d. Renaissance, Burgund, Toskana - Spr.: Engl., Franz.

PETERS, Helmut F.
Industriekaufmann, zul. General-Manager Revlon, Düsseldorf (s. 1974) - Rheinallee 14d, 4000 Düsseldorf (T. 50 03 53) - Geb. 18. Mai 1935 Pitschen (Vater: Dr. med. Theo P.; Mutter: Helene, geb. Lepzy), kath., verh. s. 1967 in 2. Ehe m. Friederike, geb. Götzinger, Tocht. Carina - Obersch., Lehre Ind.-Kfm. - Vorstandsmitgl. d. Kosmet. Einfuhrfirmen; 1967-69 General-Manager Revlon, Madrid; 1969-74 Juvena, Baden-Baden - Liebh.: Musik, mod. Malerei, Golf - Spr.: Engl., Franz., Span.

PETERS, Horst Theodor
Dr. jur. utr., Präsident Landessozialgericht Nordrh.-Westf. a. D. - Rembrandtstr. 12, 4000 Düsseldorf (T. 68 29 96) - Spez. Arbeitsgeb.: Sozialrecht - Geb. 30. April 1910 Stettin (Vater: Karl P., Berufsoffz.; Mutter: Anna, geb. Herrmann), ev., verh. s 1936 m. Margarete, geb. Unkel, T. Helga - Stud. Rechts- u. Staatswiss. Hochsch. Königsberg, Bonn. 1936-45 Reichsvers.-Amt Berlin; ab 1939 gleichz. Betriebskrankenkasse d. Reichs a. stv. Leit.; ab 1946 Abt.sleit. Flüchtlingswesen Landesreg. Schlesw.-Holst.; ab 1949 Oberversich.samt Düsseldorf; 1952 Leit. u. Reg.sdir.; 1954 Präs. Sozialgericht Düsseldorf, 1969-75 Präs. Landessozialger. NRW - BV: Handb. d. Krankenversich., Kommentar z. Sozialgerichtsbarkeit, Gesch. d. soz. Versich. - 1976 Gr. BVK, 1986 Gr. BVK m. Stern.

PETERS, Hugo
Prof., Dozent Staatl. Akad. d. bild. Künste Stuttgart (Abt. f. Allg. künstler. Ausbild.), freischaff. Maler u. Grafiker (s. 1976) - Rendlenstr. Nr. 20, 7000 Stuttgart 30 - Geb. 6. Jan. 1911.

PETERS, Julius M.
Dipl.-Ing., Generalbevollmächtigter d. Martin Peters GmbH, Aachen (Bauuntern.), MP-Sportzentrum Brühl GmbH & Co. KG, Finanzgericht Düsseldorf, Beis. Vorst. Kreishandwerkerschaft, Mitgl. d. Vollversamml. Handwerkskammer, Obermeister Bauinnung Aachen - Jülicher Str. 371, 5100 Aachen - Geb. 12. Febr. 1931 Aachen (Vater: Martin P., Bauuntern.; Mutter: Elisabeth, geb. Theilen), kath., verh. m. Ursula, geb. Jordans, 2 Kd. (Martin, Michaela) - Gymn., Lehre, Ing.sch., TH Aachen - Ehrenamtl. Richter Finanzgericht Köln - BVK.

PETERS, Karl
Dr. jur., Dr. phil. h. c., Dr. med. h. c., o. Prof. f. Strafrecht, -verfahren u. -vollzug (emerit.) - Kleimannstr. 3, 4400 Münster (T. 27 21 31) - Geb. 23. Jan. 1904 Koblenz (Eltern: Franz (Vizepräs. Provinzialschulkollegium) u. Clara P.), kath., verh. s. 1930 m. Hatwig, geb. Meister, 2 Kd. - Univ. Königsberg/Pr., Leipzig, Münster. Promot. 1927 Münster; Habil. 1931 Köln - Justizdst. (u. a. I. Staatsanw. u. OLGsrat); 1931 Privatdoz. Univ. Köln, 1942 Ord. Univ. Greifswald, 1946 Univ. Münster, 1962 Univ. Tübingen - BV: u. a. D. kriminalpolit. Stellung d. Strafrichters, 1932; Zeugenlüge u. Prozeßausgang, 1939; Reichsjugendgerichtsgesetz, 1942; Strafprozeß, Lehrb. 4. A. 1985; Grundprobleme d. Kriminalpäd., 1965; D. strafrechtsgestalt. Kraft d. Strafprozesses, 1963; Fehlerquellen im Strafprozeß, 3 Bde. 1970/74, D. neue Strafprozeß; Justiz als Schicksal, 1979. Zahlr. Buchbeitr. u. Fachaufs. - Gr. BVK, Komturorden d. Hl. Silvester m. gr. Silberstern, Beccaria-Med. in Gold, L.-Werthmann-Med., Ehrendoktor Univ. Marburg.

PETERS, Karl-Josef
Präsident Verwaltungsgericht Arnsberg (s. 1966) - 5760 Arnsberg/W. - Geb. 22. Mai 1922.

PETERS, Klaus
Dr. jur., Kanzler Gesamthochschule Wuppertal - Gaußstr. 20, 5600 Wuppertal 1 - Geb. 25. Sept. 1936.

PETERS, Kurt J.
Dr. agr., Prof. f. Agrarwiss. Univ. Göttingen, Forschungsdir. Intern. Tierforschungszentrum f. Afrika (I.L.C.A.), Addis Abeba (s. 1984) - Albrecht-Thaer-Weg 1, 3400 Göttingen - Geb. 10. März 1944 Sönke-Nissenkoog (Vater: Johannes P., Landw.; Mutter: Margarete, geb. Sibbers), ev., verh. s. 1971 m. Renate, geb. Piltz (Studienr.), 2 Kd. (Björn Arne, Tade Wilken) - 1966 Höh. Landbausch. Schlesw. (Staatl. gepr. Landw.); 1970 TU Berlin (Hauptdipl. Agrarwiss); 1975 Promot. (Tierprodukt.) - 1971-74 Wiss. Mitarb. Inst. f. Tierprod. TU Berlin, Forschungstätigk. in Süd-Afrika; 1975-77 Tierzuchtber., Malaysia; 1977-81 Wiss. Assist. TU Berlin; Forschungsreisen nach Afrika, Indien, Malaysia.

PETERS, Norbert
Dr.-Ing., Prof. - Auf der Hörn 103, 5100 Aachen (T. 0241 - 8 19 43) - Geb. 10. Juli 1942 Linz/D. (Vater: Friedrich P., Ing.; Mutter: Margrete, geb. Sieber), ev., verh. s. 1969 m. Francoise, geb. Kaeppelin, 3 Kd. (Dominique, Frédéric, Jean-Mathias) - Dipl. 1968, Promot. 1971 Berlin, Habil. 1975 - S. 1976 Prof. f. Mechanik RWTH Aachen - 1990 Leibniz-Preis d. Dt. Forsch.gemeinsch. - Spr.: Engl., Franz.

PETERS, Olaf
Vorstandsmitglied Schiffshypothekenbank zu Lübeck AG (s. 1972) - Ost-West-Str. 72-74, 2000 Hamburg 11 (T. 040 - 37 01-46 20) - Geb. 13. Aug. 1928.

PETERS, Otto
Dr. phil., Dr. h. c., Univ.-Prof., Hochschullehrer - Goebenstr. 45i, 5800 Hagen - Geb. 6. Mai 1926 Berlin, verh. s. 1954 m. Sabine, geb. Büchert, 2 Töcht. (Susanne, Bettina) - Stud. Humboldt- u. Freie Univ. Berlin (Angl., Gesch., Phil., Päd.) - 1969-74 Dt. Inst. f. Fernstud. Univ. Tübingen, 1974-75 o. Prof. f. Allg. Didakt. PH Berlin, s. 1975 o. Prof. f. Methodenlehre d. Fernstud. Fernuniv., 1975-84 Gründungsrektor. Emerit. 1991. Vors. Verein Grundlagen d. Weiterbildung - BV: D. Fernunterr., 1965; D. Hochsch.fernstud., 1968; D. didakt. Struktur d. Fernunterr., 1972; D. Fernuniv. im 5. Jahr, 1981. Herausg.: Stud. neben d. Beruf (1986, zus. m. R. Pfundtner).

PETERS, Owe Jens
Dr. rer pol., M. A., Kaufmann, Geschäftsf. APA-Verw.-Ges. mbH, Frankfurt am Main - Mariannenweg 1, 6380 Bad Homburg v. d. H. (T. 06172 - 3 46 86) - Geb. 6. Sept. 1928 Berlin, verh. s. 1959, 3 Kd. - Stud. St. Andrews/Schottland (Volksw.). M. A. (Economics) 1952 Univ. of Virginia/USA; Promot. 1956 Frankfurt - 1957-62 Frankfurter Bank - Spr.: Engl.

PETERS, Sönke

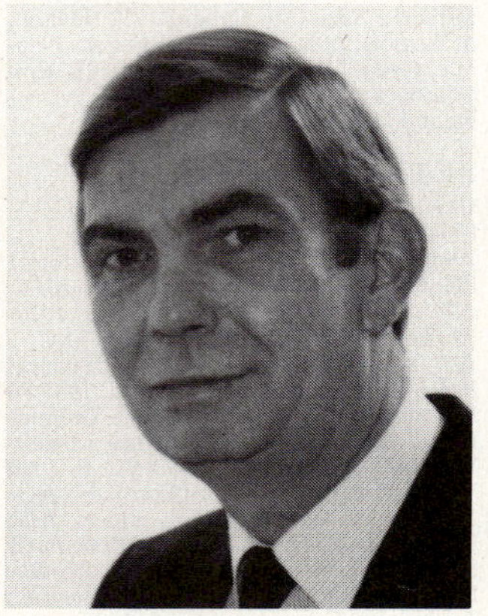

Dr. rer. pol., Prof. f. Betriebswirtschaftslehre u. Unternehmensrechnung/Controlling TU Berlin (s. 1977) - Am Schülerheim 23 A, 1000 Berlin 33 (T. 030 - 832 61 28) - Geb. 18. Febr. 1938 Hamburg, ev., verh. s. 1966 m. Charlotte, geb. Wulff - 1956-63 Stud. Versicherungsmathematik Univ. Hamburg u. Marburg, Dipl.-Math. 1963; Promot. 1968 Hamburg - Univ. Hamburg (1965 Wiss. Ass., 1969 Wiss. Rat, 1971 Wiss. Oberrat) - BV: D. Planung d. Fahrzeugeinsatzes im öfftl. Personennahverkehr, 1968; Betriebswirtschaftslehre d. öfftl. Personennahverkehrs, 1985; Betriebswirtschaftslehre - E. Einführung, 5. A. 1992 - Liebh.: Fernreisen, Fotografie, klass. Musik - Spr.: Engl., Franz.

PETERS, Uwe Henrik
Dr. med., Professor f. Neurologie u. Psychiatrie, Direktor Universitäts-Nervenklinik Köln - Zu erreichen üb. Univ.-Nervenklinik, Joseph-Stelzmann-Str. 9, 5000 Köln 41 - Geb. 21. Juni 1930 Kiel (Vater: Dr. med. Max P., Arzt; Mutter: Erna, geb. Sass), ev.-luth., verh. in 1. Ehe 1963-84 m. Dr. Johanne, geb. Schuchardt, 2 Töcht. (Eva, Caroline), verh. in 2. Ehe s. 1988 m. Anna Martini, S. Amadeus - Gymn. Kiel; Univ. Freiburg, Heidelberg, Kiel; Promot. 1956 - 1967-69 Oberarzt Nervenklinik Univ. Kiel, 1969-79 Dir. Neuropsychiatr. Univ.kl. Mainz, s. 1979 Dir. Nervenklinik Univ. Köln - 1991/92 Präs. d. Dt. Ges. f. Psychiatrie u. Nervenheilkunde (DGPN) - BV: Wörterb. d. Psychiatr. u. med. Psych., 4. A. 1990; Anna Freud, E. Leben f. d. Kind, 2. A. 1980; D. Pickwick-Syndrom (zus. m. H. Rieger); Hölderlin - Wider d. These v. edlen Simulanten, 1982. Herausg.: Psychiatrie in Klinik u. Praxis (7 Bde. ab 1984) - Spr.: Engl., Franz.

PETERS, Werner
Dr. rer. nat., o. Prof. f. Zoologie Univ. Düsseldorf (s. 1968) - Albrecht-Dürer-Str. 45, 4006 Erkrath/Rhld. - Geb. 24. Juni 1929 Todtglüsingen b. Hamburg, verh. m. Dr. Renate, geb. John, 2 Kd. (Antje, Jörg) - Freie Univ. Berlin (Zoologie, Botanik, Chemie). Promot. (1955) u. Habil. (1964) Berlin - 1957-68 Assist. u. Privatdoz. (1964) FU Berlin, 1968-74 Wiss. Rat u. Abt.-Leit., 1974 Ordinar. Univ. Düsseldorf - Spez. Arbeitsgeb.: Morphologie, Allg. Parasitenkd. Facharb. - BV: Diagnose d. Parasiten d. Menschen (m. H. Mehlhorn), 1983; D. Regenwurm - Lumbricus terrestris L. E. Praktikumsanleitung (m. V. Walldorf), 1986 - Spr.: Engl.

PETERS, Werner
Dr. rer. nat., Prof., Physiker - Renteilichtung 92, 4300 Essen 1 (T. 0201-44 26 45) - Geb. 23. Sept. 1921 Rheine (Vater: Bernhard P.; Mutter: Änne, geb. Holtkamp), kath., verh. s. 1951 m. Renate, geb. Sanders - Gymn. Rheine; Univ. Münster (Physik, Mathematik). Promot. 1952; Habil. 1963 - S. 1952 Ruhrgas AG, Essen, 1960 Steinkohlenbergbauverein u. Bergbau-Forschung GmbH, Essen (Geschäftsf., 1986 Ruhestand). S. 1961 Lehrtätigk. TH Aachen (1967 apl. Prof. f. Physikal. Grundl. d. Brennstoffchemie); 1982-84 Präs. Dt. Ges. f. Mineralölwiss. u. Kohlechemie. Üb. 100 Fachveröff. Rund 50 Patente - Spr.: Engl. - Rotarier.

PETERS, Wilhelm
Prof., Hochschullehrer - Eimermacherweg 25, 4400 Münster/W. (T. 2 13 97) - U. a. Prof. Päd. Hochsch. Westf.-Lippe (Kunst- u. Werkerzieh.).

PETERS-JOOST, Evelyn
Schriftstellerin, Schauspielerin - Magdalenenstr. 57, 2000 Hamburg 13 (T. 74 64 84) - Geb. 8. April 1925 Berlin (Vater: Werner P., Offz.; Mutter: Stefanie, geb. Cehak), ev., verh. s. 1945 m. Heinz Kirchhoff (gesch.), 2 Kd. (Bodo, Nina), wiederverh. - N. Mittl. Reife 1941-43 Reinhardt-Sem. Wien - Schausp. (1945-49 Jg. Bühne, 1950-52 Kammersp., 1952-55 Dt. Schauspielhaus, alles Hamburg); fr. Schriftst. (1955-61 u. 1965ff.); Redakt. (1961-65 Laux-Tonbildschau, Frankfurt). Zahlr. Bühnenrollen, dar. Ann Whitefild (Mensch u. Übermensch), Pallas Athene (Orestie), Olivia (D. Teufels General) - BV: D. Lebens Freude, R. 1962; Zeit d. Versuchung, R. 1969; E. Frau v. Vierzig, R. 1969; Trans-Europ-Expreß, R. 1973; D. Zaungast, R. 1975; Roman e. geschied. Frau; E. Fall v. Hörigkeit, R. 1981; Umarme jede einzelne Stunde, R. 1982 - Liebh.: Lit., Musik - Spr.: Franz. - Bek. Vorf.: Carl P. (Afrikareisender).

PETERSEN, Arnold
Generalintendant Nationaltheater Mannheim - Zu erreichen üb. Nationaltheater, 6800 Mannheim 1 - Geb. 30. Nov. 1926 Lübeck (Vater: Arnold P., Kaufm.; Mutter: Martha, geb. Borgwarth), verh. s. 1954 m. Ingeborg, geb. Guttmann, T. Katharina - Gymn. (Abit.) - 1946-56 Dramat.; 1956-75 Chefdisponent - Spr.: Engl.

PETERSEN, Claus
Chefredakteur Nordsee-Zeitung, Redaktionsgem. Nordsee - Hafenstr. 140, 2850 Bremerhaven; priv.: Parkstr. 20 - Geb. 12. März 1929.

PETERSEN, Günter
Dr. phil., Prof. f. Pädagogik u. Phil. d. Naturwiss. TH Darmstadt - Zu erreichen üb. TH, Inst. f. Pädagogik, Pankratiusstr. 2, 6100 Darmstadt - Stud. Naturwiss. u. Phil.; Promot. (b. Gadamer) - Versch. wiss. Tätigk.; s. 1978 Prof. TH Darmstadt - BV: Wissenschaftstheorie u. Didaktik, 1979; Veröff. in Fachztschr., publiz. Art.

PETERSEN, Heinrich
Dr. med., Prof., Internist (Oberarzt) - Eberburgweg 3a, 5100 Aachen (T. 3 69 01) - Geb. 10. Mai 1917 Oberalm - Habil. 1943 - B. 1969 Privatdoz., dann apl. Prof. TH Aachen (Med. Fak.). Fachveröff.

PETERSEN, Heinz
Dr., Prof., Diplom-Brauerei-Ingenieur - Oppenheimer Weg 7, 1000 Berlin 28 - Geb. 24. Mai 1920 Wolfshagen, ev., verh. s. 1951 m. Margarete, geb. Sehrbrock, 2 Kd. (Petra, Jens) - Stud. Brauwesen; Dipl.-Br.-Ing. 1948; Promot. 1951 TH München - Langj. Tätigk. in d. Brauereimasch.-Ind.; 1972-85 Leit. d. Maschinentechn. Abt. Inst. f. Gärungsgewerbe u. Biotechnol. Berlin. Hon.-Prof. TU Berlin. Mitgl. versch. Fachaussch. - BV: Brauereianlagen, 1987.

PETERSEN, Helge
Dr. jur., Vorsitzender d. Geschäftsleitung Fürst Thurn und Taxis Gesamtverw. - Schloß, 8400 Regensburg - Geb. 20. Aug. 1945 Flensburg, ev., verh. s. 1972 m. Irmgard, geb. Taeger, 2 Kd. (Sybille, Jonas) - Atlantic College in Großbrit. (ext. Abit.); Jurastud. Univ. Berlin, Freiburg u. Bochum; Promot. 1969, MBA 1972 Harvard Business School - 1972-81 McKinsey & Comp. Inc.; 1981-86 Generalbevollm. Franz Haniel & Cie; Vorst.-Mitgl. Altana AG - Liebh.: Gesch., Kammermusik, Segeln - Spr.: Engl., Franz.

PETERSEN, Jens
Dr. jur., Botschafter a.D., Industrieberater - 233 Domaine de l'Escalet, F-83350 Ramatuelle - Geb. 10. Okt. 1923 Hamburg (Vater: Fried. Ernst P.; Mutter: Elli, geb. Kortenhaus), ev., verh. s. 1973 m. Viola, geb. Muthesius - Promot. 1954 Univ. Kiel - 1956-59 Vizekonsul u. Konsul in Montreal; 1963-66 Botsch. in Port-of-Spain, Trinidad; 1966-68 Botsch. in Nikosia, Zypern; 1970-77 Botschafter b. UNESCO Paris; 1976-78 Mitgl. d. Exekutivrats d. UNESCO; 1977-81 Beauftr. d. Ausw. Amts f. Asienpolitik; 1981-85 Botsch. in Teheran/Iran, 1986-88 in Bern/Schweiz - Spr.: Engl., Franz., Span.

PETERSEN, Jens
Dipl.-Volkswirt, stellv. Hauptgeschäftsführer IHK Lüneburg-Wolfsburg - Am Sande 1, 2120 Lüneburg - Geb. 9. Juli 1941, verh., 2 Kd. (Jörg, Kathrin) - Abit. Lüneburg; Stud. Wirtsch.- u. Sozialwiss. Univ. Hamburg, Dipl.-Ex. 1965 - Wiss. Angest. in d. Behörde f. Wirtsch. u. Verkehr, Hamburg; Abt.-Leit. Ind., Raumordn., Umweltschutz IHK Lüneburg-W. - Liebh.: Kunst, Gesch., Fotogr., Tennis - Spr.: Engl.

PETERSEN, Joerg F.
Dr. jur., Geschäftsleitung Bankhaus Merck, Finck & Co. - Pacellistr. 4, 8000 München 2 - Geb. 13. Febr. 1943 - AR MAN-Energie GmbH, Nürnberg.

PETERSEN, Johannes
Dr., Prof. f. Kleintierzucht Univ. Bonn - Auf dem Köppen 16, 5309 Meckenheim (T. 02225 - 63 43) - Geb. 29. Aug. 1934 Hörpel, ev., verh. m. Gertraud, geb. Hein, 5 Kd. - Stud. Agrarwiss. TU Berlin; Promot. 1969, Habil. 1977 - S. 1977 Prof. Bonn - Spr.: Engl.

PETERSEN, Klaus
Dr., Landrat a. D. Kr. Nordfriesland - Dieker Weg 10, 2251 Ostenfeld - Geb. 17. Febr. 1922.

PETERSEN, Klaus
Ministerialdirigent, Leiter d. Abteilung f. Bauleitplanung, Bau- u. Vermessungswesen - Zu erreichen üb. Innenministerium Schleswig-Holstein, Düsternbrooker Weg 92, 2300 Kiel (T. 0431 - 5 96-26 08) - Geb. 6. Okt. 1931.

PETERSEN, Kurt F.
Dr. med. Prof., Ltd. Medizinaldirektor a. D., ehem. Leiter Inst. f. Laboratori-

umsdiagnostik LVA Oberbayern, Gauting (Zentralkrankenhaus) - Sebastian-Kneipp-Str. 42, 7800 Freiburg (T. 0761 - 3 78 93) - Geb. 1. Okt. 1919 - S. 1962 (Habil.) Lehrtätigk. Univ. Freiburg (1968 apl. Prof. f. Hyg. u. Bakt.). Fachveröff.

PETERSEN, Peter

Marktforscher, MdB (1965-72 u. s. 1976) - Herrenberger Str. 19, 7031 Gäufelden 1 - Geb. 30. Okt. 1926 Hamburg, ev., verh., 3 Kd. - Abitur 1947 - Kriegsdst. (zul. Fahnenj.); Mitarb. Moral. Aufrüstung (Caux). Weltw. Reisen. 1976ff. MdK Böblingen. CDU (div. Funkt.) - BV: Sind wir noch zu retten?, 1985.

PETERSEN, Werner

Dr. phil., Prof., A.A.L.L.M., Senator h.c., Zeitungsverleger u. -herausg., Mitgesellsch. Schleswig-Holst. Ztg.-Verlag - Müllerweg 4, 2312 Mönkeberg (T. 0431 - 23 10 56, Fax 0431 - 23 14 66) - Geb. 14. Juli 1910 Flensburg, verh. s. 1939 m. Nicoline, geb. Heinemann, 2 Kd. (Susanne, Timm) - Stud. TH u. Friedr.-Wilh.-Univ. Berlin - Pat.-Ing.; Hochsch.-Doz.; langj. Inst.-Leit.; Herausg. div. Tagesztg. u.a. (Schles.-Holst. Ztg.-Verlag, Flensburg); Vorst.-Mitgl. u.a. VDE-Schleswig-Holst. (Ehrenvors.). Div. Fachtechn. Forschungsarb. u. -entw.; Wiss. Gutachten f. Ind., Wirtsch. u. Behörden. Div. wiss. Veröff. - In- u. ausl. Ehrungen u. Ausz.; Ehrenmitgl. u. -vors. v. Fachverb. - Liebh.: Kunstsammler; Küstenschutzfragen, weltweite Stud.-Reisen, Fachforsch. - Spr.: Engl., Franz., Lat., Span. - Bek. Vorf.: Prof. Dr. Georg P. (Bruder), weltweit bek. Geol. u. Archäol.

PETERSEN, Wolfgang

Regisseur - Zu erreichen üb. Bavaria-Film, 8022 Geiselgasteig b. München; Wohnung: Grünwald - Geb. 1940 - Filme: D. Boot, D. unendl. Geschichte, Enemy Mine (Mein Feind) - 1984 Bambi; 1985 Bayer. Filmpreis.

PETERSMANN, Hubert

Dr. phil., M.A., o. Prof. f. klass. Philol. Univ. Heidelberg (s. 1981) - Schweizertalstr. 27, 6900 Heidelberg - Geb. 20. Aug. 1940 Klagenfurt (Vater: Friedrich P., Schriftsetzer; Mutter: Josefine, geb. Karner) kath., verh. s. 1969 m. Dr. phil. Astrid, geb. Mahr - Abit. 1959; Lehrbefähigungsprüf. f. Spanisch 1962; Stud. Klass. Philol., Roman., Angl., Vergl. Sprachwiss. Univ. Wien (M.A. 1964); Promot. 1965 Wien; Stud. Univ. London; Habil. Klass. Philol. 1976 Wien - 1965-68 Gymnasiallehrer London u. Wien; 1968-76 wiss. Assist. u. Lektor Univ. Wien, 1976-81 Univ.-Doz. Wien; 1981 o. Prof. Heidelberg; 1983/84 Prodekan d. Fak. f. Oriental.- u. Altertumswiss., Univ. Heidelberg - BV: Plautus, Stichus. Einl., Text, Kommentar, 1973; Petrons Urbane Prosa. Unters. z. Spr. u. Text. Sitzungsber. d. Österr. Akad. d. Wiss., 1977; D. römische Literatur in Text u. Darstellung, Bd. 1 Republikanische Zeit I, Poesie (m. A. Petersmann), 1992. Herausg.: W. Kraus. Aus Allem Eines, Stud. z. Antiken Geistesgesch. (1984); A. Dihle, Antike u. Orient. Ges. Aufs. Sitzungsber. d. Heidelberger Akad. d. Wiss. (zus. m. V. Pöschl, 1983); Bibliothek d. Klass. Altertumswiss. (s. 1986); Lustrum. Internat. Forschungsberichte aus d. Bereich d. Klass. Altertums (m. H. Gärtner s. 1986). Üb. 60 Einzelarb. - Spr.: Engl., Span., Slowen., Franz., Lat., Altgriech.

PETERSOHN, Franz

Dr. med., Prof., em. Abteilungsleiter Inst. f. Gerichtl. Medizin Univ. Mainz - Heidesheimer Str. 66, 6500 Mainz-Gonsenheim (T. 47 57 36) - Geb. 18. März 1920 Mainz (Vater: Prof. Franz P., Oberstudiendir.; Mutter: geb. Engel), kath., verh. s. 1947 m. Liesel, geb. Kirch, 4 Kd. (Franz, Christel, Gabriele, Hermann) - Univ. Frankfurt/M., Heidelberg, Berlin, Würzburg - S. 1961 (Habil.) Lehrtätigk. Mainz 1968ff. - BV: u. a. Problematik d. Beurteilung d. Fahrtüchtigkeit, 1965; Gerichtl. Med. f. d. Kriminalisten - Grundl. d. Kriminalistik, 1969, 2. A. 1983; D. Beurteilung psych. Gutachten im Strafprozeß, 1982. Üb. 120 Einzelarb., D. Beurteilung psych. Gutachten im Strafprozeß, Gerichtl. Medizin I: Grundwissen f. d. Kriminalisten, Gerichtl. Medizin II: Beurteilung v. Leichensachen - Liebh.: Jagd, Malerei - Spr.: Franz., Engl.

PETERSOHN, Jürgen

Dr. phil., Prof. f. Mittelalterl. Geschichte Univ. Marburg - Vogelsbergstr. 8, 3550 Marburg - Geb. 8. April 1935 Merseburg, ev., verh., 3 Kd. - Stud. Univ. Würzburg, Marburg u. Bonn; Promot. 1959 Bonn, Habil. 1970 Würzburg - Doz u. apl. Prof. Würzburg; 1971-73 Lehrstuhlvertr. Univ. Tübingen, 1981 Prof. (C4) Marburg - BV: D. südl. Ostseeraum... v. 10.-13 Jh., 1979; E. Diplomat d. Quattrocento, 1985.

PETERSON, Barr

Kammersänger - Nienstedter Stadtweg 7 G, 3013 Barsinghausen 1 - Geb. 3. April 1924 Mason City, Iowa/USA, verh. s. 1967 m. Dr. Eva P., geb. Kaltofen, 2 Kd. (Heike, Kay) - B. Sc. 1947 Harvard College; M. B. A. 1949 Harvard Business School - Rollen: u.a. Osmin, Sarastro, Philipp, Hagen - Spr.: Engl.

PETHIG, Rüdiger

Dr. rer. pol., Univ.-Prof. f. Volkswirtschaftslehre (Finanzwissenschaft) Univ.-GH Siegen (s. 1988) - Zu erreichen üb. Univ.-GH Siegen, Hölderlinstr. 3, 5900 Siegen - Geb. 22. Sept. 1943 Litzmannstadt (Vater: Hermann P., Beamter; Mutter: Gertrud, geb. Redel), ev., verh. s. 1970 m. Ingrid, geb. Becker, 3 Kd. (Britta, Annika, Lorena) - Dipl.-Volksw. 1969 Univ. Münster; Promot. 1973 Univ. Mannheim; Habil. 1977 ebd. - 1979 Prof. f. Volkswirtsch. (Finanzwiss.) Univ. Oldenburg - BV: Z. Theorie d. Transaktionen, 1975; Umweltökon. Allokation m. Emissionssteuern, 1979; Mitverf.: Trade and Environment, 1980. Hrsg. u. Mithrsg.: Public Goods and Public Allocation Policy (1985); Efficiency Inst. and Economic Policy (1987); Conflicts and Cooperation in Managing Environmental Resources (1992). Ca. 60 Fachaufs. - Spr.: Engl., Franz.

PETRAT, Gerhardt

Dr. phil., Prof. f. Pädagogik Univ. Bremen - Parkallee 153, 2800 Bremen 1 (T. 349 17 27) - Geb. 2. Jan. 1925 Sokaiten/Ostpr., ev., verh. s. 1954 m. Clara, geb. Mitschke, 2 Söhne (Nicolai, Dirk) - Promot. 1962 - 1948-63 Schuldst.; s. 1964 PH Bremen (1967 Prof.) - BV: Soziale Herkunft u. Schullaufbahn, 1964, 2. A. 1969; Sozio-kultur - Distanzen u. Beschulungsquoten, 1968; Prozeßorientierter Unterricht, 1977; Schulunterricht, 1979; Schulerziehung, 1987; Einem besseren Dasein zu Diensten, 1991.

PETRI, Alexander

Vorstandsmitglied Lenkradwerk Gustav Petri AG. - Bahnweg 1, 8750 Aschaffenburg - Kaufm. Werdegang.

PETRI, Franz

Dr. phil., o. Prof. f. Geschichte (emerit.) - Tondernstr. 31, 4400 Münster/W. (T. 8 18 31) - Geb. 22. Febr. 1903 Wolfenbüttel, ev., verh. s. 1933 m. Helene, geb. Niegisch †1980, S. Hans Dieter - Gymn. Wolfenbüttel; Univ. Berlin (Geschichte, Dt., Phil.; Promot. 1925). Habil. 1936 Köln - 1937-45 Privatdoz. u. o. Prof. f. Mittlere u. Neuere Geschichte (1942) Univ. Köln; 1951-61 Dir. Provinzialinst. f. Westf. Landes- u. Volkskd. Münster; 1961-68 o. Prof. u. Dir. Inst. f. Geschichtl. Landeskunde d. Rheinlande Univ. Bonn. S. 1969 Honorarprof. Univ. Münster. Mitgl. u. Ehrenmitgl. mehrerer landesgeschichtl. Kommiss., Vereine u. d. Kuratoriums f. vergleichende Städtegeschichte - BV: u. a. German. Volkserbe in Wallonien u. Nordfrankr., 2 Bde. 2. A. 1942; Z. Grundleg. d. europ. Einheit durch d. Franken, 1938 (m. Steinbach); Z. Stand d. Diskussion üb. d. fränk. Landnahme, 1954; D. Siegerland, 1955 (m. Lucas u. Schöller); D. Anfänge d. mittelalterl. Städtewesens in d. Niederl. u. d. angrenz. Frankr., in: TH, Mayer, Vortr. u. Forsch., Bd. IV 1958; D. Rhein in d. europ. Geschichte, in: D. I. Jahrtausend, Bd. II 1964; D. Kultur d. Niederl., in: Handb. d. Kulturgesch. 1964/65, selbst. Ausgabe 1972; Belgien, Niederlande, Luxemburg, in: Hb. d. Europ. Geschichte, Bde. VI u. VII 1968/79; Territorienbildung u. Territorialstaat d. 14. Jh.s im Nordwestraum, in: Konstanzer Arbeitskreis, Vortr. u. Forsch., Bd. XIII 1970; Entstehung u. Verbreitung d. niederl. Marschenkolonis. i. Europa, in: Vortr. u. Forsch. Bd. XVIII 1972; Duitsland - Vlaanderen, in: Encyclopedie van de Vlaamse Beweging I 1973; Im Zeitalter der Glaubenskämpfe, in: Rhein. Geschichte Bd. II 1976; D. Funktion d. Landschaft i. d. Geschichte, vornehml. i. Nordwestraum, in: v. Hartlieb/Quirin, Landschaft als interdisziplinäres Forschungsproblem 1977; D. fränk. Landnahme u. d. Entstehung d. germ.-roman. Sprachgrenze i. d. interdisziplinären Diskussion 1977. Herausg. u. Mithrsg.: Westf. Forschungen (1953ff.), D. Raum Westf. (1955ff.), Rhein. Vierteljahresbl. (1961ff.), Rhein. Archiv (1961ff.), Maaslandse Monografieën (1964ff.), Hermann Aubin - Festschr. z. 80. Geburtstag (1965), Collectanea Franz Steinbach (1967), Siedlung, Sprache u. Bevölkerungsstruktur im Frankenreich (1973), Städteforschung, Reihe A (1976ff.), Rhein. Geschichte i. 3 Bd. (1976ff.), Bild u. Dokumentarbd. z. Rhein. Geschichte (1978), Festschr. Heinz Stoob (1984) - 1958 Gold. Med. Stadt u. Gedenkmünze Univ. Löwen; 1970 Joost-van-den-Vondel-Preis F.V.S.-Stiftg. Hamburg - Lit.: G. Droege/P. Schöller/ R. Schützeichel/M. Zender, Landschaft u. Geschichte (Festschr. z. 65. Geb.); E. Ennen/A. H. v. Wallthor/ M. v. Rey, Z. Gesch. u. Landeskunde d. Rheinld., Westf. u. ihrer westeurop. Nachbarländer. Aufs. u. Vortr. aus 4 Jahrz. (Festg. z. 70. Geb.); W. Ebrecht/ H. Schilling, Niederl. u. Nordwestdtschl. (Festschr. z. 80. Geb.).

PETRI, Heinrich

Dr. theol., Prof. f. Fundamentaltheologie Univ. Regensburg - Schmellerstr. 39, 8400 Regensburg (T. 0941-9 50 21) - Geb. 22. Dez. 1934 Lünen, kath.

PETRI, Helmut

Dr. phil., o. Prof. f. Völkerkunde - Siegburger Str. Nr. 469, 5000 Köln 91 (T. 83 49 70) - Geb. 7. Nov. 1907 Köln - Habil. 1949 Frankfurt/M. - 1958-73 Ord. u. Inst.sdir. Univ. Köln - BV: Sterbende Welt in Nordwest-Australien, 1954. Zahlr. Einzelarb. - 1961-63 Präs. Dt.-Indones. Ges.

PETRI, Rudolf

Dr.-Ing., Geschäftsführer Stahlbauverein Bayern - Mörikestr. 31, 8500 Nürnberg (T. 59 30 50).

PETRICH, Kurt

Dipl.-Landw., Ministerialdirektor - Mendelssohnstr. 8, 5300 Bonn 2 - Geb. 11. Okt. 1913 - U. a. Leit. Abt. 3 (Ernährungspol.) Bundesmin. f. Ernährung, Landw. u. Forsten. Div. Ehrenämter.

PETRIDES, Platon

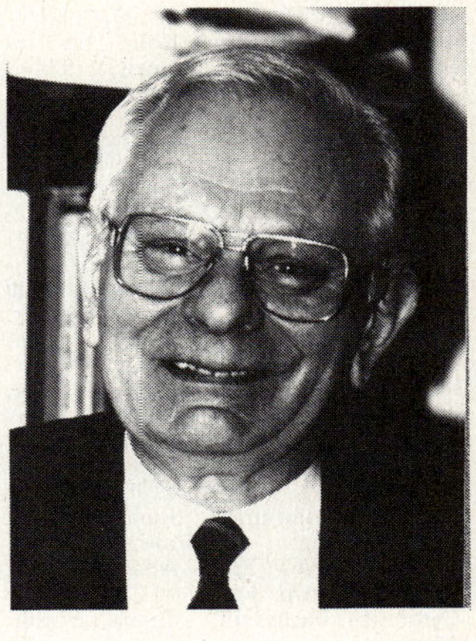

Dr. med., Prof., Chefarzt a. D. Inn. Abt. Bethesda-Krankenhaus Duisburg, Internist - Freytagstr. 45, 4000 Düsseldorf 1 - Geb. 16. Mai 1912 Wien - S. 1950 (Habil.) Privatdoz. u. apl. Prof. (1955) Med. Akademie bzw. Univ. (1966) Düsseldorf (zul. Oberarzt I. Med. Klinik). 1961-79 Vors. Verein f. Lit. u. Kunst Duisburg (Ehrenvors.), Mitgl. Dt., Europ., Amerik. u. Intern. Diabetes-Ges., 1979 Vizepräs. 10. Intern. Diabeteskongr. in Wien; 1976-88 stv. Vors. Ges. z. Bekämpfg. d. Krebskrankh. Nordrh.-Westf., s. 1989 im erweit. Vorst. S. üb. 15 J. Vors. im Aussch. Soziales d. Dt. Diabetes Ges.; s. 1985 Vors. wiss. Beirat d. Diabetes-Akad. Bad Mergentheim - BV: Diabetes Mellitus, 5. A. 1985 (m. Weiss, Löffler, Wieland; auch griech., span., engl., franz., ital., russ., thailänd.); D. Diabetiker im Erwerbsleben, Handb.-Beitr. 1990. Mehr. Handbuchbeitr. 180 wiss. Einzelarb. - 1979 Ernst-v.-Bergmann-Plakette Bundesärztekammer, Fellow All India Inst. of Diabetes, Bombay, Mercatorplak. Stadt Duisburg ; 1986 Gold. Ehrennadel d. Dt. Diabetiker-Bundes; 1987 BVK I. Kl.; 1989 Gerhardt-Katsch-Med. d. Dt. Diabetes-Ges.; 1991 Paul Harris Fellow; 1991 Ehrenmitgl. d. Föderation d. Intern. DONAU-SYMPOSIA üb. Diabetes mellitus; 1992 Platon-Petrides-Med. d. Diabetes-Akad. Bad Mergentheim; Ehrenmitgl. d. Ges. z. Bekämpfung d. Krebskrankh. Nordrh.-Westf. (GBK) u. d. Dt. Diabetes-Ges. - Spr.: Engl., Franz., Griech. - Rotarier.

PETRIKAT, Kurt

Dr.-Ing., o. Prof. f. Techn. Hydromechanik u. Wasserbau. Versuchswesen (em.) - Autenbrunnstr. 6, 7023 Echterdingen/Württ. - Geb. 12. Okt. 1910 Szibben/Memel (Vater: Wilhelm P., Postbeamt.; Mutter: Anna, geb. Ewert), verh. s. 1937 m. Herta, geb. Kracke - TH Hannover - Tätigk. TH Hannover, Fieseler Flugzeugbau (1938), n. 1945 Forschungsanst. Völkenrode, MAN (1949), s. 1961 ao. u. o. Prof. (1965) TH bzw. Univ. Stuttgart. Facharb.

PETRIKOVITS, von, Harald

Dr. phil., Dr. h. c., Direktor i. R. Rhein. Landesmuseum Bonn, Honorarprof. f. Provinzialarchäologie u. Geschichte d. Rheinlande in römischer Zeit Univ. Bonn (s. 1961) - Ellesdorferstr. 19, 5300 Bonn 2 - Geb. 8. Aug. 1911 Römerstadt/ Mähren (Vater: Dr. phil. Albert v. P., Staatsbibliothekar; Mutter: Frieda, geb. Schelle), verh. s. 1936 m. Gerda, geb. Wilke † - Gymn.; Univ. Wien (Alte Gesch., Archäol., Klass. Philol.; Promot. 1933 m. d. Diss.; Z. Religionsgesch. d. Adrialänder), Staatsex. f. d. höh. Lehramt in Lat. u. Griech. 1934 - BV: u. a. D. röm. Rheinland, 1960; D. röm. Streitkräfte a. Niederrhein, 1967; D. Innenbauten röm. Legionslager währ. d. Prinzipatszeit, 1975. D. Rheinlande in röm. Zeit, 1980. Beiträge zur röm. Gesch. u. Archäol. I 1976, II 1991 - 1970 o. Mitgl. Rhein.-Westf. Akad. d. Wiss.; 1969 korr. Mitgl. Österr. Akad. d. Wiss., 1971 Akad. d. Wiss. Göttingen, 1982 Heidelberger Akad. d. Wiss., 1986 Brit. Acad., Mitgl. Österr. (1955 korr.) u. Dt. Archäol. Inst. (1959 o.). 1972 Honorary Member of the Society for the Prom. of Roman Studies London; 1973 Honorary Fellow of the Society of Antiquaries in London, Ehrendoktor Univ. Würzburg - Tierfreund - Spr.: Lat., Griech., Engl., Franz. - Familie geadelt 1652.

PETROVICI, Johann N.

Dr. med., Prof., Direktor Neurol. Klinik Städt. Krkhs. Köln-Merheim (s. 1985) - Bachemer Str. 267, 5000 Köln 41 (T. 0221 - 43 28 97) - Geb. 19. Aug. 1929 Ploiesti/Rum., verh. s. 1959 m. Prof. Dr. med. Veronika, geb. Constantinescu, S. Gabriel - Univ. Bukarest (Med.); Promot. 1953, Habil. 1978 - 1956-69 Neurol. Klinik Bukarest/Rum.; 1969-71 Univ.

Nervenklinik Homburg (Saar); 1971/72 Neurochir. Univ. Klinik Köln - BV: Interhemisphärische Relationen, 1978 - Liebh.: Belletristik - Spr.: Franz., Ital., Engl., Rumän.

PETRY, Gerhard

Dr. med. (habil.), em. o. Prof. f. Anatomie - Promenadegasse 19, A-2391 Kaltenleutgeben b. Wien (T. 02238 - 5 52) - Geb. 31. Juli 1913 Ludwigshafen/Rh. (Vater: Ernst P., Studienrat; Mutter: Augusta, geb. Neumeyer), ev., verh. m. Angelica, geb. May (Cellistin) - Univ. Berlin, Heidelberg, Graz, Freiburg. Med. Staatsex. 1939 - 1944 Doz. Univ. Halle, 1952 apl. Prof. Univ. Freiburg/Br. (Prosektor), 1955 ao., 1963-82 o. Prof. Univ. Marburg (Dir. Anat. Inst.); 1966-73 Vors. Marburger Studentenwerk; 1966-72 Mitgl. Rundfunkrat Hess. Rundf.; 1966/67 Präs. Anatom. Ges. Herausg.: Europ. Journ. of Cell Biology (Cytobiol.). Fachveröff. - Liebh.: Musik, Malerei.

PETRY, Heinz

Dipl.-Ing., Vorstandsvorsitzender a.D. Fried. Krupp GmbH, Essen, AR-Mitgl. Krupp-Koppers GmbH, ebd. - Kaiserstr. 238, 4150 Krefeld - Geb. 12. Jan. 1919 (s. auch XX. Ausg.).

PETRY, Leo

Dipl.-Kfm., Vorstandsmitglied Vereinigte Saar-Elektrizitäts AG Saarbrücken (s. 1992), Lehrauftrag Wirtschaftspolitik an d. Hochsch. f. Technik u. Wirtschaft d. Saarlandes - Geb. 20. Juli 1948, kath., verh. 1 Kd. - Abit., Stud. Wirtschaftswiss. 1967-71 Saarbrücken, Dipl. 1971, 2. Staatsex. 1973 - B. 1992 MdL u. stv. Vors. d. SPD Frakt. Saarland (zuständig f. Energie- u. Wirtschaftspolitik) - Spr.: Engl., Franz.

PETRY, Norbert

Referent im Bundesmin. d. Justiz Bonn, Mitgl. DFB-Jugendaussch. (s. 1984) - Eduard-Otto-Str. 4, 5300 Bonn 1 (T. dstl.: 0228 - 58 48 95; priv.: 23 29 65) - Geb. 24. Nov. 1932 Berlin, verh. s. 1963 - Abit. 1954; Rechtspflegerex. 1957 Düsseldorf - Ehrenamtl. in d. Arb. d. Sportjugend tätig, s. 1977 Jugendobmann d. Fußballverb. Mittelrh.; s. 1984 Jugendobmann d. Westdt. Fußballverb.; 1974-82 Vorst.-Mitgl. Dt. Sportjugend (Ressort Sportl. Jugendarb.) - 1980 Diskus Dt. Sportjugend; Gold. Ehrennad. Fußballverb. Mittelrh.; Gold. Jugendleiterehrenz. Westdt. Fußballverb.; 1988 Sportplak. Nordrh.-Westf.

PETSCHNER, Raimund

Haupt- u. Realschullehrer, Schriftst. - Ohlauer Str. 44, 1000 Berlin 36 - Geb. 17. Nov. 1948 Bad Vilbel, ledig - 2. Staatsex. f. Haupt- u. Realsch. - Lehrer; 1979-82 Kleinverleger (Verlag ERNTE 84, Berlin), Autor - BV: T. Silver-tongued Devil, 1979; Zu spät, um Angst z. haben, 1981; Glückstatt, 1982; Meerma, 1984; Süß u. alt, 1986. Hörsp.: D. Luftliniengänger (1989), Klavier am Ende d. Gänge (1990), Sophie u. d. Versuche (1991), u.a. - 1990 als Grenzschreiber auf Einl. d. Landkr. Saarlouis im SaarLor-Lux-Gebiet - 1983 Lit. Arbeitsstip. Land Berlin; 1987 Döblin-Stip. Land Berlin u. Akad. d. Künste - Spr.: Engl., Franz.

PETSCHULL, Johannes

Dr. phil., Musikverleger, gf. Gesellsch. C. F. Peters Musikverlag, Henry Litolff's Verlag, Edition Schwann Musikverlag, alle Frankfurt/M., Mitgl. Dt. Musikverleger-Verb., Börsenverein d. Dt. Buchhandels, VR Dt. Bibliothek - Kennedy-Allee 101, 6000 Frankfurt/M. (T. 069 - 630 09 90) - Geb. 8. Mai 1901 Diez/Lahn (Vater: Dr. med. Otto P., Medizinalrat), verh., 3 Kd. - Gymn. Limburg/L.; Apothekerlehre; Univ. Gießen (Volkswirtschaft, Musikwissensch.). Promot. 1924 Gießen (Diss.: D. soziale Lage d. dt. Musiklehrkräfte) - s. 1924 Verlagswesen (Melos-Verlag, B. Schott Söhne, 1939 ff. gf. Gesellsch. Musikverlag C. F. Peters (damals Leipzig), 1940 Erwerb H. Litolff's Verlag) - 1967 Ehrenmitgl. Dt. Musikverleger-Verb.; Ehrenmed. d. DMV; 1959 GEMA-AR; 1971 Richard-Strauss-Med.; Ehrenring GEMA; BVK; 1976 Gold. Ehrennadel Börsenverein d. Dt. Buchhandels - Spr.: Franz., Engl., Ital.

PETTE, Dirk

Dr. med., o. Prof. f. Physiol. Chemie Univ. Konstanz (Fak. f. Biologie) - In der Abtswiese 18, 7752 Insel Reichenau (T. 75 36) - Geb. 14. Febr. 1933 Hamburg (Vater: Prof. Dr. med. Heinrich P., Neurologe †1964 (s. XIV. Ausg.); Mutter: Prof. Dr. med. Edith P., geb. Graetz, Neurologin, †1972), verh. m. Fanny, geb. Mégalidou - Habil. 1963 Marburg - Zul. Univ. München. Sprecher d. Sonderforsch.bereichs 156. Fachveröff. - Spr.: Engl., Franz. - Rotarier.

PETUCH, Frauke

s. Huckauf, Peter.

PETZERLING, Wolfgang

Dr. rer. nat., Dipl.-Chem., Leiter Qualitätswesen PCK AG (s. 1991) - Ehm Welk-Str. 43, O-1330 Schwedt/O. (T. 3 14 73) - Geb. 18. Febr. 1938 Rostock, ev., verh. s. 1963 m. Heidi P.-Galle, geb. Galle - 1958 Chemielaborant; Dipl.-Chem. 1965; Promot. 1984 Berlin - 1968 Abt.-Leit. PCK Schwedt, 1971 wissenschaftl. Mitarb.; 1990 Vorst.-Mitgl. VCI-Ost; 1990-91 Beirat Berlin Arbeitgeberverb. Ost; 1991 VCI Mitgl. d. Hauptaussch. Frankfurt/M. - Liebh.: Musik, Lit., Kunst, Gesch., Phil. - Spr.: Engl.

PETZET, Heinrich Wiegand

Dr. phil., Prof., Schriftsteller - Zu erreichen üb. Wohnstift Freiburg, Rabenkopfstr. 2, 7800 Freiburg/Br. - Geb. 21. Juli 1909 Bremen - Jahrel. Kunstkrit. - BV: D. Bildnis d. Dichters - Paula Becker-Modersohn u. Rilke, 1957/NA. 1976; V. Worpswede n. Moskau - Heinrich Vogeler, 1972 2. A. 1974; Auf e. Stern zugehen - Begegnungen m. Martin Heidegger 1929-76, 1984. (Übers. Franz., Engl., Jap.). Herausg.: u.a. Heinrich Vogeler-Zeichnungen (1976); Briefwechsel Heidegger/Erhart Kästner (1986).

PETZET, Michael

Dr. phil., Prof., Generalkonservator d. Bayer. Landesamt f. Denkmalpflege, München (s. 1974) - Pentenrieder Str. 17, 8033 Krailling - Geb. 12. April 1933 München (Vater: Dr. phil. Wolfgang P., Schriftsteller (s. dort); Mutter: Hedwig, geb. Dupré), verh. m. Elisabeth, geb. Fiedler - Univ. München u. Paris (Kunstgesch., Archäol., Phil.). Promot. 1958 - Zul. Dir. Städt. Galerie i. Lenbachhaus, München. Fachveröff., auch Bücher - Spr.: Franz., Engl.

PETZOLD, Joachim

Dr. rer. nat., o. Prof. f. Theoret. Physik Univ. Marburg (Relativ. Feldtheorie, Signalanalyse, NMR, EEG) - Geschwister-Scholl-Str. 35, 3550 Marburg/L. (T. 6 77 74) - Geb. 26. Aug. 1928 Berlin (Vater: Paul P., Schriftltr.; Mutter: Margarethe, geb. Wehling), verh. s. 1959 m. Helswind, geb. Wackerle, 3 Töcht. (Karin, Irene, Gudrun) - Dipl.-Phys. 1953, Dr. rer. nat. 1956 FU Berlin, Habil. 1961 Univ. Heidelberg, ao. Prof. 1962, o. Prof. 1963 Univ. Marburg. Lehrtätigk. Univ. Heidelberg u. Marburg, Dekan d. Naturwiss. Fak. 1966/67. 36 Fachveröff.

PETZOLD, Karl-Ernst

Dr. phil., o. Prof. f. Alte Geschichte Univ. Tübingen - Wilhelmstr. 36/Histor. Sem., 7400 Tübingen - Zuvor TU Berlin u. Univ. Frankfurt/M.

PETZOLD, Kurt

Oberbürgermeister (1974-92) - Rathaus, 8720 Schweinfurt/Ufr. - Geb. 26. März 1936 Schweinfurt - Zul. Stadtkämmerer. SPD.

PETZOLDT, Detlef

Dr. med., Prof., Gf. Ärztl. Direktor Univ.-Hautklinik Heidelberg - Voßstr. 2, 6900 Heidelberg (T. 06221 - 56 52 00) - Geb. 21. April 1936 Sommerfeld, ev., verh., 2 Kd. - 1954-59 Stud. Univ. Leipzig; 1959-60 Univ. Heidelberg; Med. Staatsex. 1960; Promot. 1961 Univ. Mainz - 1962-67 wiss. Assist. Dermatol. Univ.-Klinik Marburg; 1967-74 Oberarzt/Ltd. Oberarzt Dermatol. Univ.-Klinik München; 1974-79 Dir. Klinik f. Dermatol. u. Venerol. d. Med. Univ. Lübeck; s. 1979 gf. Ärztl. Dir. s. o. 1980-81 Präs. Intern. Soc. f. S.T.D.-Research; s. 1984 Präs. Dt. Ges. z. Bekämpfung d. Geschlechtskrankh.; s. 1990 Präs. Intern. Union against the Genereal Diseases and the Treponematoses (IUGDT) - Korr. Mitgl. Schwed. u. Franz. Dermatol. Ges.; Ehrenmitgl. Poln. Dermatol. Ges., Münchener Dermatol. Ges., Dermatol. Ges. d. Sowjetunion, Medical Soc. for the Study of Venereal Diseases (London) - Spr.: Engl.

PETZOLDT, Leander

Dr. phil. habil., o. Univ.-Prof., Institutsvorst. Inst. f. Europ. Ethnologie - Innrain 52, A-6020 Innsbruck (T. 44 85 14) - Geb. 28. Aug. 1934 Rennerod/Westerwald, verh., 2 Töcht. (Ruth, Bettina) - Stud. Univ. Frankfurt/M., FU Berlin, Mainz (German., Angl., Geogr. u. Volkskd.); Staatsex. 1965; Ass.ex. 1967; Promot. 1964 Mainz; Habil. 1974 Gießen - 1963-65 Forschungsassist. Akad. d. Wiss. u. d. Lit. Mainz; 1967-73 wiss. Assist. Univ. Freiburg; 1973-84 Prof. f. Lit.wiss. u. Volkskd. PH Weingarten/Württ.; 1977 Gastvorl. Gießen, 1978 u. 89 Zürich, 1984 Innsbruck; 1985 o. Prof. f. Europ. Ethnologie (Volkskd.) Univ. Innsbruck/Österr.; 1986 visiting Prof. Univ. of Los Angeles (UCLA)/Calif. - BV: D. Tote als Gast, Volkssage u. Exempel, 1968; Dt. Volkssagen, 1970, 2. A. 1978; Bänkelsang. V. hist. Bänkelsang z. lit. Chanson, 1974; Hist. Sagen, Bd. I 1975, Bd. II 1977; D. freudl. Muse, Quellen u. Materialien z. hist. Bänkelsang, 1978; Dt. Schwänke, 1979; D. Volksb. v. Dr. Faust 1587, 1981; Votivbilder: Volkskunst aus d. Raum Bodensee-Oberschwaben, 1982. Herausg.: Vergl. Sagenforsch. (1969); Schwäb. Sagen (1975, 2. A. 1977); Magie u. Relig. Beitr. z. e. Theorie d. Magie (1978); Frank Wedekind. Ged. u. Chansons (1979); Volkstüml. Feste. E. Führer zu Volksfesten, Märkten u. Messen in Dtschl. (1983); I. Zingerle, Tiroler Sagen (1985); Märchen-Mythos-Sage (1989); Volkskunst am Bodensee (1989); Dämonenfurcht u. Gottvertrauen. Z. Gesch. u. Erforschung unserer Volkssagen (1990); Beitr. z. Europ. Ethnologie u. Folklore (Buchreihe). Mithrsg.: Motive. Freiburger Folklorist. Forsch. (1972ff.). Zahlr. Beitr. u. Aufs. sow. Filme - 1989 Premio Pitrè (Intern. Prize for Ethnoanthropological Studies) - Lit.: Kürschners Dt. Gelehrtenkalender; German. an Dt. Hochsch.

PETZOW, Günter

Dr. rer. nat., Dr. h.c. mult., Prof., Geschäftsführender Direktor am Max-Planck-Inst. f. Metallforschung - Heisenbergstr. 5, 7000 Stuttgart 80, priv. Tannenweg 7, 7022 Leinfelden-Echterdingen - Geb. 8. Juli Nordhausen/Harz, verh. s. 1956 m. Helene Mohring - Stud. Chemie u. Metallkunde Univ. Stuttgart; Promot. 1959 - 1989/90 Vors. d. Dt. Ges. f. Materialkunde - Mehrere metallische u. keramische Werkstoffe; Metallographische Techniken; Sinterphänomene - BV: Ternary Alloys (7 Bde.); Metallograph. Ätzen (Übers. in 5 Spr.) - 1981 Ehrendoktor d. Techn. Univ. Tokio, 1984 Seoul, 1989 Leoben, 1992 Dresden; 1987 Arthur Burkhardt Preis; 1982 Hume-Rothery-Pr. London; 1990 BVK I. Kl.; Ehrenmitgl. mehrerer Techn.-wiss. Ges. - Spr.: Engl. - Lit.: Broschüre Verleihung d. Arthur-Burkhardt-Pr. (1987); Stifterverb. Dt. Wiss. Ztschr. f. Metallkunde (1991).

PÉUS, Gunter

Journalist, Leiter d. Afrika-Studios d. ZDF Nairobi - Zu erreichen üb. German Television ZDF, P.O. Box 4 51 65 Nairobi/Kenya (Telex 2 29 42 ZDF KE; Telefax 52 13 07) - Geb. 21. Mai 1931 Hannover, verh. s. 1960 m. Marion, geb. Kropp, 2 Kd. (Camilla Jennifer, Florian Daniel) - Stud. Neuere Gesch., Öfftl. Recht u. Soziol. TH Hannover, Univ. Hamburg, Temple Univ. Philadelphia/USA - 1950 Redakt.volont. u. 1952 Redakt. Norddt. Ztg., Hannover. 1957 1. Astavors. Univ. Hamburg (Mitgl. Vorbereit.aussch. Honnefer Mod., 1958 Overseas Commiss. VDS f. USA) 1959 Redakt. Zeitgeschehen NDR, Hamburg, u. 1962ff. ZDF (Dokumentation Ausl.), Mitgl. Transtel-Prüfungsaussch., Köln, 1969-78 Afrikakorresp. u. Studioltr. ZDF, Nairobi, 1978-85 Studioleit. ZDF-Landesstudio Hamburg, 1985-87 Reisekorresp. ZDF-Außenpolitik - Dokumentarfilme u. a. Reihe Menschen u. Mächte, Demokr. auf afrikan., Karriere inbegriffen (Harv.-Univ.), D. eiserne Schlange, Kilimandscharo Story, D. heiml. Schrittmacher (Ford Foundation), Präs.safari (J. Nyerere), E. afrikan. Frieden (Biafra), Schwarze Guerilla (Frelimo), Gebt mir 6 Monate Zeit (Südafr.), Schwarz ist schön (Neue Kunst in Afrika); D. ungeliebte Erbe (Vergangenheitsbewält. in Ostafrika); Ist die UNESCO noch zu retten?; Schlagloch-Rallye (Schwertransport durch Tansania); Moderne Kunst in Afrika (Katal. Horizonte '79); Kuba in d. Klemme, (Taschenb.) 1981; Katal. Neue Kunst aus Afrika, 1985 - Ehrenmitgl. Dt.-Jordan. Ges., 1968 1. Fernseh-Preis Asian Broadcasting Union, New Delhi, 1970 Adolf-Grimme-Preis - Liebh.: Sammeln zeitgenöss. afrikan. Kunst.

PEUSCHEL, Hans-Joachim

Bürgerschaftsabgeordneter (s. 1974) - Willnerskamp 2, 2000 Hamburg 56 - CDU.

PEYERIMHOFF, Alexander

Dr. rer. nat., o. Prof. f. Mathematik Univ. Ulm - Lindenstr. 1, 7911 Elchingen-Unterelchingen - Geb. 5. März 1926 Göppingen (Vater: Gustav P., Steuerber.; Mutter: Lindwina, geb. Müller), kath., verh. s. 1959 m. Dr. Isolde, geb. Schmid, 2 Kd. (Ulrike, Norbert) - Promot. Tübingen 1951, Habil. Gießen 1952. 1952-59 Doz. Univ. Gießen (1954, 56, 57 Visiting Associate Prof. Univ. Cincinnati/Ohio, USA), 1959-69 o. Prof. Univ. Marburg (1962, 64, 67 Visiting Full Prof. Univ. of Utah, USA), 1970-79 o. Prof. Univ. Ulm. Mitgl. Dt. Mathematiker-Vereinig., American Mathematical Society - BV: Gewöhnliche Differentialgleichungen, 2 Bde. 1969; Lecture notes on summability, 1969. Etwa 50 Veröff. - Spr.: Engl.

PEYMANN, Claus

Regisseur - Zu erreichen üb. Wiener Burgtheater, A-Wien - B. z. Spielzeit 1986/87 Int. Bochumer Schauspielhaus. 1981ff. Präsidiumsmitgl. Dt. Akad. d. Darstell. Künste, Frankfurt/M.

PEZELY, Rudolf

Oberkreisdirektor - Zu erreichen üb. Kreisverwaltung Recklinghausen, Kurt-Schumacher-Allee 1, 4350 Recklinghausen - Geb. 15. Dez. 1931 Husum, 3 Kd. (Gönna, Hark, Detlef) - Abit. 1953; Stud. Philol., Sport, Latein, Gesch.; 1. jurist. Staatsex. 1958; 2. jurist. Staatsex. 1962 - Vors. DRK-Kreisverb. Recklinghausen-Land; Geschäftsf. Israel-Stiftg. Kr. Recklinghausen, Schutzgem. Dt. Wald, Naturpark Hohe Mark, Seeges. Haltern mbH - 1949 Dt. Mannschaftsjugendm. im Geräteturnen; 1954 Dt. Hochschulm. im Geräteturnen - 1987 Gold. Ehrenkreuz d. Bundeswehr; 1987 Dt. Feuerwehrehrenkreuz in Silber - Liebh.: Kochen (Maître de Chuchi), Weinbau.

PFAD, Peter

Sparkassendirektor - Schledehauser Weg 68, 4500 Osnabrück - Geb. 20. Aug. 1932, ev. - Vorstandsvors. Stadtsparkasse Osnabrück; div. Mand.

PFADENHAUER, Jörg
Dr. rer. nat., Prof. f. Geobotanik TU München - Zu erreichen üb. TU München, 8050 Freising-Weihenstephan (T. 08161 - 71 34 98) - Geb. 1. Febr. 1945 München - Univ. München, Biol., Chemie, wiss. Staatsex.; Promot. 1969; Habil. 1975 - Mehrj. Auslandsaufenth. Schweiz (Geobotan. Inst. ETH Zürich), 1976-78 Brasilien (Gastdoz. DAAD Porto Alegre). Forsch.arb. auf d. Geb. Renaturierung v. Agrarlandschaften.

PFÄHLER, Wilhelm
Dr. rer. pol., Univ.-Prof. - Knutzenweg 14, 2000 Hamburg 70 - Geb. 10. April 1947 Unterjettingen/Krs. Böblingen - Stud. Volkswirtsch.lehre Frankfurt, Los Angeles, Göttingen; Promot. 1976 u. Habil. 1983, bde. Göttingen - 1984-86 Prof. Univ. Göttingen; 1984/85 Visiting Prof. Georgetown Univ. Washington; 1986 Lehrst. f. Volkswirtsch.lehre Wiss. Hochsch. f. Unternehmensführung Koblenz (1987-90 Prorektor u. Rektor); 1992 Inst. f. Industrie- u. Gewerbepolitik, Univ. Hamburg.

PFÄNDER, Erwin
Beamter, MdL Nordrh.-Westf. (s. 1975) - Rebhuhnstr. 34, 4600 Dortmund 50 (T. 71 41 35) - Geb. 16. März 1937 - B. 1982 Vors. Arbeitskreis Städtebau u. Wohnungswesen in NRW-Landtagsfraktion u. Vors. SPD-Landesarbeitsgem. Städtebau u. Wohnungspolitik.

PFAFF, Dieter
Dr. jur., Dr. phil., Prof. Univ. München (s. 1974) - Geb. 24. Jan. 1936 Berlin (Vater: Arthur P., Kaufm.; Mutter: Emmy, geb. Gössel) - Stud. d. Rechtswiss. Univ. Berlin, Kiel, Freiburg/Br.; Promot. 1964 ebd.; Habil. 1974 Würzburg - 1968-74 RA Hamburg, München; 1967-74 Ref. Max-Planck-Inst. f. ausl. u. intern. Privatrecht, Hamburg u. (1972) f. ausl. u. Intern. Patent-, Urheber- u. Wettbewerbsrecht, München. Vorstand Inst. f. gewerbl. Rechtsschutz u. Urheberrecht d. Univ. München. In- u. ausl. Fachmitgliedschaften - BV: Das soziale Eigentum in der Sowjetunion, 1965; Die Entwicklung der sowjet. Rechtslehre, 1968; D. sowjet. Transportrecht, 1970; Familien- u. Erbrecht d. Flüchtlinge u. Umsiedler, 1972; D. Außenhandelsschiedsgerichtsbark. d. sozialist. Länder im Handel m. d. Bundesrep. Dtschl. unt. Berücksichtig. d. intern. Privatrechts, Handb. 1973; Schuldrecht durch Rechtsprechung, 1987 - Kandidat d. Ungar. Akad. d. Wissensch. Budapest, 1976 - Spr.: Engl., Russ.

PFAFF, Gerhard
Dr.-Ing., Prof., Institutsleiter u. Lehrstuhlinh. f. Elektr. Antriebe u. Steuerungen Univ. Erlangen-Nürnberg (s. 1973) - Lachnerstr. 87, 8520 Erlangen - Geb. 1. Febr. 1932 Schlüchtern.

PFAFF, Helmut
Geschäftsführer Dt. Bundes-Verlag GmbH. - Kessenicher Str. 116, 5300 Bonn 12.

PFAFF, Herbert
Dr. phil., Prof., Dozent f. Musikerzieh. Staatl. Hochschule f. Musik u. Theater - Walderseestr. 100, 3000 Hannover.

PFAFF, Konrad
Dr. phil., o. Prof. f. Soziologie u. Sozialpäd. Päd. Hochschule Ruhr/Abt. Dortmund - Im Dickenbruch, 5101 Rott/Rhld. (T. 02471 - 28 35) - Zul. PH Ruhr/Abt. Hamm - BV: Moderne Kunst in mod. Gesellschaft, D. Kunst f. d. Zukunft d. Ges.

PFAFF, Martin
Dr., o. Prof. f. Volkswirtschaftsl. Univ. Augsburg (s. 1971), MdB (s. 1990) - Adenauer Allee 51, 8900 Augsburg (T. 0821 - 31 10 26) - Geb. 31. März 1939 Tevel, verh. m. Prof. Dr. Anita Pfaff, 3 Kd. - Stud. (Volkswirtsch.) Univ. Utkal/Indien u. Pennsylvania/USA; Promot. 1965 - Doz., Asoc. Prof. versch. amerik. Univ., zul. o. Prof. Wayne State Univ., Detroit. Gutachtertätigk. u. a. f. UNO u. OECD, EWG und Europarat, Bundesmin. f. Raumordn., Bauwesen u. Städtebau, Bundesmin. f. Arb. u. Sozialordn. u. Bmin. f. Forsch. u. Technol.; 1985-90 Mitgl. Sachverst.rat f. d. Konzertierte Aktion im Gesundheitswesen. Zahlr. in- u. ausl. Fachmitgl.sch.; Vors. d. Schwaben SPD; Vors. d. SPD Augsburg - BV u. a.: The Marketing Function a. Economic Developm., 1968; The Grants Economy, 1968; Grants a. Exchange, 1976; WIdO-Schriftenr. 7, Ausgewog. Absicher. v. Gesundheitsrisiken, 1984. Mithrsg.: Grants Econom. Series (1972 ff.). Herausg.: Luchterhand Economics (1974 ff.), Stadtforschung (1974 ff.), INIFES-Schriftenreihe (1978 ff.) - Spr.: Engl.

PFAFFENBERGER, Wolfgang
Dr. rer. pol., Prof. Univ. Oldenburg - Zu erreichen üb. Univ. Oldenburg, 2900 Oldenburg (T. 0441 - 79 80) - Geb. 7. Okt. 1940 Berlin (Vater: Dr. Joachim P., Ltd. Angest.; Mutter: Sophie, geb. Wolf), ev., gesch. - Dipl.-Volksw. 1966, Promot. 1970 Berlin - 1966-69 wiss. Assist. FU Berlin; 1969-71 Doz. Univ. Birmingham; s. 1975 Prof. Univ. Oldenburg. Buch- u. Ztschr.-Veröff. z. Energie- u. Wirtschaftspolitik.

PFAFFEROTT, Gerhard
Dr. phil. habil., apl. Prof. f. Philosophie Univ. Bonn - Gartenstr. 35, 5340 Bad Honnef 1 - Geb. 27. Aug. 1942 Göttingen, kath., verh. s. 1974 m. Hildegard, geb. Schreiber, 3 Kd. (Cora, Christa, Martin) - Stud. Phil., Soziol., Päd., Volksw. Univ. Bonn; Promot. 1972 Bonn; 1. Philol. Staatsex. 1974; Habil. 1981 Bonn - 1972-83 wiss. Assist.; 1981-83 u. 1985/86 Priv.-Doz.; 1984 Lehrstuhlvertr.; 1987 apl. Prof., 1990 u. 1991 Prof. Univ. Bonn - 1988 Mitgl. Kath.-Soz. Inst. d. Erzdiözese Köln; 1989 Gründ.mitgl. Verein Aug.-Macke-Haus, Bonn; s. 1990 Gutachter b. DDAD, Bonn - BV: Karl Marx u. d. Problem d. Wirklichkeit, 1973, 2. A. 1975; Politik u. Dialektik am Beispiel Platons, 1976; Ethik u. Hermeneutik, 1981. Mithrsg.: Kulturwiss. (1980); M. Scheler-Ges. WW, Bd. 13 (1990). Fachaufs. - Liebh.: Heimatkunde.

PFAHL, Berengar
Autor, Regisseur, Prod. - Buschenhausen, 5657 Haan 1 - Geb. 1. Mai 1946 Mülheim/Ruhr, kath., verh. s. 1970 m. Birgit, geb. Hahn, 3 Kd. (Martin, Nora, Florian) - Stud. German., Phil., Erziehungswiss. - Ca. 20 Spielfilme f. d. Kinder- u. Jugendprogr. d. ARD 1973-77; Spielfilme: Britta (1977/78); Jerusalem, Jerusalem (1978); Ruhestörung, Kriminalspielfilm (1979); Die Seiltänzer, 13-tlg. Serie (1979); Zwei oder Was sind das für Träume (1980); Asa Branca, Dokumentarspielfilm (1980); Tränende Herzen (1980), Komm doch mit nach Monte Carlo, Kinofilm (1980/81); Schnitzeljagd (1982); Laß mich jetzt nicht allein (1982); Chamäleon, Spielfilmserie (1982/83); Deutschland-Tournee (1983/84); Fritz Golgowsky, Spielfilmserie (1984); Jimmy Allegretto (1985); Brücke am Schwarzen Fluß (1986); Tam Tam, zweiteil. Fernsehspielfilm (1988); Sterne d. Südens, 16-teilige Serie (1990-92).

PFAHLER, Georg-Karl
Prof., Kunstmaler - Adlerstr. 33, 7012 Fellbach - Geb. 8. Okt. 1926 Ensetzheim (Vater: Karl P., Bauer; Mutter: Margarete, geb. Oberhuber), verh. s. 1962 m. Johanna, geb. Bürkle, 2 Kd. (Caroline, Florian) - 1950-54 Akad. f. bild. Künste Stuttgart - Freisch. Künstler - Neue Abstraktion, Malerei u. Objekte (Arch.) - 1957 Kunstpreis d. Jugend; Preis d. Nationalgalerie Breslau (b. Biennale Krakau) - Spr.: Engl.

PFALZGRAF, Kurt
Dipl.-Kfm., Geschäftsführer Faudi Feinbau GmbH. - Spessartstr. 6, 6370 Oberursel/Ts. - Geb. 29. Dez. 1930.

PFANDER, Friedrich
Dr. med., Prof., Chefarzt a. D. Ohrenabt. St.-Josef-Stift Bremen - Schwachhäuser Heerstr. 163a, 2800 Bremen (T. 44 24 59) - Geb. 29. Sept. 1908 Halberstadt (Vater: Techn. Dir.), verh. s. 1936 m. Ruth, geb. Garke, 3 S. (Dr. med. Andreas, Dr. jur. Nikolaus, Stefan) - Univ. Würzburg, Köln, London, München - S. 1950 (Habil.) Privatdoz. u. apl. Prof. (1956) Univ. Göttingen (zul. Oberarzt Klinik f. Hals-, Nasen- u. Ohrenkrankh.), Ehrenmitgl. Dt. Ges. f. Hals-Nasen-Ohren-Heilkde., Kopf- u. Halschir. Zahlr. Fachveröff. u. a. üb. akustische Belastungsgrenzen u. d. akust. Trauma - EK I; BVK I. Kl. - Liebh.: Golf, antike Möbel.

PFANDZELTER, Elmar
1. Bürgermeister v. Schwabmünchen (s. 1980) - Wittelsbacher Str. 4, 8930 Schwabmünchen (T. 08232-21 37) - Geb. 22. Juni 1924 Schwabmünchen, kath., verh. s. 1949 m. Kornelia, geb. Böck, 3 Kd. - Fuggerschule Augsburg (mittl. Reife), Kfm. Lehre - 1958-80 Prok., s. 1980 Bürgermeister; Kreisrat (FWV) - Liebh.: Obst- u. Gemüsebau - Spr.: Franz., Engl.

PFANNENSTIEL, Peter

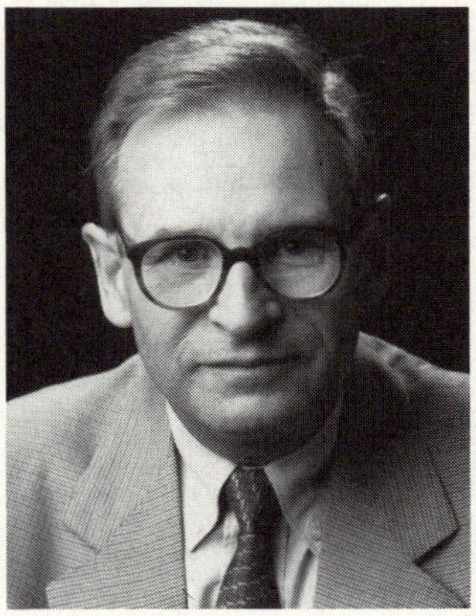

Dr. med., Prof., Arzt f. Innere Krankheiten u. Nuklearmedizin, private Schilddrüsen-Sprechstunde - Anna-Birle-Str. 1, 6503 Wiesbaden/Mainz-Kastel (T. 06134 - 2 20 98) - Geb. 20. Okt. 1934 Marburg an d. Lahn, ev., verh. s. 1963 m. Dr. med. Waltraut, geb. Donalies, 3 Kd. (Claus-Peter, Dorothea, Ekkehard) - Med.-Stud. Univ. Heidelberg, Innsbruck, Marburg u. Freiburg; Med. Staatsex.; Promot. 1960 Freiburg; Habil. (Inn. Med.) 1969; DFG-Stipendiat Freiburg, Rotating intern in Newark, New Jersey, USA - 1961-64 Trainee in Clinical Investigation an d. Medical Division d. Inst. of Nuclear Studies, Oak Ridge, Tennessee, USA; 1965-69 wiss. Assist. Med. Univ.-Klinik, Freiburg; Arzt f. Innere Krankheiten; 1971 apl. Prof. Univ. Mainz, 1978 Arzt f. Nuklearmed. - BV: Krankheiten d. Schilddrüse - Anzeichen/Unters./Behandlung, 4. A. 1989; Schilddrüsenkrankh. - Diagnose u. Therapie, 2. A. 1991. Herausg. mehrerer Verhandlungsberichte; üb. 500 wiss. Publ. - Spr.: Engl. - Bek. Vorf.: Prof. Dr. med. Hermann Johannes Pfannenstiel 1862-1909, Gynäkol., n. d. d. suprasymphisäre Bauchdeckenschnitt benannt ist (Großv. vs.).

PFANNER, Claus
Dipl.-Kfm., Geschäftsführer Versorgungswerk d. Presse GmbH. - Heustr. 1, 7000 Stuttgart 1.

PFANZAGL, Johann
Dr. phil., o. Prof. f. Math. Statistik - Schlehecken, 5204 Lohmar 21/Rhld. - Geb. 2. Juli 1928 Wien (Vater: Johann P.; Mutter: Maria, geb. Hoffmann), verh. s. 1959 m. Dr. Elvine, geb. Schlecht - Univ. Wien (Promot. 1951). Dipl.-Statistiker 1953 - 1951-1959 Leit. Statist. Büro Bundeskammer d. gewerbl. Wirtsch. Wien; 1959-60 ao. Prof. Univ. Wien; s. 1960 o. Prof. Univ. Köln (b. 1964 Dir. Sem. f. Wirtschafts- u. Sozialstatistik, dann Math. Inst.). Fellow Inst. of Math. Stat. - BV: Allg. Methodenlehre d. Statistik, 2 Bde., 5. A. 1978; Theory of Measurement, 1968 (m. Baumann u. Huber); Contributions to a general asyptotic theory, 1982; Asymptotic expansions for general statistical models, 1985; Elementare Wahrscheinlichkeitsrechnung, 1988; Estimation in Semiparametric Models. Some Recent Developments; Lecture Notes in Statistics 63, 1990. Zahlr. Einzelarb. - Spr.: Engl.

PFARR, Heide M.
Dr. jur., Hessische Ministerin f. Frauen, Arbeit u. Sozialordnung, u. Mitgl. d. Bundesrates (s. April 1991), o. Prof. f. Arbeitsrecht Univ. Hamburg (s. 1978; 1984ff. Vizepräs.; beurl.) - Hölderlinstr. 1-3, 6200 Wiesbaden - Geb. 12. Okt. 1944 - Promot. 1971 - 1974-78 Lehrtätigk. FH f. Wirtschaft Berlin (1976 Prof.) - B. 1990 Senatorin f. Bundesangelegenheiten, b. 1990 Bevollmächtigte d. Landes Berlin b. Bund, b. 1990 Europabeauftr. d. Senats v. Berlin - BV: Auslegungstheorie u. -praxis im Zivil- u. Arbeitsrecht d. DDR, 1972; Lohngleichheit, 1981; Gleichbehandlungsgesetz, 1985; Quoten u. Grundgesetz, 1988; Diskriminierung im Erwerbsleben, 1989.

PFARR, Karlheinz
Dr. oec., o. Prof. f. Bauwirtschaft u. -betrieb - Brahmsstr. 3, 1000 Berlin 33 (T. 825 51 11) - Geb. 9. Juni 1927 - S. 1963 ao. u. o. Prof. (1966) TU Berlin - BV: D. Bauunternehmung, 1967. Einzelarb. Herausg.: Ztschr. D. Baubetriebsberater (1963 ff.).

PFAUS, Manfred
Hauptgeschäftsführer d. Ing.kammer Baden-Württ., parlam. Berater a. D., MdL Baden-Württ. (Wahlkr. 38 Neckar-Odenwald) - Hohenloheweg 6, 6967 Buchen-Hettingen - Geb. 28. März 1939 - CDU.

PFAUTER, Hermann
Fabrikant, stv. Beiratsvors. Pfauter Walzfräsmaschinenfabrik, Ludwigsburg - August-Lämmle-Str. 27, 7148 Remseck 3 - Geb. 3. April 1913.

PFEFFER, Carl Felix
Direktionsassistent Finanzen & Controlling, Mercedes-Benz AG, Stuttgart - Luise-Benger-Str. 15, 7000 Stuttgart 61 (T. 0711 - 328 02 88) - Geb. 20. Sept. 1962 Bonn (Vater: Dr. Franz Pfeffer), kath., led. - Banklehre 1983-85; Stud. Betriebswirtsch.lehre 1985-89, Lic. oec. (HSG); Master of Business Administration (Insead) 1990 - VR-Vors. d. Bundes Deutscher Sachverständiger u. Gutachter - Spr.: Engl., Franz.

PFEFFER, Franz
Dr. phil., Botschafter a. D. - Argelanderstr. 5, 5300 Bonn 1, 12, Rue de Beaune, F-75007 Paris - Geb. 15. Jan. 1926 Koblenz, kath., verh. s. 1955 m. Ursula, geb. Wallau, 3 Kd. (Carl, Nicola, Alexandra) - Stud. Jura u. neuere Gesch. in Deutschl., Frankreich u. d. USA - 1954-91 Ausw. Dienst (u.a. New York, Rom, Brüssel), 1981-85 Polit. Dir. d. Ausw. Amts, 1985-87 Botschafter in Polen, 1987-91 Botschafter in Frankreich; seitd. Förderung d. franz. Engagements in d. neuen Bundesländern; AR-Vors. d. GAZ de France Deutschland; Präs. d. VR d. Harwanne Allemagne; Vorst.-Mitgl. d. Deutsch-Franz. Ges. f. Wiss. u. Technol.; Kurat.-Mitgl. v. INSEAD Deutschland - Gr. BVK; Großoffz. d. Ehrenlegion (Frankr.); KCMG (Großbrit.), Großoffz. Ital., Span., u.a. - Liebh.: Lit., Musik, Reiten, Ski, Tennis - Spr.: Engl., Franz., Ital.

PFEFFER, Helmut
Bundesvorsitzender d. Bundesgrenzschutz-Verbandes - Kreuzbergweg 17, 5300 Bonn (T. 0228 - 69 20 41-43) -

Geb. 6. Jan. 1936 Kassel, ev., verh., 2 Töcht. - Großhandelskaufm., Polizeioberrat im BGS, Volljurist (NRW) - S. 1989 Präs. Europ. Polizei Union. Verantw. Redakteur D. BUNDESPOLIZEI (Monatsztg.). Mitarb. an Fachbroschüren z. Bundespolizei u. Europafragen d. Inneren Sicherheit - 1981 BVK am Bde.

PFEFFERMANN, Gerhard O.

Ingenieur, MdB (s. 1972) - Pfannmüllerweg 3A, 6100 Darmstadt-Kranichstein (T. 7 75 43) - Geb. 17. Juni 1936 Gießen, kath., verh. s. 1959 m. Katharina, geb. Preis, 3 Söhne (Gerhard, Jörg, Ulrich) - Progymn. Amöneburg; Ingenieursch. Gießen (Elektrotechn.) - S. 1959 Carl Schenck Maschinenfabrik GmbH., Darmstadt. 1967ff. Stadtverordn. Darmstadt (1977-81 Vorst.). CDU s. 1955 (1969 Kreisvors. Darmstadt). Stv. Vors. Bundestagsaussch. Forsch. u. Technol. (1974-76); s. 1980 Obmann Aussch. f. d. Post- u. Fernmeldewesen; 1981-89 Mitgl. Postverwaltungsrat; Vors. Infrastrukturrat beim BMPT; VR Stadt- u. Kreissparkasse Darmstadt (1969-78); stv. AR-Vors. Südhess. Gas- u. Wasser-AG Darmstadt (s. 1978).

PFEIFER, Anton

Oberregierungsrat a. D., Staatsminister b. Bundeskanzler (s. Jan. 1991), MdB (s. 1969; Wahlkr. 193/Reutlingen) - Rilkestr. 9, 7411 Reutlingen-Betzingen (T. 34 07 65) - Geb. 21. März 1937 Villingen/Schwarzw., kath., verh. s. 1964 m. Renate, geb. Wolff, 2 Kd. (Thomas, Renate) - Gymn.; Stud. Rechtswiss. Gr. jurist. Staatsprüf. 1964 - 1965ff. Kultusmin. Baden-Württ. (Pers. Ref. Prof. Wilhelm Hahn). 1967-72 Landesvors. Jg. Union BW. CDU s. 1959 (u. a. Mitgl. Landesvorst. BW), s. 1972 bildungs- u. forschungspolit. Sprecher CDU/CSU-Bundestagsfrakt. u. Mitgl. d. Fraktionsvorst.; Okt. 1982 b. März 87 Parlam. Staatssekr. Bundesmin. f. Bildung u. Wiss.; März 1987 b. Jan. 1991 Parlam. Staatssekr. im Bundesmin. f. Jugend, Familie, Frauen u. Gesundheit; s. 1989 stv. Vors. d. Konrad-Adenauer-Stiftg.

PFEIFER, Hans-Wolfgang

Rechtsanwalt, Vorsitzender d. Geschäftsfhg. d. Frankfurter Allgemeine Zeitung GmbH, Präs. Verb. freier Berufe i. Hessen, Frankfurt, Mitgl. Stiftungsrat d. Heinz Herbert Karry-Stift., Frankfurt/M., Vorst.-Mitgl. Ludwig-Erhard-Stiftg., Bonn, stv. AR-Vors. Frankfurter Volksbank eG, Frankfurt, AR-Vors. Treuhand-Vereinigung AG, Frankfurt, Kurator FAZIT-Stiftung Gemeinn. Verlagsges. mbH, Frankfurt, Kurator Forschungsinst. f. Wirtschaftspolitik Univ. Mainz, Kurator DVA-Stift. Gemeinnütz. Verlagsges. mbH., Stuttgart - Langheckenweg 18, 6000 Frankfurt a. M. 50 (T. 52 57 36) - Geb. 18. Mai 1931 Frankfurt a. M. (Vater: Dr. Rudolf Pfeifer, Vorstand; Mutter: Margarete, geb. Krönig), ev., verh. s. 1960 m. Ursula, geb. Grupe, 3 Kd. (Hans-Joachim, Marianne, Cornelia) - Gymn.; Stud. Univ. Marburg, Heidelberg u. Frankfurt a. M. - Mitgl. Frankfurter Ges. f. Handel, Industrie u. Wissenschaft, Frankfurt; 1976 BVK, 1983 BVK I. Kl., 1991 Gr. BVK; Ehrenplak. d. Stadt Frankfurt/M.; Wilhelm-von-Humboldt-Plak. (Freiheit erhöht d. Kraft) - Rotarier.

PFEIFER, Helmut

Dr. med., Dr. med. dent., Prof., Chefarzt Kieferchirurg. Klinik Winterberg, Saarbrücken - Hau in d. Ellern, 6601 Bübingen (T. 06805 - 84 44) - Geb. 24. Mai 1922 Reichenberg/Böhmen - S. 1961 (Habil.) Lehrtätigk. Univ. Heidelberg (apl. Prof.; Wiss. Rat Klinik f. Mund-, Zahn- u. Kieferkranke) u. Saarbrücken (apl. Prof. f. ZMKheilkd.). Fachveröff. - Spr.: Tschech., Franz., Engl. - Rotarier.

PFEIFER, Hermann Gregor

Oberamtsanwalt a.D., Bürgermeister Biebergemünd (s. 1980), AR-Vors. Raiffeisenbank Nordspessart, Biebergemünd (1980ff, u.a. vorh. Vorst.-Mitgl.) - Frankfurter Str. 1, 6465 Biebergemünd-Wirtheim/Hessen (T. 06050 - 71 03) - Geb. 2. Aug. 1927 Wirtheim (Vater: Bahnbeamt.), kath., verh. s. 1953 m. Gertrud, geb. Gerhard, 5 Kd. (Hubertus, Maria, Christa, Jutta, Renate) - Rechtspflege- u. Amtsanwaltsex. - S. 1968 Kreistagsabgeordneter; s. 1975 AR-Mitgl. Kreiswerke Gelnhausen u. Stadtwerke Bad Orb; b. 1979 OAA. 1972-85 Vors. Kreistag Gelnhausen, u. Main Kinzig Kreis.

PFEIFER, Robert

Landrat Kr. Neustadt a. d. Aisch-Bad Windsheim (s. 1977) - Erlanger Str. 19, 8531 Markt Taschendorf - Geb. 4. Dez. 1927 Mkt. Taschendorf, ev., verh., 2 Kd. - Zul. Kaufm. CSU.

PFEIFER, Roland

Solotänzer - Zu erreichen üb. Oper d. Stadt Bonn, Am Boeselagerhof 1, 5300 Bonn 1 - Geb. 30. April 1959 Hötensleben (DDR), Ledig - 1973-78 Fachsch. f. Tanz Leipzig, Staatsex. als Bühnentänzer - 1978-81 Solist Komische Oper Berlin-Ost; 1981-83 Stadttheater Essen; 1983 Stadttheater Hagen - Spr.: Engl.

PFEIFER, Ulrich

Dr. med., o. Prof. f. Allg. Pathologie u. Pathol. Anatomie, Dir. Pathol. Inst. d. Univ. Bonn - Rüngsdorferstr. 59, 5300 Bonn-Bad Godesberg (T. 0228 - 36 28 90) - Geb. 11. Juni 1936 Schwabach (Vater: Wilhelm P., Musikerz.; Mutter: Anna, geb. Fischer), ev., verh. s. 1965 m. Annette, geb. Ferbert, 3 Kd. (Richard, Silvia, Jochen) - Human. Gymn. Bayreuth; Univ. Freiburg, Hamburg, Berlin. Aufs. in Fachztschr. - Spr.: Engl.

PFEIFFER, Albert

Dr. jur., Direktor, gf. Vorstandsmitgl. Stahlrohrverb. - Tersteegenstr. 3, 4000 Düsseldorf; priv.: Broicherdorfstr. 102, 4044 Kaarst - Geb. 15. Nov. 1927.

PFEIFFER, Alfred

Dr., Dipl.-Kfm., Vorstandsvors. SKW Trostberg Aktiengesellschaft - Postf. 12 62, 8223 Trostberg - Geb. 23. Juni 1932 Haslau - Vorst. VIAG AG Bonn.

PFEIFFER, Alois

Gewerkschafter, Mitglied gf. Bundesvorstand DGB (s. 1975), 1985ff. EG-Kommissar - Görlitzer Weg 5, 4030 Ratingen 3 - Geb. 25. Sept. 1924 - Zul. Vors. Gewerksch. Gartenbau, Land- u. Forstwirtsch.

PFEIFFER, Erhard

Dr. med., o. Prof., Leiter Anstalt f. Hygiene Univ. Hamburg - Treudelberg 88, 2000 Hamburg 65 - Geb. 9. Febr. 1941 Nürnberg (Vater: Prof. Dr. Gerhard P.), ev., verh. s. 1968 m. Heidi, geb. Mittelberger, 3 Kd. (Margrit, Christine, Richard) - Univ. Erlangen (Med.; Ex. 1966, Promot. 1967); Habil. 1975 Mainz - 1968-85 wiss. Assist., Oberassist. Univ. Mainz; s. 1985 o. Prof. f. Hygiene Univ. Hamburg - BV: Schadwirkung d. Wasserchlor., 1978; Nachweis mutagener/kanzerogener Aktivitäten in Wässern, 1982; Modifikation d. chem. induzierten Kanzerogenese, 1972 u. 74 - 1971 Hans-Klenk-Preis.

PFEIFFER, Ernst-Friedrich

Dr. med., o. Prof. f. Klin. Endokrinologie Univ. Ulm (s. 1967; Neugründ.) - Haßlerstr. 52, 7900 Ulm/D. (T. 3 07 28) - Geb. 10. April 1922 Frankfurt/M. (Vater: Fritz P., Kaufm.; Mutter: Elisabeth, geb. Schmidt), ev., verh. m. Margret, geb. Heudorfer, 2 Kd. (Ulrike, Andreas) - Goethe-Gymn. Frankfurt (Abit. 1941); Univ. ebd., München, Heidelberg (Med. Staatsex. 1948). Promot. (1948) u. Habil. (1956) Frankfurt - 1956-67 Privatdoz., apl. (1961) u. ao. Prof. (1964) Univ. Frankfurt (Leit. Abt. f. Klin. Endokrinol. I. Med. Klinik). Gastprof. National Research Center Kairo (1961) u. Univ. Libre Brüssel (1965). Präs. Dt. Diabetes-Ges. (1968); Vors. Frankf. Med. Ges.; Vorstandsmitgl. Europ. Diabetes-Ges.; Mitgl. American. Endocrine Soc., Am. Assoc. of Diabetes, Royal Soc. of Med. London, Dt. Ges. f. Innere Med., Endokrinol. u. Diabetes. Arbeitsgeb.: Immunologie d. Nephropathien, Immunendokrinol., orale Diabetestherapie, Fachveröff., dar. Handbuchbeitr. Herausg.: Handb. d. Diabetes mellitus, 2 Bde. 1969 - Ehrenmitgl. Soc. Medica-Chirurgica Pavia (1961) u. Argentin. Diabetes-Ges. (1963) - Liebh.: Segeln, Angeln, Skilaufen, Geschichtsstud. - Spr.: Franz., Engl., Ital.

PFEIFFER, Gerd

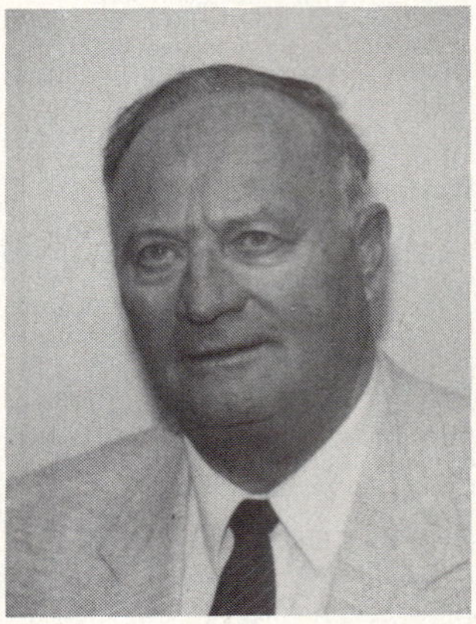

Dr. jur., Prof., Präsident d. Bundesgerichtshofes a.D. - Herrenstr. 45a, 7500 Karlsruhe 1 (T. 15 91) - Geb. 22. Dez. 1919 Striegau (Vater: Karl P., Reichsbahnbeamter; Mutter: Erna, geb. Hanf), verh. s. 1949 m. Herta, geb. Tamm, 2 Kd. (Ute, Michael) - Stud. 1945-48 Univ. Erlangen, Promot. 1948 - 1952 Gerichtsass., 1958 Wiss. Hilfsarb. b. BVerfG., 1958 LG-Rat b. LG München I, 1964 OLG-Rat, 1966 Bundesrichter, 1970 Senatspräs., 1976 Vizepräs. u. 1977 Präs. BGH - BV u.a.: Die VerfBeschw. in d. Praxis, 1959; Komment. z. PStG, 1962; Komment. z. StGB, 1969; Komment. z. StPO, 2. A. 1987. Mithrsg. d. Neuen Ztschr. f. Strafrecht (NStZ) u. d. Ztschr. f. Wirtsch., Steuer, Strafrecht (wistra) - Präs. d. Vereinig. f. d. Gedankenaustausch zw. dt. u. ital. Juristen - 1979 Gr. Gold. Ehrenz. am Bde. f. Verd. um d. Rep. Österr.; 1986 Großkreuz d. VO d. Rep. Ital.; Bayer. VO; Gr. BVK m. Stern u. Schulterbd.

PFEIFFER, Gerhard

Dr. phil., D., o. Prof. f. Bayer. u. Fränk. Landesgeschichte (emerit.) - Schnepfenreuther Weg 15, 8500 Nürnberg (T. 34 25 79) - Geb. 14. Febr. 1905 Breslau (Vater: Kurt P., Rektor; Mutter: Gertrud, geb. Jäkel), ev., verh. s. 1933 m. Elisabeth, geb. Bruch (†1990), 5 Kd. - Maria-Magdalenen-Gymn. Breslau; Univ. ebd. u. Tübingen - 1932 Staatsarchivrat Münster/W.; 1939 Archivdir. Nürnberg; 1952 Lehrbeauftr. 1958 Honorar-, 1961 ao., 1965 o. Prof. Univ. Erlangen bzw. -Nürnberg. 1964 Wiss. Leit. Ges. f. Fränk. Gesch. - BV: D. Breslauer Patriziat im Mittelalter, 1929. Herausg.: Nürnberger Urkundenb. (1959), Quellen z. Nürnbg. Reformationsgesch. (1961), Nürnberg - Gesch. e. europ. Stadt (1972), Gesch. Nürnbergs in Bilddokumenten (1971), Quellen z. Gesch. d. fränk.-bayer. Landfriedensorganisation (1975), Die ältesten Urbare der Deutschordenskommende Nürnberg (1981) - 1970 Theol. Ehrendoktor Univ. Erlangen-Nürnberg; 1970 Kulturpreis Stadt Nürnberg; 1972 Bayer. VO.

PFEIFFER, Heinrich

Dr. phil., Dr. h.c. mult., Prof. h.c. mult., Generalsekr. u. Gf. Vorstandsmitgl. Alexander v. Humboldt-Stiftg. - Jean-Paul-Str. 12, 5300 Bonn 2 (T. 83 30) - Geb. 27. Jan. 1927 Weinbach/Hessen - Stellvertr. Generalsekr. Dt.-Brit. Stiftg. f. d. Stud. d. Ind.ges.

PFEIFFER, Heinrich Wilhelm

Dr., Prof., Ord. f. Kunstgeschichte - Piazza della Pilotta 4, I-00187 Roma (T. 0039 - 67 01 54 51) - Geb. 22. Febr. 1939 Tübingen, kath., ledig - Abit.; Priesterweihe 1969; Eintr. in d. Ges. Jesu 1963, Stud. Kunstgesch., Archäol., Roman., Theol. (Lizentiat 1970, Promot. (Kunstgesch.) 1973/75 Basel - S. 1971 Lehrbeauftr., s. 1974 Prof. adiunctus, s. 1984 Extraord., s. 1987 Ord. d. Päpstl. Univ. Gregoriana - BV: Z. Ikonographie v. Raffaels Disputa, 1975; Gottes Wort im Bild, 1986 (Übers. in Ital. u. Franz.) - Liebh.: Reisen, Musik, Lit. - Spr.: Engl., Franz., Ital., Span.

PFEIFFER, Hubertus

Bundesrichter Bundesfinanzhof (s. 1971) - Ismaninger Str. 109, 8000 München 80 (T. 38 04-1) - Geb. 15. Jan. 1918 - Zul. Finanzgerichtsrat FG Düsseldorf.

PFEIFFER, K. Ludwig

Dr. phil., Prof. Univ.-GH Siegen - Königsberger Str. 27, 5902 Netphen - Geb. 23. Febr. 1944 Neustadt/Aisch (Vater: Karl P., Verw.-Angest.; Mutter: Berta, geb. Huthöfer), T. Tanja - Stud. Univ. Würzburg (1. Staatsex. 1967, 2. Staatsex. 1969, Promot. 1973; Habil. 1977 Univ. Konstanz) - 1978 Wiss. Rat u. Prof. Univ. Bochum; s. 1979 o. Prof. Univ.-GH Siegen (1980-83 Prodekan, 1981 Senator, 1983 stv. Vors. Forsch.-Kommiss.); 1984/85 Gastprof. Univ. Houston, 1986 Univ. California/Davis; 1987 Ruf an d. Univ. California/Davis; 1988 Gastprof. Kansai Univ., Osaka/Japan, 1990 Colorado College, 1991 Univ. California/Irvine, Stanford Univ., 1992 Univ. California/Santa Cruz - BV: Sprachtheorie, Wissenschaftstheorie u. d. Probl. d. Textinterpret., 1974; Wiss. als Sujet im mod. engl. Roman, 1979; Bilder d. Realität u. d. Realität d. Bilder, 1981. Mithrsg.: Stil (1986); Materialität d. Kommunik. (1988); Paradoxien, Dissonanzen, Zusammenbrüche (1991) - Spr.: Engl., Franz., Ital., Span.

PFEIFFER, Karlheinz

Dr. paed., Prof., Dozent f. Biologie Päd. Hochschule Bremen - Keilstr. 12, 2850 Bremerhaven-M., (T. 4 68 24).

PFEIFFER, Klaus

Geschäftsführer Adolf Pfeiffer GmbH, Mannheim, Mitgl. d. Vollversammlung IHK Rhein-Neckar - Schwarzwaldstr. 96, 6800 Mannheim - Geb. 17. Juli 1925 Mannheim.

PFEIFFER, Kurt

Dr. jur., Generalstaatsanwalt, Leit. d. Staatsanwaltsch. b. OLG Nürnberg - Fürther Str. 110, 8500 Nürnberg 80 - Geb. 13. Mai 1931.

PFEIFFER, Otti,

geb. Kaulen

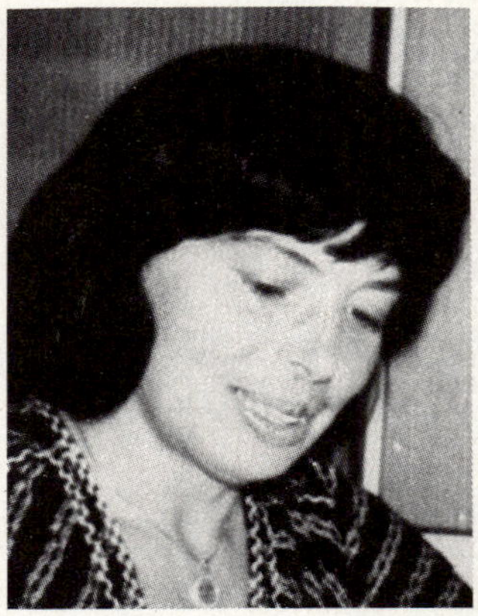

Schriftstellerin - In der Schlage 7a, 5804 Herdecke (T. 02330 - 7 45 50) - Geb. 29. Juli 1931 Wesel, kath., verh. s. 1960 m. Hermann P., 3 Kd. (Michael, Ingo, Susanne) - Abit. Abendgymn. Dortmund; Dipl.-Bibl. 1958 Bibl. Lehrinst., Köln - 1982-85 Bezirkssprecherin (Dortmund/ Südwestf.) Verb. dt. Schriftst. (VS) in d. IG Medien - BV: Widerworte aus d. Küche, 1972, 4. A. 1984; Mienenspiel d. Steine, 1977. 25 Jugendb. u.a.: E. zuviel im Klassenbuch, 1982 (übers. Span.); Nelly wartet auf d. Frieden, 1984 (Auswahlliste z. dt. Jugendbuchpreis); Zw. Himmel u. Hölle, 1986; D. Straußenei od. Jeder hat d. Recht zu brüten, 1986; Zeit, d. durch d. Sanduhr läuft, 1986; D. Nachlaß, R. 1987; Nelly od. Frieden ist was anderes, 1988. Kinderbücher: D. lustige Laden, 1987; Machen wir mal e. Sandsturm, 1987; Drei Omas sind zuviel, 1988; Auf d. Schulhof tanzt e. Ritter, 1988; Leselöwen Lachgesch., 1990; Kullemulle wird großer Bruder, 1991; Wer will e. kleine Katze haben, 1992 - 1978 Arbeitsstip. Land NRW; 1983 Preis d. Leseratten ZDF - Lit.: Léopold Hoffmann, in: D. Warte (1972); Walter Helmut Fritz, in: SDR (1973); Neues Westf. Schrifttum, Liste 27.

PFEIFFER, Peter

Dr. jur., Bankdirektor a. D. - Meisenweg 17, 8033 Krailling - Geb. 13. Mai 1922 München - B. 1966 stv., dann o. Vorstandsmitgl. Bayer. Vereinsbank, München. AR-Mandate - 1976 Bayer. VO; 1984 Gr. BVK - Spr.: Engl., Franz. - Rotarier.

PFEIFFER, Rudolf-Arthur

Dr. med., o. Prof., Direktor Inst. f. Humangenetik Univ. Erlangen-Nürnberg - Kochfeldstr. 2, 8521 Langensendelbach - Geb. 30. März 1931 - Habil. 1965 Münster. Lehrtätigk. Münster, Med. Akad. Lübeck (o. Prof. 1973), Univ. Erlangen-Nürnberg (s. 1978). Fachveröff.

PFEIFFER, Valentin

s. Graichen, Hans-Georg

PFEIFFER, Werner

Dr. rer. pol., Dipl.-Kfm., Prof., Ordinarius f. Betriebswirtschaftslehre, insb. Industriebetriebslehre, u. Vorst. Betriebsw. Inst. Univ. Erlangen-Nürnberg (s. 1971) - Lange Gasse 20, 8500 Nürnberg 1 - Leit. Forschungsgruppe f. Innovation u. Technolog. Voraussage - BV: u. a. Allgem. Theorie d. technischen Entw., 1971; Technol.-Portfolio z. Management strategischer Zukunftsgeschäftsfelder (m. Pfeiffer u. a.), 6. A. 1991; Strategien d. industr. Fertigungswirtsch. (m. G. Neipp u. W. Pfeiffer). 1986; Technologie-Management (m. W. Pfeiffer u. E. Weiß), 1990. Herausg.: Reihe Innovative Unternehmensführung.

PFEIFFER, Wilhelm

Dipl.-Kfm., Bankdirektor - Theatinerstr. 11, 8000 München 2 (T. 23 66 -1) - Geb. 27. Febr. 1932 München - Univ. München (Betriebsw.) - S. 1973 stv. u. 1977 o. Vorstandsmitgl. Bayer. Hypotheken- u. Wechsel-Bank.

PFEIFFER, Wilhelm P.A.

Einzelhandelskaufmann, Aufsichtsratsvors. SPAR Handels AG (s. 1985) - Osterbroocksweg 35-45, 2000 Schenefeld (T. 040 - 890 23 33); priv.: Völkerspark 9, 2057 Reinbek (T. 040 - 722 33 68) - Geb. 31. Juli 1930 Hamburg, ev., verh. s. 1962 m. Barbara, geb. Bloedorn, 2 Kd. (Ulrike, Frank †) - Mittl. Reife - 1945-52 Einzelhdl.-Kaufm.; 1952-61 Ind.-Kaufm. Imp.-Exp. Übersee; 1962-70 Lebensm.-Filialbetr. Norddeutschl.; 1970-85 gf. Vorst. Lebensm.-Groß- u. Einzelhdl.; s. 1986 AR-Vors. SPAR Handels-AG, Schenefeld; Beirat Frutiberia S.A. & Co. KG, Hamburg, Kemm Gebäckfabrik GmbH - Liebh.: Reisen, Angeln, Hobbygärtnern - Spr.: Engl., Span.

PFEIFFER, Wolfgang

Dr. rer. nat., Prof. f. Zoologie - Eduard-Haber-Str. 7, 7400 Tübingen - Geb. 11. Okt. 1935 München (Vater: Hanns P., Biblioth.; Mutter: Johanna, geb. Schlimbach), kath., verh. s. 1958 m. Helena, geb. Ziegler, 3 S. (Wolfgang, Lorenz, Erhard) - 1954-61 Univ. München (b. Karl v. Frisch, Nobelpreistr.), 1961-63 Univ. Vancouver, 1963-65 Univ. Zürich u. Univ. Tübingen; Promot. 1960, Habil. 1969 - Ca. 50 Arb. üb. Physiol. d. Fische - BV: Pheromones in fish, 1974; Chemical communication in fish, 1981 - Liebh.: Verhaltensforsch. - Spr.: Engl., Franz. - Bek. Vorf.: Ludwig Schlimbach (Großonkel), Atlantik-Einhandsegler.

PFEIFFER, Wolfgang

Dr.-Ing., Prof. f. elektr. Meßtechnik TH Darmstadt (s. 1977) - Drosselweg 12, 6109 Mühltal 1 (T. 06151 - 14 69 78) - Geb. 8. April 1943 Greiz - TH Darmstadt; Dipl. 1968 (Allg. Elektrotechnik); Promot. 1971 (Hochspannungstechnik) - BV: Impulstechnik, 1976; Isolationskoordination in Niederspannungsanlagen, 1990. Rd. 100 Fachveröff. auf d. Gebieten Kurzzeitmeßtechnik, Impulstechnik, Gasentladungstechnik u. Isolationskoordination in Niederspannungsanlagen.

PFEIFLE, Ulrich

Oberbürgermeister Stadt Aalen, Vorstandsvors. Carl-Schneider-Stiftg., AR-Vors. Wohnungsbau Aalen GmbH u. Aalener Thermal-Mineralbad GmbH ebd., Vorst.-Vors. Stiftg. Schloß Fachsenfeld, Vors. Presseaussch. d. Dt. Städtetages, Präs. Dt. Speläotherapie-Verb. - Postf. 1740, 7080 Aalen/Württ. - Geb. 31. Okt. 1942 Stuttgart (Vater: Kurt P., Prälat † 1974; Mutter: Martha, geb. Seeger † 1974), ev., verh. s. 1967 m. Margarete, geb. Friz, 3 Kd. (Sebastian, Natalie, Florian) - 1962-66 Univ. Tübingen u. Hamburg (Rechtswiss.).

PFEIL, Dirk

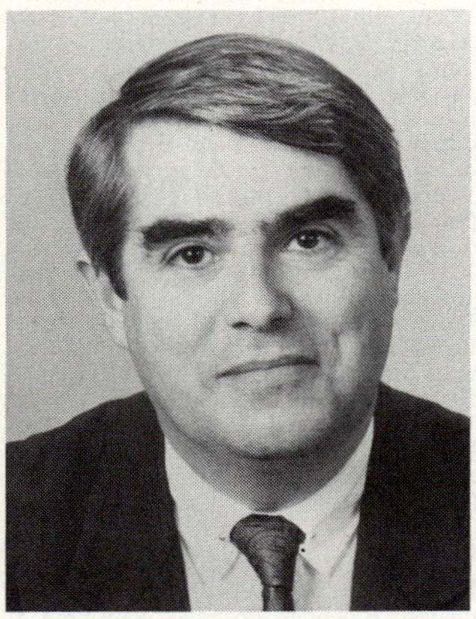

Betriebswirt, Selbständiger Unternehmensberater in Frankfurt, MdL Hessen, Vizepräs. d. Hess. Landtages - Waldstr. 41, 6369 Schöneck 1 (T. 069 - 153 09 60) - Geb. 4. Jan. 1948 Köln, verh. s. 1970 m. Liselotte, geb. Hild, 3 Töcht. (Julia, Anke, Helge) - Wirtschaftspolit. Sprecher FDP-Frakt. Wiesbaden; ehrenamtl. Dir. Handelszentrum Rep. Äquatorial Guinea in d. Bundesrep. Deutschl., Frankfurt; VR-Mitgl. Hess. Nass. Versich., Konkurs- u. Vergleichsverwalter b. Hess. Amtsgerichten - Liebh.: Kunst- u. Antiquitäten - Spr.: Engl., Franz., Span.

PFEIL, Emanuel

Dr. phil., Prof., Chemiker - An d. Schülerhecke 37, 3550 Marburg/L. (T. 2 57 11) - Geb. 14. Dez. 1912 Biedenkopf/L. (Eltern: Karl u. Karoline P.), verh. m. Dr. Susanne, geb. Toussaint - S. 1950 (Habil.) Doz. u. apl. Prof. (1957) Univ. Marburg (1961 Wiss. Rat u. Abt.sleit. Organ.-Chem. Inst.). Zahlr. Fachveröff.

PFEIL, Horst

Dr.-Ing., Prof. f. Thermische Turbomaschinen u. Anlagen TH Darmstadt - Breslauer Pl. 3, 6100 Darmstadt (T. 4 77 78) - Geb. 10. April 1928 Kaufungen (Vater: Justus P., Kaufm.; Mutter: Sophie, geb. Kohlhase), ev., verh. s. 1955 m. Maire, geb. Soininen, T. Taina - Promot. 1964; Habil. 1970 - Spr.: Engl.

PFEIL, Ludwig

Keramikingenieur, MdL Rhld.-Pfalz (1963-75) - Overbergstr. 4, 5433 Siershahn/Westerw. (T. Ransbach 28 51) - Geb. 26. Nov. 1920 Siershahn, kath., verh., 4 Kd. - Volkssch. Siershahn; 1935-38 Keram. Fachsch. Höhr-Grenzhausen - S. 1939 Fa. Keramchemie, Siershahn (1949 Labor-, 1966 Betriebsleit.), dazw. Wehrdst. (6 × in Rußl. verwundet). 1948 ff. MdK. CDU s. 1947 (1959 Kreisvors., 1962 Mitgl. Landesvorst.) - 1969 BVK.

PFEIL, Moritz

s. Augstein, Rudolf

PFEILSTICKER, Konrad

Dr. phil. nat., o. Prof. u. Inh. d. Lehrstuhls f. Lebensmittelwiss. u. Lebensmittelchemie Univ. Bonn - Drosselstr. 6, 5300 Bonn 3 - Geb. 20. Juni 1929 Fellbach/Württ. - Dillmann-Realgymn. Stuttgart; Stud. d. Chemie u. Lebensmittelchemie, Lebensmittelchemiker-Hauptprüf. 1955, Dipl.ex. 1957 Stuttgart; 1958-61 Hochschulass.; Promot. (1961) u. Habil. (1968) Frankfurt/M. (Umhabil. 1968 Münster) - 1961-68 Chemierat Lebensmittel-Untersuch.amt Reutlingen u. Frankfurt/M.; 1968 Priv.doz. Univ. Frankfurt/M.; 1968-70 Oberassist. Inst. f. Lebensmittelchemie Univ. Münster; 1970 Ruf Univ. Bonn; 1972 Ruf TU Wien, 1982 Ruf Univ. Stuttgart - Mitautor Handb. Lebensmittelchemie Bd. II/1 u. II/2, 1965-67, u. Gift auf d. Tisch, 1973.

PFENDER, Hans

Vorstand Bad. Staatsbrauerei Rothaus AG - Nr. 7, 7821 Grafenhausen-Rothaus - Geb. 15. April 1926 Neisse.

PFENDER, Max(imilian)

Dr.-Ing., Prof., Präsident a. D., Honorarprof. f. Werkstoffprüfung TU Berlin (s. 1953), Vors. FNA Materialprüf. (s. 1961) - Limastr. 17, 1000 Berlin 37 (T. 84 38 35) - Geb. 21. Aug. 1907 Hagenbuch/Württ. (Vater: Vinzenz P., Landwirt; Mutter: geb. Lerner), kath., verh. s. 1937 m. Elisabeth, geb. Heimann, 4 Kd. (Klaus, Michael, Monika, Ursula) - TH Stuttgart - U. a. Tätigk. AEG, Berlin; 1954-72 Präs. Bundesanstalt f. Materialprüf. ebd. Ehrenämter techn.-wiss. Vereine. Etwa 50 Fachveröff. - 1968 Gr. BVK; VDI-Ehrenring; 1972 Gold. Plak. Dt. Verb. f. Schweißtechnik.

PFENNIG, Gerhard

Dr. jur., Polizeivizepräsident v. Berlin (1969-80) - Palmzeile 25, 1000 Berlin 38 - Geb. 27. Juli 1917 Berlin, ev., verh. s. 1943 m. Dorothee, geb. Freiknecht, 2 Kd. (Dr. Gero, Dr. Gabriele) - 1948-55 FU Berlin (Rechtswiss.). Beide jurist. Staatsex. - 1955-1963 Senatskanzlei u. Senatsverw. f. Inneres, 1964 Leit. Büro Bürgerm. Amrehn, 1965-69 Mitgl. Rechnungshof (Senatsrat), alles Berlin. 1967-73 Vors. Landesverb. Berlin Dt. Ev. Kirchentag; 1972 ff. Mitgl. Leitg. Ev. Kirche Berlin-Brandenburg u. 1976 Präs. Dt. Ev. Kirchentag. CDU.

PFENNIG, Gero

Dr. jur., Assist.-Prof., Rechtsanwalt u. Notar, MdB - Zu erreichen üb. Reichstag, Platz d. Rep., 1000 Berlin 21 (T. 030 - 397 74 21) - Geb. 11. Febr. 1945 Jüterbog (Vater: Dr. Gerhard P., Polizeivizepräs. a. D.; Mutter: Dorothee, geb. Freiknecht), ev., verh. s. 1976 m. Dr. Barbara, geb. Börnstein, 1 Kd. - Jura-Stud., Promot. 1970 - 1968 wiss. Assist. FU Berlin; 1973 Assist.-Prof., Rechtsanw. 1975 MdA Berlin; 1977 MdB; 1979 MdEP; s. 1985 wieder MdB; 1987 Vors. d. Petitionsaussch. d. Dt. Bundestages - BV: D. Notenausg. d. Dt. Bundesbank, 1971; Verfass. v. Berlin (Komment.), 1978/87 - Spr.: Engl., Franz., Span.

PFENNIG, Norbert

Dr. rer. nat., Prof. f. Limnologie, Mikrobielle Ökologie - Primelweg 12, 7770 Überlingen (T. 07551 - 6 64 26) - Geb. 8. Juli 1925 Kassel (Vater: Hermann P., Kürschnermeister, Kunstmaler; Mutter: Gertrud, geb. Schunck, Bildhauerin), christl., verh. s. 1953 m. Helga, geb. Bantelmann, 5 Kd. (Almut, Matthis, Friederun, Bettina, Iris) - 1946-52 Univ. Göttingen (Mikrobiol.). Promot. (1952) u. Habil. (1957) Göttingen - S. 1952 Assist., Privatdoz. (1957), apl. Prof. (1965) Univ. Göttingen. 1967/68 Gastprof. Univ. of Illinois, Urbana (USA), 1970-79 selbst. Abt.leit. Inst. f. Mikrobiol., Göttingen; 1980 Prof. Univ. Konstanz. S. April 1991 i. R.; Spezialgeb.: Photosynthet. Bakterien, Schwefel- u. Sulfatreduzierende Bakterien, Kultur d. Mikroorganismen - 1980 Preis DGHM; 1982 Korr. Mitgl. Akad. d. Wiss. Göttingen; Mitgl. Dt. Ges. f. Hyg. u. Mikrobiol., American Soc. for Microbiol.; s. 1989 Ehrenmitgl. d. Soc. for General Microbiol. u. s. 1992 d. Vereinigung f. Allgem. u. Angew. Mikrobiologie. Fachveröff. - Liebh.: Malerei - Spr.: Engl.

PFENNIG, Reinhard

Prof., Maler u. Kunsterzieher - Wienstr. 60, 2900 Oldenburg/O. (T. 50 65 35) - Geb. 16. März 1914 Berlin (Vater: Waldemar P., Architekt; Mutter: Lulu, geb. Krapp) - Univ. u. Kunsthochsch. Berlin - s. 1946 nieders. Lehrerbild. (Prof. Univ. Oldenburg). Malerei u. Graphik: v. Informel z. phantast. Kunst - BV: Gegenwart d. bild. Kunst - Erzieh. z. bildner. Denken, 5. A. 1974; Probleme d. Raumes in Kunst u Kunstunterricht, 1973.

PFETSCH, Frank

Dr. phil., Prof. f. Politikwissenschaft Univ. Heidelberg - Sitzbuchweg 44, 6900 Heidelberg - Geb. 2. Sept. 1936 Karlsruhe (Vater: Wilhelm P., Rechtsanw.; Mutter: Gerti P.), ev., verh. s. 1970 m. Helga, geb. Höfert, 2 S. (Marc, Jan) - Dipl.-Volksw. 1961 FU Berlin, Promot. 1964 Univ. Heidelberg, Habil. 1974 ebd. - 1964-67 Studiengr. f. Systemforsch. Univ. Heidelberg; 1967-68 Bundesmin. f. wiss. Forsch., Bonn; 1968-69 Univ. Mannh. u. Konstanz; s. 1970 Univ. Heidelberg - BV: Z. Entw. d. Wiss.politik in Dtschl., 1974; Innovationsforsch. als multidiszipl. Aufg., 1975; Leistungssport u. Ges.syst., 1975; Einf. in d. Außenpolitik d. Bundesrep., 1981; D. Außenpolitik d. Bundesrep. 1949-1980, 1981; Datenhandb. z. Wiss.entw., 1982; Verfassungspolitik, 1985; Ursprünge d. Zweiten Republik, 1990 - Spr.: Engl., Franz., Ital., Span., Portug.

PFINGSTEN, Ernst Ulrich

Dr., Staatssekretär Nieders. Min. f. Ernährung, Landw. u. Forsten (1979 i. R.) - Calenberger Str. 2, 3000 Hannover - S. 1950 ob. Min.

PFINGSTEN, Hans-D.

Betriebswirt, Steuerberater, Generalbevollm. (Rechnungswesen) AEG Aktiengesellschaft - Zu erreichen üb. AEG AG, Theodor-Stern-Kai 1, 6000 Frankfurt/M. 70 - Geb. 1. April 1940 Moers.

PFIRSCH, Dieter Erwin

Dr. rer. nat., Honorarprof. f. Physik - Beltweg 18, 8000 München 40 (T. 361 33 78) - Geb. 28. Sept. 1927 Regnitzlosau (Vater: Dr. Wilhelm P., Arzt; Mutter: Auguste, geb. Roegele), ev., verh. s. 1956 m. Irmgard, geb. Hund, 2 Kd. (Frank, Annegret) - Gymn. (Abit. 1946); 1946-52 Stud. Univ. Frankfurt, Dipl.-Phys. 1951, Promot. 1952, Habil. Univ. München 1964 - 1952-56 Assist. Inst. f. Theor. Phys. Univ. Frankfurt, 1956-58 Abt.leit. Fried. Krupp Essen, 1959-68 Max-Planck-Inst. f. Phys. u. Astrophysik München (wiss. Mitarb.), 1967-68 Abt.leit., 1968 Dir. am Max-Planck-Inst. f. Plasmaphys. Garching, 1970-76 apl. Prof. Univ. München, s, 1976 Hon.-Prof, TU München. Mitherausg. Ztschr. f. Naturforsch. - Liebh.: Musik, Bergsteigen - Spr.: Engl.

PFISTER, Albrecht

Dr. rer. nat., o. Prof. f. Mathematik (s.

1970) - Universität, 6500 Mainz - Geb. 30. Juli 1934 München - Zul. Doz. Univ. Göttingen.

PFISTER, Ernst

Oberstudienrat, MdL Baden-Württ. (Wahlkr. 55, Tuttlingen-Donaueschingen) - Achauerstr. 20, 7218 Trossingen (T. 0711 - 20 63-6 25) - Geb. 28. April 1947 Trossingen - Präs. d. Dt. Hamonika-Verb. (DHV); stv. Landesvors. d. bad.-württ. FDP.

PFISTER, Gertrud

Dr. phil., Dr. rer. soc., Prof. u. Vorsitzende Forum f. Sportgesch. FU Berlin (s. 1980) - Gertraudstr. 10, 1000 Berlin 37 (T. 030 - 802 48 60) - Geb. 12. Dez. 1945 Eichstätt (Vater: Erhard P., Oberstud.rat; Mutter: Pauline, geb. Hofmann), ledig - 1966-71 Stud. Leibeserzieh. u. Lat.; 1971-76 Stud. Gesch. u. Sozialwiss.; Promot. 1976 u. 1980 - 1976-80 Wiss. Assist.; s. 1980 Prof. - BV: Frau u. Sport. Frühe Texte, 1980; Geschlechtspezif. Sozialisat. u. Koedukat. im Sport, 1983; Gertrud Pfister. Fliegen - ihr Leben, 1989. Herausg.: Nachdenken üb. Koedukation im Sport (1985, m. Sabine Kröner); Zurück z. Mädchenschule? (1988). Mithrsg.: Sportsoziol. Arbeiten (Reihe) - Liebh.: Sport, Ski, Tennis, Fallschirm.

PFISTER, Manfred

Dr. phil., Prof. f. Anglistik FU Berlin - Untere Feldstr. 2, 8000 München 80 - Geb. 19. Aug. 1943 Landshut, kath., verh. s. 1969 m. Elfi, geb. Gehring, S. Dominik - Univ. München (Staatsex. 1968, Promot. 1972, Habil. 1978) - 1969-78 Wiss. Assist. München; 1978-80 Privatdoz. München; 1980-91 Prof. C4 Passau; 1991ff. Prof. C4 FU Berlin - BV: Stud. z. Wandel d. Perspektivenstruktur in elisabethanischen u. jakobäischen Kom., 1974; Hauptw. d. engl. Lit., 1975; D. Drama. Theorie u. Analyse, 1977; Alternative Welten, 1982; Intertextualität, 1985; Oscar Wilde, 1986; D. Modernisierung d. Ich, 1989 - Liebh.: Theater, Musik, bild. Kunst - Spr.: Engl., Franz., Latein, Ital., Neugriech.

PFISTER, Max

Dr. phil., Drs. h.c., Prof. f. Romanische Sprachwissenschaft - Steinbergstr. 20, 6656 Einöd (T. 06848 - 63 23) - Geb. 21. April 1932 Zürich (Vater: Max P., Bundesb.-Beamter; Mutter: Elise, geb. Rümmeli), prot., verh. s. 1959 m. Susanne, geb. Meyer, 3 Kd. (Jacqueline, Andreas, Cornelia) - Stud. Roman. Sprachwiss., Doktorat Zürich 1958, Lehramtsex. 1958, Habil. 1968 - 1969 Ordinariat Marburg, s. 1974 Saarbrücken - 1986 prés. Société de Linguistique romane - BV: D. Entw. d. inl. Konsonantengruppe-PS- in d. roman. Sprachen, 1960 (Diss.); Lex. Unters. z. Girart de Roussillon, 1970; Einf. in d. roman. Etymologie, 1980; Lessico etimologico italiano (LEI), s. 1979. Herausg. Ztschr. f. romanische Philologie (s. 1989) - 1984 korr. Mitgl. Mainzer Akad. d. Wiss. u. d. Lit., 1985 korr. Mitgl. Accad. lucchese di Scienze Lettere e Arti (Lucca, Italien), 1987 korr. Mitgl. Accad. della Crusca (Firenze); 1988 Ehrendoktor Bari, 1991 Lecce - Spr.: Franz., Ital.

PFISTER, Paul O.

Publizist, Erwachsenenbildner - Podere Colombaio, I-53031 Casole d'Elsa SI (T. 0039 - 577 - 96 01 87) - Geb. 23. Juli 1934 von Waldkirch SG, verh. m. Elisabeth, geb. Scheurer, 3 Kd. (Martin, Hans Ulrich, Nicole) - Sekundarlehrpatent; Stud. Gesch., Phil., dt. Lit. - Journalist (Zuger Nachrichten, Zürcher Woche, treffpunkt); Zentralsekr. KAB; Präs. Arbeitsgemeinsch. f. e. neue Ausländerpolitik; Mitgründer Zentrum f. soz. Aktion u. Bildung; Redakt. KOMMUNIKATION; Leit. Kurszentrum Celidonia - Spr.: Engl., Franz., Ital., Lat., Griech.

PFISTER, Raimund

Dr. phil., Gymnasialprofessor i. R. - Pötschnerstr. 8, 8000 München 19 (T. 16 51 16) - Geb. 6. Mai 1911 Trostberg/Obb. (Vater: Karl P., Landgerichtsdir.; Mutter: Anna, geb. Jobst), kath., verh. s. 1953 m. Dr. phil. Maria, geb. Dausch - Wilhelms-Gymn. u. Univ. München (Alte Spr., Dt., Gesch., Indogerman., Etruskol.; Promot. 1935) - 1935-68 bayer. höh. Schuldst.; 1958-88 Lehrauftr. Univ. München - BV: Lat. Übungsbuch, 1951, 14. A. 1975; Lat. Grammatik, 1968, 8. A. 1981; Lat. Grammatik in Gesch. u. Gegenwart, 1988. Neubearb.: F. Sommer, Handb. d. lat. Laut- u. Formenlehre, Bd. I, 1977.

PFISTERER, Hansgeorg

Dr. med., Univ.-Prof., Ärztl. Direktor u. Facharzt f. Chirurgie u. Urologie, Chefarzt d. Chirurg. Klinik u. Urolog. Abt. d. Akad. Lehrkrankenhauses d. Univ. Bonn i. KKH. Waldbröl/Rhld. i. R., Gutachter im Bundesmin. f. Arbeit u. Sozialordnung in Bonn - Dörnenweg 6, 5220 Waldbröl (T. 02291 - 44 40) - Geb. 30. Dez. 1921 Köln (Vater: Karl-Georg P., Werklehrer-Sem.-Dir., Begr. Freie Volksschule Köln, gef. 1945; Mutter: Anna, geb. Behr, Lehrerin), ev., verh. s. 1950 m. Hildegard, geb. Kroeber, S. Lothar (Jurist) - Univ. Heidelberg, Köln u. Paris, 1958 Habil., 1965 Prof. Univ. Köln, seitd. Lehrtätigk. Univ. Köln u. s. 1976 Bonn (Ltd. Med.Dir., spez. Magenchirurgie). Div. Buchbeitr. (Nachweis d. Dünndarm-Kathepsin). Üb. 60 Fachaufs. - Liebh.: Historik, Wassersp. - Spr.: Franz., Engl.

PFISTERER-PFROMMER, Edelgard

Prof. i. R. f. Kunsterziehung Päd. Hochschule Heidelberg - Hofäckerstr. 14, 6919 Bammental - Geb. 22. Mai 1921 Heidelberg, ev., verh. s. 1982 m. Prof. Dr. Friedrich Pfrommer - Univ. Freiburg (Biol.), Kunstakad. Karlsruhe (Kl. Prof. Hubbuch); Staatsex. f. Kunsterz. u. Biol. - 1953 Höh. Schuldst.; 1960 Päd. Hochsch. Heidelberg; s. 1982 i. R. - Freischaff. Künstlerin: Glasfenster u.a. Comeniushaus Heidelberg, Friedhofskapellen in Wiesloch-Schatthausen, Waldhilsbach, Bammental, Kapelle im Seniorenstift Haus Kurpfalz Wiesloch. Textilarb.

PFITZER, Albert

Dr. jur., Direktor d. Bundesrates a. D. - Zu erreichen üb. Bundeshaus, 5300 Bonn (T. 1 61) - Geb. 22. Aug. 1912 Kirchen/Württ. (Vater: Albert, Regierungsbeamter; Mutter: Paula, geb. Weiss), verh. s. 1942 m. Erica, geb. Nagel - Gymn.; Univ. Tübingen, München, Berlin (Rechts- u. Staatswiss.) - 1935-38 Gerichtsrefer., dann Reg.ass., 1939-45 Wehrdst. (Luftw.) u. engl. Kriegsgefangensch., 1945-51 höh. Verwaltungsdst. Württ.-Hoh. (1950-51 Bevollm. b. Bund), 1951-78 Dir. Bundesrat - 1973 Gr. BVK, 1976 Stern, 1978 Schulterband dazu.

PFITZMANN, Günter

Schauspieler, Kabarettist, Regisseur, Texter - Reifträgerweg 30, 1000 Berlin 38 - Geb. 8. April 1924 Berlin (Vater: Erich P., Einrichter; Mutter: Charlotte, geb. Schmidt), ev., verh. s. 1964 m. Lilo, geb. Giebken, 2 Söhne (Robert, Andreas) - Abitur - S. 1945 bühnentätig (Potsdam, 1947ff. Berlin, 1960 München). Mitbegr. D. Stachelschweine (-Kabarett GmbH, Berlin). Theater: u. v. a. Petruccio, Karl Moor, Behringer, Prof. Higgins; Film: D. Brücke, D. Wunder d. Malachias, Hunde - wollt ihr ewig leben?; Fernsehen: Gestatten - mein Name ist Cox, Jean, D. Doktor, Kennen Sie die Milchstr.?, Frau ohne Kuß; D. Millionenerbe (Mehrteiler); Kabarett: D. Stachelschw. (1957ff. als Gast) - 1981 Gold. Vorhang Berliner Theater-Club (z. 3. X); 1987 Preis d. Vorabendprogramme d. ARD (3 Damen v. Grill); 1987 Gold. Kamera v. Hör Zu (Praxis Bülowbogen); 1988 Telestar (Ehrenpr. v. ARD u. ZDF) f. Praxis Bülowbogen u. Berl. Weiße m. Schuß - Liebh.: Antiquitäten, Sport - Spr.: Franz. - Lit.: Klaus Budzinski, D. Muse m. d. scharfen Zunge.

PFIZER, Theodor

Prof., Dr. phil. h. c., Oberbürgermeister a. D. - Wagenburgstr. 7, 7000 Stuttgart 1 - Geb. 19. Febr. 1904 Stuttgart (Vater: Karl P., Richter; Mutter: geb. Haagen), ev., verh. s. 1945 m. Ursula, geb. Zaiss, 2 Töcht. (Ursula, Ricarda) - Univ. Tübingen, München, Berlin (Rechtswiss.). Gr. jurist. Staatsprüf. - Geschäftsf. Tübinger Studentenwerk, Hilfsref. Landesarbeitsamt Südwestdtschl., ab 1933 Reichsbahnass., -rat u. Oberreichsbahnrat Reichsbahndir. Frankfurt/M., Ludwigshafen/Rh., Mainz, Wien, Berlin, Gleiwitz/OS., Stuttgart, n. Kriegsende Abt.-Leit. das., 1946-48 Ministerialrat Verkehrsmin. Württ.-Baden, 1948-72 Oberbürgerm. Ulm. Zahlr. Ehrenstell., dar. Vorstandsvors. Studienstiftg. d. Dt. Volkes, 1969-71 Vors. Städteverb. Baden-Württemberg, 1955-78 Präs. Hölderlin-Ges. - BV: Neubau d. Stadt; Im Schatten d. Zeit, 1979; Verantwort. f. Stadt u. Bürger, 1979. Herausg.: Bürger im Staat - Polit. Bildung im Wandel, 1971, Kommunalpolitik (1973) - 1960 Ehrendoktor Univ. Heidelberg; Ehrensenator Univ. Freiburg/Br. u. Tübingen u. Ulm - Liebh.: Bücher - Rotarier - Bek. Vorf.: Paul Achatius P., 1848 württ. Kultusmin. u. Mitgl. Frankfurter Nationalvers., 1801-87 (Bruder d. Urgroßv.).

PFLAGNER, Margarete Herta, geb. Schneider

Prof., Verlagslektorin, Schriftstellerin (Ps. Margit Pflagner) - Rosentalweg 1, A-7000 Eisenstadt (T. 02682 - 5 21 65) - Geb. 13. Sept. 1914 Bielitz (Vater: Karl Schneider, Hauptschullehrer; Mutter: Maria, geb. Müller), ev., verh. s. 1949, gesch., T. Hedda-Maria - 1934-39 Univ. Wien (Philol.), Lehramtsprüf. - Verlagslektorin in Wien u. Eisenstadt; Kulturjourn., fr. Mitarb. ORF, Schriftst. - BV: Jugend- u. Reiseb., literarhist. Arb., u. a. Findling im Schilf, 1965; Streifzüge durch Westungarn, 1979; Begegnung m. d. Burgenland, 1971; Zach. Werner u. d. Wiener Hofbauerkreis, 1979; Zeit d. Glückskinder, R. 1990. Romanübers. aus d. Franz., z. B. Gautier, Prévost u. a. - 1975 Würdigungspreis f. Lit. Land Burgenland; 1980 Kery-Preis; 1982 Titel Prof.; 1983 AWMM Buchpreis; 1990 PEN-Club - Liebh.: Kultur u. Lit. rumän. Banat u. Ungarn; Archäol. - Spr.: Franz., Span., Engl., Ungar. - Bek. Vorf.: Dr. Ludwig Schneider, Historiker Lemberg (Onkel) - Lit.: Lex. d. Jugendschriftst., 1968; Kürschners Dt. Lit.kalender, 1981.

PFLEGER, Karl

Dr. med., Prof., Leiter Abt. f. Toxikologie u. Biochem. Pharmakologie/Inst. f. Pharmak. u. Toxikol. Univ. Saarbrücken - Virchowstr. 16, 6650 Homburg/Saar (T. 44 29) - Geb. 21. Jan. 1924 Pirmasens - S. 1961 (Habil.) Lehrtätigk. Univ. Saarbrücken (1967 apl. Prof. f. Pharmak. u. Toxikol.). Facharb.

PFLEIDERER, Albrecht

Dr., o. Univ.-Prof., Geschäftsf. Ärztl. Direktor Univ.-Frauenklinik Freiburg - 7800 Freiburg - Geb. 8. Aug. 1931 Tübingen, ev., verh., 4 Kd.

PFLEIDERER, Beatrix

Dr. phil., Prof. f. Ethnologie Univ. Hamburg (s. 1982) - Kohlhofweg 20, 6901 Wilhelmsfeld (T. 06220-60 49) - Geb. 29. Juli 1941 Heilbronn (Vater: Herbert P., Untern.; Mutter: Brigitte, geb. Flammer), ev., verh. s. 1980 m. Lothar Lutze, T. Konstanze - 1960-65 Stud. Baltimore, Md./U.S.A., 1966-68 München, 1968-71 Heidelberg; Magister 1971; Promot. 1973 - 1971-75 Instructor Univ. Maryland, Campus Heidelberg; 1973-76 Univ. Heidelberg; 1978-80 DFG-Stip., wiss. Angest., Stip. d. Stift. VW-Werk - BV: Sozialisationsforschung in d. Ethnol., 1975; Wandel soz. Rollen in Tunesien u. s. Beziehung z. Gastarbeiterwanderung, 1976; Erziehung in d. Ethnol., 1980; Sozialisat. u. Krankh., 1981; Some Remarks on Medical Pluralism in India, 1982; Krankheit u. Kultur, 1985 (m. W. Bichmann); The Hindi Film, 1985 (m. L. Lutze); u.v.m. Versch. Veröff. u. Aufs. - Spr.: Engl., Franz., Hindi.

PFLEIDERER, Hans-Jörg

Dr.-Ing., Prof., Abteilungsleiter Allgemeine Elektrotechnik u. Mikroelektronik Univ. Ulm - Lange Lemppen 5, 7900 Ulm (T. 0731 - 5 80 40) - Geb. 14. Jan. 1942 Berlin-Spandau, ev., verh. s. 1969 m. Erika, geb. Rozynski, 2 Söhne (Harald, Heiko) - 1961-67 Stud. TH Stuttgart (Elektrotechnik); Vordipl. 1963; Hauptdipl. 1967; Promot. 1971 - Abt.-Dir. Zentr. Forschung u. Entwicklung Siemens AG. Mehrere Patentanmeldungen. Miterf.: Parallel-In/Serial-Out CCD-Filter. Beitr. in: Meinke/Gundlach Taschenb. d. Hochfrequenztechnik, 1986 - 1971 Post doctoral fellow IBM; 1983 Ambrose Fleming Premium d. IEE, IEEE-Fellow; Mitgl. dt. Konsortialkreis - Spr.: Engl.

PFLEIDERER, Wolfgang

Dr. rer. nat., Dr. h. c., o. Prof. f. Organ. Chemie - Lindauer Str. 47, 7750 Konstanz/B. - Geb. 22. Juli 1927 Eßlingen/N. (Vater: Dipl.-Kfm. Friedrich P.; Mutter: Gertrud, geb. Deeg), ev., verh. s. 1956 m. Cornelia, geb. Hellenbach, 3 Kd. (Christine, Hans, Wolfgang) - Schelztor-Obersch. Eßlingen; TH Stuttgart (Dipl.-Chem. 1950). Promot. (1952) u. Habil. (1957) Stuttgart - S. 1957 Lehrtätigk. TH Stuttgart (1963 apl. Prof.) u. Univ. Konstanz (1967 Ord.). Spez. Arbeitsgeb.: Heterocycl. Chemie. Mitgl. Ges. Dt. Chemiker, American Chemical Soc., Schweiz. Chem. Ges. u. Jap. Chem. Soc. - BV: Pteridine Chemistry (Symposiumsbericht), 1964 (Pergamon Press), 1975, 82, 83, 84, 85 u. 87. Einzelarb. - Spr.: Lat., Engl.

PFLIGERSDORFFER, Georg

Dr. phil., em. Prof. f. Klass. Philologie; Altpräs. Intern. Forschungszentr. f. Grundfragen d. Wiss. Salzburg - Akademiestr. 15, A-5020 Salzburg - Geb. 12. Juni 1916 Wiener Neustadt - S. 1956 (Habil.) Lehrtätigk. Univ. München (1960 plm. ao. Prof.) u. Salzburg (1965 o. Prof.) - BV: Studien zu Poseidonios, 1959; Politik u. Muße, 1968; D. Böhmerwald i. Schilderungen d. Stifterzeit, 1977; Und nur das Wandern ist mein Ziel. A. d. griech. Reise- u. Zeitbildern d. Grafen Prokesch v. Osten, 1978; Zweierlei Troja, 1985; D. Böhmerwaldzeichn. v. Ferd. v. Hochstetter aus 1853, 1986; Augustino Praeceptori. Gesammelte Aufs. zu Augustinus, 1987. Herausg.: Blickpunkte philosoph. Anthropologie (1983). Mithrsg.: Christl. Philos. im kath. Denken des 19. u. 20. Jh. 1-3 (1987/90) - 1980 Korr. Mitgl. Akad. d. Wiss. Göttingen; 1980 Symmicta Philologica Salisburgensia G.P. Sexagenario oblata - 1981 Silb., 1986 Gold. Ehrenz. d. Landes Salzburg; 1986 Komturkreuz d. Gregorius-Ordens; 1987 Österr. Ehrenkreuz f. Wiss. u. Kunst I. Kl.

PFLÜCKE, Rolf

Dr., ZDF-Korrespondent Rio de Janeiro/Brasilien - Zu erreichen üb. Televisão Alema ZDF Rua Delfilm, Moreira 665/7, 22441 Leblon-Rio de Janeiro/Brasil. - Geb. 11. Juni 1942 Bruchsal, kath., verh. s. 1979 m. Stella Patricia, 2 Kd. (Carolin, Virginia) - Stud. Univ. Heidelberg; M.A. 1968; Promot. 1970 - 1973-79 Lateinamerikakorresp. d. ARD in Buenos Aires; s. 1986 Südamerikakorresp. d. ZDF in Rio de Janeiro - Zahlr. Reportagen u. Dok. aus Lateinamerika - 1986 Intern. Filmpreis Monte Carlo, 1987 Tokio - Spr.: Engl., Franz., Span., Portug.

PFLÜGER, Hans-Dieter

Chordirektor d. Sächsischen Staatsoper Dresden u. Chordirektor d. Sinfoniechores Dresden e.V.-Extrachor d. Sächs. Staatsoper Dresden, Hon.-Prof. f. Chordirigieren an d. Hochschule f. Musik Carl Maria von Weber, Dresden - Zu erreichen üb. Hochschule f. Musik/Dirigieren, Blochmannstr. 2-4, O-8010

Dresden - Geb. 29. Aug. 1929 Dresden - Martin-Andersen-Nexö-Kunstpreis d. Stadt Dresden.

PFLÜGLER, Hans

Nationalspieler, Fußballweltmeister 1990 in Italien, Spieler d. FC Bayern München.

PFLUG, Bernhard

Möbelfabrikant, Geschäftsführer Bernh. Pflug GmbH., Wiedenbrück - Osterrathstr. 6, 4832 Wiedenbrück - Geb. 1. Nov. 1898 Rietberg.

PFLUG, Günther

Dr. phil., Prof., Generaldirektor a. D. Dt. Bibliothek Frankfurt/M. (1976-88) - Myliusstr. 27, 6000 Frankfurt/M. (T. 72 48 74) - Geb. 20. April 1923 Oberhausen (Vater: Richard P., Apotheker; Mutter: Annemarie, geb. Winzer), ev., verh. s. 1953 m. Dr. Irmgard, geb. Höffken - 1933-41 Realgymn. Oberhausen u. Köln (Kreuzgasse); 1944-52 Univ. Köln, Bonn, Paris - S. 1953 Univ.bibl. Münster, Bibl. TH Aachen, Univ.- u. Stadtbibl. Köln (1955; zul. stv. Dir.). Univ.-bibl. Bochum (1963; Dir.). S. 1967 Honorarprof. Univ. Bochum, 1974 Dir. Hochschulbibliothekszentrum d. Land. NW; s. 1978 Honorarprof. Univ. Frankfurt u. Mitarb. in versch. Gremien - BV: Der Aufbau des Bewußtseins b. Wilhelm Dilthey, 1950 (Diss.); Henri Bergson, Quellen u. Konsequenzen e. induktiven Metaphysik, 1959; Mechanisierung u. Automatisierung in amerik. Bibl., 1967; Automatisierung in d. Univ.bibl. Bochum, 1968; Enlightenment Historiography, 1971; Bibliotheksarb. heute, 1973; Bibliothek - Buch - Geschichte, 1977; D. Bibliotheken u. d. wiss. Lit., 1979; Albert Einstein als Publizist, 1981; D. Bibliothek im Umbruch, 1984. Mithrsg. d. 2 Aufl. d. Lexikon f. d. gesamte Buchwesen (s. 1985) - BVK; Ordre de la Couronne (Belg.); Förderer d. Buches; Ehrenmed. Dt. Bücherei - Ehrenmitgl. IFLA u. Library Ass. 4 Festschr. - Liebh.: Opern - Spr.: Engl., Franz. - Rotarier.

PFLUG, Hans-Dieter

Dr. rer. nat., Dr.-Ing., Prof. - Schloßgasse 4, 6302 Lich/Hess. - Geb. 18. Aug. 1925 - S. 1958 (Habil.) Privatdoz. u. apl. Prof. (1964) Univ. Gießen (Geol. u. Paläontol.) - BV: D. Spur d. Lebens, 1984. Üb. 100 Fachveröff.

PFLUG, Johannes Andreas

Diplom-Ingenieur f. Vermessungstechnik, MdL Nordrh.-Westf. (SPD) - Droste-Hülshoff-Str. 17, 4100 Duisburg 11 (T. 0203 - 5 67 36 u. 0211 - 88 46 51/2) - Geb. 8. April. 1946 Duisburg (Vater: Ernst P., Kraftfahrer; Mutter: Elisabeth, geb. Hajdenik), verh. s. 1980 m. Ellen, geb. Kostbahn, 2 Kd. - Realsch., Verm.-Techn. Lehre, FHS-Essen, Ing. 1969, Ausb. Vermessungsinsp. 1971, s. 1972 Univ. Dortmund (Stud. Physik u. Volksw.) - 1979-80 Wiss. Assist. b. MdB, 1975-79 Stadtrat Duisburg, s. 1980 MdL NRW.

PFLUG, Otto

Dr., Generaldirektor, Vorstandsvors. Nordd. Hagel-Versicherungs-Ges. a. G., Berlin/Gießen - Am Wettenberg, 6301 Launsbach - Geb. 25. Okt. 1912 - S. 1957 Vorst. NHV.

PFLUG, Reinhard

Dr. rer. nat., o. Prof. f. Geologie u. Paläontol. Univ. Freiburg (s. 1970) - Albertstr. 23b, 7800 Freiburg/Br. (Geol. Inst.) - Geb. 1. April 1932 Schwerte/R. (Vater: Prof. Dr. phil. Hans P., Historiker) - Univ. Tübingen u. Bonn. Promot. 1958; Habil. 1964 - 1958-60 Ölind.; 1960-64 Doz. Univ. Rio de Janeiro; 1964-70 Doz. Univ. Heidelberg - BV: Bau u. Entwickl. d. Oberrheingrabens, TB 1982. Zahlr. Fachaufs. - 1958 Credner-Preis Dt. Geol. Ges. - Spr.: Portug., Engl., Span.

PFLUG, Wolfram

Dipl.-Forstw., Oberforstmeister a. D., em. Univ.-Prof. f. Landschaftsökologie u. -gestaltung - Wilsede 1, Hillmershof, 3045 Bispingen (T. 04175 - 5 13) - Geb. 4. Aug. 1923 Hohenkränig/Neumark (Vater: Joachim P., Gutsrendant; Mutter: Ella, geb. Leopold), ev., verh. s. 1951 m. Ingeborg, geb. Kayser, 6 Kd. - Realgymn. Schwedt/O.; Univ. Göttingen/Forstl. Fak. Hann. Münden (Dipl.-Forstw. 1950). Gr. Staatsex. 1952 - S. 1941 Kriegsmarine (zul. Oblt. z. See), Schutzgem. Dt. Wald, Koblenz (1952), Min. f. Landw., Weinbau u. Forsten, Mainz (1954 Ref.), TH Aachen (1965 Ord.). Arbeitskr. d. Landschaftsanwälte, Mitgl. Dt. Rat f. Landespflege (1973), Mitgl. d. Kuratoriums f. d. Europapreis f. Landespflege d. Joh. Wolfg. v. Goethe-Stiftg. (1969), Vors. Ges. f. Ingenieurbiol. (1979) - BV: Landsch.spfl., Schutzpflanz., Flurholzanbau - Anl. f. Planung, Ausführung u. Pflege, 1959. Herausg.: Jahrb. d. Ges. f. Ingenieurbiol. Verf. u. Mitverf. zahlr. Fachbeitr. aus d. Geb. Landschaftsökol., Naturschutz, Landschaftsgestaltung u. -planung sow. Ingenieurbiol. im Zusammenhang m. Land- u. Forstwirtsch., Wasser-, Straßen- u. Bergbau, Städtebau sow. z. Gesch. d. Landespflege - U. a. EK I; korr. Mitgl. Akad. f. Raumforsch. u. Landesplanung; ao. Mitgl. Bund Dt. Garten- u. Landschaftsarch.; 1970 Kulturpreis Stiftg. Rhein. Raiffeisenbanken.

PFLUGFELDER, Otto

Dr. rer. nat., o. Prof. f. Zoologie (emerit. 1972) - Egilolfstr. 35, 7000 Stuttgart 70 (T. 45 11 80) - Geb. 15. Febr. 1904 Rappoltshofen/Württ. (Vater: Christian P.; Mutter: Magdalena, geb. Weidner), ev., verh. s. 1938 m. Luise, geb. Schneider, 2 Kd. (Hartmut, Heidrun) - Univ. Tübingen (Naturwiss.) - 1937 Privatdoz. Univ. Jena, 1942 ao. Prof., 1949 LH Hohenheim (Dir. Inst. f. Zool.), 1956 o. Prof. (1960-62 Rektor), z. Z. außerdem Honorarprof. TH Stuttgart - BV: Zooparasiten u. d. Reaktionen ihrer Wirtstiere, 1950; Entwicklungsphysiol. d. Insekten, 2. A. 1958; Lehrb. d. Entwicklungsgesch. u. -physiol. d. Tiere, 2. A. 1970. Üb. 100 Einzelveröff. Wirtsreaktionen auf Zooparasiten, 1977; Protarthropoda, 1980 - 1958 o. Mitgl. Heidelbg. Akad. d. Wiss. u. New York Acad. of Sciences.

PFLUGHAUPT, Friedrich-Karl

Dipl.-Volksw., Filmkaufmann, Vorstand UFA-Theater AG, Düsseldorf - Zu erreichen üb. UFA-Theater AG, Graf-Adolf-Str. 96, 4000 Düsseldorf 1 - Geb. 23. Dez. 1922 Berlin (Vater: Friedrich P., Filmprod.; Mutter: Anna, geb. Zizka), ev., verh. s. 1976 m. Lilo, geb. Sennhenn - Realgymn.; Stud. Volksw.. Univ. Göttingen, Dipl. 1949, Bankausb. - S. 1962 Vorst.-Mitgl. UFA-Theater AG - Liebh.: Tennis, Ski, Bridge, Jazz - Spr.: Franz., Engl.

PFLUGRADT, Gisela

Stv. Ballettdirektorin Oper Bonn, stv. Direktion Euro Theater Central Bonn - Bornheimerstr. 126, 5300 Bonn 1 (T. 0228 - 65 14 84) - Geb. 8. Juni 1945 Krumbach/Schw., ev., ledig - Ballettsch. Tatjana Gsovsky Berlin - 1960-63 Tänzerin Dt. Ballett-Compagnie; 1963-81 Solotänzerin Stadttheater Bonn; s. 1981 Ballettdirektionsassistenz Oper Bonn. 1969 Gründungsmitgl. Euro Theater Central Bonn, 1978 d. Arbeitsgemeinsch. unabhängiger europ. Theater; Schausp., stv. Dir. u. Regiss. Euro Theater Central Bonn; Choreographin Oper Bonn - Regie: Gebrochene Frau (S. de Beauvoir), Offene Zweierbeziehung (Rame/Fo), D. Kontrabass (Patrick Süskind); E. Frau - Camille Claudel (Delbee-Fayard); Maria Stuarda (Dacia Maraini); Choreographien: D. Tod d. Iwan Iljitsch (Hartmann), Erwachen (Bernstein) - Liebh.: Reisen, mod. Lit., Exper. Theater u. Musik, Gartenkultur - Spr.: Engl., Franz.

PFLUGRADT, Helmut

Finanzbeamter a. D., MdBB (s. 1975) - Hohle Str. 18, 2820 Bremen 70 - Geb. 7. Febr. 1949 Stendorf (Vater: Emil P., Arb.; Mutter: Frieda, geb. Bonkowski), ev., gesch. - Mittelsch.; Finanzausbildung - 1969-77 Kreisvors. Junge Union Bremen-Nord (1973-76 stv. Landesvors.); s. 1977 Stadtbezirksvors. CDU Vegesack, s. 1980 Landesvors. KPV, s. 1981 Mitgl. Bundesvorst. KPV, s. 1991 Vors. d. Kreisverb. Bremen-Nord., s. 1991 Landesgeschäftsf. d. CDU-Landesverb. Bremen, s. 1991 Parlam. Geschäftsf. d. CDU-Bürgerschaftsfraktion, Bremen. S. 1975 Mitgl. Landesvorst. d. Dt. Steuergewerksch. Bremen.

PFÖHLER, Wolfgang

Dipl.-Kfm., Bürgermeister Stadt Mannheim - Bassermannstr. 29, 6800 Mannheim 1 - Geb. 17. Mai 1953 Mannheim (Vater: Werner P., Kaufm.; Mutter: Anni, geb. Jonas), kath., verh. s. 1979 m. Dorothea, geb. Schellenberg, T. Mirjam - Stud. Betriebsw. Univ. Mannheim (Dipl.-Kfm. 1978) - S. 1981 Dezern. f. Jugend, Soziales u. Gesundh. Mannheim; s. 1987 Vors. d. CDU-Kreisverb. Mannheim - Spr.: Franz.

PFÖRTNER, Dietrich

Dr. jur., Fabrikant, Geschäftsf. Sonnen-Bassermann-Werke GmbH, Seesen; Vorst. Allg. Arbeitgeb.-Verb. Nordharz, Arbeitgeberverb. Ernährungsind. Nieders./Bremen, Bundesverb. d. Teigwarenind., Bundesverb. d. Obst- u. Gemüseverarbeitungsind., Berufsgenoss. Nahrungsmittel u. Gaststätten; Vors. Sozialpolit. Kommiss. im Bundesverb. d. Obst- u. Gemüse-Verarb.-Ind. e.V., Bonn, Vors. Fachverb. d. Obst- u. Gemüse-Verarb.-Ind., Hannover; Beiratsmitgl. Dt. Bank AG, Hannover, VR Sonnen-Bassermann, España, S.A. - Albert-Schweitzer-Str. 30, 3370 Seesen - Geb. 31. März 1926.

PFOHE, Hans

Fabrikant, Vorstandsvors. Lucia Strickwarenfabrik AG., Lüneburg (s. 1972; vorher Personenges.) - Spechtsweg 4, 3140 Lüneburg (T. 5 10 24) - Geb. 19. Auf. 1918, verh. (Ehefr.: Lucia), 4 Kd. - Spr.: Engl. - Rotarier.

PFOHL, Gerhard

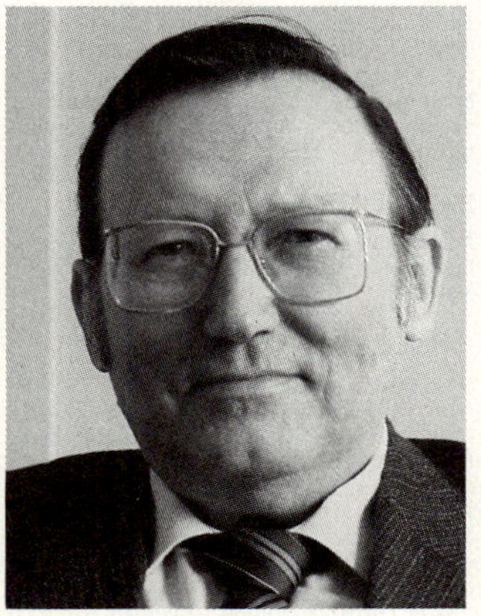

Dr. phil., Gymn.-Prof. a. D., Univ.-Prof., TU München, Univ. Innsbruck; Lehrbeauftr. Univ. Erlangen-Nürnberg (Medizinische Epigraphik) - Ismaninger Str. 22, 8000 München 80; Innrain 52, A-6020 Insbruck (Österr.) - Geb. 16. Febr. 1929 Böhm.-Eisenstein (Vater: Alois P., Kaufm.; Mutter: Elisabeth, geb. Gotz), kath., verh. s. 1956 m. Alma, geb. Linder, 3 Kd. (Gerhard, Andreas, Elisabeth) - Gymn. Metten; Stud. Regensburg u. Erlangen (Griech., Lat., Dt., Archäol., Phil.) - S. 1979 Dir. Inst. f. Gesch. d. Med. u. Med. Soziol. München - BV: Unters. üb. d. att. Grabinschr., 1953; Bibliogr. d. griech. Versinschr., 1964; D. inschr. Überlieferung d. Griechen, 2. A. 1965; Geschichte u. Epigramm, 2. A. 1966; Griech. Inschr. als Zeugnisse d. priv. u. öfftl. Lebens, 1966, 2. verb. A. 1980; Greek Poems on Stones, 1967; Poet. Kleinkunst auf altgriech. Denkmälern, 1967; Elemente d. griech. Epigraphik, 1968; H. Geist - G. Pfohl: Römische Grabinschriften, 2. A. 1976; Indices Supplementi Epigraphici Graeci Collecti, Vol. XI-XX (1950-64), 1970, 1984; D. Studium d. griech. Epigraphik, 1977; Epigr. Quellen z. Gesch. d. antiken Medizin, 1977; D. Fakultät f. Medizin der TU München, 1977; Behandlungsgrundsätze in d. Chir., (Hrsg.) 1979; Med. u. Philol., 1980; D. phil.-philol. Element in d. med. Fak., 1980; V. Verlust akad. Gesinn., 1981; D. Prinzheinrichmütze. Oder: D. Hutlosigkeit mod. Köpfe, 1981; Philol. u. Epigraphik, Bde 1-5, 1976-81; Civis academicus, 1981; Georg Maurer - Rudolf Nissen: par nobile fratrum, 1981; V. Segen ungenauer Wiss., 1981; D. Gnade, e. Esel Gottes zu sein, 1982; Benediktin. Schule, 1982; V. d. Einzigartigk. unserer Seele, 1982; Griech. Grabinschr., 1982/3; Akadem. u. Staatlichk., 1982; Sauerkraut od. Freiheitskohl?, 1983; Altes Vertrautes u. d. fremde Neue, 1983; Phil. gratiosa, 1983; Med.phil., 1983; Humanitas Hippocratica, 1984; Opportune-importune: Wie man zer werlte solte leben, 1982-85; Medizin u. Geschichte, 1984. Div. Herausg. Div. Aufs. in Ztschr. d. In- u. Auslandes - 1967 Förderungspreis Stadt Nürnberg (f. bes. Leistungen auf d. Gebiet d. Wiss.); 1968 Kardinal-Innitzer-Preis Wien; 1974 Ritter d. päpstl. Ritterord. v. Hl. Grab z. Jerusalem; 1977 Komturkreuz; 1980 BVK; 1982 Gold. Ehrenz. Bayer. Philologenverb.; 1983 Großoffizier; 1983 Souv. Malteser-Ritter-Orden; 1984 o. Mitgl. d. wiss. kath. Akad. b. Erzbischof v. Wien, u. 1987 d. Südt. Akad. d. Wiss. u. Künste, München; 1988 ao. Mitgl. d. Bayer. Benediktinerakad.; 1986 Komturkreuz d. päpstl. Ordens d. Heiligen Gregorius Magnus; 1990 Kulturpreis d. Stadt Passau; 1992 Ehrenzeichen d. dt. Ärzteschaft - Spr.: Engl., Schr.: Franz., Griech., Lat.

PFOHL, Hans-Christian

Dr., Dipl.-Wirtsch.-Ing., o. Prof. f. Betriebswirtschaftsl. TH Darmstadt - Zu erreichen üb. Inst f. Betriebswirtschaftsl., FB 1 d. TH, Hochschulstr. 1, 6100 Darmstadt (T. 06151 - 16 21 23) - Geb. 14. März 1942 Gablonz, kath., verh. s. 1967 m. Dagmar, geb. Klement, 3 Kd. (Petra, Markus, Hans-Patrick) - B. 1982 Ord. Univ. Essen GH - BV: Marketing- Logistik, 1972; Problemorientierte Entscheidungsfindung in Organisationen, 1977; Planung u. Kontrolle, 1981; Entscheidungstheorie, 1981 (m. Braun); Logistiksysteme, 1990; Logistikmanagement, 1992. Herausg.: Logistiktrends (1987); Zukünftige Wettbewerbsvorteile v. logistischen Dienstleistungsuntern. (1988); Logistiktrends II, 1989; Logistikstrategien in Europa, 1990; Betriebswirtschaftslehre d. Mittel- u. Kleinbetriebe (1990); Logistiktrends (1991); Total Quality Management in d. Logistik. Mithrsg.: Wirtschaftl. Meßprobleme (1977); Anwendungsprobleme mod. Planungs- u. Entscheidungstechniken (1978); Operations Research Proceedings (1981) - Spr.: Engl., Franz., Span.

PFOST, Heiner

Dr.-Ing., Prof. f. Energietechnik - Oppelner Str. 31, 4630 Bochum (T. 46 17 54) - Geb. 25. Okt. 1934 Meßstetten (Vater: Karl P., Rektor; Mutter: Paule, geb. Dinger), ev., verh. s. 1963 m. Annemarie, geb. Haller, 2 Kd. (Martin, Anne) - Stud. Masch.bau Univ. Stuttgart, Dipl. 1960, Promot. TU München 1969 - 1960-74 Ind., s. 1974 Prof. f. Dampf- u. Gasturbinen Ruhr-Univ. Bochum, 1979-81 Dekan. Versch. Aufs. üb. Turbomasch. u. Kraftwerkstechn.

PFREUNDSCHUH, Gerhard

Dr., Landrat Neckar-Odenwald-Kreis - Renzstr. 10, 6950 Mosbach/Baden - Geb. 9. Febr. 1941 Heidelberg, verh. s. 1966 m. Birgit, geb. Kellmann, 4 Kd. (Christina, Gero, Veronika, Roderik) - 1. jurist. Staatsex. 1969 München, 2. jurist. Staatsex. 1971 Stuttgart, Dipl.-Volksw. 1976 Mannheim, Promot. 1977 Speyer - 1979-81 1. Bürgerm. Wertheim; s. 1981 Landrat Neckar-Odenwald-Kr.

PFROMMER, Friedrich (Fritz)

Dr. phil. nat., Seminardirektor i. R., Honorarprof. f. Topographie u. Kartogr. Univ. Karlsruhe (s. 1964) - Hofäckerstr. 14, 6919 Bammental 1 (T. 62 03 - 41 18) - Geb. 26. Febr. 1903 Karlsruhe (Vater: Ludwig P.; Mutter: Luise, geb. Gros), ev., verh. s. 1982 m. Prof. Edelgard Pfister-Pfrommer, 4 Kd. aus 1. Ehe (Wilhelm Ludwig, Joh. Friedrich, Ursula Luise, Gertraud) - Humboldt-Realgymn. Karlsruhe; TH Karlsruhe, Univ. Freiburg. Promot. 1927 - Höh. Schuldst., 1936 Doz. Hochsch. f. Lehrerbild. (zul. Oberstudiendir.); 1957-68 Dir. Sem. f. Studienreferendare, Karlsruhe. Bearb.: Schulatlanten, Heimatkartenreihen.

PFÜRTNER, Stephan H.

Dr. theol., Prof. f. Sozialethik Univ. Marburg - Gottfried-Keller-Str. 7, 3550 Marburg/L. - Geb. 23. Nov. 1922 Danzig (Vater: Josef P., Kaufm.; Mutter: Maria, geb. Kotzki), kath., verh. s. 1974 m. Dr. Irmgard, geb. Bloos, 2 Kd. (Mona, Manuel) - 1939-43 Teilstud. Med. u. Phil.; 1945-54 Vollstud. Phil. u. Theol. - S. 1954 Hochschullehrer f. Ethik (1961 Rektor Kirchl. Hochsch. Walberberg, 1966 Prof. Univ. Fribourg, 1974 Univ. Bielefeld, 1975 Univ. Marburg) - BV: Triebleben u. sittl. Vollendung, 1958; Thomas u. Luther im Gespräch, 1961 (engl. 1965, franz. 1967); Moral - Was gilt heute noch?, 1972; Kirche u. Sexualität, 1972 (ital. 1975); Christ sein - Mensch sein, 1972; Macht, Recht, Gewissen in Kirche u. Ges., 1972; Politik u. Gewissen, 1976; Einführ. in d. Kath. Soziallehre (m. W. Heierle), 1980. Herausg.: Intern. Ökumen. Bibliogr. (8 Bde. 1967ff.); Natur u. -recht (1972); Theorietechnik u. Moral (1978); Wider d. Turmbau zu Babel - Disput m. Ivan Illich (1985); Ethik in d. europäischen Gesch. (2 Bde. 1988); Fundamentalismus - D. Flucht ins Radikale (1991) - 1979 BVK am Bde. - Liebh.: Musik, Theater, Sport - Spr.: Engl., Franz., Lat., Ital., Griech.

PFUHL, Albert

Landrat a. D., Gesellschafter e. Revisions- u. Treuhandges., MdB (Wahlkr. 127/Schwalm-Eder) - Landgraf-Philipp-Str. 21, 3578 Schwalmstadt-Ziegenhain/Oberhessen - Geb. 2. Dez. 1929 Wiesbaden (Vater: Albert P., Gastwirt; Mutter: Berta, geb. Kadesch), ev. - Univ. Marburg (Rechtswiss.); Univ. of Illinois/USA (Labor u. Industrial Relations) - 1955-59 Rechtsstellenleit. DGB Marburg; 1959-68 Bürgerm. Ziegenhain; 1968-73 Landrat ebd. 1966-68 I. Vizepräs. Dt. Städtebd.; MdL 1974-83 (Fraktionsvorst.) SPD s. 1950 - Spr.: Engl.

PHIELER, Kurt

Dr., Geschäftsführer Verb. d. Eisen- u. Metallind. d. Saarlandes e. V. u. d. Verb. d. Holzverarb. Industrie d. Saarlandes e. V. - Feldmannstr. 121, 6600 Saarbrücken (T. 59 01).

PHILIPP, Fritz

Dr. rer. pol., Dipl.-Kfm., o. Prof. f. Betriebswirtschaftslehre - Am Michelsgrund 39, 6940 Weinheim/Bergstr. (T. 41 80) - Geb. 2. Nov. 1927 Glashütte/Erzgeb., ev., verh. s. 1957 m. Renate, geb. Kuhnhenne, 2 Kd. (Anke, Holger) - Stud. Wirtschaftswiss. (Dipl.-Kfm. 1954 WH Mannheim). Promot. 1957; Habil. 1964 - S. 1964 Lehrtätigk. Univ. Marburg u. WH bzw. Univ. Mannheim (1966 Ord.) - BV: Wiss.stheoret. Kennzeichen d. bes. Betriebsw.slehren, 1966; Risiko u. -politik, 1967. Buchbeitr. u. a.

PHILIPP, Gunther

Dr. med., Schauspieler, Lustspielautor, Regisseur - Zu erreichen üb. Agentur Ruth Killer, Harthauser Str. 45, 8000 München 90 - 3 Kd. (Prof. Dr. med. Peter (geb. 1943), Alexander (geb. 1967), Gero (geb. 1983)) - Üb. 150 Filme (Komiker). Bek. Rekordschwimmer u. Autosportler.

PHILIPP, Harald

Filmregisseur u. -autor - Kudowastr. 15, 1000 Berlin 33 (T. 823 43 05) - Geb. 24. April 1921 Hamburg (Vater: Friedrich P., Ingenieur), ev., verh. s. 1947 m. Viola, geb. Liessem - Realgymn. (Abit.) u. Schauspielsch. Hamburg (Helmuth Gmelin) - 1941-45 Wehrdst. (Offz.), 1946-50 Schausp. Osnabrück, Hannover, Köln, dann Kameraassist. Dokumentarfilm, Hörspiel- (Rias) u. Synchronregiss., s. 1956 Filmregiss. u. -autor. U. a. Strafbatl. 999, Division Brandenburg, Unter Ausschluß d. Öffentlichkeit, Karl May: Ölprinz, Halbblut, Jerry Cotton u. Edgar Wallace-Filme - Fernseh-Spiele u. Serien - Liebh.: Lit., Musik - Spr.: Engl., Franz.

PHILIPP, Manfred

Generalmajor a.D. d.R., Befehlshaber im Wehrbereich III (1984-90) - Waldstr. 13, 5307 Wachtberg-Villiprott (T. 0228 - 32 58 43) - Geb. 23. Sept. 1931 Militsch/Niederschles., ev., verh. s. 1958 m. Ursula, geb. Jensen, 2 Kd. (Jens, Britta) - Techn.-kaufm. Lehre Werkzeugmaschinenbranche, Luftwaffenausb. z. Beobachter/Flugnavigator, Navigationslehrer; Generalstabsausb. Führungsakad. d. Bundeswehr; Stud. Gesch., Politikwiss. Univ. Bonn, Royal College of Defence Studies, London - Techn.-kaufm. Angest. im Werkzeugmaschinen-Export u. Kraftfahrzeugbau; s. 1956 Luftwaffe (Offizieranwärter, 1958 Lt., 1966 Major, 1979 Brigadegeneral, 1984 Generalmajor) - Liebh.: Zeitgesch., Polit. Wiss., Filmen, Bergwandern, Hochseesegeln.

PHILIPP, Werner

Dr. phil. (habil.), o. Prof. f. Osteurop. Geschichte - Nibelungenstr. 13, 1000 Berlin 39 (T. 803 44 98) - Geb. 13. März 1908 Kosel/Schles. - 1941 Doz. Univ. Königsberg, 1946 ao. Prof. Univ. Mainz, 1951 o. Prof. FU Berlin. Fachveröff.

PHILIPPI, Adolf

Staatssekretär a. D. - Weinbergstr. 17, 6200 Wiesbaden (T. 52 42 89) - 1971-77 Staatssekr. Hess. Sozialmin.

PHILIPPI, Lotte

Hausfrau, MdL Hessen (s. 1974) - Im Hain 5a, 6312 Laubach 1 (T. 14 49) - Geb. 17. Sept. 1918, ev., verh. s. 1946, 3 Kd. - CDU (Mitgl. Landesvorst.; Kreisbeigeordnete Gießen); Fraktionsvors. Stadtparlam. LBCH.). Landeswohlfahrtsverb.

PHILIPPSEN, Hans-Erik

Präsident Landesarbeitsgericht Rheinland-Pfalz - Ernst-Ludwig-Str. 1, 6500 Mainz.

PHILIPSON, Lennart C.

Dr. med. sci., Dr. h. c., Prof. f. Mikrobiologie, Generaldirektor Europ. Laboratorium f. Molekularbiol. (EMBL), Heidelberg - Meyerhofstr. 1, 6900 Heidelberg (T. 06221 - 38 72 00) - Geb. 16. Juli 1929 Stockholm, verh. s. 1954 m. Malin, geb. Jondal, 3 S. (Niklas, Andreas, Tomas) - Promot. 1958 Univ. Uppsala/Schweden - 1961-68 Assist. u. Assoc. Prof. Virology, Swedish Medical Research Council; 1967-76 Gründ. u. Dir. Wallenberg Laboratory; 1968-82 Prof. f. Mikrobiol. Univ. Uppsala; s. 1982 Generaldir. EMBL Heidelberg. Rd. 260 wiss. Publ. auf d. Geb. Virol., Mikrobiol., Immunol. u. Biochemie - 1976 Axel Hirsch's Preis Karolinska Inst. Stockholm; 1982 Ehrendoktor Univ. Uppsala, 1987 Univ. Turku, Finnland; 1984 Honorarprof. Univ. Heidelberg - Liebh.: Segeln, Golf - Spr.: Engl., Deutsch (Muttерspr. Schwedisch).

PIAZOLO, Paul Harro

Generalsekretär d. dt.-ital. Bildungszentrums Villa Vigoni (s. 1987) - Via Vigoni 1, Loveno di Menaggio, I-22017 Menaggio (T. 0039-344 3 21 55).

PICARD, Hans Rudolf

Dr. phil., Prof. f. Roman. Literaturwiss. Univ. Konstanz (s. 1976) - Werner-Sombart-Str. 14, 7750 Konstanz (T. 07531-5 49 42) - Geb. 29. Juli 1928 Düsseldorf, verh. s. 1955 m. Monelle, geb. Barbier, 2 Söhne (Emmanuel, Stephan-Laurent) - Stud. Roman., German., Phil. Univ. Köln, Mainz, Heidelberg; Staatsex. 1954, Promot. Heidelberg 1959; Habil. 1976 Bonn - 1959-67 Leit. Goethe-Inst. Barcelona; Studienprof. Univ. Bonn - BV: D. Illusion im Briefroman d. 18. Jh., 1971; Autobiogr. im zeitgenöss. Frankr., 1978; Wie absurd ist d. absurde Theater?, 1978; Dichtung u. Relig., 1984; D. Darstellung v. Affekten in d. Musik d. Barock als semantischer Prozeß - Veranschaulicht u. nachgewiesen an Beisp. aus d. Pièces de Clavecin v. Francois Couperin, 1986; D. Geist d. Erz., 1987. Übers.: Eugène Jonesco: Warum ich schreibe, 1986; Alain Robbe-Grillet: Neuer Roman u. Autobiogr., 1987 - 1989 Chevalier de L'ordre des Palmes Académiques - Liebh.: Cembalo, Musik d. 16.-18. Jh. (aktiv) - Spr.: Engl., Franz., Span.

PICARD, Walter

Rektor, MdB (s. 1965) - Goethestr. 20, 6051 Nieder-Roden Kr. Dieburg (T. Jügesheim 2 10 96) - Geb. 10. Dez. 1923 Hausen b. Offenbach/M., kath., verh., 5 Kd. - Gymn. (Abit.); Päd. Inst. Beide Lehrerprüf. - 1942-45 Kriegsdst. (schwer verwundet); s. 1949 Volksschullehrer u. Rektor (1965) Niederroden. S. 1952 Mitgl. Gemeindevertr. Niederroden (Vors.); 1958-65 MdL Hessen. 1956-64 stv. Landesvors. (1962) Jg. Union Hessen. CDU s. 1945 (Mitgl. Landesvorst. Hessen).

PICHLER, Hans

Dr. rer. nat., Prof. f. Mineralogie u. Petrologie Univ. Tübingen - Tilsiter Weg 1, 7406 Mössingen (T. 07473 - 16 66) - Geb. 24. März 1931 Hohenelbe/Sudetenl. (Vater: Johann P.; Mutter: Franziska, geb. Bittner), verh. s. 1961 m. Hildegard, geb. Beineke, 3 Kd. (Katja, Thomas, Boris) - Promot. 1957 Univ. München; Habil. 1970 Tübingen - S. 1978 Prof. C 3 Univ. Tübingen. Schwerpunktforsch.: Vulkanol. - BV: Ital. Vulkan-Gebiete, I, II 1970, III 1983, IV 1984 - Spr.: Engl., Ital.

PICHT, Robert

Dr. phil., Prof. D., Direktor Deutsch-Franz. Inst. Ludwigsburg (s. 1972) - Asperger Str. 34, 7140 Ludwigsburg (T. 07141 - 92 41 18) - Geb. 27. Sept. 1937 Berlin (Vater: Prof. Dr. Georg P.; Mutter: Edith Picht-Axenfeld), ev., verh. s. 1963 m. Barbara, geb. Heuckenkamp, 6 Kd. - Stud. Roman. u. Soziol. Univ. Freiburg, München, Madrid, Frankfurt, Hamburg u. Paris; 1964 M.A. Roman. Hamburg; 1972 Promot. Sorbonne - Vizepräs. u. Vors. Exekutiv-Komitee d. Europ. Kulturstiftg. Amsterdam; 1990 Prof. an d. Fernuniv. Hagen - BV: Deutschlandstud. I. Komment. Bibliogr. Deutschl. nach 1945, 1971; Neuaufl. 1978; Deutschlandstud. II. Fallstud. u. didakt. Versuche, 1975; Deutschl.-Frankr.-Europa: Bilanz e. schwierigen Partnersch., 1978; D. Bündnis im Bündnis. Dt.-Franz. Beziehungen im intern. Spannungsfeld, 1982; Esprit / Geist: 100 Schlüsselbegriffe f. Deutsche u. Franzosen, 1989 - 1984 Straßburg-Goldmed. d. Stiftg. F.V.S. Hamburg; 1985 Offz. des Ordre national du Mérite - Liebh.: Kunst, Musik - Spr.: Franz., Engl., Ital.

PICHT-AXENFELD, Edith,

geb. Axenfeld

Pianistin u. Cembalistin, Prof. f. Klavier, Cembalo u. Clavichord Staatl. Hochsch. f. Musik Freiburg/Br. (s. 1947) - Altbirklehof, 7824 Hinterzarten/Schwarzw. (T. 2 48) - Geb. 1. Jan. 1914 Freiburg/Br. (Vater: Geh. Hofrat Prof. Dr. med. Theodor Axenfeld, zul. Ord. u. Dir. Univ.s-Augenklinik Freiburg (s. IX. Ausg.); Mutter: Bertha, geb. Stürmer), ev., verh. s. 1936 m. Prof. Dr. phil. Georg Picht (s. dort), 5 Kd. (Robert, Gabriele, Christoph, Johannes, Clemens) - Pianist. Ausbild.: Anna Hirzel-Langenhan (Lugano) u. Rudolf Serkin (Basel), Orgel: Wolfgang Auler (Berlin) - 1937 Chopin-Preis Warschau - Spr.: Franz., Engl., Ital., Span., Portugies.

PICK, Eckhart

Dr. jur., Univ.-Prof. a. D., Rechtswissenschaftler, MdB - Tizianweg 46, 6500 Mainz (T. 06131 - 7 27 48) - Geb. 8. Febr. 1941 Mainz (Vater: Georg P., Pfarrer; Mutter: Tilde, geb. Hoffmann), verh. s. 1969 m. Antje, geb. Lorenz, 2 Söhne (Alexander, Matthias) - 1960-64 Univ. Mainz (Rechtswiss.). Ass.ex. 1967. Promot. (1967) u. Habil. (1976) Mainz - S. 1978 Prof. Univ. Hamburg u. Mainz (1980) - BV: Wohnungseigentumsgesetz, Komm. 6. A. 1987; Erläut. z. Wohnungseigentumsges., 12. A. 1990; Mainzer Reichsstaatsrecht, 1977; Aufklär. u. Erneuer. d. jurist. Stud., 1983.

PICK, Günter

Choreograph, Ballettdir., Solotänzer Staatstheater am Gärtnerpl. München - Krefelder Str. 18, 5100 Aachen - Geb. 4. Nov. 1943 Roetgen (Vater Hans, Richter; Mutter: Hedwig, geb. Buschmann), ev. - Gymn.; Folkwang-Hochsch. (Assist. b. Prof. Kurt Jooss) - 1973-78 Ballettdir. Ulm, 1979-82 Augsburg, 1983-85 Aachen - BV: D. Ballettbabuder, 1982, 83, 84 - Insz.: D. Rattenfänger (Bartok), 1976; Bericht d. Herrn K. (Henry-Kafka), 1977; Oedipus (Sophokles/Hölderlin), 1978; Othello u. Desdemona (Humel), 1984. Urauff.: Les Noces Chymique (Henry-de Saint Phalle), 1980 Opera de Paris; Woyzeck (Henry-Büchner), 1981; Peer Gynt (Haupt), 1985; D. Schöne u. d. Biest (Satie), 1986; Sommernachtstraum (Mendelssohn-Orff), 1987; D. Sirena (Sbordoni), 1988 - Spr.: Engl., Franz.

PICK-HIERONIMI, Monica

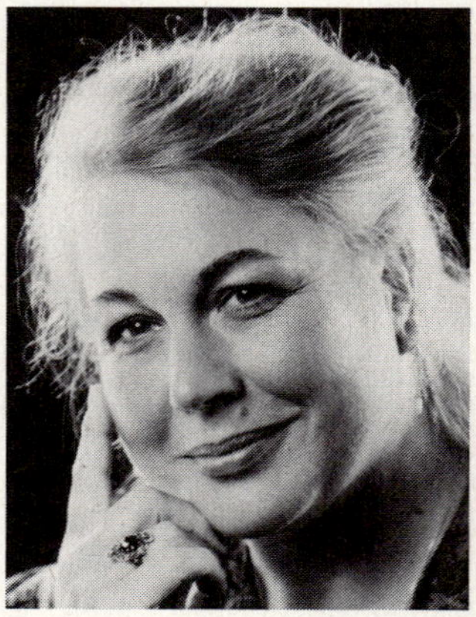

Opern- u. Konzertsängerin - Steinackerweg 25, 6149 Fürth/Odenw. (T. 06253 - 39 06) - Verh., S. David - Stud. Rhein. Musiksch. Köln - Künstler. Tätigk.: Staatstheater am Gärtnerpl. München, 11 J. Nationaltheater Mannheim, Opernhaus Zürich, Frankfurt, Düsseldorf, Staatsoper Stuttgart, Wien, Hamburg, Theatre del Liceu Barcelona, Rom - Caracalla Thermen, Dt. Staatsoper Berlin, Buxton-Festival, Mozartfest Würzburg, Schlesw.-Holst. Festival, Händelsfestspiele Karlsruhe, Paris, London, Mailand, Bregenzer Festspiele, Wiener Festwochen, Carnegie Hall, New York, Arena di Verona - Zusammenarb. m. d. Regiss.: Herlischka, Kaslik, Sanjust, Neugebauer, Berghaus, u.d. Dirig.: Mackerras, Rennert, Wallat, Schneider, Rilling, Baudo, Patané, Santi. Rollen: Donna Anna, Elektra, Vitellia, Norma, Amelia, Leonora, Elisabetta, Desdemona, Abigaille, Aida, Elsa, Ariadne, Kaiserin, Marschallin - Mehrere tz-Rosen; 1990 Carpine d'oro, Brescia - Spr.: Engl., Franz., Ital.

PICKENPACK, Vinzent Friedrich

Dipl.-Ing. agr., Konsul d. Bundesrep. Deutschl. Posadas/Argentinen (s. 1961) - Hungria 141, 3300 Posadas, Misiones/ Argentina - Geb. 23. Jan. 1914 Hamburg (Vater: Henry P.; Mutter: Erna, geb. Grösser), ev., verh. s. 1949 m. Hannelore, geb. Kretsch, 3 Kd. (Vinzent Dietrich, Vivien Diserée, Bernhardt Henry) - Oberrealsch.; Kolonialhochsch. Witzenhausen (Dipl.-Ing. agr.) - 6 J. Straitsu. Sundasyndikat holl. Indien (Indones.), brit. Indien, USA, Argent. (dort 1947 techn. Dir. Pflanzergenoss.); s. 1961 Konsul d. BRD. Arg. Patent autom. Abfülltrichter-Begrenzung. Veröff. üb. Kaffee-Tee-Hevea in Fachztschr. d. Ausl. - BVK I. Kl. - Liebh.: Zierpflanzen, Orchideenzucht, Zierfische, Briefmarken, Weltreisen, Sprachen, Ölmalerei (Landsch.) - Spr.: Engl., Franz., Span., Holländ., Sundanes.

PICKER, Bernold

Dr. phil., Univ.-Prof., Direktor Seminar f. Math. u. ihre Didaktik Univ. Köln - Hasenweg 3, 5060 Bergisch Gladbach 1 (T. 6 46 04) - Geb. 29. Jan. 1929 Braunschweig (Vater: Heinrich P., Rektor), kath., verh. s. 1956 m. Lilo, geb. Kremer, 2 Kd. - Stud. Math., Physik, Phil. u. Päd. TH Braunschweig u. Univ. Münster (1. Staatsex. f. höh. Lehramt 1953, Promot. 1955, 2. Staatsex. 1957) - 1955 höh. Schuldienst; 1964 Doz. PH Köln; 1968 Prof. PH Kiel; 1969 o. Prof. PH Rheinl. (1976-78 Dekan Abt. Köln); 1980 o. Prof. Univ. Köln - BV: Mod. Math. im 1. Schulj., Forschungsbericht 1971; Mengenlehre 1, Lehrb. 1973; Math. f. Grundsch., 1972-75; Math. Grundsch. Neu, 1979-82. Rd. 40 Aufs. z. Didaktik d. Math. u. ihren phil. Grundlagen - Spr.: Engl., Ital., Latein.

PICKER, Eduard

Dr. jur., Prof. f. Bürgerliches Recht, Rechtsgeschichte - Falkenweg 64, 7400 Tübingen - Geb. 3. Nov. 1940 Koblenz (Vater: Eduard P., Verw.Beamter; Mutter: Erika, geb. Schilling), kath., verh. s. 1968 m. Elke, geb. Heinemeyer, 4 Kd. (Ulrike, Ursula, Christian, Benedikt) - Abit. 1960; 1. jur. Staatsex. 1967, Promot. 1971, 2. jur. Staatsex. 1972, Habil. 1978 - 1960-62 Militärdst.; 1967-72 Refer. u. wiss. Assist., 1972-78 wiss. Assist. bzw. Akad. Rat, 1979 Lehrst. f. Bürgerl. u. Röm. Recht Univ. Regensburg, s. 1986 Lehrst. f. Bürgerl. Recht u. Arbeitsrecht, Röm. Recht u. Privatrechtsgesch. d. N. Univ. Tübingen - BV: D. negatorische Beseitigungsanspruch, 1972; D. Drittwiderspruchsklage in ihrer gesch. Entw. als Beisp. f. d. Zus.wirken v. mater. Recht u. Prozeßrecht, 1981; D. Warnstreik u. d. Funkt. d. Arbeitskampfes in d. Privatrechtsordnung, 1983 - O. Mitgl. d. Heidelberger Akad. d. Wiss. - Spr.: Engl., Franz.

PICKERODT, Gerhart

Dr. phil., Prof. f. Neuere Dt. Literatur Univ. Marburg - Georg-Voigt-Str. 65, 3550 Marburg/L.

PICKERT, Günter

Dr. rer. nat., em. Prof. f. Mathematik - Eichendorffring 39, 6300 Gießen - Geb. 23. Juni 1917 Eisenach/Thür. (Vater: Dr.-Ing. Friedrich P.; Mutter: Berta, geb. Heuer); verh. s. 1942 m. Anneliese, geb. Bode, 2 S. (Rüdiger, Dietmar) - 1933-38 Stud. Göttingen u. Danzig, Promot. 1938 Göttingen, Habil. 1948 - 1946-49 Assist. u. 1949-62 Doz. (1953 apl Prof.) Univ. Tübingen, s. 1962 o. Prof. Univ. Giessen (emerit. 1985). 1983-92 Kurat.-Vors. Bundeswettbew. Math. - BV: Einf. in d. höh. Algebra, 1951; Analyt. Geometrie, 1952, 7. A. 1975; Projektive Ebenen, 1955, 2. A. 1975; Ebene Inzidenzgeometrie, 1958; Einf. in d. Differential- u. Integralrechnung, 1968; Einf. in d. endliche Geometrie, 1974; Metrische Geometrie, 1984. Zahlr. Einzelveröff. - 1988 BVK I. Kl.; 1991 Dr. rer. nat. h. c. Univ. Würzburg.

PICKERT, Helmut

Dipl.-Ing., Vorstandsmitgl. AG. Kühnle, Kopp & Kausch, Frankenthal (s. 1974) - Hinter d. Gärten 9, 6940 Weinheim-Lützelsachsen (T. 06201 - 5 36 34) - Geb. 2. Mai 1932 Königsberg/Pr. (Vater: Wolfgang P., General; Mutter: Dorothea, geb. Behrends), ev., verh. s. 1958 m. Heidewig, geb. Oelfken, 6 Kd. (Sabine, Renate, Wolfgang, Dietrich, Martin, Johannes) - Gymn. Paderborn; Stud. allgem. Masch.bau TH München (Dipl.-Hauptprüf. 1957) - 1958-1974 Entwicklungsing. MTU Friedrichshafen - Spr.: Engl.

PICKHARDT, Wilhelm

Dr. rer. nat., Prof. - Neckarstr. 16, 4300 Essen 18 (T. 02054 - 8 53 19) - Geb. 17. Nov. 1923, kath., verh. s. 1955 m. Gerlinde, geb. Jedicke, 3 Töcht. (Jutta, Nora, Gudrun) - Stud. Mineral., Geol., Chemie; Promot. 1954 Bonn - Bergbau-Forschung GmbH Essen; Lehrtätigk. TU Berlin - BV: Beitr. in: Analyse d. Metalle Bd. III, Angew. Geowiss. Bd. IV - Spr.: Engl.

PIËCH, Ferdinand

Dr. techn. h.c., Dipl.-Ing. ETH Vorstandsvorsitzender der AUDI AG - Postfach 10 02 20, 8070 Ingolstadt - 1984 Ehrendoktor TU Wien.

PIECHOTA, Ulrike,

geb. Schreckenbach

Schriftstellerin, Musikerin - Ringstr. 21, 6552 Bad Münster a. St. (T. 06708 - 18 50) - Geb. 25. März 1942 Zeitz/Sachsen, ev., verh. s. 1965 m. Wolfgang P. (Pfarrer), 3 Kd. (Nicolai, Katharina, Sonja-Maria) - Abit. Hilden/Rhdl.; Musikstud. Heidelberg, Ex. 1966 - Chorleit. (1 Schallpl.), Jugendmusikschul-Doz. Langenfeld (Rhld.); Klavierunterr. S. 1980 Schriftst. Mitgl. VDS u. Kogge. 1990 Stadtschreiberin Bad Kreuznach - BV: 11 Titel, u.a. Warum darf ich d. Rhein nicht sehen?, 1982; Trauert nicht wie die, d. keine Hoffnung haben, 1983, 2. A. 1984; Springen Sie ruhig, Herr Bischof, Sat. 1982, 2. A. 1984; Wenn Mauern kleiner werden, 1983; ... so innig nah auf Kirchenstühlen, Sat. 1984; Im Handstand durch's Kirchenschiff, Sat. 1989; Es brodelt in Bollerbach, Kinderb. 1989; und es war doch e. Traumreise, 1990; Aufstand d. Erdgeister, 1991; Fünf Wochen f. d. Zukunft, 1991; Bis wir uns auf d. Weg machen (Sendung im ZDF) - Liebh.: Gartengestaltung, russ. Orth., Wandern - Bek. Vorf.: Paul Schreckenbach, Schriftst. (Großv.).

PIEFKE, Gerhard

Dr.-Ing., o. Prof. f. Theoret. Elektrotechnik TH Darmstadt (s. 1964) - Am Steinern Kreuz 21, 6100 Darmstadt (T. 5 14 74) - Geb. 28. Jan. 1920 Berlinchen, Regierungsbez. Frankfurt/O., verh., 2 Kd. - Askanisches Gymn. Berlin-Tempelhof, Stud. Elektrotechnik TH Berlin u. München, Dipl.-Ing. 1948, Tätigk. Siemens (1948-64), s. 1965 Vors. Komm. B U.R.S.I.-Landesaussch. BRD - BV: Feldtheorie I 1971, Feldtheorie II 1973, Feldtheorie III 1977. Etwa 40 Fachaufs. - 1958 NTG-Preis.

PIEGSA, Joachim

Dr. theol., o. Prof. f. Moraltheologie Univ. Augsburg (s. 1977) - Krippackerstr. 11, 8901 Leitershofen/Schw. - Geb. 30. Sept. 1930 Vosswalde (Vater: Wilhelm P., Eisenbahner; Mutter: Elisabeth, geb. Bujara), kath. - Gymn.; Stud. Phil. u. Theol. (Lic. theol.). Promot. 1962; Habil. 1970 - 1971 ff. Prof. Univ. Mainz - BV: Freiheit u. Gesetz b. Franz Xaver Linsemann, 1974; Anforderungen an d. Erzieher angesichts einer sich wandelnden Sexualmoral, 1973; Vermittlung e. christlichen Verständnisses v. Menschen, 1985; Aids - Krankheit u. Herausforderung, 1987. Herausg.: Person im Kontext des Sittlichen, 1979; Sein u. Handeln in Christus (m. K. H. Kleber), 1988; Zwanzig Jahre Enzyklika Humanae vitae, 1988.

PIEKARSKI, Gerhard

Dr. phil., em. o. Prof. f. Med. Parasitologie - Turmfalkenweg 14, 5300 Bonn 1 (T. Bonn 28 17 16) - Geb. 5. Okt. 1910 Berlin - 1942 Regierungsrat Reichsgesundheitsamt, Berlin; 1943 Doz. Univ. Bonn, 1949 apl., 1963 Wiss. Rat u. Prof., 1967-80 o. Prof. u. Inst.dir. ebd. (emerit. 1979),1968/69 Dekan med. Fak., 1968 Honorarprof. Univ. Cayetano Heredia (Peru) - BV: Lehrb. d. Parasitol. 1954 (span. 1959); Mediz. Parasitologie in Tafeln, 3. A. 1987 (engl. 1989); Handbuch- u. Ztschr.beitr. Herausg.: Ztschr. f. Parasitenkd. (1957-82). Mithrsg.: Archiv f. Mikrobiol., Zbl. Bakt. Paras.kd., Originale, Abt. A u. a. 1962 Preis Aronson-Stiftg., Hippokrates Med. Slowak. Med. Gesellschaft 1974 - 1967 Mitgl. Dt. Akad. d. Naturforscher (Leopoldina); 1962 Ehrenmitgl. Soc. Mexicana de Parasitol., Ehrenmitgl. Soc. de Parasitol. Argentina, Poln. Parasitol. Ges., Bulg. Parasitol. Ges., Am. Soc. Trop. Med. u. Hygiene, Dt. Ges. Parasitol., Dt. Tropenmed. Ges., Dt. Ges. Laborator.med., Chil. Med. Akad., Dt. Protozool. Ges.; Präs. d. World Fed. Parasitologists 1974-78 - Orden d. Arab. Rep. Ägypten; Orden d. Aufgehenden Sonne, Japan; BVK I. Kl.; Ernst-Rodenwaldt-Med. in Gold.

PIEKENBRINK, Rolf

Dr.-Ing., Geschäftsführer Carl Hurth Maschinen- u. Zahnradfabrik - Moosacher Str. 36, 8000 München 40; priv.: Mönchenwerther Str. 29, 4000 Düsseldorf 11 - Geb. 3. Febr. 1929.

PIEL, Walter

Dr. phil., o. Prof., f. Psych. - Eichhoffstr. 37, 4600 Dortmund-Löttringhausen (T. 73 68 33) - Geb. 18. Dez. 1923 Nittken/Ostpr. (Vater: Wilhelm P., Lehrer; Mutter: Hulda, geb. Pilchowski). ev., verh. s. 1960 m. Gisela, geb. Vogt. T. Claudia - PH Flensburg; Univ. Kiel (Psych., Päd., Phil., Zool.; Promot. 1957) - 1948-55 Volksschullehrer Schlesw.-Holst., dann Sonderschull. SH u. Hamburg, 1962-64 Wiss. Assist. PH Darmstadt u. Univ. Frankfurt, s. 1964 Doz. u. o. Prof. (1966) PH Ruhr/Abt. f. Heilpäd., jetzt Univ. Dortmund - Gründungsmitgl. intern. Ges. f. Gestalttheorie - BV: Üb. d. Wertgewichtigkeit d. Motive im Leistungsgeschehen. 1957; Lehrb. d. Lernpsychol., 1977. Zahlr. Einzelarb. - Liebh.: Geschichte.

PIELEN, Ludwig

Dr. agr., Prof., Ministerialdirektor a. D. - Wurzerstr. 36, 5300 Bonn-Bad Godesberg (T. 35 35 88) - Geb. 26. März 1910 Aachen (Vater: Paul P., Reichsbahnbeamter), kath., verh. s. 1938 m. Gerda, geb. Piehl, S. Hartfried - Gymn. Aachen; Stud. Bonn (Dipl.-Landw. 1936) u. Gießen (Promot. 1938). Habil. 1944 Gießen - 1936-44 Assist. Univ. Gießen; 1944-1946 Konservator TH München; 1948-56 Ref. LK Bonn; s. 1956 Leit. Referat Ackerbau, Unterabt. (1957) bzw. Abt. f. Landw. Erzeug. (1965) Bundesmin. f. Ernährung, Landw. u. Forsten, Bonn. S. 1949 Privatdoz., apl. Prof. (1953), Honorarprof. (1970) Univ. Bonn (Pflanzenbau u. -zücht.) - Liebh.: Bücher, Garten, Briefmarken - Spr.: Franz. - Rotarier.

PIELERT, Klaus

Karikaturist (Signum: Pi) - Neusser Weg 68, 4000 Düsseldorf 30 (T. 0211 - 43 28 55) - Geb. 8. April 1922, ev., verw., T. Ulrike - S. 1947 polit. Karikaturist (ab 1957 Industriekurier, b. 1961 NRZ, ab 1961 WAZ, ab 1962 Kölner Stadtanzeiger, ab 1970 Handelsblatt) - BV: Barfuß durch d. Talsohle. Karl-Schiller-Karikaturen, 1969; Karikat. in zahlr. Anthol. - 1967 Theodor-Wolff-Preis.

PIELOW, Winfried

Dr. phil., Prof., Hochschullehrer - Ludgerusstr. 6, 4401 Laer (T. 02554 - 81 83) - Geb. 19. Mai 1924 Gescher/W. - S. 1959 Doz. u. Prof. Univ. Münster (Didaktik d. dt. Sprache u. Lit.). BV: Dt. Schwindel, Erzählsamml. 1982; Erbschaften od. d. Glück d. Schrift, 1989. Fachveröff., Lyrik, Theaterst., Erz. in Ztschr. u. Anthol.

PIELSTICKER, August

Studiendirektor, Bürgermeister Stadt Morsbach (s. 1975) - Seifener Weg 1, 5222 Morsbach (T. 02294-18 82) - Geb. 28. Juli 1924 Morsbach (Vater: August P., Buchbinder; Mutter: Maria, geb. Schramm), kath., verh. s. 1952 m. Marlene, geb. Schneider, 5 Kd. (Irmgard, Antonie, Aug.-Heinr., Dorothea, Christoph) - Abit.; Univ. Bonn u. Köln (Philol.), 1. Staatsex. 1952, 2. Staatsex. 1954 Bonn - S. 1952 Lehrer Gymn. Waldbröl, s. 1975 Bürgermeister v. Morsbach, s. 1965 Organist u. Chorleit. St. Gertrud, Morsbach - Liebh.: Klass. Musik (Klavier, Orgel, Violine), Gregorianik - Spr.: Engl., Franz., Ital.

PIEN, Helmut

Direktor, Geschäftsf. Hanseat. Sparkassen- u. Giroverb. - Überseering 4, 2000 Hamburg 60 (T. 630 46 40); priv.: 67, Rögenfeld 19b - Geb. 14. Okt. 1930.

PIENE, Otto

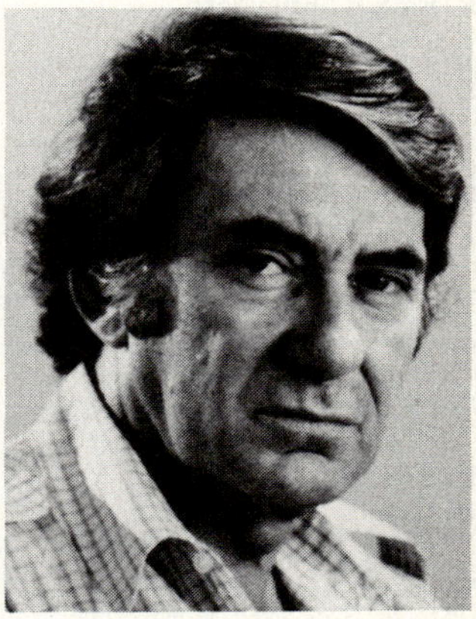

Maler, Prof., Direktor Center for Advanced Visual Studies Massachusetts Inst. of Technology (s. 1974) - Hüttenstr. 104, 4000 Düsseldorf (T. 37 25 13) - Geb. 18. April 1928 Laasphe - U. a. Lichtballette, Luftprojekte. 1957 Mitgründer Gruppe Zero Düsseldorf; Gründer u. Direktor SKYART Conference - 1968 Konrad-v.-Soest-Preis Westf.; 1972 Preis Tokyo Museum of Mod. Art - Lit.: L. Alloway u. a., O. P. (1973); J. Wissmann, O. P. (1976, 86); M. Schneckenburger, O. P. (1987, 88).

PIENING, Georg

Konsul, Großhandelskaufmann, Bauingenieur - Schützenbahn 25, 3338 Schöningen - Geb. 8. April 1915 - Präs. Dt.-Tunes. Ges.; Hon.konsul d. Rep. Tunesien f. Nieders. m. Sitz in Hannover - 1966 Tunes. Chevalier-Orden; 1968 Tunes. Offiziers-Orden; 1970 BVK I. Kl.; 1973 Tunes. Kommandeur-Orden; 1980 Nieders. Verdienstkreuz I. Kl.

PIEPENBROCK, Hartwig

Kaufmann, Gf. Gesellsch. Piepenbrock Unternehmensgr. Osnabrück, Präs. VFL Osnabrück (s. 1977) - Hannoversche Str. 91-95, 4500 Osnabrück (T. 0541-58 41-0) - Geb. 25. März 1937 Osnabrück, ev., verh. s. 1966 m. Maria-Theresia, geb. Kampschulte, 3 Kd. (Astrid, Olaf, Arnulf) - Lehre; Meisterprüf.; Ing.-Schule - S. 1986 Vorst. DFB - CDU (s. 1983 Präsid.-Mitgl. Wirtschaftsrat u. Landesvors. Wirtschaftsrat in Nieders.) - BV: Verbraucherpolitik in d. soz. Marktwirtsch. 1984; Ladenschluß kontrovers, 1984; Verbraucherpolitik kontrovers, 1987 -

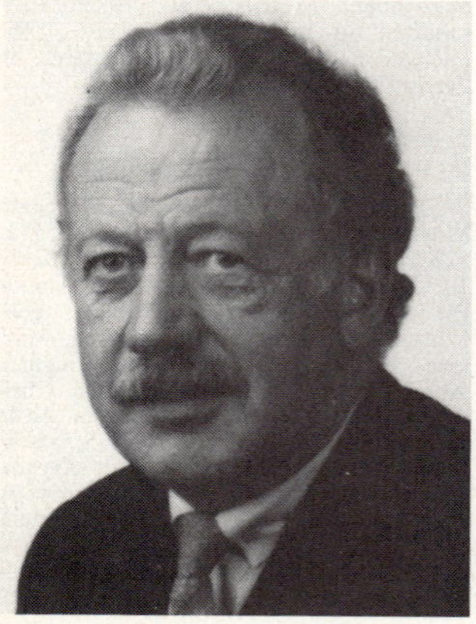

Liebh.: Golf, Jagd, mod. Malerei - Spr.: Engl.

PIEPENBURG, Hans

Geschäftsführer Ausstellungs- u. Werbegemeinschaft d. Friseurhandwerks GmbH. - Merlostr. 6, 5000 Köln (T. 72 43 76) - Geb. 22. Juni 1920.

PIEPER, Eberhard

Regisseur, Autor - Lübecker Str. 17, 2418 Ratzeburg (T. 04541-62 21) - Geb. 2. April 1937 Göttingen - 1958-63 phil. Stud. - Dramat. u. Regiss. Dt. Theater Göttingen (Hilpertschüler) - Fr. Regiss. Göttingen, Stuttgart, Köln, München, Berlin, Hamburg; Schauspieldir. Basel; Vorstandsmitgl. Bundesverb. d. Film- u. Fernsehregiss.; Spielfilme, Fernsehsp.; Drehbücher - Insz.: Duft v. Blumen, 1966; Schlacht b. Lobositz, 1967; Üb. 50 Theaterinsz., Spielfilm; 40 Fernsehsp. Geist d. Mirabelle (Lonz); Jungfernfahrt d. AAntg B.; u.a. - 1976 Förderpreis Akad. d. Künste; 1978 Hartmannbundpr. - Spr.: Engl.

PIEPER, Ernst

Dipl.-Kfm., Ministerialdirektor a. D., Vorstandsvors. Preussag AG, Hannover - Zu erreichen üb. Preussag AG, Karl-Wiechert-Allee 4, 3000 Hannover 61 - Geb. 20. Dez. 1928 - AR-Vors. Howaldtswerke-Deutsche Werft AG, Preussag Stahl AG, C. Deilmann AG, Deilmann Erdöl Erdgas GmbH, VTG Vereinigte Tanklager u. Transportmittel GmbH; AR Continental AG, Rhenus AG, Metaleurop S. A., Walter Bau AG; Beirat Hermes Kreditversich. AG, Landesbank Rhld.-Pfalz, Ruhrgas AG; VR-Beirat Dresdner Bank AG - Ehrensenator TU Carolo-Wilhelmina zu Braunschweig.

PIEPER, Helmut

Dr. jur. (habil.), Prof. f. Bürgerl. Recht u. Zivilprozeßrecht Univ. Hannover (s. 1965) - Hohes Feld 3, 3005 Hemmingen 4 (Arnum) - Geb. 13. Febr. 1922 Kleinpoley/Anh. - Justizdst. (zul. LGsrat); 1961-65 Privatdoz. Univ. Mainz - BV: Vertragsübernahme u. -beitritt, 1963; Sachverst. im Zivilprozeß (zus. m. L. Breunung u. G. Stahlmann), 1982.

PIEPER, Josef

Dr. phil., Dr. theol. h. c. (1964 München), Dr. theol. h. c. (1974 Münster), Dr. phil. h. c. (1985 Eichstätt), o. Prof. f. Phil. Anthropologie (emerit.), Dr. phil. h. c. Cath. Univ. of America (1990 Washington) - Malmedyweg 10, 4400 Münster/W. - Geb. 4. Mai 1904 Elte/W. (Eltern: Heinrich (Lehrer) u. Auguste P.), kath., verh. s. 1935 m. Hildegard geb. Münster (†1984), 3 Kd. - Gymn. Paulinum Münster; Univ. Berlin u. Münster (Phil., Soziol., Rechtswiss.) - 1928-32 Assist. Univ. Münster (Forschungsinst. f. Org.lehre u. Soziol.), dann fr. Schriftst., im Krieg 3 1/2 J. Sold., Gefangensch., 1946-74 Prof. Päd. Akad. Essen (Phil.), Doz., apl. (1950) u. o. Prof. (1959) Univ. Münster - BV (größtent. in mehreren Aufl. u. Übers.): u.a. Scholastik, 1960; Üb. d. Glauben - E. phil. Traktat, 1962; Tradition als Herausforderung - Aufs. u. Reden, 1963; Zustimmung z. Welt - E. Theorie d. Festes, 1963; Üb. d. Platon. Mythen, 1965; Verteidigungsrede f. d. Phil., 1966; Kümmert euch nicht um Sokrates, 3 Fernsehsp. 1966; Hoffnung u. Geschichte, 1967; Tod u. Unsterblichkeit, 1968; Überlieferung - Begriff u. Anspruch, 1970; Mißbrauch d. Sprache - Mißbrauch d. Macht, 1970; Üb. d. Liebe, 1972; Üb. d. Schwierigkeit, heute zu glauben, 1974; Noch wußte es niemand. Autobiograph. Aufzeichn. 1904-1945, 1976; Über d. Begriff d. Sünde, 1977; Was heißt Interpretation?, 1979; Noch nicht aller Tage Abend. Autobiogr. Aufzeichn. 1945-1964, 1979; Josef Pieper - Lesebuch 1981; Lieben, hoffen, glauben, 1986; What is a feast?, Canada 1987; Kl. Leseb. üb. d. Tugenden d. menschl. Herzens, 1988; E. Geschichte wie e. Strahl. Autobiogr. Aufz. s. 1964, 1988; Was heißt sakral?, 1988; Nur d. Liebende singt, 1988; Göttlicher Wahnsinn. E. Platon-Interpretation, 1989; Arbeit, Freizeit, Muße, 1989; Living the Truth, Chicago 1989. Übers.: C. S. Lewis. Üb. d. Schmerz (m. d. Ehefrau); Thomas v. Aquin, Sentenzen; Über Gott u. d. Welt - 1987 Honorary Fellow Sanscrit College Univ. Calcutta; 1968 Aquinas-Med. (USA); 1980 Premio Doxa, Mexico; 1981 Romano Guardini Preis; 1982 Intern. Balzan-Preis; 1987 Ingersoll Pr. (Chicago) u. Staatspr. d. Landes Nordrh. Westf.; 1990 Ehrenring d. Görres-Ges.; 1949 Mitgl. Dt. Akad. f. Spr. u. Dicht. Darmstadt; Mitgl. Rhein-Westf. Akad. d. Wiss. Düsseldorf; Mitgl. Pontificia Accad. Romana di S. Tommaso d'Aquino - Lit.: C. Dominici, La Filosofia di J. P., Bologna 1980; S.A. Okator, Pieper's theory of festivity, Columbia Univ., New York (Diss.), 1982; L. J. Lauand, O Carater da Universidade na filosofia de Josef Pieper. Universidade de São Paulo (Diss.), 1986; L. J. Lauand. O que e una Universidade? São Paulo 1987; J. M. Haas. The holy and the good: Rudolf Otto and Josef Pieper. Washington (Diss.), 1988; On Yutori. Symposium on Josef Pieper. Ed. Yoshiyaki Matsuda, Tokyo 1987; P. Breitholz u.a. (Hrsg.), J. P., Schriftenverzeichnis 1929-89, 1989.

PIEPER, Klaus

Dr.-Ing., Dr.-Ing. E. h., em. Prof. f. Hochbaustatik Techn. Hochschule bzw. Techn. Univ. Braunschweig (s. 1959) - Ginsterweg 13, 3300 Braunschweig (T. 69 11 08) - Geb. 27. Mai 1913 Köln (Vater: Hans P.; Mutter: geb. Schmitt), verh. s. 1941 m. Lieselotte, geb. Kirsch, 4 Kd. - TH Dresden (Bauing.wesen) - 1946-59 Baurat Stadtverw. Lübeck. Spezialist f. Sicherungskonstruktionen alter Bauten - BV: Lübeck - Städtebaul. Studien z. Wiederaufbau e. histor. dt. Stadt; Druckverhältnisse in Silozellen; Sicherung historischer Bauten. Etwa 140 Einzelarb.

PIEPER, Paul

Dr. phil., Prof., Direktor Landesmuseum f. Kunst u. Kulturgeschichte Münster i. R. - Niels-Stensen-Str. 20, 4400 Münster/W. (T. 8 17 52) - Geb. 4. März 1912 Detmold - S. 1936 Landesmus. Münster (zul. stv. Dir.). S. 1966 Lehrbeauftr. u. Honorarprof. Univ. Münster (Rhein.-Westf. Malerei) - BV: u. a. Westf. Maler d. Spätgotik 1440-90, 1952; Meisterwerke d. got. Malerei Westf.s, 1956; D. Dom zu Münster, 1965. Div. Einzelarb. - 1976 Van-den-Vondel-Preis (Stiftg. F.V.S./Hamburg).

PIEPER, Theodor

Dr. jur., Rechtsanwalt, Hauptgeschäftsf. Niederrh. IHK Duisburg-Wesel-Kleve zu Duisburg i. R. (b. 1992) - Mercatorstr. 22-24, 4100 Duisburg 1 - Geb. 24. April 1926 Wippringsen/W. - S. 1989 Vors. Abfallentsorgungs- u. Altlastensanierungsverb. Nordrh.-Westf.

PIEPER, Wolfgang

Dr., Geschäftsführer MODULO-Deutschland-Vertrieb, 6144 Zwingenberg/Bergstraße; priv.: Am Dahrsberg 10, 6104 Jugenheim - Geb. 9. Jan. 1929.

PIEPMEIER, Rainer

Dr. phil., Prof. f. Philosophie - Stierlinstr. 2, 4400 Münster (T. 0251 - 29 59 25) - Geb. 5. Juli 1943 Elbing (Vater: Fritz P., Verw.-Dir.; Mutter: Christel, geb. Böhnke), ev. - Staatsex. 1970, Promot. 1976 Univ. Münster; Habil. 1978 Univ. Paderborn - 1973 wiss. Mitarb. Univ. Münster; 1975 wiss. Assist. Univ. Paderborn; 1979 Doz., 1982 Prof. ebd. - BV: Aporien d. Lebensbegriffs seit Oetinger, 1978.

PIER, Heinrich

Großhandelskaufmann, Ehrenvors. Verb. d. Schreib-, Papierwaren- u. Bürobedarfs-Großhandels, Frankfurt/M. (1947 ff. Vors.) - Am Kapellenbusch, 5042 Liblar - Geb. 10. Mai 1912 Kevelaer/Ndrh., kath., verh. s. 1938 m. Elisabeth, geb. van Husen, 4 Kd. - Ehrenpräs. Union Européenne des Groupements des Grossistes Spécialisés en Papeterie, Strasbourg; 1976 BVK I. Kl.

PIERENKEMPER, Toni (Antonius)

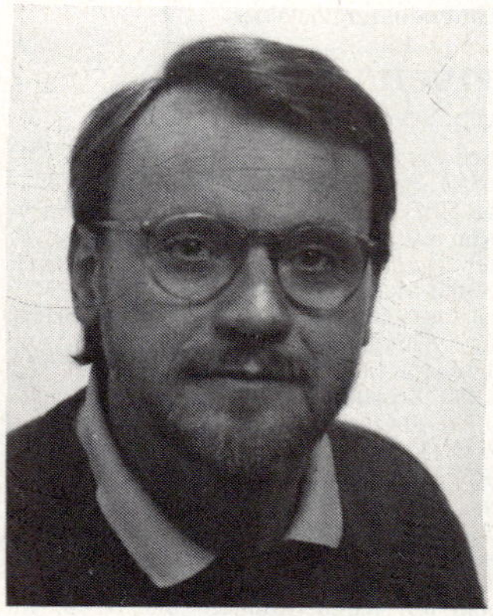

Dr. rer. pol., Dipl.-Volksw., M.A., Univ.-Prof. Historisches Seminar Univ. Frankfurt - Elisabeth-Ney-Str. 4, 4400 Münster (T. 0251 - 4 72 99), Mittlerer Hasenpfad 50, 6000 Frankfurt a. M. 70 (069 - 26 78 86) - Geb. 17. Okt. 1944 Wiedenbrück/Westf., kath., verh. s. 1975 m. Edith, geb. Hundenborn (Studienrätin), 3 Kd. (Anna Christina, Sarah Andrea, Marius Christian) - 1959-62 Maschinenschlosserlehre DEMAG-AG, Düsseldorf; 1962-64 Berufsaufbausch. Münster; 1964-66 Overberg Kolleg Münster (Abit.); 1966-72 Stud. Volkswirtschaftslehre Univ. Münster u. London School of Economics, Großbrit.; Dipl.-Volksw. 1972; 1972-75 Stud. Soziol.; M.A. 1975; Promot. 1977; Habil. (Wirtschafts- u. Sozialgesch.) 1984 - 1985-89 Univ.-Prof. Wirtschaftswiss. Fak. Univ. Münster, 1989-90 Univ.-Prof. Historisches Inst. Univ. d. Saarlandes, Saarbrücken - BV: D. westf. Schwerindustriellen 1852-1913, Soz. Struktur u. unternehmerischer Erfolg, 1979; Wirtschaftssoziol. E. problemorientierte Einf., 1980; Allokationsbedingungen im Arbeitsmarkt, 1982; Arbeitsmarkt u. Angestellte im Deutschen Kaiserreich 1880-1913, 1987; D. Geschichte d. Drahtweberei (m. Richard Tilly), 1987.

PIERER, Claus

I. Bürgermeister, stv. Landrat - Rathaus, 8501 Cadolzburg/Mfr. - Geb. 13. Mai 1942 Zittau/Sa. - Zul. Oberregierungsrat. SPD.

PIERMONT, Dorothee

Dr., Mitglied d. Europa-Parlaments (s. 1984) - Wohnh. in Bonn; zu erreichen üb. Europ. Parlam., Europazentrum, Kirchberg, Postf. 16 01, Luxemburg (T. 00352 - 4 30 01) - DIE GRÜNEN.

PIEROTH, Bodo

Dr. jur., Prof. Inst. f. Öfftl. Recht - Universitätsstr. 6, 3550 Marburg - Geb. 13. Juni 1945 Chemnitz - Promot. 1975, Habil. 1979 Heidelberg - 1980-88 Prof. in Bochum (1982 Dekan); s. 1988 Prof. f. Staats- u. Verwaltungsrecht in Marburg.

PIEROTH, Elmar

Dipl.-Volksw., Senator f. Finanzen (s. 1991), MdA (s. 1981) - Nürnberger Str. 53-55, 1000 Berlin 30 - Geb. 9. Nov. 1934 Bad Kreuznach, verh., 6 Kd. - Stefan-George-Gymn. Bingen; Univ. München u. Mainz (Volksw., Betriebswirtsch., Polit. Wiss.; Dipl.-Volksw. 1968) - 1953-65 Aufbau Weingut Ferdinand Pieroth GmbH (heute größtes deutsches; zul. Geschäftsf.). 1971-81 AR-Vors. Schöpfer Beteiligungsmodell d. Arbeitnehmer am Betriebsgewinn (Pieroth-Modell). 1960 Entwickl.arbeit Togo. CDU s. 1965; 1969-81 MdB (1972 Mitgl. CDU/CSU-Fraktionsvorst., 1980 Vors. Wirtsch.-Aussch. Dt. Bundestag). S. 1981 Mitgl. Bundesvorst. d. CDU, s. 1987 Bundesvors. Mittelstandsvereinig. d. CDU/CSU (MIT). 1981/85 Senator f. Wirtsch. u. Arbeit in Berlin; Juni 1990 Stadtrat f. Wirtsch. in Ostberlin; Mai/Okt. 1990 Vors. d. Sachverst. z. Einführung d. Soz. Marktwirtsch. in d. DDR beim Min.präs. - Herausg.: D. Union in d. Opposition (m. Georg Gölter, 1970); Chancen d. Betriebe durch Umweltschutz (m. Lutz Wicke, 1988) - Spr.: Engl., Franz.

PIERWOSS, Klaus

Dr., Chefdramaturg Maxim Gorki Theater Berlin - Otto-Grotewohl-Str. 16a, O-1080 Berlin (T. 030 - 229 44 16) - Geb. 29. Aug. 1942 Berge/Osnabrück - Stud. Theaterwiss. u. German. Univ. Köln, Berlin u. Wien (dort Promot. 1970) - 1971-75 Dramat. Landestheater Tübingen, 1975-78 Nationaltheater Mannheim; 1978-84 Int. Landestheater Tübingen; 1985-90 Int. Schauspiel Köln; 1984ff. Vors. Dramat. Ges.

PIES, Eike Egbert

Dr. phil., Verleger u. Unternehmensberater - Mettberg 18, 4322 Sprockhövel-Herzkamp (T. 0202 - 52 36 96) - Geb. 22. März 1942 Duisburg (Vater: Dr. med. Erich P., Arzt; Mutter: Hildegard, geb. Lintz), verh. s. 1987 m. Dr. med. Ingvild, geb. Neufang - Med.-Stud., dann German., Phil., Kunst- u. Theaterwiss. Univ. Köln, Promot. 1969 - 1969-71 Feuill.chef Westd. Rundschau Wuppertal, 1971-73 Pressechef Econ-Verlagsgr. D'dorf-Wien, 1973-75 Verlagsleit. HENN-Verlagsgr. D'dorf-Ratingen-Kastellaun, 1974 Gründ. "verlag mod. sachb.", 1975-1977 fr. Buchautor, 1977 Gründ. COMMED GbR Untern.-Ber. Publizistik, interma-orb Verlagsgr. GmbH D'dorf (Gesch.f.). 1989 Gründ. Verlag Dr. Pics u. Phil. Praxis Unternehmensber. Dr. Eike Pics Sprockhövel - BV: Üb. 50 Buchveröff., u.a.: D. Theater in Schleswig 1618-1839, 1970; Kl. Gesch. d. Theaterzettels, 1973; D. Röderhaus, 1971; Prinzipale, 1973; Goethe auf Reisen, 1977; Ich bin d. Doktor Eisenbarth, 1977; Dr. med. Willem Pies 1611-1678 - Begr. d. Tropenmed., 1981; Wickeren u. Gravenhorst b. Uedem, 1982; Gesch. d. Herrsch. Waldeck i. Hunsr., 1983; D. ält. Kirchenb. v. Mannebach, 1984; D. ält. Kirchenb. v. Sabershausen u. Beltheim, 1985; Pies-Piesen-Piesacken, 1986 - FS-Film: D. Mord-Fall René Descartes, 1984 - Liebh.: Genealogie, Heraldik, Sphragistik - Spr.: Engl. - Bek. Vorf.: Dr. med. Willem Pies (1611-1678), Begr. d. Tropenmed. - Lit.: u.a. G. Pratschke: D. ist mein Land (1966); Kürschners Dt. Lit.-Kalender (1978); Glenzdorfs Intern. Genealogen-Lexikon (1977); Prof. Dr. O. zur Nedden (Herausg.): Zwischenbilanz - Eike Pies z. 40 Geburtstag (1982); Manfred Pies (Herausg.): Bibliographie Pies, Eike Pies z. 50. Geb. (1992). Div. Funk- u. FS-Send.

PIETROŃ, Wieslaw

M.A., freischaffender Diplom-Bildhauer - Weinstr. 100, 6749 Klingenmünster 2 (T. 06349 - 75 62) - Geb. 1934 Gdingen/

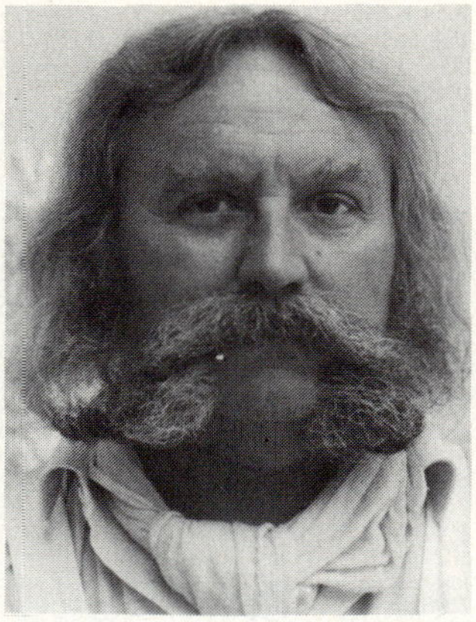

Polen, kath., verh. m. Else, geb. Steier, S. Slawomir - Stud. 1958-64 Staatl. Hochsch. f. Bild. Kunst Danzig (Fak. Bildhauerei) - S. 1966 Beteiligung an 72 wichtigen Ausst. (Ital., Belg., Polen, Frankr., BRD, CSSR, Schweden, Norw., Finnland, DDR, USA, Dänemark, Kanada); 1967 Teilnahme Kunstbiennale Paris. 17 Einzelausst. im In- u. Ausl. Kunstwerke: Denkmäler, Parkskulpturen u. Skulpturen f. Arch. u. Urbanistik (in Museen u. Privatbesitz) - 1962/63 Kunst-Stip.; 1966 Preisträger Allg. poln. Bildhauerei u. jährl. Kunst-Stip. Min. f. Kultur u. Kunst; 1974 Kunst-Stip. in Ital. Mehrf. Preisträger b. Wettbewerben f. Denkmäler, Skulpturen u. Ausst.

PIETSCH, Eleonore

Dr. rer. nat., Prof. f. Physik u. ihre Didaktik Päd. Hochschule Westf.-Lippe, jetzt Univ. Münster - Ignatiusstr. 20, 4409 Havixbeck 1 - Geb. 12. Okt. 1932 Reichenbach/Schles. (Vater: Alfons P., Lehrer; Mutter: Elli, geb. Scholz) - Stud. Physik, Chemie, Math. (nach 3 Sem. Stud.stiftg. d. Dt. Volkes), wiss. Staatsprüf. 1960; Päd. Staatsprüf. 1962; Promot. 1967 - 1962/63 Lehrerin; 1964/66 Wiss. Mitarb. Ges. f. Kernforsch. Karlsruhe; 1968-75 wiss. Mitarb., dann Doz. u. Prof. PH Berlin; 1973-75 Direktorium Inst. f. Kybernetik; s. 1975 o. Prof. PH Westf.-Lippe, Abt. Münster, s. 1981 Univ. Münster.

PIETSCH, Herbert

Dr. rer. nat., Geschäftsführer Kunststoffwerk Staufen GmbH. - 7813 Staufen/Br. - Geb. 7. Juni 1925 - Stud. Chemie.

PIETSCH, Klaus

Senatsdirektor Senatsverw. f. Soziales, Jugend u. Sport v. Bremen - Bahnhofspl. 29, 2800 Bremen.

PIETSCHKER, Rudi

Bezirksbürgermeister Berlin-Kreuzberg (1975-81) - Kommandantenstr. 57, 1000 Berlin 61 (T. 614 66 56) - Geb. 24. Jan. 1917 (Vater: Max P., Eisenbahnbeamter; Mutter: Anna, geb. Lorenz), verh. s. 1950 m. Inge, geb. Schütze, 2 S. (Lutz, Kai) - Mittelsch.; Buchdruckerlehre - Buchdr., n. 1933 Bauhandwerker u. Nieter, Wehrdst. u. b. 1947 Kriegsgefangensch., spät. Jugendpfl. Wilmersdorf, 1965-75 Bez.stadtrat Kreuzberg. Zeitw. Abg. SPD s. 1950 (b. 1971 stv., dann Vors. (b. 1974) Kreisverb. Kreuzberg) - Liebh.: Sport, Lit., Wandern - 1981 amerik. Outstanding Civilian Service-Medal; Gold. Sportabzeich.; 1985 Stadtältester v. Berlin - Spr.: Franz.

PIETZCKER, Theodor E.

Dr. jur., Rechtsanwalt, Bankdirektor i. R. - Frühlingstr. 46, 4300 Essen-Bredeney (T. 41 10 00) - Geb. 18. Aug. 1924 Hamburg (Vater: Paul Theodor P., Kaufm.; Mutter: Luise, geb. Schiefler), kath., verh. s. 1954 m. Sandra, geb. Gerhartz, 2 Kd. (Stephan, Catharina) - Gymn.; Banklehre; Univ. Hamburg (Rechtswiss.) - 1958-61 Geschäftsf. Börse Düsseldorf; s. 1961 Dt. Bank AG (1966-91 Mitgl. Geschäftsleit. Essen); VR-Mitgl. I. O. R. (Bank d. Vatikan), Rom - BVK am Bde. - Liebh.: Mod. Kunst, Golf, Jagd - Spr.: Engl. - Bek. Vorf.: Gustav S. (Großv.).

PIETZSCH, Ludwig

Dr.-Ing., Dipl.-Ing., Vorstandsvorsitzender PIETZSCH AG - Im Rosengärtle 14, 7500 Karlsruhe (T. 4 47 16) - Geb. 10. April 1936 Berlin (Vater: Dr.-Ing. Heinz P., Phys.; Mutter: Irmgard, geb. Sievers), ev., verh. s. 1971 m. Elke, geb. Wree, 2 Kd. (Malte, Jan) - Hum. Gymn.; Stud. Maschinenbau Univ. Karlsruhe (Dipl.ex. 1961) - 1961-62 Siemens & Halske; 1962-65 Wiss. Assist. TU Karlsruhe; s. 1965 eigene Firma (Gründer). Inh. mehrerer Patente - Spr.: Engl. - Rotarier.

PIGGE, Hellmut

Dr. phil., Autor, Produzent - 8311 Hansmal/Ndb. - Geb. 28. Sept. 1919 Berlin (Vater: Rudolf P.; Mutter: Paula, geb. Schorr), verh. m. Elisabeth, geb. Islinger, 2 Kd. (Elisabeth, Rudolf) - Schule Berlin (Abit. 1937); 1937-45 Arbeits- u. Wehrdst.; 1946-52 Stud. Phil.-Theol. Hochsch. Regensburg u. Univ. München (1949; Gesch., Lit., Theaterwiss.) - 1953-55 Dramat. Zimmertheater Aachen; 1955-59 Dramat. Fernsehen/SR Stuttgart; 1959-61 Leit. Hauptabt. Fernsehsp. ebd.; s. 1961 Drehbuchautor u. Prod. Babaria Atelier GmbH München. Gastdoz. Mozarteum Salzburg. Zahlr. Fernsehsp., dar. D. Kraft u. d. Herrlichkeit, D. Geisterzug, Besuch aus d. Zone, Ruf o. Echo, Frieden uns. Stadt, D. Tod in d. Hand, D. Affäre Eulenburg, Oberst Chabert, 7 Wch. auf d. Eis, Schleicher - General d. letzten Std., Mord n. d. Oper, Wie e. Träne im Ozean, Operation Walküre, D. Chinese, D. Thronfolger. Versch. Rollen - 1972 Gold. Kamera Hör zu u. Adolf-Grimme-Preis (f. Operat. Walküre).

PIIPER, Johannes

Dr. med., Dr. h.c., Prof., Physiologe, Wiss. Mitgl. u. Dir. Max-Planck-Inst. f. Exper. Medizin, Göttingen (s. 1964) - Herzberger Landstr. 85, 3400 Göttingen (T. 0551 - 5 67 86) - Geb. 11. Nov. 1924 Dorpat (Vater: Prof. Dr. Johannes P., Zoologe; Mutter: Elwine, geb. Ounapuu), verh. 1957 m. Ilse, geb. Pfundt, 3 Kd. (Hilja, Albrecht, Johanna-Elisabeth) - Schule Dorpat; 1947-52 Univ. Göttingen (Med. Staatsex.). Promot. (1954) u. Habil. (1960) Göttingen - S. 1960 Lehrtätigk. Univ. Göttingen (gegenw. apl. Prof.). Spez. Arbeitsgeb.: Physiol. d. Atmung. Üb. 300 Fachaufs. - Spr.: Engl., Franz., Ital., Estnisch.

PIIRAINEN, Ilpo Tapani

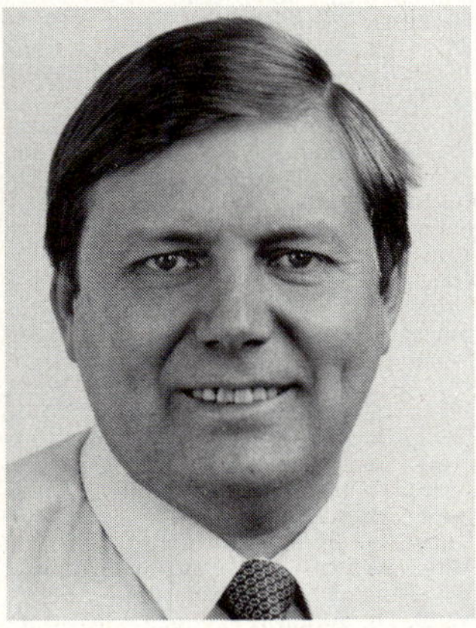

Dr. phil., Prof. f. dt. Sprache u. Linguistik Univ. Münster - Dumte 32, 4430 Steinfurt (T. 02552 - 35 54) - Geb. 15. Nov. 1941 Kiihtelysvaara/Finnl. (Vater: Emil P., Baumeister; Mutter: Irja, geb. Honkasalo-Fabritius), ev., verh. s. 1967 m. Elisabeth, geb. Dörrie, 3 Kd. (Ilpo-Heikki, Anne, Martti) - Univ. Helsinki, Münster u. Prag (Magister 1965, Promot. 1968); Habil. f. dt. Sprache u. Linguistik 1970 Univ. Jyväskylä - 1970-72 Forscher an d. Finn. Akad.; 1972 Prof. f. dt. Sprache Wirtsch.hochsch. Vaasa; 1972-80 Prof. f. dt. Spr. PH Münster, s. 1980 Univ. Münster, s. 1989 Vorst.-Vors. d. finnischen kirchl. Arbeit in d. Bundesrep. - BV: Graphemat. Unters. z. Frühneuhochdeutschen, 1968; D. Stadtrechtsb. v. Sillein, 1972; Z. Entst. d. Neuhochdeutschen, 1972; D. Iglauer Bergrecht, 1980; Frühneuhochdt. Bibliogr., 1980; Handb. d. dt. Rechtschreib., 1981; D. Stadt- u. Bergrecht v. Kremnica, 1983; Unters. z. Sprache d. Leserbriefe im Hamburger Abendbl., 1983; Unters. z. Phraseologie in Zeitungstexten d. dt.-sprachigen Länder, 1985; D. Stadt- u. Bergrecht v. Banská Stiavnica, 1986; Sprache d. Wirtschaftspresse, 1987; D. Recht d. Spiš/Zips, 1992 - 1980 Honorarprof. Univ. Bochum; 1989 Mitgl. Südostdt. Histor. Kommiss. - Liebh.: Slaw. Kultur; Handschriftenkd.; Musik - Spr.: Finn., Schwed., Engl., Slowak.

PIKART, Heinz

Bundesrichter BGH - Herrenstr. 45a, 7500 Karlsruhe - Geb. 27. März 1914.

PILATO, Boris

Chefchoreograf, Opernregisseur - Brahmsstr. 5, 4300 Essen 1 (T. 0201 - 22 20 58) - Geb. 6. Mai 1914 Görz, kath., verw. - Künstl. Ausbild. (Schausp., Gesang, Ballett) Konservat. Ljubljana; Ballett Akad. Paris (Preobrajenska). Engagem.: Belgrader Oper (Knijasseff), Theatre Mogador, Ballet Russes de Paris, Bayer. Staatsoper München, Mozarteum Salzburg, 1939 Stadttheater Danzig. Als 1. Solotänzer u. Chefchoreograf m. Primaballerina Erna Mohar eig. Choreografien in Berlin u. Wien. 1946-82 Zusammenarb. m. A. Vujanic. D. Schule brachte zahlr. hervorr. Tänzer/innen hervor (z. B. Primaballerina Michèle Poupon). Ballettengagem.: 1947 Schweiz (Lausanne u. Genf), 1953 Bonn, 1956 Lübeck, 1959-67 Gelsenkirchen, 1967-81 Essen (Gastsp. Barcelona, Teheran, Finnl.), 1981-83 freiberufl. tätig, s. 1983 Choreogr. Dortm. Opernhaus - Choreogr.Prod.: D.E.Giselle, 1953 (Bonn); Romeo u. Julia, 1956 (Prokoffief, Deutsche Erstauff.); Neoklass. Prod.: Othello, Bluthochzeit, Beatrice Cenci, Abraxas, Yerma, Bernada Albas Haus, Johanaan u. Salome, Josefslegende, Sacre du printemps, Auferstehung, Hamlet, Carmina Burana u.a.m. FS: 1959/60 Klass. Liebespaare (Zyklus) m. Assoluta d. Pariser Oper Yvette Chauvire, Gert Reinholm, Uwe Evers, Helga Sommerkamp, Wolfgang Leistner u.a. Danach Operninsz.: Orpheus u. Eurydike, Alkestis, Verk. Braut, Ero d. Schelm - BVK am Bde. - Liebh.: Mode - Spr.: Dt., Franz., Ital., Russ., Jugosl.

PILCH, Herbert

Dr. phil., o. Prof. f. engl. Philologie Univ. Freiburg/Br. (s. 1961) Phonetik, Aphasie, Keltologie - Geb. 13. Febr. 1927 Wehlau/Ostpr. (Vater: Dr. Leo P., Oberstudiendir.; Mutter: Dorotea, geb. Schinz), ev., verh. s. 1959 m. Annegret, geb. Harms, 2 Kd. - Oberschule Tilsit; Univ. Kiel u. Birmingham (engl., roman., slav. Philol.). Promot. (1951), Staatsex. Engl., Franz., Russ. (1952) u. Habil. (1957) Kiel - 1952-53 Assist. Univ. Kiel; 1953-54 Research Fellow Yale Univ. (USA); 1954-56 Stip. Dt. Forschungsgem.; 1957-59 Privatdoz. Univ. Kiel; 1959-60 Vertr. Extraord. Univ. Köln; 1960-61 ao. Prof. Univ. Frankfurt/M., 1969 Gastprof. Monash Univ. (Austr.), 1977/78 Gastprof. Univ. Massachusetts, 1980 Fellow Intern. Soc. of Phonetic Sciences, 1984 Dr. h.c. St. Andrews, 1986 u. 90 Gastprof. Univ. Brest, 1986-88 Landesvors. Baden-Württ. d. Ökolog.-Demokrat. Partei (ÖDP) - BV: Layamons Brut, 1960; Phonemtheorie I, 1964, 3. umgearb. A. 1974; Altengl. Grammatik, 1970; Altengl. Lehrgang, 1970; Empirical Linguistics, 1976; Altengl. Literatur, 1979; Manual of English Phonetics, 1991 - Liebh.: Klaviersp., Schwimmen, Segeln - Spr.: Engl., Franz., Russ., Niederl., Schwed., Norw., Kymr., Bret. u. a.

PILGER, Andreas

Dr. phil., em. Prof. f. Geologie u. Paläontol. - Berliner Str. 125, 3392 Clausthal-Zellerfeld - Geb. 19. Dez. 1910 Berlin (Vater: Prof. Dr. Robert P., Botaniker), ev., verh. s. 1941 m. Ellen, geb. Hansen, 2 Kd. (Dirk, Dieter) - Arndt-Gymn. Berlin (-Dahlem); Univ. ebd. u. München (Naturwiss.) - 1943 Doz. Univ. Berlin, 1951 Privatdoz. Univ. Köln, 1952 apl. Prof., 1956 Ord. u. Dir. Geol. Inst. Bergakad., jetzt TU Clausthal (1960-62 Rektor), ab 1979 emerit. Zahlr. Fachveröff. Herausg.: Clausthaler Tekton. Hefte.

PILGRIM, Horst

Dr. jur., Direktor Salzgitter AG, Geschäftsf. Salzgitter Erzbergbau Vermögensverwaltungsges. mbH, Vorst.-Mitgl. Salzgitter Wohnungs-AG - Brüder-Grimm-Allee 68, 3400 Göttingen - Geb. 15. Sept. 1934, verh., 2 Kd. - Jurastud. Univ. Köln u. Göttingen; 1. jurist. Staatsex. 1958, 2. jurist. Staatsex. 1962; Promot. 1962 Köln - Rechtsanw.; stv. AR-Vors. Volksbank Göttingen - Spr.: Engl., Franz.

PILGRIM, Reimer

Dipl.-Ing., Versuchsing. u. Aufsichtsratsmitgl. Porsche AG, Erfinder - Friedhofstr. 17, 7251 Weissach 2 (T. 07044 - 3 25 50) - Geb. 17. Febr. 1935 Hamburg, verh. s. 1963 m. Dagmar, geb. Kappauf, S. Thorsten Boris - Dipl. 1960 TH Stuttgart - 1962-63 Mitarb. Testinst. Ztschr. DM; 1963 ff. Versuchsing./Abt.-leit. Fa. Porsche AG; 1973 ff. AR Porsche AG; Erf. u. Pat. auf Geb. d. Schwingungstechnik - Spr.: Engl., Russ.

PILGRIM, Volker Elis

Dr. jur., Schriftsteller - Zu erreichen üb. Rowohlt Verlag, Postf. 13 49, 2057 Reinbek - Geb. 1942 Wiesbaden - Stud. Rechtswiss., Psych., Soziol., Musik; Promot. (Dr. jur.) 1971 - BV: D. Untergang d. Mannes, 1973; Dressur z. Bösen, 1974; D. selbstbefriedigte Mensch, 1975; Manifest f. d. fr. Mann, 1977; D. Paradies d. Väter (m. Dr. Alexej Mend), 1980; D. Elternaustreibung, 1984; Zehn Gründe kein Fleisch mehr zu essen, 1985; Muttersöhne, 1986; D. Vampirmann, 1989; Adieu Marx, 1990.

PILINSZKY, von, Geza

Dipl.-Chem., gf. Gesellschafter Albertuswerke GmbH - Stahlstr. 6, 3004 Isernhagen HB; priv.: Leineweg 8, 3004 Isernhagen 2 - VR Hüttenes-Albertus Chem. Werke GmbH, Düsseldorf.

PILKUHN, Hartmut

Dr., Prof. Univ. Karlsruhe - Im Holderbusch 7, 7500 Karlsruhe-Gr. - Geb. 1. April 1936 Insterburg/Ostpr. (Vater: Max P., StudR; Mutter: Meta, geb. Obersteller), verh. s. 1960 m. Aud P., geb. Andresen, 4 Kd. (Olav, Hilde, Martin, Mari) - Stud. Braunschweig, Kopenhagen, Hamburg - Zun. Auslandsaufenth. (Stockholm u. Lund/Schweden u. CERN, Genf), s. 1968 Univ. Karlsruhe - BV: The Interactions of Hadrons, 1967; Relativistic Particle Physics, 1979 .

PILLAU, Horst

Schriftsteller - Johann-Hackl-Ring 88, 8011 Neukeferloh - Geb. 21. Juli 1932 Wien (Vater: Dipl.-Ing. Curt P.; Mutter: Alma, geb. Colnago), altkath., verh. s. 1960 m. Susanne, geb. Ryll, 3 Kd. (Ulrich, Bernhard, Stefanie) Schadow-Sch. Berlin; Univ. Berlin (Freie) u. Innsbruck (Publizistik, German.) - Theaterst.: D. Fenster z. Flur (m. Curth Flatow; 1960), D. Kaiser v. Alexanderpl. (1964; üb 440 Auff.), D. letzte Reise (1965), E. prakt. Arzt (1966), Wie Anno 46 (1966), 100000 Taler (Neufass. 1968), Länderkampf (1968), Fernsehquiz (1969), Brautwerbung (1971), Polizisten sind auch Menschen (1975), Und Buddha lacht (1980),

D. Kaiser vom Potsdamer Platz (1992). Fernsehsp.: D. Kaiser v. Alexanderpl., D. Doktor, Spätsommer, Gr. Mann - was nun? (Serie), Glückspilze, Vater gegen Sohn, Zwischen d. Flügen (S.), Familienbande (1983), Ein Fall v. Zuneigung (1982), E. Mann macht klar Schiff (1985), Wanderungen durch d. Mark Brandenburg (1986), D. Wilsheimer (1987), Roda Roda (1989), E. junge alte Dame (1990), Krank n. Liebe (1990), Bilder machen Leute (1991), Patient aus Leidenschaft (1992). Hörsp.: Janet kommt heute abend, Berlin-Schönhauser Allee, Reise ohne Passierschein - BV: D. Geisterbehörde, R. 1982; Familienbande, R. 1983; Ich schenk dir Miramare, R. 1984; Der Kaiser v. Alexanderplatz, R. 1985; D. Märchenpilot, R. 1985; Ein Mann macht klar Schiff, R. 1985; D. Wilsheimer, R. 1987; Oh Mathilde, 1990 - 1967 Film- u. Fernsehpreis Verb. Dt. Ärzte/Gold. Äskulapstab (f: D. Doktor), 1985 Gold. Nadel Dramatikerunion - Liebh.: Fliegen (Flugscheininh.) - Spr.: Engl.

PILNY, Franz
Dr.-Ing., em. Prof. f. Baustoffkunde u. -prüfung - Wacholderweg 13a, 1000 Berlin 19 - Geb. 11. Febr. 1916 Wien (Vater: Franz P., Dir.; Mutter: geb. Müller), konfessionsl. - TH Brünn (Dipl.-Ing 1938). Promot. 1940 TH Graz - 1939 Assist. TH Graz, 1947 Leit. Prüfst. (Entwicklungsabt.) Fa. Mayreder, Kraus & Co., Linz/Donau, 1954 Abt.leit. Indwaagen Fa. Butz & Leitz, Ludwigshafen/Rh., 1956 o. Prof. u. Dir. Inst. f. Baukonstruktionen u. Festigkeit TU Berlin. Üb. 80 Fachaufs.

PILOTY, Robert
Dr.-Ing., o. Prof. f. Datentechnik u. Informatik TH Darmstadt (s. 1964) - Am Steinern Kreuz 19, 6100 Darmstadt (T. 5 11 85) - Geb. 6. Juni 1924 München (Vater: Prof. Hans P.; Mutter: Maria, geb. Defregger), verh. s. 1949 m. Doris, geb. Pfemfert, 2 Kd. (Stephan, Susanne) - Dipl.ex. 1947; Promot. s.c.l 1949; Habil. 1952 München (TH) - 1952-56 Privatdoz. TH München; 1949-56 techn. Leit. Münchener Rechenautomaten Projekt PERM; 1956-64 ltd. Ind.tätig.; 1968-69 Aussch.-Vors. Bundesmin. f. Wiss., Kulturmin. Konf. z. Einführung d. Informatikstud.; 1979-84 Vizepräs. Intern. Federation for Information Prozessing (IFIP) - BV: Elektron. Digitalschaltungen, 1978, 2. A. 1981; CONLAN Report, 1983. Mithrsg.: Oldenburg Reihe DV. 45 Fachveröff. - 1982 IFIP Silver Core; 1985 BVK I. Kl.; 1989 Konrad Zuse Med.; 1991 Erasmus Kittler Med. - Spr.: Engl., Franz. - Bek. Vorf.: Carl v. P., Adolf v. Baeyer (Urgroßv.), Franz v. Defregger - Rotarier.

PILTZ, Klaus
Dipl.-Kfm., Dipl.-Volksw., Vorstandsvorsitzender VEBA AG, Düsseldorf (s. 1990) - Zu erreichen üb. VEBA AG, 4000 Düsseldorf 30 - Geb. 16. Okt. 1935 - Zahlr. AR-Mandate.

PILTZ, Stephan
Leiter Pressestelle WDR (s. 1990) - Kaiser-Friedrich-Ring 75, 4000 Düsseldorf 11 - Geb. 7. April 1946 Düsseldorf (Vater: Dr.-Ing. Hermann P., pers. haft. Ges. Neusser Eisenbau Bleichert KG), ev., verh. m. Lena Andreeva, 5 Kd. - Abit.; Jura, Staatswiss. München; 1. Ex. 1969; 2. Ex. 1972 Düsseldorf; Ass. 1973/74 Rechtsanwalt; 1974-76 Red. d. Verw.-Dir. WDR (v. Sell); 1976-80 Ref. d. Intendanten WDR (v. Sell); 1980-90 Leit. d. Intendanz, intern. Beziehungen WDR (Intendant Nowottny) - Liebh.:

Sport, Film, Lit. - Spr.: Engl., Span.. Russ., Franz.

PILZ, Rolf
s. Lennar, Rolf

PINGEL, Raimund
Oberkreisdirektor - Sebastianstr. 14, 4280 Borken-Gemen (T. 02861 - 82 11 11) - Geb. 27. April 1935 Hagen (Vater: Heinrich P., Chordir.; Mutter: Elisabeth, geb. Martini), kath., verh. s. 1966 m. Hildegard, geb. Humborg, 2 Töcht. (Monika, Cordula) - Ass. jur. 1964.

PINGER, Winfried
Dr. jur. Prof., Rechtsanwalt, MdB (1969-72 u. s. 1976) - Donarstr. 22, 5000 Köln 91 - Geb. 15. Mai 1932 Lindlar, verh., 5 Kd. - Stud. Jura, Volks- u. Betriebsw. - S. 1972 (Habil.) Lehrtätig. Univ. Köln u. Bielefeld (1974 Lehrst. f. Zivil- u. Prozeßrecht).

PINI, Ingo
Dr. phil., Honorarprofessor Philipps-Univ. Marburg - Tulpenstr. 16, 3550 Marburg (T. 06421 - 4 18 02) - Geb. 13. Okt. 1936, verh. s. 1968 m. Silvia, geb. Hapke, 2 Kd. (Alexander, Julia) - Stud. Klass. Archäol. Univ. Marburg, München u. Athen; Promot. 1963 Marburg - S. 1965 wiss. Mitarb. d. Akad. d. Wiss. u. d. Lit. in Mainz - BV: Beiträge z. Minoischen Gräberkunde, 1968; Corpus d. Minoischen u. Mykenischen Siegel, Bd. II 5 (1970), Bd. V (1975), Bd. II 3 (1984), Bd. II 4 (1985), Bd. XI (1989). Herausg.: Corpus d. Minoischen u. Mykenischen Siegel (s. 1975). Zahlr. Aufs. in in- u. ausl. Ztschr.

PINKAU, Klaus
Dr. phil., Prof., Leiter Max-Planck-Inst. f. Plasmaphysik, Garching (1981ff.) - Max-Planck-Inst. f. Plasmaphysik, 8046 Garching b. München - Geb. 3. April 1931 Leipzig - Habil. 1963 Kiel - S. 1964 Lehrtätig. Univ. Kiel u. TU München (1966; apl. Prof.); 1965-81 Dir. MPI f. Extraterrest. Physik u. Physik u. Astrophys. (2), München; ab 1981 Wiss. Dir. Max-Planck-Inst. f. Plasmaphys., Garching. 1964 Gastprof. USA. Zahlr. Facharb.

PINTGEN, Hans-Werner
Dirigent - Paulinenstr. 56, 4930 Detmold (T. 05231 - 3 40 70) - Geb. 15. Jan. 1940 Neuß, verh. s. 1966 m. Ingrid. geb. van der Pot, 2 T. (Angela, Colette) - 1959-64 Staatl. Hochsch. f. Musik, Köln - 1964-66 Kapellmeister Oberhausen, 1966-74 Lübeck, 1974-76 Essen, 1976-86 Wiesbaden, s. 1987 Generalmusikdir. Detmold. Gastdirig. in Opernhäusern d. In- u. Ausl. sowie b. Rundfunkanst. - Spr.: Engl., Niederl.

PIOCH, Winfried
Dr. med., Univ.-Prof., Arzt f. Rechtsmed. Univ. Bonn - Eisenachstr. 2, 5205 St. Augustin 2 (T. 02241 - 33 28 12) - Geb. 7. März 1922 Lübeck - Mitgl. d. wiss. Beirats d. TOMESA-Fachkliniken, Bad Salzschlirf - BV: D. Unters. therm. Hautschäden u. ihre Bedeut. f. d. forens. Praxis; Arbeitsmeth. d. med. u. naturwiss. Kriminalistik, Bd. 5, 1966 - 1966 Korr. ausl. Mitgl. Soc. de méd. légale et de criminol. de France - Spr.: Engl., Franz.

PIONTEK, Heinz

Schriftsteller - Dülfer Str. 97, 8000 München 50 - Geb. 15. Nov. 1925 Kreuzburg/OS., ev., verh. s. 1951 m. Gisela, geb. Dallmann - BV: D. Furt. Ged. 1952; D. Rauchfahne, Ged. 1953, erw. A. 1956; Vor Augen, Erz. 1955; Wassermarken, Ged. 1957; Buchstab-Zauberstab, Ess. 1959; Mit e. Kranichfeder, Ged. 1962; Kastanien aus d. Feuer, Erz. 1963 (auch ital. u. poln.); Windrichtungen - Reisebilder, 1963; Klartext, Ged. 1966; D. mittleren Jahre, R. 1967 (auch holl.); Liebeserklärungen in Prosa - Beobachtungen, Berichte, Gedankengänge, Träume, Ess. 1969; Männer, d. Ged. machen - Z. Lyrik heute, Ess. 1970; D. Erzählungen, 1971; Tot oder lebendig?, Ged. 1971; Helle Tage anderswo - Reisebilder, 1973; Dichterleben, R. 1976; Wintertage - Sommernächte, Erz. 1977; Wie sich Mus. durchschlug, Ged. 1978; Wachen, Träumen, Widerstehen, Aufzeichn. 1978; D. Handwerk d. Lesens, Ess. 1979; Juttas Neffe, R. 1979; Vorkriegszeit, Ged. 1980; Was mich nicht losläßt, Ged. 1981; Zeit meines Lebens, Autobiogr. R. Bd. 1, 1984; Werke in sechs Bden. 1985; Helldunkel, Ged. 1987; Stunde d. Überlebenden, Autobiogr. R., Bd. 2, 1989; Werkauswahl in zwei Bänden: Indianersommer, Ged. 1990, Anhalten um eine Hand, Erz. 1990; Nach Markus, Erz. 1991; Morgenwache, Ged. 1991. Übers. und Herausg.: John Keats, Ged. (1960); Herausg.: Neue dt. Erzählged. (1964), Dt. Ged. d. sechziger Jahre (Anthol. 1972), Lieb, Leid u. Zeit u. Ewigkeit, Dt. Ged. aus tausend Jahren 1981; Jeder Satz e. Menschengesicht, Schriftsteller üb. ihren Beruf, 1987 (Herausg.); Intern. Jahrb. f. Lit. Ensemble (1969-79); Buchreihe: Münchner Edition (1980-86). Fernsehfilm: D. Lieder d. Georg v. d. Vring (1966) - 1957 Literaturpreis Jg. Generation Stadt Berlin, Andreas-Gryphius-Preis, 1967 Münchner Förderungspreis, 1971 Eichendorff-Lit.preis Wangener Kr., Tukan-Preis München, 1972 Alma-Johanna-Koenig-Preis Wien, 1974 Literaturpreis des BDI, 1976 Georg-Büchner-Preis, 1981 Werner-Egk-Preis Stadt Donauwörth, 1983 Oberschles. Kulturpr.; 1991 Hauptpr. d. Kulturpr. Schlesien d. Landes Nieders.; 1960 o. Mitgl. Bayer. Akad. d. Schönen Künste; 1965 Mitgl. PEN-Zentrum BRD; 1968 o. Mitgl. Dt. Akad. f. Spr. u. Dicht. - Lit.: Leben in Wörtern. Z. 50. Geb. v. H. P.; Damals u. jetzt. Z. 60. Geb. v. H. P.; H. P. - Wurzeln u. Werk e. Dichters aus Oberschlesien (1985).

PIOTROWSKI, Wolfgang-Mario
Dr. med., Prof., Direktor Neurochir. Klinik Mannheim d. Univ. Heidelberg - Postfach 23, 6800 Mannheim 1 (T. 0621 - 383 23 60); priv.: Augusta-Anlage 3, 6800 Mannheim 1 (T. 0621 - 41 31 67) - Geb. 20. Febr. 1931 Brandenburg/H. (Vater: Franz P., Textilkaufm.; Mutter: Luci, geb. Schroeder), kath., verh. s. 1956 m. Irene, geb. Wendt - Staatsex. 1954 Univ. Berlin, Promot. 1955, Habil. 1970 Heidelberg - S. 1959 Facharzt f. Neurol. u. Psychiatrie, s. 1965 Facharzt f. Neurochir.; 1963-72 Chir. Univ.-Klinik Heidelberg; 1973 Aufbau Neurochir. Klinik Mannheim. Üb. 200 Publ. in Fachztschr. u. Buchbeiträge - Mitgl. deutschspr. TNM-Komitee (DSK), Lions-Club Mannheim, Räuberhöhle Mannheim u.a. - Liebh.: Kunst, Musik - Spr.: Engl.

PIPER, Christa

Dipl.-Sozialpäd., Malerin, Autorin (Lyrik, Romane, Erz.) - Geleitsstr. 68, 6050 Offenbach (T. 069 - 81 33 87), ev. - 1966-72 Stud. fr. Grafik, Malerei u. Sozialpäd. (Dipl. 1974) Frankfurt/M. - Ausst. (Gemälde od. Zeichn.) im In- u. Ausl. u.a. BRD, Österr., Schweiz, Tel Aviv, Peking, Monte Carlo, Oslo. Arb. in Beratungsst. f. Frauen in Frankfurt/M. (Wichtig: Erfahrungen m. Frauen d. Generationen n. d. Stud.bewegung u. m. Jugendl.) - BV: Alltag, Lyr. 1969; D. Übermensch, Lyr. 1970; Mensch im Jahr 3000; Spiel zu zweit, Lyr. Bild. 1976; Trotzdem Christine, R. 1984; Im Zeichen d. Rose, Libr. 1984; Nimm dir dein Leben ..., R. 1986; D. Wolke u. d. Regenbogen, 1991. Werkbeschreibungen in Meister Bild. Künste, 1985; Zeitkunst, 1986; ABBK, 1986; D. Frau in d. zeitgenöss. Kunst u. Art Annuale, 1989. Intern. Arts Guild, Monaco, in Kalendern u. zahlr. Katalogen. Insz.: Wieviel Erde braucht d. Mensch?, Text-Bild-Ton-Tanz-Collage 1984 (s. FS-Bericht im Kunstkalender). Sprechtheater: Spielraum, Darbietung THEATON Frankf. 1986/87 - Studienpreis d. Heussenstammschen Stiftg. Frankfurt - Spr.: Engl., Franz. - Lit.: M. Kubelka, Rezens., in: D. neue Bücherei, Darmstädter Echo; Dr. F. Haring, in: Meister Bildender Künste; Prof. Dr. A. Stein, in: Künstlerpost; u.a.

PIPER, Ernst Reinhard
Dr. phil., Verleger, geschäftsf. Gesellschafter R. Piper GmbH & Co. KG - Max-Jansen-Str. 7, 8000 München 50 - Geb. 29. März 1952 München (Vater: Klaus P.), verh., S. Paul David - Abit. 1972 München; 1972-74 Stud. Univ. München, 1974-81 TU Berlin; Promot. 1981 (Mittelalterl. Gesch.) - S. 1982 Piper Verlag, s. 1984 Geschäftsf. - BV: D. Aufstand d. Ciompi, 1978; Savonarola, 1979; 75 J. Piper, 1980; D. Stadtplan als Grundriß d. Ges., 1982; Ernst Barlach als Nationalsozialist. Kunstpolitik, 1983. Zahlr. Herausg.schaften, zahlr. Aufs., Rezens., Ess., Hörfunksend. - Spr.: Engl., Ital., Span. - Bek. Vorf.: Reinhard P. (Großv.); Otto P. (Urgroßv.).

PIPER, Hans-Christoph
Dr. theol., Prof., Pastor i.R., Gründer

Pastoralklinikum Med. Hochsch. Hannover - Oldekopstr. 8 A, 3000 Hannover 51 (T. 0511 - 65 18 14) - Geb. 22. Juni 1930 Hirschberg/Riesengeb., ev., verh. s. 1958 m. Ida, geb. Goldhoorn, 3 Kd. (Wildrik, Renate, Elisabeth) - Stud. Theol. Göttingen, Heidelberg, Amsterdam, Predigersem. Loccum; 2. Ex. 1958; Promot. 1962; Habil. 1981 - 1958-70 Gemeindepfarrer in Northeim/Harz u. Osnabrück; s. 1970 Klinikpfarrer MH Hannover, Supervisor f. Klin. Seelsorgeausb.; s. 1986 apl. Prof. Univ. Göttingen - BV: Gesprächsanalysen, 1973; Kranksein, Erleben u. Lernen, 1974; Predigtanalysen, 1976; Gespräche m. Sterbenden, 1977; Kommunizieren lernen in Seelsorge u. Predigt, 1981; D. Hausbesuch d. Pfarrers, 1985; Krankenhausseelsorge heute, 1985 - Liebh.: Musik - Spr.: Engl., Niederl.

PIPER, Hans-Felix

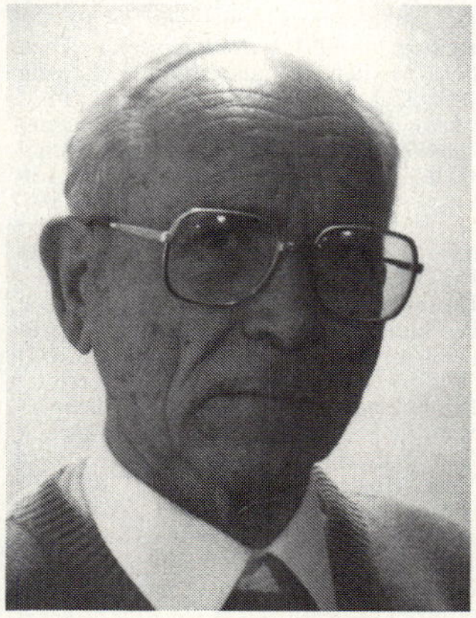

Dr. med., em. Prof., Augenarzt - Im Brandenbaumer Feld 32, 2400 Lübeck (T. 0451 - 60 12 44) - Geb. 23. Jan. 1916 Kiel (Vater: Hans P., Physiologe; Mutter: Margarete Mikulicz-Radecki), ev., verh. s. 1948 m. Marie-Luise, geb. Bürklen, 4 Kd. - Med. Staatsex. u. Promot. 1943 Wien; Habil. 1951 Kiel - 1960-68 Chefarzt Städt. Augenklinik Wuppertal; 1968-84 o. Prof. u. Klinikdir. Med. Univ. zu Lübeck (emerit. 1984) - BV: Üb. versch. Formen d. Schielens, ihre Entsteh. u. Behandl., 1961 (Leipzig). Div. Einzelarb. (Neuro-Ophthalmol.).

PIPER, Heinz Peter

Dr.-Ing., Prof. - Schwarmstedter Str. 64, 3000 Hannover (T. 57 58 73) - Geb. 27. April 1915 Seubtendorf (Vater: Theodor P., Pfarrer; Mutter: Anne, geb. Stiefelhagen), ev., verh. s. 1950 m. Elisabeth, geb. Voltmer, 2 Kd. (Reinhard, Albrecht) - Stud. Bau-Ing.wesen TH Hannover; Promot. 1956 ebd. - Lehrauftr. TU Hannover - BV: Bemessungsgrundlagen f. dezentrale Fluggastgebäude, 1974 (auch engl.) - Spr.: Engl.

PIPER, Henning

Dr. jur., Vorsitzender Richter am Bundesgerichtshof - Beethovenstr. 26, 6729 Berg/Pfalz (T. 07273 - 14 71) - Geb. 27. Juni 1931 Schöningen (Kr. Helmstedt) (Vater: Dr. med. Walter P., Arzt; Mutter: Elisabeth, geb. Linde), ev., verh. s. 1961 m. Gisela, geb. Bledow, 2 Kd. (Susanne, Henning) - Stud. Rechtswiss. u. Volksw. Univ. Kiel u. Göttingen; Promot. 1958 - 1963 LG-Rat, 1970 OLG-Rat, 1979 Bundesrichter, 1990 Vors. Richter (I. Zivilsenat d. BGH) - BV: Testament u. Vergabung von Todes wegen im braunschweig. Stadtrecht d. 13. b. 17 Jh., 1960; Vertragsrecht BGB-RGRK, 12. A. 1982; Handelsvertreterrecht, 1987; Speditions- u. Frachtrecht, 6. A. 1988; div. Veröff. (Aufs., FS-Beitr., Rezens.) z. Wirtsch.-, Wettbewerbs- u. Transportrecht.

PIPER, Klaus

Dr. h. c., Dr. h. c., Verleger - Georgenstr. 4, 8000 München 40 (T. 38 18 01-0); priv.: 81, Pienzenauerstr. 63 (T. 98 84 73) - Geb. 27. März 1911 München (Vater: Reinhard P., 1904 Begr. Verlag R. Piper & Co., München (Verf.: Mein Leben als Verleger) † 1953; Mutter: Gertrud, geb. Engling † 1970) - Gymn.; Buchhändlerlehre - S. 1932 väterl. Verlag (1938 Prok., 1941 Teilh., 1953 Inh.). Herausg.: Almanach: Nach 50 Jahren 1904-1954 (1954), Stationen Piper-Almanach 1904-64 (1964), Piper-Almanach 1964-1974 (1974), Bibliogr. u. Chronik: 75 Jahre Piper (1979) - 1955 Mitgl. PEN-Zentrum BRD, s. 1971 Mitgl. Max-Planck-Ges. z. Förd. d. Wiss. e. V. - 1963 Gold. Kulturmed. Rep. Ital.; Bayer. VO; 1973 Ludwig-Thoma-Med. Stadt München; 1976 Med. München leuchtet in Gold; 1979 Plak.: D. Förderer d. dt. Buches; 1979 Gr. BVK; 1982 Gr. Ehrenz. f. Verdienste d. Rep. Österr.; 1985 Ehrengabe Akad. d. Schönen Künste, München; 1986 Ehrendoktor (Doctor of Letters) Washington Univ., St. Louis/USA, 1987 Ehrendoktor d. Ludwig-Maximilians-Univ. München, Phil. Fak. - Liebh.: Lit., Kunst, Phil., Musik, Reisen - Spr.: Engl., Franz. - Rotarier - Bek. Vorf. (Großv.): Geh. Hofrat Dr. jur. Dr. phil. h. c. Otto P., Verf.: Burgenkunde, Österr. Burgen (8 Bde.).

PIPPERT, Richard

Dr. phil., Prof. f. Sozialgeschichte d. Erziehung - Am Hasenknüppel 33, 3550 Marburg/L. - Geb. 3. Jan. 1939 Hofgeismar (Vater: Heinrich P., Arbeiter; Mutter: Anna, geb. Donig), ev., verh. s. 1963 m. Marlis, geb. Diekmann, S. Matthias - Gymn. Hofgeismar (Abit. 1959); 1959-62 PH Alfeld; 1962-68 Univ. Marburg (Erziehungswiss., Phil., Politik). Promot. 1968 - Wiss. Assist. PH Karlsruhe u. Münster; Lehrstuhlvertr. Univ. Oldenburg; s. 1975 Ord. Univ. Marburg. Fachwiss. Veröff. - Spr.: Engl.

PIQUARDT, Otto

Bankdirektor, gf. Vorstandsmitgl. Raiffeisen-Zentralbank Oldenburg eGmbH. u. Land- u. Pächterkreditbank Oldenburg eGmbH., Geschäftsf. Genossenschafts-Treuhand GmbH. - Raiffeisenstr. 25, 2900 Oldenburg/O. (T. 2 42 31) - Geb. 23. Nov. 1905 Bad Schwartau (Vater: Johannes P., Kaufm.; Mutter: Karoline, geb. Fould), ev., verh. s. 1940 m. Edita, geb. Teichelmann, 2 Söhne (Rolf, Gerd) - Oberrealsch. Lübeck; Banklehre Girozentrale ebd. - 1927-45 Bevollm. versch. Berliner Banken, 1946-49 Bankdir. Berlin u. Potsdam, 1950-51 Bankkaufm. Berlin, 1951-62 Vorstandsmitgl. Raiffeisen-Zentralbank Koblenz eGmbH., seith. wie oben - Liebh.: Musik - Spr.: Engl.

PIRKHAM, Otto G.

Dr. jur., Generalkonsul a. D., Bankdirektor i. R. - Ignaz-Rieder-Kai 29, A-5020 Salzburg (Österr.) - Geb. 27. Juli 1905 Pola (Österr.), röm.-kath., verh. s. 1941 m. Maria Antonia, Freiin von Babo †1991, 4 Kd. - Univ. Wien, Turin, Grenoble - 1928-45 diplomat. Dienst, spät. Bankwesen (b. 1952 Banco Central, Madrid, dann Südd. bzw. Dt. Bank, Frankfurt). Div. Ehrenstell., Verw.s- u. Beiratsmandate.

PIRKL, Fritz

Dr. phil., Staatsminister a. D., MdEP (1984ff.) - Lazarettstr. 33, 8000 München 19 (T. 12 58 - 320); priv.: Bunzlauer Str. 77, 8500 Nürnberg (T. 80 53 95) - Geb. 13. Aug. 1925 Sulzbach-Rosenberg (Vater: Eisenbahner), kath., verh. m. Elisabeth, geb. Heimbach, 4 Kd. - 1946-52 Univ. Würzburg u. Erlangen (Psych., Volksw.; Dipl.-Psych. 1950, Promot. 1952) - 1943-45 Wehrdst. (verwundet); 1954-64 Bundesanstalt f. Arbeit; 1963-84 Staatssekr. u. Min. (1966) Bayer. Staatsmin. f. Arbeit u. Sozialordnung; 1984 ff. Europa-Abg.; 1952-59 Mitgl. Stadtrat Nürnberg; 1958-84 MdL Bayern. Oberstltn. d. Res. d. Bundeswehr; Vizepräs. Union d. christl.-demokr. Partei Europas; Gründer u. Vors. Hanns-Seidel-Stiftung. CSU s. 1949 - BV: Bayer. Sozialpolitik, 1974; Sozialpolitik aus christl. Verantw. - Reden u. Aufs., 1984 (herausg. v. Heinz Ströer u. Walter Spaeth) - 1965 Bayer. VO., 1970 Med. BdV, 1973-81 Gr. BVK (m. Stern u. Schulterbd.); 1980 Europ. Karls-Preis - Spr.: Engl. - Rotarier.

PIRKMAYR, Fritzwerner

Ministerialdirektor, Leit. Abt. 7 (Intern. Agrar- u. Fischereipol.) Bundesmin. f. Ernährung, Landw. u. Forsten - Rochusstr. 1, 5300 Bonn-Duisdorf; priv.: - Ippendorf, Am Waldhang 14 - Geb. 10. Dez. 1915 Neuss/Rh. (Vater: Eduard P., Kaufm.; Mutter: Elly, geb. Blom), ev., gesch., 2 Kd. (Rüdiger, Ute) - Oberrealsch. (Abit. 1936); 1936-45 Arbeits-, Wehr-/Kriegsdst. (akt. Offz.); Stud. Rechtwiss. Gr. jurist. Staatsprüf. 1953 - 1954-81 BfELuF - Spr.: Engl., Franz.

PIRLET, Karl

Dr. med., Prof., em. Ordinarius Univ. Frankfurt/M., Innere Medizin, Rheumatologie, Physikalische u. Diätetische Therapie - Hörmann-Str. 22, 8100 Garmisch-Partenkirchen (T. 08821 - 7 20 28) - Geb. 3. Dez. 1920 Aachen - Arbeitsschwerpunkte: Naturheilkunde in d. Inneren Medizin. Wissenschaftliche Grundlagen u. therapeutische Praxis. Konzepte d. Ernährungsbehandlung.

PIRNER, Friedrich Georg

Dr. med., Prof., Chirurg - Schumannstr. 9, 8000 München 80 (T. 47 38 38); priv.: 8561 Ottensoos/Mfr. - Geb. 5. März 1912 Ottensoos (Vater: Hans P., Fabrikbes.; Mutter: Frida, geb. Apel), ev., verh. s. 1957 m. Ingrid, geb. Schroeter, 3 Töcht. (Karin-Helga, Birgit-Petra, Astrid-Doris) - Gymn. Nürnberg (Neues); Univ. Erlangen, Freiburg, Kiel, München. Promot. (1936) u. Habil. (1956) München - S. 1956 Lehrtätigk. Univ. München (1963 apl. Prof.); zeitw. Oberarzt Chir. Poliklinik - BV: D. variköse Symptomen-Komplex, 1957. Üb. 50 Einzelarb. u. 30 Vortr. - Ehrenmitgl. Dt. Ges. f. Phlebologie u. Proktologie - Spr.: Griech., Lat., Engl., Franz.

PIRNER, Hans Jürgen

Dr. phil., Prof. f. Physik Univ. Heidelberg - Erwin-Rhode-Str. 11a, 6900 Heidelberg - Geb. 11. Juli 1945 Nürnberg - Stud. München u. Stony Brook (Ph.D. 1974, Habil. 1980) - Entd.: Farbleitfähigk. v. Atomkernen.

PIRON, Johannes

Übersetzer - Fredericiastr. 13, 1000 Berlin 19 (T. 302 45 29) - Geb. 23. Juni 1923 Frankfurt/M. (Vater: Max P., Innenarch.; Mutter: Katharina, geb. Piron), gesch., 2 Kd. (Claudia †1983, Andreas) - Schulen Holland u. Schweiz - 1945-47 Redaktionssekr. Ztschr. Centaur (4spr.); 1948-49 Jugenderzieher Ecole d'Humanité Paul Geheeb u. Pestalozzidorf Trogen; 1950-51 Redaktionssekr. Story; s. 1953 fr. Übers., Mitarb. Europä. Übers.-Kollegium Straelen - BV: Farbenspiele, Ged. 1953. Üb. 100 Buchübers., u. a. Cocteau, Chesterton, Priestley, Borel, Leroux, Plisnier, Troyat, Carmiggelt, Arrabal, Semprun, Hugo Claus - 1963 Martinus-Nijhoff-Preis (f. d. beste Übers. aus d. Niederl.); 1976 Deutsch. Jugendbuchpr. f. d. Übers. v. John Christopher: Die Wächter - Liebh.: Lyrik, Reisen - Spr.: Franz., Niederl., Ital., Span., Engl.

PIROTH, Manfred

Dr. med. (habil.), Prof., Chefarzt Patholog. Inst. Rastpfuhl-Krankenhaus, Saarbrücken - Kiefernweg 9, 6651 Kleinottweiler/Saar - Geb. 5. April 1926 - B. 1968 Privatdoz., dann apl. Prof. Univ. Saarbrücken (Allg. Pathol. u. pathol. Anat.). Fachveröff.

PIRSCH, Peter

Dr.-Ing., Prof. f. Mikroelektronische Schaltungstechnik Univ. Hannover (s. 1987) - Schieferkamp 16, 3000 Hannover 91 (T. 0511 - 40 40 26) - Geb. 26. Sept. 1942 Hannover, verh. s. 1964 m. Monika, geb. Gerberding, 2 Kd. (Thorsten, Martin) - Lehre Fernm.handw. 1960; Ing. grad. 1966; Dipl.-Ing. 1973; Dr.-Ing. 1979 - Ca. 60 wiss. Veröff. (Algorithmen u. VLSI-Realisierungen f. d. Videocodierung) - 1982 Literaturpreis d. NTG.

PIRSON, André

Dr. phil. (habil.), em. o. Prof. f. Botanik (Pflanzenphysiologie) - Ewaldstr. 71, 3400 Göttingen (T. 5 64 94) - Geb. 26. März 1910 Erlangen - 1943 Doz. Univ. Berlin, 1944 ao., 1951 o. Prof. Univ. Marburg (Dir. Botan. u. Pharmakognost. Inst.), 1958 Univ. Göttingen (gf. Dir. Botan. Anstalten Dir. Pflanzenphysiol. Inst.). 1967 Präs. Dt. Botan. Ges. Fachveröff. Herausg.: Encycl. Plant Physiol. 19 Bde. (1975ff.). Mithrsg.: versch. Fachztschr. - 1954 Mitgl. Dt. Akad. d. Naturforscher (Leopoldina), u. 1961 Akad. d. Wiss., Göttingen.

PIRSON, Dietrich

Dr. theol., Dr. jur., o. Prof. f. Öfftl. Recht, Verfassungsgeschichte u. Kirchenrecht - Brunnenanger 15, 8110 Seehausen b. Murnau - Geb. 11. März 1929 Erlangen, ev., verh. s. 1967 m. Margarete, geb. Müller, S. Felix - Stud. Ev. Theol. Univ. Erlangen (1946-50) u. Bonn (1952-53), Rechtswiss. Erlangen (1953-56). I. theol. Ex.; beide jurist. Staatsprüf. Promot. 1953 (theol.) u. 60 (jur. utr.) Erlangen - S. 1963 (Habil.) Lehrtätigk. Univ. Erlangen, Marburg (1963 Ord. u. Dir. Inst. f. Öfftl. Recht); 1968/69 Rektor, Univ. Köln (1969 Ord. u. Dir. Inst. f. Kirchenrecht); s. 1981 Univ. München (1981 Ord., Lehrst. f. Öfftl. Recht u. Kirchenrecht) - BV: Universalität u. Partikularität d. Kirche.

PISCHINGER, Franz Felix

Dr. techn., o. Prof. f. Angewandte Thermodynamik RWTH Aachen (s. 1970), Geschäftsführer FEV Motorentechnik GmbH & Co. KG, Aachen (s. 1978) - Im Erkfeld 4, 5100 Aachen (T. 1 23 01) - Geb. 18. Juli 1930 Waidhofen/Thaya (Vater: Franz P., Stud.rat; Mutter: Karoline, geb. Bentz), kath., verh. s. 1957 m. Elfriede, geb. Gössler, 5 Kd. (Gerhard, Martin, Stefan, Thomas, Alice) - Realgymn.; Masch.bau TH Graz (Dipl. 1952, Promot. 1954, Habil. 1959) - 1958-62 Leit. Forschungsabt. in AVL, Graz; 1962-70 Motorenentwickl. Klöckner-Humboldt-Deutz AG., Köln - Erf. Verbrennungsmotorenbau - 1954 österr. Ehrenring „sub auspiciis praesidentis republicae"; 1962 Herbert Akroyd Stuart Preis (Institution of Mechanical Engineers, London), 1978 BVK I. Kl.; 1981 Mitgl. Rhein.-Westf. Akad. d. Wiss.; 1984-90 Vizepräs. Dt. Forsch.gemeinschaft; 1990 Carl-Engler-Med. d. DGMK - Spr.: Engl.

PISCHKE, Horst

Sprecher d. Geschäftsführung Buderus Küchentechnik GmbH, Herborn (BKT) - Fritz Jung Str. 2, 6348 Herborn (T. 02772 - 71-464-5 56 84) - Geb. 9. Okt. 1926 Schneidemühl, ev., verh. m. Marianne, geb. Giftge, 3 Kd. (Klaus Ulrich, Jutta, Andrea) - Kaufm. Lehre (Verlagskaufm.) - Geschäftsf. Senking Großküchentechnik GmbH, Hildesheim (SGT), Roeder-Großküchentechnik GmbH, Darmstadt (RGT); Vorst.-Vors. Buderus-Austria AG, Wels/Oberösterr., stv. VR-Vors. Bezirkssparkasse Dillenburg - Dr. Christian Eberle-Med.

PISKE, Hubert

Dipl.-Hdl., Lehrer, Mitgl. Hbg. Bürgerschaft (s. 1978) - An der Alster 33, 2000 Hamburg 1 - Geb. 3. Febr. 1937 Breslau - N. Mittl. Reife 1955 (Wilster) Banklehre; n. Abit. 1964 Univ. Hamburg (Wirtschaftswiss.; Dipl. 1968) - Zeitw. Bankangest.; s. 1968 Handelssch. Weidenstieg, Hamburg. SPD s. 1965.

PISO, Jon

Kammersänger, Opernsänger, Tenor, Regiss. (Mitgl. d. künstler. Leitung Staatstheater Oldenburg, Directeur Artistique Soc Francaise de Cinematographie Paris) - Auwaldstr. 49, 7800 Freiburg; 19, Rue de Montmorency, 75003 Paris - Geb. 26. April 1928 Zernen-Brasov (Rumän.), verh. s. 1956 m. Livia

Piso-Filipascu (Malerin, Bühnen- u. Kostümbildnerin) - 3 J. Stud. Phil. Hochsch. Cluj u. Musikhochsch. (Dipl.); Opern-, Lieder- u. Oratoriensänger - S. 1949 Opernsänger, Hauptpartien an allen bedeut. Opernhäusern Europas u. Amerikas; 1958-60 Doz. Musikhochsch. Cluj; Regiss. Dtschl., Italien; intern. Konzert- u. Oratoriensänger; Hauptdarst. in Film u. FS; zahlr. Schallpl. Ab Mai 1990 Int. d. Klausenburgischer Staatsoper (Rumän.) - BV: Rumän. Ausg. Schubertlieder: D. schöne Müllerin, 1964; Winterreise, 1966 (rumän. Übers.) - 1953 I. Preis Gesangswettbewerb u. Rumän. Staatspreis; 1964 Rumän. Kammersänger u. div. rumän. Orden - Spr.: Franz., Ital. - Lit.: Sängerlexikon, Opernlexikon.

PISTOR
s. Beckmann, Günther

PISTOR, Ernst-August
Immobilienkaufmann, Vors. Ring Dt. Makler (RDM) Berlin - Gustav-Freytag-Str. 6a-8, 1000 Berlin 33 (T. 030 - 826 26 83) - Geb. 27. Dez. 1920 Berlin (Vater: Otto P.; Mutter: Friederike-Henriette, geb. Kegelmann), ev., verh. s. 1971 m. Marianne, geb. Kastler, 4 S. (Ralph-Dieter, Peter-Christian, Ernst-Alexander, Christian-Andreas) - Jura-Stud. - Eig. Immobilienfa.; zahlr. Mitgl.sch. u. Ehrenämter, Handels- u. Finanzrichter, u. a. Vizepräs. d. Verein Berliner Kaufleute u. Industrieller; AR-Vors. Zoolog. Garten Berlin AG; Mitgl. d. Gutachterausch. Berlin u. d. Gutachterausch. f. Grundstückswerte in Berlin; Beis. b. Baulandbeschaffungsamt; Ehrenvors. Landesverb. Berlin im Ring Dt. Makler; AR-Vors. Wilhelm Droste AG, Berlin. Versch. Veröff. üb. Grundstücksbewert. u. Berliner Grundstücksmarkt; Vorträge üb. Berlin-Gesch. - 1979 BVK - Spr.: Engl., Franz.

PISTORIUS, Helmut L.
Kaufmann, gf. Gesellsch. Firmengruppe Louis Pistorius Sektkellerei-Weinimport-GmbH, Blieskastel, Vorstandsmitgl. Groß- u. Außenhandelsverb., Saar - Postf. 101, 6653 Blieskastel - Geb. 6. April 1922 - Merite Agricole.

PITTELKOW, Fritz
Redakteur, Leiter RIAS-Studio Bonn - Rheinallee 9, 5330 Königswinter (T. 02223 - 2 68 21) - Geb. 11. Mai 1929 Schildow, verh. m. Ingeburg, geb. Weber, 2 S. (Thomas-Michael, Peter Alexander) - Abit. 1947; 1949-54 Stud. Volkswirtsch. Univ. Frankfurt - S. 1962 Redakt. RIAS Berlin (1962-64 Aktuelle Abt., s. 1964 RIAS-Studio Bonn) - 1976/77 1. Preis Gewerksch. Dt. Bundesbahnbeamter - Liebh.: Gesch., Politik - Spr.: Engl.

PIWONSKI, Karl
Dipl.-Ing., Prof. - Eichkoppelweg 25a, 2300 Kronshagen (T. 0431 - 58 33 55) - Geb. 28. Aug. 1930 Berlin, verh. m. Charlotte, geb. Oehme, 3 S. (Alexander, Stephan, Michael) - TU Berlin, Dipl.-Ing. 1959 - Honorarprof. TU Berlin - Spr.: Engl.

PLACHETKA, Manfred Günther
Dr. rer. pol., Prof. f. Wirtschaftswissenschaft u. Didaktik d. Wirtschaftslehre - Adalbert-Stifter-Str. 17, 5300 Bonn 1 (T. 0228 - 23 28 25) - Geb. 15. April 1938 Breslau (Vater: Emanuel P., Beamter, Mutter: Hildegard, geb. Hauke), kath., verh. s. 1970 m. Gisela P. - Abit. 1959; Stud. Rechts-, Wirtsch.wiss. u. Päd. TU Hannover (1959-60) u. Univ. Bonn (1960-69); Dipl.-Volksw. 1964, Promot. 1968 Bonn; Päd. Prüf. 1971 Köln, 2. Statsprüf. 1972 Bonn - 1975-76 Stud.rat Berufsschul. f. Wirtsch. S. 1970 Mitgl. Ges. f. wirtsch.- u. verkehrswiss. Forsch., Bonn; 1970-76 Lehrauftr. Univ. Bonn u. 1974-76 PH Rhld. (Abt. Bonn); s. 1976 Doz. u. s. 1977 Prof. Univ. Duisburg-GH - BV: D. Getreide-Autarkiepolitik Bismarcks u. s. Nachfolger im Reichskanzleramt, 1969; zahlr. wirtsch.-päd. Aufs. in in- u. ausl. Ztschr. - Spr.: Engl., Franz., Span.

PLACHKY, Detlef Dietmar
Dr., Dipl.-Math., Prof. Univ. Münster - Horstmarer Landweg 144, 4400 Münster (T. 8 21 55) - Geb. 6. Febr. 1938 Beuthen/OS. (Vater: Friedrich P., Prok.; Mutter: Hildegard, geb. Klisz), kath., verh. s. 1967 m. Edith, geb. Kapalt, T. Beate - Math.stud. Dipl.ex. 1965. Promot. 1967, Habil. 1971, smtl. Munster- S. 1971 Hochsch.dst. (1975-76 Dekan Fachbereich Math.). Mitherausg. (s. 1975) Ztschr. Metrika.

PLACK, Arno
Dr. phil., Schriftsteller (Sozialphilosophie) - Postf. Nr. 104424, 6900 Heidelberg - Geb. 18. März 1930 Landshut/Bay. (Vater: Karl P., Studienrat; Mutter: Luise, geb. Aicher) - Stud. Phil., German., Gesch., Psych., Rechtswiss. Promot. München - 1954-58 Leitartikler Isar-Post (Landshut), dann fr. Journ. 1966-69 Stip. VW-Stiftg. - BV: D. Stellung d. Liebe in d. materialen Wertethik, 1962 (Diss.); D. Gesellschaft u. d. Böse - E. Kritik d. herrschenden Moral, 1967, 12. A. 1977; D. Mythos v. Aggressionstrieb, 1973; Plädoyer f. d. Abschaffung d. Strafrechts, 1974; Ohne Lüge leben, 1976; Philosophie des Alltags, 1979; Wie oft wird Hitler noch besiegt?, 1982; Es darf nicht wahr sein, 1986 - Spr.: Lat., Engl.

PLAGEMANN, Jochen
Dr. jur., Rechtsanwalt u. Notar, Honorarprof. f. Sozial- u. Privatversicherungsrecht Univ. Marburg - Neunkircher Weg 1, 6000 Frankfurt/M.-Schwanheim.

PLAMANN, Willi
Textautor, Arbeitsvorbereiter, Musik- u. Showmanager - An der Reimlinger 28, 8860 Nördlingen (T. 09081 - 62 69) - Geb. 8. Okt. 1942 Elbogen (CSSR), kath., verh. s. 1981 m. Waltraut, geb. Reißenweber - Refa-Manager - Texte: Tschinderassa, Immer wenn d. Alphorn ruft, Augen wie Bergkristall, D. Bayernland ist schön, Schön war's im Egerland, ich steh auf dich Gerlinde, Ich kenn e. Fleckchen Erde, Bergeinsamkeit, Rose v. Egerland - Ehrensenator OFC München-Karlsfeld - Liebh.: Musik, Sport, Politik, Umwelt.

PLAMBECK, Helmut
Dr. jur., Präsident Hamburg. Verfassungsgerichts u. Hanseat. OLG - Volksdorfer Weg 1d, 2075 Ammersbek - Geb. 5. Aug. 1929 Hamburg (Vater: Walther P., Steuerberater; Mutter: Leni, geb. Balzer), ev., verh. s. 1956 m. Ruth, geb. Ragoczy, 3 Kd. (Jochen, Wolfgang, Susanne) - Stud. d. Rechtswiss. Univ. Erlangen, Hamburg; Promot. 1955 ebd. - S. 1956 Richter - Liebh.: Kammermusik - Spr.: Engl. - Rotarier.

PLANCK, Alfred
Dipl.-Ing., Fabrikant, Mitinh. Fouquet-Werk Frauz & Planck, Rottenburg, Ehrenvors. Verb. d. Metallind. v. Südwürtt.-Hohenzollern e. V., Reutlingen - Jahnstr. 2, 7407 Rottenburg/N. - Geb. 1. Febr. 1902 Rottenburg - Ehrenbürger Rottenburg/N. 1; Gr. BVK u. VK 1. Kl. d. VO.

PLANCK, Ulrich
Dr. agr., o. Prof., em., spez. Arbeitsgeb.: Agrar-, Land- u. Entwicklungssoziologie - Luzernestr. 16, 7000 Stuttgart 70 (Plieningen) (T. 45 46 02) - Geb. 10. Jan. 1922 Stuttgart (Vater: Oskar P., Pfarrer; Mutter: Ida, geb. Elsenhans), ev., verh. s. 1950 m. Susanne, geb. Gerhardt, 3 Kd. (Friedrich, Ursula, Barbara) - 1932-39 Realgymn. Heidenheim u. Stuttgart; 1939-45 Wehrdst. (Luftw.); 1945-47 landw. Praxis; 1947-50 LH Hohenheim (Dipl.-Landw.). Promot. (1953) u. Habil. (1963) Hohenheim - U. a. Ev. Bauernwerk Württ. (1950-51 Geschäftsf.); s. 1956 LH bzw. Univ. Hohenheim (1965 Abt.vorst. u. Prof.). 1964-65 ILO-Experte Kairo; 1970-71 Gastprof. in Ankara; 1971-1974 geschäftsf. Dir. d. Fachgruppe Angewandte Sozialwiss. d. Univ. Hohenheim; 1975-88 Leiter d. Fachgebietes Agrar- u. Landsoziologie (Univ. Hohenh.) - BV: Nachwuchslose u. auslaufende Betriebe, 1952; D. Lebenslage d. westdeutschen Landjugend, 1956; Jugend auf d. Land, 1957, 2. A. 1958; D. sozialen u. ökonom. Verhältnisse in e. iran. Dorf, 1962; D. bäuerl. Familienbetrieb zwischen Patriarchat u. Partnerschaft, 1963; Rural Employment Problems in the U.A.R., 1969; Landjugend im sozialen Wandel, 1970; Die Landgemeinde, 1971; Die ländliche Türkei, 1972; Iranische Dörfer nach der Bodenreform, 1975; Land- u. Agrarsoziologie, 1979; Situation d. Landjugend, 1982; Landjugend. werden Erwachsene, 1983; Dorferneuerung in Dorfforschung, 1986; Kinder in d. ländl. Türkei, 1990 - Zahlr. Einzelarb. - Spr.: Engl.

PLAPPERER-LÜTHGARTH, Heiko

Geschäftsführer Deutsches Theater München Betriebs GmbH - Florian-Geyer-Str. 8, 8000 München 70 (T. 089 - 714 36 58) - Geb. 21. Okt. 1943 Ruhpolding (Vater: Dr. Kurt P., Dipl.-Kfm. Theaterunterm.; Mutter: Clothilde, geb. Köhler), ev., verh. m. Petra, geb. Genske - Stud. Jura u. Theaterwiss.; 1. jurist. Staatsex. 1969, 2. Staatsex. 1974 - S. 1970 Geschäftsf. u. Mitgesellsch. d. damaligen Familienunternehmens Deutsches Theater-Betriebs GmbH & Co. KG, München; 1974 Zulass. als Rechtsanw.; s. 1981 Geschäftsf. d. „Deutsches Theater München Betriebs GmbH" u. Wiederinbetriebnahme d. renovierten Dt. Theaters (s. 1982) - Spr.: Engl., Franz., Ital.

PLASS, Heinrich
Dipl.-Volksw., Hauptgeschäftsführer IHK Wiesbaden (s. 1981) - Wilhelmstr. 24-26, 6200 Wiesbaden (T. 06121 - 30 48 88); Büro: 1 50 00) - Geb. 9. Mai 1926 Ibbenbüren/W. (Vater: Heinrich Pl., Steuerberater; Mutter: Ruth, geb. Swoboda), kath., verh. s. 1952 m. Marrit, geb. Ziegfeld, 3 Kd. (Nicola, Christopher, Susanne) - Univ. Münster (Staatsex. 1951) - Liebh.: Musik, Sport - Spr.: Engl. - Rotarier.

PLASSMANN, Engelbert
Dr. jur., Prof., Fachhochschullehrer - Robert-Koch-Str. 16, 4630 Bochum (T. 0234 - 70 10 65) - Geb. 23. März 1935 Berlin (Vater: Dr. jur. Clemens P., Bankier (s. XVII. Ausg.); Mutter: Martha, geb. Brüning) kath., verh. s. 1964 m. Annemarie, geb. Keyser, 4 Kd. (Engelbert, Henrike, Bernhard, Friedrich) - Stud. Kath. Theol. (1954-60) u. Rechtswiss. (1960-64); Bibliothekarausbild. (1969-71). 2. Theol.prüf.; Promot. (1968); Ass.ex. - 1971-73 Ref. Univ.bibl. Bochum; 1973-76 Hilfsref. Min. f. Wiss. u. Forsch. NW Düsseldorf; 1976-77 komiss. Leit. Hochschulbibl.zentrum NW Köln; s. 1977 Prof. FH f. Bibl.- u. Dokumentationswesen ebd.; 1986-90 Rektor; s. 1991 Gründungsdekan Fachber. Medien d. zukünft. FH Leipzig. 1975-92 Lehrbeauftr. Univ. Köln (Bibl.wiss.); 1975-84 Ratsmitgl. Stadt Bochum; 1984-89 Sachkund. Bürger Kommunalverb. Ruhrgebiet; 1986-91 Mitgl. Jury Literaturpreis Ruhrgebiet; s. 1987 Vorst.-Mitgl. d. Vereins Dt. Bibliothekare (1989-91 Vors.) - BV: u.a. D. Bibl.wesen d. BRD, 1983 (m. Horst Ernestus); und Bibliotheken in Europa (1991). Herausg.: Buch u. Bibliothekswiss. im Informationszeitalter (1990); Bibliotheken in Europa (1991); Wiss. Bibliothekenim vereinten Deutschland (1992). Mithrsg: Buchwiss. Beitr. aus d. Dt. Bucharchiv München. Ca. 75 Fachaufs. u. Rezensionen - Bek. Vorf.: Joseph P., Astronom, 1859-1940 (Großv.); Ernst P., Mitgl. d. Preuß. Abgeordnetenhs., 1820-76 (Urgroßv.); Joh. Friedr. Jos. Sommer, Mitgl. d. Preuß. Nationalvers., 1793-1856 (Ururgroßv.).

PLATE, Christina
Schauspielerin - Danckelmannstr. 36, 1000 Berlin 19 - Geb. 21. April 1965 Berlin, led. - Gymn. (b. z. 10. Klasse), dan. 3 J. Ausb. z. Gymnastiklehrerin (Staatsex.) - Als Schausp. s. d. 14. Lebensj. tätig (erste Serie Manni d. Libero) - Film- u. Bühnenrollen in: Praxis Bülowbogen, D. Senkrechtstarter, Vera + Babs, Besuch d. alten Dame (Renaissance-Theater Berlin), Schwarzwaldklinik - 1988 Bambi (beste Schausp.); 1988 Starlight (Nachwuchs-Schausp.) - Liebh.: Tiere, Meer, Sonne - Spr.: Engl., Ital.

PLATE, Erich
Dr.-Ing., Dipl.-Ing., Bauing., Univ.-Prof. Univ. Karlsruhe - Am Kirchberg 49, 7500 Karlsruhe (T. 0721 - 48 26 52) - Geb. 14. Juli 1929 Hamburg - S. 1970 Leit. Inst. f. Hydrologie u. Wasserwirtsch. Univ. Karlsruhe.

PLATE, Herbert

Freier Autor - Waldhof, 5220 Waldbröl-Drinhausen - Geb. 15. April 1918, verh., T. Dagmar - BV: Straße d. sausenden

Peitschen, 1958; D. aus d. Dschungel kam, 1964; Narren u. Knöpfemacher, 1969; Nacht üb. Santa Virginia, 1973; Als d. Mensch d. Feuer stahl, 1987; Hermann Löns - s. Heide, 1987; Nehmen, was keinem gehört, 1989; Veränderte Zeiten, 1989; D. weiße Falke, 1991 -1965 Friedrich Gerstäcker Preis, 1984 Stadtschreiber in Soltau.

PLATEN, Emil

Dr. phil., Prof., Akad. Musikdirektor - Im Erlengrund 22, 5300 Bonn 2 (Bad Godesberg) (T. 31 09 45) - Geb. 16. Sept. 1925 Düsseldorf (Vater: Jakob P., Kaufm.; Mutter: Johanna, geb. Nassau), ev., verh. s. 1955 m. Helga, geb. Bingel, 3 Söhne (Johann Christoph, Wolfgang, Klaus Joachim) - Nordwestd. Musikakad. Detmold; Univ. Köln, Münster, Bonn. Chordirigenten-Ex. 1950; Promot. 1957 - 1952-59 WDR Köln (fr. Mitarb.); Kammermusiker, Dirig.; s. 1959 Univ. Bonn (Lehrbeauftr. f. Musiktheorie, Leit. Collegium musicum Univ. Bonn, 1963 Lektor f. Musizierpraxis, 1964 Musikdir., 1971 Honorarprof.). Zahlr. Konzertreisen i. Europa u. Übersee. Kompos.: Werke f. Kammerorch. - BV: ... Unters. z. Struktur d. chor. Choralbearb. J. S. Bachs, 1959; D. Matthäus-Passion v. J. S. Bach, 1991. Fachaufs. Mitarb.: Neue Beethoven- u. Neue Bach-Ausg., Hindemith-Ges.Ausg., Herder Musiklexikon - Lit.: Festschr. z. 60. Geb. (1985).

PLATEN, Wilhelm

Lebensmittelkaufmann, Vors. Einzelhandelsverb. Nordrhein/Fachgem. Lebensmittel, Düsseldorf - Kalkweg 168, 4100 Duisburg-Wedau - Geb. 2. Juli 1912 - Langj. Vizepräs. Hauptverb. d. Dt. Lebensmittel-Einzelhandels, Wiesbaden.

PLATEN, Wilhelm

Dr. rer. pol., Hauptgeschäftsführer Gesamtverb. d. dt. Textilveredlungsind. (s. 1974) - Hardtbergstr. 12, 6374 Steinbach/Ts. (T. 06171 - 7 17 34) - Geb. 13. Juni 1931 (Vater: Michael P., Landw.; Mutter: Josefine, geb. Korff), kath., verh. s. 1956 m. Renate, geb. Höing, 3 Kd. (Michael, Friederike, Markus) - Gymn. Viersen; Stud. Wirtschaftswiss. Bonn - S. 1956 in d. Verbandsorg. d. Textilveredlungsind.

PLATH, Peter Paul

Dr. med., Prof., Chefarzt HNO-Klinik Ruhr-Univ. Bochum - Dstl.: Mühlenstr. 27, 4350 Recklinghausen (T. 02361 - 54 25 50); priv.: Eifelstr. 31, 4350 Recklinghausen - Geb. 22. Aug. 1933 Narwa/Estland (Vater: Dr. Werner P., HNO-Arzt; Mutter: Gertrude, geb. Weiss), ev., verh. s. 1960 m. Karin, geb. Haeussler, 5 Kd. (Barbara, Robert, Arthur, Walther, Dietrich) - Abit. 1952 Bad Sachsa; 1952-58 Stud. Med. Univ. Marburg, Göttingen, Düsseldorf; 1959-61 Assist. Physiol. Münster, 1961-65 Assist. HNO Düsseldorf; Promot. 1958 Düsseldorf, Habil. 1969 Aachen - 1965-75 Oberarzt; 1971 Wiss. Rat u. Prof. Aachen; 1975 Chefarzt Recklinghausen; s. 1979 o. Prof. Bochum. 1981-89 Präs. Bureau Intern. d'Audiophonol. - BV: D. Hörorgan u. s. Funktion, 5. A. 1992; D. Ton- u. Sprachgehör b. Lärmschäden d. Ohres, 1971; HNO-Ratgeber f. d. prakt. Arzt, 1976; Lärmschäden d. Gehörs u. ihre Begutachtung, 1991 - 1990 BVK - Liebh.: Wandern, Puzzle, Klass. Musik (mehr als 6000 Platten).

PLATH, Wolfgang

Dr. phil., Prof., Musikwissenschaftler, Editionsleit. Neue Mozart-Ausgabe Augsburg - Walsertalweg 7, 8900 Augsburg (T. 0821-6 12 56 u. 51 79 55) - Geb. 27. Dez. 1930 Riga, ev., verh. s. 1960 m. Margit, geb. Mende, 3 Töcht. (Margarete, Regine, Ulrike) - Stud. FU Berlin, Univ. Tübingen (Musikwiss., Phil., Griech.), Stip. Studienstiftg. d. dt. Volkes; Promot. 1958 Tübingen - 1960ff. Mitgl. d. Editionsleit. d. Neuen Mozart-Ausgabe, hg. v. d. Intern. Stiftg. Mozarteum Salzburg. 1988 Hon.-Prof. Univ. Augsburg - Edierte zahlr. Bde. d. Neuen Mozart-Ausgabe; Aufs. (insbes. z. Mozart-Forschung) im Mozart-Jahrb. (Salzburg 1954ff.) u.a. Fachztschr.; "Mozart-Schriften" (=ausgew. Aufs., hg. v. M. Danckwardt), 1991 - 1977 Österr. Ehrenkreuz f. Wiss. u. Kunst I. Kl.; 1985 Silb. Mozart-Med. d. Intern. Stiftg. Mozarteum - Liebh.: Mykologie, Kochen.

PLATHOW, Michael

Dr. theol. habil., Pfarrer, apl. Prof. f. Systematische Theologie, Ökumenik - Oppelner Str. 2, 6900 Heidelberg (T. 06221-78 01 96) - Geb. 27. Mai 1943 Posen, ev., verh. s. 1970 m. Ursula, geb. Gramlich, 2 Kd. - BV: D. Probl. d. concursus divinus, 1976; Lehre u. Ordnung im Leben d. Kirche, 1982; Heiliger Geist - Hoffnung d. Schwachen, 1985. 25 Veröff.

PLATO, Achim

Indendant, Regiss., Schausp. - Zu erreichen üb. Freilichtspiele Schwäbisch Hall, Am Markt 8, 7170 Schwäbisch Hall (T. 0791 - 75 13 24) - Geb. 1936 - S. 1968 Int. Festsp. Schwäbisch Hall, s. 1982 zusätzl. Int. Wetzlarer Festspiele u. Klosterspiele Adelberg; Tätigk. als Regiss. u. Schausp. im In- u. Ausl. - BV: Wesentl. Schiller- u. Shakespeare-Bearbeit., Goldoni-Übers. - Insz.: u.a., Schiller, Shakespeare-Kom., Marat v. Peter Weiss, D. Weibervolksvers. v. Aristophanes/Knauth, D. Dreigroschenoper v. Brecht, August, August, August v. Kohout, Ital. Nacht v. Horvath, D. Balkon u. Unter Aufsicht v. Genet - 1984 Luxemburg. Orden e. Offz. im nat. Orden d. Eichenlaubkrone; s. 1987 Mitgl. d. Fr. Akad. d. Künste Mannheim.

PLATT, Gerhard

Dr. rer. pol., Dipl.-Volksw., Hüttendirektor a. D. u. Unternehmensberater - Sybelstr. 26A, 4000 Düsseldorf 1 - Geb. 23. Aug. 1920 Spellen/Kr. Dinslaken (Vater: Heinrich P.; Mutter: Christine, geb. Storm), ev., verh. s. 1952 m. Margrit, geb. Bennemann, 3 Kd. - 1947-51 Stud. Univ. Bonn - 1951-54 Wirtschaftsprüfungsges., 1954-57 Schlieker-Gruppe, 1958-75 (Rücktr.) Krupp (zul. stv. Vorst.-Vors. Fried. Krupp Hüttenwerke AG, Bochum, Geschäftsber. Finanzen). Stv. Vorst.-Vors. Schutzgem. Dt. Wald, Landesverb. Nordrh.-Westf. e.V., Essen - Spr.: Engl., Franz.

PLATTE, Hans-Kaspar

Dr. phil., Prof. f. Wirtschaftswiss. u. Didaktik d. Wirtschaftslehre Univ. Dortmund - Koningweg 34, 4600 Dortmund 50 (T. 0231 - 73 63 72) - Geb. 13. März 1932 Budberg b. Werl, kath., verh. s. 1957 m. Marthel, geb. Prodöhl, 4 Kd. - 1. Lehramtsex. 1955 Dortmund, 2. Ex. 1958 Soest, Promot. 1965 Münster - 1971 Doz. PH Ruhr, Abt. Hagen; s. 1972 o. Prof. Dortmund - BV: Soziol. d. Massenkommunikationsmittel, 1965; D. Miterzieher, 1967; Weiterbildungsbereitsch. d. Lehrer, 1974; Wirtschaftslehre, 2 Bde. 1976ff.; Betriebspraktika in schul. Bildungsgängen, 1981; Arbeitslehre/Wirtsch., 1983ff; Lernen vor Ort, 1986.

PLATTIG, Karl-Heinz

Dr. med., Physiologe, Prof. (Extraord.) Univ. Erlangen-Nürnberg/Inst. f. Physiologie u. Biokybernetik (s. 1973) - Steinforststr. 30, 8520 Erlangen - Geb. 6. Febr. 1931 Bilin/Böhmen (Vater: Willibald P., Konditor; Mutter: Maria, geb. Eckert), kath., verh. s. 1965 m. Dr. phil. Gerda, geb. Schlager, 2 Kd. (Martha, Bernhard) - Obersch. Dux/Böhmen u. Schleiz/Thür.; Univ. Jena (1950-52), FU Berlin (1952-56), dazw. Univ. Marburg (1954-1955). Promot. 1957 Tübingen; Habil. 1968 Erlangen. S. 1982 Vors. d. Physikal.-Med. Sozietät Erlangen - Facharb. z. Sinnes- u. Psychophysiol. v. Geruch u. Geschmack - Liebh.: Fotogr., Skilauf, Segeln - Spr.: Lat., Engl., Russ.

PLATTNER, Ernst-Erich

Kaufmann, Mitgl. Hbg. Bürgersch. (1966-70 u. 1974-78) - Wehlbrook 13, 2000 Hamburg 73 - Geb. 23. Jan. 1924 Hamburg (Vater: Ernst P., Kaufm.; Mutter: Elly, geb. Zauch), ev., verh. s. 1954 m. Gisela, geb. Schötensack, T. Gabriela - Wichern-Sch. Hamburg; Abit. 1942; 1945-47 Kriegsgefangenschaft; kaufm. Lehre; Univ. Hamburg (Volksu. Betriebsw.). 1966-70 u. 1974-78 MdHB. B. 1969 FDP (1961-66 Fraktionsvors. Hbg. Wandsbek, 1970-74 Deputiert. Beh. Wirtsch. u. Verkehr, Hbg.), dann CDU (1978-82 Fraktionsvors. Hbg.-Wandsbek, ab 1982 Vors. Bez. Versamml. Hbg. Wandsbek; Bez. Parl.) - 1. Vors. Einzelhandelsverb. Hbg. u. Verb. Nordd. Textileinzelhdl., Hamburg; Präs.-Ratsmitgl. Bundesverb. d. Dt. Textileinzelh., Köln; stv. Vors. Fachverb. d. Hbg. Einzelh. CDU (s. 1983 Vors. Bez.-Fraktion Wandsbek) - 1984 BVK - Spr.: Engl., Franz.

PLATZ, Klaus Wilhelm

Dr. jur., Vortragender Legationsrat I. Kl. - Ausw. Amt, Postf., 5300 Bonn 1 - Geb. 24. Juli 1938 Neustadt/Weinstr. (Vater: Gustav P., Bankdir.; Mutter: Berta, geb. Bayer), kath., verh. s. 1966 m. Dr. Anne Barbara Platz-Elsaesser, 3 Söhne (Rupert, Christoph, Florian) - 1957-64 Stud. Rechtswiss. u. Volksw. Univ. München, Heidelberg u. Paris; Promot. Heidelberg 1965; 2. jurist. Staatspr. 1966 - 1962-67 Max-Planck-Inst. f. ausl. öfftl. Recht u. Völkerrecht, Heidelberg; 1967-68 Botsch. London; 1968-72 Ausw. Amt, Bonn; 1972-75 Botsch. Santiago de Chile; 1975-78 Botsch. Warschau; 1978-82 Ausw. Amt, Bonn; 1982-83 Botsch. Bagdad; 1983-85 Generalkonsul in Genf; 1985-90 Botsch. Tokyo.

PLATZECK, Matthias

Minister f. Umwelt, Naturschutz u. Raumordnung d. Landes Brandenburg (s. 1990) - Albert-Einstein-Str. 42-46, O-1561 Potsdam (T. 030 - 801 40 91) - Geb. 29. Dez. 1953, ledig, 3 Kd. - Stud. biomed. Kybernetik 1974-79 TH Ilmenau, Dipl.-Ing. f. biomed. Kybernetik; Postgradualstud. Umwelthygiene 1982-87 Akad. f. Ärztl. Fortbildung Berlin - 1979/80 wiss. Mitarb. am Inst. f. Lufthygiene Chemnitz; 1980-82 Dir. f. Ökonomie u. Technik Krkrhs. Bad Freienwalde; 1982-90 Abt.leit. Umwelthygiene d. Kreishygieneinspektion Potsdam - 1988 Gründungsmitgl. d. Potsdamer Bürgerinitiative ARGUS (Arb.gemeinsch. f. Umweltschutz u. Stadtgestaltung); 1989 Gründungsmitgl. u. Sprecher d. Grünen Liga; 1989/90 Teiln. am Zentralen Runden Tisch", Min. o.G. im Kabinett Modrow; 1990 Volkskammerabg. u. parlam. Geschäftsf. Fraktionsgemeinsch. Bündnis 90/Grüne u. MdB; 1990 Vorst.-Vors. Stiftg. Umwelt- u. Naturschutz d. DDR (S.U.N.); 1990 MdL Brandenburg (Listenverbindung Bündnis 90) - 1991 Lina-Mähnle-Med. (f. Naturschutzarb.).

PLAUM, Ernst

Dr. rer. nat., Prof., Hochschullehrer - Weinleite 4b, 8078 Eichstätt (T. 08421 - 61 44) - Geb. 17. April 1940, kath., verh. m. Dr. Gisela, geb. Müller-Arnke, 4 Kd. (Truiken, Burkhard, Wätzold, Goda) - Dipl. (Psychol.) 1967 Göttingen; Promot. 1975 Göttingen; Habil. (Psychol.) 1983 Konstanz - Tätigk. als Dipl.-Psych.; Prof. f. Differentielle Psychol., Persönlichkeitsforschung, Psychodiagnostik Kath. Univ. Eichstätt - BV: Leistungsmotivationsdiagnostik auf handlungstheoret. Basis, 1986 - Liebh.: Gesch. - Spr.: Engl., Franz.

PLECHL, Helmut

Dr. phil., em. o. Prof. f. Histor. Hilfswissenschaften - Hofmattstr. 14, 7887 Laufenburg-Hochsal - Geb. 6. Nov. 1920 Berlin (Vater: Alfred P., Betriebsleiter; Mutter: Elfriede, geb. Buske), ev., verh. s. 1948 m. Dr. med. Sophie-Charlotte, geb. Enick - Stud. Gesch., Klass. Philol., Rechtsgesch., German., Phil. Berlin (1939-40, 1946-47; Promot. 1947), Med. Freiburg/Br. (1952-58; Med. Staatsex. 1958). Habil. 1949 Berlin - 1949 Doz. Univ. Berlin (Humboldt); 1951 Doz., 1964 apl. Prof. Univ. Freiburg (Wiss. Rat); 1966 Ord. Univ. Bochum. Bes. Arbeitsgeb.: Diplomatik, Paläogr., Mittellat., Quelleneditionen. Fachmitgliedsch. - BV: Orbis latinus, 3 Bde., Großausg. 1972 (Neubearb. v. Graesse u. Benedict, Orbis latinus) u. dto. Handausg. Bd. 1, 4. A. 1971 - Spr.: Engl., Franz.

PLEINES, Jürgen-Eckardt

Dr. phil., Prof. Univ. Karlsruhe (s. 1983) - Lange Str. 33, 7505 Ettlingen 8 (T. 07243 - 21 65) - Geb. 1. Okt. 1934, verh. s. 1964 m. Heike-Regine, geb. Proft, 2 Kd. (Regine, Sebastian) - Stud. Theol. u. Phil.; Promot. 1964 Heidelberg; Habil. (Erziehungswiss.) 1977 Marburg - 1965/66 Assist. PH Karlsruhe; 1966-69 Doz. PH Lörrach; 1970-83 Prof.; ab 1983 Ord. f. Päd. u. Philos. Univ. Karlsruhe. S. 1973 fr. Mitarb. SWF II, Sendung Die Aula - BV: Bildung, 1972; Mensch u. Erziehung, 1976; Prakt. Wiss., 1981; Praxis u. Vernunft, 1983; Eudaimonia, 1984; Hegels Theorie d. Bildung I u. II, 1983 u. 86; Allgemeinbildung, 1986; Einf. in d. prakt. Vernunft I, 1987; Ästhetik u. Vernunftkritik, 1989; Stud. z. Bildungstheorie, 1989; Einf. in prakt. Vernunft II, 1989; Begreifendes Denken, 1990; Teleologie 1991; Stud. z. Ethik 1992.

PLEITGEN, Fritz Ferdinand

Journalist, Chefredakteur WDR Fernsehen (s. 1988) - Appellhofplatz 1, 5000 Köln 1 - Geb. 21. März 1938 Duisburg - Früher: Freie Presse Bielefeld (b. 1962); 1963-70 WDR Köln (Tagesschau); ARD-Korresp. 1970-77 Sowjetunion, 1977-82 DDR, 1982-87 USA, 1987-88 New York - Liebh.: Amerik. u. russ. Lit. - Spr.: Engl., Franz., Russ.

PLENGE, Erich

Dipl.-Volksw., Zeitungs- u. Buchverleger - Lindenstr. 13, 2838 Sulingen/Hann. (T. 20 55) - Geb. 15. Sept. 1910 Sulingen (Vater: Dietrich P., Ztg.sverleger; Mutter: Sophie, geb. Albers), ev., verh. s. 1939 m. Wilma, geb. Buschmann, 3 Kd. (Gudrun, Eckhard, Burkhard) - Hindenburg-Sch. Hannover; Univ. Heidelberg u. Bonn (Volksw.; Diplom-Hauptprüf. 1933) - S. 1933 Herausg. u. Verleger (1937 Sulinger Nachr., 1941 Sulinger Kreisztg., 1943 Diepholzer Kreisbl., 1978 Kreisztg. Verlagsges. mbH & Co KG Syke). Herausg. u. Verleger: Alt-Hannoverscher Volkskalender (begr. 1872) u. a. Div. Heimatlit.

PLESCHER, Helmut

Kurdirektor, Leiter Kurverwaltung Bad Camberg - Uhlandstr. 1, 6277 Bad Camberg (T. 06434 - 10 10) - Geb. 14. Sept. 1928 Bad Sangerberg, Kr. Marienbad/CSFR, kath., verh. s. 1957 m. Cilly, geb. Gangl, 2 T. (Maria, Melanie) - Abit.; Stud. Akad. f. Welthandel Frankfurt; Abschlußdipl. - Geschäftsf. Verb. Dt. Kneippheilbäder u. Kneippkurorte, Vors. d. Verb.-Vers. Naturpark Hochtaunus, Beiratsmitgl. im Kneipp-Bund - Gold. Verbandsabz. d. Kneipp-Bundes, Ehrenbrief Land Hessen - Spr.: Engl., Franz.

PLESS (ß), Helmut C. H.

Chefredakteur D. ROTARIER - Barckhausenstr. 100, 3140 Lüneburg (T. 4 19 66) - Geb. 2. Nov. 1918 Hamburg, verh. in 2. Ehe (1954) m. Margarethe, geb. Kruse - Lichtwarck-Sch. Hamburg (Abit. 1937) - Offz. (Luftw.; Oberst d. R. Bundesluftwaffe); nach Kriegsende Journalist (1947 Lokal-, 1961-84 Chefredakt. Landesztg. Lüneburg, Buchautor zu zeitgeschichtl. u. landeskundl. Themen). Zahlr. Reportagen u. Kommentare üb. Kommunal- u. Wehrpolitik; Funkfeatures (NDR) - Nieders. Verdienstkr. I. Kl.; BVK am Bde. - Rotarier.

PLESS, Karl H.

Ehem. Geschäftsführer Hoechst Boliviana LTDA., Ehrenpräs. Deutsch-Bolivian. Industrie- u. Handelskammer/Camara de Comercio e Industria Boliviano-Alemana - Achter Lüttmoor 2c, 2000 Hamburg 56 - Geb. 23. Aug. 1928

Hamburg (Vater: Karl P. †; Mutter: Frieda, geb. Koepcke †), ev., verh. s. 1954 m. Carla, geb. Reiser, 2 Töcht. (Regina, Graciela) - Abit. 1948 Christianeum Hamburg - 1984 BVK - Spr.: Engl., Span.

PLESSEN, Gräfin von, Elisabeth

Dr. phil., Schriftstellerin (Ps. Elisabeth Plessen) - Reichsstr. 104, 1000 Berlin 19; u. Vecoli, 55060 San Martino in Freddana, Lucca, Ital. - Geb. 15. März 1944 Neustadt/Holst. - Abit.; Stud. d. Phil., Lit.wiss. u. Gesch. an d. Sorbonne, Paris, sow. FU u. TU Berlin; Promot. 1970 TU Berlin - BV: Mitteilung an d. Adel, R. 1976; Kohlhaas, R. 1978; Zu machen, daß e. gebraten Huhn aus d. Schüssel laufe, Gesch. 1981; Stella Polare, R. 1984; Lady Spaghetti, Gesch 1992. Herausg.: Fakten u. Erfindungen. Zeitgenössische Epik im Grenzgebiet v. fiction u. nonfiction (Ess. 1971); Katia Mann. Meine ungeschriebenen Memoiren (1974). Übers.: Marguerite Duras: Savannah Bay (1985); John Webster: D. Herzogin v. Malfi (1985); William Shakespeare: Wie es euch gefällt (1986); Julius Caesar (1986); Antonius u. Cleopatra (1989); D. Kaufmann v. Venedig (1989); Anton Tschechow: Ivanov (in Zusammenarb. m. Peter Zadek, 1990); Henrik Ibsen: Wenn wir Toten erwachen (1991). Autorenfilm: Bäume (NDR III, 1988) - 1976 Kritikerpreis f. Literatur; 1978 Förderaktion f. zeitgenöss. Autoren d. Bertelsmann Verlags; 1988 A. v. Droste-Hülshoff-Preis d. Stadt Meersburg - Spr.: Engl., Franz., Ital.

PLESSER, Ernst H.

Bankdirektor - Ölmühlweg 37, 6240 Königstein/Ts. (T. 73 48; Geb. 12. Jan. 1912 Essen (Vater: Dr. jur. Ernst P., letzter Präs. Preuß. Dienststrafhof; s. X. Ausg.), kath., verh. s. 1950 m. Cornelia, geb. Kallen, 6 Kd. - Univ. Berlin (Rechts- u. Staatswiss.). Refer.ex. 1935, Ass.ex. 1938 - 1939 Dt. Bank, Fil. Leipzig, 1946 Rhein.-Westf. Bank, Fil. Wuppertal, 1949 J. Wichelhaus P. Sohn AG. ebd. (Vorst.), 1951 Südd. Bank, Fil. Trier, 1953 Kreditanstalt f. Wiederaufbau, Frankfurt, 1956 Dt. Bank, Fil. Mannheim, 1965 Zentrale Frankfurt (1965 Dir. m. Generalvollm.). Div. ARsmandate, dar. Rheinelektra, Mannheim - Spr.: Engl., Franz., Ital. - Rotarier - Bek. Vorf. ms.: Franz Dinnendahl, 1775-1826 (führte d. Dampfmaschinenbau im rhein.-westf. Industriegebiet ein).

PLESTER, Dietrich

Dr. med., Dr. med. h. c., em. o. Prof. f. Hals-, Nasen-, Ohrenheilkunde - Lichtenbergerweg 30, 7400 Tübingen (T. 4 95 53) - Geb. 23. Jan. 1922 Essen - S. 1957 (Habil.) Lehrtätigk. Med. Akad. bzw. Univ. Düsseldorf (1963 apl. Prof.) u. Univ. Tübingen (1967 Ord. u. Klinikdir.). Emerit. 1988. Ehrenmitgl. zahlr. ausl. Fachges. Div. Veröff. üb. Pathophysiol. d. Innenohres u. Mikrochir. d. Hörorgans.

PLETICHA, Heinrich

Dr. phil., Honorarprof. Univ. Würzburg, Oberstudiendirektor a. D., Autor - Walther-von-der-Vogelweide-Str. 20, 8700 Würzburg (T. 0931 - 7 34 71) - Geb. 9. Sept. 1924 Warnsdorf (Vater: Anton P., Prok.; Mutter: Anna, geb. Eger), kath., verh. s. 1951 m. Elisabeth, geb. Raunft, T. Eva Maria - Stud. Gesch. u. German. - Autor hist. Sachbücher - BV: Ritter, Burgen u. Turniere, 1961ff.; Gesch. aus erster Hand, 1979; Abenteuerlexikon, 1978; Dt. Gesch., 1981-84; D. klassische Weimar, 1983; Unvergängliches Prag, 1989; Weltgesch. 1987-90; Des Reiches Glanz, 1990; Kulturlandschaft Thüringen, 1991; Böhmen u. Mähren, 1992 - BVK I. Kl.; Kulturpreis Stadt Würzburg; Dt. Jugendbuchpreis; Bödecker-Preis; Collodi-Preis; 1984 Bayer. VO; Gr. Sud. Kulturpreis - Liebh.: Reisen, Bücher (Faksimileausg.) - Spr.: Engl.

PLETT, Heinrich F.

Dr. phil., o. Prof. f. Anglistik - Spillheide 68, 4300 Essen 16 - Geb. 26. Sept. 1939 Neuss (Vater: Heinrich P., Bauführer; Mutter: Christine, geb. Brücken), kath., verh. s. 1973 m. Renate, geb. Schmidt - 1959-63 Univ. Köln u. 1963-65 Bonn (Angl., Lat., Vergl. Lit.wiss.); Promot. 1969 Bonn - 1965-71 wiss. Assist., 1970-72 Doz., 1972ff. o. Prof. f. Angl. Univ. Essen. 1977-79 1. Gen.sekr. Intern. Society for the History of Rhetoric; Gastprof. Univ. Hamburg (1976/77) u. Univ. of Saskatchewan (1986) - BV: Einf. in d. rhetor. Textanalyse, 1971, 8. A. 1991; Rhet. d. Affekte: Engl. Wirkungsästh. im Zeitalter d. Renaiss., 1975; Textwiss. u. Textanalyse, 1975, 2. A. 1979; Engl. Rhetorik u. Poetik 1479-1660: E. systematische Bibliogr., 1985. Herausg.: Rhetorik (1977); Engl. Drama v. Beckett b. Bond, 1982; Literarische Studien (1989ff.); Intertextuality (1991). Mithrsg.: Theater im Revier: Kritische Dokumentation (1991ff.) Renaissance-Rhetorik, 1992 - Liebh.: Theater, Musik, Bild. Kunst - Spr.: Engl., Franz.

PLETT, Klaus

Dr. rer. pol., Dipl.-Kfm., Wirtschaftsprüfer, Steuerberater - Frauenthal 27, 2000 Hamburg 13 - Geb. 14. Nov. 1923 Essen.

PLETTENBERG, Gräfin, Gabriele

Präsidentin Kath. Elternschaft Deutschlands (KED) u. d. Arbeitsgem. Kath. Verbände f. Erzieh. u. Schule in Deutschl. (AKVES) - Haus Hombusch. 5353 Mechernich.

PLETTNER, Hans-Henifried

Kunstmaler, Bildhauer, Entdecker - Papenkamp 24, 3320 Salzgitter 1 (T. 6 12 28) - Geb. 15. Dez. 1939 Quedlinburg (Vater: Karl P.; Mutter: Erna, geb. Milius) - Autodidakt - 1982/83/84 fünf Ausst.-Kunstricht.: Mod. u. Wilde Kunst, Plastiken, Steropor-Modelle u.a. Veröff.: Physik Wochenblatt-Artikel. Erfinderzentrum Hannover. Untersuch. z. Solitonenenergie, Quantensprungenergie, Entstehung v. Antimaterie. Entd.: Entstehung v. Materie durch supraleitende Blasen - BV: Evolution d. Energien in d. Gravitation, 1985. Herausg.: H. Plettner, Arbeiten (1984). 70 Märchen u. Sachkurzgeschichten, Auslage d. Arb. im Salzgitter-Salder Schloßmuseum - Urk. u. Med. Brüssel, Genf, Basel - Spr.: Russ., Engl.

PLEYER, Friedrich

Prof., Erster Kapellmeister Oper Nürnberg - Zu erreichen üb. Theater, 8500 Nürnberg - Geb. 11. April 1937 Wien (Eltern: Ernst (Angest.) u. Gabriele P.), kath., verh. s. 1962 m. Brigitte, 2 Kd. (Wolfgang, Michaela) - Wiener Sängerknaben; Human. Gymn.; Musikakad. - Dirig. Wiener Sängerknaben, Korrepetitor u. Dirig. Wiener Staatsoper, Dirig. Wiener Hofmusikkapelle, GMD Ulmer Theater, Erster Kapellm. Oper Frankfurt u. Oper Bremen - 1979 Österr. Ehrenkreuz f. Wiss. u. Kunst I. Kl.; 1988 Prof.

PLEYER, Klemens

Dr. jur., em. o. Prof. f. Bürgerl. Recht, Handels-, Arbeits-, Zivilprozeßrecht - Schallstr. 6, 5000 Köln 41 (T. 40 39 85) - Geb. 17. Juli 1921 Pilsen/Böhmen (Vater: Alois P., Ingenieur; Mutter: Ella, geb. Schärf), verw. - Realgymn. Pilsen; Univ. Straßburg u. Marburg (Rechtswiss.). Gr. jurist. Staatsprüf. 1951. Promot. 1953; Habil. 1956 - S. 1957 o. Prof. TH Darmstadt Univ. Mainz (1962), FU Berlin (1966), Univ. Köln (1969) - Zahlr. Buch- u. Aufsatzveröff. z. Zivil-, Wirtsch.-, Arbeits- u. Zivilprozeßrecht d. BRD u. d. DDR - Liebh.: Bücher, Musik, Theater, Reisen - Spr.: Tschech., Engl., Franz., Ital., Span., Russ.

PLEYER, Peter

Dr. phil., Prof. f. Medienpädagogik (FH) - Falkenweg 8, 4400 Münster (T. 0251 - 62 45 45) - Geb. 3. Juni 1933 Ludwigsdorf (Vater: Hans P., Chemiker; Mutter: Emmy, geb. Hoffmann), ev., verh. s. 1959 m. Hildegard, geb. Cramer v. Clausbruch, 2 T. (Julia, Sibylle) - Gymn. Lüdenscheid; Stud. Publiz., Gesch., Öfftl. Recht Univ. Münster; Promot. 1964 - 1965/66 Bundeszentr. f. polit. Bild. Bonn; 1966-68 wiss. Mitarb. Univ. Münster; 1968-71 Studienleit. f. Medienpäd. Akad. Remscheid; ab 1972 Prof., 1984-90 Prorektor u. s. 1991 Rektor FH Münster. 1971-82 2. Vors. Hauptaussch. Filmbewert.stelle Wiesbaden - BV: Dt. Nachkriegsfilm 1946-1948, 1965.

PLINKE, Heinrich Friedrich

Dipl.-Ing. (Chemie), Miteigentümer Plinke GmbH & Co. Chemieanlagen KG Bad Homburg (s. 1973) - Immanuel-Kant-Str. 7, 6380 Bad Homburg (T. 06172 - 8 54 64) - Geb. 2. Aug. 1931 Berlin (Vater: Adolf P., Chem.-Ing.; Mutter: Emmy, geb. Goldacker), ev., verh. s. 1959 m. Liselotte, geb. Bigler, 3 Söhne (Marc, Rolf, Erik) - Realgymn. Wasserburg/Inn (Abit. 1951); TH Karlsruhe, Dipl. 1956 - 1957-62 Bayer AG (Anorg. Forsch.), 1962-73 Adolf Plinke (Geschäftsf.), s. 1973 Eigent. (m. Bruder) Fa. Plinke GmbH & Co. Chemieanlagen KG; s. 1983 gf. Gesellsch. Dr. Schnabel GmbH & Co KG, Limburg - Spr.: Engl., Franz.

PLOBNER, Manfred

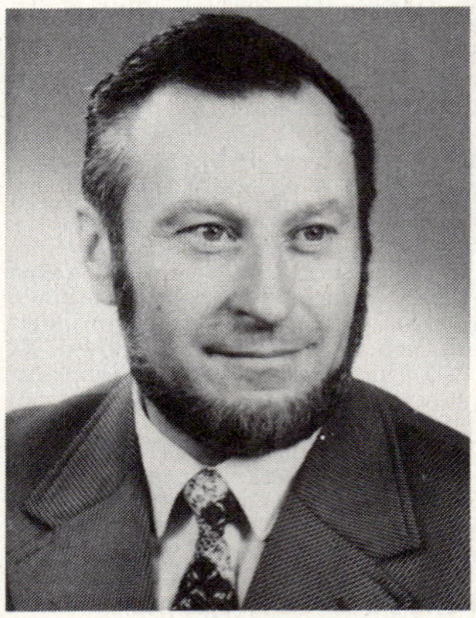

Dipl.-Ing., Markscheider, MdL Sachsen (s. 1990), Verkehrspolitischer Sprecher SPD-Landtagsfraktion - Friedhofstr. 3, O-9156 Oelsnitz/Erzgeb. (T. 24 32) - Geb. 23. Sept. 1938 Oelsnitz/Erzgeb., kath., verh. s. 1960 m. Gisela, geb. Luther, 2 Söhne (Frank, Kai) - Abit. 1957; Dipl. 1958-63 Freiberg/Sa.; Zulassung als Markscheider 1965-67 Leipzig - 1967-70 Leit. d. Sicherheitsinspektion, Steinkohlenwerk Zwickau; 1985-90 Dir. f. Prod. u. Techn. Bergbauerkundung Oelsnitz; s. 1990 stv. Landrat (Stollberg) - Liebh.: Musik, Theater, Konzert, Heimorgel - Spr.: Engl., Russ.

PLOCK, Karl-Hans

Dipl.-Ing., Hauptgeschäftsführer Bundesverb. Naturstein-Industrie, Geschäftsf. Forschungsgem. Naturstein-Ind. Bonn - Weimarstr. 32, 5205 St. Augustin-Niederberg - Geb. 22. Nov. 1930 Worbis - Ass. (Bergfach).

PLOECKL, Peter-Rolf

I. Bürgermeister - Rathaus, 8876 Jettingen-Scheppach/Schw. - Geb. 27. Sept. 1941 Augsburg - Zul. Justizamtm. CSU.

PLOEGER, Andreas

Dr. med., Dipl.-Psych., Prof. (C4) f. Mediz. Psychologie u. Sozialpsychiatrie TH Aachen (s. 1977), Facharzt f. Neurol. u. Psychiatrie (Psychotherapie) - Vater: Andreas P., LG-Dir.; Mutter: Margareta, geb. Schmitz, ev., verh., T. Cornelia - Staatsex. 1952 München; Promot. 1954 Tübingen, Habil. 1969; Dipl.ex. 1956 München - 1953-56 Assist. Inst. f. Pathol. u. II. Med. Univ.klinik München; 1956-68 Assist. Univ.nervenkl. Tübingen; 1969 Oberarzt. Abt. Psychiatrie, Med. Fak. Aachen. 1971-77 wiss. Rat u. Prof. f. Psychiatrie, Psychotherapie u. Sozialpsychiatrie. 1977 Lehrstuhl u. Vorst. Abt. Med. Psychol. S. 1959 Nervenfacharzt; spez. Arbeitsgeb.: therapeut. Gemeinsch., d. Mensch in d. extremen seel. Belast., Psychodrama-Therapie. Mitgl. Dt. Ges. f. Psychiatrie u. Nervenheilkd., Dt. Ges. f. Psychol., Bund dt. Psychologen, Allg. Ärztliche Ges. f. Psychotherapie, Dt. Ges. Med. Psychol., Vors. Ges. f. Tiefenpsych. fundierte Psychodramatherapie - BV: D. Therapeut. Gemeinsch. in d. Psychotherapie u. Sozialpsychiatrie, 1972; Tiefenpsychol. fundierte Psychodramatherapie, 1983 - Liebh.: Skilauf, Schwimmen - Spr.: Engl., Latein.

PLÖGER, Hanns-Ekkehard

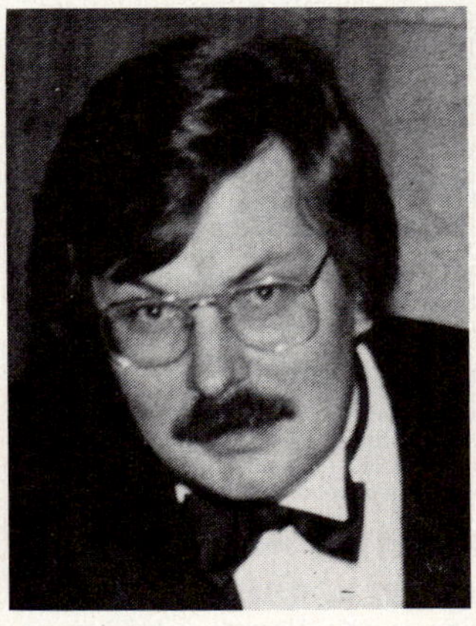

Rechtsanwalt u. Notar, Geschäftsführer Berliner Juristenball GmbH (s. 1979) - Schumpeter Str. 41, 1000 Berlin 49 - Geb. 30. Mai 1938 Berlin (Vater: Johannes P., Bürgerm. v. Buxtehude), ev., verh. s. 1968 m. Sylvia, geb. Eichholz, 3 Kd. (Hanns-Oliver, Maya-Sylviane, Don-Marco) - Ass.ex. 1975 Berlin - Bundeswehr (Funker); s. 1976 Präs. Volleyball-Verb. Berlin; s. 1985 Vorst.-Mitgl. Turn- u. Sport Verein v. 1887; s. 1988 Präsid.-Mitgl. Dt. Motoryacht Verb. (DMYV); s. 1990 Vors. d. Motoryachtverb. Berlin; s. 1991 Präs. d. Vereins z. Förd. d. jurist. Nachwuchs u. d. Rechts - Div. Sportehrungen d. VVB sow. DVV - Liebh.: Sport, Theater, Kunst (Fluxus), Poesie, Hühnerzüchter - Spr.: Engl., Latein - Bek. Vorf.: Hans Plöger, Erf. d. Eisenbahnfrachttarife (Großv.); Walter Sawall, Steherweltm. (Patenonkel).

PLÖGER, Josef Georg

Dr. theol., Weihbischof in Köln (s. 1975), Domkapitular Köln (s. 1978) - Marzellenstr. 32, 5000 Köln - Geb. 6. Juli 1923 Hünningen/Westf. (Vater: Franz P. (†); Mutter: Elisabeth, geb. Peters (†)), kath. - Stud. Univ. Bonn u. Priesterseminar Köln; Priesterweihe 1953 - Kaplan D'dorf u. Gymnich, Pfarrektor Oedekoven, Rektoratspfarrer Dersdorf, 1968-73 Akad. Rat Univ. u. Pfarrer St. Josef, 1973-1975 Stadtdechant u. Münsterpf., sämtl. Bonn, s. 1975 Weihbischof - BV: Lit.krit., formgeschichtl. u. stilkrit. Untersuchungen z. Deuteronomium, 1967. Herausg. mehrerer Bücher (u. a. D. Neue Echter-Bibel m. J. Schreiner). Mitarb. versch. Reihenwerke - 1975 Ehrendomherr Toulouse.

PLÖGER, Otto

D. theol. (habil.), em. o. Prof. f. altes Testament - Beethovenallee 36, 5300 Bonn 2 - Geb. 27. Nov. 1910 Mülheim/Ruhr, ev. - 1948 Doz. Univ. Heidelberg, 1954 apl. Prof. ebd., 1955 Ord. Univ. Bonn - BV: Kommentar z. Alten Testament - D. Buch Daniel, 1965.

PLOEN, Günther

Rechtsanwalt, Geschäftsf. Joh. Friedrich Behrens, Ahrensburg/Holst. - Holstenstr.

31, 2358 Kaltenkirchen - Geb. 14. April 1924.

PLOENES, Karl Josef

Dipl.-Kfm., Geschäftsführer u. Teilh. u. a. Ploenes & Co. Verwalt.sges., J. Ploenes & Co. Landesprod. u. Baust., bde. Kirchherten - Haus Ursula, 5152 Lipp b. Bedburg/Erft.

PLOG, Jobst

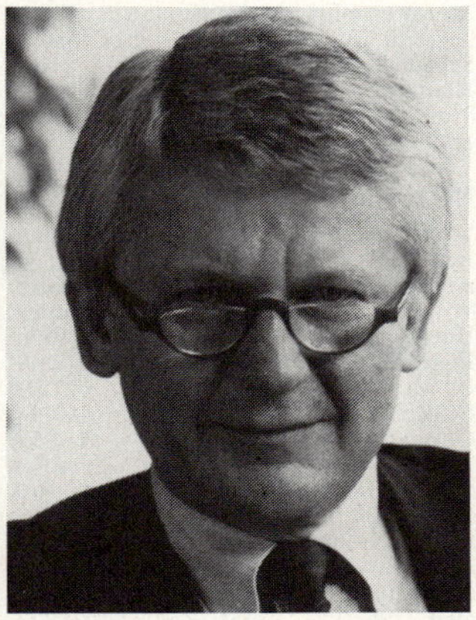

Intendant Norddeutscher Rundfunk NDR (s. 1991) - NDR, Rothenbaumchaussee Nr. 132-134, 2000 Hamburg 13 (T. 040-413 20 31) - Geb. 26. Febr. 1941 Hannover - Stud. Jura Hamburg, Göttingen, Paris, 2. Staatsex. 1970 - 1970 Rechtsanw. Hannover, s. 1972 Partn. in Sozietät Dr. Rotzoll, Stute u. Partn. (b. 1977), 1975-77 Syndikus Calenberg-Grubenhagenschen Landsch., 1977-80 Justitiar NDR, 1980-91 stv. Intendant, s. 1991 Int.; s. 1980 Vors. ARD-Auslandskommiss.; s. 1991 stv. Vors. ARD/ZDF Medienkommiss., Vors. Informationskreis ARD-Medienforsch.; s. Jan. 1992 Member of the Board of Trustees of the Intern. Inst. of Communications - Liebh.: Lit., Kunst, Sport - Spr.: Engl., Franz.

PLOOG, Detlev

Dr. med., Prof., Psychiater u. Neurologe Max-Planck-Inst. f. Psychiatrie, München - Kraepelinstr. 2, 8000 München 40 - Geb. 29. Nov. 1920 Hamburg (Vater: Hans P., Arzt; Mutter: Pauline, geb. Schrader), ev., verh. s. 1952 m. Frauke, geb. Dibbern, 4 Kd. - BV: D. Sprache d. Affen, 1974; Verhaltensforschung. Instinkt - Lernen - Hirnfunktion, 1974 (m. Gottwald); Neurosciences and Ethics (Ed., m. Hess), 1988 - Honorary Mb. of the Americ. Acad. of Arts and Sciences; Mitgl. Dt. Akad. d. Naturforscher/Leopoldina, Halle/S.; Mitgl. Bayer. Akad. d. Wiss.; Mitgl. Königl. Niederländ. Akad. d. Wiss.; Ehrenmitgl. Dt. Ges. f. Psychol. - Spr.: Engl.

PLUCIS, Andris

Ballettdirektor Gießen (Künstlername: Bruce) - Zu erreichen üb. Stadttheater, Berliner Platz, 6300 Gießen - Geb. 7. März 1959 Kelsterrühl/Schwarzwald, neuapostol., verh. s. 1977 m. Eva Czischeck, 3 Kd. (Egbert, Gudrun, Edwin) - Didi Andreé-Ballettschule Freiburg; Soziologiestud. Univ. Frankfurt; Ballettlehrerstud. Belgrad - GDBA-Landesvertreter f. Ballett Hessen, Rhld.-Pfalz u. Saar; GVOA-Bezirksvors. Gießen-Süd - Solotänzer. Rollen: Lorenzo in: Romeo u. Julia; Ernest in: D. Frühling u. s. Schatten (v. Evan Jones); Bruce in: The Bruce Brothers' Show - Liebh.: Schach (Schachmeister d. Junioren in Kelsterrühl), Philatelie, Sammeln v. Bierdeckeln - Spr.: Engl., Franz., Ital., Lettisch.

PLÜCK, Kurt

Dr. phil., Ministerialdirektor (1983ff.), Leit. Öffentlichkeitsarb. u. Kultur Bundesmin. f. innerdt. Bezieh. - Godesberger Allee 140, 5300 Bonn 2 (T. 306 23 20) - Geb. 16. Juni 1925 Unna/Westf. (Vater: Paul P., Beamter; Mutter: Berta, geb. Davids), kath., verh. s. 1949 m. Traudel, geb. Pietrek, 5 Kd. (Susanne, Beate, Stephan, Martin, Irene) - Univ. Bonn; Promot. 1952 - 1952-64 Bundesmin. f. gesamtdt. Fragen; 1964-82 Presse- u. Informationsamt d. Bundesreg.

PLÜCKTHUN, Hans

Dr. med., Prof., Oberarzt Univ.s-Kinderklinik Heidelberg - Steinackerweg, 6901 Nußloch - S. Habil. Privatdoz. u. apl. Prof. Heidelberg.

PLÜMACHER, Wilhelm

Vorstandssprecher Apollinaris Brunnen AG, Bad Neuenahr, Geschäftsführer Johannisbrunnen GmbH., Zollhaus/L., AR-Mitgl. Presta Overseas Ltd., London - Apollinarisstr. 3-5, 5483 Bad Neuenahr - Geb. 26. Dez. 1913 Düsseldorf - S. 1949 Apollinaris - BVK.

PLUTTE, Ernst-Günter

Fabrikant, gf. Gesellsch. P. A. Lückenhaus GmbH & Co Holding KG (Bekleidungstextilien Techn. Gewebe), Wuppertal-B. - Brucknerweg 27, 5600 Wuppertal 2 - Geb. 24. Febr. 1916 - N. Abitur Textiling.stud. - 1986 Ehrenpräs. Gesamttextil, Frankf.; 1986 Gr. BVK - Liebh.: Sport (Reiten, Tennis) u. Jagd.

POBELL, Frank D. M.

Dr. rer. nat., o. Prof. f. Experimentalphysik Univ. Bayreuth (s. 1983), Direktor Inst. f. Festkörperphysik d. Kernforschungsanlage Jülich (1975-83, Tieftemperatur- u. Festkörperphysik) - Zu erreichen üb. Univ. Bayreuth, 8580 Bayreuth - Geb. 9. Aug. 1937 Berlin (Vater: Werner P., Kaufm.; Mutter: Irmgard L., geb. Lühr), ev., verh. s. 1959 m. Christel, geb. Köhler, gesch. 1991, 3 Kd. (Derick, Annette, Kathrin) - Stud. Physik Univ. u. TU München. Diplom Exper.physik 1962 Univ. ebd.; Promot. 1965 u. Habil. 1969 TU ebd. - 1962-66 wiss. Angest. Bayer. Akad. d. Wiss.; 1966-69 wiss. Assist. TU München; 1969-1971 wiss. Angest. Cornell Univ., USA; 1971-75 Gruppenleit. KFA Jülich; 1974 stv. Vors. d. Wiss.techn. Rats ebd., AR-Mitgl. 1976-83 ebd.; 1975-83 Prof. Univ. Köln; 1990 Vizepräs. Int. Union f. Reine u. Angew. Physik - 1988 E. Warburg Preis; 1992 Lise-Meitner/Alexander v. Humboldt- Preis - Liebh.: Leichtathl. - Spr.: Engl., Franz.

POCHAT, Götz

Dr., o. Univ.-Prof. Kunsthist. Inst. Graz (s. 1987) - Zu erreichen üb. Kunsthist. Inst., Universitätsplatz 3, A-8010 Graz - Geb. 28. Nov. 1940, ev., verh. s. 1967 m. Mareike, geb. Woellert, 2 Töcht. (Madeleine, Christine) - Stud. Kunstgesch. u. Komparatistik Univ. Bonn, Stockholm, Florenz, Rom u. London; Fil. mag. 1964 Stockholm; Fil. lic. (Kunstgesch.) 1968; Habil. 1973 Stockholm; Fil. lic. (Komparatistik) 1974 ebd. - S. 1970 wiss. Assist. Stockholm; s. 1974 Doz.; 1981-87 Lehrst. f. mittl. u. neuere Kunstgesch. RWTH Aachen - BV: Exotismus, 1970; Figur-Landschaft, 1973; Symbolbegreppet, 1977; Estetik o konstteori, 1980; Symbolbegriff (erw. Übers.), 1983; Gesch. d. Ästhetik u. Kunsttheorie, 1986; Theater u. bild. Kunst, 1989 - 1974 Beskowska Priset Stockholm - Liebh.: Musik, Lit., Malerei, Sport - Spr.: Engl., Franz., Ital., Schwed.

POCHHAMMER, Kurt

Dr. med., Chirurg, Ehrenpräs. Dt. Segler-Verb. - Sigismundkorso 25/26, 1000 Berlin 28 - 1985 Gr. BVK.

PODDIG, Joachim

Kommandeur im Bundesgrenzschutz - Grenzschutzkommando Mitte, Graf-Bernadotte-Pl. 5, 3500 Kassel 1 - Geb. 12. Dez. 1932.

PODEHL, Heinz Georg

Schriftsteller, Maler, Buchillustrator - Böckmannstr. 1, 4600 Dortmund 41 (T. 0231 - 45 63 55) - Geb. 30. März 1919 Rastenburg/Ostpr., verh., S. Jürgen - Malerlehre; Berufsfachsch.; Schule f. Bild. u. Angew. Kunst, Dortmund - BV: Stadt ohne Ende, 1969; Grüner Abend, 1970; Abgegriffenes Licht, 1974; Salzwind üb. Breitengrad, 1975; Unter Kaddig u. Kruschken, 1976; Fingerhüte f. Gartenzwerge, 1978; Prussen, Enkel u. Erben, 1981; Pruß. Gesch., 1983; Russ. Augenblick, 1983; D. pruß. Ged., 1984; D. H.-Tombrock-Sch., 1985; Pruß. Ostpr., 1985; 4444 Ostpreuß. Namen, pruß. erklärt, 1987; Grüße aus Ostpr., 1988; Pruß. Namen im Pfennigschuldb., 1988; Unterwegs nach Ostpreußen, 1990 - 1980 Ehrengabe z. Andreas-Gryphius-Preis; 1984 Prußenpreis d. TOLKEMITA.

PODEWILS, von, Angela

Dramaturgin, Lehrkraft an d. Univ. Lüneburg f. Darstellendes Spiel u. Kulturarbeit u. Schauspiellehrerin f. professionelle Ausb. nach Stanislawski/Strasberg - Barckhausenstr. 11, 2120 Lüneburg (T. 04131 - 40 18 29) - Geb. 8. Aug. 1947 Lüneburg, 2 Kd. (Carsten, Verena) - Lehramtsstud. Grund- u. Hauptsch.; 2. Ex. 1976 Hochsch. Lüneburg, Teilausb. Schauspielsch. Margot Höpfner, Hamburg - 5 J. Lehrerin; 1981-90 Dramat. u. Regie Stadttheater Lüneburg, Leit. d. Kinder- u. Jugendtheaters. Theaterpäd. u. -therapeut. Arb. m. Psychisch Kranken, Suchttherapie u. Seniorenarb. - Liebh.: Musik, Tanz, Gesang - Spr.: Engl., Franz.

PODEWILS, Ulrich

Kanzler d. Technischen Universität Berlin - Winklerstr. 15, 1000 Berlin 33 - Geb. 13. Sept. 1947 - Stud. Rechtswiss. 1968-72 Göttingen, Genf u. Heidelberg - 1975-78 Dezernatsleit. Univ. Mannheim; 1978-83 Ref. im Min. f. Wiss. u. Kunst Stuttgart; 1983-88 Bundesmin. f. Bildung u. Wiss. Bonn; 1986/87 Leit. d. Villa Vigoni.

PODEWSKI, Klaus-Peter

Dr., Prof. f. Mathematik Univ. Hannover - Fichtestr. 6, 3167 Burgdorf (T. 05136-15 73) - Geb. 8. Jan. 1940 Elbing, ev. (Vater: Dr. med. Fritz P.; Mutter: Dr. med. Edith, geb. Kölsch), verh. s. 1970 m. Dr. med. Ragna, geb. Noack, 4 Kd. (Sigrid, Edith, Eva, Friedrich) - Techn. Zeichner, Ingenieursch. TH - Liebh.: Familienkunde - Spr.: Engl.

PODLECH, Dietrich

Dr. rer. nat., Prof. Institut f. system. Botanik Univ. München - Am Höllberg 7, 8061 Hebertshausen - Geb. 28. April 1931 Aachen (Vater: Wilhelm P., Oberstudienrat; Mutter: Maria, geb. Gschwend), kath., verh. s. 1962 m. Maria, geb. Steiner, 5 Kd. - Univ. Bonn (Biol., Chemie; Promot. 1958); Habil. 1965 München - 1958-65 Assist. Univ. Bonn u. München; s. 1965 Prof. Inst. f. system. Botanik Univ. München. Rd. 90 Ztschr.- u. Buchbeiträge im In- u. Ausl. z. system. Botanik.

PODLESCHKA, Kurt

Dr. med., Prof., Stadtmedizinaldirektor a. D. - Bingstr. 30, 8500 Nürnberg 30 (T. 4 03 09 58) - Geb. 23. Nov. 1902 Pohrlitz (Vater: Hugo P., Apotheker; Mutter: Luise, geb. Peinelt), kath., verh. 1935 m. Johanna, geb. Witschl - Gymn. Znaim; Univ. Wien u. Prag. Promot. (1927) u. Habil. (1939) Prag - 1930-40 Assist. u. Privatdoz. (1939) Univ. Prag. 1940-45 Dir. Staatskrkhs. Mähr.-Ostrau, 1947-54 Oberarzt Univ.s-Frauenklinik Erlangen (1948 apl. Prof.), 1954-67 Dir. Städt. Frauenklinik Nürnberg - BV: D. geburtshilfl. Gutachten im Vaterschaftsprozeß, 1953. Etwa 100 Einzelarb. - Liebh.: Fotogr.

POECK, Klaus

Dr. med., o. Prof. f. Neurologie - Klemensstr. 11, 5100 Aachen (T. 7 13 46) - Geb. 3. Jan. 1926 Berlin (Vater: Dr. med. Erich P.; Mutter: Elisabeth, geb. Erdmann), ev., verh. s. 1963 m. Dr. Margrit, geb. Töbing, S. Karsten-Axel - Univ. Berlin u. Heidelberg (Med. Staatsex.). Promot. Heidelberg; Habil. Freiburg - 1961 Privatdoz. Univ. Freiburg (Oberarzt Psychiatr. u. Nervenklinik); 1967 o. Prof. TH Aachen/Med. Fak. (Abt.svorst. Neurol.). Mitgl. Intern. Brain Research Org. - BV: Lehrbuch d. Neurologie, 5. A. 1978. Buch- u. Ztschr.beitr. - 1967 Mitglied American Acad. of Aphasia, 1977 Board of Governors, 1968 Intern. Brain Research Org., 1972 Research Group of Aphasia d. World Federation of Neurology - Liebh.: Musik, Malerei - Spr.: Engl., Franz., Ital.

PÖGGELER, Franz

Dr. phil., Dr. h. c., o. Prof. f. Pädagogik, Direktor Sem. f. Allg. Päd. RWTH Aachen - Eichendorffweg 7, 5100 Aachen (T. 7 18 70) - Geb. 23. Dez. 1926 Letmathe/W. (Vater: Franz P., Bürgermeister; Mutter: Anna, geb. Vogt), kath., verh. s. 1955 m. Hanna, geb. Geerken, 5 Söhne (Jan-Dirk, Christoph, Matthias, Ludger, Ansgar) - Univ. Marburg (Philol., Päd., Psych., Phil., Rechtswiss.; Philol. Staatsex. u. Promot 1949) - 1949-53 Assist. Univ. Marburg u. Hamburg; 1953-57 Dozent Dt. Inst. f. wiss. Päd. Münster/W.; s. 1957 Lehrstuhlinh. Päd. Hochsch. Trier u. Aachen (1962); s. 1980 o. Prof. f. Allg. Päd., RWTH Aachen u. Dir. d. Sem. f. Päd. u. Phil. 1953-68 Geschäftsf. bzw. Leit. Inst. f. Erwachsenenbild. Münster; 1962-67 Dir. Akad. f. Jugendfragen ebd.; 1969-87 Vors. Dt. Jugendherbergswerk - BV: D. Verwirklich. polit. Lebensformen in d. Erziehungsgemeinsch., 1954; Erzieh. aus d. Glauben, 1955; D. Päd. Friedrich Wilhelm Foersters, 1957; Einf. in d. Andragogik - Grundfragen d. Erwachsenenbild., 1957; Neue Häuser d. Erwachsenenbild., 1959; D. päd. Fortschritt u. d. verwaltete Schule, 1960; Freiheit d. Bildung - Freiheit d. Erwachsenen, 1960; D. Wagnis d. Schule, 1962; Eltern als Erzieher, 1962; Meth. d. Erwachsenenbild., 1964; Inhalte d. Erwachsenenbild., 1965; Kath. Erwachsenenbild. - Ihre Gesch. in Dtschl. v. 1918 b. 45, 1965; Jugend zw. Heimat u. Welt, 1970; Konkrete Verkündigung, 1970; Erwachsenenbild., 1974; Handb. d. Erwachsenenbild. (Hrsg., 1974ff.); Gesch. d. Erwachsenenbild., 1975; Perspektiven e. christl. Erwachsenenbild., 1978; Menschenführung in d. Bundeswehr, 1980; Grundwerte in d. Schule, 1980; Jugend u. Zukunft, 1984; Politik im Schulbuch, 1985 - 1949 Preis Rechts- u. Staatswiss. Fak. Univ. Marburg (f. d. Arbeit: Ursachen d. Entsteh. totalitärer Regierungssysteme s. d. I. Weltkr.), s. 1972 Ritter d. Ordens v. Hl. Grab z. Jerusalem, 1973 BVK I. Kl., 1976 Richard-Schirrmann-Med., 1981 Ehrenbürger Hebräische Univ. Jerusalem, 1985 Gr. BVK, 1986 Ehrendoktor Univ. Loewen - Sammelt Graphik u. alte Bücher (Päd., Kinderlit.) - Spr.: Engl., Franz.

PÖGGELER, Otto

Dr. phil., Prof., Direktor Hegel-Archiv Univ. Bochum; Mitgl. Rhein.-Westf. Akad. d. Wissensch. - Paracelsusweg 22, 4630 Bochum-Querenburg (T. 70 11 60) - Geb. 12. Dez. 1928 Attendorn, verh. s. 1959, 2 Kd. - Stud. Phil. - S. 1966 (Habil.) Lehrtätigk. Univ. Heidelberg (Doz.) u. Bochum (1968 Prof. f. Phil.). Spez. Arbeitsgeb.: Methodologie d. Geisteswiss., Ästhetik, Dt. Idealismus - BV: D. Denkweg Martin Heideggers, 1963, 3. A. 1990 (auch engl., franz., ital., span., holl., jap.); Phil. u. Politik b. Heidegger, 1972 u. 74; Hegels Idee e. Phänomenologie d. Geistes, 1973; Heidegger u. d. hermeneutische Phil., 1983; D. Frage n. d. Kunst, 1984; Études hégéliennes, 1985; Spur d. Worts. Z. Lyrik Paul Celans, 1986; Preußische Kulturpolitik im Spiegel v. Hegels Ästhetik, 1987; Neue Wege m. Heidegger, 1992 - Lit.: Phil. u. Poesie. O. Pöggeler z. 60. Geb., Bibliogr. hg. v. A. Gethmann-Siefert, 1988, Bd. 2, S. 351-374.

PÖHL, Karl Otto

Drs. h.c., Persönlich haftender Gesellschafter Sal. Oppenheim Jr. & Cie. -

Bockenheimer Landstr. 20, 6000 Frankfurt/M. 1 - Geb. 1. Dez. 1929 Hannover, verh. m. Dr. Ulrike, geb. Pesch, 4 Kd. - Univ. Göttingen (Dipl.-Volksw. 1955) - 1955-60 Ifo-Inst. f. Wirtschaftsforsch., München; 1961-68 Wirtschaftsjourn., Bonn; 1968-70 Mitgl. Geschäftsfg. Bundesverb. dt. Banken; 1970-71 Abt.leit. Bundeswirtschaftsmin., Bonn; 1971-72 Abt.leit. Bundeskanzleramt; 1972-77 Staatssekr. Bundesfinanzmin. (Grundsatzfragen d. Finanz-, Kredit- u. Währungspol.); 1976-77 Präs. Währungsaussch. Europ. Gemeinsch.; 1977-79 Vizepräs., 1980-91 Präs. Dt. Bundesbank; 1983-89 Vors. Notenbankgouverneure d. Zehner-Gruppe., Dt. Gouverneur IWF, Washington u. Bank f. Intern. Zahlungsausgleich, Basel, Vors. Aussch. d. EG-Notenbankgouverneure, VR-Mitgl. Kreditanst. f. Wiederaufbau. SPD - 1983 Ehrendoktor Georgetown Univ. Washington u. Ruhr-Univ. Bochum; 1984 Gr. BVK m. Stern u. Schulterbd.; 1986 Univ. Tel Aviv/Israel, 1987 Univ. of Maryland; 1992 Univ. of Buckingham; 1989 Ehrenplak. d. Stadt Frankfurt am Main; 1990 Nordsternorden d. Königreichs Schweden; 1991 Großkreuz d. VO. d. Bundesrep., 1992 Großkreuz d. Ordens Oranje-Nassau d. Königr. Niederlande - Spr.: Engl.

PÖHLER, Helmut

Fabrikant, gf. Gesellsch. Stickerei-Spitzen-Industrie GmbH. - Klepsauerstr., 7109 Dörzbach/Württ. - Geb. 6. Mai 1910 - Div. Ehrenstell., dar. Vors. Verb. d. Stickerei-, Spitzen- u. Gardinen-Ind.

PÖHLMANN, Dieter

Dipl.-Kfm., Vorstandssprecher Westfalenbank AG, Bochum/Düsseldorf - Huestr. 21-25, 4630 Bochum - Geb. 17. Sept. 1938 Berlin - Vorst. Rhein.-Westf. Börse zu Düsseldorf; Vorst.-Vors. Rottendorf-Stiftg., Ennigerloh; stv. AR-Vors. Westf. Hypothekenbank AG, Dortmund; AR Allfonds Ges. f. Investmentanlagen mbH, München, Harry W. Hamacher Spediteur GmbH & Co., Berlin, Krone AG, Berlin, Hans Wiebe Textil AG, Berlin; VR-Vors. Westfalenbank Intern. S.A., Luxemburg, WeHaCo Kapitalbeteiligungsges. mbH, Hannover; VR G.b.R. Ind.- u. Handelsk./Rhein. Westf. Börse, Düsseldorf, Düsseldorfer Börsenhaus GmbH, Düsseldorf; Beirat Privatdiskont AG, Frankfurt; stv. Beirat Landeszentralbank in Nordrh.-Westf., Düsseldorf; Landeskurat.-Mitgl. NRW Stifterverb. f. d. Dt. Wiss., Essen; Kurat.-Mitgl. D. Freunde d. Nationalgalerie, Berlin, u. d. Westhyp-Stiftg., Dortmund.

PÖHLMANN, Friedrich Egert

Dr. phil., Prof. f. Klass. Philologie Univ. Erlangen (s. 1980) - Spardorfer Str. 59, 8520 Erlangen - Geb. 19. Juni 1933 Nürnberg (Vater: Dr. Rolf P.; Mutter: Rose, geb. Grimm), ev., verh. s. 1958 m. Eva, geb. Meyer, 3 Kd. (Johannes, Michael, Barbara) - Stud. (Latein, Griech., Dt., Phil.) Univ. Erlangen, München; Promot. 1960; Habil. 1968 - 1958-62 Gymn.lehrer; 1962-76 Univ. Erlangen (Assist.; 1968 Doz.; 1972 apl. Prof.); 1976-80 Prof. f. Griech. Philol. Univ. Gießen - BV: Griechische Musikfragmente, 1960; Denkmäler altgriech. Musik, 1970. Fachbuchbeitr. - Spr.: Engl., Franz.

PÖHLMANN, Willi

Rektor, 1. Bürgermeister Höchstädt b. Thierstein - Hauptstr. 26, 8671 Höchstädt (T. 09235-780) - Geb. 28. Nov. 1926 Thierstein, ev., verh. s. 1957 m. Else, geb. Wagner, 2 S. (Freimut, Bert) - Oberrealsch. (Abit.); Päd. Hochsch., 1. u. 2. Lehramtsprüf. - Vors. Freiw. Feuerwehr, s. 1966 Gemeinderat, s. 1971 1. Bürgerm.

PÖLL, Werner J.

Dr. med., Chefarzt Neurochir. Abt. St. Elisabethen-Krankenhaus Ravensburg - Erlenweg 33, 7980 Ravensburg (T. 0751 - 1 43 43) - Geb. 11. März 1942 Aschaffenburg, kath., verh. s. 1977 m. Doris, geb. Kunze, 2 T. (Christine, Annette) - 1964-70 Stud. Univ. Mainz; 1972-78 Fachausb. Neurochir. Klinik Med. Hochsch. Hannover; Med. Staatsex. 1970, Promot. u. Approb. 1972, alles Mainz - 1979-84 1. Oberarzt Neurochir. Klinik FU im Klinikum Steglitz, Berlin; s. 1984 Chefarzt in Ravensburg - Spr.: Engl.

PÖLLER, Wolfgang

I. Bürgermeister Stadt Parsberg - Rathaus, 8433 Parsberg/Opf. - Geb. 16. Mai 1937 Parsberg - Stv. Landrat u. 1. Vors. Bayer. Gemeindetag Landkreis Naumarkt/Opf.

PÖLNITZ, Freifrau von, Gudila, geb. Kehr

Gutsbesitzerin (Land- u. Forstbetr. m. Wildgehege), MdL Bayern (1970-82) - Schloß Hundshaupten, 8551 Egloffstein (T. 09197 - 2 41) - Geb. 17. Nov. 1913 Rom (Vater: Gemeinrat Prof. Dr. P. F. Kehr, Generaldir. Preuß. Staatsarchiv), kath., verw. (Ehemann Prof. Dr. Götz Frhr. v. P., Gründ.-Rektor Univ. Regensburg, † 1967), 1 T. - 1932 Abit.; 1932-36 Stud. (Gesch., Lat., Kunstgesch.) Göttingen u. München - S. 1967 Führ. land- u. forstwirtsch. Betrieb. S. 1970 Mitgl. Bayer. Landtag. Gründ.-Mitgl. Schutzgemeinsch. Alt-Bamberg u.a. Ämter - BV: Anton Fugger, 4 Bd. (Fertigst. d. Arb. v. Prof. Dr. Götz Frhr. v. P.) - Orden v. Hl. Grab, Komtur-Dame m. Stern, Gold. Altenburgmed., Wahlmitgl. Ges. f. Fränk. Gesch., Ehrenbürg. Gde. Hundshaupten, Leutenbach, Egloffstein, Langensendelbach, Ehrenvors. d. Lebenshilfe Forchheim, Oberfranken-Med., Bayer. VO, BVK I. Kl., 1978 Denkmalschutzmed.

POELT, Josef

Dr. rer. nat., o. Prof. f. Botanik - Universität, Graz/Steierm. (Österr.) - Geb. 17. Okt. 1924 - S. 1959 (Habil.) Lehrtätigk. Univ. München, Berlin/Freie (1965 o. Prof.), Graz (1972 o. Prof.) - Zahlr. Arbeiten bes. üb. Flechten (Mitteleuropa, Himalaja, Grönland).

POENICKE, Irmtraut E.

Staatl. gepr. u. allg. beeid. Dolmetscherin u. Übersetzerin, Geschäftsf. CONDOR-VERLAGSGRUPPE (s. 1989), Berlin - Markgraf-Albrecht-Str. 5, 1000 Berlin 31 - Geb. 14. April 1949 Frankfurt/M., led. - Abit. 1967 Wiesbaden; Sprachensch.; Staatl. Dolm.- u. Übers.-Prüf. Engl. 1972 Wiesbaden - 1971-76 Touche Ross & Co. WP-Ges., Frankfurt (zul. Abt.-Leit.); 1976-79 N-U-R Zielgebietsbuchh. Senegal + Kenia; s. 1980 CONDOR-VERLAGSGRUPPE (Rechte + Liz.-Verlagsleitg.-GF) - Liebh.: Gartenpflege, Heimwerken. Reisen, Lesen, Psychologie/Esoterik - Spr.: Engl., Franz., Ital.

POENICKE, Klaus

Dr. phil., o. Prof. f. Amerik. Literaturgeschichte u. Vorst. Amerika-Inst. Univ. München (s. 1968) - Panoramaweg 10, 8928 Hohenfurch - BV: Robert Penn Warren: Kunstwerk u. krit. Theorie. 1959; Dark Sublime: Raum u. Selbst in d. amerik. Romantik, 1972; D. amerik. Naturalismus, 1982. Herausg.: Zurück zu (welche)r Natur? D. Krise d. urban-industrial Paradigm u. d. Anspruch e. ökol. Hermeneutik, 1987.

PÖPPEL, Ernst

Dr. phil., Prof., Vorstand d. Inst. f. med. Psychol. - Goethestr. 31, 8000 München 2 (T. 089 - 599 66 50) - Geb. 29. April 1940 Schwessin/Pom., ev., verh. s. 1963 m. Christiane, geb. Blohm, 3 Kd. (David, Julie, Lili) - Stud. Univ. Freiburg, München, Innsbruck (Psychol., Zool.); Promot. 1968 Innsbruck; Habil. (Sinnesphysiol.) 1974 München, Habil. (Psychol.) 1976 Innsbruck - 1965-68 Max-Planck-Inst. Verhaltensphysiol., 1969/70 u. 1974-76 MPI Psychiatrie; 1971-73 MIT, Cambridge/USA; 1976 Ord. med. Psychol. - BV: Lust u. Schmerz, 1982; Grenzen d. Bewußts., 1985 (Engl. 1988, Portugies. 1989, Poln. 1989); Gehirn u. Bewußtsein, 1989; Med. Psychol., Lehrbuch 1990 - Liebh.: Squash - Spr.: Engl., Span., Franz.

PÖPPEL, Gerhard

Dr. phil., Prof., Hochschullehrer - Christian-Hackethal-Str. 19, 3200 Hildesheim (T. 4 13 43) - U. a. Prof. f. Schulpäd. Päd. Hochsch. Alfeld.

PÖPPEL, Joachim

Dipl.-Ing., Dipl.-Kfm., Dr.-Ing. E. h., Vorstandsmitglied (Produktionstechnik u. Datenverarb.) Heidelberger Druckmaschinen AG (s. 1973) - POB 10 29 40 - 6900 Heidelberg (T. 9 20) - Geb. 4. Okt. 1929 Berlin - (Vater: Gerhard P., Realschullehrer; Mutter: Ellen, geb. Brandt), ev., verh. s. 1957 m. Eva, geb. Simon, 2 Kd. (Ingrid u. Jürgen) - Lehre als Maschinenschlosser; TH München, ETH Zürich (Dipl.-Ing. 1954); Univ. München (Dipl.-Kfm. 1956) - 1957-60 BASF, 1960-72 DEMAG (zul. Geschäftsf. DEMAG-Baumasch. GmbH, Düsseldorf u. Vorst. Dinglerwerke AG, Zweibrücken); s. 1981 AR Kieserling & Albrecht Solingen, s. 1983 Carl-Zeiss-Stiftg. - Schott Gruppe -, s. 1984 Krupp Widia GmbH, Essen; s. 1989 Präs. VDI - 1989 Dr.-Ing. E. h. Univ. Karlsruhe - Liebh.: Privat-Pilot - Spr.: Engl.

PÖPPELMEIER, Otto-Wilhelm

Beamter, Persönl. Referent d. Senators f. Stadtentwicklung u. Umweltschutz in Berlin, ehem. Mitgl. d. Abgeordnetenhauses - Planufer 94, 1000 Berlin 61 (T. 030 - 692 39 60) - Geb. 2. Juni 1949 Dielingen, ev., verh. - Vors. Mieterunion Berlin. Reitstallbesitzer.

PÖPPL, Ernst Josef

Verwaltungsangest. a.D., MdB - Wiener Str. 18, 8060 Dachau (T. 08131-3 34 41) - Geb. 29. Juni 1932 Tegernsee/Kr. Miesbach, kath., verh. s. 1953 m. Luise, geb. Bleibinger, T. Petra - Handwerkslehre; Fernstud. Maschinenbau - CSA-Bezirksvors. Oberbay. u. CSA-Landesvorst.; CSA-Kreisvors. Dachau. CSU (Orts- u. Kreisvorst. Dachau, Bezirksvorst. Oberbay.; Deleg. d. Parteitages; Deleg. d. Landesparteiaussch.).

PÖRTL, Klaus

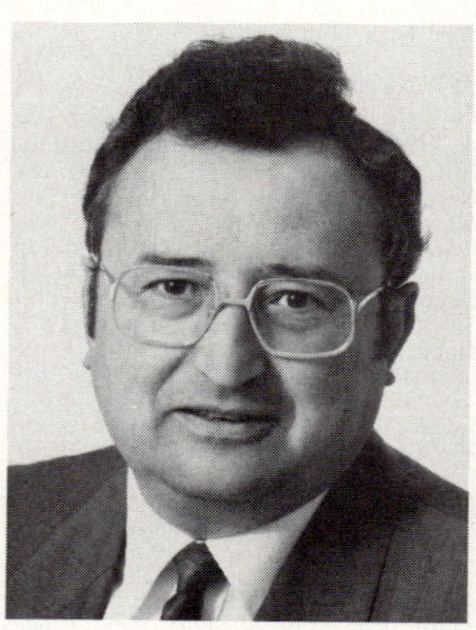

Dr. phil., Univ.-Prof. f. Hispanistik u. Lusitanistik - An der Hochschule 2, 6728 Germersheim (T. 07274 - 50 80) - Geb. 12. Mai 1938 Budweis (Vater: Dr. iur. Karl P., Richter; Mutter: Elisabeth, geb. Rieger), kath., verh. s. 1966 m. Georgine, geb. Estendorfer, 2 Kd. (Stefan, Nicola) - Gymn. Weiden, Nürnberg, München; Stud. Roman., German., Gesch. Univ. München u. Madrid - Hispanist u. Lusitanist; 1979-81 Dekan Fachber. Angew. Sprachwiss. Univ. Mainz; 1985-90 Vizepräs. f. Stud. u. Lehre Univ. Mainz - BV: D. Satire im Theater Benaventes, 1966; D. lyr. Werk d. Damián Cornejo, 1978; D. span. Theater (V. d. Anfängen b. zum Ausgang d. 19. Jh.), 1985; Reflexiones sobre el Nuevo Teatro Español, 1986.

PÖRTNER, Friedrich

Studiendirektor a. D., Landtagsabgeordneter Niedersachsen - Marienstr. 16, 3062 Bückeburg (T. 05722 - 2 65 41) - Geb. 31. Juli 1942 Bückeburg, ev., verh. s. 1984 m. Brigitte, geb. Glassl, T. Stefanie - Abit. Bückeburg; Stud. f. d. Höhere Lehramt an d. Univ. Münster, Hamburg u. Hannover; 1. u. 2. Staatsex.; Anstellungen in Hannover, Stadthagen u. Bückeburg. CDU-Kreisvors. v. Schaumburg; 2. stv. CDU-Bezirksvors. Hannover; Kreistags- u. Landtagsabgeordn. - Liebh.: Sport, polit. Lit., Natur erleben - Spr.: Engl., Franz.

PÖRTNER, Rudolf

Schriftsteller - Rubensstr. 17, 5300 Bonn-Bad Godesberg (T. 37 88 17) - Geb. 30. April 1912 Bad Oeynhausen (Vater: Wilhelm P., Kaufm. Angest.; Mutter: Dora, geb. Fricke), ev., verh. s. 1940 m. Eugenie, geb. Müller, 2 Kd. (Rudolf, Irene) - Realgymn. Bielefeld; 1931-38 Univ. Marburg, Berlin, Leipzig (Gesch., German., Volksw., Soziol.) - Redakt. Anzeiger u. Tagebl., Bad Oeynhausen (1933-1934), Zeitungsdst. Graf Reischach, Berlin (1938-1945), Dt. Ztg.dst., Herford/Bonn (1947-58) - BV (zahlr. Aufl.; übers.): Mit d. Fahrstuhl in d. Römerzeit, 1959; Bevor d. Römer kamen, 1961; D. Erben Roms, 1964; D. Römerreich d. Deutschen, 1967; D. Wikinger Saga, 1971; Alte Kulturen ans Licht gebracht, 1975; Operation Heiliges Grab, 1977; Alte Kulturen d. Neuen Welt, 1980. Herausg.: Das Schatzhaus d. dt. Geschichte (1982); Mein Elternhaus (1985); Sternstunden d. Technik (1986); Kindheit im Kaiserreich (1987); Oskar von Miller (1987); Kinderj. d. Bundesrep. (1989); Alltag in d. Weimarer Rep. (1990); Wir Deutsche aus Rußland (1992) - 1974 Ceram-Preis d. Rhein. Landesmuseums, Bonn; BVK; VO Land Nordrh.-Westf.

PÖSCH, Heinz

Dr.-Ing., Techn. Direktor, Vorstandsmitgl. Eternit AG., Berlin, Honorarprof. TU ebd. (Planung u. Einricht. v. Baustoff-Fabriken) - Koenigsallee 14h, 1000 Berlin 33 (T. 885 32 18) - Geb. 11. Dez. 1920 Berlin - TH Berlin (Dipl.-Ing. 1943). Promot. 1948 - 1943 ff. Konstrukteur Flugzeugbau; s. 1955 Eternit (1963 Vorst.).

PÖSCHL, Ernst

Dr. rer. nat., Dipl.-Chemiker, Geschäftsführer Tabakfabriken Alois Pöschl GmbH & Co KG, Landshut - Altstadt 23, 8300 Landshut (T. 0871 - 20 38) - Geb. 6. Febr. 1949 Landshut (Vater: Wilhelm P., Kaufm.; Mutter: Martha, geb. Ernst), kath., verh. m. Franziska, geb. Huber, 3 T. (Veronika, Katharina, Justina) - Abit. - Mitgl. Tarifaussch. Verb. Tabakind., Bonn - Spr.: Engl.

PÖSCHL, Viktor

Dr. phil. (habil.), o. Prof. f. Klass. Philologie - Mühltalstr. 120a, 6900 Heidelberg (T. 48 02 80) - Geb. 28. Jan. 1910 Graz/Steierm. (Vater: Prof. Viktor P., chem. (s. X. Ausg.); Mutter: Maria, geb. Beseliak), kath., verh. s. 1946 m. Tatjana, geb. Fischer - Gymn. Mannheim; Univ. Heidelberg (Promot. 1933), Grenoble, Cambridge, München, Berlin - Doz. Univ. München (1940), Prag (1940) u. Graz (1948); s. 1950 Ord. Univ. Heidelberg - BV: Röm. Staat u. griech. Staatsdenken bei Cicero, 1936; Grundwerte röm. Staatsgesinnung in d. Geschichtswerken d. Sallust, 1940; D. Dichtkunst Virgils, 1950; Horaz u. Politik, 1956; D. große Maecenasode d. Horaz, 1961; D. Hirtendichtung Virgils, 1964; Horazische Lyrik, 2. erw. A. 1991; D. neuen Menanderpapyri u. d. Originalität d. Plautus, 1973; D. Problem d. Adelphen d. Terenz, 1975; D. Dichtkunst Virgils, 3. erw. A. 1977; Buchbeitr. u. a. - S. 1954 o. Mitgl. Heidelbg. Akad. d. Wiss.; 1976 korr. Mitgl. Österr. Akad. d. Wiss. u. 1985 Inst. de France,

Ac.Inscr. et Belles-Lettres - Bek. Vorf.: Prof. Jakob P., Physiker, Graz (Großv.).

POETHEN, Johannes

Schriftsteller, Rundfunkredakteur i. R. - Zur Schillereiche 23, 7000 Stuttgart 1 - Geb. 13. Sept. 1928 Wickrath - Schulzeit Köln, Schwaben, Bayern; N. Kriegseins. Abit. Köln; Stud. Univ. Tübingen (German.); zahlr. Reisen, bes. n. Griechenl. - BV/Ged.: Erste Ged. 1947 (Neue Rundschau) u. 1949, Lorbeer üb. gestirntem Haupt (1952), Risse d. Himmels (1956), Stille im trockenen Dorn (1958), Ankunft u. Echo (1961), Baumgedicht (1961), Episode mit Antifanta (1961), Gedichte (1963), Wohnstatt zw. d. Atemzügen (1966), Kranichtanz (1967), Aus d. unendlichen Kälte (1969), Im Namen d. Trauer (1969), Gedichte 1946-71 (1973), Rattenfest im Jammertal, Ged. 1972-75 (1976), D. Atem Griechenlands, Ess. (1977), Ach Erde du alte, Ged. 1976-80 (1981), Schwarz d. All - Vier Zyklen (1984), Auch diese Wörter (1985), E. Morgens üb. d. Golf, 14 Ged. (1986), Urland Hellas, Reisen in Griechenl., 7 Ess. (1987), Wer hält mir d. Himmelsleiter, Ged. 1981-87, 1988; Auf d. Suche nach Apollon, Sieben griechische Götter in ihrer Landschaft, 7. Ess. (1992). Schallpl.: J.P. liest Ged. a. d. J. 1946-71; Zahlr. Radio-Ess. Mithrsg. d. Anthol.: Lyrik a. dieser Zeit 1965/66 u. 1966/67. Übers. in Franz., Engl., Ungar., Rumän., Poln., Neugriech., Arab. u.a. - 1959 Hugo Jacobi-Dichterpreis; 1962 Förderpreis Stadt Köln; 1967 Förderpreis Immermannpreis Stadt Düsseldorf; BVK I. Kl.; Ehrenvors. Verb. dt. Schriftst., Landesbez. Baden-Württ.

PÖTING, Friedrich

Verwaltungsoberamtmann, Mitgl. Brem. Bürgerschaft (s. 1967, SPD) - Benzstr. 3c, 2850 Bremerhaven - Geb. 23. Jan. 1921 Dortmund, ev., verh., 5 Kd. - Höh. Schule (Mittl. Reife); Lehre Ruhrknappschaft - S. 1945 AOK (gegenw. Leit. Rechts- u. Ersatzleistungsabt.). 1940-45 Wehrdst.

POETSCH, Walter-Dietrich

Dipl.-Kfm., Bankdirektor, Vorstandsmitgl. Westf. Hypothekenbank AG., Dortmund - Morgartenstr. Nr. 32, 4600 Dortmund 1 (T. 0231 - 59 49 33) - Geb. 9. April 1937 Hamburg (Vater: Dr. Walter P., Chemiker; Mutter: Margarete, geb. Pomm), ev., verh. s. 1963 m. Christel, geb. Mülhausen, 2 Kd. (Astrid, Karsten) - Lions-Club.

PÖTTER, Wilhelm

Unternehmer, Vors. Fachverb. Serienmöbelbetriebe d. Handwerks - Zu erreichen üb. Engerstr. 4b, 4900 Herford/W. (T. 05221 - 5 72 29 u. 5 74 25; Telefax: 05221 - 5 07 00) - Geb. 21. März 1932.

PÖTTERING, Hans-Gert

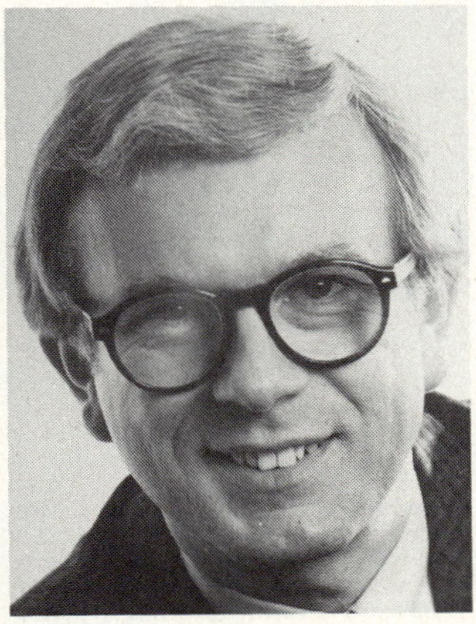

Dr. phil., Jurist, Mitgl. Europ. Parlament (s. 1979) - Sophienstr. 8, 4505 Bad Iburg - Verh., 2 Kd. - Stud. Rechtswiss., Politik u. Gesch. Univ. Bonn u. Genf, Stud.aufenth. Columbia Univ. New York - Vors. d. Unteraussch. Sicherh. u. Abrüstung d. Europ. Parlaments; Mitgl. d. Präsid. d. Europa-Union Dtschl. CDU-Kreisvors. im Landkr. Osnabrück; stv. Vors. d. CDU/CSU-Gruppe im Europ. Parlam.; Vors. d. Kommiss. Sicherheit u. Verteidigung d. Europ. Volkspartei (EVP) u. d. Europ. Union Christl. Demokraten (EUCD); Mitgl. im Aussch. f. Auswärtige Angelegenh. u. Sicherheit d. Europ. Parlaments - BV: Adenauers Sicherheitspolitik 1955-63. E. Beitrag z. dt.-amerik. Verhältnis, 1. A. 1975, 2. A. 1976; D. vergessenen Regionen. Plädoyer f. e. solidar. Regionalpolitik in d. Europ. Gemeinsch. m. e. Vorwort v. Emilio Colombo (m. Wiehler), 1983. Herausg.: Sicherheit in Freiheit f. Europa - Plädoyer f. e. europ. Sicherheitspolitik (1988); Europas vereinigte Staaten (m. Kühnhardt), 1991.

POETZ, Josef

Techn. Direktor, Geschäftsf. Weserwerft Schiffs- u. Maschinenbau-GmbH., Minden/W. - Am Lohne 4, 4951 Veltheim/W. - Geb. 7. Febr. 1911 - Ing.

PÖTZ, Paul-Günter

Ministerialdirigent Bundesministerium d. Justiz (b. 1988) - Buchenweg 13, 5307 Wachtberg-Niederbachem (T. 0228 - 34 42 94) - Geb. 13. Mai 1923 Siegen (Vater: Paul P. Kaufmann; Mutter: Emma, geb. Schenkel), ev., verh. s. 1948 m. Ingeborg, geb. Katers, 5 Kd. (Annette, Susanne, Sibylle, Bettina, Stephan) - Stud. Rechts- u. Staatswiss. 1946-50 Univ. Marburg/Lahn; 1. Staatsex. 1950, 2. Staatsex. 1953; 1953 Richter LG Wuppertal; s. 1959 BM Justiz; b. 1988 Unterabt.-Leit. Materielles Strafrecht; s. 1963 Vorst.-Mitgl., 1975-78 Präs. d. Europ. Strafrechtsaussch.; s. 1964 Vorst.-Mitgl. d. Association Intern. de Droit Pénal; 1984-89 Vors. d. dt. Landesgr. - BV: Alleinhg. Grützner/Pötz, Intern. Rechtshilfeverkehr in Strafsachen, 2. A., 4 Bde.; Hg. u. Gesamtschriftleit. Goltdammer's Archiv f. Strafrecht - 1988 Gr. BVK - Liebh.: Lit., Antiquitäten - Spr.: Engl., Franz.

POEVERLEIN, Hermann

Dr. rer. nat., emerit. Prof. f. Angew. Geophysik - Woogsstr. 16a, 6109 Mühltal/Hess. (T. Darmstadt 14 72 58) - Geb. 18. Okt. 1911 Ludwigshafen/Rh., verh. s. 1955 m Lilly, geb. Appelmann - S. 1949 (Habil.) Lehrtätigk. TH München (1963 apl. Prof.) u. Darmstadt (1969 Ord.). Zeitw. Dienstleist. USA. Mitgl. in- u. ausl. Ges. - BV: The Earth's Magnetosphere, i. Hdb. d. Phys. (hg. S. Flügge), Bd. 49/4, 1972. Fachveröff.

POFALLA, Ronald

Dipl.-Soziolpädagoge u. Rechtsanwalt, MdB (s. 1990) - Hoogeweg 17, 4179 Weeze 1; Bundeshaus, NH 1020/1023, 5300 Bonn 1 (T. 0228 - 16 37 43, Fax 0228 - 168 69 97) - Geb. 15. Mai 1959 Weeze, Kr. Kleve, ev., verh. m. Sabine, geb. Fork - Mittl. Reife 1975; Fachhochsch.reife 1977; Stud. Soz.päd. 1977-81 Fachhochsch. Düsseldorf; Dipl. Soz.-pädagoge 1981; Stud. 1981-87 Rechtswiss. Univ. Köln; 1. jurist. Staatsex. 1987; 1988-91 Rechtsrefer. LG-Kleve; 2. jurist. Staatsex. 1991 - S. 1991 selbst. Rechtsanwalt Gemeinde Weeze - S. 1975 Mitgl. d. CDU; 1979-91 Fraktionsvors. d. CDU-Mehrheitsfraktion d. Gemeinde Weeze; s. 1986 Landesvors. d. Jungen Union NRW; s. 1987 Mitgl. d. CDU-Landesvorst.; s. 1990 Vors. d. Jungen Gruppe CDU/CSU-Bundesfraktion; Mitgl. CDU/CSU-Fraktionsvorst. - Und abends hänge ich auf d. Straße (Veröff. z. Jugendpolitik in NRW); Vertrauen u. politische Führung; Wir nehmen d. Herausforderung an (Veröff. üb. d. rechtsradikalen Republikaner) - Liebh.: Schwimmen, Squash, Lit.

POGGEMANN, Bernd

Geschäftsführer Bundesarbeitsgem. d. überörtl. Träger d. Sozialhilfe - Warendorfer Str. 26, 4400 Münster/W.

POGGENDORF, Dietrich

Dr. rer. nat., Ltd. Bibliotheksdirektor a. D. - Bertha-von-Suttner-Str. 1A, 7500 Karlsruhe 1 - Geb. 18. Okt. 1925 Cammin/Pom., ev., verh. s. 1956 m. Olga, geb. Burchard, 2 Kd. - Univ. Göttingen (Zool.; Promot. 1952) - S. 1957 Hochschulbibl. Saarbrücken (Univ.; Bibl.rat), Hannover (TH; 1962 Oberbibl.rat), Hohenheim (LH; 1965 Leit. d. Bibl.), Karlsruhe (Univ.; 1966-88 Ltd. Bibl.-dir.).

POHL, Erich

Dr. med., Internist, MdL Nieders. (s. 1967; Vors. Aussch. f. Gesundheitswesen), Vors. Ärzteverein Harburg-Land, Mitgl. Bezirksvorst. Ärztekammer Lüneburg - Dibberser Mühlenweg 9, 2110 Buchholz/Nordheide (T. 50 02) - Geb. 31. Mai 1917 Wien (Vater: Viktor P., Konteradmiral; Mutter: Vilma, geb. Pap v. Szill), kath., verh. s. 1944 m. Renata, geb. v. Stackelberg, Sohn - Schule u. Univ. Wien (Med. Staatsex. 1940) - 1940-45 Wehrdst. (Truppenarzt Panzerdivision); 1945-56 Assistenz- u. Oberarzt; s. 1956 eig. Praxis. S. 1952 Ratsherr Buchholz; s. 1956 MdK. CDU.

POHL, Friedrich

Dipl.-Ing., Dr.-Ing. E.h., Vorstandsmitglied a. D. Zahnradfabrik Friedrichshafen AG, Friedrichshafen - Am Egg 9, 7993 Kressbronn/Bodensee (T. 07543 - 63 40) - Geb. 31. Mai 1916, verh. m. Margret, geb. Hagin, 3 Kd. (Friederike, Cornelia, Justus) - TH Brünn u. Danzig. Betriebsleit. Werkzeugmaschinenfabrik Gildemeister & Comp. AG Bielefeld, Werkzeugmasch. Fabrik Oerlikon Bührle & Co. Zürich, Planung d. Hindustan Machine Tool Bangalore/Indien, Privatdoz. f. Fertigungswesen an d. ETH Zürich 1951-1956, Werksleiter Ruhrstahl AG Witten, 1960-65 Vorst. Losenhausen Werk Düsseldorf, 1966-81 Vorst. Zahnradfabrik Friedrichshafen AG. Mehrere AR-Mandate - Mitgliedschaften: Max-Planck-Gesellsch., Außenpolitische Gesellsch. Zürich, VSBI-Zürich - Liebh.: Musik (klass.), Malerei, Kunstgeschichte, Ski.

POHL, Fritz

Gf. Gesellschafter Pohl Ind. Beteiligungs- u. Verwaltungsges., Gießen, Inh.: Pohl Ind. Beratung - Ludwigstr. 67, 6300 Gießen (T. 0641 - 7 30 66); priv. Am Südhang 13, 6301 Wettenberg 3 (T. 0641 - 8 28 49) - Geb. 3. Aug. 1927 - Dipl.-Ing. FH - AR-Mitgl. Gebr. Pfeiffer AG, Kaiserslautern - Mitgl. Rotary-Club Gießen.

POHL, Gregor

Vorstandsmitglied (Finanzen, Kontrolle u. Administration) Nestlé Deutschland AG, Frankfurt/M.-Niederrad - Lyoner Str. 23, 6232 Bad Soden - Geb. 1. Okt. 1932.

POHL, Gunther

Prof., Soloflötist d. Bamberger Symphoniker - Würzburger Str. 12, 8600 Bamberg 1 (T. 0951 - 5 42 45) - Geb. 12. Sept. 1941 Oppeln/OS - Musikakad. Detmold (Prof. Dr. H.-P. Schmitz) u. Conservat. Paris (G. Crunelle).

POHL, Hans

Rechtsanwalt, Verbandsdir. Verb. rheinischer u. westfälischer Wohnungsunternehmen e.V., Düsseldorf - Geb. 4. Febr. 1936 - Stv. AR-Vors. WRW Wohnungswirtschaftl. Treuhand Rheinland-Westf. GmbH, Düsseldorf; VR-Vors. Hammonia-Verlag GmbH, Fachverlag Wohnungswirtsch., Hamburg; Mitgl. Verbandsaussch. Arbeitgeberverb. Wohnungswirtsch.; Vorst. Dt. Entwicklungshilfe f. Wohnungs- u. Siedlungswesen, Köln; Kurat.-Vors. Ausbildungswerk d. gemeinnützigen Wohnungswirtsch. Ratingen-Hösel, gemeinnützige Stiftg., Ratingen. Zahlr. Ämter in div. Inst. d. Wohnungswirtsch.

POHL, Hans Hermann

Dr. phil., o. Prof. f. Verfassungs-, Sozial- u. Wirtschaftsgesch. Univ. Bonn (s. 1969) - Friedrich-Engels-Str. 28, 5042 Erftstadt-Lechenich - Geb. 27. März 1935 Bärdorf (Vater: Hermann P., Gutsbesitzer; Mutter: Magdalena, geb. Thieler), kath., verh. s. 1960 m. Ingrid, geb. Werner, 2 Söhne (Dr. med. Dieter, Dipl.-Ing. Klaus) - Realgymn.; Stud. d. Gesch., Altphilol., Rechts- u. Wirtschaftswiss. Univ. Köln u. Madrid; Promot. 1961 Köln; Habil. 1968 ebd. - Ges. f. Unternehmensgesch. u. Inst. f. Bankhistor. Forsch. (Vors. Wiss. Beirat) - BV: D. Beziehungen Hamburgs zu Spanien u. d. span. Amerika in d. Zeit von 1740-1806, 1963; Studien z. Wirtschaftsgesch. Lateinamerikas, 1976; D. Portugiesen in Antwerpen 1567-1648, 1977; V. d. Hülfskasse v. 1832 z. Landesbank, 1982; D. chem. Ind. in d. Rheinlanden während d. industriellen Revolution, Bd. 1: D. Farbenind., 1983; D. Daimler Benz AG in d. J. 1933-45. E. Dok., 2. A. 1987; Aufbruch d. Weltwirtsch., 1989; Vom Stadtwerk z. Elektrizitätsgroßunternehmen, 1992. Herausg.: Forsch. z. Lage d. Arbeiter i. Industrialisierungsprozeß (1978); Betriebl. Sozialpol. dt. Untern. s. d. 19. Jahrh. (1978); Sozialgeschichtl. Probleme in d. Zeit d. Hochindustrialisier. (1979); Berufl. Aus- u. Weiterbildung in d. dt. Wirtsch. s. d. 19. Jh. (1979); D. Entwickl. d. Arbeitskampfrechts Dtschl. u. in d. westl. Nachbarstaaten (1980); Mitbestimm. Ursprünge u. Entwickl. (1981); Wirtschaftswachstum, Technologie u. Arbeitszeit im intern. Vergleich (1983); Wirtsch., Schule u. Univ. D. Förderung schulischer Ausb. u. wiss. Forschung durch dt. Unternehmen s. d. 19. Jh. (1983); D. Frau in d. dt. Wirtsch. (1983); Kartelle u. Kartellgesetzgebung in Praxis u. Rechtsprechung v. 19. Jh. b. z. Gegenwart (1985); Gewerbe u. Industrielandschaften v. Spätmittelalter b. i. 20. Jh. (1986); D. Auswirkungen v. Zöllen u. a. Handelshemmnissen a. Wirtsch. u. Ges. v. Mittelalter b. z. Gegenwart (1987); Kommunale Untern. Gesch. u. Gegenw. (1987); Mittelstand u. Arbeitsmarkt (1987); Wettbewerbsbeschr. auf intern. Märkten (1988); D. Einflüsse d. Motorisierung auf d. Verkehrsw. v. 1886-1986 (1988); Gemeinwirtschaftl. Untern. Gestern - heute - morgen (1988); The Concentration Process in the Entrepreneurial Economy Since the Late 19th Century (1988); Innovationen u. Wandel d. Beschäftigtenstruktur im Kreditgewerbe (1988); D. Bedeutung d. Kommunikation f. Wirtsch. u. Ges. (1989); Staatliche, städtische, betriebliche u. kirchliche Sozialpolitik v. Mittelalter b. z. Gegenwart (1991). Mithrsg.: D. Konzentrat, i. d. dt. Wirtschaft s. d. 19. Jh. (1978); Historia Socialis et Oeconomica (1987); Z. Politik u. Wirksamkeit d. DIHT (1987); Vierteljahrschr. f. Sozial- u. Wirtschaftsgesch.; Zeitschr. f. Unternehmensgesch.; German Yearbook on Business History; Jahrb. f. Gesch. v. Staat, Wirtschaft u. Gesellsch. Lateinamerikas - Spr.: Engl., Span., Franz.

POHL, Hans-Peter

Ski-Sportler, Nordische Kombination - Laubenberg 2, 7745 Schonach (T. 07722 - 46 41) - Geb. 30. Jan. 1965 Triberg, kath., ledig - Ausb. m. Abschl. als Werkzeugmacher - S. 1984 Bundeswehr, Sport-Gruppe Fahl - Nord. Kombination: 1985 Junioren-Vizeweltm., 1987 Dt. Meister, 1987 Weltm. (Mannschaft), 1988 Olympiasieger Calgary (Mannschaft) - Liebh.: Schnelle Autos, Musik - Spr.: Engl.

POHL, Herbert

Dr. phil., Bankdirektor - Arabellastr. 5, 8000 München - Geb. 9. Sept. 1914 Hamburg - 1938-46 u. 1952-60 Dt.-Asiat. Bank, Hamburg (zul. Vorstandsmitgl.), dann American Express Co. u. a. Beiratsmitgl. Ostasiat. Verein u. Ges. f. Natur- u. Völkerkd. Ostasiens, Vorstandsmitgl. Inst. f. Asienkd., Hamburg - 1981 BVK. S. üb. 30 J. Caritaswesen.

POHL, Hubert

Caritasdirektor, Geschäftsf. Caritas-

POHL, Joachim
Dr. jur., Vorstandsmitglied BERLIN-KÖLNISCHE Sachversich. AG, VERITAS Lebensversich. AG (s. 1990) - Albert-Kindle-Str. 32, 5000 Köln 40 - Geb. 24. Mai 1929 Breslau, ev. - Univ. Würzburg, Promot. 1959 - Ass. (Jurist).

POHL, Josef
Geschäftsführer Blendax GmbH - Rheinallee 88, 6500 Mainz - Geb. 1924.

POHL, Karl
Dr. phil., Prof. f. Philosophie an d. Univ. Koblenz-Landau - Bahnhofstr. 65, 6501 Harxheim/Rheinhessen (T. 06138 - 68 57) - Geb. 24. Jan. 1928 Bad Salzuflen - BV u.a.: Fichtes Bildungslehre in d. Schriften üb. d. Bestimmung d. Gelehrten, 1966. Hrsg.: Valentin Ickelsamer: D. rechte weis auffs kürtzist lesen zu lernen. Ain Teütsche Grammatica, 1971; Geschichte d. Natur u. geschichtl. Erfahrung (in: D. Welt als offenes System 1986); Moral od. Sittlichkeit - e. falsche Alternative (in: Kritik u. Vertrauen 1990).

POHL, Klaus Dieter
Dr.-Ing., Dipl.-Chem., Univ.-Prof. f. Sicherheitstechnik Univ.-GH Wuppertal (s. 1982) - Am Lindacker 38, 7800 Freiburg - Geb. 16. Juni 1938 Castrop-Rauxel, ev., verh., 2 Kd. (Stephan, Stephanie) - Abit. 1957 Castrop-Rauxel; Dipl.-Chem. 1964 Göttingen; Promot. 1968 TH Aachen; Habil. u. Venia Legendi 1976 Freiburg - Sachverst. IHK Südl. Oberrh. f. chem.-techn. Unters.; Kommiss. Leit. Abt. Forensische Chemie Inst. Rechtsmed. Univ. Freiburg - BV: Naturwissenschaftl.-kriminal. Spurenanalytik b. Verkehrsunfällen, 1975; Naturwissenschaftl. Kriminalistik, 1981; Handb. d. Naturwissenschaftl. Kriminalistik, Bde. I-IV, 1984; Forensische Toxikologie, 1984; D. Kraftfahrzeugbrand. Grundl., systematisch-wiss. u. prakt. Unters., 1989 - Spr.: Engl., Franz.

POHL, Peter
Dr.-Ing., Prof., Beigeordneter - Eichendorffstr. 66, 7300 Eßlingen/N. (T. 35 12-255) - Geb. 29. Juni 1917 Leitmeritz/Böhmen (Vater: Prof. Johann P.; Mutter: Gertrud, geb. Korber), verh. s. 1944 m. Jutta, geb. Kunze - S. 1947 Tätigk. Stadtverw. Eßlingen. 1940-45 Wehrdst. S. 1958 (Habil.) Privatdoz. u. apl. Prof. TH bzw. TU Stuttgart (Kostenrechnung in Siedlungswesen). Fachveröff. - Mitgl. Dt. Akad. f. Städtebau u. Landesplanung - Liebh.: Motorsport.

POHL, Rudolf
Dr. phil., em. Prof. f. Didaktik d. Schule f. Geistigbehinderte Univ. Dortmund - Kullrichstr. 16, 4600 Dortmund 1 (T. 0231 - 52 20 83) - Geb. 30. Mai 1920 Dortmund (Vater: Friedrich P., Kaufm.; Mutter: Wilhelmine, geb. Risse), ev., verh. s. 1948 m. Gertrud, geb. Schwarz, 2 Kd. (Friederike Luise, Ulrich Hans) - 1. Lehrerprüf. 1948 Dortmund, 2. Lehrerprüf. 1950 Gevelsberg, Hilfsschullehrerprüf. 1958, Promot. 1967 Univ. Münster - 1948-61 Lehrer (Volksch., Hilfssch.; Rektor); ab 1960 PH Dortmund (wiss. Assist., Doz.), ab 1970 Prof. f. Sonderschul-Didaktik - BV: D. relig. Gedankenwelt b. Volks- u. Hilfsschulkindern, 1968; Handbücherei f. d. Unterrichtsplan. u. Unterrichtsgestalt. in d. Schule f. Geistigbehinderte (Sonderschule), 1978-82 (17 Bde.); Verkehrserzieh. f. Geistigbehinderte, 1976 - 1988 BVK I. Kl.

POHL, Rüdiger
Dr., Prof. Fernuniversität Hagen - Turmstr. 58A, 5800 Hagen (T. 02331 - 6 04 40) - Geb. 18. Febr. 1945 Jüterbog, verh. s. 1969 m. Petra, geb. Mahlow, 2 Söhne (Alexander, Gerrit) - Stud. Volkswirtsch.lehre; Dipl. 1968 Berlin; Promot. 1971 u. Habil. 1975 Hannover - Mitgl. Sachverständigenrat Wiesbaden - BV: Geldkreislauf u. Einkommenskreislauf, 1976; Theorie d. Inflation, 1981; Geldtheorie u. Geldpolitik, 1985 - Spr.: Engl.

POHL, Witta
Schauspielerin - Zu erreichen üb. ZDF, Postf. 4040, 6500 Mainz 1; priv.: Hamburg - Geb. 1937, gesch., Zwill. Florian u. Stephanie - Zahlr. Fernsehrollen (u.a. Serien: D. Lehmanns u. Diese Drombuschs) - Liebh.: Barockmusik.

POHL, Wolfgang
Chefredakteur Politik Südd. Rundfunk - Klosterallee 55, 7300 Esslingen (T. 0711 - 38 51 52) - Geb. 29. März 1944 Beuthen (Vater: Wolfgang P., Chefredakt.; Mutter: Ruth, geb. Thiel), verh. s. 1970 m. Sylke, geb. Kellers, 3 Kd. (Stefan, Christian, Julia) - BV: Stationen e. Rep., 1979 (Mithrsg.) - 1968 Kurt Magnus-Preis ARD.

POHLE, Hans D.
Dr. med., Prof., Internist, Chefarzt II. Med. (Infektions-) Klinik, Städt. Rudolf-Virchow-Krankenhaus, Berlin 65 (s. 1968) - Vogelzeile 15, 1000 Berlin 20 (T. 363 34 13; Klinik: 45 05 22 62-63).

POHLE, Klaus
Dr., Prof., Kaufmann, stv. Vorstandsvorsitzender Schering AG - Menzelstr. 15, 1000 Berlin 33 - Geb. 3. Nov. 1937 Potsdam, verh. s. 1964 m. Carmen, geb. Mendez Alvaredo (Lic. phil.), 3 Kd. (Johannes, Alexandra, Veronica) - 1963 Harvard Univ. (Master of Laws), Promot. 1966 Frankfurt - 1966-80 BASF - 1986 Honorarprof. TU Berlin (FB Wirtschaftswiss.) - Spr.: Engl., Franz., Span., Portug.

POHLE, Werner
Bürgermeister a.D., MdL Nordrh.-Westf. (1970-75) - Simeonsstr. 8, 4950 Minden/W. (T. 8 92 01) - Geb. 4. Okt. 1925 Kiel, verh., 1 Kd. - Gymn.; n. Arbeits- u. Wehrdst. Ausbild. als Sozialfürsorger. Staatsex. 1951 Kiel - B. 1953 Erziehungsleit., dann Gf. Arbeiterwohlfahrt Minden (b. 1962). Ab 1956 Stadtverordn., stv. (1959) u. Bürgerm. (1961) Minden. 1961 ff. MdK ebd. ARsmaminate. SPD s. 1950 (1956 Mitgl. Unterbezirksvorst. Minden).

POHLEN, Manfred
Dr. med., Prof. f. Psychotherapie Univ. Marburg - Fasanenweg 8, 3551 Wehrshausen.

POHLENZ, Angelika,
geb. Pohl
Ass. jur., Prokuristin Dt. Bank AG, Frankfurt, Bundesvors. Wirtschaftsjunioren Deutschl. (1985/86), Repräsentantin d. Junior Chamber International (JCI) b. d. International Chamber of Commerce (ICC), Paris, stv. Vors.-Vors. ASB Management Seminare Heidelberg e.V. - Schöne Aussicht 11, 6200 Wiesbaden - Geb. 14. Nov. 1948 Oedt (Vater: Dr. L. P., Mutter: Charlotte, geb. Engländer), verh. s. 1984 m. Hans-Henning P., 2 Kd. (Maximiliane, Nicolas) - Stud. Rechtswiss.; 1. jurist. Staatsex. 1972 Berlin, 2. jurist. Staatsex. 1975 Gießen - Liebh.: Reisen, Kunst - Spr.: Engl., Franz.

POHLERS, Horst Wolfram
Dr. rer. nat. habil., Prof. f. Mathematik Univ. Münster - Asbeckweg 15, 4400 Münster (T. 0251 - 86 65 59) - Geb. 26. Aug. 1943 Leipzig (Vater: Werner P., Verw.beamter; Mutter: Hildur, geb. Bjørkevoll), verh. s. 1970 m. Renate, geb. Bley, 2 Kd. (Bjarne, Morten) - Math.-Dipl. 1971, Promot. 1973, Habil. 1978, alles Univ. München - 1973-78 wiss. Assist. u. 1978 Privatdoz. Univ. München; 1979 Lehrstuhlvertr. Univ. Freiburg; s. 1980 Prof. Univ. München; s. 1985 Dir. Inst. f. Math., Logik u. Grundlagenforsch. Univ. Münster.

POHLEY, Heinz-Joachim
Dr. rer. nat. (habil.), Prof., Wiss. Rat, Leit. Arbeitsgruppe f. Kybernetik Inst. f. Enwicklungsphysiol. Univ. Köln - Elsterweg 29, 5042 Erftstadt-Lechenich/Rhld. - Geb. 6. Febr. 1925 / B. 1964 Privatdoz., dann apl. Prof. Univ. Köln (Entwicklungsphysiol. u. Kybernetik). Facharb.

POHLIT, Wolfgang
Dr. rer. nat., Prof., Biophysiker (Max-Planck-Inst. f. Biophysik) - Flughafenstr. 8, 6000 Frankfurt/M. (T. 67 58 00) - Geb. 26. Jan. 1928 Grünberg/Schles. - S. 1961 (Habil.) Lehrtätigk. Univ. Frankfurt (1968 o. Prof.). Etwa 100 Fachveröff.

POHLMANN, Eberhard
Syndikus, MdB (s. 1969) - Danziger Str. 3, 3520 Hameln/Weser (T. 6 50 80) - Geb. 31. März 1931 Bielefeld, ev., verh. - Gymn. Bielefeld; Univ. Frankfurt/M., Heidelberg, Münster/W. (Rechts- u. Staatswiss.). Jurist. Staatsex. 1955 u. 1959 - 1960-63 Justitiar Fa. I. D. Broelemann, Bielefeld; s. 1963 Geschäfts-u. Hauptgf. (1968) Arbeitsgem. d. Unternehmer f. Industrie, Handel u. Gewerbe im mittl. Weserbergl. (AdU) ebd. 1969 ff. Landesvors. Europa-Union Nieders. CDU s. 1966.

POHLMANN, Heinz-Werner
Dipl.-Ing., Vorsitzer Geschäftsführung Stadtwerke Hamm GmbH & Co. - Priv.: Von-Siemens-Str. 6, 4700 Hamm 1 (T. 02381 - 5 00 20) - Geb. 27. Juni 1930 Münster (Vater: Heinrich P., Bauing. †; Mutter: Elisabeth, geb. Derenthal †), kath., verh. s. 1963 m. Margret, geb. Hilleringmann, 2 Töcht. (Sibylle, Ulrike) - Gymn. Paulinum Münster; TH Aachen (Dipl.), Univ. Münster - VEW, Stadtwerke Duisburg u. Hamm GmbH, Handelsrichter LG Dortmund.

POHLMANN, Willi (Wilhelm)
Brandamtm., Oberbürgermeister (s. 1984), MdL Nordrh.-Westf. (s. 1970) - Bochumer Str. 26, 4690 Herne 1 (T. 5 27 52) - Geb. 8. März 1928 Herne, verh., 2 Kd. - Volkssch.; Höh. priv. Lehranst.; kaufm. Lehre; Umschul. Stahlbauschlosser - 3 J. Bergbau; s. 1953 Berufsfeuerwehr. SPD s. 1946, Kreisvors.

POHLMEIER, Heinrich
Dr. phil., Studiendirektor, MdB (s. 1980) - Erlenwäldchen 3, 4793 Büren/W. (T. 21 64) - Geb. 22. Aug. 1922 Ostenland/W., verh., 1 Kd. - Schule Paderborn (Abit.); 1941-45 Kriegsdst.; Univ. Münster (Philol., Päd.; Staatsex.) - 1964-72 Stadtverordn. Büren (Fraktionsvors.). CDU, 1964-74 CDU-Kreisvors. Büren, s. 1975 CDU-Kreisvors. Paderborn. 1970-80 MdL Nordrh.-Westf., s. 1980 Mitgl. d. Dt. Bundestages. Mitgl. d. Aussch. f. wirtsch. Zusammenarb. - BVK am Bde.

POHLMEIER, Hermann

Dr. med., o. Prof. f. Med. Psychologie Univ. Göttingen (s. 1975) - Humboldtallee 38, 3400 Göttingen - Geb. 17. Juli 1928 D'dorf (Eltern: Hermann, Arzt u. Käthe P.), verh., T. Alexandra - Hum. Gymn.; Stud. d. Theol. Phil., Med., Psychoanalyse - 1964-69 Assist.- u. Oberarzt MPI f. Psychiatrie München, 1974-75 Leit. psychiatr. Ambulanz Univ. Ulm - BV: Depression u. Selbstmord, 1971 (auch franz.; Neuaufl. 1980); Psychosoz. Rehabilitation (Hrsg.), 1973; Selbstmord u. Selbstmordverhütung, 1978 (Neuaufl. 1983); Med. Psychol. u. Klinik, 1982; Sterbehilfe in d. Gegenwart (zus. m. Atrott), 1990 - Liebh.: Musik - Spr.: Engl.

POHMER, Dieter
Dr. rer. pol., Dipl.-Kfm., o. Prof. f. Volkswirtschaftslehre, Vorstand der Konzentrationsforschungsabt. u. d. Abt. Volkswirtschaftslehre, insb. Finanzwiss. Univ. Tübingen - Wolfgang-Stock-Str. 25, 7400 Tübingen (T. 6 32 73) - Geb. 31. Dez. 1925 Berlin (Vater: Herbert P., Großhandelskfm. (Fa. Cuno Pohmer); Mutter: Berta, geb. Bünte), ev., verh. s. 1961 m. Dr. med. Gisela, geb. Hustedt, 3 Söhne (Klaus, Frank, Jörg) - Schulen Berlin; 1948-50 WH Mannheim, 1950-53 FU Berlin - 1957 Privatdoz. FU Berlin; 1959 Ord. Univ. Tübingen. 1962 Mitgl. Wiss. Beirat Bundesfinanzmin., s. 1991 Vors.; 1984-91 Mitgl. Sachverständigenrat z. Begutacht. d. gesamtwirtsch. Entwickl. u. a. - BV: Wesen u. Grenzen betriebsw. Berechtigung stiller Reserven in d. Jahresbilanz in dynam. u. stat. Betrachtung, 1952 (Diss.); Grundl. d. betriebsw. Steuerlehre, 1958; D. Neuordnung d. Umsatzbesteuerung, 1960; (m. F. X. Bea), D. Behandlung gebrauchter Kraftfahrzeuge i. dt. Umsatzsteuerrecht, Schriftenreihe d. Verbandes d. Automobilindustrie e. V. (VDA), Nr. 17, 1975; (m. F. X. Bea) Produktion u. Absatz, 1977, 2. völlig neu bearb. A. 1988. Herausg.: Festschr. f. Wilhelm Eich (Prüfung u. Besteuerung d. Betriebe), 1959; Probleme d. Finanzausgleichs, II/III, 1980/81. Mithrsg.: Schriftenreihe Betriebsw. Forschungsergebnisse (Bd. 31 ff.), Entwurf e. Gesetzes z. Schutze freier Meinungsbildung, 1972; Reihe: Finanzwiss. Schr. - 1981 BVK I. Kl.

POHR, Michael

Vorstandsvorsitzender ABB Kraftwerke AG - Zu erreichen üb. Kallstadter Str. 1, 6800 Mannheim 31 - Geb. 31. März 1942 - Stud. Elektrotechnik.

POIESZ, Jakob
1. Sprecher WDR Köln - Max-Liebermann-Str. 16, 5000 Köln 50 (0221 - 39 21 69) - Geb. 3. März 1936, verh. s. 1977 m. Dr.-Ing. Christiane, geb. Holz, S. Martin - Abit.; pharmaz. Vorex.; Bühnenreifeprüf. Folkwangsch. Essen - Schauspieler u. Sänger in klass. Rollen, Musical, Kabarett; Fernsehansager, Rundfunksprecher, Moderator - Ferdinand (Kabale + Liebe), Tempelherr (Nathan d. Weise), Petruchio (Kiss me

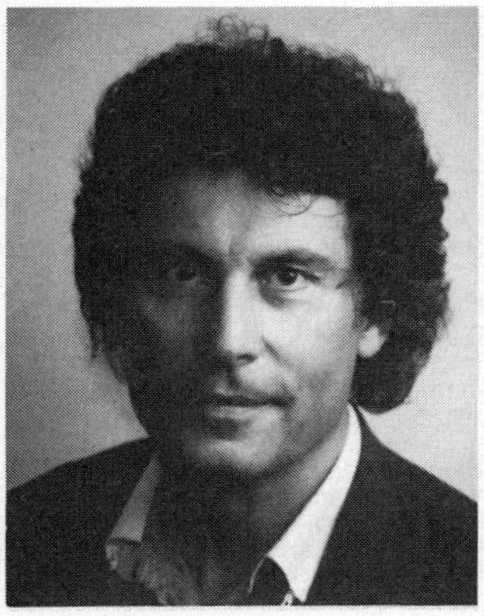

Kate) - Liebh.: klass. Musik, Theater, Oper - Spr.: Engl., Franz., Lat.

POLDER, Markus
s. Krüss, James

POLENZ, von, Peter
Dr. phil. (habil.), o. Prof. f. german. Linguistik - Marienstr. 8, 5501 Korlingen - Geb. 1. März 1928 Bautzen/Sa. - S. 1959 Lehrtätigk. Univ. Marburg u. Heidelberg (1961 ao., 63 o. Prof.), Trier (1975) - BV: Altenbg. Sprachlandschaft, 1954; Landschafts- u. Bezirksnamen im frühmittelalterl. Dtschl., 1961; Funktionsverben im heut. Deutsch, 1963; Gesch. d. dt. Sprache, 9. A. 1978; Dt. Satzsemantik, 1985. Zahlr. Einzelarb. - 1980 Konrad-Duden-Preis.

POLHEIM, Karl Konrad
Dr. phil., o. Prof. f. Neuere dt. Sprache u. Literatur Univ. Bonn (s. 1967) - Lahnstr. 13, 5300 Bonn 2 (T. 37 92 30) - Geb. 23. Sept. 1927 Graz/Österr. (Vater: Prof. Dr. phil. Karl P., 1929-45 Ord. f. Dt. Sprache u. Lit. Univ. Graz; Mutter: Irmgard, geb. v. Vogtberg), kath., verh. s. 1963 m. Dr. phil. Edda, geb. Eder, 2 Kd. (Ava Christina, Karl Wolfram) - Gymn. u. Univ. Graz (Dt., Gesch., Volkskd., Kunstgesch.). Promot. (1951) u. Habil. (1964) Graz - 1952-65 Gymnasiallehrer Graz; 1965-67 Doz. Univ. Köln - BV: D. dt. Gedichte d. Vorauer Handschrift, 1958 (Faksimile-Ausg. u. Einleit.); Friedrich Schlegel: Lucinde, 1963; Novellentheorie u. -forsch., 1965; D. Arabeske - Ansichten u. Ideen aus Friedrich Schlegels Poetik, 1966; Theorie u. Kritik d. dt. Novelle, 1969; D. Poesiebegriff d. dt. Romantik, 1972; D. Admonter Passionsspiel - Textausg., Faksimileausg., Untersuchungen, 3 Bde., 1972 u. 1980; Handb. d. dt. Erz., 1981; Lit. aus Österr.-Österreich. Lit., 1981; Zw. Goethe u. Beethoven - Verbind. Texte z. Beethovens Egmontmusik, 1982; F. v. Saar-Festschr. z. 150. Geb., 1985; Text u. Textgesch. d. Taugenichts (m. Karl Polheim †), 2 Bde. 1989; Wesen u. Wandel d. Heimatlit., 1989; Katalog d. Volksschauspiele aus Steiermark u. Kärnten, 1992; Kleine Schriften z. Textkritik u. Interpretation, 1992. Krit. Ausg. v. M. v. Ebner-Eschenbach u. F. v. Saar, ab 1978 - 1958 Österr. Reiterabz. in Gold; 1981 Österr. Ehrenkreuz f. Wiss. u. Kunst I. Kl. - Lit.: Heimo Reinitzer (Hrsg.). Textkritik u. Interpretation. Festschr. z. 60. Geb. (1987).

POLL, Christel
Prof. f. Bildende Kunst u. i. Didaktik - Uhlandstr. Nr. 7, 4800 Bielefeld (T. 15 02 39) - o. Prof. GHS Paderborn (Malerei, Mosaik, Glasfenster).

POLL, Kurt
Dr. rer. nat., Geologe, Prof. f. Allg. u. Angew. Geologie, Dir. Geolog.-Paläontol. Inst. Univ. Münster/W. (s. 1981) - Krummer Timpen 6, 4409 Hohenholte - Geb. 7. Mai 1930 Bork/W., ev., verh. s. 1962 m. Dr. Roswitha, geb. Bauer, Ltd. Bibl.-Dir. - Promot. 1962; Habil. 1971 - Naturschutzbeirat Erlangen 1972-82; Mitgl. DIN Normenaussch. Baugrund; Beiratsvors. Fa. ÖKO-SAN/Marl (Altlasten-Unters.-Sanierungen); Mitgl. Arbeitskreis Altlasten d. Univ. Münster. Forsch.schwerp.: Altlasten, Lagerstätten in Syrien, Grundwasser in Jordanien u. Spanien, Talsperrenbau, Umweltgeologie, Kanalbau, Pflanzenschutzmittel in Böden u. Grundwasser - BV: D. Erlanger Regnitztal. Modellvers. Regionalplanung, 1981. Herausg. (m. J. Franke): Z. Geol. d. Weyerer Bögen; Nördl. Kalkalpen (Erlanger geol. Abh., Heft 88, 1972); D. Main-Donau-Kanalprojekt, Angew. Geol. (Erlanger geol. Abh., Heft 110, 1982); Altlasten-Stand d. Technik, Wege z. Sanierung (BDB, Bildungswerk, Düsseldorf 1989). Fachveröff. üb. Altlasten, Umweltforsch., Hydrogeologie - 1982 Gold. Verdienstnadel Bund Naturschutz.

POLL, Lothar C.
Rechtsanwalt, Geschäftsf. d. Verlag Der Tagesspiegel GmbH, d. Pressestiftung Tagesspiegel, d. Argon Verlags GmbH, d. Mercator Druckerei GmbH, Berlin, Potsdamer Zeitungsverlags GmbH u. d. Kunststiftung Poll gGmbH - Lützowplatz 7, 1000 Berlin 30 (Tiergarten) (T. 030 - 261 70 25) - Geb. 25. Dez. 1937 Berlin (Vater: Bernhard P., Archivdir.; Mutter: Elsbeth, geb. Carbyn), verh. s. 1963 m. Eva, geb. Keller, T. Nana - Gymn. Potsdam, Krefeld u. Aachen (Abit.); Stud. Rechts- u. Staatswiss. Tübingen, Bonn, Berlin u. Köln; 1. jur. Staatsex. 1961 Köln; 2. jur. Staatsex. 1965 Berlin - 1964-68 Kulturkorresp. mehrerer Rundf.- u. Fernsehanst.; s. 1966 RA, s. 1968 Justitiar u. Redakt., 1984 Geschäftsf. Berliner Tagesspiegel u. d. Mercator Druckerei GmbH. S. 1988 Lehrbeauftr. am Publiz. Inst. d. FU Berlin; s. 1990 Präs. Friends of Villa Aurora, Inc., Los Angeles, Calif. - BV: Hermann Albert Werkübersicht d. Bilder u. Zeichnung. in 2 Bde, 1978; Peter Sorge. Werkverz., 1979; Joachim Schmettau, Ein Alphabet, Werkübersicht d. Zeichnung., 1982; Huldigung an Max Beckmann, 1984; Positionen d. Realismus, 1987; Szene Moskau, 1988.

POLL, Michael
Dr. med., Prof. Univ. Heidelberg, Chefarzt Med. Klinik Lübbecke - Heidkopfweg 11, 4990 Lübbecke 1 (T. 05741 - 2 06 88); dstl.: Med. Klinik, Kreiskrankenhs., 4990 Lübbecke 1 - Geb. 22. April 1941 Graudenz (Vater: Ernst-Friedr. P., Arzt; Mutter: Friedel, geb. Warmbier), ev., verh. s. 1968 m. Barbara, geb. Enders, 3 T. (Friederike, Karolin, Uta) - Univ. Heidelberg u. Wien; Med. Staatsex. u. Promot. 1967 Heidelberg, Habil. 1977 Klinikum Mannheim - 1975-83 ltd. Abt.-Arzt Krkhs. Speyererhof, Heidelberg; s. 1983 Prof. u. Chefarzt Med. Klinik Lübbecke - BV: Gastroduodenoskopie, 1982; 50 Veröff. z. Thema Gastroent. u. Endoskopie - Liebh.: Bonsai, Fotogr., Musik - Spr.: Engl., Franz.

POLLAK, Helga
Dr. rer. pol., o. Prof. Univ. Göttingen (s. 1971) - Tuckermannweg 4, 3400 Göttingen - Geb. 4. Febr. 1935 Mährisch-Schönberg (Vater Leo P., Ing.; Mutter: Josefine, geb. Nittmann), kath. - Promot. 1965 Frankfurt; Habil. 1971 ebd. - S. 1975 Mitgl. wiss. Beirat Bundesmin. d. Finanzen; s. 1987 Senatsmitgl. DFG; 1990-92 Vizepräs. d. Univ. Göttingen.

POLLAK, Wolfgang
Dr. phil. (habil.), o. Prof. f. Roman. Philologie Univ. Frankfurt (s. 1963) - Mertonstr. 17 (Univ.), 6000 Frankfurt/M. - Geb. 28. Nov. 1915 Mürzzuschlag/Steierm. - Univ. Wien (Roman., German.). Lehramtsprüf. 1946 - Schuldst. Wien; Lektor Univ. Lille u. Besançon; zul. Doz. Univ. Wien - BV: Studien z. Verbalaspekt im Französischen, 1960; Brosch.: German.-roman. Sprachbezieh. auf d. Gebiet d. Staates, d. Rechts u. d. Politik, 1955; D. dt. Sprache im Spiegel d. franz., 1955. Div. Einzelarb.

POLLEHN, Volker
Staatssekretär im Innenministerium d. Landes Mecklenburg-Vorpommern (1990-92) - Elsa-Brandström-Str. 1a, 2313 Raisdorf (T. 04307 - 54 64) - Geb. 6. Mai 1944 Stöckheim (Altmark), ev., verh. s. 1971 m. Hiltraud, geb. Zahmow, 2 Söhne (Harald, Ingo) - Stud. Rechtswiss. 1965-70 Göttingen u. Kiel; Staatsex. 1970 Schleswig u. 1974 Hamburg - 1983-89 Vors. d. Jugendstiftg. d. Landes Schleswig-Holstein - Liebh.: Musik, Segeln - Spr.: Engl., Franz.

POLLER, Horst
Dr. agr., Dr. rer. pol., Geschäftsführer Verlag Bonn Aktuell GmbH, Stuttgart - Am Maurener Berg 11, 7257 Ditzingen/Württ. (T. 3 48 11) - Geb. 3. Mai 1926 Selb, ev., verh. s. 1952 m. Lore, geb. Junghans, 3 Kd. (Helene, Thomas, Karin) - TH München, Univ. Freiburg - BV: Politik i. Querschn. Handb. d. Außenwirtsch. (Hrsg.) - Spr.: Eng., Franz. - Rotarier.

POLLERMANN, Max
Dr. rer. nat., Prof. emerit., Kernforschungsanlage Jülich - Wilhelm-Vogt-Str. 1, 5170 Jülich/Rhld. (T. 38 02) - Geb. 18. Okt. 1908 Balingen/Württ. - S. 1949 (Habil.) Lehrtätigk. TH Karlsruhe, München, Aachen (1958 apl. Prof. f. Physik, 1960-73 Dir. Zentralinst. f. Reaktorexper. KFA Jülich - BV: Einf. in d. Physikal. Praktikum (M. Gerthsen); Bauelemente d. Physikal. Technik. Üb. 20 Fachaufs. Mithrsg.: Ztschr. Kerntechnik u. Thiemig Taschenbücher. Dok.: Erfindungen z. Energietechnik f. BMFT.

POLLEY, Rainer
Dr. iur. habil., apl. Prof., Archivoberrat - Haspelstr. 17, 3550 Marburg - Geb. 22. Mai 1949 Mölln, ev., ledig - 1967-71 Stud. Jura Univ. Kiel; 1. u. 2. jurist. Staatsprüf. 1971 u. 1974; Promot. 1972 Kiel; Habil. 1979 Kiel; Archivar. Staatsprüf. 1979 - 1986 apl. Prof. Univ. Kiel. Archivoberrat Hess. Staatsarchiv Marburg u. Lehrbeauftr. Archivsch. Marburg - Inst. f. Archivwiss. - BV: A.F.J. Thibaut in s. Selbstzeugnissen u. Briefen, 3 Teile, 1982; Aufs. d. Landes-, Verfassungs-, Verwaltungs- u. Rechtsgesch. - Liebh.: Musik - Spr.: Engl., Franz., Latein.

POLLMANN, Josef
Msgr., Prof., Hochschullehrer - Weierstraßweg 25, 4790 Paderborn - Geb. 15. Sept. 1912 Harth/W. (Vater: Aloys P., Lehrer), kath. - U. a. o. Prof. f. Religionslehre u. Methodik d. kath. Religionsunterr. bzw. kath. Religionspäd. Päd. Hochsch. Westf.-Lippe/Abt. Paderborn.

POLLMANN, Leo
Dr. phil., o. Prof. f. Romanistik - Universitätsstr. 31, 8400 Regensburg (T. 0941 - 943 33 72) - Geb. 3. Mai 1930 Bocholt (Vater: Bernhard P., Kaufm.; Mutter: Bernhardine, geb. Ueffing), kath., verh. s. 1953 m. Ruth, geb. Herbstrith, 3 Kd. (Bernhard, Fatima, Klaus) - Stud. Anglistik, Klass. Philol. Rom., Münster, Paris (Sorbonne), Freiburg. Promot. (1955) u. Habil. (1965) Freiburg - 1956-65 höh. Schuldst. (zul. Studienrat Goethe-Gymn. Freiburg); 1966 Ord. TU Berlin, 1969 Univ. Erlangen-Nürnberg, s. 1978 Univ. Regensburg. 1967 Gastprof. Valparaiso (Chile); 1984 Gastvorles. Tucumán u. Salta (Argent.) - BV: Chrétien de Troyes und d. Conte del Graal, 1965; D. Liebe in d. hochmittelalterl. Literatur Frankreichs, 1966; D. Epos in d. roman. Literaturen, 1966; Sartre u. Camus, 3. A. 1976 (auch amerik., span., jap. Ausg.); D. Neue Roman in Frankreich u. Lateinamerika, 1968 (auch span. Ausg.); D. franz. Roman im 20. Jh., 1970; Literaturwiss. u. Meth., 1971; Gesch. d. franz. Lit., Bd. 1 1974, Bd. 2 1975, Bd. 3 1978; Ges. d. lateinamerikan. R., 2 Bde., 1982-84; Gesch. d. franz. Lit. d. Gegenwart (1880-1980), 1984; Argent. Lyrik im lateinamerikan. Kontext, 1987. Herausg.: E. Martinez Estrada, Radiografia de la pampa (1991) - Spr.: Franz., Engl., Ital., Span., Portugies.

POLLOCZEK, Heinrich
Prof. f. Didaktik u. Methodik d. Musik Erziehungswiss. Hochsch. Landau - Vogesenstr. 12, 6740 Landau (T. 8 77 78) - Geb. 5. Jan. 1903 Breslau (Vater: Gottlieb P., Beamter; Mutter: Anna, geb. Wloka), kath., verh. s. 1940 m. Gertrud, geb. Töge, 6 Kd. (Claudia, Michael, Andreas, Matthias, Beatrix, Bettina) - Stud. d. Musik, German., Kunstgesch. Univ. Breslau u. Sprecherz. Univ. Berlin - 1927-36 Tätigk. (Sing- u. Spielleit.) innerh. Laienspiel- u. -musik, dann Konzertsänger, Theater- u. Konzertkritiker, Chorleit.; 1936-42 Mitarb. Reichssender Breslau; 1939-42 Lehrtätigk. Hochsch.inst. f. Musikerz. ebd.; 1946-50 Kantor Deggendorf/Niederb.; 1952-60 Mentor u. Fachleit. Gymn. Speyer; 1955-60 Gründer u. Leit. Domsingsch. ebd.; 1960-1968 Erz.wiss. HS Landau - BV: Sing- u. Spielmusik aus Schlesien, 1936; Grundriß e. Kinderstimmkde., 1964. Wiss. Ess.; Rezensionen. Spez. Arb.-geb.: Behandl. sprachgestörter Kinder, Musik u. Rhythm. z. Therapie behinderter Kinder - Liebh.: Kakteensammler - Lit.: Wolfgang Schwarz (Herausg.): Festschr. z. 65. Geburtstag v. H. P. (1968).

POLLOK, Karl-Heinz
Dr. phil., Prof. f. Slav. Philologie - Bischof-Landersdorfer-Str. 2, 8390 Passau (T. 0851 - 5 31 86) - Geb. 22. Aug. 1929 Gera (Vater: Karl-Ludwig P., Angest.; Mutter: Ella, geb. Hesse), ev., verh. s. 1957 m. Dorothea, geb. Günther, 4 Kd. (Martin, Christiane, Nikolaus, Konstantin) - Obersch. Gera; Univ. Jena, Berlin, Göttingen (Slav. Philol., Turkol., Osteurop. Gesch.). Promot. (1955) u. Habil. (1963) Göttingen - S. 1967 Ord. Univ. Regensburg (1968-71 Rektor). Präs. Univ. Passau s. 1976 u. s. 1978 o. Prof. Mitgl. d. Präsid. u. d. wiss. Beirat Südeuropa-Ges., Komm. f. Ost- u. Südosteuropa, Bayer. Akad. d. Wiss. u. d. Strukturaussch. Univ. Bamberg u. Bayreuth 1971-76. Vors.: Bayer. Hochschulplanungskomm. b. Staatsmin. f. Unterr. u. Kult. (1971-76) u. Strukturaussch. f. d. Univ. Passau (1974-1976) - BV: Studien zur Poetik u. Komposition d. balkan-slavisch-lyr. Volksliedes, 1964; Der neustokav. Akzent und die Struktur d. Melodiegestalt d. Rede - E. experimentalphonet. Untersuchung z. serbokroat. Akzent, 1964. Mithrsg.: Langenscheidts Taschenwörterb. d. russ. u. dt. Sprache/Dt.-Russ., 1964 (m. M. Braun) - 1972 Bayer. VO.; 1981 BVK am Bde., 1985 I. Kl., 1990 Gr. BVK; 1983 Bürgermed. Stadt Passau; 1987 Bayer. Verfassungsmed. in Silber; 1990 Europamed. d. Bayer. Staates; korr. Mitgl. Acad. d. Sciences, Insciptions et Belles-Lettres, Classe Belles-Lettres, Toulouse - Liebh.: Mittelalterl. Kunst u. Arch. - Spr.: Russ., Serbokroat., Bulg., Tschech., Engl.

POLO, Georg
s. Polomski, Georg

POLOMSKI, Georg
Verleger Battert-Verlag Baden-Baden, Schausp., Schriftst. (Ps. Georg Polo) - Töpferweg 10, 7570 Baden-Baden (T. 07221 - 6 44 70) - Geb. 23. März 1920 Antonin/Posen, kath., verh. s. 1944 m. Lilo, geb. Böhl, T. Gisela - 1938-40 Schauspielsch. Michael Alland, Breslau; II. Bühnenprüf.; 1943-45 Oberschles. Schauspiel, Gleiwitz - Jugendl. Charakterspieler; 1945-49 Theaterleit., Regiss. Junge Bühne Schöllkrippen; 1949-50 Korresp. Main-Echo Aschaffenburg; 1950-54 Chefredakt. in Frankfurt/M.; 1955-72 Lektor in Frankfurt, Rastatt, Köln (Fachgeb.: Roman, Drama, Kurzgesch., Lyrik); Pilzberat. Stadt Baden-Baden, 1. Vors. Naturheilverein Baden-Baden; 1972 Gründ. Battert-Verlag - BV: Frost in d. Frühlingsnacht, R.; Dramen: Weihnachtslegende; D. scheinheilige Leopold; D. falsche Schwiegersohn; Kurzgesch.: D. Gespenst

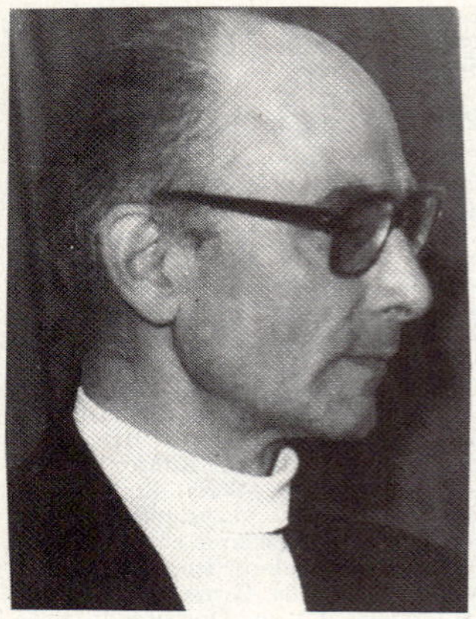

auf d. Friedhof; D. Mann auf d. Parkbank; D. Friedensapostel; Grossvater kauft e. Auto, Fernsehsp. 1960 (WDR Köln); Ged.: Rosen f. Liebende, Auf deinem Gesicht e. Lächeln; Solange wir zwei uns lieben.

POLOMSKY, Hubert Winfried

Dr.-Ing., Dipl.-Ing., Mitglied d. Vorstandes (Vertrieb) Mannesmann Demag AG - Straubinger Str. 9, 4100 Duisburg 28 - Geb. 3. Nov. 1931 Berlin - Dipl. 1957 TU Berlin.

POLÓNYI, Stefan

Dr. h. c., Dr.-Ing. E.h., Dipl.-Ing., o. Prof. f. Tragkonstruktionen Univ. Dortmund (s. 1973), Prorektor Univ. Dortmund (1978), Dekan Abt. Bauwesen (1983-87) - Albertusstr. 1, 5000 Köln (T. 209 06 55) - Geb. 6. Juli 1930 Gyula/Ung. (Vater: Károly P., Studienrat; Mutter: Elisabeth, geb. Becker), verh. s. 1960 m. Edeltraud, geb. Fremersdorf, 2 Söhne (Carl-Georg, Thomas) - Gymn. Gyula (Abit. 1948); TU Budapest (Dipl. 1952) - 1952-56 Assist. TU Budapest; 1956-57 Statiker Fa. Bauwens, Köln, dann berat. Ing. ebd.; 1965-73 Ord. TU Berlin; Inh. Ing.-Büro Köln/Berlin - U. a. stat. Bearb. Überdachung Olympiastadion Berlin, Flughafen Tegel, Krkhs. Berlin-Neukölln, Leichtathletikhalle Dortmund, Galleria Messe Frankfurt, Spielbank Dortmund-Hohensyburg, Doppelinst. TU Berlin/Fraunhofer-Ges., Nederlands Danstheater, Den Haag, Vorhallendächer Hbf. Köln. 1985 Ehrendoktor GHS Univ. Kassel; 1990 Ehrendoktor d. TU Budapest - BV: u. a. Rohbaukosten-Analyse v. Wohngebäuden, 1969; Kosten d. Tragkonstruktion v. Skelettbauten, 1976; Hallen, 2. A. 1987; ... m. zaghafter Konzequenz, 1987. Zahlr. Fachveröff. - 1977, 78 u. 87 Europ. Stahlbaupreise.

POLSTER, Olaf Jürgen

Dr. med. (habil.), Orthopäde, Prof. - Fasanenweg 2b, 4400 Münster/W. (T. 31 50 77) - Geb. 27. April 1933 Großsteinberg (Vater: Gerhard F., Lehrer; Mutter: Elsa, geb. Espenhain), ev., verh. s. 1959 m. Ingeborg, geb. Kunz, 3 Kd. (Olaf, Ingmar, Solveig) - Stud. d. Med. Univ. Leipzig (Staatsex. 1956; Promot. 1957; Habil. 1970) - S. 1971 Prof. Univ. Münster - BV: Hämodynamik d. Knochens, 1970 - 1970 Heine-Preis d. DGOT.

POLZIEN, Paul

Dr. med., Prof., Internist - Zul. Trautenauer Str. 23, 8700 Würzburg (T. 7 60 96) - Geb. 18. Okt. 1918 Rößel/Ostpr. (Vater: Paul P., Kaufm.; Mutter: Martha, geb. Pusch), kath., verw., 2 Söhne (Paul, Peter) - Promot. 1946 Erlangen; Habil. 1957 Würzburg - S. 1957 Lehrtätigk. Univ. Würzburg (1962 Diätendoz., 1964 apl. Prof., 1965 Oberarzt, 1981 Komm. Leit. Med. Poliklinik d. Univ., 1983 Privatpraxis). Somat. Nachweis. d. autohypnot. Zustands; Beschreib. d. Krankheitsbildes d. paroxysmalen Hypothermie - BV: Üb. d. Physiol. d. hypnot. Zustands als e. exakte Grundl. f. d. Neurosenlehre, 1959 (Basel/New York). Üb. 70 Einzelarb. - 1961 Member Intern. Committee for the Coordination of Clinical Application und Teaching in Autogenic Training (ICAT); 1977 Ernst-v.-Bergmann-Plak. - Spr.: Engl.

POMMEREHNE, Werner W.

Dr. rer. soc., Prof. Univ. d. Saarlandes u. Univ. Zürich - 35 Rue du Himmelsberg, 57200 Sarreguemines, Frankr.; u. Frey, Niederdorfstr. 29, CH-8001 Zürich - Geb. 19. Juni 1943 Freiburg (Vater: Werner W.; Mutter: Margot M., geb. Dacreux), verh. s. 1971 m. Barbara Häß - Ausb. z. Bankkaufm.; Stud. Volkswirtsch. Univ. Freiburg, Bochum, Basel; Lic.rer.pol. 1970 Basel; Promot. 1975 Konstanz - 1982 Maître assist. et chargé de cours Univ. de Paris-Nanterre; 1983 Prof. associé Univ. de Poitiers; 1984 Chargé de cours Univ. de Genève; s. 1985 Priv.-Doz. Univ. Zürich; 1986 Univ.-Prof. FU Berlin; s. 1989 Univ. d. Saarlandes. 1989 Prof. invité Univ. Paris I-Panthéon-Sorbonne; Gastprof. Wirtschaftsuniv. Wien; 1990 Dir. d. Europa-Inst. - BV: D. heimliche Wirtschaft (m. H. Weck-Hannemann u. Bruno S. Frey), 1986; Präferenzen f. öfftl. Güter, 1987; Muses and Markets: Explorations in the Economics of Art (m. Bruno S. Frey), 1989 (1992 franz., deutsch). Herausg. (m. B. S. Frey): Ökonomische Theorie d. Politik (1979) - 1981 Medaille d'honneur Univ. de Liège/Belg. - Liebh.: Malerei, Keramik - Spr.: Engl., Franz., Ital.

POMMERENKE, Christian

Dr. rer. nat., o. Prof. Fachbereich (Arb.gebiet: Funktionentheorie) Mathematik TU Berlin - Kasinoweg 11, 1000 Berlin 28 (T. 406 13 60) - Geb. 17. Dez. 1933, verh., 4 Kd. - BV: Univalent functions, 1974.

POMMERENKE, Günther

Kaufmann, Geschäftsf. Malzfabrik Rheinpfalz GmbH, Pfungstadt - Am Steinweg 25, 7507 Pfinztal-Söllingen (T. 07240 - 82 83) - Geb. 15. Febr. 1928 Heidelberg, ev., verh. s. 1957, 3 Kd. - 1959-75 Vorst. Malzfabrik Gengenbach AG, 1968-75 Vorst. Malzfabrik Schragmalz AG, s. 1976 Geschäftsf. Malzfabrik Rheinpfalz.

POMMERENKE, Siegfried

Vorsitzender DGB-Landesbez. Baden-Württemberg (1982 ff.), MdL Baden-Württ. - Rembrandtweg 2, 7920 Heidenheim-Schnaitheim/Brenz - Geb. 12. Okt. 1933 Heidenheim - SPD.

POMPL, Werner

Lic. oec. HSG, Auslandsdirektor Deutsches Verkehrsbüro (Dt. Zentr. f. Tourismus) - Talstr. 62, CH-8001 Zürich (T. 221 28 65) - Geb. 30. Nov. 1941 Bamberg - 1989 BVK am Bde.; 1990 Award of the Golden Helm.

PONGRATZ, Ludwig

Dr. phil. (habil.), o. em. Prof. f. Psychologie - Flürleinstr. 37, 8700 Würzburg 25 - Geb. 25. Juli 1915 Straubing, verh. m. Dr. Josa-Maria, geb. Vogt - Dipl.-Psych. 1950; Promot. 1951; Habil. 1959; Privatdoz. Univ. Heidelberg 1959; Prof. Päd. Hochsch. Würzburg 1963; Ord. Univ. Würzburg 1966 - BV: Psych. menschl. Konflikte, 1961; Problemgesch. d. Psych., 2. A. 1984; Mithrsg.: Psych. in Selbstdarst., 1972; Herausg.: Psychotherap. in Selbstdarst. 1973, Phil. in Selbstdarst. I, II u. III 1974/75 u. 1977; Päd. in Selbstdarst. I, II u. III, 1975/76 u. 1978; Lehrb. d. Klin. Psychol., 2. A. 1975; Handb. d. Psychol. Bd. VIII: Klinische Psychol. 1. Halbbd. 1977, 2. Halbbd. 1978; Psychiatrie i. Selbstdarst., 1977; Hauptströmungen d. Tiefenpsychol. 1983.

PONGRATZ, Toni

Krankenpfleger, Verleger - Am Kalvarienberg 4, 8395 Hauzenberg - Geb. 6. Okt. 1951 Hofkirchen, kath., verh., S.

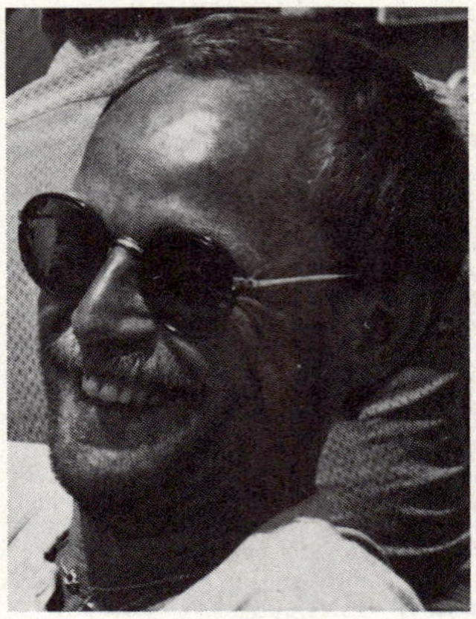

Sebastian - Human. Gymn. Passau; Krankenpflegesch. Passau, Tübingen - Ltd. Fachkrankenpfleger f. Intensivmed.; Verleger Edition T. P.; stv. Vors. Verein Kulturwochen Hauzenberg; Verleger. Tätigk., Erstdrucke signiert v. Kunze, Kunert, Grass, Böll u. a., außerd. Lit.-Graph. Blätter u.a. Grieshaber, Theuerjahr, Sauerbruch; Graphikedit. Künstler f. Afrika - Liebh.: Lit., mod. Graphik.

PONNATH, Rudolf

Dipl.-Brauing., I. Bürgermeister Stadt Kemnath - Rathaus, 8584 Kemnath/Opf. - Geb. 3. Nov. 1923 Kemnath - Brauw. CSU.

POOL-Zobel, Beatrice Luise

Dr. rer. nat., Priv.-Doz., Genetische Toxikologin Inst. Toxikologie u. Chemotherapie, Dt. Krebsforsch.zentrum Heidelberg - Konstanzerstr. 17, 6900 Heidelberg - Geb. 4. April 1949, verh. s. 1989 m. Siegfried G.E. - Abit. 1968; Staatsex. Chemie 1971; Dipl. Biol. 1972; Promot. Biochemie 1977 (alles Univ. Heidelberg); Habil. 1985 - 1972-76 Lehrkraft f. Biologie am Engl. Inst. HD; s. 1985 Priv.-Doz. f. Genetische Toxikol. Univ. Heidelberg; Vorst.-Mitgl. d. Ges. f. Umwelt, Mutationsforsch.; Mitgl. in weit. 7 Ges. - BV: ca. 125 Veröff. z. genetischen Toxikol. v. Umweltcarcinogenen u. Carcinogenese - Liebh.: Sport, Münzen, alte Uhren u. Puppen, Sprachen.

POORTVLIET, van, Barbara

Texterfasserin, Übersetzerin, Schriftst. (Ps. Barbara Specht) - Birkerstr. 3, 8000 München 19 (T. 089 - 123 35 37) - Geb. 24. März 1943 Halle/S., ev., verh. s. 1972 m. Jan van Poortvliet - Abit.; Stud. German. u. Kunstgesch. Univ. München - BV: Schalom Katrin; Auf Wiedersehen, Sir Archibald; Schwarzwaldsommer, leicht gewittrig; Die Party ist vorbei; Reifezeit; Blut auf d. Blumen; u.v.m. Drehb.: D. Sozialstaat; Wer soll denn d. bezahlen? - Liebh.: Musik, Reisen - Spr.: Engl., Franz., Holl., Ital., Span.

POOS, Heinrich

Dr. phil., Prof., Komponist u. Musikwissenschaftler - Helgoländer Ufer 6, 1000 Berlin 21 - S. 1971 Prof. Hochsch. d. Künste Berlin. Vors. Ernst Pepping-Ges. Künstler. u. wiss. Arb. - 1987 BVK.

POP, Tiberius

Dr. med., Prof. u. Facharzt f. inn. Medizin u. Kardiologie, Chefarzt der I. Med. Abt., A. K. Harburg - Eißendorfer Pferdeweg 52, 2100 Hamburg 90 (T. 040 - 79 21 22 16) - Geb. 6. Nov. 1940 Temeschburg/Rumän. (Vater: Tiberus P., Arzt; Mutter: Lucia, geb. Malaiu), kath., verh. s. 1974 m. Maria-Elisabeth, geb. Breuer, T. Gabriele - Promot. Temeschburg 1964; Habil. RWTH Aachen 1979 - 1964-72 Assist.arzt Temeschburg/Rumän.; 1973-79 Assist.arzt RWTH Aachen; 1979-89 Oberarzt Univ. Mainz - Üb. 200 wiss. Arb. auf d. Geb. d. Kardiol. (Schwerp. Herzrhythmusstör. u. kardiol. Intensivmed.) - Spr.: Engl., Franz.

POPIEN, Johannes

Geschäftsführer Messerschmitt-Bölkow-Blohm GmbH., Ottobrunn (s. 1970) - Fleischmannstr. 7, 8000 München 71 - Zul. Generalbevollm. Siemens AG - Spr.: Engl. - Rotarier.

POPITZ, Heinrich

Dr. phil., Prof. f. Soziologie - Sonnhalde 117, 7800 Freiburg - Geb. 14. Mai 1925 Berlin (Vater: Johannes P., preuß. Finanzmin.; Mutter: Cornelia, geb. Slot), ev., verh. s. 1958 m. Maria, geb. von Handel - Univ. Göttingen, Heidelberg, Basel, Cambridge (Phil., Gesch., Ökon.); Promot. Basel 1949, Habil. Freiburg 1957 - 1957-59 Priv.doz. Univ. Freiburg, 1959-64 o. Prof. Univ. Basel, s. 1964 wieder Univ. Freiburg, 1971/72 Theodor-Heuss-Prof., New York - BV: Div. wiss. Veröff. u.a.: D. entfremdete Mensch, Zeitkritik u. Gesch.phil. d. jungen Marx, 1953, 1968, 1973 u. 1980 (span. 1971, jap. 1978); D. Ges.bild d. Arbeiters, 1957 u. 1971 (ital. 1960, engl. 1969); Technik u. Industriearbeit, 1957 u. 76; D. Ungleichheit d. Chancen, 1964 u. 1965; Prozesse d. Machtbild., 1968 u. 73; D. Begriff d. sozialen Rolle, 1969 u. 75 (engl. 1972; jap. 1987); D. normative Konstr. v. Ges., 1980; Phänomene d. Macht, 1986; Epochen d. Technikgesch., 1989 - Spr.: Engl. - Bek. Vorf.: Johannes Popitz († 1945), preuß. Finanzminister (Vater).

POPITZ, Peter

Ass., Oberbürgermeister Stadt Frankenthal - Mannheimer Str. 16, 6710 Frankenthal (T. 06233 - 6 47 48) - Geb. 8. Okt. 1937 Passau (Vater: Hanns-Heinz P., Bundesbahnoberrat; Mutter: Ursula, geb. Czyborra), ev., verh. s. 1965 m. Jutta, geb. Bathe, 3 S. (Andreas, Christian, Elmar) - Abit. 1958 Nürnberg; nach Wehrdienst 1959-64 Stud. Rechtswiss. Univ. München, Freiburg u. Berlin (dort 1. jurist. Staatsprüf. 1965, Gr. Staatsprüf. 1968) - 1969-71 Gerichtsass. Berlin; 1971-72 Pers. Ref. d. Reg. Bürgerm. v. Berlin (Klaus Schütz); 1972-74 Leit. Pers. Büro d. Bundespräs. Gustav Heinemann, Bonn; 1974-76 Wiss. Mitarb. Bundesinnenmin.; 1976-89 hauptamtl. Bürgerm. Stadt Frankenthal (Pfalz), s. 1990 Oberbürgerm. ebd. - Mithrsg. Buchreihe: Frankenthaler Gespräche (s. 1982) - 1972-74 9 ausl. Orden u. Ehrenz. (u. a. Kommandeur d. Päpstl. St. Gregorius-O., Gr. Ehrenz. Rep. Österr.); 1980 Ehrennadel Bundesverb. f. d. Selbstschutz (BVS), 1987 Bismarck-Med. - Liebh.: Preuß. Gesch. - Spr.: Latein, Engl. - Bek. Vorf.: Prof. Dr. Johannes P., preuß. Finanzmin. (Großonkel).

POPKEN, John

Kaufmann (Fa. Adolf Popken, Eisenwaren/Hausgeräte), Vizepräs. IHK Lüneburg - Grapengießerstr. 4, 3140 Lüneburg (T. 4 10 56) - 1971 BVK I. Kl.

POPOVIĆ, Michael F. R.

Dr. med., Geschäftsführender Arzt, Hauptgeschäftsführer Landesärztekammer Hessen - Broßstr. 6, 6000 Frankfurt/M.

POPP, Hanns-Peter

Dr. rer. nat., Dipl.-Phys., o. Prof. f. Lichttechn. u. physikal. Elektronik Univ. Karlsruhe - Herrenstr. 31, 7500 Karlsruhe 1 - Geb. 2. Juni 1936 Marktredwitz (Vater: Johann Andreas P., Stadtbaum.; Mutter: Betty, geb. Schroth), ev., verh. s. 1962 m. Helga, geb. Blanderer, 2 Kd. (Andrea Evamaria Coelestina, Peter Hans-Christian) - Promot. (1966) u. Habil. (1973) München - 1969-75 Abt.sleit. Hochdrucklampen Osram-Forsch. (Entd.: Affinitätskontinua in Halogenlichtbögen, Molekülkontinua in Metallhalogenplasmen); 1975-80 o. Prof. f. Allg. Elektrotechn. u. -optik Univ. Bochum - Liebh.: Reiten, Windsurfen - Spr.: Engl., Franz.

POPP, Harald
Dr. phil., Oberstudiendirektor, Honorarprof. f. Didaktik d. Gesch. Univ. Erlangen-Nürnberg (s. 1974) - An d. Röth 2, 8520 Erlangen-Buckenhof - Geb. 22. Juli 1931 Neustadt/Aisch - Promot. 1957 - Landesvors. Fachgruppe Gesch./Sozialkd. Bayer. Philologenverb. (s. 1975), stv. Vors. Verb. d. Geschichtslehrer Dtschl. (1980-86) - BV: D. Einwirkungen v. Opfern, Vorzeichen u. Festen auf d. Kriegsfhg. d. Griechen im 5. u. 4. Jh. v. Chr., 1959. Mitautor versch. Geschichtsb. f. Gymn.

POPP, Karl
Dr.-Ing., Prof. f. Mechanik Univ. Hannover - Sauerbruchweg 49, 3057 Neustadt (T. 05032 - 6 13 18) - Geb. 14. Aug. 1942 Regensburg, verh. s. 1969 m. Brigitte, geb. Sichart v. Sichartshofen, 3 Kd. (Felix, Hannes, Kristin) - 1964-69 Maschinenbau-Stud. TU-München; Promot. 1972, nach Aufenth. in USA Habil. 1978 - S. 1981 Prof. Hannover. Zahlr. Fachveröff.

POPP, Lucia

Kammersängerin, Opernsängerin - Wohnhaft in d. Schweiz - Geb. 12. Nov. in der CSFR - Musikstud. in Bratislava/CSFR - 1. Engagem.: Königin d. Nacht (Wiener Staatsoper), Koloratursopran, dann lyr. Sopran. Zahlr. Partien auf d. Bühne u. im Konzertsaal; gesuchte Konzert-Sängerin; spez. Liederabende. Üb. 100 Schallpl. Filme: Carmina burana, Verkaufte Braut, Rosenkavalier, Undine, Fledermaus u. a.; Arbeit unt. d. Dirig. Karajan, Klemperer, Kleiber, Solti, Böhm, Sawallisch, Sinopoli, Kubelilk, Bernstein u. a. - Silb. Rose d. Wiener Philharm.

POPP, Manfred
Dr. rer. nat., Vorstandsvorsitzender Kernforschungszentrum Karlsruhe GmbH - Weberstr. 5, 7500 Karlsruhe (T. 07247 - 82 20 00) - Geb. 5. Sept. 1941 München, ev., verh. m. Dr. Susanne, geb. Stalmann - Dipl.-Phys.; Promot.

POPP, Rainer H.
Journalist, Schriftsteller, Kunstmaler, Gf. Gesellsch. Tele Pictures GmbH - In der Aue 62, 5000 Köln 50 (T. 02236 - 6 32 06 u. 6 79 04) - Geb. 24. März 1946 Staßfurt (Vater: Heinrich P., Oberstudiendir.; Mutter: Ilse, geb. Lehwald), ev., verh. s. 1973 m. Ingrid, geb. Nehren, 2 Kd. (Gregor Alexander, Nanni Kristina) - 1968-70 Volont. Goslarsche Ztg.; 1971-75 Chefrep. Donau Kurier, Ingolstadt; 1975-79 polit. Redakt. u. Reporter Westdt. Ztg., Düsseldorf; 1979-83 Korresp. Dt. Depeschen Dienst (ddp), Bonn; 1983-87 Chefredakt. Radio Luxemburg; 1987/88 Leit. Frühstücksfernsehen RTL plus u. Programmdir. RTL Radio. S. 1989 Gesellsch. MCI Ges. f. Public Relations u. Kommunikation mbH; s. Juni 1992 gf. Gesellsch. Tele Pictures GmbH - BV: Gelächter, Lyr. 1968; Ein Irrenhaus fährt Achterbahn/30 Jahre Radio Luxemburg, 1987; Wider den Hass/Ausländer - Wer ist das?, 1992 - Bild. Kunst: Collagen, Objekt-Bilder, Plastiken. Ausst. in Luxemburg Stadt, Straßburg, Lüttich, Metz, Thionville, Venlo, Saarbrücken, Brüssel, Paris, New York, Frankfurt, Spa, Köln - Spr.: Engl., Franz.

POPP, Walter

Prof., Erziehungswissenschaft, Schulpädagogik - Frankfurter Str. 10, 7410 Reutlingen (T. 6 18 01) - Geb. 5. Sept. 1927 Schwäb. Hall (Vater: Karl P., Justizobersekr.; Mutter: Maria, geb. Gaiser), verh. s. 1958 m. Hilde, geb. Jirgal, 2 Kd. (Ursula, Wolfgang) - 1951 Prüf. f. d. Lehramt, 1953-58 Stud. d. Phil., Päd., Angl., bis 1962 Schuldst. (Lehrer, Rektor), dann Doz. PH Schwäb. Gmünd; s. 1964 PH Reutlingen (1968 Prof.), 1964-69 Leiter d. schulprakt. Ausbild.), 1969-76 Vors. d. Planungsgr. f. d. Gesamtsch. Weissacher Tal u. Mitgl. versch. Planungsgr. f. Modellschulen i. Bad.-Württ., 1971-81 Lehrbeauftr. Univ. Tübingen, s. 1987 PH Ludwigsburg - BV: Erziehungswiss. u. Schule b. Peter Petersen, 1971; Kommunikative Didaktik, 1976; Vergißt d. Schule unsere Kinder? (1978, m. F. Kümmel, F. Maurer, H. Schaal). Heraus.: Unterrichtsforsch. u. didakt. Theorie (1970, m. G. Dohmen u. F. Maurer); Neuorientierung d. Primarbereichs, 6 Bde. (1972-77; m. H. Halbfas u. F. Maurer). Beitr. üb. Handlungsfähigkeit, Päd. Interaktion, Offenheit, Humor (1985-1990).

POPP, Werner
Dipl.-Kfm., Dr. oec. publ., o. Prof. f. Operations Research Univ. Bern (Schweiz) - Sennweg 2/I, CH-3012 Bern (T. 031 - 65 80 41) - Geb. 23. April 1935 Selb/Bay. - S. 1967 Habil. u. 1967/68 Lehrtätig. Univ. Zürich, s. 1968 o. Prof. f. Statistik Univ. Mannheim, s. 1973 o. Prof. Operations Research Univ. Bern - BV: Einf. in d. Theorie d. Lagerhaltung, 1968. Div. Einzelarb. Mitverf.: Schätzen und Testen, 1976; Siarssy - E. Modell z. Simulation v. städt. u. regionalen Systemen, 1977; Grundlagen der Statistik, 1978.

POPPE, Gerd
Dipl.-Physiker, MdB (s. 1990), außenpolit. Sprecher d. Gruppe Bündnis 90/D. Grünen - Kollwitzstr. 66, O-1058 Berlin (T. 030 - 448 56 60) - Geb. 25. März 1941 Rostock, verh. m. Ulrike, geb. Wick, 4 Kd. (Grit u. Boris aus 1. Ehe, Jonas, Johanna) - Univ. Rostock 1959-64 - 1965-76 Physiker in d. Industrie, dann Berufsverbot in d. DDR aus polit. Gründen; 1977-84 Maschinist; 1984-89 Ing. im Baubüro d. Diakon. Werkes; 1985 Mitbegr. d. Initiative Frieden u. Menschenrechte; 1989/90 Zentraler Runder Tisch d. DDR; Mitarb. am Verfassungsentwurf; Febr.-April 1990 Min. o.G. in d. Modrow-Reg.; März-Okt. 1990 Mitgl. d. Volkskammer, stv. par
lam. Geschäftsf. d. Fraktion Bündnis 90/Grüne.

POPPE, Hanno
Dr. med., o. Prof. f. Klin. Strahlenkunde u. Direktor Radiol. Univ.sklinik Göttingen - Rieswartenweg 1, 3400 Göttingen-Nikolausberg (T. 2 16 77) - Geb. 15. Aug. 1921 - S. Habil. Lehrtätig. Göttingen (b. 1965 apl., dann o. Prof.). 1967 ff. Vors. Dt. Röntgen-Gesellsch. - BV: Knochengeschwülste, Handb. 1968 (m. H. Hellner u. H. Schoen); Etwa 80 Fachaufs. - 1970 Ehrenmitgl. Kgl.-Belg. Ges. f. Radiologie, Brüssel; 1970 Mitgl. Dt. Akad. d. Naturforscher (Leopoldina), Halle/S.

POPPE, Rolf
Geschäftsführer VWD-Vereinigte Wirtschaftsdienste GmbH (1981ff.) - Niederurseler Allee 8-10, 6236 Eschborn 1 (T. 06196 - 40 50) - Journ., Verlagsleit. Spiegel-Verlag, Vorst. Gruner + Jahr, Geschäftsf. Ges. f. Wirtschaftspublizistik.

POPPEN, Marion
Hausfrau, Mitgl. Brem. Bürgerschaft (s. 1975) - Bardowickstr. 27, 2800 Bremen 1 - Geb. 15. Dez. 1932 Bremen, ev., verh., 2 Kd. - Realsch. - 1948-59 Ausbild. u. Angest. Nordd. Kreditbank AG., Bremen. Ehrenämter u. Funktionen (auch sportl. Art, u. a. Vors. Bremer Leichtathletik-Verb.). SPD.

POPPER, Karl
Sir, Dr. phil., Drs. h.c., D. Lit., M. A., em. Prof. f. Logik u. Wiss. Methoden - Zu erreichen üb. London School of Economics, Houghton Street, London WC2A 2AE - Geb. 28. Juli 1902 Wien - BV: Logik d. Forschung, 1935; D. Offene Ges. u. ihre Feinde, 2 Bde., 1958; D. Elend d. Historizismus, 1965; Objektive Erkenntnis: E. Evolutionärer Entwurf, 1973; D. beiden Grundprobleme d. Erkenntnistheorie, 1979; Auf d. Suche n. e. besseren Welt; Ausgangspunkte, Autobiogr. 1979; D. Ich u. s. Gehirn (m. John C. Eccles), 1982; Offene Gesellschaft - Offenes Universum, 1982; D. Zukunft ist offen, 1985 - Vortr. u. Aufs. aus 30 Jahren, 1984 - 1984 Tocqueville-Preis Stiftg., Paris; Orden Pour le Mérite; Gr. BVK; Gr. Gold. Ehrenz. u. Ehrenz. f. Wiss. u. Kunst Rep. Österr.; Sonning-Preis f. Verdienste um d. europ. Kultur; 1989 Intern. Preis v. Katalonien.

POPPY, Wolfgang
Dr.-Ing., Prof. TU Berlin FG Konstruktion v. Baumaschinen (s. 1977) - Gralsritterweg 8, 1000 Berlin 28 (T. 030 - 401 51 05) - Geb. 1941 - Stud. Maschinenbau (Fördertechnik) TU Berlin; Promot. 1975 TU Berlin - 1974-76 Univ. Dortmund Abt. Bauwesen.

PORAK, Ulrich
Verlagsbuchhändler, Beiratsvors. B. Schott's Söhne - Postfach 36 40, 6500 Mainz 1.

PORKERT, Manfred
Dr. phil., Prof. f. Sinologie, insb. Chinesische Medizin - Schäfflerstr. 6, 8901 Dinkelscherben - Geb. 1933 Děčín, CSFR - Promot. 1957 Paris (Sorbonne), Habil. 1969 Univ. München - 1970 Univ.-Doz., s. 1975 Prof. Univ. München. S. 1989 gf. Chefredakt. d. Intern. Normativen Wörterbuchs d. Chinesischen Med. (INDCM) d. Chin. Akad., Peking - BV: u. a. D. theor. Grundl. d. chin. Med., 1973; Lehrb. d. chines. Diagnostik, 1976; Klin.-chin. Pharmakol., 1978; D. chines. Med., 1982; Klass.-chin. Rezeptur (m. C. H. Hempen), 1984; Systematische Akupunktur, 1985. Übers. - 1986 Ehrenpräs. SMS, Internat. Ges. f. chin. Med. München.

PORNSCHLEGEL, Hans
Prof. f. Arbeitswiss. Sozialakademie Dortmund - Hohe Str. 141, 4600 Dortmund. - Geb. 22. Sept. 1928 Frankfurt/M., röm.-kath., verh. s. 1954 m. Elisabeth, geb. Piechatzek, 4 Kd. (Thomas Norbert, Maria Hildegard, Johannes Edgar, Sebastian Günter) - Univ. Frankfurt/M.; Oxford; Hochsch.-Volksw. 1954, Ancien Elève du Collège d'Europe, Bruges, Belgien, 1955 - 1955-56 IG Metall Vorst. Frankfurt/M.; 1956-67, 68-70 Leit. e. DGB-Bundesschule; 1967-68 UN(ILO)-Experte in Singapur; 1971-76 Hauptabt.leit. u. Ltd. Dir. b. Bundesinst. f. Berufsbildungsforsch. Berlin; s. 1976 Sozialakademie Dortmund, 1976-78 u. 1984-86 deren Leit. Zeitw. Vorst.-Mitgl. u. stv. Vors. Ges. f. Arbeitswiss.; Mitgl. u. Vors. Gesprächskr. Arbeit u. Technik b. BMFT; Vors. Fachaussch. Forsch. u. Forsch.anwendung d. Bundesanstalt f. Arbeitsschutz; AR-Mitgl. Vereinigte Schmiedewerke GmbH, Bochum. Zahlr. intern. Beratungsmissionen - Ca. 200 Veröff. (teilw. m. a.) - Liebh.: Fotogr., sammelt Grafik.

PORSCH, Peter
Dr. phil. habil., Prof., Hochschullehrer Univ. Leipzig, MdL Sachsen (s. 1990), Landesvors. PDS Sachsen (s. 1991) - O-7030 Leipzig - Geb. 15. Okt. 1944 Wien, verh., 3 Kd. (Christina, Karoline, Martin) - Stud. German., Angl., Polit. Wien, Berlin; Promot. 1972 FU Berlin, Habil. 1981 Univ. Leipzig - - BV: Wortschatz d. Dt. Sprache in d. DDR (m.a.), 1988 - Spr.: Engl., Lat.

PORSCH, Siglinde

Studiendirektorin a. D., Präsidentin Dt. Hausfrauenbund - Gorch-Fock-Weg 11, 2054 Geesthacht - Geb. 19. Juni 1932 Göttingen, verh. s. 1957 m. Helmut P., Sohn Andreas - Gymn. Bad Gandersheim (Abit. 1951); Frauenfachsch. Hannover; Univ. Hamburg; Staatsex. in Hauswirtsch.; 1953-56 Stud. Erziehungswiss. (Fachricht. Ernährung u. Hauswirtsch.); Staatsex. f. d Lehramt an berufsbild. Schulen 1956 - S. 1957 Lehramt; 1964-91 Leit. Außenst. Berufl. Schulen in Geesthacht. 1974-84 Ortsvors. Dt. Hausfrauenbund (DHB), 1978-86 Landesvors. Schlesw.-Holst., 1981-85 Vizepräs., 1985 Präs. DHB. Berufsbildungsaussch. f. Hauswirtsch. SH; Vors. d. Landesfrauenrates SH, Präsid. d. AGV, Präsid. d. AID; stv. Vors. Verbraucherzentrale SH; Vors. AgH; Beirat Verpackung im RKW; AR Deutsche Bundespost Postdienst; Rundfunkrat NDR; Vorst. Dt. Frauenrat - 1982 Ehrenpreis Stadt Geesthacht; 1983 BVK; 1988 BVK I. Kl. - Liebh.: Reisen, Lit., Kunst - Spr.: Engl., Franz.

PORSCHE, Ferdinand (Ferry)

Dr.-Ing. h. c., Prof., Automobilfabrikant - Porschestr. 42, 7000 Stuttgart 40 - Geb. 19. Sept. 1909 Wiener Neustadt, kath., verh. s. 1935 m. Dorothea, geb. Reitz †1985, 4 Söhne (Ferdinand, Gerhard, Peter, Wolfgang) - S. 1931 Mitarb. im Konstrukt.büro d. Vaters Prof. Dr.-Ing. h. c. Ferdinand Porsche (1875-1951; Konstrukteur u.a. d. Auto Union-Rennwagens u. d. Volkswagens), unt. s. Leitg. Wiederaufbau Fa. Porsche n. d. II. Weltkrieg u. Ausbau z. Sportwagenhersteller. S. 1972 AR-Vors. Porsche AG - 1965 Ehrendoktor TH Wien; 1959 Gr. BVK, 1979 Stern dazu; 1975 Gr. Gold. Ehrenz. Rep. Österr.; 1979 Wilhelm-Exner-Med.; 1981 Goldmed. Fédération Intern. de L'automobile u. Gedenkmed. Société des Ingenieurs de L'automobile (erster Ausländer); 1985 Senator E. h. Univ. Stuttgart.

PORTATIUS, von, Botho

Dipl.-Volksw., MBA, Vorstandsvorsitzender d. Rhenus Lager u. Umschlag AG, Dortmund - Gut Mönchhof, 5000 Köln 50 - Geb. 21. Febr. 1943 Breslau, ev. - AR-Mitgl. SAP Aktiengesellsch. Systeme, Anwendungen, Produkte in der Datenverarb., Walldorf; AR F.M. Hämmerle Textilwerke AG, Dornbirn, MideK-Holding AG, Erfurt; Beiratsmitgl. Dt. Bank AG, Colonia Versich. AG, Köln.

PORTELE, Gerhard

Dr. phil., Dipl.-Soz., Prof. f. Hochschuldidaktik Univ. Hamburg, Gestalt-Therapeut - Bei der Apostelkirche 34, 2000 Hamburg 19 - Geb. 18. April 1933 Prag (Vater: Otto P., Bankbeamter; Mutter: Hermine, geb. Ludwig), verh. s. 1954 m. Marei, geb. Eiermann, 2 Töcht. (Kristin, Regina) - PH Heidelberg, Univ. Mannheim - BV: Lernen u. Motivation, 1975; Organis. v. Forsch. u. Lehre an westdt. Hochsch., 1976; Entfremd. b. Wiss., 1981; Autonomie, Macht, Liebe, 1989. Herausg.: Sozialis. u. Moral (1978).

PORTENIER, Claude

Dr., Prof. f. Mathematik - Universität, 3550 Marburg/L. - Geb. 23. Dez. 1941 Basel (Schweiz) - U. a. Univ. Neuchâtel, Univ. Erlangen.

PORTENLÄNGER, Li

Performerin, Malerin - Breitenweg 13, 2800 Bremen - Geb. 18. Aug. 1952 Eichstätt (Vater: Franz P.; Mutter: Lisa, geb. Wutz) - Stud. Hochsch. f. Kunst u. Musik Bremen; Moderner Tanz b. Gerd Leon, Taichi b. Dr. Christl Proksch; Kampfkunst b. Luis Molera - Zeichnung: Palimpsest - d. Mensch in d. Spur s. Bewegung im Raum; Wandmalereien im öfftl. Raum; Performance-Stücke: Papier-Stein, Steine, Pappe-Plastik, Stock u. Stein, Sand, Zwischenlandung atlasairfield, BOINK, Zeitschleife, d. apokalyptische Reiter - Liebh.: Musik, Film, Luft-Raumfahrt - Spr.: Engl., Franz., Ital.

PORTH, Albert Joachim

Dr. rer. nat., Prof. f. Computer-Wissenschaft, Dipl.-Mathematiker - Am Katzenwinkel 30, 3005 Hemmingen 3 (T. 05101-29 30) - Geb. 18. April 1941 Frankfurt (Vater: Albert P., Kaufm.; Mutter: Irma, geb. Wagenknecht), ev., verh. s. 1966 m. Sabine, geb. Kornetzki, 2 T. (Meike, Irina) - Abit. (human. Gymn. Gießen) 1961; Math./Phys.-Stud. Gießen, Dipl. 1968, Promot. 1971 TU Hannover, Habil. 1977 - 1968-70 Aufb. u. Leit. versch. EDV-Proj. in d. Med. (Tübingen), s. 1970 Hannover; 1981 Prof. Med. Hochsch. Hannover; Präs.-mitgl. Dt. Ges. f. Med. Dok. u. Statist. (GMDS). Wiss. Schr.reihen u. Fachb. z. Themen: Computer im med. Labor., Plausibilitätskontr. b. Laborbefunden, Datenschutzaspekte in d. med. Datenverarb. Zahlr. Fachveröff. - Spr.: Engl.

PORTHEINE, Hermann

Dr. med., Prof., Chefarzt Innere Abt. Kreis- u. Stadtkrankenanstalten Nordhorn i.R. - Hohenkörbener Weg 73, 4460 Nordhorn (T. 3 45 16) - Geb. 24. April 1923 Hilten, ref., verh. m. Christa, geb. Pawlowski, 3 Töcht. (Christina, Dorothea, Elisabeth) - S. 1961 (Habil.) Lehrtätigk. Münster (1966 apl. Prof. f. Inn. Med.; zul. Oberarzt Med. Klinik). Facharb. - 1968 Arthur-Weber-Preis Dt. Ges. f. Kreislaufforsch. (f. neue Methode d. verfeinerten Diagnostik d. Herzinfarkts).

PORTUGALL, Karlheinz

Dipl.-Kfm., Vorstandsmitglied Vereinigte Elektrizitätswerke Westfalen AG, Dortmund - Graf-Spee-Str. 15, 4300 Essen-Bredeney - Geb. 17. Mai 1926.

PORZNER, Konrad

Vorsitzender d. Geschäftsordnungsaussch. d. Bundestages, MdB - Zu erreichen üb. Bundeshaus, 5300 Bonn - Geb. 4. Febr. 1935, verh., 4 Kd. - 1954-59 Stud. Wirtschaftswiss. u. Geogr. Univ. Erlangen - 1972-74 Parlam. Staatssekr. Bundesfinanzmin.; 1974-81 u. 1983-87 Parlam. Geschäftsf. SPD-Frakt.; 1982 Finanzsenator Berlin; 1981/82 Staatssekr. Bundesmin. f. wirtschaftl. Zusammenarbeit - 1960 u. 1962 Dt. Handballm. m. d. TSV Ansbach.

POSCHARSKY, Peter

Dr. theol., o. Prof. f. Christliche Archäologie u. Kunstgesch. u. Institutsvorst. Univ. Erlangen-Nürnberg (s. 1973) - Prießnitzstr. 2a, 8520 Erlangen - Geb. 29. Febr. 1932 Leipzig (Vater: Oscar P., Textilkaufm.; Mutter: Charlotte, geb. Kupfahl), ev., verh. s. 1953 m. Veronika, geb. Lange, 3 Kd. (Anastasia, Nikolaus, Michael) - Abit. 1950; Tischlerlehre 1952; theol. Ex. 1962, Promot. 1963 Marburg/Lahn, Habil. 1968 Erlangen - 1956-63 Sekretär Inst. f. Kirchenbau u. kirchl. Kunst d. Gegenw., Marburg, 1963-68 Assist. Erlangen, 1968-72 Doz. Erlangen, 1972-73 wiss. Rat u. Prof. Münster; ab 1973 Prof. Erlangen - BV: D. Kanzel, 1963; Kirchen v. Olaf Andreas Gulbransson, 1966; Neue Kirchen, 1968; Ende d. Kirchenbaus?, 1969; D. Kirchen d. Fränkischen Schweiz, 1990.

POSDORF, Horst

Dr. rer. nat., Prof. f. angew. Mathematik, MdL Nordrh.-Westf. - Grünewaldstr. 1, 4630 Bochum 1 (T. 0234 - 33 12 67) - Geb. 8. Febr. 1948 Dornum/Kr. Norden, kath., verh. s. 1971 m. Carola, geb. Kruse, 2 T. (Dorit, Cordula) - Stud. Math. u. Physik Ruhr-Univ. Bochum; Dipl.-Math. 1974, Ass. d. L. 1975, Promot. 1978 - 1974-75 Refer.; 1976-78 wiss. Angest. Rechenzentrum d. Ruhr-Univ.; 1978-80 Studienrat; 1979 Lehrbeauftr. Ruhr-Univ., 1980 Lehrbeauftr. FH Dortmund, s. 1981 Prof. ebd. S. 1984 Fraktionsvors. CDU in Bochum VI; s. 1985 MdL Nordrh.-Westf. (Mitgl. Aussch. f. Wiss. u. Forsch. u. Aussch. Haushaltskontrolle). CDU (s. 1982 Vorst. Landesfachaussch. f. Schul- u. Bildungspolitik). Zahlr. wiss. Veröff. - Spr.: Engl.

POSENER, Julius

Dr. phil. h. c., Dr.-Ing. E. h., Dipl.-Ing., Prof., Vors. Dt. Werkbund (1972-76) - Kleiststr. 21, 1000 Berlin 37 (T. 802 94 78) - Geb. 4. Nov. 1904 Berlin (Vater: Moritz P., Maler; Mutter: Gertrud, geb. Oppenheim), jüd., verh. 1948-67 m. Elizabeth, geb. Middleton, 3 Kd. (Alan, Jill, Benjamin); verh. s. 1970 m. Margarete, geb. Hartwig (Stiefs. Lukas) - Realgymn. u. TH Berlin (Arch.; Dipl.-Ing. 1929) - 1929-33 Assist. Berlin u. Paris, 1933-35 Redakt. Paris, 1935-41 Assist., Arch., Redakt. Tel-Aviv, 1941-47 freiw. Kriegsdst. (British Army), s. 1948 Doz. f. Arch. London, Kuala Lumpur (1956), Berlin (1961; Prof. f. Baugesch. Hochsch. d. Künste Berlin; 1970 emerit.) - 1982 Karl-Friedrich-Schinkel-Ring; 1968 o. Mitgl. Akad. d. Künste Berlin; Ehrenmitgl. Bund Dt. Arch. u. Werkbd.-Archiv; Mitgl. Intern PEN-Club - Liebh.: Musik - Spr.: Engl., Franz., Ital.

POSER, von, Caspar

Schriftsteller - Grünbauerstr. 37, 8000 München 71 (T. 089 - 79 52 53) - Geb. 5. Aug. 1937 Wiesbaden, ev., verh. m. Daniela, geb. v. Mutzenbecher, S. Fabian - Abit. 1958 Wiesbaden; kaufm. Lehre in Hamburg; Stud. Lit.-Gesch. (4 Sem.) Univ. Hamburg - Mitarb. b. Simplicissimus; Journ. u. fr. Schreiber - BV: Eins u. eins macht fünf, 1984; D. Reise n. Brighton, 1986; Und morgen hab' ich Glück; Freude m. Hunden, Sachb.; D. Animateur, R.; ZDF-Produkt.: D. blaue Bidet (n. Breitbach) - Liebh.: Oper - Spr.: Engl., Span.

POSER, Hans

Dr. phil., Prof. f. Philos. TU Berlin - An der Buche 21, 1000 Berlin 28 - Geb. 25. Mai 1937 Göttingen (Vater: Prof. Dr. Hans P.; Mutter: Johanna, geb. v. Stiepel), ev., verh. s. 1962 m. Li, geb. Büttel, 3 Kd. (Stefan, Maren, Florian) - Stud. Math., Physik, Phil. Tübingen, Hannover. Staatsex. 1963; Promot. 1968; Habil. 1971 - 1964-72 Wiss. Assist. u. Doz. TU Hannover. Spez. Arbeitsgeb.: Phil., Wiss.theorie - BV: Z. Theorie d. Modalbegriffe b. G. W. Leibniz, 1969. Herausg.: Philosophie u. Mythos (1979); Formen Teleol. Denkens (1981); Wandel d. Vernunftsbegriffs (1981); Phil. Probl. d. Handlungsth. (1982); Wahrheit u. Wert (1992); Beobachtung u. Erfahrung (1992). Mithrsg.: Ontologie u. Wiss. (1984); D. geschichtl. Perspektive in d. Disziplinen d. Wiss.forsch. (1989); Leibniz in Berlin (1990) - Spr.: Engl., Franz.

POSER, Hans

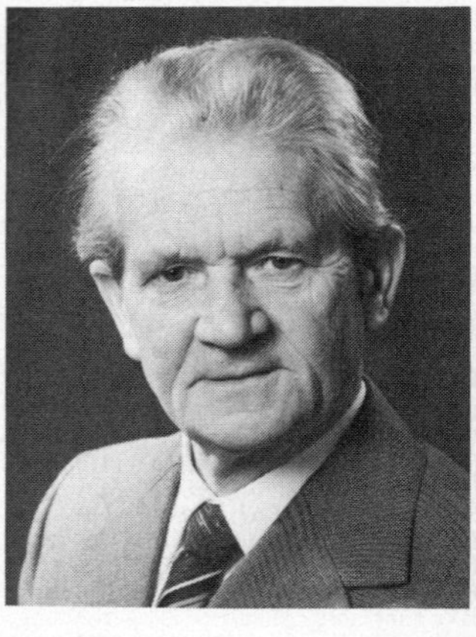

Dr. phil. habil., Dr. rer. nat. h. c., o. Prof. f. Geographie (emerit.) - Charlottenburger Str. 19, 3400 Göttingen (T. 0551 - 79 90) - Geb. 13. März 1907 Hannover (Vater: Friedrich P.; Mutter: Emilie, geb. Tönnies), ev., verh. s. 1933 m. Johanna, geb. v. Stiepel, 3 Söhne (Hans, Heinrich, Wilhelm) - Stud. Univ. Göttingen (Geogr., Geol., Gesch., Völkerkd.). Promot. (1930) u. Habil. (1935) - Ab 1936 Privatdoz. Univ. Göttingen; 1939-45 Kriegsteiln.; 1941 Leit. Geogr. Inst. TH Braunschweig, 1948 apl. Prof., 1955-62 o. Prof. u. Inst.-Dir. TH Hannover u. Univ. Göttingen (1962-71). Zahlr. Veröff. z. Geomorphol., Paläoklimatol., Wirtschaftsgeogr., Regionalen Geogr. (Polargeb., Madagaskar) u. Wiss.gesch. Herausg. u. Mithrsg. v. zahlr. wiss. Büchern - Mehrere Medaillen, u.a.: 1959 Med. Univ. Lüttich; 1963 Silb. Carl-Ritter-Med.; 1964 u. 68 Med. Univ. Helsinki; 1972 Gold. Ferdinand-v.-Richthofen-Med.; o. Mitgl.: 1953 Dt. Akad. d. Naturforscher (Leopoldina) Halle/S., 1960 Akad. d. Wiss. Göttingen; korr. Mitgl.: 1953 Geogr. Ges. Hannover, 1954 Akad. f. Raumforsch. u. Landesplanung, Hannover, 1956 Österr. Geogr. Ges., 1961 Soc. Geogr. Fenniae, 1974 Soc. Géol. de Belgique; Ehrenmitgl.: 1967 Geogr. Ges. Hamburg, 1988 C.F.-Gauß-Ges. Göttingen; 1982 BVK am Bd.; 1986 Dr. rer. nat. h. c. TU Braunschweig - Lit.: Hans-Poser-Festschrift, Göttinger Geogr. Abh. 60, 1972 (m. Biogr.).

POSER, von, Hilmar

Dr. phil., Staatssekretär a. D., Geschäftsführung d. AVE Gesellschaft f. Medienbeteiligungen (s. 1988), u. Hanover-Film GmbH, Vertreter Nieders. im Fernsehrat d. ZDF (1982-89) - Zur Wietze 42, 3002 Wedemark 2 (Wennebostel/Wietze) (T. 05130 - 72 15) - Geb. 20. Okt. 1942 Berlin (Vater: Kurt v. P., Baudir.; Mutter: Johanna-Luise, geb. v. Buch), ev., verh. s. 1972 (Ehefr. Alexandra), 4 Kd. (Friederike, Ines †, Felix-Georg, Sophie) - Schulbes. Hannover u. London; Ztg.volont.; Stud. d. Politwiss., Publizistik, Phil. Univ. Berlin (Freie) u. Wien; Dolmetscherex. 1965 - 1970-76 Redakt. ARD, Fernsehstudio Bonn; 1976-88 Sprecher Nieders. Landesreg. - Liebh.: Malen - Spr.: Engl., Franz.

POSER, Sigrid,

geb. Wahl

Dr. med., Prof. Univ. Göttingen, Ärztin - Neurol. Univ.-Klinik Göttingen, Robert-Koch-Str. 40, 3400 Göttingen - Geb. 19. Aug. 1941 Stuttgart, verh. s. 1970 m. Prof. Dr. med. W. Poser (s. dort) - 1970-75 Assist.-Ärztin; s. 1975 Hochschullehrerin. Forschungsgeb.: multiple Sklerose, Medikamenten-Abhängigk., HIV-Infektion.

POSER, Wolfgang Edgar

Dr. med., Prof. Univ. Göttingen, Arzt f. Pharmakologie u. Psychiatrie - Klinik f. Psychiatrie - v.-Siebold-Str. 5, 3400 Göttingen (T. 0551 - 39 66 77) - Geb. 28. Febr. 1941 Stolberg, verh. s. 1970 m. Prof. Dr. med. S. Poser, geb. Wahl (s. dort) - 1968-74 wiss. Assist.; s. 1974 Hochschullehrer. Forschungsgeb.: Sucht (Alkoholismus, Medikamenten-Abhängigk.).

POSEWANG, Wolfgang

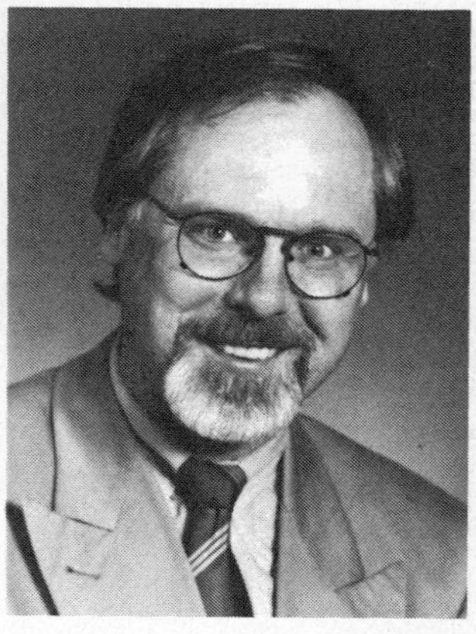

Dr. rer. pol., freiberufl. Medienberater u. Journalist - Humboldtstr. 38, Postfach 19 18, 2080 Pinneberg (T. 04101 - 69 13 72) - Geb. 12. Nov. 1950, verh., 1 Kd. - Volontariat, Stud. Kommunikationswiss., Wirtsch.wiss.; Staatsex. 1979; Promot. 1982 Univ. Bremen - 1982/83 Chefredakt. Fachzeitschr. Ebner Verlag; 1984-90 Aufbau u. alleinverantwortl. Redakt. Kabel & Satellit, Spots-Planungsdaten; 1988-90 Chefredakt. Medien Bulletin, Medien aktuell - Mithrsg. d. Loseblattsammlung: D. neuen Medien (H.G. Bauer, C. Detjen, F. Müller-Römer, W. Posewang) - Liebh.: Lit., Jazz, Klassik - Spr.: Engl.

POSNER, Roland

Dr. phil., o. Prof. f. Linguistik u. Semiotik TU Berlin (s. 1975) - Südwestkorso 19, 1000 Berlin 33 (T. 821 81 83) - Geb. 30. Juni 1942 Prag (Eltern: Herbert u. Elisabeth P.), kath., verh. s. 1971 m. Marlene, geb. Landsch, 3 Kd. (Britta, Astrid, Ingmar) - Promot. 1972; Habil. 1973 - 1973 Gastprof. Univ. Hamburg, 1977 Montreal, 1979 Tunis, 1982 Toronto, 1984/85 Maisur, 1985 São Paulo; 1986/87 Fellow Netherlands Inst. for Advanced Study, Wassenaar; 1974 apl. Prof. TU Berlin; 1975 o. Prof. TU Berlin; 1980 Dir. Arbeitsst. f. Semiotik ebd. 1. Vors. Dt. Ges. f. Semiotik; s. 1984 Vizepräs. Intern. Ass. for Semiotic Studies; s. 1989 Vizepräs. Intern. Semiotic Institute - BV: Theorie d. Kommentierens, 1972; Zeichenprozesse, 1977; D. Welt als Zeichen, 1981; Rational Discourse and Poetic Communication, 1982; Nach-Chomskysche Linguistik, 1985; Iconicity, 1986; Classics of Semiotics, 1987; Semiotics and the Arts, 1988; Zeitl. u. inhaltl. Aspekte d. Textprod., 1989; Warnungen an d. ferne Zukunft, 1990; Wall Street Gallery, 1990. Zahlr. Ztschr.veröff. Hrsg.: Buchreihen Grundl. d. Kommunikation u. Kognition (1973ff.); Approaches to Semiotics (1978ff.); Ztschr. f. Semiotik (1979ff.); Probl. d. Semiotik (1983ff.)- Spr.: Engl., Franz., Ital., Niederl.

POSS, Joachim

Verwaltungsleiter, MdB (Wahlkr. 93/ Gelsenkirchen I) - Zu erreichen üb. Bundeshaus, 5300 Bonn 1.

POSSER, Diether

Dr. jur., Finanzminister (b. 1988) u. MdL Nordrh.-Westf. - Wiedfeldtstr. 71, 4300 Essen (T. 41 23 22; Amt: 0211-4 97 21) - Geb. 9. März 1922 Essen (Vater: Heinrich P., kfm. Angest.), ev., verh. s. 1952 m. Elsa, geb. Kenter, 4 Kd. - Gymn. Essen; Univ. Münster u. Köln (Rechts- u. Staatswiss.). Promot. 1950 (Diss. üb. e. völkerrechtl. Thema); Ass.ex. 1951 - 1952-68 Rechtsanw. u. Notar (1965) Essen; s. 1966 MdL; s. 1968 Min. f. Bundesangelegenh., 1972 f. Justiz, 1978 f. Finanzen, stv. Min.präs. Kriegsdst. (zul. Ltn. d. R.). Mitbegr. GVP (1952). SPD s. 1957 (1970 Mitgl. Bundesvorstand) - BV: D. dt.-sowjet. Beziehungen 1917-41, 2. A. 1963; Polit. Strafjustiz aus d. Sicht d. Verteidigers, 1961 - Liebh.: Geschichte, Musik.

POST, Werner Heinrich

Dr. phil., Prof. f. Philosophie - Kaiserstr. 23, 5300 Bonn 1 (T. 22 42 45) - Geb. 28. Jan. 1940 Balve/Sauerl. (Vater: Heinrich P., Kaufm.; Mutter: Franziska, geb. Rammelmann), kath., verh. s. 1982 m. Jutta Baden - Dipl.-Theol. 1964 München, Promot. 1968 München, Habil. 1976 Bonn - S. 1986 Univ. Dortmund - BV: Kritik d. Relig. b. Karl Marx, 1969 (span. Übers.); Krit. Theor. u. metaphys. Pessim., 1971; Was ist Materialismus? (zus. m. A. Schmidt), 1975 (span. u. ital. Übers.); u.a. - Spr.: Engl., Ital., Span., Franz.

POSTEL, Rainer

Dr. phil., Prof., Historiker - Husumer Str. 19, 2000 Hamburg 20 (T. 48 27 86) - Geb. 21. Febr. 1941 Hamburg (Vater: Eberhard P., Arzt; Mutter: Gisela, geb. Wewers), ev., verh. s. 1971 m. Marianne, geb. Schmieder, 2 Töcht. (Claudia, Ariane) - Abit. Johanneum 1960 Hamburg; Stud. Gesch. u. German. Univ. München u. Hamburg (Promot. 1970, Habil. f. Mittl. u. Neuere Gesch. 1982 - BV: Johann Martin Lappenberg. E. Beitr. z. Gesch. d. Gesch.wiss., 1972; Unter Napoleon gegen Preußen, 1975; Katalog d. ant. Münzen in d. Hamburger Kunsthalle, 1976; D. Reformation in Hamburg, 1986; div. Aufs. - 1979 Preis d. Hbg. Wiss. Stiftg.; 1989 Lappenberg-Med. - Liebh.: Ant. Numismatik.

POSTEL, Wilhelm

Dr. rer. nat., o. Prof. f. Allg. Lebensmitteltechnologie (s. 1973), Leit. Inst. f. Lebensm.technol. u. Analyt. Chemie u. Leit. Versuchs- u. Lehrbrennerei TU München - Elektrastr. 34, 8000 München 81 - Geb. 30. Aug. 1927 Konken (Vater: Philipp P., Lehrer; Mutter: Helene, geb. Bartz), ev., verh. s. 1955 m. Anne, geb. Theiß, T. Birgit - Stud. d. Chemie, Biol., Physik Univ. Mainz; Lebensmittelchemie Univ. Frankfurt; Promot. 1955; Habil. 1969 - 1955-57 Bundesforschungsanst. Geisenheim, 1958-69 Lebensmitteluntersuchungsamt u. Inst. f. Lebensm.-chemie Frankfurt (stv. Dir.; 1968 kommiss. Leit.), s. 1968 Abt.svorst. TU München - BV: Nachweis u. Bestimmung von Konservierungsstoffen, 1967. Handb.beitr. Ca. 250 wiss. Veröff. - Spr.: Engl., Franz.

POSTH, Martin

Dr. jur., Vorstandsmitglied Volkswagen AG (s. 1988) - 3180 Wolfsburg - Geb. 16. Jan. 1944 Berge/Krs. Westhavelland - 1980-85 Vorst.-Mitgl. AUDI AG, Ingolstadt; 1985-88 Commercial Executive and Deputy Managing Dir., Shanghai Volkswagen Automotive Company Ltd. - Zahlr. Veröff. zu Fragen d. Personal- u. Unternehmenspolitik - 1981 Gold. Brücke.

POTEL, Jürgen

Dr. med. habil., o. Prof., Direktor Inst. Mikrobiol. Med. Hochsch. Hannover - Asplundweg 12, 3000 Hannover-Kirchrode (T. 0511 - 52 61 42) - Geb. 9. Mai 1921 Reichenbach/OL. - Habil. Halle/S. 1953, Umhabil. 1965 Münster - B. 1967 Privatdoz., dann apl. Prof. Univ. Münster (1967 apl. Prof. f. Hyg. u. Bakt.). Div. Mitgliedsch. Fachveröff.

POTEMPA, Joachim

Dr. med., o. Prof. f. Urologie Univ. Heidelberg - Lauffenerstr. 32, 6800 Mannheim 51 - Kath., verh. m. Inge-Maria, geb. Weyrauch, 2 Söhne (Axel-Jürg, Dirk) - Emerit. 1987 - Üb. 200 wiss. Arb. u. Vorträge - 1977 Präs. Südwest. Ges. f. Urologie; Mitgl. d. Ges. f. Chirurgie, Ges. f. Urologie, Dt.-amerik. Ges. f. Urologie - Liebh.: Golf, Reiten - Spr.: Franz., Latein, Griech. - Lion.

POTENTE, Helmut Michael

Dr.-Ing., o. Prof. f. Kunststofftechnologie Univ. GH Paderborn - Scherfeder Str. 58, 4790 Paderborn (T. 05251 - 6 29 70) - Geb. 31. Aug. 1939 Brakel (Vater: Johannes P., Entwicklungsleit.; Mutter: Therese, geb. Groppe), kath., verh. s. 1968 m. Birgit, geb. Schäfer, 2 Kd. (Eva, Michael) - Stud. d. Verfahrenstechn. TH Aachen; Promot. 1971 - Zun. Ind.tätigk.; Präs. Kommiss. XVI Intern. Inst. f. Schweißtechn. Mitgl. wissenschaftl. Rat d. AIF - 1972 Borchers Plak. - Spr.: Engl.

POTH, Helmut

Geschäftsführer i. R., Vorst. Wirtschaftsrat CDU-Bochum, Vors. Kaufm. Verein 1885 Bochum - Heintzmannstr. 169, 4630 Bochum-Querenburg (T. 70 11 95) - Geb. 10. Jan. 1918 Essen-Steele (Vater: Dr. Karl P., Studienrat; Mutter: Margarethe, geb. Jungkenn), ev., verh. s. 1951 m. Sigrid, geb. Förster, 3 Kd. (Ralf-Dieter, Harald, Christiane) - Gymn.; Kaufm. Lehre; Univ. (Wirtsch.- u. Sozialwiss.) - Liebh.: Klass. Musik, Natur, Tennis, Skilauf, Schwimmen - Spr.: Engl., Franz.

POTHMANN, Eberhard

Dipl.-Kfm., Ass. jur., Mitglied d. Unternehmensleitung Vorwerk & Co. - Mühlenweg 17-37, 5600 Wuppertal 2 (T. 0202 - 56 40) - Geb. 24. Sept. 1943.

POTOFKSI, Ulrich

Chef-Reporter, Moderator Sport b. RTL plus - Von Werth Str. 12a, 5024 Pulheim 2 (T. 02234 - 8 19 43) - Geb. 7. Juli 1952 Gelsenkirchen, kath., verh. s. 1978 m. Monika, geb. Schulz, 2 Kd. (Benjamin, Susi-Babette) - Mittl. Reife - Sprecher RTL Hörfunk; Reporter b. WDR-Hörfunk; 1984-92 Sportchef RTL plus; Vizepräs. Verb. Westdt. Sportpresse - BV: Italien wir kommen, 1990; Wimbledon Jahrbuch, 1991 - 1988 Bambi (Beliebtester Moderator im Privat-TV) - Liebh.: Musik, Malerei - Spr.: Engl.

POTOTSCHNIG, Heinz

Dr. med., Prof., Arzt u. Schriftst. - Anton Tuderstr. 28, A-9500 Villach, Maria Gail - Geb. 30. Juni 1923 Graz, kath. - Stud. Med. Univ. Berlin, Graz, Innsbruck (Promot. 1948) - 1. Vizepräs. PEN-Club Kärnten - BV: Schatten schrägen ins Licht, 1961; Nachtkupfer, 1962; D. Rest teilen d. Sterne, 1963; Lotungen, 1965; D. Himmel war lila, 1967; D. grünen Schnäbel, 1969; In alten Maßen, 1973; Lyrik (Ausw. v. K. Adel), 1973; D. Grenze, 1974; D. Wanderung, 1976; D. Sommer m. d. Enten, 1977; (Übers.: span., portug., ital., engl., slow., flämisch); Westdrift, 1990; Aus Spiegeln keine Wiederkehr, 1991. Hörspiele: D. Ohr d. Erhabenen; Wenn es sein muß, meine Dame; Begegnung im Sand. Herausg.: D. BOGEN-Dok. neuer Dichtung - 1964 u. 69 Peter Rosegger Preis; 1965 u. 71 Theodor Körner-Pr.; 1967 Ludwig v. Ficker Preis; 1968 Dramatikerpr. Theater Baden-Baden; 1984 Gr. gold. Ehrenz. Land Steiermark; u.a.

POTS, Peter

Dr. med., Prof. f. Geburtshilfe u. Frauenheilkd. Univ. Marburg - Gottfried-Keller-Str. 21, 3550 Marburg/L. - Geb. 28. April 1917 Charlottenpolder - U. a. Doz. Berlin.

POTT, Elisabeth

Dr. med., Direktorin Bundeszentrale f. gesundheitl. Aufklärung (s. 1985) - Ostmerheimer Str. 200, 5000 Köln 91 (T. 0221 - 89 92 0) - Geb. 10. Jan. 1949 Bochum, verh. s. 1974 m. Dr. Hans-Michael P. - Stud. Med. Univ. Bonn u. Kiel; Med. Staatsex. 1974 Bonn; Promot. 1976 ebd.; Staatsärztl. Prüf. 1981 Düsseldorf - Mehrmonatige Abordnungen an Akad. f. öfftl. Gesundheitsw. Düsseldorf, Landeskrkhs. Osnabrück, Bundesgesundheitsamt Berlin. B. 1977 chir. Tätigk.; 1978 Ref. Bundesmin. f. Arbeit u. Sozialordnung; 1980 stv. Ref.leit., 1981 Ref.leit. Nieders. Sozialmin. Lehrauftr. Sozialmed. Med. Hochsch. Hannover. Wiss. Beirat Dt. Ges. f. Sozialpädiatrie, versch. Ehrenämter.

POTT, Hans-Georg

Dr. phil., Univ.-Prof. Univ. Düsseldorf (s. 1983) - Elsterweg 5, 4019 Monheim - Geb. 1. März 1946 Oerlinghausen/Lippe, verh. m. Christa, geb. Tinnemeyer, 2 Kd. (Daniel, Jennifer) - Stud. German. u. Phil. FU Berlin, Univ. Mainz u. Düsseldorf; Promot. 1974 Düsseldorf; Habil. 1979 ebd. - 1979-83 Priv.-Doz.; 1983-89 Leit. d. Eichendorff-Inst. Univ. Düsseldorf - BV: Alltäglichkeit als Kategorie d. Ästhetik, 1974; D. Schöne Freiheit, 1980; Robert Musil, 1984; Neue Theorie d. Romans, 1990. Herausg.: Eichendorff u. d. Spätromantik (1985); Literatur u. Provinz (1986); Johann Christian Günther (1988).

POTTHOFF, Erich

Dr. rer. pol., Dipl.-Kfm., Prof., Wirtschaftsprüfer - Am Hövel 6, 4005 Meerbusch 1 (T. 30 00) - Geb. 10. Jan. 1914 Köln - Oberrealsch. u. Univ. Köln (Dipl.-Kfm. 1939, Promot. 1941); kaufm. Lehre ebd. - 1934-35 Angest. Gebr. Stollwerck AG, Köln, Werkstudent, 1937-46 Assist. Prof. Eugen Schmalenbach u. Prokurist Schmalenbach'sche Treuhand-AG, 1946-49 u. 1952-56 Leitg. Wirtschaftswiss. Inst. d. Gewerksch. ebd. 1949-52 Mitgl. Stahltreuhändervereinig., Düsseldorf, 1957-62 Vorst.-Mitgl. Zentralverb. dt. Konsumgenoss., Hamburg, 1963-79 Vorst.-Vors. WIBERA Wirtschaftsberatung AG, Düsseldorf. S. 1961 Lehrtätigk. Univ. Hamburg (Lehrbeauftr.) u. Köln (1963 Honorarprof. f. Personalwesen u. Öfftl. Betriebe). S. 1971 Mitgl. d. Rhein.-Westf. Akad. d. Wissenschaften - BV: Betriebliches Personalwesen, Sammlung Göschen, 1973/74; Personelle Unternehmungsorganis., Samml. Göschen, 1977. Mitverf. (Schr. Arbeitskr. Krähe Schmalenbach-Ges.); Konzern-, Leitungs-, Unternehmens-, Finanzorg. (4); Führungsinstrumentarium in Unternehmen u. Verwaltung, 1979; Prüfung d. Ordnungsmäßigk. d. Geschäftsführung, 1982; Eugen Schmalenbach. Der Mann. Sein Leben. Sein Werk (m. M. Kruk u. G. Sieben), 1984; Controlling in d. Personalwirtschaft (m. K. Trescher), 1986 - 1974 Gr. BVK.

POTTHOFF, Margot

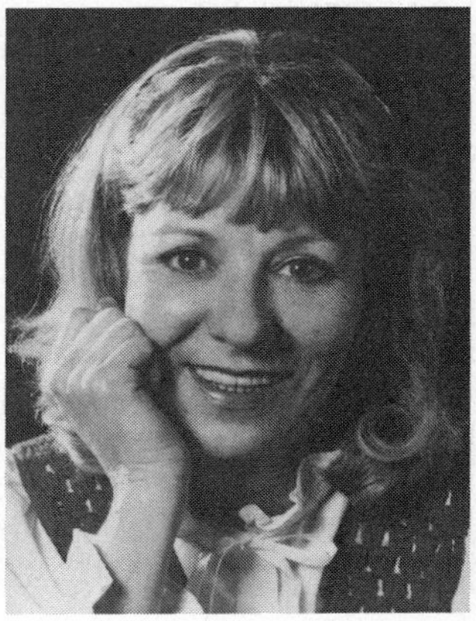

Schriftstellerin (Ps. Kai Lundberg) - Rheinlandstr. 13, 4000 Düsseldorf 30 (T. 0211 - 42 20-437) - Geb. 21. Juli 1934 Hau/Kreis Kleve, verh. s. 1959 m. Jörg P., T. Heike - Gymn., Mittl. Reife; Ind.-Kauffr. - Veröff.: 24 Kinder- u. Jugendb. (s. 1971), u.a.: Tschiwipp rettet d. Ponyhof, 1972 u. 78; Willst du Kaugummi Cäsar?, 1976; Mein dicker Freund, d. Drache Kuno, 1977 (franz. Übers. 1979); Ich möchte keine Welle sein, 1980 u. 1990; D. Erbe d. Herrn Buchner, 1983 (schwed. Übers. 1984) - Liebh.: Lit., Phil. - Spr.: Engl., Franz., Ital., Lat. - Lit.: Lore Schaumann: 22 Autorenporträts; Patmos Verlag: Lit. Porträts in NRW (1991).

POTTMEYER, Hermann Josef

Dr. theol., Lic. phil., Prof. f. kath. Fundamentaltheologie Univ. Bochum, Gastprof. Univ. Gregoriana, Rom, u. Notre Dame, USA - Schinkelstr. 55, 4630 Bochum - Geb. 1. Juni 1934 Bocholt (Vater: Ernst P., Kaufm.; Mutter: Hermine, geb. Veelken) - BV: D. Glaube vor d. Anspruch d. Wiss., 1968; Unfehlbarkeit u. Souveränität, 1975. Herausg.: Kirche im Wandel (1982); Hdb. d. Fundamentaltheol. (1985/88); D. Rezeption d. Zweiten Vatikanischen Konzils (1986); D. Bischofskonferenz (1989); Kirche im Kontext d. mod. Ges. (1989).

POTTSCHMIDT, Günter

Prof., Präsident Staatsgerichtshof u. Oberverwaltungsgericht d. Fr. Hansestadt Bremen - Altenwall 6, 2800 Bremen - Geb. 22. März 1937.

POVH, Bogdan

Dr. rer. nat., o. Prof. - Helmholtzstr. 10, 6900 Heidelberg (T. 41 35 14) - Geb. 20. Aug. 1932 Belgrad/Jugosl. (Vater: Dr. Vekoslav P., Volkswirtschaftler; Mutter: Olga, geb. Cerkvenik), verh. s. 1957 m. Anna, geb. Križanič - Stud. Physik (Dipl. 1955 Ljubljana) - S. 1965 Ord. Heidelberg. Wiss. Mitgl. u. Dir. a. Max-Planck-Inst. f. Kernphysik. Üb. 150 Facharb.

POWROSLO, Johannes

Ass., Geschäftsführer Nordwestdt. Verb. Lederwaren u. Kunststofferzeugnisse Düsseldorf - Grünstr. 123, 4005 Meerbusch 1 (T. 02105 - 84 10) - Geb. 12. Juni 1945 Neurode/Glatz, kath., verh. s. 1973 - Geschäftsf. d. Nordwestdt. Verb. Lederwaren u. Kunststofferzeugnisse u. Bundesverb. Brandschutz u. Katastrophenschutz e.V. (BVBK).

PRACHNER, Gottfried
Dr. phil., Prof. a. D. f. Alte Geschichte - Osterstr. 85, 4400 Münster (T. 0251 - 79 82 23) - Geb. 19. Juli 1920 - Promot. 1967, Habil. 1976 Univ. Münster - Zul. Univ. Münster, pens. 1985 - BV: Unters. zu Überlieferungsprobl. d. frühröm. Sklaverei u. Schuldknechtschaft, 1967; Sklaven u. Freigelassene in d. arretin. Sigillatatöpfereien, 1981.

PRACHTL, Rainer
Dipl.-Ökonom, Landtagsabgeordneter, Landtagspräsident Mecklenburg-Vorpommern (s. 1990) - Landtag Mecklenburg-Vorpommern, Lennéstr. 1, O-2750 Schwerin (T. 003784 - 88 81 00 od. 040 655 01 80) - Geb. 15. Jan. 1950 Neubrandenburg (Vater: Heinrich Rudolf; Mutter: Henni Hella Herta, geb. Rüstow), kath., verh. s. 1974 m. Regina, geb. Borowitz, S. Stephan - Lehre als Koch 1966-68; Abit. (Abendschule); Stud. 1971-75 Handelshochsch. Leipzig, Dipl.-Ökonom - 1975-78 Wiss. Mitarb. u. Fachdir. f. Ökonomie im Binnenhandel; 1978-90 Gründer e. Hauswirtsch.schule u. Ausbild.leit. d. Caritas in Neustrelitz; 1990 Stellv. d. Reg.bevollm. im Bez. Neubrandenburg f. regionale u. kommunale Angelegenh.; Frakt.-Vors. d. Ratsvers. Neubrandenburg - BV.: V. St. Martin b. Silvester, 1988 - Liebh.: Gedichte, Kurzprosa.

PRAËL, Christoph
Dr., LL.M. Univ. of Mich., Rechtsanwalt, Geschäftsf. Verb. Bayer. Elektrizitätswerke/Arbeitgebervereinig. Bayer. Energie-Versorgungsuntern. (1981 ff.) - Akademiestr. 7, 8000 München 40.

PRÄTSCH, Kurt
Techn. Angestellter, Mitgl. Hbg. Bürgerschaft (s. 1957) - Ladenbeker Furtweg 20g, 2050 Hamburg 80 (T. 739 79 91) - Geb. 26. Sept. 1919 Liegnitz, verh. - Aufbausch. Liegnitz (Mittl. Reife); Lehre Vermessungstechniker - 1938-45 Arbeits- u. Wehrdst.; 1948-51 Bürgerm. Sierksrade; Techn. Angest. Bezirksamt Bergedorf u. Baubehörde Hamburg. 1951 ff. MdK Lauenburg. SPD s. 1946 (Kreisvors. Bergedorf).

PRAGER, Heinz-Günter
Prof. Hochsch. f. Bild. Kunst Braunschweig, Bildhauer - Heimbacher Str. 4, 5000 Köln 41 - Geb. 19. Dez. 1944 Herne (Vater: Dr. Klaus-Joachim P.; Mutter: Helga, geb. Rolf), verh. s. 1968 m. Françoise, geb. Paganini, 2 T. (Nora, Sophie) - Werkkunstsch. Münster (b. Prof. Ehlers u. Prof. Drebusch) - S. 1983 Prof. in Braunschweig - BV: Identitäten, 1981 (m. E. Gomringer) - Kunstricht: Analyt. Skulptur - 1974 Villa-Romana-Preis Florenz; 1979 Villa-Massimo-Preis Rom - Liebh.: Kochen, Bücher, Wein - Spr.: Engl. - Lit.: M. Schneckenburger, Prager-Skulpturen (1983).

PRAHL, Hans-Werner
Dr. sc. pol., Priv.-Doz. f. Allg. Soziol. Univ. Kiel u. Osnabrück - Grüner Weg 103, 2351 Rickling (T. 04328 - 8 78) - Geb. 3. Okt. 1944 Nusse/Hzgt.Lbg., ledig - Stud. Soziol. 1964/65 Univ. Kiel, 1965-69 Münster; Dipl.-Soziol. 1969 Münster; Promot. 1975 Kiel; Habil. 1982 Osnabrück - 1970-71 Redakt. e. Wissenschaftsmagazins in Hamburg. Lehrauftr. Univ. Bielefeld, Univ. Klagenfurt u. FH Kiel - BV: Hochschulprüfungen, 1976; Prüfungsangst, 1977; Freizeit-Soziol., 1977; Sozialgesch. d. Hochschulwesens, 1979 (Tokyo 1989); Arbeitslosigkeit, 1981; D. Millionen-Urlaub, 1989.

PRAHLOW, Bernhard
Sozialdirektor, Geschäftsführer Dt. Parität. Wohlfahrtsverb./Landesverb. Baden-Württ. - Hoffeldstr. 215, 7000 Stuttgart 70.

PRAKKE, Hendricus J.
Dr. jur., Prof., Verlagsdirektor i. R. - 't Prakke-Hofke, Roden (Dr. NL) (T. 05908 - 1 55 56) - Geb. 26. April 1900 Alphen/Rijn, ev., verh. s. 1923 m. Frederika, geb. Cruiger, S. H. M. Gerardus - Realsch.; Lehre Buch-, Kunsthandel, Druckerei- u. Verlagswesen; Univ. Groningen (Rechtswiss., Soziol.). Promot. 1951 - S. 1925 Dir. Kgl. Van Gorcum & Comp. N. V. (Verlag u. Druckerei), Assen (b. 1970); 1956-61 Privatdoz. Univ. Groningen; s. 1960 Dir. Inst. f. Publizistik u. Honorarprof. (1961) Univ. Münster. Gastprof. Johns Hopkins Univ. Bologna (1964) u. Univ. Iowa/USA (1971). Begr. Dt. Ges. f. Publizistik u. Kommunikationswiss. (1963); Ehrenmitgl. (1982) - BV: Deining in Drenthe, 4. A. 1958 (Diss.); De Samenspraak in onze Samenleving, 1957; Publicist. Publicaties, 4 Bde. 1950/60; Publizist u. Publikum in Afrika, 1962; Münsteraner Marginalien z. Publizistik, 10 Bde. 1961/68; Kommunikation d. Gesellschaft, 1968; Handb. d. Weltpresse, 2 Bde. 1970; Towards a Philosophy of Publicistics, 1971; Garven (Reden), 1975; Steenbergen's Faust, 1979; Roôner Epilog, 1980; Kunstwerke in Haus Welbergen (Mitarb.), 1980; Drenthe-in-Michigan, 1983; In en om Zelle 30, 2. A. 1987 - 1954 Offz. Orden von Oranje-Nassau; 1958 Méd. Affaires étrangères (Frankr.), 1960 Kulturpreis Prov. Drenthe; 1970 Med. Univ. Münster; 1964 korr. Mitgl. Ges. f. Dt. Presseforsch., Bremen; 1966 Ehrenbürger Stadt Bad Bentheim; 1966 BVK I. Kl., 1969 Gr. BVK, 1976 Ehrenmitgl. R. C. Münster, 1977 Ehrenbürger Stadt Coevorden; 1980 Stadtauszeichn. Assen.; 1983 Paul Harris Fellow - Spr.: Niederl., Dt., Engl., Franz. - Lit.: W. B. Lerg/W. Schmolke/G. E. Stoll. Publizistik in Dialog, 1965 (Festschr.). Homo Res Sacra Homini, 1970 (id.), Jan Kooistra, Hendricus Prakke en her Open Veld, 1983.

PRALLE, Hans
Dr. med., Prof. f. innere Med. u. Hämatologie (s. 1983) - Unterstruth 27, 6305 Großen-Buseck (T. 06408-37 01) - Geb. 13. Sept. 1941 Bremen (Vater: Karl P., Bankkaufm.; Mutter: Amalie, geb. Möhrmann), ev., verh. s. 1968 m. Gisela, geb. Wenz, 3 S. (Arnd, Harm, Mark) - Medizinstud. Univ. Freiburg, Hamburg, Kiel u. Gießen; Staatsex. 1967; Promot. 1969 Gießen; Habil. 1976 ebd. - Ausb. Max-Planck-Inst. f. Experiment. Med., Göttingen; Kliniken Bremen. Entd.: Erythrozytose m. alkalischer Phosphatase Plasmazelleinschlüsse. B. Morbus Pompe; Tyrosin Transaminase in Plazenta. BV: Checkliste Hämatologie, 1984; u. Buchbeitr. - Spr.: Engl., Lat., Franz.

PRAMANN, Willi
Prof., Ord. (emer.) f. Bildende Kunst Univ. Westf.-Lippe/Abt. Bielefeld - Rübenkamp 13, 4800 Bielefeld 1.

PRANGE, Hilmar Walter
Dr. med., Prof., Arzt f. Neurologie u. Psychiatrie, Leit. d. Schwerpunktes neurologische Intensivtherapie Univ. Göttingen - Ludwig Beck-Str. 3, 3400 Göttingen (T. 0551 - 2 11 70) - Geb. 4. Aug. 1944 Reichenbach/Eule, ev., verh. s. 1970 m. Dr. med. Carin, geb. Schröter, 2 Kd. (Klaus, Juliane) - 1963-69 Med.-Stud. Univ. Rostock; b. 1974 Facharztausb. in Stralsund u. Rostock; Promot. Rostock; Habil. 1982 Göttingen - S. 1987 Prof.; 1983-89 gf. Oberarzt Neurologische Univ.-Klinik Göttingen - Forschungsgebiete: Intensivneurologie u. entzündliche ZNS-Prozesse - BV: Neurosyphilis, Monogr. 1987. Ca. 155 Publ. auf versch. Geb. d. Nervenheilkunde (Intensivneurol., Infektionskrankh.) - Gewähltes Mitgl. d. European Neurological Soc. - Liebh.: Sport (Laufen, Schwimmen, Squash), Politik, Gesch. - Spr.: fließend Engl., Schulruss.

PRANGE, Klaus
Dr. phil., o. Prof. f. Pädagogik - Christopstr. 9, 7400 Tübingen - Geb. 3. Jan. 1939 Ratzeburg - Stud. German., Angl., Phil., Päd.; Promot. 1969, Habil. 1975 - 1964-72 Lehrer am Gymn., s. 1976 Prof. f. Päd. Univ. Kiel, 1985 Univ. Bayreuth, 1989 Univ. Tübingen - BV: Päd. Erfahrungsprozeß, I-III, 1978-81; Bauformen d. Unterrichts, 1983; Erziehung z. Anthroposophie, 1985; Päd. Erfahrung, 1989; Päd. im Leviathan, 1991.

PRANGE, Wolfgang
Dr., Prof., Archivdirektor im Schlesw.-Holst. Landesarchiv, Schleswig - Prinzenpalais, 2380 Schleswig - Geb. 5. Mai 1932 - Hon.-Prof. Univ. Kiel - BV: Siedlungsgesch. d. Landes Lauenburg im Mittelalter, 1960; D. Anfänge d. gr. Agrarreformen in Schleswig-Holstein b. um 1771, 1971; Herzog Adolfs Urteilbuch 1544-1570. Schleswigsches Rechtsleben um d. Mitte d. 16. Jh., 1985; Schlesw.-Holst. Regesten u. Urkunden 9: Herrschaft Breitenburg, 1988; 10: Kloster Ahrensbök, 1989; 11: Protokolle d. Lübecker Domkapitels, 1990.

PRASSE, Gerwin
Dr. rer. pol., Dipl.-Ing., Wirtschaftsprüfer, Unternehmens-Organisator f. Produkt., Verw. u. Rechnungsw. - Kaiserswerther Str. 291, 4000 Düsseldorf 30 (0211 - T. 435 00 22) - Dom-Gymn. Merseburg, Univ. Hannover, Karlsruhe, Breslau, Halle. Chefassist. Michelinst. Berlin; Dir. Treuhand-Vereinig. AG, Berlin. S. 1950 Eig. Praxis Düsseldorf. S. 1950. Fachmitgl.: Inst. d. Wirtschaftsprüfer, Rationalisierungs-Kurat. d. dt. Wirtschaft (RKW).

PRATSCHKE, Gottfried

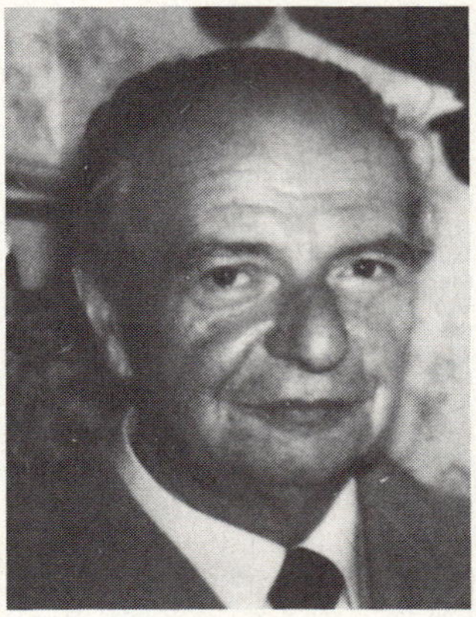

Sozialpädagoge, Schriftst., Journ., Herausg. - Hirschengasse 9/3a, A-1060 Wien - Geb. 10. Juli 1923 Wien (Vater: Franz P., Beamter; Mutter: Stephanie, geb. Schrems), kath., verh. s. 1957 m. Ilse, geb. Berger - Abit. 1941 Wien; 1950 Stud. Lehramt (Math., Physik) Univ. Wien; 1957 Fachausbild. Sozialpäd. - 1950-53 Ref. Bildungszentr. SPÖ; 1953-70 Volksbildner, Sozialpäd.; ab 1970 Dir., Anstaltsleiter - BV: Wenn d. Hoffnung nicht wäre, R. 1971; Kain rettet Abel, R. 1974; Erziehung fürs Leben, Fachb. 1975; rd. 1000 Artikel, 18 Anthol. Herausg. e. Buchreihe (mehr als tausend Titel) - 1982 Diploma di Merito (Univ. delle Arti) - Liebh.: Math., Gesch., Musik - Spr.: Engl., Franz., Latein.

PRAUSE, Frank-Michael
Dipl.-Betriebswirt, Hauptgeschäftsführer Bundesinnungsverb. d. Graveure, Galvaniseure, Gürtler u. verwandter Berufe - Elisenstr. 5, 5650 Solingen 1 (T. 0212 - 20 80 10) - Geb. 12. Dez. 1944 - Arbeitsrichter.

PRAUSE, Gerhard

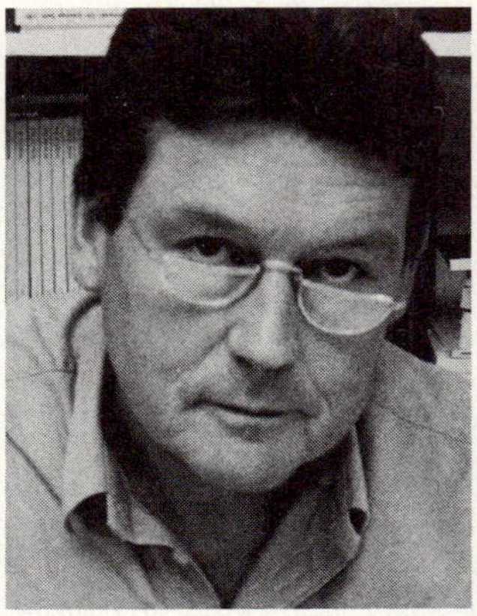

Dr. phil., Journalist, Schriftst. (Ps. Tratschke, Gerd P. Ehestorf) - Breite Str. 159, 2000 Hamburg 50 (T. 040 - 380 59 59) - Geb. 16. Mai 1926 Altona (Vater: Alfred P., Vertreter; Mutter: Louise, geb. Kuhn), verh. s. 1953 m. Ilsemarie, geb. Kopp, 3 Kd. (Christiane, Axel, Nicola) - Christianeum u. Univ. Hamburg (Dt. Literaturgesch., Dt. Philol., Alte, Mittlere u. Neuere Gesch.) - 1954-68 Redakt. Welt am Sonntag (Ressortleit. Kultur u. Wiss.). S. 1969 Die Zeit - BV: Niemand hat Kolumbus ausgelacht - Lügen und Fälschungen der Geschichte richtiggestellt, Sachb. 1966, 14. A. 1990; D. Großen, wie sie keiner kennt, 1967. Dt. Ausg. v. S. Hoffman/C. H. Grattan, News of the World (Gesch. d. Menschheit - berichtet im Stil e. Ztg., 1959ff.), Tratschke fragt: Wer war's?, I (1969), Neun weitere Tratschke-Bücher (1970-90); Gerd P. Ehestorf: Wer raucht liebt besser - Oder das harte Los d. Nichtrauchers, Sachb. 1970; Genies in der Schule - Legende und Wahrheit ü. d. Erfolg i. Leben, Sachb. 1974, 6. A. 1987; Genies ganz privat - Tratschkes aktuelle Weltgeschichten, Sachb. 1975; Herodes d. Gr. - König d. Juden, Sachb. 1977, Neuausg. 1990; D. kl. Welt d. Jesus Christus. Was Theologen, Philologen, Historiker u. Archäologen erforschten, Sachb. 1981; Dreißiger - Weltberühmte in ihrem vierten Lebensjahrzehnt, Sachb. 1983; Vierziger, Sachb. 1983; Fünfziger, Sachb. 1983; Sechziger, Sachb. 1983; Siebziger, Sachb. 1983 (diese Reihe in 8. A. 1990); Tratschkes Lexikon f. Besserwisser, Sachb. 1984; D. Teufel in d. Wiss. - Wehe wenn Gelehrte irren (m. Th. v. Randow), Sachb. 1985; Spuren d. Geschichte - M. Archäologen auf gr. Grabungen, Sachb. 1988. Hörsp.reihen: Damals (8 Folgen), Panoptikum d. Monats (6 Folgen); Fernseh-Drehbücher: Kalenderblätter d. Gesch. (49 Folgen, 1966/67), Spuren e. Prominenten (18 Folgen, 1970/71), Zeitzünder (10 Folgen, 1971/72).

PRAUSE, Hartmut
Geschäftsführer Neumann + Reichel GmbH, 4000 Düsseldorf - Kurfürstenstr. 61, 4300 Essen 1 - Geb. 27. Febr. 1938.

PRAUSS, Gerold
Dr. phil., Prof. f. Philosophie Univ. Freiburg i. Br. - Im Gäßle 7, 7801 Stegen-Oberbirken - Geb. 25. Mai 1936 Troppau (Sudetenl.) (Vater: Erich P., Dipl.-Ing.; Mutter: Franziska, geb. Gebauer), kath., verh. s. 1966 m. Elisabeth, geb. Merk, 3 Töcht. (Bettina, Susanne, Ulrike) - Abit. 1957 Univ. Bonn (Staatsex. 1963, Promot. 1965, Habil. 1970) - BV: Platon u. d. log. Eleatismus, 1966; Erschein. b. Kant, 1971; Kant u. d. Probl. d. Dinge an sich, 1974; Erkennen u. Handeln b. Heidegger, 1977; Einf. in d. Erkenntnistheorie, 1980; Kant üb. Freiheit als Autonomie, 1983; D. Welt u. wir, Bd. 1, T. 1: Sprache, Subjekt, Zeit, 1990 - Spr.: Griech., Latein, Engl., Franz.

PRAUTZSCH, Wolf-Albrecht
Dr. rer. pol., Vorstandsmitglied d. Westdeutschen Landesbank Girozentrale (s. 1987) - Herzogstr. 15, 4000 Düsseldorf 1 - Geb. 27. März 1940 - 1962-67 Stud. Wirtsch.-Wiss.; Promot. 1970 - 1967-70 wirtsch.-wiss. Assist. Univ. Bonn; 1970-82 Stadtsparkasse Frankfurt (zul. Leit. Hauptabt. Kreditgeschäft); 1983 Vorst.-Mitgl. Kieler Spar- u. Leihkasse (stv. Vorst.-Vors.); 1986/87 Vorst.-Vors. Stadtsparkasse Kassel; AR-Mitgl. Gerry Weber Intern. AG, Steinhagen, Dt. Anlagen Leasing GmbH, Mainz, Westdt. Wohnhäuser AG, Essen, Howaldtswerke-Deutsche Werft AG.

PRAXENTHALER, Heinrich
Dr.-Ing., Prof., Präsident Bundesanstalt f. Straßenwesen a.D. - Richard-Strauss-Str. 6 8032 Gräfelfing-Lochham (T. 089 - 820 48 73).

PRECHT, Herbert
Dr. phil., em. o. Prof. f. Zoologie, Vergl. Physiol. u. Tierpsych. - Posener Str. 3, 2300 Kiel-Stift (T. 32 22 23) - Geb. 4. Febr. 1911 Augustfehn/Oldbg., ev., verh. s. 1939 m. Margarete, geb. Rehage, 2 Kd. (Ingrid, Dietz) - Univ. Jena, München, Kiel (Promot., Staatsex. f. d. höh. Lehramt, Habil.) - S. 1940 Privatdoz., apl. Prof. (1949), Wiss. Rat u. Prof. (1957) u. Ord. (1965-76) Univ. Kiel - BV: Temperatur u. Leben, 1955 (m. a.; eig. Beitr. 170 S.): Wechselwarme Tiere u. Pflanzen; Temperature and Life, 1973 (eig. Beitr. 86 S.); D. wiss. Weltbild u. s. Grenzen, 1960; D. handelnde Gott u. d. Wege d. Wissenschaft, 1977. Üb. 90 Einzelarb.

PRECHT, Hermann
Dr. phil., Gymnasiallehrer, MdL Baden-Württ. (1976-88), stv. Geschäftsführer d. Stiftung Entwicklungshilfe Baden-Württ. (s. 1991) - Allgäuer Str. 5, 7990 Friedrichshafen/B. - Geb. 11. Juni 1937 Schwäb. Gmünd, kath., verh., 3 Kd. - Volkssch.; kaufm. Lehre; Abendgymn. Mainz (Abit. 1960); Univ. Tübingen u. Bonn (Theol., Phil.); PH Schwäb. Gmünd. Theol. Ex. 1964; Lehramtsprüf. Volks- (1968) u. Realsch. (1969); Promot. 1976 Univ. Marburg (Germanistik, Linguistik) - SPD s. 1968 (SPD-Kreisvors. 1978-85).

PRECHT, Manfred
Dr. rer. nat., Prof. f. Angewandte Statistik - Am Hochfeld 1, 8050 Freising-Hohenbachern (T. 08161-1 33 27) - Geb. 16. April 1937 Bamberg (Vater: Hans P., Schneiderm.; Mutter: Käthe, geb. Dörfler), kath., verh. s. 1968 m. Inge, geb. Zeising - Dipl.-Math. 1962, Promot. 1967, Habil. (Statist. u. Ökonometr.) 1972, alles TU München - Leit. d. Datenverarb.st. München-Weihenstephan u. Lehreinh. Math. u. Statistik - BV: Biostatist., Lehrb., 1977; Math. f. Nichtmathemat. (gem. m. K. Voit), T. 1 u. 2, Lehrb., 1979.

PRECHTEL, Alexander
Generalstaatsanwalt d. Landes Mecklenburg-Vorpommern - Am Packhof 6, O-2758 Schwerin (T. Schwerin 8 08-0) - Geb. 28. Aug. 1946, ev., verh. s. 1972 m. Christiane, geb. Bernewitz, 3 Kd. (Nina, Felix, Viola) - Jura-Stud. Univ. Göttingen u. Bonn; 1. Staatsex. 1972 Bonn, gr. jurist. Staatsprüf. 1975 Hamburg - 1975-78 Staatsanw. Lübeck; 1978-90 Bundesanwaltsch. Karlsruhe (1982 Oberstaatsanw., 1983 Regierungsdir.; 1984 Oberstaatsanw. b. BGH) (1979-81 stv. Pressesprecher Generalbundesanw., s. 1983 Pressesprecher (b. 1989), Leit. d. Büros u. Pers. Ref. d. Generalbundesanw.), s. 1990 Generalstaatsanwalt - Liebh.: Sport, Reisen, Jagd - Spr.: Engl., Franz.

PRECHTL, Andreas
Dr. jur., Dipl.-Kfm., Geschäftsführer Schlossbrauerei Neunkirchen GmbH, Neunkirchen/Saar, Schloss-Neufang Saarl. Brauerei-Vertriebs-GmbH, Saarbrücken - Am Stockfeld 55, 6680 Neunkirchen-Kohlhof/Saar - Geb. 28. Febr. 1929 Raubling/Obb.

PRECHTL, Franz
Oberbürgermeister (s. 1970) - Rathaus, 8450 Amberg/Opf. (T. 09621 - 1 02 00) - Geb. 17. Mai 1927 Amberg, kath., verh., 3 Kd. - Stud. d. German. Univ. Regensburg u. Würzburg.

PRECHTL, Manfred
Dr. jur., Kgl. Niederländischer Generalkonsul, Vorstandsmitglied Baden-Württ. Bank AG, Stuttgart (s. 1967) - Fleckenweinberg 22, 7000 Stuttgart 1 - Geb. 16. Sept. 1928 - Zul. Rechtsanwalt Stuttgart. AR- u. VR-Mand., dar. -vors. Zeitungsverlags- u. Druckhaus GmbH, Göppingen (Vors.), Schwabengarage AG, Stuttgart (stv. Vors.), Bankhaus Bensel GmbH, Mannheim (stv. Vors.), Baustoffwerke Mühlacker AG, Mühlacker, Mietfinanz GmbH, Mülheim/Ruhr; Vorst.-Vors. Bankenverband Baden-Württ., Stuttgart, Mitgl. d. Hauptaussch. Bundesverb. dt. Banken, Köln.

PRECKEL, Heinz
Fabrikant, Mitinh. Profilia-Werke GmbH. & Co. KG., Ennigerloh - Galen-Str. 2, 4740 Oelde - Geb. 9. Aug. 1909 - S. 1938 selbst. (Mitbegr. ob. Fa.) - 1970 BVK I. Kl.

PREGEL, Dietrich
Dr. phil., Univ.-Prof. - Wilhelm-Leibl-Str. 3, 8000 München 71 - Geb. 10. Sept. 1927 - Stud. PH Braunschweig u. 1952-57 Univ. Göttingen; Promot. 1957; Assist. 1957; Doz. 1960; Prof. 1961 (Dt. Spr. d. Lit. u. deren Didaktik); jetzt TU Braunschweig - 1949-52 Lehrer Hannover - Veröff. z. Kuriosen u. Kom. in d. epischen Dichtung; z. Kindersprachforsch., insb. Sprachaltersstile; Wortschatz im Grundschulalter; zu Leselernverfahren; Realisierung d. methodenintegrativen Verf. in e. Leselernwerk; Entw. verbreiteter Schulbücher z. weiterf. Lesen (1971ff.).

PREIK, Walther

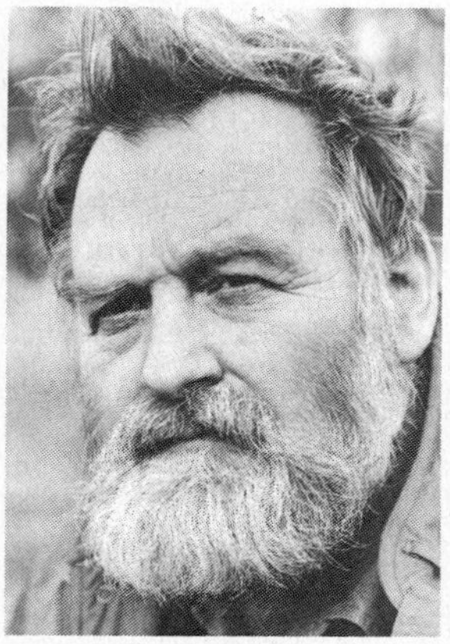

Bildhauer - Am Volksbad 5, O-2060 Waren/Müritz (T. 30 18) - Geb. 5. März 1932 Massow, Krs. Waren, verh. s. 1961 m. Brunhilde, geb. Meyfarth (Dr. med., Gynäkol.), 2 Söhne (Ole, Jan) - Lehre als Steinmetz; Fachsch. f. angew. Kunst 1950-53 Wismar; Hochsch. f. Bild. Künste 1953-58 Dresden, Dipl.; s. 1958 freischaffend - Brunnen u. Tierplastiken in vielen Städten Deutschlands; Porträts hist. Persönlichk.; 1982 Denkmal f. Otto Lilienthal in Anklam.

PREILOWSKI, Bruno Friedrich
Dr. habil., M.Sc., Ph.D., Prof. f. Physiol. Psychologie - Karl-Erb-Ring 5, 7980 Ravensburg - Geb. 6. Aug. 1943 Kassel (Vater: Bruno P., Oberamtsgehilfe; Mutter: Elisabeth, geb. Seitz), verh. s. 1977 in 2. Ehe m. Myung-Sook, geb. Kim, 2 Kd. (Stefan Hjon-Ho, Julia Su-Tsin) - Stud. Univ. Marburg (Psych., Soziol., Physiol., Zool.), Tulane Univ. New Orleans/USA (Fulbright Stip.); Master of Science (Psych.) 1968, Promot. 1970, Res. Fellow Calif. Inst. of Techn. Pasadena/USA 1970-72, Habil. Univ. Konstanz 1979 - 1967-69 Res.Assist. Univ. New Orleans, 1969/1970 Lehr-Assist. ebd., 1972/73-78/79 wiss. Assist. Univ. Konstanz, 1973/74 Gast-Forscher Californa Inst. of Technol., Pasadena, 1979 Lehrst.vertr. Allg. Psych. Univ. Konstanz, 1979/80 Prof. (C 3) Univ. Tübingen. Div. wiss. Schriften, Forsch.ber. u. Kongreßbeitr. in Dtsch. u. Engl.

PREIS, Heinz
Vorsitzender Bundesverb. Selbsthilfe Körperbehinderter - Altkrautheimer Str. 12, 7109 Krautheim/Jagst (T. 06294 - 6 82 28) - Geb. 31. Aug. 1931 Daubringen/b. Gießen, ev., verh. s. 1955 m. Hannelore, geb. Thiedemann, 4 Kd. (Rolf, Marita, Thomas, Elke) - Geschäftsf. Werkst. f. Behinderte Krautheim - BVK am Bde.

PREISENDANZ, Wolfgang
Dr. phil., em. o. Prof. f. Literaturwissenschaft (Neuere dt. Literaturgesch.) - Milanweg 5, 7750 Konstanz (T. 4 43 65) - Geb. 28. April 1920 Pforzheim (Vater: Dr. med. Heinrich P.), verh. m. Dr. phil. Hermine, geb. Jaeger - S. 1961 (Habil.) Lehrtätigk. Univ. Köln, Münster (1962 ao., 1962 o. Prof.), Konstanz (1966 o. Prof.), 1965 Gastprof. Univ. Pittsburgh, 1966/67 Univ. of California, 1979 Univ. of Virginia, 1985/86 Univ. Basel, 1991 Stanford Univ. - BV: D. Spruchform in d. Lyrik d. alten Goethe u. ihre Vorgesch. s. Opitz, 1952; Humor als dichter. Einbildungskraft - Studien z. Erzählkunst d. poet. Realismus, 3. A. 1985; Üb. d. Witz, 1970; Heinr. Heine - Werkstrukt. u. Epochenbezüge, 2. A. 1983; Wege d. Realismus, 1977 - 1988 Kasseler Literaturpreis f. grotesken Humor.

PREISER, Gert
Dr. phil., Univ.-Prof. f. Geschichte d. Med., Gf. Direktor Senckenbergisches Inst. f. Gesch. d. Med. Frankfurt/M. - Theodor-Stern-Kai 7, 6000 Frankfurt/M. 70 (T. 069 - 63 01-56 62) - Geb. 18. Febr. 1928 Frankfurt/M. (Vater: Prof. Dr. rer. pol., Dr. iur. h. c. Erich P. (s. XI. Ausg.); Mutter: Änne, geb. Hoß), ev., verh. s. 1955 m. Lotte, geb. Huhn, Oberstudienr.), 2 Söhne (Ludwig, Dipl.-Ing. (TH) Konrad) - Stud. Klass. Phil. u. Gesch. Univ. Frankfurt u. Heidelberg (Staatsprüf. 1953), Promot. Univ. Kiel 1957 - 1955/56 Ass.; 1957-62 Redakt. Hippokrates-Lexikon Univ. Hamburg; 1962-66 Lehrbeauftr. Univ. Hamburg; 1966 Akad. Rat Univ. Frankfurt; 1969 Privatdoz. Frankfurt; 1971 Prof. f. Gesch. d. Med., 1971-73 Vizepräs. Univ. Frankfurt; s. 1974 Gf. Dir. Senckenberg-Inst. f. Gesch. d. Med., Frankfurt/M.; stv. Vors. Forum Humanum - BV: Allg. Krankheitsbezeichn. im Corpus Hippocraticum, 1976. Herausg.: Frankfurter Beitr. z. Gesch., Theorie u. Ethik d. Med. (s. 1986) - 1969 Senckenberg-Preis - Bek. Vorf.: Prof. Dr. phil. Richard P. (Großv.), s. X. Ausg.

PREISER, Siegfried
Dr. phil. habil., Dipl.-Psych., Prof. f. Päd. Psychol. Univ. Frankfurt (s. 1974), Vorstandsmitglied d. Sektion Politische Psych. im Berufsverb. Dt. Psychologen (s. 1981) - Kurt-Schumacher-Str. 1, 6361 Niddatal 2 - Geb. 10. März 1943 Görlitz (Vater: Herrmann P., Kirchenrat †1992; Mutter: Ilse, geb. Schirrmacher), ev., verh. s. 1967 m. Cornelia, geb. Hardtke, 4 Kd. (Christoph, Joachim, Michael, Eva-Mareike) - BV: Familienkonstellationen u. i. Störungen, 1973 (m. W. Toman); Kreativitätsforschung, 2. A. 1986; Personwahrnehm. u. Beurteil., 1979; Kognitive u. emotionale Bedingungen polit. Engagements, 1982; Soziales u. polit. Engagement, 1983; Soz. Handeln im Kindes- u. Jugendalter, 1983; Umweltprobleme u. Arbeitslosigk., 1984 (m. H. Moser); Freizeit u. Spiel, Arbeit u. Arbeitslosigk. aus päd.-psych. Sicht, 1984; Psych. u. komplexe Lebenswirklichk., 1985 (m. W. F. Kugemann u. K. A. Schneewind); Kontrolle u. engagiertes Handeln, 1988; Zielorientiertes Handeln, 1989 - Spr.: Engl.

PREISER, Wolfgang
Dr. jur., Dr. phil., o. Prof. f. Strafrecht, -prozeß u. Völkerrecht (emerit.) - Mechtildstr. 10, 6000 Frankfurt/M. (T. 560 15 46) - Geb. 20. Febr. 1903 Frankfurt/M. (Vater: Dr. phil. Richard P., Oberstudienrat (s. X. Ausg.); Mutter: Frida, geb. Heberle), verh. s. 1964 m. Dr. iur. Eva, geb. Wiegand, Vors. Richterin am LG, 2 S. (Wolfgang, Christian) - Stud. Rechtswiss. u. Phil. Gr. jurist. Staatsprüf. - S. 1946 Privatdoz., ao. (1948) u. o. Prof. (1954) Univ. Frankfurt - BV (Auswahl): D. Machiavelli-Bild d. Gegenw., 1952; Z. Völkerrecht d. vorklass. Antike, 1954; D. Recht zu strafen, 1954; D. Strafrecht in d. fr. Ges., 1955; D. Epochen d. antiken Völkerrechtsgesch., 1956; Üb. d. Ursprung d. mod. Völkerrechts, 1960; Vergeltung u. Sühne im altisraelit. Strafrecht, 1961; Völkerrechtsgesch., 1962; D. Völkerrechtsgesch., ihre Aufgaben u. ihre Methode, 1964; Üb. d. Verwirklich. d. Naturrechts in d. Zeit d. Gewaltherrschaft, 1967; Frühe völkerrechtl. Ordnungen d. außereurop. Welt, 1976; History of the Law of Nations, 1984 - Bruder: Prof. Dr. rer. pol. Dr. jur. h. c. Erich P., Wirtschafts- u. Sozialwiss.ler, 1900-67 (s. XV. Ausg.).

PREISING, Ernst
Dr. agr., Ltd. Baudirektor a. D., Honorarprof. f. Pflanzensoziologie u. Naturschutz TH bzw. TU Hannover (s. 1950) - Oberhaverbeck 10, 3045 Bispingen (T. 05198 - 7 31) - Geb. 25. Sept. 1911 Osterode/Harz (Vater: Hermann P., Maler; Mutter: Auguste, geb. Müther), ev., verh. s. 1945 m. Eva-Ruth, geb. Surmann - Gärtnerlehre; Univ. Berlin (Landschafts- u. Gartengestalt.; Promot. 1940) - 1940-54 Bundesanstalt f. Vegetationskartierung bzw. Vorgänger; 1954-76 Fachbehörde f. Naturschutz Nieders. Fachveröff. - 1976 BVK am Bde., 1978 Alexander-von-Humboldt-Med. in Gold, 1991 Konrad-Buchwald-Preis.

PREISS, Wolfgang
Schauspieler - Herchenbachstr. 37, 7570 Baden-Baden (T. 07221 - 2 55 07) - Geb. 27. Febr. 1910 Nürnberg (Vater: Karl P., Studienrat; Mutter: geb. Pirner), ev., verh. in 3. Ehe (1955) m. Ruth, geb. Schulmeister, S. Michael - Gymn.; Univ. München (4 Sem. German. u. Theaterwiss.); Schauspielunterr. Hans Schlenck (München) - Theaterengagements: Heidelberg (1932-33), Königsberg/Pr. (1933-37), Bonn (1937-38), Bremen (1938-41), Berlin (1941-45, Volksbühne), Stuttgart (1946-49). Gastsp. Bühne: Marquis Posa (Don Carlos), Mercutio (Romeo u. Julia), Teufel (Scherz, Satire, Ironie), Stanhope (D. andere Seite), Goring (D. ideale Gatte), Jonval (Im 6. Stock), Reisender ohne Gepäck u. v. a.; Film: u. a. D. große Liebe (1941), Canaris, D. 20. Juli (v. Stauffenberg), D. Cornet, Stresemann, Haie u. kl. Fische, Wolgaschiffer, Hunde - wollt ihr ewig leben?, Herrin d. Welt, D. 1000 Augen d. Dr. Mabuse, Verrat auf Befehl, La Fayette, D. Mädchen u. d. Staatsanwalt, D. längste Tag, D. Zug V. Ryans Express, Echapement libre, Is Paris burning?, Hannibal Brooks, Salzburg-Connection, raid on Rommel. Fernsehen: Albert Schweitzer-Serie. Rundfunk- u. Synchronsprecher - 1956 u. 87 Bundesfilmpreis (Stauffenberg) - Liebh.: Klavierspielen, mod. Lit., Reiten, Autofahren, Reisen - Spr.: Engl., Franz.

PREISSER (ß), Sebastian
I. Bürgermeister - Rathaus, 8300 Altdorf/Ndb. - Geb. 23. Febr. 1920 Altdorf - Landw. CSU.

PREISSINGER, Emil
Ehrenpräsident Handwerkskammer f. Oberfranken - Kerschensteinerstr. 7, 8580 Bayreuth - Geb. 22. Aug. 1912 - Mitglied Bayer. Senat - Gr. BVK, Bayer. VO.

PREISSLER, Christian
Dr.-Ing., Dipl.-Ing., Fachschuldozent, MdL - Margendorfer Weg 10, O-8400 Riesa (T. 03525 - 46 45) - Geb. 25. Dez. 1942 Marienberg, verh. s. 1964 m. Karin, geb. Sander, 2 Kd. (Gabriele, Ralph) - Abit. 1961 Marienberg; Stud. Bergakad. Freiberg; Dipl.-Ing. 1967 f. Metallformung; Promot. 1986 TU Chemnitz z. Dr.-Ing. f. Werkstofftechnik - 1967-71 Forsch.ing. im Stahl- u. Walzwerk Riesa; 1971-90 Fachschuldoz. an d. Ing.sch. Riesa - SPD-Fraktionsvorst. u. Arb.-

kreisleit.; SPD Unterbezirksvors. im Freistaat Sachsen - 14 Veröff.

PREISSLER (ß), Egon K.-H.
Dr. jur., Rechtsanwalt, Ltd. Min.-Rat a.D., Vors. d. Geschäftsfg. Treuhandstelle f. Bergmannswohnstätten im rhein.-westf. Steinkohlenbezirk GmbH Essen - Heinickestr. 44-48, 4300 Essen 1 (T. 0201 - 201 72 00) - Geb. 5. Nov. 1930 Landshut/Bay., ev. - Abit.; Jurastud. Univ. München, Heidelberg, Köln; Ass.-Ex.; Promot. 1958 - 1961-65 Landesbaubehörde Ruhr u. Leit. Bewilligungsbehörde f. d. Bergarbeiterwohnungsbau im Ruhrgeb.; 1966-74 Bau- u. Innenmin. NRW, zul. Leit. Min.-Rat, Leit. d. Gruppe Wohnungswirtsch. u. Eigentumsbildung. 1973/74 Vorst.-Vors. Landesentwicklungsges. NW.

PRELL, Diethard
Journalist, stv. Chefredakteur u. Ressortleiter Außenpolitik d. Nürnberger Zeitung (s. 1991) - Zu erreichen üb. Nürnberger Zeitung, Marienplatz 1, 8500 Nürnberg - Geb. 20. Nov. 1942 Nürnberg, ev., verh. s. 1971, 2 Kd. - Univ. Erlangen (Jura, Politol., Neuere Gesch.) - 1980-91 Ressortleit. Außenpolitik Nürnberger Zeitung.

PRELL, Hermann
Dr. phil., Prof., em. Leiter Abt. f. Molekulare Genetik, Ges. f. Strahlen- u. Umweltforsch., Göttingen-Weende - Im kl. Felde 15, 3401 Bösinghausen (T. 05507 - 4 78) - Geb. 22. Mai 1925 Dresden (Vater: Prof. Dr. phil. Heinrich P., Zoologe s. XIII. Ausg.); Mutter: Dr. phil. Adrienne, geb. Koehler), verh. m. Dr. rer. nat. Helene, geb. v. Senden, 2 Kd. (Jan Hendrik, Annemarie) - S. 1960 (Habil.) Lehrtätig. Univ. Frankfurt (1966 apl. Prof.) u. Göttingen (1967 apl. Prof.). Emeritus im Inst. f. Pflanzenpathol. u. Pflanzenschutz d. Univ. Göttingen. Facharb. (Mikrobiol. u. Molek. Genetik).

PRELLWITZ, Werner C.
Unternehmensberater, Offiz. Beauftragter d. Regierung v. Mauritius in d. BRD - Goethestr. 22, 6000 Frankfurt 1 (T. 069 - 28 43 48) - Geb. 5. Juli 1935 Frankfurt (Vater: Max P.; Mutter: Frieda, geb. Machmer), ev., verh. s. 1968 m. Karin, geb. Schwab - Obersch.; Werbewiss. Akad. Wien - BV: Wettlauf um Touristen, 1980; D. Verbraucher d. Zukunft, 1982; Aus d. Werkstatt d. Werbung, 1983; D. Entwicklung d. Markenbildes, 1983 - Gr. Preis d. 3. Intern. Ind.film-Festsp. Berlin; Preis d. Präs. d. 9. Intern. Spezialfilm-Schau Rom; Bronzener Kompaß b. Prix ITB 90, Berlin - Spr.: Engl., Franz.

PREM, Hanns J.
Dr. phil., Prof. f. Ethnologie/Alt-Amerikanistik Univ. Bonn - Zu erreichen üb. Sem. f. Völkerkunde, Römerstr. 164, 5300 Bonn 1 - Geb. 18. Jan. 1941 Wien, verh. m. Dr. Ursula Dyckerhoff-Prem - Promot. 1967 Univ. Hamburg, Habil. 1977 Univ. München - Spr.: Engl., Span.

PREMAUER, Werner
Dr. jur., Bankdirektor a.D. - Kard.-Faulhaber-Str. 14, 8000 München - Geb. 27. Juli 1912 Berlin, ev., verh. s. 1940 m. Charlotte, geb. Schröder 3 Kd. - Stud. Rechtswiss. Gr. jurist. Staatsprüf. 1939 - Staats- u. Wehrdst.; n. 1945 Bayer. Vereinsbk. (1951 stv., 1953 o. Vorst.-Mitgl., 1968 Sprecher, 1976 AR-Vors.). Zahlr. Mand. u. a. - Bayer. VO, BVK, Komturkreuz Kgl. Schwed. Vasa-Ord., Staatsmed. f. bes. Verd. um d. bayer. Wirtsch. - Spr.: Engl., Franz., Span.

PRENTL, Sepp
Oberst d. Bundeswehr a.D., MdL Bayern (1974-78) - 8102 Mittenwald (T. 08823 - 15 02) - Geb. 14. Okt. 1916 Rosenheim (Vater: Ludwig P., Reichsbahnbeamter; Mutter: Anna, geb. Bichler), kath., verh. s. 1941 m. Marion, geb. Freiin v. Stetten, 3 Kd. (Eberhardt, Arzt; Zürch. Offz.; Michaela, Musikstud.) - Human. Gymn. (Abit. 1936) Rosenheim; 1951 Univ. Frankfurt - 1938-45 Offz. Luftwaffe; 1956-74 Kommandeur i. d. Bundeswehr; Gemeinderat Mittenwald a.D.; Gf. d. Bayerisch-Togoischen-Ges., München - BV: Kampfgruppe Prentl. Verf. zahlr. Artikel in milit. Fachztschr. - Ritterkreuz m. Eichenlaub z. EK.

PRESCHER, Hans
Dr. phil., Hauptabteilungsleiter Fernsehspiel Hess. Rundfunk - Bundenweg 10, 6000 Frankfurt/M. - Geb. 22. März 1930 Groß-Moitzow/Pomm., verh. s. 1958 m. Christina, geb. Maurer - 1951-56 Stud. German., Zeitungs- u. Theaterwiss. München; Promot. 1956 - BV: Kurt Tucholsky, Biogr. 1959; Oskar Panizza: D. Liebeskonzil u. a. Schriften, (Hrsg.) 1964.

PRESLEY, Francois Maher
Verleger, Autor - Zu erreichen üb. Nord-Magazin Verlagsges. mbH, Postf. 60 19 46, 2000 Hamburg 60 - Geb. 17. Dez. 1961 Kuweit/Pers. Golf, ledig - Kaufm.; Stud. Soziologie, Rechtswiss. u. Betriebswirtsch.lehre - Gf. Gesellsch. u. Chefredakt. v. Nord-Magazin-Verlagsges. mbH, Action & Innovation, J. Lenze KG, 5 weitere Beteiligungen, Verleger Ztschr.: NORD-MAGAZIN f. Kultur, Politik u. Wirtschaft, HAMBURG Jugendmagazin, Kultur in Hamburg - BV: Mitgl. im Presseclub Hamburg - BV: Gedanken z. Strand, Lyr.; E. Augenblick birgt 1000 Erleben, Klostertageb. Prosa; Denkspiele, Kurzgesch. - 60 Anthol.-Beteilig. - Liebh.: Lit., Kunst, Phil. - Spr.: Engl., teilw. Arab.

PRESS, Volker
Dr. phil., o. Prof. f. Mittlere u. Neuere Geschichte Univ. Tübingen (s. 1980) - Autenriethstr. 16, 7400 Tübingen (T. 3 47 51) - Geb. 28. März 1939 Erding/Obb. (Vater: Eugen P., Redakt.; Mutter: Elisabeth, geb. Harsch), ev. - Stud. d. Gesch., Angl., German. Univ. München; Promot. 1966 - Zun. wiss. Assist. Univ. Kiel u. Frankfurt/M., 1971 o. Prof. Univ. Gießen, 1980 Univ. Tübingen. In- u. ausl. Fachmitgl.sch. - BV: Calvinismus u. Territorialstaat, 1970; Kaiser Karl V., König Ferdinand u. d. Entstehung d. Reichsritterschaft, 1976, 2. A. 1980; Korbinian v. Prielmair (1643-1707), 1978; D. Reichskammergericht in d. dt. Gesch., 1987; Kriege u. Krisen. Deutschl. 1600-1715, 1991. Herausg.: Academia Gissensis, 1982; Gießener Gelehrte in d. ersten Hälfte des 20. Jh. (1982); Städtewesen m. Merkantilismus in Mitteleuropa (1983); Barock am Oberrhein (1985); Martin Luther: Probleme seiner Zeit (1986); Liechtenstein - Fürstl. Haus u. staatl. Ordnung (2. A. 1988); Vorderösterr. in d. Frühen Neuzeit (1989).

PRESSLER, Mirjam
Schriftstellerin - Menzinger Str. 142, 8000 München 50 (T. 089 - 811 34 28) - Geb. 1940, gesch., 3 T. (Ronit, Gila, Tall) - BV: Bitterschokolade, 1980 (Oldbg. Jugendbuchpreis 1980); Stolperschritte, 1981 (Züricher Jugendbuchpr. 1981); Nun red doch endlich, 1981; Kratzer im Lack, 1981; Novemberkatzen, 1982; Zeit am Stiel, 1982; Katharina u. soweiter, 1984; Riesenkuß u. Riesenglück, 1984.

PRETZELL, Lothar
Dr. phil., Prof., Museumsdirektor i. R. - Marienpl. 4b, 1000 Berlin 45 (T. 772 60 61) - Geb. 13. Febr. 1909 Dübzow/Pom. (Vater: Richard P., Rittergutsbes.; Mutter: Martha, geb. Bechmann), ev., verh. s 1934 m. Loni, geb. Ernst, 4 Kd. (Barnim, Barbara, Rainer, Henrike) - Arndt-Gymn. Berlin; Univ. Lack, 1981; München, Köln, Wien, Paris (Kunstgesch., Archäol., Dt. u. Roman. Philol.). Promot. 1933 München - 1934-36 Volontär Kupferstichkab. u. Dir. Dt. Volkskd. Berlin, 1936-38 wiss. Hilfsarb. Oberpräsid. Hannover (Provinzialkonservator), 1938-1941 Wiss. Assist. Oberpräsid. Mark Brandenburg u. Staatl. Museumspfleger, 1941-45 stv. u. Dir. Museum Carolino-Augusteum Salzburg, 1947-59 stv. u. Dir. Kunstgutlager Celle (Schloß), 1959-74 Leit. bzw. Dir. Museum f. Dt. Volkskd. Berlin - BV: Salzburger Barockplastik, 1935; D. Kunstdenkmale d. Prov. Hannover - Kr. Soltau, 1938 (m. H. Deckert u. O. Kiecker); Meisterwerke Salzburger Kunst, 1943; Fischer v. Erlach in Salzburg, 1944; Adolph Menzel u. s. Zeit, 1949; V. Manet b. Picasso, 1950; Max Ernst - Gemälde u. Graphik 1920-50, 1951; V. Klinger b. Beckmann, 1952; Daumier u. s. Zeitgenossen, 1953; D. Kunstgutlager Schloß Celle 1945-58, 1958; Volkskunst u. -handw., 1964; Kostbares Volksgut aus d. Museum f. Dt. Volkskd., 1967; Votivtafeln-Ex voto, 1968; Laienmaler aus Dtschl. u. Österr., 1979; Bemalte Spanschachteln, 1986 (m. K. Dröge) - 1974 BVK I. Kl.; 1989 Wilhelm v. Humboldt-Med., Berlin; 1990 Gold. Ehrenzeichen d. Landes Salzburg - Liebh.: Literatur, Fotografie, Sammeln v. Handzeichnungen - Bek. Vorf.: Großm.: Anna Bechmann-Studti, Malerin i. Danzig, - Lit.: Th. Kohlmann, Lebendiges Gestern (L. P. z. 65. Geb.), 1975; K. Pomplun, L.P. (Pommern, Kunst-Gesch.-Volkstum Jg. XIV H.3), 1976.

PRETZSCH, Gottfried

Kommandeur im Bundesgrenzschutz a. D. - Schmiedekoppel 142, 2407 Bad Schwartau - Geb. 11. März 1926 - 1981-86 Kommandeur Grenzschutzkommando Küste - Gr. BVK.

PREU, Albert
Dr. jur., Rechtsanwalt, Honorarprof. f. Gewerbl. Rechtsschutz Univ. Erlangen-Nürnberg - Seestr. 13, 8000 München 40.

PREUL, Reiner
Dr. theol., Prof. f. Prakt. Theologie Univ. Kiel (s. 1986) - Schmiedekoppel 26 a, 2300 Melsdorf b. Kiel - Geb. 19. Aug. 1940 Gelsenkirchen (Vater: Heinz P., Realschuldir.; Mutter: Alexandra, geb. Alberty), ev., verh. s. 1967 m. Renate, geb. Gerth, 3 Söhne (Joachim, Johannes, Christoph) - Gymn. Bielefeld; 1960-65 Univ. Heidelberg u. Göttingen. Promot. 1969 Göttingen - 1969-75 Hochschulassist.; 1975-85 Prof. Univ. Marburg - BV: Reflexion u. Gefühl - D. Theol. Fichtes in s. vorkant. Zeit, 1969; Kategoriale Bildung im Religionsunterr., 1973; Religion - Bildung - Sozialisation. Stud. z. Grundlegung e. religionspäd. Bildungstheorie, 1980; Luther u. d. Pratk. Theologie. Beitr. z. kirchl. Handeln in d. Gegenwart, 1989 - Spr.: Engl. Franz.

PREUNER, Rudolf
Dr. med., em. o. Prof. f. Hygiene u. Med. Mikrobiol. - Goldberg 18, 2400 Lübeck (T. 59 59 70) - Geb. 24. Sept. 1911 Tübingen (Vater: Rudolf P., Richter; Mutter: Anna, geb. Heydemann), ev., verh. in 2. Ehe (s. 1957) m. Dr. med. Jutta v. Prittwitz u. Gaffron; 2 S. a. 1. Ehe (Rudolf, Jürgen) - Univ. Tübingen, Med. Akad. Düsseldorf; Habil. 1939; Lehrtätig. Univ. Göttingen (apl. Prof. 1952) u. Med. Hochsch. Lübeck (1964 o. ö. Prof. u. Dir. d. Inst. f. Hygiene u. Med. Mikrobiol. d. Med. Akademie bzw. Hochschule, s. 1985 Med. Univ. zu Lübeck); 1952-64 Dir. d. Hyg. Inst. d. Hansestadt Lübeck; 1979 emerit. - BV: Mikrobiologie u. Infektionskrankh., 1955, m. v. Prittwitz; Burnet, Self and Notself, 1973 (Übers. a. d. Engl. m. H. Horst u. J. Preuner v. Prittwitz); Hygiene f. Krankenpflege- u. Med.-techn. Berufe, 3. A. 1988; 4. A. 1992 (m. I. Beckert). Gesundheit u. gebaute Umwelt, 1979; Universität-Hanse-Lübeck 1-3 (Gründungsgesch. d. Med.

Univ. zu Lübeck) 1984, 86 u. 89 (m. J. Preuner v. Prittwitz). Lehrb.- u. Handb.-Beitr. u. Aufs. in versch. Fachztschr. - 1977 BVK.

PREUSCHEN, Freiherr von, Diethardt

Dr. jur., Staatssekretär a. D., Beauftragter d. FDP Bundesvorsitzenden FDP-Bundestagsfraktion - Bundeshaus, 5300 Bonn - Auf dem Köllenhof 13, 5307 Wachtberg-Liessem - Geb. 8. März 1935 Wiesbaden, verh. m. Marie-José, geb. Lepage, 2 Kd. - 1966-73 Bundeswirtsch.min. Bonn, 1973-77 Mitarb. in FDP-Bundestagsfrakt., Bonn, 1977-81 Staatl. Vertr. d. Min. f. Wirtsch., Verkehr u. Landwirtsch., Saarbrücken, 1981-85 Bevollm. d. Saarl. b. Bund. Vors. Ges. d. dt. ehemaligen Schüler d. Ecole Nationale d'Administration, Paris - 1980 officier de l'ordre national du mérite.

PREUSCHEN, Gerhardt

Dr. agr., Prof., em. wiss. Mitgl. Max-Planck-Ges. - Ziegelsdorf 1, 8621 Untersiemau (T. 09565 - 3 18) - Geb. 22. Jan. 1908 Darmstadt (Vater: Prof.D.Dr. Erwin P., Begründer neutestamentl. Wiss.), ev., verh. s. 1968 m. Sybille, geb. v. Gusmann, 5 Kd. (Ingrid, Gerda, Luitgard, Dagmar, Gerhard-Helferich) - Landwirtsch. Lehre; Stud. Landwirtschaft LH Hohenheim u. Berlin; Stud. Maschinenbau TH Stuttgart u. Darmstadt; Dipl.-Landw. Dr. agr. 1934 Berlin - 1932-40 Gründer u. Leit. Technische Gutsberat. Landsberg/Warthe/Eberswalde; 1936-45 Gutspächter; 1940-76 Dir. Inst. f. landwirtsch. Arbeitswiss., später Max-Planck-Inst. f. Landarbeit u. Landtechnik; s. 1975 wiss. Betreuer d. Stiftg. ökolog. Landbau - Begründer u. method. Arbeitswiss., Theorie d. Ökosystems im Boden, Meth. d. ökol. Land- u. Weinbaus - BV: D. Wirtschaftsrahmen, 1947; Landw. Betriebslehre, 1949; D. Technik in d. Landwirtsch., 1956; D. Arbeit in d. Landwirtsch., 1957; Sinnvoller leben, glücklicher leben, 1959; Zweckmäßig rationalisieren, 1967; D. Kunst d. Gründüngung, 1983; D. Landwirt als Bodenschützer, 1986; Mensch u. Natur-Gegner od. Partner?, 1988; D. neue Bodenbuch, 1988; Ackerbaulehre, 1991. Mithrsg.: D. Praxis d. landw. Beratung (1949) - Silb. Max-Eyth-Med. d. DLG; offic. de merite agricol; Purkyni Med.; Ehrenpräs. u. -mitgliedschaften - Liebh.: Gesch. d. Weines - Spr.: Engl., Franz.

PREUSCHOFF, Hans-Georg

Dr. agr., Dipl.-Landwirt, Bürgermeister Stadt Meckenheim (s. 1975) - Elbingerstr. 4, 5309 Meckenheim (T. 02225-62 73) - Geb. 23. Juli 1937 Elbing/Ostpr. (Vater: Hans P., Landwirt, Mutter: Maria, geb. Woosmann), kath., verh. s. 1963 m. Johanna, geb. Jakobi, 2 Töcht. (Beate, Andrea) - Gymn. Petrinum Brilon, (Abit. 1959); 1959-61 Landwirtsch.lehre; 1961-64 Stud. Landwirtsch. Kiel u. Bonn; Promot. 1968 Univ. Bonn - 1968-70 Marktberichterst. ZMP, Bonn; s. 1970 Landw. Beratungsstellenleit.

Thomasdünger - Liebh.: Politik, Sport, Briefm.

PREUSCHOFT, Holger

Dr. phil. nat., Prof. f. Anatomie, Anthropologie - Aeskulapweg 18, 4630 Bochum (T. 0234 - 70 17 07) - Geb. 2. Jan. 1932 Hanau/M. (Vater: Max P., Ing.; Mutter: Auguste, geb. Müller), ev., verh. s. 1958 m. Lotte, geb. Datz, 2 Kd. (Signe, Astrid) - Schule b. 1952, 1952-54 kfm. Lehre, 1955-64 Stud. Biol. u. Med.; Promot. 1961 Frankfurt, Habil. 1968 Tübingen - S. 1971 Leit. d. Abt. Funktionelle Morphologie, Univ. Bochum; 1975-78 Prorektor f. Forsch., 1980-81 Dekan d. Fak. f. Naturwiss. Med. Ruhruniv. Bochum - BV: Morbeck, Preuschoft & Gomberg (eds.) Environment. Behavior, and Morphology: Dynamic Interactions in Primates; Bischof & Preuschoft (eds.) Geschlechtsuntersch., Entst. u. Entw. Mann u. Frau in biol. Sicht; Preuschoft, Chivers, Brockelmann. and Creel (eds) The Lesser Apes: Evolutionary and Behavioural Biology. Edinburgh-Univ. Press; Preuschoft and Chivers (eds) The Hand of Primates. Springer, Wien - Liebh.: Anwend. wiss. Erkenntnisse im tägl. Leben, Gesch.. Architektur, Reiten - Spr.: Engl.

PREUSS, Fr. (Friedrich) Rolf

Dr. rer. nat., em. o. Prof. f. Pharmazie. Apotheker u. Lebensmittelchemiker - Am Floßgraben 6, 7800 Freiburg/Br. (T. 3 53 57) - Geb. 13. Dez. 1911 Göppingen/Württ. (Vater: Christoph P., Gärtnereibes.; Mutter: Pauline, geb. Waldenmaier), ev., verh. s. 1954 m. Dr. Ursula, geb. Hettenbach, 3 Kd. (Peter, Barbara, Jochen) - Oberrealsch.; Apoth.ausbild.; Univ. Tübingen, Königsberg/Pr., Freiburg - S. Habil. 1954 Privatdoz., ao. (1960) u. o. Prof. (1967) Univ. Freiburg (Dir. Pharmaz. Inst.); 1977 emerit. - BV: Gadamers Lehrbuch d. chemischen Toxikologie u. Anleitung z. Ausmittelung v. Giften, Bd. I/1 (1969), Bd. I/2 (1976), bde. neu bearb. Üb 60 Facharb. - 1981 Jean-Servais-Stas-Med. Ges. f. toxikol. u. forens. Chemie (GTFCH).

PREUSS (ß), Fritz

Dr. med. vet., Prof. a. D. f. Vet.-Anatomie, -Histol. u. -Embryol. FU Berlin (s. 1955) - Im Bad 37, 2252 St. Peter Ording (T. 04863 - 17 63) - Geb. 27. Sept. 1917 Grünhagen, verh. s. 1941 m. Ursula, geb. Meyer, 2 Kd. (Richard, Friederike) - Stud. Veterinärmed. München u. Hannover. Promot. 1942; Habil. 1952 - 1952-55 Doz. Tierärztl. Hochsch. Hannover - BV: Anleitung z. topogr. Ganztierpräparation d. Hundes; Kapselkörper, Sesambein- u. Interossesusfrage (m. A. Wünsche); Medizin. Histologie, 2 T. z.; D. Aufbau d. Menschl. - E. biol. Evolutionstheorie d. Konkreten Vitalismus; D. Aufbau d. Vernunft - E. biol.-phil. Denkanleitung z. Mehrheitsfähigkeit d. Vernunft; Vernunftaufklärung od. Untergang - Ehrenmitgl. d. Weltvereinig., d. Europ. Vereinig. u. d. Portug. Ges. d. Veterinäranatomen - Spr.: Engl., Franz.

PREUSS, Fritz

Dr. rer. nat., Prof., Hochschullehrer, MdL Rhld.-Pfalz (s. 1979, SPD) - Im Rustengut 95, 6702 Bad Dürkheim - Geb. 4. Juli 1935 Berlin - Stud. Chemie. Promot. 1964; Habil. 1969 - S. 1969 Lehrtätigk. FU Berlin, Univ. Bochum (1970) u. Kaiserslautern (1971; Prof. f. Anorgan. Chemie). Facharb.

PREUSS (ß), Gernot

Rechtsanwalt, Hauptgeschäftsführer d. Unternehmerverb. Niedersachsens, Geschäftsf. BDI-Landesvertretung Niedersachsen, Gf. Inst. d. Niedersächs. Wirtsch. - Schiffgraben 36, 3000 Hannover 1.

PREUSS (ß), Günter

Dr. rer. nat., Prof. f. Biologie u. Didaktik d. Biologie Univ. Koblenz-Landau - Hugenottenstr. 7, 6747 Annweiler a. Trifels - Geb. 28. Sept. 1924 Stettin - Stud. Päd. Hochsch. Kiel, 1946-50 Univ. Stud.; 1953-62 Schuldst.; 1962 Doz. an PH, 1964 Prof. - 1964-73 Landesbeauftr. f. Naturschutz u. Landschaftspfl. Rheinl.-Pfalz, Vors. Beirat f. Landespfl. Min. f. Umwelt u. Gesundheit, Mainz (s. 1975) - BV: Naturschutz u. Schule, 1966; Pfälzische Landeskunde, 3 Bde., 1982; D. Weinstraße. Porträt e. Landsch. 1985; D. Pfälzerwald, Porträt e. Landschaft, 1987; D. Rhein u. d. Pfälzische Rheinebene, 1991; Aufsätze - 1973 BVK; 1980 BVK I. Kl.; 1991 VO d. Landes Rheinl.-Pfalz.

PREUSS (ß), Helmut

Dr. phil., Dipl.-Volksw., o. Prof. f. Didaktik d. Dt. Sprache u. Literatur Univ. Dortmund - Falkenberg 123a, 5600 Wuppertal-Elberfeld (T. 71 54 14) - Geb. 12. Juli 1914 Groß-Tychow - Aktiv in Erwachsenenbildung v. NRW in VHS u. KAV - BV: Lyrik in d. Zeit, 1971 - BVK; Komtur d. Silvester Ordens.

PREUSS(ß), Horst Dietrich

Dr. theol., Prof., Bibl. Theologe, Prof. f. AT Augustana-Hochschule (s. 1973) - Kreuzlach 20c, 8806 Neuendettelsau - Geb. 1. Mai 1927 - Promot. 1966 Kiel; Habil. 1969 Göttingen - Zul. Ord. (1973) Univ. Göttingen - BV: u. a. Verspottung fremder Religionen im Alten Testament, 1971; Theologie d. AT, Bd. 1 1991, Bd. 2 1992.

PREUSS, Manfred

Kaufmann, MdA Berlin (s. 1979) - Niklasstr. 25, 1000 Berlin 37 - Geb. 30. Okt. 1951 München (Vater: Siegfried P., Dipl.-Volksw.; Mutter: Gertrud, geb. Müller), kath., verh. s. 1976 m. Gabriele, geb. Maier, T. Stefanie - 1971-74 Jurastud. FU Berlin - CDU - Liebh.: Antiquitäten, Turniertanz (1973 Dt. Meister in d. Standardtänzen (A-Kl.) m. Ingrid Heintel) - Spr.: Engl.

PREUSSEN (ß), Prinz von, Louis Ferdinand

Dr. phil., Dr. h. c., Chef d. Hauses Hohenzollern - Katrepeler Landstr. 50 (Wümmehof), 2800 Bremen-Borgfeld; Koenigsallee 9, 1000 Berlin 33 - Geb. 9. Nov. 1907 Potsdam, ev., verh. 1938 m. Kira, geb. Großfürstin v. Rußland († 1967); 7 Kd. (Friedrich Wilhelm (verehel. 1975 m. Ehrengard v. Reden), Michael (verehel. 1982 m. Brigitte Dallwitz-Wegner), Marie Cécile (1965 verehel. Herzogin v. Oldenburg), Kira, Louis Ferdinand († 1977; verehel. 1975 m. Gräfin Donata Castell-Rüdenhausen), Christian Sigismund, (verehel. 1984 m. Gräfin Nina zu Reventlow), Xenia) - Realgymn. Potsdam; Univ. Berlin (Promot. 1931) - 1929-34 Tätigk. Fordwerke, Detroit/USA - BV: Theorie d. Einwanderung - dargestellt am Beispiel Argentiniens, 1931, Als Kaiserenkel durch d. Welt, 1952 (amerik. Ausg.: The Rebel Prince), NA. unt. d. Titel: Im Strom d. Gesch., 1983. Zahlr. Kompos. (vornehml. Lieder; 1960 Glockenop. (Melodie v. 13 Tönen in Es-Dur f. d. Kaiser-Wilhelm-Gedächtnis-Kirche Berlin) - Liebh.: Musik, Fliegen (Pilotenex.), Reiten - Vorf. s. X. Ausg. (1935).

PREUSSEN (ß), Prinz von, Wilhelm-Karl

Geschäftsführer - Einbecker Str. 21, 3450 Holzminden/Weser - Geb. 30. Jan. 1922 - Herrenmeister Johanniter-Orden.

PREUSSLER (ß), Helmut

Verleger, Inhaber: Helmut Preußler Verlag, Polizei-Verlag Heinz Krause, Wissensch. Buchhandlung E. Gebhard - Rothenburger Str. 25, 8500 Nürnberg (T. 26 74 21 u. 26 23 23) - Geb. 7. Febr. 1937 Ketzelsdorf/Böhmen (Vater: Alfred P. († 1944); Mutter: Berta, geb. Kawan († 1971), kath., verh. m. Brigitte, geb. Krömer - Herausg.: Blaue Berge, grüne Täler ..., Liebes Heimat-Lesebuch, Rund um d. Altvater, Isergebirglers Lesebuch, Südmährisches Lesebuch, Schlesisches Heimat-Lesebuch, Jahrb. d. Egerländer, Jahrb. d. Schlesier u.a.

PREUSSLER (ß), Otfried

Prof., Schriftsteller - Rübezahlweg 11, 8209 Stephanskirchen (T. 08036 - 4 34), Briefanschr.: Postfach 168, 8209 Stephanskirchen 1 - Geb. 20. Okt. 1923 Reichenberg/Böhmen (Vater: Josef P., Rektor; Mutter: Ernestine, geb. Tscherwenka), verh. s. 1949 m. Annelies, geb. Kind, 3 Töcht. - Oberrealsch. (Abit.); Lehrerausbild. - 1953-1970 Volksschullehrer u. Rektor (1962) - Kinderb. (m. Aufl. v. z. T. 1 Million u. zahlr. Übers.): D. kl. Wassermann, 1956, D. kl. Hexe, 1957, Bei uns in Schilda, 1958, Thomas Vogelschreck, 1959, D. Räuber Hotzenplotz, 1962, Kindertheaterstücke, Sammelbd. 1965, D. kl. Gespenst, 1966, D. Abenteuer d. starken Wanja, 1968, Neues v. Räuber Hotzenplotz, 1969, Krabat, 1972, D. dumme Augustine, 1972, Hotzenplotz 3, 1973, Jahrmarkt in Rummelsbach, 1973, D. goldene Brunnen, Schausp. 1974, D. Märchen vom Einhorn, 1975, D. Glocke von grünem Erz, 1976; D. Flucht n. Ägypten, königlich böhmischer Teil, R. 1978; Pumphutt u. d. Bettelkinder, Bilderb. 1981, Hörbe m. d. gr. Hut, Kinderb. 1981, Hörbe u. s. Freund Zwottel, Kinderb. 1983, D. Engel m. d. Pudelmütze, Kinderbuch 1985, Herr Klingsor konnte ein bißchen zaubern, 1987; Zwölfe hat's geschlagen, Sagenb. 1988, D. Otfr. Preußler Lesebuch, TB 1988, Dreikönigsgeschichten, TB 1989, Brot f. Myra, TB 1990, Lauf, Zenta, lauf!, Bilderb. 1991. Arbeiten f. Fernsehen (Puppenfilm) u. Kinderfunk - 1957 Sonderpreis Dt. Jugendbuchpreis, 1961 Prämie Dt. Jugendbuchpreis, 1963 Dt. Kinderbuchpreis, 1971 Kulturpreis Rosenheim, 1972 Dt. Jugendbuchpreis, 1972 u. 1973 Silb. Griffel (Niederl. Ausz. f. Jugendb.); 1973 Intern. H. Ch. Andersenpreis: Highly Commended, 1973 Europ. Jugendbuchpreis d. Univ. Padua, 1973 BVK am Bde.; 1977 Jugendbuchpreis poln. Buchverleger; 1979 Sudentendt. Kulturpreis; 1979 Bayer. VO; 1980 Span. Jugendbuchpreis; 1987 Andreas-Gryphius-Preis; 1987 Kath. Kinderbuchpreis; 1987 Bayer. Poetentaler; 1988 Gr. Preis d. Dt. Akad. f. Kinder- u. Jugendlit.; 1990 Med. Pro Meritis d. Bayer. Kultusmin.; 1990 Eichendorff-Lit.preis; Mitgl. Deutschschweizer. PEN-Zentrum, Histor. Kinderbuchges., Dt. Akad. f. Kinder- u. Jugendlit. Sudentendt. Akad. d. Wiss. u. Künste - Spr.: Tschech., Engl., Russ.

PREUSSMANN, Rudolf

Dr. rer. nat., Dipl.-Chem., Prof. Univ. Heidelberg, Abteilungsleit. Dt. Krebsforschungszentrum Heidelberg - Goethestr. 50, 6904 Eppelheim (T. 06221 - 76 32 07) - Geb. 25. Aug. 1928 Stein b. Nürnberg (Vater: Werner P., Gartenbaumeist.; Mutter: Claudia, geb. Wolfarth), ev., verh. s. 1955 m. Erika, geb. Raabe, 3 Kd. (Susanne, Roland, Beate) - 1948-54 Stud. Chemie Univ. München (Dipl.-Chem. 1954), Promot. 1965 Univ. Freiburg, Habil. 1968 ebd. - 1955-70 Wiss. Mitarb. u. Abt.leit. (ab 1967) Forsch.gr. Präventivmed., Freiburg; ab 1970 Dt. Krebsforsch.zentrum Heidelberg (Abt.leit.). Entd. Krebserzeug. N-Nitroso-Verbind., deren Umweltvorkommen u. Ausschalt. Rd. 300 Publ. in wiss. Ztschr. - 1981 BVK am Bde.; 1992 Dt. Krebspreis - Spr.: Engl.

PREUTEN, Günter

Kaufmann, Vors. Dt. Radio- u. Fernseh-Fachverb., Köln - Ob. Ahlenbergweg 10a, 5804 Herdecke/Ruhr - Geb. 16. April 1931.

PRÉVÔT, Robert

Dr. med., o. Prof. f. Röntgenologie (emerit.) - Trenknerweg 42, 2000 Hamburg 52 (T. 880 56 66) - Geb. 22. Sept. 1901 Kassel (Vater: Prof. Conrad P., Architekt; Mutter: Elise, geb. Dingler), ev., verh. I) m. Elly, geb. Michels († 1945), 2 Söhne (Hans, Kurt), II) 1948 Gerda, geb. Krüger - Realgymn. Magdeburg; Univ. Marburg u. München. Habil. 1937 - Landeskrkhs. Kassel (1927), Univ. Rostock (Pathol. Inst. 1929), Charité Berlin (1930), Städt. Krankenanst. Dortmund (1931-32 u. wied. ab 1933, b. 1944 Leit. Chir. Röntgenabt.), Kanton-Spital Zürich (1933), 1935-69 Lehrtätigk. Univ. Hamburg (1948 ao., 1957 o. Prof., Dir. Radiol. Klinik u. Strahlen-Inst.). B. 1961 Vors. Dt. Röntgen-Ges. - BV: Grundriß d. Röntgenol. d. Magen-Darmkanals, 1948; Pädiatr. Röntgenatlas, 1955 (m. Lassrich u. Schäfer); Röntgendiagnostik d. Magen- Darmkanals, 1959 (m. Lassrich) - 1963 Rieder-Med.; 1968 Röntgen-Plak.; 1969 Ehrenmitgl. Dt. Ges. f. Verdauungs- u. Stoffwechselkrankh.

PREY, Hermann

Prof., Kammersänger - Fichtenstr. 14, 8033 Krailling/Obb. (T. München 89 65 90) - Geb. 11. Juli 1929 Berlin (Vater: Hermann P. † 1968), verh. s. 1954 m. Barbara, geb. Pniok, 3 Kd. (Annette, Florian, Franziska) - Gymn. Z. Grauen Kloster u. Musikhochsch. Berlin u. Harry Gottschalk - S. 1952 Staatstheater Wiesbaden, Staatsoper Hamburg (1953) u. München (Bariton); 1981 Bayreuther Festsp. Viele Liederabende. Div. Weltreisen. Schallpl.; s. 1982 Prof. Musikhochsch. Hamburg - BV: Premierenfieber, Erinn. 1981 - 1962 Bayer. Kammers.; 1977 Bayer VO; 1981 Gr. BVK u. Gold. Hermann-Löns-Med.; 1984 Münchener Sänger d. J. 1983 (Leserumfrage Münch. Theaterztg.); 1986 Bayer. Maximiliansorden - Liebh.: Wandern, Filmen.

PREY, Wolf-Dietrich

Dr. jur., Geschäftsführer Atlas Handelsges. mbH., Berlin - Oberhaardter Weg 30, 1000 Berlin 33 (T. 826 42 88) - Geb. 29. Nov. 1911 - Zul. Vorstandsmitgl. Berliner Maschinenbau AG. vorm. L. Schwartzkopff, Berlin.

PREZEWOWSKY, Alfred

Schlosser, MdL Schlesw.-Holst. (s. 1967) - Flensburger Str. 22, 2300 Kiel (T. 33 22 08) - Geb. 24. Nov. 1931 Falkenau/Schles., ev., verh., 3 Kinder - Volkssch.; Kraftfahrzeugmechanikerlehre - Schlosser u. Schweißer (1961 b. 72 Betriebsratsvors., dann Gf. IG Metall). SPD s. 1957.

PRIBILLA, Otto

Dr. med., Dr. h.c., Dipl.-Chem., em. o. Prof. f. Rechtsmedizin Med. Hochsch. Lübeck (s. 1971) - Elsässer Str. 41, 2400 Lübeck (T. 6 44 84) - Geb. 3. Nov. 1920 Köln (Vater: Dr. jur. Emanuel P., Rechtsanwalt; Mutter: Johanna, geb. Greven), kath., verh. s. 1949 m. Dr. med. Lea, geb. Pallmann, T. Felicitas - Apostel-Gymn. Köln; Univ. Köln, München (Chemie), Bonn (Chemie, Med.; Dipl.-Chem. 1948), Kiel (Med.; Staatsex. 1954). Promot. (1955) u. Habil. (1959) Kiel - 1959-71 Privatdoz., apl. Prof. (1964), Wiss. Rat u. Prof. (1965) Univ. Kiel (Inst. f. Gerichtl. u. Soz. Med.), o. Prof. (1971) MHL Lübeck - Spez. Arb.sgeb.: Radio- u. Forens. Toxikol., Arztrecht - Mitgl. American Acad. of Forensic Sciences, Soc. de Med. Legal del Litoral Rep. Argentina; korr. Mitgl. Soc. de Médicine Légale et de Criminologie de France; Affiliate Royal Soc. of Med. - Liebh.: Bild. Kunst, Antiquitäten, Musik, Golf - Spr.: Engl., Franz.

PRICK, Christof

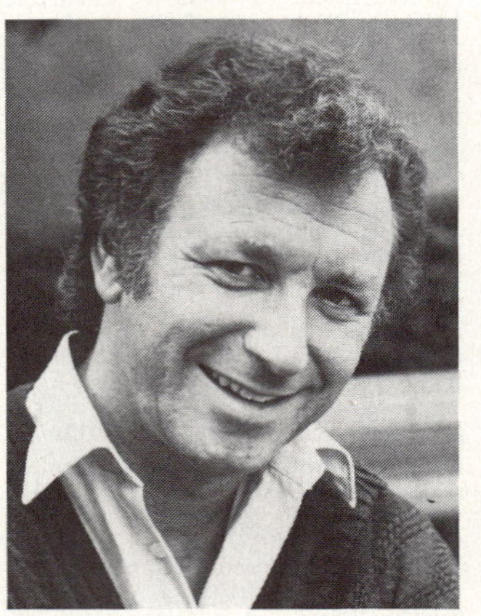

Dirigent, Music Director Los Angeles Chamber Orchestra (s. 1992), Generalmusikdir. d. Staatsoper Hannover u. d. Nieders. Staatsorchesters (ab 1993) - Insterburger Str. 11, 7500 Karlsruhe (T. 0721 - 68 55 67) - Geb. 23. Okt. 1946 Hamburg, ev., verh. s. 1971 m. Ulrike, geb. Ullrich - Staatsex. 1969 Staatl. Hochsch. f. Musik Hamburg (Dirig.) - Regelmäßig Dirigent d. MET in New York, d. Dt. Oper Berlin, d. Sächs. Staatsoper Dresden u. d. Hamburgischen Staatsoper, sowie leitender Dirigent d. dt. Bundesjugendorchesters. 1974-77 GMD Saarl. Staatstheater Saarbrücken; 1977-85 GMD Bad. Staatstheater Karlsruhe. Dirig. v. Oper u. Sinfoniekonz. (haupts. dt. Repertoire) - 1976 H. v. Karajan-Preis - Liebh.: Lit., Sport - Spr.: Engl., Franz.

PRIEBE, Hermann

Dr. agr., em. Prof. f. Agrarwesen - Zeppelinallee 31, 6000 Frankfurt/M. (T. 77 50 01) - Geb. 10. Febr. 1907 Berlin (Vater: Dr. phil. D. Hermann P., Pfarrer; Mutter: Irmgard, geb. v. Versen), ev. - Gymn.; landw. Lehre; Stud. Landw. Dipl.-Landw. 1932 Königsberg; Promot. 1936 Berlin; Habil. 1942 Gießen - 1933-36 Assist. Univ. Greifswald u. Berlin; 1937-42 Ref. Reichskurat. f. Technik in d. Landw.; 1943-45 Dir. Versuchs- u. Forschungsanst. Potsdam-Bornim; 1945-48 sowjet. Kriegsgefangensch.; 1949-58 Privatdoz. u. apl. Prof. Univ. Gießen; s. 1959 Ord. Univ. Frankfurt (1961 Dir. Inst. f. ländl. Strukturforsch.). 1958-70 Agrarpolit. Berat. EWG - BV: Landarbeit heute u. morgen, 1953; Sozialprobleme d. dt. Landw. - Wer wird d. Scheunen füllen?, 1955; D. Landw. in d. Welt v. morgen, 1971; D. agrarwirtschaftl. Integration Europas, 1979; D. Agrarsektor im Entwicklungsprozeß, 1980 (m. Wilhelm Hankel); D. subventionierte Unvernunft, Landwirtsch. u. Naturhaushalt, 1985, 3. A. 1988; D. subventionierte Naturzerstörung, Plädoyer f. e. neue Agrarkultur, 1990. Div. Handbuchbeitr. u. Fachaufs.

PRIEBE, Walter

Dr. rer. pol., Geschäftsführer Stahlbauvereinig. Baden-Württ. - Westl. Karl-Friedrich-Str. 8, 7530 Pforzheim/Baden - Geb. 29. Febr. 1936.

PRIEBS, Ralf

Dr.-Ing., Prof. TU Berlin, Berater MBB/Erno-Raumfahrttechnik GmbH, Bremen - Unter den Eichen 115, 1000 Berlin 45 - Geb. 12. Mai 1934 Berlin (Vater: Henry P., Kaufm.; Mutter: Rosa, geb. Grote), ev., verh. s. 1966 m. Inger, geb. Jungjohann, S. Roman - Dipl.-Ing. 1961, Promot. 1965, Habil. 1970, alles Berlin - Spezialgeb.: Ortung u. Navigation, Raumflugmechanik - Fachbeiträge in: Meyers Lexikon Technik u. exakt. Naturwiss., 1970; Meyers Enzyklop. Lexikon, 1976-79; Brockhaus Enzyklopädie, 19. A. ab 1986; Blätter z. Berufskd. d. Bundesanst. f. Arbeit.

PRIEMEL, Gero

Dr. phil. nat., Filmregisseur u. Filmproduzent (EPG-Film) - Staufenbergring 169 Josupeit, 6380 Bad Homburg 1 (T. 06172 - 3 35 27) - Geb. 27. Okt. Frankfurt/M. (Vater: Dr. phil. Kurt P., Direktor Frankfurter Zoo (s. X. Ausg.); Mutter: Erna, geb. Gravenkamp), verh. m. Erni, geb. Brunner, 2 T. (Isa-Vera, Heli) - Univ. Frankfurt, Wien, München - Kulturfilmregiss. UFA. Viele Filme, dar.: D. Sommerwiese, Herbstlied, E. brasilian. Rhapsodie, Himml. Orchester, Story of a town, Am Rande d. Ewigkeit, Vernünftiger arbeiten - besser leben, Bedrohter Lebensquell, Zw. Landung u. Start, Zw. Bonn u. Berlin, Willkommen an Bord, V. Flugschein z. Luftfrachtbrief, Früherfassen d. Lungenkarzinoms, Zahnbehandl. zerebralgeschädigter Kinder, Aluminium-Messing-Kupfer, Schwarzwald-ABC, Stirling-Moss-Test, Fließfertigung, Design im Automobilbau, Staplelauf, Weinland Baden, Menschen in d. Stadt, u.v.a. Fernsehreihen: Begegnungen in Mitteldtschl., Dt. Volkskunde, Märchenhafte Reisen d. Hessen, 160 Sendungen Z.E.N. - Ehrenpreis Stadt München; Sabena-Preis; Silbermed. Marseille; Silb. Stern Cannes; Grand Prix Touristique Marseille; Gold. u. Silb. Globus im Ferienfilm-Festival.

PRIEN, Hans-Jürgen

Dr. theol., Prof. f. Kirchengeschichte (s. 1986), u. Koordinator Zentrum f. Iberisch-Lateinamerik. Studien d. Philipps-Univ. Marburg - Birkenweg 12, 3550 Marburg (T. 06421 - 3 55 14) - Geb. 17. Mai 1935 Hamburg (Vater: Hans P., kfm. Angest.; Mutter: Helene, geb. Charpentier), ev.-luth., verh. s. 1965 m. Monika P., 2 Kd. (Hartmut, Cordula) - Lehre Groß- u. Außenhdl.; 1954-57 Abend-Stud. Masch.bau, 1961-67 Stud. Theol., Gesch. u. Amerikan. Hamburg, 1958 Abt.-Leit. Export Hamburg; 1958-61 Dir. San Salvador; 1969-73 Prof. Theol. Fak. São Leopoldo/Brasil.; 1974ff. Pfarrer Hamburg u. s. 1980ff. Priv.-Doz. f. Kirchen- u. Dogmengesch. Univ. Hamburg - BV: D. Gesch. d. Christentums in Lateinamerika, 1978; Lateinamerika: Ges. - Kirche - Theol., 2 Bde., 1981; La Historia del Cristianismo en América Latina, 1985; Evangelische Kirchwerdung in Brasilien, 1989; Grundzüge einer Wirtschaftsethik Martin Luthers, 1991. Mithrsg. Evangel. Kirchenlexikon (3. Aufl.). Zahlr. Aufs. in Fachztschr. - Liebh.: Segeln - Spr.: Engl., Franz., Span., Portug.

PRIESEMANN, Gerhard

Dr. phil., o. Prof. f. Pädagogik - Butenschönsredder 3, 2302 Flintbek/Holst. (T. 04347 - 37 36) - Geb. 27. Aug. 1925 - S. 1967 Ord. TU Berlin u. Univ. Kiel. Fachveröff.

PRIESNITZ, Walter

Dr. jur., Staatssekretär b. Bundesmin. d. Innern (s. Jan. 1991) - Graurheindorfer Str. 198, 5300 Bonn 1 - Geb. 1. April 1932 Hindenburg/Oberschles. (Vater: Bernhard P., Bankkaufm.; Mutter: Martha, geb. Lochter), kath., verh. m. Ursula, geb. Redlinghaus, 4 Kd. (Reimund, Margitta, Guido, Oliver) - Bankkaufm. 1951; 1. jurist. Staatsprüf. 1955, Gr. Staatsprüf. 1959, Promot. 1961 - 1959-71 Bundesreg. (Regierungsrat u. Reg.-Dir.), 1971-75 Ltd. Kreisverw.-Dir. Nordfriesl./Schlesw.-Holst.; 1975-85 Stadtdir. Ahlen; 1985 Ministerialdir. Bundesmin. f. innerdt. Beziehungen; 1987-90 Staatssekr. b. BM f. innerd. Beziehungen - Liebh.: Lesen, Reiten, Musik, Sammeln antiker Gläser - Spr.: Engl.

PRIESSNITZ(ß), Horst

Rechtsanwalt, Hauptgeschäftsführer Gesamtverb. kunststoffverarb. Ind., Frankfurt - Am Hauptbahnhof 12, 6000 Frankfurt 1.

PRIESSNITZ (ß), Horst

Dr. phil., o. Prof. f. Anglistik - Gaußstr. 20, 5600 Wuppertal 1 - Geb. 1. Juli 1940 Königshütte - Stud. Univ. Wien, Münster, Marburg (Kath. Theol., Vergl. Lit.wiss., German., Angl.); Staatsex. (German. u. Angl.) 1969 Marburg; Promot. 1971 Marburg, Habil. 1975 ebd. - Wiss. Assist. u. Doz. Univ. Marburg; Studienreformkommiss. VII Land Nordrh.-Westf.; Mitbegr. Gesellsch. f. Australien-Stud. - BV: D. engl. radio play s. 1945: Typen, Themen u. Formen, 1978; Barry Bermange, 1986. Herausg.: D. engl. Hörspiel (1977); Anglo-amerikan. Shakespeare - Bearb. d. 20. Jh. (1980).

PRIESTER, Wolfgang

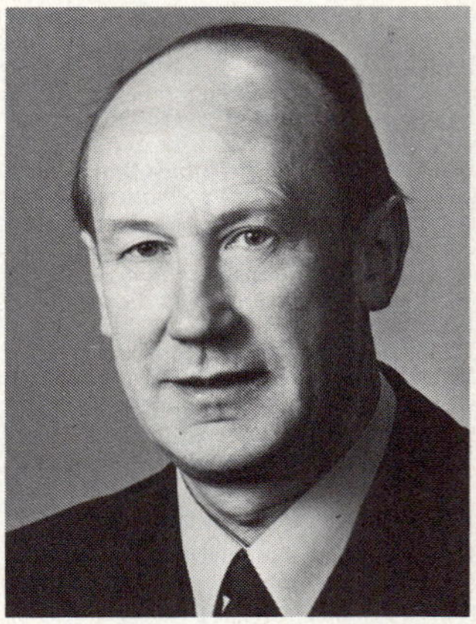

Dr. rer. nat., o. Prof. f. Astrophysik u. Extraterrestr. Forschung - Mühlenbachstr. 81, 5300 Bonn 3 (T. 48 26 21) - Geb. 22. April 1924 Detmold (Vater: Wilhelm P., Architekt; Mutter: Gertrud, geb. Knauff), verh. 1950 m. Gisela, geb. Preuß, S. Achim - 1946-53 Univ. Göttingen. Promot. 1953; Habil. 1958 - S. 1955 Univ. Bonn (Assist., 1959 Observator Sternwarte, 1958 Privatdoz., 1962 apl. Prof., 1963 Wiss. Rat, 1964 Ord. u. Inst.dir.). Forschungsaufenth. NASA/USA (1961-62, 1963-64, jeweils 14 Mon.), 1962-66 Chairman Cospar Working Group 4. S. 1967 Consultant NASA Goddard-Space Flight Center, 1970-71 Dekan Math. Naturwiss. Fak. Univ. Bonn, s. 1973 Mitgl. d. Rhein.-Westf. Akad. d. Wiss., s. 1974 Mitgl. Max-Planck-Ges., 1974-76 Vors. Rat Westdt. Sternwarten u. 1975-78 Vors. Astronom. Ges. Spez. Arb.geb.: Astrophys. Radioastronomie, Weltraumforsch., Physik d. Hochatmosphäre - Entd.: 1956 Erste Gesamthimmelskarte d. galakt. Radiostrahlung (zus. m. F. Dröge), 1958 Statistik d. Radioquellen in d. Kosmologie, 1958 Verfahren z. Satellitenbahnbestimmung a. Doppler-Effekt-Messungen (m. G. Hergenhahn), 1958 Entdeckung d. solaren Aktivitätseffektes in d. Hochatmosphäre, 1959 Entdeckung d. tageszeitl. Variation d. irdischen Hochatmosphäre (zus. m. H. A. Martin), 1962 Erste Theorie der Hochatmosphäre m. tägl. u. elfjähriger Periode (zus. m. I. Harris); 1987 Kosmologie: Theorie d. Big Bounce als Alternative z. Urknall (zus. m. H. J. Blome); 1991/92 Berechnung d. Weltalters (30 Milliard. Jahre) u. d. Einstein Konstante aus Quasar-Spektren (zus. m. J. Hoell u. D. E. Liebscher) - Fachmitgliedsch. 109 wiss. Veröff. - Spr.: Engl.

PRIEWASSER, Erich

Dr. rer. merc., Prof. f. Bankbetriebslehre - Universitätsstr. 24, 3550 Marburg/L.; priv.: Calvinstr. 7, 3550 Marburg/L. - Geb. 18. Juli 1941 Uttendorf/Österr. (Vater: Josef P., Beamter; Mutter: Olga, geb. Färberböck), kath., verh. s. 1973 m. Viktoria, geb. Rattenberger, 2 Kd. (Herwig, Margot-Anne) - 1955-59 Handelsakad. Salzburg, 1959-65 Hochsch. f. Welthandel Wien. Promot. (1965) u. Habil. (1970) Wien - 1964-70 Hochschulassist. Wien; 1970-74 Direktionssekr. Hauptverb. d. österr. Sparkasse ebd.; s. 1974 Prof. Univ. Marburg - BV: D. Auswirkungen d. schleich. Inflation auf d. Geschäftspolitik d. Sparkassen, 1966 (Wien); Betriebl. Investitionsentscheidungen, 1972 (Berlin/New York); Wiss. Erkenntnisfortschritt u. Innovationen in Kreditinst., 1976 (Wien); Kartengesteuerte Zahlungsverkehrs-Systeme, 1981; Bankbetriebslehre, 1982; D. Banken im Jahre 2000, 1987 - Liebh.: Klass. Musik, Sport - Spr.: Engl., Franz.

PRILL, Hans-Joachim

Dr. med., Prof. f. Geburtshilfe u. Gynäkologie Univ. Bonn, Psychotherapeut - Venner Str. 7, 5300 Bonn - Geb. 23. Nov. 1924 Bingerau/Schles., ev., verh. s. 1958 m. Marianne, geb. Wiehler - B. 1943 Schule Meseritz; Univ. Würzburg (Med., Psych.). Promot. (1951) u. Habil. (1958) Würzburg - S. 1958 Lehrtätigk. Univ. Würzburg (1964 apl. Prof.) u. Bonn (1972 apl. Prof.) - BV: 6 Bücher üb. psychosomatische Geburtshilfe u. Gynäk. (deutsch, engl.). Etwa 146 Einzelarb., dar. 12 Handbuchbeitr. - Ehrenpräs. Dt. Ges. Psychosomat. Geburtshilfe u. Gynäkologie; BVK I. Kl. - Spr.: Engl.

PRILLWITZ, Siegmund

Dr. phil., Prof. f. Psycholinguistik Univ. Hamburg - Bernadottestr. 24, 2000 Hamburg 50 (T. 39 60 01) - Geb. 11. April 1940 Neubrandenburg (Vater: Willy P., Lehrer; Mutter: Gertrud P.), ev., ledig - Stud. German., Gesch. Univ. Hamburg (Promot. 1970) - S. 1976 Prof. German. Sem. Univ. Hamburg - BV: Überlieferungsstücke z. Barluam ... (textkritisch-stemmatologische Unters.), 1975; Psycholinguistik in d. Sonderpäd., 1975; Kommunik. ohne Sprache? 1977; D. kindl. Spracherwerb, 1975; Z. Zusammenhang v. Kommunik., Kognition u. Sprache, 1982 - Liebh.: Musik, Natur, Handwerken - Spr.: Gebärdenspr. d. Gehörlosen.

PRIMUS, Hans-Georg

Bürgermeister, Präs. Dt. Forstwirtschaftsrat, Rheinbach - 6412 Gersfeld/Rhön..

PRINZ, Friedrich E.

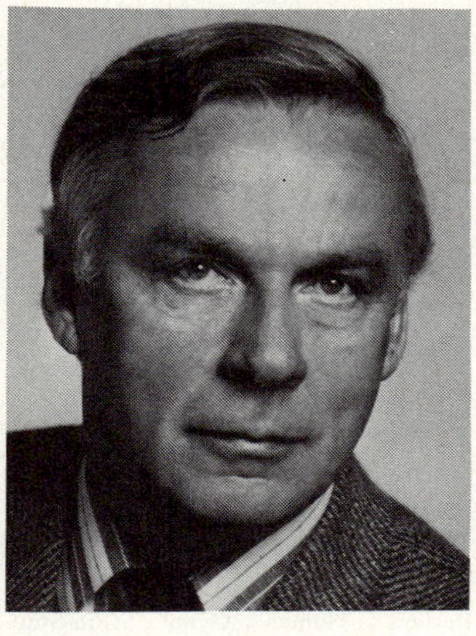

Dr. phil., o. Prof. f. Mittelalterl. Geschichte u. vergl. Landesgesch. Univ. München (s. 1976) - Weiglstr. 9, 8024 Deisenhofen/Obb. - Geb. 17. Nov. 1928 Tetschen/Elbe (Vater: Karl P., Hauptschulrektor; Mutter: Stefanie, geb. Zahradnik), ev., verh. s. 1956 m. Dr. Jutta, geb. Hardeland, 5 Kd. (Karl, Andrea, Ulrike, Kathrin, Regina) - Phil.-Theol. Hochsch. Passau; Univ. Bonn. Promot. 1955; Habil. 1964 - 1964-65 Privatdoz. Univ. München; 1965-76 o. Prof. f. Landesgesch. Univ. Saarbrücken; Dir. Inst. f. bayer. Gesch. Univ. München, Mitgl. Österr. Akad. d. Wiss., Mitgl. d. Sudetendt. Akad., Mitgl. d. Medieval Academy of Ireland; Vorst. Herder-Institut Marburg/Lahn - BV: Werther u. Wahlverwandschaften - E. morphol. Studie, 1954 (Diss.); Hans Kudlich - Versuch e. histor.-polit. Biogr., 1962; Frühes Mönchtum im Frankenreich - Kultur u. Ges. in Gallien, d. Rheinlanden u. Bayern am Beispiel d. monast. Entwickl. (4.-8. Jh.), 1965, 2. A. 1988; Prag u. Wien 1848 - Probleme d. sozialen Revolution, 1968; Krieg u. Klerus im früheren Mittelalter, 1971; (Hrsg.) Wenzel Jaksch - Edvard Beneš - Briefe u. Dokumente aus d. Londoner Exil 1939-43, 1973; (Hrsg.) Mönchtum u. Ges. im Frühmittelalter, 1975; Askese u. Kultur, 1980 (Übers. ins Ital.: Ascesi e cultura, 1983); (Herausg. m. R.A. Kann) Dtschl. u. Österr., 1980; Gestalten u. Wege, bayer. Gesch. 1982; Trümmerzeit in München - Kultur u. Ges. e. dt. Großstadt im Aufbruch 1945-49, 1984; Böhmen im mittelalterl. Europa, 1984; Neue dt. Gesch., Bd. 1: Grundlagen u. Anfänge - Dtschl. b. 1056, 1985; Gesch. Böhmens 1848-1948, 1988, 2. A. 1991; Bayer. Miniaturen, 1988; München - Musenstadt m. Hinterhöfen. D. Prinzregentenzeit 1886-1912, 1988; Mönchtum, Kultur u. Ges., 1989. Div. Einzelarb., dar.: Bayern im Zeitalter d. Karolinger b. z. Ende d. Welfenherrschaft - 788-1180 (Max Spindler, Handb. d. Bayer. Gesch., Bd. I (S. 270-426) 1967), Gesch. d. böhm. Länder v. 1848 b. 1914 (Karl Bosl, Hb. d. Gesch. d. böhm. Länder, Bd. III (1-235) 1968), D. kulturelle Leben - V. Österr.-Ung. Ausgleich b. z. Ende d. ersten Tschechosl. Republik - 1867-1939 (ebd. Bd. IV (S. 151-299) 1970). Belletristik: D. Weisheit e. Gasse. Klass. Aphorismen ges. v. F.P. Ca. 160 weitere wiss. Publik., ferner Arbeiten f. Fernsehen u. Hörfunk - Mehrere Kulturpreise; BVK - Liebh.: Malerei - Spr.: Tschech., Lat., Engl.

PRINZ, Harry

Dr. med. (habil.), Prof., Chirurg - Borstels Ende 23, 2000 Hamburg 64 (T. 526 51 71) - Geb. 20. Mai 1905 Wilhelmshaven (Vater: Karl P., Geschäftsm.; Mutter: geb. Dohnisch), ev., verh. m. Ilse, geb. Dick, 3 Kd. - Kant-Gymn. Berlin (Spandau); Univ. ebd., Marburg, Hamburg - Langj. Assistenz- u. Oberarzttätigk. Chir. Univ.sklinik Hamburg (1940 Privatdoz., 1948 apl. Prof.); 1950-70 Chefarzt I. Chir. Klinik Allg. Krkhs. Heidberg ebd. - BV: Fortschr. in d. Kenntnis d. Frühformen d. Magenkrebses u. ihrer klin. Diagnose, 1947. Zahlr. Einzelarb. - 1940 Martini-Preis Univ. Hamburg.

PRINZ, Helmut

Dr. rer. nat., Ltd. Regierungsdirektor, Honorarprof. f. Ingenieurgeol. Univ. Marburg (1973ff.) - Leberberg 9-11, 6200 Wiesbaden - Geb. 2. Juni 1931 Mies (CSSR) - Promot. 1959 Stuttgart - S. 1959 Hess. Landesamt f. Bodenforsch., Wiesbaden, Leit. Abt. Rohstoffgeol. u. Ingenieursgeol. - BV: Abriß d. Ingenieursgeol., 1982. 35 Fachaufs.

PRINZ, Joseph

Dr. phil. habil., Ltd. Staatsarchivdirektor a. D., Honorarprof. f. Genealogie u. Heraldik Univ. Münster (s. 1963) - Schwambstr. 39, 6100 Darmstadt - Geb. 11. Juli 1906 Emden/Ostfriesl. (Vater: Hermann P. † 1941; Mutter: Helene, geb. Smidt † 1909), kath., verh. s. 1938 m. Anna, geb. Hülsmann † - Gymn. Bückeburg; Univ. Bonn u. Göttingen (Geschichte). Promot. 1932 Göttingen; Habil. 1941 Münster - 1946 Staatsarchivrat Münster, 1954 Stadt-, 1961 Staatsarchivdir. ebd. 1947 Mitgl. Histor. Kommiss. f. Westfalen (1962 Vorst.); 1957 Abt.leit. Max-Planck-Inst. f. Gesch. (Germania sacra); 1963-71 Dir. Verein f. Gesch. u. Altertumskd. Westf./Abt. Münster - BV: Territorium d. Bistums Osnabrück, 1934; Greven an d. Ems, 1950, 2. A. 1976; Mimigernaford-Münster - D. Entstehungsgesch. e. Stadt, 1960, 3. A. 1982; Urkundenbuch Stadt Münster, 1. 1960; Westf. Urkundenb. IX (Bistum Paderborn 1301/25), 1974ff.; Urkundenbuch Busdorfstift Paderborn, 1975-84; D. Corveyer Annalen, 1982. Zahlr. Ztschr.beitr. Herausg.: Ex officina literaria - Beitr. z. Gesch. d. westf. Buchwesens (1968); Mithrsg.: Westf. Ztschr. (1963ff.) - 1969 BVK I. Kl. - Spr.: Niederl. - Rotarier.

PRINZ, Lieselotte

Schauspielerin, Theaterpädagogin - Zu erreichen üb. Theater im Zentrum, Heusteigstr. 39, 7000 Stuttgart 1 - Geb. 2. Nov. 1928 Hamburg, ev., ledig - Abit.; Schauspielausb. in Hamburg - S. 1979 Leitg. v. Theater-Arbeitsgemeinsch. m. Kindern u. Jugendlichen im schul. u. außerschul. Bereich sow. schauspielerische Tätigk. in Prod. d. Theater im Zentrum; s. 1989 wieder regelmäßige Schauspielertätigkeit in Charms/Schwitters-Abend; alte Camille in Eine Frau - Camille Claudel u. Frau Meister in Über allen Gipfeln ist Ruh sowie Rezitationsprogramme; Org. Stuttgarter Schülertheatertage (jährl. Veranstaltungsreihe im Mai/Juni); Öffentlichkeitsarbeit - 1958-63 Stückverträge, 1963-68 Engagem. Dt. Schauspielhaus Hamburg (hier z.T. auch Leitg. Künstler. Betriebsbüro); 1969-77 Theater d. Stadt Baden-Baden (hier z.T. auch Leitg. Künstler. Betriebsbüro); 1978/79 Pfalztheater Kaiserslautern (Beginn d. Arb. m. Kindern u. Jugendl.); s. 1992 freischaffende Schauspielerin u. Rezitatorin.

PRINZ, Ulrich

Dr., Gymnasialprof. Staatl. Hochsch. f. Musik Stuttgart - Goethestr. 35, 7012 Fellbach - Geb. 25. Jan. 1935 Weidenau (Vater: Fritz P., Buchhalter; Mutter: Berta, geb. Krämer), verh. s. 1964 m. Heidrun, geb. Sommer, 2 S. (Florian, Gregor) - 1955-58 Staatl. Hochsch. f. Musik Freiburg; 1955-61 Univ. Freiburg, Wien u. Heidelberg (Promot. 1969) - Unterrichtstätig. Stuttgart, Addis Abeba (Gymn.) u. Staatl. Hochsch. f. Musik Stuttgart (Lehrbeauftr. s. 1966), Fachleit. f. Musik am Studiensem. Stuttgart II, Stuttgart - BV: Ferruccio Busoni als Klavierkomp., 1969; Musik um uns, 3 Bde. 1971, (Mithg.); Aufs. in: Musik u. Bildung.

PRINZBACH, Horst

Dr. rer. nat., o. Prof. f. Organ. Chemie - Eichhalde Nr. 84, 7800 Freiburg/Br. (T. 5 45 79) - Geb. 20. Juli 1931 Haslach/Baden - S. 1962 (Habil.) Lehrtätigk. 1965-1969 Univ. Lausanne/Schweiz, 1969 Univ. Freiburg. Üb. 170 Fachveröff.

PRISSOK, Klaus

Vorstand Personal u. Recht Schumann Unternehmensberatungs AG - Novalisstr. 1, 5000 Köln 51 - Geb. 6. Jan. 1934 Neisse, verh., 2 Kd. - Jurastud.; 1. u. 2. jurist. Staatsex. - B. 1989 Verwaltungsdirektor u. Justitiar d. Deutschlandfunks.

PRITZL, Heinz

Dr. oec., pers. haft. Gesellschafter Kauzen-Bräu, Ochsenfurt - D.-Kimmel-Weg 5, 8703 Ochsenfurt/M. (T. 09331 - 6 06) - Geb. 30. Dez. 1924 Würzburg, kath., verh. s. 1950 (Ehefr.: Cläre), 3 Kd. (Ingeborg, Karl-Heinz, Rudolf) - Lehre; Stud. Dipl.-Kfm. 1951; Promot. 1956 - 1957/58 Bundesbeauftr. Dt. Juniorenschaft - BVK I. Kl.

PROBST, Albert

Dr. agr., Dipl.-Agraring., Parlam. Staatssekr. Bundesmin. f. Forsch. u. Technol. (1982-91), MdB (s. 1969, CDU/CSU; Wahlkr. 201/München-Land) - Zu erreichen üb. Bundeshaus, 5300 Bonn 1 - Geb. 1931, kath. - Maximilians-Gymn. München (Abit.); landw. Lehre; TH München (Landw.). Promot. 1961 - S. 1963 Forschungstätigk. Milchw. Inst. TH bzw. TU München. 1960ff. MdK München-Land. CSU (stv. Vors. Kulturpolit. Arbeitskr.; Vors. Bundestagsaussch. f. Bild. u. Wiss - 1980 Bayer. VO.

PROBST, Christian

Dr. med., Dr. phil., Univ.-Prof. f. Geschichte d. Medizin - Zu erreichen üb. Klinikum rechts d. Isar, Ismaninger Str. 22, 8000 München 80 - Geb. 7. Dez. 1935 München (Vater: Dr. med. Otto P., Arzt), kath. - Gymn.; Stud. Med. u. Gesch. Würzburg, Montpellier, Berlin, Wien, Göttingen, Münster - BV: D. Dt. Orden u. s. Medizinalwesen in Preußen, 1969; D. Weg d. ärztl. Erkennens am Krankenbett, 1972; Lieber bayer. sterben. D. bayer. Volksaufst. d. J. 1705 u. 1706, 1978; Darst. u. Quellen z. Gesch. d. dt. Einheitsbeweg. im 19. u. 20. Jh., Bd. 9-11 (Hrsg.), 1974-1981; D. Land um Isar u. Loisach u. s. Menschen im Blick d. Ärzte, 1985 (m. Rita Probst); Christentum u. Grüne. Verbindendes u. Trennendes, 1987; Fahrende Heiler u. Heilmittelhändler, 1992 - Spr.: Engl., Franz., Lat., Griech.

PROBST, Holger

Dr. rer. nat., Prof. f. Sonderpädagogik Univ. Marburg - Weidenhäuserstr. 85, 3550 Marburg - Geb. 28. Dez. 1942 Dortmund, verh., 2 T. (Johanna, Charlotte) - Psych.-Stud.; Promot. 1973 Marburg - BV: Arbeiten z. Päd. Diagnostik; Kritik d. Sonderpäd., 1973; Oberbegriffbildung, 1981; Lesenlernen, 1986.

PROBST, Jürgen

Dr. med., Prof., Chirurg, Ärztl. Direktor Berufsgenossenschaftl. Unfallklinik Murnau (s. 1969) - Asamallee 10, 8110 Murnau/Staffelsee (T. 08841 - 13 93) - Geb. 19. Jan. 1927 Hannover, ev., verh. - Stud. d. Med., Veterinärmed. u. Naturwiss. Hannover, Mainz; Habil. TU München - Berat. Arzt Landesverb. Bayern u. Sachsen d. Berufsgenossenschaften (s. 1972); 1. Vizepräs. Bundesverb. d. f. Berufsgenoss. tätg. Ärzte; Präs. Dt. Ges. f. Unfallchir. (1981-83); Generalsekr. Dt. Ges. f. Unfallchir. (1975-80 u. s. 1989); Generalsekr. (1975-80 u. s. 1989) Präs. Dt. Ges. f. Unfallheilkd. (1981-83); Präs. Dt. Ges. f. Plast. u. Wiederherstellungschir. (1977); Präs. Bayer. Chir.-Vereinig. (1984-85) - BV: Chirurgie d. Armes, 1966; Posttraumat. Osteomyelitis, 1970; Rehabilitation Rückenmarkverletzter, 1973; Reosteosynthesen, 1973; Problemfrakturen, 1979; Wiederherstellungschir. n. Infektionen, 1980; Nervenverletz., 1981; Diagnostik Kniebinnentrauma, 1983; Festschr. Dt. Ges. f. Unfallheilkunde (hg.), 1986; Posttraumat. Gelenksteifen, 1987; Halbwertszeit in d. Unfallchirurgie, 1988; Diagnostik u. Therapie v. Wirbelsäulenverletzungen, 1989; D. verletzte Fuß, 1991. Herausg.: Kongreßberichte Dt. Ges. f. Unfallheilkd. (1974-80 u. 89). Div. Buchbeitr. - 1990 Ehrenmitgl. Bayer. Chir.-Vereinig.; 1982 korr. Mitgl. Schweiz. Ges. Unfallmed.; 1983 korr. Mitgl. Österr. Ges. Unfallchir.; 1983 Ernst-v. Bergmann-Plakette; 1985 BVK.

PROBST, Manfred
Dr. theol. habil., Prof. Theol. Hochsch. Vallendar - Pallottistr. 3, 5414 Vallendar (T. 0261 - 640 22 38) - Geb. 13. Dez. 1939 - Promot. 1973, Habil. 1979 Theol. Fak. Trier - 1979 Prof. Liturgiewiss., 1980-84 u. 1986-92 Rektor. 1981-89 Vors. Arbeitsgem. d. Ordenshochsch.; 1984 Mitgl. Wiss. Beirat d. Kath. Bibelwerks; 1986 Berater d. Liturgie-Kommiss. d. Dt. Bischofskonfz. - BV: Gottesdienst in Geist u. Wahrheit. D. liturg. Ansichten u. Bestrebungen Johann Michael Sailers, 1976; D. Ritus d. Kindertaufe, 1981. Herausg.: Kath. Apostolat heute (1984). Mithrsg.: Neue Totenliturgie (m. K. Richter, Th. Maas-Ewerd, H. Plock), 1971; D. Feier d. Trauung (m. H. Plock, K. Richter), 1971, 4. A. 1972; Liturgie m. Kranken (m. K. Richter, H. Plock), 1973; D. Feier d. Eingliederung Erwachsener in d. Kirche nach d. neuen Rituale Romanum (m. E. J. Lengeling, H. Plock, K. Richter), 1975; Zeichen d. Hoffnung in Tod u. Trauer (m. K. Richter, H. Plock), 1975, 4. A. 1985; Hausgottesdienste m. Kranken (m. H. Plock, K. Richter), 1977, 6. A. 1988; D. kirchl. Trauung (m. K. Richter, H. Plock), 1979, 3. A. 1986; Heilssorge f. d. Kranken u. Hilfen z. Erneuerung e. mißverst. Sakramentes, 1975, 2. A. 1980; Katechumenat heute, 1976; Beiträge z. Theologie d. Sendung (m. H. M. Köster), 1982; Glaube hilft leben (m. A. Walkenbach), 1983; Kirche auf d. Weg z. Communio (m. A. Schuchart), 1990; zahlr. Aufsätze in liturgiewissenschaftl. Ztschr. u. Sammelwerken.

PROBST, Victor
Dr. med., o. Prof. f. Geburtshilfe u. Gynäk. - Im Hopfengarten 18, 7400 Tübingen (T. Klinik: 71 26 81) - Geb. 24. Aug. 1907 - s. 1951 (Habil.) Privatdoz., apl., ao. u. o. Prof. Univ. Tübingen. Fachveröff.

PROCHNOW, Dietrich

Kämmereidirektor a. D., Rechtsanwalt b. Kammergericht, Stadtverordneter - Kanzlei: Albrechtstr. 12, O-1040 Berlin; priv.: 3550 Marburg - Geb. 12. Juli 1928 Berlin-Schöneberg, ev., ledig - Stud. Univ. Frankfurt u. Marburg (Jura); bde. jurist. Staatsex.; Lehrbefähigung f. d. höh. Lehramt an berufsbildenden Schulen - 1960-62 Rechtsanwalt; 1962-86 öfftl. Dienst; Leitungstätig. in d. Finanzverwalt. d. Städte Frankfurt u. Ludwigshafen. Lehrtätig. an Hochsch. u. Berufsch.; s. 1987 Rechtsanw.; 1987 Berater f. öffentl. Finanz-, Haushalts- u. Bankwesen in d. VR China. 1970-79 Vors. u. s. 1979 Ehrenvors. Hess. Volleyball-Verb.; 1977-79 Vizepräs. Dt. Volleyball-Verb.; Geschäftsf. d. Prochnow & Partner Wirtschaftsberat.- u. Treuhandges. mbH in Potsdam - Versch. Ztschr.aufs. üb. öfftl. Finanz- u. Wirtschaftspolitik - Spr.: Engl., Russ.

PRODAN, Michail
Dr. rer. nat., Dr. forest. h. c., Prof., Forstwissenschaftler - Wallstr. 22, 7800 Freiburg/Br. (T. 3 28 44) - Geb. 22. Okt. 1912 Rosa/Rumän. (Vater: John P., Landwirt; Mutter: Maranda, geb. Sofroniuc), verh. s. 1954 m. Dr. Clotilde, geb. Klenk, 2 Kd. (Rodtraud, Hagen) - TH Bukarest (Dipl.-Forsting. 1936). Promot. 1944 Freiburg - B. 1941 prakt. Forstdst. Rumäniens; s. 1942 Assist., Privatdoz. u. apl. Prof. (1954) Univ. Freiburg (1962 Wiss. Rat; 1965 Vorsteher Abt. Biometrie/Inst. f. Forstl. Ertrags- u. Holzmeßkd.) Ruf Hochsch. f. Bodenkultur Wien (Lehrkanzel f. Forstl. Ertrags- u. Holzmeßkd.) 1965 abgelehnt. 1962 Gastprof. Univ. Istanbul, 1972 Gastvorträge in Japan - BV: Messung d. Waldbestände. 1951; Forstl. Biometrie, 1961; Holzmeßlehre, 1965 - 1968 Ehrendoktor Univ. Göttingen; 1969 Ehrenmitgl. Forstwiss. Ges. Finnlands; 1974 Korr. Mitgl. Ital. Academie f. Forstwiss. Florenz; 1967 Gold. Med. LH Brno/Brünn (CSR); 1981 Ehrenpreis d. Stift. f. Forstl. Biometrie, Univ. Göttingen; 1983 BVK I. Kl. - Spr.: Rumän., Engl., Franz., Ital., Russ.

PRÖBSTING, Karl
Dr. jur., Präsident d. Landesarbeitsamtes Nordrhein-Westfalen, Düsseldorf - Rheinblickstr. 38, 5342 Rheinbreitbach (T. 02224 - 7 18 60) - Geb. 9. Sept. 1941 Warburg/Westf., kath., verh. s. 1969 m. Elke, geb. Frentz, 2 Kd. (Michael, Philipp) - Beide jurist. Staatsex.; Promot. 1969 Univ. Münster.

PRÖPSTING, Wolf-H.
Dipl.-Ing., Dr.-Ing., Geschäftsführer Produktion u. Technik Henkell u. Söhnlein Sektkellereien KG - Biebricher Allee 142, 6200 Wiesbaden 1 - Geb. 18. Sept. 1941, ev., verh. s. 1974 m. Swinda, geb. Rau, 2 Kd. (Stephan, Yara) - Dipl.-Ing., Dr.-Ing. TU Berlin 1966-68 - 1972-84 Betriebsltr. Hannen Brauerei; 1984-88 Direktoriums-Mitgl. Bavaria Brauerei Gruppe Hamburg; 1985-88 u.a. Geschäftsf. Steinike + Weinlig (AFG), Hamburg-Harburg; Mitgl. techn. Aussch. Verb. Dt. Sektkellereien; Sprecher d. Gruppe Umwelt u. Oekologie; Präs. MG Car Club Deutschland e.V. - Spr.: Engl., Franz., Lat.

PRÖPSTL, Georg Hermann
Dr. phil. nat., Hon.-Prof. RWTH Aachen, Vertrauensdozent d. Friedrich-Naumann-Stiftg. (s. 1987), Gründungspräs. d. Belg.-Europ. Gesellschaft Asbl (s. 1986), Bundes-Fachaussch.Bildg., Wissensch., Kultur (s. 1970) - Av. Reine Marie Henriette 110, B-1190 Brüssel (Belg.) - Geb. 23. Mai 1919 Beratzhausen (Vater: Hans P., Hauptlehrer; Mutter: Annie, geb. Hartmann), kath., verh. s. 1944 m. Dr. Ellen, geb. Schmid, T. Angelika - Univ. Halle (1943), München (1944), Phil.-Theol. Hochsch. Regensburg (1945), TH München (1946-50; Dipl.-Phys.) u. Stuttgart (1952/53). Promot. 1960 Frankfurt/M. - Dt. Wehrmacht u. Kriegsdienst Komp. Chef (1938-45). 1950-61 Industrieforsch. (Laborleit., Abteilungsltr. f. Sonderforsch./ Metallurgie); 1961-84 Kommiss. d. Europ. Gemeinsch. Dir. Eurisotop (1961-73), Berater f. Technologie- u. Forschg.-politik (1973-85); s. 1986 Vorst.-Mitgl. Lib. Auslandsstim. Europa. S. 1987 Hon.-Prof. TH Aachen (Strahlungs- u. Isotopenanwendung in Ind. u. Technik); s. 1985 ao. Mitgl. u. Prof. d. intern. Akad. d. Wiss. San Marino. Erf.: Erzeug. latenter Bilder auf dünnen Metallschichten u.a. Üb. 100 Facharb. Herausg. 110 techn. Fachb., teilw. in 4 Sprachen - Liebh.: Gesch. (auch d. Technol.), Geneal.; Eur. Kulturpolitik - Spr.: Franz., Engl., Ital.

PRÖSSDORF (ß), Klaus
Dr. jur., Hauptgeschäftsführer Dt. Krankenhausges., Düsseldorf (s. 1984) - Theodor-Schwann-Str. 10, 5000 Köln 60 (T. 0221 - 76 74 06) - Geb. 8. Dez. 1931

Berlin - Human. Gymn.; Jura-Stud. (Promot. 1960, 2. jurist. Staatsex. 1961) - 1963-69 Landesbeamter Schlesw.-Holst. u. Nordrh.-Westf.; 1969-75 Landrat Kr. Herzogtum Lauenburg; 1975-84 Erster Beigeordn. Dt. Landkreistag. 1991-93 Pres. Elect d. Intern. Hospital Federation - Liebh.: Gesch., Sprachen, Musik - Spr.: Engl., Franz., Span.

PRÖTTEL, Dieter

Dr. rer. pol., Regisseur - Wittelsbacherstr. 7, 8137 Berg - Geb. 31. Okt. 1933 Offenburg (Vater: Karl P.; Mutter: Olga, geb. Jansen), verh. s. 1961 m. Birte, geb. Ruchholtz, 3 Söhne (Michael, Florian, Philipp) - Gymn. (Abit. 1953); Dipl.-Volksw. 1958, Promot. 1963.

PROFANT, Miroslav
Dr. rer. nat., Prof. f. Mathematik Univ. GH Duisburg - An Hausbey 10, 4054 Nettetal 1 - Geb. 13. Jan. 1935 Sevlus (Vater: Stanislav P.; Mutter: Vilma, geb. Sidor), verh. s. 1969 - Univ. Prag; Promot. u. C.Sc. 1969), Habil. 1983 Hamburg - B. 1979 KFA Jülich; 1979-82 JET (Joint European Torus) Projekt Culham; s. 1982 Prof. Duisburg. Üb. 30 Fachveröff.

PROKOP, Ernst
Dr. phil., Lic. phil., Dipl.-Psych., Prof. f. Pädagogik Univ. Regensburg - Memeler Str. 79, 8000 München 81 (T. 089 - 930 43 36) - Geb. 28. Aug. 1935 Bad Salzbrunn, kath., verh. s. 1963 m. Gerlinde, geb. Hanika, 2 Kd. (Stefani, Eva-Maria) - Lic. phil. 1960, Dipl.-Psych. 1962, Promot. 1963 - 1962 Forschungsassist.; s. 1965 Lehrtätig. (Doz., ao. Prof. u. s. 1974 o. Prof.) - BV: Beeinflußbark. in Erz. u. Unterr., 1966; Erziehungswiss. u. Erwachsenenbild., 1973; Univ. u. Erwachsenenbildung, 1981; Lernen unter Erwachsenen, 1983; Orientierungsdaten f. d. Erwachsenenbild., 1985. Herausg.: Regensburger Studien z. außerschul. Bildung (s. 1984).

PROKOSCH, Franz
Geschäftsführer IHK Lindau/Bodensee (s. 1946) - Bühlweg 10c, 8990 Lindau-Aeschach (T. 66 52) - Geb. 8. April 1919 Pilsen, kath., verw. - Stud. Wirtschafts- u. Staatswiss. Prag.

PROKSCH, Ruth
Dr. rer. nat., Prof. Univ. Hannover - Böhmerstr. 31, 3000 Hannover 1 (T. 88 32 40) - Geb. 11. März 1914 Rosdzin/OS. (Vater: Bruno P., Bergwerksinsp.; Mutter: geb. Soballa, Lehrerin), kath., led. - Gymn. u. Univ. Breslau (Math., Phys., Chem.). Promot. 1943 Breslau (TH) - 1947-65 höh. Schuldst. Göttingen, Bückeburg, Hannover (1959 Oberstudiendir.); s. 1965 o. Prof. Päd. Hochsch. Nieders./Abt. Hannover (Didaktik d. Math.); s. 1979 eimerit. - BV: Geometr. Propädeutik, 1956. Mitverf.: Geometrie, 2 Bde. 1969/70. Fachaufs. - Spr.: Engl., Franz.

PROPFE, Heinrich
Dr. phil., Fabrikant - Schwarzwaldstr. 46, 6800 Mannheim 1 (T. 0621 - 81 15 86) - Geb. 2. Nov. 1906 Mannheim (Vater: Alex P., Chemiker; Mutter: geb. v. Kirchenheim), verh. s. 1938 m. Irmgard, geb. Mauritz - Univ. Heidelberg u. Bonn (Chemie) - S. 1934 Chem. Fabrik Heinr. Propfe, Mannheim. Div. Ehrenämter, darunt. Vors. Industrieverb. Pflanzenschutz- u. Schädlingsbekämpfungsmittel (1961-73), Vors. GFF, (BBA) Braunschweig Kurat. Bionomica Starnberg.

PROPPING, Peter
Dr. med., Prof., Direktor Institut f. Humangenetik Univ. Bonn (s. 1984) - Erfurtstr. 48, 5300 Bonn - Geb. 21. Dez. 1942 Berlin (Vater: Dr. med. Jürgen P.; Mutter: Hildegard, geb. Meyer), verh. s. 1969 m. Dipl.-Volksw. Eva, geb. Laubreiter, 3 Kd. - Promot. 1970 FU Berlin, Habil. 1976 Heidelberg.

PROSKE, Hermann
Elektromeister, MdL Nieders. (s. 1974) - Birkenweg 10, 4470 Meppen (T. 1 38 83) - SPD.

PROSKE, Rüdiger

Publizist - Rodenbekerstr. 92, 2000 Hamburg 65 (T. 604 97 98) - Geb. 26. Dez. 1916 Berlin, ev., verh. s. 1949 m. Lieselotte, geb. Schmoller, 2 Kd. - Gymn. Breslau; Stud. Polit. Wiss. u. Nationalök. Univ. Toronto u. Saskatoon (1942-45), Math. (1943-1946) - Ab 1946 Redakt. Frankf. Hefte, 1951 Herausg. Aussprache (Monatsschr.), s. 1952 NWDR bzw. NDR (1953 Abt.-Leit. Zeitfunk u. Feature, 1957 Regionalfernsehen u. Zeitgeschehen, 1960 Hauptabt.-Leit., 1961-63 Herausg. Fernsehmagazin Panorama, 1964 Filmprod.). Fernsehdokumentationsreihen: Auf d. Suche n. Frieden u. Sicherheit (1957), Auf d. Suche n. d. Welt v. morgen (1961ff.; 1968 auch als Buch); Mitten in Europa. Dt. Gesch. (1988ff.). Herausg.: Aktuelles Wissen (Reihe, 1971ff.) - EK II u. I; 1957 Dt. Fernsehpreis; 1965 Gold. Med.

Intern. Filmfestival; 1966 Bundesfilmprämie; 1966, 1968, 1972 Adolf-Grimme-Preis; 1975 Prix Futura; 1978 Dt. Ind. Filmpreis; 1978, 1980, 1982, 1984, 1986 Dt. Wirtschaftsfilmpreise; 1989 Bayer. Fernsehpreis u. a. - Spr.: Engl., Span.

PROTZNER, Wolfgang

Dr. phil., Prof. f. Didaktik d. Geschichte Univ. Bamberg, Bürgermeister Gr. Kreisstadt Kulmbach (s. 1978), Studienleiter Akad. f. Neue Medien (Bildungswerk) - Gabelsbergerstr. 16, 8650 Kulmbach - Geb. 31. Juli 1942 Zülz/Oberschles. (Vater: Erich P., Handwerksm.; Mutter: Erika, geb. Hilscher), kath., verh. s. 1981 m. Dr. med. Maria Seifert - Zahlr. Veröff. z. gesch.didakt. u. medienpäd. Fragen; bek. Schulbuchautor.

PRÜFER, Manfred

Geschäftsführender Gesellschafter ICH-Investor-Consult- u. Handelsges. mbH, Norderstedt (s. 1989) - Mümmelmannweg 10, 2000 Norderstedt 1 - Geb. 15. Juli 1931, verh. s. 1957 m. Christel, geb. Düppe, 3 Kd. - Kaufm. Lehre im Lebensmittel-Einzelhdl. - Zul. Geschäftsf. A + B Ausstattungs- u. Baudienst GmbH - BV: D. gr. Lexikon f. Hdl. u. Absatz, 1979 u. 1982 - Liebh.: Klass. Musik, Numismatik, Gartenbau - Spr.: Engl.

PRÜM, Jost

Dr., Vorstandsmitglied Deutsche Bank Saar AG., Saarbrücken, Vors. d. Bankenverb. Saarl. e. V., Saarbrücken - Habichtsweg 33, 6600 Saarbrücken 3.

PRÜMER, Franz

Geschäftsführer a.D. Schulte & Dieckhoff GmbH., Horstmar (1963-83, 1973-83 Vors. d. Gfg.) - Kleine Stadtstiege 4, 4435 Horstmar (T. 3 93) - Geb. 8. Okt. 1924 Darfeld, kath., verh. s. 1953 m. Annemarie, geb. Fislake, 2 Söhne (Michael, Ulrich) - 1982 Gr. BVK - Rotarier.

PRÜMM, Karl

Dr., Prof. f. Theaterwiss. (Bereich Film u. Fernsehen) FU Berlin - Geraer Str. 18A, 1000 Berlin 45 - Geb. 30. April 1945 Illingen/Saar, verh. s. 1970 m. Monique, geb. Fayolle, 3 Kd. (Dominique, Christophe, Florence) - 1964-70 Stud. d. German., Gesch. Saarbrücken u. Marburg; Promot. 1973 Saarbrücken; Habil. 1981 Siegen - BV: D. Literatur d. Soldatischen Nationalismus d. 20er Jahre, 1974; Walter Dirks u. Eugen Kogon als kath. Publizisten d. Weimarer Republik, 1984. Herausg.: Fernsehsendungen u. ihre Formen (1979, m. H. Kreuzer); D. Macht d. Filmkritik (1990, m. N. Grob); Walter Dirks. Gesammelte Schriften, 8 Bde. (1991, m. F. Boll u. U. Bröckling); Willy Haas: D. Kritiker als Mitprod. Texte z. Film 1920-1933 (1991, m. W. Jacobsen u. B. Wenz).

PRÜTTING, Hanns

Dr. jur., o. Prof. f. Zivilrecht, Zivilprozeßrecht m. Freiwilliger Gerichtsbarkeit, Arbeitsrecht Univ. Köln (s. 1986) - Zu erreichen üb. Inst. f. Verfahrenrecht, Albertus-Magnus-Platz, 5000 Köln 41 (T. 0221 - 470 28 08) - Geb. 22. Jan. 1948 Erlangen, ev., verh. s. 1975 m. Dr. Dorothea, geb. Schmitz, 2 Kd. (Christine, Jens) - Gymn. Erlangen; Stud. Univ. Erlangen-Nürnberg u. Tübingen; 1. Staatsex. 1971 Erlangen; 2. Staatsex. 1974 München; Promot. 1976 Erlangen; Priv.-Doz. 1981 Erlangen - 1982 o. Prof. Univ. d. Saarlandes, Saarbrücken (1984/85 Pro-Dekan); Dir. d. Inst. f. Verfahrensrecht (s. 1986) u. d. Inst. f. Anwaltsrecht (s. 1989) - BV: D. Zulassung d. Revision, 1977; Gegenwartsprobleme d. Beweislast, 1983; Rechtskraftdurchbrechung b. unrichtigen Titeln (m. Weth), 1988; Kommentar zum Arbeitsgerichtsgesetz (m. Germelmann u. Matthes), 1990; Lehrbuch d. Sachenrechts, 1991; Münch. Kommentar z. ZPO, 1992. Herausg. d. Reihe Prozeßrechtl. Abhandlungen (s. 1988). Mithrsg. d. Reihe Jap. Recht; d. Schriften f. d. Prozeßpraxis; d. Lex. d. Rechts - S. 1991 Mitgl. d. Akad. d. Wiss. in Erfurt.

PRUGGER, Karl

Dr. jur., Bundesrichter Bundesfinanzhof, München (s. 1967) - Musenbergstr. 28, 8000 München 81 (T. 923 12 60) - Geb. 24. Jan. 1926 Berlin (Vater: Alexander P., zul. 1944-55 Oberfinanzpräs. München (s. XIII. Ausg.); Mutter: Paula, geb. Pfeiffer), kath., verh. s. 1958 m. Mechthild, geb. Inhoffen, 2 Kd. (Wolfgang, Alexandra) - Stud. Rechtswiss. Jurist. Staatsprüf. 1949 u. 52 - 1952-54 Industrie; 1954-57 Bundesfinanzmin.; 1957-59 Finanzverw.; 1959-62 Bundesfinanzhof (Hilfsrichter); 1963-68 Bundesrechnungshof (Ref.). Spez. Arbeitsgeb.: Steuerrecht - Spr.: Franz.

PRUYS, Karl Hugo

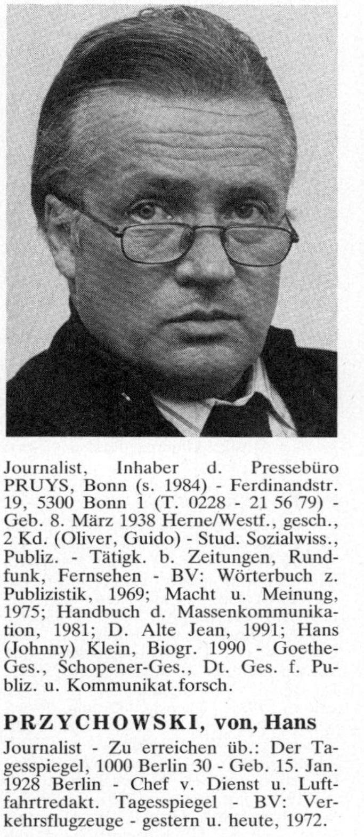

Journalist, Inhaber d. Pressebüro PRUYS, Bonn (s. 1984) - Ferdinandstr. 19, 5300 Bonn 1 (T. 0228 - 21 56 79) - Geb. 8. März 1938 Herne/Westf., gesch., 2 Kd. (Oliver, Guido) - Stud. Sozialwiss., Publiz. - Tätigk. b. Zeitungen, Rundfunk, Fernsehen - BV: Wörterbuch z. Publizistik, 1969; Macht u. Meinung, 1975; Handbuch d. Massenkommunikation, 1981; D. Alte Jean, 1991; Hans (Johnny) Klein, Biogr. 1990 - Goethe-Ges., Schopener-Ges., Dt. Ges. f. Publiz. u. Kommunikat.forsch.

PRZYCHOWSKI, von, Hans

Journalist - Zu erreichen üb.: Der Tagesspiegel, 1000 Berlin 30 - Geb. 15. Jan. 1928 Berlin - Chef v. Dienst u. Luftfahrtredakt. Tagesspiegel - BV: Verkehrsflugzeuge - gestern u. heute, 1972.

PSCHERER, Kurt

Staatsintendant a. D. - Frühlingstr. 76, 8021 Baldham/Obb. (T. Intendanz: München 26 30 41) - Geb. 3. Juni 1915 Bensen, verh. m. Ursula, geb. Heimerer - 1964-83 Int. Staatstheater am Gärtnerplatz - 1970 Bayer. VO; 1981 ital. Orden Cavaliere Ufficale al Merito; 1983 Ehrenmitgl. Gärtnerpl.-Theater.

PTAK, Heinz Peter

Dipl.-Volksw., Brig. General a.D., Ehrenpräsident Deutsch-Portug. Ges., Gründ. u. Vors. Dt. Freundeskreis Angola - Hermann-Löns-Weg 16, 6919 Bammental (T. 06223 - 4 07 76) - Geb. 24. Mai 1918 Wollstein (Vater: Karl P., Dir.; Mutter: Auguste, geb. Schwarzer), kath., verh. s. 1944 m. Gabriele Annette, geb. Freiin Droste zu Vischering Padtberg, Sohn Roderich - 1936-45 Berufsoffz.; 1938/39 Kriegsschulausb. Berlin-Gatow; 1946-49 TH Stuttgart (Dipl.-Volksw. 1949); Führungsakad. d. Bundeswehr 1957 u. versch. Bundeswehr- u. NATO-Schulen - 1949-55 dt. Deleg. f. Landesentw., Venezuela; 1955-78 Bundeswehr: Aufbau, Generalstabsoffz. d. Heeres u. d. Luftwaffe; 1961-64 Bundeswehrverteidig. Attaché, Portugal; 1964-66 Rak-Kommandeur; 1966-70 NATO, 1970-71 stv. Befehlshaber u. Chef d. Stabes Mainz u. 1971-75 d. Stabes TKS Heidelberg; ab 1975 Aufbau dt.-chin.-portug. Verbindungen üb. Macau in d. VR China; 1976/77 Aufbau neuer dt.-portug. Verbindungen, Gründ. 1. Landesverb. d. Dt.-Portug. Ges.; 1981 Bundesvors. u. 1986 Ehrenpräs. Dt.-Portug. Ges. - BV: 3 Bücher üb. Venezuela (teilw. mehrspr.), 1952-56; Venezuela, Träume wurden Wirklichkeit, 1982; ab 1976 publ. Tätigk. üb Portugal: Gründer u. Herausg.: Portugal-Schriftenreihe, bish. 24 Publ. (teilw. mehrspr.), 1978-86; Portugal-Nachr. (teilw. mehrspr.), 1979. Autor u. Mitautor: Wohin steuert Portugal?, 1978; Portugals Verfassung u. d. Privatinitiative, 1981-82; D. Dt.-Portug. Ges. - Entstehung-Ziele-Tätigkeiten, 1982; Portugal-Nachr.-Sammelbd., 1979-82; Dt.-Portug. Kontakte in üb. 800 J. u. ihre Motivation, 1984; Portugals Wirken in Übersee: Atlantik, Afrika, Asien, 1985; Portugal u. Europa - d. atlant. u. globale Wirken d. Portugiesen i. s. Bedeutung f. d. EG, 1986; Europa-Solidarität: Bdn.-Württbg. u. Portugal, 1990. S. 1985 Herausg. u. Autor d. Angola-Reihe, bish. 9 Publ., Angola-V. Bürgerkrieg z. neuen Ordnung, 1991 - Dt. Kreuz in Gold, EK I. u. II., Verw.Abz. in Schwarz, 1961 Portug. Orden Mèrito Militar, 1964 US-Missile-Offz. Abz., 1973 BVK I. Kl., 1976 US-Legion of Merit, Bicentennial-Commemorativ-Medal in Gold, 1978 Luxemburg-AWMM-Preis f. Politik u. Zeitgesch., 1990 Mérite Européen in Silb., 1990 Portug. Fw. VO. in Gold, 1990 Partnerschaftsmed. in Gold Europastadt Leimen, 1988-90 Ehrenplaketten d. portug. Städte Mafra, Quarteira, Castanheira de Pera, u.a. - Spr.: Engl., Portug., Span.

PTAK, Horst-Günter

Dr. oec., Univ.-Prof. f. Betriebswirtschaft Univ. Kassel - Eichholzweg 21, 3500 Kassel-Wilhelmshöhe (T. 0561 - 40 39 35) - Geb. 8. Mai 1926 Neisse (Vater: Karl P., Dir.; Mutter: Auguste P.-Schwarzer), ev., verh. s. 1955 m. Rose-Marie, geb. Prüfer, 2 Kd. (Alexandra, Hildebrand) - 1943-45 Offz.-Laufb.; 1947-52 Univ. Stuttgart u. Nürnberg (Dipl.-Kfm. 1950, Promot. 1952); Ass. 1953 Stuttgart - 1945-52 Verw.-Dst.; 1952 Assist. Univ. Nürnberg; 1953-63 Höh. Staatsdst. Stuttgart; 1957-63 Betriebsw. Lehrauftr. Univ. Stuttgart; 1964 Gründ. u. Dir. HWF Kassel; 1973 Prof. f. Betriebsw. (Verbraucherwirtsch.); Berat. u. Lehrtätigk. in VR China (Chengdu u. Peking) u. in Sachsen u. Brandenburg nach Beitritt zur BRD - BV: D. nordwürtt. Ind. - Ursachen f. ihre Entsteh. u. räuml. Verteil., 1957; Möglichk. u. Grenzen d. gesetzl. Erfolgsbeteil. v. Arbeitnehm., 1975; Ökonom. Probl. d. Erfolgsbeteil. v. Arbeitnehm., 1978; Verbraucherwirtsch. Fragen aus Anbieter- u. Konsumentensicht, 1979; Beschreib. v. Verbrauchermein. u. -verhaltensweisen vor u. nach d. Kaufentscheid., 1982; D. Informationsint. d. Verbraucher, 1983; Verbraucherpolitik. 1984; zahlr. Fachaufs. Herausg.: Kasseler verbraucherwirtsch. Schriften, Bd. 1-3 - 1973 gold. Sportabz.; versch. Kriegsausz. - Liebh.: Hochseesegeln - Spr.: Engl., Span.

PUCHELT, Harald R.

Dr. rer. nat., Dipl.-Chemiker, o. Prof. u. Leit. Inst. f. Petrographie u. Geochemie Univ. Karlsruhe (s. 1973) - Sebastian-Kneipp-Str. 21, 7517 Waldbronn (T. 07243 - 6 18 91) - Geb. 15. Mai 1929 Gera, ev., verh. s. 1959 m. Barbara, geb. Heise, 4 Kd. - Promot. 1961; Habil. 1967 - In- u. ausl. Fachmitgl.sch., dar. Vors. (1973-75) Sektion Geochemie Dt. Mineral. Ges. - BV: Z. Geochemie d. Bariums im exogenen Zyklus. Herausg.: Zentralbl. Mineral. - Geochemie.

PUCHER, Helmut

Dr.-Ing., Prof. f. Verbrennungskraftmaschinen TU Berlin - Moltkestr. 6, 1000 Berlin 45 - Geb. 15. März 1943 Haag (Österr.), verh. - Gymn.; TH Wien (Dipl.-Ing. 1967); Promot. 1974 TU Braunschweig - 1968-80 Versuchsing. Motorenforsch. M.A.N.-Werk Augsburg (zul. als Obering. u. Leit. Abt. Grundl. u. Berechn.); 1980 Prof. TU Berlin - BV: Aufladung v. Verbrennungsmotoren, 1985; Gasmotorentechnik, 1986.

PUCHER, Paul

Dr. phil., Journalist - Kalkofen 1a, 8183 Rottach-Egern/Obb. - Geb. 2. Febr. 1933 Brünn/CSSR (Vater: Dr. jur. Wilhelm P., Syndikus; Mutter: Johanna, geb. Petritsch), kath., verh. s. 1963 m. Dorothea, geb. Kaesler, T. Alice - Gymn.; Stud. Volksw., Neuere Gesch., Angl., Roman. Tübingen, Freiburg, Paris. Promot. 1961 Freiburg - 1959-69 polit. Redakt. Stuttgarter Ztg.; 1971-83 (Rücktr.) stv. u. Chefredakt. Münchner Merkur; 1984ff. Redaktionsmitgl. Bunte - BV: Im Interesse d. Freiheit - Reden u. Aufs. d. Frhr. zu Guttenberg, 1970 (Herausg.); Guttenberg-Porträt, 1971; ... des Deutschen Vaterland - Wendigkeit statt Wende, 1984 - Spr.: Engl., Franz.

PUCHNER, Wunibald

Em. o. Prof., Innenarchitekt - Beim Grönacker 18, 8500 Nürnberg (T. 40 53 41) - Geb. 1. Juni 1915 Deggendorf/Donau, kath., verw. s. 1982, S. Nicol, Mathias - Akad. f. angew. Kunst München (1937 Geheimrat Prof. Richard Berndl) - U. a Entwurf u. Planung Innenausbau Meistersingerhalle Nürnberg (1959-63); Ausbau: Bergbau- u. Industrie Museum - Schloß Theuern b. Amberg u. Kurzentrum Bad Abbach. S. 1946 Mitgl. Dt. Werkbd. - 1966 VdK-Kunstpreis; 1968 Rud.-Diesel-Med. v. Dt. Erfinderverb.; 1973 Bayer. VO; 1981 Ehrenmitgl. Akad. d. bild. Künste Nürnberg.

PUCHTA, Dieter

Dr., Dipl.-Volksw., Lehrbeauftragter, MdL Baden-Württ. (s. 1988), Finanzpolit. Sprecher - Herrenacker 4, 7893 Jestetten 2 - Geb. 1. Aug. 1950, ev., verh. s. 1973 m. Ursula, geb. Hiss, 2 Töcht. (Annabelle, Aline) - Stud. Volks- u. Betriebswirtsch., Verw.wiss. u. Psych. Konstanz u. Freiburg i. Br.; Dipl.-Volksw. 1974; Promot. 1981 Konstanz - 1975 Doz. f. VWL u. BWL; 1979 Päd. Leit. e. Verlages in Zürich/Schweiz - BV: D. Dt. Bundesbank, 1982 - Liebh.: Schach - Spr.: Engl., Franz.

PUDEL, Volker

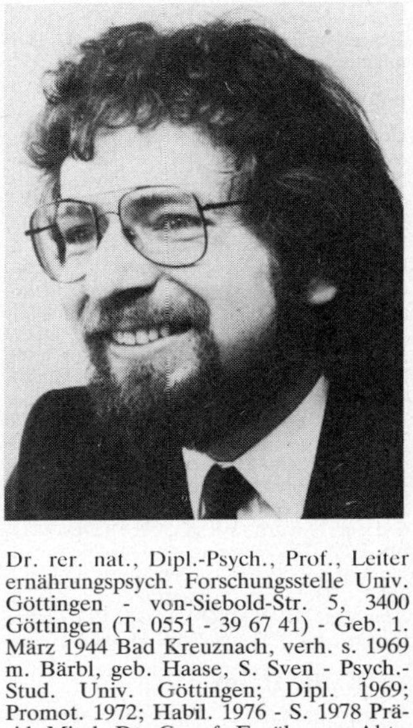

Dr. rer. nat., Dipl.-Psych., Prof., Leiter ernährungspsych. Forschungsstelle Univ. Göttingen - von-Siebold-Str. 5, 3400 Göttingen (T. 0551 - 39 67 41) - Geb. 1. März 1944 Bad Kreuznach, verh. s. 1969 m. Bärbl, geb. Haase, S. Sven - Psych.-Stud. Univ. Göttingen; Dipl. 1969; Promot. 1972; Habil. 1976 - S. 1978 Präsid.-Mitgl. Dt. Ges. f. Ernährung; Abt.-Leit. Ernährungsverhalten; 1986 Mitgl. Verbraucheraussch. Bundesmin. f. Landwirtsch. - BV: Z. Psychogenese u. Therapie d. Adipositas, 1982; Praxis d. Ernährungsberat., 1985 - Liebh.: Segeln, Computer - Spr.: Engl., Franz.

PÜCKLER, Graf von, Carl-Heinrich

Dipl.-Kfm., Vorstandsmitglied Kali-

Chemie AG, Geschäftsf. Dt. Solvay-Werke GmbH - Nussbaumstr. 72, 5650 Solingen-Aufderhöhe - Geb. 13. Juli 1943 Kreuzburg/OS. (Vater: Adrian, Gr. v. P., Offizier; Mutter: Christine, geb. v. Studnitz), ev.-luth., verh. - Dipl. BWL Univ. München - Liebh.: Tennis, Kunst - Spr.: Engl., Franz. - Bek. Vorf.: Fürst Pückler (Urgroßonkel).

PÜCKLER v. SCHWICHOW, Graf von, Wendt-Wilhelm

Bankkaufmann - Höhenstr. 41, 6242 Kronberg 3 - Geb. 21. März 1932 Breslau (Vater: Friedrich-Wilhelm v. P.; Mutter: Elisabeth, geb. v. Kretschmann), ev., verh. s. 1954 m. Florence, geb. Bahls, 3 Kd. (Hortense, Désirée, Constantin) - Engl. Inst. Heidelberg (Abit. 1951); Stud. d. Staats- u. Ges.wiss. Univ. Heidelberg - Zun. wiss. Assist. ebd.; 1968-70 Dir. Berliner Handelsges.; 1970-76 pers. haft. Gesellsch. Bankhaus Hill Samuel & Co. oHG.; s. 1975 stv. AR-Vors. Bonninvest - Liebh.: Geschichtsphil., Reitsport - Spr.: Engl., Franz. - Bek. Vorf.: Friedrich-Wilhelm Graf v. Brandenburg, preuß. Min.präs. 1848-50 (Ururgroßv.).

PÜHLER, Alfred

Dr. rer. nat., Prof. f. Genetik Univ. Bielefeld (s. 1980) -Fakultät f. Biologie, Universitätsstr., 4800 Bielefeld 1 - Geb. 28. Sept. 1940 Nürnberg, verh. m. Rosemarie, geb. Bergmann, 2 S. (Florian, Simon) - Stud. Univ. Erlangen, Diplomarb. 1967 (Kernphysik), Promot. 1971 (Mikrobiol.), Habil. 1976 (Genetik) - 1978 wiss. Rat. u. Prof. Inst. f. Mikrobiol. u. Biochemie Univ. Erlangen - BV/ Herausg. Plasmids of Medical, Environmental and Commercial Importance; Molecular Genetics of the Bacteria-Plant Interaction; Advanced Molecular Genetics; Nitrogen Fixation Volume 4: Molecular Biology.

PÜHLHOFER, Falk

Dr. rer. nat., Prof. f. Experimentalphysik Univ. Marburg - Hohe Leuchte 41, 3550 Marburg/L.

PÜHSE, Wilhelm

Direktor - 4803 Amshausen/W. - Geb. 5. Juni 1908 Bochum (Vater: Heinrich P.), verh. m. Anni, geb. Schneider - S. 40 J. Florex Niemann & Harde KG. (Frottierweberei), Steinhagen (1973 ff. Beiratsmitgl.).

PÜNDER, Tilman

Dr. jur., Landesdirektor d. Landeswohlfahrtsverb. Hessen a. D., Regierungspräs. v. Gießen a.D., Oberstadtdirektor v. Münster - Geb. 27. Dez. 1932 Münster/W. (Vater: Dr. jur. Dr. h. c. Hermann P., Staatssekr. u. Oberdir. a. D. (s. XVII. Ausg.); Mutter: Magda, geb. Statz), kath., verh. m. Dr. Ulrike, geb. Bonse, 4 Kd. (Hermann, Isabel, Stephanie, Kathinka) - Schule Köln (Abit.); Univ. Lausanne u. Köln (Rechtswiss.; Promot.). Gr. jurist. Staatsprüf. - 1963-71 Ref. Dt. Städtetag; 1971-80 Bürgerm. Stadt Fulda; 1980-86 Landesdir. LWV Hessen; 1987-89 Regierungspräsident Gießen. CDU - BV: D. Durchsetzung d. gemeindl. Verwalt.-akte n. d. Verwalt.vollstreckungsgesetz f. d. Land Nordrh.-Westf., 1961 (Diss.); D. bizonale Interregnum - Geschichte d. Vereinigten Wirtschaftsgebietes 1946-49, 1966. Herausg.: Kommentar zu d. Schulges. NRW (1968); 450 J. Psychiatrie in Hessen (1983, m. Prof. Heinemeyer).

PÜRER, Heinz

Dr., o. Univ.-Prof. f. Kommunikationswiss. Univ. München (s. 1986) - Schellingstr. 33, 8000 München 40 - Geb. 13. Aug. 1947 Krumbach/Österr., kath., verh. s. 1975 m. Maria Weiser - Stud. Publiz.- u. Politikwiss.; Promot. 1973; Habil. 1984 Univ. Salzburg - 1973-78 Univ.-Ass. Univ. Salzburg; 1979-86 Mitbegr. u. 1. Leit. d. österr. Kurat. f. Journalistenausb. (Salzburg/Wien) - BV: Einführung in d. Publizistikwiss., 1978, 81, 86 u. 90; Praktischer Journalismus in Zeitung, Radio u. Fernsehen, 1984, 85 u. 90 - 1987 Silb. Ehrenz. f. Verdienste um d. Rep. Österreich - Liebh.: Musik - Spr.: Engl.

PÜRKNER, Erich Walther

Altbürgermeister, Rechtsanwalt - 8039 Puchheim/Obb. - Geb. 28. Jan. 1940 Stuttgart - Vorm. Regierungsrat.

PÜRSCHEL, Heiner

Dr. phil., Prof. f. Angew. Linguistik u. Anglistik Univ.-GH Duisburg - Geheimrat-Schmitz-Str. 4, 4134 Rheinberg (T. 02843 - 6 04 43) - Geb. 18. Okt. 1940 Berlin, ev., verh. s. 1969 m. Ute, geb. Rischer, 6 Kd. (Kerstin, Svenja, Meike, Sören, Björte, Arne) - Stud. Angl., Gesch. u. Päd. Berlin, Bochum, Marburg; 1. Staatsex. 1968 Bochum, Promot. 1974 Marburg - 1969-76 Leit. Sprachlabor Univ. Marburg; s. 1976 Prof. Duisburg. 1976 Vorstandsmitgl. GAL, 1982 AKS - BV: Pause u. Kadenz, Monogr. 1975.

PÜTTMANN, Josef

Dr. phil., o. Prof. f. Allg. Pädagogik (entpfl.) - Albermannstr. 14, 4300 Essen-Werden (T. 49 22 37) - Zul. Päd. Hochsch. Ruhr/Abt. Essen.

PÜTTNER, Günter

Dr. jur., o. Prof. f. Öfftl. Recht - Mörikestr. 21, 7400 Tübingen - Geb. 25. März 1936 Berlin - Promot. 1962 Berlin; Habil. 1969 Köln - S. 1970 Ord. Univ. Frankfurt, Hochsch. f. Verw.wiss. Speyer (1973), Univ. Tübingen (1981).

PÜTZ, Manfred Ernst

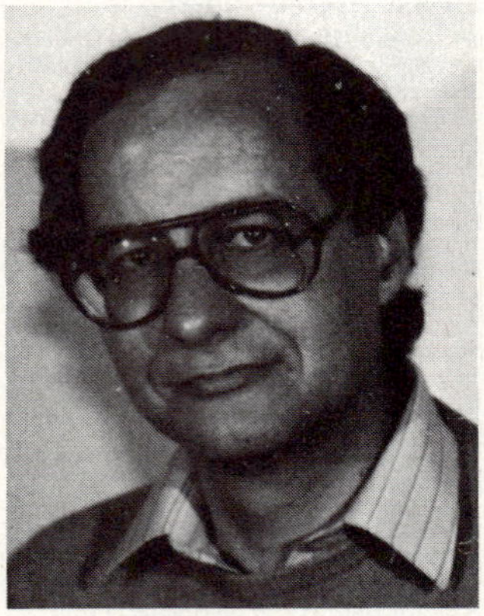

Dr., Prof. f. Engl. u. Amerik. Literaturwissenschaft - Alemannenhof 28, 7815 Kirchzarten - Geb. 16. Juni 1938 Köln - Stud. Angl. u. Phil. Univ. Köln, Cambridge (Engl.), Vancouver (Kanada) u. Berkeley (USA); Staatsex. (Angl. u. Phil.) 1968, Promot. (Angl.) 1970, Habil. (Anglo-Amerikan. Philol.) 1976 - 1976 Priv.doz., 1979 apl. Prof., 1980 Prof. Univ. Bamberg, 1984 Prof. Univ. Augsburg, 1990 Prof. Univ. Freiburg. Gastprof.: 1983 Brown Univ., USA, 1987 Univ. Shantung, China, 1988 Univ. Pittsburgh, USA, 1989 Univ. de Costa Rica, 1989/90 Univ. Sichuan, China - BV: Motivation im Engl. u. Amerikan. Roman, 1970; The Story of Identity: American Fiction of the Sixties, 1979, 2. A. 1987; R. W. Emerson: D. Natur u. Ausgewählte Essays, 1982, 2. A. 1990; Benjamin Franklin: Lebenserinn. (hg.) 1983; 2. A. 1986; Edgar Allan Poe, (hg.) 1983; Postmodernism in American Lit. (hg. m. P. Freese), 1984; R. W. Emerson: A Bibliogr. of Twentieth-Century Criticism, 1986; A Concordance to Thomas Paine's Common Sense and The Americn Crisis, 1989; Edgar Allan Poe: Erz. (hg.) 1989. Übers. ins Deutsche: Werke v. Ralph Waldo Emerson, Edgar Allan Poe, Walter Pater u. a.; ca. 50 Aufs. in intern. Fachztschr. - Spr.: Engl., Franz., Span.

PÜTZ, Peter

Dr. phil., Prof. Univ. Bonn (s. 1973) - Am Südhang 13, 5207 Ruppichteroth-Winterscheid (T. 02247 - 25 11) - Geb. 10. Mai 1935 Menden/Rhld. (Vater: Heinrich P., kaufm. Angest.; Mutter: Anna, geb. Frey), kath., verh. s. 1962 m. Erika, geb. Pant, 2 Kd. (Susanne, Andreas) - Stud. d. German., Phil., Gesch. Univ. Freiburg/Br. u. Bonn; Promot. 1962 u. Habil. 1969 Bonn - 1964/65 Visit. Assist. Prof. Univ. of Chicago/USA; 1970-73 o. Prof. Gießen; 1980/81 Gastprof. Stanford (California); 1985 Gastprof. Univ. of California, Irvine; 1987/88 Gastprof. Oxford, 1990/91 Fellow d. Wiss.kollegs zu Berlin - BV: Kunst u. Künstlerexistenz bei Nietzsche u. Thomas Mann, 3. A. 1987; Friedrich Nietzsche, 2. A. 1975; D. Zeit im Drama, 2. A. 1977; D. deutsche Aufklärung, 4. A. 1991; Peter Handke, 1982; D. Leistung d. Form. Lessings Dramen, 1986. Herausg.: Thomas Mann u. d. Tradition (1971); Erforsch. d. dt. Aufklär. (1980); Nachworte u. Anmerkungen z. 10-bändigen Nietzsche-Ausg. (1978ff.) - Spr.: Engl.

PÜTZ, Ruth-Margret

Kammersängerin - Herderstr. 5, 7250 Leonberg - Geb. 26. Febr. 1932 Krefeld, kath., verh. s. 1966, 2 Kd. (Eva-Maria, Miriam) - Gesangsstud. Köln u. Hannover (Otto Köhler) - S. 1959 Mitgl. Württ. Staatsoper, Stuttgart (Koloratur- u. lyr. Sopran); 1960-64 zugl. Wiener Staatsoper, 1963 ff. Engagement Hamburg. Staatsoper. Gastsp. In- u. ausl. (u. a. Mailand, Rom, London, Paris, Madrid, Lissabon, Moskau, Leningrad, Stockholm, Helsinki, Buenos Aires), Mehrf. Bayreuther, Salzburger u. Edinburgher Festsp. Schallpl.: Columbus, Electrola, CBS, Decca. Hörfunk; Fernsehen. Etwa 80 Opernpartien, umfangreich. Konzert- u. Liedrepertoire - 1962 Titel Kammers. (jüngste Dtschl.s); sowjet. Kulturausz. - Liebh.: Musik, Malerei, Reisen - Spr.: Ital., Engl., Franz.

PÜTZ, Theodor

Dr. d. tech. Wiss., em. o. Prof. f. Nationalökonomie - Am Modenapark 13, A-1030 Wien - Geb. 28. März 1905 Krefeld - Stud. München (TH, Univ.) u. Paris - 1934 Doz. TH München, 1938 WH Berlin, 1940 apl. Prof. das., 1943 ao., 1947 o. Prof. Univ. Innsbruck, 1953 Univ. Wien - BV: Wirtschaftslehre und Weltanschauung b. Adam Smith, 1932; D. Bild d. Unternehmers in d. Nationalök., 1935; Theorie d. allg. Wirtschaftspolitik u. -lenkung, 1948; Polit. Weisheit, 1955; Verbände u. Wirtschaftspolitik in Österreich, 1966; Grundl. d. theoret. Wirtschaftspolitik, 4. A. 1979 (jap. Ausg. 1983). Herausg.: Wirtschaftspoltik Grundl. u. Hauptgebiete - Etwa 50 Einzelarb. - Mitgl. Österr. Akad. d. Wiss.

PÜTZ, Werner

Dr. phil., Prof. f. Musikpädagogik - Neckarstr. 33, 4300 Essen 18 (T. 02054-62 65) - Geb. 15. März 1939 Aachen (Vater: Werner P., Ang. †; Mutter: Luise, geb. Overländer †), kath., verh. s. 1968 m. Therese, geb. Kaussen, 2 Kd. (Christiane, Bernhard) - Abit. 1958 Alsdorf; 1958-66 Univ. Köln (German., Phil.); 1. Phil. Staatsprüf. 1966; 1959-62 Stud. Schulmusik Musikhochsch. Köln; Promot. (Musikwiss.) 1965, Habil. (Musik u. ihre Didaktik) 1975 Univ. Essen - 1966 wiss. Assist. Univ. Essen GH, 1971 Doz., 1978 Prof. - BV: Stud. z. Streichquartettschaffen b. Hindemith, Bartok, Schönberg u. Weber, 1968 - Spr.: Engl., Franz.

PÜTZHOFEN, Dieter

Schulrat, Oberbürgermeister Stadt Krefeld (1981-89), MdB (s. 1990) - Krüsemannstr. 1, 4150 Krefeld - Geb. 14. Mai 1942 Krefeld, kath., verh. s. 1967 m. Angelika, geb. Pasch, 2 Söhne (Christian, Thomas) - 1985-86 Vors. CDU Rheinland - Spr.: Engl.

PUFENDORF, von, Lutz

Staatssekretär b. Senator f. kulturelle Angelegenh. in Berlin (1984-89) - Zu erreichen üb. Senat f. kultur. Angelegenh., Europa-Center, 1000 Berlin 30 - Geb. 8. Febr. 1942 Berlin (Vater: Ulrich v. P., Dipl.-Landw.; Mutter: Bertha, geb. Overhues), kath., verh. s. 1969 m. Wiebke, geb. Schroeter, 3 Kd. (Julia, Thomas, Maximilian) - Gymn. Menden; Univ. Berlin, Bonn, Freiburg u. Köln; 1. jur. Staatsex. 1966, 2. jur. Staatsex. 1972 Städt. Rechtsass. Krefeld; 1973 Sozial- u. Rechtsdezern. Kr. Grevenbroich/Neuss; 1979-81 Kulturref. Dt. Städtetag, Köln, 1981-84 Bürgerm. Stadt Fulda - Bek. Vorf.: Samuel v. Pufendorf (1632-94).

PUFF, Alexander

Dr. med., Prof., Anatom - Schlehenrain 19, 7800 Freiburg/Br. (T. 5 35 58) - Geb. 31. Jan. 1924 Grimma/Sa. (Vater: Dr. phil. A. P.; Mutter: Martha, geb. Süptitz), ev., verh. s. 1974 m. Ingeborg, geb. Müller, 5 Kd. (Angelika, Achim, Frauke, Katharina, Alexandra) - Fürstensch. St. Augustin, Obersch. Grimma; Univ. Leipzig u. Marburg. Promot. 1950; Habil. 1958 - s. 1958 Privatdoz. u. apl. Prof. (1963), 1978 Prof. Univ. Freiburg Anat. Inst. Mitgl. Anat. Ges. u. Dt. Ges. f. Kreislaufforsch. - BV: D. funktionelle Bau d. Herzkammer, 1960; Funktionelle Röntgenanatomie des Herzens, 1985; D. Herz-Bildatlas, 1987. Üb. 100 Einzelveröff. - Liebh.: Bildhauerei - Spr.: Engl., Russ.

PUFF, Heinrich

Dr. rer. nat., em. o. Prof. f. Anorgan. Chemie - Endenicher Allee 7, 5300 Bonn (T. 63 45 30) - Geb. 1. Nov. 1921 Mannheim (Vater: Heinrich P., Polizeihauptmann; Mutter: Margarete, geb. Beck), ev., verh. s. 1953 m. Sofie, geb. Reiß, 2 Kd. (Heinrich, Carola) - Univ. Heidelberg (Dipl.-Chem. 1952) u. Kiel (Chemie). Promot. (1956) u. Habil. (1960) Kiel - s. 1960 Lehrtätigk. Univ. Kiel (1965 apl. Prof.; 1966 Wiss. Rat u. Prof. Inst. f. Anorgan. Chemie) u. Bonn (1967 Ord.). Emerit. 1987. Fachmitgliedsch. - BV: Chem. Unterrichtsvers., 1979; Ztschr.aufs. - Spr.: Engl., Franz.

PUFF, Karl

I. Bürgermeister - Rathaus, 8206 Bruckmühl/Obb.; priv.: Blumenstr. 3 - Geb. 24. März 1929 Bruckmühl - Kaufm.

PUHL, Johannes

Vorstandsmitglied Kapitalbeteiligungsges. d. Dt. Versicherungswirtsch. AG, Düsseldorf - Veit-Stoß-Str. 3, 5000 Köln 41 (T. 0221 - 48 78 88) - Geb. 4. Juli 1930 Berlin (Vater: Emil P., Bankdir.; Mutter: Margaretha, geb. Stehn), ev., verh. s. 1954 m. Hildegard, geb. Karrenberg, 2 Kd. (Asmus, Sibylle) - 1949-53 kfm. Ausb. b. Banken in Europa u. USA - 1953-65 Bankhaus Delbrück, Schickler & Co., Hamburg, 1965-83 Vorst.-Mitgl. Otto Wolff AG; AR-Mitgl. TNT-IPEC Holdings B.V., Arnhem; Beiratsmitgl. Otto Krahn, Lafrentz Bau- u. Beteiligungsges. mbH & Co., alle Hamburg, Ges. z. Förd. d. finanzwiss. Forsch., Köln; Vors. GEFIU Ges. f. Finanzwirtsch. in d. Unternehmensführ.; VR-Mitgl. IAFEI Intern. Assoc. of Financial Executives Inst., Zürich; Board Director of EFFEI European Federation of Financial Executives Institutes; Mitgl. d. Geschäftsfg. Dt.-Niederl. HK, Den Haag/Düsseldorf - Spr.: Engl., Franz.

PUHST, Heinz

Bezirksstadtrat, Leiter Abt. Wirtschaft (s. 1971) u. Finanzen (s. 1970) Bezirksamt Wedding (s. 1971) - Corker Str. 34c, 1000 Berlin 65 (T. 452 16 34; BA: 4 57-1) - Geb. 20. Juli 1930 Berlin, verh., 2 Kd. - Abit.; Diplom-Kameralist - Ausschl. Berliner Verw. (zul. Amtsrat (Haushaltsreferat) Senatsverw. f. Familie, Jugend u. Sport). 1958-70 Bezirksverordn. Wedding (1964 ff. Fraktionsf.). Langj. Falken-Mitgl. (1947 ff.). SPD s. 1952.

PUKALLUS, Horst

Schriftsteller, Übersetzer - Comeniusweg 10, 4010 Hilden 1 (T. 02103 - 6 52 13) - Geb. 14. April 1949 Düsseldorf, gesch., 1 T. - B. 1975 Versich.-Kaufm. - BV: In d.

Städten, in d. Tempeln (m. A. Brandhorst), 1984; Krisenzentrum Dschinnistan, 1985; Hinter d. Mauern d. Zeit (m. M. Iwoleit), 1989 - 1980, 81, 84, 85 Kurd-Laßwitz-Preis f. Übers. - Liebh.: Kendo-Sportler - Spr.: Engl.

PUKASS (ß), Joachim
Schauspieler, Rundfunk- u. Synchronregisseur, Sprecher, Rezitator - Terrassenstr. 50, 1000 Berlin 38 (T. 030 - 801 48 10) - Geb. 23. Jan. 1946 Berlin, verh. m. Gisela, geb. Fritsch, T. Melanie - Goethe Gym. Berlin; Abit.; Schauspielsch. Gertrud Schneider-Wienecke - Schausp. am Hansa-Theater u. Vaganten Bühne, beg. Berlin; freischaffender Regiss. u. Sprecher b. ARD u. ZDF; Synchron-Regiss. u. Sprecher f. ARENA Synchron Berlin - Synchron-Regie: General Hospital, FBI u.a.; Rollen: Gottfried Benn, John D. Rockefeller (1987 Vaganten Bühne Berlin), sow. Erich Mühsam; Großwildjäger Bernhardi in Pension Schöller (1989 Hansa-Theater) - Liebh.: Reisen - Spr.: Engl. - Bek. Vorf.: Edwin Pukaß, priv. Sekr. b. Herrn v. Papen (Großv.).

PULCH, Otto R.
Präsident Hess. Rechnungshof a. D. - Falltorstr. 10, 6000 Frankfurt/M. (T. 46 10 39) - Geb. 26. Juni 1921 Frankfurt/M. - Schule Frankfurt (Abit. 1939); 1939-46 Arbeits-, Kriegsdst. u. -gefangensch.; Univ. Frankfurt (Rechts- u. Staatswiss.). Jurist. Staatsprüf. 1950 u. 54 - S. 1955 Richter hess. Justizverw. (u. a. Vors. Gr. Strafkammer LG Frankfurt). S. 1967 Mitgl. Präs. Dt. Richterbund (1973ff. stv. Vors.). 1976-78 Staatssekr. Hess. Innenmin., 1978-86 Präs. Hess. Rechnungshof, 1970ff. MdL Hessen (b. 1974 stv. Vors. FDP-Fraktion) - 1981 BVK I. Kl.; 1986 Gr. BVK.

PULCH, Wolfgang
Dr. rer. pol., Dipl.-Kfm., Geschäftsführer Seitz-Automaten GmbH - Fontanestr. 6, 6550 Bad Kreuznach (T. 6 33 44) - Geb. 19. Juni 1931 Bad Kreuznach (Vater: Rudolf P., Oberstud.rat; Mutter: Elisabeth, geb. Finkenauer), kath., verh. s. 1959 m. Marlies, geb. Sauer, 3 T. (Monika, Gabriele, Christiane) - Univ. Mainz, Frankfurt; Dipl. u. Promot. Frankf.

PULLEM, Hans Jürgen
Dramaturg Bühnen Stadt Köln - Erzberger Pl. 1, 5000 Köln 60 - Geb. 14. Febr. 1956 - Staatsex. f. Gymn. 1981, Magister 1982 FU Berlin - Gast-Dramat. Bühnen Freiburg - BV: Brecht-Kommentar, 1983 (m. Klaus Völker); Brecht Lex.-Artikel, 1985 - Spr.: Engl., Franz., Span.

PULVER, Corinne
Fernseh- u. Filmemacherin, Schriftst. Produz - 68 Route de Suisse, CH-1290 Versoix - Geb. 19. Juni Bern (Vater: Eugen P., Kulturing.; Mutter: Germaine, geb. Bürki), ev., led., 2 Kd. (Ninon Désirée, Manon Aymée) - Grafikerin (Dipl. Techn. cant.) Freiburg Sz; Stud. Chelsea Art School London, prakt. Ausb. ARD (Fernsehen) - 1957-62 Redakt. Fernsehen SR, 1963-65 Korresp. ZDF-Büro Paris, s. 1965 freiberufl. Fernsehjourn. u. -produzentin Paris u. Genf - BV: Kl. Handbuch d. Emanzipation - Plädoyer f. e. bessere Welt, 1975; Lilo - meine Schwester, 1979; Madame de Staël, Biogr. 1980; D. deutsche Mann, 1982; George Sand - Genie d. Weiblichkeit, 1987; Gertrud P. D. Drama e. begabten Frau (Buch u. Film) 1988 - Liebh.: Politik, Psychiatrie, Frauen-Emanzipation - Spr.: Engl., Franz.

PULVER, Liselotte

Schauspielerin - CH-1166 Perroy/Genfer See (Schweiz) - Geb. 11. Okt. 1929 Bern/ Schweiz (Vater: Eugen P., Ingenieur; Mutter: Germaine, geb. Bürki), verh. s. 1961 m. Helmut Schmid, Schausp. † 1992, 2 Kd. (Marc-Tell, Charlotte Melisande †) - Schule, Handelssch. u. Konservatorium Bern (Lehrer: Margarethe Schell, v. Noé, Paul Kalbeck) - Stadttheater Bern und Zürich. 1957 Salzburger Festspiele (Emilia Galotti); 1959 Berliner Festwochen (Undine) - Film: u. a. Föhn, Heidelberger Romanze, Klettermaxe, Fritz u. Friederike, Hab' Sonne im Herzen, V. Liebe reden wir später, D. Nachtgespenst, Männer im gefährl. Alter, Ich und Du, Schule f. Eheglück, D. letzte Sommer, Uli, d. Knecht, Griff n. d. Sternen, Hanussen, Ich denke oft an Piroschka (1956 Prixe Femina Belge du Cinema), Heut' heiratet mein Mann, D. Zürcher Verlobung, D. Bekenntnisse d. Hochstaplers Felix Krull, Arsène Lupin, d. Millionendieb, D. Wirtshaus im Spessart, Zeit zu leben - Zeit zu sterben, Helden, D. Spieler, D. schöne Abenteuer, Buddenbrooks (Tony), D. Glas Wasser, Spukschloß im Spessart, Gustav Adolfs Page, 1, 2, 3, D. Haus d. Sünde. Kohlhiesels Töchter, Frühstück im Doppelbett, E. fast anständ. Mädchen. Dr. med. Hiob Prätorius, Hokuspokus. D. Nonne, Herrl. Zeiten im Spessart, D. Hochzeitsreise, Tréfle à 5 feuilles (1972). D. 16 jährigen (1974), Brot u. Steine (1978). Fernsehserien: Sesamstraße (1977-83), Drunter u. Drüber (1980). Leib u. Seele (1988). Fernsehspiele: Jeden Mittwoch (1981), Boeing Boeing (1983). Fernsehen: Timo (Serie), Eine kleine Stadt (1954), Lerche (1956), Regenmacher (1966), Calomity Jane (1969). Hoopers letzte Jagd (2 T., 1972) u. a. Theateraufführ.: D. Liebhaber - ein unglücklicher Zufall (1967, Theater am Neumarkt), Regenmacher (1968, Theater am Kurfürstendamm). Tourneen: Regenmacher (1967), Widerspenstigen Zähmung (1970), Monsieur Chasse (1973), Dame v. Maxim (1979/80), Lauf doch nicht immer weg (1984-87; 1986 Theateraufz.) - BV: Lachstory - Oh diese Ferien, 1973; Wenn man trotzdem lacht, Tageb. 1990 - 1958 Preis d. dt. Filmkritik u. Bundesfilmpreis; mehrere Bambi-Preise; 1980 Bundesfilmpreis/Filmband in Gold; 1985 BVK - Liebh.: Reiten.

PUNTSCH, Eberhard
Dr. phil., Schriftsteller - Prinzenhöhe 4, 8036 Herrsching/Ammersee - Geb. 7. Mai 1926 Dresden, verh., 3 Kd. - Abit. 1946 Kreuzsch. Dresden; ab 1948 (Übersiedl. Wuppertal) Volontär u. Redakt. Westd. Rundschau; 1951-56 Univ. München (German., Phil.; Promot. 1956); s. 1956 fr. Schriftst., MdL Bayern 1978-82, FDP - BV: Zitatenhandb. I, 1965; Handb. d. Witze, Fabeln u. Anekdoten, 1968; Zitatenhandb. II, 1984; Politik u. Menschenwürde, 1985. Übers.: Rod Laver, Gewinnen im Tennis (1966).

PUPPE, Dieter
Dr. rer. nat., o. Prof. f. Mathematik - Burgstr. 34, 6900 Heidelberg (T. 4 37 41) - Geb. 16. Dez. 1930 Lodz (Vater: Siegmund P., Rechtsanwalt u. Notar; Mutter: Wanda, geb. Zinser), ev., verh. s. 1955 m. Ingeborg, geb. Bayer, 2 Kd., (Christine, Clemens) - Univ. Göttingen u. Heidelberg (1951 Dipl.-Math.). Promot. (1954) u. Habil. (1957) Heidelberg - S. 1957 Lehrtätig. Univ. Heidelberg (1959 Dozent), Saarbrücken (1960 ao., 1961 o. Prof.), Heidelberg (1968 o. Prof.). Spez. Arbeitsgeb.: Topologie. Mitgl. Dt. Math.-Vereinig. u. American. Math. Soc., Mitgl. Heidelberger Akad. d. Wiss. - Mithrsg.: Archiv d. Math. u. Zentralbl. f. Math. Fachveröff. - Spr.: Engl.

PUPPE, Gudrun Ingeborg
Dr. jur., Prof. f. Strafrecht, Rechtstheorie - Rudolf Hahnstr. 61, 5300 Bonn (T. 0228-73 91 62) - Geb. 11. Jan. 1941 Lodz (Polen) (Vater: Siegmund P., RA; Mutter: Wanda, geb. Zinser, Gymn.-lehrerin), led. - Jurastud. Heidelberg, 1. Staatsex. 1966, 2. Staatsex. 1970, Promot. 1970, Habil. 1977 - BV: U. a. D. Fälschung techn. Aufzeichn., 1972; Idealkonkurrenz u. Einzelverbr., 1979; D. Norm d. Vollrauschtatbest., 1974; D. Erfolg u. s. kaus. Erkl. im Strafrecht, 1980; Zurechnung u. Wahrscheinlichkeit, 1983; D. log. Tragweite d. Umkehrschlusses, 1987; Sorgfaltspflichtverletzung u. Erfolg, 1987 (Aufs.); Vorsatz u. Zurechnung, 1992.

PURPS, Rudolf
Realschullehrer a. D., MdB (Landesliste NRW) - Im Hölzchen 23, 5940 Lennestadt 17 (T. 02721 - 8 30 00) - SPD.

PURSCH, Cuno
Kaufmann, Vors. Verb. Dt. Stahlwarenhändler, Rheinberg - Hochstr. 17. 4150 Krefeld - Geb. 10. Sept. 1924.

PURUCKER, Kurt
I. Bürgermeister Stadt Altdorf - Rathaus. 8503 Altdorf/Mfr. - Geb. 21. Aug. 1919 Augsburg - Zul. Oberregierungsrat u. Landrat ehem. Landkr. Nürnberg.

PURWINS, Hans-Georg

Dr. rer. nat., Prof., Dipl.-Phys., Direktor Inst. f. Angew. Physik Univ. Münster - Bischopinkstr. 19, 4400 Münster - Geb. 30. Juli 1939 Heydekrug/ Ostpr. (Vater: Wilhelm P., Tierarzt; Mutter: Luise, geb. Bernack), verh. m. Ingrid, geb. Gerdes - Physik-Stud. Univ. Göttingen (Dipl. 1966), Promot. 1969 TH München, Habil. 1974 Univ. Genf u. 1976 ETH Zürich - S. 1978 o. Prof. Univ. Münster u. Dir. Inst. f. Angew. Physik. Arb.geb.: Unters. elast. Einkristallkonstanten; zeigte erstmals, daß e. mikroskop. Beschreib. d. magnetokristallinen Anisotropie u. weit. magnet. Eigensch. v. Seltenen Erden mögl. ist; erstm. Zucht gr. Einkristalle intermet.; Seltene-Erd-Verbind., m. C. Radehaus Übertrag. e. Aktivator-Inhibitor-Reaktions-Diffusionsmod. auf physik. Systeme u. Unters. entspr. nichtlinearer elektr. Netzwerke, Halbleiter u. Gasentladungssysteme.

PURZER, Manfred
Schriftsteller - Betzenweg 52, 8000 München 60 - Geb. 13. April 1931 München (Vater: Georg P., Kaufm.; Mutter: Berta, geb. Brandenstein), kath., verh. s. 1955 m. Ursula, geb. Scholtz - Ludwigs-Oberrealsch. u. Univ. München (Zeitungs-, Theaterwiss., Kunstgesch., Lit.) - 1952 Redakt. Welt im Bild, 1955 Film-Expeditionsleit. i. A. Kaiserl.-Äthiop. Regierung, 1956 Redakt. UFA-Wochenschau, 1959 Herstellungsgruppenleit. UFA, 1960 Chefredakt. u. Geschäftsf. Dt. Wochenschau, 1965 Gf. u. Prod.chef Nora-Film, 1983 Programm-Koordinator Münchener Pilotges. f. Kabelkommunikation; 1986 Geschäftsf. Münchener Ges. f. Kabelkommunikation MGK. Filmdrehb.: U. Jimmy ging z. Regenbogen; Lili Marleen.

PUSCH, Alexander
Dipl.-Trainer, Weltmeister u. Olympiasieger im Fechten, Bundestrainer (s. 1989) - Lindenweg 39, 6972 Tauberbischofsheim (T. 09841 - 1 25 22) - Geb. 15. Mai 1955 Tauberbischofsheim (Vater verst.; Mutter: Lydia, geb. Blank), kath., ledig - Fechten: 1975, 76, 78, 85 u. 86 Weltmeister; 1976 u. 84 Olympiasieger; 1974, 75, 76, 79, 83 u. 87 Vizeweltmeister; 1983 Europameist. 19 Dt. Meistertitel (Mannsch.), 8 Dt. Meistertitel (Einzel), 6 Titel Intern. Dt. Meist. (Einzel); 44mal Welt-Cup-Finale; 8 Gold-, 2 Silber- u. 2 Bronzemed. Europa-Cup; 1976 Silbermed. Olympiade Montreal; 1988 Silbermed. Olympiade Seoul; Silb. Lorbeerblatt - Spr.: Engl.

PUSCH, Luise F.

Dr. phil., Prof. f. Sprachwissenschaft - Jakobistr. 9, 3000 Hannover-List (T. 0511 - 66 40 57) - Geb. 14. Jan. 1944 Gütersloh - Promot. 1972, Habil. 1978 Konstanz; Stud.-Stiftg. d. dt. Volkes; 1979-84 Heisenberg-Stip. - 1985 apl. Prof. Konstanz - BV: D. Substantivierung v. Verben m. Satzkomplementen im Engl. u. Deutschen, 1972; D. italienische Gerundio, 1980; D. Deutsche als Männersprache, 1984; Alle Menschen werden Schwestern. Femin. Sprachkritik, 1990. Herausg.: Feminismus: Inspektion d. Herrenkultur (1983); Schwestern berühmter Männer (1985); Kalender Berühmte Frauen (1987ff.); Töchter berühmter Männer (1988) - Liebh.: Musik, feminist. Biographieforsch. u. Theoriebildung - Spr.: Engl., Ital.

PUSCHNUS, Erika
Hausfrau, MdA Berlin (1971-75) - Arnulfstr. 110, 1000 Berlin 42 (T. 752 67 51) - Geb. 24. Mai 1927 Guben/NL., verh., 1 Kd. - Volkssch.; kaufm. Lehre - Angest. 1967-71 Bezirksverordn. Schöneberg. SPD s. 1960 (div. Funktionen).

PUST, Hans-Joachim
Geschäftsführer CHEMO Fotochemische Druck GmbH, Haan - Beethovenstr. 3, 6714 Weisenheim (06353 - 81 70) - Geb. 17. Okt. 1931 Stettin, ev., verh. s. 1972 m. Dipl.-Volksw. Gerlinde, geb. Kratzer - Stud. Math., Physik, Päd. Univ. München u. Heidelberg; Refer.-Ex. - S. 1984 Vorst.-Mitgl. Dt. Heimtextilienind. Wuppertal.

PUTLITZ, Freiherr zu, Gisbert
Dr. rer. nat., Dipl.-Physik., Dr. h.c. mult., Prof. h.c., o. Prof. Physikal Inst. Univ. Heidelberg (s. 1973) - Philosophenweg 12, 6900 Heidelberg (T. 06221-56 92 11) - Geb. 14. Febr. 1931 Rostock - Dipl. 1961, Promot. 1962, Habil. 1966 - 1983-87 Rektor Univ. Heidelberg - Vorst.-Vors. Gottlieb Daimler u. Karl Benz Stiftg., Ladenburg; Wiss. Mitgl. Max-Planck-Inst. f. Kernphysik Heidelberg.

PUTSCHER, Marielene

Dr. med., Dr. phil., Prof. i.R. f. Geschichte d. Medizin - Robert-Koch-Str. 36, 5000 Köln 41 (T. 44 44 21) - Geb. 14. Aug. 1919 Bremen (Vater: Dr. Henry P., Oberstudiendir.; Mutter: Anita, geb. Edle v. Graeve), ev. - Kunsthochsch. Bremen (Bildhauerkl.) Freiburg, Hamburg, Leipzig (Physikum 1944), Hamburg (Dr. phil. Kunstgesch. 1952), Frankfurt (med. Staatsex. 1965), Köln (Dr. med. 1967, Habil. 1971) - 1966-84 Lehrtätig. Univ. Köln; 1979-84 Editor in Chief Clio Medica Acta Academiae Intern. Historiae Medicinae; s. 1985 Leit. d. Forschungsst. f. Gesch. u. Zeitgesch. d. Zahnheilkde. in d. Bundeszahnärztekammer, Köln - BV: Raphaels Sixtin. Madonna, 1955; D. Süßholz u. s. Gesch., 1967; Gesch. d. Med Abbildung, Bd. II 1973; Pneuma, Spiritus, Geist, 1974. Herausg.: Kölner Medizinhist. Beitr. Bd. 1/1977-63/1992.

PUTSCHKE, Wolfgang
Dr. phil., Prof. f. Linguistik d. Deutschen u. Linguist. Informatik - Eisenacher Str. 5, 3575 Kirchhain/Hessen - Geb. 17. Jan. 1937 Hirschberg/Schles. (Vater: Willi P., Kommunalbeamter; Mutter: Helene, geb. Felix), ev., verh. s. 1966 m. Waltraud, geb. Kramme, 2 Kd. (Maren Ulrike u Jörn Henning) - 1949-59 Obersch. Rinteln/Weser u. Helmholtz-Gymn. Dortmund (1953); 1959-66 Univ. Marburg (German., Volkskd., Gesch., Vorgesch.). Promot. (1966) u. Habil. (1971) Marburg - S. 1967 Univ. Marburg (1971 Prof.). U. a. Vors. Kommiss. f. automat. Sprachkartierung - BV: Sachtypologie d. Landfahrzeuge, 1971; Entwurf e. worttopolog. Darstellungsmodells, 1970; Automat. Sprachkartogr., 1977; Atlas Linguarum Europae, Fasc. 1-2, 1983-86; Kl. Dt. Sprachatlas, Bd. 1-2, 1984-87; Hess. Flurnamenatlas, 1987; Wortgeogr. d. städt. Alltagsspr. in Hessen, 1988; Hess. Dialektzensus. Statistischer Atlas z. Sprachgebrauch, 1989; Englischer Sprachatlas, 1991; Jiddischer Sprachatlas, Bd. 1. 1992; Computerlinguistik. E. intern. Handb. z. computergestützten Sprachforsch. u. ihrer Anwendungen, 1989 - Spr.: Engl.

PUTZ, Reinhard
Dr. med., o. Univ.-Prof. f. Anatomie Univ. München (s. 1989) - Pettenkoferstr. 11, 8000 München 2 (T. 089 - 51 60-48 10) - Geb. 5. Aug. 1942, kath., verh. - Abit. 1961 Innsbruck; 1962-68 Med.-Stud. Innsbruck; Promot. 1968; Habil. 1979 - 1968-82 Univ.-Assist. Innsbruck (Anatom. Inst.); 1979/80 Gastprof. München; 1981/82 Gastprof. Freiburg; 1982-89 o. Prof. f. Anat. Freiburg - BV: Funktionelle Anatomie d. Wirbelgelenke, 1981; Wolf-Heideggers Atlas d. HumanAnatomie, 4. A. 1990. Div. Lehrb.beitr. u. Ztschr.art.

PUTZAR, Harry
Bürgermeister - Rathaus, 4060 Viersen/Rhld.; priv.: Süchtelner Str. 84 - Geb. 28. Aug. 1929 - Kaufm. SPD.

PUTZER, Hannfrit
Dr. rer. nat., Direktor Bundesanstalt f. Bodenforschung a.D., Hannover, Hon.-Prof. f. Regionale Geologie außereurop. Länder TU Hannover (s. 1968) - Rimpaustr. 9, 3000 Hannover (T. 81 37 03) - Geb. 18. Mai 1913 Lägerdorf/Holst. (Vater: Hanns P., Ingenieur; Mutter: Berta, geb. Zülch), verh. in 2. Ehe (1968) m. Dr. med. dent. Ilse, geb. Meyer, 5 Kd. (Dieter, Rüdiger, Bärbel, Volker, Helga) - Gymn.; Univ. Jena. Promot. 1937 Jena; Habil. 1944 Straßburg - 1950-55 berat. Tätigk. brasilian. Regierung - BV: Mineralmacht Brasilien, 1956; Geologie v. Paraguay, 1961. Co-Autor: Bentz, Handb. d. Angew. Geol. (1968); Metallogenet. Provinzen i. Südamerika (1976) - 1952 Orville-Derby-Med. Rio de Janeiro - Liebh.: Präkolombian. Kulturen, Orchideen - Spr.: Portugies., Span., Franz., Engl

PUTZMANN, Joachim
Chef d. Berliner Büro d. Leitung d. Siemens AG u. Leit. d. Verbindungsbüros Bonn - Nonnendammallee 101, 1000 Berlin 13 - Geb. 6. Jan. 1931 Berlin-Spandau.

PUTZMANN, Johann C.
Kaufmann, Vorstand Leonhard Monheim AG, Aachen - Louis-Beissel-Str. 1, 5100 Aachen (T. 0241-6 13 55) - Geb. 2. Mai 1927 Leitzkau/Kr. Jerichow.

PUTZO, Hans Georg
Dr. jur., Prof. f. Zivilrecht, Richter - Habichtstr. 26, 8025 Unterhaching - Geb. 16. Sept. 1926 München (Vater: Georg P., Verlagskfm.; Mutter: Franziska, geb. Gerold), kath., verh. s. 1967 in 2. Ehe m. Ingrid, geb. Aubeck, 3 Kd. (Verena, Astrid, Tobias) - Reifeverm. e. Obersch. 1944; s. 1948 Jura-Stud. Univ. München, 1. jur. Staatsprüf. 1952, 2. jur. Staatsprüf. 1955, Bayer. Justizdienst; 1957 Landger.rat, 1966 LG-Dir., 1974 Hon.prof. jur. Fak. Univ. München, 1978 Vors. Richter am Oberlandesger. München, 1984 Vors. Richter am Bayer. Obersten Landesgericht, 1988 Vizepräs. d. Bayer. Obersten Landesgerichts, s. 1991 i. R. - BV: Komm. z. Zivilprozeßordn., 17. A. 1991; Komm. z. Bürgerl. Gesetzb. v. Palandt, Mitautor s. 28. A. 1969; 51. A. 1992 - Liebh.: Fischerei, Kunst, Lit., klass. u. romant. Musik.

PYE, Edward Michael
Dr. (Ph. D.), Prof. f. Religionswissenschaft Univ. Marburg - Zu erreichen üb. Univ. FB 11, Liebigstr. 37, 3550 Marburg (T. 06421 - 28 36 62) - Geb. 22. April 1939 Newport (Engl.), (Vater: Charles Edward P., Rektor; Mutter: Violet Gwendolen, geb. Denly), anglikan., verh. s. 1963 m. Christine, geb. Roether. 4 Kd. (Robin, Oliver, Jocelyn, Shizuka Jane) - 1950-57 Dauntsey's School (Engl.); 1958 Clare College Cambridge (Abschl. B.A. Hons. Neuspr. u. Theol. 1961), Ph.D. 1977 Univ. Leeds (Engl.) - 1961-66 Engl.-Lehrer in Japan; 1966-82 Doz. in Engl. u. Gastprof. in Japan; ab 1982 Prof. in Marburg. Generalsekr. d. Intern. Ges. f. Religionsgesch. - BV: The Study of Kanji, 1971, NA. 1984; Comparative Religion, 1972; The Cardinal Meaning, 1973; Ernst Troeltsch, Writings on Theol. and Relig., 1977; Skilful Means, A Concept in Mahayana Buddhism, 1978; The Buddha, 1990; Emerging from Meditation; Übersetz. d. Werke Tominaga Nakamotos - Spr.: Engl., Franz., Japan.

PYHRR, Christian
Dirigent, 1. Kapellmeister Städt. Bühnen Regensburg - Stahlzwingerweg 6, 8400 Regensburg (T. 0941-56 05 83) - Geb. 26. Okt. 1941, verh. m. Annegret, geb. Bachmann, T. Katharina - Abit.; Musikstud.; Künstl. Staatsprüfung 1966 München Staatl. Hochsch. f. Musik, München; Gastdirig. in Stuttgart (SDR), München, Bologna, Genua (teatro dell' opera), Triest, Clermont-Ferrand, Paris, Rom, Venedig; Lehrbeauftr. Univ. u. Fachakad. f. kath. Kirchenmusik in Regensburg - Spr.: Franz., Engl., Ital.

QUACK, Friedrich
Prof., Richter am Bundesgerichtshof - Zu erreichen üb. Bundesgerichtshof, Herrenstr. 45a, 7500 Karlsruhe 1 - Geb. 22. Sept. 1934 Bad Wimpfen (Vater: Meinhard Q.; Mutter: Loni, geb. Maass), ev., verh. s. 1959 m. Evi, geb. Sigel, 2 Töcht. (Johanna, Isabel) - 2. jurist. Staatsprüf. 1963 - 1978-82 Präs. Bayer. Beamtenfachhochsch.; s. 1982 Richter am BGH - BV: Creifelds, Rechtswörterbuch (Wirtschaftsrecht, Europarecht u. a.), s. 1973; Münchener Komment. z. BGB, 1982; Münchener Rechtslex. (Sachenrecht u. a.), 1987.

QUACK, Rudolf
Dr.-Ing., Dr.-Ing. E.h., o. Prof. f. Verfahrenstechnik u. Dampfkesselwesen - Bruno-Frank-Str. 16, 7000 Stuttgart 75 (T. 441 14 09) - Geb. 26. Juli 1909 Neuhof b. Hamburg (Vater: Wilhelm Q., Obering.; Mutter: Anna, geb. Japing), ev., verh. s 1939 m. Elisabeth, geb. Cordes, 3 Söhne (Jürgen, Hans, Günther) - TH München (Dipl.-Ing. 1931. Promot. 1933) - Industrietätig. (1933ff. IG Farbenind. AG, 1949ff. Chem. Werke Hüls AG); s. 1953 Ord. u. Inst.dir. TH bzw. Univ. Stuttgart. Spez. Arbeitsgeb.: Energietechnik. Mitgl. VDI u. Dechema. Facharb. - 1989 BVK I. Kl.; 1990 Dr.-Ing. E.h. TU München - Spr.: Engl., Schwed. - Bek. Vorf.: Eduard Japing (Großv. ms.).

QUADBECK, Günter
Dr. med., Dr. rer. nat., em. Prof. f. Pathochemie u. Allg. Neurochemie Univ. Heidelberg (s. 1965) - Mühltalstr. 139, 6900 Heidelberg (T. 40 11 38) - Geb. 27. Aug. 1915 Dortmund (Vater: Paul Q., Fabrikbesitzer; Mutter: Ella, geb. Bedbur), verh. 1942 m. Irmgard, geb. Ringelmann, 2 Söhne (Dr. Heinz, Dr. Jost) - Univ. München u. Heidelberg. Promot. u. Habil. Heidelberg - Jahrl. Kaiser-Wilhelm- bzw. Max-Planck-Inst. f. Med. Forschung, Heidelberg (Prof. Richard Kuhn); 1959-65 Univ. Saarland (apl. Prof. u. Vorsteher Neurochem. Abt. Nervenklinik). Fachmitgliedsch., 1970-74 Dekan Med. Ges. Fak., 1974-79 Prorektor d. Univ. Heidelberg - BV: Keten in d. präparativen Organischen Chemie, Die Blut-Hirn-Schranke, Krampfbereitschaft u. Blut-Hirn-Schranken-Permeabilität, Z. Wirkungsmechanismus neuropleg. Substanzen, Blut-Hirn-Schranke u. Hirnernährung, chem. Krankheitsursachen, u. a. Etwa 135 Einzelarb. - 1968 Max-Bürger-Preis, 1981 BVK.

QUADFLIEG, Christian
Schauspieler u. Regiss. - 2000 Hamburg - Geb. 11. April 1945 (Vater: Willi Q., Schauspieler (s. dort); Mutter: Benita v. Vegesack), verh. s. 1974 m. Renate, geb. Reger-Voelckel - 1965-68 Schauspielsch. Bochum. Engagements Wuppertal, Basel, Berlin, Zürich. Zahlr. Hauptrollen d. klass. u. mod. Theaters. S. 1974 freischaffend. Div. Insz. f. Theater u. Fernsehen. TV-Rollen u.a. in Tatort, Derrick etc., Literaturverfilmungen, Serie: D. Landarzt - Liebh.: Lesen, Sport - Spr.: Engl.

QUADFLIEG, Will

Schauspieler, Regisseur u. Rezitator - 2860 Heilshorn b. Bremen - Geb. 15. Sept. 1914 Oberhausen/Rhld. (Vater: Franz Q., Inspektor; Mutter: Maria, geb. Schütz), verh. I) 1940 m. Benita, geb. v. Vegesack, 5 Kd., II) 1963 Margaret, geb. Jacobs (Schausp.) - Gymn. (Abit.); Schauspielausbild. priv. - Bühnen Gießen, Gera, Düsseldorf, Berlin, Lübeck (n. 1945), Hamburg (Mitgl. Dt. Schauspielhaus) u. Zürich. Salzburger (1952-59 Jedermann); 1961ff. Faust I, 1963 II (Mephisto) u. Ruhr-Festsp.; s. 1956 eig. Tourneen. Bek. Rollen: Hamlet, Tasso, Don Carlos, Clavigo, Romeo, Faust, Orest, Macbeth. Film: D. Maulkorb, Kora Terry, Mein Leben f. Irland, D. Herz d. Königin, Schicksal, GPU, D. gr. Schatten, D. Zaubergeige, Philharmoniker, Solistin Anna Alt, D. Lüge, D. tödl. Träume, D. ew. Spiel, Schwarze Augen, Vergiß d. Liebe nicht, Moselfahrt aus Liebeskummer, Lola Montez, San Salvatore, Faust; Fernsehen: Biografie, D. Sieger v. Tambo, Totentanz - BV: Wir spielen immer, 1976 - Gr. BVK; 1984 Hbg. Med. f. Wiss. u. Kunst - Liebh.: Musik.

QUADLBAUER, Franz
Dr. phil., em. Prof. f. antike u. mittelal-

terliche Rhetorik - Fischachstr. 11, A-5201 Seekirchen (T. 06212-334) - Geb. 24. Juni 1924 St. Florian/Österr. (Vater: Franz Q., Müller u. Landw.; Mutter: Rosina, geb. Atzlinger), kath., verh. s. 1950 m. Margaretha, geb. Hohenthaner. T. Brigitte - Stud. (Lat. u. Griech.) Univ. Graz 1949, Engl. 1955, Promot. Graz 1949, Habil. (Klass. Philol.) Salzburg 1966 - 1951-62 Gymn.prof. Graz, 1963-66 Wiss. Mitarb. Thesaurus linguae Lat. München, 1967-69 Redakt., s. 1966 Univ.Doz. Salzburg, s. 1970 Lehrst. f. Mittellat., Univ. Kiel - BV: D. ant. Theorie d. genera dicendi im lat. MA. 1962; Aufs. i. Fachztschr. u. Festschr. - Liebh.: Lit., Zeichnen, Malen, Basteln - Spr.: Engl., Lat.

QUALEN, Hans Hellmuth

Finanzminister a. D. - Karolinenweg 19. 2300 Kiel - Geb. 19. Juni 1907 Kiel, verh. s. 1933 m. Agnes, geb. Thomsen, 4 Kd. - Univ. Kiel, Marburg, Wien (Rechtswiss.). Gr. jurist. Staatsprüf. 1932 - Finanzverw. Kiel, Rottweil, Gelsenkirchen, Wien, Berlin (RFM), n. 1945 wied. Kiel, 1950 Vertr. Schlesw.-Holst. b. Bund, 1956 Finanzgerichtsdir., 1959 Min. dir. u. Amtschef Schlesw.-Holst. Finanzmin., 1962 Staatssekr. Bundesschatzmin., 1963 Finanzmin. Schlesw.-Holst. (b. 1973). Div. Ehrenstell. 1954 FDP (b. 1971, Austr.) - 1969 Gr. BVK m. Stern, 1973 m. Schulterband.

QUAMBUSCH, Erwin

Dr. jur., Prof., Rechtswissenschaftler - Trakehner Weg 50, 4403 Senden/W. (T. 02597 - 85 04) - Geb. 12. Juni 1937 Dortmund, verh. s. 1970 m. Rita, geb. Niggl, T. Anne - Stud. Verwaltungs- (1960-64) u. Rechtswiss. (1967-71). Dipl.-Kameral. 1964; Promot. 1973; gr. jurist. Staatsprüf. 1974 - S. 1978 Prof. FH Bielefeld - BV: D. Persönlichkeit d. Kindes als Grenze d. elterlichen Gewalt, Diss. 1973; Prüfungsregelungen im öffntl. Dienst, 1978; Rechtsfragen bei d. Betreuung geistig Behinderter, 1981; Recht u. genet. Programm, 1983; D. Recht d. Geistigbehinderten, 1984; D. Haftungsrecht in d. Arbeit m. geistig Behinderten, 1987. Herausg.: Rechtsfragen m. interdisziplinären Bezügen (Schriftenreihe) - Liebh.: Kunstgesch., Wandern.

QUANDER, Georg

Hauptabteilungsleiter Musik u. Unterhaltung RIAS Berlin - Bogotastr. 25, 1000 Berlin 37 (T. 030 - 802 85 84) - Geb. 29. Nov. 1950 Düsseldorf, verh. s. 1988 m. Dipl. Psych. Jutta, geb. Blaznik - Stud. Theaterwiss., Musikwiss., Kunstgesch. FU Berlin - Fr. Journ. u. Autor f. versch. Ztg., Rundf. u. Kulturinstit.; dramat. Tätigk.; 1979-87 Musikredakt. SFB (Hörf. u. FS); Opern- u. Filmregiss. - BV: Gustav Mahler - e. Leseb. (gem. m. H. Kühn) - Werke: Hippolyt u. Aricia, n. de Pelegrin/Rameau, UA Schwetzinger Festsp. 1980; Montezuma v. C. H. Graun, B. nach Friedrich II., UA Berliner Festwochen 1981; Bilder e. Ausst.; n. Kandinsky/Mussorgsky, Film (ARD) 1983; D. Schweigen d. Lord Chandos, nach H. v. Hofmannsthal, B. u. Insz., UA Berliner Festwochen 1984 (Musik v. J. Brettingham Smith); D. Sterne dürfet Ihr verschwenden, B. u. Regie (Film) ARD, 1986; Belshazar v. V. D. Kirchner, Insz. Staatstheater Braunschweig 1987; Musikstadt Berlin, fünfteil. Filmdok. (ARD) 1989.

QUANZ, Dietrich Reiner

Dr. phil., Prof. f. Sportdidaktik Sporthochschule Köln - Zu erreichen üb. Dt. Sporthochsch., Carl-Diem-Weg 6, 5000 Köln - Geb. 10. April 1937 Hirschberg (Vater: Otto Q., Rektor; Mutter: Erna, geb. Soffner), kath., verh. s. 1965 m. Renate, geb. Hemmlepp, 3 Söhne (Guido, Henning, Daniel) - Dipl.-Sportlehrer 1961, 1. Staatsex. 1964, Promot. 1969, alles Köln - 1974 o. Prof., 1982-87 Rektor Dt. Sporthochsch. Köln - BV: Nationalität u. Humanität (Diss.) 1970; Thema: Sport (Hrsg.), 1975ff.; Sport in d. gymnasialen Oberstufe, 1979/81; Dt. Sporthochsch. Köln 1947-82, 1982; div.

Beitr. zur Gesch. d. Sportwiss. u. d. Olymp. Bewegung, 1986 - Spr.: Engl.

QUARITSCH, Helmut

Dr. jur., Prof., Ministerialdirektor a. D. - Otterstadter Weg 139, 6720 Speyer (T. 06232 - 3 26 37) - Geb. 20. April 1930 Hamburg, ev., verh. m. Helma, geb. Fricke (Richterin), 2 Söhne (Gerrald, Karl-Hellmut) - Schule u. Univ. Hamburg (Theol., Phil., Rechtswiss.). Promot. (1957) u. Habil. (1965) Hamburg. Ass.ex. 1958 - S. 1965 Lehrtätig. Univ. Hamburg, Bochum (1966 Ord.), Berlin/Freie (1970 Ord.), Hochsch. f. Verwaltungswiss. Speyer (1972 Ord.; Öffntl. Recht, Staatsrecht u. -lehre). Zeitw. Leit. Wiss. Dienste Dt. Bundestag - BV: D. parlamentslose Parlamentsgesetz, 2. A. 1961; Staat u. Souveränität, 1970; Probl. d. Selbstdarstellung d. Staates, 1977; Einwanderungsland Bundesrep. Dtschl.?, 2. A. 1981; Recht auf Asyl, 1985; Souveränität, 1986; Complexio Oppositorum - Üb. Carl Schmitt, 1988; Positionen u. Begriffe Carl Schmitts, 2. A. 1991. Fachveröff.

QUARTA, Hubert Georg

Lehrer (Konrektor i.R.), Schriftsteller - Bismarckstr. 53, 6342 Haiger/Hess. (T. 02773 - 59 71) - Geb. 8. Febr. 1932 Cosel/Oberschles., kath., verh. s. 1960 m. Ellen Ursula, geb. Haas, 2 Söhne (Matthias, Steffen) - Päd.-Stud. - Veröff.: Lyrik, Erz., Spiel, Biogr. (dar. Heinrich Lübke, 1978); Dok.; heimatgeschichtl. Arb. - 1988 BVK - Spr.: Russ. - Lit.: Kurze biogr. Abrisse in Ztg. u. Ztschr.

QUARTIER, Walter

Stv. Aufsichtsratsvorsitzender Westfälische Ferngas (WFG) - Wildenbruchstr. 4, 4000 Düsseldorf 11 (T. 0211 - 57 00 24) - Geb. 19. Okt. 1928 Kleve (Vater: Albert Q., kaufm. Angest.; Mutter: Maria, geb. Pellens), kath., verh. s. 1964 in 2. Ehe m. Ursula, geb. Bletgen, S. André - 1938-45 Gymn. - 1946-51 Versich.-Angest.; ab 1952 Gewerkschaftssekr.; 1953-60 Geschäftsf.; 1960-77 Landesverb. NRW (b. 1969 Ref. f. Sozialpolitik, Organis. u. Öffentlichkeitsarbeit; b. 1977 Leit. d. Landesverb.); danach stv. Vors. DAG u. Leit. Bundesvorst.-Ressort Sozialpolitik b. 1991. AR Colonia; Vors. Gagfah; Vorst. Ges. f. Versich.wiss. u. -gestalt., Verb. Dt. Rentenversich.träger (VDR), Vors. Bundesversich.anstalt f. Angest. (BfA); Mitgl. d. Sozialbeirats. CDU (s. 1978 Sozialpolit. Aussch.) - 1984 BVK I. Kl.; 1988 Gr. BVK - Spr.: : Engl.

QUAST, Günter

Dipl.-Soz., Dipl.-Volksw., Sendeleiter Hörfunk NDR - Wörenstieg 42, 2000 Hamburg 62 - Geb. 16. April 1929 -1968-78 Leit. Pressestelle NDR.

QUAST, Heinrich

Dipl.-Ing, Bürgermeister a.D. (1986-90) - Bussardweg 1, 8752 Mainaschaff/Ufr. - Geb. 30. Jan. 1939 Buxtehude - Dipl.-Ing. Elektrotechnik - zul. TFAR DBP.

QUAST, Ute,
geb. Freiburg

Dr. med., Leitung Arzneimittelsicherheit Behringwerke AG - Am Vogelherd 14, 3550 Marburg - Geb. 24. Okt. 1934 Erfurt, 4 Söhne (Christian, Thomas, Felix, Conrad) - Stud. Univ. Göttingen, Marburg (Med.); Staatsex. 1960; Approb. 1963; Promot. 1963 - Klin. Zeit in Frankenberg, Siegen, Marburg; Serologie u. Mikrobiol.: 1963/64 Fulda, 1967-71 Univ. Marburg. S. 1975 Behringwerke AG: Überwachung v. Arzneimittelrisiken. S. 1985 Schriftf. d. Dt. Ärztinnenbd. - BV: Hundert knifflige Impffragen, 1986; Hundert u. mehr knifflige Impffragen, 1990; Mitarb. b. Hagers Handb. d. Pharmazeut. Praxis, 1990, sowie bei Ordnungsgemäße Klinische Prüfung, 1990; Impfreaktionen - Bewertung u. Differentialdiagnose, 1992 (Erstautorin) - Liebh.: Musik, Archäol., Reisen - Spr.: Engl., Franz.

QUECK, Claus

Dipl.-Ing., Dipl.-Wirtsch.Ing., Fabrikant - Flurstr.Nr. 10, 5160 Düren (T. 02421 - 6 19 92) - Geb. 9. Okt. 1933 Posen (Vater: Dipl.-Ing. Christian Q.; Mutter: Charlotte, geb. Thiem), verh. s. 1963 m. Ursula, geb. Friedrich, 2 Kd. (Angelika, Verena) - Stud. TH Stuttgart (1956 Astav.-Vors.) u. TH München; Dipl.ex. (Ing.) 1956 Stuttgart; Dipl.ex. (Wirtschaftsing.) 1959 München - CDU (Mitgl. Wirtschaftsvereinig.) - 1974 Gold. Sportabz. - Liebh.: Sport - Spr.: Engl. - Rotarier.

QUECKE, Else

Schauspielerin - Adrian Stoopstr. 7, 8182 Bad Wiessee (T. 8 13 21) - Geb. 5. Sept. 1907 Duisburg, kath., gesch., T. Viola - Bühne, Film, Funk, Fernsehen.

QUECKE, Fred

Dipl.-Ing., Bergwerksdirektor i. R. - Lauraberg 18, 4300 Essen 17 - Geb. 1. April 1915.

QUEISSER, Hans-Joachim

Dr. rer. nat., Dr. h. c., Prof., Direktor Max-Planck-Inst. f. Festkörperforschung (s. 1971), AR Robert Bosch GmbH (s. 1978) - Heisenbergstr. 1, 7000 Stuttgart 80 (T. 686 06 00) - Geb. 6. Juli 1931 Berlin (Vater: Dr.-Ing. Herbert Q.; Mutter: Hanni, geb. Kaufmann), ev., verh. s. 1962 m. Ingeborg, geb. Scheven, 3 Kd. (Monika, Andreas, Joachim) - 1950-56 FU Berlin, Univ. of Kansas u. Göttingen (Physik; Dipl.-Phys.). Promot. 1958; Habil. 1964 - 1959-63 Shockley Transistor, Palo Alto (USA); 1964-66 Bell Telephone Laboratories, Murray Hill (USA); 1966-71 Univ. Frankfurt/M. (o. Prof. f. Experimentalphysik); 1974 Hon.-Prof. Univ. Stuttgart. 1963/64 Gastdoz. Univ. Frankfurt. Mitgl. Dt. (1956) u. Amerik. Physikal. Ges. (1960), Präs. Dt. Physikal. Ges. (1975-77), 1975-87 Senator Max-Planck-Ges.; 1978-87 Kurator Stiftg. Volkswagenwerk; s. 1986 Dir., Scientific American, Inc. Spez. Arbeitsgeb.: Festkörperphysik, Halbleiter. Patente in d. Halbleitertechnol. - BV: Kristallene Krisen, 1985. Fachaufs.

1989 Ehrensenator Univ. Ulm; 1991 Ehrendoktor TU Berlin - Spr.: Engl., Franz., Russ.

QUEISSER (ß), Wolfgang

Dr. med., Prof. f. Inn. Medizin u. Hämatol. Univ. Heidelberg - Am sonnigen Hang 4, 6800 Mannheim 51 (T. 0621 - 79 54 27) - Geb. 16. Mai 1936 Pethau/Sachsen (Vater: Ehrenfried Q., Gutsbes.; Mutter: Marga, geb. Petersen), ev., verh. s. 1966 m. Dr. med. Ute, geb. Schrader, 3 Kd. (Ingmar, Uwe, Jan) - 1957-63 Med.-Stud. Univ. Berlin, Freiburg u. Heidelberg; Promot. 1965, Habil. 1972 - 1975 apl. Prof.; 1977 Ltd. Arzt Onkol. Zentr. Klinikum Mannheim, Univ. Heidelberg; s. 1980 Prof.; 1989 Sektionsleit. f. spez. Onkologie - BV: Das Knochenmark, Morphol.-Funktion-Diagnostik, 1978 - Liebh.: Musik, Malerei, mod. Lit., Fotogr. - Spr.: Engl., Lat.

QUENNET, Arnold

Dirigent - Lindenstr. 245, 4000 Düsseldorf (T. 66 70 05) - Geb. 7. März 1905 Remscheid (Vater: Adolf Q., Geschäftsm.; Mutter: Ida, geb. Schmitt), verh. s 1938 m. Elly, geb. Ohms (Malerin), Tocht. Barbara - Musikhochsch. Köln - 1934-39 Repetitor Opernhaus Köln u. Duisburg, 1939-44 u. 1948-51 Kapellm. Opernhaus Hannover, s. 1951 I. Kapellm. Dt. Oper am Rhein D'dorf - Spr.: Franz., Engl., Portugies.

QUENTIN, Karl Ernst

Dr. rer. nat., em. o. Prof. f. Hydrogeologie u. -chemie TU München (s. 1965), Vizepräs. Abwassertechn. Vereinig., Bonn, Ehrenvors. Fachgr. Wasserchemie in Ges. Dt. Chemiker, Frankfurt, Ehrenpräs. Dt. Bäderverb. - Gustav-Adolf-Str. 20, 8650 Kulmbach (09221 - 79 75) - Geb. 17. Nov. 1918 Trier/Mosel (Vater: Konsul Karl Q., Kaufm.; Mutter: Gertrud, geb. Richter), ev., verh. s 1988 m. Christa, geb. Schiebler - Gymn., Univ. München (Chemie), Staatsex. 1949, Promot. 1950) - BV: Heil- u. Mineralquellen Nordbayerns, 1969; Handb. d.

Lebensmittelchemie Bd. Wasser u. Luft, 1969; Trinkwasser, 1988; Water Analysis, 1988. Div. Einzelarb. - 1958 Orca-Rolex-Preis Brüssel; 1975 Bayer. VO.; 1976 Gold. Bürgermed. Bad Kissingen; 1979 BVK I. Kl.; 1984 Gr. BVK - Liebh.: Bücher, Musik - Spr.: Engl., Franz. - Bek. Vorf.: Charles Q., Senator Milwaukee (USA).

QUENZEL, Heinrich

Dr. rer. nat., Prof. f. Meteorologie Univ. München - Eduard-Spranger-Str. 42, 8000 München 45 (T. 089 - 313 57 10) - Geb. 21. Sept. 1932 Waltershausen (Vater: Paul Q., Kaufm.; Mutter: Käthe, geb. Matthes), ev., verh. s. 1959 m. Heide, geb. Heuer, 3 Kd. (Elisabeth, Ernst-Markus, Irmina) - Dipl.-Phys. 1959 Univ. Hamburg, Promot. 1965 Univ. München, Habil. 1978 - S. 1979 Prof. in München. Zahlr. Aufs. in meteorol., opt. u. a. Ztschr.

QUERNER, Hans

Dr. rer. nat., Prof., Leiter Abt. Geschichte d. Biologie/Inst. f. Gesch. d. Med. Univ. Heidelberg - Haus Nr. 2, 3139 Laase - Geb. 22. Sept. 1921 Hamburg (Vater: Dr. med. Erich Q., Internist; Mutter: Charlotte, geb. Hamann), verh. in 3. Ehe (1971) m. Ilse, geb. Kretschmann, 3 Söhne (Dietrich, Ulrich, Thomas aus 1. u. 2. E.), 1 Tochter (Irene) - Fürst-Otto-Gymn. Wernigerode; Univ. Göttingen u. Freiburg - S. 1947 Univ. Heidelberg (Assistent Zoologisches Institut), Köln (1951; Institut für Entwicklungsphysiol.), Heidelberg (1953; Inst. f. exper. Krebsforsch., 1959 Diätendoz., 1962 apl. Prof.; 1966 Doz. Inst. f. Gesch. d. Med.). 1958-67 Redakt. Berichte üb. d. Wiss. Biol. (Springer-Vg.). Mitgl. Dt. Zool. Ges. u. Ges. f. Wiss.s-gesch. u. a. - BV: Stammesgesch. d. Menschen, 1968; V. Ursprung d. Arten, 1969 (m. a.); Deutsche Zoologische Ges. 1890-1990. Dok. u. Geschichte (m. Armin Geus), 1990.

QUEST, Christoph

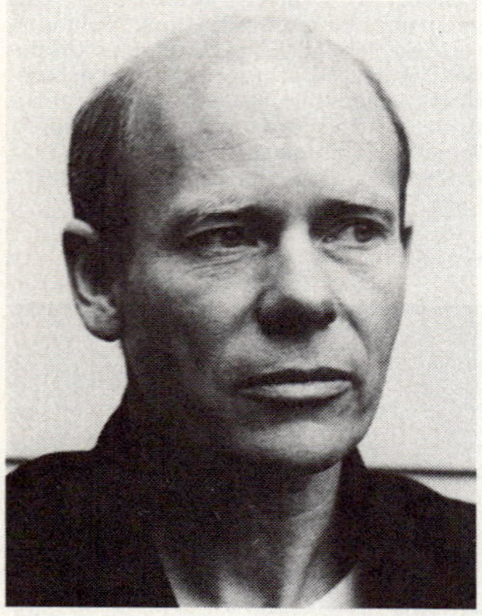

Schauspieler, Regisseur - Düsseldorfer Str. 111, 4000 Düsseldorf 11 (T. 0211 - 57 88 42) - Geb. 8. Okt. 1940 (Vater: Hans Q., Schausp. u. Regiss.), verh. s. 1986 m. Doris, geb. Rahlmann, 2 Söhne (Jörn, Jan) - 1961-63 Otto-Falckenberg-Sch. München (Lehrer Gerd Brüdern) - 1968-71 Freiburg, Kiel, Wuppertal, Berlin (Schillertheater); 1971/72 Fr. Volksbühne; 1972-75 Thalia-Theater Hamburg; 1975/76 Basel u. Bad Hersfeld; 1977/78 Dt. Schauspielhaus Hamburg - BV: Um Zug Um Zug (Theaterst.), 1988. Insz.: Um Zug Um Zug, Düsseld. Schauspielhaus 1988; D. Trio in Es-Dur (1990). Hauptrollen: Klaub in Kannibalen (Regie G. Tabori), Schillertheater Berlin 1971; Othello in Othello (Regie H. Hollmann), Theater Basel 1975; Kurfürst in Prinz v. Homburg (Regie M. Karge/Th. Langhoff), Dt. Schauspielhaus Hamburg 1975; Thorwald Helmer in Nora (Regie K. Weise), 1985; Faust in Don Juan u. Faust (Regie H. G. Heyme), 1986; Pastor Manders: Gespenster (Regie K. Weise), 1988; Hektor in Ilias v. Homer (Regie H. G. Heyme), 1989; St. Just in Dantons Tod (Regie Hans Hollmann), 1989; Feuerbach in Ich, Feuerbach (Regie Walter Adler), 1990; Advokat in Traumspiel (Regie David Mouchtar Samourai), 1990 Düsseldorfer Schauspielhaus. FS u.a.: Üb. Deutschl. (Regie P. Schulze-Rohr), 1963; Wunder d. Erziehung (Regie G. Eigler), 1978; Familie Oppermann (Regie G. Monk), 1982; Muttertreu (Regie G. Eigler), 1983; Lily Braun (Regie F. Umgelter), 1984; Väter u. Söhne (Regie B. Sinkel), 1986; Staatskanzlei (Barschel-Affäre) (Regie H. Breloer), 1989; Jan Hus, Jan Hus (Scholz). Film: 1 + 1 = 3 (Regie H. Genet); D. Johannespassion, Rolle: Jesus (Regie Hugo Niebeling), 1991 - Liebh.: Filmdrehb. schreiben, Möbeldesign, Innenarch. - Spr.: Engl. - Bek. Vorf.: Friedrich Q., Musikdir. Herford (Großv.).

QUEST, Hans

Regisseur u. Schauspieler - Titurelstr. 2, 8000 München 81 (T. 98 09 27) - Geb. 20. Aug. 1915 Herford (Vater: Friedrich Q., Musikdirektor; Mutter: Grete, geb. Paetz), ev., verh. I) 1940 m. Charlotte, geb. Witthauer (Schausp.), 2 Kd., II) 1968 Ingrid, geb. Capelle (Schausp.) - Gymn.; Schauspielsch. Staatstheater Berlin - S. 1935 u. a. Theater Wuppertal, Berlin (b. 1945 Volksbühne), Hamburg, München. Bühnenrollen: u. a. Beckmann, Stolzius, Julien, Don Carlos, Prinz (Emilia Galotti); in: Geliebter Lügner (Shaw), Frohe Feste, Hamlet, Chef in: Familiengeschäfte, Pfarrer in: Einsame Menschen v. Hauptmann (alle Staatsschausp. München); -insz.: Lady Frederick (kl. Komödie München), Draußen v. d. Tür, Seid nett zu Mr. Sloane, Ludus de nato mirificus (Orff); Gast Kammersp. München Sommer v. Eduard Bond unt. Luc Bondy; 1983 Salzburger Festsp. unt. Ingmar Bergman Don Juan; 1985 Gast Schillertheater Berlin als General in Dame vom Maxim, Regie: Hollmann. Filmrollen: Schiller (1940), Mary Ward u. a.; -regie: u. a. Wenn d. Vater m. d. Sohne, D. fröhl. Wanderer, E. Mann muß nicht immer schön sein, Charley's Tante, Dr. gr. Chance, Man müßte noch mal 20 sein, Nick Knattertons Abenteuer, 12 Mädchen u. e. Mann. Fernsehrollen: u. a. Oskar Wilde, in Gnadenbrot, in Der Nerz; -insz.: Paradies, Mrs. Selby, Es ist soweit - Bernadette, Krampus u. Angelika, Hava u. Igel, Boing-Boing, Immer u. e. Tag, D. Maulkorb, D. Halstuch, Tim Frazer, Lady Frederick, D. Narrenspiegel, Manolescu, Sonderdezernat K 1 (2 ×), Revolte im Erziehungshaus, Gefallen (Thomas Mann), Derrick (3 ×), d. Alte (2 ×), Forsthaus Falkenau (Serienrolle m. Ehefr. Ingrid Capelle). Film: Caspar David Friedrich (Rolle Ernst Moritz Arndt), 1987, Prof. Bernhardi (Rolle Prof. Pflugfelder) Staatsschauspiel München, 1987, Festsp. Bregenz UA Patt v. Kohut, 1987, Gastsp. Bayer. Staatsschausp. in Israel, 1988, Gastsp. Schillertheater Berlin, 1988, Stellv. v. Hochhut (Rolle Graf Fontana) Staatsschausp. München - 1966 Hersfeld-Preis; 1982 z. Bayer. Staatsschausp. ernannt; 1990 BVK am Bde. - Liebh.: Klass. Musik (Orchesterw.), Modelleisenbahn - Spr.: Engl. - Bek. Vorf.: Adolf Paetz, Musikdir. (Großv. ms.).

QUEST, Henner

Schauspieler - Degenfeldstr. 14, 8000 München 40 (T. 089 - 300 10 45) - Geb. 11. Dez. 1944 Annaberg, verh. s. 1985 m. Waltraud, geb. Gotter, T. Yvonne - Abit. 1965; Stud. Theaterwiss. (12 Sem.); Besuch priv. Schauspielsch. - S. 17 J. Arb. am Münchner Residenztheater Agentur Hanni Lentz; Gastsp. Münchner Volkstheater u. Kl. Komödie München - Div. Bühnenrollen: Flori (D. Brandner Kapar u. d. ewig' Leben). Bayer. Staatsschausp. München 1975-85 (nahezu 600 Vorst.): Schöne Gesch. m. Papa u. Mama, Kl. Komödie München 1978/79, D. verkaufte Großvater, Münchner Volkstheater 1985. FS: Goldfüchse (ARD 1973), D. verkaufte Großvater (ARD 1974), Zw. Stuttgart u. München (ARD 1975), D. Brandner Kaspar (ARD 1976), D. Komödienstadl (ARD 1977/78), Platzangst (ZDF 1978), Cockpit (ZDF 1979), U. d. Tuba bläst d. Huber (ZDF 1980-82, 26 Folgen), D. gutmütige Grantler (ZDF 1982), Kriminalassist. Faltermayer in Tatort (ARD 1982-86, 6 Folgen), Kneippiaden (ZDF 1984/85, 26 Folgen) - Liebh.: Tennis, Ski - Spr.: Engl., Ital.

QUILITZ, Erich

Dipl.-Kfm., Generaldirektor - Karl-Ladeburg-Str. Nr. 28, 6800 Mannheim-Neuostheim (T. 45 76 12) - Geb. 29. April 1907 Berlin - Volkssch.; kaufm. Lehre; Abendsch. (Externer-Abit.); Stud. Betriebsw. - S. üb. 25 Jahren Mannheimer Versicherungsges. (1958 Vorstandsmitgl., 1970 -sprecher, 1973 Vors.). S. 1962 Lehrbeauftr. WH bzw. Univ. Mannheim (Versich.sw.), s. 1973 ehrenamtl. Richter (Kammer f. Handelssachen LG Mannheim). ARsmitgl. Neue Rechtsschutz Versicherungs-Ges. AG., Mannheim - Liebh.: Bücher.

QUINGER, Gebhard

Dipl.-Landw., Generalsekretär a.D. - Strittholz 39, 8036 Herrsching/Ammersee (T. 08152 - 35 02) - Geb. 26. Aug. 1919 Würzburg, kath., verh. s. 1950 m. Dipl.-Landw. Renate, geb. Geflitter, 4 Kd. - Abit.; Stud. TH Darmstadt u. Univ. Stuttgart-Hohenheim (Naturwiss., Landw.). Dipl.-Ex. 1949 Univ. Hohenheim - 1950-82 Bayer. Bauernverb. (1973 Generalsekr.); s. 1983 Vorstandsmitgl. LVM-Versicherungsgr., Münster - 1975 Bayer. VO., 1977 Max-Schönleutner-Med. Landw. Fak. Weihenstephan, 1982 Bayer. Staatsmed. in Gold.

QUINK, Karlgerd

Dipl.-Volksw., Geschäftsführer Dt.-Arab. Handelskammer/German-Arab. Chamber of Commerce - 2, Sherif Street, Kairo (Ägypten).

QUINKERT, Gerhard

Dr. rer. nat., o. Prof. f. Organ. Chemie - Niederurseler Hang, 6000 Frankfurt/M. - Geb. 7. Febr. 1927 Lüdenscheid/W. - Promot. 1955; Habil. 1961 - S. 1965 o. Prof. TH Braunschweig u. Univ. Frankfurt (1970). Gastprof. amerik., kanad. u. israel. Einricht. Fachveröff. - 1983 Emil-Fischer-Med. (f. Aufklärung durch Licht ausgelöster Reaktionen u. deren meisterh. Anwend. b. d. Totalsynthese kompliz. Naturstoffe); 1985 Adolf-Windaus-Med. (f. bedeut. Beitr. z. Naturstoffchemie); s. 1988 Mitgl. d. Leopoldina; s. 1990 Mitgl. d. Europ. Akad.

QUINN, Freddy (Manfred)

Schauspieler, Sänger - Am Pfeilshof 35, 2000 Hamburg 68 (T. 601 91 72) - Geb. 27. Sept. 1931 Wien (Vater: Irischer Abst.; Mutter: Wienerin) - Gymn. - S. 1954 Schlager- u. Liedersänger. 13 Haupt- u. Titelrollen in Kinofilmen; zahlr. Theater-Rollen. - 45 Gold-Trophäen, div. Filmpreise. Üb. 40 Mill. verkaufte Schallpl. S. 1979 eig. Fernseh-Shows u. Serien; 1981 Konz. Carnegie-Hall New York - 1984 BVK I. Kl.

QUINTE, Lothar

Kunstmaler - Sophienstr. 105, 7500 Karlsruhe (T. 84 32 25); F 67 Wintzenbach 33 (T. 88-86 52 72) - Geb. 13. April 1925 Neisse - 5 Kd. - Kunstsch. Kloster Bernstein - S. 1950 freier Maler, intern. Ausst.: Malerei, Grafik, Kunst u. Archit. - Div. Kunstpreise - Lit.: Will Grohmann, H.H. Hofstädter, Rolf Gunter Dienst, Juliane Roh, Peter Iden u.a.

QUIRIN, Heinz

Dr. phil., em. o. Prof. f. Mittelalterl. Geschichte u. Histor. Landeskunde - Kirschenweg 17, 2308 Preetz - Geb. 24. Juni 1913 Leipzig - S. 1958 Tätigk. FU Berlin (1964); Ehrenmitgl. d. Österr. Arbeitskreises f. Stadtgeschichtsforschung, Linz (1982); Mitarb. Histor. Kommiss. Bayer. Akad. d. Wiss. - BV: Einf. in das Studium d. mittelalterl. Geschichte, 5. A. 1991; Herrschaft u. Gemeinde n. mittelalterl. Quellen d. 12. Jh. u. ff., 1952; D. dt. Ostsiedlung im Mittelalter, 2. A. 1985; Wesen d. Geschichtskarte, 1954; Friedrich III. in Siena (1452), 1958; Mitteld. Zinsregister, 1968; Forschungsprobleme d. Siedlungsgesch., 1971; Mgf. Albrecht als Politiker, 1971; Landesherrschaft u. Adel, 1972; Ista villa iacet totaliter desolata. Z. Wüstungsproblem, 1973; Div. Fachaufs. u. Rez. z. them. Kartographie u. Histor. Landeskde.; Mitteldtschl. als Geschichtsraum, 1976. Mitherausg.: Westermanns Atlas z. Weltgesch.; Histor. Handatlas v. Brandenburg u. Berlin; Landschaft als interdisziplinäres Forsch.-problem (1977).

R

RAAB, Alfons

Wirtschaftsforscher, Hauptgesell. u. Geschäftsf. Markt-Daten-Inst. Ges. f. Wirtschafts- u. Sozialforsch., Frankfurt/M. (s. 1967) - Habichtstr. 10, 6078 Neu-Isenburg-Gravenbruch (T. 5 26 23) - Geb. 29. März 1922 München, kath., verh. s. 1948 m. Marianne, geb. Landauer, 2 Söhne (Günther, Klaus) - Ausbild. RAS OMG headquarters (1950) - 1951-67 Divo Inst. f. Markt-, Meinungs- u. Sozialforsch., Frankfurt (Mitbegr.; gf. Dir.). Herausg.: Praktikum d. Meinungsforsch. (1953).

RAAB, Andreas Heinz

Dipl.-Verwaltungswirt, Bürgermeister Stadt Laichingen - Wilhelmstr. 37, 7903 Laichingen (T. 07333 - 85 0) - Geb. 23. Okt. 1955 Stuttgart (Vater: Friedrich R., Rentner; Mutter: Lilli, geb. Beyhl), ev., verh. s. 1975 m. Ingeborg, geb. Knödler, 4 Kd. (Matthias, Christina, Katharina, Johannes) - Stud. FHS f. öfftl. Verw. Stuttgart; Dipl.-Verwaltungswirt (FH) - 1977-80 Stadtinsp. Korntal-Münchingen; s. 1980 Bürgerm. (m. 25 J.!), weit. Ehrenämter - Liebh.: Sport, Lit., Musik - Spr.: Engl., Latein, Franz.

RAAB, Ernst-Ludwig

Dipl.-Ing., Ltd. Baudirektor, Leit. Wasser- u. Schiffahrtsdir. Südwest/Außenst. Freiburg - Stefan-Meier-Str. 4-6, 7800 Freiburg/Br. (T. 0761 - 271 83 50).

RAAB, Fritz

Schriftsteller - Helbingstr. 32, 2000 Hamburg 70 (T. 040 - 693 49 73) - Geb. 2. April 1925 Siegen/W. (Vater: Dr. Erich R., Kinderarzt; Mutter: Johanna, geb. Kaletzky), 2 Kd. (Michael, Anja-Grita) - Abit. - Redakt. - Jugendb.: u.a. Ab mit dir ins Vaterland, 1977; D. Denkmal, 1979; Stadttheater, 1984. Hör- u. Fernsehsp. sow. Theaterst. - Spr.: Engl., Franz., Ital.

RAAB, Rosemarie

Senatorin f. Schule, Jugend u. Berufsbildung Hamburg - Behnstr. 79, 2000 Hamburg 50 - Geb. 12. Nov. 1946, verh. s. 1984 m. Helmuth, S. Janko - Soziol. (M.A.) u. Sozialpäd. - 1982-87 Mitgl. Hbg. Bürgerschaft.

RAAB, Walter

Dr.-Ing., o. Prof. f. Maschinenelemente u. Mechanik TH Darmstadt (s. 1966) - Robert-Koch-Str. 16, 6100 Darmstadt-Eberstadt (T. 5 15 11) - Geb. 23. März 1929 Darmstadt - Zul. Doz. Ing.sch. Osnabrück - Facharb.

RAABE, Joachim

Dr.-Ing., em. o. Prof. u. Direktor Inst. f. Hydraul. Maschinen u. Anlagen TU München (1962-88) - Sonnenstr. 1, 8023 Pullach/Isar - Geb. 10. Juli 1920 Berlin (Vater: Oswald R., Major; Mutter: Maria, geb. Harzer), ev., verh. s. 1949 m. Dr. rer. nat. Berta, geb. Gruber, 3 Kd. (Heidi, Thomas, Michael) - TH Dresden u. München (Stud. durch Kriegsdst. unterbr.). Promot. (1953) u. Habil. (1956) München - 1957ff. Escher Wyss GmbH,

Ravensburg. Gastvorles. Indian Inst. of Techn., Madras (Indien), Univ. São Paulo (Brasil.), Laval Univ., Quebec u. Hydro-Quebec, Montreal (Kanada), Univ. Central Caracas (Venezuela), Politechn. Inst. Timisoara (Rumänien), Techn. Huazhong Univ. Wuhan (China). UNESCO-Berat., Berat. Prof. Techn. Huazhong Univ. Gastvortr. in Europa u. Übersee. Spez. Arbeitsgeb.: Kavitationsforsch. Mitgl. VDI, IAHR, SHF, ASME - BV: D. Relativwirbel als Verlust- u. Störungsursache f. d. Rotationssymmetrie d. Stromflächen bei axialen Turbomaschinen, 1958; Beiträge z. Berechnung v. Kaplanturbinen, 1959; D. mechan. Auswirk. d. Kurzschlusses b. Rohrturbinen m. Planetengetrieben, 1962; E. Beitrag z. Relativströmung in diagonal durchströmten Turbinen, 1962; Hydraul. Maschinen u. Anlagen, 4 Bde. 1968/70 (auch russ.), 2. A. 1989; Hydro Power, 1984 - Liebh.: Phil., Technikgesch., Malen - Spr.: Engl., Franz., Lat., Span., Russ. - Gold. Sportabz., Gold. Ehrenmed. VDI.

RAABE, Paul

Dr. phil., Dr. h.c., Prof. - Roseggerweg 45, 3340 Wolfenbüttel (T. 05331 - 4 26 21) - Geb. 21. Febr. 1927 Oldenburg, ev., verh. s. 1953, 4 Kd. - Promot. 1957, Habil. 1967 - Zul. Dt. Literatur-Archiv Marbach. 1958-68 Leiter Bibliothek d. Dt. Literaturarchivs Marbach, 1968-92 Dir. Herzog August Bibliothek, 1968 Lehrauftr. Univ. Göttingen - BV: Alfred Kubin - Leben/Werk/Wirkung, 1957; D. späte Expressionismus 1912-22, 1970; Einführung in d. Bücherkunde, 10. A. 1975; Quellenkunde z. neueren dt. Literaturgeschichte, 3. A. 1962; Die Briefe Hölderlins, 1957; Index Expressionismus, 1972; Bücherlust u. Lesefreuden, 1984; Friedrich Nicolai 1733-1811, 2. A. 1986; D. Autoren u. Bücher d. lit. Expressionismus, 1985, 2. A. 1992; Gottfried Benn in Hannover 1935-37, 1986; D. Bibliothek als humane Anstalt betrachtet, 1986; Wie Shakespeare durch Oldenburg reiste. Skizzen u. Bilder aus d. oldenburg. Kulturgesch., 1986; Goethe-Briefe. Nachträge z. Weimarer Ausg., 1989; Tradition u. Herausforderung. Kulturpolit. Betrachtungen, 1990; Spaziergänge durch Goethes Weimar, 1990; Bibliosibirsk od. Mitten in Deutschland, 1992. Zahlr. Aufs. u. Veröffentl. Herausgebertätigk., vgl. B. Strutz: Bibliographie Paul Raabe, München 1987.

RAACK, Heinz F.

Beamter i. R., Dt. Meister im Tischtennis u. im Tennis - Odenwaldstr. 11, 1000 Berlin 41 (T. 030 - 821 74 41) - Geb. 30. Nov. 1916 Friedenau/b. Berlin, ev., verw., 2 Kd. (Helga, Hans Dieter) - Abit.; Verwaltungssch. - Beisitzer Sportgericht Dt. Tisch-Tennis-Bd.; Kassenprüfer Berliner Tennis-Verb.; üb. 10 J. Kassenprüfer Landessportbd. Berlin (b. 1985); 18 J. Vizepräs. Berliner Tisch-Tennis-Verb. (b. 1971). Mitbegr. d. Berliner Tennis-Verb. n. 1945 - Tischtennis: Dt. Meister (Einzel) 1941, 47 u. 49; (Doppel) 1944, 47 u. 49; Dt. Vereinsm. 1935. Tennis: Dt. Meister m. d. Berliner Schomburgk-Mannsch. 1964 u. 65, Vizemeist. 1963 u. 66 - Gold. Ehrennadel Stadt Berlin (Sport); gold. Ehrennadel Berliner Tisch-Tennis-Verb.; silb. Ehrennadel Stadt Neumünster; Ehrennadel in Bronze Dt. Tisch-Tennis-Bund; silb. Ehrennadel Berliner Tennis-Verb.; 1987 Gold. Ehrennadel Dt. Tischtennis-Bund; 1988 Gold. Ehrennadel Dt. Beamten-Bund; 1991 Med. u. Urkunde Landessportbund Berlin.

RAAF, Hermann

Dr. rer. nat., o. u. Honorarprof. P.H. Reutlingen u. Univ. Tübingen - Bodelschwinghstr. 10, 7410 Reutlingen (T. 23 91 97) - Geb. 23. März 1914 Nagold (Vater: Hermann R.; Mutter: Pauline, geb. Failenschmid), ev., verh. m. Ingeborg, geb. Eichinger, 3 Töcht. (Ulrike, Gabriele, Susanne) - Realgymn. Freudenstadt (Kepler-Sch.); Univ. Tübingen, Königsberg, Göttingen, TH Stuttgart (Chemie, Biol., Geogr., Päd., Phil.). Promot. 1941; Ass.ex. 1948 - 1937-42 Assist. TH Stuttgart; 1945-60 Schuldst. Tübingen (Kepler-Sch.) u. Nagold (Obersch., Aufbaugymn.); 1961-62 Gastprof. Barlow College Amenia (USA); s. 1962 Doz. u. Prof. f. Chemie (Didaktik d. Chemie), 1964 Päd. Hochsch. Reutlingen (1964-68 Prorektor), Mitgl. Landesjury Wettbew. Jugend forscht, 1975 Honorarprof. Univ. Tübingen - BV: Chem. Praktikum, 1966 (m. Sieber); Römpp +/Raaf, Chemie d. Alltags - Prakt. Chemie f. Jedermann, 26. A. 1985; Römpp/Raaf, Chem. Experimente, d. gelingen, 22. A. 1987 (5 Übers.); Römpp/Raaf, Organ. Chemie, 15. A. 1983; Römpp/Raaf, Chem. Experimente m. einfachen Mitteln, 9. A. 1984; Meyendorff/Radau/Raaf, Laborgeräte u. Chemikalien, 1975; Kunststoffe, 1964; Raaf/Radau, Chem. Grundpraktikum, 2. Bde. 1979; Chemie ganz einfach, 2. A. 1984 (holl. 1985, poln. 1986). Üb. 110 Fachaufs. Übersetzungen: Bold, System d. Pflanzen, 1964; Linus Pauling, D. Moleküle, 1968 - Liebh.: Alte Gesch., Kunstgesch. - 1984 1. Träger des Heinrich-Rössler-Preis d. Ges. Dt. Chemiker - Lit.: Neumüller, Chemie-Lexikon V/2876 (1975), Kürschners Gelehrten-Kalender (1980).

RAAPKE, Hans-Dietrich

Dr. phil., Prof., f. Pädagogik - Tuchtweg 19a, 2900 Oldenburg/O. - Geb. 5. Jan. 1929 Hannover - Gegenw. o. Prof. Univ. Oldenburg - 1972 Ruf FU Berlin u. 1975 Ruf Univ. Hamburg (bde. Lehrst. f. Erziehungswiss.) abgelehnt. 1979-80 Präs. 1980-82 Vizepräs. Univ. Oldenburg. Mitgl. - Rundfunkrat NDR.

RAAPKE, Hansjürgen

Bankkaufmann, stellvertr. Vorstandsmitgl. Bankhaus Centrale Credit AG., Düsseldorf - Rosenstr. Nr. 24, 8021 Neuried b. München (T. 755 35 69) - Geb. 3. Okt. 1934 Berlin (Vater: Arnold R., Bankkfm.; Mutter: Christel, geb. Ihssen), ev., verh. s. 1964 m. Marita, geb. Porschen, 2 Kd. (Alexandra-Marita, Nicola-Marita).

RAASCH, Friedrich-Wilhelm

Rechtspfleger a. D., MdL Nieders. (1978-90), Geschäftsf. Nieders. Landesrundfunkaussch., Hannover (s. 1990) - Kaffeepad 9, 2804 Lilienthal - Geb. 12. Okt. 1938 Hildesheim, verw., Tochter - Schule Bremen (Abit. 1959); Rechtspflegerausbild. Nieders. (Prüf. 1962) - S. 1962 Rechtspfleger Lilienthal, Osterholz-Scharmbeck u. Verden. 1968-90 Ratsmitgl. u. Bürgerm. (1974-90) Lilienthal; MdK Osterholz. CDU s. 1968.

RAASCH, Martin

Beamter, MdA Berlin (s. 1975) - Fritz-Erler-Allee, 1000 Berlin 47 - Geb. 24. Dez. 1938 Berlin - SPD.

RAATZ, Günther

Dr. jur., Vorstandsmitglied Hüls AG - Lübecker Str. 10, 4390 Gladbeck (T. 02043 - 7 20 22) - Geb. 10. Sept. 1925 Halle/S. - 1955-69 Personaldir. Preussag AG., Metall; 1969-73 Dir. Gutehoffnungshütte Aktienverein; 1974-83 Vorst.-Mitgl. Veba-Glas AG.

RABAS, Josef

Dr. theol., Prof. f. Pastoraltheologie u. Religionspäd. - Parkstr. 3a, 8702 Rottendorf/Ufr. (T. 4 28) - Geb. 28. Okt. 1908 Saaz/Sudetenl., kath. - S. 1960 (Habil.) Lehrtätigk. Univ. Würzburg (1967 apl. Prof.) - BV: D. katechet. Erbe d. Aufklärungszeit, 1963. Fachaufs.

RABAST, Udo

Dr. med. habil., Prof., Chefarzt (Internist, Gastroenterologe) St. Elisabeth-Krankenhaus, Niederwenigern (s. 1980) - Grünstr. 72, 4320 Hattingen - Geb. 5. März 1943, ev., verh. s. 1971 m. Ulrike, geb. Eichler, Sohn Guido - Staatsex. u. Promot. 1970 Erlangen, Habil. 1979 Würzburg - S. 1980 Chefarzt s.o.; 1986 Prof. Dr. med. habil. - BV: Therapie d. Adipositas, 1978 (Hrsg. m. a.); Diätetik in d. Gastroenterol., 1982 (Hrsg. m.a.); Ernährungsbehandl. m. Formeldiät, 1984 (Hrsg. m.a.); Klinik u. Therapie d. Diabetis mellitus, 1986 (Hrsg. m. a.); Ernährungstherapie, Lehrb. 1987 (Hrsg. m.a.); Diätetik-Lebensmittelrecht, 1988 (Hrsg. m. a.). Rd. 160 wiss. Publ. in deutsch- u. englischspr. Ztschr. - Spr.: Engl., Latein.

RABBETHGE, Renate-Charlotte, geb. Hahn

Auslandskorrespondentin, Mitgl. Europ. Parlament (I. Wahlp.) - Haus Borntal, 3352 Einbeck/Nieders. - Verh. mit Matthias R. - CDU.

RABE, Horst

Dr. jur., Dr. theol., o. Prof. Univ. Konstanz (Fachbereich Geschichte) - Schwanenweg 4, 7750 Konstanz 21 (T. 07533 - 47 45) - Geb. 19. Aug. 1930 Hildesheim (Vater: Willy R., Ingenieur), verh. m. Renate, geb. Brückel - Fachveröff.

RABE, Peter

Rechtsanwalt, MdL Niedersachsen (s. 1990) - Mühlenstr. 36, 2818 Rethem/Aller (T. 05165 - 17 79) - Geb. 10. Nov. 1951 Schwarmstedt, ev., verh. s. 1980 m. Anita, geb. Lehmann (Rechtsanw.), 2 Kd. (Maja Lena, Andreas) - US High School Diploma 1969 Michigan, USA; Abit. 1970 Verden; Jura- u. Politikstud. Univ. Marburg, Washington u. Bonn; 1. jurist. Staatsex. 1980 Bonn; 2. jurist. Staatsex. 1983 Celle.

RABE, Wolfgang Maria

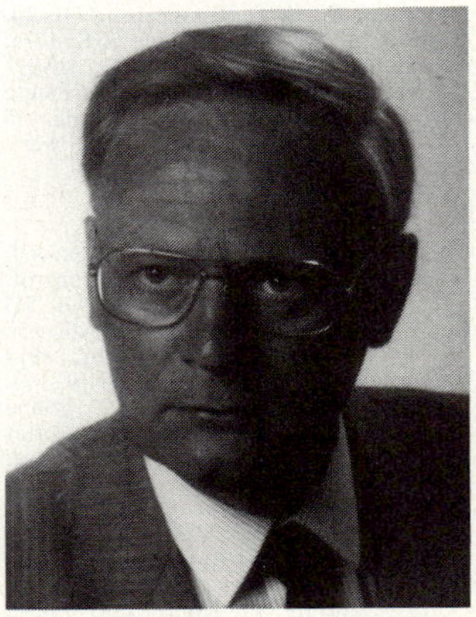

Dipl.-Betriebswirt, Hauptgeschäftsführer Verb. Dt. Gebirgs- u. Wandervereine - Goethestr. 20, 6601 Riegelsberg (T. 0681 - 39 00 70) - Geb. 10. Okt. 1933 Amsterdam, kath. - 1. Vizepräs. Europ. Wandervereinig.; Landesvors. Volksbd. Dt. Kriegsgräberfürsorge Saarland - 1977 BVK, 1991 BVK I. Kl.

RABELS, Peter

Dr., Staatsrat Gesundheitsbehörde - Tesdorpfstr. 8, 2000 Hamburg 13.

RABENALT, Arthur-Maria

Filmregisseur - Cureggia, Tessin/Schweiz (T. Lugano 2 82 87) - Geb. 25. Juni 1905 Wien, verh. in 2. Ehe s. 1934 (Ehefr. Natascha) - Bühnen Gera, Würzburg, Darmstadt, Berlin (Kroll-Oper; unt. Hitler mehrere Jahre Regieverbot; 1947-49 Int. Metropol-Theater). Filme (1939 ff.): Johannisfeuer, Flucht im Dunkeln, Weißer Flieder, Achtung - Feind hört mit!, Leichte Muse, ...reitet f. Dtschl., Fronttheater, Meine Frau Therese, Zirkus Renz, Liebespremiere, D. Leben ruft, Am Abend nach d. Oper, D. Mädchen Christine, Chemie u. Liebe, Morgen ist alles besser, Anonyme Briefe, Martina, Nächte am Nil, 0.15 Uhr, Zimmer 9, D. Frau v. gestern nacht, D. Schuld d. Gabriele Gottweil, Hochzeit im Heu, Unvergängl. Licht, D. Försterchristl, Alraune, D. weiße Abenteuer, D. Fiakermilli, Wir tanzen auf d. Regenbogen, D. Vogelhändler, D. letzte Walzer, D. unsterbl. Lump, D. Zigeunerbaron, D. Sonne v. St. Moritz, D. Zarewitsch, Solang es hübsche Mädchen gibt, Unternehmen Schlafsack, Liebe ist ja nur e. Märchen, D. Ehe d. Dr. Dankwitz, Zw. Zeit u. Ewigkeit, Skandal um Dr. Vlimmen, Glücksritter, Frühling in Berlin, F. 2 Groschen Zärtlichkeit, Meine Heimat ist tägl. woanders, (Geliebte Bestie, Laß' mich am Sonntag nicht allein, D. Held meiner Träume, Mann im Schatten; Fernsehen - BV (1958-68): Film im Zwielicht; Tanz u. Film; Theatrum Sadicum (D. Marquis de Sade u. d. Theater), Minus Eroticus (2 Bde.) - Liebh.: Pudel.

RABINI, Hubert

Landrat Kr. Oberallgäu (s. 1978) - Landratsamt, 8972 Sonthofen/Schw. - Geb. 14. April 1933 St. Mang - U. a. Stadtoberrechtsrat u. I. Bürgerm. Immenstadt. CSU.

RACKÉ, Doris

Mitglied d. Synode d. EKD (s. 1991) - Im Tal, 6741 Hofstätten (T. 06397 - 2 47) - Geb. 20. April 1937 Kaiserslautern, verh. s. 1957 m. Ernst A. D. R. - 3 Söhne (Kurt, Olaf, Bernd) - S. 1979 Landessynodale u. Mitgl. d. Kirchenreg. d. ev. Kirche d. Pfalz (Prot. Landeskirche); s. 1985 1. Vors. d. nichtstaatl. Entw.hilfeorg. Senegal-Hilfe-Verein e.V. - Jährl. Aufenthalte v. 3 b. 4 Mon. in Senegal - Liebh.: Reisen, Musik - Spr.: Franz.

RACZAK, Hans

Geschäftsführer Lehmann + Hildebrandt GmbH (Briefpapierausstattungen) - Wilhelm-Bergner-Str. 5, 2056 Glinde.

RADATZ, Werner

Präsident Kirchenkanzlei d. Ev. Kirche d. Union - Ber. Bundesrep. Deutschl. u. Berlin-W. (s. 1988) - Jebensstr. 3, 1000 Berlin 12 - Geb. 20. März 1932, ev., verh. s. 1956 m. Ilse, geb. Rackwitz, 3 Kd. (Bettina, Matthias, Ulrike) - 1951-55 Beamter Dt. Bundespost; 1955-60 Theol.-Stud. Berlin u. Göttingen - 1962-75 Pfarrer Berlin-Neukölln; 1975-88 Superintendent Berlin-Tiergarten; S. 1973 Mitgl. d. Synode d. Ev. Kirche in Deutschland (EKD).

RADDATZ, Carl

Schauspieler - Stallupöner Allee 54, 1000 Berlin 19 (T. 304 34 26) - Geb. 13. März 1912 Mannheim (Vater: Carl R., Bankbeamter; Mutter: Lina, geb. Nußbickel), verh. 1950 m. Hildegard, geb. Matschke (†1966) - Tulla-Oberrealsch. Mannheim (Abit.); Schauspielunterr. b. Willy Birgel (damals Nationaltheater Mannheim) - Bühnen Mannheim, Darmstadt, Bremen, Göttingen (1951), Berlin (Städt. Bühnen, 1958). U. a. Feuerwasser, Ulla Winblad (beides UA. unt. Heinz Hilpert in Göttingen); Berlin: u. a. Ziegeninsel, D. Verbrecher, Nachtasyl, Onkel Wanja, D. 3 Schwestern, Pariser Komödie, Andersonville-Prozeß, Totentanz, Was ihr wollt (Narr; Kortner-Insz. 1962), D. Ratten (John), D. Hptm. v. Köpenick (Voigt; auch Gastsp. New York 1964), Herr Puntila u. s. Knecht Matti (Matti), Des Teufels General (General Harras, 1967), Jegor Bulytschow u. d. anderen (J. B., 1968); Warten auf Godot (Gastsp. London, Paris, New York, Dublin, Jerusalem, Tel Aviv). Film: Urlaub auf Ehrenwort, Verklungene Melodie, Befreite Hände, Wunschkonzert, Das war mein Leben, Immensee, Opfergang, Unter den Brücken, In jenen Tagen, Wohin d. Züge fahren, Geliebtes Leben, Made in Germany, Jons u. Erdme, Synchronspr. (Taylor, Lancaster, Bogart (†), Douglas, Mitchum, José Ferrer); Fernsehen: Oberst Abel - 1963 Berliner Staatsschausp.; 1972 Ehrenmitgl. Schiller- u. Schloßpark-Theater; 1972 BVK I. Kl.; 1974 Mannemer-Bloomaul-Orden; 1979 Bundesfilmpreis/Filmband in Gold (f. Langj. u. hervorrag. Wirken im dt. Film); 1987 Ernst-Reuter-Plakette v. Senat Berlin - Liebh.: Antiquitäten, Ostasiat. Kunst, Reisen - Spr.: Engl. - FS: Die Stimme - Begegnung m. C. R. (ARD 21. April 1980).

RADDATZ, Fritz J.

Dr. phil., Prof., Publizist - Geb. 3. Sept. 1931 Berlin (Vater: Friedrich (Direktor Ufa); Mutter: Alice R.), ev. - Humboldt-Univ. Berlin (German., Gesch., Theaterwiss., Kunstgesch., Amerik.), Staatsex. 1953; Promot. 1954; Habil. 1971 - Bis 1958 stv. Cheflektor Volk u. Welt, Berlin (Ost); dann Cheflektor Kindler Verlag, München; 1960-69 (Rücktr.) stv. Ltr. Rowohlt Verlag Reinbek; 1970-71 Inst.ltr. Der Spiegel Hamburg; 1977-85 Feuilletonchef; s. 1986 Kulturkorresp. DIE ZEIT, Hamburg - Div. Fernsehfilme: Kurt Tucholsky, Ezra Pound, Louis Aragon, Erich Mühsam, Paul Wunderlich u. a. - BV: Traditionen u. Tendenzen - Materialien z. Lit. d. DDR, 1971; Georg Lukács, Monogr. 1972; Paul Wunderlich - d. graph. Werk, 1974; Karl Marx - e. polit. Biogr., 1975; Heine - e. dt. Märchen, 1977; Revolte u. Melancholie, Ess. z. Literaturtheorie 1979; Eros. u. Tod, literar. Ess. 1980; D. Nachgeborenen - Leseerfahr. m. zeitgen. Lit., 1983; Kuhauge, Erz. 1984; D. Wolkentrinker, R. 1987; Kurt Tucholsky - E. Pseudonym, Biogr. Ess. 1989; Geist u. Macht, Pol. Ess. 1989. Herausg.: Kurt Tucholsky - Ges. Werke Bd. 1-3, 1960-61; K. T.-Ausg. Briefe, 1962; Marxismus u. Lit. - Dokumentat. in 3 Bde., 1969; Franz Mehring - Ausgew. Werke, 4 Bde., 1974-75; Warum ich Marxist bin, 1978, Mohr an General, Marx u. Engels in ihren Briefen, 1980; Friedrich Sieburg: Z. Lit., 2 Bde. 1981; Kurt Tucholsky: Unser ungelebtes Leben - Briefe an Mary, 1982; Kurt Tucholsky: Republik wider Willen, 1989; Kurt Tucholsky: Ich kann nicht schreiben ohne zu lügen - Briefe 1913-1935, 1989 - Adolf-Grimme-Preis; Mitgl. PEN-Zentrum BRD; Vors. Kurt-Tucholsky-Stiftg.; Officier de l'Ordre des Arts et des Lettres - Spr.: Engl., Franz. (Übers.).

RADDATZ, Klaus

Dr. phil., o. Prof. em. f. Vor- u. Frühgesch. Univ. Göttingen - Hainholzweg 34, 3400 Göttingen - BV: u. a. D. Schatzfunde d. Iber. Halbinsel v. Ende d. 3. b. z. Mitte d. 1. Jh.s, 1968. Div. Einzelarb. - 1970 o. Mitgl. DAI. 1971 korr. Mitgl. Real Academia de la Historia, Madrid.

RADEMACHER, Hans C.

Dr. rer. pol., Dipl.-Kfm, Fabrikant (Ernst Rademacher GmbH., Meerbusch) - Am Tann 1, 4300 Essen-Bredeney (T. 41 36 70) - Geb. 19. Juli 1904 Leipzig (Vater: Ernst R., Fabrikbesitzer; Mutter: Hanna, geb. Leuchs, Dramatikerin (s. XVI. Ausg.), ev., verh. s. 1932 m. Dipl.-Kfm. Maria, geb. Schultz - Univ. Köln, Lausanne, Paris, Madrid, London - 1943-45 stv. Mitgl. Direktorium Fried. Krupp, Essen; 1948-55 Vorstandsmitgl. Th. Goldschmidt AG., Essen - BV: Devisenpolitik als Waffe d. Handelspolitik, 1936; Vergessene Poesien, 1963; D. Wort als Heimat, 1964; D. Mensch u. d. Zeit, 1970; Nicht durch vieles Frühaufstehen wird es eher Tag, 1974; D. Problem d. Todes bei Rainer Maria Rilke, 1978; Mosaico Italiano 1980 - Spr.: Engl., Franz., Ital., Span.

RADEMACHER, Paul

Dr. rer. nat., Prof. f. Organische Chemie, Univ. GH Essen - Universitätsstr. 5, 4300 Essen 1 (T. 0201 - 183 24 04) - Geb. 21. April 1940 Buxtehude - Abit.; Stud. d. Chemie Saarbrücken u. Göttingen, Promot. 1968 Göttingen, Habil. 1974 Münster - Spr.: Engl., Norweg.

RADEMACHER, Wolfgang

Bundesrichter Bundesfinanzhof, München - Titurelstr. 4, 8000 München 81 (T. 98 14 36) - Geb. 21. Nov. 1909, verh.

RADEMAKER, Josef

Geschäftsführer, MdL Nordrh.-Westf. (s. 1971) - Aue 1, 4290 Bocholt-Lowick (T. 4 36 19; dstl.: 32 24) - Geb. 30. Sept. 1919 - U. a. Gewerksch. Textil-Bekleid. SPD.

RADEMANN, Wolfgang

TV-Producer - Beskidenstr. 39, 1000 Berlin 38 (T. 030 - 803 79 44) - Geb. 24. Nov. 1934 Berlin, ledig - 260 TV-Sendungen, u.a. Schwarzwaldklinik, Traumschiff, Hotel Paradies, Insel der Träume - BVK; Goldene Kamera; Bambi (2×); Telestar.

RADERMACHER, Karlheinz

Dr.-Ing., Direktor - Hindenburgstr. 37, 8134 Pöcking/Starnb. See - Geb. 1931 - B. 1973 Geschäftsf. SKF Kugellagerfabriken GmbH, Schweinfurt (Ressort: Forsch. u. Entw.), dann stv., s. 1976 o. Vorst.-Mitgl. Bayer. Motorenwerke AG/BMW (Ressort: Forsch. u. Entw.); s. 1983 stv. Vorst.-Vors. Zahnradfabrik Friedrichshafen AG; s. 1986 Vors. d. Geschäftsf. Pierburg GmbH, Neuss, u. Vorst.-Mitgl. Rheinmetall Berlin AG, Düsseldorf; s. 1988 gf. Ges. Techno Consult GmbH, München - Spr.: Engl. - Rotarier.

RADKAU, Joachim

Dr. phil., Prof. f. Neuere Geschichte Univ. Bielefeld - Bultkamp 16, 4800 Bielefeld 1 - Geb. 4. Okt. 1943 Oberlübbe (Vater: Günther R., ev. Pfarrer; Mutter: Ruth, geb. Koch), ev., verh. s. 1969 m. Orlinde, geb. Petersen - Stud. Univ. Münster, Berlin u. Hamburg (Promot. 1970 Hamburg) - 1971 Wiss. Assist. PH Westfalen-Lippe; 1974 Doz., 1978 apl. Prof., 1980 Prof. Univ. Bielefeld - BV: D. dt. Emigration in d. USA, 1971; Dt. Ind. u. Politik (m. G. W. F. Hallgarten), 1974; D. Entsteh. d. Atomwirtsch. in d. Bundesrep. Dtschl. (Habil.schrift), 1980; Aufstieg u. Krise d. dt. Atomwirtsch. 1945-75, 1983; Holz - E. Naturstoff in d. Technikgeschichte (m. I. Schäfer), 1987; Technik in Deutschl. v. 18. Jh. bis z. Gegenwart, 1989.

RADKE, Gerhard

Dr. phil., Ltd. Oberschulrat b. Senator f. Schulwesen v. Berlin i. R., Honorarprof. f. Geschichte u. Kultur d. Antike TU Berlin (s. 1959) - Marienburger Allee 50 (T. 302 68 34) - Geb. 18. Febr. 1914 Berlin, ev., verh. s. 1955 m. Dipl.-Ing. Hannelore, geb. Wieland, 2 Söhne (Stephan, Matthias) - BV: D. Götter Altitaliens, 2. A. 1979; Cicero, e. Mensch seiner Zeit, 1968; Politik u. lit. Kunst im Werk d. Tacitus, 1971; Viae publicae Romanae, 1971 (ital. Übers. 1981); Archaisches Latein, 1981; Zur Entwickl. d. Gottesvorstellung u. d. Gottesverehrung in Rom, 1987; Fasti Romani, 1990. Buchbeitr. u. Ztschr.aufs. - Kommandeur Kgl. Griech. Phoenix-Orden; 1985 BVK; Ehrenbürger Camerino (Ital.), Chassid omoth haolam (Israel), korr. Mitgl. Ateneo di Brescia. Soc. stran. Istituto Marchigiano Ancona - Lit.: Beitr. z. altital. Geistesgesch., Festschr. z. 70. Geb. (1984).

RADKE, Hans-Dieter

Fernsehjournalist ZDF - Am Hermannsberg 26, 6200 Wiesbaden-Frauenstein (T. 42 68 68) - Geb. 8. März 1932 Delmenhorst (Vater: Johannes Georg R., Kaufm.; Mutter: Maria, geb. Pempel), kath., verh. s. 1964 m. Marlis, geb. Stegh - Stud. Theaterwiss., German., Psych. Univ. Mainz, München u. Köln - 1959-62 Fr. Mitarb. WDR, 1962/63 WWF; 1963-75 ZDF-Redakt. Kl. Fernsehsp., ab 1975 ZDF-Redakt. Kinder u. Jugend; ab 1988 Redakt.-Leit. ZDF Reihen u. Serien (VA) I - Spr.: Engl.

RADKE, Rudolf

Freier Journalist - Wiesbadener Str. 17, 6240 Königstein/Ts. (T. 43 26) - Geb. 30. April 1925 Berlin (Vater: Willi R.; Mutter: Margarete, geb. Augstin), ev., verh. s. 1951 m. Lucy, geb. Ruthe, 3 Kd. (Klaus, Martina, Stephanie) - B. 1942 Obersch. Berlin (Adlershof); 1952-57 Univ. Bonn u. Berlin (Gesch., Phil., Staatsrecht) - S. 1952 UPI (Chef v. Dienst), SFB (1957 innenpolit. Redakt., 1960 Bonner Korresp.), ZDF (1962 Leit. Hauptabt. Tagesgeschehen, 1971-87 Leit. Hauptredaktion Außenpolitik, 1987-90 stv. Chefredakt.) - Spr.: Engl. - Rotarier.

RADL, Walter

Dr. theol., Prof. f. Neutestamentliche Exegese Univ. Augsburg - Watzmannstr. 5, 8906 Gersthofen (T. 0821 - 49 92 94) - Geb. 10. Mai 1940 Aussig/Elbe, kath., verh. s. 1968 m. Gertrud, geb. Fühles, 3 Kd. (Eckart, Albert, Hildegard) - Gymn. Dillingen/Donau; Stud. Phil., Theol. u. Gesch. Innsbruck u. Bonn; neutestamentl. Spezialstud. in Bochum; Promot. Bochum; Habil. (Exegese u. Theol. d. Neuen Testaments) Bochum - Priv.-Doz. Univ. Bochum; Ord. f. Neutestamentl. Exegese Univ. Augsburg - BV: Paulus u. Jesus im lukanischen Doppelwerk. Unters. zu Parallelmotiven im Lukasevangelium u. in d. Apostelgesch., 1975; Ankunft d. Herrn. Z. Bedeutung u. Funktion d. Parusieaussagen b. Paulus, 1981; Galaterbrief. Stuttgarter Kleiner Komment., 2. A. 1986; D. Lukas-Evangelium, 1988.

RADLER, Ferdinand

Dr. rer. nat. (habil.), o. Prof. f. Mikrobiologie u. Weinwiss. u. Direktor Inst. f. Mikrobiol. u. Weinforsch. Univ. Mainz - Pfarrer-Stockheimer-Str. 16, 6500 Mainz-Bretzenheim (T. 3 48 05) - Geb. 1929 Breslau - Zul. Privatdoz. Univ. Göttingen (1965) - Fachveröff.

RADLOFF, Heinz

Kreisamtmann a. D., MdL Nieders. (s. 1967) - Northeimer Str. 3, 3360 Osterode/Harz (T. 38 70) - Geb. 5. Juni 1921 Gollnowshagen Kr. Naugard - Volkssch.; Landw.slehre - 1941-43 Wehrdst. (schwerkriegsbesch.; Armverlust); 1943-48 Ernährungsämter Stettin, Cammin, Goslar, Osterode; anschl. Kommunalverw. Osterode. Ratsherr Osterode. SPD s. 1947.

RADOMSKI, Jürgen

Mitglied d. Bereichsvorstands Siemens AG, Bereich Medizinische Technik - Henkestr. 127, 8520 Erlangen - Geb. 26. Okt. 1941, verh. m. Renate, geb. Jäkel - Betriebswirtsch.lehre, Dipl.-Kaufm. 1969 FU Berlin - Spr.: Engl., Schwed.

RADTKE, Günter

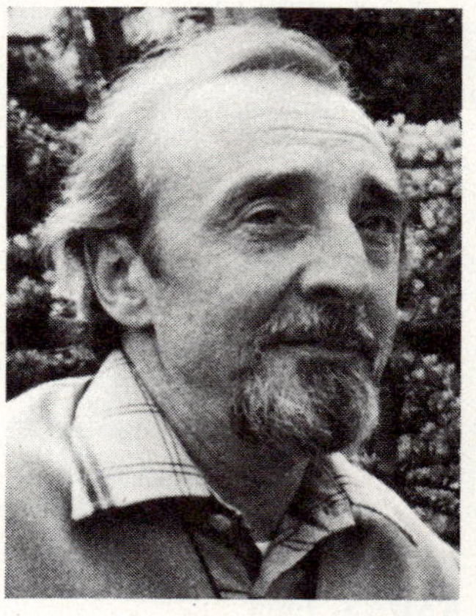

Schriftsteller - Postf. 86, 2280 Sylt-Ost (T. 04651 - 3 26 87 u. 040 - 870 16 33) - Geb. 23. April 1925 Berlin, verh. - Ausbild. als Journ. u. Verlagskaufm. - Tätigk.: Journ., Herausg., Verlagsleit., ab 1967 fr. Autor - BV: Davon kommst du nicht los, 1971 (Frankr. 1978); D. dünne Haut d. Luftballons, 1975/78 (Polen 1983); D. Krug auf d. Weg zum Wasser, 1977; Glück aus Mangel an Beweisen, 1979; Suchen wer wir sind, 1980; Gedanken zum Selbermachen, 1986; Wolkenlandschaften, 1988; Nicht so ernst wie es ist, 1990 - 1971 Dt. Kurzgesch.preis; 1973 Mackensenpr.; 1975 Preis D. erste Roman; 1979 Stip. Märkische Lit.konferenz - Liebh.: Phil., Verhaltensforsch.

RADTKE, Horst

Geschäftsführer AWO Essen, MdL Nordrhein-Westfalen - Muldeweg 49, 4300 Essen 1 (T. 0201 - 62 31 80) - Geb. 11. Okt. 1941, verh., 1 Kd. - Dipl.-Sozialarbeiter - 1975-84 Vors. Sozialaussch. d. Rates d. Stadt Essen.

RADTKE, Lutz

Geschäftsführer Pirelli Reifenwerke GmbH, Höchst - Am Zieglersberg 5, 6123 Bad König - Geb. 23. Jan. 1931.

RADTKE, Michael

Journalist, Chefredakteur Volksblatt Spandau - Am Lehnshof 18, 1000 Berlin 28 - Geb. 24. Dez. 1946, ev., verh.

RADTKE, Wolfgang

Dr. phil., Prof. f. Mittlere Geschichte TU Berlin - Hünefeldzeile 13 A, 1000 Berlin 46 (T. 030 - 774 72 76) - Geb. 13. Febr. 1942 Pobethen (Ostpr.) (Vater: Dr. jur. Hans R.; Mutter: Ursula, geb. Thomas), verh. s. 1969 m. Christa, geb. Albrecht, T. Nina - Promot. 1968 Univ. Hamburg - 1970-72 Wiss. Mitarb. Hist. Kommiss. Berlin; 1972-80 Prof. PH Berlin; s. 1980 TU Berlin - BV: D. Herrschaft d. Bischofs v. Lübeck, 1968; D. Preuß. Seehandlung zw. Staat u. Wirtsch. in d. Frühphase d. Industrialis., 1981; Zus. m. W. Kirchner: Bankier f. Preußen. Christian Rother u. d. Königl.-Preuß. Seehandl., 1987; D. Preuß. Seehandlung (hg. Stiftg. Preuß. Seehandl.), 1987. Herausg.: Technological Development, Society and State. Western and Chinese Civilizations in Comparison (m. W. König, H. Poser, W. H. Schell), 1991.

RADULOVIC, Veronika

Künstlerin - Wohnhaft in Bielefeld - Geb. 1954 - Stud. (Dipl.) 1977-83 FH Bielefeld (Schwerp.: Fr. Grafik, Illustration) - Ausst.: 1981 Museo d'Art Moderne, Tarragona/Span.; 1983 Kunstbaustelle, München; 1984 Kulturbeutel Winnekendonk, Symposion Jahreszeiten; 1985 Kunstverein Zweibrücken. Frauenmus. Bonn; 1986 Kunstpassage Münster, Stadthalle Detmold; 1987 Regionalmus. Xanten, Kunstverein Bielefeld, Atelier Glasmeier, Gelsenkirchen, Künstlerhaus Bonn, Galerie elf Bielefeld, 1988 Städt. Galerie am Abdinghof, Paderborn, Mus. Abtei Liesborn, Wadersloh; 1989 Vajda-Lajos-Studio, Szentendre/Ungarn; 1990 Produzentengalerie, Kassel, Kunsthalle Bielefeld. Teiln. an versch. Symposien z.B. in Ungarn, Norwegen, Lüdenscheid, Italien, Niederlande. Arbeiten in öfftl. Besitz: Stadtgeschichtl. Museen Nürnberg, Kunstsamml. Gemeinde Steinhagen, Kunsthalle Bielefeld sow. zahlr. Arb. in Privatbesitz.

RADUNSKI, Peter

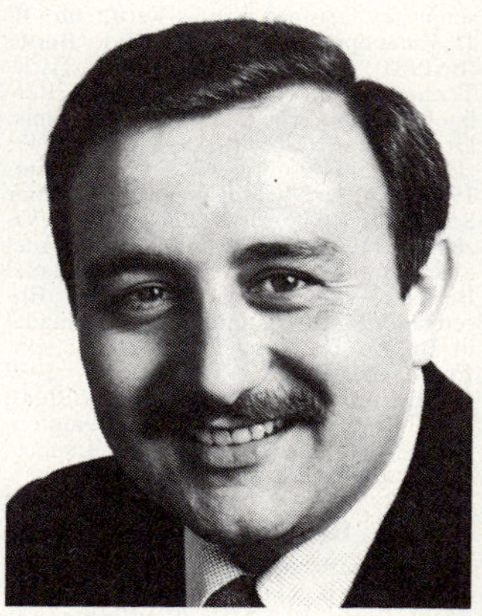

Senator f. Bundes- u. Europaangelegenh. d. Landes Berlin (s. 1991) - Joachimstr. 7, 5300 Bonn 1 (T. 0228 - 22 82 137) - Geb. 13. März 1939 Berlin, ev., verh. s. 1966 m. Doris Küster, 2 Söhne (Boris, Marcel) - Friedrich-Ebert-Sch. Berlin (Abit. 1958); Stud. Rechtswiss., Gesch., Roman., Polit. Wiss. Berlin, Bonn,

Straßburg. Diplomprüf. Otto-Suhr-Inst./ FU Berlin 1967 - 1967-69 stv. Leit. d. Wiss. Inst. d. Konrad-Adenauer-Stiftg. (WIKAS); s. 1969 Leit. Ref. f. Polit. Grundsatzfragen CDU-Landesverb. Hessen; s. 1971 Abteilungsleit. z. b. V. in d. CDU-Bundesgeschäftsst.; 1971-73 Mitarb. Walther Leisler Kiep; 1973-81 Leit. Hauptab. Öffentlichkeitsarb. CDU-Bundesgeschäftsstelle; 1981-Jan. 91 Bundesgeschäftsf. CDU; s. 1982 Mitgl. ZDF-Fernsehrat - BV: Wahlkämpfe - Mod. Wahlkampfführung als polit. Kommunikation, 1980 (auch engl. u. span.) - Spr.: Engl., Franz.

RADZIBOR, von, Cyrill Georg

Journalist (Ps.: Christian Decius) - Glockenstr. 7, 5300 Bonn 1 - Geb. 6. Dez. 1925 Riga/Lettld. (Vater: Dr. Woldemar v. R., Bankkfm. u. Hochschuldoz.), ev., verh. m. Dr. Hildegard, geb. Gundel, 4 Kd. - Hum. Gymn. (Abitur); Dt. Journalistensch. - S. 1951 Redakt. (b. 1962 Aachener Nachr., 1962-67 Bonner Büro United Press Intern., 1967-75 Bundeskorrespondenz bzw. Pressekorresp.); 1975-88 Presseref. AOK-Bundesverb., Mitarbeit Presse u. Funk (Spezialgeb.: Sozialpolitik); s. 1982 Redaktion Sozial-Report. 1972ff. Vorst.-Mitgl. Dt. Journalistenverb. (1975-79 2. Vors.) - Liebh.: Reisen, Fotografieren, Schach - Spr.: Engl., Lett.

RADZIO, Heiner

Dipl.-Volksw., Wirtschaftsjournalist (Ruhrgebietskorresp. Handelsblatt u. Herausg. d. Erdöl-Informationsdienst EID, Hamburg) - Kirchmannstr. 39, 4300 Essen 1 (T. 41 30 79) - Geb. 17. Okt. 1931 Lägerdorf/Schlesw., ev., verh. s. 1962 m. Renate, geb. Grunewald, 3 Töcht. (Christine, Renate, Susanne) - Univ. Kiel u. Innsbruck (Volksw.) - Spez. Arbeitsgeb.: Bilanzanalysen, Energiepolitik - BV: V. Schalter z. Supermarkt, 1967; Leben können an d. Ruhr - 50 J. Kleinkrieg f. d. Revier, 1970; Unternehmen Energie - aus d. Gesch. d. Veba, 1979. Herausg.: Warum Mitbestimmung u. wie? (1970); D. Revier darf nicht sterben - Pioniere, Probl. u. e. Plädoyer (1984) - 1969 Theodor-Wolff-Preis; 1984 Karl-Winnacker-Preis - Liebh.: Musik, Tennis - Spr.: Engl.

RAEBER, Robert Eduard

Dipl.-Kfm., Vorsitzender d. Geschäftsfg. Nestlé Erzeugnisse GmbH, Vorsitzender d. Geschäftsltg. Herta GmbH, Herten, Vorst.-Mitgl. Nestlé Deutschland AG, Vorst.-Vors. Blaue Quellen AG - Bingertstr. 29, 6200 Wiesbaden - Geb. 20. Juli 1936 Baden/Schw., verh. s. 1959, 2 Kd. - Schulen Mailand u. Zürich; Dipl.-Kfm. Kanton. Handelssch. Zürich. - B. 1979 Geschäftsf. in d. Schweiz u. Frankreich, s. 1980 s. o. - Spr: Engl., Franz., Ital., Span.

RAEBIGER, Christoph

Dipl.-Math., Prof., Hochschullehrer - Max-Planck-Str. 111, 5800 Hagen/W. (T. 58 82 91) - Gegenw. Prof. Univ. Dortmund (Didaktik d. Physik).

RÄDERER, Karl Paul

Dr.-Ing., Vorsitzender d. Geschäftsltg. d. 4P Verpackungsgruppe - Wurzacher Weg 17, 8960 Kempten - Geb. 26. Nov. 1932.

RÄDLE, Fidel

Dr. phil., Prof. f. Latein. Philol. d. Mittelalters u. d. Neuzeit Univ. Göttingen - Am Sölenborn 18, 3400 Göttingen - Geb. 4. Sept. 1935 Hermannsdorf (Vater: Leo R., Landw.; Mutter: Hedwig, geb. Eger), kath. - 1956-63 Stud. Klass. Philol., German., Lat. Philol. d. Mittelalt. Univ. Tübingen u. München - 1964-81 Wiss. Assist., Doz., Akad. Oberrat; s. 1981 Prof. Göttingen - BV: Stud. z. Smaragd v. Saint-Mihiel, 1974; Lat. Ordensdramen d. XVI. Jh., 1979; Aufs. z. lat. Lit. d. Mittelalters u. d. Neuzeit.

RÄDLE, Paul

Dr., Dipl. rer. pol.-techn., Vorstandsvors. NORDCEMENT AG., Hannover - An der Wietze 19, 3000 Hannover 51 (T. 65 03 81) - Geb. 19. Aug. 1928, Bad Waldsee, verh. s. 1957 m. Ingeborg, geb. Bauhuis, 2 Kd. (Ingrid, Jürgen) - TH Karlsruhe, Univ. Tübingen - S. 1969 NORDCEMENT.

RAEITHEL, Gert

Prof. f. Amerikanistik - Schellingstr. 3, 8000 München 40 - Geb. 9. April 1940 München - 1960-66 Univ. München u. Marburg, Dr. phil. 1966, Dr. phil. habil. 1972 - 1968/69 Prof. New York Univ., 1972 Gastprof. Univ. Denver, 1973 Gastprof. Stanford, 1980ff. Prof. Univ. München, 1991 Gastprof. Univ. Venedig - BV: Opfer d. Ges., 1971; Amerik. Provinzztg., 1978; Go West, 1981; George Washington, 1987; Gesch. d. nordamerik. Kultur, Bd. I 1987, Bd. II 1988, Bd. III 1989.

RAETHER, Martin

Dr. phil. habil., Leiter des Heinrich-Heine-Hauses, Deutsches Haus des Cité Universitaire, Paris - 27c, Bd. Jourdan, F-75014 Paris (T. 00-33 - (1) 45 89 32 26), apl. Prof. f. Roman. Philologie Univ. Heidelberg - Geb. 6. Dez. 1941 Jena/Thür. 3 Kd. - Univ. Frankfurt, München, Kiel, Bologna, Paris, Köln, Bloomington/Indiana Univ. (Roman., Gesch.); Promot. 1968 Köln, M.A. 1969 Bloomington/Indiana Univ. (USA), Habil. 1978 Heidelberg - S. 1981 Prof. - BV: D. Acte Gratuit. Revolte u. Lit. Hegel - Dostojewsky - Nietzsche - Gide- Sartre - Camus - Beckett, 1980; Denis Diderot od. d. Ambivalenz d. Aufklärung (m. D. Harth), 1987.

RAETTIG, Hansjürgen

Dr. med., Prof., Ltd. Direktor i.R., Leit. Abt. Bakteriologie/Robert-Koch-Inst. Bundesgesundheitsamt, Berlin 33 - Senheimer Str. 45a, 1000 Berlin 28 (T. 401 70 29) - Geb. 12. Okt. 1911 Stralsund (Vater: Hans R., Offz.; Mutter: Ilse, geb. Schulze), ev., verh. in 3. Ehe s. 1972 m. Bärbel, geb. Becker, 7 Kinder (aus 1. Ehe: Johanna, Julia, Cornelia; aus 2. Ehe: Thomas, Christiane, Barbara; aus 3. Ehe Thorsten) - Gymn. u. Univ. Greifswald (Promot. 1938) - 1939-48 Assist. u. Oberassist. Univ. Greifswald (b. 1940 Med. Klin., ab 1944 Hyg.-Inst.), dazw. 1940-44 Sanitätsoffz., 1946-48 zugl. Abt.leit. (Epidemiol. Abt.) u. Dir. Zentralst. f. Hyg., ab 1948 wiss. Mitgl. Robert-Koch-Inst., Berlin. S. 1952 Privatdoz. u. apl. Prof. (1961) FU Berlin - BV: Typhusimmunität u. Schutzimpf.. 1952; Bakteriophagie 1917-56, 1958; Poliomyelitis Immunität, 1963; Bakteriophagie 1957-65, 1967; Infektionskrankheiten, 3. A. 1988 (m. M. Alexander); Zeit aus d. Fugen. Als Seuchenarzt in Kriegs- u. Nachkriegsjahren, 1991 - 1976 BVK I. Kl.

RÄTZMANN, Jürgen

Landwirt (eig. Betrieb), MdL Nieders. (s. 1978) - Sassendorf 1, 3118 Bad Bevensen - Geb. 25. Okt. 1927 Hamburg, verh., 3 Kd. - Obersch.; Luftwaffenh., Arbeitsdst., Wehrm. u. belg. Kriegsgefangensch.; landw. Ausbild. Landw.sm. u. Agraring. - Bürgerm. Sassendorf (b. 1972) u. Bevensen (1972 ff.); 1968 ff. MdK Uelzen; 1976 ff. stv. Landrat ebd. CDU.

RÄUKER, Friedrich Wilhelm

Intendant i.R. (s. 1987) - Zu erreichen üb. NDR, Rothenbaumchaussee 132-134, 2000 Hamburg 13 - Geb. 1. Sept. 1928 - 1963-74 Westd. Rundfunk, Abt.leit., Hauptabt.leit.; 1975-80 Nordd. Rundf., Programmdir.; 1980-87 Intendant; 1984/85 ARD-Vors. - 1984 Bambi-Fernsehpreis Bild + Funk - Liebh.: Zeitgeschichtl. Studien, Gärtnerei, Bergsteigen.

RAFF, Fritz

Dipl.-Verwaltungswirt (FH), Verwaltungsdirektor Saarländischer Rundfunk, Saarbrücken - Scheidter Str. 75, 6600 Saarbrücken - Geb. 11. Febr. 1948 Ludwigsburg, ev., verh. s. 1971 m. Heidemarie, geb. Auer, 2 Kd. (Konstanze Julia, Konrad Friedrich) - FH - 1971-76 Geschäftsf. Südwestdt. Journ.-Verb., 1977-85 Hauptgeschäftsf. Dt. Journ.-Verb.; Mitgl. ZDF-Fernsehrat (b. 1985). 1985-90 Oberbürgerm.; s. 1990 Verw.-dir.; AR-Mitgl. Radio Salü; VR-Mitgl. Gebühreneinzugszentr.; ständ. Gast im Presseaussch. Dt. Städtetag.

RAFF, Gerhard

Dr. phil., Historiker, Schriftsteller - Karl-Pfaff-Str. 4a, 7000 Stuttgart-Degerloch (T. 0711 - 76 76 82) - Geb. 13. Aug. 1946 Degerloch, ev. - Stud. Ev. Theol. u. Gesch. Univ. Tübingen - BV: Chronik d. Stadt Stuttgart, 1978; Herr, schmeiß Hirn ra! D. schwäb. Gesch. d. G. R., 1985, 15. A. 1990; Hie gut Wirtemberg allewege, 2. A. 1988 - 1985 Thaddäus-Troll-Preis; 1989 Ritter v. Krummen Balken - Liebh.: Landwirtsch. - Spr.: Engl., Franz., Ital., Lat., Span., Griech.

RAFF, Werner Karl

Dr. med. (habil.), Prof., Mitglied Spartenleitung Pharma Schering AG (s. 1986) - Sigismundkorso 29, 1000 Berlin 28 (T. 406 17 70) - Geb. 21. Jan. 1937 Oberhausen (Vater: Karl R., Drogist; Mutter: Änne, geb. Drewes), ev., verh. s. 1965 m. Dr. med. Gerthild, geb. Preßler, 2 Kd. (Thorsten, Urte Karola) - Abit., Med. Staatsex. (Physiol. Herz-Kreisl.-Pharmakol.), Habil. 1972 Düsseldorf - 1972 Oberarzt Univ. Düsseldorf, 1974 Med. Dir. v. Heyden München, 1977 Hauptabt.leit. Med. Schering AG Berlin, 1983 Fachbereichsleit., Geschäftsf. Scherax GmbH, Hamburg, 1980-84 VR-Mitgl. DRK Krankenh. Berlin, s. 1986 s. o. - BV: ca. 70 Publ. üb. Physiol. u. Pharmakol. a. d. Herz-Kreisl.-Gebiet; Habil.sschr.: D. mech. Wirkung d. Herzkontrakt. u. d. intraventrikulären Druckes a. d. Coronarwiderst., 1972; Aktuelle Probl. z. Stomaversorgung, 1975 (m. K. Arnold); Bekämpfung d. infekt. Hospitalismus d. antimikrobielle Dekontamination, 1976 (m. H. P. R. Seeliger u. M. Dietrich), 1973 Hörlein-Preis - Spr.: Engl.

RAFFÉE, Hans

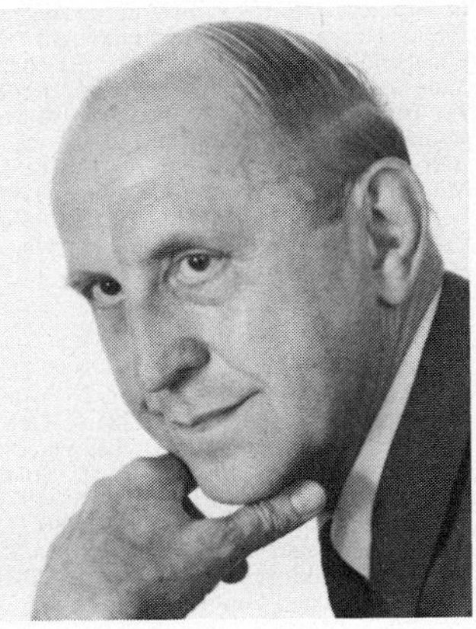

Dr. rer. pol., o. Prof. f. Allg. Betriebswirtschaftslehre u. Marketing Mannheim (s. 1969) - O 3, 1, 6800 Mannheim (T. 10 35 70) - Geb. 13. Aug. 1929 Danzig (Vater: Hugo R., Kaufm.; Mutter: Meta, geb. Thurau), ev. - Univ. Frankfurt/M. (Betriebsw.; Dipl.-Kfm. 1955). Promot. (1960) u. Habil. (1969) Frankfurt - 1955-61 wiss. Assist.; 1962-64 Direktionsassist. - BV: Kurzfrist. Preisuntergrenzen als betriebsw. Problem, 1961; Konsumenteninformation u. Beschaffungsentscheidung, 1969; Grundprobleme d. Betriebsw.lehre, 1974; Irreführende Werbung, 1976 (m. Gosslar/Hiss/Kandler u. Welzel); Wissenschaftstheoret. Grundfragen d. Wirtschaftswissensch., 1979 (m. Abel); Marketing u. Umwelt, 1979. Herausg.: Informationsverh. d. Konsumenten (zus. m. G. Silberer, 1981); Warentest u. Unternehmen (zus. m. G. Silberer, 1984); Strateg. Marketing (zus. m. K.-P. Wiedmann, 1989); Innovatives Pharma-Marketing (zus. m. E. Dichtl u. M. Thiess, 1989) - 1960 Preis Henry-Oswalt-Stiftg. (f. d. beste Diss.) - Spr.: Engl., Franz.

RAFFERT, Joachim

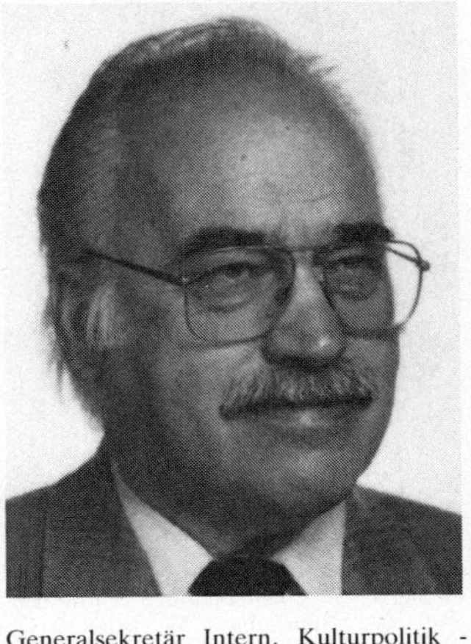

Generalsekretär Intern. Kulturpolitik - Keßlerstr. 9, 3200 Hildesheim (T. 05121 - 3 28 01) - Geb. 16. März 1925 Hildesheim, verh. s. 1954 m. Inge, geb. Fiedler, 2 Söhne (Joachim, Jascha) - 1941-43 Redaktionsvolontär, 1943-45 Soldat, 1945 Bauhilfsarb., 1946-48 Marionettenspieler, 1947 Ext. Abit., 1948-72 Journalist/Pol. Redakteur, s. 1949 SPD, 1959-68 Ratsherr Hildesheim, 1965-72 MdB, 1966-87 Vorst.-Mitgl. bzw. Vors. Landesverb. Volkshochsch. Nieders., 1969-72 Präs. Filmförderungsanst., s. 1970 Kurator Friedr.-Ebert-Stiftung, 1972 Parlamentar. Staatssekr. im Bundesmin. Bildung u. Wissenschaft (zurückgetr.), 1972-82 Kurator Stiftung Volkswagenwerk, 1973-90 Generalsekr. Intern. Arbeitskr. Sonnenberg, s. 1973 Vors., s. 1980 Präs. Bibliotheksges. Nieders., s. 1980 Vors. Dt.-Sowjet. Ges. Nieders., s. 1980 stv. Vors. Gustav-Stresemann-Inst., s. 1991 Beigeordneter Stadt Hildesheim - BV: D. Handpuppe - Herstell. u. Spiel, 1949; Hildesheim - Porträt e. Stadt, 1963; D. Bürger u. s. Rathaus, 1964; Verfass. u. Struktur d. Gemeinden u. Kreise in Nieders., 1964 - Bildung u. Ausbildung, Perspektiven d. 70er Jahre, 1966; Hildesheim - Wege durch d. Stadt u. ihre Gesch., 1982/87; D. schöne Hildesheim, 1990 - 1970 Gold. Ehrenmed. Dt. Filmwirtschaft; BVK - Liebh.: Puppensp. - Spr.: Engl.

RAFFLER, Hans

Versicherungskaufmann, Vorstandsmitgl. Münchener Rückversicherungs-Ges. (b. 1978 stv., dann o.) - Königinstr. 107, 8000 München 40 - Member of the Board Munich American Reassurance Co., Atlanta, Munich American Reinsurance Co., New York, Allianz Insurance Co. New York u. Los Angeles, Fidelity Union Life Insurance Company Dallas, North American Life and Casualty Company, Minneapolis.

RAGUSE, Thomas

Dr. med., Prof., Chefarzt Chir. Klinik, Ev. Krkhs. Mülheim-Ruhr - Zu erreichen üb. Chir. Klinik, Ev. Krkhs., Wertgasse 30, 4330 Mülheim-Ruhr - Geb. 9. Dez. 1943 Lauenburg/Pommern, ev., verh. m. Sabine, geb. Klohn, 2 Kd. - Approb. 1971; Promot. 1973; Habil. 1980 - 1983 Prof. RWTH Aachen, Kommiss. Leitg. Abt. Chir. Üb. 90 Publ. - Spr.: Engl.

RAHARDT, Friedrich

Rechtsanwalt, Mitgl. Hbg. Bürgerschaft (s. 1966, CDU) - Beselerstr. 3, 2000 Hamburg 52 (T. 89 34 48; Büro: 34 05 11-12) - Geb. 25. März 1920 Marburg/L., verh., 2 Kd. - Schulen Osnabrück u. Arolsen; Stud. Rechts-, Staatswiss., Phil. Jurist. Staatsex. 1941

(Göttingen) u. 1950 (Hamburg) - S. 1951 Anwaltspraxis Hamburg.

RAHARDT-VAHLDIECK, Susanne

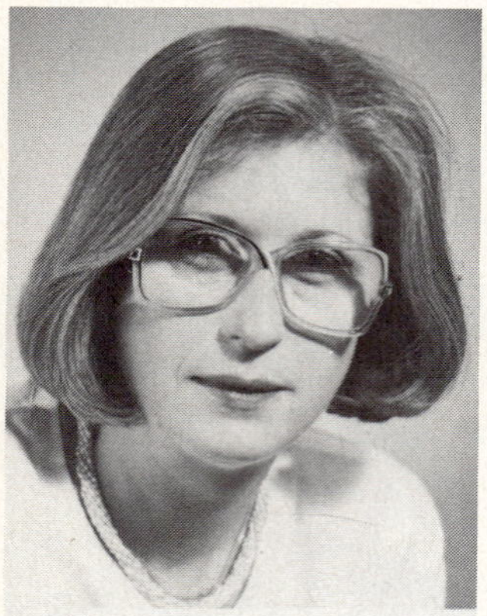

Rechtsanwältin, MdB (s. 1990) - Großneumarkt 24, 2000 Hamburg 11 (T. 040 - 34 05 11); Bundeshaus 53, Bonn 1 (T. 0228 - 16 74 46) - Geb. 23. Febr. 1953 Göttingen (Vater: Friedrich Rahardt, Abgeordn., s. dort), ev., verh. s. 1986 m. Heino Vahldieck, Abgeordn. (s. dort), T. Harriet - Stud. Rechtswiss. Univ. Hamburg; gr. jurist. Staatsex. 1983 - 1983-86 Landesvors. Junge Union Hamburg; 1984-88 Mitgl. CDU-Landesvorst.; s. 1991 Mitgl. d. Bundesvorst. d. Frauen-Union; 1982 u. 1986-90 Mitgl. d. Hamburgischen Bürgerschaft.

RAHL, Mady

Schauspielerin, Chansonsängerin - Steinhauser Str. 14, 8000 München 80 (T. 47 65 12) - Geb. 3. Jan. Berlin, 3x gesch. - Lyz. Berlin; Tanz- u. Theaterausbild. - Bühne, Film, Fernsehen - Liebh.: Malen (Blumen, Portraits).

RAHLFS, Wilhelm

Senator d. Behörde f. Wirtschaft, Verkehr u. Landwirtsch. Fr. u. Hansestadt Hamburg (1987-91) - Alter Steinweg 4, 2000 Hamburg 11 (T. 34 91 21) - Zul. Projektbeauftr. in d. Wirtschaftsbeh.

RAHN, Gottfried

Dr. phil., em. o. Prof. f. Schulpäd. - Am Kanonenwall 1, 3000 Hannover (T. 32 41 81) - Geb. 12. April 1909 Costewitz (Vater: Otto R., Lehrer; Mutter: Rosa, geb. Schäfer), vd., verh. s. 1936 m. Elfriede, geb. Gutmann - Oberrealsch. Riesa/Elbe; 1928-30 Päd. Inst. Leipzig; 1930-32 Univ. Leipzig (Promot. b. Prof. Theodor Litt) - 1932-55 Volksschullehrer; s. 1946 Mitarb. u. Leit. (1966) Zentralst. d. Forschungskr. f. d. Sprechspur; s. 1955 Hochschullehrer (1967 Prof. f. Schulpäd. Univ. Hannover); 1982-89 Präs. d. Tutmonda-Parolspuro-Asocio, Fribourg - BV: Britsch u. Klages - Z. phil. Grundleg. dt. Kunsterzieh., 1934; D. Sprechspurgedanke - e. Versuch s. begriffl. Einordnung in d. Zusammenhang d. Wiss. v. Sprache u. Schr., 1952; Wie lernt man d. Unterrichten? 3. A. 1974; Umgang m. Zahlen - e. Didaktik d. Math.unterr., 1967ff. Schriftl.: Halbj.schr. Sprechen u. Spuren (1950-89) - Liebh.: Frühgesch. (Höhlenmalerei u. -graphik), Fotogr. - Spr.: Engl., Franz.

RAHN, Hartmut

Dr. phil., Generalsekretär u. geschäftsf. Vorstandsmitgl. Studienstiftung d. dt. Volkes (s. 1970) - Am Römerhof 38, 5480 Remagen - Geb. 14. Febr. 1930 Fürstenwalde (Vater: Dr. Dietrich R., Studiendir.; Mutter: Martha R., geb. Liebig), ev., verh. s. 1963 m. Dr. Annemarie, geb. Gassert, Sohn Hans Christoph - Gymn. Stolp, Salem; Univ. Marburg, London, Amherst, Frankf. (Angl., German., Soziol.). Promot. 1962 - 1959 Studienstift. (1970 Hgf., 1974 Generalsekr.); Vors. Dt. Komm. United World Colleges; Dir. Inst. f. Test- u. Begabungsforsch. - BV: The Atlantic Monthly, 1962; Interessenstruktur u. Bildungsverhalten, 1977; Talente finden, Talente fördern, 1985, Jugend forscht, 1986. Artikel z. Frage d. Begabungsforsch. - Spr.: Engl., Franz., Ital.

RAHN, Klaus

Regierungsdirektor, Ref. f. Gewerbe-, Handwerks-, Genossenschafts-, IHK-Recht,- u. f. Wirtschaftsprüferangelegenh. Wirtschaftsbehörde - Alter Steinweg 4, 2000 Hamburg 11.

RAHN, Theo

Dipl.-Ing., Präsident Bundesbahn-Zentralamt München - Arnulfstr. 19, 8000 München 2.

RAHTE, Robert

Forstmeister a. D., Mitinh. H. G. Rahte, Wietze - Steinförder Str. 63, 3109 Wietze/Nieders. - Geb. 25. März 1910 - Div. Ehrenstell., dar. Ehrenvors. Landesverb. Nieders. Forstsamen- u. -pflanzenbetriebe, u. Erzeugergem. f. Qualitätsforstpflanzen Nordwestdeutschl., u. Komitee d. Forstbaumschulen in d. EG.

RAIBLE, Wolfgang

Dr. phil., Prof. f. Romanische Philologie, Fennistik, Textlinguistik - Anemonenweg 8, 7800 Freiburg (T. 55 11 44) - Geb. 1. März 1939 Stuttgart (Vater: Karl R., Bundesb.dir.; Mutter: Else, geb. Maurer), ev., verh. s. 1966 m. Hannelore, geb. Putzke, 3 Söhne (Sebastian, Florian, Julian) - Gymn. Stuttgart, Stud. klass. u. roman. Philol. Kiel, Innsbruck, Poitiers, Salamanca, Promot. Kiel 1965, Habil. Köln 1971. Wiss. Assist. Harald Weinrich Köln, s. 1971 apl. Prof., 1975 o. Prof. GH Siegen, 1978 o. Prof. Freiburg - BV: Satz u. Text, 1972; Mod. Lyrik in Frankr., 1972; Textsorten (m. E. Gülich), 1972 u. 2. 1975; Ling. Textanal. (m. E. Gülich, K. Heger), 1974 u. 2. A. 1979; Roman Jakobson, Schr. z. Ling. u. Poetik, 1974; Z. Objekt in Finn., 1976; Ling. Textmod. (m. E. Gülich) 1977 (span. 1983); Z. Semantik d. Franz. (m. H. Stimm), 1982; Zw. Festtag u. Alltag, 1988; Romanistik, Sprachtypologie u. Universalienforsch., 1989; Erscheinungsformen kultureller Prozesse, 1990; Z. Entwicklung v. Alphabetschrift-Systemen, 1991; D. Semiotik d. Textgestalt, 1991; Junktion, 1992 - 1986 o. Mitgl. Akad. d. Wiss. Heidelberg; 1990 Forschpreis Land Baden-Württ.; 1992 Leibniz-Preis - Spr.: Roman. u. klass. Sprachen, Finn.

RAIDA, Wilhelm

Apotheker, Präs. Bundesverb. Dt. Apotheker (s. 1981) - Rheinstr. 25, 6100 Darmstadt (T. 06151-29 23 23) - Geb. 3. Mai 1946 - Abit. 1965 Darmstadt; Vorex. 1967 Stuttgart, 1969-72 Stud. Pharm.; Staatsex. Karlsruhe - S. 1972 Apotheken-Inh. Darmstadt; s. 1991 1. Vors. Hessischer Apothekerverb. e.V. (HAV), Frankfurt; Geschäftsf. d. TIMLIC Deutschland GmbH, Darmstadt.

RAIDEL, Hans

I. Bürgermeister Stadt Oettingen a.D., MdB (s. 1990) - 8867 Oettingen/Bay. - Geb. 11. Juli 1941 Lechnitz/Siebenb. - CSU.

RAINER, Alois

Metzger, MdB (s. 1968, CDU/CSU-Fraktion; Wahlkr. 216/Straubing) - Haibach/Ndb. (T. 09963 - 5 17) - Geb. 16. Juni 1921 Untergrub/Ndb., kath., verh. 1947 m. Berta, geb. Wagner, 6 Kd. - Volkssch.; landw. Ausbild.; n. Kriegsdst. (Luftw., Fallschirmj.; verwundet) Metzgerhandw. - S. 1947 selbst. (Übern. Metzgereibetrieb, Gast- u. Landw.). 1948 ff. Bürgerm. Gde. Haibach. 1958-72 MdK Bogen; 1958-66 MdL Bayern. CSU s. 1948 (1958 Kreisvors.) - Vorf. alteingesess. Bauerngeschlecht.

RAISER, Thomas

Dr. jur., o. Prof. f. Privatrecht, Wirtschaftsr. u. Rechtssoziol. Univ. Gießen - Goethestr. 23, 6302 Lich (T. 06404 - 14 76) - Geb. 20. Febr. 1935 Stuttgart (Vater: Rolf R., Versicherungsdir.; Mutter: Elisabeth, geb. Küster), ev., verh. s. 1968 m. Sitta, geb. Bulling, 4 Kd. (Max, Cäcilie, Bettina, Georg) - Stud. d. Rechtswiss. Univ. Tübingen, Bonn, Berlin (Freie), Hamburg; Promot. 1962; Habil. 1969 - Vorst.-Mitgl. d. Vereinig. f. Rechtssoziologie - BV: D. Unternehmen als Organisation, 1969; Einführung in d. Rechtssoziologie, 4. A. 1985; Grundgesetz u. paritätische Mitbestimmung, 1975, D. Ausperr. n. d. Grundgesetz 1975; Kommentar z. Mitbestimmungsgesetz, 2. A. 1984; Recht d. Kapitalges., 2. A. 1992; Rechtssoziologie, 1987; Hachenburg GmbHG, 8. A. 1990/91, § 13, 14, 47, 52 - Spr.: Engl.

RAJEWSKY, Manfred Fedor

Dr. med., o. Prof. Institut f. Zellbiologie (Tumorforschung) Univ. Essen (s. 1975) - Elsaßstr. 88, 4300 Essen (T. 0201 - 46 64 09) - Geb. 24. Juli 1934 Frankfurt/M. (Vater: Boris N. R. †, Dir. MPI f. Biophysik, Frankfurt; Mutter: Olga, geb. Kromm †), verh. s. 1964 m. Helga, geb. Keilholz, 2 Kd. (Gregor Paul, Irina Olga) - 1954-60 Med., Biophysik Univ. Frankfurt, Freiburg/Br., Paris. Med. Staatsex. 1960 Frankfurt; Promot. 1960 Freiburg/Br.; Habil. (Biophysik u. Tumorbiol.) 1971 Tübingen; 1974 apl. Prof. Univ Tübingen - 1962-68 Wiss. Mitarb. MPI f. Biophysik, Frankfurt; 1964-65 Research Fellow, Inst. of Cancer Research, London, 1966-67, Stanford Univ. School of Medicine, Palo Alto, Calif.; 1983 Visiting Prof., Harvard Univ., Boston USA; 1968-75 Max-Planck-Inst. f. Virusforsch. Tübingen - Mitgl. zahlr. in- u. ausl. wiss. Ges.; 1983-91 Vors. d. Senatskommiss. f. Krebsforsch. d. Dt. Forschungsgemeinsch., 1988-91 Research Branch, Europ. Organis. f. Research and Treatment of Cancer (EORTC) - Veröff. in intern. Fachztschr., Buchbeitr. üb. Krebsentsteh., Zell- u. Tumorbiol. - 1970 Gerhard-Domagk-Preis f. Krebsforsch.; 1974 Salzer-Preis f. Krebsforsch. Land Bad.-Württ.; 1976 Wilhelm-Warner-Preis f. Krebsforsch.; 1987 Ehrenmitgl. Japanese Cancer Assoc.; 1989 Dt. Krebspreis - Spr.: Engl., Franz.

RAKE, Heinrich

Dr.-Ing., Prof. f. Regelungstechnik RWTH Aachen - Hasenwaldstr. 8, 5100 Aachen - Geb. 8. Juni 1936 Rostock - Dipl.-Ing. 1963 TH Hannover, Promot. 1965 ebd.; Habil. 1969 RWTH Aachen - 1971 Wiss. Rat u. Prof. f. Systemtheorie, RWTH Aachen; 1977 o. Prof. f. Regelungstechn. u. Ltr. d. Inst. f. Regelungstechn. Aachen; 1987 Prorektor d. RWTH Aachen - Entd.: Regelverf. f. Brennproz. u. Baumwollkarden, adapt. Schaltregler.

RAKOB, Friedrich Ludwig

Dr.-Ing., Prof., Wiss. Oberrat, Referent f. antike Baugeschichte Dt. Archäol. Inst. Rom (s. 1962), Honorarprof. Univ. Karlsruhe (s. 1971) - Zu erreichen üb.: Dt. Archäol. Inst., Via Sardegna 79, I-00187 Rom (T. 46 56 17) - Geb. 25. Juli 1931 Ennigloh (Vater: Hermann R., Baumeister; Mutter: Elisabeth, geb. Christofzik), ev. - Stud. 1952-55 TH München (Arch.) u. Univ. M. (Phil., Logistik), 1955-58 TH Karlsruhe (Arch.). Dipl. 1958 u. Promot. 1967 Karlsruhe - Assist. Inst f. Baugesch. TH Karlsruhe; 1963-64 Reisestip. Dt. Archäol. Inst.; Untersuch. röm. Villen u. Gewölbebauten in Ital., Leit. Ausgrab. in Chemtou u. Karthago (Tunesien), Untersuch. zu röm. u. hellen. Arch. i. Tunesien u. Algerien - BV: Röm. Arch. in: Propyläen-Kunstgesch. 2. 1968; D. Rundtempel am Tiber in Rom, 1973. Herausg.: Karthago I. D. dt. Ausgrabungen in Karthago (1990). Ztschr.aufs. - 1968 Korresp. Mitgl. Dt. Archäol. Inst.; 1969 T. Warscher-Award; 1979 o. Mitgl. Dt. Archäolog. Inst. - Liebh.: Samml. nordafrik. Textilien, franz. Lit. 18. u. 19. Jh. - Spr.: Ital., Franz., Engl.

RAKUSA, Ilma

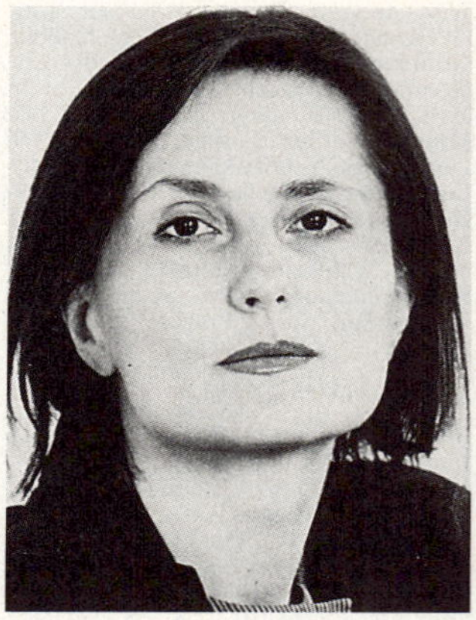

Dr. phil., Lehrbeauftragte Univ. Zürich, Übers., Schriftst. - Richard Kissling-Weg 3, CH-8044 Zürich - Geb. 2. Jan. 1946, kath., gesch., 1 Kd. - Stud. Slav. u. Roman. Univ. Zürich, Paris (Sorbonne) u. Leningrad; Promot. 1971 Zürich - BV: Stud. z. Motiv d. Einsamkeit in d. russ. Lit., Diss. 1973; Wie Winter, Ged. 1977; Sinai, 1980; D. Insel, Erz. 1982; Miramar, Erz. 1986; Steppe, Erz. 1990; Leben, Ged. 1990; Les mots/morts, Ged. 1992. Herausg.: Dostojewskij in d. Schweiz (1981); M. Duras Materialien (1988); Anna Achmatowa, Ged. (1988). Übers.: A. Remisow, D. gold. Kaftan u. a. Märchen (1981); Danilo Kiš, E. Grabmal f. Boris Dawidowitsch (1983); Marguerite Duras, Sommer 1980 (1984); Marguerite Duras, D. Liebhaber (1985); Marina Zwetajewa, Mutter u. d. Musik (1987); Danilo Kiš, Sanduhr (1988); Michail Prischwin, Meistererz. (1988); Marguerite Duras, D. tägliche Leben (1988); Marguerite Duras, Im Sommer abends um halb elf (1990); Marina Zwetajewa, Phoenix (1990); Marina Zwetajewa, Im Feuer geschrieben (1992); Leslie Kaplan, D. Buch d. Himmel (1992) - 1986 u. 1990 Ehrengabe d. Stadt Zürich; 1987 Hieronymus-Ring; 1988 Ehrengabe d. Kantons Zürich; 1991 Petrarca-Preis f. Übersetzung - Liebh.: Cembalo- u. Klavierspiel, Zentralasien - Spr.: Engl., Franz., Russ., Poln., Serbokroat., Sloven., Ungar.

RALL, Hans

Dr. phil., Prof. f. mittl., neuere u. bayer. Gesch., Archivdirektor a. D., Inst. f. bayer. Gesch. a. d. Univ. München - Ludwigstr. 14, 8000 München 22; priv.: Gebelestr. 23, 8000 München 80 - Geb. 6. Febr. 1912 Frankenthal/Pfalz (Vater: Joseph R., OLG-Rat; Mutter: Elisabeth, geb. Poehlmann), kath., verh. s. 1964 m. Marga, geb. Schwappacher, 2 Töcht. (Elisabeth, Amelie) - Ludwigs-Gymn. u. Univ. München. Promot. 1935 u. Habil. 1947 München - S. 1947 Lehrtätigk. Univ. München (1954 apl. Prof. f. mittl. u. neuere sow. bayer. Gesch.). S. 1954 Mitgl., 1973-83 2. Vors. Kommiss. f. Bayer. Landesgesch. Bayer. Akad. d. Wiss.; 1967-92 Präs., 1992 Ehrenpräs. Dt.-Griech. Ges., München - BV: Zeitgeschichtl. Züge im Vergangenheitsbild mittelalt., namentl. mittellat. Schriftsteller, 1937, 2. A. 1965; Friedr. d. Gr., Gedanken e. Herrschers, 1943; Kurbayern, 1952, 2. A. 1992; Kg. Ludwig II. u. Bismarcks Ringen um Bayern 1870/71, 1973; Zeittafeln z. Gesch. Bayerns u. d. m. Bayern verknüpft. oder darin aufgegang. Territorien, 1974, 2. A. 1992; Kg. Ludwig II., 7. A. 1987 (m. Petzet u. Merta); Kurf. Max Emanuel d. Blaue Kg., 1979 (m. G. Hojer); D. Wittelsbacher in Lebensbildern (m. M. Rall), 1986; Wittelsbacher Hausverträge d. späten Mittelalters, d. haus- u. staatsrechtl. Urk. d. Wittelsbacher v. 1310, 1329, 1392/3, 1410 u. 1472 (m. R. Heinrich, B. Mayer, W. Gericke, Ch. Fischer u. U. u. J. Spiegel), 1987; Kurfürst Karl Theodor regierender Herr in sieben Ländern, 1992 - 1967 Komtur d. kgl.

griech. Georgiosordens - Liebh.: Malerei, Plastik - Spr.: Lat., Griech., Neugriech., Engl., Franz., Ital., Russ. - Bek. Vorf.: Stephan Frh. v. Stengel, kurbayer. Oberlandesreg.vizekanzler u. Vorst. Kurpfälz. Dt. Ges. (5. Grad gerader Linie).

RAMBACHER, Richard H.
Werbekaufmann, Geschäftsführer Fa. Rambacher Direkt Marketing GmbH, Fa. Rambacher Response Media GmbH, Kompl. Fa. Komma Ges. f. kommunikatives Marketing & Vertrieb KG - Schwabhauser Ring 101, 2800 Bremen 1 (T. 0421 - 34 20 08) - Geb. 16. Okt. 1934 Bremen, kath., verh. m. Christiane, 4 Kd. (Kirsten, Claudia, Christoph, Kathrin) - Industriekfm. - Präs. Werbefachverb. Wirtschaftsraum Bremen; 1. Vors. Akad. f. Werbung Bremen; Präsidialrat im Zentralaussch. d. dt. Werbewirtsch. (ZAW); Sprecher d. Vorst. d. Dt. Werbefachverb. (DWF) - Liebh.: Astronomie, Gesch., Sport - Spr.: Engl.

RAMBOLD, Erich
Landrat Kr. Mühldorf (seit 1970), Präsident Bayer. Sparkassen- u. Giroverb. (s. 1979) - Landratsamt, 8260 Mühldorf/Inn - Geb. 22. Nov. 1937 Berlin - Jurastud. - Rechtsanw.

RAMCKE, Rolf
Dipl.-Ing., Prof. f. Architektur FU Berlin - Eichenweg 76, 3000 Hannover 51 (T. 65 17 18) - Geb. 4. Nov. 1933 Alveslohe/Segeberg (Vater: Karl R., Sparkassenleit.; Mutter: Charlotte, geb. März), verh. s. 1960 m. Marion, geb. Schüll, 4 Kd. (Sabine, Tatjana, Timm, Nannette) - 1954-62 Arch.Stud. TH Hannover; Dipl.-Ing. 1962 ebd. - S. 1962 Hochbauamt Stadt Hannover; 1975-79 Gast-Doz. FU Berlin, s. 1979 Hon.-Prof. FU Berlin. 1976-83 Baukommiss. d. DBI - Herausg. u. Mitverf. mehr. arch. u. bibl. Fachb., üb. 30 Veröff. in d. wicht. Fachztschr. - Bauwerke: Hochsch. f. Musik u. Theater, Hannover; Stadtbibl. Hannover; Arkaden Altes Rathaus, Hannover u.a. - Architekturpreise BDA - Spr: Engl., Franz.

RAMDOHR, von, Wilken
Rechtsanwalt, Geschäftsf. Kuratorium d. Stiftung Jakob Fugger-Medaille u. Arbeitsgem. LA-MED Weseranalyse mediz. Zeitschriften e. V. - Residenzstr. 13, 8000 München 2 (T. 29 21 19); priv.: Freihamer Str. 26, 8032 Gräfelfing/Obb. (T. München 85 52 21) - Geb. 2. Sept. 1906 Hamburg (Vater: Otto v. R., Generalmajor; Mutter: geb. Rühl), verh. m. Paula, geb. Schneider - S. 1932 RA München - Kriegsausz. - Bek. Hockeyspieler.

RAMELOW, Tomas H.
Botschafter a. D. - Ohmstr. 9, 6600 Saarbrücken u. Forêt Linguizzetta/Corse - Geb. 14. Febr. 1910 Berlin (Vater: Hans R., Rechtsanwalt, gef. 1916; Mutter: Editha, geb. Steinheuer), ev., verh. s. 1937 m. Irmgard, geb. Müller-Lampert, 2 Töcht. (Ursula, Karin) - Landschulheim am Solling, Holzminden, Univ. Frankfurt/M. u. Berlin (Rechtswiss.) Staatsex. 1934; Diplomat.-konsular. Prüf. 1937 - Ab 1935 Ausw. Dienst (1937 Marseille, 1938 Carácas, 1940 Baranquilla), 1942-45 Kriegseins. (zul. Obergefr.), 1946-1957 fr. Wirtschaft, Ausw. Dienst: 1958-60 Wirtsch.-Ref. Botsch. Neu-Delhi, 1960-64 Damaskus, 1964-68 Ksl. Concepción/Chile, 1968-72 Botsch. Madagaskar u. Mauritius - 1968 Großoffz.kreuz chilen. VO., Kommand. syr. VO., Großkommand. u. Bd. u. Stern mad. VO., BVK I. Kl. - Liebh.: Archäologie, bes. frühe Keramik - Spr: Franz., Engl., Span. - Rotarier - Bek. Vorf.: Hermann Wendeburg, Mitbegr. brasilian. Stadt Blumenau, erste dt. Auslandsschule (Urgroßv. ms.).

RAMGE, Hans
Dr. phil., Prof. Univ. Gießen - Tilsiter Str. 3, 6301 Biebertal (T. 06409 - 78 18) - Geb. 9. Aug. 1940 Berlin, verh. s. 1967, 2 S. (Peter, Thomas) - Promot. 1967 Univ. Mainz; Habil. 1975 Univ. Gießen - 1964-69 Gymnasiallehrer; 1970-75 Akad. Rat u. Oberrat in Gießen, 1975-78 Prof. Univ. Saarbrücken; s. 1978 Prof. in Gießen - BV: Siedlungs- u. Flurnamen d. Stadt- u. Landkr. Worms, 1967; Spracherwerb, 1973; Spracherwerb u. sprachl. Handeln, 1976; Alltagsgespräche, 1978. Herausg.: Stud. z. sprachl. Handeln im Unterr. (1980); Dialektwandel im mittl. Saarland (1982); Hess. Flurnamenatlas (1987); Authentische Texte in d. Vermittlg. d. Dt. als Fremdsprache (1988). Mithrsg.: Zw. d. Sprachen (1983).

RAMGE, Joachim
Dr. jur., Dipl.-Volksw., Rechtsanwalt u. Syndikus, Landesgeschäftsführer/gf. Vorst.-Mitgl. d. Europa-Union, Landesverb. Baden-Württ. e.V. (s. 1990) - Werastr. 26, 7000 Stuttgart 1 (T. 0711 - 24 59 08, Fax 0711 - 6 40 03 31); Weinbergweg 88, 7000 Stuttgart 80 (T. 0711-68 14 06) - Geb. 7. Dez. 1923 Grebenhain, ev., verh. s. 1951 m. Isolde, geb. Wurm, T. Simone - Stud. Jura u. Volksw. Univ. Erlangen; Refer.-Ex. 1949; Promot. 1950, Dipl. rer. pol. (1951), Gr. jurist. Staatsex. 1953 - S. 1989 im Ruhest. - 1984 BVK I. Kl. - Liebh.: Jagd, Reisen, Briefmarken - Spr.: Engl., Franz.

RAMKE, Günter
Beratender Ingenieur VBI, Mitgl. Brem. Bürgerschaft (1967-75) - Schwaneweder Str. 48a, 2820 Bremen 71 (T. 60 37 38/ 60 50 01) - Geb. 10. Sept. 1930 Blumenthal, verh., 2 Kd. - Realschule, Staatl. Ing.sch. f. Bau- u. Vermessungsw. Oldenburg (Ing.ex. 1956) - 1956-67 Bault. i. Straßen- u. Tiefbau, s. 1968 Inh. Ing.Büro f. Straßen- u. Tiefbau, Wasserwirtsch. u. Verm.Techn.

RAMLER, Hans Gerhard
Gewerkschaftssekretär, MdL Schlesw.-Holst. (s. 1971) - Rögen 24, 2430 Sierksdorf (T. 04563-81 91) - Geb. 13. Juli 1928 Kiel, 1 Kd. - Mittelsch. Kiel; 1946-49 Drogistenlehre ebd. - 1949-51 Verwaltungsangest. Kiel (Berufsberat.); s. 1951 Angest. DAG Kiel (b. 1959 Landesjugendleit., dann -bildungssekr. u. Ref. f. Org., Presse u. Werb., 1975 Landesref. f. berufl. Bild.). SPD s. 1952 - 1976 BVK am Bd., 1983 BVK 1. Kl.

RAMM, Klaus
Dr. phil., Prof. f. Literaturwiss., Literaturkritik u. Germanistik Univ. Bielefeld, Verleger - Hengstenbergerstr. 11, 4905 Spenge (T. 05225 - 90 90) - Geb. 15. Nov. 1939 Hamburg-Altona (Vater: Bruno R., Kaufm.; Mutter: Elisabeth, geb. Hinsch), ev., verh. s. 1969 m. Anita, geb. Rehder - Stud. German., Phil. u. Psych. Univ. Graz, Tübingen, Westberlin, Kiel u. Würzburg; Promot. 1969 - 1969-72 Verlagslektor; 1973 Kaufz. u. Fernsehjournalist; 1973-76 wiss. Assist.; s. 1976 Prof. in Bielefeld - BV: Reduktion als Erzählprinzip b. Kafka, 1971. Herausg.: Franz Jung, Gott verschläft d. Zeit, (1976); Oskar Pastior, Jalousien aufgemacht - E. Lesebuch (1987); mehrere Fernsehfilme, versch. Arb. z. Lit. d. 20. Jh. - 1985 Zeit-Preis f. kl. Verlage.

RAMM, Thilo
Dr. jur., em. o. Prof. f. Bürgerl. u. Arbeitsrecht Fernuniv. Hagen - Brahmsweg 11A, 6100 Darmstadt (T. 71 34 38) - Geb. 4. April 1925 Darmstadt (Vater: Hermann R., kaufm. Angest.; Mutter: geb. Ritzert), verh. 1955 m. Dr. jur. Renate, geb. Kurz, S. Joachim - Univ. Marburg u. Frankfurt/M. Promot. 1949 Marburg; Habil. 1953 Freiburg; Staatsex. 1951 - S. 1953 Lehrtätig. Univ. Freiburg (1961 apl. Prof.), Gießen (1963-77 Ord.) u. Fernuniv. Hagen (1977) - BV (1953-85): Ferdinand Lassalle als Rechts- u. Sozialphilosoph. D. gr. Sozialisten als Rechts- u. Sozialphil., D. Anfecht. d. Arbeitsvertrags, D. Parteien d. Tarifvertrags, D. Freiheit d. Willensbild., Kampfmaßnahmen u. Friedenspflicht im Dt. Recht, D. Arbeitskampf u. d. Gesellschaftsordnung d. Grundgesetzes, Einführung in d. Privatrecht/Allg. Teil d. BGB (3 Bde.), Koalitions- u. Streikrecht d. Beamten, Arbeitskampf (H.), Grundgesetz u. Eherecht. D. nationalsozial. Familien- u. Jugendrecht, Eherecht, Jugendrecht, Gesch. d. dt. Arbeitsverfassung (it.). Zahlr. Aufs. Herausg.: D. Frühsozialismus, Lassalle, Proudhon, Arbeitsrecht u. Politik, D. Justiz in d. Weimarer Rep., Rodbertus, Gesammelte Werke u. Briefe (6 Bde.); m. O. Kahn-Freund, Hugo Sinzheimer, Arbeitsrecht u. Rechtssoziol. (2 Bde.).

RAMMELMEYER, Alfred
Dr. phil., em. Prof. f. Slavistik - Elisabethenstr. Nr. 9, 6106 Erzhausen, Kr. Darmstadt (T. 06150 - 75 42) - Geb. 31. Dez. 1909 Moskau (Vater: Otto R., Importkaufm.; Mutter: Maria, geb. Nekrasova), ev., verh. s. 1943 m. Ortrud, geb. Hermann, 3 Kd. (Andreas, Matthias, Helga-Elisabeth) - Promot. 1935 Berlin, 1936 Lektor f. Russ. Univ. Greifswald, 1937 Univ. Königsberg, 1943 Privatdoz., 1945 Univ. Kiel, 1948 apl., 1952 ao. Prof. (Dir. Slav. Sem.) 1952 o. Prof. Univ. Marburg (Dir. Slav. Sem.), 1958 Univ. Frankfurt (Dir. Slav. Sem.), 1963/64 Rektor - BV: Studien z. Gesch. d. russ. Fabel d. 18. Jh.s, Reprint 1968. Div. Einzelarb. Herausg.: Frankf. Abhandl. z. Slavistik (1959 ff.); Mitherausg.: Slav. Propyläen (1961 ff.); Gesch., Kultur u. Geisteswelt d. Slowenen (1972 ff.) u. a. - 1964 o. Mitgl. d. Sloween. Ges. Frankfurt; 1981 Korresp. Mitgl. Sloven. Akad. d. Wiss. u. d. Künste Ljubljana; 1985 Akad. d. Wiss. Göttingen. Festschr. 1975.

RAMMSTEDT, Otthein
Dr. phil., Prof. f. Soziologie Univ. Bielefeld - Treptower Str. 16, 4800 Bielefeld 1 (T. 0521 - 10 00 95) - Geb. 26. Jan. 1938 Dortmund (Vater: Theodor R., Chefredakt.; Mutter: Hildegard, geb. Farfsing), ev., verh. s. 1968 m. Angela, geb. v. Lautz, 2 Kd. (Beatrice, Tilman Gordian) - Dipl.-Soz. 1964 Univ. Frankfurt, Promot. 1966 Münster, Habil. 1971 Bielefeld - 1966 wiss. Angest. Sozialforschungsst. Dortmund, 1968 wiss. Assist. Univ. Bielefeld - BV: Sekte u. soz. Beweg., 1966; Anarchismus, 1969; Lex. z. Soziol., 1973; Soz. Beweg., 1978; Polit. Psych., 1981; Dt. Soziol. 1933-1945, 1986 - Spr.: Engl., Franz.

RAMPACHER, Hermann
Dr. rer. nat., Diplom-Physiker, Geschäftsführer d. Ges. f. Informatik e.V. (GI) - Godesberger Allee 99, 5300 Bonn 2 - Geb. 29. Dez. 1934 Ulm (Vater: Hermann R., Oberst), verh. s. 1968 m. Ursel, Studiendirektorin, S. Carsten - Stud. Physik Univ. Stuttgart - 1964-68 MPI f. Physik u. Astrophysik in München; 1968-70 wiss. Assist. Inst. f. Theoret. Physik Univ. Tübingen; Mitgl. d. Kleinen u. Großen Senats; 1970-79 IBM Deutschland GmbH; 1979-81 GMD Schloß Birlinghoven - S. 1974 Förderndes Mitgl. d. Max-Planck-Ges.; s. 1984 Senior Member of IEEE, USA - Bek. Vorf.: General d. Infanterie Hermann von R. (Großvater).

RAMS, Dieter
Prof., Designer - Zu erreichen üb.: Hochschule f. Bild. Künste, Lerchenfeld 2, 2000 Hamburg 76 od. Braun AG, Kronberg - Geb. 1932 - Tätigk. Braun AG., Frankfurt/M.; 1981 ff. Prof. f. Industriedesign.

RAMSAUER, Helene
Dr. phil., Prof. f. Ev. Religionslehre u. Didaktik d. Religionsunterr. (emerit. 1973) - Wienstr. 63, 2900 Oldenburg/O. (T. 50 64 11) - Geb. 26. Aug. 1905 Rodenkirchen/O. (Vater: Wilhelm R., Pastor; Mutter: Margarethe, geb. Hüpers). ev. - Lehrerinnenausbild. Oldenburg. Stud. Heidelberg, Wien, Marburg. Lehrerinnenex. 1925; Promot. 1930 - 1933-45 Schuldienst Hoya/Weser (Mittelsch.) u. Eger (1939; Obersch. f. Mädchen); s. 1945 Doz. u. Prof. (1956) Päd. Hochsch. Oldenburg. Fachaufs. u. a. in Oldenb. Jahrb. 1983 - Liebh.: Archäol. - Spr.: Engl. - Bek. Vorf.: Johannes R., Schüler Pestalozzis (Urgroßv.) - Lit.: Relig.un-

terr. unterwegs (Festschr. z. 65. Geburtstag; hg. v. Kl. Wegenast u. Heinz Grosch).

RAMSAUER, Peter

Dipl.-Kfm., Dr., Müllermeister, MdB (s. 1990) - Mühlenstr. 3, 8221 Traunwalchen - Geb. 10. Febr. 1954 München, kath., verh., T. Barbara - Abit. Marquartstein, Stud. Wirtsch.wiss. Univ. München, Dipl.-Kfm. 1979 u. Promot. 1985, Ausb. im Müllerhandwerk, 1977 Gesellenprüf., 1980 Meisterprüf. - Pers. haft. Gesellschafter d. Fa. Ramsauer Talmühle KG, Traunwalchen; Vors. d. Vereinig. Wasserkraftwerke in Bayern; Bezirksvors. d. AGM Obb. - BV: Wirtschaftliche Ziele u. Effekte d. Gebietsreform in Bayern, 1986 - Spr.: Engl., Franz.

RAMSEY, Bill

(Eigtl. William McCreery Ramsey), Sänger, Moderator, Komponist, Textdichter - Postfach, 2000 Hamburg 50 - Geb. 17. April 1931 Cincinnati/Ohio (Vater: William McC., Fernseh-Dir.;

Mutter: Olivia, geb. James), verh. m. Petra Bock-Ramsey, Dr. med., Adoptivsohn Joachim - Amerikan. Abitur 1949; 1949-51 Yale Univ.; 1951-55 Militärdst.; 1955-58 Univ. Frankfurt u. Univ. Cincinnati, Ohio; s. 1958 Show Business - 1968-72 Programmdir. Televico AG, Zürich; Tätigk. b. Funk, Fernsehen, Film u. Konzert (Jazz) - 50 Single-Schallpl., 30 Lanspielpl.; 26 Spielfilme; üb. 500 FS-Prod.; üb. 60 Kompos. u. Texte (GEMA-Mitgl. s. 1967) - Spr.: Engl., Franz. - Lit.: Who's Who in Amerika, s. 1970; Who's Who in the World, s. 1971; Knaur's Prominentenlexikon, 1980; Who's Who in the Western World (GB); Who's Who in Entertainment, s. 1989, u. a.

RANDOLF, Karl

(eigtl. Zahradniczek) Prof., Generalmusikdirektor i. R. - Rudolf-Janko-Str. 10, A-2380 Perchtoldsdorf b. Wien (T. 86 71 83) - Geb. 15. April 1916 Wien (Vater: Karl Zahradniczek, Feldmarschall-Leutnant; Mutter: Elise, geb. Wallner), kath., verh. I) 1940 m. Lotte, geb. Dobrowski de Dobrowa, 2 Kd. (Gertraud, Rudolf), II) 1968 Marlies, geb. Oettner, 2 Kd. (Sonja, Christine) - Gymn. u. Staatsakad. f. Musik u. Darstell. Kunst Wien (1935-37 Kapellmeistersch.) - Landestheater Linz (1939 2., 1941 1. Opernkapellmeister), 1942-46 Wehrmacht u. Gefangensch., s. 1946 Landestheater Linz (1. Opernkapellmeister), Österr. Rundfunk/Radio Graz (1948 Chefdirig.), Staatstheater Oldenburg (1955 GMD), Stadt. Symphonie-Orch. Innsbruck (1967 Chefdirig.), Volksoper Wien (Dirig.), Leit. Dirig.-klasse Konservatorium Stadt Wien (1973), Opernstudio Staatsoper Wien (1983-86). Gastsp. Europa u. Übersee.

RANDOVÁ, Eva

Kammer- u. Opernsängerin - Pontoiserstr. 21, 7030 Böblingen - Geb. CSSR, (Vater: Karel R., Lehrer; Mutter: Ludmila, Lehrerin), verh. s. 1980 m. Eugen Kühner, 3 T. (Galina, Katerina, Petra) - Priv. Gesangsstud. b. Prof. J. Svâbová, Stud. Päd., Math., Sportwiss. - 2 J. Lehrerin. Gastsp. in führ. Opernhäusern - Tschech. Jugendpreistr. Klavier, 1966 Lauréat Intern. Gesangswettb. Reggio-Emilia - Liebh.: Musik, Schwimmen (Meist. im Schwimmen (200 m Brust u. 100 m Delphin), Kochen.

RANDOW, von, Andreas Maria

Dr. phil., Kulturreferent b. Ministerpräsidenten von Schleswig-Holstein - Holtenauerstr. 194, 2300 Kiel 1 (T. 0431 - 80 32 73) - Geb. 24. Okt. 1952 Kesselheim/Rhein, kath., verh., 2 Kd. (Olivia, Hansi) - Stud. Literaturwiss., Kunstgesch. u. Gesch. Univ. Bonn; Promot. 1984 (b. Prof. Peter Pütz u. Prof. Werner Busch) - 1981-85 Schauspieler u. Sänger b. Thalias Transit; 1985/86 Aufbau d. Dokumentationsstelle f. Soziokultur u. Kulturpolitik; 1986-88 Kulturpfleger d. Stadt Mannheim; 1988-91 Dir. d. Mannheimer Kulturzentrums - BV: Öffentlichkeit - Erfahrung u. Beschreibung (Hausväterrepubl. u. Gelehrtenrepubl. als Möglichkeiten kultureller Partizipation d. Bürger Chodowiecki u. Nicolai im friderizianischen Berlin), 1984.

RANDOW, von, Bär

Leiter Abt. Klangkörper/Westd. Rundfunk, Köln (s. 1974) - Obersteinbach 9a, 5060 Berg. Gladbach 4 - Geb. 10. Nov. 1931 Peking/China (Vater: Elgar v. R., Generalkonsul a. D. (s. dort); Mutter: Erika, geb. Stolte), ev., verh. s. 1965 m. Ulla, geb. Laban, T. Josefine - Gymn. Potsdam u. Berlin; Stern'sches Konservat. Berlin - 1958 Leit. Orchestersch. Siegerland-Wittgenstein; 1960 Mitgl. Zürcher Kammerorch.; 1963 Int. Siegerland-Orch. - BV: Nachwuchsorch. - Analyse u. Modell, 1967. Musikkrit. Abh. - Liebh.: Tierschutz, Kunst d. Jugendstils - Spr.: Engl.

RANDOW, von, Bogislaw

Herausgeber u. Verleger Monats-Archiv Dokument + Analyse, München - Barerstr. 43, 8000 München 40 (T. 089 - 27 20-100) - Geb. 3. Juli 1945 Ratzeburg (Vater: Joachim v. R., Landw. u. Kaufm.; Mutter: Erika, Gräfin Finck v. Finckenstein), verh. s. 1972 m. Renate, geb. Ebenfeld, 2 T. (Harriet, Annabel) - 1967-72 Stud. Phil. u. Recht Bonn u. München; bde. jur. Staatsex. - 1965-67 Ltn. d. Res. b. d. Psych. Kampfführ. d. Bundesw.; 1969 Erricht. e. Hotels in München, s. 1972 Hrsg. u. Verl. Dokument + Analyse - BV: Gastarbeiter - Integration od. Rückkehr? Sammelbd. (Hrsg.), 1980 - Liebh.: Architektur - Spr.: Engl., Franz. - Lit.: Carl J. v. Butler: D. Randow-Modell im Freizeitbereich, (Hrsg. Bundesmin. f. Jugend) 1976.

RANFFT, Klaus

Dr. rer. nat., Dr. agr. habil., Prof. f. Analytische Chemie - Hittostr. 6, 8050 Freising (T. 08161 - 1 36 74) - Geb. 5. April 1934 Berlin (Vater: Karl R., Kaufm.; Mutter: Sophie, geb. Heyl), ev., verh. s. 1964 m. Elisabeth, geb. Rauch, 2 S. (Wolfgang, Martin) - Abit. 1956 Windsheim; Stud. Chem. Univ. München b. 1965, Promot. 1968 TU München - 1967-75 Abt.leit. TU München, 1975 Anst.leit. ebd. - 1974 Oskar-Kellner-Preis; 1988 Gold. Sprengel-Liebig-Med. u. Gr. Ehrenz. d. Rep. Österr.; 1989 Präs. Verb. Dt. Landwirtsch. Untersuch. u. Forsch.anst. - Liebh.: Hausmusik - Spr.: Engl.

RANFT, Dietrich

Staatsrat a. D., Generalsekr. Max-Planck-Ges. z. Förd. d. Wiss. i.R. - Westfalenstr. 2, 8000 München 40 (T. 3 22 68 31) - Geb. 27. April 1922 - AR-Vors. BESSY.

RANFT, Eckart

Präsident Finanzgericht Bremen - Haus d. Reichs, 2800 Bremen - 1976-88 Präs. d. Kirchentages u. Kirchenaussch. Brem. Ev. Kirche.

RANFT, Ferdinand

Reiseschriftsteller, Herausgeber d. Marco-Polo-Reiseführer - Redaktionsbüro, 2000 Hamburg 1 - Geb. 27. Okt. 1927 - 1958-63 Bayer. Rundfunk: Jugendfunk, Abt. Wort Studio Nürnberg; 1964-69 ZDF: stv. Leit. Abt. Innenpolitik, Leit. Landesstudio Nordrh.-Westf. Düsseldorf; 1969-77 Ressortleit. Reise u. Verkehr D. ZEIT, Moderator ARD-Reisemagazin; 1977/78 Verlagsleit. Piper Verlag, München; 1978-88 Chefredakt. MERIAN.

RANFT, Otto

Dr. jur., Rechtsanwalt - Zu erreichen üb.: Hoechst AG, Postfach 80 03 20, 6230 Frankfurt am Main 80 - Geb. 14. Juli 1914 Bad Vilbel - Kaufm. Lehre IG Farbenind.; Jura-Stud. Beide Staatsex. - AR Gerling-Konzern Lebensversicherungsgruppe, Köln.

RANG, Martin

Dr. phil., o. Prof. f. Pädagogik (emerit.) - Hardtbergweg 15, 6240 Königstein/Ts. (T. 38 31) - Geb. 6. Nov. 1900 Wolfskirch (Vater: Geh. Reg.srat Florens Christian R., Schriftst.; Mutter: geb. Kressner), verh. 1949 m. Christine, geb. Kannenberg - 1930-33 Prof. f. Religionspäd. Päd. Akad. Halle/S. (entlassen); ab 1947 Aufbau Lehrerbild. Oberhessen; 1951-59 Prof. Päd. Hochsch. Oldenburg, ab 1960 o. Prof. Univ. Frankfurt/M. - BV: Bibl. Unterr., 1935; Handb. f. d. bibl. Unterr., 1939; D. Geist unserer Zeit, 1947; Rousseaus Lehre v. Menschen, 1959, 2. A. 1965 - Spr.: Franz.

RANG, Otto

Dr.-Ing., Prof. - Quentelberg 14, 6940 Weinheim (T. 06201 - 5 26 25) - Geb. 13. Jan. 1918 Aussig/Sudetenl. (Vater: Prof. Zdenko R.; Mutter: Henriette, geb. Reinwarth), kath., verh. s. 1942 m. Ursula, geb. Scherbel, 3 Kd. (Ulrich, Hedwig, Bernhard) - DTH Prag (Elektrotechnik; Dipl.-Ing. 1940). Promot. (1952) u. Habil. (1960) Darmstadt - 1943-53 AEG-Forschungsinst., Berlin, u. Nachfolgeinst., zul. Carl Zeiss, Heidenheim; s. 1953 Fachhochsch. f. Technik Mannheim (Doz., 1962 Abt.leit., 1963 Prof., 1980 Ruhestand). S. 1960 Privatdozent, apl. Prof. (1966), Honorarprof. (1971) TH Darmstadt (Physik). S. 1978 Honorarprof. Univ. Mannheim. Üb. 120 Fachveröff. (Elektronenmikroskopie u. -optik, -interferenz, Methodik u. Didaktik d. Physikunterr.) - Bek. Vorf.: Prof. Dr. theol. Anton Reinwarth, Rektor Dt. Univ. Prag (Urgroßonkel).

RANKE, Kurt

Dr. phil. (habil.), o. Prof. u. Direktor Seminar f. Dt. Volkskunde Univ. Göttingen (s. 1960) - Ludwig-Beck-Str. 3, 3400 Göttingen (T. 2 25 42) - Geb. 14. April 1908 Blankenburg/Harz - 1940-60 Doz., apl. (1951) u. ao. Prof. (1959) Univ. Kiel - BV: D. 2 Brüder, Studie z. vergl. Märchenforsch., 1934; Rosengarten, Recht u. Totenkult, 1950; Indogerm. Totenverehrung, Bd. I 1951; D. Spielregister d. Meister Altswert, 1955; Schlesw.-Holst. Volksmärchen, 3 Bde. 1955-61; Folktales of Germany, 1964. Zahlr. Einzelarb. Herausg.: Fabula/Intern. Ztschr. f. Erzählforsch. (1958 ff.).

RANKE-HEINEMANN, Uta, geb. Heinemann

Dr. theol., Prof. f. Religionsgeschichte - Henricistr. 28, 4300 Essen 1 (T. 25 25 64) - Geb. 2. Okt. 1927 Essen (Vater: Dr. jur. Dr. rer. pol. Drs. h. c. Gustav W. Heinemann, Bundespräsident (†); Mutter: Hilda, geb. Ordemann (†)), ev., währ. d. Stud. kath., verh. s. 1954 m. Edmund Ranke (Religionslehrer), 2 Söhne (Johannes, Andreas) - Burggymn. Essen (Abit. 1947); Stud. Ev. Theol. Bonn, Basel, Oxford, Montpellier, Kath. Theol. München. Promot. 1954; Habil. 1969 - S. 1965 Doz., 1970 Prof. (1970 Päd. Hochsch. Rhld./Abt. Neuss, s. 1980 Univ. Duisburg, s. 1985 Univ. Essen (Neues Testament u. Alte Kirchengesch.), verlor 1987 ihren Lehrstuhl wegen Zweifeln an d. Jungfrauengeburt; s. Ende 1987 Lehrstuhl f. Religionsgesch. Univ. Essen - BV: u. a. D. frühe Mönchtum, 1964; D. Protestantismus, 2. A. 1965 (auch niederl. u. span.); V. christl. Existenz, 1964; D. sog. Mischehe, 1968; Antwort auf aktuelle Glaubensfragen, 4. A. 1969; Christentum f. Gläubige u. Ungläubige, 1968; Widerworte, Friedensreden u. Streitschr., 3. A. 1989; Eunuchen f. d. Himmelreich. Kath. Kirche u. Sexualität, 15. A. 1990 (auch engl., franz., span., ital., niederl., portug., slowen. u.a.) - Spr.: Außer alten Engl., Franz., Russ., Niederl., Ital., Span., Portug. - Bek. Vorf.: Albrecht v. Haller (ms.) - Erster weibl. Prof. d. Kath. Theol. in d. Welt.

RANKER, Fred

Tabakwarenhändler, MdB (s. 1985, SPD) - 6680 Neunkirchen/Saar.

RANSPACH, Dieter

Schauspieler - Wiesbadener Str. 24, 1000 Berlin 33 (T. 030 - 821 27 24) - Geb. 14. Juni 1926 Berlin (Vater: Martin R., Verlagskfm.; Mutter: Margarethe, geb. Buder), franz.-reform., led. - Bismarck-Gymn. Berlin (Abit. 1944); Hebbel-Theater-Sch. ebd. (Bühnenreife 1948) - S. 1947 Berliner Bühnen (1954 Mitgl. Staatl. Schauspielbühnen Berlin); Hörfunk (1948 ff.); Fernsehen (1954 ff.) - 1971 Berliner Staatsschausp.

RANTZAU, von, Eberhart

Dr. rer. pol., kfm. gf. Gesellschafter d. Reedereien John T. Essberger, Dt. Afrika-Linien, TOL Transocean Liners - Palmaille 45, 2000 Hamburg 50 (T. 040 - 38 01 60) - Geb. 4. März 1948 Hamburg (Vater: Cuno v. R., Gutsbes.; Mutter: Liselotte, geb. Essberger) - Univ. Bonn u. Hamburg. Promot. 1976 - Tätigk. Engl., USA, Frankr.; VR-Mitgl. Dt. Schiffsbank AG, Bremen, SHL Schiffshypothekenbank zu Lübeck, Hamburg u. Verb. Dt. Reeder, Hamburg - Liebh.: Jagd, Malerei, Theater.

RANTZAU, Graf zu, Johann

Land- u. Forstwirt, Präs. Verb. d. Landwirtschaftskammern Bonn, u. Schlesw.-Holst., Kiel, Vors. Schlesw.-Holst. Waldbesitzerverb. ebd. - 2211 Rosdorf - Geb. 31. Aug. 1930.

RANTZAU, von, Liselotte, geb. Essberger

Reederin, Mitinh. John T. Essberger, Atlantik Tank-Reederei GmbH, Dt. Afrika-Linien GmbH & Co., AR-Vors. Woermann-Linie AG, alle Hamburg, Vors. Afrika-Verein - Mühlenberger Weg 34, 2000 Hamburg 55 (T. 86 58 16) - Vater: John T. Essberger † (Reeder).

RANZ, Karl

Oberstadtdirektor Stadt Düsseldorf - Marktplatz 2, 4000 Düsseldorf 1 (T. 0211-899-20 01) - Geb. 5. Dez. 1931, verh., 2 Kd. - 1978-87 Jugend-, Sozial- u. Gesundheitsdezern.; s. 1987 Oberstadtdirektor Düsseldorf - 1987 BVK I. Kl.

RAPHAEL, Walter

Dipl.-Ing., Geschäftsführer Waldemar Pruss, Armaturenfabrik GmbH - Schulenburger Landstr. 261, 3000 Hannover 1 (T. 0511 - 71 19 60) - Geb. 17. Sept. 1937 Berlin (Vater: Erich R., Dipl.-Ing.; Mutter: Wilhelmine, geb. Hollinger), ev., verh. s. 1981 m. Ingeburg, geb. Wilking - Gymn. Frankenthal; TH Karlsruhe (Masch.bau), Dipl. 1962 - Liebh.: Reisen, Sport, Musik - Spr.: Engl., Franz.

RAPKE, Rudolf

Dr., Ministerialdirigent - Zu erreichen üb. Ausw. Amt, Adenauerallee 99-103, 5300 Bonn 1.

RAPP, Anton

Dipl.-Brauereiing., Geschäftsführer Bamberger Mälzerei GmbH. - Am Friedrichsbrunnen 26, 8600 Bamberg/Ofr. - Geb. 3. März 1928.

RAPP, Friedrich

Dr. phil., Prof. f. Philosopie Univ. Dortmund - Krückenweg 114, 4600 Dortmund 50 - Geb. 31. Jan. 1932 Groß-Zimmern/Hess. (Vater: Valentin R., Landwirt; Mutter: Dorothea, geb. Heidtmann), ev., verw. s. 1985, T. Claudia - Stud. TH Darmstadt (Physik u. Math.); Staatsex. 1959; Freiburg/Schweiz (Phil.); Promot. 1966; Habil. 1972 TU Berlin - 1976 Prof. TU Berlin, 1985 Univ. Dortmund - Vors. d. Bereichs Mensch u. Technik im VDI - BV: Gesetz u. Determination in d. Sowjetphil., 1968; Analyt. Technikphil., 1978 (engl. 1980, span. 1981). Herausg.: Contributions to a Phil. of Techn. (1974); Naturverständnis u. Naturbeherrschung (1981); Ideal u. Wirklichkeit d. Techniksteuerung (1982); Technik u. Phil. (1990). Mithrsg.: Technikphil. in d. Diskussion (1982); Phil. u. Wiss. in Preußen (1982); Contemporary Marxism (1984); Whiteheads Metaphysik d. Kreativität (1986, engl. 1990); Institutionen d. Technikbewertung (1989); Technik u. Philosophie (1990).

RAPP, Rainer

Dipl.-Kfm., Geschäftsf. d. F.C. Trapp Bauunternehmen GmbH - Lippeweg 18, 4230 Wesel/Rhein - Geb. 7. Febr. 1942 Würzburg (Vater: Dr. Eugen R., Prof.; Mutter: Anny, geb. Kalb), ev., verh. s. 1966 m. Erika, geb. Raab, 2 Kd. (Heike, Michael) - Univ. Würzburg, Dipl. 1969. B. 1975 Mitgl. versch. Aussch. b. Hauptverb. d. Bauind. - Liebh.: Musik - Spr.: Engl. - Rotarier.

RAPP, Wilhelm

Jurist, Präsident d. Hamburgischen Oberverwaltungsgerichts (s. 1987) - Nagelsweg 37, 2000 Hamburg 1 (dienstl.) - Geb. 2. April 1942 Berlin, verh. s. 1967 m. Sieglinde, geb. Lange, 3 Söhne (Christian, Mathias, Andreas) - Abit. 1963; Stud. 1963-68 Rechtswiss. u. polit. Wiss. Univ. Hamburg; 1968 1. jurist. Staatsprüf.; 1972 gr. jurist. Staatsprüf. - B. 1979 Richter am VG Hamburg, 1979 Richter am Hamburgischen OVG, 1981

Vizepräs. d. VG, 1985 Präs. d. VG Hamburg - Liebh.: Lit., Phil. - Spr.: Eng.

RAPPARD, Friedhelm
Geschäftsführer Vereinigte Drahtindustrie GmbH. - Friedrichstr. 24, 5800 Hagen-Haspe - Geb. 23. Mai 1934.

RAPPE, Hans-Achim
Dr.-Ing., Univ.-Prof. Berg. Univ. - GH Wuppertal, FB Sicherheitstechnik - Ottostr. 17, 4330 Mülheim (T. 0208 - 43 16 34) - Geb. 5. Juli 1937 Magdeburg (Vater: Theodor R., Dipl.-Ing.; Mutter: Adele, geb. Buddensiek), verh. s. 1969 m. Doris, geb. Betgen, 2 Kd. (Hajo, Dörte) - Dipl. Maschinenbau 1965 RWTH Aachen, Promot. 1972 TU Hannover.

RAPPE, Hermann
Gewerkschaftler, Vors. IG Chemie-Papier-Keramik (s. 1982), MdB (s. 1972; Wahlkr. 43/Hildesheim; b. 1984 Mitgl. Fraktionsvorst.) - Röntgenstr. 27, 3203 Sarstedt (T. 05066 - 57 77) - Geb. 20. Sept. 1929 Hann. Münden, verh., 1 T. - Realsch. (Mittl. Reife); kaufm. Lehre - B. 1952 Konsumgenoss., dann IG Chemie-Papier-Keramik (1966 Mitgl. gf. Hauptvorst.; 1982 Vors.). SPD s. 1947 (div. Funktionen).

RAPPERT, Dieter
Dipl.-Ing., stv. Vorstandsmitglied Philipp Holzmann AG - Taunusanlage 1, 6000 Frankfurt/M. 1 - Geb. 1. Sept. 1937 - AR-Mitgl. u. Beirat v. div. Ges.

RARISCH, Klaus M.
Schriftsteller (Ps. Niccolò Sosia), Literarischer Nachlaßverw. v. Arno Holz (s. 1975) - Tessenowstr. 42, 1000 Berlin 26 (T. 030 - 414 27 16) - Geb. 17. Jan. 1936 Berlin, verh. - Stud. German., Publiz. u. Theaterwiss. FU Berlin - BV: Not, Zucht u. Ordnung, 1963; Ultimistischer Almanach, 1965; D. Tod e. Traum, 1977; D. Ende d. Mafia, 1981; D. gerettete Abendland, 1982; Donnerwetter, 1987; D. Geigerzähler hören auf zu ticken, 1990. Übers.: F. T. Marinetti, D. Futurist. Küche, 1983 - Preis Hörspiel d. Monats f. Die Blechschmiede n. Arno Holz, 1979 - Liebh.: Musik, Schach - Spr.: Engl., Franz., Ital.

RASCH, Hans-Jürgen
Büchsenmacher- u. Bundesinnungsmeister, Vors. Bundesinnungsverb. f. d. Büchsenmacher-Handwerk - Zu erreichen üb.: Hauptstr. 100, 5090 Leverkusen 1.

RASCH, Herbert
Prof., Kunsterzieher - Kleekamp 16, 4630 Bochum-Stiepel (T. 79 17 57) - Geb. 13. Dez. 1913 - Em. o. Prof. (Bild Kunst u. ihre Didaktik) Univ. Dortmund.

RASCH, Horst
Mitglied d. Landtages Sachsen - Hauptstr. 3, O-8101 Bärnsdorf (T. 035723 - 5 62) - Geb. 9. März 1953 Ober-Mittelebersbach, ev., verh. s. 1976 m. Renate, geb. Weidner, 2 Kd. (Florian, Sophia) - Dresdner Kreuzchor, Kreuzgymn., Abit. 1971; Dipl.-Ing. Thermodynamik u. Strömungstechnik 1977 TU Dresden - B. 1989 versch. Positionen als DV-Spezialist in d. Wirtsch.; 1990 Presseamtsleit. u. Pressesprecher d. Dresdner OB; 1992 Vors. d. Fördervereins Dresdner Kreuzchor e.V.; 1992 Kurat.-Vors. d. Sächs. Landeszentrale f. polit. Bildung.

RASCH, Walter
Senator a.D., Fraktions- u. Landesvors. FDP Berlin (s. 1983) - Zu erreichen üb. Rathaus Schöneberg, 1000 Berlin 62, T. 783 3711/12) - Geb. 13. Mai 1942 Erfurt/Thür., verh. (Ehefr. Angelika), 4 Kd. - FU Berlin/Otto-Suhr-Inst. (1969 Dipl.-Politol.) - 1969 Leit. Friedrich-Naumann-Stiftg. Büro Berlin; Parteiangest. (1969 pers. Ref. FDP-Landes- u. Fraktionsvors., 1970 zusätzl. Presseref.); 1971 MdA, 1975-81 Senator f. Schulwesen Berlin, 1983 Landes- u. 1971-75 sow. ab 1983 auch Fraktionsvors. Berliner FDP. FDP s. 1966 (1970 Bezirksvors. Tempelhof); Mitgl. FDP-Bundesvorst. (1982); Mitgl. Kuratorium Friedr.-Naumann-Stiftg.; Vorst. Walther-Rathenau-Stiftg.; Europ. Akad. Berlin; 1981 Stiftungsrat Dt. Klassenlotterie Berlin; Journalistenclub Berlin, ADAC, Freunde d. Nationalgalerie, 1984 Vorstandsvors. Stiftg. Preuß. Seehandlung; 1987 Dir. Dt. Kredit- u. Handelsbank Berlin.

RASCHE, Bernd-Ulrich

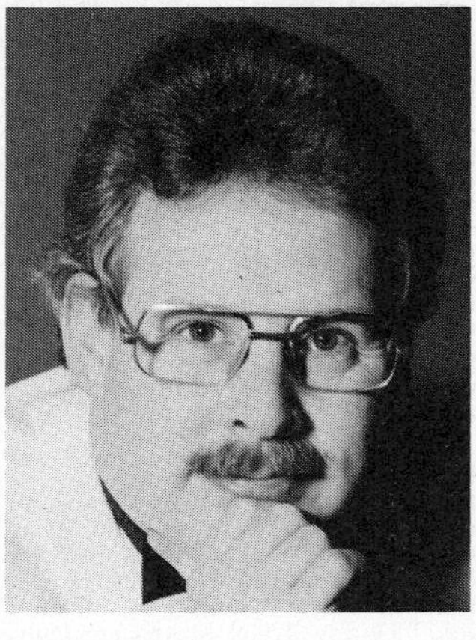

Pianist u. Komponist - Wallstr. 27, 4000 Düsseldorf 1 - Geb. 26. Febr. 1954 Essen (Vater: Karl R., Bundesbahnamtsrat; Mutter: Lieselotte, geb. Möller), kath., ledig - Erste Kompos.stud. b. Prof. Jürg Baur, Köln; Unterr. b. Musikdir. Arnold Kempkens Düsseldorf u. in Mülheim/R.; Stud. Kirchenmusik Musikhochsch. Köln u. Düsseldorf; Gesangsstud. b. Prof. E. Wenk, Köln u. R. Delorko, Düsseldorf - Doz. f. Klavier u. Tonsatz Städt. Musiksch. Düsseldorf - Kompos.: Vier sinf. Lieder (1979, UA 1980), Lieder d. Dämmerung (1980, UA 1981), Vier Teufelslegendchen (1981), Kromolicki-Persiflage f. Orgel (1975), Konzertetüde f. Klavier (1980), Der 23. Psalm f. Bariton u. Harfe (1984), Die Urnacht (Sinf. Kantate) (1986), Konzertrhapsodie f. Klar. u. Klavier (1987), Messe concertant f. 3 Solostimmen, Männerchor, Pauken u. Orgel (1990), Kromolicki-Persiflage Nr. 2 cis-moll (1992), 3 apokalyptische Visionen f. Alt-Solo, Pauken u. Orgel (1992) - 1973 u. 74 erste Preise Jugend musiziert f. Klavier.

RASCHE, Hans O.

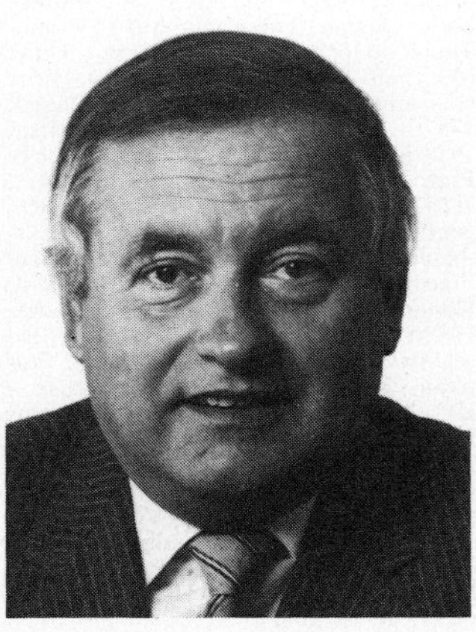

Dipl.-Volksw., Wirtschaftsberater BDU, Dozent, Publizist - Tüschener Str. 1, 5628 Heiligenhaus (T. 02056 - 51 17/8) - Geb. 16. Mai 1935 Essen (Vater: Wilhelm K. †; Mutter: Erna, geb. Kuhlmann), ev., verh. s. 1961 m. Ursula, geb. Hammer, S. Lars-Joachim - Kfm. Lehre, Abit., Stud. National-Ökonomie Köln u. Kiel, Dipl.-Volksw.-Ex. - B. 1971 Marketing-Dir. Mannesmann-Konzern; s. 1971 Management-Trainer u. Management-Berater; Gf. Ges. System-Management Hans O. Rasche + Partner GmbH, Artera'sche Kunst- u. Verlagsges. mbH, versch. Beiratsmand., gew. Mitgl. Vollversammlung d. IHK Düsseldorf - BV: Marketing - aber mit System, 3. A. 1974; Kooperation - Chance u. Gewinn, 1971; 1971-86 zahlr. Fachveröff. zu Management u. Marketing als Praktiker-Checklisten u. Eigen-Verlag - 1991 Gründung e. Inst. f. berufsbegleitende Studiengänge (BBA, MBA) - 1971 Senator JCI - Liebh.: Reisen, Photo, Kunst - Spr.: Engl., Span.

RASENACK, Christian A. L.
Dr. jur., LL.M. Prof. f. Öffentliches Recht, Finanz- u. Steuerrecht - Taunusstr. 8, 1000 Berlin 49 - Geb. 16. Febr. 1938 Hirschberg/Schl. (Vater: Dr. Otto R., Vet.-Dir.; Mutter: Anni, geb. Timme), gesch. - 1. jur. Staatsex. Freiburg 1961, 2. jur. Staatsex. Düsseldorf 1966, Promot. Münster 1967, LL.M. Univ. of Calif. (Berkeley) 1969, Habil. Berlin 1973 - 1966-74 Univ.-Assist., 1974-76 Reg.rat Finanzverw. Berlin, s. 1977 Prof. FU Berlin, s. 1983 Prof. TU Berlin - BV: Gesetz u. Verord. in Frankr. s. 1789, 1967; D. Theor. d. Körpersch.steuer, 1974; Buchführ. u. Bilanzsteuerrecht, 1979; Steuern u. Steuerverfahren, 1985 - 1967 Geldpreis f. Diss. v. Rektor u. Senat Univ. Münster - Spr.: Engl., Franz.

RASKE, Michael
Dr. theol., Prof. Univ. Frankfurt/M. - Am Falltor 3a, 6106 Erzhausen (T. 06150 - 66 31) - Geb. 26. Mai 1936 Hannover (Vater: August R., Bundesrichter; Mutter: Therese R.), kath., ledig - Promot. 1965 Univ. Innsbruck - S. 1973 Prof. Univ. Frankfurt - BV: Sakrament, Glaube, Liebe. Gerhard Ebelings Sakramentsverst., 1973; Ztschr.-Beitr.

RASKE, Peter
Dipl.-Soz., 1. Vorsitzender Bundesverb. d. Jugendkunstschulen u. kulturpäd. Einrichtungen (1983-88) - Am Kamp 31, 2990 Papenburg - Geb. 27. Mai 1949 Heide/Holst., ev., verh. - Stud. Soziol. Univ. Hamburg (Dipl. 1975) - S. 1985 Leitung d. Büros f. Pädagogik, Kunst u. Kultur - BV: D. Jugendkunstschule - Kulturpäd. zw. Spiel u. Kunst, 1980 (m.a.).

RASNER, Henning
Dr. jur., Rechtsanwalt, Aufsichtsratsvors. SP Reifenwerke GmbH, Hanau, Kämmerer GmbH, Osnabrück, Bristol-Myers Squibb GmbH, München, Sony-Wega Prod.-GmbH, Fellbach - Hohenstaufenring 62, 5000 Köln 1 (T. 0221 - 2 09 10) - Geb. 2. April 1930 Hilden/Rheinl., verh. - Gymn.; Jurastud.; 1. u. 2. Staatsex., Promot. 1960; 1960/61 Stud. in Paris - 1958 Anwaltsbüro New York. Vors. d. Beirats Ferd. Jagenberg & Söhne GmbH & Co. KG, Altenberg; AR-Mitgl. Treuhand-Vereinigung AG, Wirtschaftsprüfungsges. Frankfurt, Sony Deutschland GmbH, Köln, Hannen Brauerei GmbH, Mönchen-Gladb. - BV: D. atypische stille Ges., 1961. Bearb.: D. Prozeß um d. Esels Schatten, 1978. Mitautor: GmbH-Gesetz-Komment. Rowedder, 1985 - Liebh.: Kunst, Lit., Theater - Spr.: Engl., Franz.

RASP, Renate
Schriftstellerin - Bahnhofstr. 91, 8032 Gräfelfing (T. 85 21 73) - Geb. 3. Jan. 1935 Berlin (Vater: Fritz R., Schausp. (s. XVII. Ausg.); Mutter: Charlotte, geb. Petermann), verh. s. 1961 m. Klaus Budzinski (Autor, s. dort) - Marie-Curie-Obersch. Berlin; Kunstakad. Berlin u. München (Malerei, Schriftgraphik) - BV: D. Spaziergang n. St. Heinrich, Erz. 1967 (in: Wochenende - 6 Autoren variieren e. Thema); E. ungeratener Sohn, R. 1967 (div. Aufl. u. Übers.); E. Rennstrecke, Ged. 1969; Chinchilla, R. 1973; Junges Deutschland, Ged. 1978; D. Geister v. morgen, Komöd. 1978; Zickzack, R. 1979 - 1968 Hamburger Leserpreis; Mitgl. PEN-Zentrum BRD, VS - Spr.: Engl.

RASPOTNIK, Hans
Produktionschef Atelier Berlin GmbH Film-Fernsehen-Video - Delbrückstr. 11, 1000 Berlin 33 (T. 030-825 56 78) - Geb. 27. Febr. 1911 Maribor/Jugosl., ev., ledig - Lehre im Zirkus Sarasani, Tourneen m. Sarasani, Williams u. Belli; Dir. Mellini-Theater, Hannover, Zentral-Theater, Magdeburg, Neues Operettentheater, Leipzig; Theater am Nollendorfpl., Berlin; Beratung u. Prod. v. Artisten in Zirkusfilmen u.a. Salto Mortale, Königin d. Arena, Tiger Akbar, Drei v. Variété, Rivalen d. Manege - Erf.: D. einzige Videocassetten-Vermietautomat d. Welt. 21 Drehb. u.a. Rivalen d. Manege, Unter d. Sternenzelt, Leider lauter Lügen, Venus in schwarzer Robe. 12 Filmregien u.a. Leider lauter Lügen, Venus in schwarzer Robe, Unter d. Sternenzelt. Prod. v. insges. 54 Filmen u. 240 Fernsehsend. - Liebh.: Pferde, Bonsai - Spr.: Engl., Franz.

RASS, Friedrich
Dipl.-Volksw., Vorstandsmitglied Bürgerl. Brauhaus Ravensburg AG - Friedhofstr. 10, 7980 Ravensburg/Württ. - Geb. 27. Juni 1916 München - AR-Mandate - Ritterkreuz d. EK, Ehrennadel Land Baden-Württ.

RASS (ß), Hans
Dr. jur., Landrat - Plechstr. 27, 8450 Amberg/Opf. (T. 1 23 92) - Geb. 13. Juni 1911 Riedenburg/Opf. (Vater: Georg R., Justizoberinsp.; Mutter: Margarete, geb. Wanko), kath., verh. s. 1939 m. Amalie, geb. Birkl, S. Günter - Gymn. Amberg; Stud. Rechtswiss. München u. Erlangen. Promot. 1936 Erlangen; Ass.ex. 1939 München - Ab 1939 Ass. u. Reg.srat (1941) Luftw. (Verw.), n. Entlass. aus engl. Kriegsgefangensch. Anwaltsass. u. Rechtsanw. (1948), s. 1958 Landrat Kr. Amberg, s. 1972 Kr. Amberg-Sulzbach, 1950-70 MdL Bayern. B. 1953 BP, dann CSU - 1962 Bayer. VO.; 1973 Dt. Feuerwehrmed. in Gold am Band; 1974 BVK I. Kl.; 1974 gold. Ehrennadel Dt. Tierschutzbund - Liebh.: Angeln.

RASSEK, Joachim-Helmut
Wohnungskaufmann, ARsmitgl. GAGFAH Gemeinn. AG f. Angestellten-Heimstätten, Essen (1965 ff.) u.a. - Mörikestr. 15, 4300 Essen 1 (T. 0201 - 77 62 82) - Geb. 27. Jan. 1929 Gleiwitz/OS (Vater: Anton R., Möbelkfm.; Mutter: Gertrud, geb. Dubiel †), verh. s. 1957 m. Karin, geb. Rohlfing, T. Vera - Abit. 1949 - 1982 BVK; 1977 Gold. Ehrennadel DAG - Spr.: Engl., Franz.

RASSEM, Mohammed
Dr. phil., em. o. Prof. f. Soziologie u. Kulturwiss. Univ. Salzburg (s. 1968) - Anton-Hochmuth-Str. 6, A-5020 Salzburg (Österr.) u. Hochstätt 14, 8219 Rimsting - Geb. 27. April 1922 München (Vater: Hassan Bey R., Ing.; Mutter: Elisabeth, geb. Huber), verh. s. 1957 m. Theresia, geb. v. Zumbusch - Stud. TH München, Univ. ebd., Wien, Basel; Promot. 1950 Basel; Habil. 1959 München - 1954-64 Assist. u. Diätendoz. (1961) Univ. München; 1964-68 o. Prof. Univ. Saarbrücken (Kultur- u. Ges.-wiss.), 1967 Dekan ebd. (Philos. Fak.). Emerit. 1990 - BV: D. Volkstumswiss. u. d. Etatismus, 1951, 2. A. 1979; Ges. u. bild. Kunst, 1960; Stiftung u. Leistung, 1979; Im Schatten d. Apokalypse (Zur deutschen Lage), 1984. Div. Aufs. Mithrsg. Zeitschr. f. Politik. - Lit.: Festschr. f. M. R., hg. v. J. Stagl (1982).

RASSPE, Günther
Dr.-Ing., Maschinenbauingenieur, Komplementär u. Geschäftsführer P. D. Rasspe Söhne GmbH & Co. KG, Solingen, Vorstand LAV Landmaschinen- u. Ackerschleppervereinig. im VDMA, Frankfurt am Main, Beirat Kortenbach & Rauh, Solingen, Handelsrichter LG Wuppertal - Hasselstr. 40, 5650 Solingen 1 (T. 0212 - 587 82 94) - Geb. 24. Aug.

1927 Solingen (Vater: Erich R., Fabrikant; Mutter: Annelise, geb. Lüttges), ev., verh. s. 1955 m. Irene, geb. Didoni, 2 S. (Peter, Claus) - TH Karlsruhe u. TH Stuttgart (Masch.bau, Betriebsw.). Promot. 1955 - BVK - Spr.: Engl., Franz.

RATH, Peter Dietrich

Vorstandsvorsitzender Auxilia Allg. Rechtsschutz-Versich.-AG, u. KS-Kraftf.-Schutz Versich.-AG (s. 1988) - Liebigweg 8, 8012 Ottobrunn - Geb. 13. Juli 1938 Oppeln (Vater: Hugo Ludwig R., RA, OB a. D.; Mutter: Agnes, geb. Wegerhoff), ev., verh. s. 1967 m. Helma, geb. Conring, 2 T. (Susanne, Sybille) - Gymn., Abit., Stud. Rechts- u. Staatswiss. Graz, Göttingen, Bonn - 1965 Org.ref. Concordia Lebensversich., 1967 Dir.beauftr., Dir.bevollm., Abt.leit. (Prok.), Abt.dir., Dir., Generalbevollm. d. Vorst., alles Rechtssch. Union, s. 1976 Hptgeschf. Automobilclub Kraftf.-Schutz (KS); Geschf. KS-Verlag GmbH - Spr.: Engl.

RATH-NAGEL, Klaus-Jochen

Dipl.-Ing., Vorsitzender d. Geschäftsführung Zimmermann & Jansen GmbH (s. 1989) - Bahnstr. 52, 5160 Düren - Geb. 22. Nov. 1938 Königsberg/Pr. (Vater: Klaus Nagel; Mutter: Eva Heuser), ev., verh. s. 1969 m. Dagmar Freidank - TU Aachen u. Berlin; Brown Univ. USA - 1967-69 Direktionsassist. Busch-Jäger, Düren; 1969-72 Bereichsleit. H. Lenhard, Saarbrücken; 1972-74 Techn. Leit. Rohé GmbH; 1974-88 Präs. The Allen Group Int'l Inc.; ab 1974 Geschäftsf. Rohé GmbH, Offenbach (ab 1988 Spr. d. Geschäftsfg.) - Spr.: Engl., Franz., Ital.

RATHERT, Peter

Dr. med., Prof. RWTH Aachen, ltd. Arzt Klinik f. Urologie u. Kinderurologie Krankenhaus Düren, Archivar Dt. Ges. f. Urologie e.V. - Roonstr. 30, 5160 Düren - Geb. 9. Okt. 1938, ev., verh. - BV: Praxis d. Urinzytol., 1979 (engl. u. span. Übers.); Urinzytologie. Praxis u. Atlas, 1991; Gewebeklebstoffe in d. Med., 1970; Urol. Onkol., 2. A. 1981; Traumatol. d. äußeren Genitale, 1984.

RATHGEN, Günther H.

Dr. med., Prof. f. Geburtshilfe, Frauenheilkunde, Schwangersch.physiol.- Carl-Orff-Str. 1, 6500 Mainz-Drais (T. 06131 - 47 77 00) - Geb. 7. April 1928 Hamburg (Vater: Albert R., Steuerber.; Mutter: Margarethe, geb. Ehling), verh. s. 1959 m. Hannelore, geb. Karus, T. Karen Britta - Gymn. St. Georg Hamburg; Univ. Hamburg u. Mainz, Promot. 1954, Habil. 1964 - S. 1972 Abt.-Vorst. u. Prof. Univ. Mainz - BV: Physiol. d. Schwangersch., 1980 - 1957 Krebspreis Hamburg.

RATHJENS, Carl

Dr. phil. nat., o. Prof. f. Geographie - Hellwigstr. Nr. 19, 6600 Saarbrücken (T. 6 13 36) - Geb. 12. Mai 1914 Hamburg (Vater: Prof. Dr. phil. Carl R. †1966 (s. XV. Ausg.); Mutter: Ursula, geb. Streichert), verh. s. 1940 m. Elisabeth, geb. Reisinger - Univ. Berlin, Königsberg, München. Promot. (1937, Univ.) u. Habil. (1948, TH) München - 1948 Privatdoz. TH München, 1954 apl. Prof., 1956 Ord. Univ. Saarbrücken - Div. Fachmitgliedsch. - BV: u. a. Geomorphologie f. Kartographen u. Vermessungsing., 1958. Zahlr. Aufs. Mithrsg.: Ztschr. f. Geomorphologie (s. 1965), Afghanische Studien (s. 1966), Teubner Studienb. d. Geogr. - Vors. Verb. dt. Hochschullehrer d. Geogr. u. 1971-73 Zentralverb. dt. Geographen. S. 1974 Vors. Arbeitsgemeinsch. Afghanistan, s. 1979 em.

RATHKE, Friedrich-Wilhelm

Dr. med., Prof., Ärztl. Direktor Orthop. Klinik i.R. (b. 1984) - Ruhrstr. 12, 7140 Ludwigsburg - Geb. 22. Dez. 1921 Siegen/W. - S. 1960 (Habil.) Lehrtätigk. Univ. Heidelberg (1965 apl. Prof. f. Orthop.). Fachveröff. - 1962 Heine-Preis Dt. Orthop. Ges., 1981 BVK.

RATHOFER, Johannes

Dr. phil., o. Prof. f. German. Philologie Univ. Köln (s. 1967) - Zu erreichen üb. Inst. f. dt. Sprache u. Lit., Univ., Albertus-Magnus-Pl., 5000 Köln 41 - Geb. 9. Sept. 1925 Duisburg - Habil. 1965 Münster - Zul. Doz. Univ. Saarbrücken. Facharb.

RATHSMANN, Gerhard

Drogist (Marktdrogerie), Vizepräs. IHK Stade - Große Str. 61, 2130 Rotenburg/Hann. (T. 44 08); priv.: Werkstr. 19 (T. 29 29) - Spr.: Engl. - Rotarier.

RATHSMANN, Jürgen

Dr. rer. pol., Dipl.-Kfm., Geschäftsführer Rathsmann-Gruppe, Rotenburg (Wümme) - Glummweg 18, 2720 Rotenburg (T. 04261 - 8 30 01, Telefax 04261 - 8 30 09) - Geb. 7. Okt. 1944 Rotenburg - Abit. 1964; Univ. Hamburg (Betriebsw.; Dipl. 1969; Promot. 1976); 1969-75 Wiss. Assist. Univ. Hamburg. S. 1984 Richter Arbeitsgericht Verden - BV: Grundzüge e. absatzorientierten Lieferantenkreditpolitik, 1976 - Spr.: Engl., Franz.

RATSCHOW, Carl-Heinz

Dr. phil., D., em. o. Prof. f. Systemat. Theologie, Gesch. d. Theol. u. Religionsphil. - Salegrund 3, 3550 Marbach (T. Marburg 29 12 22) - Geb. 22. Juli 1911 Rostock (Vater: Ernst R., Kaufm.; Mutter: geb. Hoffschläger), ev., verh. m. Elfriede, geb. Foerster, 3 Kd. - Gymn. Rostock; Univ. Leipzig, Göttingen u. Rostock (Promot.). Lic. theol. Dr. phil. - 1937-1945 Insp. Theol. Stift Univ. Göttingen (ab 1938 Privatdoz.); s. 1948 Ord. Univ. Münster/W. u. Marburg (1962) - BV: Einheit d. Person, Theol. Studie z. Phil. Ludwig Klages, 1938; Werden u. Wirken, 1941; Magie u. Religion, 1946; D. angefochtene Glaube, 1957; Luth. Dogmatik zwischen Reformation u. Aufklärung, 1964 ff.; Atheismus im Christentum - E. Auseinandersetz. m. Ernst Bloch, 1970; D. e. christl. Taufe, 1972; V. d. Wandlungen Gottes, 1986; V. d. Gestaltwerdung d. Menschen, 1987 - 1952 Theol. Ehrendoktor Univ. Rostock u. 1971 Univ. Lund/Schwed.

RATTELMÜLLER, Paul-Ernst

Bezirksheimatpfleger v. Oberbayern i. R., Schriftsteller - Wangenerstr. 32, 8131 Leutstetten (T. 08151 - 86 71) - Geb. 27. März 1924 Regensburg (Vater: Eugen R., Oberstlt. bay. Landespolizei; Mutter: Mathilde, geb. Kollmann), ev., verh. s. 1958 m. Christine, geb. Weigold, S. Johann-Michael - Abit.; Kunststud. - Soldat (Ltn.); Waldarbeiter; nach Stud. fr. Graphiker, Autor u. Sprecher v. Rundf.-Send. (BR), Fotograf. 1973-89 Heimatpfleger f. Oberbayern. Zahlr. Veröff. s. 1953, Herausg. üb. Bayern - 1971 Bayer. Poetentaler, 1973 Bayer. VO.; 1979 Ludw.-Thoma-Med.; 1984 Willi Mauthe-Preis; 1982 BVK; 1986 Goldmed. d. Bayer. RDFKS; 1986 Goldmed. f. Verd. um Trad. u. Kultur auf d. Lande; 1988 BVK I. Kl.; 1989 Kulturpreis v. Oberbayern - Liebh.: Brauchtum u. Trachten im Altbayer. Raum.

RATTNER, Josef

Dr. med. et phil., Prof. - Eichenallee 6, 1000 Berlin 19 (T. 030 - 302 87 88) - Geb. 4. April 1928, verh. m. Roswitha, geb. Neiß - Stud. Phil., Psych., Lit.; Promot. 1952; med. Promot. 1962; Ausb. in Psychotherapie - 1968ff. Leit. Arbeitskr. f. Tiefenpsych., Berlin; Lehranalytiker - Einf. d. Großgruppenpsychotherapie in der BRD - BV: Aggression u. menschl. Natur, 1971; Gruppentherapie, 1973; Pioniere d. Tiefenpsych., 1979; Dichtung u. Humanität, 1986; Tiefenpsych. u. Religion, 1987; Was ist Tugend, was ist Laster, 1988; Lit.psychologie, 1989; Klassiker d. Tiefenpsychologie, 1990; Psychohygiene u. Psychotherapie, 1990 - 1982 Verleihung Professorentitel durch d. österr. Bundespräs. - Liebh.: Lektüre, Musik, Sport, Phil. - Spr.: Engl., Franz.

RATZA, Odo

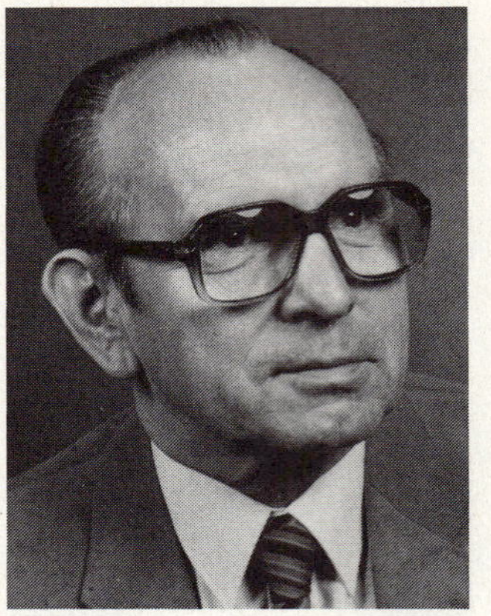

Bundessprecher der Landsmannschaft Westpreußen, Brigadegeneral a. D. - Am Wäldchen 12, 5309 Meckenheim (T. 02225 - 67 08) - Geb. 26. März 1916 Stuhm/Westpr. - Vizepräs. Bund d. Vertriebenen, Vorst.-Vors. Kulturstiftg. d. deutschen Vertriebenen.

RATZEL, Ludwig

Dr. rer. nat., Prof., Oberbürgermeister a. D. - Strahlenburgstr. 6, 6800 Mannheim 81 (T. 89 11 43) - Geb. 13. Febr. 1915 Friedrichsfeld b. Mannheim, ev., verh. s. 1938 m. Grete, geb. Brand, 3 Kd. - Lessing-Gymn. Mannheim; Univ. Freiburg/Br. (Promot. 1940) u. Heidelberg - 1938-40 Kais.-Wilh.-Inst. Heidelberg, 1941-45 Erprobungsstelle d. Luftwaffe Rechlin, ab 1947 Doz. u. Dir. (1952) Städt. Ingenieurschule Mannheim, 1959-80 I. Bürger- u. Oberbgm. (1972) Mannheim. 1955-60 MdB. SPD. ARsvors. Gasversorgung Süddtschl. - Spr.: Engl., Franz.

RATZINGER, Georg

Msgr., Domkapellmeister - Reichsstr. 22, 8400 Regensburg (T. 5 70 94) - Geb. 15. Jan. 1924 Pleiskirchen/Obb. (Vater: Joseph R., Gendarmeriemeister; Mutter: Maria, geb. Rieger), kath. - Phil.-Theol. Hochsch. Freising; Musikhochsch. München - S. 1951 Kaplan München, Chorregent Dorfen (1953), -dir. Traunstein (1957), Domkapellm. Regensburg (1964) - 1968 Monsignore; 1976 Prälat; 1984 Bayer. VO; 1989 BVK I. Kl. - Bruder: Joseph R.

RATZINGER, Joseph

Dr. theol., Prof., Kardinal, Präfekt d. Kongregation f. d. Glaubenslehre - Piazza del S. Uffizio 11, I-00120 Città del Vaticano - Geb. 16. April 1927 Marktl, kath. - Gymn. Traunstein; 1946-51 Phil.-Theol. Hochsch. Freising u. Univ. München (Phil., Kath., Theol.). Priesterweihe 1951; Promot. 1953; Habil. 1957. - 1957 Privatdoz. Univ. München, 1958 ao. Prof. PhThH Freising, 1959 o. Prof. Univ. Bonn, 1963 Univ. Münster, 1966 Univ. Tübingen, 1969 Univ. Regensburg. 1962 Peritus (Offz. Konzilstheologe). 1977 Erzbischof v. München/Freising u. Kardinal; s. 1981 Präfekt d. Kongregation f. d. Glaubenslehre; 1983ff. Sekretariatsmitgl. Kath. Bischofssynode, Rom; 1985ff. Mitgl. Vatikan. Kongregation f. d. Gottesdst. - BV: Volk u. Haus Gottes in Augustins Lehre v. d. Kirche, 1954 (Diss.); D. Geschichtstheol. d. hl. Bonaventura, 1959 (Habil.schr.); Einführung in d. Christentum, 1968; D. neue Volk Gottes, 1969; Dogma u. Verkündigung, 1973; Eschatologie, 1977; Theol. Prinzipienlehre, 1983. Viele Einzelarb. - Eltern s. Georg R. (Bruder).

RATZKE, Dietrich

Journalist, Generalbevollm. d. Frankfurter Allg. Zeitung GmbH, Geschäftsf. Inst. f. Medienentwicklung u. Kommunikation GmbH - Hellerhofstr. 2-4, 6000 Frankfurt (T. dstl. 069 - 7 59 10; priv. 06081 - 5 66 54) - Geb. 30. März 1939 Danzig (Vater: Dr. jur. Bruno R., RA; Mutter: Charlotte, geb. Haase), ev., verh. s. 1965 m. Gisela, geb. Bröhl, 2 Kd. (Karsten, Maike) - Lehrauftr. Univ. Gießen, Helle, Siegen u. Bochum - BV: Netzwerk d. Macht - D. neuen Medien, 1975; D. Bildschirmztg.; Fernlesen statt Fernsehen, 1978; Textkommunik. heute u. morgen, 1978; Handb. d. Neuen Medien, 1982-84; Lexikon d. Medien, 1988-91. Herausg.: Dagewesen u. aufgeschrieben (1990); Facetten d. Wende (1991); Medien-Kritik (s. 1987) - 1975 Theodor-Wolff-Preis f. hervorr. journ. Leist.; 1989 BVK - Spr.: Engl. - Lit.: Müller, D. gr. Buch d. Medien.

RAU, Friedrich

Dr. jur., Staatssekretär a. D., Mitglied Kurat.vorst. Otto Dix-Haus, Hemmenhofen (s. 1988) - 7766 Gaienhofen 3 (Hemmenhofen) (T. 07735 - 7 74) - Geb. 1. März 1916 Stuttgart (Vater: Dr. med. Felix R., Facharzt; Mutter: Helene, geb. Proelss), ev., verh. in 2. Ehe (1959) m. Dr. phil. Julia, geb. Gräfin v. d. Schulenburg, 2 Kd. (Joachim, Johanna) aus 1. Ehe - Karls-Gymn. Stuttgart; 1934-37 Univ. Lausanne, Tübingen, Freiburg/Br., Zürich (Rechtswiss.), Ass.ex. 1941; Promot. 1946 (Freiburg) - 1946-52 Hochschulref. Kultusmin. Württ.-Hoh.; 1952-59 Kurator Univ. Frankfurt/M.; 1960-64 Senatsdir. Senatsverw. f. Volksbild. Berlin; 1961-65 Fernsehrat ZDF; 1964-67 Vorstandsvors. Geschwister Scholl Stiftg. u. sd. Vors. Inst. f. Filmgestalt. Ulm. 1965-69 MdB. SPD; 1982-83 Mitgl. soz.-lib. Fraktion Gde.-Rat Gaienhofen - BV: Gedanken z. Hochschulentwickl., 1965; Was heißt u. zu welchem Ende studieren wir Univ.sreform?, 1969 - Med. Univ. Frankfurt/M. (Naturwiss. Fak.); BVK I. Kl. - Spr.: Franz. - Bek. Vorf.: Johannes (Großv.) u. Robert Proelß (Urgroßv.); Theodor (Urgroßv.) u. Michael Creizenach (Urgroßv.).

RAU, Gerhard

Dr. theol., Lic. rer. reg., Prof. f. Prakt. Theologie u. Kirchensoziologie - Gustav-Kirchhoff-Str. 6, 6900 Heidelberg - Geb. 9. Sept. 1934 St. Georgen/Schw., ev. - BV: Pastoraltheol., 1970.

RAU, Hanns-Adolf

Wirtschaftsprüfer, Steuerberater, Verbandsdirektor Vorst.-Mitgl. Bad. Genossenschaftsverb. Raiffeisen-Schulze-Delitzsch - Lauterbergstr. 1, 7500 Karlsruhe (T. 0721-35 24 10).

RAU, Hans

Fabrikant, Gesellschafter Johannes Rau GmbH & Co, Weilheim m. mehr. in- u. ausl. Ges. - Johannes-Rau-Str., 7315 Weilheim/Teck - Vors. Arbeitsgruppe Landwirtsch. u. Nahrungsmittelind. im dt.-russ. Kooperationsrat. Dt.-bulgar. Arbeitsgruppe Agrarwirtsch.; stv. Vors. Dt. Landmaschinenind.; Mitgl. Außenhandelsaussch. VDMA u. IHK, Gesamtvorst. DLG, Messepolitischer Aussch. IHK - Verdienstmed. Land Baden-Württ. in Gold; BVK I. Kl.; Silb. DLG-Med.; Poln. Verdienstmed.

RAU, Hans

Senator a. D., Wiss. Referent f. iberoamer. Recht - Heilwigstr. 62, 2000 Hamburg 20 (T. 040 - 47 45 62) - Geb. 6. Mai 1926 Tübingen - Gymn. Stuttgart (Abit. 1944); Kriegsdst.; Univ. Tübingen (Rechtswiss.). Gr. jurist. Staatsprüf. - Bankangest.; wiss. Mitarb. MPI f. Ausl. u. Intern. Privatrecht; 1970-74 Finanzsenator u. stv. Bürgerm. (1972). FDP.

RAU, Johannes

Dr. h. c., Ministerpräsident Land Nordrh.-Westf., MdL, stv. Bundesvors. SPD - Haroldstr. 2, 4000 Düsseldorf - Geb. 16. Jan. 1931 Wuppertal (Vater: Ewald R., Prediger; Mutter: Helene, geb. Hartmann), ev.-ref., verh. s. 1982 m. Christina, geb. Delius, 3 Kd. (Anna Christina, Philip Immanuel, Laura Helene) - Gymn.; Verlagsbuchhändlerlehre, Buchhändlersch. Köln - 1954-67 Leit. e.

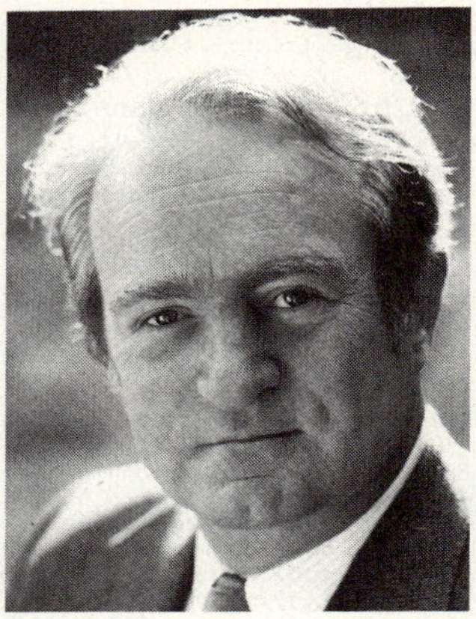

Verlages d. Ev. Jugend. S. 1958 Mitgl. Landtag Nordrh.-Westf., 1970-78 Minister f. Wissenschaft u. Forschung, s. 1978 Ministerpräs.; 1983 Bundesratspräs. 1964-78 Stadtverordn. (1964-69 Fraktionsvors.) Wuppertal, 1969-70 Oberbürgerm. Wuppertal. 1986/87 Kanzlerkandidat d. SPD. 1952-57 GVP; SPD s. 1957 (1958-62 Vors. d. Jungsozialisten Wuppertal, s. 1973 Mitgl. Landesvorst. NW, s. 1977 Vors. Landesverb. NW, s. 1968 Mitgl. Parteivorst., s. 1978 Mitgl. Parteipräsidium, s. 1982 stv. Bundesvors.) - BV: Beitr. zu: Wege zu Wissen u. Bildung, 1977; D. neue Fernuniv., 1974; Lebensqualität?, 1974. Mitherausg.: Oberstufenreform u. Gesamthochsch. (1970, m. Carl-Heinz Evers) - Dr. phil. h.c. Univ. Düsseldorf, Dr. phil. h.c. Univ. Haifa (Israel), Dr. h.c. Open Univ. (Großbrit.); Dr. theol. h. c. Theol. Akad. Budapest d. Ref. Kirche Ungarns, Ehrensenator d. Berg. Univ. -GH- Wuppertal; Ehrenmitgl. Ring Bild. Künstler; Großkreuz d. VO d. BRD; VO d. Landes Nordrh.-Westf.; Ehrenbürger d. Stadt Wuppertal - Liebh.: Lit., bild. Kunst, Briefm. (bes. Israel) - Spr.: Engl.

RAU, Lieselotte

Schauspielerin - Zu erreichen üb. Schiller-Theater, 1000 Berlin - Verh. m. Dr. Kaufmann (Verlagskaufm.) - Berliner Bühnenrollen: u. a. Hermann u. Dorothea, Biografie, E. Tag im Sterben v. Joe Egg, Bäcker, Bäckerin u. Bäckerjunge - 1970 Kritikerpreis f. Darst. Kunst 1969.

RAU, Paul

Landespolizeipräsident - Zu erreichen üb. Landespolizeidirektion Stuttgart II, 7000 Stuttgart 1.

RAU, Peter-Jürgen

Dipl.-Volksw., Abteilungsleiter in einem EVU, Geschäftsführer IHK Hannover-Hildesheim (1971-87), MdL Nieders. (1974-78, 1982-86, 1989/90) - Im Kleinen Bruche 41, 3000 Hannover 91 (T. 0511 - 49 03 03) - Geb. 29. Nov. 1936 (Vater: Peter R., kaufm. Angest.; Mutter: Charlotte, geb. Dionisius), kath., verh. s. 1964 m. Jutta, geb. Hürkamp, 2 Söhne (Carsten-Peter, Birger-Andreas) - Gymn. Bochum (Abit. 1959); Maschinenbaupraktikum.; Stud. Maschinenbau TH Aachen u. Rechts-, Staats- u. Gesellschaftswiss. Univ. Bonn. Dipl. 1966 Bonn - 1966-68 IHK D'dorf, s. 1968 IHK Hannover/Hildesheim. FDP s. 1966 (Landesvorst.). Zahlr. Ämter u. Mitgliedsch. - BVK am Bde. - Liebh.: Sport, bild. u. darst. Kunst, Jazz - Spr.: Engl.

RAU, Wilhelm

Dr. phil., em. o. Prof. f. Ind. Philologie - Am Hofacker 16 A, 3551 Lahntal-Goßfelden (T. Marburg 28 49 73) - Geb. 15. Febr. 1922 Gera/Thür. (Vater: Dr. Rudolf R., Oberstud.rat am Gymnasium; Mutter: Johanna, geb. Seifarth), verh. s. 1956 m. Ruth, geb. Soreth, 3 Kd. - Rutheneum Gera; Univ. Leipzig u. Marburg. Promot. (1949) u. Habil. (1952) Marburg - 1952 Privatdoz. Univ. Marburg, 1955 ao. Prof. Univ. Frankfurt/M. (Vergl. Indogerman. Sprachwiss.), 1958 o. Prof. Univ. Marburg (Dir. Ind.-Ostasiat. Sem.) - 1969 o. Mitgl. Marburger Gelehrte Ges.; 1974 o. Mitgl. Wiss. Ges. Univ. Frankfurt; 1979 o. Mitgl. Akad. d. Wiss. u. d. Lit. Mainz.

RAUBER, Helmut

Dipl.-Kfm., Hauptmann a. D., MdL Saarland - Sotzweilerstr. 24 b, 6695 Bergweiler (T. 06853 - 69 73) - Geb. 24. Febr. 1945 Bergweiler (Vater: Josef R., Kaufm.; Mutter: Berta, geb. Kaufmann), kath., verh. s. 1978 m. Gaby, geb. Barth, T. Anne - Elektrolehre (Gesellenprüf. 1960); Wirtschaftsing. 1965; Abit. (2. Bildungsweg) 1971; Dipl.-Kfm. 1976 Univ. Mannheim - 1966-80 Bundeswehr (zul. Hauptmann u. Kompaniechef). S. 1980 Mitgl. saarl. Landtag; s. 1990 stv. Fraktionsvors. d. CDU-Landtagsfrakt. - Liebh.: Lesen, Reisen, Sport (1963-66 4f. saarl. Meister im Mittelstreckenlauf; 1969 u. 70 bayer. Vizemeister 4x400 m-Staffel) - Spr.: Engl.

RAUCH, Friedrich

Journalist, Inh. Bildagentur Interfoto - Stollbergstr. 1, 8000 München 22 (T. 089 - 22 44 84; Telefax 089-2913258) - Geb. 31. Dez. 1928 München (Vater: Carl R.; Mutter: Margarete, geb. Schmitt), verh. s. 1964 m. Uta, geb. Bock, 2 Kd. (Alice, Florian) - Stud. Betriebsw. München - Sachverst. f. publizist. Illustrationen. Vorst.-Mitgl. Bayer. Journ.-Verb. - BV: Publ. Fotografie I (5. A.), Publ. Fotografie II, Recht u. Gesch., 1979; Schutz d. Fotografie; Bildjournalismus, 1985 - Spr.: Engl.

RAUCH, Hans-Joachim

Dr. med., Prof., Psychiater u. Neurologe - Adlerstr. 13, 6900 Heidelberg 1 - Geb. 12. Juni 1909 Wiesbaden (Vater: Hofrat Dr. phil. Hermann R., Theaterdir. Wiesbaden (s. X. Ausg.); Mutter: Alice, geb. Blümner) - Gymn. Wiesbaden; Univ. Heidelberg, Göttingen, Wien, Prag. Promot. (1933), Habil. (1944) Heidelberg - Assist., Oberarzt, Ärztl. Dir. Abt. Forens. Psych. Univ.-Klinik Heidelberg (1944 Privatdoz., 1950 apl. Prof.) - BV: Beitr. z. Histopathol. d. Gehirns, 1948; Gerichtl. Psychiatrie, in: Ponsold, Lehrb. d. gerichtl. Med., 1950; Gerichtl. Psychiatrie, in: Handb. d. öfftl. Gesundheitsdst., 1968; Psychiatrie, in: Handb. d. Verkehrsmed., 1968; Einf. in d. Psychopathologie, Alkoholismus u. a. Suchten, Schuldfähigkeit b. Psychosen in: Hwb Rechtsmedizin 1974 - 1983 Ehrenmitgl. Dt. Ges. f. Verkehrsmed. - Spr.: Engl., Franz., Span., Ital.

RAUCH, Siegfried

Schauspieler - Weilheimer Str. 6, 8121 Untersöchering (T. 08847 - 3 06) - Geb. 2. April 1932 Landsberg/Lech (Vater: Siegfried R., Kaufm.; Mutter: Annemarie, geb. Jaeger), kath., verh. s. 1964 m. Karin, geb. Waltenberger, 2 S. (Benedikt, Jakob) - Nach abgebr. Arch.- u. Theaterwiss.-Stud. Schauspielstud. m. staatl. Prüf. - Vier J. Theater; ab 1964 Filmschausp., dann auch Fernsehen - BV: Es muß nicht immer Steak sein, Anekd. u. Rezepte 1981 - Wichtigste Filme: General Patton (8 Oscars, m. George C. Scott), Le Mans (m. Steve McQueen), The Eag'le has landed (m. Donald Sutherland u. Michael Caine), The big red one (m. Lee Marvin), Jäger v. Fall, Es muß nicht immer Kaviar sein (v. J. M. Simmel, FS-Serie). LP: Mich stört d. Regen nicht; Single: Frei sein wie d. Mann, d. in d. Bergen lebt - 1976 Traummann u. beliebtester Schausp. (Bild + Funk-Umfrage) - Liebh.: Sport (Tennis, Golf, Segeln, Ski, Surfen, Bergsteigen, Modellflieger), Musik (Gitarre), Basteln am Bauernhaus, Familie - Spr.: Engl., Franz., Ital. - Bek. Vorf.: Rabensteiner, Raubritter in Franken; Baronesse v. Schlimbach, Franken (Urgroßm.).

RAUCHENECKER, Ludwig

I. Bürgermeister Stadt Rottenburg/Laaber - Rathaus, 8303 Rottenburg/Ndb. - Geb. 25. Aug. 1929 Höfl - Landw. CSU.

RAUE, Gerhard

Vorsitzender Hess. Journalistenverb. - Gerbermühlstr. 82, 6000 Frankfurt/M. 70.

RAUEN, Hermann Matthias

Dr. rer. nat., Prof., Biochemiker - Rauchbichl 6, 8230 Bad Reichenhall 3 (T. 6 62 74) - Geb. 4. Nov. 1913 Offenbach/M., kath., verh. s. 1957 m. Marianne, geb. Buchka, S. Florian - Oberrealsch. Offenbach; Univ. Heidelberg u. Frankfurt (Dipl.-Chem. 1939). Promot. (1941). Stud. Med. s. 1947. Habil. (1950) Frankfurt - S. 1950 Lehrtätigk. Univ. Frankfurt, Marburg (1952), Münster (1955, Doz. 1956, 1957 apl. Prof. f. Physiol. Chemie; 1963 Wiss. Rat u. Prof., 1968 Abt.svorsteher Abt. f. Experiment. Zellforsch. im Physiol.-Chem. Inst., s. 1976 Hon.-Prof. Univ. Salzburg - BV: Gegenstromverteilung, 1953 (m. W. Stamm); Biochem. Taschenb., 2. A., 2 Bde. 1964; Chemie f. Mediziner - Übungsfragen, 1969; Biochemie - Übungsfragen, 1969; Halothane u. Leber, 1973; Alkylantien, Fremdstoffmetabolismen, Cancerostase, 1973; Physiol. Chemie n. d. Gegenstandskatalog (m. Marianne R.-Buchka), 1975; Reichenhaller Kur-Meditationen (m. Marianne R.-Buchka), 1986. Üb. 160 Einzelveröff. Herausg.: Biochemisches Taschenbuch (1956, 2. A. (2 Bde.) 1964); Mithrsg.: Symposion üb. Krebsprobleme (1961; m. Ober, Schoenmackers u. Zander) - Spr.: Engl., Franz., Ital.

RAUEN, Peter

Ing. (grad.), Bauunternehmer, MdL Rhld.-Pfalz - Im Wingertsberg 1, 5561 Salmtal - Geb. 26. Jan. 1945 - CDU.

RAUH, Charlotte,

geb. Hörgl

Dr. phil., Dipl., Lic.-Theol., Religionspsychologin - Notburgastr. 10, 8000 München 19 - Geb. 10. Jan. 1935 München (Vater: Otto H., Kaufm.; Mutter: Walburga, geb. Limmer), kath., verh. m. Prof. Dr. Fritz R. (s. dort) - Realgymn. München (Abit. 1953); 1953-62 Univ. München (Theol., Philos., Psych.); Dipl.-Theol. 1958, Lic.-Theol. 1959, Dipl.-Katech. 1960, Promot. 1962 - 1960-72 Doz. Theol. Fernkurs Jugendhaus Düsseldorf; s. 1967 Univ. München, Regensburg u. Augsburg, dort s. 1983 wiss. Angest. - BV: D. schriftl. Prüfung, 1967; D. göttl. Erziehung d. Menschen nach Irenäus, in: Oikoumene, 1964; D. Bedeutung relig. Darstell. in d. Publikationsmitteln f. d. Erziehung, 1963. Mithrsg.: Grenzfragen d. Glaubens (1967), Wesen u. Weisen d. Religion (1969), D. Grenzen d. menschl. Ethos (1975).

RAUH, Fritz

Dr. rer. nat., Ord. f. Grenzfragen zw. Naturwissenschaften u. Ethik Univ. Augsburg (s. 1971) - Notburgastr. 10, 8000 München 19 - Geb. 21. Febr. 1927 München (Vater: Gustav R., Dipl.-Landw.; Mutter: Emmy, geb. Schierlitz), kath., verh. m. Dr. Charlotte R., geb. Hörgl (s. dort) - Obersch. u. Univ. München (Naturwiss. [Biol., Anthropol.], Theol.), 1954 Promot., 1968 Habil. (alle München) - 1958-71 ao. u. o. Prof. (1965) PhThH Eichstätt, 1981/82 Dekan Univ. Augsburg - BV: D. sittl. Leben d. Menschen im Licht d. vergl. Verhaltensforsch., 1969; Theol. Grenzfragen z. Biologie u. Anthropol., 1973. Mithrsg.: Grenzfragen d. Glaubens (1967), Wesen u. Weisen d. Religion (1969), Humanum (1972); D. Grenzen d. menschl. Ethos (1975) - Spr. Engl.

RAUH, Hellgard

Dr. phil., o. Prof. f. Entwicklungspsychologie FU Berlin (s. 1977) - Brümmerstr. 36, 1000 Berlin 33 - Geb. 24. März 1942 Königs Wusterhausen/Mark Brandenburg (Vater: Prof. Dr.-Ing. Kurt R.; Mutter: Hildegard Hartmann) - Dipl.-Psych. (1965) u. Promot. (1971) Bonn - U.a. 1973-77 Wiss. Rätin u. Prof. Univ. Bielefeld - BV: Entwicklungspsych. Analyse kognitiver Prozesse, 1972; Jahrbuch Entw.psych., 1980; Psychobiology and Early Development (m. H.-C. Steinhausen), 1987. Div. Buch- u. Ztschr.beitr.

RAUH, Werner

Dr. rer. nat. (habil.), em. o. Prof. f. Botanik - Jahnstr. 4, 6900 Heidelberg (T. 4 41 83) - Geb. 16. Mai 1913 Niemegk Kr. Bitterfeld (Vater: Ernst R., Lehrer), ev., verh. m. Hilde, geb. Dietze, 2 Kd. (Peter, Kristin) - Univ. Leipzig, Innsbruck, Halle. Promot. 1937 - S. 1947 apl., ao. (1957) u. o. Prof. (1960) Univ. Heidelberg (Dir. Inst. f. Pflanzensystematik u. Morphol. u. Botan. Garten). Emerit. 1981 - BV: Morphologie, Systematik, Pflanzengeogr. - 1968 o. Mitgl. Akad. d. Wiss. u. d. Lit., Mainz; 1983 ao. Mitgl. Akad. Wiss. Heidelberg - Spr.: Franz., Engl.

RAUHE, Hermann

Dr. phil., o. Prof. f. Erziehungswissenschaft (Ästhet. Erziehung u. Didaktik d. Musik) Univ. Hamburg (s. 1970) u. Präs. Hochschule f. Musik u. darstellende Kunst - Bredengrund 18, 2104 Hamburg 92 (T. 796 24 41) - Geb. 6. März 1930 Wanna (Vater: Hermann R., Ornithologe u. Heimatforscher; Mutter: Frieda, geb. Saretzki, Musiklehrerin u. Organistin), ev., verh. s. 1963 m. Annemarie, geb. Martin (Musikerzieherin) - Gymn. Cuxhaven; Stud. Schulmusik, German., Musikwiss., Päd., Psych. Hamburg. Künstler. Prüf. f. d. Lehramt an höh. Schulen 1955; Promot. 1959 - 1962 Studienrat Hamburg; 1963 Doz., 1965 Prof. Musikhochsch. ebd. (Leit. Abt. Musikpäd.). Dirig. Jugendkantorei Harburg. Vizepräs. Landesmusikrat, Vorst. O. u. V. Ritter-Stiftung, Fr. Wirth-Stiftung u. G. Prietsch-Stiftung, Ehrenvors. Landesverb. Hamburg d. Tonkünstler u. Musiklehrer im VDMK, Vizepräs. Dt. Phono-Akad., Ehrenkonsulent Intern. Musikzentrum. Schallpl.: Te Deum, Osterhistorien, Weihnacht mit alten Meistern, Europäische Chormusik - BV: Musikerziehung durch Jazz, 1962, 5. A. 1967; Zum volkstümlichen Lied d. 19. Jahrhunderts, 1967; Didaktik d. Musik 67, 1968; Popularität in d. Musik, 1974; Jugend zw. Opposition u. Identifikation, 1975; Hören u. Verstehen, 1975; Popmusik u. Schlager, 1975; Musik-Intelligenz-Phantasie, 1978. Mithrsg.: Beitr. z. Schulmusik, Musikal. Formen in histor. Reihen, Schriften zur Musikpädagogik (Schriftenreihen). 1984 Spidem-Kristall f. Förd. zeitgenöss. Musik - Liebh.: Bergwanderungen, Math., Fotografieren.

RAUHUT, Burkhard

Dr., Dipl.-Math., o. Prof. f. Math. Statistik u. Wirtschaftsmath. TH Aachen (s. 1973) - Wüllnerstr. 3, 5100 Aachen (T. 0241 - 80 45 72) - Geb. 22. Juli 1942 Berlin, verh. m. Dr. Judith Jütte-Rauhut, 3 Kd. (Denis, Oliver, Inka Fleur) - Stud. d. Math., Physik, Wirtschaftswiss. Univ. Berlin (Freie), Göttingen; Dipl.ex. 1966 ebd.; Promot. 1970 Karlsruhe; Habil. 1970 ebd. - 1966-67 Redakt. Ztschr. Methods of Operations Research; 1972 apl. Prof. Univ. Karlsruhe. Mitgl. Dt. Math.-Vereinig. u. Dt. Statist. Ges., GMÖOR (Ges. f. Math., Ökonomie u. Operations Research).

RAULF, Holgar

Dr. phil., Direktor im Verlagshaus Axel Springer, verantw. f. Personalentw. (Journalistenschule Axel Springer, Management-Nachwuchsförd., Mitarb.-Weiterbild., Kaufm. u. Techn. Berufsausbild.) - Vossberg 4a, 2070 Ahrensburg - Geb. 18. Juli 1943 Göritz/Oder, verh., 1 Kd. - Abit. Julianum Helmstedt; Redaktionsvolontär; Bundeswehrdst. (Ltn. d. R.); Univ. Heidelberg (Politikwiss., Staatsrecht, Neuere Gesch., Soziol.) - B. 1972 Arbeitsgem. Bürger im Staat/Landeszentrale f. polit. Bildung in Baden-Württ. (Doz.). S. 1972 versch. leit. Funktionen im Axel Springer Verlag. Lehrauftr. Univ. Hamburg u. FU Berlin. Vorst.-Mitgl. Akad. f. Publiz. Hamburg; Dt. Vors. Org. Journalistes en Europe (Paris). 1978-82 MdHB. CDU - Spr.: Engl., Franz.

RAUM, Georg
Dipl.-Volksw., Hauptgeschäftsführer d. IHK Regensburg (s. 1990) - D.-Martin-Luther-Str. 12, 8400 Regensburg (T. 0941 - 56 94-1) - Geb. 18. Dez. 1940 Wien, ev., verh. s. 1969 - Abit. Regensburg; Stud. Wirtschaftswiss. Univ. München; Dipl.-Volksw. 1966 - S. 1967 tätig b. IHK Regensuburg (1976 Syndikus; 1989 stv. Hauptgeschäftsf.) - Liebh.: Golf - Spr.: Engl.

RAUNER, Liselotte
Schriftstellerin - Stresemannstr. 48, 4630 Bochum 6 (T. 02327 - 8 60 64) - Geb. 21. Febr. 1920 Bernburg, ev., verh. s. 1941 m. Walter R. - Kaufm. Lehre, Gesangs- u. Schauspielausb. - Mitgl. Verb. Dt. Schriftst., Die Kogge, PEN Club - BV: D. Wechsel ist fällig, 1970; Wenn d. Volksmund mündig wird, 1973; Schleifspuren, 1980; Zeitged., 1980; Kein Grund z. Sorge, 1985 - 1978 Auszeichn. im Bocholter Kulturwettbewerb; 1982 Josef Dietzgen-Förderpr.; 1986 Lit.preis Ruhrgebiet - Spr.: Engl.

RAUNIG, Walter
Dr., Prof., Ethnologe, Direktor, Leit. Staatl. Museum f. Völkerkunde - Maximilianstr. 42, 8000 München 22 - Forschungsarb. im Vorderen Orient u. Nordost-Afrika m. Schwerp. Kultur- u. Handelsgesch. sow. Kunstgesch. Äthiopiens. Dazu mehrere Publ.

RAUNO, Wulf
Vorstandsmitglied Bank Companie Nord AG i. R., Kiel, u. a. - An d. Eichen 65, 2312 Mönkeberg - Geb. 6. März 1928 Kiel - Div. Mandate; Vors. Kieler Yacht-Club; Kgl. dän. Konsul.

RAUPACH, Hans
Dr. jur., em. o. Prof. f. Wirtschaft u. Gesellschaft Osteuropas (emerit.) - Groffstr. 20, 8000 München 19 (T. 17 41 91) - Geb. 10. April 1903 Prag (Vater: Gustav R., Müller; Mutter: Isa, geb. Stefan), ev., verh. s. 1930 m. Emmi, geb. Mosch, 3 Kd. (Stefan, Ursula, Hans-Christian) - Univ. Breslau u. Berlin. Promot. 1927; Habil. 1937 - 1937-71 Lehrtätigk. Univ. Halle, TH Braunschweig, Hochsch. f. Sozialwiss. Wilhelmshaven (1952 o. Prof. u. Dir. Inst. z. Stud. d. Sowjetw.; 1958-59 Rektor), Univ. München (1962). 1962-75 Dir. Osteuropa-Inst. München - BV: Bismarck u. d. Tschechen, 2. A. 1960; D. tschech. Frühnationalismus, 2. A. 1968; Standort u. Krise d. ostd. Landw., 2. A. 1956; Agrarwirtsch. d. SU s. d. I. Weltkr., 1953; Industrialismus als Wirklichkeit u. Wirtschaftsstufe, 1954; D. Gesch. d. Sowjetwirtschaft, 1964; D. System d. Sowjetwirtsch., 1968; Wirtschaft u. Gesellsch. SowjetrußIands 1917-1977, 1979, D. wahre Bildnis J.S. Bachs (1950, 1984). Zahlr. Einzelarb. - Mitgl. Braunschweig. Wiss. Ges. (1952), Bayer. Akad. d. Wiss. (1966; 1970-76 Präs.) und d. Schönen Künste (1971); 1973 Bayer. VO; 1986 Bayer. Maximiliansorden - Liebh.: Musik auf Barock-Instrumenten, Malen - Spr.: Tschech., Franz., Engl., Russ. - Lit.: Probleme d. Industrialismus in Ost u. West (Festschr. 1973).

RAUPP, Jan
(sorb. RAWP) Dr. phil., Musikwissenschaftler u. Komponist - E.-Mucke-Str. 11, O-8600 Bautzen (T. 4 78 05) - Geb. 17. Nov. 1928 Braunschweig (fam. Herkunft Oberlausitz), verw. s. 1964, S. Kito - Stud. 1947-55 Konserv. Karls-Univ. Prag; Promot. (hist.) 1955, (phil.) 1966 - Abt.-Leit. Inst. f. sorbische Volksforsch. Bautzen - Quellen z. Lausitzer u. sorb. Musikkultur (16.-19. Jh) - BV: Sorb. Volksmusikanten u. Musikinstrumente, 1962; D. Krahlsche Geigenspielbuch, 1984; sorbischspr.: Ze Serbow hudźby (Aus. d. Musik d. Sorben), 1958. Schallpl.: Symph. Musik, Eterna-Portrait - 1974 Ćišhinski-Preis; 1984 Kunstpr. d. DDR - Liebh.: Lit., Gesch., Phil. - Spr.: Mutterspr. Sorbisch, Tschech., Poln. u.a. slaw. Spr., Engl. - Bek. Vorf.: Königl. Musikdir. B. Schneider-Krawe, Sorb. Nationalkünstler (Großvater); Wilhelm Raupp, Musikforscher (Vater).

RAUSCH, Edwin
Dr. phil. nat., o. Prof. f. Psychologie (emerit. 1971) - An d. Heide 31, 6370 Oberursel/Ts. - Geb. 1. Febr. 1906 Baumholder - S. 1942 (Habil.) Lehrtätigk. Univ. Frankfurt/M. (1947 apl., 1954 ao., 1964 o. Prof.) - BV: Struktur u. Metrik figural.-opt. Wahrnehmung, 1952; Bild u. Wahrnehmung, 1982.

RAUSCH, Franz
Dr. med., em. Prof., Chefarzt - Rebgärten 12, 6000 Frankfurt/M. (T. 53 10 22) - Geb. 18. Aug. 1913 München (Vater: Franz R., Oberregierungsrat; Mutter: Rosa, geb. Richard), kath., verh. s. 1945 m. Annelore, geb. Gräfin v. Schwerin, 4 Töcht. (Gabriele, Regine, Stefanie, Andrea) - Univ. München, Greifswald, Hamburg - S. 1949 Privatdoz. u. apl. Prof. (1956) Univ. Hamburg; 1951-60 Chefarzt Innere Abt. u. Ärztl. Dir. Krkhs. Bad Rothenfelde; s. 1960 Chefarzt Innere Abt. u. Dir. St. Katharinen-Krkhs. Frankfurt/M.; Vorst. St. Markuskrks. - BV: Herdzusammenhänge in Theorie u. Praxis, 1965; D. Herderkrankungs-Kompl., 1969; Prävention-Fehldiagn., 1971; Fallgruben b. d. Rheumatismus-Diagnostik, 3. A. 1985 (auch span.). Wiss. Arbeiten auf d. Gebiet d. Eiweiß- u. Aminosäurestoffwechsels, d. Organextrakte, d. Leber, d. Diabetes, d. Rheumatismus, üb. Herzkrankh. u. Diätetik (üb. 100) - Liebh.: Musik, Lit. - Spr.: Engl. - Mitgl. Lions-Club.

RAUSCH, Heinz Volker
Dr. phil., Univ.-Prof. Nürnberg - Mangfallweg 4, 8012 Ottobrunn - Geb. 8. Jan. 1940 Karlsruhe, kath., gesch., 2 Kd. - Univ. München, Genf, Freiburg (Politikwiss., Gesch. u. Jura); M.A. 1972 München; Promot. 1973 München - 1977-84 Univ. München; 1979 Univ. Bochum; 1980 Hochsch. d. Bundeswehr; 1982-84 Lehrbeauftr., s. 1984 Prof. Univ. Erlangen-Nürnberg - BV: Repräsentation u. Repräsentativverfassung, 1979; Politische Kultur in d. Bundesrep. Deutschl., 1980; D. Bundespräsident, 1984 - Spr.: Lat., Engl., Franz.

RAUSCH, Johannes
Dr. phil., Prof., Hochschullehrer - Kurfürstenstr. Nr. 30, 5500 Trier/Mosel (T. 4 85 74) - U. a. Prof. Päd. Hochsch. Trier (Phil., Soziol., Psych.).

RAUSCH, Jürgen
Dr. phil., em. o. Prof. f. Philosophie - Röhndorfer Str. 103, 5340 Rhöndorf/Rh. - Geb. 12. April 1910 Bremen - Univ. Heidelberg u. Jena; Promot., Habil. - Doz. Univ. Jena; 1939-47 Soldat u. Kriegsgef.; Fr. Schriftsteller; Mitarb. Ztg. u. Rundf., 1953-58 Lektor DVA; fr. Mitarb. SWF (Kulturkomment.). S. 1958 Hochschullehrer. 1960-71 Mitredakt. Antaios. 1975 emerit. - BV: Z. Problem d. Primats, D. Urteilssinn, Nachtwanderung, In e. Stunde wie dieser, E. Jüngers Optik, D. Mensch als Märtyrer u. Monstrum, Reise zwischen d. Zeiten (Aufz. in Sizilien), D. hl. drei Könige auf d. Reise, Lob d. Ebene (Ged.), D. Eindringling (Nov.). Ged. - 1955 Lit.preis Kulturkr. Bundesverb. d. Dt. Ind.

RAUSCH, Ludwig
Dr. med., Prof., ehem. Leiter Abt. Strahlenbiologie u. Strahlenschutz, Zentrum für Radiologie, Klinikum d. Univ. Gießen (1963-82) - Kreuzgarten 6, 3100 Celle (T. 05141 - 3 69 04) - Geb. 11. Febr. 1922 Berlin (Vater: Prof. Dr.-Ing., Dr. techn. Ernst R., berat. Bau- u. Prüfing. f. Baustatik; Mutter: Charlotte, geb. Steiff), 3 Kd. (Thomas, Bettina, Peter) - Schadow-Sch. Berlin; Univ. ebd. u. Marburg. Promot. 1945 Berlin; Habil. 1959 Marburg (Strahlenbiol.). Facharzt f. Hautkrankh. u. Laboratoriumsdiagnostik - 1959-62 Lehrtätigk. Univ. Marburg, 1963-81 Univ. Gießen; Fachmitgliedsch. - BV: Strahlenrisiko!? (Med., Kernenergie, Strahlenschutz), 4. A. 1980; Mensch u. Strahlenwirk. (Strahlenschäden, Strahlenbehandl., Strahlenschutz), 1982, 2. A. 1986. Buch- u. Ztschr.beitr. (üb. 100). Mithrsg. von Strahlenschutzbänden - 1973 Karl-Patzschke-Preis f. Radiologie d. Univ. München; 1981 Verdienstorden d. BRD - Liebh.: Klass. Lit., Lyrik, Theater, Wassersport, Wandern - Spr.: Engl., Franz.

RAUSCH, Wilfried Wilhelm
Dr., Dipl.-Phys., Geschäftsf. Kaltwalzwerk C. Vogelsang, Hohenlimburg - Oegerstr. 11-35, 5800 Hagen 5 - Geb. 12. April 1929 Kirchhain (Vater: Heinz R., Konrektor; Mutter: Emmy, geb. Marschhausen), verh. s. 1961 m. Anette, geb. Vogelsang, 4 Kd. (Christina Isabel, Hans Jörg, Wilfried José, Andreas Markus) - Stud. d. Physik, Volkswirtsch., Sprachen; Dipl.ex. 1957; Promot. 1960 - 1958-62 Assist. Inst. f. Kernphysik Univ. Münster; 1963-70 BBC/Krupp Reaktorbau GmbH. (Leit. Experiment. Entwicklung); 1970-73 Wissenschaftsref. Dt. Botsch. Buenos Aires. Zahlr. in- u. ausl. Patente - 1983 Ehrenmitgl. Kerntechn. Ges. - 1973 Orden de Mayo Rep. Argentinien - Liebh.: Sprachen u. Dialekte; Musik - Spr.: Engl., Franz., Span.

RAUSCH-STROOMANN, Jan-Gerrit
Dr. med., Prof., Internist, Chefarzt, Ärztl. Dir. Krankenhaus Lemgo - Berghang 1, 4925 Kalletal 4 (T. 05266 - 4 17) - Geb. 30. März 1924 Göttingen (Vater: Johannes-Wilhelm R., Chefarzt; Mutter: Else Marie, geb. Pertzel), ev.-luth., verh. s. 1958 m. Marion, geb. Diestel, 4 Kd. (Michael, Bettina, Barbara, Matthias) - Med.-Stud. Univ. Münster, Giessen, Würzburg, Kiel; Promot. 1951, Habil. f. Klin. Chemie u. Innere Med. 1963 - 1968 apl. Prof.; 1951-64 Chef Laborat. Stoffwechselabt. I. Med. Univ.-Klinik Hamburg-Eppendorf; 1963-64 Stud.aufenth. Mass.Gen.Hospital Boston/USA u. Nat. Inst. of Health Bethesda/USA; 1966-70 Chef Endokrinol. Abt. Klinikum Essen, Ruhr-Univ.; s. 1970 Chefarzt Labor. Krankenhaus Lemgo - Üb. 150 wissensch. Publ. m. Themen d. Klin. Chemie u. Endokrinolog., z.T. in Engl. - 1984 Gold. Ehrennadel d. dvta - Liebh.: Sprachen, Reisen - Spr.: Engl., Franz., Ital. - Bek. Vorf.: Prof. Frerichs, Urgroßonkel.

RAUSCHENBACH, Hans-Joachim
Sportjournalist - Zu erreichen üb. HR, 6000 Frankfurt/M.; priv.: Leipziger Ring 203, 6054 Rodgau 3 - Geb. 1923 - Viele ARD-Übertrag. v. bedeut. intern. Sportwettkämpfen z.B. Eiskunstlauf, Boxen, Tanzen.

RAUSCHENBERGER, Hans
Dr. phil., Prof. f. Erziehungswiss. - Ederstr. 10, 3593 Edertal-Hemfurth (T. 05623 - 41 70) - Geb. 10. Mai 1928 Eichen/Baden, verh. s. 1953 m. Heidi, geb. Braun, 5 Kd. - Promot. 1956 Univ. Basel - 1965 Prof. Univ. Frankfurt/M., 1973 Univ. Klagenfurt, 1975 Ges.hochsch. Kassel.

RAUSCHER, Anton
Dr. theol., Lic. phil., o. Prof. f. Christl. Gesellschaftslehre Univ. Augsburg (s. 1971) - Wilhelm-Hauff-Str. 28, 8900 Augsburg - Geb. 8. Aug. 1928 München (Vater: Anton R., Schriftsetzer; Mutter: Kreszenz, geb. Dietrich), kath. - Univ. Rom/Gregoriana (Phil., Theol.) u. Münster (1960-64; Rechts- u. Staatswiss.) - 1963 ff. Dir. Kath. Sozialwiss. Zentralstelle Mönchengladbach - BV: D. soz. Rechtsidee u. d. Überwind. d. wirtschaftslib. Denkens - Hermann Roesler u. s. Beitrag z. Verständnis v. Wirtsch. u. Ges., 1969; D. soz. u. polit. Katholizismus. Entwicklungslinien in Deutschl. 1803-1963, 2 Bde. 1981/82. Herausg. d. Reihen: Beitr. z. Katholizismusforsch., 28 Bde. (1973/90); Soziale Orientierung. Veröff. d. Wiss. Komm. b. d. Kath. Sozialwiss. Zentralst. Mönchengladbach, 7 Bde. (1979/92); Mönchengladbacher Gespräche, 12 Bde. (1980/90); Kirche in d. Welt, 2 Bde. (1988). Zahlr. Einzelarb. - Spr.: Engl., Franz., Lat., Ital., Span.

RAUSCHHOFER, Hans-Heinz
Dr.-techn., Dipl.-Ing., Prof. TH Darmstadt, Erster Techn. Aufsichtsbeamter - Kapellenstr. 93, 6200 Wiesbaden (T. 0611 - 52 83 06) - Geb. 14. Jan. 1929 Wien (V.: Dipl.-Ing. Hans R., Ziviling.; Mutter: Marianne, geb. Seidler v. Sanwehr), kath., verh. s. 1957 m. Prof. Dr. Gisela, geb. Brezing, S. Hans-Joachim.

RAUTE, Karl
Bürgermeister - Mainzertor-Anlage 48, 6360 Friedberg/Hessen (T. 52 61) - Geb. 8. Dez. 1910 Büdingen/Oberhessen - Aufbaugymn. Friedberg; Ausbild. Kreisverw. ebd. Verw.sprüf. f. d. gehob. Dienst - 1945-65 Leit. Kreisjugendamt Friedberg (zul. Kreisamtm.). S. 1956 Stadtverordn. (Fraktionsvors.) u. Bürgerm. (1966) Friedberg. 1962-70 MdL Hessen. SPD (1954 Orts-, 1962 Kreisvors.) - 1971 BVK I. Kl.

RAUTENBACH, Robert
Dr.-Ing., o. Prof. u. Direktor Inst. f. Verfahrenstechnik (Arbeitsgebiete Meerwasserentsalz., Membrantrennverfahren) TH Aachen (s. 1967) - Turmstr. 46, 5100 Aachen - Vorst.-Mitgl. Dechema u. 1974-84 Ges. f. Verfahrenstechnik/Chemieing.wesen VDI; 1977-81 Vicepres. Intern. Desal. Assoc. - BV: Membrane Separation Processes John Wiley & Sons Ltd., 1989; Membrantrennverfahren - Ultrafiltration u. Umkehrosmose, 1981; Process design in: Handbook of industr. membr. technology, 1986.

RAUTENBURG, Hans-Werner
Dr. med., em. Prof. - Am Weidacker 2, 6301 Wettenberg 3 (T. 8 22 26) - Geb. 10. Juli 1924 Berlin (Vater: Max R., Ing.; Mutter: Johanna, geb. Miltz), ev., verh. s. 1945 m. Ursula, geb. Reinhardt, 3 Kd. (Peter, Jörg, Barbara) - Stud. d. Med. Univ. Prag u. Berlin; Promot. 1952 ebd.; Habil. 1965 Gießen - S. 1965 Abt.-leit. f. Kinderkardiologie Gießen. Emerit. 1989. In- u. ausl. Fachges. - BV: D. Amylnitrit-Test im Kindesalter, 1968; Phonokardiographie 1979; Herzfehler im Kindes- u. Jugendalter, 1986 - Liebh.: Alpinismus, Kunstgesch. - Spr.: Engl., Franz.

RAUTENFELD, von, Arndt
Kameramann - Alt Pichelsdorf 15, 1000 Berlin 20 (T. 361 82 90) - Geb. 26. April 1906 Dorpat/Estl. (Vater: Dipl.-Forstw. Victor v. R., Gutsbesitzer; Mutter: Karin, geb. v. Loudon), ev., verh. s. 1944 m. Ursula, geb. Balthasar, 2 Kd. - Ton- (u. a. D. Frl. u. d. Vagabund, D. Kampf d. Tertia, Alles f. Dich mein Schatz) u. Fernsehfilme - Spr.: Engl., Portugies., Russ., Franz., Lett., Wort: Span., Ital. - Liebh.: Eskimo-Kajak - Bek. Vorf. ms.: General Loudon, bekanntester Offz. Kaiserin Maria Theresias (Büste Walhalla b. Regensburg) - Bruder: Klaus v. R. (s. dort).

RAUTENHAUS, Franz
Dr. rer. pol., Aufsichtsratsmitglied Kühlhaus Lübeck AG, Bürgerschaft Hansest. Lübeck (Finanz-, Wirtschafts-, Gesundheits-, Umwelt- u. Rechnungsprüfungsausch.) - Am Dachsbau 3, 2400 Lübeck - Geb. 28. Febr. 1928.

RAUTENSCHLEIN, Hans
Kaufmann, Mitinh. Fa. Otto Rautenschlein, Schöningen - Hötensleberstr. 50a, 3338 Schöningen (T. 20 18) - Geb. 10. Juni 1921 - Zeitw. Vors. Bundesverb. d. Mischfutterhersteller, Bonn, Vors. BAL (Betriebsw. Arbeitskr. Landhandel e. V.), stv. Vors. IMA (Informationsgem. f. Meinungspflege u. Aufklärung e. V.) u. LHV (Landhandelsverb. Nieders. e. V.) - Erf. Forschungsmähdrescher „System Rautenschlein“ - Spr.: Engl., Franz. - Rotarier.

RAUTER, Konrad

Ltd. Regierungssirektor, Verwaltungsleit. PH Berlin - Malteserstr. 74-100, 1000 Berlin 46.

RAUWALD, Armin

Dipl.-Ing., Vorstandsmitglied Peipers & Cie. AG., Siegen - Schinkelstr. 29, 4300 Essen - Geb. 12. Febr. 1918 - Inh. Ferdinand Rauwald Hütten- u. Walzwerkserzeugnisse, Essen. Versch. Mandate.

RAVEN, von, Wolfram

Oberst d. R., Journalist - Hoholz Pützhecke 1, 5300 Bonn 3 (T. 0228 - 48 15 26) - Geb. 11. April 1924 Berlin (Vater: Dr. med. Werner v. R., Arzt †1928; Mutter: Margret, geb. Lehrer v. Lehrstätt † 1985), kath., verh. s. 1952 m. Margret, geb. Fauth (†1984) - Abitur - 1947-1956 u. s. 1964 Journ. (u. a. Chefredakt. Europ. Wehrkunde), dazw. Offz. Bundeswehr (zul. Oberstltn. u. stv. Presseref. Bundesverteidigungsmin.) - BV: D. zwei Gesichter d. Mondes - Strategie im Weltraum, 1969 (Salzburg; dt. Ausg.: Strategie im Weltraum - D. kosm. Kampf d. Giganten, 1969); Sicherheit im Spannungsfeld d. Entspannung, 1972. Herausg.: Armee gegen d. Krieg - Wert u. Wirkung d. Bundeswehr (1966) - Liebh.: Antiquitäten.

RAVENS, Bernd

Kaufm. Angestellter, Mitgl. Brem. Bürgerschaft (s. 1975) - Zoppoter Str. 7, 2850 Bremerhaven - Geb. 30. Mai 1944 Drangstedt, ev., verh., 1 Kd. - Realsch. (Mittl. Reife); Banklehre - B. 1966 Städt. Sparkasse Bremerhaven (Angest.), dann Hapag-Lloyd Werft GmbH. ebd. (1974 Ausbildungsleit. u. Sekr. Gfg.). CDU.

RAVENS, Karl

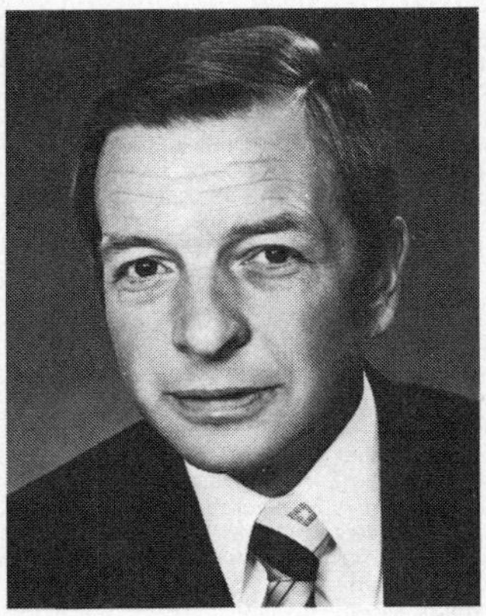

Bundesminister a. D., Vizepräsident d. Nieders. Landtages a.D., Präs. Dt. Verb. f. Wohnungswesen, Städtebau u. Raumplanung, Bonn - Glimmerweg 15, 3000 Hannover 91 - Geb. 29. Juni 1927 Achim, verh., 1 Kd. - Volkssch.; Lehre Metallflugzeugbau; n. Rückkehr aus d. Kriegsgefangensch. Umschul. als Kraftfahrzeugschlosser - U. a. Lehrlingsausbilder (Bremen); 1969-72 Parlam. Staatssekr. Bundesmin. f. Städtebau u. Wohnungswesen u. 1972-74 Bundeskanzleramt; 1974-78 Bundesmin. f. Städtebau, Wohnungswesen, Raumordnung. 1956ff. Mitgl. Stadtrat Achim; 1957ff. MdK; 1961ff. Ratsherr u. stv. Bürgerm. Bierden; 1961-78 MdB. SPD s. 1950 (u. a. Vors. Bez. Nordnieders., 1979-84 Vors. Landesverb. Nieders., 1978-90 Mitgl. Nieders. Landtag) - 1978 Gr. BVK m. Stern u. Schulterbd. Mitgl. d. Synode d. EKD - Liebh.: Segelfliegen, Camping.

RAWE, Wilhelm

Rechtsanwalt u. Notar, Parlam. Staatssekr. Bundesmin. f. Post- u. Telekommunikation (s. 1982), MdB (s. 1965; Wahlkr. 97 (Coesfeld/Steinfurt I); 1971-82 Parlamentar. Fraktionsgeschäftsf.), Vors. d. NRW-Landesgruppe d. CDU im Bundestag (s. 1987) - Frhr.-v.-Twickel-Str. 22, 4409 Havixbeck/W. (T. 14 86) - Geb. 7. Febr. 1929 Havixbeck, kath., verh., 3 Kd. - Volkssch.; Reifeprüf. als Nichtschüler; neben Berufsausüb. Stud. Rechts- u. Staatswiss. Münster. Beide jurist. Staatsprüf. - 1943-71 Reichs- bzw. Bundesbahn (1965 höh. Dienst); s. 1971 Rechtsanw.; s. 1977 Notar. Mitgl. Gemeinderat (1961); MdK; stv. Landrat (1964). Div. Funktionen Jg. Union, u. a. Sprecher Westf.-Lippe (1962). CDU s. 1953 (1968 stv. Landesvors. WL) - 1976 Gr. BVK, 1986 Stern dazu.

RAWER, Karl

Dr. rer. nat., Prof., Physiker - Herrenstr. 43, 7806 March 2 (T. 07665 - 13 84) - Geb. 19. April 1913 Neunkirchen/Saar (Vater: Dr. med. dent. Peter R., Zahnarzt; Mutter: Luise, geb. Menzinger), kath., verh. s. 1939 m. Waltraut, geb. Hien, 7 Kd. - Univ. Freiburg u. TH München (Physik; Diplomhauptprüf. 1937). Promot. 1939; Habil. 1955 Freiburg - 1946-56 wiss. Leit. Service de Prévision Ionosphérique Militaire (Frankr.), 1956-69 Dir. Ionosphären-Inst. Breisach, 1969-79 Dir. Inst. f. physik. Weltraumforsch., Freiburg (Fraunhofer-Ges.). S. 1955 Privatdoz. u. apl. Prof. (1961) Univ. Freiburg; 1958-64 Prof. associé u. d'échange (1960) Sorbonne Paris, 1969-72 Chm. Comm. III (Ionosphäre) Union Radiosci. Internationale, 1975 Gastprof. Univ. Catholique de Louvain (Belg.), 1964-83 Vors. Land. Aussch. Committee on Space Research - BV: D. Ionosphäre, 1953 (auch engl.); Radio Observations of the Ionosphere, in: Handb. d. Physik, Bd. 49/2 1967 (m. K. Suchy); Modelling of Neutral and Ionized Atmospheres, in: Handb. d. Physik, Bd. 49/7 1984. Herausg.: Handbook of Ionogram Interpretation and Reduction, 1961, 1972 (m. W. R. Pigott); Wind and Turbulence in Stratosphere, Mesosphere and Ionosphere, 1968; Waves and Resonances in Plasmas (Radio Sci 7 Nr. 8, 9), 1972; Methods of Measurements and Results of Lower Ionosphere Structure, 1974; Manual on ionospheric Absorption Measurements, 1976 - 1978 Ehrendoktor Univ. Düsseldorf; 1982 korr. Mitgl. Akad. d. Wiss. Wien - Spr.: Franz., Engl.

REAL, Willy

Dr. habil., Prof. f. neue Gesch. - Benngasse 26, 5300 Bonn 2 (T. 0228 - 33 19 59) - Geb. 25. Okt. 1911 Osternienburg/Sachsen-Anhalt (Vater: Wilhelm R., Bautechn.; Mutter: Anna, geb. Funke), kath., verh. s. 1939 m. Marianne, geb. Müller, 3 Kd. (Heinz Jürgen. Michael Alexander, Monika Christiane) - Univ. Halle, Münster, Köln (Gesch.. German., Phil.) - 1936-69 Höh. Schuldienst; Prof. Univ. Köln; Mitarb. versch. geschichtswiss. Institutionen - BV: Von Potsdam n. Basel, 1958; D. Dt. Reformverein, 1966; D. hannoversche Verfassungskonflikt v. 1837/39, 1972; Karl Friedrich v. Savigny 1814-1875; 2 Bde. 1981; D. Revolution in Baden 1848/49, 1983; D. Großherzogt. Baden zw. Revolution u. Restauration 1849-51. 1983; Katholizismus u. Reichsgründung. 1988; Karl Friedrich von Savigny 1814-1875. E. preußisches Diplomatenleben im Jh. d. Reichsgründung, Biogr. 1990. Wiss. Abh. z. dt. Gesch. - Liebh.: Lit., Kunst - Spr.: Franz., Engl.

REBE, Bernd

Dr. jur., Prof. f. Bürgerl. Recht, Handels- u. Wirtschaftsrecht Univ. Hannover - Meraner Str. 4, 3000 Hannover 81 (T. 0511 - 83 20 06) - Geb. 5. Sept. 1939 Braunlage (Vater: Werner R., Kaufm.; Mutter: Liselotte, geb. Reinshaus), ev., verh. s. 1964 m. Bärbel, geb. Bonewitz, 2 S. (Thomas, Philipp) - 1. u. 2. Jurist. Staatsprüf. 1966 u. 1970, Promot. 1969 Univ. Berlin; Habil. 1977 Univ. Bielefeld - 1975-83 Prof. Univ. Hannover, 1979-81 Vizepräs, ebd.; s. 1983 Präs. TU Braunschweig - BV: D. Träger d. Pressefreiheit nach d. Grundgesetz, 1969; Privatrecht u. Wirtschaftsordn., 1978; Verfassung u. Verwaltung d. Landes Nieders., 1986; Neue Technologien, 1987; Nutzen u. Wahrheit. Triebkräfte d. Wiss.entwicklung ..., 1991; D. Universität heute - Leitinstitution ohne Leitbild?, 1991 - Liebh.: Gesch., Politik - Spr.: Engl., Franz., Türk.

REBEL, Karlheinz

Dr. rer. soc., em. Prof., ehem. Direktor Dt. Inst. f. Fernstudien an d. Univ. Tübingen (1979-88) - Albert-Schweitzer-Weg 6, 7407 Rottenburg (T. 66 98) - Geb. 13. April 1923 Boxberg (Vater: Karl R., Oblt. d. Gendarmerie a. D.; Mutter: Helene, geb. Kreuzer), kath., verh. s. 1952 m. Marta, geb. Schneider, T. Almud - Gymn. (Abit. 1941); Stud. German., Gesch., Angl. Staatsex. 1949 u. 51 (Päd.); Zweitstud. Erziehungswissensch. (1975 Promot.) - 1950-1965 Lehrer an Internatssch., 1965/66 Lehrbeauftr. f. Erzieh.wiss. Univ. Hamburg u. Berlin (West), 1966-79 stv. Dir., 1979-88 Dir. d. Dt. Inst. f. Fernstud. Univ. Tübingen - BV: u.a. Beratung als Aufgabenfeld d. Lehrerbildung. In: Schule im Brennpunkt, 1983; Teilnahmemotivation u. Lernerfolg b. Funkkolleg Prakt. Phil. In: Zs. f. Didaktik d. Phil.; Funkkolleg Prakt. Phil./Ethik (m. K.-O. Apel u. D. Böhler: Studientexte), 1984; Lernen durch d. Hintertür. Neue Lernformen in d. Lebensspanne, 1984; Mediennutzung u. politische Meinungsbildung b. Jugendlichen. In: Gegenwartskunde, 1985, 1; Thesen z. Zusammenhang v. Allgemeindidaktik u. Fachdidaktik. In: Unterrichtswiss., 3. A. 1985; D. Bedeutung andragogischer Fragestellungen f. e. mod. Fernstud. In: Erwachsenenbildung. Bilanz u. Zukunftsperspektiven, 1986; Neue Medien u. Probl. d. politischen Sozialisation Jugendl. In: D. Realschule, 2. A. 1987. Herausg. Wiss.transfer in d. Weiterbild. D. Beitr. d. Wiss.soziol. (1989); Nachdenken üb. Lehrer als Professionals. Zum Stand d. Theoriediskussion. In: Forum Lehrerfortbildung, (1989); BTX (Videotext) als Orientierungshilfe bei d. Studienwahl. In: Lehren u. Lernen (1989); Eigeninitiative v. Lehrerfortbildnern im internationalen Rahmen. In: Forum Lehrerfortbildung (1991); Aktionsprogramme d. Europ. Gemeinsch.; Gesellschaftl. Grundlagen u. Ziele. Ihre Bedeutung f. d. Lehrerfortbildung. Am Beispiel DELTA. In: Forum Lehrerfortbildung (1991). Zahlr. Veröff. üb. Fernstudium, Unterrichtstechnol., Funkkollegs usw. - 1988 BVK, BVK am Bde. - Liebh.: Lit. (auch engl.-amerik.), Politik - Spr.: Engl.

REBER, Roland Edmund

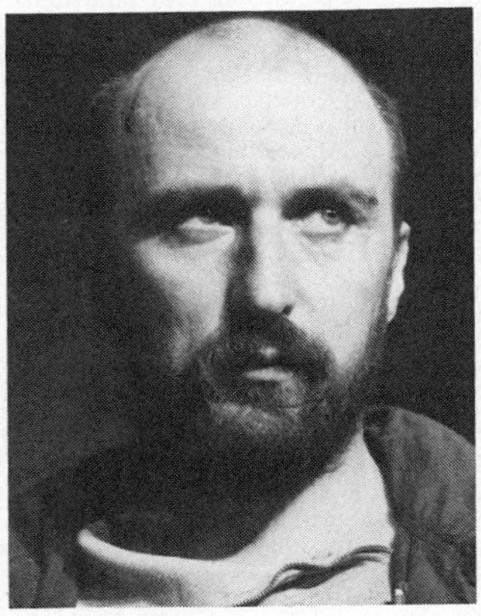

Regisseur, Autor, Schauspieler - Ruhrblick 24, 4320 Hattingen/Ruhr (T. 02324 - 8 17 22) - Geb. 11. Aug. 1954 Ludwigshafen/Rhein, verh. m. Sabine, geb. Vierling, T. Fee Denise - 1974-77 Schauspielschule Bochum - 1977-79 Schauspieler Schauspielhaus Bochum; 1979/80 Coautor u. Schausp. SDR; 1981 Gründer u. Leit. Theater Institut am Schauspielhaus Hamburg; s. 1984 Schauspieldir. Theater Institut im Heinz Hilpert Theater Lünen; s. 1988 Schauspiel Essen, Leit. Welttheaterprojekt u.a. in Ägypten, Mexiko, Indien; 1989 Schausp. Düsseldorfer Schauspielhaus; Juni - Aug. 1990 Prod. Stranger than the moon in Kingston/Jamaica (Premiere Aug. 1990). Zusammenarb. m. d. Instituto Bellas Artes Mexico-City, m. d. Univ. of the West Indies, Kingston, Jamaica u. m. d. dt. UNESCO-Kommiss. u. d. Regionalbüro d. UNESCO f. d. karibischen Raum. Für 1992 Vorb. f. eine intern. Prod. z. Kolumbusjahr, an d. Schauspieler aus 5 Ländern beteiligt sind, u. f. ein Projekt in Jerusalem in Zusammenarb. m. d. Städt. Bühnen Nürnberg. S. Dez. 1991 Weltdekade f. kulturelle Entw. d. VEREINTEN NATIONEN u. d. UNESCO - Publ.: 8 Bühnenstücke (m. gleichz. Inszenierung) u.a.: Hotel d. Verlorenen Träume, Merlin, Mein Traum ist nur e. krankes Kind, Allsam, Todesrevue - Insg. 23 Regiearb. u.a. Mistero Buffo, Theater am Neumarkt Zürich (1980); Allsam Dt. Schauspielhaus Hamburg (1981); Macbeth u. Othello im Theater Institut - 1991 Kulturpreisträger (Season of Excellence) - Spr.: Engl., Altägyptisch (Hieroglyphen) - Lit.: Üb. 1200 Presseveröff., Beitr. in Rundf. u. FS.

REBERS, Friedrich

Sparkassendirektor - Am Brill 1, 2800 Bremen - Geb. 3. Juni 1929 - S. 1971 Vorstandsmitgl. Sparkasse in Bremen. ARs- u. Beiratsmand., dar. -vors.

REBHAN, Eckhard Friedrich

Dr. rer. nat., Univ.-Prof. f. Theoretische Physik - Leitenstorffer Str. 20, 4000 Düsseldorf 13 - Geb. 31. Okt. 1937 Nürnberg (Vater: Dr. Josef R., Dipl.-Ing., Dir.; Mutter: Berti, geb. Zimmermann), ev.-luth. - Human. Gymn., Univ. Erlangen u. München - 1964-77 Wiss. Angest., s. 1977 Hochschullehrer Univ. Düsseldorf - BV: Heißer als d. Sonnenfeuer - Plasmaphysik u. Kernfusion, 1992. 45 Publ. in wiss. Ztschr.; Bearb. u. Übers. d. Buches Erforschung d. Komplexen (v. G. Nicolis, I. Prigogine) - Spr.: Engl.

REBHAN, Josef

Technischer Oberlehrer, MdL Baden-Württ. (Wahlkr. 53, Rottweil) - Rathausstr. 5, 7217 Wellendingen (T. 07426 - 73 97) - Geb. 23. März 1937 Wellendingen - Vors. d. Petitionsaussch. d. Landtags v. Baden-Württ. CDU.

REBLE, Albert

Dr. phil., o. Prof. f. Pädagogik - Anne-Frank-Str. 23, 8700 Würzburg (T. 7 34 68) - Geb. 20. Aug. 1910 Magdeburg (Vater: Albert R., Juwelier), ev., verh. s. 1941 m. Hedwig, geb. Spiegel, 4 Kd. (Burghild, Bernhard, Martin, Friedebert) - Päd. Akad. Erfurt; Univ. Jena u. Leipzig (Päd., Phil., German., Gesch.). Reifeprüf. 1929. Promot. 1935 - 1934-47 Volks-, Mittelschul- (1935) u. Gymnasiallehrer (1943); 1946-49 Prof. m. Lehrauftr. bzw. vollem L. Univ. Halle; 1949-54 Studienrat; 1954-62 Prof. Päd. Akad. Bielefeld u. Münster (1961); s. 1962 o. Prof. Univ. Würzburg; emerit. 1975 - BV: Schleiermachers Kulturphil., 1935; Theodor Litt, 1950; Gesch. d. Päd., 1951, 16. A. 1992 (auch TB 1981; griech. Ausg. 1990); Pestalozzis Menschenbild u. d. Gegenw., 1952 (japan. Ausg. 1990); Kerschensteiner, 1955, 2. A. 1956; Lehrerbild. in Dtschl., 1958; D. histor. Dimension d. Pädagogik in Wiss. u. Lehrerbildg., 1978; Gesamtsch. im Widerstreit, 1981; Hugo Gaudig - e. Wegbereiter d. mod. Erlebnispäd.?, 1989; Paul Oestreich - e. Wegbereiter d. mod. Erlebnispäd.?, 1991. Herausg.: Erziehungswiss. Beiträge (3 Bde., 1965-68); Würzburger Arbeiten z. Erz.wiss. (19 Bde., 1969-89); Klinkhardts Päd. Quellentexte (m. Theo Dietrich, s. 1960, 97 Bde.). Etwa 140 Fachaufs. - 1936 Mitgl. Akad. gemein. Wiss. Erfurt, 1991 Ehrenmitgl. - Liebh.: Musik - Lit.: Päd. in Selbstdarstell. (hg. v. L. Pongratz, Bd. III, 1978); Gesch. d. Päd. u. system. Erz.wiss. (hg. v. W. Böhm u. J. Schriewer, 1975); Die Päd. u. ihre Bereiche (hg. v. W. Brinkmann u. K. Renner, 1982); Große bayer. Pädagogen (hg. v. W. Böhm u. W. Eykmann, 1991). Gesch. d.

Lehrerbildg. in autobiograph. Sicht, (hg. v. D. P. J. Wynands, 1992).

REBLIN, Erhard

Dr. rer. pol., Prof., Unternehmensberater, Geschäftsf. Schmalenberger GmbH & Co./Pumpenfabrik, Tübingen - Ob dem Viehweidle 18, 7400 Tübingen - Geb. 8. Mai 1928 Bischofsberg/Ostpr. - Dipl.-Volksw. 1958, Promot. 1959 (beides Tübingen) - AR-Vors. INTEGRATA-Intern. Ges. f. Rationalisierung, Automatisierung u. Technologieaustausch-AG, Tübingen. Lehrbeauftr. Univ. Tübingen; Hon.-Prof. Staatl. Berufsakad. Stuttgart - BV: Elektron. Datenverarb. in d. Finanzbuchhaltung, 2. A. 1973.

REBMANN, Kurt

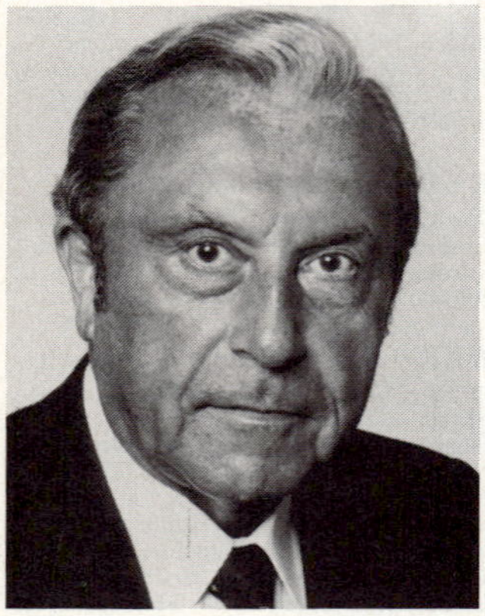

Dr. jur., Prof., Generalbundesanwalt a. D. - Othellostr. 25, 7000 Stuttgart 80 - Geb. 30. Mai 1924 Heilbronn (Vater: Eugen R.; Mutter: Frieda, geb. Wallraff), ev., verh. s. 1953 m. Margret, geb. Staubitz, 2 Kd. (Regine, Hans-Peter † 1980) - Karls-Gymn. Heilbronn (b. 1942); 1944-47 Univ. Tübingen, Göttingen, Heidelberg (Rechtswiss.; Promot. 1947) - 1950-56 baden-württ. Justiz- (1954 Landessozialgerichtsrat), dann Ministerialdst. (Vertr. Bonn, Reg.dir.), 1959 Justizmin. (1965-77 Min.dir. u. Stellv. d. Min.); 1977-90 Generalbundesanwalt - BV: Kommentar z. Landespressegesetz f. Baden-Württ., 1964; Komm. z. Gesetz üb. Ordnungswidrigkeiten, 1968. Mithrsg. d. Münchener Kommentars z. BGB (1977); Komment. z. Bundeszentralregistergesetz (1985) - Präs. Dt. Akad. f. Verkehrswiss. Hamburg; Vors. Straffälligenhilfe Baden-Württ., Landesverb. Württ. - 1981 Bullenorden Bund Dt. Kriminalbeamten; 1990 BVK m. Stern u. Schulterband - Liebh.: Auslandsreisen - Spr.: Engl., Franz. - Mitgl. Lions Club.

REBROFF, Ivan

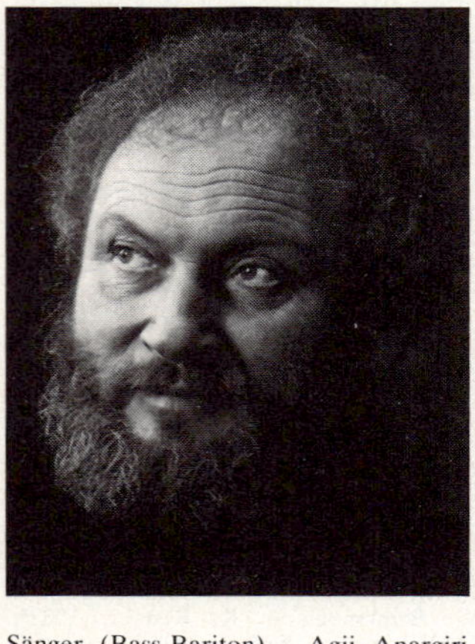

Sänger (Bass-Bariton) - Agii Anargiri, Skopelos/Magnisias, Griechenland - Geb. 31. Juli 1931 Berlin, kath., ledig - Hochsch. f. Musik Hamburg m. Stip. d. Hansestadt, 1957 - Konzertsänger; Tourneen in Europa u. Übersee (Australien, Neuseeland, Canada, USA, UdSSR, Süd-Afrika) - Hat d. westl. Welt d. russ. Volksmusik nahegebracht; breitgefächertes Interpretations-Spektrum, jed. getr. n. d. jeweiligen Konzert-Charakter: 1. Popular-Bereich (U-Musik): Russ. Volkslieder, intern. Volksliedgut, Musicals; 2. E-Musik: Konzertauftritte m. festl. u. sakralem Charakter (haupts. in Kirchen); 3. Oper u. Operette (Mussorgsky, Mozart, Wagner (Hans Sachs) Rossini, Lortzing, Offenbach, Strauss) - 1957 1. Preis b. Intern. Hochschulwettbewerb Stuttgart; 1961 1. Preis b. 9. Intern. Musikwettbewerb München; 1986 BVK; 1991 Ehrenbürgerschaft in Griechenland - Liebh.: Ornitol., histor. Plattenaufn. u. Filme (Bette Davis, Zarah Leander, Heinrich George, Emil Jannings, Greta Garbo) - Spr.: Russ., Franz., Engl., Griech. - Unzählige Presse-Veröff.

REBSCH, Peter

Jurist, Präsident d. Abgeordnetenhauses v. Berlin (1981-89) - 1000 Berlin 62 (T. 030 - 783 32 91) - 1979-82 Mitgl. Abg.-Haus, Berlin - 1985 Europakreuz Dt. Sektion/Komitee f. europäische Zusammenarb. d. Kriegsteiln. u. -opfer (CEAC) - 1984 Gr. BVK.

RECH, Peter W.

Dr., Univ.-Prof., Direktor Seminar f. bild. Kunst - Dürener Str. 217/219, 5000 Köln 41 (T. 0221 - 470 47 05) - Geb. 21. Mai 1943 Werdohl (Vater: Friedrich R., Oberstleutnant; Mutter: Maria, geb. Heidenreich), kath. - 1966-72 künstl. u. päd. Studien u. Lehramtsabschl. Univ. Münster, Dipl. 1972, Promot. 1974, Habil. 1978 - 1972-79 wiss. Assist. Münster; s. 1979 Prof. Univ. Köln - BV: Z. therapeut. Bewußtsein in d. Kunstpäd., 1977; Abwesenh. u. Verwandl. D. Kunstwerk als Übergangsobjekt, 1981; Kunst u. Liebe, 1983; Mann u./od. Frau. Doppelgeschlechtlichkeit in d. Kunst, 1986; L'art pour l'autre, 1990. Herausg. Kunst & Therapie (s. 1982) - S. 1976 Arb. z. abstrakt. Expressionismus, Mädchen-Ikonen, s. 1989 Arb. z. figurat. Expr.; mehrere Einzelausstell. - Spr.: Engl., Franz.

RECH-RICHEY, Astrid

Musikdramaturgin Theater Hagen - Dreilindenstr. 79, 4300 Essen 1 (T. 0201 - 20 28 17) - Geb. 8. Juni 1961 Birkenfeld/Nahe, verh. s. 1985 m. Ralph Richey, Kapellmeister - 10 J. priv. Klavierstud. b. Inge Plagemann u. Prof. Alexander Sellier, Stud. German., Musikwiss. u. Soziologie Univ. d. Saarl. u. Univ. Köln - M. 23 J. Musikdramat. Staatstheater Saarbrücken, Kinder- u. Jugendtheater Essen - Spr.: Engl., Franz.

RECHEIS, Käthe

Schriftstellerin - Rembrandtstr. 1/28, A-1020 Wien (T. 0222 - 354 69 15) - Geb. 11. März 1928 Engelhartszell/Österr., kath., ledig - Gymn. (Abit. 1947) - 1947-53 Verlagssekr. Linz; 1954-60 Leit. österr. Büro Intern. Catholic Migration Committee, Genf; ab 1960 fr. Schriftst. PEN-Club - BV: D. Weiße Wolf, 1983; Geh heim u. vergiß alles, 1980; D. weite Weg d. Nataiyu, 1978; Weißt du, daß d. Bäume reden, 1983; Lena - Unser Dorf u. d. Krieg, 1987; u.a. Übers. Norwegen, Korea, Holl., Span., Dän., Tschech., Jap., Türk., Portug.) - 13mal Österr. Kinder- u. Jugendbuchpreis, 11mal Kinder- u. Jugendbuchpr. Stadt Wien; 1985 Kath. Kinderbuchpr. Deutschl.; 1979, 84 u. 88 Ehrenliste Hans Christian Andersen-Pr.; 1987 Öst. Würdigungspr. f. Kinder- u. Jugendlit. (Gesamtwerk) - Liebh.: Reisen, Lit. d. Indianer - Spr.: Engl.

RECHENBERG, Ingo

Dr.-Ing., Prof. f. Bionik u. Evolutionstechnik TU Berlin (s. 1972) - Falkentaler Steig 144, 1000 Berlin 28 (T. 404 14 56) - Geb. 20. Nov. 1934 Berlin (Vater: Erich R., Bauing.; Mutter: Herta, geb. Ihsmer) - Hum. Gymn.; Fokker Flugzeugwerke Amsterdam; Stud. Maschinen- u. Flugzeugbau TU Berlin, Univ. Cambridge/Engl.; Dipl.-Ing. 1965; Promot. 1970; Habil. 1971 - BV: Evolutionsstrategie, Optimierung techn. Systeme nach Prinzipien d. biolog. Evolution, 1973. Erf.: Evolutionsstrategie, Biofocus, Abtriftkompensator - Liebh.: Segeln, Modellflugsport (1954 2. Platz Modellflugweltmeistersch. Odense/Dänem.) - Spr.: Engl.

RECHNITZ, Inka

s. Köhler-Rechnitz, Inka

RECK, Ralf

Dr. phil., Landesfunkhausdirektor MDR (Mitteldeutscher Rundfunk, s. 1992) - Postfach 39 46, O-3010 Magdeburg - Geb. 22. Sept. 1941 Mährisch Ostrau - Promot. 1970 Univ. Tügingen; Volont. SWF Hörfunk u. FS (REPORT Redakt.); vorh. Leiter Programmbereich Fernsehen, stv. Dir. Landesfunkhaus NDR - Liebh.: Sport, Bergwandern, Tiefseetauchen, Tennis, Hunde - Spr.: Engl.

RECKER, Kurt

Dr. rer. nat., Prof., Mineraloge u. Kristallograph - Zülpicher Str. 11, 5300 Bonn - Geb. 19. Juni 1924 Dülken - S. 1963 (Habil.) Lehrtätig. Univ. Bonn (1968 apl. Prof.; 1970 Univ.-Prof.). Etwa 170 Facharb.

RECKERS, Hans

Dr., Staatssekretär im Sächsischen Finanzministerium (1990/92) - Carolaplatz 1, O-8060 Dresden - Geb. 27. Juni 1953 Rheine, kath., verh. m. Benedikta, geb. Stetter, 4 Kd. (Matthias, Vera, Lukas, Lucia) - Jurastud. - 1975-77 Bundesvors. RCDS; 1982-85 Rechtsanwalt; 1985-89 Bundesfinanzministerium; 1989-90 Bundeskanzleramt.

RECKOW, Fritz

Dr. phil., Univ.-Prof., Vorst. Inst. f. Musikwiss. Univ. Erlangen-Nürnberg (s. 1987) - Rostocker Str. 3, 8500 Nürnberg 90 (T. 0911 - 34 63 95) - Geb. 29. März 1940 Bamberg, ev., verh. - 1959-65 Stud. Univ. Erlangen, Freiburg, Basel; Promot. 1965 Freiburg; Habil. 1977 ebd. - 1965-79 Redakt. (Schriftleit.) Handwörterb. d. mus. Terminol. (Akad. d. Wiss. Mainz); 1979 Dir. Musikwiss. Inst. Univ. Kiel; 1979 Gastprof. Univ. Hamburg; 1986 Ohio State Univ., Columbus/Ohio - BV: D. Musiktraktat d. Anonymus 4, 2 Bde., 1967; D. Copula, 1972; D. Inszenierung d. Absolutismus, 1992.

RECUM, von, Hasso

Dr. sc. pol., Dipl.-Volksw., Prof. f. Bildungsökonomie - Albanusstr. 39, 6242 Kronberg - Geb. 14. März 1929 Mainz, ev., verh. s. 1959 m. Richardis, geb. Lindemann, 2 Kd. - Stud. Wirtsch.- u. Sozialwiss., Soziol.; Dipl.-Volksw. 1955, Promot. 1959 Univ. Kiel - 1968 a. o. Prof., 1972 o. Prof., s. 1964 Abt.leit. Dt. Inst. f. intern. Päd. Forsch. (DIPF) Frankfurt (1970-75 Dir.) - Veröff. z. Ökon. u. Soziol. d. Bild.wes. - Lit.: Persönlichk. Europas, Dtschl. 1, 1976; Intern. Soziol.lex., Bd. 2, 1984 - Lit.: Bildung in sozioökonom. Sicht. Festschr. f. H. v. R. z. 60. Geb. (1989).

REDDEMANN, Gerhard

Journalist, MdB (s. 1969; 1973 Vors. Innerd. Aussch.) - Letterhausstr. 1, 5800 Hagen/W. - Geb. 22. Febr. 1932 Heiligenstadt (Vater: Stadtkämmerer Heiligenstadt), kath., verh., 2 Kd. - Gymn.; journalist. Ausbild. - Ab 1953 Redakt. u. Chef v. Dienst (1966) Westfalenpost; b. 1969 Chefredakt. Monatsschr. D. Entscheidung (mitbegr.); gegenw. fr. Journ. 1953-69 Mitgl. Dtschl.rat Jg. Union. S. 1947 CDU/Öst (b. 1950, Ausschl.) bzw. West (n. Flucht 1950; Mitgl. Landesvorst. Westf.-Lippe).

REDDEMANN, Ludger

Landwirtschaftsmeister, Staatssekretär im Min. f. Ländlichen Raum, Ernährung, Landwirtsch. u. Forsten Baden-Württ., MdL Baden-Württ. (Wahlkr. 46, Freiburg I) - Am Pfeiferberg 4, 7815 Kirchzarten (T. 07661 - 55 34) - Geb. 22. Juli 1938 Coesfeld - CDU.

REDEKER, Konrad

Dr. jur., Prof., Rechtsanwalt - Oxfordstr. 24, 5300 Bonn 1 (T. 0228 - 72 62 50) - Geb. 21. Mai 1923 Mülheim/R. (Vater: Prof. Dr. Franz R., Präs. Bundesgesundheitsamt †1962), ev., verh. s. 1951 m. Leonore, geb. Schröder, 5 Kd. (Helmut, Ursula, Annette, Dorothea, Martin) - 1. Staatsex. 1949; 2. Staatsex. 1953; Promot. 1949 Univ. Hamburg - BV: Kommentar z. Verwaltungsgerichtsordnung (m. Dr. v. Oertzen), 10. A. 1991 - S. 1986 Ehrenmitgl. Dt. Juristentag; Hans-Dahs-Med. DAV - Liebh.: Musik.

REDEMANN, Rainer

Dipl.-Volksw., Bankdirektor, Vorstand Universal Factoring (s. 1974) - Grevenbleck 36, 3005 Memmingen 1 (T. 42 99 87) - Geb. 25. März 1926 Münster (Vater: Karl R., kaufm. Angest.; Mutter: Adele, geb. Brandt), kath., verh. s. 1953 m. Elisabeth, geb. Rybka, T. Sabine - 1967-73 Dir. Hannoversche Landeskreditanst. Nordd. Landesbank Hannover - Liebh.: Lit., Ski- u. Langlauf, Schwimmen - Spr.: Engl.

REDHARDT, Albrecht

Dr., Dipl.-Physiker, o. Prof. f. Biophysik Univ. Bochum - Am langen Seil 95, 4630 Bochum (T. 38 10 08) - Geb. 28. März 1927 Gemmerich/Ts. (Vater: Willi R., Pfarrer; Mutter: Marie, geb. Weber), ev., verh. s. 1953 m. Angela, geb. Brucker († 1984), 2 Kd. (Martin, Monika) - Spr.: Engl.

REDING, Josef

M.A., Schriftsteller - Kruckelerstr. 2a, 4600 Dortmund 50 (T. 0231 - 73 33 15) - Geb. 20. März 1929 Castrop-Rauxel (Vater: Paul R., Filmvorführer; Mutter: Antonia, geb. Terhorst), kath., verh. s. 1965 m. Rosemarie, geb. Heermann, 3 Söhne (Till-Patrick, Dominik, Benjamin) - 1953-57 Stud. German., Psych., Angl. u. Kunstgesch. Univ. Münster, Urbana (Ill./USA) u. New Orleans (Louisiana/USA) - 1971-78 Vors. Verb. dt. Schriftsteller (VS) in NRW, s. 1973 Mitgl. P.E.N.-Club - BV: Nennt mich nicht Nigger, Kurzgesch. 1957 (auch engl., niederl., russ., armen., estnisch, chin.); Friedland, R. 1957 (auch fläm.); E. Scharfmacher kommt, 1966 (auch norweg., ukrain., russ.); Schonzeit f. Pappkameraden, Kurzgesch., 1975 (auch ukrain., russ., schwed.); Kein Platz in kostbaren Krippen, 1980 (auch niederl.); Gold. Rauhreif u. Möhren, R. 1981; Nennt sie b. Namen, Lyr. 1982; Friedenstage sind gezählt, Kurzgesch. 1982; Erf. f. d. Regierung, Satiren 1983; Papierschiffe geg. d. Strom, Ess. 1984; Friedensstifter - Friedensboten, Portr. 1987; Nicht nur in d. Sakristei, Kurzgesch. 1988; D. Kreuz im Heute tragen, Meditationen, 1990 - 1961 Rom-Preis Villa Massimo; 1969 Annette-v.-Droste-Hülshoff-Preis u. Kogge-Preis; 1980 Kurzgeschichtenpreis; 1986 Eiserner Reinoldus, 1987 Ehrenring Stadt Dortmund; 1989 Lit.preis Ruhrgebiet - Liebh.: Segelfliegen - Spr.: Engl., Franz., Ital. - Lit.: Hedwig Gunnemann, J. R. Fünf Jahrzehnte Leben, Drei Jahrzehnte Schreiben; V. Leben schreiben, Festschr. z. 60. Geb. v. J. R., Stadtbibl. Dortmund.

REDING, Kurt

Dr. rer. pol. habil., Dipl.-Volksw., Univ.-Prof., Steuerberater - Kölnische Str. 88, 3500 Kassel (T. 0561 - 77 71 01) - Geb. 14. Aug. 1944 Koblenz (Vater: Victor R., Kaufm.; Mutter: Anna-Sophia, geb. Smentowski), kath., gesch., T. Melanie - 1955-64 Gymn. Koblenz; 1964-69 Stud. Volksw. Univ. Freiburg u. Köln; Dipl.-Volksw. 1965, Promot. 1972, Habil. 1979 - 1970-74 wiss. Assist.; 1974-79 Univ.-Doz.; s. 1981 Prof. - BV: Wanderungsdistanz u. Wanderungsricht., (Diss.) 1972; Finanzwiss., 3 Bde., Lehrb.

(m. a.) 1977-79; D. Effizienz staatl. Aktivitäten, 1981; div. Art. in Ztschr.

REDING, Marcel
Dr. theol., Dr. phil., em. o. Prof. f. Kath. Theologie - Am Wildgatter 29, 1000 Berlin 39 (T. 805 18 55) - Geb. 19. Jan. 1914 Mecher/Luxemburg (Vater: Lehrer), kath. - Univ. Freiburg/Br., Tübingen, Paris. Priesterweihe 1940 - 1947 Doz. Univ. Tübingen, 1952 o. Prof. Univ. Graz, 1956 FU Berlin - BV: D. Existenzphil., 1949; Metaphysik d. sittl. Werte, 1949; D. Aufbau d. christl. Existenz, 1952; Phil. Grundlagen d. kath. Moraltheol., 1953; Thomas v. Aquin u. Karl Marx, 1953; D. Sinn d. Marx'schen Atheismus, 1957; Polit. Atheismus, 1957 (auch span.); Üb. Arbeitskampf u. -frieden, 1961; D. Aktualität d. Nikolaus Cusanus in s. Grundgedanken, 1964; D. Glaubensfreiheit im Marxismus, 1967; Polit. Ethik - E. Einf., 1972; D. Struktur d. Thomismus, 1974 - 1985 Orden Großherzogtum Luxemburg; Gold. Kreuz v. Bergeathos; Gold. Kreuz Griechisch-Orthodoxe Metropolie Dtschl.

REDING-BIBEREGG, von, Alois René
Dr. jur., General-Direktor Nestlé Alimenta SA., Vevey/Schweiz - Chemin de la Planaz, Villa Arc Enciel, CH-1807 Blonay Vaud - Geb. 28. Dez. 1923 Bern/Schweiz (Vater: Dr. Aloys v. R.-B.), verh. m. Margit, geb. Büeler.

REDL, Ernst
Dipl.-Kaufm., Hauptgeschäftsführer d. Handwerkskammer Konstanz (s. 1963) - Renkenweg 14, 7750 Konsanz (T. 07531 - 3 11 18) - Geb. 10. Jan. 1933 - Handwerksabzeichen in Gold, BVK II. Kl.

REDL, Rudy
Komponist, Texter, Arrangeur, Produzent, Verleger, Drehbuchautor - Nymphenburger Str. 119, 8000 München 19 (T. 089 - 18 12 57) - Geb. 19. Jan. 1959 München, led. (Vater: Geiger, Dirigent; Mutter: Sängerin, Schausp.) - Hum. Gymn.; Musikstud. - Eig. Plattenfirma m2 Records, eig. Musikverlag: m2 Edition, eig. Medien-Agt.: M2 Medien-Marketing; Gesellsch. v. Indra-film GmbH; Mitgl. im Dt. Textdichter-Verb. - Künstl. Prod.: div. Schlager, Film- u. FS-Musiken, Radio- u. Kinospots; zahlr. Bühnenmusiken (Kl. Komödie, München) - Vertret. a. Festivals: 2 mal Grand Prix d'Eurovision, 3 mal Grand Prix d. Volksmusik. - 1989 Award f. Creative Excellence (Ind.filmpreis, Chicago); 1990 Finalists Award (The New York Festivals) - Liebh.: Astronomie, Astro-Physik - Spr.: Engl., etw. Franz.

REDLIN, Hans Jochen
Dr. rer. pol., Vorstandsmitglied DLW (Dt. Linoleum-Werke) AG. (s. 1970) - Lemberger Weg 16, 7121 Freudental - Geb. 19. März 1930 Berlin (Vater: Hans R., Kaufm.; Mutter: Grete, geb. Manthei), ev., verh. s. 1958 m. Renate, geb. Jaenicke, 3 Kd. (Hans Thomas, Sabine, Christine) - Realgymn. Rostock (Abit. 1949); Univ. Köln (Dipl.-Volksw. 1953, Promot. 1956) - Zul. Gf. Adrema-Werk GmbH., Berlin/Frankfurt/Heppenheim - Spr.: Engl.

REE, van, Jean
Konzert- u. Opernsänger - Weissenburgstr. 33, 5000 Köln 1 (T. 0221 - 76 93 93) - Geb. 7. März 1943 Kerkrade/Niederl. (Vater: Leonhard v. R.; Mutter: Maria, geb. Krichel) - Musikhochsch. Niederl.; Grenzland-Konservat. Aachen; priv. Gesangsausbild. Prof. Franziska Martienssen-Lohmann, Düsseldorf u. Mrs. Lydia Summers, New York - Opern- u. Konzertauftr. Europa u. USA (Met New York); Schallplattenprod. Funk- u. Ferns. In- u. Ausl. U. v. a. Hoffmann (Hoffmann's Erzählungen), Alwa (Lulu), Jim (Mahagonny), Albert Herring (Britten), Eisenstein (Fledermaus), Danilo (Lustige Witwe), Novagerio (Palestrina/Pfitzner). Div. Erstauff. - Preis f. Interpretation mod. Musik;

Med. Salzbg. Festsp. u. a. - Spr.: Engl., Franz., Niederl.

REEDER, Wolfgang
Vorstand Krupp Polysius AG (1971-88), Geschäftsf. KBZ Baustoffe GmbH, Ennigerloh (1989-91) - Overbergstr. 17, 4722 Ennigerloh (T. 02524 - 72 78) - (Vater: Eggert R., Reg.Präs.), verh. s. 1961 m. Gisela, geb. Reinshagen, 3 Kd. (Eva, Franziska, Nikolaus) - Gymn.; Banklehre, Wirtsch.Stud., (Dipl.-Kfm. 1957) - AR-Vors. KBZ Baustoffe GmbH, Berlin; Beiratsvors. Dörentruper Sand- u. Thonwerke GmbH, Dörentrup; Beirat Franz Schneider Brakel GmbH & Co., Brakel; VR-Mitgl. Dt.-Belg.-Luxemburg. Handelskammer, Brüssel u. d. Atelier Louis Carton S.A., Tournai/Belgien. Handelsrichter am Landgericht Münster.

REENTS, Christine,
geb. Kaestner

Pfarrerin, Prof. f. Prakt. Theologie Kirchl. Hochsch. Wuppertal (s. 1988) - Mühlenteichstr. 48, 2930 Varel 2 (T. 04451 - 36 77) - Geb. 23. Dez. 1934 Hamm/Westf. (Vater: Fritz K., Reg.präs.; Mutter: Annemarie, geb. Fels), ev.-luth., verh. s. 1965 m. Suntke R., S. Reinhard - 1955-60 Stud. ev. Theol. u. German. Bethel, Heidelberg, Zürich, Göttingen; Promot. 1972 Göttingen - 1962-66 wiss. Assist. Oldenburg; 1966-77 u. 1985-88 Relig.-Päd. Arbeit Oldenburg; 1977-85 Vertr. e. Prof. f. ev. Theol. Univ. Hannover; 1982 Habil. Prakt. Theol. Bern - BV: Erzieh. z. krit.-prod. Denken im Religionsunterr. d. Grundsch., 2 Bde. 1974; Religion - Primarstufe, 1975; Nach Gott fragen - Von Gott sprechen, 1981; D. Bibel als Schul- u. Hausb. f. Kinder, 1984; Religionsunterr. im ersten Schulj., 1984; Alttestamentl. Arbeitsbuch f. Religionspädagogen (zus. m. F. Johannsen), 1987; Was wird aus d. Kinderglauben?, 1987 - Spr.: Engl., Franz. - Bek. Vorf.: Paul Kaestner, preuß. Ministerialdir. (Großv.).

REERINK, Wilhelm
Dr.-Ing., Dr. rer. nat. h. c., Prof., Direktor i. R. - Meckenstocker Höfe 3, 4300 Essen-Bredeney - Geb. 12. Febr. 1905 Witten/Ruhr (Vater: Gerhard R., Gerichtsdir.; Mutter: Anna, geb. Rath), verh. s. 1932 m. Lore, geb. Kitzing, 4 Kd. - Stud. Chemie - S. 1929 Bergbau (b. 1971 gf. Dir. Steinkohlenbergbau-Verein u. Gf. Bergbau-Forschung GmbH, beide Essen). S. 1961 Honorarprof. Bergakad. bzw. TU Clausthal (Kohlechemie u. -technol.) - 1961 Ehrendoktor TH Aachen; 1973 Gr. BVK - Liebh.: Skilaufen - Initiator ob. Einrichtung.

REES, Peterfritz
Verleger, Geschäftsführer C. F. Rees GmbH/Druckerei u. Verlag, Heidenheim, Rees Repro GmbH, Gebr. Anders & Co. GmbH/Formulardruckerei, Gesellsch. Heidenheimer Ztg. GmbH & Co. KG ebd. - Postf. 17 80, 7920 Heidenheim/Brenz (T. 07321 - 35 00-0).

REESE, Herbert H.
Dr. phil., Dr. theol. h. c., M.A., M. Sc., Dipl.-Psych., Prof. f. Parapsychologie - Forum House, 1-6 Millmead, TW18 4UQ, England - Geb. 25. Juni 1943 Bad Salzuflen (Vater: Karl-Heinz R., Dipl.-Kfm.; Mutter: Margot, geb. Deuster), kath. - Arnold Grammar London (Abit.); Univ. Kiel, Heidelberg, London; M.A., M. Sc. 1980, Promot. 1980 u. 1982 - 1979 Bundesgeschäftsf. DU, 1980 Generalbevollm. BDVAH e.V. Gen.dir. Gold Co. Ghana, Weltpräs. Intern. Ges. f. Psych., Vors. Weltpräsid. I.G.F.P. u. Gastprof. USA, 1981 UNO; 1975-80 Fr. Journ. - BV: Stress - Leben u. Überleben, 1980; Sinn u. Leben, 1981 - 1981 Ritter Tempel-Orden; 1982 Großkreuz d. Ritter-O. d. Grals-Ritter; Großm. u. Ritter d. Ordens d. Grals-Ritter; 1982 UNO-VM in Silber; 1984 Fürst Grossmeister d. Souveränen Fürstl. Ordens St. Maria - Liebh.: Segeln, Motorboot, Kunst, Amateurfunk, Fotografie, Reisen, Leben auf d. Land (Ostfriesl. u. Nordsee-Küste) - Spr.: Engl., Franz.

REESE, Jürgen
Dr. rer. soc., Prof. f. Verwaltungswiss. GH Kassel - Am Hahnen 6, 3500 Kassel (T. 40 11 47) - Geb. 14. Sept. 1942 Büderich (Vater: Klaus K., Architekt; Mutter: Erica, geb. Hentzen), verh. s. 1966 m. Monika, geb. Clas, 2 Kd. (Moritz, Katrin) - Univ. Konstanz (M.A. 1968, Promot. 1971) - 1970 ff. Bundeskanzleramt; 1973 DFG-Stip., 1975 Stip. Ford Foundation USA; 1976 Ges. f. Math. u. DV; s. 1979 Prof. in Kassel - Mitgl. Hess. Kommiss. f. Telekommunikation; 1989-90 Leit. d. Telematik Inst. Kassel e.V.; s 1991 Leit. d. Forsch. inst. KONWIS GmbH, Kassel - BV: Gefahren d. informationstechnol. Entw., 1979; Sozialpol. Chancen d. Informationstechnik, 1982; D. Entw. d. Informationsges. aus d. Sicht d. Bundesrep. Dtschl., 1984; Rundfunkaufsicht, 1989 - Spr.: Engl.

REESE, Manfred
Geschäftsführer, MdL Nieders. (s. 1974) - Richterstr. 25, 3300 Braunschweig (T. 33 33 75) - SPD.

REETZ, Christa
Geschäftsf. Vorstand Bundesverband Bürgerinitiativen Umweltschutz, BBU (s. 1985), Pressespr. d. Bürgeraktion DAS BESSERE MÜLLKONZEPT Dachverb. Ba.-Wü. (s. 1990) - Schlößlebühnd 10, 7600 Offenburg - Geb. 16. Nov. 1922 - 1980-83 Stadträtin Offenburg, 1983-85 MdB.

REETZ, Hans-Georg
Rechtsanwalt u. Notar, Geschäftsf. Bundesverb. landw. Verpächter u. Grundeigentümer - Museumstr. 2, 3300 Braunschweig.

REF, Carlheinz
Dipl.-Volksw., Hauptgeschäftsführer IHK Dillenburg i.R. - Adolf-Haff-Weg 9, 8962 Pfronten (T. 08363 - 14 21) - Geb. 8. Nov. 1926.

REGENASS, René
Freier Schriftsteller - Waldenburgerstr. 26, CH-4052 Basel (T. 004161 - 312 18 95) - Geb. 15. Mai 1935 Basel, ev., verh. s. 1979 m. Eva, geb. Nussbaumer, 3 Kd. (Katrin, Aron, Noah) - Stud. 5 Sem. German., Gesch. Univ. Basel - 1982-85 Präs. Schweizer Autoren-Gruppe Olten; Mitgl. d. Kulturrates d. Stadt Basel - BV: Porträt b. Portiers, Erz. 1979; D. Kälte d. Aequators, R. 1982; Vernissage, R. 1984; Schattenreise, R. 1986; Scott's Einsamkeit, Erz. 1989; Fussangel, R. 1992. Ferner Hörsp. u. Theaterstücke - 1981 Preis Schweiz. Schillerstiftg.; 1986 Lit.pr. Kanton Basel-Land; 1986 Stip. Stadt Mannheim; 1987 Pr. d. Welti-Stiftg. f. d. Drama - Liebh.: Zeichnen - Spr.: Engl., Franz., Ital.

REGENBRECHT, Aloysius
Dr. phil., Prof. u. Hochschulrektor - Neuheim 23a, 4400 Münster/W. (T. 3 11 09) - Geb. 15. März 1929 - S. 1961 Lehrtätig. Päd. Hochsch. Vechta, Dortmund, Westf.-Lippe/Abt. Münster I (1964 o. Prof. f. Schulpäd. u. Allg. Didaktik) - BV: J. M. Sailers Idee u. d. Erzieh., 1958. Mithrsg.: D. Friedensschule-Programm e. Gesamtsch. (1970).

REGENSBURGER, Dieter
Dr. med., Prof. f. Thorax-, Herz- u. Gefäßchirurgie - Gannerbarg 12, 2300 Molfsee/Kiel (T. 04347 - 21 32) - Geb. 1. Sept. 1934 Göttingen (Vater: Karl R., Arzt; Mutter: Liselotte, geb. Speckenbach), ev., verh. s. 1960 m. Christine, geb. Bade, 3 S. (Marcus, Fabian, Tobias) - Abit. 1954; 1954-60 Med.Stud., Staatsex. 1960, Promot. 1962, Facharzt f. Chir. 1967 (1966 Sportarzt), Habil. 1973, Prof.1977. 1965-77 Assist.Arzt, Oberarzt (Thorax-Herz-Gefäßchir.), s. 1977 stv. Abt.sdir. Cardiovasculäre Chir. Univ. Klinik Kiel - BV: Myocarddurchbl. u. Stoffwechselparameter in aterielen Blut b. Hämodilutionsperfusion, 1976; Mitverfass.: Akute Notfälle, 1981; Arzt im Rettungsdienst (m. J. S. Kontokollias), 1991 - Spr.: Engl.

REGENSBURGER, Hermann
Dipl.-Verwaltungswirt (FH), MdL Bayern (s. 1974) - Aloisiweg 10, 8070 Ingolstadt (T. 8 16 23) - Geb. 1940 - CSU (innenpolit. Spr. Landtagsfrakt.). Stv. Vors. Aussch. f. Verfassungs-, Rechts- u. Kommunalfragen; Mitgl. Medienrat.

REGENSPURGER, Otto
Postoberinsp. a. D., MdB (s. 1976; Wahlkr. 224) - Pyramidenweg 9, 8621 Untersiemau (T. 09565 - 16 66) - Geb. 24. Dez. 1939 Untersiemau (Vater: Otto R., Polsterer, Dekorateur; Mutter: Alma, geb. Graßmann), ev., verh. s. 1963 m. Anke, geb. Szpiridonov, 2 Söhne (Ingo, Frank) - Realsch. (Mittl. Reife); Verw.schule. S. 1982 Beauftr. d. Bundesreg. f. d. Belange Behinderter; stv. Bundesvors. d. Dt. Beamtenbundes; stv. Vors. d. CSU-Landesgr. im Dt. Bundestag, ZDF-Fernsehrat, Infrastrukturrat d. Dt. Bundespost; Präs. Automobilclub d. Dt. Beamtenbundes. CSU - Spr.: Engl.

REGITZ, Manfred
Dr. rer. nat., Prof. f. organische Chemie, Univ. Kaiserslautern - Kastanienweg 11, 6750 Kaiserslautern (T. 0631 - 5 56 00) - Geb. 20. Aug. 1935 Karlsbrunn/S. (Vater: Willi R., Landwirt; Mutter: Frieda, geb. Simon), ev., verh. s. 1962 m. Marianne, geb. Robine, 2 Kd. (Heike, Carsten) - Stud. Heidelberg u. Saarbrücken - BV: Diazoalkane, 1977 (auch engl.); Low Coordination Phosphorus Chemistry (m. O. J. Scherer); ca. 300 Publ. u. Handb.beitr. Herausg. Houben-Weyl, Römpp's Chemielexikon u. Synthesis - 1988 Humboldt-Preis - Spr.: Engl., Franz.

REGLER, Konrad
Ministerialrat a.D., Landrat Kr. Eichstätt (s. 1970) - Landratsamt, 8078 Eich-

stätt/Bay. - Geb. 5. Febr. 1931 Pfahldorf - Abit. Eichstätt, Stud. Univ. Erlangen (Rechts- u. Staatswiss.) - N. d. 2. jurist. Staatsex. Eintr. in Bayer. Staatsdienst; 1963-69 Vertreter d. Bayer. Innenmin. b. d. Bayer. Vertretung in Bonn; s. 1975 Vors. Bayer. Krankenhausges., 1986-88 Präs. Dt. Krankenhausges. CSU.

REGLER-BELLINGER, Brigitte

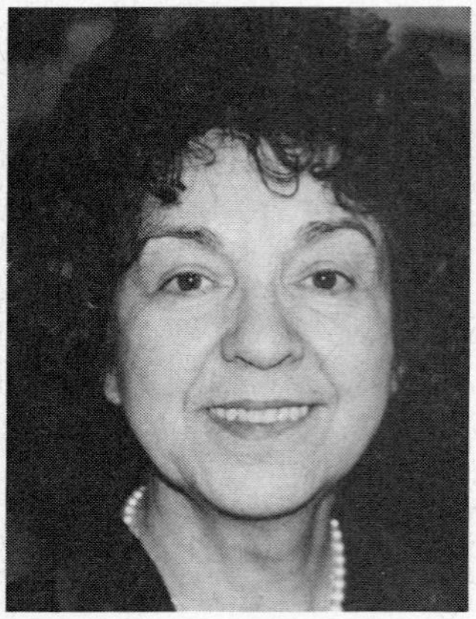

Dr. phil., Schriftstellerin, (Ps. Detzner) - Himmelreichallee 25, 4400 Münster - Geb. 12. Febr. 1935 Augsburg (Vater: Josef R., Prof.; Mutter: Irene, geb. Detzner), verh. m. Prof. Dr. Bellinger; s. dort - Abit. 1954, Univ. Dijon, Paris u. München (Franz., Deutsch, Gesch.), Staatsex. 1960, Promot. 1964, 1961-64 Stud.-Refer. u. Ass. Franz. u. Gesch., 1965-72 Verlagslekt., Schriftst. - BV: Formen d. Aggress. b. H. Michaux, 1965; Putten 1966; Ikonen, 1966; Email, 1968; Reuther, 1967 (Franz. 1968); Kind, 1970; Anrufe, 1971; Knaurs Kulturführer in Farbe, Italien, 1978; Frankr., 1979; Spanien, 1981; Knaurs großer Opernführer, 1983; Kleines Weiberlexikon, 1985; Internationales Musiktheater f. Kinder u. Jugendliche, 1990; Knaurs Kulturführer in Farbe: München, 1991 - Liebh.: Klaviermusik - Spr.: Franz. - Bek. Vorf.: Dr. Kurt Faber (1880-1929), Reise- u. Abenteuerschriftst.; Augusta Enders-Schichanowsky (1865-1936), Malerin u. Schriftst.

REGNIER, Charles

Schauspieler u. Regisseur - Seestr. 6, 8194 Ambach/Starnberger See (T. Ammerland 5 32) - Geb. 22. Juli 1914 Freiburg/Br. (Vater: Frank, Dichter †1918; Mutter: Tilly W., Schausp., Verf.: Lulu, d. Rolle m. Lebens †1970), verh. s. 1941 m. Pamela, geb. Wedekind, Schausp. †1986, 3 Kd. (Carola, Anatole, Adrienne), s. 1989 verh. m. Sonja Ziemann - Schauspielausbild. - Bühnen München, Düsseldorf, Zürich, Hamburg, Köln, Wien u. a. Viele Theater- (zul. (1973): D. Physiker), Film- u. Fernsehrollen; Big Love, Lea, Waldspaziergang, Offener Brief. Übers.: Giraudoux, Cocteau, Feydeau, Barillet-Gredy, Bellon, Scribe, Labiche, Maugham, Colette. Rollen: Romulus d. Große, Equus, Biedermann u. d. Brandstifter - 1955 Preis Verb. d. dt. Kritiker; 1989 Gold. Filmband.

REH, Hans-Joachim

Ministerialdirigent a. D., Landesanwalt b. Staatsgerichtshof f. Hessen (1959-70) - Solmsstr. 8, 6200 Wiesbaden (T. 30 14 35) - Geb. 11. Sept. 1904 Berlin (Vater: Otto R.; Mutter: Helene, geb. Zarth), ev., verh. s. 1934 m. Else-Hildegard, geb. Schillbach - Univ. Berlin (Rechtswiss.). Jurist. Staatsex. 1925 u. 29 Berlin - Rechtsanw. u. Notar Berlin (b. 1940); 1945-48 Justizdst. (zul. OLGsrat Kassel); 1948-70 Hess. Justizmin. u. Staatskanzlei (1963); 1971-81 fr. Mitarb. d. Hess. Datenschutzbeauftragten - Mitarb. Kommentar z. Hess. Verfass. (hg. v. Zinn u. Stein) u. Festschr. f. Erwin Stein (hg. Avenarius u.a.); Beiträge z. Datenschutz, Heft 2. Mitarb. Kommentar z. Bundesdatenschutzges. (Simitis-Dammann-Mallmann-Reh).

REHBEIN, Klaus

Dr. phil., Prof. f. Erziehungswissenschaft Univ. Marburg - Hofwiesenstr. 2, 6313 Homberg 1 - BV: Methodenfragen d. Kriminalwiss. 1968; Öffentl. Erzieh. im Widerspruch, 1980.

REHBEIN, Matthias

Journalist, Pressesprecher Ministerium f. Gesundheit u. Soziales d. Saarlandes - Zu erreichen üb. Postf. 10 10, 6600 Saarbrücken - Geb. 18. Dez. 1958 Kassel, verh. s. 1985 m. Brigitte, geb. Heimbucher - Stud. Journ., Publiz. Kampen (Niederl.) - Spr.: Engl., Niederl.

REHBEIN, Max H.

Publizist - Eulenkrugstr. 38, 2000 Hamburg 67 - Geb. 9. Dez. 1918 Köln (Vater: Geh. Hofrat Arthur R., Schriftst. unt. Ps. Atz vom Rhyn u. Rehlauf (s. X. Ausg.); Mutter: Minzi, geb. Jaeger), ev., verh. 1952 m. Gladys, geb. Doherr Gruschwitz - Gymn.; Univ. Hamburg (Phil., Literaturgesch.) - 1947-52 Berichterstatter u. Korresp. NWDR; 1952-57 Korresp. u. Redakt. NDR-Fernsehen; 1957-64 Leit. Abt. Staat - Ges. - Wirsch. NDR-Ferns.; s. 1964 Sonderkorresp. u. Serienautor NDR-Ferns. Dokumentationsserien: Auf d. Suche n. Frieden u. Sicherheit, Zentren d. Macht, Europ. Oberschicht, Pioniere u. Abenteurer - BV: Reporter in Fernost; Pioniere u. Abenteurer; Reisen rund um unsere Welt - Div. Kriegsausz. (u. a. Ritterkreuz); 1959 u. 60 Dt. Fernsehpreis, Goldmed. Filmfestival I. Weltausstell. d. Verkehrs München, Preis VI. Festival Intern. du Film Industriel Rouen, 1966 2 Bundesfilmprämien Film-woche Mannheim - 1969 Erster Preis 10. Festival International du Film Industriel, Berlin; 1974 Gold. Bildschirm; 1979 Gold. Kamera; 1979 Adolf-Grimme-Preis in Gold, 1980 u. 1989 Goldener Gong; 1980 Goldene Rose; 1990 Telestar - Spr.: Engl.

REHBERG, Eckhardt

Dipl.-Ing. f. Informationsverarbeitung, MdL (s. 1990), Fraktionsvors. d. CDU MIV - Schulstr. 12, O-2591 Bartelshagen I - Geb. 3. April 1954, kath., verh. s. 1978 m. Ines, geb. Gemblert, 2 Söhne (Matthias, Sebastian) - Dipl.-Ing., IHS Dresden; 1970-73 TA f. EDV; 1977-83 Hochschulfernstud. - 1975-84 Rechenzentr. FPW, Ribnitz-Dammgarten; 1984-90 Programmierer Ostseesch. Ribnitz - Liebh.: Eigenheim, Sport.

REHBERG, Hans-Joachim

Dr. med. dent., Prof. f. Zahnheilkunde - Nobelstr. Nr. 33, 5090 Leverkusen - Geb. 13. Jan. 1924 Magdeburg - S. 1954 (Habil.) Lehrtätigk. Univ. Halle, Med. Akad. bzw. Univ. Düsseldorf (1960; 1963 apl. Prof.). 90 Fachveröff., 3 Fachb.

REHBERGER, Horst

Dr. jur., Rechtsanwalt, Minister f. Wirtschaft, Technologie u. Verkehr Sachsen-Anhalt (s. 1990) - Otto-von-Guericke-Str. 54, O-3040 Magdeburg - Geb. 10. Okt. 1938 Karlsruhe, ev., verh. s. 1967 m. Christa, geb. Köhnlein, 3 Kd. (Anette, Michael, Daniela) - Abit. human. Bismarckgymn. 1958 Karlsruhe; Stud. Rechts- u. polit. Wiss. 1958-63 Univ. Heidelberg u. FU Berlin; Promot. magna cum laude Dr. jur. 1966 - 1967-70 Rechtsanwalt in Karlsruhe; Bürgermeister Stadt Karlsruhe; 1970-78 Dezernent d. Stadtwerke (Versorgungsbetr., Verkehrsbetr., Rheinhäfen), d. Markt- u. Messewesens u.a.; 1978-84 Dezernent f. d. Gesundheitsw., Zivil- u. Katastrophenschutz, u.a.; 1984/85 Min. f. Wirtsch., Verkehr u. Landwirtsch. Saarland; MdL Saarland; 1985-90 Vors. d. FDP/DPS-Frakt.; 1984-90 Landesvors. d. FDP/DPS d. Saarlandes; s. 1984 Mitgl. d. Bundesvorst. d. FDP - BV: D. Gleichschaltung d. Landes Baden 1932/33, Diss. 1966 - Liebh.: Gesch., klass. Musik, Reisen, Wandern, Schwimmen - Spr.: Franz., Engl.

REHBERGER, Julius

Bürgermeister Heiligkreuzsteinach i. R. (1966-83) - Mozartstr. 25, 8960 Kempten - Geb. 2. Sept. 1939 Heidelberg (Vater: Friedrich R., Abt.dir.; Mutter: Erna, geb. Gutfleisch), ev., verh. s. 1962 m. Marianne, geb. Plank, 2 Kd. (Iris, Stefan) - Abit. (human. Gymn.); Fachhochsch. - Liebh.: Skifahren, Surfen, Bergsteigen - 1956 Dt. Meister Basketball (USC Heidelberg) - Spr.: Engl., Ital.

REHBINDER, Eckard

Dr. jur., Professor Univ. Frankfurt - Speckerhohlweg 3, 6240 Königstein/Ts. - Geb. 15. Dez. 1936 Potsdam (Vater: Hubert R., Graphol.; Mutter: Ruth, geb. Lange), ev., verh. s. 1969 m. Heike, geb. Pieler.

REHBINDER, Manfred

Dr. jur., Univ.-Prof. - Cäcilienstr. 5, CH-8032 Zürich - Geb. 22. März 1935 Berlin (Vater: Erwin R., Wirtschaftsprüf.; Mutter: Hertha) - Ex., Dr. jur. 1961 Berlin; 1962 Diplome de Droit Comparé, Luxemburg; 1964 Jurist. Ass.ex. Berlin; 1968 Habil. FU Berlin, 1969 Wiss. Abt.vorst. u. Prof. Bielefeld, ab 1973 o. Prof. f. Arbeitsrecht, Immaterialgüterrecht, Rechtssoziologie; ab 1974 Honorarprof. Freiburg. Dir. Inst. f. Urheber- u. Medienrecht (München); Vorst.-Mitgl. Ges. f. Theatergesch. (Berlin); Präs. Schweiz. Vereinig. f. Urheber- u. Medienrecht (Zürich) - BV: Einf. Rechtswiss., 7. A. 1991; Schweiz. Arbeitsrecht, 10. A. 1991; Rechtssoz., 2. A. 1989.

REHBOCK, Fritz

Dr. phil., Prof. f. Mathematik - Holbeinstr. 2, 3300 Braunschweig (T. 0531 - 33 17 31) - Geb. 16. Juli 1896 Hannover (Vater: Friedrich R., Ing.; Mutter: Clara, geb. Habler), ev., verh. s. 1948 in 2. Ehe m. Helene, geb. Behr - Ab 1919 Stud. Math., Physik, Phil. Univ. Berlin; Promot. 1926, Staatsex. 1927, Habil. 1932 Univ. Bonn - 1932 Privatdoz. Univ. Bonn; 1938 o. Prof. TU Braunschweig - BV: Darst. Geometrie, 3. A. 1969; Geometrische Perspektive, 2. A. 1980 - Spr.: Engl., Franz.

REHDER, Helmut

Dr. rer. nat., Prof. f. Botanik (Ökologie) TU München - Schneewittchenweg 9, 8031 Eichenau (T. 08141 - 84 88) - Geb. 7. Okt. 1927 Hamburg (Vater: Dr.-Ing. Werner R., Archit.; Mutter: Erika, geb. Lorenzen), Chr. gem., verh. s. 1959 m. Gerda, geb. Schulz, 2 T. (Ursula, Katharina) - Stud. Naturwiss. Hamburg, Staatsex. (1953) u. Promot. (1957) Hamburg, Habil. 1970 TU München - 1957-58 Assist. Bot. Inst. Stuttgart, 1958-62 Assist. Geobot. Inst. ETH Zürich, s. 1962 Assist., Akad. Rat u. Doz. Inst. f. Botanik u. Mikrobiol. TU München - BV: Evolution anders gesehen, 1986; Denkschritte im Vitalismus, 1988. Veröff. in Ztschr. - Interessen: Vegetation d. Alpen, d. Mittelmeergeb. u. d. trop. Ostafrika, Systematik u. Evolution d. Pflanzen - Spr.: Engl.

REHDER, Peter

Dr. phil. habil., Prof. f. Slavische Philologie u. Balkanphilol. Univ. München - Schweidnitzer Str. 15 c, 8000 München 50 (T. 089 - 14 27 81) - Geb. 8. März 1939 Schwerin, verh. m. Petra, geb. Gillhausen - 1961-67 Stud. Slavistik, Ostu. Südosteurop. Gesch., Baltistik, Balkanologie Univ. München; Promot. 1967; Habil 1978 München - 1967-78 wiss. Assist. Univ. München, 1982 Prof. ebd. - BV: Beitr. z. Erforsch. d. serbokroat. Prosodie, 1968. Herausg.: Einf. in d. slav. Sprachen (1986), D. Neue Osteuropa von A-Z (1992); d. Reihen Slavist. Beitr., Sagners Slavist. Samml., Ztschr. D. Welt d. Slaven. Üb. 40 wiss. Aufs. - Liebh.: Musik, Reisen - Spr.: Engl., Franz., Ital., Russ., Serbokroat., Makedon., Tschech., Neugriech.

REHKOPF, Kurt

Konditormeister, MdL Nieders. (s. 1974) - Lange Str. 42, 3050 Wunstorf (T. 33 23) - FDP.

REHLINGER, Ludwig A.

Senator f. Justiz u. Bundesangelegenheiten Berlin (1988/89) - Salzburger Str. 21-25, u. John-F-Kennedy-Platz, 1000 Berlin 62 - Geb. 1927 Berlin - Stud. Rechtswiss. u. Volkswirtsch. Univ. Berlin u. Innsbruck - Rechtsanw. Berlin; Ref. Bundesmin. f. gesamtd. Fragen; Präs. Bundesanst. f. gesamtd. Aufgaben; Geschäftsf. Fernleit.-Betriebsges. mbH; zul. Staatssekr. Bundesmin. f. innerdt. Beziehungen.

REHM, Alfred

I. Bürgermeister - Rathaus, 8031 Eichenau/Obb.; priv.: Roggensteiner Allee 9 - Geb. 22. Juni 1922 Dettenschwang - Zul. Zollamtm.

REHM, Dieter

Dr. rer. nat., Dipl.-Chem., Prof. - Wiesbadener Str. 57, 6240 Königstein im Ts. (T. 06174 - 58 66) - Geb. 16. März 1938 Stuttgart (Vater: Erwin R., Dipl.-Ing.; Mutter: Lore, geb. Schaible), ev., verh. s. 1963 m. Renate, geb. Fritzsch, 2 Kd. (Wolfgang, Werner) - Promot. 1965 Stuttgart - 1962-65 Wiss. Mitarb. Vrije Univ. Amsterdam u. 1965-72 Max-Planck-Inst. f. Biophys. Chemie (Abt. Spektroskopie), Göttingen, 1970-71 IBM Research Lab., San José, Cal./USA, s. 1972 Prof. f. phys.-organ. Chem. Univ. Frankfurt. Fachmitgl.sch., u. a. Dt. Bunsenges. f. Phys. Chemie, GDCh, ACS, DGD - BV: Online-Recherchen in Datenbanken d. Chemical Abstracts Service - E. Einf. in d. System SDC/ORBIT, 1982.

REHM, Erich

Gewerkschaftler, Leiter DAG/Landesverb. Berlin - Blissestr. 2-6, 1000 Berlin 31; priv.: Kreuznacher Str. 10, 33 - Geb. 8. April 1928.

REHM, Franz

Rechtsanwalt - Oskar von Miller-Ring 2, 8000 München 2 - Geb. 5. Okt. 1928 Oberhaching, verh. s. 1958 m. Lieselotte, geb. Mahl, S. Franz - Oberrealsch. München, Univ. München (Jura). S. 1959 RA; 1960-67 Justit. Verlags-GmbH u. Reise-GmbH Allg. Dt. Automobil-Club e.V. (ADAC), 1967-77 Personalchef ADAC u. Geschf. ADAC-Unterst.-kasse GmbH, 1977-90 Vorst.sprecher d. Vorst. ADAC Rechtsschutz-Versich. AG u. ADAC Schutzbrief-Versich. AG., 1960-89 Justit. Dt. Motoryachtverb. (DMYV), 1974-75 Mitgl. Seeverkehrsbeir. Bundesmin. f. Verkehr, 1980-84 Vors. Schutzbriefaussch. Sales and Marketing d. Alliance Intern. de Tourisme (AIT) - BV: Komm. z. Motorbootführersch.-Verordn., 1967-75; Aufs. u. Beitr. in Fachztschr. - 1949 Bestennadel d. Dt. Leichtathl.verb. - BVK am Bde.

REHM, Hans-Jürgen

Dr. rer. nat. (habil.), Prof. u. Dir. Inst. f. Mikrobiol. Univ. Münster (s. 1970) - Ludwig-Wolker-Str. Nr. 17, 4400 Münster/Handorf (T. 32 53 29) - Geb. 3. Dez. 1927 Bützow (Vater: Walther R., Studienrat; Mutter: Else, geb. Grünewaldt), verh. m. Ursel, geb. Möller, T. Ingrid - Stud. (Botanik, Zool., Chemie) Univ. Greifswald; Dipl. 1951; Habil. 1) 1955 Berlin, 2) 1966 TH München - S. 1951 Univ.dst. Greifswald, Berlin u. Mitarb. Akad. d. Wiss. Gatersleben, 1958-66 Abt.leit. Dt. Forschungsanst. f. Lebensmittelschmie, 1966-70 apl. Prof., Wiss. Rat TH München - BV: Ind. Mikrobiol., 1967 Einführung in d. ind. Mikrobiol., 1971. Herausg.: Dechema Monogr. Bd. 71 Techn. Biochemie (1973); Biotechnologie, Bd. 84 (1977); Ind. Mikrobiol. (2. A. 1980); Biotechnology, Vol. 1-8 (1981-89; 2. A. 1991ff.) - 1976 Achema-Plak.; 1982 Dechema Med. - Spr.: Engl., Franz.

REHM, Kurt

Maler u. Graphiker - Calvinstr. 16a, 4330 Mülheim/Ruhr - Geb. 10. Dez. 1929 Duisburg (Vater: Artur R., Obering.; Mutter: Erna, geb. Tümmler) - Meistersch. f. d. gestalt. Handwerk Düsseldorf; Kunstakad. Stuttgart (Prof. Willi Baumeister) - Mitgl. Duisbg. Sezession. Abstrakte Graphik; Arbeiten öfftl. (u. a. Lehmbruck-Museum Duisburg u. Märk. Mus. Witten) u. priv. Besitz - Liebh.: Musik - 1968 Med. Annuale Italiana d'Arte Grafica Ancona.

REHM, Sigmund

Dr. phil., em. Prof. am Inst. f. Trop. u. Subtrop. Pflanzenbau Univ. Göttingen/ Landw. Fak. - Schildweg 11a, 3400 Göttingen (T. 5 70 57) - Geb. 4. Jan. 1911 München - Ab 1939 Doz. TH Darmstadt; 1949-67 Wiss.ler Horticultural Research Inst. Pretoria (Südafrika) - BV: Kulturpflanzen d. Tropen u. Subtropen (m. G. Espig), 1976. Herausg.: Grundl. d. Pflanzenbaues in d. Tropen u. Subtropen (1986); Spezieller Pflanzenbau in d. Tropen u. Subtropen (1989) - 1965 Capt.-Scott-Erinnerungsmed.

REHM, Stefanie

Staatsministerin f. Kultus Freistaat Sachsen - Feldstr. 1, O-9416 Zschorlau/ Erzgeb. (T. 25 84 67 Amt Aue) - Geb. 12. Juni 1950 Zschorlau, ev., verh. s. 1969 m. Armin, 2 Söhne (Chris, Mike) - Dipl.-Lehrerin Deutsch u. Musik; Sprachkundigenprüfung Engl., Russ., Lat. - 1990 Volkskammerabg.; b. Okt. 1990 Präsid.-Mitgl.; b. Dez. 1990 Bundestagsabg. - Liebh.: Beschäftig. m. soziolog. Aspekten d. Entwickl. intern. Rockmusik - Spr.: Engl., Russ.

REHM, Wolfgang

Dr. phil., Musikwissenschaftler, Mitgl. Editionsleitg. Neue Mozart-Ausgabe - Wurzerstr. 18/III, 8000 München 22 (T. 089 - 29 79 47) - Geb. 3. Sept. 1929, verh. s. 1954 m. Helga, geb. Buck, 3 Kd. (Stephan, Constanze, Bettina) - Stud. Musikwiss.; Promot. 1952 Univ. Freiburg - 1954-82 Bärenreiter-Verlag (Lektor, Cheflektor ab 1971, Mitgl. Geschäftslg. ab 1975); s. 1960 Mitgl. Editionslg. Neue Mozart-Ausg.; s. 1981 hauptberufl. Vorst.-Mitgl. versch. Ges. (Musikwiss.); 1975-87 Ltg. d. Kasseler Musiktage; s. 1985 verantwortl. f. d. Programm d. jährl. Mozart-Woche in Salzburg. Editionen auf d. Geb. d. Musikwiss. (Text u. Musikwerke); zahlr. Art. in Lexika u. Fachztschr. - 1977 Österr. Ehrenkreuz f. Wiss. u. Kunst I. Kl.; 1980 silb. Mozart-Med. Intern. Stiftg. Mozarteum, Salzburg; 1990 Verleihung d. Titels Prof. durch d. Min.präs. d. Landes Baden-Württ.; u. a. - Spr.: Engl. - Lit.: Grove's Dictionary of Music and Musicians; Riemanns Musiklex.; D. Musik in Gesch. u. Gegenw.; Festschr. Wolfgang Rehm z. 60. Geb. (1989)

REHMANN, Ruth

Schriftstellerin - Hauptstr. 14, 8223 Trostberg - Geb. 1. Juni 1922 Siegburg - BV/R.: Illusionen, 1959; D. Leute im Tal, 1968; Paare, Erz., 1978; D. Mann auf d. Kanzel - Fragen an e. Vater, 1979; Abschied v. d. Meisterklasse, R. 1985; D. Schwaigerin, R. 1987 - Entstammt e. Pastorenfamilie - I. Preis Preisausschreiben D. Bauer in d. Industrieges. u. Mackensen-Wettbewerb f. beste Kurzgesch. 1974; 1986 I. Preis Stiftg. z. Förderung d. dt. Schrifttums, München; Mitgl. PEN-Zentr. BRD.

REHN, Jörg

Dr. med., Prof., Chefarzt i.R. - Mauracherstr. 15, 7809 Denzlingen - Geb. 15. März 1918 Hamburg (Vater: Prof. Dr. med. Eduard R., Chirurg (s. XVI. Ausg.); Mutter: Maria, geb. Kümmell), verh. s. 1945 m. Sieglind, geb. Engelhardt - S. 1956 (Habil.) Lehrtätigk. Univ. Freiburg/Br. (1961 apl. Prof.; Oberarzt Chir. Klinik) u. Münster (1963 apl. Prof.), zul. Chefarzt Chir. Univ.-Klinik Bergmannsheil Bochum - BV/Mitverf.: Allg. Chir., 1957 (m. E. Lexer); Praktikum d. Verbrennungskrankh., 1960 (m. Koslowski). Div. Einzelarb. - 1983 BVK I. Kl. - Spr.: Franz. - Rotarier.

REHNELT, Jose-Volker

Dipl.-Volksw., Geschäftsführer Dt.-Ecuadorian. Industrie- u. Handelskammer - Casilla 83 CEQ, Quito (Ecuador) - Geb. 31. Jan. 1940 Madrid (Vater: Erich R., Gymnasialrat i. R., Mutter: Hanna, geb. Ziegler), rk., verh. s. 1969 m. Barbara, geb. Fausel, 2 Töcht. (Julieta, Marcela) - Dt. Schule Barcelona, Hum. Gymn. u. Wirtsch.gymn. Reutlingen (Abit. 1960); kfm. Lehre (Ind.); Univ. Tübingen (Dipl. 1968) - 1968 Dir. Ass. Bundesunst. Frankf.; 1970 stv. Geschäftsf. Dt.-Mex. IHK Mexiko, 1973 Gf. Dt.-Bol. IHK, La Paz u. 1978 Dt.-Ecuad. IHK, Quito - VO. d. Rep. Ecuador i. Gr. e. Caballero, BVK am Bde. - Liebh.: Ski, Fechten, Malerei - Spr.: Span., Franz., Engl. - Rotarier.

REHREN, von, Rembert

Dr. jur., Vorstandsmitglied Landesbank Schlesw.-Holst./Girozentrale - Martensdamm 6/7, 2300 Kiel - Geb. 14. Jan. 1935 - Assessorex. - Zul. Dir. Commerzbank AG., Hamburg.

REHWINKEL, Johann-Heinrich

Landwirt, MdL Nieders. (s. 1978) - Barmbostel 11, 3102 Hermannsburg - Geb. 25. März 1937 Barmbostel, verh., 4 Kd. - Schulen Bonstorf, Hermannsburg, Rotenburg/Wümme; landw. Ausbild. Staatl. gepr. Landw./ Agraring. 1959 - S. 1960 Landw. Barmbostel. Ratsherr Bonstorf u. Hermannsburg; MdK Celle, SPD s. 1963.

REIBER, Emil

Techn. Senator E. h. - Löwenstr. 89, 7000 Stuttgart-Degerloch - Geb. 8. Dez. 1907 - Vors. Verb. f. Arbeitsstudien Refa, Darmstadt, b. Ruhest. Vorst.smitgl. Fortuna-Werke Maschinenfabrik AG., Stuttgart-Bad Cannstatt. Div. Ehrenämter, dar. Vors. Verb. f. Arbeitsstudien - REFA, Darmstadt.

REIBER, Wolfgang

Dr. rer. pol., Dipl.-Kfm., Geschäftsführer Wüstenrot Holding GmbH, Ludwigsburg - Moltkestr. 10, 7140 Ludwigsburg (T. 92 93 24) - Geb. 12. Juli 1932 Tübingen.

REICH, Axel

Dr. rer. nat., Prof. f. Math., Leiter Forschungsabt. Kölnische Rückversich.-Ges. AG - Theodor Heuss Ring 11, 5000 Köln - Geb. 30. Juni 1942 Leipzig, ev., verh. s. 1969, 2 Kd. - Stud. Univ. Hamburg, Göttingen; Promot. 1969 Göttingen; Habil. 1976 Göttingen - S. 1976 Lehrtätigk. Univ. Göttingen (1981 apl. Prof.); s. 1983 Lehrtätigk. Univ. Köln (1983 apl. Prof.). 1977/78 Gastprof. Univ. Kiel. Zahlr. Fachveröff.

REICH, Hanns

Dipl.-Ing., Honorarkonsul v. Malawi, Verleger - Ulrichstr. 68, 8021 Icking - Geb. 2. April 1916 München, ev., verh. s. 1955 m. Mathilde, geb. Runte - 4 Kd. (Stefan, Sebastian, Angelina, Cornelia) - Stud. d. Hochfrequenztechnik u. Elektroakustik - Herausg. v. Photobildbänden - Rotarier.

REICH, Klaus

Dr. phil. (habil.), o. Prof. f. Philosophie (emerit.) - Friedrich-Naumann-Str. 11, 3550 Marburg/L. - Geb. 1. Dez. 1906 Berlin - Promot. 1932 - S. 1945 Doz., apl. (1947) u. o. Prof. (1956) Univ. Marburg - BV: Kant u. d. Ethik d. Griechen, 1936 (engl. 1939); D. Vollständigkeit d. Kant. Urteilstafel, 1948. Div. Einzelarb.

REICH, Roland

Dr. rer. nat., Prof. f. Physikalische Chemie FU Berlin - Kaiserstr. 8, 1000 Berlin 39 (T. 030 - 805 59 18) - Geb. 19. Aug. 1932 Göttingen (Vater: Max R., Prof.; Mutter: Käthe, geb. Ruprecht), ev., verh. s. 1965 m. Heide, geb. Motel, 2 Kd. (Sebastian, Stefani) - Chemie-Dipl. 1960 Univ. Göttingen; Promot. 1965 ebd.; Habil. 1973 TU Berlin - 1965-75 wiss. Assist. Inst. TU Berlin; s. 1979 Prof. FU Berlin - BV: Thermodynamik, Grundl. u. Anwend. in d. Allg. Chemie, 1978, 2. A. 1992 - 1977 Röntgenpreis Univ. Gießen (f. grundl. Unters. z. Photosynthese) - Liebh.: Klavierspiel.

REICH, Walther

Kommanditist d. Reich KG Regel- u. Sicherheitstechn., Eschenburg, Ehrenvors. Verb. d. Hersteller v. Bauelementen f. Wärmetechn. Anl. e.V. - Bergstr. 2b, 6340 Dillenburg 3 - Geb. 7. Juni 1926 Potsdam-Rehbrücke - Stud. Landw.; Dipl.-Ing.

REICH-RANICKI, Marcel

Dr. phil. h. c., Schriftsteller - Gustav-Freytag-Str. Nr. 36, 6000 Frankfurt/M. 1 - Zu erreichen üb.: Frankfurter Allg. Zeitung, Postf. 2901, 6000 Frankfurt/M. 1 - Geb. 2. Juni 1920 Wloclawek/Polen (Vater: David, Kaufm.; Mutter: Helene, geb. Auerbach), verh. s. 1942 m. Teofila, geb. Langnas, S. Andrzej - 1960-73 D. Zeit (Literaturkrit. u. Kolumnist) u. 1973-88 FAZ (Leit. Literaturteil). Gastprof. Washington Univ. St. Louis/USA (1968), Middlebury College/USA (1969). Univ. Stockholm u. Uppsala/Schweden (1971-75; Neue dt. Lit.). Honorarprof. Univ. Tübingen (1974ff.) - BV: Dt. Lit. in West u. Ost, Ess., 1963, erw. Neuausg. 1983; Lit. Leben in Dtschl., Kommentare u. Pamphlete 1965; Wer schreibt, provoziert, Komm. u. Pamphl. 1966; Lit. d. kl. Schritte - Dt. Schriftst. heute, Ess. 1967, 2. A. 1971; D. Ungeliebten, Ess. 1968; Lauter Verrisse, Krit. 1970, 2. A. 1984; Üb. Ruhestörer - Juden in d. dt. Lit., Ess. 1973, 2. A. 1977; Z. Lit. d. DDR, Ess. 1974; Nachprüfung, Aufs. üb. dt. Schriftst. v. gestern, 1977, erw. Neuausg. 1990; Entgegnung, Z. dt. Lit. d. Siebziger J., Ess. 1979, erw. Neuausg. 1981; Nichts als Literatur, Aufs. u. Anmerk. 1985; Lauter Lobreden, 1985; Mehr als e. Dichter - Üb. Heinrich Böll, Ess. 1986; Thomas Mann u. d. Seinen, 1987; Herz, Arzt u. Literatur, 1987; Thomas Bernhard, Aufs. u. Reden, 1990; Max Frisch, Aufs. 1991. Herausg.: Auch dort erzählt Deutschland - Prosa von drüben (1960), 16 Polnische Erzähler (1962), Erfundene Wahrheit - Dt. Gesch. s. 1945 (4. A. 1972), Notwend. Gesch. 1933-45, 42 Erz. (1967), In Sachen Böll - An- u. Einsichten (1968), Gesichtete Zeit - Dt. Gesch. 1918-33 (1969), Anbruch d. Gegenw. - Dt. Gesch. 1900-18 (1971), Verteidigung d. Zukunft - Dt. Gesch. s. 1960 (1972 u. 75), Frankfurter Anthol. - Ged. u. Interpretationen, 11 Bde. (1976-88); Ludwig Börne: Spiegelbild d. Lebens, Aufs. üb. Lit. (1977); Wolfgang Koeppen: D. elenden Skribenten, (Aufs. 2. A. 1984); Meine Schulzeit im Dritten Reich (2. A. 1984); Alfred Polgar: Kleine Schriften, 6 Bde. (1982-86); Üb. d. Liebe, Ged. u. Interpret., 1985; Wolfgang Koeppen: Gesammelte Werke, 6 Bde. (1986); Erzählte Gegenwart - Zehn J. Ingeborg-Bachmann-Preis, 1986; J. W. Goethe: Alle Freuden, d. unendlichen - Liebesged. u. Interpretationen, 1987; Romane v. gestern - heute gelesen. Bd. 1: 1900-1918, Bd. 2: 1918-1933, Bd. 3: 1933-1945, 1989/1990; Horst Krüger - e. Schriftsteller auf Reisen. Materialien u. Selbstzeugnisse, 1989 - 1972 Ehrendoktor Univ. Uppsala; Mitgl. PEN-Zentrum BRD; 1976 Heine-Plak. Heinr.-Heine-Ges. Düsseldorf u. Ricarda-Huch-Preis 1981 Stadt Darmstadt; 1983 Wilhelm-Heinse-Med. Akademie d. Wiss. u. d. Lit. Mainz; 1984 Goethe-Plak. Stadt Frankfurt/M.; 1986 Verdienstkreuz d. VO d. Bundesrep. Dtschl.; 1987 Thomas-Mann-Preis - Liebh.: Lit., Theater, Musik.

REICHARD, Herbert

Dr. phil., Journalist - Kölner Ring 149, 5042 Erftstadt (T. 02235 - 64 44) - Geb. 16. Juli 1921 Duisburg, verh. s. 1966 m. Waltraud, geb. Scherr, 2 Kd. (Monika, Thomas) - 1947-51 Stud. Tübingen (Gesch., Phil., Promot.); b. 1954 Rabat/ Marokko (Nordafrik. Gesch., Arab.) - 1954 Redakt.; 1959-66 Presseref. Ausw. Amt, Botsch. Conakry/Guinea; s. 1966 Leit. Nah- u. Mittelost-Redakt. Dt. Welle, Köln - BV: D. nordafrik. Krise, 1954; Westl. v. Mohammed, 1958; D. Vereinigt. Arab. Emirate, 1974 - 1983 BVK; 1986 König-Abdel-Aziz-Orden (Höchste Saudische Ausz., erstm. an e. Deutschen) - Liebh.: Oriental. Gesch. u. Lit. - Spr.: Engl., Franz., Arab.

REICHARDT, Christian

Dr. phil., Prof. f. Organ. Chemie - Sachsenring 6, 3550 Marburg - Geb. 16. Nov. 1934 Ebersbach/Sa. (Vater: Heinrich R., Malerm.; Mutter: Eleonore, geb. Herbrich), verh. s. 1961 m. Maria, geb. Tóth - Univ. Halle/S. u. Marburg (Chem.; Dipl. 1962). Promot. (1964) u. Habil. (1967) Marburg - S. 1970 Wiss. Rat u. Prof. bzw. Univ.-Prof. (1971) Univ. Marburg - BV: Solvents and Solvent Effects in Organic Chemistry, 1988 (auch franz., russ., chin., deutsch) - 1989 Literaturpreis d. Fonds d. Chem. Ind. - Spr. Engl.

REICHARDT, Helmut

Dr. rer. pol., Dipl.-Math., em. o. Prof. f. Wirtschaftslehre, insb. Methoden quantitativer Analyse Ruhr-Univ. Bochum (s. 1965) - Stiepeler Str. 88, 4630 Bochum-Querenburg (T. 7 36 61) - Geb. 22. Febr. 1922 - 1961-65 Doz. Univ. Tübingen. Fachveröff.

REICHARDT, Werner

Dr.-Ing., Direktor Max-Planck-Inst. f. biolog. Kybernetik Tübingen, Honorarprof. f. Kybernetik Univ. Tübingen (s. 1965) - Spemannstr. 40, 7400 Tübingen (T. 2 60 14) - Geb. 30. Jan. 1924 Berlin (Vater: Wilhelm R., Kaufm.; Mutter: Hedwig, geb. Schütz), verh. s. 1958 m. Barbara, geb. Lüdecke, 2 Kd. (Andrea, Cornelius) - Realgymn. u. TU Berlin (Physik; Dipl.-Ing. 1950, Promot. 1952 - S. 1952 Fritz-Haber-Inst. Berlin, California, Inst. f. Technology Pasadena (1955), MPI f. Physikal. Chemie Göttingen (1958) u. Biol. (1958; 1960 Dir.), Analyse d. Bewegungssehens d. Insekten. Zahlr. Fachveröff. - 1970 Mitgl. Amerik. Akad. f. Kunst u. Wiss., Boston, o. Mitgl. Akad. d. Wiss. u. d. Lit., Mainz u. o. Mitgl. Dt. Akad. d. Naturforscher Leopoldina, Halle - 1978 Mitgl. Königl. holländ. Akad. d. Wissensch.; 1980 Mitgl. d. Orden Pour le Mérite f. Wiss. u. Künste; Heineken-Preis d. königl. holländ. Akad. d. Wiss. - Liebh.: Musik - Spr.: Engl.

REICHARDT, Wilhelm

Vorstandsmitglied Guano-Werke AG. (s. 1969), Geschäftsf. Kali GmbH., beide Hamburg - Vogt-Wells-Kamp 12, 2000 Hamburg 54 - Geb. 31. Jan. 1915.

REICHE, Hans-Joachim

Journalist, Studioleiter i.R. Bonn ZDF (1972-84) - Fasanenstr. 23 a, 5300 Bonn 2 (T. 0228 - 33 28 88) - Geb. 9. Juli 1921 Berlin, ev., verh. s. 1950 m. Else, geb. Beyer - 6 Sem. Volksw. - 1946-58 NWDR bzw. NDR, 1958-59 stv. Chefredakt. Quick, 1960-70 (Rücktr.) Tagesschau/Dt. Fernsehen (Chefredakt.), 1970-72 Korresp. SFB, SWF u. Radio Bremen in London - 1981 BVK - Spr.: Engl., Franz.

REICHE, Steffen

Landesvorsitzender d. SPD-Landesverbandes Brandenburg, MdL - Friedrich-Ebert-Str. 61, O-1560 Potsdam (T. 0031 - 2 20 30) - Geb. 27. Juni 1960 Potsdam, ev., verh. s. 1983 m. Katrin, geb. Schütze, 3 Töcht. (Rebecca, Elisabeth, Magdalena) - Theol.-Dipl. 1987 Sprachenkonvikt Berlin - Vorst.-Mitgl. d. SPD d. DDR; 1990 Mitgl. d. Volkskammer.

REICHEL, Andreas

Bankkaufmann, Jurist, MdL Nordrh.-Westf. (s. 1985) - An der Mollburg 71, 5000 Köln 91 - Geb. 15. April 1961 Bielefeld, ev., verh. s. 1990 m. Daniela, geb. Oeß - Lehre Bankkaufm., Stud. Rechtswiss. Univ. Bonn; 1989 Staatsex. -

1982-91 Landesvors. Junge Liberale NRW. FDP (s. 1983 Mitgl. Landesvorst., s. 1992 Generalsekretär NRW). S. 1988 Mitgl. im Dt.-Amerik. Jugendrat - Liebh.: Klass. Musik, mod. Theater - Spr.: Engl., Franz., Russ., Lat.

REICHEL, Edgar

Dr. oec. publ., Vortr. Legationsrat I. Kl. a. D. - In der Kohlkaule 16, 5309 Meckenheim (T. 02225 - 24 40) - Geb. 29. Aug. 1917 Mainz, verh. s. 1957 m. Maria, geb. Wolf, 2 Söhne (Ernst, Rüdiger) - Realgymn. Wiesbaden (Abit. 1936); Univ. Zürich (Promot. 1940) - 1949-51 Württ.-Bad. Wirtschaftsmin. (zul. Reg.srat); 1951-71 Ausw. Amt (1952 Dienstst. UN-Beobachter New York, 1955 Handelspolit. Abt., 1956 Konsul I. Kl. Lagos, 1960 Philadelphia, 1964 Generalkonsul Madras, 1967 stv. Leit. Kunst-, 1969 Leit. Schulref./Kulturabt., 1970 Ref. Kulturplanung Ost) - BV: D. Sozialismus d. Fabier - E. Beitrag z. Ideengeschichte d. mod. Sozialismus in England, 1947 - Spr.: Engl., Franz.

REICHEL, Georg

Dr. rer. nat., Prof. f. Versicherungsmathematik - Grotefendstr. 8, 3400 Göttingen (T. 0551 - 5 79 27) - Geb. 23. Febr. 1924 Aschersleben, verh. s. 1947 - Univ.-Stud., Staatsex. f. d. höh. Lehramt 1947 Göttingen, Promot. 1950 Tübingen - 1968-72 Schriftl. Blätter d. Dt. Ges. f. Vers.math., 1974-86 Chefmath. Gothaer Lebensversich. a.G., s. 1962 Lehrbeauftr. f. Versich.-math. Univ. Göttingen - BV: Math. Grundl. d. Lebensversich., T. 1-5 1975-89; Grundl. d. Lebensversich.technik, 1987 - 1942 Lilienthal-Preis Lilienthalges. f. Luftfahrtforsch.; 1974 Hon.-Prof. Univ. Göttingen.

REICHEL, Gerhard

Dr. med., Prof., Ltd. Arzt Arbeitsmed. Zentrum d. gewerbl. Berufsgenoss. Bochum - Blankensteiner Str. 265, 4630 Bochum - Geb. 15. Dez. 1929 Leipzig - S. 1963 (Habil.) Lehrtätigk. Univ. Bochum (1969 apl. Prof. f. Inn. Med. u. Arbeitsmed.). Üb. 120 Fachveröff.

REICHEL, Hans

Dr. med., o. Prof. u. Direktor Physiol. Inst. Univ. Hamburg (s. 1962) - Vorderdeich 14, 2000 Hamburg 80 (T. 723 16 60) - Geb. 22. Okt. 1911 Cognac/Frankr. (Vater: Gerhard R.; Mutter: Elisabeth, geb. Tübcke), ev., verh. s. 1946 m. Siglinde, geb. Schiek, 5 Kd. - Univ. Wien u. München - 1945-62 Privatdoz. u. apl. Prof. (1952) Univ. München - BV: Muskelphysiol., 1960; Leitf. d. Physiol., 1962. Üb. 100 Fachaufs.

REICHELT, Achim

Dr. med., Prof. f. Orthopäd. Univ. Freiburg - Univ-Klinik Hugstetter Str. 55, 7800 Freiburg - Geb. 6. Febr. 1935 Zwickau - 1953-59 Stud. Leipzig: Promot. 1959 ebd.; Habil. 1970 Würzburg - 1976 apl. Prof., 1977 o. Prof. Freiburg; s. 1977 Ärztl. Dir.; 1982/83 Präs. Vereinig. Süddt. Orthopäden - BV: D. Juvenile Osteochondrose d. Tibia Apophyse, 1971; Deriartikuläre Schultererkrankungen (Herausg.). Mitherausg.: D. Retropatellare Knorpelschaden, 1983.

REICHELT, Georg

Oberstleutnant a. D., Mitgl. Brem. Bürgerschaft (1967-79) - Hermann-Osterloh-Str. 74, 2800 Bremen 44 (T. 48 11 05) - Geb. 10. Nov. 1919 Breslau, ev., verh., 3 Kd. - Univ. Kiel (3 Sem. Volksw.) - 1937-45 Arbeits-, Wehr- u. Kriegsdst.; 1947-56 Jugendaufbauwerk Schlesw.-Holst. (Sachbearb., stv. Ref.); 1956-67 Bundeswehr; 1973-84 Geschäftsf. Bremer Parkplatz GmbH; s. 1985 im Ruhestand. SPD s. 1946.

REICHELT, Ruth

Dr. rer. nat., Prof., Inh. Lehrstuhl f. Biologie Univ. Osnabrück - An der Lauburg 28, 4500 Osnabrück-Hellern.

REICHENAU, Georg

Bezirksstadtrat a. D. (1964-71) und stellvertretender Bürgermeister (1965-71) v. Tempelhof - Bayernring 26, 1000 Berlin 42 (T. 786 12 30) - Geb. 14. Dez. 1905 Jauer/Schles., verh. m. Waltraud, geb. Bickert - Volkssch.; Wagenbauerhandw.; Abendstud. - U. a. Betriebsing.; ab 1946 Sekr. SPD-Landesverb. Berlin (Leit. Wirtschafts-, spät. Gesundheitspolit. Referat). 1959-63 Bezirksverordn. T'hof (2 J. Fraktionsvors.). SPD s. 1924 (1960 Kreisvors. T'hof).

REICHENBACH, Klaus

Rechtsanwalt, MdB (s. 1990) - Chemnitzer Str. 18, O-9116 Hartmannsdorf - Geb. 22. Sept. 1945 Altenburg, ev., verh., 2 Töcht. - Abit.; Ausb. z. Masch.-bauer; Fachsch., Abschl. als Ing.-ökon. f. Textiltechnik; Hochsch., Abschl. als Dipl.staatswiss.; Univ.stud., Abschl. als Dipl.jurist - 1969-88 Betr.leit. bzw. Betr.dir. versch. Textilbetr. - Präs. d. Sächs. Fuballverb. - S. 1969 Mitgl. d. CDU; s. 1988 Bezirksvors. d. CDU Chemnitz; s. 1990 Landesvors. d. CDU Sachsen; März-Okt. 1990 Mitgl. d. Volkskammer; April-Okt. 1990 Min. im Amt d. Min.präs. d. DDR. Stv. AR-Vors. d. Hunziger Industriewerte GmbH; AR-Mitgl. d. MZ Motorradwerke GmbH.

REICHENBACH, Peter

Regisseur - Etzelstr. 30, 8038 Zürich - Geb. 31. Okt. 1954 Zürich (Vater: Franz R., Rechtsanw.; Mutter: Edith, geb. Halter) - S. 1980 fr. Regiss. in Deutschl., Österr., Schweiz, USA, Kanada u. Frankr.; Insz. am Schillertheater Berlin. Chicago Lyric Opera, Canadian Opera Company Toronto, Berliner Kammersp.. Salzburg, u.a.; div. Filme in Frankr. - Spr.: Engl., Franz., Ital. - Bek. Vorf.: Stefan Zweig, François Reichenbach.

REICHENBACH-KLINKE, Heinz-Hermann

Dr. rer. nat., Prof., Zoologe - Rathochstr. 72, 8000 München 60 (T. 811 27 93) - Geb. 14. Aug. 1914 Fürstenwalde/Spree (Vater: Kurt Klinke. Gerichtsass.; Mutter: Antonie, geb. Witting), ev., verh. s. 1941 m. Helga, geb. Müller, 2 Söhne (Klaus, Matthias) - Realgymn. u. Univ. Berlin (Zool., Geogr.. Chemie). Promot. 1938 Berlin; Habil. 1952 Braunschweig - S. 1952 Lehrtätigk. TH Braunschweig, TH München (1958; 1962 apl. Prof. f. Angew. Zool.), Univ. München (Prof. f. Zool., Fischereibiol. u. Fischkrankheiten Inst. f. Zool. u. Hydrobiol. Fak. f. Tiermed.). Mitgl. Dt. Ges. f. Parasitol., Intern. Vereinig. f. Limnol.; Wildlife Dis. Ass., Dt. Tierärztl. Ges. - BV (z. T. in Engl.): Krankheiten der Aquarienfische, 1957, 3. A. 1978; Krankheiten der Amphibien, 1961; Krankh. d. Reptilien, 2. A. 1976; Principal Diseases of Lower Vertebrates, 1965 (London); Krankh. u. Schädig. d. Fische, 1979 (auch engl. u. span. Übers.); Bestimmungsschlüssel f. Fischkrankh., 2. A. 1975; Grundz. d. Fischkd., 1971; Röntgenatlas d. Fische, 1973; Süßwasserfisch als Nährstoffquelle, 1974; Color Atlas of the Diseases of Fish, Amphibians, Reptiles, 1974; Fish Pathology, 1974 - Schriftenreihe Fisch & Umwelt, J. appl. Ichthyol. (Hrsg.); Krankh. d. Lurche u. Kriechtiere in E. Wiesner: Heimtierkrankheiten, 1988; Immunology, Pathology and Ecotoxicology of Amphibians, 1990 - 1958 Gold. Ehrennadel Verb. dt. Vereine f. Aquarien- u. Terrarienkd. u. 1965 Fischereiverb. Oberbayern - Spr.: Engl., Franz.

REICHENBECHER, Udo

Staatssekretär im Min. f. Arbeit, Soziales, Familie u. Gesundheit (s. 1991), MdL Rhld.-Pfalz - Bauhofstr. 4, 6500 Mainz - Geb. 1. Dez. 1943 - SPD.

REICHENBERGER, Kurt

Dr. phil., Prof., Verleger - Pfannkuchstr. 12, 3500 Kassel (T. 0561 - 77 56 18 u. 77 52 04) - Geb. 21. Febr. 1922 Düsseldorf, kath., verh. m. Dr. Roswitha, geb. Schagen, 3 Kd. (Eva, Klaus, Theo) - Stud. Univ. Bonn, Paris (Roman., Angl., Klass. Philol.); Promot. 1952 Bonn; Habil. 1970 Würzburg - 1952-58 Assist. Roman. Sem. Bonn, 1962-87 Bibl.-Dir. Bundesarb.-Gericht Kassel, 1982ff. apl. Prof. Würzburg - BV: Boethius, 1954; Du Bartas (3 Bde.), 1962/63; Roman. Bibliogr. (6 Bde.), 1965-68; Handb. d. Calderón-Forschung (2 Bde.), 1979/81; D. span. Drama im Gold. Zeitalter. E. bibliogr. Handb. El Teatro Español en sus Siglos de Oro. Inventario de bibliografías, 1989; Calderón dramaturgo, 1990. Herausg.: Würzburger Roman. Arb. (1979ff.); Teatro del Siglo de Oro (1982ff.); Problemata Semiotica (1984ff.); Problemata Literaria (1987ff.); Problemata Iberoamericana (1988ff.); Acta Columbina (1989ff.); Europäische Profile (1991ff.); Spanische Autoren aus sieben Jahrhunderten, 1991; F. Garcia Lorca: perfiles criticos, 1992; Autoren d. Zwanziger Jahre, 1992 - Liebh.: Buchkunst, Graphik, Emblematik - Spr.: Engl., Franz., Ital., Span.-Katal., Portug., Rumän. - Lit.: Festschr. Kurt & Roswitha Reichenberger, 9 Barcelona, Promociones y Publicaciones Universitarias (1989).

REICHENMILLER, Hans-Eberhard

Dr. med., Prof., Internist, Chefarzt Marienhospital Stuttgart - Eduard-Steinle-Str. 7, 7000 Stuttgart-Sillenbuch - Geb. 15. Mai 1937 (Vater: Prof. Dr. med. Hans R., s. XVIII. Ausg.).

REICHERT, Bernd

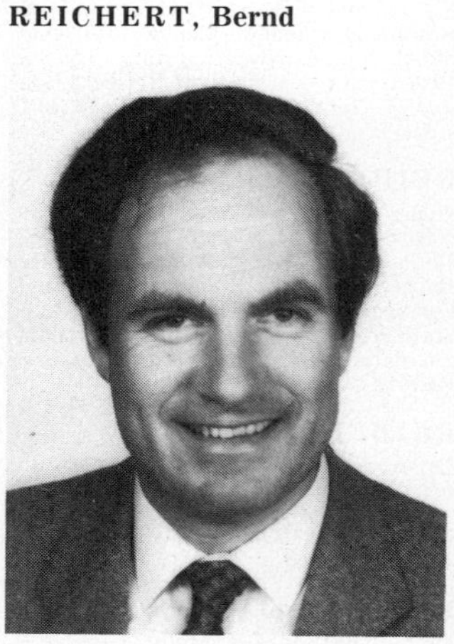

Dr., Oberbürgermeister Stadt Schramberg (1982-90), Rechtsanw. f. Verwaltungsrecht in Karlsruhe (s. 1990) - Johann-Fraaß-Str. 9, 7580 Bühl - Geb. 24. Sept. 1941, kath., verh. m. Dr. Renate Reichert, geb. Koop (Zahnärztin), 2 Töcht. (Sabine, Miriam) - Abitur 1962, 1. jurist. Staatsex. 1967 Freiburg, 2. jurist. Staatsex. 1970 Stuttgart, Promot. 1979 Speyer - 1970-72 Regierungsass. Kehl u. Rastatt; 1973-82 Erster Beigeordneter (Bürgerm.) Stadt Bühl; 1982-90 OB Stadt Schramberg - Mitautor: Kompendien Bes. Verwaltungsrecht f. Baden-Württ., Baurecht, Polizeirecht u. Kommunalrecht.

REICHERT, Ritter von, Bernhard Rüdiger

Generalleutnant a.D. - Bergstr. 44a, 8035 Gauting - Geb. 18. Aug. 1917 München (Vater: Julius v. R., Offz.), ev., verh. s. 1975 m. Margret, geb. Nelson, 2 Kd. (Rolf, Gisela) - Hum. Gymn. (Abit.) - 1936-45 Offz. Dt. Wehrmacht; 1947-56 selbst. Fotograf (Lichtbildm.); 1956-78 Dt. Bundeswehr (zul. stv. Gen.-Insp.) - EK I; Gr. BVK m. Stern.

REICHERT, Eberhard

Dr., I. Bürgermeister - Rathaus, 8032 Gräfelfing/Obb. - Geb. 2. Febr. 1942 Königsberg.

REICHERT, Franz

Prof., Regisseur - Am Kaisermühlendamm 5, 1220 Wien (T. 235 24 53) - Geb. 3. Okt. 1908 Wien, kath., verh. in 2. Ehe (1956) m. Sigrid Marquardt (Künstlername), Stiefsohn Alexander - Gymn. Univ. (German.) u. Akad. f. darstellende Kunst Wien - 1926-30 Schausp., dann Regiss. Essen, Bremen, Nürnberg (1941-43 Oberspiell.), Berlin, Hamburg, Göttingen, Wien (Burgtheater, Theater in d. Josefstadt), Darmstadt, Hannover (1957-59 Schauspieldir., 1965-73 Int. Staatsschauspiel), Bochum, Frankfurt u. a. - BV: Durch meine Brille, Theater in bewegter Zeit, 1986. Insz.: u. v. a. Lysistrata, Kolportage, D. Illegalen, Jacobowsky (alle Berlin), Verschwender (Wien, z. Neueröffnung d. Burgtheaters), D. Kaukas. Kreidekr. (Hamburg). Bühnenbearb.: Sakuntala, Lysistrata, Wintermärchen, Großkophta, Wallenstein u. a. - 1965 Prof.-Titel durch d. österr. Bundespräs. - Liebh.: Reisen - Spr.: Ital., Franz. - Rotarier.

REICHERT, Günter

Dr. phil., Präsident d. Bundeszentrale f. Politische Bildung - Krummölser Str. 6, 5340 Bad Honnef 6 (T. 02224 - 8 08 64) - Geb. 21. Febr. 1941 Mährisch/Ostrau, kath., verh. m. Dr. Ute R.-Flögel, 2 Kd. (Kilian, Felix) - Stud. Polit. Wiss., Gesch., Völkerrecht Univ. Würzburg, Berlin, Bonn; Promot. 1970 Bonn - 1970-73 Ref. f. Presse- u. Öffentlichkeitsarb. Bundeszentr. f. polit. Bildung Bonn; 1973-92 CDU/CSU Bundestagsfrakt. Bonn (1982-91 Leit. Büro d. Fraktionsvors.); s. 1992 Präs. d. Bundeszentrale f. Polit. Bildung Bonn. S. 1963 Mitgl. d. Bundesvers. d. Sudetendt. Landsmannschaft; 1984-92 Präsid.-Mitgl. Bund d. Vertriebenen - BV: D. Scheitern d. Kl. Entente, 1971. Herausg.: Alfred Dregger. Freiheit in unserer Zeit (1980); Alfred Dregger. Streiter f. Deutschland (1991) - 1984 Rudolf-Lodgman-Plak.; 1987 BVK.

REICHERT, Wilhelm

Gewerkschaftssekretär, MdL Hessen (s. 1970) - Glauberger Str. 74, 6475 Glauburg 1 (T. 06041 - 7 68) - Geb. 3. Juli 1928 Stockheim - Volkssch.; Maurerlehre - N. kurzem Kriegseins. Maurer; s. 1963 DGB-Sekr. Büdingen. 1960 ff. Mitgl. Gemeindevertr. Stockheim (1964 Vors.); 1964 ff. MdK Büdingen. SPD s. 1955 (1967 Vors. Unterbez. Büdingen).

REICHERT-FLÖGEL, Ute Maria

Dr. phil., Funk- u. Fernseh-Journalistin (Ps. Flögel) - Krummölser Str. 6, 5340 Bad Honnef 6 (T. 02224 - 8 08 64) - Geb. 5. Juni 1940 Mähr. Trübau (Vater: Hugo, Stud.Rat, Akad. Maler; Mutter: Leopoldine, geb. Schmida), kath., verh. s. 1972 m. Dr. Günter, 2 Söhne (Kilian, Felix) - Gymn., Abit. Ludwigsburg, Univ. Heidelberg, FU Berlin 1968-70 Wiss. Assist. Berlin, 1970-1975 Dtschl.-funk Köln, 1975-77 Studio Bonn, 1978-86 freie Journ., s. 1987 Bonner Korresp. d. DLF - BV: Pressekonzentr. im Stuttgarter Raum, 1971 (Diss.) - Liebh.: Sport, Reisen - Sportabz., 23 x Gold - Spr.: Engl., Franz., Lat., Russ.

REICHHARDT, Hans J.

Dr. phil., Direktor a.D. Landesarchiv Berlin - Am Wieselbau 19, 1000 Berlin 37 - Geb. 17. März 1925 Weißenfels/Saale (Vater: Hermann R., Bäcker), verh. s. 1960 m. Ursula, geb. Schirdewahn - 1943-49 Soldat u. Kriegsgef.; 1950-56 FU Berlin Gesch.-Stud. u. Univ. München - Herausg. Schriftenr. Berl. Zeitgesch. (10 Bde., 1961-81); d. Schriften u. Reden v. E. Reuter (4 Bde., 1972-75); d. Jahrb. d. LA Berlin (s. 1982); Berl. Demokratie (2 Bde., 1987) - S. 1980 Mitgl. Hist. Kommiss. z. Berlin.

REICHHELM, Günther

Direktor i. R. - Hptm.-Baur-Weg 14, 8110 Murnau/Obb. (T. 08841 - 80 29) - Geb. 6. Jan. 1914 Greiffenberg/Schles. - 1970-79 Vors. Düsseldorfer Unternehmensverb. - BVK am Bde.

REICHHOLD, Walter

Dr. jur., Diplomat - Triftweg 19, 6740 Landau (T. 6 12 85) - Geb. 27. März

1904, verh., 5 Kd. - Jur. Ass.ex. - 1930-39 ILO, Genf; 1939-45 Ausw. Amt, Berlin; 1950-67 Ausw. Amt, Bonn: Konsul in Dakar (1955-60); 1960-64 Botschafter in Dakar, Nouakchott und Accra. 1967 Ruhest. Ratsmitgl. Landau 1968-72. S. 1976 Hauptaussch. Ver. d. Afrikanisten; S. 1980 Mitgl. Franz. Akad. f. Überseewiss., Paris - BV: u. a. Der Senegalstrom, Lebensader dreier Nationen, 1978 - Chronist d. Ztschr. Intern. Afrikaforum f. Westafrika u. Maghreb (s. 1979) - 1962 Gr. BVK.

REICHHOLF, Josef H.

Dr. rer. nat., Univ.-Prof., Zoologe, Zoologische Staatssammlung u. TU München - Münchhausenstr. 21, 8000 München 60 - Geb. 17. April 1945 Aigen/Inn (Niederbayern), kath., verh. s. 1969 m. Dr. Helgard Reichholf-Riehm (Zoologin), 2 Töcht. (Susanne, Ursula) - Stud. Zoologie, Botanik, Chemie Univ. München; Promot. 1969 München - Leitung d. Abt. Faunistik u. Ökologie sow. d. Sektion Ornithologie an d. Zool. Staatssammlung; Lehrbeauftr. Univ. München; Hon.-Prof. TU München - Vors. Wiss. Beirat WWF-Dtschl.; Generalsekr. Ornithol. Ges. Bayern - BV: D. Rätsel d. Menschwerdung, 1990. 18 Bücher u. 460 wiss. Publ. - Scientific Fellow Zoological Soc. of London; Fellow Linnean Soc. - Liebh.: Bücher, Reisen - Spr.: Engl., Portug.

REICHL, Jan Richard

Dr., Prof. f. Ernährungsphysiol. Grundlagen d. Tierernährung - Inst. f. Tierernährung Univ. Hohenheim, 7000 Stuttgart 70 (T. 0711 - 459 24 18) - Geb. 8. Sept. 1931 Martin (Slowakei), T. Sonia - Dipl. 1954, Promot. 1960, beides Landw. Hochsch. in Brno (ČSSR) - 1954-65 Wiss. Mitarb. Forsch.inst. Brno; 1965-70 Doz. Landw. Hochsch. Brno; 1968-71 Wiss. Mitarb. Univ. of California, Davis/USA; 1971/72 Wiss. Mitarb. N. C. State Univ., Raleigh/USA; s. 1972 Doz., s. 1979 Prof. Univ. Hohenheim. Entwicklung e. Systems v. Modellen z. Computersimulation d. Stoffwechselvorgänge im tier. Organismus. Beitr. in wiss. Ztschr. u. Büchern - Liebh.: Musik - Spr.: Engl., Russ., Tschech., Slowak.

REICHLING, Wolfgang

Dr. rer. pol., Ministerialdirigent - Zu erreichen üb. Ministerium f. Wirtsch., Mittelst. u. Technol. NRW, Haroldstr. 4, 4000 Düsseldorf - Geb. 1933 Beuthen - AR Messe u. Ausstellungsges. mbH, Köln, Düsseldorfer Messe-Gesellschaft mbH -NOWEA-, Gewährträgervers. Westdt. Landesbank - Girozentrale; VR Rheinisch-Westf. Inst. f. Wirtsch.forschung.

REICHLMAYR, Hans

Ing., Geschäftsführer Bayer. Fertigbau GmbH./System Coignet, Garching - Ludwig-Ganghofer-Str. 6, 8060 Dachau/Obb. - Geb. 27. Nov. 1928.

REICHMANN, Heinz

Dr. rer. oec., Dipl.-Kfm., stv. Vorstandsvorsitzender Haftpflichtverb. d. Dt. Ind. (HDI) - Riethorst 2, 3000 Hannover 51 (T. 0511 - 6 45-40 12) - Geb. 3. Febr. 1931 Gelsenkirchen, verh. - Dipl.-Kfm. 1956 Köln; Promot. 1959 - 1956-75 Wirtsch.prüf.; 1975-79 Vorst.-Mitgl. Gerling-Versich.-Beteiligungs-AG u. aller übrigen Inlandsges.; 1980/81 selbst. Wirtsch.prüf.; s. 1982 Vorst.-Mitgl. HDI; AR-Vors. HRV Hannover, Rechtsschutz-Versich. AG, Hannover, Baumwollspinnerei Gronau AG, Gronau/W., Hannover Intern. AG f. Industrieversich., Wien; stv. AR-Vors. Commerz-UBAG; AR-Mitgl. Hannover Rückversich. AG, Hannover, Eisen- u. Stahl Rückversich. AG, Hannover, Hannover Insurance (Nederland) N.V., Rotterdam, HAV Hannover Allg. Versich. AG, Hannover, Schadenschutzverb. Hannover; Vorst. Rudolf-Siedersleben'sche Otto-Wolff-Stiftg., Köln; VR-Mitgl. Hann.-Finanz GmbH, Hannover, Hann. Intern. (Belgique) S.A., Brüssel, Bankhaus Marcard, Stein u. Co., Hamburg; Beiratsvors. Metallwerke Gebr. Seppelfricke GmbH & Co, Gelsenkirchen, u. Hannover HL Leasing GmbH & Co. KG, München.

REICHMANN, Helmut

Dr. phil., Prof. an d. Hochschule d. Bildenden Künste Saar, Fachleit. Segelfliegen Sportwiss. Inst. Univ. Saarbrücken - Dudweilerstr. 23, 6601 Saarbrücken-Scheidt (T. 0681 - 81 13 82) - Geb. 23. Dez. 1941 Wilhelmshaven (Vater: Otto R., Dipl.Ing.; Mutter: Tilli, geb. Fischer), 2 Kd. (Eva, Fritz) - Staatl. Oberrealsch. Saarbrücken, Univ. Saarbr. u. Mainz, Kunstakad. Wien. Künstler. Arb.: Zeichnungen, Plast. Objekte, Kinetik. Entw. im Fahrradbereich: Janustandem, Ergorad, Rollrad, Kinder- u. Jugendrad. S. 1971 Bundestrainer Segelfliegen - BV: Streckensegelflug, 1976 (engl. Übers. 1978, franz. Übers. 1981, span. Übers. 1988); Segelfliegen, 1979 (engl. Übers. 1980, span. Übers. 1987) - 1970, 1974 u. 1978 Segelflugweltmeister, 1980 Carl Diem-Preis f. Sportwiss. - Liebh.: Segelflug, Skilauf - S. O., Silb. Lorbeerbl., Dädalosmed. - Spr.: Engl., Franz. - Bek. Vorf.: Fabersche Familienchronik: Bach, Johannes Keppler.

REICHMANN, Oskar

O. Prof. f. Germanistik Univ. Heidelberg - Weinbergstr. 59, 6901 Mauer (T. 06226 - 61 66) - Geb. 16. Nov. 1937, ev. - Stud. German. u. Gesch. - Doz. Amsterdam u. Utrecht, Ord. Heidelberg. Mitherausg.: Sprachgesch., 2 Bde. (1984/85); Frühneuhochdeutsches Wörterb. (1986ff.); Wörterbücher.

REICHOLD, Hans

Generaldir. a. D. - Hans-Sachs-Str. 3, 6200 Wiesbaden (T. 37 35 91) - Geb. 19. Aug. 1905 Lauf/Pegnitz (Vater: Dr. med. Hans R.; Mutter: Else, geb. Leuchs), ev., verh. s. 1937 m. Ruthild, geb. Düwel, 2 Kd. - Gymn. Nürnberg; Univ. Erlangen, Göttingen, Berlin (Rechtswiss.). Gr. jurist. Staatsprüf. 1932 - S. 1933 Berlinische Lebensversicherungs-AG. (1942 Vorstandsmitgl., 1957 -vors., 1974-79 ARsmitgl.) - Rotarier.

REICHOW, Dirk Dagobert

Dr.-Ing., Dipl.-Ing. Elektrotechnik, Unternehmensberater u. berat. Ing. f. Elektronik - Nibelungenweg 4, 2000 Hamburg 56 (T. 040 - 81 48 43) - Geb. 22. Nov. 1929 Dresden (Vater: Dr. Ing. Hans Bernhard R., Archit. u. Städtepl.; Mutter: Hildegard, geb. Schmidt), ev., verh. s. 1957 m. Christiane, geb. Hanssen, 3 Kd. (Anita, Björn, Thies) - 1936-49 Gymn., Abit., Univ. Hamburg (Phys.) 1951-56 TH Braunschweig, (Dipl.-Ing. 1956), Promot. 1961 - 56-61 Wiss. Mitarb. Physik.-Techn. Bundesanst. Braunschweig, 1961-67 Entw.Ing. Krupp Atlas Elektronik Bremen, 1967-73 stv. Geschf. Systemtechnik MUG Wedel/Hamburg (Marinetechn.), 1974-80 Hptabt.leit. Elektronik HDW Kiel, 1979-85 Geschäftsf. Hagenuk GmbH - Spr.: Engl. - Bek. Vorf.: Prof. Dr.-Ing. Hans Bernhard Reichow, Archit. u. Städtepl. (Vater).

REICHSTEIN, Joachim

Dr. phil., Prof., Leiter Landesamt f. Vor- u. Frühgesch. Schleswig-Holst. - Schloß Annettenhöh, Brockdorff-Rantzau-Str. 70, 2380 Schleswig (T. 04621 - 3 87-0) - Geb. 5. Jan. 1939 Lüben, ev., verh. s. 1969 m. Mechthild, geb. Lange, T. Annette - Stud. Ur- u. Frühgesch.; Promot. 1968 - Landesarchäologe v. Schleswig-Holst.; Geschäftsf. Verb. d. Landesarchäol. in d. Bundesrep. Deutschl.; Vors. Nordwestd. Verb. f. Altertumsforsch. - BV: D. kreuzförmige Fibel, 1975; Archsum auf Sylt (m. G. Kossack u. O. Harck), T. 1 1980, T. 2 1987, T. 3 1990 - Liebh.: Musik, Lit. - Spr.: Engl.

REIDEMEISTER, Jürgen Christoph

Dr. med., Prof. f. Lungen-, Herz- u. Gefäßchirurgie - Hauptmannstr. 10, 4300 Essen 18 - Geb. 14. Jan. 1934 Berlin (Vater: Leopold R., Kunsthist., ehem. Dir. Berl. Mus.; Mutter: Ursula, geb. Nordmann), ev., verh. s. 1965 m. Ursula, geb. Wissel, 3 Kd. (Sibylle, Anne, Hans) - Schulen Berlin, Harzburg, Köln; Univ. Freiburg, Hamburg, Paris - Facharzt f. Chir. (Gefäßu. Thorax- u. Kardiovaskul. Chir.), Prof.f. Chir. - Entd.: Einf. Kadioplegie in d. Klinik, 1. Atomschrittmacherimplant. d. BRD - BV: Zahlr. Publ. u. Buchbeitr. in wiss. Ztschr. u. Büchern - Vorst. Dt. Ges. Thor., Herz- u. Gefäßchir. - Liebh.: Violinspiel, Bild. Künste - Spr.: Engl., Franz. - Bek. Vorf.: Prof. Dr. Kurt Reidemeister (Onkel); Prof. Dr. Otto Nordmann u. Prof. Dr. Leopold Reidemeister.

REIF, Irene,

geb. Stauber

Autorin - Karl-Hertel-Str. 48, 8500 Nürnberg 50 - Geb. 14. Jan. 1931 Nürnberg, verh. m. Dipl.Ing. u. Arch. Richard R., 2 Kd. (Reiner, Petra) - Stv. Vors. d. Verb. Fränk. Schriftst.; Autorin f. Kinder- u. Jugendb.; Roman, Essay, Kurzgesch., Lyrik hochd. u. mundartl. - Ständ. freie Mitarb. d. BR. Theater- u. Literaturkritik. Üb. 100 Hörbilder u. Essays. Üb. 40 BV, dar.: Karte Donnerwetter, Bd. I. u. II.; Bibi, Marie Perrier (R.); Nach seinem Bild erschaffen (übers. ins Holländ. u. Franz.); Frankenwald, d. Rhön, d. Steigerwald, Fichtelgebirge, Frankenalle, Fränk. wie es nicht im Wörterbuch steht, Franken, meine Liebe (Essaybde.). Mitautor zahlr. Anthol. - 1962 Preis d. kl. Fernsehspiels, 1983 BVK I. Kl. - Spr.: Engl.

REIFENBERG, Hermann

Dr. theol. habil., Univ.-Prof. f. Liturgiewiss. - In der Plies 6, 6500 Mainz-Mombach (T. 06131 - 68 02 56) - Geb. 6. Juni 1928 Oppenheim/Rh. (Vater: Hermann R.; Mutter: Anna, geb. Vollmuth), kath. - Univ. Mainz (Phil.) u. München (Theol.) - Ab 1953 kirchl. Dienst; 1963-65 Privatdoz. Univ. Mainz; s. 1965 ao. u. o. Prof. (1969) Phil.-Theol. Hochsch. Bamberg, 1972 Univ. Bamberg - BV: Messe u. Missalien im Bistum Mainz, 1960; Stundengebet u. Breviere im Bistum Mainz, 1964; D. Chance d. kath. Frau in d. Kirche v. heute, 1971; Neue Fürbitten, 1971; Sakramente, Sakramentalien u. Ritualien i. Bistum Mainz (2 Bde.) 1971/72; Hauseucharistie, 1973; Fürbitten b. bes. Anlässen, 1973; Fundamentalliturgie (2 Bde.), 1978; Mit allen Sinnen - Gottesdienst i. d. Vielfalt menschl. Ausdrucksformen, 1979; D. Wortgottesdienst b. bes. Anlässen, 1979; Küster, Mesner, Sakristan - Handb. f. d. kirchl. Dienst, 1982. Div. Einzelarb. - 1967 Mitgl. Abt.-Herwegen-Inst. Maria Laach (Ges. z. Erforsch. d. christl. Liturgien u. d. monast. Lebensformen). Mitgl. Pius-Parsch-Inst. Wien-Klosterneuburg (Liturgiepastoral) 1972 - 1965 Ehrenbürger Mainz (-Ebersheim) - 1973 Gold. Sportabz. - Liebh.: Jäger, Fischer, Falkner.

REIFENBERG, Jan G.

Dr. rer. nat., Journalist - Zu erreichen üb.: Frankfurter Allgemeine Zeitung, Postf. 2901, 6000 Frankfurt/M. - Geb. 2. Mai 1923 Frankfurt/M. (Vater: Dr. phil. h. c. Benno R., †, Journ., 1959-65 Mithrsg. Frankfurter Allg. Ztg. (s. XVI. Ausg.); Mutter: Maryla, geb. v. Mazurkiewicz †), kath., verh. s. 1956 m. Renate, geb. Graf, 3 Töcht (Sabine Virginia, Nicola Christine, Franziska Victoria) - Schwarzburg-Reformsch. Frankfurt/M., Collège Sévigné Paris, Lessing-Gymn. Frankfurt/M.; Univ. Freiburg/Br. (Promot. 1950), Frankfurt/M., Neuchâtel, Bonn - 1946-50 Redaktionsassist. D. Gegenwart, 1950-51 Austauschstud. Georgetown Univ. Washington, 1952-54 Redakt. dpa Hamburg, Bonn, Washington, s. 1954 Washington (b. 1966 u. 1972ff.) u. Paris-Korresp. (1966-72); ab 1984 diplomat. Korresp. FAZ m. Sitz in Brüssel; s. Juni 1990 Ruhest., fr. Mitarb. - BV: Siedlungsformen im Tibet. Hochland, 1950 (Diss.); Notiert in Washington 1955-63 - V. Eisenhower zu Kennedy, 1963 - 1978 BVK I. Kl.; 1983 Gr. BVK - Liebh.: Tibet. Kunst, Gesch. d. Eisenbahnwesens u. d. USA - Spr.: Engl., Franz.

REIFENBERG, Wolfgang

Dr. phil., Direktor Internationaler Jugendaustausch u. Besucherdienst der BRD (IJAB) e.V. - Kennedyallee 73, 5300 Bonn-Bad Godesberg (T. 0228 - 37 45 50) - Geb. 21. März 1936 Oppenheim/Rh. (Vater: Hermann R., Steuerinsp.; Mutter: Anna, geb. Vollmuth), kath., verh. s. 1964 m. Irene, geb. Wüstefeld, 3 Kd. (Michael, Annette, Markus) - Gymn., Univ. Mainz u. München (Dt., Gesch., Theol.), Promot. Mainz 1964. 1966-75 Bundesvors. Bd. d. Dt. Kath. Jugend (BDKJ); 1970-71 Vors. Dt. Bundesjugendringes (DBJR); 1974 ff. Vors. Dt. Jugendkraft (DJK) - Diss.: D. Kurpfälz. Reichspfandsch. Oppenheim/Gau Odernheim/Ingelheim 1375-1648, 1968 - 1990 Ritter d. Ordens d. Heiligen Gregor d. Großen; 1991 BVK am Bde. - Liebh.: Musik, Dicht., Sport, Politik, Zeitung - Spr.: Engl., Franz.

REIFENHÄUSER, Fritz

Ges. u. Geschäftsführer Reifenhäuser GmbH & Co., Maschinenfabrik, Troisdorf - Altenrather Str. 45, 5210 Troisdorf/Rhld. - Geb. 26. März 1910 - BVK a. Bde.; Ehrenbürger Rhein.-Westf. TH Aachen; Ehrenmitgl. Inst. f. Kunststoffverarb. in Ind. u. Handwerk Rhein.-Westf. TH Aachen e.V.

REIFENHÄUSER, Hans

Ges. u. Geschäftsführer Reifenhäuser GmbH & Co., Maschinenfabrik - Spicher Str., 5210 Troisdorf/Rhld. - Geb. 20. Jan. 1914 - Ing. - Vizepräs. IHK Bonn; Richard-Vieweg-Ehrenmed. VDI; Brasil. VO. Barao do Rio Branco (Oficial); BVK I. Kl.

REIFF, Rudolf A.

Geschäftsführer Burda GmbH - Im Schwarzwäldele 9, 7600 Offenburg (T. 0781 - 3 93 57) - Geb. 3. Jan. 1943, verh., Sohn Jan.

REIFF, Winfried

Dr. rer. nat., Prof., Dipl.-Geologe, Leit. Geologiedir. Geol. Landesamt Baden-Württemberg - Fuchsweg 26, 7022 Leinfelden-Echterdingen - Geb. 1. Sept. 1930 Stuttgart, ev., verh. s. 1957 m. Brigitte, geb. Endriß, 3 Kd. (Cornelia, Tobias, Nikolaus) - Gymn. Stuttgart; 1950 Naturwiss. TH Stuttgart; Dipl. 1955, Promot. 1958 Stuttgart; 1963-69 Lehrbeauftr. Staatsbausch. Stuttgart, 1969-73 Lehrbeauftr. Univ. Tübingen; s. 1973 Lehrbeauftr. Univ. Stuttgart; s. 1976 Honorarprof. Univ. Stuttgart - Zahlr. Publ. z. Geol. Süddtschl. - Liebh.: Gesch., Völkerkunde, Volkstanz - Spr.: Engl.

REIFFERSCHEID, Martin

Dr. med., Prof. f. Chirurgie, Präsident Dt. Ges. f. Chir. - Kemnatenstr. 60, 8000 München 19 (T. 178 32 14) - Geb. 24. Juni 1917 Berlin (Vater: Prof. H. R., Maler u. Radierer, zul. Ord. Kunstakad. Düsseldorf (s. X. Ausg.); Mutter: Margarete, geb. v. Neufforge), verh. s. 1953 m. Ursula, geb. Biergans - Promot. 1947; Habil. 1952 - S. 1952 Lehrtätigk. Univ. Bonn (1958 apl. Prof.; zul. Oberarzt Chir. Klinik u. TH Aachen (1966 Ord. u. Vorst. Abt. Allg. Chir./Med. Fak.). Mitgl. in- u. ausl. Fachges. - BV: Chir. d. Leber, 1957; D. Dickdarmpolyp. 1959; Darmchir., 1962; Lehrb. d. Chir., 1972, 7. A. Üb. 200 Einzelarb. - Rotarier.

REIFNER, Udo

Dr. jur., Dipl.-Soz., Prof. f. Wirtschaftsrecht Hochsch. f. Wirtsch. u. Politik, Hamburg - Susettestr. 6, 2000 Hamburg 50 - Geb. 21. März 1948 Neukirchen (Vater: Egon R., Internatsleit.; Mutter: Margarethe, geb. Schlipköter), ev., verh. s. 1984 m. Ghislaine, geb Benedetti, 3 Kd. (Claire, Franca, Pascale) - 1968-71 Stud. Rechtswiss. Univ. Berlin, 1971-72 Soziol. Marburg; 1. jurist. Staatsex. 1972, 2. jurist. Staatsex. 1975, Promot. 1977, Soz.-Dipl. 1979 - 1972-81 Wiss. Assist. FU Berlin; 1977-80 res.

fellow Wiss.zentr. Berlin; ab 1981 Prof. Hochsch. f. Wirtsch. u. Politik Hamburg; s. 1987 Leit. Inst. f. Finanzdienstleistungen, Hamburg - BV: Alternatives Wirtschaftsrecht am Beisp. d. Verbraucherverschuld., 1978; Rechtsberatung (m.a.), 1982. Herausg.: D. Recht d. Unrechtsstaates (1981); Strafjustiz u. Polizei im Dritten Reich (1984); Handbuch d. Kreditrechts; Banking for People, 2 Bde.; Verbraucher u. Recht - Spr.: Engl., Franz., Ital.

REIHLE, Markus

Dr. Ing., Dipl.-Phys., Unternehmensberater - Altdorfstr. 3, 7987 Weingarten/Württ. (T. 0751 - 4 56 60; Telefax 0751 - 53343) - Geb. 9. Okt. 1926 - Spr.: Engl.

REIHLEN, Erika

Dr. med. dent., Zahnärztin f. Öffentliches Gesundheitswesen, Medizinaldir. Bezirksamt Steglitz u. Senat v. Berlin - Paulinenstr. 3, 1000 Berlin 45 (T. 030 - 833 93 74) - Geb. 2. Aug. 1936 Brühl/Köln, ev., verh. s. 1961 m. Dr.-Ing. Helmut R., 3 Kd.(Irmgard, Eckart, Albrecht) - Stud. Köln u. Freiburg; Staatsex. 1961 Köln; Promot. 1961 Köln - 1991-93 Präs. d. Dt. Ev. Kirchentages.

REIHLEN, Helmut

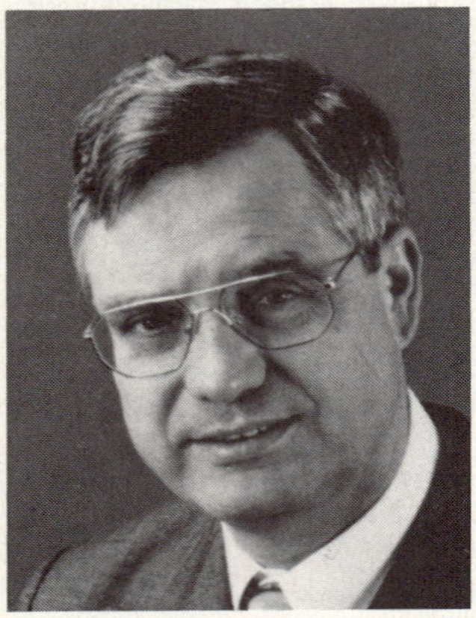

Dr.-Ing. Sc. D., Prof., Direktor DIN Dt. Inst. f. Normung, Berlin (s. 1977; s. 1971 Mitgl. d. Geschäftsleit.), Geschäftsf. Beuth Verlag GmbH, ebd. (s. 1974), DIN Software GmbH (s. 1988) - Burggrafenstr. 6, 1000 Berlin 30 - Geb. 14. Aug. 1934 Bergisch Gladbach (Vater: Dipl.-Ing. Otto R.; Mutter: Irmgard, geb. Stolper), ev., verh. s. 1961 m. Dr. Erika, geb. Niebuhr, 3 Kd. (Irmgard, Eckart, Albrecht) - Stud. (Eisenhüttenwesen) TH Aachen u. Clausthal, Middletown, Conn./USA, Lyon - 1960-70 Abt.dir. Walzwerkbau DEMAG AG; VR-Vors. d. Stiftg. Warentest (Erf.: Planetenanstellungen zu Bandwalzwerken automat. Walzenwechselvorrichtungen); Vizepräs. Intern. Org. f. Standardization ISO, Genf - BV: Struktur u. Arbeitsweise d. Normenorg. westeurop. Nachbarstaaten, 1974 - Liebh.: Hausmusik (Querflöte), Segeln - Spr.: Engl., Franz. - Rotarier, Präses d. Synode d. Ev. Kirche in Berlin-Brandenburg.

REIK, Helmut G.

Dr. rer. nat., o. Prof. f. Theoret. Physik - Giersbergstr. 6, 7815 Kirchzarten/Br. (T. 07661 - 51 69) - Geb. 31. März 1928 Singen/Hohentwiel (Vater: Oskar R., Kaufm.; Mutter: Luise, geb. Wiesmann), ev., verh. s. 1956 m. Rosemarie, geb. Heiles, 4 Kd. (Wolf-Ulrich, Beate, Katrin, Stefan) - Oberrealsch. Singen; TH Karlsruhe (Dipl.-Chem. 1954) - 1954-59 Assist. u. Doz. (1958) TH Aachen; 1959-63 Wiss. Mitarb. Philips/Zentrallabor. Aachen; s. 1963 Ord. TH Braunschweig u. Univ. Freiburg (1967). Fachveröff.

REILAND, Willi

Dr. jur., Oberbürgermeister (s. 1970) - Rathaus, 8750 Aschaffenburg/Ufr. - Geb. 2. Nov. 1933 Oberaltstadt - Zul. Staatsanw. 1962-70 MdL Bay. SPD.

REIM, Martin

Dr. med., Prof., Direktor d. Augenklinik d. Med. Fak. RWTH Aachen - Augenklinik, Klinikum d. RWTH, Pauwelsstr., 5100 Aachen - Geb. 26. Febr. 1931 Klein Döbbern/Kr. Cottbus, ev., verh. s. 1957 m. Dr. med. Hildegard, geb. Dahmann, 3 Kd. (Sabine, Johannes, Martin) - Stud. Univ. Marburg; Ex. 1957; Promot. 1958; Habil. 1966 - 1957-59 Innere Medizin (Prof. Bock); 1959-61 Physiol. Chemie (Prof. T.H. Bücher); 1961-73 Ophthalmol. (Prof. W. Straub), alles Marburg; 1967/68 Retina Found. Boston (Prof. Dohlman); s. 1973 Leit. d. Augenklinik d. Med. Fak. d. TH Aachen; 1982-85 Ärztl. Dir. d. Klinikums; 1985/86 Präs. Dt. Ophthalmol. Ges. - BV: Augenheilkunde, 1985; Buchart. u. Ztschr., Publ. üb. Stoffwechsel u. Pathophysiol. d. Cornea, Behandl. v. Schwerstverätzungen u. Verbrennungen d. Auges, Videofluoreszenzangiogr. d. Retina - Liebh.: Wassersport, Reisen - S. 1979 Secretary General Assoc. for Eye Research.

REIMANN, Aribert

Prof., Komponist, Pianist - Hohenzollerndamm 91, 1000 Berlin 33 (T. 826 27 57) - Geb. 4. März 1936 Berlin (Vater: Prof. Wolfgang R., Organist u. Chorleiter †1971 (s. XVI. Ausg.); Mutter: Prof. Irmgard, geb. Rühle), ev. - Gymn.; Musikhochsch. Berlin (1955-1959; Kompos.: Prof. Boris Blacher, Klavier; Prof. Otto Rausch), Univ. Wien (1958; Musikwiss.) - B. 1982 Prof. f. Interpretation mod. Musik Musikhochsch. Hamburg, dann Kunsthochsch. Berlin. Opern: E. Traumspiel (n. Strindberg) u. Melusine, Kammeroper D. Gespenstersonate (UA. 1984 Berlin), Ballett: Stoffreste (Libretto Günter Grass), Orchesterw.: Elegie, Klavier-, Cellokonzert, E. Totentanz, Hölderlin-Fragmente, Kammermusik: Quasimodo-Kantate, Epitaph (n. Shelley), Klavier-, Cellosonate, Canzoni e Ricercari, Kammerkonz., Lieder, Dialog f. Orgel - 1962 Berliner Kunstpreis/Jg. Generation, 1963 Stip. Villa Massimo Rom, 1965 Robert-Schumann-Preis Stadt Düsseldorf, 1970 Musikpreis Verb. d. Dt. Kritiker; 1971 o. Mitgl. Akad. d. Künste Berlin u. 1976 Bayer. Akad. d. Schönen Künste; 1979 Gr. Preis d. Kulturellen Beziehungen Paris - Liebh.: Jazz, Bücher, Radfahren - Spr.: Engl., Franz.

REIMANN, Bruno W.

Dr. rer. soc., Dipl.-Soz., Prof. Univ. Gießen (s. 1974) - Thomastr. 6, 6300 Gießen (T. 38 96 66) - Geb. 3. Juni 1943 Weseritz (Vater: Roland R., Realschullehrer; Mutter: Hedwig, geb. Lotter) - Stud. Univ. Tübingen, Hamburg, Heidelberg, München; Dipl.ex. 1968 ebd.; Promot. 1974 Konstanz - 1969-71 wiss. Mitarb. Forschungsinst. d. Friedrich-Ebert-Stiftg., 1971-74 wiss. Assist. u. Akad. Rat PH Lüneburg - BV: Psychoanalyse u. Ges.theorie, 1973; Hochsch.reform durch Neugründungen?, 1974 (m. H. Raupach); Partizipation, Demokr. u. Wahlrecht im System d. Selbstverw. v. Hochsch. u. Studentensch., 1974; Hochschulreform - Illusion u. Pleite?, 1978; Frontabschnitt Hochschule. D. Gießener Univ. im Nationalsozialismus (m. a.), 2. A. 1983; Studentenschaft - Korporationen - Nationalsozialismus - Beisp. Gießen, 1991; D. Gesellschaftsbezug d. Psychoanalyse, 1991; Antisemitismus u. Nationalsozialismus in d. Gießener Region (m. a.), 1991 - Spr.: Engl., Franz.

REIMANN, Hans Jürgen

Staatsrat d. Baubehörde Fr. u. Hansestadt Hamburg (s. 1983) - Stadthausbrücke 8, 2000 Hamburg 36 (T. 34 91 31).

REIMANN, Hartwig

Oberbürgermeister (s. 1970) - Rathaus, 8540 Schwabach/Mfr. - Geb. 18. Sept. 1938 Riesenburg/Westpr. - Zul. Regierungsrat.

REIMANN, Helga L.,
geb. Feick

Dr. phil., Dr. rer. pol. habil., Prof. f. Soziologie Univ. Augsburg - Eichenstr. 19, 8902 Neusäß-Hammel (T. 0821 - 48 37 94) - Geb. 6. Juli 1937 Berlin (Vater: Dr. Hans F., Vorst.-Mitgl. Rütgerswerke AG; Mutter: Renate, geb. v. Radinger), verh. s. 1963 m. Prof. Dr. Horst R. (s. dort) - 1956/57 Sprachenstud. Univ. Lausanne u. St. George's School, Clarens; 1957-62 Stud. Nationalök. u. Soziol. Univ. Heidelberg u. München; Dipl.-Volksw. 1962 Heidelberg; 1966 Forsch.Stip. (f. Med.soziol.) USA, Promot. 1966 Heidelberg, Habil. 1974 Augsburg - 1962-70 Wiss. Assist. f. Soziol. Psychiatr. Klinik, dann Sozialpsychiatr. Klinik Univ. Heidelberg; 1968 Gastdoz. USA; 1970-75 Programmdir. f. Sozialwesen im Kontaktstud. Univ. Augsburg; 1975/76 Lehrstuhlvertr. f. Soziol. Univ. Würzburg; 1975-80 Privatdoz., seither Prof. f. Soziol. Univ. Augsburg - o. Mitgl. d. Freien Deutschen Akad. d. Wiss. u. Künste e.V. (auf Lebenszeit) - BV: D. Mental-Health-Beweg., 1967; (m. Horst R. Reimann): D. Alter, 1974 (2. A. 1982); D. Jugend, 1975, 2. A. 1987; Psych. Störungen, 1975; Gastarbeiter, 1976, 2. A. 1987; Mediz. Versorg., 1976; Information, 1977; Weiterbild., 1977; Sizilien, 1985 - Liebh.: Oper, Baukunst, Malerei - Spr.: Engl., Franz., Ital.

REIMANN, Horst R.

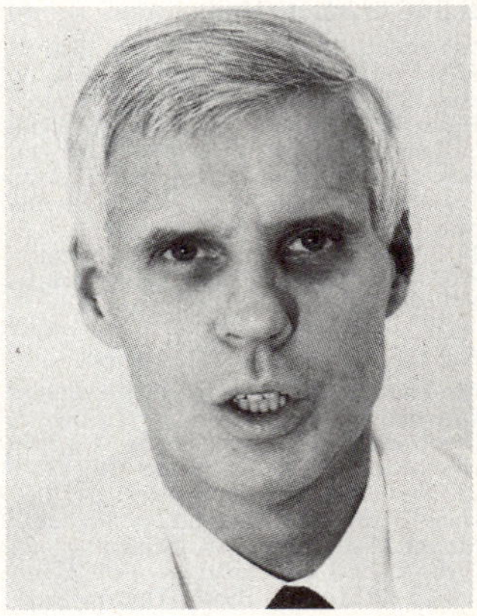

Dr. phil., Prof. f. Soziol. u. Kommunikationswiss., Dir. Inst. f. Sozioökon. Univ. Augsburg (s. 1970) - Eichenstr. 19, 8902 Neusäss-Hammel (T. 0821 - 48 37 94) - Geb. 29. Nov. 1929 Halle/S. (Vater: Erich R., Offz.; Mutter: Edith, geb. Spode), ev., verh. s. 1963 m. Prof. Dr. Dr. Helga, geb. Feick (s. dort) - 1948-57 Stud. d. Soz., Volkswirtsch. Univ. Leipzig, Berlin, Heidelberg; Promot. 1957 Heidelberg; Habil. 1966 ebd. - 1967-69 Privatdoz. Heidelberg, 1966, 1968 Gastprof. USA, 1969 Adjunct Prof. Univ. Pittsburg, Pa., 1969-70 Lehrstuhlvertr. Mainz, 1973-74 Dekan. WISO Fak., 1981-84 Vizepräs. Univ. Augsburg. 1971-73 Vors. Dt. Ges. f. Publizistik- u. Kommunikationswiss. 1978-81 Vorst.-Mitgl. Arb.gem. sozialwiss. Inst. - BV u.a.: Soziologie als Beruf (m. K. Kiefer), 2. A. 1969; Kommunikationssysteme 2. A. 1974; Basale Soziologie 2 Bde. (m.a.), 4. A. 1991; Opera dei pupi, 1982; Pers. Bibl., 1989. Herausg.: D. Alter 3. A. 1992; D. Jugend 2. A. 1987; Psychische Störungen, 1975; Gastarbeiter 2. A. 1987, Med. Versorgung, 1976; Information, 1977; Weiterbildung, 1977; Sizilien, 1985; Soziologie u. Ethnologie, 1986; Transkulturelle Kommunikation u. Weltgesellschaft, 1992. Studienreihe Gesellschaft. Augsburger Schriften zur Wirtschaftssoziologie. Mithrsg.: Entwicklung u. Fortschritt (1969) Heidelberger Sociologica; Zs. Publizistik, Communication - Liebh.: Oper, Marionetten - Spr.: Engl, Franz., Ital.

REIMANN, Kurt

Opernsänger - Hohenzollerndamm 193, 1000 Berlin 31 (T. 87 55 44) - Geb. 15. März 1913 Berlin (Vater: Arthur R., Finanzbeamter; Mutter: geb. Schmidt), ev., verh. s. 1945 m. Marianne, geb. Draeger, 2 Kd. (Wolfgang, Helga) - Ausbild. U. Eberl, Berlin - B. 1945 gesperrt, dann Staatsoper Berlin. Rundf. (In- u. Ausl.); Schallpl. (Odeon, Telefunken, Electrola, Regina, Imperial); Film (Herzkönig, Figaros Hochzeit, Die Dritte v. Rechts, Grün ist d. Heide, Am Brunnen vor d. Tore, 1000 rote Rosen blüh'n, Wenn am Sonntagabend d. Dorfmusik spielt, Maske in Blau, D. bunte Traum, Bis wir uns wiederseh'n, Schwarzwaldmelodie).

REIMANN, Manfred

Bundestagsabgeordneter (s. 1983; Wahlkr. 157/Ludwigshafen) - Bundeshaus, 5300 Bonn 1 - Vors. SPD-Bezirk Pfalz. SPD.

REIMANN, Norbert

Dr. phil., Lic. theol., Ltd. Landesarchivdirektor, Leit. d. Westf. Archivamtes Münster (s. 1987), Dir. d. Ver. Westf. Adelsarchive e.V. - Wickeder Str. 329, 4600 Dortmund 13 (T. 0231-28 15 97) - Geb. 24. Sept. 1943 Wünschelburg Kr. Glatz/Schles. (Vater: Anton R.; Mutter: Maria, geb. Helbach), kath., verh. s. 1968 m. Gisela, geb. Weilandt, 2 Kd. (Stefanie, Christoph) - 1963-68 Stud. Univ. Bonn, Bochum (Gesch., kath. Theol., Soziol.); Lic.theol. 1968; Promot. 1971; 1. Staatsex. 1972; Archivass. 1974 Marburg - 1968-72 wiss. Assist. Bochum; 1974-87 stv. Leit. Stadtarchiv Dortmund; Mitgl. d. Hist. Kommiss. Westf. - BV: D. Grafen v. d. Mark u. d. geistl. Territorien d. Kölner Kirchenprovinz, 1973; Dortmund - 1100 J. Stadtgesch., Festschr., 1982 (m. G. Luntowski); Gesch. d. Amtes Brackel, 1986; Königshof - Pfalz - Reichsstadt, 1984; 150 Jahre Stadtsparkasse Dortmund (m. G. Luntowski), 1991.

REIMER, Ludwig

Dr. rer. nat., Prof., Wiss. Rat, Abteilungsleiter Physikal. Inst. Univ. Münster (s. 1966) - Wagenfeldstr. 26, 4400 Münster/W. (T. 2 64 28) - Geb. 12. Juni 1928 Celle - Univ. Münster (Phys., Math.). Promot. (1954) u. Habil. (1957) Münster - S. 1957 Privatdoz. u. apl. Prof. (1963) Münster (Physik). Wiss. Rat u. Prof. (1964) - BV: Elektronenmikroskop. Unters.s- u. Präparationsmethoden, 1959, 2. A. 1967; Raster-Elektronenmikroskopie, 1973, 2. A. 1977. Facharb.

REIMER, Manfred

Dr. rer. nat., Prof. Univ. Dortmund - Zum Mühlenberg 25, 5840 Schwerte 5 - Villigst (T. 02304 - 76 27) - Geb. 22. Nov. 1933 Breslau - 1. Staatsprüf. Höh. Lehramt 1958 Tüb., 2. Prüf. 1960 Stuttgart, Promot. 1963 Tüb. - 1960 Wiss. Assist. Univ. Tüb.; 1966 Privatdoz. ebd.; 1967 Gastprof. Univ. of Maryland; 1969 o. Prof. Univ. Dortmund. Arbeitsgeb.: Numerische Math., Approximationstheorie. 58 Veröff.

REIMER, Thomas Carry

Dr., ARD-Korrespondent Schweiz/Vereinte Nationen UN - 8 Grand Montfleury, CH-Versoix - Geb. 5. Sept. 1936, verh., 3 Kd. - Promot. 1964 FU Berlin - Redaktionsleit.; Auslandskorresp.; stv. Chefredakt. SWF.

REIMERDES, Ernst Hartmut

Dr. rer. nat. habil., Prof. f. Lebensmittelchemie, Geschäftsleitg. f. Forsch. u. Entw., Meggle Milchind. GmbH & Co. KG - Langwied 8, 8090 Wasserburg (T. 08071 - 48 38) - Geb. 25. Febr. 1937 Großmoor/Celle, ev., verh. s. 1981 m. Dagmar, geb. Röh, 3 Kd. (Dirk, Karde, Gesine) - Staatsex. 1962 (Pharmazie u. Lebensmittelchemie), Promot. 1967, Habil. 1980, alles Univ. Kiel - 1982-88 Lehrstuhl f. Lebensmittelchemie u. Biotechnologie, Univ. Wuppertal - 1967-70

Forschungsinst. f. Biol. u. Med. Borstel b. Hamburg; 1969-70 State New York Univ. Buffalo/USA u. Philadelphia; 1970-82 Bundesanst. f. Milchforschung, Kiel - BV: Analysenmeth. u. -Systeme, 4 A. 1987; Milcheiweiß f. Lebensmittel, 1987; Meth. u. Standards f. Milch u. Milchprodukte, 1987 - Spr.: Engl.

REIMERS, Dieter
Dr. rer. nat., Prof. f. Astrophysik Univ. Hamburg - Wischhof 22, 2308 Postfeld/ Preetz - Geb. 25. Nov. 1943 Rüde/Krs. Schleswig (Vater: Werner R., Müllermeister; Mutter: Erna, geb. Callsen, verh. s. 1972 m. Helga, geb. Bete - 1963-69 Physikstud. Univ. Kiel u. Bonn; Promot. 1969, Habil. 1972, bde. Kiel - 1969 wiss. Assist. Univ. Kiel; 1976 Univ.-Doz. ebd.; 1980 o. Prof. Univ. Hamburg.

REIMERS, Dirk
Polizeipräsident a.D., Staatsrat, Behörde f. Inneres - Johanniswall 4, 2000 Hamburg 1 (T. 040 - 24 86-0) - Geb. 10. Jan. 1943 - Jurist.

REIMERS, Edgar
Dr. phil., o. Prof. f. Allg. Pädagogik - Hermann-Böttger-Weg 1, 5900 Siegen (T. 0271 - 4 22 42) - Geb. 22. Okt. 1924 Libau/Lettland (Vater: Georg R., Oberstudiendir.; Mutter: Irma, geb. Agthe), ev., verh. s. 1953 m. Mariella, geb. Schmidt, 4 Kd. (Anna-Maria, Olaf, Clas, Hinnerk) - Päd. Hochsch. Lüneburg; Univ. Göttingen (Päd., Theol., Soziol.). Promot. 1957 - 1957 Lehrer, 1959 Assist., 1963 Doz. PH Hannover, 1963 PH Münster, 1965 Prof. PH Westf.-Lippe/Abt. Siegerl., 1972 ff. o. Prof. Univ.-GH Siegen - BV: Recht u. Grenzen e. Berufung auf Luther in d. neueren Bemühungen um e. ev. Erziehung, 1958 - Spr.: Engl.

REIMERS, Emil

Reise-Schriftst., Journalist (Ps. Takeko Yamakaze, Fred Timber, Antonius Marcellus) - Postf. 11 08 30, 4410 Warendorf 1 - Geb. 2. Juni 1912 Emden (Vater: Hinrich R., Segelschiffskapitän auf gr. Fahrt; Mutter: Gerhardine, geb. Murra), ev., 2 T. aus 2 Ehen (Frauke, Gabriele) - Volksschule, 1927-1930 Kochlehre; n. Abitur als Externer 8 Sem. Univ. Hamburg (Naturwiss. Phil.), 1935-40 seefahrender Koch mit schriftst. Tätigkeit; m. 23 J. Mitarb. Naturschutzbeweg. v. Prof. Dr. Konrad Guenther, Freiburg i. Br.; gegenw. Mitarb. v. Fachztg. u. Illustr. Verband d. Schriftst., PEN-Club London, Kunstakademie Tokio. Begr. Bürgerinitiative zum Schutze d. Kindes u. d. Familie 1979 (Im Jahr des Kindes) - BV: Meditationen über fernöstl. Symbole; Echte japan. Küche; D. Kunst d. Flambierens; D. Gr. Saucenkochbuch; Fernsehgerichte minutenschnell; D. Kalten Küche Köstlichkeit; Kochbuch f. Anfänger; D. Rustikale Küche; Köstl. aus Fluß und Meer; D. Spargelkochbuch; Lukullisches i. Handumdrehen; Schnitzel u. Geschnetzeltes; Köstliches a. d. Pilzküche; Diätkochbuch; Diätrezepte. 123 Kochbücher (in 6 versch. Spr. veröffentl.); The Bakers Shop, Dr. 1974; The Shipwreck, R. 1975; Der dumme Mann, 1977; D. Licht aus d. fernen Osten; Reisen in Indien, Thailand u. Indonesien; Moses u. d. Atombombe; D. Kunst d. Reisens; Leben im Münsterland (Anthol.); Aphorismen f. d. 21. Jh., Dichterstrippe (Anthol.); Philosophie d. Zukunft - 27 Weltreisen - Liebh.: Sprachen, japanisches Tuschemalen - Nachfahre von Sven Gabelhart (Dänemark).

REIMERS, Karl Friedrich
Dr. phil., o. Univ.-Prof. f. Kommunikations- u. Medienwiss., Lehrst. an d. Staatl. Hochsch. f. Ferns. u. Film (HFF) München, zugl. Honorar-Prof. u. Gründungsdekan f. d. Kommunikations- u. Medienwiss. an d. Univ. Leipzig - Fasanenstr. 28, 8045 Ismaning (T. 089 - 96 64 80) - Geb. 3. März 1935 Eddelak-Warfen (Vater: Friedrich R., Pastor; Mutter: Friedel, geb. Frederking), ev.-luth., verh. s. 1965 m. Edeltraut, geb. Mundt, 2 Söhne (Stefan, Philip) - 1957-63 Stud. Univ. Bonn, Berlin, Hamburg; Promot. 1963 Hamburg - 1954-55 Redakt. Lübeck; 1964-74 Institutsref. u. Doz. Göttingen; s. 1975 Prof. in München, s. 1991 zugl. in Leipzig - BV: Lübeck im Kirchenkampf d. Dritten Reiches, 1965; Zeitgesch. im Film- u. Tondokument, 1970 (hg. m. G. Moltmann); Contemp. History in Film and Television, 1982 (hg. m. H. Friedrich); Zweimal Deutschl. s. 1945 in Film u. Ferns., 2 Bde. 1983 u. 1985 (hg. m. Monika Lerch-Stumpf u. R. Steinmetz); Zeichenentw., Bedeutungswandel, Handlungsmuster, 1983 (Herausg.); Filmförderung - Entwicklungen, Modelle, Materialien, 1985 (hg. m. K. Hentschel); Film, Funk, FS - praktisch, 1987ff. (hg. m. R. Steinmetz); Leipziger Univ.-Beiträge z. Kommunikations- u. Medienwiss., 1991/92ff. (Begr. u. Haupttherausg.) - 1977-84 Vizepräs. d. Intern. Ass. f. Audio-Vis. Media i. Hist. Research and Ed. (IamHist.); s. 1978 Ltg. Medienforsch./HFF; 1982-84 Vors. d. Dt. Ges. f. Semiotik (DGS); s. 1985 Aussch.vors. Filmbew.stelle (FBW) Wiesbaden d. dt. Bundesländer; Rundfunkkommentator; VR-Vors. Ev. Presseverb. f. Bayern; s. 1987 Beirat Ztschr. medium, Frankfurt/M.; 1991-93 Gründungsdekan f. d. Kommunikatios- u. Medienwiss. an d. Univ. Leipzig; 1991 Gründungsvors. d. Ges. f. Medien in d. Wiss. (GMW), Göttingen; 1991 Begr. d. Intern. Leipziger Hochschultage f. Medien u. Kommunikation; 1991 Begr. d. Interdiszipl. Zentrums f. Medien u. Kommunikation (IZMK) an d. Univ. Leipzig - Liebh.: Vergl. Volksd., Gesang, Wandern - Spr.: Engl., Span.

REIMERS, Klaus
Fabrikant, Geschäftsf. Friedrich Schmaltz GmbH. (Schleifmaschinen- u. -räder-Werke), Offenbach - Tulpenhofstr. 13, 6050 Offenbach/M.

REIMERS, Knut
Dipl.-Ing., Vorstandsmitglied Deutsche Bundesbahn - Friedrich-Ebert-Anlage 43-45, 6000 Frankfurt/M 11 (T. 069-265 61 03) - Geb. 7. Aug. 1931 Hamburg, verh. s. 1958 m. Ingrid, geb. Fuhrmeister, 2 Kd. (Kerstin, Björn) - Stahlbauschlosserlehre, Bauing.-Stud. (Dipl.), Schweiß-Faching. - 1959-73 Carl Spaeter GmbH, Hamburg, 1973-84 Geschäftsf. Stahlbau Lavis Offenbach, s. 1984 Vorstandsmitgl. DB, Frankfurt - BV: D. Schweißtechnik d. Bauing., 1965; Stahlbau-Handb. (Mitautor), 1985 - Liebh.: Musik, Fotogr., Filmen - Spr.: Engl.

REIMERS, Stephan
Dr. theol., Pastor, Direktor der Ev. Akad. Nordelbien - Esplanade 15, 2000 Hamburg 36 (T. 34 12 64); priv.: Zick-Zack-Weg 4a, 2000 Hamburg 52 (T. 881 12 63) - Promot. 1976, 1982 Ordinat - 1970-78 MdHB, Vors. Petitionsaussch. u. Hochschulsprecher; 1976-80 MdB; 1975-81 Landesvors. CDU-Sozialaussch.

REIMERS, Walter
Dr. jur., Vizepräsident Hanseat. Oberlandesgericht, Hamburg (s. 1964), Mitgl. Hbg. Verfassungsgericht ebd. (s. 1963; 1964 Vertre. d. Präs.) u. a. - Sohrhof 5a, 2000 Hamburg 52 (T. 82 92 21) - Geb. 17. Aug. 1913 Hamburg (Vater: Julius R., Architekt; Mutter: Ella, geb. Thormählen), ev., verh. s. 1974 m. Hanne Marie, geb. Dammann, T. Elke - Univ. Tübingen, Berlin, Göttingen (Rechtswissenschaft); Promot. 1935. Jurist. Staatsex. Celle (1934) u. Hamburg (1939) - 1939-64 Gerichtsass., Amts-, Oberlandesgerichtsr. (1950), Senatspräs. (1955) - BV: Z. Begriff d. Ordnungsgefüges in Natur- u. Rechtswiss., 1958; D. Bedeutung d. Grundrechte f. d. Privatrecht, 1958 - Liebh.: Naturwiss., Phil.

REIMNITZ, Jürgen
Vorstandsmitglied Commerzbank AG - Neue Mainzer Str. 32-36, 6000 Frankfurt/M. (T. 13 62-1) - Geb. 22. Sept. 1930 - ARsMandate.

REIMPELL, Peter
Vorstandsmitglied Bayer. Vereinsbank AG - Postf. 1, 8000 München 1; priv.: Akilindastr. 46, 8032 Gräfelfing - Geb. 22. Dez. 1930 Lübeck - AR-Mandate, u.a. Koenig & Bauer AG, Würzburg (Vors.), u. VR-Mand., u.a. Bayer. Vereinsbank Intern. S.A., Luxemburg (Vors.) - BV.

REIN, Hans
s. Aeckerle, Fritz

REINARTZ, Bertold
Dr., Bürgermeister Stadt Neuss, MdB - Zu erreichen üb. Rathaus, Markt, 4040 Neuss - Notar.

REINARTZ, Franz
Vorstandsmitglied Kölnische Sachversicherung AG., Köln, Geschäftsf. Rhenania Versicherungs- u. Bauspar-Vermittlung GmbH. ebd. - Tilmannstr. 19, 4040 Neuss 1 - Geb. 17. April 1908.

REINAUER, Hans
Dr. med., o. Prof. f. Klin. Biochemie - Brinckmannstr. 37, 4000 Düsseldorf 1 (T. 0211 - 31 77 46) - Geb. 6. April 1933 Bátaszék (Ung.), kath., 3 Kd. (Alexandra, Stephen, Christina) - Univ. Bonn, Freiburg, Düsseldorf. Promot. 1959; Habil. 1968 - S. 1968 Privatdoz. f. Physiol. Chemie, Ord. Univ. Düsseld. (1973; zugl. Dir. Diabetes-Forschungsinst.). Div. Ehrenstell., dar. 1982 Vors. Dt. Ges. f. Laboratoriumsmed. 200 Fachveröff. - Spr.: Ung., Engl., Franz.

REINBACH, Wolfgisbert
Dr. med., Prof., Wiss. Rat, Prosektor Anatom. Inst. Univ. Heidelberg - Neuenheimer Feld 307, 6900 Heidelberg - Geb. 11. Okt. 1911 - S. 1953 Privatdoz., 1964 apl. Prof. Heidelberg (Anat.). Facharb. Vergl. Anat.

REINBOTH, Ernst
Produzent u. Regisseur (vornehml. Kurzfilme) - Spechtstr. 15, 1000 Berlin 33 - Geb. 8. Febr. 1935 Berlin (Vater: Friedrich-Carl R., Fabr.; Mutter: geb. Mondschein), ev., verh. s. 1970 m. Dr. Barbara, geb. Börner, 2 Kd. (Michael, Raffaela) - Stud. Kunst u. Sport - Studienass. - Üb. 30 Kurzfilme (dav. 8 m. Prädikat besonders wertvoll). Film:-Dantes Traum v. d. Hölle - Liebh.: Segeln - Spr.: Engl., Span.

REINBOTH, Gudrun
Schriftstellerin - Kurt-Lindemann-Str. 38, 6903 Neckargemünd - Geb. 19. April 1943 Berlin, verh., 3 Kd. (Christian, Martin, Eva-Maria) - Stud. German., Kunstgesch.; Dipl.-Bibl. u. Wiss. Bibl. - BV: Gnadensuche, Ged. 1985; D. Weg nach Heidelberg; 1986; In meinem Baumhaus wohnen d. Raben, 1989; Als unsere Liebe zornig wurde, Ged. 1991;

Vielleicht daß mein Lächeln etwas wendet, Ged. 1992.

REINBOTH, Rudolf
Dr. rer. nat., Dr. h.c., Prof., beamt. Wissenschaftler Inst. f. Zoologie Univ. Mainz - Berliner Str. 29, 6500 Mainz (T. 5 16 21) - Geb. 26. Febr. 1929 - S. 1961 (Habil.) Lehrtätig. Mainz; 1976 Ruf an d. Univ. Wien - BV: Intersexuality in the Animal Kingdom, 1975; Vergleichende Endokrinologie, 1980. Fachveröff. - 1992 Ehrendoktor Univ. Paris VI.

REINDERS, Hans-Thilo
Generalstaatsanwalt i. R. Oberlandesgericht Celle (1976-83) - Theodor-Storm-Str. 5, 2900 Oldenburg.

REINDKE, Gisela
Dr. rer. nat., Dipl.-Geogr., o. Prof. f. Geographie u. ihre Didaktik FU Berlin, Inst. f. Geogr. Wiss., Fachrichtung Schulgeogr. - Lohmeyerstr. 23, 1000 Berlin 10 (T. 030 - 341 38 73) - Geb. 1. Juli 1927 Berlin, ledig - Stud. PH Göttingen (1. Staatsprüf. f. Lehrer); Stud. Geogr., Geol., Chemie u. Physik FU Berlin (1. u. 2. Staatsex., Dipl., Promot.) - Lehramt Gymn. Berlin; 1971 o. Prof. PH Berlin; s 1980 FU Berlin, FB Geowiss. Mehrere Buchveröff. - Interessen: Agrargeogr., Länderkd. Asien - Spr.: Engl., Franz.

REINDL, Peter
Dr. phil., Museumsdirektor Landesmuseum Oldenburg - Winkelmannstr. 22, 2900 Oldenburg (T. 0441 - 220-26 00) - Geb. 2. Jan. 1939, verh. s. 1969 m. Gudrun Reindl-Scheffer - Promot. 1971 - Vorst. Oldenburger Kunstverein - BV: Loy Hering, Tischbein-Idyllen, u.a. - Spr.: Engl., Franz.

REINECK, Hans-Erich

Dr. rer. nat., Prof., ehem. Leiter Inst. f. Meeresgeologie u. -biologie (Senckenberg) - Schleusenstr. 39, 2940 Wilhelmshaven - Geb. 19. Juli 1918 Nürnberg, verh. s. 1949 m. Dr. med. Mariane, geb. Metzke-Rovira, 3 Kd. (Lieselotte, K.-W. Amadeus, Friederike) - S. 1963 (Habil.) Privatdoz. u. Honorarprof. Univ. Frankfurt/M. (Geologie u. Paläontol.). 1967ff. Präs. Intern. Sedimentologen-Vereinig. - Entwickl. d. Kastengreifers f. ungestörte Unterwasserproben - BV: Depositional Sedimentary Environments, 1980 (m. Singh, russ. u. chines. Übers.); Aktuogeologie, 1984; Mellum Portrait e. Insel (Ed. m. Gerdes u. Krumbein), 1987. Üb. 200 Fachaufs. - 1974 Francis Parker Shepard Med. for Excellence in Marine Geology; 1988 William H. Twenhofel Med. For Excellence in Sedimentary Geology; 1988 Wilhelmshaven-Preis d. Meeresforsch. f. bes. Leistungen auf d. Gebiet d. marinen Aktuogeologie.

REINECKE, Hans-Peter

Dr. phil., Prof. f. Musikwissenschaft Univ. Hamburg u. Hochsch. f. Musik Hamburg, Prof. f. Selbstorg. u. Evolutionsdynamik a. d. Humboldt-Univ. zu Berlin - Klingsorstr. 21, 1000 Berlin 41 (T. 792 89 11) - Geb. 27. Juni 1926 Ortelsburg/Ostpr. (Vater: Hermann R., General d. Inf. a. D.; Mutter: Gertrud, geb. Silvester), ev., verh. s. 1984 m. Marianne, geb. Wagner, S. Frank (aus 1. Ehe) - Arndt-Gymn. Berlin (1936-44), Gymn. Holzminden (1945-46); Univ. Göttingen (1946-48) u. Hamburg (1948-51). Promot. (1953) u. Habil. (1961) Hamburg - S. 1965 Leit. Abt. f. Musikal. Akustik u. Dir. (1967-89) Staatl. Inst. f. Musikforsch. Pr. Kulturbesitz, Berlin. S. 1955 Sachverst. f. Akustik (Kirchen, Hörsäle, Industriebau). S. 1961 Privatdoz. u. apl. Prof. (1967) Univ. Hamburg - BV: Experimentelle Beitr. z. Psych. d. musikal. Hörens, 1964; Stereo-Akustik, 1966. Üb. 200 Publ. in Fachztschr.

REINECKER, Herbert

Schriftsteller - Sonnleitweg 23, 8137 Berg 1 (T. 08151 - 65 74) - Geb. 24. Dez. 1914 Hagen/W., verh. in 2. Ehe (Ehefr.: Holly), 2 Kd. aus 1. E. - Journ. - W 1942 ff.: D. Dorf b. Odessa (Sch.), Kinder, Mütter u. e. General (R.), D. Mann m. d. Geige (R.), Taiga (R.), Nachtzug (Sch.), Unser Doktor - D. Gesch. e. Landarztes (R.), zahlr. Drehb. (Film; Fernsehen, dar. d. Serien: D. Tod läuft hinterher, Babeck, D. Kommissar (b. 1976 97 Folgen), Derrick (b. 1984 122 Folgen) u. Hörsp. - 1954 Bundesfilmpreis (Canaris); 1981 Gold. Kamera Hörzu (Derrick); 1986 Telestar-Preis WDR - Liebh.: Segeln - Gilt als erfolgreichster dt. Krimi-Autor.

REINEFELD, Erich

Dr. rer. nat., em. Prof. u. ehem. Direktor Inst. f. landw. Technol. u. Zuckerind. TU Braunschweig - Roseggerweg 18, 3340 Wolfenbüttel (T. 4 41 19) - Geb. 8. Febr. 1920 Salzgitter-Gebhardshagen (Vater: Erich R., Kaufm.; Mutter: Hedwig, geb. Wolff), ev., verh. s. 1944 m. Ingrid, geb. Mittendorf, 2 Söhne (Arnd, Henning) - Stud. d. Chemie TH Braunschweig; Promot. 1949; Habil. 1966 - S. 1949 TH bzw. TU Braunschweig (wiss. Mitarb., Abt.leit., 1971 o. Prof.). Emerit. 1988. 1978-86 Präs. Intern. Commiss. for Uniform Methods of Sugar Analysis (ICUMSA). In- u. ausl. Fachmitgl.sch. Mitautor Technologie d. Zuckers, 2. A. 1968; Chem.Technol. Bd. 5, 4. A. 1981 - Mithrsg.: Analyt. Betriebskontrolle d. Zuckerind. (1978) - Mitautor Lebensmitteltechnol., 3. A. 1990 - Spr.: Engl., Franz.

REINEKE, Eberhard

Geschäftsführer Bundesinnungsverb. d. Graveure, Galvaniseure, Gürtler u. verw. Berufe, Solingen - Degenstr. 4, 5650 Solingen - Geb. 5. April 1920.

REINEKER, Peter

Dr. rer. nat., Prof. f. Theoretische Physik - Bei der Pilzbuche 63, 7900 Ulm - Geb. 17. Jan. 1940 Freudenstadt (Vater: Paul R., Vermess.Ing.; Mutter: Hildegard, geb. Weiß), ev., verh. s. 1965 m. Hilda, geb. Jacobi, 2 Tocht. (Katja, Martina) - Univ. Stuttgart u. Berlin (Phys.), Dipl. 1966, Promot. 1971, Habil. 1974 Ulm. 1968-75 Wiss. Angest bzw. Wiss. Assist. Stuttgart u. Ulm, 1975 Wiss. Rat u. Prof., 1978 Prof. Univ. Ulm - BV: Üb. 120 Veröff. in Fachztschr., Buchbeitr., Buchherausg.

REINELT, Heinz

Dr. theol., Lic. bibl., Prof. f. atl. Exegese, atl. Einleitungswiss. u. Semet. Sprachen - Vogelsbergstr. 12, 6400 Fulda - Geb. 30. Mai 1925, kath. - Promot. 1966 Freiburg/Br. - 1968-72 Doz. u. Prof. (1969) PhThH Königstein/Ts. Fachveröff.

REINELT, Joachim

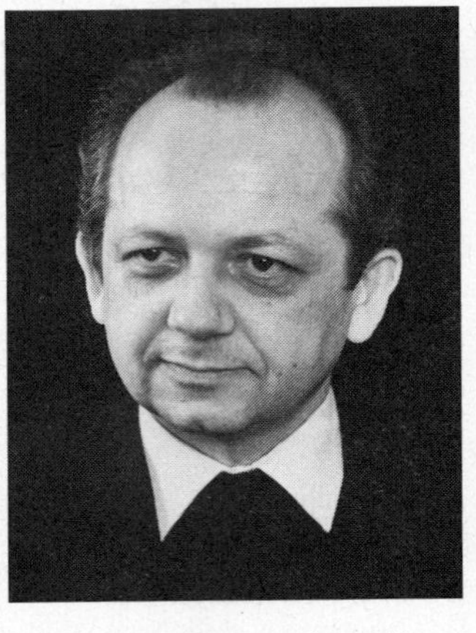

Bischof d. Bistums Dresden-Meißen - Franz-Curti-Str. 1, O-8054 Dresden - Geb. 21. Okt. 1936 Neurode, kath., ledig - Abit.; Stud. Theol. - 1961 Priesterweihe im Petridom zu Bautzen; Kaplan in Freiberg u. an d. Hofkirche zu Dresden; Pfarradjutor in Ebersbach; Pfarrer in Freiberg u. Altenburg; 1986 Diözesancaritasdir.; 1988 Bischofsweihe.

REINELT, Peter

Oberstudienrat, Staatssekretär im Umweltministerium Baden-Württ. (s. 1992), MdL Baden-Württ. (s. 1976) - Märktweg 80, 7858 Weil/Rh. 5 - Geb. 13. Juli 1939 Bad Landeck/Schles., kath., verh., 2 Kd. - Rotteck-Gymn. Freiburg/Br. (Abit.); Univ. Freiburg u. FU Berlin (Politol., Gesch., German.) - S. 1969 Kant-Gymn. Weil. 1973ff. Kreisrat Lörrach. SPD s. 1969. 1981 Vors. d. SPD-Kreisverb. Lörrach, s. 1984 stv. Vors. d. SPD-Landtagsfraktion Baden-Württ.

REINEMANN, Rolf

Soldat, MdL Nieders. (s. 1974) - Goethestr. 2, 3330 Helmstedt (T. 84 88) - CDU.

REINEN, Dirk

Dr. rer. nat., Prof. f. Anorgan. Chemie Univ. Marburg (s. 1970) - Thüringer Str. 4, 3551 Marburg - Geb. 5. Mai 1930 Essen - Promot. 1960, Habil. 1966 - 1967 Doz. u. 1969 apl. Prof. Univ. Bonn - Arbeitsber.: Anorgan. Festkörperchemie (Spektroskopie, Jahn-Teller-Effekt, Intervalenzverhalten, Materialforschung) - Üb. 130 Fachveröff. u. Übersichtsart. in dt. u. engl. Ztschr. Herausg.: Structure and Bonding.

REINER, Ludwig

Dr. agr., Prof. f. Landwirtschaft (Ackerbau u. Versuchswesen) TU München - Eschenweg 4, 8050 Freising (T. 08161 - 1 32 70) - Geb. 29. Jan. 1937 Riedlhütte (Vater: Josef R., Landw.; Mutter: Rosa, geb. Burghart), kath., verh. s. 1968 m. Edeltraud, geb. Maier, 2 S. (Jörg, Bernd) - 1959 Stud. (Landwirtsch.) Univ. Hohenheim, Dipl.-Ing. agr. 1961 TU München, Promot. 1964 ebd. - BV: Wintergerste aktuell, 1979; Winterroggen aktuell, 1980; Weizen aktuell, 1981; Hafer aktuell, 1982 - Spr.: Engl.

REINERMANN, Heinz

Dr. jur., Vorstandsmitglied Preussag AG., Berlin/Hannover - Postf. 4827, 3000 Hannover 1 - Geb. 16. Mai 1935 Bad Oeynhausen - Stud. Univ. Marburg.

REINERS, Dieter

Inhaber Delikatessenhaus Wilhelm Franken, Vors. Fachverb. Delikatessen (s. 1981) - Königstr. 123, 4150 Krefeld (T. 02151 - 2 09 57) - Geb. 28. Juni 1940 Krefeld, verh. s. 1961 m. Elisabeth, geb. Knechten, 3 Kd.

REINERSDORFF-PACZENSKY u. TENCZIN, von, Arnd-Wilhelm

Ministerialrat, Landesbeauftr. Johanniter-Unfallhilfe, Kiel - Esmarchstr. 68, 2300 Kiel 1 - Geb. 8. Okt. 1926 Erfurt, ev., verh. s. 1953 m. Helga, geb. Pries, 3 Kd. (Wolfgang, Manfred, Christiane) - Stud. Univ. Kiel; Dipl.-Ing. Agr. 1951, gr. Staatsprüf. 1953 - 1970 Geschäftsf. Landentwicklungsprogr. Nord; 1977 Johanniter-Unfallhilfe. 1963 Mitgl. Dänische Heideges, 1984 BVK.

REINERT, Heinrich

Dr. rer. oec., Vorstand AGAB AG. f. Anlagen u. Beteiligung, Frankfurt - Ründerother Str. 46, 5250 Engelskirchen-Bickenbach - Geb. 29. Mai 1920 Leipzig - S. 1960 Vorstandsmitgl. Fina Raffinerei AG., Duisburg, ab 1967 Veba-Chemie AG. (früher Scholven-Chemie AG.), 1974-79 Vorstandsvors; AR-Vors. Ruhr-Stickstoff AG, Bochum; Beirat Stinnes Reederei AG & Co, Duisburg.

REINERT, Jakob

Dr. phil., em. o. Prof. am Inst. f. Pflanzenphys. u. Zellbiologie Freie Univ. Berlin (s. 1961) - Königin-Luise-Str. 12-16a, 1000 Berlin 33 - Geb. 17. Juli 1912 Köln, verh. s. 1956 m. Dr. rer. nat. Ursula, geb. Wenck, 2 Kd. (Christof, Isabel) - Realgymn. Köln; Univ. ebd. u. Bonn. Promot. 1948 Köln; Habil 1953 Tübingen - 1953-61 Privatdoz. u. apl. Prof. Univ. Tübingen. Üb. 100 Fachveröff. Advisory Board, Protoplasma, Results and Problems of Cell differentation - Spr.: Engl., Franz.

REINFRANK, Arno

Schriftsteller, Mitgl. Deutscher PEN Club (Ost) - 10 Pattison Road, London NW 2 2HH - Geb. 9. Juli 1934 Mannheim - Stud. div. Univ. (Gasthörer); Abschl. Polytechnic 1961 London (Engl. Lit. u. Gesch.) - 1981-90 Gen.Sekr. PEN Zentrum deutschspr. Autoren im Ausland, Sitz London - Lit. Entd.: Poesie d. Fakten - Veröff.: 40 eig. Titel, dar. Lyrik Poesie d. Fakten; Dramen; Hörsp.; Erz.; zahlr. Ess.; Beitr. in ca. 200 dt.spr. u. ausländ. Anthol.; Drehbücher - 1957 u. 64 Kurt Tucholsky Preis; 1968 Lit.Preis d. Pfalz; 1973 Lit.-Förderpreis Rheinl.-Pfalz; 1978 Villa Massimo - Liebh.: Gute Küche - Spr.: Engl., Franz. - Bek. Vorf.: Kalonymos Wissotzky, russ. Teeprod. u. Philanthrop (Urahn) - Lit.: FS-Portrait A. Reinfrank Poet d. Fakten (SWF-FS 1968); div. Lit.-Lexika; Diss. etc.

REINHARD, Egbert

Parlamentarischer Geschäftsführer SPD-Landtagsfrakt., MdL Nordrh.-Westf. (1970-75, ab 1975) - Schulstr. 26, 4660 Gelsenkirchen-Buer - Verh., 4 Kd. - Obersch. Buer (d. Kriegseins. u. -gefangensch. (1944-46) unterbr.; Abit. 1947); 1952-56 Univ. Münster (Rechtswiss.). Jurist. Staatsex. 1956-61 - 1948-52 Bergbau; 1956-62 Ratsherr Gelsenkirchen; s. 1962 Stadtverw. Gelsenkirchen, Städt. Rechtsdirektor a. D.; SPD s. 1952.

REINHARD, Ernst

Dr. rer. nat., o. Prof. f. Pharmazeutische Biologie Univ. Tübingen - Eckhofweg 7, 7400 Tübingen (T. 3 13 98) - Geb. 21. Aug. 1926 - Habil. 1963 - Zul. Doz. Univ. Würzburg. Facharb.

REINHARD, Wolfgang

Dr. phil., Prof. f. Neuere Geschichte Univ. Freiburg (s. 1990) - Sundgauallee 68, 7800 Freiburg - Geb. 10. April 1937 Pforzheim (Vater: Dr. Rudolf R., Oberstudiendir.; Mutter: Dr. Maria, geb. Maurer), kath., verh. s. 1965 m. Gudrun, geb. Graner, 3 Kd. (Johannes, Judith, Jakob) - Univ. Freiburg u. Heidelberg (Gesch., Angl., Geogr.). Staatsex. 1962 u. 64. Promot. (1963) u. Habil. (1973) Freiburg - 1963-66 Schuldst.; 1966-72 Forschungsstip. Rom; 1973-77 Doz. Univ. Freiburg; 1981 Senatskommiss. f. Humanismusforsch. DFG - BV: D. Reform in d. Diözese Carpentras (1517-96), 1966; Nuntiaturberichte aus Dtschl. (1610-14), 2 Bde. 1972; Papstfinanz u. Nepotismus, 2 Bde. 1974; Freunde u. Kreaturen, 1979; Gesch. d. polit. Ideen (m. H. Fenske, D. Mertens, K. Rosen) 1981; Hendrik Witbooi: Afrika den Afrikanern! Aufz. e. Nama-Häuptlings aus d. Zeit d. dt. Erober. Südwestafrikas, 1982; Gesch. d. europ. Expansion, 4 Bde., Bd. 1: D. Alte Welt b. 1818, 1983, Bd. 2: D. Neue Welt, 1985, Bd. 3: D. Alte Welt s. 1818, 1988, Bd. 4: Dritte Welt Afrika, 1990. Herausg.: Historia integra (1977); Bekenntnis u. Gesch. D. Confessio Augustana im histor. Zusammenhang (1981); Fragen an Luther (1983); Humanismus im Bildungsw. d. 15. u. 16 Jh. (1984); Humanismus u. Neue Welt (1987) - Spr.: Ital., Engl., Franz., Span., Port.

REINHARDT, Dietrich

Dr. jur., Generalbevollmächtigter Saarbergwerke AG - Kobenhüttenweg 56, 6600 Saarbrücken - Geb. 9. April 1938 Berlin (Vater: Dr.-Ing. Gustav R.; Mutter: Margarete, geb. Plötz), 3 Kd. (Andrea, Michael, Heike) - 1957-62 Stud. Rechts- u. Wirtschaftswiss. Univ. Marburg u. Frankfurt; 1. jurist. Staatsex. 1962, Promot. 1963, 2. jurist. Staatsex. 1967 - 1967-77 Bundesmin. f. Wirtschaft (zul. Ministerialrat); s. 1977 Generalbevollm. Saarbergwerke AG - Liebh.: kulturhist. Reisen, Golf - Spr.: Engl., Franz. - Mitgl. Lions-Club.

REINHARDT, Georg

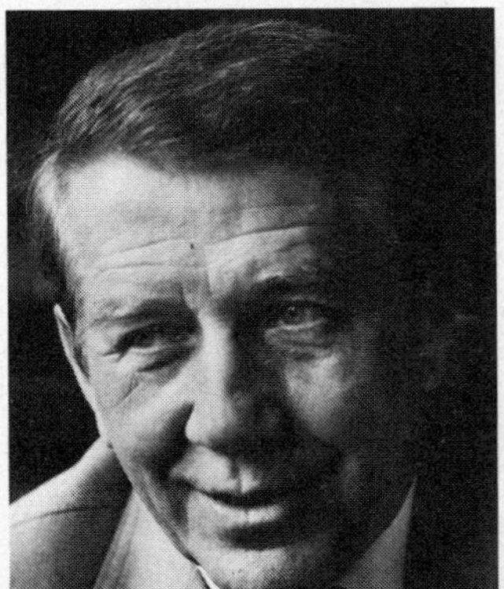

Regisseur - Nordstr. 63, 4020 Mettmann (T. 02104 - 7 56 37) - Geb. 27. März 1911 Augsburg (Vater: Georg R., Kaufm.; Mutter: Creszens, geb. Höfer), verh. I) 1950 m. Irene, geb. Rabe, II) 1963 m. Ursula, geb. Dippel, 2 Töcht. (Angela, Natascha) - Gymn. Augsburg; Univ. Berlin u. München; Assist. b. Felsenstein, Wälterlin, Pfitzner - S. 1937 Regiss. Frankfurt, Berlin, Aachen, Lübeck, Wiesbaden, Mannheim, Hannover, Stuttgart, Zürich; Operndir. Wuppertal (s. 1955) u. Düsseldorf (Dt. Oper am Rhein, s. 1964); s. 1952 Auslandsgastsp. in Wien, Milano, Buenos Aires, Ankara, Lissabon, Moskau, Stockholm, Kopenhagen, Nizza, Basel, Bologna, Torino, Trieste, Genova, Durban, Cincinnati u. Festivals in Amsterdam, Brüssel, Gent, Paris, Napoli, Firenze, Warschau, Helsinki, Zagreb, Edinburgh, Salzburg. S. 1956 Dozent Musikhochsch. Köln u. Wuppertal, Mozarteum Salzburg,

Opernstudio Düsseldorf, Königl. Conservat. Den Haag. Fernsehsend. v. zahlr. Insz. im In- u. Ausl. (auch Eurovision) Kompos. Tätigk. f. Radio, schriftst. Tätigk. f. Presse, Opernbearb. Mitbegr. d. 1. Monteverdi-Festivals, Inszenator v. Wagner-, Mozart- u. mod. Zyklen, s. 1987 freiberufl. tätig - Insz.: alle wesentl. Opern d. klass. u. mod. Repertoires; zahlr. westd. Erstauff. (z. B. Moses u. Aron), UA (z. B. Lukaspassion) u. Ausgrabungen (z. B. Rappresentazione di Anima e di Corpo) - 1979 beste Insz. Argentiniens, globale theaterwiss.liche Studienreisen - Liebh.: Archäol., Astron., Molekularbiol. - Spr.: Engl., Franz., Ital., Span., Holl.

REINHARDT, Günther

Dr. med., Prof., Leiter Abt. Rechtsmedizin Univ. Ulm (s. 1980) - Prittwitzstr. 6, 7900 Ulm, Postfach 38 80 (T. 0731 - 179 40 11) - Geb. 15. Juni 1933 Erlangen (Vater: Dr. med. Gustav R., Obermedizinalrat; Mutter: Hedwig, geb. Fröhlich), ev., verh. s. 1962 m. Gerlinde, geb. Bornscheuer, 3 Kd. - Abit. Neues Gymn. Bamberg; Univ. Erlangen, Tübingen, München (Med.). Weiterbild. Psychiatrie, Neurol. u. Rechtsmed. Promot. 1956; Habil. 1971 - Wiss. Rat u. apl. Prof. (1977) Univ. Erlangen-Nürnberg (Rechtsmed.), 1978-80 Leit. Abt. Verkehrsmed. Univ. Heidelberg. Üb. 70 Facharb. - Liebh.: Musik, Belletristik - Spr.: Engl.

REINHARDT, Helmut

Dr. med. vet., Ltd. Kreis-Veterinärdirektor, MdL Nordrh.-Westf. (s. 1975) - Kaettkenstr. 7, 4802 Halle/Westf. (T. 05201 - 24 02) - Geb. 22. Dez. 1921 - CDU.

REINHARDT, Klaus

Dr. theol., o. Prof. f. Dogmatik - Jesuitenstr. 13, 5500 Trier/Mosel (T. 7 50 11) - Geb. 19. Mai 1935 Haslach/Baden, kath. - S. 1968 (Habil.) Lehrtätigk. Univ. Freiburg/Br. (Privatdoz.) u. Theol. Fak. Trier (1969 o. Prof.). Fachveröff.

REINHARDT, Kurt

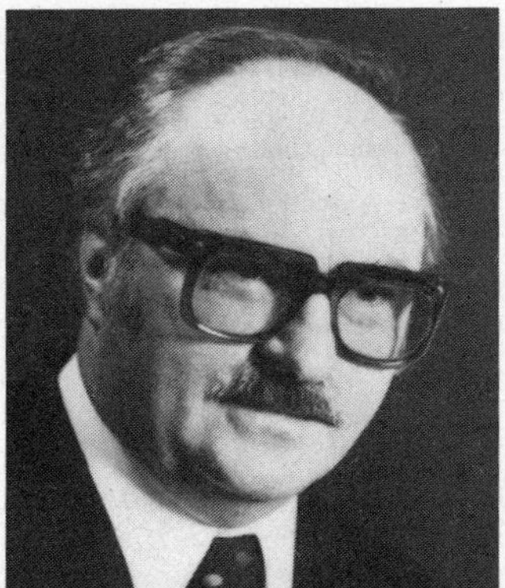

Dr. med., Prof., Chefarzt u. ärztl. Direktor i. R. - Kirschenwäldchen 32, 6620 Völklingen/Saar (T. 2 43 47) - Geb. 18. Febr. 1920 Limbach/Saarl. (Vater: Fritz R., Hüttenarb.; Mutter: Elisabeth, geb. Hock), ev., verh. s. 1951 m. Maria, geb. Lefeber - Obersch. Homburg; Univ. Berlin u. Heidelberg. Med. Staatsex. 1945 - S. 1958 (Habil.) Lehrtätigk. Univ. Saarbrücken (1964 apl. Prof. f. Med. Strahlenkd.); 1958-82 Kreiskrankenhaus Völklingen (Röntgenabt.). Spez. Arbeitsgeb.: Wirbelsäule, Angiologie, Temperatur u. O2-Effekt; Erstbeschreib. d. ulnofibularen Dysplasie (Reinhardt-Pfeiffer-Syndrom) - BV: Myelographie u. Ischias, 1955 (m. K. Panther); Drehgleiten, 1959; D. Mycetom, 1967; D. Lendenkreuzbeingegend, in: Handb. d. med. Radiologie, VI/1 1974; D. vermehrt. Aufhellungen, in: Röntgenolog. Differenzialdiagnostik, I/1 1975; Verkalkungen im Bereich d. Thorax, ebd.; D. krankhaften Haltungsänd., in: Handb. d. med. Radiologie, VI/3 1975; D. diabet. Osteoarthropathie Handb. d. med. Radiologie V/5, 1983; Nichttraumat. Beckenfrakturen, 1983; D. diabet. Fuß, 1983. Üb. 200 Einzelarb. Gedanken üb. Erinnerungen an d. Rußlandkrieg. Wer hat ihn gewollt u. begonnen? Stalin od. Hitler, das ist hier d. Frage? - 1982 BVK I. Kl. - Spr.: Engl., Franz., Ital., Span.

REINHARDT, Rudolf

Journalist - Gravenbruchring 99, 6078 Neu-Isenburg - Geb. 11. April 1914 Chemnitz (Vater: Alfred R., Ing.; Mutter: Luise, geb. Hänsch), verh. s. 1979 m. Jo Hell-R., geb. Justus, 2 Kd. (Michael, Cynthia) - Oberrealsch. (Abit. 1933) - 1936 Werbeleit.; 1945-58 Journ. Berlin (u. a. Chefredakt. Berliner Illustrierte). 1958-80 Frankfurter Allg. Ztg. Lehrbeauftr. Univ. Mainz - 1975 Wächterpr. d. Tagespresse - Spr.: Engl., Franz.

REINHARDT, Uwe

Dr. jur., Staatssekretär im Nieders. Min. f. Wissenschaft u. Kultur (s. 1990) - Wiener Str. 11, 3000 Hannover 81 (T. 0511 - 83 99 48) - Geb. 12. Febr. 1940 Leipzig, verh. s. 1967 m. Carola, geb. Steinel, 2 Kd. (Vivian, Max) - Banklehre; Stud. Rechtswiss. Tübingen, Göttingen, New York - 1986-90 Vors. SPD-Ratsfraktion Hannover; s. 1983 Vors. Landesverb. Niedersachsen-Bremen im Dt. Mieterbund - BV: D. dogmatische Begründung d. Haftungsbeschränkung d. Arbeitnehmers, 1977 - Spr.: Engl.

REINHART, Jakob

Sparkassendirektor, Vorstandsvors. Städt. Sparkasse, Offenbach (s. 1969) - Offenbach/M. - Zul. stv. Vorstandsvors.

REINHOLD, Christine

Dipl. Schauspielerin - Taunusstr. 10, 6050 Offenbach (T. 069 - 81 10 08) - Geb. 28. Juni 1952 Dresden, ev., verh. s. 1986 m. Uwe Bruckhaus - Hochsch.Dipl. 1978 Theaterhochsch. Hars Otto Leipzig - B. 1982 Gastdoz., Schauspielausb. - Rollen: Kleiner Mann was nun (Lämmchen), 1979; Celia Cloudine; Schmuggleremma, Nerissa, 1988-90; Geschlossene Gesellschaft (Ines), 1988 - Liebh.: Politik - Spr.: Franz., Russ., Bulg. - Bek. Vorf.: Großmutter Ilse Voigt (DEFA-Oma); Urgroßvater Hans Wahlberg (Kgl. Hofschausp. Dresden) - Lit.: Kritiken in FAZ, Rundschau, Neue Presse.

REINHOLD, Fritz

s. Grömmer, Helmut

REINHOLD, Heinz

Dr. phil., o. Prof. f. Anglist. Literaturwissenschaft, emerit. 1975 - Gossler Str. 23, 1000 Berlin 33 (T. 831 17 26) - Geb. 27. Sept. 1910 Eythra/Sa. (Vater: Arno R., Ing.; Mutter: Toska, geb. Scheffler), ev., verh. s. 1956 m. Erika, geb. Anspach, 2 Kd. (Gisela, Rüdiger) - Univ. Leipzig u. Kiel. Promot. 1937 Leipzig; Habil. 1951 München - 1951 Privatdoz. Univ. München - 1955 ao. Prof. Univ. Heidelberg; 1956 o. Prof. FU Berlin - BV: Puritanismus u. Aristokratie, 1937; Humorist. Tendenzen in d. engl. Dichtung d. Mittelalters, 1953; D. engl. Roman d. 19. Jh., 1976; D. engl. Roman im 18. Jahrh., 1978; Das engl. Drama 1580-1642, 1982; Charles Dickens u. d. Zeitalter d. Naturalismus u. d. Ästhetischen Bewegung, 1990. Herausg.: Charles Dickens - S. Werk im Lichte neuer dt. Forschung (1969) - Spr.: Lat., Engl., Franz.

REINHOLM, Gert

Ballettdirektor, Leit. Berliner Tanzakad. u. Doz. Staatl. Hochsch. f. Musik u. darstell. Kunst Berlin (s. 1967) - Zu erreichen üb.: Deutsche Oper Berlin, Richard-Wagner-Str. 10, 1000 Berlin 10 - Geb. 20. Dez. 1928 Chemnitz - Ausbild. Sachnowsky, Leontschewa, Tatjana Gsovsky - S. 1946 Solotänzer (zul. I.) u. Ballettdir. (1962) Dt. Staatsoper u. Städt. Oper bzw. Dt. Oper Berlin (1953). Zahlr. Auslandsgastsp. Europa (u. a. Paris), Übersee, Ferner Osten (z. T. m. d. Berliner Ballett). Bek. Partien: Hamlet, Romeo, Orphee, Othello, Orest - 1958 Dt. Kritikerpreis, 1962 Berliner Kunstpreis u. Preis Theater d. Nationen Paris, 1964 Diaghileff-Preis, 1987 BVK, 1987 Mitgl. Akad. d. Künste Berlin - Lit.: H. H. Kellermann, G. R. (Rembrandt-Reihe).

REINICKE, Dietrich

Dr. jur., Prof., Bundesrichter a. D., Ord. f Zivilrecht, insb. Bürgerl. Recht, Handels- u. Zivilprozeßrecht, Univ. Münster (s. 1963) - Langenstr. 22, 4400 Münster/W. - Geb. 10. Febr. 1912 - Zul. Bundesgerichtshof, Karlsruhe.

REINICKE, Ehrhard

Leitender Musikdramaturg Staatstheater Wiesbaden - Erathstr. 15, 6200 Wiesbaden (T. 56 36 06) - Geb. 27. Febr. 1934 Berlin, ev., ledig - Stud. Univ. Köln u. München; Dramat. Tätigk. in Wiesbaden, Wilhelmshaven, Hildesheim, Dortmund, Wiesbaden - Ballettlibretto Alice im Wunderland; Libretto Kinderkonzert D. Zauberturm d. Urgroßv.; Schauspiel-Insz., Almanache, Festschr. usw. - Liebh.: Bildende Kunst - Spr.: Engl., Franz.

REINIG, Christa

Schriftstellerin - Bertholdstr. 11, 8000 München 40 (T. 351 25 05) - Geb. 6. Aug. 1926 Berlin (Mutter: Wilhelmine R.), ev., led. - Humboldt-Univ. Berlin (Kunstgesch., christl. Archäol.) - 1958-63 Kustodin Märk. Museum Berlin (Ost) - BV: D. Steine f. Finisterre, Ged. 1960; D. Traum meiner Verkommenheit, Prosa 1961; Gedichte, 1963; Drei Schiffe, Prosa 1965; Orion trat aus d. Haus - Neue Sternbilder, Prosa 1968; Schwabinger Marterln, Ged. 1968; Schwalbe v. Olevano, Ged. 1969; Papantscha Vielerlei - Exot. Produkte Altindiens, 1971; D. Ballade v. blut. Bomme, 1972 (m. Originalarb. v. Christoph Meckel); D. himmlische u. d. irdische Geometrie, R. 1975; Entmannung, R. 1976; Müßiggang ist aller Liebe Anfang, Ged. 1979; D. Wolf u. d. Witwen, Prosa 1980; D. ewige Schule, Erz. 1982; D. Frau im Brunnen, 1984; Sämtl. Ged., 1984; Ges. Erzählungen, 1986; Nobody, Erz. 1989 - 1964 Bremer Literaturpreis, 1968 Hörspielpreis d. Kriegsblinden (f.: D. Aquarium), 1969 Münchener Tukan-Preis; 1976 Kritiker-Preis (Verb. d. dt. Krit.); 1976 BVK; 1984 Preis SWF-Lit.-Magazin; Mitgl. PEN-Zentrum BRD; 1977 o. Mitgl. Bayer. Akad. d. Schönen Künste; 1980 Literaturstip. Stadt München; 1984 Lit.pr. d. Südwestfunks Baden-Baden.

REINITZER, Heimo

Dr., Univ.-Prof., Wiss. Leiter Dt. Bibel-Archiv Univ. Hamburg, Sprecher d. Fachbereichs Sprachwiss. (s. 1989) - Von Melle Park 6, 2000 Hamburg 13; priv.: Isestr. 55, 2000 Hamburg 13 - Geb. 24. Sept. 1943 Graz (Vater: Gernot R., Gymnasiallehrer; Mutter: Edith), ev.-luth, verh. in 2. Ehe m. Jutta, geb. Warlies, 2. S. (Lukas Sebastian, Simon Andreas) - Univ. Graz (Dt., Gesch.); Promot. 1967 - 1967 Univ. Assist. Graz, 1967-68 Köln, 1968-71 Hamburg, s. 1971 Univ. Doz., s. 1978 Wiss. Leit. Dt. Bibel-Archiv, Biblia deutsch, Wolfenbüttel u. Hamburg 1983; Paul Gerhardt 1986; Textkritik u. Interpretation, 1987 - Herausg.: Vestigia bibliae (1979ff.); Natura loquax (1981) u. a. - 1976 Förderpreis Theodor-Körner-Stiftg.; 1979 Joachim-Jungius-Preis - 1963-72 zehnmal österr. Meister Kugelstoßen u. Diskuswerfen; österr. Rekord Diskus; Teiln. Europameisterschaften; 1968 u. 1972 Teiln. Olympische Spiele - Spr.: Engl. - Bek. Vorf.: Friedrich Richard Cornelius R., Botaniker u. Chemiker (Großvater).

REINITZHUBER, Friedrich Karl

Dr. techn. habil., Dipl.-Ing., Prof. - Boschheideweg 52, 4130 Moers 2 (T. 02841 - 6 16 16) - Geb. 8. Jan. 1910 Graz/Österr., kath., verw. s. 1985, 3 Kd. (Fritz, Ilse, Helga) - Bauing.-Stud. TH Graz - 1957-67 Geschäftsleit. Fried. Krupp Maschinen- u. Stahlbau, Rheinhausen, s. 1968 Berat. Ing. u. Sachverst.; Lehrbeauftr. TH Aachen. S. 1966 Dt. Vizepräs. Intern. Vereinig. f. Brücken- u. Hochbau. Erf. Stahlflachstr. - BV: D. zweiseit. gelagerte Platte, 4. A. 1979 - 1975 Ehrenmitgl. Dt. Stahlbauverb.; 1975 Verdst.med. Europ. Konvention f. Stahlbau, 1977 Ehrenmitgl. Intern. Vereinig. f. Brücken- u. Hochbau - Spr.: Engl.

REINKE, Hans-Joachim

Staatssekretär, Geschäftsf. d. Nieders. Ges. z. Endablagerung v. Sonderabfall (NGS) - Alexanderstr. 4/5, 3000 Hannover 1 (T. 0511 - 36 08-0; Fax 0511 - 36 08-1 10).

REINKE, Helmut

Journalist, Chefredakteur im Axel-Springer-Verlag. Herausg. Ostseezeitung Rostock - Axel-Springer-Platz 1, 2000 Hamburg 36 - Geb. 30. Mai 1928 Essen - U.a. Neue Illustrierte, Fernsehwoche, Hörzu, Bildwoche.

REINKE, Wilhelm

Altbürgermeister, stv. Vorstandsvors. Dortmunder Stadtwerke AG - Kehrbrock 9, 4600 Dortmund 16 - Vorst.-Vors. Dortmunder Hafen AG, Beiratsvors. Dortmunder Eisenbahn GmbH; stv. AR-Vors. Dortmunder Gemeinn. Wohnungsges. mbH; AR-Mitgl. Dortmunder Hoesch Stahl AG; VR-Mitgl. VEW AG.

REINKE-KUNZE, Christine

Dr. phil., Journalistin - Hellkamp 4, 2000 Hamburg 20 - Geb. 10. Jan. 1953 Pinneberg, verh. - Abit. 1971; Stud. Publiz., Slavistik, Politol., Gesch.; Promot. 1977 - S. 1979 journ. Tätigk. (Schwerp.: Wiss.berichterstattung, Polarforsch., Schiffahrt); Mitgl. Dt. Journ.verb., Dt. Ges. f. Meeresforsch., Dt. Ges. f. Schiffahrts- u. Marinegesch., Hamburg-Ges. - BV: Journalismus in d. UdSSR, 1978; D. Meeren auf d. Spur. Gesch. u. Aufgaben dt. Forschungsschiffe, 1986; Hamburger Hafenschiffe, 1989; Aufbruch in d. weiße Wildnis. D. Geschichte d. deutschen Polarforschung, 1992; D. Antarktis, Porträt e. Kontinents, 1992. Übers.: Turgenjew: Ged. in Prosa, 1983 - Spr.: Engl., Russ.

REINKEN, Günter

Dr. agr., Prof., Abteilungsdirektor Landwirtschaft - Höhlenweg 10, 5300 Bonn-Röttgen (T. 25 14 33) - Geb. 18. Aug. 1927 Offenbach/Glan (Vater: Heinrich R., Steuerbevollm.; Mutter: Klara, geb. Stuber), kath., verh. s. 1956 m. Erika, geb. Poetsch, 3 Kd. (Klaus, Monika, Ursula) - Gymn.; landw. Lehre; Univ. Bonn (Dipl.-Landw. 1952). Promot. (1956) u. Habil. (1961) Bonn - 1956-60 Assist. Univ. Bonn; 1960-71 Leit. Abt. Gartenbau, 1971 ff. Abt. Erzeugung, 1989 ständ. Vertr. d. Dir. LK Rhld. ebd. S. 1961 Lehrtätigk. Univ. Bonn (1967 apl. Prof. f. Obst- u. Gemüsebau) - BV: D. Einfluß d. Phosphatversorgung auf d. Wachstum v. Apfelbäumen unt. bes. Berücks. v. Assimilation u. Transpiration, 1961; Damtierhaltung auf Grün- u. Brachland, 1980 u. 1987; Deer Farming, 1990; Integrierter Gemüse- u. Obstbau im europ. Binnenmarkt, 1991. Handbuch- u. Ztschr.-beitr. 2 Fernsehfilme - 1963 Mitgl. Akad. f. Raumforschung u. Landesplanung, 1977 Medaille Recherches de la qualité , 1991 Gold. Tenhaeff Med., Gold. Plak. Landw. Kammer Rheinland - Liebh.: Klass. Musik, Kunstgesch., Philatelie - Spr.: Engl.

REINKEN, Lothar

Dr. med., Prof., Kinderarzt, Chefarzt Kinderklinik St. Elisabeth-Marienhospital, Hamm (s. 1986) - Am Pilsholz 22, 4700 Hamm 1 (T. 02381 - 5 03 43) - Geb. 18. Mai 1943 Essen, ev., verh. m. Dr. Frieda, geb. Dockx, 5 Kd. (Anja,

Ullrich, Joachim, Jan, Philipp) - Promot. 1970 Innsbruck; Habil. u. Priv.-Doz. 1982 Univ. Bochum; apl. Prof. 1989 ebd. - 1970-78 Assist.- u. Oberarzt Univ.-Kinderklinik Innsbruck; 1978-81 Abt.-Leit. Forsch.inst. f. Kinderernährung Dortm.; 1981-85 Oberarzt Univ.-Kinderklinik Bochum - 1972 Clemens v. Pirquet-Preis (höchste wiss. Ausz. d. Österr. Ges. f. Kinderheilkunde f. grundl. Arb. auf d. Gebiet Vitaminstoffwechsel) - Spr.: Engl., Franz.

REINKING, Gabriel

Regisseur, Künstl. Leit. u. Geschäftsf. Altstadt Theater-Spandau Theaterproduktionsges. mbH - Breisgauer Str. 29, 1000 Berlin 38 - Geb. 23. Sept. 1949 München (Vater: Wilhelm R., Bühnenbildner; Mutter: Anelies Sartorius, Kostümbildnerin), verh. s. 1977 m. Mariko Mizuhara - Lehre Verlagsbuchhändler, 1975-78 Schauspielausb.; 1971-74 Buchhändler; 1975-80 Regieassist. Schiller-Theater; 1980/81 Regieassist. Film; 1981-84 Regiss. Theater d. Stadt Essen; s. 1984 Oberspielleit. Badisches Landestheater. Schriftst. Tätigk. (s. 1975), div. Veröff. im Theater. Regie u.a. Lessing: Minna v. Barnhelm, Th. Bernhard: Vor d. Ruhestand, Miller: Tod d. Handlungsreisenden.

REINOLD, Hermann Josef

Dipl.-Kfm., Vorstandsmitglied Gildemeister AG - Morsestr. 1, Postf. 11 03 51, 4800 Bielefeld 11.

REINSBERG, Carl

Dr. phil., Prof., Direktor Nicolaus-Cusanus-Gymn., Bad Godesberg (s. 1953) - Prinz-Albert-Str. 4, 5300 Bonn (T. 22 36 80) - Geb. 16. Mai 1908 Neustrelitz/Meckl. (Vater: Carl R., Verwaltungsbeamter; Mutter: Elise, geb. Höcker), verh. 1948 m. Annamaria, geb. Müller - 1927-34 Univ. Rostock, Göttingen, München - S. 1946 (Habil.) Privatdoz. u. apl. Prof. (1949) Univ. Bonn (Physik). Facharb.

REINSCH, Ernst-Albrecht

Dr. rer. nat., Dipl.-Chem., Prof. f. Theoret. Chemie Univ. Frankfurt/M. - Bornweidstr. 34, 6000 Frankfurt/Enkheim - Geb. 26. Sept. 1931 Chemnitz (Vater: Dr. Otto R.; Mutter: Erika, geb. Hübner), kath., verh. s. 1960 m. Renate, geb. Mauerer, 3 Kd. (Gisela, Wolfgang, Bernhard) - Spr.: Engl., Franz.

REINSCH, Wolfgang

Rechtsanwalt, Geschäftsführer Verband d. Reformwaren-Hersteller (VRH) e.V., Bad Homburg v.d.H., u. Absatzförd. f. Reformwaren (AfR) mbH, Bad Homburg v.d.H., Generalsekr. Europ. Vereinigung d. Verbände d. Reformwaren-Herst. (EHPM) - Schwedenpfad 2, 6380 Bad Homburg (T. 06172 - 2 40 64; Telefax 06172 - 2 15 98) - Geb. 17. Mai 1937 Wesermünde.

REINSHAGEN, Gerlind

Schriftstellerin - Halmstr. 3, 1000 Berlin 19 (T. 302 56 32) - Bühnenst.: Doppelkopf (UA. 1968), Leben u. Tod d. Marilyn Monroe (UA. 1971), Himmel u. Erde (UA. 1974), Sonntagskinder (UA. 1976), D. Frühlingsfest (UA. 1980), Eisenherz (UA. 1982), D. Clownin (UA. 1986), Feuerblume (UA. 1988), Tanz, Marie! (UA 1989). 12 Hörspiele - BV: Rovinato, R. 1981; D. Flüchtige Braut, R. 1984; Gesamtausgabe d. Stücke, 1987; 12 Nächte, R. 1989. Div. Jugendb. - 1970 Mitgl. PEN-Zentrum BRD - 1974 Fördergabe Schillerpreis; 1977 Mühlheimer Dramatikerpreis; 1988 Roswitha v. Gandersheim Lit.-Pr.

REINTGES, Heinz

Dr. jur., Kurator d. FAZIT-Stiftg. GmbH, Frankfurt a.M. - Bahrenbergring 16, 4300 Essen-Heisingen - Geb. 3. Juni 1914 Krefeld (Vater: Dr. Wilhelm R.; Mutter: Maria, geb. Falckenberg), verh. s. 1975 m. Emmy Johanna, geb. Best - Gr. jurist. Staatsprüf. - 1962 Kommandeur d. Verdienstkr. d. Souv. Malteser-Ritter-Ordens; 1967 Komturkreuz d. Zivilen VO Spaniens; 1976 Gr. BVK; 1982 Heinitz-Plak. dt. Bergbau.

REINWEIN, Dankwart

Dr. med., Prof., Oberarzt II. Med. Univ.sklinik Düsseldorf - Zul.: Erich-Müller-Str. 20, 4000 Düsseldorf - Geb. 8. April 1928 - S. 1963 (Habil.) Lehrtätigk. Med. Akad. bzw. Univ. Düsseldorf (1968 apl. Prof. f. Innere Med.). Fachaufs.

REIPRICH, Elisabeth Sophie, geb. Simon

Hausfrau, Lyrikerin - Frankenweg 3, 6915 Dossenheim - Geb. 14. Dez. 1922 Heidelberg (Vater: Michael Simon, Landwirt; Mutter: Elisabeth, geb. Seisler), ev., verh. s. 1948 m. Walter R., T. Ingrid - Volkssch. - BV: D. Schmale Steg, Ged. 1961; Signale u. Träume, Ged. 1964; In d. Himmels Freiwilligkeit, Ged. 1972; Im windgepflügten Smog, Ged. 1972; Vor d. Altären d. Bewußtseins, Ged. 1975; In d. dunkl. Nächten, Ged. u. Erz., 1978 (m. W. Reiprich); Von Klippe zu Klippe, Ged. 1980; D. Kleinbahn hat Verspätung, Gesch. (m. W. Reiprich), 1981; In d. purpurnen Abend, Ged. 1984; Im Dämmernebel, Ged. 1990. Zahlr. Buchbeitr. u. Vertonungen - 1974 Gold. Ehrenring (Lyrikpreis); 1971 Beruf. Dt. Akad. f. Bild. u. Kultur, München; 1982 Intern. Lyrikpreis d. AWMM u. Intern. Buchpreis d. AWMM; 1982 Verdienstturkunde d. Univ. delle arti von Salsomaggiore Terme/Italien; 1984 Buchpr. d. Künstlergilde, Eßlingen; 1990 Preis d. FDA, Stuttgart - Liebh.: Kunst, Musik - Lit.: Dr. Karl Schindler, E. Dichterin im Zwiespalt d. Zeit (1982); Dr. Ernst Josef Krzywon, Üb. d. Horizont (1987).

REIS, Arno

Dipl.-Volksw., gf. Gesellschafter Arno Reis & Partner GmbH (Personal, Beratung, Training) - Im Heimbachtal 48, 6208 Bad Schwalbach 6 (T. u. Telefax 06124 - 21 36); Zweigniederl. Rosa-Luxemburg-Str. 8, O-2500 Rostock (T. u. Fax 0381 - 45 52 99) - Geb. 29. Okt. 1939 Düsseldorf (Vater: Dr. phil. Hugo R.; Mutter: Wilhelmine, geb. Albrecht), verh. s. 1966 m. Isabella, geb. v. Treu, 3 Töcht. (Vanessa, Daphne, Saskia) - Stud. d. Wirtsch.- u. Sozialwiss. Univ. Köln (Dipl.ex. 1966) - 1967-69 Werbeleit. Kraft GmbH., 1969-73 Operations-Res.-Leit. MDV, s. 1973 selbst.; 1974ff. Lehrbeauftr. Fachhochsch. Gießen - 1983 Gründ. E Verlag Arno Reis GmbH; 1986 Gründ. d. Arno Reis & Partner GmbH Personal, Beratung, Training; AR Raiffeisenbank Rostock, mehrere Agrarbetriebe. Fachveröff. - Ehrenamtl. Richter f. Handelssachen am Kreisgericht Rostock - Liebh.: Reiten u. Pferdezucht - Spr.: Engl.

REIS, Hans Edgar

Dr. med., Prof., Chefarzt Krankenhaus Maria Hilf, Mönchengladbach (s. 1978) - Peter-Nonnenmühlenallee 82, 4050 Mönchengladbach 1 (T. 02161 - 8 51 91) - Gymn. Trier; Stud. Univ. Freiburg, Edinburgh, Düsseldorf - Facharzt f. Inn. Med. u. Gastroenterol.; Prof. Univ. Essen u. RWTH Aachen - Liebh.: Musik, Kunst, Sport.

REIS, Maja-Maria

Musikverlegerin - Breidensteiner Weg 76, 6000 Frankfurt/M. (T. 069 - 78 50 44) - Geb. 1. Febr. Berlin (Vater: Schausp.; Mutter: Edith, geb. Krieckler), kath., verh. 1954 m. Werner R. †, 2 T. (Cornelia, Victoria) - N. Abit. Buchhändler-Lehranst. - S. 1949 Mitarb. u. Inh. (1975) Musikverlag Zimmermann; s. 1991 Inh. Musikverlag Robert Lienau. Div. Ehrenstell., dar. 1978ff. Präs. Dt. Musikverleger-Verb. - Liebh.: Musik, Reisen - Spr.: Engl., Franz.

REIS, von, Wolf

Dipl.-Ing., Vorstandsmitglied Flachglas AG, Gelsenkirchen - Steeler Str. 34, 4650 Gelsenkirchen - Geb. 3. Sept. 1924, verh. m. Erica, geb. Reusch, S. Wolf-Hermann - AR Erste Österr. Maschinenglasind. AG (EOMAG), Brunn am Geb; Vorst.-Beirat Bauglasind. GmbH, Schmelz/Saar; Vorst. Dt. Glastechnische Ges. - Spr.: Engl., Franz. - Rotarier.

REISCH, Erwin

Dr. agr., Dr. h. c., o. Prof. f. Angew. Landw. Betriebslehre - Schwerzstr. 35, 7000 Stuttgart-Hohenheim - Geb. 10. Nov. 1924 Wielatsried/Württ., verh. m. Dr. Ingeborg, geb. Flad - Obersch. Ravensburg; n. Kriegsdst. LH Hohenheim. Promot. u. Habil. Hohenheim - 1962-63 Privatdoz. LH Hohenheim; 1963-64 ao. Prof. TH München; s. 1964 o. Prof. u. Inst.dir. LH bzw. Univ. Hohenheim (1970 stv. Präs.). 1973ff. Präs. Kurat. f. Technik u. Bauwesen in d. Landw., Darmstadt, 1974ff. Präs. Hauptverb. d. landwirtsch. Buchstellen, Bonn - BV: D. lineare Programmierung in d. landw. Betriebsw., 1962; Wirtschaftslehre d. landw. Produktion (m. Kehrberg), 1964. Herausg.: Quantitative Methoden in d. Wirtschafts- u. Sozialwiss. (1967), Einführung in d. landw. Betriebslehre (1977, m. Zeddies); Agricultura Sinica (1982) - 1972 Ehrendoktor Hochsch. f. Bodenkultur Wien; 1985 Ehrenprof. d. Landw. Univ. Peking.

REISCH, Johannes

Dr. rer. nat., Dr. med., Dipl.-Chem., Apotheker, Arzt, Prof. u. Abteilungsvorsteher Inst. f. Pharmaz. Chemie Univ. Münster - Hittorfstr. 58-62, 4400 Münster (T. 4 34 31) - Geb. 1. März 1929 Berlin-Dahlem (Vater: Josef R., Kursmakler; Mutter: Rosa, geb. Samohel), kath., verh. s. 1970 m. Dr. rer. nat. Gisela, geb. Eink, Apothekerin - Dipl.-Chem. 1955; Pharmaz.prüf. 1957; Promot. (Dr. rer. nat.) 1958; 1958 Approb. als Apotheker; Habil. 1964; Med. Staatsex. 1970; Promot. (Dr. med.) 1972; 1973 Approb. als Arzt - Ca. 500 Veröff. in in- u. ausl. Fachztschr. - 1974 Ehrenmitgl. Ägypt. u. Ungar. Pharmaz. Ges.; 1974 Silbermed. Ungar. Pharmaz. Ges.; 1981 Mitgl. d. New York Acad. of Sciences.

REISCHACH, Carl

Dr., Vorstandsvorsitzender Erste Kulmbacher Actien-Brauerei - EKU-Str. 1, 8650 Kulmbach/Ofr. - Geb. 24. Jan. 1927 - Stv. AR-Vors. Tucher Bräu AG, Nürnberg, Brauhaus Amberg AG; AR-Vors. Henninger Bräu AG, Frankfurt, Eichbaum Brauereien AG, Mannheim, Deininger Kronenbräu AG, Hof; AR-Mitgl. d. Kulmbacher Spinnerei AG, Kulmbach; VR-Vors. Bad Windsheimer Heil- u. Mineralquellen GmbH; Vors. Verb. Bayer. Ausfuhrbrauereien, München - BVK am Bde.

REISCHL, Gerhard

Dr. jur., Prof., Parlam. Staatssekretär a. D., Generalanwalt Gerichtshof d. Europ. Gem., Luxemburg (1973-84), Hon.-Prof. Univ. d. Saarl. (s. 1982) - Wesselheideweg 43, 5300 Bonn-Duisdorf - Geb. 17. Juli 1918 München (Vater: Rupert R., Rektor †; Mutter: Hilda, geb. Bösenecker †), ev., verh. s. 1954 m. Henriette, geb. Lautz, 3 Kd. (Wilfried, Ulrike, Stefan) - Gymn. u. Univ. München (1937-39, 1947-48; Promot. 1950). Ass.ex. 1951 - 1951-54 Bayer. Justizmin. München (1952 AG.rat); 1954-55 AG ebd.; 1955-56 Dienstst. Bayer. Bevollm. b. Bund, Bonn; 1956-58 Bayer. Staatskanzlei, München (ORR, 1957 Reg.dir.); 1958-61 OLG München (OLG.rat); 1969-71 Bundesfinanzmin. (Parlam. Staatssekr.). 1961-72 MdB. SPD (div. Funktionen) - 1969 BVK I. Kl., 1971 Bayer. VO, 1984 Gr. BVK m. Stern.

REISCHL, Hans

Dipl.-Kfm., Vorstandsvorsitzender Rewe-Zentralorg. (Rewe-Zentral AG u. -Zentralfinanz eG), Köln (s. 1977) - Am Südpark 49, 5000 Köln 51 (T. 37 47 77) - Geb. 6. Dez. 1939 Heindlschlag (Vater: Franz R., Landwirt; Mutter: Maria, geb. Fenzl), kath., verh. s. 1970 m. Monika, geb. Emser, 2 Kd. (Roman Robert, Maja) - Abendgymn. (Abit.); kaufm. Lehre; Ind.Kfm.; wirtschaftswiss. Stud. - Zentralverbandsaussch. f. Fragen d. Organisation u. Steuern (s. 1971) - Liebh.: Mod. Grafik, ges.polit. Fragen - Spr.: Engl.

REISEL, Rainer

Prof., Direktor Dt.-Franz. Hochschulinst. f. Wirtschaft u. Technik (s. 1984) - Lilienstr. 13, 6670 St. Ingbert (T. 06894 - 8 07 19) - Geb. 19. April 1935 Merzig/Saar (Vater: Dr. Otto R.; Mutter: Kläre, geb. König), ev., verh. s. 1965 m. Ingeborg, geb. Poppe, S. Ralf - S. 1972 Doz. FH Saarland; s. 1974 Prof. f. Betriebswirtsch.lehre - Liebh.: Klass. Musik, Wandern, Europ. Lit., Sport, Franz. Gesch. - Spr.: Engl., Franz.

REISER, Hermann

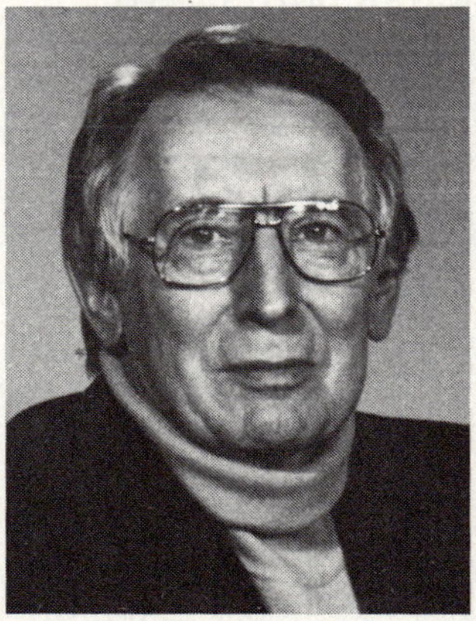

Journalist, MdB (1972-76; Wahlkr. 9/ Pinneberg) - Alsterkamp 9, 2000 Hamburg 13 - Geb. 27. Dez. 1923 Speyer/Rh., verh., 2 Kd. (Kay-Holger, Verena) - Abendgymn. (Abit. 1942); 1942-45 Marine (Ltn. z. See); 1945-47 Stud. Päd. - B. 1950 Lehrer, dann Journ. (FAZ, Frankfurter Neue Presse, Nachtausg., HR, Brigitte; 1963-72 Leit. u. Moderator NDR-Fernsehsend. Freitagsmagazin/ Nordschau). 1974-76 Vors. IPA-Medien-Kommiss.; 1977-90 TV-Sonderkorresp. Politik NDR, 1991 Mitarb. Tele-FAZ (Hessenreport), 1992 TV-Ombudsmann, 3. FS-Progr. HR; stv. Vors. Bewertungskommiss. Filmförderungsanst. Berlin. 1978 TV-Porträt Herbert Wehner. Üb. 80 Schul-, Jugend- u. Frauenfunkhörsp. SPD s. 1962 - 1971 Silb. Preis Intern. Verbraucher-Filmfestival Berlin - Spr.: Engl.

REISER, Otto

Dr., Präsident Landesarbeitsgericht Nürnberg - Roonstr. 20, 8500 Nürnberg 80.

REISING, Anton

I. Bürgermeister - Rathaus, 8752 Mömbris/Ufr. - Geb. 18. Sept. 1921 Mömbris - Zul. Verwaltungsangest. CSU.

REISINGER, Peter

Dr. phil., Prof. Ludwig-Maximilians-Univ. München - Alramstr. 11, 8000 München 70 - Geb. 25. April 1936 Essen, ev., ledig - Stud. Rechtswiss.; 1. jurist. Staatsex. 1961 Düsseldorf; Promot. (Phil.) 1967 Frankfurt; Habil. (Phil.) 1976 Stuttgart u. 1981 München - BV: Hölderlin (m. Bachmaier u. Th. Horst), 1979; Idealismus als Bildtheorie, 1979. Herausg. (m. H. Radermacher): Rationale Metaphysik. D. Phil. v. Wolfgang Cramer (1987).

REISS, Franz

Raumausstattermeister, Altpräs.. Handwerkskammer Wiesbaden - Wielandstr. 9, 6200 Wiesbaden (T. 84 02 57) - Geb. 3. Mai 1907 Wiesbaden (Eltern: Valentin (Tapeziererm.) u. Karoline R.), ev., verh. s. 1934 m. Frieda, geb. Wolf - Volkssch.; Tapeziererhandw. Meisterprüf. 1931 - 1970 BVK I. Kl.; Ehrenring Handwerkskammer Wiesbaden; Ehrenmeister Dt. Raumausstatterhandwerk.

REISS (ß), Gunter
Dr., Prof. f. Dt. Literaturwiss. u. Literaturdidaktik Univ. Münster - Fliednerstr. 21, 4400 Münster - Geb. 1940 München - 1960-68 Stud. German., Phil. u. Theaterwiss. Univ. München (Promot. 1968); 1961-63 Regie- u. Schauspielausb. b. Int. Peter Stanchina, München - 1969-75 Wiss. Assist. u. Akad. Oberrat Univ. Münster; 1975-80 Wiss. Rat u. Prof. PH Rheinl.; 1980-81 Prof. Univ. Köln; 1981ff. Lehrst. f. Dt. Literaturwiss. u. Literaturdidaktik (einschl. Theaterpäd.) Univ. Münster. 1978 Gastprof. Emory Univ., Atlanta/USA; 1980 Jury-Mitgl. Mülheimer Dramatiker-Preis - BV: Allegorisier. u. mod. Erzählkunst. E. Studie z. Thomas Mann, 1970; Geschäftswelt u. Bildkünste b. Heinrich Mann, 1972; Erzähltextanalyse, 2 Bde. 1977; Materialien z. Ideologiegesch. d. dt. Literaturwiss., 2 Bde. (Hg.) 1973; Wilhelm Scherer. Poetik, (Hg.) 1974; Aufs. üb. Mozart, Rich. Wagner, Kleist u. Th. Mann, Barocklyrik, mod. Großstadtlyrik, Hofmannsthal; Fernsehserien; Musikkomödie, Theaterpäd., Funkessays z. Musiktheater.

REISS (ß), Jürgen
Dr. phil., Journalist (b. 1989), Direktor Europa-Programm Deutschlandfunk (1968-89) - Raderberggürtel 40, 5000 Köln 51 (T. Büro: Köln 345 24 20) - Geb. 20. Febr. 1924 Berlin (Vater: Karl R., Prokurist; Mutter: Erna, geb. Hirschfeld), ev., verw., verh. s 1975 m. Inge, geb. Unterluggauer, 2 Töcht. (Esther-Maria, Irene) - Franz. Gymn. (Abit.); Dt. Hochsch. f. Politik (Dipl. 1953) u. Freie Univ. Berlin (Politol.-Gesch., Staatsrecht, Promot. 1956) - D. Tagesspiegel (1947-1949, Redakt.), D. Abend (1949-59, Ressortleit.), D. Kurier (1959-66 Erscheinen eingest., Chefredakt.), alle Berlin. Zeitw. Vors. Berliner Pressekonfz. u. Kassenwart Berliner Presse-Club - BV: George Kennans Politik d. Eindämmung, 1957 - 1952 Hans-Jäckh-Preis; 1985 BVK - Liebh.: Tennis, Segeln, Kochen - Spr.: Franz., Engl. Lions-Club, Dt. Presseclub Bonn, Ges. f. Ausw. Politik.

REISS, Rolf
Chemiker, Vorstandsmitglied Milupa AG, Friedrichsdorf i.R. (1969-92) - Limesstr. 17, 6393 Wehrheim - Geb. 12. April 1927 Berlin-Schöneberg (Vater: Kurt R., Betriebsleit.; Mutter: Charlotte, geb. Emrich), verh. s 1950 m. Christine, geb. Leki, 2 Kd. (Jürgen, Cornelia) - Stud. TU Berlin, Dipl. 1950, Promot. 1952.

REISSER (ß), Heinrich
Dr. jur., Bankdirektor i. R. - Landecker Str. 2, 1000 Berlin 33 (T. 76 23 68; Büro: 82 30 11) - Geb. 16. Febr. 1909 - Verwaltungstätig. b. 1949 Berliner Industriebank AG. (1953 stv., 1956 o. Vorstandsmitgl., b. 1974 -sprecher) - Spr.: Engl. - Rotarier.

REISSMÜLLER (ß), Johann Georg
Dr. jur., Journalist, Mitherausgeber Frankfurter Allgemeine Zeitung - Zu erreichen üb. FAZ, Hellerhofstr. 2-4, 6000 Frankfurt am Main - Geb. 20. Febr. 1932 Leitmeritz/Tschech. (Vater: Karl R., Eisenbahnbeamter; Mutter: Margarethe, geb. Trummer), kath., verh. s. 1956, 3 Kd. - Obersch.; Stud. Rechtswiss. Tübingen. 1. jurist. Staatsex. 1955; Promot. 1958 - 1957-61 verantw. Redakt. Juristenztg.; 1961-67 Redakt FAZ; 1967-71 Balkan-Korresp. FAZ; 1971-74 verantw. Redakt. Innenpolitik FAZ; Mithrsg. 1974 - BV: Jugoslawien - Vielvölkerstaat zw. Ost u. West, 1971; D. vergessene Hälfte - Osteuropa u. wir, 1986; D. Krieg vor unserer Haustür, 1992.

REISSMUELLER, Wilhelm
Dr. phil., Verleger, Herausgeber u. Chefredakteur Donau-Kurier - Zu erreichen üb. Verlag Donau-Kurier, Stauffenbergstr. 2a, 8070 Ingolstadt/Donau - Geb. 19. Dez. 1911 Süßen/Württ. (Vater: Josef R., Goldschmied; Mutter: Maria, geb. Dolderer), kath., verh. s. 1937 m. Elin, geb. Liebl - Gymn.; Kunstakad. Stuttgart; Univ. München (Promot. 1935) - Herausg. Ingolstadt, D. Herzogstadt, d. Universitätsstadt, d. Fest., 4 Bde. 1974; D. Diplomat Hans von Herwarth, 1974. - Bildhauer; Maler. Skulpturen u. Bilder in öfftl. Sammlungen - Bayer. VO.; Bayer. Verfassungsmed. in Gold; Bruststern z. Gr. BVK; Gr. Ehrenz. DRK; Ehrenbürger d. Stadt Ingolstadt; Ehrenmitgl. d. Accad. di Belle Arti Carrara, u. d. Lebenshilfe e.V

REISSNER, Helmut
Dr. jur., Rechtsanwalt, Verkehrsjourn. (VDM), Geschäftsf. Verb. d. Dt. Tapetengroßhandels - Kaiserstr. 17, 6050 Offenbach/M. - Geb. 19. Aug. 1934 Ratibor/Oberschl. (Vater: Josef R., Berufsoffz.).

REITBAUER, Alois
Altbürgermeister Stadt Regen, Schneidermeister - Moizerlitzplatz 5, 8370 Regen/Bay. Wald - Geb. 3. Febr. 1916 Lalling - 1960-83 1. Bürgerm. Stadt Regen. CSU - 1952 BVK; 1968 Bayer. VO.; 1981 Silb. Med. f. bes. Verdienste um d. Kommunale Selbstverw.; 1983 Ehrenbürger Stadt Regen; 1985 BVK I. Kl.

REITBÖCK, Herbert J. P.

Dr. phil. nat., Dr. techn., Univ.-Prof. u. Leiter d. Arbeitsgruppe Angew. Physik u. Biophysik Univ. Marburg (s. 1978), Arbeitsgebiet Informationsverarb. in Biolog. Systemen, Mustererkenn. u. Spracherkenn. durch Computer - Renthof 7, 3550 Marburg/L. - Geb. 22. Juni 1933 Ried/Österr. (Vater: Johann R.; Mutter: Rosa, geb. Poringer) - Dipl.-Ing. 1958 TH Wien; Promot. 1963 Univ. Frankfurt/M. u. 1964 TH Wien - 1959-66 MPI f. Biophysik; 1966-78 Westinghouse Research Center Pittsburgh/USA, 1969 intern. Atomenergiebehörde, 1970-78 Univ. Pittsburgh. Veröff. u. US-Patente - Mitgl. Forschungssenat Westinghouse Electric Corp., Wissenschaftsbeirat d. Goethe-Inst.; Mitgl. New York Acad. Science, American Neuroscience Assoc., European Neurosc. Assoc., Dt. Ges. f. Biophysik, Ges. Dt. Naturf. u. Ärzte, Europ. Assoc. F. Signalprocessing, VDI; Senior Member IEEE, Int. Neural Network Soc. - Spr.: Engl., Span. - Lions Club.

REITER, Ernst
Golf-Professional, Silbermedaillengewinner Olymp. Spiele 1988 in Calgary (Biathlon-Staffel) - Stötthamer Str. 27a, 8224 Chieming - Geb. 31. Okt. 1962 Traunstein/Obb., verh. s. 1991 m. Nicola, geb. Maaßen, 2 Söhne (Markus, Sebastian) - 1984 Olymp. Spiele Sarajevo Bronze-Med. (Biathlon-Staffel).

REITER, Friedrich
Kaufmann, Vors. Bundesinnungsverb. d. Messerschmiede/Fachverb. f. Schleiftechnik, Krefeld - Ottenser Hauptstr. 50, 2000 Hamburg 50.

REITER, Heinrich
Dr. jur., Präsident Bundessozialgericht (1984ff.) - Graf-Bernadotte-Pl. 5, 3500 Kassel 1 - Geb. 27. Aug. 1930 Freising/Obb. - Stud. Rechtswiss. - 1957-84 Landesversicherungsanst. Landshut, Landw. Berufsgenoss. Oberbay., Sozialgericht München, Bayer. Arbeits- u. Sozialmin. (zul. Ministerialdirig. u. Leit. Abt. Sozialversich.). CSU nahesteh. - Honorarprof. an d. Univ. München - 1988 Bayer. VO.

REITER, Ilse
Vorsitzende Verbraucherzentrale d. Saarlandes - Hohenzollernstr. 11, 6600 Saarbrücken.

REITER, Johannes
Dr. theol., Prof. f. Moraltheologie Univ. Mainz - Taunusblick 43, 6531 Appenheim (T. 06725 - 50 83) - Geb. 22. April 1944 Haustadt/Saar, kath., ledig - 1964-67 Ing.stud.; 1968-73 Stud. Theol. u. Phil. in Trier u. München; Promot. 1977 (Moraltheol.); Habil. 1983 (Moraltheol.) - 1984 Prof. f. Moraltheol. Univ. Mainz; Mitgl. Enquete-Kommiss. Chancen u. Risiken d. Gentechnol. d. Dt. Bundestages - BV: D. Moraltheologe Ferdinand Probst (1819-1899), 1978; Modelle christozentrischer Ethik. E. histor. Studie in system. Absicht, 1984; Genetik u. Moral (m. U. Theile), 1985; Aids - Wege aus d. Krankheit, 1988; Menschl. Würde u. christl. Verantwortung. Bedenkliches zu Technik, Ethik, Politik, 1989; Herausforderung Schwangerschaftsabbruch. Fakten - Argumente - Perspektiven (m. R. Keller), 1992. Zahlr. Art. z. Bioethik - Spr.: Engl.

REITER, Melchior
Dr. med., em. o. Prof. f. Pharmakologie u. Toxikol. TU München/Med. Fak. (s. 1969) - Biedersteiner Str. Nr. 29, 8000 München 40 - Geb. 2. April 1919 Berlin (Vater: Dr. phil. Caspar R., Chemiker; Mutter: Anna, geb. Hütt), verh. s. 1947 m. Veronika, geb. Brantl, 3 Kd. (Christoph, Michael, Susanne) - Realgymn. (Treptow) u. Univ. Berlin. Promot. 1944 Berlin; Habil. 1955 München - 1955-69 Privatdoz. u. apl. Prof. (1961) Univ. München. Fachveröff.

REITER, Norbert
Dr. phil., Prof. f. Balkanologie FU Berlin - Birkbuschstr. 16, 1000 Berlin 41 (T. 834 55 39) - Geb. 5. Jan. 1928 Beuthen/OS, verh. s. 1955, 2 Kd. - Stud. Univ. Greifswald, Leipzig u. FU Berlin. Promot. u. Habil. in Slavistik - Dir. Inst. f. Balkanol. FU Berlin; 1983-87 Sprecher d. Osteuropa-Inst. - BV: D. dt. Lehnübersetz. im Tschech., 1953; D. poln.-dt. Sprachbez. in Oberschles., 1960; D. Dialekt v. Titov-Veles, 1964; D. Semantik dt. u. russ. Präposit., 1975; Komparative, 1979; Gruppe, Sprache, Nation, 1984; D. ovyj-Adjekt. in Rußland, 1986; D. skr. Präpositionstyp nad/iznad, 1987. Mitautor: 30 Stunden Serbokroatisch f. Anfänger, 1976. Herausg.: Nationalbewegungen auf d. Balkan (1983); Ziele u. Wege d. Balkanlinguistik (1983); Ztschr. f. Balkanol. u. d. Balkanol. Veröff. d. Osteuropa-Inst. FU Berlin; D. Stellung d. Frau auf d. Balkan (1987); Max Vasmer z. 100. Geb. (1987); Sprechen u. Hören, Akten d. 23. LK (1989). Mithrsg.: Aus 30 Jahren Osteuropaforsch. (1984).

REITER, Udo
Dr. phil., Intendant des Mitteldeutschen Rundfunks (MDR) (s. 1991) - Springer-Str. 22-24, O-7022 Leipzig - Geb. 28. März 1944 Lindau (Vater: Sebastian R., Werkmstr.; Mutter: Josefine, geb. Bildstein), kath., verh. s. 1969 m. Ursula, geb. Weyermann, Tocht. Franziska - Stud. German., Gesch., Polit. Wiss. Univ. München u. München (Promot. 1970) - 1970 fr. Journ.; u. 1973 Bayer. Rundf. (Wissenschaftsredakt.), 1980 Leit. Familienfunk, 1982 Leit. Hauptabt. Politik u. Wirtsch., Chefredakt., 1986 Hörfunkdirektor).

REITH, Rudolf
I. Bürgermeister, stv. Landrat - Rathaus, 8727 Werneck/Ufr. - Geb. 11. April 1935 Werneck - Verwaltungsangest.; VR Kreissparkasse, AR-Vors. Unterfränk. Überlandzentrale Lülsfeld; Schatzm. Bayer. Rotes Kreuz. CSU.

REITHER, Werner
Dr. med., Dr. med. dent., o. Prof. f. Zahn-, Mund- u. Kieferheilkunde - Markgräflerstr. 3, 7812 Bad Krozingen/Br. - Geb. 13. Juli 1919 Johanngeorgenstadt (Vater: Robert R., Fotogr.; Mutter: Marie, geb. Fenn) - Univ. München. Promot. u. Habil. München - S. 1964 Lehrtätigk. Univ. München (Privatdoz.; zul. Ltd. Oberarzt Klinik f. ZMKkrankh.) u. Freiburg (1969 Ord. u. Dir. Zahn- u. Kieferklinik). 85 Fachveröff.

REITMEIER, Lorenz
Dr., Oberbürgermeister Stadt Dachau (s. 1966) - Rathaus, 8060 Dachau/Obb. - Geb. 22. Sept. 1930 München - verh., 3 Töcht. - Zul. Regierungsdir.

REITTER, Hans

Dr. med., Prof., em. Chefarzt Chirurg. Klinik u. Dir. Städtische Kliniken Fulda (s. 1963) - Witzelstr. 16, 6400 Fulda (T. 5 23 45) - Geb. 19. Juni 1919 Weretz (Vater: Prof. Dipl.-Ing. Johannes R., Ord. f. Chemie), kath., verh. s. 1946 m. Dr. Irene, geb. Lachmann, 3 Kd. (Irene, Christiane, Thomas) - Promot. 1942; Habil. 1957 - Gearbeitet unt. Prof. K. H. Bauer (Chir. Univ.sklin. Breslau u. Heidelberg), Prof. E. Randerath (Pathol. Univ.sinst. H'berg), Prof. E. Derra (Chir. Klin. Med. Akad. Düsseldorf); s. 1957 Privatdoz. u. apl. Prof. (1963) MA bzw. Univ. D'dorf. Üb. 40 Buch- u. Ztschr.beitr. (Magen-, Lungen-, Zwerchfellerkrank.) - 1985 BVK - Liebh.: Sammelt Hinterglasbilder u. alte Plastiken - Spr.: Serbokroat., Franz. 1985/86 Rotary-Governor - Bewies 1952-53, daß d. med. Theorie v. Speransky (sowjet. Physiologe) auf e. Irrtum beruht.

REITZ, Heribert
Staatsminister a. D., MdL Hessen (s. 1962; 1968-70 Vors. Haushaltsausssch.; 1970-72 Fraktionsvors.) - Jahnstr. 4, 6251 Offheim (T. 06431 - 9 42 66; Amt: 06121 - 3 21) - Geb. 1. Juni 1930 Offheim - Gymn. (Abit. 1951) - 1951-71 Dienst Bundespost (zul. Oberinsp.); 1972-84 (Rücktr.) Min. d. Finanzen, Wirtsch. u. Technik Hessen; 1960ff. Vors. Gemeindevertr. Offheim; 1968 ff. MdK Limburg. SPD (Vors. Ortsverb. Offheim, Mitgl. Kreisvorst. Limburg). AR-Vors. Flughafen AG., Frankfurt/M.

REITZ, Inge,
geb. Sbresny
Schriftstellerin (Ps. Inge Reitz-Sbresny) - Hindenburgstr. 43, 6500 Mainz (T. 06131 - 67 47 88) - Geb. 20. Juni 1927 Mainz,

verh. m. Helmut R., Gymnasiallehrer, 2 Töcht. (Annette, Nina) - 1947-49 Literaturstud. Univ. Mainz; 1949-57 Verlagsarb. Musikverlag B. Schott's Söhne, Mainz - BV: Määnzer Geschwätz, 1955; Mainzer Gebabbel, 1964; Uff Määnzerisch, 1978; De Holzworm, 1980; Besser als wie nix, 1982; Der un annere, 1984; Redde mer vom Woi, 1986; Besuchszeit, 1989 - Liebh.: Literatur, Kunst, Musik.

REITZE, Paul F.

Dr. phil., Journalist, Ressortleiter Kulturpolitik u. Kultur Die Welt - Paffendorfstr. 121, 5000 Köln 91 (T. 0221 - 86 34 98) - Geb. 20. Sept. 1941 Laupheim/Ulm (Vater: Karl R., Angest.; Mutter: Theresia, geb. Schick), kath., verh. s. 1964 m. Maria, geb. Schmelzer, 2 Kd. (Clemens, Serge) - Promot. 1968 Univ. Bonn - 1970-74 Redakt. Schwäb. Zeitung; s. 1975 Ressortleit. Kultur Rhein. Merkur; s. 1986 s. o. - BV: Beitr. z. Theorie d. dicht. Begeister., 1971; D. Zehn Gebote, 1982 (m. a.); D. Erde wieder bewohnbar machen, 1982 (m. a.) - Spr.: Engl., Franz., Ital.

REITZEL, Michael

Ass. jur., Bevollmächtigter des Vorstands d. RWE Entsorgung AG im Büro Mainz - Zu erreichen üb. RWE Entsorgung AG, Büro Mainz, Wilh.-Theodor-Römheld-Str. 14, 6500 Mainz (T. 06131 - 9 82 30 20) - Geb. 8. Dez. 1943.

REITZIG, Jürgen

Dipl.-Volksw., Hauptgeschäftsführer Bundesverb. Steine u. Erden e.V., Geschäftsf. Sozialpolit. Arbeitsgem. Steine u. Erden - Friedrich-Ebert-Anlage 38, 6000 Frankfurt/M.

REJEWSKI, Erwin

Dr. jur., Bundesanwalt a. D. - Witzleben-Str. 4/5, 1000 Berlin 19 - Geb. 26. Febr. 1914 - B. 1967 Oberstaats-, dann Bundesanw.

RELIWETTE, Hartmut T.

(eigentl. Hartmut Tettweiler), Maler, Bildhauer, Autor - Reliwette-Museum-Idafehn-Nord 58, 2958 Ostrhauderfehn/Ostfriesland; u. Töpferstr. 51, 4300 Essen 1 - Geb. 10. April 1943 - Justizvollzugsamtsinsp. b. d. Sozialtherap. Anst. Gelsenkirchen als Koordin. f. d. Betreuungsbereich, vorm. Leit. d. künstl. Bereiches d. JVA. 1981-83 Doz. VHS Mülheim/Ruhr u. Essen, plastisch. Gestalten - BV: Wundersame Gesch. f. Individualisten, 1971. Filmprodukt.: Zw. Traum u. Wahrheit, 1975/76; Aufbruch, Psychodelic Memories, 1984/85. Präsentation neosymbolistischer Malerei; 70 Ausst. u. Performances im In- u. Ausl.; 1990/91 bundesw. Performance: Variationen e. Verbandplatzes f. ASB; 1984 Gründ. d. Reliwette-Mus. in Ostrhauderfehn. Vertreter e. polit. Kunstrichtung im Sinne e. Kunstaktion. Als Aktionskünstler Arb. an: Vom Himmel fallen, 1987 Ostfriesland (Kunstaktion), sow. Korresp. m. führenden Politikern im In- u. Ausland; Freund u. Mitarb. v. Prof. Joseph Beuys im Rahmen d. Free Intern. Univ. for creativity and interdisciplinary research b. d. VHS Essen. Begr. Lit. Gefangenenztg. Diabolo u. Szene M. - Spr.: Engl. - Lit.: Div. Kunstlex.

RELLERGERD, Helmut

(Ps. Jason Dark, Red Geller) Autor - Am Koehler 13, 5060 Bergisch Gladbach - Geb. 25. Jan. 1945 Dahle/Kr. Altena, verh. s. 1971 m. Roswitha, geb. Maurer, 2 Kd. (Matthias, Michaela) - Autor d. John Sinclair-Serie, erfolgreichste Grusel-Serie d. Welt. Mehr als 800 Romane; Aufl. mehr als 100 Mio.; Jugendb.serie D. Schloss-Trio; Dt. Roman z. Film Ghostbusters; Anthologie: 50mal Gänsehaut; mehr als 100 Sinclair Musik-Kassetten; Verfasser v. Krimis u. Kurz-Stories - Liebh.: Fußball - Spr.: Engl., etwas Franz.

REMANE, Reinhard

Dr. rer. nat., Prof. f. Zoologie, Taxonomie u. Evolution d. Tiere Univ. Marburg - Thüringer Str. 7, 3550 Marburg/L.

REMBECK, Max

Dr. oec., Dipl.-Kfm., Elektroing., o. Prof. f. Betriebswirtschaftslehre - Laustr. 84, 7000 Stuttgart 70 (T. 76 34 46) - Geb. 1907 Stuttgart, verh. s. 1940 m. Annarose, geb. Gräfin v. Hertling, 2 Töcht. (Marierose, Monika) - 1936-39 Hochsch. f. Wirtschafts- u. Sozialwiss. Nürnberg (Assist.), dann Industriepraxis (zul. Fabrikdir.), n. 1945 freiberufl. Tätigk., 1951-65 öfftl. Dienst (zul. Vizepräs. Landesgewerbeamt Baden-Württ.), seither Ord. TH bzw. Univ. Stuttgart (vorher Honorarprof.). Vorstandsvors. Marktforsch.sgem. u. Leit. Inst. f. Unternehm.spolit. Stuttgart. Zahlr. Mitgliedsch. - BV: Voraussetzungen u. Durchführ. d. Ausbild. d. industriellen Einkäufers, 1963; Marktkonforme Unternehmungsführ. durch Marktforsch., 1963; Zulieferer/Abnehmer - Partnerschaft m. Zukunft, 1970; Im Dienst d. Marktforsch., 1963, 2. A. 1971 (m. Eichholz); D. Markt als Erkenntnisobjekt d. empir. Wirtschafts- u. Sozialforsch., 1968 (m. Eichholz); Gruppenw. Untersuch. in d. Bekleid.sind., 1970 (m. IFO-Inst. u. a.); Application of Market Research for small and medium sized Firms in Commerce, 1964 (m. a.); Beschaffungspolit. u. Einkaufstechn., 1964 (m. a.); Region. Wirtsch.sförd. in USA, 1965 (m. a.); Marktw. Probleme d. zukünft. Entwickl. d. ländl. Bau- u. Ausbauhandwerks, 1965 (m. a.); Leitfaden f. d. ind. Beschaffungsmarktforsch., 1967 (m. a.); Markterkund. f. Klein- u. Mittelbetriebe, 2 Bde. 1972; Kolleg f. Untern.sführ., 4 Bde. 1968-72 (m. VDMA), Handb.beitr. Hrsg.: Ztschr. D. ind. Einkauf (1954-69); D. Marktforscher (1957 ff.) - Lit.: Hans Rühle v. Lilienstern, D. informierte Unternehmung, 1972 (Festschr. z. 65. Geburtstag v. M. R.).

REMBOLD, Ulrich

Dr.-Ing., Prof. f. Prozeßrechentechnik Univ. Karlsruhe - Reutstr. 32, 7500 Karlsruhe 41 (T. 0721 - 47 39 91) - Geb. 1. Mai 1929 Danzig-Langfuhr (Vater: Viktor R., Prof.; Mutter: Hildegard, geb. Schramke), kath., verh. s. 1961 m. Brigitte, geb. Braunger, 3 Kd. (Bernhard, Ingrid, Derk) - Dipl. Masch.bau 1955 TU Stuttgart, Promot. 1957; Master Business Administration 1972 Michigan State Univ., East Lansing Michigan/USA - 1957-58 Entw.-Ing. National Carbon Company; 1958-75 Leit. Forsch.-Abt. Syst. Eng. Res. Whirlpool Corporation, Benton Harbor, Michigan/USA; 1975ff. o. Prof. u. Lehrstuhlinh. Prozeßrechentechnik u. Robotik Univ. Karlsruhe - Fachb.: Computers in Manufacturing, 1977; Einf. in d. Informatik I, 1977; Prozeß- u. Mikrorechnersyst., Plan. u. Implementier., 1979; Interface-Technol. f. Prozeß- u. Mikrorechner, 1981; Computer Integrated Manufacturing, 1985; Einführung in d. Informatik, 1987; Rohut Technology and Applications, 1990 - Spr.: Engl., Span., Skandin.

REMBOR, Otto

Direktor, I. Geschäftsf. Landesversicherungsanstalt Rheinland-Pfalz - Eichendorffstr. 4-6, 6720 Speyer/Rh.

REMER, Andreas

Dr. rer. pol., o. Prof. f. Betriebswirtschaftslehre Univ. Bayreuth - Alte Schulstr. 8, 8581 Hummeltal (T. 09201 - 72 80) - Geb. 11. Mai 1944 Schwiebus (Vater: Hans R., Bankkfm.; Mutter: Leonie, geb. v. Eichborn), ev., verh. s. 1981 m. Evi, geb. Stempfle, 4 Kd. (Sven, Niklas, Nina, Jana) - 1965-70 Stud. Betriebswirtsch. Univ. München (Dipl.-Kfm. 1970); Promot. 1973 Augsburg, Habil. 1980 Essen - 1970-81 Wiss. Assist. München, Augsburg, Essen, Priv.-Doz.; s. 1982 o. Prof. Univ. Bayreuth - BV: Personalmanagement, 1978; Personalarb. u. Personalleit. im Großuntern., 1979; Instrumente unternehmenspolit. Steuerung, 1982; Verwaltungsführ., 1982 (Hrsg.); Organisationslehre, 1988.

REMKY, Hans

Dr. med., Prof., Augenarzt - Arabellastr. 5, 8000 München 81 (T. 93 20 14); priv.: Gerstäckerstr. 62, 50 (T. 42 30 06) - Geb. 19. Aug. 1921 Tilsit - S. 1950 (Habil.) Lehrtätigk. Münster u. München (1957 ff. apl. Prof.; b. 1968 Oberarzt Augenklinik). Mitgl. in- u. ausl. Fachges. Zahlr. Veröff. - 1976 Goldmed. Paul Chibert.

REMLING, Elmar

Ministerialdirigent, Leiter Zentralabt. d. Bundesmin. f. Raumordnung, Bauwesen u. Städtebau (b. 1992), 5300 Bonn 2 - Geb. 20. Febr. 1935 Machtilshausen, kath., verh. s. 1959, 3 Töcht. - Abit.; Stud. Rechts- u. Staatswiss.; 1. jurist. Staatsprüf. 1958, 2. jurist. Staatsprüf. 1962 bde. Würzburg - 1963-71 Tätigk. im Bundesmin. d. Verteidig., 1971-82 Tätigkeit im Deutschen Bundestag, 1971-73 Ref. f. Innen- u. Rechtspolitik d. CSU-Landesgr., 1973-81 Sekretär d. Bundestags-Aussch. f. Raumordnung, Bauwesen u. Städtebau, 1981/82 Pers.-Ref. d. Bundestags-Präs.; s. 1982 im Bundesbaumin., 1985-92 Leit. d. Zentralabt.

REMLING, Karl

I. Bürgermeister - Rathaus, 8703 Ochsenfurt/Ufr. - Zul. Landrat Kr. Ochsenfurt - 1973 BVK I. Kl.

REMMELE, Wolfgang

Dr. med., Prof., Direktor Inst. f. Path./Städt. Kliniken Wiesbaden (s. 1968) - Paul-Lazarus-Str. 5, 6200 Wiesbaden-Klarenthal (T. dstl.: 4 30) - Geb. 16. Mai 1930 Frankfurt/M. (Vater: Julius R.; Mutter: Mathilde, geb. Schick), verh. m. Dr. med. Gisela, geb. Jüttner - Univ. Frankfurt/M. (Promot.) - S. 1961 (Habil.) Lehrtätig. Univ. Heidelberg, Kiel (1967 apl. Prof.), Mainz (1969 apl. Prof.). Üb. 150 Fachveröff., 4 Buchveröff.

REMMER, Herbert

Dr. med., o. Prof. f. Toxikologie - Eduard-Spranger-Str. 19, 7400 Tübingen (T. 6 14 52) - Geb. 6. März 1919 Berlin - S. 1950 (Habil.) Lehrtätigk. FU Berlin (1958 apl. Prof. u. stv. Dir. Pharmak. Inst.) u. Univ. Tübingen (1964 Ord. u. Dir. Inst. f. Toxikol.). Facharb.

REMMERBACH, Jürgen

Dr. rer. pol., Dipl.-Kfm., Geschäftsführer Walter Hundhausen Verw.- u. Beteiligungsges. mbH, Schwerte u. zugl. Vorst.-Mitgl. Hoesch Rothe Erde AG, Dortmund - Am Hang 5, 4600 Dortmund 30 (T. 02304 - 8 03 52) - Geb. 17. März 1937 Dortmund, verh. s. 1967 m. Helga, geb. Schellewald, 2 Kd. (Andrea, Michael) - 1958-62 Stud. Betriebsw. Univ. München u. Köln; Promot. 1965 Graz - 1970-81 Vorst.-Mitgl. Spezialmaschinenbau-Untern. Brasilien, u. Hoesch Rothe Erde AG, VR-Mitgl. HRE-Tochterges. in USA, Japan, Großbrit., Ital., Span., Brasilien, Frankr., Österr. - Spr.: Engl., Span., Portug.

REMMERBACH-KNIPP-RENTROP, Günther

Dipl.-Kfm., ehem. Geschäftsführer P. A. Rentrop, Hubbert & Wagner Fahrzeugausstattungen GmbH & Co. KG, Stadthagen - Stadtpark 12, 3060 Stadthagen (T. 70 22 09) - Geb. 7. Sept. 1928 Duisburg - AR-Mitgl. rational einbauküchen GmbH, Melle - Spr.: Engl. - Rotarier.

REMMERS, Johann

Dr. rer. pol., Bankdirektor, Vorstandsmitgl. DG BANK Dt. Genossenschaftsbank (s. 1983) - Am Platz der Republik, 6000 Frankfurt/M. (T. 74 47 01) - Geb. 28. März 1934 Willen - 1959-63 Stud. d. Betriebsw.; Promot. 1969 - S. 1965 DG BANK, 1981 stv. Vorst.-Mitgl. DG BANK; AR-Vors. DEFO Dt. Fonds f. Immobilienvermögen GmbH, Frankfurt, Dt. Immobilien Fonds AG, Hamburg, Dt. Genoss.-Leasing GmbH, Frankfurt/M., DEVIF Deutsche Verwaltungsges. f. Investment-Fonds, Frankfurt/M., DG Anlage GmbH, Frankfurt/M., DG Capital Management GmbH, Frankfurt/M.; stv. AR-Vors. Südwestbank AG, Stuttgart; AR BFL Ges. d. Büro-Fachhandels mbH & Co., Neu-Isenburg, Spar Handels AG, Hamburg, SWB Treuhand GmbH, Stuttgart, Union-Investment-GmbH, Frankfurt/M.; VR Union-Investment Luxembourg, Luxemburg, Bundesverb. d. Dt. Volksbanken u. Raiffeisenbanken, Bonn, Main-Taunus GmbH & Co. Golfanlagen KG, Frankfurt; Beirat Roth-Technik GmbH, Gaggenau, SFB-Bau-Ges. f. schlüsselfertiges Bauen, Köln; stv. Beiratsvors. DSV Silo- u. Verwalt.ges. Kreis Aktie e.V., Düsseldorf, Inst. f. bankhistorische Forsch.; Board of Dir. InTrade N.V., Curacao.

REMMERS, Walter

Justizminister d. Landes Sachsen-Anhalt (s. Nov. 1990) - Kleiststr. 2, 2990 Papenburg 1 (T. 40 26) - Geb. 17. Okt. 1933 Papenburg (Vater: Bernhard R., Malerm.; Mutter: Anne, geb. Rieke), verh. s. 1959 m. Angela, geb. Tolksdorf, 4 Kd. (Thomas, Frauke, Burkhard, Angela) - 1940-47 Volkssch. Papenburg, 1947-54 Aufbausch. Papenburg, Abit. 1954; 1954-59 Stud. Univ. Münster u. Berlin - 1963-70 Gerichtsass. Hannover u. Aurich, dann Amtsgerichtsrat in Papenburg, 1972-82 Rechtsanwalt u. Notar. 1970-90 MdL Nieders.; 1978-82 Ausschußvors. f. Inn. Verwaltung; 1982-90 Justizmin. Nieders.; Juni-Nov. 1990 Vizepräs. Nieders. Landtag; s. Nov. 1990 Justizmin. s.o.

REMMERS, Werner

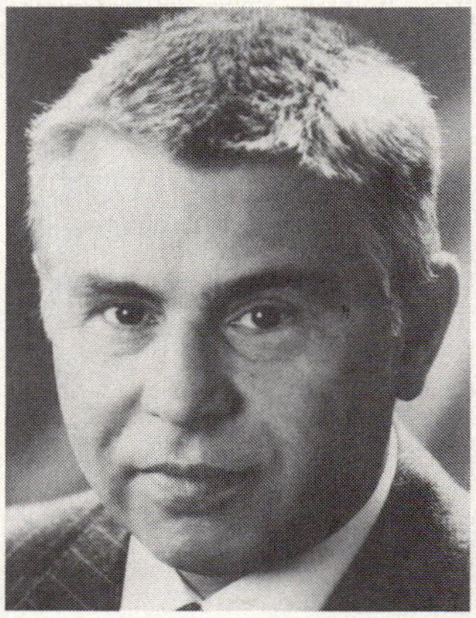

Dr. rer. pol., Landesminister a.D., MdL (s. 1967; 1982ff. Vors. CDU-Fraktion), Direktor d. Kath. Akad. Berlin (s. 1991) - Hannoversche Str. 5, O-1040 Berlin; priv.: Gerhard-Kues-Str. 14, 4450 Lingen-Holthausen (T. Lingen/Ems 60 25) - Geb. 3. Dez. 1930 Papenburg/Ems, kath., verh., 4 Kd. - Gymn. Papenburg; Univ. Bonn u. Münster (Volksw., Sozialwiss.; Dipl.-Volksw. 1955; Promot. 1960) - S. 1955 Erwachsenenbild.; 1960-62 stv. Dir. Franz-Hitze-Haus, Münster; 1962-76 Dir. Ludwig-Windthorst-Haus, Holthausen; 1976-82 Nieders. Kultusmin.; 1986-90 Umweltmin. - Bruder: Walter R.

REMMERT, Hermann

Dr. rer. nat., Prof. f. Zoologie (Ökol.) Fachber. Biologie Univ. Marburg (s. 1976) - Am Weinberg 27, 3556 Weimar/L. (T. 06421 - 73 66) - Geb. 29. März 1931 Hannover, verh. s. 1959 m. Lisa, geb. Mull, 1 Kd. - Habil. 1962 Kiel. Zul. o. Prof. u. Dir. 2. Zool. Inst. (Tierphysiol.) Univ. Erlangen-Nürnberg - BV: D. Schlüpfrhythmus d. Insekten, 1963; Ökologie, Lehrb. 1978 (2. A. 1980, 3. A. 1984, 4. A. 1989, 5. A. 1992, engl. 1980, brasil. 1982, poln. 1985, span. 1988, chin. 1989); Arctic Animal Ecology, 1980; Naturschutz, 1988, 2. A. 1990 - Mitgl. Strukturbeiräte Univ. Bayreuth u. Passau; b. 1992 Vors. Kurat. Vogelwarte Helgoland. Herausg.: Ztschr. Oecologia (1967-89). Mithrsg.: Ecological Studies - 1985 Mitgl. poln. Akad. d. Wiss.

REMMERT, Reinhold

Dr. rer. nat., o. Univ.-Prof. d. Mathematischen Instituts, Dir. d. Math. Instituts Univ. Münster - Berliner Str. 7, 4540 Lengerich/W. (T. 24 30) - Geb. 22. Juni 1930 Osnabrück - 1957 Doz. Univ. Münster; 1959/60 IAS Princeton (NJ); 1960 o. Prof. Erlangen, 1963 Göttingen, 1967 Münster. Mithrsg.: Ztschr. Inv. Math. (1966); Math. Ann. (1970). 1975 o. Mitgl. Rhein.-Westf. Akad. Wiss.; 1983 Korr. Mitgl. Bayer. Akad. Wiss.; 1990 Dr. h. c. Bochum; Komplexe Analysis.

REMMERT, Werner

Präsident Reichsbahndirektion Berlin - Ruschestr. 59, O-1130 Berlin.

REMPE, Albert

Gesellschafter Südbayer. Transportges. KG - Marktoberdorfer Str. 25-27, 8920 Schongau/Obb. - Ehrenpräs. Bundesverb. d. Dt. Güterfernverkehrs (BDF), Frankfurt - Ehrenvors. Landesverb. Bayer. Transportuntern. (LBT), München; 1981 BVK I. Kl., 1988 Gr. BVK; 1983 Bayer. VO.

REMPEL, Ernst Christian

Dr. rer. pol., Dipl.-Volksw., Zeitungsverleger u. Chefredakteur Gießener Allg. - Klosterweg 17, 6300 Gießen (T. 0641 - 4 59 28) - Geb. 15. Juli 1942 Berlin (Vater: Hans R., Verleger; Mutter: Käthe, geb. Rost), ev., verh. s. 1974 m. Eva, geb. Saligmann, 2 Kd. (Jan Eric, Max) - Univ. Marburg (Dipl.-Volksw. 1968; Promot. 1974).

REMPPIS, Gerhard

Oberstudienrat, Parlam. Geschäftsf., MdL Baden-Württ. (s. 1976) - Beethovenstr. 26, 7310 Plochingen (T. 2 26 00) - Geb. 25. Sept. 1940 Kirchheim/Teck (Eltern: Kraftf. Albert u. Sofie R.), ev., verh. s. 1970 m. Elisabeth, geb. Schätzle, S. Jörg - Stud. d. Gesch., Politik, German. Univ. Tübingen; Staatsex. 1967 ebd. - SPD (s. 1968 Stadtrat; 1969-72 stv. Bürgerm.) - Liebh.: Lit., Sport.

REMY, Dietrich

Dr. med., Prof., Direktor Med. Klinik Städt. Krankenanstalten Bremen (s. 1962) - Dobbenweg 6, 2800 Bremen 1 - Geb. 16. Mai 1918 Frankfurt/M. - S. 1957 (Habil.) Privatdoz. u. apl. Prof. (1963) Univ. Hamburg (Innere Med.). Üb. 80 Fachveröff. - Martini-Preis Hamburg.

REMY, Gunther-E.

Aufsichtsratsmitglied Rasselstein AG, Neuwied - Im Schauinsland 33, 5455 Rengsdorf - Geb. 31. Jan. 1930 - Beiratsvors. Dörrenberg Edelstahlwerke GmbH, Ründeroth, Lindemann Maschinenfabrik GmbH, Düsseldorf; Beirat Karl Jüngel GmbH & Co., Leverkusen, Bandstahl Schulte, Hagen.

REMY, Winfried

Dr. rer. nat., Prof., Wiss. Rat Geol.-Paläontol. Inst. Univ. Münster - Potstiege 20, 4400 Münster/W. (T. 86 16 23) - Geb. 21. März 1924 Breslau - S. 1954 (Habil.) Lehrtätigk. Univ. Berlin (Humboldt) u. Münster (1961; 1964 apl. Prof. f. Phytopaläontol.); 1955-61 Leit. Arbeitsst. f. Paläobotanik u. Kohlenkd. Dt. Akad. d. Wiss. zu Berlin, s. 1968 Lt. Forschungsst. f Paläobotanik WWU Münster - Bücher, Buchbeitr. z. Ztschr.aufs.

RENARD, Walter

Dipl.-Ing., o. Prof. f. Technik in Gartenbau u. Landw. (emerit.) - Bevenserweg 10, 3000 Hannover 61 (T. 534 21 12) - Geb. 12. Mai 1904 Chemnitz/Sa., ev., verh., 2 Kd. (Jochen, Gudrun) - Gymn. Chemnitz; TH Dresden (Maschinenbau) - Ab 1936 ao. Prof. f. Landtechnik Univ. Leipzig; 1946-49 eig. Ing.büro Oldenburg; 1949-69 Ord. u. Inst.sdir. TH bzw. TU Hannover (1964-66 Rektor). Facharb.

RENDA, Ernst-Georg

Dr. phil., Dipl.-Päd., Akademischer Direktor am Pädagogischen Inst. d. Johannes Gutenberg-Univ. Mainz - Am Damsberg 12, 6500 Mainz 43 - Geb. 1. Juni 1944 Rangsdorf, verh. s. 1969 m. Dipl.-Psych. Sieglinde, geb. Sylla, T. Stephanie - Landesvors. d. Fachverb. Philosophie, Rheinl.-Pfalz - BV: Philosophie im Gymnasium, 1981; zahlr. Aufs. - Bek. Vorf.: Johann Christian R., 1676-1764 Leit. u. 1. Inspektor d. Ev. Armen- u. Kinderwaisenhauses zu Augsburg, Schüler v. August Hermann Francke.

RENDTORFF, Rolf

Dr. theol., em. o. Prof. f. Alttestamentl. Theologie - Kisselgasse 1, 6900 Heidelberg (T. 06221 - 54 33 19) - Geb. 10. Mai 1925 Preetz/Holst. (Vater: Prof. D. Heinrich R., 1930-33 Bischof Luth. Kirche Meckl., zul. Ord. f. Theol. Univ. Kiel (s. XIII. Ausg.); Mutter: Hedwig, geb. Besser), ev., verh. s. 1949 m. Helge, geb. Hoefke, 4 Kd. (Annemarie, Barbara, Klaus, Christian) - Univ. Kiel, Göttingen, Heidelberg (Theol.; Promot. 1950) - 1953-58 Doz. Univ. Göttingen; 1958-63 Prof. Kirchl. Hochsch. Berlin (1962/63 Rektor); 1963-90 Ord. Univ. Heidelberg (1970-72 (Rücktr.) Rektor). Vizepräs. Dt.-Israel. Ges. (1966-77). Vors. Dt.-Israel. Arb.kreis f. Frieden i. Nahen Osten (1977-86). Mitgl. World Council of the Union of Jewish Studies (1971ff.). SPD - BV: D. Gesetze in d. Priesterschrift, 2. A. 1963; D. Werden d. Alten Testaments, 2. A. 1965; Gottes Geschichte, 1962; Studien z. Gesch. d. Opfers im Alten Israel, 1967; Väter, Könige, Propheten - Gestalten d. Alten Testaments, 1967 (engl.: Men of the Old Testament, 1968); Ges. Studien z. Alten Testament, 1975; Israel u. s. Land, 1975; D. überlieferungsgeschl. Problem d. Pentateuch, 1977; D. Alte Testament. E. Einführung, 1983, 4. A. 1992; Leviticus, 1985ff.; Hat denn Gott s. Volk verstoßen? D. ev. Kirche in Dtschl. u. d. Judentum s. 1945, 1989; Kanon u. Theologie. Vorarbeiten zu e. Theologie d. Alten Testaments, 1991. Mithrsg.: D. Kirchen u. d. Judentum. Dok. 1945-85 (1988, 2. A. 1989, m. H. H. Henrix) - Spr.: Engl., Neuhebr. - Bek. Vorf.: Prof. D. Dr. Franz R., zul. Ord. f. Theol. Univ. Leipzig, s. X. Ausg. (Großv.) - Bruder: Trutz R.

RENDTORFF, Trutz

Dr. theol., o. Prof. Inst. f. Systemat. Theologie, München - Linastr. 3, 8000 München 71 - Geb. 24. Jan. 1931 Schwerin/Meckl., ev., verh. s. 1956 m. Margrit, geb. Ottow, 3 Töcht. (Stefanie, Nicola, Verena) - Gymn. Stettin u. Kiel; Univ. Kiel, Bloomington (USA), Göttingen, Basel, Münster (Theol., Soziol.). Promot. u. Habil. Münster - 1957-68 Assist., Privatdoz. u. apl. Prof. Univ. Münster, 1968 o. Prof. f. Systemat. Theologie Univ. München; 1979-84 Vors. Wiss. Ges. f. Theol.; s. 1980 Vors. Kammer f. öfftl.Verantwort. d. Ev. Kirche in Dtschl.; s. 1981 Präs. Ernst-Troeltsch-Ges., s. 1985 Mitgl. d. Synode d. EKD - BV: Die soziale Struktur d. Gemeinde, 2. A. 1959; Kirche u. Theol., 2. A. 1970 (auch engl.); Theol. d. Revolution, 4. A. 1970 (m. H. E. Tödt; auch holl. u. finn.); Christentum außerh. d. Kirche, 1969 (auch holl.); Christentum zw. Restauration u. Revolution - Polit. Wirkungen neuzeitl. Theol., 1970; Theorie d. Christentums, 1972; Polit. Ethik u. Christentum, 1978; Ethik, 2 Bde. 1980/81 (auch engl.), 2. A. 1990; Vielspältiges. Protestantische Beiträge z. ethischen Kultur, 1991; Theologie in d. Moderne, 1991. Fachaufs. Herausg.: Religion als Problem d. Aufklärung, 1980; Europäische Theologie, 1980; Glaube u. Toleranz, 1982; Charisma and Instituion, 1985. Mithrsg.: Humane Gesellschaft (1970); Handbuch d. christl. Ethik (1982), 3 Bde. - Spr.: Engl. - Eltern s. Rolf R. (Bruder).

RENFER, Ted M.

Direktor Vorwerk Mexico S.A. de C.V. - Adolfo Prieto 612, Col. del Valle, 03100 Mexico D.F. (T. 0052 - 5-543 42 66/67, Fax 0052 - 5-536 34 70) - Geb. 17. April 1950.

RENFERT, Cornel

Dr. jur., Hauptgeschäftsführer Dt. Franz. Industrie- u. Handelskammer/ Chambre Franco-Allemande de Commerce et d'Industrie (s. 1969) - 18, Rue Balard, F-75015 Paris (T. 40 58 35 35) - Geb. 24. Juli 1933 Prüm/Eifel (Vater: Prof. Dr.-Ing. Bernhard R., zul. Ord. f. Straßen-, Erd- u. Tunnelbau TH Aachen (s. XIII. Ausg.); Mutter: Hilde, geb. Buchmüller), kath., verh. s. 1969 m. Adelheid, geb. Peters, 3 Söhne (Markus, Christof, Patrik) - Univ. Bonn, München, Köln, New York (Columbia), Paris (Sorbonne) - Rechtsanw. - BVK I. Kl.; Chevalier de la dégion d'Honneur - Spr.: Engl., Franz. - Rotarier.

RENGELING, Hans-Werner

Dr. jur., Prof. f. Öffentliches Recht - Langeworth 143, 4400 Münster (T. 0251 - 21 20 38) - Geb. 25. Febr. 1938 Essen (Vater: Wilhelm R., Bankdir.; Mutter: Hildegard, geb. Heckmann), kath., verh. s. 1969 m. Christa, geb. Röhr - Gymn. Essen, Jura-Stud. Freiburg u. Münster, 1. jur. Staatsprüf.; 1964 Hamm, 2. - 1972 Düsseldorf, Promot. 1971 Münster, Habil. 1975 - 1977 Wiss. Rat u. Prof. Univ. Hamburg, 1978 Prof. Univ. Bonn, 1981 Prof. Univ. Osnabrück, 1981 Mitschriftl. d. Dt. Verw.blatts - BV: Priv.völkerrechtl. Verträge, 1971; Rechtsgrunds. b. Verw.vollzug d. Europ. Gemeinsch.-rechts, 1977; D. kommun. Bauleitplan. (m. W. Hoppe), 1973; Rechtsschutz b. d. kommun. Gebietsreform (m. W. Hoppe), 1973; Sicherung d. Weltfriedens b. d. Vereinten Nationen (m. D. C. Dicke), 1975, D. immissionsschutzrechtl. Vorsorge, 1982; Planfeststell. f. d. Endlag. radioaktiver Abfälle, 1984; D. Stand d. Technik b. d. Genehmig. umweltgefährd. Anlagen, 1985; Erfüllung staatlicher Aufgaben durch Private, 1986; Probabilistische Methoden b. d. atomrechtlichen Schadensvorsorge, 1986; Europ. Umweltrecht u. europ. Umweltpolitik (Hrsg.), 1987; D. Kooperationsprinzip im Umweltrecht, 1988; Umweltvorsorge u. ihre Grenzen im EWG-Recht, 1989; Rechtsfragen zu Bundesendlagern f. radioaktive Abfälle, 1990; Aktuelle Entwicklungen in d. Europ. Gemeinsch. (m. R. von Borries, Hrsg., 1992 - Vorst.-Mitgl. Wiss. Ges. f. Europarecht, Inst. f. Europarecht Univ. Osnabrück.

RENGER, Annemarie,

geb. Wildung

Dr. h. c., Bundestagspräsidentin a.D. - Postanschrift: Bundeshaus, 5300 Bonn (T. Bundeshaus: Bonn 1 61) - Geb. 7. Okt. 1919 Leipzig (Vater: Fritz Wildung, Mitbegr. Arbeitersportbewegung, Straße in Berlin-W'dorf nach ihm benannt; Mutter: Martha, geb. Scholz), verh. I) 1938 m. Emil Renger (gef. II. Weltkr.), S. Rolf, II) 1965 Dipl.-Volksw. Aleksandar Lončarević († 1973) - Lyz.; Verlagsausbild. - Verlagstätigk. Berlin; 1945-52 Privatsekr. d. 1. SPD-Nachkriegsvors. Kurt Schumacher (†); s. 1953 MdB (Parlam. Geschäftsf.; Mitgl. Fraktionsvorst.; 1972-76 Bundestagspräs.) Div. Funktionen. SPD s. 1945 (1961-73 Mitgl. Vorst. u. Präsid.; 1966-73 Vors. Bundesfrauenaussch.; Vors. d. Kontrollkommiss.); Schirmherrin d. Drogenhilfe '80; Vizepräs. Europa-Union; 1966-72 stv. Präs. Sozial. Frauen in d. Sozial. Internationale; Präs. d. Arbeiter-Samariter-Bundes; s. 1976 Vors. d. Dt.-Israel. Parlamentariergruppe im Dt. Bundestag; Vors. Dt. Helsinki-Komit. f. Menschenrechte, Sicherheit u. z. Zusammenarbeit, d. Kurat. d. Dt. Ges. z. Förd. d. Friedens im Nahen Osten, d. Kurt-Schumacher-Ges. - BV: Fasziniert v. Politik, 1981. 4-Fs.-Frauengesch./AR - Eine Frau auf polit. Parkett (ARD 5. Nov. 1981). Herausg.: Kurt Schumacher - Bundestagsreden (1972) - 1974 Gr. BVK; Hon. Fellow d. Hebr. Univ. Jerusalem; Vors. Zentralverb. Demokrat. Widerstandskämpfer- u. Verfolgtenorg; Präs. Vereinig. ehem. Abg. d. Dt. Btg.

RENGER, Gernot

Dr. rer. nat., Prof. f. Physikalische Chemie TU Berlin - Hagelberger Str. 10c, 1000 Berlin 61 (T. 030 - 785 38 10) - Geb. 23. Okt. 1937, kath., verh. s. 1966 m. Eva, geb. Cieslik - Ing. Chemie 1959 Leipzig; Dipl.-Chemiker 1966 TU Berlin; Promot. 1970 ebd.; Habil. 1977 - 1980 Prof. TU Berlin; 1982-84 geschäftsf. Dir. Max Volmer Inst.; 1985-87 Dekan FB Physik u. Angew. Chemie - Editorial Board d. Ztschr. Photosynthesis Research, Academic Press Japan. Herausg. (m. a.): The Oxygen Evolving System in Photosynthesis; ca. 180 wissenschaftl. Veröff. - Liebh.: Gesch., Sport - Spr.: Engl.

RENGER, Johannes

Dr. phil., Prof. FU Berlin - Bogotastr. 18, 1000 Berlin 37 - Geb. 18. Sept. 1934 Schönau (Vater: Ewald R., Syndikus; Mutter: Elisabeth, geb. Struckmann), ev., verh. s. 1962 m. Gisela, geb. Knoth, 3 Kd. (Almut, Christoph, Sabine) - 1. theol. Ex. 1957 Leipzig, Promot. 1965 Heidelberg - 1966-76 Univ. of Chicago (Res. Assoc., Assist.-Prof. u. Assoc.-Prof.); 1976ff. o. Prof. f. Altorientalistik FU Berlin. Korr. Mitgl. Dt. Archäol. Inst.; 1. Vors. Dt. Orientges. - Spr.: Engl., Franz.

RENK, Reinhold

I. Bürgermeister - Dr.-Max-Schaab-Str. 18, 8645 Steinwiesen-Markt - Geb. 2. Okt. 1931 Steinwiesen - Kerammaler. SPD.

RENK, Rolf

Kaufmann, Vors. Verb. Dt. Schiffsausrüster, Hamburg - Jagersredder 7, 2000 Hamburg 65 - Geb. 12. Sept. 1924. - Inh. Schaar & Nimeyer, Hamburg.

RENN, Heinz

Dr. rer. pol., Dipl.-Volksw., Prof. f. Soziologie, - Habichtweg 1, 2053 Schwarzenbek (T. 04151 - 31 92) - Geb. 22. Jan. 1940 Mayen (Vater: Heinrich R., selbst. Kaufm.; Mutter: Alwine, geb. Astor), kath., verh. s. 1967 m. Veronika, geb. Reißer, S. Christoph - Realsch., kfm. Lehre, Gymn. (Abit. 1962 Bonn); Stud. Soziol. u. Wirtsch.wiss. Univ. Köln, Dipl. 1967, Promot. 1972 - 1967-73 Univ. Köln, 1970-73 Lehrbeauftr. Univ. Düsseldorf, 1972/73 Univ. Bochum, 1973-77 Univ. Hamburg (Wiss. Oberrat), s. 1977 Prof., 1981-83 gf. Dir. Inst. f. Soziol. Univ. Hamburg, 1984-86 Spr. Fachber. Phil. u. Sozialwiss. Univ. Hamburg - BV: D. Messung v. Sozialisierungswirk., 1973; Nichtparametrische Statistik, 1975; Zahlr. Publ. in Fachztschr. u. Sammelwerken üb. sozialwiss. Meth. sow. angew. Sozialforsch., insbes. z. Fragen d. Suchtprävention - Spr.: Engl., Franz.

RENNEFELD, Dirk-Jens

Verwaltungsdirektor Sender Freies Berlin - Masurenallee 8/14, 1000 Berlin 19 - Geb. 21. Aug. 1939, verh. s. 1969 m. Hildegard, geb. Koch, S. Felix.

RENNER, Edmund

Dr. agr., Prof., Leiter Fachgebiet Milchwissenschaft/Inst. f. Tierzucht u. Haustiergenetik Univ. Gießen (s. 1968) - Waldgirmeser Str. 1, 6335 Lahnau-Atzbach (T. Gießen 702 61 45) - Geb. 15. Jan. 1932 Bamberg (Vater: Raimund R., Landw.; Mutter: Elsa, geb. Markert), kath., verh. s. 1965 m. Barbara, geb. Lehmann, 2 Töcht. (Ulrike, Stephanie) - 1944-51 Gymn. Würzburg u. Miltenberg; 1951-53 prakt. Lehre; 1953-56 TH München (Landw.). Landw. Diplom- 1956, Staatsex. 1958; Promot. 1960, Habil. 1967 - 1960-68 Assist. u. Konservator TH München (Inst. f. Milchwiss., Weihenstephan) - BV: Math.-statist. Methoden in d. prakt. Anwendung, 1970, 2. A. 1981; Milch u. Milchprodukte in d. Ernähr. d. Menschen, 1974, 2. A. 1982; Milk and Dairy Products in Human Nutrition, 1983; Konsummilch, 1985; Nährwerttabellen f. Milch u. Milchprod., 1986; Statistikprogramme in BASIC, 1986, 1987; Application of Ultrafiltration in the Dairy Industry, 1991; Molkereimaschinen u. -verfahren. Herausg.: Lexikon d. Milch (1988); Micronutrients in milk and milk-based food products

(1989); Dictionary of Milk and Dairying (1991). Etwa 330 Fachaufs. - Liebh.: Musik - Spr.: Engl.

RENNER, Egon A. E.

Dr. phil., Ethnologe/Linguist, Assist.-Prof. Seminar f. Völkerkunde Univ. Hamburg - Sybelstr. 23, 1000 Berlin 12 (T. 030 - 323 89 79) - Geb. 13. Jan. 1935 Offenbach am Glan (Vater: Adolf R.; Mutter: Erna R., geb. Nickel), ev., verh. s. 1964 m. Betty, geb. Waeser, 2 Kd. (Marcus, Gesine) - 1949-52 Lehre als Dekorations- u. Schriftenmaler, 1959-62 Kunststud. Rom u. London, Kunstdipl. 1959 u. 60 Rom; 1966-69 Berlin-Kolleg, Abit., 1969-75 Stud. Ethnol., Linguistik, Altamerikan., Roman. Univ. Berlin, Promot. 1978 - 1958-66 kunsthandwerkl. u. künstler. Tätigk. (Aufträge, Projekte, Beteilig. an Kunstausstell.) im In- u. Ausland, 1963 Art Advicer am Inform. Center d. liberian. Reg., Monrovia; 1978-80 wiss. Assist. Museum f. Völkerkunde Berlin; 1979-80 Lehrbeauftr. Inst. f. Ethnol. FU Berlin; s. 1980 Ass.-Prof. Sem. f. Völkerkd. Univ. Hamburg, Forschung; 1982-88 Redakt. Ztschr. f. Ethnol.; Wiss. Mitarb. b. d. Erschließung d. Kirchenkampfarchivs (KKA) d. Ev. Zentralarchivs in Berlin (EZA Berlin) d. Ev. Kirche in Dtschl. (EKD) u. d. Ev. Kirche d. Union (EKU) - Entd.: Detaill. Nachweis d. Anwendbark. d. Kuhnschen Paradigmamod. in d. empir. Nicht-Naturwiss. - BV: Kogn. Anthropol. Aufbau u. Grundlagen e. ethnol.-linguist. Paradigmas, 1980; Kognitive Anthropol. versus ethnologischer Historismus: Zur Situation d. dt. Ethnologie u. ihrer Ausbrecher, 1988; zahlr. Art. in in- u. ausl. Fachztschr. - 1960 Premio dell'Arte di Via Margutta d. Stadt Rom; 1971-76 Stip. d. Studienstiftg. d. dt. Volkes - Spr.: Engl., Span., Ital., Franz.

RENNER, Helmut

Dr. med. habil., Prof., Chefarzt Abt. Strahlentherapie Klinikum Nürnberg (s. 1976) - Flurstr. 17, 8500 Nürnberg 91 (T. 0911 - 398 27 89) - Geb. 5. Aug. 1940. kath., verh. s. 1973 m. Elisabeth, geb. Baier, 2 Kd. (Stephan, Andrea) - Stud. Medizin Univ. München, Bonn, Innsbruck; Promot. 1966 Bonn; Habil. 1975 Hannover - BV: Strahlenbiologie d. Lymphatischen Systems, in: Handbuch d. Medizin. Radiologie, 1985 - Spr.: Engl., Franz., Ital., Span.

RENNER, Hermann

Dr. phil., Fernseh-Journalist, Redaktionsleit. Dok.-Fernsehen BR - Wallisertsr. 160, 8000 München 71 (T. 089 - 75 36 74) - Geb. 9. Mai 1928 München. kath., verh. s. 1955 m. Gertraud Pawlowski, 2 Töcht. (Bettina, Isabella) - Abit. 1948 München; Univ. München 1950-55 Gesch., Phil., German.; Promot. 1957 Univ. München - S. 1949 Redakt. Zeitfunk-HF BR; 1961-64 Leit. d. Pressestelle BR, dann Leit. d. Abt. FS-Dok. BR; Doz. Dt. Journalistensch. München - BV: Georg Heim d. Bauerndoktor - Lebensbild e. ungekrönten Königs, 1960 - Liebh.: Klass. Musik - Spr.: Engl.

RENNER, Ingeborg,

geb. Meyer

Hausfrau, MdA Berlin (s. 1967) - Barfusstr. 31, 1000 Berlin 65 (T. 451 41 23) - Geb. 24. März 1930 Berlin, verh., 3 Kd. - Höh. Schule (Abitur 1948) u. Päd. Hochsch. Berlin (4 Sem.) - 1962-67 Bezirksverordn. Wedding. SPD s. 1947.

RENNER, Rudolf

Prof., Theologe - Herrenstr. 29, 7501 Grünwettersbach (T. Karlsruhe 4 62 74) - Geb. 2. Jan. 1915, ev. - S. 1951 Doz. u. Prof. Päd. Hochsch. Karlsruhe (Didaktik u. Methodik d. ev. Religionsunterr.). Fachaufs.

RENSING, Ludger

Dr., Prof. f. Zellbiologie Univ. Bremen (s. 1976) - Parkstr. 83, 2800 Bremen - Geb. 23. Okt. 1932 Münster (Vater: Theodor R., Landeskonservator; Mutter: Therese, geb. Benseler), verh. s. 1963 m. Roswitha, geb. Holberg, 3 Kd. (Christopher, Anne, Elke) - Promot. 1960; Habil. 1966 - 1960-68 Wiss. Assist. Göttingen; 1962-64 Stip. Princeton Univ. N. J.; 1971-76 Doz. u. apl. Prof. Göttingen - BV: Biol. Rhythmen, 1973; Allg. Biol., 1975, 2. A. 1984 (m.a.); Temporal Order (hg. m.a.), 1985; Temporal Disorder in Human Oscillatory Systems 1987 (hg. m.a.); Zellbiologie (m.a.), 1988; Oscillations and Morphogenesis, 1992 (hg.) - 1989-91 Präs. Europ. Ges. f. Chronobiol.

RENTROP, Friedhelm

Wirtschaftsprüfer u. Steuerberater - Roonstr. 5, 5300 Bonn 2 (T. 0228 - 35 10 38) - Geb. 14. Febr. 1929 Köln (Vater: Dr. Siegfried R., Wirtsch.prüf. u. Steuerber.; Mutter: Elsa, geb. Eckel), ev., verh. s. 1956 m. Annemie, geb. Ringel, 5 Kd. (Norman, Klaus, Robert, Inga, Evelyn) - Ind.-Kfm.; 1950-62 Univ. Köln u. Bonn (Wirtsch.wiss., Steuerrecht, Recht) - 1955-79 eig. Praxis, 1970-86 Vorst. WP-AG, Vorst.-Mitgl. DSL-Holding AG, Bonn; Vors. Bundesfachaussch. Finanzen u. Steuern d. Bundesverb. d. Selbständigen (Dt. Gewerbeverb.); VR DSL Bank Bonn; Präs. Deutsch-Koreanische Ges.; Mitgl. Kurat. Stiftg. Bonner Altenhilfe, FDP Landesfachaussch. NRW, FDP Bundesfachaussch. Finanzen u. Steuern; Schatzmst. DABEI - Dt. Aktionsgemeinsch. Bildung-Erfindung-Innovation e.V., BdS - Bundesverb. d. Selbständigen (Dt. Gewerbeverb.), Leukämie Initiative Bonn eV; AR-Vors. Elite Diamant-GmbH, Flachstrickmasch. u. Fahrradwerke, Chemnitz/Sachsen. 1980-83 MdB (FDP), 1982/3 Vors. d. Finanzaussch. Dt. Bundestag, ab 1984 wied. eig. Praxis.-Liebh.: Rudern, Golf - Gold. Sportabz. - Spr.: Engl., Franz.

RENTROP, Norman

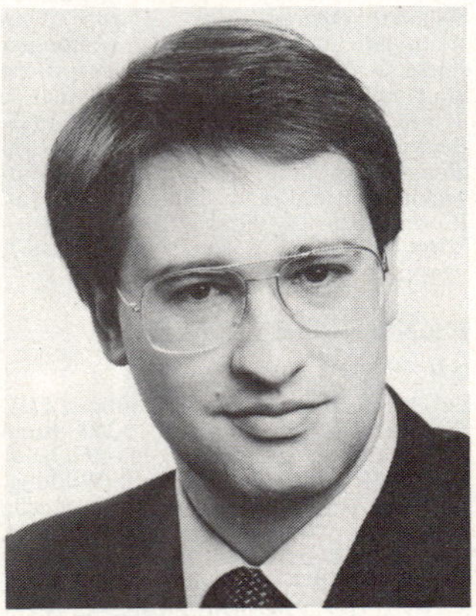

Dipl.-Kfm., Verleger, Herausg. - Theodor-Heuss-Str. 4, 5300 Bonn-Bad Godesberg (T. 0228 - 82 05-0) - Geb. 26. Okt. - Aloisiuskolleg Bad Godesberg; Austauschschüler Eton College, England; Univ. Köln (Planung, Org., Wirtschaftsgesch.) - Verlag Norman Rentrop; Herausg. Ztschr.: D. Geschäftsidee (s. 1976), D. Erfolgsberater (s. 1982), D. Werbeberater (s. 1984), D. Reden-Berater (s. 1987), Trendletter - Megatrends aktuell (s. 1987), Immobilien-Berater (s. 1988), D. Sozialversich.-Berater (s. 1989) - BV: Ausgew. Strategien im Gründungsprozeß, 1985; Franchise-Chancen, 1986; Tips z. Unternehmensgründ., 1977; Venture Capital Katalog, 1983; Jetzt selbständig machen, 1986 - Liebh.: Golf, Ski.

RENTSCH, Jürgen

Dipl.-Lehrer, Landesvorsitzender Brandenburg d. Deutschen Polizeigewerkschaft im DBB, Sachbearb. an LPS Brandenburg - Humboldtring 16, O-1595 Potsdam (T. 0031 - 48 19 26) - Geb. 28. Nov. 1949 Bautzen, verh. s. 1972, 2 Kd. (Yves, Yvonne).

RENTSCHLER, Ingo

Dr. rer. nat. habil., Dr. med. habil., Prof. f. Med. Psychologie Univ. München - Renatastr. 63, 8000 München 19 - Geb. 10. März 1940 Traben-Trarbach (Vater: Hans-Eberhard R., Theol.; Mutter: Hildegard, geb. Daimler), verh. m. Yumiko Maruyama (Konzertpianistin), S. Jun Erik - Univ. München (Dipl.-Phys. 1967, Promot. Dr. rer. nat. 1971, Habil. f. Physik 1977, Dr. med. habil. 1979) - S. 1982 Prof. in München - BV: D. Bild als Schein d. Wirklichk. (m. H. Schober), 1972, 1988. Herausg.: Beauty and the Brain (1988, m. Herzberger u. Epstein); Human Neurobiology (1982-88) - 1978-81 Heisenberg-Stip. DFG - Spr.: Latein, Engl., Franz., Ital. - Bek. Vorf.: Gottlieb Daimler.

RENTSCHLER, Walter

Dr. rer. nat., em. o. Prof. f. Physik u. Meteorologie - Bitzerweg 4, 7000 Stuttgart 80 (T. 71 37 17) - Geb. 19. März 1911 Tübingen (Vater: Christian R., Architekt, Kreisbaum.; Mutter: Julie, geb. Hausmann), ev., verh. I) 1934 m. Hanne, geb. Fritz (†1962), 4 Kd. (Hannelore, Gisela, Rolf, Werner), II) 1968 Dr. rer. nat. Ingeborg, geb. Günther - Oberrealsch. Tübingen; Univ. ebd. u. München (Physik, Math.). Promot. (1934) u. Habil. (1950) Tübingen - 1935 Assist. Physikal. Inst. LH Hohenheim; 1936 Physiker Robert Bosch GmbH., Stuttgart; 1946 Dir. Inst. f. Physik u. Meteorol. LH, jetzt Univ. Hohenheim (1957 ao., 1961 o. Prof.; 1965-67 Hochschulrektor). Mitgl. Fachges., dar. Vorst. Keppler-Ges. (1966) - BV: Aufbau d. Materie, 1948; D. physikal. Grundl. d. Naturwiss. u. d. Technik, Lehrb. 1952; Physik f. Naturwiss.ler, Lehrb. 1972. Fachaufs. - Spr.: Engl.

RENZ, Hans Peter

Schriftsteller, Regisseur - Westrittrum, 2907 Grossenkneten 4 - Geb. 2. Jan. 1933 Bremen (Vater: Hans R., Kaufm.; Mutter Aenne, geb. Osterloh), verh. m. Dorle, geb. Halbhuber - Insz. an versch. Bühnen: Flensburg, Lübeck, Hamburg, Bremen, Oldenburg, u.a. Molnar Liliom, Harris Belinda, Cocteau Geliebte Stimme, Nash Der Regenmacher, Jarry König Ubu, Fassbinder Bremer Freiheit, Enquist Die Nacht der Tribaden, Goethe Faust I, Greiner Fast ein Prolet, Brecht Schwierige Zeiten - BV: Bericht vom Tode Georg Heyms, in: Georg Heym, Ges. Werke. Mithrsg. d. Stint Ztschr. f. Literatur u. Kunst Bremen. Erz.: Für einen alles, Nachts am Fluß auf feuchten Wiesen, D. Blick aus d. Fenster, Er hat d. Weihnachtsmann gesehen, Stille Nacht Heilige Nacht, Im Schrank, Wie Miß Cavell erschossen wurde, König Herodes selbst, D. Tod v. Wannsee, Kirsten Heiberg. Roman (in Arbeit): Morgen ist Mittwoch. Niederdeutsche Tragikomödie: De Dodenwacht.

RENZ, Peter

Schriftsteller - Maiertal 17, 7981 Waldburg - BV: Vorläuf. Beruhigung, R. 1980; D. Glückshaut, R. 1982; Dichterlesung, 1988; Schöne Gegend. Erfahrungen m. Deutschl., 1989. Herausg.: D. Kehrseite d. Dinge. Jan P. Tripp (1985). Fernsehfilme, Drehb., Theaterst. - 1981 Bodensee-Literaturpreis; 1986 New York-Stip. d. Dt. Literaturfonds.

RENZ, Ulrich

Dr.-Ing., Prof. f. Wärmeübertrag. u. Klimatechnik RWTH Aachen - Meischenfeld 77, 5100 Aachen (T. 02408 - 33 01) - Geb. 10. Jan. 1939 Ravensburg (Vater: Dr. Hans R., Gymn.-Prof.; Mutter: Gertrud, geb. Leyrer), ev., verh. m. Ute, geb. Armbruster, 2 S. (Andreas, Tilo) - Stud. Maschinenbau Univ. Stuttgart; Dipl.-Ing. 1963, Diploma of Imperial College London 1964, Promot. 1970 Stuttgart, Habil. 1974 RWTH Aachen - 1964-70 Wiss. Assist. Univ. Stuttgart; 1970-74 Wiss. Assist. RWTH Aachen; 1974-76 Ind. (Steinmüller, Gummersbach); s. 1976 Prof. RWTH Aachen.

REPGEN, Konrad

Dr. phil., em. o. Prof. f. Mittelalterl. u. Neuere Geschichte - Saalestr. 6, 5300 Bonn 1 - Geb. 5. Mai 1923 (Vater: Wilhelm R., Rektor; Mutter: Anna, geb. Könsgen), verh. s. 1957 m. Everde, geb. Brüning - Univ. Bonn. Promot. (1950) u. Habil. (1958) Bonn - S. 1962 Ord. Univ. Saarbrücken u. Bonn (1967). 1971 o. Mitgl. Histor. Kommiss. Bayer. Akad. d. Wiss., 1983 o. Mitgl. Rhein.-Westf. Akad. d. Wiss., 1986 corr. F.B.A. - BV: Märzbeweg. u. Maiwahlen 1848 im Rhld.; Papst, Kaiser u. Reich 1521-1644, T. I/1 u. 2 1962-65; Klopfsignale, 1974; Von d. Reformation b. z. Gegenwart, 1988. Herausg.: Veröff. d. Kommiss. f. Zeitgesch. (1965ff.); Acta Pacis Westphalicae (1962ff.).

REPGES, Rudolf

Dr. med., Dipl.-Math., o. Prof. TH Aachen (s. 1971) - Goethestr. 23, 5100 Aachen (T. 428 96 98) - Geb. 17. Juni 1927 Wesel (Vater: Dr. med. Walter R., prakt Arzt; Mutter: Maria, geb. Scholten), kath., verh. s. 1959 m. Christa, geb. Eschenbrenner, 4 Kd. (Silvia, Rudolf, Charlotte, Andreas) - Stud. d. Math. TH Aachen u. Univ. Gießen (Dipl. 1963 ebd.) u. d. Med. Univ. Köln, Freiburg, Gießen; Habil. f. Biomath. 1969 Gießen - 1956-61 ärztl. Tätigk. - BV: Biomathematik f. Mediziner, 2. A. 1976; Mathematical Models in Medicine, 1976 - Liebh.: Musik, vergl. Sprachwiss. - Spr.: Engl., Niederl.

REPNIK, Hans-Peter

Jurist, MdB (s. 1980; Wahlkr. 191, Konstanz), Parlam. Staatssekretär b. Bundesmin. f. wirtschaftl. Zusammenarbeit (s. 1989) - Ländlestr. 13, 7760 Radolfzell 18 (T. 07732 - 1 22 60) - Geb. 27. Mai 1947 Konstanz (Vater: Vinzenz R., Schmiedem.; Mutter: Berta, geb. Wieland), kath., verh. s. 1969 m. Beate, geb. Viellieber, 2 Töcht. (Petra, Stephanie) - Abit.; Jura-Stud., 1. u. 2. jur. Staatsex. - Bundesw. (Hptm. d. Res.). 1976-77 pers. Ref. Finanzmin. v. Baden-Württ., 1978-80 parlam. Berat. im Landtag, 1973-76 Vors. JU Südbaden; 1985-89 Vors. Landesgr. Baden-Württ. CDU/CSU-Bundestagsfrakt.; s. 1985 Landesvorst. CDU Baden-Württ.; S. 1991 Bezirksvors. d. CDU Südbaden u. Mitgl. im Präsid. d. CDU Baden-Württ.

REPP, Hans

I. Bürgermeister Stadt Bischofsheim/Rhön - Rathaus, 8743 Bischofsheim/Ufr. - Geb. 12. Mai 1926 Laufach - U. a. Fahrlehrer. CSU.

REPPEKUS, Hans-Otto

Gf. Gesellschafter Druckhaus Louisgang GmbH - Hiberniastr. 8, 4650 Gelsenkirchen (T. 0209 - 1 50 81); priv.: Abbendiekshof 9, 4650 Gelsenkirchen (T. 0209 - 14 14 96) - Geb. 11. Juli 1924, verh. m. Christel, geb. Lehmann, 4 Kd. (Christian, Kai, Meike †1981, Frederic) - Präs. Bundesverb. Druck, Wiesbaden; Vorst.-Mitgl. Verb. Druckind. Westf.-Lippe, Dortmund - Rotarier.

REPPICH, Bernd

Dr. rer. nat., Wiss. Rat u. Prof. Lehrstuhl f. Werkstoffwiss. I (Allg. Werkstoffeigensch.) Univ. Erlangen-Nürnberg (s. 1975) - Dormitzer Str. 39, 8521 Neunkirchen.

RESCH, Hans-Dieter

Prof., Komponist, Dirigent, Rektor Hochsch. f. Musik u. Darst. Kunst Frankfurt/M. (s. 1975) - Hoherodskopfstr. 106, 6000 Frankfurt/M. 50 (T. 55 08 26) - Geb. 23. Jan. 1932 Crimitschau/Sa. (Vater: Hans R., Konzertm.; Mutter: Senta, geb. Richter), ev., verh. s. 1962 m. Beate, geb. Otto, T. Alexandra - Mozarteum Salzburg, Musikhochsch. Köln - 1962-64 Konservat. Dortmund u. Musische Bildungsstätte Remscheid; 1964-69 stv. Dir. Jugendmusiksch. Frankfurt/M., s. 1967 auch Hochsch. f. Musik u. Darst. Kunst. ebd. (1971 stv. Fachbereichsleit., 1974 Prorektor). Fellow h. c. R. N. C. M., Manchester (Engl.), Gastprof. Univ. Tel Aviv (Israel) u. Univ. of Oregon (USA). Kompositor. Werke f. Orch., Kammermusiken, Lieder, Chöre, Kinderoper - Liebh.: Techn., Sprachen - Spr.: Engl.

RESCH, Klaus

Dr. med., Prof. f. Pharmakologie u. Leiter Abt. Molekularpharmakol. Hochsch. Hannover - Gneiststr. 11, 3000 Hannover 1 - Geb. 28. Juni 1941 Berlin (Vater: Johann R., Beamter; Mutter: Gertrud, geb. Pöche), ev., verh. s. 1969 m. Dr. Silke, geb. Bollhagen, 2 Kd. (Julia, Philipp) - Med.-Stud.; Staatsex. 1966, Promot. 1967, Habil. f. Immunbiol. 1974 - 1968-79 wiss. Assist. (Oberassist.) Freiburg u. Heidelberg (dazw. 1977/78 USA-Aufenth.); 1979-81 Heisenberg-Stip. Dt. Forsch.gem. am Dt. Krebsforsch.zentr. Heidelberg; s. 1981 Leit. Abt. Molekularpharmakol. Med. Hochsch. Hannover; s. 1986 Sprecher Sonderforschungsber. Chronische Entzündung. Herausg. Naunyn Schmiedeberg's Arch. Pharmacol. (s. 1991). Entd. z. molekul. Mechanismus d. Aktivier. v. Lymphozyten, Immunpharmakol. u. Entzündungsforsch. - BV: Üb. 240 Veröff. in intern. Büchern u. Fachztschr.; Herausg. mehrerer Fachbücher f. Immunologie - 1975 Heinrich-Wieland-Preis - Spr.: Engl.

RESCHKE, Eike

Dr. jur., Kanzler d. Dt. Sporthochschule Köln (s. 1971) - Carl-Diem-Weg, 5000 Köln 41 - Geb. 3. Juli 1934 Berlin (Vater: Joachim R., Landgerichtsrat; Mutter: Eva, geb. Grumbkow), ev., verh. s. 1962 m. Inge, geb. Knochenhauer, 4 Kd. (Reinhard, Karin, Kirsten, Imke) - 1954-58 Univ. Freiburg u. Kiel (Jura, Sport) - B. 1966 Westd. Rektorenkonfz., dann Nieders. Kultusmin. (Ref.).

RESCHKE, Hans

Dr. jur., Dr. med. h. c., Dr. rer. pol. h. c., Oberbürgermeister a. D. - Stephanienufer 5, 6800 Mannheim (T. 82 42 05) - Geb. 22. März 1904 Posen (Vater: Hermann R., höh. Regierungsbeamter; Mutter: Magdalene, geb. Wätjen), verh. 1932 m. Annette, geb. von Laer - Univ. Heidelberg (Rechtswissensch.) - Ab 1934 Landrat Höxter und Recklinghausen. 1949-51 Leiter Institut zur Förd. öffentl. Angelegenh., Frankfurt/M. bzw. Mannheim, 1951-56 Hauptgeschäftsf. Kommunale Arbeitsgem. Rhein-Neckar, Mannheim, u. IHK Mannheim (1955); 1956-72 Oberbürgerm. Mannheim. Langj. Präsidialmitgl. Dt. Städtetag (zul. Vizepräs.). Vors. Dt. Verein f. öfftl. u. priv. Fürsorge; Senator Max-Planck-Ges. ARsmandate u. a. - 1972 Ehrendoktor Univ. Mannheim u. Univ. Heidelberg; 1972 Gr. BVK m. Stern - Rotarier.

RESCHKE, Hans Hermann

Wirtschaftsjurist, Präs. Dt. Bundesbahn a. D., pers. haft. Gesellsch. B. Metzler seel. Sohn & Co. Kommanditgesellschaft auf Aktien (1982ff.), AR-Vors. Chem. Werke Brockhues AG, AR-Mitgl. Frankfurter Hypothekenbank AG - Zu erreichen üb. Große Gallusstr. 18, 6000 Frankfurt 1 (T. 210 42 15) - Geb. 27. Febr. 1933 Hamburg (Vater: Dr. Hans R., Oberbürgerm. a. D. Mannheim; Mutter: Annette, geb. von Laer), ev., verh. s. 1962 m. Dr. med. Barbara, geb. Hanne, 3 Kd. (Annette, Stephanie, Philipp) - Jurist. Stud. Staatsex. 1956 Heidelberg, 1961 Stuttgart - 1961-64 Dt. Bank AG, Mannheim; 1964-74 Norddt. Lloyd/Hapag-Lloyd AG (Prok., Leit. Finanzen u. Rechn.wesen, s. 1972 stv. Vorst.-Mitgl.), 1974 Dt. Bundesb., Abt.-leit. Finanzen u. Wirtsch.; 1977-82 Präs. Dt. Bundesb. u. Vorst.-Mitgl. - Liebh.: Schwimmen, Golf, Tennis, Theater - Spr.: Engl.

RESCHKE, Karin

Schriftstellerin - Zu erreichen üb.: Rotbuch-Verlag, Potsdamer Str. 98, 1000 Berlin 30 - Geb. 1940 Krakau (aufgew. Berlin) - BV: Memoiren e. Kindes, 1981; Verfolgte d. Glücks - Findebuch d. Henriette Vogel, 1982; Dieser Tag üb. Nacht, Erz., 1984 - 1982 FAZ-Lit.preis (f.: Verfolgte ...).

RESCHKE, Otto

Bergingenieur, MdB (Direktmand. Wkr. 088 Essen 1, s. 1980) - Böhmerstr. 1, 4300 Essen 1 - Geb. 9. Sept. 1941 Gladbeck - 1956 Berglehrling; 1959 Knappe; 1961-63 Hauer u. Schießmeister; nach Bergsch. Grubensteiger (b. 1966); nach weit. Umschulung Tätigk. b. Landschaftsverb. Rhld. (Ing.); 1970-80 Parteigeschäftsf. Essen. Gewerkschaftsmitgl. (s. 1956), Mitgl. AWo (s. 1967). 1969-73 MdK Mettmann; 1975-80 Rat Stadt Essen. SPD s. 1967.

RESE, Martin

Dr. theol., Prof. f. Neues Testament - Rudolf-Harbig-Weg 23, 4400 Münster - Geb. 31. Mai 1935 - BV: Alttestamentliche Motive in d. Christologie d. Lukas, 1969.

RESKE, Friedolin

Verleger (Inh. Eremiten-Presse u. Verlag Eremiten-Presse) - Fortunastr. 11, 4000 Düsseldorf 1 (T. 66 05 90) - Geb. G.25. Okt. 1936 Düsseldorf (Vater: Johann R.; Mutter: Elsa, geb. Kazenmayer), led. - TH Aachen (Arch.; Dipl.-Ing.) - Übers. aus d. Franz., u. a. Antonin Artaud, D. Nervenwaage u. a. Texte (1964; m. Dieter Hülsmanns). Div. Anthologien - Spr.: Engl., Franz.

RESKE, Werner

Dr. med., Chefarzt Eduardus-Krankenhaus Köln, Privatdoz. f. Orthopädie Univ. Münster/W. - Thusneldastr. 23, 5000 Köln 1 - Geb. 15. Mai 1918 Brilon - Habil. 1954 Münster - Zahlr. Fachveröff. - 1954 Max-Lange-Preis Dt. Orthop. Ges.

RESKE, Winfried

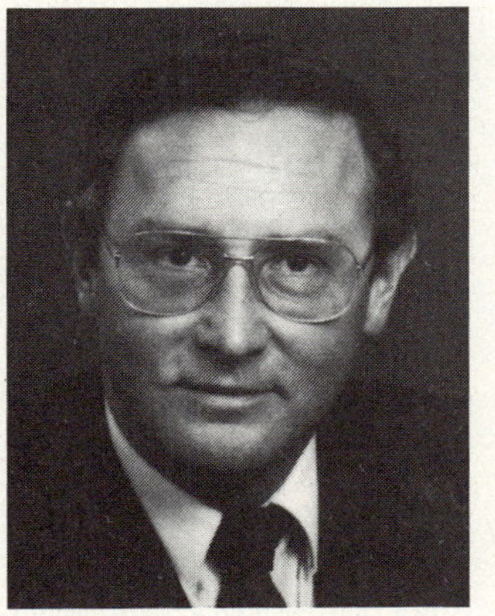

Dr., Hauptgeschäftsführer Verb. Dt. Zeitschriftenverleger, Bonn - Brander Str. 23, 5064 Rösrath/Rhld. - Geb. 19. Jan. 1939 - Dipl.-Kfm., Dipl.-Hdl.

RESS, Georg

Dr. jur., Dr. rer. pol., Dr. iur. h. c., Prof. f. öffentl. Recht, Völkerrecht, Europarecht - Am Botanischen Garten 6, 6600 Saarbrücken (T. 0681 - 302 30 55) - Geb. 21. Jan. 1935 Berlin (Vater: Konrad R., Kammergerichtsrat; Mutter: Gertrud, geb. Morawietz), kath., verh. s. 1965 m. Franziska (Ulli), geb. Hammerstein-Equord, 3 Kd. (Sabine, Hans-Konrad, Elisabeth) - Abit. 1955; 1955-59 Jura-Stud. FU Berlin, Refer. 1959, 1959-62 Staatswiss. Stud. Wien, Ass. 1964, Promot. Wien 1963 u. Heidelberg 1972, Habil. 1976 - 1964-66 Assist. Inst. f. Höh. Stud. u. wiss. Forsch. Wien (Dipl.). 1966-76 Wiss. Referent MPI f. ausl. öfftl. Recht u. Völkerrecht, 1968-71 zusätzl. wiss. Assist. Univ. Heidelberg, 1976-77 wiss. Mitarb. am BVerfG., s. 1977 o. Prof. Univ. d. Saarl., (Dir. Europa-Inst.), 1980-87 stv. Mitgl. Saarl. Verf.G, s. 1981 Mitgl. Völkerrechtswiss. Beirat d. AA, 1986-88 1. Vizepräs. d. Univ., Ausw. wiss. Mitgl. Finnische Akad. d. Wiss., Honorary fellow, Faculty of Law, Univ. of Edinburgh - BV: Entscheidungsbefugn. in d. Verw.gerichtsbark., 1968; D. Rechtslage Dtschl. n. d. Grundlagenvertrag, 1978; Wahlen u. Parteien in Österr. 1966, 1968; Staats- u. völkerr. Aspekte d. Berlin-Regelung, 1972; Verfassungstreue in öfftl. Dienst europ. Staaten (Mitverf.), 1980; Wechselwirkungen zw. Völkerr. u. Verfass. b. d. Ausleg. völkerr. Verträge (Mitverf.), 1982; Entw. Verwaltungsverfahrensrecht u. -gerichtsbarkeit (Deutschl.-Österr.), 1990. Herausg.: Souveränitatsverst. in d. EG (1980); Grenzüberschreitende Verfahrensbeteilig. in d. EG (1985); Verfassungsreform in Südafrika (1986); D. Dynamik d. EG-Rechts (1987); Rechtsfragen d. Sozialpartnerschaft (1987); Entw. d. Europ. Urheberrechts (1989); Staatszwecke im Verfassungsstaat (1990) Kultur u. Europ. Binnenmarkt, 1991; Niederlassungsfreiheit v. Apotheken in Europa, 1991 (Mitverf.) - Spr.: Engl., Franz.

RESSÉGUIER de MIREMONT, Graf, Carlo,

Dr., Vorstand AGIP AG - Mauerkircherstr. 89, 8000 München 81 (T. 089 - 98 04 35) - Geb. 19. Mai 1942 Rom (Vater: Roderick R. d. M., Volksw.; Mutter: Renata, geb. v. Zallinger), kath., verh. s. 1969 m. Constanza, geb. Furtwängler, 2 Kd. (Lavinia, Enzio) - Stud. Volks- u. Betriebsw., Promot. - BV: D. Marketing in Dtschl. - Theor. u. Praxis (Diss.), 1969 - Liebh.: Musik, Lit. - Spr.: Ital., Engl., Franz.

RESSEL, Gerhard

Dr. phil., Prof. f. Slavische Philologie - Am Berg Fidel 66, 4400 Münster (T. 0251 - 78 86 86) - Geb. 23. März 1945 Neukirch (Vater: Alfons R.; Mutter: Johanna, geb. Tangen), kath., verh. s. 1977 m. Dr. Svetlana, geb. Jelisavčić - Stud. Univ. Münster u. Berkeley/Calif. (USA), Promot. 1971, Habil. 1974. 1978/79 u. 1979/80 Dekan FB Romanist. u. Slavist. u. 1984/86 Dekan Phil. Fak. Univ. Münster, 1987 Gastprof. Sorbonne/Paris - BV: Stud. zur generativ-transformat. Semantosyntax russ. Adverbialkonstrukt., 1974; Syntaktische Struktur u. semantische Eigensch. russ. Sätze - Generativ-semantische u. modelltheoretische Unters. z. Paraphrasengramm. d. Russ., 1979. Zahlr. Aufs. in Fachztschr. - Bek. Vorf.: Joseph Ressel, Erf. d. Schiffsschraube.

REST, Franco (H.O.)

Dr. päd., Prof. f. Erziehungswiss., Sozialphil. u. Pflegewiss. FH Dortmund (s. 1971) - Stortsweg 41a, 4600 Dortmund 50 - Geb. 20. Aug. 1942 Ferrera/Ital., kath., verh. m. Gisela, geb. Hartjes, 2 Kd. (Esther-Maria, Pascal-Amos) - Stud. Univ. Münster, Freiburg, Würzburg (Erz.wiss., Theol., Phil., Kunstgesch.); Staatsex. 1966, 1969, 1970, Promot. 1980 Münster - 1975-78 Leit. Forsch.gr. Orthothanasie; s. 1978 Vorst.-Mitgl. AMM, Düsseldorf; Mitbegr. Omega - M. Sterben leben, Hann. Münden - BV: Waffenlos zw. d. Fronten - Friedenserz., 1971; Prakt. Orthothanasie, 2 Bde., 1977/78; Sterbenden beistehen, 1981; Jenseits v. Waldorf u. Wassermann, 1987; Sterbebeistand - Sterbebegleitung - Sterbegeleit, 1989; Kehrtwendung im Menschenleben, 1990 - BV: D. Kontrollierte Töten - Gegen Euthanasie, 1991 ; Waldorfpädagogik - E. Herausforderung, 1992 - Liebh.: Musik, Archäol. - Spr.: Engl., Lat., Ital., Griech.

REST, Walter

Dr. phil., o. Prof. f. Pädagogik u. Philosophie - Röschweg 8, 4400 Münster/W. (T. 29 33 73) - Geb. 9. Okt. 1909 Münster/W. (Vater: Ernst R., Beamter; Mutter: Maria, geb. Maranca), verh. 1937 m. Mariette, geb. Sieben, 2 Kd. (Walburga, Prof. Dr. Franco) - 1935-40 Lehrer, dann Lektor Italien, s. 1946 Prof. Päd. Akad. Emsdetten (b. 1950) u. Päd. Hochsch. Münster bzw. Westf.-Lippe/Abt. Münster I (1952-59 Rektor), s. 1979 Univ. Münster als em. o. Prof. Fachveröff., auch Bücher. Herausg.: Kierkegaard, Wust, Paidolinguistik, Friedensforschg.

RESTIN, Kurt

Dr.-Ing., Techn. Direktor - Wilkestr. 7a, 1000 Berlin 27 (T. 43 51 74) - Geb. 27. Mai 1924 Werne/Lippe - Assist. TH Aachen; b. 1970 stv. (4 1/2 J.), dann Dir. Berliner Gaswerke (Gasag).

RESTLE, Hugo

Dr. rer. pol., Versicherungsdirektor i.R. - Nägelistr. 12, 5000 Köln 60 - Geb. 1. März 1928 Metzingen/Württ. - S. 1967 Vorst.-Mitgl. (vorher stv.) u. stv. Vorst.-Vors. (1972) Agrippina Versich. AG, Köln; 1978 Geschäftsf. Rheintextil Assekuranz GmbH; 1983 Diözesanrichter.

RESTLE, Marcell

Dr. phil., Prof. f. Byzantinische Kunstgesch. Univ. München - Auflegerstr. 4, 8000 München 83 (T. 089 - 40 61 44) - Geb. 15. Jan. 1932 Bad Waldsee, kath., verh. s. 1959 m. Margareta, geb. Kübler, 3 S. (Konstantin, Manuel, David) - Univ. Tübingen, München, Istanbul; Promot. 1959 München - 1968 Univ.-Doz. Wien; ab 1969 Univ. München (1969 Doz., dann apl. Prof. u. Prof.) - BV: Kunst u. Byzant. Münzprägung, 1964; D. Byzant. Wandmalerei in Kleinasien, 1967; Stud. z. Frühbyzant. Arch. Kappadokiens, 1979; Tabula imperii Byzantini, II. u. IV 1981 u. 74; Architekturdenkmäler d. Spatantiken u. Frühbyzant. Zeit im Hauran, ab 1986.

RETEY, Janos

Dr. techn. sc., Dipl.-Ing., o. Prof. f. Biochemie Univ. Karlsruhe (s. 1972) - Erikaweg 6, 7500 Karlsruhe (T. 7 18 70) - Geb. 4. Febr. 1934 Szeged/Ungarn (Vater: Imre R.; Mutter: Klara, geb. Hammesz), kath., verh. s. 1966 m. Elisabeth, geb. Witzig, 3 Kd. (Barbara, Albert, Julia) - Stud. ETH Zürich; Promot. 1963 - 1968-72 Oberassist. u. Lehrbeauftr. ETH Zürich. Fachmitgl.sch. - Spr.: Engl., Franz., Ungar.

RETHEL, Simone

Schauspielerin - Zu erreichen üb. Agentur Alexander, Lamontstr. 9, 8000 München 80 (T. 089 - 47 60 81) - Spielfilme: Fromme Helene (Regie: Ambesser). TV-Serien: Liebe ist doof, So 'ne + So 'ne, Schöne Ferien, Derrick, D. Alte, D. Fälscher (m. Carl-Heinz Schroth). Theater: Wie es euch gefällt, Hamlet, Don Gil v. d. Grünen Hosen, D. Widerspenstigen Zähmung, Komödien Berlin/München/Hamburg. Div. Fernsehsp.: Trauschein (Kishon), Variationen, Boulevardkomödien - Liebh.: Malerei, Hinterglasmalerei (div. Ausstell. in Berlin, München, Mannheim, Frankfurt, Düsseldorf, Innsbruck) - Vorf.: Alfred Rethel, Maler (1816-1859).

RETHMANN, Norbert

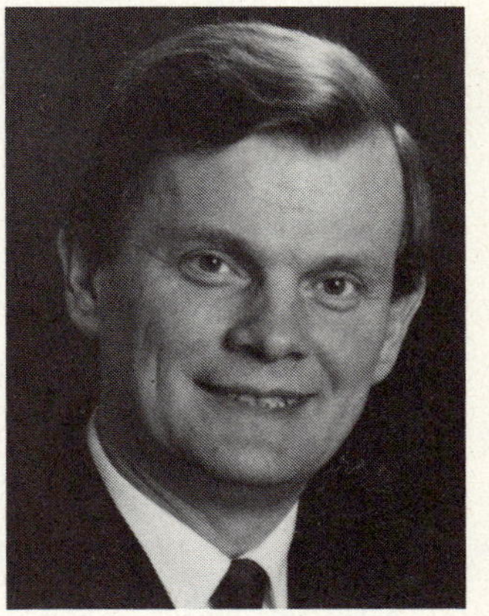

Vorstandsvorsitzender d. Rethmann AG, AR-Vors. Interseroh AG - Wernerstr. 95, 4714 Selm - Geb. 14. Sept. 1939, verh., 4 Söhne (Klemens, Ludger, Martin, Georg).

RETTENMAIER, Gerhard
Dr. med., Prof., Chefarzt Med. Klinik - Kreiskrankenhaus, 7030 Böblingen/Württ. - Geb. 9. April 1929 Stuttgart - Promot. 1958; Habil. 1973 - 1961-65 MPI f. Ernährungsphysiol., 1965-73 Univ. Klinik Erlangen - 1976-82 Vors. Dt. Ges. f. Ultraschalldiagnostik in d. Med. - BV: Unters. z. quantitat. diagnost. Auswert. v. Ultraschallschnittbildern d. menschl. Leber, 1975. Üb. 100 Einzelarb. Herausg.: Ultraschalldiagnostik in d. Med. (1981); Sonographische Differentialdiagnostik (2 Bd. 1990, m. K. Seitz). Mithrsg. Ultraschalldiagnostik in d. Med. (Ztschr.) - Ehrenmitgl. Soc. Belge de Gastro-Entérol., Soc. Argentina de Ecografia, Österr. Ges. f. Ultraschall in d. Med. (ÖGUM) u. d. Dt. Ges. f. Ultraschall in d. Med. (DEGUM); korr. Mitgl. Schweiz. Ges. f. Ultraschall in d. Med. u. Biol. (SGUMB).

RETTER, Hein
Dr. phil., Dipl.-Psych., Prof. f. Allg. Pädagogik TU Braunschweig - Stettiner Str. 3, 3170 Gifhorn (T. 05371 - 5 24 60) - Geb. 14. Sept. 1937 Berlin (Vater: Albert R., Kaufm.; Mutter: Frieda, geb. Dumke), ev., verh. s. 1965 m. Christel, geb. Wetzel, 9 Kd. (Waltraud, Heidrun, Uwe, Jochen, Anke, Ida, Hans, Anne, Johannes) - 1960-64 Stud. Päd., Psych. u. Phil. Univ. Würzburg; 1. Lehrerprüf. 1964, Dipl.-Psych., Promot. 1968 Univ. Gießen - 1964 wiss. Assist. Erziehungswiss. Sem. Univ. Gießen; 1970 Doz. f. Allg. Päd. PH Schwäb. Gmünd, s. 1975 o. Prof. in Braunschweig (1978 TU) - BV: D. Päd. Oswald Krohs, 1969; Schlüsselbegriffe in d. Vorschulerzieh., 3 Bde., 1973-76; Reform d. Schuleingangsstufe, 1975; Handb. z. Gesch. u. Päd. d. Spielmittel, 1979; Antifernsehfibel, 1981 (Übers. Japan.): Spielmittel im Erstunterr., 1984; Orientierungsstufe - Schule zw. d. Fronten, 1985 (m. J. Nauck u. R. Ohms); Z. Kritik u. Neuorientierung d. Pädagogik im 20. Jh. (Festschr. W. Eisermann, hg. m. G. Meyer-Willner), 1987; Beurteilung v. Bilderbüchern, 1989; Spielzeugkauf, 4. A. 1990. Herausg.: Kinderspiel u. Kindheit in Ost u. West (1991) - 1980 wiss. Sonderpreis Arbeitsgem. Spielzeug (Bamberg) f. Spielzeug-Handb. - Liebh.: Consort Musik d. 16.-17. Jh. - Spr.: Engl.

RETTICH, Hannes
Dr. phil., Dr. jur., Ministerialdirigent, Kunstkoordinator d. Landesregierung im Staatsmin. Baden-Württ. a.D., Prof. f. Kulturmanagement - Mittlerer Bauernwaldweg 68, 7000 Stuttgart 1 (T. 0711 - 69 33 29) - Geb. 20. Nov. 1927, verh. s. 1958 m. Hildegard, geb. Friedrich, S. Adrian - Stud. German., Theaterwiss., Kunstgesch. u. Rechtswiss.; Promot. (Dr. phil.) 1950, (Dr. jur.) 1957 Erlangen; 1. jurist. Staatsex. 1954 München, 2. jurist. Staatsex. 1958 Stuttgart - Mitgl. Rundfunkrat u. VR-Mitgl. Südd. Rundf.; Vors. Landesverb. Baden-Württ. u. Präsid.-Mitgl. Dt. Bühnenverein; Vorstandsmitgl. mehr. Kulturorch. u. Theatergremien in Baden-Württ. - Liebh.: Kunst, Sport (mehrf. Württ. Meister im Tennis, Seniorenkl. II).

RETTICH, Margret
Grafikerin, Schriftst. - Waldweg 13, 3171 Vordorf Kr. Gifhorn - Geb. 23. Juli 1926 Stettin - Durchweg Kinderb. 1983 Libretto z. Kinderoper Wittkopp (Musik: K. H. Marx) - 1981 Dt. Jugendb.-Preis (f. d. Bilderb.: D. Reise m. d. Jolle, prämiert auch als schönstes Buch d. Stiftg. Buchkunst); 1982 Auswahlliste z. Dt. Jugendb.pr., (Erzähl mal, wie es früher war); 1984 Bilderb. Soliman der Elefant, prämiert als schönstes Buch d. Stiftg. Buchkunst.

RETTICH, Rolf
Illustrator - Waldweg 13, 3171 Vordorf - Geb. 9. Juni 1929 Erfurt, ev., verh. s. 1958 m. Margret R. - Illustrat. z. zahlr. Kinder- u. Bilderb.; Kindersend. im Fernsehen - 1983 Kleine Märchen, prämiert als schönstes Buch d. Stiftg. Buchkunst.

RETTIG, Heinz
Dr.-Ing., Prof. f. Maschinenelemente TU München - Erich-Kästner-Str. 15, 8000 München 40 (T. TU: 089 - 2105 2880) - Geb. 6. April 1918 Markthausen (Vater: Albert R., Gutsbesitzer; Mutter: Hedwig, geb. Augstein), ev., verh. s. 1955 m. Annemarie, geb. Schönfeldt - Dipl.-Ing. allg. Maschinenbau 1949 TH Braunschweig; Promot. 1956 TH München - 1950-52 Forschungsing. Inst. f. Masch.-Elemente TH Braunschweig; 1952ff. TU München (1956 Obering., 1966 Wiss. Rat, 1978 Prof.). Üb. 70 Veröff. auf d. Gebiet d. Zahnräder u. Getriebe - Spr.: Engl., Franz.

RETTIG, Moritz Hans
Dr. med., o. Prof., Arzt - Oberhof 14, 6307 Linden (T. 0641 - 2 33 43) - Geb. 25. Juni 1921 Darmstadt (Vater: Hans R., Kaufmann; Mutter: Anna, geb. Guntermann), verh. s. 1954 m. Maria, geb. Letzel, 3 Kd. (Anna-Maria, Barbara-Juliane, Thomas-Nikolaus) - Stud. Univ. Erlangen, Bonn, München; (Promot. 1947), Habil. 1957 Berlin - 1954-60 Oberarzt Oskar-Helene-Heim, Berlin; s. 1960 Orthopäd. Klinik, Justus-Liebig-Univ. Gießen - Zahlr. wiss. Veröff. (14 Bücher, z. T. m. a.) - 1957 Kurt-Adam-Pr.; Mitgl. Dt. Akad. Naturforscher Leopoldina zu Halle - Spr.: Engl., Franz.

RETTIG, Rolf
Dr. rer pol., Prof. f. Volkswirtschaftslehre - Belvederestr. 71, 5000 Köln 41 - Geb. 8. Okt. 1935 Düsseldorf - Stud. Wirtsch.-Wiss. Univ. Köln u. London, School of Economics and Political Science - S. 1978 Mitgl. Studienref. kommiss. Wirtsch.-Wiss. NRW - BV: Makroökon. Theor., 1978; Handwörterb. d. Volkswirtsch.lehre, 1978 - Liebh.: Segeln, Motorsport.

RETTIG, Wolfgang
Dr. phil., Prof. f. romanische Sprachwiss. - Ricarda-Huch-Weg 14, 4040 Neuss 21 - Geb. 2. Aug. 1945 Meran/Ital. - Stud. Univ. Heidelberg, Mainz, Berlin, Paris (Roman., German. u. Allg. Sprachwiss.); Staatsex. 1970, Promot. 1971 Univ. Heidelberg - 1977 Privatdoz. Univ. Düsseldorf, 1981-82 Prof. Univ. München, 1982 Prof. Univ. Düsseldorf, 1985 Prorektor - BV: Sprachsystem u. Sprachnorm in d. dt. Substantivflexion, 1972; Sprachl. Motivation, 1981.

RETZKO, Hans-Georg
Dr.-Ing., Prof. f. Verkehrsplanung u. -technik TH Darmstadt (s. 1966) - 6109 Mühltal (T. 14 88 76) - Geb. 27. Nov. 1928 Hagen/W. - Mitgl. bzw. Ehrenmitgl. zahlr. nat. u. intern. Org.; Mitinh. Planungsbüro Retzko + Topp, zahlr. Projekte im In- u. Ausland. Etwa 140 Fachveröff.

RETZLAFF, Ingeborg
Dr. med., Frauenärztin, Präs. Ärztekammer Schlesw.-Holst. (s. 1982), Präs. Dt. Ärztinnenbund - Königstr. 77, 2400 Lübeck (T. 0451-7 33 21) - Geb. 18. Aug. 1929 Swinemünde, ev., ledig - Medizinstud. Univ. Würzburg, Hamburg u. Saarbrücken, Staatsex. Saarbrücken, Promot. Hamburg - Liebh.: Klass. Musik, Barockmusik, Gregorianische Musik, mod. Lit. - Spr.: Engl., Franz.

REUFEL, Manfred
Dr. rer. nat., Prof. f. Mathematik Univ. Marburg - Schützenstr. 29, 3556 Niederweimar - Geb. 29. Febr. 1936 - Zul. Lehrtätigk. Univ. Kabul (Afghan.) - 1961 Hausdorff-Preis Univ. Bonn.

REULEAUX, Christian
Dr. jur., Geschäftsführer Kali-Chemie Engelhard Katalysatoren GmbH. u. Engelhard Kali-Chemie AutoCat G.m.b.H., Hannover - Ostfeldstr. 32, 3000 Hannover-Kirchrode (T. 52 06 70) - Geb. 20. Dez. 1927 - Spr.: Engl. - Rotarier.

REULECKE, Jürgen
Dr. phil., Univ.-Prof. f. Neuere u. Neueste Geschichte - Eberhardstr. 3, 4300 Essen 14 (T. 0201-53 76 16) - Geb. 12. Febr. 1940 Düsseldorf, kath., verh. s. 1971 m. Helga, geb. Cramer, 2 Kd. (Martin, Bettina) - Stud. Gesch., German., Phil.; 1. Staatsex. 1966 Bonn; Promot. 1972 Bochum; Habil. 1979 Bochum - 1980-82 u. 1983/84 Lehrstuhlvertr. Univ. Bielefeld, 1982/83 TU Berlin; 1983 Gastdoz. Oxford; s. 1984 Lehrstuhlinh. Univ.-GH Siegen - BV: Soz. Frieden d. soz. Reform, 1983; Gesch. d. Urbanisierung in Dtschl., 1985; Vom Kohlenpott zu Deutschlands "starkem Stück", 1990.

REUMONT, von, Hubertus
Verbandsgeschäftsführer - Brienner Str. 45, 8000 München 2 - Geb. 2. März 1931 Bad Honnef/Rh. (Vater: Dr. jur. Alfred. v. R.; Mutter: Ruth, geb. v. Drenkmann), kath., verh. s. 1977 m. Gudrun v. Reumont, 3 Söhne (Volker, Martin, Thomas) - Stud. Rechtswiss. u. Betriebsw. - 1957-66 Wiss. Hauptref. Inst. f. Selbstbedienung, Köln; s. 1967 Hauptgeschäftsf. u. gf. Präsidiumsmitgl. Einzelhandelsverb. Nieders., Hannover, u. s. 1975 Bayern, München - BVK I. Kl. - Liebh.: Literatur - Spr.: Engl., Franz.

REUNING, Jürgen
Dipl.-Ing., Dipl.-Wirtsch.-Ing., Vorsitzender d. Geschäftsführung OTIS GmbH, Berlin, u. Otis ESCALATOR GmbH, Stadthagen - Zu erreichen üb. Otisstr. 33, 1000 Berlin 27 (T. 030 - 43 04 20 00) - Geb. 19. Mai 1943, verh.

REUSCH, Ehrhard
Dr. jur., Direktor i. R. - Galgenfeldstr. 55, 4630 Bochum-Stiepel - Geb. 12. April 1925 - 1968-86 Fried. Krupp GmbH, Essen (zul. Vorstandsmitgl.). Arbeitsgeb.: Personal u. Verw.

REUSCHENBACH, Peter W.
Oberbürgermeister Stadt Essen (1984-89), MdB (s. 1972; Wahlkr. 89/Essen II), stv. Vors. Wirtschaftsaussch. - Allbauweg 10, 4300 Essen 1 (T. 28 88 45) - Geb. 24. Aug. 1935 Oberhausen, verh. - Realsch. (Mittl. Reife 1953); kaufm. Lehre (Ind.) - B. 1961 Angest. Gelsenkirchener Bergwerks-AG, dann Parteigeschäftsf. Essen, 1970-72 Ref. Bundeskanzler. 1969-72 Ratsmitgl. Essen. SPD s. 1957, Gewerkschaftsmitgl. s. 1953.

REUSCHER, Hermann D.
Generalbevollmächtigter Bremer Tabak-Collegium, Bremen - Am Wall 127, 2800 Bremen 1 (T. 0421 - 17 03 42); priv.: Schwachhauser Heerstr. 173, 2800 Bremen 1 - Geb. 7. Sept. 1927 Bremen (Vater: Dipl.-Ing. Carl R., Generaldir. i. R.; Mutter: Elisabeth, geb. Niemann), ev., verh. s. 1955 m. Ursula, geb. Riggert, 2 Töcht. (Benita, Constanze) - 1937-43 Gymn. Ernestinum Celle, 1949-53 Univ. Göttingen (Rechts- u. Staatswiss.). 1958 Gr. Jurist. Staatsprüf. Hamburg - 1958-87 Martin Brinkmann AG; ab 1972 als Generalbevollm. Mitgl. d. Geschäftsltg. - Liebh.: Reiten, Golf. Musik - Spr.: Engl.

REUSS, Bernd
Journalist, Autor u. Regiss. - Heuweg 4, 2110 Buchholz-Trelde (T. 04186 - 85 84) - Geb. 23. Febr. 1942 Leipzig (Vater: Walter R., Apoth.; Mutter: Katharine, geb. Arnold), gesch., 2 Kd. (Petra, Ole) - Fachausbild. Journalist, zusätzl. Akad. f. Öffentlichkeitsarbeit - S. 1964 DDB, Troost, HBU, Fischerkösen-Film, Agentur C.I.M.T. Buch u. Regie f. Filme, TV-Programme u. Veranstaltungen - Liebh.: Reisen (Skandinavien). Fotogr., Sport - Spr.: Lat., Engl., Dän.

REUSS (ß), Christoph
Dipl.-Volkswirt, Mitgl. Hbg. Bürgerschaft (s. 1978) - Schlankreye 25, 2000 Hamburg 13 - Geb. 4. Mai 1946 Wyk/Föhr - Realsch. Wyk; Bundeswehrdst.; Verlagslehre (m. Kaufmannsgehilfenprüf.); Hochsch. f. Wirtschaft u. Politik Hamburg; Univ. ebd. (Weiterstud. Wirtschaftswiss., Erziehungswiss., Polit. Wiss.). SPD.

REUTER, Albert
Orthopädieschuhmachermeister, MdL Baden-Württ. (s. 1972) - Törkelgasse 17, 6990 Bad Mergentheim (T. 73 06) - Geb. 21. April 1926 Dainbach Kr. Tauberbischofsheim, kath., verh., 2 Kd. - Volkssch.; 1941-43 Verwaltungslehre; 1943-45 Arbeitsdst. u. Kriegsmarine; n. Arbeitsamtstätigk. (Arbeitsvermittler) 1947-50 Schuhmacherhandw. Meisterprüf. 1952 Heilbronn; Zusatzprüf. 1956 Frankfurt/M. (Orthopädie) - S. 1952 väterl. Orthopädieschuhmacherei (1956 Inh.). Oberm. Schuhmacher-Innung Main-Tauber-Kreis u. Kreishandwerksmeister im M.-T.-Kr. 1962 ff. Mitgl. Gemeinderat; 1971 ff. MdK. CDU s. 1949.

REUTER, Bernd
Bauingenieur, Stadtrat a. D., MdB (s. 1980, Landesliste Hessen) - Römerstr. 10, 6369 Nidderau 1 (T. 06187 - 2 46 47) - Geb. 9. Nov. 1940 Heldenbergen (Vater: Clemens R., Postbeamter; Mutter: Babette, geb. Böhm), kath., verh. s. 1964 m. Roswitha, geb. Seifried, 2 Kd. (Simone, Matthias) - 1955-58 Betonbauerlehre Gesellenprüf. 1958; 1958/59 Polytechn., 1959-62 Staatsbausch. Frankfurt, Ex. Bauing. 1962 - S. 1966 Bauing., 1967-69 Bürgerm. Heldenbergen; 1970-80 1. Stadtrat Nidderau.

REUTER, Edzard
Vorstandsvorsitzender Daimler-Benz AG, Stuttgart-Untertürkheim (s. 1987) - Zu erreichen üb. Daimler-Benz AG, Postf. 80 02 30, 7000 Stuttgart 80 - Geb. 16. Febr. 1928 Berlin (Vater: Prof. Dr. h. c. Ernst R., zul. Reg. Bürgermeister v. Berlin † 1953; Mutter: Hanna, geb. Kleinert †1974) - 1948-49 Stud. Math. u. Physik Berlin u. Göttingen, 1949-52 Rechtswiss. Berlin (FU). Gr. jurist. Staatsprüf. 1955 - 1954-56 Assist. FU Berlin; 1957-62 Prok. Ufa, Berlin; 1962/63 Mitgl. Geschäftsltg. Bertelsmann Fernsehproduktion, München; s. 1964 Daimler-Benz (stv. Vorst.-Mitgl. s. 1973, o. Vorst.-Mitgl. s. 1976, stv. Vorst.-Vors. s. 1987); Vors. d. Boards L'Air Liquide S.A. Paris, Assoc. d. Constructeurs Européens d' Automobiles (ACEA); AR-Vors. Berliner Bank AG; AR VIAG (Vereinigte Ind.-Unternehmungen AG), Karlsruher Lebensversich. AG, Allianz AG Holding, Preussag AG; Mitgl. d. Präsid. Bundesverb. d. dt. Industrie (BDI); Vizepräs. Ind.- u. Handelskammer Mittlerer Neckar; Mitgl. in Aufsichtsgremien v. versch. Beteiligungsges. d. DB-Konzerns.

REUTER, Eike

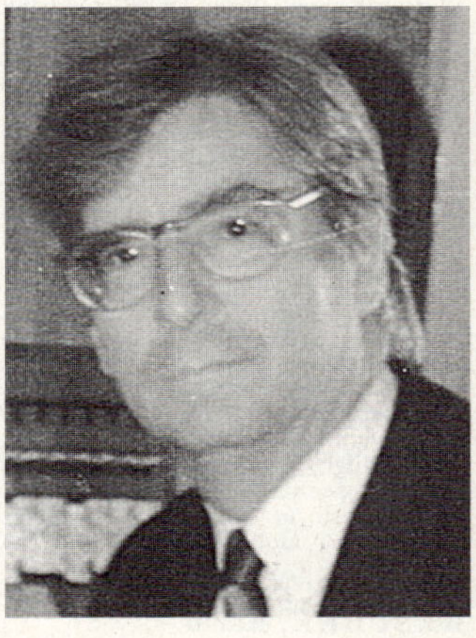

Kirchenmusikdirektor an d. Stadtkirche St. Michael in Jena (s. 1975), Landeskirchenmusikdir. d. Ev.-Luth. Landeskirche in Thüringen (s. 1991) - Alexander-Puschkin-Platz 2, O-6900 Jena (T. 03641 - 2 66 07) - Geb. 31. Jan. 1938 Magdeburg, ev., verh. s. 1963 m. Hildegard, geb. Baumgarten, 5 Kd. (Birgit,

REUTER, Clemens, Felix, Guido, Agnes) - Abit. 1956; Kirchenmusiksch. b. 1962 Halle (A-Ex.) - 1962 Kantor an d. St. Blasii-Kirche in Nordhausen (Südharz); Lehrauftr. an d. theol. Fak. d. Friedrich-Schiller Univ. Jena - Orgelkonzerte u.a. in Jena; Kompos. f. Chor, Orgel (m. Trompete, Alphorn od. Posaune).

REUTER, Erich F.
Bildhauer, o. Prof. f. Plast. Gestalten - Caspar-Theyss-Str. 14, 1000 Berlin 33 (T. 885 90 14) - Geb. 2. Sept. 1911 Berlin, ev., verh. m. Babs, geb. Astfalk, 1 Kd. - Steinmetz- u. Bildhauerlehre; Kunsthochsch. Berlin - S. 1950 ao. Prof., pers. Ord. (1963) u. o. Prof. (1966) TU Berlin (Fak. Architektur). 1967-68 Gastprof. TU Istanbul. Ausstell. In- u. Ausl. Zahlr. Werke, dar. Porträts u. Kortner, Krauss, Deutsch, Frank, Stein, Fehling, Ullstein, Schurz, Großplastik D. Gespräch (Univ. Kiel), Mosaik (Berliner Philharmonie), Monumental-Betonwand (RIAS Berlin), Brunnenplastik Kaskade (Siemens-Werke, Berlin), Großplastik (Univ. Münster, 1972), Foyer-Ausgestalt. SFB (1973), Steinmosaik Neubau Staatsbibl. Berlin (1974, 6.800 qm Natursteinpl.-Mosaik, 1979) - I. Preis Luftbrückendenkmal Berlin, Preis Verb. d. dt. Kritiker (1953), Preis Londoner Wettbewerb; Unbek. polit. Gefangener, I. Preis Röntgen-Denkmal Gießen, Gallionsfigur Rio de Janeiro (Dt. Botschaft), Platzgestalt. Wolfsburg; 1979 BVK.

REUTER, Gerhard
Dr. med. vet., Prof. f. Lebensmittelhygiene (einschl. Fleisch- u. Milchhyg.) Freie Univ. Berlin - Brümmer Str. 10, 1000 Berlin 33 - Geb. 30. Sept. 1929 Suhl - Promot. 1958, Habil. 1969 - 1969 Wiss. Rat u. Prof., 1972 o. Prof.; Leiter div. Fachgremien in DIN, DVG ect. - Üb. 120 Fachveröff.

REUTER, H. Jörg
Rechtsanwalt, Leiter Bonner Büro d. BDI, Geschäftsf. Ges. z. Verw. d. VWD (Vereinigte Wirtschaftsdienste) -Anteile d. Wirtsch., VR-Mitgl. VWD - Zu erreichen üb. BDI-Büro, Ahrstr. 45, 5300 Bonn 2 - Geb. 29. Jan. 1938.

REUTER, Hans Peter
Prof. Akad. d. Bildenden Künste Nürnberg (s. 1985), Kunstmaler - Am Steinhäusle 8, 7500 Karlsruhe 41, Grünwettersbach (T. 0721 - 45 11 12) - Geb. 3. Sept. 1942 Schwenningen (Vater: Erich R., Kfz-Mstr.; Mutter: Margarete, geb. Scheitler), ev., verh. s. 1969 m. Hildegard, geb. Fuhrer - Stud. Kunstakad. Karlsruhe u. München (Malerei); TU Karlsruhe (Kunstgesch.) - Fr. Maler - Ausst.: 1977 Documenta 6, Kassel; 1972, 74, 80, 84 Galerie Denise René Hans Mayer, Düsseldorf; 1982 Staempfli Gallery, New York; 1980 Landesmus. Bonn - 1973 Villa-Romana-Preis, Florenz; 1975 Preis d. Kulturkreises im BDI; 1977 Wilh.-Morgner-Preis; 1980 Villa-Massimo-Preis, Rom.

REUTER, Helmut
Dr.-Ing., Prof., Ltd. Direktor Inst. f. Verfahrenstechnik/Bundesanstalt f. Milchforschung, Kiel (s. 1969), Honorarprof. Universität Kiel (s. 1973) - Dorfstede 23, 2300 Kiel-Schulensee (T. dstl.: 60 91) - Geb. 26. Juli 1925 Frankfurt/M., ev., verh. s. 1962 m. Monika, geb. Schladhölter, 2 Kd. (Helge, Meike) - Gymn. Attendorn; Maschinenschlosserlehre; TH Aachen (Maschinenbau; Dipl.-Ing. 1954). Promot. u. Habil. Aachen - 1955-59 Lurgi Ges. f. Mineralöltechnik, Frankfurt/M.; 1959-66 TH Aachen/Inst. f. Verfahrenstechnik (Assist.; 1966 ff. Privatdoz.); 1967-68 Henkel & Cie. GmbH, Düsseldorf. Spez. Arbeitsgeb.: Verfahrenstechnik d. Lebensmittelverarb. Fachveröff.

REUTER, Lutz-Rainer
Dr. jur., Prof. Univ. d. Bundeswehr Hamburg - Gartenholz 15, 2070 Ahrensburg - Geb. 17. Dez. 1943, ev., verh. m. Barbara, S. Philip - Stud. Univ. Kiel, Tübingen (Rechts- u. Wirtschaftswiss.),

Univ. Konstanz (Politik-, Erzieh.wiss. u. Soziol.); Promot. 1972 Konstanz - Wiss. Assist. Univ. Siegen; Prof.vertr. in Bremen u. Duisburg; Prof. f. Politikwiss., insbes. Bildungspolitik Univ. d. Bundeswehr Hamburg; Lehrbeauftr. Univ. Hamburg. 1986-88 u. 1991/92 Gastprof. Northwestern Univ. Evanston u. Chicago; 1990/91 Gastprof. PH Neubrandenburg - BV: Recht auf chancengleiche Bildung, 1975; Rechtsunterricht, 1975; Bildungspolitik, 1981; Ausländer im westdt. Schulsystem, 1980; Normative Grundlagen d. polit. Bildung, 1980; Arbeitsmigration u. gesellschaftl. Entwicklung, 1988; Coping with the Past: Austria and Germany after 1945, 1991 - Spr.: Engl., Franz., Lat. - Vorf.: Otto Reuter, Konstrukteur d. ersten Ganzmetallflugzeuges, Junkers (Großv.).

REUTER, Rolf
Prof., Generalmusikdirektor, Chefdirigent u. Musikal. Oberleit. d. Komischen Oper Berlin - Am Iderfenngraben 46, O-1110 Berlin - Geb. 7. Okt. 1926 Leipzig (Vater: Prof. Dr. Fritz R.), ev., verh. m. Claudia, geb. Herzfeld, 4 Kd. (Thomas, Anna, Sophia, Agnes) - Abit. Dresden; Staatsex. Kapellmeister - GMD Opernhaus Leipzig, Nationaltheater Weimar, Komische Oper Berlin; Prof. Musikhochsch. Leipzig, Weimar, Berlin, München, Lyon; Präs. Dt. Pfitznerges. - Repertoire: Gesamtes dt., ital. u. franz. Opern- u. Konzertrepertoire; viel zeitgen. Musik u. Opernaufführ. - 2× Nationalpr. d. DDR; Vaterländ. VO; Kritikerpr. - Spr.: Engl., Franz.

REUTER, Wolfgang
Oberbürgermeister d. Stadt Offenbach (s. 1988) - Zu erreichen üb. Rathaus, 6050 Offenbach/M. (T. 069 - 80 65-21 00) - Geb. 6. Juni 1935 Offenbach a.M., verh. s. 1960 m. Edeltraut, geb. Biller, 3 Töcht. (Sylvia, Jutta, Carmen) - Kfm. Ausb., Industriekfm. - Jugendsekr., Verwaltungsangest., Ltd. Geschäftsf.; 1976 Stadtrat: Sozial- u. Gesundheitsdezern.; 1986 Bürgerm. - 1976 BVK.

REUTHER, Bernhard
Dr., Geschäftsführer Reuther Verpackung GmbH, Dt. Kard-o-Pak GmbH, Paul Reuther Bauges. mbH - Elisabethstr. 6, 5450 Neuwied - Geb. 6. Juli 1951 Neuwied - Hochsch. St. Gallen, Univ. Wien - Spr.: Engl., Franz., Ital.

REUTHER, Heiner
Dr. rer. pol., Geschäftsführer Chem. Werke Saar-Lothringen GmbH. - 6643 Perl - Geb. 6. März 1920.

REUTHER, Jürgen
Dr. med., Dr. med. dent., Prof. Bayer. Julius-Maximilians-Univ. Würzburg, Arzt f. Mund-Kiefer-Gesichtschirurgie (Plast. Operationen) - Pleicherwall 2, 8700 Würzburg (T 0931 - 3 14 82) - Geb. 19. Nov. 1940 Heidelberg, ev., verh. s. 1969 m. Dr. med. Birgit, geb. Will, 2 Kd. (Tobias, Susanne) - Stud. Zahnheilk. Univ. Heidelberg; Staatsex. 1965 Heidelberg; Stud. d. Med. Univ. Heidelberg; Promot. 1965 u. 1969; Habil. 1978 Mainz; s. 1981 Lehrstuhl Zahnheilk. II, insbes. Kieferchir. Bayer. Julius-Maximilians-Univ. Würzburg - Üb. 100 Publ., insbes. üb. plast. u. rekonstrukt. Mund-, Kiefer- u. Gesichtschir. - 1981 Martin-Waßmund-Preis Dt. Ges. f. Mund-, Kiefer- u. Gesichtschir.

REUTLINGER, Wolf-Dieter
Physiker, geschäftsf. Gesellsch. Dr. Reutlinger + Söhne KG (s. 1948), Reutlinger Verwaltungs GmbH (s. 1974), bde. Darmstadt, u. Reutlinger France S.a.r.l., Bièvres (s. 1963), Reutlinger U.K. Ltd., Ripley (1981) - Novalisstr. 5, 6100 Darmstadt (T. 06151 - 4 16 46) - Geb. 9. Okt. 1925 Darmstadt (Vater: Dr. Dr. Georg R.; Mutter: Helma, geb. Lembcke), ev., verh. s. 1951 m. Margot, geb. Schüz, 3 Kd. (Ulrike, Martina, Jörg-Uwe) - Stud. TH Darmstadt - Stv. Vors. der VDMA Landesgruppe Hessen, Mitgl. Hauptvorst. VDMA, Präsid.-

Mitgl. VhU (Vereinigung Hess. Untern.-verbände), Vorst.-Mitgl. Fachgemeinschaft Prüfmaschinen (s. 1974). 22 Patente (Schwingungsmessung, Auswuchttechn.) - BV: Genauigkeits-Auswuchten, 1961 - Liebh.: Turnierreiten, Motorflug - Spr.: Engl., Franz.

REUTNER, Friedrich
Dr. rer. pol., Dipl.-Kfm., Alleinvorstand Friedrichsfeld AG, Keramik- u. Kunststoffwerke - Postf. 71 02 61, 6800 Mannheim 71 - Geb. 14. Mai 1937, verh., T. Nicole - Vors. Kunststoffrohr-Verb., Bonn; Vors. Beirat Rheinhütte, Wiesbaden, Friatec-Th. Jansen, St. Ingbert, Friatec GmbH, Wien/Österr. - Friatec S.a.r.l., Melun/Frankr., Friatec Ltd., Collindale/GB, Rheinhütte do Brasil, Cataguases/Bras., Friatec South Africa (Pty) Ltd., Sandton/Rep. Südafrika, Rhine-Ruhr S.A., Sandton/Rep. Südafrika; VR-Vors. Friatec S.A., Madrid/Spanien, Friatec s.r.l., San Giuliano/Italien - Spr.: Engl. - Rotarier.

REUTTER, Klaus
Dr. rer. nat., Prof. f. Neuroanatomie - Oesterbergstr. 3, 7407 Tübingen (T. 07071 - 29 30 25) - Geb. 9. Dez. 1937 Kirchheim-T., verh. mit Iris, geb. G'daniec, 2 Kd. - Gymn. Kirchheim-T.; Stud. Biol., Chem., Geogr. Univ. Tübingen u. Berlin (FU), Promot. 1967, 1976 Habil. (Anat.) - 1979 Prof. Univ. Tübingen; s. 1979 Mitgl. d. dt. Delegation im Weltraum-Unterausschuss. d. Vereinten Nationen; 1984 Vizepräs. d. Hermann-Oberth-Gesellsch.; Vors. ESA Space Debris Working Group; Korr. Mitgl. d. Intern. Astronautischen Akad. - Patentinh. - BV: Taste Organ in the Bullhead (Teleostei), 1978. Mitautor d. Lehrb. Biologie d. Menschen, 13. A. 1991; u. a. wiss. Publ. z. Geschmacksorgan - Spr.: Engl., Franz.

REUTTER, Rita

Arztsekretärin, Schriftstellerin - Markgräfler Str. 1, 6900 Heidelberg-Rohrbach (T. 06221 - 3 30 93) - Geb. 29. Aug. 1938 Heidelberg, kath., verh. s. 1961 m. Otto R., T. Tanja - 1954-57 kaufm. Ausb. Heidelberg - S. 1971 Arztsekr. Chir. Univ.-Klinik Heidelberg. Mitbegründ., Programmgestalterin u. Leiterin d. Lit.gr. Vita Poetica Heidelberg - BV: Hallo Gipsbein, Ged. 1985, 2. A. 1989; Vielfältiges Leben, Ged. u. Aphorismen 1987; Pünktchen u. a. Gesch., 1988, 2. A. 1990; Enttäuschte Hoffnungen, Prosa 1989; D. Kostbarkeit d. Augenblicks, Lyrik u. Prosa 1990; Laß mich an deiner Seite gehn, Ged. 1990; E. Hauch Geborgenheit - Lichtpunkte, Ged. u. Gesch., 1991. Insges. 45 x Mitautorin in Anthol. (Deutschl. u. Schweiz), Jahrb., Lyrik-Kalendern u. Almanachen. Zahlr. öfftl. Lesungen - Mitgl. FDA, Landesverb. Baden-Württ. u. Freundeskr. f. d. Albert Schweitzer-Spital in Lambarene e.V., Freundesgr. Heidelberg - Liebh.: Briefe schreiben, Ged. u. Kurzprosa, Besuche im Altenheim.

REVENTLOW, Graf von, Henning
Dr. theol., Litt. D., Univ.-Prof. f. Exegese u. Theologie d. Alten Testaments - Laerholzstr. 29, 4630 Bochum 1 (T. 70 13 23) - Geb. 22. Sept. 1929 Potsdam (Vater: Landrat a. D. Detlev Graf v. R.), ev., verh., 3 Söhne - Schule Kiel; Stud. Theol. Kiel, Heidelberg, Bethel, Göttingen. Promot. 1958 Göttingen; Habil. 1960 Kiel - 1960 Privatdoz. Univ. Kiel; 1964 Doz. Univ. Göttingen; 1965 Ord. Univ. Bochum. Wichtigste Publ.: D. Heiligkeitsgesetz, D. Amt d. Propheten b. Amos, Wächter üb. Israel - Ezechiel u. s. Tradition, Gebot u. Predigt im Dekalog, Liturgie u. prophet. Ich b. Jeremia, Opfere deinen Sohn, Rechtfertigung im Horizont d. Alten Testaments, Bibelautorität u. Geist d. Moderne; Hauptprobl. d. altt. Theologie im 20. Jh.; Hauptprobl. d. bibl. Theol. im 20. Jh.; Gebet im AT, 1986; Epochen d. Bibelausl., Bd. I. 1990 - 1982 Litt. D. Univ. Sheffield (Engl.).

REX, Dietrich
Dr.-Ing., Dipl.-Phys., Prof. f. Raumflugtechnik TU Braunschweig (s. 1974) - Techn. Univ., Postf. 33 29, 3300 Braunschweig (T. 391 27 18) - Geb. 11. Febr. 1934 Berlin (Vater: Heinrich R., Richter; Mutter: Gertrud, geb. Schiller), ev., verh. s. 1962 m. Ursula, geb. Schmidt, 2 Kd. (Gundula, Markus) - Stud. d. Physik TU Braunschweig; Promot. 1963; Habil. 1970; 1970 Prof. - 1974 Leiter d. Abteilung Raumflugtechnik, Inst. f. Raumflugtechnik; s. 1979 Mitgl. d. dt. Delegation im Weltraum-Unterausschuss. d. Vereinten Nationen; 1984 Vizepräs. d. Hermann-Oberth-Gesellsch.; Vors. ESA Space Debris Working Group; Korr. Mitgl. d. Intern. Astronautischen Akad. - Patentinh. - BV: Flüssigkeit-MHD-Kreisprozesse f. Raumfahrt-Energieversorgungsanlagen, 1971 - Spr.: Engl.

REXIN, Manfred
Dipl. rer. pol., Journalist, Leiter d. RIAS-Hauptabt. Kultur u. Zeitgeschichte (s. 1990) - Jenaer Str. 19, 1000 Berlin 31 (T. 030 - 854 54 21) - Geb. 10. Mai 1935 Danzig, ev., verh. s. 1975 m. Marita, geb. Seidel - Abit. 1955 Flensburg; Stud. 1955-64 Volkswirtsch., Soziol. u. polit. Wiss. Univ. Bonn u. FU Berlin; volkswirtschaftl. Dipl.ex. 1964 FU - B. 1969 freiberufl. publiz. Arb.; b. 1978 Redakt. im ZDF-Studio Berlin; 1979-89 Leit. d. RIAS-Bildungsprogramms - BV: u.a. D. Jahre 1945-49, 1962; 22. A. 1989; D. unheilige Allianz. Stalins Briefwechsel m. Churchill, 1964; Gewerkschaftsjugend im Weimarer Staat (zus. m. D. Prinz), 1983 - 1974 u. 1986 Ernst-Reuter-Pr. f. Hörfunksendungen; 1988 BVK - Liebh.: Reisen, histor. Lit. - Spr.: Engl.

REXROTH, Günther
Kaufmann, Ehrenpräs. Dt.-Iran. Industrie- u. Handelskammer - POB 19-395-1796 Teheran - Geb. 6. Nov. 1914 Berlin, ev., verh. s. 1955 m. Mimosa Tamara, geb. Nagashidse, 2 Kd. (Larissa, Wolfgang) - Abit. 1933 Essen. 1933-35 Ausb. Fried. Krupp AG, Essen - 1937-42 Geschäftsf. AGFA Sofia u. Bukarest; 1951-78 Hoechst AG; Gf. Teheran, Istanbul, Teheran; s. 1978 Mitinh. u. Gf. Rexroth AG Teheran (Berat., Vertr.) - BVK I. Kl.

REY, Kurt P.
Bankdirektor - Obernstr. 2-12, 2800 Bremen (T. 3 60 11) - B. 1972 stv., dann o. Vorstandsmitgl. Nordd. Kreditbank AG., s. 1973 Vorstandsmitgl. Allg. Dt. Credit-Anstalt, Berlin-Frankfurt/M.

REYER, Eckhard
Dr.-Ing., Prof. f. Baukonstruktion, Holzbau u. Bauphysik Ruhr-Univ. Bochum - Am Varenholt 78a, 4630 Bochum - Geb. 17. Nov. 1937 Hamburg - Dipl.-Ing. 1967, Promot. 1971, Habil. 1974 (Analyt. u. experiment. Statik u. Baukonstrukt.) - Lehrtät. TU Berlin - 1964-69 Ing.-Büros Prof. v. Halàsz u. Prof. G. C. Dettmann, Hamburg; 1969-74 Wiss. Assist. u. Priv.-Doz. TU Berlin; 1974-82 Forschungsing. Fried. Krupp GmbH, Essen u. apl. Prof. TU Berlin; s. 1982 o. Prof. Ruhr-Univ. Bochum - BV: Lochrandgestützte Platten, Berechnungsverf., 1980; Handbuch Lärmschutz (Mitverf.), 1980 - 1969 Dischinger Preis (Stahlbetonbau).

REYER, Walther

Kammerschauspieler - Schadekgasse 16/ 15, A-1060 Wien - S. 1948 bühnentätig (1955 Mitgl. Burgtheater Wien). Film (u. a. Jedermann); Fernsehen - 1963 Kammerschausp.

REZNIČEK, von, Felicitas J.

Schriftstellerin - Kantonsstr., CH-6390 Engelsberg (T. 041 - 94 12 00) - Geb. 18. Jan. 1904 Berlin (brit. Staatsangeh.), Vater: Prof. Emil v. R., Dirigent u. Komponist (u. a. d. Opern: Donna Diana 1894, Ritter Blaubart 1920, Holofernes 1923, Satuala 1927); Mutter: Bertha, geb. Juillerat-Chasseur), ev. - BV (1935-67): Michael gewidmet, R.; Eva u. ihr Sohn, Erz.; Lachende Liebe, Erz.; Taubenschlag, R.; D. Frau am Rande, R.; Weltfahrt im Kriege, Reiseb.; E. Zug fährt ab, R. (verfilmt); Shiva u. d. Nacht d. Zwölf, Kriminalr. (verfilmt); Berliner Zwischenspiel, R.; D. Erde trägt uns, Ged.; So ist d. Liebe, Aphor. u. Kurzgesch.; So lebt Remarque; Tod im Sessellift, Krim.r.; Gegen d. Strom - Leben u. Werk v. E. N. v. Rezniček, Biogr.; Symphonie in Dur u. Moll, Musikerr.; Dem wird kein Leid geschehen, polit. R.; E. Reise n. Istanbul, Krim.r.; D. Buch v. Engelberg; V. d. Krinoline z. IV. Grad - D. Gesch. d. Frauenalpinismus; D. schiefe Himmel, Ernstes u. Heiters aus Bergdörfern u. Alpentälern, 1974. Bühnenw.: D. Weg n. Sarnen (UA. 1965), Kinderb. Übers.: Gaston Rébuffat, Zwischen Erde u. Himmel - Liebh.: Bergsteigen, Vögel.

REZNIK, Hans

Dr. rer. nat., o. Prof. f. Botanik - Elsterweg 28, 5042 Erftstadt-Lechenich (T. 72 72 28) - Geb. 17. Nov. 1922 Iglau/Mähren - S. 1956 (Habil.) Lehrtätigk. Univ. Heidelberg (1961 apl. Prof.), Münster (1963 Ord.), Köln (1969). Fachveröff.

REZZORI d'AREZZO, von, Gregor

Schriftsteller - Maximilianstr. 23, 8000 München 2, c/o Lionel von dem Knesebeck Presseagentur - Geb. 13. Mai 1914 Czernowitz/Rumänien (Vater: Hugo v. R., Staatsbeamter), verh. I) m. Priska, geb. v. Tiedemann, 3 Söhne (Enzio, Azzo, Ezzelino), II) Hanna, geb. Axmann (Malerin), III) Beatrice, geb. Monti della Corte (1967) - Kunstakad. Wien (Malerei) - BV: Maghrebin. Gesch., 1952; Ödipus siegt b. Stalingrad, 1953; Männerfibel, 1954; E. Hermelin in Tschernopol, 1957; Idiotenführer durch d. dt. Gesellschaft, 3 Bde. 1962 ff. (m. eig. Zeichnungen); Schickeria, 1963 (m. eig. Zeichn.); D. Toten auf ihre Plätze - D. Tageb. d. Films Viva Maria, 1965; 1001 Jahr Maghrebinien, 1967; D. Tod meines Bruders Abel, 1976; In gehobenen Kreisen, 1978; Greif zur Geige, Frau Vergangenheit, R. 1978. Hörsp. u. a. - 1959 Berliner Kunstpreis (Fontane-Preis); 1958 ff. Mitgl. PEN-Zentrum BRD - Div. Filmrollen.

RHAESE, Hans-Jürgen

Dr., Dipl.-Ing., Prof. f. Mikrobiologie Univ. Frankfurt - Ostpreußenstr. 4, 6231 Schwalbach (T. 8 14 40) - Geb. 23. Sept. 1934 Tilsit/Ostpr., ev., verh. s. 1960 m. Gertraut, geb. Lindner, 4 Kd. (Angelika, Michael, Stephanie, Martin) - Dipl.ex. 1962 TH Darmstadt; Promot. 1964 ebd.; Habil. 1969 Frankfurt - Spez. Arb.sgebiet: Molekulare Biol. Fachmitgl.schaften - Liebh.: Reiten - Spr.: Engl.

RHEIN, Arnold

Dr. jur., Rechtsanwalt, ehem. Vorstandsmitglied Albingia Versich.-AG, Hamburg (s. 1968) - Blechschmidtstr. 9, 2000 Hamburg 52 - Geb. 24. April 1919 - Vorst.-Mitgl. Gerling-Konzern Allg. Versich.-AG u. GK Magdebg. Standard Versich. AG, bde. Köln; AR Westf. Zellstoff AG; Mitgl. Kurat. d. Dt. Orientstiftg., Hamburg - BVK - Liebh.: Golf, Orgel - Spr.: Engl., Franz., Arab.

RHEIN, Eduard

Prof. e. h., Schriftsteller (Ps.: Klaus Hellborn, Klaus Hellmer, Hans Ulrich Horster, Adrian Hülsen) - Buckhornstieg 25, 2000 Hamburg 67 - Geb. 23. Aug. 1900 Königswinter/Rh. (Vater: Eduard R., Hotelier; Mutter: Therese, geb. Hoy) - Gymn.; 2 J. Volontär Arthur Leser & Co., Köln; Stud. Physik, Medizin u. Biol. - 2 J. Ing. AEG, Berlin, 4 1/2 J. Ref. Zentralverb. d. Dt. Elektrotechn. Industrie, 1929-45 Redakt. Ullstein-Verlag ebd. 1946-65 Chefredakt. Rundfunk- u. Fernsehzeitung Hör zu, Hamburg. Erf.: Füllschrift-Verfahren f. Schallplatten - BV: D. mechan. Hirn, R. 1928; Wunder d. Wellen, 1934; D. Jagd n. d. Stimme, R. 1938; Du u. d. Elektrizität, 1939; E. Herz spielt falsch, R. 1950; D. Toteninsel, R. 1951; D. Rote Rausch, R. 1952; D. Engel m. d. Flammenschwert, R. 1953; Wie ein Sturmwind, R. 1954; Suchkind 312, R. 1955; Verlorene Träume, R. 1956; Herz ohne Gnade, R. 1956; E. Augenblick d. Ewigkeit - Robinson schläft 50 Jahre, R. 1958; E. Student ging vorbei, R. 1959; Verschattete Heimkehr, R. 1960; Ehe-Institut Aurora, R. 1961; Karusell d. Liebe, R. 1964; E. Sohn nach s. Ebenbild, R. 1981; Haus d. Hoffnung, R. 1985; Briefe aus d. Jenseits, R. 1986. 14 Kinderb., der Mecki-Reihe. Filme: E. Herz spielt falsch, D. Toteninsel, D. Rote Rausch, D. Engel m. d. Flammenschwert, Wie ein Sturmwind, Suchkind 312, Herz o. Gnade, E. Student ging vorbei, Ehe-Inst. Aurora; Operette: Traumland - 1958 Gr. BVK; 1965 DRK-Ehrenkreuz; 1973 Hans-Bredow-Medaille f. Verd. um d. dt. Rundfunk; 1985 Gr. BVK m. Stern; 1986 Prof. e. h.; 1990 Ehrenbürger Stadt Königswinter, u. Med. f. Wiss. u. Kunst d. Freien u. Hansestadt Hamburg - Liebh.: Musik, Fotogr. - Spr.: Franz. - 1977 Stiftung Eduard-Rhein-Stiftung (5 Mio DM) z. Förd. d. Fernsehtechnik, 1987 Prof.-Rhein-Stiftg. b. d. Stadt Königswinter, u.a. z. Förd. d. wiss. Nachwuchses.

RHEIN, von, Raphael

Dr. theol., Prof., Theologe - Dompl. 3, 6400 Fulda - Geb. 11. Jan. 1912 Altenmittlau Kr. Gelnhausen, kath. - Gymn. Aschaffenburg; Phil.-Theol. Hochsch. Fulda, Univ. Rom (Gregoriana) u. Münster (Promot. 1941) - 1938-45 Kaplan Kämmerzell, Poppenhausen, Fritzlar, Marburg, Doz., Subregens (1945), Regens (1950-66) Priestersem. Fulda, 1951 ff. zugl. o. Prof. Phil.-Theol. Hochsch. ebd. (Dogmatik u. Fundamentaltheol.). Emerit. 1977, Domkapitular, 1975 i.R. 1982.

RHEINBERG, Falko

Dr. phil, Prof. f. Psych. Univ. Heidelberg - Bülser Str. 21, 4390 Gladbeck (T. 6 22 82) - Geb. 14. Mai 1945 Parchim (Vater: Otto R., Major a.D.; Mutter: Berta, geb. Tegeler), ev., verh. s. 1970 m. Antje, geb. Schulte - Stud. Psych. Univ. Innsbruck u. Bochum; Dipl. 1972, Promot. 1977, Habil. 1983 - 1972 fr. Mitarb. Fried. Krupp GmbH; 1973-83 Forschungsassist. Ruhr-Univ. Bochum; ab 1983 Prof. Univ. Heidelberg - BV: Leistungsbewert. u. Lernmotivat., 1980; Bezugsnormen z. Schulleistungsbewert.: Analyse u. Intervention, 1982; Paradoxe Effekte v. Lob u. Tadel, 1988; Zweck u. Tätigkeit, 1989 - Spr.: Engl., Lat.

RHEINDORF, Horst Joachim

Dr. med., Prof., Vorsitzender Dt. Akad. f. med. Fortbildung u. Umweltmedizin - Carl-Oelemann-Weg 7, 6350 Bad Nauheim - Hauptgeschäftsf. i. R. d. Landesärztekammer Hessen.

RHEINHEIMER, Gerhard

Dr. rer. nat., Prof., Leiter Abt. f. Marine Mikrobiologie/Inst. f. Meereskunde Univ. Kiel - Posener Str. 10, 2300 Altenholz-Stift (T. Kiel 32 21 69) - Geb. 10. Juli 1927 Heilbronn (Vater: Dr.-Ing. Wilhelm R., Chemiker; Mutter: Regina, geb. Keller), verh. m. Ellen, geb. Remer, 2 Kd. (Joachim, Martin) - S. 1964 (Habil.) Lehrtätigk. Univ. Hamburg u. Kiel (1967 Prof.) - BV: Mikrobiologie d. Gewässer, 1971 (engl. 1973, poln. 1977, span. 1987). Etwa 90 Einzelarb.

RHIEL, Alois

Dr., Regierungspräsident Gießen (1989-91) - Landgraf-Philipp-Platz 3-7, 6300 Gießen (T. 0641 - 3 03-20 00) - Geb. 1950 Ginseldorf b. Marburg - Stud. Volkswirtsch.lehre Univ. Marburg - 1979 Stadtverwaltung Frankfurt; s. 1983 priv. Unternehmen (Verkaufleit.); s. 1984 Fulda (Bürgerm.); s. 1989 Gießen (Regierungspräs.). CDU.

RHOMANN, Andreas

s. Sporea, Constantin (Marcel)

RHOTERT, Bernt

Dr. phil., Ltd. Fernsehdramaturg u. Programmprod. - Am Auweg 6, 6000 Frankfurt 56 (T. 06101 - 4 25 50) - Geb. 29. Aug. 1934 Breslau, ev., verh. s. 1964. 1 Sohn - Stud. German., Theaterwiss., Kunstgesch. u. Volkskd. Univ. Wien u. München; Promot. 1959 München - s. 1964 Leit. Fernsehdramaturgie Hess. Rundf.; Lehrbeauftr. f. Medienwiss. Univ. Frankfurt - BV: Namenstage; Grenzverletzung, R. Co-Autor mehr. Drehb., Fernsehadaptionen (u.a. 11 t. Serie Buddenbrooks v. Thomas Mann), 6 t. Serie D. Wilsheimer, Don Carlos - Spr.: Engl., Franz.

RIBBENTROP, von, Barthold

Generalbevollmächtigter Direktor Deutsche Bank AG - Taunusanlage 12, 6000 Frankfurt/M. - Geb. 19. Dez. 1940 Berlin (Vater: Joachim v. R.), ev., verh. s. 1970 m. Brigitte, geb. v. Trotha, 3 Kd. (Sebastian, Patrick, Marie-Sophie) - 1960-63 Banklehre Dt. Bank; 1963-67 Stud. Betriebswirtsch., Jura Univ. Paris, Saarbrücken, München; Dipl.-Kfm. - 1968-70 Kidder, Peabody & Co., Inc. NY, Corporate Finance Dept. m. 9-monat. Aufenth. im Libanon; 1971/72 Dt. Bank AG Frankfurt; 1973-85 Dt. Bank Atlantic Capital Corp. NY, s. 1978 Executive Vice Pres.; s. 1986 Dir. m. Generalvollmacht Dt. Bank AG Frankfurt, Leit. d. Zentrale/Börsenabt. - Liebh.: Golf, Tennis, Jagd - Spr.: Engl., Franz.

RIBBENTROP, von, Rudolf

Bankkaufmann - Ten Eicken 13, Holterhof, 4030 Ratingen - Geb. 11. Mai 1921 Wiesbaden - Eltern s. Adolf v. R. (Bruder).

RIBER, Jean-Claude

Generalintendant Oper d. Stadt Bonn - Am Boeselagerhof 1, 5300 Bonn 1 (T. 0228 - 72 82 00) - Geb. 14. Sept. 1934 Mulhouse (Vater: Eugène R., Techn. Dir.; Mutter: Anna, geb. Dorner), verh. s. 1960 m. Liliane, geb. Meyer, 2 Kd. (Dominique, Jean-Stephane) - Ausb. Collège Lambert, Mulhouse, Univ. Strasbourg u. Paris, Musikhochsch. Mulhouse - 1957-66 Regiss., 1966-70 Int. Théatre Municipal Mulhouse, 1970-73 Int. Grand Théatre Nancy, 1973-81 Generaldir. Grand Théatre Genf, s. 1981 Generalint. Bühnen Stadt Bonn - 120 Operninsz. in Deutschland, Frankreich, Italien, Schweiz, Österreich u. a. Ländern - Chevalier de la légion d'honneur, Officier des Arts et Lettres, Goldmed. Stadt Nancy; BVK I. Kl.; Commentatore de la Republica Italiana.

RIBHEGGE, Wilhelm

Dr., Univ.-Prof. Univ. Münster (Zeitprof.) - Hagenholt 22, 4415 Sendenhorst (T. 02526 - 15 82) - Geb. 2. Juni 1940 Werne a.d. Lippe - Promot. 1973; Habil. 1982 Münster - 1973-75 Lehrstuhlvertr. Univ. Oldenburg - BV: August Winnig. E. hist. Persönlichkeitsanalyse, 1973; Gesch. d. U. Münster. Europa in Westf., 1985; Frieden f. Europa. D. Politik d. dt. Reichstagsmehrheit 1917/18, 1988; Konservative Politik in Deutschl. V. d. Franz. Revolution b. z. Gegenwart, 1989; Hamm. Geschichte d. Stadt u. Region im 19. u. 20. Jh., 1991; Europa, Nation, Region: Perspektiven d. Stadt- u. Regionalgesch., 1991. Veröff. in Ztschr.

RICCIUS, Rolf

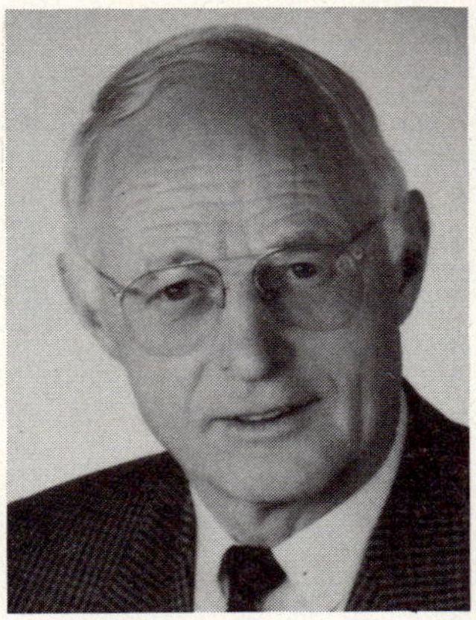

Dr.-Ing., Prof. TU Berlin, Aerospace Consultant (s. 1992) - Heerstr. 5, 8000 München 60 - Geb. 1. April 1930 Berlin, verh. s. 1978 m. Ursula, geb. Müllenberg, 6 Kd. - Stud. Flugtechnik TU Berlin; Ex. 1959; Promot. 1964 Berlin - 1959 wiss. Mitarb. TU Berlin; 1959-62 Entw.-Ing. u. Leit. Projektbüro Focke-Wulf GmbH Bremen; 1960-62 Assist. TU Berlin; 1962ff. Vereinigte Flugtechn. Werke GmbH Bremen; 1969 Hon.-Prof. TU Berlin; 1971 Dir. Vereinig. Flugtechn. Werke-Fokker GmbH Bremen; 1973 Mitgl. d. Geschäftsfg. u. Leit. d. Geschäftsführerber. Forsch. u. Entw. VFW-Fokker; 1978-91 Vice Pres. Marketing Panavia Aircraft GmbH - Inh. e. Reihe Flugtechn. Patente - 17 Titel aus d. Vertikal Starttechnik - Liebh.: Sport (Schwimmen, Ski, Golf) - Spr.: Engl.

RICHARD, Karl-Eduard

Dr. med., Prof., Hochschullehrer - Pfalzgrafenstr. 7, 5024 Pulheim-Brauweiler (T. 02234 - 8 24 08) - Geb. 8. Febr. 1937 Düsseldorf, kath., verh. m. Gabriele, geb. Heinen, 8 Kd. (Felix, Matthias, Robert, Ruth, Stefan, Anton, Martin, Katrin) - Med.-Stud. Univ. Tübingen, Bonn, München; Promot. 1962; Approb. 1963; Habil. 1977; apl. Prof. 1982 - Wiss. Assist. Neurochir. Univ.-Klinik Köln; 1974 Oberarzt - Entw. e. verbesserten Technik z. Langzeitmessung d. Schädelinnendruckes, Hydrozephalus-Shuntsysteme, Probleme d. Kinderneurochirurgie. Üb. 100 Publ., 14 Buchbeiträge - Liebh.: Musik (Violoncello), Lit., Wandern, Bergsteigen - Spr.: Engl., Franz. - Bek. Vorf.: Adolph Richard, Pionier d. Stahlind. in Deutschl. (Urgroßv.) - Lit.: F.-W. Henning, Düsseldorf u. s. Wirtschaft (1981).

RICHARDI, Hans-Günter

Journalist, Schriftsteller, Redakteur Südd. Zeitung, München - Obere Moosschwaigestr. 6d, 8060 Dachau (T. 08131-1 46 08) - Geb. 26. Okt. 1939, ev., verh. m. Christa, geb. Demmel, 2 Kd. (Sabine, Stephanie) - Vors. Verein Zum Beispiel Dachau - Arbeitsgem. z. Erforsch. d. Dachauer Zeitgesch. - BV: Unheiml. Plätze in Bay., 1977; D. gr. Augenblick in d. Archäol., 1977; Burgen, Schlösser u. Klöster in Bay., 1978; Dachau, 1979; Schule d. Gewalt, 1983; Von d. Roten Armee z. Schwarzen Korps, 1983 - Dt. Denkmalschutzpreis, Bayer. Denkmalschutzmed., Bürgermed. Stadt Dachau - Liebh.: Gesch., Zeitgesch., Archäol., Seefahrtsgesch., Sagen - Spr.: Engl.

RICHARDI, Reinhard

Dr. jur., Univ.-Prof., Ordinarius f. Arbeits- u. Sozialrecht, Bürgerl. Recht u. Handelsrecht Univ. Regensburg (s. 1968) - Lärchenstr. 6, 8401 Pentling - Geb. 21. März 1937 Berlin (Vater: Günther R., Reichsbahnrat †; Mutter: Charlotte, geb. Kühn), kath., verh. s. 1964 m. Margarete, geb. Bruysten, 3 Kd. (Anne, Bettina, Johannes) - Gymn. Berlin; Univ. Berlin (Freie) u. München (Rechtswiss.). Jurist. Staatsprüf. 1960 u. 64; Promot. (1960) u.

Habil. (1967), alles München - 1960-68 Assist. Prof. Rolf Dietz u. Doz. (1967) Univ. München - 1980-88 Mitgl. Fachaussch. Rechtswiss. d. DFG - BV: D. Verwaltungsrecht d. Testamentsvollstreckers an d. Mitgliedschaft in e. Personenhandelsgesellschaft, 1961; Kollektivgewalt u. Individualwille b. d. Gestaltung d. Arbeitsverhältnisses, 1968; Kommentar z. Bundespersonalvertretungsgesetz, 2 Bde., 1978; Kommentar z. Betriebsverfassungsgesetz, 2 Bde., 1981/82; Arbeitsrecht, 6. A. 1991; Arbeitsrecht in d. Kirche, 2. A. 1992; Wertpapierrecht, 1987; Dienstvertragsrecht im Staudinger-Kommentar z. BGB, 12. A. 1989. Mithrsg. Münchner Handbuch z. Arbeitsrecht, 1992; Ztschr. f. Arbeitsrecht (s. 1970); Neue Ztschr. f. Arbeits- u. Sozialrecht (s. 1984) - 1969 Hans-Constantin-Paulssen-Preis; 1990 Staatsmed. f. soziale Verdienste d. Freistaates Bayern.

RICHERT, Fritz

Dr. phil., Präsident Landesmusikrat Baden-Württ. (s. 1987), Vors. Landesverb. d. Musiksch. Baden-Württ. (s. 1982) - Jungnauerstr. 22, 7000 Stuttgart-Möhringen - Geb. 4. Aug. 1922 Nürnberg, verh. s. 1947 m. Ursula, geb. Simader, 2 Kd. - B. 1975 Leit. Ressort Innenpolitik Stuttg. Ztg., 1975-78 Vors. Journalisten-Verb., 1978-87 Kulturamt Stuttgart - BV: D. nationale Welle - Masche, Mythos u. Misere e. neuen Rebellion v. rechts, 1966 - 1964 Theodor-Wolff-Preis.

RICHERT, Hans-Egon

Dr. rer. nat., o. Prof. f. Mathematik - Oberer Eselsberg (Univ.), 7900 Ulm/D.; priv.: Tannenweg 26, 7906 Blaustein-Herrlingen (T. 07304 - 31 65) - Geb. 2. Juni 1924 Hamburg (Vater: Johann R.; Mutter: Agnes, geb. Hinsch), verh. 1980 m. Gisela, geb. Voss, 2 Söhne (Manfred, Ranko) - 1946-50 Univ. Hamburg (Math.). Promot. 1950 Hamburg; Habil. 1954 Göttingen - 1954-62 Doz. u. apl. Prof. (1961) Univ. Göttingen; s. 1962 Ord. Univ. Marburg u. Ulm (1971; 1974-75 Prorektor); 1961-62, 1965-67, 1969-70 Gastprof. Syracuse (USA) - BV: Sieve Methods, 1974 (m. H. Halberstam); Lecture Notes, T.I.F.R. Bombay 1976. Fachveröff.

RICHLING, Mathias

Kabarettist, Autor, Schauspieler, Photograph - Hänflingweg 11, 7000 Stuttgart 31 (T. 0711 - 44 60 44) - Geb. 24. März 1953 - Stud. Literaturwiss., Phil., Gesch., Musikwiss. u. Schauspiel; Mag. in Literaturwiss.; Abschlußprüf. Schauspiel - S. 1976 Solist; davor im Ensemble d. Renitenz-Theaters Stuttgart; Mitwirkung in Serien u. Ensembles: D. Kleine Heimat (SDR/ARD), Hildebrandts Scheibenwischer (ARD/SFB); Abendschau-Ansichten e. Dauerfernsehers (s. 1981 14tgl.); 15 Solo-Progr., u. a. D. Fernseh- bled macht? (ARD, 1984), Reden Sie! Jetzt red' ich: (ARD, 1986), Wieviel Demokratie ist es bitte? (ARD, 1988), Was ich noch vergessen wollte ... (1989); Solo-Programm: Jetzt schlägt's Richling (1991); TV: Stuttgarter Gefühle (SDR, 1984), satirischer, wöchentl. Kommentar: Jetzt schlägt's Richling (ARD, ab Okt. 1989) - BV: Du bist so treibend wahnesblöd. Wahrmögliche Gesch. 1981; Ich dachte, es wäre d. Froschkönig. Manch Nimmermär 1984; Stuttgart-Ess. Dix f. ungut (Geo-Special), 1987; D. deutsche Selbstverstand, 1989. Platten: Ich bin's gar nicht, 1983 - 1. Foto-Ausst. in Zürich (Mai 1991) - 1978 u. 87 Dt. Kleinkunstpr.; 1988 Österr. Kleinkunstpreis - Spr.: Engl., Lat.

RICHOLT, Kurt

Dr. rer. pol., Vorstandsmitglied Commerzbank AG - Commerzbank AG, Neue Mainzer Str. 32-36, 6000 Frankfurt (T. 13 62-0) - Geb. 6. Febr. 1939 - AR-Mandate.

RICHTBERG, Walter

Dr. rer. pol., Vorsitzender d. Geschäftsführung dpa - Deutsche Presse-Agentur GmbH - Mittelweg 38, 2000 Hamburg 13 (T. 4 11 31) - Geb. 14. Nov. 1941 Groß Rohrheim - Abit. 1961; Stud. Volksw. Karlsruhe u. Tübingen; Dipl. 1966 Univ. Tübingen, anschl. wiss. Assist. Lehrstuhl f. Wirtschafts- u. Sozialpolitik Univ. Stuttgart-Hohenheim; Promot. 1969 Univ. Tübingen, anschl. Assist. d. Hauptgeschäftsf. d. IHK Würzburg-Schweinfurt; 1971 Geschäftsf. u. Leit. Abt. Volkswirtsch. u. Inform. IHK Würzburg-Schweinfurt; s. 1973 IHK Hamburg (Leit. Abt. Inform., s. 1976 Geschäftsf., s. 1979 Hauptabteilungsleit. Informat./Red.); s. 1984 dpa-Dt. Presse-Agentur GmbH (s. 1985 Vors. d. Geschäftsf.). Vors. d. Geschäftsfg. d. Europ. Pressphoto Agency (epa); AR-Vors. europ. television service GmbH (e-te-s); Vors. d. Gesellsch.vers. Globus Kartendst. GmbH; VR-Mitgl. VWD-Vereinigte Wirtschaftsdst. GmbH.

RICHTER, Achim

Dr., Dipl.-Phys., Prof. u. Direktor Inst. f. Kernphys. TH Darmstadt (s. 1974) - Telemannweg 17, 6100 Darmstadt (T. 7 96 98) - Geb. 21. Sept. 1940 Dresden (Vater: Georg Edmund R., Baum.; Mutter: Elsa, geb. Wenzel), ev., verh. m. Dr. med. Christine Monika, geb. Leipert, 2 Kd. (Rebecca, Tobias) - Stud. d. Phys. Univ. Heidelberg; Promot. 1967; Habil. 1971 - 1966-67 Max-Planck-Inst. f. Kernphys., 1968-70 Florida State Univ. u. Argonne Nat. Labor., bde. USA, 1971-74 Wiss. Rat u.Prof. Univ. Bochum. - Mitherausg. intl. Zeitschr. Nuclear Physics, Modern Physics Letters A u. Springer Series in Nuclear and Particle Physics. Zahlr. Fachveröff. - 1988 Dt.-franz. Alexander-von-Humboldt-Preis.

RICHTER, Alfred

Dipl.-Kfm., Bankdirektor, - Am Wiesengrund 8, 2125 Garlstorf - Geb. 5. April 1933 - Vorstandssprecher Verbraucherbank AG., Hamburg.

RICHTER, Annegret

Handelsvertreterin f. Sportartikel, Olympiasiegerin (erfolgreichste dt. Leichtathletin) - Maulwurfsweg 58, 4600 Dortmund 30 - Geb. 13. Okt. 1950 Dortmund (Vater: Rudolf, Rentn.; Mutter: Else, geb. Irrgang), ev., verh. s. 1971 m. Manfred R., T. Daniela - Handelssch., Bürokfm. - 1971 Europa-Meist. 4x100m-Staffel, 1972 Olympiasiegerin 4x100m-Staff., 1973 Halleneuropameist., 1976 Olympiasiegerin 100m-Lauf (zugl. Weltrekord m. 11,01 Sek.), Olympiazweite 200m-Lauf u. 4x100m-Staff., 1977 u. 1979 Weltcup-Siegerin 4x100m-Staff., 31 dt. Meistertitel - Olymp. Gold- u. Silbermed., 1971, 72 u. 76 Silb. Lorbeerblatt, 1976 Stadtplak. Dortmund. 1977 Rudolf Harbig-Gedächtnispreis. 1981 Eiserner Reinoldus (Dortm.) - Liebh.: Kochen, Teppichknüpfen, Tennis - Spr.: Engl.

RICHTER, Armin

Dr.-Ing., Prof., Wiss. Rat Inst. f. Feinmechanik u. Regelungstechnik TU Braunschweig (s. 1966) - Eitelbrodstr. 3a, 3300 Braunschweig (T. 37 43 56) - Geb. 20. Sept. 1923 Dammen üb. Stolp/Pom. (Vater: Martin R., Minister), verh. m. Doris, geb. Mann, 3 Kd.

RICHTER, Christoph

Dr. phil., o. Prof. Hochsch. d. Künste Berlin (s. 1973) - Glockenstr. 21, 1000 Berlin 37 (T. 030-801 52 56) - Geb. 9. April 1932 Mährisch-Schönberg, ev., verh. s. 1959 m. Margrit, geb. Brökelmann, 3 S. (Andreas, Stephan, Florian) - Stud. Musik, Musikwiss., German., Päd., Phil.; Staatsex. (Musik u. Deutsch); Promot. (Musik) 1974 Hamburg - Gastprof. Musikhochsch. Wien - BV: Musik als Spiel, 1975; Theorie d. didakt. Interpret. v. Musik, 1976; D. Prinzip v. Vers u. Prosa in d. Musik, 1985; Arb. - Freizeit - Schule, 1986; Herausg.: Ztschr. Musik u. Bildung - Liebh.: Segeln, Musizieren, Wandern.

RICHTER, Claus

Dr. phil., Journalist, Süd-Ost-Asien Korrespondent u. Studio-Leit. f. d. ZDF in Singapore (s. 1991) - South East Asia Representatives, 400 Orchard Road 20-05A Orchard Towers, Singapore 0923 - Geb. 4. Nov. 1948 Straubing (Vater: Fritz R., kaufm. Angest.; Mutter: Gertrud Roy), ev. - Abit. 1967; Stud. Sozialwiss., German., Volksw. Univ. Bonn u. Heidelberg; Staatsex. 1974, Promot. 1976 Univ. Bonn - 1973-76 fr. Mitarb. WDR; 1976-81 Redakt. (Politik); 1981-84 Korresp. Warschau (WDR), 1984-87 Korresp. New York, 1987-91 Korresp. u. Studioleit. ARD-Studio DDR - BV: Leiden an d. Ges., 1977; D. überflüssige Generation. Berichte z. Lage d. Jugend (Hg.), 1979 - 1983 Eduard-Rhein-Kulturpreis; 1989 Jacob Kaiser Preis - Liebh.: Gesch., Politik - Spr.: Engl., Franz., Poln.

RICHTER, Claus-Gerd

Dipl.-Volksw., Geschäftsführer - Schmarjestr. 9b, 1000 Berlin 37 (T. 302 20 18) - Geb. 11. Dez. 1934 Berlin, verh. s. 1960 m. Editha, geb. Rüde, 3 Kd. - Obersch. (Reifeprüf. 1954) u. FU Berlin (Rechts- u. Wirtschaftswiss.; Dipl.-Volksw. 1960) - 1960 ff. Tätigk. Banken- u. Prüfungswesen; 1963 ff. pers. Ref. Senator f. Gesundheitswesen; 1966 Geschäftsf. (alles Berlin). MdA Berlin 1971-75. Mitgl. Vollversamml. u. Berufsbild.sausssch. IHK Berlin.

RICHTER, Dieter

Dr. phil., Prof. f. Literaturwiss. Univ. Bremen (s. 1972) - Großbeerenstr. 35, 2800 Bremen - Geb. 24. Dez. 1938 Hof a. d. Saale (Vater: Paul R.; Mutter: Frieda, geb. Herpich), verh. s. 1965 m. Sabine, geb. Gurski, 2 Söhne (Nicolas, Pavel) - Stud. d. German., Lat.; Promot. 1966; Habil.-Stip. 1972 - BV: Berthold v. Regensburg, Dt. Predigten, 1968; D. dt. Überlief. d. Predigten B. v. Regensburg, 1969; D. polit. Kinderb., 1973; D. heiml. Erzieher, 1974; Märchen, Phantasie u. soz. Lernen, 1974; Lit. im Feudalismus, 1975; Samml. alter Kinderb. 1977ff; D. Land, wo man nicht stirbt, Märchen v. Leben u. v. Tod, 1982; Schlaraffenland, Gesch. e. populären Phantasie, 1984; Viaggiatori stranieri nel Sud, 1985; D. fremde Kind, Z. Entsteh. d. Kindheitsbilder d. bürgerl. Zeitalters, 1987; Alla ricerca del Sud, Tre secoli di viaggio ad Amalfi nell' immaginario europeo, 1989; D. Vesuv, 1990; Süßhunger, Zur Kulturgeschichte d. Süßen, 1991 - 1989 Ehrenbürger d. Stadt Amalfi - Spr.: Engl., Ital.

RICHTER, Dieter M.

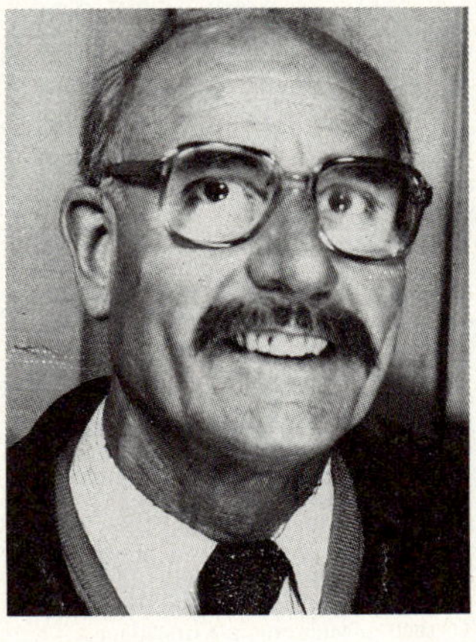

Dr. rer. nat., Prof., Geologe u. Paläontologe - Sandweg 14, 5100 Aachen-Laurensberg (T. 17 20 00) - Geb. 19. März 1930 Bonn (Vater: Prof. Dr. phil. Max R., Geologe †; Mutter: Hildegard, geb. Willick †), ev., verh. s. 1958 (Ehefr.: Claire), 2 Töcht. (Barbara, Nicola) - 1940-49 Robert-Koch-Sch. Clausthal-Zellerfeld; 1949-50 bergmänn. Praxis; 1950-54 Univ. Marburg u. FU Berlin (Geol., Mineral., Zool.; Dipl.-Geol.). Promot. 1954 Berlin; Habil. 1960 Frankfurt/M. - 1955-57 wiss. Assist. Univ. Münster; 1957-58 Stip. Dt. Forschungsgem.; 1958-64 wiss. Mitarb. TH Aachen; apl. Prof. (1967) Univ. Frankfurt. 1964-65 Gastdoz. Univ. Exeter (Engl.). S. 1972 Prof. f. Allg. Geologie, Ingenieur- u. Hydrogeologie Geologisches Department Fachhochsch. Aachen im Gesamthochschulbereich Aachen. Spez. Arbeitsgeb.: Tektonik, Stratigr., Sedimentol., Ingenieurgeol. Mitgl. Dt. Geol. Ges. u. Geol. Vereinig. - BV: Stratigr.-tekton. Analyse d. kristallinen westl. Fichtelgebirges unt. bes. Berücks. d. prävariscischen Magmatite, 1963; Geol. Führer v. Aachen u. Umgeb. (Nordeifel u. -ardennen m. Vorl.), 1969, 2. A. 1975, 3. A. 1985; Geol. Führer durch Ruhrgebiet u. Berg. Land zw. Ruhr u. Wupper, 1971, 2. A. 1977; Grundriß d. Geol. d. Alpen, 1974; Allg. Geol., 1976, 2. A. 1980, 3. A. 1986; 4. A. 1992; Geologie, 1982; Geolog. Führer d. Allgäuer Alpen, 1984; Ingenieur- u. Hydrogeologie, 1989. Üb. 125 Einzelarb. - 1961 Hermann-Credner-Preis DGG/DM 5000,-- (f. hervorrag. wiss. Leistungen) - Liebh.: Numismatik, Ton-Schmalfilm (S 8) - Spr.: Engl., Niederl., Span., Neugriech.

RICHTER, Egon W.

Dr. rer. nat., Prof. f. Theoret. Physik - Sommerlust 33, 3300 Braunschweig (T. 5 63 54) - Geb. 24. März 1928 Holzhausen/Sa. (Vater: Walter R., Kaufm.; Mutter: Margarete, geb. Hahn-Banisch), ev., 2 Töcht. (Eva, Stefanie) - Leibniz-Sch. Leipzig (Abit. 1946); TU Berlin, TH München (Physik; Diplom 1954). Promot. 1956 München; Habil. 1960 Kiel - S. 1960 Lehrtätigk. Univ. Kiel (Privatdoz., 1960 Doz., 1965 apl. Prof., 1966 Wiss. Rat u. Prof.) u. TU Braunschweig (1968 o. Prof.). 1986-88 Generalsekr. Braunschw. Wiss. Ges. Spez. Arbeitsgeb.: Plasmaphysik. 1969 o. Mitgl. Braunschw. Wiss. Ges. - BV: Joos/Richter, Höh. Mathematik f. Praktiker, 1979 (Frankfurt/M.) - Spr.: Engl.

RICHTER, Ewald

Dr. phil., Prof. Univ. Hamburg - Brückwiesenstr. 30, 2000 Hamburg 61 (T. 040 - 58 14 82) - Geb. 6. Aug. 1925 Hamburg (Vater: Johannes R., Chefredakt.; Mutter: Toni, geb. Wagner), ev., verh. s. 1959 m. Waltraut, geb. Güttler, 1 T. Birgit - Staatsex. in Math. u. Phys., Promot. in Phil. - BV: D. Fragwürdigkeit d. Subjekt-Objekt-Schemas, 1958; Grundbestimmung u. Einheit d. objektiven Erkenntnis, 1974; Heideggers Frage nach d. Gewährenden u. d. exakten Wissenschaften, 1992.

RICHTER, Franz

Dr. phil., Prof., Oberstudienrat - Lienfeldergasse 35, A-1160 Wien 16 - Geb. 16. Jan. 1920 Wien - 1974-78 Präs. Österr. Schriftst.verb.; s. 1978 Generalsekr. PEN-Club - BV: Humanimales, Fabeln; Trockengebiet, Ged.; Kein Pardon f. Genies, 12 Charakterbilder; Spaltklang, R. 1987; Gestalten d. Liebe. Erdachte Briefwechsel - Österr. Ehrenkreuz f. Kunst u. Wiss.; 1984 Kulturpr. Land Niederösterr.; 1985 Ehrenmed. Stadt Wien; 1988 Otto-Stoessl-Preis; 1990 Ehrenkreuz f. Kunst u. Wiss. I. Kl.

RICHTER, Friedrich-W.

Dr. phil., Prof. f. Experimentalphysik - Frhr.-v.-Stein-Str. 33, 3550 Marburg/L. - Stud. Phys. (Dipl. 1956). Promot. 1959; Habil. 1969 - S. 1971 Prof. Univ. Marburg. Zahlr. Facharb.

RICHTER, Gerhard

Dr. theol., Prof. f. Kirchengeschichte, insb. Gesch. d. Theol. d. christl. Ostens - Hermann-Löns-Str. Nr. 34b, 8502 Zirndorf/Mfr. - S. 1970 Privatdoz., dann apl. Prof. Univ. Erlangen-Nürnberg.

RICHTER, Gerhard

Dr. phil., Prof., Biologe - Robert-Koch-Str. 16, 3012 Langenhagen - Geb. 7. Dez. 1929 Fritzlar/Hessen - Stud. Univ. Marburg, Promot. 1956. Forschungs- u. Lehrtätigk. Max-Planck-Inst. Wilhelmshaven, Univ. of Chicago, California Inst.

Techn. Pasadena, Univ. Tübingen. S. 1962 Habil., apl. Prof.; 1969ff. o. Prof. u. Dir. Inst. f. Botanik, Univ. Hannover - BV: Physiol., Molekularbiol. u. Biochem. d. Pflanzen, Stoffwechselphysiol. d. Pflanzen, 5. A. 1988 (span. 1972, poln. 1975, engl. 1976, franz. 1992).

RICHTER, Gerhard

Prof., Kunstmaler - Bismarckstr. 50, 5000 Köln 1 - Geb. 9. Febr. 1932 Dresden (Vater: Horst R., Lehrer; Mutter: Hildegard, geb. Schönfelder), verh. I) s. 1958 m. Marianne, geb. Eufinger, II) s. 1981 m. Isa, geb. Genzken, T. Betti - 1952-56 Kunstakad. Dresden, 1961-63 Düsseldorf. 1966 Gastdoz. Akad. Hamburg, 1978 Halifax/Canada, s. 1971 Prof. Akad. Düsseldorf. Zahlr. Texte in Katal. u. Magaz., div. Ausstell. In- u. Ausl. - Realist. u. abstr. Gemälde - Mitgl. Akad. d. Künste, Berlin; 1982 Arnold-Bode-Preis, Kassel; 1985 österr. Kotzoschka-Preis - Spr.: Engl.

RICHTER, Gerhard

Dipl.-Ing., Dipl.-Wirtschaftsing., Prof. FH Bielefeld, Abt. Minden - Franz-Boas-Str. 9, 4950 Minden/Westf. (T. 0571 - 5 17 12) - Geb. 24. Dez. 1928 (Vater: Gerhard R., Generalmajor), ev., verh. s. 1964 m. Gertrud, geb. Runge, 5 Kd. (Andrea, Martina, Ute, Katja, Claus-Gerhard) - Abit. 1948, Zimmererlehre; Staatl. Ing.schule Bremen, Ing. 1953; TH Aachen, Dipl.-Ing. 1959, Dipl.-Wirtschaftsing. 1964 - 1975-80 Abt.leit. Minden, 1979/80 des. Rektor, 1982-86 Dekan Fachber. Architektur u. Bauingwesen, s. 1987 Lehrauftr. FH Hamburg u. FH Nord-Ost-Nieders. - BV: Verf. d. Abschn. Stahlbetonbau in Schneider Bautabellen, 1974, 10. A. 1992 - Liebh.: Sport, Lesen, Do-it-yourself-Bereich - Spr.: Engl.

RICHTER, Gerold

Dr. rer. nat., Prof. f. Physische Geographie Univ. Trier - Zum Lorenzberg 4, 5501 Mertesdorf - Geb. 23. Dez. 1932 B.-Leipa (Vater: Richard R., Oberstudienrat; Mutter: Irmgard, geb. Weidlich), kath., verh. s. 1961 m. Elke, geb. Wöhrmann, 2 Töcht. (Anja, Ilka) - 1951 Abit. Zeitz; Univ. Greifswald (Dipl.-Geograph 1957, Promot. 1959), Habil. 1965 TU Braunschweig - 1967-70 Wiss. Rat u. Prof. TU Braunschweig; s. 1970 Prof. f. Phys. Geogr. Univ. Trier. S. 1973 Vors. Zentralaussch. f. dt. Landeskd. e.V. - BV: Bodenerosion. Schäden u. gefährdete Gebiete in d. Bundesrep. Dtschl., 2 Bde. 1965; Bodenerosion in Mitteleuropa, 1976; Kameraflug v. Helgoland zur Zugspitze, 1986; Deutschland, Raum im Wandel, 1988; u. ca. 120 wiss. Aufs. - Spr.: Engl., Portug.

RICHTER, Gotthold

Prof., Komponist - Deisterpfad 35, 1000 Berlin 37 (T. 813 26 21) - Langj. Lehrtätigk. Musikhochsch. Berlin.

RICHTER, Gregor

Dr. phil., Prof., Präsident d. Landesarchivdir. a. D. - Umgelterweg 5, 7000 Stuttgart 1 (T. 69 23 94) - Geb. 22. Jan. 1927 Kl. Röhrsdorf (Vater: Johann R., Landw.; Mutter: Maria, geb. Dittrich), kath., verh. s. 1952 m. Marianne, geb. Prenzel, 3 Kd. (Thomas, Barbara, Bernhard) - Stud. Gesch. u. German. Univ. Jena, Promot. 1956 - 1974-79 Leit. Staatsarchiv Sigmaringen; 1979-84 stv. Leit. Landesarchivdir. Bad.-Württ.; 1985 Präs. Landesarchivdir. Bad.-Württ. - BV: D. Ernestin. Landesordn., 1964; Lagerbücher- od. Urbarlehre. Hilfswiss. Grundzüge nach württ. Quellen, 1979 - Spr.: Lat., Franz., Russ.

RICHTER, Günter

Dr. phil., Prof. f. Neuere Geschichte - Remstaler Str. 30a, 1000 Berlin 28 (T. 401 75 80) - Geb. 10. März 1929 Lünen (Vater: Rudolf R., Techn.; Mutter: Margarete, geb. Schmidt), verh. s. 1959 m. Brigitte, geb. Stampe - Gymn., 5 J. Gefangensch., Abit.; Stud. Gesch., German. FU Berlin u. Univ. Münster, Staatsex. 1958, Promot. 1965 - B. 1965 Stud.rat, b. 1970 Akad. Rat FU Berlin, Prof. Meinecke-Inst. FU Berlin - BV: F. v. Holstein-Mitarb. Bismarcks (Diss.), 1966; Biogr. Holstein-Politiker im Schatten d. Macht, 1969; Denkwürdige Jahre 1848-1851 (Edit. A. d. Archiven Preuß. Kulturbes. Bd. 13) 1979; Zw. Revolution u. Reichsgründung; Gesch. Berlins, Bd. 2 1987; Biogr. Wilhelms I., in: Dreikaiser-Ploetz, 1987; Friedrich Wilhelm IV u. d. Revolution von 1848, in: Jahrbuch f. d. Geschichte Mittel- u. Ostdeutschlands, 1988.

RICHTER, Hans

Schauspieler u. Regisseur - 6149 Hambach/Bergstr. - Geb. 12. Jan. 1919 Nowawes b. Berlin, ev., verh. s. 1945 m. Dr. Ingeborg, geb. Bieber, 2 Söhne (Hansjoachim, Thomas) - Menzel-Oberrealsch. Berlin (Abit.); Schauspielausbild. Albert Florath - Ab 1931 Film (üb. 200 Rollen, dar. Emil u. d. Detektive (erster Film), Engl. Heirat, Traumulus, D. Mädchen Irene, Artistenblut, Schwarzwaldmädel; Regie: Vatertag). Bühnenrollen. Fernseh- u. Bühneninsz. Gründer u. Initiator Festsp. Heppenheim - 1983 BVK I. Kl. - Liebh.: Klass. Musik (bes. Violin-Konzerte) - Spr.: Engl., Franz.

RICHTER, Hans Peter

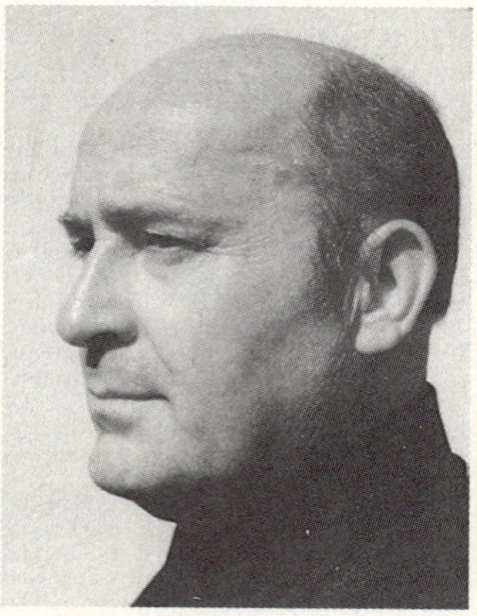

Dr. rer. pol., Prof. (Wissenschaftsmethoden), Schriftsteller - Franz-Werfel-Str. 58, 6500 Mainz (T. 3 11 31) - Geb. 28. April 1925 Köln (Vater: Peter R., Versicherungsbeamter; Mutter: Anna, geb. Eckert), verh. s. 1952 m. Elfriede, geb. Feldmann †1989), 4 Kd. (Ulrike, Claudia, Leonore, Gereon) - Gymn. Köln; Univ. ebd., Bonn, Mainz, Tübingen (Soziol., Psych.; 10 Sem.) - 1954-57 Hörer- u. Industrie-, s. 1957 Rentnerforsch. (spez. Frührentner), s. 1973 Hochsch.lehrer - BV: Damals war es Friedrich, Erz. 39. A. 1990 (auch franz., span., norw., niederl., dän., schwed., hebr., katal., engl., jap., fries., portug., ital.; dramatisiert, verfunkt, verfilmt, Gesamtaufl. üb. 3 Mill.); Wir waren dabei, R. 14. A. 1990 (auch dän., engl., schwed., franz., norw.); D. Zeit d. jg. Soldaten, Bericht, 10. A. 1991 (auch engl., dän., norw.); Jagd auf Gereon, Sachb. 1967; Ich war kein braves Kind, Erz. 3. A. 1979; Mohammed, Sachb. 1974; Saint-Just, Sachb. 1975; 24 Weihnachtswünsche, Erz. 1975; Gott - was ist das? Sachb. 1980; Gut und Böse, Sachb. 1980; Wiss. v. d. Wiss., Sachb. 1981; Wenn er groß wird - was dann?, Erz. 1982. Herausg.: ...der jg. Leser wegen - Tatsachen/Meinungen/Vorschläge (1965), Mutter - Erz. (3. A. 1974), Schriftst. antworten jg. Menschen auf d. Frage: Wozu leben wir? (1968), Schriftst. erzählen v. d. Gewalt (2. A. 1976), Schriftst. erzählen aus aller Welt (1976), Schriftst. erz. von d. Gerechtigk. (1977); Übers. Montaigne (1989). Zahlr. Hörfunk- u. Fernsehsend. u. wiss. Veröff. - 1961 Jugendbuchpreis Sebaldus-Verlag; 1961 Bestenliste; 1989 Gold. Taschenbuch f. 1 Mill. Auflage (v.: Damals war es Friedrich); 2 Stip. Cité intern. des Arts, Paris (1965 u. 66), Mildred Batchelder Award, New York (1971). Woodward School Book Award, New York (1971) - Spr.: Engl., Franz.

RICHTER, Hans Werner

Dr. h. c., Prof. E. h., Schriftsteller - Floßmannstr. 13, 8000 München 60 (T. 88 04 86); - Geb. 12. Nov. 1908 Ostseebad Bansin (Vater: Richard R., Fischer; Mutter: Anna, geb. Knuth), ev., verh. s. 1942 m. Antonie, geb. Lesemann - Volkssch.; Buchhändlerlehre, Wehrdst. u. Gefangensch. (USA) - BV: D. Geschlagenen, R. 1949; Sie fielen aus Gottes Hand, R. 1951; Spuren im Sand, R. 1953; Du sollst nicht töten, R. 1955; Linus Fleck oder D. Verlust d. Würde, R. 1958; Karl Marx, in Samarkand - E. Reise an d. Grenzen Chinas, 1967; Rache f. d. Ziegenbock, Kinderb. 1973; Kinderfarm Ponyhof, Kinderb. 1975; Bärbel Hoppsala, Kinderb. 1978; Briefe an e. jungen Sozialisten, 1974; D. Flucht u. Abanon, Erz. 1980; D. Stunde d. falschen Triumphe, R. 1981; E. Julitag, R. 1982. Herausg. Ztschr. D. Ruf (1946-47), D. Literatur - Blätter f. Lit., Film, Funk u. Bühne (s. 1952), Bestandsaufnahme (1962), Almanach d. Gruppe 47 - 1947-1962 (1963), Plädoyer f. e. neue Regierung oder Keine Alternative (1965). Herausg.: Berlin, ach Berlin (1981) - 1950 Fontane-Preis Stadt Berlin, 1952 Rene-Schickele-Preis; 1951 Mitgl. PEN-Zentrum BRD - Initiator Gruppe 47; 1956 Begr. Grünwalder Kreis; 1959 Präs. Europ. Föderation gegen Atomrüstung; 1973 Ehrenpreis DGB; 1978 Ehrendoktor Univ. Karlsruhe; 1979 Ehrenprof. Stadt Berlin; 1982 Ehrengabe Bundesverb. Dt. Ind.; 1986 Gr. Lit.-Preis Bayer. Akad. d. Schönen Künste u. Alexander-Gryphius-Preis.

RICHTER, Hans-Günther

Dr. phil., Univ.-Prof. f. Heilpäd. Kunsterziehung - Am Forst 5, 5170 Jülich-Stetternich - Geb. 2. Jan. 1933 Mechernich/Eifel (Vater: Anton R., Lehrer; Mutter: Margarete, geb. Buderath), verh. s. 1962 m. Roswitha, geb. Breithor, 2 S. (Ludwig, Ulrich) - Kunstakad. Düsseldorf, Univ. Köln u. Bonn (German., Päd.) - 1966 Stud.ass., Doz., Prof. f. Kunst Univ. Köln - BV: Ästh. Erziehung u. Mod. Kunst, 1975; Beginn u. Entw. zeichnerischer Symbolik, 1976; Päd. Kunsttherapie, 1984; D. Kinderzeichnung, 1987.

RICHTER, Hartmut

Dr. rer. soc., Hauptgeschäftsführer Baden-Württ. Handwerkstag, Arbeitsgem. d. Handwerkskammern u. Arbeitsgem. d. Fachverb. d. Handwerks Baden-Württ. - Staufeneckstr. 35, 7300 Esslingen (T. 0711-36 76 52) - Geb. 14. Dez. 1945 Komotau, verh. m. Dr. med. Ute Beichter, 1 S. - Dipl. Verwaltungswirt (FH) 1967 Stuttgart; Dipl. Verwaltungswiss. 1977 Konstanz; Promot. 1983 Konstanz - AR-Vors. MBG.

RICHTER, Helmut

Dr. jur., Rechtsanwalt, Steuerberater, Bundesvors. Landsmannschaft Sachsen (s. 1969) - Schloßstr. 92, 7000 Stuttgart 1 - Geb. 1909 Chemnitz-Bernsdorf, verh., 4 Kd., 5 Enkel - Realgymn.; Jura-Stud. Univ. Rostock, Jena, Leipzig; Refer. Augustusburg, Leipzig, Chemnitz, Klingenthal u. Dresden; Promot. - Rechtsanw. Chemnitz; nach 1945 RA u. Notar Stollberg/Erzgeb.; ab 1953 Stuttgart. Mitarb. Stuttgarter Ztg., Südd. Rundf. u. Südwestf. (Send. üb. Erzgeb., D. großen Söhne u. Töchter d. Erzgeb., 800 J. Chemnitz), Fachztschr. S. 30 J. Vorst. Bundeslandsmannschaft Sachsen - Ehrenmitgl. Bd. d. Mitteldeutschen; Sächs. Kurschwerter in Gold; Nadel m. Krone d. Kgl. Militär-Sankt-Heinrichs-Ordens; BVK I. Kl.

RICHTER, Horst

Dr. phil., Kunstkritiker - Steinweg 10, 5000 Köln 1 (T. 2 58 15 16) - Geb. 26. Febr. 1926 Leipzig (Vater: Walter R., Kaufm.; Mutter: Margarete, geb. Hahn-Banisch), led. - Oberrealsch. Leipzig (Abit. 1947); Buchhandelslehre; Univ. Köln (Kunstgesch., Theaterwiss., German., Völkerkd.). Promot. 1957 Köln - S. 1957 fr. Kunstkritiker. 1960 Presseref., 1971-89 stv. Gen.sekr. Dt. Unesco-Kommiss. 1972 Vizepräs., 1975-89 Präs. Intern. Kunstkritikerverb./Sektion BRD - BV: El Lissitzky, 1958; Georg Muche, 1960, J. O. Harms, 1963; H. E. Kalinowski, 1967; Leo Breuer, 1969; Malerei unseres Jahrhunderts, Neufass. 1991; Anton Räderscheidt, 1972; Gesch. d. Malerei im 20. Jahrhundert, 8. A. 1990; D. Bundesrep. Deutschl. u. d. UNESCO, 1976; Malerei d. Sechziger Jahre, 1990. Fernsehfilm: E. W. Nay (1966). Herausg.: Kunstjahrb. (1972 u. 73 u. 1976 b. 79); Kunst in d. siebziger Jahren, 1978 - Spr.: Engl. - Bruder: Prof. Egon W. R. (s. dort).

RICHTER, Horst-Eberhard

Dr. med., Dr. phil., Prof. f. Psychosomatik - Friedrichstr. 33, 6300 Gießen (T. 0641 - 702 24 61) - Geb. 28. April 1923 Berlin (Vater: Ing. Otto R., Verf.: Bauelemente d. Feinmechanik; Mutter: Charlotte, geb. Domzalski), verh. s. 1947 m. Bergrun, geb. Luckow, 3 Kd. (Jutta, Elena, Clemens) - Dr. phil. 1948; Dr. med. 1957 - 1952-62 Tätigk. Berliner Kliniken (Psychoanalyse, Psychiatrie, Fam.- u. Sozialtherapie); 1962 Prof. f. Psychosomatik u. s. 1973 gf. Dir. Zentrum f. Psychosomat. Med. Klinikum Justus Liebig-Univ. Gießen. Emerit. 1991 - BV: Eltern, Kind u. Neurose, 1963; Herzneurose, 2. erw. A. 1973 (m. D. Beckmann); Patient Familie, 1970; Gießen-Test, 1972 (m. D. Beckmann); D. Gruppe, 1972; Lernziel Solidarität, 1974; Flüchten od. Standhalten, 1976; Engagierte Analysen, 1978; D. Gotteskomplex, 1979; Alle redeten v. Frieden, 1981; Sich der Krise stellen, 1981; Z. Psych. d. Friedens, 1982; D. Chance d. Gewissens, 1986; Leben statt Machen, 1987; D. hohe Kunst d. Korruption, 1989; Russen u. Deutsche, 1990; Umgang mit Angst, 1992 - 1970 Forschungspreis Schweizer Ges. f. Psychosomat. Med.; 1973 Mitgl. PEN-Zentrum BRD; 1980 Theodor-Heuss-Preis. S. 1982 Vorst. d. bundesdt. Sektion d. Intern. Ärzte f. d. Verhüt. d. Atomkrieges (IPPNW) - Spr.: Engl., Franz.

RICHTER, Joachim

Dr. med., Prof. f. Anatomie Univ. Frankfurt/M. (s. 1973) -Zul. Schumannstr. 5, 6000 Frankfurt 1 (T. 74 92 03) - Geb. 24. April 1941 Eger (Vater: Siegfried R., Arzt; Mutter: Hertha, geb. Scheberle), verh. s. 1968 m. Christine, geb. Bruhn, 2 Kd. - Stud. Univ. Frankfurt/M.; Promot. 1969.

RICHTER, Joachim

Theologe, Pastor, Abgeordneter d. Landtages Sachsen (s. 1991) - Leipziger Str. 90, O-9550 Zwickau (T. 2 53 71) - Geb. 2. April 1941, ev., verh. s. 1961 m. Regina, geb. Günnel, 3 Kd. (Mathias, Michele, Marit) - Zimmerer, Theol., Relig.päd. -1968-89 Pastor Einsiedel, Breitebrunn, Zwickau; Z. Wende: Runder Tisch Zwickau Aussch. gegen Korruption u. Amtsmißbrauch; 1989-90 Gründ. u. Geschäftsf. d. SPD Zwickau; März-Okt. 1990 Volkskammerabg.; s. 1991 Landtagsabg. Aussch. Recht u. Verfassung Petition, Innen; Vors. d. SPD Unterbez. Zwickau - Liebh.: Musik, Photogr., Lit - Spr.: Lat., Griech.

RICHTER, Johannes

Dr. rer. nat., Prof., Wiss. Rat Inst. f. Experimentalphysik Univ. Kiel - Klausdorfer Str. 137, 2300 Kiel-Altenholz (T. 32 22 50) - Geb. 21. Sept. 1925 Berlin - S. 1961 (Habil.) Lehrtätigk. Kiel (1966 Wiss. Rat u. Prof.). Facharb.

RICHTER, Karl

Dr., Prof. f. neuere dt. Literaturwissenschaft Univ. Saarbrücken - Preußenstr. 11, 6670 St. Ingbert - Geb. 22. Dez. 1936 Warnsdorf (Vater: Karl R., Bürgerschuldir.; Mutter: Emma, geb. Domayer), ev., verh. s. 1963 m. Barbara, geb. Linke, 2 Kd. (Stefan, Corinna) - 1956 Abit.; Stud. Dt., Gesch. u. Geogr. Univ. München (Promot. 1966, Habil. 1970) - 1965-72 wiss. Assist.; 1972-73

Doz.; 1973ff. o. Prof. Univ. d. Saarl. - BV: Resignation. E. Studie z. Werk Fontanes, 1966; Lit. u. Naturwiss. E. Studie z. Lyrik d. Aufklär., 1972; Klassik u. Moderne. D. Weimarer Klassik als hist. Ereignis u. Herausford. im kulturgesch. Prozeß (hg. m. Jörg Schönert), 1983; Ged. u. Interpretat., Bd. 2: Aufklär. u. Sturm u. Drang, 1983 (Hrsg.); J. W. Goethe: Sämtl. Werke nach Epochen s. Schaffens, 1985ff (Hrsg.).

RICHTER, Klaus

Kaufmann (Fa. Hans Richter, Lübeck), Präs. IHK zu Lübeck, Präs. Bundesverb. d. Dt. Groß- u. Außenhandels (1984-91) - Saturnstr. 14, 2400 Lübeck (T. 0451 - 5 70 21) - Geb. 20. Juni 1925, verh., 4 Kd. - AR-Vors. L. Possehl & Co., Lübeck, u. Hagebau, Soltau - 1980 Honorarkonsul Südafrika - Spr.: Engl.

RICHTER, Klemens

Dr. theol., Prof. f. Liturgiewiss. Univ. Münster - Johannisstr. 8-10, 4400 Münster (T. 0251 - 83-26 28) - Geb. 3. Mai 1940 Leipzig, verh. s. 1963 - BV: Z. pastoralliturg. Fragen.

RICHTER, Hermann Lukas

Dr. phil. habil., em. Privatdozent - Florian-Geyer-Str. 10, O-1199 Berlin (T. 030 - 677 18 25) - Geb. 22. Febr. 1923 Bärenstein/Erzgeb., ev., verh. s. 1968 m. Christa geb. Augsburg, 2 Söhne (Manuel aus 1. Ehe, Christoph) - Musikhochsch. 1941-42 Leipzig; Stud. Musikwiss. 1949-52 Humboldt Univ. Berlin; Staatsex. 1952; Promot. 1957, Habil. 1966 - 1958-63 Forsch.auftr.; 1963-88 Dt. Akad. d. Wiss. (zul. Wiss. Mitarb.); s. 1959 Lehrtätigk. Humboldt Univ. - BV: Zur Wissenschaftslehre v. d. Musik b. Platon u. Aristoteles, 1961; D. Berliner Gassenhauer, 1969; 5 Lied-Anthol.; Buchmanuskripte u. zahlr. musikwiss. Aufs. - Liebh.: Musik (einschl. Orgelspiel), Lit., Gesch. - Spr.: Engl., Franz., Lat., Ital., Griech. - Lit.: Personenartikel in Musiklexika.

RICHTER, Manfred

Rektor a. D., MdB (s. 1987), Parlam. Geschäftsführer d. FDP-Bundestagsfraktion (s. 1991) - Hagener Weg 85, 2850 Bremerhaven 27 - Geb. 2. Dez. 1948 Kölln-Reisiek Kr. Pinneberg, ev., verh. - Wirtschaftsgymn. (Abit.); PH Bremen. Lehrerprüf. 1970 u. 74 - Ab 1970 Lehrer Bremerhaven. 1971 Landesvors. Dt. Jungdemokr. 1972, 76, 80 u. 83 Kandidatur Bundestag (Wahlkr. 52); 1978-83 Mitgl. Bremische Bürgerschaft (Landtag); FDP s. 1966 (1978-88 stv., s. 1988 Landesvors., 1979-83 u. s. 1988 Mitgl. Bundesvorst.).

RICHTER, Manfred Raymund

Intendant, Regisseur, Schausp. u. Theaterpäd. - Krehlstr. 39, 7000 Stuttgart 80 (T. 0711 - 735 18 78) - Geb. 15. Okt. 1929 Stuttgart-Bad Cannstatt, ev. - Gymn. Stuttgart; Schauspielstud. Dt. Schauspielsch. München; 1949-53 Stud. TU Stuttgart (Literaturwiss. u. Kunstgesch.) - 1953-55 Gründ. u. Leit. Jugendbühne Stuttgart; 1953-57 Leit. Studiobühne TU Stuttgart; 1955/56 Leit. Literaturwiss.-dramat. Arbeitskr. TU; 1959-63 fr. Mitarb. Rias u. SFB Berlin; 1960-62 Assist. Int. Fr. Volksbühne Berlin; 1961/62 Gastregiss. Nationaltheater Mannheim u. Kammersp. Düsseldorf; 1963-68 Regiss. Städt. Bühnen Bielefeld; 1968-70 Regiss. Städt. Bühne Heidelberg; 1969 Gastregiss. Bühnen Stadt Köln; 1970/71 Regiss. u. redakt. Mitarb. Fernsehen Südd. Rundf.; 1971/72 Lehrbeauftr. f. Ensemblespiel Musikhochsch. d. Saarl. Inst. f. darst. Kunst; s. 1972 Lehrbeauftr. f. Theaterpäd. u. Szen. Improvisat. Staatl. Hochsch. f. Musik u. Darst. Kunst, Stuttgart u. FH f. Sozialwesen Esslingen. S. 1974 Konzeption. Entw. u. Leit. Theater im Zentrum, Stuttgart - Heusteigstr. - BV/Theaterst.: E. Wunsch wird geboren, 1981; E. Drache beherrscht d. Stadt, 1981; E. Waschlappen fliegt durch d. Luft, 1983 - Insz.: Brecht, Trommeln in d. Nacht (1955); Walser, Eiche u. Angora (1963); Brecht, D. kaukas. Kreidekreis (1964); Brecht, Flüchtlingsgespräche (1964); Joppolo, D. Karabinieri (1965); Saunders, E. Eremit wird entdeckt (1965); Beckett, Warten auf Godot (1966); Miller, Zwischenfall in Vichy (1966); Brecht, D. aufhaltsame Aufstieg d. Arturo Ui (1967); Sternheim, D. Snob (1967); Brecht, D. Ges. d. Simone Machard (1967); Genet, D. Zofen (1968); Mrozek, Tango (1968); Lessing, Nathan d. Weise (1968); Molière, George Dandin (1969); Becker, D. Zeit nach Harrimann (1973, UA); Richter, E. Wunsch wird geboren (1981, UA); Richter, E. Drache beherrscht d. Stadt (1981, UA); Lawall, D. Himmelsleiter steht im Sumpf (1982, UA); Richter. E. Waschlappen fliegt durch d. Luft (1983, UA); Charms, Daniil/Schwitters, Kurt, D. Wunsch nach süßem Vergnügen verfolgt mich selbst im Schlaf (1989, UA) - Interessen: Lit., Kunstgesch., Symbolwiss., Ökol., Anthropol., Phil.

RICHTER, Otto

Dr. rer. nat., Prof. f. angew. Math. u. Statistik Univ. Bonn - Kottenforststr. 20, 5309 Meckenheim - Geb. 3. Okt. 1946 Gelsenkirchen (Vater: Otto R., Realschullehrer; Mutter: Ruth, geb. Senftleben), ev., verh. s. 1971 m. Ingrid, geb. Flesch, Stud.dir. - Stud. TH Darmstadt, Univ. Bonn; Dipl. 1972 Physik Univ. Bonn, Promot. Biol. 1974 Univ. Bonn, Habil. Biomath. u. Statistik 1981 Univ. Düsseldorf - 1975 Akad. Rat Univ. Düsseldorf; 1983 Prof. Univ. Bonn. 1988 Ruf an d. TU Braunschweig f. Agrarökol. u. Systemmodellierung. Forschungsgeb.: Geoökol., Simulation v. Ökosystemen, Biol. Systemanalyse, Populationsdynamik - BV: Math. Mod. f. d. klin. Forsch., 1982; Simulation d. Verhalt. ökolog. Systeme, 1985; Parameter Estimation in Ecdogical Models. Ca. 50 Publ. in intern. Zeitschr. - Liebh.: Bergwandern, amerik. Lit. - Spr.: Engl., Franz.

RICHTER, Raymund

Schauspieldirektor Städt. Bühnen Krefeld - Baumwollweg 22, 4150 Krefeld (T. 02151 - 39 45 62) - Geb. 31. März 1949 Brunsbüttelkoog, kath., verh. - Univ. Berlin (Theaterwiss., German.) - 1973-78 Regieassist. u. Regiss. Schauspielhs. Bochum; 1979-84 Oberspielleit. Städt. Bühnen Nürnberg; s. 1985 Schauspieldir. Krefeld. Gastinsz.; s. 1985 Gastdoz. Hochsch. f. Gestaltung Offenbach - Wichtigste Arb.: Toller - Masse Mensch u. Hinkemann, Brecht - Trommeln in d. Nacht.

RICHTER, Rudi

Dr. rer. pol., Wirtschaftsberater, MdL a.D. Bayern - Kuckucksweg 37, 8510 Fürth/Bay. - Geb. 16. Sept. 1927 Fürth, verh., 2 Kd. - Obersch. Fürth; 1944-45 Arbeitsdst. u. Kriegseins. (verw.); n. Abit. (1947) Univ. Erlangen (Volksw., Publiz.; Dipl.-Volksw. 1953). Promot. 1957 - B. 1965 ltd. Industrietätigk., dann selbst. (spez. Marketing u. Werbung). Mitgl. Fürther Stadtrat (1972ff.) u. Mittelfr. Bezirkstag (1974ff.). CSU.

RICHTER, Rudolf

Dr. rer. pol., o. Prof. f. Nationalökonomie, insb. Wirtschaftstheorie - Birkenweg 25, 6601 Saarbrücken-Scheidt (T. Saarbrücken 89 33 47) - Geb. 28. Sept. 1926 Berlin, ev., verh., 2 Söhne (Klaus, Joachim) - Dipl.-Kfm. 1949. Promot. 1951, Habil. 1953 (alles Frankfurt/M.) - S. 1953 Lehrtätigk. Univ. Frankfurt (1959 apl. Prof.), Kiel (1961 Ord.), Saarbrücken (1964) - BV: Preistheorie, 1963; Makrökonomik, 1973 (m. U. Schlieper u. W. Friedmann), 4. A. 1981; Geldtheorie, 1987, 2. A. 1990.

RICHTER, Uwe

Prof. f. Fachdidaktik Sozialkunde TU Berlin - Werrastr. 8, 1000 Berlin 44 (T. 31 47 31 43; priv.: 681 66 13) - Geb. 16. Sept. 1944 Ückermünde (Vater: Werner R., Sonderschullehrer; Mutter: Hanna, geb. Reiche), ev., verh. s. 1967 m. Monika, geb. Maciejewski, T. Katja - Ab 1964 Stud. Landeskd. u. Geogr., Erzieh.wiss. u. Psych. Univ. Berlin - S. 1968 Lehrer an Grund- u. Sondersch.; s. 1971 Lehrer im Hochschuldst. PH Berlin; s. 1977 Prof. f. Didaktik d. mittl. Schulstufe PH Berlin; s. 1982 Prof. TU Berlin. Lehr- u. Forsch.schwerp.: Sexualerzieh., Drogenerzieh., Integrat. Förderung Behinderter u. Nichtbehinderter - BV: Unterrichtsw. z. Drogenprobl., 1980.

RICHTER, Walther

Dr. jur., Dr. rer. pol., Präsident Hanseat. Oberlandesgericht in Bremen a. D. (1969-81) - Mackensenweg 4, 2800 Bremen 33 (T. 25 50 55) - Geb. 28. Juli 1916 - 1960-69 Vizepräs. OLG Bremen.

RICHTER, Wilfried

Generalkonsul d. Bundesrepublik Deutschl. in Sao Paulo/Brasilien (s. 1988) - Caixa Postal 20944, 01498 Sao Paulo/ Brasilien (T. 0055-11-815 66 02) - Geb. 9. Mai 1936 Berlin, ev., verh. s. 1961 m. Hilde, geb. Huber, 4 Kd. - 1954-59 Jurastud. in Madrid u. München; Auswahlprüf. 1959; 2. Staatsex. f. höh. Ausw. Dienst 1962 - 1963-68 Legationsrat Botschaft Guatemala (Presseref. f. Zentralamerika); 1968-71 Leg.Rat I. Kl. Beobachtermission b. Vereinten Nationen in New York; 1971-74 Botschaftsrat Botsch. Madrid; 1974-79 stv. Ref.-Leit. Naher Osten im Ausw. Amt; 1979-83 Ständiger Vertr. Botsch. Kairo; 1983-85 Ref.-Leit. Lateinamerika; 1985-88 Ref.-Leit. Naher Osten im Ausw. Amt - BVK.

RICHTER, Wilhelm

Dr. jur., Oberkreisdirektor Rhein-Wupper-Kr. - Friedensbergerstr. 5, 5670 Opladen/Rhld. - Geb. 14. Juli 1925.

RICHTER, Wolfgang

Dr. med., Prof., Chefarzt i. R. - A. d. Draveler Wiese 19, 5330 Königswinter 41 (T. 02223 - 17 39) - Geb. 28. Juni 1921 - S. 1959 (Habil.) Lehrtätigk. Univ. Bonn (1965 apl. Prof.; zeitw. Oberarzt Chir. Klinik); 1964-84 Chefarzt Chir. u. Unfallchir. Klinik Elisabeth-Krkhs. Rheydt-Mönchengladbach. Üb. 50 Fachveröff. üb. Allgemeine-, Unfall- u. Gefäßchir.

RICHTER, Wolfram F.

Dr. rer. pol., Prof. f. Wirtschaftswiss. Univ. Dortmund - Leopold-Schütte-Weg 1, 5840 Schwerte - Geb. 4. Dez. 1948 Mülheim/Mosel (Vater: Horst R., Weingutsbesitzer; Mutter: Ilse, geb. Neuman), verh. s. 1973 m. Germaine, geb. Schmitz, 2 Kd. (Urban, Helene) - Dipl.-Math. 1972 Univ. Karlsruhe; 1973 Forschungsstip. London School of Economics); Promot. 1975, Habil. 1979 Univ. Karlsruhe - 1980 Doz. Univ. Bielefeld; 1982 Lehrst. VWL II Univ. Dortmund.

RICHTETZKY, Karl-Heinz

Maschinenbau-Ingenieur, Vors. d. Geschäftsführung Maschinenfabrik Buckau GmbH, Magdeburg - Langensteiner Weg 11, O-3023 Magdeburg (T. 091 - 4 82 55) - Geb. 7. Nov. 1935 Maffersdorf, verh. s. 1958 m. Edith, geb. Weber, T. Beatrix - Ing.-Schule f. Masch.bau u. Elektrotechn. Magdeburg - 2 Pat. im Bereich Masch.bau - Liebh.: Sport, Sportgesch.

RICHTHOFEN, Freiherr von, Hartmann

Ass., Gf. Gesellschafter Spielbank Baden-Baden GmbH & Co. KG u. Spielbk. Baden-Baden GmbH & Co. Spielbk. Konstanz KG - Augustaplatz 2, 7570 Baden-Baden - Geb. 24. April 1939 Berlin, kath., verh., T. Nieves - VR-Vors. Spielbk. Berlin Gustav Jaenecke GmbH & Co.

RICHTHOFEN, Freiherr von, Hermann

Dr. jur., Botschafter d. Bundesrep. Deutschland in London (s. Dez. 1988) - Zu erreichen üb. 22 Belgrave Square, London SW1X 8PZ - Geb. 1933 - Jurastud., Ass., Promot. 1963 - S. 1963 Ausw. Dienst (Ausl.-Posten in Saigon u. Djakarta), 1970-74 Völkerrechtsreferat AA, 1975-78 Referatsleit. b. d. Ständ. Vertr. d. BR Dtschl. bei d. DDR in Ostberlin, 1978-80 Leit. Dtschl.- u. Berlinreferat AA, 1980-86 Leit. Arbeitsstab Dtschl.-Politik im Bundeskanzleramt, 1986 Leit. Rechtsabt. AA (1 Monat), dann Leit. Polit. Abt. u. Polit. Dir. AA (b. Nov. 1988).

RICHTHOFEN, Freiherr von, Klaus-Ferdinand

Dr. jur., Staatssekretär Nieders. Sozialministerium (b. 1990) - Van-Gogh-Weg 6, 3000 Hannover 1 - Geb. 27. Nov. 1941 Breslau (Vater: Hans-Horst, Frhr. v. R., Dipl.-Landw.; Mutter: Elsa, geb. Tornow), ev., verh. s. 1992 m. Helga, geb. Hunger, 2 Kd. - Promot. 1972 (Thema: Wiedererlang. d. dt. Souveränität durch d. Pariser Verträge) - AR-Vors. Nieders. Landesentwicklungsges., Nieders. Wohnungsbauges.; AR-Mitgl. Neuland Gemeinnützige Wohnungs- u. Siedlungsges. Wolfsburg, Nieders. Bäderges., Präs. Akad. f. Sozialmed. Hannover.

RICHTHOFEN, Freiherr von, Manfred

Dozent u. Unternehmer, Präs. Landessportbund Berlin (s. 1985) - Clayallee 60 b, 1000 Berlin 33 - Geb. 9. Febr. 1934 Berlin (Vater: Bolko Frhr. v. R., Kaufm.; Mutter: Viktoria, geb. Praetorius v. R.), kath., gesch. - Realgymn.; Sportstud.; sozialpäd. Ausbild. - 1960-69 Schuldst. Canisius-Gymn. Berlin; 1969-85 Sportdir. Landessportbd. Berlin; s. 1990 Vizepräs. d. Dt. Sportbundes; Präsidiumsmitgl. LSB Berlin (1967ff.); 1974-90 stv. Vors. Bundesaussch. Leistungssport d. DSB; s. 1983 pers. Mitgl. d. NOK; s. 1987 Mitgl. Rundfunkrat SFB. 1964-79 Bürgerdeputierter Charlottenburg. 1963-67 Vors. Jg. Union Berlin (1963-65 Mitgl. Bundesvorst.). CDU (1965-69 stv. Vors. Landesverb. Berlin) - BV: In sportl. Bahnen, 1982 - 1988 Gold. Band d. Sportpresse Berlin - 1991 BVK I. Kl. - Liebh.: Hockey, Mod. Kunst - Bek. Vorf.: Rittmeister Manfred v. R., Kommandeur Jagdgeschw. I (erfolgr. Jagdflieger I. Weltkr.), gef. 1918 (Onkel).

RICHTHOFEN, Freiherr von, Oswald

Botschafter a. D. - Zu erreichen üb.: Auswärtiges Amt, 5300 Bonn - Geb. 10. Nov. 1908 Jena (Vater: Dieprand v. R., Senatspräs. Reichsgericht (s. X. Ausg.); Mutter: Elisabeth, geb. Barchewitz), ev., verh. in 2. Ehe (1954) m. Leontine, geb. Nieuwdoorp, 5 Kd. (Wolfgang, Benigna (aus 1. E.), Oswald, Patrick, David) - Gymn.; Univ. Leipzig u. Berlin (Rechtswiss.). Ass.ex. 1934 - S. 1935 Ausw. Dienst, Attaché Kopenhagen, Budapest, Wien, 1938-39 Vizekonsul Kalkutta, 1940-42 Legationssekr. Budapest, 1943-45 Wehrdst. (Ostfront, Ital., Westfront, zul. Ltn. d. R.), 1951-54 Gesandtschaftsrat Dublin, 1955-63 Gesandter bzw. Botschafter (1959) Djidda (Saudi-Arabien), 1963-65 Botsch. Khartum (Sudan), ab 1966 Botsch. Singapur - 1969 BVK I. Kl. - Liebh.: Golf - Spr.: Engl., Franz., Schwed. - Bek. Vorf.: Oswald Frhr. v. R., 1902-06 Staatssekr. d. Auswärtigen unter Reichskanzler v. Bülow.

RICHWIEN, Werner

Dr.-Ing. habil., Prof. f. Grundbau u. Bodenmechanik - Lichtenberpl. 5, 3000 Hannover 91 - Geb. 23. Juli 1944 Lengenfeld, kath., verh. s. 1969 m. Dorothea, geb. Gödeke, T. Andrea - 1965-70 Stud. Univ. Hannover (Bauing.wesen); Promot. 1976; Habil. 1980 - 1984 apl. Prof. Univ. Hannover. S. 1980 Lehr- u. Forschungstätigk. Grundbau, Bodenmechanik u. Energiewasserbau; s. 1983 Vorst.-Mitgl. u. wiss. Koordinator im Sonderforsch.-Ber. 205 Küsteningenieurwesen.

RICK, Josef

Landrat a. D. (s. 1979) - Anton-Heinen-

Str. 57, 5140 Erkelenz/Rhld. (T. Erkelenz 23 50) - Geb. 17. April 1912 Düsseldorf, kath., verh., 4 Kd. - Gymn.; Schriftsetzerlehre; Univ. Köln (3 Sem.) - B. 1936 (Verbot) Redakt. Wochenztg. Michael u. Monatszschr. D. Wacht, dann Stud. u. schriftst. Tätigk. (Ps.: Wolf Hammer), 1940-45 Wehrdst., ab 1946 Abt.leit. (Jugendb.) Verlag L. Schwann, Düsseldorf, 1947-56 MdL NRW (CDU), 1948-79 Landrat Kr. Erkelenz bzw. Heinsberg (1972), 1954-55 Redakt. Wochenztg. Michael, anschl. 1956-77 Pressechef WDR - BV: D. Rudergänger, Erz. 1939. Herausg.: D. feuerrote Ball (Jgdb. 1937), Blücherei d. Jugend (10 Bde. 1946-50); Mithrsg.: D. helle Segel (Jgdb. 1936), D. Wacht (2 Bde. 1946/47), Gesang im Feuerofen (Bildbd. 1947, 3. u. 4. A. Neubearbeit. 1979), Verbrannte Erde (Bildbd. 1949), Erkelenz (Bildbd. m. K. Barisch u. F. Krings 1980) - 1969 BVK I. Kl., 1978 Gr. BVK; 1984 Ehrenbürger Midlothian District Council/ Schottland.

RICK, Wirnt

Dr. med., o. Prof., Direktor Inst. f. Klinische Chemie u. Laboratoriumsdiagnostik Univ. Düsseldorf (s. 1974) - Chlodwigstr. 99, 4000 Düsseldorf (T. Klinik: 311-77 69) - BV: Klinische Chemie u. Mikroskopie, 6. A. 1990. Mithrsg.: Auftr. d. Klinik an d. klin.-chem. Laboratorium, 1972; Optimierung d. Diagnostik, 1973; Anwendung immunol. Methoden, 1975; Aktuelle Probleme d. Pathobiochemie, 1978; Validität klin.-chem. Befunde, 1980; Strategie f. d. Einsatz klin.-chem. Untersuchungen, 1982. Facharb.

RICKE, Helmut

Vorstandsvorsitzender Deutsche Bundespost TELEKOM - Postf. 20 00, 5300 Bonn 1 (T. 0228 - 181 90 00) - Geb. 20. Nov. 1936, verh., 2 Kd. - Liebh.: Segeln - Spr.: Engl.

RICKENBACHER, Karl Anton

Dirigent - Villa Oriole, CH-1822 Chernex-Montreux - Geb. 20. Mai 1940 Basel, verh. s. 1973 m. Gaye, geb. Fulton - Stud. Städt. Konservat. Berlin - 1966 Assist. Opernhaus Zürich; 1969 1. Kapellm. Freiburg; 1976 GMD Westf. Sinfonieorch. 1978 Chefdirig. BBC Scottish Symph. Orch.; 1987 1. Gastdirig. Brüssel BRT Phil. Orch. - Schallpl. m. Symphonieorch. d. BRs, London Philh. Orch., RSO-Berlin, Bamberger Symph. Gastdirig. b. zahlr. führenden Orch. in Europa, USA, Japan - Liebh.: Bild.

Kunst, Lit., Film - Spr.: Engl., Franz., Ital.

RICKER, Reinhart

Dr., Prof. f. Medienrecht u. Medienpolitik Univ. Mainz, Rechtsanwalt - Schumannstr. 8, 6000 Frankfurt 1 (T. 069 - 74 77 21) - Geb. 18. Mai 1944 Königstein - Promot. 1973, Magisterex. 1974 - S. 1980 Prof. in Mainz - BV: Anzeigenwesen u. Pressefreiheit, 1973; Handb. d. Presserechts (m. Löffler), 1978; Freiheit u. Aufg. d. Presse, 1983, D. Einspeisung v. Rundfunkprogr. in Kabelanlagen, 1984; Rundfunkwerb. u. Rundfunkordn., 1984; Verfassungsrechtl. Aspekte e. Mediengesetzes f. Rhld.-Pfalz, 1985; Privatrundfunk-Gesetze im Bundesstaat, 1985; D. Kompetenzen d. Rundfunkräte im Programmbereich, 1987; Unternehmensschutz u. Pressefreiheit, 1989.

RICKERS, Folkert

Dr. theol., Prof. f. Ev. Theologie/Religionspäd. Univ.-GH Duisburg (s. 1987) - Burgstr. 76, 5100 Aachen (T. 0241-8 57 27) - Geb. 18. April 1938, ev., verh. s. 1970 m. Margot, geb. Schmietenknop - Abit. 1959; Stud. Ev. Theol. Kirchl. Hochsch. Bethel/Bielefeld, Univ. Zürich, Heidelberg, Göttingen; 1. Theol. Ex. 1964 Oldenburg; 2. Theol. Ex. 1967 Oldenburg; Promot. 1967 Heidelberg; Habil. (Ev. Theol. u. Didaktik) 1978 Aachen - 1968 wiss. Assist.; 1969 Ord. f. d. ev. Pfarramt; 1972 Akad. Rat/Oberrat Aachen (1978 Priv.-Doz.); 1982-87 Prof. f. Ev. Theologie/Religionspäd. RWTH Aachen; 1987 Prof. f. Ev. Theologie/Religionspädagogik Univ.-GH-Duisburg - BV: Revolution u. Christentum als Thema d. Religionsunterr., 1975 (m. M. Rickers); Religionsunterr. u. politische Bildung, 1973 (Hrsg.); Sprechen üb. d. Tod, 1980. Mithrsg.: Jahrb. d. Religionspäd. - Liebh.: Kontrabassist im Aachener Kammerorch. u. Aachener Kammermusikensemble - Spr.: Engl.

RICKERS, Karl

Journalist - Goethestr. 8, 2300 Kiel (T. 9 54 49) - Geb. 20. Febr. 1905 Neukirchen/Holst., verh. in 1. Ehe m. Charlotte, geb. Schiwek †1985, in 2. Ehe m. Susanne, geb. Materleitner (2 Kd. aus 1. Ehe) - 1926-33 Schlesw.-Holst. Volksztg., 1936 Reichsamt f. Landesaufnahme, Berlin u. 1939-46 Hamburg. 1941-45 Kriegsdst., 1946-68 Schlesw.-Holst. Volksztg. Kiel (ab 1954 Chefredakt.). Ab 1970 zahlr. Veröff. z. Landes- u. Ortsgesch. sowie Kunstrezensionen f. Rundf. - BV: Erinnerungen e. Kieler Journalisten 1920-1970 Wachholtz Verlag, Autobiogr. 1992 - 1970 BVK I. Kl.; 1985 Kulturpreis Stadt Kiel.

RICKHEIT, Gert

Dr., Prof. Univ. Bielefeld - Brassestr. 4, 4520 Melle 8 - Geb. 4. Okt. 1941 Braunschweig, ev., verh. s. 1973 m. Mechthild, geb. Pape, 2 Töcht. (Meike, Gesa) - Promot. 1973 - 1973-78 Wiss. Assist. Univ. Bochum; s. 1978 Prof. Univ. Bielefeld - BV: Z. Entw. d. Syntax im Grundschulalter, 1975; Kindl. Redetexte

(m. and.), 1975; Psycholing. studies in language processing (m. a.), 1983; Inferences in text processing (m. a.), 1985; D. Wortschatz im Grundschulalter (m. a.), 1986; Sprache in Mensch u. Computer (m. a.), 1988; Dialog (m. a.), 1990; Sprache u. Wissen (m. a.), 1990 - Spr.: Engl., Franz.

RICKMERS, Henry Peter

Bürgermeister i. R. Helgoland - Am Südstrand 2, 2192 Helgoland (T. 552) - Geb. 14. Dez. 1919 Helgoland (Vater: Hans Carl R., Kaufm.; Mutter: Anna Martina, geb. Denker), ev., verh. s 1951 m. Erna, geb. Krüß, 2 Kd. (Kirsten, Detlev) - Abit. 1939; Wehrdienst b. d. Marine 1939-45, zul. Oberlt. z.S.d.R., Kmdt. e. MS-Bootes, Jura-Stud., 1. Ex. 1948 Univ. Hamburg - 1949 u. 1950 Refer.; 1950-56 Leit. Helgoländer Verw.; 1956-80 Bürgerm. Helgoland; Helgol. Inform. Zahlr. Ehrenämter - BV: Helgoland ruft, 1952; Schicksal e. Heimat, 1965, 3. A. 1986; Helgoland, dt. Schicksalsinsel, 1980; Helgoland, Stützpunkt u. Seenotrettung i. d. Dt. Bucht, 1984; Helgoland-Bibliogr., 1987; Helgoland im Wiederaufbau, 1990; Helgoland 100 Jahre deutsch, 1990; Helgoland, eine Insel auf dem Wege nach Europa, 1992 - Kriegsausz.; Freiherr-v.-Stein-Med.; BVK a. Bde. u. I. Kl.; 1985 Ehrenbürger d. Gemeinde Helgoland - Liebh.: Sport - Spr.: Engl.

RID, Max

Dr. jur., Bundesrichter - Bussardstr. 21, 8025 Unterhaching/Obb. (T. München 61 70 05) - B. 1968 Bayer. Finanzmin. (Ministerialrat), dann Bundesfinanzhof (Bundesrichter s. 1979 Vors. Richter II. Senat).

RIDDER, Helmut K. J.

Dr. jur., Drs. h. c., em. o. Prof. f. Öffstl. Recht u. Wiss. v. d. Politik - Krofderfor Str. 43, 6301 Biebertal (T. 06409 - 5 23) - Geb. 18. Juli 1919 Bocholt (Vater: Johannes R., Bürgerm.; Mutter: geb. Tenbrock), kath., verh. s. 1945 m. Dr. phil. Maria, geb. v. Münchow, 4 Kd. - Univ. Münster/W. (Promot. 1947), Freiburg/Br., Köln, Jena. Ass.ex 1947 Düsseldorf - 1950-52 Privatdoz. Univ. Münster, dazw. Lehrstuhlvertr. Univ. FU Berlin, s. 1952 Ord. Univ. Frankfurt, Bonn (1959), Gießen (1965) - BV: D. verfassungsrechtl. Stellung d. Gewerkschaften, 1960; Aktuelle Rechtsfragen des KPD-Verbots, 1966; D. soziale Ordnung d. GG, 1975. Üb. 300 Einzelart. Mithrsg.: Zschr. Blätter f. dt. u. intern. Politik, Neue Polit. Literatur, RSpr. z. UrheberR, Alternativ-Komm. z. GG (2. A. 1989).

RIDDER-MELCHERS, Ilse

Ministerin f. d. Gleichstellung v. Frau u. Mann (s. 1990) - Lange Stiege 1, 4420 Coesfeld - Geb. 28. Sept. 1944 Hindenburg/OS., verh., 2 Kd. - Realsch. u. Gymn. (Abit. 1965) - 1969ff. Mitgl. Stadtrat Coesfeld (b. 1977 Fraktionsf.), 1982 Landesvorst. Arbeitsgem. Sozialdemokr. Frauen; s. 1977 Mitgl. NRW-Landtag. SPD s. 1966 (s. 1985 Landesvorst.).

RIDDERBUSCH, Karl

Österr. Kammersänger, Opern- u. Konzertsänger - Werderstr. 38, 4100 Duisburg 12 (T. 0203 - 43 70 70) - Geb. 29. Mai 1932, ev., 3 Kd. (Ines, Markus, Andreas) - Folkwang-Hochsch. Essen - Rollen: Wagnersänger Sachs, Hagen, Hunding, König Heinrich, Gurnemanz, Baron Ochs, Boris, Kezal u.a. in Bayreuth, Salzburg, New York, München, Berlin, Buenos Aires, Moskau, in allen Häusern d. Welt. Ca. 65 Schallplattenaufn., Fernsehen, Rundfunk - BVK I. Kl.; VO. d. Landes NRW; Pl. Oberrat h. c. d. Duisburger Polizei - Liebh.: Filmen, Schwimmen - Lit.: In vielen Büchern üb. Wagner, Böhm, Karajan.

RIEBE, Klaus

Dr. agr., Prof., Wiss. Rat, Leiter Abt. Buchführung u. Betriebsplanung/Inst. f. Landw. Betriebs- u. Arbeitslehre Univ. Kiel - Langenfelde 1, 2300 Ottendorf (T. Kiel 58 23 62) - Geb. 9. Juni 1927 Olbernhau/Erzgeb. - S. 1957 (Habil.) Lehrtätig. Kiel (1964 apl. Prof. f. Landw. Betriebs- u. Arbeitslehre; 1966 Wiss. Rat u. Prof.) - BV: Fortschritte in d. Landarbeit; Arbeitsleistung u. -kalkulation in d. Landw. (m. a.); Betriebs- u. Arbeitslehre in d. Praxis; Betriebsleitung - Planung - Beratung. Zahlr. Einzelarb.

RIEBEL, Jochen (Hans-Joachim)

Ass. jur., Landrat Main-Taunus-Kreis - Kapellenstr. 24 D, 6093 Flörsheim am Main - Geb. 25. März 1945 Ober-Hilbersheim/Kr. Bingen (Vater: Johann Baptist R., Stud.dir.; Mutter: Anna Maria), kath., verh. s 1980 m. Inge R. - Abit. 1964; Stud. Rechts- u. Staatswiss., Volkswirtsch. Univ. Mainz; 1. Staatsex. 1972, 2. Staatsex. 1975 - 1964-66 Soldat, Bundesw. - Ausb. z. Reserveoffz., s. 1987 Oberstltn. d. Res. Luftwaffe; 1975-78 Reg.rat, stv. Polizeipräs. Mainz 1978-79 Dezern. Kreisverw. Alzey-Worms, 1979-83 Bürgerm. Stadt Eschborn, 1984-89 Oberbürgerm. Stadt Frankenthal (Pfalz); s. 1990 Landrat Main-Taunus-Kreis. Mitgl. CDU s. 1967 - Liebh.: Gesch., Phil., Tennis, Reiten - Spr.: Franz., Engl.

RIEBENSAHM, Hans-Erich

Prof., Konzertpianist - Kaubstr. 4, 1000 Berlin 31 (T. 87 18 81) - Geb. 24. Juni 1906 Königsberg/Pr. (Vater: Felix R., Kaufm.; Mutter: geb. Schusterhus), verh. s. 1927 m. Gerda, geb. Klingenberg - Musikhochsch. Berlin; Schüler v. Artur Schnabel - S. 1921 Konzerttätigk. In- u. Ausl.; Prof. Musikhochsch. Frankfurt/M. (1942-44) u. Berlin (1949-75) - 1954 Preis Verb. d. dt. Kritiker.

RIEBER, Heinz

Dipl.-Kfm., Vorstandsmitglied Th. Goldschmidt AG (s. 1978) - Goldschmidtstr. 100, 4300 Essen 1 (T. 1 73-23 31) - Geb. 27. Jan. 1929.

RIEBSCHLÄGER, Klaus

Dr. jur., Senator a. D., Vorstandsmitgl. Wohnungsbaukreditanstalt (WBK) Berlin a.D., Rechtsanwalt - Geb. 17. Aug. 1940 Berlin (Vater: Karl R., Ingenieur; Mutter: Franziska, geb. Schröder), ev., verh. s. 1967 m. Hannelore, geb. Randel, 3 Kd. (Katrin, Lars, Knud) - Tannenberg-Gymn. - FU Berlin (1959-63; Rechtswiss.). Jurist Staatsex. 1964 u. 68; Promot. 1968 (alles Berlin) - 1971-72 u. 1981-90 Vorst.-Mitgl. Wohnungsbau-Kreditanstalt Berlin; s. 1972 Senator f. Bauwesen Berlin, 1975-81 Finanzen 1967-81, 1985/86 u. s. 1990 MdA Berlin - BV: D. Freirechtsbewegung, 1968; Vor Ort - Blicke in d. Berliner Politik, 2. A. 1983. Mitarb.: Deutschland u. Osteuropa - Materialien z. Ostpolitik, 1967 (Autor: Dt. Ostgrenzen - Heimatrecht, S. 36-45). Zahlr. Aufs. - SPD s. 1961 (1968 Mitgl. Landesvorst., 1971-72 u. 1977-86 Kreisvors. Steglitz, 1973-82 Mitgl. Parteirat, 1971-81 stv. Landesvors. Berlin, 1983-86 wirtschaftspol. Spr. Berliner SPD) -

Liebh.: Sport (Leichtathletik) - Spr.: Engl., Franz.

RIECK, Georg Wilhelm

Dr. med. vet., em. o. Prof. u. Direktor Inst. f. Erbpathologie u. Zuchthygiene Univ. Gießen - Bergstr. 39, 6302 Lich/Oberhessen (T. 26 61) - Geb. 16. Febr. 1914 Berlin - S. 1957 (Habil.) Lehrtätigk. Gießen (1964 Ord., 1982 emerit.). Spez. Arbeitsgeb.: Teratologie, Genetik d. embryonalen Entwicklungsstörungen, Zytogenetik, Mißbildungsursachen - BV: Studien z. pathol. Histologie, Pathogenese u. Aetiologie d. Pyometra-Endometriskomplexes d. Hündin, 1957; Allg. veterinärmed. Genetik, Zytogenetik u. allg. Teratol. (Ferd. Enke), 1984; Zuchthygiene Rind (m. K. Zerobin, Zürich), 1985. Üb. 70 Fachveröff.

RIECKE, Erich

Bürgermeister - Rathaus, 4600 Dortmund; priv.: Hangstr. 4, -Aplerbach - Geb. 16. Juli 1906 - CDU.

RIECKEN, Ernst-Otto

Dr. med., Prof. f. Innere Medizin m. Schwerpunkt Gastroenterologie FU Berlin, Klinikum Steglitz - Hindenburgdamm 30, 1000 Berlin 45 - Geb. 23. Mai 1932 - 1964-65 Scholar British Council, Departement of Histochemistry, Postgraduate Medical School London, anschl. Univ. Marburg; 1978 FU Berlin, Klinikum Steglitz, 1980 gf. Dir. Med. Klinik u. Poliklinik, 1984-87 Fachbereichssprecher (Dekan), 1984 Vors. Dt. Ges. f. Verdauungs- u. Stoffwechselkrankh. - Spez. Arbeitsgeb.: Struktur u. Funktionsbezieh. am Gastrointestinaltrakt; Intestinale Adaptation, Cytochemie; Pathobiochemie d. Zell-Matrixbeziehung im Intestinaltrakt.

RIECKER, Gerhard

Dr. med., o. Prof. f. Innere Medizin, Dir. Med. Klinik I d. Univ. München, Klinikum Großhadern - Marchioninistr. 15, 8000 München 70 - Geb. 2. Febr. 1926 Karlsruhe - Habil. München - S. 1966 Prof. Univ. München (apl. Prof.; zul. Ltd. Oberarzt I. Med. Klinik), 1968-74 Univ. Göttingen o. Prof. Etwa 300 Fachveröff. - 1957 Fraenkel-Preis u. Paul-Morawitz-Preis Dt. Ges. f. Herz- u. Kreislaufforsch.

RIECKHOFF, Else

Dr. phil., em. Prof. Univ. Oldenburg - Buchenweg 7, 3201 Diekholzen - Didaktik d. engl. Sprache u. Literatur.

RIED, August

Dr. rer. nat., Prof., Botaniker - Am Holzbach 12, 6393 Wehrheim-Friedrichsthal - Geb. 17. Juli 1924 Landshut/Bay. - S. 1958 (Habil.) Lehrtätigk. Univ. Frankfurt/M. (1965 apl. Prof.). Fachveröff.

RIED, Walter Georg

Dr. phil. nat., Dr. med. h. c., o. Prof. f. Med. u. organ. Chemie - Arndtstr. 27, 6000 Frankfurt/M. (T. 74 89 80) - Geb. 5. März 1920 Frankfurt/M. (Vater: Karl R., kaufm. Angest.; Mutter: Amalie, geb. Leger), kath., verh. s. 1953 m. Hildegard, geb. Moos, 3 Kd. (Matthias, Sibylle, Walter) - Gymn. u. Univ. Frankfurt. Promot. (1942) u. Habil. (1952) Frankfurt - S. 1941 wiss. Hilfskraft, Assist. (1942), Oberassist. (1946), Wiss. Rat (1958) Inst. f. Organ. Chemie Univ. Frankfurt (1952 Privatdoz., 1955 apl., 1973 o. Prof.). 1961 Gast-Prof. Istanbul (Türkei), 1964 Storrs, Conn. USA, 1971/72 Dekan FB Chemie. 1978 gf. Dir. Inst. f. organ. Chemie - 50 Patente; üb. 600 Fachveröff. - Mitgl. Rab. Maurus-Akad., GdCH, Ges. f. Biol. Chemie, Ges. Dt. Ärzte u. Naturforscher, Schweiz. Chem. Ges.; 1980 Verdienstmed. Akad. Lodz; 1985 BVK - Liebh.: Wandern, Schwimmen, Fotogr. - Spr.: Engl.

RIEDE, Johannes

Prof., Msgr., Dozent f. Kath. Theol. u. Religionspäd. Päd. Hochschule Schwäb. Gmünd (1968-74 Rektor), s. 1978 i. R. - Seelenbachweg 24, 7070 Schwäbisch Gmünd (T. 6 86 39) - Geb. 1. März 1916 Ulm/D. (Vater: Karl R., Oberlehrer; Mutter: Johanna, geb. Emmerling), kath. - Gymn. Ulm; 1935-39 Univ. Tübingen (Theol.) - 1951-53 höh. Schuldst. (Religionslehrer), dann Lehrerbild. - BV: Laßt d. Kinder zu mir kommen, 5. A. 1968; D. religiöse Unterweis. im 1. Schulj., 1963; Kommentar u. Katechesen z. Glaubensb. f. d. 3. u. 4. Schulj., Alttestamentl. Teil 1965ff. (1967 Lizenzaufl. DDR); Wenn ich ihn nicht erfahren hätte, Geistl. Texte, 1975; Predigten üb. d. Letzten Dinge, 1979; Hoffn. wider alle Hoffn., Geistl. Texte 1980; Gott erbarmt sich unser, 1983; Mein bist Du, Unterrichtsb. f. Kath. Religion im 1. und 2. Schulj. (m.a. 1986); Lehrerhandb. z. dto. (1986); Mein bist Du, Unterrichtsb. f. Kath. Religion, 3. Schuljahr (m.a. 1989); Lehrerhandb. z. dto. (1990). Tonkass.: Bibl. Erz. f. d. 1. u. 2. Schulj., 1986; Bibl. Erz. f. d. 3. Schulj., 1990; Mein bist Du, Unterrichtsb. f. Kath. Religion, 4. Schuljahr (m. a.), 1991 - 1975 Päpstl. Hauskaplan, 1978 BVK; 1992 Verdienstmed. d. Landes Baden-Württ. - Liebh.: Musik.

RIEDE, Paula,

geb. Riede

Dr. phil., Weinexpertin, MdB (s. 1972) - Neckarstr. Nr. 73, 7012 Fellbach (T. 51 44 33) - Geb. 19. Dez. 1923 Schömberg Kr. Balingen (Vater: Franz R., Oberlehrer; Mutter: Julie, geb. Eble), kath., verh. s. 1953 m. Dr. Paul R., 3 Kd. (Eva-Maria, Cornelia, Matthias) - Gymn. Heilbronn (Abit. 1942); Univ. Tübingen (Promot. (Geogr.) 1947) - N. Weingutpraktikum 1947-53 (Eheschließ.) Assist. wiss. Inst. u. Leit. weinchem. Labor. (1951). 1968 ff. Mitgl. Gemeinderat; 1971 ff. MdK. CDU s. 1964 - BV: D. Weinbau östl. d. mittl. Neckars, 1947 (Diss.) - Liebh.: Musik (Klaviersp.) - Spr.: Engl., Franz.

RIEDE, Urs-Nikoklaus

Dr. med., Prof. f. Pathologie - Waldstr. 32, 7803 Gundelfingen (T. 0761 - 58 24 40) - Geb. 15. Febr. 1941 Ludwigshafen/Rh. (Vater: Josef R., Archit.; Mutter: Mathilde, geb. Hurt), kath., verh. s. 1978 m. Dr. med. Petra, geb. Augustin, 2 Kd. (Florian, Julia) - Human. Gymn.; Med.-Stud., Promot., Habil. 1973 Basel, 1978 apl. Prof. Freiburg. Mithrsg.: Lehrb. fallg. Pathol., 1981; Histopathol., 1981; Path. Res. Pract (Pathol. Fachzeitschr.) - BV: Üb. 200 Publ. in intern. med. Fachztschr. - 1980 E. K. Frey-Preis f. internist. Intensivmed., 1980 R. Virchow-Preis f. Pathol. - Liebh.: Graphik - Spr.: Engl., Franz., Lath., Griech.

RIEDEL, Alfred

Dipl.-Volksw., stv. Hauptgeschäftsführer IHK f. d. südöstl. Westf. zu Arnsberg - Virchowstr. 18, 4780 Lippstadt (T. 6 21 90).

RIEDEL, Anke

s. Martiny-Glotz, Anke

RIEDEL, Christian Rudolf

Musikredakteur/Lektor Breitkopf & Härtel, Wiesbaden - Bismarckring 6, 6200 Wiesbaden - Geb. 1. Mai 1952 Leipzig, ev., verh. s. 1982 m. Mithoo Antia, Sohn Rustam Darius - 1972-77 Stud. Leipzig u. Weimar u.a. b. K. Masur; 1977-79 Aspirantur b. M. u. A. Yansons Leningrader Konservat.; Meisterkurse b. L. Bernstein, S. Ozawa, 1986 Finalist Affiliate Artist New York - 1979-82 1. Kapellm. Landestheater Eisenach; 1979-81 Lehrauftr. Franz-Liszt-Hochsch. Weimar; 1975-82 Konzerttätigk. m. namh. Orch.; 1983/84 Kapellm. Ulmer Theater; 1984-87 1. Kapellm. Theater d. Landeshauptstadt Mainz; s. 1984 Lehrtätigk. Peter-Cornelius-Konservat. Mainz. Herausg. Klass. Orch.-werke - Liebh.: Hist. Aufführungspraxis - Spr.: Engl., Russ.

RIEDEL, Eberhard

Dr. rer. nat., Prof. f. Biochemie FU Berlin - Sakrower Landstr. 41 d, 1000 Berlin 22 - Geb. 20. Aug. 1932 (Vater: Dr. Richard R., Dramat., Filmprod.; Mutter: Annemarie, geb. Rohrlach), ev., verh. s. 1963 m. Julia, geb. Avgerinos, 5 Kd. (Johannes, Martin, Thomas, Nicola, Michael) - Dipl.-Chem. 1960, Promot. 1968, Habil. 1972 (Biochemie) - 1962-68 Wiss. Assist. FU Berlin; 1968-69 wiss. Mitarb.; 1969-75 Leit. Biochem. Labor Ges. f. Epilepsieforsch. Bethel; s. 1972 Lehrtätigk. FU Berlin. Üb. 50 Publ. in naturwiss. Fachztschr. u. Fachb.

RIEDEL, Eibe H.

Dr. jur., o. Prof. f. öffentl. Recht u. Völkerrecht, Direktor Inst. f. öffentl. Recht, Abt. Völkerrecht Univ. Marburg - Zu erreichen üb. Inst. f. öffentl. Recht, Universitätsstr. 6, 3550 Marburg (T. 06421 - 28 31 33) - Geb. 26. Jan. 1943 Zwittau (Vater: Heino R., Freg.-Kapt. a.D.; Mutter: Else, geb. Tessmann), ev., verh. s. 1971 m. Dr. med. Heinke, geb. Volkers, 2 S. (Oliver, Benedict) - 1963-67 Stud. Rechtswiss. London (LL.B.), Kiel 1967-71; Promot. 1974, Ass. 1975, Habil. (öffentl. Recht) 1983 - 1975-80 Wiss. Assist. Kiel, Inst. f. Intern. Recht; 1981-83 Hochschulassist. ebd.; 1983 Prof. Univ. Mainz; s. 1986 o. Prof. Univ. Marburg; s. 1986 Visiting Prof. Univ. of Surrey, Guildford/Engl. - Spr.: Engl., Franz.

RIEDEL, Friedrich Wilhelm

Dr. phil., Prof. Univ. Mainz - Im Münchfeld 7, 6500 Mainz (T. 3 16 04) - Geb. 24. Okt. 1929 Cuxhaven (Vater: Wilhelm, Ind.kfm.; Mutter: Ingeborg, geb. Schütz), kath., verh. s. 1961 m. Almuth, geb. Keller, 4 Kd. (Alois, Dorothea, Leonhard, Agnes) - Musikakad. Lübeck, Univ. Kiel (Musikwiss., Theol., Gesch.) - 1960-67 Leit. Zentralsekr. f. Intern. Quellenlexikon d. Musik, Kassel, n. Habil. (1971) Doz., apl. Prof. (1973), beamteter Prof. (1974), Orgelsachverst. Landesamt f. Denkmalpflege Rheinl.-Pfalz (1978), Präs. d. Intern. Joseph Martin Kraus-Ges. (1982) - BV: D. Musikarchiv i. Minoritenkonvent zu Wien, 1963; Kirchenmusik am Hofe Karls VI., 1977; Musikal. Schätze aus neun Jh., 1979; D. Göttweiger Themat. Katalog v. 1830, 1979; Joseph Martin Kraus in s. Zeit, 1982; J. M. Kraus u. Italien, 1987; Musik u. Gesch., 1989; Geistl. Leben u. geistl. Musik im fränk. Raum am Ende d. alten Reiches, 1990; Quellenkundl. Beiträge z. Gesch. d. Musik f. Tasteninstrumente, 1960, 2. A. 1990. Ausgaben u. Schallpl.aufn. Alter Musik - Spr.: Latein, Engl., Ital.

RIEDEL, Heinz

Dr. med. dent., Prof., Zahnarzt - Beiertheimer Allee 15, 7500 Karlsruhe (T. 2 67 08) - Geb. 29. Jan. 1929 Waldkirch im Brsg. - S. 1963 (Habil.) Lehrtätigk. Med. Akad. Düsseldorf u. Univ. Münster (1964 Leit. Abt. f. Zahnerhaltung/ Klinik f. ZMKkrankh., 1965 Doz., 1968 apl. Prof., 1968 wiss. Rat u. Prof.), 1971 Ruf an d. ZMK-Klinik d. Univ. Frankfurt; 1972 Ruf auf d. Ordinariat f. Zahnerhaltungskunde an d. Univ. Freiburg. S. 1971 in eigener Praxis tätig. Schwerp.: Parodontologie u. restaurative Zahnheilkunde - BV: Fasergewebsbildung u. Phlegmasie d. Pulpa, 1964. Üb. 50 Fachaufs. - 1959 Arnold-Biber-Preis; 1971 Jahresbestpreis d. Dt. Ges. f. ZMK.

RIEDEL, Jutta

Regisseurin, Regieassist. - Florastr. 83-85, 5000 Köln 60 (T. 0221 - 760 27 09) - Geb. 11. Mai 1963 Frankfurt/M., ledig - Stud. Amerik., Angl., Theater-, Film-, Fernsehwiss. Frankfurt; Cambridge Certificate of Proficiency - 1982-84 Engagements Schauspiel Frankfurt; 1984-87 Esslinger Landesbühne; 1987 Schausp. Essen; 1988 Oper Stuttgart - Übers. v. amerik. Theaterst. Insz.: Blutsband v. Athol Fugard (1987 Esslingen) - Spr.: Engl., Franz., Span.

RIEDEL, Manfred

Dr., Prof. d. Philosophie Univ. Erlangen-Nürnberg - Am Rundblick 20, 8525 Rathsberg (T. 09131 - 20 53 36) - Geb. 10. Mai 1936 Etzoldshain, ev. - Schüler v. K. Löwith u. H.-G. Gadamer - S. 1970 Prof. Univ. Erlangen-Nürnberg; Gastprof. New York, Turin, Rom u. Neapel - BV: Natur u. Gesch. Karl Löwith z. 70. Geb., 1967; Rehabilitier. d. prakt. Phil., Bd. 1 Gesch., Probl., Aufg., 1972, Bd. 2 Rezeption, Argumentat., Diskuss., 1974. Herausg.: W. Dilthey, D. Aufb. d. gesch. Welt in d. Geisteswiss. Theorie I (1970); I. Kant, Schriften z. Geschichtsphil. (1974), Materialien z. Hegels Rechtsphil., 2 Bd. (1975); Theorie u. Praxis im Denken Hegels (1969 u. 72); Syst. u. Gesch. (1973); Metaphys. u. Metapolitik. Unters. z. Aristoteles u. z. polit. Spr. (1975); Verstehen od. Erklären? (1979); F. e. zweite Philosophie (1988); Hören auf d. Sprache (1990); Zeitkehre in Deutschland (1991) - 1990 Ital. Nietzsche-Preis; 1991 Präs. Martin-Heidegger-Ges.

RIEDEL, Ulrike

Staatssekretärin b. d. Hess. Landesregierung (s. 1991), Bevollmächtigte d. Landes Hessen b. Bund - Bettinaplatz 3, 6000 Frankfurt/M. 1 (T. 069 - 74 54 31) - Geb. 24. Aug. 1948 Bayerisch Gmain - 2. jurist. Staatsprüf. 1975 München - 1975-81 Rechtsanw. in München, v. 1987-89 in Frankfurt; 1989-91 MdL.

RIEDEL, Wilhelm

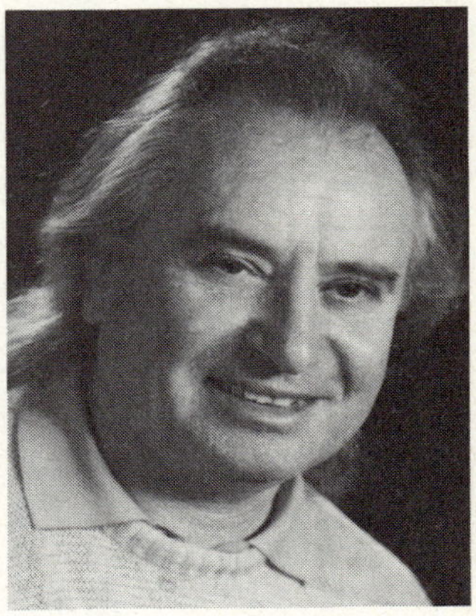

Lehrer, Schriftsteller - Memelstr. 4, 6112 Groß-Zimmern (T. 06071 - 45 18) - Geb. 18. Dez. 1933 Darmstadt, verh. s. 1967 m. Birgit, geb. Altstadt, S. Norbert - Kaufm. Lehre; Stud. Phil. u. Lit.wiss.; Staatsex. 1965 Frankf./M. - Gemeindevertreter Groß-Zimmern; Kreistagsabgeordn. Landkr. Darmstadt-Dieburg - BV: Krieg in d. Wörtern, 1977; Versöhnung, 1981; Frauenbilder, 1984; Beseelte Erde, 1984; Land u. Arbeit, 1985; Wegweiser, 1986; Liebesbilder, 1986; Sonnengeflecht, 1986; Suiten gegen Gewalt, 1987; Sinnliche Seele, 1988; Lena, 1990; Oden, 1990; Meer, 1990; Liebesfugen, 1990; Das andere Deutschland, 1991; Fremd. E. Monolog, 1991. Herausg.: Stoßstange (1991); Seelenlandschaften (1992) - Lit.: A. Hüffell: Schülerbewegung (1967-77); M. Buerschaper: D. dt. Kurzged.; Friedrich Kröhnke: Zweiundsiebzig (1987).

RIEDEL, Wolfgang

Dr. rer. nat., Leiter Zentralstelle f. Landeskunde SHHB, Landesbeauftr. f. Naturschutz u. Landschaftspflege Schlesw.-Holst. (s. 1985) - Birkenweg 29, 2390 Flensburg (T. 0461 - 3 21 11) - Geb. 5. Mai 1942 Braunschweig, kath., verh. s. 1970 m. Marianne, geb. Peters, 3 Kd. (Tobias, Regina, Christian) - Dipl.-Geograph. 1971 Univ. Hamburg; Promot. 1972 ebd. - Vors. Oberster Naturschutzbeirat, Vors. Wiss. Beirat; Mitgl. Landesplanungsrat - BV: Bodengeogr. d. Kastilischen u. Portug. Scheidegebirges, 1973; Landschaftswandel u. gegenwärtige

Umweltbeeinflussung im Landesteil Schlesw., 1978; Umweltarbeit in Schlesw.-Holst., 1987 - Liebh.: Orgelspiel u. Chorleit. - Spr.: Engl., Span.

RIEDEMANN, Klaus
Schulleiter - Kalvslohreystr. 14, 2000 Hamburg 61 (T. 550 13 29) - Geb. 2. Mai 1935 Hamburg, verh. s. 1968 m. Beate, geb. Braune, 2 S. - 1970-86 Mitgl. Hamburger Bürgerschaft u. Verkehrspolitischer Sprecher, SPD. S. 1987 Deputierter Hamburger Baubehörde - Spr.: Engl.

RIEDER, Georg

Dr. rer. nat., Dipl.-Phys., em. o. Prof. u. Direktor Inst. f. Techn. Mechanik TH Aachen (s. 1965) - Sandweg 37, 5100 Aachen-Laurensberg (T. 0241 - 17 68 51; dst.: 0241 - 80 46 21; Fax: 0241 - 2 09 11) - Geb. 14. Mai 1923 Stuttgart - 1963-65 Privatdoz. TH Braunschweig (Abt.-Vorst. Inst. f. Techn. Mechanik). Emerit. 1988. Mitgl. in- u. ausl. Fachges. (GAMM, SESA, SIAM, Math. Ges. d. DDR, Poln. Ges. f. Theoret. u. Angew. Mechanik, ISIMM, ISBE, GACM). B. 1988 Vizepräs. Dt. Patienten-Schutzbund (DPS), Bonn. Üb. 50 Fachveröff.

RIEDER, Hans-Joachim
Dipl.-Kfm., Vorstandsvorsitzender Öffentl. Sachversich. Braunschweig, Öffentl. Lebensversich. Braunschweig, Braunschweig. Landesbrandversich.anstalt (s. 1990) - Wolfenbütteler Str. 86, 3300 Braunschweig - Geb. 12. Dez. 1936 Ludwigshafen/Rh. - 1967-75 Filialdir. Colonia Versich.-AG; 1975-88 Vorst.-Mitgl. Provinzial Brandkasse u. Provinzial Leben Versich.anst. Schleswig-Holst.; 1988/89 stv. Vorst.-Vors. u. 1990 s. o. - Spr.: Engl., Franz.

RIEDER, Oskar
Dr. phil., Dipl.-Psych., Univ.-Prof. - Mittachstr. 3, 6710 Frankenthal/Pfalz (T. 95 52) - Prof. f. Psych. Erziehungswissenschaftl. Hochsch. Rhld.-Pf., Abt. Landau.

RIEDERER, Josef

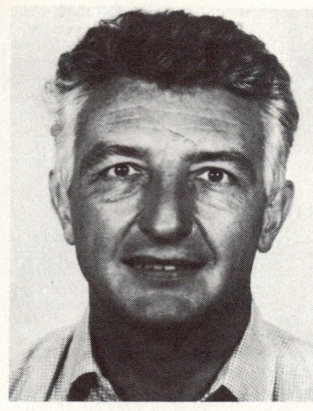

Dr. rer. nat., Dipl.-Geol., Prof., Wiss. Direktor Rathgen Forschungslabor, Berlin - Schloßstr. 1a, 1000 Berlin 19 (T. 030 - 320 12 97) - Geb. 29. Dez 1939 München, kath., verh. s. 1967 m. Christel, geb. Heel, 2 Töcht. (Gabriele, Claudia) - Stud. Geol. Univ. München; Dipl. 1962, Promot. 1964 - Korr. Mitgl. Dt. Archäol. Inst. - BV: Kunst unter Mikroskop u. Sonde, 1973; Kunstwerke chem. betrachtet, 1981; Kunst u. Chemie, 1977; Archäologie u. Chemie, 1987.

RIEDIGER, Günter
Studiendirektor an beruflichen Schulen, Kinder- u. Jugendbuchautor - Bergstr. 30a, 4250 Bottrop (T. 02041 - 69 81 61) - Geb. 24. Dez. 1931 Düsseldorf, kath., verh. s. 1960 m. Johanna, geb. Wieschen, 3 Kd. (Norbert, Martin, Annegret) - Stud. Kath. Theol., German.; Staatsex. - Verf. v. Sachbüchern zu Ehe u. Familie; 1968-89 im Redakt.team Elternbriefe du u. wir; Herausg. Dt. Bischofskonferenz - BV: Wir Kinder schwarz u. gelb u. weiß u. rot, 1973, 9. A. 1984; Wenn beide zärtlich sind, 1978, 4. A. 1988; Wenn wir Kinder Flügel hätten, 1984, 3. A. 1989; Mit wem sollte ich leben, wenn nicht mit dir, 1987, 3. A. 1991; D. Glück, dich zu lieben, 1989; Für alles ist e. Zeit, 1990; Meine Kirche - Deine Kirche, 1991; Typisch Jesus, 1992; Glück auf d. Weg, 1992; u.a. - 1981 Empfehlungsliste Kath. Kinderbuchpreis (Titel: Gott unser Freund).

RIEDL, Erich
Dr. rer. pol., Dipl.-Kfm., Oberpostdirektor a. D., Parlam. Staatssekretär Bundesmin. f. Wirtsch. (s. 1987), MdB (s. 1969, CDU/CSU-Fraktion) - Geroldseckstr. 14, 8000 München 70 (T. 714 51 68) - Geb. 23. Juni 1933 Eger (Vater: Karl R., Berufsoffz., Kaufm.; Mutter: Lucie, geb. Heinz), kath., verh. s. 1958 m. Gertrud, geb. Bezold, 3 Kd. (Gerhard, Susanne, Barbara) - 1955-59 (neben d. Beruf) Stud. Betriebsw. Promot. Erlangen (Diss.: D. Bankenaufsicht in d. Verkehrswirtschaft) - S. 1952 Bundespost (1955 Postinsp., 1960 -refer., 1963 -ass., 1966 -rat, 1969 Oberpostrat, 1972 -dir.). CSU s. 1964 (pers. Ref. v. Richard Stücklen, Vors. CSU-Landesgruppe im Bundestag). Stv. Bezirksvors. CSU München, 28 Mitgliedsch. - Liebh.: Briefmarken, Fußball - Spr.: Engl.

RIEDL, Josef
I. Bürgermeister Stadt Bad Aibling - Rathaus, 8202 Bad Aibling/Obb.; priv.: Frühlingstr. 34 - Geb. 18. Dez. 1922 Bad Aibling - Zul. Oberamtsrat. CSU.

RIEDL, Peter Anselm
Dr. phil. habil., o. Prof. f. Neuere u. neueste Kunstgeschichte - Bergstr. 29, 6900 Heidelberg 1 (T. 06221 - 4 56 02) - Geb. 23. Febr. 1930 Karlsbad (Vater: Adolf H. R., Bildhauer; Mutter: Johanna, geb. Pfeiffer), kath., verh. s. 1959 m. Lore, geb. Freiin v. Biedermann, 3 Kd. (Felix, Serena, Titus) - Univ. Heidelberg, Promot. 1955 - S. 1969 Prof. f. Neuere u. Neueste Kunstgesch. Heidelberg. Zahlr. Publ. üb. Kunst d. Renaiss. d. Manierismus u. d. Barocks in Ital., z. dt. Kunst d. Barocks, z. Denkmalpfl. u. z. Kunst d. 20. Jh. - S. 1980 o. Mitgl. Heidelberger Akad. d. Wiss. - Liebh.: Akustik, Optik - Spr.: Engl., Ital.

RIEDLINGER, Helmut
Dr. theol., o. Prof. f. Dogmatik - Poststr. 9, 7800 Freiburg/Br. (T. 3 28 63) - Geb. 17. Febr. 1923 Bohlingen/Hegau - S. 1963 (Habil.) Lehrtätigk. Univ. Freiburg (1964 Ord.) - BV: D. Makellosigkeit d. Kirche in d. lat. Hoheliedkommentaren d. Mittelalters, 1958; Geschichtlichkeit u. Vollendung d. Wissens Christi, 1966; Raimundi Lulli Opera Latina, V (1967), VI (1978); Vom Schmerz Gottes, 1983. Div. Einzelarb.

RIEDMAIER, Theresia
Mitglied d. Landtags Rheinland-Pfalz (SPD) - Kolmarer Str. 30, 6740 Landau (T. 06341 - 3 35 82) - Geb. 20. Juli 1952, verh.

RIEDMANN, Gerhard
Schauspieler u. Regisseur - Jörgstr. 25, 8000 München 21 (T. 58 51 43) - Geb. 24. März 1925 Wien (Vater: Anton R.; Mutter: Antonie, geb. Elsner) - Oberrealsch. (Abit.) u. Reinhardt-Sem. Wien (1945-46) - Bühnen Wien, München u. a. (üb. 100 Rollen), dar. Jedermann, Knierim, Faust I u. II, E. schöner Schlawiner. Mehr als 50 Filme, dar. D. Vogelhändler, D. Vetter aus Dingsda, D. Zigeunerbaron, D. schöne Müllerin, Frauen um Richard Wagner, Krach um Jolanthe, ...und abends in d. Scala, D. Graf. v. Luxemburg, D. Heilige u. ihr Narr, D. Czardas-König (D. Emmerich-Kálmán-Story), Im Prater blüh'n wieder d. Bäume, Meine Tochter Patricia, Der jüngste Tag, Bettelstudent, Waldrausch, etwa 50 Fernsehrollen, dar.: Die Falle, Kiss me Kate, Glück u. Glas. TV-Serie: D. Jungen v. Frankfurt.

RIEDT, Heinz
Publizist, lit. Übersetzer - Palazzo Catena, I-80079 Procida (Na) - Geb. 20. Aug. 1919 Berlin - Kindh. u. Univ.-Stud. in Italien - Üb. 70 Übers. aus d. Ital. u. Franz. insbes. v. Italo Calvino, Carlo Collodi, Denis Diderot, Oriana Fallaci, Beppe Fenoglio, Carlo Emilio Gadda, Carlo Goldoni, Carlo Gozzi, Tommaso Landolfi, Gavino Ledda, Primo Levi, Alessandro Manzoni, Pier Paolo Pasolini, Luigi Pirandello, Vasco Pratolini, Leonardo Sciascia, Mario Soldati, Angelo Beolco/Ruzante - 1956 staatl. Übers.pr. d. DDR, 1979 Übers.pr. d. Ital. Aussenmin., 1981 Premio Montecchio, 1981 Wieland-Übers.pr.; 1986 Premio intern. Monselice; 1987 Kulturpr. d. Präs. d. Ital. Ministerrats; 1990 durch Dekret d. ital. Staatspräs. zum Commendatore d. Rep. Italien ernannt. Mitgl. du, PEN, VS - Verf. d. ersten dt. Goldoni-Monogr.

RIEF, Josef
Dr. theol., o. Prof. f. Moraltheologie - Universitätsstr. 31, 8400 Regensburg - Geb. 18. Okt. 1924 Pfahlheim, kath. - Promot. (1960) u. Habil. (1963) Tübingen - S. 1963 Lehrtätigk. Univ. Tübingen (1965 Ord. f. Christl. Sozialllehre) u. Regensburg (1972 Ord.) - BV: D. Ordobegriff d. jg. Augustinus, 1962; Reich Gottes u. Ges. bei Johann Sebastian Drey u. Johann Baptist Hirscher, 1965.

RIEFENSTAHL, Leni
Filmgestalterin, Fotografin, Schriftstellerin - Tengstr. 20, 8000 München 40 (T. 089 - 278 01 65) - Geb. 22. Aug. 1902 Berlin (Vater: Alfred R., Kaufm.; Mutter: Berta R.) - Stud. klass. Ballett b. Eduardova u. mod. Tanz b. Mary Wigman - Ab 1926 Filmschausp. u. Regiss., später Fotogr. - BV: Kampf in Schnee u. Eis, 1932; Schönheit im Olymp. Kampf, 1937; Bild- u. Textbd.: D. Nuba, 1973; D. Nuba v. Kau, 1976; Korallengärten, 1978; Mein Afrika, 1982 (auch engl., franz., ital.); Memoiren, 1987 - Regie: D. blaue Licht, 1932; Olympia, 1938; Triumph d. Willens, 1934; Tiefland, 1954 - Filmrollen: D. heilige Berg (1926), D. große Sprung (1927), D. weiße Hölle v. Piz Palü (1929), Stürme üb. d. Montblanc (1930), D. weiße Rausch (1931), SOS-Eisberg (1932), D. blaue Licht (1932), Tiefland (1954) - 1932 Silbermed. Biennale Venedig f. D. blaue Licht; 1935 Goldmed. Biennale Venedig u. 1937 Goldmed. Intern. Exposition d. Arts Paris f. Triumph d. Willens; 1938 Goldmed. Biennale Venedig u. 1948 Goldmed. u. Diplom d. IOC f. Olympia; 1975 Goldmed. Art Director-Club Dtschl. f. d. beste fotograf. Arb. - Liebh.: Tauchen - Spr.: Engl.

RIEGE, Fritz
Dr., Staatssekretär Nieders. Sozialministerium (1990-92) - Heinrich-Wilhelm-Kopf-Platz 2, 3000 Hannover (T. 12 01) - Geb. 26. Jan. 1927 Züllichau, ev., verh., 2 Kd. - Stud. Wilhelmshaven, Hamburg, Göttingen (Rechts- u. Sozialwiss.) - Flakhelfer u. Soldat, Buchhändler, ab 1957 Hilfsref. Handwerkskammer Bremen, b. 1964 DGB-Prozeßvertr. LSG Celle, dann Ref. Landesverb. d. Ortskrankenkassen Nieders. u. Geschäftsf. Landesschiedsämter d. Ärzte u. Zahnärzte. Stadtverordn. u. Bürgerm. Celle (1961-64 Fraktionsvors.); 1967-70 u. wied. 1975 MdL Nieders. SPD.

RIEGEL, Klaus
Dr. med., Prof., Leiter Abt. f. Neonatologie/Univ.-Kinderklinik München (Dr. v. Haunersches Kinderspital) a. D. - Veilchenstr. 21a, 8000 München 21 - Geb. 14. Mai 1926 Schorndorf/Württ. - S. 1963 (Habil.) Lehrtätigk. Univ. Tübingen u. München (1969 apl. Prof. f. Kinderheilkd.). Üb. 50 Fachaufs. - 1979 Maternité-Preis.

RIEGER, Franz
Prof., Bibliothekar, Schriftst. - Freiling 38, A-4064 Oftering (Österr.) - BV: E. Zweikampf, Erz. 1964; Paß, R. 1973; D. Landauer, R. 1974; Feldwege, R. 1976; D. Kalfakter, R. 1978; Zwischenzeit Karman, R. 1979; Vierfrauenhaus, R. 1981; Schattenschweigen od. Hartheim, R. 1985; Internat in L., R. 1986; D. Faktotum u. d. Lady, R. 1988; Unmögliche Annäherung, Erz. 1990; Querland, Erz. 1990; Aufgebote d. Zweifels, Erz. 1990 - Prof.-Titel 1979; neben öst. Förderpreisen Wilhelmine-Lübke-Preis d. Dt. Altershilfe (f. d. letzten R.); 1984 I. Preis Wettbewerb f. christl. Lit. (Mskr.: Schattenschweigen).

RIEGER, Georg Johann
Dr. rer. nat., o. Prof. f. Math. TU Hannover - Dorfstr. 16B, 3161 Steinwedel - Geb. 16. Aug. 1931 Bad Kreuznach (Vater: Georg R., Braum.; Mutter: Barbara, geb. Rieger), kath., verh. s. 1958 m. Anneliese, geb. Spitzenberg, 3 Kd. (Georg, Roman, Sonja) - Stud. d. Math. u. Physik Univ. Gießen u. Wien - BV: Zahlentheorie, Lehrb. 1976 - Liebh.: Leichtathletik, Musik - Spr.: Engl., Franz.

RIEGER, Hansjörg
Dr.-Ing., Gf. Gesellschafter RUD-Kettenfabrik Rieger & Dietz GmbH u. Co. - Saarstr. 48, 7080 Aalen (T. 07361 - 3 27 57) - Geb. 5. April 1940 Garmisch (Vater: Werner R., Dipl.-Ing.; Mutter: Marianne, geb. Adam), kath., verh. s. 1966 m. Dr. Wite, geb. Huber, 5 Kd. (Carolin, Jörg, Johannes, Florian, Benjamin) - Gymn. Aalen, TU München (Masch.wes., Elektrotechnik, Ing.wiss.) Dipl. 1964, Promot. 1968 (summa cum laude) - Vizepräs. IHK Ostwürtt., stv. Vors. Fachnormenaussch. Rundstahlketten e. V., stv. Vors. AR Aalener Volksbank eG, Beiratsmitgl. Haftpflichtverb. d. Dt. Ind. u. a. Ämter - Entd.: Entwickl. d. Gleitschutz- u. Reifenschutzketten - Liebh.: Bergsteigen, Skifahren - Spr.: Engl.

RIEGER, Helmut Martin
Dr. phil., Wirtschaftsberater, Vors. Ges. f. Politik u. europ. Zusammenarbeit - Bahnhofstr. 48, 4800 Bielefeld 1 - Geb. 16. Okt. 1943 (Vater: Martin R.; Mutter: Mathilde, geb. Többich), verh. s. 1972 m. Ursula Klauss, 2 Kd. (Regina, Felix) - Univ. Graz, Wien u. Heidelberg; Dr. phil. Diplomat. Akad. Wien - 1970-72 Ind.; 1972-80 politikwissenschaftl. Tätigk.; 1980-84 Mitgl. Europ. Parlament.

RIEGER, Kurt
Dr. rer. pol., Bankdirektor, Generalbevollm. Industriekreditbank AG.-Dt. Industriebank, Düsseldorf (s. 1974) - Broichstr. 101, 4040 Neuss (T. 54 20 54) - Geb. 25. März 1926 Brieg/Schles., ev., verh. s. 1956 m. Cäcilia, geb. Schweinheim, 4 Kd. - Human. Gymn.; Univ. Marburg, Bonn. Dipl.-Volksw. 1952 Bonn; Promot. 1956 - S 1953 Lastenausgl.sbank (zul. Leit. Emissionsabt.); s. 1959 Ind.kreditbank AG., Düsseldorf (Leit. Bankenabt.) - BV: D. Hypothekarkredit- u. Pfandbriefinstitute im Gebiet d. Bundesrep. Dtschl. 1948-59, 1960 - Spr.: Engl.

RIEGER, Paul Friedrich
Kirchenrat Pfarrer, Direktor Evang. Presseverb. f. Bayern e. V. - Birkerstr. 22, 8000 München 19 - Geb. 8. März 1928 Höllrich/Ufr. (Vater: Ludwig R., Pfarrer; Mutter: Lisa, geb. Bardon), ev., verh. s. 1955 (Ehefr.; Christel), 4 Kd. (Ulrich, Hansjörg, Anette, Gregor) - Stud. Theol. u. Phil. Beide Theol.ex. - 1951-56 Vikar München; 1956-58 Religionslehrer ebd.; 1958-72 stv. u. Dir. (1968) Ev. Akad. Tutzing; 1972-79 Dekan Würzburg; 1979 Dir. Evang. Presseverb. Bayern e. V.; s. 1982 Beauftr. Ev.-Luth. Landeskirche Bay. f. neue Medien München. Mitarb. zahlr. kirchl. u. weltl. Gremien; Vors. Studienkr. f. Tourismus e. V., Starnberg, Stellv. Vors. d. Rundfunkr. Bayer. Rundfunks; Vors. Evang. Arbeitsgemeinschaft f. Evang. Erwachsenenbild. Bayern, ebd.; 1991 Vors. d. Konfz. Ev. Medien- u. Presseverbände (KEMPV); 1991 Vors. d. dt. Programmbeirates d. europ. TV-Kulturkanals - BV: Gott, Welt u. d. Moral, 1963; Glückl. Urlaub, 1965; Urlaub m. Kindern, 1967. Herausg.: Forumreihe (Göttingen) Tutzinger Texte (München) Sonntagsblatt in Bayern; Evang. Pressedienst Bayern; Neues Dorf - 1981 Mittrager Theodor-Heuß-Preis; 1987 Bayer. VO.; 1990 BVK I. Kl. - Liebh.: Intarsienschreinerei, Bauernmalerei - Spr.: Engl. - Bek. Vorf.: Wilhelm Löhe, Pfarrer Neuendettelsau, 1808-72 (Vereinsgründer f. Innere Mission) - Lit.: Klaus Kürzdörfer: Kirche u. Erwachsenen-Bild., 1976.

RIEGER, Walter
Dr. jur., Präsident Bayer. Versich.-kammer (s. 1981) - Maximilianstr. 53, 8000 München 22 - Geb. 1929.

RIEGGER, Volker
Dipl.-Volksw., Inhaber Büro für strategische Planung u. Beratung, Geschf. Gesellschafter logos Unternehmenskommunikation GmbH - Romanstr. 16, 8000 München 19 (T. 089 - 16 83 73 u. 13 17 57) - Geb. 5. Dez. 1942 Aalen, ev., verh. s. 1966 m. Brigitte, geb. Keul, S. Jakob - Univ. Mainz, Heidelberg, München; Dipl.-Volksw. 1969 München - S. 1986 Lehrauftrag Wirtschafts- u. Gesellschaftskommunikation Hochsch. d. Künste Berlin.

RIEHEMANN, Franz
Hotelier, MdL Nordrh.-Westf. (1966-90 CDU) - Alte Lindenstr. 2a, 4430 Steinfurt (T. 02552 - 40 50) - Geb. 26. Juli 1921 Burgsteinfurt, verh., 3 Kd. - Rektoratssch.; Hotellehre - S. 1946 elterl. Hotelbetrieb (1956 Übernahme). Mitgl. Präs. Landtag Nordrh.-Westf. (1969-90), Vors. Aussch. f. Haushaltskontrolle (1970-90). Hauptm. d. Res. (Bundesw.) - 1974 Gold. Ehrennadel Dt. Hotel- u. Gaststättenverb.; 1973 BVK I. Kl.; 1980 Gr. BVK; 1990 Landes-VO; Ehrenvors. Heimatverein Borghorst u. CDU-Mittelstandsver. Krs. Steinfurt.

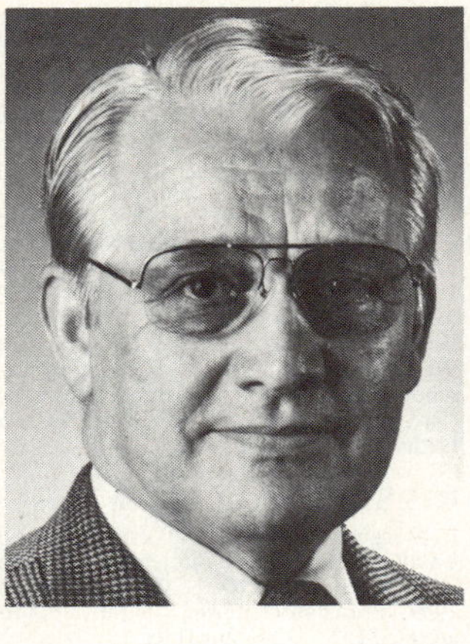

RIEHEMANN, Wilhelm
Dr. med. h. c., Erster Direktor, Vors. d. Geschäftsfg. Landesversicherungsanstalt Westfalen - Gartenstr. 194, 4400 Münster/W. - Vorst.-Vors. ARGE Krebs, Bochum, d. Ges. f. Arterioskleroseforsch., Münster, u. Fachklinik Hornheide, Münster.

RIEHL, Hans
Journalist, Schriftsteller, Chefredakteur tz München - Volkartstr. 69, 8000 München 19 (T. 089 - 530 65 02) - Geb. 21. Juni 1935 Altötting, kath., verh. s. 1961 m. Eva, geb. Witthalm-Ruttmann, 3 Kd. (Konstanze, Jörg, Judith) - Abit., Ind.Kfm., Stud., Ztgsvolont. - S. 1975 Chefredakt. tz - BV: Als Dtschl. im Scherben fiel, 1975; D. Völkerwanderung, 1976; D. Mark, 1978; Märchenkönig u. Bürgerkönige, 1980; Als d. dt. Fürsten fielen, 1980 (übers. Dän., Ital., Holl.) - 1990 BVK I. Kl.; 1991 Bayer. VO. - Liebh.: Klass. Musik, Lit., Tennis.

RIEHL, Josef
Dr. rer. nat., o. Prof. f. Pharmazie u. Mitvorst. Inst. f. Pharmazie u. Lebensmittelchemie Univ. Würzburg (s. 1971) - Am Hubland, 8700 Würzburg (T. 888-470) - Geb. 16. Febr. 1926 - Habil. München.

RIEHM, Hans
Dr.-Ing., Dr. agr. h. c., Prof., Dir. i. R. - Kleiberweg Nr. 35, 6950 Mosbach-Waldstadt - Geb. 3. Juni 1902 Karlsruhe - S. 1946 (Habil.) Lehrtätigk. LH Hohenheim u. TH bzw. Univ. Karlsruhe (1948; 1958 apl. Prof. f. Agrikulturchemie); b. 1967 Dir. Staatl. Landw. Versuchs- u. Forschungsanstalt, Karlsruhe. Etwa 150 Fachveröff. - 1968 Ehrendoktor LH Uppsala.

RIEHM, Rolf
Prof. Hochschule f. Musik u. Bild. Kunst Frankfurt, Komponist - Paul-Heyse-Str. 38, 6000 Frankfurt 50 (T. 51 66 67) - Geb. 15. Juni 1937 Saarbrücken - Stud. Schulmusik, Frankfurt; Kompos. Freiburg - Entd.: Reziproke Subdominante in d. Harmonik Anton Bruckners - Musikw.: Gewidmet, Tänze aus Frankfurt, Machandelboom, O Daddy, Berceuse, D. Schweigen d. Sirenen, He tres doulz rous-signol joly - 1967 Premio Marzotto; 1970 Stip. Villa Massimo Rom.

RIEKERT, Christian
Geschäftsführer Württ. Filztuchfabrik D. Geschmay GmbH a.D. - Im Pfingstwasen, 7320 Göppingen - Geb. 22. Febr. 1924 - S. 1949 WF (1963 Gf.).

RIEKERT, Lothar
Dr. rer. nat., Chemiker, o. Prof. Univ. Karlsruhe (s. 1972) - Im Eichbäumle 21, 7500 Karlsruhe 1 (T. 68 62 17) - Geb. 12. Febr. 1928 München (Vater: Hans R., Abt.präs.; Mutter: Cläre, geb. Bruns), ev., 2 S. (Daniel, Alexander †) - Stud. Univ. Tübingen, TH Darmstadt - B. 1965 Assist. u. Privatdoz. TH Darmstadt; 1966-70 Mobil Oil Corp./USA; 1970-72 BASF - Spr.: Engl., Franz.

RIEKHOF, Hans-Christian
Dr. rer. pol., Dipl.-Kfm., Leiter Geschäftsbereich TESA Etiketten Deutschland, Beiersdorf AG - Heinrich-Hertz-Str. 23, 2000 Hamburg 76 - Verh., 2 Kd. - BWL-Stud. Münster u. Göttingen; Dipl. 1980; Promot. 1984 ebd. - BV: Unternehmensverfassung u. Theorie d. Verfügungsrechte, 1984. Herausg.: Strategien d. Personalentwicklung (3. A. 1992); Strategieentwicklung. Konzepte u. Erfahrungen (1989); zahlr. Beiträge in Sammelbänden u. Ztschr.

RIEKS, Rudolf
Dr. phil., Prof. f. Klass. Phil. Univ. Bamberg - Sutristr. 24, 8600 Bamberg (T. 0951 - 6 21 84) - Geb. 19. April 1937 Bottrop (Vater: Ferdinand, R., Uhrm.Mstr.; Mutter: Elisabeth, geb. Born), kath., verw., 4 Kd. (Marcus, Anna, Johannes, Gabriela) - 1956-62 Stud. Klass. Philol., Gesch. u. Phil. Univ. Münster, Paris, Tübingen; 1. Philol. Staatsex. 1962 Tübingen, Promot. 1964 ebd.; Habil. 1973 Bochum - 1962-73 Wiss. Assist. Leibniz Kolleg Tübingen u. Ruhruniv. Bochum; 1974 Doz., 1975 apl. Prof. Univ. Bochum; s. 1978 Prof. Univ. Bamberg - BV: Homo, Humanus, Humanitas. Z. Humanität in d. lat. Lit. d. ersten nachchristl. Jh., 1967; Affekte u. Strukturen. Pathos als e. Form- u. Wirkprinzip v. Vergils Aeneis, 1989 - Spr.: Engl., Franz., Lat., Ital., Span., Griech., Portug.

RIELKE, Sigurd
Hauptgeschäftsführer Dt. Verkehrswissenschaftl. Ges., Bergisch-Gladbach - Vinzenzstr. 47, 5303 Bornheim-Merten - Geb. 6. Juni 1931 Duisburg, ev., verh. s. 1958 m. Ursula, geb. Müller, 2 Kd. (Wolfgang, Sabine) - Abit. 1953; Stud. ev. Theol. Bethel u. Bonn, Rechts- u. Staatswiss. Bonn u. Köln - Versicherungsges. (Verkehr), Stadtsplanungsges., s. 1975 Leit. Dt. Verkehrswiss. Ges. (DVWG), Berg.-Gladbach - Redakt. wiss. Veröff. Schriftenreihe d.DVWG, Schriftleit. Verkehrsztschr. Intern. Verkehrswesen - Liebh.: Sport (Tennis, Ski, Radfahren), handwerkl. Arb. - Spr.: Engl.

RIEM, Marie Anna
s. Menz, Maria

RIEMANN, Friedrich
Dr. Prof., ehem. Geschäftsführer Agrarsoziale Ges. (1966-84) - Heinz-Hilpert-Str. 6, 3400 Göttingen (T. 48 60 05) - Geb. 27. Juli 1921 Danzig (Vater: Fritz R., Landw.; Mutter: Frieda, geb. Andres), ev., verh. s. 1945 m. Ursula, geb. Schaumberg - Obersch.; landw. Lehre; Stud. Univ. Göttingen - Hochschullehrer ebd.; ord. Mitgl. Akad. f. Raumforsch. u. Landesplanung Hannover; Vors. Landesaussch. Zahnärzte/Krankenkassen. Unparteiisches Mitgl. nieders. Landesaussch. Ärzte/Krankenkassen - Fachveröff. - Liebh.: Gartengestaltung.

RIEMANN, Hans
Dr., Geschäftsführer Außenwirtsch. IHK Pfalz - Ludwigsplatz 2-3, 6700 Ludwigshafen - Geb. 31. Aug. 1948 - Zul. Geschäftsf. Dt. Paraguay. Handelskammer.

RIEMANN, Helmut Ernst
Dr. med., Univ.-Prof. Univ. Frankfurt - Speierlingweg 2, 6000 Frankfurt/M. 60 - Geb. 23. Okt. 1926 Frankfurt/M. (Vater: Ernst R., Beamter; Mutter: Paula, geb. Fischer), ev., verh. s. 1953 m. Dr. med. Anemone, geb. Lenzner, 3 Kd. (Edgar, Ingrid, Dieter) - Leit. Abt. f. Allg. Röntgendiagnostik am Zentr. d. Radiologie d. Klinikum Univ. Frankfurt - BV: Digitale Radiographie, 1984, 86 u. 88 - 1970 Bronce Award, Brit. Med. Ass. Film Competition - Liebh.: Photogr., Musik - Spr.: Engl.

RIEMENSCHNEIDER, Dieter
Dr. phil., Prof. f. Angl. Univ. Frankfurt/M. (s. 1972) - Neugartenstr. 32e, 6231 Sulzbach - Geb. 18. Aug. 1935 Oberhausen (Vater: Erich R., Elektriker; Mutter: Elisabeth, geb. Sindhoff), kath., verh. s. 1966 m. Jeanne, geb. Isaacs, Tocht. Karen Renuka - Stud. d. Angl., Amerikan. u. Politikwiss. Univ. Marburg, Frankfurt/M., Bristol - 1963-66 Lektor f. Dt. Spr. Indien; 1975-76 Dekan Fachber. Neuere Philol. Frankfurt/M. Fachmitgl.sch. - BV: D. mod. englischsprachige R. Indiens, 1974; Grundlagen z. Lit. in engl. Sprache: West- u. Ostafrika, 1983; ed. The History and Historiography of Commonwealth Literature, 1983; Afrikan. Schriftst. im Gespräch (m. K. Garscha) 1983; Studies in Indian Fiction in English, 1983. Herausg.: Shiva tanzt. D. Indien-Leseb. (1986); Crit. Approaches to the New Literatures in English (1989); Im Schatten d. Banyanbaums (1990) - Liebh.: Kultur- u. Religionsgesch. Indiens u. Südostasiens - Spr.: Engl., Franz.

RIEMENSCHNEIDER, Hartmut
Dr. phil., Prof. f. neuere deutsche Lit. u. ihre Didaktik Univ. Dortmund - Heinitzstr. 57, 5800 Hagen 1 (T. 02331 - 8 58 51) - Geb. 2. Nov. 1940 Hagen - Stud. Univ. Erlangen, Genf, Aachen - Publ. im Bereich d. Literaturdidaktik u. z. Semiot. Ästhetik - Liebh.: Nebenberufl. Kirchenmusiker.

RIEMENSCHNEIDER, Oswald
Dr. rer. nat., Prof. f. Mathematik Univ. Hamburg - Reinfeldstr. 11, 2000 Hamburg 13 (T. 040 - 44 34 78) - Geb. 22. Nov. 1941 Kassel, verh. s. 1968 m. Christina, geb. Sydow, 2 Töcht. (Stephanie, Nadja) - Abit. 1961 Kassel; Dipl. 1966, Promot. 1966, Habil. 1971 Univ. Göttingen - 1970/71 Member Inst. for Advanced Study, Princeton, N.J./USA; 1972 Visiting Assoc. Prof. Rice Univ. Houston, Tex./USA; 1972 Wiss. Rat u. Prof. Univ. Göttingen; 1974 o. Prof. Univ. Hamburg; 1986/87 Akad.stip. Stiftg. Volkswagenwerk - O. Mitgl. Joachim-Jungius-Ges. Hamburg - Liebh.: Querflöte.

RIEMER, Horst-Ludwig
Dr. jur., Rechtsanwalt, MdB (s. 1980), stv. Ministerpräs. Nordrh.-Westf. (s. 1975, 1979 zurückgetr.), MdL (s. 1966) - Im Lohauser Feld 48, 4000 Düsseldorf 30 (T. 0211 - 435 04 42) - Geb. 3. April 1933 Insterburg/Ostpr., verh., 3 Kd. - Obersch.; Univ. Köln u. Bonn (Rechts- u. Wirtschaftswiss., Phil.). Promot. 1960 - Rechtsanwalt. FDP s. 1952 (1972-79 Vors. NRW.); 1969-70 stv. Vors. Landtagsfraktion); 1970-79 Min. f. Wirtsch., Mittelstand u. Verkehr. Rundfunkrat WDR Köln, VR Dt. Bundesbahn, AR Sperry GmbH Frankfurt/M., Vizepräs. Landtag Nordrh.-Westf. Kurat.-Vors. Ges. z. Förd. d. Handels u. d. Kulturaustausch. m. d. UdSSR - BVK m. Stern; Ehrenm. Handwerkskammer Düsseldorf; Ehrenring Handwerkskammer Aachen; Handwerksz. in Gold Zentralverb. d. Dt. Handwerks; Verdienstplak. in Gold Sängerbund NW; Ehrenz. in Gold Dt. Verkehrswacht; Gold. Ehrennadel d. Arbeitsgem. Dt. Tierschutz; Georg Schulhoff-Preis.

RIEMER, Klaus
Dr. phil., Redakteur ZDF Fernsehspiel u. Film (s. 1988) - Am Heimbacher Pfad 20, 6208 Bad Schwalbach 1 (T. 06131 - 70 27 03) - Geb. 27. Mai 1931 Berlin (Vater: Artur R., Kaufm.; Mutter: Elisabeth, geb. Steinborn), ev., verh. s. 1953 m. Ingrid, geb. Richter, 2 Kd. (Kerstin, Lars) - Diesterweg-Obersch. Berlin; Graphikerausbild.; 1955-60 Freie Univ. ebd. (Theaterwiss., German., Psych., Kunstgesch., Publizistik). Promot. 1962 - 1949-55 Werbegraph.; 1964-65 Redakt. Bundespresseamt; 1965-70 Redakt. Hess. Rundfunk (Fernseh-

progr.) - BV: Paul Bildt, Monogr. 1963. Übers. aus d. Engl. - 1967 Adolf-Grimme-Preis in Silber (f. d. Redaktion d. Sendereihe: E. Kind wächst heran) - Liebh.: Schach, Wassersport - Spr.: Engl., Franz.

RIEMERSCHMID, Heinrich

Fabrikant, Inh. Anton R. Weinbrennerei, Likör- u. Essigfbr., Georg Hemmeter Enzian-, Weinbrennerei u. Likörfabr., Donath-Kelterei Fritz Donath, Wolfra Kelterei GmbH, Riemerschmid GmbH & Co., Getränkezubehörfabrikation, L. B. Hinker's Nachf., Weingroßhdlg., Druckerei Heinrich Riemerschmid KG, alle Erding - Justus-v.-Liebig-Str. 2-14, 8058 Erding - Geb. 9. Nov. 1918 - Div. Ehrenstell., dar. 1. Vors. Schutzverb. d. Spirituosen-Ind., Wiesbaden - Bayer. VO; 1984 BVK I. Kl.

RIEMSCHNEIDER, Randolph

Dr. rer. nat., Dr. med. h. c., o. Prof. f. Biochemie - Postf. 11 64, 1000 Berlin 19 (T. 304 49 70) - Geb. 17. Nov. 1920 Hamburg (Eltern: Gustav (Apotheker) u. Elsa R.) - Univ. Hamburg, Leipzig, Jena (Chemie, Med., Entomol.), Dipl.-Chem. 1941, Promot. 1943, Habil. 1948 - Industrietätigk.; s. 1948 Doz., apl. (1954), ao. (1958), o. Prof. (1966) FU Berlin (Dir. Inst. f. Biochemie). Aufbau u. Dir.-Coordinator Chem. Inst. Univ. Santa Maria (Bras.; s. 1964). Spez. Arb.-geb.: Stoffwechsel u. Alter, Teratogene Verbindungen. Entwickl. Insektizid M 410 (Chlordan), Diën-Synthesen m. Hexachlorcyclopentadiën (1944); Realisierung cistrans-Asymmetrie, Entwickl. d. zellatmungssteigernden Cellryl (1945-73), Cytorrhysierte Hefen (Proval, YS, 1980); Kollagen-Chemie, synthetische Organextrakte (1970-90) - BV: Z. Kenntnis d. Kontakt-Insektizide, 2. T. 1947/50; Engl. n. d. Zeitwortsystem, 1948; Z. Weiterentwickl. d. Insektizide d. Chlorkohlenwasserstoffklasse, 1952; Lit. z. HCH- u. Dien-Gruppe III u. V 1952/53; Rätsel d. Sonnenflecken, 1956; Z. Stereochemie v. Cyclohexansubstitutionsprodukten, 1956; Biochem. Grundprakt., 1969; Material f. biochem. Vorles., 1969; Organiczacao e Estabelecimento do Inst. Central de Quimica da UFSM, 1970; Metabolismo Intermediario, 1974. Etwa 600 Einzelarb. u. Patente (ca. 50). 1973 Ehrendoktor Univ. Santa Maria (UFSM) Brasilien, 1974 Prof. h. c. ebd. - Mitgl. Ges. Dt. Chemiker u. Dt.-Jap. Ges. - Liebh.: Reiten, Turniertanz - Spr.: Ital., Engl., Portug. - Bek. Vorf.: Tilman Riemenschneider.

RIENERMANN, Reiner

Dipl.-Volksw., Geschäftsführer Fachverb. d. Dt. Maschinen- u. Werkzeug-Großhandels, Fachverb. d. Dt. Schraubengroßhandels - Prinz-Albert-Str. 8, 5300 Bonn 1.

RIENHOFF, Otto

Dr. med. habil., Prof., Med. Informatiker Univ. Marburg - Hansbergstr. 43, 4600 Dortmund 1 - Geb. 9. Nov. 1949 Dortmund - Abit. 1967, Stud. d. Med. Univ. Marburg u. Münster, Staatsex. u. Promot. 1973, Habil. 1981; 1975-82 wiss. Assist. Inst. f. Med. Informatik d. MHH; 1975-76 Grundwehrdienst (Brigadearzt, Standortarzt); 1977-82 Leit. Bereich Med. Syst. d. Inst. f. Med. Informatik; 1978-83 Lehrbeauftr. TU Braunschweig, 1980-82 FH Hannover; s. 1980 stv. Institutsleit.; 1982 Prof. f. Med. Informatik; 1983-91 Chairman Working Group 9 Health, Informatics for Development d. Intern. Med. Informatics Assoc.; s. 1983 intern. Lehr- u. Berufstätigkeit; s. 1985 o. Prof. Univ. Marburg; 1985-91 Leit. Präsidiumskommiss. f. Aus-, Fort- u. Weiterbildung d. GMDS, 1993/94 deren Präs.; s. 1992 Oberstarzt d. R. - Herausg. mehrerer Bücher, Buchserien u. Ztschr. auf d. Gebiet d. Med. Informatik; üb. 100 Veröff.

RIEPL, Edmund

I. Bürgermeister - Rathaus, 8421 Altmannstein/Bay. - Geb. 28. Juli 1922 Altmannstein - Zul. Gemeindeangest.

RIERMAIER, Walter

I. Bürgermeister Stadt Klingenberg/Main - Rathaus, 8763 Klingenberg/Ufr. - Geb. 10. März 1915 Würzburg - Zul. Verwaltungsamtm.

RIES, Gerhild

Dr. rer. nat., Dipl.-Psych., em. Univ.-Prof. f. Psychologie Univ. Köln, Erziehungswiss. Fak. - Holunderweg 64, 5000 Köln 40 (T. Köln 48 10 47) - Geb. 28. Sept. 1924 Landsberg a. d. Warthe (Vater: Prof. Dr. Ludwig Wilhelm R.) - Zul. ao. Prof. PH Rhld./Abt. Wuppertal.

RIES, Johannes

Dr. theol., em. Prof. f. Fundamentaltheologie - Lorenzonistr. 62, 8000 München 90 (T. 089-64 00 81) - Geb. 18. Okt. 1908 Treis/Mosel - S. 1939 o. Prof. Phil.-Theol. Hochsch. Hünfeld u. Fulda. Fachveröff.

RIES, Roland

Domkapitular, Prälat - Domfreihof 4, 5500 Trier - Geb. 23. Juni 1930, kath. - Juristisches Staatsex. 1954; Priesterweihe 1959 - 1968 Leit. d. Kath. Büros Mainz; 1982 Vors. d. Diözesancaritasverb. Trier - 1968 Mitgl. d. SWF-Rundf.rates, s. 1982 d. ZDF-Fernsehrates; 1990 Vizepräs. d. Dt. Krankenhausgesellsch. - BVK I. Kl.; VO. Rheinl.-Pfalz.

RIES, Thomas

Dr. oec., Dipl.-Ing., Vorstandsvorsitzender Pfersee-Kolbermoor AG, Augsburg (s. 1989) - Holbeinstr. 12, 8902 Neusäß-Westheim - Geb. 15. Febr. 1944 Krakau, verh. s. 1971 m. Gesine, geb. Schmidt, T. Karoline - Dipl.-Ing. 1970 TU Berlin; Promot. 1972 TU München - AR-Vors. Ackermann-Göggingen AG. Augsburg, Kulmbacher Spinnerei AG. Kulmbach, Spinnerei u. Weberei Momm AG, Kaufbeuren, Spinnerei u. Weberei Kempten AG, Kempten, BSU Textil AG, Lichtenstein; AR-Mitgl. Pegulan-Werke AG, Frankenthal - Liebh.: Bücher (u. a. Kunstgesch.), Reisen - Spr.: Engl., Franz.

RIES, Wiebrecht

Dr. phil., Prof. f. Philosophie Univ. Hannover - Geb. 11. Febr. 1940 Osnabrück (Vater: Johann Georg R., Betriebsleit.; Mutter: Margarete, geb. Karrasch), verh. m. Brigitte, geb. Stobbe - 1961-67 Stud. German. u. Phil. Univ. Basel u. Heidelberg (Promot. 1967); Habil. 1974 Univ. Hannover - S. 1978 Prof. Phil. Sem. Univ. Hannover - BV: Transzendenz als Terror. E. relig.-phil. Studie üb. Franz Kafka, 1977; Friedrich Nietzsche. Wie die wahre Welt endlich z. Fabel wurde, 1977 (Übers. Holl. 1980); Nietzsche z. Einführ., 1987; Franz Kafka (Artemis-Einführ.), 1987; Karl Löwith (Sammlung Metzler), 1991.

RIESE, Hajo

Dr., Prof. - Scharfestr. 20, 1000 Berlin 33 (T. 801 50 61) - Geb. 10. Jan. 1933 Wiener Neustadt/Österr. (Vater: Meno R., Pastor; Mutter: Hertha, geb. Raeck), ev. - Dipl.-Volksw. 1957 Univ. Kiel; Promot. 1959 ebd. - BV: D. Bedarf an Hochschulabsolventen in d. Bundesrep. Deutschl., 1967; Berufsausb. u. Hochschulber., 1973; Wohlfahrt u. Wirtschaftspolitik, 1978; Theorie d. Inflation, 1986; u. a. - Spr.: Engl., Dän.

RIESE, Teut-Andreas

Dr. phil., o. Prof. f. Engl. Philologie - Bachstr. 10, 6900 Heidelberg (T. 40 15 79) - Geb. 7. Mai 1912 Eisleben (Vater: Dr. jur. Hans R., Oberbürgerm.; Mutter: Bertha, geb. Weismann), verh. s. 1936 m. Dr. Roswith, geb. v. Freydorf, 2 Kd. (Luitgard, Berthold) - Univ. Freiburg/Br. (Promot. 1936), Heidelberg, München (Engl., Philol., German., Gesch.) - 1938-39 Lektor f. Engl. Univ. Freiburg, 1939-46 Wehrdst. u. Gefangensch., 1946-47 Studienrat Waldshut, 1947-61 Assist. u. Privatdoz. (1956) Univ. Freiburg, dazw. Austauschdoz. Union College Schenectady/USA (1953/54) u. Lehrstuhlvertr. FU Berlin (1960-61), s. 1961 ao. u. o. Prof. (1964) Univ. Heidelberg, em. 1977 - BV: D. engl. Psalmdichtung im 16. Jh., 1937; D. engl. Erbe in d. amerik. Literatur, 1958; Versdicht. d. engl. Romantik, 1968; Vistas of a Continent; Concepts of Nature in America, 1979; D. weiten Horizonte, The Vast Horizons Amerik. Lyrik 1638-1980. Div. Einzelarb. Herausg.: Nachdichtungen Roswith v. Freydorf (1985) - Bek. Vorf. ms.: Prof. Dr. August Weismann, Biologe u. Vererbungsforscher (Großv.); Johann Brenz, Theologe (Reformator v. Württ. u. Freund Martin Luthers).

RIESEBECK, Dietrich

I. Bürgermeister Stadt Wertingen, stv. Landrat Landkreis Dillingen - Rathaus, 8857 Wertingen/Schw. - Geb. 28. April 1939 Prenzlau/Uckerm. - Zul. Stadtamtm. SPD - BVK am Bde.

RIESENBERGER, Dieter

Dr. phil., Prof. Univ.-GH Paderborn (s. 1981) - von-Stauffenbergstr. 24, 4790 Paderborn (T. 05251-42 96) - Geb. 11. Mai 1938 Neustadt/W., kath., verh. m. Gisela, geb. Wolf, 3 Kd. (Marion, Achim, Anne) - Stud. Univ. Freiburg, Studienaufenth. Basel u. Rom; Promot. 1965; Habil. 1977 - BV: Gesch. u. Geschichtsunterr. in d. DDR, 1973; D. kath. Friedensbewegung in d. Weimarer Rep., 1977; Gesch. d. Friedensbewegung in Deutschl., 1986 - Liebh.: Lit., Musik - Spr.: Lat., Franz., Engl.

RIESENHUBER, Heinz

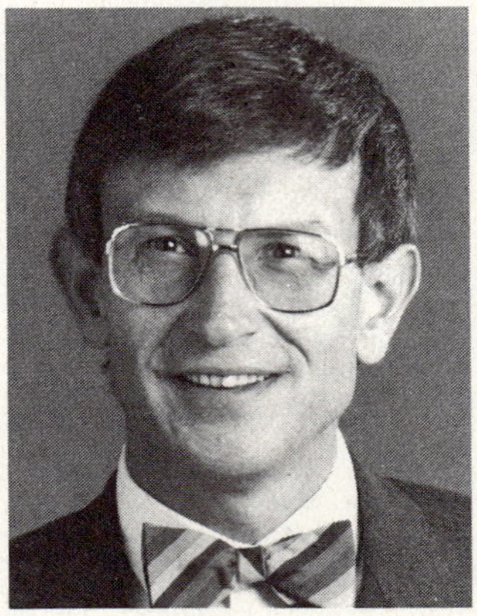

Dr. rer. nat., Dr. h. c., Chemiker, Bundesminister f. Forschung u. Technologie (s. Okt. 1982), MdB (s. 1976) - Heinemannstr. 2, 5300 Bonn-Bad Godesberg (T. 591) - Geb. 1. Dez. 1935 Frankf. (Vater: Karl R., Dipl.-Kfm.; Mutter: Elisabeth, geb. Birkner), kath., verh. s. 1968 m. Beatrix, geb. Walter, 4 Kd. (Maximilian, Eva, Katharina, Felix) - Heinr.-v.-Gagern-Gymn., Frankf.; Stud. Naturwiss. Frankf. u. München. Dipl.-Chem. 1961 Frankf. - B. 1965 Assist. Univ. ebd.; 1966 Metallges. AG; 1968 Geschäftsf. Erzges. mbH; 1971-82 Geschäftsf. Synthomer Chemie GmbH - S. 1965 Vors. Junge Union Hessen; s. 1968 Mitgl. Landesvorst. u. Präsid. CDU Hessen; 1973-78 Vors. CDU Frankf. - Patente z. Nuklear-Chemie u. NE-Metallgewinn. aus Erzen - Gr. BVK m. Stern; Großoffz. d. Franz. Ehrenlegion; Gr. Gold. Ehrenzeichen am Bde. d. Rep. Österr. - Spr.: Engl., Franz., Span.

RIESENHUBER, Klaus

Dr. phil., Dr. theol., Prof. f. Philosophie Sophia-Univ. Tokyo/Japan, Priester, Jesuit - S.J. House, Sophia-Univ., 7-1 Kioicho, Chiyoda-ku, Tokyo, 102 Japan (T. 03 - 32 38-51 24) - Geb. 29. Juli 1938 Frankfurt/M., kath. - Stud. Phil.; Lic. phil. 1962 Phil. Hochsch. Berchmanskolleg Pullach; Dr. phil. 1967 München; Stud. Theol.; Lic. theol., M.D. 1972 Sophia-Univ.; Dr. theol. 1989 Sophia-Univ. - 1962-67 Assist. Phil. Hochsch. Berchmanskolleg Pullach; 1967 Übersiedl. n. Japan; 1969 Doz. f. Phil. Sophia-Univ. Tokyo (s. 1974 ao. Prof., s. 1981 o. Prof.); s. 1974 Dir. Inst. of Medieval Thought ebd. - BV: Existenzerfahrung u. Religion, 1968; D. Transzendenz d. Freiheit z. Guten, 1971; Freiheit u. Transzendenz im Mittelalter (jap. 1988); Geschichte d. europ. Phil. in Antike u. Mittelalter (jap. 1991). Herausg.: Gesch. päd. Denkens (jap.), 6 Bde. (1984-86); Christl. Platonismus (jap. 1985); Geschichtsbild u. Geschichtsschreibung d. Mittelalters (1986); Menschenbild d. Mittelalters (jap. 1987); Naturverständnis d. Antike (1989); Naturverständnis d. Mittelalters (1991); D. Ordenswesen d. Mittelalters (jap. 1991); Corpus d. Quellen mittelalterlichen Denkens (jap., 20 Bde., 1992). Mithrsg.: Gesch. d. Christentums (11 Bde., jap. 1980-82); Wissen u. Transzendenz im Mittelalter (jap. 1992). Zahlr. phil. Art. - Liebh.: Kunst, Zen - Spr.: Engl., Jap., Latein.

RIESER, Armin

Dr.-Ing., Priv.-Doz., Hochschullehrer, Präs. Bund Freireligiöser Gemeinden Dtschl. i.R., Auslandsreferent - Auf dem Rabenpl. 21, 5300 Bonn 1 (T. 0228 - 25 24 66) - Geb. 3. April 1940 Karlsruhe (Vater: Otto R., Kaufm.; Mutter: Gertrud, geb. Kahles), freirelig., verh. s. 1965 m. Else, geb. Schwarz, 3 Kd. (Jörg, Katja, Anja) - Dipl.-Geol. 1964 Heidelberg; Promot. 1970 u. Habil. 1979 Bonn - 1964ff. Mitarb. Inst. f. Kulturtechnik u. Wasserw. Bonn; 1979ff. Priv.-Doz. ebd; s. 1980 Direktoriums-Mitgl. d. Inst. f. Technologie in d. Tropen (ITT) FH Köln; 1983 Lehrst.-Vertr. (Hydrologie) Univ. Trier; 1988/89 Lehrst.-Vertr. (Landwirtschaftl. Wasserbau u. Kulturtechnik) Univ. Bonn. 1987-89 stv. gf. Dir. ITT FH Köln. Üb. 100 Fachpubl. u. Gutachten - 1979 Univ.preis Bonn (f. hervorrag. Diss.) - Gold. Sportabz. (wiederh.) - Spr.: Engl., Franz., Span., Schwed.

RIESNER, Detlev Heinz

Dr. rer. nat., Prof. f. Physikalische Biologie - Eichenwand 15, 4000 Düsseldorf 12 (T. 0211-20 46 74) - Geb. 9. Juni 1941 Stettin (Vater: Dr. Erich R., Jurist; Mutter: Erna, geb. Wilke), ev., verh. s. 1977 m. Ellen, geb. Scherf, S. René - Abit. Burggymn. Essen 1960; Dipl.-Phys. TH Hannover 1966, Promot. TU Braunschweig 1970, Habil. Med. Hochsch. Hannover 1974 - 1973-1977 Assist. u. Priv.-Doz. Med. Hochsch. Hannover, b. 1980 Prof. Biochemie TH Darmstadt, Lehrst. Physik. Biol. Univ. Düsseldorf. Entd. zus. m. Prof. Sänger, Groß, Klotz u. Kleinschmidt: Struktur v. Viroiden - BV: (Mitautor) Physico-Chemical Properties of Nucleic-Acids, 1973 - Spr.: Engl.

RIESS, Curt

Schriftsteller - CH-8127 Scheuren/Forch, Kt. Zürich/Schweiz (T. Zürich 980 03 93) - Geb. 21. Juni 1902 Würzburg, verh. in 3. Ehe (1952) m. Heidemarie Hatheyer (Schausp.), Sohn aus früh. E. - U. a. Sportjournalist - BV (1931-81; üb. 60, z. T. in Übers.): D. Kampf s. Lebens, Hollywood Inconnu, Total Espionage (New York), Underground Europe (New York), High Stakes (New York), The Self-Bertrayed (New York), The Nazis go Underground (New York), The Were There (New York), George 9-4-3-3, Joseph Goebbels (New York), D. Entscheidung, Stalin starb um 4 Uhr morgens, Berlin - Berlin 1945-1953 (New York), Zwischenlandung in Paris (verfilmt), Furtwängler, D. 17. Juni, Sie haben es noch einmal geschafft, Das gab's nur einmal, Maison Anatole, Üb' immer Treu' u. Redlichkeit, Duttweiler, Bestseller, Sein oder Nichtsein (R. e. Theaters/Zürcher Schauspielhaus), 10 Jahre u. 1 Tag (Jacqueline Kennedy - Glück u. Leid), Ascona (Gesch. d. seltsamsten Dorfes d. Welt), Gustaf Gründgens (Biogr.), D. Mann in d. schwarzen Robe (D. Leben d. Strafverteidigers Max Alsberg), Swissair, Knaurs Weltgesch. d. Schallplatte, Erotica! Erotica!, Alle Straßen führen nach Berlin, D. Erot. Leseb., Theaterdämmerung od. D. Klo auf d. Bühne, Einsam vor Millionen (Sportb.), Ehrl. Pferd gesucht? (Gesch. e. Inserats), Jedes Jahr ins Paradies, Café Odeon, D. waren Zeiten, Nennen Sie mich einf. Liebermann. D. Geburt d. Illusion, Auch Du, Caesar, Üb mir Treu u. Redlichk., Theater gegen d. Publikum, Meine prominenten Freunde, Schauspielhaus Zürich. Chaplin Zeitung aus Leidenschaft. Romy. Insges. üb. 85 Bücher - Mitgl. Intern. PEN London - Spr.: Engl., Franz.

RIESS(ß), Peter

Dr. jur., Prof. f. Straf- u. Strafprozeßrecht Univ. Göttingen, Ministerialdirektor - Heinemannstr. 6, 5300 Bonn 2 - Geb. 4. Juni 1932 Hamburg, ev. verh. s. 1959 - Stud. Univ. Hamburg (Rechtswiss.); Promot. 1959, Ass.-Ex. 1962 - 1963-69 Richter u Staatsanw. Hamburg; s. 1971 Strafprozeßref., s. 1988 Abt.-Leit. (Rechtspflege) Bundesjustizmin. S. 1977 Lehrtätig. Univ. Göttingen (1982 Hon.-Prof.) - BV: D. Rechtsstell. d. Verletzten im Strafverf., 1984. Herausg.: Löwe-Rosenberg, Großkomment. z. StPO u. z. GVG (24. A. 1984ff.). Zahlr. Aufs.

RIESTER, Rudolf

Maler, Prof. (s. 1981) - Wölflinstr. 9, 7800 Freiburg/Br. (T. 3 52 15) - Geb. 18. Dez. 1904 Waldkirch/Br. - Vorwieg. figürl. Kompos. u. Porträts, Aquarelle, Radierungen. Werke in öfftl. u. priv. Samml. d. In- u. Ausl. 1959-1974 Ausstellungsleit. Freundeskr. bild. Künstler Palette, Freiburg - 1924-28 Akad. München, Berlin; 1928 Meisteratelier Vereinigte Staatssch. f. fr. u. angew. Kunst - BV: D. Maler Karl Caspar, 1965; D. Zeichner Alexander Kanoldt, 1966; Rene Beeh, Zeichnungen, d. graph. Werk, 1967; Karl Hubbuch, D. graph. Werk, 1969; Jean Messagier, D. graph. Werk, 1970; Neue Arbeiten v. Gunter Böhmer, 1971; Zeichn. dt. Bildhauer s. 1940, 1972; Henry Moore als Graphiker, 1973; Z. d. Zeichn. v. G. Muche, 1973; R. R. Ein schreibender Maler. M. Beitr. v. H. Kinkel, V. Kapp, D. Ahrens, C.-A. Scheier, Reinhold Schneider, H.-J. Imiela 24 Farb-Abb., 30 Zeichnungen Bibliogr. 1989; u.a. - 1935 I. Preis Wettbewerb Dame m. Schmuck, 1936 Dürer- u. Rom-Preis, 1940 Villa-Romana-Preis, 1957 Hans-Thoma-Staatspreis, 1964 Reinhold-Schneider-Preis (Freiburg), 1979 Ehrengast Villa Massimo, Rom, 1980 Ernenn. z. Prof., 1986 Oberrheinischer Kulturpreis Johann Wolfgang v. Goethe-Stiftg. zu Basel - Lit. M. Gosebruch, Z. Kunst R. R.s; R. Schneider, R. R. beide Kat. Augustiner Mus. Freiburg/Br. 1964; H. Goeppert, R. R. z. Geburtstag Kat. Stadthalle Freiburg/Br. 1969; R. R., Radier., Zeichn., Aquarelle 1927-74 Kat. Städt. Galerie Freiburg/Br. 1974; H. H. Hofstätter, R. R. als Graphiker, Graph. Kunst (Memmingen) 2. H., 1976. H. J. Imiela, R. R. Kat. Hans-Thoma-Ges., Reutlingen 1976, Hofstätter/Ludwig/Kinkel: Kat. R.R. Aquarelle 1922-79, Freiburg 1979, Werkverz. d. Druckgraphik 1923-84 Herausg. Stadt Waldkirch i.Br. m. Beitr. v. H.-J. Imiela, C.-A. Scheier, 1984.

RIET, van, Joseph H.

Ing., Geschäftsführer - Landgraf-Gustav-Ring 16, 6380 Bad Homburg v.d.H. - Geb. 1. Mai 1923 St. Niklaas (Belg.), verh. m. Stephanie, geb. Verbeke - Ltd. Tätigk. Willy H. Schlieker KG., Blohm + Voss AG. (Vorstandsmitgl.), Messer-Griesheim GmbH. (Geschäftsf.), Mannesmann Kronprinz AG. (AR-Mitgl.) - Liebh.: Golf, Fotografieren.

RIETBROCK, Norbert

Dr. med., Prof. Univ. Frankfurt/M., Leiter d. Abt. f. Klinische Pharmakologie Klinikum d. Johann Wolfgang Goethe-Univ. - Theodor-Stern-Kai 7, 6000 Frankfurt/M. 70 (T. 069 - 63 01 - 76 19-20) - Geb. 9. Juni 1931 Borken, kath., verh. s. 1960 m. Prof. Dr. Ingrid R., geb. Kreiß †1988, 2 Söhne (Stephan, Andreas) - Med.-Stud. (Staatsex. 1959, Promot. 1960) - Priv.-Doz. 1968; 1969 Prof. Univ. Berlin, 1977 o. Prof. Frankfurt. Mitgl. Kommiss. b. BGA Berlin; Vors. d. Ges. f. Klinische Pharmak. (GKPharm) - BV: Klinische Pharmak. E. Leitfaden f. d. Praxis, 1990 - Herausg.: Methods in Clinical Pharmacology (s. 1980). Üb. 200 Fachaufs.

RIETHE, Peter

Dr. med. dent., Dr. rer. nat., em. o. Prof. a. Zentrum f. Zahn-, Mund- u. Kieferheilkunde Univ. Tübingen - Zu erreichen üb. Eberhard-Karls-Univ. Tübingen, Abt. Zahnerhaltung, Osianderstr. 2-8, 7400 Tübingen - Geb. 30. Juni 1921 Bingen - 1968 o. Prof. Univ. Tübingen - BV: Z. Phylogenie d. Primatengebisses, 1955; D. Quintessenz d. Amalganwend., 1971; D. Quintessenz d. Mundhygiene, 1973; Steinbuch d. H.v.B., 1979, 2. A. 1986; Arzneimittel i. d. ZMK, 1980; Naturkunde d. Hildegard v. Bingen (H.v.B.), 4. A. 1980; Fischbuch U. H. v. G., 1991; Funktionelle Okklusion, 1982; Konserv. Zahnheilkunde u. Mundschleimhaut-Erkrankungen, in: Schwenzer, N.: Zahn- Mund-Kieferheilkunde, Bd. 4, 1985; Farbatlanten d. Zahnmed.: Kariesprophylaxe u. konservier. Therapie, 1988. Über 220 wiss. Arbeiten - 1968 u. 1975 Otto-Loos-Preis; 1970 Arpa-Preis; 1980 2. intern. Diplome. S. 1979 verantw. Schriftleit. Oral-Prophylaxe.

RIETHMÜLLER, Heinrich

Komponist - Hoeppnerstr. 21, 1000 Berlin 42 - Geb. 23. Dez. 1921, kath., verh. s. 1943 m. Gertrud, geb. Beinl, 2 Kd. (Eva-Maria, Christian) - Stud. d. akad. Kirchenmusik - 1983 BVK.

RIETHMÜLLER, Heinz

Dr. oec., Fabrikant, Geschäftsf. C. Riethmüller GmbH., Kirchheim, Vors. Fachverb. Sondererzeugnisse in d. Papierverarbeitung, München - Brahmsstr. 11, 7312 Kirchheim/Teck (T. Büro: 4 40 41) - Geb. 15. Aug. 1926 Stuttgart (Vater: Max R.), verh. m. Jutta, geb. Gusinde - Spr.: Engl. - Rotarier.

RIETHMÜLLER, Walter

Prof., Hochschullehrer - Am Büchsenackerhang 66, 6900 Heidelberg-Ziegelhausen - Geb. 1926 Waiblingen - Prof. Päd. Hochsch. Heidelberg (Dt. Sprache u. Lit. u. ihre Didaktik) - BV: Deutschstunden in d. Sekundarstufe, 3. A. 1976 (m. Gerhard Frank); Integr. Curriculum Deutsch, 1974 (Mitverf.); Mithrsg. v. Lesebüchern, 1968ff. u. d. Festschr. PH Heidelberg, 1979. Aufs. z. lit.- u. aufsatzdid. Themen u. z. schwäb. Geistesgesch.; Mitarb. an e. Lit.lexikon.

RIETSCHEL, Ernst Theodor

Dr. rer. nat., Dipl.-Chemiker, Prof. f. Immunchemie u. Biochemische Mikrobiologie Med. Hochsch. Lübeck - Alsterblick 14, 2000 Hamburg 65 (T. 040 - 607 16 64) - Geb. 21. Mai 1941 Gießen (Vater: Prof. Dr. med. Hans-Georg R.; Mutter: Annemarie, geb. Freitag), ev., verh. s. 1971 m. Dr. Mireille, geb. Berst, 2 Kd. (Merlin, Solveig) - Dipl.-Chem. 1968 Univ. Freiburg; Promot. 1971 Univ. Freiburg; Habil. (Biochemie) 1978 Univ. Freiburg - 1980 Ord. MHL Lübeck, Dir. Forschungsinst. Borstel, Inst. f. exper. Biol. u. Med.

RIETSCHEL, Siegfried

Dr. phil. nat. habil., Prof., Direktor d. Staatlichen Museums f. Naturkunde Karlsruhe (s. 1978) - Geb. 23. Mai 1935 Frankfurt/M., verh., 3 Kd. (Hannes, Gretel, Valeska) - Abit. 1955 Frankfurt/M.; Stud. Bio- u. Geowiss. Univ. Frankfurt; Dipl.-Geologe 1961; Promot. 1965; Habil. 1970 - 1960-78 Forsch.-Inst. u. Natur-Museum Senckenberg Frankfurt (zul. Sektionsleit.); s. 1973 Hon.-Prof. Univ. Frankfurt/M. - 1983-91 Vizepräs., s. 1991 Präs. d. Dt. Museumsbundes.

RIETZSCH, Alfred

Dr., Hauptgeschäftsführer i. R. IHK Ulm - Eichengrund 128, 7900 Ulm/Donau (T. 2 32 52) - Geb. 14. Febr. 1912.

RIEWERTS, Cornelius

Chefredakteur Oldenburg. Volkszeitung (s. 1984) - Tannenweg 49, 2848 Vechta (T. 04441 - 54 88) - Geb. 2. Sept. 1940 Münster/W. (Vater: Dr. Theodor R., Kunsthistoriker; Mutter: Ilse, geb. Bensch), kath., verh. m. Regina, geb. Bittner, 2 Töcht. (Christiane, Susanne) - Gymn. Recklinghausen (Abit.); Redaktionsvolontär; Univ. Münster u. Wien (Publiz., Soziol., Kunstgesch.) - 1969 Zeitungsredakt; freiberufl. Werbeberater; 1970-75 MdL Nordrh.-Westf. (CDU), 1977 Lokalchef Münstersche Ztg. Mitarb. Handb. d. Weltpresse (1970) - BV: Touren m. Töchtern, 1981; Wegmarken, 1986; Meine Herren Töchter (1991); Herausg.: Virre (1991). Mithrsg.: ABC d. Journalismus (6. A. 1991); Themen f. Lokaljournalisten (2 Bde., 1991/92) - Vorst.-Mitgl. Initiative Tagesztg. Bonn.

RIHA, Karl

Dr. phil., Prof. Univ.-GH Siegen (Ps. Agno Stowitsch u. Hans Wald) - Eichlingsborn 2, 5900 Siegen 21 - Geb. 3. Juni 1935 Krummau/Moldau - Promot. 1969 Frankfurt/M.; Habil. 1972 Berlin - 1962-67 Feuill.redakt. Frankfurter Studentenztg. Diskus; 1965ff. wiss. Assist. Frankfurt; ab 1969 TU Berlin (Privatdoz. 1972); 1975ff. Prof. Univ.-GH Siegen; s. 1987 Forschungsinst. f. Geistes- u. Sozialwiss. Univ.-GH Siegen - BV: Moritat, Song, Bänkelsang, 1965; D. Beschreibung d. großen Stadt, 1969; Cross-reading u. Cross-talking, Zitat-Collagen, 1970; Polit. Ästhetik u. Öffentlichkeit, 1975; Da Dada da war ist Dada da, 1980; Commedia dell arte, 1980; Dt. Großstadtlyrik, 1983; Tatü-Dada, Dada u. nochmals Dada b. heute, 1987; Kritik, Satire, Parodie, ges. Aufs. 1992. Zahlr. Editionen u. Beitr. in Sammelbde., Ztschr. u. Reihenhrsg. Literar. Veröff.: Nicht alle Fische sind Vögel, 1981; In diesem / diesem Moment, 1984; so zier so starr / so form so streng, text- u. bildsonette, 1988; einmal hin & retour, 1988; gom/rin/ger od. d. anwendung d. konstellation auf ihren erfinder, 1989; „Kitty in d. Killerfalle", 1990; Ich (in einem Stück), 1992 - S. 1970 Mitgl. Lit. Colloquium Berlin, 1987-91 Dir. ebd.

RILLING, Helmuth

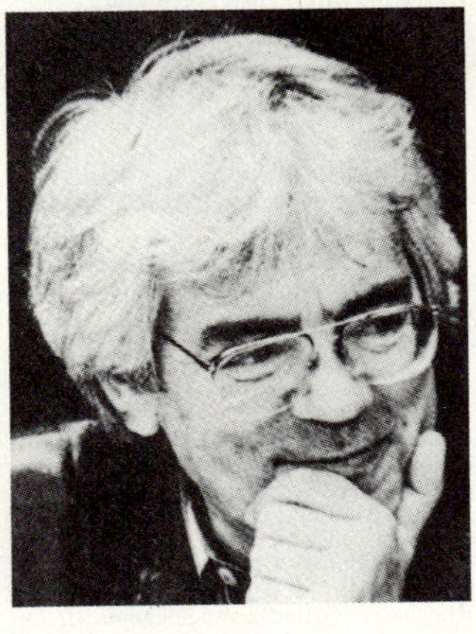

Dr. h. c., Dr. h. c., Prof., Dirigent - Im Greutle 19, 7250 Leonberg 7 - Geb. 29. Mai 1933 Stuttgart (Vater: Eugen R., Musiklehrer; Mutter: Hildegard, geb. Plieninger), ev., verh. s. 1968 m. Martina, geb. Greiner, 2 Töcht. (Sara Maria, Rahel Maria) - Stud. Hochsch. f. Musik Stuttgart (Hans Grischkat, Johann Nepomuk David u. Karl Gerok), Conervatorio Santa Cecilia, Rom (Fernando Germani) - 1954 Gründ. Gächinger Kantorei; 1957 Kantor u. Organist Gedächtniskirche Stuttgart, Gründ. u. Aufbau d. Figuralchores, 1965 Gründ. Bach-Collegium Stuttgart; 1963-66 Lehrer Kirchenmusiksch. Berlin-Spandau; 1967 Aufenth. b. Leonard Bernstein in New York; 1969-85 Lehrtätigk. Staatl. Hochsch. f. Musik Frankfurt/M.; 1969-81 Leit. d. Frankfurter Kantorei. Weltweite Konzerttätigk. m. d. Chören u. d. Bach-Collegium, Gastdirig. u. -doz.; enge Zusammenarb. m. d. Israel Philharmonic, d. Los Angeles Chamber Orch., The Cleveland Orch., Boston, Symphony Orch., u. The New York Philharmonic Orch. - Veröff.: Bach, Matthäus-Passion u. H-moll-Messe (Einf. u. Stud.anleit.) - 1984 Beend. d. Gesamteinspiel. d. geistlichen Kantatenwerks Joh. Seb. Bachs auf Schallplatte, üb. 150 Einspiel. Gesamteinspiel. d. gesamten oratorischen Werks J. S. Bachs - Ehrendoktor Cleveland-Univ. u. Univ. Tübingen (ev.-theol. Fak.); Distinguished Service Award d. Univ. Oregan, USA; Vors. Neue Bachges., Leipzig; 1979 Gründ. u. Künstl. Leit. Stuttgarter Sommerakad. Joh. Seb. Bach, 1981 d. Intern. Bachakad. u. s. 1983 d. Bach Akad. Tokyo, Japan, Buenos Aires, Argentinien, Krakau/Polen, Prag/CSFR, Moskau/UdSSR, u. Budapest/Ungarn; Leit. Oregon Bach-Festival, Leit. d. 1988 gegründeten Europ. Musikfestes Stuttgart.

RILLING, Jürgen

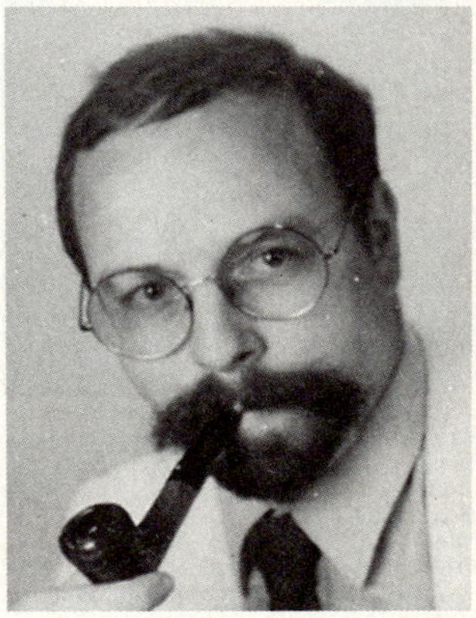

Unternehmer, Geschäftsf. i w o Massivhaus GmbH, Gruibingen (s. 1970), u. the termo Steinbau GmbH, München - Ulmenweg 6, 7348 Gruibingen - Geb. 28. Aug. 1946 Göppingen (Vater: Richard R., Kriminalbeamter; Mutter: Pia R.), kath. - Realsch.; Fachsch. - Ausbild. m. Abschluß - S. 1980 Präs d. Sammelstelle f. Baurecht u. Bautechnik, Berlin; Vors. Verb. Dt. Bauherren, Gruibingen - Entd.: 2-Kreis Kühlsystem f. DB, Pavillonhäuser, Burgenhäuser - BV: DZB-Jahrbuch; Im Namen des Volkes u. a.

RILZ, René

Verlagslektor, Schriftsteller u. Antiquar (Antiquariat D. Bücherfreund) - Osterholzstr. 8, 8901 Baindlkirch (T. 08202 - 80 28) - Geb. 11. Mai 1945 Einbeck (Vater: Robert Wolfgang Schnell, Maler u. Schriftst.), verh. s. 1971 m. Regina, geb. Scheffler, 2 Töcht. (Anna, Maria) - Buchhdls.lehre - S. 1968 Verlagslektor (S. Fischer, Büchergilde Gutenberg, Loewes, Dt. Taschenb.-Verlag, Stalling, Franz Schneider Verlag) - Zahlr. Herausg.: u.a. Grimms Märchen u. Sagen (1972); Kunterbunter Liedergarten (1977); Mein erstes Fabelbuch (1980); Mütter, Mütter (1983); D. waren unsere Lehrer (1985); Frühlingslieder (1989); Familientagebuch (1989); Till Eulenspiegel (1991) - Liebh.: Bibliophilie, altes Spielzeug - Lit.: Kürschners Lit.-Kalender (1987).

RIMBACH, Erwin

Dr. med., Prof., Gynäkologe - Gottlieb-Olpp-Str. Nr. 58, 7400 Tübingen (T. 6 33 25) - Geb. 5. Juli 1919 Essen - S. 1960 (Habil.) Univ. Jena u. Tübingen (1966 apl. Prof. f. Geburtshilfe u. Frauenheilkd.). Üb. 70 Facharb.

RIMBACH, Gerhard
Dr. phil., Dipl.-Ing., Prof., Rektor Univ./GH Siegen - Hölderlinstr. 3, 5900 Siegen 21.

RIMPLER, Horst
Dr. rer. nat., Prof. f. pharmaz. Biologie Univ. Freiburg - Burgunderstr. 32, 7800 Freiburg (T. 0761 - 3 98 63) - Geb. 22. Sept. 1935 Berlin (Vater: Carl-Friedrich R., Apoth.; Mutter: Margarete, geb Jurk), ev., verh. s. 1962 m. Brigitte, geb. Kirchner, 2 S. (Stephan, Andreas) - 1957-60 Pharmaz. Stud. TU u. FU Berlin; Staatsex. 1960, Promot. 1964, Habil. 1969 - 1962-69 Assist. FU Berlin; 1969-71 Wiss. Rat u. Prof.; 1971-76 Prof. f. Pharmakognos. FU Berlin; s. 1976 Prof. f. Pharmazeut. Biol. Univ. Freiburg - BV: Biogene Arzneistoffe, 1990 (m.a.). Mithrsg.: Planta Medica.

RIMPLER, Manfred Ernst

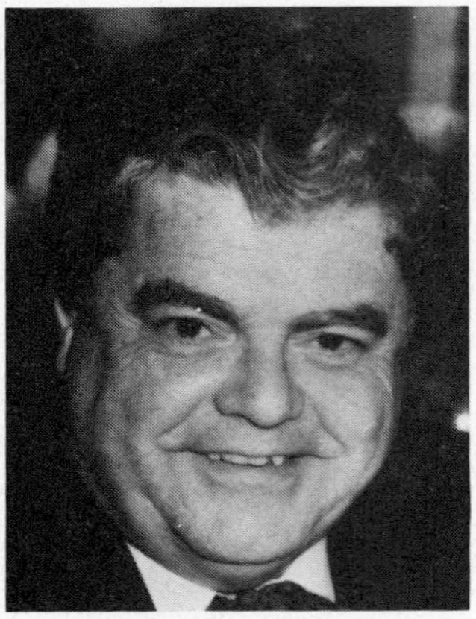

Dr. rer. nat., Prof. f. Med. Chemie - Rabensberg 19, 3002 Wedemark 2 (T. 05130 - 74 80) - Geb. 19. Nov. 1932 Brandenburg/Havel (Vater: Dr. jur. Manfred R., RA u. Notar; Mutter: Frieda, geb. Neuendorf), ev.-luth., verh. s. 1958 m. Anita, geb. Hofmann, 2 Söhne (Christian, Marcus) - 1952-58 Stud. Chem. FU Berlin, Dipl. 1958, Promot. 1961, Habil. (Organ. Chem.) Tierärztl. Hochsch. Hannover 1969-70 - 1959-61 Wiss. Assist. FU Berlin, 1961-65 Wiss. Assist. Tierärztl. Hochsch. Hann., 1965-66 Fellow in Biochemistry Cornell Univ. New York, 1967-69 Oberassist. Chem. Inst. Tierärztl. Hochsch. Hann., Lehrbeauftr. Hann. (Math.-Nat. Fak.), 1970 Priv.doz. Tierärztl. Hochsch. Hann., 1971 Doz., 1972 u. 73 Visit. Prof. Univ. Stockton/Calif., 1973ff. Abt.vorst. u. Prof. Med. Hochsch. Hann., Abt.-Leit. (Med. Chem.) - 1976 Visit. Prof. Univ. of Riyadh/Saudi Arabien; 1979ff. Leitg. Cosmetic College Hannover; Consultant u. Board Advisor versch. intern. Ges.; Präs. d. Dt. Ges. f. Organo-Biotherapie - Publ. üb. Peptidchemie, Naturstoffsynthesen, Organotherapeutika, Analytik u. Kosmetologie in wiss. Ztschr. - 1971 National Science Foundation, Senior Foreign Scientist Fellowship d. National Sci. Found., Washington/USA - Liebh.: Fußball, Kanuwandern - Spr.: Engl.

RINCK, Gerd
Dr. jur., Prof. f. Bürgerl. u. Wirtschaftsrecht, Gewerbl. Rechtsschutz Univ. Göttingen (1958 ff., emerit.), Oberbürgerm. Göttingen (1982) - Am Kreuze 53, 3400 Göttingen (T. 2 27 41) - Geb. 21. Juli 1910 Stendal/Altm. (Vater: Max R.; Mutter: geb. Hertel), ev., verh. s. 1939 m. Gertrud, geb. Ehrlich, 4 Kd. (Barbara, Renate, Christian, Sabine) - Univ. Freiburg/Br., Königsberg/Pr., München, Halle/S., Cambridge (Engl.). Promot. 1935; Ass.ex. 1937 - U. a. 1953-58 Bundesjustizmin. (Ministerialrat) - BV: Wirtschaftsrecht, Lehrb. 5. A. 1977. Div. Einzelveröff., auch z. Luftrecht - Liebh.: Jagd - Spr.: Engl., Franz.

RINCK, Hans-Justus
Dr. jur., Richter a. D. Bundesverfassungsgericht - Frankenstr. 14, 7500 Karlsruhe 1 (T. 81 85 13) - Geb. 5. Sept. 1918 Hameln/Weser (Vater: Dr. Friedrich R., Studienrat; Mutter: Margarethe, geb. Bähr), ev., verh. s. 1950 m. Gisela, geb. Fischer, 4 Kd. - 1945-49 Univ. Göttingen (Rechtswiss.). Promot. 1952 - S. 1954 Richter nieders. Staatsdst. (1964 Oberlandesgerichtsrat Celle), Bundesgerichtshof (1966) u. -verfassungsgericht (1968) - BV: Grundgesetz - Kommentar an Hand d. Rechtsprech. d. Bundesverfassungsgerichts, 6. A. 1980 (Mithrsg. s. 20 J., m. Leibholz) - 1986 Gr. BVK m. Stern u. Schulterbd.

RING, Klaus
Dr. rer. nat., Prof., Präsident Johann Wolfgang Goethe Univ. Frankfurt am Main (JWGU) (s. 1986) - Geb. 25. Febr. 1934 Köln, ev., verh., 2 Kd. (Kai, Astrid) - Stud. Mikrobiol. in Göttingen, Frankfurt, Kiel; Promot. 1962 Kiel - S. 1971 Prof. f. Physiol. Chemie, FB Humanmed. Univ. Frankfurt, 1980-86 Prodekan; 1980-86 Vorst.-Mitgl. Univ.-Klinikum - BV: Biologische Chemie, Lehrb. 1988 - 1988 Gregor-Mendel-Med. Akad. d. Wiss. Prag - Liebh.: Musik, Malerei - Spr.: Engl.

RING, Peter
Dr. rer. nat., Prof. TU München - Liebigstr. 21, 8000 München 22 - Geb. 24. Sept. 1941 München (Vater: Joseph R., OLG-Rat; Mutter: Berta, geb. Christ), kath., verh. s. 1968 m. Angelika, geb. Huber, 3 Kd. (Theresia, Monica, Sebastian) - TU München (Dipl.-Phys. 1966, Promot. 1969, Habil. 1975) - S. 1969 Univ.-Tätigk. (Assist., Doz., s. 1980 Prof.) - BV: The Nuclear Manybody Problem, Lehrb. (m. P. Schuck), 1980.

RING, Wolf-Dieter

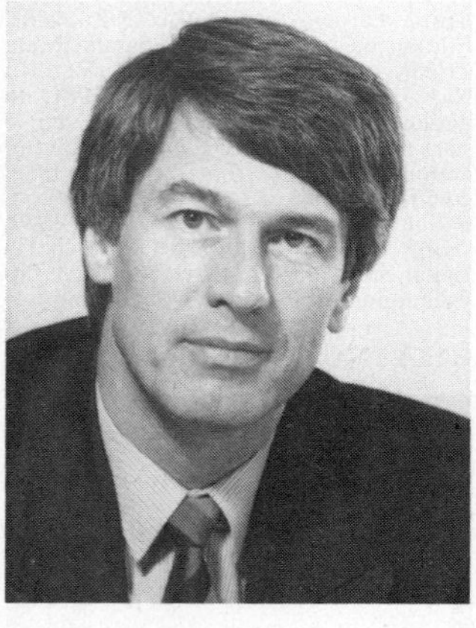

Dr. jur., Präsident d. Bayer. Landeszentrale f. neue Medien (BLM) (s. 1990) - Geb. 27. März 1941 Wien, ev., gesch., 2 Kd. (Christian, Petra) - Stud. Rechtswiss.; Promot.; 2. Staatsex. 1972 München - Tätigk. im Haushaltsreferat Bayer. Staatsmin. f. Arbeit u. Sozialordnung; 1975-78 Pers. Ref. d. Intendanten d. BR; 1978-85 Ref. f. Medienpolitik Bayer. Staatskanzlei; 1.4. bis 31.12.1985 Beauftr. d. BLM; 1986-89 Geschäftsf. BLM; 1987-89 Vors. d. Direktorenkonfz. d. Landesmedienanstalten (DLM); s. 1987 Vors. Arb.Kreis Rechts- u. Grundsatzangelegenh. d. Direktorenkonfz. d. Landesmedienanst.; s. 1987 Mitgl. d. Kurat. d. Bayer. Akad. d. Werbung; s. 1990 Studienleit. Fachstud. Medienmarketing - Veröff. z. Medienrecht (Rundfunk, neue Medien, Presse: Text, Rechtsprechung u. Kommentierung); Rundfunkstaatsvertrag (m. R. Hartstein, Dr. J. Kreile), 1989.

RING, Wolfhard
Dr. rer. nat., Prof. f. makromolekulare Chemie, Vorstandsvorsitzender Rütgerswerke AG, Frankfurt a. M. - Zu erreichen üb. Rütgerswerke AG, Mainzer Landstr. 217, 6000 Frankfurt a.M. 11 (T. 069 - 75 92-5 44) - Geb. 15. April 1930 Köln, ev., verh. s. 1968 m. Karina, geb. Hellmann, 2 Kd. - Stud. Univ. Göttingen u. Karlsruhe (Promot. 1957, Habil. 1969 Stuttgart). S. 1977 apl. Prof. Univ. Münster - 1958/59 Forsch.-Assist. Univ. South Carolina; ab 1960 Chemie-Konzern Hüls AG, Marl, u.a. Leit. v. Produktions- u. Geschäftsber. sowie (ab 1981) d. Zentralen Forsch. u. Entw.; s. 1985 Executive Vice Pres. u. Member of the Board of Dir. Mitgl. d. Geschäftsleitung v. Hüls Amercia, Inc. S. 1989 Vorst.-Mitgl., u. 1989 Vorst.-Vors. d. Rütgerswerke AG. Langj. Mitgl. IUPAC-Gremien, sowie in leitenden Gremien d. Ges. Dt. Chemiker, d. Bunsenges. u. mehrerer wiss. Inst. - Liebh.: Musik, Gesch., mod. Kunst - Spr.: Engl., Franz.

RINGE, Karl
Dr. jur., Stadtdirektor a. D. - Maienstr. 10, 3300 Braunschweig (T. 57 70 69) - Geb. 13. Juni 1910 Thal (Vater: Louis R., Getreidekaufm.; Mutter: Sophie, geb. Brinkmann), ev., verh. in 2. Ehe (1950) m. Waltraud, geb. Geyer, 5 Kd. (Heidi, Lore, Anne-Rose, Karl-Steffen, Barbara) - Univ. Berlin u. Göttingen (Rechts- u. Staatswiss.; Promot. 1936) - 1937-51 m. kriegsbed. Unterbrech. Stadtass. u. -rat Göttingen; 1951-59 Verw.- u. Oberverw.gerichtsrat Lüneburg; 1959-75 Stadtdir. Braunschweig - 1979 Ehrenz. d. Dt. Roten Kreuzes.

RINGEL, Gerhard
Dr. rer. nat., Dr. rer. pol. h. c., Prof., Mathematiker - Zu erreichen üb.: University of California, Santa Cruz (USA) - Geb. 28. Okt. 1919 Kollnbrunn/Österr. (Vater: Ing. Josef R., Fabrikant; Mutter: Elisabeth, geb. Regner), kath., verh. s. 1944 (Ehefr.: Isolde), 3 Kd. (Gerhard, Ingrid, Renate) - Stud. Prag (Dt. Univ.; 1939-41) u. Bonn (1949-51) - 1953 (Habil.) -71 Lehrtätigk. Univ. Bonn (1959 apl. Prof.) u. Berlin/Freie (1960 ao., 1966 o. Prof.). S. 1970 Univ. Santa Cruz - BV: Färbungsprobleme auf Flächen u. Graphen, 1959; Map Color Theorem, 1974; Pearls in Graphtheory, 1990. Zahlr. Fachaufs. - 1983 Ehrendoktor Univ. Karlsruhe - Liebh.: Schmetterlinge, Surfen, Tennis.

RINGEL, Johannes
Dr., Vorstandsmitglied d. Westdeutschen Landesbank Girozentrale - Herzogstr. 15, 4000 Düsseldorf 1 (T. 0211 - 8 26-0) - Geb. 19. Juli, verh. m. Ulrike, geb. Stange, 2 Kd. (Niklas, Rhona) - Dr. rer. pol. 1969 Münster.

RINGELMANN, Helmut
Filmproduzent - Zu erreichen üb. Neue Münchner Fernsehproduktion GmbH., Bavaria-Film-Pl. 7, 8022 Geiselgasteig b. München - Vornehml. Krimis (Derrick u.a.).

RINGENBERG, Georg
Dr.-Ing., o. Vorstandsmitgl. Buderus'sche Eisenwerke, Wetzlar - Deutschherrenberg 3, 6330 Wetzlar/L. (T. 4 46 06) - Geb. 30. Okt. 1926 Dortmund - 1982 Präs. IHK Wetzlar - Spr.: Engl. - Rotarier.

RINGER, Karlernst
Dr. rer. pol., Univ.-Prof., Inst. f. Entwicklungsforschung u. -politik, Fak. f. Wirtschaftswiss. Univ. Bochum (s. 1970) - Am Schloßpark 26, 7801 Stegen (T. 07661 - 23 65) - Geb. 18. Jan. 1925 Stuttgart - S. 1960 (Habil.) Lehrtätigk. Univ. Freiburg u. Bochum (1967 Prof.); 1967-70 Leit. dt. Wirtschaftswiss. Partnerschaftsteams Kabul/Afghanistan - BV: Agrarverfass. im trop. Afrika, 1963; Herausg.: Perspektiven d. Entwicklungspolitik, 1981.

RINGLEB, Karl
Dr. jur., Senatspräsident a. D. (1976 i. Ruhestand) - Thürheimstr. 11, 8033 Planegg/Obb. (T. München 89 95 46) - Geb. 28. Jan. 1908 - Zul. Bundesrichter BFH.

RINGLEBEN, Hans
Dipl. rer. pol., Generaldirektor i. R. u. Gesellschafter Spielbanken Baden-Baden u. Konstanz - Los Robles, Ebenunger Eichen 4, 7573 Baden-Baden/Ebenung - Geb. 10. April 1925 Bernburg/S. - Zuv. Vorst.-Mitgl. Glas- u. Spiegel-Manufaktur AG, Gelsenkirchen-Schalke, Westerwald AG, vorm. Siemens-Glas, u. Wirges; Präs. Pro-Eximpar SA Buenos Aires, Argentinien, u. Via Layetana (Chorus Flamme), Barcelona, Spanien - Spr.: Engl., Span.

RINGLEBEN, Joachim
Dr. theol., Prof. f. Systemat. Theologie Univ. Göttingen - Dahlmannstr. 24, 3400 Göttingen (T. 0551 - 5 95 60) - Geb. 24. Juli 1945 Flensburg (Vater: Herbert R., Ornithol.; Mutter: Lotte, geb. Schweizer), ev., verh. s. 1970 m. Heidrun, geb. Koch, 2 Kd. (Anselm, Almut) - 1965-70 Stud. Göttingen, Tübingen; 1. Theol.-Ex. 1970, Promot. 1976, 2. Theol.-Ex. 1978, Habil. 1981 - 1973-81 Wiss. Assist.; 1981-84 Priv.-Doz. - BV: Hegels Theorie d. Sünde, 1976; Aneignung. S. Kierkegaards spekulat. Theol., 1983 - 1974 Univ.preis Kiel - Liebh.: Lit., bild. Kunst - Spr.: Engl., Lat., Griech., Hebräisch.

RINGSTORFF, Harald
Dr. rer. nat., Dipl.-Chem., Mitglied im SPD-Bundesvorstand - Zu erreichen üb. SPD-Landt.frakt. Lennèstr. 2, O-2750 Schwerin - Geb. 25. Sept. 1939 Wittenburg, Kr. Hagenow, verh. s. 1971 m. Dagmar, geb. Müller, T. Grit - Dipl. 1965; Promot. 1969 Univ. Rostock - S. 1990 Vors. d. SPD-Landesverb. Mecklenburg-Vorpom., Vors. d. SPD-Frakt. im Landtag.

RINK, Andreas M.
Regierungssprecher Landesregierung Schlesw.-Holst. - Düsternbrooker Weg 70, 2300 Kiel 1 (T. 0431 - 596 25 00) - Geb. 28. Aug. 1956 Heidelberg, verh., 4 Kd. - Abit. 1975; Magisterex. 1981 - 1983-88 Redakt. Kieler Nachrichten; 1990 Kreistagsabg. Kreis Plön.

RINK, Hermann
Dr. rer. nat., Prof. f. Strahlenbiochemie, Radiolog. Univ. Klinik, Exp. Radiol. u. Strahlenbiologie (s. 1991) - Zypressenweg 9, 5309 Meckenheim (T. 02225 - 71 89) - Geb. 15. Sept. 1935 Landau/Pf. (Vater: Dr. jur. Otto R., Amtsgerichtsrat †; Mutter: Elfriede, geb. Wagner), ev., verh. s. 1965 m. Dr. med. dent. Annerose, geb. Große, 3 Kd. (Wolfgang, Ulrike, Johanna) - Univ. Mainz, Innsbruck, Bonn (Chemie). Dipl.-Chem. 1963 Mainz; Promot. 1967 u. Habil. 1974 Bonn - S. 1964 Assist. bzw. Oberassist. Inst. f. Strahlenbiol., Privatdoz. (1974) u. Prof. (1978) Univ. Bonn. Üb. 50 Fachabr. (Handb. u. Ztschr.) - Liebh.: Reiten - Spr.: Engl.

RINKE, Werner
Rechtsanwalt, Vorstandsmitglied Rhein.-Westf. Elektrizitätswerk AG. i.R. - Hackenberghang 9, 4300 Essen-Bredeney - Geb. 20. März 1920, verh. m. Charlotte, geb. Wittgenstein - Div. Mandate.

RINKEN, Alfred
Dr. jur., Prof. f. Öff. Recht Univ. Bremen (s. 1971) - Treseburger Str. 37, 2800 Bremen (T. 44 07 62) - Geb. 7. Juni 1935 Essen, verh. s. 1961 m. Cäcilie, geb. Philipsenburg, 3 Kd. - Stud. d. Theol., Phil., Rechts- u. Polit. Wiss. Univ. Bonn, Innsbruck (Lic. phil. schol.), Freiburg/Br.; 1969 Promot. ebd. - 1964-1971 Lehrbeauftr. u. Wiss. Assist. Univ. Freiburg u. Mannheim, s. 1976 stv. Mitgl., s. 1979 Mitgl. Brem. Staatsgerichtshof, s. 1978 Richter Oberverw.sgericht Bremen - BV: D. Öffentliche als verfassungstheoret. Problem, 1971; Einf. in d. rechtswiss. Studium, 1977, 2. A. 1991. Wiss. Beitr. in Sammelbdn. u. Ztschr. Mithrsg. d. Kritischen Vierteljahresschrift f. Gesetzgebung u. Rechtswiss.

RINKER, Reiner
Journalist, Studioleiter Tübingen Süd-

westfunk - Matth.-Koch-Weg 7, 7400 Tübingen (T. 07071 - 20 91 01) - Geb. 12. Dez. 1934 Bayreuth - BV: Bad.-Württ. in d. Mitte Europas, 1990. Herausg.: Tübinger Vorlesebuch (1984); Geschichte Bad.-Württbg. (1986) - 1985 BVK am Bde.

RINNE, Hans

Dipl.-Chem., Prof. ehem. TFH Berlin (Lebensmitteltechnol.) - Furtwänglerstr. 21, 1000 Berlin 33 - Geb. 6. Jan. 1920 Berlin.

RINNEBURGER, Kurt

Vorstandsmitglied a. D. Stadt-Sparkasse Düsseldorf - Am Hirschgraben 32, 4000 Düsseldorf 12 - Geb. 27. März 1912.

RINSCHE, Franz-Josef

Dr. jur., Rechtsanwalt u. Notar - Heßlerstr. 40, 4700 Hamm 1 - Geb. 14. Jan. 1933, verh. m. Ingeborg, geb. Geuting, 4 Kd. (Christiane, Matthias, Cordula, Stefanie) - Univ. Münster, Freiburg (Rechtswiss.); Jurist. Staatsprüf. 1957 Hamm u. 1961 Düsseldorf, Promot. 1962 Münster - S. 1961 Rechtsanwalt; 1961-65 vorw. als Repetitor tätig; s. 1965 RA am Oberlandesgericht Hamm - BV: Unternehmer-Ehegatte-Familienunternehmen (m. Krollmann), 2. A. 1967; Nur so ist Frieden möglich, 2. A. 1984; D. Haftung d. Rechtsanwalts u. d. Notars, 3. A. 1989; Prozeßtaktik, 2. A. 1989; Zukunft f. d. Mittelstand (m. G. Rinsche u. P. Rinsche), 1983; D. Kainsmal d. Deutschen, 1988; Brüder, die Geschichte schrieben, 1990.

RINSCHE, Günter

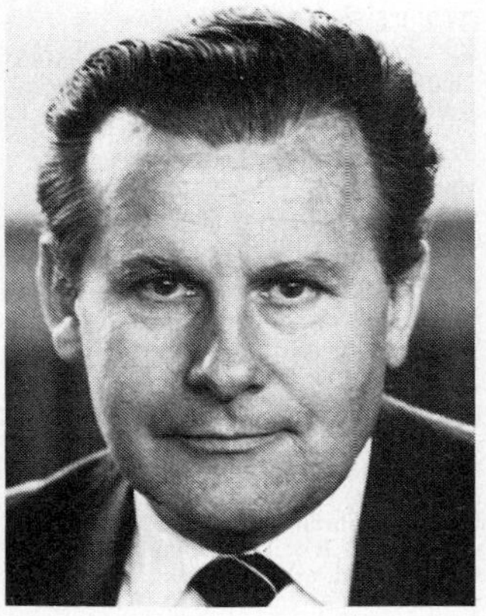

Dipl.-Volkswirt, Dr. rer. pol., Hon.-Prof. Univ. Münster, Mitgl. Europ. Parlament, Präs. Asean-Deleg. d. EP - Feldgarten 15, 4700 Hamm 1 (T. 5 23 30) - Geb. 13. Juli 1930 Hamm (Vater: Heinrich R., Elektroing.; Mutter: Agnes, geb. Kemper), kath., verh. s. 1966 m. Ellen, geb. Hartmann, 2 Kd. (Karen, Henner) - Neusprachl. Gymn. Hamm; Stud. Wirtschafts- u. Sozialwiss. Univ. Münster, Colorado Springs (USA), Köln (Dipl.-Volksw. 1956, Promot. 1959) - 1956-58 väterl. Unternehmen, 1958-61 Inst. f. Mittelstandsforsch., Köln (Wiss. Assist.), 1961-64 Ministerium f. Wirtsch., Mittelst. u. Verkehr NRW, Düsseldorf (Regierungsrat), 1964-65 Landesamt f. Forsch., 1964-79 Oberbürgerm. Stadt Hamm; 1978-79 Vors. Städtetag NW, 1965-72 MdB; 1975-80 MdL Nordrh.-Westf. Vorst.-Mitgl. Konrad-Adenauer-Stiftg. CDU - BV: D. aufwend. Verbrauch - Sozialök. Besonderh. geltungsbedingter Nachfrage, in: Kreikebaum-Rinsche, D. Prestigemotiv in Konsum u. Investition, 1961; Zukunftsperspektiven rationaler Wirtschafts- u. Mittelstandspolitik, 1974; Dynam. Kommunalpolitik, 1975; Partnerschaft u. Produktivität, 1980; Macht u. Mandat, 1981; Zukunft f. d. Mittelstand (zus. m. Peter u. Franz-Josef Rinsche), 1983; Europa als Aufgabe, 1984; Binnenmarkt u. Technologiegemeinschaft, 1989 - 1973 BVK; 1980 Ehrenring Stadt Hamm - Spr.: Engl., Franz.

RINSCHE, Peter

Dipl.-Ing., geschäftsf. Gesellschafter Rinsche-Haustechnik KG - Küferstr. 16, 4700 Hamm 1 (T. 02381 - 41 82-0) - Geb. 9. März 1942 Hamm, kath., verh. s. 1967 m. Ursula, geb. Kühne, 3 Kd. (Christoph, Tobias, Monika) - Abit.; Stud. d. Elektrotechn. TH Aachen; Dipl. 1967 - Vize-Präs. IHK Dortmund, Mitgl. Präsidialrat d. HdE - BV: Zukunft f. d. Mittelstand (m. Günter u. Franz-Josef Rinsche), 1983 - Spr.: Engl., Franz.

RINSER, Luise

Schriftstellerin - I-00040 Rocca di Papa, Prov. Roma/Italien (T. 94 90 87) - Geb. 30. April 1911 Pitzling/Obb. (Vater: Josef R., Rektor; Mutter: Luise, geb. Sailer), kath., verh. I) m. Horst-Günther Schnell, Opernkapellm. (gef. 1943 im Osten), 2 Söhne (Christoph, Stephan), II) Prof. Carl Orff, Komp. (gesch.) - Stud. Psych. u. Päd., Staatsex. 1934 - 1941 Schreibverbot; 1944-45 Gefängnis (Hochverrat); 10 J. Literaturkrit. - BV (b. zu 24 Übers.): u. a. D. gläsernen Ringe, Erz. 1940; Gefängnistageb., 1946; Martins Reise, Jugendb. 1949; Mitte d. Lebens, R. 1950; Daniela, R. 1952; D. Wahrheit üb. Konnersreuth, 1954; Erste Liebe, Erz. 1954; S. Sündenbock, R. 1955; E. Bündel weißer Narzissen, Erz. 1956; Abenteuer d. Tugend, R. 1957; Geh' fort, wenn du kannst, Erz. 1959; D. Schwerpunkt, Ess. 1960; D. vollkommene Freude, R. 1962; V. Sinn d. Traurigkeit, Ess. 1962; Weihnachtstryptichon, Erz. 1963; Septembertag, Erz. 1964; Üb. d. Hoffnung, Ess. 1964; Gespräche üb. Lebensfragen, 3 Bde. 1966/68; Ich bin Tobias, R. 1966; Hat Beten e. Sinn?, Ess. 1966; Laie nicht ferngesteuert, Ess. 1967; Frau u. Zölibat, Ess. 1968; Baustelle, 1970; Unterentwickeltes Land Frau, Ess. 1971; Grenzübergänge, Tageu. Reiseb. 1972; Hochzeit d. Widersprüche, Briefe 1973; Wie, wenn wir ärmer wären, Ess. 1974; Dem Tode geweiht? (über Lepra), Reiseber. 1974; D. schwarze Esel, R. 1974; Bruder Feuer, Jugendb. 1975; Wenn d. Wale kämpfen, Reisetageb. Süd-Korea, 1976; Kriegsspielzeug, 1978; Khomeini u. d. islam. Gottesstaat, 1979; Mit wem reden. Briefe an junge Menschen, 1980; Den Wolf umarmen, Autobiogr. 1981; Nordkorean. Reisetageb., 1981; Winterfrühling, Tageb. 1982; D. verwundete Drachen, 1982; Mirjam, R. 1983; D. Geheimnis d. Brunnens, Kinderb. 1983; Wer wirft d. Stein? Situation d. Zigeuner in d. BRD, 1985; D. Squirrel, Kinderb. 1985; D. Auftrag d. Musik in d. Ges. v. heute, 1985; Meistererz., Ess. 1986; Silberschuld, R. 1987; Drei Kinder u. ein Stern, Kinderb. 1988; Wachsender Mond, Tageb. 1988; Abälard u. Heloïse, R. 1991. Bühnenst.: Philemon. Theaterst.: Leo u. Sonja (1989). Hör- u. Fernsehspiele. Fotobände: Ich weiß Deinen Namen, Jugend d. Welt, Nach s. Bild. Vortr. u. Ess.: An d. Frieden glauben (1944-67) - O. Mitgl. Dt. Akad. f. Sprache u. Dichtung (1952 ausgetr.) u. Akad. d. Künste Berlin, Mitgl. PEN-Zentrum Bundesrep. Deutschl.; 1975 Ehrenbürger Gwang-ju/Südkorea; 1979 Roswitha v. Gandersheim-Preis; 1979 Premio medit (Ital.); 1980 Premio Europa (Ital.); 1984 Johannes-Bobrowski-Med. (DDR); 1987 Heinrich Mann-Preis (DDR); 1987 Premio Giustina Rocca (Ital.); 1987 Dr. h. c. Univ. Pyöngjang; 1987 Ehrenbürgerin d. Stadt Rocca di Papa (Ital.) - Spr.: Engl., Ital. - 1984 Kandidatin Bundespräsidentenwahl/v. d. Grünen nominiert (68 Stimmen); 1988 Präs. d. neuen Volkshochsch. Rocca di Papa.

RINSER, Stephan

Regisseur u. Autor - Kunigundenstr. 8, 8000 München 40 - Geb. 10. Okt. 1941 Rostock (Vater: Horst Günther Schnell †, Kapellmeister; Mutter: Luise Rinser, Schriftstellerin) - Abit.; 1961-62 Stud. Theaterwiss. u. Kunstgesch. Univ. München - 1962-63 Regie- u. Bühnenbildner-Assist. Schauspielh. Zürich; 1963-64 Theatertournee Regie-Assist. b. Karl-Heinz Stroux u. Techn. Leit. Neue Schaubühne München; 1964-66 Regie-Assist. u. Assist. d. Ausstattungsleit. Staatsoper München; 1966-70 Regie-Assist. b. Fernsehen (BR, HR, ZDF) u. Bühnenbildner-Assist. (v. Walter Dörfler). Mitgl. Bundesverb. d. Fernseh- u. Filmregiss. in Dtschl. - Regie zahlr. Fernsehsp. u.a. Alles Gute Köhler (1972); D. Patenkind (1970); Tribunal 1982 (1972) - 1973 Adolf-Grimme-Preis (f. Regie: Tribunal 1982) - Spr.: Engl., Ital.

RINTELMANN, Fritz

Rechtsanwalt, Hauptgeschäftsf. Zentralverb. d. genoss. Großhandels- u. Dienstleistungsuntern. - Heussallee 5, 5300 Bonn 1.

RIPPERT, Winfried

Kaufmann, MdL Hessen (s. 1971) - Goerdelerstr. Nr. 10, 6400 Fulda - Geb. 3. Sept. 1935 - CDU.

RIPS, Franz

Dr., Stadtdirektor a. D. - An d. Schleifmühle 5, 5750 Menden/Westf. - Geb. 25. Mai 1914 Seppenrade/W. (Vater: Anton R., Landwirt), verh. m. Margret, geb. Schoo.

RISCHBIETER, Henning

Dr. phil., Kritiker - Tempelherrenstr. 4, 1000 Berlin 61 - Geb. 22. März 1927 Hannover (Vater: Fritz R., Drechsler; Mutter: Hedwig, geb. Schneider), verh. s. 1962, 3 Kd. - 1947-53 Univ. Göttingen (Gesch., Soziol., German.) - 1953-57 Lehrer Heimvolkshochsch.; 1957-63 Geschäftsf. Volksbühne Hannover; s. 1960 Cheflektor Friedrich-Verlag (Velber), Herausg. u. Redakt. Theater heute; 1977 Prof. f. Theaterwiss. FU Berlin - BV: D. Schauspieler Klaus Kammer, 1964; Dt. Dramatik in West u. Ost, 1965 (m. Ernst Wendt; Bertolt Brecht, 2 Bde. 1966, 2. A. 1968; Peter Weiss, 1967; Friedrich Schiller, 2 Bde. 1969; Gorki, 1973; Hannoversches Leseb., 2 Bde. 1978. Herausg.: Welttheater - Bühnen, Autoren, Inszenierungen, 1962, 2. A. 1965; Gustaf Gründgens - Schauspieler, Regisseur, Theaterleiter, 1963; Bühne u. bild. Kunst im XX. Jh., 1968 (amerik. Ausg. 1969 New York); Friedrichs Theaterlexikon, 1969; Theater im Umbruch, 1970 - 1969 Mitgl. PEN-Zentrum BRD.

RISCHE, Herbert

Dr. jur., Präsident d. Bundesversicherungsanstalt f. Angestellte (s. Juli 1991) - Zu erreichen üb. BfA, Postfach, 1000 Berlin 88 (T. 030 - 8 65-1) - Geb. 10. Sept. 1947 Passau.

RISCOP, Franz

Schriftsetzermeister, MdL Nordrh.-Westf. - Hauptstr. 156, Postfach 11 44, 5330 Königswinter 1 (T. 02223 - 14 33) - Geb. 5. Dez. 1933 Königswinter (Vater: Willy R., Kaufm.; Mutter: Maria, geb. Nolden), kath., verh. s. 1964 m. Margrit, geb. Rechmann, T. Pia - Schriftsetzerlehre, Gehilfen- u. Meisterprüf. - S. 1961 Ratsmitgl., 1964-69 Bürgerm., s. 1980 Landtag - 1979 BVK a. Bde.

RISLER, Helmut August

Dr. rer. nat., o. Prof. f. Zoologie (em. 1983) - Im Dechant 5, 6501 Heidesheim (T. Ingelheim 54 23) - Geb. 19. Nov. 1914 Freiburg/Br. - S. 1954 (Habil.) Lehrtätigk. Univ. Tübingen (1960 apl. Prof.) u. Mainz (ab 1962 o. Prof. u. Leit. Inst. f. Zool.). Fachaufs. - 1982 Ehrensenator d. Univ. Kaiserslautern.

RISLER, Thorwald

Generalsekretär d. Stifterverb. f. Dt. Wiss. i. R., Vorst.-Mitgl. Inst. f. Wirtschaft u. Ges. Bonn - Wissenschaftszentrum, Ahrstr. 45, 5300 Bonn 2 (T. 37 20 44 u. 30 22 64); priv.: Am Büchel 65, 5300 Bonn 2, u. Pfänderweg 24, 8991 Achberg - Geb. 31. Mai 1913 Freiburg/Br. (Vater: Erich R., Fabrikant (Risler & Co., Aachen-Herzogenrath), ev., verh. s. 1957 m. Hildegard, geb. Hübener - Gymn. Aachen (Abit. 1934); Univ. Freiburg u. Rom (6 Sem.); 1937-38 techn. u. kaufm. Ausbild. Karlsruhe u. Berlin - 1938-39 Direktionsassist. Berlin (AG); 1939-45 Wehrdst.; 1947-59 gf. Gesellsch. Südd. Isolatoren-Werke GmbH, Freiburg (1960ff. AR-Mitgl., 1979 AR-Vors., 1981-84 Beirat); 1959-64 gf. Vorst.-Vors. Geschwister-Scholl-Stiftg. (Hochsch. f. Gestalt.), Ulm, 1965-78 Leit. Hauptverw. Stifterverb. f. d. Dt. Wiss., Essen (Generalsekr.); 1977-79 Chairman Hague Club - 1970-86 Vors. Theodor Wiegand Ges. (1987 Ehrenmitgl.); 1972 Korr. Mitgl., 1978 Ehrenmitgl. Dt. Archäolog. Inst.; 1978 Alexander-Rüstow-Plak.; 1978 Gr. BVK; 1979 Ehrenkurator Stifterverb. f. d. Dt. Wiss.

RISTOW, Hans-Joachim

Geschäftsführer Westf.-Lipp. Heimstätte GmbH. - Willem-van-Vloten-Str. 48, 4600 Dortmund (T. 4 17 31) - Geb. 3. Juli 1918 - Zeitw. Staatsdst. (Reg.srat).

RISTOW, Werner

Dr. med., Prof. i. R., ehem. geschäftsf. Dir. d. Zentr. f. Hals-Nasen-Ohrenkrankheiten d. Univ. Frankfurt/M. - Wartenhof 19, 3501 Nieste (T. 05605 - 10 46) - Geb. 19. Nov. 1917 Naugard/Pom.- Lehrtätigk. Univ. Rostock u. Frankfurt/M. - Fachveröff.

RITSCHL, Dietrich

Ph. D., D.D. (Edinburgh), o. Prof. f. Systemat. Theologie u. Dir. Oekumenisches Inst. Univ. Heidelberg (s. 1983), Dir. Intern. Wiss.forum d. Univ. Heidelberg (s. 1986), analyt. Psychotherapeut - CH-4418 Reigoldswil/BL - Geb. 17. Jan. 1929 Basel/Schweiz (Vater: Prof. Dr. rer. pol. Dr. h. c. Hans R., Volksw. (s. dort); Mutter: Gertrud, geb. Störring), ev., verh. s. 1952 m. Rosemarie, geb. Courvoisier, 4 Söhne (Christian, Lucas, Stephan, Johannes) - Univ. Tübingen, Basel, Bern, Edinburgh - 1952 Pfarrer dt.sprach. Gde. in Schottland; 1958 Prof. f. Neues Testament u. Patristik Theol. Sem. Austin/USA; 1963 Prof. Dogmengesch. Theol. Sem. u. Univ. Pittsburgh; 1969 Prof. syst. Theol. Union Theol. Sem. New York; 1970-83 o. Prof. Univ. Mainz. Gastprof. 1970, 72, 74, 77, 79, 82, 87, 1993 Univ. Melbourne/Austral. u. Dunedin/Neuseeland; jährl. Houston u. Austin (USA). 1991/92 Päpstl. Univ. Gregoriana, Rom. 1979-87 Vors. Dt. Ökum. Stud.-Aussch., s. 1985 Vorst.-Mitgl. Intern. Ges. f. Kunst, Gestaltung u. Therapie; s. 1987 Mitgl. Akad. f. Ethik in d. Med. - BV: V. Leben in d. Kirche, 1957 (engl. 1960); A Theology of Proclamation, 1960, 2. A. 1963 (jap. 1986, indon. 1990, korean. 1992); Nur Menschen, Z. Negerfrage in d. amerik. Südstaaten, 1962; Athanasius, Versuch e. Interpretation, 1964; Memory and Hope, 1967; Konzepte Bd. I Aufs. (Patrist. Studien), 1976; Theol. in d. neuen Welten, 1981; Z. Logik d. Theol., 1984, 2. A. 1988 (engl. 1986, jap. 1991); Konzepte: Oekumene, Medizin, Ethik, 1986; D. Familie - Risiken u. Chancen, e. therap. Orientierung (m. B. Luban-Plozza), 1987. Mithrsg.: Heidelberger Jahrb., Ztschr. Ethik in d. Med., Ztschr. Musik-, Tanz- u. Kunsttherapie, Oekum. Existenz heute - Rechtsritter Johanniterord. - Bek. Vorf.: Albrecht R. Theol., 1822-89 (Urgroßv.), Otto R. Theol., 1860-44 (Großv.).

RITSERT, Hans-Jürgen

Dr. rer. pol., Prof. Univ. Frankfurt (s. 1971) - Debusweg 7a, 6240 Königstein - Geb. 7. Juli 1935 Frankfurt (Vater: Hans-Wilhelm, Ing.; Mutter: Eva, geb. Jacobi), verh. s. 1961 m. Margot, geb. Moeser, 2 Kd. (Claudia. Daniela) - Promot. 1966 Berlin - BV: Handlungstheorie u. Freiheitsantinomie, 1966; Inhaltsanalyse u. Ideologiekritik, 1972; Systemtheoret. Ansätze, 1973; Wiss.analyse als Ideologiekritik, 1975; Wiss.logische Probleme e. krit. Soz., 1976; Theorie, Interesse, Forschungsstrategien, 1978; Denkweisen u. Grundbegriffe d. Soziol.,

3. A. 1981; Gesellschaft, 1988. Herausg.: Gründe u. Ursachen ges.l. Handelns (1975), Denken u. ges. Wirkl. (1977). Mithrsg.: Krit. Soz.Wiss. (Reihe) - Spr.: Engl., Franz., Span.

RITTBERG, Graf von, Jochen

Dr. jur., Geschäftsleiter Finanzen Hoerbiger & Co., Schongau - Fürstenstr. 10, 8000 München 2 - Geb. 9. April 1933 - Bankausbild.; Stud. - N. Auslandsaufenth. Wirtschaftsprüfungsges. u. Zettler (Dir.).

RITTBERGER, Volker

Dr. phil., Prof. f. Politikwiss. Univ. Tübingen - Brucknerweg 3, 7400 Tübingen (T. 07071 - 6 16 66) - Geb. 4. Mai 1941 Karlsruhe (Vater: Erwin R., Kfm. Angest.; Mutter: Erna, geb. Knappe), ev., verh. s. 1966 m. Irmgard, geb. Rückert, 2 Kd. (Frithjof, Berthold) - 1. jurist. Staatsex. 1965 Freiburg, M.A. 1968 Stanford, Promot. 1972 ebd. - 1973ff. Ord. f. Politikwiss. Tübingen; 1978ff. Special Fellow United Nations Inst. for Training and Res.; 1983/84 Dekan Fak. f. Soz.- u. Verhaltenswiss. Univ. Tübingen; 1985/86 Gastprof. Univ. Stanford (USA). Präsid.-Mitgl. Dt. Ges. f. d. Vereinten Nationen - BV: Evolution and Intern. Organization, 1973; Abrüstungspolitik u. Grundgesetz, 1976; Neue Wege d. Abrüstungsplanung, 1981; Science and Technol. in a Changing Intern. Order, 1982; Mit Kriegsgefahren leben, 1987; Europ. Sicherheit, 1987; Intern. Regime in d. Ost-West-Beziehungen, 1988; Intern. Regimes in East-West Polities, 1990; Theorien d. Intern. Beziehungen, 1990 - Spr.: Engl., Franz.

RITTELMEYER, Christian

Dr. phil., Dipl.-Psychol., Prof. f. Erziehungswiss. Univ. Göttingen - Baurat-Gerber-Str. 4, 3400 Göttingen - Geb. 14. Sept. 1940 Ershausen (Thür.), verh. s. 1968 - 1966-71 Stud. Psych. Univ. Marburg u. Hamburg; Promot. 1974 - S. 1983 Prof. Päd. Sem. Univ. Göttingen - BV: Meth. d. Erziehungswiss., 1977 (m. K. Mollenhauer); Erzieh. u. Gruppe, 1980; Phänomene d. Kinderlebens, 1989; Bild u. Bildung, 1990 - Bek. Vorf.: Friedrich R. (Bruder d. Großv.).

RITTENBERG, Vladimir

Dr. rer. nat., Prof. f. Physik Univ. Bonn - Am Römerlager 19, 5300 Bonn 1 (T. 0228 - 67 92 56) - Geb. 4. Dez. 1934 Bukarest/Rumän. (Vater: Avram R., Dipl.Ing.; Mutter: Paula, geb. Kaufmann), verh. s. 1990 in 2. Ehe m. Dipl.-Ing. Denise, geb. Merdler-Paltin, T. Vivian (aus 1. Ehe) - Dipl. 1957 Bukarest, Promot. 1967 ebd. - 1957-69 Univ. Bukarest; 1969-72 Weizmann Inst.; 1972-75 Rockefeller-Univ. S. 1975 Univ. Bonn - Spr.: Franz., Engl., Rumän., Hebräisch.

RITTER, Adolf Martin

Dr. theol., Prof. f. Kirchengeschichte Univ. Heidelberg (s. 1981) - Herrenweg 66, 6903 Neckargemünd - Geb. 23. Nov. 1933 Schwarzenborn (Vater: Walter R., Pfarrer; Mutter: Ilse, geb. Suabedissen), ev., verh. s. 1964 m. Renate, geb. Mahler, 2 Söhne (Sebastian, Felix) - 1943-53 Gymn. Marburg; 1953-1958 Univ. Marburg, Heidelberg, Göttingen. Promot. 1962 Heidelberg; Habil. 1970 Göttingen - Zeitw. Vikariat u. Pfarramt (1961-63) - BV: D. Konzil v. Konstantinopel u. s. Symbol, 1965; Wer ist die Kirche? - Amt u. Gde. im Neuen Testam., in d. Kirchengesch. u. heute, 1968; Charisma im Verständnis d. J. Chrysostomos u. s. Zeit, 1972; Alte Kirche, 1977, 4. A. 1987; Kerygma u. Logos, 1979; Stemmatisierungsversuche z. Corpus Dionysiacum Areopagiticum im Lichte d. EDV-Verfahrens, 1980; Dogma u. Lehre i. d. Alten Kirche, in: C. Andresen (Hrsg.), Handb. d. Dogmen- u. Theologiegesch., I, 1982; D. dt. Protestantismus u. d. Kirchen Südosteuropas im 16. u. 19. Jh., 1985; Mystik in d. Traditionen d. kirchl. Ostens u. Westens, 1987; Ungarn u. d. Christentum Südosteuropas, 1987; Frieden in d. Schöpfung: d. Naturverständnis protestant. Theol. (m. G. Rau u. H. Timm), 1987; I. Golub, Sehnsucht n. d. Angesicht od. Wie z. Freude gelangen, 1988; Corpus Dionysiacum II (De Coelesti Hierarchia, De Ecclesiastica Hierarchia, De Mystica Theologia, Epistulae) (m. G. Heil), 1991; Geschichte d. Christentums I., 1.Tb. Das Altertum (m. C. Andresen), 1992 - Liebh.: Musik, schöne Lit. - Spr.: Engl., Franz., Neugriech.

RITTER, Carl

Senator, Druckerei- u. Verlagsfachmann - Mainzer Str. 21, 6200 Wiesbaden (T. 0611 - 30 46 18) - Abit., Meisterprüf.; Stud. Volksw. - Ehrenmitgl. Kur- u. Verkehrsverein Wiesbaden, Ehrenvors. Burgverein Eltville - BVK a. Bde., Ehrenbrief Land Hessen, Bürgermed. Stadt Wiesbaden in Silber.

RITTER, Friedel

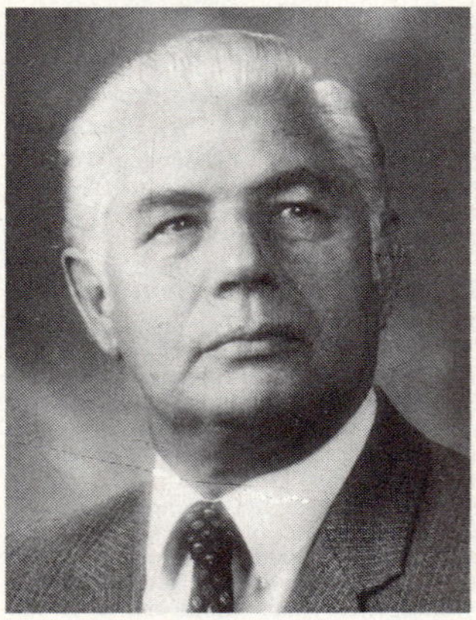

Altbürgermeister u. Ehrenbürger d. Stadt Alzenau - Heideweg 9, 8755 Alzenau/UFr. - Geb. 10. Nov. 1922 - 1972-87 Erster Bürgerm. d. Stadt Alzenau; vorh. Univ. Franfurt/M. - BVK, u.a. Ausz.

RITTER, Gerhard A.

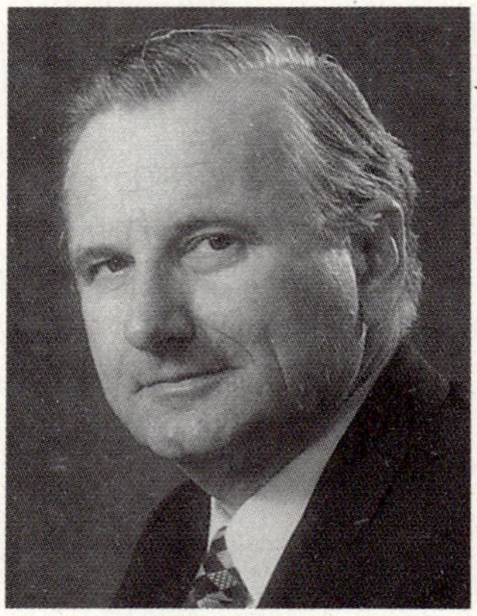

Dr. phil., B. Litt. (Oxford), o. Prof. f. Neuere Gesch. - Bismarckweg 3, 8137 Berg/Starnberger See 3 - Geb. 29. März 1929 Berlin, ev., verh. s. 1955 m. Gisela, geb. Kleinschmidt, 2 Söhne (Michael, Clemens) - Arndt-Gymn. Berlin; Univ. Tübingen u. Berlin/Freie (Gesch., Polit. Wiss., Phil., German.), St. Antony's College Oxford - S. 1962 Ord. Univ. Berlin (Freie), Münster (Dir. Histor. Sem.) u. München, 1965/66 und 1972 Gastprof. Univ. Oxford, 1971/72 Univ. Berkeley, 1973 Univ. Tel Aviv. 1968ff. Mitgl. Histor. Kommission Westfalens; 1971ff. Hist. Kommiss. 1980 Bayer. Akad. d. Wiss.; 1983 Honorary Fellow St. Antony's College Oxford; 1991 Planungsbeauftr. f. d. Neuaufbau d. Gesch.wiss. an d. Humboldt-Univ., Berlin - BV: D. brit. Regierungssystem, 2. A. 1970 (m. Sir Ivor Jennings); D. Arbeiterbeweg. im Wilhelmin. Reich, 2. A. 1963; Dt. u. brit. Parlamentarismus, 1962; D. dt. Kaiserreich 1871-1914, 4. A. 1981; Parlament u. Demokratie in Großbritannien, 1972; Arbeiterbeweg., Parteien u. Parlamentarismus, 1976; Staat, Arbeiterschaft u. Arbeiterbewegung in Dtschl., 1980; Bibliograph. z. Gesch. d. dt. Arbeiterbewegung 1863-1914, 1981 (m. K. Tenfelde); Sozialvers. in Deutschl. u. England, 1983; D. dt. Parteien 1830-1914, 1985; Social Welfare in Germany and Britain, 1986; Wahlen in d. BRD (m. M. Niehuss), 1987; D. Sozialstaat, 2. A. 1991; D. Sozialdemokratie im Dt. Kaiserreich, 1989. Herausg.: Entsteh. u. Wandel d. mod. Ges. (1970); V. Wohlfahrtsaussch. z. Wohlfahrtsstaat (1973); Dt. Parteien vor 1918 (1973); Ges., Parlament u. Regier. (1974); Wahlgeschichtl. Arbeitsb. (1980); Die II. Internationale 1918/1919 (2 Bde. 1980); Regierung, Bürokratie u. Parlament in Preußen u. Dtschl. v. 1848 b. z. Gegenwart (1983); D. Aufstieg d. dt. Arbeiterbewegung (1990); Wahlen in Deutschland 1946-91 (1991, m. M. Niehuss); Arbeiter im Deutschen Kaiserreich 1871-1914 (1992, m. K. Tenfelde). Mithrsg.: Faktoren d. polit. Entscheid. - Festgabe f. Ernst Fraenkel (1963; m. Gilbert Ziebura); D. dt. Revolution 1918-19 - Dokumente (2. A. 1975; m. Susanne Miller); Dt. Sozialgesch., 1870-1914 (3. A. 1982; m. Jürgen Kocka); Sozialgeschichtl. Arbeitsb., (2. A. 1978, m. a.); Jahrhundertwende. D. Aufbruch in d. Moderne 1880-1930, 2 Bde. (1990, m. a.).

RITTER, Hans-Werner

Dr. phil., Prof. f. Alte Geschichte Univ. Marburg - Am Hasenküppel 16, 3550 Marburg/L.

RITTER, Heinz

Journalist, zul. Berliner Kulturkorresp. Deutschlandfunk, Köln (s. 1970) - Am Hirschsprung 17, 1000 Berlin 33 (T. 832 45 02) - Geb. 30. Sept. 1927 Berlin, verh., Kd. - Telegraf; D. Abend (1957-70 Feuilletonchef). Viele Theaterkritiken.

RITTER, Heinz

Beamter, MdA Berlin (s. 1971) - Flensburger Str. Nr. 19, 1000 Berlin 21 (T. 392 61 57) - Geb. 11. Juni 1924 Berlin, verh., 1 Kd. - Volkssch.; kaufm. Ausbild. Metallind. - Kriegseins. (Afrika) u. amerik. Gefangensch. (b. 1947); anschl. öfftl. Dienst (Angest. bzw. Beamt.). 1958-71 Bezirksverordn. Tiergarten (1963-67 Vorsteher). SPD s. 1956.

RITTER, Hermann

I. Bürgermeister - Rathaus, 8754 Großostheim/Ufr. - Geb. 9. Dez. 1928 Großostheim - Zul. Amtsinsp. SPD.

RITTER, Jörg

Dr. med., Prof. u. Oberarzt Univ.-Kinderklinik Münster - Dechaneischanze 8, 4400 Münster (T. 0251 - 39 28 45) - Geb. 29. Okt. 1944 Friedberg, ev., verh. s. 1977 m. Annette, geb. Niggemann, 2 S. (Ulrich, Ken) - Gymn. Braunschweig; Med.-Stud. Univ. Freiburg u. Wien; Promot. 1969 Freiburg, Staatsex. 1970 Freiburg, Habil. 1982 Münster - S. 1982 Oberarzt - BV: Akute Leukämie b. Kindern, 1985 - Liebh.: Musik (Bratsche) - Spr.: Engl. - Bek. Vorf.: Prof. Ludwig Leichtweiß, Wasserbauer (Großv.); Walter Ruttmann, Filmregiss. (Bruder d. Großm.).

RITTER, Jürgen

Dr., o. Prof. Univ. Augsburg (s. 1982) - Schnurbeinstr. 14, 8901 Deuringen (T. 0821-43 11 49) - Geb. 18. Jan. 1943 Bergneustadt/Nordrh.-Westf., verh. s. 1968 m. Brigitte Knauer, S. Hanno Sebastian - Stud. Univ. Tübingen (Math.); Dipl. 1966, Promot. (Math.) 1969 Heidelberg, Habil. (Math.) 1976 ebd. - 1977-78 Prof. TU Berlin; 1978-82 Prof. Univ. Heidelberg.

RITTER, Karl Hermann

Kaufmann, MdL Hessen - Sachsenstr. 5, 6100 Darmstadt-Eberstadt (T. 06151 - 5 40 54) - Geb. 24. April 1931 Köln (Vater: Hermann R., Ing., Erf. u. Schriftst.), verh. s. 1963, 3 Kd. (Hermann, Ulrich, Anne) - Kaufm. Lehre - Vors. d. Aussch. f. Wirtschaft u. Technik. MdL (direkt gewählt im Wahlkr. 50/ Darmstadt II) - Erf.: Notiz-Würfel m. bedruckten Schnittseiten (m. Bruder Hans) - Interesse: Wirtschafts-Geogr. - Spr.: Engl.

RITTER, Klaus

Dr. jur., em. Direktor Stiftung Wissenschaft u. Politik/Forschungsinst. f. intern. Politik u. Sicherheit, Ebenhausen (1965-88), Honorarprof. f. Intern. Politik Univ. München (s. 1969) - Obere Zugspitzstr. 1, 8035 Gauting/Obb. (T. München 850 15 30) - Geb. 18. Sept. 1918 Kassel (Vater: D. Dr. Karl-Bernhard R., Kirchenrat †1968 (s. XVI. Ausg.); Mutter: Margarete, geb. Hachtmann), ev., verh. s. 1946 m. Margarete, geb. Külken, 5 Kd. (Michael, Anke, Amadé, Manuel, Nikolai) - Univ. Marburg u. Göttingen (Rechts- u. Staatswiss.). Promot. 1951.

RITTER, Ludwig

Kaufmann, MdL Bayern (s. 1970) - Frühlingsstr. Nr. 12, 8751 Mömlingen/ Ufr. (T. 06022 - 33 55) - Geb. 1935 - CSU - 1980 Bayer. VO; 1984 Bayer. Verfassungsmed. in Silber

RITTER, Paul

Gf. Gesellschafter A. Ritter & Söhne GmbH. & Co. KG., Zell a. H. u. Maschinen-Bader, Ritter GmbH. & Co. KG., 7800 Freiburg, Vors. Bundesinnungsverb. d. Landmasch.-Handwerks, Bonn - 7615 Zell/Harmersbach - Geb. 18. Nov. 1928.

RITTER, Ulrich

Dr. med., o. Prof. u. Direktor I. Med. Klinik Univ. Lübeck (s. 1966) - Kronsforder Allee 71-73, 2400 Lübeck (T. 5 00 11) - Geb. 14. Febr. 1921 Berlin (Vater: Walther R., Kaufm. Angest.; Mutter: Erna, geb. Grählmann), ev., verh. s. 1945 m. Maria, geb. Zerbi, 2 Kd. (Gabriele, Matthias) - Univ. Berlin u. Greifswald. Promot. 1945; Habil. 1956 - Humboldt- (Charité) u. Freie Univ. Berlin (II. Med. Klinik; 1956 Privatdoz.), Univ. Hamburg (1960 I. Med. Klin.; 1963 apl. Prof.) - Spez. Arbeitsgeb.: Verdauungs- u. Stoffwechselkrankh. Präs. Dt. Ges. f. Verdauungs- u. Stoffwechselkrankh., Vorst. Intern. Ges. f. ärztl. Fortbild. u. Nordwestd. Ges. Innere Med., Kurat.-Mitgl. Dt. Ges. f. Ernähr., Ehren- u. korr. Mitgl. ausl. med. Ges. - BV: Klin. Funktionsdiagnostik, 1965 (m. a.); Pankreas, 1971. Hand- u. Lehrb.beitr. Etwa 250 Fachaufs. - Spr.: Engl.

RITTER, Ulrich Peter

Dr., Dipl.-Volksw., Prof. f. Hochschuldidaktik d. Wirtschaftswiss. Univ. Frankfurt/M. (s. 1975) - Guaitastr. 6, 6242 Kronberg (T. 06173 - 48 55) - Geb. 29. Jan. 1935 Essen (Vater: Dr. Herbert R., Chemiker; Mutter: Mariele, geb. Loeffler), ev., verh. s. 1957 m. Judy, geb. MacLean, 2 Kd. (Mariele Joyce, Karl Thomas) - Gymn. in Oldenburg i. O., Wanne-Eickel, Gelsenkirchen (Abit. 1955), High School Winnetka, Ill. (USA); Stud. d. Rechts- u. Polit. Wiss., Volkswirtsch.lehre Univ. Freiburg/Br., Paris, Göttingen (Dipl.ex. 1959) - 1960/ 61 Forschungsstipendium Südamerika; 1961-69 wiss. Assist., 1969-75 Doz., Wiss. Rat u. Prof. Univ. Göttingen. Mitgl. Ges. f. Wirtsch.- u. Soz.wiss., Liszt-Ges., Beauftr. f. Hochschullehrerfortbild., Präs. Europ. Assoc. for Research and Dev. in Higher Education, 1. Vors. Arbeitsgem. f. Hochschuldidaktik. Dekan Fachber. Wirtschaftswiss. Korr. Mitgl. Akad. f. Raumforsch. u. Raumordn. - BV: Dorfgemeinschaft u. Genossenschaftswesen in Peru, 1965; Siedlungsstruktur u. wirtschaftl. Entwickl., 1972; Vergleichende Volkswirtschaftslehre, 1992 - Liebh.: Musik, Spr., Reisen, Gesch., Politik - Spr.: Engl., Franz., Ital., Portug., Span.

RITTER, Werner Heinz

Dr. theol., Dr. phil. habil., Univ.-Prof. - Geschwister-Scholl-Platz 3, 8580 Bayreuth (T. 0921 - 9 43 75) - Geb. 6. Jan. 1949, ev. - 1968-73 Stud. in Neuendettelsau, Heidelberg, Erlangen (Theol., Phil., Päd.); I. u. II. Kirchl. Ex. (1973 u. 86); Dr. theol. 1979 Erlangen; Dr. phil. habil. 1985 Regensburg - BV: Religion in nachchristlicher Zeit, 1982; Glaube u. Erfahrung im religionspädagogischen Kontext, 1989.

RITTER, Wigand

Dr. rer. oec., Dipl.-Kfm., Prof., Ordinarius f. Geographie, insb. Wirtschafts- u. Sozialgeogr. - Lange Gasse 12/37, 8500 Nürnberg - Geb. 14. Mai 1933 - Promot. (1962) u. Habil. (1968) Wien - S. 1973 Prof. TH Darmstadt u. Univ. Erlangen-Nürnberg (1976 Ord. u. Vorst. Sozialwiss. Inst.) - BV: Fremdenverkehr in Europa, 1966. Zahlr. Einzelarb. - 1968 Kardinal-Innitz-Preis.

RITTER, Wolfgang

Direktor BASF AG, Honrarprof. Univ. Mannheim - Pierstr. 3, 6710 Frankenthal (T. 06233 - 2 63 22) - Geb. 20. Jan. 1927 Graudenz (Vater: Walter R., Dipl.-Optiker; Mutter: Leni, geb. Pfister), ev., verh. s. 1954 m. Inge, geb. Vonau, 3 Kd. (Thomas, Anne, Johannes) - Jura-Stud. Univ. Münster, Pavia/Italien u. Genf/Schweiz (1. jurist. Staastex. 1952, 2. Staatsex. 1956) - 1957 Assist. Univ. Münster; 1957-72 Finanzverw. (zul. Leit. Referat f. Intern. Steuerrecht im Bundesfinanzmin.); s. 1972 Dir. BASF AG (s. 1973 Leit. Zentralber. Recht, Steuern u. Versicherung). AR Rhein. Olefinwerke GmbH, Wesseling, BASF Lacke u. Farben AG Hamburg, Knoll AG Ludwigshafen, Wintershall AG Kassel, Kali u. Salz AG Kassel; Vors. Steueraussch. Verb. d. Chem. Ind. (VCI), Steueraussch. BDI; Steueraussch. Intern. HK Paris u. Sonderaussch. Intern. Steuerfragen BDI; Vors. d.t. Landesgr. IFA (JCC); Vorst. Arbeitskr. Förder. d. Aktie; Kurat. Max-Planck-Inst. f. Ausl.-, Öff.- u. Völkerrecht, Heidelberg. Zahlr. Veröff. im Nationalen u. Intern. Steuerrecht - Liebh.: Lit., Malerei, Sport - Spr.: Engl., Franz., Ital.

RITTERSPACH, Theodor

Dr. jur. h. c., Bundesverfassungsrichter i. R. - Andreästr. 5, 6719 Kirchheimbolanden - Geb. 27. Febr. 1904 Kirchheimbolanden - Bayer. Kultus- (Reg.rat) u. Reichsfinanzmin., n. 1945 Reg.präsid. Rhld.-Pfalz (Reg.dir.), Bayer. Kultus- (Min.rat), Bundesinnenmin. u. -verfassungsgericht (I. Senat). Mithrsg.: Festschr. f. Gebhard Müller z. 70. Geburtstag - 1968 Gr. BVK m. Stern u. Schulterbd.; 1975 Großkr. VO Rep. Ital.; 1986 Ehrendoktor Univ. Mainz.

RITTINGER, Josef

Dipl.-Verwaltungswirt (FH), Stadtamtsrat - Bräugasse 24, Postfach 1109, 8488 Erbendorf - Geb. 14. Nov. 1924 Erbendorf (Vater: Ernst R., Landw.; Mutter: Barbara, geb. Schraml), kath., verh. s. 1954 m. Marianne, geb. Meyer - Kfm. Berufssch. u. Verw.fachsch. - S. 1938 Stadtverw. Erbendorf. Zahlr. Ehrenämter, u. a. Vorst. Verkehrsverb. Nordostbayern, Selb - BV: Z. Höser/Gollwitzer's: Gesch. d. Stadt Erbendorf: V. Versailles b. z. Weltkrieg - Wehrmacht, Kriegsgefangene u. Besatzungsmacht in ihren Bez. z. Erbendorf u. seiner Bevölker. - 1978 BVK; 1980 VdK-Ehrenz. in Gold; Verwundetenabz. in Silber; Ehrenplak. f. Flugsport - Interessen: Gesch., Politik, Fremdenverkehrswirtsch., Flugsport - Sportleistungsabz. in Gold.

RITTINGHAUS, Jürgen Helmut

Chefredakteur Lüdenscheider Nachrichten - Schillerstr. 20, 5880 Lüdenscheid; priv.: Haunerbusch 35, 5883 Kierspe 1 - Geb. 29. Sept. 1939 Lüdenscheid, ev., verh., 3 Kd. - Ausb. Westf. Rundschau u. Meinerzhagener Ztg.; Presseref. d. FDP in Bonn u. D'dorf.

RITTMANN, Wolfgang

Verkaufsleiter, Geschäftsf., Präs. Dt. Billard-Bund (s. 1982) - Hoppenriekels 15, 2900 Oldenburg (T. 0441 - 30 15 55) - Geb. 24. März 1947 Gelsenkirchen, kath., verh. s. 1968 m. Bärbel, geb. Krause, 2 Töcht. (Cornelia, Beate) - Maschinenschlosserlehre m. Facharbeiterabschl. 1964; Maschinenbau- u. Betriebswirtschaftsstud. (techn. Betriebsw.) - S. 1973 Präsid.-Mitgl. DBB als Jugendwart u. Vizepräs., s. 1974 Vors. Billard-Amateur-Verb. Westf. Beruf. in intern. Gremien d. Billardsportes; s. 1988 Präs. europ. Billardverb., d. Confédération Européenne de Billard; Präsid.-Mitgl. Union Mondiale de Billard - 1988 BVK; 1988 Sportplak. Land Nordrh.-Westf.; gold. Ehrennadel Dt. Billard-Bund; zahlr. Ehrenmitgliedsch. - Liebh.: Reisen, Fotogr. - Spr.: Engl.

RITTNER, Christian

Dr. med., o. Prof. f. Rechtsmedizin an d. Univ. Mainz - Am Pulverturm 3, 6500 Mainz - Geb. 29. Sept. 1938 Dresden (Vater: Carl R., Apoth; Mutter: Gerda, geb. Großmann), ev., verh. s. 1976 m. Dipl. Biol. Gabriele, geb. Haupt, 4 Kd.

RITTNER, Fritz

Dr. jur., o. Prof. f. Bürgerl. Recht, Handels-, Wirtschafts- u. Arbeitsrecht - Horbener Str. 21, 7800 Freiburg/Br. (T. 2 93 70) - Geb. 10. März 1921 Rostock, ev., verh. s. 1952 m. Marianne, geb. Wember, 2 Töcht. (Claudia, Christiane) - Gymn.; Univ. Rostock, Bonn, Köln (Rechts- u. Wirtschaftswiss.) - 1959 Privatdoz. Univ. Bonn; 1959 ao., 1960 o. Prof. Univ. Freiburg. Beirats- u. AR-Mand. - BV: D. Ausschließlichkeitsbindungen, 1957; Handelsrecht u. Zugewinngemeinsch., 1962; Unternehmen u. Freier Beruf als Rechtsbegriffe, 1962; D. handelsrechtl. Publizität, 1964; Ermessensfreiheit u. Billigkeitsspielraum d. Zivilrichters, 1964; D. Rechtswiss. als Teil d. Sozialwiss., 1967; D. werdende jurist. Person, 1973; D. sog. wirtschaftl. Betrachtungsweise in d. Rechtsprech. d. BGH, 1975; Mitbestimmungsges. 1976 u. Grundges., 1977; Wirtschaftsrecht, 1979, 2. A. 1987; Wettbewerbs- u. Kartellrecht, 4. A. 1992; GmbH-Komm. (zus. m. Rowedder u.a.), 2. A. 1990; Grundlagen u. Grundsätze d. öffentl. Auftragswesens, 1988 - 1964 Ludwig-Sievers-Preis (f.: Untern. u. Fr. Beruf . . .); Gr. BVK.

RITTNER, Günter

Kunstmaler, Porträtist, Grafiker - Isabellastr. 13, 8000 München 40 (T. 089 - 271 71 11) - Geb. 11. März 1927 Breslau (Vater: Dr. rer. pol. Max R., Arbeitsamtsdir.; Mutter: Frieda, geb. Ackermann) - Gymn.; 1948-53 Akad. d. bildenden Künste München - Weltl. u. geistl. Arb., Städtebilder, Landschaften, zahlr. Porträts, dar. Bundespräs. W. Scheel, Bundeskanzler H. Schmidt, Altkanzler K. G. Kiesinger u. Ludwig Erhard, Min.präs. A. Goppel, Franz Josef Strauß, Fritz Schäffer, Kardinal Döpfner, Paul Dahlke, Therese Giehse, Curd Jürgens, Josef Keilberth, Annette Kolb, Fritz Kortner, Werner Krauß, Marcel Marceau, Elly Ney, Heinz Rühmann, Jess Thomas, Claire Watson, Fritz Berg, Dr. Ludwig Bölkow, Prof. Willy Messerschmitt. Bilder in in- u. ausl. Museen u. Privatsamml. - BVK am Bde. - Liebh.: Klass. Musik, Klavierspiel - Spr.: Engl.

RITZ, Burkhard

Dr. agr., Dipl.-Landw., Nieders. Minister f. Ernährung, Landwirtsch. u. Forsten (1986-90) - Im Rehwinkel 6, 4450 Lingen/Ems (T. 7 21 78) - Geb. 4. Aug. 1931 Deutsch-Krone (Vater: Alfons R., Lehrer; Mutter: Klara, geb. Henke), kath., verh. s. 1959 m. Margarete, geb. Butmeyer, 4 Kd. (Maria, Burkhard, Wolfgang, Godehard) - Obersch. Schneidemühl, n. 1945 Castrop-Rauxel, Osnabrück (Abit. 1952); 1952-53 landw. Lehre; Univ. Bonn (1956 Dipl.-Landw., 1959 Promot.) - 1957-65 Doz. LandVHS Oesede. 1961ff. Mitgl. Gemeinderat u. Bürgerm. (1963-65) Oesede. 1969-72 Bundesvors. Kath. Landvolkbeweg. Dtschl.; 1965-80 MdB (1972-80 stv. Vors. CDU/CSU-Fraktion); 1980-86 Nieders. Finanzmin. - CDU s. 1956 (div. Funktionen, u. a. 1972 stv. u. 1975 Vors. Bundesaussch. f. Agrarpolitik; 1975 Mitgl. Bundesvorst.) - Liebh.: Jagd, Tischtennis, Fotogr. - Gold. Sportabz.; 1977 Gr. BVK, 1984 Stern dazu - Spr.: Engl. - Studienreisen (auch Asien).

RITZ, Hans

s. Erckenbrecht, Ulrich

RITZE, Horst

Dr. med., Dr. med. dent., o. Prof. f. Zahn-, Mund- u. Kieferkrankheiten - Geb. 13. Nov. 1916 Erfurt, verh. m. Irmgard, geb. Dibbern - Promot. 1948; Habil. 1956 - S. 1963 ao. u. o. Prof. Univ. Hamburg (Klinikdir.), Dekan d. med. Fakultät 1969/70; Mitgl. d. Senates - Üb. 100 Fachveröff. Mitarb. an 3 Büchern - Mehrere Ehrenmitgliedschaften in- u. ausl. Ges., Dekan med. Fak. u. Mitgl. d. Senates.

RITZEL, Wolfgang

Dr. phil., em. Prof. f. Philosophie u. Pädagogik - Am Kottenforst 30, 5300 Bonn 1 - Geb. 19. Aug. 1913 Jena (Vater: Prof. Dr. phil. Albert R., Extraord. f. Mineralogie Univ. Jena †1916; Mutter: Mathilde, geb. Fath †1989), ev., verh. in 2. Ehe (1944) m. Dr. Hanna, geb. Schmidt, 2 Kd. (Ulrich, Dorothea) - Gymn. Pforzheim; Univ. Breslau, Freiburg, Jena (Phil., Päd., Soziol.); Promot. 1937, Habil. 1955 TH Braunschweig - 1939-49 Wehrdst. u. jugosl. Gefangensch.; s. 1951 Lehrtätigk. Hochsch. f. Sozialwiss. Wilhelmshaven, WH Mannheim (1960 Ord. u. Inst.dir.), Univ. Bonn (1963 Ord. u. Mitdir. Inst. f. Erziehungswiss.) - BV: u. a. Z. Wandel d. Kantauffassung, 1952, 2. A. 1968; Fichtes Religionsphil., 1956; Jean-Jacques Rousseau, 1959, 2. A. 1972; Gotthold Ephraim Lessing, 1966, 2. A. 1978; D. Vielheit päd. Theorien u. d. Einheit d. Päd., 1968; Päd. als prakt. Wiss., 1973; Immanuel Kant - zur Person, 1975; Philos. u. Päd. im 20. Jh., 1980; Immanuael Kant - e. Biogr., 1985; Johann Peter Hebel, 1991. Herausg.: Individualität - Phänomenalität - Individualität/Festschr. f. H. u. M. Glockner (1966).

RITZENHOFEN, Walter

Maler u. Grafiker - Fritz-Strassmann-Str. 14, 4000 Düsseldorf 13 (T. 0211 - 75 05 72) - Geb. 19. Dez. 1920 Düsseldorf (Vater: Hubert R., Kunstmaler; Mutter: Helene, geb. Carnas), kath., verh. m. Gabriele, geb. Kunau, Sohn Andreas - Kunstakad. Düsseldorf; Meisterschüler v. Prof. Champion - Mitbegr. d. Künstlergr. 53; 1980 Leit. Grenzland-Sommerakad.; Olympia-Kalender-München 1972 - 1988 D'dorfer Stadtmaler (Kurfürstl. Runde) - BV: Gesichter, Zeichn., Monotypien, Lyr. 1975 (m. Grünhagen); Totentanz, 1978. Erf. d. Olympia-Kalenders München, 1972; Neugestalt. Bilder einer Ausst. (Mussorgsky), 1979 - Kunstricht.: Gegenständl. Expressive Malerei, Grafik - 1977 Heinrich-Heine-Plak.; 1979 Karl-Friedrich-Kock-Plak.; 1981 BVK am Bde.; 1982 BVK; 1983 Goldmed. Intern. Parlament f. Sicherheit u. Frieden (USA); 1985 Karl-Klinzing-Plak. u. Jacobi-Plak. - Bek. Vorf.: Hubert R., Impress. (Vater); Adrian Carnas, Bildhauer (Großv.).

RITZERFELD, Wolfgang

Dr. med., o. Prof., Direktor Hygiene-Inst. Univ. Münster, Lehrstuhl f. Med. Mikrobiol. - Schreiberstr. 36, 4400 Münster/W. (T. 8 19 54) - Geb. 22. Juli 1926 Monschau - S. 1962 (Habil.) Lehrtätigk. Münster (1967 apl., 1974 o. Prof. f. Med. Mikrobiol.). Etwa 260 Fachveröff.

RITZL, Friedrich

Dr. med., Prof. f. Nuklearmedizin - Talstr. 7, 5020 Frechen 4 (T. 02234 - 6 12 74) - Geb. 22. Okt. 1925 Augsburg (Vater: Hermann R., Dir.; Mutter: Katharina, geb. Groß), ev., verh. s. 1956 m. Dr. Eva, geb. Kolarik, 2 T. (Eva-Katharina, Afra) - Gymn. Augsburg; 1948-53, Stud. Med. Univ. München, Promot. 1954 Univ. Würzburg; ETH Zürich, Univ. Köln, KFA Jülich, Univ. Düsseldorf, dort Habil. 1971 (Nuklearmed.) - S. 1974 a. p. Prof., s. 1975 Dir. Klinik f. Nuklearmed. d. Kliniken d. Stadt Wuppertal, s. 1981 Ärztl. Dir.; s. 1990 im Ruhest. - BV: Leukozytäres System - Knochenmark, in: Handb. d. med. Radiologie, 1978 - Liebh.: Alpinist - Spr.: Engl.

RIVINIUS, Karl Josef

Dr. theol., Prof. - Arnold-Janssen-Str. 30, 5205 St. Augustin 1 - Geb. 2. Sept. 1936 Bous/Saar, kath. - Stud. Phil., Theol., Erziehungswiss., Gesch.; 1. u. 2. Staatsex. f. Gymn.; Promot. 1976 Münster; Habil. 1986 Bonn - BV: u.a. Bischof W.E. v. Ketteler u. d. Infallibilität d. Papstes, 1976; Mission u. Politik, 1977; D. kath. Mission in Süd.-Shantung, 1979; D. Anfänge d. Anthropos, 1981; Errichtung d. Lehrstuhls f. Missionswiss. an d. Ludwig-Maximilians-Univ. München, 1985; Weltl. Schutz u. Mission, 1987; D. soz. Bewegung im Deutschl. d. 19. Jh., 2. A. 1989 (engl. u. ital. Übers.); Zw. Häresie u. Orthodoxie. D. Armutsbewegungen d. MA am Beispiel d. Waldenser u. d. Franziskaner, 1990. Zahlr. kirchen-, missions- u. sozialgesch. Beitr. u. Aufs.

RIX, Helmut

Dr. phil., o. Prof. f. Vergleichende Sprachwissenschaft - Oberer Weiher 4, 7800 Freiburg - Geb. 4. Juli 1926 Amberg (Vater: Hans R., OStudDir.), verh. m. Emilie, geb. Figge - Univ. Würzburg, Heidelberg, München, Tübingen. Promot. Heidelberg; Habil. Tübingen - S. 1959 Lehrtätigk. Univ. Tübingen, Erlangen-Nürnberg (1960; apl. Prof.), Regensburg (1966 Ord.), Freiburg (1982) - BV: D. etrusk. Cognomen, 1963; Histor. Grammatik d. Griechischen, 1976; Z. Entstehung d. urindogerman. Modussystems, 1986; Etrusk. Texte, 1991. Div. Einzelarb.

RIX, Rainer

Dr. med., Dr. med. habil., Univ.-Prof. Erlangen-Nürnberg (s. 1984), Augenarzt - Sulzbacher Str. 61, 8500 Nürnberg 20 - Geb. 18. Juli 1942 Marburg/Lahn - Promot. 1966 München; Habil 1978 Erlangen - 1968-70 wiss. Assist. 1. Physiol. Inst. Univ. Erlangen; 1970-76 wiss. Assist., 1976-81 Oberarzt Augenklinik Univ. Erlangen; s. 1976 Landesarzt; s. 1981 Augenarzt Nürnberg - Spezialgeb.: Ophthalmol., Elektrophysiol. d. Sehens, Datenverarbeitung (EDV). Veröff. in Fachztschr.

RIXECKER, Roland

Dr., Staatssekretär Minister d. Justiz Saarbrücken - Zähringerstr. 12, 6600 Saarbrücken - Geb. 16. Mai 1951 Völklingen, ev., verh. s. 1986 m. Michèle, geb. Bucher - Jurist. Ass.ex. 1976 u. Promot. 1983 Saarbrücken.

RIXNER, Peter

I. Bürgermeister Stadt Tegernsee (1984 bestätigt), Vors. Fremdenverkehrsgem. Tegernseer Tal (1984ff.) - Rathaus, 8180 Tegernsee/Obb.; priv.: Klosterrichterweg 6 - Geb. 13. Mai 1941 Tegernsee - Bauuntern. CSU.

RIZKALLAH, Victor

Dr.-Ing., Prof. Inst. f. Grundbau u. Bodenmechanik Univ. Hannover, berat. Ingenieur - Zu erreichen üb. Univ., Callinstr. 32, 3000 Hannover 1, priv.: Trakehnerweg 3, 3000 Hannover 51 - Geb. 7. Okt. 1933 Kairo/Ägypten (Vater: August R., Min.beamter; Mutter: Loula, geb. Youssef), christl., verh. s. 1963 m. Ursula, 3 Kd. - Dipl. 1958 Kairo; Promot. 1968 Univ. Hannover, Habil. 1973 ebd. - B. 1972 Obering.; b. 1976 Doz.; ab 1977 Prof. Univ. Hannover (1981 Dekan FB Bauing.w., 1982 Vizepräs. d. Univ.); 1987 Leit. d. AG Technolog. f. Entwicklungsländ. - 5 Bücher u. 60 Veröff. - Liebh.: Sport, Musik, Reisen,

Sprachen - Spr.: Arab., Deutsch, Engl., Franz., Ital.

ROBERT, Egon

Rechtsanwalt, Geschäftsf. Verein Dt. Holzeinfuhrhäuser - Domsheide 3, 2800 Bremen (T. 32 67 86).

ROBERT, Heinz

Dipl.-Kfm., Vorstandsmitgl. Absatzkreditbank AG. - Struckholt 8f, 2000 Hamburg 63 - Geb. 19. Juni 1922 - Zul. Geschäftsf. Allkredit Teilzahlungsfinanzierungs-GmbH., Düsseldorf. 1976 ff. Vors. Arbeitsgemeinsch. d. Absatzkreditbanken.

ROBERTS, Henryk

s. Haberland, Karlheinz

ROBERTZ, Hans

Bundesbahnbeamter a. D., MdL Nordrh.-Westf. (s. 1975) - Michaelstr. 35, 4330 Mülheim/Ruhr (T. 42 12 17) - Geb. 9. Dez. 1925 - FDP.

ROBINSON, David Gordon

Ph. D., Prof. f. Zellbiologie Univ. Göttingen - Jenaerstr. 25, 3400 Göttingen (T. 0551 - 79 33 77) - Geb. 15. Mai 1947 England (Vater: George R., Hafeninsp.; Mutter: Iris, geb. Kinder), verh. s. 1975 m. Gisela, geb. Blechschmidt, 3 Kd. (Alexander, Andreas, Eva) - Stud. in England (B.Sc. Hons, Ph.D. Univ. Leeds); Habil. 1976 Univ. Göttingen - 1972-74 Res. Fellow & Lecturer Stanford Univ./USA; ab 1974 Univ. Göttingen - BV: Plant Membranes, 1985; Methods of preparation for electron microscopy, 1987. Zahlr. wiss. Veröff. z. Zellbiol. - Liebh.: Gesch., Musik, Sport - Spr.: Engl., Franz.

ROBL, Karl

Dr. rer. pol., Prof., Hauptgeschäftsführer Zentralverb. Dt. Baugewerbe (s. 1988) - Auf dem Hasensprung 18, 5330 Königswinter 41 (T. 02244 - 8 08 50) - Geb. 10. Sept. 1943 Prennet, verh. - Univ. Erlangen-Nürnberg; Dipl.-Kaufm. 1969; Promot. 1973; Habil. 1979 Köln - 1979-81 Priv.-Doz. Univ. Köln; 1981-87 Leit. Betriebswirtsch. Inst. d. Westd. Bauind. - BV: Analyse d. Werbeträgers, 1974; Distribution u. Wirtschaftsordnung, 1980.

ROCK, C. V.

s. Roecken, Kurt W.

ROCK, Martin

Dr. theol., Prof. f. Sozialethik Univ. Mainz - Albinistr. 4, 6500 Mainz - Geb. 30. März 1932 Hepbach (Vater: Max R., Landw.; Mutter: Rosa, geb. Baur), kath. - BV: Widerstand gegen d. Staatsgewalt, 1966; Christ u. Revolution, 1968; Anarchismus u. Terror, 1977; D. Umwelt ist uns anvertraut, 1987 - Spr.: Engl., Franz., Ital., Span.

ROCKENMAIER, Dieter W.

Chefredakteur a. D., Berliner Korrespondent Main-Post Würzburg/Schweinfurter Tagblatt, Offenbach-Post, Rhein-Neckar-Zeitung Heidelberg - Graf-Haeseler-Str. 14, 1000 Berlin 51 - Geb. 8. Aug. 1933 Dessau/Anhalt (Vater: Karl R., Dipl.-Brauerei-Ing.; Mutter: Ida, geb. Trappmann) - BV: Schlagzeilen v. vorgestern, mainfränk. Lokalgesch., 1979; Schwarz auf Weiß, mainfränk. Lokalgesch., 1980; Buchführ. d. Todes. D. Endlösung d. Judenfrage im damaligen Gau Mainfranken, 1981; D. Dritte Reich u. Würzburg, 1983 - BVK; Bayer. Verfassungsmed.; Würzb. Stadtsiegel.

ROCKER, Kurt

Dipl.-Ing. (FH), MdL Rhld.-Pfalz (s. 1965; dzt. Vors. Umweltaussch.) - Danziger Weg 5, 6760 Rockenhausen (T. 3 56) - Geb. 24. Sept. 1928 Ilbesheim Kr. Donnersberg, kath., verh., 3 Kd. - Volkssch., landw. Lehre, Fachhochsch. Pflanzenschutzamt Bad Kreuznach - 1953-65 Bezirkspflanzenschutzamt Neustadt/Weinstraße u. Landw.sch. Alsenz (Pflanzenschutztechniker). MdK u. stv. Bundesvors. (s. 1961). Bezirksvors. Jg. Union Pfalz (1960-65). CDU s. 1954 (Finanzpolit. Sprecher d. CDU-Fraktion). Vors. Schutzgemeinsch. Dt. Wald Rhld.-Pfalz u. stv. Bundesvors., Vors. Landesaktionsgemeinsch. Natur u. Umwelt, u. d. Bürgerservice-Fernsehen u. Rundf. e.V. Rhld.-Pfalz.

ROCKSTROH, Heinz

Dirigent - Am Waldesrand 23, 5800 Hagen 1 (T. 02331 - 5 32 22) - Geb. 1. Sept. 1919 Aue/Erzgeb., verh. 1943 m. Anna, geb. Weller, 2 Kd. (Helgard, Eva) - Musikhochsch. Leipzig (Prüf. Klavier, Flöte u. Dirig. Prof. Teichmüller, Bartuzat, J. N. David u. H. Abendroth) - Wehrdst. (5 J.) u. amerik. Gefangensch. (1 J.), 1946-51 Solorepetitor m. Dirigierverpflicht. Opernhaus Düsseldorf, dann Dirig. Staatstheater Oldenburg (stv. GMD) u. Städt. Bühne Hagen (1970-71 musikal. Oberleit.). Gastdirig. In- u. Ausl. Rundfunk- u. Fernsehkonzerte. Pianist (Liederabende, Kammermusik). 1984-85 Gastdirig. Staatsoper Ankara - Liebh.: Fotogr., Archäologie - Spr.: Engl., Franz.

ROCKSTUHL, Joachim

Dr., Vorstandsmitglied Schubert & Salzer Maschinenfabrik AG. (s. 1973) - Heydeckstr. 2, 8070 Ingolstadt/D. - Geb. 24. März 1932.

RODE, Detlev

Bankdirektor - Kaiser-Wilhelm-Ring 27-29, 5000 Köln; priv.: Vinzenzstr. 37, 5303 Bornheim-Merten/Rhld. - Geb. 25. Okt. 1931 Hamburg (Vater: Waldemar R.), verh. m. Gisela, geb. Emmrich - Schule, Bankausbild., (bde. Hamburg), Stud. Rechtswiss. (Freiburg u. Hamburg). Gr. jurist. Staatsprüf. - B. 1965 Verb. öfftl.-recht. Kreditanstalten, dann Dt. Centralbodenkredit-AG (1969 stv., 1971 o. Vorst.-Mitgl.).

RODE, Enno

Oberkreisdirektor Landkr. Ammerland (s. 1989) - Kreishaus, 2910 Westerstede (T. 04488 - 56-2 79); priv.: 0441 - 6 93 35) - Spr.: Engl. - Rotarier.

RODE, Friedrich

Landwirt, Präs. Landesverb. d. Nieders. Landesvolkes - Zu erreichen üb.: Warmbüchenstr. 3, 3000 Hannover.

RODE, Günter

Dipl.-Ing., Inhaber Günter Rode GmbH & Co KG, Garten-, Landschafts- u. Sportplatzbau, Präs. Zentralverb. Gartenbau (ZVG) Bonn, Vizepräs. Dt. Gartenbauges. - Am Stein 4, 6108 Weiterstadt (T. 06150 - 20 22) - Geb. 26. Okt. 1928 Hannover, verh. s. 1954 m. Ingeborg, geb. Materne, 2 Kd. (Axel, Monika) - Vorst. Arbeitsgemeinsch. Landschaftsentw. (AGL), Förderges. Gartenbau (FGG); Vors. Verein Bildungsstätte d. dt. Gartenbaues Grünberg; Beirat z. Feststell. d. Lage in d. Landw. b. Bundesmin. f. Ernährung, Landw. u. Forsten; AR Bundesgartenschau Frankfurt 1989, Bundesgartenschau Dortmund 1991, u. Bundesgartenschau Berlin 1995 - 1978 Ernst Schröder Med.; 1980 Osnabrücker Ehrenmed. d. FH Osnabrück; 1982 BVK; 1984 gold. Ehrenring Bundesverb. Garten-, Landschafts- u. Sportplatzbau (BGL) - Liebh.: Fotogr., Reisen.

RODECK, Gerhard

Dr. med., Prof., o. Prof. f. Urologie - Posener Str. 3, 3554 Cappel (T. Marburg 4 10 32) - Geb. 14. April 1922 Jena - Promot. u. Habil. Jena - S. 1961 Lehrtätigk. Marburg (1970 Ord. u. Klinikdir.). Fachveröff.

RODECK, Heinrich

Dr. med., Prof., Ärztl. Direktor i. R. d. Vestischen Kinderklinik (1960-86) - Lloydstr. 5, 4354 Datteln/W. - MORO-Preis d. Dt. Ges. Kinderheilk.; BVK; Ehrenmitgl. Dt. Ges. Kinderheilkunde, Österr. Ges. Kinderheilkunde, Berufsverb. d. Kinderärzte Deutschlands.

RODENACKER, Wolf

Dr.-Ing., o. Prof. u. Vorst. Inst. f. Konstruktionstechnik TH bzw. TU München (s. 1965) - Lehenweg 2, 8000 München 83 (T. 40 05 63) - Geb. 15. Okt. 1906 - Facharb.

RODENBERG, Rudolf H. A.

Dr. rer. nat., o. Prof., Theoret. Physiker, Leiter Abt. f. Theor. Elementarteilchenphysik/III. Physikal. Inst. TH Aachen (s. 1966) - Diepenbenden 28, 5100 Aachen (T. 6 16 38) - Geb. 20. Okt. 1929 Schweidnitz/Schlesien (Vater: Anton R., Büroleiter; Mutter: Maria, geb. Piechatzek), kath., verh. s. 1962 m. Agathe, geb. Schenk, 2 Kd. (Jens, Katja) - Schulen Schweidnitz, Ratibor, Dresden, Bamberg; 1949-50 Phil.-Theol. Hochsch. Bamberg, 1950-55 Univ. Göttingen (Dipl.-Phys.). Promot. Heidelberg; Habil. Frankfurt/M. - 1956-66 Univ. Tübingen (Assist.) u. Frankfurt (1962; Assist,. 1965 Privatdoz. bzw. Doz.). 1965-66 Gastprof. USA, 1971-73 Co-Dir. Intern. Sommersch. Louvain-Aachen. 1973/75 Gastprof. Rio de Janeiro (Brasilien), 1981 u. 1984-88 Gastprof. Haifa, 1988 Gastprof. Moskau u. Tbilisi, USSR; 1983/89 Visiting Sen. Scientist at Fermilab (FNAL) USA; Trieste (ICTP); TRIUMF (TH-Div.) UBC, Vancouver, 1984/88, Visiting Prof. Warszaw Univ, 1977-89 Visiting Sen. Scientist at CERN-TH-Div.; 1986 Visiting Sen. Scientist at Berkeley, Livermore, SLAC/USA; 1990 Visiting Prof. Univ. of Cape Town, S. A.; 1991 INR-Acad. of Science (USSR). 1956ff. Mitgl. American Physical Soc. - Liebh.: Musik - Spr.: Engl., Portugies.

RODENSTEIN, Louis

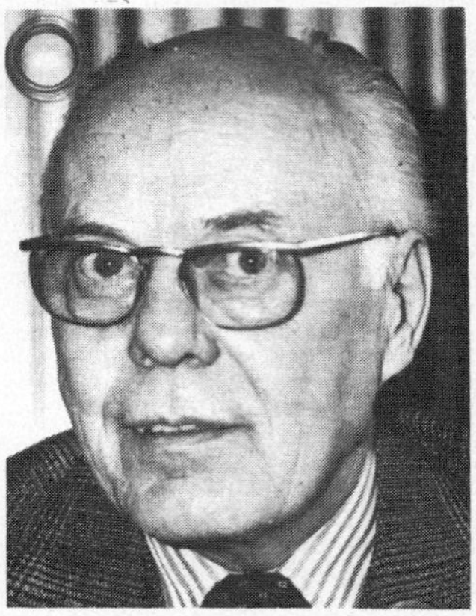

Vorstandsmitglied i. R. - Gemeinweide 6, 2000 Hamburg 65 (T. 601 51 69) - Geb. 6. Febr. 1913 Lüdenscheid, verh. m. Hildegard, geb. Wilhelm, 2 Töcht. (Marianne, Brigitte) - S. 1933 Bankwesen (1961-76 Vorst.-Mitgl. Dt. Überseeische Bank, Berlin/Hamburg) - BV: Zwei Novellen aus unserer Zeit, 1990; Dr. Franeia - Diktator d. Friedens, 1992.

RODENSTEIN, Marianne

Dr. rer. pol., Prof. f. Soziologie Univ. Frankfurt - Robert-Mayer-Str. 5, 6000 Frankfurt 1 - Geb. 28. Juni 1942 Braunschweig, led. - Stud. Soziol. Berlin u. München; Dipl.-Soz. 1968; Promot. 1976 München; Habil. 1986 TU Berlin - 1973-77 Stip. Max-Planck-Inst. z. Erforsch. d. Lebensbedingungen d. techn.-wiss. Welt Starnberg; 1979-84 wiss. Mitarb. Inst. f. Stadt- u. Regionalplanung TU Berlin - BV: Z. sozio-ökonom. Bedeutung d. Automobils (m. a.), 1971; D. Kommune in d. Staatsorganisation (m.a.), 1974; Bürgerinitiativen u. polit. System, 1978; Mehr Licht, mehr Luft - Gesundheitskonzepte im Städtebau s. 1750. Herausg.: Wie sicher ist d. soziale Sicherung? (m. a., 1989).

RODENSTOCK, Randolf Alexander

Dipl.-Phys., Unternehmer, pers. haft. Gesellsch. Optische Werke G. Rodenstock - Isartalstr. 43, 8000 München 5 (T. 089 - 72 02-2 02) - Geb. 31. März 1948 München (Vater: Prof. Dr. Rolf R.), kath., verh. s. 1971 m. Uschi, geb. Eger, 2 Kd. (Beatrice, Rupprecht) - Abit. München 1967; anschl. Bundeswehr; Stud. Physik TU München; Dipl.-Physiker 1976; 1977/78 Stud. Business School Insead Fontainebleau (Abschl. MBA) - Vorst.-Mitgl. Verb. d. Dt. Feinmechanischen u. Optischen Ind., Köln, Bildungswerk d. Bayer. Wirtsch., München, Inst. d. Dt. Wirtsch., Köln; stv. Vors. d. Verb. Feinmechanik u. Optik, Köln - Liebh.: Ski, Segeln, Lit. - Spr.: Engl., Franz. - Bek. Vorf.: Kommerzienrat Alexander R. (Großv.) - Mitgl. Rotary-Club München-Harlaching, DIN-Präsidium, Berlin.

RODENSTOCK, Rolf

Dr. rer. pol., Dr. oec. hc., Dipl.-Kfm., Prof., Fabrikant, Vizepräs. (1978-84 Präs.) Bundesverb. Dt. Ind., Ehrenpräs. IHK München-Oberbay., Vizepräs. Arbeitgeberverb. Bay. Ehrenvors. Landesverb. d. Bayer. Ind. (s. 1977; 1955-77 Vors.) - Isartalstr. 43, 8000 München 5 (T. 720 22 04) - Geb. 1. Juli 1917 München (Vater: Kommerzienrat Alexander R., Fabr.; Mutter: Franziska, geb. Fries), kath., verh. s. 1969 m. Inge, geb. Haux, 4 Kd. (aus 1. Ehe: Randolf, Alexandra, Eva-Beatrice; aus 2. E.: Benedikt) - Schule u. Studium München - 1937-42 Arbeits- u. Wehrdst., dann Studienurlaub u. UK-Stellung Opt. Werke G. Rodenstock, München, 1945-53 Mitgl. Geschäftsltg., 1953-90 Leit. u. weit. vollhaft. Gesellsch. - 1947 (Habil.) Privatdoz. u. apl. Prof. (1956) Univ. München (Betriebsw.lehre). 1948-64 Vors.; Ehrenvors. Verb. d. Dt. Feinmechan. u. Opt. Ind., d. Handelskammer Dtschl.-Schweiz, Verein Bayer. Metallind., AR- u. VR-Mandate in Ind., Versich.- u. Energiewirtsch. - BV: Kostenrechnung in d. Feinmech. u. Optik, Diss. 1944; D. Genauigkeit d. Kostenrechnung in d. Ind., 1947; Genauigk. d. Kostenrechng. industr. Betriebe, 1949; Feinmechan. u. Opt. Ind., 1955; Management heute (Management-Enzyklopädie), 1984; Standortbestimm. e. Untern., 1977; Gesellschaftl. Verantw. als Untern., 1979 - 1957 Gr. BVK; 1958 Bayer. VO.; Silb. Johann-Friedrich-Schär-Plak.; Staatsmed. f. bes. Verdienste um d. Bayer. Wirtsch.; Med. Bene merenti Bayer. Akad. d. Wiss.; 1977 Duncker-Med.; 1977 Gr. BVK m. Stern u. Schulterb.; 1980 Officier de la Legion d'Honneur; 1980 Handwerkszeichen in Gold; 1982 Ehrenmünze München; 1984 Goldmed. f. Distinguished Leadership and Service for Humanity (jüd. Org.); Bayer. Verfassungsmed. in Gold; 1991 Gr. Gold. Ehrenzeichen f. Verdienste um d. Rep. Österr. - Liebh.: Segeln, Tennis, Ski - Spr.: Engl., Franz., Ital., Span. - Rotarier.

RODENSTOCK, Rudolf

s. Rodenstock, Rolf

RODER, Alois

Dr. phil., Prof., Hochschullehrer - Karolingerstr. 8, 7050 Waiblingen/Württ. (T. 31 74) - Geb. 22. Nov. 1924 Stuttgart, verh. m. Hedwig, geb. Moser (Prof. Päd. Hochsch. Ludwigsburg) - Gegenw. Prof. PH Ludwigsburg (Systemat. u. Histor. Pädagogik sow. Schulkunde).

RODEWALD, Georg

Dr. med., o. Prof. f. Chirurgie - Zu erreichen üb. Univ.klinik, Martinistr. 52, 2000 Hamburg 20 - Geb. 13. März 1921 - Habil. 1958 Hamburg - S. 1966 Extraord., 1969 Ord. Univ. Hamburg (emerit. Dir: Abt. f. Herz- u. Gefäßchir. u. exper. Kardiol.). Facharb. üb. Lungenfunktion, Schrittmacherbehandl., Herzchir. (insbes. angeb. Herzfehler, Koronarchir., Myokardprotektion, neurol. u. psychopathol. Reaktionen) - 1959 Martini-Preis Hamburg; 1989 Paul-Morawitz-Preis; Ehrenmitgl. Dt. Ges. f. Thorax-, Herz- u. Gefäßchir. u. Vereinig. Nordwestd. Chirurgen.

RODI, Frithjof
Dr. phil., Univ.-Prof. (Philosophie) - Zum Ruhrblick 1, 4630 Bochum-Stiepel - Geb. 1. April 1930 Pforzheim (Vater: Max R., Rektor; Mutter: Martha-Luise, geb. Lichtenfels), ev., verh. s. 1962 m. Eva-Maria, geb. Maneval, 4 Kd. (Peter †, Annekatrin, Sebastian, Philipp) - Human. Gymn. Pforzheim (Abit. 1950); Univ. Tübingen u. London (Phil., Dtsch., Engl., Gesch.), Promot. 1958, Habil. 1970 - 1958-59 Lektor Univ. Bristol, 1959-62 Lektor Univ. Hyderabad (Indien), s. 1962 Wiss. Assist., s. 1970 Prof. Ruhr-Univ. Bochum - BV: Morphologie u. Hermeneutik, 1969; Provokation-Affirmation, 1970; Erkenntnis d. Erkannten, 1990. Herausg.: Dilthey-Jahrb. f. Phil. u. Gesch. d. Geisteswiss. (1983ff.). Mithrsg.: W. Dilthey, Ges. Schr., (1977ff.); Materialien z. Phil. W. Diltheys (1984); W. Dilthey, Selected Works (1985ff.) - Spr.: Engl., Franz.

RODINGEN, Hubert
Dr. jur., Dr. phil., Prof. FH Münster - Sentruper Str. 214, 4400 Münster - Geb. 23. Febr. 1934, verh. s. 1986 m. Rose, geb. Glade, 2 Töcht. (Urte, Tanja) - Stud. Univ. Göttingen, Tübingen Kiel (Rechtswiss., Volkswirtsch., Slawistik); 1. Staatsex. 1958 Schleswig, 2. Staatsex. 1963 Hamburg; Promot. 1968 Kiel; (iur.); Mainz (phil.) - 1965-68 Verw. Inst. f. Ostrecht Kiel; 1968-74 Ass., Prof. Jurist. Fak. Univ. Mainz f. Rechtstheorie u. sozialistisches Recht; Forschungen am Zentrum f. interdisziplinäre Forsch. Bielefeld; 1975 Prof. f. Einf. in d. Sozialwiss. u. marx. Soziallehre FB Sozialwesen FH Münster. 1970-79 Forschungen Akad. d. Wiss. d. UdSSR in Moskau - BV: Aussage u. Anweisung (Leibniz u. Nietzsche), 1975; Pragmatik d. Jurist. Argumentation, 1977; D. Rechts- u. Verwaltungsinformatik in d. Sowjetunion, 1979; Schlüssel z. Recht, 1986; Zugang z. Recht, 1979 (zus. m. Bierbrauer u.a.); Freisprüche, Gedichtbd. 1990 - Liebh.: Lyrik, Sprachen, Sprach- u. Kulturkritik, Wiss.theorie, Reisen - Spr.: Engl., Franz., Lat., Span., Russ.

RÖBBELEN, Gerhard
Dr. rer. nat., Prof. f. Angew. Genetik u. Pflanzenzüchtung - Tuckermannweg 9, 3400 Göttingen (T. 4 66 05) - Geb. 10. Mai 1929 Bremen (Vater: Ernst R., Pastor; Mutter: Henny, geb. Körner), ev., verh. s. 1957 m. Dr. Christa, geb. Scherz, 3 Kd. (Barbara, Matthias, Christoph) - Dipl.-Landw. 1952 Göttingen; Promot. 1956 Freiburg/Br. (Botanik, Zool.); Habil. 1961 Göttingen (Genetik u. Pflanzenzücht.) - S. 1961 Lehrtätigk. Univ. Göttingen (1965 Wiss. Rat u. Prof., 1968 Abt.vorsteher, 1970 o. Prof. u. Dir. Inst. f. Pflanzenbau u. -zücht.) - 1968 Gründungsvors. u. 1977 Vors. Dt. Ges. f. Genetik; 1986-89 Präs. EUCARPIA, Europ. Ges. f. Züchtungsforsch., s. 1989 Präs. Dt. Ges. Fettwiss.; s. 1991 Gründungspräs. u. 1992 Präs. Ges. f. Pflanzenzüchtg. Fachveröff. - 1976 Dr. agr. h. c. Landw. Fakultät Univ. Kiel; s. 1981 Mitgl. Akad. Wiss. Göttingen; s. 1990 Mitgl. Dt. Akad. Naturforsch. Leopoldina, Halle - Spr.: Engl.

RÖBEN, Wilhelm
Landwirt, Vorstand Dachziegelwerke Indunahall AG, u. Brüggener AG f. Tonwaren-Ind. - Postfach 209, 2932 Zetel 1 (T. 04452 - 8 80) - Geb. 29. Sept. 1935 Wilhelmshaven.

RÖCK, Dieter
Dr. rer. pol., Vorstandsmitglied BVA-Bayerische Warenhandelsgesellschaft d. Verbraucher AG, Nürnberg - Günthersbühler Str. 30, 8500 Nürnberg (T. 0911 - 59 25 51) - Geb. 17. Jan. 1933, ev., verh. s. 1966 m. Gerda, geb. Cammeratt, S. Christoph - 1950-54 Kaufm. Lehre; 1954-58 Stud. Betriebswirtsch.lehre; Dipl.-Kfm. Köln; Promot. 1959 Graz - 1980-91 Mitgl. Bayer. Senat - 1987 Bayer. VO. - Spr.: Engl.

RÖCK, Heinrich
Dr. rer. nat., Aufsichtsratsmitglied SKW Trostberg AG - 8223 Trostberg/Obb.; priv.: Traunsteiner Str. 9 (T. 08621 - 36 92) - Geb. 15. Juli 1928 - Stud. Chemie (Dipl.-Chem.).

RÖCKE, Heinrich
Dipl.-Ing., Prof. f. Architekturzeichnen u. Raumgestalt. TU Braunschweig (s. 1959; emerit. 1981) - Im Eichenkamp 6, 3300 Braunschweig (T. 05307 - 18 57) - Geb. 13. Mai 1914 Danzig - Architekt d. Röm.-German. Mus. Köln.

ROECKEN, Kurt W.
Schriftsteller (Ps.: C. V. Rock) - Postf. 66, 8103 Oberammergau (T. 08822 - 62 59) - Geb. 18. Juni 1906 Essen, kath., verh. 1929 m. Eva, geb. Jessel (Tochter d. Komp. Léon J.) †1963, 3 Söhne (Anton, Michael, Henry), II) 1965 Marte, geb. Klose (Schausp.) - Hohenzollern-Gymn., Kunsthochsch., TH u. Univ. Berlin - B. 1934 Maler u. Graphiker, dann Schriftst. u. Kriminologe. Vornehml. Kriminalromane (Gesamtaufl. üb. 2 Mill.); Sachb.: Berufe v. morgen. Mehr Geld ohne Arbeit, D. Mensch v. morgen, Filmdrehb.: Kennwort: Machin, Alarm, Sturmmusik, St. Pauli - Herbertstr., D. Glück wohnt nebenan!. Kronjuwelen, D. nächste Herr, dieselbe Dame, Jungfrau aus 2. Hand; Fernsehen: Arbeiter im Frack, Irrtum vorbehalten!. Witzakad. IV, V, VI; Hörfunk-Features. Zahlr. Kulturfilme. Herausg.: Drei-Stern-Reihe, Meister-Kriminalromane. Ztschr. Kriminalbild - Kriminalwelt - Liebh.: Pistolenschießen, Fliegen, Bergsteigen - Spr.: Engl., Franz.

RÖCKL, Helmut
Dr. med., o. Prof. f. Haut- u. Geschlechtskrankheiten - Josef-Schneider-Str. 2, 8700 Würzburg - Geb. 28. Febr. 1920 München - S. 1955 (Habil.) Lehrtätigk. Univ. München (1961 apl. Prof.) u. Würzburg (1965 Ord. u. Klinikdir.). Etwa 150 Fachveröff.

ROECKL, Kurt
Dr. jur., Syndikus beim Bayer. Handwerkstag u. Gesamtverb. d. Bayer. Handwerks - Max-Joseph-Str. 4, 8000 München 2 - Geb. 26. Jan. 1943 - Rechtsanwalt, e.a. Richter b. Bundesarbeitsgericht.

RÖD, Wolfgang
Dr. phil., Prof. f. Philosophie - Zu erreichen üb. Univ. Innsbruck, Inst. f. Philosophie, Innrain 52, A-6020 Innsbruck (T. 724 - 34 62) - Geb. 13. Mai 1926 Oderberg (Ostschles.) - Stud. Phil. Mailand u. Innsbruck (Promot. 1953) - 1955-63 Prof. Klass. Lyzeum Bozen; 1970-76 Doz. u. apl. Prof. Univ. München; s. 1977 o. Prof. Univ. Innsbruck - BV: Descartes, 1964 (2. A. 1982); Geometr. Geist u. Naturrecht, 1970; Descartes' Erste Phil., 1971; Dialekt. Phil. d. Neuzeit, 1974, 2. A. 1986 (span. 1977, port. 1982, jap. 1984/87); Gesch. d. Phil., 1976ff. (Hrsg. u. Verf. d. Bde. I (1976), VII (1978), VIII (1984) u. X (1989; Mitverf.); Erfahrung u. Reflexion, 1991 - 1986 Tir. Landespreis f. Wiss.; 1989 Walther-v.-d.-Vogelweide-Preis.

RÖDDING, Gerhard
Dr. theol., Landeskirchenrat i. R., Ratsmitgl. Stadt Bielefeld (1973-87), MdL Nordrh.-Westf. (1980-87) - Am Depenbrocks Hof 48, 4800 Bielefeld 14 (T. 0521 - 44 55 53) - Geb. 18. Febr. 1933 Oestrich/Iserlohn (Vater: Alfred R., Mutter: Elisabeth, geb. Kränzer), ev., verh. s. 1959 m. Renate, geb. Tobinski, 6 Kd. - Stud., 1. theol. Ex. 1957, 2. theol. Ex. 1960, Promot. 1961 Münster - Landeskirchenrat, 1968-80 Schuldezern. Ev. Kirche v. Westf.; s. 1985 stv. AR-Vors. Bielefelder Gemeinn. Wohnungsges.; s. 1987 erster stv. Dir. Landesanstalt f. Rundfunk Nordrh.-Westf. 1975-87 Mitgl. Rundfunkrat WDR; 1979-87 AR-Mitgl. Westd. Werbefernsehen - BV: Choralb. z. Ev. Kirchengesangb. (Hrsg.), 1970; Dogmatik im Grundriß, 1974; Passionsandachten d. Ev. Kirchengesangb., 1974; Paul Gerhardt, 1981; u. a. Veröff. - Liebh.: Jagd - Spr.: Engl. - Rotarier.

ROEDEL, Walter Rudolf
Dr. rer. nat., Prof. f. Physik - Im Eichwald 2, 6900 Heidelberg (T. 06221 - 38 16 18) - Geb. 30. Dez. 1934 Mannheim (Vater: Walter R., Arzt; Mutter: Hedwig, geb. Ohler), ev., verh. s. 1962 m. Annelotte, geb. Jung, T. Eva Maria - 1945-54 Gymn., 1954-60 Stud., Dipl. (Physik) 1960 Heidelberg, Promot. 1964, Habil. - 1971. 1965-71 Wiss. Assist., 1971-73 Priv.-Doz., 1973-80 Univ.-Doz., 1980 Prof. - BV: Physik unserer Umwelt: D. Atmosphäre, 1992; ca. 25 wiss. Arb. im Ztschr. - Liebh.: Theater, Musik, Früh- u. Urgesch., Fotografie.

RÖDER, Berndt

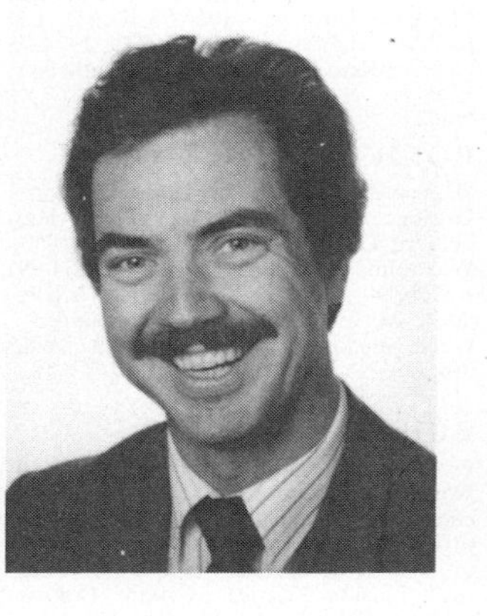

Rechtsanwalt, Geschäftsf. Zeitungsverleger-Verb. Hamburg; Kaiser-Wilhelm-Str. 6, 2000 Hamburg 36, u. gf. Zeitungsverlegerverb. Schleswig-Holst. - Holstenbrücke 8-10, 2300 Kiel (T. 0431 - 9 38 39) - Geb. 3. Dez. 1948, ev., verh. s. 1974 m. Helga, geb. Bremer, 3 Kd. (Kristina, Lars-Erik, Isabel) - MdHB 1982 u. s. Okt. 1984 CDU.

RÖDER, Erhard
Dr. rer. nat., Prof. f. Pharmazie - Auf dem Äckerchen 46, 5307 Wachtberg 3 - Geb. 31. März 1929 Engers (Vater: Josef R., Lehrer; Mutter: Maria, geb. Esch), kath., verh. s. 1957 m. Karen, geb. Günther, 3 Kd. (Bettina, Frank, Kirsten) - Abit. 1948 Neuwied; Pharmazeut. Prüf. 1956 Mainz, Dipl. 1960 Mainz, Promot. (Chemie) 1963 Mainz, Habil. (Pharm.) 1970 Bonn, 1971 Prof. Bonn - Liebh.: Klass. Musik, Jagd - Spr.: Engl.

ROEDER, Gustav
Chefredakteur Nürnberger Zeitung i. R. - Im Föhrenwinkel 6, 8501 Schwaig-Behringersdorf (T. 0911 - 57 56 25) - Geb. 2. Febr. 1924 Fellbach b. Stuttgart, ev., verh. m. Brunhilde, geb. Breithaupt, 2 Kd. (Thomas, Cornelia) - Obersch. Stuttgart-Bad Cannstatt - Kriegsgefangensch.; versch. Berufe (u.a. Schausp., Kabarettist); s. 1950 Redakt. (Politik, Feuilleton) - BV: Württemberg, 1972.

RÖDER, Heinz
Vorstandsmitglied Frankfurter Versich. AG (s. 1985), 1984 (Juli) ff. Vors. Berufsbildungswerk d. Versich.w.

ROEDER, Peter Martin
Dr. phil., o. Prof., Wissenschaftliches Mitgl. MPI f. Bildungsforsch. - - Lentzeallee 94, 1000 Berlin 33 - Geb. 27. Nov. 1927 Berlin - BV: u. a. Erziehung u. Gesellschaft, 1968; Schule im histor. Prozeß, 1976; Unterricht als Sprachlernsituation, 1976.

RÖDER, Walther
Dr. jur., Rechtsanwalt, Geschäftsf. Frankfurter Kredit-Bank GmbH. u. Frankfurter Inkasso GmbH., beide Frankfurt/M. - Große Friedberger Str. 23, 6000 Frankfurt/M. (T. 2 03 51); priv.: Vogelsbergstr. 10, 6368 Bad Vilbel - Geb. 25. März 1923.

RÖDERN, Ruth
s. Wendt, Ingeborg

RÖDERS, Eckhart
Dipl.-Ing., geschäftsführender Gesellschafter d. Fa. G. A. Röders, Druckguß - Unter den Linden 6-8, 3040 Soltau/Nieders. - 1988 Vors. Verb. d. Metallindustriellen Nieders.; 1992 Vors. Verb. dt. Druckgießereien, Düsseldorf.

RÖDING, Horst
Botschafter a.D. - Auf d. Reeg 20, 5307 Wachtberg-Pech - Geb. 18. April 1920 Dortmund - Stud. Rechts- u. Staatswiss. Berlin u. Lausanne - Vizekonsul Amsterdam, Leit. Konsulat Nancy, 1968-70 Generalsekr. Komm. f. d. Reform d. Ausw. Dienstes, 1973-77 Botsch. in Brasilien, 1977-83 Leit. Zentralabt. AA Bonn. 1983-1985 Botsch. in Polen.

RÖDL, Helmut
Dr. jur., Dipl.-Kfm., Geschäftsführer Verb. d. Handelsauskunfteien, Gf. Verb. d. Vereine Creditreform - Hellersbergstr. 12, 4040 Neuss/Rh. - Geb. 20. Juli 1939.

ROEGELE, Otto B.
Dr. phil., Dr. med., Dr. phil. h. c., em. Prof. Univ. München (s. 1963) - Hasselsheider Weg 35, 5060 Bergisch Gladbach 1 - Geb. 6. Aug. 1920 Heidelberg (Vater: Prof. Otto R.; Mutter: Elisabeth, geb. Winter), kath., verh. s. 1948 m. Dr. med. Gertrud, geb. Kundel, 3 Kd. - Gymn. Bruchsal; Univ. München, Heidelberg, Straßburg, Erlangen - Kriegsdst. u. Gefangenschaft, 1945-48 ärztl. Tätigkeit, dann Redakt., Chefredakt. (1949-63), Herausg. (s. 1963) Rhein. Merkur, Mithrsg. Rhein. Merkur (s. 1980) - BV: u. a. Erbe u. Aufgabe, Ess. 2. A. 1947; Europ. Voraussetzungen, Ess. 1947; Der Ritter v. Hohenbaden, Biogr. 4. A. 1955; Bruchsal - wie es war, 3. A. 1976; Was erwarten wir vom Konzil?, 1961; Presse-Reform u. Fernseh-Streit - Texte z. Kommunikationspolitik 1832 b. heute, 1965; Wachstum oder Krise - Zu Gegenwartsfragen d. dt. Katholizismus, 1970; D. Zukunft d. Massenmedien, 1970; Medienpolitik - u. wie man sie macht, 2. A. 1974; Was wird aus dem gedruckten Wort?, 1977; Neugier als Laster u. Tugend, 1982; Residenzen d. Bischöfe v. Speyer (m. K. Andermann), 1989. Herausg.: D. Freiheit d. Westens (1967); Kl. Anatomie polit. Schlagworte (2. A. 1976); Handb. d. Fachpresse, Teil I 1977 (m. H. Grossmann); Ausbild. f. Kommunikationsberufe i. Europa, 1977 (m. Heinz-D. Fischer). Mithrsg.: Intern. Kath. Ztschr. (1972ff.); Politik- u. Kommunikationswiss. Veröff. d. Görres-Ges. - 1967 Ehrendoktor Univ. Pamplona; 1965 Ritterkreuz Franz. Ehrenlegion; 1968 Bayer. VO; 1982 Gr. BVK; Gr. Silb. Ehrenz. Rep. Österreich; 1986 Bayer. Verfassungsmed. in Gold.

RÖGENER, Heinz
Dr. phil., em. o. Prof. Univ. Hannover - Asselweg 10, 3008 Garbsen 2-Osterwald (T. 21 45) - Geb. 20. Sept. 1913 Wilhelmshaven (Vater: Karl R., Reichsbankbeamter; Mutter: Henriette, geb. Sattler), ev., verh. s. 1951 m. Ingeborg, geb. Graßmann - Gymn. Oldenburg (Abitur 1932); Univ. Göttingen (Physik; Promot. 1937) - 1937-45 Wiss. Assist. bzw. Mitarb. Physikal. Inst. Göttingen u. Physikal.-Chem. Inst. Leipzig (Luftfahrtforsch.), 1947-52 Wiss. Assist. Physikal. Inst. Erlangen, 1952-67 Wiss. Mitarb. Techn. Überwachungs-Verein Essen, 1967-81 Dir. d. Inst. f. Thermodynamik Univ. Hannover. Mitgl. Dt. Physikal. Ges. (1939), VDI (1954; 1968-75 Vors. VDI-Ges. Energietechn.) u. Braunschweig. wissl. Ges. (1976). Fachaufs. - Liebh.: Naturphil., Eisenbahnwesen - Spr.: Engl.

RÖGER, Christfried
Dr. phil., Oberkirchenrat, Beauftr. d. EKD b. d. zentralen bildungspolit.

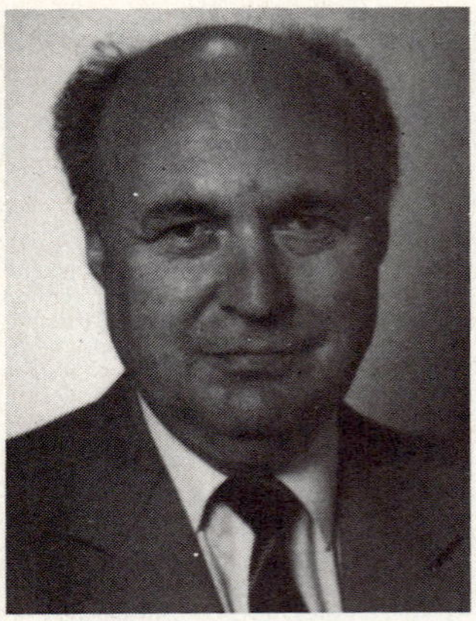

Gremien in d. Bundesrep. Deutschl. - Fritz-Erler-Str. 4, 5300 Bonn 1 (T. 0228 - 228 06 33) - Geb. 30. April 1935 Leegebruch/Osthavelland (Vater: Walter R., Dipl.-Landw.; Mutter: Martha, geb. Schmakei), ev., verh. s. 1956 m. Cosima, geb. Hecklau, T. Ariadne - Franciscеum Zerbst/Anhalt; Päd. Akad. Worms u. Kaiserslautern; Zweitstud. Päd., Psych. u. Soziol. Univ. Saarbrücken; Promot. 1963 - S. 1956 Lehrer; 1961 Assist. Ev. PH Saarbrücken; 1963 Doz. Kolleg f. Ev. Unterweisung d. Ev. Kirche im Rhld., Düsseldorf; 1971 Dir. Päd.-Theol. Inst. Bonn-Bad Godesberg; 1976 Beauftr. d. Rates d. EKD; 1968 Vors. Gemeinsch. ev. Erzieher im Rhld., 1969 Vors. Arbeitsgem. ev. Erzieher in Dtschl.; 1980 Vorst.-Mitgl. Intern. Verb. ev. Erzieher; Vorst. Comenius-Inst. Münster; Mitgl. Dt. Ges. f. Erziehungswiss.

RÖGNER, Wolfgang

Generalmusikdirektor, Chefdirigent d. Philharmonischen Orchesters Erfurt - Hogelstr. 11, O-5023 Erfurt (T. 2 34 58) - Geb. 15. März 1951 Gießübel, verh., 2 Söhne (Thomas, Roman) - Stud. 1970-75 Hochsch. f. Musik Franz Liszt, Weimar; Staatsex.; Aspirantur 1980-81 am Rimski-Korsakow-Konservatorium, Leningrad - 1975-78 Solo-Repetitor u. Kapellmeister Stadt-Theater Plauen/V.; 1978-85 1. Kapellmeister Städt. Bühnen Zwickau; 1985-88 Chefdirigent Dt.-Sorb. Volkstheater Bautzen - Umfangr. Repertoire in allen Genres d. Musiktheaters u. d. Sinfonik; zahlr. Ur- u. Erstauff. - Liebh.: Numismatik - Spr.: Russ.

ROEHL, Ernst

Dr. rer. nat., Prokurist, Direktor PHOENIX AG, Werk Hildesheim, Geschäftsf. Dynat Ges. f. Verschlußtechnik u. Feinmech. mbH - Am Roten Steine 17, 3200 Hildesheim - Geb. 10. Juli 1933 Hamburg, verh. - Stud. Naturwiss. Dipl.-Geol. Univ. Kiel - 1963-68 Phoenix Gummiwerke AG (1971 Prokurist, Werksdir.); 1968-70 Geschäftsf. Para-Gummiwerke GmbH; 1972-76 Geschäftsf. Meteor Moosgummiwerke K.H. Bädje GmbH & Co.

RÖHL, Hannelore

Kunsterzieherin, Malerin - Rietschelstr. 45, O-7033 Leipzig - Geb. 15. Mai 1934 Pethau/i. Sa., ev., verw., 2 Kd. (Katharina, Sebastian) - Oberstuf.lehrer Kunsterzieh. Univ. Greifswald, Dipl. 1956 - 1967-90 Leitg. Klubgalerie Leipzig; freischaff. Tätigk. als Malerin - BV: Ansichtssache (Künstl. u. Schriftst. im Gespräch), 1988 - Ausstell.: 1990 Postakad. Bad Honnef; 1991 Kloster Seckau (Österr.), Klubgalerie Leipzig; 1992 Burggalerie Gnandstein.

RÖHL, Henning

Journalist, Fernsehdirektor d. Mitteldeutschen Rundfunks (s. 1991) - Zu erreichen üb. MDR, Kantstr. 71, O-7030 Leipzig - Geb. 20. April 1943 in Töstrup/Schleswig-Holst., verh. - 1962-66 Stud. d. Phil. Gesch. u. German. an d. Univ. Wien u. Freiburg i. Br. - S. 1966 b. SWF Baden-Baden (Abt.leit. Politik/Hörfunk, Abt.leit. Politik u. Gesellschaft, Stv. Chefredakt. Hörfunk); 1983-88 Dir. d. NDR-Landesfunkhauses Schlesw.-Holst. in Kiel; 1988-91 Erster Chefredakt. ARD-Aktuell (Tagesschau/Tagesthemen) - BV: D. Macht d. Nachricht, 1992 - Spr.: Engl.

RÖHL, Karl-Peter

Maler u. Graphiker - Esmarchstr. 58, 2300 Kiel (T. 33 24 24) - Zeitw. Hochschuldoz. Mitbegr. Style-Gruppe Weimar (1922). Absolute Malerei, auch Glasfenster u. Holzschnitte. Ausstell. In- u. Ausl. - 1968 Schlesw.-Holst. Kunstpreis.

RÖHL, Klaus F.

Dr. jur., o. Prof. f. Rechtssoziol., Rechtsphil. u. Versicherungsrecht Univ. Bochum (s. 1975) - Universitätsstr. 150, 4630 Bochum (T. 700 52 66) - Geb. 22. Mai 1938 Toestrup - 1964-73 Richter LG Kiel u. OLG Schleswig (1972); 1974-75 Chefsyndikus Provinzial Brandkasse, Kiel.

ROEHL, Lars

Dr. med. (habil.), o. Prof. u. Vorst. Urolog. Abt./Chirurg. Univ.klinik Heidelberg (1964) - Ö. Ekuddgat 6, 18531 Waxholm/Schweden (T. 06201 - 5 54 99) - Geb. 4. Okt. 1920 Vaxholm (Schweden), verh. m. Sonia, geb. Lundin - Univ. Stockholm u. Lund - Zahlr. Facharb.

RÖHL, Uwe

Prof., Leiter Hauptabteilung Musik d. Norddt. Rundfunks (s. 1976) - Zu erreichen üb. (T. dstl.: 040 - 413 23 80); priv.: Bahnhofstr. 7, 2407 Bad Schwartau (T. 0451 - 28 10 22) - Geb. 16. Febr. 1925 Husum (Vater: ev.-luth. Propst), verh. s. 1950 m. Astrid, geb. Nicolai, 3 Kd. - S. 1943 Stud. (Kirchen-, Schulmusik u. Philol.) Univ. Berlin, Hamburg, Herford, Köln - 1948 Kantor u. Organist, Tönning, 1949 Unna, 1956 Domorganist Schleswig, 1967 stv. Dir. Musikakad. Lübeck. Domorganist in Lübeck u. Ernennung z. Prof. (Lehrtätigk. Orgel u. Improvisation); 1971 Rektor FH f. Musik Lübeck; 1973 Gründungsrektor Musikhochsch. Lübeck - 1949 Gründg. Philipp-Nicolai-Kantorei, Unna; zahlr. Orgel- u. Chorkonzerte in West- u. Ostdtschl. u. Holland; Rundfunkaufnahmen als Organist u. m. d. Kantorei - Komposition zahlr. Bühnmusiken f. d. Schleswiger Theater; Konzerte u. Schallplatten als Organist u. m. d. Kammerchor d. Musikhochsch. Lübeck; Kompos. f. Gottesdienste u. Bühnenmusik f. d. Lübecker Theater - Juror b. versch. Wettbewerben in Dtschl. u. Europa; Gastdoz. in Dtschl., Skandinavien, USA. 1957 Gewinner d. 2. Preises b. Improvisationswettbewerb in Haarlem/Holland; 1958 Gewinner d. 1. Preises b. Improvisationswettbewerb in Gent/Belgien; 1974 Kunstpreis Land Schlesw.-Holst.; 1985 BVK I. Kl.; 1986 Hanse-Kulturpreis d. Vereins- u. Westbank.

RÖHLER, Hans-Joachim

Dr., Staatssekretär a. D., Sprecher d. Geschäftsfg. d. Hannoverschen Spielbanken GmbH - Gerstenstiege 10, 3006 Burgwedel 1 (T. 05139 - 82 69) - Geb. 26. März 1934 Meiningen/Thür., ev., verh. s. 1962, 2 Kd. - 1974-78 Staatssekr. Nieders. Wirtsch.- u. Verkehrsmin. - Spr.: Engl.

RÖHLER, Rainer H. A.

Dr. rer. nat., Prof. Univ. München - Waldschmidtstr. 12, 8132 Tutzing - Geb. 27. April 1927 Berlin (Vater: Friedrich R., Eisenbahnbeamter; Mutter: Margarethe, geb. Rehder), ev., verh. s. 1957 m. Ilse, geb. Seifert, T. Brigitte - Univ. Hamburg (Dipl.-Phys. 1952, Promot. 1957); Habil. 1963 Univ. München - 1970 Prof. Univ. München. 1978 Präs. Dt. Opt. Komitees; 1984 Präs. Dt. Ges. f. angew. Optik - BV: Informationstheorie in d. Optik, Monogr. 1967; Biol. Kybernetik, Studienb. 1974.

RÖHLICH, Eberhard

Geschäftsführer Technik u. Vertrieb Zettelmeyer Baumaschinen GmbH - Postf. 1340, 5503 Konz-Könen - Geb. 1938 - Zul. Jung Jungental GmbH, Kirchen.

RÖHLINGER, Peter

Dr. med. vet. habil., prakt. Tierarzt, Doz., Oberbürgermeister d. Stadt Jena (s. 1990) - Gillestr. 3, O-6900 Jena (T. 03641 - 2 62 06) - Geb. 8. Febr. 1939 Jena, kath., verh. s. 1965 m. Brigitte, geb. Müller, 3 Kd. (Steffi, Thomas, Heiderose) - Abit. 1957; Stud. Veterinärmed. 1958; Staatsex. u. tierärztl. Approb. 1964; Promot. A 1966; päd. HS-Zusatzstud. 1976; Habil. 1984 Leipzig; Promot. B 1986 - Vors. d. Bundesfachaussch. f. Kommunalpolitik d. FDP - Liebh.: Familie, Natur, Musik, Sport - Spr.: Engl., Russ.

RÖHM, Heinrich

Fabrikant, gf. Gesellschafter Röhm GmbH. Spannzeuge - Heinrich-Röhm-Str. 50, 7927 Sontheim/Brenz - Geb. 20. Jan. 1913 Zella-Mehlis/Thür.

RÖHM, Helmut

Dr. agr., emerit. o. Prof. f. Agrarpolitik - Welfenstr. 48b, 7000 Stuttgart-Birkach (T. 45 34 66) - Geb. 16. März 1913 Untersteinbach/Württ. (Vater: Theodor R., Pfarrer) - Univ. Tübingen (Naturwiss.), LH Hohenheim (Dipl.-Landw. 1938). Promot. (1939) u. Habil. (1951) Hohenheim - S. 1951 Doz., apl. (1957) u. o. Prof. (1961) LH bzw. Univ. Hohenheim (1967-1969 Rektor). 1939-45 Wehrdst. (Reserveoffz. u. Kompanief.) - BV: u. a. D. Allmenden in Baden-Württ., 1956; Die Vererbung d. landw. Grundeigentums in BW, 1957; D. westd. Landw., 1964. Zahlr. Einzelarb. - o. Mitgl. Dt. Akad. f. Städtebau u. Landesplanung, Köln, u. Akad. f. Raumforschung u. Landesplanung, Hannover.

RÖHM, Otto

Ehrenvorsitzender d. Aufsichtsrats Röhm GmbH (Chem. Fabrik), Darmstadt - Kirschenallee 45, 6100 Darmstadt (T. 18 01); priv.: CH-8834 Schindellegi - Geb. 6. April 1912 Darmstadt - Stud. Chemie - Ehrensenator TH Darmstadt; 1969 Gr. BVK - Spr.: Engl., Franz. - Rotarier.

RÖHN, Erich

Prof., Violinvirtuose, Primarius Hamburger Streichquartett - Mittelweg 85, 2000 Hamburg 13 (T. 45 65 62) - Ausbild. Hochsch. f. Musik Berlin (Prof. Havemann) - S. 1934 I. Konzertm. Berliner Philharmoniker (v. Furtwängler verpflichtet) u. Sinfonie-Orch. NWDR bzw. NDR; Leit. Meisterkl. Hochsch. f. Musik Hamburg. Konzertreisen In- u. Ausl.

RÖHNER, Paul(us)

Oberbürgermeister Stadt Bamberg (s. 1982) - Ludwigshöhe 15, 8600 Bamberg (T. 5 31 97) - Geb. 7. Aug. 1927 Aidhausen/Ufr. (Vater: August R., Landw.; Mutter: Anna, geb. Geiling), kath., verh. s. 1955 m. Helga, geb. Scholz, 3 Kd. (Thomas, Stephan, Christina) - Gymn.; Phil.-Theol. Hochsch. Bamberg, Univ. Würzburg u. München (Rechtswiss., Volksw.) - 1953-58 Bayer. Jungbauernschaft (Geschäftsf.); 1965-82 Bundestagsabgeordn. d. CSU Bamberg, Mitgl. im Haushaltsaussch. u. Landwirtschaftsaussch.; s. 1969 Mitgl. d. gf. Fraktionsvors. d. CDU/CSU Bundestagsfraktion (1975-82 Parlam. Gf.); Mitgl. d. Gemeins. Aussch. (Notparlament) u. d. Ältestenrates d. Dt. Bundestages; 1984-88 Mitgl. d. Rundfunkrates d. Bayer. Städtetages. CSU s. 1965 (CSU Bezirksvors. v. Oberfranken, 1975-89 Landesvorst. u. CSU-Präsid.); 1959-82 Dir. Bayer. Bauernverb.; Beirat d. Bayer. Landesverb. f. Heimatpflege - Stiftungsrat d. Oberfrankenstiftg. - Ehrensenator d. Univ. Bamberg; 1967 Ritter Orden v. Hl. Grabe zu Jerusalem; 1969 Gold. Sportabz.; 1970 Bayer. VO.; 1977 Bayer. Staatsmed. in Gold; 1979 Oberfrankenmed.; 1982 Gr. BVK m. Stern; Gold. Ähre (BBV); 1984 Komturritter d. Ritterordens v. Hl. Grab; 1984 Obmann d. Bayer. Städtetags im Bez. Oberfranken - Rotarier - Liebh.: u. a. Musik, Lesen, Langlauf.

RÖHR, Christian J.

Assessor, Geschäftsführer Deutsch-Mexikanische IHK, Mexiko-Stadt (s. 1988) - Bosque de Ciruelos 130-1202, Col. Bosques de las Lomas, 11700 México, D. F. (T. 00525 - 251 40 22) - Geb. 17. Sept. 1943 Königsberg/Pr., luth., verh. s. 1972 m. Hella v. Steinsdorff, 2 Söhne (Stephan, Heiko) - Stud. d. Rechte u. Volkswirtsch., Ass.ex. 1972 Univ. München - 1974-77 Leit. d. Rechtsabt. Dt. HK f. Spanien, Madrid; 1977-85 stv. Geschäftsf. u. Company Secretary Dt.-Austral. IHK, Sydney; 1985-88 Gf. Europ. HK d. Philippinen, Manila - Liebh.: Klass. Musik, Tennis - Spr.: Engl., Franz., Span.

RÖHR, Franz

Präsident Raiffeisen-Genossensch.-Verb. Weser-Ems, Oldenburg - Mattheide 15, 4520 Melle 9 (T. 05429 - 4 57) - Geb. 10. Juli 1920 Handarpe, verh., 3 Kd. - CDU s. 1948.

ROEHRBEIN, Waldemar R.

Dr. phil., Direktor Histor. Museum Hannover - Zu erreichen üb. Histor. Museum, Pferdestr. 6, 3000 Hannover 1 (T. 0511 - 168 23 52) - Geb. 9. Sept. 1935 Hannover (Vater: Karl R., Beamter: Mutter: Else, geb. Alten), ev., verh. s. 1964 m. Marianne, geb. Sobotta, 2 Kd. (Barbara, Carl-Gerhard) - 1957-64 Stud. Gesch., Anglistik, Päd. u. Phil. Univ. Hamburg u. Göttingen (Promot. 1964) - 1965 Volont. Hist. Museum Hannover; 1967 kommiss. Leit., 1970 Leit. Städt. Mus. Göttingen; 1976 Dir. Histor. Mus. Hannover. 1969 Mitgl. Hist. Komm. f. Nieders.; 1981 stv. Vors. Hist. Verein f. Nieders.; 1982-86 Vors. Museumsverb. f. Nieders. u. Bremen e.V.; s. 1986 stv. Vors. d. Heimatbundes Niedersachsen - BV: Hamburg u. d. hannover. Verfassungskonflikt 1837-1840, (Diss.) 1965; Wegbereiter d. demokr. Rechtsstaates in Nieders., 1966; Museen u. Samml. in Nieders. u. Bremen, 1974, 4. A. 1986; Hannover - so wie es war, 1979; D. Maschsee in Hannover (Hrsg.), 1986; Hannover-Chronik u. Geschichte d. Stadt Hannover, 1990 u. 1991/92 (Mithrsg. u. Mitverf.) - Liebh.: Biogr., Wandern - Spr.: Engl.

RÖHRBORN, Klaus

Dr. Prof. f. Turkol. Univ. Göttingen - Schafsweg 19, 6301 Biebertal 1 - Geb. 10. Jan. 1938 Dippoldiswalde/Sa. (Vater: Paul R., Arch.; Mutter: Elisabeth, geb. Gneuss), ev., verh. s. 1975 m. Irmhild, geb. Loewe, 4 Kd. (Uta, Henning, Wolfram, Almut) - Kreuzsch. Dresden (Abit. 1956); Promot. 1966 Hamburg; Habil. 1971 - BV: Provinzen u. Zentralgewalt Persiens im 16. u. 17. Jh., 1966 (pers. 1970); Uigur. Totenmesse, 1971; Untersuchungen z. osmanischen Verw.sgesch., 1973; Uigurisches Wörterb., 1977 ff. Mitherausg. Ural-altaische Jahrb. (s. 1980).

RÖHRICH, Lutz

Dr. phil., o. Prof. f. German. Philologie u. Volkskd., Dir. Dt. Volksliedarchiv - Horbener Str. 36, 7800 Freiburg (T. 29 05 64) - Geb. 9. Okt. 1922 Tübingen (Vater: Dr. jur. Konrad R.; Mutter: Käthe, geb. Mack), verh. s. 1953 m. Ingrid, geb. Jansen, 3 Kd. (Jens Lothar, Eva Babette, Lambert Tilman) - Schule u. Univ. Tübingen, Promot. Tübingen; Habil. Mainz - S. 1954 Lehrtätigk. Univ. Mainz (1959 apl. Prof.) u. Freiburg (1968 Ord.). 1959, 64, 74 u. 79 Gastprof. USA - BV: Märchen u. Wirklichk., 4. A. 1979; Europ. Wildgeistersagen, 1960; Erzählungen d. späten Mittelalters, 2 Bde. 1962/67; Sage, 2. A. 1971; Dt. Volkslieder, 2 Bde. 1965/67; Gebärde - Metapher - Parodie, 1967; Adam u. Eva in d. Volkskunst, 1968; Handb. d. Volksliedes, 2 Bde. 1973/75; Lexikon d. sprichwörtl. Redensarten, 2 Bde. 4. A. 1976;

Sage u. Märchen. Erzählforsch. heute, 1976; D. Witz, 2. A. 1980; Wage es, d. Frosch zu küssen, 1987; D. grosse Lexikon d. sprichwört. Redensarten, 3 Bde. 1991/92. Herausg.: Artes Populares. Acta Ethnologica et Folkloristica (16 Bde., s. 1976). Mithrsg.: Enzyklopädie d. Märchens (1975) - 1969 o. Mitgl. Kgl.-Schwed. Gustav-Adolf-Akad., Uppsala; 1974 Mitgl. Österr. Akad. d. Wiss.; 1974 Chicago Folklore prize; 1984 Oberrhein. Kulturpreis Basel; 1985 Grimm-Preis Univ. Marburg; 1986 Preis Pitré, Palermo; 1991 Europ. Märchenpreis, Wetzlar.

RÖHRICH, Wilfried

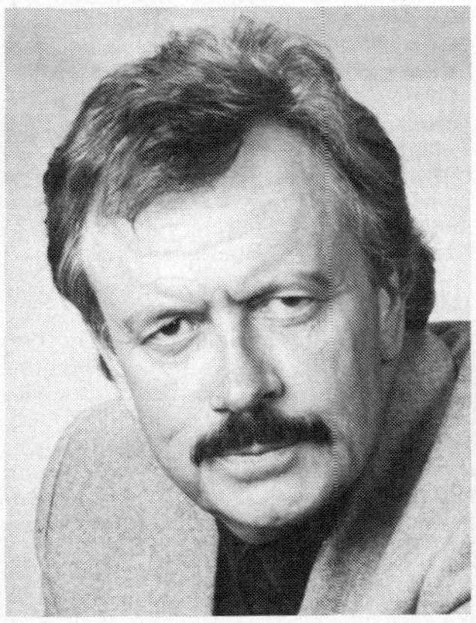

Dr. phil., Prof., Direktor Inst. f. Polit. Wissenschaft Univ. Kiel - Bismarckallee 8, 2300 Kiel 1 - Geb. 24. Dez. 1936 Darmstadt (Vater: Wilhelm R., Arch.; Mutter: Marie, geb. Schöneweiß), ev. - Stud. Polit. Wiss., Soziol. u. Phil.; Promot. 1964 Univ. Frankfurt, Habil. Univ. Kiel - BV: D. Staat d. Freiheit. 1969; Sozialvertrag u. bürgerl. Emanzipation, 1972; Robert Michels, 1972; Demokrat. Elitenherrschaft, 1975; Neuere polit. Theorie (m. a.), 1975; Gesellschaftssyst. u. intern. Politik (m. a.), 1976 (2. A. unt. d. Titel: Gesellschaftssyst. d. Gegenwart, 1986); Polit. Soziol., 1977 (Ital. Ausg. 1980); Revolutionärer Syndikalismus, 1977; Politik u. Ökon. d. Weltges., 1978 (2. A. unt. Mitw. v. K. G. Zinn, 1983); Politik als Wiss., 1978 (2. A. unt. Mitw. v. W.-D. Narr, 1986, serbokroat. A. 1988); Sozialgesch. polit. Ideen, 1979; Marx u. d. materialist. Staatstheorie, 1980; D. repräsent. Demokr., 1981; Vom Gastarb. z. Bürger, 1982; D. verspätete Demokratie, 1983; Aspekte d. Kritischen Theorie, 1987; D. Demokratie d. Westdeutschen, 1988; Denker d. Politik, 1989; Überleben durch Partnerschaft (m. J. Galtung u. D. S. Lutz), 1990; Ethik u. Politik heute (m. B. Engholm), 1990; Eliten u. d. Ethos d. Demokratie, 1991. Herausg.: Beitr. z. Sozialforsch.; Kieler Beitr. z. Politik u. Sozialwiss. - Liebh.: Musik, bild. Kunst - Spr.: Engl., Franz., Ital., Span.

ROEHRICHT, Karl Hermann

Schriftsteller, Maler, Grafiker - Watzmannstr. 6, 8261 Tyrlaching (T. 08623 - 13 25) - Geb. 12. Okt. 1928 Leipzig, verh. s. 1957 m. Loni, geb. Mahnkopf (Malerin), 2 Kd. (Sebastian, Josephine) - Lehre als Versich.kaufm.; Kunststud. Hochsch. f. bild. Künste Berlin-Charl. u. Palermo (Meisterschüler) - Freiberufl. tätig - BV: Vorstadtkindheit, Roman-Tril. 1979; Großstadtmittag, 1980; Waldsommerjahre, 1982; D. unzufriedenen Wörter, Märchen 1980; D. verlorenen Eltern, R. 1982; Lebensverläufe - Innenansichten aus d. DDR, 1991. Weit. 6 Buchveröff. (Erz., Balladen, Monol.) - Familie Birnchen (Komödie); Insz. M. Gorki Theater Berlin (1975); Stadttheater Nordhausen (1979), FS-Verfilmung 1982; Meine Privatgalerie (1973-82). 15 Insz., u.a. Dt. Theater Berlin, Kammertheater Antwerpen; Friedas letzter Vormittag (Groteske), 1980 Staatstheater Schwerin; 1986 u. 90 Fritz-Reuter-Bühne Schwerin (niederdt. Fassung). Tafelbilder (Realismus) u.a. in Gemäldegalerie Neue Meister, Dresden, Gemäldegalerie Schwerin, Ostd. Galerie, Regensburg - 1955-79 sieben Kunstpreise - Lit.: u.a. Günther Rücker: Dieser Maler aus Leutzsch; Eva Strittmatter: Korrespondenz m. K. H. Roehricht.

RÖHRIG, Ernst

Dr. forest., o. Prof. f. Waldbau Univ. Göttingen, gf. Vorst.-Mitgl. Univ.-Bund Göttingen - Hellerbreite 11, 3406 Bovenden 1 (T. 05594 - 2 03) - Geb. 21. April 1921 Potsdam, ev., verh. m. Brigitte, geb. March, S. Christian - BV: Waldbaul. Unters. üb. d. Weißtanne im nördl. u. westl. Westdtschl., 1955 (m. A. Olberg); D. Anzucht v. Forstpflanzen in Nadelstreubeeten, 1958; D. Pappel (m. H. Zycha u. a.); Unkrautbekämpf. in d. Forstw., 1960 (m. P. Burschel); Neue Grundlagen f. d. Anbau v. Abies grandis, 1982; Waldbau auf ökol. Grundlage, 6. A. 2 Bde. 1990-92. Temperate Deciduous Forests of the World, 1991.

RÖHRIG, Georg

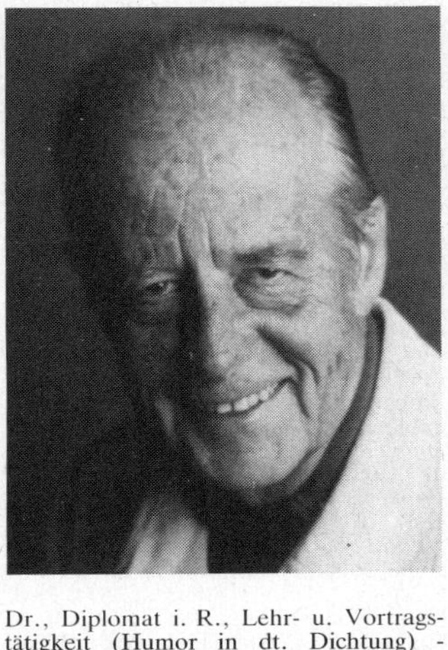

Dr., Diplomat i. R., Lehr- u. Vortragstätigkeit (Humor in dt. Dichtung) - Rurweg 24, 5300 Bonn 1 (T. 23 57 50) - Geb. 30. Sept. 1914, ev., verh. s. 1954 m. Erika, geb. Schandel, 2 Kd. (Matthias, Sylvia) - Gymn. Potsdam; Stud. d. Rechtswiss. Univ. Tübingen, Berlin, Jena; Staatsex. 1935 Jena, bzw. 1939 KG Berlin; Promot. 1936 (Völkerr.) - 1939-46 Wehrdst., bzw. Kriegsgef. (Oblt. d. R.). 1947-52 RA Stuttgart; s. 1952 AA (Ausl.posten: Ankara, 1956-58 Moskau, Brüssel (Botsch.rat I. Kl.), 1969 Gesandter Rio de Janeiro, 1974-79 Zürich) - BV: Röhrigs Hausb. f. Gelegenheitsdichter, 1981 - Ehrenbürger Rio de Janeiro, BVK I. Kl., Großoffz. Leopold II, Cruzeiro de Sul, Gold. Sportabz. - Liebh.: Musik, Theater, Sport - Spr.: Engl., Franz., Portug., Span., Türk. - Bek. Vorf.: Histor. Joh. Gust. Droysen (Urgroßv.), Bruder: Wolfram R. (Eltern s. d.).

RÖHRIG, Paul

Dr. phil., em. Prof. f. Allg. Pädagogik Univ. Köln - Thomasberger Str. 18, 5000 Köln 41 (T. 46 26 00) - Geb. 31. Mai 1925 Windeck/Siegkreis - Stud. Päd., Phil. u. German. Univ. Köln u. Mainz; Promot. 1961 - 1954-70 stv. Dir. VHS Köln; 1970-80 o. Prof. PH Rheinland, Abt. Köln; s. 1980 Univ. Köln (Fachrichtung: Allg. Päd. m. Schwerp. Erwachsenenbild.) - BV: Polit. Bildung - Herkunft u. Aufgabe, 1964; Lebendige Erwachsenenbild. - Reflexionen üb. d. Aktualität v. N.F.S. Grundtvig, 1990. Herausg.: Um des Menschen willen - Grundtvigs geistiges Erbe als Herausford. f. Erwachsenenbild., Schule, Kirche u. soz. Leben (1991) - Kommandeurkreuz d. dän. Dannebrogordens.

RÖHRIG, Reinhold J.

Kaufmann, Handelsvertreter, Ehrenpräsident Verband reisender Kaufleute Dtschl. e.V., Düsseldorf - Burger Str. 236, 5630 Remscheid-Ehringhausen (T. 02191 - 34 27 27) - Geb. 15. April 1910 Essen (Vater: Nicolaus R., Archit.; Mutter: Anna, geb. Röwer), ev., verh. s. 1939 m. Lieselotte, geb. Geh, 2 Kd. (Michael, Manuela) - Abit., kfm. Lehre - Innen- u. Außendienst, s. 1936 selbst.; Vizepräs. Ligue intern. de la représent. commerciale, Paris; Nederl. Handelsreizigers- en Handelsagenten-Vereeniging (NHRV) - Gold. Verdienstmed. Assoc. d. Représent. de Commerce d'Athènes, Dipl. Union Pofess. d. Représent. de Commerce de Belgique, Gold. Ehrennadel, G. E. m. gold. Lorbeer u. Gold. Ehrenring Verb. reis. Kaufl. Dtschl. (Ehrenmitgl.) - Liebh.: Alte u. neue Kunst, Reisen - Spr.: Engl., Franz. - Bek. Vorf.: Johann Röhrig (Großvater).

RÖHRIG, Tilman

Autor, Regiss. u. Schausp. - Dorfstr. 37, 5030 Sielsdorf-Hürth (T. 02233 - 3 27 28) - Geb. 28. März 1945 Hennweiler/Hunsrück, ev., ledig - Schauspielstud. in Frankfurt - S. 1981 Vors. Landesarbeitsgemeinsch. Jugend u. Lit. in NRW - BV: Thoms Bericht, 1973; Langes Zwielicht, 1974; Mathias Weber, gen. d. Fetzer, 1975; Freunde kann man nicht zaubern, 1978; Frederik Faber, 1980; Dank gebührt Hannibal, 1981; D. angebundene Traum, 1982; Wenn Tina brüllt, 1983; In dreihundert Jahren vielleicht, 1984; Tina im Schrank, 1984; Stadtluft macht frei, 1985; Tina, Tom u. Florian, 1985; Sagen u. Legenden von Köln, 1987; Übergebt sie d. Flammen, 1988; Kater Muck trägt keine Stiefel, 1989; Sagen u. Legenden vom Kölner Land u. v. d. Erft, 1990 - Buxtehuder Bulle u. Dt. Jugendbuchpr. (f.: Thoms Bericht); Dt. Jugendbuchpr. (f.: Langes Zwielicht); Dt. Jugendliteraturpr. (f.: In dreihundert Jahren vielleicht); Kath. Kinderbuchpr. (f.: In dreihundert Jahren vielleicht); 1985 Kulturpr. Stadt Hürth; 1990 Köln-Literatur-Preis - Liebh.: Kunst u. Musik - Spr.: Engl. - Vorf.: Friedrich Engels (3. Grades) - Lit.: Lexikon d. Kinder- u. Jugendlit., Kürschners Dt. Literatur-Kalender, 1984; Kritisches Lexikon z. deutschspr. Gegenwartslit. (KLG), 1987.

RÖHRING, Hans-Helmut

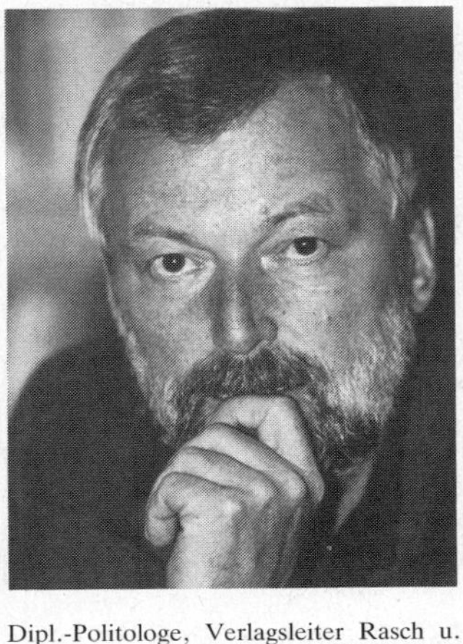

Dipl.-Politologe, Verlagsleiter Rasch u. Röhring, u. Zinnober - Kleine Reichenstr. 24, 2000 Hamburg 11 (T. 040 - 33 71 67) - Geb. 3. März 1939 Bremen (Vater: Otto R., Tischler; Mutter: Luise, geb. Reisenberger), verh., 2 Kd. (Matthias, Rahel) - FU Berlin, Dipl., Assist. Univ. Hamburg u. München; Verlage: R. Piper + Co., Hoffmann u. Campe, Rasch u. Röhring (s. 1983 selbst.), Zinnober (1987). 1. Vors. Verein Rettet d. Elefanten Afrikas e.V. - BV: D. polit. System d. BRD, (Hrsg. zus. m. Kurt Sontheimer) 1977; Schlesw.-Holst. (Hrsg. zus. m. Hans-Joachim Bonhage) 1980; Bayern (Hrsg. zus. m. Hans Joachim Bonhage), 1982; Wie e. Buch entsteht, 5. A. 1992; Mitsegeln leicht gemacht, 1983 - Liebh.: Elefanten-Sammler - Spr.: Engl.

RÖHRING, Klaus

Pfarrer, Oberlandeskirchenrat im Landeskirchenamt d. Ev. Kirche v. Kurhessen-Waldeck - Wilhelmhöher Allee 330, 3500 Kassel - Geb. 17. April 1941 Ansbach (Vater: Wilhelm R., Pfarrer; Mutter: Hildegard, geb. Reinhardt), ev.-luth., verh. s. 1965 m. Jutta, geb. Ulbrich, 2 Kd. (Micha, Mathias) - Human. Gymn.; Stud. Theol. Univ. Erlangen u. Berlin, 1. u. 2. theol. Ex. - 1965-68 u. 1972-75 Gemeindepfarrer Nürnberg u. München; 1968-72 Studienleit. Ev. Akad. Tutzing; 1975 Akad. Hofgeismar, 1983-89 Dir. ebd. - BV: Neue Musik in d. Welt d. Christentums, 1975; D. Rekonstrukt. d. Paradieses in Bildern v. Runge u. Friedrich, 1979; Visionen, Bd. 24 DiaBücherei Christl. Kunst; Neue Klangmöglichkeiten f. Orgel (Doppel-LP m. Werner Jacob); versch. theolog., phil. u. musik-theoret. Ess. - Liebh.: Malerei u. Orgelspiel.

RÖHRL, Manfred

Berliner Kammersänger, Opernsänger - Seehofstr. 64f, 1000 Berlin 37 (T. 811 53 96) - Geb. 12. Sept. 1935 Augsburg (Vater: Max R., Schlossermstr.; Mutter: Luise, geb. Stüber), kath., verh. s. 1962 m. Helga, geb. Held, Tocht. Susanne - 1954-58 Stud. Konservat. Augsburg; Reifeex. 1958 - Engagem.: 1958 Stadttheater Luzern, 1960 Staatstheater Karlsruhe, s. 1962 Dt. Oper Berlin. Gastsp. in München, Hamburg, Amsterdam, Athen, Belgrad, Brüssel, Strassburg, Washington, Tokio, Osaka, Seoul, Mexiko. Hauptrollen: Mozart Figaro, Leporello, Papageno, Don Alfonso - 1974 Berliner Kammersänger - Liebh.: Zeichnen, Tennis - Spr.: Engl.

RÖHRL, Walter

Rallyefahrer, Weltmeister v. 1980 u. 82 - Amberger Str. 20, 8400 Regensburg, kath., verh. s. 1979 m. Monika, geb. Starzinger - Mittl. Reife 1963; staatl. Skilehrerprüf. 1971 - 1963-71 Verwaltungsangest. Bischöfl. Ordinariat Regensburg. S. 1973 Rallyeprofi - BV: So gewinne ich Rallyes, 1979; Richtig Autofahren, 1981 (1984 griech. Übers.); Sicher u. sportl. Autofahren, 1985 - 1974 Europameister, 4maliger Gewinner Rallye Monte Carlo - 1980 Silb. Lorbeerblatt - Liebh.: Skilaufen, Golf - Spr.: Engl., Ital.

RÖHRL, Wilhelm

Dipl.-Volksw., Ministerialrat a.D., MdL Bayern (1958-1978, CSU) - Gaißacher Str. 27, 8000 München 70 (T. 77 25 83) - Geb. 4. März 1921 München (Vater: Handwerker), kath. - Gymn. München u. Freising; n. Gefangensch. Werkstudent Univ. München (Phil., Volksw.; Diplomprüf. 1950) - 1938-45 Arbeits- u. Wehrdst. (zul. Ltn. d. R.); 1948-57 Geschäftsf. Landtagsfraktion u. Redakt. CSU-Korresp.; 1957-70 Tätigk. Bayer. Wirtschaftsmin., 1970-78 Vors. Aussch. f. Wirtschaft u. Verkehr im Bayer. Landtag - 1969 Bayer. VO; 1978 Gr. BVK; 1978 Bayer. Staatsmed. f. bes. Verdienste um d. Wirtsch.

RÖHRMOSER, Georg

I. Bürgermeister - Rathaus, 8152 Feldkirchen-Westerham/Obb. - Geb. 12. Jan. 1926 München - Landw. CSU.

RÖHRS, Hermann

Dr. phil., em. o. Prof. f. Erziehungswissenschaft - Bergstr. 58, 6916 Wilhelmsfeld üb. Heidelberg (T. 4 50) - Geb. 21. Okt. 1915 Hamburg, ev., verh. m. Lotte, geb. Rink, S. Christoph - Promot. u. Habil. Hamburg - 1951 Privatdoz. Univ. Hamburg, 1957 o. Prof. WH, jetzt Univ. Mannheim (1965 Honorarprof.), 1958 Univ. Heidelberg (Dir. Erziehungswiss. Sem. u. Forschungsst. f. Vergl. Erziehungswiss.), 1966 Vors. Phil.-Math.-Naturwiss. Fakultätentag - BV: D. Pädagogik Aloys Fischers, 1953, 2. A. 1966; Jean-Jacques Rousseau, Vision u. Wirklichkeit, 1957, 2. A. 1966; D. Schule u. ihre Reform in d. gegenw. Gesellsch., 1962, 2. A. 1967; Schule u. Bildung im intern. Gespräch - Studien z.

Vergl. Erziehungswiss., 1966; Bildung als Wagnis u. Bewährung - E. Erörterung d. Lebenswerks v. Kurt Hahn, 1966; Kurt Hahn. A. Life Span in Education and Politics. Preface by H. R. H. The Duke of Edinburgh, 1970; Allg. Erziehungswiss., 1969, 3. A. 1973; Forschungsmeth. in d. Erziehungswiss., 1969, 2. A. 1971 (übers. in Ital.); Afrika - Bildungsprobleme e. Kontinents, 1971; Erziehung z. Frieden, 1971 (übers. in Korean. u. Ital.); Modelle d. Schul- u. Erziehungsforsch. in d. USA, 1972; D. Friedenspäd. im Modell d. Internat. Gesamtsch. Hannover, 1975; Forschungsstrategien in d. Vergl. Erziehungswiss., 1975. Kindergarten, Schule, Elternhaus in Kooperation, 1976; D. progress. Erziehungsbew. in d. USA, 1977 (übers. in Neugriech.); Dt. Entwicklungshelfer in d. Lehrerausbild. Afghanistans, 1978; Die Erziehungswiss. u. d. Pluralität ihrer Konzepte. Festschrift für W. Flitner, 1979; D. päd. Ideen Martin Bubers, 1979; D. Reformpäd. unter intern. Aspekt, 1980, 3. A. 1991; Spiel u. Sportsp. - e. Wechselverhältnis, 1981 (übers. in Jap.). Herausg.: D. Bildungsfrage in d. mod. Arbeitswelt (1962, 2. A. 1967); Erziehungswiss. u. -wirklichkeit (1964, 3. A. 1983); Jean-Jacques Rousseau - Preisschriften u. Erziehungsplan (3. A. 1983), Bildungsphil. (2 Bde. 1967/68); D. Spiel - e. Urphänomen d. Lebens (1981); Sportpäd. u. Sportwirklichk. (1982); Frieden - e. päd. Aufgabe (1983, übers. in Jap.); D. Schulen d. Reformpäd. heute (1986); Schlüsselfragen d. inneren Bildungsreform (1987); Tradition u. Reform d. Univ. unter intern. Aspekt (1987); Tradition and Reform of the University under an International; Perspective (1987); Vocational Education in Industrialized Soc. (1988); D. Richtungsstreit in d. Erziehungswiss. u. päd. Verständigung. Festschrift f. W. Flitner (1989); Nationalsozialismus, Krieg, Neubeginn. E. autobiogr. Vergegenwärtigung (1990); D. Reformpäd. u. ihre Perspektiven f. eine Bildungsreform (1991) - 1983 Ehrenpräs. d. Weltbundes f. Erneuerung d. Erziehung; 1987 Ehrenmitgl. d. Soc. for Comparative Education in Europe - Festschr.: Einführung in d. Schulpädagogik, hg. v. Lenhart, Marschelke (1976); Vergl. Erziehungswiss., hg. v. Baumann, Lenhart, Zimmermann (1981).

RÖHRS, Manfred

Dr. rer. nat. (habil.), o. Prof. f. Zoologie - Bischofsholer Damm 15, 3000 Hannover - Geb. 22. Sept. 1927 Rotenburg, ev., verh. s. 1957 m. Heidrun, geb. Nitschke, 3 Kd. (Helga, Stefan, Joachim) - B. 1965 Univ. Hamburg (apl. Prof.; Wiss. Rat Zool. Staatsinst. u. Museum), dann Tierärztl. Hochsch. Hannover (Ord. u. Inst.dir.; 1974-76 Rektor). Spez. Arbeitsgeb.: Domestikationsforsch., Evolution d. Zentralnervensystems d. Wirbeltiere - BV (Mitautor): Kurth, Evolution u. Hominisation, 2. A. 1968; Heberer, Evolution d. Organismen, 3. A. 1971; Herre u. Röhrs: Haustiere - zoologisch gesehen, 1990 - Spr.: Engl.

RÖKEN, Heribert

Dr. jur., Kanzler d. Univ. Dortmund - August-Schmidt-Str., 4600 Dortmund-Eichlinghofen.

RÖKEN, Wolfgang

Rektor, Bürgermeister Stadt Gladbeck - Tunnelstr. 46, 4390 Gladbeck - Geb. 26. Juni 1943 Könnern (Vater: Ernst R.; Mutter: Ilse, geb. Witzel), kath., verh. s. 1969 m. Gudrun, geb. Tuchtfeldt, 2 Töcht. (Nicole, Ines) - Abit., PH - S. 1976 OB Stadt Gladbeck; s. 1976 Kreistagsabg. Mitgl. Verb.vers. KVR; s. 1979 SPD-Fraktionsf. Zweckverb.vers. Verkehrsverb. Rhein/Ruhr; AR-Vors. Ver-

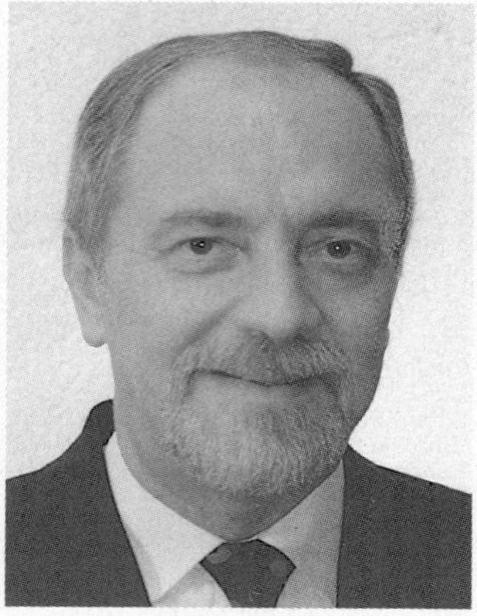

kehrsverbund Rhein-Ruhr (VRR) - Spr.: Engl.

RÖKK, Marika

Schauspielerin (Bühne, Film, Fernsehen) - Mozartstr. 15, A-2500 Baden b. Wien (Österr.) (T. 02252-4 11 70) - Geb. 3. Nov. 1913 Kairo/Ägypten (Kind ung. Eltern), verh. I) 1940 m. Georg Jacoby (Filmregiss.) †1964, T. Gabriela/Gaby (Schausp.), II) 1968 Fred Raul (Regiss.) - Klass. Tänzerin (begann bereits m. 9 J.); Gastspielreisen Europa u. Amerika. Zahlr. Filme, dar. (1934-73): Leichte Kavallerie, Heißes Blut, D. Bettelstudent, Gasparone, Karussell, E. Nacht im Mai, Hallo, Janine!, Es war e. rauschende Ballnacht, Kora Terry, Frauen sind doch bessere Diplomaten, D. Tanz m. d. Kaiser, Hab mich lieb, D. Frau meiner Träume, Fregola, Kind d. Donau, Sensation in San Remo, D. Czardasfürstin, Maske in Blau, D. geschiedene Frau, Nachts im Grünen Kakadu, Bühne frei f. Marika!, D. Nacht vor d. Premiere, Mein Mann, d. Wirtschaftswunder, D. Fledermaus, Hochzeitsnacht im Paradies, D. letzte Walzer - BV: Herz m. Paprika, 1974 - 1981 Bundesfilmband in Gold - Liebh.: Kochen.

ROELCKE, Dieter

Dr. med., Prof. f. Immunologie u. Serologie Univ. Heidelberg - Frankenstr. 23, 6929 Angelbachtal-Eichtersheim - Geb. 28. Dez. 1936 Heidelberg - Med. Staatsex. 1962 u. Promot. Univ. Heidelberg; Habil. 1971 - 1974 Wiss. Rat u. Prof. Entd. d. Blutgruppenkomplexe Pr u. Gd. 150 Publ.

ROELCKE, Walter

Dr. rer. nat. (habil.), o. Prof. u. Vorst. Math. Inst. Univ. München (s. 1965) - Sperberweg 3, 8033 Krailling/Obb. (T. München 857 11 81) - Geb. 10. Dez. 1928 Görlitz - 1960-65 Doz. Univ. Münster. Fachaufs.

RÖLIKE, Lothar

Assessor, Vizepräs. Wohnungsbaukreditanstalt d. Ld. Schlesw.-Holst./Körpersch. d. öfftl. Rechts - Fleethörn 29-31, 2300 Kiel; priv.: Johannes-Gutenberg-Str. 3, 2308 Preetz - Geb. 16. März 1929 - Stud. Rechtswiss.

RÖLL, Walter

Dr., Prof. Univ. Trier - Laurentius-Zeller-Str. 2, 5500 Trier - Geb. 10. Mai 1937 Berlin (Vater: Hugo R., Ing.; Mutter: Erna, geb. Bockhacker), verh. s. 1962 m. Gunda, geb. Rohde, 3 Kd. (Stefanie, Katja, Christoph) - Promot. 1962, 1. Staatsex. 1963, Habil. 1969 - BV: Stud. z. Text u. Überlief. d. sog. Jüngeren Titurel, 1964; V. Hof z. Singschule, 1976; Oswald v. Wolkenstein, 1981. Mithrsg.: Findebuch z. mittelhochdeutschen Wortschatz (1992).

RÖLL, Werner

Dr., Prof. - Spreeweg 8, 3500 Kassel (T. 0561 - 31 20 54) - Geb. 12. Juni 1937 Fulda, kath., verh. s. 1967 m. Barbara, geb. Lippert - Staatsex. 1962; Promot. 1964 Univ. Gießen - 1972 Prof. Univ. Gießen; 1974 o. Prof. GH Kassel; Mitgl. wiss. Beir. Dt. Ges. f. Asienkd. in Hamburg. Mitgl. d. Indonesian Circle, Univ. of London - BV: Kulturlandschaftl. Entw. d. Fuldaer Landes, 1967; D. agrare Grundbesitzverf. im Raume Surakarta, 1976; Indonesien, Entw.-probl. e. trop. Inselwelt, 1979; Struktur Pemilikan Tanah di Indonesia, 1983; Lombok: Bevölk.strukturier. gem. Religion u. Adat (m. A. Leemann), 1983; Agrarprobl. auf Lombok (m. A. Leemann), 1987. Herausg.: Asien - Harms Handb. d. Geogr. Bd. I/II (1981/82, m. E. Grötzbach); Wandel bäuerl. Lebensformen in Südostasien (1980, m. H. Uhlig u. U. Scholz). Mithrsg. Asien-Pazifik-Studien - Spr.: Engl., Indones.

ROELLECKE, Gerd

Dr. jur., o. Prof. f. Öfftl. Recht u. Rechtsphil. Univ. Mannheim - Kreuzackerstr. 8, 7500 Karlsruhe 41 (Wolfartsweier) (T. 0721 - 49 17 39) - Geb. 13. Juli 1927 Iserlohn in W. (Vater: Wilhelm R., Kaufm.; Mutter: Grete, geb. Kemper), verh. s. 1966 m. Elga, geb. Denninger, T. Sabine - Jurist. Staatsex.; Promot. 1960 Freiburg/Br.; Habil. 1967 Mainz - 1972-74 Präs. Westdt. Rektorenkonferenz; 1974-77 Vizepräs. Dt. Forsch.gemeinsch.; 1982-85 Rektor Univ. Mannheim - BV: Politik u. Verfassungsgerichtsbarkeit, 1961; D. Begriff d. positiven Gesetzes u. d. Grundgesetz, 1969; Grundbegriffe d. Verwaltungsrecht, 1972; Rechtsphil. od. Rechtstheorie, 1988 - Spr.: Engl.

RÖLLEKE, Heinz

Dr. phil., Prof. f. Dt. Philologie u. Volkskunde Univ. Wuppertal - Goetheweg 8, 4040 Neuss 26 (T. 02137 - 61 43) - Geb. 6. Nov. 1936 Düsseldorf (Vater: Heinrich R., Handw.; Mutter: Barbara, geb. Ritter), kath. - Kaufm. Lehre (Gehilfenprüf.); Stud. German. Univ. Köln u. Zürich (Staatsex. Dtsch. u. Gesch.); Promot. 1965 Univ. Köln; Habil. 1971 (f. Dt. Philol. u. Volkskd.) Univ. Köln - 1953-59 Verlagskaufm.; 1965-73 Wiss. Assist., Priv.Doz. Univ. Köln; 1969-72 Gastprof. in Düsseldorf, Cincinnati (USA), Trier; s. 1974 Prof. Univ. Wuppertal - BV: D. Stadt b. Stadler, Heym und Trakl, 1965; D. Judenbuche, 1970; D. älteste Märchensamml. d. Brüder Grimm, 1975; D. Knaben Wunderhorn (6 Bde.), 1975-78; D. wahre Butt, 1978; D. unbek. Bruder Grimm, 1979; Nebeninschriften, (Aufsatzsamml.) 1980; Westf. Sagen, 1981; Kinder- u. Hausmärchen d. Brüder Grimm (2 Bde.), 1982; Georg Heym Leseb., 1984; Wo d. Wünschen noch geholfen hat (Aufs. z. d. KHM), 1985; Grimms Märchen - Einf., 1985; Veriphantors Frontalbo (Barockr.), 1985; Unbekannte Märchen v. W. u. J. Grimm, 1987; Redensarten d. Volkes, 1988; D. wahren Märchen d. Brüder Grimm, 1989; H. v. Hofmannsthals Jedermann (hist.-krit. Ausg.), 1990. Herausg. d. Ztschr. Wirkendes Wort - 1985 Hess. Staatspreis; 1985 Gr. Preis dt. Akad. f. Kinder- u. Jugendlit.; Wiss. Beirat Brüder-Grimm-Ges.

RÖLLER, Wolfgang

Dr. rer. pol., Vorstandssprecher Dresdner Bank AG - Jürgen-Ponto-Platz 1, 6000 Frankfurt am Main - Geb. 20. Okt. 1929 Uelsen/W., verh., 3 S. - Stud. Volkswirtsch. Berlin u. Frankfurt, Dipl.ex. 1951; Promot. 1954 - 1952 Dresdner Bank, Frankfurt/M. (1964 Leit. Börsenabt., 1968 Generalbevollm., 1971 stv., 1973 o. Vorst.-Mitgl., 1985 Vorst.-Sprecher); AR-Mand. bei zahlr. in- u. ausl. Ges.

RÖLLGEN, Franz-Wilhelm

Dr., Prof. f. Physikal. Chemie Univ. Bonn - Weimarstr. 13, 5205 St. Augustin 2 - Geb. 6. Juli 1937 Köln, kath., verh. s. 1967 m. Erika, geb. Lorenscheit - Dipl. Physik 1965, Promot. 1970, Habil. 1974.

RÖLLIG, Wolfgang

Dr. phil. (habil.), o. Prof. u. Direktor Altoriental. Seminar Univ. Tübingen - Ob dem Viehweidle 10, 7400 Tübingen - Geb. 6. Febr. 1932 Dresden - Zul. Univ. Münster - BV: Kanaanäische u. aramäische Inschriften, 3 Bde., 3. A. 1971/76 (m. H. Donner); D. akkadische Syllabar, 4. A. 1991 (m. W. v. Soden); Phönizisch-pun. Grammatik, 3. A. 1992 (m. J. Friedrich); D. Bier im alten Mesopotamien, 1970; D. altorient. Literaturen, 1978; Tübinger Atlas d. Vorderen Orients, 1977ff.

RÖLLINGHOFF, Martin

Dr. med., Prof. f. Medizinische Mikrobiologie - Dreibergstr. 76, 8520 Erlangen - Geb. 1. April 1941 Hamburg (Vater: Dr. med. Werner R., Arzt; Mutter: Dr. med. Wilhelmine, geb. Herbig), ev., verh. s. 1968 m. Dr. med. Solveig, geb. Scheunemann, 3 Kd. (Inga, Bianca, Marc) - Med.-Stud. Freiburg, Wien, Tübingen, Med. Staatsex. u. Promot. 1967 Tübingen, Habil. 1975 Mainz - 1983 o. Prof. u. Dir. Inst. f. Klin. Mikrobiologie Univ. Erlangen - Üb. 150 Veröff. üb. med. Mikrobiol. u. Immunol. - 1975 Klenk-Preis, 1980 Boeringer-Preis.

ROELOFFS, Karl

Dr. phil., Ministerialdirigent a.D., Generalsekr. Dt. Akad. Austauschdienst/DAAD (1980-90) - Kennedy-Allee 50, 5300 Bonn 2 (T. 0228 - 88 21) - Geb. 1927 - Stud. Engl. u. Gesch. Göttingen, Freiburg, Stanford (M.A. 1952), Bonn (Promot. 1958) - 1953-58 Ref. Fulbright-Kommiss.; 1970-79 Ministerialdirig. BMBW.

RÖLTGEN, Bert

Dr., Geschäftsführer Bundesverb. d. Dt. Baustoffhdl. e.V. - Lövenicher Weg 36, 5000 Köln 41 - Geb. 15. Nov. 1931.

RÖMER, Franz

Dr. phil., o. Prof. f. Schulpädagogik u. Allg. Didaktik Päd. Hochschule Rheinland/Abt. Neuss - Luise-Hensel-Str. 80, 5100 Aachen.

ROEMER, Hans Robert

Dr. phil., em. o. Prof. f. Islamwiss. u. Geschichte d. islam. Völker - Dreikönigstr. 17, 7800 Freiburg/Br. (T. 7 15 10) - Geb. 18. Febr. 1915 Trier (Vater: Maximilian R.; Mutter: geb. Kaufmann), kath., verh. s. 1951 m. Ursula, geb. Wirtz, 5 Kd. - Univ. Bonn, Berlin, Göttingen (Promot. 1938). Längere Orientaufenthalte (Türkei, Persien, Ägypten, Libanon) - 1949-56 Dir. Akad. d. Wiss. u. d. Lit., Mainz, s. 1950 Privatdoz. u. apl. Prof. f. Islam. Philol. u. Islamkd. (1954) Univ. ebd., 1952-56 Geschäftsf. Dt. Morgenl. Ges., 1956-60 Ref. Dt. Archäol. Inst. Kairo, 1961-63 Dir. Orient-Inst./DMG Beirut, seither Ord. Univ. Freiburg. 1971-84 Vors. Dt. Morgenl. Ges. Entd. v. handschriftl. Quellen u. Urkunden z. Gesch. d. islam. Völker - BV: u. a. D. Niedergang Irans n. d. Tode Isma'ils d. Grausamen, 1939; Probleme d. Hafizforsch. u. d. Stand ihrer Lösung, 1951; Staatsschreiben d. Timuridenzeit, 1952; E. Chronik v. Tode Timurs b. z. J. 1409, 1956; D. Chronik d. Ibn ad-Dawadari, 1960; Dt. Orientalistik d. siebziger Jahre, 1972; Hist. of Iran 14th to 18th cent. Cambridge Hist. of Iran VI, 1986; Persien auf dem Weg in d. Neuzeit, 1989. Zahlr. Fachaufs. in Dt., Franz., Arab., Pers., Engl. - Ehrenmitgl. Société asiatique (Paris), Dt. Morgenl. Ges. - Lit.: Haarmann u. Bachmann, Festschr. Roemer, Beirut (Wiesbaden 1979).

RÖMER, Heinz

Vorstandsmitglied Bill-Brauerei AG., Hamburg - Eckerkamp 76, 2000 Hamburg 64 (T. 536 62 16).

RÖMER, Johann Wilhelm

Generalsekretär d. Deutschen Roten Kreuzes (s. Sept. 1990) - An den Platzäckern 26, 6500 Mainz-Drais (T. 06131 - 47 66 85) - Geb. 30. Juli 1938 Berlin, kath., verh. s. 1965 m. Hildegard, geb. Kerner, 3 Kd. (Regina, Philipp, Daniel) - Abit.; Stud. Rechtswiss.; Ex. 1962 u.

1966 - Justitiar im rhld.-pfälz. Min. f. Wirtsch. u. Verkehr; 1969 pers. Ref. d. Min.; 1973 Landrat Daun; 1977ff. Landrat Kr. Mainz-Bingen; zul. Staatssekr. im Min. f. Umwelt u. Gesundheit Rheinl.-Pfalz. Zahlr. Mandate, u. a. Ehrenvors. Freundschaftskreis Mainz-Bingen/Provinz Verona - BVK; the outstanding civilian service medal; Ehrenzeichen d. DRK; Feuerwehrehrenz. Rhld.-Pfalz in Gold; Landkreis-Ehrenmed. u. Ehrenz. in Silber Bundesverb. Landw. Fachschulabsolventen - Liebh.: Gesch., Kunst, Wandern, Fischen - Spr.: Franz., Ital., Engl. - Rotarier, CV.

RÖMER, Max

Dr. rer. nat., Prof. f. Astrophysik u. Extraterr. Forschung Univ. Bonn - Stettiner Weg 22, 5309 Meckenheim - Geb. 4. Okt. 1937 Bonn (Vater: Max, Angest.; Mutter: Martha, geb. Knoben), verh. s. 1959 m. Irmtraud, geb. Lucas, 2 Kd. (Ralph, Annemarie) - Stud. Physik, Astronomie Univ. Bonn; Promot. 1963 Bonn; Habil. 1970 Bonn - 1965 wiss. Assist.; 1964-66 Astrophysiker Center for Astrophysics, Cambridge MA; 1966 Oberassist. Bonn; 1971 apl. Prof.; 1973 wiss. Rat u. Prof.; 1973 Staff Scientist NASA Langley, Hampton, VA; 1980 Prof.; s. 1981 Konventsvors. Univ. Bonn; 1982-88 Senator ebd.; s. 1978 Lehrbeauftr. RWTH Aachen - 1961 Mit-Entd. Helium in terr. Exosphäre - Zahlr. Fachaufs.

RÖMER, Peter

Dr. jur., Prof. f. Politikwissenschaft Univ. Marburg - Schulstr. 10, 3570 Stadtallendorf-Niederklein.

RÖMER, Ruth

Dr., Prof. - Im Birkenkamp 11, 4830 Gütersloh - Geb. 28. Sept. 1927 Dresden (Vater: Otto Kipp, Arbeiter; Mutter: Erna, geb. Kirschner), verh. s. 1954 - Promot. 1966; Habil. 1971 - 1971 Prof. - BV: D. Sprache d. Anzeigenwerb., 6. A. 1980; Sprachwiss. u. Rassenideologie in Deutschland, 2. A. 1989; zahlr. Aufs.

RÖMHELD, Julius

Dipl.-Ing., Gesellschafter Fa. Römheld & Moelle Eisengießerei, Maschinen- u. Apparatebau GmbH - Auf d. Albansberg 11, 6500 Mainz (T. 98 28 80) - Geb. 19. Mai 1917 Mainz - TH Darmstadt (Maschinenbau) - Spr.: Engl. - Rotarier.

RÖMMERT, Götz Rüdiger

Rechtsanwalt, Hauptgeschäftsf. DEHOGA Nieders. - Yorkstr. 3, 3000 Hannover 1; priv.: Springberg 6, 3162 Dollbergen - Geb. 28. Dez. 1933.

ROENPAGE, Peter

Dr., Geschäftsführer Informationskreis Mundhygiene u. Ernährungsverhalten (IME) - Bockenheimer Landstr. 104, 6000 Frankfurt 1 (T. 069 - 74 92 93).

ROENSCH, Hannelore

Bundestagsabgeordnete (s. 1983; Wahlkr. 136/Wiesbaden) - Bundeshaus, 5300 Bonn 1 - CDU.

ROENSCH, Manfred

Dr. theol., Prof. f. Kirchengeschichte Luth. Theol. Hochsch. Oberursel (Rektor) - Altkönigstr. 150, 6370 Oberursel/Ts.

RÖNTGEN, Robert E.

Journalist, SWF-Korrespondent Berlin u. neue Bundesländer (s. 1987) - Ansbacher Str. 63, 1000 Berlin 30 (T. 030 - 2 18-50 80) - Geb. 19. Febr. 1930 Brunshaupten, verh. s. 1954 m. Anita, geb. Jauch, T. Nina - Abit. 1950, Hochsch. f. Politik 1950-54 Berlin - 1954-62 Redakt. Hörfunk u. Fernsehen b. SFB; 1962-66 Redakt.leit. Report SDR Stuttgart; 1966-1980 SWF-Korresp. USA; 1981-86 ARD-Hörfunkkorresp. DDR - BV: Marks on German, Bohemian and Austrian Porcelain 1710 to the Present, 1981; The Book of Meissen, 1984 - 1981 Ernst-Reuter-Preis - Spr.: Engl.

ROEPKE, Claus-Jürgen

Oberkirchenrat (Ökumene, Mission, Diakonie), Landeskirchenrat d. Evang.-Luth. Kirche in Bayern - Landeskirchenamt, Meiserstr. 11, Postf. 370 240, 8000 München 37 (T. 089 - 5 59 51; priv.: 089 - 29 98 63) - Geb. 23. Jan. 1937 Berlin, ev., verh., 3 Kd. - 1957-63 Stud. ev. Theologie, 1964/65 journ. Zusatzausb. - 1967-74 Pfarrer München; 1974-80 Oberkirchenrat u. Öffentlichkeitsref. Ev. Kirche in Dtschl. (EKD) in Hannover; 1980-91 Dir. Ev. Akad. Tutzing - BV: D. Protestanten in Bayern, 1972; Schloß u. Akad. Tutzing, 1986. Mitarb. in ev. Wochen- u. Monatszeitschr.

RÖPKE, Horst G.F.

Dr.-Ing., Leiter Fachbereich Physikochemie u. Informatik Schering AG Berlin - Am Grünen Hof 6, 1000 Berlin 28 - Geb. 19. Juli 1927, ev., verh. m. Melitta, geb. Mierse, 3 Kd. (Heike, Karsten, Kai) - 1947-51 Chemiestud. TU Berlin; Promot. 1954 - BV: Steroid-Spektrenatlas (m. W. Neudert), 1965; Analogcomputer in Chemie u. Biol. (m. J. Riemann), 1969; 35 weitere wiss. Publ.

RÖPKE, Jochen

Dr. rer. pol., Prof. f. Volkswirtschaftslehre Univ. Marburg - An der Haustatt 2B, 3550 Marburg/L.

RÖPKE, Wolf-Dieter

Dr.-Ing., Mitglied d. Geschäftsfg. Krupp Stahltechnik GmbH, Duisburg - Alte Landstr. 74, 4000 Düsseldorf 31 - Geb. 31. Mai 1933 Berlin-Wilmersdorf (Vater: Dr. jur. Wilhelm R.), ev. - Rheingau-Obersch. (Abit. 1951); TU Berlin (Eisenhüttenkunde; Dipl. 1957; Promot. 1961) - 1957-58 Demag-Humboldt-Niederschachtofenges., Werk Troisdorf; 1959-62 Wiss. Assist. Inst. f. Gießereikd. TU Berlin; 1959-62 Doz. Staatl. Ing. Beuth Berlin; 1962-63 Planungs-Ing. Demag AG; 1963-64 Großversuchskoordinator, Steel Comp. of Canada, Hamilton, Ont. (Canada) u. Union Carbide, Ashtabula, Ohio (USA); 1964-66 Plan.-Ing. Demag AG, 1966-1972 Leit. Abt. Gesamtanlagen - Demag AG, 1972-80 Vorst.-Mitgl. Kölsch-Fölzer-Werke AG, Siegen, 1980-86 Dir. Ber. Hüttentechnik Krupp Industrietechnik GmbH, Duisburg - Spr.: Engl.

ROEPSTORFF, Gert

Dr. rer. nat., Prof. TH Aachen (s. 1974) - Parkstr. 110, 5100 Aachen (T. 1 49 89) - Geb. 28. März 1937 Hamburg (Vater: Erwin R., Kaufm.; Mutter: Charlotte, geb. Zeising), ev., verh. s. 1968 m. Ingrid, geb. Wenzel, 2 Kd. (Jens, Anke) - Stud. d. Phys. Univ. Hamburg; Promot. 1964 - 1964-66 USA-Aufenth. (MIT, Argonne Labor.) - 1972-74 Wiss. Rat u. Prof. Univ. Hamburg - BV: Pfadintegrale in d. Quantenphysik, 1991 - 1980-81 u. 1986-87 Member of The Inst. f. Advanced Study (Princeton, USA) - Spr.: Engl.

ROERICHT, Reinhard

Journalist, Verwaltungsleit. Inter Nationes Bonn (s. 1987) - Frankenstr. 15, 5300 Bonn (T. 88 02 15) - Geb. 3. Okt. 1945 - B. 1975 Presse- u. Informationsstelle RWTH Aachen; 1980-87 Angest. RWTH Aachen. 1975-80 MdL Nordrh.-Westf. - FDP.

RÖSCH, Günter

Dipl.-Verwaltungswirt, MdL Rhld.-Pfalz - Drosselweg 10, 5550 Bernkastel-Kues (T. 06531 - 49 07) - Geb. 18. Sept. 1943 Rivenich/Kr. Bernkastel-Wittlich (Vater: Josef R., Arbeiter; Mutter: Katharina, geb. Kiemes), kath., verh. s. 1971 m. Hannelore, geb. Hostert, T. Katja - 1958-61 Restaurantfachm. Bitburg/Eifel; 1970-72 Hotelfachsch. Heidelberg; 2. Fachprüf. 1972-75 Arbeitsamt Trier; Auslandtätigk. Schweiz, Frankr., Luxemburg; 1976-87 Dienstst.-Leit. Arbeitsämter Daun/Eifel u. Bernkastel-Kues/Mosel. SPD - Liebh.: Schach, Reisen - Spr.: Franz.

RÖSCH, Heinz-Egon

Dr. phil., Prof. Univ. Düsseldorf - Geb. 23. Nov. 1931 Ingelheim kath., verh. s. 1959 m. Gertraud, geb. Kohl, 3 Kd. (Bernhard, Hildegard, Matthias), o. Prof. Inst. f. Sportwiss. - BV: Ist das noch Sport?, 2. A. 1972; Sportunter. in Primar- u. Sekundarstufe I, 1973; Praxis d. Sportunterr., 4. A. 1976 (m. Th. Lautwein); Grundzüge e. Motiv- u. Problemgesch. d. Sports, 1975; Einführung i. d. Sportwissenschaft, 1978; Politik u. Sport in Gesch. u. Gegenw., 1980; Sport in d. Familie, 1981. Herausg.: Düsseldorfer Sportwiss.liche Studien; Radwanderb. - Liebh.: Radtouren, Wandern, Langlauf.

RÖSCH, Viktor B.

s. Dröscher, Vitus B.

RÖSCH, Volker

Dr.-Ing., Direktor - Gartenstr. 71, 7500 Karlsruhe 1 - Geb. 1929 - 1957-76 Rheinstahl-Bereich (1972 Vorst.), 1977ff. Vors. d. Geschäftsfg. AEG-Kanis Turbinenfabrik GmbH, Nürnberg, dann Vorst. Ind.-Werke Karlsruhe Augsburg AG (jetzt a.D.) - Spr.: Engl. - Rotarier.

RÖSCHLEIN, Virgilio

I. Bürgermeister Stadt Zirndorf - Rathaus, 8502 Zirndorf/Mfr. - Geb. 22. Sept. 1928 Zirndorf - Zul. Verwaltungsbeamter. SPD.

ROESCHMANN, Günter

Dr. rer. nat., Dir. u. Prof. f. Geowiss. Grundlagen im Nieders. Landesamt f. Bodenforsch. (s. 1978) - Luheweg 32, 3012 Langenhagen (T. 73 52 54) - Geb. 22. Juni 1925 Berlin (Vater: Friedrich R., ORR; Mutter: Magdalene, geb. Rochlitz), ev., verh. s. 1957 m. Lieselotte, geb. Hellmund, 3 S. (Wolfgang, Klaus, Dietrich) - Human. Gymn.; Landwirtsch.geh.; landwirtsch. Stud. Univ. Kiel, Weihenstephan u. Münster (Geol.). Promot. 1955 - S. 1957 Nieders. Landesamt f. Bodenforsch. (zun. Bodenkunde u. -kartierung). 1971ff. Honorarprof. Univ. Münster; 1978-82 Vizepräs. Dt. Bodenkundl. Ges. - BV: Kartieranleitg. f. Bodenkarten, 1982 (m. a.); Norddtschl. u. angrenzende Gebiete im Eiszeitalter, 1974 (m. Woldstedt, Duphorn u. a.); Bodenkunde - Lehrb. (UTB 1106), 1988 (m.a.); Paläoböden in Niedersachsen, 1982 (m.a.); Bodenkarte 1:1 Mill. d. BRD, 1986.

RÖSEL, Hubert

Dr. phil., em. Prof. f. Slav. Philologie - Maikottenweg 109, 4400 Münster/W. (T. 31 40 53) - Geb. 12. Jan. 1917 Neu-Rettendorf (Vater: Josef R., Webmeister; Mutter: Maria, geb. Jakobetz), kath., verh. s. 1943 m. Maria, geb. Pietsch, 2 Söhne (Wolfgang, Winfried) - Tschech. Realgymn.; Dt. Univ. Prag. Promot. 1940 Prag; Habil. 1955 Leipzig - S. 1951 Lehrtätigk. Univ. Halle/S., Leipzig, Saarbrücken (1960; 1969 apl. Prof.), Münster (1970 o. Prof. u. Dir. Slav.-Balt. Seminar) - BV: Dok. z. Gesch. d. Slawistik in Dtschl., 1957; D. tschech. Drucke d. Hallenser Pietisten, 1961; Aus Vatroslav Jagićs Briefwechsel Odessa-Berlin-Petersburg 1872-92, 1962; Beitr. z. Gesch. d. Slavistik an d. Univ. Halle u. Leipzig im 18. u. 19. Jh., 1964; Wörterb. zu d. tschech. Schr. d. J.A. Comenius, 1983. Etwa 180 Fachaufs. u. Rezensionen - Spr.: Franz., Tschech., Russ., Poln.

RÖSEL, Peter

Prof., Pianist - Krügerstr. 20 O-8054 Dresden (T. 0351 - 3 62 11) - Geb. 2. Febr. 1945 Dresden, verh. s. 1967 m. Heidrun, geb. Bergmann, 2 Kd. (Thomas, Gabriele) - Abit. 1963 Dresden; Dipl. Tschaikowski-Konservat. 1969 Moskau - 1968 Klavierwettb. Montreal - 1976-91 Solist d. Gewandhauses Leipzig - üb. 2000 Konzerte, u.a. m. Berliner Philharmonikern, New York, Los Angeles u. BBC Philharmonic; Auftritte b. Festivals, u.a. Salzburg, Edinburgh, Perth, London Proms, Hollywood Bowl - 1966 Preisträger Tschaikowski-Wettbewerb - Spr.: Engl., Russ. - Lit.: Hans-Peter Müller: Peter Rösel f. Sie porträtiert.

RÖSENEDER, Franz

Dr. oec. publ., Direktor - Gairenweg 15d, 7000 Stuttgart - Geb. 23. Okt. 1912 Plattling/Ndb. (Vater: Franz R., Brauereibes.), verh. m. Toni, geb. Schmitt - Univ. München - B. z. Fusionierung Vorstandsmitgl. Brauerei Wulle AG., Stuttgart (1958 ff.). Div. Ehrenstell., dar. Vors. Verein d. Brauereien v. Stuttgart u. Präsidiumsmitgl. Baden-Württ. Brauerbd.

RÖSENER, Herbert

Oberkirchenrat, Mitglied der Sozialkammer der Ev. Kirche in Deutschl. - Altstädter Kirchplatz 5, 4800 Bielefeld 1 - Geb. 12. Aug. 1931 - Theol. Mitgl. d. Kirchenleitung d. Ev. Kirche v. Westfalen, Dezernent f. Gesellschafts-, Sozial- u. Umweltpolitik.

RÖSENER, Inge,

geb. Schmieder

Schriftstellerin - Ortlindestr. 6, 8000 München 81 (T. 91 46 26) - Geb. 21. Nov. 1917 Chemnitz, verw., 3 Kd. (Gisela, verehel. Braun; Michael Beez; Nico Rösener) - B. 1948 Bildhauerin - BV/R.: Dany - bitte schreiben Sie (auch finn., verfilmt), E. Mann f. Mama, Liebling - ich lasse mich scheiden, Herz ohne Leine, Liebling - wir werden älter. Üb. 12 Jugendb. (u.a. Kristin u. d. Stute Jo, Alle lieben Lord, Die Ponyfamilie etc.). Drehb. - Liebh.: Bücher, Tiere, Hunde, Reiten, Autofahren, Reisen - Spr.: Engl., Franz., Ital.

RÖSER, Dietrich

Dr.-Ing., Prof., Leiter Abt. Audiologie u. med. Akustik Univ. Frankfurt (s. 1973) - Neckarstr. 16, 6057 Dietzenbach (T. 2 46 57) - Geb. 27. Febr. 1927 Zeitz, ev., verh. s. 1955 m. Brunhilde, geb. Hinsdorf, 3 Kd. (Matthias, Anne-Dore, Albrecht) - 1953-1956 Audiologe Univ.sklinik Marburg, s. 1956 Univ.sklinik Frankfurt - 1953 Girardet-Pr. THAachen.

RÖSING, Otto-Eckehard

Dr. oec., Geschäftsführer Martin & Pagenstecher GmbH., Köln-Mülheim (s. 1964, vorher AG.), stv. Beiratsvors. OFU-Ofenbau-Union GmbH., Düsseldorf, Vorstandsmitgl. Rhein. Unternehmerverb. u. Arbeitgeberverb. Feuerf. Industrie, beide Neuwied - Kuckucksweg 8, 5060 Bensberg-Refrath - Geb. 28. Juli 1925 Niederdollendorf.

ROESKY, Herbert Walter

Dr., Dipl.-Chem., Prof. - Tammannstr. 4, 3400 Göttingen (Anorg. Chem. Inst., T. 39 30 01) - Geb. 6. Nov. 1935 Laukischken (Vater: Otto R., Molkereifachmann; Mutter: Lina, geb. Hublitz), ev., verh. s. 1964 m. Christel, geb. Glemser, 2 Söhne (Rainer, Peter) - Obersch. Seesen/Harz; Stud. d. Chemie Univ. Göttingen; Promot. 1963 ebd. - 1969-71 Doz. Univ. Göttingen; 1971 o. Prof. f. Anorgan. Chemie Univ. Frankfurt, s. 1980 Prof. und Dir. f. Anorgan. Chemie Univ. Göttingen. Mehrf. Patentinh. Zahlr. Fachveröff. im In- u. Ausl. - Mitgl. GDCh, Chemical Soc., Americ. Chem. Soc., Akad. d. Wiss. Göttingen, 1986 Dt. Akad. d. Naturforscher Leopoldina in Halle/Saale, New York Acad. of Science; 1987 Korr. Mitgl. d. Österr. Akad. d. Wiss.; 1960 Wöhler-Preis; 1970 Doz.-Preis d. Fonds d. Chem. Ind.; 1986 Franz. Alexander v. Humboldt-Preis; 1987 Leibniz-Preis; 1990 Alfred-Stock-Gedächtnispreis; 1990 Georg Ernst Stahl Med. - Liebh.: Antiquitäten - Spr.: Engl.

ROESLER, Curt Arthur

Dramaturg Deutsche Oper Berlin - Gatower Str. 133, 1000 Berlin 20 (T. 362 31 78) - Geb. 5. Jan. 1952 - 1975 Organist Winterthur; 1980 Musiktheater-Regie Hamburg; 1986 Lehrauftr. FU Berlin.

RÖSLER, Georg
Oberstudienrat a. D., MdL Schlesw.-Holst., Geschäftsf. Lägerdorfer Eisenbahn GmbH (s. 1970) - Ahornweg 13, 2210 Itzehoe - Geb. 19. Mai 1921 Penzig/Schles., kath., verh., 3 Kd. (Thomas, Angelika, Susanne) - Haupt-, Handelssch., Landw.lehre, Höh. Landbausch., Stud. Päd. Stuttgart. Staatl. gepr. Landw. - U. a. stv. Landrat Kr. Steinburg. CDU s. 1955 (1971-80 Kreisvors.; s. 1982 Kreispräs.) - 1972 Freiherr-vom-Stein-Med.; 1980 BVK.

RÖSLER, Hubert(us)
Rechtsanwalt u. Notar, MdA Berlin (s. 1971) - Dominicusstr. 32, 1000 Berlin 62 (T. Büro: 784 80 20) - Geb. 11. Nov. 1937 Schwiebus/Mark - Schule (Abit. 1959) u. FU Berlin (Rechtswiss.). Jurist. Staatsex. 1964 u. 68 - S. 1969 Anwaltspraxis. 1967-1971 Bezirksverordn. Tempelhof. CDU s. 1961 (Ortsvors. Marienfelde).

RÖSLER, Johannes Baptist
Dr. phil., Bürgerbeauftragter Rhld.-Pfalz (1974-86) - Elisenhöhe 26a, 6530 Bingen-Bingerbrück (T. 06721 - 3 24 65) - Geb. 1. Juli 1922 Groß-Schönau/Sudetenl. - Gymn.; Stud. Staats- u. Sozialwiss. Prag, (1941-45 Wehrdst.) Regensburg, Würzburg, Fribourg - 1952-63 Religionslehrer Bingen. 1955-1974 MdL Rhld.-Pfalz; 1971-74 Landtagspräs.; CDU s. 1950 - BV: D. naturgerechte Aufbau d. freien u. staatl. Hilfeleistung, 1954 - 1972 Gr. BVK, 1984 Stern dazu.

RÖSLER, Roland
Offizier, MdL Hessen (s. 1977) - Schwalbacher Str. Nr. 12, 6209 Heidenrod 1 - Geb. 23. Aug. 1943 Schönau/Sudentenl., kath., verh., 1 Kd. - Volkssch. Merseburg/S.; n. Flucht Werkzeugmacherlehre; Erlang. Mittl. Reife üb. 2. Bildungsweg - Ab 1963 Bundeswehr (erst Zeit-, dann Berufssold.; 1976 Ltn). CDU (Funktionen u. Ämter).

RÖSLER, Ulrich
Dr. rer. nat., Dipl.-Ing., Prof., Metallurge - Lerchenbühl 51, 8520 Erlangen - Geb. 6. Jan. 1922 Schorndorf/Württ. (Vater: Ulrich R., Zeitungsverleger; Mutter: Dorothea, geb. Heimerdinger), ev., verh. s. 1956 m. Marianne, geb. Haufler, 2 S. (Wolf, Joachim) - TH Stuttgart (Metallkd.; Dipl. 1950, Promot. 1951) - 1951-53 Montecatini-Leichtmetall-Forschungsinst., Novara (Ital.); 1953-54 MPI f. Metallforsch., Stuttgart; 1954-56 Westinghouse Electric Corp., Pittsburgh (USA); s. 1956 Siemens AG., Erlangen, u. Kraftwerk-Union AG. ebd. (1973; bei beiden Bereichsleit. Reaktortechnik/Werkstoffe u. Chemie). 1969 ff. Honorarprof. Univ. Erlangen-Nürnberg (Werkstoffwiss.) - Liebh.: Barockmusik, Alte Kulturen - Spr.: Engl., Ital.

RÖSNER, Dieter
Journalist, Schriftst. - Zu erreichen üb. Frankfurter Allgemeine Zeitung Postf. 2901, 6000 Frankfurt/M.; priv.: Bayern - Geb. 18. Juli 1919 Halle/S. - Langj. Mitarb. FAZ (u.a. Südafrika-Korresp.). Div. Bücher (Report. üb. Afrika u. Sachb. Wettlauf z. Meeresboden).

RÖSSEL, Theodor Richard
Dr. rer. nat., Dipl.-Chem., Geschäftsführer Deutsche Derustit GmbH - dstl.: Emil-von-Behring-Str. 4, 6057 Dietzenbach - Geb. 8. Juli 1924 Braunschweig (Vater: Felix R., Kaufm.; Mutter: Klara, geb. Krökel), verh. s. 1953 m. Ruth, geb. Negendank, S. Torsten - Abit.; Stud. Chem., Promot. - 1957-67 Chemiker in d. Forsch.- u. Entw.sabt. Chem. Fabr. Budenheim, Rudolf A. Oetker; 1967-69 Geschäftsf. Verein Dt. Bleifarbenfabrikanten e.V., Düsseldorf; 1969-77 Joh. A. Benckiser GmbH, Ludwigshafen; 1978 Ges. Fa. Dt. Derustit GmbH, Dietzenbach - Zahlr. Patente In- u. Ausl. - BV: Fabutit, d. bewährten Spezialprod. u. Engobierhilfsmittel f. d. keramische Ind., 1965; Bleimennige, Bleiweiß, akt. Pigmente, 1969; Derustit-Beizfibel, 1978 - Spr.: Engl.

RÖSSING, Hans
Dr. phil., Prof. f. Vergl. Sprachwissenschaft u. German. Philol. Univ. Marburg - Auf d. Trift 2, 3553 Cölbe.

RÖSSING-HAGER, Monika
Dr. phil., Prof. f. Linguistik d. Deutschen u. Dt. Philol. Univ. Marburg - Auf d. Trift 2, 3553 Cölbe-Reddehausen.

RÖSSLE, Erwin
Dr. rer. nat., o. Prof. f. Physik Univ. Freiburg (s. 1966) - In den Weihermatten 10a, 7800 Freiburg/Br. (T. 5 37 72) - Facharb.

RÖSSLE (ß), Franz Xaver
Oberbürgermeister (s. 1988) - Geb. 14. Sept. 1947 Landsberg am Lech - Stadtverwaltung, 8910 Landsberg am Lech.

RÖSSLER (ß), Almut
Prof., Organistin u. Dirigentin, Kirchenmusikdirektorin - Martin-Luther-Platz 39, 4000 Düsseldorf 1 (T. 0211 - 32 51 00) - Geb. 12. Juni 1932 Beveringen, ev., S. Georg - Abit. Düsseldorf; Stud. Orgel, Kirchenmusik, Komposition Detmold u. Paris; Staatsex. f. Kirchenmusik - Orgelkonz., Rundf.- u. FS-Aufn. in Europa, USA, Japan u. Kanada; Mitwirkung b. intern. Musikfesten; Künstl. Leit. versch. Musikfeste; Vortr.; Dirigentin d. Johannes-Kantorei - BV: Beitr. z. geistigen Welt Olivier Messiaens, 1984 (engl. Übers. 1986); Aufs. - Ur- u. Erstauff. v. Werken v. Jolivet, David, Baur, Leitner, u. a. Méditations sur le Mystère de la Sainte Trinité v. Olivier Messiaen (Europ. EA. 1972); Konz. f. Orgel u. Orch. v. Klebe (UA. 1980); Livre du Saint Sacrement v. Olivier Messiaen (UA. USA u. Europ. EA. Bonn 1986) - 1960 Förderpreis f. junge Künstler Land Nordrh.-Westf.; 1981 Chevalier dans l'Ordre des Palmes Acad., Frankr.; 1986 Organist of the Year Univ. of Michigan, USA - Liebh.: Bild. Kunst, Lit., Reisen - Spr.: Engl., Franz. - Bek. Vorf.: Prof. Dr. Constantin Rößler, Staatsrechtler u. Publ. (Urgroßv.); Helmut Rößler, Theologe, O.-Kirchenrat in d. Leit. d. ev. Kirche d. Rheinl. 1948-68 (Vater).

RÖSSLER, Dietrich
Dr. theol., Dr. med., o. Prof. f. Prakt. Theologie Univ. Tübingen - Engelfriedshalde 39, 7400 Tübingen (T. 6 31 83) - Geb. 20. Jan. 1927 Kiel - Habil. 1960 - Pastor - BV: Gesetz u. Geschichte, 2. A. 1962; D. ganze Mensch, 1962; D. Vernunft d. Religion, 1976; Grundriß d. Prakt. Theol., 1986.

RÖSSLER, Fritz
Hotelier, Vors. Landesverb. d. brem. Gaststätten- u. Hotelgewerbes, Bremen - Bahnhofspl. 11 (Hotel z. Post), 2800 Bremen - 1982 BVK I. Kl.

ROESSLER, Günter
Dipl.-Ing., Techn. Direktor Deutsche Welle (s. 1962) - Welscher Forst 3, 5060 Bergisch Gladbach 1 (T. 02204 - 5 29 44; Büro: 0221 - 389 31 01) - Geb. 16. März 1930 Thyrow, ev. - Rundfunkmechanikerlehre (Abschluß 1949); Ing.sch. Gauß Berlin (Abschluß 1953) - 1953-62 Westd. Rundfunk. - 1980 BVK; 1985 BVK I. Kl.

RÖSSLER, Helmut
Dr. med., o. Prof. f. Orthopädie - Fasanenweg 34, 5300 Ippendorf (T. Bonn 28 27 36) - Geb. 22. März 1922 Colditz/S., ev., verh. s. 1954, 4 Kd. - Univ. Leipzig u. Münster/W. Promot. 1948; Habil. 1954 - S. 1954 Univ. Bonn (1960 apl., 1960 ao., 1967 o. Prof.; 1961-87 Dir. Orthop. Klinik). 1970ff. Präs. Dt. Ges. f. Orthop. u. Traumatol. Div. Fachmitgliedsch. 3 Monogr. u. etwa 200 Einzelarb. üb. Orthop., Unfallchir., Grundlagenforsch., Knorpel u. Bindegewebe, Knochen- u. Gelenkkrankh. Herausg.: Ztschr. f. Orthop. - 1953 I. Preis Max-Lange-Pr. DOG; 1972 Mitgl. Dt. Akad. d. Naturforscher (Leopoldina), Halle/S.; Ehren- u. korr. Mitgl. ausl. Fachges.; Fellow ICS, SICOT.

RÖSSLER, Klaus
Dr. rer. pol., Geschäftsführer Dt.-Uruguay. Handelskammer/Cámara de Comercio Uruguayo-Alemana - Calle Zabala 1379/IV, 11000 Montevideo (T. 95 35 21 u. 96 32 81; Telex 23121 HAKA UY; Telefax: 005982 - 95 80 47).

RÖSSLER, Matthias
Dr.-Ing., Dipl.-Ing., Mitglied d. Sächsischen Landtags - Gohliser Str. 6, O-8132 Cossebande - Geb. 14. Jan. 1955 Dresden, ev., verh. s. 1979 m. Gerlind, geb. Georgi, 2 Söhne (Albrecht, Friedrich) - Stud. Maschinening.wesen TU Dresden; Dipl. 1979; Promot. 1983 Dresden (Hochsch. f. Verkehrsw.) - 1990 wiss.polit. Sprecher d. Demokr. Aufbruchs Berlin; 1990 Landesstrukturbeauftr. Kultus Sachsen; 1990/91 Landesvorstand CDU Sachsen; s. 1990 wiss.polit. Sprecher d. CDU-Fraktion - Spr.: Engl., Russ.

RÖSSLER (ß), Peter
Dr. jur. h. c., Präsident Verwaltungsgerichtshof u. Staatsgerichtshof Baden-Württ. i.R., Honorarprof. f. Staats- u. Verwaltungsrecht Univ. Hohenheim (vorher Lehrbeauftr.) - Dettinger Str. 133, 7312 Kirchheim/Teck - Zul. Ministerialdirig. Baden-Württ. Innenmin., Stuttgart.

RÖSSLER, Rudolf
Dr. jur., Oberfinanzpräsident a. D., Rechtsanwalt u. Steuerberater - Poppenbüttler Landstr. 23a, 2000 Hamburg 65 (T. 606 16 20) - Geb. 18. Nov. 1908 Weisweiler Bez. Aachen (Vater: Franz R., Textilfabrikant), kath., verh. s. 1943 m. Tilly, geb. Langendorf, 2 Töcht. (Ingrid, Ellen) - Univ. Köln (Rechtswiss., Volksw.; Promot.). Gr. jurist. Staatsprüf. 1936 Berlin - Versch. Finanzämter; 1952-63 Bundesfinanzmin. (zul. Ministerialdirig.); 1963-72 Oberfinanzpräs. Hamburg. Ehem. Lehrbeauftr. Univ. Hamburg (Allg. u. bes. Steuerrecht); s. 1972 Rechtsanw. u. Steuerber. - BV: Schätzung u. Ermittl. v. Grundstückswerten, 1974, 6. A. 1990 (m. Simon); Kommentar z. Bewertungsgesetz u. Vermögensteuergesetz, 15. A. 1989 (m. Troll); Wörterb. d. Steuerrechts, Loseblattausg. Zahlr. Einzelarb. - 1971 Gr. BVK - Spr.: Engl., Franz. - Rotarier.

ROESSLER (ß), Wilhelm
Dr. phil. (habil.), em. o. Prof. f. Sozialpsychologie Ruhr-Univ. Bochum (s. 1964) - Roomersheide 71, 4630 Bochum-Weitmar (T. 47 08 85) - Geb. 19. Dez. 1910 Duisburg - 1962-64 Privatdoz., Univ. Bonn - BV: Jugend im Erziehungsfeld, 1957, 2. A. 1962; Entstehung d. modernen Erziehungswesens in Dtschl., 1961; Med. Soziol., 1978. Üb. 80 Einzelarb.

RÖSSNER, Lutz
Dr. phil., Dipl.-Psych., o. Prof. - Heisterbusch 19, 3300 Braunschweig (T. 35 18 72) - Geb. 20. Dez. 1932 Neundorf/Anhalt (Vater: Dr. Fritz R., Zahnarzt; Mutter: Armgard, geb. Bogen), verh. s. 1959 (Ehefr.: Dipl.- Psych. Helga), T. Renée - Gymn. Aschersleben u. Darmstadt; Univ. Frankfurt/M.; Päd. Inst. Darmstadt - 1957-58 Werbepsych.; 1959-63 Volksschullehrer; 1964-65 Schulpsych., 1965-67 Doz. Päd. Hochsch. Oldenburg (Sozialpäd.); 1967 Prof. PH Braunschweig (Sozialpäd.); s. 1978 Univ. Braunschweig (Sozialpädagogik) - BV: Jugend in d. Offenen Tür, 1962; Jugend im Erziehungsbereich d. Tanzes, 1963; Sozialpsych. Probleme d. Alters, 1963 (holl.: bejaardensocieteiten, 1968); Schule u. Schulpflichtverlängerung aus d. Sicht jugendl. Volksschüler, 1965; Sprechen u. Sprache, 1966 (m. Otto Polemann); Offene Jugendbildung, 1967; Gespräch, Diskussion u. Debatte im Unterr. d. Grund- u. Hauptsch., 2. A. 1971; Hdb. f. Elternabende, 2. A. 1971; D. Autosoziogramm, 2. A. 1972; Kultivier. d. Geschlechtsbeziehungen, 1968; D. polit. Bildungsprozeß, 2. A. 1971; Fernsehen in d. polit. Bildung, 1971; Erwachsenenbild. in Braunschweig, 1971; Erz. in d. Gesellschaft, 2. A. 1978; Theorie d. Sozialarb., 2. A. 1975; Erziehungswiss. u. Krit. Päd., 1974; Rationalist. Päd., 1975; Verhaltenskorr. in Lerngr., 1975 (m. P. Immisch); Erziehungs- u. Sozialarbeitswiss.; Grundl. e. generellen Verhaltenstheorie, 1977 (m. L.-M.-Alisch); Erziehungswiss. als technolog. Disziplin, 1978 (m. L.-M. Alisch); Einf. in d. analyt.-empir. Erziehungswiss., 1979; Erziehungswiss. u. -praxis, 1981 (m. L.-M. Alisch); Phil. Stud. z. Gesch. d. empirischen Päd.: Bd. I: Reflexionen z. päd. Relevanz d. Prakt. Phil. John-Stuart Mills, 1983; Bd. II: D. Päd. d. empiristisch-utilitaristischen Phil. Engl. im 19. Jh., 1984; Bd. III: D. Päd. d. engl. Experimentalphil. Joseph Priestley, 1986; Bd. IV: Pädagogen d. engl. Aufklärungsphil., 1988; Bd. V: Maschinenmensch u. Erziehung. Z. Phil. u. Päd. La Mettries, 1990; D. Kongreß v. Venedig, R. 1990; Kritik d. Pädagogik, 1992. Herausg.: Braunschweiger Stud. z. Erziehungs- u. Sozialarbeitswiss. (1980ff). Mithrsg. (m. O. Polemann): Krit. Gespräch (5. Aufl. 1974), Wege z. Eros (3. A. 1970), Suchen n. Gott (4. A. 1972), Gerechtigk. u. Menschenwürde (1972).

RÖSSNER, Walter
Dr. med. vet., Prof. f. Tierheilkunde (Pharmakol., Toxikol. u. Pharmazie) a. d. Tierärztl. Fak. d. Univ. München - Römerhofweg 51, 8046 Garching - Geb. 5. Mai 1928 München - Abit. 1948; 1950-55 Stud. Tiermed.; Promot. 1956, Habil. 1966 - 1956 Tierarzt; 1967 Univ.-Doz.; 1972 Prof.; 1971 Leit. Abt. Pharmazie. Fachtierarzt f. Pharmakol. u. Toxikolog. Entw. e. Methode z. quantitat. Erfass. d. Permeabilitätsgrades d. Blut-Hirnschranke (Ratte, Maus) - BV: Stereotakt. Hirnatlas v. Meerschweinchen, 1965; Method. Grundl. d. elektroencephalograph. Exp. am Meerschweinchen, 1967; Kompendium d. tierärztl. Arzneiverordnungslehre u. pharmazeut. Gesetzeskd., 1969/70; Verschreiben, Berechnen u. Anfertigen v. Arzneien, 1974; Arzneiformenlehre u. kl. pharmazeut. Praktikum, 1976 - 1944 Flak-Kampfabz. Langj. Schöffentätigk. (LG München I u. Amtsger. München) - Liebh.: Fotogr., Theaterwiss. - Spr.: Engl.

RÖTHEMEIER, Heinz
Bürgermeister Stadt Minden (1977-91) - Warthestr. 10, 4950 Minden - Geb. 13. Febr. 1924 Bonneberg - AR-Vors. Wohnhaus Minden GmbH; stv. Vors. Mindener Lagerhaus GmbH; stv. VR-Vors. Sparkasse Minden-Lübbecke - Ehrenbürger d. Stadt Minden; BVK; Bundeswehrehrenkreuz in Gold; Ritterkreuz d. Tempelherrenordens; Honor. Officer of the Most Exellent Order of the British Empire.

RÖTHER, Friedrich
Dr. jur., Landrat a. D. - Max-Beck-Str. 11, 7070 Schwäb. Gmünd-Straßdorf (T. 07171 - 4 34 34) - Geb. 15. März 1919 Niedernberg/M., kath., verh. s. 1943 m. Edeltraut, geb. Schmitt -Gymn. Münnerstadt; 1946-49 Univ. Tübingen (Rechtswiss.; Promot.). Gr. jurist. Staatsprüf. 1952 Stuttgart - Zul. Landrat Kr. Schwäb. Gmünd. ARsmandate.

ROETHER, Jürgen
Verleger, Inh. Eduard Roether Verlag, Darmstadt, Vors. Landesverb. Druck Hessen, Frankfurt/M. - Römheldweg 32, 6100 Darmstadt (T. 8 20 55; priv.: 4 53 88) - Geb. 26. Juli 1925 - Spr.: Engl. - Rotarier.

ROETHER, Wolfgang
Dr. rer. nat., o. Prof. f. Physikal. Ozeanographie in d. Polargebieten Univ. Bremen (s. 1987) - Georg-Gröning-Str. 30, 2800 Bremen 1 - Geb. 20. Juli 1935 Heidelberg (Vater: Bernhard R., Arzt; Mutter: Käte-Eva, geb. Quensel, Ärztin), verh. m. Heidrun, geb. Gauggel, 2 Kd. - Univ.-Ausb. Heidelberg - S. 1975 Hochsch.lehrer, zul. Prof. f. Umweltphysik Univ. Heidelberg - Liebh.: Musik (Klavier) - Spr.: Engl.

RÖTHIG, Peter

Dr. phil., Prof. f. Sportpädagogik Univ. Frankfurt (s. 1972) - Wingertstr. 4a, 6074 Rödermark/Waldacker (T. 06074 - 9 71 98) - Geb. 25. Juni 1928 Dresden (Vater: Walter R., Lehrer; Mutter: Ilse, geb. Wünsche), verh. s. 1955 m. Sigrid, geb. Panse, 2 Kd. (Karen, Christine) - Stud. Sportwiss., Päd., Psych. - 1955-62 wiss. Assist. FU Berlin, 1962-69 Akad. Rat Univ. Tübingen, 1969-72 Dir. Inst. f. Leibeserzieh. FU Berlin - BV: Rhythmus u. Bewegung, 1967; Beiträge z. Theorie u. Lehre v. Rhythmus, 1966; Grundlagen u. Methoden rhythm. Erzieh., 1971; Sportwiss. Lexikon 1972; Lehrbücher z. Sporttheorie (Hrsg.); Sportbiol., 1979; Trainingslehre, 1979; Bewegungslehre, 1982; Sportliches Handeln, 1982. Produzent sportwiss. Lehrfilme - Liebh.: Musik, Kunst - Spr.: Engl. - Bek. Sportler (Dt. Hochsch.- u. Studentenweltmeister im Sprint).

RÖTTGEN, Herwarth Walther

Dr. phil., o. Prof. f. Kunstgesch. Univ. Stuttgart (s. 1977) - Taubenheimstr. 35, 7000 Stuttgart 50 (T. 56 78 61) - Geb. 30. Nov. 1931 Weimar (Vater: Albert R., Bankdirektor; Mutter: Margret, geb. Voigt) - Human. Gymn.; Stud. Univ. München, Marburg (Kunst- u. Vorgesch., Archäol.). Promot. 1958 Marburg - 1958-62 German. National Museum, Nürnberg, 1962-67 Stip. Dt. Forsch.gemeinsch. u. Land Hessen Rom, 1968-73 Mitarb. Bibl. Hertziana, Rom, 1974-77 Wiss. Rat u. Prof. Univ. Göttingen. 1984-88 1. Vors. d. Verb. Dt. Kunsthistoriker - BV: D. Ambraser Hofjagdsp., 1969 (auch engl.); Il Cavalier d'Arpino, 1973; Il Caravaggio, 1974; Caravaggios Irdischer Amor od. d. Sieg d. fleischlichen Liebe, 1992 - 1973 Ehrenbürger Arpino/Ital. - Spr.: Engl., Franz., Ital. (Altgr., Lat.) - Bek. Vorf.: Julius Müller, Theol. Marburg (Urgroßv.), Carl Otfried Müller, Archäol. (Urgroßonkel).

RÖTTGEN, Peter

Dr. med., em. o. Prof. u. Direktor Neurochir. Klinik Univ. Bonn (1972ff. Dir. Klin. Anstalten) - Heinrich-Fritsch-Str. 16, 5300 Bonn-Venusberg (T. 28 10 60) - Geb. 8. Febr. 1910 Euskirchen/Rhld., kath., verh. m. Regine, geb. Haard, 3 Töchter - S. 1943 (Habil.) Lehrtätigk. Bonn (1950 apl., 1956 ao., 1962 o. Prof.). 1969ff. I. Vizepräs. World Federation of Neurosurgical Societies. Facharb. - Ehrenmitgl. Chilen. Neurochir. Ges., Chilen. Med. Ges. u. Chil. Ges. d. Chirurgen; korr. Mitgl. Harvay Cushing Soc. (USA); 1969 chil. Orden Bernardo O'Higgins - Spr.: Engl., Franz. - Rotarier.

RÖTTGER, Hans

Dr. med., Prof., Chefarzt, Gynäkologe i.R. s. 1985 - Spitzwegstr. 22, 4350 Recklinghausen - Geb. 13. Jan. 1920 Recklinghausen (Vater: Hans R., Fotohändler; Mutter: Henriette, geb. Vogt), kath., verh. s. 1953 m. Annemarie, geb. Kespohl, 2 Kd. (Hans-Joachim, Gabriele) - Gymn. Recklinghausen (Petrinum); Univ. Leipzig, Göttingen, Münster. Promot. 1945; Habil. 1953 - 1946-48 Assist. Univ. Münster (Physiol.-Chem. Inst.), s. 1948 Assist. (Frauenklin.), Privatdoz. (1953) u. apl. Prof. (1958) Med. Akad. bzw. Univ. Düsseldorf, s. 1958 Chefarzt Mathilden-Hospital Herford u. Prosper-Hosp. Recklinghausen (1959). 1971-73 Vors. Niederrh.-Westf. Ges. f. Gynäk. u. Geburtsh. Üb. 50 Fachveröff. Lehrfilm üb. Kaiserschnitt (1956) - 1985 Ehrenmitgl. d. Niederr.-Westf. Ges. f. Gynäk. u. Geburtsh.- Liebh.: Reiten.

RÖTTGES, Heinz

Dr. phil., Prof. f. Philosophie Univ. Frankfurt - Feldbergstr. 25, 6239 Eppstein - Geb. 25. Febr. 1938, verh. m. Heide, geb. Naumann, 3 Kd. (Susanne, Gisela, Wolfgang) - Promot. 1964, Habil. 1971 - S. 1971 Prof. Univ. Frankfurt (1976/77, 1983/84 u. 1990/91 Dekan FB Phil.) - BV: D. Begriff d. Freiheit in d. Phil. Hegels, 1964; Nietzsche u. d. Dialektik d. Aufklär., 1972; D. Begriff d. Methode in d. Phil. Hegels, 1976, 2. A. 1981; Dialektik als Grund d. Kritik, 1981; Skeptizismus u. Dialektik, 1987.

RÖTTINGER, Erwin M.

Dr. med., o. Prof., Direktor Abt. Strahlentherapie Univ. Ulm - 7900 Ulm - Geb. 11. März 1940 Augsburg - Abit. 1960 Augsburg; 1960-66 Stud. Univ. München (med. Staatsex. 1966, Promot. 1967); amerik. Prüf. f. Radiotherapie 1973; Habil. 1977 - 1966-68 Med.assist. Univ.-Klinik München; 1968 Arzt, 1973 Facharzt f. Radiol. (dazw. 1968/69 Fachausb. Downstate Medical Center, N.Y., 1969-73 Harvard Med. School); b. 1976 Oberarzt Klinikum Essen, b. 1980 Univ.-Klinik Köln; s. 1980 Dir. Abt. Strahlentherapie Univ. Ulm. Zahlr. Fachveröff. - 1976 Joh. Georg Zimmermann-Preis f. Krebsforsch.

RÖTZER, Hans Gerd

Dr. phil., o. Prof. f. Germanistik - Otto-Behaghel-Str. 10, 6300 Gießen (T. 0641 - 702 55 35) - Geb. 15. Juli 1933 Hattingen - Stud. Altphil., German. u. Komparatistik; Promot. 1961 Erlangen; Habil. 1971 Darmstadt - 1973/74 u. 1989/90 Dekan Gießen - BV: Picaro, 1972; Roman d. Barock, 1972; Traditionalität u. Modernität in d. europ. Lit., 1979; Gesch. d. dt. Literatur, 1990. Herausg.: Europ. Lehrdichtung (1982); Simpl. Jan Perus (1986).

RÖVER, Hans

Dr.-Ing. E. h., Dipl.-Ing., Oberbergrat a. D., ehem. Präs. Wirtschaftsvereinig. Metalle, Ehrenvors. Fachvereinig. Metallerzbau - Borcherstr. 5, 3000 Hannover (T. 52 01 44) - Geb. 3. Juni 1905 Dillenburg/Hessen (Vater: Heinrich R.; Mutter: Berta, geb. Körner) - S. 1924 Bergbau (1955 Vorstandsmitglied, 1970-73 stv. ARsvors. Preussag AG., Berlin/Hannover). ARsmandate, dar. Vors. Elektro-Chemie Ibbenbüren GmbH., Nordd. Salinen GmbH., Steffens & Nölle AG. - 1962 Ehrendoktor TU Berlin; Ehrenmitgl. Vereinig. d. Freunde f. Kunst u. Kultur im Bergbau e. V., Georg-Agricola-Denkmünze, 1965 Ehrenbürger TU Clausthal; 1968 Gr. Verdienstkreuz Nieders. VO. - Spr.: Franz. - Rotarier.

RÖVER, Karl

Dipl.-Ing., Präsident a. D. Bundesbahndirektion Saarbrücken (1966-74) - Karl-Scheich-Str. 18, 6600 Saarbrücken (T. 0681-85 33 11) - Geb. 16. Nov. 1909 - 1973 Gr. BVK.

RÖWEKAMP, Thomas

Mitglied d. Bremischen Bürgerschaft - Justus-Lion-Weg 10, 2850 Bremerhaven - Geb. 18. Sept. 1966 Bremerhaven, ev., ledig - Bankkfm. 1986-88; Grundwehrdienst; s. 1989 Stud. Rechtswiss. Bremen - 1987-91 Mitgl. d. Stadtverordnetenvers. in Bremerhaven; s. 1991 Mitgl. d. Bremischen Bürgerschaft, Mitgl. d. Deputation f. Wirtschaft, Mittelstand u. Technologie - Spr.: Engl., Ital.

RÖWER, Heinz-Hugo

Dr., Staatssekretär Justizministerium Nordrh.-Westf. - Martin-Luther-Pl. 40, 4000 Düsseldorf (T. 8 79 21) - Geb. 16. Dez. 1929 - Vorst. Dt. Ges. f. Baurecht e.V., Frankfurt a.M.; Präsid. Inst. f. Dt. u. Intern. Baurecht, Frankfurt a.M. - Gr. BVK.

ROGALL, Holger

Dr. rer. pol., Fachbereichsleiter f. ökologische Wirtschaftsforschung u. Stadtentwicklung im IZT-Inst. f. Zukunftsstudien u. Technologiebewertung Berlin, MdA - Zehntwerderweg 124A, 1000 Berlin 28 (T. 030 - 402 13 56) - Geb. 17. Juli 1954 (Vater: Arved R.; Mutter: Iris, geb. Messidal), verh. s. 1985 m. Elke, geb. Scharfenberg, 2 Kd. (Julia, Jan) - Stud. Volkswirtsch., Wirtsch.päd. u. Politikwiss.; Dipl. Volkswirtsch. 1980; Dipl. Handelslehrer 1982; Promot. 1987 Berlin - BV: Wohnungsbaugenossenschaften im

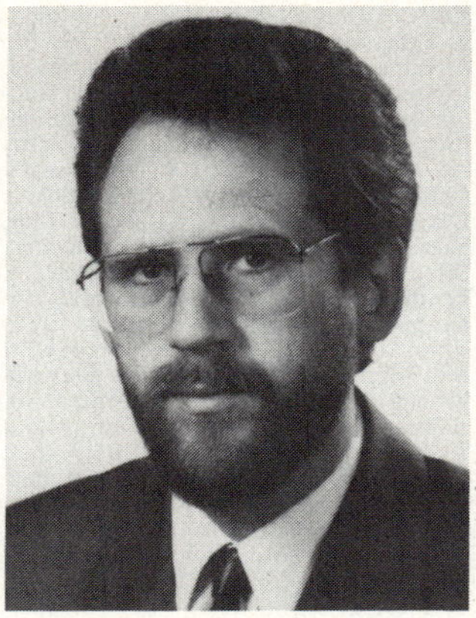

Wandel (m. M. Arndt, K. Schäfer), 1989; Ökologisch produzieren (m. R. Kreibich, H. Boes), 1991; ökologische Produktgestaltung, 1992.

ROGALL, Klaus

Dr. jur., Prof. f. Strafrecht u. Strafprozeßrecht FU Berlin FB Rechtswiss. Inst. f. Straf- u. Strafprozeßrecht - Van't-Hoff-Str. 8, 1000 Berlin 33 (T. 030 - 838 40 63) - Geb. 10. Aug. 1948 Hagen/Westf., kath., verh., 2 Kd. - 1969-73 Stud. Rechtswiss. Univ. Bonn; 1. jurist. Staatsprüf. 1974 Köln, Promot. 1976 Bonn, 2. jurist. Staatsprüf. 1977 Düsseldorf, Habil. 1985 Bonn - 1977-78 Wiss. Assist. Univ. Bonn; 1978-87 Ref. im Bundesmin. d. Justiz (zul. als Regierungsdir.); s. 1987 Prof. f. Strafrecht u. Strafprozeßrecht Univ. Köln; s. 1990 Lehrstuhl f. Straf- u. Strafprozeßrecht FU Berlin - BV: D. Beschuldigte als Beweismittel gegen sich selbst, Diss. 1977; Grundfragen e. strafrechtl. Schutzes d. Privatheit (Habil.), Druck in Vorb.; D. Strafbarkeit v. Amtsträgern im Umweltbereich; Informationseingriff u. Gesetzesvorbehalt im Strafprozeßrecht; Mitaut. b. Syst. Komm. z. StPO u. b. Karlsruher Komm. z. OWiG.

ROGALLA, Dieter

Dr. jur., Rechtsanwalt, Mitgl. Europ. Parlament (III. Wahlp.) - Harpener Hellweg 152, 4630 Bochum 1 - SPD.

ROGGE, Friedrich-Karl

Fabrikant, gf. Gesellsch. Odenwald Faserplattenwerk GmbH, Amorbach - Beuchener Str. 9, 8762 Amorbach - 1974 Bayer. VO; 1981 Gr. BVK.

ROGGE, Hartwig

Dipl.-Ing., Mitglied Bereichsvorstand d. Bereiches Daten- u. Informationstechnik d. Siemens AG (zuständig f. Werke, Systemtechnik, Qualitätssicherung), München - Otto-Hahn-Ring 6, 8000 München 83 - Geb. 9. Juni 1931 Lübeck, ev., verh., 2 Kd. - Stud. Nachrichtentechnik TH Darmstadt - Mehrere Pat. auf d. Geb. d. Datenverarb. Fachveröff. in Büchern, Tagungsbd. u. Ztschr.

ROGGE, Joachim

Dr. habil., Dr. theol. h. c., Dr. theol. h. c., Prof., Bischof in Görlitz (s. 1986) - Lindenweg 10, O-8900 Görlitz - Geb. 3. Dez. 1929 Halberstadt, ev., verh., 3 Kd. (Dorothea, Roland, Martin) - Abit. 1948; Theol.stud. 1948-53; 1953-59 Wiss. Assist. Humboldt-Univ. Berlin; Promot. Dr. theol. 1955; Ordinat. z. Pastor 1955; Dr. theol. habil. 1959; 1959 Doz. für Kirchengesch. - 1961-74 Pfarrer; 1977 Präs. Kirchenkanzlei d. Ev. Kirche d. Union; 1985 Hon.-Prof. Humboldt-Univ.; s. 1990 Ratsvors. d. Ev. Kirche d. Union (Bereich Ost); Präs. Ev. Haupt-Bibelges. Berlin; Dir. d. Ev. Forsch.akad.; Kurat.-Präs. d. Ostsächs. Hochsch. - BV: Zahlr. Publ. z. dt. Reformat.-gesch., dav. ca. 10 selbst. Einz.schriften, insges. 331 bibliogr. Titel - 1982 Dr. h. c. Univ. Lund; 1989 Dr. h. c. Humboldt-Univ. - Liebh.: Gesch. d. Ev. Kirche d. Union; Ordn. pastor. Dienstes; Samml. v. fremdspr. u. dt. Bibelausg. - Spr.: Hebr., Griech., Lat., Engl., Franz. - Lit.: Glauben u. Erkennen. Festschr. d. Ev. Forsch.akad. f. J. R. (hg. v. H. Karpinski), Manuskr. 1989.

ROGGE, Lothar

Dr. rer. nat., Prof. f. Mathematik Univ.-GH Duisburg - Borbecker Str. 147, 4330 Mülheim - Geb. 17. Mai 1942 Stettin (Vater: Ernst R.; Mutter: Eva, geb. Schilling), T. Susanne - Dipl.-Math. 1967, Promot. 1970, Habil. 1972, alles Univ. Köln - Veröff. aus d. Ber. d. Maßtheorie, Wahrscheinlichkeitstheorie, Math. Statistik, Nichtstandard-Analysis in Fachztschr.

ROGGENBOCK, Jochen

Rechtsanwalt, MdL Schlesw.-Holst. - Oelixdorfer Str. 49b, 2210 Itzehoe - Geb. 18. April 1947 Itzehoe.

ROGGENKÄMPER, Peter

Dr. med., Dr. med. habil., Prof. Univ.-Augenklinik Bonn - Zu erreichen üb. Univ.-Augenklinik, 5300 Bonn-Venusberg - Geb. 10. Sept. 1941, ev. - Stud. Univ. Bonn, Lausanne, München, Wien, Würzburg; Promot. 1968 Würzburg; Habil. 1979 München - Leit. Kinderophthalmologie u. Orthoptistinnenlehranst.; Generalsekr. Intern. Ergophth. Ges. Rd. 100 Fachveröff., vorw. Strabismus, Ergophthalmologie, operative Therapie - Spr.: Engl., Franz.

ROGGENKAMP, Peter

Prof., Pianist - Sülldorfer Knick 9, 2000 Hamburg 55 (T. 040 - 87 33 54) - Geb. 18. Febr. 1935 Hamburg - Univ. u. Musikhochsch. Hamburg - Prof. f. Klavier u. Literaturkunde, Klavier Musikhochsch. Lübeck; 1976-82 Vizepräs.; Konzerttätigk. in fast allen europ. Ländern, in Nord- u. Südamerika sowie in Asien; 1974 Mitgl. Freie Akad. d. Künste in Hamburg; 1990 Gastprof. Arizona State Univ. (USA) - Herausg.: Max Reger: Ausgew. Klavierwerke, 3 Bde. (Breitkopf & Härtel); Vogelstimmen in d. Klaviermusik d. 17.-20. Jh. (Universal Edition); Böhmische Klaviermusik im Zeitalter d. Klassik, 2 Bde. (Universal Edition); Claude Debussy: Ausgewählte leichte Klavierstücke (Universal Edition); Neue Klaviermusik f. Studium u. Unterricht (Breitkopf & Härtel) - Lit.: Riemann Musiklexikon; The New Grove Dictionary of Music and Musicians.

ROGMANN, Norbert

Dr., Hauptgeschäftsführer Bundesverb. d. Dt. Kalkindustrie (s. 1973) - Carl-Zöllig-Str. 39, 4030 Ratingen - Geb. 26. Juni 1934 - Zul. Min. f. Wirtschaft, Mittelstand u. Verkehr Nordrh.-Westf.

ROGOWSKI, Fritz

Dr. phil., Prof., Regierungsdirektor - Wilhelmstr. Nr. 89, 3300 Braunschweig (T. 4 54 84) - Geb. 14. Sept. 1909 Berlin - Stud. Chemie. Habil. 1942 TH Berlin - 1933-44 Assist. u. Abt.sleit. (1941) Kaiser-Wilhelm-Inst. f. Physik Berlin, n. Kriegsende Forschungstätigk. Frankr., ab 1951 Betriebsleit. Riedel-de Haen AG., Seelze, s. 1955 Laborleit. Physikal.-Techn. Bundesanstalt, Braunschweig. S. 1952 Privatdoz. u. apl. Prof. f. Physikal. Chemie (1961) TH bzw. TU Braunschweig.

ROH, Juliane,

geb. Bartsch

Dr. hist. art., Kunsthistorikerin - Frauenchiemseestr. 31, 8000 München 8 (T. 68 86 66) - Geb. 17. Sept. 1909 Duisburg (Vater: Helmut B., Kulturdezern. Mannheim b. 1942), verh. 1946 m. Dr. phil. Franz R., Kunsthist. †1965 (s. XIV. Ausg.) - Univ. München u. Heidelberg (Promot. 1934) - BV: Figur u. Landschaft im ital. Kunstbereich d. 16. u. 17. Jh., 1934; D. neue Wohnung, 1954; Neue Möbel, 1954; Mod. dt. Bildteppiche, 1955; Votivbilder, 1957; Dt. Bildhauer d. Gegenw., 1957; Altes Spielzeug, 1958; Abstrakte Bilder der Natur, 1960; Rolf

Cavael, 1964; Adalbert Trillhaase, 1968; Dt. Kunst seit 1960; Bd. Malerei, 1971, Bd. Druckgraphik, 1974. Viele Kunstaufs. - 1975 BVK I. Kl.

ROHDE, Achim
Dr. jur., Vorsitzender d. FDP-Landtagsfraktion Nordrh.-Westf. - Platz d. Landtags, 4000 Düsseldorf 1 (T. 0211 - 884 22 30) - Geb. 22. Mai 1936, verh., 3 Kd. - Abit.; Stud. Staats- u. Rechtswiss.; 1. u. 2. Staatsex.; Promot. (Dr. jur.) - Regierungspräs. a. D.; Mitgl. Bundesvorst. u. Landesvorst. NRW d. FDP.

ROHDE, Ekkehard
Vorstandsmitglied a.D. Adam Opel AG, Rüsselsheim (1967-82), AR-Mitgl. (1982-87) - Im Robiger 9, 6090 Rüsselsheim/M. - Geb. 23. Jan. 1917.

ROHDE, Fritz Georg
Dr.-Ing., Prof. TH Aachen (s. 1973) - Preusweg 58, 5100 Aachen (T. 0241-78 3 75) - Geb. 19. Juli 1935 Frankfurt/M. (Vater: Fritz R., Baumeister; Mutter: Else, geb. Becker), ev., verh. s. 1963 m. Barbara, geb. Schmidt, 3 Kd. (Cerima, Raju, Gero) - Dipl.ex. 1963 Braunschweig; Promot. 1970 Madras/Indien - 1963 Bauführer; 1964-65 UN-Exp. Afghanistan; 1966 IBM Dtschl.; 1967-70 Obering. ITT-Madras; 1971-1973 Lahmeyer Intern., Frankfurt/M. Mitautor: Energiequellen f. morgen?, 1976; Energiehandb., 1985 - Spr.: Engl., Franz., Persisch (Farsi), Span.

ROHDE, Gerhard
Dipl.-Volkswirt, Hauptgeschäftsführer Handwerkskammer Berlin (s. 1972) - Blücherstr. 68/Mehringdamm 15, 1000 Berlin 61 (T. 2 59 03-01) - Geb. 22. Dez. 1929 - 1972ff. Rundfunkratsmitgl. SFB.

ROHDE, Hanns-Walter
Dr. rer. nat., Prof. f. Math. TH Aachen (s. 1970) - Im Grüntal 103, 5100 Aachen (T. 5 83 71) - Geb. 11. April 1936 Berlin (Vater: Walter R., OStudDir.; Mutter: Lucie, geb. Beese), ev., verh. s. 1968 m. Sigrid, geb. Jeschke, 2 Söhne (Hartmut Volker, Harald Thorsten) - Stud. FU Berlin; Promot. 1962 ebd. - 1962-66 Assist. u. Oberassist. TU Berlin, s. 1966 TH Aachen (Obering.; 1967 Doz.) - Spr.: Engl., Franz., Lat.

ROHDE, Helmut
Journalist, Bundesmin. a.D. f. Bildung u. Wiss. (1974-1978), MdB (1957-87; Wahlkr. 37/Hannover II; stv. Fraktionsvors.), Mitgl. SPD-Parteivorst. u. Bundesvors. Arbeitsgemeinsch. f. Arbeitnehmerfragen (1973-84) - Sanddornweg 3, 5205 St. Augustin (T. 33 35 93) - Geb. 9. Nov. 1925 Hannover (Vater: Schweißer, Parteifunktionär), verh. I). 1950 m. Hanna, geb. Müller, 1 Kd., II.) 1983 m. Ruth, geb. Basenau - Mittelsch. Hannover; 1943-45 Arbeits- u. Wehrdst.; journalist. Ausbild. dpd; Hochsch. f. Arbeit, Politik u. Wirtschaft, Wilhelmshaven - Ab 1949 Redakt. dpa u. Presseref. Nieders. Sozialmin. (1953), 1969-74 Parlam. Staatssekr. Bundesmin. f. Arbeit u. Sozialordn. 1964ff. Mitgl. Europ. Parlam. Mehrere J. Vors. Jungsozialisten Hannover. SPD s. 1945 (s. 1979 stv. Vors. Bundestagsfraktion); s. 1985 Lehrbeauftr. Univ. Hannover u. Bochum - 1974 Paul-Klinger-Preis Bundesfachgr. f. Schausp. u. Regiss. - Spr.: Engl.

ROHDE, Hubert
Dr. phil., Prof., Erziehungswissenschaftler, Generalsekr. d. dt.-franz. Kulturrates (1989), ehem. Intendant Saarl. Rundfunk - Zu erreichen üb. Saarl. Rundf., Postf. 10 50, 6600 Saarbrücken (T. 0681 - 60 22 00) - Geb. 28. Febr. 1929 Hildesheim (Vater: Hermann R., Kaufm.; Mutter: Maria, geb. Algermissen), kath., verh. s. 1960 m. Karin E., geb. Attorf, 4 Kd. (Bernadette, Daniela, Dominicus, Sebastian) - Stud. 1949-56 an in- u. ausl. Univ. (Päd., Phil., Psych., Soziol., Gesch., Religionswiss. u. Kunstgesch. u. Archäol.); Promot. 1953 -

1953-59 Tätigk. in d. Erwachsenenbild. u. außerschul. Jugendarb.; 1959 PH Paderborn (Allg. Päd.), 1962 PH d. Saarl. (Systemat. u. Hist. Päd.), 1965-69 Rektor bzw. Prorektor ebd.; 1965-77 Mitgl. Programmbeirat SR, 1970-77 SR-Vertr. im Programmbeirat Dt. Fernsehen (ARD), 1975-77 Vors. ebd.; 1968-74 Bürgerm. Heckendalheim; 1970-77 MdL Saarl. (1970-75 Vors. Aussch. f. Kultus, Bildung u. Sport, 1975-77 Vizepräs. d. Landtags); 1971-75 Ausschußvors. Bildungskommiss. dt. Bildungsrat; 1978 Vors. Dt.-Franz. Hörfunk-Kommiss. - BV: Mensch ohne Gott, 1962; Verwirklichung d. Person, 1965; D. Nationalsozialismus, 1969; Orientierungen, 1975 - 1981 franz. Orden Ritter d. Ehrenlegion; 1982 ital. Orden Commendatore dell' Ordine al Merito della Republica Italiana; 1985 Komturkreuz Päpstl. Gregoriusorden; 1986 Straßburg-Gold-Med. Hbg. Stiftg. F.V.S.; 1988 Kommandeurskreuz luxemburg. VO. - Bruder: Prof. Dr. med. Bernward TH. R.

ROHDE, Joachim
Rechtsanwalt, Geschäftsf. Rechtsschutzgemeinschaft Wein - Am Wall 166/67, 2800 Bremen - Geb. 21. Juli 1915.

ROHDE, Jochen
Dipl.-Kfm., Howaldtswerke - Deutsche Werft AG - Postf. 6309, 2300 Kiel 14 (T. 0431 - 700 2403) - Geb. 13. Febr. 1936 Hannover - Univ. Hamburg u. Hannover (Betriebswirtsch.), Ex. 1961.

ROHDE, Klaus Erich

Dr. rer. pol., Prof. f. Wirtschaftl. Staatswissenschaften, insbes. f. Entwicklungspolitik - Wendelstadtallee 19, 5300 Bonn-Bad Godesberg (T. 33 20 26), 2. Wohns. Cambridge/Engl.) - Verh., 3 Kd. - S. 1966 (Habil.) Lehrtätigk. Univ. Bonn (Doz.), Univ. Erlangen-Nürnberg (1969 Ord.), Bonn (1972). Gastprof. Ausl. Hauptarbeitsgeb.: Entwicklungs- u. Wirtschaftspolitik. Div. Fachveröff., auch Bücher. Zahlr. Forsch.aufenthalte, bes. im Mittl. Osten, Südostasien, Nordafrika, Lateinamerika, Taiwan, VR China u. Korea - Vorstandstätig. in länderkundl. Ges.

ROHDE, Max Peter
Dr.-Ing., Vorstandsmitgl. Ruhrkohle AG (s. 1982, Ressort Verkauf u. Handel) - Rellinghauser Str. 1, 4300 Essen 1 - Geb. 27. Nov. 1940 Prag (Vater: Max Ludwig R., Bankdir. † 1985; Mutter: Luise Margarete, geb. Salzbrunn), ev., verh. s. 1971 m. Elisabeth, geb. v. Menges, 2 Söhne - Stud. Univ. bzw. TH Göttingen, Clausthal, Berlin, Golden (Colorado/USA; Engineer of Mines). Dipl.-Ing. u. Dr. Ing. TU Clausthal - 1968-69 Essener Steinkohle AG; 1969-82 Saarbergwerke AG.

ROHDE-RUDOLPHI, Hans J.
Unternehmensberater u. Inhaber h r c Rohde-Rudolphi Consulting München, gf. Gesellsch. Rohde Marketing Service GmbH - Steinhauserstr. 54, 8000 München 80 - Geb. 27. April 1925 Köln (Va-

ter: Hanns R., Fabrikant; Mutter: Maria, geb. Asselborn), ev., verh. s. 1970 m. Ingrid, geb. Rudolphi - Zul. Prok. Siemens AG. Leitg. Dt. Funkausstell. Düsseldorf (1970) u. Intern. Funkausst. Berlin (1971 u. 73). Mitautor: So wirbt Siemens - Kommunikation in d. Praxis (1971) - Spr.: Engl.

ROHDEWALD, Margarete
Dr. phil., Prof., Wiss. Rätin i. R., Biochemikerin - Poppelsdorfer Allee 69, 5300 Bonn (T. 21 79 34) - Geb. 1. April 1900 - S. 1952 (Habil.) Lehrtätig. Univ. Bonn/Med. Fak. (1958 apl. Prof. f. Physiol. Chemie). Fachveröff.

ROHE, Bernhard F.
Intendant RIAS Berlin (s. 1987) - Kufsteiner Str. 69. 1000 Berlin 62 (T. 030 - 850 34 00) - Geb. 16. Sept. 1939 Hannover, kath., verh. m. Claudia Eva, geb. Didier, Fernsehregiss. - Abit. 1960; 1960-65 Stud. Rechtswiss. u. Kunstgesch. Univ. München, Münster u. Köln - S. 1965 Reporter u. Autor f. Hörf. - Ferns. WDR: Kultur u. kulturpolit. Themen sow. Darst. reg. u. landespolit. Ereignisse; s. 1977 Ref. u. Chef v. Dst. FS-Chefredakt. WDR; 1980 stv. Leit. Landesredakt. FS WDR; 1981 Hörfunkleit. Landesfunkhaus Nieders. d. NDR in Hannover.

ROHE, Hans
Geschäftsf., MdL Nordrh.-Westf. (s. 1975) - Sigurdstr. 13, 4950 Minden (T. 3 14 79) - Geb. 15. Dez. 1931 - SPD.

ROHE, Karl
Dr. phil., Prof. f. Politische Wissenschaft - Mülheimer Str. 65, 4300 Essen 1 (T. 74 48 85) - Geb. 25. Nov. 1934 Löningen (Vater: Clemens R., Lehrer; Mutter: Antonia, geb. Ostendorf), kath., verh. s. 1968 m. Brigitta, geb. Hetkemper, 2 Kd. (Bernd-Patrick, Katharina) - Human. Gymn. Cloppenburg; Stud. Freiburg, Münster, Oxford - S. 1972 o. Prof. f. Pol.wiss. Univ. GH Essen - BV: D. Reichsbanner Schwarz-Rot-Gold, 1966; Politik - Begriffe u. Wirklichk., 1978; Politik u. Ges. im Ruhrgebiet, 1979; D. Westmächte u. d. Dritte Reich 1933-39, 1982; V. Revier z. Ruhrgebiet, 1986; Engl. Liberalismus, 1987; Krise in Großbritannien, 1987; Elections, Parties and Political Traditions in Germany, 1990.

ROHEN, Johannes W.
Dr. med., Prof. f. Anatomie - Krankenhausstr. 9, 8520 Erlangen - Geb. 18. Sept. 1921 Münster/Westf. (Vater: Johann R., Ing.; Mutter: Sophia, geb. Warnsmann), verh. s. 1948 m. Sigrid, geb. Reichart - Univ. Köln, Freiburg, Breslau, Tübingen. Promot. 1947; Habil. 1953 - 1953 Privatdoz. Univ. Mainz.; 1959 apl. Prof. ebd.; 1963 ao. Prof. Univ. Gießen; 1970 o. Prof. Univ. Marburg (Dir. Anat. Inst.), 1974 o. Prof. Univ. Erlangen (Dir. Anat. Inst.). Gast Univ. St. Louis (USA), Ahwaz (Iran), Kampala (Brit. Ost-Afrika) - BV: Funktionelle Gestalt d. Auges, 1953; D. Sehor-

gan in Primatologia, 1962; Morphol. u. Pathol. d. Kammerbucht, 1959 (m. Hanns-Hellmuth Unger); Topogr. Anat., 8. A. 1987; Funkt. Anat. d. Nervensystems, 4. A. 1985; Funkt. Anat. d. Menschen, 5. A. 1987; Funkt. Histol.(m. Elke Lüttjen-Drecoll), 1982. Etwa 250 Einzelarb. - 1955 v.-Graefe-Preis Dt. Ophthalmol. Ges.; 1968 o. Mitgl. Akad. d. Wiss. u. d. Lit., Mainz; 1985 Mitgl. Dt. Akad. Leopoldina, Halle u. Preis d. Alcon-Research Instituts, Fort Worth (Texas/USA).

ROHLFES, Joachim
Dr. phil., Prof., Hochschullehrer - Am Rehhagen 16, 4800 Bielefeld (T. 10 20 99) - Geb. 11. Dez. 1929 Stendal/Altmark (Vater: Otto R., Oberlandw.s-rat; Mutter: Else, geb. Riemann), ev., verh. s. 1969 m. Ingeburg, geb. Fahlenbock, 3 Kd. (Ulrike, Niklas, Oliver) - Gymn.; Stud. Gesch., Dt., Lat. Promot. 1955 Göttingen - 1956-68 Studien- u. Oberstudienrat; 1968-80 o. Prof. Päd. Hochsch. Westf.-Lippe/Abt. Bielefeld (Polit. Bild. u. Didaktik d. Gesch.); s. 1980 Prof. Univ. Bielefeld - BV: Histor. Gegenwartskunde, 1970; Umrisse e. Didaktik d. Gesch., 5. A. 1979; Staat u. Nation i. 19. Jahrh., 1975; D. Vereinigten Staaten v. Amerika, 1980; Geschichte u. ihre Didaktik, 1986; Juden in d. Vereinigten Staaten, 1990 - Spr.: Lat., Engl., Franz.

ROHLFS, Eckart

Dr. phil., Bundesgeschäftsführer Wettbew. Jugend musiziert, Bildungsref. Dt. Musikrat (s. 1963), stv. Vors. Bundesakad. f. musikal. Jugendbild. Trossingen (s. 1970), Generalsekr. Europ. Union d. Musikwettbewerbe f. d. Jugend, Brüssel (s. 1988), Redakt. Neue Musikztg. (s. 1952), Vors. Musikal. Jugend Dtschl., LV. Bayern, stv. Vors. Jugendmusiksch. Gräfelfing - Jahnstr. 31a, 8032 Lochham/Gräfelfing (T. München 854 22 84); Büro: Herzog-Johann-Str. 10, 8000 München 60 (T. 834 40 71) - Geb. 23. Dez. 1929 Tübingen (Vater: Prof. Dr. phil. Drs. h. c. Gerhard R., Romanist (s. XVII. Ausg.); Mutter: Ruth, geb. Helbig), ev., verh. s. 1959 m. Holle, geb. Hartmann, 4 Töcht. (Regine, Ines, Beate, Katrin) - Gymn.; 1950-52 Lehre Musikverlag u. Musikalienhandel; Univ. München (Zeitungs- u. Musikwiss.; Promot. 1957) - 1957-59 Verlagslektor (Dreiklang-Dreimasken). 1959-74 Generalsekr. Musikal. Jugend Dtschl.; 1966-75 Vorst.-Mitgl. Verb. dt. Musiksch.; 1964-77 Bundesgf. Verb. Dt. Musikerz. u. konzert. Künstler; 1975-84 Bundesvors. Gewerkschaft Dt. Musikerz. u. konzert. Künstler; 1976-84 Vorst.-Mitgl. Gewerksch. Kunst im DGB; 1959-83 Vorst.-Mitgl. Musikal. Jugend Dtschl. - Zahlr. Beitr. Sammelbde. u. Ztschr. - D. deutschspr. Musikperiodica 1945-57 (1961). Herausg.: Musikal. Begabungen finden u. fördern (1986); Musik-Almanach, Musikleben Bundesrep. Dtschl. 1986/87 (1986); Handb. Musikberufe (1988); Invention u. Durchführung 25 Jahre Wettbewerbe Jugend musiziert

(1991) - Liebh.: Musik (Flöte, Orgel u. a.), Garten.

ROHLFS, Jürgen
Dr. rer. nat., o. Prof. f. Mathematik Kath. Univ. Eichstätt - Gartenstr. 5, 8079 Enkering (T. 08467 - 6 09) - Geb. 11. April 1942 Haderslev (Dänemark) (Vater: Hans-Heinrich R., Pastor; Mutter: Wilhelmine, geb. Rottgardt), ev.-luth., verh. s. 1968 m. Maike, geb. Hinrichsen, 5 Kd. (Henning, Sönke, Wibke, Christian, Matthias) - Dipl.-Math. 1968, Promot. 1970 Hamburg, Habil. 1976 Bonn -1970 wiss. Assist. Bonn; 1979 apl. Prof. ebd.; 1980 o. Prof. Eichstätt.

ROHLFS, Kristen
Dr. rer. nat., Prof. f. Astrophysik - Neulingsiepen 13, 4630 Bochum 1 - Geb. 13. Mai 1930 Humptrup (Vater: Hans Heinrich R., Pastor; Mutter: Ite, geb. Rottgardt), ev., verh. s. 1962 m. Irene, geb. Troll, 2 S. (Wolfgang, Bernhard) - Stud. Hamburg, Tübingen; Promot. 1961, Habil. 1965 - 1974 o. Prof. Univ. Bochum - BV: Lectures on Density Wave Theory, 1977 (Übers. russ. 1983); Radioastronomie, 1980; Tools of Radio Astronomy, 1986; D. Ordnung d. Universums, 1992.

ROHLMANN, Rudi
Dr. phil., Dipl.-Hdl., Geschäftsführer Redakteur Hess. Blätter f. Volksbildung, stv. Vors. Dt. Volkshochschul-Verb., Lehrbeauftr. Verw.-FHS Wiesbaden - Bruno-Stürmer-Str. 21, 6000 Frankfurt/M. (T. 35 51 31) - Geb. 15. Mai 1928 Rheine/W., verh. s. 1952 m. Hildegard, geb. Späth - 1946-48 Verw.lehre; 1949-50 Akad. d. Arbeit; 1950-67 Fernlehrinst. d. DGB (1964-67 Inst.-Leit.) - 1967-70 parlam. Geschäft. u. stv. Vors. SPD-Fraktion, MdL Hessen (1958-62, 1965-82), 1970-80 Vors. Rundfunkrat HR - BV: Volkshochschule in Hessen (m. V. Otto), 1982; Strukturanalyse d. allgemeinen Weiterbildung, 1989; Im Dienst d. Volksbildung, 1991 - 1982 Gr. BVK - Spr.: Engl.

ROHLOFF, Adalbert
Dipl.-Volksw., Geschäftsführer PK Berlin-Projektges. f. Kabelkommunikation mbH, gf. Vorst.-Mitgl. Bildschirmtext-Anbieter-Vereinigung (Btx-A.V.), Vors. Berliner Presse Club - Voltastr. 5, 1000 Berlin 65 (T. 030 - 4 60 02-1 10) - Geb. 1933 Westpreußen - FU Berlin (Volksw., Publiz.)

ROHLOFF, Heide Norika

Dr. phil., Univ.-Prof. Engl. Sem. Univ. Hannover - Königstr. 9 A, 3000 Hannover 1 (T. 0511 - 34 29 18) - Geb. 28. Jan. 1936 Spandau, kath. - Stud. PH Alfeld (Päd.); 1. u. 2. Staatsprüf. Lehramt 1961/63; Univ. Hannover (Angl., Phil., Päd.); Promot. 1970 - 1961 Lehrerin; 1966 Päd. Assist.; 1970 wiss. Assist.; 1972-74 Akad. Rätin/Oberrätin; 1973 Akad. Dir.; 1985 Prof. Univ. Hannover; 1985 gf. Dir. d. Engl. Sem.; s. 1991 Dekanin FB Literatur- u. Sprachwiss. S. 1986 Vertrauensdoz. d. Cusanuswerks. Initiatorin u. Ensemblemitgl. d. hannoverschen Kabaretts "Störfall" - BV: Klassizismus u. Beginnende Romantik, 1971; Miltons L'Allegro u. Il Penseroso, 1973; Großbrit. u. Hannover. D. Zeit d. Personalunion 1714-1837, 1987; Königlich-Großbritannisch-Hannoversche Reminiszenzen, 1991; Napoleon kam nicht nur bis Waterloo, 1992; weitere Veröff. z. engl. Lit. u. engl. u. europ. Kulturgesch. - Liebh.: Malerei, Graphik, wiss. Leitung v. Studienreisen, Organisatorin zahlr. Projekte auf d. Gebiet d. deutsch-brit. Kulturbezieh. - Spr.: Engl., Lat.

ROHLOFF, Paul
Dr. jur., ehem. Rechtsanwalt - Eichenweg 28, 2053 Schwarzenbek (T. 23 08) - Geb. 15. Dez. 1912 Hamburg (Vater: Paul R.; Mutter: Hedwig, geb. Lewerenz), ev., verh., 2 Kd. - Oberrealsch.; Univ. München u. Hamburg (Rechts- u. Staatswiss.); Promot. 1939 - Wehrdst. (gegenw. Major d. R. Bundeswehr) - 1955-70 MdK Herzogtum Lauenburg (Fraktionsvors.); 1950-54 u. 1958-71 MdL Schlesw.-Holst. (1964-71 Präs.). 1946 FDP, 1951 Dt. Samml., 1953 CDU - Frhr.-v.-Stein-Plak.; 1966 Großkreuz VO. BRD; 1968 Ehrenbürger Austin/Texas (USA) - Liebh.: Reiten - Spr.: Franz.

ROHMANN, Gerd
Dr., Prof. f. Anglistik Univ.-GH Kassel - Blumenstr. 4, Gieselwerder, 3525 Oberweser 1 (T. 05572 - 14 75) - Geb. 3. Okt. 1940 Süchteln/Rhld. (Vater: Karl, Amtsger.dir.; Mutter: Hanna Hülsemann), ev., verh. s. 1973 in 2. Ehe m. Sigrid Schöll-Lambrecht, 3 Kd. (Cordelia, Olivia, Oliver) - 1960-65 Stud. Angl., Roman., Phil., Psych., Politik, Erziehungswiss. Univ. Marburg, Paris, London; Staatsex. 1965, Promot. 1968 - 1966-67 Forschungsst. f. Vergl. Erziehungswiss. Marburg; 1968-72 Wiss. Assist. Engl. Sem. Marburg; 1972-73 Prof. Univ. Marburg; s. 1974 Prof. f. Angl. Literaturwiss. Univ. Kassel. (1974-75 Dekan Fak. Sprache u. Lit., 1988/89 Dekan FB Anglistik/Romanistik, 1980-82 u. s. 1991). S. 1981 Naturschutzbeirat BFN Kassel - BV: Aldous Huxley u. d. franz. Lit., 1968; George Bernard Shaw, 1976; Laurence Sterne, 1980; Samuel Beckett u. d. Lit. d. Gegenw., 1988; Klassiker-Renaissance: Mod. d. Gegenwartsliteratur, 1991 - Liebh.: Naturschutz, Jagd, Seekajakfahren - Spr.: Engl., Franz., Ital., Span., Niederl.

ROHMERT, Walter
Dr.-Ing., o. Prof. u. Direktor Inst. f. Arbeitswissenschaft TH Darmstadt (s. 1963), Vorstandsmitgl. Intern. Ergonomics Assoc. (s. 1964), RKW-Landesverb. Hessen (s. 1964), Vors. Ges. f. Arbeitswiss. (s. 1965), REFA-Bezirksverein Darmstadt (s. 1965), REFA-Landesverb. Hessen (s. 1967), Directeur des travaux Europ. Gemeinsch. f. Kohle u. Stahl (s. 1965) - Petersenstr. 18, 6100 Darmstadt - Geb. 21. Okt. 1929 Gladbeck/W. (Vater: Bernhard R.; Mutter: Bernardine, geb. Jockenhöfer), kath., verh. s. 1956 m. Gisela, geb. Norpoth, 4 Kd. (Elisabeth, Katharina, Franziskus, Johanna) - TH Aachen (Elektrotechnik; Dipl.-Ing. 1955). Promot. (1959) u. Habil. (1962) Aachen - 1955-56 Industrie; 1956-63 Max-Planck-Inst. f. Arbeitsphysiol. (Wiss. Mitarb.) - BV: Stat. Haltearbeit d. Menschen, 1960; Arbeitsgestaltung u. Muskelmüdigkeit, 1963; Körperkräfte im Bewegungsraum, 1963; Arbeitsphysiol. Bewertung u. Verbesserung d. Arbeit m. Arm-Prothesen, 1966; Ergonomische Prüfliste f. d. Arbeitsschutz m. Einhang, 1974; Ergonomische Leitregeln z. menschengerechten Arbeitsgestalt. (Katalog arbeitswiss. Richtlinien üb. d. menschengerechte Gestalt. d. Arb. BVG §§ 90, 91), 1974; Entw. u. Erkenntnisse d. Arbeitswiss., 1974 - 1974 Sir Frederic Bartlett Medal, England.

ROHNER, Heinz Georg
Dr. med., Prof., Internist, Chefarzt Innere Abt. d. Marienkrkhs. Schwerte (s. 1988) - An der Gänsekuhle 2, 4709 Bergkamen-Weddinghofen - Geb. 16. Apr. 1943 Hammelburg, kath., verh. s. 1976 m. Irmgard, geb. Hufnagel, 4 Kd. (Anna, Benjamin, Lisa, Marcus) - Stud. Univ. Bonn (Med.), 7 J. Facharztausb. Med. Univ.-Klinik Bonn (Zusatzbezeichn. Gastroenterologie) - 1977-84 Oberarzt Barbara Hospital Gladbeck; 1984-88 Chefarzt Katharinen-Hospital Unna; 1985 Prof. Univ. Bonn; s. 1990 Vorst.-Vors. d. Dt. Gesundheitshilfe - Sektion Leber, Magen, Darm (m. Haupts. in Frankfurt) - 130 wiss. Publ., sehr aktiv im Fortbildungswesen - Spr.: Engl.

ROHR, von, Hans Christoph
Dr. jur., Rechtsanwalt, Vorstandsvorsitzender Klöckner-Werke AG (s. 1991) - Klöcknerstr. 29, 4100 Duisburg 1 - Geb. 1. Juli 1938 Stettin, verh., 2 Kd. - Univ. Heidelberg, Wien, Bonn, Kiel (Rechts-, Staatswiss., Volksw.). Fulbright-Stip. Princeton Univ. USA. Jurist. Staatsprüf. 1962 (Schleswig). u. 67 (Hamburg); Promot. 1968 (Bonn) - S. 1968 nordd. Industriebetrieb (Assist.), dt. Handelsges. Argentinien (1971, General Manager), Hbg. Handels- u. Schiffahrtsuntern. (1974); stv. Vors. d. Wirtsch.rates d. CDU e.V., Bonn. Mitgl. d. Vorst. Klöckner-Werke AG.

ROHR, Rupprecht

Dr. phil., Prof. f. Romanistik, Balkanologie - Pfalzring 135, 6704 Mutterstadt (T. 06234 - 17 55) - Geb. 17. Nov. 1919 Berlin (Vater: Dr. Johannes R., Oberstudienrat; Mutter: Käthe, geb. Valk), ev., verh. s. 1946 m. Erna, geb. Patz, T. Gabriele - Reform-Realgymn. Berlin b. 1938; Dolmetschersch. (1946-48; Franz., Span.); FU ebd. (1948-54; Roman., Balkanol., Iran.). Promot. (1954) u. Habil. (1961) Berlin - 1948-61 VHS-Doz.; 1954-65 Assist. u. Privatdoz. (1961) FU Berlin; s. 1965 o. Prof. WH bzw. Univ. Mannheim; 1969-82 Dir. Inst. f. Komm.- u. Medienforsch. Mannheim; s. 1979 Mitgl. wiss. Beirat d. Südosteuropages. München. Präs. wiss. Beirat d. Aromunischen Union. Fachmitgliedsch. - BV: Acquaformosa - E. alban. Kolonie in Nord-Kalabrien, 1954 (Diss.); D. Schicksal d. betonten lat. Vokale in d. Prov. Lugdunensis Tertia, d. spät. Kirchenprov. Tours, 1963; Einf. in d. Stud. d. Roman., 3. A. 1980; Franz. Syntax - Z. Beschreibung morphosyntakt Phänomene d. Französischen, 1971; Matière, Sens, Conjointure - Methodolog. Einf. in d. franz. u. provenzal. Literatur d. Mittelalters, 1979; Aspekte d. allg. u. franz. Sprachwiss., 1980; Sigmatik. Bezieh. zw. sprachl. Zeichen u. Außenwelt, 1988; D. Aromunen, Sprache, Geschichte, Geographie, 1988 - Spr.: Franz., Span., Ital., Rumän., Alban. - Lit.: Festschr. f. R. R. z. 60 Geburtstag (hg. v. W. Bergerfurth u. a.), 1979; z. 70. Geb. (hg. v. G. Birken-Silverman u. G. Rössler), 1991.

ROHRBACH, Christof
Dr.-Ing., Vizepräsident u. Prof. Bundesanstalt f. Materialforsch. u. -prüfung (BAM) i. R. - Kleiberweg 5, 8411 Deuerling (T. 09498 - 85 57) - Geb. 7. März 1925 Münster (Vater: Wilhelm R., Beamter; Mutter: Franziska, geb. Deimel),

kath., verh. s. 1952 m. Charlotte, geb. Hahn, 4 Töcht. (Monika, Maria, Margot, Mechthild) - 1946-50 Stud. TH Aachen, Dipl.-Ing. 1950, Promot. 1955 - 1950-55 Wiss. Angest. Max-Planck-Inst f. Eisenforsch.; 1955-63 Laborleit. BAM Berlin, 1964-67 Fachgruppenleit., 1967-77 Abt.-Leit., 1977 Vizepräs. BAM. Zahlr. Ehrenstell., u.a. 1971 Vorst. Dt. Verb. techn.-wiss. Vereine DVT, Düsseldorf u. 1971-83 Vors. d. Berliner Verb. - Rd. 20 Patente - BV: Handb. f. elektr. Messen mech. Größen, 1967; Handb. f. Spannungs- u. Dehnungsmessung, 1958 (auch Russ.). Herausg.: Werkstoffe - erforschtgeprüft-verarb. (1971); Handb. f. fluid. Meßtechnik (1977); Oberflächentechnik (1981); Handb. f. exper. Spannungsanalyse (1989) u.a. Rd. 60 techn.-wiss. Veröff. - 1956 Ehrenring Verein Dt. Ing. (VDI); 1985 BVK I. Kl.; 1988 Ehrenmitgl. d. Generalrates d. Int. Meßtechn. Konföderation (IMEKO); 1991 Distingnished Service Award (IMEKO) - Liebh.: Sport, Lit. - Gold. Sportabz. (27 ×) - Spr.: Engl.

ROHRBACH, Günter
Dr., Prof., Geschäftsführer Bavaria Film GmbH (s. 1979) - Bavariafilmplatz 7, 8022 Geiselgasteig - Geb. 23. Okt. 1928 Neunkirchen/Saar - Nebenamtl. Abt.leit. u. Hon.-Prof. an d. Hochsch. f. Fernsehen u. Film München.

ROHRBACH, Hans-Jörg
Unternehmer, Vors. Bundesverb. Leichtbetonzuschlag-Industrie - Zu erreichen üb.: Gammertinger Str. 4, 7000 Stuttgart 80.

ROHRBACH, Rolf
Dr. med., Prof. f. Pathologie - Goetheplatz 2, 7800 Freiburg (T. 0761 - 7 45 91) - Geb. 6. Juni 1939 Lollar (Vater: Erich R., Kaufm.; Mutter: Elisabeth, geb. Deibel), ev., verh. s. 1972 m. Dr. Monika R. - Abit. 1959 Gießen, Med.-Stud. Univ. Gießen, Staatsex. 1965, Promot. 1965 Gießen, Habil. 1973 Freiburg - 1967-73 wiss. Assist. Univ. Gießen u. Freiburg, 1970-71 WHO-Stip. Univ. Oslo, 1974 Oberarzt Path. Inst. Freiburg, 1978 Prof. Univ. Freiburg - BV: Hdb. d. allg. Pathol., Bd. 6, 1975; Z. Steuerung d. Zellproliferation d. Chalone, 1975; Lehrb.beitr. u. ca. 70 Publ.

ROHRBACH, Wilhelm
Dr.-Ing., Dipl.-Ing., Unternehmensberater, Lehrbeauftragter f. Immobilienwirtschaft an d. TH Darmstadt - Geb. 6. April 1923 Kieslingswalde, kath., verh. - Abit. 1951; 1951-56 Stud. (Dipl.-Ing.); Promot. 1961 - Ab 1962 Philipp Holzmann AG (Abt.Leit., Geschäftsf., Prok., Dir.); 1978-81 Sprecher Geschäftsfg. Zenker-Häuser, 1980-81 Geschäftsf. Zenker + Quelle Häuservertriebs-GmbH, 1982-88 Sprecher Geschäftsfg. Dt. Grundbesitz-Investmentges. mbH (DGI) i. R.

ROHRER, Rudi
Oberstudiendirektor - Holunderweg 10,

7300 Esslingen (T. 0711 - 37 16 03) - Geb. 24. März 1915 Reutlingen - Ehrenvors. Bundesverb. Lehrer an berufl. Schulen, Landesverb. Baden-Württ. - BVK I. Kl.

ROHRLICH, Matei

Dr. phil., Prof., Direktor i. R., Getreideforscher - Sulzaer Str. 2, 1000 Berlin 33 (T. 826 13 31) - Geb. 28. Okt. 1906 Jassy (Rumän.) - TH München, Univ. Berlin - Langj. Dir. Bundesforschungsanst. f. Getreideverarb., Berlin/Detmold. S. 1952 (Habil.) Privatdoz. u. apl. Prof. (1959) TU Berlin (Getreideverwert.). Vors. Berliner Ges. f. Getreideforsch. - BV: D. Getreide, 2 Bde. 2. A. 1966/67; Getreideenzyme - Eigenschaften/Analytik/Bedeut., 1968; Kleberforsch., Brot - ewiges Motiv künstler. Schaffens. Zahlr. Fachaufs.

ROHRMOSER, Günter

Dr. phil., Prof., Hochschullehrer - Berner Str. 19, 7000 Stuttgart 75 (T. 47 56 04) - Geb. 29. Nov. 1927 - Habil. 1961 Köln; 1962-76 Prof. Päd. Hochsch. Münster bzw. Westf.-Lippe/Abt. Münster II (Ord. f. Phil.); Honorarprof. Univ. Köln; s. 1976 Ord. f. Sozialphilos. Univ. Hohenheim - BV: D. Elend d. krit. Theorie, 5. A.; Herrschaft u. Versöhnung, 1972; Nietzsche u. d. Ende d. Emanzipation, 1971; Zeitzeichen - Bilanz e. Ära, 2. A.; Zäsur - Wandel d. Bewußtseins, 1979; Krise d. polit. Kultur, 1983; Geistiger Umbruch - Bilanz d. marxis. Epoche, 1983; Geistige Wende - warum?, 1984; Religion u. Politik in d. Krise d. Moderne, 1989; Ideologie-Zerfall. Nachruf auf d. geistige Wende, 1990; Deutsch-Russischer Dialog. Wiederkennung, 1992.

ROHS, Hans-Günther

Dr.-Ing., Prof. - Neuffenstr. 9, 7324 Rechberghausen/Württ. (T. Göppingen 56 93) - Geb. 5. Febr. 1926 - S. 1960 (Habil.) Lehrtätig. TH Aachen (1966 apl. Prof.; Sonderfragen d. Werkzeugmaschinenbaues). Facharb.

ROHWER, Jens

Dr. phil., Prof., Komponist - Lutherstr. 16, 2400 Lübeck - Geb. 6. Juli 1914 Neumünster/Holst. (Vater: Klaus R. Kaufm.; Mutter: Charlotte, geb. Wagner), ev., verh. m. Gabriele, geb. Zimmermann, 6 Kd. - Prüfung f. d. künstler. Lehramt (Schulmusik, Kompos.) 1938 Berlin; Promot. 1958 Kiel - S. 1943 Lehrtätigk. Gaumusikschule Posen (b. 1945) u. Schlesw.-Holstein. Musikakad. u. Nordd. Orgelsch. Lübeck (1946; 1955 Dir.). Begr. u. Mitleit. Barsbütteler Arbeitswochen f. neue Kompos. Zahlr. Werke, dar. f. d. Bühne (Chelion Tanzpantomime, 1967), f. Orchester (Mixolyd. Konzert, Konzert f. Orch. u. Klavier, div. Kammerorchesterkonzerte), Kammermusik (Streichquartett 1968, Sonaten f. Violine u. Klavier, Klarinette u. Klavier, Blockflöte u. Klavier, Cembalo u. a.), Orgelmusik (4 Fantasien, 7 Choralfantasien), Chormusik (Christus Triumphator 1965, V. Psalm 1970, Verlesung d. Paulus-Briefes 1972, Motetten, Weinheber-Chansons), Heraklitchöre, weitere Kammermusik- u. Klavierwerke (1973ff.), neue gottesdienstl. u. polit.-satir. Lieder (1974-86) - BV: Tonale Instruktionen u. Beitr. z. Kompositionslehre, 1950; Neueste Musik - E. krit. Bericht, 1964; D. harmon. Grundl. d. Musik, 1969; Sinn u. Unsinn d. Musik, 1969 - 1953 Schlesw.-Holst. Kunstpreis f. Musik; Aktiv in Südafrikahilfe und AI.

ROHWER, Jürgen

Dr. phil., Prof., Direktor Bibliothek f. Zeitgeschichte Weltkriegsbücherei (1959-89), Vors. d. Kuratoriums d. Stiftg. Bibl. f. Zeitgesch. (s. 1989), Präses Arbeitskr. f. Wehrforsch. (1971-91), Vizepräs. Commission Internationale d'Histoire Militaire, Hauptschriftl. Marine-Rundschau (1958-86) - Konrad-Adenauer-Str. 8, 7000 Stuttgart (T. 236 46 41, Fax 262 19 36) - Geb. 24. Mai 1924 Friedrichroda/Thür. (Vater: Dr. med. Ernst R., prakt. Arzt; Mutter: Marta, geb. Hundertmark), verh. s. 1955 m. Evi, geb. Katczor, 2 Söhne (Jochen, Jens) - 1935-42 Gelehrtensch. d. Johanneums Hamburg; 1947-52 Univ. ebd. (Gesch., Geogr., Staatsrecht). Promot. 1953 - 1942-45 Kriegsdst.; 1945-47 Bauarb.; 1954-59 Geschäftsf. Arbeitskr. f. Wehrforsch. - BV: Seemacht heute, 1957 (auch russ.); Entscheidungsschlachten d. II. Weltkr., 1960 (auch finn., schwed., span., engl., ital.); U-Boote - E. Chronik in Bildern, 1962; 66 Tage unt. Wasser - Atom-U-Schiffe u. Raketen, 1965; D. U-Booterfolge d. Achsenmächte, 1968 (engl. 1983); Chronik d. Seekrieges 1939-45, 1968 (auch engl.), erw. 2. A. 1992; Seemacht v. d. Antike bis z. Gegenw., 1974 (m. E. B. Potter, Ch. W. Nimitz); Superpower Confrontation on the Seas, 1975; Geleitzugschlachten im März 1943, 1975 (auch engl.). Herausg.: D Sowjetflotte im II. Weltkrieg (1966), D. Funkaufklärung u. ihre Rolle in Zweiten Weltkrieg (1979), Kriegswende Dezember 1941 (1984), D. Mord an d. europ. Juden (1985), Neue Forsch. z. Ersten Weltkrieg (1985), Neue Forschungen z. Zweiten Weltkrieg (1990), Jahresbibliogr. Bibl. f. Zeitgesch. (jährl.), Schr. BfZ (1-2 Bde. jährl.), Reihen Arbeitskr. f. Wehrf. Zahlr. Einzelarb. - Liebh.: Schiffe.

ROHWER-KAHLMANN, Harry

Dr. jur., Prof., Gerichtspräsident a.D. - Schubertstr. 27a, 2800 Bremen (T. 34 57 47) - Geb. 13. Sept. 1908 Halle/S. (Vater: Willy Kahlmann, Kaufm.; Mutter: Marie, geb. Süchting), ev., verh. in 2. Ehe (1948) m. Ingeburg, geb. Wiegels, 4 Söhne (Frank, Stephan, Thomas, Andreas) - Schiller-Realgymn. u. Univ. Leipzig (Rechtswiss.). Jurist. Staatsprüf. 1932 u. 36; Promot. 1936 - Justiz- u. Verw.dst.; 1954-73 Präs. Landessozialgericht Bremen, 1956-69 zugl. Vizepräs., 1969-79 Präs. Staatsgerichtshof d. Fr. Hansestadt Bremen; 1965 ff. Lehrtätigk. Univ. Kiel (Recht d. soz. Sicherheit), 1969 Honorarprof. - BV: Aufbau u. Verfahren d. Sozialgerichtsbarkeit, Komm., 1955, 4. A. 1984; Rechtstatsachen z. Dauer d. Sozialprozesses, 1979; Sozialgesetzb., Allg. Teil, Komm. 1979. Herausg.: Zeitschr. f. Sozialreform (s. 1955); div. Sonderh. - Liebh.: Münzen, Süßwasserfische - Spr.: Engl., Franz. - Würdigung ZSR 1968, S. 513ff. (Präs. BSG Prof. Dr. Georg Wannagat u. a.); Festschr. in ZSR: 1973, S. 509ff. (Präs. BSG Prof. Wannagat u. a.); Sozialrecht in Wiss. u. Praxis, 1978, S. 505ff. (Vizepräs. BSG Dr. Brackmann u. a.); Sozialrecht - Rechtstatsachen, Forsch. u. Praxis, 1983, S. 527ff. (Prof. Dr. Wannagat u. a.); Sozialrecht, Verfassungsrecht, Sozialpolitik.

ROIK, Karlheinz

Dr.-Ing., o. Prof. f. Stahlbau - Sauerbruchstr. 5, 4040 Neuss/Rh. - Geb. 5. Sept. 1924 Frankfurt/M. (Vater: Georg R., Lehrer; Mutter: Änne, geb. Hessemer), ev., verh. s. 1950 m. Maria, geb. Balzuweit, 4 Kd. (Ulrike, Christine, Charlotte, Matthias) - Mustersch. Frankfurt/M. (Abit. 1942); 1945-50 TH Darmstadt (Bauing.wesen; Dipl.-Ing. 1950. Promot. 1955) - 1950-62 MAN, Dortmunder Union Brückenbau AG. (1952), Neußer Eisenbau Bleichert KG. (1955 Prok.); s. 1962 Ord. TU Berlin u. Univ. Bochum (1972 Ord. u. Dir. Inst. f. Konstruktiven Ing.bau). Zahlr. Facharb. - 1978 Mitgl. d. Rhein.-Westf. Akad. d. Wissensch.

ROITZHEIM, Wolfgang Hans

Direktor, Vorstand (Vertrieb, Marketing, Werbung) Alte Leipziger Lebensversicherungsges. aG, Alte Leipziger Versich. AG, bde. Oberursel, u. Hallesche - Nationale Krankenversich. aG, Stuttgart - Alte Leipziger-Platz 1, 6370 Oberursel 1 (T. 06171 - 66-21 05) - Geb. 2. Okt. 1941 Köln (Vater: Hans R., Kaufm.; Mutter: Carmen Irene, geb. Anderes), verh. s. 1964 m. Karin, geb. Ruland, 2 Töcht. (Petra, Tanja) - Gymn., Lehre, Versich.-Kfm. - AR Alte Leipziger Trust Investment-Ges. mbH, Oberursel; AR-Mitgl. O.S.A.T. Paris; stv. Beiratsvors. Ford-Versich.vermittlungs-GmbH, Köln; Beirat Alte Leipziger Bausparkasse AG, Oberursel, u. Rechtsschutz Union Versich.-AG, München. Handelsrichter Landgericht Stuttgart.

ROITZSCH, Ingrid

Redakteurin, Parlam. Staatssekretärin b. Bundesmin. f. Verteidigung (s. 1992), MdB - Marienhöhe 89, 2085 Quickborn (T. 04106 - 44 57) - CDU.

RÓKA, Ladislaus

Dr. med., em. o. Prof. f. Klin. Chemie - Klein-Lindener Str. 40, 6300 Gießen-Allendorf - Geb. 20. Nov. 1919 Dicsöszentmarton/Siebenb. - S. 1952 (Habil.) Lehrtätig. Univ. Frankfurt/M. (1957 apl. Prof.) u. Gießen (1967 Ord.); zeitw. wiss. Leit. Biotest-Serum-Inst. GmbH, Frankfurt.

ROLAND, Berthold

Dr. phil., Direktor Landesmuseum Mainz u. Schloß „Villa Ludwigshöhe" (Max-Slevogt-Galerie) Edenkoben/Pfalz (s. 1983) - Große Bleiche 49-51, 6500 Mainz (T. 06131 - 16 29 55); priv.: Spinozastr. 16, 6800 Mannheim (T. 0621 - 41 57 16) - Geb. 24. Febr. 1928 Landau/Pfalz (Vater: Eugen R., Oberkirchenrat; Mutter: geb. Kienzler), ev., verh. s. 1964 m. Dr. jur. Marie-Elisabeth Schlosser. Sohn Oliver - Stud. Univ. Mainz, Göttingen, München (Kunstgesch.); Promot. 1955 München - 1960-65 Kustos Städt. Reiß-Museum Mannheim; 1965/66 Konservator Staatl. Denkmalpflege u. Schlösserverwaltung Mainz; 1966/67 Leit. Städt. Kunstsamml. Ludwigshafen/Rhein, Kunstrat; 1968-70 Leit. Katalogbearb. im Kunstauktionshaus Neumeister München; 1970-83 Kunstref. im Kultusmin. Rheinl.-Pfalz, Ltd. Min.-Rat; Kunstberater v. Bundeskanzler Dr. Kohl. Ausstellungen d. Bundeskanzleramtes - BV: D. Malergruppe v. Pfalz-Zweibrücken, 1959; Speyer, 1961; Mannheim, 1966; D. Pfalz, 1969; Museen in Rheinl.-Pfalz, 1973; 2000 J. Baukunst in Rheinl.-Pfalz, 1976; Burgen u. Schlösser; Kirchen, Dome u. Klöster in Rheinl.-Pfalz, 1976 u. 82; Villa Ludwigshöhe, 1986. Viele Kataloge u.a. Frankenthaler Maler, 1962; Forsch. u. Technik in d. Kunst, 1965; D. Blaue Bild, 1967; Otto Pankok, 1968; Slevogt, Pfälz. Landschaften, 1982; Slevogt, Druckgraphik, 1984ff.; Hans Purrmann, 1987; Slevogt Ägyptenreise, 1989; Slevogt (Dresden), 1989/90; Chagall, D. Bibel, 1990; Slevogt u. Mozart, 1991; Slevogt Pfälz. Landschaften, 1991. Herausg.: Verfemte Kunst (1986); Römische Steindenkmäler Mainz (1988); Jugendstil Mainz (1990); viele Kataloge. Mithrsg.: Ztschr. Kunst aktuell (1976/78); Anthol. Lit. aus Rheinl.-Pfalz (1976/86); Kat. Slevogt-Ausst. Saarbrücken u. Mainz (1992) - 1975 Hofenfels-Med.; 1978 Ehrenmed. Berufsverb. Bild. Künstler Rheinl.-Pfalz; 1991 Officier dans l'Ordre des Arts et Lettres durch d. franz. Regierung.

ROLAND, David

Solotänzer, Choreograph - Kuno-Fischer-Str. 13, 1000 Berlin 19 (T. 030-321 82 56) - Geb. 18. Juni 1952, verh. s. 1980 m. Karin Wäsch, Tänzerin; S. Benjamin Kilian - 1970-73 Ausb. durch Alan Howard, San Francisco/USA - 1973-74 Solist Oakland Ballett; 1975-85 Solotänzer Dt. Oper Berlin - Choreogr. Renaissance Theater u. Dt. Oper Berlin: Evchen Humbrecht u. Midnight-Medley. Choreogr.: Wannsee Spektakel (1988), Jakob Lenz (1989), Marie (1990). Fernsehen: D. Bahn-Seniorenpaß. Rollen: Stiefmutter in: Cinderella (1980), Mama Simone in: La fille mal gardé, Dr. Coppelius in: Coppelia (1982), Dolochow in: Krieg u. Frieden (1982), Totskij in: D. Idiot (1979), Kiepert in: Prof. Unrat (1985), Serenade (1984), Agon (1978), Haupt-Kutscher in: Petruschka (1977), ital. Partner in: Gala-Performance (1978), Graf Capulet in: Romeo u. Julia (1987), Kardinal Rohan in: Marie (1990) - Liebh.: Astrol., Kasperle-Theater, Disco-Musik - Spr.: Engl., Span., Deutsch.

ROLAND, Harald

Dipl.-Ing., Hauptgeschäftsführer d. Zementanlagen- u. Maschinenbau GmbH, Dessau, Vorst.-Mitgl. SKET AG (s. 1990) - Isarstr. 4, O-4500 Dessau (T. 047 - 7 46 48) - Geb. 16. Mai 1942 Arnstadt, verh. s. 1968 m. Renate, geb. König, S. Dierk - Abit.; Stud. Baustoffverfahrenstechnik; Dipl. 1967 Hochsch. f. Architektur u. Bauwesen Weimar - 1975 Inbetriebnahmeleiter ZW Deuna; 1979 Dir. Anlagenbau ZAB Dessau; 1984 Werksdir. ZAB Dessau; s. 1990 Hauptgeschäftsf. SKET AG; Vorst.-Mitgl. Metall/Elektro Sachsen-Anhalt; Vors. Ehrenvorstand Handball; Korationsmitgl. Orchester Landestheater Dessau - Vaterländ. VO Bronze; Orden Banner d. Arbeit, Stufe I - Spr.: Engl., Russ.

ROLAND, Jürgen

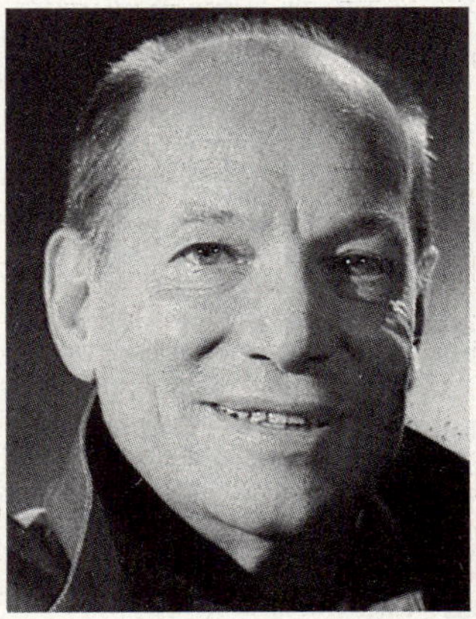

Regisseur - Rögengrund 28, 2000 Hamburg-Bergstedt - Geb. 25. Dez. 1925 Hamburg (Vater: Kurt S., Kaufm.; Mutter: Käthe, geb. Lührs), ev., verh. s. 1956 m. Eva, geb. Weidner, 2 Kd. (Kay, Jessica) - Abitur 1942 Hbg.-Eppendorf - S. 1945 Rundfunkreporter, Regieassist. (1948), Fernsehredakt. (1951), -regiss. (1952), Filmregiss. (1958). Fernsehserie: Stahlnetz, Dem Täter auf d. Spur, Tatort, Großstadtrevier. Dokumentar- u. Spielfilme, dar. Der Transport, Die vier Schlüssel, Polizeirevier Davidswache (1965 Bundesfilmpreis u. 300 000-DM-Prämie), St. Pauli-Report, D. Mädchen v. Hongkong. Div. Theater-Insz., u.a. Wallace, Durbridge - 1961 Goldmed. d. Polizei, 1961 Gold. Bildschirm, 1965 Gold. Leinwand, 1986 BVK - Liebh.: Krimis, Eishockey, Tennis - Lit.: Josef Mühlbauer, Ungeschminkte Prominenz.

ROLFES, Hans-Dieter

Dipl.-Ing., Aufsichtsratsmitglied FRANK AG, u. Gemein. Bauverein f. d. Dillkreis e.G. - Ilmenkuppe 18, 6340 Dillenburg (T. 9 84 92) - Geb. 21. Sept. 1924 (Vater: Bernhard R., Hüttendir. i. R. (†1977); Mutter: Henriette, geb. Geisse †1974), ev., verh. s. 1951 m. Irene, geb. Aurand, 2 Kd. (Marietta, Hans) - Obersch. Dillenburg (Abit. 1943); 1946-51 TH Stuttgart (Maschinenbau; Dipl.-Ing.) - S. 1956 Frank'sches Eisenw. (1960 Vors. d. Vorst.); Beirat Dt. Bank AG, Köln. Div. ehrenamtl. Funktionen - BVK - Spr.: Engl. - Rotarier.

ROLFS, Rudolf

Schriftsteller, Theaterleiter - Karmeliterkloster, 6000 Frankfurt (T. 0611 - 28 10 66) u. SF 56330 Utula (Sommeranschr.) - Geb. 4. Aug. 1920 Stettin, 2 Töcht. (Susanne, Effi-Babette) - Üb. 40 Bücher, u.a. Körper, R. 1981; Einer hört zu, R. 1985; Freitag, 21 Uhr: Berlevag, R. 1986; Kein Tag fällt aus, Tageb. 1987; "X"-Stories, 1987; D. Zeit bist du!, Tageb. 1987; D. Uhr lügt!, Tageb. 1988; Rost im Chrom, 1989. 55 Bühnenst. (üb.

11 100 Aufführ.) - Bek. Vorf.: Friedrich Spielhagen (Schriftst.).

ROLLAND, Walter

Dr., Ministerialdirektor, Leit. Abt. I (Bürgerl. Recht) Bundesjustizmin. - Heinemannstr. 6, 5300 Bonn-Bad Godesberg 1 - Geb. 21. Dez. 1928 Lemberg, ev., verh. s. 1954, 2 Kd. - Jurist. Staatsex. 1954 u. 1958; Promot. 1958 - B. 1960 Richter, sd. Bundesmin. d. Justiz. Mitgl. Direktionsrat v. Unidroit, Rom - BV: Kommentar z. 1. Ehe RG, 2. A. 1982; Kommentar z. Gesetz z. Regel. v. Härten im Versorgungsausgleich, 1983; Kommentar f. Produkthaftungsrecht, 1990.

ROLLE, Dietrich

Dr. phil., o. Prof. f. Engl. Philologie Univ. Mainz (s. 1973) - Rembrandtstr. 42, 6500 Mainz-Lerchenberg (T. 7 82 67) - Geb. 18. Mai 1929, verh., Kd. - Promot. u. Habil. Münster -1968-69 Privatdoz. Univ. Münster, 1969-73 o. Prof. Univ. Bochum, 1972/73 Gastprof. St. Louis (USA), 1977-79 Dek. Fachber. Philol. II. Facharb. - 1961 Jahrespreis Univ. Münster.

ROLLER, Otto

Dr., Ltd. Museumsdirektor, Leit. Histor. Museum d. Pfalz (m. Weinmus.) - Pfaffengasse 7, 6720 Speyer/Rh.

ROLLER, Robert

Vorstandsmitglied Frankfurter Sparkasse v. 1822 - Heuhohlweg 6c, 6240 Königstein/Ts. (T. 06174 - 14 23) - Geb. 22. Juli 1932 Königlosen, kath., verh. s. 1962 m. Christa, geb. Krombholz, Sohn Klaus - Bankkaufm.

ROLLETT, Brigitte

Dr. phil., Univ.Prof. Lehrstuhl f. Pädagog. Psychologie, Ruhr-Univ. Bochum - Universitätsstr. 150, 4630 Bochum-Querenburg (T. 0234 - 700 27 28) - Geb. 9. Okt. 1934 Graz (Vater: Prof. Dr. Ing. Georg Gorbach), verh. m. Dr. phil. Dipl.-Ing. Gerald R., 4 Kd. (Gerald, Wolfram, Constanze, Alexandra) - Stud. Psychologie u. Pädagogik 1952-57 Univ. Graz - Promot. Univ. Graz 1957. Habil. Univ. Graz 1964. Assistentin Univ. Graz 1962-65; 1965-71 Lehrst. f. Psychol. PH Osnabrück; 1971-75 Univ.Prof. f. Päd. Psych. u. Kinderpsychotherapie GH Kassel; s. 1975 Lehrstuhl f. Päd. Psych. Ruhr-Univ. Bochum; 1978 Ruf Univ. Wien.

ROLLHÄUSER, Heinz

Dr. med., em. o. Prof. u. Direktor Anat. Inst. Univ. Münster (s. 1965; 1968-70 Rektor) - Klausenerstr. 32, 4400 Münster (T. 7 35 35) - Geb. 13. Aug. 1919 Frankfurt/M. (Vater: Dr. Heinrich R., Chemiker; Mutter: geb. Joost), ev., verh. s. 1948 m. Dr. Johanna, geb. ter Horst, 2 S. (Joachim, Lorenz) - Univ. Kiel, Jena, München, Freiburg/Br. - 1946-58 Assist. u. apl. Prof. Univ. Marburg (Habil. 1950); 1959-65 o. Prof. u. Inst.dir. Univ. Gießen; 1984 emerit. - Fachveröff. - 1974 Gr. BVK - Liebh.: Segeln.

ROLLINGER, Alfred

Honorarkonsul d. Großherzogtums Luxemburg, Dipl.-Kaufmann, Direktor, Geschäftsführer Sekurit-Glas Union GmbH, Aachen - Viktoriaallee 3-5, 5100 Aachen - Geb. 17. Jan. 1932 Porz (Vater: Emile R., Vorst.; Mutter: Josefine, geb. Forsbach), kath., verw., 4 Kd. (Yvonne, Stefan, Monique, Guido) - Univ. Köln; Dipl.-Kfm. 1956 - 1951 Dir.assist., 1967 stv. Vorst., 1971 Geschäftsf. - Officier de l'Ordre de Mérite du Grand-Duché de Luxemburg - Liebh.: Kulturgesch., Astron. - Spr.: Franz., Engl., Luxemb.

ROLLMANN, Dietrich

Journalist, Hauptgeschäftsf. Bundesverb. d. Freien Berufe (BFB) - Bergwiese 10, 5307 Wachtberg-Pech (T. 0228 - 32 28 57) - Geb. 23. Jan. 1932 Berlin (Vater: Dr. Julius R., Werbeberater; Mutter: Erika-Ilse, geb. Becker), ev., verh. s. 1964 m. Anne-Charlotte, geb. Heyden, T. Annette - Gelehrtensch. Johanneum Hamburg; Univ. ebd. u. Marburg (Rechtswiss.). Refer.ex. 1955 - Publizist. Tätigk. 1957-60 Mitgl. Hbg. Bürgerschaft. 1956-63 Landesvors. Jg. Union Hamburg; 1960-65 Vorstandsmitgl. Jg. Union Dtschl. (Schatzm.); 1960-76 MdB. CDU s. 1953, 1957-77 Kreisvors. Hbg.-Mitte, 1968-74 Landesvors. Hamburg) - BV: Strafvollzug in Dtschl., 1967; D. Zukunft d. CDU, 1968; D. CDU in d. Opposition, 1970; 50 Reden aus d. Dt. Bundestag, 1983 - Liebh.: Geschichte, mod. Kunst, mod. Lit. - Spr.: Engl.

ROLLNIK, Horst

Dr. rer. nat., Dr. rer. nat. h.c., o. Prof. f. Physik - Röckumstr. 138, 5300 Bonn-Endenich - Geb. 15. April 1931 Berlin (Vater: Josef R., Heizungsinstallateur; Mutter: Elisabeth, geb. Prokubek), kath., verh. s. 1960 m. Rosemarie, geb. Schenk, 2 Kd. (Andreas, Tatjana) - Physikstud. Berlin. Promot. 1956 Berlin; Habil. 1963 Bonn - 1956-60 Assist. Univ. Berlin/Freie u. Heidelberg (1958); 1960-62 Research associate CERN Genf; 1962-64 Abt.leit. Kernforschungsanlage Jülich; s. 1964 Ord. Univ. Bonn. S. 1968 Hon.-Prof. Univ. Wien. 1970-71 Prorektor Univ. Bonn, o. Mitgl. Rhein.-Westf. Akad. d. Wiss., AR-Mitgl. Kernforschungsanlage Jülich, 1974-1978 Vorst.-Mitgl., 1979-82 Präs. Dt. Physikal. Ges., s. 1985 Beiratsvors. d. ZVS, s. 1987 Vors. d. Wiss. Rates d. Höchstleistungsrechenzentrums v. DESY, GMD u. KFA - Fachveröff. Mithrsg.: 1970-77 Nuclear Physics; s. 1979 Physikalische Blätter - Spr.: Engl.

ROLLWAGEN, Walter

Dr. phil., o. Prof. f. Experimentalphysik (emerit. 1974) - Weitlstr. 66, App. 5086, 8000 München 45 (T. 089 - 38 58 50 86) - Geb. 7. Juli 1909 Bayreuth (Vater: Wilhelm R., Oberstudienrat; Mutter: geb. Schneider) - S. 1939 (Habil.) Privatdoz., apl. (1949) u. o. Prof. (1952) Univ. München (Sektion Physik). 1977-79 Präs. Bayer. Akad. d. Wiss. Etwa 40 Fachveröff. Neubearb.: Seith/Ruthard, Chem. Spektralanalyse (6. A. 1970). 1965 o. Mitgl. Bayer. Akad. d. Wiss.; 1978 Mitgl. Leopoldina (Halle/S.).

ROLLY, Wolfgang

Weihbischof u. Domdekan Diözese Mainz (s. 1972) - Bischofspl. 2, 6500 Mainz (T. 25 31 97) - Geb. 25. Nov. 1927 Darmstadt - Stud. Priesterweihe 1953 - Zul. Studiendir.

ROLOFF, Ernst-August

Dr. phil., Dipl.-Psych., Prof. f. Politikwiss. u. Didaktik d. Sozialwiss. Univ. Göttingen - Am Heerberge 15, 3403 Friedland 9 (T. 05504 - 15 20) - Geb. 28. Mai 1926 - Stud. German., Gesch., Psych., Phil. u. Päd.; 1. u. 2. Staatsex. f. Lehramt an Gymn., Dipl. Psych., Promot. 1951 u. Habil. 1968 Göttingen - 1954-68 Schuldienst Braunschweig; 1954-71 führende Posit. in d. Gewerksch. Erziehung u. Wissensch. S. 1975 o. Prof. Gründungsmitgl. Dt. Vereinig. f. polit. Bildung - BV: Erziehung z. Politik. Einf. in d. polit. Didaktik, 3 Bde. 1971-79.

ROLOFF, Hans-Gert

Dr. phil., Dr. h.c., o. Prof. f. Mittl. Dt. Lit. u. Sprache FU Berlin - Marthastr. 4a, 1000 Berlin 45 (T. 030 - 833 61 38) - Geb. 11. Sept. 1932 Hohenstein/Ostpr., ev. verh. s. 1962 m. Anke, geb. Schulz-Schneidemühl - Stud. FU Berlin (German., Lat., Gesch., Theaterwiss., Phil.); Staatsex. 1958; Promot. 1965; Habil. 1970 Berlin - 1957 Lehrbeauftr. FU Berlin; 1958 Forschungsassist.; 1962 wiss. Assist.; 1967 Oberassist. TU Berlin; 1970 Prof. TU Berlin; 1984 o. Prof. u. Leit. d. Forschungsst. f. Mittl. Dt. Lit. FU Berlin - Zahlr. Fachveröff. u. wiss. Editionen. Herausg. v. Die Deutsche Literatur, Biogr.-bibliogr. Lexikon - 1991 Ehrendok. Univ. Wroclaw/Breslau - Spr.: Engl., Franz., Lat. - Lit.: Virtus et Fortuna. Festschr. f. H.-G. Roloff (1983).

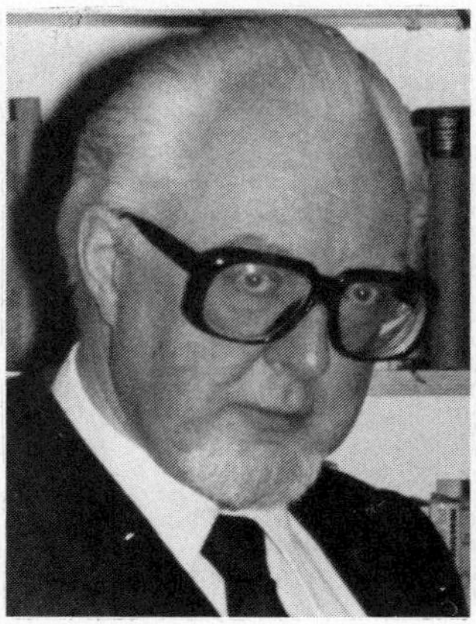

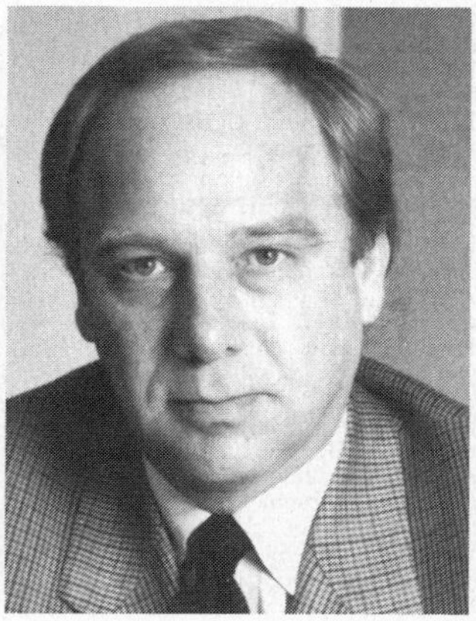

ROLOFF, Jürgen

Dr. theol., o. Prof. f. Neues Testament - Falkenstr. 38, 8520 Erlangen - Geb. 29. Sept. 1930 Oppeln/OS. (Vater: Dr.-Ing. Max R.; Mutter: Hilde, geb. Huber), ev. - Promot. (1963) u. Habil. (1967) Hamburg - 1971 Wiss. Rat u. Prof. Univ. Hamburg; 1973 Ord. u. Institutsvorst. Univ. Erlangen-Nürnberg; s. 1992 Mitgl. d. Bayer. Akad. d. Wiss. - BV: Apostolat -Verkündigung - Kirche, 1965; D. Kerygma u. d. ird. Jesus, 1970; D. Apostelgeschichte, 1981; D. Offenbarung d. Johannes, 1984; D. erste Brief an Timotheus, 1989; Exegetische Verantwortung in d. Kirche, 1990. Mitarb.: Reclam's Bibellex.

ROLOFF, Wolf-Rainer

Dr. rer. pol., Geschäftsführer Laakmann Karton GmbH & Co. KG, Laakmann Vermögensverw.-Ges. mbH u. Laakmann Wohnungsbau-Ges. mbH, alle Velbert-Langenberg - Wiesenweg 19, 5620 Velbert 15 (T. 02053 - 46 44) - Geb. 3. Jan. 1937 Baden-Baden, verh. s. 1967 m. Helga, geb. Brauner, 2 Kd. (Marc, Tamara) - Stud. Wirtschaftsingenieurwesen TU Berlin; Dipl.-Ing. 1965, Promot. 1970 - 1965-70 wiss. Assist. TU Berlin; 1970-72 Direktionsassist. Dt. Solvay-Werke; s. 1972 Firmengr. Laakmann - BV: Interpretat. u. Analyse d. lohn- u. sozialpolit. Zielsetz. d. Industriegewerksch. Bau-Steine-Erden. E. Beitrag z. Theorie d. Gewerkschaftspolitik, 1971.

ROLOFF-MOMIN, Ulrich

Jurist, Senator f. Kulturelle Angelegenh. von Berlin (s. 1991) - Europa-Center, Tauentzienstr., 1000 Berlin 30 (T. 030 - 21 23 32 00) - Geb. 29. April 1939 Osnabrück - 1975-77 MdA Berlin; 1977-91 Präs. Hochschule d. Künste Berlin. FDP 1970-83 (Austr.; zeitw. Mitgl. Landesvorst.). 1974-91 Präs. d. Neuen Ges. f. Bild. Kunst (NGBK).

ROLSHOVEN, Wolfgang

Vorstandsmitglied Migros Bank AG (1981ff.) - 4000 Düsseldorf - 1985 Vors. Wirtschaftsjunioren, NRW. Handelsrichter am LG Düsseldorf.

ROM, von, Horst

Dr. jur., Botschafter i. R. - Schloß Grünenfurt, 8940 Memmingen - Geb. 11. Mai 1909 Heilbronn/Neckar - Stud. Rechts- u. Staatswiss., Sprachen u. Landeskd. Ostasiens. Gr. jurist. Staatsprüf. - 1935-1937 u. 1945-53 Anwaltspraxis Berlin u. Memmingen; 1937-45 Reichsluftfahrtmin., Berlin (1943 z. Ausw. Amt abgeordnet); s. 1953 AA, Bonn (Auslandsposten: Salzburg, Santiago de Chile, 1962 Atlanta/USA (Konsul), 1965 Bamako/Mali (Botschafter), 1968-74 Saigon (Botschafter) - 1975 Gr. BVK.

ROMANN, Gernot

Programmdirektor Hörfunk, Norddeutscher Rundfunk (s. 1990) - Rothenbaumchaussee 132-134, 2000 Hamburg 13 (040 - 41 56-20 41) - Geb. 30. Juni 1944, verh. s. 1967 m. Rosemarie, geb. Loleit, 2 Kd. (Holger, Dagmar) - Schulbes. in Karlsruhe u. Waterslyde/Niederlande - 1965/66 Zeitungsvolont.; 1966/67 polit. Redakt. Süddeutsche Zeitung; 1968-81 stv. Ressortleit. Außenpolitik Badische Neueste Nachrichten, 1982 Chefredakt. Badische Neueste Nachr.; 1983-88 stv. Chefredakt. NDR; 1988/89 Chefredakt. NDR. Mitgl. Deutsch-Franz. Hörfunk-Kommiss.

ROMANN, Karl-Heinz

Dipl.-Volks- u. Sozialw., Direktor - Holstenstr. 56, 2313 Raisdorf üb. Kiel (T. 04307 - 12 50) - Geb. 13. April 1920 Lübeck (Vater: August R., Dreher; Mutter: Bernhardine Franck), gottgl., verh. in 2. Ehe (1981) m. Brigitte, geb. Knust, S. Matthias - 1941-46 Stud. Spr., Betriebs-, 1950-54 Sozialw. (Berlitz-Sch., Univ. Buenos Aires, Mendoza, Hochsch. f. Wirtsch. u. Politik Hamburg, Univ. Kiel) - S. 1955 ltd. Tätigk. soz. Krankenversich. (1961 ff. Dir. AOK Bremerhaven u. Wesermünde, stv. Landesgeschäftsf. Ortskrankenk. im Lande Bremen, Gf. Landkrankenk. Wesermünde, Dir. AOK Kiel/1967), Landessozialrichter u.a. Zahlr. Fachveröff. (auch Datenverarb.) - Liebh.: Kochen (Grand Maitre u. Kanzler CC/Brudersch. Marmite) - Spr.: Engl., Span.

ROMBACH, Heinrich

Dr. phil. (habil.), o. Prof. u. Vorst.d. Inst. f. Phil.; Lehrstuhl f. Phil. I Univ. Würzburg (s. 1964) - Judenbühlweg 25a, 8700 Würzburg (T. 7 39 56) - Geb. 10. Juni 1923 Freiburg/Br. (Vater: Hans R., Verleger), verh. m. Waltraud, geb. Bernauer - Zul. Priv. Doz. Univ. Freiburg. 1972-78 Präs. Dt. Ges. f. Phänomenol. - BV: Ursprung u. Wesen d. Frage, 1950, 2. A. 1988; D. Gegenw. d. Phil., 3. A. 1988; Substanz, System, Struktur, 2 Bde. 1965/66, 2. A. 1981; Strukturontologie - E. Phil. d. Freiheit, 1970, 2. A. 1988; Leben d. Geistes, 1977; Phänomenologie d. gegenw. Bewußtseins, 1980; Welt u. Gegenwelt. Umdenken üb. d. Wirklichk. - Die phil. Hermetik, 1983; Strukturanthropologie, 1987; D. kommende Gott. Hermetik - e. neue Weltsicht, 1991. Herausg.: D. Frage n. d. Menschen (1966); Wissenschaftstheorie, 2 Bde. (1974). Mithrsg.: Phil. Jahrb. (1968ff.).

ROMBERG, Ernst

Dr. rer. pol., Dipl.-Ing., Vorstand Hymer AG - Biberacher Str. 75, 7967 Bad Waldsee - Geb. 30. April 1940 Frankfurt.

ROMEN, Werner

Dr. med., Prof. f. Pathologie, Chefarzt Inst. f. Pathol. Caritas-Krankenhaus Bad Mergentheim - Zu erreichen üb. Caritas-Krankenhs., 6990 Bad Mergentheim (T. 07931 - 58 26 91) - Geb. 21. Mai 1939 Oppeln (Vater: Friedrich-Wilhelm R., Heilpraktiker; Mutter: Erna, geb. Werner), ev., verh. s. 1971 m. Astrid, geb.

Grüter, 2 S. (Fabian, Tobias) - Staatsex. u. Promot. 1966, Habil. 1974 - 1975-1983 1. Oberarzt Pathol. Inst. Univ. Würzburg; s. 1980 Prof., s. 1984 Chefarzt; s. 1990 Ärztl. Dir. d. Caritas-Krankenhauses Bad Mergentheim.

ROMERO, Rolf

Dr.-Ing., Prof., Architekt - Am Kreuzberg, 6104 Seeheim-Jugenheim (T. 06257 - 88 27) - Geb. 18. Jan. 1915 Braunschweig (Vater: José R.; Mutter: geb. Pape), ev.-luth., verh. s. 1945 m. Margret, geb. Nennecke, 2 Söhne (Andreas, Stephan) - Wilhelm-Gymn. u. TH Braunschweig (Dipl.-Ing. 1939); Maurerlehre - B. 1942 u. 1946-55 angest. Arch. (Konstanty Gutschow, Kallmorgen, Prof. Kraemer, Braunschweig, u. Prof. Oesterlen, Hannover), dazw. Wehrdst., 1956-59 selbst. (zus. m. Hübotter u. Ledeboer), s. 1959 o. Prof. f. Entwerfen, Baugeschichte u. Kirchenbau TH Darmstadt. - BV: D. Tore Peter Joseph Krahers in Braunschweig, 1979. Aufs. z. Sanierg. v. Altstadt-Kernen u. z. Ausbild. v. Arch. im Fach Baugesch. - U. a. Ev. Gemeindezentrum Walldorf u. Johanneum Wuppertal, Gde.zentrum Viernheim (m. Lothar Willius); Oekomen. Gde.zentrum Darmstadt-Kranichstein; Verein. Hospitien Trier. Altstadtsanier. Fritzlar (m. Lothar Willius).

ROMETSCH, Sieghardt

Dr. rer. oec., Bankkaufmann, persönlich haftender Gesellschafter Trinkaus & Burkhardt KGaA (s. 1983) - Königsalle 21/23, 4000 Düsseldorf 1 - Geb. 26. Aug. 1938 Leonberg - Stud. Univ. Innsbruck, Kiel, München (Wirtsch., Recht) - 1967 Chase Manhattan Bank, N.A., Frankfurt; 1975 General Manager u. Area Director; Central Europe, Frankfurt; 1977-83 Vorst.-Mitgl. Landesgirokasse Stuttgart - BV: Monetäre Integration - d. Problem e. Währungsunion im Gemeinsamen Markt, 1968 - Liebh.: Kunst, Musik, Lit. - Spr.: Engl., Franz.

ROMMEL, Alberta

Schriftstellerin - Gänswaldweg 27, 7000 Stuttgart 1 - Geb. 5. Mai 1912, led. - Gesangstud. Württ. Hochsch. f. Musik, Stuttgart - Tätigk. als Gesangslehrerin - BV: (insges. 42 Bücher) u.a. Margarethe v. Savoyen; D. goldenen Tage v. Perugia; D. Zauberin v. Venedig; D. goldene Schleier; D. rätselhafte Veit; Mein Leben f. Florenz; D. heimliche König - 1956 Ausz. f. D. schönste Mädchenb. im Rahmen d. Dt. Jugendb.preises - Inter.: Vorgesch., Religionswiss. - Spr.: Engl., etwas Ital.

ROMMEL, Manfred

Dr. h. c., Oberbürgermeister Stuttgart (s. 1974) - Rathaus, 7000 Stuttgart - Geb. 24. Dez. 1928, verh. s. 1954 (Ehefr.: Liselotte, Oberstudienrätin a.D.) - Univ. Tübingen. Gr. jurist. Staatsprüf. - S. 1956 Landesreg. BW (b. 1971 Leit. Grundsatz- u. Planungsabt. Staatsmin., dann Ministerialdir. u. 1972 Staatssekr. FM), 1977-79, 1981-83 u. s. 1989 Präs. d. Dt. Städtetages; 1984-89 Präs. Frhr.-v.-Stein-Ges. CDU s. 1953 - BV: Abschied v. Schlaraffenland, 1981; Wir verwirrten Deutschen, 1986; Manfred Rommels gesammelte Sprüche, 1989 - 1978 Gr. BVK; 1979 Ehrenbürger Kairo - Vater: Generalfeldmarschall Erwin R. (1891-1944) - 1982 Orden wider d. tier. Ernst Aachen (33. Träger); 1983 gold. Dannemann-Zigarre (Ehr. v. 100 dt. Chefredakt. f. Lös. v. Großstadtprobl.) u. Ehrendoktor Univ. of Missouri-St. Louis; 1989 Gr. BVK m. Stern; 1990 Commander of the Order of the British Empire.

ROMMELSPACHER, Hans Josef

Dr. med., Prof. f. Pharmakologie - Gütlingstr. 13, 1000 Berlin 37 - Geb. 29. Sept. 1942 Stettin - Human. Gymn. Ravensburg, Med.-Stud. Freiburg, Köln, Genf, Wien, Heidelberg u. Tübingen; Staatsex. 1967. Entd.: Beta-Carboline, Pathobiochemie d. Alkoholismus.

ROMMERSKIRCHEN, Jörg

Dipl.-Volksw., Staatssekretär b. Senat v. Berlin - Martin-Luther-Str. 105, 1000 Berlin 62 (T. 030 - 783 81 04) - Geb. 23. Okt. 1941 Essen (Vater: Josef R.), verh. s. 1965 m. Ingeburg, geb. Petersen - Handelsmarine 1957-64, Navigationsstud., Seesteuermann a. Großer Fahrt (Patent A 5); anschl. Schiffahrtssekr. d. DAG; Stud. HWP 1968-71 Hamburg - 1971-73 Leit. Zentr. Jugendbild.stätte d. DAG; 1973-76 verantwortl. f. Erwachsenenbild.projekte i. Zentr. d. Friedrich-Ebert-Stiftg., Bonn; 1976-80 Persönl. Referent u. Büroleit. b. Hess. Ministerpräs. Börner; 1980-89 Senatsdir. b. d. Hamburger Wirtsch.behörde; Leit. d. Amtes f. Hafen, Schiffahrt u. Verkehr; div. Aufsichtsräte; Kurat.-Mitgl. Dt. Ges. z. Rettung Schiffbrüchiger u. Stiftg. Hamburger Admiralität (Museumsschiff Cap San Diego) - Liebh.: Hochseesegeln, Fotografie - Spr.: Engl.

ROMMERSKIRCHEN, Klaus

Fernsehjournalist, ZDF-Korresp. in Bonn - Zu erreichen üb. ZDF-Studio Bonn, Langer Grabenweg 45-47, 5300 Bonn 2 - Geb. 2. Dez. 1943 Karlsruhe (Vater: Josef R., Publizist; Mutter: Gertrud, geb. Troullier), kath. - Abit.; 1965-67 Bundeswehr; 1967-70 Stud. Univ. Bonn (Politikwiss., Soziol., Völkerrecht); 1970/71 Fernseh-Volont. - S. 1972 Redakt. ZDF - Spr.: Engl., Franz.

ROMPE, Klaus

Dr.-Ing., Dipl.-Ing., Prof., stv. Geschäftsbereichsleiter TÜV Rheinland Köln - Vorderster Büchel 41a, 5064 Rösrath 1 (T. 02205 - 8 36 28) - Geb. 12. Juli 1940 Dortmund, kath., verh. s. 1962 m. Gudrun, geb. Michalik, 2 T. (Susanne, Pamela) - Stud. Maschinenbau u. Kraftfahrw.; Dipl. 1967; Promot. 1972; Habil. 1975, alles Hannover - 1967-74 wiss. Assist. Inst. f. Kraftfahrw. Univ. Hannover; s. 1975 TÜV Rheinland Köln. S. 1973 Vorlesungen Univ. Hannover; 1984 apl. Prof. - BV: Obj. Testverfahren f. d. Fahreigenschaften v. Kfz (m. Heißing), 1984. Üb. 100 Fachveröff z. Sicherheit v. Kfz - 1985 Award for Safety Engineering Excellence, US Verkehrsmin.

ROMPZA, Sigurd

Maler u. Hochschullehrer (Oberstudienrat i. Hd.) - Brandenburger Weg 9, 6680 Neunkirchen (T. 06821 - 5 32 35) - Geb. 30. Okt. 1945 Bildstock-Saar, kath., verh. m. Klaudia, geb. Jung, 2 Söhne (Serge, Dominik) - Stud. an d. Städelschule H. f. b. K., Frankfurt a. M.; Meisterschüler - S. 1981 Univ. d. Saarlandes Fachber. 7.9 Kunsterziehung; Künstlerischer Berater d. Galerie St. Johann in Saarbrücken - Zahlr. Texte u. Publ. z. konkreten Kunst. Konkrete Kunst; Vielzahl v. Ausst. im In- u. Ausland; ca. 100 Ausst. u. Beteiligungen; Werke in öfftl. u. privaten Sammlungen - Spr.: Engl., Franz. - Lit.: Zahlr. Texte in Ausstellungskatalogen (Hg. Museen u. Galerien).

ROMSTÖCK, Kurt

Oberbürgermeister Stadt Neumarkt - Rathaus, Franz-Plank-Str. 2, 8430 Neumarkt/Opf. - Geb. 13. Febr. 1925 Neumarkt - S. 1952 Mitgl. d. Stadtrates, 1961 Bürgerm., 1972 Oberbürgerm. - Verf. mehrerer heimatgeschichtlicher Beitr. u. d. Bücher: D. Neumarkter Residenz u. ihre Regenten, Neumarkt in d. Oberpfalz v. 1500 - 1945 im Spiegel Bayer., Dt. u. Europ. Gesch.

RONELLENFITSCH, Michael

Dr. jur., o. Prof. f. Staats- u. Verwaltungsrecht FU Berlin - Augustaanlage 15, 6800 Mannheim 1 (T. 0621 - 41 23 34) - Geb. 21. Sept. 1945 Mannheim (Vater: Günter R., Rektor; Mutter: Gertrud, geb. Moll), verh. s. 1974 m. Renate, geb. Rensch, T. Lisa - Univ. Heidelberg; jurist. Staatsprüf. 1970 - 1974-82 Wiss. Assist./Hochsch.assist. Hochsch. f. Verw.wiss. Speyer, 1983-89 Prof. f. öfftl. Recht Univ. Bonn - BV: u. a. D. Mischverw. I, 1975; D. Planfeststell. in d. Flurbereinig., 1975 (m. W. Blümel); D. Ass.ex. im öfftl. Recht, 1979, 7. A. 1991 (m. R. Pietzner); Methoden u. Techniken geist. Arbeit in d. Verw., 1980 (m. Schlink-Arnold); D. atomrechtl. Genehmigungsverf., 1983; Planungsrecht, 1986; Bes. Verwaltungsrecht u. Verwaltungsprozeßrecht (m. S. Broß) - Amateurmusiker.

RONGE, Rudi

Oberkreisdirektor Kr. Göttingen - Kreisverwaltung, 3400 Göttingen; priv.: Fasanenweg 17, 3510 Hann. Münden - Geb. 30. Okt. 1916 Liegnitz/Schles. (Vater: Walter R.), verh. m. Edith, geb. Schwan - Zul. Kr. Münden.

RONGE, Volker

Dr. rer. pol., Dipl.-Pol., Prof. f. Allg. Soziologie Univ. Wuppertal - Zur Waldesruh 49, 5600 Wuppertal 11 (T. 74 04 36) - Geb. 2. Febr. 1943, verh. - Stud. Politol. u. Jura; Dipl.-Pol. 1969 FU Berlin, Promot. 1973 Univ. Bremen, Habil. (Politikwiss.) 1976 FU Berlin - 1972-79 wiss. Mitarb. MPI Starnberg; 1979-82 Geschäftsf. Infratest Sozialforschung, München; s. 1982 Prof. Wuppertal; s. 1991 Prorektor Univ. Wuppertal - BV: Restriktionen polit. Planung, 1973 (m. G. Schmieg); Forschungspolitik als Strukturpolitik, 1977; Bankpolitik im Spätkapitalismus, 1979; V. drüben nach hüben, 1985; Stadtkultur - soziologisch betrachtet (m. H. Hopp), 1988; D. Einheit ist erst d. Anfang, 1991. Herausg.: Am Staat vorbei (1980); Berufl. Integration ausländ. Flüchtlinge (1986).

RONNEBERGER, Franz

Dr. jur., em. o. Prof. f. Politik- u. Kommunikationswissenschaft - Schußleitenweg 150, 8500 Nürnberg (T. 63 36 36) - Geb. 15. März 1913 Auma/Thür. (Vater: Konrad R., Fabrikant; Mutter: Frieda, geb. Fischer), ev., verh. s. 1938 m. Ellen, geb. Staschen, 3 Kd. (Dirk, Antke, Elke) - Univ. Kiel u. München (Rechtswiss.). Jurist. Staatsprüf. 1935 u. 41. Promot. 1938 München; Habil. 1944 Wien - 1936 Hochschulassist. München, 1939 Inst.leit. Wien, 1940 Lehrbeauftr., 1944 Privatdoz., ebd., 1948 Leit. Abt. Dokumentation Westd. Allg., Essen, 1958 Hochschulref. Stifterverb. f. d. Dt. Wiss., 1960 Pdoz. Univ. Münster, 1960 Prof. Päd. Hochsch. Bielefeld (Soziol.), 1964 Ord. u. Inst.dir. Univ. Erlangen-Nürnberg. Emer. 1980 - BV: Bismarck u. Südosteuropa, 1939; Verw. im Ruhrgebiet als Integrationsproblem, 1957; D. Soziol. - E. Leitf. f. Praxis u. Bildung, 3. A. 1963; Südosteuropa in d. intern. Beziehungen d. Gegenw., 1968; Beamte im gesellschaftl. Wandlungsprozeß, 1971; Wege d. Meinungsbild. in d. Komplexen Ges., 1972; Kommunikationspolitik, I. Bd. 1978; Public Relations d. polit. Parteien, 1978; Kommunikationspolitik, II. Bd. 1980; Public Relations d. öffentl. Verw., 1981; Neue Medien, 1982; Unentbehrlichk. d. Staates, 1983; Polit. Systeme in Südosteuropa, 1983; Kommunikationspolitik, Bd. III 1986; Theorie d. Public Relations, 1992. Herausg.: V. d. Agrar- z. Industriegesellschaft. Sozialer Wandel auf d. Lande in Südosteuropa (1969-74); Sozialisation durch Massenkommunikation (1971); Public Relations d. polit. Systems (1978); Autonomes Handeln als person. u. gesellschaft. Aufg. (1980); Zw. Zentralisierung u. Selbstverwaltung. Bürokratische Systeme in Südosteuropa (1988); Interkulturelle Kommunikation in Südosteuropa (1989) - 1978 Jirček-Med. Südosteuropa-Ges. - Liebh.: Musik - Spr.: Franz., Engl.

RONNEBURGER, Uwe

Landwirt, MdB 1972-75 u. s. 1980, MdL Schlesw.-Holst. (1975-80) - Staatshof, 2251 Tetenbüll üb. Husum - Geb. 23. Nov. 1920 Kiel, ev., verh., 5 Kd. - Gymn. (Abit.); ab 1939 Arbeits- u. Marinedst. (anf. Artl., spät. seemänn. Laufb.; bei Kriegsende Oblt. z. See d. R. Torpedoboot); n. Gefangensch. landw. Lehre - S. 1948 selbst. Langj. Bürgerm. Tetenbüll. Führ. Funktionen EKD. FDP s. 1957 (1961 Kreisvors. Eiderstedt, 1970 Landesvors. Schlesw.-Holst. u. Mitgl. Bundesvorst.). 1972-75 MdB (Mitgl. Ausw. Aussch.). 1975-80 FDP-Fraktionsvors. Landtag Kiel. Vors. Bundestagsaussch. f. innerdt. Bezieh. 9. Wahlp.; Obmann Verteidigungsaussch. u. Aussch. f. innerdt. Bezieh.; 1973-75 u. s. 1983 stv. Vors. FDP-Bundestagsfraktion.

RONNER, Emil-Ernst

Schriftsteller - Sulgenauweg 47, CH-3007 Bern (T. 031 - 45 40 19) - Geb. 11. Sept. 1903 St. Gallen (Vater: Heinrich R., Beamter; Mutter: Marie, geb. Koch), ref., verh. s. 1938 m. Liselotte, geb. Lindenmeyer, 2 T (Christine, Irene) - Handelsgymn. Bern; Lehrersem. Muristalden (Lehrerpatent 1928) - B. 1934 Lehrer u. Erzieher Landerziehungsheim Hof Oberkirch Kaltbrunn, Ausl.aufenth. Paris, London, Uppsala; Redakt. Bern; ab 1941 wieder im Schuldienst, dann fr. Schriftst. 1952-63 Stadtrat Bern; 1962-68 Großrat Kanton Bern - BV: Florens, d. Pfadfinder, 1928; Hubert findet seinen Weg, 1937; Aufstand in Schloß Schweigen, 1938; Föhnsturm, 1939 (Dän., Schwed., Holl., Franz.); Jno erobert d. Welt, 1940; Kasperli im Zauberland, 1943; Peter findet e. Heimat; dies auch als Hörspielfolge; D. lieben alten Weihnachtslieder, 1951; D. Mann m. d. Laterne, Biographie Thomas John Barnardos, 1955; D. heiligste d. Nächte, 1956; Sie haben s. Stern gesehen, 1963; Marie Durand, d. Leben e. Hugenottin, 1963; Krone d. Lebens, Leben d. Hugenottin Blanche Gamond, 1967; D. vierte Weise aus d. Morgenland, 1970; D. Kerze aus d. Katakomben, 1975; Selber machen. Basteln m. E.-E. Ronner, 1983; D. vierte Weise, 1984; Tommy reist n. Afrika, 1989; D. Dichter u. d. Nachtigall, 1989; D. Lerchen Gottes, 1991. Übers. aus Franz. u. Engl. - 1952 Preis Schweiz. Schillerstiftg.; 1953 u. 1957 Lit.preis Stadt Bern; 1962 Schweiz. Odd Fellow-Preis.

ROOCK, Elisabeth

Oberbürgermeisterin Stadt Solingen a. D. - Potsdamer Str. 41/Rathaus, 5650 Solingen (T. 1 91) - Geb. 1918 (?) Eifel, Kriegerwitwe, 2 Kd. - Fürsorgeausbild. - 20 Jahre Leit. Arbeitsvermittl. Arbeitsamt Solingen. 1969-71 Mitgl. Stadtparlam.; 1973-1976 Oberbürgermeisterin. SPD s. 1954.

ROOS, Carl Josef

Dipl.-Volksw., Geschäftsführer Oppenheim Kapitalanlageges. mbH, u. Rhein. Kapitalanlageges. mbH - Unter Sachsenhausen 2, 5000 Köln 1.

ROOS, Helmut

Dr. jur., Vorstandsmitglied J. F. Adolff AG., Backnang - Weissacher Str. 35, 7150 Backnang/Württ.

ROOS, Lothar

Dr. theol., Prof. - Am Alten Friedhof 13, 5300 Bonn 1 (T. 63 77 84) - Geb. 12. Juli 1935 Karlsruhe, kath. - Hum. Gymn.; Stud. Theol., Phil., Wirtsch.swiss. Univ. Freiburg - S. 1975 o. Prof. f. Christl. Anthropol. u. Soz.ethik Univ. Mainz, s. 1979 Univ. Bonn - BV: Demokratie als Lebensform, 1969; Ordnung u. Gestaltung d. Wirtsch., 1971; D. soz. Verantwort. d. Kirche (m. A. Rauscher), 1977; Humanität u. Fortschritt am Ende d. Neuzeit, 1984; Christl. Arbeitsethos u. moderne Arbeitshallen (m. W. Then), 1990 - Spr.: Engl.

ROOS, Peter

M.A. (USA), Freier Schriftsteller, Publizist - Altes Rathaus Zimmern, 8772 Marktheidenfeld am Main (T. 09391 - 13 07) u. Argentinierstr. 41, A-1040 Wien (T. 504 47 77) - Geb. 30. Juni 1950 - Abit. Musisches Matthias-Grünewald-Gymn. Würzburg; Stud. Phil., German., Allg. Rhetorik in Tübingen (b. Prof. Ernst Bloch u. Prof. Walter Jens), Würzburg, Bochum, St. Louis/USA (M.A.), Zweitstud. Italianistik in Siena u. Perugia - BV: Genius loci, 1978; Trau keinem über 30, 1980; V. d. Abschaffung

d. Tageslichts, 1981; Kaputte Gespräche, 1982; Vespa stracciatella, 1985; Vespa bella donna, 1990; Körper. 3. Männer. 1 Tumult, 1991; Die wilden 40er - Portrait e. pubertären Generation, 1992. Zus. m. F. Hassauer: Kinderwunsch, 1982; Félicien Rops: D. weibl. Körper - d. männl. Blick, 1984; Frauen m. Flügeln, Männern m. Blei, 1986; Berlin 1930, 1987. Filme: D. infame Fély (WDR 1985); Vespa-Fieber (ARD/WDR 1989); Mitarb. b.: D. Spiegel, D. Zeit, F.A.Z., Süddt. Ztg., Weltwoche, TransAtlantik, du - Spr.: Engl., Ital., Lat. - Lit.: Manfred Bissinger, in: Auskunft üb. Dtschl., Hamburg (1988).

ROOSEN, Hans

Prof. f. Erziehungswiss. Univ. Köln, Kunstpädagoge, Künstler - Lochsberg 2, 5060 Bergisch Gladbach 2 (T. 02202 - 3 67 50) - Geb. 7. Dez. 1932 Mainz, ev., gesch., 2 T. (Antje, Kerstin) - 1952-57 Landeskunstsch. Univ. Mainz - 1959-70 Doz. in Darmstadt (Päd. Inst.), Neuwied (PH) u. Koblenz (EWH); s. 1970/71 o. Prof. in Köln (PH, jetzt Univ.). Aufs. in Fachzschr. u. Büchern - Kunstw.: Grafik, Skulptur (öfftl. u. priv. Samml.) u. Wandbilder u. -reliefs (Univ. Marburg u. Mainz).

ROPERTZ, Hans-Rolf

Dr. jur., Kaufmann, Geschäftsführer Henschel + Ropertz GmbH, Darmstadt, Kraus GmbH + Co. KG, Heidelberg, Keilbach GmbH + Co. KG, Offenburg, Vizepräs. IHK Darmstadt (s. 1985) - Claudiusweg 20, 6100 Darmstadt (T. 06151 - 10 08 - 88) - Geb. 10. Jan. 1935 Duisburg (Vater: Hans R., Kaufm.; Mutter: Elli, geb. Heidholt), ev., verh. s. 1963 m. Carla, geb. Fehlow - Abit., Jura-Stud. - 1980-84 Präs. IHK Darmstadt - Spr.: Engl.

ROPOHL, Günter

Dr.-Ing., Prof. f. Allg. Technologie Univ. Frankfurt - Kelterstr. 34, 7500 Karlsruhe - Geb. 14. Juni 1939 Köln (Vater: Franz R., Ing.; Mutter: Lilly, geb. Pattberg, S. Ralph - Abit. 1958; Dipl.-Ing. 1964 Univ. Stuttgart, Promot. 1970 ebd., Habil. 1978 Karlsruhe - 1972-79 Geschäftsf., ab 1979 Leit. Stud. Generale u. 1979-81 Prof. Univ. Karlsruhe; ab 1981 Prof. Univ. Frankf. Ab 1983 Gastdoz. u. Kursdir. f. Technik u. Ges. Inter-Univ. Centre Dubrovnik (Jugosl.) - BV: Flexible Fertigungssyst., 1971; E. Systemtheorie d. Technik, 1979; D. unvollkommene Technik, 1985; Technologische Aufklärung (1991). Herausg.: Interdisziplinäre Technikforsch. (1981); Arbeit im Wandel (1985). Mithrsg.: Technik u. Ethik (1987); Schlüsseltexte z. Technikbewertung (1990); u.a.; Fachbeiträge in Sammelw. u. Ztschr.

ROPPILER, Peter

Chefredakteur FERNSEHWOCHE - Burchardstr. 11, 2000 Hamburg 1 (T. 040 - 30 19 42 03) - Geb. 12. März 1936, verh. s. 1963 m. Ute, geb. Grümer, 2 Söhne (Markus, Dirk) - Stud. Thetarwiss., Publiz. FU Berlin.

ROQUETTE, Peter

Dr. rer. nat., o. Prof. f. Mathematik - Achatweg 5, 6906 Leimen-Gauangelloch - Geb. 8. Okt. 1927 Königsberg/Pr. - S. 1956 (Habil.) Lehrtätig. Univ. Hamburg, Tübingen (1959 Ord. u. Mitdir. Math. Inst.), Heidelberg (1967 Ord. u. Mitdir. Math. Inst.). Fachaufs.

ROSCHER, Achim

Verlags- u. Zeitschriftenredakteur, stv. Chefredakt. d. ndl (neue deutsche Literatur), Berlin - Seelenbinderstr. 13, O-1170 Berlin (T. 030 - 656 39 76) - Geb. 23. Sept. 1932 Limbach/Sachsen, verh., 1 T. - Stud. German., Gesch. - BV: u.a. Tränen u. Rosen - Krieg u. Frieden in Gedichten aus fünf Jahrtausenden; Zeitverkürzer - D. Anekdoten; Lüttenort - D. Bilderleben d. Malers Otto Niemeyer-Holstein; Also fragen Sie mich! Gespräche m. Künstlern.

ROSCHER, Karl-Max

Gf. Vorstandsmitglied Dt. Weltwirtschaftl. Ges., Sekr. Rotary Club Berlin - Kurfürstendamm 188, 1000 Berlin 15 (T. 881 55 62) - Geb. 7. Dez. 1920 Berlin (Vater: Postrat Dr. phil. Max R., zul. gf. Vizepräs. Dt. Weltw.Ges., 1914 mitbegr. (s. XI. Ausg.); Mutter: Gesa, geb. Böhmer), ev., verh. s. 1948 m. Helene (Leni) verw. Bassermann, geb. ten Haeff, 3 Töcht. (Beatrix u. Evelyn B., Yvonne R.) - Univ. Berlin (Rechts-, Staats- u. Wirtschaftswiss.) - Neben u. nach Stud. Tätigk. Filmind. u. Kunsthandel.

ROSCHMANN, Kurt

Schriftsteller (Ps. Friedrich Roman) - Hasenbergsteige 98/Haus 1 an d. Staffel, 7000 Stuttgart - Geb. 13. Okt. 1900 Stuttgart, protest., verh. s. 1949 m. Hanna, geb. Peukert - Univ. Tübingen u. Hamburg (Phil., German., Neuphil.) - BV: Ist's d. Blut, d. rauscht?, N. u. Ged. 1939; Kalonder od. D. Gerichtigkeit, R. 1947; Rede auf Hermann Hesse, 1947; Goethe u. d. Weltkriegsgenerationen, Vortr. u. Ess. 1974. Mitarb. Rundfunk (Kommentare, Hörfolgen) u. Presse.

ROSE, Gerd

Dipl.-Ing., Vorstandsmitglied Gemeinn. Wohnungs-AG. Remscheid - Hochstr. 1-3 u. Im Loh 13, 5630 Remscheid - Geb. 13. Febr. 1925 Essen.

ROSE, Gerd

Dr. rer pol., Dipl.-Kfm., Univ.-Prof. f. Betriebsw.lehre Univ. Köln (s. 1966) - Remagener Str. 5, 5000 Köln 51 (T. 34 18 40) - Geb. 8. Juni 1926 Minden/W. - Habil. 1966 Köln - Steuerberater. Üb. 200 Facharb., dar. 45 Bücher.

ROSE, Harald

Dr. rer. nat., Dipl.-Phys., Prof. f. Angew. Physik TH Darmstadt - Prinz-Christian-Weg 5 1/2, 6100 Darmstadt - Geb. 14. Febr. 1935 Bremen (Vater: Hermann R., Kaufm.; Mutter: Anna-Luise, geb. Reysen), ev., verh. s 1963 m. Heike, geb. Fornoff, T. Stefanie - Stud. TH Darmstadt; Promot. 1965 u. Habil. 1970 ebd. - 1970 Doz., 1972 Prof. Auslandsaufenth.: 1961 Cambridge, Mass., 1973 Univ. of. Chicago, 1976/77 State Departm. of Health, Albany N.Y., alle USA - Spr.: Engl., Franz.

ROSE, Jürgen

Prof., Leiter Klasse f. Bühnenkunst Kunstakademie Stuttgart (s. 1973) - Weißenhof 1, 7000 Stuttgart.

ROSE, Klaus

Dr., Studienrat, MdB (s. 1977) - Bundeshaus, 5300 Bonn; priv.: Thomasstr. 11a, 8358 Vilshofen (T. 08541 - 88 38) - Geb. 1941 - CSU.

ROSE, Klaus

Dr. rer. pol., o. Prof. f. Volkswirtschaftslehre - Am Eselsweg 1, 6500 Mainz-Bretzenheim (T. 3 48 51) - Geb. 3. Juni 1928 - S. 1957 (Habil.) Lehrtätigk. Univ. Köln u. Mainz (1961 ao.), 1962 o. Prof.; Dir. Inst. f. Allg. u. Außenw.theorie) - BV: Theorie d. Außenwirtschaft, 1964, 10. A. 1989; Theorie d. Einkommensverteilung, 1965; Grundl. d. Wachstums-Theorie, 1971, 5. A. 1987. Zahlr. Einzelarb.

ROSEMANN, Gerd

Dr. med., Prof. f. Hals-, Nasen-, Ohren-Heilkunde - Parkpromenade 4, 6450 Hanau-Wilhelmsbad - Geb. 25. Febr. 1927 Wuppertal, ev., verh. s. 1955 m. Gertrud, geb. Busch, 4 Kd. - 1949-54 Med.-Stud. Univ. Köln, Freiburg u. Düsseldorf (Habil. 1968) - 1960 Facharzt f. HNO-Krankh., 1961 Assist. u. Oberarzt Univ.-HNO-Klinik Frankfurt, 1972 Prof. f. HNO-Heilkd. - 1972-92 (i.R.) Mitgl. Direkt. Zentr. HNO-Heilk. Univ.-Kliniken Frankfurt/M.; stv. Vors. Ärztekammer Frankf./M.; 1983-87 Vors. Hess. Landesverb. Hochsch. u. Wiss. (VHW) im Dt. Beamtenbund (DBB) - BV: 94 Beitr. in Handb. u. Fachztschr. - 1992 Dr. Richard-Hammer-Med. d. LÄK Hessen - Liebh.: Museumswesen - Spr.: Engl.

ROSEMANN, Hans-Ulrich

Dr. med., Prof., Physiologe - Deutschhausstr. 22, 3550 Marburg/L. (T. 6 59 73) - Geb. 14. März 1904 Bonn (Vater: Prof. Dr. med. Dr. phil. h. c. Rudolf R., Ord. f. Physiol. Univ. Münster (s. X. Ausg.); Mutter: Paula, geb. Schneider), ev., verh. s. 1931 m. Margret, geb. Achilles, 3 Kd. (Irmgard, Werner, Günther) - Univ. Münster, Tübingen, München, Marburg - S. 1935 (Habil.) Lehrtätig. Univ. Marburg (1942 apl. Prof., 1958 Wiss. Rat, 1966 Abt.vorsteher). Üb. 20 Fachveröff. Herausg.: Lehrb. d. Physiol. d. Menschen (begr. v. L. Landois; 26.-28. A. 1950/62) - Brüder: Heinz-Rudolf (s. dort) u. Walther R. (†1971, s. XVI. Ausg.).

ROSEMEIER, Gustav-Erich

Dr.-Ing., Prof. Univ. Hannover - Ostlandstr. 2 A, 3000 Hannover 72 - Geb. 16. Febr. 1940 Steinfurt (Vater: Gustav R., Baumeister; Mutter: Laura, geb. Elkmann), ev., ledig - Dipl.-Ing. 1964, Promot. 1967, Habil. 1970 - 1965-76 Ind.praxis (Baustatik u. Bault.); s. 1971 Univ.doz.; s. 1977 Prof. - BV: Winddruckprobl. b. Bauwerken, 1976; Üb. d. Wechselwirk. v. Materie u. Energie, 1979 - Statisch-konstruktive Mitarb. an d. Neubau Med. Hochsch. Hannover, U-Bahn Hannover, Spannbetonbrücken im Raum Frankfurt/M. - Liebh.: Sport, Musik, physik. Grundl.probl. - Spr.: Engl., Franz., Latein.

ROSEMEYER, Bernd

Dr. med., Prof., Komm. Direktor d. Staatl. Orthopäd. Klinik München-Harlaching - Kaiser-Ludwig-Str. 38a, 8022 Grünwald - Geb. 12. Nov. 1937 Berlin (Vater: Bernd R., Autorennfahrer †1938; Mutter: Elly Beinhorn, Sportfliegerin u. Schriftst. [s. dort]), ev., verh. s. 1968 m. Michaela Gräfin zu Castell-Rüdenhausen, 2 Kd. (Bernd, Daisy) - Med.-Stud. Univ. Freiburg, Kiel, Innsbruck u. München, Habil. 1974, s. 1980 apl. Prof.

ROSEN, Edgar R.

Dr. phil., Prof. (em.) f. Politikwissenschaft - Jasperallee 7, 3300 Braunschweig (T. 33 40 89) - Geb. 18. Juni 1911 Berlin, verh. s. 1937 m. Edith, geb. Mühsam, 2 Kd. (Michael, Monica) - Franz. Gymn. Berlin; Univ. ebd. u. Leipzig (Gesch., Soziol., Ztg.swiss.; Promot. 1933) - 1937-42 fr. Schriftst., dann Mitarb. The Christian Science Monitor, Boston, 1948-65 Prof. Univ. of Missouri at Kansas City (Gesch.), s. 1965 o. Prof. TU Braunschweig. Gastprof. Dt. Hochsch. f. Politik (1954/55), FU Berlin (1959/60), Univ. Tübingen (1962) - Herausg.: Mete Fontane, Briefe a. d. Exil, 1880-82 (1974, 4. A. 1975). Verf.: D. Gedruckte Schaufenster, 4 Bde. (1981-85); Königreich d. Südens. Italien 1943/44 (1988). Begr. u. Herausg. Mitteilungen Carolo-Wilhelmina d. TU Braunschweig (s. 1965) - Spr.: Engl., Franz., Ital.

ROSENAU, Kersten

Dr. jur., Rechtsanwalt, Lehrbeauftragter f. Öffentliches Recht sowie Hamburg. Verfassungsrecht an d. Univ. Hamburg, Abgeordneter d. Hamburgischen Bürgerschaft 1986-91 - Elbchaussee 332, 2000 Hamburg 52 (T. 040 - 82 11 23) - Geb. 12. Juni 1957 Hamburg, ledig - 1977-82 Stud. Rechtswiss.; Referendarex. 1982; 1983/84 Promot.-Stud.; Promot. 1986 Hamburg; Ass.-Ex. 1988 - S. 1985 Refer. u. wiss. Assist. Univ. Hamburg (Prof. Bettermann, Prof. Zeuner). 1979-86 Bezirksabgeordn.; 1982-86 Deputierter d. Justiz- bzw. Baubehörde - BV: Hegemonie u. Dualismus, 1986.

ROSENAUER-KÖLBL, Adi

Grafiker - Adalbert-Stifter-Str. 12, 8225 Traunreut - Geb. 1939 - Holz- u. Linolschneider, Buchillustrationen.

ROSENBACH, Detlev

Verleger u. Kunsthändler, Erster Vors. Verb. Kunst- u. Antiquitätenhändler Niedersachsens - Walderseestr. 24, 3000 Hannover (T. 66 93 48) - Geb. 3. Jan. 1928 Hannover (Vater: Emil R., Schneiderm.; Mutter: Wilma, geb. Bruhn), ev., verh. 1948 m. Christa, geb. Schütze (gesch.) - Verlagsbuchhändlerlehre; Jura-Stud. Von d. Ind.- u. Handelskammer Hannover-Hildesheim öfftl. best. u. vereidigter Sachverst. f. d. Kunst d. Klass. Moderne u. Bücher aller Epochen - BV: Im Zauberreich d. Alkohols; Spanier, Gold u. Indios; Weites Land im Westen; D. Sohn d. Wolfes; Monogr.: Hans Thoma; E. Bargheer; Uwe Bremer; E. Heckel; A. v. Jawlensky; Heinrich Zille. Div. Herausg. Das Fotobde. Übers. aus d. Engl.

ROSENBACH, Otto

Dr.-Ing., em. o. Prof. f. Geophysik - Hopfengarten 40, 3388 Bad Harzburg (T. 05322 - 8 05 27) - Geb. 25. Sept. 1914

Tilsit (Vater: Otto R., Volksschullehrer; Mutter: Meta, geb. Eigenfeld), ev., verh. s. 1951 m. Lore, geb. Kuckuk, 2 Kd. (Klaus-Dieter, Susanne) - Univ. Königsberg/Pr. u. Würzburg (Math., Physik) - S. 1951 (Habil.) Lehrtätigk. Univ. Bonn, Mainz (1957 apl., 1962 ao. Prof.), TU Clausthal (1965 o. Prof. u. Inst.dir.), 1969-71 Dekan, 1972-74 Vors. Abt. Geowiss., 1973-75 Vors. Forsch.-Kollegium Physik d. Erdkörpers. Mitgl. in- u. ausl. Fachges. - BV: Physik d. Erdkörpers, DFG-Denkschrift (m. Heitz, Strobach); Praxis d. Angew. Seismik, Studienheft (m. Meißner, Stegena). Herausg.: Studienhefte z. Angew. Geophysik (m. Helbig). Mithrsg.: Geoexploration Monographs (1963ff.), Studienhefte z. Physik d. Erdkörpers (1972ff.).

ROSENBAUER, Hansjürgen

Dr. phil., Prof., Journalist f. Kultur- u. Gesellsch.-Politik, Intendant d. Ostdeutschen Rundfunks Brandenburg (ORB) s. Nov. 1991 - August-Bebel-Str. 26-53, O-1591 Potsdam - Geb. 10. Dez. 1941 Diez/Lahn (Vater: Hans R., Geschäftsf.; Mutter: Gertrud, geb. Paschek), kath., 2 Kd. (David, Rebecca) - Gymn. Limburg (Abit. 1962); 1962-68 Stud. German., Politol. u. Soziol. Univ. Frankfurt; 1963 Fulbright-Stip. f. Journ. u. Politik USA, ab 1964 Forts. Stud. Frankfurt; 1967 wieder USA; 1968 Promot. (summa cum laude) New York Univ. - S. 1968 Mitarb. Hörfunk u. Ztg. Frankfurter Rundschau (Buchrezens., Theaterkrit., Film); Mitarb. b. ersten Schulfernseh-Serien üb. Wirtsch.- u. Rechtskd.; s. 1969 Hess. Rundf. (Redakt. FS-Abt. Kunst u. Lit., zust. f. Theater u. Film im Kulturmagazin: Titel, Thesen, Temperamente, Moderator Kino-Magazin Teleclub, III. FS-Progr.); 1972-74 ARD-Fernsehkorresp. Prag (Prager Notizen); s. 1974 u. 1977 Redakt. WDR, Studio Bonn (Bericht aus Bonn, Tagesschau, Sonderber.), 1975-77 Gesprächsleit. FS-Talkshow: Je später der Abend; s. 1978 Programmgruppenleit. Ausl.-FS im WDR; 1983-91 Programmbereichsleit. Kultur u. Wiss. FS im WDR; Mitgl. im Bildungsrat b. BMBW u. im Kurat. d. Wiss.zentrum NRW. S. 1991 Prof. an d. Kunsthochsch. f. Medien in Köln - Versch. Veröff., u. a. Brecht u. d. Behaviorismus (Diss.).

ROSENBAUER, Heinz

Dr. jur., Staatssekretär a. D. - Baldusweg 1, 8000 München 50 - Geb. 1938 - MdL Bayern (s. 1970), b. 1984 Staatssekr. Bayer. Min. f. Arbeit u. Sozialordn.; 1984-88 Staatssekr. Bayer. Staatsmin. d. Innern; 1988-91 Staatssekr. Bayer. Justizmin. - CSU - 1984 Commendatore ital. Orden Al Merito; Bayer. Verfassungsmed. in Silber; Bayer. VO.

ROSENBAUER, Judith

Managing Director English Theater Frankfurt - Kaiserstr. 52, 6000 Frankfurt/M. 1 - Geb. 17. April 1944 New York/USA, gesch., 2 Kd. (David, Rebecca) - Univ.abschluß B.S. America 1965 - Lehrerin; Leit. englischspr. Theaters Frankfurt/M.; Schauspielerin - Gründ. d. engl.spr. Theaters in Frankfurt - Wichtigste Rolle: Winnie in Beckett's Glückl. Tage; Susy in Warte, bis es dunkel wird - 1989 Kulturpreis Land Hessen - Liebh.: Oper, Lesen, Sport - Spr.: Deutsch, Engl.

ROSENBAUER, Karlheinz A.

Dr. med., o. Prof. f. Anatomie - Riehler Gürtel 41, 5000 Köln (T. 76 57 55) - Geb. 30. Mai 1927 Köln (Vater: Hans R., Bankprokurist; Mutter: Ali, geb. Adelmann), kath., verh. s. 1959 m. Erika, geb. Wendler, S. René - Volkssch. Köln; Drogistenlehre; Gymn.; Univ. ebd. (Med.). Promot. 1955 Köln; Habil. 1963 Düsseldorf - 1955-60 Univ. Köln (Assist.); s. 1960 Med. Akad. bzw. Univ. Düsseldorf (1966 apl. Prof., 1972 o. Prof. (Lehrst. III) u. Mitdir. Anat. Inst.). 1972 ff. Vorstandsmitgl. Vereinig. d. Anatomen d. BRD u. Westberlins, 1979ff. Vorst.-Mitgl. Arbeitsgem. med. Wiss. Fachges., 1985ff. Präsidiumsmitgl. d. Zentrums f. Öffentlichkeitsarbeit d. AWMF - BV: Entwicklung, Wachstum, Mißbildungen u. Altern b. Mensch u. Tier, 1969; D. Genitalorgane - Anat. u. Physiol., 1969 (franz. 1970, ital. 1971); Rasterelektronenmikroskop. Technik.-Präparationsverf. in Medizin u. Biologie, 1978; gem. m. E.W. Giebeler: Historia scientiae naturalis. 1982; Tabellen u. Abb. z. Zytologie, Histologie u. mikroskopischen Anatomie, 1984. Üb. 120 Einzelarb. - Liebh.: Volkskunst 18. u. 19. Jh. - Spr.: Engl.

ROSENBAUM, Erich

Parkettlegermeister, Fachjourn., stv. Bundesinnungsmeist. u. Sprecher Zentralverb. Parkett- u. Fußbodentechnik, u. a. m. - Mainzer Str. 35, 5400 Koblenz 1 (T. 0261 - 1 21 01) - Geb. 26. Dez. 1925 Koblenz - Zahlr. Funktionen, u. a. Dir. Bundesfachsch. Bodenbelagswirtsch. an d. Handwerkskammer Koblenz, Leit. Inst. f. Fußbodentechnik Koblenz/Berlin, Sachverst., Obermeist. Innung Parkett- u. Fußbodentechnik, Koblenz, Teilh. Fußbodenstudio Münch & Co. Saarbrücken u. Norbert Strehle Fußbodentechnik, Koblenz, Redakt. Fachztschr. boden-wand-decke - BVK; Handwerksz. in Gold, gold. Bodenlegerehrennadel, österr. Handwerksz. in Gold, Franz. Bodenlegermeisterbrief u. Ehrenz. in Gold.Parkettlegerhandwerk u. Bodenlegergewerbe, Bonn; Obermeister d. Innung Parkett- u. Fußbodentechn., Mittelrhein/Mosel, Koblenz - Teilh. Fußbodenstudio Münch & Co., Saarbrücken u. Norbert Strehle Fußbodentechn., Koblenz - BVK a. Bd.; Handwerksz. in Gold; Bodenleger-Ehrennadel in Gold; Österr. Handwerksz. in Gold; Franz. Bodenleger-Meisterbrief u. Ehrenz. in Gold.

ROSENBAUM, Heinrich

Dr. rer. pol., Prof., - An der Wilhelmshöhe 5a, 3470 Höxter/Weser (T. 89 94) - Geb. 5. Sept. 1930 Höxter, kath., verh. s. 1959 m. Maria, geb. Budde, 3 Kd. - Höh. Schule Soest u. Neheim-Hüsten; 1951-53 Banklehre (Dt. Bank); Univ. Göttingen (Rechts- u. Staatswiss.). Dipl.-Volksw. 1957; Promot. 1960 - 1960-66 Leit. Arbeitsgr. Regionale Entwicklung Agrarsoz. Ges. Göttingen; ab 1966 Doz. Staatl. Ingenieursch. f. Bauwesen Höxter u. Gesamthochsch. Paderborn; s. 1970 Bürgerm. Stadt Höxter. 1966-70 u. 1975-80 MdL Nordrh.-Westf. CDU s. 1951 (1966 Kreisvors.).

ROSENBAUM, Wolf-Sighard

Prof. f. Soziologie Univ. Göttingen - Calsowstr. 40, 3400 Göttingen - Geb. 7. April 1941 Breslau, verh. (Ehefr.: Heidi) - Stud. Sozialwiss. Univ. Wilhelmshaven, Göttingen u. Marburg; Dipl.-Sozialwirt, Promot. - 1972 Prof. f. Soziol. Marburg, s. 1973 Göttingen.

ROSENBERG, Frank

Kaufmann, Vorsitzender der Geschäftsfg. d. BOSTIK GmbH - Zu erreichen üb. BOSTIK GmbH, 6370 Oberursel - Geb. 21. März 1936.

ROSENBERG, Franz

Dr.-Ing., Senatsdirektor a. D. - Schwachhauser Ring 88, 2800 Bremen (T. 0421 - 34 36 66) - Geb. 1. Aug. 1911 Ratkovic/Jugosl. (Vater: Julius R., Chemiker; Mutter: Anna Katharina, geb. Culek), verh. s. 1938 m. Ursula, geb. Kollmann (†1985), 2 Töcht. (Anne, Hede) - Gymn. Glückstadt; TH München u. Berlin (Architektur; Dipl.-Ing. 1937). Promot. 1946 Braunschweig - 1938-45 Architekt Reichswerke Berlin/Salzgitter, 1945-49 Stadtplaner Braunschweig, 1949-70 Stadt- u. Landesplaner, Techn. Leit. Bauverw., Oberbau- (1955) u. Senatsbaudir. (1964) Bremen. Wiederaufbau u. Ausbau Stadt Bremen (1949-70); 1970-82 Geschäftsf. Entwickl.-Ges. Landkreis Verden, ab 1983 Vors. Aufbaugemeinsch. Bremen. Wettbewerbserfolge u. Preisrichtertätigk. Beitr.: Geistiges Bremen (1960), Bremen baut (1963), Städtebau in West u. Ost (1969), Wiederaufbau u. Stadterweiterung Bremen 1949-70 (1981) - Mitgl. Dt. Akad. f. Städtebau u. Landesplanung - Liebh.: Federzeichnen, Gartenarbeit - Rotarier.

ROSENBERG, Hartmut Peter

Dr.-Ing., Prof. f. Strömungslehre Univ. Kaiserslautern - Spinozastr. 18, 6750 Kaiserslautern - Geb. 21. Juli 1932 Königsberg (Vater: Michael R., Univ.-Prof.; Mutter: Erna, geb. Schmidt) - Dipl.-Ing. 1958 TH Aachen, Dipl. Rechts- u. Wirtschaftswiss. 1963 Bonn, Promot. 1963 Aachen - 1964-71 Ind. (Bosch GmbH., Stuttgart, Battelle Inst., Frankfurt, Hoechst AG, Frankf.-Höchst); s. 1968 Univ. Mainz; 1970ff. Kaiserslautern.

ROSENBERGER, von, Eberhard

Aufsichtsrat Dierig Holding AG, Augsburg - Schloßstr. 24, 8901 Stadtbergen - Geb. 12. Sept. 1917.

ROSENBERGER, Gerhard

Dr. rer. nat., Prof. f. Mathematik Univ. Dortmund - Heinrich-Barth-Str. 1, 2000 Hamburg 13 (T. 040 - 410 25 67) - Geb. 8. Dez. 1944 Wentorf b. Reinbek (Vater: Horst R., Drogist; Mutter: Jutta, geb. Bless †1990), luth., verh. s. 1976 m. Dr. med. dent. Katariina, geb. Kangas, 2 Töcht. (Anja, Aila) - 1967-72 Stud. Hamburg, Lehrerprüf. 1972, Promot. 1973, Habil. 1974 - 1972-76 Assist. Univ. Hamburg; 1976-77 Lehrst.vertr. Univ. Bielefeld, s. 1977 Prof. Univ. Dortmund - Üb. 70 wiss. Fachveröff. in Algebra, Analysis u. Zahlentheorie - Spr.: Engl.

ROSENBERGER, Gustav

Dr. med. vet. habil., Dr. med. vet. h. c. mult., em. Prof., ehem. Dir. Klinik f. Rinderkrankheiten Tierärztl. Hochsch. Hannover (s. 1953, emerit. 1978) - Max-Eyth-Str. 22, 3000 Hannover (T. 81 32 42) - Geb. 4. Dez. 1909 Schmalkalden/Thür., ev., verh. s. 1942 m. Sigrid, geb. Dun, 3 Kd. (Eckart, Sigа, Volker) - Univ. München (1929-31), Tierärztl. Hochsch. Hannover (1931-34). Promot. 1934; Habil. 1942 - 1943-45 Lehrtätigk. Univ. Posen (1945 Ord.). Div. Ehrenstell., dar. stv. Vors. Dt. Veterinärmed. Ges., Ehrenmitgl. Societa Italiana die Buiatria, Sociedade Medicina Veterinaria Staat Sao Paulo/Brasilien, d. Weltges. f. Buiatrik, d. Societa Italiana delle Scienze Veterinarie u. d. Société Française de Buiatrie sow. Mitgl. Albrecht-Thaer-Ges. u. d. Kgl. Schwed. Akad. d. land- u. forstwirtsch. Wissensch., 1974 Sankt Ambrosius-Med. Stadt Mailand - BV: Tiergeburtshilfe, 1949, 2. A. 1960, 3. A. 1978 (m. Tillmann; auch ital.); D. Enthornungsmeth. f. Rinder, 2. A. 1964; D. klin. Unters. d. Rindes, 2. A. 1977 (m. Dirksen, Gründer, Grunert, Krause u. Stöber; auch span., ital., poln., franz., engl., japan. u. portug.); Krankh. d. Rindes, 1970, 2. A. 1978 (m. Dirksen, Gründer, Stöber, auch ital u. span.); Buiatrik, 3. A. 1979 (m. 11 Autoren). Üb. 252 Einzelveröff.

ROSENBUSCH, Heinz S.

Dr.phil., Prof. f. Schulpädagogik Univ. Bamberg - Josef-Simon-Str. 147, 8500 Nürnberg 50 (T. 0911 - 89 80 80) - Geb. 26. Dez. 1931 Bamberg (Vater: Heinrich R., Lehrer; Mutter: Maria R.), ev., verh. s. 1958 m. Christa, geb. Keupp, 2 T. (Ute, Barbara) - Abit. 1951; Staatsex. 1953 u. 1956; Zweitstud. Univ. Erlangen-Nbg. (Päd., Politik, Psych.), Promot. 1972, Habil. 1980 Univ. Oldenburg - 1956 Lehrer; 1972 Rektor; ab 1973 im Hochschuldienst (1981 Privatdoz. Univ. Oldenburg); 1982 Leit. Lehrst. f. Schulpäd. Univ. Bamberg; 1990 apl. Prof. Univ. Oldenburg; 1991 Inh. d. Lehrst. f. Schulpäd. (Ord.) Univ. Bamberg. Entw. d. pragmat.-dynam. Methodenkombination z. Analyse kommunik. Proz. (m. Prof. Diegritz) - BV: D. dt. Jugendbeweg. in ihren päd. Formen u. Wirkungen, 1973; Kommunik. zw. Schülern, schulpäd. u. linguist. Unters. (m. Th. Diegritz), 1977; Körpersprache u. schulische Erziehung (m. O. Schober), 1986; Schulreif? D. neue bayer. Lehrerbildung im Urteil d. Absolventen (m. W. Sacher u. H. Schenk), 1988; Schulleiter zw. Administration u. Innovation (m. J. Wissinger), 1989 - 1987 Wissenschaftspreis BLLV; 2. Vors. d. Konf. d. Univ.-pädagogen in Bayern - Spr.: Engl., Latein.

ROSENDORFER, Herbert

Richter, Schriftst. - Zu erreichen üb. Kiepenheuer & Witsch, Rondorfer Str. 5, 5000 Köln-Marienburg - Geb. 19. Febr. 1934 Bozen (Vater: Josef R., Sparkasseninsp.; Mutter: Johanna, geb. Ennsfellner), kath., verh. s. 1972 m. Ellen, geb. Casper, 3 Kd. (Constantia, Jakob, Sebastian) - Obersch.; Stud. Rechtswiss. Jurist. Staatsex. 1959 u. 63 - S. 1965 Justizdst. (1967 Staatsanw. u. AGsrat) - BV: D. Glasglocke, Erz. 1966; Bayreuth f. Anfänger, 1969 (unt. Ps. Vibber Tøgesen); D. Ruinenbaumeister, R. 1969; D. stillgelegte Mensch, Erz. 1970; Üb. d. Küssen d. Erde, Erz. 1971; Aechtes Münchner Olympia-Buch, 1971; Deutsche Suite, R. 1972. Skaumo, Erz. 1976; Gr. Solo f. Anton, R. 1976; Stephanie, R. 1977; D. Prinz v. Homburg, Biogr. 1978; Eichkatzelried, Erz. 1979; Ball b. Thod, Erz. 1980; Ballmanns Leiden od. Lehrb. f. Konkursrecht, R. 1981; Vorstadt-Miniaturen, Erz. 1982; D. Zwergenschloß, Gesch. 1982; Briefe in d. chin. Vergangenh., R. 1983; Traum d. Intendant., Ess. 1984; D. Frau s. Lebens u. a. Geschichten, 1985; Herkulesbad. E. österr. Gesch., 1985; Vier Jahreszeiten im Yrwental, R. 1986; Gespenst d. Krokodile, Erz. 1987; ... ich geh' zu Fuß n. Bozen, pers. Erz. 1988. Bühnenst.: Scheiblgries (UA. 1971 Freiburg/Br.); Münchner Miniaturen (UA. 1977ff München) - Fernsehspiele: D. lästige Ungar (1980), D. falsche Paß f. Tibo (1980). Arbeiten f. Tatort (1973, 1976, 1981), D. Alte (1978, 1979), Polizeiinspektion 1 (1977ff.) - 1971 Münchner Förderpreis; 1973 Georg-Mackensen-Preis (f. d. beste unveröfftl. Kurzgesch.); 1985 Sigi-Sommer-Literaturpreis; 1972 Mitgl. PEN-Zentrum BRD; 1977 Mitgl. Bayer. Akad. d. Schönen Künste; s. 1988 Mitgl. d. Akad. d. Wiss. u. Lit. Mainz - Liebh.: Literatur, Musik - Spr.: Engl., Franz.

ROSENFELD, Hellmut

Dr. phil., Prof., Oberregierungsbibliotheksrat - Sollner Str. 73, 8000 München 71 (T. 79 96 39) - Geb. 24. Aug. 1907 Frankfurt/O. (Vater: Geh. Konsistorialrat Dr. Johannes R., Superint.; Mutter: Hedwig, geb. Wessel), ev., led. - Gymn. Frankfurt/M. und Berlin; Univ. Berlin, Tübingen, Wien (German., Gesch., Kunstgesch., Theol., Volkskd.) - 1936-40 Studien- u. Bibl.refer. (1938); 1940-46 Wehrdst. u. Gefangensch.; 1948-72 Bayer. Staatsbibliothek, Bibl.- (1954), Oberbibl.- (1961), -reg.bibl.rat (1965-72) Bayer. Staatsbibl. S. 1950 Privatdoz. u. apl. Prof. f. German. (1957) Univ. München - BV: D. dt. Bildgedicht, s. antiken Vorbilder u. s. Entwickl. b. z. Gegenw., 2. A. 1967; D. mittelalterl. Totentanz, 2. A. 1968, 3. A. 1975; Bauernpraktik v. 1543, 1964; Dt. Spielkarten aus 5 Jh., 1964; D. schönsten dt. Spielkarten, 1964; J. A. Comenius' Orbis sensualium pictus, 1964; Pieta u. Jesus-Johannes-Gruppe, ihre geist. Grundl., 1965; Sagen-, Kulttradition u. Völkerschichtung, 1965; Karte z. ahd. Lautverschieb., 3. A. 1961; 4. A. 1967; Heimerans Vornamenbuch, 1968; Legende, 1961, 4. A. 1982; Dt. Kultur im Spätmittelalter 1250-1500 (m. H.-Fr. Rosenfeld), 1978, D. Ackermann aus Böhmen - scholust. Disputation v. 1370 od. humanist. Wortkunstwerk v. 1401, 1980; Gutenberg als Erfinder d. Buchdrucktechnik, 1983; Präsenz u. Präsentation M. Luthers, 1983; Luther u. d. Folgen f. d. Kunst, 1984; Z. Darstellung d. Eigengerichts in d. mittelalterl. Kunst u. Literatur u. H. Holbein, 1985; E. frühe Neureuther-Lithographie (nebst Faks. R. v. Montgelas; Dornröslein, 1933), 1986; D. Geburt d. Moderne aus d. Geist d. Religion?, 1986, 2. A. 1987; D. Eigengericht (Besonderes, Persönliches, Einzel-Gericht) in d. spätmittelalterl. Kunst, Lit., Bilderbogen- u. Volksdramendichtung, 1987; D. Völkernamen Baiern u. Böhmen, die althochd. Lautverschiebung u. Mayerthalers These Baiern = Salzburger Rätoromanen, 1987; Figürl. Rückdrucke d. Spielkarten d. 16. u. 17. Jh., 1988; 500 J. Münchner Spielkarten, 1988; D. Kupferstich-Spielkarten d. 15. Jh. u. neu entd. Vexier-Karten d. 17 Jh. zw. Buchillustr. u. Gebrauchsgraphik, 1988; Mai-Tanz, Maien, Maien-Büschel, Maibaum: Neidhart v. Reuental u. d. Linde in Dicht. u. Brauch, 1988; Fastnacht, Fastnachtspiel, Narrengericht, Narren: Ursprung u. Deutung, 1989; D. Tod in d. christl. Kunst u. im christl. Glauben: D. sterbende Mensch in Furcht u. Hoffnung v. d. göttl. Gericht, 1989; Franz Graf Pocci's Kartenspiel-Unikum (um 1840) u. Hans Ferdinand Maßmann, 1990; Wann u. wo wurde d. Holzschnittkunst erfunden?, 1990 - Lit.: Festgruß, H. R. z. 70. Geburtst. gewidmet v. Schülern u. Freunden, hg. v. F. B. Brévart, 1977 (m. Bibliographie s. Veröffentl. 1935-76); Festgabe z. 80 Geb. gewidmet v. Schülern u. Freunden, hg. v. H.-A. Klein, H. Rosenfeld: Ausgew. Aufs. z. dt. Heldendichtung, Namenforsch., Todesdichtung, Volksdrama usw., 1987 (m. Bibliogr. s. Veröff. 1935-87).

ROSENHEIM, Bernd

Maler, Bildhauer - Domstr. 93, 6050 Offenbach/M. (T. 88 18 01) - Geb. 1. Sept. 1931 Offenbach/M. (Vater: Walter R., Kaufm.; Mutter: Anni, geb. Nauer, verh. s. 1963 m. Gisela, geb. Fischer - Werkkunstsch. ebd.; Städelhochsch. u. Univ. Frankfurt/M. u. Gießen (Kunstgesch., Archäol., Phil., Gesch.) - W: Abstrakte Malerei, Glasfenster (Friedhofskapelle Dietzenbach u. Hauptfriedhof Offenbach, Krankenhs.-Kapelle Köln-Holweide), u. s. 1970 abstr. Großplastiken (Edelstahlplastik Rathaus Offenbach u. Hauptpost Wiesbaden). Buchillustration Ausstell., Galerien In- u. Ausl. - 1965/67 Rom-Stip. Akad. Austauschdst. - Spr.: Engl., Franz., Ital.

ROSENKÖTTER, Rolf

Dr. jur., Vorsitzender Richter Landesarbeitsgericht Niedersachsen Hannover (s. 1986) - Wespyhof 2, 3000 Hannover 81 - Geb. 20. Juni 1947 Bünde (Vater: Werner R., Hauptwerkm.; Mutter: Frieda, geb. Steuwe), ev., verh. s. 1971 m. Ruth, geb. Sobottka, 2 Kd. (Maren, Claas) - 1966-71 Jurastud. Univ. Bochum u. Göttingen; Staatsex. 1971 Celle u. 1974 Düsseldorf, Promot. 1973 Univ. Göttingen - 1975 Richter AG Oldenburg (1980 Dir. ebd.).

ROSENKRANZ, Heinz

Lehrer f. Kurzschrift - Bembergstr. 5, 5600 Wuppertal 1 (T. 0202 - 45 31 91) - Geb. 28. Nov. 1919 Barmen (Vater: Walter R., Masch.-Schlosser; Mutter: Auguste, geb. Scheel), verh. s. 1952 m. Elsbeth, geb. Hohrath, Tocht. Eva - Staatl. gepr. Lehrer d. Kurzschrift 1943 Bayreuth; 1939-40 Groß- u. Einzelhandelskaufm. Wuppertal; 1940-45 Soldat; 1945-63 Lehrer Kaufm. Privatsch. Wuppertal; 1960-68 Bundesvorst. DGB Düsseldorf (Bundesbeauftr. f. d. Berufsleistungsvergl.); 1968-78 Prok. Geschäftsltg. Berufsfortbildungsw. d. DGB. 1966-91 Vors. Forsch.- u. Ausbildungsstätte f. Kurzschr. u. Masch.schr. Bayreuth, Träger: Dt. Bibl. f. Kurzschr. u. Masch.schr. u. Dt. Schreibmasch.-Museum; 1979-86 Vizepräs. Landesgr. BRD Intern. Föderat. f. Kurzschr. u. Masch.schr.; 1980-86 Präs. Dt. Stenografenbd.; 1981-86 Mitgl. Zentralvorst. Intern. Föderation f. Kurzschr. u. Maschinenschr. SPD (1979-89 Stadtverordn. Wuppertal) - BV: Lehr- u. Übungsbücher f. Kurzschr. u. Masch.schr. - 1985 BVK am Bde.

ROSENMANN, Mauricio

Prof. f. Musiktheorie Folkwang-Musikhochsch. Essen - Kathagen 26, 4300 Essen 16 (T. 0201-40 61 40) - Geb. 29. Juni 1932 Santiago de Chile - Kompositionsstud. (b. 1956) chilen. Univ. in Santiago, 1958 in Stuttgart, 1961-64 am Pariser Konservat. b. O. Messiaen (1964 Premier Prix), Freiburger Musikhochsch. b. W. Fortner; Künstler. Reifeprüf. f. Kompos. u. Musiktheorie, 1967; Stud. u. Arb. in Paris; 1962 Musikwiss. an der Sorbonne 1971-74 Freiburger Univ.; Klavier- u. Orgelstud. in Chile, Dtschl. u. Frankr.; 1961-64 Stud. Philol. u. Sprachwiss. an der Sorbonne; 1954-57 Klavierdoz. am Konservat. in Santiago; Konzerttätigk.; 1965 Stip. d. franz. Reg. u. d. DAAD; 1966-74 Doz. f. Theorie Freiburger Musikhochsch.; s. 1974 Prof. s. o. - BV: Los paraguas del no, 1969; El Europicho, Sinfonía para Nombres Solos, 1983. Klavierstücke; Lieder; Semikolon (Streichtrio); Fasolauta f. Flöte, Klavier, Synthesizer u. Tonband; Vis-à-vis f. 2 Klaviere m. e. Spieler; Maquinación f. Solo-Flipper u. Kammerensemble u.a. - Spr.: Engl., Franz., Ital., Span.

ROSENOW, Ulf

Dr. sc. agr., Prof. f. Medizinische Physik, Medizinphysiker mit Fachanerkennung (DGMP) - Schillerstr. 26, 3400 Göttingen (T. 0551 - 770 10 71) - Geb. 19. Dez. 1935 Königsberg/Pr. - Abit. 1955 Wolfenbüttel; Stud. Phys. Marburg, Phys.-Dipl. Marburg 1963, Promot. 1969, Habil. f. Med. Phys. 1971, alles Göttingen - S. 1975 Prof. Göttingen/New York - BV: Computers in Radiation Therapy, 1978; Med. Physik, 1980. Mithrsg. Ztschr. Strahlentherapie, Medical Physics, Radiotherapy and Oncology - 1991 Dr. Kurt Sauerwein-Preis - Liebh.: Segelfliegen - Spr.: Engl.

ROSENSTIEL, von, Lutz

Dr. phil., Prof. f. Wirtschafts-Psychologie - Hofbauernstr. 7a, 8000 München 60 - Geb. 2. Nov. 1938 Danzig (Vater: Helmuth v. R., Mutter: Gutti, geb. v. Conrad), ev., verh. s. 1962 m. Iris, geb. Jordis-Lohausen, 2 Kd. (Tatjana, Sebastian) - Stud. Psych. u Betriebsw. Freiburg u. München, Dipl. (Psych.) 1963, Promot. 1968, Habil. 1974 - 1974-77 Prof. f. Wirtsch.psych., s. 1977 Prof. f. Organisations- u. Wirtsch.psych. - BV: Psych. d. Werbung, 1969; D. Motivationalen Grundl. d. Verhalt. in Organis., 1975; Marktpsych., 2 Bde. 1979; Grundl. d. Organis.psych., 1980 - 1958 Scheffelpreis d. Volksb. f. Dichtung, 1974 Weidenmüllermed. in Gold - Liebh.: Jazz, Wein - Spr.: Engl. - Bek. Vorf.: Friedrich-Phillip v. Rosenstiel, preuß. Staatsminister, (Ururgroßv.).

ROSENSTOCK, Günter

Dr. rer. nat. (habil.), Prof., Botan. Inst. Univ. Frankfurt - Feldbergstr. 1a, 6231 Schwalbach/Ts. - Geb. 13. Jan. 1922 Obersuhl/Hessen - S. 1957 Lehrbeauftr., Privatdoz. (1960) u. apl. Prof. (1965) Univ. Frankfurt (Botanik). Fachveröff.

ROSENSTRÄTER, Heinrich

Dr. phil., em. o. Prof. f. Soziologie - Dreirosenstr. 34, 5100 Aachen (T. 5 92 84) - Geb. 23. Okt. 1920 Wellingholzhausen/Teutobg. Wald, kath., verh. s. 1952, 4 Kd. (Beate, Annette, Mathias, Mechtild) - Gymn. Osnabrück; 1945 Schreinerlehre u. Gewerbelehrerausbild.; 1952-53 Studienaufenth. USA; 1954 ff. Stud. Päd., Psych., Soziol. Münster (nebenberufl.). Promot. 1960 - 1940-45 Wehrdst.; 1951-1960 Gewerbeoberlehrer Haltern/Westf.; s. 1960 Doz., Päd. Akad. Aachen, 1965 Prof. f. Soziol. PH Rhld./Abt. Aachen, s. 1980 Päd. Fak. TH Aachen - BV: Lehrer u. Schüler an d. Berufssch., 1961; Hinführung z. Berufs- u. Wirtschaftswelt, 1968; Deutschsprachige Belgier - Gesch. u. Gegenw., 1985.

ROSENTHAL, Alfred

Dr. med., Prof., Chefarzt Chirurg. Abt. St.-Josephs-Hospital, Bochum - Am Dornbusch 28, 4630 Bochum (T. 55 00 98) - Geb. 7. Febr. 1915 Dingelstädt/Eichsfeld - S. 1957 (Habil.) Lehrtätigk. Univ. Marburg (1966 apl. Prof. f. Chir.), s. 1977 Prof. f. Chir. Ruhr-Univ. Bochum. Zahlr. Fachveröff.

ROSENTHAL, Klaus

Direktor i. R. - Tacitusstr. 1, 4040 Neuss/Rh. (T. 02101 - 12 93 60) - Geb. 27. Nov. 1913 Berlin (Vater: Paul R.; Mutter: Käthe, geb. Hartung), ev., verh. s. 1941 m. Katharina, geb. Tränkner, 2 Söhne (Klaus Dieter, Andreas) - 1940-45 Wehrdst. (1942 Ltn. d. R.); jahrel. Geschäftsf. Fachverb. Glasfaserind. (1947 ff.); gegenw. Dir. Grünzweig + Hartmann u. Glasfaser AG./Verkaufsltg. West, Düsseldorf - Spr.: Engl., Franz.

ROSENTHAL, Michael

Dr. rer. nat., Dipl.-Chem., Fabrikant, gf. Gesellsch. Bärlocher GmbH - Riesstr. 16, 8000 München 50 - Geb. 2. Okt. 1946 München, verh. m. Roswitha, geb. Gaugler - Univ. Erlangen (Promot. 1979) - Präs. Bärlocher Italia, I-Lodi (Mailand), La Cérésine, F-Marseille, Estabilizantes Bärlocher Brazil, Sao Paulo, Bärlocher Peruana, Lima, Bärlocher USA, Dover (Ohio), Beteiligungen an S.O.G.I.S., I-Cremona, Comtin, I-Lodi (Mailand) - Liebh.: Musik - Spr.: Engl., Franz.

ROSENTHAL, Philip

Unternehmer - 8672 Schloß Erkersreuth in Selb/Oberfranken (T. Selb 7 20) - Geb. 23. Okt. 1916 Berlin (Vater: Dr. Philipp R., Geheimrat; Mutter: Maria Gräfin de Beurges, verw. Rosenthal, geb. Frank), kath., 4 x verh. (jetzige Ehefr.: Lavinia), 5 Kd. (Francesca, Shealagh, Turpin, Toby, Julie) - Wittelsbacher Gymn., München; St. Laurence College, Ramsgate/Kent, u. Exeter College, Oxford (Phil., Volksw.). B. A. u. M. A. - 1934-48 Emigration Engl. (div. Betätigungen); s. 1950 Rosenthal AG (Werbe- u. Verkaufsleit., 1958-70 u. 1972-81 Vorst.-Vors., 1981-89 AR-Vors.). 1969-83 MdB (1970-71 Parlam. Staatssekr. Bundeswirtschaftsmin., Rücktr.). B. 1984 Vors. Bauhaus-Mus. u. Archiv Berlin; b. 1987 Präs. Rat f. Formgeb.; Hon.-Prof. f. Design an d. Bremer Hochsch. f. Künste; Ehrendoz. Exeter Coll. Zahlr. Ehrenstell. b. Facheinricht. AR-Mand. u. a. SPD s. 1968, Mitgl. Kommiss. Medienpolitik d. SPD-Parteivorst. (Kommunikationsbeauftr.) - BV: Einmal Legionär, 1983 - 1968 Bayer. VO.; 1975 Gold. Bürgermed. Stadt Selb; 1976 Social Responsibility in Business Award (MCE); 1980 Hermann-Lindrath-Preis; 1981 Preis (Gläserne Letter) Wirtschaftspresse-Club München; 1982 Gr. BVK; 1989 Ehrenbürger v. Selb - Liebh.: Wandern, Bergsteigen (u. a. Kilimandscharo, Aconcagua, Karakorum, Chimborazo), Rudern - Spr.: Engl., Franz., Ital., Span.

ROSENTHAL-KAMARINEA, Isidora

Dr. phil., Prof., Wiss. Rätin Seminar f. Klass. Philologie Univ. Bochum (s. 1966), Honorarprof. f. Neue griech. Literatur Univ. Marburg (s. 1964) - Am Dornbusch 28, 4630 Bochum (T. 3 51 08) - Geb. 12. April 1918 Piräus (Griech.) - Zahlr. Fachveröff., auch Bücher (u. a. Griechenland erzählt, 1965).

ROSER, Hans

Pfarrer, Autor, MdB (1969-76; CDU/CSU-Fraktion) - Meckenloher Weg 1, 8542 Roth (T. 09171 - 6 13 36 u. 6 14 36) - Geb. 7. März 1931 Claffheim/Mfr., ev., verh. s. 1958 m. Doris, geb. Meyer-Oppertshofen, 4 Söhne (Philipp, Manfred, Otto, Traugott) - Augustana-Hochsch. Neuendettelsau, Univ. Erlangen, Bonn, Heidelberg (Theol. u. Phil.) - 1958 kirchl. Dienst (1961 Pfarrer Zeil/M., 1963 Landesjugendpfr. f. Bayern, 1979 Roth); Mitarb. Bayer. u. Westd. Rundfunk; s. 1981 Vors. Martin-Luther-Verein Bay. u. Collegium Oecumenicum Univ. München; Vorst.-Vors. Diakonie-Verein Roth. CSU s. 1949 (1968-76 Vorst.-Mitgl.) - BV: Politische Gebete, München 1977; Kindheit i. Franken unter Kreuz u. Hakenkreuz, 1978; Protestanten u. Europa, 1978; Bewußter Leben n. e. Herzinfarkt, 1979; D. Hahnenkamm in Franken, Entdeck. e. Landschaft, 1980; Luther u. Franken, 1983; Abschied v. e. Krankheit, Zehn Jahre danach, 1984; Klöster in Franken, 1988 - Liebh.: Ölmalerei - Spr.: Engl. - 1964 Mitbegr. Lions-Club Weißenburg.

ROSH, Lea

Journalistin, Fernsehmoderatorin - Zu erreichen üb. Radio Bremen, Bürgermeister-Spitta-Allee 45, 2800 Bremen 33 - Geb. 1. Okt. 1936 Berlin - S. 1979 ZDF (Reporterin Send. Kennzeichen D); dann Radio Bremen (Talkshow 3 nach 9). Filme, Features.

ROSKE, Kurt

Dr.-Ing., Prof., Berater der Kreditanstalt f. Wiederaufbau, Frankfurt (Main) - Gartenstr. 16, 6242 Kronberg/Ts.

ROSS (ß), Hans

Dr. rer. nat., Prof. f. Pflanzenzüchtung - Dompfaffenweg 33, 5000 Köln 30 (T. 58 21 38) - Geb. 6. März 1912 Iserlohn/W. (Vater: Paul R., Fabrikant; Mutter: Paula, geb. Assmann), ev., verh. s. 1944 m. Herta, geb. Streitberger, 2 Kd. (Wieland, Bettina) - Univ. Bonn, Innsbruck, Berlin (Biol., Chemie) - Wiss. Mitarb. Max-Planck-Inst. f. Züchtungsforsch., Köln. S. 1945 (Habil.) Lehrtätigk. Univ. Berlin, Göttingen (1953), Köln (1962 apl. Prof.). Zahlr. Fachveröff. Mitarb.: Handb. d. Pflanzenzücht. (1959), Phytopathologie u. Pflanzenschutz (1965), Lehrb. d. Zücht. landw. Kulturpflanzen (1966), Potato Breeding - Problems and Perspectives (1986) - 1977 Max-Eyth-Med. in Silber u. Mitgl. d. Max-Planck-Ges.

ROSS, Hans-Georg

Dr. med., Prof. f. Physiologie Univ. Düsseldorf - Zu erreichen üb. Universität, Moorenstr. 5, 4000 Düsseldorf (T. 0211 - 311 26 92) - Geb. 19. Juni 1939 Kiel.

ROSS, Jürgen

Dr. med., apl. Prof. f. innere Medizin u. Neurologie, Univ. Bonn (s. 1968) - Am Sande 13, 2120 Lüneburg (T. 4 22 25 u. 4 24 85) - Geb. 26. Dez. 1925 Celle - S. 1962 (Habil.) Lehrtätigk. Univ. Bonn (1968 apl. Prof.). Fachaufs.

ROSS, Rudi

Betriebsleiter, Präs. Bundesverb. Dt. Schwimmeister, u. a. - Postfach 1452, 5047 Wesseling 1 (T. 02236 - 4 27 51) - Geb. 17. Dez. 1928 Schneidemühl (Pommern), verh. s. 1957 m. Edeltraud, geb. Seibt, 2 Kd. (Marina, Lutz-Peter) - 1955 Schwimmeister; 1957 Saunam. u. Med. Badem.; 1958 Masseur u. med. Fußpfleger - S. 1977 Doz. f. Bäderbetriebslehre Bundesschwimmeisterschule Duisburg; s. 1973 Präs. Bundesverb. Dt. Schwimmeister, s. 1977 Präs. Intern. Assoz. d. Bäder (Europ. Schwimmeister-Verb.); Hptschriftl. Fachztschr. D. Schwimmeister u. d. bad, Lübeck - Erf.: 1961 Eintrag b. Patentamt München: Fugenblitz (Gerät z. Entfernen v. Gras u. Moos aus Plattenfugen) - BV: Fachlexikon f. d. Schwimmeisterberuf, 1980; Techn. in öffentl. u. priv. Schwimmbädern (August 1983); Der Gepr. Schwimmeister als Ausbilder (Ende 1986/Frühj. 1987) - 1969 Gold. Sportabz.; 1979 BVK am Bd.; 1980 Silb. Ehrenplak. Stadt Wesseling.

ROSS, Thomas

Auslandskorrespondent - Zu err. üb.: Frankfurter Allg. Zeitung, Postf. 2901, 6000 Frankfurt/M. 1 - S. Jahren FAZ (erst polit. Redakt., dann Südasien- u. Nahost-Korresp.) - BV: Es ist mir leid um dich, mein Bruder Jonathan, R. 1979.

ROSS, Waldo

Dr. phil., Prof., Schriftsteller - 2890 rue Quevillon, St. Hubert, Quebec, Kanada (T. 514 - 4 62-19 52); u. Kurfürstendamm 75, 1000 Berlin 31 (T. 030-323 38 79) - Geb. 7. Jan. 1926 Valparaíso/Chile (Vater: Nicólas R., Kaufm.; Mutter: Laura, geb. Manterola), kath., verh. s. 1963 m. Ana María, geb. Scharff - Staatsex. Phil. 1950 Päd. Inst. Valparaíso, Chile, Promot. 1953 ebd. - 1951-

53 Dir. Phil. Seminar Päd. Inst. Valparaíso; Vortragsreise durch Nord- u. Südamerika; 1956-57 Prof. Univ. Santo Domingo; 1957-59 Generalsekretär UNESCO Dominikan. Rep.; 1959-62 Gastprof. Univ. Berlin, 1962-64 Univ. Bristol (Großbrit.), 1964-72 Univ. Glasgow (Schottl.), 1970 Univ. Zürich (Schweiz), 1972-86 Prof. Univ. Montréal. 1978 Hon.-Prof. Kath. Univ. Valparaíso u. National Univ. (UNPHU) Dominikan. Republik - BV: u.a. Doce clasicos de la prosa hispanoamericana, 1962; Ensayos sobre la geografía interior, 1971; Problemática de la literatura hispanoamericana (Ibero-Amerikan. Inst. Berlin), 1976; Bernardo O'Higgins figura amricana, Festschr. 1978; Creencias para una visión de mundo, 1989; Nuestro imaginario cultural (m. Prof. A. Ortiz-Oses). 1992 - Zahlr. Ehrungen - Spr.: Span. Ital., Engl., Franz., Portug. - Bek. Vorf.: Juana Ross de Edwards, chilen. Mäzenatin 19. Jh.; Gustavo Ross, Wirtschaftsmin. u. Präs.schaftskandidat. Chile 1938 - Lit.: u.a. Handb. d. dt. Lateinamerika-Forsch., 1980.

ROSS, Werner

Dr. phil., Oberstudiendirektor i. R., Honorarprof. f. vergl. Literaturwiss. u. -kritik Univ. München, fr. Schriftst. - Franz-Reber-Weg 2, 8000 München 71 (T. 79 75 08) - Geb. 27. Jan. 1912 Uerdingen (Vater: Hubert R., Kaufm.; Mutter: Martha, geb. Pick), verh. m. Olga, geb. Spitaler †1990, T. Monika, verehel. Müller-Brühl - Stud. Roman. u. German. Philologie. Promot. 1938 (bei E. R. Curtius) - Lektor Pisa u. Florenz, Leit. Dt. Schule Rom. 1964-72 Generalsekr. Goethe-Inst. z. Pflege d. Sprache u. Kultur im Ausland e. V. Mitarb. SZ, FAZ, Rheinischer Merkur, HR, BR, SFB u. a. - BV: Deutsch in d. Konkurrenz d. Weltspr., 1969; Dt. Dichter, Anthol. 4. A. 1970; D. Rhein, 1973; Imago Germaniae, 1974, Imago Europae, 1976; Dtschl. - typ. dt.?, 1976; D. ängstl. Adler (Nietzsche-Biogr.), 1980; Im Haus d. Sprache (Hg.) 1983; Mit d. linken Hand geschrieben, 1984; Briefe an e. jungen Ungläubigen, 1984; Tod d. Erotik, 1986; D. Feder führend, Ges. Schriften a. 5 Jahrzehnten, 1987. b. 1992 Redakt. Ztschr. Polit. Meinung. Übers. aus d. Ital. - 1966-76 (Austr.) Mitgl. PEN-Zentrum BRD; s. 1986 Mitgl. österr. PEN; 1992 Ernst-Robert-Curtius-Preis f. Essayistik.

ROSS-STRATTHAUS, Marianne

Prof., Dozentin f. Gesang Staatl. Hochsch. f. Musik u. Darstell. Kunst Berlin - Bolivarallee 9, 1000 Berlin 19 (T. 304 26 40) - Geb. 18. Juni 1911 Karlsruhe (Vater: Karl Stratthaus, Reichsbahndir.; Mutter: Emilie, geb. Meyer), kath., verh. m. Prof. Dr. Erwin Roß †, S. Karl-Erwin - Ausbild. Köln, Weimar, Königsberg. Abitur 1931; Staatl. Prüf. f. d. künstler. Lehramt 1936; Staatsex. in Germanistik 1937; Ass.ex. 1937 - Konzertsängerin; Stimmbildnerin.

ROSSA, Kurt

Rechtsanwalt, Schriftsteller, Oberstadtdirektor v. Köln a.D. - Decksteiner Str. 40, 5000 Köln 41 - Geb. 13. Febr. 1930 Gelsenkirchen (Vater: St. R., Bergmann; Mutter: Anna R., geb. Reynoss), ev., verh. m. Gertrud, geb. Thöle, 3 Kd. (Wolfgang, Annette, Friederike) - Gymn. (Abit.); Jurastud. Münster, Freiburg/Br.; Ass.ex. 1963 Hamm - S. 1963 Finanzverw. (1966-70 -min. D'dorf); 1970-73 Dir. Landesfinanzsch. Nordrh.-Westf.; 1973-75 Senatsdir. Senator f. Finanzen Bremen. 1976/77 Staatsrat, Chef Senatskanzlei Bremen; Vors. Literaturrat NRW Düsseldorf - BV: Todesstrafen, 1966 (auch franz. u. span.); Vier auf e. Superflitzer, Kinderb. 1977; Artur d. Bärenstarke, Kinderb. 1981. Humorist. Bücher: E. Fisch in Opas Bett, 1987; Komödie D. Berghase (Urauff. Münster, 1986); Eine kleine weiße Wolke üb. Tom Pi Tom, 1991; Kurt's Geschichten gegen Traurigkeit, 1991. Ged. Übers. aus d. Engl. - Liebh.: Kammermusik (Cello).

ROSSBACH (ß), Heinrich Albrecht

Dr. med. dent., Prof. f. Zahnärztliche Prothetik - Konstanty-Gutschow-Str. 8, 3000 Hannover 61 (T. 0511 - 532 47 74) - Geb. 6. Sept. 1940 Karlsruhe (Vater: Prof. Dr. Ing. Heinrich R., Hochsch.lehr.; Mutter: Dr. med. dent. Elisabeth, geb. Gläser), ev., verh. s. 1969 m. Dr. med. dent. Hella, geb. Klüglich, 2 Kd. (Christina, Wolff) - Stud. Univ. München u. Würzburg - Dir. Abt. Zahnärztl. Prothetik II Med. Hochschule Hannover. 1984-86 1. Vors. Vereinig. d. Hochschullehrer f. Zahn-, Mund- u. Kieferheilkde.; 1990 1. Vors. Dt. Ges. f. Zahnärztl. Prothetik u. Werkstoffkde. e.V.; 1990 gf. Dir. Zentrum f. ZMK d. Med. Hochsch. Hannover - BV: Einf. in d. Zahnärztl. Prothetik, 1975 - 1956 Dt. Jugendmeistersch. im Kanusport - Spr.: Engl.

ROSSBERG, Gerhard

Dr. med., Prof., Hals-Nasen-Ohrenarzt (Chefarzt Krkhs. St. Georg, Hamburg 1) - Lohmühlenstr. 5, 2000 Hamburg 1 (T. 248 292 236) - Geb. 27. April 1922 Luzern (Schweiz) - S. 1957 (Habil.) Privatdoz. u. apl. Prof. (1963) Univ. Frankfurt (zul. Oberarzt Klinik f. HNOkrankh.). Fachveröff.

ROSSBERG, Jürgen

Assessor, Jurist, Vorstandsmitglied Fried. Krupp AG - Altendorfer Str. 103. 4300 Essen 1 - Geb. 10. Okt. 1939 - Mitgl. in versch. AR u. Beiräten.

ROSSBERG (ß), Walter

Vorstandsmitgl. Reichelbräu AG., Geschäftsf. Markgrafen-Bräu GmbH., beide Kulmbach - Hardenbergstr. 16, 8650 Kulmbach/Ofr.

ROSSBERG (ß), Horst

Vorstandsmitglied Reichelbräu AG. - Lichtenfelser Str. 6, 8650 Kulmbach; priv.: Hardenbergstr. 16 - Geb. 12. März 1927 Dresden.

ROSSEN, Hans A.

Dr. jur., Kaufmann, Inh. Rossen Stahl KG, Flensburg, Ehrenpräs. IHK Flensburg (s. 1985), u. a. - Friedrichstal 44, 2390 Flensburg (T. 4 12 11) - Geb. 12. März 1913 - Spr.: Engl., Dän. - 1963-85 Gold. Sportabz. - Rotarier.

ROSSKAMP (ß), Martin

Vorstandsmitglied Basalt-Actien-Gesellschaft, Linz (s. 1969, vorher stv.), u. Doleritbasalt AG., Köln, u. AG. Eiserfelder Steinwerke, Eiserfeld - Oberlöh 30, 5460 Linz/Rh. - Geb. 15. Aug. 1923 Gronau/W., verh. m. Ingeburg, geb. Gäfgen.

ROSSKOPF (ß), Christian

Dr. jur., Oberbürgermeister Stadt Speyer (s. 1969) - Stadthaus, 6720 Speyer/Rh. - Vorher Oberkirchenrat b. Prot. Landeskirchenrat d. Pfalz.

ROSSKOPF (ß), Horst

Dipl.-Kfm., Verbandsgeschäftsführer Lerchenstr. 107, 8500 Nürnberg 90 - Geb. 22. April 1943 - 1975-88 Geschäftsf. Industrieverb. Schreib- u. Zeichengeräte, Nürnberg, Federation Pencil Manufactures' Assoc., Federation of European Writing Instruments Assoc.; 1982-88 Chairman of ISO/TC 10/SC 9 Drawing MEDIA and Drawing EQUIPMENT, Nürnberg; ab 1989 Messeberater, Pass Promotion and Sales Salzburg, BÜROTEC Rosenheim, u.a., CHINA WRITE; 1990/91 Techn. u. Kaufm. Geschäftsf. Günther + Schimek Schraubenfabrik, Wien; S. 1992 Betriebsleitg., Vertriebsleitg. Waldhoff + Partner, Innenausbau, Nürnberg.

ROSSKOPF, Jörg

Tischtennisspieler, Europameister im Einzel (1992) - Geb. 22. Mai 1969 Dieburg/Hessen - 1989 Weltmeister im Doppel (m. Steffen Fetzner); 1988 u. 1990 EM-Dritter im Einzel; 1990 EM-Zweiter im Doppel (m. Steffen Fetzner); 1990 EM-Zweiter m. d. Mannschaft; 1992 EM-Dritter m. d. Mannschaft; 1988, 89, 90, 91 u. 92 Dt. Meister im Einzel.

ROSSLENBROICH, Eberhard

Verwaltungsrat, Präs. Dt. Versehrtensportverb., Düsseldorf - Neuburgstr. 5, 4000 Düsseldorf (T. 66 53 03) - Geb. 15. Juli 1913 Baumburg/Rh. (Vater: Eberhard R., Landw.; Mutter: Bernhardine, geb. Schmitz), kath., verh. s. 1937 m. Margret, geb. Schmitz, 3 Kd. (Manfred, Hartmut, Marion) - Höh. Schule; Verw.ssch. u. -akad. - Tätigk. Stadtverw. Düsseldorf (Ltd. Sozialbeamter). Spez. Arbeitsgeb.: Sozialhilfe- u. Kriegsopferrecht - 1968 Sportplak. Nordrh.-Westf.; 1976 Gr. BVK.

ROSSMANITH, Kurt

Dipl.-Verww., Industriekaufmann, MdB (s. 1980; Wahlkr. 243/Ostallgäu) -

Augsburger Str. 23, 8952 Marktoberdorf (T. 08342 - 69 69) - Geb. 22. Nov. 1944 Raase, Landkr. Freudenthal, kath., verh. 4 Kd. - Staatl. Realsch. Kaufbeuren; Ind.kaufm.; 1963-65 Wehrdst., Oberstlt. d. R.; 1965-71 Exportabt.leit; 1967/68 Betriebswirtsch. u. Sprachstud. Paris, 1971-74 Ausb. z. Berufsberater (Ex. m. Kolloquium); 1974-80 Berufsberater; Mitgl. Dt. Kinderschutzbund, s. 1962 Kolpingfam.; Vizepräs. Bund d. Vertrieb. - S. 1967 CSU u. d. Jungen Union, Mitgl. d. Bezirksvorst. CSU Schwaben; stv. Bundesvors. Ost- u. Mitteldt. Vereinig./Union d. Vertriebenen d. CDU/CSU; s. 1978 Mitgl. Kreistag Ostallgäu; stv. Vors. d. CSU-Landesgruppe.

ROSSMY, Gerd

Dr., Vorstandsvorsitzer Th. Goldschmidt AG. (1981 ff.) - Goldschmidtstr. 100, 4300 Essen 1 - Geb. 1927 - S. 1955 Goldschmidt (1978 Vorst./Forsch. u. Entwickl.).

ROST, Armin

Dr. med., Prof., Abt. Urologie St. Bonifatius Hospital Lingen/Ems - Hohenfeldstr. 21a, 4450 Lingen/Ems - Geb. 13. März 1943 Stuttgart (Vater: Karl R., Schmiedemstr.; Mutter: Emma, geb. Bay), ev., verh. s. 1977 m. Dagmar, geb. Neumann, 3 Kd. (Christina, Simon Philip, Stefanie) - Gymn. Stuttgart (Abit.); Med. Stud. Frankfurt/M., Tübingen, Wien, Hamburg, Heidelberg. Ex. u. Promot. 1969 Heidelberg, Habil. 1978 Berlin - S. 1982 Chefarzt in Lingen/Ems.

ROST, Detlef H.

Dr. phil., Dipl.-Psych., Univ.-Prof. f. Psychologie Univ. Marburg - Schwalbenweg 8, 3550 Marburg 7 (Cappel) (T. 06421 - 4 68 24) - Geb. 6. März 1945 Olsberg/Brilon (Vater: Erich R., kaufm. Angest.; Mutter: Marianne, geb. Ditz), verh. s. 1968 m. Dorothee, geb. Trebbin, 3 Töcht. (Esther Eva, Judith Elisa, Lea Camilla) - 1965-68 Stud. Päd. Münster, Berlin u. Hamm (1. Staatsprüf. f. d. Lehramt an Volkssch. 1968); 1968-74 Stud. d. Psych., Erziehungswiss. u. Psychopathol. Univ. Göttingen u. Hamburg (Dipl.-Psych. 1973), Promot. 1976 - 1970-74 Wiss. Assist. FB Erziehungswiss. Univ. Hamburg; 1974-81 Forschungspsych. IfG - Inst. f. Grundschulforsch. d. Univ. Erlangen/Nürnberg; SS 1980 Prof. f. Psych. Univ. Augsburg; ab 1981 Univ.-Prof. f. Psych. Univ. Marburg; 1990 Gastprof. Univ. National de la Plata (Argentinien) - BV: Analyse u. Bewert. empir. Unters., 1974; Päd. Verhaltensmodifikation, 1975; Raumvorst., 1978; Entw.psych. f. d. Grundsch., 1980; Unterr.psych. f. d. Grundsch., 1980; Lesen u. Verstehen, 1980; Erziehungspsych. f. d. Grundsch., 1982; Dimensionen d. Leseverständnisses, 1985; Lebensumweltanalyse Hochbegabter Kinder, 1992. Mitherausg. Reihe Ergebnisse d. Päd. Psych. (1985ff.); Ztschr. School Psychol. Intern. (1980ff.); Ztschr. f. Päd. Psychol. (1987ff.); Ztschr. Creativity Research Journal; Reihe Päd. Psychol. (1989ff.); Reihe Begabungs- u. Persönlichkeitsforsch. (1988ff.); Reihe Forsch. Psychol. (1989ff.) - Bruder: Dietmar R. (s. dort).

ROST, Dietmar A.

Grundschulrektor, Schriftsteller - In der Weist 20, 5768 Sundern 4 (T. 02933 - 35 69) - Geb. 18. März 1939 Arnsberg (Vater: Erich R., kaufm. Angest.; Mutter: Marianne, geb. Ditz), kath., verh. s. 1963 m. Barbara, geb. Schmidt, 2 Kd. (Alexandra, Daniel) - 1959 Abit. human. Gymn.; 1959-61 Stud. PH Münster - 1. Staatsex. 1961, 2. Ex. 1964 - 1961-67 Volksschullehrer; s. 1967 Rektor; 1968-72 Fachleit. Bezirkssem.; Verb. dt. Schriftst. (VS) - BV: Üb. 50 Bücher, u. a. Gottesdienste m. Kindern, 3 Bde. 1972-77; Vom ersten Tag an, Sachb. 1973 (span.); Aktuelle Erziehungstips, 1973; Wer spielt mit, 1974; Ich gehe z. Schule, 1975; Freizeit, 1975; Unterwegs, 1977 (jugosl.); Zukunft wagen, 1979; Wir feiern Jesus, 1979 (auch franz., ital.); Was macht unsere Kinder heute krank? 1979; Singspiele, 1981; Unserm Kind zuliebe, 1982 (auch portug., jugosl.); Auf d. Durchreise, 1983; Midden in'n kaollen Winter, 1984; Kommt herbei, singt d. Herrn, 1985; Ich will bei dir sein, 1985; Mein Herz will ich dir schenken, 1985; Jesus kommt auf d. Welt, 1985; Jesus muß leiden u. sterben, 1985; Vieles müßte anders sein, 1986; Das Leben wagen, 1986; Jesus u. seine Freunde, 1986; Gott ist mit Josef, 1986; Mein Herz f. Westfalen, 1986; Gott hat alles gemacht, 1987; Jesus hilft d. Menschen, 1987; D. Vaterunser d. Kindern erzählt, 1987; Ich bleibe bei dir, 1987; In de gröne Frühjaohrstied, 1987; Juliglaut un Hiärwstgold, 1987; Gott ruft Abraham, 1988; Gott macht David z. König, 1988; Sauerländer Leseb., 1988; Stell dir vor..., 1989; Wir haben einen Traum, 1989; D. Feier d. Kindertaufe, 1990; Sauerländer Schriftsteller, 1990; Sauerländer Weihnachtsbuch, 1990; Meine Konfirmation, 1991; Auf d. Weg ins Leben, 1992 - Liebh.: klass. Musik, Lit., Kunst, Gartenarbeit, Reisen - Spr.: Engl., Franz., Latein, Altgriech. - Lit.: Kürschners Lit.-Kal., Who is Who, u. a. - Bruder: Detlef H. Rost (s. dort).

ROST, Gerhard

Dr. theol., em. Prof., Bischof d. Selbst. Ev.-Luth. Kirche (1973-85) - Mozartstr. 5a, 6370 Oberursel 1 (T. 5 24 91) - Geb. 20. Jan. 1922 Halle/S. (Vater: Paul R., Schneidermeister; Mutter: Margarete, geb. Böhm), altlutherisch, verh. s. 1944 m. Ingeborg, geb. Radny, 5 Kd. (Detlev, Christian, Michael, Susanne, Thomas) - Latein. Hauptsch. Halle (Abit. 1939); Kirchl. Hochsch. Berlin. Univ. Münster (Promot. 1961) - 1954-63 Doz. u. Prof. (1961) Luth. Theol. Hochsch. Oberursel (Kirchengesch.); s. 1963 gf. Kirchenrat u. Präs. Oberkirchenkollegium (1967) Ev.-luth. (altluth.) Kirche, Wuppertal. 1967 ff. Vors. Arbeitsgem. Fr. Ev.-Luth. Kirchen in Dtschl. - BV: D. Prädestinationsgedanke in d. Theologie Martin Luthers, 1966; Taufe, Wiedergeburt, Bekehr. (Herausg.) 1980. Fachaufs. - 1978 Doctor of Laws h. c. (verl. v. Concoria Seminary Lutheran Church-Missourisynod St. Louis, Mo USA) - Liebh.: Musik (spielt Klavier) - Spr.: Engl.

ROST, Hansfrieder

Ministerialdirigent a. D. (Presse- u. Informationsamt 1951-74) - Matthias-Grünewald-Str. 19, 5300 Bonn 2 (T. 37 40 17) - Geb. 17. Aug. 1909 Hüningen (Vater: Gustav R., Oberkirchenrat; Mutter: Frieda, geb. Hochapfel), ev., verh. s. 1937 m. Ursula, geb. Freiin v. Meerscheidt Hüllessem, 2 Kd. (Marlene, Peter) - Abitur; Seeoffz.-Hauptprüf. 1930 - 1946-47 Redakt. German News Service; 1947-51 Abt.sleit. Hilfswerk d. Ev. Kirchen Dtschl.s -1969 BVK I. Kl., 1974 Gr. BVK - Liebh.: Reisen - Spr.: Engl., Franz. - Rotarier - Lit.: Thorwald, Es begann an d. Weichsel; Dr. Martin, Dtschl. u. Japan im II. Weltkr.; Prof. Salewski, D. dt. Seekriegsleitung 1935-45.

ROST, Helmut

Regisseur, Producer - Hanfstaenglstr. 16,

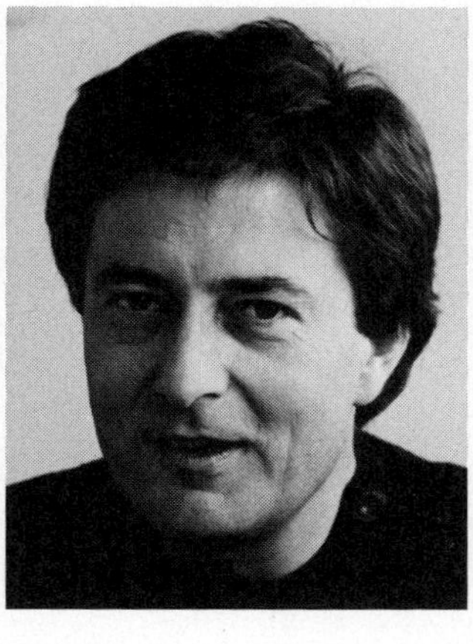

8000 München 19 - Geb. 9. Dez. 1939 Frankenthal, verh. m. Martina Dassing-R., 2 Kd. (Verena, Thomas) - Oberrealsch. München; Stud. German., Soziol. Univ. München - 1959-63 Reporter BR-FS; 1963-85 Redakt., 1986-90 Redaktionsleit. Musik ZDF - 1968 Premio Italia f. TV-Oratorium Dies Irae - 1990 I. Award International Electronic Film Festival; 1991 Emmy Award - Spr.: Engl., Franz.

ROST, Richard

Dr. med., Prof., Leiter Inst. f. Kreislaufforsch. u. Sportmedizin Deutsche Sporthochsch. Köln - Am Engelshof 15, 5000 Köln 40 (T. 02234 - 7 20 72) - Geb. 4. Febr. 1940 Görlitz (Vater: Karl Heinz R., Arzt; Mutter: Christa, geb. v. Koenig), ev., verh. s. 1966 m. Gertrud, geb. Petrasch, 3 Töcht. (Christine, Katja, Sylvia) - Med.-Stud., Promot. 1965 Würzburg, Habil. 1976 Köln - BV: Belastungsunters. in d. Praxis, (m. a.) 1982; D. Herz d. Sportlers im Ultraschall, 1982; Herz u. Sport, 2. A. 1990.

ROST, Sieghard

Dr. phil., Oberstudiendirektor a.D., MdL Bayern (s. 1970), Landesvors. Union d. Vertriebenen/Ost- u. Mitteld. Vereinig. d. CSU - Hersbrucker Str. 94, 8500 Nürnberg (T. 54 13 43) - Geb. 7. Nov. 1921 Woldisch-Tychow/Ostpommern, verh., 3 S. - S. 1972 Rundfunkrat BR. CSU - 1980 Bayer. VO.

ROSTOCK, Wolfgang

Oberspielleiter, Dramaturg, Schausp., Regisseur f. Theater (Oper u. Schausp.). Fernseh- u. Hörspiel, Film - Chaukenhügel 6a, 2820 Bremen 70 - Geb. 22. Febr. 1928 Hamborn (Rh.) (Vater: Erich R., Polizei-Oberinsp. †; Mutter: Margarete, geb. Grießel †), verh. s. 1972 in 2. Ehe m. Maria-Christiane, geb. Beyer, 4 Kd. (Dietrada, Radolf aus 1. Ehe; Swantje, Silke aus 2. Ehe) - Abit. 1947. Prüfung d. Bühnenreife d. Schauspielstudios d. Städt. Bühnen Magdeburg 1950; 1950-83 Univ. Hamburg, München. Fernuniv. Hagen - 1960-63 Spielleit. u. Dramat. Iserlohn u. Verden (Aller); 1963-65 Spielleit. u. Dramat. Oldenburg. Staatstheater; 1965-68 Oberspielleit. u. Dramat. Stadttheater Aachen; 1968-70 Hausspielleit. Staatstheater am Gärtnerpl., München; 1970-72 Spielleit.. Dramat. Städt. Bühnen Bielefeld; 1972-74 Intend. Kom. Kassel; 1974-75 Chefdramat., Geschäftsf. Kom(m)ödchen. Düsseldorf; 1976-78 Leit. städt. Theater Emden, 1978-80 Theater Marl; 1980-85 Oberspielleit. Niederd. Theater Bremen; s. 1985 Regisseur s.o. - Ca. 100 Bühneninsz. (70 Schausp., 30 Opern); Fernsehsp., Hörspielregie - Liebh.: Klass. Musik, Lit., elektr. Eisenbahn - Spr.: Lat., Engl., Niederl.

ROSZ, Martin Ulrich

Bild. Künstler - Plantagenstr. 15, 1000 Berlin 65 - Geb. 30. Jan. 1945 Königsberg (Vater: Paul R., Kaufm.; Mutter: Magdalene, geb. Bonacker), ev./luth. - Hochsch. f. bild. Künste Berlin b. 1963; Volont. Galerie Nierendorf, Berlin - B. 1978 Subst. im Kaufhaus d. Westens, Berlin; danach fr. Künstler (Spez.: Kunst als Lebender) - Entd.: Environmental Writing - BV: Tableaux - Zyklen - Räume - Schriften 1960-1979, 1979 (übers. Engl.); Halbe Bilder, 1984; Stilleben, 1984; Zeichnungen 1981-1984, 1985 - Tableaux, gemalte u. geschr. Stücke, Räume: Kant-Korpus, 1959; Raum Bismarckstraße, 1973; Grapho 30, 1975; Arachne, 1975; George-Washington-Hotel, 1978; Metamorphose, 1979; Wallpaperhanger 1 (New York Times), 1979; WKV, 1980; Kronprinz, 1983; Alloro, 1987; Zeichnungen II 1985/86, 1988; Zeichnungen III 1987, 1988. Schallplatte: George-Washington-Hotel, 1980. Tableaux, gemalte u. geschr. Stücke, Räume: D. Neue Romantiker (ab 1980); Odysseus Wedding (ab 1985) - 1978 Stip. New York, 1979 Berliner Kunstpreis, 1980 Bremer Kunstpreis, 1983 Villa-Romana-Preis - Spr.: Engl. - Lit.: Thomas Deecke, Karl Ruhrberg, Eberhard Roters in Tableaux, Zyklen, Räume, Schriften 1960-1979, 1979.

ROSZBERG, Dieter

Dirigent, 1. Kapellmeister u. stv. Generalmusikdirektor Opernhaus Kiel - Muhliusstr. 70/3, 2300 Kiel (T. 0431 - 55 55 80; Telefax 0431 - 55 38 31); Lottbeker Pl. 4, 2000 Hamburg 67 (T. 040 - 604 92 23) - Geb. 7. Febr. 1952 Hamburg (Vater: Walter R., Oberbaurat Dipl.Ing.; Mutter: Elisabeth, geb. Arendt), ledig - Ausbild. in Hamburg: Dirigieren (Prof. Horst Stein), Musiktheaterregie (Prof. August Everding u. Prof. Götz Friedrich), Klavier, Kompos. (Prof. E.-G. Klusmann); Physik, Phil.; s. 1973 Gastdirig. (Oper u. Konzert) im In- u. Ausl. (Frankr., Monte Carlo, Ital., Ungarn, Österr., Holland, Kanada, UdSSR, Dänemark, Japan); s. 1972 Liedbegleiter; 1975-82 2. Kapellm. u. stv. Generalmusikdir. Landesth. Detmold; 1982-83 Lehrauftrag Hamburg; 1983-89 1. Kapellm. u. stv. Musikdir. Landestheater Innsbruck; s. 1987 Rundfunk- u. CD-Produktionen NDR, ORF u. Radio Hilversum - Kompos.: Komplementär-Metamorphosen f. gr. Orch., 1984; Gesang d. Geister üb. d. Wasser (Goethe), 1970; D. Salamander (Odojewsky), 1971; Merlin (Oper), in Vorb.; akt. Repertoire v. ca. 80 Opern; umfangr. Konzertrepertoire; zahlr. Urauff. - Liebh.: Geisteswiss., Kunst - Spr.: Engl., Franz., Ital.

ROTBERG, Hans Eberhard

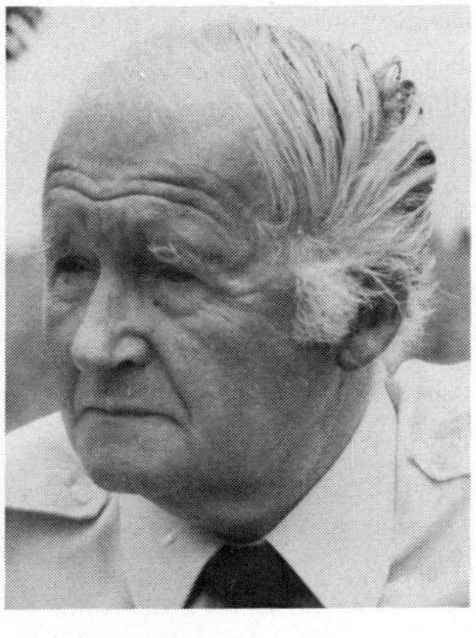

Dr. jur., Senatspräsident a. D. - Höfelweg 11, 7573 Sinzheim/Baden (T. Baden-Baden 88 03) - Geb. 20. Febr. 1903 Unna/W. (Vater: Ernst R., Amtsgerichtsrat; Mutter: Elly, geb. Löcke), kath., verh. in 2. Ehe (1956) m. Gabriele, geb. Kuhnen, 2 Kd. aus 1. Ehe, Sohn (Abt.leit. Dt. Entwicklungsges., Köln), Tochter (Architektin) - Univ. Würzburg, München, Münster. Promot. 1925 - 1928-32 Hilfsarb. Pr. Justizmin., 1932-43 Amts- u. Landgerichtsrat Koblenz, 1943-45 Landgerichtsdir. Bonn, 1946-49 Senatspräs. OLG Koblenz u. Abt.leit. Justizmin. Rhld.-Pfalz, 1950-52 Leit. Strafabt. Bundesjustizmin. (Min.dirig.), 1952-69 Bundesrichter u. Senatspräs. (1953) BGH (b. 1962 u. 1966 ff. IV., dazw. III. Strafsenat) - BV: D. Rückerstatt. in d. franz. Zone, 1947; Gesetz üb. Ordnungswidrigkeiten (Kommentar), 1952 - 1969 Gr. BVK.

ROTERS, Eberhard

Dr., Prof., Museumsdirektor i. R. - Regensburger Str. 10, 1000 Berlin 30 (T. 030 - 213 12 59) - Geb. 15. Febr. 1929 Dresden, verh. s. 1963 m. Hanna, geb. Lutze, 2 Töcht. (Gesina, Katarina) - Stud. (Kunstgesch., Archäol., Philos.); Promot. 1956 FU Berlin - 1965-69 Generalsekr. d. Dt. Ges. f. Bildende Kunst, Berlin; 1969-71 Ausstellungsleit. Kunsthalle Nürnberg; 1972-76 Präsidialsekr. d. Akad. d. Künste Berlin; 1976-87 (Gründungs)Dir. d. Berlinischen Galerie; 1983-86 Dir. d. Abt. Bildende Kunst d. Akad. d. Künste Berlin - BV: Maler am Bauhaus, 1965 (dt., engl.); Europ. Expressionisten, 1970; E.T.A. Hoffmann, 1984; Berlin 1910-1933, D. visuellen Künste (dt., engl., franz., ital.), 1983; Fabricatio Nihili-Dada-Meditationen, 1990. Zahlr. Essays, Ausst. etc. - 1983 BVK I. Kl.; 1987 Ernst-Reuter Plak. in Silber; 1988 Kritikerpreis d. Verb. d. dt. Kunstkritiker - Spr.: Engl. - Lit.: Eberhard Roters zu Ehren. Kat. Berlinische Galerie, Berlin (1989).

ROTERS, Matthias

Fabrikant v. Modeschmuck u. mod. Leuchten, Honorarkonsul d. Bundesrep. Deutschl. f. Menorca/Spanien - Andreu, 32, Mahón/Menorca, Spanien (T 36 16 68) - Geb. 29. April 1941 München (Vater: Karl, Kunsthandwerker; Mutter: Emilie Siedler), ev., verh. s. 1964 m. Catalina Gomila Sintes, 3 Kd. (Cristina, Stefan, Sandra) - 1974-79 Vorst. u. Vizepräs. d. span. Modeschmuckmesse SEBIME - Spr.: Engl., Franz., Span., Katal.

ROTH, Adolf

Dipl.-Volksw., Kaufmann, MdB (Wahlkr. 131/Gießen) - Altenfeldsweg 13, 6300 Gießen (T. 7 62 04) - Geb. 15. Sept. 1937 Gießen (Vater: Kaufm.), verh., 3 Kd. - Schule Gießen (Abit. 1957); n. Bundeswehrdienst (zul. Fähnrich d. R.) Univ. Frankfurt/M. u. Freiburg/Br. (Wirtschaftswiss.). Dipl.-Volksw. 1962 - B. 1965 väterl. Fa. (Mineralölgroßhandel), dann Wiss. Assist. Univ. Gießen (Wirtschaftswiss. Sem.), s. 1969 Mitgl. Geschäftsltg. Adolf Roth oHG., Gießen. Mitgl. IHK-Vollvers. Gießen. CDU (1968-1975 Stadtverordn. Gießen; 1975 Vors. Vogelsbergkr.; Vors. Landesaussch. Wirtsch.polit. CDU Hessen; 1970 MdL, Wirtsch.polit. Sprecher Landtagsfrakt.; Vors. Landtagsaussch. f. Wirtschaft u. Technik, stv. Fraktionsvors.); MdB s. 1983.

ROTH, Christian

Dipl.-Ing., Dr.-Ing. E.h., Vorstandsvorsitzender Bilfinger + Berger Bauaktienges. - Carl-Reiß-Pl. 1-5, 6800 Mannheim 1 (T. 0621 - 45 90) - Geb. 29. Dez. 1933 Gleiwitz/OS., ev., 2 Söhne (Stefan, Andreas) - Stud. TH Karlsruhe; Dipl. 1958 - Vorst. Studienges. f. unterirdische Verkehrsanlagen e.V., STUVA, Köln, stv. Vorst. Tiefbau-Berufsgenoss., München; AR-Vors. Fru-Con Holding Corp., Ballwin, Mo./USA, Passavant-Werke AG, Aarbergen; VR Dresdner Bank AG, Frankfurt/M.; Beirat Allianz Versich. AG, Stuttgart, IUP Inst. f. Unternehmensplanung, Gießen - Liebh.: Tennis, Ski-alpin - Spr.: Engl. - Rotarier.

ROTH, Erwin

Dr. phil., o. Prof. f. Psychologie, Vorst. Forschungsinst. f. Organisationspsych. - Sigmund Haffnergasse 18, A-5020 Salzburg (T. 8044 - 51 04 od. 66 31) - Geb. 29. Mai 1926 Marktbreit/M. - Promot. 1957 Univ. Würzburg, Habil. 1967 Univ. Erlangen - Publ. zu Fragen d. Einstellung, Intelligenz, Persönlichkeit u. z. Organisationspsych.; Sozialwiss. Methoden - Lit.: Daumenlang, K. u. Sauer, J., Aspekte psychol. Forsch. Festschr. z.

60. Geb. v. E.R. (1986); Roth, E. (Hrsg.): Organisationspsychologie (1989); Biographie in Wehner, E. (Hrsg.) Psychologie in Selbstdarstellungen (1992).

ROTH, Friederike

Schriftstellerin - Jahnstr. 46, 7000 Stuttgart 70 - Geb. 6. April 1948 Sindelfingen/Württ. - B. 1982 Dramat. Südd. Rundfunk - Gedichte (Tollkirschenhochzeit, 1978), Prosa (Ordnungsträume, 1979), Theaterst. (Ritt auf d. Wartburg, 1984) - 1982 Stuttgarter Literaturpreis, 1983 Ingeborg-Bachmann- u. Gerhart-Hauptmann-Pr.; 1984/85 Stadtschreiberin v. Bergen.

ROTH, Friedrich

Dr. phil., o. Prof. f. Didaktik d. Sozialkunde u. gf. Direktor Didakt. Zentrum/Fachbereich Gesellschaftswiss. Univ. Frankfurt/M. - Leipziger Ring Nr. 279, 6051 Nieder-Roden (T. 06106 - 2 16 02) - S. 1966 Ord. Frankfurt.

ROTH, Gerhard

Schriftsteller - Am Heumarkt 7, A-1030 Wien - Geb. 24. Juni 1942 Graz - BV/R.: die autobiogr. d. albert einstein, 1972, D. Wille z. Krankheit, 1973, D. gr. Horizont, 1974, E. neuer Morgen, 1976, Winterreise, 1978, D. Stille Ozean, 1980; Landläufiger Tod, 1984; Dorfchronik z. landläufigen Tod; Am Abrund, 1986; D. Untersuchungsrichter, 1988. Bühnenst.: Lichtenberg (1974), Sehnsucht (1977), Dämmerung - Erinnerungen an d. Menschheit - Div. Preise u. Stip. (auch Stadt Hamburg); 1983 Alfred-Döblin-Preis.

ROTH, Günter

Prof., Generalintendant a.D. - Hohenzollerndamm 84, 1000 Berlin 33 - Geb. 1925 - U. a. Operndir. Essen, Generalint. Gelsenkirchen (1966ff.), 1971-80 Opernint. u. Generalint. f. Oper u. Schauspiel (1973) Nieders. Staatstheater, Hannover; Leit. Regiesem. Staatl. Hochsch. f. Musik u. Theater, ebd.

ROTH, Günther

Dr. theol., Prof., Hochschullehrer - Florianstr. 7, 2900 Oldenburg/O. (T. 5 78 31) - Geb. 31. Dez. 1930 Pforzheim (Vater: Richard R., Fabrikant; Mutter: Emilie, geb. Faas), ev., verh. in 1. Ehe m. Herta, geb. Gundert, 3 Kd. (Heidi, Silke, Jörg), s. 1990 in 2. Ehe m. Christel, geb. Biermann - Theologiestud. Tübingen, Heidelberg, Göttingen, Edinburgh, Staatsex. 1956 (Tübingen) u. 58 (Stuttgart); Promot. 1958 (Tübingen) - 1958-65 Wiss. Assist. Univ. Tübingen; 1965 Pfarrer Reutlingen; s. 1965 Prof. f. Ev. Theol. u. Religionspäd., Schwerpunkt Systemat. Theol. Päd. Hochsch. Oldenburg (1968 ff. Rektor), s. 1974 Univ. Oldenburg - BV: D. Möglichkeiten d. Religionsunterr. in Schottland, 1958 (Diss.) - Spr.: Engl.

ROTH, Hans

Dr. phil., Direktor, MdL Baden-Württ. (s. 1968; 1972 ff. stv. Fraktionsvors.) - Schloß, 7130 Mühlacker-Mühlhausen (T. 21 52) - Geb. 21. Sept. 1923 Offenburg, ev., verh., 3 Kd. - Realgymn. Karlsruhe; 1941-45 Kriegsdst.; Univ. Tübingen u. Freiburg (Gesch., Literaturwiss.; Promot. 1950) - S. 1950 Christl. Jugenddorfwerk Dtschl.s (1962 ff. verantw. f. d. sozialpäd. Inst.). Rundfunkratsmitgl. SR. CDU.

ROTH, Hermann J.

Dr. rer. nat., o. Prof. u. Direktor Pharmaz. Inst. Univ. Bonn (s. 1966) - Böckingstr. 4, 5340 Bad Honnef/Rh. (T. 54 82) - Geb. 12. Mai 1929 Eisenberg/Pfalz (Vater: Jakob R., Lehrer; Mutter: Elisabeth, geb. Holz), kath., verh. s. 1957 m. Hannelore, geb. Triebs, 3 Kd. (Ekkehard, Eva-Maria, Susanne) - Univ. Mainz u. Würzburg (Pharmaz. Staatsex. 1954). Apothekerbestall. 1955. Promot. (1956) Würzburg; Habil. 1960 ebd. (Pharmazie) u. 1961 Braunschweig (Pharmaz. Chemie) - 1961-65 Privatdoz. TH Braunschweig. Spez. Arbeitsgeb.: Synthesen potentieller Wirkstoffe m. Hilfe v. Mannich-Basen, Mechanismus u. Spezifität arzneimittelanalyt. Reaktionen. Mitgl. Dt. Pharmaz. Ges. (1956). Dt. Ges. f. Heilpflanzenforsch. (1960). Görres-Ges. z. Pflege d. Wiss. (1960) - BV (Mitautor): Pharmaz. Taschenb., 7. A. 1976; Apothekerpraktikant, 8. A. 1967; ZL-Identkartei, 1972; Kommentar z. ZL-Identkartei, 1975; Hagers Handb. d. Pharmaz. Praxis, 1967; D. Pharmaz. Techn. Assist., 1970. Herausg.: Pharmaz. Taschenb. 1976. Mithrsg.: Hager's Handb. d. Pharmaz. Praxis (NA. 1967) - Habilitations- (1960/61 Görres-Ges.) u. Carl-Mannich-Stip. (1962) - Liebh.: Klass. Musik - Spr.: Engl.

ROTH, Jörg Kaspar

Dr., Dipl.-Psych., Dipl.-Soziol., Psychoanalytiker, Psychotherapeut - Osterwaldstr. 61A, 8000 München 40 - Geb. 31. Jan. 1947 München, kath., ledig - Bankkaufm. Frankfurt; Stud. Soziol. u. Psych. Univ. Frankfurt, Gießen, Würzburg u. Berlin; Promot. 1983; Psychoanalyt. Ausb. - Psychotherapeut u. Leit. Balint-Gruppensem.; Wissenschaftsjourn. f. Rundf., FS u. versch. Ztschr.; Autor v. Fachb. - Anwendung v. Ton- u. Videoaufz. im Balint-Gruppentraining - BV: Psychoanalyse an d. Univ., 1981; Hilfe f. Helfer: Balint-Gruppen, 1984. Mithrsg. d. Ztschr. Familiendynamik, Jahrb. d. Psychol. u. Psychosomatik in d. Zahnheilkunde. Publ. in Fachztschr. zu Fragen d. psychoanalyt. Gruppenarbeit u. z. Familientherapie - Liebh.: Tennis, Fischerei, Langlauf - Spr.: Engl. - Bek. Vorf.: Eugen Roth (Onkel).

ROTH, Jürgen

Journalist, Schriftst. - Hermannstr. 8, 6000 Frankfurt/M. - Geb. 4. Nov. 1945 Frankfurt/M., verh. s. 1969 m. Renate Seidenschnur, Tochter Leyla - Mittl. Reife, kaufm. Lehre, Direktionsassist.; 1967 Vors. Junge Europ. Föderalisten. Kreis Frankfurt; 1979-83 Kurat. Alternat. Türkeihilfe - BV: Armut in d. Bundesrep., 1971; Heimkinder, 1973; z.B. Frankfurt: Die Zerstörung e. Stadt, 1975; Aufstand im wilden Kurdistan, 1977; Geogr. d. Unterdrückten, 1978; Armut in d. Bundesrep., Bd. 2 1979; Es ist halt so ..., 1982; Dunkelmänner d. Macht (Mitautor), 1984; Zeitbombe Armut, 1985; Makler d. Todes. Waffenhändler packen aus, 1986; Rambo, D. Söldner, 1988; D. Mitternachtsregierung, 1989; Fernsehdok.: Mafia & Co, 1984, Operation Ernte. Chronologie e. Putschplanes, Hochexplosiv - Waffengeschäfte m. d. Iran; D. Mann aus Damaskus - Monzer Alkassar, 1990; Mafra am Marn, 1991; u.a. - 1981 Dt. Jugendbuchpr.; 1985 Fernsehpr. d. Wohlfahrtsverb. - Spr.: Engl., Franz., Türk.

ROTH, Karlheinz

Dr.-Ing., em. o. Prof. - Beckurtsstr. 20, 3300 Braunschweig (T. 51 21 66) - Geb. 25. Febr. 1919 Schäßburg/Siebenb. - 1965-88 o. Prof. u. Direktor Inst. f. Konstruktionslehre, Maschinen- u. Feinwerkelemente TU Braunschweig. Emerit. 1988 - BV: Konstruieren m. Konstruktionskatalogen, 1982; Zahnradtechnik, Bd. I, II 1989. Zahlr. Fachveröff. - 1968 Gold. Diesel-Med.; 1985 Fritz-Kesselring Ehrenmed.

ROTH, Klaus

Dr. phil., o. Prof. f. Volkskunde - Johann-von-Werth-Str. 1, 8000 München 19 - Geb. 17. Nov. 1939 Hamburg, verh. s. 1967 m. Dr. Juliana R., 2 Töcht. (Maren, Verena) - Stud. Anglistik, Geographie, Volkskunde; MA 1969 an d. Indiana University; Promot. 1975 (Dr. phil.) - 1970-73 Schuldienst; 1976 Univ. Münster (Volkskunde); 1982 o. Prof. Univ. München. 1988 Gastprof. Berkeley - 1986 Wiss. Beirat d. Südosteuropa-Ges. München - BV: Ehebruchschwänke in Liedform, 1977; Handwerk in Mittel- u. Südosteuropa, 1987; Volkskultur Südosteuropas in d. Moderne, 1992; Südosteuropäische Popularliteratur, 1992. Mithrsg.: Ethnologia Europaea; Enzyklopädie d. Märchens. Redakt. d. Ztschr. f. Volkskunde - 1986 Akad. d.

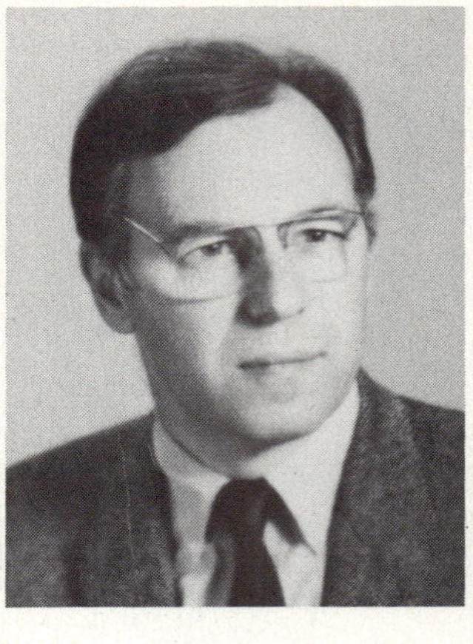

Wiss. Göttingen (Südosteuropa-Kommiss.) - Spr.: Engl., Franz., Bulgar.

ROTH, Leo

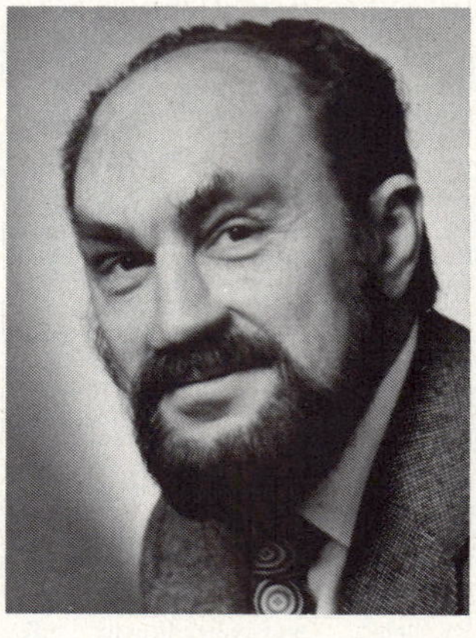

Dr. phil., Univ.-Prof. f. Erziehungswissenschaft Univ. Bremen (s. 1972) - Vor Weyerdeelen 16, 2862 Worpswede 1 - Geb. 4. Jan. 1935 Papischken, verh. s. 1960 m. Almuth, geb. Petersen (Malerin), S. Dietmar - PH Lüneburg (Staatsex.); Univ. Hamburg (1966ff.; Erziehungswiss., Psych., Soziol., Phil., Anthropol.; Promot. 1971) - 1965-70 Assist. PH Lüneburg; 1971-72 Leit. Empir. Forschungs- u. Lehrzentrum Göttingen; s. 1988 Landesvors. Dt. Hochschulverb. Bremen - BV: Effektivität v. Unterrichtsmeth., 2. A. 1977; Handlex. z. Erziehungswiss., 1976; Handlex. z. Didaktik d. Schulfächer, 1981; Pädagogik. Handb. f. Stud. u. Praxis, 1991. Zahlr. Einzelarb. (Handb. u. Ztschr.).

ROTH, Oskar

Dr. phil., Prof. f. Neuere Franz. Lit.wiss. TU Berlin - Wilsbergzeile 10, 1000 Berlin 28 - Geb. 9. Febr. 1934, kath., verh., 3 Kd. - Stud. Theol. u. Roman.; Promot. (Phil.) 1969 Marburg; Habil. (Roman. Philol.) 1978 Marburg - BV: Stud. z. Estrif de Fortune et Vertu d. Martin Le Franc, 1970; D. Ges. d. honnêtes gens. Honnêteté-Ideal b. La Rochefoucauld, 1981; Hermes u. Herminien. J. Graca, 1992.

ROTH, Paul

Dr., Prof. f. Politikwiss. u. Publiz. Univ. d. Bundeswehr München - Glonnweg 9, 8011 Kirchheim b. München (T. 089 - 903 13 54) - Geb. 7. Juni 1925 Berlin (Vater: Dr. Paul R., Diplomat), kath., verh. s. 1953, 5 Kd. - Stud. Theol., Phil., Gesch., Psych., Zeitungswiss. Univ. Berlin, Erlangen, Frankfurt/M., München - BV: Gott i. jederzeit zu sprechen, 1959; SOW-INFORM. Nachrichtenwesen u. Informationspolitik d. Sowjetunion, 1980; D. kommandierte öfftl. Meinung. Sowjet. Medienpolitik, 1982; Cuius regio - eius informatio. Moskaus Modell f. d. Weltinformationsordn., 1984; 5 Jahre Religions- u. Kirchenpolitik unter Gorbatschow, 1990; Glasnost u. Medienpolitik unter Gorbatschow; D. religiöse Situation u. Religionsgesetzgebung in d. UdSSR/GUS 1990/1991, 1992 - Spr.: Lat., Griech., Russ., Engl., Franz.

ROTH, Ralph

Vorstandsmitglied Münchener Rückversicherungs-Ges. - Königinstr. 107, 8000 München 40 - Geb. 5. Aug. 1929 - Stv. AR-Vors. National Insurance Co., Luxemburg; VR UAP Réassurance, Paris; Member of the Board African Alliance, Lagos, u. Munich Reinsurance Co. of South Africa Ltd., Johannesburg.

ROTH, Richard

Professor - Oberföhringer Str. 25a, 8000 München 81 (T. 98 02 98) - Geb. 22. März 1907 Augsburg (Vater: Georg R., Blindenanstaltsdir.; Mutter: Friederike, geb. Kimpel), verh. s. 1932 m. Valérie, geb. Mayer, 2 Söhne (Peter, Claus) - Ausbild. Akad. München u. Leipzig - Graphiker; s. 1959 Prof. Kunstakad. München (Grafic design), Mitgl. Beirat f. d. künstler. Formgeb. dt. Bundespost (1965 ff.). Viele Entwürfe f. Werbung u. Formgeb. - 1979 Bayer. VO - Liebh.: Tennis.

ROTH, Wolfgang

Dipl.-Volksw., MdB (s. 1976) - Häldenrain 32, 7535 Königsbach-Stein (T. 07231 - 3 43-94) - Geb. 26. Jan. 1941 Schwäbisch Hall (Vater: Karl R., Postsekr.; Mutter: Anna, geb. Preiss), verh. s. 1965 m. Anna, geb. Vrtakova, T. Natascha - Stud. FU Berlin (1964 Asta-Vors.; Dipl.ex. 1968) - SPD (1972 Vors. Jungsozial.; 1973 Mitgl. Parteivorst.; wirtschaftspolit. Sprecher; Vors. Kommiss. f. Wirtsch.- u. Finanzpolitik) - BV: Kommunalpolitik für wen?, 1971; Investitionslenkung, 1976; Wirtsch. v. morgen - Ängste v. heute, 1980; Humane Wirtschaftspolitik, 1982; D. Weg aus d. Krise, 1985.

ROTHACKER, Helmut F. W.

Bezirksbürgermeister v. Berlin-Steglitz (1971-84) - Hochsitzweg 91, 1000 Berlin 37 (T. 813 83 20) - Geb. 26. Nov. 1919 Berlin (Vater: Fritz R., Versicherungsangest.; Mutter: Martha, geb. Fein), ev., verh. s. 1948 m. Margarete, geb. Maiwald, 3 Kd. (Edgar, Astrid, Alexandra) - Helmholtz-Reformrealgymn. u. Univ. Berlin, Jurist. Staatsprüf. 1941 u. 1950 - 1951-58 Leit. Rechtsabt. Senatsverw. f. Sozialwesen v. Berlin (1954 Reg.sdir.); 1958-62 Leit. Büro d. Bürgerm. v. Berlin (1959 Senatsrat); 1962-71 Bezirksstadtrat f. Finanzen u. stv. Bürgerm. (1965) v. Steglitz. Verf. d. Denkschr.; D. Gewährung v. Staatsleistungen an d. Ev. u. Kath. Kirche - Geschichtl. Grundl. u. gegenw. Rechtslage (1960). CDU s. 1945 - 1980 Amerik. Ausz. f. zivile Verdienste, 1980 BVK 1. Kl. - Liebh.: Lit., Musik - Spr.: Engl., Franz., Ital.

ROTHAUGE, Carl Friedrich

Dr. med., Prof., Inh. Lehrstuhl f. Urologie u. Leit. Urolog. Univ.skl. Gießen (s. 1969) - Am Hain 7, 6331 Dutenhofen (T. 0641 - 2 12 95) - Geb. 23. Sept. 1925 Bad Wildungen (Vater: Carl-Friedrich R., Kaufm.; Mutter: Marie, geb. Kotzerke), ev., verh. s. 1959 m. Fredemarie, geb. v. Poll, 2 Kd. (Carl Friedrich, Frank Alexander) - Promot. 1952; Habil. 1965 - BV: D. seitengetrennte quantitative Nierenfunktionsprüfung, 1966 - Spr.: Franz.

ROTHE, Arnold

Dr. phil., Prof. f. Romanische Philologie - Häusserstr. 51, 6900 Heidelberg - Geb. 8. Sept. 1935 Berlin (Vater: Dr. Carl Rothe, Schriftst.; Mutter: Martha, geb. von Beckerath), kath., verh. s. 1965 m. Dr. Sibylle, geb. Scheid, 3 Kd. (Isabel, Philipp, Camilla) - Univ. Freiburg, Paris, Köln, Staatsex. Freiburg 1961, Promot. Köln 1965, Habil. Köln 1969 - 1970 Lehrstuhlinh. Heidelberg; 1974-75 1. Vors. d. Dt. Romanistenverb., 1976-77

u. 1985-86 Dekan Neuphilol. Fak. Univ. Heidelberg - BV: Quevedo u. Seneca, 1965; D. Doppeltitel, 1970; Franz. Lyrik im Zeitalter d. Barock, 1974; D. literarische Titel, 1986 - 1981 Chevalier dans l'ordre des Palmes académiques - Liebh.: Zeichnen, Musik, Bild. Kunst, Sozialwiss., Politik - Spr.: Lat., Franz., Span., Engl. - Bek. Vorf.: Dr. Carl Rothe, Schriftst. (Vater).

ROTHE, Friedrich-Karl

Dr. phil., Prof. f. Allg. Pädagogik PH Karlsruhe - Albris 22, 7989 Argenbühl 1 (T. 07566 - 6 21) - Geb. 25. April 1936 Dessau, ev. - Volksschullehrer; Stud. Päd., Phil., Politik, Völkerkd. Univ. Tübingen, Erlangen, Hamburg, Aix-en-Provence/Frankr. u. Athens/USA; Promot. 1967 - BV: D. Planwagen, 1966; Stammeserziehung u. Schulerziehung, 1969; Erziehung u. Ausbildung in d. Entwicklungsländern, 1972; Erziehung u. Entfremdung, 1975; Wege d. päd. Forschung (m. F. Banki), 1979; Kultur u. Erziehung, 1984; Wege d. Freundschaft, 1988 - Liebh.: Ethnopäd. - Spr.: Engl., Franz., Span.

ROTHE, Georg

Em. o. Prof. f. Berufspädagogik Univ. Karlsruhe - Calmbacher Str. 26, 7542 Schömberg (T. 07084 - 79 99) - Geb. 23. Febr. 1921 Volpersdorf/Glatz, kath., verh. s. 1954 m. Ingeborg, geb. Kleinpeter, 2 Söhne (Hubert, Thomas) - Dipl.-Gewerbelehrer, Berufspäd. Hochsch./Univ. Stuttgart, Ex. 1953; 1959-61 Hochsch. f. Int. Päd. Forsch. Frankfurt - 1953-65 Lehrer Gewerbesch. Schorndorf; 1966 Prof. Berufspäd. Hochsch. Stuttgart, Leit. Inst. f. Lehrinhalte- u. Lehrmittelforsch. - BV: Berufl. Bildung in Stufen. Modellstudie z. Neuordnung d. Berufssch. in Baden-Württ., dargest. am Raum Schwarzwald-Baar-Heuberg, 1968; Materialien z. Schulentw.plan II f. d. berufl. Schulwesen, Struktur- u. Planungsdaten, 1972; Dualsystem od. berufl. Vollzeitsch. als alternative Angebote unt. regionalem Aspekt. Système alterné ou école profess. et leur complément. dans l'offre de formation sur le plan régional, 1984; Jugendliche im Wartestand, 1987; Berufsbildungsstufen im mittl. Bereich, 1989 - 1986 BVK; Nebeniusmed.; 1988 Hon.-Prof. Management Cadres Inst. Dalian, VR China - Lit.: Festschr. z. 65. Geb.: Herausg. Erich Reichert u.a.: Berufl. Bildung im Zusammenwirken v. Schule u. Betrieb (1986).

ROTHE, Hans

Dr., o. Prof. Univ. Bonn (s. 1966) - Giersbergstr. 29, 5300 Bonn 3 - Geb. 5. Mai 1928 Berlin - Stud. Univ. Kiel, Marburg, London; Promot. 1954 Kiel; Habil. 1963 Marburg - Vizepräs. Intern. Slavistenkomit., u. d. Assoc. intern. pour l'études des cultures slaves - BV: Karamzins Europ. Reise, 1967; D. Altruss. Kondakar, 4 Bde., 1978-81; Religion u. Kultur in Russ. Reich, 1984; Anton Tschechov od. Entartung d. Kunst, 1990; Gontscharov u. d. russische Realismus, 1991 - 1980 o. Mitgl. Rhein.-Westf. Akad. d. Wiss.; 1987 Präs. Modern Humanities Res. Assoc.

ROTHE, Hans-Werner

Dr. rer. oec., Dipl.-Kfm., Privatgelehrter - Kasseler Str. 53, 6368 Bad Vilbel (T. 8 41 95) - Geb. 25. April 1906 Erfurt (Vater: Emanuel R., Fabrikant; Mutter: geb. Höfinghoff), ev., verh. s. 1945 m. Irmgard, geb. Danzer, 4 Kd. (Barbara, Heike, Hansi, Jörg) - Gymn. Erfurt; Banklehre ebd.; HH Leipzig (Dipl.-Kfm. 1928) u. WH Mannheim (Promot. 1933) - 1933 Assist. WH Mannheim. 1934-45 Prok. Stahlbaufabrik u. Mitinh. Eisenhandl., 1947-51 Assist. Univ. Halle (Geol.-Paläontol. Inst.), s. 1956 Inh. wiss. Inst. f. betriebl. Altersversorg. - BV: Bilanzkrit. Studien auf d. Gebiet d. Stahlbaufabriken, insb. als Beitrag z. Problem d. Betriebsvergleichs, 1934; August Possecker u. s. Ceratiten, 1937; Goethes Erfurter Weinlieferant u. v. Erfurter Weinbau, 1949; Üb. d. Sammeln v. Ceratiten im Thüringer Becken, 1954; D. Ceratiten u. d. Ceratitenzonen d. Oberen Muschelkalks (Trias) im Thüringer Becken u. Helmut Tenners erste Buchauktion i. Heidelberg, 1955; Betriebl. Altersvorsorgung, 1956; Ammonoiden aus d. Unteren Muschelkalk Thüringens, 1959; Burgen u. Schlösser in Thüringen - Nach alten Stichen, 1960; V. d. Schlössern Stedten, Groß- u. Kleinfahner b. Erfurt, 1961; Bacchus als Freund d. Olympiers Goethe, 1962; D. drei ehem. v. Witzlebenschen Schlösser b. Arnstadt, 1962; D. Allerburg u. ihre Besitzer, d. Herren v. Minnigerode, 1963; D. Eckartsburg u. Schloß Marienthal b. Eckartsberge, 1963; Romane u. Jugendschr. üb. Erfurt, 1964; Schloß Allstedt u. d. Großherzogl. Gestüt, 1965; Erfurter Papiernotgeld, 1966; Fünf Thüringer Liederkomp. aus d. ersten Hälfte d. 19. Jh., 1966; D. thüring. Schlösser Georgenthal u. Günthersleben, 1967; Musikpflege in Erfurt, 1967; Stadtkernforsch. in Erfurt, u. D. Martinsfest d. Erfurter in Bechtheim, 1968; Kl. Verstein.skunde, 5. A. 1976; L. Fossiles, 1969; Goethes Begegnung m. Napoleon, u. Thüringen, Bibliographie, 1970; D. Erfurter Literat Ignaz Caje- tan Arnold (1774 b. 1812) u. s. Schr., 1970; D. Glocke ‚Gloriosa' im Erfurer Dom 475 J alt, 1972; 100 J. Saalebahn v. Großheringen b. Saalfeld, 1975; Z. 450. Todestag v. Dr. Henning Göde u. z. 100. Todest. d. Thüringer Dichters Karl Philipp Heinrich Welker, 1971; Vorgeschichtl. Funde i. d. Geibelstr. in Erfurt, 1975; 50 Jahre Arbeitsgemeinschaft Pfälz.-Rhein. Familienkunde, 1975; Drei neue Thüringer Bibliographien, 1977; D. Erfurter Kartäuserkloster u. seine Bibliothek, 1978; Warum nicht auch Goethe als Sammelobjekt u. die Industrie Thüringens?, 1978. Herbert Meininger z. 45j. Arbeitsjubil., 1975. Herausg.: Beiträge z. Geol. v. Thüringen (1947) u. Hall. Jahrb. f. mitteld. Erdgesch. (1949) - Urkunde AWMM Arbeitsgem. f. Werbung, Markt- u. Meinungsforsch. 1977 als Auszeichn. s. Forschungen a. d. Gebiet d. Geologie u. Landeskunde Thüringens.

ROTHE, Klaus-Michael

Rechtsanwalt, Hauptgeschäftsführer d. Industrie- u. Handelskammer Schwerin - Schloß-Str. 17, O-2750 Schwerin.

ROTHE, Mechtild

Mitglied d. Europa-Parlaments (s. 1984) - Wohnh. in Bad Lippspringe; zu erreichen üb. Europ. Parlam., Europazentrum, Kirchberg, Postf. 16 01, Luxemburg (T. 00352 - 4 30 01) - SPD.

ROTHE, Oleg

Dr. rer. pol., Dipl.-Kfm., Vorstandsmitglied Mercedes-Benz Nederland B.V., Utrecht, Niederlande - Vincent v. Goghlaan 6, NL-3735 LR Bosch en Duin - Geb. 13. Mai 1927.

ROTHE, Wolfgang

Dr. phil., Verleger, Schriftst. - Brentanostr. 2, 6000 Frankfurt a. M. 1 (T. 72 80 15) - Geb. 26. April 1929 Berlin, verh. s. 1956 m. d. Kunsthändl. Maria R., 3 Kd. (Stefan, Martin, Flora) - Univ. Marburg, Freiburg, Heidelberg (German., Phil., Soziol.). Promot. 1954 - 1954-66 eig. Verlag. 1968/69 Gastdoz. Univ. of Alberta, Edmonton (Kanada), 1975 Univ. Bielefeld, 1980/81 Univ. Hamburg, 1981/82 Univ. Mainz; Habil. 1979 - BV: James Joyce, 1957; D. Roboter u. d. andere, 1958; Schriftst. u. totalitäre Welt, 1966; D. Expressionismus, 1977; Tänzer u. Täter, 1979; Kafka i. d. Kunst, 1979; Ernst Toller, 1983; Deutsche Revolutionsdramatik s. Goethe, 1989, Über Kunst u. Künstler, 1991. Herausg.: Hermann Broch - Massenpsych. (1959), Expressionismus als Lit. (1969), D. Aktivismus 1915-20 (1969), Dt. Theater d. Naturalismus (1972), Tukan-Presse (1972-75), Einakter d. Naturalismus (1973), D. Großstadtlyrik v. Naturalismus b. z. Gegenw. (1973) - Dt. Literatur in d. Weimarer Republik (1974), ZET, D. Zeichenheft f. Literatur u. Graphik (1973-75), Schnittlinien (f. HAP Grieshaber, 1979); ZET Zeichenb. f. Lit. u. Graphik (1985-87), Hans Bellmer, Anatomie d. Lust (1991) - 1972 Mitgl. PEN-Zentrum BRD; 1984 o. Mitg. d. Freien Akad. d. Künste Mannheim.

ROTHEMUND, Helmut

Dr. jur., Rechtsanwalt, Landrat a.D., Landtagsvizepräs. - Sollenberg 51, 8551 Post Gräfenberg - Geb. 31. März 1929 Rehau, ev., 2 Kd. - Oberrealsch., 1949-52 Stud. Rechtswiss. Univ. Erlangen, Rechtsrefer. u. wissenschaftl. Mitarb. Forschungsinst. f. Genoss.-Wesen Univ. Erlangen, Promot. 1954 Erlangen, 2. jurist. Staatsex. 1956 - Gerichtsass., Staatsanwalt Bayer. Staatsmin., 1958-70 Landrat Rehau, 1970 Oberstaatsanwalt. S. 1962 MdL Bay. (1964-70 stv. Fraktionsvors., 1970-74 I., 1974-76 II. Vizepräs.). SPD (1965ff. stv. Landesvors., 1976-86 Landesvors. Bayern, 1976-86 Vors. Landtagsfrakt., s. 1986 II. Vizepräs.). Mitgl. BRK; Vors. Georg-von Vollmar-Akad. - 1978 Gr. BVK, 1983 Stern dazu; 1984 Bayer. Verfassungsmed. in Gold.

ROTHENBERG, Leonhard

Dipl.-Volksw., Geschäftsführer Heimstätte Rheinland-Pfalz GmbH./Organ d. staatl. Wohnungspolitik, Mainz; Geschäftsf. MOSELLAND Wohn.-Ges. mbH, Koblenz - Lion-Feuchtwanger-Str. 1, 6500 Mainz - Geb. 31. Jan. 1930 - Stv. AR-Vors. GESIWO Wohn.-Ges. mbH Neustadt a.d. Weinstr.

ROTHENBERGER, Anneliese

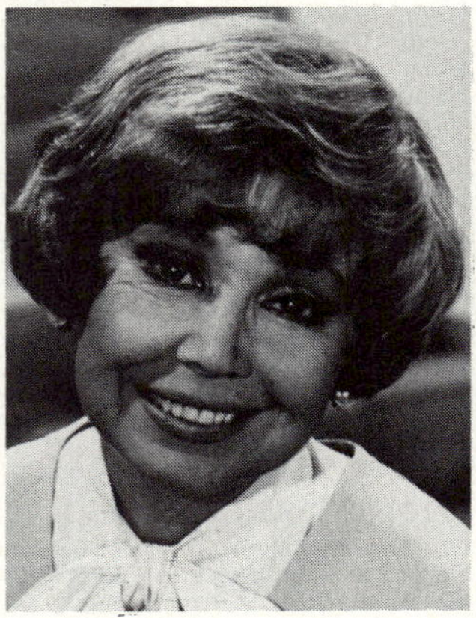

Kammersängerin - CH-8268 Salenstein/Untersee (Schweiz) - Geb. 19. Juni 1926 Salenstein (Vater: Josef R., Kaufm.: Mutter: Sophie, geb. Häffner), kath., verh. s. 1954 m. Gerd W. Dieberitz (Journalist, Lyriker) - Real- u. Musikhochsch. Mannheim - S. 1948 Staatsoper Hamburg, München, Wien. Gast u. a. Scala Milano u. Metropolitan Opera New York. Glyndebourne Festival, Salzbg. u. Münchner Festsp. Partien: u. a. Gilda, Mimi, Musette, Despina, Susanna, Martha, Regina, Norina, Agnes, Pamina, Sophie, Zdenka, Konstanze, Mme. Bovary, Violetta, Lulu. Gr. Liederabendtourneen durch Europa, Rußland, Japan u. USA. Film: D. Fledermaus (1955); versch. Fernsehf. - BV: Melodie m. Lebens, Autobiogr. 1972 - 1963 Bayer., 1967 Österr. Kammers.; 1969 Intern. Edison-Preis (f. d. Schallplattenaufn.: Martha); 1966 BVK I. Kl., 1974 Gold. Bambi; 1976 Gr. BVK; 1977 Gold. Kamera Hör zu; div. Schallpl.preise - Liebh.: Bücher, Autofahren, Modellieren, Malen - Spr.: Engl., Franz. - Lit.: Wolf-Eberhard v. Lewinski, A. R., 1968.

ROTHENBILLER, Franz J.

Oberbürgermeister Rastatt (1975-91) - Leharweg 1/1, 7750 Rastatt - Geb. 12. Febr. 1933 Sinsheim/Elsenz, kath. - Verw.- u. Wirtsch.akad. Freiburg; Staatsex. f. d. Verwaltungsdst. - 1956-57 Reg. Präsid. Südbaden - 1958-71 Stadt Bad Dürrheim u. Prok. d. Gemeindl. Wirtsch.untern.; 1971-75 1. Bürgerm. Rastatt - CDU - 1979 Mitgl. Deutschherrenbd.; 1983 Ehrenbürger New Britain, USA; 1983 Ehrenprof. d. Staatsuniv. v. Connecticut, USA; 1988 Nationalorden d. Franz. Rep.; 1991 Dr. hc. d. Central-Connecticut-State-University/USA, Ehrenbürger d. Stadt Rastatt, BVK I. Kl., Ehrenbürger d. Stadt Ostrov/CSFR.

ROTHER, Ewald

Dr. phil., Prof., Dozent f. Pädagogik Päd. Hochschule Heidelberg - Gartenstr. 45, 6909 Rettigheim/Bergstr. (T. 07253 - 48 59).

ROTHER, Klaus

Dr. med., Prof. f. Immunologie u. Serologie - Neuer Weg 41, 6900 Heidelberg 1 (Ziegelhausen) (T. 06221 - 80 00 46) - Geb. 1. März 1926 Wittstock/Dosse (Vater: Oswald R., Buchhändler; Mutter: Hedwig, geb. Rendel), ev., verh. s. 1954 m. Prof. Dr. Ursula, geb. Eschenauer - Univ. Mainz u. Freiburg (Med. Staatsex.). Promot. u. Habil. Freiburg - S. 1960 Lehrtätigk. Univ. Freiburg (1968 apl. Prof. f. Inn. Med.) u. Heidelberg. Gast- u. Adj. Assoc.prof. USA (1962-67). 1973ff. Sprecher, Sonderforsch.-Bereich Krebsforschung Heidelberg; 1976-82 Präs. Ges. f. Immunologie; 1980-82 Prorektor Univ. Heidelberg; 1986-89 Vorst.-Mitgl. Klinikum Heidelberg; 1991 Vors. Projektrat Umwelt u. Gesundheit Baden-Württ. Spez. Arbeitsgeb.: Immunreaktionen, Nierenkrankh. - BV: Experimentelle Nierenkrankh. in Handb. d. Exp. Pharmakol. XVI, 1965 (hrsg. v. O. Eichler); Immunsuppression b. Nierenerkr., 1974 (m. a.); Immunol. d. Nephritiden in Losse/Renner: Nierenkrankh., 1982; Niere in Vorländer: Praxis d. Immunol., 1982; Pathogenese u. Immunbiol. in Sarre: Nierenkrankheiten, 1988. Zahlr. Hand- u. Fachb.beitr. Herausg.: The Complement System (m. Till, 1988); Plasmatherapie (1985); Complement deficiencies in animals and man (1986). Mithrsg.: Akutes Nierenversagen (1962), Mitgl. Dt. u. US-Ges. f. Immunol., Ges. f. inn. Med. u.a. New York Acad. of Sciences - Liebh.: Motorflug - Spr.: Engl.

ROTHER, Siegfried

Dr. phil., Prof. f. Deutsch PH Weingarten - Haldenweg 6, 7980 Ravensburg (T. 0751-2 59 73) - Ehrenamtl. Leit. VHS Weingarten.

ROTHER, Thomas

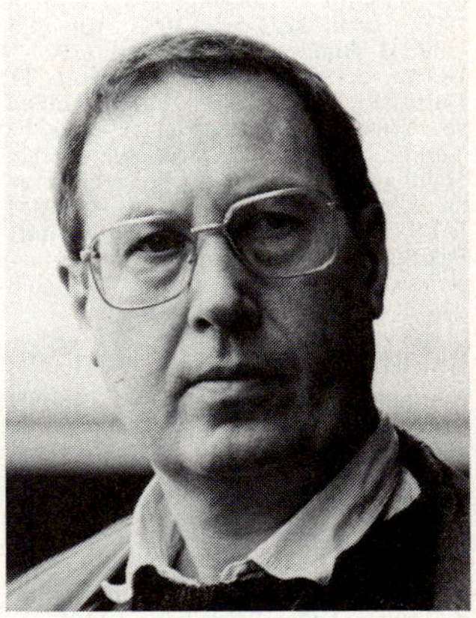

Schriftsteller, Bildhauer u. Redakteur - Schäferstr. 36, 4300 Essen 1 (T. 0201 - 23 25 71) - Geb. 6. Mai 1937 Frankfurt/O. (Vater: Fritz R., Buchhändler; Mutter: Gertrud, geb. Schmelz), kath., verh. s. 1964 m. Christa, geb. Sommer, 2 Kd. (Angelika, Stefan) - Gymn. (Abit.); Maurerlehre (Gesellenprüf.); German. u. Publiz.-Stud. - Redakt. WAZ Essen (spez. Arbeitsgeb.: Reportage); Schriftst. (Ged., Lieder, Erz. u. Roman) - BV: Arschleder zwickt, Bergarbeiterlieder, 1968; Teufelszacken, Ged. 1972; Schrauben haben Rechtsgewinde

(Hrsg.), Leseb. 1972; Wenn d. Krummstab blüht, Märchen 1976; Pong, Kinderstück (zus. m. Rainer Goernemann), 1976; D. plötzliche Verstummen d. Wilhelm W., R. 1981; Essen - E. Großstadt im Jahr d. Unheils, Dok. 1983; Toffte Kumpel (Hrsg.), 1983; Alles paletti (Hrsg.), 1985; Ohne Glied geboren, Erz. 1985; Zauberworte, Märchen 1988; Muttersuche, R. 1990; Texte in Anthol. u. als Lieder auf Schallpl. - Bild. Kunst: Klangobjekte aus Holz, Fell u. Steinen, Ausst. im In- u. Ausl. u.a. Düsseld., Kiel, Essen, Tokio, Seoul, Paris, Berlin, Hannover, Brandenburg, Salzburg, London. Gastprof. Univ. Essen, 1984/85 artist in residence - 1981 Luise-Rinser-Preis (f. d. R.); 1990/91 Stip. d. A. u. C. Pott-Stiftung, Essen; 1990/91/92 Stip. d. Unternehmensgruppe A. Sutter, Essen. 1992 Gründung d. Kunstschachtes, Essen.

ROTHER, Werner

Dr. jur., Prof. f. Bürgerl. Recht u. Arbeitsrecht - Stuberstr. 25, 8000 München 19 (T. 17 19 93) - Geb. 26. März 1916 Dresden - S. 1964 (Habil.) Lehrtätigk. Univ. München , ao. Prof. Fachveröff.

ROTHERMUND, Dietmar

Ph.D., Prof. f. Geschichte Südasiens Univ. Heidelberg - Oberer Burggarten 2, 6915 Dossenheim (T. 06221 - 86 07 99) - Geb. 20. Jan. 1933 Kassel (Vater: Theodor R., Gießereiing.; Mutter: Charlotte, geb. Gandow), ev., verh. s. 1977 in 2. Ehe m. Chitra, geb. Apte, 3 Kd. (Nandita, Arnim, Lalita) - 1953-59 Stud. Gesch. u. Phil. Univ. Marburg, München, Philadelphia (Ph.D. 1959 Univ. Pennsylvania, Habil. 1967 Univ. Heidelberg) - 1968ff. Prof. f. Gesch. Südasiens am Südasieninst. Univ. Heidelberg. 1976-77 Dekan Phil.-Hist. Fak.; Fellow of the Royal Historical Soc., London - BV: D. polit. Willensbild. in Indien 1900-1960, 1965; Government, Landlord a. Peasant in India, 1978; 5mal Indien (Panoramen d. Welt), 1979; Gesch. Indiens, (m. H. Kulke) 1982; Indiens wirtschaftl. Entwickl., 1985; An Econ. Hist. of India, 1988; Mahatma Gandhi, 1989; India in the Great Depression, 1929-39, 1992. Herausg.: Periplus, Jahrbuch f. außereuropäische Geschichte (1991ff.).

ROTHERT, Heinrich

Dr.-Ing., Prof. f. Statik Univ. Hannover - Inst. f. Statik, 3000 Hannover 1 (T. 0511 - 762-25 10) - Geb. 5. Dez. 1938 Pr. Eylau, verh. s. 1969 m. Dr. Barbara, geb. Hornof - Dipl.-Ing. 1965, Promot. 1970, Habil. 1973 - S. 1973 Prof. (C4) Univ. d. Bundeswehr Hamburg (1973-74 Dekan u. Vize-Präs.); 1976 Ruf TH Darmstadt (abgel.), 1980 Univ. Hannover, 1986 TU München (abgel.). Rd. 100 Veröff. u. a. in ZAMM, Ing.-Archiv, Stahlbau, Ingenieur-Archiv, Bauingenieur, US-Fachztschr. - Mitgl. GAMM, IASS, BWG, Prüfingenieurvereinig., Fakultätentag f. Bauing.- u Vermessungswesen, Tire Science and Technologie.

ROTHFOS, Cuno

Kaufmann, Geschäftsf. arko GmbH, Vors. Dt. Kaffee-Verb., Hamburg - Dr. Hermann-Lindrath-Str. 28, 2362 Wahlstedt; priv.: Sandtorkai 4, 2000 Hamburg 11 - Geb. 7. Juli 1924.

ROTHFUSS (ß), Herbert

Direktor, Geschäftsf. Auskunftsstelle üb. d. Versich.außendienst e.V. (AVAD) - Normannenweg 2, 2000 Hamburg 26 (T. 040 - 25 19 21-0).

ROTHHOLZ, Petra

Dr., Projektleiterin HERTIE Ost - Hertie Zentralverwaltung, Ansbacher Str. 30, 1000 Berlin 30 (T. 030 - 21 99 51 49) - Geb. 5. Jan. 1950.

ROTHKIRCH, Graf von, Leopold

Agrar-Marketing u. PR Berater - Am Stadtwald 103 c, 5300 Bonn-Bad Godesberg (T. 0228 - 31 47 46) - Geb. 27. Dez. 1923 Kassel (Vater: Edwin Grf. R. General d. Kav. a. D. † 1980; Mutter: Albertine, geb. Gräfin v. Schaumburg), ev., verh. s. 1977 m. Ministerialrätin Dr. Ute, geb. Spieker, 2 Kd. (Leonhard u. Tini) - B. 1945 Offz. (gegenw. Oberst d. R.), dann Land- u. Forstwirt, Bundesvors. d. Maschinenringe (1964-1971), Vorst.-Vors. Molkerei Borken (1963-79), AR-Vors. Raiffeisenbank Borken (1955-88), Berater Massey-Ferguson (1963-70), Gf. Centrale Marketing Ges. d. Dt. Agrarwirtschaft GmbH (1970-76), PR-Berater, Leiter Öffentlichkeitsarbeit Klöckner-Humboldt-Deutz AG, Köln (1976-86), Vizepräs. d. Dt. Reiter- u. Fahrerverb. e.V. - Liebh.: Reitsport, Skilaufen, Jagd.

ROTHKIRCH, Gräfin, Ute

Dr. rer. nat., Ministerialrätin, Leiterin d. Öffentlichkeitsarbeit im Bundesumweltministerium (s. 1987) - Am Stadtwald 103 c, 5300 Bonn 2 (T. 0228 - 31 47 46) - Geb. 31. Mai 1948 Geesthacht, ev., verh. s. 1977 m. Leopold Graf Rothkirch - Abit. 1967; Stud. Geogr. u. Angl. in Hamburg u. Köln, Ex. 1971; Promot. 1974 (Wirtsch.geogr.) Köln - 1985-87 stv. Pressespr. im Bundesernähr.min. - Spr.: Engl., Franz.

ROTHKIRCH u. TRACH, Gräfin v., Tini

Direktorin Schloßhotel Vier Jahreszeiten Berlin (s. 9/91) - Johann-Sigismund-Str. 3, 1000 Berlin 31 (T. 030 - 892 59 75) - Geb. 19. Febr. 1954 (Vater: Leopold Graf v. R.; Mutter: Gabriele, geb. Heintze), ev., led. - Abit. 1974; Sprachensch. Lausanne; Stud. Innenarchitektur 1975-76; Volont. Werbeagent. Hahn, Köln 1976-78; parallel Werbefachl. Akad., Köln - 1978 PR Mgr. Inter-Continental, Berlin; 1983 Dir. PR; 1990/91 Dir. Presse- u. Öffentlichkeitsarbeit Hotel Inter-Continental u. Hotel Schweizerhof, Berlin - 2. Sprecherin Dt. Public Relations Ges. Landesgr. Berlin/Brandenburg - Liebh.: Reiten, Tennis, Fitneß, Sprachen, Musik, Reisen - Spr.: Engl., Franz.

ROTHLEY, Willi

Rechtsanwalt, MdEP (s. 1984) - Ringstr. 2 a, 6760 Rockenhausen - Geb. 15. Dez. 1943.

ROTHMAIER, Kurt

Dr., Geschäftsführer Schumann GmbH, Heilbronn - Dinkelsbühler Str. 5, 7100 Heilbronn - Geb. 27. April 1924.

ROTHMEYER-KAMNITZ, Helmut B.

Wirtschaftsprüfer, Steuerberater u. Historiker - Pilotystr. 20, 8500 Nürnberg 10 (T. 0911 - 35 22 62) - Geb. 28. Sept. 1911 Böhm. Kamnitz, Nordböhmen (Vater: Joseph R., Steuerdir., Finanzamtsvorst.), kath. verh. s. 1975 m. Edeltraud E., geb. Heinlein-Autenhausen - Handelsakad. Prag, Unilever Aussig 1939 - 1951 öfftl. best. Steuerberater, 1952 öfftl. best. Wirtschaftsprüfer München - Unabh. Historiker f. Wirtsch.- u. Militärgesch. (ab 1830). Autor: KTB AOK 7 (Normandieschlacht 1944); Böhmen als Brennpunkt d. Nationalitäten sow. Machtkonflikte u. Weltkrieg II (2 Bde., 1985) - Bek. Vorf.: Franz Preidl Edler v. Hassenbrunn auf Lischnitz, Hagensdorf-Brunnersdorf u. Tschischkowitz m. Trebnitz u. Koschtialov, Großindustrieller u. Ehrenbürger d. Stadt Böhm. Kamnitz, Domänenbesitzer lt. Böhmischer Landtafel (Urgroßonkel).

ROTHSCHILD, Franz

Hauptgeschäftsführer Wirtschaftsverband d. Handelsvertreter Nordost (CDH) - Karolingerplatz 10/11, 1000 Berlin 19 (T. 030 - 302 80 94) - Geb. 3. Febr. 1935 Berlin, 2 Kd. - Betriebswirt, FU Berlin - Spr.: Engl., Franz.

ROTHSTEIN, Jürgen Karl

Rechtsanwalt u. selbst. Unternehmer BAVARIA Brandschutz GmbH & Co. KG Nürnberg (s. 1986) - Zolltafel 22, 8562 Hersbruck - Geb. 20. Sept. 1931 Bergneustadt (Vater: Friedrich R., Kaufm.; Mutter: Magdalene, geb. Bertrams), ev., verh. s. 1960 m. Hilde, geb. Schwamborn, 2 Kd. (Claudia, Rainer) - Stud. d. Rechtswiss. u. Betriebswirtsch. - 1965-86 FAUN AG, 1969-86 Vors. d. Geschäftsf. bzw. d. Vorst.; AR-Mand. - BVK, weit. Ausz.

ROTHSTEIN, Wolfgang

Dr. phil., o. Prof. f. Höh. Mathematik (Lehrstuhl B) - Ferdinand-Wallbrecht-Str. 15, 3000 Hannover (T. 62 53 25) - Geb. 11. Okt. 1910 Minden/W. - Univ. Münster. Promot. 1935 Münster; Habil. 1947 Würzburg - S. 1947 Lehrtätigk. Univ. Würzburg, Marburg (1950; 1955 apl. Prof.), Münster (1959 Wiss. Rat u. Prof.), TH bzw. TU Hannover (1965 Ord. u. Dir. Math. Inst. B). 1960-61 Visiting Prof. Univ. of California at Berkeley, Calif. (USA); 1962/63 Full Prof. Purdue Univ. Lafayette/Ind. (USA). Div. Fachveröff.

ROTT, Hans-Dieter

Dr. med., Prof., apl. Prof., Inst. f. Humangenetik Univ. Erlangen - Anderlohrstr. 38a, 8520 Erlangen (T. 09131 - 5 19 65) - Geb. 10. Dez. 1940 Duisburg, kath., verh. m. Karin, geb. Dick, 2 Söhne (Stephan, Olaf) - Abit. 1960 Münster; Stud. Humanmed. 1960-65 Univ. Münster u. Freiburg; Promot. 1966 Münster, Habil. (Humangenetik) 1973 Erlangen. 1979 apl. Prof. Erlangen; 1981 Fachbez. Arzt f. Med. Genetik - S. 1979 Mitgl. Europ. Committee f. Ultrasonic Radiation Safety, s. 1983 d. Kommiss. Nicht ionisierende Strahlen d. Bundesgesundheitsamtes (BGA); s. 1985 Mitarb. Dt. Elektrotechn. Kommiss. (DKE) im DIN u. VDE; s. 1985 Mitarb. u. Dt. Vertreter in d. Intern. Electrotechnical Commiss. (IEC); s. 1988 Aussch.-Mitgl. Nicht ionisierende Strahlen d. Strahlenschutzkommiss. (SSK) d. Bundesmin. f. Umwelt, Naturschutz u. Reaktorsicherheit (BMU); Wiss. Beiratsmitgl. d. Ztschr. Ultraschall in d. Med. u. Ultraschall in Klinik u. Praxis - Üb. 140 wiss. Publ. in nationalen u. intern. Fachztschr. - 1983 Purkinje-Med. Univ. Brünn, CSSR - Liebh.: Ballonfahren - Spr.: Engl., Franz.

ROTT, Jeanette

Ministerin f. d. Gleichstellung v. Frau u. Mann - Bauhofstr. 4, 6500 Mainz (T. 06131 - 16 41 60) - 31. Okt. 1945 Mutterstadt, kath., gesch., T. Antje - Handelssch.; Sekr.-Schule - Abt.sekr. b. Giulini Chemie GmbH; Betriebsrätin; s. 1987 MdL. - Spr.: Engl., Franz.

ROTT, Rudolf

Dr. med. vet., Dr. med. vet. h.c., Prof. f. Virologie - Richard-Wagner-Str. 1, 6300 Gießen (T. 0641 - 2 3640) - Geb. 23. Mai 1926 Stuttgart (Vater: Reinhold R., Reg.Baurat; Mutter: Gertrud, geb. Mayer), verh. s. 1956 m. Renate, geb. Kröll, T. Sabine - S. 1963 (Habil.) Lehrtätigk. Univ. Gießen (1964 Ord. u. Inst.sdir., 1968 Sprecher Sonderforschungsbereich 47). Üb. 200 Fachveröff. - 1966 Mitgl. New York Acad. of Sciences, Royal Soc. of Med., Dt. Akad. Naturforsch. Leopoldina - 1979 Aronson-Pr., 1982 Warburg-Med.

ROTTENBURG, von, Fritz

Vortragender Legationsrat I. Kl., Leit. d. Grundsatz- u. Koordinierungsref. d. Abt. 3 d. Auswärtigen Amtes, Bonn - Adenauerallee 99-103, 5300 Bonn 1.

ROTTENBURG, von, Irmgard

Staatssekretärin b. Bevollmächtigten d. Landes f. Bundesangelegenh. u. Europa - Rheinaustr. 171, 5300 Bonn 3 - Geb. 2. Juli 1934, ev., ledig - Juristin (2. jurist. Staatspr. 1962) - 1964-74 u. 1980-90 Bundesministerium d. Innern; 1974-80 Ständ. Vertr. d. Bundesrep. Deutschl. b. d. DDR.

ROTTER, Erich

Freier Journalist, Herausg. Nahost-Informationen, Mitgl. Beratende Redakt. d. TRIBÜNE (Ztschr. z. Verständnis d. Judentums) - Aggerstr. 28, 5000 Köln 40 - Geb. Guben (Vater: Richard R., Textilkfm.; Mutter: Emma, geb. Richter), verh. s. 1950 m. Helma, geb. Eichholz, S. Werner - Gymn.; Zeitungswiss. Inst. Berlin, Ullstein-Verlag ebd. (Volontariat) - 1950-77 Leitender Redakt. WDR Köln; 1977-81 Geschäftsf. Dt.-Israel. Ges. Bonn - BV: Bürger auf Zeit, 1966. Publ.: 100 J. Rotes Kreuz (1959) u. 10 J. Malteser Hilfsdst. (1963) - Ital. Ehrungen (1974 Commendatore, 1979 Grande Ufficiale dell'Ordine della Solidarieta); 1980 Israel State Med. - Spr.: Ital., Engl.

ROTTER, Gernot

Dr. phil., Prof. Univ. Hamburg (beurl.), MdL Rhld.-Pfalz (Grüne, s. 1987) - Auf der Heide 12, 5431 Horbach (T. 06439 - 61 64) - Geb. 14. Mai 1941, kath., verh. m. Sigrid, geb. Heintz, 2 S. (Harald, Moritz) - Stud. Univ. Würzburg, Bonn u. Köln (Islamwiss., Afrikanistik, Vergl. Religionswiss., Völkerkd.); Promot. 1967 Bonn; Habil. (Islamkd.) 1977 Tübingen - 1968-69 wiss. Ref. Orient-Inst. Beirut/Libanon; 1969/80 wiss. Assist. bzw. Priv.-Doz. Univ. Tübingen; 1980-84 Dir. Orient-Inst. Beirut/Libanon; 1984 Prof. f. Gegenwartsbez. Orientwiss. Univ. Hamburg. S. 1984 Mitgl. Partei D. Grünen, versch. Akt. auf Kreis-, Landes- u. Bundesebene; Mitgl. Initiative Kulturwissenschaftler f. Frieden u. Abrüstung in Ost u. West - BV: D. Stellung d. Negers in d. islamisch-arabischen Ges. b. z. 15. Jh., 1967; Muslimische Inseln vor Ostafrika, 1976; D. Umayyaden u. d. Zweite Bürgerkrieg, 1982. Begründer u. Übers. d. ersten 6 Bde. d. Bibl. Arabischer Klassiker (s. 1976); zahlr. wiss. u. s. 1987 polit. Aufs. - Spr.: Engl., Franz., Ital., Arab., Pers., Swahili.

ROTTGARDT, K. H. Jürgen

Dr. phil., Physiker, Vorstandsmitgl. Standard Elektrik Lorenz AG., Stuttgart (1970-78, vorher stv.) - Friedrich-List-Str. 23, 7302 Ostfildern 2 (T. Stuttgart 34 26 97) - Geb. 24. Mai 1913 Berlin (Vater: Dr. Karl R., 1933-45 Vorstandsmitgl. Telefunken Ges. f. drahtlose Telegraphie mbH.; Mutter: Gertrud, geb. Buchholz), ev., verh. s. 1938 m. Dr. med. Esther, geb. Wiedermann, 2 Kd. - Arndt Gymn. Berlin; 1931-36 Univ. Tübingen u. Berlin (Physik; Promot.) - Ab 1952 Entwicklungsing. u. Leit. C. Lorenz AG., b. 1962 Techn. Dir. SEL-Bauelementewerk Nürnberg, dann Leit. SEL-Zentralentwickl. Vorstandsmitgl. Nachrichtentechn. Ges./VDE (1962-64), Dt. Physikal. Ges. (1963-65), European Industrial Research Management Assoc. (1971-75), AR-Mitgl. Laboratoire Central de Télécommunication. Paris (1967-78), Mitgl. Wiss. Beir. Heinrich Hertz Inst. Berlin (1974-78), Gründ. Fachtag. Techn. Zuverlässigkeit, Nürnberg (1961) - Erf.: Blauschriftröhre; 20 Patentanmeld. - BV: Fernsehbildröhren f. Schwarz-Weiß-Fernsehen, 1956. 40 techn. u. wiss. Veröff. - Spr.: Engl., Franz.

ROTTLER, Alfred

Dr. med., Arzt f. Allgemein- u. Sportmed., Schriftsteller - Virchowstr. 7, 8500 Nürnberg 10 (T. 0911 - 51 12 12) - Geb. 25. Mai 1912 Nürnberg, ev., verh. - 1931 Abit.; Promot. 1938 Erlangen - Vizepräs. Bundesverb. dt. Schriftstellerärzte, Generalsekr. Union mondiale des écrivains médecins. Sportarzt Olymp. Spiele Rom, Tokio, Mexiko, München, Garmisch-Partenkirchen, Innsbruck, Grenoble - BV: Brautzug n. Kärnten; Charakter- u. Landschaften; D. Sternen verschwistert; Federn im Herbstwind; Ich, der Tor; Windstille Sonnentage; Hochzeit d. Staufers; Lied d. Lyra; Ich, d. Tor; C'est la Vie. 3 Einakter u. viele Anthol. - 1982 Schauwecker-Medaille; 1986 Premio San Lucas, Span.; 1989 Premio Cesare Pavese, Ital.; Dr. h.c. Litterature, World Acad. of Arts and Culture, Caballero del

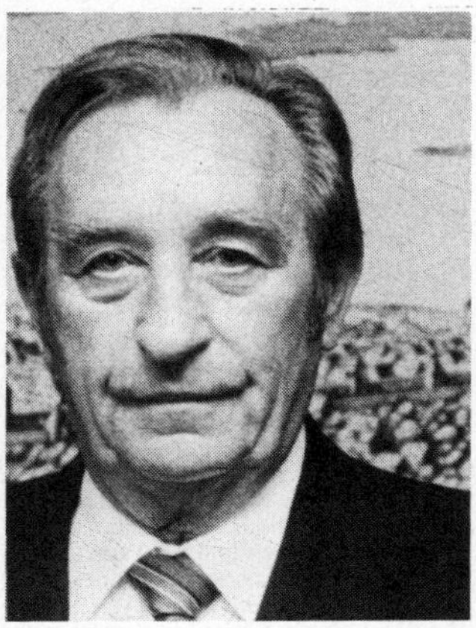

Monasterio de Yuste - Spr.: Engl., Franz., Ital., Russ.

ROTTMANN, Joachim
Dr. jur., Rechtsanwalt, Bundesverfassungsrichter a.D. (II. Senat; b. 1983), Honorarprof. f. Staats- u. Verwaltungsrecht Univ. Giessen - Theodor-Heuss-Str. 2, 5300 Bonn-Bad Godesberg (T. 0228 - 35 20 31) - 1983 Gr. BVK m. Stern u. Schulterbd.

ROUENHOFF, Otto
Dr. med. dent., Zahnarzt, Dir. Bayer. Landeszahnärztekammer, u. Hauptgeschäftsf. Kassenzahnärztl. Vereinig. Bayerns - Wolfratshauser Str. 191, 8000 München 71 - Geb. 17. Juli 1928 München, verh. s. 1962 - Ehrennadel d. dt. Zahnärzteschaft in Gold; Verdienstmed. Bundeszahnärztekammer; Ehrenz. d. Österr. Dentistenkammer; Verdienstmed. d. Bayer. ZÄKA in Gold; BVK I. Kl.

ROUETTE, Karl-Heinz
Botschafter a.D., Senior Experten Service b. Deutschen Industrie- u. Handelstag - Adenaueralle 148, 5300 Bonn - Geb. 24. Juli 1922 Aachen, verh. s. 1957 m. Waltraud, geb. Kuhrke, T. Nicola - Stud. Rechtswiss., Volkswirtsch. München, Marburg, Cambridge, Nancy. Ass. - 1952-87 Ausw. Dienst; Vizepräs. Dt.-Bras. Ges., Präs.-Mitgl. Ibero-Club, bde. Bonn.

ROUVÉ, Gerhard
Dr.-Ing., Prof. u. Direktor Inst. f. Wasserbau u. -wirtsch. TH Aachen - Heide 12, B-4730 Hauset - Geb. 4. Dez. 1927 Kaiserslautern (Vater: Gustav R., Ing.; Mutter: Karoline, geb. Zutter), ev., verh. s. 1954 m. Hildegard, geb. Bochmann, 3 Kd. (Juliane, Michael, Andreas) - Oberrealsch. Kaiserslautern; Maurerlehre; Stud. Maschinenbau u. Bauing.-wesen - Mitgl. Americ. Soc. of Civil Eng., Intern. Assoc. for Hydraulic Res.; 1985 Ritter im Leopoldsorden; 1987 BVK I. Kl.; 1988 Med. G. TRASENSTER (f. hervorr. Forsch. v. d. belg. Ing.-Vereinig.); 1990 Oranje-Nassau-Orden (Niederl.).

ROUVEL, Lothar
Dr.-Ing. habil., Prof. f. Energietechnik u. -versorgung TU München - Säulingstr. 4, 8000 München 21 (T. 089 - 57 68 04) - Geb. 5. März 1940 Speyer (Vater: Wilhelm R., Orthopädie-Mechaniker-M.; Mutter: Elly, geb. Lafeld), ev., verh. s. 1964 m. Ingeborg, geb. Klär, 2 Kd. (Stefan, Andreas) - 1960-65 TU Karlsruhe (1965 Dipl.-Ing. Elektrotechnik, Starkstromtechnik), Promot. 1972 TU München, Habil. 1977 ebd. - 1966-69 wiss. Mitarb. Forschungsstelle f. Energiewirtsch. Karlsruhe; 1969-74 Wiss. Assist. München; 1974-78 Obering. f. Energiewirtsch. u. Kraftwerkstechnik; 1978-80 Wiss. Rat; s. 1980 Prof. f. Energietechnik u. -versorg. TU München - BV: Üb. 70 wiss. Veröff.; Buch: Raumkonditionier., Wege z. energetisch optimierten Gebäude, 1978 - Spr.: Engl., Franz.

ROVA, Pan
s. Riedt, Heinz

ROVENTA, Peter
Dr. rer. pol., Vorst.-Mitgl. AGAB Aktienges. f. Anlagen u. Beteiligungen (s. 1987) - Geleitsstr. 25, 6000 Frankfurt/M. 70 (T. 069 - 61 07 27) - Geb. 24. Febr. 2948 Bad Reichenhall, kath. - Dipl.-Ing. 1973 TU München; Dipl.-Kfm. 1975 Univ. München; Dr. rer. pol. 1979 Univ. München - 1980-83 Siemens AG; 1983-87 WMF AG - AR- u. Beiratsmand. in mehr als 10 Ind.- u. Handelsuntern. - BV: Zahlr. Beiträge zur strateg. Untern.-führ. - Liebh.: Sport, Musik, Kunst.

ROVIRA, German
Dr. phil., Katholischer Priester - Goethestr. 51, 4300 Essen 1 (T. 0201 - 78 63 33) - Geb. 25. April 1931 Lérida/Spanien, led. - Militärakad.; Stud. Univ. Zaragoza, Barcelona u. Madrid sow. Univ. Lateran in Rom; Promot. 1957 (Phil.) - 1958 Licenciado en Filosofia y Letras Univ. Madrid; 1959-61 Doz. phil. Fak. Univ. Graz; 1. Vors. Intern. Mariolog. Arbeitskr.; 1987 Generalsekr. 10. Mariolog. u. 17. Marianischer Kongreß; Mitgl. Intern. päpstl. marianische Akad., Span. Ges. f. Mariologie, poln. Ges. f. Josef-Studien; Mitgl. Ibero-Amerik. Ges. f. Josef-Stud., u. Dt. Arbeitsgemeinsch. f. Mariologie - BV: D. Persönlichkeitsrecht auf Arbeit, 1978; D. Erhebung d. Menschen zu Gott, 1979; D. Sakrament d. Einheit 1979; Maria im Geheimnis Christi u. d. Kirche, 1987; Leben mit d. Mutter d. Herrn, 1987. Herausg. d. Reihe Schriften d. Intern. Mariologischen Arbeitskr. (üb. 30 Titel) - Spr.: Dt., Franz., Ital., Span.

ROWEDDER, Heinz
Prof., Rechtsanwalt - Philosophenweg 13, 6900 Heidelberg (T. 06221 - 4 34 22) - Geb. 26. Juli 1919 Hamburg (Vater: Peter R., Drucker; Mutter: Alwine, geb. Gertz), ev., verh. s. 1945 m. Ellen, geb. Brüner, 3 Kd. (Angelika, Christian, Michael) - Univ.stud.; Kaiser-Wilhelm-Inst. f. ausl. öfftl. Völkerrecht - AR- u. Beiratsmand.; div. Ehrenämter in Standesorg.; Präs. Union Intern. des Advocats; Kurat. Max-Planck-Inst. f. ausl. öffentl. Recht u. Völkerrecht - BV: D. Aktiengesellschaft u. i. Satzung; Komm. z. GmbH-Gesetz. Fachveröff. - 1981 Gr. BVK; Gr. Silb. Ehrenz. Rep. Österr. - Liebh.: Gesch., alte u. neue Malerei, insb. Handzeichnungen, alte Bücher - Spr.: Engl., Franz., Ital. - Rotarier.

ROXIN, Claus
Dr. jur., Dr. h.c., Dr. h.c., Dr. h.c., o. Prof. f. Straf-, -prozeßrecht u. Allg. Rechtstheorie - Bindingstr. 5, 8035 Stockdorf/Obb., (T. München 857 36 68) - Geb. 15. Mai 1931 Hamburg (Vater: Hans R., Bankprokurist; Mutter: Charlotte, geb. Nagel), ev., verh. s. 1961 m. Dr. Imme, geb. Wübker, 3 Kd. (Ilka, Dr. Jan, Anja) - 1950-54 Univ. Hamburg (Rechtswiss.). Staatsprüf. 1954 u. 59; Promot. 1956, Habil. 1962 - 1962 Privatdoz. Univ. Hamburg; 1963 Ord. Univ. Göttingen (Dekan 1967-68), 1971 Univ. München (Vorst. Inst. f. d. ges. Strafr.wiss., Dek. 1973/74) - BV: Offene Tatbestände u. Rechtspflichtmerkmale, 1959, 2. A. 1970 (span. 1979); Kriminalpolitik u. Strafrechtssystem, 2. A. 1973 (span., japan. 1972, engl. 1973, korean. 1984, ital. 1986); Strafrechtl. Grundlagenprobleme, 1973 (span. 1976, portug. 1986); Täterschaft u. Tatherrschaft, 5. A. 1990; Schuld u. Prävention im Strafrecht (span. 1981; japan. 1984); Einführung in d. Strafrecht (japan. 1976, korean. 1983, span. 1987); D. objektive Zurechnung im Strafrecht (griech. 1985); Strafprozeßrecht, 13. A. 1991; Strafverfahrensrecht, 22. A. 1991; Strafrecht, Allg. Teil, Bd. I, 1991. Mitverf.: Alternativ-Entwurf e. Strafgesetzb. (bish. 12 Bde. 1966-87); Alternativ-Entwurf, Nov. z. Strafprozeßordn., 1980; Reform d. Hauptverhandlung, 1985; Gesetz üb. Sterbehilfe, 1986; Einführ. in d. neue Strafrecht (2. A. 1975); Leipziger Kommentar z. Strafgesetzbuch, 10. A. 1978ff. Herausg.: Jahrb. Karl-May-Ges. (s. 1970 21 Bde.) - 1984 jurist. Ehrendoktor, L.L. Hanyang Univ. Korea; 1989 Ehrendoktor d. Univ. Urbino, Ital. u. 1991 d. Univ. Coimbra, Portugal - Liebh.: Vors. d. Karl-May-Ges. s. 1971.

ROY, Sarbesh Chandra
Dr.-Ing., Prof. f. Elektrotechnik Univ. Bremen - Hohenkampsweg 5, 2800 Bremen 33 - Geb. 1. Juni 1934 in Indien (Vater: Subodh R.; Mutter: Ila Majumder), Hindu, verh. s. 1960 m. Renate, geb. Meyne, Sohn Michael - 1951-57 Indian Inst. of Technology, Benares; 1960-61 TU München; Promot. 1966 TU Hannover - 1961-68 Ind. (Laborleit.); 1968 Prof. GH Siegen, dann Univ. Bremen. 5 Patentanmeld.

RUBACH, Bernd
Generalsekretär Dt. Skiverband (s. 1986) - Zu erreichen üb. Dt. Skiverb., Hubertusstr. 1, 8033 Planegg (T. 089 - 8 57 90-2 53).

RUBAN, Gerhard
Dr. rer. nat., Prof. f. Kristallographie FU Berlin - Reichensteiner Weg 15, 1000 Berlin 33 (T. 030 - 8 32 46 81) - Geb. 3. Juli 1926 Motzen - FU Berlin (Dipl.-Chemiker 1957, Promot. 1961, Habil. 1971 [Kristallographie]) - S. 1971 Prof.

RUBERG, Uwe
Dr. phil., Prof. f. ältere dt. Literatur - Dt. Institut d. Joh.-Gutenberg-Univ. Saarstr. 21, 6500 Mainz - Geb. 22. März 1936 Kiel (Vater: Max R., Prok.; Mutter: Marie, geb. Reese), verh. s. 1963, 2 Kd. - Gymn. Kiel; Univ. Kiel, Marburg, Lille (German., Roman., ev. Theol.), 1. Staatsex. 1963 Kiel, Promot. 1964, Habil. 1974 Münster - 1971/72 Gastprof. McGill Univ. Montreal, 1975-79 Wiss. Rat u. Prof. Univ. Münster, s. 1979 o. Prof. Univ. Mainz - BV: Raum u. Zeit im Prosa-Lancelot, 1965; Verbum et signum, 2 Bde., 1975; Beredtes Schweigen in lehrh. u. erzählender dt. Lit. d. MA, 1978; Text u. Bild, 1980; D. Ritteridee in d. dt. Lit. d. MA's, 1987; Sprache-Literatur-Kultur (Festschr. W. Kleiber), 1989.

RUBERG, Werner
Fabrikant, all. Gesellsch. u. Geschäftsf. Ruberg & Renner GmbH., Hagen - Hardenbergstr. 12, 5800 Hagen/W. - Geb. 12. Juli 1912 Hagen.

RUBININ, Lionel
s. Bohlien, Guenter

RUBNER, Heinrich
Dr. phil., Prof., Sozial- u. Wirtschaftshistoriker - Eichendorffstr. 29, 8400 Regensburg (T. 0941 - 9 25 55) - Geb. 2. Nov. 1925 Grafrath/Obb. (Vater: Prof. Dr. oec. publ. Dr. h. c. Konrad R., Forstwiss.ler †; Mutter: Anna, geb. Müller †), kath., verh. s. 1959 m. Marie-Luise, geb. Kurth, 4 Töcht. (Elisabeth, Jeanne, Annemarie, Marie-Louise) - Vitzthum-Gymn. Dresden; Univ. München (Gesch., Geogr., German.). Promot. 1955 München; Habil. 1962 Freiburg - S. 1962 Lehrtätigk. Freiburg u. Regensburg (1969 Prof.), s. 1979 Leit. Fgr. Forstgesch. d. IUFRO - BV: D. Hainbuche, 1960; D. Forstverfass. Frankreichs, 1965 (Habil.sschr.), Forstgesch. im Zeitalter d. industriellen Revolution, 1967; Adolph Wagner, Briefe u. Dokumente, 1978; Dt. Forstgesch. 1933-45, 1985; Fellow Forest History Soc.; 1988 Acad. d'Agriculture de France - Spr.: Engl., Franz. - Bek. Vorf.: Heinrich R. (Cicero-Forscher).

RUBO, Ernst
Dr.-Ing., Prof., Sachverst. f. Werkstoffkunde, Schweißtechn., Chem. Apparatebau - Breslauer Str. 15, 6308 Butzbach/Hess. (T. 06033 - 46 00) - Geb. 18. Juli 1916 Magdeburg (Vater: Julius R., Oberregierungsrat; Mutter: Else, geb. Schwertzell), ev., verh. s. 1948 m. Hildegard, geb. Jacob, 2 Söhne (Horst, Andreas) - TH Hannover (Dipl.-Ing. 1944). Promot. (1948) u. Habil. (1956) Hannover - 1956-69 Leit. Werkstoff- u. Qualitätsst. Pintsch Bamag AG., Butzbach; 1969-81 Prof. FH Gießen-Friedberg; s. 1971 Sachverst. IHK Friedberg. S. 1967 apl. Prof. TU Hannover, s. 1976 Honorarprof. TH Darmstadt. 1978 Dekan an der FH. Erfindungen: Sicherheitskonstruktionen f. Mehrlagendruckbehälter, Korrosionsprüfgeräte. Etwa 130 Fachaufs. - 1971 Gold. Sportabz. - Liebh.: Phil., Wandern, Schwimmen - Spr.: Engl., Franz.

RUCKER, Wolfgang
Geschäftsführer Hewlett-Packard GmbH (1981ff.) - Herrenberger Str. 130, 7080 Böblingen.

RUCKRIEGEL, Werner
Dr. jur., Staatssekretär im Innenmin. Brandenburg - Zu erreichen üb. Min. d. Innern Brandenburg, Henning-v.-Treskow-Str. 9-13, O-1561 Potsdam - Geb. 1928, verh. s. 1956, 2 T. - 1949-54 Stud. Philol., Betriebsw. u. Rechtswiss; 1. jurist. Staatsex. 1955; Promot. 1957; 2. jurist. Staatsex. 1960 - 1960-65 Höh. Verwaltungsdst. b. Reg.-Präs. Köln; 1966-71 Ref. f. Organisationsfragen im Innenmin. NRW; 1971-82 Ltd. Ministerialrat u. Leit. d. Gruppe Automatisierte Datenverarbeitung/Datenschutz; 1982-90 Min.-Dirigent, Leit. Polizeiabteilung im Innenmin. NRW; s. 1990 s.o. - 1984 BVK I. Kl. - Spr.: Engl., Franz., Span.

de RUDDER, Helmut
Dr. phil., Prof., Soziologe - Hasenburger Weg 63, 2120 Lüneburg (T. 4 21 53) - Geb. 10. Aug. 1930 Hamburg - S. 1964 Prof., 1971-73 Rektor Päd. Hochsch. Lüneburg; s. 1980 Leit. Inst. f. Hochschulforsch.; 1985-89 Rektor Univ. Lüneburg. Fachveröff.

RUDEL, Stefan
Schauspieldramaturg Theater Dortmund - Gutenbergstr. 49-51, 4600 Dortmund 1 (T. 0231 - 52 57 20) - Geb. 4. März 1952 Schloss Hamborn, ledig - Abit.; Schauspielstud.; Stud. Univ. Stuttgart (German. b. Prof. Dr. Volker Klotz u. Phil.); M. A. - Spr.: Engl., Latein - Bek. Vorf.: Hans Ulrich Rudel, höchst ausgezeichn. Soldat im 2. Weltkrieg (Großonkel).

RUDER, Robert
Präsident d. Landessportverbands Baden-Württ. (s. 1990), Staatssekr. Innenmin. Baden-Württ. (1978-90) - Heinisbühndstr. 11, 7601 Hohberg 2 (T. 4 76) - Geb. 24. Febr. 1934 Hugsweier, ev., verh., 3 Kd. - Stud. Päd. Hochsch. Heidelberg - Ab 1961 Volksschuldst., s. 1965 Lehrer f. d. allgemeinbild. Unterr. Landes-Polizeischule Bad.-Württ. - Mehrere Jahre Landesvors. JU Südbaden, Mitgl. versch. Vorst. u. Aussch. d. CDU, 1973-85 Kreisvors. CDU Ortenaukreis; s. 1989 Präs. d. Badischen Sportbunds (Süd); Präsid.-Mitgl. Landessportverb. Bad.-Württ. S. 1970 Mitgl. d. Landtags Baden-Württ.

RUDERT, Albert
Dipl.-Ing., Geschäftsführer MGB Medizinische Geräte Berlin GmbH - Eiderstedter Weg 22c, 1000 Berlin 38 - Geb. 14. Sept. 1937 - B. 1986 Vors. ZVEI-Fachverb. Elektroleuchten, Frankfurt; b. 1991 Vorst.-Mitgl. IKON AG (vorm. Zeiss Ikon AG, s. 1971); s. 1991 Geschäftsführer BAB IKON GmbH.

RUDERT, Heinrich
Dr. med., Prof. HNO-Klinik Univ. Kiel - Arnold-Heller-Str. 14, 2300 Kiel (T. 0431 - 597 26 09) - Geb. 5. Juli 1935 München - Med. Staatsex. 1959 Univ. München, Promot. 1960 Bonn, Habil. 1968 München - 1969 Oberarzt Univ.-HNO-Klinik Köln; 1972 wiss. Rat u. Prof.; 1976 Ord. f. HNO-Heilkd. Univ. Kiel (s. 1976 Dir. HNO-Klinik); 1988/89 Präs. Dt. Ges. f. HNO-Heilkd., Kopf- u. Hals-Chirurgie - BV: D. Tumoren d. Oropharynx, in:

Handb. d. HNO-Heilkd., 2. A. 1982 - Spr.: Engl.

RUDIAKOV, Shoshana

Prof. Staatl. Hochschule f. Musik u. darstell. Kunst Stuttgart, Musikerin, Pianistin - Libanonstr. 58, 7000 Stuttgart - Geb. Riga/USSR - B. 1966 Musiksch. Riga, 1966-71 Tchaikowsky-Konservat. Moskau - Konzertauftr. als Solistin m. Orch. in Recitals, Radio- u. Fernsehaufn. in Engl., Deutschl., Italien, USA, Israel, Puerto-Rico, Schweiz, Belgien, Holland, Jugoslawien, s. 1981 Prof. Staatl. Hochsch. - Spr.: Russ., Engl., Hebräisch.

RUDIGIER, Helmut

Dipl.-Ing., Prof., Fachhochschulrektor i. R. - Walther-Blumenstock-Str. 30, 7600 Offenburg (T. 3 34 46) - Geb. 19. Juni 1920 Offenburg (Vater: Max R.; Mutter: Walburga, geb. Köhler), ev., verh. s. 1944 m. Dr. Käthe, geb. Klein, 2 Söhne (Jürgen, Winfried) - Schiller-Sch. Offenburg (Abit. 1939); kaufm. Lehre (Gehilfenprüf. 1946); TH Darmstadt (Maschinenbau; Dipl.-Ing. 1950) - 1950-54 BBC, Mannheim (Rationalisierungsing.), 1954-57 Goebel, Darmstadt (Direktionsassist., Gruppenführer Konstruktion), 1957-63 Staatl. Ing.sch. Konstanz (Doz.), seither Staatl. Ing.sch. (Dir.) u. Fachhochsch. Offenburg (Rektor i. R.). Zahlr. Fachaufs. Techn. Redaktion: d. maschine (1964ff.) - 1980 BVK; 1985 LVM Baden-Württ.; Ehrenring Stadt Offenburg, Ehrenbürger FH Offenburg - Mitgl. Lions-Club, VDI.

RUDOLF, Hans Ulrich

Dr. phil., Prof. f. Gesch. u. Didaktik an e. Wiss. Hochschule - Vintschgaustr. 39, 7987 Weingarten (T. 0751 - 4 32 47) - Geb. 28. April 1943, kath., verh. s. 1967 m. Karin-Kristina, geb. Schumm, 3 Kd. (Annette, Karola, Christopher) - Stud. Gesch., Franz. u. Latein; 1. Staatsex. 1967; Promot. 1971 Tübingen (Prof. Löwe) - 1972-76 Doz./Prof. f. Gesch. u. ihre Didaktik PH Weingarten - BV: D. 30 j. Krieg, 1976; Grundherrschaft u. Freiheit, 1976; Gesch. u. Gegenwart, Arbeitsb. f. Gesch. in Baden-Württ., 4 Bde., 1980-86; Arbeitstransparentserien z. Gesch.unterr., 1980-88; Wandkarten z. Geschichte, 1980-87. Bibliogr. d. Landkr. Ravensburg. Ravensburg: OVR 1991. Jakob Murers Weißenauer Chronik d. Bauernkriegs. Diaserie m. Kommentarbd., 1989; D. Fruchtkasten d. Klosters Weingarten, 1990. Mithrsg.: Ztschr. Im Oberland (1990ff.); Weingarten (1992) - Spr.: Engl., Franz., Latein.

RUDOLF, Herbert

Dr. rer. pol., Regierungsdirektor a. D., Hauptgeschäftsführer Bundesindustrieverb. Heizungs-, Klima-, Sanitärtechnik e.V. (BHKS) - Weberstr. 33, 5300 Bonn 1 - Geb. 28. Jan. 1941, ev., verh. s. 1966 m. Gertraud, geb. Lein, 2 S. (Markus, Alexander) - Geschäftsf. Walter-Lehmann-Stiftg.; Vorst.-Mitgl. Bundesprüfstelle Techn. Gebäudeausrüstung, Überwachungsgem. Techn. Gebäudeausrüstung. Lehrbeauftr. f. Wirtschaftspolitik - BV: Klima '87, Jahrb. d. Gebäudetechnik.

RUDOLF, Walter

Dr. jur., o. Prof. f. Öfftl. u. Intern. Recht Univ. Mainz, Staatssekretär a. D., Datenschutzbeauftr. d. Landes Rheinl.-Pfalz - Rubensallee 55a, 6500 Mainz-Lerchenberg - Geb. 8. Mai 1931 Schulitz/Pr. (Vater: Dr. Philipp R., Oberstudiendir.; Mutter: Elsa, geb. Talke), ev., verh. s. 1964 m. Dr. Inge, geb. Schmidt, 3 Kd. (Hans Henrich, Eva Caroline, Klaus Friedrich) - 1949-53 Univ. Kiel u. Göttingen. Promot. 1954 Göttingen; Habil. 1965 Tübingen - S. 1965 Lehrtätigk. Univ. Tübingen (Mai; Privatdoz.) u. Bochum (Nov.: Ord.); s. 1971 Univ. Mainz; 1980-87 Staatssekr. Min. d. Justiz Rheinl.-Pfalz; 1987-91 Mitgl. Datenschutzkommiss. Rheinl.-Pfalz; Mitgl. Ständiger Schiedsgerichtshof Den Haag. 1971-76 Mitgl. Enquête-Kommission f. Auswärtige Kulturpolit. Dt. Bundestag; 1975-86 Kurat.-Mitgl. Dt. Stiftg. f. Intern. Entw.; s. 1983 1. Vors. Dt.-franz. Juristenvereing.; s. 1990 Vors. Stresemann-Ges.; Vereinig. d. Dt. Staatsrechtslehrer, Dt. Ges. f. Völkerrecht, Intern. Law Assoc, Membre de l'Institut de Droit International - BV: Polizei gegen Hoheitsträger, 1965; Texte z. dt. Verfassungsgesch. (m. G. Dürig), 1967; Aspekte d. Vietnam-Konflikts, 1967; Völkerrecht u. dt. Recht, 1967; Bund u. Länder im aktuellen dt. Verfassungsrecht, 1968; Üb. d. Zulässigk. priv. Rundf., 1971; D. Spr. in d. Diplomatie u. intern. Verträgen, 1972; Dt.-poln. Völkerrechtskolloquium (m. v. Münch), 1972; Territoriale Grenzen u. staatl. Rechtsetzung (m. Habscheid), 1973; D. Schiffahrtsfreiheit im gegenw. Völkerrecht (m. R. Bernhardt), 1975; Drittes deutschpoln. Juristenkolloquium, 3 Bde. (m. Bernhardt u. v. Münch), 1977; öffentl. Recht (m. H. W. Arndt), 9. A. 1992; Rechtl. Konsequenzen d. Entwicklung a. d. Geb. d. Breitbandkommunikation für d. Kirchen (m. Meng), 1978; Wandel d. Staatsbegriffs im Völkerrecht?, 1986; Recht d. Neuen Medien (m. E. W. Fuhr u. K. Wasserburg), 1989.

RUDOLPH, Bernd

Dr. rer. pol., Prof. f. Betriebswirtsch. Univ. Frankfurt - Mauerfeldstr. 123, 6370 Oberursel 5 - Geb. 12. April 1944 Bad Hall (Vater: Dr. Walter R., Physiker; Mutter: Lotte, geb. Faller), ev., verh. s. 1971 m. Margret, geb. Berens, 3 Kd. (Kai, Annette, Heike) - Dipl.-Volksw. 1970, Promot. 1972 Univ. Bonn - Prof. (C4) f. Betriebswirtschaftslehre, insb. Kreditwirtsch. u. Finanzier. - BV: D. Kreditvergabeentsch. d. Banken, 1974; Kapitalkosten b. unsicheren Erwartungen, 1979; Strategische Bankplanung (gem. m. H. J. Krümmel) - Spr.: Engl.

RUDOLPH, Eleonore

Bürgerschaftsabgeordneter (s. 1974) - Hohenzollernring 31, 2000 Hamburg 50 - CDU.

RUDOLPH, Fritz

Dr. sc. pol., Dipl.-Volksw., em. o. Prof. f. Soziologie u. Sozialpäd. Univ.-GH Duisburg - Oemberg 13a, 4330 Mülheim/Ruhr (T. 48 63 53) - Geb. 13. Febr. 1926 Hönebach - S. 1963 Lehrtätigk. Duisburg (1965 Ord. Prof. Päd. Hochsch.). Fachveröff.

RUDOLPH, Gerhard

Dr. med., o. Prof., em. Direktor Inst. f. Geschichte d. Medizin u. Pharmazie Univ. Kiel (1969-82) - Jammstr. 4, 7630 Lahr; u. 12 R. de Lille, F-75007 Paris - Geb. 7. Okt. 1916 Straßburg (Vater: Dr. phil. Wilhelm R.; Mutter: Erna, geb. Schönebeck), verh. 1943 m. Margaret, geb. Hennig - Univ. Köln, München, Straßburg. Promot. 1941 Köln; Habil. 1954 Saarbrücken - Privatdoz. u. apl. Prof. (1960) Univ. d. Saarl. (1964 Wiss. Rat I. Physiol. Inst.). Lauréat Acad. de. Méd. Paris (1964); Prof. associé Univ. Poitiers (1965). Fachveröff. - 1975 Palmes Acad. (Chevalier).

RUDOLPH, Günter

Dr. med. (habil.), Prof., Pathologe (Chefarzt) - Pfaffenberger Weg 81a, 5650 Solingen 1 - B. 1966 Privatdoz., dann apl. Prof. Univ. Köln (Allg. Pathol. u. pathol. Anat.). Facharb.

RUDOLPH, Günther

Dr. sc. phil., Dr. rer. oec., Soziologe, Publizist, Forschungsgruppenleiter Akademie d. Wissenschaften, Berlin - Karl-Marx-Allee 69 f, O-1017 Berlin - Geb. 19. Juli 1929 Leipzig, verh. s. 1965 m. Christa, geb. Kowalski, Regisseurin, 2 Kd. (Alexandra, Michael) - Stud. Phil. u. Soziol. Univ. Leipzig, Berlin; Promot. Dr. phil. 1966 Berlin, Dr. rer. oec. 1976 Berlin; Habil. Humboldt-Univ. Berlin u. Akad. d. Wiss. - 1956-60 FH-Doz. Leipzig; Projektleit. am Inst. f. Wirtsch.wiss. d. Akad. d. Wiss. zu Berlin (Thematik: Gesch. d. soz. u. ökon. Denkens); Mitarb. an d. Ferdinand-Tönnies-Gesamtausg. - BV: D. phil.-soz. Grundpositionen v. Ferd. Tönnies, 1966; Grundlinien d. ökon. Denkens in Deutschland, 1980; Karl Rodbertus u. d. Grundrententheorie, 1984; Herausg.: Ferd. Tönnies: D. Nietzsche-Kultus, 1990; sowie zahlr. Beitr. in Ztschr. u. Sammelwerken - 1977 Hegel-Med.; 1985 Karl-Rodbertus-Med. - Liebh.: bäuerl. Kulturgesch. (Fachwerkhäuser) - Spr.: Engl., Russ.

RUDOLPH, Hagen

Journalist, Chefredakteur Ärzte Zeitung - Hergenröder Str. 4, 6050 Offenbach (T. 069 - 83 67 14) - Geb. 16. Febr. 1941 Weißstein, verh. s. 1983, 1 Kd. - Abit.; Volontariat Holst. Nachrichten; Ressortleit. Feuilleton Holst. Nachr.; geschäftsf. Redakt., später Chefredakt. satir. Ztschr. Pardon; Chefredakt. Musik u. Med., D. informierte Arzt; Autor b. Stern; Chefredakt. Tageszg. Arzt heute - BV: D. verpaßten Chancen - d. vergessene Gesch. d. Bundesrep. Deutschl., 1979 - Liebh.: Lit., Musik, Computer - Spr.: Engl., Franz.

RUDOLPH, Hans-Joachim

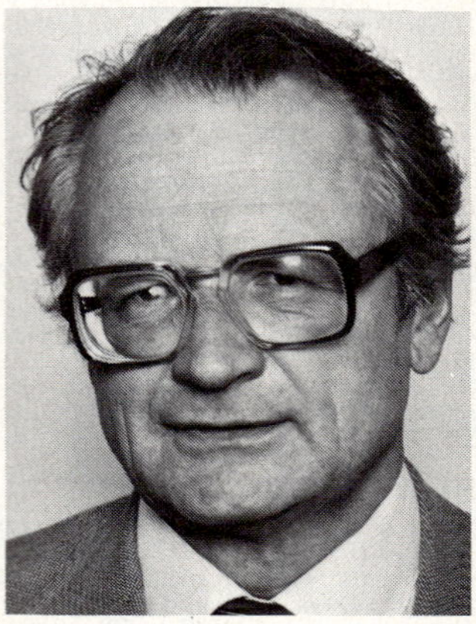

Dipl.-Kaufm., Journalist (Ps. Jochen Rudolph) - 38 Heath View, London, N 2 OQA England (T. 883 49 88) - Geb. 13. Sept. 1926 Glogau/Schles. (Vater: Wilhelm R., Kaufm.; Mutter: Maria, geb. Rademacher), kath., verh. s. 1955 m. Brigitte, geb. Hürdler - Obersch.; Stud. Wirtsch.- u. Sozialwiss. - Redakt. u. Korresp. Frankfurt, Stuttgart, Hamburg, Köln u. London - BV: Handbuch d. engl. Wirtsch.spr., 1975 u. 1986; Mitarb. ORDO-Jahrb. 1978 u. versch. Sammelw. - 1992 Journalistenpreis d. Dt.-Brit. Stiftg. f. d. Stud. d. Industrieges. - Liebh.: Schwimmen, Tennis, Skifahren, Lesen - Spr: Engl., Franz.

RUDOLPH, Hansjörg

Dr. phil. nat., Prof. f. Botanik - Schauenburger Str. Nr. 77, 2300 Kiel - Geb. 6. Juni 1931 Groß-Ostheim/Ufr. - S. 1963 (Habil.) Lehrtätigk. Univ. Kiel (1968 apl. Prof.; 1969 Prof.). Fachveröff.

RUDOLPH, Heinz

Dr. oec., Prof., Dipl.-Kfm., Staatsminister a. D., Berater u. Sachverständiger - Priv. Ernst-Poensgen-Allee 5, 4000 Düsseldorf 12 (T. 63 88 45) - Geb. 13. März 1912 Berlin (Vater: Walter R., Inh. Kohlen- u. Ölhandelsges. Rudolph & Pietsch, Berlin; Mutter: Frieda, geb. Zinnhäuser), ev. - Studium Finanz- und Wirtschaftswiss. Heidelberg, Königsberg/Pr., USA - Mitgl. Geschäftsfg. Reichsgruppe Industrie, Führungspos. Industrie (Olympia, AEG, Telefunken, Litton Industries), Min. Nieders., Dir. Abt. Wirtsch. u. Finanz Euratom u. Division Business Management OEEC bzw. OECD, 1966-70 Erster Dir. Bundesbehörde f. Industrialisier. Malaysia (FIDA), Kuala Lumpur/Malaysia. Im Präs. d. Dt. Ges. f. Freizeit, Mitgl. Stiftungsrat Ludwig-Erhard-Stiftg., Bonn u. Stiftg. Rhein-Ruhr, Essen, Vorst. Rechts- u. Staatswissenschaftl. Vereinig., Beiratsvors. Inst. f. Entwicklungsforsch. u. Entwicklungspolitik Ruhr-Univ. Bochum, gf. Vorst. Staatsbürgerl. Stiftg. Bad Harzburg. Sachverst. f. Gemälde - Ehrenbürger d. Stadt New Orleans, Gr. BVK - Spr.: Engl., Franz. - Viele Veröff. üb. Dritte Welt, Mittelstandspolitik u. Malerei d. 19. Jh.

RUDOLPH, Hermann

Dipl.-Ballettmeister, Chefchoreograph Städtisches Theater Chemnitz (s. 1985) - Bansiner Str. 3, O-1144 Berlin (T. 561 58 97) - Geb. 22. Jan. 1935 Chemnitz - Staatl. Ballettsch. Berlin 1952-56; Ballettmeisterdipl. 1976 - Langj. Gastchoreograph an d. Dt. Staatsoper Berlin - Choreographie u.a.: Romant. Etüden (Saint-Saëns, Schubert, Grieg, Tschaikowski, Ljadow), Staatstheater Dresden 1982; Pulcinella-Suite (Strawinski), f. Schüler d. Fachsch. f. Tanz, Leipzig 1982; Der holzgeschnitzte Prinz (Bartók), Bühnen d. Stadt Gera 1982; Dornröschen (Tschaikowski), Städt. Theater Leipzig 1983; Twostep (Günter Neubert), Schauspielhaus Berlin 1984; D. Nußknacker (Tschakowski), Städt. Theater Karl-Marx-Stadt 1985; Undine (Hans Werner Henze), Städt. Theater Karl-Marx-Stadt 1986.

RUDOLPH, Joachim

Dr. rer. nat., Chemiker, Fachschriftst. - 6901 Dossenheim b. Heidelberg - Geb. 1936 Berlin, verh., 3 Kd. - Univ. München (Chemie; Promot.) - S. 1964 Redakt. Nachr. aus Chemie u. Technik u. Ztschr. Chemie in unserer Zeit (1967) - BV: Knaurs Buch d. med. Chemie, 1971 (span., holl., engl., ital.) - Liebh.: Mod. Kunst.

RUDOLPH, Kurt

Dr. theol., Dr. phil. habil., Prof. f. Religionsgesch. Univ. Marburg (s. 1986) - Holderstrauch 7, 3550 Marburg - Geb. 3. April 1929 Dresden, ev., verh. s. 1954 m. Christel, geb. Killus, 2 Kd. (Ulrike, Ekkehard) - Oberschule Dresden, Stud. 1948/49 Univ. Greifswald, 1949-53 Leipzig; Promot. (theol.) 1956, (phil.) 1958; Habil. 1961 Leipzig - 1961 Doz., 1963 Prof. m. Lehrauftrag; 1969 o. Prof. Leipzig; 1984/86 Univ. of California Santa Barbara - BV: D. Mandäer, 1960/61; Theogonie, Kosmogonie u. Anthropogonie in d. mand. Schr., 1965; D. Gnosis, 1977, 3. A. 1991 (engl. Übers. 1983, 4. A. 1988); Historical Fundamentals and the Study of Religions, 1985. Herausg.: Festschr. W. Baetke (1966); Kl. Schriften v. W. Baetke (1973); D. Koran (1966, 7. A. 1989); Gnosis u. Gnostizismus (1975); Diwan d. Flüsse (1982) - D. D. (St. Andrews, Scotland), Mitgl. Sächs. Akad. d. Wiss. (Leipzig), d. Kgl. Dän. Akad. d. Wiss. (Kopenhagen); 1989 Präs. Intern. Assoc. of Manichaean Studies - Lit.: H. Rollmann in Religious Studies Review 8, 1982, 348-52.

RUDOLPH, Werner A.

Journalist, Vorsitzender Dt. Journalistenverb. Gewerksch. d. Journalisten, Bonn (1985-89)- Muldestr. 2, 5090 Leverkusen 1 (T. 0214 - 2 29 22) - Geb. 7. Nov. 1924 Bochum (Vater: Hermann R., Buchdruckerm.; Mutter: Antonie, geb. Ritzerfeld), ev., verh. s. 1950 m. Elsa, geb. Bärwolf, Tocht. Gabriele - S. 1946 Redakt. an Tageszg. Velbert, Mettmann, Leverkusen, Düsseldorf, b. WDR, Presseamt Leverkusen (Leit.) - BV: Spuren im Werk, Bildb. 1984; Leverkusen, jung u. alt u. neu, 1980; Euskirchen, Stadt zw. Rhein u. Eifel, 1985.

RUDOLPH-HEGER, Eva-Brigitte

Dr. jur., Rechtsanwältin u. Notarin, MdL Nieders. (1976-82) - Münchener Str. 16, 3014 Laatzen 1 - Geb. 5. Aug. 1934 Hannover - St.-Ursula-Sch. Hannover (Abit.); Fremdsprachensch. ebd.; Univ. Göttingen (Rechts- u. Staatswiss.) - S. 1962 Anwaltspraxis Hannover u. Laatzen (1966; 1971 auch Not.).

RUDOLPHI, Hans-Joachim

Dr. jur., o. Prof. f. Strafrecht Univ. Bonn (s. 1970) - Am Käferberg 5, 5300

Bonn-Lengsdorf - Geb. 17. Juli 1934 Querfurt/Sachsen Anhalt (Vater: Hans-Günther R., Oberreg.rat; Mutter: Charlotte, geb. Heinecke), ev., verh. s. 1959 m. Renate, geb. Lemke, 2 Kd. (Ekkehard, Frauke) - Stud. Univ. Göttingen; Promot. (1960) u. Habil. (1968) ebd. - Nach Habil. Privatdoz. Göttingen - BV: D. Gleichstellungsproblematik d. unechten Unterlassungsdelikte, 1966; Unrechtsbewußtsein, Verbotsirrtum u. Vermeidbarkeit d. Verbotsirrt., 1969; Fälle z. Strafrecht, 2. A. 1983. Mitautor Systemat. Kommentar z. StGB, Bd. I 5. A. 1987/Bd. II 4. A. 1988; Systemat. Kommentar z. StPO, 1987ff. - Spr.: Engl.

RUDOLZ, Hartwig

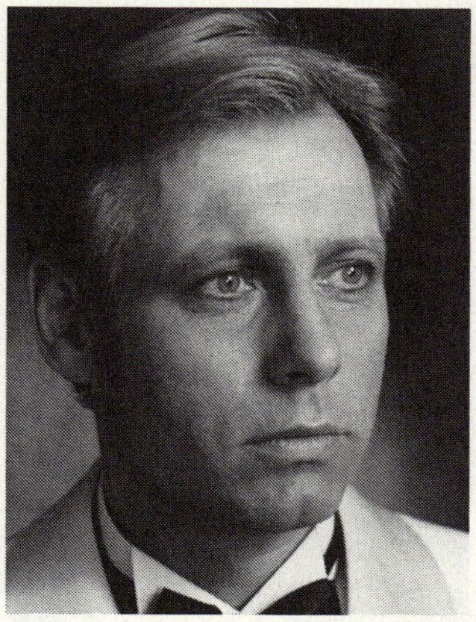

Sänger, Schauspieler, Musicaldarsteller, z.Zt. DAS PHANTOM DER OPER, Hamburg - Eichenstr. 29, 2000 Hamburg 20 (T. 040 - 49 67 74 u. 40 67 10) - Geb. 26. Aug. 1955 Börnsen b. Hamburg, ev., ledig - 3-jähr. Ausb. z. staatl. geprüften Schauspieler (s. 1977) - Bühnenstudio Hedi Höpfner, Hamburg; Tanzausb. in Hamburg, Berlin, Paris, London; Gesangsausb. Ruthilde Boesch, Wien; Vicki Hall, Berlin - 1978-92 Führender dt. Musicaldarst., Solistin - A Chorus Line, Cats, D. Phantom d. Oper (Phantom), 7× West Side Story, Chicago, Cabaret, La Cage Aux Folles, Jesus Christ Superstar u.v.a.m. - Liebh.: Tanzen, Reiten, Skilaufen, Musik, Reisen, Tiere, Wohnung - Spr.: Engl., Franz.

RUDORF, Dieter

Dr.-Ing. habil., Erster Vizepräsident d. Sächsischen Landtags u. Mitglied d. Haushalts- u. Finanzausschusses - Zu erreichen üb. Holländische Str., O-8010 Dresden (T. 485 52 69); priv: Tschaikowskistr. 26, O-9200 Freiberg (T. 6 84 53) - Geb. 5. Jan. 1938 Aue, verh., 2 Kd. - Abit., Dipl.-Ing. Metallhüttenkunde 1962 Freiberg, Promot. 1976 u. Habil. 1986 Informatik Ilmenau - B. 1990 wiss. Mitarb., Gruppenleit., Abt.leit. FO.-Inst. NE-Metalle Freiberg. 1990 Volkskammer d. DDR, Parlam. Staatssekr. im Min. d. Finanzen - 50 wiss. Veröff.

RUDORF, Günter

Schriftsteller - Flötnerweg 8, 8000 München 71 (T. 79 62 01) - Geb. 11. Nov. 1921 Essen, verh. m. Jutta, geb. Dernbach, 2 Töcht. (Pamela, Amely) - Journalist - BV: Schwarz schreit d. Sonne, Ged. 1947. Bühnenst.: D. Stunde d. Unschuldigen (1956), Rosenblumendelle (1968); D. Weltmeister (Co-Autor, 1984); K. besonderen Vorkommnisse (1986); Immer Applaus (1988); D. Schlinge (1990), D. Zwischenfall (1991); Hör- (u. a. D. Straße v. Formosa, E. kl. trauriger Fluß, D. vielen Lichter, D. vierte Wahrheit, Do Do 3) u. Fernsehsp. (D. erste Lehre, Ich mal dir e. Regenbogen, Nicht heute u. nicht morgen, Tagsüber-abends, Die 4 1/2 Lehmänner, Lieber einen als keinen, Die Spaghettibande, Drei Mädchen u. d. Katzendieb, Mord per Rohrpost, E. Mann - e. Mord,

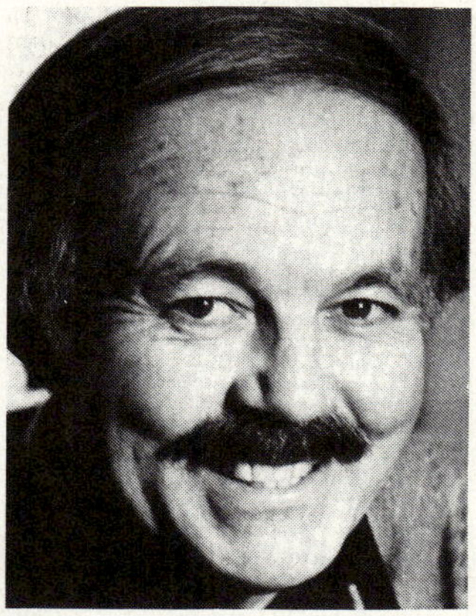

Ali u. d. Spaghettibande, Frieda od. D. tägliche Verführung, Onkel Henri u. d. Spaghettibande, D. Spaghettibande jagt d. Katzendieb, D. Spaghettibande taucht unter, u.a.).

RÜBBEN, Alfred

Dr.-Ing., Dott. (ital.), Prof. f. Kunststoffbau RWTH Aachen - Gut Steeg 20, , 5100 Aachen (T. 0241 - 7 19 61) - Geb. 11. Juli 1940 Aachen - Promot. 1975, Habil. 1980 - S. 1982 Prof. RWTH Aachen - Spr.: Engl., Franz., Ital.

RÜBBEN, Hermannjosef

Prof., Dozent f. Didaktik u. Methodik Staatl. Hochschule f. Musik - Am Rheinacker 41, 5000 Köln 80 - Geb. 24. Aug. 1928 Siegburg, kath., verh. s. 1956 m. Elisabeth, geb. Lütter, 2 Töcht. (Claudia, Ute) - Musikhochsch. Köln (Schulmusik, Musikwiss.; Prof. Hermann Schroeder u. Rudolf Petzold); Univ. Köln u. Bonn (Angl., Phil., Päd.). Staatsex. 1953 - B. 1959 Lehrer Jugendmusiksch. Leverkusen, dann Doz. u. Prof. (1959) Musikhochsch. Köln. 1964-80 Dirig. Kölner Männergesangverein; 1965ff. Dirigent Bayer-Chöre Leverkusen; 1966ff. Bundeschorm. NRW Dt. Sängerbd. Konzerttätigk. Europa, Afrika, Asien, USA, Südamerika. Div. Kompos. - BV: Chor im Gespräch, 1972 - 1975 BVK, Ritterkreuz d. St. Agatha (St. Marino) 1977 - Liebh.: Reiten, Reisen.

RÜBE, Werner

Dr. med., Prof., Ärztl. Direktor u. Chefarzt Röntgen- u. Radium-Abt. Knappschaftskrankenhaus Recklinghausen (s. 1962) - Westerholter Weg 109, 4350 Recklinghausen (T. 2 50 01) - Geb. 8. Okt. 1921 Berlin, ev., verh. s. 1952 m. Ursula, geb. Eggeling, 2 Kd. (Susanne, Christian) - Physikum Königsberg/Pr.; Staatsex. Göttingen - S. 1959 (Habil.) Privatdoz. u. apl. Prof. (1966) FU Berlin (Röntgenol. u. Strahlenheilkd.). 1976/77 Präs. Dt. Röntgenges. - BV: D. Lungenrundherd, 1967. Fachaufs. Herausg.: Gottfried Benn's Med. Schriften (1966).

RÜBENACH, Bernhard

Rundfunkredakteur u. -regisseur - Voglergasse 6 a, 7570 Baden-Baden (T. 7 14 78) - Geb. 4. Mai 1927 Koblenz (Vater: Anton R., Kaufm.; Mutter: Else, geb. Reif), verh. 1954 m. Dr. med. Ingrid, geb. Nöhring (gesch.), 2 Töcht. (Bettina, Judith) - Gymn. Koblenz; Univ. Mainz (Altphilol., Phil., German.) - S. 1950 Südwestfunk: 1955 Leit. Kulturelles Wort Landesstudio Mainz, Hörspielabt. Baden-Baden (1950), Programmchef II. Hörfunkprogramm (1970), Hauptabt. Kultur/Hörfunk (1980). S. 1989 im Ruhestand. 1958-61 Gastdoz. Hochsch. f. Gestaltung, Ulm (Rundfunktheorie). Zahlr. Hörspielbearb. u. -insz.; Nachtstudioserie: La Capitale - Pariser Panoramen u. Modelle; Schübe, Ged. 1979. Herausg.: Begegnungen m. d. Judentum (1981); Jahrb. z. Peter-Huchel-Preis (1984ff.); D. Rechte Winkel von Ulm - E. Bericht üb. d. hfg Ulm (1987) - Mitgl. Intern. PEN-Club. 1984-90 Vors. Jury z. Peter-Huchel-Preis f. Lyrik - Spr.: Engl., Franz.

RÜBESAMEN, Hans Eckart

Dr. phil., Schriftsteller - Ludwig-Werder-Weg 9, 8000 München 71 - Geb. 19. Sept. 1927 Finsterwalde/N.-L., verh. m. Anneliese, geb. Moser, 3 Töcht. (Annette, Kristin, Regine) - BV (1969-89): Korsika, Kenia, Paris, Venedig, Tal d. Loire, Burgund, Côte d'Azur - v. Marseille b. Menton, D. dt. Alpen, D. Alpen im Winter, Sterne im Schnee, Glacier-express - d. langsamste Schnellzug d. Welt, Kilimandscharo - D. Berg u. s. Landschaft, Aus dem oberen Bayern - Lieblingslandschaften in Miniaturen, Island.

RÜBESAMEN, Karl-Heinz

Dipl.-Verwaltungswirt, Hauptgeschäftsführer FDP Baden-Württ. - Robert-Bosch-Str. 16/1, 7255 Rutesheim (T. 07152 - 5 12 83) - Geb. 26. Okt. 1938 Suhl/Thür. (Vater: Max R., Angest.; Mutter: Anna, geb. Winkler), ev., verh. s. 1966 m. Inge, geb. Kuttruff - Abit. 1956 Suhl; Prüf. f. d. gehob. Verwaltungsdienst 1963 Stuttgart (Dipl.-Verwaltungswirt) - 1963 Organisationsref. FDP Baden-Württ.; 1980 Hauptgeschäftsf. FDP Baden-Württ.; 1981 Mitgl. VR Reinhold-Maier-Stftg.

RÜCHARDT, Christoph

Dr. rer. nat., o. Prof. f. Organische Chemie - Ringstr. 18, 7801 Stegen - Geb. 10. Aug. 1929 München - S. 1963 (Habil.) Lehrtätigk. Univ. München (zul. Oberkonservator), Münster (1968 o. Prof.), Freiburg (1972 o. Prof.). Fachaufs.

RÜCHARDT, Konrad

Dr. agr., Dipl.-Landw., Vorstandsmitglied Bayerische Handelsbank AG, München i. R. - Waldpromenade 11, 8035 Gauting (T. 089 - 850 11 67) - Geb. 7. Juli 1926 München (Vater: Dr. Eduard R., Univ.prof.; Mutter: Marie, geb. Nonnenbruch), ev., verh. s. 1963 m. Karin, geb. Hanke, 3 Kd. (Ferdinand, Corinna, Andreas) - Gymn.; Hochsch. - 1950-1965 Angest. Bayer. Vereinsbank, München; 1965-69 Abt.leit., 1970-91 Vorst.-Mitgl. Bayer. Handelsb. ebd.; s. 1964 vereid. Sachverst. f. Bewert. v. bebauten u. unbebauten Grundstücken u. f. landw. Kreditfragen - BV: Mitarb.: Handb. d. Real- u. Kommunalkredits; Handb. f. d. Haus- u. Grundbesitzer. Mithrsg.: Ztschr. D. Langfrist. Kredit - Liebh.: Währungsfragen, Politik, Pferde, Haus u. Garten.

RÜCKERT, Wolfgang

Dr. med. (habil.), Dr. phil., Chirurg, apl. Prof. Univ. Marburg (s. 1958) - Im Risgap 22/Landhaus Wallhüs, 2283 Wenningstedt (T. 04651 - 4 15 14) - Geb. 15. Febr. 1905 Gotha (Thür.), verh. in 2. Ehe s. 1961 m. Uta, geb. Schneider, 8 Kd. (aus 1. Ehe: Knud, Uta, Mechthild, Ulrich, Gerlind, Ekkehard; aus 2. Ehe: Wolfgang, Anke) - Gegenw. im Soz.med. Dst. Schleswig-Holst., zuv. Chefarzt Chir. Klinik Diakonissenhaus Elisabethenstift, Darmstadt (erstm. Einpflanz. e. künstl. Hüftkopfes b. Menschen i. J. 1938; Endoprothesenoperation) u. alger. Staatsdst. Zahlr. Einzelarb. Stoffwechsel- u. Unfallgebiet, med. Analysen; Allg. med. u. chirurg. Fragen z. künstl. Hüftgelenk - Indikation-Technik-Prognose D. Ärzteverl. - Liebh.: Biol., Tiere, Garten, Kunsthandw. - Spr.: Franz. - Mitgl. Lions-Club, BVK I. Kl.

RÜCKRIEGEL, Helmut

Dr. phil., Botschafter a. D. - Lessingstr. 23, 5300 Bonn 1 - Geb. 20. Nov. 1925 Niedergründau, kath., verh. s. 1967 m. Brigitte Krentzin, 2 Söhne (Andreas, Kosmas) - Stud. Vergl. Sprach- u. vergl. Relig.-Wiss., Angl., German., polit. Wiss.; 1. Staatsex. 1951 Marburg, Promot. 1953 ebd., 2. Staatsex. 1954; nach Eintr. in Ausw. Dienst (1955) Schlußex. f. höh. Ausw. Dienst 1957 - 1956/57 Botsch. London; 1958 Generalkonsul Basel; 1961-67 German Informat. Center New York; 1972-77 Botsch. Tel Aviv (Vertr. d. Leit.); 1977-79 Leit. d. Ref. Rüstungskontrolle im AA; 1979-84 Leit. Pers. Büro d. Bundespräs.; 1984 Leit. German Informat. Center New York; 1985-87 Botschafter in Thailand; 1987-90 Botsch. in Dublin - Spr.: Griech., Ital., Schwed., Thailänd.

RÜDEL, Reinhardt

Dr. rer. nat., Dipl. Phys., Prof. f. Physiologie - Ehingerstr. 19, 7900 Ulm (T. 0731 - 6 91 60) - Geb. 6. Juli 1937 Hochstadt (Vater: Eberhard R., Pfarrer; Mutter: Marianne, geb. Müller), verh. s. 1963 m. Andrea, geb. Kuhr, 2 Töcht. (Juliane, Susanne) - Human. Gymn. Erlangen; Phys. u. Med.-Stud. Univ. Erlangen, Wien u. Heidelberg; 1962 Dipl., 1965 Promot., 1970 Habil. - 1971 Wiss. Rat TU München, 1976 apl. Prof., 1978 ao. Prof. TU München, s. 1979 o. Prof. u. Leit. Abt. f. Allg. Physiol. Univ. Ulm, 1983-85 Dekan Fak. f. Theoret. Med. Univ. Ulm. S. 1983 Vorst. u. s. 1986 1. Vors. Dt. Ges. Bekämpfung d. Muskelkrankh. S. 1987 Präs. European Alliance of Muscular Dystrophy Assoc. - 1964 Fak.-Preis Nat. - Math. Fak. Univ. Heidelberg; 1982 Duchenne-Erb-Preis Dt. Ges. Bekämpfung d. Muskelkrankh.; 1989 Wiss.preis d. Stadt Ulm; 1990 Präs. d. VII. Intern. Congr. on Neuromuscular Diseases; 1991 Gaetano Conte Award, Gaetano Conte Akad., Neapel - Liebh.: Musik - Spr.: Engl., Span.

RÜDEN, Henning Frank

Dr. med., Prof. f. Hygiene, Arzt, Direktor Inst. f. Hygiene FU Berlin - Grainauer Str. 19, 1000 Berlin 30 - Geb. 29. Jan. 1942 Berlin (Vater: Heinz Friedrich R.; Mutter: Christa, geb. Moeller-Ruttke), verh. s. 1969 (Ehefr.: Juliane) - Med.-Stud. Hamburg u. Marburg; Promot. 1972 Univ. Bonn; Habil. 1977 ebd. - 1978 Prof. TU Berlin; 1982 o. Prof. FU Berlin.

RÜDIGER, Dietrich

Dr. phil., Dipl.-Psych., em. o. Prof. f. Psychologie - Siebenkeestr. 11, 8400 Regensburg (T. 3 25 03) - Geb. 25. Juli 1924 Berlin (Vater: Hans R., Ministerialdir.; Mutter: Käthe, geb. Schneider), kath., verh. s. 1954 m. Luise, geb. Zimmermann, T. Gabriele - Oberrealsch.; Stud. Psych., Päd., Anthropol. Habil. 1968 Salzburg - 1942-45 Kriegsdst. (Ltn. z. S.); 1946-56 Volksschullehrer; s. 1956 Doz. Päd. Hochsch. Regensburg, 1968 o. Prof. Univ. München, 1972 Univ. Regensburg. Vizepräs. Dt. Montessori-Ges. Forschungsprojekte (DFG, Stiftg. VW) u. Schulvers. z. Elementar- u. Primarbildungsbereich - 1975-81 Wiss. Beirat Dt. Inst. f. Fernstudien (Ausb. Beratungslehrer); Mitw. auf Kongressen d. Intern. Schools Assoc./UNESCO u.a. 1978 Isfahan/Iran, 1980 Moshi/Tansania-Konsult. Mitarb. Ztschr. Psychol. in Erz. u. Unterr.; Beiratsmitgl. Görres-Ges.; 1982-84 Senatsmitgl. Univ. Regensburg - BV: Oberschuleignung, 1966; Gesamtunterrichtl. Lehrerhandb., 2 Bde. 1967/68; Psych. Forschung u. päd. Fragestellung, 1971; Schuleintritt u. Schulfähigk., 1976; Analyse d. Schulleistung, 1977; Regensburger Modell - Lesenlernen, 1978. Herausg.: Anthropol. Aspekte d. Psychol. (zus. m. M. Perrez, 1979); Gesundheitspsychol. (zus. m. W. Nöldner et al., 1989); zahlr. Beiträge in Sammelbänden. Mithrsg. Ztschr. D. Kind - 1989 BVK am Bde. - Spr.: Engl. - Lit.: Beratungsaufgaben in d. Schule, Festschr. (1989).

RÜDIGER, Hans

Dipl.-Ing., Geschäftsführender Gesellschafter Wohlenberg Holding GmbH (b. 1989) - Flöthwiesen 13, 3000 Hannover 51 (T. 0511 - 65 03 01) - Geb. 13. Mai 1934 Berlin - MBA INSEAD 1964 - Konsul Rep. Finnland - Spr.: Engl., Franz.

RÜDIGER, Kurt

Schriftsteller, Lyriker, Herausg. - Friedenstr. 16, 7500 Karlsruhe - Geb. 29.

Sept. 1913, gesch., 6 Kd. - Realgymn. - Ab 1946 Kleinverleger (85 Karlsruher Boten); Herausg. v. rd. 1000 Lyrikbänden; eig. Weltlyrikarchiv m. 10 Mill. Gedichten u. 1 Mill. Biogr. v. Dichtern - BV: 100 Anthol., 20 Übersetzungsbd. aus d. Franz., Ital., Engl. u. Span., rd. 5000 eig. Ged. in: Ährenlesen, Bd. 1-11 (unvollst.), 10 Dichterhandschriftbd., meistgedruckte Ged. d. Neuzeit (12.500) - Interesse: Weltlyrik aller Zeiten u. Länder (s.o.).

RÜDIGER, Otto

Dr. phil., Prof., Physiker i. R. - Spillheide 64, 4300 Essen-Heidhausen (T. 40 30 20) - Geb. 19. Juni 1913 Remscheid - Univ. Köln (Physik). Promot. Köln; Habil. Braunschweig - S. 1961 Lehrtätigk. TH bzw. TU Braunschweig (1965 apl. Prof. f. Techn. Physik). S. 1937 Krupp (1959 Abt.sdir. Widia-Fabrik, 1968-78 Mitgl. Geschäftsltg. Forschungsinst. Fried. Krupp GmbH, Essen. Spez. Arbeitsgeb.: Metallkd., Werkstoffentw., insb. Hartmetall, Magnetwerkst. u. a. Üb. 100 Fachveröff.

RÜDIGER, Reinhold

Regisseur, Schauspieler, Intendant Landesbühne Hannover - Jägerstr. 15, 3000 Hannover 1 (T. 0511 - 701 00 74) - Geb. 3. Jan. 1926 Hannover (Vater: Adolf R., Kaufm.; Mutter: Julie, geb. Möhler), kath., verh. s. 1971 m. Silvana, geb. Sansoni - 1946/47 Ausb. z. Schausp.; 1943-45 fernimmatrik. b. Prof. Kindermann Wien - 1947-49 Dramat. u. Schausp. Kammerspiele Hannover, 1949-51 eig. Cabaret Satansbrüder u. Volkstheater Hann., 1951-52 Staatstheater Braunschweig, 1952 Gründ. Landesbühne Hann., s. 1954 Oberspielleit. Sommersp. Herrenhausen (spät. Festwochen Herrenhausen), s. 1964 Int. Landesbühne. Veröff. in Theaterztschr., Übers. v. Shakespeare, Moliere, Goldoni, Gogol, Gozzi; Buchausg.: Shakespeare, Romeo u. Julia, übers. 1979; Hrsg. W. P. Eberhard Eggers, Uniduo (1980); Gozzi, König Hirsch (übers. 1981); Goldoni: D. Diener zweier Herren (1983), D. Lügner (1990), Gogol: D. Revisor (1985) - Üb. 200 Bühneninsz. v. Opern u. Schausp.; zahlr. Bühnenrollen - 1970 Karnevalsorden Humoris causa; 1977 Nieders. VK I. Kl.; 1983 BVK I. Kl.; 1989 Gr. Verdienstkreuz d. Nieders. VO.; 1989 Hon.-Prof. Hochsch. f. Musik u. Theater Hannover - Liebh.: Sammeln v. Bildern naiver Maler u. mod. Kunst - Spr.: Engl., Franz., Ital. - Bek. Vorf.: Prof. Adam Möhler (Urgroßonkel), Prof. Fritz Möhler (Onkel).

RÜDIGER, Vera

Dr., Senatorin f. Gesundheit u. f. Bundesangelegenheiten d. Landes Bremen (1988-91) - Große Weidestr. 4-16, 2800 Bremen - Geb. 5. April 1936 Vollmarshausen (Vater: Ludwig R., Schulrat i. R.; Mutter: Margarethe, geb. Schmidt). ev. - Schule (Abitur); Stud. d. Theaterwiss., Sozio- u. Politologie; Promot. 1965; 1. u. 2. Lehrerprüf. - 1959-61 Schul-, b. 1970 Hochschuldienst; 1972-74 Gesamthochsch. Kassel (Gründungspräs.). 1974-78 Staatssekretärin Hess. Kultusmin.; 1978-84 Hess. Min. f. Bundesangelegenheiten; 1984-87 Hess. Min. f. Wiss. u. Kunst u. Bevollm. f. Frauenangelegenheiten; MdL Hessen (1970-72 u. 1978-87) - BV: D. kommunalen Wahlvereinigungen in Hessen, 1966 - Liebh.: Bild. Kunst, Pol. Kabarett.

RÜDIGER, Wolfhart

Dr. rer. nat., o. Prof. f. Botanik (Lehrstuhl III) - Atterseestr. 12f, 8000 München 60 (T. 88 24 20) - Geb. 1933 - Univ. Würzburg (Chemie). Promot. 1961 (Struktur v. Protochlorophyll u. d. Biosynthese v. Phytol); Habil. 1969 Saarbrücken (Vergl. Biochemie d. Gallenfarbstoffe) - S. 1970 Prof. Univ. Saarbrücken u. München (1971; Ord. u. Inst.svorst.). Forschungsaufenth. Italien, Irland, USA. Fachveröff.

RUEDORFFER, Freiherr von, Axel

Dr. rer. pol., Vorstandsmitglied Commerzbank AG - Neue Mainzer Str. 32-36, 6000 Frankfurt/M. 1 (T. 069 - 13 62-1) - Geb. 30. Sept. 1941 - AR-Mandate.

RÜEGG, Johann Caspar

Dr. med., Ph. D. (Cantab.), o. Prof. u. Direktor II. Physiol. Inst. Univ. Heidelberg - Haagackerweg 10, 6945 Hirschberg - Geb. 28. Jan. 1930 Zürich, verh. s. 1967, 2 Kd. - S. 1963 (Habil.; physiol. Chemie) Lehrtätigk. Univ. Heidelberg, s. 1967 Univ. Bochum (Wiss. Rat u. Prof.), s. 1973 Lehrst. Heidelberg (1975/76 Dekan). 1985 Adjunct Prof. of Physiology and Biophysics Univ. of Cincinnati. Fachmitglsch., u. a. Royal Soc. of Med., London, Corresponding Member of the American Physiological Society (1985) - BV: Calcium in Muscle Activation, Monogr. 1986. Fachveröff. (üb. Muskelphysiol.; u. a. Smooth muscle tone, 1971) - 1974 Adolf-Fick-Preis d. Phys. Med. Ges. Würzburg.

RÜEGG, Walter

Dr. phil., em. o. Prof. Univ. Bern - Route de Sonchaux 36, CH-1820 Veytaux (T. 021 - 963 82 61) - Geb. 4. April 1918 Zürich (Vater: Heinrich R., Kaufm.; Mutter: Margrit, geb. Braun), ev., 3 Kd. (Elisabeth, Andreas, Helena) - Kantonsch. Schaffhausen; Univ. Zürich u. Paris (Klass. Philol., Phil., Nationalök.). Promot. 1944; Habil. 1950 - 1941-52 höh. Schuldst.; s. 1950 Lehrtätigk. Univ. Zürich (1959 Titularprof.), Frankfurt (1961 Ord. u. Dir. Sem. f. Gesellschaftslehre, 1965-70 Rektor), 1973-86 Ord. u. Dir. Inst. f. Soziologie Univ. Bern; 1956-62 Hauptgeschäftsf. European Wrought Aluminium Assoc. u. Verein Schweizer. Aluminium-Industrieller. 1967/68 Präs. Westd. Rektorenkonfz. Gast Univ. Köln (1948, 1952) u. Chicago (1953) St. Gallen (1956, 1979), Paris (1985); S. 1956 Präs. Ges. Schweiz, Akad., 1970-73 Präs. Bund Freiheit d. Wiss., 1976-87 Präs. Schweiz. Arbeitskr. Militär u. Sozialwiss. - BV: Antike Geisteswelt, 4. A. 1980; Anstöße, Aufsätze u. Vorträge z. dialogischen Lebensform, 1973; Soziologie, 8. A. (132. Ts.) 1975; Bedrohte Lebensordn., Studien z. humanist. Soziologie, 1978; Konkurrenz d. Kopfarbeiter, 1985; Zementierung od. Innovation. Effizienz v. Hochsch.syst., 1987; A History of the University in Europe, 1991 - Commandeur Palmes Acad. Mitgl. PEN - Liebh.: Bücher (15. u. 16. Jh.), Gelehrten-Autographen - Spr.: Franz., Engl., Ital. - Rotarier.

RÜFER, Rüdiger

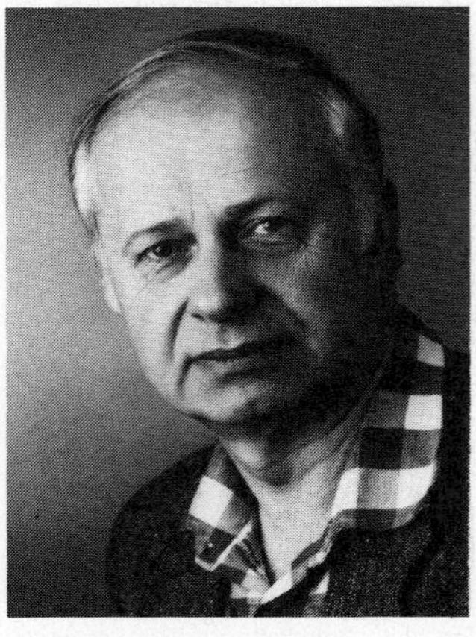

Prof. Hochschule f. Musik u. Theater Hannover, Tonmeister u. Doz., Komp. - Natelsheideweg 17 A, 3002 Wedemark 2 (T. 05130 - 73 87) - Geb. 13. März 1933 Berlin (Vater: Hugo-Philipp R., Kaufm.; Mutter: Hildegard, geb. Greiner), ev., verh. s. 1972 m. Hermine, geb. Schwarzmaier, 3 Söhne (Florian, Sebastian, Kilian) - 1953-57 Schulmusikstud. Berlin (Künstler. Prüf. f. d. Lehramt an höh. Schulen); b. 1961 Erweit. z. Tonmeisterausbild. Hochsch. f. Musik u. TU Berlin (Abschlußprüf.) - 1961-73 Tonmeister TU Berlin; Realis. u. Kompos. v. elektron. Musik, auch Lehrtätigk., Zusammenarb. u.a. m. Boris Blacher; 1962-65 Aufnahmeleit. RIAS; s. 1974 Musikhochsch. Hannover - Musikw.: 1964-66 elektron. Teile z. Oper: Zwischenfälle b. einer Notlandung (Blacher); 1971 Strahlenfächer; 1977-80 Bestrebungen; 1981-83 Filmmusik AL MA; 1985 Sturm-Suite; 1981-85 Schöpfung; 1983-85 Sequenzgestalten; 1985-87 Schwierige Politik; 1987-89 Filmmusik Wondjinas; 1985-90 Weg u. Abgrund - Liebh.: Kloviersp., Reisen, Fotogr., Astronomie - Spr.: Engl., Lat., Griech. - Bek. Vorf.: Philipp Rüfer, Komp. (Urgroßv.).

RUËFF, Fritz L.

Dr. med., Univ.-Prof., Arzt f. Chirurgie u. Unfallchir., Extraord. I.R. Chir. Univ.-Klinik Innenstadt, München - Nußbaumstr. 20, 8000 München 2; priv.: Eduard-Schmid-Str. 7, 8000 München 90 - Geb. 15. Mai 1925 München (Vater: Dr. med. Ludwig R., Arzt; Mutter: Luise, geb. Sepp), kath., verh. s. 1954 m. Gretl, geb. Sper, 3 Kd. (Max, Bankkfm., Franziska, Dr. med. Ärztin, Georg, Dipl.-Informatiker) - Med. Staatsex. 1949, Habil. 1962 - 1957 Facharzt, 1968 Prof. u. Hochschullehrer, 1990 pens., jedoch weiter Chir. Gutachter/Sachverst. - Üb. 200 chir.-wiss. Veröff. u. Buchbeiträge - Spr.: Altgriech., Franz., Engl., Latein.

RÜFFER, Hans

Dr.-Ing. habil., em. Prof., Univ. Hannover - Grevenbleck 14, 3005 Hemmingen (T. Hannover 42 22 57) - Geb. 30. Jan. 1926 Riesa/Elbe (Vater: Julius R., Bezirksschornsteinfegerm.; Mutter: Selma, geb. Lehmann), ev., verh. s. 1952 m. Charlotte, geb. Bamler, 4 Kd. (Cornelia, Claudia, Corinna, Hans-Martin) - Obersch. Dresden; TU Berlin (Chemie). Promot. 1956 Berlin; Habil. 1967 Hannover - 1956-59 Wasserchemiker Hyg. Inst. Hamburg; 1959-67 Abt.-Leit. Inst. f. Siedlungswasserw. TH Hannover. Spez. Arbeitsgeb.: Trink- u. Abwasserchemie, Industrie abw. - BV: Anleitung f. einf. Unters. auf Kläranlagen, 1965, 6. A. 1987 (m. Klaus Mudrack). Mitarb.: K. Höll, Wasser, 7. A. 1985; Lehr- u. Handb. d. Abw. Techn. Bd. 5 u. 6 Industrieabw. (zus. m. K.-H. Rosenwinkel), 1986; Taschenb. d. Industrieabw.reinigung (zus. m. K.-H. Rosenwinkel), 1991. Fachaufs. - Chemviron-Preis 1982 - Liebh.: Wassersport, Musik - Spr.: Engl., Franz., Ital.

RÜFNER, Wolfgang

Dr. jur., Prof. f. Rechtswissenschaften Univ. zu Köln - Hagebuttenstr. 26, 5309 Meckenheim-Merl - Geb. 8. Sept. 1933 Hanau (Vater: Vinzenz R., Prof.; Mutter: Hertha, geb. Stillger), kath., verh. s. 1969 m. Elisabeth, geb. Rompe, S. Thomas - 1952-57 Stud. Rechtswiss. Univ. Würzburg u. Bonn; 1957-61 Referendar; Ass.-Ex. 1961 u. Promot. Bonn - 1961-66 Assist. Univ. Bonn; 1966-69 Doz. ebd.; 1969-79 o. Prof. Univ. Kiel; 1979-85 Saarbrücken; s. 1985 Köln - BV: Verw.rechtsschutz in Preußen v. 1749 b. 1842, 1962; Formen öfftl. Verw. im Bereich d. Wirtsch., 1967; Einf. in d. Sozialrecht, 2. A. 1991.

RUEGENBERG, Horst

Dipl.-Ing., Geschäftsf. Arbeitgeberverb. f. d. Kr. Olpe, altern. Vorstandsvors. Bundesverb. d. Ortskrankenkassen, Bonn-Bad Godesberg u. Landesverb. AOK Westf.-Lippe - Hardtweg 16, 5960 Olpe-Biggesee (T. 02761 - 6 35 22) - Geb. 12. April 1914 Olpe/W. - Dt. Kolleg Bad Godesberg; Stud. d. Eisenhüttenkd. TH Aachen; Dipl.ex. 1941 ebd. - 1935-37 u. 1939-45 Wehrdst. (zul. Major d. R. u. Artl.-Abt.s-Kdr.); b. 1948 Vorst. Kraftverkehr Olpe AG. Mitgl. Sachverst.-Kommiss. z. Weiterentwickl. d. Krankenversicher. u. Kurat. Dt. Krebshilfe, bde. Bonn; stv. ARsvors. Gemeinn. Wohnungsgenoss. f. d. Kr. Olpe eG., Beiratsvors. Lehrwerkstatt GmbH., Attendorn, Vors. Präs. Förderkr. Wendener Hütte - BV: D. Wirtschaftsgeschichte (Heimatchronik f. d. Kr. Olpe), 1967 - Kriegsauszeichn.; 1973 BVK I. Kl.; 1981 Gr. BVK - Liebh.: Musik (Vors. Konzertgemeinsch. Olpe), Jagd - Rotarier.

RUEGENBERG, Sergius

Architekt - Kurpromenade 6, 1000 Berlin 22 (T. 353 48 26) - Geb. 17. Jan. 1903 - U. a. Mitarb. v. Bruno Paul, Mies v. d. Rohe, Hans Scharoun. Zeitw. Doz. TU Berlin (50er Jahre) - 1931 Preuß. Staatspreis (Flughafenprojekt), 1963 Berliner Kunstpreis.

RÜGER, Christian

Dipl.-Ing., Techn. Geschäftsführer Hoesch Verpackungssysteme GmbH. (1981 ff.) - 5830 Schwelm/W. - Geb. 27. Aug. 1936.

RUEGER, Christoph

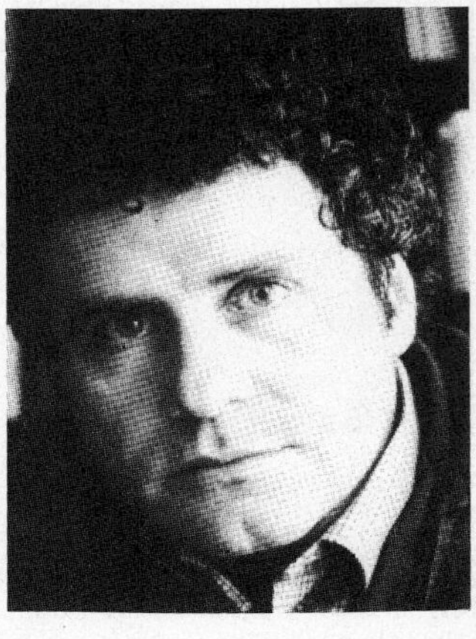

Dr. phil., Prof. Hochsch. d. Künste Berlin, Publizist, Pianist u. Komp. - Konstanzer Str. 9, 1000 Berlin 31 (030 - 881 39 22) - Geb. 3. Okt. 1942 Freital/Dresden (Vater: ev. Pfarrer), ev., 2 Kd. aus 1. Ehe (Constanze, Constantin) - Thomaner b. 1960; Stud. Univ. Leipzig (Musikwiss. u. Sinologie); Musikhochsch. Leipzig (Orgel, Klavier u. Theorie); Promot. (Diss. üb. Skrjabin) - 1971 Doz. f. Musikgesch. Staatl. Ballettsch. Leipzig; Übers. aus d. Russ. (rd. 10 Bücher u. 120 Art.), Autor, Herausg. v. Musiklit. u. Klaviermusik sow. musikal. Leit. b. Studiobühnen u. Kabaretts (u.a. Academixer); 1981 Übersiedel. nach Berlin (West), s. 1983 Prof. f. Musiktheorie u. Tonsatz ebd.; Moderator im SFB (Klassik z. Frühstück); Chansonprogramme m. d. Diseuse Doris Bierett - BV: u.a. Klaviermusik A-Z, Konzertb., 3. A.; Musikinstrument u. Dekor, 1982, auch engl. u. franz.; Soli Deo Gloria - J. S. Bach, 1985, als: J. S. Bach, 1989; Magie in Schwarz & Weiß - Franz Liszt, 1986, als: Franz Liszt, 1990; Igor Strawinsky - Für Sie porträtiert, 1988; Zusammengetrommelt - Festschr. Förderverein Städt. Bühnen Dortmund, 1989; D. Musikalische Hausapotheke, 1991, 4. A. 1992. Herausg. u. Übers.: G. Tschitscherin - Mozart. E. Studie (1990). Schwerp. als Publiz.: 19. Jh., russ. Kultur, Musik f. Tasteninstr. u.a. - Kompos.: Chanson, Bühnenmusiken, Musicals (Farm d. Tiere, UA 1982 Berlin, D. Rösser v. Brandenburg, UA 1987 Berlin) - Liebh.: Fernost, Malerei um 1900.

RÜGER, Hans

Ing., Geschäftsführer Wuragrohr GmbH., Wickede - Bergstr. 12, 5757 Wickede/Ruhr - Geb. 4. Jan. 1922.

RÜGGEBERG, Jörg

Assessor jur., Justitiar d. Südwestfunks - Hermann-Sielcken-Str. 29, 7570 Baden-Baden (T. 07221-276 22 05) - Geb. 26. Juli 1938 Hanau, verh. s. 1963 m. Wiltraud, geb. Erhardt, 2 Kd. (Jens, Claudia) - Stud. Rechtswiss.; 1. jurist.

Staatsex. 1963 Heidelberg; 2. jurist. Staatsex. 1967 - Forschungsref. Hochsch. f. Verw.wiss. Speyer; Ref. (Min.Rat) Staatskanzlei Rhld.-Pfalz; s. 1977 SWF.

RÜGHEIMER, Erich

Dr. med., o. Prof. f. Anästhesiologie u. Dir. Inst. f. Anästhesiologie Univ. Erlangen-Nürnberg - Nußbaumweg 11, 8520 Erlangen-Rathsberg (T. 2 54 22) - S. 1966 ao. u. o. Prof. (1970) Erlangen. 1973-74 Präs. Dt. Ges. f. Anästhesie u. Intensivmedizin. S. 1974 Dekan Med. Fakultät Univ. Erlangen, 1979-80 Präs. Dt. Ges. f. Anästhesie u. Intensivmed. u. Weltkongreßpräsident.

RÜHE, Volker

Oberstudienrat a. D., Bundesminister d. Verteidigung (s. 1992) - Hardthöhe, 5300 Bonn 1 - Geb. 25. Sept. 1942 Hamburg, ev., verh., 3 Kd. - Stud. Angl./German. Univ. Hamburg - 1968-76 Höh. Schuldst. Hamburg. CDU s. 1963 (Mitgl. gf. Landesvorst.; 1973-75 Mitgl. Bundesvorst. JU); 1970-76 MdHB (1973 stv. Fraktionsvors.); s. 1976 MdB; 1982-89 stv. Vors. CDU/CSU Bundestagsfraktion (Außen-, Sicherheits-, Deutschland- u. Entwickl.politik).

RÜHL, Bruno

Präsident Württ. Sparkassen- u. Giroverb. i.R. - 7000 Stuttgart 1 (T. 127 78 20) - Geb. 3. Sept. 1926 Mühlhausen b. Heidelberg - Gymn.; Univ. Heidelberg (Rechtswiss.). Gr. jurist. Staatsprüf. - VR-Vors. Südwestdt. Landesbank Girozentrale u. Landesbausparkasse Württ.; AR-Vors. Sparkassen-Versich. Lebensversich. AG, u. Wohnbau Württ. gGmbH; AR-Mitgl. Sparkassen-Versich. Allg. Versich. AG; Vorst.-Mitgl. Dt. Sparkassen- u. Giroverb. Bonn u. Dt. Sparkassen- u. Giroverb. Berlin.

RÜHL, Günter

Dr.-Ing., o. Prof. f. Betriebswirtschaftsl., Dir. Inst. Fertigungsw. u. Arbeitswiss. Univ. Karlsruhe (s. 1966) - Käthe-Kollwitz-Str. 44, 7500 Karlsruhe-Durlach (T. 49 12 83) - Geb. 13. Mai 1914 Danzig, ev., verh. s. 1943 m. Hannelore, geb. Günther - TH Danzig u. Berlin, Dipl.-Ing. 1940. Promot. (1951) u. Habil. (1965) TU Berlin - 1940-42 Fabrikationsingenieur und Gruppenleit. Bayer. Flugmotorenwerke Bln.-Spandau, dann Truppening., 1946-54 Obering. u. Doz. TU u. FU Berlin, 1954-58 Mitgl. Geschäftsltg. Leiser Fabrikations- u. Handelsges., Berlin, 1958-65 Unternehmensber. u. Leit. AWF-Inst., ebd., gleichz. Hochsch.doz.; 1966 Ruf Univ. Karlsruhe, s. 1967 gleichz. Leit. Forschungs-Inst. f. Betriebsführung im Handwerk; s. 1977 gleichz. Geschäftsf. FOWIG-Unternehmensberatungs GmbH Karlsruhe - BV: Fertigungswirtschaft, 1965; Personalführung, 1965; Arbeitswiss. Optimierung techn. u. organisator. Systeme, 1967; Fertigungsorganisation u. Arbeitsvorb., 1968; Schwachstellenforschung u. Maßnahmen z. Rationalisierung d. Betriebes, 1969; Untersuchungen z. Struktur d. Arbeitszufriedenheit, 1978; Arbeitsstrukturierung heute u. morgen, 1979; Einsatz numerisch gesteuerter Werkzeugmaschinen, 1979; Forschungsergebnisse z. handlungsorientierten Organisationsgestaltung, 2 Bde. 1984; Steigerung d. betrieblichen System-Synergie, 1986; Wege zu e. weltweiten Management-Synergie, 1988; Betriebsführung als synergetische Managementsynergie, 1989 - 1974 BVK a. Bd., 1979 Verdienstmed. Bad.-Württ.

RÜHL, Lothar

Dr. sc. pol. (habil.), Staatssekr. Bundesverteid.-Min. (1982-89), Intern. Korrespondent DIE WELT (s. 1989ff.) - Kaiser-Wilhelm-Str. 6, 2000 Hamburg 36 - Geb. 1927 Köln - Stud. Rechts-, Staatswiss. u. Gesch. Bonn u. Paris (Dipl. u. Promot. Sorbonne) - 1949-53 Pressekorresp. Bonn, 1954-69 Paris, 1969-73 stv. Chefredakt. DIE WELT, 1973-79 ZDF-Korresp. Brüssel, 1979-80 Studioleit. ZDF, 1981/82 stv. Regierungssprecher Bonn. 1986 Privatdoz. Wirtsch.- u. Sozialwiss. Fak. Univ. Köln - BV: Vietnam - Brandherde e. Weltkonfliktes?, 1966 (Ullstein-Taschenb.); Machtpolitik u. Friedensstrategie, 1974; Rußlands Weg zur Weltmacht, 1981. Zahlr. Kapitel in Gemeinschaftswerken - 1966 u. 1971 Theodor-Wolff-Preis; 1980 BVK; 1989 Gr. BVK m. Stern.

RÜHL, Manfred

Dr. rer. pol., Dr. rer. pol. habil, Dipl.-Volksw., Prof. f. Kommunikationswissenschaft (Schwerp. Journalistik) Univ. Bamberg, 1. Vors. Dt. Ges. f. Publiz. u. Kommunikationswiss. (1980-82) - Hörberweg 1, 8500 Nürnberg 10 - Geb. 31. Dez. 1933 Nürnberg - ev. - Ind.-Kfm. 1956, Dipl.-Volksw. 1960, Promot. 1968, Habil. 1978 - 1976-83 Prof. Univ. Hohenheim/Stuttgart; s. 1983 Ordinarius Univ. Bamberg. 1978-81 Direktoriumsmitgl. Intern. Communicat. Assoc. - BV: D. Zeitungsredaktion als organis. soz. System, 2. A. 1979; Journalismus u. Ges. Bestandsaufn. u. Theorieentw., 1980; Kommunikation u. Erfahrung, 1987; Theorie d. Public Relations (m. F. Ronneberger), 1992.

RÜHL, Walter

Dr. rer. nat., Direktor Deutsche ERDÖL AG (b. 1977), Honorarprof. TU Berlin (1954-79) - Strandtreppe 15, 2000 Hamburg 55 - Geb. 1. April 1912 Leipzig, verh. s. 1942 m. Ursula, geb. Meyer, 4 Kd. (Peter, Johannes, Maria, Ursula) - Prom. 1938 Univ. Leipzig. Fachgeb. Erdölgeol. u. Lagerstättenkd. sowie Untergrundspeicher. v. Erdöl u. Erdgas - BV: Entölung v. Erdöllagerstätten durch Sekundärverfahren, 1952; Energiehandb., 1979; Tar Sands and Oil Shales, 1982; Energiefaktor Erdöl, 1989; Bodenschätze in Schleswig-Holst., 1992. 60 Fachart. - 1980 Carl-Engler-Med. Dt. Ges. f. Mineralölwiss. u. Kohlechemie.

RÜHL, Werner

Dr. rer. nat., Prof. f. Physik Univ. Kaiserslautern - Storchenacker 18, 6750 Kaiserslautern - Geb. 25. Juli 1937 Remscheid (Vater: Karl R., Kaufm.; Mutter: Emmy, geb. Parr), verh. s. 1961 m. Erika, geb. Kemper, 3 Kd. (Ute, Roland, Dorothee) - Univ. Köln (Dipl. 1960, Promot. 1962) - 1964-70 Cern, Genf; 1970ff. o. Prof. in Kaiserslautern - BV: The Lorentz Group and Harmonic Analysis, Monogr. 1970.

RÜHLE, Günther

Dr. phil., Journalist - Kastanienhain 5, 6232 Bad Soden-Altenhain - Geb. 3. Juni 1924 Gießen - Schulen Weilburg u. Bremen; 1942-45 Wehrdst.; 1946-52 Univ. Frankfurt (German., Gesch., Volkskd.) - S. 1954 Feuilletonredakt. Frankfurter Neue Presse, ab 1960 FAZ (1974-85 Leit. Feuill.); 1985-90 Intendant Schauspiel Frankfurt, s. 1991 Tagesspiegel Berlin, Berater d. Chefredaktion - BV/Herausg.: u. a. Theater f. d. Republik 1917-1933. Im Spiegel d. Kritik (1967 u. 89), Zeit u. Theater 1914-46 (3 Bde. 1971-74), Marieluise Fleißer Gesammelte Werke (4 Bde. 1973), Materialien z. Leben u. Schreiben d. Marieluise Fleißer (1973), Theater in uns. Zeit (1976); Anarchie in d. Regie (1982); Was soll das Theater? (1992). Herausg. Erinnerungen Bernhard Minettis (1985). Viele Theaterkrit.; Bücher, die d. Jahrh. bewegten (1978); D. Büchermacher (1985) - Präs. d. Akad. d. Darstellenden Künste; Mitgl. PEN-Zentrum BRD.

RÜHLE, Hans

Dr. jur., Ministerialdirektor, Generalmanager NAMMA (s. 1989), Oberst d. R. - Thüringer Allee 90, 5205 Augustin 2 (T. 02241 -33 27 12) - Geb. 31. Dez. 1937 Stuttgart-Bad Cannstadt, verh. s. 1959 m. Doris, geb. Gaßmann, S. Michael - Stud. Gesch., Polit. Wiss., Sport, Rechtswiss., Volksw.; Promot. 1968 Würzburg, Dipl.-Volksw. 1970 Regensburg - 1971-74 stv. Leit. Inst. f. Sich. u. Intern. Fragen München; 1974-78 Leit. Forschungsber. Außen- u. Sich.-Politik im Soz.-wiss. Inst. d. Konrad-Adenauer-Stiftg.; 1978-82 Leit. Soz.-wiss. Inst. KAS; Leit. d. Planungsstabes d. Bundesmin. d. Verteidigung - BV: Angriff auf d. Volksseele. Üb. Pazifismus z. Weltfrieden?, 1984. Herausg.: Sozialist. u. kommunist. Parteien in Westeuropa (m. H.-J. Veen, 2 Bde. 1979); Wachsende Staatshaushalte (m. H.-J. Veen, 1979); Europapolitik in d. Marktwirtsch. (m. M. Miegel, 1980); Im Spannungsfeld d. Weltpolitik: 30 J. dt. Außenpolitik (1949-79) (m. W. F. Hanrieder, 1981); D. Neo-Konservativismus in d. Vereinigten Staaten u. s. Auswirkungen auf d. Atlantische Allianz (m. H.-J. Veen, W. F. Hahn, 1982); Gewerkschaften in d. Demokratien Westeuropas (m. H.-J. Veen, 2 Bde. 1983) - 1984 BVK; Kommandeurkreuz d. nat. VO d. franz. Rep. - Liebh.: Sport, Musik, Lit., Reisen - Spr.: Engl.

RÜHM, Gerhard

Prof., Hochschullehrer, Schriftst. - Lochnerstr. 1, 5000 Köln 1 - Geb. 12. Febr. 1930 Wien - U.a. Prof. Kunsthochsch. Hamburg. Bücher u. Hörspiele - 1983 Hörspielpreis d. Kriegsblinden (f.: Wald - E. dt. Requiem).

RÜHM-CONSTANTIN, Emmy

Dr. phil., Prof., Hochschullehrerin - Neugartstr. 7, 7800 Freiburg/Br. (T. 6 75 53) - Geb. 15. April 1911 - S. 1962 Doz. u. Prof. Päd. Hochsch. Freiburg (Päd.) - BV: D. Beginn d. Schultages - Unters. d. Lehrer- u. Schülerverhaltens, 1972.

RÜHMANN, Heinz

Schauspieler, Regisseur - Maxhöhe, 8131 Berg/Starnberger See - Geb. 7. März 1902 Essen (Vater: Gastwirt), verh. 1) 1939 m. Hertha, geb. Feiler (Schausp.) †1970, 2) s. 1974 m. Hertha, geb. Wohlgemuth, Sohn Prof. Dr.-Ing. Heinz-Peter - Realgymn.; Schauspielunterricht Fritz Basil, München - Ab 1922 Bühnen Breslau, Hannover, Berlin (Reinhardt), München (Kammersp.: letzte Rolle 1972: Der Hausmeister), n. Kriegsende Gastsp. In- u. Ausl. (u. a. üb. 2000 x D. Mustergatte) u. Filmproduzent (Comedia-Film), 1960 ff. Burgtheater Wien. Verf.: H. R. erzählt s. Leben (Welt am Sonntag, Nr. 27-38 1969). Filmhauptrollen: u. a. Drei v. d. Tankstelle, Man braucht kein Geld, Flucht ins Glück, D. Mann, d. seinen Mörder sucht, Frasquita, Bomben auf Monte Carlo, Strich durch d. Rechnung, 5 Millionen suchen e. Erben, Ich vertraue Dir meine Frau an, Lachende Erben, So e. Flegel, D. Außenseiter, Allotria, Wenn wir alle Engel wären, D. Mustergatte, D. Mann, d. Sherlock Holmes war, 13 Stühle, D. Umwege d. schönen Karl, Nanu, Sie kennen Korff noch nicht?, Hurra, ich bin Papa!, D. Florentiner Hut, Kleider machen Leute, D. Gasmann, Hauptsache glückl., Quax, d. Bruchpilot, D. Feuerzangenbowle, Quax in Fahrt, D. Herr v. anderen Stern, D. Geheimnis d. roten Katze, Ich mach Dich glückl., Das kann jedem passieren, Wir werden d. Kind schon schaukeln, Quax in Afrika, Briefträger Müller, Auf d. Reeperbahn nachts um 1/2 1, Zwischenland. in Paris, Wenn d. Vater m. d. Sohne, Charley's Tante, D. Hptm. v. Köpenick, D. Sonntagskind (Schneider Wibbel), Vater sein dagegen sehr, Es geschah am hellichten Tag, D. Mann, d. nicht nein sagen konnte, D. eiserne Gustav, D. Pauker, Menschen im Hotel, E. Mann geht durch d. Wand, D. Jugendrichter, Mein Schulfreund, D. brave Soldat Schwejk, D. schwarze Schaf, D. Lügner, Max d. Taschendieb, Er kann's nicht lassen, Meine Tochter u. ich, D. Haus in Montevideo (Prof. Nägler), Vorsicht Mr. Dodd!, Ship of Fools/D. Narrenschiff (Hollywood; Julius Löwenthal), D. Liebeskarusell, Hokuspokus, Geld oder Leben? (Frankr.), Maigret u. sein größter Fall, D. Abenteuer d. Kardinals Brown, D. Ente klingelt um 1/2 8, D. Kapitän (1971), Oh Jonathan (1973), Gefundenes Fressen (1976), D. chines. Wunder (1977); Fernsehen: D. Tod d. Handlungsreisenden, D. eiserne Gustav, Mein Freund Harvey, Sag's d. Weihnachtsmann, Endspurt, D. Pfandleiher, D. Hausmeister, Diener und andere Herren (1977). Filmregie: Lauter Lügen, Lauter Liebe, Sophienlund, Der Engel mit dem Saitenspiel, D. kupferne Hochzeit - 1955 Ehrenmitgl. Intern. Artistenloge (f. d. Darstell. d. Musikclowns in: Wenn d. Vater m. d. Sohne); 1957 Kunstpreis Stadt Berlin, 1957 Preis Intern. Filmfestsp. San Francisco (D. Hptm. v. Köpenick), 1959 Ernst-Lubitsch-Preis Club d. Filmjourn. Berlin, 1961 Preis d. Dt. Filmkritik (D. brave Soldat Schwejk), 1957, 61 (D. Hptm. v. Köpenick, D. schwarze Schaf), 1972 Bundesfilmpreis/Filmband in Gold (f. erfolgr. u. hervorr. Wirken im dt. Film), 12 x Bambi-Preis, 1967 Gold. Bildschirm; 1966 Gr. BVK, 1972 Stern dazu; 1973 Gold. Leinwand Hauptverb. dt. Filmtheater (f.: D. Kapitän); 1977 Kultureller Ehrenpreis Stadt München; 1979 Gold. Kamera Hör zu; 1980 Gold. Verdienstmed. Luftrettungsstaffel Bayern; 1982 Bayer. Maximiliansorden f. Kunst - Liebh.: Sportfliegerei (Flugschein s. 1930), Bücher (bes. Stefan Zweig), Musik, Golf, Jagd, Wassersport - Spr.: Engl. - Lit.: Hans Hellmut Kirst, H. R. - Kl. Mann m. gr. Herzen, Biogr. 1969 - Nichtraucher.

RÜHMKORF, Eva

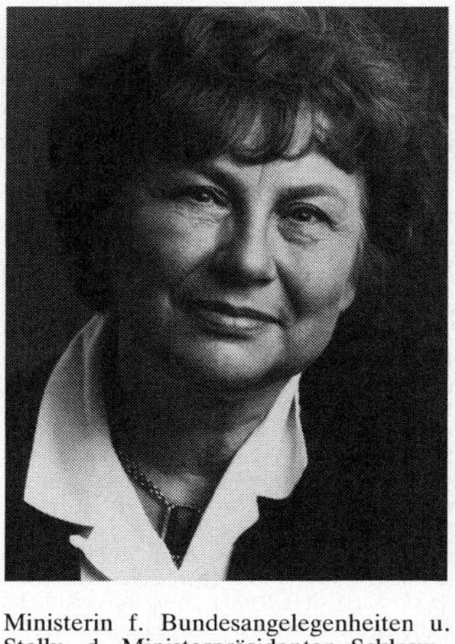

Ministerin f. Bundesangelegenheiten u. Stellv. d. Ministerpräsidenten Schlesw.-Holst. a.D. - Düsternbrooker Weg 80, 2300 Kiel (T. 0431 - 596 23 01, Fax 0431 - 596 25 38) - Zul. Staatsrätin Leitst. Gleichstellung d. Frau, Senatskanzlei Fr. u. Hansestadt Hamburg.

RÜHMKORF, Peter

Schriftsteller - Övelgönne 50, 2000 Hamburg 52 - Geb. 25. Okt. 1929 Dortmund - 1984 Gastdoz. Univ. Paderborn - BV: Irdische Vergnügen in g, Ged. 1959; Wolfgang Borchert, Biogr. 1961; Kunststücke, Ged. 1962; Üb. d. Volksvermögen - Exkurse in d. lit. Untergrund, 1967; Was heißt hier Volsinii? - Bewegte Szenen aus d. klass. Wirtschaftsleben, 1969; D. Jahre, d. Ihr kennt - Anfälle u. Erinn., 1972; Walther von der Vogelweide, Klopstock u. ich, 1975; Gesammelte Ged., 1976; Strömungslehre I - Poesie, 1978; Haltbar bis Ende 1999, Ged. 1979; Auf Wiedersehen in Kenilworth, M. 1980; agar agar Zaurzaurim/Z. Naturgesch. d. Reims, 1981; Kl. Fleckenkd., Ged. 1982; D. Hüter d. Misthaufens - Aufgekl. Märchen, 1983; Bleib erschütterbar u. widersteh - Aufs./Reden/Selbstgespr., 1984. Bühnenst.: Lombard gibt d. Letzten (UA. 1972 Dortmund); Was heißt hier Volsinii (UA. 1973 Düsseldorf); D. Handwerker kommen (1974) - 1958 Hugo-Jacobi-Preis; 1976 Heinrich-Merck-Preis; 1976 Stadtschreiber v. Bergen-Enkheim; 1979 Erich-Kästner-Preis; 1979 Annette-v.-Droste-Hülshoff-Preis Landschaftsverb. Westf.-Lippe; 1984 Ehrengabe Heinrich-Heine-Ges.; 1972 Mitgl. PEN-Zentrum BRD.

RÜLCKER, Tobias

Dr. phil., Prof. f. Erziehungswissenschaft - Blumenthalstr. 4, 1000 Berlin 42 (T. 752 56 48) - Geb. 12. März 1931 Dresden (Vater: Fritz R., kfm.Angest.; Mutter: Gertrud, geb. Thomaß), ev. - Gymn., Stud., 1. u. 2. Staatsprüf. f. Lehramt Gymn. (1958 u. 1960), Dr. phil. 1968 Frankfurt - 1960-1970 St.Rat, 1970-80 o. Prof. PH Berlin, s. 1980 o. Prof. FU Berlin - BV: Bildung, Ges., Wiss., 1976; Soz. Normen u. schul. Erziehung, 1978. Zahlr. Aufs. in Sammelbd. u. Fachztschr. Mithrsg.: Lesebuch drucksachen; Studienreihe Erziehungswiss., 6 Bde. (1985-86); Selbständigkeit - d. große Freiheit? Kindheit zw. päd. Zugeständnissen u. gesellschaftl. Zumutungen (1990); Peter Peter - Antimoderne als Fortschritt? - Spr.: Engl.

RÜLKE, Helmut

Dipl.-Pol., Journalist, Hauptabteilungsleiter Hörfunkbetrieb Deutschlandfunk - Raderberggürtel 40, 5000 Köln 51; priv.: Lärchenweg 10, 5305 Alfter 3 (T. Bonn 64 15 04) - Geb. 28. Juni 1934 Berlin, kath., verh. m. Angela, geb. Lohe, 2 Kd. - Stud. Volksw., Gesch. u. Politik Univ. Hamburg u. FU Berlin; Dipl.-Pol. 1960 - 1960/62 Tätigk. b. Tagesztg.; dann Pressechef Bundesratsmin. Bonn, CSU-Landesgr. im Bundestag, Deutschlandfunk (s. 1969). B. 1989 DLF-Pressechef - 1986 BVK.

RÜRUP, Bert

Dr. rer. pol., Prof. - Residenzschloß, 6100 Darmstadt - Geb. 7. Nov. 1943 Essen (Vater: Josef R., Stadtdir. a. D.) - Promot. 1971 Köln - 1974-75 wiss. Mitarb. Planungsabt. Bundeskanzleramt, s. 1975 Prof. f. Volkswirtsch.lehre u. Finanzwiss. TH Darmstadt (s. 1976). Gastprof. d. TU Wien u. d. TH Leipzig, Gründ.dekan d. FB Wirtschaftswiss. d. TH Leipzig - BV: D. Programmfunktion d. Bundeshaushaltsplanes, 1971; Ausl. Arbeitnehmer, 1973 (m. K. Höpfner u. B. Rahmann); Staatswirtsch.l. Planungsinstrumente, 3. A. 1984 (m. K. H. Hansmeyer); Finanzwissenschaft, 2. A. 1985 (m. H. Körner); Strukturelle Aspekte e. Wertschöpfungsbeitrags, 1986; Sozioökonomische Konsequenzen d. techn. Wandels, 1987 (m. H. Körner); Wirtschaftl. u. gesellschaftl. Perspektiven d. Bundesrep. Deutschl., 1989; Wirtschaftslexikon, 1991. Herausg.: Sozialök. Stud. u. TB-Reihe Fischer-Wirtsch. Gutachten u. Aufs. zu Fragen d. staatswirtsch. Planung u. Entscheidung, Finanzpolitik, Beschäftigungspolitik, Rentenprobl., Zukunft d. Arbeit.

RÜRUP, Reinhard

Dr. phil., Prof. f. Neuere Geschichte TU Berlin (s. 1975) - Sächsische Str. 66, 1000 Berlin 15 - Geb. 27. Mai 1934 Rehme (Vater: Friedr. R., Journ.; Mutter: Irmgard, geb. Behrens), ev., verh. s. 1961 m. Ingeborg, geb. Bussemer, 2 Töcht. (Bettina, Katharina) - Promot. 1962 Göttingen; Habil. 1970 FU Berlin - 1970-75 Prof. FU Berlin; 1971 Gastprof. Univ. Cal., Berkeley u. 1974/75 Harvard, 1981 Univ. New South Wales, Australien, 1984 Hebräische Univ. Jerusalem, 1990/91 Stanford - BV u. a.: Probl. d. Revolution in Dtschl., 1968; Emanzipation u. Antisemitism., 1975, Neuausg. 1987; Arbeiter- u. Sold.räte i. rhein.-westf. Industriegeb., 1975; Histor. Sozialwissenschaft, 1977; Wiss. u. Ges. Beitr. z. Gesch. d. TU Berlin 1879-1979, 2 Bde. 1979; Arbeiter-, Soldaten- u. Volksräte in Baden 1918/19, 1980 (m. P. Brandt); Deutsche Geschichte im 19. Jh., 1984. Mithrsg.: Mod. Technikgesch. (1975); Revolution and Evolution: 1848 in German-Jewish History (1981); Berlin, Berlin (m. G. Korff, 1987); Topographie d. Terrors (8. A. 1991); Volksbewegung u. Demokrat. Neuordnung in Baden 1918/19 (m. P. Brandt, 1991); D. Krieg gegen d. Sowjetunion 1939-1945, 1991; Geschichte u. Gesellschaft (s. 1975).

RÜSBERG (gen. Grosse oder Mittelste Rüsberg), Karl-Heinz

Dipl.-Ing., Dipl.-Wirtsch.-Ing., Sprecher d. Geschäftsführung Jahnel-Kestermann Getriebewerke Bochum GmbH, - Hunscheidtstr. 116, 4630 Bochum 1 (T. 0234 - 339-203) - Geb. 2. Okt. 1932 Wittstock/Dosse (Vater: Heinrich R., Sparkassendir.; Mutter: Hildegard, geb. Ramforth) - Schlosserlehre; Maschinenbauing. (grad.); Stud. Maschinenbau u. Wirtschaftsingenieurwesen TH Graz (Dipl.ex. 1964) Geschäftsführungsass. u. Abt.leit. Fried. Krupp GmbH, Essen; Techn. Dir. Elba Baumaschinengruppe, Ettlingen/Paris; Geschäftsl.-Mitgl. Kienbaum Unternehmensberatung GmbH, Gummersbach/Düsseldorf; Kfm. Vorst. u. Dir. Reşita-Renk SA, Reşita/Rumänien - BV: Praxis d. Project- u. Multiproject-Management, 3. A. 1976; Systems-Project-Management, 1985 - 1964 Ehrenmitgl. Verb. Österr. Wirtschaftsing.; 1969 Ehrenbürger Jacksonville, Florida/USA - Lions-Club.

RÜSCH, Hubert

Dr.-Ing., Dr.-Ing. E. h., o. Prof. f. Massivbau (emerit.) - Bichlerstr. 19, 8000 München 71 (T. 79 45 40) - Geb. 13. Dez. 1903 Dornbirn (Vater: Dipl.-Ing. Karl R.; Mutter: Anni, geb. Winder), kath., verh. s. 1935 m. Trude, geb. Meier, 3 Kd. (Eberhard, Inge, Brigitte) - TH München (Bauing.wesen) - 1926-48 Dyckerhoff & Widmann (1930-34 Buenos Aires); ab 1948 TH bzw. TU München (Ord. u. Dir. Materialprüfungsamt für das Bauwesen). Ehrenpräs. Comité Européen du Beton. In- u. ausl. Fachmitgliedsch. - BV: Theorie d. querversteiften Zylinderschalen f. schmale, unsymmetr. Kreissegmente, 1931 (Diss.); Rechtwinkl. Fahrbahnplatten v. Straßenbrücken, 1952 (inzw. 6 A.); Schiefwinkl. Fahrbahnplatten, 1967; Stahlbeton - Spannbeton, 1972. Üb. 100 Einzelarb. - 1959 Ehrendoktor TH Dresden; 1938 Edward-Longstreth-Med. Franklin-Inst. Philadelphia, 1957 Emil-Mörsch-Med. Dt. Betonverein, 1962 Wason-Med. American Concrete Inst., 1972 Gauß-Med. Braunschweig. Wiss. Ges., 1976 Alfred E. Lindau Plaque (ACI; Ehrenmitgl. ACI (1966), RILEM (1968) u. AICAP Italien (1975)); 1977 Foreign Associate National Academy of Engineering USA - Liebh.: Skilaufen - Spr.: Engl., Franz., Span., Ital.

RÜSCHEN, Gerhard

Dr. rer. pol., Vorstandsvorsitzender Nestlé Deutschland AG - Lyoner Str. 23, 6000 Frankfurt/M. 71 - Geb. 23. Juni 1932 - Vors. Markenverb., Wiesbaden; AR-Vors. d. Duales System Deutschland GmbH.

RÜSEN, Jörn

Dr. phil., Prof. f. Geschichte Univ. Bielefeld, Fak. f. Gesch.wiss. - Postf. 86 40, 4800 Bielefeld 1 - Geb. 19. Okt. 1938 Duisburg, verh. m. Ingetraud, geb. Wodarz, 3 Kd. - Gymn. Duisburg (Abit. 1958); Univ. Köln, Promot. 1966 - 1966-68 Ref., 1969-72 wiss. Assist., 1973-74 Assist.-Prof., 1975-89 o. Prof. f. Neuere Gesch. Ruhr-Univ. Bochum, s. 1989 o. Prof. f. allg. Gesch. Univ. Bielefeld - BV: Begriffene Gesch., 1969; Ästhetik u. Gesch., 1976; Für e. erneuerte Historik, 1976; Histor. Vernunft, 1983; Rekonstruktion d. Vergangenheit, 1986; Lebendige Geschichte, 1989; Zeit u. Sinn, 1990; Geschichte d. Historismus (m. F. Jaeger 1992); Konfigurationen d. Historismus.

RÜSSMANN (ß), Helmut

Dr. rer. nat., o. Prof. f. Mathematik - Geb. 23. Nov. 1930 München - Promot. 1958 Göttingen - S. 1963 (Habil.) Lehrtätigk. FU Berlin (1967 apl. Prof.) u. Univ. Mainz (1971 Ord.). Fachveröff.

RÜSSMANN (ß), Helmut

Dr. jur., Univ.-Prof. Univ. d. Saarlandes (s. 1987), Richter OLG Saarbrücken (s. 1989) - Gärtnerstr. 6, 6602 Dudweiler - Geb. 23. Jan. 1943 Dortmund (Vater: Wilhelm R., Lehrer; Mutter: Ilse, geb. Osterhold) - Stud. u. a. Georgetown Univ., Washington; Promot. 1967 Frankfurt - 1975-87 Prof. Univ. Bremen, 1978-87 Richter OLG Bremen - BV: Jurist. Begründungslehre. E. Einf. in Grundprobl. Rechtswiss. (zus. m. H.J. Koch), 1982 - Liebh.: Musik - Spr.: Engl, Franz.

RÜSTOW, Hanns-Joachim

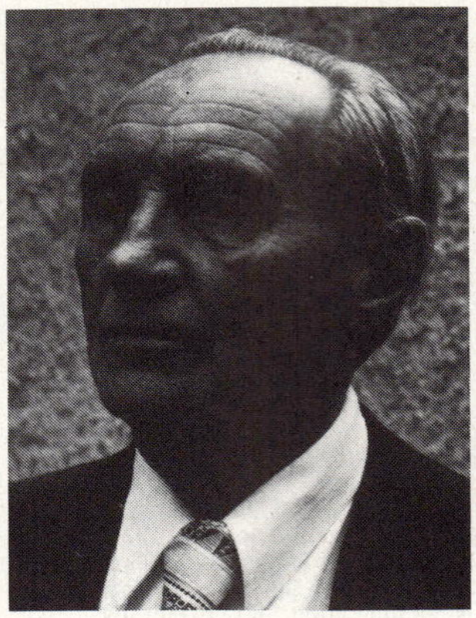

Dr. phil., Prof., Wirtschaftswiss. (emerit.) - 8137 Allmannshausen/Starnberger See (T. Berg 5 01 61) - Geb. 15. Okt. 1900 Berlin (Vater: Hans R., Generalleutnant; Mutter: Bertha, geb. Spangenberg), ev., verh. s. 1951 m. Leni, geb. Grimmel, 5 Kd. - Gymn.; Stud. Nationalök., Soziol., Gesch., Geogr. Promot. Heidelberg - 1926 Wiss. Berat. Reichswirtschaftsmin. (Grundsatzref.); 1956-69 Wiss. Berat. Ifo-Inst. f. Wirtschaftsforsch. 1930-32 Doz. Hochsch. f. Politik Berlin; s. 1962 Honorarprof. Univ. Erlangen-Nürnberg - Ehrenpräs. West/Ost-Kulturwerk. Mitgl. Verein f. Socialpolitik, Ges. f. Wirtschafts- u. Sozialwiss., List-Ges.; Mitgl. d. Freien Deutschen Akad. d. Wiss. u. Künste e.V. (auf Lebenszeit) - FDP. Unt. Hitler zeitw. verfolgt; 1939-45 Kriegsdst. (zul. Major d. R.) - BV: Theorie d. Vollbeschäftigung in d. fr. Marktwirtschaft, 1951; Investitionsquote - Wachstum u. Gleichgewicht, 1970; Stabilisierung d. Preisniveaus, Währungsordn. u. Lohnpolitik, 1973; Neue Wege z. Vollbeschäftigung. D. Versagen d. ökonom. Theorie, 1984; New Paths to Full Employment, 1991 - Orden u. Ehrenz. aus beiden Weltkriegen, Gr. Verdienstkreuz d. VO. d. Bundesrep. Dtschld., 1978; Gold. Sportabz. - Spr.: Franz., Engl. - Bek. Vorf.: Wilhelm Rüstow (†1878), Adalbert v. Chamisso (†1838), Friedrich Rückert (†1866); Bruder: Alexander R. (†1963; s. XIV. Ausg.) - Lit.: Festschr. z. 70. Geburtstag in: Ifo-Studien, 16. Jg. 1970, H. 1/2; Festvortrag d. Prof. Lord Kaldor (Cambrigde) z. achtzigsten Geb. in: Ifo-Studien 29. Jg. 1983, H. 1.

RÜTER, Diethard

Dr. jur., Stadtrat f. Volksbildung Berlin-Reinickendorf - Lahrer Pfad 10, 1000 Berlin 28 - Geb. 20. März 1936 Dorsten/Westf. (Vater: August R., Volksschulrektor; Mutter: Gertrud, geb. Ewe), ev., verh. s. 1963 m. Margarete, geb. Holtkamp, 3 Kd. (Maren, Kristina, Jörn †) - Abit. 1955; 1956 Dolmetscherex.; Stud. Rechtsw. u. BWL Univ. München u. Münster; I. jurist. Staatsex. 1961 Hamm, 1961/62 wissenschaftl. Tätigk., II. jurist. Staatsex. 1966 Berlin; Promot. 1969 Münster - Rechtsanw. u. Bankjur.; Mitarb. Freie Univ. Berlin. 1971-79 Bezirksverordnetenvers. Berlin-Reinickendorf (1975 stv. Vorst., 1977 Fraktionsvors.), 1979-89 Mitgl. Abgeordnetenhaus Berlin, Mitgl. Fraktionsvorst. Abgeordnetenhaus v. Berlin. SPD s. 1965 - BV: Fragen int. Kartellrecht in Deutschl. u. USA, 1970 (Diss.) - Liebh.: Musik, Sammeln, Gesch. - Spr.: Engl., Franz., Altgriech., Latein.

RÜTER, Horst

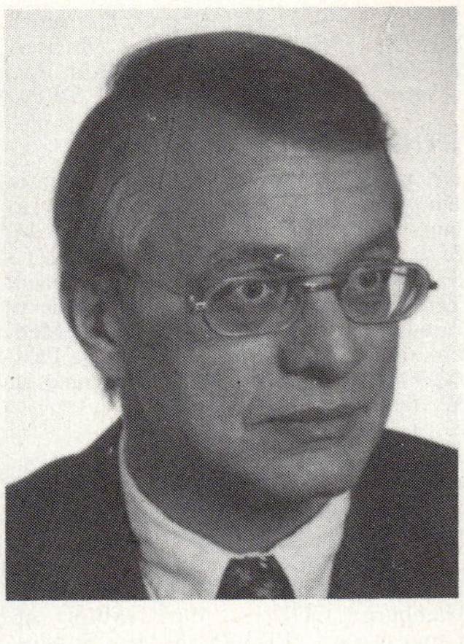

Dr. rer. nat., Prof., Geophysiker, Institutsleiter, Dt. Montan Technol. f. Rohstoff, Energie, Umwelt - Schürbankstr. 20a, 4600 Dortmund 41 (T. 0231 - 44 57 66) - Geb. 8. April 1942 Mühlacker, verh. s. 1969 m. Barbara, geb. Klemm, 3 Kd. (Karsten, Michael, Katja) - Dipl. 1969 Münster; Promot. 1974 Univ. Bochum - Leit. DMT-Inst. f. angew. Geophysik; Lehrauftr. Ruhr-Univ. Bochum - Entd.: Beiträge z. Steinkohle-Exploration, Umwelt- u. Ingenieurgeophysik.

RÜTER, Klaus

Staatssekretär im Ministerium d. Innern u. f. Sport im Lande Rheinland-Pfalz - Schillerplatz 3-5, 6500 Mainz (T. 06131 - 16-32 00) - Geb. 13. Jan. 1940 Berlin, ev., verh., 2 Kd. - Abit. 1959 Birkenfeld/Nahe; Jurastud. Saarbrücken, Berlin, Frankfurt - 1981-91 Landrat d. Donnersbergkreises in Kirchheimbolanden - 1969 Mitgl. d. SPD; 1979 Mitgl. d. Bezirkstages d. Pfalz; Mitgl. d. Landesvorst. d. SPD.

RÜTHER, Günther

Dr. phil., Institutsleiter Konrad-Adenauer-Stiftung, Wesseling/Schloß Eichholz - Gottfried Disse Str. 38, 5350 Euskirchen - Geb. 16. Okt. 1948 Cuxhaven (Vater: Max R., Finanzbeamter; Mutter: Helga, geb. Haßkerl), ev., verh. s. 1975 m. Cordula, geb. Becker, 2 Kd. (Markus, Christina) - Stud. German., Polit. Wiss., Päd.; Univ. Freiburg (M.A. 1973, 1. Staatsex. 1974), Promot. 1979 Univ. Bonn - S. 1974 wiss. Mitarb. Konrad-Adenauer-Stiftg.; 1981 verantw. f. polit. Bildung. S. 1979 Herausg. polit. Vierteljahresschr. Eichholzbrief - BV: Staat u. Erwachsenenbild. E. Unters. z. Stell. d. Träger im soz. Rechtsstaat, 1979; Zw. Anpassung u. Kritik. Lit. im real-existierenden Sozialismus d. DDR, 1989; Greif zur Feder, Kumpel; Schriftsteller, Literatur u. Politik in d. DDR, 1991. Herausg u. Mitarb.: D. vergessenen Institut. E. Analyse d. Institut. im parlament. Reg.system d. Bundesrep. Dtschl. (1979); Geschichte d. christlich-demokr. u. christlich-soz. Bewegungen in Deutschl., 2 Bde. (1986); Kulturbetrieb u. Lit. in d. DDR (1987); Alltag in d. DDR (1988).

RÜTHER, Heinz

Dr. med., Prof., Chefarzt Orthopäd. Klinik St.-Vincentius-Krankenhaus Karlsruhe (s. 1953) - Lutherstr. 42, 7500 Karlsruhe-Durlach (T. 4 22 93) - Geb. 5. Febr. 1912 Dortmund, kath., verh. s. 1944 m. Annemarie, geb. Herweg, 3 Kd. - Univ. München, Kiel, Freiburg, Heidelberg - S. 1951 (Habil.) Privatdoz. u. apl. Prof. (1959) Univ. Heidelberg (b. 1952 Oberarzt Orthop. Klinik) - BV: D. jugendl. Hüftkopflösung, ihre Ätiologie u. Behandl., 1953. Zahlr. Fachaufs.

RÜTHERS, Bernd

Dr. jur., Prof. f. Bürgerl. Recht, Handels- u. Arbeitsrecht sow. Rechtstheorie, Rektor d. Univ. Konstanz, Richter am Oberlandesgericht a.D. - Höhgasse, CH-8598 Bottighofen TG (Schweiz) (T. D 07531 - 88 26 83) - (Vater: Ferdinand R., Werkmeister; Mutter: Johanna, geb. Vehoff), kath., verh. s. 1962 m. Theres, geb. Seeli, T. Monica - Gymn. Dortmund; Univ. Münster (Rechts- u. Sozialwiss.). Promot. 1958 - 1961-63 Direktionsassist. Daimler-Benz AG, Stuttgart (Zentrales Personalwesen); 1964-65

Wiss. Assist. Univ. Münster; 1966-67 Stip. Dt. Forschungsgemeinsch. Habil. 1967 Münster - Univ. Darmstadt, Bielefeld, Berlin. Konstanz, Augsburg; s. 1971 o. Prof. f. Zivilrecht u. Rechtstheorie Univ. Berlin (1968-71) u. Konstanz (s. 1971); 1991-95 Rektor d. Univ. Mitgl. versch. Sachverst.kommiss. Bundesreg. u. Länderreg. - BV: Streik u. Verfassung, 1960; Arbeitskampfrecht, 1965 (m. Brox); D. Recht d. Gewerkschaften auf Information u. Mitgliederwerbung im Betrieb, 1968; D. unbegrenzte Auslegung, 1968; Arbeitsrecht u. Polit. System, 1972; Tarifmacht u. Mitbestimmung in d. Presse, 1975; Allg. Teil d. BGB, 8. A. 1991; E. Generation später ..., Studie 1981; D. offene Arbeitsges., 1985; Grauzone Arbeitsrechtspolitik, 1986; Rechtsordnung u. Wertordnung, 1986; Wir denken d. Rechtsbegriffe um - Weltanschauung als Auslegungsprinzip, 1987; Entartetes Recht - Rechtslehren u. Kronjuristerei im Dritten Reich, 2. A. 1989; Carl Schmitt im Dritten Reich, 2. A. 1990; D. Ungerechte an d. Gerechtigkeit, 1991 - 1967 Hans-Constantin-Paulßen-Preis; 1990 Ludwig-Erhard-Preis - Spr.: Engl.

RÜTT, August

Dr. med. (habil.), em. o. Prof. f. Orthopädie Univ. Würzburg (1962-86), Direktor Orthopäd. Klinik König-Ludwig-Haus ebd. (s. 1962) - Lerchenweg 11, 8700 Würzburg (T. 7 69 02) - Geb. 31. Mai 1918 - 1956-62 Doz. Univ. Köln - BV: Handb. f. Orthopädie, 1. u. 2. A., Beitr. in Bd. I u. IV, Therapie d. Koxarthrose, Th. of Coxarthrose, Orthop. Operationsatlas, Bd. IV (Unterschenkel, Fuß); Beitr. in Praxis d. Orthop., 1985; Beitr. in Orthop. In Klinik u. Praxis, Bd. I u. VII, 1986. Facharb. - 1956 Max-Lange-Preis.

RÜTTEN, Herbert

Dipl.-Kfm., Kurdirektor u. Vorstand AG Bad Neuenahr (s. 1971), Geschäftsf. Kurkliniken Bad Neuenahr GmbH, stv. Präs. DEHOGA, Vors. Dt. Sektion Intern. Hotel Assoc. (IHA), Schatzm. Wirtsch.-Verb. Dt. Heilbäder u. Kurorte - Kurgartenstr. 1, Postf. 10 07 51, 5483 Bad Neuenahr - Geb. 3. April 1931 Köln - 1951-53 Praktikum; Univ. Köln (Wirtschaftswiss.), Dipl. 1954 - S. 1955 Angest. AG Bad Neuenahr (Kurverw., Kurhotel, Sanatorium, Kurhaus), 1956-58 Steigenberger Hotelges. Frankfurt/M., danach wieder AG Bad Neuenahr. Geschäftsf. SETA Hotel Landgraf GmbH & Co. KG, Bad Neuenahr-Ahrweiler, d. AHR-THERMEN Bad Neuenahr Verwaltung GmbH; stv. AR-Vors. Haftpflichtversich. d. Dt. Hotel- u. Gaststättengewerbes - Haftpflichtkasse - Versich.verein aG, Darmstadt; AR-Vors. d. Volksbank Bad Neuenahr-Ahrweiler e.V., Bad Neuenahr-Ahrweiler; Beirat d. Landesbank Rheinl.-Pfalz - Girozentrale -, Mainz. Div. Fachmitgl.sch., u. a. Vizepräs. d. IHK zu Koblenz - 1982 BVK; 1986 Brillat Savarin Plak.

RÜTTEN, Manfred

Hauptgeschäftsführer Landesvereinig. d. Fachverb. d. Handwerks Nordrh.-Westf., d. Bundesinnungsverb. d. Dt. Schuhmacherhandwerks, d. Bundesinnungsverb. d. Damenschneiderhandwerks, d. Bundesinnungsverb. d. Zweiradmechanikerhandwerks, u. d. Fahrrad- u. Kraftrad-Gewerbebverb. Deutschl. - Auf'm Tetelberg 7, 4000 Düsseldorf 1 - Geb. 30. März 1936 - Ing.

RÜTTGERS, Jürgen

Dr. jur., 1. Beigeordneter a. D., MdB (s. 1987) - Fichtenweg 15, 5024 Pulheim-Sinthern - Geb. 26. Juni 1951 Köln-Lindenthal, kath., verh. - 1969-75 Stud. Rechtswiss. u. Gesch.; 1. jurist. Staatsprüf. 1975; 2. jurist. Staatsprüf. 1978; Promot. 1979 - 1978-80 Ref. b. Nordrh.-Westf. Städte- u. Gemeindebund; 1980-87 Beigeordn. bzw. Erster Beigeordn. Stadt Pulheim/Rhld.; 1975-80 Ratsmitgl. Pulheim; 1980-86 Landesvors. Junge Union Rhld.; s. 1985 Vors. CDU-Erftkreis; 1987-89 Vors. Enquete-Kommiss. Technikfolgenabschätzung u. -bewertung d. Dt. Bundestages; s. 1991 Erster Parlam. Geschäftsf. d. CDU/CSU-Bundestagsfraktion - Mitautor versch. wasserrechtl. Kommentare.

RÜTTING, Barbara

Schauspielerin - Sommerholz 30, A-5202 Neumarkt - Geb. 21. Nov. 1927 Berlin, 2 x gesch. - Gymn. - N. Kriegsende versch. Berufe, u. a. Auslandskorresp. - Bühne: Frl. Julie, Prinzessin Eboli, Fuhrmann Henschel (Hanne Schäl), Lady Macbeth, Hedda Gabler, D. ehrbare Dirne u. a. Film: Postlagernd: Turteltaube, D Spur führt n. Berlin, Christina, D. letzte Brücke, D. zweite Leben, Canaris, Heideschulm. Uwe Karsten, Spionage, Mädchen o. Grenzen, In Hamburg sind d. Nächte lang, D. Geierwally, Glücksritter, Rot ist d. Liebe, Liebe, wie d. Frau sie wünscht, D. Freundin m. Mannes, Ich war ihm hörig, Herz o. Gnade, Schwarzer Stern in weißer Nacht, E. wunderbarer Sommer, Frauensee, Zeit zu leben - Zeit zu sterben, Arzt o. Gewissen, D. Schatten werden länger, Stadt o. Mitleid, Frauenarzt Dr. Sibelius, Liebe will gelernt sein, D. Phantom v. Soho u. a.; Fernsehen: u. a. Lysistrata (unt. Kortner), Die Kramer (Serie, 1971 ff.) - BV: Diese maßlose Zärtlichkeit - Versuche m. Männern, 1970; Mein Kochbuch, 1976; Ach du grüner Kater, 1979; Koch- u. Spielb. f. Kd., 1982; Mein neues Kochb., 1984 - 1953 Bundesfilmpreis (f.: D. Spur führt n. Berlin) - Liebh.: Reisen, Tennis, Sporttauchen - Spr.: Engl., Franz., Dän., Ital.

RUETZ, Michael

O. Prof. f. Photographie Hochschule f. Bild. Künste Braunschweig, Fotograf - Dörpfeldstr. 25, 2000 Hamburg 52 (T. 040 - 800 35 05) - Geb. 4. April 1940 Berlin (Vater: Manfred R., Musiker) - Stud. Sinol., Japanol. Univ. München, Berlin; Ex. Foto-Design b. Otto Steinert 1976 GH Essen - Drucker u. Verleger d. Rigaschen Rundschau - 1969-73 Reporter STERN Redaktion; 1982 Lehrstuhl f. Photogr. Hochsch. f. Bild. Künste, Braunschweig - BV: Christo Projekt Monschau, 1971; Auf Goethes Spuren, 1978; Nekropolis, 1978; Goethe in d. Schweiz, 1979; Im and. Dtschl., 1979; APO Berlin 1966-1969, 1980; Land d. Griechen, 1981; Sizilien, 1983; Eye On America, 1984; Goethes Ital. Reise, 1985; Scottish Symphony, 1985; Joseph Beuys, 1986; Mond/Luna, 1986; Römische Veduten, 1987; Eye on Australia, 1987; Fontanes Wanderungen durch d. Mark Brandenburg, 1987; Italy, Seasons of Light, 1988; Germany, 1989; Schweiz, 1990; Wales, 1990; France, 1990; Über Berlin, 1993; Bibliothek d. Augen, ab 1988. Zahlr. Einzelausst. im In- u. Ausl., u.a. London (ICA), Kopenhagen (Kunstverein), München (Stadtmuseum), Zürich (Helmhaus), Lissabon (Dt. Inst.), Washington D.C. (Sander), New York City (IPAD), Rom (Accademia Tedesca), Köln (Photokina), Carmel, California (Photography West Gallery), San Francisco, Cal. (Vision Gallery), Hamburg (Kunsthalle, Kunstverein), Berlin (Gal. Mikro, Künstlerhaus Bethanien) - 1981 Villa Massimo Preis.

RUF, Hugo

Dr. med., o. Prof. f. Neurochirurgie - Schleusenweg, 6000 Frankfurt/M. (T. 6 30 11) - Geb. 5. Febr. 1911 Bruchsal/Baden - S. 1950 (Habil.) Privatdoz., apl. (1957) u. o. Prof. (1963) Univ. Frankfurt (Dir. Neurochir. Klinik). Zahlr. Facharb.

RUF, Rudolf Karl

Glasermeister, MdB (1980-90), Vizepräs. Zentralverb. d. Dt. Handwerks (s. 1979) u. Dt. Handwerksrat (s. 1975), Vorstandsmitgl. Dt. Handwerkskammertag (s. 1978), Präs. Baden-Württ. Handwerkstag (1975-91), Präs. Handwerkskammer Karlsruhe (s. 1974) - Rüppurrer Str. 25, 7500 Karlsruhe 1 (T. 60 61 75) - Geb. 30. Aug. 1922 Karlsruhe, ev., verh. s. 1965 m. Christa, geb. Stadler, 4 Kd. - Goethe-Gymn. Karlsruhe (Abit.); Glaserlehre - 1960 Gold. Junghandwerkerabz.; 1972 BVK a. Bd.; 1973 Ehrenpräs. u. Gold. Ehrennadel Bundesverb. d.

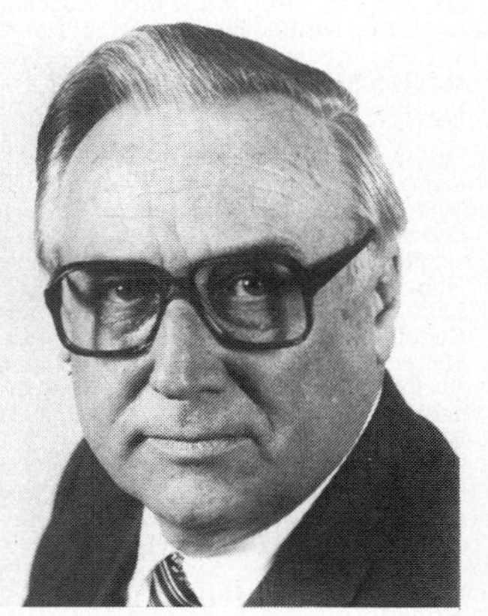

Jungglaser u. Fensterbauer, 1977 BVK I. Kl.; 1978 Gold. Ehrennadel Glaserhandw.; 1979 Verdienstmed. Baden-Württ.; 1979 Gold. Ehrenz. d. Bundeskammer d. gewerbl. Wirtsch. in Österr./Sektion Gewerbe; s. 1981 Ehrenbundesinnungsm. d. Glaserhandwerks; 1982 Gr. BVK; 1982 Gold. Ehrennadel Zentralverb. Dt. Handwerk (ZDH); 1982 Gold. Ehrennadel Baden-Württ. Handwerkstag (BWHT); 1982 Gold. Ehrennadel Baden-Württ. Glaserhandwerk; 1984 Gold. Ehrennadel Union Européene des Miroitiers Vitriers (UEMV); 1984 Gold. Ehrennadel Handwerkskammer Karlsruhe; 1987 Gr. BVK m. Stern; Ehrenmeister Kreishandwerkerschaft Karlsruhe u. Glaserhandwerk Baden-Württ. - Spr.: Engl., Franz.

RUF, Werner

Dr. phil., Prof. f. Intern. u. interges. Beziehungen Univ.-GH Kassel (Ps.: abdelhaq) - Chattenweg 32, 3501 Edermünde 3 - Geb. 15. Okt. 1937 Sigmaringen (Vater: Emil R., Lehrer; Mutter: Martha, geb. Schatz), 2 Kd. (Irinell, Urs Peter) - 1960 Philosophikum Freiburg (Promot. 1967) - 1968-69 Gastprof. Univ. New York; 1971-75 Prof. Univ. Aix-Marseille; 1974-82 Prof. Univ.-GH Essen; ab 1982 Prof. GH Kassel - BV: D. Burgibismus u. d. Außenpolitik Tunesiens, 1969. Herausg.: Indépendance et Interdépendances au Maghreb (1974); Introduction à l'Afrique du Nord Contemporaine (1975); Transnational Mobility of Labour and Regional Developments in the Mediterranean (m. Michael Lacher, 1984); V. Kalten Krieg z. heißen Ordnung - D. Golfkrieg: Hintergründe u. Perspektiven (1991) - Spr.: Engl., Franz., Ital., Arab.

RUF, Wolfgang

Journalist, Leiter Westd. Kurzfilmtage, Oberhausen (1975-85), Presseref. Dt. Bühnenverein u. verantwortl. Redakt. Ztschr. D. Dt. Bühne Köln (s. 1985) - Deutscher Bühnenverein, Quatermarkt 5, 5000 Köln 1 - Geb. 6. Juni 1943 München.

RUFF, Siegfried

Dr. med., Dr. med. habil., Prof. f. Luftfahrtmedizin u. Physiologie - Nietzschestr. 49, 5300 Bonn-Bad Godesberg (T. 32 37 80) - Geb. 19. Febr. 1907 Friemersheim/Rheinland, ev., verh. s. 1933 m. Maria, geb. Kuckertz, 2 Kd. (Gert, Heike) - Univ. Berlin u. Bonn. Habil. 1938 Berlin - 1934-75 Dir. Inst. f. Flugmed. Berlin bzw. Bad Godesberg (Dt. Forsch.s- u. Versuchsanst. f. Luft- u. Raumfahrt). S. 1938 (Habil.) Dozent Univ. Berlin u. Bonn (1952; 1954 apl. Prof.) - BV: Grundriß d. Luftfahrtmed., 1939, 3. A. 1957; Atlas d. Luftfahrtmed., 1939 (bde. m. H. Strughold); D. dt. Luftfahrt: Sicherheits- u. Rettungsgeräte, Bd. 10 (m. M. Ruck u. G. Sedlmayr) - 1931 u. 1932 Richthofen-Pokal; 1938 Ernenn. z. Flugkapt.

RUFFMANN, Karl-Heinz

Dr. phil., em. o. Prof. f. Osteurop. Geschichte Univ. Erlangen-Nürnberg (s. 1962) - Rommerskircher Str. 12, 5000 Köln 60 (T. 599 24 43) - Geb. 7. März 1922 Memel - Univ. Jena (1939-41) u. Göttingen (1946-50). Promot. 1950 Göttingen; Habil. 1961 Köln - 1957-61 wiss. Mitarb. u. Studienleit. Ostkolleg Köln. 1961-62 Privatdoz. Univ. Köln. 1941-46 Kriegsdst. (verwundet) u. Gefangensch. 1952-54 Stip. DFG - BV: D. Rußlandbild im England Shakespeares, 1952; Sowjetrußland - Struktur u. Entfaltung d. kommunist. Vormacht, 10. A. 1984; Nation u. Demokratie in unserer Zeit, 1970; Sowjetunion, 1972; Sport u. Körperkultur in d. Sowjetunion, 1980; Fragen an d. sowjetische Gesch. V. Lenin b. Gorbatschow, 1988. Zahlr. Einzelarb. Herausg.: Sowjetunion - Texte/Bilder/Dokumente (1972); Mithrsg.: D. Sowjetkommunismus in Dokumenten (2 Bde. 1963/64), Kulturpolitik d. Sowjetunion (1973); Modernisier. versus Sozialismus, Formen u. Strategien sozial. Wandels im 20. Jh. (1983).

RUGE, Doris,

geb. Obermark

Schriftstellerin - Böttgerstr. 38, 5205 St. Augustin 3 (T. 02241 - 31 35 73 u. 31 35 91) - Geb. 18. Dez. 1946 Langenberg (Rheinl.), verh. s. 1967 m. Uwe Max R. - Abit., Kaufm. Ausb. - S. 1992 Lit.vertr. im Vorst. d. Kunstvereins f. d. Rhein-Sieg-Kreis - BV: E. Art Glück, 1984; E. Art Leben, 1985; E. Art Brief, 1989; Zwischen Morgen u. Abend, 1990 - 1986 Literaturpreis d. Stadt Siegburg.

RUGE, Gerd

Journalist, Korrespondent u. Leiter d. ARD-Studios Moskau - Zu erreichen üb. WDR, Appellhofplatz 1, 5000 Köln 1 - Geb. 9. Aug. 1928 Hamburg (Vater: Dr. med. Werner R.; Mutter: Gertrud, geb. Lüdemann), ev.-luth. - Landerziehungsheime Marienau u. Schondorf/Ammersee; Rundfunksch. Hamburg (NWDR) - Ab 1948 Redakt., Kommentator, Korresp., Hauptabteilungsleit. NWDR bzw. WDR, 1956-59 ARD-Korresp. Moskau, 1961-64 Leit. aktuelle u. regionale Programme Hörfunk u. Fernsehen WDR, 1964-69 ARD-Korresp. Washington, 1970-73 ARD-Chefkorresp. u. Leit. WDR-Fernsehstudio Bonn, 1973-76 Welt-Korresp. Peking, 1976-77 Research Fellow East Asian Research Centre Harvard Univ., 1977-81 ARD-Korresp. Moskau, 1981-83 Sonderkorresp. u. Ltg. Magaz. Monitor, 1984-85 Chefredakt. Fernsehen, 1986 Exekutive Dir., Alerdinck-Foundation for East-West Communication, Den Haag, New York, Moskau - BV: Boris Pasternak, Bildbiogr. 1958 (auch USA, Engl., Frankr.); Gespräche in Moskau, 1961; Vergessene Kinder Europas? - Europ. Antlitz jenseits d. Eisernen Vorhangs, 1963; Deutschland u. d. Sowjetunion, 1972 (m. Heinz Geyr); Begegnungen m. China - E. Weltmacht i. Aufbruch, 1978; Zw. Washington u. Moskau - Europa in d. Konfrontation d. Supermächte, 1984 - 1969 Adolf-Grimme-Preis in Silber u. Presse-Preis (f. d. Fernsehbericht üb. d. Ermordung v. Robert Kennedy); 1970 (f. Amerika-Berichterstattung) u. 72 (als beliebtester polit. Moderator) Bambi in Gold; BVK 1972; Adolf-Grimme-Preis in Gold, 1964 (f. TV-Serie „Das Dritte Reich") - Spr.: Engl., Russ., Franz.

RUGE, Ingolf

Dr.-Ing., Prof. f. Mikro-Elektronik TU München, Geschäftsführender Direktor Fraunhofer-Inst. f. Festkörpertechnol. München - Paul-Gerhardt-Allee 42, 8000 München 60.

RUGE, Jens

Oberregierungsrat a. D., MdL Schlesw.-Holst. a.D. (b. 1983) - Ebereschenweg 47, 2300 Altenholz - Geb. 4. Aug. 1938 Kiel, ev., verh., 1 Kd. - Obersch. Plön (Abit.); Stud. Rechts- u. Staatswiss. Freiburg, Berlin, Kiel. Beide jurist. Staatsprüf. - Regierungsass. Innenmin. SH, Reg.rat Landrat Kr. Rendsburg-Eckernförde, Oberreg.rat Landesamt f. Straßenbau u. -verkehr Kiel (Dezern. f.

Straßen- u. -güterverk.), Ref. Innenmin. ebd. (Allg. Ordnungsrecht). 1974ff. / MdK Rendsburg-Eckernförde (Fraktionsvors.); Zeitw. Landesvors. Dt. Jungdemokr.; MdL VIII. u. IX. Wahlp. FDP s. 1964 (1971 Kreisvors.).

RUGE, Manfred Otto

Oberbürgermeister d. Landeshauptstadt Thüringens, Erfurt - Am Fischmarkt 1, O-5020 Erfurt (T. 0361-59 10 01) - Geb. 7. Okt. 1945 Erfurt, kath., verh. s. 1968 m. Barbara, geb. Kraft, 4 Kd. (Markus, Tobias, Fabian, Johanna-Maria) - Dipl.-Ing. f. theor. Elektrotechnik 1970 TH Ilmenau - Abt.leit. im ehem. Optima-Büromaschinenwerk; Präsid.-Mitgl. d. DST; Vizepräs. d. WPS - Liebh.: Motorsport, Surfing.

RUGE, Ulrich

Dr. phil., em. o. Prof. f. Angew. Botanik - Erikastr. 130, 2000 Hamburg 20 (T. 47 79 50) - Geb. 29. Dez. 1912 Friedrichshof/Uckerm. (Vater: Wilhelm R., Rittergutsbes.; Mutter: geb. Süsserott), verh. s. 1941 m. Gisela, geb. Osse, 3 Kd. (Ingrid, Norbert, Dietlinde) - Univ. Rostock, Freiburg/Br., Greifswald (Botanik, Zool., Chemie, Physik, Math., Mineral., Phil.; Promot. 1936, Habil. 1940) - 1940 Doz. Univ. Greifswald, 1947 ao. Prof. Univ. Kiel, 1948 o. Prof. Hochsch.f. Gartenbau u. Landeskultur (jetzt TU Hannover), 1960 Univ. Hamburg - BV: Übungen z. Wachstums- u. Entwicklungsphysiol. d. Pflanze, 1942, 3. A. 1951; Gärtner. Samenkunde, 1966; Angew. Pflanzenphysiol. als Grundl. f. d. Gartenbau, 1966; Bäume in d. Stadt, 1978 (Herausg. F. Meyer), 2. A. 1982.

RUH, Kurt

Dr. phil., Dr. theol. h. c., em. o. Prof. f. Dt. Philologie - Thüringer Str. 22, 8700 Würzburg - Geb. 5. Mai 1914 Neuhausen (Schweiz) - S. 1954 (Habil.) Lehrtätigk. Univ. Basel (Privatdoz.) u. Würzburg (1960 Ord. u. Mitvorst. Inst. f. Dt. Philol./Ältere Abt.), o. Mitgl. Bayer. Akad. d. Wiss.; Ehrenmitgl. Koninklijke Acad. voor nederlandse taal-en letterkunde - BV: D. Passionstraktat u. a. d. Heinrich v. St. Gallen, 1940; Altd. Mystik, 1949; Bonaventura deutsch, 1956 (Habil.schr.); Helmbrecht, 1960; Franziskan. Schrifttum d. dt. Mittelalters, 2 Bde. 1964/85; Höfische Epik d. dt. Mittelalters I. u. II., 1967/1977/1980; Kleine Schriften, 2 Bde. 1984; Meister Eckhart, 1985, 2. A. 1989; Gesch. d. abendländischen Mystik, I. Bd. 1990. Herausg.: D. dt. Lit. d. Mittelalters. Verfasserlexikon (2. A.), Festschrift/K. Ruh, 1979, 89 - 1981 Brüder-Grimm-Preis.

RUH, Ulrich

Dr. theol., Chefredakteur Herder-Korrespondenz - Hermann-Herder-Str. 4, 7800 Freiburg/Br. - Geb. 2. Okt. 1950 Elzach (Schwarzw.) - 1984 Kath. Journalistenpreis (Dt. Bischofskonfz.).

RUHBACH, Gerhard

Dr. theol., Prof., Kirchenhistoriker - Bethelweg 52, 4800 Bielefeld 13 (T. 144 39 58) - Geb. 31. März 1933 Königsberg/Pr. (Vater: Kurt R., Mittelschullehrer; Mutter: Elisabeth, geb. Willamowski), ev., verh. s. 1961 m. Sabine, geb. Ruppel, 4 Kd. (Bernd, Heike, Jens, Kerstin) - Gymn.; Kirchl. Hochsch. Bethel, Univ. Heidelberg u. München (Theologie, Klass. Philol.). Promot. (1962) u. Habil. (1966) Heidelberg - 1958-65 Hochschulassist.; 1965-66 Stip. Dt. Forschungsgemeinsch.; 1966-67 Privatdoz. Univ. Heidelberg; s. 1967 Prof. KH Bethel (1972, 1976, 1982 u. 1989 Rektor) - BV: Apologetik u. Geschichte, 1962 (Diss.); Engel u. Dämonen in d. Theologie d. frühen griech. Kirche u. ihr geistesgeschichtl. Hintergrund, 1966 (Habil.schr.); Glaubensbekenntnisse f. unsere Zeit, 2. A. 1985; Kirchengesch., 1974; Theologie u. Spiritualität, 1987. Herausg.: Ausgewählte Märtyrerakten (1965), Texte z. Kirchen- u. Theologiegesch. (1966ff.); Gr. Mystiker, (1984, m. J. Sudbrack); Christl. Mystik (1989, m. J. Sudbrack); Meditation u. Gottesdienst (1989, m. A. Grün u.a.); Med. Zugänge zu Gottesdienst u. Predigt I-VI (1990ff.).

RUHENSTROTH-BAUER, Gerhard

Dr. med., Dr. rer. nat., Prof., experimenteller Mediziner, em. wiss. Mitgl. Max-Planck-Inst. f. Biochemie, Martinsried b. München (s. 1962; vorher Assist.) - Spitzelbergerstr. 11, 8032 Gräfelfing/Obb. (T. München 854 11 04) - Geb. 2. Juni 1913 Troppau/Sudetenl. (Vater: Rudolf Bauer, Studienprof.; Mutter: Margarete, geb. Ruhenstroth), verh. s. 1943 m. Renate, geb. v. Hase, S. Eberhard - Dr. med. 1937 Prag, rer. nat. 1943 Berlin; Habil. 1951 Tübingen - S. 1951 Lehrtätigk. Univ. Tübingen u. München (1957; 1958 apl. Prof. f. Exper. Med.); s. 1967 Dir. u. Wiss. Mitgl. MPI f. Biochem. München. Fachveröff.

RUHFUS, Jürgen

Dr. jur., Diplomat, Botschafter in Washington (s. 1987) - - 4645 Reservoir Road, N.W. Washington, D.C. 20007 - Geb. 4. Aug. 1930 Bochum, verh., 3 Töchter - Stud. Univ. München, USA u. Münster (Rechtswiss.) - 1955-76 Ausw. Dienst (Auslandsposten: Genf, Dakar, Athen, 1970-73 Botsch. Nairobi); 1976 Bundeskanzleramt, Leit. Abt. f. ausw. Beziehungen u. äußere Sicherheit; 1980-83 Botsch. in London; dann Ministerialdir. AA; 1984-87 Staatssekr. AA Bonn.

RUHIG, Hubert

Dr. jur., Fachanwalt f. Steuerrecht, Direktor Deutsche Shell AG - Überseering 35 XII, 2000 Hamburg 60 (T. 040 - 6 32 44 10).

RUHNAU, Heinz

Staatssekretär a.D., Vorstandsvorsitzender Dt. Lufthansa AG, Köln (1982-91) - Von-Gablenz-Str. 2-6, 5000 Köln 21 (T. 0221 - 826 22 22) - Geb. 5. März 1929, verh. (Ehefr.: Edith), 3 Töcht. (Elke, Antje, Constanze) - Obersch. Danzig (Mittl. Reife); 1946-49 Elektromaschinenbauerlehre; 1952-54 Akad. f. Wirtschaft u. Politik Hamburg (Betriebswirt). 1954-56 IG Metall, Frankfurt, 1956-65 Bezirksltg. Hamburg; 1965-73 Senator f. Inneres, Hamburg; 1974-82 Staatsekr. d. Bundesmin. f. Verkehr Bonn - 1980 Gr. BVK, 1989 Stern dazu; 1987 Span. VO.

RUHNKE, Martin

Dr. phil., o. Prof. f. Musikwissenschaft - Im Herrengarten 22, 8520 Erlangen-Buckenhof (T. 5 51 22) - Geb. 14. Juni 1921 Köslin/Pom. (Vater: Otto R., Regierungsbeamter; Mutter: Margarete, geb. Sydow), ev., verh. s. 1952 m. Ingrid, geb. Petersen, T. Birgit - Gymn. Köslin (b. 1939); 1939-49 Wehrdst. u. sowjet. Gefangensch.; 1949-1953 Univ. Kiel (Musikwiss.). Promot. 1954 Kiel; Habil. 1961 Berlin - 1954-64 FU Berlin (Assist., 1961 Privatdoz.); 1964 Ord. u. Inst.svorst. Univ. Erlangen-Nürnberg. 1968-74 Präs. Ges. f. Musikforsch. - BV: Joachim Burmeister, 1955; Beitr. zu e. Geschichte d. dt. Hofmusikkollegien im 16. Jh., 1963; G. Ph. Telemann, Thematisch-Systematisches Verzeichnis s. Werke, Instrumentalwerke Bd. 1, 1984 - Ahnen: Ernst Gottfried Fischer, Physiker u. Mathematiker (1754-1831); Georg Hager, Nürnberger Meistersinger (1552-1634).

RUHR, Reinhold

Verwaltungsbeamter, Bürgermeister Stadt Michelstadt - Erbacher Str. 26, 6120 Michelstadt (T. 06061 - 7 41 10) - Geb. 29. Okt. 1945 Offenbach (Vater: Reinhold R., Arzt; Mutter: Susanne, geb. Grimm), kath., verh. s. 1974 m. Antoinette, geb. Jost, 3 T. (Walburga, Philomena, Charlotte) - Verwaltungssem. Frankfurt. 1965-72 Stadt Heusenstamm, 1972-79 Bürgerm. Gem. Graselenbach, s. 1979 Bürgerm. Stadt Michelstadt.

RUHRBERG, Karl

Prof., Kunsthistoriker, Museumsdirektor

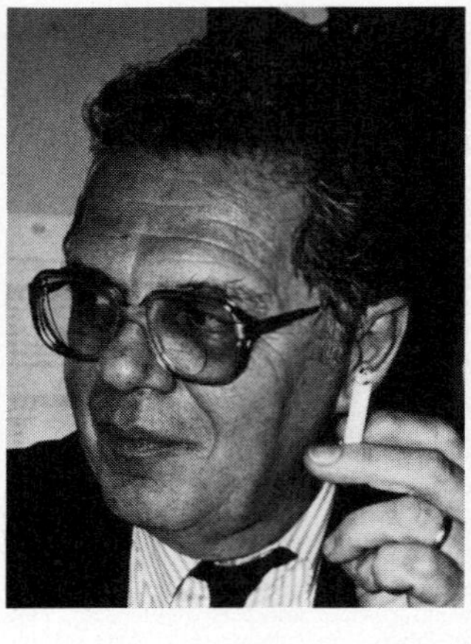

a.D. - Mainstr. 38, 5000 Köln 50 - Geb. 9. Nov. 1924 Elberfeld (Vater: Carl R., Kaufm.; Mutter: Elisabeth, geb. Hagenkötter), ev., verh. s. 1952 m. Elfriede, geb. Bierbichler, 2 Töcht. (Angelika, Bettina) - Oberrealsch. Düsseldorf (Fürstenwall); Zeitungsvolontariat; Univ. Köln (Theaterwiss., Kunstgesch., German.) - 1949-51 fr. Journ., 1952-56 Stud., 1956-62 Redakt. Düsseldorfer Nachr. (Feuill.), 1962-64 Chefdramat. Dt. Oper am Rhein, Düsseldorf; 1965-72 Dir. Städt. Kunsthalle D'dorf, 1972-1978 Dir. Berliner Künstlerprogr./DAAD, 1978-84 Dir. Museum Ludwigs, Köln - BV: Werner Gilles, 1961; D. Schlüssel z. Malerei v. heute, 1965; Düsseldorf, 1972; Bernard Schultze, 1984; Kunst d. 20 Jh. (Twentieth Century Art), 1986; D. Malerei unseres Jh., 1987; Emil Schumacher, 1987; D. Malerei in Europa u. Amerika, 1992. Herausg.: Kunstjahrb. 1-3 (1969-72 u. 76-80); Zeitzeichen (1989); Georg Meistermann, Werkmonogr. (1991) - 1989 VO. Land NRW - Liebh.: Sport - SPD; ICOM; AICA - Spr.: Engl., Franz.

RUHSTRAT, Ernst-Adolf

Fabrikant (Ruhstrat GmbH), Vors. d. ZVEI Landesstelle Niedersachsen - Heinestr. 12, 3406 Bovenden 1 - Geb. 12. Sept. 1930.

RULAND, Franz

Dr. jur., Prof., Geschäftsf. Verb. Dt. Rentenversicherungsträger - Kälberstücksweg 55, 6380 Bad Homburg - Geb. 25. Sept. 1942 Saarbrücken, verh. s. 1968 m. Annette, geb. Wolff, T. Xenia - 1962-67 Jurastud. Univ. Bonn u. Saarbrücken, anschl. Forschungsassist.; Promot. u. Ass.ex. 1972, Habil. 1979 - Wiss. Assist. München; 1978-80 Justitiar Verb. Dt. Rentenversicherungsträger; 1980-84 Lehrstuhl f. öfftl. Recht u. Recht d. soz. Sicherung, Hannover; Richter LSG Celle; s. 1984 stv. Geschäftsf., 1992 s. o.; 1987 Hon.-Prof. - BV: Familiärer Unterhalt u. Leistungen d. soz. Sicherh., 1973; Versorgungsausgl. u. steuerl. Folgen d. Ehescheidung, 1977; Probl. d. Versorgungsausgl. in d. betriebl. Altersversorg. u. priv. Rentenversich., 1982; Möglichk. u. Grenzen e. Annäher. d. Beamtenversorg. an d. gesetzl. Rentenversich., 1983; weitere zahlr. Buch- u. Ztschr.publ. Herausg.: Handb. d. Sozialrechts (1988); Handb. d. gesetzlichen Rentenversich. (1990); Gesamtkommentar z. SGB VI (1992) - Spr.: Franz.

RULAND, Otto

Dr. rer. pol., Fabrikant (Karl Ruland KG., Offenbach), Vors. Vereinig. d. Eisen, Blech u. Metall verarb. Industrie f. Hessen, Frankfurt/M. - Frankfurter Str. 141, 6050 Offenbach/M.

RULLMANN, Hans Peter

Journalist, Redakt. u. Herausg. Ostdienst m. Jugoslawien-Sonderdienst, That's Yugoslavia (engl. Monatszeitschr.) u. Hrvatska Domovina (Monatszeitschr. in kroat. Sprache) - Hudtwalckerstr. 26, 2000 Hamburg 60 - Geb. 1. Okt. 1933 - Präs. Dt.-Kroat. Ges.

RUMBERG, Bernd

Dr., Univ.-Prof. f. Physik. Chemie TU Berlin - Nebinger Str. 7, 1000 Berlin 33 - Geb. 19. Okt. 1933 Hildesheim - 1977 Röntgenpreis.

RUMBERGER, Friedrich Ekkehart

Dr. med., Prof. f. Physiologie - Willistr. 5, 2000 Hamburg 60 (T. 040 - 46 55 52) - Geb. 10. Febr. 1939 Chemnitz/Sa. (Vater: Erich R., Stud.rat; Mutter: Johanna, geb. Kermeß), ev.-luth., verh. s. 1964 m. Dr. med. Monika, geb. Heinrici, 4 Kd. (Veronika, Matthias, Michael, Angelika) - Realgymn. Chemnitz (Abit. 1957); Med.-Stud. Kiel, Wien, Habil. (Physiol.) 1971, 1977 Prof. Univ. Hamburg.

RUMETSCH, Rudolf

Ministerialdirigent a. D., ehem. Leiter d. Kommunalabt. im Innenmin. Rheinl.-Pfalz - Gleiwitzer Str. 3, 6500 Mainz 1 - Geb. 1. Mai 1921 Kaiserslautern (Vater: Jakob R., Konservator), verh. m. Herta, geb. Fuhrmann, 2 Töcht. - Landrat Simmern/Hunsrück (1959) u. Bad Ems (1969) - BV: Landesrecht in Rheinl.-Pfalz (Forts.Werk s. 1955) u.a. - 1984 BVK I. Kl.

RUMLER, Franz Josef

Dr. rer. pol., Dipl.-Kfm., Direktor - Ostmerheimer Str. 380, 5000 Köln 91 (T. 0228 - 91 77 20) - Geb. 12. Juli 1931 Hagen/W. (Vater: Franz R., kaufm. Direktor; Mutter: Erna, geb. Rensing), kath., verh. s. 1960 m. Dr. Pia, geb. Detzel, 3 Kd. (Andrea, Ansgar, Astrid) - 1952-55 Univ. Hamburg, Bonn, Köln (Betriebsw.). Promot. 1958 Köln - 1956-58 Univ. Köln (wiss. Mitarb. Energiew. Inst.); 1959-61 Kommunales Elektrizitätswerk Mark AG, Hagen (Vorst.-Assist.); 1961-66 Arbeitsgem. Versuchs-Reaktor GmbH, Düsseldorf (kaufm. Leit.); s. 1966 Brown Boveri-Krupp Reaktorbau GmbH, Düsseldorf, bzw. Hochtemperatur-Reaktorbau GmbH, Köln (Geschäftsf.), s. 1975 Leit. Bonner Büro ABB Asea Brown Boveri AG - BV: Wirtschaftl. Probleme b. d. Aufstellung v. Energiebilanzen u. b. d. Vorausschätzung d. künft. Energiebedarfs, 1960 - Liebh.: Literatur, Kunst, Fotogr. - Spr.: Engl.

RUMMEL, Alois

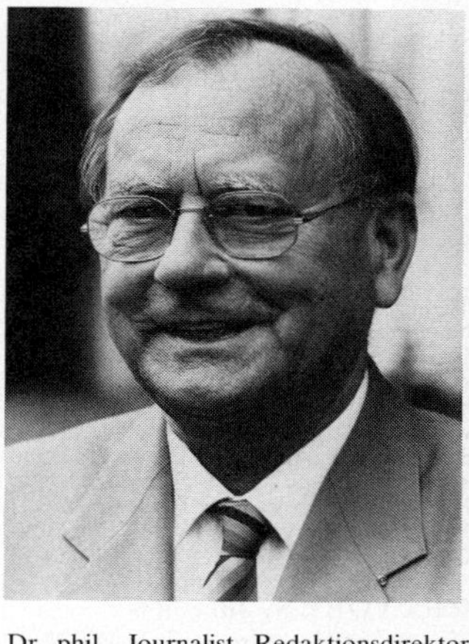

Dr. phil., Journalist, Redaktionsdirektor Wochenztg. Rhein. Merkur/Christ u. Welt (s. 1981), Programmdir. Südwestfunk (1977-80), Chefredakt. Deutsche Kulturredaktion (s. 1987), Vors. Kath. Pressebund - Waldstr. 90, 5300 Bonn-Bad Godesberg (T. 31 35 34) - Geb. 6. Juni 1922 Stuttgart (Vater: Otto R., Postinsp.; Mutter: Helene, geb. Kaiser), kath., verh. m. Felicitas, geb. Estermann, 2 Kd. (Felicitas, Eva-Maria) - Kaufm.gehilfenprüf. (Drogist); Univ.-stud. - Mitgl. Bundespressekonfz., Dt. Presseclub - Herausg.: Buchreihe Bonn -

aktuell (75 Bde.), Wer uns regiert, Die große Koalition, D. Bundestagspräs., Föderalismus in d. Bewährung, D. Medienwelt bewegt sich doch, Soll Rundfunk erziehen?, Unterhaltung - e. Gebot d. Barmherzigkeit, u. a. - Gründungspräs. d. Dt. Föderalismusakad., Bonn - 1972 BVK I. Kl.; 1982 Gr. BVK u. Ritter d. Gregoriusordens - Spr.: Engl.

RUMMEL, Dieter

Theaterdirektor Die Komödie Theater am Platanenhain, Darmstadt - Im Kronengarten 6, 6144 Zwingenberg - Geb. 28. Juni 1939, ev., ledig, Lebensgefährtin: Monika Eisbach, Lehrerin, 2 Kd. (Beate, Manfred) - Versch. Schauspielschulen; Theaterdir., Schausp. u. Regiss. - ca. 100 Theaterinsz., üb. 100 Hauptrollen, Rollen b. Funk u. Fernsehen.

RUMMEL, Freiherr von, Friedrich

Dr., Dt. Generalkonsul a. D. - Marsopstr. 4, 8000 München 60 - Zul. Izmir/Türkei.

RUMMEL, Oskar

Oberamtsrat a. D., MdL Bayern (1962-78) - Frühlingstr. 8, 8770 Lohr/Main (T. 97 86) - Geb. 27. Juli 1921 Erlenbach/Marktheidenfeld (Vater: Andreas R., Pflegehauptsekr.; Mutter: Anna, geb. Eichler), kath., verh. s. 1953 m. Rosemarie, geb. Kriener, 2 Kd. (Sigrid, Thomas) - Hum. Gymn. Lohr (Abit. 1939), Dipl.-Verw.-Wirt (FH) 1982 - 1939-47 Arbeits-, Wehr-, Kriegsdst., - gefangenschaft (Frankr., Engl., Kanada); s. 1947 Nervenkrkhs. Lohr als Verw.-Beamter, zul. Oberamtsrat. S. 1952 MdK Lohr bzw. Main-Spessart. SPD s. 1947 (1950-1972 Kreisvors.), Geschäftsf. d. Staatsbürger-Forum Unterfranken - BV: Gold. Worte d. Dichter u. Denker, Aphorismen u. Ged. 1981; D. Wirtshaus im Spessart v. Kurt Tucholsky; In fragte dich, ... (Ausgew. Ged. v. Hermann Hesse); Ratschläge f. e. schlechten Redner v. Kurt Tucholsky; Reise in d. Vergangenheit - 1973 Bayer. VO.; 1978 Bayer. Verf.-Med. in Silber; BVK I. Kl.; s. 1978 Mitgl. d. Stadtrates Lohr; Vors. d. Ortsverkehrswacht Lohr; Ehrenmitgl. d. BLLV Bayern; Urkunde d. Bayer. Staatsmin. d. Innern f. langj. verdienstvolles Wirken in d. kommunalen Selbstverw.; 1983 Med. f. bes. Verdienste um d. kommunale Selbstverw. in Bronze; 1985 Verdienstmed. d. Landkr. Main-Spessart in Gold.

RUMMEL, Theodor

Dr.-Ing. habil., em. Univ.-Prof. f. Elektrowärme - Leerbichlallee 20, 8022 Grünwald - Geb. 30. Mai 1910 München (Vater: Adolf R., akad. Maler; Mutter: Maria-Magdalena, geb. Wagner), verh. s. 1938 m. Marianne, geb. Meyer †1988, 3 Söhne (Eckhard, Wolfram, Manfred) - Oberrealsch. u. TH München (Dipl.-Ing. 1933). Promot. (1935) u. Habil. (1940) München - 1936-62 wiss. Mitarb. Tätigk. Siemens & Halske; 1947-62 Lehrbeauftr., Privatdoz. (1952) u. apl. Prof. f. Technol. elektrotherm. u. -chem. Anlagen (1958) TH München; s. 1962 Ord. u. Inst.dir. TH bzw. TU Hannover. Bes. Entd.: Elektrokonvektionsleitfähigk. flüss. Dielektrika, Ferroelektr. Energiewandl. 326 Patente (Elektrothermie, -chemie, -Meß- u. Halbleitertechnik, Elektrowärme) - BV: Hochspannungs-Entladungschemie u. ihre industrielle Anwend., 1951; Elektrothermie d. Eisens, - d. Nichteisenmetalle, - d. Gase, - d. Dielektrika, Meßtechnik in d. Elektrothermie, in: Pirani, Elektrothermie 1960 - S. 1969 Mitgl. Braunschweigische Wiss. Ges.; 1987 Med. INTERVTRV MOVE d. Univ. Gent (Belgien) - Liebh.: Klaviersp., Bildhauerei, Rudern (1927ff. Mitglied Münchner Ruderclub v. 1880) - Spr.: Engl., Franz. - Bek. Vorf.: Paul v. R., Dir. Handels- u. Wechselgericht München, Ritter bayer. Michaelsordens (Urgroßv.); Franz v. R. (erstürmte 1435 unt. Kaiser Sigismund als erster d. Tiber-Brücke Rom; daher Familienwappen Romulus u. Remus unt. d. Wölfin).

RUMMEL, Walter

Dr. med., em. o. Prof. f. Pharmakologie u. Toxikol. Univ. Saarland (s. 1958) - Siebenpfeifferstr. 16, 6650 Homburg/Saar (T. 33 88) - Geb. 23. Okt. 1921 Freiburg (Vater: Bruno R.; Mutter: geb. Laternser), verh. 1947 m. Auguste, geb. Seitz - Herausg.: Lehrb. d. Allg. u. Spez. Pharmakologie u. Toxikologie. 400 Fachveröff.

RUMMENHÖLLER, Peter

Dr. phil., Prof. - Bamberger Str. 51, 1000 Berlin 30 - Geb. 22. April 1936 - Ord. f. Musikwiss. Hochsch. d. Künste Berlin, gf. Dir. Inst. f. Musikerz. u. Musikwiss. im FB 8 - BV: Musiktheoret. Denken im 19. Jh., 1967; Einf. in d. Musiksoziol., 1978; Robert Schumann als Musikschriftst., 1980; D. musikal. Vorklassik, 1983; D. musikal. Romantik, 1989. S. 1980 komment. Konz. m. vierhänd. Klaviermusik als Duo Quatre Mains (m. Prof. Manfred Theilen); Moderator v. Klassik z. Frühstück (Sendereihe d. SFB III). Herausg. Ztschr. f. Musiktheorie (zfmth) (1970-78). Mithrsg. d. Neuen Berlin. Musikzeitung (NBM) (1985ff.).

RUMMER, Hans

Dr. jur., Prof., Präsident Bundesamt f. Wirtschaft (s. 1975) - Frankfurter Str. 29-31, 6236 Eschborn/Ts. (T. 06196 - 40 44 94 u. 95) - Geb. 9. Aug. 1930 Pforzheim, verh., 4 Kd. - Gymn. Heidelberg (Abit. 1949); Stud. d. Rechtswiss. Univ. Heidelberg, Tübingen, Berlin; Promot. 1955 Heidelberg - 1958-59 RA LG Heidelberg; 1959-75 Bundeswirtsch.min. (zul. MinRat u. Personalchef), dazw. 1964/65 Assist. Georgetown Univ. Law School, Washington/USA.

RUMOHR, Markus

Dipl.-Kfm., Geschäftsführer Handelskammer Bremen u. Vereinigung Rohtabak-Import- u. -Großhandel - August-Bebel-Allee 230, 2800 Bremen (T. Büro 3 63 71) - Geb. 7. Mai 1930 - Mitgl. Berat. Aussch. d. EG f. Rohtabak.

RUMP, Georg

Geschäftsführer, pers. haft. Gesellschafter F. W. Oventrop KG (Armaturenfabrik u. Metallgießerei) - Paul-Oventrop-Str., 5787 Olsberg 1 (T. 02962 - 82-1).

RUMP, Otto Franz

Oberstadtdirektor Gladbeck - Tilsiter Str. 27, 4390 Gladbeck (T. 02043 - 2 89 35) - Geb. 3. Jan. 1924 Hamborn (Vater: Paul R.; Mutter: Hedwig, geb. Langkafel), kath., verh. s. 1951 m. Lieselotte, geb. Oehler, 2 S. (Gerd, Ulrich) - Gymn. (Abit.); Jura-Stud. (1. u. 2. jurist. Staatsex.) - 1953 Gerichtsass.; 1955 Reg.ass.; 1956 Regierungsrat; 1962 Beigeordn.; 1963 Stadtdir. Gladbeck; 1967 Reg.Vizepräs. Detmold; 1970 Min.Dirig. Düsseldorf; s. 1971 Oberstadtdir. Gladbeck - BV: Komment. z. 1. Vereinfachungsges., 1957; D. Hauptsatz. d. Gemeinde, 1980 - Liebh.: Sport, Reisen, Lesen.

RUMPEL, Erich

Bürgerschaftsabgeordneter (s. 1974) - Sanmannreihe 65, 2050 Hamburg 80 - SPD.

RUMPEL, Hubert

Dr. phil., Prof., Historiker - Falkenstr. 31, 8520 Erlangen (T. 4 14 15) - Geb. 26. März 1922 Fürth/Bay., ev., verh. s. 1944 m. Dorith, geb. Haase, 2 Söhne (Gerhard, Herwig) - Univ. Wien (Gesch., Phil., Geogr., Dt., Rechtswiss.) - S. 1959 (Habil.) Lehrtätig. Univ. Erlangen bzw. -Nürnberg (1978 Extraordinarius f. Mittlere u. Neuere Geschichte), dazw. 1964-65 Univ. München - BV: Friedrich Gentz - E. polit. Biogr., Bd. I 1969 - Spr.: Engl., Franz., Ital.

RUMPELHARDT, Ludwig

Prof., Kunsterzieher - Haubenkopfstr. 13, 7500 Karlsruhe (T. 59 05 22) - U. a. Prof. Päd. Hochsch. Karlsruhe (Didaktik u. Methodik d. Kunsterzieh.).

RUMPF, Horst

Dr. phil., Prof. f. Päd. Univ. Frankfurt (s. 1975) - Ostpreußenstr. 12, 6100 Darmstadt - Geb. 1. Mai 1930 Darmstadt (Vater: Dipl.-Ing. Karl R., OReg.-BauR; Mutter: Anna, geb. Fahney), kath., verh. s. 1961 m. Dr. Barbara, geb. Ullrich, 2 Kd. (Lorenz, Benno) - Promot. 1957 Frankfurt/M. - 1957-65 Gymn.lehrer Darmstadt; 1965-71 Akad. Rat Univ. Frankfurt bzw. Univ. Konstanz; 1971-75 o. Prof. Innsbruck - BV: D. Misere d. Höheren Schulen, 1966; 40 Schultage - Tageb. e. Studienrats, 1966; Schule gesucht, 1968; Scheinklarheiten 1971; Unterr. u. Identität, 1976; Die übergangene Sinnlichk., 1981; Mit fremdem Blick, 1986; D. künstl. Schule u. d. wirkliche Lernen, 1986; Belebungsversuche, 1987.

RUMPF, Wolfgang

Dr. forest., Dipl.-Forstwirt. Staatssekretär Min. f. Bundesangelegenheiten u. Europa (s. 1991) - Priv.: Am Wolfsberg 12, 6541 Riesweiler; dstl.: Heussallee 18-24, 5300 Bonn - Geb. 29. Dez. 1936 Pirmasens, ev., verh. s. 1964 m. Gudrun, geb. Schorch, 2 Kd. (Ekkehard, Annikka) - Human. Gymn. Pirmasens; Stud. Forstwiss. Göttingen, München, Freiburg, Wien; Promot. 1964 - 1964-71 Stadtrat Pirmasens, 1974-77 Stadtrat Simmern, s. 1974 Fraktionsvors. Kreistag Rhein-Hunsrück; 1987-91 Staatssekr. Min. f. Landwirtsch., Weinbau u. Forsten Rhld.-Pfalz. Hon.-Prof. FHS Rheinl.-Pfalz - BV: D. Soziallasten d. Forstwirtsch.betr. in d. EG, 1964.

RUMPFF, Klaus

Dr. jur., Rechtsanwalt, Vorstandsmitgl. Steag AG - Bismarckstr. 54, 4300 Essen 1 (T. 187-22 22) - Geb. 21. Juni 1937 Minden (Vater: Ernst R., Bankrend.; Mutter: Carla, geb. Grätz), ev., verh. s. 1966 m. Ingrid, geb. Busse, Tocht. Stephanie - Abit., Stud. Rechts- u. Staatswiss. - 1966-69 Abt.leit. wirtschaftswiss. Inst.; 1969-73 stv. Personalleit. Ruhrkohle AG; s. 1973 Personalleit. Steag AG, s. 1975 Vorst. - BV: Mitbestimmung in wirtschaftl. Angelegenheiten, 1972; Recht d. Kurzarbeit, 1975; Gemeinschaftskomment. z. Mitbestimmungsges., 1976 (m. Fabricius u. a.).

RUND, H.-Rainer

Studienrat, Regierungspräsident v. Rheinhessen-Pfalz - Sinsheimer Str. 32, 6700 Ludwigshafen (T. 55 57 90) - Geb. 1. Aug. 1941 Ludwigshafen u., verh., 1 Tocht. - Gymn. Ludwigshafen u. Mannheim; Univ. Heidelberg u. Lausanne (Gesch., Polit. Wiss., Roman.). Staatsex. 1968 - Vertragslehrer in Landau/Pf., 1969-70 Refer., s. 1970 Schuldst. Ludwigshafen. SPD s. 1967, s. 1972 SPD-Unterbez.vors., 1980 stv. Vors. SPD Pfalz u. Mitgl. Parteirat, 1975-81 stv. Fraktionsvors., 1971-81 MdL Rhld.-Pfalz; 1981-91 Bürgermeister Stadt Ludwigshafen (Schul- u. Kulturdezernent).

RUNDE, Ortwin

Senator f. Arbeit, Gesundheit u. Soziales Hamburg (s. 1988), Bürgerschaftsabgeordneter (1974-81) - Hamburger Str. 37, 2000 Hamburg 76 (T. 29 18 81) - SPD, s. 1983 Vors. d. SPD-Landesorg. Hamburg.

RUNDEL, Otto

Dr. jur., Präsident Führungsakad. Baden-Württ. (s. 1991) - Riefstahlstr. 10, 7500 Karlsruhe (T. 13 51) - Geb. 19. Aug. 1927 Ravensburg (Vater: Otto R.; Mutter: Elisabeth, geb. Bacher), kath. - Stud. d. Rechts- u. Wirtsch.swiss. Univ. München, Köln - 1964-75 Staatsmin.

Baden-Württ. (Grundsatzref., 1966 Ref. f. Angelegenh. d. Wirtsch.-, Sozial- u. Landwirtsch.min., 1971 Leit. Personal- u. Verw.abt.); 1975-91 Präs. Landesrechnungshof Baden-Württ. - 1964 Gr. Ehrenzeichen Rep. Österr.; 1975 BVK; 1991 Gr. BVK m. Stern - Spr.: Franz., Engl. - Rotarier.

RUNDFELDT, Hans

Dr. agr., Prof. u. Direktor Inst. Statistik u. Biometrie Tierärztl. Hochschule Hannover, Honorarprof. Univ. Hannover (s. 1966) - Kranichstr. 18, 3057 Neustadt 1 (T. 05032 - 24 82) - Geb. 15. Febr. 1925 Dt. Wusterhausen (Vater: Arnold R., Fliesenleger; Mutter: Frieda, geb. Bertling), ev., verh. s. 1949 m. Miriam, geb. Buschmann, 6 Kd. (Hans, Elisabeth, Frank, Sven, Chris, Kai) - Humboldt-Univ. (Ost) u. TU Berlin (Dipl.-Landw. 1949). Promot. 1952 Berlin; Habil. 1962 Hannover - S. 1955 TH (Assist. Inst. f. Angew. Genetik; 1962 Dozent) u. TiHo Hannover (1964 Wiss. Rat, 1966 o. Prof.). Fachmitgliedsch. Üb. 40 wiss. Veröff. Mithrsg.: Ztschr. EDV in Medizin u. Biologie; Handb. f. Pflanzenzücht. (Abschnitt: Gemüsekohl) - Spr.: Engl., Schwed.

RUNDGREN, Bengt

Kammersänger, Königl. Schwed. Hofsänger, Opernsänger Dt. Oper Berlin - Landauer Str. 4, 1000 Berlin 31 - Geb. 21. April 1931, ev., verh. m. Aina M. Lõng, 1 Kd. (Hakan) - Musikakad. Stockholm - 1976 Kammersänger; 1983 Königl. Hofsänger - Liebh.: Tauchen, Fischen, Filmen - Spr.: Schwed., Deutsch, Engl., Ital.

RUNDLER, Walter

Kurdirektor, Vors. Bayer. Heilbäder-Verb. - Am Kurgarten 1, 8730 Bad Kissingen.

RUNGE, Erika

Dr. phil., Autorin u. Regisseurin - Lohmeyerstr. 10, 1000 Berlin 10 - Geb. 22. Jan. 1939 Halle/S. - Stud. Literatur- u. Theaterwiss. Promot. 1963 - BV: Bottroper Protokolle, 1968; Frauen - Versuche z. Emanzipation, 1969; E. Reise n. Rostock, DDR, 1971; Südafrika - Rassendiktatur zw. Elend u. Widerstand, 1974; Berliner Liebesgesch., 1987; Liebesgesch., 1990. Text. z. Kantate Streik b. Mannesmann, 1973. Übers. Franz., Schwed., Poln. Versch. sozialkrit. Filme, dar. Warum ist Frau B. glücklich?; Fernsehsp.: Ich heiße Erwin u. bin 17, Ich bin Bürger d. DDR, Michael oder die Schwierigk. m. d. Glück, Opa Schulze, Lisa u. Tshepo - e. Liebesgesch., Diesmal passiert's, Lias Traum v. Glück, Menschsein u. Widerstand - Preise, u. a.: 1968 Curt-Oertel-Med./ Preis d. Filmkritik; Fernsehpreis Dt. Akad. d. darstell. Künste; Preis f. d. beste Fernsehdokumentation; Gr. Preis d. VHS Mannheimer Filmwoche; 1970 Förderungspreis f. Lit. Stadt München; 1971 Ernst-Reuter-Preis; 1982 Intern. Award; 1983 Preis d. Autorenstiftg. - Mitgl. VS in der IG Medien u. PEN-Zentrum BRD - Spr.: Franz., Engl.

RUNGE, Johannes

Dr. h. c., Bankdirektor - Berlageweg 12, 3000 Hannover 71 - Geb. 9. Juli 1928 Schmatzin (Vater: Dr. jur. R.), verh. m. Anneliese, geb. Spliedt - B. 1972 stv., dann o. Vorstandsmitgl. Nordd. Landesbank, Girozentrale, Hannover/ Braunschweig.

RUNGE, Wolfgang

Dr. phil., Vortragender Legationsrat I. Kl. (Grundsatzfragen Außenwirtsch. Pol.) im AA - Postfach 15 00, 5300 Bonn - Geb. 7. Sept. 1935 Heidelberg, ev., verh. s. 1966 m. Dr. phil. Gerlinde, geb. Dellmann, 2 Kd. (Eckart, Silvia) - Stud. Gesch., Polit. Wiss., Soziol., Öfftl. Recht Heidelberg u. Montpellier; Promot. 1964 Heidelberg - 1964 Wiss. Mitarb., 1965 Eintritt ins AA; 1968 Abschlußprf. f. d. Höh. Ausw. Dienst; Auslandsposten: Paris, Islamabad, Karachi, Prag, Brüssel (EG), dazw. Tätigk. in d. Zentrale d. AA; 1987-90 Botsch. in Niger - BV: Politik u. Beamtentum im Parteienstaat, 1965 - Liebh.: Lit., Hist. Forschungen, Musik, Kunst - Spr.: Engl., Franz., Tschech.

RUNNEBAUM, Benno

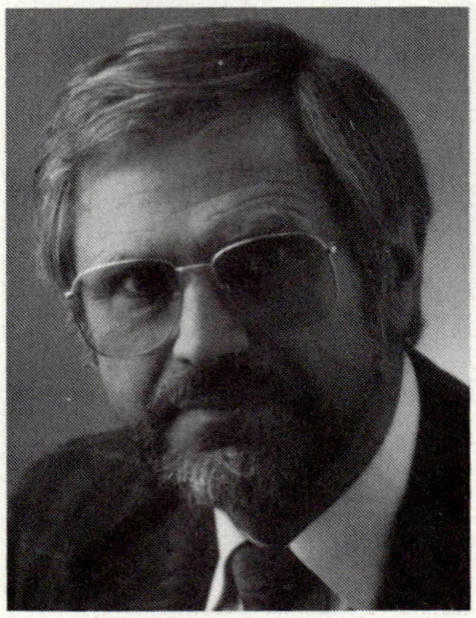

Dr. med., Dr. h.c., Prof., Ärztl. Direktor Abt. f. Gynäkologische Endokrinologie Univ.-Frauenklinik Heidelberg - Voßstr. 9, 6900 Heidelberg (T. 06221 - 56-79 10) - Geb. 22. Juli 1933 Rüschendorf (Vater: Bernard R.; Mutter: Anna, geb. Niehaus), kath., verh. s. 1960 m. Dr. med. Hedwig, geb. Meyer, 3 Kd. (Ingo, Karsten, Silke) - Med. Staatsex. 1961 Köln, Promot. 1962 (Summa cum laude), NJH-Stip., Salt Lake City/USA 1963; Habil. 1969 Univ. Heidelberg - S. 1973 Prof. - 1969 Facharzt f. Gynäkol. u. Geb.-Hilfe Univ.-Frauenklinik Heidelberg; 1970 Oberarzt I. Univ.-Frauenklinik München; 1971 Leit. Abt. f. Gynäk. Endokrinol. Univ.-Frauenklinik Heidelberg; 1975 Ärztl. Dir. ebd. Veröff. z. Therapie v. Zyklusstör., Behandl. d. Ehesterilität, Kontrazeption u. Familienplan., Betreu. v. Risikoschwangersch., Reproduktiv-Med. - BV: Kontrazeption (m. Th. Rabe), 1982; Gynäkologische Endokrinologie (m. Th. Rabe), 1987 - 1991 Ehrendoktor d. Semmelweis Univ., Budapest - Spr.: Engl., Franz., Lat., Griech.

RUNNICLES, Donald C.

Dirigent, Generalmusikdirektor Stadttheater Freiburg i. Br. (s. 1989) - Zu erreichen üb. Städt. Bühnen, Bertoldstr. 46, 7800 Freiburg im Br. - Geb. 16. Nov. 1954 Schottland, anglik., ledig - Stud. Univ. Edingburgh (Dipl. 1975); Klavierstud. b. John Mackey; Dipl. f. Klavierinterpret. 1975 Royal College of Music, London - Music. Assist. b. Dirig. Georg Solti, James Levine, Horst Stein, Peter Schneider (Einstudier. v. D. Ring d. Nibelungen, Parsifal u. D. Meistersinger, Bayreuther Festsp., 1982-85); 1981 Orchesterleit. Orch. Akad. f. Tonkunst, Darmstadt; 1984-87 1. Kapellm. Nationaltheater Mannheim; 1987-89 stv. GMD u. 1. Kapellm. Nieders. Oper Hannover; ab Spielzeit 1989/90 GMD Städt. Bühnen Freiburg; ab 1992 Musikdir. d. San Francisco Opera. 1985 Gastdirig. Edinburgh Youth Orch., Edinburger Festsp.; 1988 (Winter) Gastvertrag als Assistant Conductor Metropolitan Opera, New York. Gastsp. Dirig. Hamburger Staatsoper, Dt. Oper Berlin, Musiktheater Amsterdam, NDR Hannover, Zürichoper, 1990 San Francisco Oper u. Metropolitan Opera New York, 1991 Wiener Staatsoper - Versch. neue musikal. Einstudier., Wiederaufn., Urauff., Kammermusik-Konz., Nationaltheater Mannheim, 1991 Don Giovanni in Glyndebourne/Engl., 1991 Parsifal, Königl. Oper Kopenhagen, 1993 Metropolitan Opera New York - Liebh.: Tennis, Schwimmen, Golf, Astronomie - Spr.: Ital., Deutsch, Franz., Engl. (Mutterspr.).

RUPEC, Mladen

Dr. med., Prof. f. Dermatologie Univ. Marburg (s. 1971), Abt.-Leit. - Geb. 27. Sept. 1928 - Promot. 1954; Habil. 1968 - Üb. 134 Facharb. Gedichte: Aus Früher u. aus Jetzt, 1984; Prosa: Einer z. Anderen, 1985, Beteiligung am Marburger Literatur-Almanach, 1990.

RUPERTI, Hans H.

Bankdirektor - Kösterbergstr. 40e, 2000 Hamburg 55 (T. 86 09 70) - Geb. 5. Juni 1908 Kassel, verh. s. 1936 m. Esther, geb. Godeffroy, 3 Kd. (Alexander, Melanie, Marina) - Oberrealsch. Hamburg (Abit.); Lehre R. Petersen & Co. ebd. - 1928-36 USA u. China (1930 Gründ. eig. Fa. Shanghai); 1936-37 Esso, London; 1937-45 E. Schliemann's Oelwerke, Hamburg (währ. d. Krieges zeitw. Moskau u. Lissabon); ab 1948 J. H. Bolland & Co. GmbH., Hamburg (Gesellschafter); 1950-63 Trampschiffahrt GmbH. (eig. Gründ.; gf. Gesellsch.); 1963-74 Vereinsbank in Hamburg (Vorstandsmitgl.); Kompl. Bankh. Ludwig & Co., ebd. ARsmandate - Liebh.: Golf (Mitgl. Hbg. u. Morsumer Golf-Club) - Spr.: Engl., Franz., Portugies., Russ.

RUPERTI, Marina

Journalistin, Moderatorin u. Redakteurin ZDF-Mittags-Magazin (s. 1989) - Kösterbergstr. 40e, 2000 Hamburg 55 - Geb. 19. Sept. 1952, ev., ledig - Lehrerin, Staatsex. Päd. u. Angl. - 1979/80 fr. Tätigk. als Journ. in London; 1980-82 Journ. Hamburger Abendblatt, CBS, ABC u. NBC; 1983/84 CBS London; 1984-87 SAT I Hamburg; 1987-89 Redakteurin u. Moderatorin heute journal ZDF - Liebh.: Musik, Lit. - Spr.: Engl., Franz.

RUPF, Hugo

Dr. h. c., Dipl.-Kfm., Fabrikant - Alfred-Bentz-Str. 30, 7920 Heidenheim/ Brenz (T. 37 22 02) - Geb. 12. Aug. 1908 Poppenweiler/Württ. (Vater: Matthäus R., Architekt, Ehrenmitgl. IHK Heidenheim; Mutter: Walpurga, geb. Bretzel), verh. s. 1941 m. Liese-Maria, geb. Pirrung - Univ. Frankfurt/M. (Betriebs- u. Volksw.) - 1932-83 J. M. Voith GmbH. (Maschinenfabrik), Heidenheim (1948 Dir., 1957 Geschäftsf., zul. Vors. d. Gfg.). Div. Ehrenstell., u. a. Präs. VDMA (1971-74), Vizepräs. BDI u. IHK Heidenheim, s. 1983 Ehrenvors. J. M. Voith GmbH. Zahlr. AR-Mandate (z. T. Vors.) - 1967 Ehrensenator Univ. Tübingen; 1958 Gr. BVK, 1968 Stern dazu; 1971 Orden Cruzeiro do Sul (Brasil.); 1972 Silb. Johann-Friedrich-Schaer-Plak. Dt. Ges. f. Betriebsw.; 1980 Ehrenmitgl. VDMA; 1983 Ehrendoktor Univ. Tübingen (Fak. Sozial- u. Verh.wiss.); s. 1983 Ehrenbürger Städte Heidenheim u. Biberach - Spr.: Engl. - Rotarier.

RUPP, Alfred

Dr. theol., Prof. f. Religionswissenschaft - Denkmalstr. 5, 6600 Saarbrücken - Geb. 19. Nov. 1930 Rummelsburg/Po. (Eltern verst.), ev.-luth., verh. s. 1960 m. Dr. med. Erika, geb. Gissel, 2 Töcht. (Gislinde, Wiltrud) - Stud. Univ. Göttingen, Tübingen (Ägyptol., Anthropol., Ethnol., Theol.), Promot. 1959 Tübingen, Habil. 1969 Saarbrücken. 1969 Univ.-Doz., 1972 Univ.-Prof., s. 1970 Vors. Forsch.sgr. f. Anthropol. u. Religionsgesch., s. 1970 Vors. Dt. Religionsgesch. Stud.ges., s. 1976 Leit. wiss. Verlag Homo et Religio d. Forsch.sgr. - BV: Vergehen u. Bleiben, 1976; Religion, Phänomen u. Gesch., 1978; Enstase, Ahnengeist u. Medizinmann, 1980. Zahlreiche Fachaufs.

RUPP, Gerhard

Dr. phil. habil., Prof. f. Sprachlehrforschung Univ. Bochum (s. 1985) - Haus Mallinckrodt, 5804 Herdecke (T. 02335 - 25 60) - Geb. 15. Sept. 1947 Frankfurt/ M., verh. s. 1971 m. Barbara, geb. Storck, 2 Kd. (Zazie, Jan) - Stud. German., Roman. u. Phil. Univ. Frankfurt u. Paris; Staatsex. 1972 u. 1975; Promot. 1974 Frankfurt; Habil. 1984 Bochum - 1976-84 wiss. Assist. Univ. Bochum; 1979-80 kommiss. Prof. TH Darmstadt; Lehrbeauftr. f. Deutsch als Fremdspr. Univ. Frankfurt - BV: Rhetorische Strukturen u. kommunikative Determinanz-Stud. z. Textkonstitution d. phil. Diskurses im Werk Friedrich Nietzsches, 1974; Kulturelles Handeln m. Texten, 1987. Mithrsg.: Jahrb. d. Deutschdidaktik - Liebh.: Fußball, Wandern, Radfahren, Langlauf - Spr.: Engl., Franz., Ital.

RUPP, Hans Karl

Dr. phil., Prof. f. Politikwissenschaft Univ. Marburg (s. 1972) - Renthof 14, 3550 Marburg - Geb. 25. Dez. 1940 Heilbronn/N. (Vater: Karl R., Pfarrer; Mutter: Hedwig, geb. Schuster), 2 Söhne (Nils, Steffen) - 1969-72 Wiss. Assist. PH Rheinland u. Univ. Heidelberg (1970) - BV: Außerparlam. Opposition in d. Ära Adenauer, 3. A. 1984; Sozialismus u. demokr. Erneuerung, 1974; Polit. Gesch. d. BRD, 2. A. 1982 (jap. A. 1986); D. andere Bundesrep., 1980; Macht, Freiheit, Demokratie (m. Thomas Noetzel), 1991 - Liebh.: Lyrik, Polit. Lied. - Spr.: Engl., Franz. - Bek. Vorf.: Wilhelm Schuster, Ornithologe (Großv. ms.).

RUPP, Hans-Heinrich

Dr. jur., o. Prof. f. Öfftl. Recht - Am Marienpfad 29, 6500 Mainz-Bretzenheim - Geb. 11. März 1926 Annweiler (Vater: Hans R., Pfarrer; Mutter: Magda, geb. Schlosser), ev., verh. s. 1955 m. Charlotte, geb. Krautbauer, 3 Kd. (Michaela, Markus, Dietrich) - 1936-43 Gymn. Ludwigshafen u. Kaiserslautern; 1945-50 Univ. Heidelberg (b. 1946 Math. u. Physik, dann Rechtswiss.) u. Mainz (Rechtswiss.). Promot. 1953 Mainz; Habil. 1963 Tübingen - 1955-59 Landgerichtsrat; s. 1964 o. Prof. Univ. Marburg und Mainz (1968). Spez. Arbeitsgeb.: Staatslehre, Verfassungs- u. Verw.recht - BV: Privateigentum an Staatsfunktionen?, 1963; Grundfragen d. heut. Verw.rechtslehre, 1965; Grundgesetz u. Wirtschaftsverfassung, 1974. Zahlr. Veröff. in Sammelwerken, Festschr., Handb. u. Ztschr.

RUPP, Heinz

Dr., o. Prof. f. Sprach- u. Literaturwiss. Univ. Basel - Kahlstr. 3, CH-4054 Basel - Geb. 2. Okt. 1919 Stuttgart, ev., verh., 2 Kd. (Klaus, Sibylle) - Promot. 1949 Freiburg, Habil. 1956 ebd. - 1958 a.o. Prof. Univ. Mainz; 1959-87 o. Prof. Univ. Basel f. Sprach- u. Literaturwiss. - 1975-80 Präs. d. Intern. Germanistenverb. (IVG), 1981-87 Präs. d. Inst. f. deutsche Sprache (IdS) - Bücher u. zahlr. Aufs. - 1978 Dudenpreis Stadt Mannheim; 1987 Schillerplak. Mannheim; Gr. BVK - Spr.: Engl. - Lit.: Festschr. z. 60. Geburtstag, (1979), z. 70. Geb. (1989).

RUPP, Klaus

Syndikus, Vors. Landesverb. Hess. Haus-, Wohnungs- u. Grundeigentümervereine - Niederau Nr. 61-63, 6000 Frankfurt/M.

RUPP, Rudolf

Schriftsteller, Kunstmaler, Verleger - Schellingstr. 36, 8000 München 40 (T. 089 - 272 41 97) - Geb. 16. Mai 1916 Augsburg, ev., gesch., 2 Kd. (Wolfgang-Guido, Renate) - Abit. 1941 Berlin - Ton-Ing. b. Reichsrundfunk Berlin, n. d. Krieg b. Saarl. Rundf. - 1950-54 Funkerz.: u.a. Bleß u. d. Knecht, Vetter Jörg u. Tanne ohne Wipfel; Hörspiele: u.a. D. 2mal verk. Kalb (Regie); Theater: Stille Nacht, hl. Nacht (Regie); Lieder u. Chorwerke Feierabend, Heimatlied u.a.

RUPPANER, Hans

Dr.-Ing., Dipl.-Kfm., Brauereibesitzer, Mitinh. Ruppaner-Brauerei Gebr. Ruppaner, Konstanz, Vorstandmitgl. Bayer. Brauhaus Pforzheim AG., Pforzheim - Ruppanerstr. 21, 7750 Konstanz/B. - Geb. 2. Juni 1907 Konstanz (Vater: Johann R.; Mutter: geb. Bott), verh. 1944 m. Berta, geb. Tauscher - TH München - Bruder: Karl R.

RUPPE, Harry O.

Dr.-Ing., o. Prof. u. Vorst. Inst. f. Raumfahrttechnik TU München (s. 1966) - Ernastr. 21a, 8000 München 82 (T.

430 42 52) - Geb. 3. Mai 1929 Leipzig (Vater: Kurt R., Musiker; Mutter: Hildegard, geb. Hillmann), ev., verh. s. 1956 m. Sabine, geb. Wendlandt, 2 Kd. (Joerg, Vera) - Stud. Univ. Leipzig, TU Berlin, Dipl.ex. u. Promot. ebd. - Zul. Dir. Future Projects Office NASA - Marshall Space Flight Center - BV: Introduction to Astronautics, 2 Bde. 1966 u. 67 (russ. 1970 u. 71); Raumfahrt, 2 Bde. 1980 u. 82. Facharb.

RUPPEL, Arnold

Dipl.-Ing., Präsident d. Wasser- u. Schiffahrtsdirektion Mitte in Hannover - Am Waterlooplatz 5, 3000 Hannover 1 (T. 0511 - 911 53 00) - Geb. 10. Jan. 1928, ev., verh., 4 Kd. - Stud. Bauing.-wesen TH München.

RUPPEL, Fritz Raymond

Dr. rer. pol., Geschäftsf. Fachgemeinsch. Armaturen u. Schweißtechnik, im VDMA, Frankfurt/M. - Georg-Pingler-Str. 17, 6240 Königstein - Geb. 30. April 1932 - Zul. Gf. Verb. d. Schuhind. Rhld.-Pfalz.

RUPPEL, Walter

Intendant Ohnsorg-Theater Hamburg (s. 1986/87) - Eilenau 20, 2000 Hamburg 76 (T. 040 - 229 89 80) - Geb. 17. April 1927, verh. s. 1977 m. Viola, geb. Weissner, 2 Kd. (Elisabeth, Johannes) - Mommsen-Gymn. Berlin - 1950 Dramat.- u. Regie-Assist. u. Schausp. am Theater im Zimmer Hamburg; 1955/56 Pressechef SDR FS; 1957-60 Dramat. u. Lektor Gustav Kiepenheuer Verlag Berlin; 1961-69 Dramat. Thalia Theater Hamburg; 1969-74 Int. Regensburg; 1974-81 Int. Bremerhaven; 1982/83 Ref. Dt. Oper am Rh.; 1983-85 Ref. Thalia Theater Hamburg - Liebh.: Schach, Ski, Kochen.

RUPPEL, Wolfgang

Dr. rer. nat. (habil.), o. Prof. u. Direktor Inst. f. Angew. Physik TH bzw. Univ. Karlsruhe (s. 1965) - Stolper Str. 6a, 7500 Karlsruhe-Waldstadt (T. 68 19 05) - Geb. 18. Febr. 1929 (Vater: Dr. med. Herbert R.), verh. m. Annemarie, geb. Schmidt - 1955-62 wiss. Mitarb. RCA-Labor. Zürich - BV: Mechanik - Relativität - Gravitation, Lehrb. 3. A. 1983 (m. G. Falk); Energie u. Entropie, Lehrb. 1976 (m. G. Falk). Fachveröff.

RUPPERT, Christian

Rechtsanwalt, Mitglied des Vorstandes Cassella AG - Hanauer Landstr. 526, 6000 Frankfurt/M. 60 (T. 41 09 01) - Stud. Rechtswiss. Gr. jurist. Staatsprüf. - S. 1966 Cassella AG (Leit. Rechtsabt., 1973 stv., 1974 o. Vorstandsmitgl.).

RUPPERT, Helmut S.

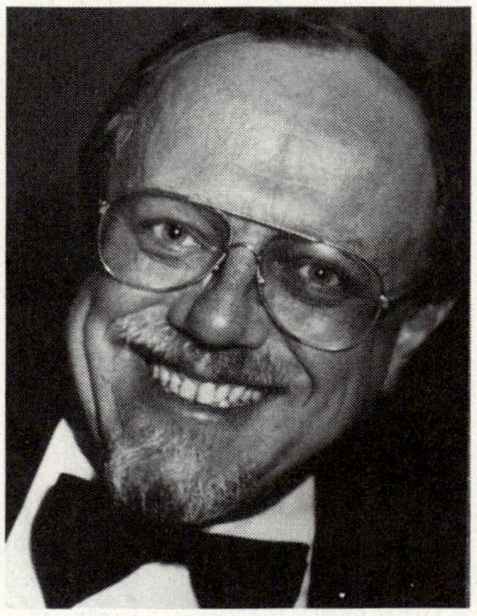

Stellv. Programmleiter (s. 1990), Rundfunkjournalist - Graf-Adolf-Str. 26, 5060 Bergisch Gladbach 1 (Bensberg) (T. 02204 - 5 30 20) - Geb. 18. Mai 1944 Engelskirchen/Oberberg. Kreis (Vater: Bert R., Ing., Fabrikant; Mutter: Helma R.-Schlösser, Musikpäd.), kath., verh. s. 1970 m. Sally R.-Kire, geb. Kire, 4 Kd. (Patrick, Georg, Christoph, Susanne) - Stud. Gesch., Geogr., kath. Theol., Päd.; Staatsex. - Volont. u. anschl. 8 Jahre Redakt. b. KNA (Kath. Nachrichten-Agentur), Bonn; 1979-87 Deutsche Welle Kirchenfunk; 1987-89 Leitg. Seriendienst in Transkription Hörfunk - BV: u.a. Biogr. Mutter Teresa, 1979; David Livingstone, 1985 - Liebh.: Musik. Malen, Sammeln zeitgeschichtl. Dok. - Spr.: Engl., Franz., Niederl., Latein.

RUPPERT, Karl

Dr. rer. nat., em. o. Univ.-Prof. Wirtschaftsgeogr. Inst. Univ. München (s. 1965; 1968/69 Dekan Staatsw. Fak.) - Kemptener Str. 60, 8000 München 71 - Geb. 15. Jan. 1926 Offenbach/M., kath., verh. s. 1952 m. Irmgard, geb. Schmidt, T. Mechthild - Promot. 1952; Habil. 1959 - 1959-64 Univ.doz. 1968-70 Vors. Münch. Geogr. Ges. Spez. Arbeitsgeb.: Wirtschafts- u. Sozialgeogr. Fachveröff., auch in Buchform. Herausg. wiss. Schriftenreihen - 1974-79 Vors. Landesarbeitsgem. Bayern d. Akad. f. Raumforsch. u. Landesplan., Hannover (1979-82 Vizepräs.); 1979-82 wiss. Leit. d. Dt. Wirtschaftswiss. Inst. f. Fremdenverkehr München; 1987 ern. Beruf. z. Mitgl. d. Landesplanungsbeir. b. Bayer. Staatsmin. f. Landesentw. u. Umweltfragen; 1988 Präsid.-Mitgl. Südosteuropa-Ges. - 1971 Mitgl. Akad. f. Raumforschung u. Landesplanung, Hannover; 1974 korr. Mitgl. Salzburger Inst. f. Raumforsch.; 1977 Ehrenmitgl. Kroat. Geograph. Ges., 1986 d. Österr. Ges. f. Raumforsch. u. Raumplanung, 1987 d. Ungar. Geograph. Ges., u. 1985 Slowenische Geograph. Ges.; 1986 Landesentw.med. Bayern; 1986 Ehrenplak. d. Alpwirtschaftl. Vereins Allgäu f. wiss. Arb. üb. d. Alpenraum u. d. Allgäuer Alpwirtsch.; 1991 Anerkennungsurkunde d. Stadt Ljubljana/Slowenien.

RUPPERT, Lothar

Dr. theol., o. Prof. f. atl. Literatur u. Exegese Univ. Freiburg (s. 1984) - Erwinstr. 46, 7800 Freiburg (T. 203-20 03) - Geb. 23. März 1933 Fulda (Vater: August R., Angest.; Mutter: Maria, geb. Bleuel), kath. - Hum. Gymn. Fulda (Abit. 1953); Stud. d. Theol. Fulda, Würzburg, Münster, Rom; Promot. (1964) u. Habil. (1970) Würzburg; 1968-70 Stip. DFG - 1970-71 Doz. Fulda, 1971-84 o. Prof. Univ. Bochum - BV: D. Josephserz. d. Genesis, 1965; D. leidende Gerechte, 1972; Jesus als d. leid. Gerechte?, 1972; D. leid. Gerechte u. s. Feinde, 1973; D. Buch Genesis, Bd. I 1976, (2.A. 1984); Bd. II 1984; Genesis I, 1992 - Liebh.: Musik, Lit. - Spr.: Engl., Franz., Ital.

RUPPERT, Wolfgang

Dr. phil., Prof. f. Kulturgeschichte Hochschule d. Künste Berlin (s. 1988) - Elisabethstr. 8, 8000 München 40 - Geb. 19. Okt. 1946 Hof/Saale, ev. - 1967-73 Stud. Univ. München; Promot. 1977/78 - 1978-81 Projektleit. Kulturref. Stadt Nürnberg/Centrum Industriekultur. Dokumentarischer Filmemacher. S. 1983 Prof. f. Ästhetik u. Kulturgesch. Univ. Bielefeld - BV: Volksaufklärung im späten 18. Jh., in: Hansers Sozialgesch. d. dt. Lit., Bd. 3 (hg. Rolf Grimmiger), 1980; Bürgerlicher Wandel. D. Geburt d. modernen dt. Ges. im 18. Jh., 1984; D. Fabrik. Gesch. v. Arbeit u. Industrialisierung in Deutschl., 1983; Fotogesch. d. dt. Sozialdemokratie (hg. v. Willy Brandt), 1988. Herausg.: Lebensgeschichten. Z. dt. Sozialgesch. 1850-1950 (1980); Erinnerungsarbeit. Gesch. u. demokratische Identität (1982); D. Arbeiter. Lebensformen, Alltag u. Kultur v. d. Frühindustrialisierung z. Wirtschaftswunder (1986). Mithrsg.: Industriekultur in Nürnberg. E. dt. Stadt im Maschinenzeitalter (1980). Filme: u. a. Naila. Leben u. Arbeiten im Frankenwald. Ein Heimatfilm (BR 1983). Kulturgesch. Fachpubl.

RUPPIN, Hans

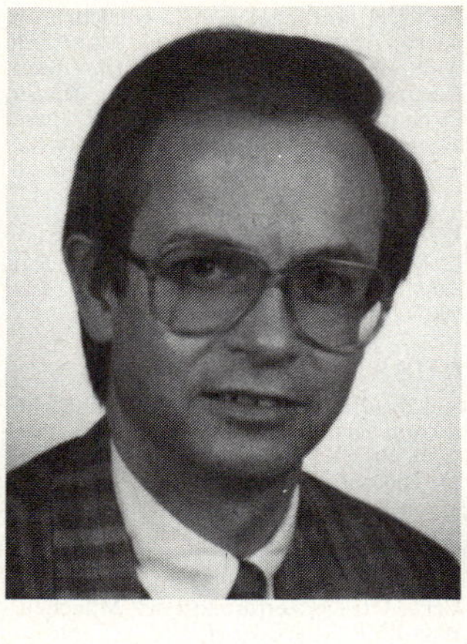

Dr. med., Prof., Arzt, Chefarzt Innere Abteilung, Ärztl. Dir. Krkhs. Tauberbischofsheim (s. 1989) - Albert-Schweitzer-Str. 37, 6972 Tauberbischofsheim (T. 09341 - 80 02 25) - Geb. 11. Sept. 1943, ev., verh. s. 1970 m. Dr. med. Cornelia, geb. Wagner, 2 Kd. (Stefanie, Christof) - Stud. Frankfurt, Marburg; Ex. u. Promot. 1969 Frankfurt; Habil. (Innere Med.) 1981 Erlangen - 1983-87 Oberarzt Med. Univ.-Klinik Erlangen. Chefarzt Innere Abt. - Div. Handb.-Beitr.; zahlr. Veröff. in intern. Ztschr. - Liebh.: Chormusik, esoterische Lit. - Spr.: Engl.

RUPPRECHT, Bernhard

Dr. phil., Prof., Kunsthistoriker - Orangerie, 8520 Erlangen (T. 09131 - 85 23 95) - 1966 Doz. Univ. München, 1969 Abt.svorst. u. Prof. Univ. Regensburg; 1974 o. Prof. Univ. Erlangen-Nürnberg. Facharb.

RUPPRECHT, Hans-Albert

Dr. jur., Prof. f. Antike Rechtsgeschichte u. Papyrologie Univ. Marburg (s. 1969) - In d. Opfergärten 5, 3557 Ebsdorfergrund 8 - Geb. 16. April 1938 Erlangen, verh. s. 1967 m. Ute, geb. Reinhard, 2 Kd. - Max-Gymn. München; 1957-62 Univ. München u. Erlangen. Promot. 1965; Habil. 1969 - Zul. Doz. Univ. München - Président du Comité intern. d. Ass.intern. d. Papyrologues - BV: Unters. z. Darlehen im Recht d. graeco-aegypt. Urkunden, 1967; Studien z. Quittung..., 1972. Herausg.: Sammelb. d. griech. Papyrusurk. (Bde. XII-XVI), Berichtigungsliste d. griech. Papyrusurk. (Bde. VI u. VII); Wörterb. d. griech. Papyrusurk. (IV 5ff. u. Suppl. II. ff.).

RUPPRECHT, Herbert

Dr., Prof. f. Pharmaz. Technologie Univ. Regensburg - Machthildstr. 47, 8400 Regensburg - Geb. 10. Nov. 1936 Nürnberg - Pharmazie-Stud. Univ. München (Staatsex. 1964, Promot. 1969, Habil. 1974) - S. 1976 o. Prof. Univ. Regensburg. Entd.: Anorgan. Wirkstoffträger, immobilisierter Arzneistoffe; Aufklärung v. Adsorption u. Stabilität v. Arzneistoffen. Üb. 100 wiss. Publ. - Liebh.: Musik, Videogr.

RUPPRECHT, Werner

Dr.-Ing., Prof. f. Elektr. Nachrichtentechn. Univ. Kaiserslautern - Lixheimer Str. 10, 6750 Kaiserslautern 31 (T. 0631 - 5 88 36) - Geb. 14. Aug. 1932 Bottrop (Vater: Heinrich R., Realschuldir.; Mutter: Gertrud, geb. Seeliger), kath., verh. s. 1962 m. Martha, geb. Weisz, 3 Kd. (Johannes, Beate, Rebekka) - 1953-55 Stud. TU München; 1955-58 TH Karlsruhe (Dipl.-Ing.); Promot. 1961, Habil. 1970 - 1971-89 Fachschriftleit. u. Mitherausg. (NTZ) Nachr.techn. Ztschr. - S. 1990 Member of Board of Dir. of ETT (Europ. Trans. Telecommunications and Related Technologies) - BV: Netzwerksynthese, 1972; Schaltungstechnik, 1982; Nachrichtenübertrag., 1982; Orthogonalfilter u. adaptive Datensignalentzerrung, 1987.

RUPRECHT, Arndt

Dr. phil., Verleger - Calsowstr. 32, 3400 Göttingen (T. 0551-5 87 86) - Geb. 9. Dez. 1928 Göttingen, ev., verh. s. 1959, 3 Kd. (Reinhilde, Bertram, Jost-Hinrich) - Verlagslehre; Promot. 1957 Göttingen - Spr.: Engl., Schwed.

RUPRECHT, Dietrich

Dr. phil., Verleger, Mitinh. Vandenhoeck & Ruprecht, Göttingen, Deuerlichsche Buchhdlg. Göttingen, Druckerei Hubert + Co. Göttingen - Theaterstr. 13, 3400 Göttingen.

RUPRECHT, Horst

Dr. phil., Prof., Hochschullehrer, Präs. Dt. Ges. Teilhard de Chardin (s. 1968) - Grenzweg 33, 3014 Laatzen (T. 82 57 57) - S. Jahren Prof. Univ. Hannover f. Bildungsforsch. Facharb.

RUPRECHT, Klaus Wilhelm

Dr. med., Univ.-Prof., Direktor Augenklinik m. Poliklinik u. Lehranstalt f. Orthoptisten Univ. d. Saarlandes - 6650 Homburg/Saar (T. 06841 - 16 23 87) - Geb. 18. Mai 1940 Breslau (Vater: Dr. phil. Hans-Leopold R., Dipl.-Landw.; Mutter: Hildegard, geb. v. Schiller), kath., verh. s. 1969 m. Uta, geb. Pilowski, 3 Kd. (Klemens, Lucia, Franziska) - Univ. Hamburg (Staatsex. u. Promot. 1966; Facharzt f. Augenheilkd. 1974); Habil. 1979 Tübingen - 1980 Prof. Univ. Erlangen. In- u. ausl. Fachmitgl.sch. - BV: Mitarb. an: Pathol. d. Auges (v. G.O.H. Naumann), 1980 (engl. Übers. 1986, jap. Übers. 1987); u.a. Fachveröff. - Liebh.: Fotogr. - Spr.: Engl.

RUSBÜLDT, Volker

Dr.-Ing., Elektroingenieur, Pers. haftend. Gesellsch. Gebr. Röchling u. Geschäftsf. Röchling Ind. Verw. GmbH, Mannheim (1986-89) - Wildaustr. 14, 6450 Hanau 9 (T. 06181-5 62 23) - Geb. 28. April 1930 Torgau/Elbe (Vater: Bernhard R., Kaufm.; Mutter: Hilde, geb. Buss), ev., verh. s. 1956 m. Mechthild, geb. Ruhstrat, 3 Kd. - Gr. Stadtsch. Rostock, Gymn. Templin, Katharineum Lübeck; Lehre Betriebselektr. Lübeck; TH Karlsruhe, Dipl. 1955, Promot. 1965 TU Berlin - 1967 Leit. AEG Telefunken Mülheim/R.-Saarn, 1972 Geschäftsf. Demetron Ges. f. Elektronik-Werkst. mbH, 1986-89 s. o.

RUSCHE, Heinrich Thomas

Dr. rer. pol., Dipl.-Volkswirt (CH), M.A., Geschäftsführer Rusche GmbH (s. 1987) - Poststr. 6, 4740 Oelde 1 (T. 25 22-82 60) - Geb. 24. Sept. 1962 Münster, kath., verh. m. Dott. Anna Flavia, geb. Arizzi, 2 Kd. (Heinrich Otto Maria, Marianna Simona Massimilla) - Abit. 1982; Stud. Wirtsch.wiss u. Phil. 1982-88 Univ. Fribourg (CH) u. FU Berlin; lic. rer. pol. 1986; Promot. 1991 Wirtsch.wiss.; Magister artium 1992 - 1984 Assist. d. Geschäftsleitg. Rusche GmbH; 1986-88 Geschäftsf. Rusche & Schrimper Textilvertr. GmbH; 1986 stv. Geschäftsf. Rusche GmbH; 1987-88 Präs. Weltverb. d. Herrenausstatter (IMG) - BV: Entwicklung d. Ansatzes e. Gestaltungsmethodik d. Sortimentsstrategie im Einzelhandel, 1986; Strategische Sortimentseinheiten im Handel, 1986; Aspekte e. Wirtschaftsethik, 1988; Wettbewerbsdifferenzierung durch Sortimentsstrategien, 1989; Strategisches Sortimentsmanagement im Handel, 1990; Kleines SQR-Brevier d. Kleidungskultur, 1991; Philosophische vs. ökonomische Voraussetzungen e. Wirtschaftsethik, 1991.

RUSCHEWEYH, Walter

Ministerialdirigent, Leit. Bereich Finanz u. Verwaltung Dt. Bundesbahn - Friedrich-Ebert-Anlage 43-45, 6000 Frankfurt/M. - Geb. 23. Mai 1928 Liegnitz/Schles., verh. s. 1963 m. Gisela, geb. Sallmann, 2 Kd. - Stud. Rechtswiss., 2. Jur. Staatsex. 1958. AR-Mand.

RUSCHIG, Heinrich

Dr. phil., Dr. rer. nat. h. c., Prof., Chemiker - Oranienstr. 50, 6232 Bad Soden/Ts. (T. 2 37 12) - Geb. 22. Okt. 1906 - 1935-71 IG Farbenindustrie bzw.

Farbwerke Hoechst AG. (1955 Prok., 1965 Abt.sdir.; Leit. Pharma-Forsch. Chemie). S. Habil. Lehrtätigk. Univ. Mainz (apl. Prof.; gegenw. Honorarprof.: Arzneimittelsynthese) - BV: Arzneimittel - Entwicklung/Wirkung/Darstellung, 1968 - 1971 Ehrendoktor TU Braunschweig.

RUSH, Antje,

geb. Hermenau

Dipl.-Pädagogin, Mitglied d. Landtages - Lobstädter Str. 21, O-7030 Leipzig (T. 0341 - 31 17 20) - Geb. 3. Juli 1964 Leipzig, verh. s. 1990 m. David Bruce R. - Stud. an d. Alma mater lipsiensis, Sekt. Germanistik 1983-89; Dipl. 1989 (z. polit. Wortschatz in d. Schlußakte d. KSZE) - Bildungspolit. Sprecherin d. Fraktion Bündnis 90/Grüne Sächs. Landtag; Mitgl. d. Landeszentrale f. polit. Bildung Freistadt Sachsen d. Aussch. Schule, Jugend, Sport u. d. Petitionsaussch. d. Sächs. Landtages - Spr.: Engl., Franz., Russ.

RUSKE, Bärbel

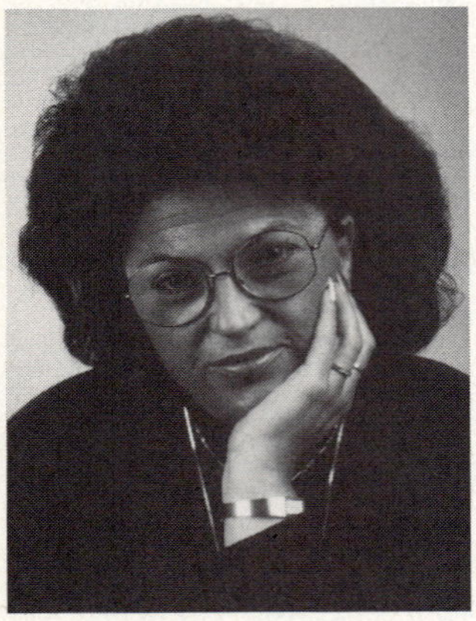

Geschäftsführerin Hamburger Hof GmbH - Tannenstr. 7, 4330 Mülheim-Ruhr (T. 0208 - 59 17 37) - Geb. 15. Aug. 1945 Mülheim-R., ev., verh. s. 1966 - Lehre Groß- u. Außenhandel-Kaufm. Schauenburg, Mülheim/R. Stv. Vorst.-Vors. d. Kreisverb. Mülheim-Ruhr - Deutsches Rotes Kreuz - Liebh.: Hist. Wertpapiere, alte Bücher, Lyrik, Musik - Spr.: Engl. - Lit.: Lutz Dreesbach: Frauen, d. Spitze sind.

RUSKE, Wolfgang

Dipl.-Ing., Freier Publizist, Berater f. Öffentlichkeitsarbeit DPRG - Seidenweberstr. 35, 4050 Mönchengladbach 4 (T. 02166 - 5 10 80; Telefax 02166 - 5 47 94) - Geb. 1. März 1948, verh. s. 1974 m. Beatrix, geb. Meyer, 3 Kd. (Jessica, Dominik, Mauricio) - Dipl.-Ing. 1971 Rosenheim - 1971-74 Pressespr. Arbeitsgemeinsch. Holz - BV: Holz im Außenbereich, 1978; Holzskelettbau, 1980; Spiel & Holz, 1982; Structures en bois, 1984; Archit. exterieure en bois, 1985; Holzhäuser im Detail, 1986; Außenanlagen im Detail, 1987; Bauten in d. Landschaft, 1987; Ausbau u. Innenausbau, 1987; Glas, 1988; Holz-Glas-Archit., 1988; Bauen m. Holz u. Stein, 1988; Ökol.-ökon. Holzhäuser, 1988; Sanieren u. Modernisieren m. Holz, 1988; Natürl. Baustoffe im Detail, 1989; Neue Holzhäuser im Detail, 1989; Häuser in d. Gruppe, 1989; Häuser in Mischbauweise, 1990; Handb. Spiel u. Freizeit im öffentl. Raum, 1990. Herausg.: Pressedienst holznews, Ztschr. Holzbau & Naturbaustoffe aktuell. Mitinh. Fachverlag Ruske, Media-Agentur Ruske; Herausg. Praxissammlung Holzbau - Entwurf, Konstruktion, Detail; 1992 Gründungs-Gesellsch. FORUM HOLZ - Ges. f. Entwicklung u. Einsatz besonderer Holzsysteme mbH - Liebh.: Kunst, Antiquitäten.

RUSNAK, Josef

Dr. jur., Botschafter d. Bundesrep. Deutschl. in Managua - Zu erreichen üb. Ausw. Amt Bonn - Geb. 17. März 1936 Unter-Turz (CSSR), kath., verh. - Stud. Rechtswiss. Würzburg u. FU Berlin; Promot. Würzburg, M.A. (Fletcher School of Law and Diplomacy, Boston) - S. 1963 Ausw. Amt.

RUSS (ß), Friedrich

I. Bürgermeister Stadt Volkach - Rathaus, 8712 Volkach/Ufr. - Geb. 8. Juni 1927 Lohr - Zul. Postamtm.

RUSS, Michael

Konzertdirektor Südwestd. Konzertdirektion Erwin Russ, Stuttgart - Zu erreichen üb. SKS Erwin Russ, Charlottenpl. 17, 7000 Stuttgart 1 (T. 0711 - 163 53 11) - Geb. 15. Mai 1945 Unterkochen, kath., verh. s. 1968 m. Doris, geb. Langheld, 3 Töcht. (Alexandra, Anuschka, Michaela) - Musikalienhändler - Lehre Ulm - Präs. Verb. Dt. Konzertdirektionen München - 1985 BVK - Spr.: Engl.

RUSS (ß), Peter

Geschäftsführer Verlagsgruppe Deutscher Fachverlag - Mainzer Landstr. 251, 6000 Frankfurt/M. 1 (T. 069 - 75 95-11 32).

RUSS (ß)-MOHL, Stephan

Dr., Prof. f. Publizistikwiss. Inst. für Publizistik u. Kommunikationspolitik FU Berlin - Malteserstr. 74-100, 1000 Berlin 46 (T. 030 - 77 92-449) - Geb. 23. Mai 1950 Frankfurt/M. - Ausb. Dt. Journalistenschule München; Stud. Sozial- u. Verwaltungswiss. Univ. München, Konstanz u. Princeton/USA; Dipl. 1977 Konstanz, Promot. 1980 ebd. - 1979-81 Wiss. Assist. Univ. Dortmund; 1981-85 Fachref. Robert-Bosch-Stiftg. Stuttgart; 1985 Prof. FU Berlin. Arbeitsgeb.: Journalistik/Redakt. Organisation. S. 1987 wiss. Leiter Studiengang Journalisten-Weiterbildung - BV: Reformkonjunkturen u. politisches Krisenmanagement, 1981; Zeitungs-Umbruch. Wie sich Amerikas Presse revolutioniert, 1992. Herausg.: Wissenschaftsjournalismus. E. Handb. f. Ausb. u. Praxis (1986); Wirtschaftsjournalismus. E. Handb. f. Ausb. u. Praxis (1991) - Spr.: Engl., Span., Ital.

RUSSELL, Hans-Dieter

Dr., Bergwerksdirektor, Mitgl. Grubenvorst. Gewerkschaft Sophia-Jacoba, Hückelhoven - Staufenstr. 7, 5143 Wassenberg/Rhld. - Geb. 21. Juni 1927.

RUSSIG, Armin

Prof. Dr. sc. techn., Geschäftsführer GERFEMA mbH Chemnitz (vorm. FZW) (s. 1990) - Schenkenberg 25, O-9057 Chemnitz (T. 0071 - 5 50 74) - Geb. 28. März 1925, verh., 3 Kd. - Dipl.-Ing. Elektrotechn. TU Dresden; 1. Promot. Automat.techn. 1971, 2. Promot. Techn. Kybern. 1976 TU Chemnitz; 1977 Prof. - Abt.-Leit. IfW (NC-Entwickl. Ostdeutschl.); 1969-78 Hochsch.lehrer TU Chemnitz; 1978-90 Dir. f. Wiss. FZW - 18 Pat. (Werkzeugmasch./Automat.techn.) - BV: 2 Lehrbriefreihen f. Hochsch.ausbild., 1971/72; Profil durch Tradition u. Leistung, 1986 - 1965 Verdienter Techn.; 1969 Nat.pr. f. Wiss. u. Techn. (f. NC-Entw.) - Liebh.: Technikgesch., Automobile, Luft- u. Raumfahrttechn. - Spr.: Engl., Ung.

RUSSU, Mircea-Johann

Dr., Dr. med., Internist, Chefarzt Geriatrische Abt. Kreiskrankenh. Mechernich, Betriebsstätte Zülpich (s. 1986) - Allensteiner Str. 3, 5352 Zülpich (T. 02252 - 41 10) - Geb. 19. Febr. 1930 Klausenburg (Rumän.), kath., verh. s. 1979 m. Dr. rer. Christina R., 3 Kd. (Anna, Alexandra, Johann) - Stud. Med. Fak. 1948-54 Bukarest; Dipl. 1966 Bukarest, Internist 1962 - 1963-65 Doz. Med. Fak. Bukarest; Prof. f. Innere Med. u. Vizedekan Med. Fak. Kinshasa Zaire (Vorst. 1973-76) - BV: Infektionskrankheiten, 1974; Gastroenterologie, 3 Bde. 1974-76 - Spr.: Engl., Franz., Rumän.

RUST, Erich-Alfred

Vorstandsmitglied DG HYP Deutsche Genossenschafts-Hypothekenbank AG - Rosenstr. 2, 2000 Hamburg 1 - Geb. 17. April 1937 Lehrte - S. 1982 Mitgl. Börsenvorst. Hamburg; DG Capital Management GmbH, Frankfurt, Landesgarantiekasse Schlesw.-Holst. GmbH, Kiel, Nordfleisch eG Raiffeisen Vieh- u. Fleischzentrale Schlesw.-Holst., Hamburg.

RUST, Heinz

Dipl.-Kfm., Aufsichtsratsvorsitzender Bremer Woll-Kämmerei AG - - Landrat-Christians-Str. 95, 2800 Bremen-Blumenthal - Geb. 14. Sept. 1923 Osnabrück.

RUST, Josef

Dr. jur., Staatssekretär a. D., Generaldirektor i. R. - Am Weinberg 39, 3500 Kassel - Geb. 12. Nov. 1907 Blumenthal b. Bremen (Vater: Wilhelm R., Rektor; Mutter: Maria, geb. Immenkamp), verh. s. 1938 m. Elisabeth, geb. Dartsch, 2 Kd. - Univ. Göttingen, München, Berlin - Tätigk. Reichswirtschaftsmin., Nieders. Finanzmin., 1949-52 Bundeskanzleramt, 1952-55 Bundeswirtschaftsmin. (Ministerialdir.), 1955-59 Bundesverteidigungsmin. (Staatssekr.), 1959-69 Vorstandsvors., 1969-78 AR-Vors. u. 1978-86 AR-Mitgl. Wintershall AG, Kassel - 1959 Gr. BVK m. Stern u. Schulterbd. - Liebh.: Jagd.

RUST, Ulrich

Kaufmann, Generalsekretär Europ. Schausteller-Union, Sitz Luxemburg (s. 1980) - Lippestr. 59, 4712 Werne a. d. Lippe (T. 02389 - 32 74) - Geb. 8. Febr. 1931 Meseritz (Vater: Dr. Erwin R., Generalveterinär †1978; Mutter: Charlotte, geb. Sporleder), ev., verh. s. 1966 m. Gisela, geb. Feder - Obersch. Ratzeburg u. Frankfurt/O. (Abit. 1949); Ausb. Müller u. Getreidekaufm.; Verw.akad. u. Dt. Getreidehandelssch. - S. 1977 Schausteller-Union (stv. Gen.-Sekr.); Vorst.-Mitgl. Dt. Rat d. Europ. Bewegung; Ausschuß-Mitgl. Handel u. Vertrieb in d. Europ. Gemeinsch.; s. 1989 Vors. Europ. Stiftg. EFECOT (Stiftg. f. d. Ausbildg. d. Kinder v. reisenden Circussen, Schaust., Binnenschiffern u. ambulanten Gewerbetreibenden), Bruxelles - 1980 u. 1985 Privataudienz b. Papst Johannes Paul II; 1983 Ehrenmed. in Silber d. Council of Europe; NGO-Member of the Council of Europe - Liebh.: Filmen, Schwimmen - Spr.: Engl. - Bek. Vorf.: Friedrich R., Gutsbesitzer u. preuß. Landtagsabgeordn. (Großv., †1914); Heinrich R., Kaufm. u. Bürgerm. Hansest. Lübeck (†1757); Claes R., Kaufm. u. Bürgerkapitän Hansest. Hamburg (†1680).

RUST, Wilhelm

Dr. med., Gynäkologe, Ärztl. Direktor DRK-Krankenhaus Jungfernheide (s. 1952) - Kissinger Str. Nr. 67, 1000 Berlin 33 (T. 826 46 80) - Geb. 1909 Paderborn - Univ. Würzburg, Innsbruck, Hamburg, Münster. Promot. 1934; Habil. 1942 - Robert-Krkhs., Berlin, Charité ebd., Frauen-Sanat. Müggelsee (eig. Gründ.) - Liebh.: Skilaufen.

RUSTA, Irana

Dr. phil., Literaturwissenschaftlerin, MdA Berlin (s. 1991) - Wörtherstr. 10, O-1058 Berlin (T. 02 - 449 96 51) - Geb. 23. Juli 1954 Moskau (Vater: Reza R.), verh. s. 1980 m. Peter Fritz (Kunstmaler), T. Alica - Stud. Humboldt-Univ. Berlin; Dipl. Phil.; Promot. Dr. phil. 1980 Akad. d. Wiss. - Herausgeberin; Lektorin; Übersetzerin; Mitgl. 1. freigew. Magistrats v. Berlin; 1990 Stadträtin f. Kultur Berlin - BV: Russ. Lyrik, 1990 - Liebh.: Phil., Musik, Theater, Malerei - Spr.: Russ., Engl.

RUSTESCH, Gerhard

s. Krämer, Karl Emerich

RUTH, Friedrich

Dr. phil., Botschafter d. Bundesrep. Deutschl. in Italien a.D. - Via Po 25c, 00198 Rom/Italien - Geb. 10. Febr. 1927 Michelfeld (Vater: Friedrich R., Kaufm.; Mutter: Anna, geb. Knapp), ev., verh. s. 1956 m. Mechthild, geb. Heinke, 2 Kd. (Anna-Isabella, Friedrich G. Emanuel) - Stud. Emory Univ. Atlanta/USA (Pol. Wiss.) u. Univ. Heidelberg (Engl., Gesch., Phil.); Promot. 1955 - 1956 Ausw. Amt (Ausl.posten: 1958 Moskau; 1959 Generalkonsulat Chicago; 1962 Washington), 1966/67 Zentr. Bonn; 1968/69 Bundeskanzleramt, 1970 NATO-Defense Coll. Rom, s. 1970 wied. AA (1972-1977 Leit. Ref. Sicherh. in Europa; 1973 Leit. dt. Delegation MBFR-Verhandl. Wien; 1977-86 Beauftr. d. Bundesreg. f. Fragen d. Abrüstung u. Rüstungskontrolle) - 1982 Verdienstmed. Land Baden-Württ. (f. Einsatz um Friedenspolitik); 1988 Gr. BVK - Liebh.: Musik, Lit. - Spr.: Engl., Franz., Ital.

RUTH, Volker

Dr. rer. nat., Dipl.-Phys., o. Prof. Univ. Oldenburg (s. 1973) - An der Feldwische 7, 2900 Oldenburg - Geb. 19. Jan. 1932 Dorum/Bremerhaven (Vater: Armin R., Lehrer; Mutter: Klara, geb. Göhr), ev., verh. s. 1961 m. Gisela, geb. Dießelhorst, 2 Söhne (Andreas, Karsten) - Stud. d. Physik Univ. Göttingen; Dipl.-Phys. 1958; Promot. 1961 - 1961-64 Research Fellow, Ohio State U., USA; 1964-68 Assist. Univ. Münster u. PH Göttingen, 1968-73 Prof. Oldenburg, 1973/74 Visiting Prof. f. Metallurgie Banaras Hindu U., Varanasi, Indien; 1986 Visiting Prof. f. Metallurgical Engineering, Ohio State Univ., USA. Fachmitgl.sch. Fachveröff. in- u. ausl. Ztschr. Mithrsg.: Advances in Epitaxy and Endotaxy (1971, ungar. 1976, 1990) - Spr.: Engl., Franz.

RUTHENBECK, Reiner

Prof., Bildhauer - Habichtweg 19, 4020 Ratingen-Hösel (T. 0211 - 46 16 86) - 1980ff. Lehrtätigk. Kunstakad. Münster - 1982 Konrad-v.-Soest-Preis; 1987 Will-Grohmann-Preis.

RUTHMANN, August

Ph. D., Prof. f. Zellmorphologie - Weidenstr. 4b, 4322 Sprockhövel 2 - Geb. 26. März 1928 Darmstadt (Vater: Robert R., Spengler u. Installateur; Mutter: Katharina, geb. Kaiser), verh. s. 1955 m. Joanne, geb. Drumb, 2 Söhne (Robert, Bernhard) - Höh. Schule Alzey u. Darmstadt; TH Darmstadt (Biol.), Univ. of Minnesota, Minneapolis/USA (Zool.; PH. D. 1958) - 1957-58 Instructor Univ. Chicago; 1958-65 Assist. u. Konservator (1963) Univ. Tübingen; 1965-68 Associate Prof. Dalhousie Univ., Halifax/Kanada (Biol.); 1968-70 Prof. u. Vorsteher Abt. f. Morphol. d. Tiere/Inst. f. Zool. TH Aachen; s. 1970 ord. Prof. Univ. Bochum. Mitgl. Intern. Soc. of Differentiation; Mitgl. Dt. Ges. f. Zellbiol. u. Dt. Zool. Ges. Spez. Arbeitsgeb.: Zellforsch. - BV: Methoden d. Zellforsch., 1966 (engl. Methods in Cell Research) London/New York 1969); Praktikum d. Cytologie, 1979 - Liebh.: Naturwiss. - Spr.: Engl.

RUTHUS, Franz

Bürgermeister Aschheim i. R. (1948-84) - Tassilostr. 25, 8011 Aschheim (T. 903 99 38) - Geb. 9. Dez. 1919 Aschheim, kath., verh. s. 1943 m. Magdalena R., 3 Kd. (Anneliese, Johann, Maria-Magdalena) - 1970 Wasserwachtmed. in Silber; 1971 BVK am Bde.; 1973 Med. f. bes. Verd. um d. Kommunale Selbstverw.; 1973 Feuerwehr-Ehrenz. f. 25-j. akt. Dienstzeit; 1983 BVK I. Kl.; 1984 Ehrenbürger Gemeinde Aschheim; 1984 Gold. Ehrenring d. Gemeinde Aschheim; 1984 Ehrenvorst. d. fr. Feuerwehr Aschheim.

RUTKOWSKI, von, Hartmut

Inhaber u. Leit. Kosmetikschule u. -inst. Berlin, Mitbegr. Kosmetikzentralverb. - Hohenzollerndamm 2, 1000 Berlin 31 - Geb. 18. Nov. 1944 Coburg (Vater: Josef v. R., Edelsteinfasser; Mutter: Georgina, geb. Marr), ev., ledig - Kosmetikstud. b. Isabella v. Rutkowski (Tante), Gründ. d. Schule - S. 1971 Leit. d. größten Berliner

Ausbildungsst. f. Ganzheitskosmetik (gegr. 1929), Ltg. d. Fortbildungskurse, Einricht. v. Bildungs- u. Fortbildungssem. Cote d'Azur.

RUTSCH, Martin

Dr., Mathematiker, Prof. Univ. Karlsruhe (1973-75 Dekan wirtsch.wiss. Fak.) - Im Hartental 12, 6600 Saarbrücken - Geb. 24. April 1930 Heidelberg (Vater: Martin R., Polizist; Mutter: Emma, geb. Granzer), kath., verh. s. 1959 m. Elfriede, geb. Riehm, 2 Kd. (Pascal, Nathalie) - Stud. d. Math. Univ. Heidelberg - Zun. Akad. Rat Univ. Saarbrücken, dann Assoc. Prof. Univ. of Cincinnati/USA. In- u. ausl. Fachmitgl.sch. - BV: Wahrscheinlichkeit I + II, 1975/76 (m. K.-H. Schriever); Statistik 1 + 2, 1986/87 - Spr.: Engl., Franz.

RUTSCH, Walter

Kaufmann, Geschäftsführer Stadtwerke Michelstadt GmbH - Landrat-Neff-Str. 4, 6120 Michelstadt (T. 50 58) - Geb. 14. Juni 1930 Reichenberg/CSSR (Vater: Josef R., Beamter; Mutter: Emma, geb. Steiner), kath. - Bürgersch., kfm. Lehre. S. 1973 Geschf.

RUTSCHKE, Wolfgang

Dr. jur., Staatssekretär a. D., Vorstandsvors. Lastenausgleichsbank a.D. (s. 1984) - Kronprinzenstr. 10, 5300 Bonn 2-Bad Godesberg (T. 83 15 17); priv.: Im Rehefeld 6, 5205 St. Augustin 1 (T. 02241 - 33 13 83) - Geb. 27. Nov. 1919 Heegermühle b. Eberswalde (Vater: Paul R., Gymn.lehrer), ev., verh. s. 1952 m. Ruth, geb. Lindovsky, 2 Kd. - Gymn.; Univ. Berlin, Breslau, Heidelberg (Rechts- u. Staatswiss.) - 1939-43 Wehrdst. (schwerkriegsbesch.), n. Kriegsende Reg.sass. u. stv. Landrat Sinsheim, Weinheim, Mosbach, 1948 Reg.srat, ab 1950 Lastenausgleichsverw., s. 1970 Min.dir. (Leit. Abt. Vertriebene) u. Staatssekr. (1971) Bundesinnenmin. 1972 ff. stv. Vors. Kurat. Berliner Festspiele GmbH. 1957-1970 (Mandatsniederleg.) MdB; 1963-70 Mitgl. Berat. Versamml. Europarat u. Vers. Westeurop. Union. FDP s. 1951 (Mitgl. Landesvorst. Baden-Württ.) - Liebh.: Klass. Musik - 1966 Gold. Sportabz.; Gr. BVK m. Stern - Spr.: Engl., Franz. - Bek. Vorf.: Johann Timotheus Hermes, ev. Theologe, Kirchenliederdichter, 1738-1821 (ms.).

RUTT, Theodor

Dr. phil., Dipl.-theol., o. Prof. f. Dt. Sprache u. Didaktik - 5000 Köln - Geb. 5. Mai 1911 Köln, kath., verh. s. 1941 m. Josephine, geb. Kreuzer, 7 Kd. - Reform-Realgymn.; Päd. Akad. Bonn (beide Lehrerprüf.), Univ. Köln (Philol. Staatsex. u. Promot.) u. Bonn. Ass.ex. - B. 1941 Volksschullehrer, dann Studienrefer. u. Kandidat d. höh. Lehramts, s. 1947 Doz. u. o. Prof. Päd. Akad. Köln (1950 Dir., 1954 Rektor, 1957 u. 60 wiedergewählt) bzw. Päd. Hochsch. Rhld./Abt. Köln, 1958-64 Wiedergewählter (1961) Vors. NRW-Hochschul-Landessenat, 1968-79 Lehrbeauftr. Univ. Köln. Mitglied Adalbert-Stifter-Inst. (korr.; Linz/D.); Literaturwiss. Berater d. Rheinischen Adalbert-Stifter-Gemeinsch., Görres-Ges. - BV: Sprachentfaltung u. Buch, 2. A. 1961; Stimme d. Sprache, 1961; Muttersprachschule, 3. A. 1966; Aufsatzvorbereitung im Fünften Schuljahr, 1968; Chronik d. Rhein.-Berg. Kreises, 3. A. 1972; Wege d. Wortes, 1955; Bild u. Wort, 1955; V. Wesen d. Sprache, 1957; Didaktik d. Muttersprache, 2. A. 1968; Dr. med. Fritz Wester - Verfolgter d. Nationalsozialismus, 1983; Anthroposophische Pädagogik-Heilslehre f. unsere Zeit?, 1983; Adalbert Stifter, d. Erzieher, 3. A. 1989; Rösrath i. Wandel d. Gesch., 1970. Herausg.: Päd. Schr. Schöninghs, Stifter, Tolstoj, Petersen, Schneider u. a. (üb. 70 Bde.), Beiträge z. empir. Unterrichts- u. Erziehungsforsch., 1971-75; Katholischer Religionsunterricht heute, 1975; Katechese aus d. Glauben, 1978; Overath-Gesch. d. Gem., 1980; Kultur- u. Wirtschaftsgesch. d. Sülz- u. Aggergebietes, 1981; Petersensch. heute, 1983; Peter Petersen - Leben u. Werk, 1984; Widerstand in Overath v. 1933-45, 1991 - BVK am Bde. u. 1. Kl.; Gregorius-Ritterorden - Liebh.: Musik - Spr.: Engl., Franz., Lat., Griech., Hebr.

RUTTE, Erwin

Dr. rer nat., Prof., Geologe u. Paläontol. - Universität, 8700 Würzburg - Geb. 14. Febr. 1923 Medonost - S. 1953 (Habil.) Privatdoz. u. apl. Prof. (1959) Univ. Würzburg - BV: Einf. in d. Geol. v. Unterfranken, 1957; Mainfranken u. Rhön, 1965. Div. Einzelarb.

RUTZ, Hans

Musikschriftsteller - Ortolfstr. 34, 8000 München 60 (T. 811 39 65) - Geb. 14. Juni 1909 Weißenbrunn/Bay. (Vater: Wilhelm R., Lehrer, Schriftst.; Mutter: Hedwig, geb. Kelber), ev., verh. in 2. Ehe (1953) m. Rosmarie, geb. Gräfin Sarnthein, 3 Kd. (Helga, Cornelia, Nike) - Gymn. Coburg; Univ. Berlin u. Wien, Akad. f. Kirchen- u. Schulmusik Berlin (Staatsprüf.) - 1933-35 Musiklehrer (priv.) Coburg u. Weimar, 1936-39 Musikkritiker Berlin u. Wien, dann Wehrdst., b. 1951 Pressechef Wiener Konzerthausges., anschl. Leit. Hauptabt. Musik Radio Salzburg, 1957 Leit. Abt. Oper u. Sinfonie WDR, Köln, ab 1958 Produktionsleit. u. Pressechef (1962) Dt. Grammophon GmbH., Hamburg - BV: Neue Oper - Gottfried v. Einems Dantons Tod, 1947; Hans Pfitzner, Biogr. 1950; Joseph Haydn, Wolfgang Amadeus Mozart, Ludwig van Beethoven, Franz Schubert u. Claude Debussy - Dokumente ihres Lebens u. Schaffens, 1951 ff. (Buchreihe C. H. Beck, München).

RUZICKA, Peter

Dr. jur., Prof., Intendant Hamburgische Staatsoper (s. 1988) - Gr. Theaterstr. 34, 2000 Hamburg 36 - Geb. 1948 Düsseldorf - Komp., Musikschriftst., Dirig. - 1985 Mitgl. Bayer. Akad. d. Schönen Künste (München); 1987 Mitgl. Fr. Akad. d. Künste (Hamburg).

RYMSKI, Edda

Dipl.-Kulturpädagogin, Dramaturgin, Regiss. - Melcherstr. 14a, 4400 Münster - Geb. 11. Jan. 1960 Bremerhaven, ledig - Ausbild.: Musik, Fagott, Bild. Kunst/Grafik in Hannover u. Hildesheim - Regieassist. Bremerhaven, Schauspiel Hildesheim u. Lüneburg, Regie u. Dramat. Lüneburg, Dramat. Münster u. Kiel - Spr.: Engl., Franz.

RYSANEK, Leonie

Kammersängerin - 8201 Altenbeuren/Obb. - Geb. 14. Nov. 1926 Wien (Vater: Peter R., Kunststeinmetz; Mutter: Josephine, geb. Höberth), kath., verh. 1950-68 m. Rudolf Großmann (Heldenbariton u. Regiss.), s. 1968 m. Ernst-Ludwig Gausmann (Musikwissensch.) - Konservat. Wien - Engagements: Innsbruck, Saarbrücken, München, Stuttgart, Wien, Berlin, Hamburg, Rom, London, Athen, Moskau, Sydney, Tokyo, Montreal Festspiele v. Aix en Provence, Salzburger Festspiele. Gast San Francisco (1956), Met New York (1959, Lady Macbeth), Scala Mailand (1959, Desdemona) u. a.; Bayreuther Festsp. Üb. 60 Sopranpartien, haupts. Verdi (dt. u. ital.), Strauss, Wagner - 1956 Chappel Goldmedal of Singing (London) u. Silb. Rose Wiener Philharmoniker; österr. u. bayer. Kammers.; 1979 Lotte-Lehmann-Gedächtnisring; Ehrenmitgl. Staatsoper Wien - Liebh.: Kochen (bes. chines. Küche), Bücher (Biogr.), Skat, Auto- u. Radfahren, Sportübertrag. (bes. Fußball) - Großv.: Kapellmeister.

RYSSEL, Heiner

Dr.-Ing. habil., Prof. f. Elektr. Bauelemente u. Institutsleiter Fraunhofer-Arbeitsgr. f. Integrierte Schaltungen, Abt. f. Bauelementetechnol. (s. 1985) - Artilleriestr. 12, 8520 Erlangen (T. 09131 - 81 04 10) - Geb. 9. Dez. 1941 Plaue, verh. s. 1970 m. Herma, geb. Plobner, 2 T. (Edna, Verena) - 1962-77 Stud. Elektrotechnik TU München; Promot. 1973 ebd. - 1972-73 wiss. Mitarb. TU München; 1974-85 Abt.-Leit. Fraunhofer-Inst. f. Festkörperphysik München - BV: Ionenimplantation, 1978 (russ. 1983, engl. 1986) - Liebh.: Skifahren, Gesch. - Spr.: Engl., Franz.

RZEPKA, Peter

Steuerjurist, Mitgl. Abgeordnetenhaus v. Berlin (s. 1979) - Zu erreichen üb.: CDU-Fraktion, Rathaus, 1000 Berlin 62.

S

SAACKE, Fritz

Landwirt, MdL. Nieders. (s. 1974) – Auf dem Risch Nr. 3, 3254 Emmerthal 1 (Kirchohsen) (T. 4 25) - CDU.

SAAD, Margit

Schauspielerin - Zu erreichen üb.: Agentur Jovanovic, Widenmayerstr. 48, 8000 München 22 - Geb. 30. Mai 1929 München, kath., verh. s. 1957 m. Jean-Pierre Ponelle (Bühnenbildner u. Regiss.), S. Pierre-Dominique - Lyz. München (Abit. 1947), 1948-1949 Keramikvolontär, 1949-51 Otto-Falckenberg-Sch. ebd. - Div. Filme, dar. Beichtgeheimnis u. E. Amerikaner in Salzburg - Liebh.: Musik, Pferde - Spr.: Engl.

SAAGE, Richard

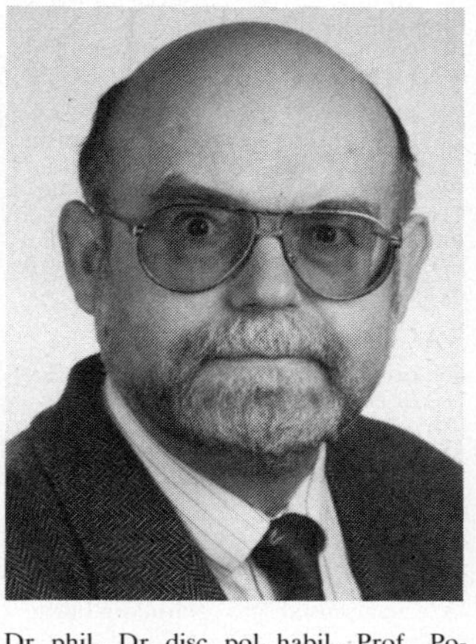

Dr. phil., Dr. disc. pol. habil., Prof., Politologe - Dohnenstieg 6, 1000 Berlin 33 (T. 030 - 832 54 07) - Geb. 3. April 1941 Tülau/Nieders., ev., verh. s. 1978 m. Dr. Ingrid, geb. Thienel, T. Miriam - 1965-72 Stud. Politik, Gesch., Soziol. u. Phil. Univ. Frankfurt; Promot. 1972 Frankfurt; Habil. 1980 Göttingen - 1972/73 Visiting Scholar Harvard Univ. Cambridge, Mass./USA; 1972-76 Wiss. Assist. Univ. Göttingen; 1976 Akad. Rat, 1989 Akad. Oberrat; 1984 apl. Prof. f. Politikwiss. Univ. Göttingen; WS 1985 Vertr.-Prof. Univ. Frankfurt; 1992 o. Prof. Univ. Halle-Wittenberg - BV: Eigentum, Staat u. Ges. b. I. Kant, 1973; Faschismustheorien, 1976, 3. A. 1981 (ital Übers.: Interpretazioni del nazismo, 1979); Herrschaft, Tolerenz, Widerstand, 1981; Rückkehr z. starken Staat?, 1983; Arbeiterbewegung, Faschismus, Neokonservatismus, 1987; Vertragsdenken und Utopie, 1989; D. Ende d. polit. Utopie?, 1990; Polit. Utopien d. Neuzeit, 1991. Herausg: J. G. Fichte, Ausgew. polit. Schr. (1976, m. Z. Batscha); Friedensutopien (1979, m. Z. Batscha); Konservatismus - e. Gefahr f. d. Freiheit? (1983, m. E. Hennig); Otto Bauer: Theorie u. Politik (1985, m. D. Albers, H. Heimann); Solidargemeinsch. u. Klassenkampf (1986); Kultur u. Politik (1990, m. H. Münkler) - Liebh.: Kunst, Musik, Reisen - Spr.: Engl., Franz.

SAAL, Rudolf

Dr.-Ing., em. Prof. f. Netzwerktheorie u. Schaltungstechn., Lt. Inst. f. Schaltungstechnik TU München (1968-89) - Elsterweg 1, 8033 Krailling (T. 857 39 40) - Geb. 17. März 1920 München (Vater: Sebastian S., Industriekfm.; Mutter: geb. Reichenberger) - Wittelsbacher Gymn. München, TH München, Dipl.-Ing. 1947 - 1948-61 AEG-Telefunken, 1961-68 Lt. Vorentwickl. AEG-Telef., 1972-77 Assoc. Editor Inst. of Electrical and Electronics Engineers (IEEE) Trans. Circuits and Systems, New York; 1979-81 Dekan Fak. f. Elektrotechnik TU München. S. 1957 Mitgl. u. 1982-87 Chairman IEEE Germany Section; 1983-86 Vice-President IEEE, Reg. 8, Circuits and Systems Soc., New York; s. 1965 Mitgl. u. 1988-90 Chairman of intern. Com. C Signals and Systems Union Radio-Scientifique Intern. (URSI); 1982-89 Assoc. Editor, Journal Circuits, Systems and Signal Processing, Boston; s. 1955 Mitgl., 1983-86 Vorst.-Mitgl. u. 1985-86 Vors. d. Nachrichtentechn. Ges. (NTG) Frankfurt; 1983-92 AR-Mitgl. ANT-Nachrichtentechnik, Backnang - BV: Filterkatalog, 1961; Handb. z. Filterentwurf, 1979. Facharbeiten z. Netzwerktheorie u. z. Filterentwurf - Lit.preis d. NTG, Fellow IEEE, New York; IEEE-Centennial Medal, Education Award d. IEEE Circuits and Systems Soc. - Spr.: Engl., Franz., Ital.

SAALBACH, Karl-Ernst

Kaufmann (Ernst Saalbach, Lebensmittelgroß- u. -einzelhandel, Wetzlar) - Turmstr. 18, 6330 Wetzlar/L. (T. 4 60 12).

SAALFELD, Hans

Vizepräsident d. Bürgerschaft d. Freien u. Hansestadt Hamburg, Mitgl. Hbg. Bürgerschaft (s. 1966), Vorst.-Mitgl. Großhamburger Bestatt.inst. Hbg. u.a. - Fehnweg 46, 2000 Hamburg 62 (T. 520 37 95) - Geb. 3. Juni 1928 Hamburg (Vater: Hermann S., Maschinenbauer; Mutter: Anna, geb. Freudenthal), verh. s. 1951 m. Ursula, geb. Zimmermann, 2 Kd. (Birgit, Björn) - Volkssch., Maschinenbaulehre - 1944-45 Kriegsdst., dann Betriebshandwerker GEG, 1960-69 Bezirksleit. u. Vors. Gewerksch. NGG; 1969-88 Vors. Dt. Gewerkschaftsbund, Kr.Freie u. Hansestadt Hamburg; Mitgl. Förderkr. f. d. KZ-Gedenkstätte Neuengamme-Dokumentenhaus, Vors. Förderkr. d. Forschungsst. f. d. Geschichte d. Nationalsozialismus in Hamburg u. d. Hamburger Bibl. f. Sozialgesch. u. Arbeiterbewegung; Beiratsvors. d. Weltweite Partnerschaft in Hamburg - Solidarität m. Afrika, Asien u. Lateinamerika e.V.

SAALFELD, Horst

Dr. rer. nat. (habil.), em. o. Prof. f. Mineralogie - Am Hochsitz 1, 2000 Norderstedt (T. Hamburg 525 28 35) - Geb. 19. Nov. 1920 Königsberg - 1959 Privatdoz. Univ. Würzburg; 1960 ao. Prof. Univ. Saarbrücken (Strukturforsch.); 1963 o. Prof. u. Dir. Mineral.-Petrogr. Inst. Univ. Hamburg; emerit. 1986. Üb. 80 Fachveröff.

SAALFRANK, Max

I. Bürgermeister Stadt Töging/Inn - Rathaus, 8261 Töging/Obb.; priv.: Neckarstr. 5 - Geb. 17. Juni 1925 Benediktbeuern - Zul. Verwaltungsinsp. SPD.

SAALFRANK, Rolf W.

Dr., Prof. f. organ. Chemie Univ. Erlangen - Henkestr. 42, 8520 Erlangen (T. 09131 - 85 25 54) - Geb. 12. Jan. 1940 Fürth/Bay. (Vater: Wilhelm S., Mechanikermstr.; Mutter: Rosa, geb. Seib), ev., verh. s. 1968 m. Eva, geb. Heim, 2 T. (Catharina, Alexandra) - Dipl. 1968, Promot. 1970, Habil. 1976 - Prof. f. organ. Chemie - Entd.: Neue synthet. Meth. in d. organ. Chemie - Spr.: Engl.

SAAM, Hermann

Bürgermeister a. D. - Peter-Liebig-Weg 18, 7547 Wildbad/Schwarzw. (T. 88 83) - Geb. 7. März 1910 Neckarsulm, ev., verh., 2 Kd. - Prüfung f. d. Württ. Verw.Dst. 1931 - 1934-41 Konsulatssekr. Gesandtsch. Lissabon, Botschaften Rio de Janeiro (1935) u. Moskau (1940), 1941-42 Sonderkur. Nord-, Mittel- u. Südamerika, 1942-45 Wehrdst., 1946-48 Lt. d. Kreiswirtsch.amtes Freudenstadt. 1949-55 Bürgermstr. ebd., 1956-58 Konsul u. Gesch.träger Accra (Ghana), dann Ref. Handelspol. Abt. AA Bonn, 1960-74 Bürgermeister Wildbad. 1952-55 u. 1960-64 MdL Baden-Württ., 1965-69 MdB. FDP/DVP (1964-67 Landesvors. Bad.-Württ.) - 1954 Gr. BVK; 1955 Ehrenbürger Freudenstadt, 1974 Wildbad - Spr.: Engl., Franz., Portug., Span. - Rotarier.

SAATKAMP, Paul

Vorsitzender Arbeiterwohlfahrt/Bezirksverb. Niederrhein - Lützowstr. 32, 4300 Essen 1.

SABBAN, Kay

Autor, Schauspieler, Galerist u. Rundfunkmoderator - Lemsahler Bargweg 41, 2000 Hamburg 65 (T. 040 - 608 06 70) - Geb. 26. Juli 1952, gesch., 1 T. aus neuer Verbindg. (Sarah Lalenja) - Abit., Schauspielsch. - Autor u. Prod. v. Garfield, 25 Fernsehfilme, Tatorte, Serien u.a. als Schauspieler; Sendungen Radio Hamburg; TV 3 SAT: Von 9 bis 12, Herz ist Trumpf, u.a.; Creativ Mann b. Dt. Funk-Programm-Service - Liebh.: Sammler v. Picasso Lithos - Spr.: Engl., Ital. - Lit.: Ludwig Leiserer, R. v. H. D. Schwarze.

SABEL, Hans

Dr. phil., Prof., Musikpädagoge u. Komponist - Trierer Str. 41, 5501 Kenn (T. 06502 - 87 15) - Geb. 27. Okt. 1912 Bedburg (Vater: Heinrich S., Organist u. Chorleiter; Mutter: Maria, geb. Böckeler), kath., verh. s. 1950 m. Ursula, geb. Berekoven, 5 Kd. (Ludwig, Thomas, Elisabeth, Hanns-Gregor, Ph.D., Dr. med. habil. Bernhard) - Musikhochsch. Köln; Univ. ebd. u. Wien (Musikwiss., Päd., German.) - S. 1953 Doz. u. Prof. (1962) Päd. Hochsch. Trier u. Erz.swiss. Hochsch. Rheinl./Abt. Koblenz, em. 1978 (1970; Musik u. Didaktik d. Musikunterr.). Herausg. u. Mithrsg. v. Lied- u. Chorliederb.; Jugendopern; Kantaten; Kirchenmusikalische Werken; Kammermusik. Dazu zahlreiche Motetten, Liedsätze, Litaneien usw. in versch. Besetzung f. Chor ac.u. m. Instrumenten - BV: So fang ich's an - Stundenbilder f. d. Musikunterr., 1961; Musikunterr. konkret, 1976. Herausg.: Werkb. z. Singenden Gottesvolk, D. liturg. Gesang d. kath. Kirche - D. Gregorian. Choral.

SABEL, Hermann

Dr. rer. pol., o. Prof. f. Betriebswirtsch. - Am Domblick 6, 5300 Bonn 2 - Geb. 24. Febr. 1937 Koblenz (Vater: Hermann S., Kaufm.), verh. m. Ingeborg, geb. Gaßner - Univ. Mainz u. Köln. Promot. 1964 Berlin; Habil. 1968 Regensburg - Fachveröff., auch Bücher.

SABETZKI, Günther

Dipl. rer. pol., Dr. rer. pol., Vorsitzender Eissportverb. Nordrh.-Westf. (s. 1958), Ehrenpräs. Dt. Eishockey-Bund (s. 1984) - Schorlemer Str. 8, 4000 Düsseldorf 11 - Geb. 4. Juni 1915 Düsseldorf (Vater: Walter S., Beamter; Mutter: Elisabeth, geb. Ansorge), verh. s. 1943 m. Gertrud, geb. Kallweit, 2 Kd. (Hagen, Astrid) - Scharnhorst-Gymn. Düsseldorf; kfm. Lehre Klöckner Eisenhandel ebd.; Univ. Köln u. München. Promot. Köln - Ab 1936 fr. Journalist, 1939/40 Berufsverbot, 1940-43 Wirtschaftsredakt. Frankfurter Ztg., 1944-45 Verbandsgeschäftsf. (Feinblechverpack.), 1946-51 Redakt. Rhein-Echo, 1951-70 Gf. Pressebüro Roebel, 1970-90 Gründ. u. Geschäftsf. Global Press Nachrichten-Agentur u. Informationsdienste GmbH, Düsseldorf - 1979 Österr. Olympia-Med.; 1980 Gold Ehrenz. f. Verdienste um d. Rep. Österr.; 1981 BVK, 1983 BVK I. Kl., 1985 Gr. BVK; 1985 Olymp. Orden IOC; 1989 Gr. Verdienstmed. in Gold d. Schwed. Eishockey-Verb.; Ehrenmitgl. Holl. Eishockey-Verb., Players Union, Toronto, Kanad. Sport-Journ.-Verb. - Liebh.: Sport, bes. Eissport - Spr.: Engl., Franz.

SABO, Wolf

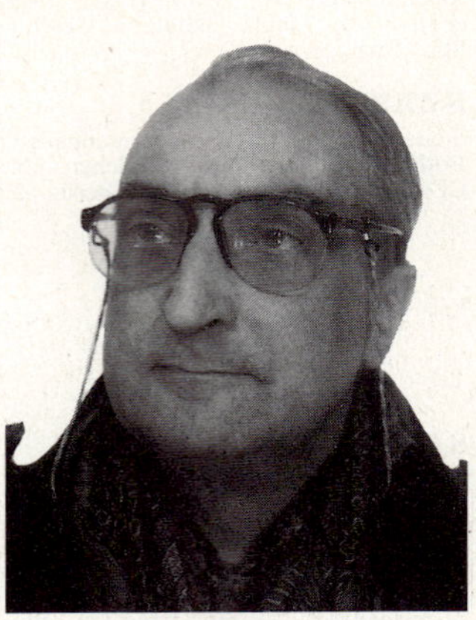

(eigtl. Wolfram Saborowski) Schauspieler, Regisseur, zul. Schauspieldirektor Landestheater Altenburg - Kickerlingsberg 2, O-7022 Leipzig (T. 041 - 58 33 91) - Geb. 20. Febr. 1930 Wolfhagen b. Kassel, verh. s. 1958 m. Regine, geb. Möller, S. Stefan - Staatstheater u. Staatl. Konservatorium Schwerin - Wichtige Insz.: Matthus, D. Professor kommt um 6 (UA. 1963 Leipzig), Knauth, D. Nachtigall (UA. 1975), Borowski, Verteidigung (UA. 1984); dazu ca. 120 Insz. u. 200 Hauptrollen - Liebh.: Literaturwiss.

SACHERL, Karl

Dr. phil., Prof. f. Psychologie - Studentendorf Lichtwiesenweg, 6100 Darmstadt - Geb. 10. Febr. 1916 Zweibrücken - S. 1954 (Habil.) Lehrtätigk. Univ. Mainz u. TH Darmstadt (1956), 1961 apl. Prof., 1966 Wiss. Rat u. Prof., 1971 Prof., 1975-77 Dekan Fachber. Erziehungswiss. u. Psychol. Bücher u. Einzelveröff.

SACHS, Erich

Dr. oec. publ., Dipl.-Kaufm., pers. haft. Gesellschafter Bankhaus Max Flessa & Co. - Luitpoldstr. 2-6, 8720 Schweinfurt (T. 09721-531-0) - Geb. 6. Dez. 1923 Schweinfurt, ev., verh. s. 1947 m. Erika, geb. Freiberger, 5 Kd.

SACHS, Hans

Leitender Oberstaatsanwalt a. D., zul. Lt. Staatsanwaltsch. Nürnberg-Fürth - Krelingstr. 21, 8500 Nürnberg (T. 35 14 26) - Geb. 26. Febr. 1912 Aschaffenburg (Vater: Camille S., Ministerialdir.), ev., verh. s. 1960 m. Waltraut, geb. Fölber, 2 Kd. (Christian, Annette) - Gymn.; Stud. Rechtswiss. Gr. jurist. Staatsprüf. München - S. vielen Jahren Mitwirk. Fernsehen (Sendereihe: Was bin ich?) - Narrenorden Wider d. tier. Ernst Aachener Karnevalverein - Liebh.: Modelleisenbahn, Fotografie - Spr.: Engl.

SACHS, Hans W.

Dr. med., em. Prof. f. Gerichtl. Medizin - Schreiberstr. 10, 4400 Münster/W. (T. 8 93 58) - Geb. 31. März 1912 Aussig/Böhmen (Vater: Hans S., Oberstudiendir.; Mutter: Olga, geb. Pelleter), ev., verh. s. 1938 m. Hildegard, geb. Krippner, 5 Kd. (Ulrike, Walburga, Hans, Gerhard, Gundula) - Realgymn. Aussig; Dt. Univ. Prag - 1936-45 Assist. u. Dozent (1943) Dt. Univ. Prag (Pathol. Inst.); s. 1948 Assist., Oberarzt (1953), Diätendoz. (1957) Univ. Münster (Inst. f. Gerichtl. Med.; 1951 apl. Prof., 1967 Wiss. Prof., 1970 o. Prof. u. Inst.dir., 1980 emerit.). Mithrsg.: Thrombose u. Embolie, 2. A. 1960; Mitarb.: Ponsold's Lehrb. f. Gerichtl. Med., 2. A. 1957 (auch span.) - Mitgl. Intern. Akad. f. Gerichtl. u. Soz. Med., Dt. Ges. f. Gerichtl. u. Soz. Med., Dt. Ges. f. Pathol., Dt. Ges. f. Unfallheilkd. u. Versich.med. - 1967 Gold. Sportabz. - Spr.: Engl.

SACHS, Klaus-Jürgen

Dr. phil., Prof. f. Hist. Musikwiss. Univ. Erlangen-Nürnberg - Affalterbach Nr. 14, 8551 Igensdorf - Geb. 29. Jan. 1929 Kiel (Vater: Karl S., General; Mutter: Margarethe, geb. Bornemann), ev., verh. s. 1958 m. Eva-Marie, geb. Müller, 2 Kd. (Claudia, Berthild) - 1947-50 Musikhochsch. Leipzig, 1960-66 Univ. Erlangen u. Freiburg; Promot. 1967 Freiburg, Habil. 1978 Erlangen - 1951-60 Kantor u. Organist Bautzen, Doz. ev. Kirchenmusiksch. Görlitz; 1960-62 Univ.-Musiklehrer Erlangen; 1963-69 Wiss. Assist. u. Wiss. Mitarb. Walcker-Stift., Freiburg; s. 1969 Univ. Erlangen-Nürnberg (Lektor, 1979 Priv.-Doz., 1982 Prof.) - BV: Musikwiss. Fachveröff., dar.: Contrapunctus im 14./15. Jh., 1974; Mensura fistularum, 2 Bde., 1970 u. 80 - 1979 Otto-Seel-Pr. Erlangen.

SACHSE, Günter

Schriftsteller - Ruhstrathöhe 2 B, 3400 Göttingen (T. 0551 - 79 53 54) - Geb. 23. Aug. 1916 Hannover, verh. s. 1944 m. Ursula, geb. Dopp, 3 Söhne (Rüdiger, Burkhard, Wieland) - Abit. 1936 Hannover - Verlagsvertr.; 1960-68 Verleger Sachse & Pohl Verlag Göttingen; Verlagslektor; s. 1979 fr. Schriftst. - BV: D. Meuterei auf d. Bounty, 1959, Neuausg. 1984 (Übers. in Dän., Holl., Span., Ital. u. Poln.); ...u. wo ist d. Indianers Land?, 1961, Neuausg. 1987 (Übers. in Dän.); D. schönsten Sagen d. Griechen, 1971, 89; Dt. Heldensagen, 1972, 90; Wikingerzeit, 1977; Wikinger zw. Hammer u. Kreuz, 1979, Neuausg. 1988; Hinter d. Bergen d. Freiheit, 1981; D. Floß d. armen Leute, 1983; Es waren Räuber auf d. Meer, 1986; Gesch. aus d. alten Rom, Bd. I: V. d. Anfängen b. z. Ende d. Republik, 1989, Bd. II: D. Kaiserzeit, 1991; Geschichten v. großen u. kleinen Halunken, 1991. Übers.: Melville: Moby Dick (1984); Mark Twain: Huckleberry Finn (1985) - 1986 Friedrich-Gerstäcker-Preis d. Stadt Braunschweig; 1987 Ehrenliste z. Europ. Jugendb.preis - Spr.: Lat., Griech., Engl., Franz.

SACHSE, Hans Ernst

Dr. med., Prof., Chefarzt Urolog. Klinik Klinikum Nürnberg - Lerchenstr. 55, 8500 Nürnberg (T. 34 20 40) - S. 1962 (Habil.) Lehrtätigk. Univ. München (1969 apl. Prof. f. Urol.). Facharb.

SACHSE, Werner E.

Detektiv, Präs. Intern. Kommiss. d. Detektivverb. (IKD), Wien - Erthalstr. 5, 8750 Aschaffenburg (T. 06021 - 2 54 75) - Geb. 1. Febr. 1937 Chemnitz (Vater: Erich S.; Mutter: Lieselotte S.), ev., verh. s. 1963 - Kaufm.; US-Polizei-Dolmetscher, Detektiv - 1965 Mitgl. Zentralverb., s. 1970 Vorst.-Mitgl., 1981 Präs., 1983-85 Präsid. Bundesverb. Dt. Detektive, s. 1986 Präs. IKD.

SACHSENBERG, Klaus J.

Gf. Gesellsch. BAG Diagnostika & Pharmazeut. Fabrik GmbH, Vorst.-Mitgl. Verb. Diagnostika-Ind., Vorst. Gotthard Sachsenberg-Stiftung e.V., Bad Nauheim - Schloß, 6302 Lich (T. 06404 - 20 26) - Geb. 6. Mai 1927 Dessau (Vater: Gotthard S., Industrieller; Mutter: Gisela, geb. v. Sigsfeld), ev., verh. s. 1967 m. Margaretha, geb. Freiin v. Malsen-Ponickau, 2 Söhne (Kai, Nicolas) - Stud. Volkswirtsch. - 1948-50 Wirtschaftsredakt.; 1950-55 stv. Presseref. Bundesmin. f. Ernähr., Landwirtsch. u. Forsten; 1955-65 Ltd. Tätigk. Schlepper- u. Maschinenfabrik Fendt & Co., Massey Ferguson GmbH (Dir.-Mitgl.) - Liebh.: Golf - Spr.: Engl., Niederl. - Bek. Vorf.: Gotthard S., Luftfahrtpionier u. Politiker in d. Weimarer Rep.; Hans v. Sigsfeld, Luftschiffer (Großonkel); Gottfried v. Herder (Urgroßv.).

SACHSSE, Hanno

Dr. forest. (habil.), Univ.-Prof., Forstwiss. Fachber./Univ. Göttingen (s. 1970) - Wiesenweg 8, 3401 Waake/Krs. Göttingen (T. 05507 - 70 70) - B. 1969 Privatdoz., dann apl. Prof. Göttingen (Forstnutzung), s. 1970 planmäß. Prof., 1978 Fellow IAWS. 5 Buchveröff., zahlr. Aufs. in wiss. Ztschr.

SACHTLEBEN, Horst

Bayer. Staatsschauspieler, Schauspieler, Regiss. Bayer. Staatsschauspiel - Gistelstr. 98 c, 8023 Pullach im Isartal (T. 089 - 793 41 81) - Geb. 24. Sept. 1930 Berlin, verh. s. 1955 m. Gabriele, geb. Schmidt, T. Nicole - Schauspieler Schauspielhaus Zürich, Kom. Berlin; Bayer. Staatsschauspiel, Freilichtspiele Schwäb.-Hall, mehrere Tourneen; Insz. f. Residenztheater München, Schillertheater, Schauspiel Bonn, Tourneetheater. Hörspiel-Regie Bayer. Rundfunk, Synchron-Regie. Div. Fernseh- u. Kinofilme - 1957 Bayer. Staatsschausp.

SACHTLEBEN, Peter

Dr. phil., Dr. med., Prof., Kinderklinik St. Elisabeth - 8858 Neuburg/Donau (T. 5 43 13) - Geb. 23. Febr. 1927 (Vater: Dr. Rudolf S., Chemiker; Mutter: Ilka, geb. Hagenlocher), ev., verh. s. 1956 m. Elisabeth, geb. Englsberger, 5 Kd. - S. 1962 (Habil.) Lehrtätig. Univ. Saarbrücken (1968 apl. Prof. f. Kinderheilkd.; Oberarzt Kinderklinik Homburg); 1971 Ltd. Arzt Kinderklinik St. Elisabeth, Neuburg/D.; 1972 Umhabil. Univ. München. Promot. Phil. 1987 Univ. Eichstätt. Spez. Arbeitsgeb.: Klin. u. exper. Haematologie (bes. Leukämie/Elektr. Oberflächenladung Vitaler Einzelzellen). Fachaufs. Wiss. Theorie d. Goethischen Naturwiss., phil. Grundlagen unseres naturwiss. Weltbildes.

SACK, Friedrich

VRsvors. Gemeinschaftswasserwerk Volmarstein GmbH., Gevelsberg, ARsvors. Konsumgenoss. Berg-Mark eGmbH., Wuppertal, ARsmitgl. Reklameges. Industriegebiet (REGI) GmbH., Vorstandsvors. DRK-Schwesternschaft ebd. - Engelbert-Wüster-Weg 34, 5600 Wuppertal-Ronsdorf - Geb. 6. Jan. 1913.

SACK, Hans-Gerhard

Dr. phil., Prof. f. Sportpsychologie Freie Univ. Berlin - Patschkauer Weg 29, 1000 Berlin 33 - Geb. 7. Dez. 1943.

SACK, Horst

Dr. med., Prof. f. Radiologische Onkologie, Direktor Univ.-Strahlenklinik Essen (s. 1985) - Wolfsbachweg 29, 4300 Essen 1 - Geb. 1. Mai 1935 Mönchengladbach (Vater: Dr. Gerhard S., Radiol.; Mutter: Elisabeth), kath., verh. s. 1964 in 2. Ehe m. Ursula, geb. Bismark, 6 Kd. - Gymn., Univ. - 1974-85 Dir. strahlentherap. Univ.-Klinik Köln - BV: Prakt. Tumortherap., 1976/1982/1985/1992; Lehrb.beitr., Handb.beitr.

SACK, Rolf

Dr. jur., Prof. Univ. Mannheim - Fak. f. Rechtswiss., Universität, Schloß, Westflügel, 6800 Mannheim (T. 0621 - 292 51 76) - Geb. 2. Juni 1941 Erlangen (Vater: Dr. Dr. Hans S., Arzt; Mutter: Alice, geb. Deuringer), ev., verh. s. 1977 - Univ. Tübingen (1. jurist. Staatsex. 1965, Promotion 1968, 2. Staatsex. 1970); Habil. 1980 München - S. 1981 o. Prof.; weit. Rufe an d. Univ. Bielefeld u. Erlangen.

SACKENHEIM, Friedrich Franz

Journalist, Chefredakteur a.D. - Gerhart-Hauptmann-Ring 82, 6000 Frankfurt/M. (T. 57 42 96) - Geb. 18. Okt. 1926 Frankfurt/M. (Vater: Franz Walter S., Chemiker; Mutter: Helma, geb. Roth), verh. s. 1951 m. Ursula, geb. Neudeck - Vors. Rundfunkaussch. d. Dt. Journ.-Verb.; Kulturpolit. Tätigk., u. a. Vors. Frankf. Kunstverein u. Marielies Hess-Stiftg. z. Förd. junger Künstler. Veröff. zu medienpolit. Fragen.

SACKENHEIM, Rolf

Prof., Maler u. Graphiker - Wildenbruchstr. 10, 4000 Düsseldorf 11 (T. 55 48 90) - Geb. 26. Sept. 1921 Koblenz - Kunsthochsch. Karlsruhe u. Düsseldorf - 1960-62 Dozent Werkkunstsch. Krefeld, dann Doz. u. Prof. (1965) Kunstakad. Düsseldorf (1969/70 u. 1972-76 stv. Dir.).

Abstrakte Graphik. Veröff.: 12 Radierungen (Mappe m. Text, 1962), Lob d. Graphik - D. Radierung (1963), Bonner Vortrag (1964), Zwischen Schwarz u. Weiß - Immatrikulationsrede (1966), Graphik (3 Bde. 1970/71), Proben I-IV, Druckgrafik u. Zeichn., Bd. I u. II 1975/76; London, Fotogr. 1977 - BV: Impulse Bd. I, 1981, 3 Bde. 1984-86; Impulse Bd. II, 1983; Impulse Bd. III, 1984 - 1985 BVK I. Kl. - Lit.: H. Keller: R. S., 1962; Albrecht Fabri: R. S., 1966; H. Hofmeister: D. Grafiker R. S., 1975; H. P. Thurn: R. S., Monogr. 1985; M. Buras: R.S., Monogr. 1987; Patricia Moisan: R.S., Photographien 1988; Albrecht Fabri: Aphorismen f. R. S., 1991; Paul Good: R. S. Die nervöse Hand, 1991.

SACKMANN, Erich

Dr., Dipl.-Phys., Prof. f. Biophysik TU München - Am Hochacker 47, 8000 München 82 - Geb. 26. Nov. 1934 Tonbach, verh. s. 1965 m. Dorothea, geb. Görn, 2 Kd. (Robert, Vincent) - TU Stuttgart, Univ. München; Promot. 1964 Stuttgart; Habil. 1972 Göttingen; 1967/68 Bell Tel. Labor./USA, 1968-74 MPI f. Biophys. Chem., Göttingen, 1974-80 Ord. f. Physik Univ. Ulm. Präs. Dt. Ges. f. Biophysik - BV: Applications of Liquid Crystals, 1975 (m. Meier u. Grabmeier) - Spr.: Engl.

SACKMANN, Franz

Lebensmittelchemiker, Staatssekr. a.D., MdL Bayern (1954-78) - Reinwaldstr. 52, 8495 Roding/Opf. (T. 8 66) - Geb. 17. Dez. 1920 Kaiserslautern (Vater: Dipl.-Ing. Franz S.; Mutter: geb. Wernhart), kath., verh. m. Hildegard, geb. Knöchelmann, 2 Kd. - Schule Kaiserslautern (b. 1933) u. München; Univ. München (Chemie; Stud. durch Kriegsdst. (1940-45, zul. Ltn. d. R.) unterbrochen. Staatsex. 1951 - 1956-66 Landrat Kr. Roding; 1966-78 Staatssekr. Bayer. Staatsmin. f. Wirtschaft u. Verkehr. 1952-56 Landesvors. Jg. Union, 1956-61 Mitgl. Bundesvorst. JU (zeitw. stv. Vors.), Ehrenvors. Bayer. Wasserwacht. Mitbegr. CSU (u. a. 1972ff. Bezirksvors. Oberpfalz) - Kriegsausz.; Ehrenbürger Roding, Falkenstein, Bruck, Trasching, Nittenau; 1962 Bayer. VO; 1969 BVK I. Kl.; 1974 Gr. BVK; 1978 Gr. BVK m. Stern; 1980 Gold. Bezirksmed. Oberpfalz; 1981 Gold. Ehrenring IHK; 1980 Gold. Med. Handwerksk.; DRK-Ehrenz.; DRK-Ehrennadel in Gold; Ehrenz. in Gold Landkr. Roding u. Cham; BRK Steckkreuz; Wasserwacht-Med. in Gold; 1981 Ehrenmitgl. österr. u. türk. Wasserrettung; Ehrenbürger Schwandorf Obertrübenbach., Burglengenfeld, Neunburg v. Wald; 1984 Komtur d. päpstl. Sylvester-Ordens; Gold. Ehrenz. d. Bundeswehr; Komtur d. Ritterordens v. Hl. Grab.

SACKMANN, Markus

Mitglied d. Bayer. Landtags (s. 1990), Landesvors. d. Jungen Union Bayern (s. 1991) - Reinwaldstr. 52, 8495 Roding (T. 09461 - 50 66) - Geb. 1. März 1961 Roding, kath., ledig - Stud. d. Politik- u. Rechtswiss. 1983; 1. jurist. Staatsprüf. 1989 Univ. Regensburg - S. 1983 Mitgl. im Landesausssch. d. Jungen Union Bayern; 1984-90 Kreisvors. d. Jungen Union Landkreis Cham; 1989 Bezirksvors. d. Jungen Union Oberpfalz; s. 1990 Stadtrat Roding u. Kreisrat Landkreis Cham; s. 1991 Mitgl. Landesvorst. u. Präs. d. CSU - Spr.: Engl., Franz.

SADER, Manfred

Dr. phil., o. Prof. f. Psychologie - Fleigenweg 24, 4433 Borghorst/W. (T. 20 22) - Geb. 5. März 1928 Köslin/Pom. (Eltern: Eduard S., Regierungsbaurat; Mutter: Gertrud, geb. Prohl, Bibliothekarin), ev., verh. s. 1956 m. Hanne, geb. Flaskämper, 4 Kd. (Friederike, Tilman, Karoline, Bettina) - N. Abit. Buchhandelslehre; Stud. Phil., Psych., Fürsorgewesen. Dipl.-Psych. 1954, Promot. 1957, Habil. 1964 - B. 1968 Univ. Mainz, dann Münster (Ord. u. Inst.sdir.). Spez. Arbeitsgeb.: Persönlichkeitsforsch., Interaktion, Gruppendynamik - BV: Instruktionsverständnis u. Testleistung, 1957; Möglichkeiten u. Grenzen psych. Testverfahren, 1961; Lautheit u. Lärm, 1966; Kl. Fibel z. Hochschulunterr., 1970 (m. Schäuble u. Theis); Verbesser. von Interaktion d. Gruppendynamik, 1976; Psychol. d. Gruppe, 1976; Psychol. d. Persönlichkeit, 1980; Rollenspiel als Forschungsmeth., 1986 - Spr.: Engl., Esperanto, Niederl.

SADOWSKI, Dieter

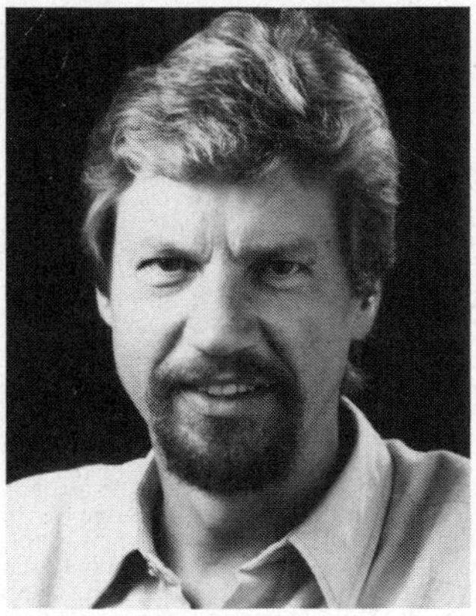

Dr. rer. pol., Prof. f. Betriebswirtschaftslehre Univ. Trier, Dir. Inst. f. Arbeitsrecht u. Arbeitsbeziehungen in d. Europ. Gemeinschaft, Trier - 5500 Trier (T. 06501 - 6 80 29) - Geb. 27. Juni 1946 Coburg (Vater: Willi S., Karosseriebaumeister; Mutter: Friedel, geb. Heinrich), kath., verh. s. 1969 m. Ute, geb. Klemm, 2 Söhne (Philipp, Till) - Abit. 1966; Univ. Bonn (Dipl.-Volksw. u. Philol.; Staatsex. 1972, Promot. 1976, Habil. 1979) - 1979/80 Heisenberg Fellow Standford Univ., 1980ff. Univ. Trier, 1985 Visit. Fellow Univ. of New England, Australien; 1987/88 Gastprof. Univ. Wien, 1989 Univ. of Florida - BV: Pensionierungspolitik, Monogr. 1977; Berufl. Bild. u. betriebl. Bildungsbudget, 1981; Beschäftigung Schwerbehinderter, 1992. Sammelwerke zu: Lohntheorie (1989), Bildungspolitik (1990, 1992), Arbeitgeberverbände (1991) - 1976 Karl-Guth-Preis; 1979/80 Heisenberg-Stip. - Spr.: Engl., Franz.

SÄCKER, Franz Jürgen

Dr. jur., Dr. rer. pol., Prof. f. Privat-, Wirtschafts- u. Arbeitsrecht - Leuchtturmweg 28, 2000 Hamburg 56 - Geb. 14. Nov. 1941 Recklinghausen, verh., 2 Söhne (Marcus, Sven-Christopher) - Univ. Köln (Promot. Dr. jur. 1966), Promot. Dr. rer. pol. Bochum 1971, Habil. 1970 - S. 1971 o. Prof. FU Berlin, , s. 1971 gf. Dir. Inst. f. dt. u. europ. Arbeits-, Sozial- u. Wirtsch.recht FU Berlin, Richter Kartellsenat Kammergericht Berlin, s. 1983 Dir. Inst. f. Wirtsch.- u. Steuerrecht Univ. Kiel - BV: Zahlr. Bücher, u.a. Grundprobl. d. Kollekt. Koalitionsfreiheit, 1969; Gruppenautonomie u. Übermacht-Kontr. in Arbeitsrecht, 1972; D. Wahlordn. z. Mitbest.ges., 1978; Inform.rechte d. Betriebs- u. Aufsichtsratsmitgl., 1979; Zehn J. Betriebsverfass.gesetz 1972, 1982; Mitverf. Lehrb. d. Arbeitsrechts, Bd. II; Mithrsg. d. Münchener Komm. z. Bürgerl. Recht (2. A. 1984-90); 3. A. i. V.; Probl. d. Repräsentation v. Großvereinen (1986); Aktuelle Probleme u. Reform d. Betriebsverfassungsrechts (2 Bde. 1989); Zivilrecht im Einigungsvertrag, 1991; Grundlagen u. Grenzen d. Tarifautonomie, 1992; Kommentar z. Vermögens-, Investitions- u. Entschädigungsrecht, 1992.

SÄLZER, Bernhard

Dipl.-Ing., Bürgermeister Marburg (1976-79), MdL Hessen (1970-76), Europ. Parlament (1979ff.) - Geb. 4. Sept. 1940 Berlin, ev., - 1951-60 Theo-Koch-Gymn. Grünberg/Oberhess.; 1960-67 TH Darmstadt (Dipl.-Ing.) - S. 1969 selbst. Stadtverordn. Darmstadt (Fraktionsf.). CDU.

SÄMANN, Karl-Heinz

Dr.-Ing., Bereichsvorstand Automatisierungstechnik Siemens AG - Gleiwitzer Str. 555, 8500 Nürnberg 50 (T. 0911 - 895 37 51) - Geb. 15. Juni 1941 Nürnberg.

SAEMANN-ISCHENKO, Georg

Dr. rer. nat., Prof. Physikal. Inst. Univ. Erlangen-Nürnberg (s. 1974) - Agnes-Miegel-Str. 5, 8520 Erlangen.

SAENGER, Wolfram H. E.

Dr.-Ing. habil., Dipl.-Ing., Prof. f. Kristallographie - Takustr. 6, 1000 Berlin 33 (T. 030 - 838 34 12) - Geb. 23. April 1939 - Gymn. Lörrach, TH Darmstadt, Univ. Heidelberg, Harvard Univ. Cambridge/USA, Promot. 1965, Habil. 1972 Göttingen, 1977 apl. Prof. - BV: Principles of Nucleic Acid Structure, 1983; Hydrogen Bonding in Biological Structures (m. G. A. Jeffrey), 1991 - 1987 Leibniz-Preis; 1988 Humboldt-Preis - Liebh.: Tennis - Spr.: Engl., Franz.

SÄTTELE, Hans-Peter

Betriebswirt grad., Vorstandsmitglied Westd. Landesbank - Herzogstr. 15, 4000 Düsseldorf - Geb. 26. April 1941 - AR- u. VR-Mand. namh. in- u. ausl. Ges., u.a. AR-Vors. Schuh-Union AG, Rodalben, WestLB (Schweiz) AG, Zürich, Westd. Kapitalanlageges. mbH, Düsseldorf, WestLB Capital Management GmbH, D'dorf; VR-Vors. Interspar Verwaltungsges. S.A., Luxemburg; stv. AR-Vors. DEKA Dt. Kapitalanlageges. mbH, u. DESPA Dt. Sparkassen-Immob. Anlageges. mbH, bde. Frankf./M.; AR-Mitgl. Fresenius AG, Bad Homburg, VEBA Kraftwerke Ruhr AG; stv. Beirat SF-Bau Ges. f. schlüsselfertiges Bauen mbH, Köln, RWE-Energie AG, Essen.

SAFFERLING, Anton

Dr. rer. nat., Gf. Direktor Landesgewerbeanstalt Bayern, Nürnberg (s. 1972) - Beethovenstr. 36, 8500 Nürnberg 20 (T. 0911 - 54 93 33) - Geb. 18. Mai 1928 Baden-Baden, kath., verh. s. 1961 m. Hildegard, geb. Vogel, 3 Töcht. (Barbara, Ursula, Monika) - Dipl.-Hauptprüf. Physik Univ. Würzburg, Promot. 1955 TH München, Werkstoffprüf. 1959 Fa. Kugelfischer, Schweinfurt - 1953-58 Lehrtätigk. Regensburg u. 1958-65 Ulm; 1965-72 Präs. Fachhochsch. Würzburg-Schweinfurt; s. 1972 Gf. Dir. Landesgewerbeanst. Bayer (LGA); s. 1975 Vorst.-Mitgl. Südd. Kunststoffzentrum.

SAFRANSKI, Rüdiger

Dr. phil., Schriftsteller - Johann-Georg-Str. 5, 1000 Berlin 31 - Geb. 1. Jan. 1945 Rottweil - Stud. German., Phil., Gesch., Kunstgesch.; Magister 1969 Berlin; Promot. 1975 ebd. - Doz. in d. Erwachsenenbildung u. FU Berlin - BV: E.T.A. Hoffmann - Das Leben e. skept. Phantasten, 1984; Schopenhauer u. D. wilden Jahre d. Phil., 1987; Wieviel Wahrheit braucht d. Mensch - Über das Denkbare u. d. Lebbare, 1990.

SAFRANY, Laszlo

Dr. med., Prof. f. Gastroenterologie Univ. Münster - Am Neuender Busch 38, 2940 Wilhelmshaven (T. 04421 - 8 24 33) - Geb. 22. März 1929 Törökbecse/Jugosl. (Vater: Laszlo S., Rechtsanw.; Mutter: Jolan, geb. Schmidt), kath., verh. s. 1977 in 2. Ehe m. Ingrid, geb. Honegger, 4 S. (Peter, Thorsten, Andreas, Daniel) - Med. Hochsch. Budapest (Dipl. 1953, Habil. 1970 wiss. Akad. in Ungarn; Umhabil. 1975 Univ. Münster) - 1965-74 Oberarzt Med. Univ.-Klinik Budapest; 1974-77 Med. Univ.-Klinik Münster; 1977 ff. Ltd. Arzt Gastroenterol. Klinik Rheinh.-Nieter-Krkhs. Wilhelmshaven. 280 wiss. Veröff. (24 Kapitel in Fachb.) - Liebh.: Bridge, Tennis, Angeln - Spr.: Engl., Ungar.

SAFT, Andreas

Dipl.-Ing., Geschäftsführer Verb. d. Dt. Groß- u. Außenhandels m. Vieh u. Fleisch, Bonn - Pingenstr. 14, 5303 Bornheim-Sechtem/Rhld. - Geb. 5. Sept. 1936.

SAGASTER, Klaus

Dr. phil., Prof. f. Sprach- u. Kulturwissenschaft Zentralasiens - Walfriedenstr. 31, 5330 Königswinter 21 - Geb. 19. März 1933 Niemes - Univ. Leipzig, Göttingen, Kopenhagen, Bonn (Mongolist., Sinol., Indol.) - BV: Subud Erike - Ein Rosenkranz aus Perlen, 1967; D. Weiße Gesch., 1976.

SAGE, Walter

Dr. phil., Prof. f. Archäologie d. Mittelalters Univ. Bamberg - Erlenweg 8, 8602 Bischberg (T. 0951 - 6 71 20) - Geb. 5. Juli 1930 Frankfurt/M. (Vater: Richard S., Volksschulrektor; Mutter: Hildegard, geb. Frank), kath., verh. s. 1955 m. Ingeborg, geb. Grün, 4 Kd. (Stephan, Beate, Martin, Iris) - Abit. 1949 Frankfurt/M.; Promot. 1957 - Ab 1957 Röm.-German. Kommiss. u. Röm.-German. Zentralmus.; 1962 Leit. Außenst. Aachen Rhein. Landesmus. Bonn; 1966 Landesamt f. Denkmalpflege München; Ref. Mittelalter-Archäol. 1977 Univ. München. S. 1981 Lehrst. Univ. Bamberg - BV: D. Bürgerhaus in Frankfurt/M., 1959; Gräber d. ält. Merowingerzeit v. Altenerding, 1973.

SAGER, Dirk

Journalist, Studionleiter in Moskau (s. Aug. 1990) - Zu erreichen üb. ZDF, Postf. 4040, 6500 Mainz-Lerchenberg - 1980-84 Auslandskorresp. Moskau; 1984-90 Leit. ZDF-Magazin Kennzeichen D.

SAGER, Ernst

Dipl.-Ing., Fabrikant, Ehrenpräs. Bundesverb. d. Heizungs- u. Klimaindustrie, Bonn, Geschäftsf. Fafnir GmbH, Hamburg, Geschäftsf. Ges. Adolf Sager GmbH + Co., SAGER Energie Service GmbH + Co. - Nibelungenweg 22, 2000 Hamburg-Rissen (T. 81 28 57) - Geb. 18. Nov. 1918 Hamburg, verh. m. Ursula, geb. Reimer - Ehrenpräs. Union Intern. des Assoc. d'Installateurs de Chauffage, Ventilation et Conditionnement d'Air, Paris.

SAGURNA, Michael Josef

Journalist, Regierungssprecher Freistaat Sachsen (s. 1991) - Olbersdorfer Str. 7, Bühlau b. Dresden - Geb. 27. Sept. 1955 Paderborn, kath., verh. s. 1989 m. Corinna, geb. Beste, T. Alexandra - 1975-85 Univ. Göttingen u. Bonn, Kommunik.-wiss. u. Rechtswiss.; jurist. Staatsex. 1985; Journ.ausb. b. Inst. z. Förd. Publizistischen Nachwuchses, München - 1986-88 Redakt. RIAS Berlin, Hörfunk; 1988-91 RIAS-TV, stv. Studioleit. Studio Bonn - Spr.: Engl., Franz.

SAHM, Heinz-Ulrich

Dr. jur., Botschafter i.R. - Zu erreichen üb. 28 D Chemin du Petiet-Saconneyx, CH-1211 Genf 19 - Geb. 13. Okt. 1917 Bochum (Vater: Dr. h. c. Heinrich S., Präs. Senat Danzig, Oberbürgerm. Berlin, Gesandter Oslo (s. X. Ausg.); Mutter: Dora, geb. Rolffs), ev., verh. s. 1979 m. Christiane, geb. v. Alten, 6 Kd. (Ulrich Wilhelm, Ricarda, Insea, Sebastian, Ulrike, Henriette) - Gymn. Danzig, Berlin, Roßleben; Univ. München, Kiel, Freiburg (Rechtswiss.). Promot. 1941 (Diss.: Täterschaft u. Teilnahme im norweg. Strafrecht) - 1941-43 Dt. Handelskammer, Stockholm, ab 1945 Bezirksreg. Lüneburg, Zentralamt f. Wirtschaft f. d. Brit. Zone, Minden, Verw.srat f. d. Vereinigte Wirtschaftsgebiet, Frankfurt/M., Bundeswirtschaftsmin., Bonn, 1951-69 Ausw. Amt (1954 I. Sekr. Dt. Botschaft London, 1958 Vortr. Legationsrat I. Kl., 1962 Botschaftsrat Dt. Vertr. NATO, 1966 Ministerialdirig.). 1969-72 Bundeskanzleramt ebd. (Min.-dir.); s. 1972 wied. AA (1972-77 Botschafter Moskau), 1977-79 Botsch. Ankara, 1979-82 Ständ. Vertr. d. BRD b. d. Vereinigten Nat. in Genf - BV: Der

Schuman-Plan, 1952 - Liebh.: Kunstgesch., Ikonogr., Gesch. - Spr.: Engl., Franz. - Unterhändler f. d. Vorgespräche BRD-DDR 1970 (Treffen Brandt-Stoph).

SAHM, Peter R.

Dr.-Ing., Prof., Direktor Gießerei-Inst. RWTH Aachen - Intzestr. 5, 5100 Aachen - Geb. 7. Sept. 1934, ev. - Stud. TU Berlin; Dipl.-Ing. 1959; Promot. 1961 - 1962-68 RCA Labarotories Princeton, N. J./USA; 1968-73 Brown Boveri Forschungszentrum Baden (Schweiz); 1973-79 Brown Boveri Zentrales Forschungslabor Heidelberg; s. 1979 Gießerei-Inst. RWTH Aachen; 1982-86 Projektwiss. d. dt. Spacelab-Mission; 1985 Programmwiss.ler D2-Mission; 1986 Gründer ACCESS, 1987 AIT-Stiftg. - BV: Gerichtet erstarrte eutektische Werkstoffe, 1975; Numerical Simulation and Modelling of Casting and Solidification Processes f. Foundry and Cast House, 1984; Wissenschaftl. Ziele d. D1-Mission, 1987 - 1986 Förderpreis f. dt. Wissensch. im Gottfried-Wilhelm-Leibniz-Programm d. DFG. Div. Mitgliedsch.

SAHM, Walter

Fotograf (Lichtbildner) - Pienzenauerstr. 10, 8000 München 80 (T. 98 18 45) - Geb. 18. Aug. 1919 Wien (Vater: Anton S., Hoffotograf), verh. m. Alice, geb. Ehrentreich, 3 Kd. (Horsta Marietta, Toni, Ulli) - BV: D. Kunst d. Portraitf., 1984 - Fotoausst. in München, Baden Baden, Hamburg, Berlin - 1981 BVK; Goldmed. Bayer. Rundf.

SAHMANN, Otto

Schriftsteller - Postf. 16 01, 8670 Hof 11 - Geb. 3. Mai 1935 Naila (Ofr.), ev., ledig - Höhere Schule; kaufm. Fachsch. - BV: Korn streifte rauschend - an den Mauern, Ged. u. Prosa 1976; Kaskaden der Stille u. des Schreis, Ged. u. Prosa 1981; Seller Schteech, wu feddert, Ged. u. Prosa 1981; Sieben Wochen, sieben Jahre, Ged. 1983; Sieben Wochen Ewigkeit, Ged. 1984; Augenblicke z. Glücklichsein (Begleit. Texte im Schweiz. Fotoband), 1989. Zahlr. Ged.- u. Prosabeitr. in div. Publ. bzw. Medienformen; s. Ende d. 80er Jahre Ged.-Veröff. in ausl. Ztschr. (England, Belgien). Mundarttheaterstück Schtaa (Steine) in Vorber., desgl. Flug ins Grauen, R. - 1981 Kulturpr. d. Oberfränk. Wirtsch. - Liebh.: Erforsch. d. menschl. Spr. durch d. dt. Spr., Zeichnen u. Malen.

SAHNER, Heinz

Dr. rer. pol., Univ.-Prof. f. Soziologie - Auf der Höhe 21 d, 2120 Lüneburg - Geb. 23. Okt. 1938 Ladung, verh., 4 Kd. - Elektromechanikerlehre, Technikerprüf.; Stud. Soziol. u. Volkswirtsch; Dipl., Promot. 1973 Köln, Habil. 1981 Kiel - 1984-86 Prorektor d. Hochsch. Lüneburg. Vorst.-Mitgl. Arbeitsgem. sozialwiss. Inst. (ASI); VR-Mitgl. Informationszentrum Sozialwiss. (IZ) Bonn - BV: Politische Tradition, Sozialstruktur u. Parteiensystem in Schlesw.-Holst., 1972; Führungsgr. u. techn. Fortschritt, 1975; Theorie u. Forschung, 1982; Schließende Statistik, 3. A. 1989; Z. Lage d. Freien Berufe (m. H. Herrmann u.a.), 3 Bde. 1989f. Herausg.: Teubner Studienskripten z. Soziol. (bish. 40 Bde., m. E.K. Scheuch); Wiss. u. gesellschaftl. Verantwortung (1987, m. H. de Rudder); Herrschaft d. Verbände (1988, m. H. de Rudder); Anders leben (1989); Zukunft durch Naturwiss. (1990); Deutschland in Europa (1991) - Liebh.: Bibliophilie - Spr.: Engl.

SAHR, Peter

Dipl.-Ing., Geschäftsführer Maschinenfabrik A. Schmermund GmbH & Co. - Brüggerfelder Str. 16-18, 5820 Gevelsberg (T. 02332 - 89 11) - Geb. 10. Febr. 1935 Breslau (Vater: Waldemar S., Dipl.-Ing., Oberreg.-Baurat a.D.; Mutter: Käthe, geb. Lerche), ev., verh. s. 1960 m. Ingrid, geb. Wehrheim, 3 Kd. (Elke, Matthias, Michael) - Human. Gymn. Gummersbach; Abit., TH Darmstadt (Allg. Masch.bau), Dipl. 1960 - 1960-78 Geschäftsf. Fleissner GmbH u. Co., Textilmasch.fabrik, Egelsbach, 1978-80 Geschäftsf. Babcock Textilmasch. KG (GmbH + Co), Seevetal, 1980-90 Mitgl. Geschäftsltg. W. Schlafhorst & Co., Mönchengladbach - Spr.: Engl., Franz.

SAIER, Oskar

Dr., Erzbischof, stv. Vors. Deutsche Bischofskonferenz - Herrenstr. 35, 7800 Freiburg (T. 21 88 -1) - Geb. 12. Aug. 1932 Wagensteig (Vater: Adolf S., Landwirt; Mutter: Berta, geb. Saier), kath. - Univ. Freiburg u. Tübingen (Kath. Theologie); 1957 Vikar; 1963 Stud. u. Wissenschaftl. Assist. Kanon. Inst. Univ. München, Lic. jur. can., Dr. jur. can., 1970. 1970 Regens Priestersem. St. Peter/Schw., 1972 Weihbischof Freiburg, 1978 Erzbischof v. Freiburg - BV: Communio in d. Lehre d. Zweiten Vatikan. Konzils, 1973 - 1972 Ehrenbürger Buchenbach, 1977 St. Peter u. 1984 Bethlehem.

SAILER, Dietmar

Dr. med., apl. Prof. - Wiesenstr. 13, 8521 Grossenseebach - Geb. 8. Nov. 1940 Reutlingen, verh. s. 1969 m. Marlis, geb. Pross - 1964-70 Stud. Univ. Erlangen (Med.); Staatsex. 1970; Promot. 1971; Habil. 1978 - S. 1979 Leit. Abt. Stoffwechsel u. Ernährung Med. Univ.-Klinik Erlangen; 1984 apl. Prof. - Verwendete erstmals mittelkettige Triglyceride (MCT) in d. parenteralen Ernährung - Liebh.: Lit., Musik - Spr.: Engl., Franz.

SAILER, Friederike

Kammersängerin, Dozentin f. Gesang Staatl. Hochsch. f. Musik u. Darstell. Kunst Stuttgart - Blumenstr. 42, 7016 Gerlingen/Württ. (T. 2 21 94) - Geb. 20. Febr. 1926 Regensburg, kath., verw. - Privatausbild. - S. 1951 Württ. Staatstheater (lyr. Sopran). Konzerttätigk. - 1963 Württ. Kammers. - Spr.: Engl.

SAKELLARIOU, Jannis

Dipl.-Ing., Dipl.-Wirtsch.-Ing., Mitglied d. Europa-Parlaments (s. 1984) - Wohnh. in München; zu erreichen üb. Europa-Büro, Oberanger 38/IV, 8000 München 2 (T. 089 - 26 63 47) - SPD.

SAKOWSKY, Peter

Wirtschaftsberater - Kirschenallee 21, 1000 Berlin 19 (T. 030 - 305 70 78) - Geb. 15. Febr. 1939 Berlin (Vater: Paul S., Hochfrequenz-Ing.; Mutter: Anne-Liese, geb. Küseling), verh. s. 1972 m. Brigitte, geb. Dumke, S. Thomas - Gymn. - Techn. Kaufm. u. EDV-Consultant Dänemark; 1963-67 Unidata/Dänemark; 1967-77 Vorst.-Vors. Norddata AG Steuerberatungsges.; seith. Gutacht. u. Sachverst. f. Unternehmensbewert. - BV: D. Bedeut. d. Technik in d. Marktwirtschaft, 1966 - Künstl. Tätigk.: Öl-Portraits in eig. Atelier (Galerie) - Liebh.: Malerei, Wassersport, Reisen - Spr.: Engl., Franz., Span., Dän.

SALA, Gabriel

Stellv. d. Ballettdirektors u. Solotänzer Hess. Staatstheater Wiesbaden - Bierstadterstr. 42, 6200 Wiesbaden (T. 06121 - 37 84 39) - Geb. 21. Juli 1942, ledig - Abit.; Schausp.-Ausb. (Inst. f. Mod. Kunst); Mod. u. Klass. Tanz Buenos Aires, Rio de Janeiro, New York, Wien, Deutschl.; Solotänzer 1967 Wien, 1968 Freiburg/Br., 1969 Saarbrücken, 1970-73 Wiesbaden; 1973-74 Solotänzer u. Mitbegr. Wuppertaler Tanztheater (Leit. P. Bausch); s. 1975 1. Solotänzer Wiesbaden u. stv. Ballettdirektor. S. 1990 Lehrauftr. f. Tanz u. Bewegung Peter-Cornelius-Konservat., Mainz - Hauptrollen: u.a. Pulcinella, The Foll (Lady and the Fool), Hilarion (Giselle), Tybalt (Romeo u. Julia), Rotbart (Schwanensee), Müller (Liebeszauber), Alain (Fille malgardée), Grüne Tisch, Rembau-Verlaine - 1984 Fürst Thurn u. Taxis Förderpreis f. d. beste Insz. TANGO - Liebh.: Schreiben (Prosa u. Reiseberichte), Briefmarken - Spr.: Engl., Franz., Ital., Span., Katal., Port. - Lit.: Erste Dt. Erz. D. Puppenmacherin.

SALA, Oskar

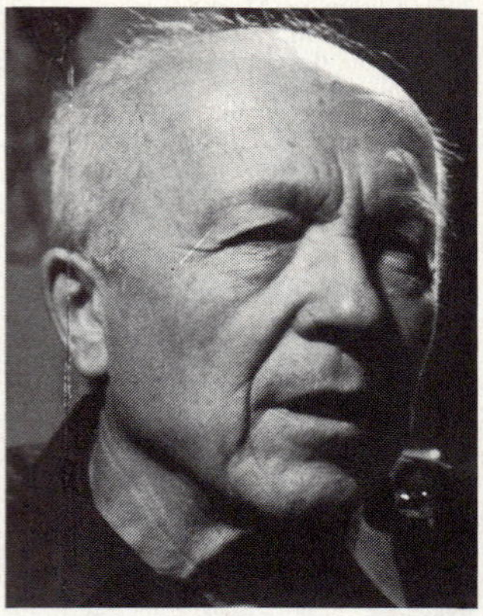

Komponist (elektron. Musik) - Geb. 18. Juli 1910 Greiz/Thür. (Vater: Dr. med. Paul S., Augenarzt; Mutter: Annemarie, geb. Stier), ev., verh. s. 1938 m. Käthe, geb. Schenderlein - Abit. 1929; 1929-35 Hochsch. f. Musik Berlin (Kompos. b. Hindemith), Schüler u. Mitarb. v. Prof. Dr. Trautwein, Naturwiss. Univ. Berlin (1931-36) - Solist m. Trautonium, Kompos. v. Hindemith u. Genzmer, 1940 u. 1954 Berl. Philharmon. - Entd.: 1935 Rundfunktrautonium, 1938 Konzerttrautonium, 1948-1952 Mixturtrautonium, eig. Pat. in Dtschl., Frankr., USA - BV: Experimentelle u. theor. Grundl. d. Trautoniums, Frequenz, 1948/49; Subharmon. elektr. Klangsynthesen, Klangstrukt. d. Musik, 1955; Mixturtrautonium u. Studiotechn., 1962 - Zahlr. LPs u.a.: Resonanzen u. Suite f. elektron. Schlagwerk, 1970; Musique stereo pour orchestre electron., 1972; Elektron. Impress., 1979; Hindemiths Trautoniumkompos., 1980; Elektron. Filmmusikkompos. The Birds (v. Hitchcock). FS-Film: E. Reise z. Mond m. NASA-Bildmat., 1976; Stahl, Thema m. Variat. (Mannesmann), 1960 Grand Prix Rouen; 1962 D. Fächer (BASF), Musikpreis Ind.filmforum Berlin; 1963 A fleur d'eau, Gold. Palme Cannes; 1983 Electronic Kaleidoscope, LP m. Filmmusikbeispielen; 1984/85 LP Konzerte m. Orch. f. Trautonium u. Mixturtrautonium v. Harald Genzmer (WERGO); E. Alchimist d. Elektronischen Musik, Oskar Sala. 1985 Farbfilm: Oskar Sala u. sein Mixturtrautonium (Inst. f. Film u. Bild, Grünwald). 1986 UA: Rede d. toten Christus ..., n. Jean Paul (Sprachen d. Künste Berlin); 1988 UA: Fantasie-Suite f. Mixturtrautonium Solo, live auf d. offiz. Abschlußveranst. d. E 88 im Musikinstrumentenmus., m. d. mikroelektr. Neukonstruktion d. d. Prof. Borowicz, Rudolph, Zahn d. FH d. Dt. Bundespost in Berlin. CD: My fascinating Instrument - 1991 konzertante UA: Caprice rubato u. Variationen üb. e. Thema aus d. Caprice f. Mixturtrautonium Solo (20 min); 1991 RIAS TV D. Klangzauberer (25 min); 1992 ARD-SFB Talk täglich Einmalig O.S. u. sein Trautonium (25 min.) - 1987 Filmband in Gold; 1990 BVK.

SALBER, Wilhelm

Dr. phil., Prof. u. Direktor Psycholog. Inst. Univ. Köln (s. 1963) - Am Steg 4, 5010 Bergheim - Geb. 9. März 1928 Aachen, verh. in 2. Ehe s. 1968 (Ehefr.: geb. Wangemann) - Univ. Köln u. Bonn. Promot. 1952; Habil. 1958 - 1959-63 Prof. Päd. Hochsch. Köln u. Würzburg - BV: Charakterschilderung, 1955, 4. A. 1982; D. Psych. Gegenstand, 1959, 6. A. 1988; Morphologie d. Seelischen Geschehens, 1965, 2. A. 1986; Charakterentwickl., 1969; Wirkungseinheiten - Psych. v. Werbung u. Erziehung, 1969, 2. A. 1981; Film u. Sexualität, 1970, 2. A. 1971; Lesen u. Lesen-Lassen, 1970, 2. A. 1971; Psych. u. Hochschuldidaktik, 1972; Literaturpsych., 1972, 2. A. 1988; Entwickl. d. Psych. Sigmund Freuds, Bd. I, II u. III 1973-74, 2. A. 1974/85, Bd. I 3. A. 1987, Bd. II 2. A. 1986, Bd. III 2. A. 1989; Kunst, Psychologie, Behandlung, 1977, 2. A. 1986; Drehfiguren, 1978; Psychologie d. Plastik, Untersuch. z. Skulptur v. Bonifatius Stirnberg (zus. m. Linde Salber), 1980; Konstruktion psychol. Behandlung, 1980; Psych. in Bildern, 1983; Anna Freud, Bildmonogr. 1985, 2. A. 1991; Märchen im Alltag (zus. m. Gisela Rascher), 1986; Psychologische Märchenanalyse, 1987; Kleine Werbung f. d. Paradox, 1988; D. Alltag ist nicht grau, 1989; Gestalt auf Reisen, 1991.

SALBERT, Dieter

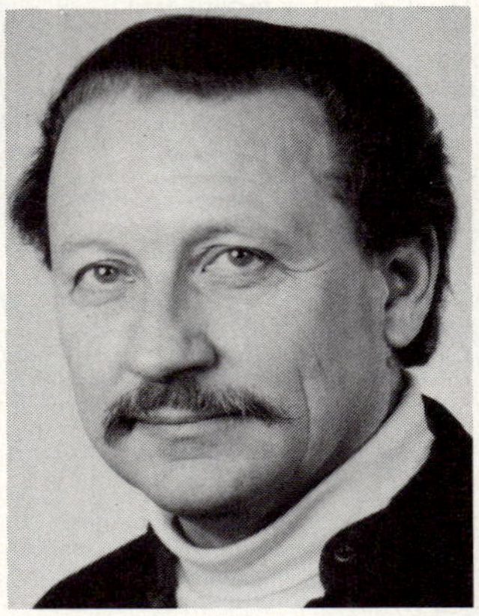

Komponist, Dr., Prof. f. Musik FH f. Sozialwesen Braunschweig (s. 1980) - Reiherweg 3, 3174 Meine (T. 05304 - 35 78) - Geb. 2. Aug. Berlin, ev., verh. m. Alrun Zahoransky (Sängerin) - Künstler. Reifeprüf. (Kompos., Klavier) 1957 Städt. Konservat. Berlin; 1965 Stud. Musikpäd. München; Promot. 1986 Hamburg, Elektron. Stud. in Darmstadt, Pilsen, Bilthoven, BR-Studio Nürnberg - 1971/72 Doz. Akad. Remscheid. Leit. Neue Akad. Braunschweig (Synthesizer Festivals); 2. Vors. Braunschweig. Musikges. - BV: Synthesizermusik u. Live-Elektronik (m. Batel), 1985, u.a. Kammermusik f. Streicher u. Bläser, z.B. Saxophonia, Saitenspiele, Strandmusik, Lieder m. elektr. Begleit., Orchesterwerke. Gr. Werke: Theatral. Messe, Stationen d. Hoffnung, Natur u. Frieden, Tageszeiten, EUROPA. 2 LPs m. Kompos.: Klangszenen, Musica Phantastica, Video-Musiken, z.B. Hyperion-Superface (WDR). Rundfunkprod. b. BR, NDR, SR, RTE Dublin, ORF Innsbruck. Auff. im In- u. Ausland - Nieders. Künstlerstip.; Förderungspr. Nürnberg; Richard Wagner Med.; BVK.

SALCHOW, Roland

Dr., Dipl.-Physiker, Direktor u. Prof. am Bundesamt f. Seeschiffahrt u. Hydrographie in Hamburg, Mitgl. Hbg. Bürgerschaft (s. 1978) - Eggertweg 21, 2000 Hamburg 65 - Geb. 12. Sept. 1945 Altmark, verh., 2 Kd. - Abit. 1965; Stud. Physik, Math., Chem. - Vors. Umweltaussch. Bürgerschaft; stv. Vors. d. Bundesfachaussch. Umwelt d. CDU. Landesvorst. CDU.

SALECKER, Helmut

Dr. rer. nat., o. Prof. f. Theoret. Physik - Schrimpfstr. 30, 8035 Gauting/Obb. (T. München 850 22 36) - Geb. 13. Sept. 1921 Klimken/Ostpr. - Stud. Physik (Dipl.-Phys.) - S. 1954 (Habil.) Lehrtätigk. Univ. Freiburg/Br. (1961 apl. Prof.) u. München (1966 Ord. Sektion Physik). Wiss. Forschungen Japan, USA, Schweiz (Europ. Kernforschungszentrum, Genf). Zahlr. Fachveröff. In- u. Ausl.

SALEWSKI, Michael

Dr. phil., o. Prof. f. Neuere Geschichte - Histor. Seminar Univ. Kiel, Olshausenstr. 40-60, 2300 Kiel (T. 0431 - 880 22 84) - Geb. 2. Jan. 1938 Königsberg - Univ. Saarbrücken, Besancon, Bonn, Promot. 1966, Habil. 1970 - Vors.

Ranke-Ges. u. Ges. f. Geistesgesch. - BV: Entwaffnung u. Militärkontr. in Dtschl. 1919-1927, 1966; D. dt. Seekriegsleit. 1935-45, 3 Bde., 1970-75; D. bewaffn. Macht im 3. Reich, 1979; Tirpitz, 1979; Zeitgeist u. Zeitmaschine, 1986; Deutschland in Europa, 1991 - Fregattenkapitän d. R.

SALFELD, Kurt

Dr. med., Dr. rer. nat., Prof., Ärztl. Direktor d. Fachklinik Prof. Dr. Dr. Salfeld - Portastr. 35, 4970 Bad Oeynhausen - Geb. 18. April 1925 - Promot. 1955 (r.n.) u. 57 (m.); Habil. 1964 - S. 1964 Lehrtätigk. Dermatol. u. Venerol. Univ. Marburg (1970) apl. Prof.; 1973 Hon.-Prof. Etwa 250 Facharb. u. Buchbeitr. aus d. Geb. Dermatologie, Gefäßerkrankungen, Ernährung - Mitgl. u. Ehrenmitgl. zahlr. in- u. ausl. wiss. Ges.

SALGE, Hans-Georg

Landgerichtspräsident (1981 ff.) - Landgericht, 3200 Hildesheim - Geb. 8. März 1935 - Zul. Ministerialrat Nds. Justizmin.

SALGER, Hannskarl

Vizepräsident Bundesgerichtshof, Präs. d. Dt. Verkehrsgerichtstages - Waldring 3 B, 7517 Waldbronn - Geb. 2. Nov. 1929, ev., verh. m. Christiane, geb. Güntzel, 3 Kd. (Cornelia, Dr. Hanns-Christian, Carsten) - Stud. Univ. Heidelberg - Schriftleit. Dt. Richterztg.

SALING, Erich

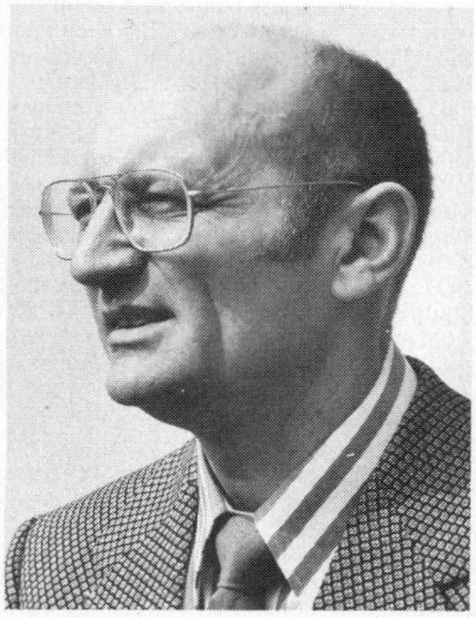

Dr. med., Prof., Geburts- u. Perinatal-Mediziner - Ulmenallee 18, 1000 Berlin 19 (T. Klinik: 62 94-0) - Geb. 21. Juli 1925 Stanislau (Vater: Heinrich S., Revierförster; Mutter: Emma, geb. Hoffmann), ev., verh. s. 1952 m. Dr. Hella, geb. Weymann, 2 Söhne (Peter, Michael) - 1946-52 Univ. Jena u. Berlin - S. 1954 Städt. Frauenklinik Neukölln. S. 1963 (Habil.) FU Berlin (1968 apl. Prof., 1976 ao. Prof.). Gründer u. Vorst.-Mitgl. Dt. Ges. f. Perinatale Medizin (1967ff. Vors.); Gründungspräs. Europ. Vereinig. f. Perin. Med. (1968) u. d. Ges. f. Pränatal- u. Geburtsmed. (1990). Entwickl. neuer Unters.meth. am noch ungeb. Kind, d. weltw. Verbr. gefunden u. entscheidend zur Erweiterung der Kenntnisse über das Kind im Mutterleib beigetragen haben (Mikroblutunters. 1960, Amnioskopie 1961), Entwicklung e. effizienten Programmes z. Vermeidung besonders gefährdeter Frühgeborener, damit wesentlicher Beitrag z. Senkung d. Säuglingssterblichkeit - BV: D. Kind im Bereich d. Geburtshilfe, 1966 - 1968 Prix Quadriénnal Fondation Intern. de Gynécologie et d'Obstetrique; 1973 Ehrenmitgl. Royal Soc. of Medicine; 1973 korr. Mitgl. Kuban. Ges. f. Gynäk. u. Kuban. Ges. f. Pädiatrie; 1974 Ehrenmitgl. Schweiz. Ges. f. Gynäk.; 1974 Maternité-Preis Dt. Ges. f. Perinatale Med.; 1975 Ehrenmitgl. Kroat. Ges. f. Perinatale Med.; 1978 Ehrenmitgl. Ital. Ges. f. Gynäk.; 1980 Michaelis-Plak. in Gold Univ. Kiel; Ehrenmitgl. Yugoslav. Assoc. of Societies f. Ultrasound in Med. and Biol.; 1982 Maternité Prize of the European Assoc. of Perinatal Medicine; 1983 Ehrenmitgl. Griech. Ges. f. Perinatale Med.; 1983 korr. Mitgl. Dt. Ges. f. Pädiatrie; 1984 Citation Classic Inst. of Scientific Information, Philadelphia (als erster dt. Kliniker f. d. Art. Neues Vorgehen z. Unters. d. Kindes unt. d. Geburt); 1986 Gründ. e. Erich Saling Inter-Univ. School z. Stud. d. Pathophysiol. d. Schwangerschaft in Dubrovnik; 1987 Fellow ad eundem Royal College of Obstetricians and Gynaecologists u. Ital. Ges. f. Perinat. Med.; 1988 Ernst Reuter Plak. d. Senats v. Berlin; 1989 Soc. of Perinat. Obstetricians, USA; 1990 Ehrenmitgl. d. Ges. f. perinatale Med. d. ehem. DDR; 1991 1. Ehrenmitgl. d. Intern. Society The Fetus as a Patient - Liebh.: Fotogr. - Spr.: Engl.

SALISCH, Heinke

Konferenz-Dolmetscherin, Mitgl. Europ. Parlament (1. Wahlp.), stv. Vors. d. Dt. Gruppe d. SPD-Abg., Vorst.-Mitgl. im Bund d. sozialist. u. sozialdemokrat. Parteien - Sonntagstr. 2, 7500 Karlsruhe 1 - Geb. 14. Aug. 1941 Grevenbroich - SPD.

SALJÉ, Ernst

Dr.-Ing., em. o. Prof. f. Werkzeugmaschinen u. Fertigungstechnik, Steintorwall 12, 3300 Braunschweig - Schulheide 4, 2106 Bendestorf (T. 04183 - 66 28; 0531 - 391 76 04) - Geb. 20. Juni 1919 Peine - Habil. 1955 Aachen - Doz. ETH Zürich; s. 1964 Abt.vorst. u. Prof. u. Ord. (1971) TU Braunschweig. Ca. 400 Fachveröff.; Fachb.: Elemente span. WRKZ.Masch.; Schleifbegriffe. Div. Patente.

SALLAY, Imre

Kapellmeister, Chordir. Bühnen d. Landeshauptstadt Kiel - Allensteiner Weg 52, 2300 Kiel - Geb. 30. Nov. 1947 Budapest, verh. s. 1970 m. Maria Zagyva, 2 Kd. (Julia, Pamina) - Hochsch. f. Musik Franz Liszt Budapest; Hochsch. f. Musik Wien Dirigentendipl. 1973 Wien - S. 1974 Solorepetitor u. Kapellm. Oper Köln, 1975-77 Stadttheater Koblenz, 1977-79 Staatstheater am Gärtnerplatz München, 1979-83 Landestheater Coburg (auch Chordir.); s. 1983 Städt. Bühnen Osnabrück; s. 1986 Oper Kiel. Gastdirig. Staatstheater Hannover, Nationalphilharmonie u. Rundfunkorch. Budapest. Gründ. Ensemble f. alte Musik Camerata Canzona Osnabrück. Schallplatte: drum schlagt und singt; Kunstricht.: Oper, Operette, Musical, Vokal- u. Instrumentalmusik d. Renaissance - Liebh.: Lit., Filmkunst, Reiten - Spr.: Franz., Ital., Russ.

SALLINGER, Helmut

Fabrikant, Helmut Sallinger Chemie GmbH, Intexfloor GmbH - Ligusterweg 30, 8908 Krumbach - 1968 Gold. Dieselmed. Dt. Erfinder-Verb.

SALLMANN, Klaus Günther

Dr. phil., Prof. f. Klass. Philologie Univ. Mainz (s. 1973) - Hermann-Hesse-Str. 110, 6500 Mainz 31 - Geb. 24. Sept. 1934 Thakhek, ev., verh. s. 1959 m. Ricarda, geb. Rother, 4 Kd. (Friederike, Joachim, Peter, Sarah) - Habil. 1968 Mainz - 1971 apl. Prof. (Klass. Philol., Röm. Satire, Phil. u. Naturwiss.). Mitgl. Academia Latinitati fovendae, Rom (1977), Akad. Gemeinn. Wissenschaften zu Erfurt (1990) - BV: D. Natur b. Lukrez, 1961; D. Geogr. d. älteren Plinius in ihrem Verhältn. zu Varro; Forschungsber. Plinius d.Ä. 1938-70, 1977; Censorinus de die nat, 1983; Censorinus lat.-dt., 1988. Fachveröff.

SALLOKER, Angela

Schauspielerin - Candidstr. 20, 8000 München 90 (T. 65 25 61) - Geb. 5. März 1913 Moschganzen/Steierm. (Österr.) - Schauspielunterr. Lori Weiser, Graz; Gesangausbild. Margarete Langen, Berlin - Bühnen Graz, Breslau, München (Bayer. Staatstheater), Berlin (Dt. Theater, Hilpert), Wien (Theater in d. Josefstadt u. Burgtheater), München, Kassel (Hess. Staatstheater), Konstanz (Dt. Theater, Hilpert), Göttingen (Dt. Theater, Hilpert) u. a. Wiederh. Salzbg. Festsp. Bühne: Hannele (erste Rolle), hl. Johanna (17j.), Julia, Käthchen, Luise, Rosalinde, Kassandra, Charlotte Corday, Gretchen, Jungfrau v. Orleans, Maria Stuart, Rhodope, Beatrice, Barbara Blomberg (Welturauff. Konstanz), Herzogin (Wallenstein, 1972 München unt. Prof. Walter Felsenstein) u. v. a.; Film: u. a. Hohe Schule, D. Mädchen Johanna, D. zerbrochene Krug; Fernsehen: Duett im Zwielicht, D. Fräulein von Skuderi.

SALMEN, Walter

Dr. phil., o. Prof. f. Musikwissenschaft - Markenhofstr. 14, 7815 Kirchzarten (T. 07661 - 6 13 37) - Geb. 20. Sept. 1926 Paderborn/W. (Vater: Josef S., Obergerichtsvollzieher; Mutter: Elisabeth, geb. Hollmann), verh. s. 1981 m. Gabriele, geb. Busch, 3 Kd. (Edith, Lothar, Martin) - Gymn. Werl; Univ. Heidelberg. Promot. 1949 Münster; Habil. 1959 Saarbrücken - 1950-55 Mitarb. Dt. Volksliedarchiv, 1955-58 Stip. Dt. Forschungsgem., s. 1959 Lehrtätigk. Univ. Saarbrücken (1963 apl. Prof.; 1964 Wiss. Rat) u. Kiel (1966 Ord. u. Inst.dir.), s. 1974 Univ. Innsbruck (Vorst. Musikwiss. Inst.). Emerit. 1992 - BV: D. Lochamer Liederb., 1951; D. Schichtung d. mittelalterl. Musikkultur in d. ostd. Grenzlage, 1954; Liederb. d. Anna v. Köln, 1954; D. Erbe d. ostd. Volksgesanges, 1956; Ostd. Minnesang, 1958; D. Lieder Oswalds v. Wolkenstein, 1962; Johann Friedrich Reichardt, 1963; Gesch. d. Musik in Westf., 2 Bde. 1963/67; Gesch. d. Rhapsodie, 1966; Haus- u. Kammermusik, 1969; Musikgesch. Schlesw.-Holst. in Bildern, 1971; Musikleben im 16. Jh.. 1976; Orgel u. Orgelspiel im 16. Jh.. 1978; Bilder z. Gesch. d. Musik in Österr., 1979; Katalog dazu, 1980; D. südd.-österr. Orgelmusik im 17. u. 18. Jh., 1980; Musiker im Porträt, 5 Bde. 1982-84; D. Spielmann im Mittelalter. 1983; Jakob Stainer u. s. Zeit, 1984; Kontrabaß u. Baßfunktion, 1986; D. musikalische Satz, 1987; D. Konzert, E. Kulturgesch., 1988; Tanz im 17./18. Jh.. 1988; Tanz im 19. Jh., 1989; Mozart in d. Tanzkultur seiner Zeit, 1990; ...denn d. Fiedel macht d. Fest. Jüdische Musikanten u. Tänzer 13. bis 20. Jh., 1991; Musik u. Tanz im Zeitalter Maximilians I., 1992. Herausg.: Festgabe f. Josef Müller-Blattau z. 65. Geburtstag (1960); Studien z. Gesch. d. Musikanschauung im 19. Jh. (1965).

SALMUTH, Freiherr von, Georg-Sigismund

Dipl.-Phys., Geschäftsführer König Metallveredelung GmbH Lauchringen (s. 1978) - Pirschweg 4, 6900 Heidelberg 1 - Geb. 20. Aug. 1928 Hamburg (Vater: Curt Frhr. v. S., †), verh. m. Anita, geb. Rötger - Phys.- u. Chemiestud. Univ. Heidelberg u. Göttingen; Staatsex. 1958 Göttingen - S. 1962 Gebr. Giulini.

SALMUTH, Freiherr von, Kurt-Wigand

Dipl.-Ing., Geschäftsführer Gebr. Röchling u. Röchling Industrie Verwaltung GmbH, Mannheim - Ziegelhäuser Landstr. 23, 6900 Heidelberg (T. 4 64 07) - Geb. 22. Jan. 1931 Leipzig (Vater: s. Bruder Georg Sigismund), verh. m. Ingrid, geb. v. Mengersen - Stud. Elektrotechn. u. Maschinenb. TH Darmstadt u. Volkswirtsch. Univ. Heidelberg; Dipl.ex. 1957 Darmstadt - 1960-62 Assist. Univ. Heidelberg, s. 1962 Gebr. Giulini (1965 Dir., spät. Geschäftsf. Gesellsch.), s. 1978 Gebr. Röchling u. Röchling Ind. Verw. GmbH - Spr.: Engl. - Rotarier.

SALNIKOW, Johann

Dr. rer. nat., Prof. f. Biochemie TU Berlin (s. 1974) - Charlottenburger Ufer 8, 1000 Berlin 10 (T. 342 47 60) - Geb. 13. Dez. 1938 Petrikau/Polen (Vater: Nikolaus S., Beamter; Mutter: Edith, geb. Bialasiewicz), ev., verh. s. 1969 m. Cahide, geb. Özerkan - 1949-58 Gymn.; 1958-64 TU Karlsruhe (Chemie; Dipl.-Chem. 1964; Promot. 1967). Habil. 1973 TU Berlin - 1967-71 Research Associate Rockefeller Univ. New York; 1971 Univ.srat TU Berlin. Zahlr. Veröff. in wiss. Ztschr. (Struktur d. Desoxyribonuklease) - Liebh.: Musik, Lit. - Spr.: Engl.

SALNIKOW, Nikolaj

Dr. phil., Dipl.-Dolmetscher, o. Prof. f. Slavistik Fachber. Angew. Sprachwiss. Univ. Mainz - August-Keiler-Str. 35, 6728 Germersheim (T. 07274 - 26 20) - Geb. 2. Nov. 1932 Belgrad/Jugosl., griech.-orth., verh. s. 1979 m. Dr. phil. Eva-Maria Salnikow-Ritter - Abit. 1956 Klagenfurt; Dipl.-Dolm. 1964 u. Promot. 1970 Univ. Graz; Habil. 1978 Univ. Klagenfurt - 1964-72 Lektor Univ. Graz; 1970-72 Lektor Univ. Wien; 1972-80 Prof. Univ. Graz, u. Lektor Univ. Klagenfurt; s. 1980 Prof. Univ. Mainz - BV: Verben d. Fortbewegung, 1973; D. reflexive Passiv im Russ. in diachronischer u. synchronischer Sicht, 1978; Technik d. Übersetzens - Russ. u. Deutsch, 1985. Zahlr. Arb. z. Aspektol., Genus verbi, Modalität, Fachdidaktik, kontrastiven Linguistik u. Übers.wiss. - Liebh.: Musik, Numismatik - Spr.: Russ., Serbokroat., Slowen., Engl.

SALOMON, Klaus-Dieter

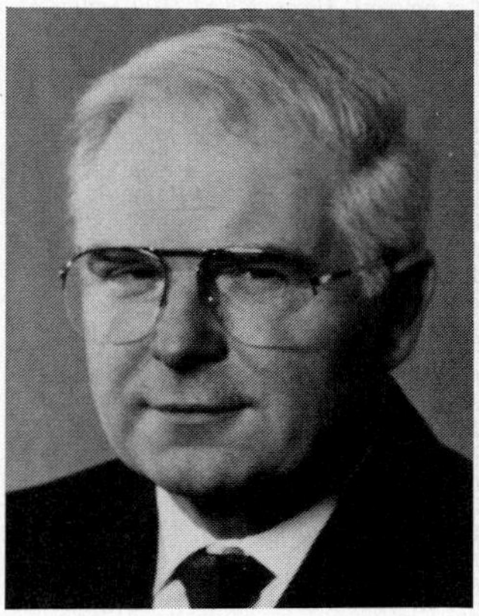

Oberkreisdirektor d. Kreises Neuss - Meererhof, 4040 Neuss 1 - Geb. 4. Aug. 1931 Berlin-Neukölln, kath., verh. s. 1959 m. Dorothea, geb. Kaiser, 4 Kd. (Klaus-Peter, Rolf, Birgit, Astrid) - Abit. 1952 Brilon; kaufm. Praktikum; 1. jurist. Staatsex. 1958 Köln; 2. jurist. Staatsex. 1962 Düsseldorf - 1963-65 Staatsanwalt Köln; 1965-70 Justitiar d. CDU-Landtagsfraktion; 1970-83 Beigeordn.; s. 1980 Stadtkämmerer Stadt Neuss; s. 1984 Oberkreisdir. Kr. Neuss. 1954/55 ASTA-Vors. Köln; s. 1962 Doz. Kath.-Soz. Inst. Bad Honnef; VR-Vors. Kreissparkasse Grevenbroich - BV: D. soz. Rechtsstaat als Verfassungsauftrag d. Bonner Grundgesetzes, 1965; Jugendarbeitslosigkeit (m. Blass), 1980 - Liebh.: Lit., klass. Musik, Ausl.reisen - Spr.: Engl., Franz.

SALZBORN, Erhard

Dr. rer. nat., Physiker, Prof. Univ. Gießen (s. 1972) - Rödgenerstr. 4, 6301 Fernwald 2 (T. 4 27 18) - Geb. 19. Dez. 1939 Wigstadtl (Vater: Erhard S., Landw.; Mutter: Stefanie, geb. Fritsch), kath., verh. s. 1967 m. Renate, geb. Dümler, 2 Kd. (Claudia, Robert) - Stud. Univ. Erlangen; Promot. 1969.

SALZER, Egon Michael

Journalist - Karpv. 46, Lidingö (Schweden) - Geb. 17. Juli 1908 Wien, gesch., 3 Kd. (Pauline, Thomas, Peter) - Stud. Univ. Wien (Phil., Kunstgesch.) - S. 1929 Auslandskorresp. Engl., Frankr., USA, Mexiko, Skand. (1947) f. dt., engl., amerik., österr., schweiz. Ztg., Rundfunkanst., FS; gegenw. Feinschmecker (Hamburg), Merian, Presseag, Dukas (Zürich), etc. - BV: Smörgåsbord, 1978;

Skandinavien, 1979 (dt., franz., ital.); Einführung Nobelpreis für Literatur, 1976-87. Mitarb.: Wege ins neue Jahrtausend (Kap.: Schwed. Planung) - 1984 Ritter d. Königl. Nordstjärneordens I. Kl.; Einführ. Nobelpreis f. Lit. 1976-89 - Liebh.: Menschen kennenlernen, Reisen, Gebirgswandern, Holzschnitzen, Weben, Musik - Spr.: Engl., Franz., Ital., Schwed.

SALZER, Jörg J.

Dipl.-Wirtsch.-Ing., geschäftsführender Gesellsch. Salzer u. Partner Rationalisierungen GmbH, Offenbach (s. 1982), öfftl. best. u. vereidigter Sachverst. f. Förder- u. Lagertechnik - Blumenstr. 36, 6050 Offenbach - Geb. 18. Dez. 1940 Frankfurt/M. (Vater: Gert S., Dipl.-Ing.), verh. s. 1969 m. Barbara, geb. Pfeiffer, 3 Kd. (Eva Valerie Ann, Jörg Maximilian, Benjamin Johannes) - Abit. Offenbach; TH Darmstadt (Wirtsch.-Ing.), Dipl. 1969 - 1969-72 Gesellsch. Stöhr-Förderanl. Salzer & Co., 1972-74 Hauptabt.leit. Stückgutstetigförderer Demag AG, 1974-82 Geschäftsf. Rapistan Technics Materialflußplan., Frankfurt. Zahlr. Fachmitgliedsch. u. a. Beirat DGfL (Dt. Ges. f. Logistik), Dortmund, fir (Forsch.inst. f. Rationalisier. Rhein.-Westf. TH Aachen), Aachen, Logistik Spektrum, Vereinigte Fachverlage, Mainz; Mitgl. VDI Aussch. Materialfluß in Fertigungsbetr., SGL (Schweiz. Ges. f. Logistik), Bern, RKW (Rationalisier.-Kurat. d. Dt. Wirtsch.), Frankfurt - Üb. 70 wiss. Veröff. in in- u. ausl. Sammelw. u. Ztschr. - Spr.: Engl. - Rotarier.

SALZER, Klaus W.

Dipl.-Wirtschaftsing., geschäftsf. Gesellschafter d. Salzer u. Partner Rationalisierungen GmbH - Darmstädter Str. 46, 6053 Obertshausen 2 - Geb. 16. April 1942 Frankfurt/M., ev., verh. s. 1968 m. Helga, geb. Betz, 3 Kd. (Ulrike, Christian, Stefan) - Dipl.-Wirtschaftsing. 1968 TH Darmstadt - DV-Organisator Siemens AG; Werksplanung Stöhr-Förderanlagen; HAL Konstruktion, Prod.-Ber.-Leit.; Geschäftsf. Auslandsges. DEMAG; Ref. Stetig Förderer + Lagertechnik VDMA; Gründung Salzer u. Partner. Stv. Obmann DIN AA Lagertechnik; VDI-Ausschuß B3 Stetigförderer; IHK Offenbach Vollvers. u. Industrieaussch. - Spr.: Engl., Franz., Span.

SALZER, Michael

s. Salzer, Egon-Michael

SALZINGER, Helmut

Dr. phil., Schriftsteller (Ps.: Jonas Überohr) - 2179 Odisheim 194 (T. 04756 - 3 94) - Geb. 27. Dez. 1935 Essen - 1956-65 Univ. Köln u. Hamburg (Literatur-, Kunstgesch., Phil.; Promot.) - BV: Eugen Gottlob Winklers künstler. Entwicklung, 1967; D. lg. Gedicht, 1969; Rock Power, 1972; Swinging Benjamin, 1973; Jonas Überohr Live, 1976. Div. Ess. Literaturkrit.; Gehen, Schritte, 1979; Die Freundlichkeit d. Kraft, 1980; Rock um die Uhr, 1982; Irdische Heimat, 1983; Nackter Wahnsinn, 1984; Stille Wasser, 1987; Ohne Menschen, 1988; D. Gärtner im Dschungel, 1992. Herausg. Ztschr. FALK - Loose Blätter f. alles Mögliche (1984-87) - Mitgl. PEN-Zentrum BRD.

SALZMANN, Christian

Dr. phil., Prof. f. Päd. Univ. Osnabrück (s. 1972) - Goerdelerstr. 2, 4500 Osnabrück (T. 43 14 30) - Geb. 1. Febr. 1931, verh. s. 1954 m. Christiane, geb. v. Mosqua, 2 S. (Jorg-Christian, Eckhart) - 1968-72 Prof. f. Päd. PH Ruhr/Abt. Duisburg, 1965-80 Lehrbeauftr. Univ. Münster, Vorstandsmitgl. Univ.-Ges. Osnabrück (s. 1974), Mitgl. Senat Univ. Osnabrück (s. 1975), Mitgl. Konzil Univ. Osnabrück (s. 1975), Mitgl. FB-Rats (1973-83), Leit. Arb.-Gr. Osnabrücker Schulmodell: Regionales Lernen - Interkulturelle Erzieh. - Humane Schule (s. 1985), 1. Vors. Osnabrücker Verein z. Förd. d. Regionalen Lernens (s. 1986), Mitgl. Dt. Ges. f. Erz.-Wiss., Mitgl. Görres-Ges. (s. 1985), stv. Landesvors. Hochsch.-Verb. Nieders. (1981-84), Vors. Arb.-Kr. Hochsch. d. CDU Osnabrück (s. 1981), Mitgl. Fachaussch. Hochsch. d. CDU Nieders. - BV: Stud. zu e. Theorie d. Prüfens u. Erprobens...1967 - Denkanstoß - Lehrerfrage, 4. A. 1977; Unterr.-Medien i. Gespräch, 1975; Herausg.: Päd. u. Widerstand. Päd. u. Politik im Leben v. Adolf Reichwein (1984); D. Sprache d. Reformpäd. als Probl. ihrer Reaktualisier. (1987); div. Arb. z. Bedeut. d. Modelltheorie f. Unterr.-Forsch. u. Unterr.-Planung (1974-82); div. Arb. z. didakt. Reduktion, z. Päd. u. Didakt. d. Grundschule, zu Fragen d. Reaktualisier. reformpäd. Konzepte (1982-86), u. zu Fragen d. Regionalen Lernens (1986-88) - 1972 Univ. med. GH Duisburg - Liebh.: Musik, Malen, Portraitzeichn., Bildhauerei, div. handwerkl. Tätigk., Entomologie.

SALZMANN, Helmut

Dr. rer. nat., o. Prof. f. Mathematik Univ. Tübingen - Hausserstr. 88, 7400 Tübingen (T. 60 05 42) - Geb. 3. Nov. 1930 - Habil. Frankfurt/M.

SALZMANN, Karl-Heinz

Verlagskaufmann - Am Grafenplatz 3, 3388 Bad Harzburg 1 - Geb. 21. Mai 1909 Berlin (Vater: Carl S., Buchhändler; Mutter: Martha, geb. Lattner), verh. 1934 m. Margarete, geb. Huch - Ehrenvors. Verb. Dt. Buch-, Zeitungs- u. Zeitschriften-Grossisten, Köln; Ehrenmitgl. Intern. Arbeitsgem. v. Ztg.-, Ztschr.- u. Buch-Grossisten Distripress, Zürich.

SALZMANN, Siegfried

Dr., Direktor Wilhelm-Lehmbruck-Museum, Direktor Bremer Kunsthalle (1985ff.) - Contrescarpe 34, 2800 Bremen 1 - Geb. 1. März 1928 Hannover.

SALZWEDEL, Jürgen

Dr. jur., Prof. f. Öfftl. Recht - Siebengebirgsstr. 86, 5300 Bonn 3 (T. 48 17 10) - Geb. 26. Jan. 1929 Frankfurt/O., ev., verh. - Univ. Berlin (Humboldt) u. Köln (Rechtswiss.). Jurist. Staatsprüf. 1952 (Köln) u. 57 (Düsseldorf). Promot. (1957) u. Habil. (1961) Köln - S. 1961 Prof. Univ. Bonn, 1964 Gastprof. Univ. New Orleans/USA (Tulane), s. 1965 Dir. Inst. f. d. Recht d. Wasserwirtsch. Univ. Bonn, s. 1978 Mitgl. d. Rates v. Sachverständigen f. Umweltfragen, 1981-85 Vors. - Mitarb.: Lehrbuch Allgemeines Verwaltungsrecht, hrsg. v. Erichsen/ Martens, Besonderes Verwaltungsrecht, hrsg. v. v. Münch; Fachaufsätze z. Umweltrecht. Herausg.: Grundzüge d. Umweltrechts.

SAMBERGER, Konrad

Dr.-Ing., Vorstandsmitglied Bereich Antriebs-, Schalt- u. Installationstechnik d. Siemens AG - Zu erreichen üb. Siemens AG, Werner-v.-Siemens-Str. 50, 8520 Erlangen - Geb. 26. Mai 1934 Vilsbiburg - Stud. Elektrotechnik TH München.

SAMBO, Markus

Dipl.-Volksw., Dipl.-Dolm., Personal- u. Unternehmensberater - Sydneystr. 7, 2000 Hamburg 60 (T. 51 38 49) - Geb. 18. Nov. 1930 Stuttgart (Vater: Herbert S., Steuerberater), verh. s. 1954, S. Magnus - Stud. Univ. Tübingen, Edinburgh, Paris (Volkswirtsch., Anglist.) - Unilever-Trainee; Marketing-Berater; Dir. f. Personal, Recht, Verw. u. Finanzen, dann selbst. Personal- u. Untern.sberater. ARsmand. - Zahlr. Fachveröff. (u. a. Kolumnist Capital, Wirtsch.swoche) - Liebh.: Golf, Lit., Musik - Spr.: Engl., Franz., Holl.

SAMBRAUS, Hans Hinrich

Dr. med. vet., Dr. rer. nat., Prof. f. Tierhaltung u. Verhaltenskunde Techn. Univ. München-Weihenstephan, Tierarzt u. Zoologe - Waldtruderingerstr. 17a, 8000 München 82 (T. 089 - 430 45 06) - Geb. 31. Aug. 1935 Bargteheide (Vater: Otto S., Kaufmann; Mutter: Margarethe S.), verh. s. 1966 m. Dörte, geb. Stratmann, 2 Kd. (Catherine, Daniel) - 1957-65 Stud. Tiermed., Zool. u. Anthropol. Univ. München, Berlin u. Bern; Promot. 1965 u. 1968 in München - BV: Nutztierethol., Lehrb. 1978; Atlas d. Nutztierrassen, 1986 - 1974 Hutzenlaub-Tierschutz-Forschungspreis - Liebh.: Vorgesch., Keramik, Tauchen - Spr.: Engl.

SAMMET, Rolf

Dr. rer. nat., Dr.-Ing. E. h., Dr. rer. nat. h. c., Prof. - Geb. 21. Febr. 1920 Stuttgart (Vater: Dr. phil. Paul S., Zahnarzt), verh. m. Hildegard, geb. Beckerwerth, 3 Kd. (dar. S.) - TH Stuttgart (Chemie) - S. 1949 Hoechst AG, Frankfurt/M.-Höchst (1957 Ltr. Techn. Dir.-Abt., 1960 Werksl., 1962 stv., 1964 o. Vorst.-Mitgl., 1969 Vorst.-Vors., 1985 AR-Vors.). Div. Mitgl.-Mand., u. a. AR Allianz Lebensversich., Asea Brown Boveri, Dresdner Bank, Mannesmann - 1975 Gr. BVK; 1977 Gr. BVK m. Stern; Ehrensenator J.W. Goethe-Univ. Frankfurt - Liebh.: Sportl. Betätigung, bes. Schwimmen, Wandern, Gartenarb. - Spr.: Engl., Franz. - Rotarier.

SAMSTAG, Karl

Dr. phil., Prof., Dozent f. Psychologie Peter-Wust-Hochsch./Päd. Hochsch. d. Saarl. (s. 1956) - Ziegelstr. 70, 6600 Saarbrücken (T. 4 74 57) - Geb. 14. Juni 1906 Mannheim (Vater: Karl S., Architekt; Mutter: Maria, geb. Wohlfahrt), kath., verh. s. 1935 m. Friedel, geb. John, 2 Töcht. (Mechtild, Irmgard) - Volksschullehrerausbild.; Stud. Phil., Psych., Gesch. Promot. 1929 München - 1933-56 Volks-, Mittelsch., Lehrerfortbild. - BV: Päd.-Psych. Testen - Anleit. z. Testarb. in d. Schule, 1962 (m. M. Baus); Informationen z. Lernen im Vorschulalter, 1971.

SAMTLEBE, Günter

Oberbürgermeister Stadt Dortmund (s. 1973), Präs. Dt. Städtetag (1983-85) - Winkelriedweg 72, 4600 Dortmund 1 (T. Rathaus: 50-2 20 30 u. 50-2 20 50) - Geb. 25. Febr. 1926 - AR-Vors. Vereinigte Elektrizitätsw. Westf. AG (VEW), Dortmund (s. 1982) - SPD.

SAMWER, Sigmar-Juergen

Dr. jur., Rechtsanwalt Oberlandesgericht Köln - Lindenallee 45, 5000 Köln 51 (T. 0221 - 37 50 78) - Geb. 12. Mai 1938 Magdeburg, ev., verh. s. 1964 m. Sabine, geb. Johannsen, 3 Söhne (Marc-Friedrich, Oliver Christian, Alexander Karsten) - Stud. Rechtswiss. 1958-66 Tübingen, München, Kiel; Refer.ausb. 1962-66 Schlesw.-Holst.; Promot. 1969 Kiel - 1962-66 Wiss. Hilfskraft Inst. f. Intern. Recht Univ. Kiel; 1966-70 Ref. Bundesverb. d. Dt. Industrie. S. 1970 Rechtsanwalt; s. 1988 Mitgl. Justizprüfungsamt b. Oberlandsgericht Köln; s. 1991 Vorst.-Mitgl. d. Rechtsanwaltkammer Köln - BV: D. Franz. Erklärung d. Menschen- u. Bürgerrechte v. 1789, 1970; Handb. d. Wettbewerbsrechts (m.a.), 1986. Mehr. Aufs. in Fachztschr. - 1970 Strasburg-Preis d. Stiftg. F.V.S. - Spr.: Engl., Franz. - Bek. Vorf.: Prof. Dr. jur. Karl Friedrich Lucian Samwer, Kiel/Gotha (Ur-Großvater).

SANDEN, Horst

Hauptgeschäftsführer Zentralverb. Karosserie- u. Fahrzeugtechnik u. Verb. Dt. Wohnwagenhersteller - In der Schildwacht 13, 6230 Frankfurt 80 (T. 069 - 39 20 71) - Geb. 29. April 1924 Allenstein.

SANDEN, Manfred

Dr. jur., Kaufmann, MdL Nordrh.-Westf. (s. 1975) - Wettiner Str. 6b, 5600 Wuppertal 2 - Geb. 15. Mai 1940 Königsberg, verh., 3 Kd. - Abit. 1960; jurist. Staatsex. 1964 (München) u. 69 (Düsseldorf) - Rechtsanw.; selbst. Kaufm. (Kompl.). CDU s. 1971.

SANDER, Alfred

Dr. phil., M.A., Prof. f. Sonderpädagogik - Waldwiese 9, 6600 Saarbrücken (T. 0681 - 39 90 22) - Geb. 16. Jan. 1938 Saarbrücken (Vater: Wilhelm S., Buchhalter; Mutter: Therese, geb. Grünewald), kath., verh. s. 1962 m. Beate, geb. Krämer, 2 S. (Kai, Henning) - Lehrerstud. Saarbrücken (1957-59), Sondersch.lehrerstud. Stuttgart (1961-1962), Stud. Erz.wiss. Saarbr. (1963-69) - B. 1971 Lehrer u. Wiss. Assist., 1971 Akad. Rat, 1972 Prof., s. 1978 Univ. d. Saarl. - BV: D. Sondersch. im geteilten Dtschl., 1969; D. Sonderschulen im Saarl., 1971; D. statist. Erfassung v. Behinderten in d. BRD, Gutachten f. d. Dt. Bildungsrat, 1973; Sonderpäd. in d. Regelsch., 1976, u.a. - Spr.: Engl., Franz.

SANDER, Dietger M.

Marktforscher u. -psychologe Alpha-Inst. GmbH Ges. f. psychol. Markt- u. Kommunikationsforsch. - Kaiserstr. 29, 6500 Mainz (T. 06131-63 20 56) - Geb. 11. Jan. 1941 Breslau - N. Abit. (2. Bildungsweg) Stud. Psych. Mainz u. Heidelberg. Dipl.-Psych. 1971 - 1972 Marktforscher Blendax-Werke Mainz; 1974 selbst.; 1972-84 Lehrbeauftr. Univ. Mainz; 1990 Gesellsch. u. Geschäftsf. d. Alpha-Inst. GmbH.

SANDER, Engelbert

Geschäftsführer, MdB (1969-76 u. ab Mai 1978) - Wallensteinstr. 41, 4780 Lippstadt (T. 6 01 68) - Tagesstud. Sozialakad. Dortmund 1955-56, MdK. SPD s. 1955 (Mitgl. Unterbez.svorst. Soest u. Mitgl. Landesvorst. AfA i. d. SPD v. Nordrh.-Westf.).

SANDER, Hans-Jörg

Dr. phil., Prof. f. Geographie - Hartenberg, 5330 Königswinter 21 - Geb. 25. Juni 1941 Cuxhaven - Abit. Cuxhaven 1961, Univ. Bonn (Geogr., German., Phil.) u. Köln, Staatsex. f. Höh. Lehramt 1968, Promot. 1970, Habil. 1976, Bonn - 1971 Akad. Rat, 1976 Priv.Doz., 1979 Prof., Forsch.-Schwerp. u. a. Amerika u. Mexiko - BV: Strukturwandl. im nördl. Siegmündungsgeb., 1970; Sozialökon. Klassifik. in Puebla-Tlaxcala (Mexico), 1977; Bevölk.-Geogr., 1981; Mexiko-Stadt/Problemräume d. Welt, 1983; D. Zonenrandgebiet. Problemräume Europas, 1988 - Spr.: Engl., Span., Franz.

SANDER, Hartmut

Dr. phil., Leiter Ev. Zentralarchiv Berlin - Wichernstr. 7, 1000 Berlin 33 (T. 030 - 832 48 13) - Geb. 22. März 1938 Berlin, ev., verh. s. 1972 m. Nelli, geb. Gilles, 2 S. (Matthias, Florian) - Gymn. Koblenz; FU Berlin, Univ. Freiburg, Montpellier (Frankr.) u. Bonn (Promot. 1972); 1974 Archivschule Marburg - 1975 Leit. Stadtarchiv Wuppertal; 1980 Leit. Zentralarchiv.

SANDER, Heinz

Dr. jur., Präsident Verwaltungsgericht Schleswig - Erdbeerenweg 67, 2380 Schleswig (T. 3 26 70) - Geb. 25. April 1911 - Spr.: Franz. - Rotarier.

SANDER, Jil

(eigentl. Heidemarie Jiline Sander), Modeschöpferin, Designerin - Zu erreichen üb. Jil Sander AG, Osterfeldstr. 32-34, 2000 Hamburg 54 (T. 040 - 55 30 20) - 1969 Firmengründ., heute weltweit 250 Geschäfte, die Kollektionen führen, 15 Jil Sander-Exclusiv-Geschäfte. Entwirft u. verkauft Damenkollektionen, Kosmetik, Parfüm, Brillen, Handtaschen u. Gepäck, sow. Lederaccessoires - Liebh.: Golf, Bergwandern, sammelt mod. Kunst.

SANDER, Josef

Dr. jur., Präsident a.D. Landessozialgericht f. d. Saarland - Scheidterstr. 85, 6600 Saarbrücken - Geb. 25. Mai 1913.

SANDER, Klaus (Nikolaus)

Dr. rer. nat. (habil.), o. Prof. f. Zoologie - Kirchenhölzle 17, 7800 Freiburg/Br. (T. 5 26 04) - Geb. 17. Jan. 1929 Darmstadt - S. 1964 ao. u. o. Prof. (1966) Univ. Freiburg (Dir. Zool. Inst.) - Fachveröff. - 1989 Mitgl. Dt. Akad. d. Naturforscher Leopoldina, 1990 Heidelberger Akad. d. Wiss.

SANDER, Wilhelm

Dr. rer. nat., o. Prof. f. Physik - Orthstr. 15, 5100 Aachen (T. 1 25 41) - Geb. 4. April 1929 Lipperode - S. 1962 (Habil.) Lehrtätigk. Univ. Göttingen u. TH Aachen (1965 ao. Prof./pers. Ord., 1967 o. Prof.). Div. Fachaufs.

SANDER, Wolfgang

Dipl.-Ing., Vorsitzender d. Geschäftsfg. Fortunawerke GmbH, Stuttgart (s. 1982) - Zu erreichen üb. Fortunawerke GmbH, Postf. 50 04 40, 7000 Stuttgart 50 - Geb. 13. April 1936 Hildesheim, ev., verh. m. Ingrid, geb. Hefft - Schule Detmold (Abit. 1956), TH Aachen (Eisenhüttenwesen), Dipl. 1961 - S. 1978 Werksleit. MAN Augsburg, b. 1980 Vorst. Schiess AG. Düsseldorf, b. 1982 Geschäftsf. Bühler-MIAG GmbH, Braunschweig.

SANDERS, Hans

Dr., Univ.-Prof. Hannover (s. 1989) - Fehrfeld 15, 2800 Bremen 1 - Geb. 15. Mai 1946 Kerpen/NRW, verh. s. 1972 m. Christa, geb. Terhorst, T. Janina - Promot. 1977 Univ. Bremen; Habil. Roman. Phil. 1985 Univ. Wuppertal - 1975-87 Wiss. Assist. Univ. Wuppertal; 1988/89 Priv.-Doz. Univ. Hamburg - BV: Institution Literatur u. Roman, 1981; D. Subjekt d. Moderne, 1987. Zahlr. Aufs. in Sammelwerken u. Ztschr. - 1988 Freiburger Forsch.pr. f. Romanist. Literaturwiss.; 1987-89 Heisenbergstip. d. Dt. Forsch.gemeinschaft.

SANDERS, Karlheinz

Bürgerschaftsabgeordneter - Köllns Acker 12, 2000 Hamburg 54 (T. 57 92 76) - S. 1970 Mitgl. Hbg. Bürgerschaft. CDU.

SANDERSLEBEN, von, Joachim

Dr. med. vet., em. Prof. f. Allg. Pathologie u. Pathol. Anatomie - Adalbertstr. 94, 8000 München 13 (T. 2 71 13 29) - Geb. 3. Sept. 1922 Bertsdorf - Univ. Gießen (Veterinärmed.). Promot. u. Habil. Gießen - S. 1960 Lehrtätigk. Univ. Gießen (1966 apl. Prof.) u. München (1970 Ord. u. Inst.vorst. Tierärztl. Fak.). Emerit. 1987. Fachveröff. (Nierenpathol. d. Tiere, Geschwulstpathol., Leukoseforsch., Hautgeschwülste, Blastome d. Milchdrüsen).

SANDFUCHS, Uwe

Dr. phil., Prof. f. Pädagogik an d. Univ. Hildesheim - David-Mansfeld-Weg 13, 3300 Braunschweig (T. 0531 - 51 28 22) - Geb. 24. Nov. 1942 Braunschweig - 1962-65 Lehramtsstud.; Dipl.-Päd. 1973; Promot. 1978; Habil. 1981 - BV: Universitäre Lehrerausbildung in d. Weimarer Republik u. im Dritten Reich, 1978; Lehren u. Lernen m. Ausländerkindern, 1981; Unterrichtsinhalte auswählen u. anordnen, 1987; Förderunterricht konkret, 1990.

SANDHAS, Werner

Dr. rer. nat., Prof., Physiker - Universität, 5300 Bonn - Geb. 14. April 1934 (Vater: Dr. Josef S., Physiker; Mutter: Dr. Ilse, geb. Wegscheider), verh. s. 1964 m. Helga, geb. Werner, Tocht. Silvia - Stud. FU Berlin. Dipl., Prom. ebd.; Habil. 1967 Bonn - 1969 apl. Prof. Bonn; o. Prof. (1969 Mainz, 1973 Bonn). Spez. Arbeitsgeb.: Quantenmechan. Stoßtheorie - Liebh.: Musik - Spr.: Engl.

SANDHÖFER, Karlheinz

Dr. rer. oec., Dipl.-Kfm., Vorstand Thyssen Stahl AG - Kaiser-Wilhelm-Str. 100, Postf. 11 05 61, 4100 Duisburg 11 - Geb. 27. Sept. 1931.

SANDHOFF, Konrad

Dr. rer. nat., Prof. f. Biochemie Univ. Bonn - Auf dem Patt 12, 5305 Alfter-Impekoven - Geb. 11. Aug. 1939 Berlin (Vater: Dr. H. Sandhoff, Chemiker u. Dipl.-Landw.; Mutter: Hildegard, geb. Hempel), ev., verh. s. 1965 m. Karin, geb. Lankau, 3 Kd. (Thekla, Roger, Volker) - Abit. 1958 München; 1958-64 Stud. Chemie Univ. München - Dipl. 1964, Promot. 1965; 1965-72 u. 1974-77 Assist. Neurochem. Abt. Max-Planck-Inst. f. Psychiatrie (Prof. Jatzkewitz); 1972 Privatdoz. Fak. f. Chemie u. Pharmazie Univ. München; 1972-76 Stud.-Aufenth. im Ausl.; 1979 apl. Prof. f. Biochemie Univ. München; 1979 Prof. Univ. Bonn. 1973 Wappen Tokioter Med. Ges. u. Med. Fak. Univ. Tokio; 1975 Mitgl. Med. Advisory Board National Tay-Sachs & Allied Diseases Assoc. New York; 1976 Carl-Duisberg-Gedächtnispreis u. 1992 Richard Kuhn Med. d. Ges. Dt. Chemiker; 1977 Mitgl. Editorial Board v. 8 intern. Journalen (u.a. J. Biol. Chem.); Ehrenmitgl. d. American Soc. of Biochemistry and Molecular Biology; 1979 Heinrich-Wieland-Preis - Spr.: Engl.

SANDIG, Armin

Prof., Präsident Fr. Akademie d. Künste Hamburg - Ferdinandstor 1A, 2000 Hamburg 1 - Geb. 10. März 1929 Hof/S. - Ausb. z. Kunstmaler.

SANDIG, Barbara

Dr. phil., Prof. f. Germanistik, Linguistik - Falkenweg 10, 6600 Saarbrücken (T. 0681 - 6 50 82) - Geb. 29. April 1939 Heidelberg (Vater: Curt S.; Mutter: Elly, geb. Heide) - Human. Gymn., Univ. Freiburg, Dijon (Frankr.), Heidelberg, 1. Staatsex. 1965, Promot. 1969, Habil. 1976 - 1973/74 Lehrst.vertr. Univ. Hamburg, 1977-79 Lehrst.vertr. Univ. Frankfurt, s. 1979 Prof. Univ. d. Saarl., s. 1988 Gastprof. Univ. Paris VIII - BV: Syntakt. Typologie d. Schlagzeile, 1971 (Diss.); Stilistik. Sprachpragm. Grundleg. d. Stilbeschreibung, 1978 (Habil.schr.); Gesprächspsychotherapie u. weibl. Selbstkonzept. Sozialpsych. u. linguist. Analyse am Beisp. e. Falles (zus. m. M. Baus), 1985; Stilistik d. dt. Sprache, 1986. Herausg. Stilistik: I. Probl. d. Stilistik; II. Gesprächsstile (German. Linguistik 3-4/81 u. 5-6/81) (1983); Text - Textsorten - Semantik. Linguist. Modelle u. maschinelle Verf., (1984, m. A. Rothkegel); Wissenrepräsentation u. Wissensaustausch (1987, m. J. Engelkamp u. K. Lorenz); Stilistisch rhetorische Diskursanalyse (1988) - Spr.: Engl., Franz., Span.

SANDIG, Heiner

Pfarrer, Landtagsvizepräsident Sachsen - Hauptstr. 16, O-8401 Nauwalde - Geb. 12. Juni 1945, ev., verh., 3 Kd. - Theol.-Stud. Leipzig.

SANDKÄMPER, Hermann

Techn. Angestellter (Klöckner-Hüttenwerk, Georgsmarienhütte), MdL Nieders. (s. 1967) - Am Holzhauserberg 32, 4504 Georgsmarienhütte (T. 13 18) - Geb. 11. Jan. 1930 Gellenbeck Kr. Osnabrück, verh., 8 Kd. - Volkssch.; Elektrikerlehre; Betriebsfachsch. (Abschl. als Betriebstechniker) - CDU s. 1956 (1964 Kreisvors. Osnabrück-Land).

SANDKÜHLER, Stefan

Dr. med., Prof., Internist u. Facharzt f. Laboratoriumsdiagnostik (eig. med.-diagnost. Inst.) - Grafeneckstr. 15, 7000 Stuttgart (T. 28 30 38) - Geb. 10. Aug. 1920 Nürnberg (Vater: Dr. phil. Konrad S., Neuphilologe (div. Übers. altsprachl. Texte, bes. Gralsliteratur); Mutter: Jutta, geb. Kronecker) - Waldorf-Sch. Stuttgart; Univ. München, Tübingen, Straßburg, Heidelberg - s. 1956 (Habil.) Lehrtätigk. Univ. Heidelberg (gegenw. apl. Prof. f. Inn. Med.) - BV: Taschenb. d. klin. Blutmorphologie, 1949; Osteosklerose u. Knochenmarkfibrose, 1953 (m. Stodtmeister); Klin. Zytologie, 1954 (m. Streicher); Sandkuhlen, Familienbuch 1970-78; Hermann Sandkuhl, Leben u. Werk, (m. Titze) 1980; Schloß Bauschlott u. d. Künstlergilde Buslat, 1982; Fritz Lang, Leben u. Werk, (m. M. Lang) 1985. Üb. 100 Einzelarb. - Liebh.: Kunst, Architektur, Typogr. u. Druck, Film, Hundezucht - Spr.: Engl. - Bek. Vorf.: Prof. Leopold Kronecker, Mathematiker, Berlin; Prof. Christian Friedrich v. Leins, Bau- u. Akademiedir. Stuttgart.

SANDLER, Guido G.

Dr. rer. oec., Dipl.-Kfm., Dipl.-Braum., pers. haft. Gesellschafter Dr. August Oetker KG, Bielefeld - Roonstr. 21, 4800 Bielefeld (T. 12 35 46) - Geb. 5. Juli 1928 Nandlstadt/Obb., kath., verh. s. 1958 m. Gertrud, geb. Schmitt, 4 Kd. (Lieselotte, Christiane, Guido, Bernhard) - 1948-57 Stud. Betriebs-, Volksw., Jura, Brauwiss. (währ. ds. Zeit journalist. Tätigk.). Promot. 1953 Innsbruck - S. 1957 Oetker-Bereich. Zahlr. AR-Mandate (z. T. Vors.) - Ehrensenator TU München - Entstammt alter Kulmbacher Brauerfamilie.

SANDLER, Knut

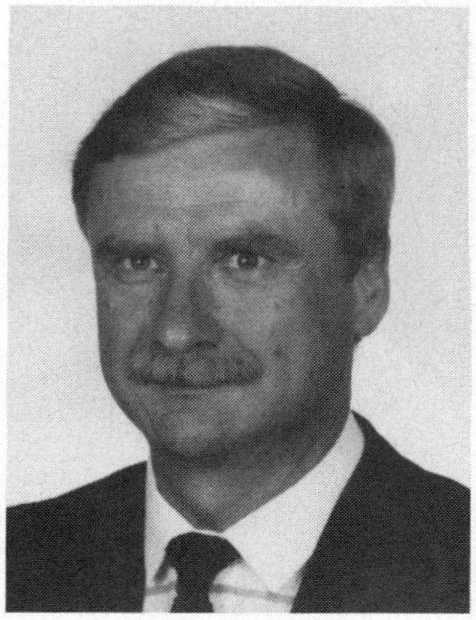

Dr.-Ing. habil., Dipl.-Ing., Staatssekretär im Ministerium f. Wirtschaft, Mittelstand u. Technologie d. Landes Brandenburg (s. 1990) - Drewitzer Str. 28, O-1580 Potsdam - Geb. 12. Okt. 1943 Potsdam, verh. s. 1968, S. Thorsten - Diesellokschlosser 1963 Potsdam; Dipl.-Ing. 1968 Dresden; Dr.-Ing. 1976 TU Dresden; Dr.-Ing. habil. 1988 AdW zu Berlin - 1968-79 wiss. Mitarb. am Inst. f. Landtechnik Potsdam-Bornim; 1979-88 Abt.-leit. am Inst. f. Physik d. Erde Potsdam; 1988-90 Abt.leit. an d. Forsch.stelle f. Hochdruckforsch. Potsdam - Inh. v. 10 Patenten - Mitautor an 3 Fachb. - Spr.: Engl., Russ.

SANDNER, Gerhard

Dr. phil., o. Prof. f. Wirtschaftsgeographie - Im Wiesengrund 15, 2087 Ellerbek - Geb. 19. März 1929 Keetmannshoop/Namibia (Vater: Fritz S., Pfarrer i. R.; Mutter: Margarete, geb. Keller), ev., verh. s. 1959 m. Mareile, geb. Fischer - Höh. Schulen Guatemala (1939-43), Potsdam (1943), Stolp (1943/44), Einbeck (1946-49); 1949-55 Univ. Marburg (Biol., Geogr.). Promot. 1955 Marburg; Habil. 1962 Kiel - 1963 Dozent Univ. Kiel; 1965 Ord. u. Inst.dir. Univ. Hamburg. Forschungsreisen Zentralamerika. Vorst.-Vors. Inst. f. Iberoamerikakd. (s. 1969), Vorst.-Vors. Zentralverb. d. Dt. Geographen (1977-79). Herausg.: Geogr. Zeitschr. (s. 1973). Div. Bücher. Zahlr. Einzelveröff. - Spr.: Engl., Span. - 1969 Ruf Univ. Kiel (Lehrstuhl f. Geogr.) abgelehnt.

SANDO, Günter

Bau-Ing., Landrat Kreis Luckau - Calauer Chaussee 5, O-7960 Luckau (T. 09587 - 24 96) - Geb. 4. Juli 1934 Luckau, ev., verh. s. 1962 m. Waltraud, geb. Schubert, 3 Söhne (Kai-Uwe, Michael, Ingo) - Maurermeister; Zimmermeister; Bau-Ing.; Stud. Ing.-Schule Cottbus - Geschäftsf. Ernst Sando KG, 1962-72 Leiter; Bauleit. u. Betr.leit.funktionen in Baubetr. - Spr.: Engl., Russ.

SANDRACH, Ilja

s. Böck, Emmi

SANDROCK, Otto

Dr. jur., L.L.M., o. Prof. f. Bürgerl. Recht, Handels-, Wirtschafts-, Intern. Privatrecht u. Rechtsvergl., Dir. Inst. f. Intern. Wirtschaftsrecht Univ. Münster - Birkhahnweg 1, 4400 Münster (T. 31 15 91) - Geb. 5. Jan. 1930 Sontra/Hessen - S. 1965 (Habil.) Lehrtätigk. Univ. Bonn u. Bochum (1967 Ord.), s. 1981 Univ. Münster. Fachveröff., auch Bücher.

SANDSTEDE, Gerd

Dr. phil. nat., Dipl.-Chemiker, Direktor, Forsch.manager u. Technologieberater, Battelle Europe - Am Römerhof 35, 6000 Frankfurt/M. 90 - Geb. 5. Febr. 1929 Oldenburg (Vater: Johann S., Stud.rat; Mutter: Dorothea, geb. Niemann, Lehrerin), verh. s. 1952 m. Annelotte, geb. Erhards, 2 Kd. (Birgit, Jörn) - 1949-58 Univ. Frankfurt (Naturwiss., Physik. Chemie) - 1955 Battelle-Inst., 1957 Leit. Gr. Grenzflächenphysik, 1959 Leit. Gr. Elektrochemie, 1964 Leit. Abt. Grenzflächenforsch. u. Festkörperphysik, 1969 Leit. Hauptabt. Physik, 1970 Leit. Hauptabt. Chemie, 1976 Leit. Hauptabt. Chemie u. Werkst.; 1978 Dir. Forsch. u. Technik (Biol., Chemie, Physik, Werkst., Ing.wesen, Wirtsch.- u. Sozialforsch.); 1984 Lat. Büro Bonn u. Brüssel, Forsch.- u. Technologie Marketing; 1991 Lehrauftr. Fachhochsch. Darmstadt üb. Erneuerbare Energien u. Wasserstofftechnol.; 1972 Vors. Aussch. Elektrochem. Proz. d. DECHEMA; 1981 stv. Vors. Kongreßbeirat (VDI) der SURTEC (Oberflächentechnik) Berlin; 1981 Vorst.-Mitgl. Fachgruppe Angew. Elektrochemie d. Ges. Dt. Chemiker; 1983 Vorst.-Mitgl. Physikal. Verein Frankfurt/Main, 1991 Vorsitz; 1988 Kurat.-Mitgl. EUROSOLAR; Internat. Soc. of Electrochemistry, Internat. Ass. for Hydrogen Energy, Dt. Ges. f. Sonnenenergie u. ISES, Dt. Physikal. Ges. - Zahlr. Patente in Physik.- Chem. Technol. u. Energiespeicherung. Ca. 160 Publ. u. einige Buchveröff. üb. Physik. Chemie, Elektrochemie, Batterietechn., elektrochem. Brennstoffzellen, Grenzflächenforsch., Oberflächentechn., Wasserstofftechn., Solarenergie, Energietechnol., Rohst., Umwelt u. Forsch.management - 1985 Achema-Plak. in Titan f. d. Verd. um d. Gemeinschaftfg. in d. techn. Elektrochemie - Spr.: Engl. - Bek. Vorf.: Dr. h. c. Heinrich Sandstede, Begründ. Heimatmuseum Bad Zwischenahn (Ammerländer Bauernhaus), Großonkel.

SANDTNER, Hilda

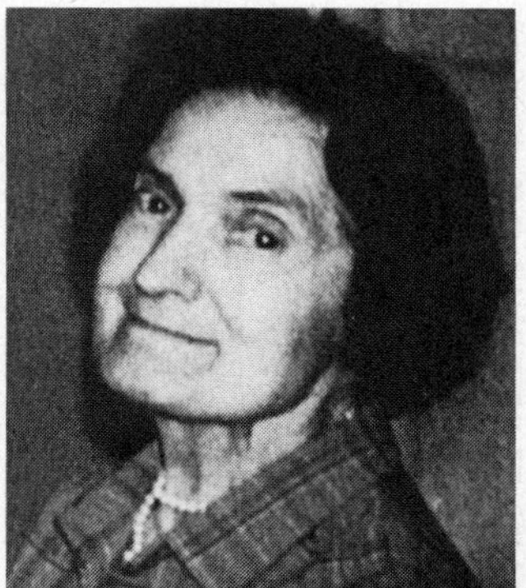

Em. Univ.-Prof. u. Museumsleiterin in Mindelheim, Schwaben - Haydnstr. 1, 8901 Stadtbergen - Geb. 27. Juni 1919 Türkheim/Schw. (Vater: Ignaz S., Lehrer; Mutter: Babette, geb. Zahler), kath. - N. Abit. Lehrerhochsch. Pasing (1938-40) u. Kunstakad. München (1943-52; 1949 Meisterschülerin v. Prof. Josef Oberberger) - 1958 Studienrätin Weiden, 1961 Studienprof., 1967 Studiendir., 1972 Oberstudiendir. PH Augsburg; s. 1973 Ord. Univ. Augsburg. 1984 Emer. u. Gründ. d. Textilmus. f. akt. Museumspäd. in Mindelheim (Sandtner-Stiftg.); Werke: Viele Mosaike, Glasfenster u. Wandbeh. f. öfftl. Gebäude, Illustr. Porzellanmalerei - BV: 15 Bücher, dar.: Schöpf. Textilarb.; Selbstbild. -Selbstfind.; Didaktik d. Kunsterz.; Schwäb. Flecklesteppich - 1989 BVK I. Kl. - Liebh.: Volkstumsforsch.

SANDVOSS, Ernst R.

Dr. phil., Prof. - Gehnbachstr. 211, 6670 St. Ingbert (T. 06894 - 38 15 45) - Geb. 18. Aug. 1929 Braunschweig, kath., verh. s. 1979 m. Dr. Beatrix, geb. Hanak, 2 Kd. (Stephan, Gisela) - 1948-55 Stud. Univ. Freiburg, Göttingen, Tübingen; Staatsex. (Griech., Lat., Gesch.) 1955; Promot. (Phil.) 1954 - 1955-69 Schuldst.; 1965/66 Forschungsstip. Harvard-Univ.; s. 1969 Hochschullehrer - BV: Sokrates u. Nietzsche, 1966; Hitler u. Nietzsche, 1969; Soteria. Phil. Grundl. platon. Gesetzgebung, 1971; Platon, 1972; D. korrupte Ges., 1975; G.W. Leibniz, 1976; A. Augustinus, 1978; B. Russell, 1980; Ethik, 1981; Aristoteles, 1981; I. Kant, 1983; Geschichte d. Philosophie, 2 Bde., 1989; Philosophie. Selbstverständnis, Selbsterkenntnis, Selbstkritik, 1991; D. letzte Chance d. Geschichte. Deutschland zw. Freiheit u. Größenwahn - Präs. Ges. f. Welt- u. Sozialkd.; Mitgl. Dt. Himalaya-Club, Akad. Cosmologica Nova - Liebh.: Bergsteigen - Spr.: Engl., Franz., Griech., Lat.

SANDVOSS (ß), Ernst-Otto
Bankdirektor - Taunusanlage 10, 6000 Frankfurt/M. (T. Büro: 26 93 -1) - Geb. 12. Dez. 1934 - B. 1970 Leit. Kreditabt., dann stv., s. 1971 o. Vorst.-Mitgl.-, 1974 -vors. Dt. Girozentrale/Dt. Kommunalbank.

SANFT, Ralph W.
Dipl.-Kfm., Konsul, Unternehmer (Eigent. versch. örtl. Firmen) - P.O.B. 32, Nuku'alofa (Tonga) (T. 2 13 97) - Geb. 16. Juni 1926 Tonga (Vater: Otto G. S., Geschäftsm.; Mutter: Vaipuna, geb. Ve'emolo), methodist., verh. s. 1950 m. Elsa, geb. Schaumkell, 12 Kd. (Mina, Helen, Alfred, Via, Robyn, Karl, Harriot, Utahna, William, Rosie, Ma'ata, Maile) - Stud. Betriebsw. u. Elektronik (beides Diplome) - Honorarkonsul d. BRD (1972) - Liebh.: Relig. u. phil. Lit. - Spr.: Deutsch, Engl., Fijianisch, Samoanisch, Tongaisch - Rotarier.

SANGENSTEDT, Hans-Rudolf
Dr. jur., Rechtsanwalt, Hauptgeschäftsf. Bund Dt. Baumeister, Architekten u. Ingenieure, Geschäftsf. Bund Dt. Jäger - Küppersgarten 33, 5300 Bonn 3.

SANGMEISTER, Edward
Dr. phil., em. o. Prof. f. Ur- u. Frühgeschichte - Rabenkopfstr. 15, 7800 Freiburg/Br. (T. 6 32 32) - Geb. 26. März 1916 Ettlingen/B. (Vater: Ernst S.; Mutter: Irma, geb. Müller), ev., verh. s. 1941 m. Gertrud, geb. Mahnke, 2 Kd. (Ingo, Bettina) - Univ. Marburg u. Kiel (Vorgesch., Archäol., Bauforsch.). Promot. (1939) u. Habil. (1954) Marburg - 1950-54 Assist. Univ. Marburg, 1954-56 Assist. Dt. Archäol. Inst. Madrid, s.

1956 ao. u. o. Prof. (1960) Univ. Freiburg (Dir. Inst. f. Ur- u. Frühgesch.) emerit. 1981 - BV: Becherkulturen im Nordmain. Hessen, 1951; D. Steinzeit im Ries, 1954; Metallanalysen kupfer- u. frühbronzezeitl. Bodenfunde aus Europa, 1961 (m. a.); Kupfer u. Bronze in d. frühen Metallzeit Europas 1968/1974 (m. a.); Zambujal, D. Grabungen 1964-1973, 1981 (m. a.) - o. Mitgl. Dt. Archäol. Inst.; korr. Mitgl. Schweiz. Ges. f. Urgesch. u. Soc. dos Arch. Portuguenses.

SANMANN, Horst

Dr. rer. pol., em. Univ.-Prof., Präsident a. D. - Maienweg 39, 2000 Hamburg 60 (T. 51 83 49) - Geb. 15. Dez. 1927 (Vater: Alwin S., Kraftfahrer; Mutter: Bertha, geb. Klüss), ev., verh. s. 1953 m. Ingeborg, geb. Ackermann, 2 Kd. - Abit. 1947. Dipl.-Volksw. 1950; Promot. 1955; Habil. 1964 Univ. Hamburg; o. Prof. 1966 FU Berlin - 1970 Univ. Hamburg, 1974 Univ. d. Bundeswehr Hbg. (1977-84 Präs.). Emerit. 1989 - BV: Seeverkehrsmärkte; Grundleg. e. Ökonomik d. Seeverkehrs, 1965; Studien z. Lage u. Entwickl. Westberlins, Politik, Wirtschaft, Bildung, 1968 (Mitverf.). Herausg.: Handb. d. europ. Seehäfen (10 Bde. 1967ff.), Z. Problematik d. Sozialinvestitionen (1970), Aspekte d. Friedensforsch. u. Entscheidungsprobleme in d. Sozialpolitik (1971), Leitbilder u. Zielsysteme d. Sozialpolitik (1973); Neue Technologien, Arbeitsmarkt u. Berufsqualifikation (1987) - 1984 BVK I. Kl.; 1989 Ehrenkreuz d. Bundeswehr in Gold.

SANN, Guenter K.
Dipl.-Kfm., Industrieberater - 22 Poplar Ave., St. John's, Nfld., Kanada A1B 1C8 (T. 709 - 753 77 77) - Geb. 16. Juni 1922 Frankfurt/M., ev., verh. s 1946 m. Gisela, geb. Beling, 2 Töcht. (Brigitte, Ingrid) - Abit. 1940; 1946-49 Stud. Betriebswirtsch. Univ. Frankfurt/M. (Dipl.-Kfm. 1949) - 1949-52 Exportabtlg. MIAG, Braunschweig, 1952-78 Leit. d. Mitinh. Stahlfabrikationbetr. St. John's. S. 1962 Honorarkonsul Bundesrep. Dtschl. f. Neufundland u. Labrador - Gr. BVK - Liebh.: Geschichtsstud. - Spr.: Engl., Franz., Russ.

SANNEMANN, Wolfgang
Dr. rer. nat., Prof., Wiss. Rat Geolog.-Paläontol. Inst. Univ. Würzburg - Pleichertorstr. 34, 8700 Würzburg - Geb. 11. Sept. 1926 Bretsch/Altm. - Stud. Geol. - S. 1959 (Habil.) Lehrtätig. Würzburg (1967 apl. Prof.). Zahlr. Facharb.

SANNEMÜLLER, Gerd
Dr. phil., Prof., Hochschullehrer - Adolfstr. 38, 2300 Kiel (T. 56 11 55) - Geb. 19. Okt. 1919 Heiligenstadt/Eichsfeld - S. 1962 Doz. u. Prof. Päd. Hochsch. Kiel (Musikerzieh. u. -wiss.) - BV: D. Klavierwerk v. Maurice Ravel, 1961; Plöner Musiktag v. Paul Hindemith, 1973; Maurice Ravel, Daphnis u. Chloé, 1983. Div. Fachaufs.

SANNWALD, Wolfgang
Dr., Direktor, Vorstandsmitgl. Calwer Decken- u. Tuchfabriken AG - Hengstetter Steige 41, 7260 Calw (T. 07051-16 83-0, priv.: 07051-16 83-10) - Geb. 19. Sept. 1937 Stuttgart, ledig - Stud. Wirtschaftswiss.; Promot. (bde. Hochsch. St. Gallen); Stud. Harvard Univ., Cambridge/USA; Master of business (MBA) Harvard Univ.; Ass. d. Finanzchefs Indian Head Inc., New York; Dir. f. Marketing u. Marktforsch. Crawford Manufacturing Comp.; Leit. Investitionsabt. Konzernleit. v. Indian Head; s. 1978 s. o.; zahlr. Mandate u.a. Vors. Kurat. Export-Akad., Kurat. Umwelt-Akad. Nordschwarzwald; Vizepräs. Verb. d. Baden-Württ. Textilind., Gesamttextil; Präs. Comitextil; AR Filzfabrik Giengen AG - Spr.: Engl., Franz., Afrik. - Rotarier.

SANTAMARIA, Pablo
Dr. med., Univ.-Prof. f. Anatomie - Schöppingenweg 65, 4400 Münster (T. 0251 – 86 44 38) - Geb. 1. Jan. 1931 Muros/Span. (Vater: Pablo S., ltd. Zollbeamter; Mutter: Matilde, geb. Arnaiz, Lehrerin), kath., verh. s. 1968 m. Hildegard, geb. Storch, 2 Kd. (Mario, Lia) - Schule Burgos (Abit. 1948); Univ. Valladolid, Promot. 1956 - Assist. Lehrbeauftr., Doz., Prof. Univ. Valladolid u. Münster, 1958 Humboldt-Stip. Univ. Marburg - 1967 Prof. adj. hon. Univ. Valladolid - Spr.: Span., Dtsch., Franz., Esperanto.

SANTARIUS, Kurt Adolf
Dr. rer. nat., Prof. f. Botanik - Kalstert 160, 4010 Hilden - Geb. 23. Nov. 1933 Teplitz (Vater: Adolf S., Dipl.-Berging.; Mutter: Marie, geb. Opl), ev., verh. s. 1969 m. Annette, geb. Uhl, 2 Kd. (Julia, Tilman) - Univ. Greifswald u. Berlin (Biol.), Dipl. Humboldt-Univ. Berlin 1957, Promot. Univ. Würzburg 1961 - 1976 Lehrst. f. Botanik III (Ökophysiol.) Univ. Düsseldorf.

SANTNER, Ingeborg
s. Santner-Cyrus, Ingeborg.

SANTNER-CYRUS, Ingeborg
Dr. phil., Journalistin - Telekygasse 13, Wien (T. 36 15 92) - Geb. 7. Juli 1925 Wien (Vater: Kommerzienrat Dipl.-Ing. Wilhelm Santner; Mutter: Barbara, geb. Böck), kath., gesch. - Promot. 1949 Wien - 1946-53 Redakt. Wiener Kurier, dann Korresp. D. Spiegel, Berliner Morgenpost, D. Weltwoche - BV: Friederike - E. Königin unserer Tage, 1956; D. Königreich d. Träume - 4000 J. moderne Traumdeut., 1963 - Spr.: Engl., Franz.

SAPPOK, Christian
Dr. phil., Prof. f. Slavische Philologie - Ennepestr. 21, 4630 Bochum 1 - Geb. 27. Aug. 1941 Berlin (Vater: Gerhard S., Historiker; Mutter: Susanne, geb. Reichert), kath., verh. s. 1969 m. Ursula, 3 Kd. (Christopher, Daniel, Maria) - Gymn. München (Abit. 1960), 1960-68 Stud. Slavist. Gesch. u. polit. Wiss. München u. Berlin - 1968-1971 Doz. Goethe-Inst., 1971-78 Assist. Slav. Sem. Tübingen, s. 1978 Prof. Ruhr-Univ. Bochum - BV: D. Bedeut. d. Raumes f. d. Struktur d. Erzählwerkes, aufgezeigt am Beisp. aus d. poln. Lit., 1970. Mithrsg.: Bjulleten fonetičeskogo fonda russkogo jazyka (zus. m. L. V. Bondarko, s. 1988). Arbeitsschwerp.: Syntax, Intonation u. Pragmatik, Trivialllit.

SARCINELLI, Ulrich
Dr., Prof. PH Kiel (s. 1988) - Seeblick 11, 2315 Kirchbarkau - Geb. 10. Okt. 1946, verh., 4 Kd. - Lehramtsstud., Zweitstud. Politikwiss., Päd., Rechtswiss., Soziol.; M.A. 1977; Promot. 1979 Univ. Mainz; Habil. 1984 EWH Rhld.-Pfalz, Abt. Koblenz (jetzt Univ. Koblenz/Landau) - Schuldienst 1971-75; 1975-88 Wiss. Ass., Hochschulass., Akad. Oberr. - 1988ff. Prof. PH Kiel - BV: D. Staatsverständnis d. SPD, 1979; Symbolische Politik, 1987; Politikvermittlung u. politische Bildung, 1990. Herausg.: Wahlen u. Wahlkampf in Rhld.-Pfalz (1984); Politikvermittlung (1987); Demokratische Streitkultur (1990); u.a. D. demokr. Verfassungsstaat (1991).

SARKISYANZ, Emanuel
Ph. D., o. Prof. f. Polit. Wissenschaften Südasiens - Danziger Str. 14, 6834 Ketsch/Rh. (T. 06202 - 6 14 55); u. Calle 35, Casa 503, Mérida, Yucatán, Mexiko - Geb. 23. Juni 1923, verh. s. 1961 m. Dr. Helga, geb. Heuer - Univ. Teheran (1942-44), Asia Inst. New York (1946-48), Univ. Chicago (1949-52) - Prof. Bishop College Dallas (USA); Südostasien-Ref. Forschungsinst. Dt. Ges. f. Ausw. Politik; Gastprof. Univ. Kiel, Kansas, Honolulu; 1963-67 apl. Prof. Univ. Freiburg (Geschichte u. Politik Südostasiens); s. 1967 Ord. Univ. Heidelberg. Mitgl. American Historical Assoc. u. Dt. Morgenl. Ges.; Bd. Freiheit d. Wissensch. - BV: Rußland u. d. Messianismus d. Orients, 1955; Gesch. d. oriental. Völker Rußlands, 1961; Südostasien s. 1945, 1961; Buddhist Backgrounds of the Burmese Revolution, 1965; Modern history of Transcaucasian Armenia, 1976; Kulturgesch. Kontinentalsüdostasiens, 1979; V. Beben in d. Anden - Propheten indian. Aufbruchs in Peru, 1985. Lexikon- u. Handb.beiträge. Fachaufs. 1972-76 Herausg. u. Redakt. d. Transparenzblattes - Hundefreund (Schäferh.) - 1959 Fellow Guggenheim Foundation; 1986 o. Mitgl. Akad. d. Wiss. v. Yucatán (Mexiko).

SARMA, Amardeo

Dipl.-Ing., Forschungsgruppenleiter Forschungsinst. d. Dt. Bundespost Telekom - Kirchgasse 4, 6101 Roßdorf (T. 06154 - 8 13 59) - Geb. 27. Dez. 1955 Kassel, verh. s. 1979 m. Kristiane, geb. Demmler, 3 Kd. (Navina, Olivia, Dominik) - Dipl. im FB Nachrichtentechnik TH Darmstadt - Spezialgeb.: Spezifikationsspr. SDL (Specification and Description Language), Schmalband- u. Breitband-ISDN, Telekommunikations-Protokolle, ATM (Asynchronous Transfer Mode); s. 1987 Geschäftsf. d. Ges. z. wiss. Unters. v. Parawiss. (ehrenamtl.). Mitautor: SDL - with Applications from Protocol Specification, 1991. Auftritte im Fernsehen u. Hörfunk f. d. GWUP. SPD - Liebh.: Politik, Musik - Spr.: Engl., Esperanto, Hindi - Bek. Vorf.: Waldemar Edler von Bauszern, 1866-1931, Musiker u. Komp. (Urgroßv.).

SARRAZIN, Jochen
Geschäftsführer Vorwerk International AG - Zu erreichen üb. Verenastr. 39, CH-8832 Wollerau (T. 00411 - 786 01 11) - Geb. 16. Mai 1942.

SARRE, Hans J.
Dr. med., Dr. med. h.c., o. Prof. f. Innere Medizin (emerit.) - Wintererstr. 15, 7800 Freiburg/Br. (T. 2 29 89) - Geb. 25. März 1906 Neubabelsberg b. Berlin (Vater: Prof. Dr. phil. Dr.-Ing. E. h.

Friedrich S., Kunsthistoriker), verh. m. Dr. med. Irmgard, geb. Jacobi, 4 Kd. - Univ. Berlin, Heidelberg, Freiburg. Promot. 1931 Freiburg; Habil. 1939 Frankfurt/M. - 1939 Privatdoz. Univ. Frankfurt; 1948 Ord. u. Dir. Poliklinik Univ. Freiburg. Zeitw. Präs. Dt. Ges. f. Kreislaufforschung u. Ges. f. Nephrologie - BV: Nierenkrankh., 5. A. 1988 (auch ital., poln., span.); Phenacetinabusus u. Nierenschädigungen, 1959; Diät b. Erkrankungen d. Niere u. Harnwege, 28. A. 1987; Akutes Nierenversagen, 1962; Franz Volhard, Erinnerungen (m. H.E. Bock u. K.H. Hildebrand), 1982. Üb. 300 Einzelarb. Mithrsg.: Nieren- u. Hochdruckkrankh., Clinical Nephrology, Allergie u. Asthma - Ehrenmitgl. Dt. Ges. f. Urol. (1968) u. Ges. f. Nephrologie (1974), Dt. Ges. f. inn. Med. (1978) - 1976 Franz-Volhard-, 1975 Hippokrates-Medaille, 1981 Ehrendoktor d. Univ. Frankf., 1988 BVK I. Kl. - Liebh.: Lit., Kunst, Wandern, Skilaufen - Spr.: Engl., Franz. - Bek. Vorf.: Dr. phil. h. c. Carl Humann, Archäologe, Entdecker v. Pergamon (Großv. ms.).

SARRY, Brigitte
Dr. phil., Prof. f. Anorg. Chemie - Mühlenstr. 5, 1000 Berlin 37 (T. 815 70 05) - Geb. 6. Sept. 1920 Allenstein/Ostpr. (Vater: Paul S., Senatspräs.; Mutter: Else, geb. Bernecker) - Obersch. Tilsit u. Göttingen; Univ. Göttingen u. München (Chemie). Promot. 1945; Habil. 1954 (beides Rostock) - S. 1955 Lehrtätigk. Univ. Halle/S. u. TU Berlin (1959; 1961 apl. Prof.; 1962 Wiss. Rätin Lehrstuhl f. Anorgan. Chemie I; 1969-82 o. Prof.) - BV: Eigenschaften u. Bau d. Atome, 2. A. 1956. Div. Einzelveröff.

SARTORI, Eva Maria

Schriftstellerin - Kirchenstr. 32, 8261 Stammham/Obb. - Geb. 15. Mai Subotica, Jugosl. (Eltern Deutsche), ev., verw. - 2 J. Schauspielstud. Dresden; Mitgl. IBA, Cambridge, Fellow; ABA, USA - BV: Pierre, mon amour, 1967; Wie e. Palme im Wind, 1968; Oh, diese Erbschaft, 1969; Karriere ist Silber, Heiraten Gold, 1977; D. Rheinhagens, 1980; Damals in Dahlem, 1982; Streite nicht mit d. Wind, 1985; Wir wissen weder den Tag noch die Stunde, 1991. Zahlr. Beitr. in Illustrierten, FS- u. Kurzromane - Liebh.: Musik, Reisen, Garten, Briefmarken, Fotografieren - Spr.: Engl., Ital., Tschech.

SARTORIUS, Hans
Dr.-Ing., Dr.-Ing. E. h., Prof., Generalbevollm. Direktor i. R. Siemens AG, Berlin/München - Breslauer Str. 3, 7500 Karlsruhe-Waldstedt (T. 68 45 23) - Geb. 25. Mai 1913 Hersbruck/Mfr. - 1934-37 TH München (Elektrotechnik; Dipl.-Ing.). Promot. 1944 Stuttgart - 1962ff. Honorarprof. TH bzw. TU Hannover - BV: Dynamik selbsttät. Regelungen, 2. A. 1951 (auch engl., jap., russ.) - 1968 Ehrendoktor Univ. Karlsruhe; 1966 Ordre du Mérite pour la Recherche et l'Invention (Frankr.) - Liebh.: Bücher - Spr.: Engl. - Rotarier.

SARTORIUS, Hermann
Dr. med., Prof., Klin. Leiter Innere Abt. Elisabeth-Krankenhaus, Hamburg (s. 1965) - Groß-Flottbeker-Str. 29, 2000 Hamburg 52 (T. 82 48 16; dstl.: 44 33 33) - Geb. 16. Nov. 1918 - S. 1958 (Habil.) Lehrtätigk. Univ. Freiburg (1964 apl. Prof.) u. Hamburg (1967 apl. Prof.) - BV: Klinik u. Therapie d. Wasser- u. Elektrolythaushalts f. d. Praxis m. extrakorporaler Hämodyalyse, 1964. Div. Einzelarb.

SARTORIUS, Horst
Fabrikant, gf. Gesellsch. Sartorius-Werke GmbH, Göttingen - Nikolausberger Weg 20, 3400 Göttingen (T. 5 65 92; Büro: 3 10 31) - Geb. 11. Sept. 1910 Dresden (Vater: Erich S., Fabr.) - 1973 ff. Vizepräs. Verb. d. Dt. Feinmechan. u. Opt. Ind., Köln - Spr.: Engl., Franz. - Rotarier - Großv. Werksbegr.

SARTORIUS, Peter
Journalist - Zu erreichen üb.: Südd. Zeitung, Sendlinger Str. 80, 8000 München 2 - 1984 Egon-Erwin-Kisch-Preis (f. Bericht: Herantasten an d. Unbegreifliche/Schicksal v. Blindgeborenen).

SASS, Heinz-Günter
Geschäftsführer NDR-Intern. TV Produktions GmbH (1988-90) - Gazellenkamp 57, 2000 Hamburg 54 - Geb. 25. Juli 1925 Berlin (Vater: Heinrich S., Kaufm. †; Mutter: Erna, geb. Janke †), ev., verh. m. Helga, geb. John, S. Alexander - Oberreal-, Handels- u. Sprachsch.; kaufm. Lehre - Aufnahmeleit. Produktionsassist. u. -leit. versch. Filmges., 1953ff. Real, 1962ff. Leit. d. Hauptabt. Produktion Fernsehen beim NDR, 1972-88 Produktionsdir. NDR - Liebh.: Golf - Spr.: Engl.

SASS (ß), Peter
Dr. rer. pol., Prof. Hochsch. f. Wirtsch. u. Politik Hamburg - Zu erreichen üb. Hochsch. f. Wirtsch. u. Politik, Von-Melle-Park 9, 2000 Hamburg 13 - Geb. 19. April 1936 - 1956-58 Banklehre; 1958-63 Stud. Volksw. Hamburg; Promot. 1965 - BV: D. Unters. d. Profitraten-Unterschiede zw. d. westdt. Ind.branchen n. d. 2. Weltkrieg, 1975; D. Großkapital u. d. Monopolprofit, Industrielle Untern.größe u. Profitrate in d. BRD, 1978; Profitraten-Unterschiede u. Gleichgewichtsstörungen in e. zweisektoralen Ökonomie b. einmaliger Datenveränd., 1990.

SASS-VIEHWEGER (ß), Barbara, geb. Weyand
Rechtsanwältin u. Notarin, Mitgl. Berliner Abgeordnetenhaus, CDU-Fraktion (s. 1975) - Sonderhauser Str. 82, 1000 Berlin 46 (T. 711 96 34), u. Abgeordnetenhaus, John-F.-Kennedy-Pl., 1000 Berlin 62 (T. 783-1) - Geb. 4. Aug. 1943 Worbis/Thür. (Vater: Hans W., Beamter i. R.; Mutter: Emilie, geb. Madeheim), kath., verh., 2 Kd. (Matthias, Michael) - Univ. Berlin, Köln, Freiburg (Rechtswiss.). Jurist. Staatsex. 1967 u. 70 Berlin - 1971-75 Mitgl. Bezirksverordnetenvers. B.-Steglitz, stv. Fraktionsvors. (CDU) - Spr.: Engl., Franz., Ital.

SASSE, C. Dieter
Dr. med., o. Prof. f. Anatomie Univ. Basel (s. 1981) - Pestalozzistr. 20, CH 4056 Basel - Geb. 17. Aug. 1934 Köln (Vater: Dr. med. Carl H. S., Augenarzt) - Verh. s. 1963 m. Armgard, geb. v. Storch, 3 Kd. - Univ. Köln, Freiburg, Göttingen (med. Staatsex.). Promot. Göttingen; Habil. Tübingen - Apl. Prof. Univ. Tübingen. Zul. o. Prof. Univ. Freiburg. Fachveröff.

SASSE, Rudolf
Dr. jur., Rechtsanwalt, Vors. Landesverb. Hamburg. Grundeigentümervereine - Paulstr. 10, 2000 Hamburg 1.

SASSENBERG, Hans-Joachim
Stv. Vorstandsmitglied GESTRA AG Bremen - Schwachhauser Ring 32, 2800 Bremen 1 (T. 0421 - 34 14 41) - Geb. 1. März 1933 Hamburg (Vater: Karl-Ernst S., Geschäftsf.; Mutter: Lieselotte, geb. Krause), ev., verh. s. 1958 m. Christiane, geb. v. Arronet, 4 T. (Ira, Christiane, Anja, Dorit) - Abit.; Univ. Erlangen u. Heidelberg - 1956-66 DEMAG, 1966-73 OLIVETTI, 1973-84 Ingersoll-Rand GmbH, 1984-87 Salzgitter AG - Veröff. z. Führ.fragen u. Produktplan. - Spr.: Engl.

SATTEL, Werner
Dr. med., Prof., Chirurg - Zu erreichen üb. Klinik f. Allgemeinchirurgie, Robert-Koch-Str. 40, 3400 Göttingen - Geb. 22. Febr. 1932 Schifferstadt/Pf. - Med.-Stud. Univ. Innsbruck, Montpellier, Mainz; Habil. 1973 - 1961-65 Univ.-Klinik Mainz; 1965-70 Chir. Univ.-Klnik Köln; ab 1970 Chir. Klinik Göttingen; 1976 apl. Prof., 1978 C3-Prof. - BV: Reinraumtechnik, 1977 (m. H. J. Peiper); Übers.: Chir. d. Wirbelsäule (v. R. Louis), 1984 - Spr.: Engl., Franz.

SATTEL, Werner
Dipl.-Kfm., Hauptgeschäftsführer Landesverb. d. Bayer. Groß- u. Außenhandels/Arbeitgeber- u. Berufsverb., München, u. Großhandelszentralverb. f. Spielwaren- u. Geschenkartikel, Nürnberg - Ottostr. 15/IV, 8000 München 2 - 1982 BVK am Bde.

SATTES, Hans
Dr. med., Prof. f. Forensische Psychiatrie Univ.s-Nervenklinik Würzburg - Ludwigstr. 30, 8700 Würzburg (T. 7 44 12) - Geb. 22. März 1917 - S. 1954 (Habil.) Lehrtätigk. Würzburg (Prof. f. Psychiatrie u. Neurol.) - BV: D. hypochondr. Depression, 1955. Viele Einzelarb.

SATTLER, Andreas
Dr. jur., Prof. f. Staatsrecht, Verwaltungsrecht, Europ. Gemeinschaftsrecht - Ludwig-Beck-Str. 17, 3400 Göttingen (T. 0551-2 23 40) - Geb. 24. Juni 1931 Dresden (Vater: Herbert S., Dr., gf. Dir. Dt. Girozentr./Dt. Komm.bank; Mutter: Dr. Jenny, geb. König), ev.-luth., verh. s. 1962 m. Hertha, geb. Becker, 2 Kd. (Isabel, Wolfgang) - Gymn. Andreanum Hildesheim (Abit. 1950), Stud. Rechtswiss. Göttingen, Innsbruck, Freiburg, Refer. 1954, Promot. 1956, Ass. 1960, Habil. 1967 - S. 1968 Univ.-Doz.; s. 1970 Wiss. Rat u. Prof. - BV: D. Prinzip d. funktionellen Integration u. d. Einigung Europas, 1967; D. Europ. Gemeinsch. an d. Schwelle z. Wirtsch.- u. Währungsunion, 1972; D. rechtl. Bedeut. d. Entscheid. f. d. streitbare Demokratie, 1982 - Spr.: Engl., Franz.

SATTLER, Dietrich
Geschäftsführer Dt. Allgemeines Sonntagsblatt Hamburg - Sichter 8, 2050 Hamburg 80 (T. 040 - 724 79 97) - Geb. 15. März 1943, ev., verh. s. 1967 m. Ulrike, geb. Dalgas, 5 Kd. (Mareike, Katharina, Sebastian, Johannes, Tilman) - 1963-68 Stud. Ev. Theol. Wuppertal, Bonn, Göttingen; 1. theol. Ex. 1968, 2. theol. Ex. 1970 - 1968-72 Vikar u. Gemeindepfarrer Bremen; 1972-80 Öffentlichkeitspfarrer Bremen u. s. 1977 Hamburg; 1980-84 Oberkirchenrat; Pressesprecher d. Ev. Kirche in Dtschl. (EKD); 1984-92 Ressortleit., s. 1986 Chefredakt. Dt. Allgemeines Sonntagsblatt.

SATTLER, Hans-Jürgen
Dr., Vorstandsmitglied Bochum-Gelsenkirchener Straßenbahn AG., Bochum, Präs. Verb. Öfftl. Verkehrsbetriebe (VÖV), Köln - Brinkstr. 6, 4600 Dortmund - Geb. 19. Okt. 1925 Dortmund - Präs. Verb. öfftl. Verkehrsbetriebe, Köln.

SATTLER, Johanna Barbara
Dr. phil., Psychologin, Vors. ONRS (Org. f. Neutral Research and Science) - Sendlinger Str. 18, 8000 München (T. 089 - 26 86 14) - Geb. 29. Juni 1953 Heidenheim - Promot. 1983 München -

Vors. ONRS Dtschl.; Leit. Beratungs- u. Informationsst. f. Linkshänder u. umgeschulte Linkshänder München; Projektleit. u. Vorst.-Mitgl. d. Interessenvereinig. f. Linkshänder; Stiftungsrat ONRS Stiftg. Vaduz; Vorst.-Mitgl. ONRS Zentrale Vaduz, stv. AR-Vors. in drei Betrieben - Weiterentw. d. Testmethodik z. Feststellung d. Hirnhemisphärenlateralisation - BV: Ikonograph. u. psych. Aspekte d. Seitigkeit in d. Kunst, 1983; Linkshänder - Psych. Probleme d. Umschulung, 1985; Umschulung d. Händigkeit. E. massiver Eingriff ins menschl. Gehirn, 1986; D. linkshändige Kind b. Schuleintritt, 1989; Linkshänder in d. Arztpraxis, 1991 - Liebh.: Kunst, Reisen - Spr.: Engl., Franz. - Bek. Vorf.: Generäle v. Wolffesdorf u.a.

SATTLER, Konrad

Dr.-Ing., Dr. techn. h. c., em. o. Prof. f. Baustatik - Heinrichstr. 112d, A-8010 Graz/Steierm. (Österr.) - Geb. 28. Sept. 1905 Köflach/Steierm. (Vater: Konrad S., Schuldir.), ev., verh. s. 1936 m. Elfriede, geb. Vordenbäumen, 4 Kd. - Obersch.; TH Graz (Bauing.wesen; Dipl.-Ing. 1929, Promot. 1932) - 1929-33 Assist. TH Graz, 1933-35 Statiker Brückenbauanstalt Gutehoffnungshütte, Oberhausen-Sterkrade, 1935/36 Statiker Brückenbauanst. Hein, Lehmann & Co., Düsseldorf, 1936-44 Obering. u. Handlungsbevollm. Brückenbauanst. Krupp Stahlbau, Rheinhausen, 1945/46 u. 1962-75 o. Prof. TH Graz; 1975 emerit.; 1946-51 Obering. Tiefbau Ast & Co. ebd., 1951-61 o. Prof. TU Berlin - BV: Theorie d. Verbundkonstruktionen, 1952, 2. A. 2 Bde. 1959; Lehrb. d. Statik, 1969ff. Etwa 50 Einzelarb. Herausg.: D. Bauing. (1958-75) - 1959 Ehrendoktor TH Graz - Spr.: Engl., Franz., Ital.

SATTLER, Philipp K.
Dr.-Ing., o. Prof. u. Direktor Inst. f. Elektr. Maschinen TH Aachen (s. 1964) - II. Rote-Haag-Weg 26, 5100 Aachen (T. 6 25 61) - Geb. 4. Sept. 1923 München - Fachveröff.

SATTLER, Waltraut

1. Vorsitzende 1. Dt. Edelkatzenzüchter-Verband e. V. (s. 1986) - Humboldtstr. 9, 6200 Wiesbaden - Geb. 1. Dez. 1944 Gießen - S. 1989 Obmann d. Ausstellungskommiss. d. Fédération Internationale Féline, s. 1977 Intern. FIFe-Richter.

SATTLER-DORNBACHER, Erich

Dr., techn., Chemiker, Vorstandsmitgl. Degussa, Frankfurt (s. 1971) - Am Waldfeld 15, 6232 Neuenhain/Taunus - Geb. 23. März 1924 Wien (Vater: Dr. jur. Anton S.-D.; Mutter: Ilse, geb. Moor), ev., verh. s. 1955 m. Dr. Sonja, geb. Wihrheim, 2 Kd. (Sunita, Shyamala) - TH Wien (Dipl. 1950; Promot. 1951) - 1951-55 Assist. TH Wien; 1955-57 Chemiker Battelle-Inst., Genf; 1957-71 Chemiker Farbwerke Hoechst AG., Frankfurt (1967-71 Indien) - Liebh.: Musik, Sport - Spr.: Engl., Franz.

SATZ, Helmut

Dr. rer. nat., Prof. f. Physik Univ. Bielefeld u. Physiker Brookhaven National Labor. New York, USA - Rehhagenhof 17, 4800 Bielefeld - Geb. 13. April 1936 Berlin - B.Sc. 1956; M.Sc. 1959 Michigan State Univ.; Dr. rer. nat. 1963 Hamburg; Habil. 1967 ebd. - 1974-80 Dir. Zentrum f. Interdisz. Forschung Univ. Bielefeld - Herausg.: Ztschr. f. Physik C (s. 1978); rd. 100 Veröff. in Physikal. Ztschr.

SAUBERT, Alfred

Dipl.-Kfm., Geschäftsführer Lackdraht Union GmbH Sulingen (s. 1975) - Klein-Lessen 47, 2838 Sulingen (T. 04271 - 25 08) - Geb. 4. März 1929 Leipzig (Vater: Alfred S., Drogist; Mutter: Ella, geb. Hielscher), verh. s. 1953 m. Hannelore, S. Michael - Abit., FU Berlin (Betriebswirtsch., Prof Behrens), Dipl. 1953 - 1955-60 Revisor Allg. Dt. Philipps GmbH, Hamburg, 1960-75 Vertriebsleit. u. Geschäftsf. Kabelwerk Rheydt AG - Spr.: Engl.

SAUBERZWEIG, Dieter

Dr. phil., Prof. Univ. Konstanz, Präs. Dt. Volkshochsch.-Verb. (1974-88), Honorarprof. an d. Univ. Konstanz (s. 1983) - Am Hirschsprung 10, 1000 Berlin 33 (T. 8 32 50 66) - Geb. 17. Nov. 1925 Frankfurt/O. (Vater: Karl-Gustav S., Offizier; Mutter: Erna, geb. Giese), ev., verh. in 2. Ehe m. Dagmar, geb. Jacob, 2 Kd. (Petra, Joachim †) - Gymn., Abit.; Univ. Hamburg (Gesch., Päd., Psych., Phil.). Staatsex. 1950; Promot. 1953 - 1953-66 Ref. bzw. gf. Vorst.-Mitgl. Stud. Stiftg. d. Dt. Volkes, Bonn-Bad Godesberg; 1966 Beigeordn. f. Schule u. Kultur; 1971-77 stv. Hauptgf. Dt. Städtetag Köln; 1977-81 Senator f. Kultur. Angelegenh. v. Berlin; 1981-91 Leit. Dt. Inst. f. Urbanistik Berlin; s. 1986 Präsid.-Mitgl. d. Freiherr-v.-Stein Ges.; s. 1987 Korr. Mitgl. d. Akad. f. Raumforschung u. Landesplanung Hannover; s. 1991 Mitgl. d. Stiftg.rats d. Dt. Inst. f. intern. päd. Forsch. Frankfurt/M.; s. 1992 Mitgl. d. Wiss. Beirats d. Gottlieb Daimler- u. Karl Benz-Stiftg. Ladenburg - Zahlr. Veröff. zu Bildungs-, Kultur- u. Kommunalpolitik - Liebh.: Gesch., Musik, Theater - Spr.: Engl.

SAUDER, Gerhard

Dr. phil., o. Prof. f. Germanistik Univ. Saarbrücken (s. 1976) - Albert-Weisgerber-Allee 148, 6670 St. Ingbert - Geb. 6. Sept. 1938 Karlsruhe (Vater: August S., Prokurist; Mutter: Rosa, geb. Holl), kath., verh. s. 1963 m. Christel, geb. Karg, 3 Kd. (Sabine, Christian, Florian) - Stud. Univ. Heidelberg u. Paris; 1. u. 2. Staatsex. 1963 u. 65; Promot. 1967; Habil. 1973 - 1969 Akad. Rat; 1975 Wiss. Rat u. Prof. - BV: D. reisende Epikureer, 1968; Empfindsamkeit, Bd. I u. III (1974/80); D. Bücherverbrennung. Z. 10. Mai 1933 (Hg.), 1983. Herausg.: D. junge Goethe 1757-1775 (Bd. 1.1, 1985; Bd. 1.2, 1987); Johann Gottfried Herder 1744-1803 (1987); Georg Kulka, Werke (1987); Aufklärungen. Frankreich u. Dtschl. im 18. Jh. (v. G. S. u. J. Schlobach, Bd. 1 1986); Harig lesen (v. G. S. u. G. Schmidt-Henkel, 1987). Mithrsg. d. Münchner Goethe-Ausg. Div. Faksimiledrucke - Spr.: Franz., Engl.

SAUER, Eugen

Ministerialdirigent a. D., Leit. Polizeiabt./Innenmin. Rhld.-Pfalz, 2. Vors. Verb. d. Verwaltungsjuristen RLP - Weidmannstr. 57, 6500 Mainz - Geb. 15. Juni 1920 - Outstanding/Civilan Service Medal d. USA.

SAUER, Hans

Dipl.-Ing., Erfinder u. Unternehmer - Fichtenstr. 5, 8024 Deisenhofen - Geb. 4. Juni 1923 Mladetzko/Kr. Troppau (heute CSFR), verh. s. 1964 m. Eva, geb. Müller, 3 Töcht. (Ursula, Monika, Ulrike) - Vorst. d. Hans-Sauer-Stiftg., Deisenhofen, Ehrenvors. d. AR d. SDS-Relais AG Holzkirchen - Erf. auf d. Geb. d. Relais-Technol. (ca. 300 Patente weltweit) - BV: Relais-Lexikon, 1985 (übers. in mehrere Spr.); DABEI-Handb. f. Erf. u. Untern., 1987; Mod. Relaistechnik, 1988 (Übers. in mehrere Spr.) - 1982 Gold. Diesel-Medaille; 1984 Aufnahme in d. Erf.-Galerie d. Dt. Patentamts; 1988 BVK I. Kl.; 1988 Ständ. Ehrengast d. ETH Zürich; 1990 Ritter-von-Gerstner-Med.

SAUER, Hans Dietmar

Vorstandsvorsitzender Landeskreditbank Baden-Württemberg, Karlsruhe - Paul-Klee-Str. 25, 7500 Karlsruhe - Geb. 7. Aug. 1941 Ravensburg (Vater: Dr. Albert S., Kultusmin.; Mutter: Elisabeth, geb. Wörner), kath., verh. s. 1971 m. Gabriele, geb. Oerleke, 2 Kd. - Stud. Rechts- u. Wirtschaftswiss. Univ. Tübingen, Bonn u. Köln; gr. jurist. Staatsprüf. Stuttgart.

SAUER, Heinrich

Dr. jur., Ministerialrat Innenministerium Baden-Württ. - Weinbergstr. 25, 7033 Herrenberg - Geb. 23. Juli 1926 Stuttgart - 1949-53 Stud. Tübingen (Promot. 1956); 2. jurist. Staatsex. 1957 Univ. Stuttgart - S. 1977 Leit. Referat Wasserstr. u. Binnenschiffahrt Innenmin. Baden-Württ. S. 1978 AR Neckar-AG - 1981 Gold. Sportabz. (10. Wiederh.) - Spr.: Engl.

SAUER, Helmut

Wohnungswirtschaftskaufmann, MdB (s. 1972) - Max-Planck-Str. 8, 3320 Salzgitter 1/Lebenstedt (T. 5 06 44 u. 4 46 62) - Geb. 24. Dez. 1945 Quickendorf/Schles. (Vater: Alfons S., Raiffeisen-Bezirksleit.; Mutter: Florentine-Hedwig, geb. Stais), kath., ledig - 1972-74 Ratsherr Stadt Salzgitter, s. 1971 CDU-Kreisvors. Bundes- u. Landesvors. Ost- u. Mitteldt. Vereinig. CDU/CSU, Bundesvorst.-Mitgl. CDU (koopt.); Vizepräs. Bund d. Vertriebenen; Landesvors. Landsmannsch. Schlesien Nieders.; Mitgl. Nordatlant. Versammlung (NATO-Parlament) - Spr.: Engl.

SAUER, Helmut Alfred

Dr. phil., M. Sc. Ed., Prof. f. Engl. Sprache u. ihre Didaktik Univ. Dortmund - Wilhelm-Kaiser-Weg 12, 4600 Dortmund 50 (T. 0231 - 73 70 53) - Geb. 15. Sept. 1929 Breslau, ev., verh. s. 1957 m. Ilse-Maria, geb. Riedel, 3 Kd. (Ute, Ina, Tilo) - 1951-53 PH Göttingen; 1953-54 Univ. of Kansas, USA (M. Sc. Ed.), Promot. 1967 Univ. Göttingen - S. 1953 Lehrtätigk. an Volks-, Real-, Fachsch., PH Göttingen u. Univ. Kansas, 1971 Prof. PH Ruhr, s. 1980 Univ. Dortmund (Arbeitsgeb.: Englischdidaktik u. Amerikastud.); Senat, Dekan - BV: Fremdspr. in d. Volkssch., 1968; Engl. auf d. Primarstufe, 1974; Engl.unterr. f. alle, 1984; zahlr. weit. Veröff. u. Lexikonbeitr.

SAUER, Hubert

Dr. jur., Ministerialdirig. Hess. Min. f. Wiss. u. Kunst (Leit. Zentralabt.) - Rheinstr. 23-25, 6200 Wiesbaden (T. 06121 - 1 65-3 00) - Geb. 12. Sept. 1937 Fulda, kath., verh. s. 1970 m. Petra, geb. Eickers, 3 T. (Bettina, Monika, Ulrike) - 1. u. 2. jur. Staatsex. 1963 u. 67 Marburg bzw. Frankfurt; Promot. 1966 Marburg - 1967-73 Univ. Marburg (wiss. u. Verw.dst.), 1973-75 Ref. Hess. Kultusmin., 1975 Gründungspräs. u. 1975-88 Kanzler Gesamthochsch. Kassel.

SAUER, Jürgen

Dr. rer. nat., o. Prof. f. Organ. Chemie Univ. Regensburg (s. 1968) - Am Hohen Ranken, 8411 Sinzing - Geb. 11. Juni 1931 Halle/S. (Vater: Dr. rer. pol. Hans S.), verh. s. 1958 m. Thea, geb. Niklas, 3 Kd. - Univ. München. Promot. (1957) u. Habil. (1963) München - Zul. Doz. Univ. München.Facharb.

SAUER, Karl

Dr. phil., Prof. f. Schulpädagogik Hochschule Lüneburg - Winkelweg 6, 2120 Lüneburg-Oedeme (T. 4 77 63) - Geb. 28. Dez. 1925 - S. 1963 Hochschullehrer. - BV: D. utop. Zug in d. Päd., 1964; Einführung in d. Theorie d. Schule, 1981; Lehrerbildung zw. Wiss., Politik u. Praxis, 1981. Div. Einzelarb.

SAUER, Karl-Adolf

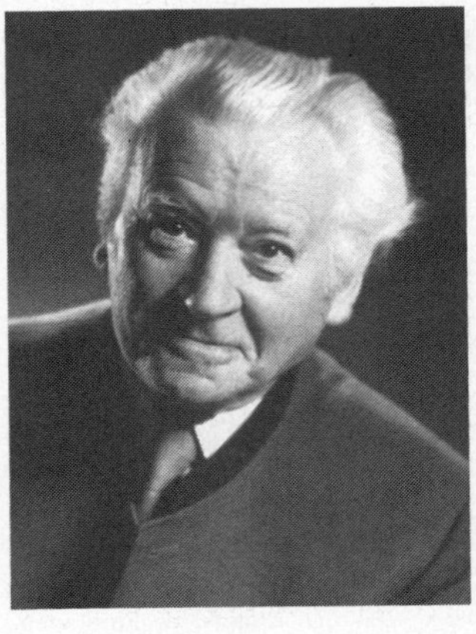

Dr. phil., Schriftsteller, Verlagslektor, Volksbildner, Dozent - Federburg 121, 7980 Ravensburg/Württ. - Geb. 14. Mai 1909 Köln (Vater: Karl S.; Mutter: Agnes, geb. Anzen), kath., verh. 1946 m. Elisabeth, geb. Rehm - Abit. Oberrealsch. Frankfurt/M.; Lehre Druckereifach u. Verlagsbuchhandel; 1928-33 Stud. Univ. Frankfurt, Leipzig, Wien, München (German., Roman., Gesch.). Tätigk. als Erwachsenenbildner - BV: D. Aphorismus bei Theodor Fontane - Beitrag z. Erkenntnis seiner stilist. Eigenart, 1935; Berge u. Meere - Nord. Wanderfahrt, 1937; D. Sonate - E. Jahr d. Liebe u. Reife, R. 1949; Wächter zw. Gott u. Satan - Priestergestalten aus d. Dichtung unserer Zeit, 1952; Gnaden u. Freuden - E. Lebensbuch, 1955; Stundenglas u. Flügel, Ged. 1962; Lehren u. Hören - Beitr. z. Erwachsenenbild., 1964; D. Stirn neigt sich d. Sternen. Einsichten u. Aussagen a. Leben u. Schaffen, 1974; Abendliches Geleit, Ged. u. Erz., 1979; Gislebertus. Gestalt u. Geschick, Weg u. Werk d. Meisters d. Kathedrale v. Autun, Erz. 1984; Genius u. Dämon. Lebenskräfte v. Dichter u. Dichtung, Ess. 1989; Lehrtätigkeit: 3000 volksbildnerische Vortr.; 1000 feuilletonist. Art. in Ztg. u. Ztschr. - Kopernikus-Med.

SAUER, Michael E.

Fernsehjournalist, Sendeleiter ZDF - Königsberger Str. 80, 6501 Nieder-Olm - Geb. 27. Aug. 1941 Recklinghausen (Vater: Dr. Josef-Hans S., Chefredakt. Fuldaer Ztg.), kath., gesch., 2 Kd. (Christoph, Christina) - Abit.; Berufssoldat (Luftwaffe, Oberstlt. d. R.); Stud. Publ., Politol., Gesch., Soziol. Univ. Mainz; Praktika: Fuldaer Ztg., Hamburger Abendblatt, Süddt. Rundf., Inst. f. Demoskopie Allensbach - 1969/70 Redakt. Südwestfunk; 1971-74 Pers. Ref. d. ZDF-Int.; 1977-85 Leit. d. Senderedaktion Jugendsportstudio; 1985 Leit. d. Volontärausb., s. 1986 Sendeleit. -

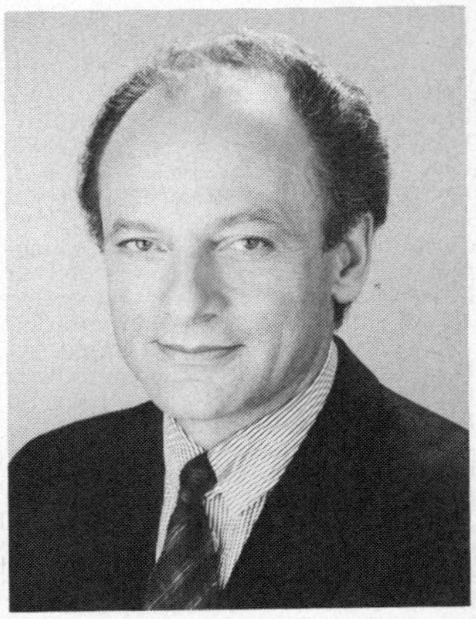

Leichtathletik: 1963-79 20 dt. Meistertitel im Dreisprung; 1968 Olympiateilnehmer - 1975 Rudolf-Harbig-Preis.

SAUER, Paul

Steinmetzmeister, Präs. Handwerkskammer Rheinhessen, Mainz - Untere Zahlbacher Str. 80-82, 6500 Mainz.

SAUER, Ralph

Dr., Prof., Dozent f. kath. Religionspädagogik Univ. Osnabrück/Abt. Vechta - Oldenburger Str. 10 a, 2848 Vechta/Oldbg (T. 51 55) - Geb. 30. Okt. 1928 - BV: Kinder loben Gott, 1967; D. Herausforderung d. Atheismus, 1970; Religiöse Erziehung auf d. Weg z. Glauben, 1976; Christus unser Friede. E. Hinführung d. Kinder zu Buße u. Beichte. Kinder- u. Handb. (m. H. Jacob), 1980; Junge Christen fragen nach d. Glauben, 1983; Handb. z. Kinderlektionar, Bd. 1, 1983, Bd. 2, 1985; Kinder fragen nach d. Leid, 2. A. 1988. Buchreihe: Theol. im Fernkurs, 1986, 2. A. 1988; Mystik d. Alltags. Jugendliche Lebenswelt u. Glaube, 1990. Herausg.: Verkündigung an Kinder (1972); Wer ist Gott - Wo ist Gott? (1973); Mit Kindern Eucharistie feiern (1976); Mit Kindern Versöhnung feiern (1978). Mithrsg.: Spuren entdecken (1987); Mystik d. Alltags (1990); Gott - lieb u. gerecht (1991). Religionspäd. u. pastoralliturg. Veröff.

SAUER, Roland

Graphiker, MdB (Wahlkr. 162/Stuttgart-Süd) - Seyfferstr. 40a, 7000 Stuttgart 1 (T. 07011 - 62 85 07) - CDU.

SAUER, Rolf

Dr. med., o. Prof. u. Vorst. Klinik f. Strahlentherapie Univ. Erlangen-Nürnberg (s. 1977) - Am Fuchsenanger 3, 8521 Bräuningshof (T. 09133 - 13 00).

SAUER, Walter

Stadtdirektor a. D. - Südring 154a, 4354 Datteln (T. 02363 - 3 30 10) - Geb. 12. Mai 1927 Glatz/Niederschl. - 1982 BVK.

SAUER, Wolfgang

Sänger, Pianist, Komponist u. Texter - Richard-Wagner-Str. 29, 5000 Köln 50 (Rodenkirchen) (T. Köln 35 43 59) - Geb. 2. Jan. 1928 Wuppertal (Vater: Emil S., Kaufm.; Mutter: Emilie, geb. Riedel), ev., verh. s. 1954 m. Gisela, geb. Pink †1988, S. Ronald - Blindenstudienanstalt Marburg (Abit.); Univ. Marburg u. Köln (8 Sem. Anglistik, German., Musikwiss.) - S. 1954 Pop-Sänger. 1962ff. Disc-Jockey Rundfunkanstalten; 1963ff. Komp. u. Texter. Zahlr. Schallpl., dar. Bestseller: Glaube mir/Tränen in d. Augen (1954), Ach man braucht ja so wenig, um glückl. zu sein (1955), Cindy, oh Cindy (1956), Wenn d. Glocken hell erklingen (1959) - Liebh.: Musik - Spr.: Engl.

SAUERBAUM, Eckhard Wilhelm

Rechtsanwalt u. Notar, Stadtpräs. Kiel (1982-85), Geschäftsf. Versorgung u.

Verkehr Kiel GmbH (s. 1985), Fraktionsvors. CDU (s. 1978) - Raisdorfer Str. 5, 2300 Kiel 14 - Geb. 23. April 1938 Königsberg/Pr. (Vater: Willy S., Kfm.; Mutter: Meta, geb. Harder), ev., verh. s. 1963 m. Marianne, geb. Schröder, 2 Kd. (Marc, Maren) - Gymn. (Abit.); Stud. Rechtswiss. Univ. Marburg, Berlin, Kiel - S. 1970 Ratsherr Kiel - Liebh.: Kunst, Sport - Spr.: Engl.

SAUERBREY, Günter

Dr.-Ing., Prof., Ltd. Direktor, Physik.-Techn. Bundesanstalt, Institut Berlin - Abbestr. 12, 1000 Berlin 10 - Lehrtätigk. TU Berlin (apl. Prof. f. Experimentalphys.).

SAUERLÄNDER, Willibald

Dr. phil., Dr. h.c., Prof., Zentralinst. f. Kunstgeschichte - Meiserstr. 10, 8000 München 2 (T. 559 15 46) - Geb. 29. Febr. 1924 - S. 1962 Lehrtätigk. Univ. Freiburg (1964 apl., 1966 o. Prof.) u. München (1970 Honorarprof.). 1970-89 Dir. Zentralinst. f. Kunstgesch. München; 1961/62 u. 1973 Visiting Member Inst. for Advanced Study Princeton; 1964/65 u. 1970 Gastprof. New York Univ., 1981 Collège de France Paris, 1982 Madison/WI, 1984 u. 1985 Harvard Univ., 1989 Distinguished Prof. of Medieval Studies, Berkeley; 1991 Mellon Lectures Washington - BV: u. a. D. Kathedrale v. Chartres, 1954; Skulptur d. Mittelalters, 1963; V. Sens b. Straßburg, 1966; Got. Skulptur in Frankr. 1140-1270, 1970; D. Jahrhundert d. großen Kathedralen, 1990. Zahlr. Einzelarb. - Mitgl. d. Bayer. Akad. d. Wiss., Comité Intern. d'histoire de l'Art: Membre d'honneur, Medieval Acad. of America, Soc. nat. d. Antiquaires de France, Royal Soc. of Antiquaries, Koninklijke Akad. voor Wetenschappen, Letteren en Schone Kunsten van Belgie, Founding member Acad. Europaea.

SAUERMANN, Peter

Dr. phil., Prof., Betriebs- u. Marktpsychologe - Hagedornstr. 11a, 4802 Halle/W. (T. 05201 - 1 00 89) - Geb. 22. Mai 1942 Augsburg - 1963-69 Univ. Tübingen u. München. Dipl.-Psych. 1969; Promot. 1973 - 1970-73 Marktforscher; 1973-76 Unternehmensberat.; s. 1976 Prof. FH Bielefeld - BV: Betriebspsych., 1979; Marktpsych., 1980. Mitherausg.: Handwörterb. d. Betriebspsych. u. -soziol. (1981) - Liebh.: Briefm., Schildkr.

SAUERMILCH, Wolfgang

Geschäftsführer Arbeiterwohlfahrt/Bezirksverb. Niederrhein - Lützowstr. 32, 4300 Essen 1.

SAUERWALD, Karl Josef

Dipl.-Ing., Generalbevollm. Direktor Siemens AG i.R. - Mozartstr. 8, 8552 Höchstadt/Aisch (T. 09193 - 83 50) - Geb. 17. Juli 1928 Husen, kath., verh. s. 1958 m. Christa, geb. Sengstack, 3 Töcht. (Birgit, Nicola, Karin) - 1948-53 TU Karlsruhe - Mitgl. Kerntechnische Ges.

SAUERWEIN, Ernst

Dr. med. dent., em. o. Prof. f. Zahn-, Mund- u. Kieferkrankheiten - Höhenweg 108, 5300 Bonn - Geb. 9. April 1916 Trier/M. (Vater: Dr. Nikolaus S., Zahnarzt; Mutter: Helene, geb. Brill), verh. s. 1942 m. Loni, geb. Hoeres - Univ. Bonn u. Erlangen. Staatsex. 1948; Habil. 1954 - S. 1960 apl. u. o. Prof. (1967) Univ. Bonn (1967 Dir. Klinik u. Poliklinik f. MZK-krankh.; emerit. s. 1981). 1939-45 Wehrdst. Etwa 100 Fachveröff. - 1955 Preis Dt. Ges. f. ZMKheilkd.; 1970 Offz.kreuz VO. Großherzogtum Luxemburg; 1982 Hermann Euler-Med.

SAUERWEIN, Werner

Dr. med., Chefarzt Anästhesie-Abt. u. Beatmungszentrale Städt. Krankenanstalten Winterberg, Saarbrücken (s. 1958) - Birkenstr. 5, 6600 Saarbrücken (T. 5 38 74) - Geb. 8. Mai 1921 Trier/Mosel (Vater: Peter S., Zahnarzt), verh. s. 1948 m. Inge, geb. Walter, 3 Kd. (Beate, Peter, Martina) - Med. Staatsex. 1947 Heidelberg - BV: Kl. Narkosebuch, mehr als 10 Aufl. (m. Hesse; auch russ.). Zahlr. Einzelarb. z. Anästhesie u. Wiederbelebung - Spr.: Franz., Engl.

SAUL, Hans Günter

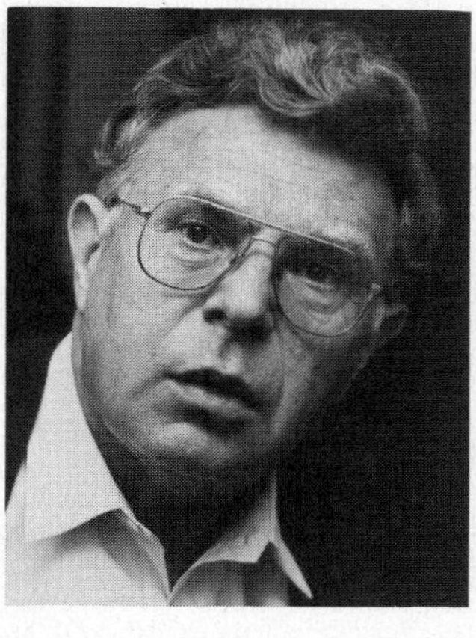

Pfarrer, Schriftsteller - Nonnenweg 101, 5064 Rösrath-Kleineichen (T. 02205 - 20 94) - Geb. 29. März 1927 Hennef/Sieg, kath., led. - Stud. Phil., Theol., zus. Kunstgesch. u. Völkerkunde Univ. Bonn u. Köln - Kaplan (Essen, Köln, Lechenich); 23 J. Pfarrer im Berg. Land, Bonn; Gastprof. in Chile an versch. Univ. v. Santiago (dt. Lit.) - BV (Lyrik): D. Straße d. Gaslaternen, 1973; Wasserzeichen, 1977; Angeln im Wind, 1984; Unter d. Rose gesagt, 1981; Am dritten Ufer, 1983; Im Schutz d. Bilder, 1986. Herausg.: Allein d. Preisung dienen u. d. Dank. Anthologien - Ehrenmitgl. (als Prof.) Päpstl. Univ. Santiago de Chile - Liebh.: schöne, alte u. heilige Dinge, dt. Sprache, Begegnung m. Menschen - Spr.: Engl., Lat., Span., Griech. - Lit.: Div. Art. in Ztschr., Interviews (Rundf).

SAUL, Klaus

Dr. phil., Prof. f. Sozialgeschichte Univ. Oldenburg u. Hamburg - Leinpfad 35, 2000 Hamburg 60 (T. 040 - 48 24 80) - Geb. 1. Jan. 1939 Stade (Vater: Claus S., Einzelhändler; Mutter: Magdalene, geb. Haase), ev., verh. s. 1966 m. Gisela, geb. Ziegon - 1959-64 Stud. Gesch., German., Päd. Univ. Göttingen, Bonn u. Hamburg; Promot. 1971 - 1964-72 Wiss. Assist. Univ. Hamburg (Hist. Sem.); 1973-77 Wiss. Rat u. Prof. f. Neuere Gesch. Hamburg; 1977 o. Prof. f. Sozialgesch. Univ. Oldenburg; 1990 Prof. Univ. Hamburg - BV: Staat, Ind., Arbeiterbew. im Kaiserreich, 1974; Arbeiterfam. im Kaiserreich, 1982; Leben im Schatten d. Krise. Dok. u. Analysen z. Sozialgesch. d. Weimarer Rep., 1988.

SAUR, Klaus Gerhard

Dr. phil. h. c., Dr. h. c., Senator e. h., Verleger - Goethestr. 41, 8000 München 2 (T. 53 56 88) - Geb. 27. Juli 1941 (Vater: Karl Otto S., Dipl.-Ing.; Mutter: Veronika, geb. Bossmann), ev., verh. m. Lilo, geb. Stangel, 2 Kd. (Klaus Peter, Annette) - Buchhandel (Realgymn. Icking) - Geschäftsf. Saur Verlag GmbH & Co. KG, München, New York, London, Paris; Vors. Saur GmbH, München; Managing Director and Chairman of the Board of K.G. Saur Publ. Inc., New York, K.G. Saur Ltd., London, K.G. Saur Editeur S.A.R.L., Paris, Hans Zell Publishers, Oxford; AR-Mitgl. F.A. Brockhaus Bibl. Inst., Mannheim u. TR-Verlagsunion, München; AR-Vors. d. Ausstellungs- u. Messe GmbH, Frankfurt, Beirat d. Dt. Bibliothek/Dt. Bücherei Frankfurt/Leipzig; u. d. Verlegeraussch. im Börsenverein d. Dt. Buchhandels e.V., Frankfurt; Mitgl. Museumsrat d. Dt. Museums, München - Begr. u. Herausg. zahlr. Bibliogr. u. Nachschlagew. - 1984 Ehrenbürger TU Graz; 1985 Ehrendoktor Philips-Univ. Marburg; 1988 Med. München leuchtet d. Landeshauptstadt München; 1991 Ehrendoktor Simmons Univ.; 1992 Ehrensenator d. Ludwigs-Maximilians-Univ., München - Bek. Vorf.: Karl-Emil Saur, Erbauer d. Wuppertaler Schwebebahn (Großv.); Friderike Brion (Ur-Ur-Urgroßtante).

SAURBIER, Helmut

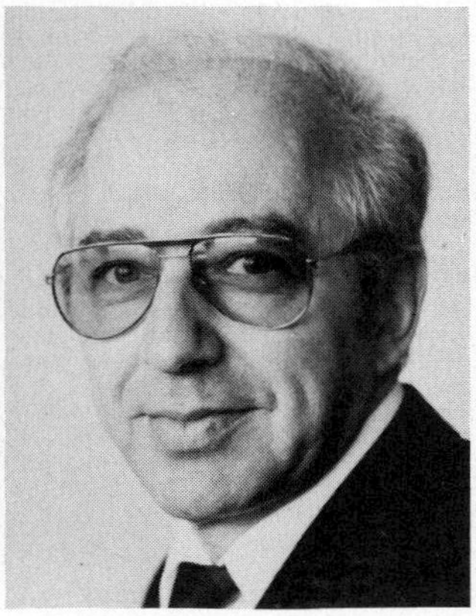

Landesrat b. Landschaftsverb. Rhld., Leit. Abt. Jugend u. Schule - Montanusstr. 20, 5060 Bergisch Gladbach 1 (T. 02204 - 5 47 92) - Geb. 6. Nov. 1934 Köln, kath., verh. s. 1960 m. Helga, geb. Tischler †1973; s. 1974 m. Vera, geb. Hocks, 4 Kd. (Ursula, Martin, Peter, Johannes) - Abit.; Stud. Rechtswiss. Univ. München, Berlin, Münster; Ass. 1962 Düsseldorf - S. 1963 b. Landschaftsverb. Rhld. Köln, 1966 Ref.leit. LVR, s. 1974 Landesrat (Abt.leit.). Vorst.-Mitgl. Dt. Verein f. öfftl. u. priv. Fürsorge, Vors. d. Zentr. Spruchst. f. Fürsorgestreitigk., s. 1974 Vors. Bundesarbeitsgem. d. Landesjugendämter - Mitautor: Kommentar z. Kinder- u. Jugendhilfegesetz (m. Happe) - Liebh.: Klass. Musik, Fotogr., Schach - Spr.: Engl., Franz.

SAURIN, Wolfgang

Rechtsanwalt, MdB (1983-87; Landesliste Schlesw.-Holst.) - Emilienstr. 40, 2000 Hamburg 20 - Geb. 25. Juli 1955 Schönberg, ev., ledig - Gymn. Kiel (Abit. 1975); Stud. Rechtswiss. u. Politol. Univ. Kiel, 1. jurist. Staatsex. 1979; 2. jur. Staatsex. 1984; 1981-83 Refer. Schleswig - CDU s. 1971 (1972 Kreisvorst. Junge Union Plön, 1973 Vors. dass. u. Mitgl. Landesvorst. SH; 1974-76 stv. Bundessprecher Schüler-Union; 1975 stv. Landesvors. Junge Union SH, 1980ff. Vors.; s. 1981 Beisitzer Landesvorst. SH d. CDU).

SAURMA, Graf v., Johannes J.

Pressesprecher d. Vorstandes u. Bereichsdirektor PR, DEKRA AG, Stuttgart, Journalist - Schulze-Delitzsch-Str. 49, 7000 Stuttgart 80 (T. 0711 - 78 61-315) - Geb. 5. Juni 1940 Ulm/Donau, verh. s. 1987 m. Heidy, geb. Krings, S. John-Patrick (aus 1. Ehe) - Landwirtsch. Lehre; 1959 Gutsverw. (Schwed.); Wirtsch.abit. 1959-62 - 1962-64 Reporter Köln. Stadt-Anz.; 1964-66 Offiziers-Lehrg. Luftwaffe; 1966-68 Redakt. Neue Revue; 1968-71 Redakt. Der Spiegel; 1971-90 Bertelsmann München: 1971-73 stv. Chefredakt. Kommunal, 1974-90 Chefredakt. Verk.-Rundschau; 1983-86 Hg. European Truck and Trailer; 1985-90 Chefredakt. Nutzfahrzeug - Liebh.: Psychol., Golf.

SAUS, Alfons

Dr. rer. nat., Prof. f. Angewandte Chemie Univ. Duisburg - Fossei 92, B-4730 Hauset (T. 0032/87 - 65 67 42) - Geb. 22. Okt. 1931 Lohn (Vater: Johann S., Schuhmachermeist.; Mutter: Agnes, geb. Rheinberg), kath., verh. s. 1960 m. Erika, geb. Grist, 4 Kd. (Wolfgang, Monika, Stephan, Kristin) - Promot. 1964; Habil. 1971 (Angew. Chem.) RWTH Aachen - S. 1976 Leit. Fachgeb. Angew. Chemie Univ.-GH Duisburg; s. 1989 Abt.-Leit. Inst. f. Umwelttechnol. u. Umweltanalytik (IUTA), Duisburg - Patente. Wiss. Veröff. in Fachztschr.

SAUSER, Rudolf Christian

Regisseur - Stephanienstr. 17, 4000 Düsseldorf 1 (T. 0211 - 16 10 10) - Geb. 11. Dez. 1944 - Geschäftsführer Opera Classica Tanz Tournee International.

SAUTER, Alfred

Rechtsanwalt, Staatssekretär im Bayer. Staatsmin. d. Justiz (s. 1990), MdL Stimmkreis Günzburg (s. 1990) - 8873 Ichenhausen - Geb. 3. Aug. 1950 Oxenbronn, kath., verh. s. 1984 m. Renate, geb. Möhle (Juristin), 2 Töcht. - Gymn. Günzburg (Abit. 1969); Stud. Rechtswiss. u. Polit. Wiss. Univ. Tübingen, Genf u. München (2. jurist. Staatsex. 1978) - 1979-88 Rechtsanw. in München. CSU s. 1969 (1977/79 stv. Landesvors. JU Bayern, 1979-87 Landesvors.), MdB (Landesliste Bayern; 1980-88), 1987/88 Justitiar CDU/CSU-Bundestagsfrakt., s. 1989 Mitgl. CSU-Landesvorst., 1988-90 Staatssekr. im Bayer. Staatsmin. f. Bundes- u. Europaangelegenh.

SAUTER, Franz

Landwirtschaftsmeister, MdB (s. 1972) - Adenauerstr. 18, 7239 Epfendorf Kr. Rottweil/N. (T. 07404 - 6 06) - Geb. 30. Juni 1928 Epfendorf (Vater: Franz S., Land- u. Gastw.; Mutter: Rosa, geb. Schneider), kath., verh. s. 1955 m. Maria, geb. Maier, 8 Kd. (Franz, Johannes, Georg, Susanne, Dorothea, Johanna, Christian, Elisabeth) - Obersch. (Abit.); landw. Ausbild.; Landw.sch. (Landw.m.) - S. 1951 (Tod d. Vaters) auf Familienbes. selbst. 1953ff. Mitgl. Gemeinderat Epfendorf u. Kreistag Rottweil; s. 1985 Bundesvors. Kath. Landvolkbeweg. CDU s. 1953 (1964 Kreisvors. Rottweil u. Mitgl. Landesagraraussch. Baden-Württ.); s. 1981 Mitgl. CDU-Landesvorst. Baden-Württ.; Mitgl. CDU-Bundesfachaussch. Agrarpolitik; stv. Vors. CDU-Kommiss. Ländlicher Raum, Vors. Unteraussch. Welternährung, Weltlandwirtsch., Weltforstwirtsch. im Dt. Bundestag - 1971 BVK II. Kl., 1980 BVK I. Kl.

SAUTER, Gerhard

Dr. theol., o. Prof. f. Systemat. u. Ökumen. Theologie - Lochnerstr. 76, 5205 St. Augustin 1/Rhld. (T. 02241 - 33 73 18) - Geb. 4. Mai 1935 Kassel, ev., verh. s. 1962 m. Annegrete, geb. Voigt, 3 Töcht. (Cornelia, Hanna, Stefanie) - Habil. 1965 Göttingen - S. 1968 Ord. Univ. Mainz u. Bonn (1973), Dir. d. Ökumen. Inst., ausw. Mitgl. d. Fac. of Theology, Oxford Univ. - BV: D. Theologie d. Reiches Gottes b. älteren u. jüngeren Blumhardt, 1962; Zukunft u. Verheißung, 2. A. 1973; Theologie als Wissenschaft, 1970; Erwartung u. Erfahrung, 1972; Wissenschaftstheoret. Kritik d. Theologie, 1973; Arbeitsweisen Systemat. Theologie (m. A. Stock), 2. A. 1982; Kirche - Ort d. Geistes (m. W. Kasper), 1976; Was heißt: nach Sinn fragen? 1982; Wie Christen ihre Schuld bekennen (m. G. Besier), 1985; In d. Freiheit d. Geistes, 1988; Rechtfertigung als Grundbegriff evang. Theologie, 1989.

SAUTER, Hans

Dr. jur., Rechtsanwalt, Bundesvorsitzender Landsmannschaft d. Deutschen aus Ungarn - Lontelstr. 24, 7016 Gerlingen - Geb. 13. Juni 1926.

SAUTER, Jörg J.

Dr. rer. nat., Prof. f. Botanik - Bot. Institut Univ. Kiel, Olshausenstr. 40, 2300 Kiel - Geb. 23. März 1937 Bopfingen (Vater: Joseph S., Forstm.; Mutter: Hilde, geb. Mäulen), ev., verh. s. 1964 m. Helga, 2 T. (Antje, Birthe) - Gymn. Tübingen; Univ. Freiburg u. München (Forst- u. Naturwiss.), Dipl. 1961, Promot. 1964, Habil. 1969 - 1961-72 Wiss. Assist. u. Doz. Univ. Freiburg, 1970-71 Harvard Univ., s. 1972 Prof. f. Botanik Univ. Kiel (Dir.). 1991 Ruf Univ.

Hamburg. Üb. 70 wiss. Publ. - 1964 Preis d. Naturwiss.-Math. Fak. Univ. Freiburg - Spr.: Engl., Franz., Lat., Schwed.

SAUTER, Karl

Dr.-Ing., Prof. f. Med. Informatik u. Statistik Univ. Kiel - Inst. f. Med. Informatik u. Statistik, Brunswiker Str. 10, 2300 Kiel 1 (T. 0431 - 597 32 00) - Geb. 18. April 1935 Freiburg, kath., verh. s. 1965 m. Ingrid, geb. Dommaschk, 2 Töcht. (Martina, Nicola) - 1960 TU Karlsruhe (Nachrichtentechnik, Dipl.-Ing.); 1968 TU München (Promot.); Habil. 1973 Med. Hochsch. Hannover - 1963-68 Wiss. Assist. TU München; 1968-70 Siemens (Datenverarb.); 1970-80 Oberassist. Med. Hochsch. Hann.; s. 1980 o. Prof. in Kiel. Zahlr. Fachveröff., insbes. zu Datenbanken u. med. Inform.-systemen - 1987-89 Präs. Dt. Ges. f. Med. Informatik, Biometrie u. Epidemiologie - Spr.: Engl., Franz.

SAUTER, Rudolf

Dr. phil., Prof. f. Allg. Didaktik Päd. Hochschule Schwäb. Gmünd - Goethestr. 19, 7070 Schwäbisch Gmünd (T. 45 65).

SAUTHOFF, Walter

Dr. rer. hort., Dipl.-Ing. agr., apl. Prof., Direktor u. Prof. a. D., ehem. Leiter Inst. f. Mikrobiologie, Berlin/Biolog. Bundesanst. f. Land- u. Forstw., Berlin-Braunschweig - Unter den Eichen 8, 3100 Celle (T. 05086 - 4 40) - Geb. 9. April 1926 Einbeck.

SAUTTER, Hermann

Dr. rer. pol., Prof. f. Volkswirtschaftslehre Univ. Göttingen - Ostpreußenweg 10, 6368 Bad Vilbel - Geb. 4. Jan. 1938 Giengen (Brenz) (Vater: Martin S., Fotograf; Mutter: Frieda, geb. Hermann), ev., verh. s. 1966 m. Helga, geb. Friedrichsen, 3 Kd. (Ingeborg, Jens Martin, Karen) - 1959-64 Stud. Volkswirtsch. Univ. Hamburg (Diss. 1964, Promot. 1970) - 1970-78 Wiss. Mitarb. Ibero Amerika-Inst. f. Wirtsch.forsch. Univ. Göttingen; 1978-92 Prof. Univ. Frankfurt/M., s. 1992 Prof. Univ. Göttingen - BV: Konsequenzen d. Agrarpolitik europ. Ind.länder f. Argent., 1970 (Übers. Span.); Entw.theorie u. -politik, Bd. I: Entw.theorie (m. H. Hesse), 1977 (Übers. Span.); Regionalis. u. komparative Vorteile im intern. Handel, 1983; Ordnung, Moral u. Entwicklung, Beisp. Taiwan, 1990 - Liebh.: Malen - Spr.: Engl., Span.

SAVRAMIS, Demosthenes

Dr. theol., Dr. phil., Dr. rer. pol., Prof. f. Religionssoziologie - Masurenweg 8, 5300 Bonn-Tannenbusch (T. 0228 - 66 26 44) - Geb. 6. März 1925 Piräus/Griechenl. (Vater: Spyros S.; Mutter: Anastasia, geb. Sofianou), griech.-orth., verh. s. 1960 m. Anneliese, geb. Voskuhl, T. Anneliese-Anastasia - 1943-48 Univ. Athen (Theol.), Lic. theol., dann Bonn (Ev. Theol., Relig.wiss. u. -soziol., Soziol., Gesch. in Dtschl.), Dr. phil. Bonn, Dr. rer. pol. Köln (1960), Dr. theol. Athen (1962), Habil. (Soziol.) 1966 - 1948-54 Forsch.tätigk. Griechenl., 1966-72 Doz. f. Relig. u. Kultursoziol. Univ. Köln, s. 1970 Lehrbeauftr. Univ. Bonn, s. 1972 Prof. f. Relig. u. Kultursoziol. Univ. Köln - Mitgl. intern. wiss. Ges. - Mithrsg. Intern. ökumen. Bibliogr. u. Dritte Welt, Mitarb. mehr. Rundfunkanst. - BV: u.a. A. d. neugriech. Theol., 1961; Ökumen. Probl. in d. neugriech. Theol., 1964; D. soziale Stellung d. Priesters in Griechenl., 1968; Relig.soziol. - e. Einf., 1968, 2. A. 1977; Entchristl. u. Sexualisier. - 2 Vorurteile, 1969; Relig. u. Sexualität, 1972, 2. A. 1980; D. sog. schwache Geschl., 1972; Jesus überlebt s. Mörder, 1973; D. Christl. in d. SPD, 1976, 2. A. 1980; Kriterien d. Christl.: Analys. e. Soziol., 1979; Zw. Himmel u. Erde: D. orthodoxe Kirche heute, 1982; Tarzan u. Supermann u. d. Messias: Religion u. Utopie in den Comics, 1985; D. Priester als Nationalsymbol d. Griechen, 1987; Geschwisterges. als Ziel: Einspruch gegen d. falsche Polarisierung d. Geschlechter, in: Brüder u. Schwestern: Geschwisterlichkeit als Ursprung u. Ziel (hg. v. Gerd-Klaus Kaltenbrunner), 1988; Jesus überlebt seine Mörder, 1989 (in griech. Sprache); D. kultursoziologische Bedeutung d. byzantinischen Mönchtums, in: Orthodoxes Forum, 3, 1989. 5 Büch. in griech. Spr., engl. Büch.; üb. 150 Aufs.; 200 Buchbespr. u. ca. 550 Art. in griech., engl. u. dt. Fachztschr., Lexika u. Enzyklop. - 1963 Orden Hl. Andreas in Gold, 1978 Ritter d. Intern. Konstantinordens; 1983 Orden Byzantinischer Doppeladler am blauen Bde.; 1986 Mitgl. u. Träger d. Ordens d. Intern. Vereinig. d. Ritter d. Heiligen Georg d. Märtyrers - Spr.: Griech., Dtsch., Engl., Franz. - Lit.: Lexika u. Sammelw.

SAWALL, Edmund

Dr. Dipl.-Volksw., Vorstandsvorsitzender Wickrather Handels- u. -beteiligungs AG, Vorst.Mitgl. Colditz Industrieholding AG, bd. Mönchengladbach, Geschäftsf. Dyna-Plastik-Werke GmbH, Berg.-Gladbach, Refrather Weg 30, Berg.-Gladbach, VdBeirat A. van Kaick, Neu-Isenburg, Verwalt. GmbH - Meisenweg 3, 6233 Kelkheim/Ts. - Geb. 3. Juli 1927 Stuttgart.

SAWALLISCH, Wolfgang

Prof., Generalmusikdirektor - Hinterm Bichl 2, 8211 Grassau/Chiemsee (T. 23 15) - Geb. 26. Aug. 1923 München (Vater: Versicherungsdir.), verh. m. Mechthild, geb. Schmid (Sängerin) - Wittelsbacher Gymn. München; Ausbild. Prof. Wolfgang Ruoff (Klavier), Prof. Dr. Hans Sachße, Prof. Dr. h. c. Joseph Haas, GMD Prof. Hans Rosbaud - 1942-1946 Wehrdst. u. engl. Gefangensch., ab 1947 Korrepetitor u. I. Kapellm. Augsburg, s. 1953 GMD Aachen, Wiesbaden, Köln, Hamburg, München (Bayer. Staatsoper), Chefdirig. Wiener Symphoniker, Leit. Philh. Staatsorch. Hamburg. Prof. Musikhochsch. Köln, Orchestre de la Suisse Romande. Festsp. Bayreuth, Salzburg, Luzern, Edinburgh, Prag, Wien, Bregenz, Montreux, Zürich; ab 1982 Operndir. Bayer. Staatsoper München; ab 1993 Music Director Philadelphia Orchestra. Schallpl. (Columbia, Electrola, Philips) - BV: Im Interesse d. Deutlichkeit - Mein Leben m. d. Musik, 1988 - Brahms-Med. Hamburg; 1968 Ehrenmitgl. Accad. Santa Caecilia, Rom; 1967 Ehrendirig. NHK-Symphonieorch. Tokio; Bayer. VO., Österr. VO. I. Kl.; 1983 Kulturpreis Rundfunkanst. Nippon Hoso Kyokei, Tokio, u. kultureller Ehrenpr. Stadt München; Ehrenmitgl. Philharmon. Staatsorch. Hamburg; 1979 Mitgl. Akad. d. Schönen Künste; 1980 Bruckner-Ring Wiener Symphoniker; 1980 Ehrendirig. u. Ehrenmitgl. Wiener Symphoniker; 1984 Bayer. Maximilians-Orden f. Wiss. u. Kunst; Präs. Richard Strauss Ges. München; 1988 Gr. BVK - Lit.: Hanspeter Krellmann, Stationen e. Dirigenten - W.S. (1983); FS; W.S. - E. Porträt (ARD 2. Okt. 1983).

SAWODNY, Wolfgang

Dr. rer. nat., Univ.-Prof. f. Anorganische Chemie Univ. Ulm (s. 1969) - Eichenweg 27, 7915 Elchingen 2 - Geb. 30. Jan. 1934 Reutenhau, kath., verh. s. 1960 m. Hermine geb. Schönit, 2 Kd. (Michael, Oliver) - Stud. Univ. Stuttgart; Promot. 1963; Habil. 1969 - Liebh.: Musik (1973 bis 1976 Präs. Viola-Forschungsges.) - Spr.: Engl. - Rotarier.

SAX, Ursula

Bildhauerin - Wiesbadener Str. 84, 1000 Berlin 41 - Geb. 27. Juli 1935 Backnang/Württ. (Vater: Hans S., Lehrer; Mutter: Ida, geb. Haller) - 1950-1955 Akad. d. bild. Künste Stuttgart; 1956-60 Hochsch. f. bild. Künste Berlin (Meisterschülerin b. Prof. Hans Uhlmann). 1985/86 u. 1989/90 Gastprof. Hochsch. d. Künste, Berlin; 1990-96 Prof. auf Zeit HBK Braunschweig - S. 1960 freischaffend. U. a. Sonnenrad (Schule St. Mang), Wandrelief (FU Berlin, Pharmaz. Inst.), Marmorskulptur (LLA Berlin), Stahlplastik (Rathauspl. Bad Friedrichshall), -relief (Rathaus Kaiserslautern), Reliefwand (Beton) Bürohaus am Ernst-Reuter-Platz, Berlin (1971/72), Brunnen f. Verwaltungsforum Zehlendorf, Berlin (1973), Freiplastik (Bronze) f. ZDF, Mainz (1973/74), Wandplastik i. Kasino d. Innenministeriums, Bonn (1978); Sitztreppenanlage u. Deckenskulptur, Deutsche Schule, Brüssel (1977-80); Brunnenanlage, Postamt 20, Berlin Spandau (1979/80); Edelstahlskulptur Deutsche Botsch. Kairo (1980); Betonrelief, Mensa II, FU Berlin (1980/81); Hängeskulptur in d. Weinbauschule Weinsberg (1981); Stahlskulptur f. d. GBF, Braunschweig (1988); Retrospektive in d. Orangerie, Schloß Charlottenburg, Neuer Berl. Kunstverein (1989); Aluminiumskulptur Sozialamt d. Bundespost Stuttgart (1990). 1991 Ausst. Kunstverein Heilbronn; 1991 Im Rahmen v. Theaterformen '91 Performance m. Studierenden d. HBK Braunschweig: Tanzskulpturen; Hebbeltheater Berlin: Ausstattung d. Tanzstückes SOS (v. Gerhard Bohner) - 1963 Villa-Romana-Preis, 1970 Will-Grohmann-Preis; 1974 Kunstpreis d. Böttcherstr., Bremen; 1975 Villa-Massimo-Stip.; 1979/80 Cité des Arts, Paris; 1981 Hand Hallow Foundation, East Chatham-New York - Lit.: u. a. Heinz Ohff: Junge Künstler (1965/66); Günther Kühne: Räume bilden im Katalog Architekturbezogene Arb. v. U. S.; Katalog d. Neuen Berl. Kunstverein Ursula Sax - schwer u. leicht; Jörn Merkert: D. Kreatürliche u. d. Kreative, z. Kunst v. U. S.; Hermann Wiesler: Kunst u. Leben - üb. d. Gegensatz v. Artistik u. Lebenslust; Lucie Schauer: V. d. Winde.

SAX, Walter

Dr. jur., em. o. Prof. f. Straf-, -prozeßrecht u. Rechtsphil. - Königsberger Str. 44, 8700 Würzburg (T. 8 41 59) - Geb. 15. April 1912 Solingen (Vater: Heinrich S., Ingenieur), ev., verw., 2 Söhne (Herbert, Walter) - Univ. Köln (Rechtswiss.; Promot. 1938) - 1942 Landgerichtsrat, 1952 Privatdoz. Univ. Köln, 1957 o. Prof. Univ. Würzburg - BV: D. strafrechtl. Analogieverbot, 1953; Grundsätze d. Strafrechtspflege, in: Bettermann/Nipperdey/Scheuner, D. Grundrechte, Bd. III/2 1959; KMR-Kommentar z. Strafprozeßordnung, 1980 (m. Müller u. Paulus). Herausg.: Altavilla - Forens. Psych. (1955, m. Bohne).

SAXLER, Josef

Dr. phil., o. Prof. f. Didaktik d. Physik Gesamthochschule Essen - Unterer Pustenberg 74, 4300 Essen-Werden (T. 49 13 53) - Geb. 27. Mai 1925 Köln, verh. m. Dr. Hedwig, geb. Krämer - Zul. PH Ruhr/Abt. Essen.

SAXOWSKI, Karl-Heinz

Stadtinspektor a. D., MdB (s. 1961) - Giersstr. 2, 4790 Paderborn/W. (T. 2 49 17) - Geb. 13. Sept. 1918 Paderborn, kath., verh., 1 Kd. - Oberrealsch. Verw.sprüf. 1956 u. 58 - 1937-47 Militär-, Kriegsdst. (Inf.) u. sowjet. Gefangensch., dann Stadtverw. Paderborn. SPD s. 1948 (u. a. stv. Vors. Unterbez. Paderborn-Büren).

SAYK, Johannes

Dr. med., Dr. h.c., Prof., Em. Direktor d. Neurol. Abt. d. Univ. Rostock - Lewarkweg 4, O-2540 Rostock (T. 0381 - 2 85 19) - Geb. 28. Sept. 1923 Hirschen, ev., verh. s. 1947 m. Dora, geb. Pfund, 2 Kd. (Oktavia, Juliane) - Univ. Jena 1945-50 m. Staatsex. u. Promot. 1950/51; Habil. 1956 - 1952-55 Wiss. Assist. Univ.-Nervenkl. Jena, 1955 Oberarzt, 1956 Doz. f. Neurol. u. Psych., 1958-60 Leit. d. Neurol. Abt. d. Nervenkl. Jena; 1961 Beruf. auf d. Lehrstuhl f. Neurol. d. Univ. Rostock u. Dir. d. Neurol. Abt.; 1964 o. Prof. f. Neurol. Emerit. 1989 - Entd.: Zell-Sedimentierkammer 1954; Synergie-Schreib-Versuch (Kleinhirnfunktionsprüf.) 1964; Csf-Tumour-Syndromes Type I-III 1974; Zell-Sorptionskammer 1979; Kontralateraler Schmerz-Beuge-Reflex b. Schädigungen d. Thalamus 1983 - BV: Cytologie, Cerebrospinalflüssigkeit, 1960; Therapie neurologischer Erkrankungen, 1970, 4. A. 1988; The cerebrospinal fluid in brain tumours, Chapter 12 (in: Hanbook of Clinical Neurology Vol. 16), 1974; Physiologie u. Pathophysiologie d. Liquorzirkulation (in: Handb. d. Med. Radiol.), 1977 - 1965 Rudolf Virchow Preis; 1987 Ehrenmitgl. d. Dt. Ges. f. Neurol., 1989 d. Acad. de Neurologia Brasileira; 1988 Karl Bonnhoeffer Med.; 1989 Ehrendoktor d. Acad. Medycznej Poznan Polen; 1989 Ehrennadel d. Univ. Rostock; 1957 Founder Member of Csf-Research-Group of World Federat. of Neurol.; 1968 Mitgl. d. Dt. Akad. d. Naturforsch. Leopoldina; 1972 Member of Advisory Board of Intern. Multiple Sclerosis Societes; 1991 Fellow of The Royal Soc. of Medicine London - Lit.: Meyer-Rienecker, H.J.: Zur Entwicklung d. Neurologischen Abteilung. E. Beitrag z. Spezialisierung d. Faches Neurologie. Prof. J. Sayk anläßl. d. Vollend. d. 60. Lebensj. in: Psychiat. Neurol. med. Psychol. 35 (1983) S. 513-523.

SAYLER, Wilhelmine M.

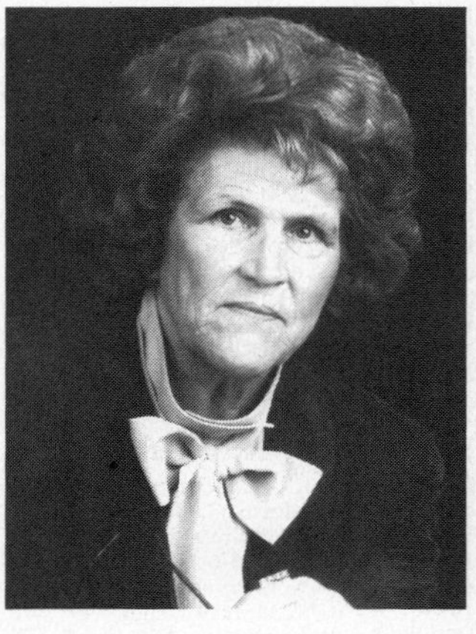

Dr. phil., Prof. f. Allgem. Pädagogik unt. bes. Berücksichtigung d. Ausländerpädagogik/Interkulturellen Pädagogik, Seminardirektorin Univ. zu Köln (Ausländerpädagogische Problemstellungen; Grenzfragen zw. Päd. u. Psych.; Päd. d. Entwickl.länder; Päd. d. frühen Kindheit) - Eudenbachstr. 36, 5202 Hennef 41 (T. 02248 - 10 10); dstl. Univ. zu Köln, Erziehungswiss.liche Fak., Gronewaldstr. 2, 5000 Köln 41 (0221 - 470 46 20) - Geb. 21. März 1928 München (Vater: Max S., Min.Rat, Abt.-Leit. Bayer. Staatsmin. f. Unterr. u. Kultus; Mutter: Maria, geb. Delagera), kath., led. - Oberrealsch.; Stud. Päd., Psych., Theol. Univ. München u. Boston/USA; Promot. 1954 Univ. München; Habil. 1967 Univ. Löwen - 1954-58 Doz f. Pädag. u. Psych. Institut f. Lehrerbild. Ingolstadt, daneben Höh. Schuld. ebd.; 1958-70 a. o. u. o. Prof. f. Psych. Päd. Hochsch. Eichstätt, 1970-88 Prof. u Seminardir. Päd. Hochsch. bzw. Univ. Bonn, s. 1988 Prof. u. Seminardir. Univ. zu Köln - BV: Josef Göttler u. d. christl. Pädagogik, 1960; D. Verhältnis v. Theorie u. Praxis in d. Päd., 1967/68; Internat zw. gestern u. morgen. Analyse e. umstritt. Institution, 1973; Gastarb.-kinder in Dtschl., 1980; Integrat. in e. fremden Land. Außerschul. päd. Arbeit mit ausländ. u. dt. Kindern u. deren Familien, 1985; Wider d. Xenophobie! Ausländer zw. Ablehnung u. Integration - am Beisp. span. Migranten in Dtschl., 1987. Herausg.: Ausländerpäd. als Friedenspäd. - Außerschul. päd. Arbeit m. ausl. u. dt. Kindern u. deren Familien (1987); Bausteine z. interkulturellen Erziehung - Spiele u. Übungen f. bi- u. multikulturelle Kindergruppen (1987). Zahlr. Fachartikel, insbes. zu Fragestellungen d. Ausländerpäd. bzw. d. Interkulturellen Pädagogik (s. 1980) - Spr.: Engl. - Vorf. (b. z. 30j. Krieg feststellbar): Lehrer u. Organisten.

SAYN-WITTGENSTEIN-BERLEBURG, Prinz zu, Casimir Johannes

s. Wittgenstein-Berleburg, Casimir Johannes, Prinz z. Sayn

SAYN-WITTGENSTEIN-BERLEBURG, Prinz zu, Franz Wilhelm

Dr. phil., Kunsthistoriker - Holbeinstr. 14, 8000 München 80 (T. 47 80 57) - Geb. 24. Aug. 1910 Frankfurt/M. (Vater: Otto Konstantin Prinz zu S.-W.-B., Rittmeister; Mutter: Elisabeth, geb. Prinzessin zu Löwenstein-Wertheim-Freudenberg), kath., verh. s. 1942 m. Gabriele, geb. Prinzessin zu Ysenburg - Lessing-Gymn. Frankfurt/M.; Univ. Marburg, München, Frankfurt, Berlin - S. 1951 Bayer. Landesamt f. Denkmalspfl. München (Landeskonservator). 1939-45 Wehrdst. - BV: Fürstenhäuser u. Herrensitze, 2. A. 1961; Durchläucht. Welt, 1959; D. Inn, 2. A. 1962; Südtirol u. d. Trentino, 3. A. 1966; Reichsstädte, 1965; Elsaß, 1967; Schlösser in Bayern - Residenzen u. Landsitze in Altbayern u. Schwaben, 1972; Schwarzwald, 1972; D. Main, 1973; Weiß-blaue Museumsfahrt, 1975; D. Wittgenstein, 1979; Vorarlberg u. Liechtenstein, 1988 - Spr.: Engl., Franz. - Bek. Vorf.: General August Ludwig Wittgenstein, Kriegsminister Dt. Bund, Nassauischer Staatsmin. (Urgroßv.).

SAYN-WITTGENSTEIN-HOHENSTEIN, Prinz zu, Botho

Waldgutbesitzer, Arzt, Präs. DRK (1982ff.), - Hof Breitenbach, 5928 Laasphe/W. (T. 3 39) - Geb. 16. Febr. 1927 Eisenach/Thür. (Vater: Georg Prinz zu S.-W.-H.; Mutter: Maria, geb. Rühm), ev., verh. s. 1959 m. Elisabeth, geb. Freiin v. Zedlitz u. Leipe, 3 Kd. (Georg-Christian, Friederike, Katharina Victoria) - Abit. 1946; Univ. Marburg (Med. Staatsex. 1953) - 1955-56 Arzt Dt. Indien-Expedition; 1965-80 MdB. CDU s. 1954. Vors. Fürst Wittgenstein'sche Waldbesitzerges.; stv. Vors. Ständige Kommiss. IRK; stv. Vors. Nationale AIDS-Stiftg.; Mitgl. ZDF-Verwaltungsrat - Gr. BVK m. Stern; 1983 DRK-Ehrenz. - Ehrenkommendator Johanniter-Orden; Komturkreuz Malteser-Orden - Spr.: Engl., Span.

SAZENHOFEN, Frhr. v., Carl-Josef

Schriftsteller - Herwarthstr. 8, 8172 Lenggries - Geb. 26. April 1940 Lenggries, verh. m. Elke Ursula, geb. Noske, 2 Töcht. (Christiane, Alexandra) - S. 1961 Tätigk. als Schriftst. (Gebiete: Jugendb., Sachb., Roman). Insges. 41 Buchveröff., u.a. Romane: D. Bauernkönig; D. Loni v. Lehenhof; Johannisfeuer; D. Ganterschwestern; Schatten üb. d. Klasenhof; D. Fremde v. Köhlerhof; Stephanie u. d. Kronjuwelen; Isarflößerei.

SCHAA, Lukas

Amtsdirektor a. D., MdL Nordrh.-Westf. (s. 1970) - Hauptstr. 5, 4787 Geseke-Ehringhausen (T. dstl.: 02942 - 10 31) - Geb. 23. März 1926 Papenburg/Ems, verh., 2 Kd. - Höh. Schule; Verwaltungsausbild.; Verw.sakad. (Dipl. 1960) - S. 1960 Amtsdir. 1970 ff. stv. Präsidiumsmitgl. Städte- u. Gemeindebd. NRW. CDU s. 1961.

SCHAAB, Heinz

Geschäftsführer Vertrieb/Marketing Alfred Teves GmbH (ATE) - Guerickestr. 7, 6000 Frankfurt 90 (T. 069 - 76 03-24 00).

SCHAAB, Meinrad

Dr. phil., Prof., Ltd. Regierungsdirektor - Oberer Langerrain 8, 6916 Wilhelmsfeld - Geb. 9. Nov. 1928 Plankstadt, kath., verh. s. 1956 m. Dr. Hildegard, geb. Nobel, 8 Kd. - Stud. Gesch. Univ. Heidelberg u. München; Promot. 1955 Heidelberg - Leit. Abt. Landesbeschreib. Landesarchivdirekt. Baden-Württ.; Vors. Kommiss. Geschichtl. Landeskd. Baden-Württ.; Honorarprof. f. Landesgesch. Heidelberg - BV: D. Zisterzienserabtei Schönau im Odenwald, 1964; D. Stadt- u. d. Landkreise Heidelberg u. Mannheim, 3 Bde. 1966-70; Hist. Atlas v. Baden-Württ., 1971-88; Gesch. d. Kurpfalz I Mittelalter, 1988.

SCHAACK, Josef

Dipl.-Kfm., Generaldirektor - Philipp-Loosen-Str. 4, 5500 Trier - Geb. 20. Jan. 1925 Luxemburg, verh. - Stud. Wirtschaftswiss. Univ. Mainz u. Köln - Chevalier de la couronne de chêne, Luxemburg; 1984 Officier de l'Ordre de Merite du Grand-Duché des Luxembourg; 1986 BVK I. Kl. - Spr.: Engl., Franz.

SCHAAD, Dieter

Dr. jur., Botschafter, Leiter d. Ständigen Vertretung d. Bundesrepublik Deutschland b. d. Büro d. Vereinten Nationen u. b. d. anderen Intern. Organisationen. Wien - Wagramer Str. 14, Postf. 160, A-1220 Wien - Geb. 1928 Münster - Jura-Stud. - 1958 Ass. jur., s. 1959 Ausw. Dienst, 1960-68 Botschaft Teheran u. Accra (Ghana); 1969 Zentr.abt. Ausw. Amt, 1972-77 Ständ. Vertr. Botsch. b. Hl. Stuhl; 1978-84 Ref.leit. im Ausw. Amt; 1984-87 Gesandter Botsch. Rom.

SCHAAF, Dirk-Ludwig

ARD-Auslandskorrespondent (1981 ff. Paris) - Zu erreichen üb.: WDR, Appellhofpl. 1, 5000 Köln 1 - Promot. 1970 Hamburg.

SCHAAF, Erwin

Dr. phil., Univ.-Prof. - Hetzhofer Str. 151a, 5561 Kinderbeuern (T. 06532 - 32 16) - Geb. 23. März 1933 Tawern b. Trier, verh. s. 1963, 2 Kd. - Stud. Univ. Mainz, Saarbrücken (Gesch., Politikwiss., Phil.); Promot. (Gesch.) 1965 Mainz - 1970-72 Doz. bzw. Prof. PH Freiburg; s. 1972 Prof. Erziehungswiss. Hochsch. Rhld.-Pfalz, Abt. Koblenz, s. 1990 Univ. Koblenz-Landau - BV: D. Niedere Schule in Raum Trier-Saarbrücken 178-1825, 1966; Lehrerbildung in d. geistl. Kurstaaten am Rhein, 1972; Christentum u. Politik, 1972; Lehrerbildung in Koblenz, 1976; Neubeginn a. d. Chaos, 1985. Zahlr. Aufs. z. Landesgesch. an Mittelrhein u. Mosel.

SCHAAF, Hanni

Schriftstellerin - Oderweg 588, 5000 Köln 80 (T. 0221 - 60 35 45) - Geb. 11. Nov. 1933 Köln, ledig - Volksschule; Ausb. Ind.-Kfm.; 2. Bildungsweg Sonderprüf.; s. 1974 Stud. PH/Univ. Köln (Examen 1980) - BV: Plötzlich war es geschehen, 1977 (übers. Ital.); Aktion Löwenzahn, 1981; Blumen auf Beton, 1984 - 1977 Jugendbuchpr. Stadt Oldenburg; 1983 Lit.-Förderpr. Stadt Köln - Spr.: Engl.

SCHAAF, Heinz

Dr. jur., Dipl.-Volksw. - Hasenkampweg 9, 5810 Witten/Ruhr (T. 1 26 55) - Geb. 19. April 1907 Hbg.-Harburg (Vater: Carl S., Kaufm.; Mutter: geb. Stahl), ev., verh. s. 1936 m. Eva, geb. Pritzbauer, 3 Kd. - Univ. Frankfurt, Berlin, Leipzig, Bd. jur. Staatsex. - B. 1945 Braunkohlen-Benzin AG., Berlin; 1954-73 Vorstandsmitgl. Maschinenbau-AG. Balcke, Bochum. Vizepräs., Präs. (1966) u. Ehrenpräs. (gegenw.) IHK Bochum - 1973 Gr. BVK - Spr.: Engl., Franz., Norweg. - Rotarier.

SCHAAF, Johannes

Regisseur, Autor, Schausp. - Türkenstr. 59, 8000 München 40 - Geb. 7. April 1933 Bad Cannstatt/Württ. - 1968-70 Doz. Film-Hochsch. Berlin. Div. Drehb. u. Geo-Aufs. Bühneninsz. (auch Opern); Filmregie: Tätowierungen, Trotta, Traumstadt; Fernsehsp. - 1968 Bundesfilmpreis/Filmband in Gold (f.: Tätowierungen u. Trotta).

SCHAAF, Johannes

Dr. med., Prof. f. Röntgenologie Univ. Heidelberg, Chefarzt - Mönchhofstr. 39, 6900 Heidelberg 1 (T. 06221 - 47 25 45) - Geb. 19. Febr. 1920 Pirna, verh. s. 1955 m. Charlotte, geb. Müller - 1940-45 Univ. Leipzig u. Köln; Med. Staatsex. 1945, Promot. 1945 Leipzig; Habil. 1960 Heidelberg - Arzt f. Röntgenol. u. Inn. Med.; 1954-65 Leit. bzw. Chefarzt Röntgenabt. Med. Univ. Poliklinik Heidelberg, 1966-76 Krkhs. Bethanien, Hamburg, 1977-85 Klinik f. Thoraxerkrank. Heidelberg-Rohrbach. S. 1967 apl. Prof. Univ. Heidelberg - Liebh.: Sport (Ski, Golf) - Spr.: Engl., Franz.

SCHAAF, Karlheinz

Dr. phil., Prof. f. Deutsch u. Sprecherzieh. Päd. Hochschule Weingarten - Sunthaimstr. 7, 7980 Ravensburg (T. 72 22).

SCHAAF, Wilhelm Andreas

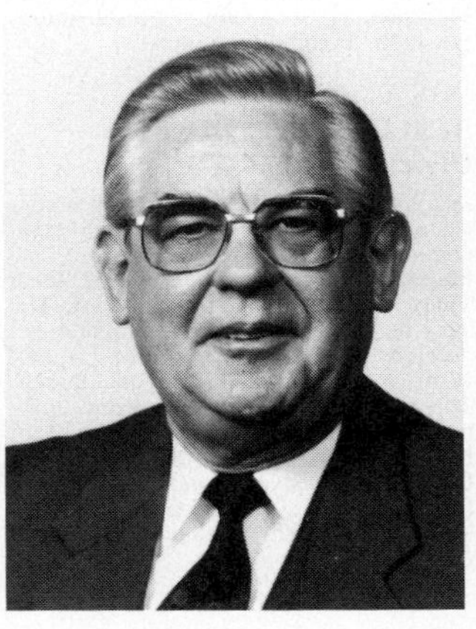

Dr. iuris utrisque - Mittlerer Hasenpfad 21, 6000 Frankfurt/M. 70 (T. 069 - 62 40 56) - Geb. 28. Juni 1929 Lauterbach/Hessen, ev., verh. s. 1962 m. Karin, geb. Steinbach, T. Andrea - Stud. Rechtswiss. 1950-60 Frankfurt, Promot. - Tätigkeiten in ca. 150 Sanierungsverfahren wie Vergleichsverwalter im Vergleichsverfahren AEG-Telefunken, Sanierungsverfahren Pieroth (größter Weindirektvermarkter der Welt), Atlantis AG, AR-Vors. d. co op AG während d. Sanierungsphase, PTC Erfurt, Robotron Dresden - Interessen: Exilliteratur - Spr.: Engl., Franz.

SCHAAF, Wolfgang

Dipl.-Volkswirt, General Manager Treuhand Osteuropa Beratungsgesellschaft mbH (s. 1992) - Leipziger Str. 5-7, O-1080 Berlin - Geb. 6. März 1933 Sangerhausen, ev., verh. s. 1984 m. Margarete, geb. Raabe, 3 Kd. - Ausb. z. Rundfunkmechaniker; Stud. Univ. Bonn (Rechts- u. Staatswiss.) - Leit. Min.büro Bundesschatzmin.; Bundespostmin. (b. 1969); Geschäftsf. in d. Industrie - Spr.: Engl., Franz.

SCHAAF-SCHMIDT, Inés Elisabeth

Regisseurin, Autorin (Ps. Ines Schaaf) - Bogotástr. 14, 1000 Berlin 37 - Geb. 8. März 1945 Köthen (Vater: Dr. phil. Otto Sch., Chemiker; Mutter: Elisabeth), verh. s. 1981 m. Dr. Schmidt, Sohn Rüdiger - Fachsch. f. Film u. Optik - Fernsehspiel: u.a. Gesch. d. Töchter - 1980 Berliner Klappe in Silb.; 1990 Preis f. Peter steht im Bach (bester Kinderfilm - ZDF) - Liebh.: Reisen, Theater, Musik, Antiquitäten - Spr.: Engl., Span.

SCHAAFF, Arnold

Alleiniger Geschäftsführer TradeARBED Deutschland GmbH. - Subbelrather Str. 13, 5000 Köln 1 (T. 5 72 90) - Geb. 1. Jan. 1926 Eschweiler (Vater: Christian S.), verh. m. Käthe, geb. Hammes, 1 Tochter.

SCHAAL, Hermann

Dr. rer. nat., Prof. f. Angewandte Geometrie Univ. Stuttgart - Othellostr. 21, 7000 Stuttgart 80 (T. 0711 - 687 16 18) - Geb. 21. Aug. 1927 Stuttgart (Vater: Robert Sch., Vermessungsbeamt.; Mutter: Anna, geb. Groß), ev., verh. s. 1959 m. Ingeborg, geb. Knoop, Sohn Hans-Werner - Abit. 1947; 1948-53 Math.- Stud. TH Stuttgart, Lehramtsex. 1953 u. 1955, Promot. 1958, Habil. 1965 - 1955 Studienass.; 1956 Wiss. Assist.; 1959 Oberassist.; 1961 Wiss. Rat; 1971 apl. Prof.; s. 1971 Leit. Abt. f. Konstruktive Geometr. jetzt Angew. Geometr.; 1971 Mitgl. Vorst. Math. Inst. B Univ. Stuttg.; 1977-80 u. 1986-88 Gf. Inst.-Dir.; 1978 Prof. - BV: Lineare Algebra u. Analyt. Geometrie Bd. 1-3 (Bd. 3 m. Mitverf. E. Glässner); Lineare Algebra u. Analyt. Geometrie (m. Mitverf. E. Glässner). Insges. 50 Originalarb. üb. div. geom. Themen.

SCHAAL, Klaus-Peter

Dr. med., o. Prof. u. Direktor Inst. f. Med. Mikrobiologie u. Immunologie Univ. Bonn (s. 1984) - Robert-Koch-Str. 13, 5300 Bonn 1 (T. 0228 - 22 23 81) - Geb. 26. Aug. 1940 Breslau (Vater: Gerhard S., Bundesbahnoberrat; Mutter: Margarete, geb. Böhmert), verh. m. Eva-Maria, geb. Schulz - Hum. Gymn. Köln; Stud. d. Humanmed. Univ. Köln u. Innsbruck; Staatsex. 1965, Promot. 1969, Habil. 1972 (alle Köln) - 1968 Approbation, 1969 wiss. Assist., 1972 Oberassist. Hyg. Inst. Univ. Köln, 1976 Wiss. Rat u. Prof. Univ. Köln, 1978 Visiting Prof. Univ. Newcastle upon Tyne (Engl.), 1980 Prof. (C3) Univ. Köln, s. 1984 o. Prof. Univ. Bonn - BV: Actinomycetes (Hrsg. m. Pulverer); Mitarb. in Goodfellow/Brownell/Serrano (Hrsg.) The Biology of the Nocardiae, 1976; Seligson/v. Graevenitz (Hrsg.) CRC Handbook Series in Clin. Lab. Science, 1977; Otte/Brandis/Pulverer (Hrsg.) Lehrb. d. Med. Mikrobiol., 1978, 84 u. 88; Skinner/Lovelock (Hrsg.) Identification Meth. f. Microbiol., 1979; Starr et al. (Hrsg.) The Prokaryotes, 1981; Thofern/Botzenhart (Hrsg.) Hygiene u. Infektionen im Krankenhaus, 1983; Goodfellow/Mordarski/Williams (Hrsg.) The Biology of the Actinomycetes, 1984; Ortiz-Ortiz/Bojalil/Yakoleff (Hrsg.) Biol., Biochem and Biomed. Aspects of Actinomycetes, 1984; Goodfellow/Minnikin (Hrsg.) Chemical Methods in Bact. Systematics, 1985; Arai/Terao/Yamazaki (Hrsg.) Filamentous Microorganisms, 1985; Feiereis/Kabelitz (Hrsg.) Internistische Pharmakotherapie, 1985; Sneath et al. (Hrsg.) Bergey's Manual of Systematic Bacteriology, 1986; McGraw-Hill's Encyclopedia of Science and Technology, 1987; Burkhardt (Hrsg.) Med. Mikrobiologie, 1988 - Wiss. Beirat Zbl. Bakt. Hyg., Europ. J. Clin. Microbiol.; Mitgl. Dt. Ges. f. Hyg. u. Mikrobiol. (wiss. Beirat), Soc. f. Gen. Microbiol., Berufsverb. Dt. Mikrobiol. (stv. Vors.), Intern. Subcommittees on Taxon. of Actinomycetes (subgroup chairman) - Liebh.: Musik, Orgelspiel - Spr.: Engl., Griech., Latein.

SCHAAL, Peter

Dr., Prof. f. Volkswirtschaftslehre, Dekan Fachbereich Wirtschaft FH Düsseldorf, ständ. Gast-Prof. Univ. Alabama, USA - Ransberg 12, 4060 Viersen 11 (T. 02162 - 5 38 08) - Geb. 31. Aug. 1935, kath., verh. s. 1962 m. Sigrid, geb. Kempa, 2 Kd. (Stefan, Julia) - Dipl.-Kfm. 1958 Köln; Dr. rer. pol. 1962 Freiburg/Br. - BV: Stabilität u. Konjunktur, 1977; Geldtheorie u. Geldpolitik, 2. A. 1989 - Liebh.: Tennis, Radfahren - Spr.: Engl., Franz., Span.

SCHAAL, Werner

Dr. rer. nat., Prof. f. Mathematik Univ. Marburg - Auf d. Schaumrück 28, 3551 Wehrda - Geb. 20. April 1934 Berlin - Promot. 1961 Göttingen; Habil. 1966 Marburg - 1962-64 MIT Cambridge (USA); s. 1966 Univ. Marburg (1970 Wiss. Rat u. Prof.; 1971 Prof.; mehrf. Dekan Fachber. Math.). 1968/69 u. 1978/79 Gastprof. Michigan State Univ. (USA); s. 1989 Vizepräs. Univ. Marburg. Facharb.

SCHAARSCHMIDT, Wolfgang

Rechtsanwalt, Geschäftsführer a. D. - Hohenkampsweg 22 D, 2800 Bremen 33 - Geb. 11. Juni 1932 Bielefeld.

SCHABACK, Robert

Dr. rer. nat., Prof. f. Angewandte Mathematik - Calsowstr. 34, 3400 Göttingen - Geb. 25. Nov. 1945 Einbeck - 1973-76 wiss. Rat u. Prof. Univ. Bonn, s. 1976 o. Prof. Univ. Göttingen.

SCHABER, Will

Dr. phil. h. c., Publizist - 106 Pinehurst Ave., Apt. C 55, New York, N. Y. 10033 (USA) (T. 568 - 75 28) - Geb. 1. Mai 1905 Heilbronn/N., protest., verh. s. 1942 m. Gerda, geb. Maubach - Oberrealsch. Heilbronn - 1924-38 Redakt. Dtschl. u. Tschechosl. (Brünn, 1934); 1941-62 Abt.leit. British Information Services, New York; 1967-72 Redakt. Aufbau, New York. Mitgl. PEN-Zentrum deutschspr. Autoren im Ausland (zeitw. Vors.) u. Overseas Press Club (New York) - BV: Thomas Mann zu s. 60. Geburtstag, 1935; Kolonialware macht Weltgesch., 1936; Weltbürger - Bürgen d. Welt, 1938; USA-Koloß im Wandel, 1958; B. F. Dolbin: Zeichner als Reporter, 1976; A Tale of Two Continents. Pages from the History of the Families Coon, Feurstein, Leser, Maubach, Merrill and Wittekind, 1977; Gratgänger - Welt u. Werk Erich Schairers, 1981; Concerto Grosso, 1987; Profile d. Zeit, 1992. Mitverf.: Erich Schairer z. Gedächtnis, 1967; Hermes Handlexikon D. Friedensbewegung, 1983; 50 J. Aufbau, Ausst.katalog 1984; Biogr. Dictionary of Modern Peace Leaders, 1985; Hoesch-Jahresgabe, 1987; Hans Ulrich Eberle u. d. Lust an d. Kultur, 1989; Hans Franke u. Heilbronn, 1989; Dt.-sprachige Exilliteratur in New York, 1989; Ludwig Wronkow, e. illustr. Lebensgesch., 1989. Herausg.: Thinker vs. Junker (1941); Weinberg der Freiheit - D. Kampf um ein demokr. Dtschl. v. Thomas Münzer b. Thomas Mann (1946); D. 4 Freiheiten - D. polit. Glaube Amerikas (1946); Perspektiven u. Profile - Aus Schr. Veit Valentins (1965); Aufbau-Dokumente e. Kultur im Exil (1972). Mithrsg.: Leitartikel bewegen d. Welt (m. Walter Fabian; 1964). Übers.: Nathan/Norden, Albert Einstein üb. d. Frieden (1975) - 1979 Gold. Ehrenmünze Stadt Heilbronn; 1985 Ehrenring d. Stadt Heilbronn; 1986 Ehrendoktor Univ. Dortmund; 1990 Ehrenmitgl. d. Ges. f. Exilforsch. u. 1991 d. Intern. Joseph Martin Kraus Ges. - Liebh.: Klass. Musik - Spr.: Engl., Franz. - Lit.: Hans Franke, 200 J. Zeitungsgesch. in Heilbronn (1960); Gerhard Schwinghammer, W. S., e. Heilbronner zw. zwei Kontinenten (1980); Röder-Strauss, Biogr. Handb. d. deutschsprach. Emigration n. 1933 (1980); Gert Niers, Exilforscher u. engagierter Journalist (1985); Michael Groth, E. dt. Biogr. (1985).

SCHABRAM, Hans

Dr. phil., o. Prof. f. Engl. Sprache u. Literatur d. Mittelalters - Heinz-Hilpert-Str. 6, 3400 Göttingen (T. 5 54 44) - Geb. 27. Sept. 1928 Berlin (Vater: Paul S.; Mutter: Lucia, geb. Packmohr), kath., verh. s. 1956 m. Candida, geb. Larisch, 3 Kd. (Johannes, Markus, Christina) - Univ. Berlin u. Köln (Anglistik, German., Vergl. Sprachwiss.). Promot. Köln; Habil. Gießen - S. 1957 Univ. Heidelberg, Gießen (1964 Ord.), Göttingen (1968 Ord.) - BV: Superbia-Studien z. altengl. Wortschatz, T. I 1965. Herausg.: Britannica - Festschr. f. Hermann M. Flasdieck (1960), Sammlung kurzer Grammatiken german. Dialekte (1969-80), Palaestra (1987ff.) - O. Mitgl. Akad. d. Wiss. Göttingen - Spr.: Engl.

SCHACHENMAYER, Helmut

Dr., Vorsitzender Verband d. Zeitschriftenverlage in Hamburg u. Schlesw.-Holst. - Kückallee 18, 2057 Reinbek.

SCHACHT, Ulrich

Leitender Redakteur Welt am Sonntag (Ber. Kulturpolitik), Hamburg - Volksdorfer Weg 69 a, 2000 Hamburg 65 - Geb. 9. März 1951 Stollberg/Erzgebirge, ev., verh. s. 1978 m. Carola, geb. Gilek, T. Constanze - Bäckerlehre; Stud. Ev. Theol. Rostock u. Erfurt, Stud. Politikwiss. u. Phil. Hamburg - Vorst.-Mitgl. Hamburger Autorenvereinig. S. 1991 Mitgl. d. PEN-Clubs - BV: Traumgefahr, Ged. 1981; Scherbenspur, Ged. 1983; Hohenecker Protokolle, Dok. 1984; Dänemark-Ged., 1986; Letzte Tage in Mecklenburg, Dok. 1986; Brandenburgische Konzerte, Erz. 1989; Nicht alle Grenzen bleiben, Anthol. 1989; Lanzen im Eis, Ged. 1990; Gewissen ist Macht, Ess. 1992; Archipel d. Lichts. Leben auf d. Färöer Inseln, 1992 - 1981 Andreas-Gryphius-Förderpreis; 1982 Alexander-Zinn-Preis-Stip. Hamburg; 1982 Johannes-Gillhoff-Preis d. Kulturkreises Mecklenburg - Liebh.: Mecklenburg, Fossilien, Skandinavien, Arktis.

SCHACHTSCHABEL, Dietrich

Dr. med., Arzt, Prof. f. Physiolog. Chemie Univ. Marburg/Bereich Humanmed. (s. 1972) - Am Teich 8, 3550 Marburg 6 - Geb. 24. Okt. 1932 Jena/Thür. (Vater: Prof. Dr. phil. nat. Dr. agr. h. c. Paul S., Bodenkundler (s. dort); Mutter: Anna, geb. Möhring), ev., verh. s. 1966 m. Sabine, geb. Jänsch, Tocht. Astrid - Univ. Göttingen, Freiburg, München. Promot. 1959 München; Habil. 1970 Marburg - Forschungstätigk. USA u. Schweden. Vors. d. Sektion I (Biol.) d. Dt. Ges. f. Gerontologie - Mithrsg. d. Ztschr. Comprehensive Gerontology.

SCHACHTSCHABEL, Hans Georg

Dr. rer. pol., em. Prof., Volkswirtschaftler, MdB (1969-83), Mitgl. Europäisches Parlament (1975) - Waldparkdamm 4, 6800 Mannheim (T. 82 11 67) - Geb. 16. März 1914 Dessau/Anh., ev., verh. s. 1947 m. Dr. phil. Ellen, geb. Schultz, 2 Töcht. (Marita, Claudia) - Univ. Leipzig (Promot. 1937), Gießen, Wien (Volksw.) - S. 1940 Doz. Univ. Halle, Marburg (1945), WH bzw. Univ. Mannheim (1950; 1952 apl., 1962 o. Prof.; Volksw.lehre; 1982 emerit.) - 1953-70 Mitgl. Gemeinderat Mannheim (1968 Fraktionsvors.); 1978-84 AR-Vors. INSTAG Köln; 1983-85 stv. AR-Vors. AWIG u. BIT GmbH, Mannheim; 1953-66 AR-Mitgl. BASF. SPD s. 1946 - BV: D. gerechte Preis, 1939; E. System d. Wirtschaftslehre, 1940; Genossenschaften - Ihre Geschichte u. ihr Wesen, 1948; Automation in Wirtsch. u. Ges., 1961; D. industrielle Potential in Ost u. West, 1963; Wirtschaftspolit. Konzeptionen, 1967, 3. A. 1976; Geschichte d. volksw. Lehrmeinungen, 1971; Allg. Wirtschaftspolitik, 1975; Lexikon d. Wirtschaftspolitik, 1979; Sozialpolitik, 1983. Herausg.: Adam Smith, Theorie d. ethischen Gefühle od.: Versuch e. Analyse d. Grundveranlagungen, mit deren Hilfe d. Menschen natürlicherweise d. Verhalten u. d. Charakter zunächst ihrer Mitmenschen u. sodann ihrer selbst beurteilen (1949); Wirtschaftsstufen u. Wirtschaftsordnungen (1971); Kohlhammer Studienb. Wirtsch.-Wiss. (s. 1982) - 1973 BVK I. Kl.; 1976 Handwerksz. in Gold; 1979 BVK - Spr.: Engl., Franz.

SCHACHTSCHABEL, Paul

Dr. phil. nat. (habil.), Dr. agr. h. c., o. Prof. f. Bodenkunde (emerit.) - Herrenhäuser Str. 2, 3000 Hannover (T. 762 26 22) - Geb. 4. Juni 1904 Gumperda/Thür., verh. 1930 m. Anna, geb. Möhring - 1948-69 Ord. TH bzw. TU Hannover - BV: Lehrb. d. Bodenkd. (m. F. Scheffer; mehrere A.). Mithrsg.: Ztschr. Pflanzenernährung/Bodenkd. - 1964 Ehrendoktor Univ. Kiel.

SCHACHTSCHNEIDER, Herbert

Prof. Musikhochsch. d. Saarlandes, Opernsänger - Berndorffstr. 4, 5000 Köln 51 (T. 0221 - 38 79 46) - Geb. 5. Febr. 1919 Allenstein (Vater: Artur Sch., Kaufm.; Mutter: Marta, geb. Kuhna), ev., verh. s. 1955 m. Ingeborg, geb. Weber, 3 Kd. (Gudrun, Lothar, Marion) - Ausb. z. Opern- u. Konzertsänger Staatl. Hochsch. f. Musik Berlin - Opernhäuser: 1953 Flensburg, 1954 Mainz, 1957 Essen, ab 1959 Köln. Gastsp. u.a. in Berlin, Hamburg, München, Düsseldorf, Österr. (Wiener Staatsoper), Schweiz, Ital., Engl., Holl., Belgien, Frankr. u. Buenos Aires. S. 1972 Musikhochsch. d. Saarlandes (s. 1975 Prof.) - Div. Rollen als Sänger: u.a. Verlobung in St. Domingo, Cavalleria rusticana (Turiddu), Pique Dame (Hermann), Macbeth (Mac Duff), Fledermaus (Eisentein). Schallplattenaufn. - Liebh.: Astronomie - Spr.: Engl., Franz., Ital.

SCHACK, Jürgen

Dr.-Ing., Direktor, zul. o. Vorstandsmitglied Dürkopp Adler AG. (s. 1975) - Potsdamer Str. 17, 4800 Bielefeld 17 - Zul. stv. Vorstandsmitgl.

SCHACK, Kurtreiner

Dr.-Ing., Prof., Pers. haft. Gesellschafter Rekuperator KG Dr.-Ing. Schack & Co. Düsseldorf - Am Tanneneck 17, 4005 Meerbusch 1 - Geb. 9. Sept. 1929 Düsseldorf, ev., verh. m. Helga, geb. Jacobs, 4 Kd. - Dipl.-Phys. 1956 Aachen; Promot. 1959 ebd. - BV: Berechnung v. Wärmeaustauschern, 1967; D. ind. Wärmeübergang, 8. vollst. Überarb. A., 1983 - 1982 Hon.-Prof. Kaiserslautern.

SCHACKOW, Albrecht

Dr. jur., Rechtsanwalt u. Notar, AR-Mitgl. Isar-Amperwerke AG München, VR-Ehrenvors. Dt. Schiffsbank AG, Bremen u. Hamburg - Marcusallee 57A, 2800 Bremen (T. 23 44 88) - Geb. 19. Okt. 1907 Bremen (Vater: Heinrich S., Fabrikdir.; Mutter: Maria, geb. Proebst), ev., verh. 1938 m. Eva, geb. Albers - Univ. Freiburg, München, Göttingen.

SCHAD, Alfred

I. Bürgermeister - Rathaus, 8918 Dießen/Ammersee; priv.: v.-Eichendorff-Str. 16a - Geb. 8. Febr. 1928 Dießen - Zul. Verwaltungsangest. CDU.

SCHAD, Franz

Prof., Ord. f. Öfftl. Recht, Agrar- u. Umweltrecht (emerit.) - Kornbergweg 1, 7323 Hattenhofen (T. 38 54) - Geb. 1. Febr. 1907 Ehingen/Donau (Vater: Dr. rer. nat. Josef S., Gymnasialprof.; Mutter: Maria, geb. Hölder), kath., verh. s. 1939 m. Rosemarie, geb. Münning, 5 Kd. (Ulrich, Thomas, Elisabeth, Meinrad, Martin) - 1933-54 Verw.dst.; 1940-46 Wehrdst. (Oblt. Luftwaffe) u. Gefangensch. Großbrit. u. Kanada; 1954-68 Kultusmin. Baden-Württ. (1964 Min.dirig.); 1962-64 Kirchenabt., 1964-66 Sekr. Gründungsaussch. MNH/Univ. Ulm; 1968-75 Ord./Univ. Hohenheim; 1954-86 VR-Vors. Stiftg. FKFS Univ. Stuttgart; s. 1988 Kurat.-Mitgl. d. Stiftg. FKFS, Univ. Stuttgart (Neugründg. 1987) - 1968 korr. Mitgl. Kommiss. f. geschichtl. Landeskd. Baden-Württ.; 1965 Ehrenz. Dt. Ärzteschaft - Liebh.: Gesch., Phil. - Spr.: Engl. - Festschr. z. 70. Geburtst. (1978, Hrsg. Robert Weimar).

SCHAD, Wilfried

Zahnarzt, Vorsitzender Kassenzahnärztl. Bundesvereinigung - Universitätsstr. 73, 5000 Köln 41 (T. 0221-4 00 10).

SCHADE, Heinz

Dr.-Ing., Prof. f. Strömungslehre TU Berlin - Kyllmannstr. 15 g, 1000 Berlin 39 (T. 805 12 43) - Geb. 30. Juli 1933 Berlin (Vater: Friedrich Sch., kaufm. Angest.; Mutter: Klara, geb. Fuchs), ev., verh. m. Christa, geb. Rosin, 2 Söhne (Bernd, Lars) - 1950-57 Stud. Physik TU Berlin (Promot. 1962, Habil. 1964) - 1964 Privatdoz. f. Strömungslehre TU Berlin; s. 1969 Prof. f. Strömungslehre in Berlin - BV: Kontinuumstheorie strömender Medien, 1970; Strömungslehre (m. E. Kunz), 1980, 2. A. 1989.

SCHADE, Heinz-Carl

Dr. rer. pol., Dipl.-Kfm., Fabrikdirektor i. R., Honorarprof. f. Absatzwirtschaft u. Beschaffungswesen Univ. (TH) Karlsruhe (s. 1965) - Wolfweg 2, 7500 Karlsruhe-Durlach (T. 4 15 46) - Geb. 29. Juli 1911 Kassel (Vater: Oscar S., Kaufm.; Mutter: Else, geb. Voigt), ev., verh. s. 1939 m. Klara, geb. Goßmann, 2 Kd. - Gymn.; 2 J. prakt. Lehre; HH Nürnberg - U. a. Vorstandsmitgl. Gritzner-Kaiser AG., Karlsruhe-Durlach (b. 1958) u. Burger Eisenwerke AG., Burg/Dillkreis, dann Geschäftsführer Neff-Werke Carl Neff GmbH., Bretten (b. 1964) - BV: Planvolle Absatzförd. - Werkzeug erfolgr. Marketings, 1964; Durch Kundendienst mehr verkaufen, 1968; Erfolgr. Management, 1970; Mehr Chancen im Wettbewerb - Familienunternehmen u. ihre Führungsprobleme, 1974.

SCHADE, Otto-Werner

Präsident Landesarbeitsamt Baden-Württemberg (s. 1991) - Zu erreichen üb. Landesarbeitsamt Baden-Württ., Hölderlinstr. 36, 7000 Stuttgart 1 (T. 0711 - 9 41-0) - Stud. Rechtswiss. Gießen, Marburg, London; 1. u. 2. jur. Staatsprüf. - Wiss. Assist. CDU/CSU-Bundestagsfrakt., 1976 Bundesanstalt f. Arbeit, Leit. d. Leistungsabt. b. d. Arbeitsämtern Rheine u. Coesfeld, persönl. Referent d. Präs. d. Bundesanstalt f. Arbeit, Nürnberg, 1986 Vizepräs. Landesarbeitsamt Rheinl.-Pfalz-Saarland, Saarbrücken, Okt. 1990 Vertretung d. komm. Leit. d. Zentralen Arbeitsverw. Ostberlin.

SCHADEBERG, Friedrich

Gf. Gesellschafter Krombacher Brauerei Bernhard Schadeberg GmbH & Co., Kreuztal-Krombach - Brauereistr. 50, 5910 Kreuztal-Krombach.

SCHADEL, Erwin

Dr. phil., Akad. Oberrat Lehrst. f. Phil. I Univ. Bamberg - Sandstr. 10, 8521 Spardorf (T. 09131 - 5 99 46) - Geb. 13. Juni 1946, kath., verh. s. 1972 m. Dr. med. Helma, geb. Agethen, 3 Kd. (Ruth, Cordula, Joachim) - 1. u. 2. Staatsex. 1972 u. 1977; Promot. 1975 - 1977-79 Mitarb. am DFG-Projekt W. Totok, Handb. d. Gesch. d. Phil.; s. 1980 Univ. Bamberg, s. 1981 Leit. DFG-Projekt Bibliotheca Trinitariorum - BV: Origenes, D. griech. erhaltenen Jeremiahomilien, 1980; Johann Amos Comenius, D. Antisozinianischen Schr., 1983; Ders., Pforte d. Dinge/Janua rerum, 1989; Bibliotheca Trinitariorum. Intern. Bibliogr. trinitar. Lit., Bde. I/II, 1984/88. Herausg.: Actualitas omnium actuum. Festschr. f. H. Beck z. 60. Geb. (1989) - Spr.: Engl., Lat., Span.

SCHADER, Dieter

Hauptgeschäftsführer Dt. Bankangestellten-Verb. - Graf-Adolf-Str. 25, 4000 Düsseldorf 1.

SCHADEWALDT, Hans

Dr. med., Prof. f. Geschichte d. Medizin - Brehmstr. 82, 4000 Düsseldorf (T. 62 31 63) - Geb. 7. Mai 1923 Cottbus, ev. - Med. Staatsex. u. Promot. Tübingen (1949) - Univ. Tübingen (Kinderklinik), CIBA AG., Wehr (Forschungsabt.), Univ. Freiburg (Med.-Histor. Inst.), Med. Akad. bzw. Univ. D'dorf (1963 ao. Prof. u. Inst.sdir., 1965 o. Prof.) - BV: Gefäße z. Kinderernährung im Wandel d. Zeit, 1955 (m. D. Klebe); Michelangelo u. d. Med. s. Zeit, 1965 (m. H. Schmidt); Univ. D'dorf, 1966; (engl., span.); D. berühmten Ärzte (m. René Dumesnil), 1966; Kunst u. Medizin (m. L. Binet, Ch. Maillant u. Ilza Veith), 1967 (engl., franz., span., ital., jap.); D. Medizinmann b. d. Naturvölkern, 1968; Düsseldorf u. seine Krankenanstalten, 1969; Gesch. Diabetes, 1975; 75 J.

Hartmannbund (m. P. P. Grzonka u. C. Lenz), 1975; Gesch. d. Allergie (4 Bde.), 1980; Chirurgie in d. Kunst (m. G. Carstensen u. P. Vogt), 1983 - Mitgl. Soc. Franc. Histoire de la Méd. (korr.), Europ. Akad. f. Allergie, Collegium allergologicum Europaeum; Hon. Fellow Royal Soc. of Med.; Präs.: Rhein.-Westf. Akad. d. Wiss.; Präs. Soc. int. hist. méd.; Off. Palmes Acad.; Ordre méritcult. Monaco; Gr. BVK - Spr.: Engl., Franz., Ital., Span. (teilw.), Griech., Latein - Rotarier.

SCHADOW, Alexander B.I.

Bildhauer, Maler u. Illustrator - Waldweg 11, 3101 Nienhorst (T. 05085 - 75 30) - Geb. 27. Nov. 1958 Nienhagen - Stud. Malerei Akad. Hamburg - Mitgl. Bundesvorst. FBK (Fachgr. bild. Kunst) - IG Medien, Landesvors. FBK (Fachgr. bild. Kunst) - IG Medien Nds./Bremen, Vors. Freie Schule f. soziale Kreativität/Kulturforum, BBK, DMG - Vertreter d. kritischen Phantasie, Mitbegr. Frankf. Initiative. Wichtigste Werke: Zw. Himmel u. Hölle 1985; Shakespeare-Sommernachtstraum: Mappenwerk m. 10 Radierungen 1987; Ibsen-Peer Gynt: Mappenwerk m. 12 Lithographien, 1989/90; Nagib Machfus - D. Moschee in d. Gasse: 5 Linolschnitte, 1990; H. Heine - E. Lieder-Buch: 5 Lithographien, 1991; Hommage á Eirene: Lithographie, 1991 - Bek. Vorf.: Johann Gottfried Schadow, Bildhauer (1764-1850, Urgroßonkel), Prof. Hans Lukas Schadow, Maler (1862-1924, Großv.) - Lit.: Möllers-Lexikon (1987); G. Franzen: Orientierung an d. Person (1988); D. Schadows u. ihr Umfeld, Künstlerbiogr. Schadow-Ges. (1989); E. Heuer, W. R. Suckow: Alexander Schadow - Ausschn. a. d. graph. Werk 1980-1990 (1990); G. Franzen: A. Schadows 12 Entw. zu Peer Gynt (1990); G. Kutzleb: A. Schadows Bildreihen z. Dichtung u. Poesie (1990); Europäisches Künstlerlexikon, Ausgabe Deutschl. (1992); Dokumenta Artis (1992).

SCHADOW, Ernst
Dr.-Ing., Dipl.-Ing., Vorstandsmitglied Hoechst AG (s. 1974) - Postfach 80 03 20, 6230 Frankfurt/M. 80 - Geb. 30. Mai 1942 - Vorst.-Mitgl. VIK, u. VdTÜV; AR-Vors. UHDE GmbH; AR MAN/GHH.

SCHADT, Jakob
Holzarbeiter, MdL Rhld.-Pfalz (s. 1963) - Bornstr. Nr. 46, 6530 Bingen/Rh.-Kempten (T. 48 42) - Geb. 17. Dez. 1921 Bingen, kath., verh., 4 Kd. - Volkssch. - S. 1936 Holzarb. u. Sägewerker Fa. Richtberg KG. (1954 Betriebsratsvors.), dazw. 1939-47 Wehrdst. (4 × verwundet) u. Gefangensch. Stadtratsmitgl. Bingen. SPD s. 1949 (Kreisvors. u. Mitgl. Bezirksvorst.) - 1970 BVK.

SCHÄCHTER, Markus
Abteilungsleiter Planungsredaktion ZDF - Lion Feuchtwangerstr. 51, 6500 Mainz (T. 06131 - 5 93-8 82) - Geb. 31. Okt.

1949 Hauenstein/Pfalz, kath., verh. m. Veronika, geb. Tschöke, 3 Kd. (Anna, Teresa, Jonas) - Abit.; Stud. 1969-74 Gesch., Politol., Publiz. u. Religion Univ. München, Lyon, Paris, Mainz; Staatsex. 1974 - Fr. Journalist (Hörfunk); Oberreg.rat Kultusmin.; Redakt.leit. Kultur u. Ges. ZDF; Redakt.leit. Kinder u. Jugend ZDF; Gründ.-Mitgl. v. Cartoon Brüssel (EG-Org. f. europ. Zeichentrick) - BV: mittendrin (Kinder u. Umwelt), 1990/91/92; div. Art. z. Thema Kultur u. Fernsehen; Kinder u. Ferns. - Gesamtleitg.: Weihnachtsserie ANNA; logo-Nachr. f. Kinder - Gold. Kamera f. Alfred J. Kwak; Grimme-Preis (f. Brausepulver); Prix-Jeunesse (f. Logo-Extra) - Liebh: Wandern, Angeln, Alte Kinderb. - Spr.: Engl., Franz.

SCHAECHTERLE, Karlheinz
Dipl.-Ing., em. Univ.-Prof. f. Verkehrsplanung u. -wesen - Arcisstr. 21, 8000 München 2; Neue Str. 3, 7900 Ulm/D. - Geb. 11. Dez. 1920 Stuttgart.

SCHAECHTERLE, Walter H.
Vorstandsmitglied Dt. Linoleum-Werke AG., Bietigheim, i. R. - Richard-Wagner-Str. 47, 7000 Stuttgart - Geb. 12. Sept. 1913 Stuttgart - S. 1938 DLW. Div. Ehrenstell., dar. zeitw. Vors. Landesverb. d. Chem. Industrie f. Baden-Württ.

SCHAEDE, Ernst-Joachim
Dr. phil., Oberstudienrat i. R. - Gerloser Weg 16, 6400 Fulda (T. 7 46 95) - Geb. 24. Aug. 1910 Berlin (Vater: Ernst Sch., Pfarrer; Mutter: Anna, geb. v. Seehausen), ev., verh. s. 1941 m. Edith, geb. Al-brecht, 3 Kd. (Daniela, verh. Roh; Anemone, verh. Nehl; Peter-Adrian) - Hum. Gymn.; Stud. d. Religionswiss., Germanistik, Gesch., Engl. Univ. Tübingen, Berlin, Marburg - S. 1946 Höherer Schuldst. (Stud.rat Nordhorn, 1956-59 Dir. Bad Nenndorf), 1959-73 Oberleit. Stiftg. Dt. Landerziehungsheim Hermann-Lietz-Sch., 1950-56 Dir. Volkshochsch. u. Vors. Europa-Union Kr. Bentheim, s. 1976 1. Vors. Agnes-Miegel-Ges. - Spr.: Engl., Franz. - Rotarier.

SCHAEDER, Burkhard
Dr. phil., Univ.-Prof. f. Germanistik/Linguistik Univ./GH Siegen - Adolf-Reichwein-Str. 2, 5900 Siegen - Geb. 27. Juli 1938 Striegau, gesch., 2 Kd. (Benjamin, Celia) - 1959-67 Stud. Univ. Bonn u. Berlin; Promot. 1980, Habil. 1987, bde. Essen - 1967-75 Forschungsgruppe LIMAS (Bonn); 1976-79 wiss. Mitarb. Inst. f. deutsche Sprache (Mannheim/Zweigstelle Bonn); 1979-88 wiss. Assist. Univ./GH Essen; s. 1989 Prof. Univ./GH Siegen - BV: D. Wortarten d. Deutschen (m. H. Bergenholtz), 1977; Lexikographie als Praxis u. Theorie, 1981; Germanistische Lexikographie, 1987; Internationalismen (m. P. Braun u. H. Volmert), 1990 - 1988 Preis d. Stadt Essen f. d. beste Habil.-Schrift Univ. Essen 1987.

SCHÄDLER, Paul
Dr., Regierungspräsident a.D., Rechtsanwalt - Frankfurter Str. 24, 6200 Wiesbaden u. Bodelschwinghstr. 5, 6724 Dudenhofen - Geb. 1930, verh., 4 Kd. - Zul. Landrat. Vers.-Vors. Landeszentrale f. private Rundfunkveranstalter, Ludwigshafen; Vors. Histor. Verein d. Pfalz e.V., Speyer am Rhein; Vors. Verein Berufs- u. Selbständigkeitshilfe f. Jugendl. u. junge Erwachsene e.V.

SCHÄDLICH, Hans Joachim

Dr. phil., Schriftsteller - Holsteiner Ufer 18, 1000 Berlin 21 - Geb. 8. Okt. 1935 Reichenbach - Stud. German. Univ. Berlin u. Univ. Leipzig, Staatsex. 1959 u. Promot. 1960 Leipzig - 1959-76 Wiss. Mitarb. Akad. d. Wiss. Ostberlin - BV: Phonologie d. Ostvogtländ., 1966; A Model of Standard German Intonation (Co-Autor), 1970; Phonolog. Stud. z. Sprachschichtung, 1973; Versuchte Nähe, Prosa 1977; D. Sprachabschneider, Prosa 1980; Irgend etwas irgendwie, Prosa 1984; Mechanik, Prosa 1985; Tallhover, Prosa 1986; Ostwestberlin, Prosa 1987; Schott, Prosa 1992 - 1977 Rauriser Literaturpreis; 1979 Förderpr. d. Andreas-Gryphius-Preises; 1986 Marburger Literaturpr. (f. Buch: Tallhover); 1988 Hamburger Lit.preis f. Kurzprosa; 1989 Thomas-Dehler-Preis.

SCHÄFER, Adolf
Dr. jur., Oberbürgermeister Stadt Freising - Unterer Graben 3, 8050 Freising/Obb. (T. 5 41 02) - Geb. 11. Jan. 1937 Aschaffenburg, verh. m. Paula Weber-Sch.

SCHÄFER, Arnold
Dr. phil., Prof., Erziehungswissenschaftler Univ. Osnabrück, Abt. Vechta - Tannenweg 25, 2848 Vechta (T. 04441 - 67 79) - Geb. 31. Dez. 1926 Falscheid/Saar - BV: D. päd. Problem d. Begegnung in Hermann Hesses Glasperlenspiel, 1962; Üb. d. Erzieher, 1964; Krit. Kommunikat. u. gefährd. Identität, 1978.

SCHÄFER, Barbara
Ministerin f. Arbeit, Gesundheit u. Frauen v. Baden-Württ. (1984-92), MdL (s. 1979) - Rotebühlpl. 30, 7000 Stuttgart 1 - Geb. 1934 Borken/W., kath., verw. - Univ. Göttingen, Freiburg/Br., Poitiers (Philol.) - 1961-84 Schuldst. BW (zul. Oberstudienrätin Karlsruhe): Fächer: Latein, Franz., Gesch.). Mitgl. CDU-Bundesvorst. u. Landesvorst. Baden-Württ., Landesvors. Frauenunion Baden-Württ. CDU s. 1975.

SCHÄFER, Dieter
Dr. phil., Hauptgeschäftsführer IHK Würzburg-Schweinfurt, Sitz Würzburg (s. 1965), Honorarprof. Univ. Würzburg - Lortzingstr. 39, 8700 Würzburg (T. 88 17 47) - Geb. 7. Juli 1927 Offenbach/M., ev., verh. s. 1959 m. Gudrun, geb. Cropp, 3 Kd. (Kerstin, Sebastian, Konstanze) - Univ. Mainz, Frankfurt/M., Würzburg (Neuere Geschichte, Staatswiss.) - S. 1951 Handelskammerdst. 1955-61 Geschäftsf. Arbeitsgem. Öffentlichkeitsarbeit u. Kammerwes. Ausbildung u. Bildung, beide Hamburg; 1962-

SCHÄFER, Dieter

64 Abt.leit. Dt. Industrie- u. Handelstag, Mitgl. Sachverst.-Gruppen, Aussch., Arbeitskr. Strukturpol., Inform.-Pol., Medienrat d. Bayer. Landesanst. f. neue Medien, Vorst. Universitätsbund Würzburg; AR: FAG Kugelfischer, Mannesmann Rexroth GmbH, Elektrogerätewerk Suhl AG - BV: Prinz Emil v. Hessen-Darmstadt i. d. dt. Revolution, 1951; D. DIHT als polit. Forum d. Weimarer Rep., 1966; D. Weg d. Industrie i. Ufr., 1970; Ferdinand von Österreich, 1988. Freie publ. Tätigk., z. Z. Treffpunkt Freimann III. Programm Bayer. Fernsehen - 1985 Korr. Mitgl. AK f. Raumforsch. Hannover; 1975 Bayer. VO; 1985 BVK I. Kl.; 1987 Gold. Verdienstmed.; 1989 Gr. VO. Österr.; 1991 Bayer. Staatsmed. - Spr.: Engl., Franz.

SCHÄFER, Dieter
Dr. rer. pol., Prof. f. Sozial- und Wirtschaftspolitik Univ. Bamberg - Panzerleite 89, 8600 Bamberg - Geb. 1932 Kassel - Dipl.-Volksw. 1956, Promot. 1965, Habil. 1971, alles Univ. Frankfurt - 1957-61 wiss. Ref. Dt. Parität. Wohlfahrtsverb., 1961-73 wiss. Assist. Univ. Frankfurt, Privatdoz., Prof.; 1973-78 o. Prof. Univ. Trier, s. 1978 Bamberg - BV: D. Rolle d. Fürsorge im System soz. Sicher., 1966; Soz. Schäden, soz. Kosten u. soz. Sicher., 1972; Einkommenssicher. b. Invalidität, 1979.

SCHÄFER, Eberhard
Dr. rer. nat., Prof., Dipl.Physiker - Biol. Institut II d. Univ., Schänzlestr. 1, 7800 Freiburg (T. 2 03-26 83) - Geb. 23. Juni 1945 Mellenbach/Thür. (Vater: Herbert Sch., Kaufm.; Mutter: Elisabeth, geb. Witz), ev., verh. s. 1971 m. Renate, geb. Schmidt, S. Andreas - Gymn., Univ. Freiburg (Physik), 1969 Dipl., Promot. (Pflanzenphys.) 1971, Habil. 1975 - Beitr. in: Mod. opt. Strahlenquellen, 1977; Light and Plant Development, 1976; Membrane Transport in Plants, 1974; Photoreceptors and Plant Development, 1980; Encyclopaedia on Plant Physiologie, 1981; Techniques in Photomorphogenesis, 1984; Photomorphogenesis in Plants, 1986; Phytochrome and Photoregulation in Plants, 1987.

SCHÄFER, Ernst
Dr. theol., Prof. Christl. Archäologie u. Kirchl. Kunst, insb. Byzantin. Kunst - Hainholzweg 35, 3400 Göttingen (T. 5 98 19) - Geb. 30. Juni 1902 Tranquebar/Indien (Vater: Max S., Missionar), ev., verh. m. Ursula, geb. Kirn, 2 Kd. - Gymn. Zittau/Sa.; Univ. Göttingen u. Leipzig (Promot. 1931). Habil. 1935 Leipzig - 1936-44 Pfarrer Dt. Ev. Gemeinde Athen; 1946-67 Doz., apl. Prof., Wiss. Rat u. Prof. Univ. Göttingen - BV: D. Bedeut. d. Epigramme d. Papstes Damasus I. f. d. Gesch. d. Heiligenverehrung, 1932; D. Heiligen m. d. Kreuz in d. Altchristl. Kunst, 1937 u.a.

SCHÄFER, Ernst-Heinz
Dr. jur., Hauptgeschäftsführer i. R. - Preußenstr. 56, 6600 Saarbrücken (T. 0681 - 6 36 11) - Geb. 3. Dez. 1910

Remscheid (Vater: Industriekfm.) - S. 1946 Verbandstätigk. (1949-53 stv., 1953-74 Gf. bzw. Hgf. Verb. d. weiterverarb. Eisen- u. Metallind. d. Saarl.) - Präs. d. Freunde d. Univ. d. Saarlandes, Ehrensenator ebd.; Vizepräs. Dt.-Franz. Haus Saarbrücken - Spr.: Engl., Franz. - Rotarier.

SCHÄFER, Erwin H.

Dipl.-Wirtschaftsing., Direktor, Geschäftsführer MEGANET Gesellschaft f. Mehrwertdienste m.b.H. (1988) - Schmitzbüchel 27a, 5063 Overath (T. 02204 - 78 77) - 1980 Vors. TELAK/Telecommunication-Akad., u. 1981 Vors. Dt. Telecom/Vereinig. v. Anwendern d. geschäftl. Telekommunikation - - Spr.: Engl.

SCHÄFER, Fritz

Dipl.-Kfm., Persönlich haftender Gesellschafter u. Sprecher d. Geschäftsleitung d. FAG Kugelfischer Georg Schäfer KGaA, Schweinfurt - Georg-Schäfer-Str. 30, 8720 Schweinfurt (T. 09721 - 91-0) Geb. 26. Juli 1945, verh. m. Hannelore Sch.-Gärdes, geb. Gärdes - Dipl.-Kaufm. - AR-Vors. Dürkopp Adler AG, Bielefeld.

SCHÄFER, Fritz-Peter

Dr. phil., Dr. h. c., Prof., Direktor Max-Planck-Inst. f. Biophysikal. Chemie (s. 1970) - Am Faßberg, 3400 Göttingen-Nikolausberg (T. 201 - 3 33) - Geb. 15. Jan. 1931 Bad Hersfeld, verh., 3 Kd. - Abit. 1951; Dipl.-Phys. 1957, Promot. 1960, Habil. 1967 (Physikal. Chemie), alles Univ. Marburg - Zul. Oberrat, Wiss. Rat u. Prof. u. Abt.-Vorsteher Univ. Marburg. Arb.geb.: Farbstofflaser u. Laserfarbstoffe, Laserspektroskopie gr. Moleküle, Laser-Isotopentrennung, organ. Photochemie m. Lasern, Excimerlaser, Röntgen-Laser. Mit-Entd. Farbstofflaser - Mithrsg. mehrerer wiss. Ztschr. u. Buchreihen. Mitgl. Org.komit. v. zahlr. intern. u. nat. Konfz. - 1968 Haber-Preis Dt. Bunsen-Ges.; 1970 Hon.-Prof. Univ. Marburg; 1984 Hon.-Prof. Univ. Göttingen u. Werner-von-Siemens-Ring; 1985 IBM-Europe Science and Technology Prize; 1986 Leibniz-Preis d. DFG, u. Dr. h.c. Univ. Szeged; 1987 BVK I. Kl.; 1989 Nieders.-Preis f. Wiss.; 1991 Max-Planck-Forsch.preis; korr. Mitgl. Akad. d. Wiss. u. Lit., Mainz, Mitgl. Akad. d. Wiss. zu Berlin, korr. Mitgl. Akad. d. Wiss., Göttingen, 1992 Mitgl. Dt. Akad. d. Naturforscher Leopoldina.

SCHÄFER, Gerd Elmar

Dr. rer. soc., Dr. phil. habil., Univ.-Prof. - Peter-Haupt-Str. 80, 8700 Würzburg - Geb. 26. Sept. 1942 Regensburg, kath., verh. s. 1977 m. Ursula, geb. Dannenberg, 3 Kd. (Lena, Laura, Mathis) - Stud. PH Bamberg, Univ. Würzburg, Mannheim, Tübingen (Päd., Psych., Phil.); 1. D. Prüf. 1965; 2. D. Prüf. 1969; Promot. 1978 Tübingen; Habil. 1985 Würzburg - Lehrer; Sonderschullehrer; 1977 wiss. Assist., 1985 Univ.-Prof. Univ. Augsburg - BV: Verlorenes Ich, verlorenes Objekt, 1983; Spiel, Spielraum u. Verständigung, 1986; Spielphantasie u. Spielumwelt, 1989 - Liebh.: Kunst, Garten - Spr.: Engl., Franz.

SCHÄFER, Gerhard

Dr. jur., Bankdirektor - 2400 Lübeck-Goldberg 11 - Geb. 10. Dez. 1930 - B. 1973 stv., dann o. Vorstandsmitgl. Lübecker Hypothekenbank AG.

SCHÄFER, Gerhard

Programmdirektor i.R., Vors. Rdfk.-Aussch. Freie Hansestadt Bremen - Beim Kl. Tagwerk 14, 2800 Bremen-Oberneuland (T. 25 50 54) - Geb. 27. Juni 1922 Hanau/M. (Vater: Ludwig S., Rechtsanw.; Mutter: Hedwig, geb. Zuschlag), ev., verh. s. 1944 m. Gabriele, geb. Spindler, 2 Töcht. (Barbara-Christiane, Katharina Franziska) - Gymn. (Abit. 1939); 1945-47 Päd. Hochsch. Bremen (Ex.); 1950 Columbia Univ. New York (Inst. of Public Research) - 1947-82 RADIO BREMEN (1971 Programmdir. Hörfunk, 1980 Mitgl. d. Direkt. d. Anst.). Vorst.-Mitgl. Philharmon. Ges. Bremen; Oberstltn. d. R. a. D. SPD s. 1950 - Lions-Club Bremen - Liebh.: Gartenarb. - Spr.: Engl. - Bek. Vorf.: Prof. Dr. K. Zuschlag (Klassenlehrer Wilhelms II. am Friedrichs-Gymn. Kassel).

SCHÄFER, Gerhard

Dr. rer. pol., Dipl.-Volksw., Unternehmer, Großhändler i.R. - Dittmarstr. 102/1, 7100 Heilbronn - Geb. 8. Aug. 1921 Heilbronn (Vater: Hermann Sch., †; Mutter: Luise, geb. Schreiweiss, †), ev., verh. s. 1948 m. Anita, geb. Siegel, 2 Kd. (Uschi, Jürgen) - Abit.; Dipl.-Volksw. 1948 Univ. Heidelberg, Promot. 1950 Univ. Tübingen - S. 1978 Handelsrichter - BV: Struktur, Funktion u. Bedeut. d. Dt. Schreib- u. Papierwarengroßh., 1952; Wie man d. Marktwirtsch. retten kann, 1976; Vom Sinn u. d. Perspektive d. Lebens - Globale Betrachtung s. d. Start d. Sozialen Marktwirtsch. sowie d. tödlichen Gefahren f. d. Menschheit, 1992; div. Aufs. in Fachztg. - Liebh.: Lit., Sport, Volksw. - Spr.: Engl., Franz.

SCHÄFER, Günter

Prof. f. Graphik u. Malerei u. Vizepräsident (s. 1983) Univ. Marburg - Georg-Voigt-Str. 5, 3550 Marburg/L- 1978/79 Dekan Fachber. Neuere Gesch. u. Kunstwiss. Univ. Marburg.

SCHÄFER, Hans

Chefredakteur i. R., freier Journalist - Reichenbachstr. 9 D, 8230 Bad Reichenhall - Geb. 17. Juni 1920 Emden (Vater: Georg S., Lehrer u. Schriftst.; Mutter: Katharina, geb. Schipman), verh. s. 1947 m. Gertrud, geb. Kohl, 3 Kd. (Michael, Petra, Thomas) - Teilstud. Chemie; Ztg.volontariat - S. 1947 Nordwest-Ztg. (Redakt., Ressortleit., stv. Chefredakt.) u. Kieler Nachr. (1956 Ressortleit., 1959 stv., 1967-85 Chefredakt.). S. 1972 Doz. Akad. f. Publiz. Hamburg. 1952-66 Vors. Tarifkommiss. Dt. Journalisten-Verb.; 1956-67 Vors. Schlesw.-Holst. Journ.-Verb. 1962-67 u. 1972-86 Mitgl. Fernsehrat ZDF, 1967-72 VR-Mitgl. ZDF. 1959-66 Ratsherr Stadt Kiel. CDU. 1984-89 Mitgl. Kultursenat Stadt Kiel - 1963 Theodor-Wolff-Preis; BVK I. Kl. - Spr.: Engl., Franz.

SCHAEFER, Hans

Dr. med., Prof. f. Physiologie (emerit.) - Karl-Christ-Str. 19, 6900 Heidelberg-Ziegelhausen (T. 80 02 70) - Geb. 13. Aug. 1906 Düsseldorf (Vater: Mathias S.; Mutter: geb. Busch), kath., verh. s. 1931 m. Marietta, geb. Ditgens, 3 Kd. (Annette, Wolfgang, Anselm) - Realgymn. Velbert; Univ. München, Bonn (Promot. 1931), Königsberg, Med. Akad. Düsseldorf - 1930 Assist., 1935 Doz. Univ. Bonn, 1939 stv. Dir. Physiol. Inst. Univ. Gießen, 1941 ao. (zugl. Dir. Kerkhoff-Inst. Bad Nauheim), 1950-74 o. Prof. Univ. Heidelberg. 1968 Bundesgesundheitsrat. Präs. Dt. Ges. f. Sozialmed. (1963-75) u. Paulus-Ges. (1969-74); Präs. Dt. Liga f. d. Kind (1977-84); Ltg. Mainauer Gespräche (1979-91) - Entd.: Endplattenstrom - BV: Elektrophysiol., 2 Bde. 1940/42; D. Elektrokardiogramm, 1951; Med. heute - Theorie/Forschung/Lehre, 1962; Leib - Geist - Gesellschaft, 1971; Folgen d. Zivilisation, 1974; Herzkrank durch psychosozialen Streß, 1976; Sozialmed., 1978; Plädoyer f. e. neue Med., 1979; Med. Ethik, 1983; Brückenschläge, 1983; Dein Glaube hat dich gesund gemacht, 1984; Erkenntnisse u. Bekenntnisse e. Wissenschaftlers, 1986; D. Prinzip Psychosomatik, 1990. Mithrsg.: D. Elektrounfall (1982); D. kranke Mensch (1986); Präventive Med. (1987). 800 Einzelarb. - 1944 Adolf-Fick-Preis, 1955 Otto-v.-Bollinger-Plak., 1971 Albert-Schweitzer-Med.; 1956 Ehrenmitgl. New York Acad. of Sciences; 1991 Ehrenmitgl. Acad. Scientiarum et artium Europaea; Mitgl. Heidelbg. Akad. d. Wiss. (1953) u. Dt. Akad. d. Naturforscher (Leopoldina), Halle/S. (1957); 1975 Gr. BVK; 1975 Ehrenmitgl. Dt. Physiol. Ges., Deutsche, österr. u. schweiz. Ges. f. Sozialmed.; 1977 Dr. med. h. c. Mainz; 1987 Salomon Neumann-Med.; 1988 Paracelsus-Med.; Ehrenpräs. Dt. Liga f. d. Kind - Liebh.: Wiss. auf d. Briefmarke.

SCHAEFER, Hans

Dipl.-Ing., Honorarkonsul d. Bundesrep. Deutschl. in Chile (s. 1983) - Manuel Verbal 1592, Antofagasta/Chile (T. 25 13 81) - Geb. 1. Sept. 1946 Eschwege, ev., verh. s. 1970 m. Editha, geb. Strothe, 3 S. (Hans Martin, Marcus, Christian) - Stud. Oscar-v.-Miller-Polytechnikum München - Spr.: Span., Engl.

SCHÄFER, Hans Dieter

Dr. phil., Akad. Rat, Dozent f. dt. Literaturgeschichte Univ. Regensburg (s. 1974) - Franziskanerplatz 3, 8400 Regensburg (T. 0941 - 8 82 02) - Geb. 7. Sept. 1939 Berlin - Stud. German., Gesch., Phil. Wien u. Kiel; Promot. 1968 Kiel - 1969/70 Lehrbeauftr. Univ. Kiel; 1971-74 Wiss.-Assist. Univ. Münster - BV: Wilhelm Lehmann, 1969; D. gespaltene Bewußtsein, 1981, 3. A. 1983; D. Leben ganz nah, 1982; Berlin im Zweiten Weltkrieg, 1985, 2. A. 1991; Heimkehr, 1988; Mein Roman üb. Berlin, 1990 - 1975 Bayer. Lit.förderpreis.

SCHÄFER, Hans Erhard

Dr. med., Prof., Chefarzt i. R. Krankenanst. Lippe - Rintelner Str. 99, 4920 Lemgo (T. 05261 - 24 03) - Geb. 24. Juni 1924 Niedersessmar (Vater: Johannes S., Kaufm.; Mutter: Selma, geb. Richter), ev., verh. s. 1952 m. Dr. Annelore, geb. Mennicken - Stud. Berlin, Prag, Würzburg; Promot. 1951; Habil. 1963 - 1963-68 Oberarzt Med. Univ.klinik Würzburg; 1969 apl. Prof. Zahlr. Fachveröff. üb. Nephrol., Hypertonie, Immunol. - Spr.: Engl.

SCHÄFER, Hans Georg

Leiter d. Bachwoche Ansbach (s. 1980) - Zu erreichen üb. Rathaus, 8800 Ansbach (T. 0981 - 35 67) - Geb. 1932 - B. 1989 Intendant Berliner Philharmonisches Orchester.

SCHAEFER, Hans Joachim

Dr. phil., Chefdramaturg i.R. - Am Hange 39, 3500 Kassel-Kirchditmold (T. 6 83 03) - Geb. 9. Juli 1923 Laasphe/W. (Vater: Karl S., Lehrer; Mutter: Anna, geb. Müller), ev., verh. s. 1950 m. Barbara, geb. Sievers, 3 Kd. (Hans Albrecht, Bettina, Karl Wolfram) - 1930-42 Volkssch. u. Gymn. (1934) Kassel (Abit.); 1942-45 Wehrdst. (Funker, Artillerist; zul. Ltn. d. R.); 1946-50 Univ. Marburg (German., Musikwiss., Angl.; Promot.) - S. 1950 Dramaturg bzw. Chefdram. (1959-89) Staatstheater Kassel. 1961ff. Vors. Goethe-Ges. Kassel; 1980ff. Vors. Bewertungsaussch. Filmbewertungsst. Wiesbaden (FBW). - BV: Gehalt u. dramaturg. Gestaltung im Kunstwerk Richard Wagners, 2 Bde. 1950 (Diss.); D. Theater - Spiegel oder Anreger d. öfftl. Meinung?, 1968; D. Frage nach Gott im mod. Drama, 1969; Was geschieht heute auf d. Theater?, 1970. Herausg.: Theater in Kassel - Aus d. Geschichte d. Staatstheaters Kassel v. d. Anfängen b. z. Gegenwart (1959); 475 Jahre Orchester in Kassel (1977); Gustav Mahler in Kassel (1982); Gustav Mahler, Jahre d. Entscheidung in Kassel 1883-85 (1990) - 1976 Stadtmed. Kassel; 1989 Goethe-Plak. d. Landes Hessen - Liebh.: Bücher, Schallpl., Wanderungen, Fotogr. - Spr.: Engl., Franz., Latein, Norweg. - Rotarier (Paul Harris Fellow).

SCHÄFER, Hans-Bernd

Dr. disc. oec., Prof. f. Volkswirtschaftslehre Univ. Hamburg - FB Rechtswiss. II, Edmund-Siemers-Allee 1, 2000 Hamburg 13 - Geb. 25. Mai 1943 Münster (Vater: Bernhard Sch., Schneiderm.; Mutter: Elisabeth Sch.), verh. s. 1968 m. Doris, geb. Hofert, 2 Töcht. (Ilona, Anna) - Univ. Köln; Dipl.-Volksw. u. Dipl.-Kfm., Promot. 1970 - 1971-75 Wiss. Assist. Univ. Bochum; ab 1976 Prof. f. Volkswirtsch. Univ. Hamburg - BV: Veröff. z. Probl. d. Entw.politik, Außenwirtsch.politik, intern. Finanzpolitik, Ökonom. Analyse d. Rechts, u. a.: Gefährdete Weltfinanzen, 1980; Landwirtsch. Akkumulationslasten u. ind. Entw., 1983; Ökonom. Analyse d. Zivilrechts, 1986. Div. Schriften z. Ökonomie d. Rechts - Diss. Preis d. Univ. Bochum.

SCHAEFER, Hans-Eckart

Dr. med., o. Prof. f. Pathologie Univ. Freiburg - Zu erreichen üb. Pathol. Inst. Univ. Freiburg, Albertstr. 19, 7800 Freiburg (T. 0761 - 203 31 02) - Geb. 8. Sept. 1936 Koblenz, ev., verh. s. 1966 m. Birgit, geb. Peters - Med.-Stud. Univ. Mainz, Marburg u. Bonn; Staatsex. 1962 Bonn, Promot. 1962 ebd., Habil. f. Allg. u. Spez. Pathol. 1970 Köln - S. 1973 Leit. Abt. f. Feinstrukturelle Pathol. Pathol. Inst. Köln; s. 1983 Dir. Abt. Allg. Pathol. u. Pathol. Anatomie Univ. Freiburg u. gf. Dir. ebd., s. 1991 Stellv. d. Leit. Ärztl. Dir. d. Univ.klinikums Freiburg. 1983-84 Präs. Ges. f. Histochemie; 1991/92 Präs. Dt. Ges. f. Arterioskleroseforsch., Mitgl. d. Akad. d. Wiss., Heidelberg - BV: Leukopoese u. myeloproliferative Erkrankungen, in: Pathol., Bd. I (1984); Angeborene Stoffwechselkrankh., allg.-pathol. Teil, in: ebd., Bd. 4; Lehrbuch: Allgemeine u. spezielle Pathol. (Hg. U. N. Riede, H. E. Schaefer, H. Wehner), 1989 - Liebh.: Cembalospiel - Spr.: Engl., Franz.

SCHÄFER, Hans-Georg

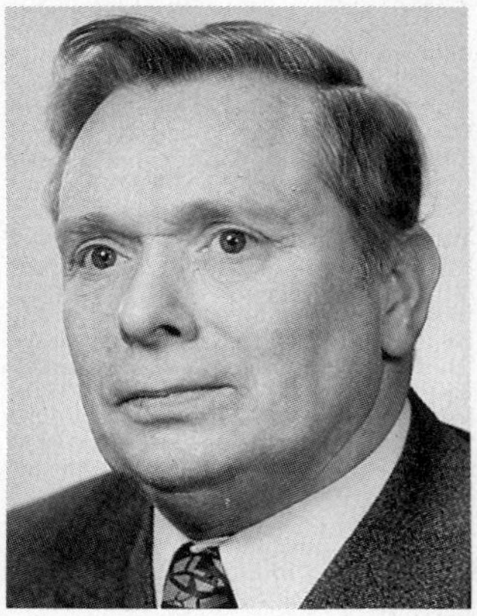

Dr. rer. nat., Univ.-Prof. i. R. - Am Weberhof 17, 5100 Aachen (T. 0241 - 15 15 47) - Geb. 6. Febr. 1919 Oppeln/OS. (Vater: Caspar Sch., Bankbeamter; Mutter: Margarete, geb. Nowak), kath., verh. s. 1948 m. M. Theresia, geb. Klingebiel, 2 Kd. (Dr. med., Dr.-Ing. Norbert Friedrich, Dipl.-Chem. Barbara Maria) - 1939-45 Stud. Chemie, Gesch. u. Phil. Univ. Halle/S. u. Breslau; Dipl. 1948 Halle, Promot. 1950 Bergakad. Freiberg, Habil. 1957 ebd. - 1951-57 Bergakad. Freiberg; 1960-64 Baurat Ing.sch. Wuppertal; 1964-77 Oberbaurat u. Baudir. Aachen; s. 1969 apl. Prof. RWTH Aachen; 1972 wiss. Rat u. Prof. S. 1984 i.R., anschl. b. 1991 Lehrauftrag f. Veredelung d. Kohle; Entw. Chemie u. Technol. d. Kohle, insbes. Kokereiwesen u. Brikettierung. Arb. auf d. Geb. d. Umweltschutzes - BV: Anorganisch-Chem. Prakt. (m. H. Frotscher), 1954; Org. Chemie (m. Fr. Ludwig), 1953; D. Chemie d. Braunkohle, Bd. I (m. A. Lissner), 1956 - Interessen: Gesch. u. Phil. - Spr.: Latein, Griech., Engl., Franz., Russ. - Lit.: W. G. Cieslik, Braunkohle 36 (1984) - 1984 BVK am Bde.

SCHÄFER, Hansjörg

Dr. med., Prof. f. Pathologie Univ. Hamburg - Winterhuder Kai 16, 2000 Hamburg 60 (T. 040 - 468 21 63) - Geb. 27. Jan. 1942 Köln (Vater: Dr. Karl-Heinz Sch., Kinderarzt u. Prof.; Mutter: Dr. Ilse, geb. Jacob), ev., verh. s. 1977 m. Hildegard, geb. v. Holten - Stud. Univ. Kiel, Tübingen u. Hamburg (med.

Staatsex. u. Promot. 1968, Habil. 1977) - S. 1979 Oberarzt Inst. f. Pathol. Univ. Hamburg; s. 1980 Prof. ebd. Wiss. Geb.: Cytochemie d. Calciumstoffwechsels, Diagnostik kindl. Tumoren - BV: Zellcalcium u. Zellfunktion, 1979 - 1979 Martini-Preis - Liebh.: Musik - Spr.: Engl., Latein, Griech.

SCHÄFER, Hans-Jürgen

Geschäftsführer Verb. d. Dt. Feuerzeug-Industrie - Leostr. 22, 4000 Düsseldorf 11.

SCHÄFER, Harald

Dr. rer. nat., o. Prof. f. Anorgan. Chemie - Besselweg 15, 4400 Münster/W. (T. 5 71 73) - Geb. 10. Febr. 1913 Jena - Promot. 1940 Jena; Habil. 1949 Stuttgart - B. 1937 Glaswerk Schott & Gen., Jena; 1948-53 Abt.sleit. Max-Planck-Inst. f. Metallforsch., Stuttgart; s. 1953 ao. u. o. Prof. (1959) Univ. Münster (1964 Dir. Anorgan.-Chem. Inst.) - BV: Chem. Transportreaktion, 1962. Div. Einzelarb. - 1967 Alfred-Stock-Gedächtnispreis Ges. Dt. Chemiker; 1969 Mitgl. Dt. Akad. d. Naturforscher (Leopoldina), Halle/S.

SCHÄFER, Harald

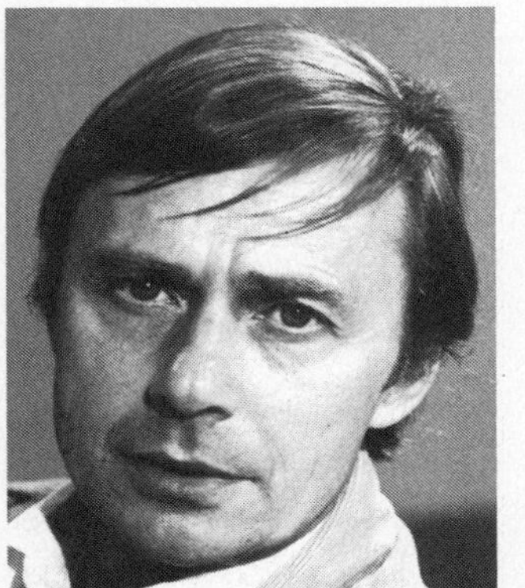

Dr. phil., Regisseur - Gartenstr. 18, 6057 Dietzenbach-Steinberg (T. 06074 - 34 77) - Geb. 15. Jan. 1931 Schotten (Vater: Heinr.-Wilh. Sch., Schulrat; Mutter: Erna, geb. Koch), verh. s. 1958 m. Christa, geb. Laukhardt, T. Tanja - Univ. Frankfurt/M. u. Marburg (Europ. Ethnol., Musikwiss. u. German.) - 1952-56 Regieassist. u. Schausp. Städt. Bühnen Frankfurt; 1956-82 Regiss. HR-Ferns. Zeitw. Lehrauftr. Univ. Marburg (f. Ethnol.) - BV: D. Fam. vor u. auf d. Bildschirm, 1973; D. Leute v. Domplatz, 1980; Als Druff, 1987; Urfaust Hessisch, 1989; Gell, da guckste, 1989; Sternschnuppe, 1991 - Theater: Regie-Assist. b. Brecht, Buckwitz, Piscator, Legal, Völker, Müthel, Assmann, Kortner, Verhoeven u. a. (1954 erste eig. Insz. Baden-Baden m. Werner Finck: Pygmalion); zul. Hess. Staatstheater Darmstadt: D. Erzbischof ist da (Peter Sattmann), 1980; Draußen vor d. Tür (W. Borchert), 1981; Vor d. Ruhestand (Thomas Bernhard), 1982; Alt-Darmstadt (Rüthlein/Schäfer), 1987; D. Schinderhannes (Carl Zuckmayer), 1988; D. Pfundexamen (Haumbach/Schäfer), 1989; Ebbes fehlt immer (Malss/Ettlinger/Schäfer), 1991 - Fernsehen: Autor u. Regiss. zahlr. Prod. (Unterh., Spiel, Fam.progr., Dok., Musik) f. fast alle dt. Sender, u. a. Hesselbach-Serie, Montagsmaler, Musik-Shows (Gloria Davy, Hildegard Knef, Paul Anka, Udo Lindenberg), Gustav-Knuth-Spezial, Kulenkampff-Serie, Blauer Bock, Immergrün, Wer will, der kann, Er-sie-es, Im Krug zum grünen Kranze-, (alles Serien) Oberkrainer-Send., D. Dt. Schlagerparade, Schlagerparade d. Volksmusik, D. Heimatmelodie, Augsburger Puppenkiste (70 Filme), Schaukelstuhl, Städte-Serie (78 Folgen), Goethe-Dok., D. Leute v. Domplatz, E. Abend m. Georg Thomalla, u.v.a. (auch üb. Sport, Med., exp. Musik, Kabarett), Tag d. dt. Schlagers, Gold. Europa, Hess. Geschichten (Günter Strack) - Hörf.: Sprecher in Frankf., Autor u. Regiss. (z. B. D. Knigge d. Herrn Martin) - Film: Prod. u. Regie v. Werbef. f. namhafte Firmen u. Institutionen (auch Min., Städte, DB) - Schallpl.: Texter, Jury-Mitgl. Dt. Voraussch. z. Grand Prix Eurovision - Regiss. öfftl. Großveranst. (u. a. Dt. Katholikentag Freiburg 1978) - 1971 1. Preis Ethnol. Filmfestival in Ungarn, Preis d. Kritiker ebd.; 1978 3. Preis Intern. Touristik-Film-Festival Tarbes/Frankr. (f.: M. d. Jet z. Dornröschen); 1989 BVK - Lit.: u. a. Zeutzschel: D. Fernsehspiel-Archiv, 1966, u. Biographien, 1969; Hess. Rundf. + Univ. FFM.: D. Hesselbachs.

SCHÄFER, Harald B.

Oberstudienrat, Umweltminister Baden-Württ. (s. 1992), MdB (s. 1972) - Kernerplatz 9, 7000 Stuttgart 1 - Geb. 20. Juli 1938 Oberdielbach, verh., 2 Kd. - Gymn. Eberbach/N. (Abit. 1958); 1958-64 Univ. Heidelberg u. München (Gesch., Dt., Polit. Wiss.). Staatsex. 1964 u. 66 - S. 1965 Schuldst., 1965-69 stv. Landesvors. Jungsozialisten Baden-Württ.; 1981 Vors. Kommiss. Zukunft d. Kernenergiepolitik d. dt. Bundestages. SPD s. 1962 (1971 Kreisvors. Heidelberg, s. 1977 stv. Landesvors. SPD Bad.-Württ., Umweltpolit. Sprecher SPD-Bundestagsfrakt., stv. Vors. d. SPD-Frakt. u. Vors. d. Arbeitskr. VI Umwelt u. Energie).

SCHÄFER, Hasso

Dr. med. (habil.), Prof., Kinderarzt - Wachstr. 7, 1000 Berlin 27 (T. 45 74 74) - B. 1968 Privatdoz., dann apl. Prof. FU Berlin (Kinderheilkd.). Facharb.

SCHÄFER, Helmut

Dr. rer. oec., Vorstandsmitglied Bayerische Motoren Werke AG., München - Petuelring 130, 8000 München 40 - Geb. 28. Jan. 1933 Haßlinghausen - Stud. Volkswirtsch.lehre Univ. Frankfurt, München, Innsbruck. Dipl.-Volksw. - Zun. (1962) VW, d. (1968) Vorst. VW de Mexico, s. 1975 BMW - Liebh.: Südamerik. Kunst, Fotografie - Spr.: Engl., Span. - Rotarier.

SCHÄFER, Helmut

Dr. rer. pol., Fabrikant, gf. Gesellsch. Filzfabrik Fulda GmbH, Fulda - Am Eichwald 2, 6400 Fulda - Geb. 29. März 1932 Fulda (Vater: Julius S., Fabr.), verh. s. 1963 m. Edith, geb. Wirth - Dipl.-Kfm.

SCHÄFER, Helmut

Staatsminister im Auswärtigen Amt, MdB (s. 1977) - Bundeshaus, 5300 Bonn; priv.: 6500 Mainz - Geb. 9. Jan. 1933 Mainz (Vater: Otto S., Kaufm.; Mutter: Johanna, geb. Koch) - 1951-1957 Stud. German., Angl., Phil., Päd., Theaterwiss. Mainz, Innsbruck, Dayton (USA). Staatsex. 1958 u. 60 (Ass.) 1960-67 Studienrat; 1967-77 Ref. (u.a. Medienfragen) im Min. f. Unterr. u. Kultur Rhld.-Pf. 1966-68 stv. Vors. Dt. Jungdemokr. Rhld.-Pf., 1968-70 stv. Bundesvors. DJD. FDP s. 1964 (s. 1972 Mitgl. Bundesvorst.), s. 1978 Vorst.-Mitgl. Friedrich-Naumann-Stiftung, 1980-82 Vors. Med. Kommiss. Europ. Lib., 1980-83 Vors. Med. Kommiss. F.D.P., Mitgl. Exekutiv Kommittee Lib. Internationale, s. 1979 außenpol. Sprecher d. F.D.P.-Bundestagsfraktion, s. 1984 Vors. F.D.P. BFA Außenpolitik; 1981-87 Vors. dt.-sowj. Parl. Gruppe im Dt. Bundestag, Vorst.-Mitgl. Atlantikbrücke, Mitgl. Goethe Inst. - BV: Schulfernsehen in Europa, 1976; Schulrecht f. Schüler u. Eltern in Rhld.-Pf. - Liebh.: Theater, Musik - Spr.: Engl., Franz.

SCHAEFER, Helmut

Dr.-Ing., Dr.-Ing. E. h., Prof., Ord. f. Energiewirtschaft u. Kraftwerkstechnik TU München/Institutsdir. (s. 1969) - August-Exter-Str. 31, 8000 München 60 (T. 089 - 83 14 68) - Geb. 26. April 1926 Gießen (Vater: Emil S., Studienrat; Mutter: Carola, geb. Adami), ev., verh. s. 1954 m. Eleonore, 2 Kd. - 1948-52 TH Karlsruhe (Elektrotechn.; Dipl.-Ing.). Promot. 1956 - U. a. Leit. Forschungsst. f. Energiew. Karlsruhe bzw. München; Vors. VDI-GET; Vorst.-Mitgl. Bayer. Zentrum f. angewandte Energieforsch. - BV: Struktur u. Analyse d. Energieverbrauchs d. BRD; Elektr. Kraftwerkstechn., Kernfragen - Unsere Energieversorg. heute u. morgen - Spr.: Engl.

SCHAEFER, Helmut H.

Dr. rer. nat., o. Prof. u. Direktor Mathemat. Inst. Univ. Tübingen (1963) - Morgenstelle 10, 7400 Tübingen (T. 29 28 96) - Geb. 14. Febr. 1925 - Habil. 1954 Leipzig - Prof. Univ. Halle (1956), Washington (1958), Ann Arbor (1960) - BV: Topological Vector Spaces, 1966/71 (russ. 1971, span. 1975); Banach Lattices and Positive Operators, 1974; Introduzione Alla Teoria Spettrale, 1980. Zahlr. Einzelarb. - 1978 Mitgl. Heidelbg. Akad. - 1985 BVK.

SCHÄFER, Herbert

Dr. jur., Ltd. Kriminaldirektor a. D., Rechtsanwalt, Gründer Kriminalist. Studiengem. Bremen (s. 1970) u. d. Ges. f. Jugendhilfe u. Kriminalitätsvorbeugung (s. 1980) - Dietrich-Bonhoeffer-Str. 84, 2800 Bremen 41 (T. 0421 - 47 64 62 u. 32 35 92) - Geb. 8. März 1926 Andernach (Vater: Johann S., Techn. Beamter; Mutter: Maria, geb. Weis), kath., verh. s. 1947 m. Marianne, geb. Kratky, 3 Kd. (Bernd, Ute, Helmut) - Stud. Univ. Bonn. 1. u. 2. Jurist. Staatsex.; Promot. Bonn - 1946-53 Landespolizei Bayern; 1960-69 Bundeskriminalamt Wiesbaden; 1969-74 Leit. K.polizei, Bremen, 1974-86 Landeskriminalamt Bremen. Begründer d. TB-Reihe Grundlagen d. Kriminalistik, sow. d. Fachschriftenr. Kriminalist. Studien. Zahlr. Fachaufs. - Beccaria-Med. (Silber) Dt. Kriminolog. Ges. - Interessen: Entwickl. neuer kriminalist. Meth. - Spr.: Engl.

SCHÄFER, Hermann Ernst

Komponist, Pianist, Prof. Staatl. Hochsch. f. Musik Heidelberg-Mannheim - Hermann-Löns-Weg Nr. 14, 6900 Heidelberg 1 (T. 06221-80 20 64) - Geb. 6. März 1927 Rottweil/N. (Vater: Ernst S., Rektor; Mutter: Emilie, geb. Reh), ev., verh. s. 1955 m. Lore, geb. Wäger, 3 Kd. (Hans-Ulrich, Martin, Stefan) - Stud. Musikhochsch. Trossingen, Heidelberg (Musiklehrerprüf. f. Klavier u. Musiktheorie) u. Univ. Heidelberg (Staatsex. f. d. Höh. Lehramt) - 1955-66 Höh. Lehramt Heidelberg (zul. Oberstud.rat); 1966-74 Pädag. Hochsch. Heidelberg (Prof. f. Musikerz.); s. 1966 Staatl. Musikhochsch. Heidelberg (Lehrauftr. f. Musiktheorie; 1972-76 Leit. Ausbild.stätte Heidelberg; s. 1974 Prof. f. Komposition) - Kompositionen f. Orchester u. Kammermusikbesetz., Liederzyklen, Schauspielmusiken - 1953 Dt. Jugendmusikpreis Bundesinnenmin.; 1958 Förderpreis Stadt Stuttgart - Rotarier.

SCHÄFER, Joachim

Ass., Stadtdirektor Stadt Buchholz in d. N. - Schluchtweg 3a, 2110 Buchholz (T. 04181-3 19 27) - Geb. 19. Juni 1948 Mainz-Kastel, ev., verh., m. Ragnhild, geb. Schnakenberg, 3 Kd. (Janina, Nicola, Julian-Chr.) - Jurastud., 2. Staatsex. 1977 - Doz. FHS Mayen, Ref. Min. Bonn, zul. Bürgerm. Stadt Altenstadt - Liebh.: Musik, Lit., Reisen - Spr.: Engl., Franz.

SCHÄFER, Jörg

Dr. phil., Prof. f. Archäol. Univ. Heidelberg - Marstallhof 4, 6900 Heidelberg - Geb. 25. April 1926 Stuttgart, ev., verh. s. 1959 m. Maria, geb. Rizos, 3 Kd. (Nadja, Myrto, Silvia) - Stud. Univ. Tübingen - Ausgrabungen Cypern, Griechenl., Kleinasien. Fachmitgl.sch. - BV: Stud. z. d. griech. Reliefpithoi, 1957; Hellenist. Keramik (Pergamenische Forsch., II 1968). Veröff. z. antiken Topographie u. Kunst, Herausg. u. Mitautor: Phaselis (Istanbuler Mitt. Beiheft 24, 1981) - Liebh.: Musik - Spr.: Engl., Neugriech., Franz.

SCHAEFER, Jürg

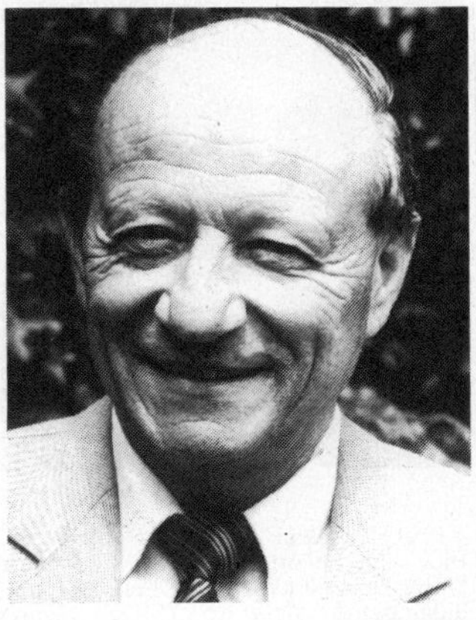

Kaufmann, geschäftsf. Gesellschafter Berg- u. Hüttenprodukte Walter Kaempfert GmbH u. Ricona Helmut Mataré GmbH, Geschäftsf. Compendata GmbH (alle Frankfurt) - Blanchardstr. 16, 6000 Frankfurt/M. 90 (T. 069 - 77 86 58) - Geb. 26. Mai 1919 Frankfurt (Vater: Hans S., Bankprokurist; Mutter: Maria, geb. Eberstadt), ev., verh. s. 1946 m. Dr. Kitty, geb. Kaempfert, 6 Kd. (Hans, Charlotte, Klaus, Doreen, Christian, Walter) - Lessing-Gymn. Frankfurt (Abit. 1937), Lehre Großhandelskfm. (b. 1939); Jur.-Stud. - Conseil FIH (s. 1974); Executive Committee EHF (s. 1974); Vors. Zweigstelle d. dt. Olymp. Gesellsch., Frankf. (s. 1984); Ehrenpräs. Deutscher Hockeybund (s. 1985); Vors. AOK Frankfurt; Präs. SC Frankfurt 1880 (1982-92, jetzt Ehrenpräs.) - 1979 Med. Stadt Frankfurt (f. sportl. Verdienste); 1982 Ehrenbrief Land Hessen; 1983 BVK I. Kl.; 1984 Sportplak. Stadt Frankfurt; 1989 Ehrenplak. Stadt Frankfurt - S. 1949 ehrenamtl. Richter LAG Frankfurt; Mitgl. Fin. Aussch. d. NOK, Mitgl. Ältestenrat d. NOK auf Lebenszeit - Liebh.: Hockey, Tennis, Squash, Skilaufen, Bergsteigen, Musik, Garten - Dt. Jugendm. Zehner-Kanu 1934 - Spr.: Engl., Franz., Span.

SCHÄFER, Jürgen

Dr. phil., Prof. f. Engl. (Amerik.) Literaturwissenschaft Univ. Augsburg (s. 1974) - Ackerstr. 2c, 8900 Augsburg 21 - Geb. 1. Aug. 1933 Wuppertal (Eltern: Erich (Kaufm. Angest.) u. Helene S.), kath., verh. s. 1962 m. Loretta, geb. Bickel, T. Sarah - Naturwiss. Gymn.; Stud. Angl., Roman., Gesch. Tübingen, Leicester, Münster, Pittsburgh. Promot. (1964) u. Habil. (1971) Münster - 1971/72 Doz., Wiss. Rat u. Prof. (1973) Univ. Münster - BV: Wort u. Begriff ‚humour' in d. elisabethan. Komödie, 1966; Shakespeares Stil: German. u. Roman. Vokabular, 1973; Documentation in the O.E.D.: Shakespeare and Nashe as Test Cases. Oxford Univ. Press, 1980; Gesch. d. amerik. Dramas im 20. Jh., 1982. Hrsg.: Commonwealth-Lit. (1981) - Spr.: Engl., Franz., Span.

SCHAEFER, Karl Heinz

Dr., Präsident Bundesausgleichsamt - Untere Terrassenstr. 1, 6380 Bad Homburg v. d. H - VRvors. Lastenausgleichsbank, VRmitgl. Dt. Pfandbriefanstalt.

SCHÄFER, Karl-Hermann

Dr. phil., o. Prof. f. Allg. Pädagogik Univ. Dortmund - Forstbann 4A, 4600 Dortmund 50 (T. 73 60 27) - Geb. 13. März 1935 Kassel (Vater: Friedrich Sch., Ing.; Mutter: Elisabeth, geb. Hundeshagen), ev., verh. s. 1968 m. Jutta, geb. Diercks, 2 Töcht. (Michaela, Corinna) - 1955-64 Stud. Kirchl. Hochsch. Wuppertal, Univ. Bonn u. Oxford (Päd., Phil., Angl., Psych., Ev. Theol., Soziol.)

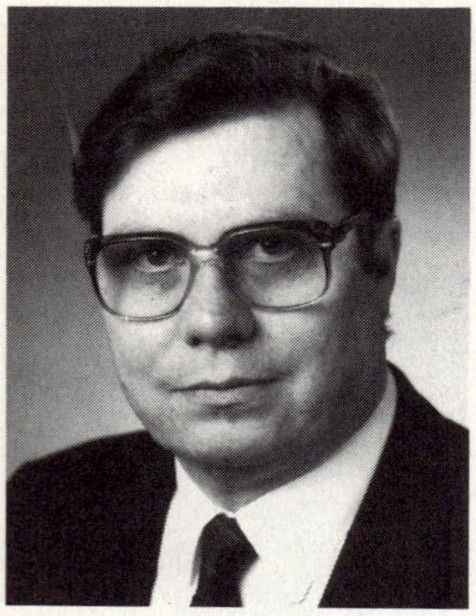

- 1980-82 Dekan Abt. f. Erzieh.wiss. u. Biol. Univ. Dortmund; 1985/86 Senator Univ. Dortmund; s. 1989 Leit. Mediendidaktisches Zentrum (MDZ) Univ. Dortmund - BV: Bildungsmod. u. Geschichtlichk., (hrsg. m. Klaus Schaller) 1967; Bild. u. Kultur, (hrsg. m. Klaus Schaller) 1968; Krit. Erziehungswiss. u. kommunik. Didaktik, (m. Klaus Schaller) 3. A. 1976; Ciência Educadora Crítica e Didática Comunicativa, tempo brasileiro, Rio de Janeiro, 1982 (m. Kl. Schaller; übers. v. M. Martincic); Studienbriefe f. d. Fernuniv. Hagen, 1977-86. Mithrsg. d. Norderstedter Hefte f. Phil. u. Päd., Aufsätze in dieser Ztschr. (s. 1988) - Liebh.: Musik (Mozart), Malerei - Spr.: Engl., Franz., Griech., Hebr., Latein.

SCHÄFER, Karl-Wilhelm

Dr. jur., Dipl.-Ing., Vorstandsmitglied d. Kapitalbeteiligungsges. d. Dt. Versich.-wirtschaft AG (KDV), Düsseldorf, Berlin - Obere Waldstr. 13, 7758 Meersburg (T. 63 61) - Rotarier.

SCHÄFER, Klaus

Dr. agr., Prof., Abteilungsvorsteher Lehrstuhl f. Ländl. Bau- u. Siedlungswesen TU Hannover - Waltringhauser Str. 4, 3052 Bad Nenndorf (T. 28 75) - Geb. 5. Mai 1930 Magdeburg (Vater: Heinrich S., Ing.; Mutter: Erika, geb. Bohn), verh. m. Uta Deutschbein, 2 Kd. - Univ. Gießen. Promot. 1956 - S. 1967 wie oben.

SCHÄFER, Ludwig

I. Bürgermeister - Rathaus, 7911 Elchingen/Schw. - Geb. 22. Sept. 1919 Biebesheim - Zul. Bundesbahnoberamtsrat.

SCHÄFER, Manfred

Dr. rer. nat., em. o. Univ.-Prof. f. Mechanik TU Clausthal - Rhumeweg 15, 3400 Göttingen (T. 7 26 15) - Geb. 30. April 1912 Dresden (Vater: Johannes S., Studienrat; Mutter: geb. Weidel), verh. 1947 m. Ingeborg, geb. Korte - TH Dresden, Univ. Leipzig - 1939-45 Assist. TH Dresden; 1951-62 Privatdoz. u. apl. Prof. (1957) Univ. Göttingen. Selbst. Abt.leit. Max-Planck-Inst. f. Strömungsforsch., Göttingen (b. 1964); 1962-81 Dir. Inst. f. Techn. Mechanik TU Clausthal. Spez. Arbeitsgeb.: Angew. Mechanik. Zahlr. Fachveröff. - Ausw. Wiss. Mitgl. Max-Planck-Inst. f. Strömungsforsch. - Intern. Fernschachmeister.

SCHÄFER, Marian Walter

Dr. phil. nat., Dipl.-Biol., Prof. f. Vgl. Verhaltensphysiologie Zool. Institut Univ. Frankfurt - Westendstr. 63, 6457 Maintal 1 (T. 06181 - 49 43 82) - Geb. 15. Aug. 1947 Frankfurt/M. (Vater: Heinrich Sch., städt. Angest.; Mutter: Edith, geb. Großkopf) - Gymn. Frankfurt (Abit. 1966); 1966-71 Stud. Zool., Botanik, Geol. u. Paläontol. Univ. Frankfurt/M.; Dipl.-Biol. 1971, Promot. 1972 - 1971-77 Wiss. Mitarb. Zool. Inst. Frankfurt; 1977-80 Doz. f. vgl. Verhaltensphysiol.; ab 1980 Prof. Zool. Inst. Frankfurt - BV: Orientier. im Tierreich (m. F. W. Merke), 1980; Lernen, in: Biol., E. Vorles.reihe f. Med. u. Naturwiss., 1981 - Liebh.: Reisen, Archäol., Ethnol. - Spr.: Engl.

SCHAEFER, Matthias

Dr. rer. nat., Prof. f. Ökologie - Konrad-Adenauer-Str. 15, 3400 Göttingen (T. 2 12 29) - Geb. 23. April 1942 Berlin (Vater: Erich Sch., Reg.rat; Mutter: Waltraut, geb. Kroll), ev., verh. s. 1968 m. Michaela, geb. Batteiger, 3 Kd. (Nikola, Christoph, Stephan) - Gymn. (Abit. 1961) Bad Godesberg; Univ. Bonn (Biol., Chem., Slawist.), dann Kiel, Promot. 1969 Kiel, Habil. 1975 - 1969 wiss. Assist. Univ. Kiel, s. 1977 Leit. Abt. Ökol. II. Zool. Inst. Univ. Göttingen - BV: Autor: Wörterbuch Ökologie, 1992. Herausg.: Fauna v. Dtschl., 18. A. 1992 u. d. Ztschr. Oecologia, Pedobiologia - Spr.: Engl., Franz., Russ.

SCHÄFER, Michael

Dr. med., M.A., Privatdozent (s. 1990), Oberarzt Psychiatrische Univ.-Klinik Marburg (s. 1981) - Gisselberger Str. 2, 3550 Marburg (T. 06421 - 2 28 74) - Geb. 14. Juli 1944 Heinsberg, kath., verh. s. 1983 m. Erika, geb. Böttcher - Abit. 1964; med. Staatsex. 1969; Promot. 1971 Mainz; M.A. (Phil.) 1977 Mainz; Habil. 1990 Marburg - BV: D. Neurosebegriff, 1972; Zur Kritik v. Schelers Idolenlehre, 1978; Migräne u. Persönlichkeit, 1991.

SCHÄFER, Norbert

Stv. Sprecher d. Bundesregierung, Ministerialdir. Presse- u. Informationsamt d. Bundesreg. - Welckerstr. 11, 5300 Bonn 1 (T. 20 80) - Geb. 1934.

SCHÄFER, Otto

Dr. jur., Assessor, Direktor, Sprecher Geschäftsf. Wüstenrot Holding GmbH/ Bauspark. Gemeinsch. d. Freunde Wüstenrot gGmbH, Ludwigsburg - Königsberger Str. 49, 7140 Ludwigsburg - Geb. 21. Juli 1930 Stuttgart, ev., verh., 3 Töcht. - Banklehre; Jura-Stud.; Ass.; Promot. - Vorst.-Vors. Verb. Priv. Bauspark., Bonn; AR-Vors. Wüstenrot Grundstücks-Verwertungs-Ges. mbH u. Wüstenrot Lebensversich.-AG; stv. AR-Vors. Wüstenrot Städtebau- u. Entw.ges. mbH, u. Wüstenrot Bank AG, alles Ludwigsburg; Präs. d. Europ. Bausparkassenvereinigung - BV: Kommentar z. Bauspark.gesetz (Lehmann - Schäfer - Cirpka), 3. A. - Spr.: Engl.

SCHÄFER, Paul

Dr. phil., Prof., Inh. Lehrstuhl f. Geographie u. ihre Didaktik - Ahornweg 14, 3201 Barienrode (T. 05121 - 26 36 32) - Wiss. Hochsch. Hildesheim, Inst. Geographie, Gesch., Pol. Wiss.

SCHÄFER, Peter

Dr. phil., Prof. f. Judaistik FU Berlin - Zu erreichen üb. FU Berlin, Inst. f. Judaistik, Schwendenerstr. 27, 1000 Berlin 33 - Geb. 29. Juni 1943 Hückeswagen, Vater: Josef Sch., Verw.dir.; Mutter: Agnes, geb. Fischer), kath., verh. s. 1968 m. Dr. Barbara, geb. Siems, 3 Kd. (Ruth, Eva, Simon Peter) - 1962-68 Stud. Judaistik, kath. Theol. u. Phil. Univ. Bonn, Jerusalem u. Freiburg (Promot 1968), Habil. 1973 Frankfurt - 1974-82 apl. Prof., 1982-83 Prof. Köln; s. 1983 Prof. FU Berlin; s. 1984 Senior Assoc. Fellow, Oxford Centre for Postgraduate Hebrew Studies; 1985 Gastprof. Hebräische Univ. Jerusalem; s. 1985 Mitgl. Intern. Council World Union of Jewish Studies, Jerusalem/Israel; s. 1987 korr. Mitgl. British Acad.; 1988 Ruf auf d. Smart Family Foundation Chair f. Judaic Stud., Duke Univ., Durham, N.C./USA; 1988-91 Mitgl. Acad. Committee, Annenberg Research Institute f. Judaic and Near Eastern Studies, Philadelphia, USA - BV: D. Vorstell. v. Hl. Geist in d. rabbin. Lit., 1972; Rivalität zw. Engeln u. Menschen, 1975; Stud. z. Gesch. u. Theol. d. rabbin. Judentums, 1978; Kl. Lexikon d. Judentums (m. J. Maier), 1981 (ital. 1985); D. Bar Kokhba-Aufstand, 1981; Synopse z. Hekhalot-Lit., 1981; Gesch. d. Juden in d. Antike, 1983 (franz. 1989); Geniza-Fragmente z. Hekhalot-Lit., 1984; Konkordanz z. Hekhalot-Lit., Bd. I, 1986, Bd. II, 1988; Übers. d. Hekhalot-Lit., Bd. II, 1987; Bd. III, 1989; Bd. IV, 1991; Hekhalot-Stud., 1988; D. verborgene u. offenbare Gott, 1991; Synopse zum Talmud Yerushalmi (m. J. Becker), Bd. I/1-2, 1991. Mithrsg.: Arb. z. Gesch. d. Antiken Judentums u. d. Urchristentums; Übers. Talmud Yerushalmi; Texte u. Stud. z. Antiken Judentum; Texts and Studies in Medieval and Early Modern Judaism.

SCHÄFER, Philipp

Dr. theol., Prof. f. Dogmatik Univ. Passau - Göttweigerstr. 133, 8390 Passau (T. 0851 - 3 48 66) - Geb. 19. Juli 1934 Wendelsheim (Vater: Albin Sch., Schmied; Mutter: Anna, geb. Bauer), kath. - S. 1955 Stud. Theol., Phil. Univ. Tübingen u. Würzburg (Promot. 1969 Tübingen), Habil. 1973 München - 1973 Privatdoz. München; 1975 Prof. Königstein; 1978 in Fulda; s. 1980 in Passau - BV: Phil. u. Theol. im Übergang v. d. Aufklärung z. Romantik, 1971; Kirche u. Vernunft, 1974; Einf. in d. Glaubensbekenntnis, 1979 (auch ital. u. span.) Eschatol. Trient u. Gegenreformation (HDG), 1984; Lebensquelle Eucharistie, 1985; Buße - Beichte - Vergebung, 1987. Herausg.: D. Mensch in d. Wissenschaften. E. Symposion (1986); Eigenart, Möglichk. u. Grenzen d. Methoden in d. Wissenschaften. E. Symposion (1988); Verantwortung u. Wissenschaft. E. Symposion (1990); Freiheit in Gemeinschaft. FS f. Josef Rief (1989).

SCHÄFER, Rolf

Dr. theol., Prof., Oberkirchenrat - Würzburger Str. Nr. 37, 2900 Oldenburg (T. 8 77 19) - Geb. 12. Juni 1931 Stuttgart - Stud. Tübingen, Göttingen, Zürich - 1960-64 Stiftsrepetent, 1964-71 Pfarrer Täbingen, 1967 Privatdoz., s. 1971 O.kirchenrat, 1974 apl. Prof. Tübingen - BV: Christol. u. Sittlichkeit in Melanchthons frühen Loci, 1961; Ritschl - Grundlinien e. fast verschollenen dogmat. Systems, 1968; Jesus u. d. Gottesglaube, 2. A. 1972; D. Ev. Glaube, 1973; D. Bibelauslegung in d. Gesch. d. Kirche, 1980; Gotteslehre u. kirchliche Praxis, 1991. Herausg.: Melanchthons Werke V, Römerbriefkomment. 1532 (1965).

SCHÄFER, Theo

Dr. theol., Dr. phil., Prof., Studienleiter St. Lambert, Burg Lantershofen - Burg Lantershofen, 5482 Grafschaft (T. 02641 - 2 96 54) - Geb. 25. Aug. 1930 Straßfeld, kath., ledig - Phil.- u. Theol.-Stud.; Promot (phil.) 1959 Bonn, (theol.) 1975 Regensburg (Prof. Ratzinger); 1962-67 Studentenpfarrer TH Aachen; 1967-74 Dir. Collegium Leoninum Bonn; 1976-86 Regens Studienhaus St. Lambert, Burg Lantershofen. S. 1982 Prof. - BV: D. erkenntnistheoret. Kontroverse Kleutgen-Günther, 1961; D. Priester-Bild im Leben u. Werk d. Origenes, 1977; Vlaten - E. Dorf m. gr. Gesch., 1979 - Liebh.: Sport, Mod. Kunst - Spr.: Latein, Hebr., Griech., Engl., Franz.

SCHÄFER, Walter

Direktor, Vorstandsmitglied Hess. Landesbank-Girozentrale Frankfurt/M. - Junghofstr. 18-26, 6000 Frankfurt/M. 1 - Geb. 19. Dez. 1936, verh., 2 Kd. - 1953-59 Kreisspark. Marburg; s. 1959 Stadtspark. Frankfurt (1970 Abteilungsdir., 1972 stv. Vorst.-Mitgl.); 1974 stv. gf. Präs. Hess. Spark. u. Giroverb. Frankfurt; s. 1980 Vorst.mitgl. Hess. Landesb. - Zahlr. Ehrenstellungen.

SCHÄFER, Wendel

Schriftsteller, Rektor - Igelweg 2, 5407 Boppard-Buchenau (T. 06742 - 40 67) - Geb. 25. Aug. 1940 Bundenbach/Hunsrück (Vater: Adalbert Sch., Rektor), kath., verh. s. 1965 m. Dorothee, geb. Goerigk, 2 Kd. (Andrea, Michael) - Abit. Boppard; Stud. EWH Koblenz,

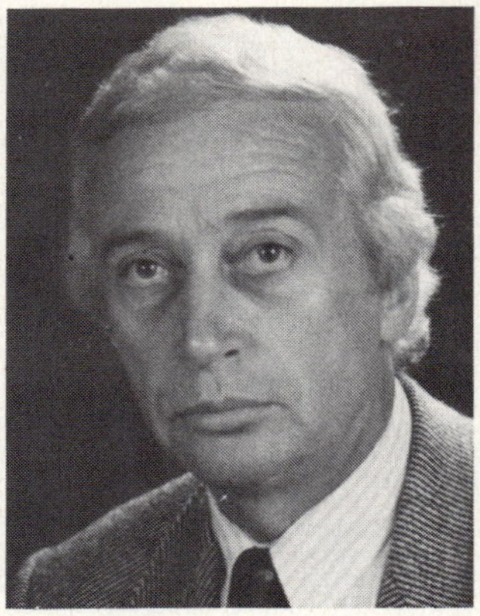

Univ. Mainz (Allg. Päd. u. Sonderpäd.) - 1978-89 Tätigk. in d. Lehrerausb. am Studiensem. Neuwied; 1978-81 Landesvors. Verb. dt. Sonderschulen; Mitgl. Verb. dt. Schriftst. (VS) (Landes- u. Bundesvorst.); s. 1989 1. Vors. TG 1892 Boppard - BV u.a.: Saurer Regen, 1983; Flügelschläge, 1985; Guten Morgen Dtschl., 1986; Bilderkopf u. Blumentritt, 1988; Krone im Kopf, 1991; Flügel-Spitzen, 1992. Veröff. zahlr. Anthol. u. lit. Ztschr., außerd. Buchillustrationen u. Karikaturen - 1988 u. 90 Hafiz Satire-Preis - Liebh.: Sport, Lit., Kunst, Historie, Phil. - Spr.: Engl., Franz., Latein.

SCHÄFER, Werner

Dr. med., vet., Dr. med. vet. h. c., Prof., Direktor em. Max-Planck-Inst. f. Virusforsch., Tübingen - Wolfgang-Stock-Str. 18, 7400 Tübingen - Geb. 9. März 1912 Wanne/W. - S. 1952 (Habil.) Lehrtätigk. Gießen (1958 apl. Prof., 1964 Honorarprof.). 1965 Honorarprof. Univ. Tübingen. 1954 Wiss. Mitgl. MPI f. Virusforsch. Spez. Aufgabengeb.: Virologie und Onkologie. Üb. 180 Fachveröff. - 1972 Ehrendoktor Tierärztl. Hochsch. Hannover; 1972 Aronson-Preis Berlin; 1957 Carus-Med. Dt. Akad. d. Naturforscher (Leopoldina), 1962 Emil-v.-Behring-Preis Univ. Marburg, 1965 Ludwig-Schunk-Preis Univ. Gießen; 1969 Mitgl. Leopoldina; 1975 Award World Committee for comp. Res. on Leukemia and relat. Diseases; 1978 P. Ehrlich u. L. Darmstaedter Preis; 1981 Ehrenmitgl. Dt. Ges. f. Hygiene u. Mikrobiol.; 1991 R. Koch-Med. in Gold.

SCHÄFER, Wilhelm

Fabrikant, Kompl. Wilhelm Schäfer KG., Likörfabrik/Weinimport, Nürnberg, stv. Vors. Bundesfachverb. d. dt. Spirituosenind., Düsseldorf, Vors. Schutzverb. d. Dt. Spirituosenind., Wiesbaden, u. Landesverein bayer. Spirituosen- u. Likörfabrikanten, München, u. a. - Schrothstr. 13, 8500 Nürnberg - Geb. 13. Juni 1903 Nürnberg (Eltern: Georg (Kaufm.) u. Magdalena S.) - Gymn.; Destillateursch.

SCHÄFER, Wolfgang

Dr., Prof., Dozent f. Polit. Sozialisation u. Politikwiss. Univ. Bremen - Stadtländerstr. 21, 2800 Bremen.

SCHÄFER, Wolfgang

Dr.-Ing., Prof. f. Automatisierungstechnik - Milkdelle 3, 4300 Essen 1 (T. 0201 - 71 12 13) - Geb. 25. Juli 1929 Düsseldorf (Vater: Wilhelm Sch., Kaufm.; Mutter: Charlotte, geb. Rohde), ev., verh. in 2. Ehe m. Sarita, geb. Coutinho, 3 Kd. aus 1. Ehe (Dirk, Monika, Claudia), S. Sascha aus 2. Ehe - Gymn. Wuppertal (Abit. 1950), TH Aachen, Dipl.-Ing. Stuttgart 1955, Promot. ebd. 1958 - 1964-71 Geschäftsf. GRA, 1971-75 Gf. Compac-Dr. Schäfer, s. 1976 Prof. Univ. Essen-GH - Entd.: Computer-Steuerung d. 100m-Radioteleskops Effelsberg, Eifel (1969), Mikrocomputer-Automatis. d. Flughafens Changi/Singapur (1979) - Spr.: Engl. - Lit.: Prof. Popović: Regelungstechnik, 1977.

SCHÄFER, Wolfgang

Direktor, Kaufm., gf. Vorstandsmitgl. Bäko Zentrale Süd-West eG Ladenburg - Trajanstr. 58, 6802 Ladenburg (T. 06203 - 10 01-0) - Geb. 1. Okt. 1934, kath., verh. s. 1960 m. Christa, geb. Bertsch, 2 S. (Matthias, Steffen) - AR-Vors. Bäko-Rechenzentrum Süd-West eG Ladenburg; Vorst.-Mitgl. u. stv. Verbandsdir. Bäko Prüfungsverb. Bad Honnef; AR-Mitgl. Bäko-Bundeszentrale eG, Bad Honnef.

SCHAEFER-KEHNERT, Walter

Dr. agr., em. o. Prof. f. Landw. Betriebslehre Univ. Göttingen, Chief Agriculture and Rural Development Division, Economic Development Institute, World Bank - Washington, D. C. 20433, USA - Geb. 5. Febr. 1918 Kehnert/Elbe - S. 1956 (Habil.) Lehrtätigk. Univ. Göttingen (1960 Prof.). Zeitw. Einsatz FAO/UN (Argent.), Tätigk. Intern. Bank for Reconstruction and Development, Washington/USA (1963 ff.), u. World Bank, Nairobi/Kenya (1968 ff.) - BV: Wirtschaftlichkeit u. Grenzen d. Zugkraftmotorisierung, 1953 (auch franz.); Kosten d. Wirtschaftlichkeit d. Landmaschineneinsatzes, 1957; Problemas Economicos de la Mecanisation Agraria, 1960; Analisis Economico de las Explotaciones Agrarias, 1960. Etwa 100 Fachaufs. - 1957 Preis Dt. Forschungsgem.

SCHÄFERDIEK, Knut

Dr. theol., Prof. f. Kirchengeschichte - Jahnstr. 38 g, 5204 Lohmar 1 (T. 02246 - 41 00) - Geb. 3. Nov. 1930 Köln (Vater: Willi Sch., Schriftst.; Mutter: Ingeborg, geb. Krägeloh), ev., verh. s. 1962 m. Helga, geb. Siermann, 2 Kd. - Univ. Bonn u. Göttingen (ev. Theol.) - 1958 wiss. Assist., 1967 Doz., 1979 o. Prof. - BV: D. Kirche in d. Reichen d. Westgoten u. Suewen, 1967; Johanneskaten, in: Schneemelcher, Ntl. Apokryphen II, 1989; Gotien, in JbAC, 1990. Herausg.: Kirchengesch. als Missionsgesch. II 1, 1978. Mithrsg.: Theol. Realenzyklopädie, 1976ff.; Ztschr. f. Kirchengesch.

SCHÄFERDIEK, Willi

Schriftsteller - Am Trerichsweiher 17, 5200 Siegburg/Rhld. (T. 25 61) - Geb. 19. Jan. 1903 Mülheim/Ruhr (Vater: Fritz S.; Mutter: Marie, geb. Willrich), ev., verh. s. 1928 m. Ingeborg, geb. Krägeloh († 1966), 3 Kd. (Knut, Rainer, Ingeborg) - Präparandenanst. u. Lehrersem. - 1926-44 Rundfunktätigk. (Dramat. Westd. Rundf., Köln, Chefdramat. u. lit. Leit. Reichssender Saarbrücken (1937) u. Dt. Kurzwellensender, Berlin (1939)) - W. Mörder für uns, Dr. 1928; Narren u. Helden, Dr. 1929; Ende d. Kreatur, Erz. 1931; D. Wartezimmer, Szenarium 1931; D. Trommler Gottes, Sch. 1933; Zuma, N. 1934; D. Genosse aus Brasilien, Kom. 1935; Matthias Tobias, R. 1937; Marina zw. Strom u. Moor, R. 1938; Wer ist mit im Spiel?, Kom. 1939; D. Kaiser v. Mexiko, Sch. 1940; Breton. Hochzeit, Opernlibretto (Musik: Gustav Kneip) 1941; Schinderhannes, Opernlib. (Mus. v. dems.) 1943; D. Eierfahrt, Erz. 1943; Kl. Bilderb. e. Kindheit, Erz. 1943; Richter Lynch, Trag. 1944; Jedermann 1948, Zeitmysterium 1948; D. überlisteten Ehemänner, Kom. 1949; Gestern so wie heute, Kalendergesch. 1949; D. Leibarzt S. Majestät, Erz. 1951; Rebell in Christo, R. 1953; Ges. Bühnenwerke, 1981; D. Flügelschlag d. Bussards, Ged. 1982; Casanovas verschwiegenes Abenteuer, Erz. 1982; Dreiklang, 3 R. 1984; D. Moritat v. Schinderhannes, 1984; Lebens-Echo, Erinn. e. Schriftst., 1985 - 1973 BVK; 1988 VO d. Landes NRW - Liebh.: Gartenarb.

SCHÄFERS, Bernhard

Dr. sc. pol., o. Prof., Leiter Inst. f. Soziologie Univ. Karlsruhe (s. 1983) - Zimmerhardtstr. 8, 7570 Baden-Baden (T. 07221 - 3 32 16) - Geb. 26. Febr. 1939 Münster, verh. s. 1966 m. Christa, geb. Tehler, 2 Söhne (Eduard, Christoph René) - Dipl.-Soz. 1965; Promot. 1967; Habil. (Soziol.) 1970; alles Münster - 1971-77 ao. Prof. Landau/Pf.; 1977-83 Univ. Göttingen. 1985-88 Vorst.; 1991ff. Vors. Dt. Ges. f. Soziol. - BV: Thesen z. Kritik d. Soziol., 1969 (span. Übers.); Einf. in d. Gruppensoziol., 1980 (span. Übers.); Sozialstruktur d. Bundesrep., 5. A. 1990; Soziol. d. Jugendalters, 4. A. 1989. Herausg.: Grundbegriffe d. Soziol. (3. A. 1992) - Liebh.: Lit./Lyrik; Stadterkundungen - Spr.: Engl., Franz., Span.

SCHAEFFER, Burghard

Prof., Dozent f. Querflöte Staatl. Hochschule f. Musik u. Theater - Emmichplatz 1, 3000 Hannover - Geb. 12. Juli 1921 Bielefeld.

SCHAEFFER, Helmut A.

Dr. rer. nat., Dr.-Ing. habil. Prof. f. Werkstoffwiss. Univ. Erlangen/Nürnberg - Mendelssohnstr. 75-77, 6000 Frankfurt 1 - Geb. 1. Jan. 1938 Berlin (Vater: Dr. med. Fritz Sch., Arzt; Mutter: Ella, geb. Noël), ev., verh. s. 1968 m. Beata, geb. Albert, 3 Kd. (David, Robert, Deborah) - 1957-65 Physikstud. TU Berlin; Promot. 1969 Max-Planck-Inst. f. Silicatforsch. u. Univ. Würzburg - 1969 Inst. f. Werkstoffwiss. (Glas u. Keramik) Univ. Erlangen-Nürnberg, 1974/75 National Bureau of Standards, Washington, DC - 1980 Habil.; 1982 Beruf z. Prof. 1985 Geschäftsf. Hüttentechn. Vereinig. d. Dt. Glasind. (HVG) u. Dt. Glastechn. Ges. (DGG) - Herausg.: Fachztschr. Glastech. Ber. - 1980 Wolfgang-Finkelnburg-Preis Univ. Erlangen; 1981 Industriepr. Dt. Glastechn. Ges. - Spr.: Engl.

SCHÄFFER, Karl-August

Dr. rer. nat., Dipl.-Math., em. o. Prof. f. Wirtschafts- u. Sozialstatistik Univ. zu Köln (s. 1967) - Kiefernweg 16, 5030 Hürth-Efferen (T. Hürth 6 73 90) - Geb. 12. Mai 1925 Mennighüffen/W. - Habil. 1966 Mainz - In- u. ausl. Fachmitgliedsch. Div. Veröff.

SCHAEFFER, Klaus

Dr. jur., Dipl.-Kfm., Vorstandsmitgl. Grundkreditbank eG - Volksbank (s. 1984) - Budapester Str. 35, 1000 Berlin 30 (T. 250 01-01) - Geb. 28. Juli 1936 Senftenberg/NL. (Vater: Dipl.-Ing. Werner S.; Mutter: Charlotte, geb. Klomp), ev., verh. s. 1963 m. Ingrid, geb. Kaske, 3 Kd. (Dagmar, Petra, Julia) - Bankl. Köln (I. D. Herstatt); Stud. Berlin, Lausanne, München, Köln; 1969-81 Vorst.-Mitgl. Kölner Bank v. 1867 eG., Volksbank, Köln; zul. Vorst.-Mitgl. Dt. Apotheker- u. Ärztebank eG - BV: Allg. Freiheitsrecht (Art. 39) u. Sozialpflichtigkeit n. d. jugosl. Verfassung v. 1963, 1966 (Diss.). Zahlr. Veröff. z. Sozialbilanz - Spr.: Engl.

SCHAEFFER, Otto

Geschäftsführer Hänsel Textil GmbH & Co., Iserlohn - Am Schmachtenberg 11, 5860 Iserlohn - Geb. 15. Nov. 1924 Frankfurt/M.

SCHAEFFER, Ulrich

Dr., Geschäftsführer Trans Tel/Ges. f. dt. Fernsehtranskription mbH. - Raderberggürtel 50, 5000 Köln 1 - Geb. 10. Jan. 1931 - Stud. USA, Tübingen, FU Berlin, Freiburg, 1. u. 2. jurist. Staatsprüf., Dr. jur - 1962-65 Ref. f. Sonderaufg. Intendanz Westd. Rundfunk; 1965-66 Fernsehref. UNESCO Paris; 1966-69 Leit. d. Fernsehausb.stätte Rawalpindi, Pakistan; s. 1969 Geschäftsf. TransTel GmbH u. e-te-s GmbH (european television service), Mitgl. Intern. Inst. of Communications London (IIC), Vorst.-Mitgl. Kunst u. Kultur Burg Zweiffel e.V.

SCHAEFFLER, Richard

Dr. phil., o: Prof. f. Philosoph.-Theolog. Grenzfragen - Albweg 7, 7400 Tübingen-Kressbach (T. 7 32 44) - Geb. 20. Dez. 1926 München (Vater: Josef S., Apotheker; Mutter: Gertrud, geb. Witkowski), rk., verh. m. Maria, geb. Laub - S. 1961 (Habil.) Lehrtätigk. Univ. Tübingen, 1968-89 Bochum (Ord.) - BV: D. Struktur d. Geschichtszeit, 1963; Wege zu e. Ersten Phil., 1964; Einf. in d. Geschichtsphil., 1973; Religion u. krit. Bewußtsein, 1973; D. Religionskritik sucht ihren Partner, 1974; Frömmigkeit d. Denkens?, 1978; Was dürfen wir hoffen?, 1979; Wechselbeziehungen zw. Philosophie u. kath. Theologie, 1979; Glaubensreflexion u. Wissenschaftslehre, 1980; Fähigkeit z. Erfahrung, 1981; Relig.phil., 1983; Kleine Sprachlehre d. Gebets, 1988; D. Gebet u. d. Argument, 1989.

SCHÄFFNER, Lothar

Dr. phil., Prof. f. außerschul. Jugendbildung Univ. Hannover - Von-Alten-Allee 20, 3000 Hannover 91 (T. 0511 - 44 22 82) - Geb. 19. Okt. 1943, 1 Kd. (Cord) - 1963 Stud. Univ. Tübingen, b. 1965 Univ. Kiel; Promot. 1969 Univ. Kiel - 1971-76 Leit. nieders. Landesverb. Heimvolkshochsch., Hannover; 1976-80 Doz. FB Erziehungswiss. I Univ. Hannover; s. 1980 Prof.; 1983-86 Dekan FB Erziehungswiss. I Univ. Hannover; s. 1986 beurl. (Leit. d. Bildungswesens (d) d. Continental Gummiwerke AG, Hannover) - BV: Frauen in gewerbl./techn. Berufen. Ergebn. e. Langzeitstudie (m. W. Dahms), 1985; Arbeit gestalten durch Qualifizierung, e. Handb. z. betriebl. Weiterbildung, 1991. Mithrsg.: Schriftenreihe Theorie + Praxis u. Ztschr. Lernfeld Betrieb - Liebh.: S. 1970 aktiver Jazzmusiker (Trompete).

SCHAEFGEN, Heinz

Dr. jur., Ministerialdirektor, Leit. Abt. Unterkunft u. Liegenschaften Bundesverteidigungsmin. - Hardthöhe, 5300 Bonn; priv.: Bürresheimer Str. 40, 5440 Mayen - Geb. 6. Febr. 1928 Mayen, kath., verh. m. Ingrid, geb. Leimbach, 2 Kd. (Ute, Gerald) - Abit. 1948; Univ. Mainz/Rechtswiss. (Promot. 1957) - S. 1958 Justizverw. Rhld.-Pf. (Richter, Staatsanw.) u. Bundesmin. d. Justiz (1970 Ref.leit., spät. Leit. Zentralabt. BWB (Koblenz), 1973 Leit. Abt. Personal Bundesverteidig.min.) - Liebh.: Rechtl. Volkskunde - Spr.: Franz., Engl.

SCHÄFKE, Friedrich-Wilhelm

Dr. rer. nat., o. Prof. f. Mathematik - Marienweg 13, 7750 Konstanz-Litzelstetten/Bodensee - Geb. 21. Juli 1922 Berlin (Vater: Studienrat Dr. phil. (habil.) Rudolf S., Musikwiss.ler; Mutter: Martha, geb. Seeger), verh. in 3. Ehe (1973) m. Renate, geb. Stahlschmidt, 6 Kd. (Werner, Bertha, Rudolf, Reinhard, Ingo, Alexandra) - Schule u. Stud. Berlin. Promot. 1947 Göttingen; Habil. 1949 Berlin - 1949 Doz. Univ. Mainz, 1955 apl. Prof. ebd., 1957 o. Prof. Univ. Saarbrücken, 1958 Univ. Köln, 1971 Berlin/Freie, 1972 Konstanz - BV: Mathieusche Funktionen u. Späroidfunktionen, 1954 (m. Meixner); Einf. in d. Theorie d. spez. Funktionen d. math. Physik, 1963; Gewöhnl. Differentialgleichungen, 1973 (m. D. Schmidt); Integrale, 1992 (m. D. Hoffmann). Etwa 60 Einzelarb. - Spr.: Engl., Franz.

SCHÄFKE, Werner

Dr. phil., Dir. Kölnisches Stadtmuseum (s. 1984) - Petersbergstr. 99, 5000 Köln 41 (T. 0221 - 46 39 70) - Geb. 10. Juli 1944 Hildesheim (Vater: Friedrich Wilhelm Sch., Math.prof.; Mutter: Renate, geb. Stachow), kath., verh. s. 1971 m. Jutta, geb. Kiesow, 5 Kd. (Katharina, Bernhard, Georg, Hildegard, Werner) - 1966-71 Stud. Gesch., Kunstgesch., Geogr., kath. Theol. Univ. Köln, Bonn u. Mainz - BV: Frankr. got. Kathedralen, 1979; D. Ratssilber d. Stadt Köln, 1980; D. Rhein v. Mainz b. Köln, 1982; Engl. Kathedralen, 1983; Kölns roman. Kirchen, 1984; Köln, 1988 - Spr.: Engl., Franz., Lat., Ital., Kölsch.

SCHAEFTER, Henning

Industriekaufmann, Geschäftsf. WANIT-UNIVERSAL GmbH & Co. KG, Neubeckum, WANIT-UNIVERSAL Beteiligungsges. mbH, Neubeckum, Grundstücksverwaltungsges. Schloßstr. 30 mbH, Neubeckum, AR-Vors. KORFF AG, Oberbipp/CH, Gesellsch. Appartment-Touristik GmbH Hamburg, AR H.A.K.-Feriendst. GmbH & Co. KG, Hamburg.

SCHAEIDT, Gerd

Fabrikant, Mitinh. d. Trierischen Korkindustrie GmbH, Trier - Falkenstein, 5503 Konz-Niedermennig (T. Büro: Trier 16 061) - Geb. 26. April 1926 - Ehrenpräs. IHK Trier; Mitgl. d. Beirats d. Landeszentralbank.

SCHAER, Karl-Heinz

Dr. jur., Vorstandsmitglied Allgäuer Alpenmilch AG., München (1967-84/ Ruhest.) - Rabenkopfstr. 39, 8000 München 90 (T. 089 - 64 70 30) - Geb. 25 Nov. 1920 Bruchsal, kath., verh. s. 1958, 4 Kd. - Univ.; TH. Jurist. Staatsex. - Zul. Geschäftsf. Blaupunkt-Werke GmbH., Hildesheim.

SCHAER, Walter

Prof., Dozent f. Holz Staatl. Hochschule f. bild. Künste - Lerchenfeld 2, 2000 Hamburg 22.

SCHAERER, Reymond

Dipl.-Ing., Direktor - Birsstegweg 13/1, CH-4127 Birsfelden - Geb. 15. April 1927 Genf, verh. s. 1960 m. Gisela, geb. Hoffmann, 2 Kd. - Dipl. 1957 TH Karlsruhe - 1974/75 Präs. Union f. d. Koordinier. d. Erzeug. u. d. Trnsp. d. Elektrizität (UCPTE); z. Zt. VR-Präs. AKEB AG. f. Kernenergiebeteilig., Vize-Präs. Grischelectra AG. u. Elektricité de Strasbourg, Vize-Präs. d. VR SOGESA S.A. - Spr.: Deutsch, Franz.

SCHÄRPF, Otto S. J.

Dr. rer. nat., apl. Prof. - Zu erreichen üb. Inst. Laue-Langevin, BP 156, F-38042 Grenoble, Frankreich (T. 0033 - 76 20-70 71) - Geb. 8. Aug. 1929 Walldürn, kath. - 1950-54 Stud. Phil.; 1955-59 Theol. Univ. Innsbruck; 1960-64 Physik u. Math. Univ. München; Promot. 1967; Habil. 1977 TU Braunschweig; apl. Prof. 1982 - 1968-73 wiss. Assist., 1973-79 Oberassist. TU Braunschweig; 1979-87 Physiker Inst. Laue-Langevin, Grenoble; 1987/88 Kommiss. Leit. Inst. Exper. Physik TU München - Entd.: 1966 polarisierte Elektronen, 1978 magnetisches Brechungsgesetz f. Neutronen, Verhalten in Helixstrukturen, 1981 Neutronenpolarisator m. Superspiegeln, 1985 Diffuse Streuung m. Polarisationsanalyse. 98 Veröff. in Fachztschr. - 1991 Mitgl. d. Acad. Scientiarum et Artium Europaea - Spr.: Engl., Franz.

SCHÄTTLE, Horst

Dipl.-Kfm., Journalist, Fernsehdirektor SFB (s. 1989) - Masurenallee 8-14, 1000 Berlin 19 - Geb. 9. Dez. 1939 Oberndorf (Vater: Ernst Sch., Kaufm.; Mutter: Josefine, geb. Schäfer), kath., verh. s. 1968 m. Siegrid, S. Frank - Gymn., 1961-66 Univ. Mannheim, Saarbrücken, Dipl.-Kfm. - B. 1970 Bonner Korresp. ZDF; 1971-77 Redakt.leit.: heute, ZDF; 1978-83 Hauptredakt.leit. Innenpolitik; 1983-88 Studioleit. ZDF Paris.; 1989 Hauptredakt.leit. Außenpolitik ZDF.

SCHÄTZKE, Manfred

Dr. agr., Prof. f. Haushalttechnik - Am Schmettenstück 35, 5047 Wesseling (T. 02236-4 74 77) - Geb. 8. Nov. 1934 Rodenroth (Vater: Herbert Sch., Gärtner; Mutter: Rosa, geb. Pletsch), ev., verh. s. 1962 m. Heide, geb. Dulies, 2 S. (Andreas, Christian) - Gymn.; TH Aachen (Dipl.-Ing. 1962), Promot. Bonn 1967 - 1972 Prof. Univ. Bonn.

SCHÄTZLE, Alois

Bezirkssozialsekretär a. D., MdL a. D. Baden-Württ. (1971-88) - Friedrichstr. 16, 7808 Waldkirch-Kollnau - Geb. 30.

Aug. 1925, kath., verh., 3 Kd. - Volkssch.; kaufm. Lehre Einzelhandel - 1943-45 Arbeits- u. Wehrdst. (Luftw.); Angest. Herder-Verlag; 1954-58 Geschäftsf. Rohstoffgroßhdl.; 1958-88 Landes/Bezirkssozialsekr. CDU-Südbaden u. Baden-Württ. Vors. Kolpingwerk Landesverb. Baden-Württ.; Mitgl. DAG, Dorfhelferinnenwerk, AGJ; Vors. Mandolinen-Verein Kollnau-Gutach e.V.

SCHÄTZLE, Walter
Dr. med. (habil.), Prof. - Klinikum, 6650 Homburg/Saar - B. 1969 Privatdoz., dann apl. Prof. Göttingen (HNOheilkd.).

SCHÄUBLE, Wolfgang
Dr. jur., Vorsitzender d. CDU/CSU Fraktion d. Dt. Bundestages, MdB (s. 1972; Wahlkr. 188/Offenburg) - Bundeshaus, Görresstr. 15, 5300 Bonn 1 - Geb. 18. Sept. 1942 Freiburg (Vater: Karl S., Steuerbevollm.; Mutter: Gertrud, geb. Göhring), ev., verh. s. 1969 m. Ingeborg, geb. Hensle, 4 Kd. (Christine, Hans-Jörg, Juliane, Anna) - Gymn. Hausach (Abit. 1961); 1/2j. Praktik. Bezirksspark. Hornberg; 1961-1966 Univ. Freiburg u. Hamburg (Rechts- u. Wirtsch.wiss.). Jurist. Staatsex. 1966 u. 70; Promot. 1971 - S. 1971 Steuerverw. Baden-Württ. (Regierungsrat Finanzamt Freiburg I), 1978 Rechtsanw. 1969ff. Bezirksvors. Jg. Union Südbaden. CDU s. 1965. 1970 Mitgl. Bezirksvorst. CDU ebd., 1982 stv. Bezirskvors., 1975-84 Mitgl. Parlam. Vers. Europarat u. Westeurop. Union, 1976-84 Vors. Bundesfachaussch. Sport d. CDU, 1979-82 Vors. Arbeitsgem. Europ. Grenzregionen (AGEG); 1981-84 Parlam. Geschäftsf. CDU/CSU Bundestagsfraktion; 1984-89 Bundesmin. u. Chef Bundeskanzleramt; 1989-91 Bundesminister d. Innern; s. 1989 Mitgl. Bundesvorst. CDU - BV: D. berufsrechtl. Stellung v. Wirtschaftsprüfern u. -prüfungsges., 1972 (Diss.) - Div. in- u. ausl. Orden - Liebh.: Klass. Musik, mod. Lit., Sport - Spr.: Engl., Franz.

SCHAFFEN, Alexander
s. Schaub, Franz

SCHAFFER, Franz
Dr. rer. nat., o. Prof. f. Sozial- u. Wirtschaftsgeographie Univ. Augsburg (s. 1973) - Radaustr. 75, 8900 Augsburg 22 - Geb. 12. Nov. 1937 - Promot. 1966; Habil. 1971 - 1972-73 Wiss. Rat u. Prof. Univ. München. Bücher u. Einzelarb.

SCHAFFER, Gerhard
Dr. agr., Prof. f. Bodenkunde - Am Hasengarten 88, 3300 Braunschweig (T. 6 62 04) - Geb. 1. Febr. 1922 Altstadt/Sudetenl. - S. 1961 (Habil.) Lehrtätigk. LH Hohenheim u. TH bzw. TU Braunschweig , s. 1979 Präs. TU Braunschweig.

SCHAFFER, Wolfgang
Präsident Oberlandesgericht Nürnberg - Fürther Str. 110, 8500 Nürnberg 80 (T. 0911 -3 21-23 00) - Geb. 14. Jan. 1933 Berlin, ev., verh., 3 Kd. - B. 1986 Min.-Dirig. b. Bayer. Staatsmin. d. Justiz München.

SCHAFFNER, Hans
Autor, Journalist, Musikredakt. - Schützenstr. 22, 6080 Groß-Gerau (T. 06152 - 43 23) - Geb. 26. April 1955 Groß-Gerau - 1975-78 Volont. Frankfurt/M. - S. 1979 fr. Mitarb. (Musikber.) RTL u. Autor f. kulturelle Send. Dt. Welle Köln; s. 1983 fr. Mitarb. ZDF f. Show-Send. (Flashlights); 1978-79 Reporter b. 7 Tage u. Funk Uhr; 1980-81 fr. Mitarb. Hamburger Abendblatt; s. 1981 fr. Mitarb. Jugendzeitschr. Pop/Rocky u. fr. Journ. Express, tz, Berliner Morgenpost, Neue Rhein Ztg., D. Gold. Blatt, Frau im Spiegel, Hör Zu, Echo d. Frau, Münchner Merkur, Bunte, Neue Presse Hannover u.a. - BV: D. große RTL-Lexikon d. Pop-Musik (m.a.), 1982 - Liebh.: Musik, Hochseesegeln - Spr.: Engl., Span.

SCHAFFNER, Kurt
Dr., Prof., Chemiker, Direktor Max-Planck-Inst. f. Strahlenchemie - Stiftstr. 34-36, 4330 Mülheim a.d. Ruhr (T. 0208 - 3 04-4) - Geb. 6. Okt. 1931, kath., verh. s. 1981 m. Gertraud, geb. Lindgens - 1950-57 Chemiestud. ETH Zürich; Promot. - 1964-69 Priv.-Doz. ETH Zürich, 1970-71 Titularprof. ETH Zürich; 1971-76 o. Prof. u. Dir. d. Departements f. org. Chemie Univ. Genf; s. 1976 Wiss. Mitgl. Max-Planckges. u. Inst.dir. S. 1966 Gastprof. in USA, Schweiz, Niederl., Belgien, s. 1967 Vortragsreisen auf Einl. in Engl., Israel, USA, Kanada, UdSSR, Südafrika, Japan. 1972-76 Präs. Europ. Photochemistry Assoc., 1976-81 Vors. Intern. Union of Pure & Applied Chemistry: Kommiss. f. Photochemie, s. 1977 Präs. d. Intern. Stiftg. f. Photochemie, 1985-89 Präs. d. Gründungskomit. u. später Mitgl. d. Exekutivkomit. d. Europ. Soc. f. Photobiol. S. 1977 Mitgl. v. Herausg.gremien versch. nat. u. intern. wiss. Ztschr. - 1965 Preis d. Schweiz. Chem. Ges. m. Werner-Medaille; 1968 Ruzicka-Preis; 1986 o. Mitgl. d. Rhein.-Westf. Akad. d. Wiss.; 1989 o. Mitgl. Acad. Europaea; 1990 Havinga-Preis; Dr. h.c. Inst. Quimic de Sarrià, Barcelona - Spr.: Franz., Engl.

SCHAFFSTEIN, Friedrich
Dr. jur. (habil.), o. Prof. f. Straf-, -prozeßrecht u. Kriminologie (emerit. 1970) - Ewaldstr. 103, 3400 Göttingen (T. 5 70 53) - Geb. 28. Juli 1905 Göttingen (Vater: Dr. phil. Carl S., Privatgelehrter; Mutter: Emma, geb. Barkhausen), ev., led. - Gymn. Göttingen; Univ. Innsbruck u. Göttingen - 1930 Privatdoz. Univ. Göttingen, 1933 Ord. f. Strafrecht Univ. Leipzig, 1935 Univ. Kiel, 1941 Univ. Straßburg (b. 1944), 1953 Univ. Göttingen - BV: u. a. D. Entwickl. d. allg. Lehren v. Verbrechen im gemeinen Strafrecht, 1930; D. Erneuerung d. Jugendstrafrechts, 1936; Wilhelm v. Humboldt, 1952; D. Strafrechtswiss. im Zeitalter d. Humanismus, 1954; Jugendstrafrecht, 10. A. 1991. Abhandlg. z. Strafrechtsgesch. u. Wiss.gesch., 1987 - O. Mitgl. Akad. d. Wiss. Göttingen.

SCHAIBLE, Erich
Ministerialdirektor, Leit. Abt. Sport Bundesinnenmin. - Graurheindorferstr. 198, 5300 Bonn 1.

SCHAICH, Eberhard
Dr. oec. publ., Dipl.-Handelsl., o. Prof. f. Statistik u. Ökonometrie Univ. Tübingen (s. 1977) - Wannweiler Str. 22, 7402 Kirchentellinsfurt (T. 07121 - 6 84 34) - Geb. 25. Nov. 1940 Stuttgart (Vater: Eugen S., Prokurist; Mutter: Emma, geb. Röhm), ev., verh. s. 1965 m. Gisela, geb. Felgner, 3 Kd. (Christoph, Regine, Susanne) - Lehre als Ind.kfm.; Stud. Univ. München; Habil. 1969, 1970-77 o. Prof. f. Stat. Univ. Regensburg - BV: Die Intergenerationenmobilität in Westdtschl., 1973; Statistik I u. II, 3. A. 1986/90; Schätz- u. Testmeth. f. Sozialwissenschaftler, 2. A. 1990; Verteilungsfreie Prüfverf., 1984; Studienbuch Ökonometrie, 1990 - Spr.: Engl., Franz.

SCHALDACH, Max
Dr.-Ing. (habil.), o. Prof. f. Physikal.-Med. Technik u. Vorst. Zentralinst. f. Biomed. Technik Univ. Erlangen-Nürnberg (s. 1973) - Turnstr. 5, 8520 Erlangen - Zul. apl. Prof. Erlangen.

SCHALL, Anton
Dr. phil., em. o. Prof. f. Semitistik u. Islamwissenschaft - Trübnerstr. 38, 6900 Heidelberg (T. 40 14 22) - Geb. 1. April 1920 Rottenburg/N. (Vater: Anton S.; Mutter: Anna, geb. Holzherr), kath., verh. 1958 m. Erna, geb. Schmidt-Hartung - Univ. Tübingen - Promot. (1948) u. Habil. (1956) Tübingen - S. 1957 Lehrtätigk. Univ. Tübingen u. Heidelberg (1959 ao., 1966 o. Prof.) Hrsg. Heidelberger Oriental. Studien: Rosemarie Höll: D. Stellung d. Frau im zeitgenöss. Islam. Dargest. am Beispiel Marokkos, 1979 (Bd. 1); Abdulghafur Sabuni; Laut- u. Formenlehre d. arab. Dialekts v. Aleppo, 1980 (Bd. 2); Faleh Hussein; D. Steuersystem in Ägypten v. d. arab. Erober. b. z. Machtergreif. d. Tuluniden (Bd. 3); Manfred Kropp: D. Gesch. d. reinen Araber v. Stamme Qahtan, 1982 (Bd. 4); Franz-Christoph Muth: D. Annalen v. at-Tabarī im Spiegel d. europ. Bearbeit., 1983 (Bd. 5); Ephrem Malki: D. syr. Handschrift Berlin Sachau 220, 1984 (Bd. 6); Ahmed Hebbo, D. Fremdwörter in d. arab. Prophetenbiografie d. Ibn Hischam (gest. 218/834), Vorwort v. Anton Schall, 1984 (Bd. 7); Franz-Christoph Muth: D. Kalifal-Mansur im Anfang seines Kalifats (136/754 b. 145/762). Aus d. arab. Chronik v. at-Tabari übers. u. m. hist. u. prosopograph. Anmerk. versehen, 1987 (Bd. 8); Widad Goussous, Volkskundl. arab. Texte aus Marokko. Aus d. Samml. d. Konsuls Karl Emil Schabinger Frhr. v. Schowingen (1877-1967) hrsg., übers. u. unters., 1988 (Bd. 9); Hans F. Uhrig, D. Kalifat v. al-Ma'mūn. Aus d. Annalen v. at-Tabarī übers. u. erl., 1988 (Bd. 10) - BV: Studien üb. griech. Fremdwörter im Syrischen, 1960; Z. äthiop. Verskunst, 1961; Elementa Arabica. Einf. in d. klass. arab. Sprache, 1988; Salma Abu-Ghosh: D. islamische Unterhaltsrecht nach al-Kāsānī eingel. (übers. u. kommentiert), 1989 (Bd. 11); Klaus Dieter Streicher: D. Männer d. Āra Nāsir. D. Erinnerungen d. Dust Alī Hān Muayyir al-Mamālik, 1989 (Bd. 12); Manfred Kropp: D. äthiopischen Königschroniken in d. Sammlung d. Däǧǧazmač Haylu. Entstehung u. handschr. Überlieferung d. Werks, 1989 (Bd. 13); Antoine Choulhod: Mārūn Abbūd (1886-1962). E. libanesischer Denker. Kritiker u. Literat, 1989 (Bd. 14); Gottfried Hagen: D. Türkeri im Ersten Weltkrieg. Flugblätter u. Flugschr. in arab., pers. u. osmanisch-türk. Sprache aus e. Sammlung d. Univ.-Bibl. Heidelberg eingeleitet, übers. u. kommentiert, 1990 (Bd. 15); Rainer Hermann: Kulturkrise u. konservative Erneuerung. Muhammad Kurd Alī (1876-1953) u. d. geistige Leben in Damaskus zu Beginn d. 20. Jh., 1990 (Bd. 16); Mohamed Ait El Ferrane: Die Macnā-Theorie bei Abdalgāhir al-Ǧurǧānī (gestorben 417/1079). Versuch e. Analyse d. poetischen Sprache, 1990 (Bd. 17); Johannes Ebert: Religion u. Reform in d. arab. Provinz. Husayn al-Ǧisr at-Tarābulusī (1845-1909) - E. islamischer Gelehrter zw. Tradition u. Reform, 1991 (Bd. 18); Andreas H.E. Kemke: Stiftg. im muslimischen Rechtsleben d. neuzeitl. Ägypten. D. scheriatrechtl. Gutachten (Fatwas) v. Muhammad 'Abduh (st. 1905) z. Wakf, 1991 (Bd. 19); Mohamed Attahiri: Kriegsged. z. Zeit d. Almohaden, 1992 (Bd. 20); Beate Ridzewski: Neuhebräische Grammatik auf Grund d. ältesten Handschr. u. Inschriften, 1992 (Bd. 21). Herausg.: Nöldeke, Mandäische Grammatik (1964), Nöldeke, Syr. Gramm. (1966 u. 77); Fremde Welt Islam (1982). Zahlr. Einzelarb.

SCHALL, Wolfgang

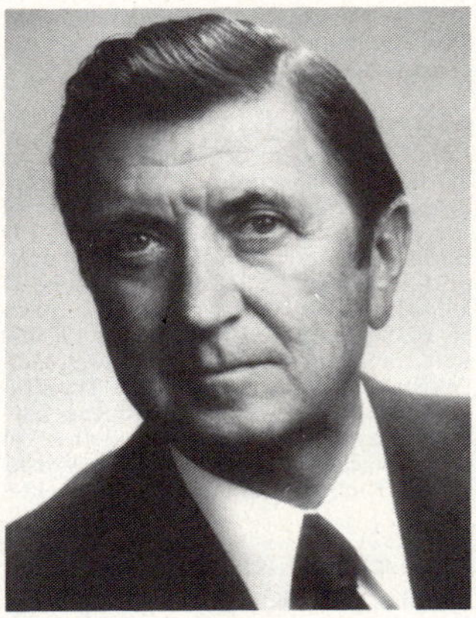

Dr. phil., Brigadegeneral a. D. - 7772 Uhldingen 2 (T. 07556 - 83 90) - Geb. 31. März 1916 Konstanz (Vater: Oberst a. D. Dr. phil. Karl S.) verh. s. 1939 m. Ingeborg, geb. Reischle, 2 Söhne - S. 1934 Wehrmacht, 1957-71 Bundeswehr, 1971-73 Generalsekr. CDU-Landesverb. Baden-Württ. 1979-84 Abgeordn. Europ. Parlament - Autor: Führungstechnik u. Führungskunst in Armee u. Wirtschaft, 1965; Entstehung u. Gestaltung e. Europ. Sicherheitspolitik, Diss. 1986 - Gr. BVK - Spr.: Engl., Franz., Ital. - Großv.: Wirkl. Geh. Rat Exzellenz Dr. rer. pol. Karl von Schall.

SCHALLEHN, Ernst
Vorstandsmitglied i. R. (1975) - Isfeldstr. 30, 2000 Hamburg 55 - Geb. 14. April 1910 Hamburg - 26 J. Hermes Kreditversicherungs-AG, Hamburg.

SCHALLER, Dieter
Dr. phil., o. Prof. f. Mittellat. Philologie, Direktor Mittellat. Seminar Univ. Bonn (s. 1965) - Brunnenstr. 35b, 5305 Alfter-Oedekoven - Geb. 19. Juni 1929 Karlsruhe (Vater: Dr.-Ing. Albert S., Regierungschemierat; Mutter: Anni, geb. Hauschildt), verh. s. 1974 m. Brigitte Schley, Tocht. Iris (geb. 1980) - 1947-52 Univ. Heidelberg u. Marburg (Latinistik, German., Angl.). Promot. 1956 Heidelberg; Habil. 1965 Bonn - 1954 Studienass. Karlsruhe; 1957 Assist. Univ. Heidelberg; 1965 Prof. Bonn (1971/72 Dekan Phil. Fak.) - BV: Initia carminum Latinorum saeculo undecimo antiquiorum, 1977 (m. E. Könsgen). 75 Beiträge z. lat. Lit. d. 7. b. 13. Jh. in Ztschr. u. Sammelw. - Mitgl. Mommsen-Ges.; Società Internazionale per lo Studio del Medioevo Latino (S.I.S.M.E.L.).

SCHALLER, Friedrich
Dr. rer. nat., Dr. h. c., em. o. Prof. Institut f. Zoologie Univ. Wien (s. 1967) - Rebenweg 1, Haus 14, Wien XVII - Geb. 30. Aug. 1920 Gleismuthhausen/Ofr. (Vater: Nikolaus S., Lehrer; Mutter: geb. Öhrl), verh. 1943 m. Brunhilde, geb. Wilfert - Schule Bamberg; Univ. Wien. Promot. 1944 Wien; Habil. 1950 Mainz - 1950-1957 Privatdoz. u. apl. Prof. (1955) Univ. Mainz; 1958-1967 o. Prof. u. Dir. Zool. Inst. TH Braunschweig sow. Dir. Staatl. Naturhistor. Museum ebd. 1962-1968 Vors. Verb. Dt. Biologen; 1970/73 Vors. Dt. Zool. Ges. - BV: D. Unterwelt d. Tierreichs; Kl. Biol. d. Bodentiere. Üb. 150 Einzelarb. üb. Bodentiere, Sexualbiologie, Tropenökologie, Amazonasfische.

SCHALLER, Gabriel
DGB-Kreisgeschäftsführer (s. 1952), MdL Bayern (1962-74 m. Unterbrech.) - Anton-Burgmeier-Str. Nr. 2, 8060 Dachau/Obb. - Geb. 20. Dez. 1912 Hebertshausen/Obb. (Eltern: Franz (Bäckerm.) u. Anna S.), verh. s. 1939 - Volkssch.; Dreher- u. Maschinenschlosserlehre; Fachsch. f. Maschinenbau - B. 1952 Maschinenbauer. S. 1953 MdK Dachau (1957 Fraktionsvors.); 1958-62 Mitgl. Bezirksstag Oberbay.; s. 1960 Mitgl. Stadtrat Dachau. SPD s. 1953.

SCHALLER, Hans-Jürgen
Dr., o. Prof. f. Sportwissenschaft Univ. Bonn - Vennstr. 9, 5190 Stolberg (T. 02408 - 5 83 42) - Geb. 1. Juni 1937 Raasdorf (Vater: Hugo Sch., Rektor; Mutter: Martha, geb. Sünderhauf), ev., verh. s. 1962 m. Ursula, geb. Wölfel, T. Lisa-Barbara - Stud. Köln, Wuppertal, Bochum u. Dortmund, Dipl.-Sportlehrer, Lehrer, Promot. Erz.wiss. - BV: Z. pädagog. Theorie d. Spiels, 1973; Spielerz. 1975; D. Großen Spiele, 1976; Programmiertes Lernen im Sport, 1980; D. gr. Partnerspiele, 1982; Sport lernen m. Lehrprogrammen, 1987.

SCHALLER, Helmut
Fabrikant, Inh. Schaller-Electronic - Pfinzingstr. 2, 8501 Feucht b. Nürnberg (T. 09128 - 33 38 + 32 04) u. An der Heide 15, 8439 Postbauer-Heng (T. 09180 - 812 + 612) - Geb. 1. Dez. 1923 Nürnberg - S. 1945 selbst. 1958-62 MdL Bayern. CSU.

SCHALLER, Helmut Wilhelm
Dr., Univ.-Prof. f. Slaw. Philol./Balkanphilol. Inst. f. Slaw. Philol. Univ. Marburg (s. 1983) - W.-Röpke-Str. 6D, 3550 Marburg - Geb. 16. April 1940 Bayreuth (Vater: Christoph Sch., Oberregierungsschulrat; Mutter: Margarete Pauline, geb. Schmidt), ev., verh. s. 1974 m. Edigne, geb. Rogl, 2 Kd. (Peter, Anja) - Abit. 1959 Bayreuth; 1959-65 Stud. Univ. München (Slaw. Philol., Osteurop. Gesch., Phil., Balkanphilol.); Promot. 1965; Habil. (Slaw. Philol.) 1972 München - S. 1972 Priv.-Doz. f. slaw. Philol. Univ. München, s. 1973 auch f. Balkanphilol.; 1978 apl. Prof. Univ. München; s. 1983 Univ.-Prof. Univ. Marburg - BV: D. Wortstellung im Russ., 1966; D. Prädikatsnomen im Russ., 1975; D. Balkanspr. E. Einf. in d. Balkanphilol., 1975; Bibliogr. z. Balkanphilol., 1977; Bibliogr. z. slav. Sprachwiss. (m. E. Koschnieder), 1977; D. dir. Obj. in verneinten Sätzen d. Russ., 1978; Bibliogr. z. russ. Spr., 1980; Gesch. d. Slavistik in Bayern, 1981; Bibliogr. d. Bibliogr. z. slav. Sprachwiss., 1982; Real- u. Sachwörterb. z. Altruss. (m. K. Günther-Hielscher u. V. Glötzner), 1985; Johann Michael Georgs Vers. e. sorb. Sprachlehre. Einl. Text. Kommentar, 1986; Gesch. d. Bulgaristik in Deutschl., 1988; Johann Gottlieb Hentzes Versuch üb. d. ältere Gesch. d. fränk. Kreises, insbes. d. Fürstenthums Bayreuth. E. slawenkundl. Untersuchung, 1988; Bibliogr. z. bulg. Sprache, 1990 - 1990 Kyrill u. Method I. Kl. (Bulgarien) - Spr.: Engl., Franz., slaw. Sprachen.

SCHALLER, Kay-Uwe
Dr. rer. nat., Prof. f. Mathematik Univ. Kiel - Seilerei 46, 2300 Kronshagen (T. 0431 - 58 03 38) - Geb. 23. Okt. 1945 Flensburg (Vater: Heinz Sch.; Mutter: Marga, geb. Hansen), verh. s. 1968 m. Antje, geb. Grimm, S. Björn - 1965 Stud. Math. Univ. Kiel; Promot. 1972, Habil. 1979 - 1972 wiss. Assist., 1979 Priv.-Doz., 1982 Prof. Arb. z. Gruppentheorie in mehr. Fachztschr. - Liebh.: Musik - Spr.: Engl., Latein.

SCHALLER, Klaus
Dr. phil., o. Prof. f. Pädagogik Ruhr-Univ. Bochum (s. 1965) - Schattbachstr. 14, 4630 Bochum-Querenburg (T. 70 17 08) - Geb. 3. Juli 1925 Erdmannsdorf/Schles. (Vater: Hermann S., Hauptlehrer; Mutter: Margarete, geb. Menzel), ev., verh. s. 1959 m. Dr. med. Renate, geb. Schneider, 5 Kd. (Andreas, Johannes, Dorothea, Felicitas, Florian) - Gymn. Hirschberg; Päd. Hochsch. Kettwig; Univ. Köln (Päd., Phil., Psych., Neuere German.). Promot. 1955; Habil. 1962 - 1959-65 Prof. PH Bonn (1962-64 Rektor) - BV: Pan - Unters. z. Comenius-Terminologie, 1958; D. Pampaedia d. J. A. Comenius - E. Einf. in s. päd. Hauptwerk, 4. A. 1966; D. Päd. d. J. A. Comenius u. d. Anfänge d. päd. Realismus im 17. Jh., 2. A. 1966; D. Krise d. humanist. Päd. u. d. kirchl. Unterricht, 1960; V. Wesen d. Erzieh., 1961; D. Gebildete heute, 1962; Studien z. systemat. Päd., 1966; Päd. - E. Gesch. d. Bild. u. Erzieh., 3 Bde. 1969 (m. Theodor Ballauff); Wiss. u. Lehre, 1970; Krit. Erziehungswiss. u. kommunikat. Didaktik, 3, 1976 (m. K.-H. Schäfer); Einf. in d. krit. Erziehungswiss., 1974; Comenius, 1973; Die Päd. d. Mahnrufe d. Elias, 1977; Einf. in d. kommunikat. Päd., 1978; Erziehungswiss. d. Gegenwart, 1979.

SCHALLER, Theo(dor)
Dr. theol. h. c., Kirchenpräsident a. D., Honorarprof. f. Pfälz. Kirchengeschichte Univ. Heidelberg - Martin-Luther-Str. 7, 6720 Speyer/Rh. - Geb. 15. Sept. 1900 Dahn/Pfalz (Vater: Pfarrer u. Studienprof.), ev. - Univ. Heidelberg (German.), Tübingen u. Berlin (Theol.) - 1929-46 Pfarrer, 1936 Seminardir. (Predigersem. Landau), 1946 Oberkirchenrat, 1961 stv., 1964 Kirchenpräs. (Pfälz. Landeskirche). Mithrsg.: Pfälz. Kirchenlexikon - 1953 Ehrendoktor Univ. Mainz.

SCHALTHÖFER, Heinz
Präsident Zentralverb. d. Raumausstatterhandw. - Siemensstr. 8, 5300 Bonn 1 - Geb. 10. März 1925 Remscheid - Abit. - Raumausstattermeister, Bundesinnungsm., Mitgl. d. Handwerksrates, Präs. d. Europ. Union d. Tapezierer, Dekorateure u. Sattler (E.U.T.D.S.).

SCHALZ-LAURENZE, Ute
Musikwissenschaftlerin, fr. Musikjournalistin f. Tages- u. Fachztg., Rundfunkanst., Lehrauftr. Univ. Oldenburg u. Univ. Bremen - Köpkenstr. 12, 2800 Bremen 1 - Geb. 1. Aug. 1943 Friedrichstadt/Eider, verh. m. Dr. Nicolas Schalz, Prof. f. Musikwiss., 3 Kd. (Katrin, Daniel, Raphael) - Stud. Musikwiss., German., Kunstgesch. Univ. Frankfurt u. Kiel - Sem. m. Praktikern zu d. theoret. Grundl. d. Interpretation; Konzeption d. musikwiss. Frauenkongresses Berlin 1987 u. d. Intern. Congress on Women in Music Bremen 1988. Verantwortl. f. d. kulturellen Teil d. Fachtagung Frauen am Computer Bremen 1989. Gründungsmitgl. d. Projektgruppe Neue Musik in Bremen - Veröff. z. Neuen Musik u. z. Probl. d. Interpretation - Liebh.: Theater, Film, Malerei, engagiert in d. Frauenbewegung - Spr.: Engl. - Bek. Vorf.: Theodor Storm.

SCHAMONI, Ulrich
Schriftsteller, Regisseur, Medienmanager - Furtwänglerstr. 19, 1000 Berlin 33 - Geb. 9. Nov. 1939 Berlin (Vater: Dr. Victor S., Regiss.; Mutter: Maria, geb. Vormann), kath., T. Ulrike - BV: Dein Sohn läßt grüßen, R. 1962 (auch engl. u. holl.). Filme (Buch u. Regie): Hollywood u. Delilatzka Pescara (1965), ES (1965), Lockenköpfchen. D. Chronik d. Wilfried S. (1966), Alle Jahre wieder (1967), Quartett im Bett (1968), Für meine Kinder - v. Vati (1969), Wir zwei (1969), Eins (1971), Mein Bruder Willi (1972), Chapeau Claque (1974), D. Traumhaus (1980); FS: Geist u. e. wenig Glück (1965), Was wären wir ohne uns (4-teil. Serie 1979), D. Vikar v. Helmeringshausen (1981), Ullis Allerlei. Neues aus d. alten Heimat (1983), So lebten sie alle Tage. Alltag in Preussen (6-teil. Serie 1984) - 1965 u. 66 Bundesfilmpreis/Filmband in Gold (f.: Hollywood ... u. ES), 1967 Silb. Bär Berlinale (Alle Jahre wieder), 1967 Preis bester sozialkrit. Film 1966 Federation de Cineclub in Belgien (ES), 1969 Lubitsch-Preis Club d. Filmjourn. Berlin (Quartett im Bett), 1972 Bundesfilmpreis/ Filmband in Silber (Eins).

SCHANDER, Karlfried
Dr. med., Prof., Chefarzt Frauenklinik am Stadtkrkhs. Neuwied (s. 1982) - Marktstr. 74, 5450 Neuwied 1 (T. 02631-80 53 22) - Geb. 3. Sept. 1938, ev., verh. s. 1966 m. Heidi, geb. Ritter, 2 Kd. - Stud. Univ. Bonn, München (Med.); Staatsex. 1964; Promot. 1965; Habil. 1972 (alles Bonn) - Facharztausb. Univ.-Frauenkliniken Kiel u. Bonn; 1976 apl. Prof. Bonn; 1973-81 Oberarzt Univ. Frauenklinik Bonn - Handbuchbeitr., Lehrbuchbeitr., ca. 120 Veröff.

SCHANDERT, Manfred
Dr. phil., Prof., Dirigent Hamburg. Staatsoper - Blumenau 43, 2000 Hamburg 76 (T. 040 - 25 65 68) - Geb. 15. Jan. 1936 Wittenberg, ev., verh. s. 1984 m. Christiane, geb. Holst, 2 Kd. (Katharina, Johannes-Boris) - 1953-58 Stud. Musikwiss., Dirigieren u. Klavier Berlin; 1966-70 Stud. Musikwiss., Slavistik, Phonetik Hamburg; Promot. 1979 Hamburg - BV: D. Problem d. originalen Instrumentation d. Boris Godunow v. M.P. Mussorgski, 1979; Dt. Übers. d. Oper D. Jahrmarkt v. Sorotschinzi (v. M.P. Mussorgski), 1976 - Liebh.: Wandern, Radfahren, Kochen - Spr.: Russ., Serbokroat., Engl., Ital., Lat.

SCHANZ, Bernhard
Dr. rer. pol., Dipl. rer. pol. (techn.), selbständiger u. unabhängiger Sicherheitsberater u. Sachverst. f. Einbruchschutz - Kaiserstr. 105, 6050 Offenbach/M. - Geb. 4. Juni 1928, verh. m. Barbara, geb. Stepper-Westermacher - Univ. Köln - Liebh.: Kunst, Theater, Lit., Reisen - Spr.: Engl., Franz.

SCHANZ, Dieter Friedemann
Bundestagsabgeordneter (Wahlkr. 86/ Oberhausen) - Bundeshaus, 5300 Bonn 1 - SPD.

SCHANZ, Günther
Dr .rer. pol., Prof. f. Betriebswirtschaftslehre Univ. Göttingen - Unter der Rodebreite 20, 3400 Göttingen - Geb. 24. März 1943 Lodz (Vater: Kurt Sch., Kaufm.; Mutter: Ruth, geb. Scherzer) - Univ. Mannheim (Dipl.-Kfm. 1969, Promot. 1972) - S. 1977 Prof. in Göttingen - BV: Grundl. d. verhaltenstheoret. Betriebswirtsch., 1977; Verhalten in Wirtschaftsorg., 1978; Org.gestalt., 1982; Mitarbeiterbeteilig., 1985; Erkennen u. Gestalten, 1988.

SCHANZE, Heinz
Dr. phil., Prof. f. Dt. Sprache u. Ältere Dt. Philol. Univ. Marburg (s. 1972) - Im Grund 3, 3554 Cappel - Geb. 29. Sept. 1935 Quentel - Promot. 1963 - Zul. Akad. Rat - BV: D. Überlieferung v. Wolframs Willehalm, 1966. Einzelarb.

SCHANZE, Helmut
Dr. phil., Prof. Univ. Siegen - Laurentiusstr. 69, 5100 Aachen - Geb. 7. Aug. 1939, verh. - Promot. 1965 Frankfurt; Habil. 1971 TH Aachen - 1966 wiss. Assist.; 1972 Prof., 1978 o. Prof. - BV: Romantik u. Aufklärung, 1966, 2. A. 1976; Drama im bürgerl. Realismus, 1973; Medienkd., 1974; Rhetorik, 1974; Lit. u. Theater im Wilhelminischen Zeitalter, 1978; Lit.gesch. u. Lesebuch, 1981; Topik, 1981; Argumente/Argumentation, 1985; Friedrich Schlegel u. d. Kunsttheorie seiner Zeit, 1985; Textverarbeitung, 1986; Rhetorik u. Phil., 1989; Goethes Dramatik. Theater d. Erinnerung, 1989. Herausg.: Indices z. dt. Lit. (s. 1968); Elektron. Bibliothek z. dt. Lit. (s. 1989).

SCHAPER, Wolfgang
Dr. med., Prof., Physiologe, Direktor Max-Planck-Inst. f. physiol. u. klin. Forschung u. Experiment. Kardiol., Bad Nauheim - Parkstr. 1, 6350 Bad Nauheim (T. 06032 - 34 54 02) - Geb. 11. Jan. 1934, ev., verh. m. Prof. Dr. med. J. Sch., geb. Pflaume, 3 Kd. (Susanne, Wolfgang, Martin) - Med.-Stud. Univ. Halle; Habil. Kath. Univ. Leuven (Belgien) - Gastprof. Duke Univ. Medical School - BV: The Collateral Circulation of the Heart, 1971; The Pathophysiology of Myocardial Perfusion, 1979 - 1985 Outstanding Research Medal Intern. Ges. f. Herzforsch.; Arthur-Weber-Preis Dt. Ges. f. Herz- u. Kreislaufforsch. - Liebh.: Musik, Sport - Spr.: Niederl., Engl.

SCHARABI, Mohamed
Dr.-Ing., Prof. TH Darmstadt, Architekt u. Bauhistoriker - Freiligrathstr. 3, 6100 Darmstadt (T. 06151 - 6 18 67 u. 16 29 67) - Geb. 28. Jan. 1938 Kairo/Ägypten (Vater: Stahlbauunternehmer Mahmud Sch. †, Kairo), verh. s. 1965 m. Regina, geb. Bartel, 2 Kd. (Farid, Karim) - Stud. Arch. TU Berlin; Dipl. 1963, Promot. 1968 TU Berlin; Stud. Phil. FU Berlin u. Univ. Heidelberg; Habil. 1981 TH Darmstadt - 1964-66 Assist. Fak. f. Arch. TU Berlin; 1966-68 Stadtplaner in Kuwait; s. 1968 Hochschullehrer TH Darmstadt u. Arch., s. 1988 Prof. - BV: Einfluß d. Pariser École des Beaux-Arts auf d. Berliner Architektur, 1968; D. Bazar, 1985; Kairo. Stadt u. Architektur im Zeitalter d. europ. Kolonialismus, 1989; Industrie u. Industriebau in Ägypten, 1992 - Liebh.: Zeichnen, Malen, Schreiben - Spr.: Engl., Franz., Arab.

SCHARBAU, Friedrich-Otto
Präsident Luth. Kirchenamt (1983ff.) - Richard-Wagner-Str. 26, 3000 Hannover 1 - Geb. 4. Okt. 1935 Kiel - Stud. Theol. Univ. Kiel u. Göttingen - 1963 Ord., Pastor Kiel. 1965-83 Landeskirchenamt/Nordelb. Kirchenamt Kiel. S. 1985 Vors. d. Theol. Konvents Augsburgischen Bekenntnisses; s. 1987 Luth. Präs. Exekutiv-Aussch. f. d. Leuenberger Lehrgespräche.

SCHARBERT, Josef
Dr. theol., o. Prof. f. Alttestamentl. Theologie Univ. München (s. 1968) - Pählstr. 7, 8000 München 70 (T. 714 95 15) - Geb. 16. Juni 1919 Grosse/Tschechosl. (Vater: Oskar S., Bauer; Mutter: Maria, geb. Kammer), kath. - Erzbischöfl. Akad. Weidenau/Sudetenl.; 1938-45 Wehrdst.; Phil.-Theol. Hochsch. Passau; Univ. Bonn; Päpstl. Bibelinst. Rom (Lic. bibl. 1954). Priesterweihe 1948. Promot. (1953) u. Habil. (1957) Bonn - 1948-51 Seelsorgetätigk. Diözese Passau; 1958-68 ao. u. o. Prof. (1964) PhThH Freising (1967/68 Rektor). Emerit. 1984 - BV: D. Schmerz im Alten Testam., 1955; Solidarität in Segen u. Fluch im Alten Testam. u. in s. Umwelt, 1958; Einf. in d. Hl. Schrift, 3. A. 1965; Heilsmittler im Alten Testam. u. im Alten Orient, 1964; D. Propheten Israels b. 700 v. Chr., 1965 (auch span.); D. Sachb. z. Bibel, 2. A. 1969 (auch ital. u. portug.); Fleisch, Geist u. Seele im Pentateuch, 2. A. 1967; D. Propheten Israels um 600 v. Chr., 1967; Prolegomena e. Alttestamentlers z. Erbsündenlehre, 1968 (auch franz. u. span.); Sachbuch z. Alten Testament, 1981; Gen 1-50 (Neue Echter-Bibel), 1985/86; Ich bin Josef, Euer Bruder, 1988; Exodus (Neue Echter-Bibel), 1989; Fürchte dich nicht, ich bin bei dir (Jes 43,5). Rückblick auf e. Jugend in chaotischer Zeit, 1991; Numeri (Neue Echter-Bibel), 1991. Herausg.: Fr. Nötscher, Altoriental. u. alttestamentl. Auferstehungsglauben (1970), Z. Thema: E. Kirche - e. Menschh. (1971); Skripten d. Lehrstuhls f. Theol. d. Alten Testam. (1978-84). - 1980 Päpstl. Ehrenprälat.; o. Mitgl. d. Sudetendt. Akad. d. Wiss. u. Künste; 1988 Sudetendt. Kulturpreis f. Wiss. - Lit.: D. Väter Israels. Festschr. z. 70 Geb., hg. v. M. Görg (1989).

SCHARBERTH, Irmgard,
geb. Bellmann

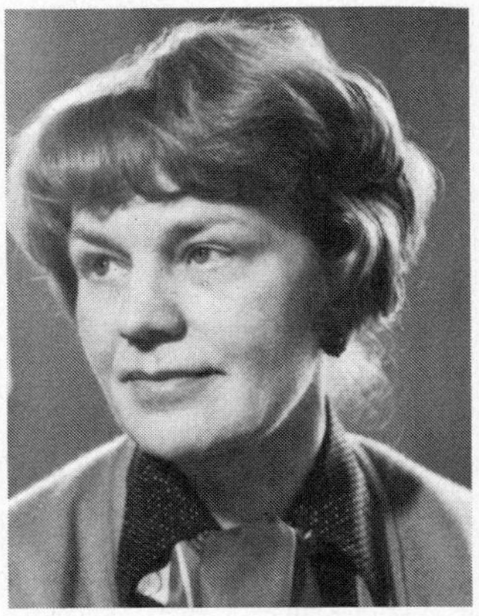

Chefdramaturgin f. Oper u. Konzert, Schriftst. - Am Kiekeberg 24, 2000 Hamburg 55 (T. 040 - 86 95 90) - Geb. 28. Nov. 1919 Hamburg, kath., gesch. - 1945-50 Stud. Musikwiss., Literaturwiss., Psych., Phil. Univ. Hamburg u. Kiel - 1957-76 Opern- u. Konzertdramat. Hamburg (Staatsoper), 1976-77 München (Bayer. Staatsoper), 1977-85 Köln (Oper Stadt Köln), b. 1991 Konzertdramat. Gürzenichkonz. Köln - BV: D. Hamburg. Staatsoper in Amerika, 1967; Rolf Liebermann z. 60. Geb., 1970; Musiktheater m. Rolf Liebermann, 1975; Oper in Köln, 1975-85 (Michael Hampe); D. Gürzenichorchester Köln, 1988 - Liebh.: Oper u. jede Art v. klass. u. Jazz-Musik - Spr.: Engl., Franz., Ital., Norw. - Bek. Vorf.: Carl Michael Bellman, schwed. Musiker, 1740-95 (Urahne vs.).

SCHARDEY, Hans-Dietrich

Dr., Dipl.-Landw., 1981 Geschäftsf. Maizena GmbH., Hamburg, 1983 Vice-President CPC Europe Ltd. - Zu erreichen üb. Maizena Ges. mbH, Knorrstr. 1, 7100 Heilbronn - Geb. 16. Okt. 1926.

SCHARDT, Alois

Journalist - Zu erreichen üb. Am Treutengraben 21, 6000 Frankfurt/M. 90 - Geb. 3. Nov. 1926 Limburg/L., kath. - 1961-68 Leit. Tele-Kolleg Bayer. Rundfunk, spät. Chefredakt. Publik (Erscheinen 1971 eingest.), s. 1972 Leit. Redaktion Kinder u. Jugend u. Hauptabt. Programmplanung (1973) ZDF, 1982-88 Programmdir. ZDF, s. 1988 Lehrbeauftr. Univ. Mannheim - 1970 BVK am Bde.; 1972 Theodor-Heuss-Preis; 1985 BVK I. Kl.; 1987 Bayer. VO; 1990 Wilhelm-Leuschner-Med. d. Landes Hessen.

SCHARDT, Rudolf

Oberbürgermeister Stadt Kitzingen (s. 1967) - St.-Georg-Str. 4, 8710 Kitzingen-Hoheim - Geb. 5. Sept. 1927 Kitzingen - Zul. Stadtoberrechtsrat. SPD.

SCHARF, Albert

Intendant Bayer. Rundfunk, Honorarprof., Präs. Union Europeénne de Radiodiffusion (UER) - Rundfunkpl. 1, 8000 München 2 - Geb. 28. Dez. 1934.

SCHARF, Bernhard

Dr. rer. nat., Dipl.-Chemiker, MdL Baden-Württ. - Branichstr. 3, 6905 Schriesheim (T. 06203 - 6 45 39) - Geb. 20. Mai 1936 Ludwigshafen/Rh., verh. s. 1976 m. Ingeborg, geb. Maier - Stud. Chemie Heidelberg, München, Montpellier/Frankr., Washington State Univ. - Anwendungstechn. Entw. v. Kunststoffen - Spr.: Engl., Franz., span. Grundkenntn.

SCHARF, Hans-Dieter

Dr. rer. nat. (habil.), o. Prof. u. Direktor Inst. f. Organ. Chemie TH Aachen - Greppstr. 15a, 5106 Roetgen (T. dstl. 0241 - 80 46 75; priv.: 02471 - 45 65) - Promot. 1960 Bonn - 1960-66 Shell Grundlagenforsch., Schloß Birlinghoven b. Siegburg; 1966-69 Privatdoz. f. Organ. Chem. Univ. Bonn, dann Prof. Aachen. Spez. Arbeitsgeb: Photochem., Reaktionsmechanismen, Isoinversionsprinzip, neue synth. Methoden, Naturstoffsynthesen: Insektenpheromone, oligosaccharid Antibiotika.

SCHARF, Helmut

Prof. i. R., Schriftsteller - Parkstraße 3, A-9220 Velden a.W.S. (T. 04274 - 28 97) - Geb. 28. Nov. 1915 Villach (Kärnten), kath., verh. s. 1947, 3 Töcht. (Monika, Renate, Erika Gabriele) - Realgymn. Villach b. 1931; Lehrerbild.anst. b. 1936 Klagenfurt; Fachprüf. f. d. Lehramt an Hauptsch. 1956-57 - 1936-38 Lehrer an Volksschulen; 1946-75 Prof. an d. Bundeslehrer- u. Lehrerinnenbild.anst. Klagenfurt - BV: 6 Bde. Lyrik, 1956, 63, 71, 78, 2 Bde. 1980; D. Mittelmäßige, R. 1973; Meine kl. Kavaliere, 1985 (slav. Übers. 1988) - 1954 Lit.förderungspreis d. Landeshauptstadt Klagenfurt; 1971 Pr. d. Körner-Stiftg.; 1975 Ehrenring Marktgemeinde Velden; 1984 Gr. Gold. Ehrenz. Ld. Kärnten - Lit.: Dr. Erich Nußbaumer in: Tscheben, Trauer um e. Dorf (Nachwort); Dr. Reginald Vospernik in: Moji mali kavalirji (Nachwort).

SCHARF, Josef

Dr. med. (habil.), Prof., Ltd. Arzt Augenabt. St.-Vincenz- u. Elisabeth-Hospital, Mainz a. D. - Kl. Windmühlenstr. 2, 6500 Mainz (T. 2 40 36) - Geb. 10. März 1909 Hohenelbe, kath., verh. m. Marianne, geb. Bauer, 2 Kd. - Univ. Prag - Assist. Univ.s-Augenklinik Prag; 1947-51 komm. Leit. Univ.-Augenklinik Würzburg (1948 Privatdoz., 1951 apl. Prof.). Etwa 50 fachwiss. Veröff.

SCHARF, Jürgen

Mitglied d. Landtages v. Sachsen-Anhalt, stv. Vors. CDU-Fraktion - Westernplan 10a, O-3080 Magdeburg - Geb. 15. Sept. 1952, ev., verh. s. 1976 m. Christa, geb. Jacobs, T. Maria - Dipl.-Math. 1975 TH Magdeburg - Stv. Vors. CDU-Fraktion, parlam. Geschäftsf.; Vors. d. Betriebsrates d. Inst. f. Lacke u. Farben Magdeburg - Spr.: Engl.

SCHARF, Rudolf

Dr. med., Prof., Chefarzt Med. Klinik u. Ärztl. Direktor Klinik Sulzbach/Saar der Bundesknappschaft - Martin-Luther-Str. 93, 6603 Sulzbach-Neuweiler/Saar - Geb. 29. Febr. 1924 Gera - S. 1955 (Habil.) Lehrtätigk. Univ. Jena u. Saarbrücken (1960 apl. Prof. f. Inn. Med.) - BV: Kreislaufprobleme u. haemodynam. Korrelationen unt. Muskelarbeit u. therapeut. Maßnahmen, 1955; D. sogen. grippale Infekt. D. hypotone Syndrom, 1969; D. Humanum u. d. Wiss. (Med. u. geistesgesch. Arbeiten Walter Brednows), 1971. Etwa 220 Einzelarb.

SCHARF, Wilfried

Dr., Akad. Rat Inst. f. Publizistik - Humboldtallee 32, 3400 Göttingen (T. 0551 - 39 72 10) - Geb. 23. Sept. 1945 - Soldat; Stud. Sozialwiss.; Dipl.; Promot. 1980 - BV: Nachrichten im FS d. Bundesrep. Dtschl. u. d. DDR, 1981; D. Bild d. Bundesrep. Dtschl. in d. Massenmedien d. DDR, 1985.

SCHARFE, Wolfgang

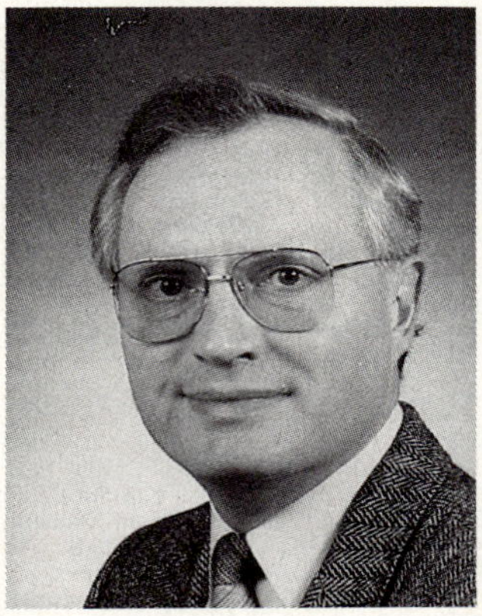

Dr. rer. nat., Univ.-Prof. f. Kartographie - Weimarische Str. 4, 1000 Berlin 31 (T. 030 - 853 33 86) - Geb. 13. Juni 1942 Berlin, ev. - 1961-67 FU Berlin (Promot. 1970) - 1975 Gastdoz., 1977 Prof. PH Berlin, 1980 FU Berlin - 1967-77 Ref. f. Hist. Handatlas v. Brandenburg u. Berlin, 1972 Leit. Arb.kreis Gesch. d. Kartographie, 1980 Mithrsg. Kartenwerk z. Preuss. Gesch.; 1984 Hrsg. Kartographiehist. Colloquium Bayreuth 1982 - 1976 Mitgl. d. Hist. Komm. Berlin, 1978 Hrsg. Kartendrucke v. Dtschl. (b. 1815) - BV: Abriß d. Kartographie Brandenburgs 1771-1821, 1972; Dt. Ausg. v. J. Bertin: Graphische Semiologie, 1974; J. Bertin: Graph. Darst. u. d. graph. Weiterverarb. d. Inform., 1981; Historisch-Topograph. Karte v. Brandenburg um 1800, 1984. Herausg.: Kartographiehist. Colloquium Lüneburg (1984); Kartographiehist. Colloquium Wien (1986); Kartographiehist. Colloquium Karlsruhe (1988); Administrativ-Statistischer Atlas v. Preussischen Staate (1990); Kartographiehist. Colloquium Oldenburg (1991) - Spr.: Engl., Franz.

SCHARFENBERG, Horst

Journalist u. Schriftsteller, Fachgeb.: Kulinarisches u. Wein - Reinhold-Schneider-Str. 14, 7570 Baden-Baden (T. 07221 - 2 40 73); 1950 Palm City RD, No. 3107, Stuart, Florida (T. 407 - 2 86-06 43) - Geb. Frankfurt/M. (Vater: Kurt S., Ing.; Mutter: Frieda, geb. Bertram), verh. s. 1949 m. Rossenka, geb. Bransowa, 2 Töcht. (Laila, Ilka) - Univ.stud. Deutschl. u. USA. Kolumnist f. D. Hummer, Allgem. Hotel- u. Gaststätt.ztg. - BV: Projekt Wadi Tharthar, Nautilus 90o Nord, Zu neuen Horizonten, H. S. bittet zum Herd, Kochb. f. d. Hausfrau v. heute, Scharfenbergs Spezialitäten, Kulinar. Reiseskizzen, D. Kunst d. Kochens, Leckere Fondues, Kurzgebratene Leckerbissen, An fremden Feuern, So schmeckt's an Bord, D. prakt. Buch von Wein, D. dt. Küche, Köstliche Kräuter, D. Armagnac-Buch, Genüßliche Weinkunde, D. schwäb. Weinbüchle, Kulinarisches Rendezvous m. Baden, Cuisines of Germany (eng.), Deutschl. Weine, Schlachtfest, D. Kunst d. Kochens m. Toulouse, D. Küchen Amerikas - Chevalier de la Masmite; Mitgl. Gastron. Akad. Dtschl.; Sénéchal d. intern. Weinbruderschaft Commandeurs des Domaines Schenk; Ehrenpräs. Intern. Presse-Regatta-Club - Liebh.: Kochen, Segeln - Spr.: Engl., Franz., Holl.

SCHARFENBERG, Joachim

Dr. theol., o. Prof. f. Prakt. Theologie Univ. Kiel, Psychoanalytiker - Hofteich 2, Neukönigsförde, 2371 Bredenbek (T. 04334 - 3 38) - Geb. 10. Mai 1927, ev., verh. s. 1955 m. Ingeborg, geb. Sprenger, 5 Kd. (Christoph, Anna-Beata, Maria-Benedicta, Katharina-Donata, Dorothea-Scholastika) - Stud. Theol. u. Psych. Univ. Jena, Halle, Tübingen, Kiel u. Cambridge/Mass./USA; Theol. u. psych. Ex. 1951 u. 1953, Promot. 1954 Kiel, Habil. 1968 Tübingen; 1957-62 Psychoanalyt. Ausb. Berliner Psychoanalyt. Inst. - Gemeindepfarrer u. Krankenhausseelsorger; Leit. Ev. Beratungsstellen d. Telefonseelsorge in Berlin; Leit. Eheberatung in Stuttgart; Univ.-Doz. Tübingen; s. 1971 Ord. f. Prakt. Theol. Kiel u. praktiz. Psychoanalytiker - BV: Johann-Christoph Blumhardt u. d. kirchl. Seelsorge heute, 1955; Sigmund Freud u. s. Religionskritik als Herausforderung f. d. christl. Glauben, 1969; Seelsorge als Gespräch, 1971; Religion zw. Wahn u. Wirklichkeit, 1971; M. Symbolen leben, 1975 (m. H. Kaempfer); Einf. in d. Pastoralpsych., 1985.

SCHARHAG, Werner

I. Bürgermeister - Rathaus, 6740 Landau/Pfalz - Geb. 29. Okt. 1926 - SPD.

SCHARLAU, Birgit

Dr. phil., Prof. Univ. Frankfurt - Inst. f. Romanische Sprachen u. Literaturen, Univ. Frankfurt, Gräfstr. 74-76, 6000 Frankfurt (T. 0611 - 798 21 95) - (Vater: Dr. Andreas Sch., Ing. u. Chemiker; Mutter: Ursula, geb. Schulze).

SCHARLAU, Ulf

Dr. phil., Leiter Fachber. Archivwesen u. Dokumentation Südd. Rundfunk Stuttgart (s. 1982) - Uracher Weg 21, 7148 Remseck 2 (T. 07146 - 9 03 26) - Geb. 4. Dez. 1943 Hanau, verh. s. 1969 m. Gisela, geb. Bröll, 3 Söhne (Philipp, Johannes, Felix) - Abit. 1963; 1963-69 Stud. Musikwiss., Gesch., Dt. Lit.wiss. u. Bibl.wiss. Univ. Frankfurt - 1969-73 Ref. (Politik, Musik) Dt. Rundfunkarchiv Frankfurt; 1973-82 Leit. Schallarchiv SDR Stuttgart. 1984-87 Präs., 1987-90 Vizepräs. Intern. Assoc. of Sound Archives - BV: Athanasius Kircher (1601-80) als Musikschriftst., 1969; Igor Strawinsky-Phonographie, 1972. Div. Fachart. musikwiss. u. rundfunkarchiv. Inhalts; Schallplattenprod. f. SDR - Liebh.: Musik (Cellospiel) - Spr.: Engl., Franz.

SCHARLAU, Winfried

Dr. phil., Journalist, Redakt. Norddt. Rundfunk, Leit. u. Moderator Redakt. Weltspiegel - Zu erreichen üb. Norddt. Rundfunk, Gazellenkamp 57, 2000 Hamburg 54 - Geb. 12. Juni 1934 Duisburg (Vater: Bernhard S., Arzt; Mutter: Johanna, geb. Reining), verh. s. 1969 m. Christiane, geb. Pickert, 2 Kd. (Melanie, John Benjamin) - Abit. Duisburg-Meiderich; Promot. Oxford - Ab 1964 NDR (Redakt., Moderator Weltspiegel u. Panorama), 1973-77 ARD-Asienkorresp. in Hongkong, 1978-81 Chefredakt. Fernsehen, 1981-87 ARD-Südostasienkorresp. m. Sitz in Singapur - BV: Freibeuter d. Revolution - Helphand-Parvus/E. polit. Biogr. (m. Z. A. B. Zeman), 1964; Vier Drachen am Mekong, 1989.

SCHARLAU, Winfried

Dr., Prof. Univ. Münster - Zur Wiese 14, 4400 Münster - Geb. 1940 Berlin - 1959-65 Stud. Univ. Bonn u. New York (Promot. 1967 Bonn) - S. 1970 Prof. Univ. Münster.

SCHARMANN, Arthur

Dr. rer. nat., D. Sc., Dr. h. c. mult., Prof. f. Experimentalphysik - Südhang 18, 6300 Gießen (T. 4 74 12) - Geb. 26. Jan. 1928 Darmstadt (Vater: Arthur S., Studienrat; Mutter: Auguste, geb. Darmstädter), verh. s. 1957 m. Irmgard, geb. Hanle, 4 Söhne (Albrecht, Alexander, Martin, Marc) - Univ. Marburg u. Gießen (Physik; Dipl.-Phys. 1951). Promot. (1955) u. Habil. (1959) Gießen - S. 1959 Lehrtätigk. Univ. Gießen (1965 apl. Prof.; 1966 Prof. u. Abt.-Vorsteher; 1969 o. Prof.). Mitgl. Dt. Physikal. Ges., European Physical Soc., Dt. Ges. f. Biophys., Schutzkommiss. BMI (s. 1969); Vertrauensmann Dt. Forsch.gem. Univ. Gießen; Mitgl. Sicherheitsbeirat Kernkraftw. Biblis; Ständ. Mitgl. Organizing Committees of the Intern. Conferences on Exoelectron Emission and on Solid State Dosimetry. Div. Buchbeitr. u. Fachaufs. Mithrsg. Ztschr. Kerntechnik u. Radiation Protection Dosimetry - 1989 Röntgenplak. d. Stadt Remscheid.

SCHARNHORST, Gerhard

Landwirt, MdL Nieders. (s. 1967) - Ovelgönne 1, 3091 Bücken (T. 04251 - 24 96) - Geb. 16. März 1915 Harburg/Elbe, ev., verh., 2 Kd. - Gymn. Adolfinum Bückeburg (Abit. 1934) - Berufsoffz. (zul. Major i. G.); 2 1/2 J. Kriegsgefangensch.; s. 1949 selbst. S. 1953 Mitgl. Gemeinderat Bücken (1957 stv. Bürgerm.); s. 1964 MdK Grafschaft Hoya. CDU.

SCHARPENBERG, Margot

Schriftstellerin - 240 E. 27th. St., App. 23-F, New York, N. Y. 10016 (USA) - Geb. 18. Dez. 1924 Köln, verh. s. 1956 m. Prof. Dr. Klaus F. Wellmann - BV: Gefährl. Übung, Ged. 1957; Spiegelschriften, Ged. 1961; Brandbaum, Ged. 1965; Schwarzweiß, Ged. 1967; Vermeintl. Windstille, Ged. 1968; M. Sprach- u. Fingerspitzen, Ged. 1970; E. Todeskandidat u. and. Erz. 1970; Spielraum, Ged. 1972; Einladung nach New York, 1972; Spuren, Ged. 1973; Bildgespräche m. Zillis, Ged. 1974; Fröhl. Weinachten u. and. Lebensläufe, 1974; Neue Spuren, Ged. 1975; Veränder. e. Auftrages, Ged. 1976; Fundfigur, Ged. 1977; Bildgespr. in Aachen, Ged. 1978; Fundort Köln, Ged. 1979; Domgespräch, Ged. 1980; New York, Taschenb.ausg. d. Einlad. n. New York, 1980; Mod. Kunst im Bildgespr., Ged. 1982; Fallende Farben, Ged. 1983; Windbruch, Ged. 1985; Verlegte Zeiten, Ged. 1988; Augenzeugnisse, Ged. 1991 - 1968 Georg-Mackensen-Lit.preis (f. d. beste Kurzgesch.); 1975 Ida-Dehmel-Lit.preis - Liebh.: Indian. Felskunst, Archäol. - Spr.: Engl.

SCHARPENSEEL, Hans-Wilhelm

Dr. agr., em. Prof., Bodenkundler, Agrikulturchemiker, Ordinat f. Bodenkd. Univ. Hamburg - Billeweg 19, 2057 Wentorf - Geb. 5. Juni 1923 Münster/W. (Vater: Wilhelm S., Bankprokurist; Mutter: Maria, geb. Graewe), kath., verh. s. 1950 m. Lore, geb. Kaufmann, S. Hans-Wilhelm - Abit. 1942 Münster; Dipl.-Landw. 1949, Promot. 1950, Habil. 1960, alles Bonn - S. 1950 Univ. Bonn (1965ff. apl. Prof. f. Bodenkunde u. Agrikulturchemie, Wiss. Rat, bzw. Abt.-vorsteher u. Prof.). 1975 Lehrst. f. Bodenkd., Univ. Hamburg; 1954-57 Univ. Manila (Inst.leit.); 1957-58 Univ. of Ilionois (Research Associate Isotopentechnik); 1962 IAEA (UNO)-Experte Philippinen, 1964 Tunesien. Spez. Arbeitsgeb.: Allg. Bodenkd., bodenkundl. Themen d. Umweltforsch., trop. Böden bes. Reisböden, organ. Abbau, Radiokohlenstoffdatierung v. Böden. 1978-83 Mitgl. Board of Trustees, Int. Rice Research Institute, Philippinen; 1982-86 Vice-Präs. Intern. Bodenkundl. Ges. - Ca. 200 wissenschaftl. Veröff.

SCHARPF, Fritz W.

Dr. jur., Prof., Max-Planck-Inst. f. Gesellschaftsforsch., Köln (s. 1986) - Ulrichstr. 10, 5303 Bornheim 3 - Geb. 12. Febr. 1935 Schwäb. Hall (Vater: Ernst S.), verh. m. Dr. Sophia, geb. Yen - Univ. Tübingen, Freiburg, Yale (USA) - 1968 Ord. Univ. Konstanz; 1973 Wiss.-zentrum Berlin - BV: Grenzen d. richterl. Verantw., 1965; D. polit. Kosten d. Rechtsstaats, 1970; Demokratietheorie zw. Utopie u. Anpassg., 1970/75; Planung als polit. Prozeß, 1973; Politikverflechtung, 1976; Sozialdemokr. Krisenpolitik in Europa, 1987.

SCHARPFF, Rudolf

Dipl.-Kfm., pers. haft. Gesellsch. Freudenberg & Co., Mitgl. Unternehmensleitg. Freudenberg & Co. u. Carl Freudenberg - Am Michelsgrund 9, 6940 Weinheim (T. 06201 - 6 71 49) - Geb. 5. Dez. 1929 Frankfurt - Dipl.-Kfm. 1958 - VR-Vors. Kirchhoff Verw.ges. mbH, Straßenbauuntern., Stuttgart; Vorst. Landesverb. Baden-Württ. Ind., Ostfildern.

SCHARPING, Rudolf

M.A., Ministerpräsident des Landes Rheinland-Pfalz (s. 1991), MdL Rhld.-Pfalz (s. 1975) - Peter-Altmeier-Allee 1, 6500 Mainz - Geb. 2. Dez. 1947, verh., 3 Kd. - Abit. 1966, Stud. polit. Wiss., Jura u. Soziol. Univ. Bonn, 1974 Magisterprüf. - Versch. Funkt. in d. SPD Rhld.-Pfalz, 1976/77 nebenberufl. Landesgeschäftsf., 1975 Mitgl. d. Landtags, 1979 Parlam. Geschäftsf. SPD-Landtagsfrakt., 1985-91 Vors. d. SPD-Landtagsfraktion, s. 1985 Vors. d. SPD Rheinl.-Pfalz.

SCHARRENBROICH, Heribert

Geschäftsführer a. D., MdB (s. 1985), Vors. d. Arbeitnehmergr. d. CDU/CSU-Bundestagsfraktion, Mitgl. im Auswärt. Aussch. d. Dt. Bundestages - Bundeshaus, 5300 Bonn 1 - Geb. 8. März 1940 Köln, kath., verh., 3 Kd. - 1961 Abit.; Wehrdienst; 1968 Dipl.-Volksw. - 1977-85 Hauptgeschäftsf. d. Christl.-demokrat. Arbeitnehmerschaft (CDA); s. 1985 Vors. CDA Rhld.-Pfalz; Mitgl. ÖTV u. Zentralkomit. d. Dt. Katholiken; Obmann d. CDU/CSU im Unteraussch. f. Menschenrechte u. humanitäre Fragen. CDU s. 1964.

SCHARTNER, Karl-Heinz

Dr., Dipl.-Phys., Prof. Univ. Gießen - Aulweg 99, 6300 Gießen - Geb. 1. Jan. 1939 Königsberg/Pr. (Vater: Dr. Helmut S., Apotheker; Mutter: Else, geb. Lellnik), ev., verh. s. 1967 m. Waltraut, geb. Hoffmann, 2 Kd. (Charlotte, Henrike).

SCHARTZ, Günther

Landwirt u. Winzer, MdB (s. 1976; Wahlkr. 154) - 5513 Onsdorf (T. Wincheringen 2 82) - Geb. 26. Juli 1930 Trier (Vater: Johann Friedrich S., Landw. u. Winzer; Mutter: Margareta, geb. Klein), kath., verh. s. 1959 m. Christa, geb. Zehren, 2 Söhne (Hubert, Günther) - Volkssch., Lehre u. Fachsch. - Durch Übern. Familienbetrieb selbst. Fachämter (1973-76 Vizepräs., dann Präs. Bauern- u. Winzerverb. Rhld.-Nassau; s. 1976 Präs.-Mitgl. Dt. Bauernverb. u. Präs. Landw.kammer Rhld.-Pfalz). S. 1960 Bürgerm. Onsdorf (ehrenamtl.). CDU (1971ff. stv. Vors. Reg.bez. Trier); 1971-76 MdL Rhld.-Pfalz - Liebh.: Lit., Musik.

SCHASSBERGER, Rolf

Dr. rer. nat., Prof. - Birkenweg 4, 3301 Schwülper - Geb. 28. Nov. 1939 Horb/Neckar (Vater: Eugen S., Beamter; Mutter: Anna, geb. Haist), verh. s. 1967 m. Ursula, geb. Spring - Stud. Math. 1958-64 Univ. Stuttgart u. Berlin; Promot. 1967 (Math.) Univ. Stuttgart - 1967-78 Prof. Univ. of Calgary, Canada; 1978-88 Prof. TU Berlin, s. 1988 Prof. TU Braunschweig. Wiss. Veröff. in Math., Informatik, Operat. Res. - BV: Warteschlangen, 1973.

SCHATT, Franz

Dipl.-Ing. agr., Hauptgeschäftsführer Bauern- und Winzerverband Rheinland-Pfalz Süd e.V. - An der Bunnenstube 33, 6500 Mainz (T. 06131 - 68 70 52) - Geb. 27. Sept. 1949.

SCHATTEN, Fritz

Journalist u. Schriftsteller - 5342 Rheinbreitbach (T. 02224 - 41 18) - Geb. 18. Febr. 1930 Guben, verh. s. 1956 m. Dr. Lore, geb. Peckhold, 2 Töcht. - Stud. Soziol., Polit. Wiss. - Ab 1953 Polit. Korresp. Berlin u. Bonn, 1958-62 Afrika-Korresp. in- u. ausl. Ztg., 1962-91 Ldt. Redakt., Sonderkorresp. Deutsche Welle (Köln) - BV: Afrika - Schwarz oder rot?, 1961; D. Konflikt Moskau-Peking, 1963; Commumism. in Africa, London/New York 1966; Entscheidung in Palästina, 1976; D. Gesch. d. Liberalismus (zus. m. Lore Schatten), 1981; Liberale Fragen in: D. dt. Judentum u. d. Liberalismus (Sammelbd. F. Naumann-Stiftg./Leo Baeck Inst.), St. Augustin, 1987; Israel verstehen (Red. u. Autor), 1991.

SCHATTENBERG, Bernhard

Direktor, o. Vorstandsmitglied Dt. Krankenversicherungs AG, Köln i.R. (1979-90) - Aachener Str. 300, 5000 Köln - Geb. 23. Aug. 1926 Brandenburg/Havel.

SCHATTENKIRCHNER, Manfred

Dr. med., Prof., Internist u. Rheumatologe, Leit. Rheuma-Einheit Ludwig-Maximilians-Univ. München (1984) - Pettenkoferstr. 8a, 8000 München 2 (T. 089 - 51 60 35 68); priv.: Bindingstr. 4a, 8035 Stockdorf/Obb. - Geb. 28. Nov. 1937 Au in d. Hallertau/Bay. (Vater: Josef Sch.; Mutter: Anna, geb. Haselmayr), kath., verh. s. 1964 m. Dr. Urania, geb. Konté, 3 T. (Stephanie, Dorothée, Barbara) - 1957-63 Univ. München (Med. Staatsex. u. Promot.) - S. 1965 Assist. u. ab 1970 Leit. Rheuma-Ambulanz Med. Univ.poliklin. München, 1975 Habil., 1980 Prof. - Zahlr. wiss. Publ. Herausg. u. Mithrsg. v. rheumatol. Fachb. u. Ztschr. - 1982/83 Präs. d. Dt. Ges. f. Rheumatologie; 1982 Memb. New York Academy of Sciences; 1983 Ehrenmitgl. American Rheumatism Assoc.; 1987 korr. Mitgl. Österr. Rheumaliga - Liebh.: Alte Sprachen, Alte Rheumabücher, Musik, Windsurfen.

SCHATTMANN, Werner

Dr. jur., Botschafter d. Bundesrep. Deutschl. in Prag/Tschechosl. a. D. - Vlašská 19, Prag 1, Malá Strana/Tschechoslowakei - Geb. 3. April 1924 Oels/Schles., ev., verh. m. Ingrid, geb. Möller, T. Ulrike - Abit. 1942; 1942-46 Kriegsdienst u. Kriegsgefangensch.; 1946-49 Jurastud. Univ. Kiel u. Würzburg, 1. u. 2. jurist. Staatsex. Univ. München, Promot. 1949 Univ. Kiel, Prüf. f. höh. Ausw. Dienst 1955 Bonn - 1953 Rechtsanw.; 1954 Attaché; ab 1955 Ausl.-Tätigk. (b. 1959 Botsch. Buenos Aires, b. 1963 London, ab 1968 Pretoria, 1972-74 Lima, 1978-81 Botschafter Kinshasa/Zaire, 1981-85 Lissabon, 1985-88 Prag); 1963-68 u. 1974-78 AA Bonn - Spr.: Engl., Franz., Span., Portug.

SCHATZ, Hedda

Autorin - Falkenweg 50, 5000 Köln 50 (T. 02233-2 26 15) - Geb. in Wien, ev. - Stud. Musik u. Erziehungswiss. Univ. Köln, München u. Bonn - Veröff.: Hörspielreihen (z.B. Inkognito; Stadt, Land, Fluß u.a.); Dokumentationen; Features; Hörbilder; FS-Serien (AHA-Magazin, Schlagzeile, Ruf mich an, Alpha 5, Computerzeit u.a.); Dokumentationen (m. Spielhandl.); Reportagen usw.; Zeitungsbeitr.; Kinderb.; Begleitb. z. Serie Computerzeit, 1985 - Liebh.: Umweltschutz, Reisen, Tiere, Blumen, Töpfern.

SCHATZ, Helmut

Dr. med., o. Prof. f. Innere Medizin - Gilsingstr. 14, 4630 Bochum 1 - Geb. 8. Okt. 1937 Eisenstadt - Stud. Univ. Graz u. Bonn (Med.); Promot. Graz 1964; Facharzt f. inn. Med. Wien 1969; Habil. Ulm 1973 - 1963/64 Karolinska Inst. Stockholm, 1964-70 II. Med. Univ.Klinik Wien, 1970-76 Dept. Inn. Med. Univ. Ulm, 1976-89 III. Med. Klinik u. Poliklinik d. Univ. Giessen, s. 1989 Dir. Med. Univ.-Klinik Bergmannsheil Bochum. S. 1990 Präs. Dt. Diabetesges.

SCHATZ, Klaus-Werner

Dr. sc. pol., Dipl.-Volksw., Prof. u. Direktor Inst. f. Weltwirtschaft Univ. Kiel - Lindenallee 124, 2300 Altenholz-Klausdorf (T. 0431 - 32 10 66; dstl. 8 84-2 66) - Geb. 6. Febr. 1943 Hamm/Westf., verh. s. 1969 m. Sigrid Jutta, geb. Schuchardt, 2 Söhne (Matthias, Hendrik) - Stud. Univ. Saarbrücken; Dipl.-Volksw. 1969, Promot. 1974 Kiel. S. 1991 Hon.-Prof. Univ. Kiel - S. 1969 Inst. f. Weltwirtsch. an d. Univ. Kiel (1976 Leit. Abt. Infrastruktur u. Weltwirtsch., 1986 Leit. Abt. Konjunktur). Berater intern. Organ. u. nat. Institutionen - BV: Wachstum u. Strukturwandel d. westd. Wirtschaft, 1974; Trade in Place of Migration, 1979 (Intercambio en vez de migración); The Second Enlargement of the Europ. Community, 1982; Structural Adjustment of the Federal Rep. of Germany, 1987 (Reajuste estructural en la República Federal de Alemania). Zahlr. Fachaufs. u. Buchbeitr. - Spr.: Engl., Franz.

SCHATZ, Manfred Friedrich

Prof., Kunstmaler (Spez.: Darstellungen wildlebender Tiere) - Dresdnerstr. 16, 4005 Meerbusch 2 (T. 02159 - 27 52) - Geb. 10. Dez. 1925 Bad Stepenitz (Vater: Ernst Sch., Kunstmaler; Mutter: Martha, geb. Hillebrand), ev., verh. s. 1950 m. Ilse, geb. Kray, 2 Söhne (Thomas, Wolfgang) - 1940-43 Kunstgewerbesch. Stettin u. Hochschule f. Bild. Künste Berlin. S. 1987 Prof. f. Bild. Kunst, Univ. Davenport USA - BV: D. Tier- u. Jagdmaler Manfred Schatz, 1968; Wildbahn-Impressionen, 1979; Manfred Schatz, USA 1991; Faszination d. Bewegung Manfred Schatz, 1991 - Impress. Maler wildleb. Tiere (Tiere in d. Beweg.), Landsch., Porträts, Buchillustrat. in 30 Farbeprod. v. Gemälden in USA u. BRD. Ausst. In- u. Ausland u.a. Florenz, London, New York, Las Vegas, Budapest, Novi Sad/Jugosl., Malmö, Göteborg, Toronto, Dallas, Cleveland, München, Hamburg, Bonn - 1964 Silb.-med. Intern. Kunstausst. Florenz; 1968 Goldmed. Interfauna Düsseldorf; 1975 Intern. Kunstausst. Toronto (Kanada); Ehrentitel: bedeutendster Maler wildlebender Tiere; 1984 beigeordn. Kurator Clevelandmuseum Ohio; 1984 BVK; 1986 Goldmed. Intern. Kunstausst. Wildtier u. Umwelt, Nürnberg - Liebh.: Reisen in nord. Länder - Film-Dokument.: M. Sch. - Maler d. Wildbahn, USA 1981; FS-Send. (ZDF, WDR, SDR, NDR, dän. u. kanad. FS); Lit. in div. Büchern, Ztschr., Kunstztschr. im In- u. Ausl.

SCHATZ, Walter

Geschäftsführer DESMA Werke Fridingen GmbH, Vorstand DESMA-IBERICA S.A., Alicante, Vorst. Raiffeisenbank Donau-Heuberg - Ifflingerweg 12, 7203 Fridingen (T. 07463 - 5 33) - Geb. 7. Juni 1927, verh. s. 1953 m. Carmen, geb. Goetze-Franco, 3 Kd. - Abit., kfm. Ausb. - Versch. Miterfind. im Ber. Schuhind.

SCHATZ, Werner

Industrievertreter, Mitgl. Brem. Bürgerschaft (s. 1977) - Wiedensahlweg 1, 2800 Bremen 41 - Geb. 8. Jan. 1925 Ahrensburg/Holst., ev., verh., 2 Kd. - Gymn. (Mittl. Reife); Kaufm. Berufssch.; 1942-45 Kriegsdst.; Industriekaufm. Lehre Hamburg; 1949 Volontär südd. Aluminium-Walzw. - S. 1950 Angest. u. selbst. Kaufm. (1951) Bremen. CDU (1979 Vors. Stadtbez. Vahr).

SCHAUB, Franz

Schriftsteller, Journalist, Redakteur u. Dramaturg - Postf. 196, 8750 Aschaffenburg - Abit. - Redaktions- u. Verlagstätigkeit - BV: Freundschaft m. Angelika, Erz. 1942; Geliebte kl. Stadt, Ess. 1952; D. große Friede v. Krassnikowa, R. 1958 (auch Ausg. Engl. u. USA); Gandria, Reisetageb. 1959; Ruf d. Amseln, Ged. 1965; Zw. Odenwald, Rheingau u. Werra, Reiseb. 1971; Franken - wie es lacht, Ess. 1972; Spessart u. Rhön, Reiseb. 1973; D. Wirtshaus im Spessart - Wahrh. u. Legende, 1975; D. Geschichte v. Maria Goretti, 1975; Erinnerung an Alt-A'burg, 1978; Vom Rhein z. Donau, 1979; Frankfurt, 1979, Offenbach, 1980; Hanau, 1981; Würzburg 1990; Räuberballade, Erz. 1980; Spessartreise, Ess. 1980; Fränkisches Mosaik (Anthol.), 1980; An d. Ufern d. Mains, Ess. 1981; Ihr glückl. Augen (Goethes Reisetageb.), 1982; Gespenstergesch., 1982 (Herausg.); Berühmte Gärten in Franken, 1984; D. Romantische Straße, 1986; Das darf doch nicht wahr sein, Erz. 1987; Wunderhorn u. Wundervogel, Ess. 1990; Sagen u. Märchen aus d. Spessart (Hg.), 1991; Arbeiten in: Deine Söhne, Europa!, Ohne Denkmalschutz, Poet. Franken, Texte aus Franken, Dt. Teilung u. a. Herausg. (Bildbde.): Spessart, Rhön, Franken, Aschaffenburg. Bühnenst. (Sch.): D. Magdalenenspiel, Es geschah in Agadir, Jenseits d. Grenzen; Soldatenliebe; Hörspiele u. Feature - Lit.- u. Journal.-preise.

SCHAUB, Jürgen

Dr. med., Prof., Direktor Kinderklinik Univ. Kiel - Knooper Landstr. 3a, 2300 Altenholz-Knoop - Geb. 25. Jan. 1936 Hagen, ev. - 1957-62 Stud. Med. Univ. Marburg, Kiel u. München; Staatsex. u. Promot. 1963 München; Habil. 1974 München - 1963-75 Assist. Phys. Chem. Inst. u. Kinderklinik München. 1976-80 Oberarzt u. s. 1980 Dir. Kinderklinik Universität Kiel - Herausg.: Lehrb. f. Kinderkrankenschwestern (1990); Lehrb. f. Kinderheilkunde (1991) - Liebh.: Musik - Spr.: Engl., Franz., Lat.

SCHAUBE, Werner

Studiendirektor, Schriftsteller - Buschstr. 31, 5800 Hagen 1 (T. 02331 - 6 76 81) - Geb. 8. März 1947 Hagen, kath., verh. s. 1972 m. Elisabeth, geb. Winkelmann, 3 Töcht. (Katrin, Mareike, Verena) - Kaufm. Lehre; Stud. Theol. u. German. in Köln - BV: Lebenspuzzle, 6. A. 1988 (üb. 100.000 Expl.); Lebensgerüst, 1986; Bibel-Clips, 1988; Rufsäule, 4. A. 1986; D. Wort zum Alltag, 1990; Bibel f. junge Leute, 1992; Fragezeichen, 1992.

SCHAUDIG, Helmut

Dr. med., Prof., Chefarzt (1967ff.) - Chirurg. Kreiskrankenhaus, Wachbacher Str. 52, 6990 Bad Mergentheim - Geb. 18. Mai 1926 Obergünzburg/Allg. - Promot. 1952 Würzburg; Habil. 1969 Erlangen - Anaesthesiologe (1957) u. Chirurg (1962); s. 1969 Privatdoz. u. apl. Prof. (1977) Univ. Erlangen - BV: Durchblutungsmessungen an krebsbefallenen menschl. Geweben, 1969. Zahlr. Einzelarb.

SCHAUENBURG, Konrad

Dr. phil., o. Prof. f. Klass. Archäologie - Feldstr. 75, 2300 Kiel 1 (T. 0431 - 8 26 09) - Geb. 16. April 1921 Heidelberg (Vater: Dr. Hans S., Rechtsanw.; Mutter: Gertrud, geb. Schwartz), ev., verh. s. 1965 m. Dr. Brigitte, geb. Freyer - Gymn. u. Univ. Heidelberg (1939-40, 1945-51; Archäol., Alte Gesch., Griech.). Promot. Heidelberg; Habil. Bonn - S. 1958 Lehrtätigk. Bonn, Hamburg (1960; 1964 apl. Prof.), Kiel (1968 Ord.) - BV: Helios, 1955 (Diss.); Corpus Vasorum Heidelberg I, 1954; Perseus in d. Kunst d. Altertums, 1960 (Habil.sschr.). Üb. 160 Veröff. z. Vasenmalerei, Mythol., Sepulkralkunst - o. Mitgl. Dt. Archäol. Inst. (Zentraldir.) - Spr.: Franz., Ital.

SCHAUER, Alfred

Dr. med., o. Prof. f. Pathologie u. Institutsdir. Univ. Göttingen (s. 1974), Vorstandsmitgl. Tumorzentrum ebd. (s. 1979) u. Ges. f. Histochemie (s. 1983) - Auf dem Bui 1, 3400 Göttingen (T. Klinikum: 0551 - 39 68 58; priv.: 2 28 36) - Geb. 28. Mai 1929 München (Vater: Josef Sch., Bankangest.; Mutter: Maria, geb. Suchetzki), kath., verh. s. 1967 m. Dr. med. Sieglinde, geb. Krzenciessa, 3 Kd. (Stephan, Verena, Matthias) - 1950-56 Univ. München. Promot. 1956 u. Habil. 1963 München - 1963-74 Doz. u. apl. Prof. (1969) Univ. München - BV: D. Mastzelle, 1963. Zahlr. Buchbeitr. üb. Mastzelle b. Immunreaktionen, Brustkrebs, Streßerosionen, Schilddrüsen- u. Lebertumoren. Rd. 300 Originalmitt. üb. Entzünd., Schock u. Cancerogenese, Tumorpathologie - Liebh.: Malerei - Spr.: Latein, Engl.

SCHAUER, Hans

Dr., Botschafter d. Bundesrep. Deutschl. in Australien - 119 Empire Circuit, Yarralumla, A.C.T. 2600, Australien (T. 06 - 270 19 20) - Geb. 12. Aug. 1926 Hannover, ev., verh. s. 1956 m. Lisa, geb. Spornhauer, 4 Kd. - Stud. Rechts- u. Staatswiss. Göttingen, Dijon/Frankr., Swarthmore Coll., Swarthmore, Pa./ USA - S. 1953 Ausw. Dienst: 1955-58 Stockholm, 1958-59 Zürich, 1959-62 Bern, 1962-65 Bundespräsidialamt, 1965-70 London, 1970-74 Bundeskanzleramt, 1974-79 Washington, 1979-82 Bundeskanzleramt, 1982-85 AA, s. 1985 Canberra - BVK I. Kl. - Liebh.: Lesen, Reiten - Spr.: Engl., Franz.

SCHAUER, Hans

Dr. phil., Prof. f. Psychologie Univ. Marburg - Savignystr. 17, 3550 Marbach/ L.

SCHAUER, Roland

Dr. med., Dipl.-Biochem., Prof. f. Biochemie Univ. Kiel - Geb. 8. April 1936 Stuttgart-Bad Cannstatt, verh. m. Elfriede, geb. Mailänder - Med.-Stud. 1955-61; Staatsex. 1961, Promot. 1962 Univ. Tübingen; 1962-66 Stud. Biochemie; Dipl. 1966 Tübingen, Habil. Biochem. 1970 Univ. Bochum - 1967-73 wiss. Assist. u. Doz. Univ. Bochum, 1973-76 Wiss. Rat u. Prof. (C3) ebd.; 1976ff. o. Prof. (C4) Univ. Kiel. Entd. versch. Enzyme d. Sialinsäurestoffw.; Strukturaufkl. einiger Sialinsäurearten; Erforsch. e. Galaktose-spezifischen Lektins auf Makrophagen; Genstruktur v. Sialidasen - BV: Glycoconjugates (m. and.); Sialic Acids, Chemistry, Metabolism and Function, 1982 - Spr.: Engl. - Organisation versch. Kongresse auf d. Geb. v. Sialinsäuren bzw. Glycokonjugaten.

SCHAUER-PEUST, Rosemarie

Stv. Intendantin d. Deutschen Theaters Berlin - Schumannstr. 13a, O-1040 Berlin - Geb. 24. April 1941 (Vater: Dipl.-Ing. Friedrich Sch.; Mutter: Ilse, geb. Walther), verh. s. 1981 m. Dieter Peust, Puppenspieler, Regisseur u. Autor - Stud. German., Gesch., Theaterwiss. Humboldt Univ. Berlin, Staatsex. 1963 - Dramaturgin u. Chefdramaturgin in Schwerin, Magdeburg, Potsdam u. and. Bühnen; leit. Mitarb. in Schwerin, Berlin.

SCHAUERTE, Hartmut

Rechtsanwalt u. Notar, MdL Nordrh.-Westf. (CDU), stv. Fraktionsvors. (s. 1980) - Zu den Vierlinden 18, 5942 Kirchhundem-Flape - Geb. 13. Sept. 1944, verh., 4 Söhne (Felix, Peter, Christoph, Matthias) - Staatsex. Jurist. Fak. Bonn - Beirat Westdt. Genossenschafts-Zentralbank (WGZ). Vors. Diskussionskreis Mittelstand.

SCHAUFLER, Hermann

Rechtsanwalt, Verkehrsminister Baden-Württ. (s. 1992), MdL Baden-Württ. (Wahlkr. 60, Reutlingen) - Charlottenstr. 45, 7410 Reutlingen 1 (T. 07121 - 4 00 18) - Geb. 7. Juli 1947 Tübingen - 1990-92 Min. f. Wirtsch., Mittelstand u. Technol. Baden-Württ. - CDU.

SCHAUFLER, Ulrich

Dipl.-Ing., Fabrikant, Geschäftsf. u. Gesellsch. Friko-Maschinenfabrik Dipl.-Ing. Ulrich Schaufler KG., Sindelfingen u. Bitzer Kühlmaschinen GmbH., ebd. - Arminstr. 4, 7000 Stuttgart - Geb. 25. März 1904 Nagold.

SCHAUM, Gustav

Dr. phil., Prof., Chemiker - Gluckstr. 10, 6200 Wiesbaden - Geb. 6. Jan. 1908 Marburg/L. (Vater: Prof. Dr. phil. Karl S., s. X. Ausg.), ev., verh. s. 1934 m. Erna, geb. Traumüller (†1984), 2 Kd. (Helmut, Renate) - Gymn. Gießen; Stud. Univ. Marburg, Wien, München, Gießen (Chemie); Promot. 1932 Gießen - S. 1933 Agfa bzw. Agfa-Gevaert AG: 1957 Vorstandsmitgl., 1960 -vors., 1971 AR-Vors. - S. 1963 Ehrenbürger Univ. Bonn; 1966 Gold Med. Photogr. Ges. Wien; 1968 Gold. Photokina-Nadel; 1968 Hon.-Prof. Univ. Bonn; 1973 Royal Soc. of Arts, London.

SCHAUMANN, Fritz

Dr. paed., Studiendirektor a.D., Staatssekretär Bundesmin. f. Bildung u. Wiss. - Herderstr. 30-34, 5300 Bonn 2 - Geb. 22. April 1946 - Ausb. Fernmeldehandw.; Stud. Päd. PH Ruhr u. Psych. Univ. Münster; Dipl.-Päd. 1971, Promot. 1974 Dortmund - 1971-85 Wiss. Mitarb. Univ. Dortmund (Psychologie). 1985-88 MdL Nordrh.-Westf. FDP (Landesvorst.-Mitgl. NRW). Fachveröff. - Spr.: Engl., Franz.

SCHAUMANN, Wolfgang

Dr. med., Prof., Pharmakologe, Direktor Intern. Präklinische Forschung Boehringer Mannheim GmbH i.R. - Mönchhofstr. 58, 6900 Heidelberg (T. 06221 - 4 63 27) - Geb. 20. Nov. 1926 Wiesbaden (Vater: Prof. Dr. Otto S., Pharmakologe; Mutter: Dr. Maria, geb. Kaan), verh. s. 1955 m. Elisabeth, geb. Schäfer, 3 Kd. (Peter, Lorenz, Christine) - Univ. Frankfurt/M. u. Innsbruck (Med.) - S. 1959 Leit. Pharmak. Labor. bzw. Med. Forsch. (1968) Boehringer. S. 1959 (Habil.) Privatdoz. u. apl. Prof. (1965) Univ. Frankfurt (Pharmak. u. Toxik.). Spez. Arbeitsgeb.: Pharmacokinetik. Üb. 100 Fachveröff. - Liebh.: Tennis - Spr.: Engl., Franz.

SCHAUMBERGER, Egon

Dipl.-Kfm., Vorstand Donaukraftwerk Jochenstein AG, Passau - Birkenstr. 4b, 8038 Gröbenzell - Geb. 31. Jan. 1926 - Univ. München; Dipl. 1951.

SCHAUMLÖFFEL, Erich

Dr. agr., Prof. f. Nuklearbiologie Univ. Marburg (Bereich Humanmed.) - Friedrichspl. 11, 3550 Marburg - Geb. 20. Dez. 1926 Kassel (Vater: Dr. Karl S., Zahnarzt; Mutter: Margarethe, geb. Metz), ev., verh. s. 1961 m. Gisela, geb. Fleischhauer, 2 Kd. (Kathrin, Niklas) - 1950-59 Univ. Gießen (Dipl. 1956) - 1960 Wiss. Assist.; 1966 Privatdoz.; 1970 Prof. - Spr.: Engl.

SCHAUPP, Wilhelm

Dr.-Ing., Dipl.-Bauing., Prof., Beratender Ingenieur f. d. Bauwesen - Hubertusstr. 68, 8022 Grünwald/Obb. (T. München 649 21 77) - Geb. 3. Juni 1922, verh. mit Arch. BAK Gertrud s. 1953 - 1948-59 Konservator Materialprüfungsamt TH München; s. 1959 ao. Prof. Kunstakad. ebd. (s. 1970 Leit. Inst. f. Angew. Baustoffkunde u. -konstruktionen); Obmann versch. DIN-Normen - BV: D. Flachdach, 1960; D. Außenwand, 1962 (auch engl. u. franz.). Etwa 50 Einzelarb. - 1973 Ehrenmitgl. Akad. d. Bild. Künste.

SCHAURTE, Christian W.

Fabrikant (Bauer & Schaurte, Schrauben- u. Mutternfabrik, Neuss), Vizepräs. IHK Neuss - Am Breil 38, 4005 Meerbusch 1 (T. 25 25) - Geb. 6. Okt. 1918 Düsseldorf (Vater: Dr.-Ing. E. h. Werner T. S., Fabrikant (s. dort); Mutter: Charlotte, geb. Staudt † 1972) - Zeitw. Vors. Fachvereinig. Hochfeste Schrauben, Düsseldorf - Spr.: Engl. - Rotarier.

SCHAUTZER, Max

Journalist, TV-Moderator - Büro: M. S. Showtime GmbH, Brabanter Str. 37, 5000 Köln 1 (T. 0221 - 51 60 05 od. 39 22 29) - Geb. 14. Aug. 1940 Klagenfurt/Österr. (Vater: Max Sch., Kaufm.; Mutter: Auguste, geb. Gross), kath., verh. s. 1968 m. Gundel, geb. Lauffer - Schule Klagenfurt; Univ. Wien (Wirtschaftswiss.; Stud. abgebr.); Schauspielsch. ebd. - S. 1965 fr. Mitarb. ARD, ZDF, ORF, SRG, dazw. 1981-83 Geschäftsf. BTS-RTL/Radio Luxemburg (Düsseldorf). Bek. Sendungen: Allein geg. alle (1978-80), E. Platz an d. Sonne (1980-89), Alles oder nichts (1981-88), ARD-Wunschkonzert (1984ff.), Pleiten, Pech u. Pannen (1986ff.), D. Goldene Eins (1989ff.), Sonderbar (1991-92) - Spr.: Engl., Franz., Ital.

SCHAUWECKER, Ludwig

Dr. phil. habil., Prof. f. Romanische Sprachwiss. - Claszeile 43, 1000 Berlin 37 - Geb. 12. Febr. 1929 Pforzheim (Vater: Max Sch., Forstrat; Mutter: Ruth, geb. Richt), ev., verh. s. 1979 - Gymn. Tübingen; Univ. Tübingen u. Paris (Franz., Engl., Gesch.), Promot. Tübingen 1955, Staatsex. 1959 u. 1961, Habil. 1972 FU Berlin - BV: D. Generaverbi im Franz. (Diss.) 1956; D. sprachwiss. Methode, 1962; Franz. Lautlehre, 1970; Franz. Formenlehre, 1972; Wortarten u. Satzteile, 1979; Einf. in d. hist. Sprachwiss., 1988; Franz. Syntax, 1989 - Spr.: Franz., Engl. - Bek. Vorf.: Gmelin.

SCHECH, Marianne

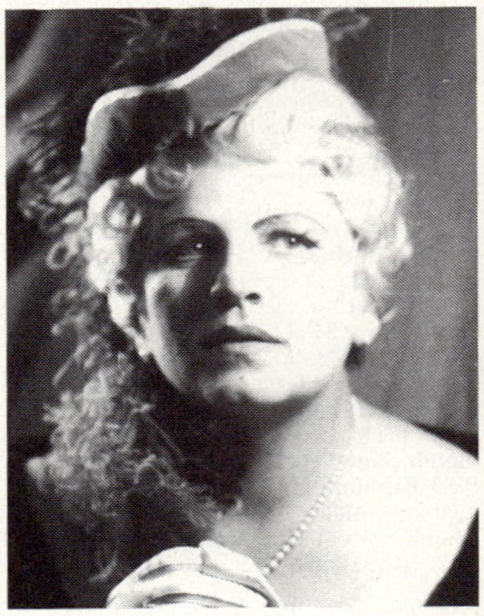

Kammersängerin, Prof. f. Gesang Staatl. Hochschule f. Musik in München (s. 1968) - Richard-Strauss-Str. 119, 8000 München 80 (T. 98 58 18) - Geb. 18. Jan. 1914 Geitau/Obb., kath. - Abit.; Staatsex. Musikhochsch. 1938 - Engagements: Koblenz, Münster, Düsseldorf, Staatsoper Dresden u. München (1945-70; dramat. Sopran). Gast Metropolitan Opera New York, Covent Garden Opera London, San Francisco Opera, Grand Opera Paris u. a. Konzerttätigkeit. Bekannte Partien: Isolde, Brünnhilde, Ortrud, Elsa, Elisabeth, Venus, Sieglinde, Marschallin, Ariadne, Färberin (amerik. Erstauff.), Tosca, Turandot, Amelia, Gräfin, Elvira, Donna Anna - 1938 Mottl-Preis Musikhochsch. München; 1955 Bayer. Kammers.; 1962 Bayer. VO.; 1983 BVK I. Kl. - Liebh.: Fotogr. - Spr.: Engl., Franz.

SCHECK, Florian

Dr. rer. nat., Prof. f. Theor. Physik - Am Sportfeld 23, 6501 Mommenheim - Geb. 20. Nov. 1936 Berlin (Vater: Gustav Sch., Flötist; Mutter: Ernestine, geb. Nitschke) - 1956-64 Univ. Freiburg (Dipl. 1962, Promot. 1964), Habil. Heidelberg 1968 - 1964-66 Wiss. Mitarb. Weizmann-Inst., 1968-70 Wissensch. CERN, 1970-76 Leit. Theoriegr. SIN (ETH), seither o. Prof. Univ. Mainz - BV: Leptons, Hadrons and Nuclei, 1983; Mechanik - V. d. Newtonschen Gleichungen z. deterministischen Chaos, 1988; Mechanik-Manual (m. R. Schöpf), 1989. Zahlr. Publ. z. theor. Physik - Spr.: Engl., Franz. - Bek. Vorf.: Gustav Scheck, Flötist (Vater).

SCHEDE, Joachim

Dr., Regierungsdirektor a. D., Europabeauftragter d. Europ. Mittelstandsunion, Bonn - Heussallee 2-10, Hochhaus Tulpenfeld, 5300 Bonn; priv.: Steinacker 41 - Geb. 2. Sept. 1929 Mordhausen, ev. verh. s. 1959 m. Dr. med. Maria v. d. Gablentz, (Tocht. d. o. Prof. Dr. O.-H. v. d. G.), 3 Kd. (Martin, Mechthild, Christian) - Mitgl. Standing Comit. d. Verb. d. Europ. Ernährungsind. (CIAA) a. D., Comit. de Direction d. Verb. d. Europ. Margarineind. a. D., Beirat Ind. Mittelstand d. Mittelstandsvereinig. d. CDU/CSU a. D., Geschäftsf. Verb. Dt. Margarine-Ind. a. D., Bonn.

SCHEDEL, Franz

Dr. med., Prof., Chirurg, Ltd. Med. Dir. i.R. Städt. Krankenhaus Passau (s. 1955) - Reha Klinik Prof. Dr. Schedel, Kellberg, 8390 Passau (T. 08501 - 2 12) - Geb. 19. Sept. 1915 Passau (Vater: Hans S., Regierungsbauamtm.; Mutter: Fini, geb. Sailer), kath., verh. s. 1958 m. Dr. Ernerose, geb. Fehler, S. Hans - Gymn. Günzburg; Univ. München. Promot. (1941) u. Habil. (1954) München - Assist. Univ. München (Prof. E. K. Frey); s. 1954 Lehrtätigk. das. (1966 apl. Prof.) - BV: Durchblutung im Gipsverband; Chir. Lehrb. f. Zahnmediziner; Wissen das Frauen?; Kur in Kellberg; D. blaue Spiegel (gestern-heute-morgen); Reflexionen e. Arztes - im Wandel d. Zeit; Bad Kellberg - Einst u. Jetzt. Zahlr. Arbeiten z. Unfallchir., Kosmetik, Bluttransfusion u. Krebsforschung - Liebh.: Musik, Antiquitäten, Fotogr.

SCHEDL, Otto

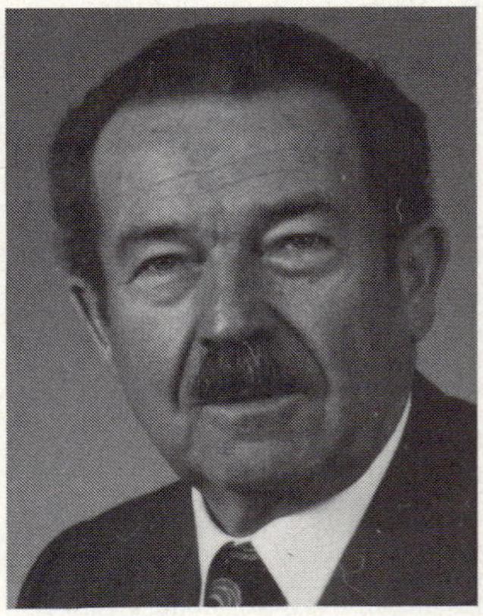

Dr. phil., Bay. Staatsminister a. D. - Neuberghauser Str. 6, 8000 München 80 (T. 98 13 00) - Geb. 10. Dez. 1912 Sinzing b. Regensburg (Vater: Otto S., Hausmeister; Mutter: geb. Kellner), kath., verh. I) 1942 m. Maria, geb. Reuss († 1968), 2 Kd. (Otto, Maria), II) 1970 Finny, verw. Fischer - Oberrealsch.; Stud. Phil., Psych., Kunst-, Literaturgesch., Zeitungskd., Volksw., Promot. 1941 - 1937-1940 Journ. Regensbg. Anz.; 1941/42 Chefred.; 1940 u. 1942-45 Wehrdst.; Geschäftsf. u. Generalsekr. CSU; 1948-57 Landrat Kr. Neumarkt/ Opf.; 1950-72 MdL Bayern; 1957-72 (Rücktr.) Wirtsch.- u. Verkehrsmin. u. Finanzmin., stv. Min.präs. (1968). AR- u. Beiratsmand., dar. Vors.; Vors. CSU-Kreisverb. Neumarkt (1949-71) u. -Bezirksverb. Oberpfalz (1955-72, seith. Ehrenvors.) - BV: D. Lebenskreise bei Krause, 1941; Wirtschaft im Großraum, 1967; D. SPD-Programm f. d. Wirtsch. - ein Weg in d. Sozialismus, 1978; Wird Europa sozialistisch?, 1979; Atomkraft u. k. Ende, 1980; Programmierte Energiekrise?, 1982; Energie f. d. Zukunft, 1982;

Europa - e. Illusion?, 1984; Kleiner Mann im großen Markt, 1990 - 1968 Ehrenbürger Ingolstadt; Bayer. VO., 1969 Gr. BVK m. Stern; Gr. Silb. Ehrenz. am Bde. Rep. Österr.; Grande Ufficiale; Schwed. Nordenstern-Orden m. Kreuz; 1966 Gold. Ehrenring d. Bayer. Handwerks u. Gold. Med. f. bes. Verdienste um d. kommunale Selbstverw.; Bayer. Staatsmed. f. bes. Verd. um d. bayer. Wirtschaft; Bayer. Verfassungsmed. in Gold - Liebh.: Bücher, Filmen - Spr.: Engl. - Rotarier.

SCHEDLBAUER, Hans

Dr. rer. pol., Honorarprofessor f. Wirtschafl. Prüfungs- u. Treuhandwesen Univ. Augsburg - Büchnerstr. 10, 8900 Augsburg - Geb. 24. Juni 1922 - BV: Sonderprüfungen. E. Handb. d. gesetzl. u. freiwilligen aperiodischen Prüfungen, 1984. Zahlr. Publ. üb. Planbilanzen, Management-Accounting sow. bilanzanalyt. u. steuerl. Themen.

SCHEDLICH, Hajo

Schriftsteller u. Regisseur - Dr.-Friedrich-Kirchhoff-Str. 7b, 6500 Mainz (T. 06131 - 8 24 04) - Geb. 4. Juni 1925 Berlin, ev., verh. s. 1973 m. Helga (Mady Riehl), T. Claudia - Stud. Theaterwiss., Zeitungswiss., Phil., Kunstgesch. Wien am Max Reinhardt Sem. - Drehbuchautor, Regiss., Moderator b. Fernsehen (ZDF) - BV: Wir sind im Netz, 1948; Lieb Vaterland magst ruhig sein, 1962; Mitternachtsspielereien, 1974; Protokolle d. Phantasie, 1989. Fernsehfilme: D. Klavier, Brücke z. Heiligen Geist, Tago Mago, Heimkehr Berlin, Schwarze Sonne üb. Arles, Formentera, u.a. - 1991 BVK am Bde. - Spr.; Engl., Franz., Span.

SCHEEL, Christine

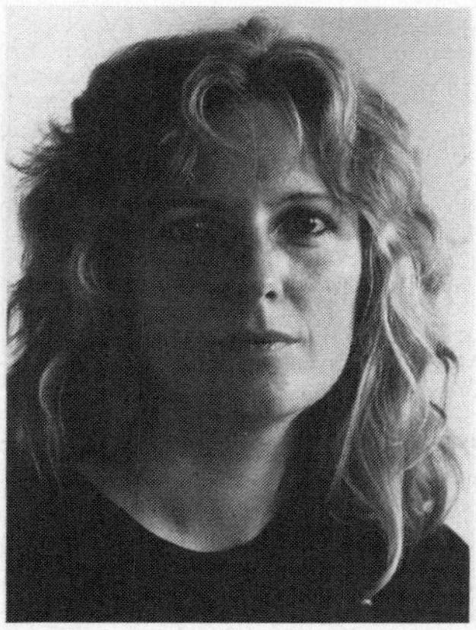

Landtagsabgeordnete in Bayern f. DIE GRÜNEN (s. 1986) - Waagstr. 43, 8752 Schöllkrippen - Geb. 31. Dez. 1956, verh. m. Wilhelm Sch., 2 Kd. (Mirja, Marcel) - Pädagogin MA; Stud. Archäol., Ethnol., Soziol. Freiburg; Päd. Soziol., Psychol. Erlangen - 3 J. Fraktionsvors.; s. 1989 Vors. Aktionsbündnis D. bessere Abfallkonzept am Untermain.

SCHEEL, Günter

Dr. phil., Ltd. Archivdirektor a. D. Nieders. Staatsarchiv Wolfenbüttel - Am Okerufer 23, 3340 Wolfenbüttel - Geb. 9. Febr. 1924 Rathenow, ev., verh. s. 1953 m. Brigitte, geb. Otto, S. Wolfgang - Stud. Univ. Berlin; Staatsex. 1950; Promot. 1952 - 1979-89 Dir. Nieders. Staatsarchiv Wolfenbüttel; s. 1982 Vors. Braunschweig. Geschichtsverein - BV: Ursachen u. Folgen. V. dt. Zusammenbruch 1918 u. 1945 b. z. staatl. Neuordnung in d. Gegenw., I-XXVI 1958-78; Biogr. Register 1-2, 1971-80; G. W. Leibniz, Sämtl. Schr. u. Briefe, Reihe I, Supplementband Harzbergbau 1692-1696, 1991.

SCHEEL, Hans-Dieter

Dr., Vortragender Legationsrat I. Kl., Gesandter, Botschaft d. Bundesrep. Deutschl. Tokyo - CPO Box 955, Tokyo 100-91, Japan (T. 00813 - 34 73 01 51); Adenauerallee 99-103, 5300 Bonn 1, (T.17-22 90) - Geb. 1. Febr. 1937 Hamburg (Vater: Dr. Kurt C. Sch., Chemiker; Mutter: Gretchen, geb. Mühlhan), ev.-luth., verh. s. 1967 m. Almut, geb. Schubert, 4 Kd. (Kurt, Tilman, Friederike, Arnulf) - Gelehrtenschule d. Johanneums Hamburg, 1947, Kaiser Wilhelms Gymnas.Hannover, 1949; Stud. Rechtswiss. 1956-60, 1960 Ref., 1966 Ass., 1967 Promot. Dr. jur. Univ. Kiel - 1966 Auswärt. Dienst, 1969-70 Botsch. Bamako/Mali, 1970 Botsch. Moskau, 1974 Botsch. Paris, 1977 Auswärt. Amt, 1981-85 Botsch. Tokyo, 1985-91 Leit. Ref. Ostasien im Auswärigen Amt, s. 1991 Botsch. Tokyo - Spr.: Engl., Franz., Span., Russ., Jap.

SCHEEL, Walter

Drs. h. c., Bundespräsident a. D. - Lindenallee 23, 5000 Köln-Marienburg - Geb. 8. Juli 1919 Solingen (Vater: Stellmacher), ev., verh. I) 1942 m. Eva, geb. Kronenberg († 1966), S. Ulrich (geb. 1944), II) 1969 Dr. Mildred, geb. Wirtz (Röntgenologin, 1974ff. Präs. Selbstgegr. Dt. Krebshilfe, †1985), 3 Kd. (Cornelia (Tochter d. Ehefrau), Andrea-Gwendolyn (geb. 1970), Adoptivs. Simon-Martin/Bolivien), III) 1988 Barbara, geb. Wiese - Reform-Gymn. Solingen; Banklehre ebenda - 1939-45 Wehrdienst (zul. Oblt. Luftwaffe), spät. Geschäftsf. Stahlwarenind., 1950-53 MdL Nordrh.-Westf., Verbandsgeschäftsf. u. Wirtschaftsberater, 1953-74 MdB (1967-69 Vizepräs.), 1955-57 Mitgl. Gemeins. Vers. Europ. Gemeinsch. f. Kohle u. Stahl, 1958-61 Mitgl. Europ. Parlam. (stv. Vors. Liberale Fraktion u. Präs. Aussch. f. d. Zusammenarbeit m. Entwicklungsländern), 1961-66 (Rücktr.) Bundesmin. f. wirtschaftl. Zusammenarb. (in ds. Eigensch. ständ. Vertr. d. Bundesaußenmin.), 1969-74 Außenmin. u. Vizekanzler, 1974-79 Bundespräs. FDP s. 1946 (1968-74 Bundesvors., 1979 Ehrenvors.) - Kurat.-Mitgl. Friedr.-Naumann-Stiftg., AR-Mitgl. Thyssen AG u. Thyssen Stahl AG; VR-Vors. German. Nationalmuseum; AR-Vors. DEG Dt. Investitions- u. Entw.ges. mbH; Ehrenpräs. Europa-Union Dtschl.; Ehrenpräs. Direktorium f. Vollblutzucht u. Rennen - BV: Konturen e. neuen Welt - Schwierigkeiten, Ernüchterung u. Chancen der Industrieländer, 1965; Formeln deutscher Politik, 1968; Warum Mitbestimmung und wie? - Eine Diskussion, 1970; Die Freiburger Thesen d. Liberalen, 1972 (m. Karl-Hermann Flach u. Werner Maihofer); Bundestagsreden, 1972; Reden u. Interviews, I u.II 1972 u. 1974, 1-5 (1974-79); Vom Recht d. anderen - Gedanken zur Freiheit; D. Zukunft d. Freiheit - Vom Denken u. Handeln in uns. Demokratie; Wen schmerzt noch Deutschlands Teilung? Zwei Reden, 1986. Herausg.: Perspektiven dt. Politik (1969) - 1969 Wolfgang-Döring-Med.; 1971 Theodor-Heuss-Preis; 1973 Friedenspreis Kajima-Inst., Tokio; 1973 Ritter Orden wider d. tier. Ernst (Aachener Karnevals-Verein); 1973 Großkreuz VO. BRD; zahlr. hohe ausl. Orden; 1975 Dr. h. c. Georgetown Univ./USA; 1975 Dr. h. c. Maryland-Univ., Heidelberg, 1978 Dr. h. c. Univ Auckland/Neuseel., 1979 Univ. Bristol (Engl.); Ehrenbürger New York, Chicago, San José u. Mexico-Stadt, 1977 Solingen, 1978 Bonn, 1978 Berlin, 1979 Düsseldorf; 1977 Karlspreis Stadt Aachen; 1984 Goldmed. Fondation du Mérité Européen - Spr.: Engl., Franz. - Rotarier.

SCHEEL, Wolfgang

Dr., 1. Bürgermeister d. Landeshauptstadt Hannover, Direktor Nieders. Landeszentrale f. polit. Bildung, Hannover (s. 1981) - Löwenstr. 4, 3000 Hannover 1 (T. 0511 - 81 51 74) - Geb. 16. Aug. 1934 Stargard/Pommern, ev., verh. - Stud. Gesch. u. lat. Philol. Univ. Berlin, München u. Göttingen; 1. Staatsex. 1959; 2. Staatsex. 1962; Promot. 1960 Univ. Göttingen; 1976-81 Bürgerm. Hannover u. s. 1991 1. Bürgerm. Hannover - BV: D. Berliner Polit. Wochenblatt; D. polit.-soz. Revolution in England u. Frankr. - e. Beitr. z. konserv. Zeitkritik, 1963; Politik im geteilten Deutschland - e. didakt. Entwurf, 1967.

SCHEELE, Erwin

Dr. rer. pol., o. Prof. u. Leiter Abt. f. Wirtschafts- u. Finanztheorie/Wirtschaftsw. Seminar Univ. Tübingen - Im Wägner 8, 7400 Tübingen (Unterjesingen) (T. 07073 - 76 19) - Geb. 19. Aug. 1928 Münster/W. - S. 1962 (Habil.) Lehrtätigk. Univ. Münster, TH Karlsruhe (1964 Ord.), Univ. Göttingen (1967 Ord.) u. Tübingen (1971 Ord.) - BV: Tarifpolitik u. Standortsstruktur, 1959; Einkommensverteilung u. Wirtschaftswachstum, 1964; Lohnpolitik in d. Marktw., 1969. Div. Einzelarb.

SCHEELE, Hans

Oberkreisdirektor a. D. Kr. Gütersloh - Lindenstr. 7, 4830 Gütersloh - Geb. 15. Jan. 1911 Bielefeld - AR-Mandate u. a., Verwalungsrat ZDF - 1973 BVK I. Kl., 1980 Gr. BVK.

SCHEELE, Michael

Dr. jur., Rechtsanwalt, Schriftsteller - Prinzregentenplatz 15, 8000 München 80 (T. 089 - 470 10 02) - Geb. 8. März 1948 Höxter (Vater: Hans Sch., Oberkreisdir. a.D.; Mutter: Maria, geb. Schröder), verh. s. 1989 m. Lindy, geb. Samy, 3 Kd. (Sebastian, Stefanie, Stefan) - High School-Dipl. 1966 USA; Abit. 1968 Wiedenbrück; 1971 Übersetzungsdipl. f. Wirtschaftsengl. 1971 Bonn; Juraex. 1975 München, Promot. 1978 Bielefeld - S. 1977 Rechtsanw.; 1979-89 Honorarkonsul d. Rep. Seychellen; s. 1990 Geschäftsf. d. Vereins Fair Press - BV: Was kostet mein Recht? Ratgeber 1980; Wilde Ehe oder Trauschein? Ratg. 1981; Unser Recht, Samml. dt. Gesetze 1982; Ratgeber Recht, 1989; Unser tägl. Recht, 1990 - Liebh.: Klass. Musik (spielt Piano u. Violine), Sport, Skifahren, Tennis, Golf - Spr.: Engl., Franz. - Bek. Vorf.: Scheele, Hans - Oberkreisdir. a.D., Mitgl. ZDF-VR.

SCHEELE, Paul-Werner

Dr. theol., Prof., Bischof v. Würzburg (em. 1979) - Domerschulstr. 2, 8700 Würzburg - Geb. 6. April 1928 Olpe/W., kath. - Phil.-Theol. Akad. Paderborn (1947-48, 1949-51), Univ. München (1948-49), Priestersem. Paderborn (1951-52). Priesterweihe 1952; Promot. 1964 - Ab 1952 Vikar u. Religionslehrer Paderborn, 1962-64 Assist. Univ. Würzburg, dann Sektionsleit. Johann-Adam-Möhler-Inst. Paderborn, 1965-66 o. Prof. Phil.-Theol. Hochsch. Fulda, anschl. o. Prof. Univ. Bochum (Fundamentaltheol.), Würzburg (1970), Paderborn (1971); 1975-79 Weihbischof Erzdiöz. Paderborn - BV: Licht - Leben - Liebe, 2. Aufl. 1964; Zeugnis geben v. Leben, 1956; Verherrlichung u. Gemeinschaft, 1957; Einheit u. Glaube, 1964; Vater, d. Stunde ist da, 1964. Herausg.: Opfer d. Wortes - Gebete d. Heiden aus 5 Jahrtsd. (1960), Einheit u. Glaube - Joh. Adam Möhlers Lehre v. d. Einh. d. Kirche u. ihre Bedeut. f. d. Glaubensbegründ. (1964), H. Schell - Kath. Dogmatik/Krit. Ausg. (1968). Halleluja - Amen (1974), Nairobi - Genf - Rom (1976), Alles in Christus (1977), Alle eins (1979) - 1982 Bayer. VO.

SCHEER, August-Wilhelm

Dr. rer. pol., Prof. Univ. Saarbrücken - Finkenstr. 10, 6602 Dudweiler (T. 06897 - 7 23 95) - Geb. 27. Juli 1941 Lübbecke/W. (Vater: Willy S., Kaufm.; Mutter: Luise, geb. Kreienkamp), 3 Kd. (Meike, Hauke, Tim) - Stud. Betriebswirtsch. Univ. Hamburg; Promot. 1971; Habil. 1974 - BV: D. ind. Investitionsentscheidung, 1969; Instandhaltungspolitik, 1974; Produktionsplanung, 1976; Projektsteuerung, 1978; EDV-orientierte Betriebswirtschaftslehre, 4. A. 1990; Computer: A Challenge for Business Administration, 1985; CIM - Computer Integrated Manufacturing, 3. A. 1988; Wirtschaftsinformatik, 3. A. 1990; Architektur integrierter Informationssysteme, 1991; CIM - Der computergesteuerte Industriebetrieb, 4. A. 1990.

SCHEER, Christian

Dr. rer. pol., Prof. f. Volkswirtschaftslehre - Von-Melle-Park 5, 2000 Hamburg 13 - Geb. 25. Dez. 1942 Berlin (Vater: Dr. Karl Wilhelm S., Dipl.-Landw.; Mutter: Erika, geb. Henning), ev., verh. - BV: Sozialstaat u. öfftl. Finanzen, 1975; Steuern u. Makropolitik (m. B. Kubista), 1976; Umverteil.-Wirkung der Einkommensteuer, 1982; D. öffentl. Sektor. Einf. in d. Finanzwiss. (m. E. Nowotny u. H. Walther), 1987, 2. A. 1990.

SCHEER, Claus Hermann

Dipl.-Ing., Prof. f. Baukonstruktionen (Mauerwerks- u. Holzbau) TU Berlin - Mattersburger Weg 13, 1000 Berlin 28 - Geb. 4. Aug. 1937 Berlin (Vater: Walter S., Bauoberinsp.; Mutter: Gertrud, geb. Tönsel), ev. verh. s. 1970 m. Gudrun, geb. Schmidt - 1964-66 Siemens-Bauunion GmbH, 1966-74 wiss. Assist. TU Berlin, 1974/75 Lehrbeauftrager, s. 1975 Prof. f. d. Fachgeb. Baukonstrukt. (Ingen.holz- u. Mauerwerksbau); Partner d. Ing.gemeinsch. Prof. Dr.-Ing. e.h. R. v. Halász; 1983 Vereidigter Sachverst. d. IHK zu Berlin u. Gründung d. Ing.gemeinsch. Prof. Scheer - BV: Der Holzbau: Material-Konstruktion-Detail; Holzfachwerkträger: Statik-Bemessung-Brandschutz. Herausg.: Holzbau-Taschenb. (Bd. 1, 2 + 3). Fachveröff. - Mitgl. nat. u. internat. Fachgremien.

SCHEER, Hans-Hermann

Dipl.-Volksw., Geschäftsführer Fachverb. Ferrolegierungen, Stahl- u. Leichtmetallveredler - Zu erreichen üb. Fachverb. Ferrolegierungen, Postf. 10 23 06, 4000 Düsseldorf 1.

SCHEER, Hermann

Dr. rer. pol., MdB (s. 1980, SPD) - Bundeshaus, 5300 Bonn - Geb. 29. April 1944 Wehrheim, ev., verh. s. 1970, 1 Kd. - Abit. Berlin 1964; Heeresoffz.sch. Hannover, Prüf. 1966; 1966/67 Ltn. Bundeswehr, 1967-72 Stud. Rechts-, Polit.- u. Wirtsch.wiss. Univ. Heidelberg u. Berlin - 1972-76 Wiss. Assist. Univ. Stuttgart; 1976-80 Mitarb. Kernforsch.-zentr. Karlsruhe; Präs. Intern. Polit. Sonnenenergie-Vereinigung EUROSOLAR - BV: Parteien kontra Bürger? D. Zukunft d. Parteiendemokr., 3. A. 1980; Mittendrin. Bericht z. Lage von Sozialdemokr. u. Rep., 1982; D. Befreiung v. d. Bombe, 1986; D. gespeicherte Sonne, 1987; D. Solarzeitalter, 1989.

SCHEER, Hugo

Dr. rer. nat., Prof. f. Biochemie/Botanik Univ. München - Badenburgstr. 6, 8000 München 60 - Geb. 29. Juni 1942 - Chemie-Stud., Promot. 1970. Veröff. z. Biochemie v. Pflanzenfarbstoffen.

SCHEER, Jörn Wolfgang

Dr. phil., Prof. f. Med. Psychologie - Friedrichstr. 36, 6300 Giessen - Geb. 31. Aug. 1941 Hamburg - Gelehrtenschule d. Johanneums Hamburg, Univ. Heidelberg u. Hamburg (Phys., Psych.), Dipl.-Psych. Hamburg 1967, Promot. Giessen 1975 - S. 1977 Prof. f. Med. Psych. Univ. Giessen - BV: Stud. in d. Prüf., 1973 (m. H. Zenz); Lernziele d. Med. Psych., 1977 (m. a.); Med. Psych.-Forsch. f. Klinik u. Praxis, 1982 (m. a.); Ärztl. Maßnahmen aus psych. Sicht, 1984 (m. Brähler).

SCHEER, Max

Dr. rer. nat. (habil.), o. Prof. f. Experimentelle Physik u. Vorst. Physikal. Inst. Univ. Würzburg (s. 1962) - Rothweg 37, 8700 Würzburg (T. 7 93 00) - Geb. 16. Febr. 1926 - 1959-62 Privatdoz. Univ. Würzburg. Üb. 50 Fachveröff.

SCHEERBARTH, Hans Walter

Dr. jur., Honorarprof. Ruhr-Univ. Bochum - Seeuferweg 21, 8031 Wörthsee -

Geb. 24. Febr. 1926 Köln (Vater: Walter Sch., Reichsrichter, OVG-Senatspräs.; Mutter: Käthe, geb. Zapf), ev., 4 Kd. (Iris, Angelika, Uta, Walter) - Human. Gymn. Berlin; Schreinergehilfenpr. (1949), Abit. Oberrealsch. München (1949); Stud. Jura u. Volksw. München u. Münster, Ass.ex. 1957 - 1958 Jur. Mitarb. Dir. Rhein. Braunkohlenwerke, 1960 Reg.-Präs. Aachen u. Köln, b. 1969 Innenmin., stv. Leit. d. Stabes b. Min.-präs. Kühn, dann Staatskanzlei NRW; 1991-92 Dritte Welt - Erhebung f. d. Freistaat Bayern - BV: Beamtenrecht, 1967, 5. A. 1985; Laufbahnrecht, 1968 - 1977 BVK, 1985 BVK I. Kl.

SCHEERER, Thomas M.

Dr. phil., Prof. f. Hispanistik/Lateinamerikanistik Univ. Augsburg - Universitätsstr. 10, 8900 Augsburg (T. 8021-598-654) - Geb. 30. Juli 1949 Lübeck - Stud. German., Roman.; Staatsex. 1975; Promot. 1973 Bonn; Habil. 1981 Bonn - 1981/82 Lehrstuhlvertr. Heidelberg; 1982/83 Duisburg; 1983/84 Saarbrücken; 1987/89 gf. Dir. Inst. f. Spanien- u. Lateinamerikastud. (ISLA) Univ. Augsburg; 1991 Vorst.-Mitgl. Dt. Hispanistenverb. (DHV) - BV: Textanalyt. Stud. z. ecriture automatique, 1974; Ferdinand de Saussure - Rezeption u. Kritik, 1980; Phantasielösungen. Kl. Lehrb. d. Pataphysik, 1982; Stud. z. sentimentalen Unterhaltungsroman in Spanien, 1983; Virides Julii Candelae. Cortázars Rayuela, 1983; A travers la poésie française, 2 Bde., 1986; M. Vargas Llosa. Leben u. Werk, 1991 - Spr.: Engl., Franz., Span., Portug., Ital.

SCHEFE, Hans

Schulhausmeister, Mitgl. Hbg. Bürgerschaft (s. 1978) - Öjendorfer Höhe 12 (Schule), 2000 Hamburg 74 - Geb. 24. April 1937 Hamburg, verh. s. 1961, 4 Kd. - Volkssch. Hamburg (1941 b. Bombenangriff schwer verletzt; 70 % kriegsversehrt); Maschinenschlosserlehre ebd. - 1956-68 Dt. Werft Hamburg; s. 1968 Bezirksamt Hamburg-Mitte (Schulhausm.). SPD.

SCHEFFBUCH, Kurt

Dr. phil., Dipl.Volksw., Unternehmensberater (s. 1981) - Weinbergstr. 49, 6940 Weinheim (T. 06201-1 44 70) - Geb. 3. März 1934 Stuttgart (Vater: Dr. Adolf Sch., Min.-rat; Mutter: Maria, geb. Busch), ev., verh. s. 1959 m. Margarete, geb. Fischer, 3 Kd. - Univ. Köln, Freiburg (Wirtsch.wiss.) u. Stuttgart (Gesch., Soziol., Phil.), Dipl.-Volksw. u. Promot. (Dr. phil.) - B. 1981 Geschäftsf. VILEDA GmbH Weinheim.

SCHEFFBUCH, Rolf

Prälat - Adlerbastei 1, 7900 Ulm - Geb. 25. Jan. 1931 Calw (Vater: Dr. Adolf Sch., Pädagoge u. Parlamentarier), ev., verh. s. 1959 m. Sigrid, geb. Gutbrod, 4 Kd. (Erdmann, Cornelia, Ulrich, Ruth-Maria) - Abit. 1950 Stuttgart; 1951-56 Theologiestud. Bethel, Bonn, Tübingen, Springfield/USA; STM 1956 Wittenberg Univ. - 1957-59 pers. Ref. d. württ. Bischofs; 1959-65 Pfarrer am Ulmer Münster; 1965-74 Leit. d. Ev. Jugendwerks in Württ.; 1975-89 Dekan Schorndorf; 1965-89 Mitgl. d. Württ. Landessynode (Vors. d. Aussch. f. Diakonie, Ökumene, Mission); Mitgl. Landeskirchenaussch.; Sprecher d. Synodalgr. Lebendige Gemeinde; s. 1973 Mitgl. d. EKD-Synode; s. 1980 Vors. d. württ. Ludwig-Hofacker-Vereinig.; s. 1985 Mitgl. d. Exekutivkomit. d. Lausanner Bewegung f. Weltevangelisation; Vors. d. Europa-Regional-Komit. d. Lausanner Bewegung - BV: Fragwürdige Ökumene, 1974; Zur Sache Weltmission, 1975; Paulus, 1982; So rettet Gott, 1986 - Spr.: Engl., Griech., Lat., Hebr.

SCHEFFCZYK, Leo

Dr. theol., o. Prof. f. Dogmatik - Dall'Armistr. 3a, 8000 München 19 (T. 15 47 31) - Geb. 21. Febr. 1920 Beuthen/OS. (Vater: Alfred A., Postbeamter; Mutter: Hedwig, geb. Koscielny), kath. - Gymn. Beuthen; Univ. Breslau (1938-41) u. Phil.-Theol. Hochsch. Freising/Obb. (1945-47). Promot. (1950) u. Habil. (1957) München - 1947-48 Seelsorger, 1948-51 Subregens Priestersem. Königstein/Ts., 1952-57 Doz. PhThH ebd., 1957-59 Privatdoz. Univ. München, 1959-65 Ord. Univ. Tübingen, seith. Univ. München - BV: Friedrich Leopold zu Stolbergs Gesch. d. Religion Christi, 1952; D. Mariengeheimnis in Frömmigkeit u. Lehre d. Karolingerzeit, 1959; Schöpfung u. Vorsehung, 1963; D. moderne Mensch vor d. bibl. Menschenbild, 1964; Christl. Weltfrömmigkeit?, 1964; Theol. in Aufbruch u. Widerstreit, 1965; V. d. Heilsmacht d. Wortes, 1966; D. Eine u. d. Dreifalt. Gott, 1968; D. Welt als Schöpfung Gottes, 1968; Grundzüge e. dogmat. Hermeneutik, 1973. Mithrsg.: Wahrheit u. Verkündig., Handb. d. Dogmengesch.; Münchner Theol. Ztschr.

SCHEFFEL, Helmut

Feuilletonredakteur FAZ, Literaturkritiker, Übersetzer - Höllbergstr. 19, 6000 Frankfurt/M. (T. 52 96 07) - Geb. 7. Febr. 1925 Gera, verh. s. 1954 m. Gerda, geb. Göttmann, 2 Kd. - Kriegsdst. (Jagdflieger) - Zahlr. Übers., dar. Michel Butor, Roland Barthes, G. Flaubert, Marcel Proust, Robert Pinget, Nathalie Sarraute, Claude Simon, 2. Vors. Verb. dt. Übers. Wiss. u. literar. Werke - Mitgl. PEN-Zentrum BRD.

SCHEFFEN, Erika

Bundesrichterin a.D. (1987) - Strählerweg 79, 7500 Karlsruhe-Durlach - Geb. 5. März 1921 Berlin (Vater: Wilhelm Sch., Theologe; Mutter: Luise, geb. Döring) - Stud. Univ. Berlin u. Freiburg - S. 1948 Richterin im Saarl. Justizdst. Saarbrücken, zul. Oberlandesgerichtsrätin; s. 1969 Richterin am BGH, VI. Zivilsenat.

SCHEFFLER, Beate

Mitglied d. Landtags Nordrh.-Westf., Mitgl. d. Präsidiums - Kreyenfeldstr. 28, 4630 Bochum 7 (T. 0234 - 26 22 11) - Geb. 16. April 1952 Hamburg, ev., verh., 3 Kd. - 1. u. 2. Staatsex. 1976 (Lehrerin an Grund- u. Hauptschulen) - B. 1990 Sprecherin d. Landesvorst. d. GRÜNEN Nordrh. Westf.

SCHEFFLER, Christian

Bibliotheksoberrat, Leiter Klingspor-Museum - Herrnstr. 80, 6050 Offenbach/M. (T. 069 - 80 65 29 54) - Geb. 7. Nov. 1936 - Ehrenmitgl. d. Soc. of Scribes and Illuminators in London u. berat. Mitgl. d. Mainichi Shodo Assoc. in Tokyo.

SCHEFFLER, Eberhard

Dr. rer. pol., Prof. stellv. Vorstandsvorsitzender B.A.T. Cigarettenfabrik (s. 1990) - Diekkamp 45g, 2000 Hamburg 67 (T. 040 - 603 71 01) - Geb. 9. März 1935 Weißwasser, ev., verh., 3 Kd. - Univ. München (Dipl.-Kfm.) u. Würzburg (Dr. rer. pol.); SteuerBerat. 1963, Wirtsch.-Prüfer 1964 - 1972-76 Wirtsch.-Prüf., Finanzvorst. Carl Zeiss; s. 1977 Finanzvorst. BATIG Ges. f. Beteiligungen; s. 1978 Lehrauftr. Univ. Hamburg f. Betriebswirtsch.lehre - BV: Konzernmanagement, 1992. Mithrsg.: Beck'sches Handbuch d. Rechnungslegung (1987ff.).

SCHEFFLER, Hans Eberhard

Dr. rer. pol., Dipl.-Kfm., Prof., Vorstandsmitglied BATIG Ges. f. Beteilig. mbH, stv. Vorstandsvorsitzender BAT Cigarettenfabriken GmbH, Hamburg - Alsterufer 4, 2000 Hamburg 36 (T. 040 - 41 51-704) - Geb. 9. März 1935 Weißwasser, verh. s. 1960 m. Ursel, geb. Regelein, 3 Kd. - Dipl. 1957 München; Promot. 1959 Würzburg; Steuerberater 1963, Wirtschaftsprüfer 1964 - 1957-72 Treuarbeit AG München u. Frankfurt (zul. Dir.); 1972-77 Finanzvorst. Carl Zeiss Oberkochen; AR Sächsische Olefinwerke AG u. Loewe Opta GmbH; VR Dresdner Bank. S. 1986 Hon.-Prof. Univ. Hamburg - Liebh.: Ski - Spr.: Engl.

SCHEFFLER, Helmut

Dr. rer. nat., Prof. Astronom i.R. - Carl-Orff-Weg 16, 6906 Leimen-St. Ilgen (T. 06224 - 5 34 02) - Geb. 16. Jan. 1928 - S. 1960 (Habil.) Lehrtätigk. Univ. Berlin, Tübingen (1961), Heidelberg (1964; gegenw. apl. Prof. f. Astronomie). - BV: Physik d. Sterne u. d. Sonne, Lehrb. 1974, 1990 (m. H. Elsässer); Bau u. Physik d. Galaxis, Lehrb. 1982, 1992 (m. H. Elsässer); Interstellare Materie, 1988.

SCHEFFLER, Herbert

Geschäftsführendes Vorstandsmitglied Ges. d. Europ. Akad., Generalsekr. Intern. Assoz. dt.sprach. Medien (IADM) - Am Kümpel 22, 5300 Bonn-Ippendorf.

SCHEFFLER, Hermann

Dipl.-Ing., Leiter Sektion Meppen Dt. Gesellsch. f. Wehrtechnik e.V. - Neelandstr. 70, 4470 Meppen (T. 05931 - 1 74 92) - Geb. 23. Aug. 1931 Vehlen, ev., verh. s. 1961 m. Gisela, geb. Möller, 2 T. (Kerstin, Birgit) - B. 1956 Bergschule Clausthal; Reserveoffz. 1973 - B. 1964 Berging.; s. 1964 Wehring.; ab 1978 Leit. Sektion Meppen Dt. Ges. f. Wehrtechnik e.V.

SCHEFFLER, Jens-Uwe

Fernsehredakteur, Regiss. Nordd. Rundf., Fernsehen - Reekamp 2, 2000 Hamburg 62 (T. 040 - 532 21 97) - Geb. 7. Dez. 1933 Hamburg (Vater: Herbert Sch., Schriftst.; Mutter: Elisabeth, geb. Lorenz), ev., verh. s. 1964 m. Heidrun, geb. Köpke, 3 Kd. (Kirsten, Tanja, Inken) - Obersch.; Stud. Staatl. Hochsch. f. Musik u. darst. Künste in Hamburg - 1960-62 Kameramann u. Prod.-Leit. Radio Bremen; 1962-67 ARD-Auslandsstudio New Delhi; 1968-73 ARD-Auslandsstudio Hongkong - Regiss. Fernsehsp.: 1978 Lefty - Erinnerungen an einen Toten in Brooklyn; 1980 Marathon in New York; 1981 Mann in Eile; 1983 Tokyo 264-4000. Musikfilme: Alberta Hunter, Yumeno Showtime, Bambusnoten, Giora Feidman, Klarinette - 1979 Adolf-Grimme-Preis Gold (Lefty); 1980 Gold. Gong (Marathon in New York); 1984 Silb. Panther, Graz (PR-Film D. kann Beate auch) - Spr.: Engl. - Bek.-Vorf.: Karl Scheffler, Kunsthist., †1951 (Großonkel).

SCHEFFLER, Matthias

Dr. rer. nat., Prof., Physiker, Direktor d. Abt. Theorie Fritz-Haber-Inst. d. Max-Planck-Ges. Berlin - Zu erreichen üb. Fritz-Haber-Inst., Faradayweg 4-6, 1000 Berlin 33 - Geb. 25. Juni 1951 Berlin, verh. - Stud. TU Berlin; Dipl. 1977; Promot. 1978, Habil. 1984 - S. 1988 Wiss. Mitgl. Max-Planck-Ges.; s. 1989 Hon.-Prof. TU Berlin.

SCHEFFLER, Ursel,

geb. Regelein

M. A., Schriftstellerin - Diekkamp 45g, 2000 Hamburg 67 - Geb. 29. Juli 1938 Nürnberg (Vater: Konrad Regelein, Rektor; Mutter: Anni, geb. Schwalb, Lehrerin), ev., verh. s. 1960 m. Prof. Dr. H. Eberhard Sch., 3 Kd. (Sabine, Sibylle, Jan) - Stud. Neuphilol. u. Volkskd. (Schwerp. Märchen u. Sage) Univ. Erlangen u. München (M.A. 1967) - BV: Kurzgesch., Anthol. u. Beiträge f. Ztg. Üb. 80 Kinder- u. Jugendbücher, u. a. D. rote Drache Fu; Ätze d. Tintenmonster; Piraten Lissy; D. Taxi Opa (4 Bde). Folg. Bilderbücher: Krähverbot f. Kasimir; Opa ist nicht v. gestern; Auf d. Markt; Hier bin ich zu Hause; Bei uns in d. Stadt; Spatzen brauchen keinen Schirm. Krimis: Kommissar Kugelblitz (10 Bde.); Üxe, d. Fischstäbchen-Troll, Pizza-Bande (4 Bde.); D. schönsten Lübecker Sagen - 1981 Preis Critici in Erba (Bologna); 1984 ABDA Publizistik Preis; 1986 D. Eule (Japan).

SCHEFFLER, Walter

Prof., Ord. f. Didaktik d. Engl. Sprache u. Lit. Univ. Frankfurt/Abt. f. Erziehungswiss. (s. 1965) - Mecklenburger Str. 67, 6100 Darmstadt.

SCHEFFLER, Wolfgang

Dr. phil., Oberkustos i. R. - Waghäuseler Str. 8, 1000 Berlin 31 (T. 853 83 68) - Geb. 25. Jan. 1902 Braunschweig (Vater: Dr. phil. Ludwig S., Gymnasialprof.; Mutter: Margarethe, geb. Mitlacher), ev., verh. s. 1931 m. Martha, geb. Lasogga (†1982), 2 Söhne (Jürgen, Eckhard) - Gymn. Braunschweig; Univ. Göttingen, Berlin, München (Kunstgesch.). Promot. 1925 Göttingen - 1926-27 Staatl. Museum Kassel; 1927-39 Thaulow-Museum Kiel; 1939-41 Märk. Museum Berlin; 1941-45 Niederschles. Museum Liegnitz (Dir.); 1952-57 Kunstgutlager Celle; 1957-67 Kunstgewerbemuseum Berlin/Stiftg. Preuß. Kulturbesitz (zul. Oberkustos) - BV: Berlin im Porzellanbild s. Manufaktur, 1963; Goldschmiede Niedersachsens, 1965; Berliner Goldschmiede, 1969; Goldschmiede Rhld.-Westfalens, 1973; Goldschmiede Hessens, 1976; Goldschmiede an Main u. Neckar, 1977; Goldschmiede Mittel- u. Nordostdtschl., 1980; Goldschmiede d. Ostallgäus, 1981; Mühlenkultur in Schlesw.-Holst., 1982; Goldschmiede Ostpreussens, 1983; Vasa sacra aus fünf Jh., 1984; Gemalte Goldschmiedearb., 1985; Celler Silber, 1988; Goldschmiede Oberfrankens, 1989; Silb. Zuckerdosen in Deutschl. 1700-1840, 1990.

SCHEFOLD, Bertram

Dr. phil., Dipl.-Mathematiker, o. Prof. f. Volkswirtschaftslehre Univ. Frankfurt/M. (s. 1974) - Hynspergstr. 15, 6000 Frankfurt/M. (T. 55 53 71) - Geb. 28. Dez. 1943 Basel (Vater: Prof. Dr. Dr. h.c. Karl S., Archäol.; Mutter: Marianne, geb. v. d. Steinen), verh. s. 1972 m. Cornelia, geb. Albrecht, 2 Kd. (Raphael, Sarah) - Stud. Univ. München, Hamburg, Basel, Cambridge/Großbrit.; Dipl.ex. 1967 u. Promot. 1971 Basel - 1973 Sen. Visitor Trinity Coll. Cambridge/Großbrit. u. Hon. Res. Assoc. Harvard Univ. Cambridge, Mass./USA, 1977 Gastprof. Nizza, 1980 Wien, 1984 Th. Heuss-Prof., New York, 1985 Rom, 1990 Venedig - BV: Theorie d. Kuppelproduktion, 1971; Floating Realignment Integration 1972; Nachworte (z. P. Sraffa), 1976; Wie sollen wir in Zukunft leben? (m. K. M. Meyer-Abich), 1981; Arbeit ohne Umweltzerstörung (m. H. C. Binswanger u.a.); D. Grenzen d. Atomwirtschaft (m. K. M. Meyer-Abich), 1.-4. A. 1986; Mr. Sraffa on Joint Production and Other Ess., 1989. Fachveröff. wiss. Ztschr. Herausg.: Stud. z. Entw. d. ökon. Theorie VII-XI; Klassiker d. Nationalökonomie. Mithrsg.: Metroeconomica - Spr.: Engl., Ital., Franz.

SCHEFOLD, Dian

Dr. jur., Univ.-Prof. f. öffentliches Recht Univ. Bremen - Mathildenstr. 93, 2800 Bremen 1 (T. 0421 - 7 25 76) - Geb. 6. März 1936 München (Vater: Karl Sch., Prof. f. Archäol.; Mutter: Marianne, geb. von den Steinen), ev., verh. s. 1964 m. Monica, geb. Hennig, 2 Kd. (Ariadne, Fabian) - Stud. Univ. Basel u. Berlin u. Rom (Dr. jur. Basel 1961; Advokat Basel 1964), Habil. 1970 FU Berlin u. 1970 Prof. FU Berlin; 1980 Prof. Univ. Bremen; 1986/87 Gastprof. Cosenza u. 1988-90 Rom - BV: Volkssouveränität u. repräsentative Demokr., 1966; Z. dt. Verwaltungsrechtsschutz, 1969; Zweifel d. erkennenden Gerichts, 1971; Kommunalwirtsch. Inkompatibilität, 1977; D. Zweitanmelderproblematik (m. M. Zuleeg), 1983; Positiv-Liste f. Arzneimittel (m. G. Glaeske), 1988; Parteienrecht im europ. Vergleich (m. D. Th. Tsatsos, H. P. Schneider, u.a.), 1990; u. a. - Spr.: Engl., Franz., Ital.

SCHEFOLD, Karl

Dr. phil., Dr. phil. h.c., Prof. f. Archäologie - Mittlere Str. 22, CH-4056 Basel (T. 261 89 62) - Geb. 26. Jan. 1905 Heilbronn/N. (Vater: Dr. jur. Karl S., Reichsrichter; Mutter: Emilie, geb. Nusser), verh. 1935 m. Marianne, geb. v. d. Steinen - Univ. Tübingen, Jena, Heidelberg, Marburg - S. 1936 (Habil.) Lehrtätigk. Univ. Basel (1953 Ord. u. Seminarvorst.) - BV: u. a. Kertscher Vasen, 1930; Unters. zu d. Kertscher Vasen, 1934; 1000 J. griech. Malerei, 1940; D. Bildnisse d. antiken Dichter,

Redner u. Denker, 1943 (Neuausg. druckfertig); Kunstgesch. im Umriß, 1947; D. gr. Bildhauer d. archaischen Athen, 1949; Orient, Hellas u. Rom in d. archäol. Forsch. s. 1939, 1949; Pompejan. Malerei, 1952; Klass. Kunst in Basel, 1955; Pompeji - Zeugnisse griech. Malerei, 1957; Griech. Kunst als religiöses Phänomen, 1959 (auch ital.); Meisterw. griech. Kunst, 1960; Vergessenes Pompeji, 1962; Röm. Kunst als relig. Phänomen, 1964; Frühgriech. Sagenbilder, 1964; Neugest. Götter- u. Heldensagen d. Griechen in d. früh- u. hocharchaischen Kunst (im Druck); Griech. Dichterbildnisse, 1965; D. Griechen u. ihre Nachbarn, 1968; D. Alexander-Sarkophag, 1968; La peinture pompéienne, 1972; Wort u. Bild - Studien z. Gegenwart d. Antike, 1975; Führer durch Eretria, 1972; Götter- u. Heldensagen d. Griechen in d. spätarch. Kunst, 1978 (Engl. Ausg. im Druck); D. Göttersage in d. klass. u. hellenist. Kunst, 1981; Bedeut. d. griech. Kunst f. d. Verständnis d. Evangeliums, 1983; D. Urkönige Perseus, Bellerophon, Thesus u. Herakles in d. klass. u. hellenist. Kunst, 1987; D. Sagen v. d. Argonauten v. Theben u. Troia in d. klass. u. hellenist. Kunst, 1988. Zahlr. Einzelarb. Herausg.: Antike Kunst (1, 1958 - 18, 1975), Eretria-Grabungen u. Forsch. (I, 1968ff.), Karl Schefold, Bibliogr. 1930-90 (m. zusammenfassenden Kommentaren d. Autors). Antikenmuseum Basel u. Sammlung Ludwig (1990) - Mitgl. Dt. u. Österr. Archäol. Inst., Ehrenmitgl. Amerikan. Archäol. Inst.; Korr. Mitgl. Bayer. Akad. u. Brit. Acad.

SCHEGA, Hans-Wolfgang

Dr. med., Prof., ehem. Direktor Chirurg. Klinik Städt. Krankenanstalten Krefeld (s. 1961) - Wilhelmshofallee 112, 4150 Krefeld (T. 59 34 40) - Geb. 20. Dez. 1915 Dresden (Vater: Anton S., Fabrikbes.; Mutter: Ella, geb. Böhme), ev., verh. s. 1943 m. Anne, geb. Krauss, 3 Töcht. (Christiane, Stefanie, Sabine) - König-Georg-Gymn. Dresden; Univ. Freiburg/Br., Graz, München. Promot. 1941 - 1945-60 Assistenz- u. Oberarzt Chir. Univ.klinik Mainz (1953 Privatdoz., 1959 apl. Prof.). 1976-77 Präs. Dt. Ges. f. Chir. Mitarb.: Klin. Chir. f. d. Praxis, Handlex. d. prakt. Med., Notfall-Lex. Fachaufs. - 1956 v.-Langenbeck-Preis Dt. Ges. f. Chir.; 1978 Korr. Mitgl. Österr. Ges. f. Chir.; 1984 Jubiläumspreis d. Dt. Ges. f. Chir.; 1984 Ehrenmitgl. Vereing. Niederrh.-Westf. Chir.; 1992 Johannes-Weyer-Med.; 1992 Ehrenvors. d. Chirurg. Arbeitsgemeinsch. f. Qualitätssicherung - Spr.: Engl.

SCHEHRER, Rudolf Georg

Dr.-Ing., Dipl.-Ing., Prof. u. Lehrst.-Inh. f. Elektron. Systeme u. Vermittl.-Technik Univ. Dortmund - Robert-Götz-Str. 4, 4600 Dortmund 13 - Geb. 26. April 1939 Eislingen (Vater: Oswald Sch., Prok.; Mutter: Fridel, geb. Schniepp), ev., verh. s. 1969 m. Helene, geb. Vaihinger - Stud. Elektrotechnik Univ. Stuttgart (Dipl.-Ing. 1964, Promot. 1969) - 1970-78 Forschungsinst. AEG-Telefunken, Ulm; s. 1979 Lehrst.-Inh. Univ. Dortmund.

SCHEIBE, Erhard

Dr. rer. nat., o. Prof. f. Philosophie - Am Büchsenackerhang 39, 6900 Heidelberg (T. 80 02 74) - Geb. 24. Sept. 1927 Berlin, verh. s. 1958 m. Maria, geb. Elgert-Eggers, 3 Kd. - Univ. Göttingen (Math., Physik). Promot. 1956 Göttingen; Habil. 1963 Hamburg - 1963 Privatdoz. Univ. Hamburg; 1965 Ord. Univ. Göttingen; 1983 Ord. Univ. Heidelberg - BV: D. kontingenten Aussagen in d. Physik, 1964; The Logical Analysis of Quantum Mechanics, 1973. Div. Einzelarb. - 1977 o. Mitgl. Göttinger Akad. d. Wiss.; 1981 Korr. Mitgl. Mainzer Akad. d. Wiss. u. Lit., 1981 Brüsseler Acad. Int. de Philos. des Scis.

SCHEIBE, Otto

Dr. med., Prof. f. Chirurgie - Thüringer Waldstr. 33, 7000 Stuttgart 30 (T. 0711 - 889 22 21) - Geb. 1. Juli 1924 Erlangen (Vater: Prof. Dr. phil., Dr.'s h.c. Günter Sch.; Mutter: Johanna, geb. Rauchenberger), kath., verh. s. 1957 m. Christa, geb. Goette, 4 T. (Susanne, Stefanie, Sabine, Til-Katrin) - Gymn. München-Pasing, Univ. München (Med., Chir.) - Hochsch.lehrer Univ. Ulm; s. 1970 ärztl. Dir. Chir. Klinik Bürgerhospital Stuttgart-Feuerbach i.R. - Entd.: Energiereiche Phosphatverbind. im Schockgeschehen - BV: D. Adenylsäuresystem im Blut u. s. Bedeutung f. d. postoperativen u. posttraumat. Schock, 1967; Grundl. prakt. Chir., 1976; Operativer Therapieschlüssel, 1981; 1. Symposion üb. zementlose Hüftendoprothesen, 1982. Mithrsg.: Krebsnachsorge, 1980; TNM-Atlas, Engl., Dt., 1982 u. 84 - 1977 Ernst v. Bergmann-Plakette - 1977 Gold. Sportabz. - Spr.: Engl. - Bek. Vorf.: Prof. Günter Sch. (Vater); Prof. A. Sch., HNO Erlangen-München (Großv.).

SCHEIBE, Reinhard

Staatssekretär (Staatskanzlei Niedersachsen, z.Zt. beurlaubt), Sprecher d. Geschäftsführung Niedersächsisches Zahlenlotto GmbH u. Niedersächsischer Fußball-Toto GmbH - Walderseestr. 44 A, 3000 Hannover 1 - Geb. 29. April 1943 Reichenbach/Schles., ev., Tocht. - Schule Laasphe/Lahn u. Espelkamp (Abit. 1964); 1964-66 Bundeswehrdst.; 1966-69 PH Hannover - S. 1970 parlam. Ref. u. s. 1974 Fraktionsgeschäftsf. SPD-Landtagsfraktion; 1978-86 MdL Nieders., Parlam. Geschäftsf.; 1975-90 Mitgl. d. NDR-Rundfunkrats; 1992 Mitgl. d. ZDF-Fernsehrats.

SCHEIBE, Wolfgang

Dr. phil., Prof. f. Pädagogik Univ. München - Schönstr. 72b, 8000 München 90 (T. 65 54 51) - OStudDir. a. D. - BV: D. Strafe als Problem d. Erziehung, 3. A. 1977; D. Reformpäd. Bewegung 1900-32, 9. A. 1984.

SCHEIBERT, Peter

Dr. phil., o. Prof. f. Osteurop. Geschichte - v.-Harnack-Str. 17, 3550 Marburg/L. (T. 6 44 19) - Geb. 3. Mai 1915 Berlin (Vater: Wilhelm S., Oberstlt.; Mutter: Johanne, geb. Prinz) - Promot. 1939; Habil. 1955 - S. 1952 Lehrtätigk. Univ. Köln u. Marburg (1961 o. Prof.). 1972/73 Gastprof. Columbia Univ. New York, 1975-76 Fellow Wilson Center Washington, D. C., 1982 Gastprof. UCLA Los Angeles - BV: V. Bakunin zu Lenin, 1956; D. russ. polit. Parteien 1905-17, 1972; D. russ. Bauernreform v. 1861, 1973, Lenin an d. Macht, 1984.

SCHEIBLE, Hartmut

Dr. phil., Prof. f. Germanistik Univ. Frankfurt - Inst. f. Dt. Sprache u. Literatur I, Universität, Georg Voigt-Str. 10, 6000 Frankfurt/M. 1 - Geb. 30. Juni 1942 Frankfurt/M. (Vater: Karl Chr. Sch., Dipl.-Ing. †; Mutter: Eva, geb. Balkwitz), ev., verh. s. 1989 m. Heike, geb. Hufsky - 1962-69 Stud. German., Roman. u. Phil.; Promot. u. Staatsex. 1969, 2. Staatsex. 1971 - 1969-72 Studienrefer. u. 1972-74 Studienrat; 1972-74 Doz. bzw. Prof. PH Schwäb. Gmünd; ab 1974 Prof. Univ. Frankfurt - BV: Joseph Roth. M. e. Essay üb. G. Flaubert, 1971; Arthur Schnitzler, 1976; A. Schnitzler u. d. Aufkl., 1977; Wahrheit u. Subjekt. Ästhetik im bürgerl. Zeitalter, 1984 (TB 1988); Literarischer Jugendstil in Wien, 1984; Versuch üb. Giacomo Casanova, 1988 (in: G. Casanova, D. Duell, hg. u. aus d. Ital. übertragen v. H. S.); Theodor W. Adorno, 1989. Herausg.: A. Schnitzler in neuer Sicht (1981) - Liebh.: Ital. Opern - Spr.: Engl., Franz., Ital., Span., Latein.

SCHEIBLECHNER, Hartmann

Dr. phil., Prof. f. Psychologie Univ. Marburg (s. 1972) - Gutenbergstr. 18, 3550 Marburg/L.; priv.: Am Wäldchen 25, 3550 Marburg/L. 16 - Geb. 16. Aug. 1939 Graz/Österr. (Vater: Hartmann S.; Mutter: Hildegard, geb. Urban, Lehrerin), kath., verh. s. 1966 m. Walpurga, geb. Danmayr, 3 Kd. (Barbara, Ursula, Peter) - Promot. 1968 Wien - Div. Facharb. - 1971 Theodor-Körner-, 1972 Dr.-Adolf-Schärf-Preis (Stadt Wien) - Spr.: Franz., Engl.

SCHEIBLER, Christoph

Industriekaufmann - Lortzingstr. 7, 5000 Köln 41 (T. 40 64 20) - Geb. 14. Dez. 1920 - Vorh. gf. Gesellsch. C. Scheibler & Co. GmbH, Köln - Spr.: Engl., Franz. - Rotarier.

SCHEIBNER, Horst

Dr.-Ing., Prof. f. Neurophysiologie Univ. Düsseldorf - Oberbilker Allee 78, 4000 Düsseldorf (T. 0211 - 72 31 11) - Geb. 3. Mai 1929 Freiburg/Br. (Vater: Max S., Schlosserm.; Mutter: Ella, geb. Gläser), verh. s. 1967 m. Gudrun, geb. Herzig - Gymn. Villingen; TH Karlsruhe - 1966-75 Wiss. Mitarb. Max-Planck-Inst. Bad Nauheim.

SCHEIBNER, Peter G.

Rechtsanwalt, Geschäftsf. d. Fachsparten Eiskrem u. Rohmassen im Bundesverb. d. Dt. Süßwarenind. - Zu erreichen üb. Bundesverb. Dt. Süßwarenind., Schumannstr. 4-6, 5300 Bonn 1 - Geb. 30. Sept. 1936 Kassel.

SCHEICHER, Günther

Direktor Hess. Landesamt f. Verfassungsschutz - Postf. 3905, 6200 Wiesbaden 1.

SCHEID, Hans

Bauingenieur, Präs. Handwerkskammer Niederbayern-Oberpfalz, Mitgl. Bayer. Senat - Alte Straubinger Str. 31b, 8400 Regensburg - 1984 Staatsmed. f. bes. Verdienste um d. bayer. Wirtschaft.

SCHEID, Hans Peter

Dr. med., Prof. f. Physiologie - In der Rußbreite 10, 3400 Göttingen (T. 0551 - 28 96) - Geb. 27. Aug. 1938 Hamburg (Vater: Werner Sch., Prof.; Mutter: Elisabeth, geb. Jeremias, Dr.), ev., verh. s. 1965 m. Cornelia, geb. Friedrich, 4 T. (Carola, Susanne, Maria, Bettina) - Gymn. Hamburg u. Köln, Univ. Freiburg u. Zürich (Phys., Dipl. 1964), Köln u. Göttingen (Med., Ex. u. Promot. 1969), Habil. 1971, apl. Prof. 1976 - 1969-82 Wiss. Assist. Max-Planck-Inst. f. exper. Med. Göttingen. S. 1982 Prof. u. Lehrstuhlinhaber Univ. Bochum - Entd.: Elektr. Schaltungen f. Massenspektrometer (Patente). Ca. 300 Beitr. in wiss. Ztschr. u. Monogr. - Liebh.: Musik (Cello) - Spr.: Engl.

SCHEID, Werner

Dr. phil. nat., Dipl.-Physiker, Prof. f. Theoret. Physik Univ. Gießen (s. 1976) - Saarlandstr. 7, 6300 Gießen-Klein-Linden (T. 0641 - 2 17 22) - Geb. 28. Juni 1938 Offenbach (Vater: Dipl.-Hdl. Dr. rer. pol. Heinrich S.; Mutter: Rosa, geb. Müller), kath., verh. s. 1973 m. Birgit, geb. Walter, 2 Töcht. (Stefanie, Gabriele) - Stud. d. Physik TH Darmstadt; Promot. (1967) u. Habil. (1971) Frankfurt/M. - 1971-76 Prof. Univ. Frankfurt/M. Fachveröff. üb. Kernmoleküle, atomare u. nukleare Schwerionenphysik - Spr.: Engl., Franz.

SCHEIDL, Karl

Dr. oec. publ., o. Prof. f. Betriebswirtschaftslehre (Allg. Betriebsw.lehre u. Betriebsw.lehre d. Banken), Direktor Inst. f. Bankw. TU Berlin - Bergstr. 21e, 1000 Berlin 39 (T. 805 27 21) - Geb. 14. Aug. 1929 Mühldorf/Inn - Promot. u. Habil. München - S. 1963 Lehrtätigk. München u. Berlin (1965 Ord.). Fachveröff.

SCHEIDT, Friedrich-Arnhard

Geschäftsführer Grundstücksges. Kettwig mbH - Münzenberger Platz 12, 4300 Essen 18 (Kettwig).

SCHEIDT, vom, Jürgen

Dr. phil., Dipl.-Psych., Schriftsteller - Postfach 44 02 38, 8000 München 44 - Geb. 7. Febr. 1940 Leipzig (Vater: Helmut v. S., Kaufm.; Mutter: Maria, geb. Hertel), verh. s. 1968 m. Elke, geb. Kamper, 2 Kd. (Gregor, Maurus), gesch. s. 1979, in 2. Ehe verh. s. 1981 m. Ruth, geb. Zenhäusern, Sohn Jonas - Stud. Univ. München; Promot. ebd. - S. 1970 Freie Praxis (Kreatives Schreiben, TZI) - 1983 Gründung Münchner Schreib-Werkstatt - BV (Ps. Thomas Landfinder) u. a.: Innenwelt-Verschmutzung, 3. A. 1988; Freud u. d. Kokain, 1973 (Portug. 1975); Handb. d. Rauschdrogen, 7. A. 1988 (m. W. Schmidbauer); Wiedergeburt, 1982; Kreatives Schreiben, 1989; Selbsterfahrung, 1989; Bewußtseinserweiterung, 1989; Geheimnis d. Träume, 1992 - 1970 Christopherus-Pr. (HUK-Verb.) - Liebh.: Ind. Kultur, Jazz, Science Fiction - Spr.: Engl.

SCHEIFFARTH, Friedrich

Dr. med., em. o. Prof. f. Innere Medizin (Klin. Immunologie) - Meilwald 19, 8520 Erlangen (T. 2 38 36) - Geb. 3. April 1908 Köln, kath., verh. s. 1944 m. Eleonore (Ärztin), geb. Thein, 1 Sohn (Arzt) - Habil. 1949 - S. 1966 Inh. d. neugegr. Lehrstuhls f. klin. Immunologie u. Dir. d. Inst. f. klin. Immunol. Üb. 300 Fachveröff. Mehr. Monogr., Hand- u. Lehrbuchbeitr. - Mitgl. Arzneimittel-Komm.

SCHEIL, Herbert

Kaufmann, Vors. Dt. Schrott-Verb., Köln - Seeblick 19, 2374 Fockbek - Geb. 3. Sept. 1928.

SCHEITER, Fred

Dr., Generalsekretär d. intern. Brotind. - In den Diken 33, 4000 Düsseldorf - Geb. 25. Juni 1921 - Dipl.-Volksw.

SCHEJA, Günter

Dr. rer. nat., o. Prof. f. Mathematik - Zul. Robert-Koch-Str. 14, 4630 Bochum (T. 70 23 23) - Geb. 21. Okt. 1932 Wuppertal - S. 1963 (Habil.) Lehrtätigk. Münster (apl. Prof.) u. Bochum (1969 Ord.) - BV: Funktionentheorie u. Algebra. Div. Einzelarb.

SCHELER, Fritz

Dr. med., Prof., Internist, Vorsteher Abt. f. Nephrologie Med. Univ.klinik Göttingen (s. 1968) - Hainholzweg 64, 3400 Göttingen (T. 5 97 37) - Vors. Arzneimittelkommiss. d. dt. Ärzteschaft, Köln.

SCHELER, Hans-Wolfgang

Dipl.-Ing., Mitglied d. Bereichsvorstandes Anlagentechnik d. Siemens AG, Erlangen - Geb. 17. Dez. 1934, ev., verh. s. 1964 m. Marga, geb. Reißenweber, T. Petra - Siemens-Stammhauslehre; Stud. Wirtschaftsing.wesen TU Berlin; Dipl.-Ing. 1964 - 1960-62 Gf. Vorst.-Mitgl. d. student. Kundendienstes TUSMA e.V., Berlin; Stabs- u. Linienaufgaben auf versch. Gebieten d. Siemens AG - Spr.: Engl., Span.

SCHELER, Manfred

Dr. phil., Prof. f. Anglistik - Goerzallee 47, 1000 Berlin 45 (T. 030 - 833 22 22) - Geb. 24. Juli 1926 Veilsdorf/Thür. (Vater: Gustav Sch., Ind.-Kfm.; Mutter: Thekla, geb. Mertz), ev., verh. s. 1967 m. Ursula, geb. Fuhr, 2 Söhne (Christian, Michael) - Obersch. Hildburghausen; 1950-52 Univ. Jena, 1953-58 FU Berlin (Angl., Slaw., Lat.), Staatsex. 1958, Promot. 1962 - 1960-65 Stud.rat, 1965-69 Akad. Rat, 1969-71 Akad. Oberrat, s. 1971 Prof. - BV: Altengl. Lehnsyntax, 1962; D. engl. Wortschatz, 1977; D. engl. Wortschatz, 1977 (jap. Übers. 1983); Shakespeares Engl., 1982 (jap. Übers. 1989); Gesch. d. Berliner Anglistik, 1987. Mitarb. an Kenkyusha Bibl. of Engl. Phil. (Tokyo) - Spr.: Engl., Russ.

SCHELL, Carl

Schauspieler, Regisseur u. Produzent - Casa Esperanza, CH-6614 Brissago - Geb. 14. Nov. 1927, verh. s. 1970 m.

Stella Mooney (Schausp.), 6 Kd. (Alexandra, René, Michaela u. Pia aus 1. Ehe; Carolina u. Marco aus 2. Ehe) - Gymn. Wien; Atheneum Zürich; TH Kollegium Maria-Hilf (Schweiz); Schauspielsch. Konservatorium Bern - 1946 Leit. Jugendbühnen Bern; 1951 Akad. de Arte Sao Paulo (Brasilien); 1952-54 Gründ. u. Leit. Club Intern. de Arte Dramatica Sao Paulo; 1958/59 Int. Kammersp. Kongreßhalle Berlin u. Gastsp. in Hamburg, München, Düsseldorf, Worthing, London; 1964-66 künstl. Leit. u. Mitprod. d. Kay Lewis Enterprises Samuel Goldwyn Studios Hollywood California/USA; 1965-78 Gründ. u. Leit. Tessiner Komödie m. Gastsp. u.a. in München, Hamburg, Düsseldorf, Zürich, Basel, Mallorca; 1979 Gründ. u. Leit. CSB-Productions; s. 1983 Initiator u. künstl. Leit. Television Intern. (1. priv. FS-Sender in dt. Spr.). 1985-90 Theater-Tournéen u. Bühnengastspiele in Stuttgart, Bonn etc. - BV: Div. Drehb., Ess., R. u. Übers., dar. Les Barads (D. 8 Millionäre) v. R. Thomas - 1962 Bande de Laches Vichy Referendum intern. du Cinéma; 1965 Ehrengast Filmfestival Moskau; 1975 Europapreis Rom; 1979 1. Preis f. ausl. Beitr. an d. Biennale intern. du Film Court Nizza; 1983 Ehrensenator Contacter Gerlingen - Liebh.: Botanik (größte Freiland-Palmensammlung Mitteleurop. u. nördlichste d. Welt) - Spr.: Franz., Engl., Span., Portug., Ital. - Lit.: Mierendorff: Lebt das Theater?, 1960; Glenzdorfs Intern. Filmlexikon, 1961.

SCHELL, Jozef Stephaan

Dr., Prof., Direktor d. Abt. Genetische Grundl. d. Pflanzenzüchtung d. Max-Planck-Inst. f. Züchtungsforsch. (s. 1978) - Carl-von-Linné-Weg 10, 5000 Köln 30 (T. 0221 - 50 62-2 00) - Geb. 20. Juli 1935 Antwerpen, verh. s. 1968 m. Elizabeth, geb. Frederick, 2 Söhne (Peter, Bart) - Stud. Zoologie Gent; Promot. Gent u. Utrecht - 1967-70 Doz. u. Dir., 1970-78 o. Prof. u. Dir., 1978-88 ao. Prof. u. Dir. Laboratory of General Genetics Rijksuniv. Gent; 1972-78 ao. Prof. FU Brüssel - Entd.: Gen-Transfer b. Pflanzen - BV: Neue Aussichten f. d. Pflanzenzücht.: Gen-Übertrag. m. d. Ti-Plasmid, 1981; The Ti-plasmids of Agrobacterium tumefaciens, in: Encyclopedia of Plant Physiol., 1981; The Development of Host Vectors for Directed Gene-Transfer in Plants-Chapter for Developmental Biol. using Purified Genes, 1981 - Prix Francqui; Alexander-v.-Humboldt-Preis, Mendel-Med. d. Dt. Akad. d. Naturforsch. Leopoldina, u. Otto Bayer Preis; Rank-Prize for Nutrition, GB; IBM Europe Science and Technology Prize; Wolf Prize in Agriculture, Israel; Australia Prize in Agriculture and Environment; Prix Charles Leopold Mayer, Frankr.; Hansen gold medal, Dänemark; Feodor Lynen Lecture Medal; Mitgl. Dt. Akad. d. Naturforsch. Leopoldina, Halle, National Acad. of Science (USA), Rhein.-Westf. Akad. d. Wiss., Indian National Sciences Acad. (Indien), Acad. Europaea, London (GB), Foreign Member d. Royal Swedish Acad., Stockholm (Schwed.), Koninklijke Acad. voor Wetenschappen, Letteren en Schone Kunsten von Belgie, Brüssel (Belg.). Mitgl.schaften in Wissenschaftl. Beiräten - Spr.: Deutsch, Engl., Franz., Fläm.

SCHELL, Manfred

Chefredakteur Zeitung Die Welt - Am Pleiser Wald 26, 5205 St. Augustin 1 - Geb. 3. Dez. 1944 Höpfingen (Baden), kath., verh. m. Edelgard, geb. Seitz, 2 Söhne (Alexander, Benedikt) - UPI-Korresp. Frankfurt u. Bonn; Mitbegr. Nachrichtenagentur ddp; Leit. Bonner Korresp.-Büro D. Welt, s. 1984 stv. Chefredakt., ab Okt. 1985 Chefredakt. - BV: Verrat in Bonn (Gr. Spionagefälle); D. Kanzlermacher (Koalitionswechsel 1982); Stasi u. kein Ende (m. Kalinka).

SCHELL, Maria

Schauspielerin - 8090 Heberthal/Obb. (T. Wasserburg/Inn 25 64) - Geb. 15. Jan. 1926 Wien (Vater: Prof. Hermann Ferdinand S., Schriftst. † 1972; Mutter: Margarethe, geb. v. Noé, Schausp.), kath., verh. I) 1957 m. Horst Hächler (Regiss.), S. Oliver (geb. 1962), II) 1966-89 Veit Relin (Regiss.), T. Maria-Therese (geb. 1966) - Schauspielausbild. Zürich - Schweizer, österr. u. dt. Bühnen. U. a. Luise (Salzburg, 1955), Caroline (Paris, 1964), Nora (Wien, 1964). Erste Filmrolle m. 15 J., in: Steinbruch; Hauptrollen: Es kommt e. Tag, Dr. Holl, Wenn d. Herz spricht, Bis wir uns wiederseh'n, D. Herz aller Dinge, D. träumende Mund, Solange du da bist, Tageb. e. Verliebten, D. letzte Brücke, Herr über Leben u. Tod, D. Ratten (Pauline Karka), Liebe, Gervaise, Rose Bernd, Weiße Nächte, D. Brüder Karamasow, E. Frauenleben, The Hanging Tree, Schinderhannes, Raubfischer in Hellas, Cimarron, D. Riesenrad, The Mark, Ich bin auch nur e. Frau, Pack d. Tiger schnell am Schwanz, Chamsin, D. Pfarrhauskomödie; Fernsehen: Schrei vor d. Fenster (1969), Willy u. Lilly (1971), Keusche Susanne (1972), Immobilien (1973), Die Kurpfuscherin, Teerosen u. a. - 1951- 1952 u. 1954-57 Bambi-Preis Film-Revue; 1954 Preis f. d. beste Schausp. Intern. Filmfestsp. Cannes (D. letzte Brücke), 1956 Volpi-Preis Biennale Venedig (Gervaise), 1957 Victoire d. franz. Films u. Brit. Akademiepreis u. a.; 1974 BVK; 1977 Filmbd. in Gold; 1983 Gold. Kamera HÖRZU - Liebh.: Musik - Bruder Maximilian S.

SCHELL, Maximilian

Schauspieler u. Regisseur - Zu erreichen üb. Agentur Baumbauer, Keplerstr. 2, 8000 München 80 - Geb. 8. Dez. 1930 Wien, kath., verh. s. 1986 m. Natalija Andrejtschenko (russ. Filmschausp.) - Univ. Basel, Zürich, München (7 Sem. Kunst- u. Literaturgesch.); Musikausbild. (Klavier) - Stadttheater Basel, Städt. Bühnen Essen, Bonn (u. a. Prinz v. Homburg) u. Lübeck, Kammersp. München, Theater am Kurfürstendamm Berlin, Schauspielhaus Hamburg (u. a. Hamlet, 1963 unt. Gustaf Gründgens), Royal Court Theatre London (A Patriot for Me, 1965). Broadway New York (Interlock). 1959 Salzbg. Festsp. (D. Turm). Filmrollen: u. a. Kinder, Mütter u. e. General, Reifende Jugend, D. 20. Juli, D. Mädchen aus Flandern, D. Ehe d. Dr. med. Danwitz, D. Letzten werden d. Ersten sein, D. jg. Löwen, E. wunderbarer Sommer, Urteil v. Nürnberg (Verteidiger; 1961 bester Schauspieler d. J. Verb. d. New Yorker Filmkritiker, 1962 Oscar, Hollywood), D. Eingeschlossenen v. Altona, E. sonderb. Heiliger, Topkapi, D. Schloß (auch Produzent), Papst Johanna, Akte Odessa, Man in the Glass Booth (1975 Nomination f. Gold. Globus u. Oscar), D. Attentat v. Sarajewo, D. Brücke v. Arnheim, D. Eiserne Kreuz; -regie: Erste Liebe (1969 auch Mitprod.; 1970 Silb. Muschel Intern. Filmfestsp. San Sebastian, 1971 Bundesfilmpreis/Filmband in Gold), D. Fußgänger (1973; 1973 Preis d. Film-Kritik Filmfestival Chicago, 1974 Gold. Schale), D. Richter u. s. Henker (1975 auch Mitprod.; 1975 Silb. Muschel Filmfestsp. S. Sebastian); Marlene (1984). Opernr.: La Traviata. Ferns.: D. Bernauerin, Hamlet, D. seidene Schuh; 1977-82 Salzbg. Festsp. (Jedermann) - Bühnenst.: Herostrat (Dr.; UA. 1966 Bochum) - 1984 Bayer. Filmpreis; 1984 Bundesfilmpreis/Filmband in Gold (f. d. Rolle: Morgen in Alabama); 1985 BVK I. Kl. - Liebh.: Musik (Chopin, Mozart) - Spr.: Engl. - Eltern s. Maria S. (Schwester).

SCHELLENBERGER, Christoff

Prof., Dozent f. Werken (Grundkl.) Kunstakad. Stuttgart - Grünewaldstr. 8a, 7000 Stuttgart - Geb. 11. Juli 1924.

SCHELLENBERGER, Walter

Bürgermeister, MdL Rhld.-Pfalz a.D. (1975-83) - Rappengasse 4, 6729 Rheinzabern - Geb. 23. Juli 1920 Rheinzabern, verh., 2 Kd. - FDP (Ehrenvors. Kreisverb. Südpfalz) - EK I; Gold. Sportabz.; Ehrenbrief Dt. Turnerbund; Jahn-Plakette; Gold. Ehrennadel Sportbund Pfalz; Freiherr-vom-Stein-Plakette; Sportplakette Ld. Rheinl.-Pfalz; BVK am Bde.; VO. Land Rheinl.-Pfalz.

SCHELLER, Jürgen

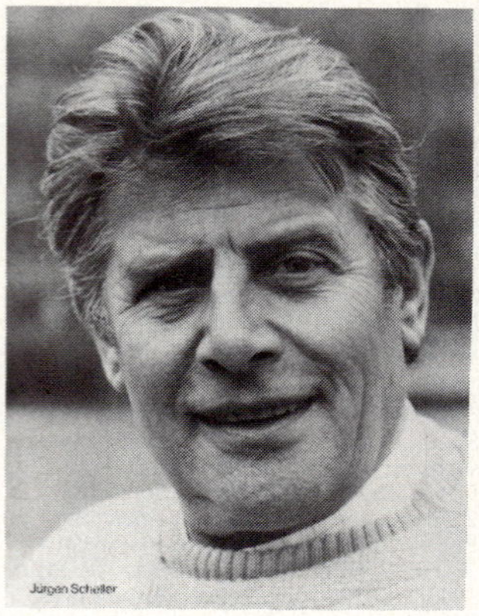

Schauspieler, Kabarettist u. Schriftsteller - Faganenstr. 8, 8152 Vagen - Geb. 21. Aug. 1922 Potsdam - 1940-45 Kriegsmarine (U-Boot-Offz.) u. Kanad. Gefangensch. (1944) - 1960-73 Lach- u. Schießges., Kabarett. Mehrere Bühnenengagem., u. a. Thalia Hamburg u. Gärtner Theater München - Vors. Bundesfachgr. Medien in d. DAG; Dt. Kulturrat; Dt. UNESCO Kommiss.

SCHELLER, Reinhold

Dr. phil., Dipl.-Psych., Prof. f. Psychologie Univ. Trier - Am Knieberg 23, 5500 Trier (T. 0651 - 201 20 57) - Geb. 16. Okt. 1941 Würzburg (Vater: Philipp Sch., Kaufm.; Mutter: Rosa, geb. Manger), kath., verh. s. 1968 m. Mall, geb. Mäsak, 2 Kd. (Christin, Björn) - Dipl.-Psych. 1967, Promot. 1970 - S. 1973 Prof. f. Psych. - BV: Psych. d. Berufswahl u. d. berufl. Entw., 1976. Herausg.: Buchreihe Brennpunkte d. Klin. Psych. (m. Minsel): Bd. 1 Psychotherapie (1981), Bd. 2 Prävention (1981), Bd. 3 Psych. u. Med. (1982), Bd. 4 Rehabilitation (1982), Bd. 5 Diagnostik (1983), Bd. 6 Forsch.konzepte d. Klin. Psych. (1983); Trierer Alkoholismusinventar (1987, m. Funke, Funke u. Klein) - Spr.: Engl., Schwed. (Franz.).

SCHELLERER, Wolf Heinrich

Dr. med., apl. Prof. f. Bauch- u. Thoraxchirurgie, Chefarzt Chir. Privatklinik Bamberg - Heinrichstr. 6, 8600 Bamberg (T. 0951 - 2 52 16) - Geb. 4. Mai 1941 Bamberg (Vater: Heinrich Sch., Chirurg; Mutter: Margarete, geb. Röhrig), ev., verh. s. 1974 in 2. Ehe m. Gabriele, geb. Hohf, 3 T. (Carolin, Vera, Juliane) - Univ. Würzburg u. München (Med.), Staatsex. 1966, Promot. 1966, Habil. 1974, apl. Prof. Erlangen 1980 - 1967-79 Chir. Univ.klinik Erlangen, 1980 Chefarzt f. Chir. Krkhs. Kulmbach, dann Chefarzt Kreiskrkhs. Tegernsee - BV: Ca. 100 wiss. Arb. in Fachztschr., Buchbeitr. - 1976 Doktor-Ludwig-Gerhard-Preis d. Oberfrankenstift. - Spr.: Engl.

SCHELLHORN, Alfred

Fabrikant, Inh. Fa. F. A. Morill (Drahtgeflecht- u. Gitterherstellung, Plexiglasverarb.) - 8500 Nürnberg - Geb. 1913 - S. jg. Jahren Familienuntern. (gegr. 1852). Mitgl div. Fachgremien.

SCHELLING, von, Friedrich-Wilhelm

Präsident Landeszentralbank in d. Freien u. Hansestadt Hamburg (1957-74) - Kaspar-Ohm-Weg 16, 2000 Hamburg 65 (T. 536 11 90) - Geb. 3. Mai 1906 Berlin (Vater: Ulrich v. S.; Mutter: Lina, geb. v. Jagemann), ev., verh. s. 1932 m. Hildegard, geb. Oelkers, 2 Kd. (Verena, Ulrich) - Kaiserin-Augusta-Gymn. Berlin; Univ. Heidelberg u. Berlin (Rechts- u. Staatswiss.). Gr. jurist. Staatsprüf. - 1931 Hilfsrichter Berlin, 1932-45 Ass., Reichsbankrat (1934), -dir. (1939) u. Vortr. Dir. Reichsbankdirektorium (1943), 1945-46 Treuhänder engl. u. amerik. Banken, 1946-48 Dir. Reichsbankleitst. Hamburg u. Reichsbanktreuhänder brit. Zone, 1948-57 Dezern. Bank dt. Länder (Rechts- u. Währungsabt.), 1948-49 Mitgl. Kommiss. z. Ausarb. d. Wertpapierbereinigungsgesetzes, 1951-53 Mitgl. Dt. Deleg. f. Auslandsschulden. Mitgl. Übersee- u. Lions-Club - D. Bundesbank in d. Inflation, 1975 - 1969 Gr. BVK m. Stern - Liebh.: Gesch. u. Phil. - Spr.: Engl., Franz. - Bek. Vorf. F. W. J. v. S., Philosoph, 1775-1854 (Urgroßv.).

SCHELLING, Roland

Dr. jur., Rechtsanwalt u. Notar - Königstr. 84, 7000 Stuttgart 1 - Geb. 12. März 1930 Ludwigsburg/Württ., ev., verh. s. 1960 - 1949-52 Univ. Tübingen (Rechtswiss.). Promot. 1953; Ass.ex. 1956 - S. 1961 Anwaltsozietät (m. 10 Kollegen). Mitgl. Unternehmerrat Carl Zeiss u. Glasw. Schott; AR-Mitgl. Daimler-Benz Metallges., Badenwerk, Aesculap, Hornschuch, Traub, Maschinenfabrik Berthold Hermle, Gosheim; AR-Vors. Jenoptik GmbH, Carl Zeiss Jena GmbH, JENAer GLASWERK GmbH, alle Jena; VR-Mitgl. Erwin Behr, Möbel- u. Gehäusefabrik, Wendlingen/N., Fürstlich Hohenzollernsche Werke, Lauchertal.

SCHELLKNECHT, Helmut

Dr. jur., Bundestagsdirektor a.D. (1970-84) - Rodderbergstr. 120, 5300 Bonn 2 - Geb. 14. Aug. 1919 Lahde/Weser, verh., 2 T. - Univ. Münster u. Tübingen (Promot.); 1. u. 2. jur. Staatsprüf.; 1970-84 Chef Bundestagsverw.- 1984 Gr. BVK m. Stern u. Schulterbd.; Großkreuz d. Königl. Schwed. Nordsternordens m. Stern u. Schulterbd.; Großoffz.kreuz d. Hauses Oranien-Nassau; Gold. Ehrenzeichen m. Stern d. Rep. Österr.; Bayer. VO.

SCHELLMANN, Werner

Dipl.-Verwaltungswirt, Kreisrat - Fröschau 40, 8809 Bechhofen/Mfr. - Geb. 10. Nov. 1944 Oettingen - Dipl.-Verwaltungswirt (FH); zul. 1. Bürgerm. Bechhofen. CSU.

SCHELLONG, Dieter Makiri

Dr. theol., Prof. f. Ev. Theologie - Darfeldweg 31, 4400 Münster (T. 0251 - 86 14 71) - Geb. 1. April 1928 Kiel (Vater: Prof. Dr. med. Fritz Sch.; Mutter: Dr. med. Anneliese, geb. Schewe), ev., verh. s. 1954 m. Luise, geb. Parrisius, 4 Kd. (Friederike, Karoline, Sebastian, Marie-Luise) - Univ. Münster, Göttingen u. Basel (ev. Theol. u. Musikwiss.), Promot. u. Habil. Münster - 1956-64 Pfarrer Gütersloh, 1964-71 Assist. Univ. Münster, s. 1971 Prof. f. Ev. Theol. m. Schwerp. Syst. Theol. GH Paderborn - BV: Calvins Ausleg. d. synoptischen Evangelien, 1969; Bürgertum u. christl. Religion, 1975; Aufs.

SCHELLONG, Günther

Dr. med., Prof., ehem. Direktor d. Klinik u. Poliklinik f. Kinderheilkunde - Hämatologie/Onkologie u. Allg. Poliklinik - d. Univ. Münster - Potstiege 40, 4400 Münster/W. (T. 86 13 61) - Geb. 15. Jan. 1926 Kiel (Vater: Prof. Dr. med. Fritz S., Internist; Mutter: Dr. med. Anneliese, geb. Schewe), verh. m. Dr. med. Erika, geb. Beckmann, 5 Kd. (Susanne, Ulrike, Kathrin, Michael, Christiane) - Stud. Univ. Freiburg (bei Büchner), Göttingen (Dahr), Münster (Mai) - S. 1961 (Habil.) Lehrtätigk. Münster (1966 apl. Prof., 1973 o. Prof.). Emerit. 1991 - BV: Ikterus Neonatorum,

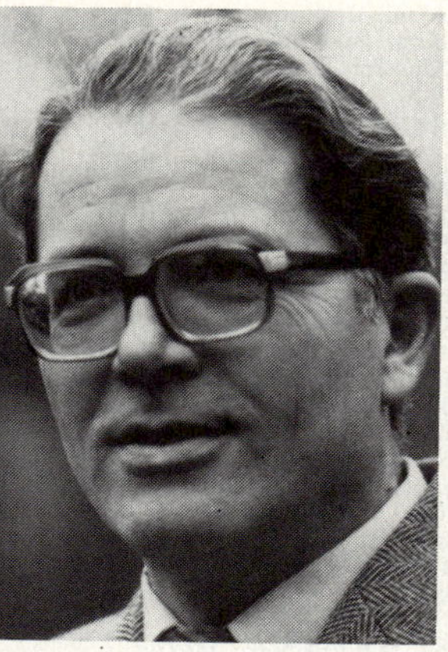

1962. Üb. 230 Einzelarb., Buchbeitr. u. Editionen - Liebh.: Musik (Cellist).

SCHELLOW, Erich

Schauspieler - Schweinfurthstr. 76a, 1000 Berlin 33 (T. 824 14 07) - Geb. 27. Febr. 1915 Berlin, verh. m. Elke, geb. v. Klopmann, Sohn Alexander - Luisenstädt. Oberreal- (Abit.) u. Staatl. Schauspielsch. Berlin - B. 1945 Staatl. Schauspielhaus Berlin, dann Dt. Schauspielhaus Hamburg, s. 1949 Schloßpark- u. Schiller-Theater (1950) Berlin. Gast Schauspielhaus Zürich u. Burgtheater Wien. Rollen: Faust, Mephisto, Misanthrope, Harpagon, Tasso, Hamlet, Posa, Philipp II, Marinelli, Tellheim, Orest, Ödipus, Wetter v. Strahl, Wallenstein u. in Werken mod. Dichter, bes. Giraudoux, Miller, Albee, Saunders - 1960 u. 71 Berliner Kunstpreis, 1966 Dt. Kritikerpreis; 1956 BVK I. Kl.; 1963 Berliner Staatsschausp.; 1965 o. Mitgl. Akad. d. Künste Berlin; 1982 Ehrenmitgl. d. Staatl. Bühnen - Spr.: Engl., Franz.

SCHELP, Frank-Peter

Dr. med., Prof. f. Sozialmedizin u. Epidemiol. FU Berlin - Mohrunger Allee 6b, 1000 Berlin 19 - Geb. 1. Nov. 1937 Berlin - Med. Staatsex. FU Berlin 1967, Promot. 1968, D.T.M.H. 1975, Habil. 1979 (Univ. Heidelberg) - Assist.-Arzt Wenckebach-Krkhs. Berlin; 1973 DAAD-Wiss. Ausl. Mahidol Univ. Bangkok, 1976-81 GTZ Experte Faculty of Tropical Med. Mahidol Univ. Bangkok; 1981 Prof. FU Berlin - 1989-91 1. Vors. d. Dt. Tropenmed. Ges. - 1983 Ehrendoktor Univ. Khon Kaen, Thailand u. 1987 Mahidol Univ., Thailand - Spr.: Thai, Engl.

SCHELS, Peter

Justitiar, Geschäftsf. Bayer. Beamtenbund - Schwanenthaler Str. 21, 8000 München 2.

SCHELSKY, Helmut

Dr. phil., Dr. h. c., o. Prof. f. Soziologie - Pleistermühlenweg 101, 4400 Münster/W.-St. Mauritz (T. 31 42 41) - Geb. 14. Okt. 1912 Chemnitz/Sa. (Vater: Franz S.; Mutter: geb. Sasse), verh. s. 1944 m. Hildegard, geb. Brettle, 2 Kd. - Univ. Königsberg u. Leipzig. Promot. 1935 Leipzig; Habil. 1939 Königsberg - 1939-43 Doz. f. Phil. u. Soziol. Univ. Königsberg, 1943-44 ao. Prof. Univ. Straßburg, 1945-48 Leit. Suchdst. DRK u. publizist. Tätigk. (1946), s. 1949 o. Prof. Akad. f. Gemeinwirtsch. Hamburg, Univ. ebd. (1953), Münster (1960; Dir. Sozialforschungsst. Dortmund), Bielefeld (1969), Münster (1973) - BV: u. a. Wandlungen der deutschen Familie in der Gegenwart, 4. A. 1960; Soziol. u. Sexualität, 1955, 175. Ts. 1968 (auch holl., ital., portugies., span., schwed.); D. skeptische Generation, 1957, 4. A. 1963; Ortsbestimmung d. dt. Soziol., 1959, 3. A. 1967; Einsamkeit u. Freiheit - Idee u. Gestalt d. dt. Univ. u. ihrer Reformen, 1963, 2. A. 1971 (auch jap.); Auf d. Suche n. d. Wirklichkeit, 1965; Grundzüge e. neuen Univ., 1966 (m. Paul Mikat); Abschied v. d. Hochschulpolitik, 1969; Friede auf Zeit - D. Zukunft d. Olymp. Spiele, 1973; Systemüberwind., Demokratisier. u. Gewaltenteil., 3. A., 1973; D. Arbeit tun d. anderen - Klassenkampf u. Priesterherrschaft d. Intellektuellen, 1975. Herausg.: Z. Theorie d. Institution - Interdisziplinäre Studien (1970 ff.) - 1968 Ehrendoktor Univ. Cordoba (Argent.), Pernambuco, Recife (Brasil.); 1961 Ehrenmitgl. Lateinamerik. Ges. f. Soziol.; 1973 Gr. BVK.

SCHELTEN, Andreas

Dr. phil. habil., o. Univ.-Prof. f. Päd., Lehrst. f. Päd. TU München - Holzmannstr. 14, 8068 Pfaffenhofen a. d. Ilm - Geb. 21. März 1948 Hagermarsch/Osterfriesl. (Vater: Reimer Sch., Landwirt †; Mutter: Gerda, geb. Janssen †), ev., verh. s. 1976 m. Susan Sch.-Cornish, Dipl.-Päd., Sprachheillehrerin, 3 Kd. (Rowan, Kevin, Alan) - Stud. Elektrotechnik, Math., Erziehungswiss., Psych. u. Soziol. TH Aachen u. Univ. Gießen; 1. u. 2. Staatsex. f. höh. Lehramt an berufl. Schulen, Promot. 1976, Habil. 1982 (Erziehungswiss./Berufspäd.) Gießen - 1973-83 Wiss. Angest. u. Hochschulassist. Inst. f. Arb.-, Berufs- u. Wirtschaftspäd. Univ. Gießen; 1983-87 Univ.-Prof. f. Berufspäd. Univ. Hamburg; s. 1987 Univ.-Prof. TU München - BV: Lernstile im Unterr., 1976; Ausb.verzicht - Ausb.abbruch - Ausb.versagen (m. G. P. Bunk), 1980; Grundl. d. Testbeurteilung u. Testerstellung, 1980; Motorisches Lernen in der Berufsausb., 1983; Grundl. d. Arbeitspäd., 2. A. 1991; Einführung in d. Berufspäd., 1991. Div. Beitr. in Sammelwerken u. Fachztschr. - Spr.: Engl.

SCHELTEN-PETERSSEN, Carl-Edzard

Landwirt, MdL Nieders. (s. 1963) - Bemumer Allee Nr. 7, 2984 Hage/Ostfriesl. (T. Norden 70 10) - Geb. 13. Okt. 1921 Hannover - Gymn. Norden u. Hamburg; landw. Ausbild.; Stud. Forstw. - N. 1945 Übern. d. väterl. Betriebes (Land- u. Forstw.); Baustoff- u. Landmaschinenhandel. AR-Mandate. MdK. Zeitw. Mitgl. Gemeinderat; Kreisjägerm. - Rotarier.

SCHELTER, Christoph

Geschäftsführer Großeinkaufs-Ges. Dt. Konsumgenoss. mbH., Hamburg - Achtern Hollerbusch 8, 2000 Hamburg 68 (T. 601 52 23) - Geb. 28. Okt. 1908 Lorenzreuth/Mfr. - S. 1933 konsumgenoss. Bereich (1961 Gf. GEG). Arbeitsgeb.: Einzelhandel u. Gebrauchsgüter.

SCHELTER, Kurt

Dr. Ministerialdirektor, Amtschef d. Bayer. Staatsministeriums f. Bundes- u. Europaangelegenh. - Kardinal-Döpfner-Str. 4, 8000 München 2 - Geb. 26. Sept. 1946.

SCHEMANN, Hans

Dr., Prof. Univ. München - Quinta da Lavandeira, Prazins S. to Tirso, 4800 Guimarães/Portugal - Geb. 28. Febr. 1936 Essen, kath., verw., 3 Kd. (Christiane, Dinis, Renate) - Stud. Phil., Roman., Gesch.; Staatsex. 1964; Promot. 1970 Bonn; Habil. 1979 Hamburg - Lektor u. Prof. in Lissabon u. Porto Alegre/Brasil.; Stip. d. Dt. Forschungsgem. u. d. Thyssen-Stiftg.; Priv.-Doz. Hamburg - BV: Portugiesisch - deutsche Idiomatik, 1979; D. idiomatische Sprachzeichen, 1981; Portugal u. d. Portugiesen, 1989; Synonymik d. dt. Redewendungen, 1989 - Liebh.: Musik, Wandern - Spr.: Engl., Franz., Ital., Span., Portug.

SCHEMKEN, Heinz

Handwerksmeister, MdB (s. 1983) - 5620 Velbert 1 - Geb. 11. März 1935 Velbert, kath., verh., 3 Kd. - Volkssch. Velbert; 1949-52 Handwerkslehre, Meisterprüf. 1958 - Geschäftsf. Gemeinschaftslehrwerkst. Velbert. 1964-69 Vors. Junge Union Kr. Mettmann; 1964-83 Mitgl. Kreistag Mettmann; 1963/64 u. 1984-89 stv. Bürgerm. Stadt Velbert; 1969-84 u. s. 1989 Bürgerm. Stadt Velbert. S. 1975 Präsid.-Mitgl. u. s. 1990 Vizepräs. Nordrh.-Westf. Städte- u. Gemeindebund; s. 1977 Vors. CDU Kr. Mettmann; 1982-85 Mitgl. Landesvorst. CDU Rheinl.; s. 1986 Zentralvors. Zentralverb. Dt. Kolpingwerk.

SCHEMMANN, Berndt

Ing., Vorstandsmitgl. Maschinen- u. Werkzeugfabrik Kabel, Vogel & Schemann AG., Hagen - Lönsweg 5, 5800 Hagen - Geb. 10. April 1925.

SCHEMME, Wolfgang

Dr. phil., em. Univ.-Prof. - Windhecke 26, 5358 Bad Münstereifel (T. 02253 - 76 15) - Geb. 26. Mai 1924 Kiel (Vater: Wilhelm S., Ingenieur; Mutter: Anna, geb. Driemeyer), ev., verh. s. 1955 m. Liselotte, geb. Schmidt, T. Petra - Karl-Peters-Obersch. Berlin (Pankow); Univ. Münster, Göttingen, Basel, Theol. Hochsch. Bethel - 1952-65 Studienass., -rat u. Oberstudienrat Köln, s. 1965 Prof. Päd. Hochsch. Karlsruhe u. Univ. Bonn (Deutschdidaktik). Emerit. 1989. 1955ff. fr. Mitarb. WDR, 1978-87 Mithrsg. Zeitschr. Wirkendes Wort - BV: Autor u. -schaft in d. Moderne - dargest. am Werk Ernst Jüngers, 1952 (Diss.); Trivialliit. u. lit. Wertung - Ergebnisse u. Methoden d. Forsch. a. didakt. Sicht, 1975.

SCHENCK, Eduard

Dr. med., Prof. f. Neurologie Univ. Freiburg, Psychiater - Vordere Poche 3, 7800 Freiburg - Geb. 25. Aug. 1921 - BV: D. Hirnnervenmyorhythmie, 1967; Neurol. Untersuchungsmeth., 2. A. 1975.

SCHENCK, Georg Friedrich

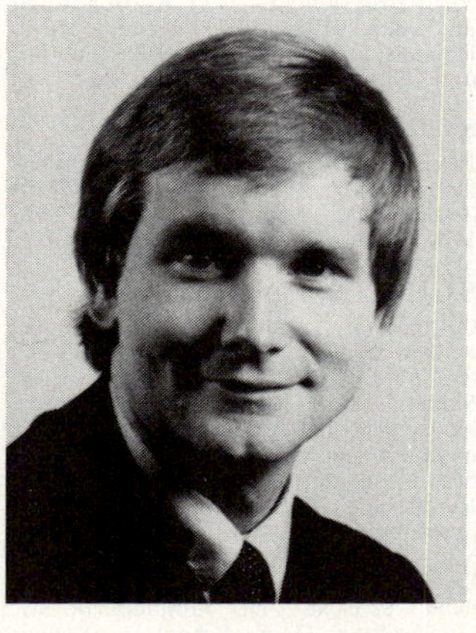

Prof. f. Klavier Robert-Schumann-Hochsch. Düsseldorf, Konzertpianist - Künstlersekretariat Eduardo Marx, Apollinarisstr. 21, 4000 Düsseldorf 1 (T. u. Fax 0211 - 77 67 43) - Geb. 19. Mai 1953 Aachen (Vater: Prof. Dr. Ing. Hermann Sch.; Mutter: Marie, geb. Schultz), verh. m. Mie Miki.

SCHENCK, Gerhard

Dr. phil., Prof. f. Pharmazeut. Chemie u. Angew. Pharmazie - Conradstr. 18, 1000 Berlin 39 (T. 805 21 49) - Geb. 5. März 1904 Apenrade/Schlesw. (Vater: Hans S., Pharmazeut; Mutter: geb. Edens), ev., verh. s. 1932 m. Anny, geb. Joeckel, 4 Kd. (Ingrid, Anne Lore, Heidrun, Hans-Uwe) - Realgymn. Flensburg; Apothekerlehre; Univ. München (Pharmazie u. Chemie). Pharmaz. Staatsex.; Staatsex. als Lebensmittelchem.; Dipl.-Chem. Promot. (1931) u. Habil. (1936) München - Assist. Univ. München (Pharmaz. Inst.), 1933-38 Leit. Pflanzenchem. Forschungsabt. Knoll AG, Chem. Fabr., Ludwigshafen/Rh., ab 1936 zugl. Leit. Pharmaz. Abt. Univ. Heidelberg (Chem. Inst.), 1938-49 Privatdoz. u. apl. Prof. (1948) Univ. München, s. 1950 ao. u. o. Prof. (1950) FU Berlin (Dir. Pharmaz. Inst.; 1957-59 Rektor). Zahlr. Veröff. üb. Probleme d. chem. Unters. v. Arzneipflanzen - Ehrenmitgl. Dt. Forschungsanstalt f. Lebensmittelchemie, München; 1959 Großoffz.kreuz Kgl. griech. Phoenix-Orden; 1973 Mitgl. d. Kgl. Akad. f. Pharmazie Spanien; 1975 Hermann Thoms Med.; 1983 Ehrenmitgl. Dt. Pharm. Ges.; Silb. Gedenkmünze d. F.W.

SCHENCK, Günther O.

Dr. rer. nat., Prof., Wiss. Mitglied Max-Planck-Inst. f. Kohlenforschung, Mülheim (s. 1958) - Bismarckstr. 31, 4330 Mülheim/Ruhr (T. 3 62 06) - Geb. 14. Mai 1913 Lörrach/Baden (Vater: Dr. phil. Otto S.; Mutter: Gertrud, geb. Schumm), verh. s. 1939 m. Christel, geb. Frommhold, 3 Kd. (Günter, Gudrun, Ulrich) - Gymn. Heidelberg; Univ. Heidelberg (1932-37; Physik, Chemie) u. Halle/S. (1937-39; Chemie). Dipl.-Chem. 1935 Heidelberg, Promot. 1939 (unt. K. Ziegler) u. Habil. 1943 Halle. 1943 Doz. Univ. Halle; 1950 ao. Prof. Univ. Göttingen (Organ. Chemie); 1960 Dir. Abt. Strahlenchemie MPI Mülheim (b. 1968); 1961 Honorarprof. Univ. Bonn (Foto- u. Strahlenchemie); 1967 Gastprof. Univ. Notre Dame (USA); 1972 Präs. VI. Intern. Kongress Photobiol., Bochum; 1972-74 Vizepräs., 1974 Präs. Dt. Ges. Lichtforsch.; 1972-76 Vicepréს. Comité Intern. Photobiol.; 1974/75 Gastprof. Salford Univ. Zahlr. Fachmitgliedsch. - BV: Preparative Organic Photochemistry, 1968 (m. A. Schönberg u. O. A. Neumüller). Üb. 200 Einzelarb. - 1964 I. u. II. Preis Hanauer Preisstiftg.; 1959 Honorary Fellow Royal Soc. of Edinburgh; 1970 Mitgl. Rhein-Westf. Akad. d. Wiss., Düsseldorf; Honorary Member European Photochemistry Association - Liebh.: Musik - Spr.: Engl.

SCHENCK, von, Kersten

Geschäftsführer Bayer. Pflugfabrik GmbH., Landsberg - Mangoldstr. 6, 8910 Landsberg/Lech - Geb. 8. Juli 1914 Genthin.

SCHENCK, Klaus

Dr. med., Prof. u. Leiter Abt. f. Kinder- u. Jugendpsychiatrie Univ. Ulm, Akad. Krkhaus d. Univ. Ulm - 7980 Ravensburg-Weissenau (T. 0751 - 76 01-302) - Geb. 29. Aug. 1928 Gadderbaum (Vater: Dr. jur. Hans S.; Mutter: Marie, geb. Hensel), ev., verh. s. 1961 m. Christiane, geb. Ungerer, 3 Kd. (Philipp, Emanuel, Maximilian) - Stud. d. Med. Freiburg/Br., Berlin; Promot. 1959 - S. 1980 Lehrst. f. Kinder- u. Jugendpsychiatrie, Univ. Ulm. Beitr. zu H. Stutte: Charakteropathien nach frühen Hirnschäden (1970); Eggert: Bedeutung d. Motorik f. d. Entwickl. normaler u. behinderter Kinder (1971) u. H. Schmidt/M. Schmidt: Neuropsychol. d. Kindesalters - Liebh.: Klass. Musik, Jazz, mod. bild. Kunst, Windsurfen - Spr.: Engl., Franz. - Bek. Vorf.: Moses Mendelssohn (Phil.), Felix Mendelssohn-Bartholdy (Komponist), Kurt Hahn (Gründer Schloßsch. Salem), C. A. Schenck (Gründer d. 1. Forstsch. d. USA).

SCHENDA, Rudolf

Dr. phil., Prof., Ordinarius f. Europ. Volksliteratur, Volkskundl. Seminar Univ. Zürich (s. 1979) - Zeltweg 67, CH-8032 Zürich - Geb. 13. Okt. 1930 Essen, verh. s. 1958 m. Susanne, geb. Kratschmer, 2 Töcht. (Nicole, Catherine) - 1950-58 Stud. Roman., Angl., Philol. d. Mittelalters Amherst (USA), München (Promot. 1959), Paris - 1960-62 Lektor Univ. Palermo; 1962-1973 Assist. u. Prof. Univ. Tübingen; 1974-79 o. Prof. Univ. Göttingen (Dir. Sem. f. Volkskd.) - BV: D. franz. Prodigienlit. in d. 2. Hälfte d. 16. Jh., 1961; E. sizilian. Straße, 1965 (m. d. Ehefr.); Volk ohne Buch, 3. A. 1988; D. Elend d. alten Leute, 1972; D. Lesestoffe d. Kl. Leute, 1976; Lebzeiten, 1982; Folklore e letteratura popolare, 1986; Sagenerzähler u. Sagensammler d. Schweiz, 1988; Märchen aus Sizilien, 1991 - 1974 Wilhelmine-Lübke-Preis; 1978 Kulturpr. Stadt Reggio Calabria; 1988 Premio Pitrè, Pa-

lermo; 1989 Kulturförd.preis Zürich - Spr.: Engl., Franz., Ital.

SCHENDEL, Josef
Pfarrer, Honorarkonsul d. Bundesrep. Deutschl. in Corinto (Nicaragua) - Casa Cural No. 101, Corinto/Nicaragua (T. 716) - Geb. 6. Jan. 1933 Rheine (Vater: Hermann Sch., Lehrer; Mutter: Hedwig, geb. Bergfeld), kath., ledig - Phil.-theol. Stud. St. Augustin b. Siegburg u. La Ceja-Kolumbien; Priesterweihe 1963 Kolumbien - S. 1964 Pfarrer d. kath. Gemeinde Puerto Corinto, s. 1981 Honorarkonsul.

SCHENK, Christina

Dipl.-Physikerin, Mitglied d. Deutschen Bundestages (s. 1990) - Bundeshaus, 5300 Bonn 1 (T. 0228 - 16 36 82) - Geb. 8. Juli 1952 Ilmenau/Thüringen - Abit.; Dipl.-Physikerin, postgrad. Stud. d. Soziol. - 1976-89 wiss. Mitarb. an d. Akad. d. Wiss. d. DDR; 1989/90 Aspirantur an d. Humboldt-Univ. auf d. Gebiet d. sozialwiss. orientierten Frauenforsch. 1989 Mitbegr. d. Unabh. Frauenverb. (UFV), b. Okt. 1991 Sprecherin - Liebh.: Reisen, Tennis, Autofahren, Radwandern - Spr.: Engl.

SCHENK von STAUFFENBERG, Franz-Ludwig, Graf
s. Stauffenberg, Graf von, Franz-Ludwig

SCHENK, Hainfried, E., A.
Dr. rer. nat., Prof. f. Bio-Chemie Univ. Tübingen - Schwalbenstr. 7, 7403 Ammerbuch 2 (T. 07073-12 05) - Geb. 19. Okt. 1934 Stuttgart (Vater: Walter Sch., Dipl.-Ing.; Mutter: Ilse, geb. Schott), ev., verh. s. 1965 m. Sigrid, geb. Wurth, 2 Kd. (Heike, Peter) - Gymn. Rottweil u. Köln; Univ. Bonn, Dipl.-Chem., Promot. Bonn, Habil. Tübingen (Biochemie) - Org. v. Tagungen: Intern. Colloquium on Endosymbiosis and Cell Research (Tübingen, 1980), The Second Intern. Coll. on Endocytobiology (Tübingen, 1983) - BV: Endocytobiology I, 1980; Endocytobiology II, 1983; übers.: Anti-Zufall (Schoffeniels), 1984.

SCHENK, Hans-Otto

Dr. rer. pol., Dipl.-Volksw., Prof. f. Wirtschaftswissenschaft Univ.-GH Duisburg - Angermunder Str. 237, 4100 Duisburg 29 (T. 0203 - 76 44 04) - Geb. 16. Okt. 1936 Solingen - 1957-62 Stud. Volkswirtsch. Univ. Tübingen u. Berlin (Dipl.-Volksw. 1962, Promot. 1969) - 1962 wiss. Assist. FU Berlin; 1962-64 wiss. Ref. Berlin; 1964-77 Geschäftsfg. u. Schriftltg. - BV: Gesch. u. Ordnungstheorie d. Handelsfunktionen, 1970; Vertriebssysteme zw. Ind. u. Handel, 1971; Vertikale Preisbind. als Form vertikaler Kooperation, 1971; D. Preisvergl. 1981; D. Handelsvertret. als autonomes Vertriebssystem, 1983; D. Konzentration im Handel, 1984; Marktwirtsch.lehre d. Handels, 1991 - Liebh.: Musik, Lit., Fotogr. - Spr.: Engl., Franz.

SCHENK, Heinrich
Bischöflicher Generalvikar, Prälat, Domkapitular - Domhof 29A, 3200 Hildesheim (T. 05121 - 30 74 68) - Geb. 1929 Ratibor/Os. - 1976 BVK I. Kl.

SCHENK, Heinz
Conférencier, Schriftst. - Am Holderstrauch 30, 6200 Wiesbaden-Naurod (T. 06127 - 6 19 18) - Geb. 11. Dez. 1924 Mainz (Vater: Fritz S., Drogist; Mutter: Hede, geb. Collin), kath., verh. s. 1951 m. Gerti, geb. Kraus - Höh. Schule; Schauspielunterr. - S. vielen Jahren Rundfunk- (Frankfurter Wecker) u. Fernsehtätig. (Blauer Bock; 1981 100 ×) - BV (1960-69); Heinzelmännchen Lachparade; Daran hätten Oma u. Opa nicht gedacht; D. Geständnisse d. Oberkellners Heinz Schenk v. Blauen Bock; Bocksprünge v. u. m. Heinz Schenk, 1983. Div. Schallpl. - 1970 Bronzenes Bambi; 1983 Hermann-Löns-Ehrenmed. in Gold; 1984 BVK - Liebh.: Garten, Fotogr., Skat, elektr. Eisenbahn.

SCHENK, Herbert
Dr. rer. nat., Direktor, Mitglied d. Geschäftsf. d. Kernkraftwerke Philippsburg GmbH u. d. Kernkraftwerk Obrigheim GmbH - 7522 Philippsburg 1 - Geb. 27. Dez. 1927, verh. s. 1991 m. Sibylle, geb. Astheimer, 4 Kd. (Kathrin, Alexander, Peter, Christian) - S. 1970 Mitgl. Reaktorsicherh.kommiss. - 1981 BVK.

SCHENK, Hubertus
Dr., Fachschullehrer, Direktor d. Sorbischen Instituts f. Lehrerbildung - Fabrikstr. 16, O-8600 Bautzen - Geb. 2. Sept. 1953 Merka, kath., verh. s. 1975 m. Sieglinde, geb. Göhler, 3 Töcht. (Susann, Franziska, Isabella) - DHfK 1972-77 Leipzig, Dipl.-Sportlehrer; PH 1979-81 Halle, Dipl. f. Entw.-Phys./Ges.-Erz.; PH 1984-89 Halle, Dr. paed. - Dir. SIfL Bautzen; Mitgl. d. Bundesvorst. d. Domowina, Bd. Lausitzer Sorben - 1990 Fachschuldoz. - Liebh.: Sport, Lit. - Spr.: Sorb., Russ., Engl.

SCHENK, Josef
Dr. phil. Dipl.-Psychologe, Prof. Psych. Inst. Univ. Freiburg (s. 1981) - Frühlingstr. 17, 8782 Karlstadt 2 (T. 09353 - 23 43) - Geb. 15. Juli 1942 Odrau (Vater: Josef Sch.; Mutter: Leopoldine Sch.), kath., verh. s. 1966 m. Gisela, geb. Körber, 2 S. (Bernold, Fabian) - 1962-66 Stud. Psych. Univ. Heidelberg, Promot. 1975 Heidelberg, Habil. 1979 Würzburg - 1966-81 wiss. Assist. Psych. Inst. Univ. Würzburg; 1972-76 Leit. e. Drogenforsch.projektes - BV: Droge u. Ges., Monogr. 1975; Persönlichkeit d. Drogenkonsumenten, Forsch.bericht 1979. Div. Art. in Fachztschr.

SCHENK, Karl-Ernst
Dr. rer. pol., Prof. f. Wirtschaftspolitik, Gf. Direktor Inst. f. Außenhandel u. Überseewirtsch. Univ. Hamburg, u. Inst. f. Integrationsforschung beim Europa-Kolleg Hamburg - Zu erreichen üb. Univ. Hamburg, von-Melle-Park 5, 2000 Hamburg 13 - Geb. 9. Sept. 1929 Großenhain (Vater: Curt Sch., Kaufm.; Mutter: Marta, geb. Willms), ev., verh. s. 1966 m. Dr. Renate, geb. Runst, 2 Töcht. (Ulrike, Katharina) - 1955-59 Stud. Univ. Hamburg (Dipl.-Volksw. 1959, Promot. 1963), Habil. 1969 Univ. Münster - 1970 Doz. Univ. Münster, 1971 Prof. Univ. Münster; 1974 o. Prof. Univ. Hamburg - BV: Arbeitsteilung im Rat f. gegens. Wirtsch.hilfe, 1964; Märkte, Hierarchien u. Wettbewerb, 1981; Vergleichende System- u. Ind.-stud., 1983; New Institutional Dimensions of Economics, Berlin, Heidelberg, New York, London, Paris, Tokyo, 1988. Mithrsg. Jb. f. Neue Politische Ökonomie.

SCHENKE, Rudolf
Dr. jur., Präsident a. D. d. ehem. Oberpostdirektion Neustadt - Holzweg 4, 5000 Köln 50 - Geb. 22. Sept. 1911 - 1970 BVK I. Kl. - Spr.: Engl. - Rotarier.

SCHENKE, Wolf-Rüdiger
Dr. jur., Prof. f. Öffentliches Recht - Beim Hochwald 30, 6800 Mannheim (T. 0621-700 52 14) - Geb. 25. Okt. 1941 Breslau (Vater: Dr. Horst Sch., Vors. Richter; Mutter: Erika, geb. v. Löbbecke), ev., verh. s. 1964 m. Dr. Marlene, geb. Hole, 2 Kd. (Ralf, Cornelia) - Univ. Tübingen u. Erlangen (Rechtswiss.), Promot. Erlangen 1965, Habil. (Öfftl. Recht) Mainz 1974 - 1964 Refer., 1966 wiss. Assist., 1972 Assist.-Prof. Mainz, 1975 Prof. Ruhr-Univ. Bochum, s. 1979 Prof. Univ. Mannheim - BV: D. Verfass.organtreue, 1977; Rechtsschutz b. normativem Unrecht, 1979; Mitautor Bonner Komment. z. Grundges. - Spr.: Engl., Franz.

SCHENKEL, Gerhard
Dr.-Ing., em. o. Prof. Univ. Stuttgart (s. 1964) - Florentiner Str. 20/5088, 7000 Stuttgart 75 (T. 0711 - 47 02-50 88) - Geb. 29. Mai 1913 Schivelbein/Pom. (Vater: Emil Sch., Privatschulrektor), ev., verh. s. 1942 m. Ursula, geb. Stalder, T. Barbara - Stud. Physik, Math., Chemie u. Phil. Univ. Freiburg, Hamburg, Göttingen, Greifswald u. TH Hannover; Staatsex. 1936 Göttingen; Promot. 1938 Hannover - 1936-39 Ass. Theor. Physik TH Hannover. 12j. Industrietätig. (Paul Troester Maschinenfabrik). 1964 o. Prof. Univ. Stuttgart, Lehrstuhl u. Inst. f. Kunststofftechnol. 1973/74 Dekan Fak. f. Verf.technik Univ. Stuttgart - BV: Schneckenpressen f. Kunststoffe, 1959 (auch russ.); Kunststoff-Extrudertechnik, 1963 (auch engl.). Vier VDI-Monographien. Ca. 100 Einzelarb. - 1981 Disting. Service Award Soc. of Plastics Engineers (SPE), USA; 1991 Aufnahme in d. Hall of Fame d. Univ. Akron/Ohio - Liebh.: Phil. Malen, klass. Jazz - Spr.: Engl., Franz.

SCHENKEL, Ulla
Malerin - Martin-Luther-Str. 20, 7000 Stuttgart 50 (T. 0711 - 56 30 76) - Geb. 24. Aug. 1939 - 1956-59 Werk-Kunst-Sch. Wuppertal, 1959/60 Staatl. Akad. d. Bild. Künste Stuttg., 1960/61 Staatl. Akad. d. Bild. Künste Wien - S. 1981 Mitgl. Bundesvorst. d. Bundesverb. Bild. Künstler.

SCHENKER, Walter
Dr., Prof., freier Schriftsteller - Beim Hohlengraben 29, 5500 Trier (T. 0651 - 1 28 15) - Geb. 16. Juli 1943 Solothurn/ Schweiz, verh. s. 1974 m. Brigitte, geb. Hamaekers - Promot. 1968 Zürich; Habil. 1975 Trier - BV: Leider, Solothurner Gesch. 1969; Professor Gifter, R. 1979; Anaxagoras, R. 1981; Eifel, R. 1982; Gudrun, R. 1985; Engelsstaub, Bericht 1986; Am andern Ende d. Welt, R. 1988; Manesse, R. 1991 - 1983 Preis d. Schweiz. Schillerstiftg.; 1985 Literaturpreis d. Kantons Solothurn; 1986 u. 89 Werkaufträge; 1991 Ehrengabe d. Kantons Zürich - Liebh.: Katzen, Autos - Lit.: Josef Zierden im Kritischen Lexikon z. deutschspr. Gegenwartslit. (1990).

SCHEPANK, Heinz
Dr. med. (habil.), o. Prof. f. Psychosomat. Medizin u. Psychoanalyse Klin. Fakultät Mannheim Univ. Heidelbergs, Ärztl. Direktor Psychosomat. Klinik (s. 1975) Zentralinst. f. Seel. Gesundheit - J 5, Postfach. 12 21 20, 6800 Mannheim 1 (T. 0621 - 17 03-0) - Geb. 23. Mai 1930 Berlin, verh. s. 1961 m. Dr. med. Helga, geb. Ebelt - Berlinisches Gymn. z. Grauen Kloster; Stud. Med. u. Psych. Univ. Berlin (Freie) u. Würzburg; Promot. 1954; Habil. 1971; Internist. u. Psychoanalyt. Weiterb. - Doz., Abt.-Leit., Lehranalytiker Zentr.-Inst. psychog. Erkr. Berlin (1960-70), 1970 Ltd. Oberarzt Psychosomat. Univ.-Klin. Heidelbg., 1974 apl. Prof. Fellow of Intern. College of Psychosomat. Medicine. Vors. u. Fachgutachter in versch. wiss. Gremien - BV: Erb- u. Umweltfaktoren b. Neurosen, 1974 (Psychiatry Series Bd. 11); Ursprünge seelisch bedingter Krankheiten, 2 Bd., 1980/81 (m. A. Heigl-Evers); Psychogene Erkrankungen d. Stadtbevölkerung, 1987; Epidemiology of Psychogenic Disorders, 1987; D. stationäre Psychotherapie u. ihr Rahmen (m. W. Tress), 1988; Verläufe. Seel. Gesundheit u. psychogene Erkrankungen heute, 1990 - Liebh.: Fernreisen.

SCHEPERS, Uwe R.
Rechtsanwalt, Hauptgeschäftsführer Bundesverb. d. Filialbetriebe u. Selbstbedienungs-Warenhäuser (BFS) - Büchelstr. 50, 5300 Bonn 3; priv.: Im Wolfsgarten 18, 5206 Neunkirchen 1 - Geb. 4. März 1938 - Stud. Rechtswiss. Marburg, München, Göttingen - Spr.: Engl., Span.

SCHEPP, Heinz-Hermann
Dr. phil., Prof. f. Allg. Pädagogik an d. Univ. Göttingen - Hasenwinkel 52, 3400 Göttingen 25 (T. Göttingen 9 11 16) - Geb. 3. April 1925 Bochum (Vater: Heinrich Sch., Abt.leit.; Mutter: Guste, geb. Latta), ev., verh. s. 1962 m. Rita, geb. Wohlgethan, 2 Kd. (Minje, Jochen) - Gymn., Päd. Hochsch., Univ. (Päd., Politik, Soziol.); Beirats- u. Vorst.-Mitgl. versch. Instit. d. Jgd.- u. Erw.bildung - BV: Offene Jugendarbeit, 1963; Condorcet, 1966; Pol. u. Schule v. d. Frz. Rev. b. zur Gegenwart (2 Bde., 1973/74); D. Krise in d. Erziehung u. d. Prozeß d. Demokratis., 1978; Pädagogik u. Politik - Spr.: Franz., Engl.

SCHEPPER, Rainer
Publizist, Schriftst. - Zeppelinstr. 5, 4400 Münster - Geb. 23. März 1927 Münster, verh., 5 Kd. (Annette, Raimund, Friederike, Claudia, Frauke) - Stud. German., Angl., Päd., Soziol. - Lit.: Kürschners Dt. Lit.-Kalender, 1988.

SCHEPPING, Wilhelm
Dr. phil., o. Prof., Hochschullehrer, Direktor Sem. f. Musik u. ihre Didaktik Univ. Köln (s. 1985) - Kaiser-Friedrich-Str. 18, 4040 Neuss 1 (T. 02131 - 2 85 62) - Geb. 17. Dez. 1931 Neuss, kath., verh. s. 1959 m. Annette, geb. Lüttgens, 5 Töcht. (Christiane, Veronika, Uta, Wiltrud, Ruth-Silja) - Musikhochsch. Köln u. Univ. Köln; 1. u. 2.

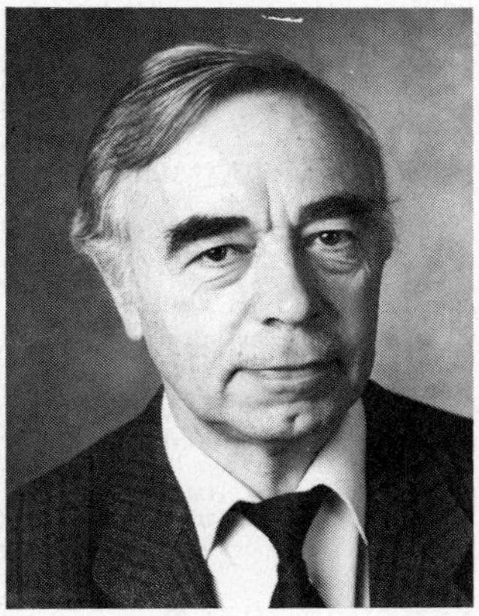

Staatsex. f. d. Lehramt an höh. Schulen (Musik, German.) 1958 u. 1959; Promot. (Musikwiss.) 1977 Köln - 1959-68 Schuldst. Gymn. Neuss; 1968-80 Hochschullehrer PH Neuss; 1980/81 Prof. Univ. Düsseldorf; 1982-85 o. Prof. RWTH Aachen; 1982-88 Vors. Kommiss. f. Lied-, Musik- u. Tanzforschung d. Dt. Ges. f. Volkskd., s. 1984 Landesfachgr. Musikpäd. Nordrh.-Westf.; 1958-87 Konzerte u. Auslandstourneen m. d. Neusser Kammerorch., Rundfunksendungen - BV: D. Wettener Liederhandschr., 1977; Volksmusik u. elektron. Medien, 1979; Europ. Volksmusik, 1983; Musik im Brauch d. Gegenw. (m. E. Deutsch), 1988; Lieder gegen Hitlers Regime, 1994 - Schallplatte, 1979 - 1983 Ehrenmed. Univ. Nantes; 1983 Gr. Stadtsiegel Neuss - Liebh.: Musik, Lit., Kunstgesch., Volks- u. Kinderinstr. - Spr.: Engl., Franz., Lat. - Lit.: H.H. Schieffer, 25 J. Neusser Kammerorch., fermate 2 (1982); G. Noll, Wilhelm Schepping - 60 Jahre, admarginem 64 (1991).

SCHERBAUM, Adolf

Prof. f. Musik - Großherzog-Friedrich-Str. 113, 6600 Saarbrücken; Fürther Str. 20, 8802 Heilsbronn - Geb. 23. Aug. 1909 Eger (Vater: Johann S., Maler; Mutter: Anna, geb. Beck), verh. m. Elfriede, geb. Huszar - U. a. Solo-Trompeter; gegenw. Prof. Musikhochsch. Saarbrücken - 1968 Nordgau-Musikpreis; 1979 Albert-Schweitzer-Friedensmed.

SCHERENBERG, Hans

Dr.-Ing., Dr.-Ing. E. h., Honorarprof. Univ. Stuttgart (s. 1973), Vorst. i. R. - Lauxweg 35, 7000 Stuttgart 75 - Geb. 28. Okt. 1910 Dresden (Vater: Ernst S., Techn. Direktor d. BBC; Mutter: Frieda, geb. Märklin), ev., verh. s. 1936 m. Elisabeth, geb. Schmidt-Eberstein, 3 Kd. (Volker, Dieter, Erika) - Gymn.; TH Stuttgart u. Karlsruhe (Maschinenbau). Promot. 1941 - 1935-45 (Versuchs- u. Obering.) u. s. 1952 Daimler-Benz AG, Stuttgart-Untertürkheim (Konstruktionschef f. Personenkraftwagen), 1956 stv. Vorst.-Mitgl. (Leitg. Entwickl. v. Flugtriebwerken u. Großmotoren), 1965-77 o. Vorst.-Mitgl. (Chef Entwickl. u. Forsch.); 1946-48 Dr. Schnürle, Stuttgart (pers. Mitarb.); 1948-52 Gutbrod, Plochingen/N. (Techn. Dir.) - 1970 Ehrendoktor TU Berlin; 1969 Ehrensenator Univ. Karlsruhe; 1975 Gold. Dieselring Verb. d. Motorjournalisten u. Gr. BVK; 1981 Werner-v.Siemens-Ring.

SCHERER, Bruno Stephan,

O.S.B.

Dr. phil., Seelsorger, Schriftst. - Pfarrhof, CH-4229 Beinwil (Schweiz) - Geb. 20. März 1929 Gretzenbach/Schweiz (Vater: Alois S., Schuhmacher; Mutter: Hedwig, geb. Hürzeler), kath. - Stud. Phil., Theol., Lit.wiss., German., Kunstgesch., Päd. Dipl.-Theol. 1955; Promot. 1964 - S. 1954 Priester, 1956-59 u. 1964-74 Gymnasialprof.; s. 1984 Pfarrer. 1970-75 Mitbegründer u. Vorst.-Mitgl. Reinhold Schneider-Ges., Freiburg im Br. 1973-79 Präs. Innerschweiz. Schriftst.verein, PEN-Mitgl. - BV: u. a. Sommer u. Winter, Ged. 1966; Tragik vor d. Kreuz (üb. Reinhold Schneider), Monogr. 1966; D. gläs. Kathedrale, Ged. 1969; Bild u. Gleichnis, Ged. 1971; Alle Schönheit d. Erde, Ged. 1973; Gärten d. Welt, Ged. 1973; Gebete f. Liebende, Gebets-Ged. 1976, 2. A. 1986; Begegnung m. Arnold Kübler, Ess. 1978, 2. A. 1990; Neugeb. Weltball, Ged. u. Bibliogr. 1981; Winteratem, Ged. 1984; Der uns d. Heil bringt, Gebets-Ged. 1985; Nahe bist DU, Gebets-Ged. 1986; DU bist da, Gebets-Ged. 1986; DU kommst zu uns, Gebets-Ged. 1987; Imaginäre Landschaften, Ged. 1988; D. Schmetterling - sieh!, Ged. u. Gebete f. Trauernde 1988; Tröstet einander! F. Trauernde, 1990; Begegnung u. Abschied, Ged. 1990; Immer wieder ist Frühling, Ged. 1991; Zu lieben berufen, Aphor. 1991; Ergreife d. Freude am Weg, Aphor. 1992. Herausg.: Reinhold Schneider. Leben u. Werk in Dokumenten (1973, m. F. A. Schmitt); Innerschweizer Schriftst.-Texte u. Lexikon (1977); Reinhold Schneider. Leben u. Werk im Bild (1977, 2. A. 1989, m.a.); Reinhold Schneider: D. Unzerstörbare. Religiöse Schriften, Bd. 9 d. Gesammelten Werke, (1978); 6 lit. Reihen: Innerschweizer Lyrik- u. Prosatexte (s. 1979), Reihen Freundeskreis (s. 1986), Werkausg. (s. 1988), Meditation (s. 1989), Aphorismen (s. 1989); Schlehdorn - Lyrik u. Prosa (1979) - 1957 Lyrikpreis Radio Basel, 1978 Kulturpr. Schönenwerd/Gretzenbach, 1990 Lit.preis Kanton Solothurn - Spr.: Lat., Griech., Hebr., Franz., Ital., Engl. - Lit.: Paul Konrad Kurz, D. Neuentdeck. d. Poetischen (1975).

SCHERER, Eberhard

Dr. med., em. Prof. f. Med. Strahlenkunde - Universitäts-Klinikum (Strahlenklinik), 4300 Essen - Geb. 5. Okt. 1918 - S. 1955 (Habil.) Lehrtätigk. Univ. Marburg (1961 apl. Prof.), Münster (1963 Ord.), Bochum (1967 Ord.). 1983/84 Präs. Dt. Krebsges. 1986 Lehrst. Radiol. Univ. Witten/Herdecke. Etwa 210 Fachveröff. - 1960 Holthusen-Ring; 1973 Warner-Preis (f. Strahlentherapie b. Krebserkrank.); 1980 Albers-Schönberg-Med.; 1986 Johann-Georg-Zimmermann-Preis d. Med. Hochsch. Hannover; 1988 Leopold-Freund-Med. (Wien); 1988 Ehrenmitgl. Dt. Röntgenges; BVK; VO. d. Landes NRW.

SCHERER, Franz

Dr. rer. pol., Vorstandsmitglied Honeywell Bull AG, Köln - Zu erreichen üb.: Honeywell Bull AG, Postf., 5000 Köln - Geb. 14. Jan. 1941 Berlin - Promot. 1967 FU Berlin; M.A. 1963 Univ. of Texas, Austin - 1978 Leit. Geschäftsber. Vertrieb Honeywell Bull AG; 1982 Vorst. - BV: Ökon. Beitr. z. wiss. Begründ. d. Bildungspolitik, 1969.

SCHERER, Georg

Dr. phil., o. Prof. f. Philosophie Univ.-GH Essen - Liebknechtstr. 13, 4200 Oberhausen (T. 86 49 21) - Geb. 30. April 1928 - U. a. Sem. f. Staatsbürgerkd. Olpe (Leitg. Bildungsarb.) - BV: Ehe im Horizont d. Seins, 1962; Meditation-Reflexion-Gebet, 1973; D. Tod als Frage an d. Freiheit, 1971; Strukturen d. Menschen, 1976; D. Problem des Todes in d. Philosophie, 1980; Studien z. Problem d. Identität, 1982; Sinnerfahrung u. Unsterblichkeit, 1985; Welt - Natur od. Schöpfung?

SCHERER, Hans Siegfried

Dr., Professor f. Romanische Sprachwissenschaft FH Köln (s. 1986) - Kitschburger Str. 47, 5000 Köln 90 - Geb. 13. Juli 1940 Unterschönau/Thür., verh. s. 1965 m. Ingrid, geb. Göbel, S. Markus - Kaufm. Lehre; Handwerkslehre 1956-71; Philol.-Stud. (Roman., German.) Univ. d. Saarlandes; 1. Staatsex. 1976; 2. Staatsex. 1978; Promot. 1981 RWTH Aachen - 1962-67 Betriebsleit.; 1967-71 Selbst. Kaufm.; 1976-78 Refer.; 1977-81 Forsch.projekt Hör-Seh-Verstehen; 1978-86 Hochsch.assist. Aachen - BV: Sprechen im situativen Kontext, 1984; Physis u. Fiktion, 1984; Kommentierte Übers. Span.-Dt. Wirtschaft, 1989; Kommentierte Übers. Span.-Dt., 1990; Sprache in Situation, 1989.

SCHERER, Heinz

Bäckermeister, Präs. Handswerkskammer d. Pfalz, Kaiserslautern - Zu erreichen üb. HK, Am Altenhof 15, 6750 Kaiserslautern (T. 0631 - 84 01-0) - Geb. 1. Juli 1928 - AR-Mand.

SCHERER, Heribert

Assessor, Hauptgeschäftsf. Handwerkskammer Karlsruhe (s. 1966) - Ulmenallee 7, 7500 Karlsruhe 21 (T. 0721 - 1 64 -0) - Geb. 19. April 1928 - S. 1959 Handwerksorg.

SCHERER, Hermann

Dr., Landrat Kr. Bad Dürkheim - Schillerstr. 6, 6701 Limburgerhof (T. 06236 - 80 16; Kreisverw.: 06321 - 74 15) - Zul. Landrat Kr. Ludwigshafen - Spr.: Engl., Franz. - Rotarier.

SCHERER, Hubert

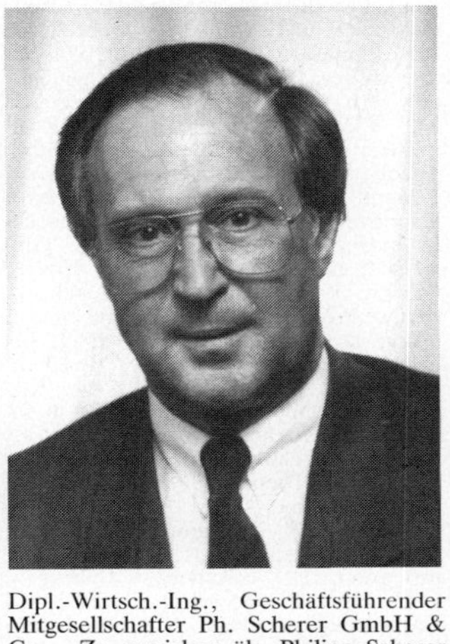

Dipl.-Wirtsch.-Ing., Geschäftsführender Mitgesellschafter Ph. Scherer GmbH & Co. - Zu erreichen üb. Philipp Scherer GmbH & Co., Moselring 23-25, 5400 Koblenz (T. 0261 - 4 97-1) - Geb. 14 Juli 1933 Limburg, kath., verh. s. 1966 m. Ute-Marie, geb. Tapprogge, 3 Kd. (Philipp, Markus, Isabel) - Lehre Kfz-Elektriker 1953; Dipl. 1958 FH München - Präs. IHK-Koblenz; Vors. Stiftg. Private wissenschaftl. Hochsch. f. Unternehmensführung (WHU) Koblenz; Vors. d. Tarif- u. Sozialpolit. Aussch. b. Zentralverb. f. d. Kfz-Gewerbe, Bonn; Mitgl. d. Stadtrates v. Koblenz; Kulturpolit. Sprecher; Vors. Freundeskr. d. Stadttheaters Koblenz e.V.; AR Volksbank Mittelrhein - 1986 BVK am Bde.; 1983 Verbandsehrennadel in Gold; 1982 Peter-Cornelius-Med. d. Kultusmin. - Liebh.: Theater, Musik, Klavierspiel.

SCHERER, Klaus R.

Ph. D., Prof. f. Psychologie - Fachbereich Psychologie Univ. Giessen, Behagelstr. 10, 6300 Giessen (T. 0641-702 54 28) - Geb. 18. März 1943 Leverkusen (Vater: Willi Sch., Malerm.; Mutter: Käthe, geb. Ludwig), verh. s. 1967 m. Ursula, geb. Zündorf - Univ. Köln (Dipl. Volksw. 1966), Harvard Univ. (Ph.D. 1970) - 1970-1972 Assist. Prof. Univ. of Pennsylvania, s. 1973 o. Prof. Univ. Giessen - BV: Human Aggression and Conflict, 1975; D. aggressive Mensch, 1979 (m. a.); Nonverb. Kommunikation, 1979 (m. H. Wallbott); Vokale Kommunikation, 1982; Handbook of Methods in Nonverbal Behavior Research, 1982 (m. P. Ekman); Advances in the Social Psych. of Language, 1982 (m. C. Fraser). Üb. 35 Aufs. u. Buchbeitr. - Spr.: Engl., Franz.

SCHERER, Martin

Dr., Hauptgeschäftsführer IHK Rhein-Neckar, Mannheim - Zu erreichen üb. Postf. 10 16 61, L 1,2, 6800 Mannheim 1.

SCHERER, Otto J.

Prof., Dipl.-Chemiker - Spinozastr. 16, 6750 Kaiserslautern - Ca. 90 wissenschaftl. Veröffentl.

SCHERER, Paul Martin

Bürgermeister v. Rodgau - Jahnstr. 22, 6054 Rodgau 6 (Weiskirchen) (T. 41 59) - Geb. 19. Okt. 1935 Weiskirchen (Vater: Rudolf Sch., Sattler; Mutter: Margarete, geb. Mock), kath., verh. s. 1961 m. Inge, geb. Hammerschmidt, 2 Kd. (Ute, Wolfgang) - Volkssch.; Lehre Ind.kfm. - S. 1964 Mitgl. Kreistag, 1980-82 Vors. Kreisverb. d. CDU Offenbach-Land, s. 1982 Vors. CDU-Fraktion Kreistag Offenbach - BVK am Bde.

SCHERER, Siegfried

Dr. rer. nat., Diplombiologe, Univ.-Prof. an d. TU München - Aribostr. 18, 8050 Freising (T. 08161 - 6 65 33) - Geb. 7. April 1955 Oberndorf/Neckar, verh. m. Sigrid Hartwig-Sch. - Stud. Biol., Chemie, Physik; Dipl. Biol., Promot. Konstanz - S. 1985 Wiss. Beirat d. Weißen Kreuzes, s. 1988 Leitungskreis d. Studiengemeinsch. Wort & Wissen. 1986 Forsch.aufenthalt in d. VR China, 1988/89 am Virginia Tech, USA, 1991 Habil.; seither als Dir. d. Mikrobiol. Inst. d. TU München - BV: Photosynthese, 1983; Entstehung u. Gesch. d. Lebewesen, 1986, 3. A. 1992. Herausg.: D. Suche nach Eden (1991). Etwa 40 wiss. Aufs. z. Biochemie u. Evolutionstheorie - 1984 BYK-Forschungspreis.

SCHERF, Dagmar,

geb. Weisgräber

Dr. phil., Schriftstellerin (Ps. Deskau, Scherf-Deskau) - Buchenweg 5, 6382 Friedrichsdorf (T. 06172 - 7 84 17) - Geb. 21. Juni 1942 Danzig, verh. s. 1975 - Staatsex. als Volksschullehrerin 1964 PH München; Promot. 1973 Mainz - 1973-74 Lektorin Univ. Bristol; 1974-81 Schulbuchlektorin; 1982-84 Vors. Verb. dt. Schriftst. in d. IG Druck u. Papier Hessen - BV: D. aufgelöste Widerspruch. Engagement u. Dunkelheit in d. Lyrik Johannes Bobrowskis, 1975; D. liebe Gott sieht alles, 1984; Zeit-Ged., 1985; Trau dich u. träum, R. 1985; D. Ritt auf d. Zaun, Hexentexte, 1985; Mara u. d. Geist im Gockel, R. 1988; Hexenherz u. Hängebauch, Erz. 1988; Vorsicht: Paradies, R. 1989; D. Teufel u. d. Weib, Sachb. 1990; Geburtstagsbäume für alle, R. 1991. Theaterst.: Pierre d. Mensch, 1987 - 1985 Kinderhörspielpreis terre des hommes - Liebh.: Frieden u. Abrüstung; Gewerksch.politik; Hexenwesen; Natur - Spr.: Engl. - Lit.: Dunkelheit u. Engagement. Z. Gestalt. d. Geschichtsbezugs in d. Lyrik Johannes Bobrowskis, Diss. Mainz 1973. Zahlr. Rezensionen u. Hörsp. Drehb. z. Neues aus Uhlenbusch (ZDF, 1980).

SCHERF, Harald

Dr. rer. nat., Dr. sc. pol., o. Prof. f. Volkswirtschaftslehre u. Statistik u. Direktor Inst. f. Statistik u. Ökonometrie Univ. Hamburg (s. 1968) - Farnstr. 3, 2000 Hamburg 63 (T. 59 69 01) - Geb. 19. Okt. 1933 Bremen (Vater: Heinrich S., Kaufm.; Mutter: Hannalise, geb. Hollmann), verh. m. Dr. med. Helga, geb. Petzke, 2 Kd. (Joachim, Philipp) - Zul. Univ. Kiel, Facharb.

SCHERF, Henning

Dr. jur., Senator f. Bildung u. Wissenschaft sowie Senator f. Justiz u. Verfassung Fr. Hansestadt Bremen - Rathaus, 2800 Bremen 1 - Geb. 31. Okt. 1938 Bremen, ev., verh., 3 Kd. - Stud. Rechts-, Staats- u. Sozialwiss. Freiburg, Berlin u. Hamburg. 1963 u. 67 Jurist. Staatsex., 1968 Promot., 1967 Rechtsanw., 1967-68 Reg.-Ass. Nieders. Landesdienst, 1968-71 Ass. u. Regierungsrat b. Senator f. Inneres. 1971 Staatsanwalt. 1962-64 Mitgl. Ltg. Ev. Studienwerk (Inst. f. Hochbegabtenförd.); 1971-78 MdBB; s. 1978 Bremer Senat. 1967-71 Lehrbeauftr. PH Bremen. SPD s. 1963 (1972-78 Landesvors. Bremen; 1984 Bundesvorst.) u. ÖTV.

SCHERF, Walter

Dr., Bibliotheksdirektor i. R., Lehrbeauftragter Univ. München, Innsbruck - Alte Sollerner Str. 3, 8067 Petershausen (T. 08137 - 76 15) - Geb. 11. Juni 1920 Mainz (Vater: Sebastian S., Werkmeister; Mutter: Karoline, geb. Hartung), kath., verh. s. 1950 in 2. Ehe (Ehefr.: Elisabeth), 2 Söhne (Michael; Gerd †) - Oberrealsch. Wuppertal; TH Danzig u. Aachen, Univ. Göttingen u. München - 1949-57 Verlagslektor u. Redakt.; 1957-82 Dir. Intern. Jugendbibl., München; s. 1982 Lehrbeauftr. Univ. - BV: u. a. D. gr. Lagerb., 1954, 3. A. 1961; Schweden, Sachb. 1955, 2. A. 1963; Zeltpostille, Erz. u. Lieder 1956, 3. A. 1979; V. Zaubergarten d. Volksmärchen, Samml. 1960; Kindermärchen in dieser Zeit?, Ess. 1961; Polit. Bildung durch d. Jugendb.?, 1963; Die Besten der Besten, Bibliogr. 2. A. 1976; Volksbuch u. Jugendlit., 1976; Strukturanalyse d. Kinder- u. Jugendlit., 1978; Flüchtig wie Rauch, Lyrik 1978; Räuber- u. Landsknechtslieder, 1981; Lexikon d. Zaubermärchen, 1982; D. Herausford. d. Dämons, 1987. Div. Jugend- bzw. -sachb. Übers. - 1969 Gold. Med. Tschechosl. Ges. f. Intern. Beziehungen; 1974 Ehrenmed. Univ. Padua, 1975 BVK; 1976 Gr. Preis Dt. Akad. f. Kinder- u. Jugendlit.; 1989 Intern. Bohumil-Říha-Med. - Liebh.: Alte Musik - Spr.: Franz., Engl., Schwed., Dän., Span., Ital., Ungar., Russ.

SCHERG, Traugott

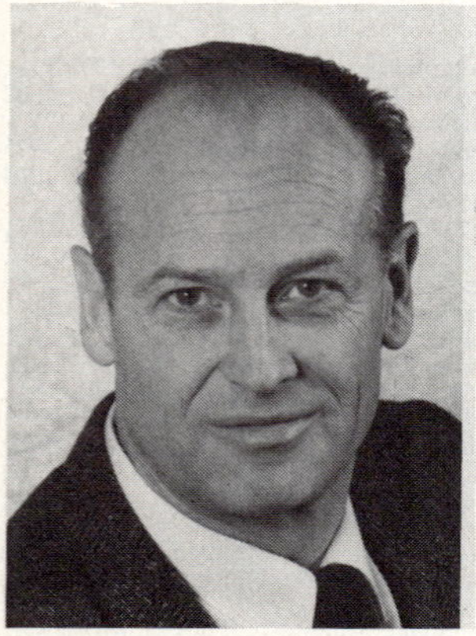

Dr., Landrat Kr. Pfaffenhofen (s. 1969) - Landratsamt, 8068 Pfaffenhofen/Ilm - Geb. 10. Mai 1936 Eichstätt - Zul. Oberregierungsrat. CSU - 1981 Dt. Preis f. Denkmalschutz; Bayer. Staatsmed. f. Denkmalschutz; Med. f. vorbildliche Heimatpflege; 1982 BVK; 1984 Bayer. Verdienstmed. in Silber f. Kommunalpolitik; 1984 Denkmalschutzmed.; 1986 Umweltschutzmed.; 1986 Ehrenmünze d. Landkreises; 1986 Gold. Med. f. Verd. um Kultur u. Tradition a. d. Lande; 1986 Gold. Ehrennadel d. BRK; 1988 BVK I. Kl.; Dr. Joh. Christian Eberle-Med. d. Sparkassen-Organisation; 1992 Ehrennadel d. Bundesverb. f. Selbstschutz.

SCHERHORN, Gerhard

Dr. rer. pol., Prof. f. Konsumtheorie u. Verbraucherpolitik Univ. Hohenheim/Stuttgart - Zu erreichen üb. Postf. 700562, 7000 Stuttgart 70 (T. dstl. 0711 - 459 28 67) - Geb. 21. Febr. 1930 Hannover (Vater: Heinrich Sch., kaufm. Angest.; Mutter: Flora, geb. Stosberg) - Schulen Apelern, Bad Nenndorf, Hameln, Marburg (Abit. 1949); Buchhändler-Lehre; 1951-55 Univ. Mainz, Hamburg u. Köln (Dipl.-Kfm. 1955, Promot. 1959), Habil. 1965 Köln - 1955-66 wiss. Assist. Univ. Köln; 1966-75 o. Prof. f. Volksw. Hochsch. f. Wirtsch. u. Politik Hamburg (1971-73 Rektor); s. 1975 Prof. Univ. Hohenheim. Mitgl. Verbraucherbeirat Bundesmin. f. Wirtsch. (1974-79), VR Stiftg. Warentest (1975-84), Vorst. Verbraucherzentr. (1979-84) - BV: u. a. Bedürfnis u. Bedarf, 1959; Methodol. Grundl. d. sozialökon. Verhaltensforsch., 1961; Information u. Kauf, 1964; Gesucht: d. mündige Verbraucher, 1973; Vollbeschäftig. f. morgen, (m. a.) 1975; Wachstum u. Währung, (m. a.) 1979; Verbrauchererzieh. in d. Bundesrep. Deutschl., (Hrsg., m. a.) 1979; Priv. Verbrauch, Wachstum u. Beschäftig., (Hrsg., m. a.) 1979; Arbeit ohne Umweltzerstörung (m.a.), 1983; zahlr. weit. Beitr. z. Handb., Wörterb.; Gutachten f. Bundesmin., Ztschr.-Aufs. u. Facharb.

SCHERHORN, Klaus

Dipl.-Kfm., berat. Betriebswirt, Vorstandsvors. Landesverb. BKK Nieders. - Eselspfad 9, 2980 Norden (T. 04931 - 16 70 27) - Geb. 30. Juni 1927 Hameln, ev., verh. s. 1955 m. Dipl.-Handelsl. Magrit Döbbeling, 2 Kd. (Axel, Kerstin) - 1973-85 Vorst. Doornkaat AG, Norden; 1978-87 Vizepräs. Dt. Handelskammer Österr.; Vorst. Bundesverb. BKK; Beirat Gerling Konzern. Richter am nieders. Finanzgericht Hannover.

SCHERING, Ernst

Dr. theol., em. Prof. f. Religions- u. Kirchengeschichte - Tannenweg 48, 6300 Gießen (T. 0641 - 4 48 08) - Geb. 7. Juli 1914 Frankfurt/O. (Vater: Prof. Walther S.; Mutter: Gertrud, geb. Fellgiebel), ev., verh. m. Hannelore, geb. Soegtig, 3 Kd. (Christian, Beate, Sabine) - Realgymn. Berlin (Siemens-Sch.); Stud. Theol., Phil., Päd. Berlin u. Dorpat. Promot. 1940; Habil. 1943 - 1945 Pastor Hannover, 1951 Leit. Diakonensch. Hannover, 1961 Leit. Ev. Stiftg. Ginsterhof, 1964 Doz. Hochsch. f. Erzieh. Gießen, 1965 ao. Prof. ebd., 1966 ao., 1970 o. Prof. Univ. Giessen, 1980 emerit. - BV: D. innere Schaukraft, 1953; Erneuerung d. Diakonie, 1958; Mystik u. Tat, 1959; Johannes Falk, 1961; Kirchengeschichte im Unterr., 1963; Leibniz, 1966; Kirchengeschichtl. Arbeitsb., 1968; Evangelium - Religionsunterr. - Ges., 1972; Theologie u. Menschenbild, 1978; Oberlin, 1959; Johannes Falk, Goethe, 1977; Tradition u. Wirken d. Johanniterordens, 1981; Lebend. Reformation, 1982; Elisabeth v. Thüringen, 1982; Hess. Kirchengesch., 1989 - 1974 Kronenkreuz in Gold; 1979 Ehrenritterkreuz Johanniterorden, 1982 Ehrenz. Johanniterunfallhilfe, 1984 Uhlhorn-Med. - Spr.: Engl., Franz. - Lit.: Tradition u. Gegenwart - Festschr. f. E. Sch., 1974.

SCHERINGER, Hans

Dipl.-Kfm., Geschäftsführer Heimstätte Rheinl.-Pfalz GmbH., Mainz - Langgasse 22, 6505 Nierstein/Rh. - Geb. 30. Nov. 1923 - Mandate.

SCHERINGER, Johann

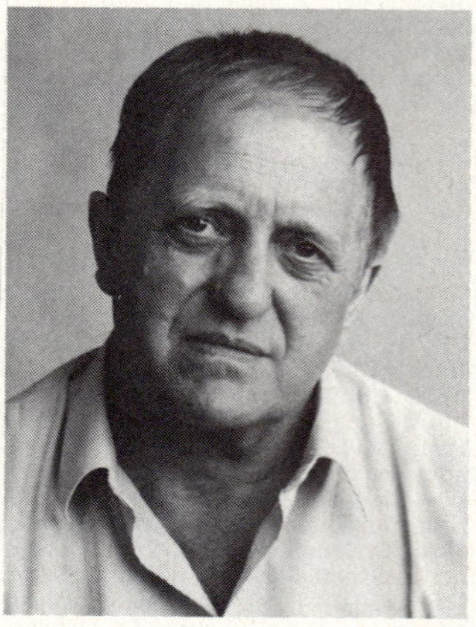

Dipl.-Landwirt, Mitglied d. Landtages Mecklenburg-Vorpommern, Vors. Fraktion LL/PDS, Mitgl. im Landesvorst. d. PDS in Mecklenburg-Vorpom. (s. 1990) - Dorfstr. 18, O-2591 Camitz (T. Semlow 082592 - 2 65) - Geb. 12. Juli 1936 Kösching, Krs. Ingolstadt, verh. m. Ilse, geb. Krüger, 3 Kd. (Tanja, Sascha, Alexander) - Landwirtsch. Ausb. in Bayern u. Nieders.; Landwirtsch. Winterschule in Ingolstadt; Stud. Hochsch. f. Landwirtsch. Produkt.genossensch. (LPG) in Meißen; Dipl.-Landwirt 1964 - Mitarb. in d. Landwirtsch. d. Eltern Dürrnhof/Kösching; Mitgl. d. LPG Semlow, Krs. Ribnitz-Damgarten; 1973 Vors.; b. 1990 LPG-Vors. in drei Genossensch.; 1990 Volkskammer d. DDR (PDS); dort Mitgl. im Aussch. f. Ernähr., Landwirtsch. u. Forsten - Liebh.: passionierter Landw. m. kl. Wirtsch. u. Tierhalt. - Spr.: Engl., Russ. - Bek. Vorf.: Richard Sch., 1904-1986, Landwirt, Politiker, Schriftsteller (bek. durch Ulmer Reichswehrprozeß, nach 1945 Eintritt in d. KPD, Mitgl. d. Verfass.geb. Versamml. in Bayern, mehrmals inhaftiert weg. politischer Aktivitäten).

SCHERMER, Franz J.

Dr. phil., Dipl.-Psych., Prof. f. Allg. u. Entwicklungspsych. FH Würzburg-Schweinfurt, FB Sozialwesen (s. 1983) - Krokusweg 15, 8430 Neumarkt/Opf. (T. 09181 - 3 38 98) - Geb. 3. März 1950 Gangkofen/Ndb., kath., verh. s. 1975 m. Ingrid, geb. Burkl, T. Verena - Stud. Psych. 1969-74 Univ. Würzburg (Dipl.-Psych. 1974); Promot. 1982 (Psych., Schulpäd., Psychopathologie) - 1975-83 Leit. Psycholog. Beratungsstelle d. Caritasverb. Eichstätt Nürnberg-Langwasser - BV: Einführung in Grundlagen d. Psych., 1988; Lernen u. Gedächtnis, 1991. Mithrsg. d. Reihe: Konzepte d. Psych. in d. Sozialpäd. (1988ff.).

SCHERMER, Günter

Dr. jur., Polizeipräsident v. Bochum, Herne, Witten (s. 1984) - Uhlandstr. 35, 4630 Bochum 1 - Geb. 14. Sept. 1928 Gelsenk., verh., 1 S. (Arzt) - B. 1976 Oberstaatsanwalt in Essen, anschl. 8 Jahre Polizeipräs. in Gelsenkirchen. Lehrbeauftr. f. Wirtsch.recht u. Wirtsch.kriminalität - BKV am Bde. - Hobby: Kunstgesch., klass. Musik.

SCHERMULY, Willi

Dr. med., Prof., Chefarzt Röntgen- u. Strahlenklinik Städt. Krankenhaus Hildesheim (s. 1966) - Agnes-Miegel-Str. 45, 3200 Hildesheim (T. Klinik: Hildesheim 26 17 17) - Geb. 23. Juni 1922 Niedershausen, ev., verh. s. 1953 m. Dr. Ottilie, geb. Michel, 2 Söhne (Dr.-Ing. Wolfgang, Dr. med. Volker) - Justus-v.-Liebig-Obersch. Gießen (Abit. 1941); Univ. Marburg (Med. Staatsex. 1950). Promot. u. Habil. Marburg - 1953-66 Wiss. Assist. u. Oberarzt Univ.s-Strahlenklinik Marburg; s. 1962 Privatdoz., apl. Prof. (1968) u. Honorarprof. (1970) ebd. Vors. nieders. Röntgenges. Spez. Arbeitsgeb.: Metastasierungsprobleme, Analyse d. Lungenstrukturen - BV: Knochenmetastasen d. Mammakarzinoms, 1963. Handbuchbeitr. u. Fachztschr.aufs. - 1965 Ernst-v.-Bergmann-Plak.; Ehrenplak. Ärztekammer in Gold.

SCHERNER, Karl Otto

Dr. jur., Prof. f. Dt. u. vgl. Rechtsgeschichte, Bürgerl. Recht - Ifflandstr. 9, 6800 Mannheim - Geb. 23. April 1934 Worms (Vater: Karl Sch., Landwirt; Mutter: Helene, geb. Schäfer), ev., verh. s. 1962 m. Ute, geb. Zimmermann, 2 Kd. - Abit. 1953; Univ. München u. Mainz (Rechtswiss. u. Orientalistik), Ass. 1963, Promot. 1963, Habil. 1969 Mainz - 1969 Priv.-Doz., 1971 apl. Prof., 1973 Wiss. Rat u. Prof. Univ. Mainz, s. 1979 o. Prof. f. Bürgerl. R. u. Dt. Rechtsgesch. Univ. Mannheim - BV: Rücktrittsrecht u. Nichterfüllung, 1965; Salmannschaft, Servusgeschäft in venditio iusta, 1971; Beitr. z. Handb. d. Quellen u. Lit. d. neueren europ. Privatrechtsgesch., Aufs. z. Sozial- u. Wirtschaftsrechtsgesch. u. z. Bürgerl. Recht.

SCHERNER, Maximilian

Dr. phil., Prof. f. germanist. Linguistik Univ. Münster - Am Meckelbach 30, 4400 Münster (T. 02534 - 75 20) - Geb. 19. Okt. 1939 Kassel - Abit. 1960; Stud. dt. lat. u. mittellat. Philol., Phil. u. Päd. Univ. Mainz, Wien, München u. Münster (1. Staatsex. 1966, Promot. 1969, 2. Staatsex. 1970, Habil. 1975) - 1970-73 höh. Schuldienst; b. 1975 Wiss. Assist., ab 1975 Wiss. Rat u. Prof. Univ. Köln; ab 1978 o. Prof. Univ. Münster - BV: D. sprachl. Rollen im lat. Weihnachtslied d. MA, 1970; Theorie u. Technik d. Textverstehens, 1974, 6. A. 1982; Spr. als Text, 1984.

SCHERNUS, Herbert

Chordirektor - Schneppenrather Weg 1, 5161 Nideggen-Rath (T. 02427 - 4 53) - Geb. 9. März 1927 Memelgebiet (Vater: Christoph S., Pfarrer; Mutter: Luise, geb. Haarhaus), ev., verh. s. 1958 m. Elsa, geb. Gätje, Sohn Christof - Musikhochsch. u. Univ. Hamburg. Staatsex. - S. 1960 Chordir. Staatsoper Hamburg u. WDR Köln (1962), s. 1975 Hochschullehrer.

SCHERPE, Klaus R.

Dr. phil., Prof. f. Neuere dt. Literaturwiss. - Kastanienallee 18, 1000 Berlin 19 (T. 030 - 305 52 24) - Geb. 13. Mai 1939 Berlin (Vater: Herbert Sch., Kaufm., †; Mutter: Liselotte, geb. Simmat), verh. s. 1968 m. Grethe, geb. Jensen, 2 Söhne (Jens, Niels) - FU Berlin, Stanford Univ. (M.A. 1963), Promot. Berlin 1967 - 1967-73 wiss. Assist. Berlin, Heidelberg, s. 1973 Prof. Berlin. Gastprof. in Hamburg, Aarhus/Dänem., Sydney/Austral. u. Stanford/USA - BV: Gattungspoetik im 18. Jh., 1968; Werther u. Wertherwirkung, 1970, 3. A. 1980; Lit. d. bürgerlichen Emanzipation (m. G. Mattenklott), 1973; Positionen d. lit. Intelligenz (m. G. Mattenklott), 1973; Grundkurs 18. Jh. (m. G. Mattenklott), 2 Bde. 1974; Demokratisch-revolutionäre Lit. in Dtschl. (m. G. Mattenklott), 2 Bde. 1974/75; Poesie d. Demokr., 1980; D. Ästhetik d. Widerstands lesen. Üb. Peter Weiss, 1981; In Dtschl. unterwegs, Rep., Skizzen, Berichte 1945-48; Nachkriegslit. in Westdtschl., 2 Bde, 1982, 1984; Postmoderne. Zeichen e. kulturellen Wandels, 1986, 3. A. 1989; Frühe DDR-Literatur (m. Lutz Winckler), 1988; D. Unwirklichkeit d. Städte. Großstadtdarst. zw. Moderne u. Postmoderne, 1988; Geschichte als Literatur (m. H. Eggert u. U. Profitlich), 1990. Herausg.: Reihe: Lit. im hist. Prozeß.

SCHERRER, Gerhard Eugen

Dr. oec. publ., Prof. f. Betriebswirtschaftslehre (bes. Unternehmensrechn., Revision u. Treuhand) Univ. Regensburg; Steuerberater - Steigerwaldstr. 22, 8400 Regensburg (T. 0941-6 38 95) - Geb. 1. Febr. 1936 Hagenbach/Pfalz (Vater: Otto Karl Sch.; Mutter: Hilda, geb. Schehr), kath., verh. s. 1968 m. Uta-Maria, geb. Schramm, T. Denise - 1952-54 kfm. Lehre Karlsruhe, 1959-63 Abendgymn., 1963-67 Stud. Betriebsw. München, Dipl.-Kfm., Promot. München 1967/68, Habil. Univ. Hamburg 1973 - 1954-62 Finanzabt., 1963-67 Steuerkanzlei, 1967-68 Wirtschaftsprüf. 1975 Univ. Regensburg, 1976 Univ. Stuttgart-Hohenheim, 1981 Hochsch. d. Bundeswehr Hamburg - BV: D. Ausweit. d. Rechnungsleg. - Publizität auf alle Großuntern., Diss. 1968; Stichprobeninventur (m. I. Obermeier), Monogr. 1981; Kostenrechn., Lehrb. 2. A. 1991; Kostenrechn., Arbeitsb. 1983; Liquidations-Rechnungslegung (m. B. Heni), Monogr. 1990; D-Mark-Eröffnungsbilanz, Monogr. 1991.

SCHERRER, Hans-Peter

Verlagskaufmann, Vorstandsmitglied Axel Springer Verlag AG, Berlin - Wiltinger Str. 17, 1000 Berlin 28 (T. 401 42 17) - Geb. 20. Nov. 1929 Berlin, kath., verh. s. 1956 m. Elisabeth, geb. Obst, 5 Kd. (Norbert, Gabriele, Annette, Ulrich, Christina) - Obersch. (Abit.); Verlagslehre; Stud. Betriebsw. - S. 1954 Anzeigen- (Ztg. u. Ztschr. Ullstein), Verlagsleit. (1964; Axel Springer/Ullstein), Mitgl. Gfg. ASV (1968).

SCHERRER, Jutta

Dr., Prof. f. Russ. Geschichte, Historikerin - 1 bis, rue Georges Braque, F-

75014 Paris (Frankr.) - Geb. 1. Dez. 1938 Berlin (Vater: Werner Martyn, Volksw.; Mutter: Charlotte, geb. Wuttge) - FU Berlin, Univ. Harvard u. Sorbonne - B. 1974 Forsch.tätigk.; 1975-79 Prof. Univ. Vincennes, Paris; 1978/79 Prof. Univ. Bochum; s. 1980 Dir. d'Etudes Ecole des Hautes Etudes en Sciences Sociales, Paris; S. 1984 Visiting Prof. Columbia Univ., New York - BV: D. Petersburger religiös-phil. Vereinig., 1973; zahlr. Art. z. russ. Kultur- u. Sozialgesch. in Ztg. u. Ztschr. - Liebh.: Musik - Spr.: Russ., Franz., Engl.

SCHERRER, Manfred
Verlagskaufmann, Oberbürgermeister Stadt Neuwied (s. 1990), MdL Rhld.-Pfalz (s. 1975), MdB (s. 1987) - Marktstr. 4 a, 5450 Neuwied 1 - Geb. 6. Mai 1940 - SPD.

SCHERTHAN, Hans-Dieter
Kaufmann, MdL Rhld.-Pfalz - Weinstr. 16a, 6740 Ranschbach - Geb. 24. Juli 1943 - CDU.

SCHERTZ, Georg

Polizeipräsident Berlin (s. 1987), f. Gesamt-Berlin (s. Okt. 1990) - Platz d. Luftbrücke 6, 1000 Berlin 42 (T. 030 - 69 93 50 01) - Geb. 24. April 1935 Berlin, ev., verh. s. 1963 m. Christine, geb. Hilbig, 2 Söhne (Matthias, Christian) - Stud. Rechtswiss. FU Berlin, jurist. Referer.ex. 1958 Berlin; Ass.ex. 1963 ebd. - 1963 Gerichtsass. in Berlin; 1966 Landgerichtsrat; 1970 Kammergerichtsrat; 1973-87 Vizepräs. Amtsgericht in Berlin - Liebh.: Segeln - Rotarier.

SCHERTZ, Wolfgang
Geschäftsführer Fachverb. Kartonverpackungen f. flüss. Nahrungsmittel - Söhnleinstr. 17, 6200 Wiesbaden - Geb. 23. Juli 1942 Saarbrücken - BV: Sprachloser Mittelstand, 1980.

SCHERZ, Udo
Dr., Prof. f. Theoret. Festkörperphysik TU Berlin (s. 1970) - Curtiusstr. 83, 1000 Berlin 45 - Geb. 30. April 1934 Neuruppin (Vater: Erich S., Landw.; Mutter: Asta-Maria, geb. Sckeyde), ev., verh. s. 1962 m. Marianne, geb. Gräfe, 2 Kd. (Thomas, Andreas) - Stud. d. Physik FU Berlin - Mitautor: Bergmann-Schaefer, Lehrb. d. Experimentalphysik Bd. IV - Liebh.: Sport (1975 Gold. Sportabz.) - Spr.: Engl.

SCHERZBERG, Hans-Joachim
Dr. jur.- Lenbachstr. 1, 3000 Hannover - Geb. 30. Juli 1921 - S. 1961 Vorst.-Mitgl. u. -vors. (1971), bzw. AR-Vors. (1981) Vereinigte Haftpflichtversicherung V. a. G., Hannover.

SCHERZBERG, Max
Dr. jur., Rechtsanwalt, Geschäftsf. The Readicut Wool GmbH, Stuttgart - Neuer Wall 25, 2000 Hamburg 36 - Geb. 12. März 1922 Hamburg (Vater: Dr. Hans Sch., RA; Mutter: Alida, geb. Bohlen),

verh. s. 1955 m. Almut, geb. Brecht, 2 Töcht. (Alida, Alice) - Jurastud. - AR-Vors. Kellogg (Dtschl.) GmbH; Beirat d. Anna M. M. Vogel KG - Ritterkr. Danebrog Orden - Liebh.: Skilauf, Bergsteigen, Lektüre engl. Klassiker - Spr.: Engl., Franz., Dän.

SCHERZER, Kurt
Oberbürgermeister a. D. - Reichsbodenweg 33, 8510 Fürth/Bay. (T. 73 34 63) - Geb. 12. Mai 1920 Fürth - Univ. Erlangen u. München (bes. Rechtswiss.). Jurist. Staatsprüf. 1941 u. 1949 - 1964-84 Oberbürgerm. Fürth. 1972ff. Rundfunkratsmitgl. BR; Vorstandsmitgl. Bayer. Städteverb. FDP - 1971 Mitgl. Bundesanstalt Techn. Hilfswerk (1. Träger Bayern).

SCHESSWENDTER, Rudolf
Dr. jur., Dr. rer. pol., Dr. phil., Prof. f. Devianzforschung GH Kassel (Ps. Rolf Schwendter) - GH Kassel, FB Sozialwesen, Arnold-Bode-Str. 10, 3500 Kassel, Hasnerstr. 6/33, A-1160 Wien - Geb. 13. Aug. 1939 Wien (Vater: Rudolf Sch., Taxichauffeur; Mutter: Elisabeth, geb. Giersch), ev. A. B., verh. s. 1973 m. Sibylle Mascha Gruene, geb. Freiin v. Waldenfels (Autorin), S. Raimund - Abit. 1957 Wien; Promot. 1962, 1965, 1968 Univ. Wien - 1966/67 Forsch.stip. Ford-Foundation Wien; 1968-71 arbeitslos (fr. Liedermacher); 1971-74 Univ.-Assist. Inst. f. polit. Wiss. Heidelberg; s. 1975 Fachhochschullehrer GH Kassel; 1979 Prof. 1971-81 u. s. 1982 Vorst. Arbeitsgem. Sozialpolit. Arbeitskr. (AG SPAK); s. 1979 Vorst. Grazer Autorenvers. (GAV); s. 1983 Vorst. Interessensgemeinsch. Österr. Autoren (IGÖA) - BV: Mod. z. Radikaldemokr., 1970 (übers. niederl.); Theorie d. Subkultur, 1971 (auch niederl.), 3. A. 1978ff.; Ich bin noch immer unbefriedigt: Lieder z. fr. Gebrauch, 1980; Z. Gesch. d. Zukunft, 1982; Z. Zeitgesch. d. Zukunft, 1984; Katertotenlieder, Lyrik 1987 - Bühne: Miles Gloriosus, Woyzeck; Film: Sekundenfilme (Regie : Vlado Kristl); Subcultour (Regie: Reinhold Höllriegl), D. Edegger-Familie (Regie: Wolfgang Bauer). Platte: Lieder z. Kindertrommel (1970). Bild. Kunst: Collagen, Mail-Art/Postal Events - 1968 3. Preis d. Wiener Dramat. f. d. Theaterst.: Der Garten - Interessen: Subkulturen, Altern. Ökonomie, Alternativmedien, Futurologie, Lyrik (Lieder, Psalmen), Gastronomie - Spr.: Ungar., Engl., Ital., Franz. - Lit.: Thomas Rothschild, Liedermacher, 1980.

SCHETELIG, Kurt
Dr. rer. nat., Prof. f. Ingenieurgeol. TH Darmstadt - Hollerweg 7a, 6368 Bad Vilbel - Geb. 29. Juli 1936 Hamburg-Altona (Vater: Werner Sch., Maschinening.; Mutter: Elsa, geb. Thote), ev. verh. s. 1963 m. Marianne, geb. Kretschmer, 4 Kd. (Gertrud, Alfred, Johannes, Bernhard †) - 1954-60 Stud. Univ. München, Dipl. 1959 München, Promot. 1960 Univ. München - 1966-79 Ingenieurgeologe Lahmeyer Intern., Frankfurt/M.; s. 1979 Prof. TH Darmstadt - Spr.: Engl, Franz., Span., Griech.

SCHETTER, Martin
Bundesvorsitzender d. CGB/CDA Arbeitsgemeinsch. in d. CDU-Sozialausschüssen (CDA), Bundesvorst.-Mitgl. d. CDU-Sozialausschüsse (CDA) - Flurstr. 15, 7158 Sulzbach/Murr - Geb. 27. Juni 1923.

SCHETTER, Willy
Dr. phil., o. Prof. f. Klass. Philologie - Heinrich-Heine-Str. 29, 5300 Bonn 3 - Geb. 1. April 1928 Essen - 1964 Habil. 1965 o. Prof. Mainz, s. 1972 Bonn - BV: Untersuchungen zur epischen Kunst d. Statius, 1960; Studien zur Überlieferung u. Kritik d. Elegikers Maximian, 1970; D. röm. Epos, 1978. Aufsätze z. Literatur d. röm. Kaiserzeit u. d. latein. Spätantike.

SCHETTLER, Gotthard
Dr. med., em. o. Prof. f. Innere Medizin - Bergstr. 134a, 6900 Heidelberg (T.

4 34 21; Klinik: 56 47 71) - Geb. 13. April 1917 Falkenstein (Vater: Hermann S.; Mutter: Martha, geb. Keilig), ev., verh. s. 1942 m. Gina, geb. Düker, 3 Kd. (Petra, Jost, Andreas) - Univ. Jena, Leipzig, Wien, Tübingen, Promot. 1942, Habil. 1950 Tübingen - 1945-50 Assist. Univ. Tübingen; ab 1950 Privatdoz. u. apl. Prof. (1955) Univ. Marburg (zul. Oberarzt Med. Klinik); 1956-1961 Ärztl. Dir. Städt. Krkhs. Stuttgart-Bad Cannstatt; s. 1961 Ord. FU Berlin (Dir. II. Med. Klinik) u. Univ. Heidelberg (1963; Dir. Ludolf-Krehl-Klinik). 1971-72 Vors. Dt. Ges. f. Inn. Med. Leit. Kongreß f. ärztl. Fortbild. (1962ff.) - BV: Lipidosen, in: Handb. f. Innere Med., 1955; Arteriosklerose, 1961 (auch engl. u. span.). Zahlr. Einzelarb. Herausg.: Taschenb. d prakt. Med., Tb. d. Inn. Med. (auch chines. u. jap.), Tb. d. Alterskrankh. - 1969 Ehrenplak. Univ. Hiroshima (Japan); Mitgl. New York Acad. of Sciences u. Dt. Akad. d. Naturforscher (Leopoldina), Halle/S. (1971), Dr. med. h. c. TU München u. Univ. Edinburgh. 1973 BVK I. Kl., 1981 Gr. BVK; 1975 Normann-Med. Dt. Ges. f. Fettwirtsch.; Heidelberger Akad. d. Wiss.; 1983 Ehrenmitgl. Ungarische Arterioskleroseges.; 1985 Ehrenmed. d. Med. Fak. d. Univ. Heidelberg; 1986 Ehrendoktor FU Berlin; 1987 Ehrendoktor Semmelweis Univ. Budapest; 1988 Ehrenmitgl. Ital. Arteriosklerose-Gruppe; 1986 Präs. d. Heidelberger Akad. d. Wiss. - Liebh.: Mod. Kunst, Kammermusik - Spr.: Engl., Franz., Ital. - Mitgl. Lions Club.

SCHEU, Gerhard Andreas
Bundestagsabgeordneter (Wahlkr. 222/Bamberg) - Bundeshaus, 5300 Bonn 1 - CSU.

SCHEU, Hans-Reinhard
Sportjournalist - Fremersbergstr. 33, 7570 Baden-Baden (T. 07221 - 2 65 52) - Geb. 2. Aug. 1941 Wiesbaden, kath., verh. s. 1967 m. Heidi, geb. Saalmann, 2 Kd. (Sabine, Joachim) - Abit.; Stud. d. Volkswirtsch. - Leit. Redakteur HA Sport im Südwestf.; Vizepräs. Verb. Dt. Sportjourn. - 6 Presse VDS-Wettbew. Hörfunk u. Fernsehen - Liebh.: Sport, Tennis, Fußball, Ski - Spr.: Engl., Span.

SCHEUBLEIN, Bernhard
Dr.-Ing., Brauereidirektor i. R. - Innstr. 14, 8000 München 80 (T. 98 13 24) - Geb. 22. Jan. 1906 München - TH München (Dipl.-Ing.) - B. 1942 Vorstandsmitgl. Bank f. Braund., Berlin, dann Schultheiss-Brauerei AG ebd., 1948-75 Vorstandsmitgl. u. -spr. Paulaner-Salvator-Thomasbräu AG., München, 1975-82 AR-Mitgl., 1982 Beiratsmitgl. Paulaner - 1972 Publizitätspr. Club d. Münchner Wirtschaftspresse; 1982 Gr. BVK - Liebh.: Skilaufen - Bek. Eishockeyspieler (156 Spiele f. d. SC Rießersee, 1932 in d. Nationalmannsch. um d. Europameistersch.).

SCHEUCH, Erwin K.

Dr. rer. pol., B. A., Prof. f. Soziologie -

Uni Center 41 11, Luxemburger Str. 124-136, 5000 Köln 41 (T. 0221 - 42 79 34) - Geb. 9. Juni 1928 Köln (Vater: Otto S., Buchhalter; Mutter: Cecilie, geb. Bauschert), kath., verh. m. Dr. Ute K., geb. Pulm, 2 Söhne (Rolf, Allen) - Gymn. Köln; 1949-50 u. 1951-53 Univ. Köln (Volksw., Soziol.; Dipl.-Volksw. 1953), 1950-51 Univ. of Connecticut (Soziol., Psych.; B. A. 1951). Promot. (1956) u. Habil. (1961) Köln - S. 1961 Lehrtätigk. Univ. Köln (1964 ao., 1965 o. Prof.; Dir. Inst. f. Angew. Sozialforsch.). 1962-64 Doz. Harvard Univ. Zeitw. Vors. Dt. Ges. f. Soziol. u. Arbeitsgem. sozialwiss., Inst. Mitgl. in u. ausl. Fachges., dar. Geschäftsf. Intern. Federation of Data Organizations (IFDO); 1969-78 Vors. d. Arbeitsgem. Sozialwissenschaftl. Inst. (ASI); 1982-86 Vorst.-Mitgl. Intern. Sociological Association; Vizepräs. Inst. Intern. de Sociologie (IIS). Zahlr. wiss. Veröff. Mithrsg.: Kölner Beitr. z. Sozialforsch. u. angew. Soziol. (1966 ff.), Soziol. d. Wahl (1965), Wiedertäufer d. Wohlstandsges. (1969), Haschisch u. LSD als Modedrogen (1970), Grundbegriffe d. Soziol. (1972ff.), Soziol. d. Freizeit (1973/77), Kulturintelligenz als Machtfaktor (1974), Wird d. Bundesrepubl. unregierbar? (1976), Das Forschungsinstitut (1978), Historical Social Research (1980), Datenschutz u. Forsch. (1981), Gesundheitspolitik zw. Staat u. Selbstverw. (1982); Empir. Sozialforsch. in d. mod. Ges. (1983); China u. Indien - E. soziol. Landvermessung (1987); Infrastruktur f. d. Sozialforsch. (1987, m. Mochmann); Arbeitszeit kontra Freizeit? (1988); Volkszählung, Volkszählungsprotest u. Bürgerverhalten (1989, m. Gräf u. Kühnel); Wie deutsch sind d. Deutschen (1991, m. Ute Scheuch); Muß Sozialismus mißlingen (1991); Perspectives des sciences sociales in Allemagne aujourdhui (1991); Cliquen, Klüngel u. Karrieren (1992, m. Ute Scheuch) - BVK I. Kl. - Liebh.: Mod. Belletristik, Jazz, Tennis (TC Rot-Weiß Köln) - Spr.: Engl., Franz.

SCHEUCKEN, Heinrich
Dipl.-Ing., Sonderberater Rhein-Consult, Ges. f. Verkehrs- u. Betriebsplanung u. Stadtschnellbahnen u. anderen Personenverkehrsanlagen mbH, Düsseldorf - Witthausstr. 6, 4330 Mülheim-Ruhr.

SCHEUER, Gerhart

Dr. jur., Ltd. Wissensch.-Direktor, Rechtslehrer Bundeswehr (1964-65 u. s. 1966; 1971-72 u. s. 1988 Lehrgruppenleit., Fachgeb. Völkerrecht, Umweltrecht, Sicherheitspolitik, MdL Baden-Württ. (1972-88; Fachgeb.: Rechtspolitik, Sicherheitspol., Hochschulpol.) - Schlittweg 25, 6905 Schriesheim/Bergstr. (T. 6 15 11) - Geb. 20. Juni 1935 Hamburg (Vater: Dr. Erwin Sch., Studienrat; Mutter: Dr. Käthe, geb. Hey), ev., verh. s. 1963 m. Margrit, geb. Buuck, 5 Kd. (Angelika, Regina, Marianne, Brigitte, Jörg-Erwin) - Gymn. u. Univ. Hamburg, Jurist. Staatsex. 1958 u. 63; Promot. 1960 - 1963-64 u. 1966 im Bundesmin. f. gesamtdt. Fragen - BV: D. Rechtslage d.

geteilten Deutschland (1960), D. dt. Staat in rechtl. Sicht (1964), Anerkennung der SBZ? (1966) u. a. - CDU s. 1955 (div. Funktionen, 1971-86 Vors. Fachaussch. f. Deutschland- u. Außenpolitik Nordbaden, 1985-89 auch Baden-Württ.), s. 1988 Kurat.-Vors. Unteilb. Dtschl., Baden-Württ. - 1978 BVK am Bde. u. 1985 I. Kl. - Liebh.: Gesch., Ahnenforsch.

SCHEUER, Helmut

Dr. phil., apl. Prof. f. Germanistik Univ.-GH Siegen - Auf den Steinen 18, 5300 Bonn 1 (T. 0228 - 25 76 06) - Geb. 1. März 1942 Trier - 1961-67 Stud. German., Gesch. Univ. Saarbrücken (Staatsex. 1967, Promot. 1970), Habil. 1978 Siegen - 1970-78 wiss. Assist. Univ. Bonn u. Siegen; 1981 apl. Prof. Siegen (1982/83 Dekan, 1983-85 Prodekan, 1985-89 Senat) - 1974-76 u. 1983-85 VR-Vors. d. Studentenwerks Siegen - BV: Arno Holz, Biogr. 1971; Naturalismus, 1974; Biographie, 1979; D. Biberpelz, 1986. Mithrsg.: Erkundungen (1987); D. Deutschunterr.

SCHEUERER, Rudolf

I. Bürgermeister - Rathaus, 8457 Kümmersbruck/Opf. - Geb. 12. Juli 1927 Amberg-Raigering. SPD.

SCHEUERL, Hans

Dr. phil., em. o. Prof. f. Erziehungswissenschaft - Bockhorst 46, 2000 Hamburg 55 (T. 870 22 78) - Geb. 17. Jan. 1919 Berlin (Vater: Walter S., Ingenieur; Mutter: Katharina, geb. Hohenstam), verh. s. 1953 m. Eva-Maria, geb. Golsch - 1937-45 Wehr- u. Kriegsdst.; 1947-52 Univ. Hamburg (Erziehungswiss. Psych., Phil., Kunstgesch.). Promot. (1952) u. Habil. (1957) Hamburg - 1958 Prof. Päd. Hochsch. Osnabrück, 1959 o. Prof. Univ. Erlangen, 1964 Univ. Frankfurt/M., 1969 Univ. Hamburg, 1968-72 Vors. Dt. Ges. f. Erziehungswiss. - BV: D. Spiel, Bd. 1: S. Wesen, s. päd. Möglichk. u. Grenzen, 11. A. 1990; Bd. 2: Theorien d. Spiels, 11. A. 1991; Begabung u. gleiche Chancen, 1958; D. exemplar. Lehre, 3. A. 1969; Probleme d. Hochschulreife, 1962; D. Gliederung d. dt. Schulwesens, 2. A. 1970; Probleme e. systemat. Päd., in: Erziehungswiss. Handb., Bd. 4,, 1975; Päd. Anthropol., e. histor. Einführung, 1982; Geschichte d. Erzieh. E. Grundriß, 1985. Herausg.: Klassiker d. Pädagogik (2 Bde. 1979; 2. A. 1991); Richtungsstreit in d. Erzieh.wiss. u. päd. Verständigung (m. Hermann Röhrs), Festschr. f. Wilh. Flitner z. 100. Geb. (1989). Päd. d. Moderne. E. Lesebuch (Reihe: Lust an d. Erkenntnis; Serie Piper 1201) 1992. Mithrsg.: Anthropol. u. Erzieh., Ztschr. f. Päd. (beides 1964ff.); Päd. Lexikon (2 Bde. 1970).

SCHEUERLEIN, Robert W.

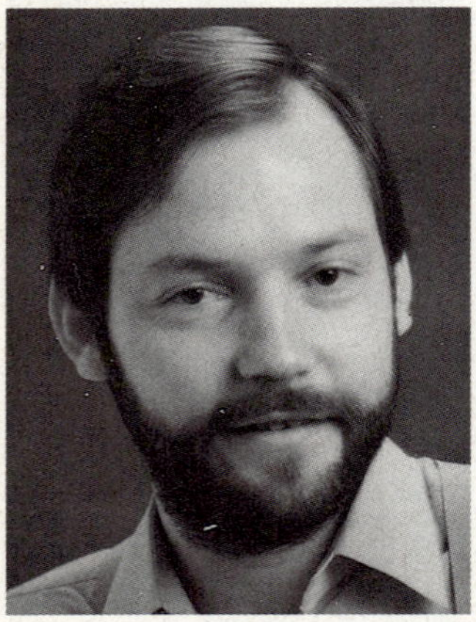

Dr. rer. nat., Privat-Dozent f. Botanik an d. Univ. Erlangen-Nürnberg (s. 1988) - Barth-Blendingerstr. 8d, 8520 Erlangen (T. 09131 - 99 17 52) - Geb. 5. Dez. 1952 Nürnberg, verh. s. 1982 m. Petra, geb. Feldner, 2 Kd. (Kathrin, Philipp) - Forschungsschwerp. Photobiol., Entwicklungsphysiol. - Liebh.: Sport (aktiv), Musik, Lit. - Spr.: Engl., Lat.

SCHEUERMANN, Audomar

Dr. theol., em. Prof., Erzbischöfl. Vizeoffizial - Viktualienmarkt 1, 8000 München 2 (T. 29 88 13) - Geb. 3. Juli 1908 Nürnberg (Vater: Konrad, Eisenbahnbeamter; Mutter: Barbara, geb. Pfeuffer), kath. - Abit. (1926) Bamberg; 1926-1932 Stud. Phil. u. Theol. Hochsch. St. Anna München; 1935-40 Kanonistik u. Jur. Univ. ebd.; Promot. 1938. - 1938-55 Prof. f. Theol. Franziskaner-Hochsch. St. Anna München, s. 1944 Richter Erzb. Metropolitangericht München, 1947-56 Hon.-Prof. f. Ordens- u. Missionsrecht, s. 1956 o. Prof. f. Kanon. Prozeß- u. Strafrecht. 1968/69 Rektor Univ. ebd., s. 1976 emerit. 1963-87 Mitgl. Bayer. Senat (s. 1970 1. Vizepräs.) - BV: Zahlr. Einzelarb. aus Kirchenrecht, Staatskirchenrecht u. prakt. Theol. - 1966 Päpstl. Ehrenprälat; 1971 Bayer. VO; 1973 Gr. BVK, 1978 Stern u. 1982 Schulterbd. dazu; 1980 Österr. Ehrenkreuz f. Wissenschaft u. Kunst I. Kl.; 1981 Bayer. Verfassungsmed. in Gold; 1986 Bayer. Maximiliansorden; 1988 Österr. Gr. Gold. Ehrenz. m. Stern; Ehrensenator Univ. Bamberg.

SCHEUERMANN, Karl Josef

Oberbürgermeister a.D. Stadt Wertheim (1962-82), Geschäftsführer d. Stadtbau Pirna GmbH, O-Pirna (s. 1992) - Ferdinand-Hotz-Str. 3, 6980 Wertheim a. M. 1 (T. 61 00) - Geb. 17. Febr. 1927 Kloster Eberbach/Rheingau (Vater: Michael Sch., Weinbauinsp.; Mutter: Barbara, geb. Pieron), kath., verh. s. 1951 m. Gertrud, geb. Könneker, 7 Kd. (Magdalene, Gertrud, Barbara, Karl, Albrecht, Bernhard, Friedrich) - Vors. SPD-Fraktion Kreistag Main-Tauber (1965-84), stv. Vors. SPD-Fraktion in d. Verbandsvers. d. Regionalverb. Franken (s. 1984), Kreisrat (s. 1989) - Ehrenbürger Stadt Wertheim; 1981 BVK I. Kl. - Bek. Vorf.: Wilh. Könneker (1898-1984), Vizepräs. Bank dt. Länder (Schwiegerv.).

SCHEUFELEN, Klaus H.

Dr.-Ing., Gesellschafter u. Mitgl. d. Verwaltungsrates Papierfabr. Scheufelen, Oberlenningen - Im Buchs 1, 7318 Lenningen 1 (T. 07026 - 6 61) - Geb. 30. Okt. 1913 Oberlenningen (Eltern s. Karl-Erhard S., Bruder), ev., verh. s. 1939 m. Rita, geb. Simon-Weidner, Sohn Dr.-Ing. Ulrich - Stud. TH Darmstadt, Fachr. Papieringenieurw., Dipl.-Ing. 1937, Dr.-Ing. 1962 München - AR-Vors. d. Maschinenfabrik Ravensburg AG, Ravensburg; Chairman of the Board MTR - RAVENSBURG, Rochester, N.Y. - USA; VR-Vors. Neckarhafen Plochingen GmbH, Plochingen; Ehrenvors. CDU-Bezirksverb. Nord-Württ. - Ehrensenator Univ. Tübingen; Gr. BVK m. Stern; Verdienstmed. Land Baden-Württ. - Liebh.: Golf, Skilaufen - Engl., Franz.

SCHEUFLER, Monika

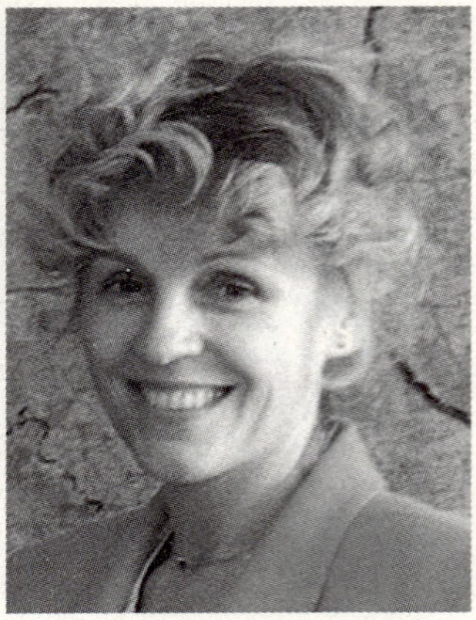

Polizeipräsidentin d. Wasserschutzpolizei d. Landes Brandenburg, 1. Präsidentin d. Wasserschutzpolizei d. Bundesrep. Deutschl. - Rosenstr. 23, O-1590 Potsdam (T. 7 46 80) - Geb. 19. Juni 1944 Berlin, ev., gesch., S. Michael - Abit. 1963; Industriekauffr. 1965; Ing.-oec. 1976, alles Berlin - Liebh.: Lit., Musik.

SCHEUNEMANN, Hermann

Abteilungsleiter, Mitgl. Hbg. Bürgerschaft (s. 1978) - Eppendorfer Stieg 3, 2000 Hamburg 60 - Geb. 21. April 1940 Baden/Wien, verh., Sohn - Schule Lemgo (Abit. 1960); 1961-68 Univ. Hamburg u. Saarbrücken (Gesch., German., Rechtswiss.); Fachinst. f. Steuerrecht Hamburg - 1971-74 Tätigk. steuerberat. Beruf; s. 1975 Abt.sleit. Max de Bour GmbH. & Co./Terrassenbeläge, Hamburg. SPD s. 1965.

SCHEUNERT, Gerhart

Dr. med., Prof. f. Psychoanalyse i.R., Nervenarzt - Heinrich-von-Kleist-Str. 2, Appt. 218, 8730 Bad Kissingen (T. 0971 - 803 22 18) - Geb. 11. Jan. 1906 Leipzig (Vater: Arno S., Kaufm.; Mutter: Camilla, geb. Dietrich), altluth., verh. s. 1968 in 2. Ehe m. Anni, geb. Bannies, 2 Kd. aus 1. Ehe (Renate, Volker) - Gymn. St. Petri Leipzig (Abit. 1925); Univ. Leipzig, Wien, Berlin, Promot. Leipzig 1930, Facharzt (Univ.-Nervenkl. Leipzig) 1935, Psychoanal. Ausb., Abschl. 1934 - 1950-64 Vorst., 1956-64 Vors. Dt. Psychoanal. Vereinig. (D.P.V.); 1956-59 Leit. Berliner Psychoanal. Inst.; 1955-66 Vorst. DGPPT, 1950-85 Lehranalyt. DPV, 1959-76 Lehrbeauftr. Univ. Hamburg, s. 1972 Prof. 38 Publ. in Fachztschr. (10 Beitr. in Sammelb.). Herausg.: Jahrb. d. Psychoanalyse (25 Bde.). Mithrsg.: Wege z. Menschen (s. 1957) - S. 1975 Ehrenmitgl. Dt. Psychoanal. Vereinig. - Lit.: Festschr. z. 75. Geb.; Humanität u. Technik in d. Psychoanal. (1981).

SCHEURIG, Bodo

Dr. phil., Historiker - Nikolsburger Platz 2, 1000 Berlin 31 - Geb. 24. Juli 1928 Berlin (Vater: Fritz S., Kaufm.; Mutter: Helene, geb. Spitzer), ev., verh. m. Geraldine, geb. Büchner - Kirschner-Oberrealsch. Berlin; Stud. Neuere Gesch. u. Phil. Univ. Berlin (Freie) u. New York (Columbia). Promot. 1959 FU - BV: Freies Deutschland, 2. A. 1961 (engl. 1969), Neuausg. 1984; Einf. in d. Zeitgeschichte, 2. A. 1970; D. sowjet. Dtschl.-Bild, 1963; Stauffenberg, 3. A. 1964; Verrat hinter Stacheldraht?, 1965 (dtv-Dokumente); D. 20. Juli - damals u. heute, 1965; Ewald v. Kleist-Schmenzin - E. Konservativer gegen Hitler, 1968; Dt. Widerstand 1938-44, 1969, Neuausg. 1984 (dtv-Dok.); Um West u. Ost - Zeitgeschichtl. Betrachtungen, 1969; Henning v. Tresckow, Biogr. 4. A. 1975, Neuausg. 1987; Spiegelbilder d. Zeitgesch., 1978, Neuausg. 1988; Verdrängte Wahrheiten; Erinnerung u. Gesch., 1981; Seydlitz, 1982; Werk u. Zeitgesch., 1983; Alfred Jodl - Gehorsam u. Verhängnis, Biogr. 1991. Herausg.: Ernst Niekisch, D. Legende v. d. Weimarer Rep. (1968); Daniil Melnikow, D. 20. Juli 1944 - Legende oder Wirklichkeit? (1968); Walther von Seydlitz, Stalingrad - Konflikt u. Konsequenz (1977) - Spr.: Engl., Franz.

SCHEURING, Ottheinz (Otto Heinz)

Ministerialdirektor a. D. - Ligusterweg 2, 5300 Bonn 1 - Geb. 11. April 1926 Oberschleißheim (Vater: Dr. Bonifaz S., Rechtsanw.; Mutter: Valentine, geb. Rößlein), kath., verh. s. 1961 m. Elisabeth, geb. Marquardt, T. Undine - Stud. Rechtswiss. - 1951 Bayer. Finanzmin.; 1954 Tarifgem. dt. Länder (Geschäftsf.); 1962-79 Bundesinnenmin. (zul. Leit. Abt. D/Beamtenrecht u. sonst. Personalrecht d. öfftl. Dienstes). Kommentare: Bundesangestelltentarifvertrag (1961), Manteltarifverträge f. Arbeiter d. Bundes, d. Länder u. d. Gemeinden (1959-61) - Spr.: Franz.

SCHEURLE, Jürgen

Dr. rer. nat. habil., Prof. f. Mathematik, insb. Theorie u. Anwendungen partieller Differentialgleichungen Univ. Hamburg (s. 1987) - Hinterm Vogelherd 11 a, 2070 Ahrensburg (T. 04102 - 3 19 78) - Geb. 26. Sept. 1951 Schwäb. Gmünd, kath., verh., 2 Kd. - 1981-85 Priv.-Doz. Univ. Stuttgart; 1985-87 Assoc. Prof. u. 1987 Prof. (beides Colorado State Univ. Ft. Collins, USA).

SCHEURLEN, Paul-Gerhardt

Dr. med., em. o. Prof. f. Innere Medizin - Tassilostr. 14a, 8032 Gräfelfing (T. 854 17 52) - Geb. 1. Sept. 1923 Biberach/Riß (Vater: Paul S.; Mutter: Margarete, geb. Gierich), verh. m. Dr. med. Rosemarie, geb. Schendel (s. dort), 3 Söhne (Michael, Christian, Wolfram) - Univ. Tübingen u. Heidelberg - S. 1961 (Habil.) Lehrtätigk. Univ. Tübingen, Köln (1964; 1967 apl. Prof.), Saarbrücken (1970 Ord. u. Klinikdir.); Differentialdiagnose inn. Krankh., 2. A. 1982; Differentialdiagnose in d. Inneren Med., 1989. Zahlr. Fachveröff. - 1962 Theodor-Frerichs-Preis Dt. Ges. f. Inn. Med.

SCHEURLEN, Rosemarie,

geb. Schendel

Dr. med., Ärztin, Ministerin f. Arbeit, Gesundheit u. Sozialordn. Saarland a.D. - Tassilostr. 14a, 8032 Gräfelfing - Geb. 10. Okt. 1925 Glatz (Vater: Alfred S., Arzt; Mutter: Gertrud, geb. Böhm), ev., verh. s. 1953 m. Prof. Dr. P. Gerhardt S. (s. dort), 3 Kd. (Michael, Christian, Wolfram) - Med.stud. Univ. Tübingen; Promot. ebd.; 1977-85 Min. f. Arb., Gesundh. u. Sozialordnung; 1985-88 Vors. d. Sachverständigenrates f. d. Konzertierte Aktion im Gesundheitswesen - FDP s. 1970 (div. Parteiämter) - Gr. BVK - Spr.: Engl., Franz.

SCHEUTER, Karl R.

Dipl.-Ing., em. o. Prof. f. Druckmaschinen u. -verfahren TH Darmstadt (s. 1966) - Höheweg 69, CH-3626 Hünibach (T. 033 - 43 31 83) - Geb. 4. Nov. 1919 Zürich (Schweiz) - Facharb.

SCHEUTZOW, Jürgen W.

Journalist, Schriftst. - Heinrichstr. 26, 2000 Hamburg 50 (T. 43 59 80) - Geb. 31. Aug. 1916 Danzig - BV: Hamburg Ansichtssache, ... ihre Heimat ist d. Meer, Hexen, Henker u. Halunken, Touristikf. Mallorca, Ibiza, Menorca, Formentera, Madeira, Rom, Hamburg, Südamerika - Ehrenmitgl. Journalistenverb. Hamburg; Ehrenpräses hamburg. Bürgervereine.

SCHEVEN, von, Manfred

Journalist - Zu erreichen üb. Rathaus, 2800 Bremen (T. 32 65 38) - Geb. 9. Febr. 1926 Buchholz - Stv. Chefredakt. Westf. Rundschau, Dortmund; 1970-85 Pressechef Senat Fr. Hansestadt Bremen. SPD.

SCHEVEN, von, Werner

Generalmajor, Befehlshaber Korps-/Territorialkommando Ost, Potsdam (s. 1991) - Werderscher Damm, O-1501 Wildpark West II (023 - 9 28 11) - Geb. 26. Jan. 1937 Aumühle/Herzogtum Lauenburg, ev., verh. 2 Söhne (Michael, Helmut) - Abit. 1957 Gießen - Berufsoffizier; Panzertruppe b. Kdr PzBtl, PzBrig; deutsche u. US-Generalstabsausbildung; Generalstabsdienst in Truppe u. BMVg Bonn, Schwerp. Personalwesen, Innere Führung, Ausbildung; 1985-87 Beauftragter d. Generalinspekteurs d. Bw f. Erziehung u. Ausbildung; 1988-90 Kommandeur Führungsakad. d. Bundeswehr, Hamburg; Okt. 1990-April 91 Stellvertr. d. Befehlshabers Bundeswehrkommando Ost, Strausberg - BV: Bundeswehr - wie funktioniert das?, 1987 - BVK am Bde., u. I. Kl.; Ehrenkreuz d. Bundeswehr in Gold - Spr.: Engl., Franz.

SCHEWE, Dieter

Ministerialdirektor a. D. - Im Ellig 8, 5480 Oberwinter; Zehnthof, 5485 Sinzig - Geb. 14. Juli 1924, verh. s. 1953 - Stud. Univ. Göttingen; 1. u. 2. jur. Staatsex.

1949 bzw. 52 - 1949-54 Hochsch.assist.; 1954-75 u. 1977-82 Bundesmin. f. Arbeit u. Sozialordnung, 1975/77 Präs. Bundesversicherungsamt, Berlin. Vorst.-Mitgl. Verein f. Versich.wissensch., d. Sozialrechtsverb., Vors. Ges. f. Soz. Fortschritt. Lehrauftrag Versich.wesen Univ. Köln - BV: Übersicht üb. d. soziale Sicherung, 11. A. 1977 (engl. 1972, jap. 1980); D. flexible Altersgrenze in d. Rentenversich., 3. A. 1977; zahlr. Aufsätze z. Sozialversich./Geschichte, 1989/91 - 1984 Preis d. Dt. Nationalkomit. f. Denkmalschutz.

SCHEWE, Günter

Dr. med., Dr. jur., Prof. u. Leiter Inst. f. Rechtsmed. Univ. Kiel - Arnold-Heller-Str. 12, 2300 Kiel 1 (T. 0431 - 5 97/36 00) - Geb. 12. Nov. 1930 Hamburg, ev., verh. s. 1971 m. Monika, geb. Kaiser, 2 Kd. (Claudia, Christoph) - Stud. d. Jurisprud. Freiburg, München, Hamburg u. Med. Hamburg u. Kiel; Promot. 1955 (jur.) Hamburg u. 1963 (med.) Kiel; Habil. f. gerichtl. u. soz. Medizin 1969 Frankfurt/M.

SCHEWE, Heinz

Publizist, Auslandskorrespondent - Hohe Warte 7A, A 1190 Wien 19 (T. 36 53 36) - Geb. 14. Jan. 1921 Holthausen/Westf. (Vater: Heinrich Sch., Architekt; Mutter: Anna, geb. Reimers), ev., Abit. Münster/Westf. 1939, Dolmetscher-Dipl. Kiel 1949 - Auslandskorresp. London, Moskau, Jerusalem, Prag, Paris, Tel Aviv, Wien - BV: Moskau - Weltstadt d. Ostens, 1959; D. Schnurren d. Nikita C., 1965; Borschtsch u. wilde Brombeeren, 1966; Berichte aus Moskau, 1967; Korresp. zw. Kolchos u. Kibbuz, 1968; Verliebt in Hamburg, 1971; Aus d. Ärmel geschüttelt, 1972; Meine liebsten Reportagen, 1973; Pasternak privat, 1974; Jahrgang 1921, 1975; Darf ich für dich die Harfe sein? (Israel), 1976; Vergnügt in Hamburg; Moskau u. Leningrad kennen u. lieben, 1977; Gesucht: Berlin (Steckbrief e. Stadt), 1978; Unter d. Schönen war sie d. Schönste, 1980; Liebe in d. Puszta, 1981; Gedanken in Moll, 1982 - 1967/68 Theodor-Wolff-Preis - Liebh.: Schwimmen, Ski-Langlauf, Wandern, Fotografieren, Naturbeobacht. - Spr.: Engl., Russ., Franz.

SCHEWICK, van, Heinz-Helmich

Dipl.-Psychologe, Oberstleutnant d. R., MdL Nordrh.-Westf. (s. 1985) - Am Wichelshof 31, 5300 Bonn 1 (T. 0228 - 63 99 85) - Geb. 16. Juli 1940 Sonneberg/Thür. (Vater: Prof. Dr. Heinrich van Sch., Astronom), kath., verh. s. 1971 m. Monika, geb. Friedrich - Stud. Psycho. Univ. Bonn u. Köln - Selbst. Dipl.-Psych. S. 1975 Stadtverordn. in Bonn - Liebh.: Sport, Musik, Theater - Spr.: Engl., Franz.

SCHEYHING, Robert

Dr. jur., o. Prof. f. Dt. Rechtsgeschichte, Bürgerl. Recht u. Handelsrecht - Landhausstr. 13, 7406 Mössingen 5 (T. 07473 - 77 22) - Geb. 19. März 1927 Ulm/D. - Promot. (1952) u. Habil. (1958) Tübingen - S. 1960 Ord. Univ. Kiel u. Tübingen (1965) - BV: Eide, Amtsgewalt u. Bannleihe, 1960; Höfe-Ordnung, 1967; Dt. Verf.Gesch., 1968. Fachaufs.

SCHICHA, Harald

Dr. med., Prof. f. Nuklearmedizin Univ. Köln - Statthalterhofallee 1, 5000 Köln 40 - Geb. 26. Juli 1943 Freiberg (Vater: Dr. Franz Sch., Ing.; Mutter: Lotte, geb. Förster), ev., verh. s. 1968 m. Gisa, geb. Otte, 2 Söhne (Sebastian, Peter) - 1963-68 Med.-Stud. Berlin u. Köln; Promot. 1969 Köln, Habil. 1975 Düsseldorf - 1969-77 Kernforschungsanl. Jülich u. Univ. Düsseldorf; 1977-85 Univ. Göttingen; s. 1986 Dir. Inst. f. klin. u. exper. Nuklearmed. Univ. Köln - BV: Nuklearmedizin in d. Kardiolog. Praxis, 1983 (m. H. Schicha, D. Emrich). Schwerpunkte: Diagnostik u. Therapie v. Schilddrüsenerkrankungen, nuklearmed. Herzdiagnostik, Kernspintomographie.

SCHICK, Eduard

Dr. theol., Dr. theol. h.c., Prof., Bischof a. D. v. Fulda (1974-83) - Aachener Str. 14, 6400 Fulda - Geb. 23. Febr. 1906 Mardorf b. Marburg/L., kath. - Gymn. Fulda; Phil.-Theol. Hochsch. ebd., Univ. Göttingen, Bonn, Würzburg. Theol. Abschlußprüf. 1928 Fulda; Philol. Staatsex. 1934 Bonn; Promot. 1940 Würzburg - 1929-36 Kaplan, 1936-38 Rektor Progymn. Groß-Auheim b. Hanau/M., 1939-50 Regens Priestersem. Fulda, s. 1949 Ord. Phil.-Theol. Hochsch. ebd. (1962ff. Rektor), 1955-59 Progeneralvikar Bistum Fulda, s. 1957 Domkapitular, 1962-74 Weihbischof, s. 1974 Diözesanbischof v. Fulda. Präs. Päpstl. Kommiss. f. d. Neo-Vulgata (Vatikanstadt) - BV: Formgeschichte u. Synoptikerexegese, 1940; D. Apokalypse (Echter-Bibel), 1952; D. Mensch in d. geist. Situation d. Gegenw., 1952; Was d. Geist d. Kirchen sagt, 1953; D. Johannesevangelium (Echter-Bibel), 1958; Offenbarung u. Geschichte - Sind d. Evangelien auch histor. Dokumente?, 1968; Geistl. Schriftlesung, Bd. 23: D. Apokalypse, 1971 (auch engl., ital. u. span.); D. Wahrheit siegt durch d. Liebe - Priesterl. Existenz nach d. zweiten Korintherbrief, 1975; D. Vermächtnis d. Herrn, 1977; Im Glauben Kraft empfangen, 1978; D. Wort d. Herrn bleibt in Ewigkeit, 1981; Allen alles werden, 1984; Christus ja - Kirche nein?, 1985; D. erlöste Kosmos, 1987; Dein Wort, Herr, heilt alles, 1988; Ich glaube an d. lebendigen Gott, 1989; Sein Name lebt fort v. Geschlecht zu Geschlecht, 1991.

SCHICK, Manfred

Dr. rer. nat., Prof. (s. 1971; 1972/73 Dekan) u. Inst.-Dir. (s. 1975) TH Darmstadt - Röderstr. 55, 6109 Mühltal - Geb. 21. Sept. 1924 Halle/S. (Vater: Manfred S., Diakon; Mutter: Milda, geb. Schmidt), ev., verh. s. 1953 m. Barbara, geb. Gröschner, S. Bernhard - Stud. d. Geogr., Geol., Biol. u. Gesch. Univ. Halle - 1950-66 Wiss. Assist. Univ. Halle-Wittenberg u. TH Darmstadt, 1966-71 Doz. ebd. - BV: Loreleykreis, Handb. 1965; Walther Schmidts Leben u. Werk, 1975; Z. Methodik d. Auswertens topogr. Karten, 1975; Tabakanbau in Nordbaden, 1979; Fehlheim u. d. Ried, 1984; Als Christ im Kriege, 1989 - Spr.: Engl.

SCHICK, Walter

Dr. jur., o. Prof. f. Dt. u. Intern. Steuerrecht Univ. Erlangen-Nürnberg (s. 1967) - Strindbergstr. 27, 8500 Nürnberg (T. 50 14 20) - Geb. 21. Sept. 1933 Augsburg (Vater: Franz S., Lehrer) - Habil. 1965 München - BV: Vergleiche u. sonst. Vereinbarungen zwischen Staat u. Bürger im Steuerrecht, 1967; D. freien Berufe im Steuerrecht, 1973. Zahlr. Einzelarb. z. Verfassungs-, Verwaltungs- u. Steuerrecht. Mitarb. Großkommentar z. Abgabenordnung.

SCHICKE, Herwarth

Dipl.-Ing., Architekt, Präs. Oberprüfungsamt f. d. höh. techn. Verwaltungsbeamten, Frankfurt/M. - Bockenheimer Anlage 13, 6000 Frankfurt/M. - Geb. 20. März 1931 Weißstein, ev., verh. s. 1961 m. Christel, geb. Sonntag, S. Alexander - Stud. TU Berlin, Dipl. 1960 - 1964-70 Höh. Baubeamter Finanz-Bau-Verw. NRW; 1970-82 MinRat Bauabt. Finanzmin. NRW - Liebh.: Literatur, Bergwandern - Spr.: Engl.

SCHICKE, Romuald K.

Dr. rer. pol., habil., MBA, em. Prof. f. Sozioökonomie d. Gesundheitswesens Med. Hochsch. Hannover - Angerstr. 59, 3000 Hannover 72 (T. 0511 - 52 65 10) - Geb. 17. Nov. 1921 Freihaus (Vater: Adolf Sch., Finanzbeamt.; Mutter: Lucie, geb. Czadek), verh. s. 1965 m. Dr. Ruth, geb. Schuster - 1948 Dipl. Heidelberg; Seton Hall Univ. (USA) MBA 1960, Promot. 1969 Hamburg - B. 1969 Forschungsdir., Koordinator Gesundheitswesen in USA; 1970-85 Prof. Med. Hochsch. Hannover; 1972/73 Gastprof. Med. Faculty, Dalhousie Univ., Halifax, Kanada - BV: Mehr als 60 wiss. Art.; 7 Bücher, dar.: Arzt u. Gesundheitsversorgung im ges. Sicherungssystem, Bundesrep. Dtschl. - England - USA, 1971; Sozialpharmakologie, 1976; Soziale Sicherung u. Gesundheitswesen, 1978; Ökonomie d. Gesundheitswesens, 1981; Soziale Aspekte d. Zahnheilkd., 1984 - Fellow Royal Society of Health, London; Mitgl. American Acad. of Polit. and Social Sciences; Mitgl. wiss. Beirat Ztschr. Social Pharmacology u. Quintessenz - Spr.: Engl., Russ., Poln.

SCHICKEDANZ, Grete, geb. Lachner

Prof., Kauffrau, pers. haft. Gesellschafterin d. Gustav u. Grete Schickedanz Holding KG, Vorst. (Ressort Handel) d. Schickedanz-Untern.gruppe - Nürnberger Str. 91-95, 8510 Fürth/Bay. - Geb. 20. Okt. 1911, verh. s. 1942 m. Dr. oec. h.c. Gustav S. † 1977 (s. XVIII. Ausg.) - S. 1927 Quelle KG (1954 Generalbevollm.; 1963 Beiratsmitgl.) - 1976 Gr. BVK, 81 Stern dazu; 1978 Ehrensenato-
rin Univ. Tübingen; 1981 österr. Prof.-Titel u. Ritterorden f. Verdienste um d. brasil. Ind. - Griech. Honorarkonsul f. Mittel- u. Oberfranken sow. Oberpfalz.

SCHICKEL, Alfred

Dr. phil., Historiker - Ortsstr. 5a, 8079 Kipfenberg-Dunsdorf - Geb. 18. Juni 1933 Aussig/Elbe, kath., verh. s. 1968 m. Maria, geb. Augenthaler, 3 Kd. (Matthias, Annemarie, Gabriele) - Jesuitenkolleg St. Blasien/Schwarzw.; Stud. Gesch. u. Phil. Univ. München; Promot. 1966 München - 1960-67 Studienpräfekt Canisius-Konvikt Ingolstadt; 1962 Schulhistoriker Gnadenthal-Schulen Ingolstadt; 1974 Leit. Kath. Stadtbildungswerk Ingolstadt; s. 1981 Leit. Zeitgeschichtl. Forschungsst. Ingolstadt - BV: Deutsche u. Polen, 1984; Vergessene Zeitgesch., 1985; Vertreibung d. Deutschen, 1986; V. Großdeutschl. z. Deutschen Frage, 1987; 1938 Sudetendeutsches Schicksalsjahr, 1939 Deutsches Schicksalsjahr, 1989; Joseph Kardinal Schröffer, 1991; Aus den Archiven, 1992 - 1986 Egon-Schwarz-Preis f. Publizistik; 1986 Walther-Eckhardt-Ehrengabe f. Zeitgesch.forsch.; BVK am Bde.; 1989 Kulturpreis f. Wiss. d. Sudetendt. Landsmannschaft - Liebh.: Sammeln v. Altertümern, Klass. Musik - Spr.: Griech., Lat., Franz.

SCHICKETANZ, Rolf

Dipl.-Ing., Beratender Ingenieur VDI - Diemstr. 40, 5100 Aachen (T. 0241 - 6 26 48) - Geb. 13. April 1938 Dresden - Abit. 1956; 1957-64 TU Dresden (Masch.wesen); Dipl. 1964 - 1968 Entwickl.leit., 1974 Prod.-Leit., 1980 Geschäftsf., 1985 Berat. Ing. - Spr.: Engl.

SCHICKLER, Adrian G.

Dr., Dipl.-Kfm., geschäftsf. Gesellschafter Schickler & Partner Unternehmensberat. GmbH (s. 1982), DATA-AUDIT Ges. f. EDV-Revision u. -Beratung mbH, alle Hamburg - Spechtweg 24, 2070 Ahrensburg (T. 04102 - 5 73 01) - Geb. 19. Juni 1931 Heidenheim/Brz. (Vater: Wolfgang S., Pfarrer; Mutter: Margarethe, geb. Roecken), verh. s. 1953 m. Gisela, geb. Höhn, 5 Kd. (Thomas, Eva, Oliver, Felix, Saskia) - Gymn. (Abit.) Heidenheim; Stud. Volks- u. Betriebsw. Dipl. 1955 u. Promot. 1957 München - 1966-71 Mitgl. Geschäftsleit. Fa. C. Haushahn; 1971-78 Gruner + Jahr AG (Finanzvorst.); 1979-82 Berendsohn AG (Vorst. Finanzen u. Produktion), Hamburg; AR-Vors. Südrad Autoräder GmbH & Co. KG, Ebersbach, u. Dresdner Geschäftsdrucke GmbH, Rutesheim, Vors. Gesellsch.-Rat Friederich Justus GmbH; AR Treugarant AG Treuhand- u. Beratungsges., Steuerberat.ges. - 1953 Dt. Meister Spezialslalom - Spr.: Engl., Franz., Span.

SCHICKLING, Dieter

Dr. phil., Hauptabteilungsleiter Kultur, Spiel, Unterhaltung FS SDR (s. 1991) - Zu erreichen üb. SDR, Neckarstr. 230, 7000 Stuttgart 1 (T. 0711 - 2 88) - Geb.

20. Aug. 1939 Frankfurt/M., kath., verh. s. 1964 m. Hella, geb. Ehemann, T. Katarina - Stud. German., Amerikanistik, Phil. Frankfurt u. Tübingen; Promot. 1964 Tübingen - S. 1965 Redakt. SDR-Ferns. (Regionalprogramm, Innenpolitik), 1981-83 ARD-Tagesthemen, 1986-90 Produktionschef FS SDR - BV: Abschied v. Walhall-Richard Wagners erotische Gesellschaft, 1983; Giacomo Puccini, Biogr. 1989.

SCHICKS, Heinz

Geschäftsführer caricativer Einrichtungen in Berlin (s. 1975), MdA Berlin (1975-89) - Grimmingweg 16, 1000 Berlin 42 - Geb. 6. April 1933 Berlin - CDU.

SCHIDLOF, Peter

Drs. h. c., Musiker, Prof. Hochsch. f. Musik Köln - 6 Powell Close, Edgware, Middlesex/England - Geb. 9. Juli 1922 Wien, verh. s. 1952 m. Margit, geb. Ullgren, T. Anmarie - Bratschist Amadeus Quartett - Ehrendoktor Univ. London u. Univ. York; Prof. Royal Acad., London; Officer of the British Empire O.B.E.; Gr. BVK; Ehrenkreuz f. Kunst u. Wiss. Österr.

SCHIDLOWSKI, Manfred

Dr. rer. nat., Prof. Univ. Heidelberg, Geologe, Geochemiker - Weinbergstr. 19, 6501 Nieder-Olm - Geb. 13. Nov. 1933 Stettin (Vater: Gerhard Sch.; Mutter: Elisa, geb. Frömming), ev., verh. s. 1964 m. Ingrid, geb. Piegler, 3 Töcht. (Elke, Sonja, Antje) - Promot. 1961 FU Berlin; 1961-63 Montangeologe Südafrika; 1963-68 Hochschulass. Univ. Heidelberg u. Göttingen; Habil. 1968 Univ. Heidelberg; 1968-69 Priv.-Doz. Univ. Heidelberg - S. 1969 Arb.gruppenleit. Max-Planck-Inst. f. Chemie Mainz; s. 1976 Prof. Univ. Heidelberg; 1978-89 Projektleit. Intern. Geol. Korrelationsprogramm (UNESCO); 1983-86 Chefredakt. Terra cognita - 137 wiss. Publ. im Ber. Geologie/Geochemie einschl. BV - 1981 Méd. d'Hommage Univ. Libre Brüssel; Gastprof. Harvard-Univ., Univ. Kalifornien Los Angeles, Univ. Libre Brüssel, Academia Sinica, Lanzhou (VR China); Visiting Scholar Weizmann Inst. of Science, Rehovot, Israel sowie Kola Wiss.-Zentrum (Apatity-Murmansk) u. Karelische Filiale (Petrosawodsk) d. Akad. d. Wiss. UdSSR; Fellow Geological Soc. South Africa; Honorary Fellow Geological Soc. of India - Spr.: Engl., Russ.

SCHIEB, Alfred

Dipl.-Ing., Professor - De-Vries-Str. 6, D-5000 Köln 60 (T. 760 55 55) - Geb. 11. Aug. 1913 Halle/S. (Vater: Dipl.-Ing. Alfred S., Reichsbahnabteilungspräs.; Mutter: Emma, geb. Fabritius), kath., verh. s. 1942 m. Uta, geb. Cohaus, 3 Kd. - Gymn. Halle u. Berlin; TH Berlin (Bauing.-Wesen, Eisenbahnbau). Gr. Staatsprüf. (Bauass.) 1939. 1939-54 Reichs- u. Bundesb.; 1955-78 Vorst.-Mitgl. Köln-Bonner Eisenbahnen AG. S. 1958 Doz. Karl-Rahner-Akad., Köln; 1980-89 Lehrbeauftr., s. 1968 Hon.-Prof. TH Aachen. Berat. Ing. f. Technik d. Schienenbahnen. Mitgl. DVWG, Görres-Ges., VDI, UITP. Herausg.: Wissen u. Gewissen in d. Technik (Sammelbd.); Abschn. Technik I u. II, Bd. 5, Sp. 428-430 Staatslexikon (7. A. 1989); zahlr. Aufsätze in Fachztschr. - 1958 Ritterkreuz d. hl. Sylvester; 1971 Silb. Verkehrswachtehrenz. - Liebh.: Fotogr., Filmen, Basteln, Schwimmen - Spr.: Engl., Franz.

SCHIEBER, Rudolf

Dipl.-Chem., Gesellschafter Dr. Rudolf Schieber Industrieunternehmungen GmbH + Co. KG, Bopfingen - Lindenstr. 2, 7085 Bopfingen/Württ. - Geb. 11. Nov. 1927 - Eltern s. Hans Sch. (Bruder).

SCHIEBLE, Leopold

Dr. iur. utr., Generaldirektor - Lehmpöhle 12, 5060 Bergisch Gladbach 1 - Geb. 2. Okt. 1930 Lörrach/Baden - S. 1969 Vorst.-Mitgl. u. -Vors. (1972) BERLIN-KÖLNISCHE Lebensversich. a.G. u. BERLIN-KÖLNISCHE Sachversich. AG; Vorst.-Vors. VERITAS Lebensversich. AG; s. 1990 Vorst.-Vors. BERLIN-KÖLNISCHE Krankenvers. a.G., Köln/Berlin; AR-Vors. Krankenhaus Longerich Gartenstadt Nord GmbH; VR-Vors. Rhenaniaversich.- u. Bausparvermittlung GmbH, alle Köln.

SCHIEBLER, Theodor H.

Dr. med., Dr. h. c., o. Prof. f. Anatomie - Koellikerstr. 6, 8700 Würzburg (T. 3 17 02) - Geb. 3. Febr. 1923 Berlin (Vater: Theodor S., Kaufm.; Mutter: Hedwig, geb. Bombach), ev., verh. s. 1976 m. Ursula, geb. Wellstein - Gymn. Berlin; 1940-48 Med.stud. Univ. ebd., Würzburg, Göttingen. Promot. 1948; Habil. 1955 - 1949-63 Univ. Göttingen u. Kiel (1962 Wiss. Rat u. Prof.); s. 1963 Univ. Würzburg (1966 o. Prof.). 1964-72 Generalsekr. Comité Intern. d'Histochimie et de Cytochimie; Mitgl. in- u. ausl. Fachges. - BV: Morphol. d. Niere, in: Handb. d. Zoologie, 1958; D. Herz d. Menschen, 1963; Examensfragen Anatomie, 3. A. 1979; Enzymhistochemische Methoden, 1976; Enzymhistochemistry, 1979; Lehrb. d. ges. Anatomie d. Menschen, 5. A. 1991; Histologie, 3. A. 1991. Üb. 150 wiss. Einzelarb. - 1968 Mitgl. Dt. Akad. d. Naturforscher (Leopoldina), Halle/S.; 1975 Ehrenmitgl. Ges. bulgar. Anat., Histol. u. Embryol.; 1975 Ehrenmitgl. d. jugosl. Ges. f. Anatomie, 1981 Japanese Assoc. of Anatomists, 1985 American Assoc. of Anatomists, 1987 Ges. f. Histochemie, 1991 Tschechosl. Ges. f. Anatomie - Spr.: Engl., Franz.

SCHIECHTL, Hermann

Dipl.-Ing., Vorstandsmitglied i. R. - Gernerstr. 27, 8000 München 19 (T. 089 - 15 15 17); Zweitwohns.: Bäckergasse 27, 8900 Augsburg - Geb. 5. Jan. 1924 München (Vater: Josef Sch., Malerm.; Mutter: Marie, geb. Glätzl), ev., verh. s. 1950 m. Erika, geb. Burger, Sohn Alexander - 1942/43 u. 1946-48 TH München (Bauing.), Dipl.-Ing. 1948 - Vizepräs. u. Vors. Landesgr. Bayern DVWK, Mitgl. Sonderaussch. Wasserkraft VDEW, Ehrenvors. Dt. Eislauf Union, Ehrenvizepräs. Intern. Skating Union - 1978 österr. Olympiamed., 1980 Med. d'or de la jeunesse et des sports (Frankr.), 1981 BVK 1. Kl.; 1983 Silb. Verdienstkreuz d. Finnischen Sports - Spr.: Engl.

SCHIEDEK, Valentin

Regierungsamtmann, Vors. Dt. Beamtenbund - Landes. Hamburg, Mitgl. Bundesvorst. Dt. Beamtenb. - Jungclausweg 17, 2000 Hamburg 65 - Geb. 22. Febr. 1934 Hamburg (Vater: Jonni S.; Mutter: Gertrud, geb. Ruhleder), verh. m. Ursula, geb. Kupsch, 3 Kd.

SCHIEDER, Wolfgang

Dr. phil., Prof. f. Neuere u. Neueste Geschichte Univ. Köln - Auf Mohrbüsch 76, 5500 Trier - Geb. 2. Sept. 1935 Königsberg/Pr., ev., verh. s. 1961 m. Dr. Dietlind, geb. Nickel, 1 Kd. - S. 1970 Prof. - BV: Anfänge d. dt. Arbeiterbeweg., 1963; Faschismus als soz. Beweg., (Hrsg.) 1976; Leben im Exil, (Hrsg. m. W. Frühwald), 1981; Säkularisation u. Mediatisierung (m. A. Kube), 1987; Karl Marx als Politiker, 1991.

SCHIEDERMAIR, Hartmut

Dr. jur., Univ.-Prof., Lehrstuhl f. Öfftl. Recht u. Völkerrecht Univ. Köln - Kaiserstr. 72, 6900 Heidelberg (T. 06221 - 2 34 31) - Geb. 16. Jan. 1936, kath., verh., 3 Kd. (Imogen, Valentin, Stephanie) - Stud. Rechtswiss. u. Phil.; Promot., Habil. (öfftl. Recht) - Univ.-Prof. f. Öfftl. Recht, Völkerrecht u. Rechtsphil., Dir. Inst. f. Völkerrecht u. ausländ. öfftl. Recht; s. 1980 Präs. Dt. Hochschulverb. - BV: D. Phänomen d. Macht u. d. Idee d. Rechts b. Gottfried Wilhelm Leibniz, 1970; D. völkerrechtl. Status Berlins n. d. Viermächte-Abkommen v. 3. Sept. 1971, 1975; D. Geheimnis d. Bösen, E. denkwürd. Exorzistenprozeß, in: Fischer/Sch., D. Sache m. d. Teufel, 1980 - Liebh.: Musik - Spr.: Engl.

SCHIEFELBEIN, Gert

Dr. jur., Geschäftsführer Dt.-Argentin. Industrie- u. Handelskammer/Cámara de Industria y Comercio Argentino-Alemana - Calle Florida 547, 19 St., 1005 Buenos Aires (T. 393-90 06/7, 394-00 98/9, 322-01 73; Telex 28309 daihk ar; Telefax 00541 11 8167) - Geb. 15. Febr. 1933 Berlin - Univ. Berlin u. Köln (Rechtswiss., Volksw.). Gr. jurist. Staatsprüf.

SCHIEFELE, Hans

Dr. phil., Dr. h.c., Dipl.-Psych., em. o. Prof. f. Pädagogik u. Päd. Psychologie - Ramoltstr. 47, 8000 München 83 (T. 680 26 17) - Geb. 20. Juli 1924 - Habil. 1963 München (1974-77 Dekan d. Fak. f. Psych. u. Päd.) - BV: u. a. Theorie u. Praxis d. Programmierten Unterrichts, 1964; Schule von heute - Schule f. morgen, 1969; Schule u. Begabung, 1971; Lernmotivation u. Motivlernen, 1978 - 1977 BVK am Bde.

SCHIEFENHÖVEL, Wulf

Dr. med., Prof., Ethnomediziner, Humanethologe, Forschungsstelle f. Humanethologie d. Max-Planck-Ges. - Eduard-Süskind-Weg 30 b, 8130 Starnberg - Geb. 2. Okt. 1943 Siegen, verh. s. 1970 m. Grete, geb. Pfeifer, 3 Kd. (Siwanto, Lana, Fridtjof) - Univ. München u. Erlangen; Promot. 1970 Erlangen, Habil. 1984 München - Ethnomed., ethnol. u. humanethol. Forsch., bes. in Melanesien; 1975-86 Vors. Arbeitsgem. Ethnomed.; 1978-84 gewähltes Mitgl. d. Sektion u. d. Wiss. Rates d. Max-Planck-Ges.; s. 1979 Lehrbeauftr. f. Ethnomed. am Inst. f. Med. Psychol. d. Univ. München; s. 1990 Lehrbeauftr. f. Humanethologie d. Univ. Innsbruck; 1988/89 Wiss. Mitgl. Wiss.kolleg zu Berlin - BV: Wörterb. d. Eipo-Sprache (m. V. Heeschen), 1983; Mensch u. Pflanze (m. P. Hiepko), 1987; Geburtsverhalten u. reproduktive Strategien d. Eipo, 1988; Kommunikation b. d. Eipo (m. I. Eibl-Eibesfeldt u. V. Heeschen), 1989. Herausg.: D. Geburt aus ethnomed. Sicht (m. D. Sich, 1983, 2. A. 1986); Traditionelle Heilkundige (m. J. Schuler, R. Pöschl, 1986).

SCHIEFER, Hans Gerd

Dr. med. habil., Prof. f. Med. Mikrobiologie Univ. Gießen (s. 1975, Mycoplasmen, Chlamydien) - Schubertstr. 1, 6300 Gießen - Geb. 17. Dez. 1935 Wuppertal - Staatsex. u. Promot. 1962 Düsseldorf; Habil. 1974 Gießen - 1964-75 wiss. Assist. Üb. 165 Beitr. in in- u. ausl. Fachztschr. u. Buchbeitr. üb. Mikrobiologie, Membranbiol., Zellphysiol., spez. Mykoplasmen u. Chlamydien, Urogenitalerkrankungen, sexuell übertragbare Erkrankungen, Andrologie, Zoonosen.

SCHIEFER, Hazie

s. Sigel, Kurt

SCHIEFER, Wolfgang

Dr. jur., Rechtsanwalt, Vorst. Dt. Anwaltverein (s. 1979), Präs.-Mitgl. d. Bundesverb. d. freien Berufe (s. 1990) - Im Buchwald 71, 7000 Stuttgart 1 (T. 0711 - 62 33 38) - Geb. 31. März 1936 Wuppertal, ev., verh. s. 1961 m. Hilda, geb. Boeck - 1956-60 Jurastud. Univ. Tübingen - Rechtsanw. LG u. OLG Stuttgart. S. 1985 Kurat.-Mitgl. Dt. Anwaltsakad.; s. 1988 Beiratsmitgl. Dt. Anwaltsverlag Inst. d. Anwaltschaft GmbH; s. 1992 AR-Mitgl. d. Maier + Partner AG - Liebh.: Lit., bild. Kunst, Sport - Spr.: Engl.

SCHIEFFER, Rudolf

Dr. phil, Prof. f. Mittl. u. Neuere Geschichte Univ. Bonn - Augustastr. 91, 5300 Bonn 2 - Geb. 31. Jan. 1947 Mainz (Vater: Theodor Sch., Prof.; Mutter: Annelise, geb. Schreibmayr), kath., led. - 1966-71 Stud. Gesch. u. Latein Univ. Bonn, Marburg (Staatsex. 1971, Promot. 1975) - 1976-79 Lehrbeauftr. Univ. Regensburg (Habil. 1979); s. 1980 Prof. Univ. Bonn - BV: D. Entstehung v. Domkapiteln in Deutschl., 1976; D. Entstehung d. päpstl. Investiturverbots f. d. dt. König, 1981; D. Karolinger, 1992 - O. Mitgl. Rhein.-Westf. Akad. d. Wiss.; Korr. Mitgl. Bayer. Akad. d. Wiss.; 1984-90 Mitgl. Wissenschaftsrat.

SCHIEFNER, von, Alexandra

Schriftstellerin - Burg Schleinitz b. Eggenburg (Nd.-Österr.) - Geb. 4. Juni 1906 Eger (Vater: Maximilian v. S., Oberstlt.; Mutter: Marianne, geb. v. Roman, Schriftst.), kath., verh. m. Karl v. S., T. Alexandra - B. 1963 Lektorin - BV: D. Fall d. Schwestern Freyrich, R. 1935; D. große Nummer, R. 1940 (auch ital.); D. Vagabund Gottes, R. 1954; D. Brücke v. Berber, R. 1958. Zahlr. Beiträge in Ztg. u. Ztschr. - Liebh.: Antiquitäten - Schwestern: Gabriele Skrbensky u. Irmgard Hach, ebenf. Schriftst.

SCHIEGL, Hermann

o. Prof. (emerit.) - Bonner Str. 22, 8000 München 40 (T. 36 34 89) - Geb. 24. Okt. 1910 Pfaffenhofen/Ilm (Vater: Otto S., Bundesbahnoberinsp.; Mutter: Dorothea, geb. Wendlinger), kath., verh. s. 1939 m. Ursula, geb. Friemel †, 2 Kd. (Wolf-Eberhard, Angela) - Akad. d. Tonkunst u. Univ. München. Prüf. f. d. höh. Lehramt 1934 - B. 1964 Gymnasial-(Seminarleit.), dann Prof. u. Leit. Inst. f. d. künstler. Lehramt Staatl. Hochsch. f. Musik München. 1968 ff. Fachberat. f. Musik an bayer. Gymn. Zeitw. stv. Vors. Verb. Bayer. Schulmusikerzieher. Spez. Aufgabengeb.: Schulmusik. BV: Themensamml. musikal. Meisterwerke, 2 Bde. 1959/64 - Liebh.: Bergsteigen, Schwimmen, Kunst - Spr.: Engl., Franz., Ital., Span.

SCHIEK, Gudrun

Dr., Prof. FU Berlin - Prinz-Handjery-Str. 62, 1000 Berlin 37 (T. 030 - 815 16 92) - Geb. 8. Mai 1934 Hamburg - BV: Emanzipation in d. Erziehung - V. d. Fremderziehung z. Selbsterziehung, 1975; Rückeroberung d. Subjektivität, 1982; D. Innenseite d. Lehrbetriebs. Briefe v. Studierenden an ihre Hochschullehrerin, 1988.

SCHIEL, Carl-Heinz

Dr. jur., Generalsekretär Dt. Forschungsgemeinschaft i. R. - Kennedy-Allee 40, 5300 Bonn-Bad Godesberg (T. 885 22 41); priv.: Peter-Schwingen-Str. 49 - Geb. 16. Dez. 1922 Breslau, ev., verh. s. 1947 m. Gertrud, geb. Herwig, 2 Töcht. (Almuth, Susanne) - Reform-Realgymn. Breslau (Abit. 1941); 1946-50 Univ. Bonn u. Köln (Rechtswiss.; Promot. 1953). Staatsprüf. 1950 u. 53 - 1954-56 Richter; s. 1956 Senatsref. u. Generalsekr. (1965) DFG; s. 1992 Präs. Intern. Foundation f. Science, Stockholm - BV: D. Rechts- u. Staatsphil. d. W. S. Solowjew, 1957 - 1974 Ritter Orden Palmes académiques; 1985 BVK I. Kl.; 1987 Gr. BVK - Spr.: Engl. (Dolmetscher-Ex.) - Rotarier.

SCHIELE, Horst-Dieter

Chefredakteur Mannheimer Morgen - Am Anker 5, 6803 Edingen-Neckarhausen - Geb. 8. April 1933 Breslau, verh. s. 1957 m. Ingeborg, geb. Herrguth, 2 Kd. (Heike, Jörg) - Abit. Coburg; Stud. German. Univ. Heidelberg - Volont. Mannheimer Morgen; Leit. Regionalredakt.; stv. Ressortleit. Lokalredakt.; Ressortleit. Lokalredakt.; stv. Chefredakt.; Chefredakt.; Geschäftsf. Vors. Hilfsverein Mannheimer Morgen.

SCHIELE, Otto Helmut

Dr.-Ing., Dr.-Ing. E. h., Dipl.-Ing., Prof., Präsident Arb.gem. ind. Forschungsvereinigungen (AIF), AR-Mitgl. Zahnradfabrik Friedrichshafen AG, stv. Vors. Beirat F. Tacke KG, Mitgl. Beirat Rad. Otto Meyer, Senator Fhg. - Klausenbergweg 4, 6730 Neustadt/Weinstr. - Gymn. (Abit.); Stud. Maschinenbau, Volkswirtsch., Meteorol. - 1955-59 Leit. Inst. f. Strömungslehre u. -maschinen

Univ. Karlsruhe, 1959-87 Klein, Schanzlin & Becker (Konstruktionsleit., Produktmanager, Bereichsleit., Techn. Vorst.). Hon.-Prof. Univ. Karlsruhe. 1967-74 Vors. Wiss. Beirat Inst. f. Führungslehre TA Wuppertal; Ehrenvors. Forschungskurat. Maschinenbau; s. 1976 Kurat. Inst. f. Produktionstechn. u. Automatisierung Fraunhofer Ges.; 1983-86 Präs. VDMA; Vors. Technologiebeirat Rheinl.-Pfalz; Kurator Anglo-German Foundation London/Bonn - BV: Kreiselpumpen, in: Lueger, Lex. d. Techn. Bd. 6 u. 7, 1965; Einwellige Drehkolbenverdichter in: Drucklufthandb., 1971; Kreiselpumpenlexikon, 1975. Herausg.: 25 Jahre KSB-Stiftung (1990). Üb. 60 Einzelarb. Insg. 14 Patente - Liebh.: Privatflieger, Musik, Sport (29 × Gold. Sportabz.) - Spr.: Engl., Franz. - Rotarier.

SCHIELE, Siegfried

Direktor Landeszentrale f. Politische Bildung - Stafflenbergstr. 38, 7000 Stuttgart 1.

SCHIELER, Rudolf

Dr. jur., Justizminister a. D., Rechtsanwalt, Mitgl. Europ. Parlament (1979-84) - Stephanienstr. 21, 7800 Freiburg/Br. (T. 0761-40 22 55) - Geb. 22. Mai 1928 Teningen/Baden (Vater: Fritz S., Bürgerm. Freiburg; (s. XV. Ausg.)), verh. m. Anneliese, geb. Dotter, 2 Kd. - Realgymn. u. Univ. Freiburg (Promot. 1955). 2. jur. Staatsex. 1957 - 1957-66 Verw.-Jurist im Dst. d. Landes Baden-Württ.; 1966-72 Justizmin. Baden-Württ.; 1960-80 MdL Baden-Württ. (1973-76 Fraktionsvors.). SPD - 1984 Gr. BVK m. Stern; 1976 Verdienstmed. Baden-Württ.

SCHIELIN, Robert E.

Hotelier (Hotel Bad Schachen R. Schielin KG) - Hotel Bad Schachen, 8990 Lindau - (T. 50 11) - Geb. 3. Juli 1936 - Spr.: Engl., Franz., Ital. - Rotarier.

SCHIEMANN, Gottfried

Dr. jur., o. Prof. f. Ant. Rechtsgesch., Röm. Recht u. Bürgerl. Recht Univ. Erlangen - Hindenburgstr. 34, 8520 Erlangen - Geb. 13. April 1943 Wiesbaden (Vater: Günther Sch., Chemieprof.; Mutter: Hildegard, geb. Augustin), ev., verh. s. 1974 - Stud. Rechtswiss. u. Gesch. Univ. Göttingen, Florenz, Hamburg; Staatsprüf. Hamburg u. München; Promot. 1971 Hamburg; Habil. 1979 München - 1979 Prof. Univ. Hannover, 1982 Univ. Bielefeld, s. 1987 Univ. Erlangen. Jurist. Fak. - Liebh. Musik.

SCHIEMENZ, Bernd

Dr. rer. pol., Dipl.-Wirtschaftsing., Prof. f. Wirtschaftsinformatik Univ. Koblenz (s. 1991), Vors. Ges. f. Wirtschafts- u. Sozialkybernetik (s. 1986) - Sonnenhang 5, 3550 Marburg/L. 1 - Geb. 11. Nov. 1939 Frankfurt/M. (Vater: Paul S., Kaufm. Angest.; Mutter: Anna, geb. Noll), ev., verh. s. 1963 m. Rita, geb. Kollmann, 2 Kd. (Kai, Kirsten) - Dipl., Promot. u. Habil. TH Darmstadt - 1972-90 Prof. f. Betriebswirtschafts- u. Org.lehre Univ. Marburg - BV: Regelungstheorie u. Entscheidungsprozesse, 1972; Automatisierung d. Produktion, 1980; Betriebskybernetik, 1982.

SCHIER, Wolfgang

Dr. jur., Präsident i. R. Bayer. Oberstes Landesgericht, Vizepräs. i. R. Verfassungsgerichtshof - Allacherstr. 145, 8000 München 50 - Geb. 22. Febr. 1918.

SCHIERBECK, Max

Kaufmann - Geb. 28. Juni 1913 - Zul. Geschäftsf. Cadbury-Fry GmbH., Bremen u. gf. Ges. Hermann J. Schmidt Gmbh.

SCHIERENBECK, Henner

Dr. rer. pol., o. Prof. f. Betriebswirtschaft, Direktor Inst. f. Kreditwesen Univ. Münster - Königstr. 43, 4402 Greven (T. 02571-32 17) - Geb. 23. Juni 1946 Bremen (Vater: Heinrich Sch., Exportprok.; Mutter: Hertha, geb. Bacher), ev., verh. s. 1978 m. Dr. Ursula, geb. Spies, 2 S. (Carl Christian, Thomas Alexander) - Gymn. Bremen (b. 1966), High School Hingham/USA (1964/1965), FU Berlin (1966-70; Dipl.-Kfm. 1969), Promot. Freiburg 1972 - 1970-78 wiss. Assist. Univ. Freiburg, 1978-80 wiss. Rat u. Prof., s. 1980 o. Prof. - Liebh.: Archit., Antiquitäten - Spr.: Engl.

SCHIERI, Fritz

Prof., Dirigent u. Komponist - v.-Rueckteschell-Weg 12, 8060 Dachau/Obb. (T. 1 56 69) - Geb. 27. März 1922 München (Vater: Friedrich S., Gürtler; Mutter: Eva, geb. Weber), kath., verh. m. Luise, geb. Gransier, 4 Kd. - Wilhelms-Gymn. München; Musikhochsch. München u. Stuttgart - S. 1948 Lehrtätigk. Musikhochsch. Köln u. München (1959 Prof. f. Chordirigieren, Komposition u. Musiktheorie; 1972-81 Präs.). Zahlr. Chorw. weltl. u. geistl. Art, u. a. Zyklus dt. Propriumsvertonungen d. röm. Messe; 2 Kantaten, Klavierlieder u.a. Bücher u. Aufs. z. Musik in Liturgiereform d. Kath. Kirche in Dtschl.; Mitarbeit b. kath. Einheitsgesangbuch Gotteslob u.a. - 1987 Ehrenpräs. d. Hochsch. f. Musik München u. Ehrenmitgl. d. Werkgem. Musik Düsseldorf; Ritter d. päpstl. Gregorius-Ordens.

SCHIERIG, Hermann

Oberbürgermeister a.D. - Fokko-Ukena-Str. 13, 2970 Emden (T. 8 73 51; Büro: 8 73 23) - Geb. 14. März 1921 Magdeburg, verh., 2 Söhne - Mittlere Reife - Verw.-Laufbahn AOK Magdeburg, 1940-46 Arbeitsdst., Kriegsmarine, Gefangensch., 1946-47 Sozialversich.-Kasse Wolmirstedt Bez. Magdeburg, n. Flucht (1948) AOK Emden (zul. Verw.-Oberinsp.). S. 1956 Ratsherr, s. 1961 Senator, 1964ff. Oberbgm. Emden. Vorstandsmitgl. Nieders. Städteverb.; Mitgl. Wirtschafts- u. Verkehrsaussch. Dt. Städtetag u. Beirat Oberste Landesplanungsbehörde. 1959-70 MdL Nieders. (zeitw. stv. Vors. Aussch. f. Häfen u. Schiffahrt). SPD.

SCHIERMEYER, Kurt

Dr. rer. pol., Industrieberater - Uhlandstr. 44a, 5300 Bonn-Bad Godesberg (T. 02221 - 36 44 14) - Geb. 4. März 1907, ev. - Stud. Volksw. - Zul. langj. Vorst.smitgl. Vereinigte Jute-Spinnereien u. Webereien AG., Hamburg/Bonn - Spr.: Engl. - Rotarier.

SCHIERWATER, Hermann

Dipl.-Volksw., Oberstadtdirektor d. Stadt Göttingen - Neues Rathaus, Geismar Landstr. 4, 3400 Göttingen - Geb. 31. Aug. 1943, verh., 2 Kd.

SCHIESS, Karl

Landesminister, MdL Baden-Württ. (s. 1964) - Dorotheenstr. 6, 7000 Stuttgart (T. 2 07 21); priv.: v.-Mader-Str. 31. 7770 Überlingen/B. (T. 40 51) - Geb. 25. März 1914 Konstanz/B., kath., verh., 3 Kd. - Stud. Rechtswiss. Jurist. Staatsprüf. 1938 u. 42 - 1939-46 Kriegsdst. u. Gefangensch., spät. Ass. u. Reg.srat Landratsämter Donaueschingen u. Konstanz, 1952-54 Richter Bad. Verw.sgerichtshof, Freiburg (OVGsrat), anschl. Oberreg.srat Bad.-Württ. Innenmin. 1956-72 Landrat Kr. Überlingen, seith. baden-württ. Innenmin. CDU - 1972 BVK I. Kl.; 1974 Gr. BVK - Spr.: Engl., Franz. - Rotarier.

SCHIETZEL, Carl

Dr. phil., Prof., Hochschullehrer - Ortleppweg 1, 2000 Hamburg 61 (T. 553 70 80) - Geb. 2. Febr. 1908 Hamburg, ev., verh. s. 1931 m. Thyra, geb. Möller, 2 Söhne (Kurt, Wolfgang †) - Aufbausch. u. Univ. Hamburg - 1929-40 Lehrer; Wehrdst.; 1948-70 (Ruhest.) Studienleit. u. Prof. (1964) Päd. Inst. d. Univ. Hamburg (Abt. I: Sachkunde) - BV: D. volkstüml. Denken u. d. naturkundl. Unterricht, 1939, 2. A. 1948; Technik u. Natur, 1960; Technik, Natur u. exakte Wiss., 1968; Schulbeispiele, 1978. Zahlr. Aufs. Herausg.: Westermanns Päd. Beitr. (1949-1975).

SCHIEVELBEIN, Helmut

Dr. med., Prof. f. Klin. Chemie Univ. München (s. 1970); Vorst. Inst. f. Klin. Chemie Dt. Herzzentrum München (s. 1973) - Holzbachstr. 10, 8034 Germering - Geb. 7. Nov. 1919 Ückermünde (Vater: Karl S., Kaufm.; Mutter: Thea, geb. Danielczik), verh. s. 1964 m. Vera, geb. Wobst, T. Ulrike - Stud. d. Med. Univ. München, Straßburg; Promot. 1953; Habil. 1964 - 1956-60 Pharmaz. Ind. (Abt.leit.); 1960-64 wiss. Assist. Inst. f. Klin. Chemie Univ. München; 1964-66 Leit. Chem.-biol. Inst. Verb. d. Cigarettenind., Hamburg, s. 1966 wied. Univ. München (Vorst. Abt. f. Präventivmed.). Fachmitgl.sch. - BV: Nikotin - Pharmakol. u. Toxikol. d. Tabakrauches, 1968, Klin. Biochemie, 1981. 110 wiss. Veröff. - Spr.: Engl., Franz.

SCHIEWECK, Dieter

Dr. rer. pol., Kaufmann, pers. haft. Gesellschafter Kleinholz & Co., Essen - Am Ruhrstein 25, 4300 Essen 1 (T. 0201 - 41 21 41) - Geb. 17. Aug. 1934 Essen (Vater: Erich Sch., Kaufm. †; Mutter: Leni, geb. Kleinholz †), kath., verh. s. 1967 m. Krista, geb. Balkenhol, 2 Söhne (Matthias, Bernhard) - Abit. 1952 Spiekeroog; Univ. Köln u. Graz, 1. u. 2. rechts- u. staatswiss. Rigorosum 1958 u. 1961 - Pers. haft. Gesellsch. Kleinholz & Co. Essen; s. 1974 Handelsrichter am Landgericht Essen; s. 1983 Ehrenrichter am Finanzgericht Düsseldorf; s. 1972 Mitgl. Vollvers. IHK Essen; Vorst.-Vors. Wirtschaftsvereinig. Groß- u. Außenhandel Ruhrgebiet, Essen - Liebh.: Jagd - Spr.: Engl., Franz., Span.

SCHIF, Curt

Fabrikant, Inh. Dipl.-Ing. Curt Schif, Maschinenbau, Korntal (s. 1946), gf. Gesellsch. Hirth Motoren KG., Benningen/N. - Landhausstr. 10, 7015 Korntal/Württ. - Geb. 13. Juli 1905 Ludwigsburg/Württ. (Vater: Friedrich S.; Mutter: Mathilde, geb. Haug), ev., verh. s. 1936 m. Hildegard, geb. Ordnung, 4 Kd. - Dillmann-Realgymn. u. TH Stuttgart (Dipl.-Ing. 1927) - 1927-36 Ing. u. Leit. Motorenabt. Dt. Versuchsanst. f. Luftfahrt, Berlin, 1936-41 Chefkonstrukteur u. techn. Dir. Hirth-Motorenwerke GmbH., Stuttgart, techn. Dir. u. Betriebsführer Ernst Heinkel AG. ebd. (Werk Hirth-Motoren). 1930-31 techn. Leit. Dt. Inlandeis-Exped. Prof. Wegener (Erstmal. Einf. v. Propellerschlitten in d. Arktis). Mitarb.: Alfred Wegeners letzte Grönlandfahrt (1932) - 1971 BVK - Liebh.: Musik, Filmen, Jagd - Spr.: Engl., Franz.

SCHIFF, Peter

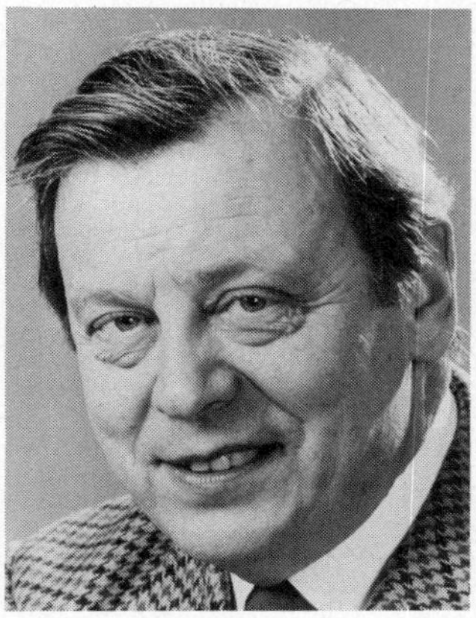

Schauspieler - Niklasstr. 19 B, 1000 Berlin 37 (T. 030 - 801 43 82) - Geb. 27. Juni 1923 Neustrelitz (Vater: Hermann S.; Mutter: Louise, geb. Schulzweida), ev., verh. s. 1955 (Ehefr.: Gisela) - Schauspielschule, Ausb. b. Marlise Ludwig, Berlin.

SCHIFFBAUER, Siegfried

Dr. rer. pol., Dipl.-Kfm., Vorstandsmitglied MAN Aktiengesellschaft - Postfach 40 13 47, 8000 München 40.

SCHIFFER, Eckart

Dr. jur., Ministerialdirektor a.D. - Meckenheimer Str. 85, 5300 Bonn-Bad Godesberg - Geb. 30. Juli 1927 Oberhausen/Rhld. - S. 1955 Bundesinnenmin. (Ref., Unterabteilungsleit., 1974-91 Leit. Abt. Verfass., Staatsrecht u. Verw.) - Spr.: Engl., Franz.

SCHIFFER, Karl-Heinz

Dr. med., Prof., Abteilungsvorsteher Klinik f. Neurologie u. Psychiatrie Univ. Mainz - Georg-Büchner-Str. 40, 6500 Mainz 42 (T. 5 91 44) - Geb. 6. Okt. 1912 Berlin (Vater: Karl S., Architekt; Mutter: Margarete, geb. Drosdatius), kath., verh. s. 1939 m. Herta, geb. Borowsky, S. Matthias - Univ. Berlin, Breslau, Heidelberg. Promot. 1938 Breslau; Habil. 1953 Mainz - S. 1939 Univ.s-Nervenkliniken Breslau (Assist.), Tübingen (1945; Assist.), Mainz (1951; Oberarzt; 1953 Privatdoz., 1959 apl. Prof., 1971 Abt.svorst. u. Prof.). Veröff. z. Konstitutionsbiol., Neurol., Neuroradiol. u. -psych.

SCHIFFERS, Carl Albert

Kaufmann, Präs. Einzelhandelsverb. Nordrhein, Düsseldorf - Büchel 31, 4040 Neuss/Rh.

SCHIFFERS, Norbert

Dr. theol., o. Prof. f. Philosophie Univ. Regensburg - Machthildstr.76 , 8400 Regensburg (T. 7 22 35) - Geb. 14. Juni 1927 Aachen (Vater: Wilhelm S.), kath. - Univ. Bonn u. Tübingen. Promot. 1954 Tübingen; Habil. 1966 Münster - S. 1966 Lehrtätigk. Univ. Münster, Saarbrücken und Regensburg (1968 Ord.) - BV: D. Einheit d. Kirche n. John H. Newman, 1956; Fragen d. Physik an d. Theologie, 1968; Befreiung z. Freiheit, 1971; Gefangene, 1973; Z. Theorie d. Religion 1973. - Zahlr. Einzelarb. Ehrenmitgl. Ges. Brasilian. Philosophen.

SCHIFFLER, Ludger

Dr. phil., Prof. f. Didaktik d. franz. Sprache u. Literatur - Koenigsallee 18 c, 1000 Berlin 33 - Geb. 11. Febr. 1937 Frankfurt/M. (Vater: Dr. rer. pol. Leonhard Sch.; Mutter: Dr. phil. Charlotte, geb. Dichgans), verh. m. Ingrid, geb. Künstler, 2 Söhne (Ansgar, Manuel) - Univ. Frankfurt, Paris u. Rom (Altphilol., Roman.), Zweitstud. Erz.wiss. u. päd. Psych. - 1963-71 Lehrer Gymn., 1968-71 Stud.-Dir., 1971 o. Prof. FU Berlin - BV: Empirische Unters. z. Wirksamkeit des a-v. Franz.unterrichts (Diss.), 1969; Einf. in d. audio-vis. Fremdspr.unterr., 1973; Interaktiver Fremdspr.unterr., 1980; Enseignement interactif d. langues étrangères, 1984; Suggestopädie u. Superlearning - empirisch geprüft, 1989; La suggestopédie et le superlearning - mise à l'épreuve statistique, 1992 - 1982 Palmes Académiques.

SCHIFFLER, Rudolf

Dr. rer. pol., Dipl.-Kfm., Gf. Gesellschafter Fecken-Kirfel GmbH & Co, Maschinenfabrik, Hüffer & Gastrich oHG, Techn. Großhandel, u. Schiffler GmbH - Preusweg 60, 5100 Aachen (T. 0241-7 21 13) - Geb. 15. Mai 1935 Aachen, kath., verh. m. Ursula Gerrads, 2 T. (Jutta, Christa) - Abit. u. Stud. Betriebsw. u. Staatswiss. Univ. Köln, Münster u. Graz (Abschl. Dipl.-Kfm. u. Promot.) - AR Vereinte Versicherung AG, München; Handelsrichter LG Aachen; Chairman u. Treasurer Fecken-Kirfel America Inc. u. Schiffler Realty Corp., Mahwah, New Jersey/USA - Liebh.: Tennis, Golf, Musik, darst. Kunst - Spr.: Engl., Franz.

SCHIFFLING, Wolfgang

Maler u. Graphiker - Steinrückweg 5, 1000 Berlin 33 (T. 030 - 821 32 38 u. 822 86 93) - Geb. 21. Mai 1941 Marburg.

SCHIKARSKI, Horst J.
Ing., Vorsitzender d. Geschäftsfg. d. RESOPAL GmbH - Hans-Böckler-Str. 4, 6114 Groß-Umstadt (T. 06078 - 8 02 05; Telefax: 06078-80589); priv.: Panoramastr. 7, 6940 Weinheim (T. 06201 - 5 45 88) - Geb. 1. Dez. 1935 Dornick/Ndrh. - Ind.tätigk. Dt. Philips, General Electric, AEG-Telefunken, Brown Boveri & Cie.; Vorst.-Mitgl. Gesamtverb. Kunststoffverarb. Ind. (GKV); Präs. Intern. Komit. d. Hersteller dekorativer Schichtstoffplatten - Spr.: Engl.

SCHILCHER, Heinz
Dr. Prof. FU Berlin (s. 1983), Pharmaz. Biologe - Gierkezeile 36, 1000 Berlin 10 - Geb. 21. Febr. 1930 Neuburg (Vater: Josef Sch., Müllerm.; Mutter: Anna, geb. Grünthaner), kath., verh. s. 1982 in 2. Ehe m. Dr. Barbara, S. Stefan - Stud. Pharmazie Univ. München - Pharmazeut. Ind.; Lehrtätigk. Univ. Marburg u. Tübingen - BV: Heilkräftige Pflanzen - erkennen, sammeln, anwenden; Sachkundenachweis f. freiverkäufl. Arzneimittel in Fragen u. Antworten - Ehrenpräs. Bayer. Kanu-Verb.; 1985 Sebastian-Kneipp-Preis - Liebh.: Sport, Musik - Mehrf. bayer. u. südd. Meister im Kanu - Spr.: Engl.

SCHILD, Gregor
Dr., Dipl.-Volksw., gf. Vorstandsmitglied d. Vereinigung Deutscher Kraftwagenspediteure eG - Eduard-Pflüger-Str. 58, 5300 Bonn 1 - Geb. 10. März 1953.

SCHILD, Heinz B.

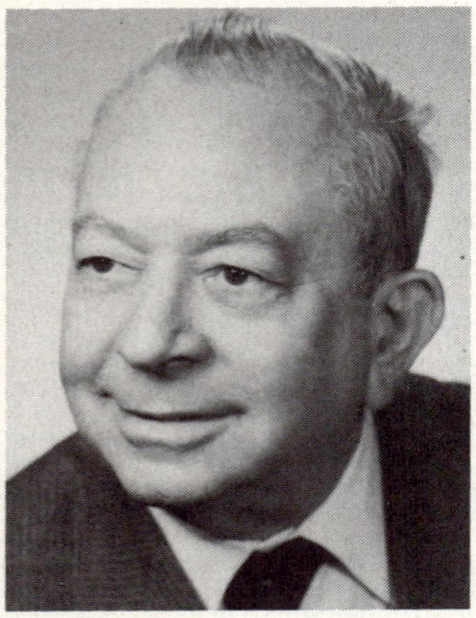

Gf. Vorstand ADL, Arbeitsgemeinschaft Dt. Luftfahrt-Untern. (Aero-Lloyd, Condor, Hapag-Lloyd, LTS, LTU, Germania), Beiratsmitgl. f. Fragen d. Tourismus b. Bundesminister f. Wirtschaft, Mitgl. Fachbeirat ITB - Am Hofgarten 12, 5300 Bonn 1 (T. 0228 - 22 45 17; Fax 0228 - 21 06 06) - Geb. 9. Juli 1924.

SCHILD, Walter
Dr. med., Prof., Gynäkologe, Chefarzt - Städt. Krankenhaus, 5200 Siegburg - Geb. 25. Juli 1925 Mönchengladbach - S. 1960 (Habil.) Lehrtätigk. Med. Akad. bzw. Univ. Düsseldorf (1966 apl. Prof. f. Geburtshilfe u. Frauenheilkd.). Etwa 120 Fachveröff.

SCHILD, Wilhelm
Präsident Saarl. Landessozialgericht - Zu erreichen üb.: Landessozialgericht, Egon-Reinert-Str. 4-6, 6600 Saarbrücken 3 - Geb. 24. Nov. 1923

SCHILD, Wolfgang
Dr. jur., Prof. f. Strafrecht, Strafprozeßrecht, Strafrechtsgesch. u. Rechtsphilosophie Univ. Bielefeld - Im Pferdebrook 6a, 4800 Bielefeld 1 (T. 0521 - 10 47 74) - Geb. 2. Nov. 1946 Wien/Österr. (Vater: Josef Sch., Polizeibeamter; Mutter: Maria, geb. Haberl), kath., verh. s. 1972 m. Maria, geb. Köck, 2 Töcht. (Marie Louise, Anne Alice) - Promot. 1968 Univ. Wien, Habil. 1977 Univ. München - S. 1977 Prof. Univ. Bielefeld - BV: D. reinen Rechtslehren, 1975; D. Merkmale d. Straftat u. ihres Begriffs, 1979; Alte Gerichtsbarkeit, 1980; D. Strafrichter in d. Hauptverhandl., 1982; Recht u. Gerechtigkeit im Spiegel d. europ. Kunst, 1988.

SCHILDBACH, Thomas
Dr. rer. pol., Univ.-Prof. - Sieglgut 65, 8390 Passau (T. 0851 - 4 45 24) - Geb. 8. März 1945 Bergneustadt, Oberberg. Kr., verh. m. Maria, geb. Kawalle, 2 S. (Georg, Christian) - Stud. Univ. Köln (Betriebswirtsch.); Dipl.-Kfm. 1969; Promot. 1973; Habil. 1979 bde. Köln - 1969-79 Assist. in Köln b. Prof. Dr. Sieben, 1979 Doz. in Köln; 1980-81 Vertr. in Bochum; 1981 Prof. in Passau - BV: Analyse d. betriebl. Rechnungswesens, 1975; Geldentwertung u. Bilanz, 1979; Jahresabschl. u. Markt, 1986; D. handelsrechtl. Jahresabschluß, 1987 - Liebh.: Skilaufen, Wandern - Spr.: Engl.

SCHILDBERG, Friedrich-Wilhelm
Dr. med., Univ.-Prof., Direktor Chirurg. Univ.-Klinik München (s. 1989) - Marchioninistr. 15, 8000 München (T. 089 - 70 95 27 90) - Geb. 6. März 1934 Essen, kath., verh. m. Dr. Christa, geb. Denz, 2 Söhne (Jörg, Claus) - Abit. 1954; Promot. 1961 Freiburg; 1962 Bestallung als Arzt; Habil. (Chir.) 1972 Köln - 1962-64 wiss. Assist. Physiol. Inst. Freiburg; 1964-73 Wiss. Assist. u. spät. Oberarzt Chir. Univ.-Klinik Köln-Lindenthal; 1973 Oberarzt Chir. Univ.-Klinik München; 1977 Ltd. Oberarzt Chir. Univ.-Klinik München; 1978 Dir. d. chirurg. Univ. Klinik Lübeck; 1981-84 Vizepräs. Med. Univ. zu Lübeck; 1983 Vors. d. Vereinig. Nordwestdt. Chir. - BV: Atemstörungen b. Polytrauma - Praeklin. Aspekte (m. G. Hohlbach u. A.W. de Pay), 1984; Chir. Intensivmed. (m.and.), 1985; D. interdiszipl. Behandl. d. Mammacarcinoms (m. E. Kiffner), 1985; Stand u. Gegenst. chir. Forschung (m.and.), 1986; Chir. Behandl. v. Tumormetastasen. Melsunger Med. Mitteilung, Bd. 58, 1986; Kirschnersche allg. u. spez. Operationsl.: Thoraxchir. (m. H. Pichlmaier), 1987; Ernährung in Klinik u. Praxis. Aktuelles aus Onkol. u. Chir. (m. R. Klapdor u. J. Wawersik); Schock in d. Notfallmed. (m. G. Hohlbach u. P. C. Scriba), 1987; Supraaortale Arterien (m. R. M. Schütz), 1988; Akute Gefäßverschlüsse d. Extremitäten (m. R. M. Schütz), 1989; Lunge, Pleura, Mediastinum (m. and.), 1991 - Spr.: Engl., Franz.

SCHILDKNECHT, Dieter
Dr. rer. nat., o. Prof. f. Theoret. Physik Univ. Bielefeld (s. 1976) - Am Wehmkamp 4, 4800 Bielefeld 1 (T. 0521 - 10 22 78) - Geb. 28. Juli 1934 München, ev., verh. s. 1962 m. Birgit, geb. Hellner, 2 Kd. (Sabine, Urs) - Stud. Univ. München; Dipl.-Phys. 1960; Promot. 1964 - 1965-76 wiss. Mitarb. Dt. Elektronen-Synchroton (DESY) Hamburg; Forsch. an UCLA u. SLAC, bde. Calif., USA, CERN, Genf, MPI f. Physik, München. Ca. 80 Fachveröff. in Nucl. Physics, Phys. Lett., Ztschr. f. Physik, u. a. - Liebh.: Ski, Tennis - Spr.: Engl., Franz. - Bek. Vorf.: Hans Schildknecht, Kunstmaler (Großonkel); Prof. Georg Schildknecht, Kunstmaler (Großonkel); Christoph Schildknecht, Fotograph u. Porzellanmaler (Urgroßv.).

SCHILDKNECHT, Hermann
Dr. phil. nat., o. Prof. u. Direktor Organ.-Chem. Inst. Univ. Heidelberg - Hainsbachweg 9, 6900 Heidelberg (T. 4 27 62) , Geb. 2. Aug. 1922 - S. 1959 (Habil.) Lehrtätigk. Erlangen bzw. - Nürnberg u. Heidelberg (1963). Entd.: Insektenabwehrstoffe, Erf.: Kolonnenkristallisieren - BV: Zonenschmelzen, 1964 (engl. 1966). Zahlr. Einzelarb. - 1972 Mitgl. Dt. Akad. d. Naturforscher (Leopoldina), Halle/S.; 1974 Richard-Kuhn-Med. - Spr.: Engl., Franz.

SCHILDKNECHT, Kurt Josef
Regisseur, Generalintendant am Staatstheater Saarbrücken - Zu erreichen üb. Staatstheater, 6600 Saarbrücken - Geb. 18. Juli 1943, kath. - Matura Immensee - Regie in Österr., Deutschl. u. Schweiz - Insz.: u.a. Faust I u. II Schauspielhs. Graz (ORF-Fernsehaufz.), Urauff. v. zeitgenöss. Dramatikern im Steir. Herbst. Gastinsz. Volkstheater Wien, Stadttheater Bern, Grand Theatre Genf, usw.

SCHILKEN, Eberhard
Dr. jur., o. Prof. Univ. Osnabrück - Unter den Birken 28, 5342 Rheinbreitbach - Geb. 6. Febr. 1945 Seligenstadt (Vater: Dr. Eugen Sch., Rechtsanw.; Mutter: Maria, geb. Heim), kath., verh. s. 1969 m. Ute, geb. Kannacher, 2 Töcht. (Esther, Julia) - 1. jurist. Staatsex. 1969, 2. jurist. Staatsex. 1973, Promot. 1975, Habil. 1981, alles Univ. Bonn - 1973-81 Wiss. Assist. Univ. Bonn; 1981 Prof. (C3) Univ. Köln; 1982 Prof. (C4) Univ. Osnabrück - BV: D. Befriedigungsverfüg. (Diss.), 1976; D. Wissenszurechnung (Habil.-Schr.), 1982; Zwangsvollstreckungsrecht (Rosenberg-Gaul-Schilken), 1987; Veränderungen d. Passivlegitimation im Zivilprozeß, 1987; Gerichtsverfassungsrecht, 1990, Zivilprozeßrecht, 1992 - Liebh.: Musik, Philatelie, Sport - Spr.: Franz., Engl.

SCHILL, Emil
Dr. jur., Landrat Ld.kr. Breisgau-Hochschwarzwald (s. 1973) - Kageneckstr. 10, 7801 Stegen/Br. (T. Büro: 2 18 71) - Geb. 12. Febr. 1928 Freiburg/Br. (Vater: Karl S.; Mutter: Anna, geb. Ehmann), kath., verh. s. 1956 m. Irma, geb. Schmieder †1990, in 2. Ehe s. 1991 m. Gudrun, geb. Moßmann, 2 Kd. (Renate, Armin) - Schule u. Univ. Freiburg (Rechtswiss.). Jurist. Staatsprüf. 1952 u. 56; Promot. 1956 (alles Freiburg) - 1959-68 Rechts-, Oberrechtsrat u. Stadtrechtsdir. Freiburg, 1968-72 Landrat Freiburg; s. 1989 Präs. d. Landkreistags Baden-Württ.; CDU s. 1958 - Liebh.: Tennis, Ski, Golf - Rotarier.

SCHILL, Jörg
Dr., Vorstandsvorsitzender Dt. Babcock-Borsig AG (b. 1992) - Zul. 1000 Berlin 27 - Geb. 8. Nov. 1935 - Lehre Bankkaufm. Dt. Bank AG, Freiburg; Stud. VWL Univ. Freiburg; Promot. Univ. Kiel - B. 1992 Vorst.-Mitgl. Deutsche Babcock AG, Oberhausen; Vizepräs. d. VDMA, Frankfurt; Präsid.-Mitgl. BDI, Köln - BV: Finanzielle Beziehungen, Vertrags- u. Kooperationsformen b. Industriegüter-Export aus d. Bundesrepublik Deutschland, 1988; Handbuch d. Finanzmanagements, Projektfinanzierung, 1991.

SCHILL, Wolf-Bernhard
Dr. med., Prof. f. Dermatologie, Venerologie u. Andrologie, Hautarzt, Direktor d. Dermatologischen Klinik u. Poliklinik d. Univ. Gießen (s. 1989) - Univ. Gießen, Gaffkystr. 14, 6300 Gießen (T. 0641 - 702 35 15) - Geb. 10. Nov. 1939 Bernburg (Vater: Otto Sch., Ing.; Mutter: Katharina, geb. Schuricht), ev., verh. s. 1971 m. Dr. Stephanie, geb. Lechnir, 3 Söhne (Stephan, Tillmann, Fabian) - 1959-64/65 Med.-Stud. Univ. Tübingen, Berlin u. Wien; Promot. 1965, Habil. 1976 - 1967-69 Max-Planck-Inst. f. exp. Med. Göttingen; 1969/70 Tätigk. Univ. of Chicago; ab 1971 Univ. München (Dermatol. Univ.-Klinik); C4-Prof.; Präs. Dt. Ges. Stud. Fertilität u. Sterilität. 450 wiss. Arb. in intern. Ztschr., 6 Bücher u. 350 Vorträge. Spez. Arbeitsgeb.: Androl., Reproduktionsmed., - biol. u. -biochemie - 1971 Fellow in Reproductive Biol. Univ. of Chicago - Liebh.: Kunst, Musik - Spr.: Engl., Franz., Span., Latein.

SCHILLEMEIT, Jost
Dr. phil. (habil.), o. Prof. u. Direktor Seminar f. Dt. Sprache u. Literatur TU Braunschweig (s. 1968) - Friedensallee 48, 3300 Braunschweig (T. 37 38 30) - Geb. 18. Febr. 1931 Berlin, verh. m. Rosemarie, geb. Schlüter, 2 Kd. - Zul. Privatdoz. - BV: Bonaventura d. Verf. d. Nachtwachen, 1973.

SCHILLER, Karl

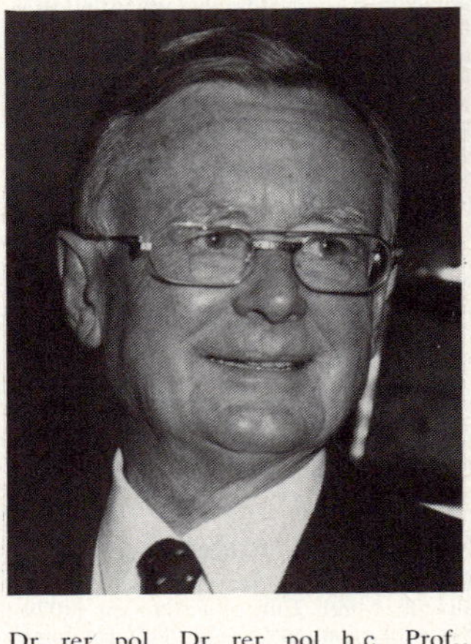

Dr. rer. pol., Dr. rer. pol. h.c., Prof., Bundesminister a. D. - Leinpfad 71, 2000 Hamburg 60 - Geb. 24. April 1911 Breslau (Vater: Carl S., Ingenieur; Mutter: Marie, geb. Dreizehner), ev., verh. in 4. Ehe (Ehefr.: Vera), 4 Kd. (Barbara, Bettina aus 1., Christa, Tonio aus 2. Ehe) - Realgymn. (Hebbel-Sch.) Kiel; Univ. ebd., Frankfurt, Berlin, Heidelberg (Nationalök., Soziol.). Promot. 1935 Heidelberg; Habil. 1939 Kiel - 1934-35 Assist. Univ. Heidelberg, 1935-39 Forschungsgruppenleit. Inst. f. Weltw. Univ. Kiel, 1941-45 Wehrdst. (zul. Oblt.), anschl. Leit. Hbg. Außenst. u. Redaktionsabt. Kieler Inst. f. Weltw., 1947-72 o. Prof. Dir. Inst. f. Außenhandel u. Überseew. Univ. Hamburg (1956/58 Rektor), 1948-53 Senator f. Wirtschaft u. Verkehr Hamburg u. 1949-53 Mitgl. Bundesrat, 1961-65 Senator f. Wirtschaft Berlin u. Mitgl. Bundesrat, 1966-72 (Rücktr.) Bundesmin. f. Wirtschaft bzw. f. Wirtschaft u. Finanzen (1971/72). 1973-79 VR-Präs. Edesa S. A. 1949-57 Mitgl. Hbg. Bürgerschaft; 1965-72 MdB. 1946-72 u. 1980ff. SPD (b. z. Austr. Vorst.- u. Präsid.-Mitgl.), 1980 Wiedereintritt SPD. 1976ff. Mitgl. Ford European Advisory Council - BV: u. a. Arbeitsbeschaffung u. Finanzordnung in Dtschl., 1936; Marktregulierung u. - ordnung in d. Weltagrarw., 1940; Denksch. z. künft. Entwicklung Hamburgs, 1947; Hamburgs Anliegen z. Wirtschafts- u. Verkehrspolitik, 1952; Sozialismus u. Wettbewerb, 1955; Absatzw. als produktive Aufgabe, 1957; Neuere Entwickl. in d. Theorie d. Wirtschaftspolitik, 1958; D. Wachstumsproblematik d. Entwicklungsländer, 1960 (Vortrag); D. Ökonom u. d. Gesellschaft/D. freiheitl. u. soziale Element in d. mod. Wirtschaftspolitik - Vortr. u. Aufs., 1964; Berliner Wirtschaft u. dt. Politik - Reden u. Aufs. 1961-64, 1964; Reden z. Wirtschaftspolitik, 10 Bde. 1966/72; Aufgeklärte Marktwirtschaft - Kollektive Vernunft in Politik u. Wirtschaft, 1969; Betracht. z. Geld- u. Konjunkturpolitik, 1984 - 1969 Gr. BVK m. Stern, 1991 m. Stern u. Schulterband, 1976 Alexander-Rüstow-Plakette, 1978 Ludwig-Erhard-Pr., 1983 Ehrensenator Univ. Hamburg; 1986 Bürgerm.-Stolten-Med. Hamburg, 1989 Bernhard-Harms-Med. Kiel - Liebh.: Bücher, Musik.

SCHILLER, Theo
Dr. phil., Prof. f. Politikwissenschaft Univ. Marburg - Sandweg 52, 3550 Marburg/L.

SCHILLER, Ulrich
Dr. phil., Amerika-Korrespondent BR/HR/RB/SDR/SFB/SR-Hörfunk, Die Zeit - Zu erreichen üb.: Hess. Rundfunk, 6000 Frankfurt/M.; Büro Washington - Geb. 24. Juni 1926 Mittelwalde/Schlesien (Vater: Erich S., Lehrer; Mutter: Erika, geb. Hecker), ev., verh. s. 1960 m. Ingrid, geb. v. Breska, 3 Kd. - Univ. Göt-

tingen, Berlin (Freie), Freiburg (Slawistik, Gesch. Osteuropas). Promot. 1956 Freiburg - S. 1956 Journalist, 1960-69 ARD-Korresp. Belgrad u. Moskau (1966), 1970-73 Chefredakt. Radio Bremen - BV: Zwischen Moskau u. Jakutsk - D. Sowjetunion im Wettlauf gegen d. Zeit, 1970 - Spr.: Engl., Serbokroat., Russ.

SCHILLIG, Dietmar

Dr. rer. nat., Prof. f. Geographie PH Weingarten - Brunnenweg 6, 7987 Weingarten/Württ.

SCHILLING von CANSTATT, E. Fritz (Friedrich), Freiherr

Verleger Mannheimer Morgen - Am Marktplatz, 6800 Mannheim (T. 17 02 - 1) - Geb. 1. Juli 1904 Bad Godesberg (Vater: Friedrich S. v. C.; Mutter: Maria, geb. Pfeifer), ev. - Liebh.: Golf - Spr.: Engl., Franz. - Rotarier.

SCHILLING, Freiherr von, Eitel Friedrich

s. Schilling v. Canstatt, E. Fritz (Friedrich), Freiherr

SCHILLING, Friedhelm

Dr. phil., Prof. f. Sportwissenschaft Univ. Marburg - Goethestr. 56, 3552 Wetter.

SCHILLING, Gertrud

Friedensarbeiterin, Lehrerin - Norderhafen 3, 2251 Nordstrand - Geb. 30. März 1949 Solingen-Ohligs - Abit. 1968 Wiesbaden; Stud. Erz.wiss.; 1. u. 2. Staatsex. als Lehrerin f. Sekundarstufe I; 1971-74 Univ. Frankfurt bzw. Grund-Haupt- u. Sondersch. Bad Orb - 1960-70 aktive kath. Jugendarb.; 1972-76 Mitbegründ. e. Vereins f. Kinder- u. Jugendarb. in Bad Orb; s. 1972 Lehrerin an versch. Grund-, Haupt- u. Sondersch. im Main-Kinzigkr. u. Vogelsbergkr. (Hessen) sow. Personalrätin u. Verbindungslehrerin, s. 1991 Lehrerin in Wesselburen u. Neuenkirchen (Krs. Dithmarschen); s. 1978 anti-AKW-Bewegung (Bürgerinitiat. gegen Atomanlagen); 1978/79 Mitgl. d. Grünen Liste Hessen (Vorläuferin d. Grünen); ab 1979 Mitgl. d. Grünen (1980-82 Landesvorst. Hessen); 1981 Gründ. Friedensinit. Osthessen Manöverbe- u. -verhinderung; 1982-85 Mitgl. Hess. Landtag (Mitgl. Innen- u. Hauptaussch.); nach Rotation Mitarb. d. Landtagsfraktion. 1987-90 MdB (Mitgl. Verteidigungsaussch. u. Gemeins. Aussch. Notparlament); s. 1986 Mitgl. VVN-Bund d. Antifaschisten (1987-90 Bundesvorst.). Inhaltl. Schwerp. d. polit. Arb.: Ökologie u. Frieden, kommunale u. rechtl. Aspekte d. Friedensarb., Soziale Verteidigung, gewaltfreier Widerstand, ziviler Ungehorsam, Antifaschismus, Asylpolitik. Entdeckung v. Sprengkammern in Osthessen, s. 1987 Militärsteuer-Verweig. - BV: Militarisierung, Friedensarbeit u. kommunale Gegenwehr, 1985 - Liebh.: Katzen, Garten, Lesen, Schreiben, Handarbeiten, Werken - Spr.: Engl. - Lit.: Knut Krusewitz: Umweltkrieg; Peter Krahulec: Sieben Legenden über Hiroshima; Michael Preute: D. Bunker, D. General u. d. Mädchen.

SCHILLING, Hans

Dr. phil., o. Prof. u. Inh. Lehrstuhl f. Pastoraltheol. Univ. München (s. 1971; 1974-77 Dekan) - Agnes-Bernauer-Str. 16, 8000 München 21 (T. 57 49 06) - Geb. 23. Sept. 1927 Stuttgart (Vater: August S., Versich.sangest.; Mutter: Martha, geb. Klatt), kath. - Stud. d. Theol., Phil., Psychol., Päd. Univ. Tübingen u. München; Promot. 1958; Habil. 1968 (bde. München) - 1959-69 ao. u. o. (1968) Prof. f. Religionspäd. PH Eichstätt - BV: Bildung als Gottesbildlichk., 1961; Grundl. d. Religionspäd., 1970 (ital. 1974); Religion in d. Schule, 1972 - Spr.: Engl., Franz.

SCHILLING, Hans-Dieter

Dr. rer. nat., Prof., Geschäftsführer VGB Techn. Vereinig. d. Großkraftwerksbetreiber e.V., Kraftwerksschule e.V., VGB Kraftwerkstechnik GmbH, VGB Forschungsstiftg., Mitgl. d. Geschäftsfg. Kraftwerks-Simulator-Ges. mbH u. d. Ges. f. Simulatorschulung mbH - Zu erreichen üb. VGB Technische Vereinigung d. Großkraftwerksbetreiber e.V., Klinkestr. 27-31, 4300 Essen 1 (T. 0201 - 81 28-2 22/3).

SCHILLING, Heinz

Dr., o. Prof. f. Geschichte d. Frühen Neuzeit an d. Humboldt-Univ., Berlin - Tannenweg 10, 6300 Gießen - Geb. 23. Mai 1942 Bergneustadt (Vater: Alfred Sch.; Mutter: Frieda, geb. Dietz), ev., verh. s. 1969 m. Ursula, geb. Fischer, 3 Kd. (Hendrikje Susanne, Philipp Martin, Jan Moritz) - 1963-65 Stud. Gesch., German., Phil. u. Soziol. Univ. Köln, 1965-71 Freiburg; Staatsex. Lehramt Gymn. 1968, Promot. 1971, Habil. 1977 Univ. Bielefeld - 1972-77 Wiss. Assist. Univ. Bielefeld; 1977-80 Univ.-Doz. Bielefeld; 1980 o. Prof. Univ. Osnabrück; 1982-92 o. Prof. Gießen - BV: Niederl. Exulanten im 16. Jh., 1972; Konfessionskonflikt u. Staatsbild., 1981; Niederlande u. Nordwestdeutschl., 1983; Mitten in Europa, (Co-Autor), 1984; Reformierte Konfessionalisierung in Deutschl. D. Probl. d. Zweiten Reformation, 1986; Aufbruch u. Krise Dt. Gesch. 1517-1648, 1988 (Siedler Dt. Geschichte, Bd. 4); Höfe u. Allianzen, Dt. Gesch. 1648-1763, 1989. Civic Calvinism, 1992; Religion, Politics and the Emergence of Early Modern Society, 1992. Aufs. z. Reformations-, Stadt-, Sozialgesch., Gesch. d. pol. Denkens, d. Calvinismus - Spr.: Engl., Franz., Niederl.

SCHILLING, Klausjürgen

Assessor, Hauptgeschäftsf. Industrie- u. Handelskammer zu Bochum - Ostring 30-32, 4630 Bochum 1; priv.: Obererle 125, 4650 Gelsenkirchen 2 - Geb. 23. Febr. 1931 - Studienleit. Verwaltungs- u. Wirtschaftsakad., Bochum; Vorst.-Vors. Arbeitsgem. Technologieberat. Ruhr.

SCHILLING, Freiherr v., Rainer

Herausgeber Mannheimer Morgen, Geschäftsf. Rhein-Neckar Fernsehen - R 1, 4-6, 6800 Mannheim 1 (T. 0621 - 3 92 01) - Geb. 7. Aug. 1935 Witten/Ruhr, gesch., 2 Kd. (Kai, Angela) - Vors. Dt. National Komit. d. Intern. Press Inst.; 2. Vors. USO Dtschl. - Spr.: Engl., Franz.

SCHILLING, Rudolf

Dr., Vorstandsmitglied Brau-AG. Nürnberg - Schillerstr. 14, 8500 Nürnberg; priv.: Walkürenstr. Nr. 18.

SCHILLING, Rudolf

Dr.-Ing. habil., Univ.-Prof. TU München, Lehrstuhl f. Hydraulische Maschinen u. Anlagen (s. 1988) - Dorfmoos 22, 8134 Pöcking (T. 08157 - 42 20) - Geb. 1. Jan. 1944 Freiburg, kath., verh. s. 1969 m. Edeltraud, geb. Stiller, 2 Töcht. (Yvonne, Kathrin) - Stud. Maschinenbau Univ. Karlsruhe; Dipl. 1970; Promot. 1976 u. Habil. 1979 Univ. Karlsruhe - 1970/71 Konstrukteur KSB Frankenthal; s. 1980 Berechnungsing. Voith Heidenheim; 1982 Leit. Numerische Entwicklung, 1984 Bereichsleit. Forsch. u. Entwicklung - Entd.: Patent f. Radialventilator hoher Leistungsdichte - Liebh.: Sport, Tennis - Spr.: Engl., Franz.

SCHILLING, Werner

Dr. rer. nat., Prof., Physiker - Haubourdinstr. 12, 5170 Jülich/Rhld. (T. 5 43 95) - Kath., verh., 2 Kd. - S. 1965 Leit. Inst. f. Festkörperforsch. KFA Jülich; s. 1963 (Habil.) Lehrtätigk. TH Aachen (1969 apl., 1972 o. Prof. f. Experimentalphysik). Facharb..

SCHILLING, Wolf-Dietrich

Dr. jur., Angehöriger Auswärtiges Amt - Zu erreichen üb. Postf. 11 48, 5300 Bonn 1 - Geb. 29. Sept. 1936 Gau-Odernheim (Vater: Karl S., Arzt; Mutter: Dorothea, geb. Beeck), ev. - Stud. d. Rechts- u. Staatswiss. Univ. Hamburg; 1. u. 2. jur. Staatsex. 1960 u. 65; Prüf. f. d. Höh. Ausw. Dienst 1967 - 1967-74 Mitarb., dann pers. Ref. Außenmin. u. Bundeskanzler (1969); 1974-76 Botsch.rat Tripolis/Libyen; 1976-79 Botsch. Dacca/Bangladesch; 1979-83 Botsch. Sanaa (Jemenit. Arab. Rep.), zugl. akkreditiert in Aden (Demokrat. Volksrep. Jemen) u. Djibouti - Spr.: Engl., Franz., Span.

SCHILLING, Wolfgang

Dr. jur., Rechtsanwalt, Honorarprof. f. Gesellschaftsrecht Univ. Heidelberg, Vors. Kurat. Stiftg. Ökologie u. Landbau Kaiserslautern - 1981 Gr. BVK.

SCHILLING, Wolfgang

Dipl.-Ing., Präsident Oberpostdirektion Kiel - Fabrikstr. 7, 2300 Kiel 1.

SCHILLINGER, Wolfgang

Verleger, Druckerei- u. Verlag-Consulting - Wallstr. 14, 7800 Freiburg (T. 0761 - 3 32 33) - Geb. 31. Juli 1934 Freiburg (Vater: Hermann Sch., Druckereiinh.; Mutter: Klara, geb. Gause), ev., verh. s. 1959 m. Helga, geb. Schröter, 4 Kd. (Andreas, Almut, Dagmar, Silke) - Meisterprüf. als Schriftsetzer, Dipl. Akad. f. d. Graph. Gewerbe, München - S. 1962 selbst. - Liebh.: Musik, Bild. Kunst, Künstl. Fotogr. - Spr.: Franz., Engl.

SCHILLOW, Werner

Kapitän u. Reeder i.R. - Bonhoeffer Ufer 14, 1000 Berlin 10 (T. 030 - 344 41 64) - Geb. 26. März 1919 Berlin (Vater: Carl Sch., Reeder; Mutter: Anna, geb. Horburg) - Realgymn., Seefahrtschule - Geschäftsf. Verb. Dt. Schiffsexp., 1. Vors. Verein Berliner Fahrgastschiffahrt u. Schiffseigner - Liebh.: Sport- u. Berufsschiffahrt, Schiffsmod. - Spr.: Engl., Franz.

SCHILSON, Arno

Dr. theol., Prof. f. Abendländische Religionsgesch. Univ. Mainz - Buchenweg 9, 6500 Mainz 1 - Geb. 19. Jan. 1945 Lorch (Vater: Carl Sch., Winzer; Mutter: Maria, geb. Wulf), kath., verh. s. 1984 m. Birgit, geb. Perschbach - Abit. 1964 Rheingauschule Geisenheim; Theol. Ex. 1969 Hochsch. St. Georgen, Frankfurt; Promot. 1973 Univ. Tübingen, Habil. 1981 ebd. - 1970/71 Kaplan Frankfurt; 1974-81 Wiss. Assist. Kath.-theol. Fak. Univ. Tübingen; s. 1981 Prof. Mainz - BV: Gesch. im Horizont d. Vorseh., 1974; Christol. im Präsens, 1974 (Übers. Ital., Franz. u. Portugies.); Theol. als Sakramententheol., 1982, 2. A. 1987; Perspektiven theol. Erneuerung. Studien z. Werk Romano Guardinis, 1986; D. Glauben feiern, 1989. Herausg.: Lessing, Werke 1774-78 (1989); Lessing, Werke 1778-80 (1992); Gottes Weisheit im Mysterium (1989) - Spr.: Engl., Franz.

SCHILY, Otto Georg

Rechtsanwalt, Politiker - Schaperstr. 15, 1000 Berlin 15 - Geb. 20. Juli 1932 Bochum (Vater: Dr. phil. Franz S., zul. Vorst. Bochumer Verein AG), gesch., 2 Kd. - Jura-Stud. Univ. München, Hamburg u. Berlin - 1983-86 u. 1987-89 MdB (Landesliste NRW D. Grünen); s. 1990 MdB (Landesliste Bayern SPD).

SCHIMANSKY, Gerd

Dr. phil., Direktor a. D., Schriftst. - Zum Mühlenberg 11, 5845 Villigst (T. Schwerte/Ruhr 31 65) - Geb. 24. Aug. 1912 Düsseldorf, ev., verh. m. Eva, geb. Weißenborn, 3 Kd. - Promot. 1937 Königsberg/Pr. - 1937-42 Regierungsrat (Heerespsych.), 1942-45 Studienrat (Heeresfachsch.); ab 1947 Ref. Ev. Kirche v. Westf. (Katechet. Amt) - BV: D. neue Erde, R. d. Salzbg. Auswanderung, 1951; D. falsche Sohn, Erz. 1952; D. Befreiung, Erz. 1952; D. Galgenfrist, Erz. 1953; D. Nacht wird nicht dunkel bleiben, Erz. 1954; Gerufene sind wir, Ged. 1954; Kein Herz o. Maske, Erz. 1956; Sternenbeichte, R. 1957; Dein Weg in d. Welt, Konfirmandenb. 1958; Im Zorn d. Sonne, Erz. 1964; D. Toten leben - Swedenborgs Visionen, 1973; D. Unheimliche, Psi-Report, 1975; Zwiesprache m. d. Glück, 1978; Gottesvergnügen, Glaube u. Humor, 1979; Was halten Sie v. Bösen?, 1978; Christ ohne Kirche, 1980; Abschied v. Ärger, 1980; D. Himmel ist unterwegs, 1981; Immer neue Friedensschlüsse, Liebe u. Ehe, 1982; Mut z. Weitermachen, 1983; Ich lüge mich an d. Wahrheit heran, Erz. 1983; Bewahrt vor d. Winter d. Herzens, 1983; So weit d. Wolken gehen, 1984; Ins Wasser schrieb ich meinen Namen, Erz. 1984; D. Leben kann gelingen, 1985; Ist Glaube erlernbar?, 1986; Geh aus, mein Herz, 1987; Vorurteile - wie man sie aufund abbaut, 1989; Alt u. Jung, verstehen wir einander?, 1989; D. Glück d. Lebens, 1990; D. Besiegte Tod, 1992.

SCHIMANSKY, Herbert

Vors. Richter am Bundesgerichtshof - Zu erreichen üb. Bundesgerichtshof, Herrenstr. 45a, 7500 Karlsruhe 1 - Geb. 22. Juni 1934 Berlin, ev., verh. s. 1959 m. Brigitte, geb. Drescher, 2 Söhne (Carsten, Thorsten) - Stud. Rechtswiss. Frankfurt/M. u. Bonn - S. 1962 Richter (zul. Vors. Richter OLG Düsseldorf); s. 1982 BGH.

SCHIMASSEK, H.

Dr. med., em. o. Prof. f. Biochemie - Im Neuenheimer Feld 328, 6900 Heidelberg - Habil. Marburg - S. 1967 Prof. Univ. Marburg (apl.) u. Heidelberg (1969 o.). Facharb.

SCHIMKE, Ernst

Dipl.-Ing., Partner Kienbaum u. Partner GmbH, Gummersbach - An der Schüttenhöhe 33, 5270 Gummersbach 1 (T. 02261 - 6 52 84) - Geb. 26. Nov. 1918 Zürichtal (Vater: Emil Sch., Pfarrer; Mutter: Lydia, geb. Ries), ev., verh. s. 1944 m. Anneliese, geb. Schmidt, 3 Kd. (Ernst-Friedrich, Hans-Jürgen, Maria Dorothea) - Human. Gymn. Zwickau (Abit. 1938); 1939-44 TH Danzig (Dipl.-Ing.) - 1944-46 Verw.-Dir. Rat Stadt Zwickau; 1947-49 Kraftwerksing. Chem. Werke Buna, Schkopau; 1950-54 Techn. Leit. Volkswerft Stralsund; 1954-56 Betriebsleit. I. W. Müller, Opladen; 1956ff. Partner Kienbaum + Partner GmbH Gummersbach. Beirats-Mand., Vors. Eisenbau Krämer mbH, Hilchenbach-Dahlbruch, Ruhfus GmbH, Neuss; Hesterberg & Söhne, Ennepetal, Beiratsvors. Kranzbühler Med. Systeme GmbH, Solingen, IDP Industrial Development Partner GmbH + Co KG, Königstein, Louis Schierholz GmbH & Co. KG, Bremen; AR-Mitgl. Vossloh AG, Werdohl - Spr.: Engl., Russ.

SCHIMMEL, Annemarie

Dr. phil., Dr. sc. rel., Dr. h. c., Prof. f. Indo-Muslim Culture Harvard Univ. - 6 Divinity Ave, Cambridge, Mass./USA - Geb. 7. April 1922 Erfurt (Vater: Paul S., Postbeamter; Mutter: Anna, geb. Ulfers) - Univ. Berlin - S. 1946 (Habil.) Lehrtätigk. Univ. Marburg (1953 apl. Prof. f. Islam. Sprachen u. Islamwiss.), Ankara (1954 Ord. f. Religionsgesch.), Bonn (1961 Wiss. Rätin u. apl. Prof. f. Islam. Sprachen u. Islamkd.), Harvard Univ. Cambridge (1967 Prof. of Indo-Muslim Culture) - BV: u. a. Kalif u. Kadi im spätmittelalterl. Ägypten, 1943; D. Religionen d. Erde, 1951; Lyrik d. Ostens, 3. A. 1957; Dinler Tarihine Giris, 1955; Sirat Ibn al-Chafif, 1956; Gabriel's Wing, 1963 (Leiden); Pakistan - E. Schloß m. 1000 Toren, 1965; Halladsch - Märtyrer d. Gottesliebe 1968; Islamic Lit. in India, 1973; Sindhi Lit., 1974; Classical Urdu Lit., 1975; Mystical Dimensions of Islam, 1975; Pain and Grace, 1976; The Triumphal Sun, 1977; Rumi, Leben u. Werk, 1977; A Dance of Sparks, 1977; Gebete aus d. Islam, 1977; Islam in the Indian Subcontinent, 1980; Märchen aus Pakistan, 1980; Muhammad ist Sein Prophet, 1981; As throngh a Veil, 1982; Gärten d. Erkenntnis, 1982; Unendliche Suche, 1982; D. orientalische Katze, 1983; Calligraphiy and Islamic

Culture, 1984; Stern u. Blume, 1984; And Muhammed is His Messenger, 1985; Friedrich Rückert, 1987; Islamic Names, 1989; Muhammad Iqbal, 1989; Wanderungen m. Yunus Emre, 1989; D. Islam, 1990; Islam, an Introduction, 1992; A two-colored Brocade, 1992. Herausg.: Harder-Paret, Kl. Arab. Sprachlehre (1968); Islamic Calligraphy (1970). Mithrsg.: Ztschr. Fikrún wa Fann (1963ff.), Länderkunde Pakistan (1976); Anvari's Divan - A Pocket Book for Akbar (1983); The Emperors' Album (1987); Rückert, 2 Bd. (1988). Übers.: Ibn Chaldun (Stücke aus d. Muqaddima), 1951; Muh. Ikbal (Buch d. Ewigkeit), 1957; Cavidname (m. Kommentar), 1958; Pers. Psalter, 1968; John Donne (Nacktes denkendes Herz), 1968; Aus d. gold. Becher (Türk. Lyrik), 1973; Zeitgenöss. arab. Lyrik, 1975; Nimm e. Rose, 1987; Bedrängnisse sind Teppiche voller Gnaden, 1987; Corbin, D. smaragdene Vision, 1988 - 1965 Friedrich-Rückert-Preis (1. Träger); 1966 Orden Sitara-i Quaid-i Azam, 1974 Gold. Hammer-Purgstall-Med. Ehrendoktorwürde Univ. of Sind, Hyderabad/Pakistan; 1977 D. Litt. h. c. Quaid-i Azam Univ. Islamabad; 1978 LL.D. Univ. of Peshawar; 1980 Johann-Heinrich-Voss-Preis Dt. Akad. f. Sprache u. Dichtung; 1980 Präs. Intern. Ass. for the History of Religion; Korr. Mitgl. Kgl. Niederl. Akad. d. Wiss.; 1982 BVK I. Kl., 1989 Gr. BVK; 1983 Hilal-i Imtiaz (Pakistan); 1986 Honorary DD Univ. Uppsala; 1987 Rhein.-Westf. Akad. d. Wiss.; 1987 Amer. Acad. of Arts and Sciences; Dr. phil. h.c. Selcuk Üniversitesi Konya/Türkei.

SCHIMMELMANN, Freiherr von, Wulf

Dr. oec. publ., Prof., Geschäftsinhaber d. BHF-Bank - Bockenheimer Landstr. 10, 6000 Frankfurt/M. 1 (T. 069 - 7 18-28 80) - Geb. 19. Febr. 1947 Steinhöring/Bay. - 1967/68 Stud. Wirtsch.wiss. Univ. Hamburg; 1968-70 Stud. Wirtsch.wiss. Univ. Zürich (lic. oec. publ.); Promot. Rechts- u. Staatswiss. Fak. ebd. - 1972-78 McKinsey & Co., Inc., Zürich, Cleveland, Düsseldorf (Teilh./Geschäftsf.); 1978-84 Landesgirokasse Stuttgart (Vorst.-Mitgl.). 1984-91 DG BANK, Frankfurt (Vorst.-Mitgl.); AR-Vors. SAP AG, Walldorf, BHF Finance (Netherlands) B.V., Amsterdam, ZIVNOSTENSKA BANKA a.s., Prag; AR-Mitgl. Harpener AG, Dortmund, Prager Handelsbank AG, Frankfurt Bukarest Bank AG, Deutsch-Ungarische Bank AG, alle Frankfurt/M.

SCHIMMELPFENNIG, Bernhard

Dr. phil., Prof. f. Mittelalterliche Geschichte - Tournelystr. 23, 8901 Stadtbergen-Leitershofen (T. 43 63 50) - Geb. 14. Juni 1938 Berlin (Vater: Nikolaus Sch., Schneider; Mutter: Dorothea, geb. Hanstein), kath., verh. s. 1964 m. Maria, 3 Kd. (Norbert, Andreas, Monika) - Canisius Kolleg; FU Berlin (Gesch., German., Altamerik.), Promot. 1964 Berlin, Habil. 1971 - S. 1971 Hochschullehrer; s. 1982 Prof. Univ. Augsburg - BV: Bamberg im MA, 1964; D. Zeremonienbücher d. röm. Kurie im MA (Habil.schr.), 1973; D. Papstt. Grundzüge seiner Geschichte v. d. Antike b. z. Renaissance, 1984; Aufs. üb. päpstl. Zerem., Priestersöhne, Degradation u.a.

SCHIMMER, Ludwig

Dipl.-Ing., Inhaber Ingenieurbüro f. Materialprüfung u. Qualitätssicherung, Gesellsch. d. MPQ GmbH, Beratungsges. f. Materialprüfung, Prüftechnik, Qualitätssicherung - Eichelbergstr. 26, 6800 Mannheim 1 - Geb. 14. Jan. 1929.

SCHIMPF, Albert

Dr. med., Prof., Hautklinik Univ. Saarbrücken - Büchnerstr. 12, 6650 Homburg/Saar (T. 4 28) - Geb. 15. Nov. 1919 - S. 1960 (Habil.) Lehrtätigk. Univ. Leipzig u. Saarbrücken (1961; 1965 apl. Prof. f. Dermatol. u. Venerol.). Buch- u. Ztschr.beitr. - 1966 Mitgl. New York Acad. of Sciences u. Royal Soc. of Med., London.

SCHIMPF, Klaus

Dr. med., Prof., Internist - Trübnerstr. 15, 6900 Heidelberg (T. 06221 - 47 22 13) - Geb. 12. Aug. 1923 Osterode am Harz (Vater: Dr.-Ing. Robert Sch., Dipl.-Ing.; Mutter: Ilse, geb. Ungewitter), ev., verh. s. 1965 m. Ursula, geb. Becker, 3 Kd. (Rainer, Birgit, Axel) - 1948-53 Stud. Univ. Göttingen; Med. Staatsex. 1953 Göttingen, Promot. 1954 Göttingen - 1953-54 Wiss.Assist. Pharmakol. Inst. Univ. Göttingen; 1954-65 Wiss. Assist. Med. Univ.-Klinik Heidelberg; 1965-72 Oberarzt, 1964-72 Leit. Blutgerinnungslabor Med. Univ.-Klinik Heidelberg; 1965 Habil. Inn. Med. Heidelberg; 1969 Wissensch. Rat; 1971 apl. Prof.; 1972-88 Ärztl. Dir. d. Rehabilitationsklin. Heidelberg; Gründ. d. überregional. Hömophiliezentr. Heidelberg 1972 - BV: Prävention b. d. Hämophilie. Tagungsber., 1976; D. Selbstbehandlung d. Bluter, 1979; Fibrinogen, Fibrin u. Fibrinkleber ..., Verhandlungsber. (m. T. Barrowcliffe, M. Nilsson), 1984; Monograph on Factor VIII concentrates and their clotting activity, 1984. Üb. 200 Aufs. in Fachztschr., Sammelbd. u. Lehrbüchern - BVK; Mitgl. Dt. Ges. inn. Med., Dt. Ges. Haematologie, Dt. Ges. f. Rehabil., Ges. f. Hämoetose- u. Thromboseforsch. (1978/79 1. Vors.). Dt. Haemophilieges. (1984-87 Vorst.-Mitgl., 1987 Mitgl. Ärztl. Beirat, 1989 stv. Vors.); World Fed. of Hemophilia. Medical Secretary (1979-83), Member of Executive (1983); Intern. Soc. on Thrombosis and Hemostasis; New York Acad. of Sciences - Spr.: Engl.

SCHIMPF, Rolf

Schauspieler - 8000 München - Geb. 14. Nov. 1924 Berlin, ev., verh. s. 1970 m. Ilse Zielstorff, Schausp. - Schauspielsch. Gensichen, Stuttgart - Zahlr. Rollen, u.a. FS: D. Schöffin, D. Sheriff v. Linsenbach, Soko 5113, Mensch Bachmann, D. Alte (ab 1986) - Spr.: Engl.

SCHINCK, Klaus-Jürgen

Bankdirektor, i. R. - Fichtenstr. 90, 6803 Edingen-Neckarhausen 2 - Geb. 15. Aug. 1919 Schönermark - Stud. Rechtswiss. Gr. jurist. Staatsprüf. - Vorh. Vorst.-Mitgl. u. AR-Mitgl. d. Pfälz. Hypo.bank.

SCHINDEWOLF, Ulrich

Dr. rer. nat., Prof. f. Physikal. Chemie Univ. Karlsruhe - Murgstr. 12, 7517 Waldbronn - Geb. 14. Juli 1927 Berlin (Vater: Univ.-Prof. Dr. Dr. h. c. Otto Heinrich S., Geologe; Mutter: Hedwig, geb. Scheel), verh. s. 1959 m. Dr. Dorrit, geb. Jordan, 2 Kd. (Stefan, Cornelia) - Stud. Berlin, Tübingen, Göttingen, Cambridge, Mass., Ann Arbor, Mich.; Promot. 1953 - In- u. ausl. Fachmitgl.sch. - 1976 Océ-van-der-Grinten-Preis, Gemeinderat Waldbronn - Spr.: Engl.

SCHINDLBECK, Robert

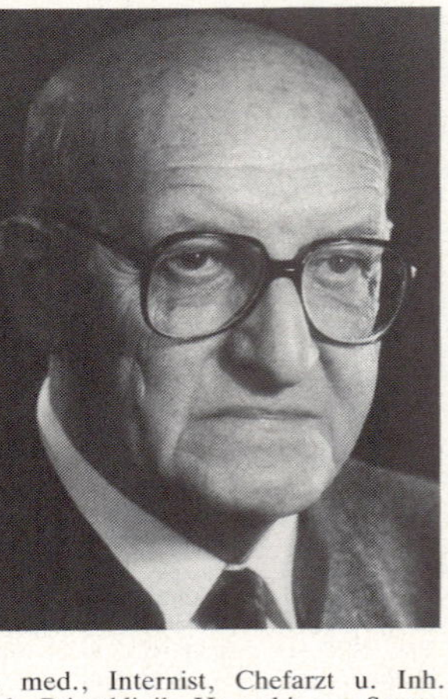

Dr. med., Internist, Chefarzt u. Inh. Med. Privatklinik Herrsching - Seestr. 43, 8036 Herrsching - Geb. 2. März 1911 München (Vater: Alban S., Arch.; Mutter: Adelheid, geb. Glück), kath., verh. s. 1940 m. Isolde, geb. Mayer, 4 Kd. - Hum. Gymn. Rosenheim; Stud. Univ. München - BV: Innere Med. im Wandel d. Zeit, 1985; Kritik an d. Med. im Spannungsfeld d. techn. Zeitalters, 1989. Mithrsg.: D. Internist. Zahlr. Fachveröff. - 1972 Ernst-v.-Bergmann-Plak.; 1976 Bayer. VO.; s. 1977 Ehrenvors. Verein d. Bayer. Internisten u. Ehrenpräs. Bayer. Internistenkongr.; Ehrenmitgl. Ärztl. Kreisverb. Starnberg; s. 1980 Ehrenpräs. Berufsverb. Dt. Internisten; 1980 Günther-Budelmann-Med.; 1988 BVK I. Kl. - Liebh.: Musik, Segeln - Spr.: Engl., Span.

SCHINDLER, Adolf Eduard

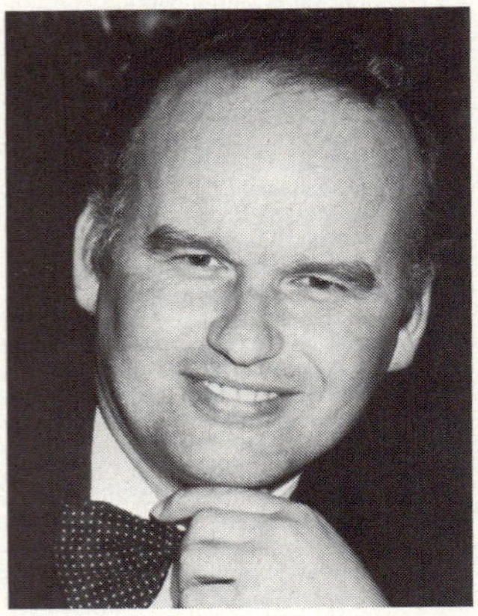

Dr. med. (habil.), Prof., Gynäkologe - Hufelandstr. 55, 4300 Essen 1 (T. 0201 - 723 24 40) - Geb. 7. Juni 1936 Asch (Vater: Adolf S., Handelsvertr.; Mutter: Barbara, geb. Truka), ev., verh. - Univ. Frankfurt/M. (Med.; Staatsex. 1962). Facharzt f. Geburtsh. u. Frauenheilkd. 1969 USA u. BRD - B. 1966 Southwestern Medical School Dallas/USA (Assist.), dann Univ.-Frauenklinik Tübingen (1976 gf. Oberarzt; 1971 Doz., 1974 apl. Prof., 1979 Prof.). 1986 Ord. f. Frauenheilkunde u. Geburtshilfe Univ.-Frauenklinik Essen. Gastvorles. Griech., Rumän., China. 350 Fachveröff. - 1965 Lynch Memorial Award, 1967 Frederick Purdue Aw.; 1978 Vesalius-Med. Augsburg - Spr.: Engl.

SCHINDLER, Herbert

Dr. Ing., Kunsthistoriker - Lindpaintnerstr. 35, 8000 München 60 (T. 83 12 60) - Geb. 27. März 1923 München (Vater: Josef Florentin T.; Mutter: Rosina S.), verh. (Ehefr.: Eva) - TH München - Bayer. Rundfunk - o. Prof. Univ. Passau - BV: Oberbayern, 1958; Gr. Kunstgesch. Bayerns, 1963; Barockreisen, 1964ff.; Monogr. d. Plakats, 1972; D. Romantische Straße, 1974; D. Schnitzaltar, 1978.

SCHINDLER, Jörg

Gf. Gesellschafter RAGOLDS SÜSSWAREN GMBH + CO., Karlsruhe - Tullastr. 60, 7500 Karlsruhe 1 (T. 0721 - 6 10 60) - Geb. 11. Juni 1929 Karlsruhe (Vater: Karl Sch.; Mutter: Emy, geb. Krapp), 2 Kd. - S. 1952 Inh. RAGOLDS SÜSSWAREN GMBH + CO. Stv. AR-Vors. Egesie Einkaufsgenoss. Dt. Süßwarenind., Nürnberg; Vorst.-Mitgl. Bundesverb. Dt. Süßwarenind. (f. Zuckerwaren), Bonn; Mitgl. Ind.aussch. IHK Karlsruhe - BVK.

SCHINDLER, Karl

Dr. rer. nat., o. Prof. f. Theoret. Physik Univ. Bochum (s. 1973) - Steinhügel 108, 5810 Witten (T. 4 01 33) - Geb. 26. Okt. 1931 Aachen (Vater: Robert S., Kaufm.; Mutter: Margarethe, geb. Pütz), kath., verh. s. 1967 m. Erika, geb. Götte, 2 Kd. (Christof, Eva) - Stud. TH Aachen; Promot. 1962 - 1962-65 Kernforschungsanlage Jülich, 1966-72 ESRIN, Frascati/Ital., 1972-73 Inst. f. extraterrestr. Phys. MPG, Garching. In- u. ausl. Fachmitgl.sch. Herausg.: Cosmic Plasma Physics (1972) - Spr.: Engl., Franz.

SCHINDLER, Manfred

Prof., Dozent f. Mathematik u. Didaktik d. Math. Päd. Hochschule Bremen - Schumannstr. 8, 2800 Bremen (T. 21 99 26).

SCHINDLER, Norbert

Prof., Ltd. Senatsrat a.D., Freiraumplaner - Hogenestweg 14, 1000 Berlin 47 (T. 030 - 604 29 08) - Geb. 29. Juli 1918 Striegau, ev., verh. s. 1947 m. Else, geb. Spanich, S. Thomas-Peter - Dt. Oberschule, Reifepr.; Gärtnerlehre, Stud. USA, Gartenbaustud. Berlin, Dipl.-Ing. - Prakt. Tätigk. Gartenbaubetr., Bot. Gärten, Gartenbauämter; 1960-65 Leit. Garten- u. Friedhofsamt Mainz, 1966-80 Leit. Abt. Grünfl., Natursch. u. Wasserwesen b. Senator f. Bau- u. Wohnungswesen Berlin, s. 1974 Hon.prof. TU Berlin - Ltd. Mitarb. in Fachorganis. u. -verb. u.a., 1980-83 Präs. Intern. Feder. of Park a. Recreation Administr. (IFPRA), s. 1967 Mitgl. Dt. Akad. f. Städtebau u. Landesplan. Üb. 500 Fachbeiträge in Fachbüchern u. Fachztschr. - BV: Berliner Pflanzen, 1985 - 1980 Jubil.med. Dt. Gartenbau-Ges., Ernst-Schröder-Gedächtnis-Münze d. Zentralverb. Gartenbau, BVK a. Bde.; 1982 Silberne Landsch. Bundesverb. Garten-, Landsch.- u. Sportplatzbau; 1983 Honorary Member IFPRA, Ehrenmitgl. Dt. Ges. f. Gartenkunst u. Landschaftspfl., BVK I. Kl. - Spr.: Engl.

SCHINDLER, Wilhelm

Direktor (Edeka, München), Mitgl. Bayer. Senat - Ganghoferstr. 70, 8000 München 12 (T. 50 84 92; priv.: 50 77 63) - 1973 Bayer. VO.

SCHINDLER, Zeno Karl

Industrieller, Vizepräsident d. Schindler Holding AG - Seerosenweg 6, CH-6052 Hergiswil NW (T. 041 - 95 15 52) - AR-Vors. Schindler Aufzügefabrik GmbH, Berlin - BVK I. Kl.; 1983 Ernst-Reuter-Plak. Senat v. Berlin.

SCHINDLING-RHEINBERGER, Liselott

Senatorin E. h., Dressurreiterin (unt. Liselott Linsenhoff), Ehrenaufsichtsratsvorsitzende VDO Adolf Schindling AG, Frankfurt/M. (1984ff.; vorh. langj. AR-Vors.; all. Firmeninh.) - Schafhof, 6242 Kronberg/Ts. - Geb. 25. Aug. 1927 Frankfurt/M. (Vater: Adolf Sch., Industrieller (Firmengr. u. Bes. Gestüt Asta) † 1966 (s. XIV. Ausg.)), kath., 2 Kd. (Stefan, Ann-Kathrin) - 5 Sem. Betriebswirtsch. - Zahlr. Erfolge im Dressurreiten, u. a. auch Adular (Olymp. Reiterspiele 1956 (Bronze-/Einzel-, Silbermed. Mannschaftswert.), auf Piaff 1968 (Goldmed./Mannschaftsw.), 1972 (Gold-/Einzel- (erste Frau) u. Silbermed./Mannschaftsw.), 1969 (Europam./Einzel- u. Mannschaftsw.), 1971 Europam./Einzelw.) - 1956 Silb. Lorbeerbl. d. Bundespräs.; 1957 Gold. Ehrennadel d. Landessportbd.; Gold. Reiterabz.; Silb. u. 2 Gold. Ehrennadeln d. Olympiasieger (NOK); 1972 Gold. Band Verein Dt. Sportpresse; Gold. Ente d. Vereins Frankfurter Sportpresse; Gold. Ehrennadel DOG; Gold. Ehrennadel FEI; 1986 Ehrensenatorin Univ. Heidelberg (als 1. Frau); 1986 Dt. Reiterkreuz in Gold - Liebh.: Kochen, Innenarch., Alte Bauernmöbel - Spr.: Engl., Franz.

SCHINK, Bernhard

Dr., o. Prof. f. mikrobielle Ökologie u. Limnologie Univ. Konstanz, Lehrst. Mikrobielle Ökologie, Univ. Konstanz - Postfach 55 60, 7750 Konstanz (T. 07531 - 88 21 40) - Geb. 27. April 1950 Mönchengladbach, ev., ledig - Dipl. 1974 Göttingen; Promot. 1977 Göttingen; Habil. 1985 Konstanz - 1986-87 Prof. Univ. Marburg; 1987-91 o. Prof. Univ. Tübingen - 1985 Maier-Leibniz-Preis Bundesmin. f. Wiss. - Liebh.: Musik, Lit. - Spr.: Engl.

SCHINK, Wilhelm
Dr. med., o. Prof. f. Chirurgie - Am Rauschergraben 6, 8021 Icking-Dorfen (T. 08171 - 2 05 33) - Geb. 10. Juni 1916 Berlin - S. 1953 (Habil.) Univ. Jena, Marburg (1956), München (1958; 1960 apl. Prof.), Köln (1963 Ord.) - BV: Handchir. Ratgeber, 1960. Mithrsg.: Chirurgie d. Gegenw. Üb. 90 Einzelarb. - Spr.: Engl., Franz. - Rotarier.

SCHINKE, Hans- Werner
Dipl.-Ing. - Carl-Wilhelm-Str. 30, 4150 Krefeld 1 - Geb. 10. Juli 1921 Röddesen - Ehem. Vorst.-Mitgl. AEG-KABEL AG, Mönchengladbach; Mitgl. IHK Duisburg.

SCHINKEL, Manfred-Carl
Dr., Präsident d. Niedersächsischen Oberverwaltungsgerichts, Präs. d. Nieders. Disziplinarhofs - Bernsteinstr. 24, 2120 Lüneburg (T. 04131 - 6 59 58) - Geb. 3. Jan. 1935, ev., verh. s. 1963 m. Gabriele, geb. Langer, S. Matthias - Stud. Univ. Würzburg, Göttingen; Promot. 1971 Göttingen - 1989 Präs. d. Rechtshofs d. Konföderation ev. Kirchen in Nieders.

SCHINTLING-HORNY, von, Wolfram
Ing. agr., Landwirt, Vors. Bundesverb. landw. Pächter e.V. - Domäne, 3384 Liebenburg/Harz - Geb. 25. Aug. 1925 - Oberst d. R. - BVK.

SCHINZEL, Dieter
Dipl.-Physiker, MdEP (s. 1979) - Kirchrather Str. 34, 5100 Aachen (T. 8 20 01) - Geb. 14. Nov. 1942 Berlin, verh. - B. 1963 Gymn., dann Stud. Physik. Dipl.-Phys. 1969 TH Aachen - S. 1970 Wiss. Assist. TH Aachen (Inst. f. Physikal. Chemie I). 1972-75 u. 1979ff. Stadtratsmitgl. Aachen. SPD s. 1961 (Medienpolit. Spr. d. Soz. Fraktion, Vors. Euro-Arab. Parlamentariergr., Mitgl. Aussch. f. Energie u. Forschung).

SCHINZLER, Hans-Jürgen
Dr. jur., Vorstandsmitglied Münchener Rückversicherungs-Ges., München - Königinstr. 107, 8000 München 40 (T. 089 - 38 91 35 34) - Geb. 12. Okt. 1940 Madrid (Span.) - Div. AR-Mand., dar. AR-Vors. Europ. Reiseversich. AG, München, stv. Vors. Allg. Kreditversich. AG, Mainz, u. Allianz Versich. AG, München.

SCHIPHORST, Bernd
Dipl.-Volksw., Geschäftsführer UFA Film- u. Fernseh-GmbH - Alsterufer 33, 2000 Hamburg 36 (T. 040 - 414 10 90) - Geb. 29. Jan. 1943 Oldenburg, ev., verh. s. 1969 m. Dorothee, geb. Hohgardt, 2 Kd. (Malte, Hendrik) - Redakt.; Stud. Volkswirtsch., Politik, Publiz. - Bereichsvorst. Bertelsmann AG; VR RTL plus; Lehrbeauftr. FU Berlin.

SCHIPPEL, Helmut
Dr. jur., Prof., Notar, Präs. Bundesnotarkammer/KdÖR, Köln - Theatinerstr. 44, 8000 München 2; priv.: 8035 Gauting/Obb. - 1984 Bayer. VO.

SCHIPPERGES, Heinrich
Dr. med., Dr. phil., Prof. f. Geschichte d. Medizin - Schriesheimer Str. 59, 6915 Dossenheim (T. 86 91 55) - Geb. 17. März 1918 Kleinenbroich/Rhld., kath., verh. s. 1955 m. Ruth, geb. Niessen, 4 Kd. (Michael, Thomas, Barbara, Stefan) - 1941-42 Univ. Tübingen (Phil.), 1946-51 Med. Akad. Düsseldorf u. Univ. Bonn (Med., Phil.). Dr. med. 1951, Dr. phil. 1952; Habil. 1959. Facharzt f. Nerven- u. Gemütsleiden 1960 - S. 1959 Lehrtätigk. Univ. Kiel (1960 apl. Prof.) u. Heidelberg (1961 Ord.) - BV (1962-72): Lebend. Heilkd., D. Menschenbild Hildegards v. Bingen (Erfurter Theol. Schr. Nr. 5), D. Welt d. Engel bei Hildegard v. Bingen, D. Assimilation d. arab. Med. durch d. lat. Mittelalter, D. Benediktiner in d. Med. d. frühen Mittelalters (Erfurter Theol. Schr. 7), Ideal u. Wirklichkeit, 5000 Jahre Chirurgie, Gesch. d. Christians-Albrechts-Univ. Kiel 1665-1965 (Bd. IV T. 1: Gesch. d. Med. Fak. - D. Frühgesch. 1665-1840), Entwicklung mod. Med. - Probleme, Prognosen, Tendenzen, Utopien d. Med. - Gesch. u. Kritik d. ärztl. Ideologien d. 19. Jh.s, Mod. Med. im Spiegel d. Gesch., Paracelsus - D. Mensch im Licht d. Natur. Herausg.: Hildegard v. Bingen, Heilkunde, Gott ist am Werk, Welt u. Mensch, D. Mensch in d. Verantwortung, Kosmos Anthropos - Entwürfe z. e. Phil. d. Leibes (1982), D. Arzt v. morgen - V. d. Heiltechnik z. Heilkd. (1982). Üb. 600 Ztschr.aufs. - 1973 Mitgl. Heidelberger Akad. d. Wiss. - 1978 med. Ehrendoktor Madrid.

SCHIPPERS, Heinz
Dr.-Ing. E.h., Aufsichtsratsmitglied Barmag AG - Leverkuser Str. 65, 5630 Remscheid-Lennep - 1984 Ehrenmitgl. Soc. of Manufacturing Engineers (SME), Dearborn (USA).

SCHIPS, Kurt
Dipl.-Ing., Direktor i.R., Aufsichtsrat Robert Bosch GmbH, Stuttgart - Heideweg 16, 7016 Gerlingen - Geb. 2. Mai 1927 Stuttgart (Vater: Gebhard S., Werkmeister; Mutter: Klara, geb. Fischer), kath., verh. s. 1959 m. Hildegard, geb. Löffler, S. Rainer - TH Stuttgart (Nachrichtentechnik; Dipl.-Ing.), Univ. Göttingen (Betriebsw.) - Patenting. Robert Bosch GmbH.; Abt.dir. Blaupunkt Werke GmbH; Geschäftsf. Robert Bosch Elektronik u. Photokino GmbH; 1968-71 Leit. Patent- u. Lizenzwesen Bosch-Gruppe; 1971-74 Mitgl. Geschäftsltg. Robert Bosch GmbH, 1974-89 Geschäftsf. d. Robert Bosch GmbH. Herausg.: Taschenb. f. d. Funkverkehr - VO. d. Landes Berlin; Offz. d. franz. Ehrenlegion.

SCHIRK, Heinz
Regisseur, Autor, Schauspieler - Im Hasengrund 36, 6101 Bickenbach/Bergstraße - Geb. 22. Dez. Danzig - BV: D. Sohn d. Bullen, R.; Rubecks Traum, R. - Zahlr. Bühnen- u. Fernsehinsz. in Deutschl., Frankr. u. in d. Schweiz - Div. Regiepreise, u. a. 1985 Silberne Nymphe v. Monaco (f. d. beste Regie); 1985 1. Preis World Television Festival Tokio; 1987 Adolf-Grimme-Preis in Gold; 1988 Adolf-Grimme-Preis in Silber.

SCHIRMACHER, Lothar
Vorstandsmitglied Hertie Waren- u. Kaufhaus GmbH, Berlin u. Frankfurt/M. - Zu erreichen üb. Hertie GmbH, Zentralverw., Herriotstr. 4, 6000 Frankfurt/M. 71 - Geb. 1935 - Zuständ. f. Verkauf im Hertie-Vorst.

SCHIRMBECK, Heinrich
Schriftsteller, Kultur- u. Wissenschaftsphilosoph - Park Rosenhöhe 13, 6100 Darmstadt - Geb. 23. Febr. 1915 Recklinghausen (Vater: Heinrich S., Reichsbahnangest.; Mutter: Elise, geb. Gräbe), verh. I) 1940-55 m. Ursula, geb. Possekel (gesch.), 4 Kd. (Heinrich, Peter, Christian, Lucinde), II) 1966-67 Eveline, geb. Roßberg (gesch.), T. Katja - Hittorf-Gymn. Recklinghausen (Abit. 1934); 1935-37 Buchhändlerlehre Frankfurt/M.; 1937 Reichssch. d. dt. Buchhandels - 1937-38 Sortimentsbuchh. Frankfurt/M., Halle/S., Nürnberg, 1938/39 Verlagsbuchh. Potsdam u. Berlin, 1939/40 Werbeleit. Frankf. Ztg., 1940-45; Militärdst., 1946-48 Redakt. Schwäb. Ztg., dann fr. Journ., Werbeleit. Frankf. Illustr. (1950) u. Dt. Ztg. u. Wirtschaftsztg., Stuttgart (1951), 1953-80 Mitarb. aller dt. Rundfunkges. - BV: u. a. D. Formel u. d. Sinnlichkeit - Bausteine zu e. Poetik im Atomzeitalter, 1964; Ihr werdet sein wie Götter - D. Mensch in d. biolog. Revolution, 1966 (auch franz., span., niederl.); Träume u. Kristalle, Phantast. Erz. 1968; Aurora, frühe Erz. 1968; Der junge Leutnant Nikolai, R. 1969; D. moderne Lit. u. d. Erzieh. z. Frieden, Ess. 1971; Tänze u. Ekstasen, Erz. 1973; Schönheit u. Schrecken, Ess. 1977; D. Pirouette d. Elektrons, Meisterz. 1980; Für e. Welt d. Hoffnung, Dok. 1988. S. 1980 zahlr. Veröff. z. Friedenspolitik, Atomrüst., nukleare Sicherheitsphil., ökolog. Energiewirtsch., Medienphil. u. Lit. in Ztschr. u. Sammelbd. 400 Rundf.beitr. (u. a. Features) - Anerkennungsurk. d. Dt. Reichsreg. z. 10. Verfass.tag am 11.8.1929 f. republik.freundl. Engagement, 1950 Literaturpreis Akademie der Wissensch. u. d. Literatur, Mainz, 1962 Förderpreis zum Immermann-Preis Stadt Düsseldorf, 1973 Certificate of Merit by Dictionary of Intern. Biography Cambridge; 1980 Johann-Heinrich-Merck-Ehrung d. Stadt Darmstadt, 1991 Gr. Stadt-Plak. d. Stadt Recklinghausen. 1962 o. Mitgl. Dt. Akad. f. Sprache u. Dicht., Darmstadt, 1964 Akad. d. Wiss. u. d. Lit., Mainz; 1959 Mitgl. PEN-Zentrum BRD - Liebh.: Klass. Musik, Bibliophilie - Spr.: Engl., Franz. - Lit.: K. A. Horst/F. Usinger, Lit. u. Wiss. - D. Werk H. S.s (1968); Werner Burghardt, H. S., e. gr. Erzähler d. Gegenw. (1970); Karl August Horst, D. Erzähler H. S. (1973). Robert Jungk: scala international 2/1980, hrsg. v. A. A. in Engl., Franz., Span., Portug.-Brasilian f. d. ges. Ausland.

SCHIRMER, Friedel
Ministerialrat i.R., 1984ff. Vors. Dt. Gemeinsch. d. Olympiateiln. (GdO) - Adolf-Schweer-Str. 22, 3060 Stadthagen (T. 27 25) - Geb. 20. März 1926 Stadthagen (Vater: Heinrich S., Arbeiter; Mutter: Marie, geb. Bock), ev., verh. s. 1952 m. Marta, geb. Völker, S. Dietrich - Verw.slehre; Verw.s- u. Wirtschaftsakad.; Univ. Verw.sdiplom - Sportlehrer, b. 1965 Leit. Städt. Sportamt Osnabrück, Bielefeld, dann Köln, 1967-69 Sportref. NRW, 1969-83 MdB. 1960-69 ehrenamtl. Trainer dt. Zehnkämpfer (Erfolge: Willi Holdorf Olympiasieger, 1966 Werner Gr. v. Moltke Europam., 1967 Kurt Bendlin Weltrekordler, 1968 Hans-Joachim Walde, Olympiazweiter u. Bendlin - dritter) - BV: Ein großes Ja zum Sport; Zehnkämpfer - Training u. Wettkampf - Kriegsausz.; viele sportl. Ehrungen; BVK I. Kl. - Liebh.: Bücher - Spr.: Engl. - Bek. Zehnkämpfer (1951, 53, 54 Dt. Meister).

SCHIRMER, Hans
Dipl.-Met., Honorarprof. f. Klimatologie Univ. Gießen, Meteorologe - Körnerstr. 51, 6050 Offenbach/M. (T. 069 - 88 46 08) - Geb. 29. Juni 1920 Oldenburg (Vater: Emil Sch.,; Mutter: Hermine, geb. Meyer), ev.-luth., verh. s. 1943 m. Ursula, geb. Wehrhahn, T. Gerhild - Stud. Meteorol. Univ. Hamburg u. Berlin; Dipl.-Hauptprüf. 1942, Gr. Staatsex. - 1975-85 Leit. Abt. Klimatol. (Abt.-Präs. a. D.) Zentralamt Dt. Wetterdienst, Offenbach/M.; 1964 o. Mitgl. Akad. f. Raumforsch. u. Landesplan., Hannover - BV: Hydrolog. Atlas d. BRD (Mitverf.), 1979; D. Klima d. BRD, 1979; Meyers Kleines Lexikon: Meteorologie (Mitverf.), 1987; Stadtklima u. Luftreinhaltung (Mitverf.), 1988; Kompendium d. Balneologie u. Kurortmedizin (Mitverf.), 1989; Wie funktioniert das? Wetter u. Klima (Mitverf.), 1989; Lehrb. d. Hydrologie, Band 1: Allgem. Hydrolog. (Mitverf.), 1990.

SCHIRMER, Hans
Dr. phil., Beauftragter d. Bundesregierung f. d. Europ.-arab. Dialog - Ausw. Amt, 5300 Bonn - Geb. 1911 Berlin - Stud. Rechts-, Staatswiss., Soziol., Gesch., Phil. Promot. 1933 - 1934-39 Dt. Akad. Austauschdst.; 1939-43 Ausw. Amt; 1943-45 Wehrdst.; 1950-55 u. 1966-68 Presse- u. Informationsamt d. Bundesreg. (Leit. Auslandsabt., zul. Ministerialdirig.); s. 1955 m. Unterbrech. Ausw. Dienst (Generalkonsul Kairo u. Hongkong, 1968-70 Botschafter Australien, 1970-74 Botschafter Wien - 1969 BVK I. Kl.

SCHIRMER, Horst
Dr. jur., Ministerialdirigent - Zu erreichen üb. Ausw. Amt (Kulturabteilung), 5300 Bonn - Geb. 26. Juli 1933 Berlin (Vater: Wolfgang S., Rechtsanw.; Mutter: Hildegard, geb. Wiemann), kath., verh. s. 1961 m. Gudrun, geb. Michelly, 2 T. (Katrin, Bettina) - 1953-57 Univ. Köln (Staats- u. Rechtswiss.). Ass.ex. 1961; Promot. 1961; Prüf. f. d. höh. ausw. Dienst 1963 - 1961-79 Ausw. Amt (Auslandstätigk. Dublin, Madrid, Mexico, Genf); 1979-85 Vorst. Inter Nationes, Bonn; 1985-90 Botsch. d. Bundesrep. Dtschl. in Uruguay - Liebh.: Schach - Spr.: Engl., Franz., Span.

SCHIRMER, Karl-August
Prof., Konzertpianist, Dozent f. Klavier Staatl. Hochsch. f. Musik Freiburg (s. 1946) - Faulerstr. 2, 7800 Freiburg/Br. (T. 2 39 37) - Geb. 26. Jan. 1908 Kassel, ev., verh. s. 1936 m. Liselotte, geb. Hildebrandt, 3 Kd. (Ingrid, Astrid, Christian) - Musikhochsch. Berlin (Prof. Börner u. Edwin Fischer). Partner u. Assistent v. Edwin Fischer, Partner v. Pierre Fournier.

SCHIRMER, Karl-Heinz
Dr. phil., Prof. f. Mittelalterliche dt. Literatur u. Sprache - Düppelstr. 23a, 2300 Kiel 1 (T. 0431 -8 48 62); Strandallee 127, 2409 Scharbeutz 1 - Geb. 22. Jan. 1926 Stendal (Vater: Emil Sch., Kaufm.; Mutter: Ella, geb. Hänsel), ev., S. Andreas - Abit. 1946, Univ. Greifswald (German., Angl., Phil.), Dipl. 1951, Promot. 1954, Habil. Univ. Hamburg 1966 - 1954-57 Wiss. Assist. Inst. f. Dt. Phil. Univ. Greifswald, 1957-66 German. Sem. Univ. Hamburg, 1967/68 u. 1970 Univ.doz. Hamburg, 1968/69 Lehrst.-vertr. Univ. Kiel, 1971-73 Wiss. Rat u. Prof. Univ. Hamburg, s. 1974 o. Prof. u. Dir. Germanist. Sem. Univ. Kiel - BV: D. Strophik Walthers v. d. Vogelweide, 1956; Stil- u. Motivuntersuch. z. mittelhochdt. Versnovelle, 1969.

SCHIRMER, Kurt-Peter
Dr., Unternehmer (Wilhelm Schirmer KG./Kraftfahrzeuggroßhandel, Hildesheim) - Bernwardstr. Nr. 6, 3200 Hildesheim - Geb. 4. Febr. 1945 Eddigehausen (Vater: Kurt S., Untern.; Mutter: Ruth, geb. Wolter-Pecksen), luth., verh. s. 1970 m. Annegret, geb. Müller, 2 Kd. (Ragna, Rouven) - 1966-73 Univ. Göttingen - div. Ämter, dar. Handelsrichter (1975) u. Vorst. Kfz.-Innung (1978) - Spr.: Engl.

SCHIRMER, R. Heiner
Dr. med., Prof. f. Biochemie Univ. Heidelberg - Freiburger Str. 64, 6900 Heidelberg (T. 06221 - 30 28 71) - Geb. 1. Febr. 1942 Bremen (Vater: Walter Sch., Bauamtm.; Mutter: Anna, geb. Kleemeyer), verh. s. 1967 m. Dr. Ilse, geb. Eichler, 3 S. (Markus, Andreas, Dominik) - 1961-66 Med.- u. Phil.-Stud. Univ. Heidelberg (Promot. 1966) u. Basel - 1968-80 Assist. Max-Planck-Inst. f. Med. Forsch.; s. 1980 Prof. Univ. Heidelberg - BV: Principles of Protein Structure (m. G. E. Schulz), 1979 (Japan. 1980, Russ. 1982) - Spr.: Engl., (Span., Russ., Franz.).

SCHIRMER, Walter
Msgr., Diözesancaritasdirektor, Prälat, Geschäftsf. u. 2. Vors. d. Caritasverb. f. d. Erzdiözese Bamberg - Geyerswörthstr. 2, 8600 Bamberg - Kath. - 1967 Magistralkaplan d. Malteserritterordens; 1975 BVK am Bde.; 1981 BVK I. Kl.; 1980 Ehrenmed. d. Bezirks Oberfranken; 1985 Ehrenmed. Stadt Lichtenfels.

SCHIRMER, Wolfgang
Dipl.-Volksw., Direktor RAL Dt. Institut f. Gütesicherung u. Kennzeichnung - Zu erreichen üb. RAL, Bornheimer Str. 180, 5300 Bonn 1 - Geb. 15. Juni 1936 Leipzig, verh. - Stud. Volksw. Univ. Marburg; Dipl. 1960 - Spr.: Engl.

SCHIRMER, Wulf
Univ.-Prof. f. Baugeschichte Univ. Karlsruhe - Lußstr. 17, 7500 Karlsruhe 41 - Geb. 9. März 1934 Hannover - Stud. Arch. TU Hannover (Dipl. 1963); Promot. 1966 TU Berlin, Habil. 1970 TU Berlin - 1970 ao. Prof. TU Berlin; 1971 o. Prof. f. Baugesch. Univ. Karlsruhe - Mitgl. Dt. Archäol. Inst. Berlin. Zahlr. Veröff. - Spr.: Engl., Türk.

SCHIRNDING, Freiherr von, Albert

Studiendirektor, Schriftst. - Obermaierstr. 1, 8000 München 22 - Geb. 9. April 1935 Regensburg - (Vater: Ottokarl Frhr. v. S.; Mutter: Maria-Viktoria, geb. Gräfin Verri della Bosia) - Höh. Schuldst. - BV/Ged.: Falterzug, 1956; Blüte u. Verhängnis, 1958; Bedenkzeit, 1977; Ess.: Am Anfang war d. Staunen - Üb. d. Urspr. d. Phil. b. d. Griechen, 1978; D. Weisheit d. Bilder - Erfahr. m. d. griech. Mythos, 1979; Durchs Labyrinth d. Zeit, 1980; Linien d. Lesens. Lit. Porträts, 1982; Mit anderen Augen. Gesammelte Ged. 1953-85; Herkommen, Erz. 1987 - 1982 Johann-Heinrich-Merck-Preis Darmstadt u. Schwabinger Kunstpreis; 1983 o. Mitgl. Bayer. Akad. d. Schönen Künste; s. 1983 Präs. Stiftg. z. Förderung d. Schrifttums; s. 1987 Mitgl. PEN.

SCHIRNDING, Freiherr von, Jobst

Bankdirektor i. R. - Rudolfstr. 19, 8032 Lochham/Obb. (T. München 85 58 87) - Geb. 28. Sept. 1919 Traunstein/Obb. (Vater: Dr. jur. Hans Frhr. v. S.; Mutter: Anni, geb. Schuster), verh. m. Helga, geb. Flor, S. Jobst - Klostersch. Ettal - S. 1955 Bayer. Staatsbank (1966 Vorst.-Mitgl.) u. Fürst Thurn u. Taxis Bank (1971 Geschäftsl.) - Liebh.: Jagd, Modelleisenbahn - Spr.: Franz. - Rotarier.

SCHIRNER, Jochen

Dipl.-Kaufm., Vorstandsvorsitzender Vereinigte Aluminium-Werke AG, Bonn (s. 1986) - Kiefernweg 16, 5330 Königswinter 41 - Geb. 27. Febr. 1939 Berlin (Vater: Karl Sch., Kaufm.; Mutter: Inge, geb. Dauter), ev., verh., 3 Kd. - Univ. München u. Köln, Dipl.-Kfm. 1963 Köln - S. 1978 Vorst.-Mitgl., s. 1986 Vorst.-Vors. VAW; s. 1988 Vorst.-Mitgl. VIAG AG, Bonn; AR-Mand. Berliner Kraft- u. Licht (Bewag)-AG, Berlin, Lehnkering-Montan-Transport-AG, Duisburg, Bayernwerk AG, München, u. Innwerk AG, München-Töging.

SCHIRRMACHER, Helmut Heinz

Polizeipräsident Bielefeld a.D. - Beethovenstr. 41, 4800 Bielefeld - Geb. 6. Mai 1923 Elbing (Vater: Erich Sch., Werkzeugschlosser; Mutter: Hedwig, geb. Scheffler), ev., verh. s. 1950 m. Amalie, geb. Küllmer, 3 Kd. (Uwe, Nora, Jörg) - 1937-40 kaufm. Lehre (Abschl.) - 1953-54 geh. Pol.-Vollzugsdst.; 1973-74 höh. Dst. (Pol.-Führ.-Akad.); Pol.-Dir. u. Pol.-Präs. B. 1981 Vors. GdP - 1987 Gr. BVK - Liebh.: Wandern, Schwimmen, Fliegen.

SCHIRRMACHER, Volker

Dr. rer. nat., habil., Prof. f. Immunologie Univ. Heidelberg, Inst. f. Immunol. u. Genetik Dt. Krebsforschungszentr. - Unterer Fauler Pelz 6, 6900 Heidelberg - Geb. 9. Jan. 1943 Wentorf/Hamburg (Eltern: Wolf u. Johanna Sch., geb. Bräuning), ev., verh. s. 1969 m. Barbara, geb. Ziemssen, 2 Töcht. (Tanja, Elise) - Dipl.-Biochemiker 1967, Promot. 1970, Prof. 1977, Ord. 1987 - S. 1976 Abt.-Leit. DKFZ. Forschungsschwerpunkt: Immunbiol. d. Metastasierung. 1987-89 Vors. SEK (Sektion Experimentelle Krebsforsch.) d. Dt. Krebsges. - 1982 Aronson-Preis d. Stadt Berlin; 1983 Meyenburg-Preis; Heidelberg; 1988 Dt. Krebspreis - Liebh.: Musik (Querflöte, Violoncello); Sport (Ski, Windsurfing) - Spr.: Engl., Franz.

SCHISCHKOFF, Georgi

Dr. phil., Univ.-Prof., Schriftsteller - Mozartstr. 15, 8090 Wasserburg/Inn (T. 28 56) - Geb. 5. Juni 1912 Nova-Sagora/Bulg. (Vater: Stephan Sch., Finanzexperte; Mutter: Penka, geb. Michailowa), griech.-orth., verh. m. Anne, geb. Kurz (Studienrätin) - Dipl.-Math. 1935 Sofia; Studienrat; Promot. 1942 München - Prof. f. Phil. Univ. Salzburg; s. 1968 Gastprof. Univ. München, Redakt., Vortragstätigk. Mitbegr. Dt. Allg. Ges. f. Philosophie (1947ff.). S. 1983 im Ruhestand - BV: Phil. Probleme d. Math., 1944; Beitr. z. Leibniz-Forschung, 1947; Erschöpfte Kunst oder Kunstformalismus? E. anthropol. Studie z. mod. Malerei, 1952; D. gesteuerte Vermassung - E. sozialphil. Beitrag z. Zeitkritik 1964 (span. 1968); Kurt Huber als Leibniz-Forscher, 1966; Peter Beron - Forscherdrang aus d. Glauben an d. geschichtl. Sendung d. Slawen, 1971. Begr. d. Ztschr. f. Phil. Forsch. u. Phil. Literatur-Anz. (1945-48), deren Herausg. b. 1978. Phil. Wörterb. (Kröner-Taschenausg.), s. 1957, 22. A. (1991) - 1986 Gr. BVK - Großneffe d. bulg. Schriftstellers u. Aufklärers S. J. Dobroplodnij - Spr.: Bulg., Russ.

SCHLAAK, Max

Dr. med., Prof., Direktor Med. Klinik Forschungsinst. Borstel - Elsa-Brandström-Str. 9, 2300 Kiel-Kronshagen - Geb. 24. Mai 1934 Treia/Kr. Schleswig, verh. s. 1962 m. Wiebke, geb. Struck, 4 Kd. (Jörg, Peter, Thomas, Christina) - Med.-Stud. Kiel, Tübingen, München; Staatsex. u. Promot. 1958, Habil. 1971 - 1971-80 Oberarzt I. Med.-Univ.-Klinik Kiel. Forsch.schwerpunkte: Immunologie - Allergologie - 1959 Fakultätspreis Med. - Spr.: Engl., Franz.

SCHLACHET, Simon

Vorstandsvorsitzender Landesverband d. Jüd. Gemeinden v. Nordrh. - Geb. 17. April 1912 - Zu erreichen üb. Landesverb. d. Jüd. Gem. v. Nordrh., Mauerstr. 41, 4000 Düsseldorf 30.

SCHLACHETZKI, Andreas

Dr. rer. nat., Prof., Dipl.-Physiker - Im Rabe 6, 3300 Braunschweig - Geb. 7. Juli 1938 Breslau/Schles., kath., verh. s. 1976 m. Marianne, geb. Stanke, 2 Kd. - Stud. Univ. Köln (Experimentalphysik); Promot. 1969 - 1970/71 Yale Univ., New Haven/USA; 1971-76 Forschungsinst. d. Dt. Bundespost Darmstadt; 1976-84 Prof. Inst. f. Hochfrequenztechnik TU Braunschweig; 1984-87 Prof. Physik TU Berlin u. Leit. Ber. Integrierte Optik Heinr.-Hertz-Inst. Berlin; s. 1987 Leiter Inst. f. Halbleitertechnik u. Prof. TU Braunschweig. 1975 6-monat. Forschungsaufenth. Nippon Telegraph & Telephone Publ. Corp., Musashino Tokyo - BV: Integrierte Schaltungen, 1978 (m. W. v. Münch); Bauelemente d. Hochfrequenztechnik, 1984; Halbleiter-Elektronik, 1990. Herausg.: Teubner Studienbücher Angewandte Physik (m. M. Schulz); mehr als 50 Veröff. in intern. Fachztschr. - Spr.: Engl.

SCHLACHETZKI, Joachim

Dr. med., apl. Prof., Chefarzt, Unfallchirurg - Birkengrund 5, 5100 Aachen (T. 0241-6 22 74) - Geb. 1. März 1931 Breslau (Vater: Johannes Sch., Chir.; Mutter: Stephana, geb. Bernatzky), kath., verh. s. 1965 m. Ina, geb. Bunnenberg, 3 Kd. (Alexandra, Felix, Johannes) - Univ. Köln. Chir. Univ. Klinik Göttingen, Chir. Klinik Med. Hochsch. Lübeck - S. 1970 Chefarzt Chir. Abt. Marienhospital Aachen.

SCHLACHTMEIER, Johann

I. Bürgermeister - Rathaus, 8424 Saal/Donau - Geb. 4. Mai 1929 Saal/Donau.

SCHLAEFKE, Marianne

Dr. med., Prof. u. Leit. Abt. f. Angewandte Physiologie Univ. Bochum (s. 1979) - Paracelsusweg 20, 4630 Bochum 1 (T. 0234 - 70 62 03) - Geb. 13. Juni 1938 Berlin - Stud. Med. Univ. Freiburg, Hamburg u. Tübingen; med. Staatsex. 1965 Univ. Tübingen; Promot. 1967 u. Habil. 1973 Univ. Bochum - 1967-69 u. 1971-73 Wiss. Assist. Inst. f. Physiol. Univ. Bochum; 1969-70 Assist. Prof. Dept. of Physiol. Univ. of California, Los Angeles; 1973-79 Wiss. Oberassist. Inst. f. Physiol. Univ. Bochum - BV: Central Chemosensitivity: A Respiratory Drive, 1981; Central neurone environment and the control systems of breathing and circulation; D. plötzliche Kindstod; Schlaf u. schlafbezogene autonome Störungen - Bes. Interessen: D. zentral atemgestörte Kind in d. häusl. Pflege u. Rehabilitation; Diagnostik u. Therapiemodelle z. Verhinderung d. plötzl. Säuglingstodes.

SCHLAFFKE, Winfried

Dr. phil., Honorarprof. f. Bildungs- u. Arbeitsmarktpolitik in d. Soz.Wiss. Fak. Univ. München, Leit. d. Hauptabt. Bildung u. Gesellschaftswiss. Inst. d. dt. Wirtschaft Köln - Gustav-Heinemann-Ufer 84-88, 5000 Köln 51 (T. 0221-37 08-243) - Geb. 13. Aug. 1939, ev., verh., 2 Kd. (Iris, Peter) - Stud. Philol., Lit.wiss., Phil., Päd., Theol. Univ. Hamburg; Promot. 1967 Hamburg - S. 1967 Inst. d. dt. Wirtsch.; s. 1972 Doz. Univ. München, Bielefeld u. Köln - BV: u.a. Heinrich Wittenweilers Ring, 1969; Qualität d. Lebens am Arbeitspl., 1974; Berufsbildungsreform - Illusion u. Wirklichk., 1975; Abseits. D. Alternativen - Irrweg od. neue Weltkultur?, 1979. Herausg.: Grundwissen: Technik u. Ges., 20 Bde. (1984/85). Zahlr. Veröff. z. Bildung u. Wiss., Arb. u. Technik, Kultur u. Politik.

SCHLAG, Edward William

Dr., Dr. h. c., Prof. f. Physikal. Chemie u. Instituts-Vorst. TU München (s. 1971), Dekan Fak. f. Chemie, Biol. u. Geowiss. (1982-84) - Osterwaldstr. 91, 8000 München 40 (T. 361 48 12) - Geb. 12. Jan. 1932 Los Angeles/USA (Vater: Dr. Hermann S., Ltd. Vorst.-Mitgl. Dt. Landesrentenbank; Mutter: Hilda, geb. Nolte), verh. s. 1955 m. Angela, geb. Gräfin zu Castell-Castell, 3 Kd. (Katherine, Karl, Elisabeth) - Stud. d. Chemie Occidental Coll., Los Angeles (Dipl.ex.) u. Seattle; Promot. 1958 ebd. - 1958/59 Post-dok. Tätigk. Univ. Bonn (Prof. Groth); 1959 Forschungstätigk. du Pont de Nemours, Buffalo (1960-62 Techn. Berater); 1960 Assist. Prof. Northwestern Univ. Evanston, Ill.; 1964 Assoc. u. 1969 Full Prof. 1987 Gastprof. Univ. of Calif., Irvine. 1963 Mitgl. National Fulbright Com. f. Dtschl. Gründ. Ztschr. Chemical Physics, Fellow of the American Physical Society, Vors. Beirat d. Fritz Haber Center d. Hebrew Univ. Jerusalem, Mitgl. Ausw.-Aussch. d. Dt.-Israel. Fellowship Progr. d. MINERVA-Stiftg., Dt.-Israel. Komitee d. MINERVA-Stiftg., Beiratsmitgl. d. Dt.-Israel. James-Franck-Progr., Vorst.-Mitgl. Verein Intern. Begegnungszentr. d. Wiss. München, Selection Committ. f. the US Senior Award Program of the A.-v.-Humboldt Foundation, Intern. Organizing Comitt. Intern. Congr. on Photochem., Ständ. Ausschuß d. Dt. Bunsenges. (b. 1989), Member Editorial Board Chemical Physics, Chemical Physics Letters, Intern. Journal of Mass Spectrometry and Ion Processes, Journal of Physical Chemistry, Laser Chemistry, Trends in Chemical Physics. Üb. 200 Publ. - 1965 Alfred P. Sloan Fellow, ord. Mitgl. Bayer. Akad. d. Wiss.; 1987 Woodward Lecturer Yale Univ.; 1988 Dr. of Phil. H. C. Hebrew Univ., Jerusalem; 1988 Fritz Haber Lecturer, Hebrew Univ., Jerusalem; Ames Lecturer, Univ. of Edinburgh.

SCHLAGA, Georg

Rektor, MdB (s. 1969; Wahlkr. 136/Friedberg) - Königstr. 27, 6367 Rosbach/Rodheim (T. 2 7 27) - Geb. 3. Nov. 1924 Kirchmöser/Havel, verh., 3 Kd. - Volkssch.; Lehrerbildungsanstalt; Päd. Inst. (Deutsch). Beide Staatsprüf. - S. 1961 Rektor (1966 ff. Leit. Erich-Kästner-Mittelsch. Rodheim). 1943-1945 Wehrdst. 1960 ff. MdK Friedberg (b. 1972 Vors. Kulturpolit. Aussch.). SPD s. 1946.

SCHLAGENHAUF, Ernst

Bürgermeister v. Wüstenrot - Kernerstr. Nr. 15, 7156 Wüstenrot-Neuhütten (T. 07945-20 31 u. 380) - Geb. 11. April 1939 Sennfeld (Vater: Paul Sch., Bahnhofvorst.; Mutter: Luise, geb. Güthle), ev., verh. s. 1962 m. Ruth, geb. Fuchs, 2 T. (Claudia, Stefanie) - Verw.Lehre b. Bürgermeisteramt Neckarwestheim, Kirchhausen, Landratsamt Vaihingen/Enz, Staatl. Verw.-Schule Stuttgart - 1962 Stadtverw. Esslingen, 1963/64 Heilbronn, s. 1965 Wüstenrot - BV: Wüstenroter Heimatbuch, 1979 - Liebh.: Lit., Musik - Spr.: Engl.

SCHLAGENHAUF, Manfred

Dr.-Ing., Vorstandsvorsitzender DEKRA AG, Vorst.-Mitgl. Dt. Kraftfahrzeug-Überwachungs-Verein - Schulze-Delitzsch-Str. 49, 7000 Stuttgart 80.

SCHLAGER, Karlheinz

Dr. phil. habil., Prof. f. Musikwiss. Kath. Univ. Eichstätt (s. 1991) - Westenstr. 128, 8078 Eichstätt - Geb. 8. Okt. 1938 Bamberg, kath., verh. s. 1967 - Abit. 1957 Bamberg; Promot. 1966 Univ. Erlangen-Nürnberg, Habil. 1986 - 1968-76 Redakt. Serie A/I Intern. Quellenlexikon d. Musik Kassel; 1976ff. Wiss. Assist. u. Akad. Oberrat, 1988 Priv.-Doz. Inst. f. Musikwiss. Univ. Erlangen-Nürnberg; 1991 Lehrst. f. Musikwiss. Kath. Univ. Eichstätt - BV: Alleluia-Melodien I (b. 1100) (Monumenta Monodica Medii Aevi Bd. 7), 1968; J. Haydn. Sinfonie Nr. 104, 1983; Antiphonale Pataviense, 1985; Alleluia-Melodien II (ab 1100) (Monumenta Monodica Medii Aevi, Bd. 9), 1987 - Lit.: Grove's Dict.

SCHLAGER, Manfred

Landrat Kr. Rehau (s. 1970) - Beethovenstr. 8, 8670 Hof/S. - Geb. 2. Aug. 1929 Hof, ev. - Oberrealsch. Hof; Univ. Erlangen (Rechts- u. Staatswiss.). Jurist. Staatsprüf. 1953 u. 58 - S. 1958 Bayer. Finanzmin. (1959 Regierungs-, 1964 Oberreg.srat). 1965-69 MdB. Mitbegr. Jg. Union Hof. CSU.

SCHLAGINTWEIT, Reinhard

Diplomat - Friedrich-Ebert-Str. 69a, 5300 Bonn-Bad Godesberg - Geb. 12. März 1928 München (Vater: Dr. med. Erwin S. †; Mutter: Marianne, geb. Hess), ev., verh. m. Silvia, geb. Neven DuMont, 2 Kd. (Nicola, Kaya) - Bisher. Auslandsp.: Ankara, Kabul, Bangkok, New York, zul. Botsch. Saudi-Arabien - Spr.: Engl., Franz.

SCHLAICH, Georg Joachim

Botschafter d. Bundesrep. Deutschl. in Bogota/Kolumbien - Cra. 10A No. 70-37, Bogota/Kolumbien (T. 212 36 36) - Geb. 9. Dez. 1924 Calw (Vater: Carl Sch., Rechnungsrat; Mutter: Felicitas, geb. Meyer), kath., verh. s. 1955 m. Mechthild, geb. Trost, 2 Kd. - Univ. München (Neuphilol.; Ex. 1949/50, Dipl.-Volksw. 1951, Abschlußex. Höh. Ausw. Dst. Speyer 1955) - Ausw. Amt Bonn; s. 1953 auch Ausl.posten; 1978-82 stv. Generalsekr. Westeurop. Union London, s. Ende 1982 Botsch. in Kolumbien - Kommandeur d. Ordens: Cruz de Boyacá (Kolumbien) - Spr.: Engl., Franz., Span.

SCHLAICH, Klaus

Dr. jur., o. Prof. f. Öfftl. Recht u. Kirchenrecht Univ. Bonn (s. 1972) - Adenauerallee 24-42, 5300 Bonn (T. 0228 - 73 91 25; priv.: 02241 - 33 75 09) - Geb. 1. Mai 1937 Stetten (Vater: Ludwig S., Pfarrer; Mutter: Elisabeth, geb. Weiss), ev., verh. s. 1972 m. Katrin, geb. Grimm, 3 Kd. (Sönke, Christoph, Johannes) - Hum. Gymn. Stuttgart (Abit. 1956); Stud. Tübingen u. Berlin; Dr. jur. 1967; Habil. 1971 Tübingen - 1962-72 wiss. Assist. u. Privatdoz. (1971) Univ. Tübingen - BV: Kollegialtheorie. Kirche, Recht u. Staat in d. Aufklärung, 1969; Neutralität als verfassungsrechtl. Prinzip, 1972; D. Bundesverfassungsgericht, 2. A. 1991. Mithrsg.: Evangel. Staatslexikon (3. A. 1987). Weit. Veröff. zu Verfassungsgesch., Kirchenrecht, Staatskirchenrecht, Staatsrecht.

SCHLAMPP, Hermann

Justitiar, Vors. Verb. d. Dt. Essenzenindustrie - Zu erreichen üb. Verband Dt. Essenzenind., Meckenheimer Allee 87,

5300 Bonn 1 - Stud. Rechtswiss. Gr. jurist. Staatsprüf. - Rechtsanw.

SCHLANGE, Hildburg

Dr. med., Prof., Vorsteherin Abt. f. Psychosomat. Paediatrie Univ.-Kinderklinik Göttingen i.R. - Leineweberstr. 3, 3412 Nörten-Hardenberg 2 (T. 05503-31 71) - Geb. 18. Sept. 1921 Berlin, ev., led. - S. 1961 (Habil.) Lehrtätigk. Göttingen - BV: D. körperl. u. geist. Entwicklung b. Kindern m. angeborenen Herz- u. Gefäßmißbildungen, 1962; D. Göttinger Formreproduktionstest; Z. Diagnose d. Hirnschädigung im Kindesalter, 1972, 73 u. 77. Üb. 75 Einzelarb.

SCHLAPP, Manfred

Dr. phil., Mag. lit., Prof. f. Philosophie - Postfach 652, FL-9490 Vaduz (T. 075 - 2 72 71) - Geb. 30. Aug. 1943 Innsbruck (Vater: Josef Sch., Lehrer; Mutter: Zita, geb. Steiner), T. Michaela - Univ. Innsbruck (Phil., Psych., Altphilol.), Promot. 1966, Mag.lit. 1967 - S. 1967 Prof. f. Phil., s. 1976 General-Sekr. PEN-Club Liechtenstein, s. 1976 Herausg. d. lit. Schriftenr. Zifferblatt, s. 1971 fr. Mitarb. ORF (Hörsp., Essay-Reihen, Features...) - BV: Steckbrief der Hinterwelt, 1971; D. Große Unbehagen, 1973; Versuch u. Irrtum, 1979; Das ist Liechtenstein, 1980 (engl. 1981); Kritik d. reinen u. prakt. Unvernunft, 1987; Irren ist unmenschlich, 1987. TV-Film: David ohne Schleuder (1984); Oben am jungen Rhein (1984); Liechtenstein - E. Fürstentum stellt sich vor (1985); Walgauer Schattenrisse (1987); Als d. Scheiterhaufen brannten (1988); Wo Vater Rhein noch jung an Jahren (1989); Jugendstil im Schatten des Doppeladlers (1990); Dalai Lama (1991); Oskar Werner (1992) - 1981 Buch-Preis (Luxemburg) - Liebh.: Reisen, Lesen - Spr.: Lat., Griech., Engl., Franz., Ital.

SCHLAPPNER, Martin

Dipl.-Volksw., Oberverwaltungsrat, MdL Hessen (s. 1970) - Reinhard-Strecker-Str. 2b, 6090 Rüsselsheim/M. (T. 6 58 46) - Geb. 6. Okt. 1931 Groß-Gerau - Univ. Frankfurt/M. (Wirtschafts- u. Sozialwiss.). Staatsex. 1955 - S. 1956 Kreisverw. Groß-Gerau. 1956 ff. Stadtverordn. Rüsselsheim. SPD.

SCHLARB, Auguste

Dr. phil. nat., Prof., Hochschullehrerin - Augustastr. 23, 5300 Bonn-Bad Godesberg (T 0228-35 21 76) - Geb. 14. April 1920 Bonn (Vater: Wilhelm S., Obersekr.; Mutter: Johanna, geb. Holstein), kath. - Päd. Fak. d. Univ Bonn; Univ. ebd. u. Frankfurt/M. (Geogr., Geol., Päd., Psych.) - 1946-58 m. Unterbr. (1948-50) Volksschullehrerin; 1959 zeitw. Mitarb. Hochsch. f. Intern. Päd. Forschung, Frankfurt; 1960-62 Assist. PH Bonn; s. 1962 Doz. Prof. (1963), o. Prof. (1965; 1980 Dir. Sem. f. Geographie u. i. Didaktik) - BV: Z. Psych. d. Lehrerin, 1959; Morphol. Studien in d. Euganeen, 1961; Land und Menschen am Strom - D. Niederrhein, 1963 (m. Pohl); D. Kölner Bucht u. ihre Gebirgsränder - Landeskdl. Überblick, 1965 (m. dems.) - Liebh.: Fotogr. - Spr.: Franz., Engl., Ital.

SCHLARBAUM, Erwin

Stadtrat - Rathaus, 4630 Bochum (T. 69-22 20); priv.: Brechtstr. 4, 4630 Bochum 6 - Geb. 13. Mai 1928.

SCHLAU, Wilfried

Dr. agr., Prof. f. Soziol. Univ. Mainz - Lochmühlenweg 2 A, 6382 Friedrichsdorf/Ts. 1 (T. 06172 - 52 07) - Geb. 27. April 1917 Welikij-Ustjug (Vater: Dr. Wilhelm Sch., Oberstud.dir.; Mutter: Frieda, geb. Neander), ev., verh. s. 1948 m. Ruth, geb. Beritz - Stud. Agrarwiss. Univ. Mitau, Wien u. Hohenheim; Dipl. 1949, Promot. 1952 u. Habil. f. polit. Soziol. u. neuere Sozialgesch. 1970 Univ. Stuttgart-Hohenheim - 1950-68 Erwachsenenbild. (Leit. e. Heimvolkshochsch.); 1968-70 Kulturpflege; 1970-71 Doz. Stabsakad. d. Bundeswehr Hamburg; 1971-79 o. Prof. f. Soziol. Erziehungswiss. Hochsch. Rhld.-Pfalz/Ab. Worms - BV: Heimatvertriebenes ostd. Landvolk, Ergebn. e. Unters. im Kreise Mergentheim, 1955; Politik u. Bewußtsein, Voraussetz. u. Strukturen polit. Bild. in ländl. Gemeinden, 1971; Lehrer in Rhld.-Pfalz, Gesellschaftl.-sozialer Wandel e. Berufsgr. in d. Jahren 1927-1976, Ergebn. e. empir. Unters. (m. Gerhard Schadwill), 1984; Gegen d. Mahlstrom d. Zeit, Ausgewählte Beiträge z. polit. Soziol. u. neueren Sozialgesch., 1990. Herausg.: Bedingungslose Heimkehr. D. Prozeß d. Dekolonisation u. s. demograph. u. soz. Folgen f. Europa (1979). Div. Beitr. in Sammelw. - Spr.: Russ., Lett.

SCHLAUCH, Rezzo

Rechtsanwalt, MdL Baden-Württ. (Wahlkr. 2) - Rotebühlstr. 99, 7000 Stuttgart 1 (T. 0711 - 62 27 91) - Geb. 4. Okt. 1947 Gerabronn - Die Grünen.

SCHLEBUSCH, Gernot

Dr. jur., geschäftsf. Vorstandsmitglied Nieders. Landkreistag - Zu erreichen üb. Haus d. Kommunalen Selbstverwaltung, Am Mittelfelde 169, 3000 Hannover 81 (T. 0511 - 8 79 53-0) - Geb. 1. Jan. 1941, verh. - Abit. 1960 Gymn. Carolinum Osnabrück; Stud. Rechtswiss. Univ. Münster u. Freiburg; 1. jurist. Staatsex. 1965 Hamm; gr. jurist. Staatsprüf. 1969 Hannover; Promot. 1966 Münster.

SCHLECHT, Johannes

Komponist, Pianist (freiberuflich) - Barfüßer Str. 16, O-5900 Eisenach (T. 03691 - 46 02) - Geb. 27. Nov. 1948 Neuhaus-Schierschnitz, ev., led. - Abit. 1967; Theologiestud. 1967-72 Jena, Dipl.-Theol.; Stud. Komposit. u. Klavier 1979 Franz-Liszt-Hochsch. Weimar - Zahlr. Lieder u. Chansons; Kinderlieder; Filmmusiken; 2 Musicals, 1 Kammeroper, Kammermusiken versch. Besetzungen - 1989 Hanns Eisler Kompos.pr. - Liebh.: Komponieren.

SCHLECHT, Monika

Redakteurin NDR - Kornweg 17 E, 2000 Hamburg 63 (T. 59 84 44; dstl.: 41 56-53 36) - Geb. 28. Juli 1938 Berlin, ev. - 1958/59 Werner-Friedmann-Inst. München. 1985-89 Berichte auch aus d. DDR - BV: Schaufenster Nr. 7, Laienspiel 1958 - Fernsehdok.: M. Konflikten leben-Erzieh. z. Frieden; König v. St. Pauli; Und alle sagen Mau-Mau-Siedlung - 1971 Preis Jonas f. d. Feature Weihnachten in Tegel.

SCHLECHT, Otto

Dr. rer. pol., Prof., Staatssekretär a. D. - Pappelweg 55a, 5300 Bonn 2 (T. 32 25 61) - Geb. 21. Dez. 1925 Biberach/Riß (Vater: Otto S., Metzgermeister), ev., verh. 1953 m. Heidi, geb. Mangold - Obersch. Biberach; 1947-52 Univ. Freiburg (Volksw.; Prof. Eucken, Lutz, Liefmann-Keil, Hensel) - 1943-45 Wehrdst. (zul. Ltn.); s. 1953 Bundeswirtschaftsmin. (1958 Regierungs-, 1961 Oberreg.-, 1964 Min.rat, 1967 -dirig. (Jan.) u. -dir. (Juni)/1967 Leit. Abt. I/ Wirtschaftspolitik, 1973 Staatssekr.). 1990 Hon.-Prof. Univ. Trier; 1991 Vors. d. Ludwig Erhard Stiftg. - BV: Konzertierte Aktion als Instrument d. Wirtschaftspolitik, 1968; Strukturpolitik in d. Marktw., 1968; Erfahrungen u. Lehren aus d. jüngsten Konjunkturzyklus, 1972; Wettbewerb als ständ. Aufgabe, 1975; Wirtschaftswachstum wozu, wie, womit?, 1980; Konjunkturpolitik in d. Krise, 1983; Grundlagen u. Perspektiven d. Sozialen Marktwirtsch., 1990 - 1969 BVK; 1976 BVK I. Kl., 1978 Gr. BVK, 1983 Stern u. Schulterband dazu - Spr.: Engl. - Rotarier.

SCHLECHTER, Fritz

Dipl.-Brauereiing., Aufsichtsrat Inselbrauerei Lindau AG, Erfrischungsgetr. GmbH, Bürgerliches Brauhaus Ravensburg AG, Aktienbrauerei Simmerberg AG, Frischgetränke GmbH, Lindau, Lindauer Apparateges. Ravensburg - Am Büchel 3, 8990 Lindau/B. - Geb. 21. Nov. 1922 Lindau (Vater: Dr. rer. pol. Ludwig S., Brauereidir. † 1969 (s. XVI. Ausg.); Mutter: Hubertine, geb. Cremers), kath., verh. s. 1952 m. Irene, geb. Vogler, 3 Kd. (Gabriele, Angelika, Lorenz) - Schule Schloß Salem (Abit.); TH München (Diplomprüf. Weihenstephan) - S. jg. Jahren Familienuntern. - Mitgl. Lions Club.

SCHLECHTRIEM, Susanne

Chefredakteurin d. Verkehrswacht-Magazins sicher unterwegs (s. 1989) - Erich-Böger-Str. 29, 5300 Bonn 1 - Geb. 2. Jan. 1954 Hamburg, kath., ledig - Abit.; Stud. Kommunikationsforsch. u. Phonetik, Erz.wiss., Soziologie; Magister Artium (Gesprächsstrategien in einem Zeitungsinterview) - Tätigk. b. PR-Agentur u. Tagesztg.; Volontariat, 1986 Chef v. Dienst, 1988 stv. Chefredakt., 1989 Chefredakt. (jeweils b. sicher unterwegs) - Liebh.: Musik, Natur, Bücher - Spr.: Engl., Franz.

SCHLEE, Albrecht

Landgerichtsdirektor a. D., MdB (1957-61 u. 1963-1972, CDU/CSU-Fraktion) - Winckelmannstr. 7, 8580 Bayreuth/Ofr. (T. 3 12 06) - Geb. 25. Aug. 1910 Lendershausen/Ufr. (Vater: Georg S., Oberforstm.), ev., verh. s. 1942 m. Gertraud, geb. Heine, 2 T. (Brigitte, Sibylle) - Gymn. Coburg; Univ. München u. Genf (Rechtswiss., Altphilol.) - 1939-1943 Wehrdst. (schwer verwundet; Verlust beider Unterschenkel u. d. r. Auges); richterl. Tätigk. Würzburg, Hofheim, Bamberg, Bayreuth (1953 LGsrat), Nürnberg (1962 -dir.). CSU - 1968 Bayer. VO., 1972 Gr. BVK - Liebh.: Reisen - Spr.: Engl., Franz., etwas Russ.

SCHLEE, Dietmar

Rechtsanwalt, Innenminister Baden-Württ. (1984-92), MdL (s. 1972) - Auf der Steig 12, 7480 Sigmaringen-Laiz - Geb. 31. März 1938 Mengen, kath., verh., 2 Kd. - Univ. München u. Tübingen. Jurist. Staatsprüf. 1965 u. 68 - S. 1968 RA; Landrat a.D.; zul. Min. f. Arbeit, Gesundheit u. Sozialordn. Baden-Württ. - CDU (1968 Kreisvors. Hechingen). U. a. 1970ff. Vors. Jg. Union Württ.-Hoh.

SCHLEE, Emil

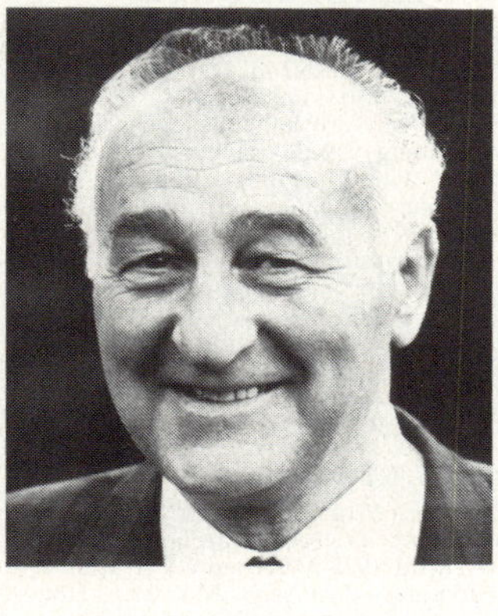

Prof., Ministerialrat a. D., MdEP (s. 1989) - Danziger Str. 4, 2313 Raisdorf-Reuterkoppel (T. 04307 - 2 85) - Geb. 21. Okt. 1922 Schwerin/Meckl. (Vater: Emil S., Gendarmerie-Offz.; Mutter: Sophie, geb. Harms), ev., verh. s. 1952 m. Helga, geb. Schlegel - Schule Dargun, Rostock (Abit. 1940); 1940-49 akt. Offz., OLt. (1961 Hptm. d. R.), sowjet. Kriegsgefangensch. (1944-49); 1950-57 Stud. Univ. Frankfurt/M., Mainz, Graz (Erdkd., Gesch., German., Politik, Leibesüb., Soz., Päd., Anthr.); 1. Staatsex. 1957, 2. Staatsex. 1960 - 1957-59 Wiss. Assist. Univ. Frankfurt/M.; 1959-66 Schule, Stud. Sem., Frankfurt/ M. u. Offenbach (1963 Studien-, 1965 Oberstudienrat, 1963-66 Fachleit. f. Politik u. Leibesüb.); 1966-74 Univ. Mainz, Prof., stv. Inst.-Dir., Senator; 1974-81 Lehrbeauftr. Univ. Kiel; 1974-79 MR im Kultusmin. Kiel; 1979-85 MR u. Landesbeauftr. f. Vertriebene im Soz.-Min. Kiel, Landesregierung SH; 1980-85 Vizepräs. d. BMD; 1981-86 Bundesvors. d. Landsmannsch. Mecklenburg; Leit. d. Ostsee-Anrainer-Kultur-Kreises d. Landsm. Mecklenburg (DK, S, N, SF, Estl., Lettl., Lit., Russl., PL, SH, MV); 1982 stv. Vors. d. Staats- u. Wirtsch.polit. Ges. (HH); 1968-74 Mitgl. in d. Ortsparlamenten Ober-Roden u. Herbach sowie MdK Dieburg, 1970-74 MdL Hessen; 1967-84 CDU; 1987-91 Rep. 1963-67 Mitgl. Beirat Innere Führung b. BMVtg. - BV: Wissen um Deutschland, 1985; Deutsche Frage - Deutsche Antworten, 1985; Bundeswehr ohne Vaterland?, 1986; Diensteid u. Gelöbnis d. Soldaten u. d. Dt. Frage, 1986; Veränderungen in d. Parteienlandschaft?, 1986; Ostdeutschland u. s. Landsmannschaften, Hb. z. Dt. Nation, Bd. 2, 1987; D. Deutsche Karte im Spiel d. Mächte, Dt. Annalen 1989 - Kriegsausz. (u. a. EK I., Gold. Verwund.-Abz., Sturmabz.); 1962 Gold. Sportabz.; 1983 BVK I. Kl.; 1982/ 83 Gold. Ehrenabz. d. Landsmannschaften Mecklenburg, Pommern, Westpr., Schlesien u. d. Bundes d. Vertriebenen - Liebh.: Wiss. Lit., Politik, Deutschland- u. Europapolitik - Spr.: Engl., Franz., Russ.

SCHLEE, Ernst Riewert

Dr. phil., Prof., Museumsdirektor, a. D. - Friedrich-Ebert-Str. 10, 2380 Schleswig (T. 2 24 88) - Geb. 5. Jan. 1910 Heide, ev., verh. s. 1939 m. Elise, geb. Landerer, 3 Kd. (Jörg, Hildegard, Ernst) - Univ. Marburg, Wien, Berlin, Kiel, Stockholm (Kunstgesch., Phil., German., Volkskd.) - S. 1939 wiss. Assist. u. Dir. (1950-75), Schlesw.-Holst. Landesmus., Schleswig - BV: D. Ikonographie d. Paradiesesflüsse, 1937; Dt. Volkskunst - Schlesw.-Holst., 1939; D. Schlesw.-Holst. Landesmus., 1963; Schlesw.-Holst. Eintritt in d. neue Zeit - Bilderchronik 1864-1914, 1964; Volkskunst in Dtschl., 1978 u.v.m. Herausg.: Jahrb. Kunst in Schlesw.-Holst. (1950ff.). 1979 Kieler Kulturpreis - 1975 BVK I. Kl. - Liebh.: Regionale Kunst- u. Kulturgesch.

SCHLEE, Günther

Dr., Prof. f. Sozialanthropologie u. Enthnologie, Fak. f. Soziol. Univ. Bielefeld - Postf. 86 40, 4800 Bielefeld 1 - Geb. 10. Juli 1951 Heide/Holst., Muslim, verh. s. 1981 m. Isir bint Hassan Musa, 3 Kd. (Feisal, Hassan, Yunis) - 1970-77 Stud. Völkerkunde Hamburg; Promot. 1977, Habil. 1986 - Assist. Univ. Bayreuth; 1974-76, 1978-80, 1984/85/86/87 Feldforsch. in Kenia u. Äthiopien - BV: Sprachl. Stud. z. Rendille, 1978; D. Glaubens- u. Sozialsystem d. Rendille, 1979; Identities on the move: clanship and pastoralism in northern Kenya, 1989 - Spr.: Engl., Franz., Span., Ital., Rendille, Oromo, Somali, Swahili, Arab.

SCHLEEF, Andreas

Vorstand AUDI AG, Ingolstadt - Auto-Union-Str., 8070 Ingolstadt - Geb. 30. Sept. 1943 Königsberg/Preußen - Stud. Rechtswiss.; Ass.

SCHLEGEL, Ludwig Friedrich

Dipl.-Ing. FH, Religionspädagoge, 1. Bürgermeister v. Langenaltheim (s. 1978) - Kühgasse 9, 8831 Langenaltheim (T. 09145 - 9 23) - Geb. 12. Mai 1939 Langenaltheim, ev.-luth., verh. s. 1961 m. Sieglinde, geb. Hüttinger, 2 T. (Sonja, Claudia) - Landw. Lehre, FHS, Dipl.-Ing. Triesdorf (FH 1960), Stud. Relig.-

päd., Neuendettelsau (1968-69) - S. 1978 Kreisrat.

SCHLEGEL, Hanns-Ludwig
Dr. med. vet., Prof. f. Berufskunde TiHo Hannover - Am Helmerfeld 5, 3013 Barsinghausen 1 (T. 05105 - 8 14 05) - Geb. 14. Juli 1927 Brandenburg - Min.-Rat a. D.; Verantw. Schriftleit. Dt. Tierärzteblatt - Ehrenbürger TiHo Hannover.

SCHLEGEL, Hans-Günter
Dr. rer. nat., Dr. h.c., o. Prof. f. Mikrobiologie - Görlitzer Str. 35, 3406 Bovenden (T. Göttingen 8 12 24) - Geb. 24. Okt. 1924 Leipzig, ev., verh. s. 1957 m. Ingeborg, geb. Tegtmeyer, 3 Kd. (Peter, Dagmar, Uta) - Univ. Leipzig u. Halle (Naturwiss.). Promot. (Botanik; 1950) u. Habil. (1954) Halle - 1954-58 Doz. Univ. Halle; 1957-58 Forschungsarb. Cleveland/USA; s. 1958 Ord. u. Dir. Inst. f. Mikrobiol. Univ. Göttingen, 1972 Gastprof. Univ. of Georgia, Athens (USA). Spez. Arbeitsgeb.: Biochemie d. Boden- u. Wasserbakterien - BV: Allg. Mikrobiol., 1969, 6. A. 1985 (russ. 1972 u. 87, span. 1975, poln. 1975, engl. 1987). Üb. 200 Einzelarb. Herausg.: Anreicherungskultur u. Mutantenauslese (1965); Microbiol Energy Conversion, 1976; Hydrogenases, 1978; Prokaryotes, 1981; Autotrophic Bacteria, 1989. Schriftl.: Archiv f. Mikrobiol. (1959ff.) - Mitgl. Akad. d. Wiss. Göttingen u. Dt. Akad. d. Naturforscher, (Leopoldina) Halle/S. - Spr.: Engl.

SCHLEGEL, Hans-Joachim
Dr. med., o. Prof. f. Augenheilkunde - Max-Planck-Str. 5, 6650 Homburg/Saar (T. 22 77) - Geb. 9. Juni 1921 Beelitz/Mark, verh. m. Dr. Elisabeth, geb. Gmainer-Benndorf - Habil. Saarbrücken - S. 1968 apl. u. o. Prof. (1969) Univ. Saarbrücken (Dir. Augenklinik Homburg). Facharb.

SCHLEGEL, Jörg
Dipl.-Volksw., stv. Hauptgeschäftsführer Industrie- u. Handelskammer Berlin (s. 1988), BAO BERLIN - Marketing Service GmbH (s. 1988) - Hardenbergstr. 16/18, 1000 Berlin 12 (T. 030 - 3 15 10-2 33/2 34) - Geb. 16. Nov. 1940 Braunsberg/Ostpr. (Vater: Dr. Horst Sch., Jurist; Mutter: Vera, geb. Splettstößer), verh. - Walther-Rathenau-Sch. (Abit. 1960); Stud. Freie Univ. Berlin; Dipl. 1966 Berlin - 1966ff. Bundeskartellamt Berlin (s. 1969 Sprecher d. A., s. 1971 auch Personal- u. Verwaltungsleit.); 1975-81 Staatssekr. b. Senator f. Wirtsch. u. Verkehr; 1983-88 Geschäftsf. Landesverb. Freier Wohnungsunternehmen e.V. - Spr.: Engl. - Lions.

SCHLEGEL, Karl-Friedrich
Dr. med., Prof., Orthopäde - Virchowstr. 66, 4300 Essen-Holsterhausen - Geb. 10. Juni 1924 Nürnberg (Vater: Hans S., Geistlicher; Mutter: Albertine, geb. Weber), verh. s. 1960 m. Bettina, geb. Riedel - Univ. Berlin u. München - S. 1959 (Habil.) Lehrtätig. Univ. Köln (1965 apl. Prof. f. Orthop. u. Ltd. Oberarzt Orthopäd. Univ.klinik) u. Univ. Bochum (1969 o. Prof. u. Dir. Orthop. Klinik d. Univ. Essen). Emerit. 1990. Gen.Sekr. DGOT. Etwa 200 Fachveröff. - Versch. Ehrenmitgliedsch.- 1977 Gold. Med. Akad. d. Wiss. d. VR Bulgarien, 1979 BVK a. Bde.

SCHLEGEL, Walter
Dr. phil., Prof. f. Geographie Univ.-GH Paderborn - Nikolaus-Groß-Str. 11, 4790 Paderborn - Geb. 2. April 1931 Schwenningen (Vater: Gebhard Sch., Doz.; Mutter: Kreszentia, geb. Linz), kath., verh. s. 1970 m. Bärbel, geb. Hinz, 3 Kd. (Michael, Wolfgang, Claudia) - Prüf. f. d. Volksschuldienst 1953, Promot. 1960 Univ. Wien, 1. Staatsprüf. f. d. Lehramt an Gymn. 1962; 2. Staatsprüf. 1963, Habil. 1970 Univ. Tübingen - 1953-56 Lehrer; 1962-63 Schuldienst (u. Refer. an Gymn.); 1964-70 wiss. Assist. Univ. Tübingen; 1970-71 Univ. Stuttgart (Lehrst.-Vertr.); 1973 apl. Prof. Tübingen; 1974 o. Prof. Paderborn - BV: D. Weinbau in d. Schweiz, 1973. Mithrsg.: Länder-Völker-Kontinente, Bde. I, II, III (1985). Mitarb. an mehreren Sammelw. - 1961 Johann-Hampel-Förderungspreis Österr. Geogr. Ges. - Liebh.: Reisen, Fotogr., Film, Musik - Spr.: Engl., Franz., Span.

SCHLEGELBERGER, Bruno S. J.
Dr. phil., o. Prof. f. Kath. Theol. FU Berlin (s. 1980) - Neue Kantstr. 1, 1000 Berlin 19 - Geb. 15. April 1934 Berlin (Vater: Dr. Bruno S., Vet.-Rat; Mutter: Liselotte, geb. Pflaum), kath., ledig - 1960 Lic. phil. Faculté libre de Philos. Chantilly (Frankreich); 1966 Lic. theol. Hochsch. St. Georgen Frankfurt; Promot. 1970 FU Berlin - 1970-74 Leit. kath. Studentenseelsorge Berlin (West), 1974-80 Päd. Hochsch. Berlin - BV: Vor- u. außerehel. Geschlechtsverkehr. D. Stellung d. kath. Moraltheol. s. Alphons v. Liguori, 1970 (ital. 1973 u. 74); Von Medellin n. Puebla - Gespräche m. Lateinamerik. Theologen, 1980; Unsere Erde lebt. Zum Verhältnis v. altandiner Religion u. Christentum in den Hochanden Perus, 1992 - Spr.: Franz., Span., Engl.

SCHLEGELBERGER, Hartwig
Dr. jur., Minister a. D. - Schlotfeldtsberg 6b, 2302 Flintbek/Kiel - Geb. 9. Nov. 1913, verh. m. Luise, geb. Freifrau v. Rotberg, 2 Kd. - Human. Gymn.; Jurastud. Univ. Berlin u. Tübingen - 1961-71 Finanz- u. Innenmin., sow. 1963 stv. Min.präs. Schlesw.-Holst.; 1971-75 Landtagsvizepräs.; Vorst.-Vors. DRK Landesverb. Schlesw.-Holst. i. R.; Präs. DRK Landesverb. Berlin; Vizepräs. DRK a. D. CDU (s. 1953) - BVK m. Schulterbd. u. Stern - Spr.: Engl., Franz. - Rotarier (Ehrenmitgl. Rotary Club Flensburg).

SCHLEICH, Erwin
Dr.-Ing., Prof., Architekt - Maria-Einsiedel-Str. 45, 8000 München 70 - Geb. 20. April 1925 München - TH München (Promot.) - Fr. Arch. München; Honorarprof. Kunstakad. Nürnberg. Neben Neubauten Wiederaufbau bayer. Kunstdenkmäler (u.a. Preysing-Palais, St. Peter, Alter Rathausturm, alles München). Div. Fachveröff. - Bayer. VO.; Med. München leuchtet; Poetentaler - Rotarier.

SCHLEICHER, Bernd
Regierungsdirektor a. D., MdL Hessen (s. 1986) - Kantstr. 13, 3444 Wehretal 1 (T. 05651 - 4 01 36 u. 4 08 11) - Geb. 28. Juni 1947 Eschwege, ev. - 1967 Vorb.dst. f. d. geh. Verw.dst.; II. Verwaltungsprüf. 1969 - 1970 Sachbearb. b. Regierungspräs. Kassel, zul. Leit. Pressestelle; 1971 Büroleit. Reg. Planungsgem. Nordhessen, 1978 Doz. b. Hess. Verwaltungsschulverb. Kassel; 1981 FH-Lehrer Verwaltungs-FH Wiesbaden, 1972 Gemeindevertr. u. Kreistagsabgeordn.; 1981-87 Erster Beigeordn. Gemeinde Wehretal; 1977-89 Vors. Hauptaussch. Kreistag d. Werra-Meißner-Kr.; s. 1973 Verbandsvorst. Abwasserverb. Wehretal-Sontratal; s. 1985 Vors. Planungsaussch. d. Reg. Planungsvers. Nordhessen, s. 1991 finanzpolit. Sprecher d. SPD-Landtagsfrakt. - BV: Einf. in d. öffl. Finanzwesen, 1977 - 1984 Ehrenbrief Land Hessen - Spr.: Engl.

SCHLEICHER, Jürgen
Kanzler Hochschule d. Künste Berlin - Ernst-Reuter-Pl. 10, 1000 Berlin 12 - Geb. 5. Jan. 1939 Kiel - Stud. Maschinenbau, Rechtswiss. TU Berlin u. Univ. Hamburg - S. 1975 Kanzler Hochsch. d. Künste; Vorst.-Mitgl. Karl-Hofer-Ges.

SCHLEICHER, Klaus
Dr., o. Prof. f. Erziehungswiss. Univ. Hamburg (1977-88, 1990-94 Dir. d. Inst. f. Vergl. Erz.wiss.) - Schäferkamp 31a, 2075 Hamburg-Ammersbek 1 - Geb. 11. Juni 1935 Hamburg, verh. s. 1960 m. Mechthild, geb. Harmstorf, 5 Kd. - 1951-54 Tischlerlehre; 1954-56 Abendgymn.; 1956-62 Stud. Gesch., Erziehungswiss., German., Soziol. u. Phil.; 1. Staatsex. 1962; 2. Staatsex. 1964; Promot. 1968 - Stud.ref.; 1964-65 Lehrer u. Erwachsenenbild.; 1973 Lehrstuhl f. Vergl. Erziehungswiss.; Gastprof. in Engl., Frankr. u. USA; s. 1978 Berat. Schweizer FS, 1990 Bildungsberat. in Saudi Arabien; 1973 Gutachter d. Bildungsrats u. 1975, 81, 84 u. 86 d. Europarats. Forsch.auftr.: 1978-81 Min. f. Arb., Gesundh., Soz. in Nordrh.-Westf.; 1979-80 z. Ökol. d. Kindes Univ. Hamburg. 1989-92 Modellprojekt Umwelterziehung - Umweltbildung d. BLK. Mitgl. World Ass. for Educ. Research, Dt. Hochschulverb. - BV: u.a. Polit. Bild. in Engl. 1935-65, Monogr. 1970; Sesame Street f. Dtschl.?, 1972; Familienbild. Dringlichkeit, Aufg., Möglichk., Monogr. 1977; Arbeits- u. Orientierungshilfen f. d. Familienbildung, 1984. Herausg.: Elternhaus u. Schule. Kooperation ohne Erfolg? (1972, auch jap. u. 1981 korean. Übers.), Elternmitspr. u. Elternbild. (1973); Pollution Knows no Frontiers (1992); Lernorte in d. Umwelterziehung (1992); Ethnocentrism in Education (1992). Zahlr. Buchkapitel u. Ztschr.-Aufs. z. Vergl. Erz.-Wiss., Polit. Bildung, Humanökol., Medienerziehung, Familie u. Jugend, internat. u. globale Erziehung. Vorschulend. d. Schweizer FS - Liebh.: Kinderbilder, Fagottist - Spr.: Engl., Franz.

SCHLEICHER, Ursula
Harfenistin, MdEP (EVP-Fraktion) - Backoffenstr. 6, 8750 Aschaffenburg/Ufr. - Geb. 15. Mai 1933 Aschaffenburg (Vater: Dr. med. Adolf S., Dermatologe † 1957; Mutter: Marilies, geb. Wiesner, s. XVII. Ausg.) - Oberrealsch. Aschaffenburg (Abit. 1952); 1953-57 Univ. Frankfurt/M. (Kunstgesch., Musikwiss., Ital., Med.); 1957-61 Musikhochsch. München (Hauptf. Harfe) - 1961-63 Lehrerin Musiksem. Univ. Bahia/Brasil. (Harfe, Klav.) u. I. Harfenistin Univ.orch.; 1964-65 fr. Mitarb. Ital. Presseagentur München; 1965-75 Frauenreferentin d. CSU; 1972-80 MdB; s. 1979 Mitgl. Europ. Parlament; 1983-87 Präs. Europ. Frauen-Union; Vizepräs. Dt. Rat d. Europ. Bewegung; 1988 Präs. d. PANEUROPA-Union Bayern - 1979 Commendatore (ital. VO.); 1983 Bayer. VO.; 1990 BVK I. Kl. - Liebh.: Musik, Wandern - Spr.: Ital., z. Verständig. Portugies., Engl., Franz.

SCHLEIFENBAUM, Henning
Dr. rer. pol., Dipl.-Ing., Komplementär u. Gf. Carl Vorlaender u. Cie., Hammerwerk, Hilchenbach-Allenbach; Gf. Dreisbacher Hammer GmbH, Netphen; Mitinh. u. Gf. GOPA, Ges. f. Organis., Plan. u. Ausbild. mBH, Siegen u. Bad Homburg; Beirat Union Fröndenberg; Vorstandsmitgl. Verein Aktionäre d. AG Dillinger Hüttenwerke - Brucknerweg 9, 5900 Siegen 21 (T. 0271 - 7 34 76) - Geb. 27. Mai 1935 Weidenau (Vater: Dr. Fritz S., Geschäftsf.; Mutter: Anne-Marie, geb. Paesler), 2 Kd. (Iris Christine, Jens Friedrich) - Dipl.-Ing. TU Berlin; Promot. Univ. Freiburg - Ehrenpräs. IHK Siegen; BVK I. Kl. - Spr.: Engl., Franz.

SCHLEIFER, Carl Hermann
Dr., Staatssekretär i. R., Amtschef Finanzmin. Schlesw.-Holst. (b. 1988) - Moltkestr. 43, 2300 Kiel 1. CDU.

SCHLEIFER, Karl-Heinz
Dr. rer. nat., o. Prof. f. Mikrobiologie TU München (s. 1974) - Schwalbenstr. 3a, 8044 Lohhof (T. 310 18 75) - Geb. 10. Febr. 1939 Freising, kath., verh. s. 1969 m. Gerti, geb. Radlmair, 2 Kd. (Bernd, Susanne) - Stud. d. Chemie, Biol., Geogr. Univ. u. TU München; Habil. 1971 - 1966-69 wiss. Assist. TU u. Univ. München; 1969-70 postdoctoral Fellow Rockefeller Univ., New York; 1972-74 kommissar. Lehrstuhlinh. Univ. München; 1986-88 Dekan d. Fak. f. Chemie, Biol. u. Geowiss.; s. 1986 Generalsekr. Federation d. Europ. Microbiol. Soc.; s 1989 Präs. d. Dt. Ges. Hygiene u. Mikrobiol. Üb. 260 Veröff. in meist engl. spr. Ztschr. Mithrsg. d. Ztschr. Syst. Appl. Microbiol., u. FEMS Microbiol. Letters - Korr. Mitgl. d. königl. Akad. d. Veterinärwiss. (Madrid, Spanien) u. d. Akad. d. Wiss. in Göttingen.

SCHLEIFER, Ludwig
Sonderschulrektor, MdL Rheinl.-Pfalz (s. 1975) - Am Otterstein 4, 6660 Zweibrücken - Geb. 31. Dez. 1931 - SPD.

SCHLEIMINGER, Günther
Dr. sc. pol., Nationalökonom, Generaldirektor i. R. Bank f. Intern. Zahlungsausgleich, Basel - Arbedostr. 24, CH-4059 Basel (Schweiz) (T. 35 75 04) - Geb. 26. April 1921 Magdeburg (Vater: Max S., Finanzbeamter; Mutter: Ilse, geb. Kessler), verh. s. 1962 m. Ingrid, geb. Bettlewski, 2 Kd. (Daniel, Dorrit) - Univ. Königsberg, Berlin, Kiel. Dipl. sc.

pol. 1947, Promot. 1949 Kiel - 1952-58 stv. dt. Mitgl. im Direktorium d. Europ. Zahlungsunion u. Vors. Stellvertr.aussch., Paris, 1958-68 Leit. Abt. f. Europ. Währungsfragen Deutsche Bundesbank; 1968-74 dt. Exekutivdir. Intern. Währungsfond, Washington; 1975-85 Bank f. Intern. Zahlungsausgleich, Basel, 1981-85 Generaldir. ebd. - Spr.: Engl., Franz.

SCHLEISSHEIMER, Bernhard
Dr. phil., em. Prof. f. Philosophie Kath. Univ. Eichstätt - Bahnhofstr. 25, 8196 Beuerberg (T. 08179 - 12 51) - Geb. 14. Aug. 1922 Unterfinning (Vater: Jakob Sch., Lehrer; Mutter: Hedwig, geb. Koeßler), kath., verh. s. 1948 m. Annemarie, geb. Biberger, 5 Kd. (Monika, Johanna, Marieluise, Norbert, Gisela) - Lehramtsex. 1949 u. 1952; Promot. 1959 Univ. München; Habil. 1970 ebd. - 1962 Lehrauftr. PH Eichstätt; 1970 o. Prof.; 1972 Kirchl. GH; 1980 Kath. Univ. Eichstätt (1977-79 Vizepräs.); emerit. 1987 - BV: D. Mensch als Wissender u. Glaubender, 1970; zahlr. Art. in Sammelbd. u. Ztschr.

SCHLEISSING, Horst
Generaldirektor i. R. - Beethovenstr. 5, 8033 Krailling/Obb. (T. München 859 66 93) - Geb. 26. März 1908 Dresden - S. 1936 Diamalt AG., München (1961 Vorst., 1973 AR). Zeitw. Vorst. Verb. d. Backmittelhersteller u. -mitgl. Vereinig. d. Arbeitgeberverb. Bay.

SCHLEMBACH, Anton
Dr. theol., Bischof von Speyer (s. 1983) - Domplatz 2, 6720 Speyer - Geb. 7. Febr. 1932 Großwenkheim/Unterfranken - Stud. Theol. u. Phil. Rom (Gregoriana), Priesterw. 1956 - U. a. Regens Priestersem. Würzburg u. Generalvikar Bistum ebd. (1981).

SCHLEMM, Anny
Kammersängerin, Mitgl. Städt. Bühnen Frankfurt/M. - Graf-Folke-Bernadotte-Str. 12, 6078 Neu-Isenburg (T. 84 48) - Geb. 22. Febr. 1929 Neu-Isenburg (Vater: Friedrich S., Sänger; Mutter: Wilhelmina, geb. Arnoul) - Ausbildung Prof. Elinor Sadowska u. Kammers. Erna Westernberger - S. 1946 Landestheat. Halle, Staats- u. Kom. Oper Berlin (1948), Städt. Bühnen Köln. R.: Herodias, Klytämnestra, Ulrica, Küsterin, Quickly, Begbick, Gräfin Wildschütz, Gräfin Pique Dame, Mrs. Peachum in Beaggars opera, Erda i. Rheingold, 1. Norne u. Waltraute i. Götterdämmerung, Schenkwirtin Boris.

SCHLEMPP, Hans

Dr. jur., Rechtsanwalt, gf. Direktor Hess. Landkreistag (1956-69) - Kettelerstr. 6, 6200 Wiesbaden (T. 54 19 90) - Geb. 1. Okt. 1907 Freiburg/Br. (Vater: Gustav S., Hotelbesitzer; Mutter: Lina, geb. Nagel), ev., verh. s. 1935 m. Ilse, geb. Jung, 4 Söhne (Peter, Rüdiger, Dieter, Hans) - Luisenstädt. Oberrealsch. Berlin (Abit. 1925); Univ. Berlin (1925-29), Jena (1930-31), Gießen (1935). Jurist. Staatsprüf. 1931 u. 35 Berlin; Promot. 1939 Gießen (Summa cum laude) - 1931-35 Pr. Justizverw. (Gerichtsass.); 1935-45 Dt. Gemeindetag (Beigeordn.); Dt. Krkhs.ges. (Generalsekr.); 1948-56 Hess. Gemeindetag (Leit. Rechtsabt.); Vors. Aussch. Hess. Architektenkammer - BV: D. Gemeinden im Rechtsverkehr, Dt. Kommunalrecht, Kommentar z. Hess. Gemeindeordnung, Handb. d. Gemeinderechts, Gemeindl. Satzungsrecht, D. Entwässerung d. Gemeinden, D. Staatsaufsicht üb. Gemeinden, Anliegerbeitragsrecht. Mithrsg. d. Neuen Ztschr. f. Verw.recht (NVerZ) - 1969 Frhr.-v.-Stein-Plak.; 1973 BVK I. Kl., 1989 Gr. BVK - Liebh.: Wassersport (Mitgl. Wiesbadener Yacht-Club) - Spr.: Engl., Franz.

SCHLENDER, Bodo
Dr. rer. nat., o. Prof. f. Informatik - Wippen 7, 2300 Kiel 1 (T. 31 31 34) - Geb. 25. April 1931 Berlin (Vater: Willi S., Dipl.-Hdl.; Mutter: Hildegard, geb. Boche), ev., verh. s. 1960 m. Ruth, geb. Fehlau, 2 Kd. (Sabine, Katrin) - Stud. 1951-56 Univ. Kiel, Dipl. 1956, Promot. 1957, Habil. 1965 Kiel, 1956-62 Wiss. Assist. Univ. Kiel, 1962-67 Wiss. Rat u. Leiter d. Rechenzentrum Univ. Kiel, 1967-71 o. Prof. TU Hannover, s. 1971 o. Prof. Univ. Kiel. Etwa 35 Fachveröff.

SCHLENK-BARNSDORF, von, Carl-Günter
Vorstandsmitglied Carl Schlenk AG., Nürnberg - 8542 Roth-Barnsdorf - Geb. 26. Mai 1928, kath., verh., 4 Kd. - Stud. Rechtswiss. I. jurist. Staatsprüf.

SCHLENKE, Egon H.
Prof., Rechtsanwalt, Hauptgeschäftsführer Verb. d. Bauindustrie f. Nieders. - Eichstr. 19, 3000 Hannover (T. 0511 - 3 48 34-0, Fax 0511 - 3 48 07 11) - Geb. 5. Juli 1932 - Vorst.-Mitgl. LVA, Hannover, Dt. Ges. f. Baurecht, Frankfurt, Inst. f. Dt. u. Internat. Baurecht, Bonn.

SCHLENKE, Manfred
Dr. phil., o. Prof. f. Neuere Geschichte - Im Setzling 7, 6350 Bad Nauheim (T. 06032 - 7 11 58) - Geb. 1. Nov. 1927 Wuppertal (Vater: Ewald S.), verh. m. Irmtraut, geb. Paul - S. 1962 (Habil.) Lehrtätig. Univ. Marburg u. WH Bzw. Univ. Mannheim (1965 Ord. u. Inst.dir.) 1964/65 Gastprof. Roosevelt Univ. Chicago (USA); 1976 Gastprof. British Academy, London; 1978 Gastprof. Univ. Tel-Aviv; Vors. d. British-Dt. Historikerkr. u. d. Arbeitsgemeinsch. d. Preuss. Gesch. - BV: England u. d. friderizian. Preußen (1740-63), 1963; Preußen - Versuch e. Bilanz (zus. m. M. E. Weick), 1981; D. sogenannte Reichskristallnacht v. 9./10. Nov. 1938, 1989. Div. Einzelarb. Herausg.: Staat u. Bildung in Preußen (1970); Preußen-Ploetz (1983, 2. A. 1991); Preußen, Politik, Kultur, Gesellsch. (2 Bde. 1986); J. St. Mill Üb. d. Freiheit (2. A. 1988). Mithrsg.: Gesch. in Quellen (7 Bde., 4. A. 1989). Veröff. Hist. Inst. Univ. Mannheim (10 Bde. 1969ff.).

SCHLENKENBROCK, Walter
Dipl.-Volksw., Bankdirektor, Vorstandsvors. Dt. Apotheker- u. Ärztebank eG - Emanuel-Leutze-Str. 8, 4000 Düsseldorf 11 - Geb. 7. Mai 1925 - Zahlr. Mand. in AR (stv. Vors. Treuhand Hannover GmbH u. Intern. Kapitalanlage-Ges., Düsseldorf), VR u. Beiräten sowie Mitgl.sch. - Gr. BVK; Wilhelm-von-Humboldt-Plak. Bundesverb. d. Freien Berufe; gold. Ehrenzeichen Dt. Ärztesch., Ehrennadel Dt. Zahnärztesch. in Gold u. D. Dt. Apothekerschaft; Hartmann-Thieding-Med. Hartmannbd.; Ehren-Reflexhammer Marburger Bund; Ehrennadel in Gold Dt. Genossensch.- u. Raiffeisenverb.; Ehrennadel in Gold m. Lorbeerkranz d. Verb. d. Reit- u. Fahrvereine Rhld.; Verdienstnadel d. Dt. Fußball-Bundes.

SCHLENKER, Rudolf
Dipl.-Kfm., Generaldirektor a. D., Vizepräs. Handelskammer Hamburg (1981ff.), VR-Vors. Hbg. Sparkasse (1983ff.) - Parkstr. 51, 2000 Hamburg 52 - Geb. 18. Juni 1915 Dortmund - U. a. 1962-73 Vorstandsvors. Reemtsma. Berat. Bundesfinanzmin. Langj. Vors. Verb. d. Cigarettenind. 1975-81 Präs. HK Hamburg; 1976ff. Vizepräs. DIHT.

SCHLENSTEDT, Dieter
Dr., Dr. sc., Prof., Literaturwissenschaftler - Seelenbinderstr. 21, O-1170 Berlin (T. 656 18 00) - Geb. 30. Aug. 1932 Blankenburg/H., verh. s. 1954 m. Prof. Dr. Silvia, geb. Pollatschek, 2 Söhne (Stefan, Gabriel) - Stud. German.; Staatsex. 1955; Promot. 1966 Humboldt-Univ. Berlin u. 1976 Akad. d. Wiss. Berlin - 1967-91 wiss. Mitarb. d. Akad. d. Wiss., Berlin - BV: Gesellschaft - Literatur - Lesen, 1973; Wirkungsästhetische Analysen, 1979; Literarische Widerspiegelung, 1981; Egon Erwin Kisch. Leben u. Werk, 1985 - Präs. d. Dt. PEN-Zentrums (Ost).

SCHLEPEGRELL, Sybil,
geb. Gräfin Schönfeldt
Dr. phil., Journalistin, Schriftst. - Agnesstr. 42, 2000 Hamburg 60 (T. 460 15 61) - Geb. 13. Febr. 1927 Bochum (Vater: Carl Graf Schönfeldt; Mutter: Carmen, geb. Sackermann), kath., verh. s. 1957 m. Heinrich S. (Kaufm.), 2 Söhne (Henry, Ludwig) - Stud. German. u. Kunstgesch. Univ. Göttingen, Hamburg, Wien, Promot. 1951; Volontariat Göttinger Tagebl. 1982 1. Vors. d. Arbeitskreises f. Jugendliteratur - BV: Kulturgesch. d. Herrn, 1965; D. Kochb. f. d. Frau v. dicken Mann, 1965; Weihnachtsb., 1972; Sonderappell, 1979; Hängt doch d. Kinder in d. Kamin, 1983; D. Kochbuch f. Studenten, 1986; Astrid Lindgren, 1987. Herausg.: Blickwechsel - Mod. Erz. (1975; D. Bilderbuch f. d. Weihnachtszeit (1976); D. B. zur Frühlingszeit (1978), Augenblicke der Liebe (1978); D. Krieg ist aus - was nun? (1985) - 1963 Dt. Erzählerpreis, 1968 Dt. Jugendbuchpreis, 1972 Fernsehpreis Dt. Altershilfe, 1978 Gr. Preis Dt. Akad. f. Kinder- u. Jugendli., 1980 Europ. Jugendbuchpreis - Div. Mitgliedsch., dar. 1959-1963. 1980-82 Dt. Jugendb.-Jury - Spr.: Engl.

SCHLERATH, Bernfried
Dr. phil., o. Prof. f. Vergl. u. Indogerman. Sprachwissensch. - Brümmerstr. 62, 1000 Berlin 33 - Geb. 15. Mai 1924 Leipzig (Vater: Dr. Franz S., Verleger; Mutter: Lina, geb. Sutor) - Lessing-Gymn. Frankfurt/M.; Univ. Hamburg, Mainz, Frankfurt - S. 1958 (Habil.) Lehrtätig. Univ. Frankfurt (1965 apl. Prof. f. Vergl. Indogerman. Sprachwiss.), Marburg (1970 Ord.) u. FU Berlin (1974 Ord.) - 1979 Vors. Humboldt-Zentrum - BV: D. Königtum im Rig- u. Atharvaveda, 1960; Awesta-Wörterb. (Vorarb. I u. II), 1968; D. Indogerman., 1973; Sanscrit Vocabulary 1980. Fachaufs.

SCHLERETH, Max W.
Dr. h. c., Dipl.-Ing., Architekt, Bauunternehmer, AR-Vors. Dt. Realbesitz AG (DERAG) u. All-Bau AG, München, Gesellsch. Dt. Realbesitz AG + Co m 10 Tochterges. u. Niederlass., gleichart. Ges. in Österr., Schweiz u. USA - Fraunhoferstr. 2, 8000 München 5 (T. 23 70 11) - Geb. 20. Mai 1929 - Generalkonsul v. Ecuador f. Bayern u. Baden-Württ.

SCHLESAK, Dieter
Schriftsteller - Fraz. Pieve/Agliano 327, I-55041 Camaiore (T. 0039 - 584 95 12 14) - Geb. 7. Aug. 1934 Schäßburg/Siebenbürgen (Rumänien) - Dipl.-Germanist 1959 - U. a. Redakt. - BV: Grenzstreifen, Ged. 1968; Visa - Ost-West-Lektionen, Ess. 1970; Geschäfte m. Odysseus, Reiseb. 1972; Briefe üb. d. Grenze, Ged. 1978; D. Grund d. Grenzwiss., Ess. 1978; Optimismus - Diesseits d. Gegenw., Ess. 1979; Spr. als Widerstand, Ess. 1979; Weiße Gegend, Ged. 1981; Delta T und Kabbala, Ess. 1985; Benjamin Fondane, Ess. 1986; Vaterlandstage. Und die Kunst des Verschwindens, R. 1986; D. Chancen d. Verlusts, Ess. 1987; Unser Erbe, d. Nichts, Ess. 1988; D. Farben d. verborgenen Namens, Ess. 1990; D. neue Michelangelo, 1989; Bildmed., 1989, 90 u. 91; Aufbäumen. Ged. u. e. Essay, 1990; Analyse meiner Selbstbiogr., 1990; Erfahrungen mit d. Totalit. Seele, 1991, Wenn d. Dinge aus d. Namen fallen, Ess., 1991; D. Tod ist nicht bei Trost, Ess., 1992; Zweimal Deutschland, Ess., 1992; Fassungslos, Denkbilder, Tagebuch, Fragmente, 1992. Herausg. u. Übers. Hörspiele: Reise z. Wahnsinn (1977); D. Leben d. Adalgisa Conti (1979); Vaterlandstage (1980); Königin, d. Welt ist Narr (1980); D. Umstand selbst (1981); Parolen sind e. Zaun v. d. Tod (1982); Kindheitsmuseum (1984); Sprachlos, Kinder unserer Zivilisation (1986); D. Keplerin (1990); Kant in Königsberg (1990); D. Ende d. Wartezeit (1990/91); Tun, was geschieht (1991); Patient Hölderlin (1992), (1992); Bio-Bibliogr.: Jürgen Serke, D. Verbannten Dichter. D. neue Exil, 1982, 1984; Werner Söllner: Dieter Schlesak, in: KLG, 1989; Kürschners Dt. Literaturkalender, 1981 - 1973 Förderpreis NRW; 1980 Andreas Gryphius Preis; 1981 Mitgl. d. Kogge, Europ. Autorenvereinig.; 1981 Mitgl. Dt. PEN-Zentrum (BRD) u. PEN-Zentrum dt.-sprachiger Autoren im Ausl.; 1982 u. 1987 Stip. d. dt. Lit.-Fonds; 1988 Stip. d. Min. f. Wissenschaft u. Kunst Baden-Württ.; 1989 Schubart-Preis; 1991 Stip. d. Akad. Schloß Solitude.

SCHLESIER, Erhard
Dr. phil., o. Prof. f. Völkerkunde - Adolf-Sievert-Str. 6, 3400 Göttingen-Geismar (T. 79 56 70) - Geb. 10. Juli 1926 Chemnitz/Sa. (Vater: Georg S., Kaufm.; Mutter: Johanna, geb. Kröhnert), ev., verh. 1951 m. Edith, geb. Köhring, 4 Kd. (Michael, Uwe, Achim, Anja) - Univ. Göttingen (Völkerkd., Vorgesch., Dt. Volksk.). Promot. (1951) u. Habil. (1956) Göttingen - 1956 Privatdoz. Univ. Göttingen; 1962 Ord. Seminardir. Univ. Hamburg u. Dir. Hbg. Museum f. Völkerkd. u. Vorgesch. 1967 Ord. u. Inst.sdir. Univ. Göttingen 1967 Vors. Dt. Ges. f. Völkerkd. (b. 1969). Mitgl. Dt. Ges. f. Völkerkd. - BV: D. Erscheinungsformen d. Männerhauses u.

d. Klubwesen in Mikronesien, 1953; D. Grundl. d. Klanbildung, 1956; D. melanes. Geheimkulte, 1958; Me'udana (Südost-Neuguinea), T. 1, D. soz. Struktur, 1970, T. 2, D. soz. Leben, 1983; E. ethnogr. Sammlung aus Südost-Neuguinea, 1986. Zahlr. Einzelarb. Herausg.; Beitr. z. Ozeanistik (1958) - Spr.: Engl.

SCHLESIER, Raimund

Prof., Konzertpianist - 2954 Wiesmoor/Ostfriesl. (T. 22 09) - Geb. 18. Juli 1910 Berlin (Vater: Ministerialdirig. Bruno S., Reichsbahndir.; Mutter: Magda, geb. Köster), ev., verh. s. 1951 m. Anni, geb. Schott, T. Gabriele - Univ. Freiburg/Br., München, Berlin; Musikhochsch. u. Städt. Konservat. Berlin (Meisterkl.) - 1938-48 Solorepetitor u. Kapellm. Dt. Opernhaus bzw. Städt. Oper Berlin; ab 1948 Lehrer f. Klavier Musikhochsch. Berlin (1957 o. Prof., 1970 Akad. Senator). Konzert- u. Rundfunktätigk. U. a. D. Klavierwerk v. Brahms (Zyklus) - Liebh.: Antiquitäten - Spr.: Engl., Ital., Franz. - Bek. Vorf.: Reissiger (vs.: Komp.) u. Rebling (ms.: Komp. u. Dirig.).

SCHLESINGER, Gerhard

Dr. phil., Historiker, Publizist - Schwanenwik 31, 2000 Hamburg-Uhlenhorst (T. 040 - 220 35 83) - Geb. 27. Febr. 1942 Sonneberg/Thür. - Gymn. Kronach; 1960ff. journ. Ausb.; Stud. Geschichts- u. Sprachwiss. Univ. Würzburg, Kiel u. München; Promot. u. Refer.-Ex. 1967 - 1964 Univ.-Assist.; 1970 Axel Springer Verlag; 1976 Verlag Gruner + Jahr; 1979 Chefredakt. Ettlinger Hefte; 1983 Chefredakt. Deutschland-Magazin. 1974 Vors. Fr. Dt. Autorenverb. LV Hamburg; 1976 Vorstandsmitgl. Dt. Akad. f. Kinder- u. Jugendlit.; 1976 Vice-Pres. Buddhist World Peace Org. Colombo/Sri Lanka; 1979 Vors. Dt.-Taiw. Ges. Bambusrunde; 1981 Vorstandsmitgl. Griech.-dt. Initiative; 1985 o. Mitgl. Anagnóstiki Etairia Kerkyras (Corfu Reading Society) v. 1836 - BV: D. Hussiten in Franken, 1974; Napoleon in Kronach, 1979; D. strateg. Bedeutung Taiwans, Übers. 1979 - 1981 Ehrenmitgl. Europ. Kulturkreis - Liebh.: Stud. d. Menschen auf Reisen u. in d. histor. Forschung - Spr.: Engl., Lat., Franz., Ital.

SCHLESINGER, Helmut

Dr. oec. publ., Drs. h. c. rer. pol., Prof., Präsident Dt. Bundesbank - Wilhelm-Epstein-Str. 14, 6000 Frankfurt/M. - Geb. 4. Sept. 1924 Penzberg/Obb., kath., verh. s. 1949 m. Carola, geb. Mager, 4 Kd. - Stud. Univ. München - 1949-52 Ifo-Inst., München; s. 1952 Dt. Bundesbank (1964 Leit. Hauptabt. Volksw. u. Statistik; 1972 Direktoriumsmitgl. u. Mitgl. d. Zentralbankrats; 1980 Vizepräs.) Mitgl. erw. Vorst. Ges. f. Wirtschafts- u. Sozialwiss.; Mitgl. VR K & W u. VR BIZ Basel - BV: Geldwertstabilität u. Geldpolitik, 1972; Verteidig. d. Geldwertes in e. inflator. Umwelt, 1982. Fachaufs. - 1970 BVK I. Kl., 1977 Gr. BVK, 1984 Stern, 1991 Schulterbd. dazu; 1990 Hess. VO.; Schwed. Kommandeurkreuz I. Kl. d. Königl. Nordsternordens; 1981 Ludwig-Erhard-Preis f. Wirtschaftspubliz., Ehrendoktor Univ. Frankfurt u. Göttingen; 1986 Honorarprof. Hochsch. f. Verwaltungswiss. Speyer.

SCHLESINGER, Rudolf B.

Dr. jur., Prof., Rechtswissenschaftler - 2601 Vallejo Str., San Francisco, Calif. 94123 (T. 415 - 922 18 63) USA - Geb. 11. Okt. 1909 München, verh. s. 1942 m. Ruth, geb. Hirschland, 3 Kd. - Wilhelms-Gymn. u. Univ. München (Promot. 1933 m. Summa cum laude). LL. B. 1942 Columbia-Univ. - 1941 Hauptschriftl. Columbia Law Review, 1942 Confidential Law Secretary New York Court of Appeals, 1944 Anwaltspraxis, 1948 ao., 1951 o. Prof. Cornell Univ. (1956 William Nelson Cromwell Prof.), s. 1975 o. Prof. Univ. of Calif., Hastings Coll. of the Law. 1948 Cons. New York State Law Revision Commission; 1959 Mitgl. U. S. Advisory Committee on Intern. Rules of Procedure - BV: Comparative Law - Cases, Text and Materials, 4. A. 1980, 5. A. 1988 (m. H. Baade, M. Damaska u. P. Herzog); Monopole, Trusts, Kartelle in USA u. Dtschl., 1950 (m. J. Kaskell); Formation of Contracts - A Study of the Common Core of Legal Systems, 2 Bde. 1968. Mithrsg.: American Journal of Comparative Law - Mitgl. Intern. Acad. of Comparative Law, American Law Institute, Americ. Bar Assoc. - Bek. Vorf.: Heinrich Aufhäuser, Begr. Bankhaus H. Aufhäuser, München (Großv. ms.).

SCHLETH, Uwe Henning

Dr. phil., Dipl.-Volkswirt, Prof. f. Politische Soziologie Univ. Heidelberg - Neue Anlage 31, 6905 Schriesheim-Altenbach (T. 06220 - 69 91) - Geb. 12. Nov. 1934 Waldau/Ostpr. (Vater: Heinrich Sch., Landwirt; Mutter: Charlotte, geb. Pavenstedt), verh. s. 1964 m. Christa, geb. Nieder, T. Katja - 1955-57 Landw. Lehre, 1955-62 Stud. Politik, Soziol., Wirtsch.swiss. Univ. Köln - 1962-71 Wiss. Assist. Köln, Mannheim, 1971-74 Gastprof. Pol. Wiss. Univ. of Texas, New York State Univ., 1976 Prof. Polit. Wiss. FU Berlin, s. 1977 Prof. Soziol. Univ. Heidelberg - BV: Parteifinanzen, 1973 - Liebh.: Segeln, Tauchen, Foto, Film - Spr.: Engl.

SCHLETTE, Heinz Robert

Dr. phil., Dr. theol., o. Prof. f. Philosophie Univ. Bonn - Prof.-Neu-Allee 20, 5300 Bonn 3 - Geb. 28. Juli 1931 Wesel/Rh. (Vater: Herbert S., Handelsvertr.; Mutter: Maria, geb. Otto), kath., verh. s. 1960 m. Dr. phil. Antonia Ruth, geb. Weiß, 2 Töcht. (Sophia, Felicitas) - Univ. Münster u. München (Phil., Theol., Religionswiss.). Habil. 1964 - S. 1965 o. Prof. PH Rheinland/Abt. Bonn (Phil.); s. 1980 Univ. Bonn - BV: Die Lehre von der geistlichen Kommunion bei Bonaventura, Albert d. Gr. u. Thomas v. Aquin, 1959; Kommunikation u. Sakrament, 1959; Sowjethumanismus, Prämissen u. Maximen kommunist. Päd., 1960; D. Nichtigkeit d. Welt - D. phil. Horizont d. Hugo v. St. Viktor, 1961; D. Anspruch d. Freiheit - Vorfragen polit. Existenz, 1963; D. Religionen als Thema d. Theol., 1963 (auch engl., ital. u. franz.); Colloquium salutis - Christen u. Nichtchristen heute, 1965 (auch ital. u. span.); Revolution d. Vernunft - Phil. d. Politischen bei John F. Kennedy, 1966 (m. I. Hermann); Epiphanie als Geschichte, 1966 (auch engl., franz., ital.); D. Eine u. d. Andere - Studien z. Problematik d. Negativen in d. Metaphysik Plotins, 1966; Kirche unterwegs, 1966; Christen als Humanisten, 1967; Veränderungen im Christentum, 1969; Aporie u. Glaube, 1970; Einf. in d. Studium d. Religionen, 1971; Skept. Religionsphil., 1972; Romano Guardini - Werk u. Wirk., 1973 (auch niederl.), 2. A. 1985; Albert Camus - Welt u. Revolte, 1980; Glaube u. Distanz, 1981; Albert Camus: L'Homme révolté. Einführung Register (m. M. Yadel), 1987; Kleine Metaphysik, 1990; Konkrete Humanität. Studien z. Prakt. Phil. u. Relig.phil., 1991, hg. v. J. Brosseder, N. Klein, E. Weinzierl. Herausg.: D. Zukunft d. Phil. (1968), Studien z. franz. Phil. d. 20. Jh. (s. 1974; m. V. Berning), Wege d. dt. Camus-Rezeption (1975), D. moderne Agnostizismus (1979), Simone Weil, Phil. - Relig. - Politik (1985; m. A.-A. Devaux); R. M. Lonsbach, Friedrich Nietzsche u. d. Juden. E. Versuch (1985); H. Platz, Pascal in Deutschland (1990). Mithrsg.: Biotope d. Hoffnung. Zu Christentum u. Kirche heute (1988, FS L. Kaufmann).

SCHLEUNUNG, Willy

Geschäftsführer Schleunungdruck GmbH, Marktheidenfeld, Vors. Verb. d. Bayer. Druckind., München, Mitgl. Bayer. Senat, München - Baumhofstr. 57, 8772 Marktheidenfeld - Geb. 8. Mai 1917 - N. 1945 (Rückkehr aus Kriegsgefangensch.) Aufbau Schleunungdruck GmbH - 1982 Gr. BVK.

SCHLEUSSER (ß), Heinz

Finanzminister Nordrh.-Westf. (s. 1988), MdL Nordrh.-Westf. (s. 1975) - Hanbachstr. 41, 4200 Oberhausen 14 (T. 66 57 72) - Geb. 20. April 1936 - SPD.

SCHLEUSSNER, Carlfried

Dr. agr., Fabrikant, Inh. Dr. C. Schleussner Gutsverwaltung, Elsheim, Kellerei Dr. C. Schleussner Röm.-Fränk. Weinstuben, Mitinh. Celfa AG. Schwyz/Schw. - Gut Windhauser Hof, 6501 Stadecken-Elsheim (T. 06130 - 2 22) - Geb. 8. Dez. 1923 Frankfurt/M. (Vater: Dr. phil. Dr. med. h. c. Carl S., Fabrikant (Adox Fotowerke); Mutter: Irene, geb. Schüller), ev., verh. s. 1949 m. Eva-Maria, geb. Engel, 4 Kd. (Carl-Ernst, Hans, Clemens, Angelika) - Lehre Südd. Zucker AG.; Univ. Gießen - Rotarier - Bruder; Hans S.

SCHLEUSSNER, Hans C. A.

Dr. phil. nat., Fabrikant, Teilh. u. Geschäftsf. Biotest Pharma GmbH, Frankfurt/M., Vorst. Biotest AG, VR-Vors. Celfa AG, Schwyz, u. Vorst.-Mitgl. Folex Dr. Schleussner AG, Zürich/Frankfurt - Landsteinerstr. 3-5, 6072 Dreieich (T. 06103 - 80 12 25) - Geb. 27. Nov. 1927 Frankfurt/M., ev., verh. s. 1957 m. Renate, geb. Krumm - Univ. Frankfurt (Chemie) - Spr.: Engl., Franz., Span. - Rotarier - Eltern s. Carlfried S. (Bruder).

SCHLEY, Ulrich S.

Landtagsabgeordneter Schlesw.-Holst. - Toschlag 6, 2200 Kölln-Reisiek - Geb. 28. Sept. 1948, ev., verh. s. 1969 m. Alexandra, geb. Schmidt, T. Anja.

SCHLEY-HEIDEMANN, Renate, geb. Schley

Schriftstellerin (Ps.: Beate Heidemann) - Steinkamp 10, 2361 Westerrade (T. 04553 - 3 97) - Geb. 30. Juni 1946 Margarethenhof, ev., verh. s. 1969 m. Bau-Ing. Günther Heidemann, T. Sandra - Mittl. Reife - BV: Jetzt bin ich 16, 1978; Die aus d. Unterprima, 1979; D. Sommer in jenem Jahr, 1980; Zwei gehen ihren Weg, 1980; E. Englandabenteuer, 1981; Österr., hin u. zurück, 1982; Deutschl., immer wieder anders, 1983; Wenn Du wieder da bist, 1982; Zeit d. Träume, 1985; Ein echt starker Typ, 1986. Div. Übers. aus d. Engl. - Liebh.: Klass. Musik, Bücher (z.B. Lessing, French) - Spr.: Engl., Ital., Franz.

SCHLEYER, Franz-Josef

Dr., Bürgermeister Stadt Bamberg - Rathaus, 8600 Bamberg/Ofr.; priv.: Steinerstr. 8 - Geb. 9. April 1917 (Vater: Franz S.), verh. m. Mechthilde, geb. Heim - CSU.

SCHLEYER, Paul von Ragué

Ph. D., Dr. h. c., Prof. f. Organ. Chemie Univ. Erlangen-Nürnberg (s. 1976) - Rangen 1, 8554 Gräfenberg - Geb. 27. Febr. 1930 Cleveland/Ohio (Vater: Charles Ernest S., Ing.; Mutter: Hulda Betty, geb. Kamphausen), verh. s. 1969 m. Inge, geb. Venema, 3 Töcht. (Betti, Karen, Laura aus 1. Ehe) - Stud. Princeton Univ. (A. B. 1951) u. Harvard (Ph. D. 1957) - 1954-75 Instructor Princeton (Assist. u. 1969 Eugene Higgins Prof.). Gastprof. Univ. Colorado, München, Würzburg, Michigan, Carnegie, Basel, Lausanne, Liège, Mellon, Kyoto, Münster, Iowa State, Genf, Groningen, Jerusalem, Louvain, Paris, Southern California, Copenhagen, Utrecht, Western Ontario. S. 1990 President World Assoc. of Theoretical Organic Chemists; 1990 Distinguished Visiting Prof. Georgia Univ. In- u. ausl. Fachmitgl.sch. - BV: Carbonium Ions, 5 Bde. 1968-75 (m. G.A. Olah); Ab initio Molecular Orbital Theory (m. W.J. Hehre, L. Radom u. J.A. Pople), 1986. Üb. 600 Fachveröff. wiss. Ztschr. - 1971 Ehrendoktorwürde Univ. Lyon; Mitgl. Bayer. Akad. d. Wiss.; 1986 A. v. Baeker Denkmünze, GDCh (Ges. Dt. Chemiker); 1987 J. F. Norris Award in Physical Organic Chemistry of the American Chemical Soc.; 1987 Heisenberg Medal of the World Assoc. of Theoretical Organic Chemists; 1988 C. K. Ingold Award, Royal Soc. of Chemistry, London; 1991 A. C. Cope Scholar Award American Chemical Society - Liebh.: Klass. Musik - Spr.: Dt., Engl.

SCHLICH, Helmut

Dipl.-Kfm., Direktor, Direktor d. Dt. Mieterbundes u. Vorst.-Vors. d. Rechtsschutzversicherung Dt. Mieterbund - Aachener Str. 313, 5000 Köln 41.

SCHLICHT, Herbert Friedrich

Dr. rer. pol., Syndikus Frankfurter Wertpapierbörse i. R. (1970-86), Vorst.-Mitgl. Heussenstamm-Stiftg. - Anton-Burger-Weg 130, 6000 Frankfurt/M. 70 (T. 68 14 58) - Geb. 10. Sept. 1920 Bischofsburg/Ostpr., verh. m. Trude, geb. Nebelsiek - Univ. Königsberg, Tübingen, Göttingen, Frankfurt (Promot. 1956) - Zul. Dir. Frankfurter Bank - BV: Börsenterminhandel in Wertpapieren, 1972 - Spr.: Engl.

SCHLICHT, Michael Winrich

Dr. phil., Schauspieldirektor am Nationaltheater Mannheim - Am oberen Luisenpark 7, 6800 Mannheim (T. 0621 - 41 74 58) - Geb. 18. Juli 1947 Celle, gesch. - Stud. Theater- u. Musikwiss., German., Phil. u. Psych. Univ. Hamburg, Berlin u. Wien; Promot. 1974 Wien - Assist. u. Regiss. an Kleintheatern, fr. Gruppen u. Bühnen v. Wuppertal u. Basel; Autor, Regiss. u. Moderator Radio Bremen (Hörfunk); Dramat. Staatstheater Karlsruhe u. Wiesbaden. Lehrbeauftr. FB Didaktik d. Gesch. u. Fachjournalismus Univ. Gießen - BV: 19 Auftragsw. d. Hamburg. Staatsoper - E. Beitrag z. Diskussion zeitgenöss. Musiktheaters, Diss. 1974. Send. üb. exper. Musik u. Kunst im Zwischenber. d. Medien. Szenische Gesch.darstellung (Gespräche m. Prominenten), 1989. Insz.: Iphigenie - keine Oper n. Goethe. 1977 UA d. Musiktheater-Experiments am Stadttheater Basel u. a. m.

SCHLICHT, Uwe

Journalist - Aarauer Str. 29, 1000 Berlin 45 (Lichterfelde) (T. 817 55 28) - Geb. 8. April 1938 Berlin (Vater: Kurt S., Bankdir.; Mutter: Margarete, geb. Peifer), ev., verh. s. 1965 m. Renate, geb. Böttcher, 2 Kd. (Matthias, Christian) - Gymn. Berlin (Abit. 1957); Stud. d. Rechtswiss. Phil., Gesch. FU Berlin - S. 1962 Journ. Tagesspiegel Berlin; 1976/77 Lehrbeauftr. f. Publizistik FU Berlin - BV: Vom Burschenschaftler b. z. Sponti 1980; Trotz und Träume - Jugend lehnt sich auf, 1982 - 1975 Wächterpreis d. Presse (f. Art.serie z. Radikalenfrage) - Liebh.: Musik, Lit., Sport (1956 Dt. Jugendmeistersch. Olymp. Staffel) - Spr.: Engl., Franz.

SCHLICHTE, Hans-Werner

Kaufmann, Pers. haft. Gesellsch.Schlichte-Steinhäger - Gräfenhof 6, 4803 Steinhagen (T. 05204-131) - Geb. 13. April 1924 Steinhagen (Vater: Werner Sch., Kaufm.; Mutter: Minna, geb. Homann), ev., verh. s. 1950 m. Winifred, geb. Gosling, 2 Kd. (Hans-Werner, Barbara).

SCHLICHTER, Otto

Dr. jur., Prof., Vizepräsident d. Bundesverwaltungsgerichts - 1000 Berlin (T. 3 19 71) - Geb. 14. Juli 1930 Münster (Vater: Otto Sch., Kaufm. (Eisengroßhdl.); Mutter: Dorothea, geb. Waltermann), verh. s. 1971 i. 2. Ehe m. Ursula, geb. Schlüter, 3 Kd. (Jeannette, Christiane, Mark) - Human. Gymn. Paulinum Münster; Univ. Tübingen, München u. Münster (Jura), 1. Staatsex. OLG Hamm, 2. Staatsex. Düsseldorf, Promot. Univ. Münster - S. 1973 Bundesrichter, s. 1977 Hon.-Prof. jur. Fak. Univ. Göttingen - BV: Hrsg., Autor bzw. Mitautor: Komment. z. Bundesbauges., 3. A. 1979; Komment. z. Städtebauförd.ges., 2. A. 1985; Bauen im

Planbereich, unbeplanten Innenbereich u. Außenbereich, 1978; Berliner Komment. z. Baugesetzbuch, 1988; ca. 80 weit. Veröff. - Spr.: Engl., Franz.

SCHLICHTING, Hans Burkhard

Chefdramaturg SWF-Hörspiel (s. 1981) - Sophienstr. 36, 7570 Baden-Baden (T. 07221 - 92 22 64) - Geb. 2. Okt. 1949 Lage/Lippe, verh. m. Gisela Erbslöh-Sch., geb. Erbslöh, 1 Kd. - Abit. 1968; 1968-70 Univ. Bonn u. Frankfurt/M.; Staatsex. German., Gesch. 1974, Phil. 1976 - 1979-81 Dramaturg Suhrkamp Theaterverlag (s. 1980 geschäftsführend) - BV: D. Phantasien d. Garndville, 1976; Hugo Ball: D. Künstler u. d. Zeitkrankheit, 1984/88; Zahlr. Aufsätze u. Radiosendungen; Hörspiele u. Feature; Essay - Liebh.: Kulturgesch., Avantgarde-Forsch., Medientheorie - Spr.: Engl.

SCHLICHTING, von, Horst

Journalist, Bundesvors. Gemeinschaftsverb. ehem. polit. Sowjetgefangener, Mitgl. Bundesvorst. Bund d. Mitteldeutschen (BMD) - Nordmannzeile 7, 1000 Berlin 41 - Geb. 23. Febr. 1911 Lyck/Ostpr. (Vater: Otto v. S.), ev., verh. s. 1938 m. Käte, geb. Schröter, 3 Kd. (Uwe, Uta, Dietmar) - Gymn.; Univ. Breslau (o. Abschluß) - Fr. Journ. u. Schriftst.; 1945-54 Kriegsgefangensch.; 1956-72 Redakt. u. Nachrichtenchef Telegraf, 1973-76 Redakt. Pressest. Abt. Innerdt. Bezieh. b. Bevollm. d. Bundesreg. in Berlin; Korresp. Deutschland Journal u. D. Komet - BV: Sibirien liegt in Dtschl.; Deine Gedanken in meinen Gedichten, Lyr. 1985. Hörsp.: Breslau findet s. Vaterland, D. Eiserne Kanzler.

SCHLICHTINGER, Rudolf

Oberbürgermeister a.D. - Birkenstr. 14, 8400 Regensburg (T. 3 02 69) - Geb. 8. April 1915 Regensburg - Oberrealsch. u. Lehrerbildungsanst. - Ab 1936 Arbeits- u. Wehrdst. (Marine; 1941 Chef e. Marine-Flakbatterie; n. Gefangennahme (Brest) größtenteils USA); 1947-60 Lehrer Regensburg; s. 1960 Oberbürgerm. Regensburg. 1954-70 MdL Bayern. AR-Mandate u. a. SPD. - 1986 Gr. BVK.

SCHLICHTMANN, Josef

Geschäftsführer Portland-Zementwerke Obergimpern GmbH., Obergimpern - Bahnhofstr. 22, 6927 Bad Rappenau/Baden.

SCHLICK, Erich

Dr. med., Prof., Vorstandsmitglied d. Knoll AG, Ressort Forschung u. Entwicklung - Knollstr., 6700 Ludwigshafen (T. 0621 - 5 89-0) - Geb. 16. Febr. 1952, kath., verh., 2. Kd. - Promot. 1978; Habil. Venia legendi 1987, bde. Univ. Heidelberg - 1978 Assist. Pharmak. Inst. Univ. Heidelberg; 1981 Visiting Scientist National Carcer Inst., Bethesda, MD, USA; 1991 Prof. of Pharmacology Univ. of Massachusetts, USA.

SCHLIEFFEN, Graf von, Friedrich

Bankkaufmann, Aufsichtsrat Luxembourg Estates Co. Ltd., Beirat Brauerei Rhenania - Paul Ehrlichstr. 10, 6000 Frankfurt 70 (T. 069 - 63 94 00) - Geb. 20. Mai 1934 Dölitz (Vater: Siegfried v. S.; Mutter: Edelgard, geb. v. Fournier), ev., verh. s. 1976 m. Ursula, geb. Schneider, 6 Kd. (Anina, Dorothea, Verena, Alexander, Jasper, Nikolaus) - Lehre Versich.wirtsch.; Stud. (4 Sem.) Inst. f. Versich.wiss., Hamburg - 1962-65 Dir. Nordstern Versicherung AG, 1966-71 Mitgl. Geschäftsleit. Bankhaus Waldthausen & Co., Düsseldorf, 1972-84 Vorst. Dt.-Schweiz. Bank AG, Frankfurt, 1979-84 Mitinh. Bankhaus Wölbern & Co., Hamburg - Spr.: Engl., Franz.

SCHLIEMANN, Erich E. K.

Direktor - Falkenstein 17, 2000 Hamburg 55 - Geb. 24. Mai 1924 Hamburg - Univ. Hamburg (Rechtswiss.) - B. 1969 Dt. Erdöl-AG (DEA), Hamburg (Vorst.); b. 1977 Burmah Castrol Europe Ltd., Hamburg/London (Managing Dir.); Inh.: Schliemann & Cie., Hamburg; Schliemann Holdings GmbH, Hamburg; Beiratsvors. Säkaphen GmbH, Gladbeck; AR-Vors. Saekaphen Chemical S.R.L., Mailand u. Saekaphen Chemical LTD, Manitowoc, Wisconsin/USA; Landesbeirat Commerzbank AG.

SCHLIEMANN, Joachim E. K.

Inh. Schliemann & Co., Mykofarm Schliemann & Co., Elias-Fries-Ges. f. Pilzforsch., alle Hamburg - Postfach 30 36 09, 2000 Hamburg 36 (T. 04104 - 31 10; Telefax 04104 - 75 70) - Geb. 8. Juni 1927 Hamburg (Vater: Ernst S., Industrieller † 1945) - Bek. Vorf.: Heinrich S., Archäologe (1822-90).

SCHLIEPER, Ulrich

Dr. sc. pol., Prof. f. Volkswirtschaftslehre Univ. Mannheim - Nietzschestr. 6, 6800 Mannheim 1 (T. 0621 - 41 26 14) - Geb. 10. Dez. 1936 Stettin, verh. s. 1967 m. Ute, geb. Engel, S. Jörn - Univ. Kiel (Dipl. 1962, Promot. 1967) - 1964 wiss. Assist. Univ. Saarbrücken; 1971 Senior Lecturer in Economics Univ. Birmingham; 1974 o. Prof. Univ. Göttingen; 1980 Ord. Univ. Mannheim; 1985-88 Pro-Rektor d. Univ. Mannheim; 1989/90 Gastprof. Univ. of Toronto - BV: Pareto-Optima, externe Effekte u. d. Theorie d. Zweitbesten, 1969; Einf. in d. Makroökonomik, 1973 (m. R. Richter u. W. Friedmann); u. a.

SCHLIEPHAKE, Erwin

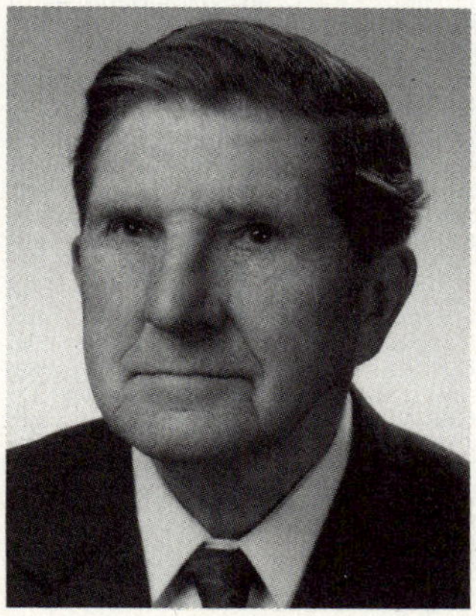

Dr. med., Prof., Vorstand Balser'sche Stiftg. Gießen (s. 1952) - Friedrichstr. 38, 6300 Gießen (T. 2 32 93) - Geb. 18. Aug. 1894 Gießen (Vater: Dr. med. Fritz S., Sanitätsrat; Mutter: Gertrud, geb. Zoeppritz), ev., verh. s. 1921 m. Annemarie, geb. Koeppe, 3 Kd. (Gerhard, Uta, Konrad) - Gymn. Gießen; Univ. ebd. (Promot. 1920) u. Berlin - Assist. Univ. Leipzig (Physiol. Inst.), Tübingen (Pathol. Inst.), Rostock (Med. Klin.) u. Jena, 1929-33 Privatdoz. Jena, 1933-42 apl. Prof. Univ. Gießen, 1942-46 ao. Prof. u. Dir. Med. Poliklin. Univ. Würzburg (emerit. 1959), 1947-52 Chefarzt Städt. Krkhs. Schweinfurt. 1957 Gastprof. Univ. Alexandria, Assimilation v. anorgan. Stickstoff; Entwickl. d. Kurzwellentherapie; Blutströmung-Mess. m. Doppler-Effekt v. Scgallwellen; Entd. d. Abwehrfunktion u. d. regulator. Funktion d. Milz; Erforsch. d. Zusammenhänge v. Innerer Sekretion, vegetativen Nerven u. Krebswachstum, Cholesterinstoffw., Magnesium - BV: Kurzwellentherapie, 6. A. 1960 (auch engl.); Behandl. d. Rheumatismus m. Kurzwellen, 1938; Rheumatismus, 1952; Med. Poliklinik, 2. A. 1953; Interne Med., Diagnost. Kompendium, 1954; Physikal. Therapie, 1958; Einf. in d. Elektromed., 1981; Krebs u. Entzündung, 1980; Krebs u. natürl. Abwehr, 1986. Mitarb.: Europa Medicophysica, Folia Clinica Intern. u. a. - Liebh.: Bergsteigen, Rudern, Skilaufen - Bek. Vorf. vs.: Familie Buff; ms.: Prof. Karl Zoeppritz, Begr. Geophysik; Prof. Heinrich Will, Chemiker (Mitarb. u. Nachf. Liebigs).

SCHLIER, Ado

Redakteur Bayer. Rundfunk - Schleißheimer Str. 229b, 8000 München 40 - Geb. 31. Jan. 1935 Würzburg (Vater: Hans Schl., Kaufm.; Mutter: Elna, geb. Mende), kath., gesch., T. Nicole - Abschl. Realgymn. Würzburg u. Handelsobersch. 1952 - Selbst. Tätigk. m. eig. Konzertdir.; s. 1965 Journ.; s. 1977 Bayer. Rundfunk. Regiss.: 16-teilige Serie Typisch Deutsch Radio Bremen; 14 Folgen Verliebt in e. kl. Stadt BR. Ständ. Kommentator Grand Prix Eurovision - Div. Intern. Preise f. Entd. u. Erf.; 1970 Preis d. Bundespräs. (f. Zeit d. langen Tage) - Spr.: Engl., Dän., Tschech.

SCHLIER, Christoph

Dr. rer. nat., o. Prof. u. Direktor Physikal. Inst. Univ. Freiburg - Fohrenbühl 15, 7801 Stegen-Wittental - Geb. 1. Febr. 1930 Jena - S. 1961 (Habil.) Lehrtätigk. Bonn u. Freiburg (1962 ao., 1963 o. Prof.). Facharb.

SCHLIERF, Werner

Schriftsteller - Hausnerstr. 23, 8011 Kirchheim (T. 089 - 903 52 18) - Geb. 17. Mai 1936 München, verh. s. 1958 m. Elfriede, geb. Vetterl, 2 Söhne (Werner, Andy) - Zahlr. BV (Drama, Prosa, Lyrik) - 1983 Bayer. Romanpr., 1986 Münchner Poetentaler - Liebh.: Malerei, Jagd - PEN-Mitgl.

SCHLIESING, Helmut

Dr. rer. nat., Oberbürgermeister d. Stadt Brandenburg (s. 1990) - Zu erreichen üb. Neuendorfer Str. 90, O-1800 Brandenburg (T. 5 30-1 00) - Geb. 18. Mai 1953 Brandenburg, 2 Söhne (Jasper, Philipp) - Stud. Biologie, Chemie 1971-75; Dipl.-Lehrer; Promot. 1988 - 1975-78 Lehrer; 1978-82 Aspirantur; 1982-90 wiss. Mitarb., Bereichsleit. in d. Arbeitshygieneinspektion - Liebh.: Lit., Musik, Malerei - Spr.: Engl.

SCHLIESSER (ß), Theodor

Dr. med. vet., em. o. Prof. f. Hygiene u. Infektionskrankheiten d. Tiere - Waldstr. 58, 6307 Linden (T. 6 14 87) - Geb. 3. Febr. 1922 Wain/Württ. - Habil. 1961 München - S. 1967 Prof. Univ. München (apl.; zul. Vorst. Abt. f. Bakt./Inst. f. Mikrobiol. u. Infektionskrankh.) u. Gießen (1970 o.; Dir. Inst. f. Hygiene u. Infektionskrankh. d. Tiere - BV: Handb. d. bakteriellen Infektionen b. Tieren, 5 Bde. 1979, 1985; Desinfektion in Tierhaltung, Fleisch- u. Milchwirtsch., 1981. Fachveröff.

SCHLIETER, Erhard

Dr. rer. nat., Ltd. Verwaltungsdirektor, Verkehrsdirektor Köln (s. 1974) - Unter Fettenhennen 19, 5000 Köln 1 (T. 0221 - 221 33 41; Fax 0221 - 221 33 20) - Geb. 3. Juni 1934 Elbing (Vater: Fritz S., Major; Mutter: Herta, geb. Schröder), ev., verh. s. 1974 m. Susanne, geb. Groote - Realgymn. Fulda (Abit. 1954). Promot. 1966 Philipps-Univ. Marburg - 1963-68 Prof. f. Kunstgesch. Pius XII. Institute of Art, Villa Schifanoia, Fiesole-Florenz; 1968-69 visiting Lecturer f. Kunstgesch. Syracuse Univ., Staat New York; s. 1970 Verkehrsamt Köln - BV: Viareggio, Marb. Geogr. Schr., Bd. 33, 1968; Architektur in Köln, Anfänge d. Gegenw. (m. W. Hagspiel), 1978; Köln-Cologne (m. R. Barten), 1982; Köln Kaleidoskop (m. R. Barten), 1986; Köln. Café Kuchen (m. R. Barten), 1987; Gruß aus Köln (m. R. Barten), 1989. Fachaufs. - 1981 Accademico Onorario Acad. Euro-Afro-Asiatica d. Turismo Catania; 1991 VO. d. Rep. Italien (Cavaliere al Merito della Rep. Italiana) - Liebh.: Kunstgesch., Zeichnen, Fremdspr. - Spr.: Engl., Franz., Ital.

SCHLIMPER, Joachim

Dr., Dr., Hauptgeschäftsführer Bundesinnungsverb. f. d. Damenschneiderhandwerk - Am Rosenbusch 3, 6900 Heidelberg (T. 06221/2 38 62).

SCHLINGLOFF, Dieter

Dr. phil., o. Prof. f. Indologie - Geschw.-Scholl-Pl. 1, 8000 München 22 - Geb. 24. April 1928 Kassel - Univ. Göttingen (Theol., Vergl. Religionswiss., Indol., Iranist.). Promot. 1953 Göttingen; Habil. 1961 Berlin - 7 J. Mitarb. Dt. Akad. d. Wiss. zu Berlin (Inst. f. Orientforsch.); s. 1962 Lehrtätigk. Univ. Göttingen, Kiel (1968 Ord. u. Dir. Inst. f. Indol.), München (1972 Ord. u. Vorst. Sem. f. Indol. u. Iranist.) - BV: u. a. Religion d. Buddhismus, 2 Bde. 1962/63. Div. Einzelarb.

SCHLIPF, Josef

Dr. rer. nat., Prof. RWTH Aachen (s. 1971) - Gulpener Str. 1, 5100 Aachen - Geb. 3. April 1926, verh. s. 1966 m. Ilse, geb. Koch, 2 Kd. (Jan, Carolin) - 1952-54 Physikstud. TH Stuttgart, 1955-59 TU Berlin; Promot. 1960; Habil. 1968 Aachen - 1968 Doz. TH Aachen; 1970 Gastprof. in Urbana-Champaign u. Carnegie-Mellon-Univ. in Pittsburgh.

SCHLIPKÖTER, Hans-W.

Dr. med., Univ.-Prof. Hygiene - Chopinstr. 11, 4000 Düsseldorf-Benrath - Geb. 25. Aug. 1924 Nias - S. 1955 (Habil.) Lehrtätigk. Med. Akad. bzw. Univ. Düsseldorf (1961 apl., 1965 o. Prof.; Dir. Inst. f. Hyg.); 1962 Dir. Med. Inst. f. Umwelthyg. Univ. Düsseldorf; 1974 Dekan Med. Fak. Univ. Düsseldorf; 1978-80 Rektor, 1980-89 Prorektor Univ. Düsseldorf. Spez. Silikoseforsch. u. Lufthygiene. Üb. 400 Fachveröff. - 1968 Robert-Koch-Preis u. Med.; 1969 I. Preis Ente Nazionale Prevenzione Infortuni (f. e. Arbeit z. Bekämpf. d. Staublungenerkrank.) - 1975 BVK I. Kl.; 1976 Gold. Ehrenmünze d. VDI; 1979 Umweltschutzpr. Stadt Duisburg; 1984 Gr. Verdienstkreuz d. VO Bundesrep. Deutschl. u. Johannes-Weyer-Med. d. nordrh. Ärzteschaft; Prof. h.c. Chinese Acad. of Preventive Medicine, Peking; 1990 Ehrenmitgl. Rhein.-Westf. Vereinigung f. Lungen- u. Bronchialheilkd.; 1991 VO. d. Landes Nordrh.-Westf. u. Kolkwitz-Plak. d. Inst. f. Wasser-, Boden u. Lufthygiene.

SCHLIPPSCHUH, Otto

Dr. phil., Hotelkaufmann, Vors. Bundesaussch. f. Berufsbildung Bundesverb. DEHOGA (s. 1977), 2. Bürgermeister d. Gemeinde Bad Rothenfelde (s. 1991) - Frankfurter Str. 2, 4502 Bad Rothenfelde (T. 05424 - 10 66) - Geb. 24. Febr. 1928 Bad Rothenfelde, ev., verh. s. 1955 m. Inge, geb. Neubacher, 3 Kd. (Till, Kai, Nele) - Lehre Kellner u. Hotelkaufm. Hannover u. Essen; Stud. Latein, Gesch. u. Archäol. Univ. Mainz, Hamburg u. Münster; Promot. 1974 Münster - Führung Hotel zur Post Bad Rothenfelde (1955-69 Geschäftsf., s. 1969 Untern.). S. 1977 Vors. Bundesaussch. f. Berufsbild. s. o.; s. 1981 Vizepräs. IHK Osnabrück-Emsland - BV: D. Händler im röm. Kaiserreich, 1974 - Liebh.: Kanu- u. Kajakfahren, Tennis, röm. Provinzarchäol. - Spr.: Engl.

SCHLISSKE, Horst

Dr., Ltd. Ministerialrat, Vors. Arbeitsgem. f. zeitgemäßes Bauen - Eckernförder Str. 427, 2300 Kiel 1.

SCHLITT, Adalbert

Dr., Geschäftsführer Industrieverb. Körperpflege- u. Waschmittel (s. 1978) - Karlstr. 21, 6000 Frankfurt/M. 1 - Geb. 23. Sept. 1927 Wiesbaden.

SCHLITT, Gerhard

Dr.-Ing., Ltd. Bibliotheksdirektor, Leit. Univ.- u. Techn. Informationsbibl. Hannover - Welfengarten 1b, 3000 Hannover 1; priv.: 91, Wilksheide 19d - Geb. 18. Sept. 1933 Marburg/L. (Vater: Karl S., Kaufm.; Mutter: Emmy, geb. Hansmann), verh. s. 1961 m. Helga, geb. Otto, 3 Kd. (Konstanze, Philipp, Henrike) - TH Hannover (Arch.).

SCHLITT, Karl-Adolf
Landrat a. D., Verlagsleiter - Sternwartenweg 26, 2300 Kiel - Zul. Landrat Kr. Oldenburg/Holst.

SCHLITTMEIER, Andreas

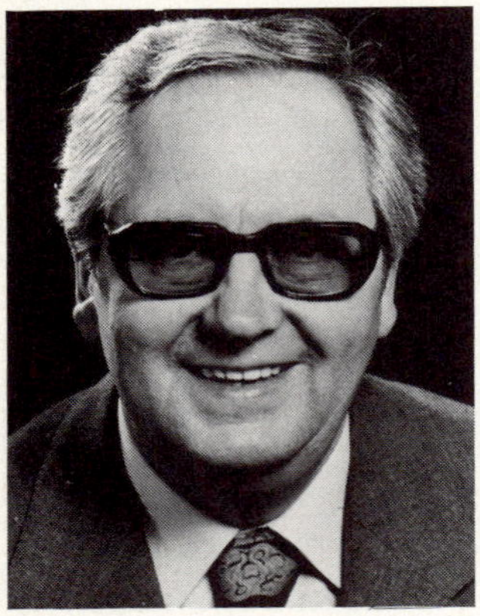

Dr. oec. publ., Dipl.-Volkswirt, Verleger Dr. Andreas Schlittmeier Verlag (s. 1987), Bürgermeister a. D., Kaufmann, MdL Bayern a. D., VR-Mitgl. u. stv. Vors. Bayer. Landessportverb. (s. 1965) - Brühfeldweg 29a, 8300 Landshut/Bay. (T. 0871 - 4 41 00; Fax 0871 - 4 55 52) - Geb. 28. Mai 1920 Landshut (Vater: Andreas S., Schlosser; Mutter: Therese, geb. Schie), verh. s. 1953 m. Emmy, geb. Lohr, T. Helga - Schlosserlehre; Stud. Volksw. München. Dipl.-Volksw. 1959; Promot. 1962 - S. 1948 Mitgl. Stadtrat Landshut, 2. Bürgerm. (1960-72); 1954-70 Bezirksrat. SPD. 1966-86 MdL. 1988 Vorst. d. Gemeinn. Wohnungsbaugenoss. (GeWoGe). 1. Vors. Freunde d. Schwimmsports, Katzensteyner Ritterbund z. Landshut v. 1857, u. Verein z. Erhalt histor. Brauchtums in Landshut - 1970 BVK; 1974 Bayer. VO; 1988 Gr. BVK; 1988 Ehrenbürger d. Stadt Landshut - Liebh.: Briefm., Tennis - Spr.: Schwed.

SCHLITZBERGER, Udo
Dr., Studienrat a. D., MdL Hessen (s. 1976) - Hinter d. Gärten 11, 3527 Calden 5 (T. 05609 - 849) - Geb. 31. Okt. 1946 Kassel, verh. - Höherer Schuldst. SPD s. 1968 (1973-76 Vors. Jungsoz. Bez. Hessen-Nord, gf. Landesvors.).

SCHLIWA, Werner
Dr., Prof., Dozent f. Biologie u. Didaktik d. Biol. Päd. Hochsch. Bremen - Stettiner Str. 20, 2838 Sulingen (T. 04271 - 7 74).

SCHLIWKA, Dieter
Schriftsteller, Fachleit. f. Spr. u. Arbeitslehre am Lehrersem. Gelsenkirchen - Meraner Str. 19/B, 4352 Herten (T. 02366 - 62 11) - Geb. 29. Dez. 1939 Gelsenkirchen, kath., verh. s. 1966 m. Renate, geb. Kohlwey, Steuerberaterin, S. Michael - 10 J. Bergbau; Stud. (Spez.-Ber. Kinder- u. Jugendpsych. u. Lit.) Lehrer; Fachleit., Kinder- u. Jugendbuchautor - BV: 14 Kinder- u. Jugendb., Auslandsübers., u.a. Sag was, Alex; Jugend-Krimi-Serie Sherlock Holmes Junior; Spätzünder; Salto abwärts; Sirtaki; Kinder d. Taublume - Liebh.: Malerei, Musik, Lit. (Kafka).

SCHLOBACH, Jochen
Dr. phil., Prof. f. Neuere franz. Literatur - Richard-Wagner-Str.87, 6602 Saarbrücken-Dudweiler - Geb. 6. Febr. 1938 Liegnitz (Vater: Erich Sch., Jurist; Mutter: Annemarie, geb. Koch), verh. m. Ursula, geb. Gressung, 2 Kd. (Katja, Stefan) - Univ. Hamburg, Paris u. Saarbrücken, Promot. 1964, Habil. 1974 - Gastprof. in Paris (Sorbonne Nouvelle), Nizza u. Columbia, Mo, USA. Vizepräs. d. Intern. Ges. f. d. Erforschung d. 18. Jh. - BV: Geschichte u. Fiktion in Martin du Gards Eté 1914, 1965; F. M. Grimm, Corresp. inedite, 1972; Zyklentheorie u. Epochenmetaphorik, 1980. Herausg.: Diderot, Œuvres complètes, Bd. 18 (1984); Roger Martin du Gard, Kolloquiumsakten (1984); Aufklärungen, I, Kolloquiumsakten (1985); Correspondances littéraires inédites (1987) - 1965 Straßburg-Preis.

SCHLÖGEL, Anton
Dr. jur., Generalsekretär a. D., Präsidiumsmitgl. Deutsches Rotes Kreuz (1976-88), Ehrenmitgl. d. Präsid. (s. 1991), Vizepräs. Verb. d. Schwesternschaften v. DRK (1979-87) - Friedrich-Ebert-Allee 71, 5300 Bonn (T. 54 11); priv.: Schneidemühler Str. 10 - Geb. 2. Juli 1911 Pirmasens (Vater: Anton S., Oberzollinspektor † 1943; Mutter: Veronika, geb. Treml), kath., verh. s. 1944 m. Waltrud, geb. Klassert, 5 Kd. (Ernst, Birgit, Herbert, Walter †, Astrid) - Gymn. Nürnberg; 1931-1935 Univ. Erlangen u. München (Rechts- u. Staatswiss.). Gr. jurist. Staatsprüf. - 1939-45 Soldat, dann Rechtsanw. 1956-58 Stadtrat Nürnberg, 1958-76 Generalsekr. Dt. Rotes Kreuz, Bonn - BV: D. Genfer Rotkreuzabkommen vom 12. Aug. 1949, 8. A. 1988; Geist u. Gestalt d. Roten Kreuzes, 1951; Neuaufbau d. DRK n. d. II. Weltkrieg, 2. A. 1983; Auswahl v. Reden u. Aufsätzen, 3. A. 1989. Mitarb. in völkerrechtl. Lexika - Zahlr. in- u. ausl. Ausz., u. a. 1969 Kommandeur Stern Ital. Solidarität; 1974 Gr. BVK; 1987 Henry Dunant-Med. d. Intern. Roten Kreuzes - Liebh.: Reisen, Kunstgeschichte - Spr.: Engl., Franz.

SCHLÖGEL, Karl
Dr., Prof., Historiker, Publizist - Köpenicker Str. 9 b, 1000 Berlin 36 - Geb. 7. März 1948 Hawangen, verh. s. 1984 m. Dr. Sofia Margolina, T. Anna - Stud. FU Berlin (Phil., Gesch., Soziol., Slavistik); 1990 Prof. f. Osteuropäische Geschichte an d. Univ. Konstanz - BV: Moskau lesen, 1984; D. Mitte liegt ostwärts, 1986; Jenseits d. Großen Oktober - Petersburg 1909-21, 1988; D. Krise d. russischen Intelligenz, 1990; D. Wunder v. Nishnij, 1991 - 1987 Essaypreis d. Tagesspiegel Berlin; 1990 Europ. Essay-Preis Charles Veillon.

SCHLÖGL, Friedrich Christian
Dr. rer. nat., Dr. rer. nat. h.c., o. em. Prof. f. Theoret. Physik - Goertzbrunnstr. 20, 5100 Aachen-Brand (T. 52 02 46) - Geb. 7. April 1917 Erfurt (Vater: Dr. Heinrich S., Oberregierungsrat; Mutter: Aenne, geb. Treitschke), ev., verh. s. 1942 m. Ilse, geb. Schuler, 2 Kd. (Reinhild, Dietmar) - Gymn.; Stud. Physik u. Math. Promot. 1947 Göttingen; Habil. 1953 Köln - 1948-53 Lehrbeauftr. f. Theoret. Phys. Univ. Regensburg, 1953-60 Doz. Univ. Köln, 1960 o. Prof. u. Dir. Inst. f. Theoret. Phys. RWTH Aachen, 1969-70 Dekan math. naturw. Fak. - 1972-77 Vors. Fachaussch. Thermodynamik, DPG, 1978-81 Vors. Arbeitskr. Festkörperphysik, DPG - BV: Probility and Heat, 1989. Art. in: Handb. d. Physik, Bd. I, Ztschr. f. Naturforsch. u. f. Physik, Annals of Physics, Physical Review, Physics Letters, Physics Reports u. a. - 1987 Ehrendoktor Univ. Düsseldorf; s. 1991 Ehrenmitgl. d. Kurat. d. Studienstiftg. d. Dt. Volkes.

SCHLÖGL, Reinhard W.
Dr. rer. nat., em. Prof. f. Biophysik, em. wiss. Mitgl. Max-Planck-Inst. f. Biophysik, Frankfurt/M. - Im Hirschgarten 3, 6246 Glashütten/Hessen (T. MPI: Frankfurt/M. 6 30 31) - Geb. 25. Nov. 1919 Braunau/Böhmen (Vater: Dr. Heinrich S.; Mutter: Aenne, geb. Treitschke), verh. s. 1950 m. Hella, geb. Heinz, 2 Kd. (Grita, Wolfgang) - Univ. Göttingen (Physik). Promot. (1953) u. Habil. (1957) Göttingen - Wiss. Mitgl. Max-Planck-Inst. f. Physikal. Chemie, Göttingen (1956ff.); s. 1963 Ord. TH Darmstadt (Elektrochemie) u. Univ. Frankfurt (Biophysik) - 1981 korresp. Mitgl. d. Akad. d. Wiss. u. Literatur, Mainz - BV: Stofftransport durch Membranen, 1964 - Liebh.: Hausmusik, Mykologie, Astronomie - Spr.: Engl., Norweg.

SCHLOEMANN, Martin
Dr. theol., Univ.-Prof. f. Systematische u. Hist. Theol. Univ.-GH Wuppertal (s. 1974) - Kemnader Str. 340, 4630 Bochum 1 - Geb. 5. Juni 1931 Witten, ev., verh. s. 1960 m. Elisabeth, geb. Gellerstam, 3 Kd. (Anna, Margareta, Johan) - Stud. Univ. Bethel, Heidelberg, Münster, Lund (Schweden); 1. Theol. Ex. 1957; 2. Theol. Ex. 1960; Promot. 1959 Münster; Habil. 1972 Bochum - 1959-61 Vikariat u. Mitarb. am Ökum. Archiv Soest; 1961-64 Pfarrer am St. Gertrud in Stockholm; 1964-74 Univ. Bochum (wiss. Assist., 1972 Doz., 1973 apl. Prof.) - BV: Natürl. u. gepredigtes Gesetz b. Luther, 1961; Siegmund Jacob Baumgarten, 1974 - Spr.: Engl., Schwed.

SCHLOEMER, Gerhard
Dipl.-Ing., Geschäftsführer Gerhardi & Cie. Metall- u. Kunststoffwerke GmbH, Lüdenscheid, u. Messingwerk KG, Plettenberg, Präs. Südwestf. IHK, Hagen, Vorst.-Mitgl. Dt. Ind.- u. Handelstag Bonn, Vereinigung d. IHK in NRW, Düsseldorf - An d. Husareneichen 7, 5880 Lüdenscheid - Geb. 12. Nov. 1924 - 1985 BVK I. Kl.

SCHLOEMER, Hermann
Dr. rer. nat., o. Prof. f. Mineralogie - Mathildenstr. Nr. 44, 6600 Saarbrücken (T. 5 17 32) - Geb. 27. März 1923 Lüneburg (Vater: Heinrich S.; Mutter: geb. Kock), verh. m. Dr. med. Jutta, geb. Schumann - Univ. Bonn u. Tübingen. Promot. 1952 Tübingen; Habil. 1961 Saarbrücken - S. 1968 apl. u. o. Prof. Univ. Saarbrücken. Facharb.

SCHLÖNDORFF, Volker
Regisseur - (Adresse ist d. Verlag bekannt) - Geb. 1939 Wiesbaden (Vater: Arzt), verh. m. Margarethe v. Trotta, Schausp. - Film u. Ferns.: D. jg. Törless, Mord u. Totschlag, Michael Kohlhaas, D. plötzl. Reichtum d. armen Leute v. Kombach, Baal, D. Moral d. Ruth Halbfaß, Strohfeuer, D. Ehegattin, Übernacht. in Tirol, Georginas Gründe, D. verlorene Ehre d. Katharina Blum (nach Böll), Die Blechtrommel (n. Grass), ausgez. m. Gold. Palme Cannes (1979), D. Fälschung (1981); E. Liebe von Swann (1984). Operninsz.: Katja Kabanova (Janacek) - 1966 Preis Intern. Filmkritik Cannes; Mitgl. PEN-Zentrum BRD.

SCHLÖSSER, Ernst
Polizeihauptkommissar Polizeipräsidium Mannheim (s. 1980 i. R.), Gemeindevertreter Gorxheimertal (s. 1981) - Alter Weg 48, 6941 Gorxheimertal üb. Weinheim (T. 06201 - 2 18 48) - Geb. 14. Juni 1920 Oberhausen/Rhld. (Vater: Hermann S., Kaufm.; Mutter: Bertha, geb. Mehrhoff), ev., verh. s. 1941, 5 Kd. (Armin, Astrid, Friedhelm, Axel, Roland) - Spez. Arbeitsgeb.: Verbrechensvorbeug. durch bes. Jugendarb. - S. 1965 Dienststellenlt. b. Polizeipräs. Mannheim, s. 1963 Jugendschutzsachbearb. - 1974 Beccaria-Med. in Sild. Dt. Kriminolog. Ges. Frankfurt, 1975 Verdienstmed. Land Bad.-Württ.

SCHLÖSSER, Gert
Vorstandsmitglied VICTORIA Lebensversicherung Aktienges., Berlin, Vorsorge Lebensversich. Aktienges., Berlin - Victoriaplatz 1, 4000 Düsseldorf 1.

SCHLÖSSER, Manfred
Verleger, Präsidialsekretär Akademie d. Künste Berlin (1976-87) - Grunewaldstr. 53, 1000 Berlin 62 (T. 030 - 854 53 72) - Geb. 6. Dez. 1934 Darmstadt (Vater: Hans S., Kaufm.; Mutter: Emilie, geb. Butscher), o. R., verh. s. 1970 m. Monika, geb. Fischer, 2 Kd. (Milena, Malte-Florian) - Stud. German., Kunstgesch. u. Phil. Univ. Basel, Bonn u. Zürich - B. 1976 fr. Schriftst., Verleger, Ausstell.-Gestalter - BV: U.a. An d. Wind geschrieben. Lyrik d. J. 1933-45, 1960; Carl Gustav Carus, Denkwürdigkeiten aus Europa, 1963; Hans Schiebelhuth, Werke I/II 1965/66; Festschr. f. Margarete Susman, 1965; Frauenbriefe d. Goethezeit, 1970; Briefe v. Nelly Sachs, 1974; Karl Wolfskehl Leben u. Werk, Bibliogr. 1969/70; D. zerstückte Traum, Festschr. f. E. Arendt, 1978; Für Heinz Tiessen 1887-1971 m. Bibliogr., 1979; Arbeitsrat f. Kunst 1918-21, Katalog z. Ausst. in d. AdK 1980; Paul Gurk-Werkausg. 1983/84; Jüd. Lebenswelten, 1992 (Katalog, Lit. Teil zur Ausst. im Martin Gropius Bau, Berlin). Herausg.: Schriftenreihe Agora, Canon u. Erato-Druck - 1965 Ehrenpreis Schweiz. Bankges. - Liebh.: Lesen, Antiquitäten - Lit.: M. Susman, Erinnerungen; Gershom Scholem, Judaica II.

SCHLOOT, Werner
Dr. rer. nat., o. Prof. f. Genetik u. Humangenetik Univ. Bremen (s. 1975); Biochem. u. Pharmako-Genetik, Zytogenetik, Genet. Beratung - Zu erreichen üb. Univ. Bremen, Leobenerstr., ZHG, 2800 Bremen (T. 0421 - 218 23 90; Telefax 218 40 39) - Geb. 30. Aug. 1937 Homberg/Ndrh. (Vater: Peter S., Lehrer; Mutter: Elisabeth, geb. Hechtenberg), ev., verh. s. 1964 m. Ute, geb. Haustein, 2 Töcht. (Nanette, Carolin) - Stud. d. Biol., Physiol.-/Chemie, Phil. Univ. Münster 1957-64; Habil. 1971 (Fachber. Medizin) Hamburg - 1964-75 wiss. Assist., Oberassist., Inst. f. Humangenetik d. Univ. Freiburg u. Hamburg (zul. stf. gf. Dir.); 1978/79 Sprecher Fachber. Biol. Chem., s. 1979 Sprecher u. Leit. Zentrum f. Humangenetik u. genet. Beratung d. Univ.; 1980 u. 81 Wiss. Leit. Internat. Sympos. ü. Melatonin u. Coll. d. Bremer Wiss.forums. Herausg.: Möglichkeiten u. Grenzen d. Humangenetik, 1984. Handbuch- u. Ztschr.beitr. Mithrsg.: Pharmacogenetics (1970); Melatonin, Current Status and Perspectives (1981) - Spr.: Engl. - Rotarier.

SCHLORKE, Dieter
Buchhändler, Schriftsteller (Ps. Dittker Slark, Sandro Myrakis) - Wegscheide 9, 6100 Darmstadt 23 - Geb. 13. Okt. 1932 Chemnitz (Vater: Kamillo Sch., Personalchef; Mutter: Gertrud, geb. Sturm), Christengem., gesch., 2 Töcht. (Bettina, Stephanie) - 1956/57 Lehrersem. Stuttgart; 1961 Buchhändlersch. - 1965-67 Abteilungsleit. u. Einkäufer f. Bücher Karstadt AG Braunschweig; ab 1967 Mitarb. Dt. Bibl. Frankfurt/M. S. 1985 Herausg. d. FDA Hessen-Rundbrief (Freier Dt. Autorenverb.); s. 1988 2. stv. Vors. d. FDA, LV Hessen. S. 1991 Mitgl. Die Künstlergilde Eßlingen - BV: Wolken am Himmel, Ged. 1967; Diotima, lyr. Zyklus 1973; Am Kamin, Lyr. 1975; Lyr. Landsch., 1979; Sehnsucht nach Liebe, Ged. 1980; Kaleidoskop - Biogr. - Begegn. - Briefgespr. Dt. Dichter u. Schriftst. im 20. Jh., 1982; Regen löscht d. Glut (Sandrinen), 1982; Rund um Darmstadt, 1983; Garten d. Herzens, Zyklus 1984; Jahreskranz (Lyrik), 1985; Herbstzeitlose (lyr. Zyklus m. Lithograph. v. Otto Scheuerer), 1988; Karl Gerok - Dichter u. Prälat, Biogr. 1990. Herausg.: Zünd an d. Licht d. Liebe u. Weihnachten - Zeit d. Einkehr u. Besinnung (1986, 5. A. 1992); Weihnachten - gestern u. heute (1987, 4. A. 1992); Friedrich Rückert z. 200. Geb. (1988); Weihnachten in den Jh. [17. J.] (1988, 2. A. 1991); Fröhliche Weihnacht überall (1988, 2. A. 1990); Gedanken z. Weihnachtszeit (18 Jh. - Barock u. Aufklärung) (2. A. 1992); Weihnachtslicht für alle Welt (1991); Angelus Silesius: Mir nach spricht Christus unser Held (1992); Weihnachten - Fest der Freude (1992). Mitarb. an Ztg. u. Ztschr., Kalendern u. Anthol. Lit. - 1976 Autor d. Jahres Galerie Monika Beck Homburg/Saar-Schwarzenacker; 1982 Med. studiosis humanitatis Lit. Union (m. Prof. Werner Manheim); 1983 Verdienstkurkunde d. Kunstuniv. Università'delle arti, Salsomaggiore terme (Ital.) - Liebh.: Wandern, Botanik, Malen.

SCHLOSSARECK, Fritz
Dipl.-Volksw., Chefredakteur Die Rheinpfalz, Ludwigshafen (s. 1976) - Asternstr. 8, 6704 Mutterstadt - Geb. 11. Juli 1929 Stuttgart (Vater: Karl S., Beamter; Mutter: Clara, geb. Oetinger), ev., verh. s. 1958 m. Hannelore, geb. Layh, 2 Kd. (Fred, Stephan) - Stud. München (Dipl.-ex. 1957) - 1950-1953 Lokal- u. 1957-75 Wirtsch.redakt. (s. 1966 Ressortleit. Stuttgarter Ztg.) - Spr.: Engl.

SCHLOSSER, Hans
Dr. iur., Prof. f. Bürgerl. Recht u. Rechtsgesch. Univ. Augsburg (s. 1971) - Eichleitnerstr. 30, 8900 Augsburg 1; priv.: Bernabeistr. 1, 8000 München 19 - Geb. 29. Juli 1934 Brünn (Vater: Hans S., Dipl.-Landw.; Mutter: Berta, geb. Pastor) - N. Habil. (1969) Priv.doz. Univ. München; 1972-74 Vizepräs. Univ. Augsburg; abgelehnte Beruf. Univ. Saarbrücken (1977) u. FU Berlin (1981) - BV u. a.: Spätma. Zivilprozeß, 1971; D. rechtsgesch. Exegese, 1972 (m. F. Sturm u. H. Weber); Grundzüge d. Neueren Privatrechtsgesch., 6. A. 1988; Braurechte, Brauer u. Braustätten in München, 1981; Tre secoli di criminali bavaresi sulle galere veneziane, 1984; D. Mensch als Ware: D. Galeerenstrafe in Süddeutschland (Festg. L. Perridon) 1984; Julia u. d. Unschuld v. Adel (Rechtshistor. Journal 5), 1986; D. infamierende Strafe d. Galeere (Festschr. H. Thieme), 1986; D. Strafe d. Galeere als Verdachtsstrafe (Festschr. K. S. Bader), 1986; K. J. A. Mittermaier als Germanist (Symp. 1987), 1988; Stadtrechtsentw. in Berlin seit d. Anfängen (Rechtsentw. in Berlin anläßl. d. 750-Jahrfeier), 1988; Montesquieu, 1990; D. Gesetzgeber W. X. A. Frhr. v. Kreittmayr u. d. Aufklärung in Kurbayern (1991) - Liebh.: Archäol., Kunstgesch., Tennis, Motorsport - Spr.: Engl.

SCHLOSSER, Katesa
Dr. rer. nat., Professorin Museum f. Völkerkunde Univ. Kiel (s. 1964) - Schauenburgerstr. 77, 2300 Kiel (T. 56 25 74) - Geb. 8. Okt. 1920 Dresden - S. 1956 (Habil.) Lehrtätigk. Kiel (1962 apl. Prof. f. Völkerkd.) - BV: Propheten in Afrika, 1949; D. Signalismus in d. Kunst d. Naturvölker, 1952; Eingeborenenkirchen in Süd- u. -westafrika, 1958; Wandgemälde d. Blitzzauberers Laduma. 1971; Zauberei im Zululand - Manuskripte d. Blitzzauberers Laduma Madela, 1972; D. Bantubibel d. Blitzzauberers Laduma Madela, 1977; D. Zulu-Blitzzauberer Susa Madela, 1982; Medizinen d. Blitzzauberers Laduma Madela, 1984; Handwerke d. Blitzzauberers Laduma Madela, 1986; Madelas Tierleben. Zeichnungen d. Blitzzauberers Laduma Madela, 1992. Div. Fachaufs.

SCHLOSSER, Peter
Dr. jur., o. Prof. f. deutsches, internat. u. ausländ. Zivilprozeßrecht sowie Bürgerl. Recht - Primelstr. 2, 8011 Vaterstetten/Obb. - Geb. 26. März 1935 Kitzingen/M., verh. (Ehefr.: Astrid) - Höh. Schulen Bad Tölz u. Würzburg; Univ. Würzburg, Bonn, Paris. Jurist. Staatsprüf. 1958 u. 62; Promot. 1961, Habil. 1965 - S. 1965 Lehrtätigk. Univ. Würzburg, Marburg (1967 Ord.), Augsburg (1972 Ord.), München (1978 Ord.), Ann Arbor (USA Herbst 1989), Tokio (Chuo-Univ. Herbst 1990) - BV: D. Recht d. intern. priv. Schiedsgerichtsbark., 2. A. 1990; Zivilprozeßrecht, Lehrb., 2 Bde. 1984, 1 Bd. 2. A. 1991 Facharb.

SCHLOSSER, Walter
DGB-Kreisvors., MdL Bayern (s. 1975) - Notburgastr. 16, 8200 Langenpflunzen (T. 3 47 01) - Geb. 1936 - SPD.

SCHLOTFELDT, Walter
Dr., Vorstandsmitglied Adam Opel AG. (s. 1971; Leit. Personal- u. Sozialabt.), Rüsselsheim - Finkenweg 6, 6233 Kelkheim - Geb. 25. Nov. 1929 - 1968-71 Geschäftsf. Bundesvereinig. d. Dt. Arbeitgeberverb., Köln.

SCHLOTKE, Helmut
Dr. iur., Rechtsanwalt, Geschäftsf. Thyssen Engineering GmbH - Im Diepental 16, 4000 Düsseldorf-Benrath - Geb. 31. Mai 1935 Zörbig (Vater: Gerhard S., OStudR; Mutter: Gertraud, geb. Eytel), ev. - Stud. Univ. Tübingen, Berlin, Hamburg, Paris - 1971-74 Leit. Rechtsabt. Thyssen Handelsunion AG., 1974-77 G eschäftsf. Thyssen Vermögensverw., 1977-78 Geschäftsf. Thyssen Intern. GmbH u. Thyssen Purofer GmbH., 1978-80 Leit. Abt. Finanzen III (Beteiligungen) d. Thyssen AG - Spr.: Engl., Franz., Span.

SCHLOTMANN, Axel
Major a. D., MdL Nieders. (s. 1978, Wahlkr. 10/Hoya) - Kasseler Str. 4, 3070 Nienburg/Weser - Geb. 25. Jan. 1939 Neuenkirchen/W., ev., verh., 2 Söhne - Mittelsch. Damme (Mittl. Reife); Lehre als Bergvermessungstechn. Eisenerzbergbau - Ab 1960 Bundeswehr (1965 üb. 2. Bildungsweg Offz.; 1976 Major). Mitgl. Kreistag u. Rat Nienburg. CDU - 1962 Verdienstmed. Sturmflut.

SCHLOTMANN, Gerhard
Rechtsanwalt, Geschäftsf. Verband feuerfeste u. keramische Rohstoffe e.V., Arbeitsgemeinsch. Deutsche Schieferind. e.V. (s. 1972), Arbeitsgemeinsch. Westerwald-Ton e.V., alle Koblenz - Bahnhofstr. 6, Postf. 21 49, 5400 Koblenz 1; priv.: Im Wiesengrund 16, 5430 Montabaur - Geb. 4. Juli 1939.

SCHLOTTER, Eberhard

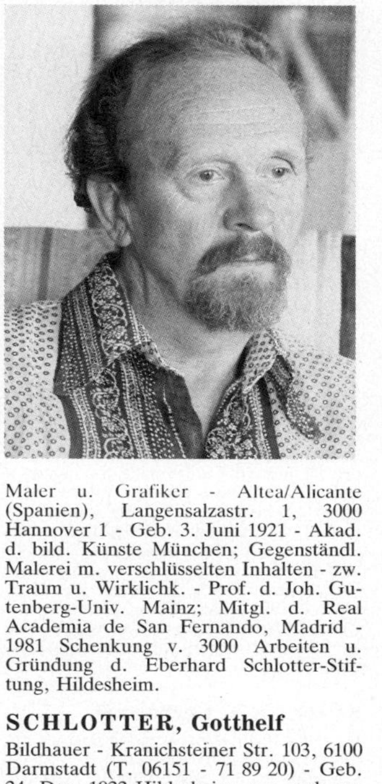

Maler u. Grafiker - Altea/Alicante (Spanien), Langensalzastr. 1, 3000 Hannover 1 - Geb. 3. Juni 1921 - Akad. d. bild. Künste München; Gegenständl. Malerei m. verschlüsselten Inhalten - zw. Traum u. Wirklichk. - Prof. d. Joh. Gutenberg-Univ. Mainz; Mitgl. d. Real Academia de San Fernando, Madrid - 1981 Schenkung v. 3000 Arbeiten u. Gründung d. Eberhard Schlotter-Stiftung, Hildesheim.

SCHLOTTER, Gotthelf
Bildhauer - Kranichsteiner Str. 103, 6100 Darmstadt (T. 06151 - 71 89 20) - Geb. 24. Dez. 1922 Hildesheim, ev., verh. m. Friedl, geb. Kayser, S. Sebastian - 1938-41 Bildhauerlehre b. Vater in Hildesheim; 1946 Stud. München; 1949-51 Tischlerlehre u. Gesellenprüf. - Fr.schaff. Künstler, Vorst.-Mitgl. Neue Darmstädter Sezession, Präs. Verein Künstlerhaus Ziegelhütte Darmstadt - Hauptwerke: Plastik Doppelpfau (Amt f. d. Dechiffrierwesen d. BRD Mehlem), Plastik Brunnenbaum m. Vögeln (Hess. Landesvertr. Bonn), Plastik Vogelbaum (Vogelpark Walsrode), 9 stehende Vögel (Zoo Münster) - 1972 Johann-Heinrich-Merck-Ehrung; 1979 BVK; 1980 1. Preis u. Ausführung e. Plastik Kreuzigungsgruppe im Rel.päd. Inst. Schönberg/Ts.

SCHLOTTER, Hans-Günther
Dr. rer. pol., o. Prof. u. Direktor Inst. f. Sozialpolitik Univ. Göttingen - Herzberger Landstr. 66, 3400 Göttingen (T. 4 11 58) - Geb. 28. Nov. 1927 Heiligenloh/Hoya (Vater: R. S., Pastor; Mutter: Dr. Charlotte, geb. Kunze), ev. - S. 1962 (Habil.) Lehrtätigk. Univ. Göttingen (1963 Doz.), Gießen (1965 ao. Prof.), Göttingen (1966 o. Prof.) - BV: D. Förderung d. westd. Landw. durch öfftl. Mittel 1949-56, 1960; D. finanz- u. außenhandelspolit. Landw.sförd. in d. Bundesrep. Dtschl. - Ausmaß, Struktur u. künft. Möglichk., 1964; D. Zusammenwirken v. wiss. u. prakt. Agrarpolitik, 1967; Systemstabilisation durch Vermögenspolitik, 1974 - Spr.: Engl., Franz.

SCHLOTTHAUS, Werner
Dr. phil., Prof. f. Dt. Sprache u. Lit. u. ihre Didaktik Univ. Lüneburg - Wilschenbrucher Weg 84, 2120 Lüneburg - BV: Sprachl. Kommunikation - Grundkurs f. Deutschlehrer, 4. A. 1978; Didaktik u. Methodik d. sprachl. Kommunikation - Folgekurs f. Deutschlehrer, 2. A. 1978; Angenommen: Agamemnon. Wie Lehrer lesen, 1978. Mitverf. v. Czerwenka, u.a. Schülerurteile üb. d. Schule Frankfurt/M., 1990.

SCHLUCHTER, Wolfgang
Dr. rer. pol., Dipl.-Soziol., Prof. f. Soziologie - Hollmuthstr. 3, 6903 Neckargemünd (T. 06223 - 38 39) - Geb. 4. April 1938 Ludwigsburg (Vater: Eugen Sch., Lehrer; Mutter: Hilde, geb. Schmid), verh. s. 1965 m. Brigitte, geb. Steinbeck, 3 Kd. (Kathrin, Tobias, Johannes) - 1957-64 Univ. Tübingen, München, Berlin (Dipl. 1964, Promot. 1967, FU Berlin, Habil. Univ. Mannheim 1972) - 1973-76 Ord. Univ. Düsseldorf, s. 1976 Ord. Univ. Heidelberg. 1971-72 Gastprof. Univ. of Singapore, 1976 Univ. of Pittsburgh, 1981-82 New School for Social Research, 1984 u. s. 1986 regelm. Univ. of California, Berkeley, 1989 Kyushu Univ., 1989 Nankai Univ., 1991-92 Univ. Leipzig, 1992 Univ. Turin - BV: Entscheidung f. d. soz. Rechtsstaat, 2. A. 1983 (jap.); Aspekte bürokr. Herrschaft, 2. A. 1985 (jap.); Max Weber's Vision of History, 1979 (m. G. Roth); D. Entw. d. okzident. Rationalismus, 1979 (engl., jap., ital.); Rationalismus d. Weltbeherrschung, 1980 (jap., ital., chin.); Rationalism, Religion and Domination, 1989; Religion u. Lebensführung, 2 Bde. 1988 (jap.). Herausg.: Verhalten, Handeln u. System (1980); Max Webers Religionssoz. Interpret. u. Kritik, 6 Bde. (1981-88) - 1992 Mitgl. d. Heidelberger Akad. d. Wiss.; 1992/93 Fellow Wissenschafts Kolleg Berlin - Spr.: Engl.

SCHLUCKEBIER, Günter
Gewerkschaftsangestellter, MdB (s. 1972; Wahlkr. 90/Duisburg I) - Kasteelstr. 10, 4100 Duisburg 13 (T. 8 27 56) - Geb. 15. Febr. 1933 Duisburg, verh. - Realsch. (Mittl. Reife); 1950-53 Maschinenschlosserlehre - B. 1957 Maschinenschl., dann Gewerkschaftsangest. (b. 1964 Sekr., dann Vors. u. Geschäftsf. DGB Kr. Duisburg). 1964-70 Ratsmitgl. Duisburg; 1970-72 MdL Nordrh.-Westf. SPD s. 1951 (Ortsvors.).

SCHLUE, Heinrich
Dipl.-Volksw., geschäftsf. Gesellschafter, GUB Ges. f. Unternehmensberatung mbH - Niemannsweg 117, 2300 Kiel 1.

SCHLÜCHTER, Ellen
Dr. jur., Univ.-Prof., Lehrst. f. Kriminol. u. Strafrecht Univ. Würzburg - Neubaustr. 66, 8700 Würzburg (T. 0931-3 19 12) - Geb. 26. April 1938 Berlin, ev., verh. s. 1970 m. Dr. Horst Sch., 2 S. (Dirk, Jan) - Stud. Univ. Frankfurt (Rechtswiss.); 1. jurist. Staatsex. 1963; 2. jurist. Staatsex. 1967, Promot. 1976; Habil. 1982, alle Tübingen - 1967-84 Staatsanwältin (s. 1978 als Gruppenleit.); s. 1974 abgeord. an d. Univ. Tübingen u. d. Univ. Konstanz; 1984 Prof. Univ. Köln; s. 1987 o. Prof., s. 1991 Vizepräs. d. Univ. Würzburg - BV: D. Grenzber. zw. Bankrottdelikten u. untern. Fehlentscheidungen, 1977; D. Strafverf., 1981, 2. A. 1983; D. Irrtum üb. normative Tatbestandsmerkm. im Strafrecht, 1983; Mittlerfunktion d. Präjudizien, 1986; Steuerberatung im strafrechtl. Risiko?, 1986; Zweites Gesetz z. Bekämpfung d. Wirtschaftskriminalität, 1987; Wahrunterstellung u. Aufklärungspflicht bei Glaubwürdigkeitsfeststellungen, 1992; Kommentierung d. Hauptverfahrens u. d. Abwesenheitsverfahrens im Systematischen Kommentar z. StPO, 1992 - Liebh.: Phil., Wirtschaftswiss., Lit., Musik - Spr.: Engl., Franz., Latein.

SCHLÜNDER, Ernst-Ulrich
Dr.-Ing., Dr. h. c./INPL, Univ.-Prof. u. Leiter Inst. f. Therm. Verfahrenstechnik Univ. Karlsruhe (s. 1967) - Turmbergstr. 24, 7500 Karlsruhe 41 (T. 40 13 89).

SCHLÜNZ, Hans Hermann

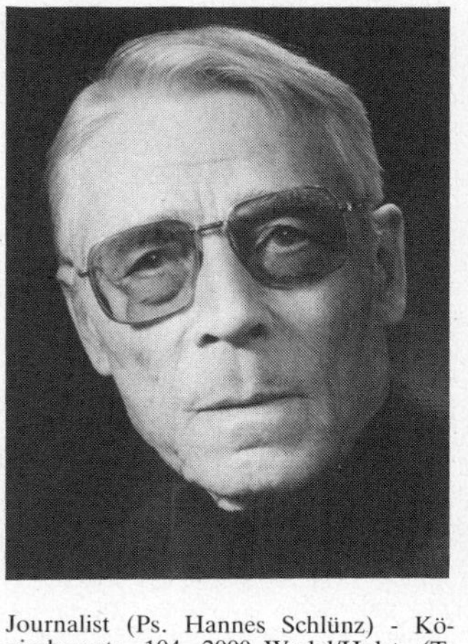

Journalist (Ps. Hannes Schlünz) - Königsbergstr. 104, 2000 Wedel/Holst. (T. 04103 - 20 09) - Geb. 29. Okt. 1916 Hamburg (Vater: Dr. phil. Friedrich Sch., Studienr.; Mutter: Gertrud, geb. Kupffender), verh. s. 1943 m. Margot, geb. Dieringer, 3 Kd. (Gisela, Christina, Rainer-Helmut) - B. 1934 Lichtwarkschule Hamburg; b. 1945 Seefahrt; 1943 Navigationssch. Kriegsmarine (Obersteuermannsex.) - Ab 1947 Journ.; 1949-51 Schiffahrtsmitarb. Hamburger Morgenpost; 1948-80 NWDR/NDR, Funkhaus Hamburg; 1957-67 Redakt. Seemannssend. Grüße a. d. Heimathafen d. Dt. Welle/Köln; 1966-80 Redakt. Mitarb. Send. Hafenkonzert; 1955-80 Mitarb. Send. Gruß an Bord. S. 1962 Vors. Wikingerrunde Hamburg; s. 1982 Vors. gemeinnütz. Hamburg-Ges.; Mitgl. DJV u. Verb. Dt. Kapitäne u. Schiffsoffz., Hamburg - BV: Schwerer Kreuzer Blücher, 1990 - 1942 Rettungsmed.; 1976 Ehrenbürger Stadt Annapolis/Maryland (USA); 1976 BVK; 1979 Silb. Ehrennadel Dt. Ges. z. Rett. Schiffbrüchiger - Liebh.: Seefahrtsgesch., Shantyarchiv, seemänn. Brauchtum, Völkerverständ. - Spr.: Norweg., Engl.

SCHLÜSSEL, Hans
Dr. med., Prof., ehem. Chefarzt Med. Klinik/Städt. Krankenhaus Siegburg - Goethestr. 25, 5200 Siegburg (T. 6 27 37) - Geb. 27. Juni 1921 Köln (Vater: Johann S., Kaufm.; Mutter: Antoinette, geb. Berg), verh. 1946 m. Doris, geb. Weißenfels - Univ. Köln u. Königsberg, Erlangen - S. 1959 (Habil.) Lehrtätigk. Univ. Köln (1965 apl. Prof. f. Inn. Med.). Fachveröff. - 1977 Bergmann-Plak.

SCHLÜTER, Anton
Dr. agr. h. c., Dipl.-Ing., Fabrikant (Anton Schlüter Motorenfabrik) - Münchener Str. 32, 8050 Freising/Obb. (T. 1 30 51/1 30 55) - Geb. 17. Jan. 1915 München - 1974 Bayer. VO.; 1975 Bayer. Staatsmed. in Gold; 1986 Gr. BVK.

SCHLÜTER, Arnulf
Dr. rer. nat., Prof., Physiker, Präs. Bayer. Akad. d. Wiss. - Grasmeierstr. 22, 8000 München 40 - Geb. 24. Aug. 1922 Berlin, verh. m. Sigrid, geb. Theile

- Promot. 1947; Habil. 1958 - 1942-45 wiss. Mitarb. Dt. Seewarte Hamburg; ab 1948 Assist. u. Abteilungsleiter Max-Planck-Institut f. Physik u. Astrophysik Göttingen bzw. München; s. 1958 o. Prof. Univ. München. Arbeitsgeb.: Plasma-, Astrophysik, numer. Analysis. S. 1959 Wiss. Mitgl. Max-Planck-Ges. (1965 Vors. Wiss. Leitg. Inst. f. Plasmaphysik). Facharb. - 1970 o. Mitgl. Bayer. Akad. d. Wiss., München; 1973 Chevalier dans l'Ordre des Palmes Acad.; 1975 o. Mitgl. Dt. Akad. d. Naturforscher (Leopoldina), Halle/S.

SCHLÜTER, Franz

Dr., Senatspräsident a. D. Bundespatentgericht - Zweibrückenstr. 12, 8000 München 2 - Geb. 13. April 1907.

SCHLÜTER, Gisela

Schauspielerin - Badstr. 8, 8112 Bad Kohlgrub/Obb. (T. 08845 - 3 68) - Geb. 6. Juni - Schauspielausbild. (Erich Ponto, Alice Verden); Tanz- u. Gesangstud. - Zahlr. Bühnen-, Film-, Fernseh- u. Kabarettrollen. Eig. TV-Show: Zwischenmahlzeit (bish. 35 Folgen) - BV: Schnattern gehört z. Handwerk, 1968; Lassen Sie mich auch mal zu Wort kommen, 1983 - Gold. Kamera Hör Zu - Liebh.: Astrologie - Spr.: Franz., Engl.

SCHLÜTER, Hans Wilhelm

Dr. rer. nat., o. Prof. f. Experimentalphysik (Plasmaphysik) - Lessingstr. 9, 5812 Herbede-Kämpen (T. 02302 - 7 38 65) - S. 1968 Ord. Univ. Bochum. Facharb.

SCHLÜTER, Herbert

Schriftsteller - Steinhauser Str. 31, 8000 München 80 (T. 470 48 54) - Geb. 16. Mai 1906 Berlin, ev., verh. - Realgymn. Berlin - Fr. Schriftst., ab 1933 Emigration (Frankr., Span., Jugosl., Ital.), 1948-50 Redakt. Lit. Revue (München), dann Lit.kritiker u. Übers. - BV: D. späte Fest, N. 1927; D. Rückkehr d. verlorenen Tochter, R. 1932; Nach 5 Jahren, R. 1947, 3. A. 1972; Im Schatten d. Liebe, N. 1948; Nacht üb Ital., N. 1960; E. Gartenfest, N. 1986; Übers. a. d. Ital. u. Engl. - 1977 Tukanpreis f. Lit., München - 1972 Mitgl. PEN-Zentrum BRD; 1981 Ehrengabe Bayer. Akad. d. Schönen Künste; 1984 Ehrengabe d. Stiftg. z. Förd. d. Schrifttums; 1991 BVK.

SCHLÜTER, Johannes

Dr. phil., Dipl.-Psych., o. Prof. f. Psychologie Gesamthochschule Paderborn - Corveyer Weg 14, 4790 Paderborn (T. 64 17) - Geb. 26. Dez. 1922 - Vorher Päd. Hochsch. Westf.-Lippe/Abt. Paderborn.

SCHLÜTER, Kurt

Dr. phil., o. Prof. f. Engl. Sprache u. Literatur - Universität, 7800 Freiburg/Br. - Geb. 28. Jan. 1927 Bielefeld, ev., verh. s. 1961 m. Dr. phil. Anne-Rose, geb. Willers - Univ. Würzburg, Albuquerque (USA), München, Göttingen. Promot. 1954; Habil. 1960 - 1961 Privatdoz. Univ. Göttingen; 1962 Prof. Päd. Hochsch. Alfeld/L.; 1963 o. Prof. TU Berlin u. 1972 Freiburg; 1979/80 Visiting Prof. Univ. of Mass. Amherst, 1982/83 Adjunct Prof. ebd. Mitgl. Dt. Shakespeare-Ges., Dt. Ges. f. Amerikastud., Intern. Assoc. of Univ. Prof. of Engl. u. The International Shakespeare Association - BV: Shakespeares dramat. Erzählkunst, 1958; D. Mensch als Schauspieler - Studien z. Deutung v. T. S. Eliots Gesellschaftsdramen, 1962; D. engl. Ode, 1964; D. Kunst d. Erzählens, in John Braines Roman ‚Room at the Top', 1965; Kuriose Welt im mod. engl. Roman, 1968; Engl. Dichtung d. 16. u. 17. Jhs., 1973 (m. Horst Oppel); Shakespeare: Two Gentlemen of Verona, NCS, 1990.

SCHLÜTER, Marguerite (Valerie)

Verlegerin, Verlagsleiterin Limes Verlag - Romanstr. 16, 8000 München 19 (T. 089 - 16 19 55 od. 235 00 80) - Geb. 23. April 1928 Wiesbaden, led. - Dipl.-Bibl.; wiss. Ex. 1947 Wiesbaden - 1945-49 Nass. Landesbibl. Wiesbaden (zun. Praktik., dan. Dipl.-Bibl.); s. 1949 Tätigk. im Limes Verlag (zun. Chefsekr., dann Lekt., Einzelprok., gf. Gesellsch., nach Verkauf d. Verlages an d. Fleissner-Gruppe Verlagsleit. (Geschäftsf.) - Herausg.: Briefe an e. Verleger, 1965; Lyrik d. express. Jahrzehnts, 1955; Benn-Ausw. Leben ist Brückenschlagen, 1965; D. Gottfried-Benn-Buch, 1968; G. Benn - D. Hauptwerk, 1980; Benn, Briefe an Tilly Wedekind, 1986; Übers. u.a. v. Capote, Aiken, Hutchins, Lacarrière, Henry Moore - Liebh.: Hockey, Tennis, Bilder, Musik - Spr.: Engl., Franz., Ital. - Bek. Vorf.: Andreas Schlüter (Bildhauer), Bernhard Romberg (Kompon. u. Geigenvirtuose).

SCHLÜTER, Richard

Dr. theol., Dr. phil., Prof. f. Prakt. u. Ökum. Theol. Univ. Siegen - Bredenweg 12, 4791 Altenbeken (T. 05255-67 05) - Geb. 16. Dez. 1943 Paderborn, kath., verh. s. 1971 m. Maria, geb. Laudick, 2 Kd. (Ulrike, Christoph) - Stud. Phil., Theol., Ökum. Theol.; Promot. (Dr. theol.) 1973 Münster; Stip. d. Promot. (Dr. phil.) 1982 Frankfurt - Cusanus-Stiftg.; 1972-73 Verlagslektor Freiburg; 1973-82 wiss. Assist. Univ. Paderborn - BV: Karl Barths Tauflehre, 1973; Zw. Konfessionalismus u. Konfessionalität, 1983.

SCHLÜTER, Walter

Verwaltungsangestellter, MdL Nieders. (s. 1967) - Am Krummwinkel 25, 2860 Osterholz-Scharmbeck (T. 61 98) - Geb. 14. März 1921 Bremerhaven - Volkssch.; Dreherlehre (Schiffswerft AG. Weser) - 1940-45 Kriegsdst. (Marine); 1946-49 DRK; 1949-60 schwiegerväterl. Fuhrbetrieb; s. 1960 Stadtverw. Osterholz-Scharmbeck, 1952-60 u. 1968 ff. Ratsmitgl. Osterholz-Scharmbeck; s. 1956 MdK Osterholz; s. 1972 Landrat d. Landkr. Osterholz. SPD s. 1945.

SCHLÜTER, Wilfried

Dr. jur., Dr. h.c., Prof. f. bürgerl. Recht, Handelsrecht, Arbeitsrecht, Zivilprozeßrecht Univ. Münster - Am Meckelbach 21, 4400 Münster (T. 02534 - 3 17) - Geb. 28. Jan. 1935 Königsberg/Pr. (Vater: Heinrich S., Rektor; Mutter: Herta, geb. Gutzeit), ev. - 1. jurist. Staatsprüf. 1959, 2. jurist. Staatsprüf. 1964, Promot. 1964, Habil. 1971 - 1972-76 Prof. Univ. Münster, 1976-80 Prof. FU Berlin, 1982-86 Rektor Univ. Münster - BV: D. Vertretungsmacht d. Gesellschaftens u. d. Grundl. d. Gesellschaft, 1965; D. obiter dictum, 1973; D. Erbrecht, 12. A. 1986; Familienrecht, 5. A. 1991; Arbeitskampfrecht, 1982 (m.a.) - Spr.: Engl., Franz.

SCHLÜTER, Wilhelm

Rektor, MdL Nordrh.-Westf. (s. 1966) - Grüner Sand 49a, 4902 Bad Salzuflen 5 (T. 28 53) - Geb. 8. April 1912 Bochum, verh., 2 Kd. - N. Abitur Hochsch. f. Lehrerbild. - Lehrer, Hauptl., Rektor. 1959 ff. Mitgl. Gemeinderat Werl-Aspe, n. Neugliederung Stadtrat Bad Salzuflen (1969; Fraktionsf.); 1961-69 MdK Lemgo (Fraktionsvors.). SPD s. 1950.

SCHLÜTTER, Hans

Dr. agr., Prof., Staatssekretär a. D. - Hohegrabenweg 62, 4005 Meerbusch 1 (T. 02105 - 7 71 25) - Geb. 20. Jan. 1913 Haldern/Rhld., verh. m. Eugenie Schulte im Hofe, 2 S. (Hans-Georg, Andreas-Wilhelm) - Leit. e. Lehr- u. Versuchanst.; Ministerialrat Land NRW; Dir. Landwirtschaftskammer Rhld.; Staatssekr. Land NRW; Ehrenpräs. ZDG, BVG, WPSA - Gr. BVK; Gold. Kammerplak.; Offz. pour Mérite agricole française; u. a. Ausz. - Spr.: Franz. - Lit.: Schriften z. dt. Tierzucht.

SCHLUMBERGER, Ernst

Generalkonsul, Kaufmann - Vollmannstr. 10, 8000 München 1 (T. 91 11 87) - Geb. 8. Mai 1906 München (Vater: Kommerzienrat Adolf S.; Mutter: Meta, geb. Wizemann), ev., verh. s. 1929 m. Charlotte, geb. Reichherzer - Gymn. u. TH München (einige Semester); n. Einarb. väterl. Fa. 1925-26 Ausbild. USA - S. 1928 C. Stiefenhofer KG., München (1936 Übernahme). Spez. Arbeitsgeb.: Planung u. Einricht. v. Krankenhäusern - Generalkonsul d. Rep. Haiti f. Bayern u. Baden-Württ.; 1973 Bayer. VO. - Liebh.: Fischen, Briefmarken - Spr.: Engl., Franz.

SCHLUMBERGER, Friedrich Claudius

Dipl.-Kfm., Generalsekretär d. CDU-Thüringen - Heinrich-Mann-Str. 22, O-5082 Erfurt - Geb. 14. Febr. 1949 Lindau/Bodensee, kath., verh. s. 1977 m. Gabriele, T. Constanze - 1982-87 Bundesgeschäftsf. d. Jungen-Union - Spr.: Engl., Span.

SCHLUMBERGER, Hella

Dr. phil., Journalistin, Schriftstellerin - Türkenstr. 61, 8000 München 40 (T. 272 32 17) - BV: u. a.: D. Technik d. polit. Rufmordes (m. Kurt Hirsch), 1974; D. Aufdeck. e. Verschwörung (m. Günter Wallraff), 1976; Schöne, heile Arbeitswelt. Meth. u. Manipulation d. Werkpresse (m. Monika Held), 1976; Durchs freie Kurdistan, 1980; Kreuzweg Mittelamerika, 1982; Bolivien, schwankende Wiege d. Freiheit, 1985; Spanien, Menschenlandsch., 1988; Kurdische Reise, 1989. Dokumentarfilm üb. eine bolivianische Mineros-Univ. (1986).

SCHLUMBERGER, Horst Dieter

Dr. med., Prof. f. Exper. Medizin Univ. Tübingen, Leiter Inst. f. Immunol. u. Onkol. Bayer AG - Schwartnerstr. 5, 5600 Wuppertal 2 (T. 50 55 45) - Geb. 7. Juni 1933 Stuttgart (Vater: Friedrich Sch., Oberfinanzrat; Mutter: Gertrud, geb. Lebsanft), ev., verh. s. 1959 m. Dorothee, geb. Hilbweg, 2 Kd. (Stefanie, Gert) - Staatsex. 1959, Habil. 1967 Univ. Tübingen - BV: PAR. Pseudo-allergic Reactions. Involvement of Drugs and Chemicals, 1980 u. 1982 - 1969 Felix Haffner-Preis (m. F. A. Anderer) - Spr.: Engl.

SCHLUMBOHM, Jürgen

Dr. phil., Historiker - Jenaer Str. 33, 3400 Göttingen - Geb. 17. Febr. 1942 Oberhausen - 1969-72 Wiss. Assist. Univ. Bochum, s. 1972 Wiss. Ref. Max-Planck-Inst. f. Gesch., Göttingen, 1991 Gastprof. Univ. of California Los Angeles - BV: D. Verfassungskonfl. in Preußen, 1970; Freiheitsbegr. u. Emanzipationsprozeß, 1973; Freiheit, 1975; Industrialisierung vor d. Industrial., 1977 (m. P. Kriedte u. H. Medick; Veröff. Max-Planck-Inst. f. Gesch. Nr. 53; engl. Übers. 1981; ital. Übers. 1984; span. Übers. 1986); Kinderstuben: wie Kinder zu Bauern, Bürgern, Aristokraten wurden: 1700-1850, 1983.

SCHLUND, Gerhard H.

Dr. jur., Prof., Vorsitzender Richter am Oberlandesgericht München - Josef-Schlicht-Str. 6a, 8000 München 60 (T. Büro: 089 - 55 97 31 21) - Geb. 6. Jan. 1935 Bamberg, kath., verh. s. 1964 m. Ingeborg Geiger, Studienrätin, 2 Kd. (Manuela, Thomas) - Abit. 1954; 1954-58 Stud. Rechtswiss. Univ. München u. Erlangen; 2. jurist. Staatsprüf. 1962 München, Promot. 1969 Saarbrücken - S. 1962 bayer. Staatsdienst (Gerichtsass., Staatsanw., Amtsrichter); 1974 Richter, s. 1989 Vors. Richter OLG München. 1969-77 Lehrauftr. Univ. München, s. 1978 TU München, s. 1982/83 Prof. f. Arztrecht Med. Fak. TU, s. 1987 Ehrenmitgl. Berufsverb. d. Dt. Urologen - BV: D. Zahlenlotto, Monogr. 1972; Kapitalisierungs- u. Verrentungstabellen, (m. a.) 1977; Komment. d. Maklerrechts, (in: Sammelwerk Haus- u. Grundbesitz in Recht + Praxis) 1989/90; Verkehrssicherungspflicht, 1981; Mitarbeit im: Handbuch d. Arztrechts, 1992; üb. 500 wiss. Veröff. im: Fachztschr.

SCHLUND, Hans Hermann

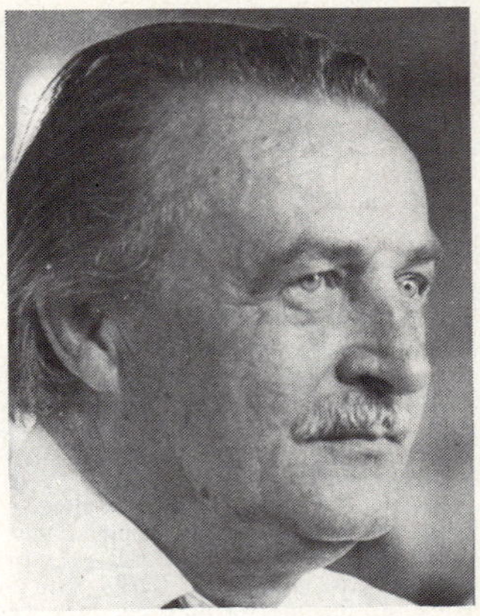

Schriftsteller, Autor, Volkskundler, Sagenforscher (Konrektor a. D.) - 8820 Gunzenhausen-Stetten - Geb. 21. Aug. 1926 Nürnberg (Vater: Ernst Sch., Kalkulator; Mutter: Frieda, geb. Boß), ev., verh., Kd. - Stud. 1945-48 Univ. Erlangen German., Gesch., Phil., Gärtnerlehre 1948-50; Stud. 1952-54 Inst. f. Lehrerbildung Schwabach (Päd.) - 1950-52 Übers., Storemanager; 1954-56 Präfekt; 1969 Oberlehrer; 1971 Konrektor; s. 1957 journ. Tätigk. - BV: Ma sachd ja blouß, Mundartlyrik 1983; Stetten, e. Dorf zw. Altmühl u. Hahnenkamm, 1983; Eppelein v. Gailingen, 1987; Mahnmale f. d. Frieden, 1988. Sagensammlungen: Gunzenhausen u. Umland, 1972; Fränkische Altmühl, 1981; Zenngrund, Bibert, Aurach, 1983; Altmühl, 1985; Fränkische-Schwäbische Rezat, 1989. Herausg.: Franken (1991); Schwanksammlungen: Franken (1987); Schwaben (1988); Bayern (1989); Schulerinnerungen aus Franken (1991); Schulerinnerungen aus Ostpreußen (1992). Mithrsg.: Was ihr noch seid bin ich gewesen (1983). Hausinschriften (1992). Mitarb. an Lyrikanthol. Zahlr. Aufs. z. Volks- u. Landeskunde in Büchern, Periodika, Ztschr. u. Ztg. - 1983 Stadtplakette am Bde. Stadt Gunzenhausen - Inter.: Ornithol., Mykologie, Geigenspiel - Spr.: Engl., Lat. - Lit.: W. Spoerl: H. H. Schlund. Schulmeister u. Poet, in: Land u. Leute (4/1989).

SCHLUNGBAUM, Werner

Dr. med., Prof., Chefarzt Städt. Krankenhaus Spandau i.R. - Am Schlachtensee 6, 1000 Berlin 37 (T. 802 70 13) - Geb. 22. Mai 1917 - S. 1960 (Habil.) Lehrtätigk. FU Berlin (1967 apl. Prof. f. Röntgenol. u. Med. Strahlenkd.). 1984-87 Vizepräs. Ärztekammer Berlin - BV: Med. Strahlenkd., 1960, 6. A. 1979. Üb. 80 Einzelarb.

SCHLUTTER, Klaus Erich

Dipl.-Ing., Direktor Rhein. Braunkohlenbergsch. Frechen (s. 1970) - Pulheimer Str. 9, 5040 Brühl (T. 02232 - 2 43 64) - Geb. 25. Mai 1930 Zeitz, ev., verh. s. 1957 m. Helga, geb. Geschwinde, T. Beate - Stud. Bergbaukd. Freiberg u. Berlin; Dipl. 1955 TU Berlin - 1955-69 Rheinbraun - Spr.: Engl.

SCHLUTZ, Erhard

Dr. phil., Prof. f. Weiterbildung Univ. Bremen, Direktor Bremer Volkshochsch. - Hartungstr. 16, 2800 Bremen 1 (T. 0421 - 7 51 77) - Geb. 18. Febr. 1942 Essen, ev. - Stud. German., Gesch., Phil. u. Päd.; Staatsex. 1967; Promot. 1975 Bochum - S. 1967 Lehr- u. Planungstätigk. Gymn. u. Erwachsenenbildung; 1978 Prof. f. allg. Weiterbildung Univ. Bremen - BV: Sprache, Bildung u. Verständigung, 1984; Zur Theorieentwicklg. f. d. Weiterbildung, 1987; Erschließen v. Bildungsbedarf, 1991; zahlr. Lehrbücher.

SCHMACK, Gertrud

Geschäftsführerin Zentralverb. d. Dt. Früchte-Import- u. -Großhandels -

Schedestr. 11, 5300 Bonn - Vors. Bundesarbeitsgem. Gartenbau, Bonn.

SCHMÄHL, Winfried

Dr. rer. pol., Prof. f. Wirtschaftswiss., insbes. Sozialpolitik - Osterdeich 133, 2800 Bremen 1 - Geb. 31. Mai 1942 Liegnitz, verh. s. 1963, 1 Kd. - Univ. Frankfurt (Volkswirtsch.), Promot. 1972, Habil. 1976 - 1977-81 Mitgl. Transfer-Enquete-Kommiss. Bundesreg.; s. 1984 Mitgl. u. s. 1986 Vors. Sozialbeirat d. Bundesreg.; Prof. f. Volkswirtsch. FU Berlin (b. 2/89), seitd. Prof.. f. Wirtschaftswiss., insbes. Sozialpolitik, Zentrum f. Sozialpolitik, Univ. Bremen - BV: Systemänd. in d. Altersvorsorge, 1974; Alterssicherung u. Einkommensverteilung, 1977; D. Rentenniveau in d. Bundesrepublik, 1975; Änderung d. Beitragsfinanzierung in d. Rentenversich. (m. Henke u. Schellhaass), 1984; Beiträge z. Reform d. Rentenversich., 1988. Herausg.: Soziale Sicherung im EG-Binnenmarkt (1990); The Future of Basic and Supplementary Pension Schemes in the European Community (1991) - Liebh.: Musik, Malerei - Spr.: Engl.

SCHMALBROCK, Gerd

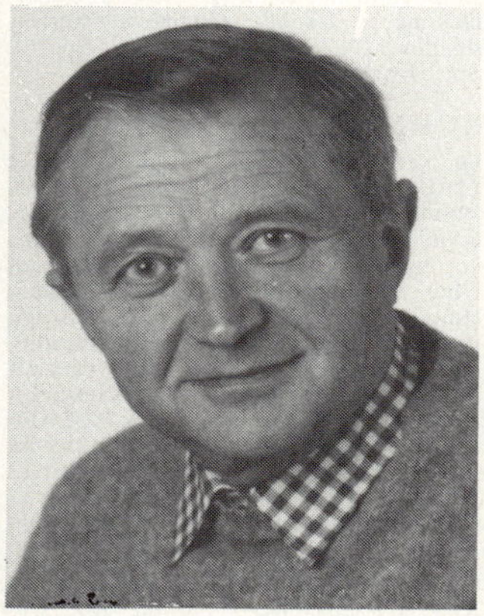

Journalist u. Schriftsteller - Mendelssohnstr. 10, 4390 Gladbeck (T. 02043 - 5 18 32) - Geb. 18. April 1930 Essen, verh. s. 1956 m. Gertrud, geb. Haltermann, 5 Kd. (Bernd, Barbara, Urban, Sibylle, Beate) - Stud. Malerei Folkwang-Hochsch. Essen - Volontariat Essener Woche u. Westd. Allg.; 1950-55 Auslandskorresp. in London; s. 1956 eig. Pressebüro IKC Presse; s. 1974 ltd. Redakt. d. Ztschr. Ihr Programm - BV: Bewußtseinsbildung f. rechte u. linke Deutsche, 1972; U. führten uns in Versuchung, 1973/74; Schlag- u. Schimpfwörterb., 1974; Spuren zu unserem Lied, 1974; Schon Genosse od. noch Herr?, 1975; D. polit. Falschspieler, 1976 u. 80; Unterdrücktes, 1981; D. Wahrheit kann nicht schaden, 1981; Beschwerungen, 1982; Nationalvergiftung, 1982; Schwierige Verständigung, 1987. Hörsp.: D. liebe Verstorbene (1966); D. letzte Zug (1967); Z. Nachtisch Mord (1967); D. chines. Vase (1968); D. wandlungsfähige Zwischending (1968); Impromtu od. d. Vielheit d. Herrn Rot (1969); Impromtu Nr. 2 (1971).

SCHMALE, Franz-Josef

Dr. phil. (habil.), o. Prof. f. Mittelalterl. Geschichte Ruhr-Univ. Bochum (s. 1964) - Lessingstr. 11, 4630 Bochum (T. 51 36 56) - Geb. 24. Jan. 1924 - 1958-64 Doz. Univ. Würzburg. 1968 ff. Mitgl. Histor. Kommiss. Westfalens. Fachveröff., darunt. Bücher.

SCHMALE, Karl

Dr. rer. nat., Prof., Hochschullehrer i. R. - Bültenweg 65b, 3300 Braunschweig - Geb. 27. Juli 1904 Linge/Oberberg. Kr. - Langj. Lehrtätigk. (1958 ff. Prof. f. Didaktik d. Physik u. Chemie Päd. Hochsch. (Kant-Hochsch.) Braunschweig) - BV: Naturlehre - E. Darstell. f. d. Unterr. in d. Volkssch., 3 Bde. 1964/67.

SCHMALE, Karlheinz

Dr. h.c., D.D., Oberkirchenrat, Leit. Berliner Stelle/Luth. Kirchenamt - Terrassenstr. 16, 1000 Berlin 38.

SCHMALEN, Heinz

Ingenieur, Unternehmer (Heinz Schmalen KG., Köln 80), Präs. Zentralverb. Sanitär-, Heizungs- u. Klima-Technik, Bonn - Dachsweg 14, 5000 Köln-Brück - Geb. 21. April 1914.

SCHMALEN, Helmut

Dr. sc. pol., Dipl.-Volkswirt, o. Prof. f. Betriebswirtschaftslehre Univ. Passau - Dr. Stephan-Billinger-Str. 18, 8390 Passau (T. 0851 - 5 53 35) - Geb. 10. April 1944 Bardenberg/Aachen, kath., verh. s. 1970 m. Ursula, geb. Wolff, 2 T. (Kerstin, Caroline) - Dipl. 1968, Promot. 1972, Habil. 1976 - 1977 Doz. Univ. Kiel; 1977 Ruf Bundeswehrhochsch. Hamburg (abgelehnt); 1979 Prof. Univ. Passau, 1985 Ruf Univ. Tübingen (abgelehnt), 1990 Ruf Univ. Düsseldorf (abgelehnt) - BV: Marketing-Mix f. neuartige Gebrauchsgüter, 1979; Grundl. u. Probl. d. Betriebsw., 1980, 7. A. 1990; Preispolitik, 1982; Kommunikationspolitik, 1985, 2. A. 1991 - 1977 Preis z. Vermögensbild. breiter Schichten - Spr.: Engl.

SCHMALENBACH, Werner

Dr. phil., Prof., Direktor Kunstsammlung Nordrh.-Westf., Düsseldorf (1962-90) - Poststr. 17, 4005 Meerbusch 1 (T. 7 78 02) - Geb. 13. Sept. 1920 Göttingen (Vater: Prof. Dr. Herman S.; Mutter: Sala, geb. Müntz), verh. s. 1950 m. Esther, geb. Grey, 2 Töcht. (Peggy, Corinne) - Gymn. Göttingen u. Basel; Univ. Basel (Kunstgesch., Archäol., Ethnol.). Promot. 1955 - 1945-55 Ausstellungstätigk. Gewerbemuseum Basel; 1955-62 Dir. Kestner-Ges. Hannover. 1961, 63, 65 Dt. Kommissar Biennale São Paulo, 1967-70 Präs. Dt. Sektion/Intern. Kunstkritiker-Vereinig. (AICA) - BV: D. Film - wirtschaftl., gesellschaftl., künstler., 1947; Griech. Vasenbilder, 1948; D. Kunst Afrikas, 1956; D. Kunst d. Südsee, 1956; Kl. Galopp durch d. Kunstgesch., 1959; Julius Bissier, 1963; Kurt Schwitters, 1967(Neuaufl. 1984); D. Kunstsamml. NRW, 1970; Julius Bissier, 1974; Antoni Tapies, 1974; Fernand Léger, 1976; Eduardo Chillida - Zeichn., 1977; Julius Bissier, Tuschen u. Aquar., 1978; Marc Chagall, 1979; Emil Schumacher, 1981; Miró, 1982; Bilder d. 20. Jh., 1986; Paul Klee, 1986; Afrik. Kunst, 1988; Amadeo Modigliani, 1990. Film: Kurt Schwitters (1968) - 1971 Prof.-Titel; 1973 Mitgl. PEN-Zentrum BRD; 1980 Gr. BVK - Spr.: Engl., Franz.

SCHMALENBACH, Wolfgang

Rechtsanwalt, Bergwerksdirektor, Vorstand Braunschweiger Kohlenbergwerke AG., Helmstedt (s. 1972) - Dr.-Heinr.-Jasper-Str. 9, 3330 Helmstedt (T. 05351-1 82 39) - Geb. 29. Aug. 1927 Hervest-Dorsten (Vater: Ernst Sch.; Mutter: Elfriede, geb. Weber), ev., verh. s. 1956 m. Martha, geb. Kraft, 3 Kd. (Dirk, Christina, Stefanie) - Univ. Köln - VRsvors. Wohnungsbauges. nieders. Braunkohlenw. mbH., ARsmitgl. Überland-Zentr. Helmstedt AG, Beir. Helmstedter Braunk. Verkauf GmbH, Hannover.

SCHMALFUSS (ß), Helmut

Dipl.-Kfm., Hauptgeschäftsführer Bundesverb. Bürowirtschaft, Köln, gf. Vorstandsmitgl. Inst. f. Bürowirtsch. ebd., ARsmitgl. Iduna Bausparkasse AG., Hamburg - Herrenstrunder Str. 1, 5000 Köln 80 - Geb. 26. Juli 1929.

SCHMALFUSS, Peter

Pianist - Im Harras 38, 6100 Darmstadt (T. 06151 - 8 23 99) - Geb. 13. Jan. 1937 Berlin (Vater: Wolf Sch., Pressechef; Mutter: Hildegard, geb. Luedecke), ev., verh. s. 1966 m. Sylvia, geb. Heckendorn - 1954-58 u. 1965-67 Staatl. Hochsch. f. Musik, Saarbrücken; Konzertdipl. - S. 1964 Lehrtätigk. Akad. f. Tonkunst, Darmstadt. Mitgl. Chopin-Ges. Warschau u. Intern. Ges. f. Neue Musik. Gastsp. in üb. 30 Ländern; zahlr. Schallpl. - BV: Klavierpäd. Lit., Kammermusik - Liebh.: Kunst, Natur - Spr.: Franz., Engl.

SCHMALOHR, Emil

Dr. rer. nat., Dipl.-Psych., o. Prof. f. Entw.- u. Päd. Psych. Univ. Wuppertal - Stingesbachstr. 41, 4040 Neuss 1 - Geb. 21. Mai 1927 Walsum/Rh. - 10 J. Volks- u. Sonderschullehrer, s. 1960 Hochschuldst. - BV: Psych. d. Erstlese- u. Schreibunterrichts, 1961, 3. A. 1976; Frühe Mutterentbehrung b. Mensch u. Tier, 1968, 4. A. 1981 (jap. 1975); Den Kindern e. Chance - Aufg. d. Vorschulerzieh., 1971, 4. A. 1975; Fr. Lesenlernen, 1973; Kindergarten u. Vorkl. aus d. Sicht d. Erzieher, 1974 (m. a.); D. Kindern d. Leben zutrauen - Angewandte Entwicklungspsych. u. -beratung, 1986; 2. A. 1989.

SCHMALSTIEG, Herbert

Oberbürgermeister - Trammpl. 2/Rathaus, 3000 Hannover (T. 16 81) - Geb. 1943 Hannover (Vater: 1944 gef.), verh. (Ehefr.: Uta), T. Claudia-Catharina - Lehre Spar- u. Kreditwesen - Abt.-Leit. Sparkasse Hannover; s. 1972 Oberbürgerm. Stadt Hannover; s. 1986 amt. Präs. d. Dt. Städtetages u. MdL. Str. AR-Vors. Dt. Messe- u. Ausst.-AG. Zeitw. Vors. Jungsozialisten Hannover (1968ff.). SPD - Liebh.: Angeln, Kochen.

SCHMALTZ, Theodor

Landgerichtspräsident - Landgericht, 8580 Bayreuth - Geb. 5. Sept. 1908.

SCHMALZ, Dieter

Prof. FH f. öfftl. Verwaltung d. Landes Nordrh.-Westf. - Mausbachstr. 57, 4400 Münster - Geb. 23. Juli 1933 Dresden, ev., verh. s. 1961 m. Vera, geb. Gaulke, 3 Kd. (Andrea, Gernot, Volker) - Mitgl. Rundfunkrat d. WDR Köln - BV: Verfassungsrecht u. Grundrechte, 1984; Allg. Verwaltungsrecht, 1985; Methodenlehre f. d. jurist. Stud., 1986.

SCHMALZ, Horst

Dr., stv. Hauptgeschäftsführer IHK Heilbronn - Nürnberger Str. 46, 7100 Heilbronn/N. (T. 7 18 25; Büro: 34 56).

SCHMALZ, Klaus

Dr., Rechtsanwalt u. Notar, Präsident Bundesrechtswanwaltskammer Bonn u. Rechtsanwaltskammer Frankfurt/M. - Hammanstr. 12, 6000 Frankfurt/M. - Geb. 14. April 1928.

SCHMALZ, Ulrich

Kaufmann, MdL Rhld.-Pfalz (s. 1971) - Weststr. 30, 5248 Wissen/Sieg - Geb. 26. Aug. 1939 Wissen, kath., verh., 1 Kd. - Volkssch.; kaufm. Lehre (Industrie) - 1958-65 Angest.; s. 1965 Geschäftsf. (Finanzierungsbüro, Bauunternehmung, Reisebüro, Städt. Verkehrsverein). 1969 ff. Mitgl. Stadtrat u. Kreistag. CDU s. 1962 (div. Funktionen).

SCHMALZRIED, Hermann

Dr. rer. nat., o. Prof. u. Direktor Inst. f. physikal. Chemie Univ. Hannover - Mandelslohstr. 2B, 3000 Hannover 2 - Geb. 21. Jan. 1932 - Zul. o. Prof. u. Dir. f. Theoret. Hüttenkd. TU Clausthal - BV: Festkörperreaktionen, 1971 (auch engl., poln.); Festkörperthermodynamik, 1975 - Ausw. wiss. Mitgl. Max-Planck-Ges., Schottky-Prof., Stanford-Univ. (USA), o. Mitgl. Göttinger Akad. d. Wiss., Acad. Europaea, Dt. Akad. Naturf. Leopoldina, Halle.

SCHMALZRIEDT, Egidius

Dr. phil., Prof. f. Antike Philosophie u. Allg. Rhetorik - Im Roßhimmel 34, 7407 Rottenburg-Bieringen (T. 07472 - 88 95) - Geb. 30. März 1935 Leonberg (Vater: Egidius Sch., Rentner; Mutter: Maria, geb. Kauffmann), verh. s. 1959 m. Uta, geb. Braunbek †1987, 4 Kd. (Andrej, Ariane, Esther, Georg); verh. s. 1989 in 2. Ehe m. Dietlinde, geb. Döttling - Obersch. Leonberg u. Human. Gymn. Korntal; 1950-54 Ev.-Theol. Sem. Schöntal/Urach (Abit. 1954); 1954-64 Univ. Tübingen (Klass. Philol., Phil., German.); Promot. 1965, Habil. (Allg. Rhet.) 1970 - 1975 apl. Prof., 1978 Prof. Univ. Tübingen. 1979 Ortsvorst. v. Bieringen - BV: Platon. D. Schriftst. u. d. Wahrheit, 1969; Peri physeos. Z. Frühgesch. d. Buchtitel, 1970; Inhumane Klassik. Vorles. wider e. Bildungsklischee, 1971; Hauptw. d. ant. Lit., 1976. Herausg.: Kindlers Kulturgesch. (s. 1969); Wörterb. d. Mythol. (s. 1982); Berthold Auerbach, Schwarzwälder Dorfgesch. (1982); Leopold v. Sacher-Masoch, Mondnacht. Gesch. aus Galizien (1988). Mithrsg.: Lit. in d. Demokratie. Für Walter Jens z. 60 Geb. (1983).

SCHMANDT, Paul

Einzelhändler, Bundesvorst.-Mitgl. u. Kreisvors. CDU/CSU Mittelstandsvereinig. - Willi-Lucas-Weg 2, 4790 Paderborn (T. 05251 - 2 23 03; Telefax 05251 - 2 23 04) - Geb. 14. Mai 1930 Paderborn, kath., verh. m. Gisela, geb. Korte, 2 Kd. (Peter, Katrin) - EHV-Vors. Hochstift Paderborn - BVK am Bde. - Spr.: Engl.

SCHMATZ, Julius

I. Bürgermeister Stadt Nittenau - Rathaus, 8415 Nittenau/Opf. - Geb. 17. Dez. 1946 Nittenau - Zul. Regierungsrat. CSU.

SCHMAUS, Michael

Dr. theol., o. Prof. f. Dogmatik (emerit.), Apostol. Pronotar (1984ff.) - Junkerstr. 5, 8035 Gauting/Obb. (T. München 850 28 00) - Geb. 17. Juli 1897 Oberbaar/Bay. (Vater: Georg S., Landw.; Mutter: Rosina, geb. Pfundmair), kath. - Gymn. Rosenheim; Univ. München. Promot. (1924) u. Habil. (1928) München. Priesterweihe 1922 - 1924-29 Doz. Phil.-Theol. Hochsch. u. Priestersem. Freising, ab 1928 zugl. Privatdoz. Univ. München, 1929-33 ao. Prof. Dt. Univ. Prag, 1933-65 o. Prof. Univ. Münster (b. 1945) u. München (1946 ff.; 1951/52 Rektor), Studien- u. Vortragsreisen: Europa, Asien, USA. Peritus (Offz. Konzilstheologe); Begr. Grabmann-Inst. z. Erforsch. d. mittelalterl. Phil. u. Theol. (1954) - BV: u. a. D. psych. Trinitätslehre d. hl. Augustinus, 1927; Der Liber propugnatorius d. Thomas Anglicus u. d. Lehrunterschiede zwischen Thomas v. Aquin u. Duns Scotus, 1930; Z. Diskuss. üb. d. Probl. d. Univ. im Umkr. d. Joh. Diks Skotus, 1957, 2. A. 1968; Thomas Wylton als Verf. e. Kommentars z. Aristotel. Phys., 1957; Kath. Dogmatik, 5 Bde. 6. A. 1960 ff. (auch span. u. ital.); V. Wesen d. Christentums, 3. A. 1953 (auch ital., engl., span., portugies., franz.); V. d. Letzten Dingen, 1948 (auch ital.); Christus, d. Urbild d. Menschen, 1948; Beharrung u. Fortschritt im Christentum, 1952; D. Einzelne u. d. Gemeinschaft, 1957 (auch jap.); D. Denkform Augustinus in s. Werk 'De trinitate', 1962; Wahrheit u. Heilsbegegnung, 1964 (auch span., ital., franz., engl.); D. Paradies, 1964; D. Glaube d. Kirche, 2 Bde. 1969/70 (a. amer., port., span.). Hrsg.: Scheeben, Dogmatik - Gotteslehre (1943); Handb. d. Dogmengesch. (1948 ff.); Mithrsg.: Wahrheit u. Zeugnis - Aktuelle Themen d. Gegenw. in theol. Sicht (1964, m. A. Läpple; Veröff. d. Grabmanninst.); Beitr. z. Gesch. d. Phil. u. Theol. d. Ma.s Thomas Sutton. Quaestiones Quadlibetales, 1969. Zahlr. Aufs. in Fachztschr. u. Festschr. - Geistl. Rat, Päpstl. Hausprälat; Komtur span. Orden Al merito civil; Bayer. VO., Gr. BVK; 1983 Günther-Klinge-Preis; 1984 Bayer. Maximilians-Orden f. Wiss. u. Kunst; Kommandeur griech. Phoenixorden; Mitgl. Bayer. Akad. d. Wiss., München, Accad. Pontificia Theologica, Rom, Intern. Inst. d. Görres-Ges. f. d. Begegnung v. Naturwiss. u. Glaube - Lit.: Theol. in Gesch. u. Gegenwart - Festgabe z. 60. Geb. (2 Bde. 1957),

Homenaje al Prof. M. S. - Festgabe z. 65. Geb. (1963), Wahrheit u. Verkündigung - Festgabe z. 70. Geb. (2 Bde. 1967).

SCHMAUSER, Harald R.

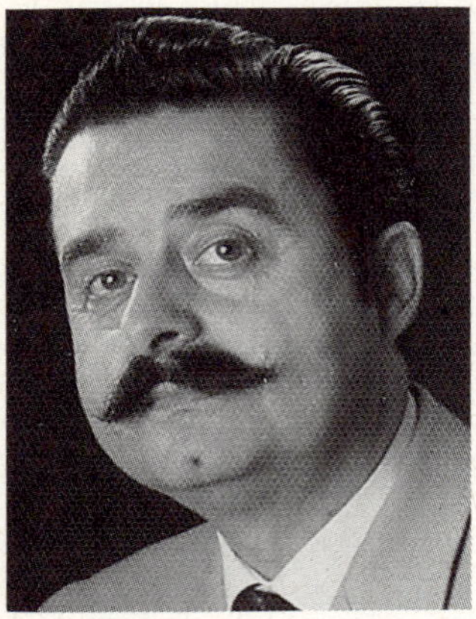

Kaufmann, Geschäftsführer - Huttersbühl 15, 8540 Schwabach (T. 09122 - 15 05-0, Telefax 09122 - 15 05-54) - Geb. 28. Okt. 1935 Mainz (Vater: Herbert J. S., Fabrikant; Mutter: Amande, geb. Timmermans), ev., verh. s. 1962 m. Monica, geb. Sauer, 2 Söhne (Richard, Michael) - Abit.; 4 J. Auslandspraxis, 6 Sem. Stud. - Mand.: Vors. Ind.- u. Handelsgrem. Schwabach, Mitgl. Vollvers. IHK Nürnberg, Vorst.-Mitgl. Arbeitgeberverb. Bayern, Wirtsch.beirat Stadt Schwabach, Mitgl. Ostaussch. BDI u. Außenhandelsaussch. DIHT; Vorst.-Mitgl. VDMA Landesgruppe Bayern. Handelsrichter Landgericht Nürnberg/Fürth - BV: Badnitrieren f. Druckguß-Auswerferstifte u. and. Werkzeugteile, 1970 (auch engl. u. ital.); Salzbadnitrierbehandl. v. Druckgußformen u. Werkzeugelementen, 1984 - JCI-Senator; BVK I. Kl. - Liebh.: Jagd, Fischen, Tennis - Spr.: Franz., Engl., Span., Ital. - Bek. Vorf.: Felix Timmermans (Urgroßv.).

SCHMEDT, Franz

Chefredakteur Neue Osnabrücker Ztg. - Am Bürgerpark 19, 4500 Osnabrück (T. 0541 - 31 02 90) - Geb. 24. Juli 1932 Hunteburg, kath., 2 Söhne (Christoph, Michael) - Stud. Univ. Münster; Volontariat Neue Tagespost Osnabrück - Senator Nieders.-Stiftg.; Mitgl. Inform.-aussch. DIHT - 1983 Mösermed. Stadt Osnabrück; 1987 Nieders.-Preis f. Publiz. - Liebh.: Politik, Sport, Radwandern - Spr.: Engl., Latein.

SCHMEER, Martin

Dipl.-Ing. agr., Direktor Landwirtschaftskammer f. d. Saarland, Saarbrücken - Lessingstr. 12, 6600 Saarbrücken (T. 0681 - 66 50 50) - Stud. Agrarwiss. Stuttgart-Hohenheim - 1970-74 Geschäftsf. Verbindungsst. Landwirtschaftl.-gewerbl. Wirtschaft Saarbrücken.

SCHMEIDLER, Felix

Dr. rer. nat., Prof., Astronom - Mauerkircherstr. Nr. 17, 8000 München 80 - Geb. 20. Okt. 1920 Leipzig (Vater: Prof. Dr. phil. Bernhard S., Historiker (s. XI-II. Ausg.); Mutter: Emmy, geb. Windscheid), ev., verh. s. 1965 m. Marion, geb. Pampe, 2 Kd. (Renate, Martin) - Univ. München. Promot. (1941) u. Habil. (1950) München - S. 1943 Assist. Univ.s-Sternwarte München (1950 Privatdoz., 1957 apl., 1968 beamteter Prof.). Gastaufenth.: Cambridge/Engl. (1950-51) u. Canberra/Austral. (1954-55) - BV: Alte u. mod. Kosmologie, 1962; Nikolaus Copernikus, 1970; Joannis Regiomontani opera collectanea, 1972. Zahlr. Fachaufs. - 1968 Silberne Med. Univ. Helsinki, 1973 Copernicus-Preis/Kulturpreis Landsmannschaft Westpreußen - Spr.: Engl. - Bek. Vorf.: Bernhard Windscheid, o. Prof. f. Jurisprudenz (Urgroßv. ms.).

SCHMEISSER, Gerhard

Dr. rer. nat., Prof. - Huberweg 11, 8520 Erlangen (T. 0911 - 6 33 92) - Geb. 8. Juni 1939 Selb (Vater: Karl Sch., Oberamtsrat; Mutter: Magda, geb. Tschinkl), ev., verh. s. 1968 m. Isolde, geb. Kořinek, 3 Kd. (Barbara, Peter, Matthias) - 1958-64 Stud. Math. u. Physik Univ. Erlangen (Staatsex. 1964, Promot. 1967); 1972-73 Forsch.aufenth. Univ. Montréal/Kanada; Habil. 1974 - 1966 wiss. Assist.; 1968 Konservator u. 1974 Akad. Dir., alles Univ. Erlangen; 1977 Lehrst.vertr. Hohenheim; s. 1978 Extraord. Univ. Erlangen - BV: Prakt. Math., Lehrb. 1976; Allg. u. Angew. Math., in: Enzyklop. Naturwiss. u. Technik (5 Bde.); Les inégalités de Markoff et de Bernstein, Monogr. 1983 - Liebh.: Fotogr. - Spr.: Engl., Franz.

SCHMEKEN, Werner

Dr. jur., Stadtdirektor d. Stadt Paderborn (s. 1991) - Am Abdinghof 11, 4790. Paderborn - Geb. 14. Febr. 1945, kath., verh. s. 1970 m. Hannegret, geb. Beulertz, 2 Kd. (Stephan, Barbara) - Abit.; Stud. Rechtswiss.; 1. u. 2. jur. Staatsex. in NRW; Promot. z. Dr. jur. Gießen 1980 - 1974-81 Richter am LG Krefeld; 1981-87 Richter am OLG Düsseldorf; 1987-91 Beigeordneter d. Dt. Städte- u. Gemeindebundes in Düsseldorf - BV: Umweltstrafrecht in d. Kommunen, 1991; Kommentar z. Verpackungsverordnung, 1991 - Liebh.: Computertechnik - Spr.: Engl.

SCHMELING, Max Siegfried

Fabrikant (Max Schmeling & Co. KG., Coca-Cola Fabrik, Hamburg-Bramfeld/Neumünster/Reutlingen) - 2114 Hollenstedt, Kr. Harburg - Geb. 28. Sept. 1905 Kl.-Luckow/Uckermark (Vat.: Steuerm. Hapag), verh. s. 1933 m. Anny, geb. Ondra (Schausp.) - Deutschl. erfolgreichster Berufsboxer (1926 Dt. Meister Halbschwergewicht, 1927 Europameister Halbschwerges., 1928 Dt. Meister Schwergew., 1930-32 Weltmeister aller Klassen, 1939 Europameister Schwergew.) - Gold. Band Verein Dt. Sportpresse; Ehrenmitgl. Österr. Berufsboxverb., German Club Chicago, Bund Dt. Berufsboxer; Ehrenbürger Los Angeles (USA); viele Sportpreise, dar. Sport-Oskar 1967 (USA); 1971 Gr. BVK, 1985 Gold. Kamera Hör zu; 1991 Max Schmeling Stiftg. - BV: 8, 9 - Aus!, 1958; Ich boxte mich durchs Leben, 1967; Erinnerungen, 1977 - Liebh.: Golf, Jagd, Tontaubenschießen - Stifter Fair-Play-Pokal Eugen Wagener (Wanderpreis).

SCHMELING-DIRINGSHOFEN, von, Alexander

Generalkonsul d. Bundesrep. Deutschl. in Atlanta/Georgia, USA - Suite 1000, 229 Peachtree Street, NE Atlanta/GA 30303-1618 - Geb. 6. Jan. 1926 Potsdam, ev., verh. s. 1958 m. Eva, geb. Schreyer, 4 Kd. (Jürgen, Petra, Roland, Henning) - 1949-55 Jura-Stud. Univ. Kiel u. Bonn (1. Staatsex. 1955); 1955-58 Ausb. f. höh. ausw. Dienst (Prüf. f. Höh. Diplomatendienst 1958) - S. 1955 Ausw. Dienst (Bonn, Luxemburg, Lüttich, Bombay, Kuala Lumpur, Berlin, Porto, Washington, Neapel); s. 1985 Dt. Generalkonsul in Atlanta - BVK I. Kl. - Spr.: Engl., Ital., Franz., Portug.

SCHMELLER, Alfred

Dr. phil., Direktor Museum d. 20. Jahrhunderts (s. 1969) - Schweizer Garten, Wien (Österr.) - Geb. 1920 Erlangen - Gymn.; Stud. Kunstgesch. Promot. 1946 Wien (b. Prof. Fritz Novotny) - U. a. Kunstkrit. Kurier (Wien) u. Redakt. magnum (Köln); 1960-69 Landeskonservator Burgenland u. Stadt Wien (1967). Div. Monogr. - Ehrenzeichen Burgenl. u. Rep. Österr.

SCHMELTER, Kurt

Angestellter, MdL Nordrh.-Westf. (1958-66 u. s. 1975) - Sülzgürtel 42, 5000 Köln 41 (T. 42 12 28) - Geb. 21. Sept. 1925 - CDU.

SCHMELZER, Christoph

Dr. phil. nat., Drs. h.c., em. o. Prof. f. Angew. Physik - Kastanienweg 9, 6101 Seeheim/Bergstr. (T. 06257 - 8 24 00) - Geb. 17. Nov. 1908 - S. 1949 (Habil.) Privatdoz., apl. Prof. (1954), Honorarprof. (1956), Ord. u. Inst.sdir. (1961) Univ. Heidelberg; 1952-60 Mitarb. Cern, Genf, 1971-78 Ges. f. Schwerionenforsch. mbH, Darmstadt - Mitgl. Heidelbg. Akad. d. Wiss.

SCHMERBECK, Hans

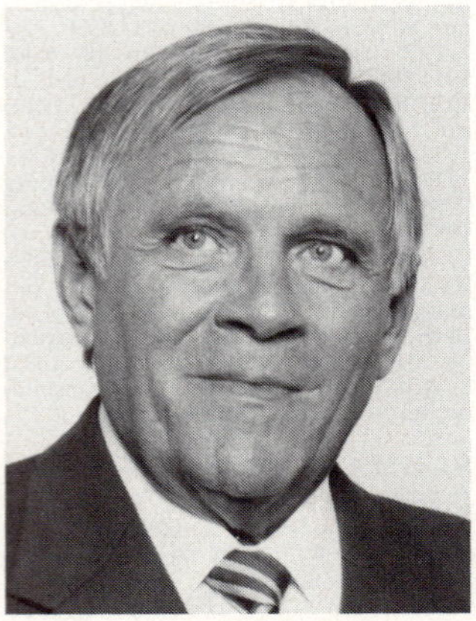

Kaufmann, pers. haft. Gesellschafter Wilhelm Schmerbeck KG, Geschäftsf. Wilhelm Schmerbeck Vertriebs-GmbH - Schillerstr. 5, 5982 Neuenrade - Geb. 10. Sept. 1926 Neuenrade, ev., verh. m. Marianne, geb. Hammer, 2 Kd. (Eckhard, Barbara) - S. 1964 Bürgermeister Stadt Neuenrade; Vors. CDU-Ortsunion Neuenrade, Ehrenvors. TUS-Neuenrade, Ce-Be-eF Neuenrade; Ehrenvors. Verkehrsverein Neuenrade - 1976 Verdienstmed. DRK-Landesverb. Westf.-Lippe; BVK I. Kl. - Spr.: Engl.

SCHMERMUND, Hans-Joachim

Dr. med. Prof., Direktor Frauenklinik Städt. Krankenanstalten Krefeld a.D. - Brahmsstr. 89, 4150 Krefeld (T. 59 36 64) - Geb. 4. April 1918 Lennep/Rhld. (Vater: Paul S., Bundesbahnoberrat; Mutter: Elfriede, geb. Körte), verh. s. 1944 m. Lotte, geb. Kühle - Univ. Göttingen u. München - S. 1952 (Habil.) Privatdoz. bzw. apl. Prof. (1958) Univ. Hamburg (u. a. Oberarzt Frauenklinik). Fachveröff. - Spr.: Engl. - Rotarier.

SCHMETJEN, Klaus

Landwirt, MdL Nieders. (s. 1963) - Langestr. 53, 2141 Kutenholz üb. Bremervörde (T. 04762 - 3 43) - Geb. 19. Mai 1919 Kutenholz - Volkssch.; landw. Lehre - 1938-45 Arbeits- u. Wehrdst. (wegen Tapferk. z. Ltn. befördert). S. 1956 Bürgerm. Gde. Kutenholz; s. 1956 MdK. CDU.

SCHMETTERER, Leopold

Dr. rer. nat., Dr. h. c., Prof. f. Mathematik u. math. Statistik - Rennweg 45/15, A-1030 Wien - Geb. 8. Nov. 1919 Wien (Vater: Leopold S.; Mutter: geb. Busch), verh. 1947 m. Elisabeth, geb. Schaffer, 4 Kd. (Georg, Viktor, Eva, Leopold) - 1938-41 Univ. Wien - 1940-41 wiss. Hilfskraft Univ. Wien (Math. Inst.), 1944-45 Mathematiker Henschel-Flugzeugw., Berlin, 1945-56 Assist., Privatdoz. (1949) u. ao. Prof. (1955) Univ. Wien, 1950-56 Honorardoz. TH ebd., s. 1956 o. Prof. u. Inst.dir. Hamburg u. Univ. Wien (1961). Fachmitgliedsch. - BV: Einf. in d. math. Statistik, 2. A. 1966; Moderne Kontrolle, 1956 (m. H. Lustik u. J. Pfanzagl); Introduction to Mathematical Statistics, 1974. Zahlr. Einzelarb. - 1972 Ehrendoktor Univ. Clermont-Ferrand; 1952 Förderungspreis Stadt Wien; 1970 Mitgl. Dt. Akad. d. Naturforscher/Leopoldina, Halle/S. u. Österr. Akad. d. Wiss. (1975 Generalsekr.), 1977 Akad. d. Wiss. DDR (Berlin), 1983 Sächs. Akad. d. Wiss., 1984 Bayer. Akad. d. Wiss.; 1976 Würdigungspreis Stadt Wien, 1980 Luwig-Boltzmann-Preis (Österr. Staatspr. f. Forsch.pol.; 1981 Member Advisor UN-Committee Science and Technology New York - Spr.: Engl., Franz.

SCHMETZ, Ditmar

Dr. paed. habil., Prof. f. Lernbehindertenpäd. Univ. Dortmund (s. 1986) - Falkenstr. 5B, 4030 Ratingen 8 (T. 02102 - 5 14 75) - Geb. 25. Okt. 1942 Lichtenau/Kr. Büren, kath., verh. s. 1956 m. Margret, geb. Breitkopf, S. Benedikt - 1963-66 PH Essen, 1966-71 Volksschullehrer, 1972-76 Sonderschullehrer; nebenamtl. Stud. Gesch., German., Päd.; 1. Staatsprüf. f. d. Lehramt an Realsch.; 1. Staatsprüf. f. d. Lehramt am Gymn.; Promot. 1976 PH Ruhr; Habil. 1981 - 1976-80 wiss. Assist. PH Ruhr; 1980-83 Akad. Rat; 1983-86 Dir. u. Prof. Heilpäd. Inst. PH Kiel. S. 1991 Schriftleit. d. Ztschr. f. Heilpäd. - BV: Gesch. an d. Lernbehindertenschule, 1976; Sexualerziehung an Grund-, Haupt- u. Sonderschulen, 1982 - Liebh.: Musik, Sport - Spr.: Engl.

SCHMICKLER, Wolfgang

Dr. rer. nat., Prof. f. Physikal. Chemie Univ. Bonn (s. 1984) - Poststr. 20, 5300 Bonn (T. 0228 - 65 53 69) - Geb. 11. Sept. 1946 Bonn, verh. s. 1973 m. Ulrike, geb. Hirzebruch - 1965-73 Stud. Univ. Bonn, Heidelberg u. London (Imperial Coll.); Dipl. 1972 Bonn; Promot. 1973 Bonn; Habil. 1978 ebd. - BV: Elektrochemie II: Kinetik elektrochem. Systeme, 1976 (m. W. Vielstich); ca. 70 Aufs. in Fachztschr. - 1985 Bodenstein-Preis Dt. Bunsenges. f. Physik. Chemie - Liebh.: Lit., Sport - Spr.: Engl.

SCHMID, Aglaja

Kammerschauspielerin - Dr.-Heinrich-Meier-Str. Nr. 38, A-1180 Wien - Geb. 9. Aug. Scheibbs/Österr. (Vater: Musiker; Mutter: Lehrerin), verh. m. Rudolf Steinboeck (Regiss.) - Realgymn. u. Reinhardt-Sem. Wien - S. 1945 Bühnen Wien, München, Berlin, Hamburg, Zürich. Festsp. Salzburg u. Bregenz. Gastsp. New York, Paris, London. U. a. Gretchen (Faust), Helene, Königin Anna, Christine, Stella, Karla (Königin Elisabeth), Maria Stuart, Jenny (Alles im Garten), Dame Kobold, Regentin. Film; Fernsehen - 1956 Preis Jg. Generation Stadt Berlin; 1963 Kammerschausp. - Liebh.: Kochen.

SCHMID, Albert

Dr. jur., Rechtsanwalt, Hauptgeschäftsführer Bayer. Hotel- u. Gaststättenverb., Justitiar Wienerwald GmbH, München (s. 1959) - Ulrich-v.-Hutten-Str. 22, 8000 München 83 - Geb. 13. Febr. 1921 Beilngries a. d. Altmühl (Vater: Franz S., Polizeibeamter, † 1940; Mutter: Franziska, geb. Röttensberger), kath., verh. s. 1953 m. Emmi, geb. Heine, Tocht. Uschi - Oberrealsch. (Abit. 1940) Amberg; Stud. German., Rechts- u. Staatswiss. 1948 Refer.ex.; 1951-52 gr. jurist. Staatsprüf.; Promot. 1951 München - 1952 Bayer. Hotel- u. Gaststättenverb. (Synd. Bez. Oberbayern); s. 1953 RA - Liebh.: Fischen, Sport, Kochen - Spr.: Engl., Franz.

SCHMID, Albert

Verlagskaufmann, MdL Bayern (s. 1978) - Römerstädterstr. 2 f, 8900 Augsburg - Geb. 15. Nov. 1943 Augsburg, kath., verh., 1 Kd. - 1969-77 Landesgeschäftsf. Jg. Union Bay.; s. 1977 Leit. Abt. Org. u. Verw. CSU-Landesltg. 1972-85 Mitgl. Stadtrat Augsburg. CSU s. 1963 (1972 Ortsvors. Göggingen).

SCHMID, Albrecht

Dr. med. vet., Prof. - Spalatinstr. 41a, 8000 München 83 (T. 60 54 87) - Geb.

26. Mai 1923 Amtzell/Allgäu - S. 1962 (Habil.) Lehrtätigk. Univ. München (1968 apl. Prof. f. Pharmak. u. Toxikol.; 1978 Extraordinarius); 1986 Vorst. Grimmke-Stiftg. Fachveröff.

SCHMID, Arno Sighart

Prof., Dipl.-Ing. (FH), Landschaftsarchitekt, Vizepräs. Europ. Stiftg. f. Landschaftsarch. EFLA - Stuttgarter Str. 23/1, 7250 Leonberg (T. 07152 - 2 55 95) - Geb. 4. Jan. 1937 München (Vater: Adolf Schmid-Tenzlinger, Kunstmaler) - Gartenbautechniker 1960; Ing. (grad.) f. Garten- u. Landschaftsgestaltung 1961 Weihenstephan - 1976-82 1. Vors. Bund Dt. Landschaftsarch., Landesgr. Baden-Württ.; 1982 Vizepräs. BDLA, 1983-89 Präs. - BV: IFLA-Yearbook 1981/82/83/84/85/86/87/88/89 - Arch. Werke: u. a. Glacis-Anlagen Neu-Ulm, 1980; Landesgartenschau Reutlingen, 1984 (bde. m. G. Eppinger) - 1981 Hans-Bickel-Preis Verb. Ehem. Weihenstephaner; 1986 Hon.-Prof.; 1987 Mitgl. Dt. Akad. f. Städtebau u. Landesplanung - Spr.: Engl., Franz.

SCHMID, Christof

Dr. phil., Unterhaltungschef d. BR/FS (s. 1978) - Betzenweg 11, 8000 München 60 - Geb. 2. Jan. 1941 Berlin - Stud. German., Gesch., Phil.

SCHMID, Detlef Heino

Dr.-Ing., Prof. - In der Tasch 4c, 7500 Karlsruhe 41 - Geb. 15. Mai 1934 Worms (Vater: Karl Sch., Rektor; Mutter: Hilde, geb. Mann), verh. s. 1964 m. Inge, geb. Wittek, 2 S. (Christoph, Oliver) - Dipl. Elektrotechnik 1963, Promot. 1968 - S. 1972 o. Prof. Univ. Karlsruhe. 1975-79 Vors. Fak.-Tag Informatik - BV: Techn. Informatik, 1973 - Liebh.: Malerei - Spr.: Engl. - Bek. Vorf.: Kasimir Edschmid, Schriftst.

SCHMID, Elisabeth

Dr. phil. nat., o. Prof. f. Urgeschichte - Friedrich-Oser-Str. 12, CH-4059 Basel (Schweiz) - Geb. 17. Juli 1912 Freiburg/Br. (Vater: Eugen S., Lehrer; Mutter: Toni, geb. Arnold), reform., led. - Schule u. Univ. Freiburg (Naturwiss.; Promot. (Geol., Paläontol.) 1937) - S. 1949 (Habil.) Lehrtätigk. Univ. Freiburg, Basel (1951), Freiburg (1956 apl. Prof.), Basel (1960 ao., 1972 o. Prof.; 1962 Leit. Labor f. Urgesch.; em. 1981). Zahlr. Fachmitgliedsch. - BV: Höhlenforsch. u. Sedimentanalyse, 1958; Knochenatlas f. Prähistoriker, Archäologen u. Quartärgeologen, 1972. Viele Fachaufs. - Spr.: Deutsch, Engl., Franz.

SCHMID, Erich

Dr. rer. nat., o. Prof. f. Theoret. Atom- u. Kernphysik u. Mitdirektor Inst. f. Theoret. Physik Univ. Tübingen (s. 1965) - Haußerstr. 111, 7400 Tübingen (T. 6 32 75) - Geb. 29. Juni 1931 München.

SCHMID, Erich K.

Rechtsanwalt, Bankdirektor a. D., Landesleitg. Johanniter-Unfallhilfe Nieders.-Bremen, Kurat.-Mitgl. Bankakad., Frankfurt/M. - Ringelnatzweg 9, 3000 Hannover 21 (T. 79 48 09 u. 79 46 49) - Geb. 14. April 1921 Stadtilm/Thür. (Vater: Dipl.-Ing. Otto S.; Mutter: geb. Jordan), verh., 2 Kd. - Univ. Göttingen u. Hamburg (Rechtswiss.). Gr. jurist. Staatsprüf. - Tätigk. Dt. Bank AG. (Fil. Hannover) - Kriegsausz., BVK.

SCHMID, Eugen

Dr. jur., Oberbürgermeister Stadt Tübingen - Landhausstr. 16, 7400 Tübingen (T. 07071 - 20 42 00) - Geb. 22. März 1932 Tübingen (Vater: Emil Sch., Landwirt; Mutter: Luise, geb. Lohrer), ev., verh. s. 1959 m. Maria, geb. Goll, 4 Kd. (Michael, Martin, Johannes, Barbara) - Abit. 1951 Böblingen; 1952-54 Ausb. z. Bankkaufm. Stuttgart; 1954-58 Jurastud. Univ. Tübingen u. Kiel; 1958-62 Gerichtsrefer.; Promot. 1961 Tübingen - 1962-63 Gerichtsass. Nagold; 1963-66 Reg.-Ass. u. Reg.-Rat Wirtschaftsmin. Stuttgart u. Landratsamt Nürtingen; 1966-74 Landgerichtsrat u. -dir., Ausb.leit. f. Gerichtsrefer. LG Tübingen, Hechingen u. OLG Stuttgart; s. 1975 OB Tübingen - 1977 Ehrensenator Univ. Tübingen - Liebh.: Gesch., Sport, Wandern - Spr.: Engl.

SCHMID, Florian

Dipl.-Ing., Direktor i. R. - Albert-Schweitzer-Str. 41, 8034 Unterpfaffenhofen/Obb. (T. München 84 33 87) - Geb. 13. März 1908 München (Vater: Josef S., Lokomotiving.; Mutter: Sabine, geb. Höllrigl) - TH München. Reg.baum. - S. 1947 Vorstandsmitgl. AG. f. Licht- u. Kraftversorg., München. AR-Mandate u. a. - Liebh.: Musik, Sport.

SCHMID, Franz

I. Bürgermeister Stadt Marktoberdorf - Rathaus, 8952 Marktoberdorf/Schw. - Geb. 1. März 1924 Marktoberdorf - Ziegeleibes.

SCHMID, Franz

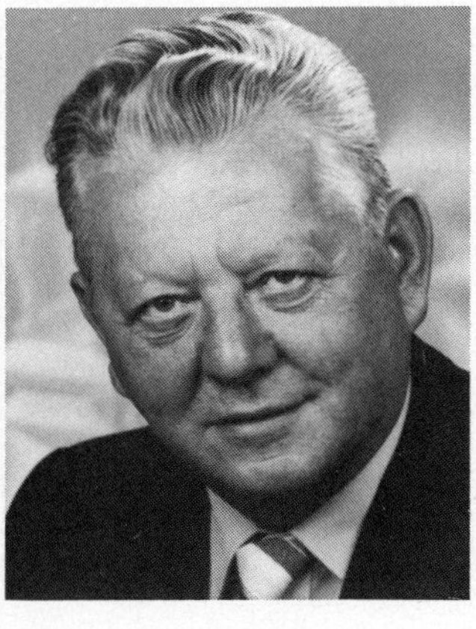

Dr. med., Prof., Kinderarzt - Ziegelbergstr. 17, 8750 Aschaffenburg/Ufr. - Geb. 13. März 1920 Lauterbach (Vater: Josef S., Werkschlosser; Mutter: Emma, geb. Steinsdörfer), kath., verh. s. 1945 m. Ursula, geb. Wiese, 2 Söhne (Ronald, Raimund) - Realgymn. Graslitz/Erzgeb.; Univ. Prag, Königsberg/Pr., Breslau, Jena - S. 1951 (Habil.) Privatdoz. u. apl. Prof. (1957) Univ. Heidelberg. 1959ff. Präs. Ärztekammer Nordbaden; 1966-76 Wiss. Beirat Bundesärztekammer; 1970-76 Vizepräs. Berufsverb. d. Kinderärzte u. Vors. d. Bayer. Schriftstellerärzte, 1977 Schriftlt. Med. Organica; 1981 Kurat. Hufeland-Ges., Präs. Intern. Forschungsges. Zelltherapie, 1980 Kurat. Soc. Wholistic Med. USA, 1981 Mitgl. Academy of Science New York, 1981 Mitgl. Amer. Assoc. Advanc. Science, Washington, 1985 Vors. Arzneimittelkommiss. Biolog. Med., 1986 Schriftleit. Hufeland-Journal, 1987 National Ass. Smithosian Inst., Washington - BV: D. generalisierten Tuberkulosen, 1951; Röntgendiagnostik im Kindesalter, 1955; Atlas d. normalen u. pathol. Handskelettentwickl., 1959; Handb. Kinderheilkd., 9 Bde. 1963/72; Pädiatr. Radiologie, 2 Bde. 1973; D. Mongolismus-Syndrom, 1976; Liebe Last, 1978; Zelltherapie, 1981; Celltherapy, 1983; Down-Syndrom, 1987; Mikroökol. Therapie, 1989; Menschen gibt's, 1989; Biologische Med., 1990; Biological Medicine, 1991. Insges. 74 Bücher, etwa 710 Einzelveröff. - 1959 P.-Niehans-Forsch.-Preis, 1964 E.-v.-Bergmann-Med., 1967 Albert-Schweitzer-Med., 1980 M.v.-Pfaundler-Med. - Liebh.: Malerei, Lyrik, Mineral. - Spr.: Engl.

SCHMID, Friedrich

Dr. Dr. med., Prof., Chefarzt d. Klinik f. Kiefer- u. Plast. Gesichtschirurgie Hannover (s. 1979) - Zu erreichen üb. Henriettenstift, Marienstr. 80, 3000 Hannover 1 - Geb. 18. Febr. 1935 Berlin, kath., verh. s. 1965 m. Dr. med. Karin, geb. Enderle, 3 Töcht. (Martina, Catrin, Kristina) - Ing. (grad.) 1959 München; Staatsex. 1966 München; Promot. 1966 München; Ärztl. Prüfung 1970 Erlangen; Promot. 1970 ebd.; Habil. 1974 Hannover - 1978 apl. Prof.

SCHMID, Gerhard

Dr. rer. nat., Diplomchemiker, Mitgl. Europ. Parlament (I., II. u. III. Wahlp.) - Altdorfer Str. 13A, 8400 Regensburg (T. 0941 - 79 38 01) - Geb. 5. Mai 1946 Straubing - Bezirksvors. SPD Niederbay./Oberpfalz; Vors. d. SPD-Europaabgeordneten.

SCHMID, Gerhard

Dr. phil., Honorarprof. f. Archivwissenschaft, Direktor Goethe- u. Schiller-Archiv Weimar (s. 1991) - Asbachstr. 24, O-5300 Weimar - Geb. 20. Juli 1928 Greiz - Promot. 1952 Jena; Fac. doc. 1977 Berlin - 1953-70 Abt.leit. Dt. Zentralarchiv Potsdam, 1971-91 stv. Dir., s. 1991 Dir. s.o.

SCHMID, Gottfried

Dr., Regierungspräsident v. Niederbayern a. D. (1975-87) - Schwimmschulstr. 30, 8300 Landshut - Geb. 26. Nov. 1922, verh. m. Charlotte, geb. Händle - 1976 BVK; 1977 Gr. Ehrenzeichen in Silber m. Stern Rep. Österr.; 1981 Bayer. VO; 1982 Gr. Gold. Bezirksmed.; 1983 Umweltmed., 1984 BVK I. Kl.; 1985 Komturkreuz m. Stern päpstl. Sylvester-Orden; 1987 Gr. BVK.

SCHMID, Hans-Dieter

Dr. phil., Akad. Rat Univ. Hannover - Wiesenweg 9, 3004 Isernhagen K. B. (T. 05139 - 8 71 98) - Geb. 12. Juni 1941 Bödigheim, verh. s. 1964 m. Christel, geb. Engel, 3 Kd. (Christine, Susanne, Johannes) - 1961-67 Stud. Gesch., Politikwiss. u. Angl. Univ. Tübingen u. Bangor; Staatsex. 1967; Promot. 1973 Tübingen - 1969-72 Assist. Univ. Tübingen; 1972-75 PH Reutlingen; 1975-78 Akad. Rat f. Gesch. PHN, Abt. Hannover; s. 1978 Univ. Hannover - BV: Täuferturn u. Obrigkeit in Nürnberg, 1972; Geschichtsunterr. in d. DDR, 1979; Hist. Lernen in d. Grundsch., 1981 (m. Hantsche); Juden unt. Hakenkreuz, 2 Bde., 1983 (m. Schneider u. Sommer); Beitr. z. Gesch. d. Lehrerbildung, 1985 - Spr.: Engl., Franz.

SCHMID, Harald

Verleger, Schriftsteller - Röntgenstr. 7, 1000 Berlin 10 (T. 342 78 74) - Geb. 22. Okt. 1946 Tittmoning/Obb. (Vater: Franz Sch., Lehrer; Mutter: Berta, geb. Baur), verh. s. 1972 m. Rosemarie, geb. Wartenberg - Volkssch. Tittmoning/Obb., Schlosserlehre (1961-64) - Versch. Berufe, 1976 Gründ. d. Verlages Harald Schmid - BV: Ihr aber tragt d. Risiko, Anthol., 1971; Gruppe 61, Anthol., 1971; Projekt Dtschunterr., Bd. 4, Anthol., 1973; Katalog Stahl Stein Wort, Galerie Monika Beck 1974/1975; Sagsd wasd magst, Anthol., 1975; Tintenfisch, Jahrb. f. Lit., 1975; Dees gibt ma z denga, bairische Texte, 1976; Ansätze, pointierte Prosa, 1977; Sätze, point. Prosa, 1978; Lyrik u. Prosa, Anthol., 1978; Haxn u. Pinkel, Anthol., 1978; Nachsätze, point. Prosa, 1979; Bayern, Kal., 1980; Narren u.Clowns/Aus Jux u. Tollerei, Anthol., 1982; Bin i a Kaschparl, bairische Texte, 1982. Hrsg. Pegasus-Reihe (s. 1976 18 Bde.) - Spr.: Engl. - Lit.: Handb. z. dt. Arbeiterlit., 1977; J. Beckelmann: E. Bayer in: Berlin (i. D. Randlaterne), 1980.

SCHMID, Heinrich

Dr. oec., Dipl.-Kfm., Management-Beratung - v.-Ketteler-Str. 4, 5166 Kreuzau/Rhld. - Geb. 4. Jan. 1930 Marienbad (Vater: Josef S.), verh. m. Dr. Helga, geb. Hanrath - Dipl.-Kfm.

SCHMID, Herbert

Dr. theol., o. Prof. f. Theologie u. Didaktik Erziehungswiss. Hochsch. Rhld.-Pfalz/Abt. Landau, Prof. f. Altes Testament Univ. Mainz - Sprangerstr. 9, 6750 Kaiserslautern (T. 6 84 49) - Ev. - BV: D. Lehrstoff aus d. AT, 1966; Mose, 1968; D. christl.-jüd. Auseinandersetz. um d. AT in hermeneut. Sicht, 1971; AT, Judentum u. Islam, 1973.

SCHMID, Hermann

I. Bürgermeister - Rathaus, 8042 Oberschleißheim/Obb. - Geb. 25. März 1939 München - Zul. Bundesbahnbeamter. CSU.

SCHMID, Hermann-N.

Ministerialdirektor, Abteilungsleiter im Bundesmin. f. innerdt. Bezieh. (Verbindungsst. Berlin, Dienstst. d. Bevollm. d. Bundesreg. in Berlin) (s. 1986) - Ravenweg 3, 1000 Berlin 37 - Geb. 13. Juli 1940 Berlin, verh. s. 1980 m. Erika Schmid-Petry, S. Johannes-N. - Stud. Rechtswiss. München u. Berlin; 1. u. 2. jurist. Staatsprüf. 1967 u. 1971 Berlin - 1971/72 wiss. Assist. FDP-Fraktion im Abg.hs. v. Berlin; 1973-75 Bundesmin. d. Innern; 1975-79 Leit. Büro d. Bürgerm. v. Berlin; 1979-85 Senatsdir. b. Senator f. Bundesangelegenh. u. Bevollm. Ld. Berlin b. Bund - Spr.: Engl.

SCHMID, Hubert

Dr. jur., Ministerialdirigent a. D., Vorstandsmitgl. Bayer. Landesbank Girozentrale (s. 1972) - Möhlstr. 31, 8000 München 2 (T. 98 59 25) - Geb. 20. Juni 1924 - 1956-72 bayer. Finanzmin. (Leit. Haushaltsabt.). AR- u. Beiratsmand. - 1976 Bayer. VO.

SCHMID, Karl L.

Dr. rer. nat., Dipl.-Chemiker, Vorsitzender d. Geschäftsführung Krupp Koppers GmbH - Altendorfer Str. 120, 4300 Essen 1 - Geb. 15. April 1931 Nürnberg, kath. - Univ. Erlangen 1951 - Dipl., Promot.

SCHMID, Karl-Theodor

Dr. phil., Prof. f. Mittelalterl. Geschichte Univ. Freiburg/Br. (s. 1973) - Schlehenrain 12, 7800 Freiburg (T. 0761 - 5 68 47) - Geb. 24. Sept. 1923 Arlen, jetzt Rielasingen/Hegau, kath., verh. s. 1961 m. Ruth, geb. Schindele, S. Benedikt - Gymn. Singen/Hohentw.; Univ. Freiburg/Br. (Gesch., Roman., Phil.). Promot. 1951; Habil. 1961 (beides Freiburg) - 1963-65 Gastdoz. Dt. Histor. Inst. Rom, 1965-73 o. Prof. Univ. Münster. Mitgl. Histor. Kommiss. Westfalens (1968ff.) u. Baden-Württ. (1973ff.). S. 1969 Mitgl. Sonderforschungsbereich Mittelalterforsch. Münster. Zahlr. Fachveröff., darunter Buchbeitr.: Graf Rudolf v. Pfullendorf u. Kaiser Friedrich I. (Forschungen z. oberrhein. Landesgesch. I, 1954), Kloster Hirsau u. s. Stifter (ebd. IX, 1959), Üb. d. Verhältn. v. Person u. Gemeinschaft im frühen Mittelalter (Frühmittelalterl. Studien 1, 1967), Welf. Selbstverständn. (Adel u. Kirche - Festschr. f Gerd Tellenbach, 1968); Prosopogr. Forsch. z. Gesch. d. MA. (Veröff. d. Max-Planck-Inst. f. Gesch. 69, 1981); Mitverf.: Liber memorialis v. Remiremont (Monumenta Germaniae Historica, Libri memoriales 1, 1970), Societas et Fraternitas; Begr.: Quellenwerk z. Erforsch. d. Personen u. Personengruppen im frühen MA (1975), D. Verbrüderungsb. d. Abtei Reichenau (1979); D. Liber vitae d. Abtei Corvey I/II (Veröff. d. Hist. Kommiss. f. Westf. 40.2, 1983/89); Memoria - D. gesch. Zeugniswert d. liturg. Gedenkens im MA. (Münstersche MA-Schr. 48, 1984); D. Zähringer I-III (1986/88). Herausg.: D. Klostergemeinsch. v. Fulda im früheren MA (5 Bde. 1978); Reich u. Kirche v. d. Investiturstreit, Vortr. b. wiss.

Koll. anl. d. 80. Geb. v. Gerd Tellenbach (1985); Gedächtnis d. Gemeinschaft stiftet. Schriftenr. d. Kath. Akad. d. Erzdiözese Freiburg (1985). Mithrsg.: Arbeiten z. Frühmittelalterforsch. (s. 1967), Frühmittelalterl. Studien (s. 1967), Münstersche MA-Schriften (s. 1970), Forschungen z. oberrhein. Landesgesch. (s. 1973) - Lit.: Gebetsgedenken u. adliges Selbstverständnis im MA., Ausg. Beitr., Festg. z. 60. Geb. (1983), Schriftenverz. in Person u. Gemeinschaft, Festschr. K. Schmid (1988).

SCHMID, Lothar

Verleger, Gf. Gesellsch. Karl-May-Verlag Bamberg, Intern. Schachgroßmeister - Hainstr. 51, 8600 Bamberg (T. 0951 - 2 25 52) - Geb. 10. Mai 1928 Dresden, kath., verh. s. 1958 m. Ingrid, geb. Schwarz, 3 Kd. (Wolfgang, Bernhard, Alexandra) - Stud. Rechtswiss. Univ. Bamberg; Staatsex. 1951 - Siege b. Intern. Schach-Turnieren: 1951 Travemünde, 1954 Zürich, 1964 Wilderness, 1970 u. 1973 Mar del Plata, 1979 London; 1950-74 Teiln. an 10 Schach-Olympiaden - Bronzemed. 1950 Dubrovnik u. 1964 Tel Aviv; 1970 Silb. Lorbeerblatt; Hauptschiedsrichter d. Wettkämpfe um d. Schachweltmeisterschaft: Spassky - Fischer, Reykjavik 1972, Karpov - Kortschnoi, Baguio 1978, Karpov - Kasparov, London/Leningrad 1986 sowie d. Schach-Olympiade Malta 1980. Turnierdir. Mannschaftsweltmeisterschaft Luzern 1985 u. 89 - Liebh.: Schachbibl. - Spr.: Engl.

SCHMID, Lothar M.

Dr. rer. pol., Geschäftsführer Bundesverb. d. Importeure u. Exporteure v. Edelsteinen u. Perlen, Großhandelsverb. Schreib-, Papierwaren u. Bürobedarf, Bundesverb. d. Dt. Dentalhandel. Großhandels u. a. - Telemannstr. 12, 6000 Frankfurt/M. 1 - Geb. 22. Juni 1932.

SCHMID, Oskar

Landgerichtspräsident - Saarlandstr. 34, 8960 Kempten/Allgäu (T. 7 78 03) - Geb. 13. Juli 1910 München (Vater: Josef S., Richter; Mutter: Maria, geb. Müller), kath., verh. s. 1946 m. Maria, geb. Goldfuss, T. Barbara - Univ. München. Jurist. Staatsprüf. 1932 u. 36; Dipl.-Volksw. 1937 (alles München) - 1940-46 Rechtsanw. München; s. 1946 Richter LG Kempten (1968 Präs.). 1957 ff. Vorstandsmitgl. BRK-Kreisverb. Kempten. Spez. Aufgabengeb.: Standesrecht d. Richter.

SCHMID, Peter

Dr. phil., Ltd. wiss. Direktor i.R. Nieders. Inst. f. histor. Küstenforsch., Wilhelmshaven, Archäologe - Thomas-Mann-Str. 17, 2940 Wilhelmshaven (T. 04421 - 6 06 46) - Geb. 29. Nov. 1926 Hamburg, ev., verh. s. 1957 m. Gisela, geb. Kuhland, 2 Kd. (Wiebke, Arne) - 1948-54 Stud. Vor- u. Frühgesch., Geogr., Geol. Univ. Kiel; Promot. 1954 - 1954-63 wiss. Assist.; 1965 Kustos, 1969 Oberkustos; 1973 wiss. Dir.; 1977 Honorarprof. Univ. Göttingen; 1978 Ltd. wiss. Dir. Nieders. Landesinst. (s.o.) - 1978 o. Mitgl. dt. Archäol. Inst. Berlin; 1982 Mitgl. Königl. Niederl. Akad. d. Wiss., Amsterdam - Spr.: Engl., Franz.

SCHMID, Roswitha

Dr. rer. nat., Prof. TU München - Zu erreichen üb. Botanisches Inst. TU München, Arcisstr. 21, 8000 München 2 - Geb. 3. Nov. 1927 Stuttgart (Vater: Dr. iur. Oskar Sch., Oberlandesgerichtspräs.), kath. - Univ. Tübingen u. München; Promot. 1953 München - S. 1968 Redakt. u. Mithrsg. Ztschr. Naturwissenschaftl. Rundschau - BV: Otto Warburg (m. H. A. Krebs), Biogr. 1979; Wiss. in Deutschl. (m. A. Michaelis), 1983; D. gr. Ära d. Wiss. in Deutschl. 1900-1933 (m. D. Nachmansohn), 1988 - Liebh.: Reisen, Tanzen, Schwimmen, Schreiben - Spr.: Engl., Franz., Lat., Ital., Span., Griech., Portug., Brasil. - Bek. Vorf.: Kardinal Franz Ehrle, Rom (Urgroßonkel).

SCHMID, Rudolf

Weihbischof Bistum Augsburg (1972-91) - Mittleres Pfaffengäßchen 15, 8900 Augsburg (T. 31 15 15) - Geb. 26. Juni 1914 Schiers/Graubünden (Schweiz) - Stud. Phil. u. Theol. Augsburg, Tübingen u. Dillingen. Priesterw. 1938 - 1938-39 Kaplan Murnau, 1939-49 (m. Unterbr. d. Kriegsdst.) Kaplan Augsburg St. Peter u. Paul, 1949-63 Religionslehrer Gymn. Dillingen/Do. (1960 Studienprof.), 1963-68 Regens Priestersem. ebd., 1969 Domkapitular, 1972 Weihbischof, emerit. 1991; Bischöfl. Vikar f. d. sozial-carit. Beich u. f. d. geistl. Berufe im Bistum Augsburg.

SCHMID, Rupert

Landrat Kr. Regensburg (s. 1978) - Landratsamt, 8400 Regensburg - Geb. 11. Juni 1935 Regensburg - Zul. Regierungsdir. CSU.

SCHMID, Werner

Dr. jur., o. Prof. f. Straf- u. -prozeßrecht Univ. Kiel (s. 1965) - Königsberger Str. 20, 2300 Altenholz (T. 32 25 49) - Geb. 1927 Heilsbronn/Mfr. - Stud. Bamberg u. Erlangen. Jurist. Staatsprüf. 1953 u. 60; Promot. 1961, Habil. 1964 - BV: Bedingter Handlungswille b. Versuch (Diss.); D. Verwirkung v. Verfahrensrügen im Strafprozeß (Habil.sschr., 1967), Festschr. f. H. J. Bruns (1978, Mithrsg.).

SCHMID, Wolf

Dr. phil., Prof. f. Slavistik Univ. Hamburg - Binsenkoppel 2a, 2000 Hamburg 65 (T. 040 - 536 24 67) - Geb. 24. März 1944 Teplitz-Schönau - Promot. 1972 Univ. München - 1976 Wiss. Rat u. Prof. f. Russ. Lit. Univ. Oldenburg; 1978 o. Prof. f. Slavistik in Hamburg - BV: D. Textaufbau in d. Erz. Dostoevskijs, 1973; D. ästh. Inhalt, 1977; Puškins Prosa in poetischer Lektüre, 1991; Ornamentales Erzählen in d. russ. Moderne, 1992.

SCHMID, Wolfgang P.

Dr. phil., o. Prof. f. Vergl. Sprachwissenschaft - Schladeberg 20, 3403 Friedland 5 (T. 05509 - 13 36) - Geb. 25. Okt. 1929 Berlin (Vater: Bruno S., Bankdir.), ev., verh. s. 1960 m. Dr. Anneliese, geb. Reichert, 2 Söhne (Andreas, Johannes) - Kirchl. Hochsch. Berlin, Univ. Tübingen (Sprachwiss., Indol., Slav.), School of Oriental Studies, London - S. 1961 (Habil.) Lehrtätigk. Univ. Tübingen, Innsbruck (1964; Prof.), Göttingen (1965; Ord.). Mitgl. Indogerman. Ges., Philological Soc., London; 1966 o. Mitgl. Akad. d. Wiss. u. d. Lit., Mainz (1977-86 Vizepräs.); 1983 korr. Mitgl. Akad. d. Wiss. Göttingen; 1983 o. Mitgl. Herder-Forsch.rat Marburg (s. 1985 Vorst.-Mitgl.); 1988 ext. Mitgl. Sächs. Akad. Leipzig - BV: Studien zum baltischen u. indogerman. Verbum, 1963. Herausg.: Hydronymia Germaniae (1968); Hydronymia Europaea (s. 1985); Ztschr. Indogerman. Forschungen (1962ff.); Neubearb.: Stolz/Debrunner, Geschichte d. lat. Sprache (1966); Alteuropäisch u. Indogermanisch (1968); Skizze e. allg. Theorie d. Wortarten (1970), revid. Fass. (1986); D. Pragmat. Komponente in d. Grammatik (1972); Indogermanist. Modelle u. osteurop. Frühgesch. (1978); Nehrungskurisch (1989); Wort u. Zahl (1989).

SCHMID-THANWALD, Karl

Dr. rer. nat., Prof. f. Geograpie m. Didaktik u. Methodik Päd. Hochschule Schwäb. Gmünd - Bergweg 2, 7321 Hohenstaufen (T. 07165-80 27). - BV: Eisgipfel unt. Tropensonne (Bergbesteig. in Peru 1939), 1949; Pozuzo vergessen im Urwald, 1957 (holländ. Übers.); Wunderwelt der Anden; Der Gletscher brennt (Vulkanausbr. in Island), 1954/59; Mitautor: Columbus ist nicht gestorben, 1961 - Spr.: Engl., Fsanz., Span., Portug.

SCHMIDBAUER, Bernd

Parlam. Staatssekretär b. Bundesmin. f. Umwelt, Naturschutz u. Reaktorsicherheit (1991/92), MdB, CDU (Wahlkr. 182/ Rhein-Neckar) - Bundeshaus, 5300 Bonn 1 - 11. Legislaturperiode: 1. Umweltpolit. Sprecher d. CDU/CSU-Frakt.; Vors. d. Arbeitsgr. Umwelt, Naturschutz u. Reaktorsicherheit d. CDU/CSU-Frakt., u. d. Enquete-Kommiss. Vorsorge z. Schutz d. Erdatmosphäre; 12. Legislaturperiode: Parlam. Staatssekr.

SCHMIDBAUER, Bodo

Dr. rer. pol., Dipl.-Kfm., Hauptgeschäftsführer Groß- u. Außenhandelsverb. Baden-Württ., Geschäftsf. d. Gesellschaft z. Förderung d. Großhandels mbH, u. d. IHK Rhein-Neckar (Handel/ Betriebswirtsch.) - L 1, 2, 6800 Mannheim 1; priv.: Holzbauerstr. 29, 6830 Schwetzingen - Geb. 5. Jan. 1933.

SCHMIDBAUER, Ernst

Treuhänder Continentale Versicherungen a. G., München - Waisenhausstr. 72, 8000 München 19 - Geb. 11. Mai 1913 München - 1933-76 Stadtsparkasse München (1962 I. stv. Lt., 1970 Vorst. u. Vizepräs.).

SCHMIDBAUR, Hubert

Dr. rer. nat., Dipl.-Chem., o. Prof. f. Anorgan. u. Analyt. Chemie - Königsberger Str. 36, 8046 Garching - Geb. 31. Dez. 1934 Landsberg/Lech, kath., verh. s. 1962 m. Rose-Marie, geb. Fukas, 2 Kd. (Hans-Christian, Karolin) - Dipl.-Chem., Dr. rer. nat. Chemie 1960 Univ. München, Habil. 1964 Univ. Marburg - 1966-73 Prof. Univ. Würzburg (Dekan); 1979 TU München (Dekan). Ca. 400 wiss. Veröff. - A. Stock-Preis Ges. Dt. Chemiker; F. S. Kipping-Preis American Chemical Soc.; Dywer Medal, Univ. New South Wales, Sydney; Bailar Medal, Univ. of Illinois; Centenary Medal, Royal Soc. of Chemistry, London; Leibniz-Preis d. Dt. Forschungsgemeinsch.; Korr. Mitgl. Göttinger Akad. d. Wiss.; Mitgl. Leopoldina, Halle, Finnische Akad. d. Wiss., u. d. Senats d. Dt. Forsch.gemeinsch.; BVK I. Kl.

SCHMIDHÄUSER, Eberhard

Dr. jur., o. Prof. f. Straf- u. -prozeßrecht - Schulteßdamm 40, 2000 Hamburg 65 (T. 536 56 57) - Geb. 10. Okt. 1920 Stuttgart (Vater: Hermann S., Oberregierungsrat; Mutter: Hilde, geb. Schwab), verh. s. 1945 m. Elsbeth, geb. Hahn, 2 Töcht. (Konstanze, Agathe) - Stud. Rechtswiss. (n. Kriegsversehrung) Straßburg, Freiburg/Br., Tübingen (1942-45) - Richter LG Stuttgart (1950 Landgerichtsrat); 1955-59 Doz. Univ. Tübingen; s. 1959 Ord. Univ. Göttingen u. Hamburg (1963) - BV: Gesinnungsmerkmale im Strafrecht, 1958; V. Sinn d. Strafe, 1963, 2. A. 1971; Von d. zwei Rechtsordnungen im staatl. Gemeinwesen 1964; Vorsatzbegriff u. Begriffsjurisprudenz im Strafrecht, 1968; Strafrecht, Allg. Teil (Lehrb.), 1970, 2. A. 1975; Einf. in d. Strafrecht, 1972, 2. A. 1984; Strafrecht, Bes. Teil (Grundr.), 1980, 2. A. 1983; Strafrecht, Allg. Teil, Studienbuch, 1982, 2. A. 1984; Form u. Gehalt d. Strafgesetze, 1988; Vom Verbrechen z. Strafe: Albert Camus Der Fremde, 1992; Die actio libera in causa..., 1992.

SCHMIDHUBER, Heinrich

Sparkassendirektor, Bezirksrat, Bezirkstagsvizepräs. - Am Hochfeld 16, 8300 Ergolding (T. 0871 - 7 91 73) - Geb. 21. Febr. 1936 - CSU.

SCHMIDHUBER, Peter M.

Ass. jur., Dipl.-Volksw., Mitglied d. Kommission d. EG - Wiesengrund 1b, 8000 München 60 (T. 47 35 75) - Geb. 15. Dez. 1931 München (Vater: Jakob S., Steuerber.; Mutter: Anna, geb. Mandlmayr), kath., verw., T. Susanne - 1951-56 Stud. Rechtswiss. u. Volksw., 1. u. 2. Jurist. Staatsprüf. 1956 u. 60 - S. 1961 bayer. Staatsdst. (zuerst Finanz-, dann Wirtschafts- u. Verkehrsmin.; Ministerialrat a. D.). 1960-66 ehrenamtl. Stadtrat München; 1965-69 u. 1972-78 MdB (CDU/CSU-Fraktion) u. Rechtsanw.; 1978-87 MdL u. Bayer. Staatsmin. f. Bundesangelegenh. Funktionen: Präsidialmitgl. DGAP, Mitgl. Landesvorst. CSU, gf. Vors. Studienges. f. Mittelstandsfragen, Vors. Bund Dt. Föderalisten - 1982 Gr. BVK m. Stern; Bayer. VO - Liebh.: Gesch., Phil., Schach - Spr.: Engl., Franz.

SCHMIDKUNZ, Heinz

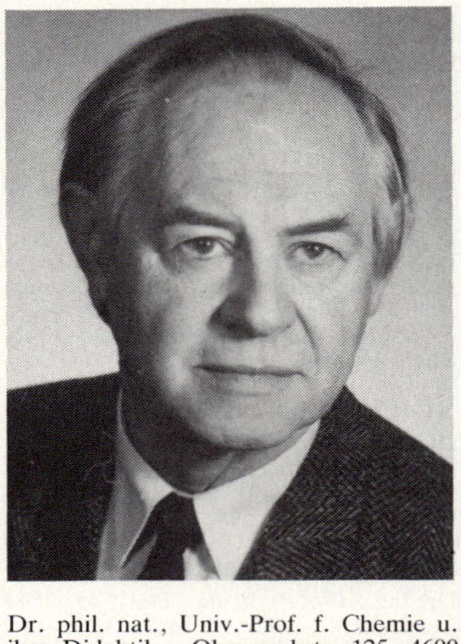

Dr. phil. nat., Univ.-Prof. f. Chemie u. ihre Didaktik - Obermarkstr. 125, 4600 Dortmund 30 (T. 48 48 46) - Geb. 3. Okt. 1929 Graslitz (Vater: Anton S., Kaufm.; Mutter: Gisela, geb. Stark), kath., verh. s. 1963 m. Lieselotte, geb. Steinbrück, T. Dorit - Realgymn. Idstein; Univ. Frankfurt (Chemie; Dipl.-Chem. 1959). Promot. 1963 Frankfurt - 1964 Studienrat im Hochschuldst. Univ. Frankfurt (Abt. f. Erziehungswiss.); 1966 o. Prof. Päd. Hochsch. Ruhr, s. 1980 Prof. (C4) Univ. Dortmund - BV: Lehrprogramm Biochemie, 1972, 4. A. 1980; Untersuchen, Messen, Ordnen - Sachkd. in d. Grundsch., 1972; D. forschendentwickelnde Unterr., 1975; Modellversuch-Fachoberschule-Ludwigshafen, 1979, Endber. 1981; Physik/Chemie ab 7, 1980; Chemie - Natur u. Technik, 1983/ 84; Tatort Chemie, Verbraucherlex., 1986. Herausg. Zeitschr. Naturwissensch. im Unterricht-Chemie - 1989 Heinrich-Roessler-Preis d. GDCh - Spr.: Engl.

SCHMIDLI, Werner

Schriftsteller - Hegenheimer Str. 195, CH-4055 Basel (Schweiz) - Geb. 30. Sept. 1939 Basel - BV/R.: Meinetwegen soll es doch schneien (1967), D. Schattenhaus (1969), Fundplätze (1974), Zellers Geflecht (1979), Ganz gewöhnl. Tage (1981); Warum werden Bäume im Alter schön (R. 1984); Erz.: D. Junge u. d. toten Fische (1966), D. Mann, d. Bier, die Uhr u. a. Gesch. (1968), Margots Leiden (1970), Gustavs Untaten (1976). Lyrik; Hörsp. - Div. Ausz., dar. Preis Schweiz. Schiller-Stiftg. (1968).

SCHMIDMER, Horst Eduard

Dipl.-Kaufm., Dipl.-Ing., Geschäftsführer u. Inhaber Noris-Tachometerwerk GmbH & Co., Dr. Graw Messgeräte GmbH & Co., Nürnberg - Priv.: Thorner Str. 10, 8500 Nürnberg; gesch.: Muggenhofer Str. 95 (T. 0911-3 20 10) - Geb. 4. Okt. 1932 Nürnberg (Vater: Dr. Ernst Sch., Ing.; Mutter: Franziska, geb. Probst), ev., verh. s. 1962 m. Tatjana, geb. Catoire, 3 S. (Christian, Florian, Michael) - Schulen München (Abit. 1952); Univ. Hamburg (Dipl.-Kfm. 1956), Ing. grad. 1960 Polytechn. Friedberg/Hess. - Spr.: Engl.

SCHMIDPETER, Alfred

Dr. rer. nat., Dipl.-Chem., Prof. f. Anorg. Chemie - Attersestr. 10, 8000 München 60 (T. 88 25 06) - Geb. 14. Dez. 1929 München (Vater: Michael Sch., Kaufm.; Mutter: Maria, geb. Hammerstingl), verh. s. 1956 m. Gerlinde, geb. Bayer, 3 Kd. (Stephan, Barbara, Gregor) - Univ. München (Chem.),

Promot. 1960, Habil. 1969 - 1961 Lecturer Univ. of Maryland, 1963 Konserv. Univ. München, 1970 Akad.-Dir., s. 1975 Prof. München - S. 1971 Mithrsg. Phosphorus, Sulfur and Silicon; s. 1989 Mithrsg. Heteroatom Chemistry. 200 Beitr. in chem. Fachztschr. - Spr.: Engl.

SCHMIDT, Adolf

Gewerkschaftsvorsitzender a. D., Präs. Intern. Bergarbeiterverb. (1971-84); MdB (Landesliste NRW 1972-86) - Blütenweg 5, 4630 Bochum 6 (T. 31 91 -1) - Geb. 18. April 1925 - 1969-85 Vors. IG Bergbau u. Energie. SPD.

SCHMIDT, Adolf

Bundesrichter - Ceciliengärten 35, 1000 Berlin 41 (T. 851 62 75) - Geb. 16. Mai 1911 - S. Jahren Bundesgerichtshof/Dienstst. Berlin (V. Strafsenat) - Rotarier.

SCHMIDT, Albert

Dr., Staatssekretär Bundesmin. f. Raumordnung, Bauwesen u. Städtebau - Deichmannsaure, 5300 Bonn-Bad Godesberg.

SCHMIDT, Alfred

Malermeister, Hess. Minister f. Wirtschaft u. Technik (1987-91), MdL Hessen (1974-87) - Wolfhagener Str. 283, 3500 Kassel (T. 88 27 76) - Geb. 4. Sept. 1938 - FDP.

SCHMIDT, Alfred

Dr. phil., Prof. - Parkstr. 5, 6000 Frankfurt 1 - Geb. 19. Mai 1931 Berlin, ev., gesch., S. Marcel - Stud. Gesch., Angl., klass. Philol., Phil., Soz. Univ. Frankfurt; Promot. 1960 ebd. - 1964-72 Lehrbeauftr. Akad. d. Arbeit, Frankfurt, s. 1965 Univ. Frankfurt (Lehrbeauftr., s. 1972 Prof. f. Soz.phil.). Mitgl. Dt. PEN-Zentrum - BV: D. Begr. d. Natur in d. Lehre von Marx, 2. A. 1971 (auch Ital., Engl., Jap.); Gesch. u. Struktur, 1971; Emanzipator. Sinnlichk., 1973; Zur Idee d. krit. Theorie, 1974; D. krit. Theorie als Gesch.phil., 1976; Drei Studien üb. Materialismus, 1977; Krit. Theorie/Humanismus/Aufklär., 1981; Goethes herrlich leuchtende Natur, 1984; D. Wahrheit im Gewande d. Lüge. Schopenhauers Religionsphil., 1986; Idee u. Weltwille. Schopenhauer als Kritiker Hegels, 1988 - 1989 Goethe-Plak. - Spr.: Engl., Franz.

SCHMIDT, Alois

Dr., Prof., Dozent f. Didaktik d. Erdkunde Päd. Hochsch. Bremen - Essener Str. 60, 2800 Bremen (T. 509 74 19) - Geb. 19. Jan. 1930 Bremen.

SCHMIDT, Andreas

Rechtsanwalt, Mitglied d. Bundestages - Leineweberstr. 72, 4330 Mülheim/Ruhr (T. 0208 - 3 13 23) - Geb. 4. Nov. 1956 Mülheim/R., verh. m. Gabriele, geb. Weiss - Abit. 1976; Stud. Rechtswiss. an d. Ruhr-Univ. Bochum; 1. u. 1985 2. jurist. Staatsprüf. - Rechtsanwalt; VR Sparkasse Mülheim/R. - 1974 Eintr. in d. CDU u. JU Mülheim/R.; 1982-85 Assist. d. CDU-Europa-Abg. Dr. O. Franz; 1984-89 Kreisvors. d. JU Mülheim/R.; 1986 Mitgl. im Landesvorst. JU NRW; 1989 Kreisvors. d. CDU Mülheim; Mitgl. im Aussch. f. wirtschaftl. Zusammenarb.; stv. Mitgl. im Rechtsaussch. u. im Unteraussch. Vereinte Nationen d. Auswärtigen Aussch. - Liebh.: Sport: Skifahren, Fußball, Tennis.

SCHMIDT, Annerose

Prof., Konzertpianistin - Fr.-Engels-Damm 131, O-1242 Bad Saarow (T. 033631 - 26 97) - Geb. 5. Okt. 1936 Wittenberg, ev., verh. s. 1969 m. Dr. Dieter Boeck, 4 Kd. (Birgit, Kirsten, Inger, Sixten) - Hochschulstud.; Staatsex. 1957 - S. März 1990 Rektorin Hochsch. f. Musik Berlin; Präs. d. EP-TA; Mitgl. d. Akad. d. Künste Berlin Ost; Intern. Konzerttätigk. - Intern. Festivals (Prager Frühling, Holland Festival, Flandern Festival, Warschauer Herbst, Berliner Festtage, Salzburger Festspiele, Musikbiennale Berlin); Jurorentätigk. intern. Wettbew. (Chopin-Wettbew., Tokyo, Europ. Klavier-Wettbew.) - Kunstpreise Leipzig, Zwickau, Frankfurt/O.; Liszt- u. Bartok-Med.; Nationalpr.; Kritikerpr. Biennale - Liebh: Lit., Bild. Kunst; Gartenpflege - Spr.: Engl., Russ.

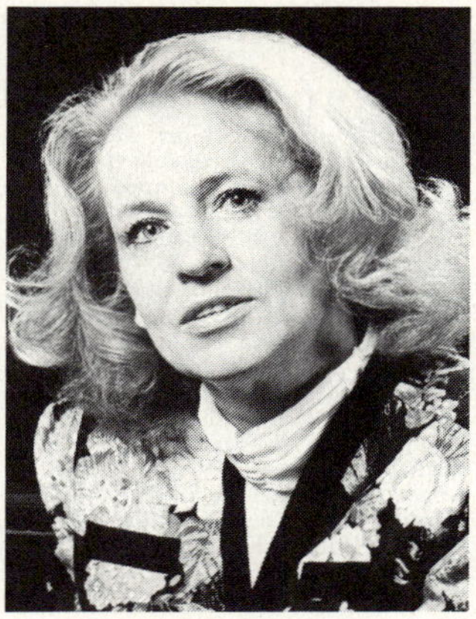

SCHMIDT, Bernhard

Dr.-Ing., Vorsitzender d. Geschäftsfg. Diehl GmbH & Co., Nürnberg - Panoramaweg 5, 7993 Kressbronn - Geb. 28. Sept. 1933 Oberursel/Ts., kath., verh. m. Renate, geb. Rudolf, 3 Kd. - TH Darmstadt (Maschinenbau; Promot.) - 1959-60 Dornier GmbH, Friedrichshafen; 1961-66 wiss. Assist. Lehrst. f. Mechanik TH Darmstadt; 1966-69 Dornier System GmbH, 1970 Geschäftsf., 1971 Vorst. Entw. Dornier GmbH, 1981-84 Vorst.-Sprecher; AR u. VR in div. dt. u. ausl. Gesellsch.; Mitgl. in div. nationalen u. intern. Gremien - Spr.: Engl., Franz.

SCHMIDT, Bernhard

Dr. med., o. Prof. f. Hygiene u. Med. Mikrobiol. (emerit.), Facharzt f. Labor.-diagnost.; Arbeitsmed. - Weidenweg 14, 7300 Esslingen/Sulzgries (T. 0711 - 37 47 17) - Geb. 20. Mai 1906 Magdeburg (Vater: Emil S., Druckereibes.; Mutter: Marie, geb. Klickermann), ev., verh. s. 1936 m. Erika, geb. Stiefelmayer, 2 Kd. (Gisela, Helmut) - Univ. Gießen (1925-27; Naturwiss., Chemie), München (1927-32; Med., Chemie), Greifswald (SS. 1928; Med., Chemie). Promot. 1932 München; Habil. 1939 Göttingen - 1940-53 Doz. Univ. Göttingen, Berlin (1941), Frankfurt/M. (1946; 1948 apl. Prof.); 1953-74 o. Prof. u. Dir. Inst. f. Hygiene u. Med. Mikrobiol. FU Berlin. Zahlr. Fachmitgliedsch. - BV: Hyg. Gesichtspunkte b. Bau u. b. d. Einricht. v. Krankenhäusern, 1958. Üb. 200 Einzelarb. Mithrsg.: Zbl. Bakt. Hyg., I. Abt. Orig. B (früh. Arch. f. Hygiene) - Korresp. Mitgl. Arzneimittelkommiss. dt. Ärzteschaft, Ehrenmitgl. Dt. Schädlingsbekämpfer-Verb., Arbeitsgem. f. pharmazeut. Verfahrenstechnik e. V. (A.P.V.), Dt. Veterinärmed. Ges.; 1978 Hygieia-Med.

SCHMIDT, Bernhard

Dipl.-Ing., Direktor i. R. - Partnachstr. 34, 8100 Garmisch-Partenkirchen/Obb. (T. 37 58) - Geb. 10. Jan. 1909 Garmisch - Tätigk. Engl., Berlin, Kolumbien (Leit. AEG-Niederlass.), Kriegsdst., s. 1947 all. Vorst. Bayer. Zugspitzbahn AG. (Ruhest. 1975), Geschäftsf. Hotelges. Schneefernerhaus GmbH. u. Karl Hans Terne & Co. oHG. Div. Ehrenstell. Initiator Eibsee-Seilbahn u. Alpspitz-Bahnen - Bayer. VO., 1975 Gr. BVK - Spr.: Engl., Franz. - Rotarier.

SCHMIDT, Bodo

Oberstudiendirektor, Sportdirektor Univ. Kiel - Olshausenstr. 40-60, 2300 Kiel (T. 0431-880-37 47) - Geb. 2. Mai 1935 Kassel, ev., verh. s. 1959 m. Ilse-Marie, geb. Recknagel, 3 Kd. (Uwe, Antje, Jan) - Stud. Polit. Wiss., Angl., Sport; 1. u. 2. Staatsex. - Lehrtätigk. Univ. Kiel. Vizepräs. Dt. Leichtathletikverb.; Präsid.-Mitgl. Dt. Sportbund; Vors. d. Führungs- u. Verwaltungsakad. Berlin d. DSB - Zahlr. Veröff. in Fachztschr. - Liebh.: Klass. Musik, Angeln.

SCHMIDT, Bruno

Steueramtmann a. D., Stuerbevollm., MdL Nieders. (s. 1967) - Ilmenaustr. 25, 3300 Braunschweig (T. 84 17 65) - Geb. 7. März 1924 Stettin, ev., verh., 1 Kd. - B. z. Einberuf. Finanzverw. Stettin; 1946-56 Polizeidst. Braunschweig; anschl. Finanzbeh. ebd. S. 1961 Ratsherr Braunschweig. CDU (Mitgl. Bundesfachaussch. Öfftl. Dienst).

SCHMIDT, Burghart

Dr. phil. habil., Prof. Univ. Hannover, Hochschule f. angew. Kunst Wien - Gogolgasse 33, A-1130 Wien - Geb. 30. Nov. 1942 Wildeshausen/Oldbg., verh. s. 1973 m. Ingrid Greisenegger - 1962-70 Stud. Biol., Chemie, Physik, dann Phil. u. Kunstgesch.; Promot. (Phil.) 1981 Tübingen; Habil. 1984 Hannover - 1985 Hon.-Prof. Univ. Hannover; Mitgl. d. Polytechnic Univ. New York; lehrende u. berat. Tätigk. f. d. Centre culturel Pompidou, d. Interuniv. for Postgraduate Studies Dubrovnik, d. Maison des sciences de l'homme, Paris. Präs. Ernst-Bloch-Ges. Ludwigshafen/Rh. - BV: Benjamin zur Einführung, 1983; D. Widerstandsargument in d. Erkenntnistheorie, 1985; Ernst Bloch, Samml. Metzler, Realien z. Lit., 1985; Postmoderne - Strategien d. Vergessens, (4. A.) 1986; Kritik d. reinen Utopie, 1988; Kunst in künstl. Zeit, 1993 - Georg Lukács-Archiv Budapest; Mitgl. fr. Akad. d. Künste Mannheim, GAV (Wien), AICA (Madrid), AISU (Rom) - Liebh.: Tiere zw. Haus u. Wildnis - Spr.: Engl., Franz., Griech., Latein.

SCHMIDT, Carl-Gottfried

Dr. med., Prof. u. Direktor Klinik f. Innere Medizin (Tumorforsch.) Klinikum Essen - Eichholzstr. 10a, 4320 Hattingen-Niederwenigern (T. 4 04 53) - S. 1961 (Habil.) Lehrtätigk. Univ. Münster u. Bochum. Führ. Mitarb. Standesorg., dar. 1967-79 Präs. Dt. Krebsges., 1970-85 Präs. Europ. Organisation f. d. Erforsch. d. Krebsbehandl. (EORTC; 1982-85), s. 1986 Präs. d. Intern. Union Against Cancer (UICC). S. 1976 Vors. Westd. Tumorzentrum, Essen, 1981-89 Vors. Arbeitsgem. Dt. Tumorzentren. Fachveröff. - 1974 Wilhelm-Warner-Preis; Mitgl. Akad. d. Wiss. NRW; Mitgl. Weltgesundheitsorg. (WHO); Honorary Prof. of Medical Oncology of the Chinese Acad., Peking; Ehrenmitgl. Helenische Ges. of Surgical Oncology; 1986 Johann Georg Zimmermann-Preis; 1987 Berufung in Eurocancer (Europ. Krebsliga); 1987 Carlo-Erba-Preis - Spr.: Engl. - Rotarier.

SCHMIDT, Claus

Dipl.-Volksw., Vorstandsmitglied Westfalenbank AG, Bochum/Düsseldorf - Huestr. 21-25, 4630 Bochum - Geb. 27. Aug. 1934 Essen - Vorst.-Mitgl. Bankenvereinig. NRW, Köln, u. Dt. Shakespeare Ges. West, Bochum; AR Westf. Hypothekenbank AG, Dortmund, u. VBW Bauen u. Wohnen GmbH, Bochum; stv. AR-Vors. Dorstener Maschinenfabrik AG, Dorsten; Präsid.-Mitgl. Kurat. d. Dt. Groß- u. Außenhandels, Bonn.

SCHMIDT, Dietmar N.

Dr. phil., Publizist, Fernseh-Autor u. Regiss., Kulturmanager, Mitgl. Dt. Akad. d. Darstell. Künste (1981ff.) - Kohlstr. 33, 5600 Wuppertal 1 - 1975-79 Leitg. u. Chefdramaturg d.Ruhrfestspiele, 1980/81 Schauspieldir. Kasseler Staatstheater. 1983.85 Künstler. Leit. d. Würzburger Festsp.; s. 1989 Geschäftsf. d. Sekr. f. gemeinsame Kulturarbeit in Nordrh.-Westf. - FS-Filme (ARD/ZDF): Kunst als Beruf (1973), Helden u. Liebhaber/Diener u. Spaßmacher (1978), D. Form ist d. Botsch. (1982), Unser Theater heute - u. morgen? (1983); Kein Bock auf Mozart?; Wenn Maler Szenen machen (1984); Werktreue?; Hauptstadt verpflichtet: Kultur in Bonn; Minetti. Lear; Geschichte, e. Greuelmärchen (alle 1985); Antikes Theater; Nathan. Shylock; Oper u. Film (1986); Spielarten d. Komödie, Büchner heute (1987); Mythos Nibelungen, D. verlorene Paradies, Werkstatt Bayreuth (1988); Zeitstücke, Modest Mussorgsky, D. Opfern e. Gedächtnis: Rolf Hochhuth (1989); Theatertreff (1989-92); Modellfall Musiktheater, N. d. Katastrophe: Oper in Frankfurt, Marianne v. Werefkin, Tell heute, Lear heute (alle 1990), Antoni Dvorak, Oper off, Liebe, Tod u. Leidenschaft (1992/92). Herausg.: Kulturztschr. Erste; D. Theater v. Alvar Aalto in Essen (1988); Regie: Luc Bondy (1990).

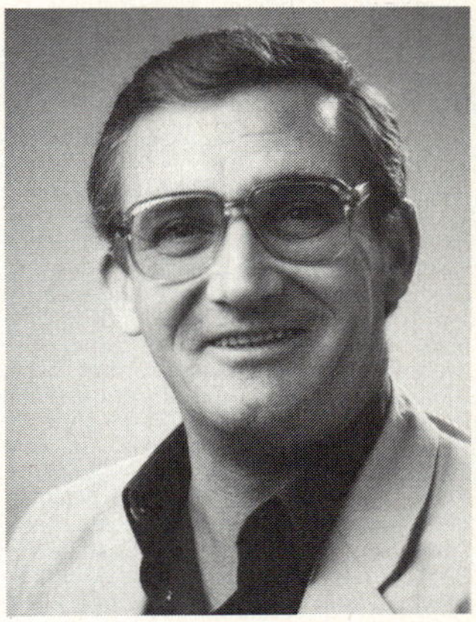

SCHMIDT, Doris

Dr. phil., Kunstkritikerin, Kunsthistorikerin - Zu erreichen üb. Sendlinger Str. 80, 8000 München 2 (T. 089 - 2 18 30) - Geb. 5. Sept. 1918 Malitzschkendorf, Kr. Schweinitz (Vater: Martin S., Pfarrer; Mutter: Elisabeth, geb. Brodführer), ev. - Univ. Frankfurt, Gießen u. Heidelberg (Kunstgesch., Archäol., Sprachen). Promot. 1958 Heidelberg - Langj. Mitarb. FAZ; s. 1961 Kritikerin Südd. Ztg.; Arb. in Museen (Städelsches Kunstinst. Frankfurt; Volont. Staatl. Bayer. Mus.; Assist. Städt. Kunsthalle Mannheim) - BV: Marshall-Brunnen v. Toni Stadler, 1965; Toni Stadler, Skulpturen, 1972; Charles Crodel (Tageb.), 1974; D. Städelschule n. 1945; in: Städelsch. Frankfurt a. M., 1982; Kunst im Kanzleramt (Mitarb.), 1982; Bildende Kunst, in: D. Bundesrep. Dtschld., Bd. 3, Kultur, 1983 u. 89; Dokumentation zu Leben u. Werk, Katalog Max Beckmann-Retrospekt. München/Berlin/USA 1984/85, 1985. Herausg.: Briefe an Günther Franke (1970); Max Beckmann, Frühe Tagebücher 1903/04, 1912/13 (1985). Übers.: A. M. Lindbergh, D. Erde leuchtet (1970); Antoni Tapies: Praxis d. Kunst, (1976); Kenneth Clark, Civilization (13 Filme ZDF, 1969/70); Mathilde Q. Beckmann, Mein Leben m. Max Beckmann, 1983; ZDF Reihe Zeugen d. Jhs.: Werner Haftmann (1983), Max Bill (1983) - 1980 Mitgl. AICA, ICOM, DRV.-Literaturpreis DAI; 1984 Wormland-Preis - Spr.: Engl., Franz., Span.

SCHMIDT, Eberhard

Dr., Prof. f. Politikwiss. Univ. Oldenburg (s. 1974) - Herderstr. 48, 2800 Bremen (T. 0421 - 7 73 05) - Geb. 26. Juni 1939 Berlin (Vater: Dipl.-Kfm. Erich S.; Mutter: Gerda, geb. Buller) - Stud. d. Gesch. Politikwiss., Soz., Phil., German. Univ. Bonn, Tübingen, Frankfurt, Marburg - 1966-70 Presseref. Vorst. IG Metall, 1970-72 Pressesprecher Bundesvorst. d. Jungsozialisten, 1973/74 Prof. f. Politikwiss. Univ. Marburg, Vors. Vereinigung f. ökol. Wirtschaftsforschung (VÖW) - BV: D. verhinderte Neuordnung 1945-52, 1970; Ordnungsfaktor oder Gegenmacht, D. polit. Rolle d. Gewerksch., 1971. Mithrsg.: Kritische Gewerkschaftsjahrb. (1972ff.); div. Arbeiten zu: Umweltpolitik u. industrielle Beziehungen (1985ff.).

SCHMIDT, Eberhard

Dr., Univ.-Prof. f. Biologie u. ihre Didaktik, FB 9 Univ. Essen - FB 9 Universität GHS, Postfach 10 37 64, 4300 Essen 1; priv.: Coesfelder Str. 230, 4408 Dülmen - Geb. 30. Juli 1935 Gardelegen (Vater: Rudolf S., Wirtsch.prüf.; Mutter: Eleonore, geb. Richardt), ev., verh. s. 1963 m. Ute, geb. Jürgens, 3 Kd. (Roland, Regine, Reinhard) - Stud. Betriebswirtsch. TU Berlin, Vordipl. 1956, Biol., Math., Geogr. FU Berlin u. Kiel; Promot. 1963 ebd. - 1970-78 Prof. f. Biologie (Schwerp. Zoologie) u. ihre Didaktik. PH Flensburg; 1978-90 o. Prof. f. Biol. u. ihre Didaktik Univ. Bonn; s. 1990 Univ.-GH Essen. Fachmitgl.sch. Spezialistengr. Odonaten SSC/IUCN - BV: Ökosystem See, 1974, 4. A. 1983 - Liebh.: Naturfotogr. - Spr.: Engl. - Rotarier.

SCHMIDT, Ekkehard

Ingenieur u. Betriebswirt, Mitgl. Abgeordnetenhaus v. Berlin (s. 1979) - Alt-Pichelsdorf 15, 1000 Berlin 20 - Geb. 26. Mai 1942 Berlin, verh. - Stabsabt. Firma Schindler-Aufzüge-Fabrik GmbH, Deutschland; Mitgl. VDI; Mitgl. Union-Hilfswerkes. CDU.

SCHMIDT, Elard Roland

Betriebswirt, Bankkaufm., gf. Gesellsch. E. Schmidt & Partner Wirtschaftstreuhand u. Berat. GmbH u. E. Schmidt & Partner Datenverarb.-GmbH München - Thierschstr. 25, 8000 München 22 - Geb. 1. Okt. 1950, verh. s. 1981 m. Barbara, geb. Müller - Nach Stud. Betriebsw. u. Bankkaufm. Kreditpr. b. dt. Großbank; Weiterbildung b. OFD München; dann 10 J. in RA-Kanzlei. Dozent f. Rechnungswesen u. Steuerrecht; fr., unabh. Sachverst. f. Unternehmensbewertung u. betriebsw.schaftl. Analysen; Präs. S & P Intern. Inc., Miami, USA; Mitgl. BDU Bonn, Fachverb. Unternehmenssteuerung + Controlling, Exportclub München, IFB Inst. f. angew. Betriebswirtsch. Nürnberg - Inh. WB-Kanzlei E. Schmidt München; Vizepräs. Bundesverb. d. Wirtsch.berat. Köln; VR-Mitgl. E. Schmidt & Partner Wirtsch.treuhand AG Schweiz - Liebh.: Pferdesport, Golf u. Jachting.

SCHMIDT, Elisabeth

Mitglied d. Abgeordnetenhauses v. Berlin - Manteuffelstr. 58, 1000 Berlin 36 (T. 030 - 612 13 50) - Geb. 14. April 1938 Breslau, ledig, S. Niels-Bruno - Buchhdl.lehre in Winsen/Luhe; berufsbegleit. Ausb. z. Erzieherin 1968 Berlin; 1973 Weiterqualifikat. z. Päd. Mitarb. in Sondersch. f. Geistigbehind. Kinder - Liebh.: Bücher, Mode, Antiquitäten. (Modeschmuck Scarlatti n. eig. Entwürfen) - Spr.: Engl.

SCHMIDT, Ellen,

geb. Konrad

Dr. med., apl. Prof. f. experimentelle Hepatologie - Pregelweg 4, 3004 Isernhagen NB 2 (T. Hannover 73 35 33) - Geb. 16. Febr. 1924 Freiburg/Br., verh. s. 1952 m. Prof. Dr. med. Friedrich Werner S. (s. dort), 3 Kd. (Alexander, Georg, Daniela) - S. 1967 (Habil. Klin. Chem.) Hochschuldoz. u. Prof. Med. Hochsch. Hannover, 1977-79 Rektorin. Div. Facharb.

SCHMIDT, Erich

Dr. med., Prof. f. Chirurgie, Chefarzt Chir./Gefäßchir. Juliusspital, Würzburg (s. 1987) - Steinbachtal 39a, 8700 Würzburg (T. 0931-7 53 70) - Geb. 3. Dez. 1943 Würzburg (Vater: Fritz Sch., Kaufm.; Mutter: Gabriele, geb. Bienen), kath., verh. s. 1968 m. Adelhild, geb. Breider, 2 Kd. (Berthold, Susanne) - Mitgl.: Societas Internationalis Universitaria Chirurgorum Colonis et Recti, Collegium Internationale Chirurgiae Digestivae, Société Internationale de Chirurgie - Erf.: Schließmuskelersatz aus glatter Muskulatur. Ca. 250 Publ. - 1980 v. Langenbeckpreis Dt. Ges. f. Chir.

SCHMIDT, Erich

Dr. rer. pol., Prof. f. Marktlehre u. Agrarpolitik Univ. Hannover (s. 1991) - An der Rase 8, 3405 Rosdorf 1 (T. 0551 - 78 11 15) - Geb. 11. Juni 1941 Preetz/Holst., ev., verh. s. 1971 m. Christine, geb. Graff, 2 Kd. (Eike, Wibke) - Bankkaufm. 1963 Kiel; 1963-64 Stud. (VWL) Kiel, 1964-67 (BWL) Hamburg; Dipl.-Kfm. 1967; Promot. 1972 Hamburg - 1968-83 wiss. Mitarb. Inst. f. landwirtschaftl. Marktforschung FAL Braunschweig (s. 1980 wiss. Dir.); 1983-91 Prof. f. landwirtschaftl. Marktlehre Univ. Göttingen - BV: Dynamische Analyse u. kurzfristige Prognose d. Nachfrage n. einzelnen Verbrauchsgütern, 1972; Quantitative Analyse d. Nachfrage nach Rindfleisch in d. Bundesrep. Deutschl. 1960-74; Landbauforschung Völkenrode, Sh. 30, 1975; Milcherzeugnis-Nachfrage unter veränderten Marktbedingungen, 1985. Zahlr. Art. üb. allg. u. spez. Agrarmarktfragen - Spr.: Engl., Franz.

SCHMIDT, Ernst Heinrich

Dr. rer. pol., Dipl.-Kfm., Prof. f. Betriebswirtschaftslehre Univ. Essen GH, Ingenieur - Hühnerbergweg 3 F, 3500 Kassel-Harleshausen (T. 0561-6 23 48) - Geb. 22. März 1926 Döbeln/Sachs. (Vater: Richard Sch., Beamter; Mutter: Dora, geb. Hofmann), verh. s. 1954 m. Sigrid Sch., 2 S. (Heino, Peter) - Obersch. Döbeln (Abit. 1944); Elektrowickler 1949, Elektroing. Berlin 1952, Dipl.-Kfm. FU Berlin 1963 - Stv. Vors. Stud.reformkommiss. Wirtsch.wiss. NRW - BV: D. Automation in organisationstheor. Betrachtung, 1966.

SCHMIDT, Ernst-Georg

Geschäftsführer, Mitgl. Brem. Bürgerschaft (1979) - Westerdeich 35/36, 2800 Bremen 10 - Geb. 8. Juli 1924 Bremen, ev., verh. - Volkssch.; 1940-42 kaufm. Lehre Schiffsmakler u. Seehafenspedition; 1942-45 Kriegsdst. - S. 1945 Barmer Ersatzkasse Bremen (1957 Abteilungsleit., 1961 stv., 1963 Bezirksgf.). FDP s. 1969.

SCHMIDT, Erwin

Dipl.-Handelslehrer, Bürgermeister Gemeinde Schöneck - Lessingstr. 20, 6369 Schöneck 1 - Geb. 19. Mai 1942 Kilianstädten, ev., verh. s. 1970, 2 Kd. - Banklehre, Univ. Frankfurt - S. 1970 Bürgerm.

SCHMIDT, Felix

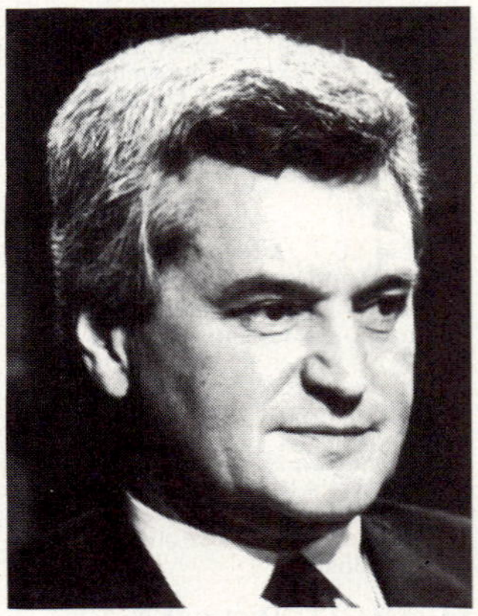

Geschäftsführer TELE BREMEN Fernsehproduktions GmbH - Schlachte 10-11, 2800 Bremen 1; priv: Nährden 19, 2161 Hollern - Geb. 19. April 1934 Ettenheim, verh., 4 Kd. (Bastien, Sylvaine, Benedikt, Pauline) - Redakt. b. versch. Ztg., Ressortleit. Feuilleton Spiegel, Chefredakt. Welt am Sonntag, Stern u. HÖRZU. Fernsehdir. Südwestfunk - BV: D. Chanson - D. Gesch. d. franz. Chansons s. 800 n. Chr., 1968; Musikerportraits - Impressionen aus d. Werkstätten v. Komponisten u. Interpreten, 1984. Herausg.: Tamtam, Dialoge u. Monologe z. Musik v. Mauricio Kagel.

SCHMIDT, Ferdinand

Dr. med., em. Prof. Univ. Heidelberg, vorm. Leiter Forschungsstelle f. präventive Onkologie - Am Hinterberg 3, 6916 Wilhelmsfeld (T. 06220 - 86 94) - Geb. 25. Dez. 1923, verh., 4 Kd. - Med.-Stud. Univ. Greifswald; Ex. 1951; Promot. 1952 Univ. Berlin, Habil. 1960 Berlin - S. 1972 a. o. Prof. Univ. Heidelberg; Leit. Forschungsst. f. präventive Onkol.; Ehrenvors. Ärztl. Arbeitskr. Rauchen u. Gesundh.; Mitgl. Sachverständigenbeirat Tobacco or Health d. WHO - Entd.: Myelose-Virus d. Maus - BV: Krebs, Virus u. Induktor, 1960; Grundl. d. kybernet. Evolution - e. neue Evolutionstheorie, 1985, ca. 400 Publ. in wiss. Ztschr. - 1977 BVK am Bd., 1979 BVK.

SCHMIDT, Frank

Dr., Vorstandsmitglied Erdölbevorratungsverb./KdÖR, Hamburg, Hauptgeschäftsf. Mineralölwirtschaftsverb. ebd. - Ahornallee 28, 2000 Norderstedt 3 - Geb. 31. Jan. 1937.

SCHMIDT, Friedrich-Werner

Dr. med., Prof., Leiter Abt. f. Gastroenterologie u. Hepatologie Med. Hochsch. Hannover (s. 1965) - Pregelweg 4, 3004 Isernhagen NB 2 (T. Hannover 73 35 33) - Geb. 28. Jan. 1926 Dresden (Vater: Anton S., Kaufmann; Mutter: Olga, geb. Wiehl), kath., verh. s. 1952 m. Prof. Dr. med. Ellen, geb. Konrad (s. dort), 3 Kd. (Alexander, Georg, Daniela) - Staatsgymn. Dresden; Univ. Halle (Med.), Med. Akad. Düsseldorf, Univ. Mainz (Chemie). Med. Staatsex. 1952 Düsseldorf; Habil. 1963 Marburg - 1954 ff. Assistenz- u. Oberarzt. Spez. Arbeitsgeb.: Klin. Enzymologie u. exper. Hepatologie - BV: Enzym-Fibel, 1966 (auch engl. u. span.); Enzymes in Serum, 1967 (engl., auch span.); Prakt. Enzymologie (Symposium), 1968; Atlas d. Leberkrankheiten, 1974. Üb. 100 Einzelarb. - 1964 Homburg-Preis - Liebh.: Malerei - Spr.: Engl.

SCHMIDT, Georg

Dr. med., Prof. f. Gerichtl. Medizin - Blütenweg Nr. 65, 6905 Schriesheim (T. 06203 - 6 25 20) - Geb. 19. Jan. 1923 Ochsenfurt (Vater: Hans S., Oberzollinsp.; Mutter: Friederike, geb. Ueberreiter), verh. 1954 m. Elisabeth, geb. Ostermeyer, 3 Kd. (Monika, Bernhard, Barbara) - Promot. 1947 Tübingen; Habil. 1957 Erlangen - S. 1957 Lehrtätigk. Univ. Erlangen bzw. -Nürnberg (1963 apl. Prof.), Tübingen (1964 o. Prof. u. Inst.dir.), Heidelberg (1968 o. Prof. u. Inst.dir.). 1981/82 Prorektor Univ. Heidelberg. Div. Fachmitgliedsch. Zahlr. Einzelarb. - Spr.: Engl., Franz. - Rotarier.

SCHMIDT, Georg-Winfried

Dr. med., em. Univ.-Prof., Kinderarzt - Karl-Keller-Str. 13, 6300 Gießen (T. 5 72 00) - Geb. 2. Febr. 1917 Königsberg/Pr. (Vater: Dr. med. Erwin S.; Mutter: Maria, geb. Jacoby), ev., verh. s. 1942 m. Cornelia, geb. Conrad, 3 Kd. - Gymn. Insterburg; Univ. Königsberg, München, Freiburg/Br. Promot. 1942; Habil. 1957 - S. 1957 Lehrtätigk. Univ. Gießen (1963 Prof., 1973 H3-Prof., 1980 Ruhestand), 1936-38 Reichsarbeitsdienst u. Wehrpflicht; 1941-47 Kriegseinsatz (zuletzt Stabsarzt d. R.) u. -gefangenschaft. Spez.Arbeitsgeb.: Aminosäuren u. Eiweißstoffw., parenterale Ernährung d. Kindes - BV: Leitf. d. Säuglings- u. Kinderheilkd., 1953, 5. A. 1981; Pädiatrie - Klinik u. Praxis, 1975 (span. Übers. 1979). Mitautor: Diagnost. u. Therapie f. d. Praxis, 5. A. 1984; Bindegewebsmassage, 11. A. 1982; Arzneitherapie, 14. A. 1981. Üb. 150 Einzelarbeiten - EK I; Silb. Verwundeten- u. Infanterie-Sturmabz.; Gold. Ehrenz. Insterburger Landsmannsch. Ostpr. u. DLRG Verkehrswacht - Liebh.: Briefmarken, Aquaristik - Spr.: Engl., Ital. - DLRG-Lehrschein - Bek. Vorf.: Georg Friedrich Händel u. Wilhelm Hauff.

SCHMIDT, Gerd R.

Dr.-Ing., Vorstandsmitglied d. MAN AG - Ungererstr. 69, 8000 München 40 - Geb. 20. März 1939 Augsburg.

SCHMIDT, Gerhard

Dipl.-Ing., Prof. f. Massivbau - Mannheimer Str. 106, 6750 Kaiserslautern/Pf. (T. 0631 - 4 21 82) - Geb. 10. Mai 1922 Kaiserslautern (Vater: Prof. Friedrich S.; Mutter: Gretel, geb. Kuhn), ev., verw. - 1946-49 TH Karlsruhe (Bauing.wesen) - 1950-55 Berat. Ing.; 1956-71 Doz., Abt.-leit. u. stv. Dir. e. Ing.sch.; 1971-84 Prof. FH Rhld.-Pf., Kaiserslautern (1976ff. Dekan Fachber. Bauing.wesen). Div. Facharb.

SCHMIDT, Gerhard

Dr. jur., Rechtsanwalt u. Notar - Achenbachhang 11, 4300 Essen 1 (T. 0201 - 73 28 89) - Geb. 4. Mai 1919 Halle/S. (Vater: Franz Sch., Kaufm.; Mutter: Frida, geb. Winter), ev., verh. s. 1947 m. Addy-Ingeborg, geb. Wurtz, S. Jochen - Stud. Rechts- u. Wirtschaftswiss. Univ. Halle, Leipzig u. Lausanne (Promot.) - AR-Vors.: Ratinger Maschinenfabr. u. Eisengieß. GmbH, Ratingen-Ost, Wilhelm Karmann GmbH, Osnabrück; versch. AR-Mitgliedsch. u. Beiratsmand., Stiftungsrat World Economic Forum, Genf; Vors. Stiftg. Westfalen u. Friedrich Spee Stiftg. - Spr.: Engl., Franz.

SCHMIDT, Gerhart

Dr. phil., em. o. Prof. f. Philosophie - Steinacker 42, 5300 Bonn 3 (T. 48 16 41) - Geb. 3. Juni 1925 Lörrach/Baden (Vater: Alfred S., Kaufm.; Mutter: Anna, geb. Stürzinger), verh. 1974 m. Christine, geb. Westphal, T. Isabel - Univ. Basel (1946), Freiburg (1948), Lyon (1949). Promot. (1951) u. Habil. (1959) Freiburg - S. 1960 Lehrtätigk. Univ. Freiburg/Br. (1965 apl. Prof.) Bonn (1972 Ord.) - BV: Prädikation u. Apophansis, 1952; V. Wesen d. Aussage, 1956; Hegel in Nürnbg. - Unters. z. Problem d. phil. Propädeutik, 1960; Aufklärung u. Metaphysik - D. Neubegr. d. Wissens durch Descartes, 1965; Subjektivität u. Sein - Zur Ontologizität d. Ich, 1979 (jap. 1989); Razón y Experiencia, 1982; Platons Vernunftkritik, 1985. Herausg.: Ludwig Feuerbach - Grundsätze d. Phil./Krit. Ausg. (1967); D. Aktualit. d. Transzendentalphilosophie (1977). Übers.: Descartes' Meditationen, 2. A. 1986; D. Suche nach Wahrheit durch d. natürl. Licht, 1989; Festschr. m. Bibliogr. „Bewußtsein und Zeitlichkeit" (Hg. Busche, Heffernau, Lohmar, 1990) - Spr.: Franz.

SCHMIDT, Gernot

Install.- u. Heizungsbaumeister, Geschäftsf., Präsident d. Handwerkskammer Lüneburg-Stade (s. 1991) - Braunschweiger Heerstr. 13, 3100 Celle (T. 05141 - 2 20 52) - Geb. 18. März 1940 Celle, ev., verh. s. 1968 m. Bärbel, geb. Rätz, 2 Söhne (Arne, Lars) - BUFA Karlsruhe - Liebh.: Segeln - Spr.: Engl.

SCHMIDT, Giselher

Dipl.-Politologe, Schriftsteller, Journalist - Eisenstr. 96, 5000 Köln 90 (T. 02203 - 1 27 85) - Geb. 24. Mai 1937 Limburg/L., kath., gesch. - Abit.; Stud. Polit. Wiss., Staatsrecht, Phil. u. Gesch. Frankfurt/M., Bonn, Berlin - Div. Positionen im öfftl. Dienst, in d. Erwachsenenbildg. u. im Pressewesen - Verf. v. Features üb. innenpolit., zeitgeschichtl. u. musikal. Themen f. elektronische u. Print-Medien - BV: Hitlers u. Maos Söhne - NPD u. Neue Linke, 1969; D. ABC d. Radikalen, 1969; Politik als Heilslehre - Z. Idee d. Totalitarismus, 1970; Spartakus - Rosa Luxemburg u. Karl Liebknecht, 1971; Demontage d. Freiheit, 1976; D. Grünen - Porträt e. alternativen Partei, 1986; Rosa Luxemburg - Sozialistin zw. Ost u. West, 1988 - Liebh.: Klass. Musik, schöngeistige Li-

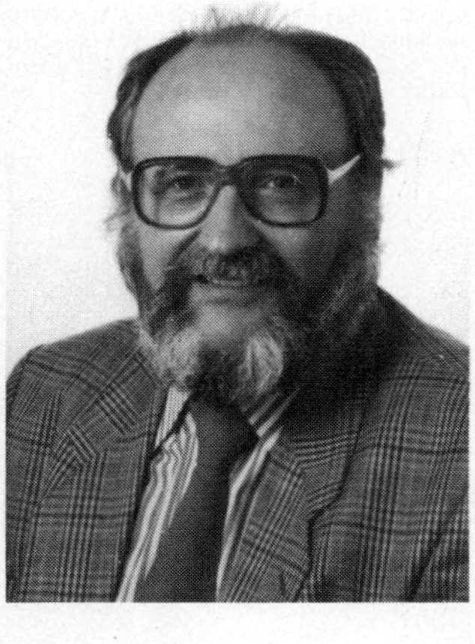

teratur, Reisen - Spr.: Engl., Franz., Span.

SCHMIDT, Günter Rudolf

Dr., Prof. f. prakt. Theol. Univ. Erlangen - Schinnererstr. 11, 8520 Erlangen (T. 09131 - 4 17 93) - Geb. 22. April 1935 Hanau/M., ev., verh. s. 1965 m. Dr. med. Barbara, geb. Eule, 3 Kd. - Stud. Neuphilol., Theol. u. Päd. - 1969-74 Univ. Hamburg; 1974-82 Hochsch. Lüneburg; s. 1982 Univ. Erlangen (Inst. f. Prakt. Theol.) - BV: D. theol. Propädeutik auf d. gymnasialen Oberstufe, 1969; Autorität in d. Erzieh., 1975; Beiträge z. Religionspäd. u. Päd. in Sammelbd. u. Ztschr. - Spr.: Engl., Franz., Span., Ital.

SCHMIDT, Günther

Dipl.-Volksw., Vorstandsmitglied Volksbank Hamburg Ost-West eG, Hamburg (s. 1970) - 2071 Rotenbek Bez. Hamburg - Geb. 26. Febr. 1922 - U. a. Geschäftsf. Kreditkasse f. Hausinstandsetz. GmbH, Hamburg.

SCHMIDT, Gunther

Dr. rer. nat., Dr. rer. nat. habil., Prof. f. Informatik Univ. d. Bundeswehr - Titurelstr. 9/II, 8000 München 81 - Geb. 28. Nov. 1939 Rüdersdorf, ev., verh. s. 1966 m. Natalia, geb. Kulick, 2 Kd. (Tatjana, Alexander) - 1957-62 Stud. Math. u. Physik (Dipl.-Math. 1962, Promot. 1966), Habil. f. Informatik 1978 - 1980-87 Prof. TU München - BV: Relationen u. Graphen (m. Ströhlein), 1989; Herausg.: M. Broy, G. Schmidt (Eds.): Theoretical Foundations of Programming Methodology (1982); G. Tinhofer, G. Schmidt (Eds.): Graph-Theoretic Concepts in Computer Science (1987); G. Schmidt, R. Berghammer (Eds.): Lecture Notes in Computer Science Bd. 570 (1992) - Spr.: Engl.

SCHMIDT, Gustav F.

Dr. phil., Prof. f. Intern. Politik Ruhr-Univ. Bochum - Am Ossenbrink 2a, 5804 Herdecke - Geb. 22. Nov. 1938 Berlin (Vater: Gustav Sch., Baukfm.; Mutter: Lieselotte, geb. Rennemann), verh. s. 1971 m. Heide-Irene, geb. Windschiegl, 3 Töcht. (Sandra, Sabine, Sonja) - Schule Berlin; FU Berlin (1957-63), St. Antony's College, Oxford (1961/62) - Mitgl. Arbeitskr. Dt. Englandforsch., Verein z. Förd. d. Britisch-Dt. Historikerkreises e.V. - BV: Dt. Historismus u. d. Überg. z. parlament. Demokr., (Diss.) 1964; Engl. in d. Krise, 1981; D. europ. Imperialismus, 1985. Herausg.: Großbritannien u. Europa - Großbritannien in Europa (1989) - Liebh.: Bergsteigen - Spr.: Engl., Franz.

SCHMIDT, Hannelore,

geb. Glaser

Lehrerin, Gründerin Stiftg. z. Schutz gefährdeter Pflanzen (s. 1976) - (Ps. Loki Schmidt) - Zu erreichen üb. Bundeshaus, 5300 Bonn - Geb. 3. März 1919 Hamburg (Vater: Hermann Glaser, Elektriker; Mutter: Gertrud, geb. Martens), ev., verh. s. 1942 m. Helmut Schmidt, Bundeskanzler a. D., T. Susanne - Abit. 1937; b. 1940 Stud. (2. Lehrerprüf. f. Volks- u. Realschule 1955) - 1940-72 Lehrerin an Volks- u. Realschule - BV: Schützt d. Natur, 1979 - Entwirft Teller (bisher 12 f. Fa. Rosenthal) - 1982 Alexander-v.-Humboldt-Med. in Gold - Liebh.: Biol. (Botanik u. Zool.); Archäol., Musik, Malerei - 1977, 1978 u. 1979 Gold. Sportabz.

SCHMIDT, Hannes

Dr. phil., Prof., Publizist - Berliner Ring 40, 5300 Bonn 2-Bad Godesberg (T. 37 39 88) - Geb. 28. Okt. 1909 Hamm/W. (Vater: Emil S., Postamtm.; Mutter: Emma, geb. Rosenthal), ev., verh. s. 1939 m. Ilse, geb. Jansen, 2 Kd. (Antje, Florian) - Promot. 1938 - 1938-40 Berliner Lokal-Anzeiger, n. 1945 Journ. Rhein. Merkur, 1948-51 Ressortleit. D. Welt (Essen), 1951-53 Redakt. Werk u. Zeit, 1954-55 Chefredakt. Filmwoche, 1955-56 Theaterkritiker Frankfurter Rundschau, 1956-58 Presseref. Dt. Forschungsgem., gegenw. Theaterkrit. u. Kulturpolitiker Neue Ruhr Ztg./Neue Rhein Ztg. (NRZ). emerit. Doz. Fachhochsch. Dortmund - Monographie: Herm Dienz (1979) - Spr.: Franz., Engl.

SCHMIDT, Hanns-Dietrich

Prof. f. Dramaturgie an d. Folkwang-Hochsch. Essen - Georg-Baur-Ring 14, 4300 Essen 1 (T. 0201 - 41 35 04) - Geb. 1. Sept. 1955 Düsseldorf, ledig - B. 1979 Stud. Theaterwiss., Kunstgesch. u. Phil. Univ. Köln - 1975-78 Dramaturgie- u. Regiemitarb. Schauspiel Köln; 1978-79 Dramat. Schauspiel Köln; 1979-85 Dramat. Württ. Staatstheater Stuttgart; 1985-89 Chefdramaturg Schauspiel Essen; Gastdramaturgien in Berlin, Frankfurt, Düsseldorf, Bremen - BV: F. Schiller, Demetrius Text u. Dok., 1984. Herausg.: Norodon Sihanouk, König v. Kambodscha (1988); D. Ilias d. Homer (1989). Mithrsg.: D. Welt d. D. C. v. Lohenstein (1979) - Spr.: Engl.

SCHMIDT, Hans

Dr. phil., Prof. f. Neuere Geschichte - Tulpenstr. 15, 8011 Aschheim (T. 089-903 25 86) - Geb. 15. Nov. 1930 Ludwigshafen (Vater: Ernst Sch., Dipl.-Kfm., Untern.; Mutter: Felicitas, geb. Meder), kath., verh. s. 1963 m. Uta, geb. Brück - Obersch. Grünstadt; Univ. München, Freiburg, Paris, Promot. 1960, Habil. 1970 München - 1961/62 Stip. röm. Inst. Görresges., 1962-67 wiss. Assist., 1970 Priv.doz., dann Prof. Univ. München - BV: Kurfürst Karl Philipp v. d. Pfalz als Reichsfürst, 1963; Philipp Wilh. v. Pfalz-Néuburg als Gestalt d. dt. u. europ. Gesch. d. 17. Jh., Bd. I, 1973 - 1959 Fak.preis d. Phil. Fak. Univ. München - Liebh.: Musik, Malerei, Lit., Schach - Spr.: Engl., Franz.

SCHMIDT, Hans

Dr. rer. nat., em. o. Prof. f. Astronomie - Wachsbleiche Nr. 5, 5300 Bonn - Geb. 14. Juli 1920 Remscheid, ev., verh. s. 1943 m. Ilse, geb. Renkhoff, 3 Söhne (Wilfried, Wolfram, Christoph) - 1939-42 Univ. Jena u. Bonn (Physik). Promot. (1942) u. Habil. (1951) Bonn - S. 1945 Univ. Bonn (1951 Privatdoz., 1958 apl. Prof., 1964 Wiss. Rat u. Prof., 1966 o. Prof. u. Dir. Sternwarte), emerit. 1985. Spez. Arbeitsgeb.: Photometrie, Stellarstatistik, Bedeckungsveränderliche. Mitgl. Astronom. Ges., Intern. Astronomical Union, Dt. Physikal. Ges. Fachveröff.

SCHMIDT, Hans Dieter

Schriftsteller, Fachberat. Oberschulamt Stuttgart - Am Reinhardshof 51, 6980 Wertheim (T. 09342 - 41 70) - Geb. 29. Sept. 1930 Adelsheim, verh. m. Brigitte, geb. Schleier, 3 Töcht. (Susanne, Corinna, Constanze) - Abit.; Univ.stud. Fachgeb. German., Gesch., Angl., Phil. - 1963-81 Leit. VHS Wertheim; s. 1971 Gymnasialprof. (Fachber. Oberschulamt Stuttgart) - BV: Möglichkeiten, Ged. 1971; Schattenveränderung, Ged. 1972; Probezeit, Erz. 1975; D. kurze Sommer d. Hans Beheim, Theaterst. 1976; Keine Insel f. Robinson, Ged. 1977; E. Bildnis d. Luise E., Erz. 1978; Gesichter d. Ferne, Prosa 1980; Melusine u. schwarze Wasser, Prosa 1980; D. schönen Fluß hinunter, Prosa 1983; Wege in Franken, Ged. 1985; Schöne Tage hierzulande, Erz. 1987; Zauberlandschaften, Ged. 1988; Vom Gras lernen, Ged. (DDR) 1989; D. kurze Sommer d. Pfeiferhannes, Drama 1989; ...muß in Dichters Landes gehen (m. Carlheinz Gräter), Ess. 1989; Fränk. Tagebuch, 1990 - 1973 Förderpr. f. Kurzgesch.; 1979 Dauthendey Med.; 1980 Kulturpr. v. Wertheim; 1982 BVK.

SCHMIDT, Hansheinrich

Oberlehrer a. D., MdB (1961-83) - In der Knackenau 19, 8022 Grünwald - Geb. 6. Sept. 1922 Leipzig (Vater: Paul S., Amtsgerichtspräs.; Mutter: Margarete, geb. Clasen), ev., verh. s. 1944 m. Ilse, geb. Recher, 3 Kd. (Evelyn, Carmen, Marion) - Gymn. Dresden (Abit.); Lehrerausbild. Staatsex. 1949 u. 51 - 1941-45 Wehrdst. (schwerverwundet) u. Gefangensch.; 1951-60 Lehrer u. Oberlehrer (1960) Kempten. FDP s. 1955 (1957 Kreisvors. Kempten, 1958 stv., 1970 Bezirksvors. Schwaben, 1964 Mitgl. Landesvorst. Bayern, z. Z. Beratungsbüro, s. 1971 Mitgl. d. Europarates - Gold. Ehrenz. Dt. Gewerbeverb. (1965) u. Bund Dt. Kriegsopfer (1966); 1970 Bayer. VO., 1972 BVK I. Kl., 1976 Gr. BVK, 1982 Stern dazu; 1982 Gold. Ehrenz. d. Dt. Handwerks - Spr.: Engl., Franz.

SCHMIDT, Hans-Martin

Dr. jur., Verleger, gf. Gesellsch. Verlag Dr. Otto Schmidt KG. u. Centrale f. GmbH Dr. Otto Schmidt, Köln, Vors. Arbeitsgem. rechts- u. staatswiss. Verleger - Morbacher Str. 53, 5000 Köln 41 - Geb. 4. Aug. 1929.

SCHMIDT, Hans-Wolfgang

Vorsitzender Richter a. Bundesgerichtshof (s. 1974) - Herrenstr. 45a, 7500 Karlsruhe - Geb. 2. Jan. 1920 - Zul. 1967-68 Landgerichtsdir. Lübeck. Zahlr. jurist. Veröff.

SCHMIDT, Harald

Kabarettist u. TV-Moderator - Zu erreichen üb. Theater- u. Konzertbüro, Kettwiger Str. 20, 4300 Essen 1 - Geb. 18. Aug. 1957 Neu-Ulm, kath., ledig - Staatl. Hochsch. f. Musik u. Darst. Kunst 1978-91 Stuttgart - 1981-84 Städt. Bühnen Augsburg; 1984-89 Düsseldorfer Kom(m)ödchen - 1989 Telestar-Förderpreis; 1992 Grimme-Preis.

SCHMIDT, Hartmut

Dr. rer. oec., o. Prof., geschäftsf. Direktor Inst. f. Geld- u. Kapitalverkehr Univ. Hamburg - Von-Melle-Park 5, 2000 Hamburg 13 (T. 040 - 41 23 36 70) - Geb. 27. Okt. 1941, ev., S. Luis - Promot. 1969 Saarbrücken - S. 1981 Vorst.-Mitgl. d. Hanseatischen Wertpapierbörse Hamburg u. s. 1989 d. Deutschen Terminbörse - BV: Börsenorganisation z. Schutze d. Anleger, 1970; Vorteile u. Nachteile e. integrierten Zirkulationsmarktes f. Wertpapiere gegenüb. e. gespaltenen Effektenmarkt, 1977 (auch Engl. u. Franz.); Bank- u. Börsenwesen, Bd. 1: Struktur u. Leistungsangebot (m. M. Schurig u. J. Welcker), 1981; Special Stock Market Segments for Small Company Shares: Capital Raising Mechanism and Exit Route for Investors in New Technol. Based Firms, 1984; Offene Märkte f. Beteiligungskapital: USA, Großbrit., Bundesrep. Deutschl. (m. H. Giersch), 1986; Wertpapierbörsen: Strukturprinzip, Organisation, Kassa- u. Terminmärkte, 1988.

SCHMIDT, Heinz

Dr. theol., Prof. f. prakt. Theologie (ev.) Univ. Münster, Pfarrer - Im Birkenbusch 5 A, 4400 Münster - Geb. 8. Juni 1943 Heidelberg, ev., verh. s. 1976 m. Hannelore - Univ. Heidelberg (1. theol. Ex. 1968, 2. Ex. 1970, Promot. 1976); Habil. 1983 Univ. Frankfurt - 1970-75 Pfarrer u. Religionslehrer; 1976-79 Doz. Päd.-Theol. Zentrum Stuttgart; 1979 Prof. Univ. Frankfurt; 1988 Univ. Münster - BV: 28 Unterrichtseinh. 5/6 Schulj., 1976; Religionspäd. Rekonstrukt., 1977; 27 Unterrichtseinh. 7/8 Schulj., 1978; Kursb. Relig. 7/8 u. 9/10, 1979; 33 Unterrichtseinh. 9/10 Schulj., 1980; Religionsdidakt., Bd. I, 1982, Bd. II 1984; Didaktik d. Ethikunterr., Bd. I 1983, Bd. II 1984; ethik 9/10 u. 11, 1986/90 - Liebh.: Archäol., Kunstgesch. - Spr.: Ital., Engl.

SCHMIDT, Heinz

Dr. med., Prof., Abteilungsvorsteher Physiolog. Inst. I Univ. Saarbrücken - Klinikum, 6650 Homburg/Saar (T. 1 61); priv.: Cappelallee 25 (T. 51 68) - Geb. 18. März 1929 Großbundenbach/Pfalz - S. 1964 (Habil.) Lehrtätigk. Univ. Saarbrücken (1968 Abt.svorst., 1969 Prof.). Fachaufs.

SCHMIDT, Heinz

Dipl.-Wirtschaftsing., Geschäftsführer Fachvereinig. Phosphorsaure Salze - Karlstr. 21, 6000 Frankfurt/M. 1 - Geb. 6. Dez. 1933.

SCHMIDT, Heinz Ulrich

Dr. rer. nat., o. Prof. f. Organ. Chemie - Pfaffenwaldring 55, 7000 Stuttgart 80 - Geb. 24. Mai 1924 Woldenberg (Vater: Dr. Albert S.; Mutter: Charlotte, geb. Vahl), ev., verh. s. 1963 m. Brita, geb. Stehle, 3 Kd. (Bettina, Corinna, Wolfram) - Gymn.; Univ. Berlin, Greifswald, Halle, Freiburg (Chemie). Promot. u. Habil. Freiburg - S. 1958 Lehrtätigk. Univ. Freiburg (1964 apl. Prof.), Wien (1967 o. Prof. u. Inst.svorst.) u. Stuttgart (1977 o. Prof.). Mitgl. Österr. Akad. d. Wiss. u. Dt. Akad. d. Naturforscher (Leopoldina).

SCHMIDT, Heinz-Günther

Dr. med., Prof., berat. Arzt Siemens AG, Berlin - Badenallee 12/13, 1000 Berlin 19 (T. 304 63 09) - Geb. 21. Sept. 1922 Düsseldorf (Vater: Hellmut S., Kaufm. Direktor; Mutter: Edith, geb. Ziegler), ev., gesch., T. Maria-Christina (geb. 1956) - Gymn. Chemnitz, Hamburg, Berlin; Stud. Med. Berlin u. Hamburg, Betriebsw. Berlin. Promot. 1947 Berlin (Humboldt-Univ.); Habil. 1962 Berlin (TU) - S. 1949 Arztpraxis. S. 1962 Privatdoz. u. apl. Prof. (1967) TU Berlin (Arbeitssicherheit u. -med.), 1980 Lehrbeauftr. FU Berlin f. Allgemeinmed. Mitarb. div. Facheinricht. (z. T. Vors.), Konsul a. h. d. Rep. Niger, s. 1991 auch f. d. neuen 5 Bundesländer. Mitgl. u. Vors. zahlr. Gremien im FNErg. u. d. ISO. Üb. 100 Fachveröff., dar. Bücher - 1972 BVK I. Kl.; 1980 Hartmann-Bund Thieding-Plak. - Liebh.: Kunst, Kulturgeschichte, Phil., Reitsport - Spr.: Engl. - Bek. Vorf.: Küchler, hess. Finanzmin. (vor 1914); Prof. Auler, Krebsforscher.

SCHMIDT, Helmut

Dr. rer. nat., o. Prof. f. Physik u. ihre Didaktik Univ. Köln - Am Pleisbach 28, 5205 St. Augustin 1 (T. 02241-33 42 73) - Geb. 24. Jan. 1940 Rossdorf/Schl. (Vater: Karl Sch.; Mutter: Frieda, geb. Zopf), ev., verh. s. 1965 m. Magdalene, geb. Treichel, T. Ariane - 1959-64 Univ. Hannover u. Saarbrücken (Phys.), Dipl. 1964, Promot. TH Braunschweig 1967 - 1967-71 Ind.-Entw., 1971-74 Univ. Frankfurt, 1974-89 o. Prof. Bonn (PH Rheinl./Abt. Bonn b. 80, s. 80 Univ. Bonn); s. 1989 Univ. Köln. 1980-84 1. Vors. d. Ges. f. Didaktik d. Chemie u. Physik (GDCP) - Div. Veröff. z. Fachdidaktik Physik. BV: z. schulischen Behandlung mod. physik. Technol. sowie z. computergestützten Meßwerterfassung. Herausg.: Ztschr. D. math. u. naturwiss. Unterricht (MNU) - Spr.: Engl.

SCHMIDT, Helmut

Dr. theol., Pfarrer, theol. Leit. Ev. Fachsem. - Diakonissenstr. 28, 7500 Karlsruhe 51 - Geb. 28. Febr. 1935 Berlin (Vater: Dr. jur. Heinz S., Senatspräs. i.R.; Mutter: Elsbeth, geb. Niederstein), ev., verh. s. 1970 m. Hannelore, geb. Neumann, 2 Kd. (Thomas, Michael) - Human. Gymn.; Stud. Theol. Promot.

Zürich - Zul. Akad.dir. Ev. Akademie Hofgeismar - Spr.: Engl.

SCHMIDT, Helmut
Dr. med., Prof., Abteilungsvorsteher Patholog.-Anatom. Inst. Univ. Erlangen-Nürnberg - Lampertsbühl 5, 8520 Erlangen (T. 3 51 24) - Geb. 26. Okt. 1920 Ebersdorf/Ofr. (Vater: Karl S., Lehrer; verh. s. 1968 m. Gertrud, geb. Laudel, 2 Kd. - Univ. Erlangen. Promot. (1953) u. Habil. (1963) Erlangen - S. 1963 Lehrtätigk. Univ. Erlangen - Nürnberg (1969 apl. Prof. f. Neuropathol.). Facharb.

SCHMIDT, Helmut

Drs. h.c., Dipl.-Volksw., Bundeskanzler a.D. (1974-1982), Verleger u. Mitherausg. Wochenztg. D. Zeit (1983ff.) - Bundeshaus, 5300 Bonn 1 - Geb. 23. Dez. 1918 Hamburg (Vater: Gustav S., Studienrat † (1981 92j.); Mutter: Ludovica, geb. Koch †), ev., verh. s. 1942 m. Hannelore (Loki), geb. Glaser (Lehrerin), T. Dr. Susanne - Lichtwark-Sch. u. Univ. Hamburg (1945-49; Staatswiss., Volksw.) - 1937-45 Wehrmacht (zul. Olt. d. R. u. Batteriechef); 1949-53 Abt.leit. Senatsverw. f. Wirtsch. u. Verkehr Hamburg; 1961-65 Innensenator Hamburg; 1969-72 Bundesverteidigungsmin.; 1972 (Juli-Dez.) Bundeswirtschafts- u. finanzmin.; 1972-74 Bundesfinanzmin.; 1974-82 Bundeskanzler. 1953-62 u. 1965-87 MdB (1965-66 stv., 1966-67 amt., 1967-69 Fraktionsvors.). 1983ff. Verleger u. Mithrsg. Wochenztg. D. Zeit (Hamburg). SPD s. 1946 (1968-83 stv. Parteivors.) - BV: Wegweiser durch d. Verkehrsw., 1953 (m. W. Leifermann); Verteidigung oder Vergeltung? - E. dt. Beitrag z. strateg. Problem d. NATO, 1961, 5. A. 1969 (auch engl.); Beiträge, 1967; Strategie d. Gleichgewichts - Dt. Friedenspolitik u. Weltmächte, 1969 (auch engl.); Bundestagsreden, 1971; Auf d. Fundament d. Godesberger Progr., 1973; Bundestagsreden u. Zeitdokumente, 1975; Kontinuität u. Konzentration, 2. A. 1976; Als Christ in d. polit. Entscheidung, 1976; Deutschland 1976 - Zwei Sozialdemokraten im Gespräch (m. Willy Brandt); Der Kurs heißt Frieden, 1979; Pflicht zur Menschlichkeit, 1981; Freiheit verantworten, 1983; Weltwirtschaft ist unser Schicksal, 1983; E. Strategie f. d. Westen, 1985 (auch engl.); Vom dt. Stolz. Bekenntnisse z. Erfahrung v. Kunst, 1987; Menschen u. Mächte, 1987; D. Deutschen u. ihre Nachbarn, 1990 - Ehrendoktorwürde: Oxford/Engl., Cambridge/Engl. (4), Sorbonne/Frankr., Harvard/USA, Newberry College South Carolina/USA, Johns-Hopkins-Univ. Baltimore/USA, fläm. Univ. in Löwen; Temple Univ. Philadelphia/USA, Chūng-Hsing-Univ. Taipei; 1971 Orden Wider d. tier. Ernst Aachener Karnevalsverein; 1983 Ehrenbürger Hamburg u. Bonn; 1983 Senator Max-Planck-Ges.; Ehrenmitgl. Aspen-Inst. Berlin; Ehrenvors. e. Wirtschaftsforschungsinst. in Tokio - Liebh.: Barocke Klaviermusik, Orgelspiel, Schach, Malen, Segeln - Spr.: Engl. - Fernsehen/ARD: Einige Tage im Leben d. H. S. (1970); H. S. u. d. Rest d. Welt - D. Exkanzler unterwegs (ZDF, 16. Jan. 1984) - Lit.: Sibylle Krause-Bürger, H.S. - Aus der Nähe gesehen (1982); Klaus Bölling - D. letzten 30 Tage im Bundeskanzleramt (1982); Benjamin Caw, Helmut Schmidt (1985); Jonathan Carr, Helmut Schmidt (1985).

SCHMIDT, Helmut

Dr., Dipl.-Kfm., Dipl.-Volksw., Wirtschaftsprüfer, Steuerber., Rechtsbeistand - Hessenring 12, 6050 Offenbach am Main - Geb. 22. Okt. 1931 Offenbach am Main, ev., verh. s. 1962 m. Kauffrau Gisela, geb. Klein, 2 Töcht. (Cornelia, Claudia) - Stud. Univ. Frankfurt; Ex. 1956 u. 57; Promot. (Dr. rer. pol.) 1958 Frankfurt - S. 1957 selbst. Steuerber., später auch Wirtschaftsprüfer; Geschäftsf. e. Treuhandges.; Mitinitiator u. Hauptgesellsch. in d. GEVAB-Gruppe, welche u. a. mehrere Kliniken betreibt (ca. 500 Mitarb.) - BV: D. Bedeutung d. Kapitalerhaltungstheorie f. d. Steuerbilanz, 1958 - 1973 BVK am Bde. f. intern. Begegnungen; zahlr. andere Ehrenämter - Liebh.: Philatelie - Spr.: Engl., Franz.

SCHMIDT, Helmut F. M.
Dr. med. dent., Prof. f. Zahnheilkunde - Georg-Voigt-Str. 3, 3550 Marburg/L.; priv.: Zur Klause 22, 3550 Marburg - Geb. 2. April 1929 Zuckmantel (Vater: Dr. jur. Oskar S., Amtsgerichtsrat; Mutter: Marta, geb. Seipel), ev., verh. s. 1958 m. Irmgard, geb. Jäger, 2 T. (Gudrun, Karin) - Stud. Zahnheilkd. Promot. 1959; Habil. 1968 - U. a. Leit. Funktionsber. Kinderzahnheilkd. Univ. ZMKklinik Marburg - BV: Grundriß d. Kinderzahnheilkd., 1979 - Entwickl. e. Methode d. Vorbeug. gegen Zahnkaries durch fluoridhalt. Lack.

SCHMIDT, Helmut G.
Journalist, Chefredakteur SPD-Pressedienste - Burg Kirchsahr b. Bonn (T. 02643 - 72 74) - Geb. 21. Sept. 1940 Weiden/Opf. (Vater: Hanns Sch., Rektor; Mutter: Erna, geb. Hornauer, Lehrerin), verh. s. 1965, 2 Kd. (Alessandra, Christian Carlo) - Mittl. Reife, kfm. Lehre, Redakt.volont. - Redakt. b. versch. Tagesztg. u. Ztschr., Öffil.arb. u. Pressearb. f. d. SPD-Vorst., s. 1977 Chefredakt., s. 1983 auch Geschäftsf. d. SPD-Pressedienste u. Parlament. Polit. Pressedienste. Herausg.: Kopfgeld (1988); Veranst. v. zeitgeschichtl. Dokumentationen; 40 J. Presse ohne Fesseln (1985); Kopfgeld - 40 J. Deutsche Mark (1988); 1949-1989 - 40 J. BRD in d. Karikatur (1989).

SCHMIDT, Herbert
I. Bürgermeister Stadt Selbitz - Rathaus, 8677 Selbitz/Ofr. - Geb. 17. Nov. 1929 Selbitz - Zul. Prokurist.

SCHMIDT, Herbert
Dipl.-Volksw., Geschäftsführer betatechnik Ges. f. Filmbearbeitung mbH, Unitel Film-u. Fernseh-Produktions-GmbH & Co, Iduna Film GmbH, Produktions-GmbH & Co., alle Unterföhring - Scharnitzer Str. 10, 8032 Gräfelfing/Obb. (T. München 85 22 18) - Geb. 12. Jan. 1930.

SCHMIDT, Hermann
Dr. med., Prof., Chefarzt i. R. Strahlendiagnost. Abt. Allg. Krankenhaus Altona (Hamburg) - Bohnenbergerstr. 10, 7400 Tübingen (T. 6 69 65) - Geb. 8. April 1922 Hagen/W. (Vater: Walter S., Ing.; Mutter: Elisabeth, geb. Schüssler). verh. 1946 m. Helene, geb. Aust - Promot. (1945) u. Habil. (1958) Tübingen - S. 1958 Lehrtätigk. Tübingen (1965 apl. Prof. f. Med. Strahlenkd.) u. Hamburg (1969) - BV: D. okzipitale Dysplasie, 1960; Röntgentomographischanatom. Atlas, 1970 (auch engl., jap., span.); Programmierte radiol. Bef., 1976; Motilität d. oberen Harnwege, 1978; Grenzen d. Normalen u. Anfänge d. Pathol. im Röntgenbild d. Skeletts, 1989. Einzelarb.

SCHMIDT, Hermann
Dr. phil., o. Prof. f. Mathematik u. Astronomie (emerit.) - Bremenweg 4, 8700 Würzburg - Geb. 22. Juli 1902 Merkendorf/Mfr. (Vater: Ferdinand S., Pfarrer; Mutter: Anna, geb. Düring), ev., verh. s. 1930 m. Edith Handke †, 4 Kd. (Gerlinde †, Volkmar, Irmtraut, Burkhard) - Gymn., Univ. u. TH. Promot. 1927 München, Habil. 1931 Jena - S. 1931 Univ. Jena (1937 n. b. ao. Prof.), TH Braunschweig (1947), Univ. Würzburg (1951 Ord., Vorst. Math. u. Astronom. Inst. m. Sternwarte). Arbeitsgeb.: Spez. Funktionen, Differentialgleich., Reihen, Zahlenth. Ca. 70 Fachveröff. - 1965 o. Mitgl. Bayer. Akad. d. Wiss. - Liebh.: Musik - Spr.: Engl.

SCHMIDT, Hermann
Dr. rer. pol., Präsident Bundesinstitut f. Berufsbildung - Fehrbelliner Pl. 3, 1000 Berlin 31; u. Friesdorfer Str. 151-53, 5300 Bonn - Geb. 28. Dez. 1932 Stud. Wirtschaftswiss. u. Berufspäd. Univ. Köln; Stud.aufenth. in Holl., Ital., Jugosl. u. USA - Berufsschullehrer; Dir. e. Berufs- u. Fachobersch. in Köln; Referatsleit. Kultusmin. in Düsseldorf; b. 1977 Min.dirigent im Bundesmin. f. Bildung u. Wiss.

SCHMIDT, Hermann Josef
Dr. phil., Prof. f. Philosophie Univ. Dortmund - Bonkampstr. 15, 5805 Breckerfeld - Geb. 5. Mai 1939 Köln - Promot. (Phil.) 1968 Freiburg; Habil. 1976. 1980 apl. Prof. PH Ruhr, 1983 Prof. Univ. Dortmund - BV: Nietzsche u. Sokrates, 1969; Phil. als Problem. 1977; Nietzsche absconditus od. Spurenlesen bei N. Kindheit, 1991.

SCHMIDT, Hugo-Wolfram
Prof., Direktor Rhein. Musikschule (Konservat.), Köln (1963-69) - Osnabrücker Str. 4, 5000 Köln-Weidenpesch (T. 74 10 50) - Geb. 9. Okt. 1903 Eddersheim/M. (Vater: Paul Joseph S., Hauptlehrer; Mutter: Johanna, geb. Ehry), kath., verh. s 1933 m. Helene, geb. Beel - Gymn. Höchst/M.; Dr. Hoch's Konservat. Frankfurt (Klavier, Orgel, Kompos.); Univ. ebd. (Musikwiss., German.); Musikhochsch. Köln; Akad. f. Kirchen- u. Schulmusik Berlin - 1930-58 höh. Schuldst. Köln (1957 Oberstudienrat; Fachberat. f. Musik u. Leit. städt. Jugend- u. Schulmusikwerk; ab 1935 zugl. Doz. Musikhochsch. ebd.; Wehrdst.; fr. Mitarb. WDR (s. 1957 üb. 200 Hausmusikstd.); s. 1957 Lektor Musikverlag Gerig, Köln; 1958-62 Leit. Abt. Schulmusik Musikhochsch. Frankfurt/M. 1966 Gründer Musikgymn. d. Stadt Köln (Denkschr. 1965). Kompos.: Chöre, Lieder, Kantaten - BV: D. ästhet. Verhalten als Grundl. d. Musikerzieh., 1948; D. Gesch. d. Orgelkompos., 1949; D. psych. Grundl. d. Musikerzieh., 1962; Spielb. f. allerlei Instrumente, 1962; Aufbruch d. Jungen Musik - V. Weber b. Stockhausen, 1970 (m. Helmut Kirchmeyer); Carl Orff - S. Leben u. s. Werk, 1971. Herausg.: D. Neue Reihe (üb. 100 Chor-, Orch- u. Kammermusikw.); Mithrsg.: Garbe - Musikkd. v. d. Antike b. z. Gegenw. (3 Bde. 1942), Musikal. Handwerkslehre (1952), Musikal. Gestaltenlehre (1956), Almanach d. Hausmusik (1958), Musikbüchlein f. jedermann (1960) - Liebh.: Bilder - Spr.: Engl., Franz.

SCHMIDT, Ingo

Dr. rer. pol., Prof. f. Volkswirtschaftslehre Univ. Hohenheim, Senatsrat a. D. - Danneckerstr. 28, 7000 Stuttgart 1 (T. 0711 - 24 25 41) - Geb. 30. Mai 1932 Breslau (Vater: Dr. Lothar Sch., Chemiker; Mutter: Emmy, geb. Jaersch), ev., verh. s. 1959 m. Dr. Hilde-Lore, geb. Fischer, 2 Kd. (Cornelia, Felix) - Dipl.-Volksw. u. Promot. 1958 u. 1961 FU Berlin; Habil. 1972 Univ. Bochum - 1958-62 wiss. Assist. FU Berlin; 1962-73 Ref. Bundeskartellamt; 1973-77 Abt.-Leit. b. Senator f. Wirtsch. Berlin; s. 1977 o. Prof. Univ. Stuttgart-Hohenheim - BV: Auswirk. d. Rentenreform auf d. Stabilität d. Geldwertes, 1961; US-amerik. u. dt. Wettb.politik gegenüber Marktmacht, 1973; D. Verwendbark. v. Konz.maßen in d. Europ. Wettb.politik, 1983; D. Chicago School of Antitrust Analysis, 1986; A Critical Evaluation of the Chicago School of Antitrust Analysis, 1989; Wettb.-politik u. Kartellrecht, 3. A. 1990 - Spr.: Engl., Franz., Latein.

SCHMIDT, Jochen

Schauspieler, Regisseur, Dozent Bühnenstudio d. darstellenden Künste Hamburg (Regie u. Schauspiel) - Julius-Vosseler-Str. 41 B, 2000 Hamburg 54 (T. 040 - 560 34 25) - Geb. 2. April 1928 Leipzig, verh. s. 1974 m. Renée Sch.-Roux - Abit.; 1946/47 Schauspielstud. Leipzig - 1961-68 Engagement Thalia-Theater Hamburg; s. 1970 fr. Regiss. u. Schausp. am Theater (u.a. Hamburger Kammerspiele, Ernst-Deutsch-Theater) u. Hörf. (NDR). 1984-86 Oberspielleit., 1987 Int. Festspiele Bad Hersfeld - Insz.: Orpheus in d. Unterwelt (Münster 1969); D. Entführung aus d. Serail (Freiburg 1970); D. Parasit (Bad Hersfeld 1987); Gold. Jahre (Europ. Erstauff. Hamburg 1987). Hauptrollen: Moebius (Hamburg 1974); Striese (Hannover

1982, Essen 1985); Feldprediger (Bad Hersfeld 1986) - Liebh.: Sächs. Dialekt.

SCHMIDT, Jörg

Dr. phil., Prof. f. Geschichte Univ. Bremen - Gartenweg 3, 2802 Ottersberg - Geb. 1943 - Promot. 1971 Univ. München - 1971-74 Assist. f. Neuere Gesch. Univ. München; 1974 Prof. Univ. Bremen (Histor.-sozialwiss. Curriculum) - BV: Historiograph. Ansatz F. Braudels u. d. Krise d. Geschichtswiss., 1971; Stud. d. Gesch., 1975; Mod. Vernunft u. unmod. Leben?, 1986.

SCHMIDT, Johann

Dr. jur., Präsident Bayer. Verwaltungsgerichtshof i.R. (1974-87) - 8035 Gauting - Geb. 28. Dez. 1922 Trossingen (Vater: Johann S., Kaufm.; Mutter: Maria, geb. Bärwigg), kath., verh. s. 1951 m. Ingeborg, geb. Keppner †, in 2. Ehe s. 1991 verh. m. Dr. med. Ingeborg Schindele-Sch., geb. Böhringer, 3 Söhne aus 1. Ehe (Christian, Johannes, Friedrich) - Gr. jurist. Staatsprüf. - 1951-56 Bayer. Finanzmin. (zul. Oberreg.rat), 1956-61 Oberstaatsanw., 1961-66 Richter Bundesverw.gericht, 1967/68 Senatspräs., 1968-74 Vizepräs., 1974-87 Präs. Bayer. Verw.gerichtshof. S. 1967 Mitgl. u. 1974-87 stv. Präs. Bayer. Verfass.gerichtshof - 1978 Bayer. VO.; 1987 Gr. BVK.

SCHMIDT, Johann-Karl

Dr. phil., Museumsdirektor Galerie d. Stadt Stuttgart - Schloßpl. 2, 7000 Stuttgart (T. 0711 - 216 21 88) - Geb. 15. Jan. 1942 Braunschweig, verh. m. Ingrid, geb. Huttenlauch, 3 Kd. (Wendelin, Anna, Eva) - Univ. Braunschweig, Freiburg, Wien, Florenz, München; Promot. 1969 Univ. München - 1970/71 Assist. Wallraf-Richartz-Museum Köln, 1972-78 Museum d. Stadt Ulm; 1978-86 Kustos Hess. Landesmuseum Darmstadt; s. 1986 Dir. Galerie d. Stadt Stuttgart. 1988 Gastprof. Hochsch. d. Künste Berlin - BV: Tiefe Blicke - Kunst d. 80er Jahre, 1985.

SCHMIDT, Johann Michael

Dr. theol., Univ.-Prof. f. Ev. Theologie u. ihre Didaktik (Bibelwiss.) Univ. Köln - Thomas-Mann-Str. 13, 4005 Meerbusch 2.

SCHMIDT, Johanna

Dr. phil., Prof., Direktorin Inst. f. Kultur- u. Heimatkunde Berlin - Lupsteiner Weg 54a, 1000 Berlin 37; Guajara Apart. 213, Puerto de la Cruz/Teneriffa (Spanien) - Geb. 7. Aug. 1909 Leipzig (Vater: Fritz S., Beamter; Mutter: Alice, geb. Fiedler), ev., led. - Gymn. Leipzig; Univ. Berlin, Greifswald, Freiburg/Br., München (Spr., Gesch., Geogr., Phil.). Promot. 1932 - 1933 Mitarb. Pauly-Wissowa Realenzyklopädie f. klass. Altertumswiss. (haupts. Topogr. d. Mittelmeerländer); 1940 Lektorin u. Assist. Univ. Greifswald; 1943 Wiss. Mitarb. u. Assist. Univ. Berlin; 1946 Doz. Schulwiss. Inst. Leipzig; 1948 Leit. Forschungsstelle f. Stadt- u. Kulturgesch. ebd.; 1953 Doz. Päd. Hochsch. Berlin; 1955 wie oben. Wiederh. berufl. Schädigung aus polit. Gründen - BV: u. a. Minucius Felix od. Tertullian?, 1932; Maß u. Harmonie, 1934; Hl. Berge Griechenl. in alter u. neuer Zeit, 1939; Ethos, 1941; Heimat u. Kultur, 1955; Patriotismus u. Humanismus, 1961; Limes Romanus u. Limes Sorabicus, 1962; Normatives Europa, 1963; Dtschl. u. Europa, 1964; D. dt.-poln. Siedlungsproblem, 1966; Idealismus, Materialismus, Humanismus, 1967; Per aspera ad astra, Memoiren 1969. Herausg.: Kultur- u. Heimatstud. - Spr.: Lat., Griech. (auch Neugriech.), Franz., Engl., Ital., Russ., Span.

SCHMIDT, Josef

Bürgermeister - Rathaus, 6550 Bad Kreuznach/Nahe; priv.: Agricolastr. 4 - Geb. 9. Nov. 1926.

SCHMIDT, Jürgen

Dr. rer. nat., Prof. FU Berlin - Poplitzer Str. 31, 1000 Berlin 49 (T. 744 82 68) - Geb. 5. Aug. 1918 Berlin (Vater: Georg S., Architekt, zul. Ministerialdir. Bundespostmin.; Mutter: Hedwig, geb. Lindner), ev., verh. s. 1946 m. Hanna, geb. Kock, S. Michael - 1927-33 Realgymn. d. Johanneums Hamburg, 1933-37 Löhenichtsches Realgymn. Königsberg; 1946-52 Univ. Berlin u. Frankfurt. Promot. (1952) u. Habil. (1956) Berlin - S. 1962 Prof. Univ. Köln u. Bonn (1963). Gastprof. Univ. Houston. Spez. Arbeitsgeb.: Mengenlehre, Algebra, Logik - BV: Mengenlehre, Bd. 1 1967. Üb. 50 Einzelarb. - Spr.: Engl.

SCHMIDT, Karin,

geb. Neumann

Mitglied d. Hess. Landtages, Stadtverordnete Schwalmstadt (s. 1989) - Auf der Windmühle 18, 3578 Schwalmstadt-Treysa (T. 06691 - 2 32 10) - Geb. 17. Nov. 1939 Essen, ev., verh. s. 1966 m. Wolfgang Sch., Rechtanw. u. Notar, 3 Kd. (Uwe, Petra, Matthias) - S. 1981 MdK Schwalm-Eder. CDU (Kreisvors. Frauen, stv. Kreisvors. d. Partei).

SCHMIDT, Karl

Bankdirektor i. R. - Bellevue 18, 2000 Hamburg 60 - Geb. 20. Jan. 1912 Hbg., gesch., 2 Kd. - S. 1928 Dt.-Südamerik. Bank (1934-37 Buenos Aires; 1948 Prokurist, 1954 stv., 1958 o. Vorst.-Mitgl. u. Sprecher d. Vorst.; Kriegsdst. - BVK.

SCHMIDT, Karl

Ministerialdirigent, Leiter Abt. Sport im Min. d. Innern u. f. Sport - Consul-Vejento-Str. 16, 6501 Klein-Winternheim (T. 06136 - 1 81 56) - Geb. 5. März 1932, ev., verh., 3 Kd. (Eva-Ulrike, Hans-Joachim, Markus-Stephan) - Stud. Rechts- u. Staatswiss.; 1. u. 2. Staatsex. Marburg u. Mainz - Stv. Vors. DSB-Bundesaussch. f. Rechts-, Sozial- u. Steuerfragen; Vors. Sportaussch. CDU Rhld.-Pfalz; Steuer- u. Wirtschaftsaussch. DFB - BV: Kommentar z. Sportförderungsgesetz Rhld.-Pfalz, 1976; Sportprogramme d. polit. Parteien, 1978 - 1955-58 Fußball-Nationalmannschaft. 1974 BVK I. Kl. - Liebh.: Malerei, Musik, Sport - Spr.: Engl., Franz.

SCHMIDT, Karl Gerhard

Dr. oec. publ., Dipl.-Kfm., Bankier, pers. haft. Gesellsch. Bankhaus Karl Schmidt - Ernst-Reuter-Str. 119, 8670 Hof/S. - Geb. 27. Juli 1935 München (Vater: Dr. jur. et rer. pol. Wilhelm S., b. 1958 (†) pers. haft. Gesellsch. ob. Bankhs.) - Bruder: Dr. jur. Reiner S.

SCHMIDT, Karl Horst

Dr. phil., Dr. h. c., Prof. f. Vergl. Sprachwissenschaft - Heerstr. 74, 5309 Meckenheim (T. 02225 - 77 74) - Geb. 31. Mai 1929 Dessau/Anh. (Vater: Willy S., Mittelschullehrer; Mutter: Katharina, geb. Bährendt), ev., verh. s. 1957 m. Doris, geb. Buchholz, 2 Kd. (Dr. Susanne, Ulrich) - Goethe-Gymn. Dessau (Abit. 1948); Univ. Berlin, Köln, Bonn, Dublin, München. Promot. (1954) u. Habil. (1960) Bonn - S. 1960 Lehrtätigk. Univ. Bonn (Privatdoz.), Münster (1964 ao., 1966 o. Prof.), Bochum (1966), Bonn (1974) - BV: Die Komposition in gall. Personennamen, 1957; Studien z. Rekonstruktion d. Lautstandes d. südkaukas. Grundsprache, 1962 (Übers. I. T. ins Georgische, Tiflis 1964). Herausg.: Indogermanisch u. Keltisch (1977); Gesch. u. Kultur d. Kelten (1986); Ztschr. f. Kelt. Philol. (s. 1970) - 1988 Dr. h. c. Univ. Tbilisi; 1991 Derek Allen Prize (British Acad.).

SCHMIDT, Karl-Heinz

Dr. rer. nat., em. Univ.-Prof. - An der Schlucht 7, 4300 Essen 11 (T. 0201 - 68 43 15) - Geb. 9. Mai 1926 Landsweiler, ev., verh. s. 1954 m. Gisela, geb. Kottmeier, 3 Söhne (Reinhard, Klaus-Martin, Burkhard) - Stud. Chemie Univ. Mainz u. Braunschweig (Dipl.-Chem. u. Promot. 1946-54) - 1954-59 Chemiker Ges. f. Kohletechn. Dortmund u. Bergwerksges. Hibernia Herne; 1959-72 Doz. Staatl. Ing.-Schule Essen; 1973 Prof. Univ. Essen (1972 Gründungsdekan); 1983-88 Prorektor. Emerit. 1991. Sachverst. f. Mineralöle IHK Essen. Erf.: Verfahrenspatente - BV: Kohle - Erdöl - Erdgas, 1981 - Liebh.: Fotogr. - Spr.: Engl., Franz., Dän.

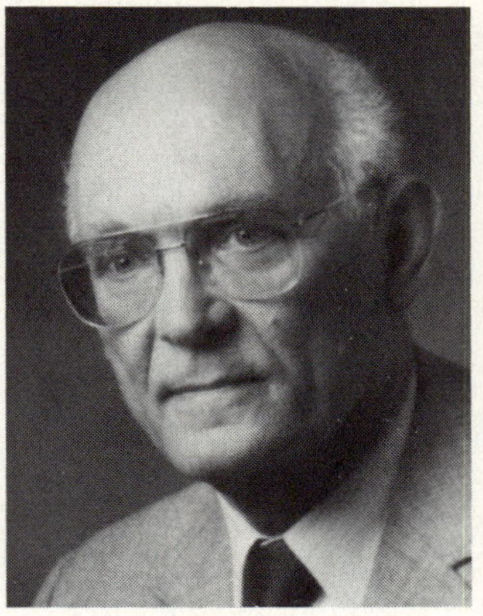

SCHMIDT, Karris-Elard

Vorstandsmitglied Drahtwerk C. S. Schmidt AG., Lahnstein - Rosenhof, 5420 Lahnstein/Rh. (T. 78 44) - Geb. 3. Juli 1923 Niederlahnstein (Vater: Jakob Christian S., Fabrikant; Mutter: Louise, geb. Pierson), verh. m. Rolandy, geb. Rohs - Max-Reinhardt-Med., Goldmed. HDP.

SCHMIDT, Karsten

Dr. jur., Prof. f. Bürgerl. Recht, Handelsrecht, Gesellschaftsrecht, Wirtschaftsrecht u. Prozeßrecht - Pikartenkamp 44, 2000 Hamburg 55 (T. 040 - 86 31 13) - Geb. 24. Jan. 1939 Oschersleben/Bode (Vater: Eberhard Sch., Stud.rat; Mutter: Karla, geb. Hamann, Stud.rätin), ev., verh. m. Dr. Inga Schmidt-Syassen, 2 Töcht. (Frauke, Hilke) - Gymn.; Univ. Kiel, München u. Speyer (Rechts- u. Geisteswiss.), 1. u. Gr. jurist. Staatsprüf. 1965 u. 1969, Promot. u. Habil. Univ. Bonn 1972 u. 1976 - 1976 Prof. Univ. Göttingen, s. 1977 o. Prof. Univ. Hamburg. S. 1985 Vorst.-Mitgl. Zivilrechtslehrervereinig.; s. 1987 Zeit-Stiftg.; s. 1988 Dir. Sem. f. Handels-, Schiffahrts- u. Wirtsch.recht - BV: u. a. Kartellverfahrensrecht, 1977; Gesellschaftsrecht, 2. A. 1991; Handelsrecht, 3. A. 1987. Mithrsg.: Ztschr. f. d. gesamte Handels- u. Wirtschaftsrecht (s. 1981). Zahlr. Fachveröff. (Kommentare, Buch- u. Ztschr.beitr.) - S. 1991 korr. Mitgl. d. Nationalakad. d. Rechts- u. Sozialwiss. in Cordoba/Argentinien - Liebh.: Lit., Musik - Spr.: Lat., Engl., Franz.

SCHMIDT, Klaus

Dr. jur., stv. Hauptgeschäftsführer Gesamttextil Eschborn (s. 1983) - Neben den Rodäckern 9, 6074 Rödermark (T. 06074 - 9 73 28) - Geb. 18. Sept. 1936 Wuppertal, ev., verh. s. 1962 m. Solveig, geb. Klausen, T. Alexandra - B. 1957 Gymn. Wuppertal; Stud. Rechtswiss. Univ. Köln; 1. Staatsex. 1961; 2. Staatsex. 1965; Promot. 1965 Köln - 1973-83 Geschäftsf. Landesvereinig. Hessen d. dt. Textilind. - Liebh.: Sport (Tennis, Handball), Theater, Lit. - Spr.: Engl., Franz.

SCHMIDT, Klaus

Dipl.-Kfm., Geschäftsführer Verb. d. Nähfadenindustrie u. Verb. d. Dt. Heimtextilien-Ind. - Steubenstr. 11a, 6200 Wiesbaden.

SCHMIDT, Kurt

Dr. rer. pol., em. o. Prof. f. Volkswirtschaftslehre u. Finanzwiss. - Kehlweg 45, 6500 Mainz (T. 47 22 22) - Geb. 18. Okt. 1924 Sobernheim (Vater: Adam S., Handelsvertr.; Mutter: Maria, geb. Jung), ev., verh. s. 1962 m. Christine, geb. Kensche - Univ. Bonn u. Lausanne (Wirtschaftswiss.). Promot. (1952) u. Habil. (1957) Bonn - S. 1957 Lehrtätigk. Univ. Bonn (1962 apl. Prof.), TU Berlin (1963 Ord.), Univ. Mainz (1968 Ord.). 1960-61 Rockefeller Fellow (USA); 1962-63 Gastprof. John Hopkins Univ. (Bologna Center). 1986-90 Vors. Wiss. Beirat b. Bundesmin. d. Finanzen; Sachverständigenrat z. Begutachtung d. gesamtwirtschaftl. Entwicklung (1974-84) - BV: D. Steuerprogression; D. mehrj. Finanzplanung (m. E. Wille); Verlock. u. Gefahren d. Schattenwirtsch.; D. Sachverständigenrat z. Begutacht. d. gesamtwirtschaftl. Entwickl.; Mehr Chancen f. d. Vernunft, 1991 - Wiederh. Research Associate engl. u. amerik. Univ. u. Forschungsinst.

SCHMIDT, Lothar

Dr. jur., Dipl.-Volksw., Prof. Univ. Frankfurt/M. (s. 1962) - Hardtwaldallee 13, 6382 Friedrichsdorf 4 (Seulberg) (T. 06172 - 7 81 72) - Geb. 10. Dez. 1922 Frühbuß, kath., verh. s. 1965 m. Hilde, geb. Reck, 2 Kd. (Sylvia, Steffen) - Stud. d. Rechts- u. Wirtsch.wiss., Politol. Univ. Erlangen, Princeton-Univ. N. J./USA; Promot. 1948 Erlangen - 1949-55 wiss. Assist. u. Lehrbeauftr. Univ. Würzburg; 1955-61 Hochsch. f. Sozialwiss. Wilhelmshaven; 1961-62 Bundesmin. d. Finanzen; 1963 Gastprof. Univ. Tokio u. Sendai/Japan - BV: D. Strafzumessung in rechtsvergleichender Darstellung, 1961; Hochverrat ist e. Frage d. Datums, 2. A. 1967; Hochschulreform, 1969; Schulreform, 2. A. 1971; D. gr. Handbuch geflügelter Definitionen, 2. A. 1973; Schlagfertige Definitionen, 10. A. 1992; Aphorismen von A-Z, 6. A. 1985; D. treffende Zitat zu Politik, Recht u. Wirtsch., 4. A. 1991; Polit. Aphoristik, 1986; Geld. Aphorismen u. Zitate aus drei Jahrtausenden, 3. A. 1990; Aphorismen z. Gegenwart, 1992.

SCHMIDT, Lothar R.

Dr. phil., o. Prof. f. Klin. u. Med. Psychologie - Steingröverweg, 5500 Trier/Mosel - Geb. 9. Juni 1936 Neunkirchen/Saar (Vater: Wilhelm Sch.; Mutter: Käthe, geb. Jung), verh. s. 1964 m. Dr. Hildegard, geb. Klein - Dipl.-Psych. 1963; Promot. 1967 (beides Saarbrücken) - S. 1972 (Habil.) Lehrtätigk. Univ. Saarbrücken (b. 1976 Wiss. Rat u. Prof., dann Ord.); s. 1980 Univ. Trier, 1987-90 Vizepräs. - BV: Objektive Persönlichkeitsmess. in diagnost. u. klin. Psych., 1975; Psych. in d. Med., 1984. Herausg.: Lehrb. d. Klin. Psych. (1978, 2. A. 1984). Zahlr. Einzelarb.

SCHMIDT, Ludwig

Bundesrichter - Ismaninger Str. 109, 8000 München 80 (T. 92 31 -1) - B. 1971 Ministerialrat bayer. Finanzmin., dann Richter Bundesfinanzhof.

SCHMIDT, Manfred

Pressezeichner, Journalist, Schriftsteller - 8194 Ambach/Starnberger See - Geb. 15. April 1913 Bad Harburg - BV: Alles halb so schlimm, 1956; Hab' Sonne im Koffer, 1960; Und begibt sich weiter fort, 1962; Zwölfmal hin u. zurück, 1963; Zwischen Dur u. Müll, 1964; Weiteres Heiteres, 1965; D. Beste v. Manfred Schmidt, 1968; Alles Gute v. M. S., 1970; Das schnellste Hotel d. Welt, 1982; Heitere Geschichten, 1985; Auf Kreuzfahrt m. Frau Meier, 1991. Herausg.: Knatterton, Gedenkbd. I u. II. Hörsp., TV-Filme, Zeichentrickfilme.

SCHMIDT, Manfred

Rechtsanwalt, MdB SPD (1969-90; Wahlkr. 204/München-Mitte) - Barerstr. 3, 8000 München 2 (T. 089 - 55 51 45) - Geb. 16. Jan. 1936 Schwabhausen/Obb., verh. m. Dagmar Sch.-Tinat, 2 Kd. (Steffi, Mathias) - Gymn. Eichstätt (Abit.); Univ. München (Rechtswiss.).

Beide jurist. Staatsex. - 1966-69 Staatsanw. LG München I.

SCHMIDT, Manfred

Dr. rer. nat., Vorstandsvorsitzender d. Philips GmbH - Zu erreichen üb. Philips GmbH, Steindamm 94, Postfach 10 02 29, 2000 Hamburg 1 - Geb. 8. Juli 1938 Danzig, verh., 2 Kd. - Promot. 1967 - AR-Mitgl. d. Philips Kommunikations Industrie AG, Nürnberg; AR-Vors. Dr. Bernhard Beyschlag Apparatebau GmbH, Heide.

SCHMIDT, Manfred G.

Dr. rer. pol., Prof. - Mittlerer Rainweg 47, 6900 Heidelberg - Geb. 25. Juli 1948, verh. s. 1985 m. Ute Wachendorfer-Sch., geb. Herrmann, 2 Kd. (Markus, Charlotte) - Stud. Univ. Heidelberg (Politikwiss., Angl.); Staatsex. 1973/74; Promot. 1975 Tübingen; Habil. 1981 Konstanz - Prof. f. Politikwiss. - BV: u. a. CDU u. SPD an d. Regierung, 1980; Wohlfahrtsstaatl. Politik unter bürgerl. u. sozialdemokrat. Regierungen, 1982; D. Schweizerische Weg z. Vollbeschäftigung, 1985; Sozialpolitik, 1988; Regieren in d. Bundesrep. Deutschl., 1992 - 1981 Stein-Rokkan Prize for Comparative Social Research (UNESCO).

SCHMIDT, Martin

Dr. agr., Landwirt, MdB (1949-87; Wahlkr. 48/Northeim) - 3251 Gellersen üb. Hameln/Weser - Geb. 16. Juni 1914 Gassen/NL., ev. - Volkssch.; 1928-31 Höh. Landw.sch. Liegnitz; 1931-34 Kaiser-Friedrich-Realgymn. Berlin; 1936-39 Univ. ebd. (Landw.; Dipl.-Landw., Promot.) - 1934-36 landw. Praxis Skandinavien; 1940-43 landw. Sachverst.; 1943-45 Wehrdst.; 1945-49 Rittergut Parensen; s. 1950 eig. Hof. AR-Mitgl. Nieders. Landesrentenbank; 1969-87 Vors. Bundestagsausssch. f. Ernährung, Landw. u. Forsten; div. Mand. SPD s. 1946 (div. Funktionen) - Andreas Hermes- u. Max Eyth-Med. in Gold; Niklas-Gedenk-Med.; Gr. silb. Ehrenzeichen m.

Stern f. Verd. d. Rep. Österr.; Gr. BVK m. Stern.

SCHMIDT, Martin

Dr.-Ing., Markscheider, Prof. f. Bergbauwissenschaften u. Gebirgsmech. Tunnelbau Techn. Univ. Berlin - Hardenbergstr. 42/BH 10, 1000 Berlin 12 - Geb. 30. Sept. 1927 - S. Habil. Lehrtätigk. TU Berlin. Etwa 50 Fachaufs.

SCHMIDT, Martin Heinrich

Dr. med., Dr. rer. nat., Prof. f. Kinder- u. Jugendpsychiatrie - Kinderpsychiatr. Klinik J 5, 6800 Mannheim 1 (T. 0621-170 33 25) - Geb. 23. Dez. 1937 Bautzen (Vater: Clemens Sch.; Mutter: Edeltrud) - Univ. Köln u. Bonn (Med. u. Psych.) - 1972-75 Prof. Univ. Frankfurt, s. 1975 Univ. Heidelberg.

SCHMIDT, Max

Dr. rer. nat., Dr. h. c., o. Prof. f. Anorgan. Chemie - Greinbergweg 17, 8706 Höchberg/Ufr. (T. Würzburg 4 82 05) - Geb. 13. Okt. 1925 Vöhringen, kath., verh. s. 1954 m. Eva-Maria, geb. Hamel, 3 Kd. (Bernhard, Barbara, Stefan) - Univ. München. Promot. (1951) u. Habil. (1956) München - S. 1962 Ord. u. Inst.sdir. Univ. Marburg u. Würzburg (1965) - BV: Hydride u. Komplexhydrate, 1959 (m. E. Wibert); Anorgan. Chemie, 2 Bde. 1967/69. Etwa 300 Einzelarb. - 1960 Chemie-Preis Akad. d. Wiss. Göttingen; 1972 Alfred-Stock-Gedächtnispreis Ges. Dt. Chemiker; 1985 Ehrendoktor Univ. Marburg - Spr.: Engl. - Rotarier.

SCHMIDT, Michael

Rechtsanwalt, Geschäftsf. Bundesverb. d. dt. Binnenschiffahrt u. Frachtenaussch. f. d. Tankschiffsverkehr - Dammstr. 15-17, 4100 Duisburg/Ruhrort.

SCHMIDT, Michael

Dr.-Ing. habil., Dipl.-Bauing., Privatdozent - Eichenstr. 80, 4006 Erkrath - Geb. 25. April 1947 Kassel - 1967-73 Stud. TU Hannover (Konstr. Ingenieurbau); Dipl.-Bauing. 1973; Promot. 1978 Hannover; Habil. 1990 TU Dortmund - 1973-78 wiss. Angest. TU Hannover; 1978-89 Ref. Forschungsinst. d. Zementind. Düsseldorf; s. 1982 Lehrbeauftr. f. Straßenbau Univ. Dortmund; s. 1989 Heidelberger Zement AG, Forsch., Entw. u. Berat., Leimen. Mitgl. in zahlr. techn.-wiss. Fach- u. Normungsgremien d. Bauwesens. Rd. 50 Fachveröff. im In- u. Ausland zu Fragen d. Baustoffe u. Konstruktionen d. Verkehrsbaus u. d. Betontechnol. - Spr.: Engl., Franz.

SCHMIDT, Ottmar

Chefredakteur Bayerische Rundschau, Kulmbach - Weiherer Str. 38, 8650 Kulmbach (T. 09221 - 7 59 91) - Geb. 1. Jan. 1931 Schwarzenbach/Wald (Vater: Wilhelm Sch., Friseurm.; Mutter: Frieda, geb. Grimm), ev., verh. s. 1954 m. Antonie, geb. Reuther, 2 Söhne (Rainer, Jürgen) - Aufbaurealschule Coburg, Oberrealsch. Hof; Zeitgs-Volont. Fran-

kenpost, Hof - 1954 Redakt. Frankenpost; 1955-62 Fränk. Presse, Bayreuth; 1962-72 Stadtredakt. u. s 1973 Chefredakt. Bayer. Rundschau, Kulmbach. Korresp. Bayer. Rundf. S. 1974 Geschäftsf. Arbeitsgem. Kavalier d. Straße; ab 1982 Vors. Interessengem. f. gesunde Nahr. u. Ernähr.; s. 1986 stv. Vors. Akad. f. Ernährung. Redakt. Bäckerztg. Back-report u. Bäcker-Magazin, d. Verbraucherztschr. Brot Kurier u. Brot aktuell; Kreisvorst.-Mitgl. BRK; Beiratsmitgl. Kulturverein - 1981/86/91 bronz., silb. u gold. Verdienstplak. Bayer. Landessportverb. (BLSV); 1989 BVK am Bde.; 1991 silb. Bürgermed. Stadt Kulmbach - Liebh.: Sport, Lit., Musik - Spr.: Engl., Latein.

SCHMIDT, Paul

Dr. phil., Prof. f. Grenzfragen zw. Theologie, Phil. u. Päd. Univ. Bielefeld (s. 1980) - Mönkebergstr. 134, 4800 Bielefeld 1/W. (T. 10 50 15) - Geb. 18. Jan. 1931 Pfaffendorf/Schles. (Vater: Alfons S., Bauer; Mutter: Maria, geb. Brux), kath., verh. s. 1977 m. Marie-Luise, geb. Groß, T. Julia - Univ. München (1954-57 Phil.), Frankfurt/M. (1957-61 Theol.), Marburg (1964-72 Päd.) - Ab 1963 Hochschulpfarrer Marburg u. Gießen (1969); 1973-75 Doz. Kath. Fachhochsch. NRW/Abt. Paderborn (Päd.); 1975-80 Wiss. Rat u. Prof. PH Westf.-Lippe, Bielefeld (Theol.) - BV: D. päd. Relevanz e. anthropol. Ethik, 1973; Maria - Modell e. neuen Frau, 1974 (auch engl. 1975; Mary rediscovered); Vater-Kind-Bruder - Bibl. Begriffe in anthropol. Sicht, 1978 - Liebh.: Reisen, Tennis - Spr.: Engl., Franz.

SCHMIDT, Paul-Gerhard

Dr. phil., Prof., Philologe - Werthmannplatz 1-3, 7800 Freiburg i. Br. - Geb. 25. März 1937, ev., verh., 3 Kd. - Stud. Berlin, Göttingen, Rom. Promot. 1962; Habil. 1970 - S. 1970 Privatdoz. u. apl. Prof. (1972) Univ. Göttingen, s. 1978 o. Prof. Univ. Marburg, s. 1989 Univ. Freiburg (Lat., Philol. d. Mittelalters) - BV: Supplemente lat. Prosa in d. Neuzeit, 1964; Johannes de Hauvilla - Architrenius, 1974; Visio Thurkilli, 1978; D. Vision d. Bauern Thurkill, 1987; Otloh v. St. Emmeram, Liber visionum, 1989. Herausg. d. Mittellatein. Stud. u. Texte. Zahlr. Fachaufs.

SCHMIDT, Pavel

Dr. med., C. Sc., Prof. f. Hygiene Univ. Gießen-Rudolstadt/Wa, 6301 Wettenberg 2 (T. 06406 - 7 36 32) - Geb. 25. Nov. 1933 Prag (Vater: Pavel Sch., Redakt.; Mutter: Jaroslava, geb. Povolna), ev., verh. s. 1956 m. Jarmila, geb. Divisova, T. Daniela - Promot. 1960 u. 1963 Prag; Habil. 1968 ebd. - 1969-76 Doz. f. Hygiene Prag; s. 1978 Prof. f. Hygiene in Gießen, Dion. Erblich. Pathogenese d. alimentären Methaemoglobinaemie d. Säuglinge - BV: Alimentäre Nitratmethaemoglobinaemie d. Säuglinge, 1965; Hygiene-Präventivmed. (Lehrb., m. and.), 1982, 2. neu bearb. u. erw. A. 1986, 3. durchges. A. 1988, 1. durchges. Nachdruck 1989, 4. neu bearb. u. erw. A. 1991, 1.

durchges. Nachdruck 1992. Herausg.: Hygiene in Krankenhaus u. Praxis (1986), 2. neu bearb. A. 1992 - 1964 Preis Purkyne-Ges. d. Ärzte d. CSFR; 1969 Preis Gesundheitsmin. d. CSFR (Staatspr.) - S. 1988 Vors. Aussch. Umwelt u. Medizin d. Landesärztekammer Hessen; s. 1990 Mitgl. Aussch. Umwelt u. Gesundh. d. Bundesärztekammer; s. 1990 Berat. Tschech. Ärzteverb., Prag; s. 1991 Ratsmitgl. Gesundheitsmin., Prag; s. 1991 Externes Mitgl. u. Berater Aussch. f. Sozialpolitik u. Gesundheitsw. Tschech. Nationalrat; s. 1991 AR-Vors. Grant-Agt. f. Forsch. d. Gesundheitsmin., Prag - Liebh.: Musik, schöne Lit., Wassersport - Spr.: Engl., Russ., Tschech.

SCHMIDT, Peer

Schauspieler - Am Wieselbau 26, 1000 Berlin 37 (T. 030-8 13 10 00) - Geb. 11. März 1926 Erfurt, verh. s. 1966 m. Helga Schlack (Schausp.) - Herder-Oberreal- (b. Obersekunda) u. Schauspielsch. Preuß. Staatstheater Berlin - Zahlr. Bühnen- (u. a. Beckmann (Draußen vor d. Tür), Leon (Weh dem, d. lügt), Student (Gespenstersonate), Chlestakoff (Revisor), Barney Silberman (D. Letzte d. feur. Liebhaber)) u. Filmrollen (Arlette erobert Paris, Alles f. Papa, Glückl. Reise, Zigeunerbaron, D. Himmel ist nie ausverkauft, Mein Leopold, Alibi, Kitty u. d. gr. Welt, Ich u. Du, Auf Engel schießt man nicht u. a.) - Liebh.: Klaviersp., Tischlerei, Landw. - Spr.: Franz.

SCHMIDT, Peter

Dr. rer. pol., Vorstandsmitglied AEG-KABEL Aktiengesellschaft - Postfach 20 01 41, 4050 Mönchengladbach 2 - Geb. 30. Mai 1933.

SCHMIDT, Peter

Bürgerschaftsabgeordneter (s. 1974), Mitgl. d. CDU-Landesvorst. (s. 1972) - Ehrenbergstr. 33, 2000 Hamburg 50 (Büro) - CDU.

SCHMIDT, Peter

Mitglied d. Direktoriums d. Hamburgischen Landesbank - Girozentrale - Gerhart-Hauptmann-Platz 50, 2000 Hamburg 1 - Geb. 11. Nov. 1929 - Div. AR- u. VR-Mand.

SCHMIDT, Peter

Geschäftsführer u. Mitinh. Gummiwerk Kraiburg GmbH & Co. - Bachstr. 6, 8264 Waldkraiburg (T. 08638 - 6 12 20) - Geb. 4. Jan. 1932 Hannover (Vater: Friedrich Sch.; Mutter: Lina, geb. Zimmer), verh. s. 1969 m. Traudl, geb. Thoma, 3 Kd. (Micki, Christi, Daeni) - Gymn. Mühldorf, Univ. München - Spez. Arbeitsgeb.: Gummirecycling.

SCHMIDT, Peter

Freier Schriftsteller, Drehbuchautor - Schinkelstr. 21, 4650 Gelsenkirchen (T. 0209 - 49 55 02) - Geb. 11. Aug. 1944 Gescher, led. - Stud. Phil., Lit.wiss. Univ. Bochum - BV: Romane: Mehnerts Fall, Polit-Thriller 1981, überarb. Neuausg. 1987; D. Trophäe, Polit-Thriller, 1982, überarb. Neuausg. 1987; Augenschein, Polit-Thriller, 1983; Erinnerst f. Maulhelden, humor. Kriminalr. 1983; D. Regeln d. Gewalt, 1985; E. Fall v. großer Redlichkeit, Polit-Thriller 1985; Erfindergeist, Polit-Thriller, 1985 (franz. Übers. 1988); D. Stunde d. Geschichtenerzählers, Polit-Thriller 1986; D. Prinzip v. Hell u. Dunkel, 1986 (poln. Übers. 1989); D. Emp-Effekt, Polit-Thriller 1986; D. Agentenjäger, Polit-Thriller 1986; Linders Liste, 1988; D. fünfte Macht, 1989; D. kleine Herzog, Polit-Thriller 1989; D. Veterantreffen, Agententhriller 1990; Schafspelz, Thriller 1991; D. andere Schwester, Thriller 1992; Roulett, Gaunerkom. 1992. Erz.-bde.: Einmal Sonne u. zurück - Reisesatiren 1985; V. Särgen u. nächtl. Schreien, 1986; sow. zahlr. Erz. u. Anthol. Filmdrehbücher: Eiszeit f. Maulhelden (Radio Bremen, 1988); E. Million Bit. FS-Drehb. f. ARD-Reihe Peter Strohm (Bayer. Rundf., 1988) - 1986 u. 1987 Dt. Krimipreis - Lit.: D. P. Meier- Lenz im

Gespr. m. Peter Schmidt: D. Agententhriller, d. aus Dtschl. kommt, d. horen (1986); P. Schmidt u. d. dt. Polit-Thriller, in: J. Schmidt: Gangster, Opfer, Detektive - E. Typengesch. d. Kriminalromans S. 634-645 (1989).

SCHMIDT, Peter

Dipl.-Ing., Vorstandsmitglied Philipp Holzmann AG - Taunusanlage 1, 6000 Frankfurt/M. 1 - Geb. 1. Aug. 1927 - AR-Mitgl. u. Beirat v. div. Ges.

SCHMIDT, Peter Lebrecht

Dr. phil., Prof. Univ. Konstanz - Hoheneggstr. 102, 7750 Konstanz-Egg (T. 3 12 27) - Geb. 28. Juli 1933 Dessau (Vater: Martin S., Pfarrer; Mutter: Irmtraut, geb. Paehr), ev., verh. s. 1963 m. Hedda, geb. Wernecke, 3 Kd. (Martin, Ulrike, Thomas) - Stud. d. Klass. Philol. Univ. Tübingen, Freiburg; Promot. 1959 - Fachmitgl.sch., dar. 2. Vors. Mommsenges. (1974-78) - BV: D. Abfassungszeit von Ciceros Schrift üb. d. Gesetze, 1969; Iulius Obsequens u. d. Problem d. Livius-Epitome, 1968; D. Überliefer. von Ciceros Schrift De legibus in Mittelalter u. Renaissance, 1974; Politik u. Dichtung in d. Panegyrik Claudians, 1976 - Liebh.: Hausmusik; Denkmalpflege - Spr.: Engl., Ital.

SCHMIDT, Reimer

Dr. jur., Dr.-Ing. E. h., Prof., Generaldirektor a. D. - Pippinstr. 2a, 5100 Aachen; Büro: Monheimsallee 51, 5100 Aachen (T. 0241 - 40 59 31) - Geb. 10. April 1916 Hamburg (Vater: Heinrich S., Studienrat; Mutter: geb. Gleiß), verh. s. 1985 m. Reingard, geb. Doerry - Univ. Kiel, Königsberg, Berlin, Hamburg - 1953-67 Privatdoz. apl. (1957) u. o. Prof. (1960) Univ. Hamburg (Dir. Sem. f. Bürgerl. Recht u. Allg. Rechtswiss. u. Sem. f. Versich.wiss.). B. 1963 Vorst.-Mitgl. Dt. Rückversicherungs-AG ebd., 1967 Vorst. (Vors. 1968) Aachener u. Münchener Beteilig. AG (b. 1979 firm. Aachener u. Münchener Versich. AG); s. 1973 Vorst.-Vors. Aachener u. Münchener Versich.-AG (b. 1979 firm. Cosmos Allg. Versich.-AG); 1981-91 AR-Vors. u. Mitgl. d. ARe d. Gruppe u. v. Beteiligungsges.; 1967 Honorarprof. TH Aachen - Zahlr. Fachveröff. Mithrsg.: Ztschr. Versicherungsrecht (1956ff.); Versicherungswirtsch. - Studienwerk, 3. A. (1981ff.); Handwörterb. d. Versicherung (HdV) (1988); Schriftltg. Ztschr. f. d. gesamte Versich.wiss. (1979-91) - Ehrenpräs. Intern. Versich.juristenvereinig. (A.I.D.A.) u. Assoc. Intern. pour L'Etude de L'Economie de L'Assurance (Genfer Vereinigung), Ehrenmitgl. Dt. Verein f. Versich.wiss. - Festschr. f. R. S. hg. v. Fritz Reichert-Facilides, Fritz Rittner, Jürgen Sasse (1976).

SCHMIDT, Reiner

Dr. jur., Prof. - Bachwiesenstr. 4, 8901 Gessertshausen - Geb. 13. Nov. 1936 Hof, verh. m. Maria, geb. Gräfin zu Castell-Castell, 3 Kd. (Johannes, Caroline, Heinrich) - Stud. Rechtswiss. Ass.ex. - S. 1968 Lehrtätigk. Univ. Würzburg (1971 Habil.) u. Augsburg (o. Prof. f. Öfftl. Recht) - BV: Wirtschaftspolitik u. Verfassung - Grundprobleme, 1971; Einführ. in d. Umweltrecht (zus. m. H. Müller), 3. A. 1992; Öfftl. Wirtschaftsrecht, 1990 - Vater s. Karl-Gerhard S. (Bruder).

SCHMIDT, Reinhart

Dr. rer. pol., Prof. f. Betriebswirtschaftslehre Univ. Kiel - Düsternbrooker Weg 57, 2300 Kiel - Geb. 15. Febr. 1940 Halle/S. - 1963 Dipl.-Kfm. Köln; 1967 Dr. rer. pol. Bonn; 1971 Habilitation Bonn; 1969-72 Unternehmensberatung, Prokurist; s. 1972 o. Prof. Univ. Kiel. Spezialisierung auf Finanzen/Banken/ Unternehmensplanung u. -analyse. Zahlr. Fachveröff.

SCHMIDT, Renate

Systemanalytikerin, MdB, Vizepräs. d. Deutschen Bundestages, Vors. d. Bayern-SPD - Goldweiherstr. 16, 8500 Nürnberg 30 (T. 0911 - 40 76 41) - SPD.

SCHMIDT, Robert Franz

Dr. med., Ph.D. (Canb.), Univ.-Prof. f. Physiologie, Vorst. am Physiol. Inst. d. Univ. Würzburg - Röntgenring 9, 8700 Würzburg (T. 0931-3 17 30); priv.: Oberer Dallenbergweg 6, 8700 Würzburg - Geb. 16. Sept. 1932 Ludwigshafen (Vater: Richard Sch., Masch.-Ing.; Mutter: Maria, geb. Leistenschneider), verh. s. 1969 in 2. Ehe m. Lotte, geb. Lambrecht, 3 Kd. (Sabine, Christian, Christoph) - Abit. 1953; 1953-59 Med.-stud., Promot. 1959 Heidelberg, Ph.D. 1963 Austral. Nat. Univ. Canberra, Habil. 1964 Heidelberg - 1963-65 wiss. Assist., 1966-70 Wiss. Rat Physiol. Inst. Heidelberg, 1970-71 State Univ. New York, Buffalo (USA), 1971-82 o. Prof. u. Dir. Physiol. Inst. Univ. Kiel, s. 1982 Prof. u. Vorst. Physiol. Inst. Univ. Würzburg. 1979 Präs. Dt. Physiol. Ges.; Mitgl. Intern. Hirnforsch.Organis., europ. Neurolog. Vereinig. u.a.; s. 1987 o. Mitgl. Adad. d. Wiss. u. d. Literatur, Mainz; 1990 Hartmann-Müller-Preis, Zürich; 1991 Max-Planck-Forsch.preis - BV: Üb. 310 wiss. Veröff., zahlr. Büch., u.a. Physiol. d. Menschen (hg. m. G. Thews), 24. A. 1990; Biomasch. Mensch, 1979; Grundriß d. Neurophysiol., 6. A. 1987; Grundriß d. Sinnesphysiol., 5. A. 1985; D. Schmerz, 2. A. 1983; Med. Biol. d. Menschen, 1983; Biol. Psychol. (m. N. Birbaumer), 2. A. 1991; Pathophysiol. d. Menschen (m. K. Hierholzer), 1991 - Spr.: Engl.

SCHMIDT, Robert H.

Dr. phil., Dr. rer. pol., Prof. f. Politologie - Hoederathstr. 18, 6600 Saarbrücken - Geb. 13. Mai 1924 Völklingen/Saar - S. 1960 (Habil.) Lehrtätigk. TH Darmstadt - BV: Dialektik d. Geistes b. Peter Wust, 1954; Saarpolitik 1945-57, 3 Bde. 1959-62; Methoden d. Politologie, 1967; D. villae rusticae ‚Ober der Pfingstweide' in Ober-Ramstadt u. ..., 1971; D. röm. Besiedlung entlang d. Römerstraße Gernsheim-Dieburg, 1977; Grenzüberschr. Publizistik d. Großreg. Saarld.-Westpfalz-Lothr.-Luxbg.-Trier, 1978; E. linienbandkeram. Siedlung . . . in Roßdorf . . . (mit W. Meier-Arendt), 1978; E. Frauengrab v. Nieder-Ramstadt . . . d. Stufe Wölfersheim, 1979; E. in d. Römerzeit gefaßte, m. Platzpflaster u. Vorplatz versehene . . . Quelle in Darmstadt . . ., 1980; E. frühbronzezeitl. Kleinkind-Brandgrab v. Roßdorf ... u. d. Vergleichsfälle, 1981; E. röm. Instrumentmundstück v. Ndr.-Ramstadt . . ., 1983; D. villa rustica Lichtenbergstr. . . . in Ob.-Ramstadt . . . u. e. zugehör. Brandgrab . . ., 1985; Kiesel als Beigaben in kaiserzeitl. Gräbern im Fr. Germanien u. in römerztl. Gräbern am Oberrhein. Z. Verbleib d. Oberrhein-Sueben . . ., 1986; Nieder-Ramstadt . . . in Vor- u. Frühgesch., 1988. Herausg. Schriftenr.: Kommunalwiss. Veröff. f. d. Bereich Darmstadt-Dieburg (s. 1976); Zus.arbeit in europ. Grenzregionen (s. 1978).

SCHMIDT, Roderich

Dr. phil., Dr. theol. h. c., Prof., Direktor i. R. Johann-Gottfried-Herder-Inst., Marburg (Arbeitsgeb.: Mittelalterl. Gesch. u. nordostdt. Landesgesch.) - Schückingstr. 36, 3550 Marburg - Geb. 7. Febr. 1925 Demmin/Pomm. (Vater: Hans S., Bankdir.; Mutter: Anneliese, geb. Dall), ev., verh. s. 1952 m. Prof. Dr., Dr. h.c. Ruth Schmidt-Wiegand, 1 T. - Promot. 1951 Univ. Greifswald, Habil. 1970 Univ. Marburg - 1951-58 Wiss. Assist. u. Lehrbeauftr. Hist. Sem. bzw. Inst. Univ. Greifswald, 1958-64 Bonn, 1964-71 Marburg; 1971 Prof. Univ. Marburg, Hon.-Prof. (s. 1972) ebd.; 1972-90 Dir. J. G. Herder - Inst. Marburg - Mitgl. Kommiss. f. d. Bearb. d. Regesta Imperii Akad. d. Wiss. Mainz, Österr. Akad. d. Wiss., Histor. Kommiss. f. Pommern, u. a. Mitgl.sch. Vors. Arbeitsgem. Hist. Kommiss. u. Landesgeschichtl. Inst. - BV: Königsumritt u. Huldig. in otton.-salischer Zeit, 1961; Pommern u. s. Kirche im Wandel d. Gesch., 1977; Besitzstandskarte Insel Rügen, Erläuterungen 1968; Achtzig J. Histor. Kommiss. f. Pommern 1910-90, 1990. Herausg.: Veröfftl. d. Hist. Kommiss. Pommern (s. 1967), Hist. Atlas v. Mecklenburg (s. 1968); D. Gr. Lub. Karte v. Pommern a. d. Jahre 1618 (1980); Pommern u. Mecklenburg, Beiträge z. mittelalterl. Städtegesch. (1981); Beiträge z. pomm. u. meckl. Gesch. (1981); Mitteldeutsche Bistümer im Spätmittelalter (1988). Mithrsg.: Ostmitteleuropa in Vergangenh. u. Gegenw. (s. 1972), Ztschr. f. Ostforschung (s. 1973), Mitteldt. Forschungen - 1982 Pommerscher Kulturpreis f. Wiss.; 1991 Georg-Dehio-Preis f. Kultur- u. Geistesgesch. - Lit.: Hugo Weizerka, Roderich Schmidt 65 J. (Würdigung, Tabula gratulatoria, Schriftenverz., 1990).

SCHMIDT, Siegfried

Dr. oec., Dipl.-Kfm., Beiratsmitglied Mannheimer Versicherung AG, Mannheim - Augusta-Anlage 66, 6800 Mannheim - Geb. 3. Aug. 1923.

SCHMIDT, Siegfried J.

Dr. phil., o. Prof. Univ.-GH Siegen - Ginsterweg 8a, 4400 Münster 1 (T. 0251 - 31 66 02) - Geb. 28. Okt. 1940 Jülich, kath., verh. s. 1965 m. Monika, geb. Geismann, T. Christina - Promot. 1966 Münster; Habil. 1968 Karlsruhe - BV: Sprache u. Denken als sprachphil. Problem v. Locke b. Wittgenstein, 1968; Bedeutung u. Begriff, 1969; Clŏvek Stroj A Báseň. Severočeské Nakladatelsvi, 1969; Visuelle Poesie. Thesen u. Textzyklus, 1970; Ästhetizität, 1971; Ästhetische Prozesse, 1971; zeit-zyklus, 1971; traktat über d. wort natürlich, 1972; Texttheorie, 1973; Elemente e. Textpoetik 1974; volumina I., e. buch 1968-70, 1975; transformationen 1968, e. roman, 1975; Literaturwiss. als argumentierende Wiss., 1975; Arbeit Breitenbrunn; mappenbuch m. 17 konzept. texten, 1975; d. schnelligkeit b. d. kunstprod. nicht unterschätzen, 1975; Estetski Procesi, 1975; volumina II-V, 1976; Teoria del Texto, 1977; d. geruest. hommage à i. kant. schachteln m. 48 postkarten, 1978; Lingüística e Teoria de Texto, 1978; Grundriß d. Emp. Lit.wiss., Bd. I 1980, Bd. II 1982; einsal oder d. stammrolle, erz. 1980; La Communicazione Letteraria, 1983; Friederike Mayröcker, 1984; D. Diskurs d. Radikalen Konstruktivismus, 1987; Kunst: Pluralismen, Revolten, 1987; D. Selbstorganisation d. Sozialsystems Literatur im 18. Jh., 1989; Fußstapfen d. Kopfes. F. Mayröckers Prosa aus Konstruktivistischer Sicht, 1989; Luftschiffahrt. E. Brief-Roman, 1989; Gedächtnis. Probleme u. Perspektiven d. Intern. Gedächtnisforsch., 1991; Fundamentos de la Ciencia Empirica de la Literatura, 1990; Kognition u. Gesellschaft, 1992 - S. 1990 o. Mitgl. d. Acad. Europaea; 1990 Latemar - Spr.: Engl., Franz.

SCHMIDT, Udo

Dr. med., Prof. f. experiment. Pathologie u. physiol. Chemie - Burgholzweg 115/2, 7400 Tübingen - Geb. 20. Okt. 1936 Esslingen - 1956-61 Stud. Med. (Habil. 1971 u. 1978) - Klinisch-experiment. Forsch.; 1965-78 Pathol. Inst. Univ. Tübingen u. Med. Poliklinik Basel; ab 1978 Abt. f. Gesichts- u. Kieferchir. Univ. Tübingen - Entd.: Biochemie d. Elektrolyttransportes in d. Zelle - BV: Mehrere Symposiumsbde in engl. Spr. (Reihe Clinical Biochemistry); Progress of Histochemistry and Cytochemistry.

SCHMIDT, Ulrich

Industrie-Kfm., MdL Nordrh.-Westf. (s. 1975) - Beethovenstr. 6, 5802 Wetter/ Ruhr (T. 02335 - 6 09 94) - Geb. 31. März 1942 - SPD.

SCHMIDT, Ulrich

s. Schmidt, Heinz Ulrich

SCHMIDT, Ulrich

Dr., Ltd. Museumsdirektor - Staatl. Kunstsammlungen Kassel, Schloß Wilhelmshöhe, 3500 Kassel (T. 0561 - 3 60 11) - Geb. 16. Okt. 1930 Berlin - Stud. u. Promot. (1961) Univ. Göttingen - Zul. Dir. Museum Wiesbaden.

SCHMIDT, Ulrich

Dr. rer. nat., o. Prof. f. Organ. Chemie - Sombartstr. 40, 7000 Stuttgart 80 (T. 0711 - 74 34 01) - Geb. 24. Mai 1924 Woldenberg (Vater: Dr. Albert Sch.; Mutter: Charlotte, geb. Vahl), ev., verh. s. 1963 m. Brita, geb. Stehle, 3 Kd. (Bettina, Corinna, Wolfram) - 1933-42 Gymn.; 1942-46 Wehrdst. u. Gefangensch.; 1946-53 Univ. Greifswald, Halle, Freiburg. Promot. 1953; Habil. 1957 - S. 1967 o. Prof. Univ. Wien u. Stuttgart (1977). Fachaufs. - Mitgl. Österr. Akad. d. Wiss. (1971) u. Dt. Akad. d. Naturforscher/Leopoldina (1974); 1990 Max-Bergmann-Med. (1990) - Liebh.: Lit., Bild. Kunst, Antikenkultur, Segeln - Spr.: Latein, Griech., Engl., Franz.

SCHMIDT, Uve

Schriftsteller, Publizist - Rhaban-Fröhlich-Str. 10, 6000 Frankfurt/M. 50 - Geb. 14. Nov. 1939 Lutherstadt Wittenberg, ev., led., 2 Kd. (Julia, Henry) - Internat in Lützen, Obersch. Wittenberg u. Gymn. Westberlin. Hochsch. f. bild. Künste Berlin; Hospitanz b. Vauo Stomps - Autor (Lyrik, Prosa, Ess., Hörsp., Drehbuch, Nachdichtung); Lektor, Verlagsberater, Texter, Kolumnist - Div. BV, Bestseller: Einmaleins f. Zwei, 1968 (übers. u.a. ins Jap., Finn., Hebräische); Ende e. Ehe, R.trilogie 1978/82. Herausg. u.a.: Mein heimliches Auge, Jahrb. d. Erotik (s. 1982) - Spr.: Engl.

SCHMIDT, Uwe

Dr. rer. nat., Prof. f. Zoologie Univ. Bonn - Finkenweg 2, 5309 Meckenheim - Geb. 20. April 1939 Dresden (Vater: Karl Sch.; Mutter: Charlotte, geb. Halm), verh. s. 1976 m. Christel, geb. Obst - 1962-68 Stud. Biol. Univ. Tübingen (Promot.); 1969 FAO Mexiko - N. Habil. (1975) 1970-82 Assist. Univ. Bonn; s. 1982 Prof. f. Zoologie. Zahlr. Fachveröff.

SCHMIDT, Volker

Dr. rer. nat., Dr. h.c., Prof., Biochemiker, klin. Chemiker - Gruberstr. 46 b, 8011 Poing b. München (T. 089 - 18 10 15) - Geb. 9. Aug. 1942 Schlüchtern, verh., S. Christian - 1963-71 Stud. Chemie München, 1976-80 Stud. Med. San Franzisko - Leit. e. Inst. f. klin. Chemie MÜnchen - Patent z. Entstörung v. enzym. Reaktionen - Liebh.: Lit. - Spr.: Engl., Span.

SCHMIDT, W. P.

s. Schmidt, Werner P.

SCHMIDT, Walter

Dr. med., o. Prof. f. Histologie u. Embryologie Innsbruck (Österr.), Univ. - Geb. 14. Juli 1925 Würzburg - S. 1961 (Habil.) Lehrtätigk. Univ. Hamburg, München (1961; 1967 apl. Prof.), Frankfurt (1968 Ord.), Innsbruck (1974 Ord.). Emerit. 1991. Fachaufs., Lehrb. (Herausg.).

SCHMIDT, Walter

Dr. rer. pol. - Habichtweg 18, 5060 Bergisch-Gladbach 1 (T. 02204 - 8 24 03) - Geb. 23. Juni 1922 Duisburg (Vater: Konrad S., Baumeister; Mutter: Helene, geb. Kutzim), kath., verw., verh. in 2. Ehe m. Gerda, geb. Bennecke, 3 Kd. (Dorothee, Gabriele, Klaus) - Sch. Duisburg (Abit. 1941); 1941-45 Kriegsdst.; 1945-48 Univ. Bonn (Volksw.; Dipl.-Volksw. 1948). Promot. 1950 - 1948-51 Konzernrevisor Demag AG, Duisburg; 1951-53 Assist. Geschäftsltg. Maschinenfabrik Kranz, Aachen; 1954-64 kaufm. Leit. P. Stühlen, Köln; 1965-78 Vorst.-Mitgl. u. -sprecher (1966) Kölsch-Fölzer-Werke AG, Siegen; s. 1979 Unternehmensber. - Liebh.: Literatur, Sport - Kriegsausz. (u. a. EK I u. Minensuchabz.); 1972 Ritter v. HL Grab, Komtur m. Stern, 1966 Gold. Sportabz. - Spr.: Engl.

SCHMIDT, Walter

Dr., Prof. f. Öfftl. Recht Univ. Frankfurt/M. - Brüder-Knauß-Str. 86, 6100 Darmstadt - Geb. 1934 Stuttgart - Promot. 1961; Habil. 1968 - 1968-71 Privatdoz. Univ. Gießen, dann Frankfurt/M. - BV: Gesetzesvollziehung durch Rechtsetzung, 1969; Die Rundfunkgewährleistung, 1980; Einführung i. d. Probleme d. Verwaltungsrechts, 1982; Rundfunkvielfalt, 1984; Staats- u. Verwaltungsrecht, 1985.

SCHMIDT, Werner

Dr. rer. pol., Geschäftsführer ZVEI-Fachverb. Elektr. Antriebe, Transformatoren, Generatoren u. Stromversorgungen - Stresemannallee 19, 6000 Frankfurt/M. 70.

SCHMIDT, Werner

Fabrikant, gf. Gesellsch. Druckfarbenfabrik Gebr. Schmidt GmbH., Frankfurt-Rödelheim - Kleinschmidtstr. 36, 6000 Frankfurt/M.-Eschersheim - 1982 BVK I. Kl.

SCHMIDT, Werner

Bankier, pers. haft. Gesellsch. Bankhaus August Lenz & Co. (s. 1972) - Promenadenpl. 2, 8000 München 2 (T. 22 16 11) - Geb. 1926 (?) - Stud. Rechtswiss. Gr. jurist. Staatsprüf. - Zul. Generalbevollm. Lenz.

SCHMIDT, Werner

Dr. med., Kinderarzt, Präs. Berufsverb. d. Kinderärzte Deutschlands (b. 1991) - Pfluggasse 1, 8400 Regensburg (T. 0941 - 5 41 23) - Geb. 28. Mai 1928 Chemnitz (Vater: Dr. med. Fritz Sch., prakt. Arzt; Mutter: Johanne, geb. Barthel), ev.-luth., verh. s. 1959 m. Dr. med. Hannelore, geb. Renger, 3 Söhne (Matthias, Wolfram, Eberhard) - 1951-57 Univ. Tübingen, FU Berlin, Univ. Freiburg. Promot. 1957 Freiburg - 1983-91 Präs. Berufsverb. d. Kinderärzte Dtschl. 1989 Ehrenmitgl. Süddt. Ges. f. Kinderheilkd. - Liebh.: Mod. Graphik, Kabarett (Brettl), Klass. Musik - Spr.: Engl.

SCHMIDT, Werner Albert

Dr., Prof. f. Theorie Staatl. Hochsch. f. Musik Heidelberg-Mannheim - Herzogstr. 20, 6830 Schwetzingen - Geb. 29. Juli 1925 Bad Kissingen (Vater: Franz Sch., Zollfinanzrat; Mutter: Wally, geb. Dippold), kath., ledig - 1945-50 Stud. Akad. d. Tonkunst München (Meisterklassendipl. 1950); 1961-69 Stud. Phil. Univ. München; Promot. 1969; Päd. Staatsex. 1972 Staatl. Hochsch. f. Musik München - S. 1950 freischaffender Komp. München (1954 Musica viva); 1970/71 Musiklehrer Staatl. Gymn. u. 1972-74 Jugendmusiksch. Wangen/Allgäu; s. 1975 Staatl. Hochsch. f. Musik Heidelberg-Mannheim (s. 1980 Prof.); s. 1991 im Ruhestand - BV: Theorie d. Induktion (Diss.); D. prinzipielle Bedeut. d. Epagogé b. Aristoteles, 1974. Div. Musikal. Werke f. Orch. - Kompositionspreis d. Dt. Komp.verb. Berlin; mehrf. Förderpr. d. Bayer. Akad. d. Künste München.

SCHMIDT, Werner H.

Dr. theol., Prof. f. Theologie (Altes Testament) - Im Cäcilienbusch 58, 5309 Meckenheim - Geb. 9. Juni 1935 Mülheim/R. (Vater: Hugo Sch., Rektor; Mutter: Anne, geb. Landwehr), ev., verh. s. 1965 m. Waltraud, geb. Wegner, 2 Kd. (Holger, Urte) - 1955-1960 Univ. Marburg, Göttingen u. Berlin, Promot. Berlin 1960, Habil. Mainz 1964 - 1962-64 Wiss. Assist. Univ. Mainz, 1964-66 beamt. Priv.doz. Mainz, 1966-69 o. Prof. Univ. Wien, 1969-79 Univ. Kiel, 1979-84 Marburg, s. 1984 Univ. Bonn - BV: Königtum Gottes in Ugarit u. Israel, 2. A. 1966; D. Schöpf.gesch. d. Priesterschr., 3. A. 1974; Alttestamentl. Glaube in s. Gesch., 7. A. 1989; D. 1. Gebot, 1970; Exodus, Bibl. Kommentar 1974/1988; Zukunftsgewißh. u. Gegenw.kritik, 1973; Einf. in d. Alte Test., 1979, 4. A. 1989; Zukunft u. Hoffnung (m. J. Becker), 1981; Exodus, Sinai u. Mose, 1983, 2. A. 1990; AT Einleit. u. Theol. in: Grundkurs Theol. 1. Kohlhammer-Taschenb. 421, 1989; D. Zehn Gebote im Rahmen alttestamentlicher Ethik (m. H. Delkurt, A. Graupner), 1992/3.

SCHMIDT, Werner P.

Dr. rer. pol., Dipl.-Volksw., Vorstandsmitglied Volkswagen AG, Wolfsburg (s. 1975) - 3180 Wolfsburg (T. 92 43 55) - Geb. 5. Juli 1932 Borken/Westf., verh., 2 Kd. - Univ. Münster, Kalamazoo (Michigan), Köln - 1956-67 Verkaufsleit. Inland, Ford-Werke AG, Köln. 1967-71 Exportleit. Volkswagenwerk AG, Wolfsburg, 1971-73 Vorst.-Vors. Volkswagen do Brasil, São Paulo, 1973-75 Vorst.-Vors. AUDI AG, Ingolstadt/Neckarsulm.

SCHMIDT, Wieland

Dr. phil., o. Prof. f. Bibliothekswissenschaft (emerit.) - Berliner Str. 99, 1000 Berlin 37 (T. 831 21 46) - Geb. 29. März 1904 Berlin (Vater: Prof. Dr. phil. Ferdinand-Jakob S. (s. X. Ausg.); Mutter: Luise, geb. Reiche), ev., verh. s. 1937 m. Annemarie, geb. Dahlke, T. Ursula - 1922-33 Univ. Berlin (German., Gesch.; Promot. 1933). Staatsex. 1934; Bibl.ex. 1936 - 1934-66 Staats- u. Univ.bibl. Berlin (1946-1950 Dir. Humboldt, 1951-66 Freie); 1951-69 ao. u. o. Prof. (1966) FU Berlin - BV: D. 24 Alten Ottos v. Passau, 1938; D. Drucker in Basel, 2 T. 1938/40 (hg. m. Maria Möller); V. Sinn d. Bibl.en, 2. A. 1959; D. Maness. Handschr. - etwa 1300-1340, 1960. Hrsg. (m. F. A. Schmidt-Künsemüller) Kommentarbd. z. d. Faks.-Ausg. von J. Gutenbergs 42zeil. Bibel, 1979. Mitarb.: Werner Schuder, Universitas Literarum, Handb. d. Wiss.kd., 1955. Etwa 180 Einzelarb.

SCHMIDT, Willi

Prof., Regisseur u. Bühnenbildner - Breitenbachpl. 10, 1000 Berlin 33 (T. 824 11 01) - Geb. 19. Jan. 1910 Dresden, ev., verh. m. Eleonore, geb. Ziel, 1 Kd. - Königs-Georg-Gymn. Dresden; Univ. Berlin - Assist. Rochus Gliese - S. 1933 Regiss. u. Bühnenbildner Dt. Theater, Staatstheater, Schloßpark- u. Schiller-Theater Berlin, s. 1952 Prof. Hochsch. f. bild. Künste ebd. Üb. 60 Insz. (u. a. D. seidene Schuh, Tartuffe, Der Geizige, D. gelehrten Frauen, D. Räuber, D. Prozeß, Clavigo, Kabale u. Liebe, Judith, D. Preis, Moral); etwa 150 Bühnenbilder - 1952 Preis Verb. d. dt. Kritiker f. d. beste Hörspielinsz. (Rudolf Hagelstange: D. Ballade v. verschütteten Leben), 1961 Berliner Kunstpreis; 1958 o. Mitgl. Akad. d. Künste Berlin.

SCHMIDT, Willi

Lehrer, MdL Rhld.-Pfalz - Hauptstr. 41, 6661 Althornbach - Geb. 16. April 1934 - SPD.

SCHMIDT, Wolfgang

Dr. phil., em. Univ.-Prof. - Karl-Schurz-Str. 11, 6520 Worms/Rh. - Geb. 6. Aug. 1912 Kraschewo/Ostpr. (Vater: Kurt S., Rektor; Mutter: Gertrud, geb. Freynhagen), ev., verh. s. 1940 m. Helga, geb. Bothe, 2 Söhne (Klaus, Ulrich) - Univ. Königsberg (Psych., Päd., Phil.; Dipl.-Psych. 1943) - S. 1959 Päd. Akad. bzw. Hochsch. Worms (1962 Prof.) u. PH Neuwied (1964-66 Gründungsrektor; 1969 o. Prof.) - BV: Gruppenunterr. in d. Volkssch., 1950; Attrappenversuche z. Analyse d. Lachens, 1957; Neuzeitl. Volksschularbeit, 1962, Lernen - aber wie?, 1966; Aspekte d. Lernens, 1977; Kinderzeichn. als Spiegel d. kindl. Persönlichk., 1986; Gedächtnispsychol. Erkenntnisse, 1988; Wahrnehmungspsychol., 1989 - Liebh.: Musik - Spr.: Engl., Franz.

SCHMIDT, Wolfgang

Angestellter, MdB (1969-76) - Brunnenstr. 34, 6251 Niederselters (T. 2 00) - Geb. 18. April 1934 Niederselters, kath., verh., 3 Kd. - Realgymn. Limburg (Reifeprüf.); Stud. Soziol. u. Volksw. - S. 1958 Angest. Lufthansa (1960 Betriebs- (Frankfurt/M.), 1972 Gesamtbetriebsratsvors.). SPD s. 1960 (1971 Vors. Unterbez. Limburg).

SCHMIDT, Wolfgang

Dr. med., Medizinaldirektor, Facharzt f. Lungenkrankheiten, Präs. Landesverb. Berlin u. Mitgl. Präsidium DRK Bonn (s. 1976) - Oranienburger Chaussee 30, 1000 Berlin 28 (T. 401 38 92) - Geb. 14. Juni 1924 Hannover (Vater: Otto S., Kaufm.; Mutter: Elisabeth, geb. Rabe), ev., verh. s. 1946 m. Hildegard, geb. Schiemann, S. Manfred - Promot. 1950 Berlin; 1961-75 Vorst.-Mitgl. Bundesärztekammer, Präs. Ärztekammer Berlin 1971-75, 1976 b. jetzt Präs. d. Dt. Roten Kreuzes, Landesverb. Berlin u. Präsid.-Mitgl. DRK Bonn - 1974 BVK I. Kl.; 1975 Ernst-v.-Bergmann-Plak. 1979 Ehrenzeichen DRK; 1982 Gold. Med. d. Stadt Paris; 1983 Gr. BVK; 1984 Sonderstufe d. Feuerwehr- u. Katastrophenschutz-Ehrenzeichens Berlin; 1986 Johann-Peter-Frank-Med.; 1988 Dt. Feuerwehr Ehrenkreuz in Silb. - Liebh.: Musik - Spr.: Franz.

SCHMIDT-ASSMANN (ß), Eberhard

Dr. jur., o. Prof. f. Öfftl. Recht - Höhenstr. 30, 6900 Heidelberg - Geb. 13. Febr. 1938 Celle - Promot. 1966; Habil. 1971 (Göttingen) - S. 1972 o. Prof. Univ. Bochum u. Heidelberg (1979) - Mitgl. Akad. f. Raumforsch. u. Landesplan - BV: Verfassungsbegriff d. dt. Staatslehre d. Aufklärung 1967; Grundfragen d. Städtebaurechts, 1972; Das allg. Verwaltungsrecht als Ordnungsidee, 1981; Entwurf e. Umweltgesetzbuches - Allg. Teil (zus. m. Kloepfer, Rehbinder, Kunig), 1991. Weit. Arbeiten z. Staats- u. Verwaltungsrecht.

SCHMIDT-BARRIEN, Heinrich

Schriftsteller - Frankenburg 16, 2804 Lilienthal (T. Lilienthal 43 34) - Geb. 19. Jan. 1902 Uthlede (Vater: Heinrich S., Pastor; Mutter: Marie, geb. Bockhoop), ev., verh. m. Katharina, geb. Hesse, 2 Töcht. (Doris, Christine) aus d. 1960 gesch. I. Ehe m. Elsa, geb. Bosselmann - Gymn.; kaufm. Lehre - 1921-33 kaufm. Tätigk.; 1933-45 Leit. Kulturabt. in d. Böttcherstr. zu Bremen - W: u. a. Ihr Kleinmütigen, R. 1944; De Windmüller, N. 1946; D. Mann o. Gesicht, N. 1950; Tanzgesch., Erz. 1952; De frömde Fro, N. 1953; Babuschka, Sch. 1954; u. bauen d. Bienen e. Haus, Erz. 1958; De Spaaßmaker, N. 1960; 17 Tage Hurrikan, Erz. 1961; Lessing im Walde, N. 1965; Geliebte Biene - E. Tageb. f. Rose, 1968; De Sommerdeern, N. 1977; Strandgut, R. 1980; De düdesche Schlömer, 1984; Strandgut, R.; Not oder Brot, R. Hörsp.; Aus meinen Jungensjahren, Erinn. 1992 - 1954 Literaturpreis Fr. Hansestadt Bremen (Tanzgesch.); 1960 Hans-Böttcher-Preis (Hörsp.: De frömde Fro); 1968 Fritz-Reuter-Preis (De Moor Keerl); 1972 Bremer Senatsmed. f. Kunst u. Wiss.; 1982 BVK. 1964 Ehrengast d. Villa Massimo in Rom - Liebh.: Bienen, Archäol. - Spr.: Engl., Franz., Holl. - Rotarier.

SCHMIDT-BIGGEMANN, Wilhelm

Dr. phil., Univ.-Prof. f. Phil. FU Berlin - Feldstr. 28, 1000 Berlin 45 - Geb. 23. Juni 1946, kath., verh. s. 1969 m. Cordula Schmidt, geb. Lütticke, 3 Kd. (Damian, Cosima, Benedikt) - Stud. Univ. Bochum (Deutsch, Gesch., Phil.); Promot. 1974; Habil. 1981 Berlin, 1985 apl. Prof. - 1975 wiss. Mitarb. Herzog August Bibl. Wolfenbüttel; s. 1979 FU Berlin - BV: Maschine u. Teufel, 1975; Spinoza, Werk u. Wirkung, 1977 (engl. Übers.); Topica universalis, 1983; Theodizee u. Tatsachen, 1988; Geschichte als absoluter Begriff, 1991; Sinnwelten-Weltensinn, 1992 - Spr.: Engl., Franz., Griech., Latein.

SCHMIDT-BLEIBTREU, Ellen, geb. Kesseler

Schriftstellerin (Ps. Ellen Conradi, Prof. h. c. Ellen Conradi-Bleibtreu) - Pregelstr. 5, 5300 Bonn 1 - Geb. 11. Juni 1929 Heidelberg (Vater: Dr. phil. (habil.) Hans K., Chemiker; Mutter: Ellen, geb. Nass), kath., verh. s. 1956 m. Dr. jur. B. S.-B., 2 Kd. (Dr. med. Christiane, Wolfgang) - N. Abit. Landw.sch. (Übern. väterl. Hof n. dessen Tod); Handelssch.; Werkstud. BASF; Univ. Mainz-Germersheim (Spr., Phil., Gesch., Rechtswiss.) - 5 J. Fachgruppenleit. Lit. GEDOK; Deleg. Europabeauftr. Komitee Arts, Lettres, Musique im Conseil Intern. des Femmes - BV: Jahre m. F. J., Ged. 1951; Kraniche, Lyr. 1970; Fragmente, Lyr. 1973; Ruhestörung, Erz., 1975; Unt. d. Windsegel, Lyr. 1978; Im Schatten d. Genius, 1981/89; Zeitzeichen, Lyr. 1983; in Kogge Anthol. Europa in Lyr. u. Pros., 1984; Die Schillers, Pros. 1986/89; Klimawechsel, Lyr. 1989. Mithrsg.: Anthol. de la poésie féminine mondiale (1973), Inter Nationes/Women Writers 1950-80 (1981), Kinder aus 14 Ländern/Kurzgesch. (1982), Dt. Komponistinnen d. 20. Jh. (1984) - Div. Preise u. Ausz. u. a. 1984 Weltkulturpr. Accad. Italia; 1989 Prof. h. c. Istituto Europeo Di Cultura - Spr.: Engl., Span. - Bek. Familienangeh.: Hans Hömberg, Autor, u. a. Kirschen f. Rom (Vetter).

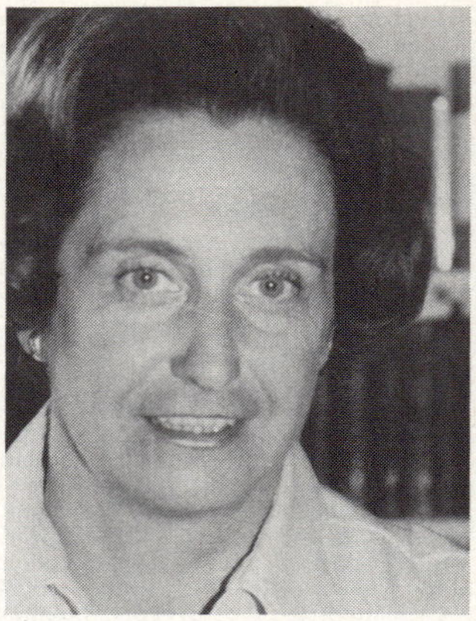

SCHMIDT-BURBACH, Gerhard M.

Dr. phil., nat., Prof. f. Biophysik, Hygiene u. Umweltschutz FHS Gießen-Friedberg - Philosophenweg 30, 6330 Wetzlar 1 (T. 06441 - 4 58 86) - Geb. 19. Okt. 1936 Frankfurt/M. (Vater: Karl Sch., Beamter DB; Mutter: Mina Maria, geb. Ziegert), ev., verh. s. 1964 m. Roswitha, geb. Burbach, 2 Kd. (Christiane-Claudia, Boris-Alexander) - Abit. 1958 Offenbach; Dipl. (Experimentalphysik) 1964 Univ. Frankfurt, Promot. 1969 Max-Planck-Inst. f. Biophysik/Ges. f. Strahlen- u. Umweltforsch. Frankfurt - 1969-75 Ind. (Produkt-Manag.); 1976-78 Inst. f. Umwelt- u. Krankenhaushygiene Univ. Marburg; ab 1979 Mitbegr. u. Mitinh. Inst. f. Krankenhaushygiene u. Infektionskontrolle Gießen; s. 1971 Lehrauftr. FHS Gießen-Friedberg f. Umweltschutz (s. 1981 Hon.-Prof.). S. 1980 Mitbegr. u. Mitherausg. Fachztschr.: Krankenhaushygiene + Infektionsverhüt. (Redakt.); o. Mitgl. Int. Soc. of Biometeorol. Dt. Ges. f. Hygiene u. Mikrobiol. u. Frankfurter Med. Ges.; Doz. Krankenpflege-Hochsch. u. Krankenpflegesch. - Div. Patentanmeld. z. Probl. d. Raumklimatis. u. d. Staubabsch. (Filtertechnik). Zahlr. wiss. Publ., u. a. z. Inkorporation radioaktiver Partikel, z. allg. Fragen d. Umweltschutzes u. d. Humanökol., z. Problember. d. Krankenhaushygiene.

SCHMIDT-CARELL, Paul K.

Dr. phil., Gesandter a. D., Schriftsteller (Ps.: Paul Carell) - Harvestehuder Weg 27, 2000 Hamburg 13; Immentun 7, 2723 Scheeßel - Geb. 2. Nov. 1911 Kelbra/Kyffhäuser, ev., verh. s. 1984 m. Ille, geb. Handt, aus 1. Ehe 3 Töcht. (Elke, Renate, Ute) - Gymn.; Stud. Phil., Psych., Volksw. Promot. 1936 Kiel - 1938-45 Ausw. Dienst (1940 Gesandter) - BV: D. Wüstenfüchse - Mit Rommel in Afrika, 1958, 17. A. 1977 (9 Übers.); Sie kommen - d. dt. Bericht üb. d. Invasion u. 80täg. Schlacht um Frankr., 1960, 10. A. 1977 (9 Übers.); Unternehmen Barbarossa - D. Marsch n. Rußl., 1963, 10. erw. A. 1977 (dt. A. üb. 400 Ts., 11 Übers.); Verbrannte Erde - D. Schlacht zw. Wolga u. Weichsel, 1966, 6. A. 1975 (dt. A. üb. 300 Ts., 11 Übers.); D. Rußlandkrieg - fotografiert v. Soldaten, 1967, 4. A. 1980 (Bildb.); D. tabuierte Ernstfall Krieg, in: D. Ernstfall, Schriften d. Carl Frierich v. Siemens Stiftg., 1978; D. Gefangenen - Leben u. Überleben dt. Soldaten hinter Stacheldraht, 1980, 7 A. 1981. - Spr.: Engl., Franz.

SCHMIDT-CLAUSEN, Kurt

Dr. theol., Landessuperintendent i.R., Altabt von Amelungsborn - Lemförder Str. 8A, 3000 Hannover (T. 88 73 47) - Geb. 1. Okt. 1920 Hannover (Vater: Wilhelm S.-C., Angest.; Mutter: Alwine, geb. Wieckert), luth., verh. s. 1943 m. Erika, geb. Rokahr, 2 Kd. (Anne-Katrin, Jens) - Hindenburg-Sch. Hannover; Univ. Wien, Göttingen, Oxford; Predigersem. Loccum - 1951-52 Pastor Hannover; 1952-55 u. s. 1965 Ref. Landeskirchenamt Hannover; 1955-60 Pastor Wunstorf; 1960-65 Generalsekretär Luth. Weltbund, Genf (1970-77 Mitgl. Exekutivkomit.). S. 1982 theol.- u. kirchengesch. Autor. 5 Bücher u. etwa 65 Aufs. in kirchl. Ztschr. - 1965 Gr. BVK m. Stern - Liebh.: Musik, Gesch., Archäol. - Spr.: Lat., Griech., Hebr., Engl., Schwed.

SCHMIDT-COLINET, Herbert

Dr., Senatspräsident Bundespatentgericht, München 2 - Isolde-Kurz-Str. 2, 8000 München 81 (T. 98 26 36) - Geb. 8. April 1908 - Zul. Senatsrat BPG.

SCHMIDT-DECKER, Nils-Peter

Rechtsanwalt, stv. Aufsichtsratsvorsitzender d. Cerestar Deutschland GmbH, Krefeld (s. 1988) - Hartwicusstr. 5, 2000 Hamburg 76 (T. 040 - 220 10 61) - Geb. 22 Juli 1945 Amberg, ev., verh. s. 1985 m. Dr. med. Susanne, geb. Schlabach - Stud. Rechtswiss. Hamburg - 1980-86 Chef-Syndikus u. Dir. d. Maizena Ges. mbH Hamburg; s. 1987 Partner d. Sozietät Zenk Tippenhauer Osmer Schroeter Schmidt-Decker Bergmann - Div. Veröff. in Fachztschr. - Spr.: Engl., Franz.

SCHMIDT-DECKER, Petra

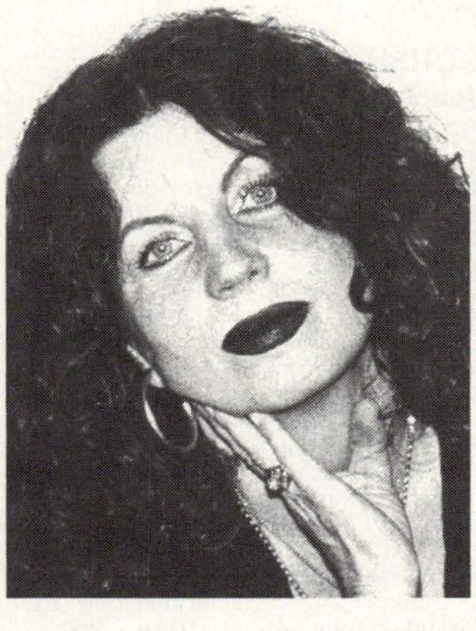

Autorin, Regiss., Schallplatten-Prod. (Ps. Felix Spengler) - Papenhuder Str. 42, 2000 Hamburg-Uhlenhorst (T. 040 - 22 37 73) - Geb. 22. April 1943 Berlin (Vater: Felix-Peter Sch.-D.; Mutter: Ingeborg, geb. Lohse) - Schauspielunterr. b. Joseph Offenbach - 1964-77 Schauspiel.; ab 1977 Lieder (f. Daliah Lavi, Michael Heltau u.v.a.), Schallpl. f. Kinder. Div. Vortr. zu div. Themen - BV: D. Jungen Bosse, Unternehmer-Portraits, 1984; D. gr. Buch d. guten Benehmens, 1985 - Schallpl., sämtl. Walt-Disney-Tonträg. u. Kinderkomp. m. Karlheinz Böhm u.v.a., insges. rd. 150 Prod. - 1990-92 2 Platin-, 7 Gold. Schallpl.; 1992 1. Theaterstück: Old Surehand (f. d. Karl May Festsp. Bad Segeberg) - Liebh.: Schreiben, Lernen, Lesen, Klass. Musik, Sportwagen - Spr.: Engl., Franz., Latein, Altgriech.

SCHMIDT-DENTER, Ulrich

Dr. phil., Prof. f. Psychol. Univ. Köln (s. 1986) - Büsdorfer Str. 30, 5000 Köln 41 - Geb. 8. April 1946 Sydow, ev., verh. s. 1970 m. Ingrid, geb. Denter, 2 Kd. (Kerstin, Hendrik) - Stud. Univ. Köln (Psychol.); Promot. 1977 Düsseldorf; Habil. 1983 Düsseldorf - Beirat d. Ztschr. f. Päd. Psychol., d. Ztschr. Psychol. in Erziehung u. Unterricht, u. d. Ztschr. f. Familienforsch. - BV: V. Kleinkind z. Schulkind (m. H. Nickel), 4. A. 1991; Sozialverhalten v. Vorschulkindern (m. H. Nickel), 1980; D. soz. Umwelt d. Kindes, 1984; Kognitive u. sprachl. Entw.förd. im Vorschulalter, 1987; Soz. Entwicklung, 1988; Entwicklung u. Erziehung im ökopsychol. Kontext (m. W. Manz), 1991 - 1979 Preis f. d. Beste Diss. d. Jahres Univ. Düsseldorf - Spr.: Engl., Franz.

SCHMIDT-DORNEDDEN, Horst

Dr. jur., Botschafter a.D. - Zu erreichen üb. Ausw. Amt, Postf., 5300 Bonn - Geb. 20. März 1921 Hamburg (Vater: Arthur Sch.-D., Apotheker; Mutter: Amalie, geb. Hermes), ev., verh. m. Juliane, geb. Bieber, 3 Kd. (Verena, Micaela, Kai) - Rechtsanw.; Tätigk. Bundesmin. f. Arbeit; s. 1956 AA; Hilfsref. Rechtsabt.; Legationsrat 1957; 1959-1963 Generalkonsulat Amsterdam; b. 1966 Vertretung BRD b. NATO in Paris; Konsul I. Kl. 1962, Botsch.rat 1966; 1966-71 Botschaft Rabat (ständ. Vertr. d. Botsch.); Botsch.rat I. Kl. 1971; Bundespräsidialamt Bonn 1971-74. Ministerialrat; 1974-79 Botsch. in Jordanien; 1979-82 Botsch. Libanon.

SCHMIDT-EFFING, Reinhard

Dr. rer. nat., Prof. f. Paläontologie u. Geologie Univ. Marburg - Pfarracker 4, 3550 Marburg-Bauerbach - Geb. 25. Mai 1943 Fechingen-Brebach (Vater: Erwin Sch.; Mutter: Helene, geb. Fondel), verh. s. 1969 m. Ursula, geb. Effing, 3 Kd. (Karin, Anita, Martin) - Univ. Tübingen, Münster, Madrid u. Mexiko (Dipl.-Geol. 1969 Tübingen, Promot. 1972 Münster, Habil. 1977 ebd.) - 1972 wiss. Assist. Münster; 1973-76 Prof. u. Abt.leit. f. Geol. u. Paläontol. Univ. Costa Rica; 1977 Oberassist. Univ. Münster; 1978 Doz. Univ. Münster; 1981 Prof. Univ. Münster; danach 1981 Prof. Univ. Marburg. Üb. 40 Facharb. - Spr.: Span., Engl., Franz., Russ.

SCHMIDT-EICHSTAEDT, Gerd

Dr. jur., Prof. f. Bau- u. Planungsrecht TU Berlin - Prinzregentenstr. 86, 1000 Berlin 31 - Geb. 20. Febr. 1941 Altlandsberg - Stud. Univ. Hamburg u. Berlin; jurist. Staatsprüf. 1967 u. 1971, Promot. 1973 - S. 1971 Mitarb. Dt. Inst. f. Urbanistik; 1979-92 stv. Inst.leit.; s. 1979 Prof. f. Bau- u. Planungsrecht TU Berlin; s. 1984 Chefredakt. Ztschr. Archiv f. Kommunalwiss. - BV: D. Gemeindeordn. u. d. Kreisordn. in d. Bundesrep. Dtschl., 1975; Bundesges. u. Gemeinden, 1981; Prakt. Erfahr. m. d. Bundesbaugesetz, 1984; Einf. in d. neue Städtebaurecht, 1987; Gesetz üb. d. Selbstverwaltung d. Gemeinden u. Landkreise -Kommentar-, 1990.

SCHMIDT-ELLER

s. Künzell, Berta

SCHMIDT-FALKENBERG, Heinz

Dr.-Ing., Dr. rer. nat. h.c., Prof., Abteilungsleiter, Vors. Dt. Ges. f. Photogrammetrie u. Fernerkundung (1984-88) - Zu erreichen üb. Inst. f. Angew. Geodäsie, Richard-Strauss-Allee 11, 6000 Frankfurt/M. 70 - Geb. 26. Sept. 1926 Falkenberg, verh. s. 1955 m. Karin, geb. Markof - Stud. Geodäsie TU Berlin (Dipl.-Ing. 1955); Promot. 1970 Univ. Bonn - 1955-61 Aufbau e. Photogrammetr. Abt. f. d. Bayer. Flurbereinigungsdst., Bamberg; s. 1962 Inst. f. Angew. Geodäsie, Frankfurt a.M., Bundesbehörde im Geschäftsbereich d. Bundesinnenmin., Abt. II d. Dt. Geodät. Forschungsinst. b. d. Bayer. Akad. d. Wiss. (s. 1979 Leit. Abt. Photogrammetr. Forschung). S. 1968 Lehrbeauftr., 1977 Hon.-Prof. Univ. Karlsruhe; 1986 Ehrenpromot. zum Dr. rer. nat. h.c. durch Ludwig-Maximilians-Univ. München; Mitgl. Unteraussch. I z. Festst. d. Befähig. f. d. höh. techn. Vermessungsdst. im Bundespersonalaussch. (1979-87); Mitgl. Dt. Landesaussch. Scientific Committee on Antarctic Research (SCAR) Dt. Forschungsgem. (1981-87); Mitgl. Ges. Dt. Naturforscher u. Ärzte. Üb. 100 wiss. Veröff. - Liebh.: Zeichnen (Landschaften) - Spr.: Engl.

SCHMIDT-GADEN, Gerhard

Prof., Leiter Tölzer Knabenchor (gegr. 1956) - Kaminskistr. 13, 8174 Benediktbeuern (T. 08857 - 6 38) - Ab 1959 Zusammenarb. m. Kurt Thomas, ab 1964 m. Carl Orff, 1967 Dozent Orff-Inst. Salzburg u. Beginn d. Gesamtaufnahme d. Orff-Schulwerkes. 1977-88 Lehrtätigk. Mozarteum Salzburg, s. 1980 o. Prof.; s. 1984 Chordir. Mailänder Scala. Konzertreisen nach China, Japan, in d. USA u. durch ganz Europa. UA: Lukas-Passion u. Utrenja v. K. Penderecki - Zahlr. Schallplattenaufnahmen, mehrf. ausgezeichnet; s. 1972 ständige Mitwirkung b. d. Salzburger Festspielen. Zahlr. Einstudierungen v. Knabenchorpartien in Europa u. Übersee. Ab 1975 insges. 97 Kantaten-Einspielungen f. Gesamtausg. d. 196 geistlichen Bach-Kantaten (m. Harnoncourt u. Leonhardt) - 1983 BVK; 1984 Poetentaler d. Münchner Turmschreiber; 1987 Adalbert-Stifter-Med.

SCHMIDT-GELLERSEN, Martin

s. Schmidt, Martin

SCHMIDT-GERTENBACH, Volker

Generalmusikdirektor - Wallfahrtstr. 2, 3412 Nörten-Hardenberg 3 - Geb. 28. Dez. 1941 Witzenhausen, ev., verh. s. 1976 m. Barbara, geb. Schneider - Gymn. Hann.-Münden; Musikakad. Kassel - 1965 Ballettrepetitor Kasseler Staatstheater; 1967 Dirigent u. 1974 Chefdirig. Göttinger Symphonie Orchester, 1981-84 auch ständ. Dirig. Radiosymfoniorkester Stavanger, Norwegen. Gastdirig.tätigk. in üb. 20 versch. Ländern. Zahlr. Rundfunk- u. Fernsehaufnahmen sowie mehrere Schallplatteneinspielungen. Ab 1989 Geschäftsf. Verein Kulturförd. Südniedersachsen.

SCHMIDT-GLINTZER, Helwig

Dr., Sinologe, o. Prof. Univ. München (s. 1981) - Kaulbachstr. 51a, 8000 München 22 - Geb. 24. Juni 1948 Bad Hersfeld, verh. m. Karola, geb. Weirich, 3 Kd. - 1967-73 Stud. Univ. Göttingen u. München; Promot. 1973; Habil. 1979 Bonn - S. 1981 Ord. f. Ostasiat. Kultur- u. Sprachwiss. Univ. München. Forschungsaufenth. in Taiwan, Japan, VR-China - BV: Mo Ti. Schriften, 2 Bde, 1975; D. Hung-ming chi, 1975; D. Identität d. buddh. Schulen ... in China, 1982; Chin. Manichaica, 1987; Gesch. d. chin. Lit. v. d. Anfängen b. z. Gegenw., 1990. Herausg.: Max Weber. D. Wirtschaftsethik d. Weltreligionen, Konfuzianismus u. Taoismus (1989, Max Weber Gesamtausg. Bd. I/19); Lebenswelt u. Weltanschauung im frühneuzeitl. China (1990) - Liebh.: Musizieren.

SCHMIDT-HÄUER, Christian

Journalist u. Publizist, Polit. Redaktion Die Zeit - Pressehaus, Speersort 1, 2000 Hamburg - Geb. 17. Sept. 1938 Hannover (Vater: Walther Sch.-H., Arzt; Mutter: Margot, geb. Häuer) - Obersch., Sprachenstud. - 1968/69 Korresp. Prag (Spiegel), s. 1970 Korresp. D. Zeit u. ARD: Balkan (b. 1975), Moskau (b. 1979). Spez. Arbeitsgeb.: Osteuropa - BV: Viva Dubček, 1968; D. sind d. Russen, 1980 (übers. Span.); Menschen in Moskau, 1980; Nachbarn s. 1000 J. - Polen u. Russen (in: D. poln. Freiheitskampf), 1981; Gorbachev - The Path to Power, 1986 - Spr.: Engl., Franz., Russ., Serbokroat.

SCHMIDT-HOLTZ, Rolf

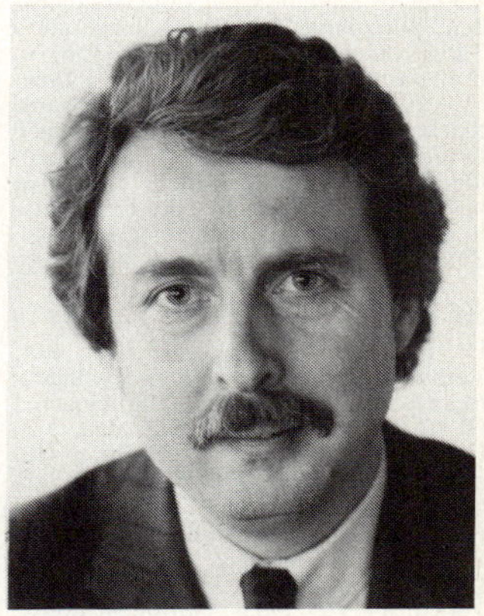

Herausgeber STERN Gruner + Jahr AG & CO. (s. 1988), Vorst.-Mitgl. Gruner + Jahr (s. 1990) - Zu erreichen üb. Gruner + Jahr AG Druck- u. Verlagshaus, Baumwall 11, 2000 Hamburg 11 - Geb. 31. Aug. 1948, ev., verh., 2 Kd. - Jura-Stud. (1. u. 2. Ex.) - Wiss. Assist. Univ. Kiel - 1977-80 Chef v. Dienst Bundespresseamt; 1980-84 ARD-Korresp. Bonn; 1984 Vorst. Bundespressekonfz.; 1985 Leit. Vorstandsbüro Information u. Publiz. Bertelsmann AG, Gütersloh; b. 1988 Chefredakteur Fernsehen, Haupt-abt.-Leit. Politik u. Zeitgeschehen, Westd. Rundf. Köln; 1989-90 Herausg. Hamburger Morgenpost; Jan. 1990 Geschäftsf. Gruner + Jahr Zitschr. Television GmbH; Chefredakt. STERN Gruner + Jahr (s. 1990).

SCHMIDT-JORTZIG, Edzard

Dr. jur., o. Prof. f. Öfftl. Recht Univ. Kiel (s. 1982), Richter OVG a.D. (Lüneburg u. Schleswig) - Graf-Spee-Str. 18a, 2300 Kiel 1 - Geb. 8. Okt. 1941 Berlin (Vater: Friedrich-Traugott S., Konteradmiral; Mutter: Carla, geb. Freiin v. Frydag), ev., verh. s. 1968 m. Marion, geb. v. Arnim, 4 Kd. (Edzard, Ailika, Immo, Gesine) - Abit. 1961 Lüneburg; Stud. Rechts- u. Staatswiss. Univ. Bonn, Lausanne u. Kiel; Promot. 1969; Gr. jurist. Staatsprüf. 1970; Habil. 1976 Göttingen - 1970 Kommunalverwalt. Göttingen; 1977 Univ.-Doz. Univ. Göttingen; 1977 Prof. Univ. Münster - BV: D. Pflicht z. Geschlossenheit d. kollegialen Regierung, 1973; Z. Verfassungsmäßigkeit v. Kreisumlagesätzen, 1977; Kommunale Organisationshoheit, 1979; D. Einrichtungsgarantien d. Verfassung, 1979; Kommunalrecht, 1982; Gemeindliches Eigentum an Meeresähfen, 1985; Reformüberlegungen f. d. Landessatzung Schlesw.-Holst., 1988; Handb. d. komm. Finanz- u. Haushaltsrechts (m. J. Makswit), 1991 - Spr.: Engl., Franz.

SCHMIDT-KALER, Theodor

Dr. rer. nat., Dipl.-Math. Prof. f. Astronomie, Direktor d. Astronom. Inst. d. Ruhr-Univ. Bochum - Postf. Nr. 10 21 48 (Astronom. Inst. Ruhr-Univ. Bochum), 4630 Bochum 1; priv.: Steinhügel 105, 5810 Witten - Geb. 8. Juni 1930 Seibelsdorf (Vater: Ferdinand S, Pfarrer; Mutter: Emilie von Kaler), ev.-luth., verh. s. 1958 m. Johanna geb. Gräfin v. Pfeil, 1 S. (Ferdinand) - Hum.

Gymn.; Univ. Erlangen, Paris, München, Dipl.-Math. 1954, Dr. rer. nat 1955, bde. München; Habil 1961 Bonn. 1964. Gastprof. Univ. Toronto; 1973-76 Kreistag Ennepe/Ruhr u. KVR, s. 1978 Vors. d. Astronom. Ges. Üb. 100 Fachveröff. - Liebh.: Bergsteigen - Spr.: Engl, Franz., Span., Ital, Griech.

SCHMIDT-KESSEN, Wilhelm

Dr. med. (habil.), em. Prof., f. Physikal. Medizin u. Rehabilitation - Weiherhofstr. 15, 7800 Freiburg/Br. (T. 2 39 89) - Geb. 9. Okt. 1919 Duisburg (Vater: Wilhelm S., Kaufm.; Mutter: Caroline, geb. Klein), verh., 2 Söhne (Andreas, Volker) - Stud. Leipzig, Marburg, Gießen, Würzburg, Heidelberg, Innsbruck - Tätigk. Univ. Greifswald (b. 1956) u. Freiburg (1957ff.; 1963 apl. Prof.). Emerit. 1985. Ärztl. Leit. d. dt.-franz. Krankengymnastik- u. Massageschule Ortenau u. a. - BV: u. a. Allg. Balneotherapie (Handb. f. Bäder- u. Klimaheilkd.); Klimatherapie u. Rehabilitationsforschung. Fachaufs. Mithrsg.: Ztschr. f. physikal. Med. u. a.

SCHMIDT-KOENIG, Klaus

Dr. rer. nat., o. Prof. f. Zoologie Abt. Verhaltensphysiologie Univ. Tübingen, Beim Kupferhammer 8, 7400 Tübingen 1 (T. 07071 - 29 26 20) - Geb. 21. Jan. 1930 Heidelberg, verh. s. 1959, 3 Kd. - Human. Gymn. Heidelberg; Univ. Heidelberg, München, Kiel, Freiburg, Max-Planck-Inst. f. Verhalt.physiol., Promot. 1958, Habil. Göttingen 1965 - S. 1959 Duke Univ. Durham N. C./USA (Prof. Zool.), 1963-75 Univ. Göttingen (Wiss. Assist.), S. 1975 o. Prof. f. Zool. Univ. Tübingen. S. 1986 Präs. Dt. Ornithologen-Ges. Spez. Arbeitsgeb.: Verhalt.-physiol. - BV: Migration and Homing in Animals, 1975; Avian Orientation and Navigation, 1979; D. Rätsel d. Vogelzugs, 1980; Mithrsg. Animal Orientation and Navigation (NASA Washington), 1972; Animal Migration, Navigation and Homing, 1978 - Spr.: Engl., Franz.

SCHMIDT-KÜNSEMÜLLER, Friedrich-Adolf

Dr. phil., Ltd. Bibliotheksdirektor a. D. - Eichkoppelweg 8c, 2300 Kiel-Kronshagen (T. 58 21 90) - Geb. 30. Dez. 1910 Hannover (Vater: Julius S., Ingenieur; Mutter: Erna, geb. Künsemüller), ev., verh. in 2. Ehe (1948) m. Erika, geb. Möhle, 2 Töcht. (Christiane, Gabriele) - Gymn. Hannover; Univ. Göttingen (German., Angl., Gesch.) - 1938-42 Univ.bibl. Greifswald; 1952-55 Dt.-Forschungsgem. (Ref.); 1955-59 Stadtbibl. Mainz (Dir.); 1959-1975 Univ.bibl. Kiel (Dir.). S. 1965 Honorarprof. Univ. Kiel (Buch- u. Bibliothekswesen) - BV: Die Erfindung des Buchdrucks als technisches Phänomen, 1951; D. Gesch. d. Bucheinbandes, 1952; William Morris u. d. neue Buchkunst, 1955; T. J. Cobden-Sanderson, 1964; Corpus d. Lederschnitteinbände aus d. dt. Sprachgeb., 1980; D. abendländ. roman. Blindstempeleinbände, 1985; Bibliogr. z. Gesch. d. Bucheinbandes, 1987 - Liebh.: Bibliophilie, Buchgesch. - Spr.: Engl., Franz. - Lit.: Bibl. u. Buch, Festschr. f. F. A. Sch.-K. (1975).

SCHMIDT-LIEBHAUSER, Brigitte

Solotänzerin Städt. Bühnen Augsburg (s. 1969) - Lehningerstr. 2, 8900 Augsburg (T. 0821 - 8 25 94) - Geb. 7. März 1934 Berlin, ev., verh. s. 1954 m. Lutz Schmidt, 2 Töcht. (Nathalie, Isolde) - Ausbild. b. Mary Wigman u. Tatiana Gsovsky, Berlin; Abschlußprüf. f. Bühnentanz 1952 Berlin - Engagem.: 1952 Berlin; 1953 München, Hannover; 1954 Köln; s. 1955 Solotänzerin Münster, Essen, s. 1961 Saarbrücken, s. 1969 Augsburg - Rollen u.a. Saarbrücken: Feuervogel, Scheherasade, Zauberladen, Juan u. Zarissa, Cinderella, Carmina Catulli; Augsburg: Pulcinella, Undine, Hamlet, Puppenfee, Sancho Pansain, Don Quijote, u.v.a.; eig. Choreographien - Liebh.: Malerei, Natur, Musik - Spr.: Engl. - Bek. Vorf.: Josef Liebhauser, 1. Geiger im Berliner Philharmon. Orch. (Vater).

SCHMIDT-MÂCON, Klaus F.

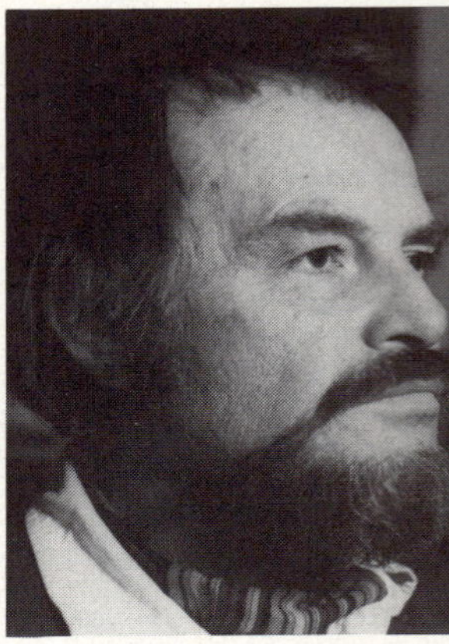

Freier Schriftsteller, Literaturdoz. an VHS - von-Hees-Str. 5, 6148 Heppenheim (T. 06252 - 7 21 67) - Geb. 18. März 1936 Mannheim, verh. m. Ursula, geb. Merz, T. Tanja - Abit. 1956; Stud. Gesch., German., Phil., Politik Univ. Frankf.- BV: Zwischenräume, 1975; Fortschrittsbäuche, 1981; Steinzeichen, 1982; Fabelhafte Begegnungen, 1983; Punktierungen, 1986; Im Maul d. Eisbären, 1987; D. Bürger v. Irragon, 1987; Aschenspur/Trace de cendres, 1988; Ortstermin: Deutschl. - E. poetisches Tageb., 1990; Wortsuche, 1990. Herausg.: Kindheitsverluste (1987), Kopflauf (1990). Lit. Arb.gebiete: Lyrik, Satire, Erz., Aphor., Kurzgesch., Ess. - 1975 Ehrenmitgl. Anne Frank - Stichting, Amsterdam, 1989 Ehrenmitgl. Assoc. Des Écrivains D'Afrique Centrale.

SCHMIDT-MATTHIESEN, Heinrich

Dr. med., em. Prof. f. Geburtshilfe u. Gynäkologie - Humperdinckstr. 11, 6000 Frankfurt/M. 70 - Geb. 28. März 1923 Witten/Ruhr - S. 1961 (Habil.) Lehrtätigk. Univ. Göttingen (1967 apl. Prof.) u. Frankfurt (1969 Ord.). 1978-80 Präs. Dt. Ges. f. Gynäkol. u. Geburtshilfe. Mitgl. Akad. Naturforscher Leopoldina; Ehrenvors. AG f. gynäk. Onkologie; Ehrenmitgl. d. Dt. Ges. f. Gynäk. u. Geburtsh., Ital. Ges. f. Gynäk. u. Geburtsh., Berufsverb. d. Frauenärzte.

SCHMIDT-MÜHLISCH, Lothar

Ressortleiter Geistige WELT/WELT d. Buches, Zeitung D. WELT, Bonn - Im Erlenbusch 10, 5300 Bonn 1 (T. 0228 - 28 11 00) - Geb. 6. Sept. 1938 Finsterwalde/Mark Brandenburg, verh. s. 1981 m. Nicola, geb. Malkowsky, 4 Kd. (Esther Ruth, Max Konstantin, Milena Friederike, Wolf Nikolaus) - 1957-64 Stud. Phil., Theaterwiss. u. Kunstgesch. Univ. Tübingen, Wien u. Bonn - 1964-66 Lektor f. Fernsehsp. WDR Köln; 1966-70 Redakt. Bonner Generalanzeiger; 1970-73 Dir. Theater im Bonn-Center; s. 1975 Redakt. b. D. WELT, Bonn - Veröff.: Affentheater - Bühnenkrise ohne Ende?; Bonn u. Bad Godesberg (Prestel Städteführer). Rd. 25 Theaterinsz. (Tübinger Zimmertheater, Theater d. Jugend, Bonn, Theater im Bonn-Center) - Liebh.: Schach, Fußball - Spr.: Engl., Russ.

SCHMIDT-NARISCHKIN, Dimitri

Präsident Wehrbereichsverwaltung I (s. 1989) - Feldstr. 234, 2300 Kiel 1 - Geb. 4. Juni 1929 Halle/Saale, verh., 3 Söhne - Abit. 1949 (nach Entlassung aus amerik. Kriegsgefangenschaft); Stud. Rechtswiss. ab 1949 Univ. Freiburg; 2. jur. Staatsex. 1957 - 1959 Eintritt in d. Geschäftsbereich d. Bundesmin. d. Verteidigung - BVK I. Kl.

SCHMIDT-OSTEN, Hans

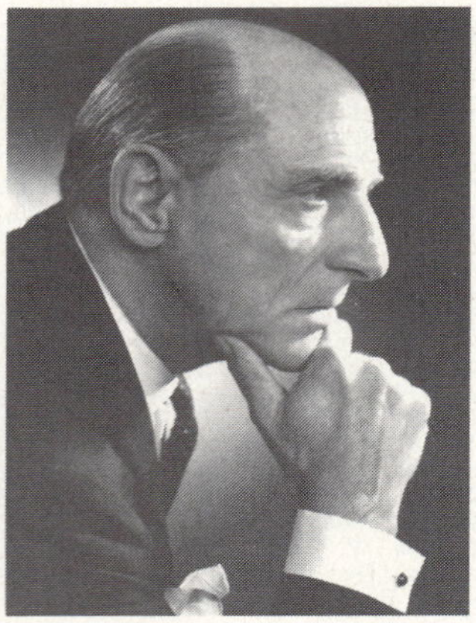

Justitiar Stuttgarter Nachrichten (s. 1947) u. Dt. Journalisten-Verb. (s. 1949) - Rebhalde 11, 7000 Stuttgart (T. 25 64 65) - Geb. 27. April 1903 Heidelberg (Vater: Prof. Gustav Schmidt; Mutter: Maria, geb. Osten) - Univ. Heidelberg u. Tübingen (Rechtswiss.) - Jurist. Mitarb. v. Ztg. - BV: D. Arbeitsrecht d. Presse; D. Steuerrecht d. Presse; D. Urheberrecht d. Presse'; D. Interview (in Festschrift f. Löffler); D. Recht d. Zeitung (in Handb. d. Publizistik). Zahlr. Einzelveröff., dar. Archiv f. Presserecht; D. Recht d. Presse (Beilage z. Ztschr. D. Journalist). 1972 Gold. Verdst.med. Bayer. Journ.verb.; 1973 Ehrenmitgl. Dt. Journ.-Verb.

SCHMIDT-OTT, Wolf-Dieter

Dr., Wiss. Rat u. Prof. Univ. Göttingen (s. 1975), gf. Leit. II. Phys. Inst. (s. 1982) - Henri-Dunant-Str. 22, 3400 Göttingen - Geb. 29. Dez. 1930 München (Vater: Dr. med. Albrecht S.; Mutter: Elisabeth, geb. v. Braun), ev., verh. s. 1962 m. Doris, geb. Hundertmark, 3 Kd. (Nikolai, Katharina, Joelle R.) - Univ. Göttingen u. Heidelberg - 1963 Doz. u. 1969 apl. Prof. Univ. Göttingen, 1970-1972 Georgia Inst. of Technology, Atlanta, 1970 ff. Mitgl. Techn. Komit. UNISOR, Oak Ridge u. 1972-1974 wiss. Mitarb. National Labor., ebd. Üb. 90 Fachveröff. In- u. Ausl. - Bek. Vorf.: Friedrich S., Preuß. Kultusmin. (Großv.).

SCHMIDT-PAULI, von, Edgar

Dr. jur., Botschafter a. D., Rechtsanwalt in Schwarz Schniewind Kelwing Kadjavi - Wittelsbacherplatz 1 (Arco-Palais), 8000 München 2 (T. 235 00 40); priv.: Thiemestr. 3, 8000 München 40 (T. 33 39 94) - Geb. 4. Okt. 1915 Berlin (Vater: Dr. jur. Edgar v. S.-P., Schriftst. † 1955 (s. XII. Ausg.); Mutter: Elsa v. Radeck, geb. Fischer † 1966), kath., verh. s. 1955 m. W. Monika, geb. Schmidt, 5 Kd. (Sigrun, Christian, Beatrice, Konstantin, Katharina) - 1924-26 Franz. Gymn. Berlin, 1926-33 Lyceum Alpinum Zuoz (Schweiz), 1933-36 Univ. Exeter, Berlin, München (Ref. 1936, Promot. 1940) - 1937-45 Mil./Kriegsdst. (zul. Major, Kdr. A.A. 171), 1945-50 sowj. Kriegsgef.; 1950-53 Assessor (K) München; s. 1953 Ausw. Amt (Inland: 1953-57, 1960-64; Ausland: 1957-60 Botschaft Oslo, 1964-68 Gen.Konsul Boston; 1968-1971 Gesandter u. Vertr. d. std. Beob. b. d. Vereinten Nationen, New York; 1971-74 Gesandter u. Vertr. d. Botschafters, London; 1975-78 Botschafter in Bangkok (Thailand; b. 1976 auch in Vientiane, Laos); 1979-80 Botschafter in Oslo - Gr. BVK; Kgl. Norw. St. Olav-Orden, K.C.V.O. (Großbrit.), Most exaulted Order of the White Elephant, I. Class (Thailand), Gr. Gold. Ehrenz. Rep. Österr.; Offz.kr. portug. Ord. Militar de Christo u. a. Ausz. - Liebh.: Lit., Gesch., Sport (Reiten, Ski, Tennis) - Spr.: Engl., Franz., Norw. (Russ.).

SCHMIDT-PAULI, von, Egbert

Geschäftsführer Kölner Renn-Verein (s. 1946) - Niehler Str. 435, 5000 Köln 60 (T. 74 80 74) - Geb. 24. Aug. 1917 Potsdam (Vater: Theodor v. S.-P., Rittmeister, Landwirt; Mutter: Berta, geb. Schramm), ev., verh., 2 Kd. (Alexandra, Georg) - Abit. - Berufsoffz. (zul. Major i. G.); Intern. Club Baden-Baden, Präs. Verb. Dt. Amateur-Rennreiter, Mitgl. Verein f. Hindernisrennen - Liebh.: Reiten (Sieger in 11 Amateurrennen), Philatelie - Spr.: Engl., Franz. - Bek. Vorf.: Florentin v. S.-P., General, 1881 Gründer Verein f. Hindernisrennen u. Karlshorster Rennbahn (Großv.).

SCHMIDT-RÄNTSCH, Günther

Dr. jur., Ministerialdirektor a.D., früh. Leit. Abt. I (Bürgerl. Recht) Bundesjustizmin. (1971ff.) - Heinemannstr. 6, 5300 Bonn-Bad Godesberg - Geb. 11. Nov. 1921 Hamburg (Vater: Alfred Schmidt, Ingenieur; Mutter: Marie, geb. Räntsch), ev., verh. s. 1948 m. Edeltrude, geb. Müller, 2 Kd. (Jürgen, Ruth) - Wilhelm-Gymn. Hamburg; Univ. Erlangen, München, Hamburg (Rechtswiss.) - Ref. u. Unterabt.leit. - BV: Dt. Richtergesetz, Komm. 1962, 4. A. 1988 - Gr. BVK - Spr.: Engl.

SCHMIDT-ROHR, Ulrich

Dr. rer. nat., Prof., Direktoriumsmitgl. Max-Planck-Inst. f. Kernphysik, Heidelberg (s. 1966) - Im Wiesengrund 8, 6900 Heidelberg-Schlierbach (T. 80 27 40) - Geb. 25. Mai 1926 Frankfurt/O. (Vater: Georg Sch.-R., Philologe, Verf.: D. Sprache als Bildnerin d. Völker; Mutter: Ruth, geb. Rohr), ev., verh. s. 1963 m. Helma, geb. Wernery, 5 Kd. (Volker, Ute, Klaus, Axel, Sven) - Friedrichs-Gymn. Frankfurt/O.; TH Berlin (1943-44), TH Braunschweig (1945-47), Univ. Heidelberg (1947-53; Physik). Promot. (1953) u. Habil. (1960) Heidelberg - 1952-60 Assist. Univ. u. MPI (1953) Heidelberg, 1954 F. S. S. P. Fellow MIT Cambridge (USA), s. 1960 Privatdoz., apl. Prof. (1961), Honorarprof. (1967) Univ. Heidelberg (Kernphysik), 1961 Abt.sleit. u. Wiss. Mitgl. MPI f. Kernphysik ebd., 1962-65 Dir. Inst. f. Kernphysik Kernforschungsanlage Jülich. Üb. 50 Fachveröff.

SCHMIDT-SALZER, Joachim

Dr. iur., Rechtsanwalt, Honorarprof. an d. Jurist. Fak. d. Univ. Hannover, Vorstand HDI Haftpflichtverband d. Dt. Ind. VaG - Riethorst 2, Postf. 51 03 69, 3000 Hannover 51 - Geb. 6. Juni 1939 Berlin - BV: u.a. D. Recht d. Allg. Geschäfts- u. Versich.-Beding., 1965; Allg. Geschäftsbeding., 1971, 2. A. 1977; Produkthaftung, 1973; Entscheidungssamml. Produkthaft., Bd. I-V, 1975-82, s. 1988 Loseblatt-Ausg.; Produkthaft. im franz., belg., dt., schweizer., engl., kanad. u. US-amerik. Recht sow. in rechtspolit. Sicht, 1975; Komment. z. d. Allg. Versorgungsbeding., Produkthaftung, Bd. II Freizeichnungsklauseln, 2. A. 1984, Bd. I Strafrecht, 1988, Bd. IV/1 Produkthaftpflichtversich., 1990, Bd. III/1 Deliktsrecht, 1990; Kommentar EG-Produkthaftung, Bd. I Dtschl., 1986, 2. A. 1987, Bd. II Ausland (m. Dr. Hollmann), 1990; Kommentar zum Umwelthaftungsrecht, 1992.

SCHMIDT-SCHERER, Axel

Dramaturg Hessisches Staatstheater Wiesbaden - Bornerstr. 3, 6204 Taunusstein - Verh. s. 1987 m. Luzia Scherer, 2 Kd. (Louisa, Anselm) - Stud. Univ. Münster, Heidelberg, Göttingen; 1. Staatsex. 1977 Göttingen; 2. Staatsex. 1982 Braunschweig; 1977-80, 1982-83 u. 1987-89 Dramaturg Dt. Theater in Göttingen; 1983-85 gf. Dramat. Rhein.

Landestheater Neuss; 1985-87 Dramat. Krefeld/Mönchengladbach.

SCHMIDT-SCHLEGEL, Philipp

Dr. jur., Generalkonsul d. BRD in Montreal, Gastforscher d. Centre d'etudes et de documentation européennes Univ. d. Montréal (s. 1981) - 3455 Mountain Street, Montreal P.Q. H3G 2A3 (T. 849 - 11 34/8) - Geb. 19. Febr. 1916 Bochum (Vater: Dr. Ernst Schmidt, Oberregierungsrat; Mutter: Grete, geb. Schlegel), ev., verh. s. 1952 m. Beryl, geb. Bott, 2 Kd. (Margaret Christine, Martin) - Gymn. Bochum; Univ. Heidelberg, Perugia, Genf, Paris, Santander, München, Tübingen (Rechtswiss., Volksw., Gesch., Spr.). Promot. 1949 - Wehrdst. u. sowjet. Gefangensch., 1946-50 jurist. Vorbereitungsdst., 1946-48 Mitarb. Ztschr. Europaarchiv, 1947-49 Redakt. Staatl. Nachrichtendst. Tübingen, 1948-49 Berichterstatter Entschädigungsamt ebd., s. 1951 Ausw. Dienst, 1951 Abt. Protokoll u. Personalabt. Bonn, 1952-56 Gesandtschaftsrat La Paz (1 1/2 J. Geschäftsträger a. i.), 1957-60 Ref. bzw. stv. Ref. f. Spanien, Portugal, Hl. Stuhl, Griechenl., Türkei, Zypern Länderabt. Bonn, 1960-64 Konsul Boston, 1964/65 Leit. Ref. f. polit. Integration Eur. u. f. d. dt.-franz. Freundsch.-vertr., 1965-68 Botsch. Kingstown/Jam., 1968-75 Generalk. New York, s. 1975 Leiter Generalkonsulat Montreal - BV: Die Geldentschädigung für Nichtvermögenschaden im dt., franz., u. engl. Recht, 1951; D. Staatsangehörigkeit v. Brasilien u. Chile, 1957; D. Gutachten d. 1957/58 n. Bolivien entsandten dt. Sachverst. u. ihre Auswert., 1959 - Comendator Ordinis Sancti Silvestri Papae (Hl. Stuhl), Comendador del Conder de los Andes (Boliv.), Comendador da Orden Militar de Christo (Portug.), Croce de merito di prima classe del Sov. Ordine militare di Malta (Malteser Orden), Cruz de Caballero de la Orden de Isabel la Católica (Span.), BVK I. Kl. - Liebh.: Lesen, Musik.

SCHMIDT-THOMÉ, Josef

Dr. phil., Prof., Chemiker - Wachtelweg 36, 6000 Frankfurt/Main 80 - Geb. 18. Aug. 1909 Köln, kath., verh. m. Margareta, geb. Schreiber, 2 Kd. - Aposteln-Gymn. Köln; 1928-33 Univ. Freiburg/Br., Göttingen, TH Danzig. Promot. 1935 Göttingen; Habil. 1943 Berlin - 1935 Privatassist. bei Prof. Dr. Adolf Butenandt, Danzig, 1936-50 Assist. Kaiser-Wilhelm-Inst. f. Biochemie Berlin (1943 Doz. Univ. Berlin) u. Physiol.-Chem. Inst. Tübingen (1948 Doz., 1949 apl. Prof.), 1950-73 Leit. Biochem. u. Mikrobiol. Labor. Hoechst AG., Ffm.-Höchst, u. apl. Prof. Univ. Frankfurt (Organ. Chemie). Arbeiten üb. Steroidhormone, Antibiotika, Saponinhämolyse u. Blutersatzmittel.

SCHMIDT-THOMÉ, Paul

Dr. phil., em. Prof. f. Geologie (s. 1977) - Holzen 3, 8021 Icking (T. 37 46) - Geb. 16. Juli 1911 Köln (Vater: Dr. jur. August Schmidt, Notar; Mutter: Lisbeth, geb. Thomé), kath., verh. s. 1939 m. Bertha, geb. Fessler †1987, 5 Kd. (Michael, Peter, Johannes, Veronika, Robert) - Univ. Freiburg/Br. u. Bonn (Promot. 1936), Habil. 1942 Berlin - 1938-45 Geologe Spanien u. Nordafrika (Lagerstätten u. Wasser); 1946-53 Regierungsrat Bayer. Geol. Landesamt München; s. 1948 Lehrtätigk. Univ. (Privatdoz.) u. TH München (1953 ao., 1954 o. Prof. u. Inst.dir.) - BV: Helgoland. Sammlung geolog. Führer, Bd. 82 X + 111 S., 1987. Fachb. (zul Lehrb. d. Allg. Geol. II: Tektonik, 1972) u. -aufs. - 1979 Hans Stille-Med. d. Dt. Geol. Ges. - Spr.: Span., Engl., Franz. - Bek. Vorf.: Dr. A. Schmidt, Physiker, Köln (E. Leybolds Nachf.); Geheimrat Prof. Dr. W. Thomé, Botaniker, Köln; Prof. Dr. J. Fessler, Chirurg, München.

SCHMIDT-TRAUB, Henner

Dr.-Ing., Prof. f. Anlagentechnik Univ. Dortmund - Emil-Figge-Str. 70, 4600 Dortmund 50 - Geb. 30. Mai 1940 Hamburg - Stud. TU Braunschweig u. TU Berlin; Promot. 1970; Habil. 1974.

SCHMIDT-VOGT, Helmut

Dr. oec. publ. (habil.), o. Prof. u. Direktor Inst. f. Waldbau Univ. Freiburg (s. 1964) - Schloßweg 27a, 7802 Merzhausen/Br. (T. 40 34 24) - Geb. 8. Jan. 1918 Burggrub (Vater: Johannes Schmidt, Pfarrer; Mutter: Hanna Luise, geb. Vogt), ev., verh. s. 1945 m. Hildegard, geb. Baumgärtner, 2 Kd. (Rainer, Dietrich) - St. Anna-Gymn. Augsburg, 1937-45 Wehrdst. u. Gefangensch. 1950 Promot. Univ. München. 1962-64 Privatdoz. München - BV: Gütebeurteilung v. Forstpflanzen, 1961; Wachstum u. Qualität v. Forstpflanzen. 2. A. 1966; Die Fichte, Handb. in 2 Bdn., Bd. I, 2. A. 1987, Bd. II/1 1986, Bd. II/2 1989, Bd. II/3 1991. Üb. 150 Einzelarb. - 1979 Med. d. Forstwiss. Ges. in Finnl.; 1984 Dr. h.c. Univ. Helsinki; 1988 Ehrenmitgl. Accad. Italiana d. Scienze Forestali Florenz; 1989 Ehrenprof. Univ. Santiago del Estero, Argentinien.

SCHMIDT-VOIGT, Jörgen

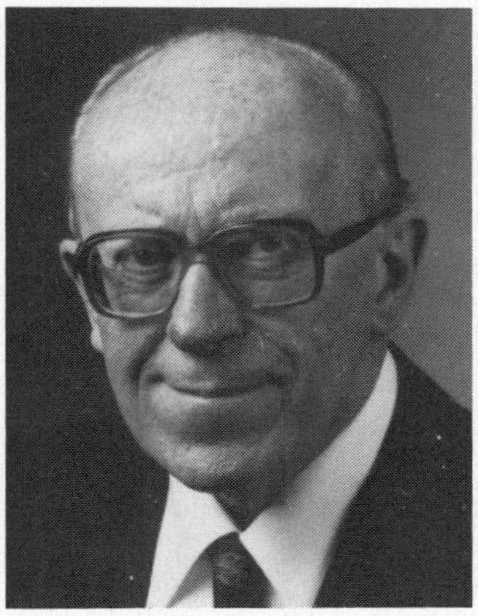

Dr. med., Internist, Chefarzt Kreiskrankenhaus Main-Taunus, Bad Soden (s. 1969) - Fuchstanzstr. Nr. 6, 6240 Königstein/Ts. (T. 72 59) - Geb. 13. April 1917 München (Vater: Hans Heinrich, Oberstudienrat Frankfurt/M.), verh. s. 1944 (Ehefr.: geb. Reymann), 3 Kd. (Christa, Petra, Michael) - Univ. Frankfurt u. Marburg - 1945-68 Chefarzt Kreiskrkhs. Eppstein - BV: Kreislaufstörungen, 1950; Herzschalldiagnostik, 1951; Atlas d. klin. Phonokardiogr., 1955; D. Gesicht d. Herzkranken, 1958; Herzrhytmus-Fibel, 1959; Herzakust. Diagnostiken, 1959 (Lehrb. m. Schallpl.); Kardiologie f. d. Praxis, 1964; D. Herzanfall, 1971; Herzauskultation, 1973 - 1964 Wischnewsky-Med. (UdSSR); 1965 v.-Bergmann-Plak.; Ehrenmitgl. Kardiolog. Ges.; 1970 BVK I. Kl. - Liebh.: Musik (u. a. öfftl. Auftreten m. Prof. Edwin Fischer, Enrico Mainardi, Wolfgang Schneiderhan, Johanna Martzy) - Stiftg. d. Ikonen-Museums d. Stadt Frankfurt/M.

SCHMIDT-WIEGAND, Ruth

Dr. phil., Dr. jur. h.c., Prof. f. Germanistik Univ. Münster - Schückingstr. 36, 3550 Marburg u. Aegidiistr. 60, 4400 Münster - Geb. 1. Jan. 1926 Berlin (Vater: Dr. jur. Max Wiegand, Senatspräsident; Mutter: Elisabeth, geb. Schwarz), altkath., verh. s. 1952 m. Prof. Dr. Roderich Schmidt, T. Jutta - 1946-51 Stud. Greifswald; Dipl. 1951 (Gesch., German., Phil.), Promot. 1952 ebd., Habil. 1970 Münster (German.) - 1952-58 Assist. Greifswald; 1961-64 Bonn, 1970 Akad. Rätin Münster; 1971-80 apl. Prof.; s. 1980 Prof. (C3) - BV: Stud. z. hist. Rechtswortgeogr. D. Strohwisch als Bann- u. Verbotszeichen. Bezeichn. u. Funktionen, 1978; Mark u. Allmende. D. Weisthümer Jacob Grimms in ihrer Bedeut. f. e. Gesch. d. dt. Rechtssprache, 1981; Wörter u. Sachen im Lichte d. Bezeichnungsforsch. (Hrsg.), 1981; D. Wolfenbütteler Bilderhandschr. d. Sachsenspiegels u. ihr Verhältnis z. Text Eikes v. Repgow, 1983; Text- u. Sachbezug in d. Rechtssprachgeogr. (Hrsg.), 1985; Text-Bild-Interpretation, Unters. zu d. Bilderhandschr. d. Sachsenspiegels, I. Textband, II. Bildband (Hrsg.), 1986; Jacob Grimm u. d. genetische Prinzip in Rechtswiss. u. Phil., Marburger Univ.-Reden. Veröff. d. Präs. (Reihe A), Heft 12, 1987; D. sinnliche Element d. Rechts. Jacob Grimms Sammlung u. Beschreibung dt. Rechtsaltertümer. Schr. d. Brüder Grimm Ges. 19, s. 1-24; D. Bruder u. d. Freund. Z. 200. Geb. v. Wilhelm Grimm, 1988; Stammesrecht u. Volkssprache, Ausgewählte Aufs. zu den Leges barbararum; Goldmine od. Steinbruch. Die Rechtsalterthümer Jacob GRIMMS im Urteil unserer Zeit. Marburger Univ.-Reden, Bd. 15, 1991 - 1985 Ehrendoktor Univ. Marburg.

SCHMIDT-WILCKE, Heinrich A.

Dr. med., Prof., Chefarzt d. II. Med. Abt. u. Ärztl. Dir. St. Franziskus-Hospital Münster - Hohenzollernring 72, 4400 Münster (T. 39 63 80) - Geb. 13. Jan. 1934 Münster (Vater: Prof. Dr. med. Paul Wilhelm S.; Mutter: Carola, geb. Helmus), kath., verh. s. 1970 m. Gabriele, geb. Wilcke, 4 Kd. - Med. Staatsex. 1959 Univ. Münster, Promot. 1961 Univ. Kiel, Habil. 1970 Univ. Marburg - 1973 Prof. Univ. Marburg, s. 1974 Franziskus-Hospital Münster. 1977 apl. Prof. Univ. Münster. Schwerp. d. wiss. Tätigk. auf d. Geb. d. Inneren Med. - Gastroenterol.

SCHMIDT-ZADEL, Regina

Mitglied d. Deutschen Bundestages, stv. Fraktionsvors. - Hegelstr. 1, 4030 Ratingen 1 (T. 02102 - 8 03 11) - Geb. 20. Jan. 1937 Horbach, verh. - Gymn., Höhere Fachsch. f. Sozialarb.; staatl. Anerkenn. Sozialarb. grad. - Vors. Gesundheitsaussch.; ASF Unterbezirksvors. Mettmann; Mitgl. Bezirksvorst. Niederrhein; stv. Stadtverbandvors. Ratingen.

SCHMIDTCHEN, Dieter

Dr. rer. pol., Prof. Univ. d. Saarlandes - Spichererbergstr. 21, 6600 Saarbrücken (T. 0681 - 58 38 97) - Geb. 11. April 1940 Schwiebus (Vater: Fritz Sch., Kraftfahrer; Mutter: Else Sch.) - 1962-67 Stud. Volkswirtsch. Univ. Marburg (Dipl.-Volksw. 1967, Promot. 1971, Habil. 1976) - 1967-76 wiss. Assist.; 1977-78 Prof. Univ. Köln; 1978 ff. Prof. Univ. d. Saarlandes - BV: Polit. Ökonomie staatl. Preisinterventionen, 1973; Wettbewerbspolitik als Aufg., 1978; Property Rights. Freiheit u. Wettbewerbspolitik, 1982.

SCHMIDTCHEN, Gerhard

Dr. phil., D. theol. h. c., Dipl.-Volksw., Prof. - Ländischstr. 74, CH-8706 Feldmeilen (T. 01 - 923 59 55) - Geb. 17. Mai 1925 Hamm (Vater: Gustav Schm.; Mutter: Gertrud, geb. Janssen), ev., verh. in 3. Ehe m. Barbara Fülgraff, geb. Kristen, 2 Söhne (Thomas, Ralph) - 1945-54 Stud. Phil., Sozialforsch. u. Nationalök. Univ. Marburg, Frankfurt u. Freiburg; Promot. 1957, Habil. 1966 - 1954-68 Mitgl. wiss. Leitg. Inst. f. Demoskopie, Allensbach; ab 1968 Prof. f. Soz.psych. u. Soziol. Univ. Zürich - BV: D. befragte Nation, 1959; Was d. Dt. heilig ist, 1979; Terrorist. Karrieren in: Lebenslaufanalysen, 1981; Glaube u. Dritte Welt, 1982; Drogen in Zürich, 1983; Gerechtigk. als Beruf, 1982; Gewalt u. Legitimität, 1983; Neue Technik - Neue Arbeitsmoral, 1984; Menschen im Wandel d. Technik, 1986; Sekten u. Psychokultur, 1987; Schritte ins Nichts, 1989; Moralbilder u. Wertkonflikte, 1992.

SCHMIDTCHEN, Heino

Sportjournalist, Vors. Verein Dt. Sportpresse Berlin - Sachtlebenstr. 29, 1000 Berlin 37 - Geb. 27. Dez. 1921 Opladen/Wupper - U. a. BILD.

SCHMIDTKE, Hans-Herbert

Dr. phil. nat., Prof. f. Theor. Chemie - Wilhelm-Raabe-Str. 1, 4006 Erkrath 1 (T. 0211 - 25 11 59) - Geb. 9. Juli 1929 Rastenburg/Ostpr. (Vater: Robert Sch., Bankbeamter; Mutter: Asta, geb. Pietsch), ev., verh. s. 1962 m. Helga, geb. Kühnel, 2 Kd. (Jacqueline, Hans-Jürgen) - Schule Halle/S., Zoppot/Danzig, Eckernförde, Frankfurt/M., Univ. Franfurt (Dipl.-Chem., Promot., Habil.) - 1960/61 Wissensch. Max-Planck-Inst. f. Physik u. Astrophys. München, 1961-68 Cyanamid European Research Inst. Genf, 1968-74 Priv.doz., Prof. Univ. Frankfurt, s. 1974 Lehrst. f. Theor. Chemie Univ. Düsseldorf - BV: Quantenchemie, 1987. Üb. 130 Fachveröff. - Spr.: Engl., Franz.

SCHMIDTKE, Heinz

Dr. rer. nat., o. Prof. f. Ergonomie u. Direktor Inst. f. Ergonomie TU München (s. 1962; 1970-72 Rektor), Korvettenkapitän d. R. - Waldstr. 13, 8014 Neubiberg/Obb. (T. 089 - 60 22 66) - Geb. 6. Aug. 1925 Goslar (Vater: Hermann S., Möbelfabrikant; Mutter: Meta, geb. Kaufmann), verh. s. 1958 m. Dr. med. Gisela, geb. Moll, 5 Kd. (Christa, Gundula, Klaus, Joachim, Jürgen) - TH Braunschweig (Physik, Psych.); Promot. 1949; Habil. 1960 Univ. Kiel - 1949-55 Abt.leit. Vereinigte Glanzstoff-Fabriken AG, Wuppertal-E.; 1955-56 Gastprof. Univ. of California, Berkeley; 1956-62 Abt.leit. Max-Planck-Inst. f. Arbeitsphysiol., Dortmund; 1970-72 Rektor TU München; 1972-75 Prorektor, Mitgl. Dt. Ges. f. Psych., Dt. Ges. f. Luft- u. Raumfahrtmed., Dt. Ges. f. Ortung u. Navigation, Präs. Ges. f. Arbeitswiss. - BV: u. a. Arbeitsablauf- u. Bewegungsstudien, 1960 (m. G. Kaminsky; poln. 1966); Arbeitsanforderung u. Berufseignung, 1961 (Bern; m. H. Schmale); D. Ermüdung, 1965 (Bern); Lehrb. d. Ergonomie, 3. A. 1992; Ergonomic Data for Equipment Design, 1984; D. Orchestermusiker, 2. A. 1985; Ergonomische Prüfung, 1989 - 1973 Bayer. VO.; 1975 Duncker-Med. in Gold; 1988 Wissenschaftsmed. Ges. f. Arbeitswiss. - Spr.: Engl.

SCHMIDTKE, Jörg

Dr. med., Prof. f. Humangenetik Med. Hochsch. Hannover - Konstanty-Gutschow-Str. 8, 3000 Hannover 61 (T. 0511 - 532 32 00) - Geb. 8. Juli 1946 Braunschweig, verh., 4 Kd. - Stud. Univ. Freiburg, Basel (Tropenmed. Dipl.); Promot. 1974; Habil. 1981; Heisenberg-Stip. d. Dt. Forsch.gemeinsch. - Wiss. Tätigk. in Freiburg, Göttingen, Edinburgh, Braunschweig, Berlin, Hannover - 1987 Adolf-Windorfer-Preis d. Dt. Mukoviszidose Ges.; 1987 Hans-Nachtsheim-Preis d. Dt. Ges. f. Anthropol. u. Humangenetik.

SCHMIDTKE, Kurt-Karl

Honorarkonsul d. Bundesrep. Deutschl. in Pusan u. Kyungsangnamdo/Korea - U-1-dong, 956-15, 607-04 Pusan-Haeundae/ Republik of Korea (T. 72-31 59) - Geb. 10. Nov. 1941 Wuppertal (Vater: Kurt Sch.; Mutter: Hilde, geb. Kraemer), kath., verh. s. 1974 m. Brigitte, geb. Lohmann, 2 Kd. (Katja, Stephan) - 1964 Präs. Foundation for Education and Social Welfare, Pusan-Korea; s. 1982 Hon. Konsul - 1974 VO. d. Rep. of Korea (Magnolia); 1974 BVK I. Kl.; 1978 Ehrenbürger d. Stadt Pusan/Korea - Spr.: Engl., Korean.

SCHMIDTMANN, Eugen

Dr.-Ing., Prof., Wiss. Rat Inst. f. Eisenhüttenkunde TH Aachen - Rote-Haag-Weg 52, 5100 Aachen (T. 3 18 37) - S. 1943 (Habil.) Privatdoz. u. apl. Prof. (1959) Aachen (Werkstoffprüf., -kunde d. Eisenlegierungen). Facharb.

SCHMIED, Wieland

Dr. jur., Prof. f. Kunstgeschichte Akad. d. Bildenden Künste München (s. 1986) - Georgenstr. 90, 8000 München 40 - Geb. 5. Febr. 1929 Frankfurt/M. (Vater: Prof. Dr. phil. Walter Schmied-Kowarzik,

Philosoph (s. XIII. Ausg.); Mutter: Gertrud, geb. v. d. Brincken, Schriftst. (s. XIV. unt. Schmied-Kowarzik), kath., verh. - Univ. Wien - Redakt. Wien (Furche, Morgen); 1960-62 Verlagslektor Frankfurt/M. (InselVg.); 1963-73 Dir. Kestner-Ges., Hannover; 1973-75 Hauptkustos Nationalgalerie d. Staatl. Museen/Stiftg. Preuß. Kulturbesitz; 1978-86 Dir. Berliner Künstlerprogramm d. DAAD - BV: V. d. Chinesen zu den Kindern, Ess. 1957; Landkarte des Windes, Ged. 1957; Fenster ins Unsichtbare, Ess. 1960; D. Poetische in d. Kunst, Ess. 1960; Malerei d. phantast. Realismus - D. Wiener Schule, Ess. 1964; Richard Oelze, 1965; Mark Tobey, 1966; Wegbereiter z. mod. Kunst, 1966; Alfred Kubin, 1967; Malerei nach 1945, 1975; Werner Heldt, 1976; Nach Klimt, Ess. 1979; Schach m. Marcel Duchamp, Ged. 1980. Neue Sachlichkeit u. mag. Realismus in Dtschl. 1918-33, Ess. 1969; 200 Jahre phantast. Malerei, Ess. 1974; Caspar David Friedrich, 1975; Francis Bacon, 1985; Andere Stimmen, Erinnerungen 1985; Rudolf Hoflehner, 1987; De Chirico u. s. Schatten, 1989; Berührungen, Ess. 1991. Herausg.: Oswald v. Wolkenstein - Der m. e. Auge (1960); Kein Troja ohne Homer - Schliemanns-Tageb. (1960); Lyonel Feininger - Aquarelle (1962); Hundertwasser - Oeuvre-Katalog (1964) - 1955 Lyrikpreis Südd. Rundfunk, 1958 Förderungspreis Stadt Wien, 1959 Theodor-Körner-Preis, 1975 Ehrenbürger Stadt New Orleans; 1984 Gr. Preis Stadt Wien (Sparte Publizistik); Mitgl. PEN-Zentr. Bundesrep. Dtschl., Bayer. Akad. d. Schönen Künste - Spr.: Engl.

SCHMIED-KOWARZIK, Wolfdietrich

Dr. phil., Univ.-Prof. f. Philosophie u. Pädagogik Univ./GH Kassel - Goethestr. 68, 3500 Kassel (T. 77 48 34) - Geb. 11. März 1939 Friedberg (Vater: Prof. Dr. Walther Sch.-K., Phil.prof.; Mutter: Gertrud v. d. Brincken, Schriftst.), ev., verh. s. 1966 m. Iris, geb. v. Gottberg, 3 Kd. (Anatol, Daria, Robin) - Abit. 1959 Regensburg; Stud. Univ. Wien (Phil., Ethnol., Päd.; Promot. 1963); Habil. 1970 Univ. Bonn - 1964 Wiss. Assist. Lehrst. f. Phil. u. Päd. Univ. Bonn; 1970 Privatdoz. ebd.; 1970/71 Gastprof. Univ. Münster; s. 1971 o. Prof. f. Phil. u. Päd. GH Kassel (s. 1977 Leiter interdisz. Arbeitsgr. f. phil. Grundlagenprobl., 1981/82 Dekan FB I Erzieh.wiss./Humanwiss.) - BV: Sinn u. Existenz in d. Spätphil. Schellings, 1963; Herbarts prakt. Phil. u. Päd. (m. Dietrich Benner), 1967; D. Päd. d. frühen Fichteaner u. Hönigswalds (m. D. Benner), 1969; Dialekt. Päd., 1974; Bruchstücke z. Dialektik d. Phil., 1974; D. Dialektik d. ges. Praxis, 1981; Grundfr. d. Ethnol. (m. Justin Stagl), 1981; D. dialektische Verhältnis d. Menschen z. Natur, 1984; Marx u. d. Naturfrage (m. Hans Immler), 1984; Kritische Theorie u. revolutionäre Praxis, 1988; Georg Forster, 1989; Franz Rosenzweig. Existentielles Denken u. gelebte Bewährung, 1991. Ed. u. a.: Objektivationen d. Geistigen - in Gedenken an Walther Sch.-K. (1985); D. Philosoph Franz Rosenzweig (2 Bd., 1988); Reihe Stud. z. Phil. d. Praxis, 1985ff. m. Bden. zu Marx (1985), Bloch (1986), Lukács (1986), Marcuse (1989) - Bek. Verwandte: Bde. Eltern (s. o.), Prof. Dr. Wieland Sch. (Bruder).

SCHMIEDER, Ferdinand

Dr. rer. oec., Dipl.-Kfm., Vorstandsmitgl. AG. f. Binnenschiffahrt, Bad Godesberg - Wurzerstr. 48, 5300 Bonn-Bad Godesberg - Geb. 4. Juni 1912.

SCHMIEDING, Karl-Heinz

Hauptabteilungsleiter HÖRSPIEL u. UNTERHALTUNG b. Saarländischen Rundfunk, Saarbrücken (s. 1991) - Am Wickersberg 57, 6601 Saarbrücken-Ensheim (T. 0681 - 602 23 10) - Geb. 17. Sept. 1938 Witten/Ruhr, ev., verh. s. 1967 m. Dagmar, geb. Dyken, 2 Söhne (Oliver, Kai) - Abit. 1958 Witten; Stud. German. u. Roman. Münster u. Caen/Frankreich; Staatsex. 1963 Univ. Münster - S. 1966 tätig b. SR, zun. in d. HA Kulturelles Wort, s. 1968 in versch. Funktionen innerhalb d. HA Unterhaltung HF (Spezialgeb. Kabarett u. Chanson) u. stv. HA-Leit., s. 1989 Leit. d. HA Unterhaltung, als Redakt. weiterhin zuständig f. d. Sparte Kabarett u. Chanson.

SCHMIEDT, Egbert

Dr. med., Dr. h.c., em. o. Prof. f. Urologie - Portenlängerstr. 23, 8022 Grünwald (T. München 641 41 20) - Geb. 20. Nov. 1920 Plauen/Vogtl. (Vater: Dr. med. Walther S., Chirurg; Mutter: Ilse, geb. Peßler), verh. m. Kunigunde, geb. Stumpf, 3 Kd. - Gymn. Plauen; Univ. Leipzig, Tübingen, München - S. 1960 (Habil.) Lehrtätigk. Univ. München (1966 apl., 1967 ao., 1968 o. Prof.; Dir. Urol. Klinik) - 1973 Mitgl. Dt. Akad. d. Naturforscher (Leopoldina); 1985 Förderpreis f. d. Europ. Wiss.; 1988 Honorary Fellow am. College of Surgeons.

SCHMIEGER, Horst

Dr. rer. nat., Prof., Genetiker - Brennerstr. 66, 8038 Gröbenzell/Obb. - Geb. 10. März 1938 Gossengrün/Sudetenl. - Christian-Ernestinum Bayreuth (Abit. 1957); Univ. München (Biol., Chem., Geogr.; Promot. 1964, Habil. 1973/Genetik). 1962/63 EURATOM-Stip. (Centro Intern. die Chimica Microbiol. Rom) - 1964/65 MPI f. Vergl. Erbbiol. u. -pathol. Berlin; 1965-72 Inst. f. Mikrobiol./Ges. f. Strahlen- u. Umweltforsch. Göttingen (Abt. Molekulare Genetik); s. 1972 Inst. f. Genetik u. Mikrobiol. Univ. München (1973 Doz., 1976 Prof.) - BV: Bakteriengenetik, 1981; Strickberger Genetik (Übers. aus d. Amerik.) - Spr.: Engl., Lat., Ital., Altgriech., Neugriech.

SCHMIEL, Martin

Dr. agr., em. o. Prof. f. Wirtschafts- u. Berufspädagogik Univ. Köln - Am Waldhang 16, 5064 Rösrath 1 (T. 36 40) - Geb. 19. Mai 1913 Berlin - Habil. 1964 Gießen - 1951-66 Doz. Päd. Hochsch. Wilhelmshaven u. Univ. Gießen (1964). Ab 1965 o. Prof. Univ. Köln, Dir. Inst. f. Berufs-, Wirtschafts- u. Sozialpäd. u. Forsch.-Inst. f. Berufsbild. im Handwerk Univ. Köln. Emerit. 1979 - BV: Berufspäd. I-III, 1975; Einf. in fachdidakt. Denken, 1978; D. Beraten, 1979; Prüferfibel, 1981. Etwa 80 Einzelarb. Mithrsg.: Handb. d. landw. u. ländl.-hausw. Bildungswesen (1965); Lehrb. Berufs- u. Wirtschaftspäd. (m. Sommer; 1985); D. Förd. d. Lernmotiv. in d. ber. Weiterbild. (1988); Lernförd. Erwachsener (m. Sommer; 1991) - 1981 BVK I. Kl.

SCHMIELE, Walter

Dr. phil., Schriftsteller - Prinz-Christians-Weg 19, Darmstadt (T. 4 48 50) - Geb. 12. April 1909 Swinemünde (Vater: Max S., Reichsbahnbeamter; Mutter: Ottilie, geb. Klug), verh. 1942 m. Irmgard, geb. Elhardt - Univ. Heidelberg, Wien, Rostock, Frankfurt/M. - BV: Unvergeßl. Gesicht (Erz.); Henry Miller (Biogr.) (dt. 1961, ital. 1963, jap. 1967, franz. 1970, holl. 1967); Engl. Geisteswelt - V. Bacon b. Eliot; Skand. Geisteswelt - V. Swedenborg b. Niels Bohr; Dichter üb. Dichtung. Übers. aus d. Engl., u. a. Engl. Dichtung - V. Blake b. Yeats - 1948/49 Lyrikpreis d. Südverlags; 1979 Johann-Heinrich-Merck-Ehrung Stadt Darmstadt; Mitgl. PEN-Zentrum BRD (1957-62 Generalsekr.; 1977 Austr.) - Spr.: Engl. - Rotarier.

SCHMINCKE, Hans-Ulrich

Ph. D., Prof. f. Petrologie Geomar. Univ. Kiel - Wehdenweg 2 B, 2300 Kiel 14 (T. 0431 - 720 21 56) - Geb. 21. Okt. 1937 Detmold (Vater: Samuel Sch., Forstm.; Mutter: Heide, geb. Corvey), verh. s. 1967 m. Irma, geb. Kimmich, 4 Kd. (Anna, Polly, Max, Urs) - 1957 Stud. Univ. Göttingen, 1958-60 Univ. Freiburg, 1960 TH Aachen, 1960-63 Johns Hopkins Univ. Baltimore USA; M.A. 1962, Ph.D. 1964 Univ. California Santa Barbara; Habil. 1969 Univ. Heidelberg - 1965-69 Wiss. Angest.; 1969-72 Privatdoz.; 1972-79 apl. Prof.; s. 1980 Prof. 1983-91 Generalsekr. Intern. Assoc. Volcanology u. Chemistry Earths Interior - BV: Pyroclastic Rocks, 1984; Vulkanismus, 1986 - 1985 N. L. Bowen Award Am. Geophys. Union; 1990 DFG-Preis Leibniz - Spr.: Engl., Span.

SCHMINKE, Paul K.

Vorstandsmitglied Landesbank Rheinland-Pfalz - Große Bleiche 54-56, 6500 Mainz - Geb. 27. Juni 1944.

SCHMITHALS, Walter

Dr. theol., Prof., Lehrstuhlinh. f. Neues Testament Kirchl. Hochschule Berlin (s. 1968; 1970-72 u. 1987-88 Rektor) - Landauer Str. 6, 1000 Berlin 33 (T. 821 18 06) - Geb. 14. Dez. 1923 Wesel, verh. s. 1953 m. Marlene, geb. Schubotz, 6 Kd. - Pfarrer; Doz. Univ. Marburg (apl. Prof.) - BV: D. Gnosis in Korinth, 1956; D. kirchl. Apostelamt, 1961; Paulus u. Jakobus, 1963; Paulus u. d. Gnostiker, 1965; D. Theologie Rudolf Bultmanns, 1966; Wunder u. Glaube, 1970; Jesus Christus in der Verkündigung d. Kirche, 1972; D. Apokalyptik, 1973; D. Römerbrief als histor. Problem, 1975; Leistung, 1978; D. Evangelium n. Markus, 1979; Herrschaft, 1980; D. Evangel. n. Lukas, 1980; D. theol. Anthropologie d. Paulus, 1980; D. Apostelgesch. d. Lukas, 1982; Bekenntnis u. Gewissen, 1983 (m. Bibliogr. W. Schmithals 1952-82), Gnosis u. NT, 1984; Einleit. in d. drei ersten Evangelien, 1985; D. Römerbrief. E. Kommentar, 1988; Johannesevangelium u. Johannesbriefe, 1992.

SCHMITT, Adolf

Em. Prof., Landschaftsarchitekt RWTH Aachen FB 2, Fak. f. Architektur u. TFH-Berlin, FB 11 Landespflege - Malmedyer Str. 9, 5000 Köln 41 (Braunsfeld) (T. 49 22 00) - Geb. 9. Mai 1923 Erfurt/Thür. (Vater: Heinrich S., Gartenarch.; Mutter: Else, geb. Scheller), verh. s. 1954 m. Hannelie, geb. Püttner, 2 Kd. (Dagmar, Volker) - Stud. TFH Weihenstephan/Freising - 1967-1973 u. wied. 1977-83 Präs. (jetzt Ehrenpräs.) Bund Dt. Landschafts-Architekten (BDLA); s. 1972 Vorst.-Mitgl. Architektenkammer NRW; Vorst.-Mitgl. Bundesarchitektenkammer Bonn-Oberkassel; Gründungsmitgl. d. Akad. (International) f. Gartenbau u. Landschaftsgestaltung, Rom. Öfftl. best. u. vereid. Sachverst. IHK Köln u. Landwirtsch.kammer Bonn. AR-Mitgl. Bundesgartenschau GmbH Berlin 1985 (s. 1981) - 1973 BVK I. Kl. u. Hans-Bickel-Preis - Rotarier.

SCHMITT, Anton

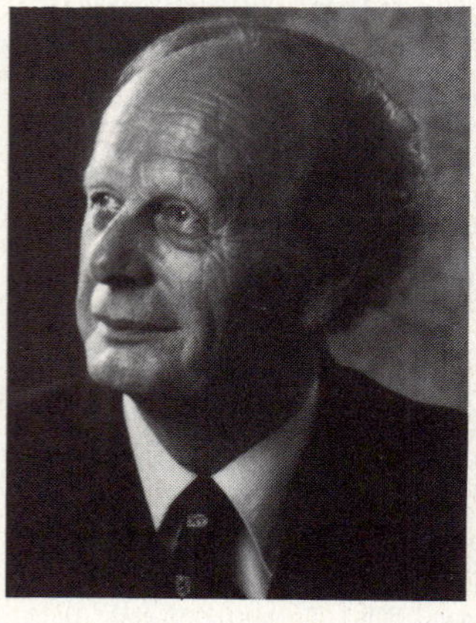

Dr. rer. pol., Dipl.-Volksw., Rechtsanwalt, Schriftst. Gen.-Sekr. DIPRO-Dt. Inst. f. Angew. Kommunikation u. Projektförderung - Leibnizstr. 69, 5300 Bonn 2 - Geb. 10. Sept. 1914 Aschaffenburg (Vater: Eduard Sch., Staatsbankdir.; Mutter: Elisabeth, geb. Clement), verh. m. Dr. med. Lilli, geb. Schiek, 3 Töcht. (Eva, Dodo, Claudia) - Abit. 1934 Human. Gymn.; Stud. Heidelberg, Kiel; Promot. 1939 München - Arbeits- u. Heeresdst. (1935 bzw. 1939-45) Res.-Offz. Kriegsgef. S. 1946 Tätigk. in Wirtschaftsprüf./Steuerberat., bei Untern. u. Verb. 1956 RA, 1957-1979 im Dienst v. Bundesmin. als Ref.-Behördenleit., Kammervors., Akad.-Doz. u. Studiengr.-Leit. S. 1979 RA u. Syndikus. BV: ABC d. Lastenausgleichs; Handb. f. Zivilschutz u. Zivile Verteidigung; Krisenvorsorge u. Katastrophenschutz, Strahlenschutz-Vorsorge u. Katastrophenmanagement. Beitr. in Fachztschr. - Liebh.: Zeitgesch., Wirtschaftspolitik, Musik, Theater, Wandern, Reisen, Tanzen - Spr.: Engl., Franz., Span.

SCHMITT, Armin

Dr. theol., Prof. f. Exegese d. Alten Testaments u. bibl.-oriental. Sprachen Univ. Regensburg (s. 1984) - Eifelstr. 12, 8400 Regensburg - Geb. 9. Juni 1934 Eussenheim (Vater: Edmund Sch., Lehrer; Mutter: Lina, geb. Hörnig), kath. - Univ. Würzburg (Theol. Abschlußex. 1958, Promot. 1963, Habil. 1972) - 1972-78 Doz.; 1978-80 Prof. Univ. Würzburg; 1980-84 Prof. Univ. Osnabrück; ab 1984 Prof. Univ. Regensburg - BV: Stammt d. sog. theta-Text b. Daniel wirklich v. Theodotion?, 1966; Entrück.-Aufnahme-Himmelfahrt. Unters. zu e. Vorstellungsber. im Alten Testament, 1973, 2. A. 1976; Prophet. Gottesbescheid in Mari u. Israel. E. Strukturunters., 1982; D. Buch d. Weisheit. E. Kommentar, 1986; Weisheit, 1989 - 1961 Preis Univ. Würzburg.

SCHMITT, Christian

Dr. phil., o. Prof. f. Romanische Philologie (Sprachwiss.) - Hintergasse 2, 6945 Hirschberg 1 - Geb. 27. März 1944 Mosbach, verh. s. 1970 m. Danielle, geb. Fouache, 2 Söhne (Frank, Jens) - Schule Mosbach (Abit. 1963); Univ. Heidelberg, Staatsex. (Klass. Philol., Roman.) 1968, Promot. 1973, Habil. 1977 - 1969-72 Wiss. Angest., 1973-77 Wiss. Assist. Univ. Heidelberg, 1977-79 Prof. Univ. Hamburg, 1979-84 Prof. Univ. Bonn, 1984-88 o. Prof. Univ. Heidelberg u. Dir. Inst. f. Übers. u. Dolmet., s. 1988 o. Prof. Univ. Bonn u. Dir. Roman. Sem. - BV: D. Sprachlandsch. d. Galloromania, 1974; Contribuciones a la lingüística evolutiva, temas románicos, 1988; Lex. d. roman. Linguistik (zus. m. G. Holtus u. M. Metzeltin), Bd. IV (Ital.) 1988, Bd. III (Rumän.) 1989, Bd. V (Franz.) 1990, Bd. VI (Span.) 1992; Neue Methoden d. Sprachmittlung, 1991; Linguistica Antverpiensia (zus. m. N. Cartagena), 1992. Herausg. d. Romanistischen Jahrbuchs (s. 1989). Aufs.: La planification linguistique en français contemporain, 1979; Translating and Interpreting Present and Future, 1982; D. Ausbild. d. roman. Spr., 1982; Afrikan. Franz., 1984, Z. Rezeption antiken Sprachdenkens i. d. Renaissancephil., 1983; Spanisch caramba!; carajo!; caracoles!, 1984; Variété et développem. linguistiques, 1984; Sémantique et planification linguist., 1985; D. französische Substandard, 1986; Unterengadinische Einwohnernamen, Neck- u. Schimpfnamen, 1986; Italien im Kontakt m. Südost- u. Osteuropa, 1987; D. Ausb. d. Art. in d. Romania, 1987; Translation als interkultur. Kommunik., 1987; Funktionale Variation u. Sprachwandel, 1988; Sémantique et prédétermination de l'ordre des mots en français contemporain, 1987/88; Gemeinspr. u. Fachspr. im heutigen Franz., 1988; Typen d. Ausbild. u. Durchsetzung v. Nationalspr. in d. Romania, 1988; Z. Ausbild. techn. Fachspr. u. Terminologien im heutigen Franz., 1989; Z. Ausbildung d. Sprachnorm d. Neuspanischen, 1989; Rumän.: Diglossie u. Polyglossie, 1989; Bemerkungen z. normativen Diskurs der Real Acad. Española, 1990; Franz.: Sondersprachen, 1990; Franz.: Sprache u. Gesetzgebung, 1990; Pertinencia y Límites de una gramática para traductores, 1990; Español: tecnolectos, 1992 - 1973 Preis Neuphilol. Fak. Heidelberg; 1986 u. 88 Präs. d. Ständ. Dir.konfz. d. Univ.-Inst. f. Übers.- u. Dolmetscherausb. (C.I.U.-T.I.) - Spr.: Franz., Ital., Span., Portug., Katalan., Engl., Griech., Lat.

SCHMITT, Eberhard
Dr., o. Prof. f. Neuere Geschichte Univ. Bamberg (s. 1976) - Hans-Wölfel-Str. 6, 8600 Bamberg - Geb. 4. Febr. 1939 Augsburg (Eltern: Akad.prof. Otto u. Elise S.), kath., verh. s. 1974 m. Gisela - 1972-76 o. Prof. Univ. Bochum - BV: Repräsentation u. Revolution, 1969; Einführ. in d. Gesch. d. Franz. Revolution, 1976, 2. A. 1980 (span. Übers. 1980, 2. A. 1985); D. Franz. Revolution, 1976. Herausg.: Dok. z. Gesch. d. europ. Expansion, Bd. 2: D. gr. Entdeck. (1984); Bd. 1: D. mittelalterl. Ursprünge d. europ. Expansion (1986); Bd. 3: D. Aufbau d. Kolonialreiche (1987); Bd. 4: Wirtsch. u. Handel d. Kolonialreiche (1988); D. Anfänge d. europäischen Expansion (1991) - Spr.: Engl., Franz.

SCHMITT, Emil
I. Bürgermeister Kleinwallstadt - Rathaus, 8751 Kleinwallstadt/Ufr. - Geb. 18. März 1931 Ludwigshafen/Rh. - Zul. Kaufm. Angest. CSU.

SCHMITT, Franz J.
Dr., Dipl.-Kfm., Wirtschaftsprüfer, Steuerberater, AR-Vors. Knorr Bremse AG, München - Prinzregentenstr. 89, 8000 München 80 - Geb. 9. März 1930 Mürsbach, kath. - AR Renolit GmbH, Worms; AR-Vors. GFT-Bäumler AG, Ingolstadt.

SCHMITT, Fridolin
Dipl.-Volksw., Gf. Vorst.-Mitgl. Bundesverb. Dt. Leder- u. Schuhbedarfs-Großhändler - Schloßrondell 13, 5400 Koblenz; priv.: Klausenbergweg 42, 5400 Koblenz-Ehrenbreitstein - Geb. 24. Aug. 1919 - B. 1984 Ratsmitgl. Stadt Koblenz (CDU) - BVK.

SCHMITT, Gerd
Dr. med., Prof. f. Strahlenheilkunde Univ. Essen - Elsaßstr. 42, 4300 Essen 15 - Geb. 2. Juli 1939 (Vater: Hans Sch., Arzt; Mutter: Helene, geb. Magiera), verh. - 1959-61 Univ. Kiel, n. Phys. b. 1962 Heidelberg; 1962-65 FU Berlin, anschl. Univ. Essen (Radiol. Zentrum); 1967-80 Assist.arzt u. Oberarzt Strahlenklinik Univ.-Klinikum Essen; s. 1979 apl. Prof. med. Fak. Essen; s. 1980 ltd. Arzt Klinik f. Nuklearmed. u. Strahlenther. Krupp-Krkhs., s. 1986 Ord. f. Strahlenther. u. radiol. Onkol. Univ. Düsseldorf - Spr.: Engl., Franz.

SCHMITT, Günther
Dr. sc. agr., o. Prof. f. Agrarpolitik - Meininger Weg Nr. 12, 3400 Göttingen-Geismar (T. 79 39 95) - Geb. 23. Dez. 1928 Frankenthal/Pf. - S. 1966 Ord. Univ. Kiel u. Göttingen (1970). Facharb. - 1967 Chevalier du Mérite Agricola (Frankr.).

SCHMITT, Hans Georg
Dr. med., o. Prof. Univ. Essen - Brackmannshang 2, 4300 Essen - Geb. 13. Okt. 1927 Siegburg (Vater: Johann Sch., Oberstarzt a.D.; Mutter: Elisabeth, geb. Wacheck), kath., verh. seit 1956 mit Dorothea E.D., geb. Beuck, 3 Kd. (Elisabeth Dorothea, Klaus Stephan, Karl Bernhard) - 1946-52 Stud. Med. Bamberg u. Erlangen (Staatsex., Promot. 1952); Habil. 1967 Würzburg - S. 1974 o. Prof. Univ. Essen-GH. 1952-54 Landarzt; 1954-56 wiss. Assist. Erlangen; 1956-74 HNO-Würzburg Abt.-Leit. Audiol.; 1974 Essen, Inst. f. Med. Informat. u. Biomath.; s. 1985 zusätzl. wiss. Dir. d. Akad. f. Hörgeräteakustik in Lübeck-BV: Operationen z. Verbess. d. Gehörs, 1968 (m.a.; auch engl. u. japan.) - Liebh.: Segeln - Spr.: Engl.

SCHMITT, Hans Jürgen
Dr. rer. nat., Prof., Direktor Inst. HF-Technik RWTH Aachen - Hangstr. 34, 5100 Aachen - Geb. 3. Aug. 1930, verh. s. 1956 m. Ilse, geb. Gerwig, 4 Kd. - Dipl.-Phys. 1954 u. Promot. 1955 Univ. Göttingen - 1957-63 Assist.-Prof. Harvard Univ.; 1963-65 Staffmember Sperry Rand Res.; 1965-80 Abt.-Leit., Prok. Philips Forschungslabor Hamburg - 1961-62 Guggenheim Fellow; 1978 Fellow IEEE.

SCHMITT, Hatto H.
Dr. phil., o. Prof. f. Alte Geschichte - Straßbergerstr. 4, 8000 München 40 (T. 351 62 62) - Geb. 15. Febr. 1930 Aschaffenburg - S. 1963 (Habil.) Lehrtätigk. Univ. Würzburg, Saarbrücken (1964 apl. Prof.), Bonn (1965 Ord.; 1971/72 Rektor), München (1978 Ord.). Wiss. Veröff. - 1979 o. Mitgl. Dt. Archäol. Inst.

SCHMITT, Helma
Meisterin ländl. Hauswirtschaft, MdL Rhld.-Pfalz - Hilbenhof, 6733 Haßloch - Geb. 10. Dez. 1931 - CDU.

SCHMITT, Hilmar
Rechtsanwalt, MdL Bayern (s. 1978) - Keplerstr. 69, 8750 Aschaffenburg/Ufr. - Geb. 28. Dez. 1942 Aschaffenburg - Dessauer-Gymn. Aschaffenburg (Abit. 1962); Bundeswehrdst. (Ltn. d. R.); Univ. Erlangen u. Würzburg (Rechtswiss.); Hochsch. f. Verwaltungswiss. Speyer - Vertragsanw. d. Gewerksch. 1972 ff. Mitgl. Stadtrat Aschaffenburg. SPD s. 1965 (1973 Unterbezirksvors. Aschaffenburg).

SCHMITT, Ingo H.
Staatssekretär d. Landes Berlin (Senatsverwaltung f. Verkehr u. Betriebe) - Preußenallee 35, 1000 Berlin 19 - Geb. 30. Juli 1957 Berlin (Vater: Karlheinz Sch.; Mutter: Lieselotte Sch.), ev. - 1. jurist. Staatsex. 1982, 2. jurist. Staatsex. 1986; Stud. Betriebsw. - S. 1978 Mitgl. d. Kreisvorst., s. 1991 Kreisvors. d. CDU-Charlottenburg, s. 1986 Vors. CDU-Lietzensee.

SCHMITT, Josef
Kaufmann, MdB (1965-76; Wahlkr. 246/ Saarlouis) - Waldstr. 5, 6619 Lockweiler/ Saar (T. Wadern 26 42) - Geb. 28. Dez. 1921 Lockweiler, kath., verh., 2 Kd. - Gymn. Saarlouis u. Bad Godesberg (Abit. 1941) - Berufssoldat (Kriegseinsatz als Flugzeugführer, zul. Ltn.; 1963 Hptm. d. R. Bundeswehr); s. 1947 selbst. (Kaufhaus Schmitt). 1955-65 MdL Saar (1957-60 Fraktionsvors.; 1961-65 Präs.); 1956-65 Bürgerm. Lockweiler (ehrenamtl.). CSU (Gründungsmitgl. Saar).

SCHMITT, Karl
Dr. jur., Oberfinanzpräs. a. D., zul. Leit. OFinanzdir. Nürnberg (1968-75) - Steinplattenweg 115, 8500 Nürnberg (T. 59 34 18) - Zul. Ministerialdirig. Bundesfinanzmin. - 1971 Bayer. VO., 1972 Gr. BVK - Spr.: Engl., Franz. - Rotarier.

SCHMITT, Karl
Dr. phil., Prof., Hochschullehrer - Tannenweg 9, 2848 Vechta/Oldenbg. (T. 29 25) - Geb. 27. Okt. 1924 Hövel - S. 1960 Doz. u. Prof. (1965) Päd. Hochsch. Vechta bzw. Univ. Osnabrück/Abt. Vechta (Didaktik d. Physik u. Chemie) - BV: Naturlehre - polytechn. oder exemplar.? (div. Aufl.).

SCHMITT, Karl-Heinz
Prof. f. Erziehungswiss., Kath. FHS, NW Abt. Paderborn - Husener Str. 51a, 4790 Paderborn (T. 05251 - 6 47 70) - Geb. 30. März 1943 Holzheim, kath. - Theol.- u. Päd.-Stud. Bonn, Paris, Köln, Bochum (Dipl.) - S. 1983 Vors. Dt. Katecheten-Verein, München. Publ. z. Erwachsenenbild., Familienbildung u. Gemeindekatechese.

SCHMITT, Lothar
Dr., Präsident Verwaltungsgericht Ansbach (s. 1974) - Keßlerplatz 7, 8500 Nürnberg (T. 0911 - 55 18 71) - Geb. 31. Aug. 1930 München (Vater: Karl S., Dipl.-Ing., Oberstud.dir.; Mutter: Julie, geb. Mengert), verh. - 1942-50 Melanchthon-Gymn. Nürnb., 1950-54 Univ. Erlangen (Rechts- u. Sozialwiss., Röm. Recht, Kommunalr.). Promot. 1955; jurist. Staatsprüf. 1954/58 - 1954-58 wiss. Assist. Univ. Erlangen; 1958-60 Ass. Reg. Mittelfranken u. VG Ansbach; 1960-62 Reg.rat Stadtsteinach; 1962-64 VG-Rat VG Ansbach; 1964-70 OV-Richter ebd.; 1970-71 Oberstaatsanw. Bayer. VGH, 1971-74 OVG-Rat Bayer. Verwaltungsgerichtshof - BV: Bundessozialhilfegesetz, Loseb1. Kommentar; dass. Textsammlung; Bundespersonalvertretungsgesetz, Kommentar - 1950 Scheffelpreis Scheffelgesellschaft Karlsruhe - Liebh.: Tennis, Schwimmen, Klass. Musik, Romane 20. Jh., Polit., allg. phil. u. soziol. Grundlage d. Rechts - Spr.: Engl. - Bek. Vorf.: Juristenfam. b. 16. Jh., Lehn- u. Gerichtsherren d. Fürsten Schleiz (mütterl.s).

SCHMITT, Ludwig-Erich
Dr. phil., o. Prof. f. German. u. Dt. Philologie - Großseelheimer Str. 17a, 3550 Marburg/L. (T. 4 24 20) - Geb. 10. Febr. 1908 Lennep - S. 1939 Lehrtätigk. Univ. Groningen, Leipzig, Köln, Marburg (Dir. Forschungsinst. f. dt. Sprache/ Dt. Sprachatlas) - BV: Mittelhochd. Grammatik (m. Paul); Unters. u. Entstehung u. Struktur d. neuhochd. Schriftsprache. Herausg.: Dt. Wortatlas (16 Bde.), Dt. Dialektgeographie (40 Bde.), Dt. Wortforschung in europ. Bezügen (7 Bde.), Marbg. Beitr. z. Germanistik (50 Bde.); Mithrsg.: Studien Linguistica Germanica (9 Bde.), Mitteld. Forschungen (80 Bde.).

SCHMITT, Matthias
Dr. rer. pol., Prof., Direktor - Lerchesbergring 99, 6000 Frankfurt/M. (T. 68 33 50) - Geb. 14. Juli 1913 Krettnach b. Trier/Mosel (Vater: Johann S., Weingutsbesitzer), kath., verh. m. Gisela, geb. Cleve, S. Helmut - Oberrealsch.; prakt. Ausbild. Industrie, Banken, Versich.; Univ. München, Wien, Berlin. Promot. 1940 - 1941-43 Univ. Berlin u. Göttingen (Assist.); Wehrdst. u. Gefangensch.; 1948-57 Verw. f. Wirtschaft bzw. Bundeswirtschaftsmin. (1950; 1954 Ministerialrat); 1957-61 Berliner Bank AG. (Vorstandsmitgl.); 1961-78 AEG bzw. AEG-Telefunken (Vorstandsmitgl.). S. 1962 Lehrbeauftr. Univ. Frankfurt (Probleme d. Entwicklungsländer); s. 1966 Honorarprof. Univ. Köln (intern. Wirtsch.bezieh.) - BV: D. dt. Dollarproblem, 1953; Wohin steuert d. dt. Außenhandel;, 1956; Partnerschaft m. Entwicklungsländern, 1960; D. histor. Grundl. d. Entwicklungspolitik, 1963; Entwicklungshilfe als unternehmer. Aufgabe - D. Schlüsselfunktion d. priv. Direktinvestition, 1965; Osthandel auf neuen Wegen, 1968; Industrielle Ost-West-Kooperation - E. Schlüssel f. d. Intensivierung ost-westl. Wirtschaftsbeziehungen, 1974 - 1969 BVK I. Kl., 1975 Gr. BVK - Spr.: Engl., Franz. - Rotarier.

SCHMITT, Norbert
Jurist, Landesgeschäftsführer SPD Hessen (s. 1991) - Am Langenmarkstein 49, 6147 Lautertal 3 (T. 06251 - 6 93 04) - Geb. 11. Juli 1955 Heppenheim/Bergstr., verh., 2 Kd. - Abit. 1976 Bensheim; Univ. Frankfurt 1. jurist. Staatsex. 1983; 2. jurist. Staatsex. 1986 - 1989-91 Pressesprecher Innenmin. Saarland; s. 1985 Kreistagsabg. Bergstr.

SCHMITT, Rudi
Oberbürgermeister, MdB (Landesliste Hessen) - Richard-Wagner-Str. 93, 6200 Wiesbaden (T. 52 17 21) - Geb. 8. Jan. 1928 Frankfurt/M., ev., verh. s. 1955, 2 Kd. - Volkssch.; Lehrerbildungsanstalt (Ausbild. durch Kriegsdst. unterbr.). Beide Lehrerprüf. (1946 u. 51); Realschullehrerprüf. (Gesch. u. a.) - B. 1960 Schuldst. Frankfurt/M., dann Stadtverw. Wiesbaden (Stadtrat, Dezern. f. Schulen, Sport u. Kultur; 1968 Oberbürgerm.). 1954-68 (Mandatsniederleg.) MdL Hessen. SPD s. 1947 - Spr.: Engl. - Rotarier.

SCHMITT, Rudolf
Dr. jur., o. Prof. f. Straf-, -prozeßrecht u. Kriminologie Univ. Freiburg (s. 1963) - Jacobistr. 47, 7800 Freiburg/Br. (T. 2 29 86) - Geb. 9. April 1922 Frankfurt/M., kath., verh. s. 1952 m. Maria, geb. Albrecht, 5 Kd. - Promot. 1950; Habil. 1957. Ass.ex. 1953 - 1958-63 beamt. Dozent Univ. Mainz - BV: Strafrechtl. Maßnahmen gegen Verbände, 1958; Ordnungswidrigkeitenrecht, 1970; Z. Reform d. § 218 StGB (zus. m. Hepp), 1974. Mitverf. d. Alternativ-Entwurfs v. Allgem. Teil d. Strafgesetzbuchs (2. A. 1969) b. z. Strafvollzugsgesetz (1973).

SCHMITT, Rüdiger
Dr. phil., Prof. f. Vergl. Indogerman. Sprachwissenschaft u. Indoiranistik - Benzstr. 18, 6600 Saarbrücken 3 (T. 0681 - 39 00 72) - Geb. 1. Juni 1939 Würzburg (Vater: Dr. Maximilian Sch., Prok.; Mutter: Barbara, geb. Konrad), kath., verh. s. 1966 m. Almut, geb. Wulff, 3 Söhne (Karlheinz, Burkhard, Hartmut) - Univ. Würzburg, Erlangen, Saarbrücken (Promot. 1965) - 1965 Wiss. Assist. Univ. d. Saarl., 1969 Priv.doz., 1970 Univ.doz., 1972 Wiss. Rat u. Prof., 1979 Prof. (C 4) f. Vergl. Indogerman. Sprachwiss. u. Indoiranistik - BV: Dichtung u. Dichterspr. in indogerman. Zeit, 1967; D. Nominalbild. in d. Dichtungen d. Kallimachos v. Kyrene, 1970; Einf. in d. griech. Dialekte, 1977; D. Iranier-Namen b. Aischylos, 1978; Gramm. d. Klass.-Armen. m. sprachvergl. Erläut., 1981; Epigraph.-exeget. Noten zu Dareios' Bisutun-Inschriften, 1990; Corpus Inscriptionum Iranicarum I/I,1: The Bisitun Inscriptions of Darius the Great: Old Persian Text, 1991. Herausg.: Compendium Linguarum Iranicarum (1989) - 1980 korr. Mitgl. Österr. Akad. d. Wiss.; 1985 ausl. Mitgl. Königl. Dän. Akad. d. Wiss.; 1990 korr. Mitgl. Dt. Archäolog. Inst.; 1991 ausl. Mitgl. Akad. d. Wiss. Istituto Lombardo.

SCHMITT, Rüdiger
Dr. rer. nat., Prof. f. Genetik Univ. Regensburg - Inst. f. Biochemie, Genetik u. Mikrobiol. Univ. Regensburg, 8400 Regensburg (T. 0941 - 943 31 62) - Geb. 25. Mai 1936 Münster (Vater: Wilhelm Sch., Dipl.-Ing.; Mutter: Dr. phil. Hilde, geb. Rheinländer), kath., verh. s. 1962 m. Erika, geb. Gerhardt, 2 S. (Andreas, Joachim) - TU Braunschweig (Dipl.-Chem. 1961, Promot. 1963); Habil. 1969 Univ. Erlangen - 1964-68 Forsch.aufenthalt USA. S. 1974 o. Prof. f. Genetik Univ. Regensburg. Üb. 50 Veröff. in dt.- u. engl.spr. Fachztschr. - Liebh.: Klass. Musik, Bergwandern - Spr.: Engl.

SCHMITT, Thomas
Dr. rer. pol., Dipl.-Kfm., Zeitungsverleger (Fuldaer Ztg.), Präsident d. Industrie- u. Handelskammer Fulda - Hartungstr. 26, 6400 Fulda - Geb. 7. Aug. 1940 - S. 1969 Parzeller & Co. - Spr.: Engl. - Vater: Michael S., Ztg.verleger (†).

SCHMITT, W. Christian

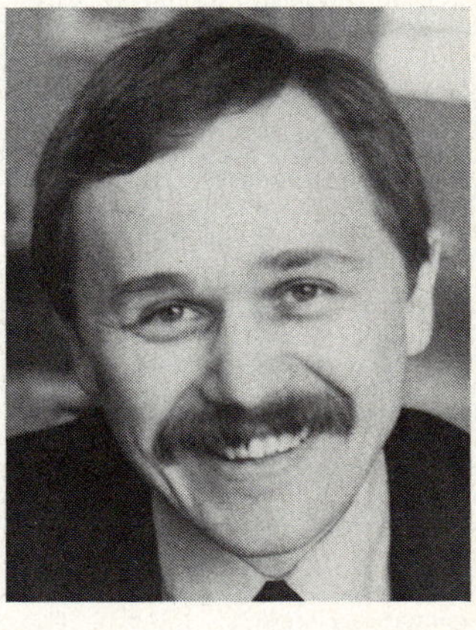

Journalist (selbst. m. eig. Redaktionsbüro s. 1978), Buchautor - Wilhelm-Leuschner-Str. 39, 6100 Darmstadt (T. 06151 - 2 26 31; Fax 06151 - 29 46 08) - Geb. 9. Juli 1944 Guhrau/Schlesien, ev., verh. s. 1968 m. Linda, geb. Herold, 2 Töcht. (Kirstin, Katrin) - Volont. Darmstädter Echo, Feuilleton-Redakt. Hannoversche Allgemeine - Gf. Redakt.

Buchreport; Mitgl. Chefredaktion Börsenblatt f. d. Dt. Buchhandel; Presse-Beauftr. Arb.gem. wiss.liche Lit. - BV: Dt. Prosa - D. Büchnerpreistr.; D. schönsten Gesch. Dt. Jugendb.-Preistr.; D. Buchstaben-Millionäre; D. Auflagen-Millionäre; Selbstbedienungsladen BRD?; V. d. Ende d. Lesekultur - 20 J. Buch- u. Literaturmarkt aus nächster Nähe; Ausgezeichneter Lesespaß. D. schönsten Geschichten dt. Kinderbuchpreisträger; D. Euro-Deutschen kommen. Streitgespräche m. Heleno Saña; Zirkus. Geschichte u. Geschichten - Liebh.: Bücher, Menschen - Spr.: Engl.

SCHMITT, Walter

Dr. jur., Bundesrichter, Vorsitzender e. Senats Bundessozialgericht Kassel - Graf-Bernadotte-Pl. 5, 3500 Kassel-W'höhe - Geb. 7. Juli 1931 - B. 1971 Oberverwaltungsgerichtsrat Mannheim, dann Richter Bundessozialgericht.

SCHMITT, Walter

Dr. med., em. Univ.-Prof., Nervenarzt - Psychotherapie, ehem. Leitender Arzt Zentrum f. Psychologische Medizin u. Arbeitstrainings- u. Therapiezentrum (ATZ/RPK), Saarbrücken, 1. Vors. Verein z. Förderung d. psychol. Med. - Lagerstr. 26, 6650 Homburg/Saar (T. 49 66) - Geb. 25. Aug. 1920 Mannheim (Vater: Ottmar Sch., Kaufm.; Mutter: Elsa, geb. Schmid), verh. s. 1945 m. Dr. phil. Antonie, geb. Kohler, Dipl. Psych., 4 Kd. (Helga, Gudrun, Horst, Brigitte) - S. 1961 (Habil.) Lehrtätigk. Univ. Saarbrücken (1967 apl. Prof., 1972 Prof. a. L.). Ausbilder in Gesprächspsychotherapie - BV: Psychiatr. Pharmakotherapie, 1964; Vademecum psychopharmacologicum, 1968. Herausg.: Drogenprobleme aktuell (1972), Drogenreport Saar 1973 (1977), Epidemiologie psychischer Störungen i. Saarland (1978). Üb. 100 Einzelarb. - Lit.: Systemtheorie u. Psychiatrie. Festschr. z. 65. Geb. (1985).

SCHMITT, Walter

Dr. jur., Regierungspräsident a. D., Präs. DRK-Landesverb. Rhld.-Pfalz (s. 1973), MdL Rhld.-Pfalz (s. 1967) - Kelberger Str. 16, 5590 Cochem/Mosel (T. 71 78) - Geb. 11. Okt. 1914 Mainz, kath., verh. s. 1963 m. Gretel, geb. Weckbecker, 2 Kd., 5 Stiefkd. - Realgymn. Mainz; Univ. Frankfurt/M., München, Königsberg, Gießen (Rechtswiss.). Promot. 1938 - 1936-41 jurist. Vorbereitungs- u. Justizdst. (zul. Amtsgerichtrat), 1941-45 Wehrmacht, 1946-47 LG Mainz, 1947-57 Justiz- (1949 Oberreg.srat), Innenmin. (1951) u. Staatskanzlei Rhld.-Pfalz (1953; 1955 Chef), 1957-67 Regierungspräsid. Koblenz (Präs.). CDU s. 1946 (div. Funktionen) - Liebh.: Numismatik, Philatelie - Spr.: Franz., Engl., Ital. - Rotarier.

SCHMITT, Werner

Dr. jur., Präsident Akad. f. zivile Verteidigung a. D. - Siebengebirgsstr. 50, 5205 St. Augustin 2 (T. 02241 - 33 02 66) - Geb. 6. März 1926 Aschaffenburg (Vater: Artur S., Generallt.; Mutter: Annemarie, geb. Hartmann), verh. s. 1989 m. Renate, geb. Tries, 5 Kd. (Ulrike, Reinhard, Renate, Roland, Tilmann) - 1944/45 Soldat; 1946/48 Kaufm. Lehre; 1948-53 Stud.; Promot. 1955 Göttingen; Ass.ex. 1957 Celle u. Hannover - 1958-83 Bundesmin. d. Innern u. Bundeskanzleramt, 1983-91 Akad. f. zivile Verteidigung.

SCHMITT, Willi

Schriftsteller (Ps. Will Smit) - Kurt-Schumacher-Allee 137, 6630 Saarlouis-Steinrausch (T. 06831 - 8 84 03) - Geb. 21. Juli 1929 Roden/Saarlouis (Vater: Hans Sch., Verwaltungsbeamt.; Mutter: Maria, geb. Hirz), kath., verh. s. 1955 m. Sigrid, geb. Richter, T. Marion (verehel. Bente) - Kaufm. Ausbild. - U.a. Geschäftsleit. - BV: Ereignisse d. Lebens, 16 Kurzr. 1975; Phrenesie, R. 1977; Ausweglos, R. 1984; Sucht, R. 1984. Üb. 70 Kurzgesch. - Liebh.: Musik.

SCHMITT, Wolf D.

Dr. rer. pol., Mitglied d. Geschäftsführung Salzgitter GmbH - Jahnstr. 10, 3320 Salzgitter 51 - Geb. 5. Nov. 1929 Hagen/W. - Stud. Rechtswiss., Volks- u. Betriebsw. sow. Phil. Univ. Köln u. Wisconsin/USA. Dipl.-Volksw. 1955; Promot. 1967 - AR-Vors. Salzgitter Wohnungs-AG, Nordgeflügel AG, Kieler Werkswohnungen GmbH, Bauges. Kiel GmbH; Beiratsvors. Telcat GmbH; Präsid.-Mitgl. PTC-electronic-AG, MTG Mikroelektronik u. Technologie Ges. mbH - BV: Bewußtseinsbild. als Aufgabe, 1968 - 1953 Ehrenbürger New Orleans/USA.

SCHMITT-DEGENHART, Annegrit

Dr. phil., Landeskonservatorin - Staatl. Graphische Sammlung, Meiserstr. 10, 8000 München 2 - Geb. 21. Febr. 1929 Frankfurt (Vater: Heinrich Sch., Kaufm.; Mutter: Dr. Charlotte, geb. Eckert), ev. - Univ. Mainz, Freiburg, München - 1955-65 Assist. Corpus d. ital. Handzeichnungen, s. 1966 Konservatorin Staatl. Graphischen Sammlung München - BV: Hanns Lautensack, 1957; Gentile da Fabriano in Rom u. d. Anfänge d. Antiken-Studiums, 1960; Corpus d. ital. Handzeichnungen 1300-1450, Teil I, 1-4 Süd- u. Mittelitalien, 1968; Teil II, 1-3 Venedig, 1980; Teil II, 4 Taccola, 1983; Teil II, 5-8 Jacopo Bellini, 1990; Evangelica Historia, Ms.L. 58. sup. della Biblioteca Ambrosiana, 1978; Jacopo Bellini, D. Zeichnungsband d. Louvre, 1984 (zus. m. Bernhard Degenhart).

SCHMITT GLAESER, Walter

Dr. jur., o. Prof. f. öfftl. Recht Univ. Bayreuth - Rübezahlweg 9 A, 8580 Bayreuth (T. 0921 - 3 20 70) - Geb. 2. Okt. 1933 München (Vater: Oskar, Beamter; Mutter: Berta, geb. Rittinger), kath., verh. s. 1963 m. Dorothea, geb. Glaeser, 2 Söhne (Alexander, Thomas) - Zwei jurist. Staatsprüf. (1958 u. 61), Promot. 1959, Habil. 1968 - 1961-63 Rechtsrat München; 1963-68 Wiss. Assist. Tübingen; 1970 o. Prof. Marburg; s. 1975 o. Prof. Bayreuth; (b. 1980 Mitgl. Strukturbeirat, 1973-79 Vizepräs.). 1982/83 stv. Vors. Dt. Staatsrechtler-Vereinig., 1987-90 Mitgl. d. BayVerfGH, s. 1987 Mitgl. d. Bayer. Senats - BV: Mißbrauch u. Verwirk. v. Grundrechten im polit. Meinungskampf, 1968; Kabelkommunikation u. Verfass., 1979; D. elterl. Erziehungsrecht in staatl. Reglementier., 1980; Verwaltungsprozeßrecht, Kurzlehrb. 11. A. 1992; Abbau d. tatsächl. Gleichberechtigungsdefizits d. Frauen durch gesetzl. Quotenregelungen, 1982; D. grundrechtl. Freiheit d. Bürgers z. Mitwirkung an d. Willensbildung, 1987; Schutz d. Privatsphäre, 1989; D. Stellung d. Bundesländer bei e. Vereinigung Deutschlands, 1990; Private Gewalt im polit. Meinungskampf, 1990 - 1988 BVK - Spr.: Engl., Franz., Lat.

SCHMITT-KÖPPLER, August

Dr. med., Prof., Leit. Arzt Chir. Klinik Kreiskrankenh. Offenburg - Brucknerstr. 14, 7600 Offenburg (T. 0781 - 43 32) - Geb. 3. Mai 1928 Heidelberg (Vater: Wilhelm S., Ing.; Mutter: Elisabeth, geb. Köppler), kath., verh. s. 1964 m. Dorothee, geb. Cremer, 4 Kd. (Sebastian, Dorothee, Johanna, Anna-Barbara) - Nach Habil. (1969) Privatdoz. u. apl. Prof. (1972), gleichz. Oberarzt (1969-73) Chir. Univ.klinik Mainz. Fachmitgl.sch. - BV: Taschenb. d. Chir. (Brünner), Bd. I 1974, Bd. II 1979, Bd. III 1990. Zahlr. Fachveröff. - Spr.: Engl., Ital. - Ritter v. hl. Gr. - Rotarier.

SCHMITT-LERMANN, Hans

Dr., Vizepräsident Bayer. Versicherungskammer i. R. München - Prinzregentenstr. 97, 8000 München 80 (T. 47 59 14) - Geb. 1911, verh. s. 1939 m. Maria, geb. von Claer, 4 Kd. (Erna, Hans Eberhard, Hildegard, Heidi) - 1956-65 bayer. Innenmin. (zul. Min.rat); 1965-70 Vizepräs. Reg. Oberbayern. Verwaltungsrechtl., sozialwissenschaftl. u. versicherungsrechtl. Bücher u. Abh. - BV: Die Bayer. Versicherungskammer in Vergangenheit u. Gegenwart, 1950, 2. A. 1964; D. Versicherungsgedanke im Dt. Geistesleben d. Barock u. d. Aufklärung, 1954; Handkommentar z. Bayer. Verwaltungszustellungs- u. Vollstreckungsgesetz, 1961; Beitr. z. Bayer. Sozialgesch., 1969; Hundert J. Bayer. Versicherungskammer, 1975; D. Hagel u. d. Hagel-Versicherung in d. Kulturgesch., 1984 - 1971 BVK I. Kl.

SCHMITT-RINK, Gerhard

Dr., Prof. f. Volkswirtschaftstheorie - Sonnenberger Str. 3, 6200 Wiesbaden (T. 52 84 09) - Geb. 22. Jan. 1926 Wiesbaden - BV: Konsum-Dynamik, 1967; Grundzüge d. Verteilungstheorie, 1971; Wachstumstheorie, 1975; Verteilungstheorie, 1978; Makroökonomie, 1990.

SCHMITT-THOMAS, Karlheinz Günther

Dr.-Ing., o. Univ.-Prof. f. Werkstoffe im Maschinenbau TU München - Sophie-Stehle-Str. 12a, 8000 München 19 - Geb. 20. Aug. 1928 Neustadt (Weinstr.) (Vater: Max Sch.-T., Min.rat; Mutter: Gertrud, geb. Thomas), ev., verh. m. Annette, geb. Cramer - TU Berlin, München, Univ. Paris (Dipl. 1955, Promot. 1958, bde. München) - 1955-61 Forsch.- u. Entwicklungsing. Eisenhüttenind. u. a. Rasselstein AG; 1962-66 Inst.leit. Werkstoffunters. GmbH; 1966-71 Geschäftsf. Allianz Zentrum f. Technik GmbH; s. 1971 Lehrst. f. Metallurgie u. Metallkd. (jetzt Lehrst. f. Werkstoffe im Maschinenbau) TU München. Entd. auf d. Geb. d. Prüfverf. u. d. spanlosen Umform; Geschäftsf. IST GmbH München; Stv. Vors. VR TÜV Bayern; Wiss. Beirat German. Lloyd - BV: Zerstörungsfr. Prüf. in d. Schadenverhüt., 1968; Handb. d. zerstörungsfr. Materialprüf. (m. and.), 1971; Metallkundl. Untersuchungsverf. (m.and.), 1972; Wienacker-Küchler: Chem. Technologie, 4. A. 1986; Metalle Abschn. Löten, Bd. IV; Hochschulpraktikum Schadenanalyse, 1987; Metallkunde f. d. Masch.wesen, Bd. I 1988, Bd. II 1989; Technik u. Methodik d. Schadenanalyse, 1989 - Liebh.: Priv. Pilot, hist. Technik - Spr.: Engl., Franz.

SCHMITT-WEIGAND, Adolf

Dr. rer. pol., gf. Vorstandsmitglied Hess. Sparkassen- u. Giroverb. (s. 1971) - Alte Rothofstr. 9, 6000 Frankfurt/M. (T. 217 52 50); priv.: Bleichstr. 6, 6463 Freigericht 1 - Geb. 5. Sept. 1934.

SCHMITTEN, Franz

Dr. agr., Dipl.-Ing. agr., Prof. u. Direktor Inst. f. Tierzuchtwissensch. Univ. Bonn - Kirchfeldstr. 21, 5300 Bonn-Beuel - Geb. 5. Mai 1929 Insul (Vater: Peter S., Kaufm.; Mutter: Anna, geb. Klein), kath., verh. s. 1959 m. Hanni, geb. Blindert, 2 Kd. (Michael, Ursula) - Stud. Univ. Bonn; Promot. 1958; Habil. 1967 - 1970 apl. Prof.; 1973 o. Prof. u. Direktor - Schriftleit. Züchtungskunde - 1989 Gold. Plakette d. Landw. Kammer Westf.-Lippe.

SCHMITTHENNER, Hansjörg

Schriftsteller - Hiltenspergerstr. 7, 8000 München 40 (T. 271 83 24) - Geb. 20. Nov. 1908 Colmar/Els. (Vater: Prof. Dr.-Ing. E. h. Paul S., Architekt † 1972 (s. XVI. Ausg.); Mutter: Marie, geb. Schütz), verh. m. Dr. Valerie Stiegele-Schmitthenner - Gymn.; 8 Semester Med.; Feldunterarzt; Schausp.; Verlagslektor; Dramat. u. Hörsp.leit. Bayer. Rundfunk - Verf.: u. a. Ein Jeder v. uns, Sch. 1947; Zw. Dom u. Moschee, Aufzeichn. aus Agram, 1948; Wildgewordene Lokomotive rast durch Milwaukee, 1950 (Preisgekrönte Arbeit d. v. d. New York Herald Tribune ausgeschriebenen Wettbewerbs f. d. beste Kurzgesch. d. Welt); D. Luftfahrer, Gesch. d. Ballonflugs 1956; D. Bürger v. X, Dr. 1960. Mithrsg.: D. schönsten Gute-Nacht-Geschichten (2 Bde. 1951/59, m. Jella Lepman; auch dän., engl., franz., holl., türk.), Herausg.: D. Weltlit. (e. Lesewerk), 1948-50; D. Nestroy-Seemännchen (m. Peter Paul Althaus, 1954. 13 intern. Hörsp. (1961), 16 dt. Hörsp. (1963); Kriegsblindenpr. f. d. Hörsp. Zwei oder drei Portraits (m. a.), Jean Paul, D. Luftschiffer Giannozzo, 1975. 8 Fernsehsp. (1966), Blume d. Nacht - Traum u. Wirklichkeit d. Romantik (1968), Erinnerungen a. Matthias Claudius v. s. Enkelin Agnes Perthes (1978), E. Stelle, wo vorher nichts da war (Ess. üb. E. Jandl), 1982; Nagelfluh, aus d. Papieren v. WH, R. 1986. Fernseh- u. Rundfunksend., u. a.: 50 Jahre dt. Hörspiel (1974/75), D. schwarze Stein auf d. Rücken d. Schildkröte (Bali) 1976, Im Ballon (1977), Club d'Essai - Das Pariser Versuchsstudio f. Radiokunst (1978), Djati Luwih - Schönes Land (1979), Weltraumtransporter Columbia I u. II (1980), Spielzeug d. Winde (1982), Nepal hören (1984), Welt hören (3 Sendungen), Welt hören - CD-Plattenausg. (1990). Ausstell. Goethe-Inst. u. a. - 1950 Welt-Storypreis New York Herald Tribune; 1962 Mitgl. Dt. Akad. d. darstell. Künste, Frankfurt/M. u. d. PEN-Clubs; Schwabinger Kulturehrenpreis.

SCHMITTHENNER, Walter

Dr. phil., D. Phil., em. o. Prof. f. Alte Geschichte - Werthmannplatz, 7800 Freiburg/Br. (T. 20 31) - Geb. 11. Juli 1916 Mannheim, ev., verh. m. Dr. med. Eva, geb. Wolf, 4 Kd. - Univ. Berlin, Heidelberg, Basel. Promot. (1949) u. Habil. (1959) Heidelberg; D. Phil. 1958 Oxford - S. 1961 Ord. Univ. Saarbrücken u. Freiburg (1967) - BV: Octavian u. d. Testament Cäsars, 1952, 2. A. 1973. Herausg.: H. Schaefer, Probleme d. Alten Geschichte, (1963, m. U. Weidemann); J. Moreau, Scripta Minora (1964); D. Dt. Widerstand geg. Hitler (1966, m. H. Buchheim); Augustus (Wege d. Forsch.) (1969); Krehbiel-Darmstädter, Briefe aus Gurs u. Limonest (1970); H. Strasburger, Studien z. Alten Gesch. (1982-90, m. R. Zoepffel).

SCHMITTMANN, Hans-Bernd

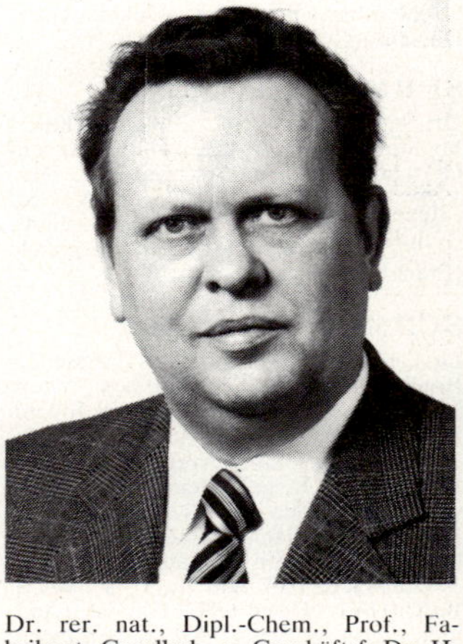

Dr. rer. nat., Dipl.-Chem., Prof., Fabrikant, Gesellsch. u. Geschäftsf. Dr. H. Schmittmann GmbH, Velbert - Langenhorster Str. 30, 5620 Velbert 1 (T. 02051 - 5 60 81, dstl., u. 5 41 57 priv.) - Geb. 16. Okt. 1932 Velbert (Vater: Dr. Hans-Herbert Sch., Dipl.-Chem., Fabrikant; Mutter: Else Elfriede Marthel, geb. Lückenhaus), ev., verh. s. 1959 m. Hannelore, geb. Schulte, 3 Töcht. (Britta, Cora, Tatjana) - Abit. 1953, Dipl.-Chem. 1961, Promot. 1964 Univ. Bonn - 1982 Mitbegr. u. Gesellsch. Micro-Environmental Chemie GmbH Velbert - Div. Mand. u.a. Arbeitsrichter Wuppertal, Präs. Bundesverb. Brandschutz u. Katastrophenschutz (BVBK), Düsseldorf, stv. Vorst.-Mitgl. AOK Velbert, Vertretervers. LVA Rheinprovinz; Beirat Arbeitg.verb. d. chem. Ind. im Berg.

Land; Gastprof. u. Mitgl. wiss. Beirat im Inst. f. Produktionsentw. im FB Chemie; Vors. d. Fördervereins Feuerwehr Velbert; Fachdienstberater ABC-Schutz Stadt Velbert, Regionalaussch. Velbert d. IHK D'dorf. Ehrenamtl. Richter am Arbeitsgericht Wuppertal - Patente: Trennmittel f. Gießereizwecke, Kleinlöschfahrzeug, Saponinextraktprod.; Patentanmeld. Feuerhemmende Zusatzstoffe - Ehrenritter d. ritterl. Ordens St. Johannis v. Spital zu Jerusalem, Verband alter Wingolfiten; BVK am Bde. - Liebh.: Musik - Spr.: Engl.

SCHMITZ, Bereslaw

Dr. jur., Generalstaatsanwalt in Köln - Zu erreichen üb. Reichenspergerpl. 1, 5000 Köln.

SCHMITZ, Carl-Hinderich

Gesellschafter Schmitz Werke GmbH + Co., Emsdetten i. R. - Isendorf 19, 4407 Emsdetten/W. (T. 10 68) - Geb. 17. Dez. 1923 Rheine (Vater: Rudolf S.; Mutter: Kriemhild, geb. Mense), verh. s. 1947 m. Heidi, geb. Beusch, 4 Kd. - Textiling. (grad.) - S. 1946 väterl. Untern. (1958 pers. haft. gf. Gesellsch.). Zeitw. Stadtverordn. Emsdetten.; Präsid.-Mitgl. Gesamttextil Frankfurt; Ehrenpräs. IHK Münster; AR-Mitgl. Germania-Epe Spinnerei AG Epe; VR Gerling-Konzern, Köln, Beirat Ibena Textilwerke, Bocholt, Schmitz Werke, Emsdetten, Hch. Kettelhack, Rheine, Nordwalder Baumwoll-Spinnerei, Nordwalde - 1980 BVK I. Kl., 1984 Gr. BVK - Spr.: Engl., Franz. - Rotarier.

SCHMITZ, Dieter

Fabrikant, Unternehmensberater Ledl Luftfracht Frankfurt - Schillerstr. 3, 6232 Bad Soden/Ts. (T. 2 35 18) - Geb. 10. Juli 1912 - S. jg. Jahren Familienuntern. Div. Ehrenstell.; s. 1968 Stadtrat u. ehrenamtl. Magistratsmitgl. d. Stadt Bad Soden/Ts.; s. 1989 Ehrenstadtrat d. Stadt Bad Soden/Ts.; langj. Mitgl. VDMA-Hauptvorst. - 1972 BVK I. Kl. - Spr.: Engl., Franz. - Rotarier.

SCHMITZ, Eberhard

Dr., Dipl.-Volksw., Hauptgeschäftsführer IHK Bonn (s. 1976) - Höhenweg 33, 5300 Bonn 1 (T. 28 35 32) - Geb. 4. Mai 1933 Wuppertal (Vater: Rudolf S., Kaufm.; Mutter: Irma, geb. Ronsdorf), ev., verh. s. 1966 m. Maria-Luise, geb. Orth, 2 Kd. (Astrid, Carsten) - Stud. Univ. Bonn, Frankfurt - Industrietätigk., s. 1963 IHK Bonn (1967 Gf.). Gleichz. stv. Leit. Mittelrh. Verw.- u. Wirtsch.-Akad., Bonn; stv. Vors. Finanz- u. Steueraussch. d. DIHT; Mitgl. Beirat u. Lehrbeauftragter Univ. Bonn; Vors. Kurat. d. Wirtsch. u. Steuerrechtl. Vereinig. Bonn e.V.; Vorst. Ver. Gemeinsch.lehrwerkst. u. Fortbldg.-Zentr. f. d. Bez. IHK Bonn; u. a. - BV: D. Bleimarkt unt. d. Einfluß neuerer Strukturwandlungen, 1963 - Spr.: Engl. - Rotarier.

SCHMITZ, Egon

Kaufmann, Geschäftsf. Schmitz KG, Bonn, Vors. Dt. Großhändlerverb. f. Heizungs-, Lüftungs- u. Klimabedarf, Hamburg - Eifelweg 27, 5480 Remagen 2 Oberwinter - Geb. 11. Nov. 1920.

SCHMITZ, Ernst

Dr. rer. pol., Dipl.-Kfm., Gf. Hauptgesellschafter d. Firmen E. Schmitz KG & Schoeller, Kunststoff-Zentrale, Köln, E. Schmitz GmbH & Co KG, Nettersheim - Zu erreichen üb. E. Schmitz KG & Schoeller, Postf. 40 05 55, 5000 Köln 40 (T. 02234 - 18 32-0; Telefax 02234 - 18 32-59) - Geb. 25. Juni 1922 Köln, kath., verh. s. 1962 m. Ritva Marjatta, geb. Laakso, 2 Kd. (Mark Esko, Eva Maarika) - Stud. Betriebsw. Univ. Frankfurt (Dipl.-Kfm. u. Promot. 1945) - S. 1945 eig. Untern. Mitgl. Vollvers. IHK Aachen; Mitgl. Kurat. Ernst Schneider-Preis - 1976 Ehrenzeichen DRK; 1983 BVK - Liebh.: Waldbau, Reisen - Spr.: Engl., Franz.

SCHMITZ, Georges

Dr. phil., o. Prof. f. Psychologie Univ. Siegen Gesamthochschule u. Nationale Univ. Rep. Zaire - Im Grund 19, 5047 Wesseling (T. 3 79 71) - Vorher Päd. Hochsch. Westf.-Lippe/Abt. Siegerl.

SCHMITZ, Hans Peter

Dr. phil., Prof. f. Meteorologie FU Berlin, Ozeanograph - Marienstr. 7c, 1000 Berlin 45 (T. 773 39 50) - Geb. 8. Dez. 1920 Hamburg (Vater: Ernst-Hubert Sch., Kaufm.; Mutter: Grete Helene, geb. Usinger), verh. s. 1947 m. Jutta Charlotte, geb. Fydrich - TH Danzig u. Univ. Wien (Dipl.-Meteorol. 1943; Promot. 1946 Univ. Wien) - 1946/47 wiss. Assist. Inst. f. Meereskde. Univ. Berlin; 1947-49 wiss. Mitarb. Meteorol. Observat. Potsdam; 1949-57 Dt. Akad. d. Wiss. Berlin, Inst. f. Physikal. Hydrographie. 1958-62 Inst. f. Meereskde. Univ. Hamburg; 1962-64 Meteorol. Inst. Univ. Bonn. 1965 Forschungsabt. Dt. Wetterdienst, Offenbach; 1973-76 Leit. Wetterdienstschule Neustadt/Weinstr.; 1971 Hon.-Prof. Univ. Frankfurt/M.; s. 1977 Prof. f. Theoret. Meteorol. FU Berlin, Inst. f. Geophysik. Wiss. - Ca. 60 wiss. Veröff. insbes. Grenzschichtphysik Ozean-Atmosphäre u. physikal.-numer. Modelle v. Randmeeren betreffend - Liebh.: Gesch. d. dt. Eisenbahnen - Spr.: Engl., Franz.

SCHMITZ, Hans Peter

Techn. Angestellter, Bundesvors. Touristenverein D. Naturfreunde, Stuttgart - Dellbrücker Str. 40, 5060 Bergisch-Gladbach 2 (T. 02202 - 5 33 55) - Geb. 25. Juli 1931, verh., 2 Kd.

SCHMITZ, Hans-Peter

Landwirt, MdB (s. 1972), stv. Vorsitzender d. CDU/CSU-Bundestagsfraktion - Wilhelmstr. 2, 5112 Baesweiler (T. 50 12) - Geb. 21. Mai 1937 Geilenkirchen, kath. - Volkssch.; landw. Lehre; Landw. Fachsch. - Eig. Landw. Baesweiler. Div. Funktionen. CDU (1971 Mitgl. Landesvorst. Rhld., s. 1986 Mitgl. Landesvorst. NRW, Vors. Bezirksverb. Aachen).

SCHMITZ, Hans-Peter

Dr. phil., Prof., Flötist - Am Sandwerder 28, 1000 Berlin 39 (T. 803 58 86) - Geb. 5. Nov. 1916 Breslau (Vater: Tilmann S., Gold- u. Silberschmied; Mutter: geb. Bardt), ev., verh. 1959 m. Gisela, geb. Fischer († 1963), 2 Kd. (Tilmann, Frauke) - Schule Breslau (Reifeprüf. 1935); 1935-36 Musikhochsch. Berlin; 1937-39 Univ. Halle (Promot. 1941) - 1939-43 Wehrdst., 1943-50 Soloflötist Berliner Philharmoniker, dann fr. künstler. u. musikwiss. Tätigk., ab 1953 Doz. u. Prof. f. Flöte Nordwestd. Musik-Akad. Detmold, s. 1971 Prof. Musikhochsch. Berlin - BV: Prinzipien d. Aufführungspraxis Alter Musik, 1950; D. Tontechnik d. Père Engramelle, 1953; D. Kunst d. Verzierung im 18. Jh., 3. A. 1973; Flötenlehre, 2 T. 7. A. 1976; Querflöte u. -nspiel im Barockzeitalter, 2. A. 1959; Verteidigung d. Dirigenten, 1957; Singen u. Spielen - Versuch e. allg. Musizierkd.. 1958; Quantz heute, 1987, Fürstenau heute, 1988 - Spr.: Engl., Franz. - Rotarier.

SCHMITZ, Heinz-Günter

Dr. phil., Prof. f. Dt. Philol. Univ. Kiel - Aubrook 10, 2300 Kiel 1 (T. 68 81 32) - Geb. 27. Mai 1938 Nieder-Weisel (Vater: Theo Sch., Hotelier; Mutter: Irmgard, geb. Geyer), ev., verh. s. 1969 m. Erika, 3 Kd. (Florian, Tillmann, Friederike) - 1958-66 Stud. German., Gesch. u. Phil. Univ. Heidelberg, Frankfurt u. Marburg; Staatsex. 1966; Promot. 1969; Habil. 1981 Univ. Kiel - 1969-82 Wiss. Assist., s. 1982 Prof. - BV: Physiol. d. Scherzes, 1982; W. Büttners Volksbuch v. Claus Narr, 1990. Zahlr. Fachveröff.

SCHMITZ, Herbert

Kaufmann, Geschäftsführer Brimberg Druck- u. Verlagsges. - Hasenfeld 21, 5100 Aachen - Geb. 27. Juni 1935 Aachen, kath., led.

SCHMITZ, Heribert

Dr. iur. can., Prof. f. Kirchenrecht, insb. f. Verwaltungsrecht sow. Kirchl. Rechtsgesch. - Harthausener Str. 6, 8011 Neukeferloh/Obb. - Geb. 8. Nov. 1929 Koblenz/Rh., kath. - Schule Koblenz (Abit.); Theol. Fak. Trier u. Univ. München (Theol., Spät. Kanon. Recht). Priesterw. 1955 Trier. Promot. (1962) u. Habil. (1966) München - S. 1967 ao. Prof. Phil.-Theol. Hochsch. Passau, o. Prof. Theol. Fak. Trier (1967) u. Univ. München (1971). Zahlr. Veröff., dar.: D. Gesetzessystematik d. Codex Iuris Canonici Lib. I-III, Appellatio extraiudicialis, 1970.

SCHMITZ, Hermann

Dr. phil., o. Prof. f. Philosophie - Steinstr. 27, 2300 Kiel (T. 8 45 55) - Geb. 16. Mai 1928 Leipzig (Vater: Hermann S., Reichsgerichtsrat; Mutter: Magdalene, geb. Malkwitz) - Promot. 1955 Bonn; Habil. 1958 Kiel - S. 1958 Lehrtätigk. Univ. Kiel (1965 Wiss. Rat u. Prof.; 1971 o. Prof.) - BV: Hegel als Denker d. Individualität, 1956; Goethes Altersdenken im problemgeschichtl. Zusammenhang, 1959; System d. Phil., 1964-80: Bd. I: D. Gegenw., II/1. T.: D. Leib, 2. T.: D. Leib im Spiegel d. Kunst, III: D. Raum, 1. T.: D. leibl. Raum, 2. T.: D. Gefühlsraum, 3. T.: D. Rechtsraum - Prakt. Phil., 4. T.: D. Göttl. u. d. Raum, 5. T.: D. Wahrnehmung, IV D. Person, V: D. Aufhebung d. Gegenwart, Subjektivität - Beitr. z. Phänomenologie u. Logik, 1968; Nihilismus als Schicksal, 1972; Neue Phänomenologie, 1980; D. Ideenlehre d. Aristoteles, Bd. I: Aristoteles, 1. T.: Komm. z. 7. Buch d. Metaphysik, 2. T.: Ontologie, Noologie, Theologie; Bd. II.: Platon u. Aristoteles, 1985; Anaximander u. d. Anfänge d. griech. Phil., 1988; D. Ursprung d. Gegenstandes. V. Parmenides z. Demokrit, 1988; Was wollte Kant?, 1989; Leib u. Gefühl, 1989, 2. erw. A. 1992; D. unerschöpfliche Gegenstand. Grundzüge d. Philosophie, 1990; Hegels Logik, 1992.

SCHMITZ, Hermann Josef

Landwirt, Mitglied d. Landtags Nordrh.-Westf. - Streithöfe 6 - Nauenhof, 4156 Willich 1 - Geb. 12. Nov. 1936 Köln, kath., verh. s. 1963 m. Hanneli, geb. Lörks, 2 Kd. (Michael, Astrid) - Landwirtschaftl. Lehre, Landwirtsch.meister, Agraring. - Vors. d. Kreisbauernschaft Krefeld-Viersen; Kreistagsmitgl. - Interessen: Jagd, Naturschutz.

SCHMITZ, Jan

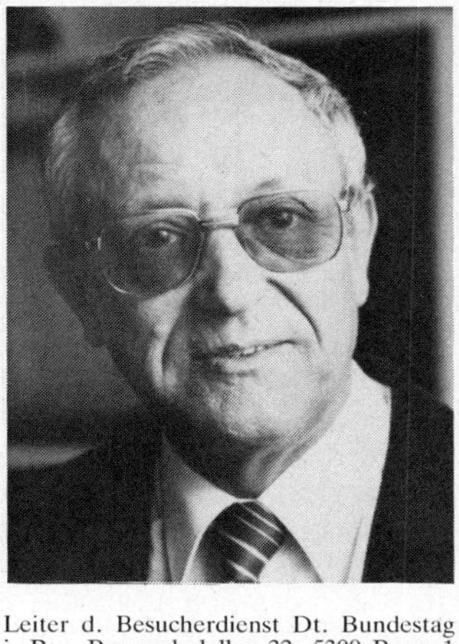

Leiter d. Besucherdienst Dt. Bundestag i. R. - Baumschulallee 32, 5300 Bonn 1 (T. 0228 - 63 33 78) - Geb. 15. Mai 1924 Mayen, kath., verh. s. 1955 m. Eleonore, geb. Allmann, 2 Töcht. (Claudia, Julia) - 1946-51 Stud. Univ. Mainz (Jura) - 1953-64 Redakt. Wochenztg. D. Parlament; 1965-69 Ref. d. Bundestagspräs. D. Dr. Gerstenmaier; 1970-85 Ref. f. Öffentlichkeitsarb. Dt. Bundestag, 1985-89 Leit. Besucherdienst Dt. Bundestag. 1973-83 Präs. Landesverb. Nordrh. d. DLRG, seitd. Ehrenpräs.; 1974-79 Mitgl. DLRG-Präsid. (Beis., Vizepräs.); 1974-83 Präsidialvertr. d. DLRG am Sitz d. Bundes - 1975 Verdienstzeichen d. DLRG in Gold; 1978 Päpstl. Orden Bene Merenti; 1979 BVK am Bde., 1989 BVK I. Kl.; 1979 Spoden-Plak. d. DLRG Nordrh. - Liebh.: Gesch., lyr. Dichtkunst, Kochen.

SCHMITZ, Jochem

Dipl.-Ing., Mitinh. Schmitz & Schulte Hochdruck-Dichtungs-Fabrik, Burscheid - Eichenplätzchen Nr. 1, 5673 Burscheid - Geb. 25. Mai 1936.

SCHMITZ, Josef

Dr. theol., o. Prof. f. Fundamentaltheologie u. Religionswiss. Univ. Mainz - Weidmannstr. 10, 6500 Mainz (T. 3 29 66) - Kath.

SCHMITZ, Josef

Dr. rer. nat., o. Prof. f. Physik u. ihre Didaktik Gesamthochschule Paderborn - Sellinghusenerstr. 8, 4790 Paderborn/W. (T. 05252 - 5 02 71) - Geb. 18. Juli 1924 Paderborn - S. 1963 o. Prof. Univ. Paderborn. Emerit. 1989.

SCHMITZ, Karl-Heinz

Dr. jur. h. c., Rechtsanwalt u. Notar - Wildauer Str. 19, 1000 Berlin 49 (T. 745 88 05; Büro: 883 50 07) - Geb. 9. Juni 1932 Berlin (Vater: Walter S., Gastwirt; Mutter: Anna, geb. Ehscheidt), ev., verh. s. 1955 m. Sigrid, geb. Wunram, 2 Kd. (Andreas, Sabine) - Stud. Rechtswiss. u. Volksw. Berlin (FU) u. Hamburg. Ass.ex. 1959 Berlin - S. 1959 RA u. Nt. (1971) Berlin, 1958-63, 1967-70 u. 1971-85 MdA Berlin; 1970-71 (Mandatsniederleg.) MdB Vertr. Berlins). 1955-58 Vors. Jg. Union Berlin. CDU s. 1951 (1963ff. gf. Landesvors., 1969-81 II. Landesvors. Berlin) - 1978 Ehrendoktor (jur.) Yonsei Seoul; 1985 Ehrendoktor (phil.) Fu-Yen Taipeh.

SCHMITZ, Kurt

Oberbürgermeister d. Stadt Bottrop - Eupenstr. 5, 4250 Bottrop (T. 02041 - 247 32 04) - Geb. 30. Juni 1929 Koblenz, verh. s. 1959 m. Ingeborg, geb. Eichert, 2 Töcht. (Dagmar, Cornelia).

SCHMITZ, Mathias

Dr. phil., o. Prof. f. Politikwissenschaft - Sonnenweg 3, 8411 Laaber - Geb. 15. Juli 1933 Duisburg (Vater: Wilhelm Sch., Angest.; Mutter: Maria, geb. Kackert), verh. s. 1980 m. Eva, geb. Gamerdinger, 2 Kd. (Oliver, Jessica) - Univ. Köln, Münster, Saarbrücken u. Freiburg - 1969 Prof. Osnabrück, 1971 Mitgl. Gründ.aussch. Univ. Osnabrück, s. 1972 Prof. Univ. Regensburg - BV: D. Freund-Feind-Theorie Carl Schmitts, 1965; zahlr. Aufs.

SCHMITZ, Norbert

Dr. rer. nat., Dipl.-Phys., Prof., Direktor am Max-Planck-Inst. f. Physik (s. 1971) - Verdistr. 11, 8011 Baldham - Geb. 13. Okt. 1933 Schiefbahn (Vater: Theo S., Gemeindedir.; Mutter: Margarete, geb. Clemens), kath., verh. s. 1961 m. Helga, geb. Neu, 3 Kd. (Ulrike, Stephan, Judith) - Stud. d. Physik Univ. Göttingen u. Radiation Labor. Berkeley; Promot. 1961 München (Univ.); Habil. 1965 ebd. (TU) - S. 1961 MPI f. Physik u. Astrophysik (1969 Abt.-Leit.; 1971 Dir.); s. 1969 wiss. Mitgl. Max-Planck-Ges.; 1965-71 Privatdoz., 1971-73 apl. Prof. Univ. u. s. 1973 Honorarprof. TU München. 217 Fachveröff. - Spr.: Engl., Franz.

SCHMITZ, Norbert J.

Dr. rer. nat., Dipl.-Math., Prof. f. Math. Statistik Univ. Münster (s. 1972) - Hensenstr. 167, 4400 Münster - Geb. 27. Aug. 1939 Münster (Vater: Josef S., Stud.dir.; Mutter: Dr. Dore, geb. Idelmann), kath., verh. s. 1965 m. Marlene, geb. Bödding, 3 Kd. (Barbara, Beate, Andreas) - Stud. Univ. Münster, München; Dipl.ex. 1964; Promot. 1966 Münster; Habil. 1970 Karlsruhe - 1964-70 Wiss. Assist. Univ. Münster u. Karlsruhe, 1970-72 Wiss. Rat u. Prof. FU Berlin - Spr.: Engl.

SCHMITZ, Paul
Diözesansekretär, MdL Nordrh.-Westf. (s. 1966) - Uferweg 1, 4286 Südlohn II (T. 72 23) - Geb. 24. März 1920 Südlohn, kath., verh., 5 Kd. - Volkssch. - Textilarb.; Stuhlflechter; s. 1963 Sekr. Kath. Arbeiter-Beweg. (1966 stv. Diözesansekr. Bistum Münster). S. 1952 Gemeindemitgl. Südlohn (1952-64 stv. Amtsbürgerm.); 1960-1964 MdK Ahaus (stv. Fraktionsvors.). CDU s. 1947.

SCHMITZ, Peter
Fabrikant, gf. Gesellsch. Schmitz-Anhänger Fahrzeugbau-Ges., Altenberge (s. 1973) - Bahnhofstr. 8, 4401 Altenberge/W. - Geb. 12. Aug. 1939 (Vater: Josef S., b. 1973 gf. Gesellsch. Schmitz-Anhänger, s. XVI. Ausg.)

SCHMITZ, Peter Michael

Dr., Univ.-Prof. f. Agrarpolitik an d. Univ. Frankfurt (s. 1988) - Carl-Maria-v.-Weber-Str. 1, 6300 Gießen (T. 0641 - 2 41 00 - Geb. 15. Juli 1949 Bad Gandersheim, kath., verh. s. 1972 m. Heidemarie, geb. Hausmann, 2 Kd. (Kai, Jana) - Stud. Volkswirtsch.lehre Göttingen; Dipl. 1975; Promot. 1979 Göttingen; Habil. 1984 Kiel - 1984-87 Prof. f. Agrarpolitik Univ. Gießen; s. 1988 Univ. Frankfurt; s. 1990 Auslandsbeauftr. d. FB Wirtsch.wiss. - BV: Handelsbeschränkungen u. Instabilität auf Weltagrarmärkten, Habil.schrift 1984 - Spr.: Engl.

SCHMITZ, Richard
Dr. med. (habil.), Prof., Dermatologe - Vogelsangstr. 4, 7300 Eßlingen-N. (T. Stuttgart 35 60 84); priv.: Ernst-Kirchner-Str. 45, 7302 Ostfildern 2 (T. Stg. 34 13 31) - Geb. 12. April 1921 Breslau - S. 1958 (Habil.) Privatdoz. u. apl. Prof. (1965) Univ. Tübingen (Haut- u. Geschlechtskrankh.). - Etwa 50 Facharb. - Spr.: Franz. - Rotarier.

SCHMITZ, Richard
Geschäftsf. Direktor Brenner's Park-Hotel - An der Lichtentaler Allee, 7570 Baden-Baden; priv.: Schillerstr. 2 - Geb. 9. Juni 1937 Wülscheid/Siegkr., kath., verh. s. 1965 m. Riccarda, geb. Juon, 3 Söhne (Jürgen, Alexander, Richard Christian) - Konditorlehre, Kochlehre, Ecole Hoteliere de Lausanne m. Abschlußdipl. - Brenner's Park-Hotel Baden-Baden (s. 1968). Vizepräs. IHK Karlsruhe; Vors. Hotel- u. Gaststättenverb. Baden-Baden; Mitgl. u. Vors. Fremdenverkehrsforum Baden-Baden; Mitgl. Prüf.kommiss. IHK Karlsruhe Mitgl. im Beirat d. Intern. Hotel Assoc. (IHA) Deutsche Sektion; stv. Vors. d. Fremdenverkehrsausschuß IHK, Karlsruhe u. Pforzheim; Mitgl. d. Tourismusaussch. d. Dt. Ind.- u. Handelstag (DIHT) - Spr.: Engl., Franz. - Rotarier.

SCHMITZ, Rolf
Assessor, Hauptgeschäftsführer - Udetstr. 37, 5205 St. Augustin 2 (T. 02241 - 2 97 03) - Geb. 19. Nov. 1933 Bonn, kath., verh. s. 1961 m. Christel, geb. Spelthahn, 3 S. (Wolfgang, Helmut, Georg) - 1954-58 Stud. Univ. Bonn, Köln (Rechts- u. Staatswiss.); 1. jurist. Prüf. 1958 Köln, 2. jurist. Prüf. 1962 - 1962-65 Geschäftsf., 1966-84 Hauptgeschäftsf. Kreishandwerkersch. Bonn; 1985ff. Hauptgeschäftsf. Zentralverb. d. Raumaussst.-Handw.; 1985 Generalsekr. Europ. Union d. Tapezierer, Dekorateure u. Sattler - BV: D. Recht d. Handwerkers, 1981, 2. A. 1991 - 1983 BVK - Liebh.: Fotogr., Werbung - Spr.: Ital., Latein.

SCHMITZ, Rudolf
Dr. phil., em. o. Prof. u. Direktor d. Inst. f. Geschichte d. Pharmazie d. Philipps-Univ. Marburg - Freiherr-vom-Stein-Str. 2, 6349 Mittenaar-Bicken (T. 02772 - 66 52) - Geb. 17. Febr. 1918 Siegburg (Vater: Jean Sch., Rektor; Mutter: Anni, geb. Ballensiefen), kath., verh. s. 1947 m. Dr. Ursula, geb. Fuchs, 2 Töcht. - Stud. Gesch. u. Philos. Bonn, Pharmazie Marburg, 1952 Promot. Pharmaz. Chemie, 1953-57 Stud. Mittelalt. u. Neuere Gesch. Marburg, 1957 1. dt. Habil. in Gesch. d. Pharmazie, 1963 apl., 1964/65 ao. Prof. u. Dir. Inst. f. Gesch. d. Pharmazie Univ. Marburg, 1967 o. Prof., 1967 u. 1971-73 Dekan, 1976-85 Vors. Verb. d. Prof. pharmazeut. Hochschulinst. in d. BRD u. Westberlin, 1979-86 Vors. Senatskomm. f. Humanismusforschung d. DFG, 1981-88 Mitgl. d. Bundesgesundheitsrates; 1986/87 Präs. Dt. Pharmazeut. Ges. - Mehrere Bücher, rd. 300 Ztschr.-Publ. Herausg. bzw. Mithrsg.: u. a. Artemis Lexikon d. Mittelalters; Quellen u. Studien z. Gesch. d. Pharmazie - Nat. u. intern. Ausz. u. a. 1985 Gr. BVK; Mitgl. versch. wiss. Ges. u. Akad.; 1986/87 Governor Rotary-Distr. 182 - Liebh.: Orgelspiel - Spr.: Franz., Engl. - Lit.: Dt. Apoth. Ztg. 123 (1983), S. 313f.; Pharmaz. Ztg. 128 (1983), S. 400f.; Schriftenverz., in: Perspektiven d. Pharmaziegesch., Festschr. f. R. Sch. (1983), S. 441-465.

SCHMITZ, Siegfried
Dr. phil., Schriftsteller u. Übersetzer (Ps. Peter Faber, Siegfried Pelzer) - Wettersteinstr. 8, 8039 Puchheim (T. 089 - 80 23 62) - Geb. 5. Febr. 1931, verh. s. 1959 m. Annemarie, geb. Stier, 2 Söhne (Claus-Achim, Ulrich Bernt) - Promot. 1956 Univ. Mainz - 1956-69 Lektor u. Redakt.leit.; s. 1970 fr. Schriftst. - BV: Sachb.: Tiere kennen u. verstehen, 1974; D. Schnecken- u. Muschelsamml., 1976; Wellensittiche u. a. Papageien, 1976; Aquarienfische, 1977; Biogr.: Charles Darwin u. d. Lebende, 1982; Gr. Entdecker u. Forsch.reisende, 1983; Charles Darwin - Leben, Werk, Wirk., 1983; Tiervater Brehm, 1984; Vogelsprache, 1985; Fisch-Uhr, 1986; Kleintiere, 1992; Jugendb., Anthol., Aufs. u. rd. 60 Übers. - Spr.: Engl., Franz.

SCHMITZ, Walter
Dr.-Ing. habil., Prof., Minsterialdirigent a. D. - Niddastr. 3, 6380 Bad Homburg v. d. H. (T. 4 75 45) - Geb. 14. März 1910 Düsseldorf - S. 1947 (Habil.) Privatdoz. u. apl. Prof. (1953) TH Aachen (Eisenbahnoberbau, Eisenbahn- u. Verkehrswesen). 44 Erfindungen; 121 Abhandl.

SCHMITZ, Wilhelm
Geschäftsführer, 1. Vors. Zentralverb. Dt. Lohngewerbe - Gabelsberger Str. 24, 4150 Krefeld (T. 02151-77 15 03) - Geb. 17. Sept. 1914 Krefeld, kath., verh. s. 1940 m. Martha, geb. Krülls, 5 Kd. (Ulrike, Angela, Hans-Georg, Bernhard, Maria) - Ausb. Kaufm. u. Textiling. - 1985 BVK.

SCHMITZ-ECKERT, Hansgeorg
Dr. jur., Vorstandsmitglied PREUSSAG AG, Hannover - Seesener Str. 17, 3300 Braunschweig - Geb. 23. Okt. 1933 Moers, kath., verh. s. 1963 m. Barbara, geb. Eckert, S. Christian - Stud. Rechtswiss.; Ass. 1965; Promot. 1964 Univ. Münster.

SCHMITZ-ELSEN, Josef
Generalsekretär Dt. Caritasverband (s. 1987) - Karlstr. 40, 7800 Freiburg i. Br. (T. 20 02 16) - Geb. 13. Okt. 1934 Düsseldorf, kath., verh. s. 1962 m. Dr. med. Luitgard, geb. Scholl, 2 Söhne (Alexander, Claus) - 1955-59 Jurastud. FU Berlin, Dt. Hochsch. f. Politik, Berlin, Univ. Freiburg. Ass. 1963 - Vorst.-Vors. Berufsgenoss. f. Gesundheitsdst. u. Wohlfahrtspflege; Mitgl. d. Fernsehrates d. ZDF.

SCHMITZ-JOSTEN, Franz-Josef
Dr., Bergwerksdirektor, stv. Vorstandsmitgl. Rhein. Braunkohlenwerke AG. (s. 1971), Geschäftsf. Hütherberg Steine u. Erden GmbH., Köln - Richterstr. 28, 5022 Junkersdorf b. Köln - Geb. 29. Nov. 1922.

SCHMITZ-MOORMANN, Paul
Dr. med., Prof. f. Patholog. Anatomie Univ. Marburg - Auf d. Trift 3, 3553 Cölbe-Reddehausen - Geb. 2. Dez. 1930 - S. 1967 (Habil.) Lehrtätigk. Marburg.

SCHMITZ-SCHERZER, Reinhard

Dr. phil., Dipl.-Psych., Prof. Univ.-GH Kassel - Möncheberstr. 50, 3500 Kassel - Geb. 22. April 1938 Krefeld (Vater: Ing. Heinrich S.; Mutter: Hertha, geb. Hassel), ev., S. Jens - Stud. d. Psychol. Univ. Bonn; Dipl.ex. 1965 - S. 1965 Psychol. Inst. Univ. Bonn (Forschung u. Lehre; spez. Arb.gebiet: Alterns- u. Freizeitforsch.). Americ. Assoc. of Psychol., Dt. Ges. f. Gerontol. - BV: Sozialpsychologie d. Freizeit, 1974; Freizeit u. Alter, 1974; Soziologie d. Freizeit, 1985 - 1975 Max-Bürger-Preis - Liebh.: Astronomie, Biol., Belletristik, Jagd, Fischen, Reisen - Spr.: Engl., Span.

SCHMITZ-SINN, Heribert
Dr. jur., Unternehmer (Mineralölwirtschaft), AR Sinn AG/Sinn-Konzern, Köln (1961ff., Vors. 1978-88) - Im Lech 10, 6380 Bad Homburg v. d. H. 1 (T. 06172 - 3 17 60) - Geb. 23. Juli 1932 Köln (Vater: Dr. Paul S.-S., Vorstandsmitgl. (AG.); Mutter: Maria, geb. Sinn), kath., verh. s. 1963 m. Ute, geb. Soost, 2 T. (Anja, Martina) - Gymn. (Abit. 1952); Univ. Freiburg/Br. u. Köln. Jurist. Staatsex. Köln (1957) u. Düsseldorf (1961); Promot. Köln (1961) - BV: D. einkommensteuerl. Behandlung d. fr. Erfinder, 1962 - Liebh.: Golf, Jagd - Spr.: Engl., Franz. - Rotarier (1974 ff.).

SCHMITZ van VORST, Josef
Dr. phil., Auslandskorrespondent - Largo dell'Amba Aradam 1, Rom (T. 75 32 62) - Geb. 22. Juni 1910 Köln (Vater: Joseph Schmitz, Lehrer; Mutter: Therese, geb. van Vorst), kath., verh. s. 1947 m. Heidi, geb. Luhn, 4 Kd. (Klaus, Ursula, Sabine, Peter) - Apostelm-Gymn. u. Univ. Köln (Gesch., German., Phil., Päd.; Promot. 1936 (Diss.: D. christl.-soz. Bewegung u. ihr Kampf geg. d. Umsturz)) - Ab 1937 Journ. Rhein.-Westf. Ztg., Essen; 1940-42 Rom-Korresp. Berliner Börsen-Ztg.; 1946 Mitbegr. Wochenztg. Weltbild; s. 1949 Rom-Korresp. FAZ (m. d. Berichterstattung üb. Italien u. d. Vatikan betraut), 1959 ff. Präs. Dt. Schulverein Rom - BV: Kl. Gesch. Italiens, 1955 (4 A., auch ital. u. span.); D. Deutschen in Rom, in: Henry Morton, Wanderungen in Rom, 1959; V. Palazzo Caffarelli z. Villa Almone, D. Dt. Botschaft b. Quirinal, 1959 (auch ital.); Kirche gestern - Kirche morgen / Aufz. 1962-66, 1967 (m. Geleitwort v. Kardinal Franz König, Erzbischof Wien; auch span.) - 1951 Silberkreuz v. Papst Pius XII. f. objektive u. ausführl. Unterrichtung d. dt. Öffentlichkeit üb. Ereignisse d. Hl. Jahres; 1957 Komturkreuz (Commendatore) ital. VO.; 1966 Gold. Med. Alcide De Gasperi - Spr.: Ital., Franz.

SCHMITZ-WENZEL, Hermann

Dr. iur., Ministerialdirigent, Leit. d. Außenst. Berlin d. Bundesministeriums f. Gesundheit (s. 1991) - Rathausstr. 3, O-1020 Berlin (T. 030 - 214 11 00 u. 0372 - 23 46 21/6) - Geb. 2. Sept. 1932 Trier, kath., verh. s. 1961 m. Jeanne, geb. Réguis, 3 Kd. - Abit. 1952 Trier; 1952-56 Stud. Rechtswiss. Mainz u. München; 1956 1. jurist. Staatsprüf. 1956; 1956/57 Stip. d. franz. Reg. Univ. Montepellier u. Paris, Völkerrecht u. Intern. Privatrecht); Gr. jurist. Staatsprüf. 1960; Promot. 1969 Bonn - 1960-62 Bundesmin. d. Justiz, Ref. im Ber. Völkerrecht/Europarecht; 1963-67 Ref. in d. Vertretung d. Ld. Rhld.-Pfalz b. Bund; 1967-84 Bundeskanzleramt: 1967-69 Mitgl. d. Planungsstabes, s. 1972 Min.rat, zul. Unterabt.leit. (u.a. Ber.: Forsch. u. Technol.; 1982/83 zusätzl. Medienpolitik); 1983/84 Sozial- u. Ges.politik); 1984-90 Gen.sekr. Deutsches Rotes Kreuz; 1990 Wiederinberufung in e. Beratertätig. b. Bundeskanzleramt. 1972-78 Vorst.-Mitgl. Arbeitskr. Europ. Integration Bonn; 1976/77 u. 1978 Lehrauftr. Univ. Trier; s. 1991 ehrenamtl. Mitgl. d. DRK-Präsid. - 1978 BVK; 1985 Chevalier de L'Ordre National du Mérite; 1987 Ehrenzeichen d. DRK; 1989 BVK I. Kl.

SCHMÖHE, Georg
Generalmusikdirektor am Staatstheater Kassel, Chefdirigent d. Nürnberger Symphoniker - Feldbergstr. 8, 3500 Kassel - Geb. 16. Febr. 1939 Gummersbach, verh. m. Adelheid Dannheim-Sch., 5 Kd., 5 Enkelkd. - Stud. b. Blacher, Klebe, Dixon, Ferrara, Celibidache - Kapellmeister in Bern, Essen, Wuppertal, Kiel, Düsseldorf; 1974-80 Generalmusikdir. in Bielefeld; 1980-82 Chefdirig.

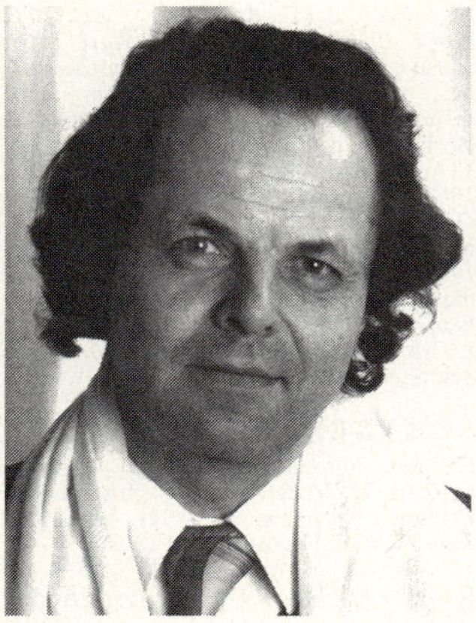

d. Orquesta Sinfonica Venezuela/Caracas - Spr.: Engl., Franz., Ital., Span.

SCHMÖLE, Hans-Werner
Kaufmann, Politiker - Wallgraben 13, 5980 Werdohl/W. - Geb. 2. Jan. 1942 Werdohl, kath., verh. - Realsch.; Verwaltungslehre - B. 1963 Stadtverw. Lüdenscheid (zul. Oberinsp.), dann Sauerl. Freizeit- u. Erholungsanlagen Bauges. mbH. & Co. KG. ebd. (gf. Gesellsch.). 1972ff. MdB. Landesvors. Jg. Union Westf.-Lippe. CDU s. 1958 (stv. Kreisvors. Lüdenscheid).

SCHMÖLLER, Willi
Oberbürgermeister d. Stadt Passau (s. 1990) - Rathausplatz 2, 8390 Passau - Geb. 16. Febr. 1945 Passau - SPD.

SCHMOHL, Reinhard
Dipl.-Betriebsw. (FH), Geschäftsführer Fachverb. d. Dt. Tapeten- u. Bodenbelaghandels (FDTB) - Felix-Dahn-Str. 43, 7000 Stuttgart 70 (T. 0711 - 765 66 62) - Geb. 8. Sept. 1955, verh.

SCHMOLDT, Benno
Dr. phil., em. Univ.-Prof. - Tulpenstr. 3, 1000 Berlin 45 (T. 831 26 16) - Staatsprüf. f. d. Höh. Lehramt (1951) u. Promot. (1953) Heidelberg - 1957 Studien-, 1960 Oberstudienrat, 1963 -dir., 1966 Oberschulrat, 1976 o. Prof. PH/Univ. Berlin - BV: D. dt. Begriffssprache Meister Eckharts, 1954; Z. Theorie u. Praxis d. Gymnasialunterr. 1900-30, 1980; Aspekte z. Lehrplanentw. d. Berliner Schule 1951-68, 1983; Mitbestimmung u. Demokratisier. im Schulwesen, 1985; Spuren e. Pädagogen aus Schule-Unterr.-Wiss., 1986; Schule in Berlin - gestern u. heute, 1989; Z. Gesch. d. Gymnasiums, 1989; Pädagogen in Berlin, 1991. Zahlr. Einzelbeitr. in Fachztschr. u. Tagespresse.

SCHMOLL, Hans
Dr. phil., Prof. f. Klass. Philologie Augustana-Hochsch. (s. 1962) - Neuwiesenstr. 8, 8806 Neuendettelsau/Mfr. - Geb. 10. Jan. 1930 Stuttgart - Zul. Wiss. Rat Univ. Tübingen. Bearb.: Mayser, Grammatik d. griech. Papyri, Bd. I/1 1970.

SCHMOLL (gen. Eisenwerth), J. Adolf
Dr. phil., o. Prof. f. Kunstgeschichte - Arcisstr. 21, 8000 München 2 - Geb. 16. Febr. 1915 Berlin (Vater: Dr.-Ing. J. Adolf S. g. E.; Mutter: Eva, geb. Dietmar), ev., verh. in 2. Ehe (1975) m. Dr. phil. Helga, geb. Hofmann (Kunsthistorikerin), 2 S. (Wolf, Reineke) - Schulfarm Insel Scharfenberg Berlin; Univ. Berlin. Promot. 1939 Berlin; Habil. 1951 Darmstadt - 1945 Assist. u. Lehrbeauftr. 1946 Lehrstuhlvertr., 1951 Privatdoz. TH Darmstadt, 1951 ao., 1955 o. Prof. Univ. Saarbrücken, s. 1966 TU München (emerit. 1980) - BV: D. Torso als Symbol u. Form, 1954; D. Kloster Chorin u. d. askan. Architektur in d. Mark Brandenburg, 1961; D. Ludwigskirche v. F. J. Stengel, 1963; D. Mosel v. d. Quelle b. z. Rhein, 1963; Hochgotik, 1963 (m. M. Aubert); Malerei u. Fotografie, 1970; Rud. Belling, 1971. Herausg.: D. Unvollendete als künstler. Form (1959), Hugo Erfurth - Bildnisse (1961), Kunst d. Welt - D. Kulturen d. Abendl. (1962 ff.), Neue Ausblicke z. hochgot. Skulptur Lothringens (1965), Rudolf Belling (1967), Franz v. Stuck (1968), Kunstgesch. (1974; Reihe: D. Wissen d. Gegenw.), Wilhelm Loth. Bildw. in Metall 1947-72 (1976), A. Rodin (1978) - Vom Sinn der Photographie (1980) - 1973 David-Octavius-Hill-Med. Ges. Dt. Lichtbildner, 1980 Kulturpreis d Dt. Ges. f. Photogr.

SCHMOLL (gen. Eisenwerth), Helga, geb. Hofmann
Dr. phil., Kunsthistorikerin - Dstl.: St. Jacobspl. 1, 8000 München 2 (T. 47 03) - Geb. 8. April 1934 Hochstadt (Vater: Adolf H., Prok.; Mutter: Käthe, geb. Kettner), verh. s. 1975 m. Prof. Dr. phil. J. Adolf S. g. E., Kunsthist. - Realgymn. Kulmbach; Univ. Paris, Wien, Berlin, München, Saarbrücken (Promot. 1961; Diss.: D. lothr. Skulptur d. Spätgotik) - 1961-66 Wiss. Stip. DFG; 1966-70 TU München (Akad. Rätin); s. 1970 Stadtmuseum ebd. (Oberkonservatorin; Leit. Samml. Plastik/Kunsthandw.). Div. Facharb. (auch Katal. u. Werksverz.) - Liebh.: Mineral., Botanik - Spr.: Engl., Franz.

SCHMOLZI, Herbert
Dr. phil., Prof., Hochschullehrer - Hoederathstr. Nr. 12, 6600 Saarbrücken - Geb. 25. März 1921 Ludwigsthal/Saar (Vater: Friedrich S., Kammermusiker; Mutter: Rosa, geb. Weber), ev., verh. s. 1947 m. Gertraud, geb. Reinecke, 2 Söhne (Reinhard, Martin) - Gymn. Saarbrücken; Musikhochsch. u. Univ. Köln. Staatsex. f. d. künstler. Lehramt u. Privatmusiklehrerprüf. 1947; Promot. 1948 - S. 1947 Lehrer, Abt.sleit. (Schulmusik; 1957), stv. (1959) u. Rektor (1961-74) Musikhochsch. Saarbrücken. Dirig. - BV: D. Violine in d. Werken Johann Sebastian Bachs, 1948. Schallpl.; Fachaufs. - Spr.: Franz.

SCHMUCK, Alfred
Dr.-Ing., Prof. f. Verkehrsplanung u. Straßenw. Univ. d. Bundeswehr München - Schäftlarner Weg 34, 8021 Icking - Geb. 4. Dez. 1928 Neustadt/Aisch - 1948-50 Stud. Tiefbau Staatsbausch. München u. 1952-56 Bauing.wesen TU München; Promot. 1961 TU München - 1950-52 Ing.; 1956-65 Wiss. Assist. u. Konservator TU München; 1965-74 Oberbaurat, Baudir., Oberbaudir., Stadtbaudir. München; s. 1974 Prof. Univ. d. Bundeswehr München (1975/76 Dekan, 1977/78 1. Vizepräs.); Mitges. Fa. PM-Consult, Beratungsges. f. Straßenbetrieb u. Straßenerhaltung mbH, München/Aachen; s. 1979 Vorst.-Mitgl. Forsch.ges. f. Straßen- u. Verkehrswesen; 1979-87 Vors. Forsch.beirat, u. s. 1989 Fördergemeinsch. f. umweltgerechten Straßenbau; s. 1979 Beiratsmitgl. d. Bundesanst. f. Straßenwesen, Köln. Ca. 130 Veröff.

SCHMUCK, Herbert
Oberregierungsrat a. D., Bankdirektor - Schulstr. Nr. 13, 2061 Kayhude - Geb. 15. Aug. 1925 Frankfurt/M. - B. 1968 stv., dann o. Vorstandsmitgl. DA Genossenschafts-Hypothekenbank AG., Berlin/Hamburg.

SCHMUCKER, Josef
Dr. theol., Dr. phil., o. Prof. (emerit.) Univ. Regensburg (1968-75) - Oberlind 73, 8483 Vohenstrauß (T. Vohenstrauß 15 59) - Geb. 27. März 1910 Unterlind (Vater: Johann S., Bauer; Mutter: Katharina, geb. Gebhard), kath. - Gymn. Metten; 1930-39 Gregoriana Rom (Theol.), 1946-48 Univ. München (Phil.). Dr. theol. 1939 Rom, Dr. phil. 1948 München. Priesterweihe 1937 - 1950-68 ao. u. o. Prof. (1956) Phil.-Theol. Hochsch. Regensburg (Phil.); 1968-75 o. Prof. Univ. Regensburg (Theol.), em. 1975 - BV: D. Ursprünge d. Ethik Kants in s. vorkrit. Schriften u. Reflexionen, 1961; D. primären Quellen d. Gottesglaubens, 1967 (span. 1971); D. Problem d. Kontingenz d. Welt, 1969; D. Ontotheologie d. vorkritischen Kant, 1980; Kants vorkritische Kritik d. Gottesbeweise, 1983; D. Weltprobl. in Kants Kritik d. reinen Vernunft, 1990 - Liebh.: Klass. Musik, Griech. Kunst u. Dichtung - Spr.: Engl., Franz., Ital., Span.

SCHMUCKER, Ulrich
Dr. rer. nat., Prof. Inst. f. Geophysik Univ. Göttingen - Planckstr. 19, 3400 Göttingen (T. 4 67 27) - Geb. 21. Juli 1930 Göttingen (Vater: Theodor S., Univ.sprof.; Mutter: Margherita, geb. Wagner), ev., verh. s. 1970 m. Frauke, geb. Reimnitz, 2 Kd. (Katharina, Johannes) - Univ. Göttingen. Dipl.-Geol. 1956.

SCHMUCKLI, Jack J.
Director Sony Corporation, President Sony Europa GmbH, Köln, Chairman European Operations - Hugo-Eckener-Str. 20, 5000 Köln 30 - Geb. 29. März 1940.

SCHMUDE, Jürgen
Dr. jur., Bundesminister a.D., Präses d. Synode d. Ev. Kirche in Deutschl./EKD (s. 1985) - Am Jostenhof 2, 4130 Moers/Rhld. - Geb. 9. Juni 1936 Insterburg, ev., verh., 2 Kd. - Stud. Göttingen, Berlin, Bonn (Prom.), Köln. Ass.ex. - Anwaltspraxis Essen; 1974-78 Parlam. Staatssekr. Bundesinnenmin. 1964-71 Ratsmitgl. Moers; 1969ff. MdB (z.Zt. stv. Franktionsvors.); 1978ff. Bundesmin. f. Bild. u. Wiss.; b. Okt. 1982 Justizmin. - 1985ff. Präses Synode Ev. Kirche in Dtschl. (EKD), Hannover. SPD s. 1957.

SCHMUDE, von, Michael Frank
Bundestagsabgeordneter (Wahlkr. 10/Herzogtum Lauenburg-Stormarn-Süd) - Bundeshaus, 5300 Bonn 1 - CDU.

SCHMÜCKER, Kurt
Dr. phil. oec. h. c., Bundesminister a. D. - Allee, 4573 Löningen/Oldbg. (T. 8 01) - Geb. 10. Nov. 1919 Löningen (Vater: Friedrich S., Buchdruckereibes.; Mutter: Gertrud, geb. Reiners), kath., verh. s. 1944 m. Ilse, geb. Varelmann, 6 Kd. - Gymn. u. Handelssch.; Buchdruckerlehre; journalist. u. verleger. Ausbild. - 1939-46 Wehrdst. u. Kriegsgefangensch., dann Tätigk. elterl. Buchdruckerei (1945 Inh.), 1963-69 Bundeswirtschafts- u. - schatzmin. (1966). 1949-72 MdB (1959 Vors. Wirtschaftspolit. Aussch.; 1961 stv. Vors. CDU/CSU-Fraktion). Mitbegr. Jg. Union Oldenburg. B. 1966 Vors. Bundesarbeitskr. Mittelstand CDU/CSU; Mitgl. Bundesvorst. CDU (b. 1971 Schatzm.) - 1967 Ehrendoktor San-Carlos-Univ. Cobu (Philippinen); 1974 Landesmed. Land Nieders.; hohe Ausz., darunt. Großkreuz Päpstl. St.-Gregorius-Orden u. Gr. BVK m. Stern (1969) - Liebh.: Fußball.

SCHMÜCKING, Werner
Mitglied d. Bereichsvorstandes Siemens AG, Bereich Private Kommunikationssysteme, Leitung Vertrieb u. Marketing - Hofmannstr. 51, 8000 München 70 (T. 089 - 722-3 67 49) - Geb. 18. Jan. 1935 Helmstedt, verh. s. 1965, 2 Söhne (Ingo, Dirk) - Industriekaufmann b. d. Siemens AG - Leitung d. Vertriebes, Bereichsvorst.

SCHMÜCKLE, Gerd
General a. D., freier Publizist (s. 1982) - Ringelnatzweg 3, 8000 München 71 - Geb. 1. Dez. 1917 Bad Cannstatt - Kriegssch. Potsdam 1938-45 u. s. 1956 akt. Offz. (1956-57 Ref. Innere Führung Heer, 1957-62 Presseref. Bundesverteidigungsmin., 1963 Nato-Defence College, Paris, 1964-68 Milit. Berat. Dt. NATO-Vertr., 1968-70 stv. Div.-Kdr. (Brigadegen. Würzburg), 1970-73 stv. Chef Operationsabt. NATO-Hauptqu. Shape, 1973-74 stv. Kommandeur I. Korps Münster, 1974-77 Dir. Intern. Militärstab, Brüssel, 1978-80 Stv. Oberster Alliierten-Befehlshaber Europa, 1980 ff. fr. Journalist - BV: Kommiss. a. D., Gänge durch d. Kasernen; Ohne Pauken u. Trompeten; D. Schwert am seidenen Faden - Krisenmanagement in Europa, 1984. Zahlr. Einzelarb. üb. Strategie u. Verteidigungspol. - 1980 Gr. BVK m. Stern u. Schulterband - Liebh.: Golf, Graphiken - Spr.: Engl., Franz.

SCHMÜLLING, Herbert
Staatssekretär Bundesmin. f. Raumordnung, Bauwesen u. Städtebau - Deichmanns Aue, 5300 Bonn (T. 3 37-30 35) - Geb. 1937 Gelsenkirchen - Stud. Rechtswiss.; Gr. jurist. Staatsprüf. - Jahrel. Bundesinnenmin. (zul. stv. Leit. Abt. Innere Sicherheit); 1981-85 FDP-Sprecher; 1985-89 stv. Regierungsspr.; b. Febr. 1991 stv. Chef d. Presse- u. Informationsamtes d. Bundesregierung.

SCHMUTH, Gottfried Peter
Dr. med., Dr. med. dent., o. Prof. f. Mund-, Zahn- u. Kieferkrankheiten, Direktor Univ.-Zahnklinik (s. 1967) - Welschnonnenstr. 17, 5300 Bonn (T. 65 29 81); priv.: Am Kottenforst 33, 5300 Bonn-Röttgen - Geb. 29. Juni 1926 Wien (Vater: Prof. Dr. phil. Dr. h. c. Franz S., Philologe, Mundartdichter u. Komp.; Mutter: Maria, geb. Weigelsperger), ev., verh. s. 1952 m. Dr. Ursula, geb. Mühlenbruch, 4 Söhne (Axel, Thomas, Christof, Matthias) - Döblinger Gymn. Wien; Univ. ebd. (Med. u. Zahnmed.; Dr. med. 1949) u. Med. Akad. Düsseldorf (Dr. med. dent. 1955) - S. 1957 (Habil.) Lehrtätigk. MA D'dorf, Univ. Köln (1963 apl. Prof.; 1960 Leit. Abt. f. Kieferorthop.), Bonn (1967 o. Prof.; Dir. Klinik u. Poliklinik f. ZMKkrankh.); Dekan der Med. Fakultät 1977/78. 1968-1977 Kieferorthopädie-Fachberat. Bundesverb. Dt. Zahnärzte; s. 1971 Vorst.-Mitgl. Dt. Ges. f. Zahn-, Mund- u. Kieferheilkd.; 1981 Presid. European Orthodontic Soc.; 1981 Vors. Dt. Ges. f. Kieferorthopädie; Mitgl. in- u. ausl. Fachges. - BV: Kieferorthopädie - Grundzüge und Probleme, 1973. Ergänz. u. Fortf. d. 2bänd. Lehrgangs d. Gebißregelung v. A. M. Schwarz; 1. Beitr.: Chir. Eingriffe im Rahmen d. Gebißregel. (1966). Etwa 90 Fachaufs. Mithrsg.: Praxis d. Zahnheilkd. (1968) - 1966 Gold. Sportabz.; 1977 Ehrenmitgl. Verein Österr. Zahnärzte (ÖGZMK), 1985 Orthod. Ges. Peru; 1984 Visiting Prof. Inst. de Odontologia Paulista, Sao Paulo/Brasil.; 1987 Hermann-Euler-Med. d. Dt. Ges. f. Zahn-, Mund- u. Kieferheilkunde; 1987 Verdienstmed. f. Pastpräs. d. European Orthodontic Soc. - Liebh.: Sport, Musik.

SCHMUTTERER, Heinrich
Dr. phil. nat., Prof., Direktor Inst. f. Phytopathologie u. angew. Zoologie Univ. Gießen - Wiesenstr. Nr. 55, 6301 Krofdorf-Gleiberg - Geb. 11. April 1926 Sattelberg (Neu-Guinea) - S. 1959 (Habil.) Lehrtätigk. Gießen (1965 apl. Prof., gegenw. Prof.). Fachbücher u. Fachbuchbeitr.

SCHMUTZER, Ernst
Dr. rer. nat. habil., Prof., Rektor d. Univ. Jena - Cospedaergrund 39, O-6900 Jena (T. 2 34 33) - Geb. 26. Febr. 1930 Labant, kath., verw., 3 Kd. (Silvia, Christine, Stefan) - Abit. 1949 Waren; Physikdipl. 1953 Rostock; Promot. 1955 Rostock; Habil. 1958 Jena - 1959 Doz. Jena; 1960 Prof. f. Theoret. Physik Jena - BV: Relativistische Physik, 1968; Symmetrien u. Erhaltungssätze d. Physik, 1972; Grundprinzipien d. klass. Mechanik u. klass. Feldtheorie, 1973; Galileo Galilei, 1975; Relativitätstheorie aktuell - E. Beitrag z. Einheit d. Physik, 1979; Grundlagen d. Theoret. Physik, 2 Bde. 1989; einige dieser Bücher in russ. Übers. - Akad.-Mitgl.: 1969 Dt. Akad. d. Naturforscher Leopoldina, Halle; 1990 Akad. d. Wiss., Berlin; 1991 Sächs. Akad. d. Wiss.; 1982 Nationalpr. d. DDR - Spr.: Engl., Russ.

SCHMUTZLER, Bernhard
Kaufmann, Präsident Verb. Dt. Freilichtbühnen, Aichtal - Zu erreichen üb. Verb. Dt. Freilichtbühnen, Schillerstr. 18, 7447 Aichtal (T. 07127 - 5 01 44) - Geb. 26. Aug. 1928 Stuttgart, ev., verh. s. 1953 m. Eleonore, geb. Laun, S. Bernhard - Mittl. Reife; kaufm. Lehre m. Abschl. - 1968-75 Stadtrat Stadt Grötzingen; 1975 stv. Bürgermeister; s. 1971 Präsid.-Mitgl. Landesverb. Amateurtheater Baden-Württ.; s. 1980 Präsid.-Mitgl. Bund Dt. Amateurtheater (BDAT) - Gold. Ehrennadel Bund Dt. Amateurtheater (BDAT); 1988 Ehrennadel d. Landes Baden-Württ. - Spr.: Engl.

SCHMUTZLER, Reinhard
Dr. rer. nat., Dipl.-Chem., Prof. TU Braunschweig - Zu erreichen üb. TU Pockelsstr. 4, 3300 Braunschweig - Geb. 28. Juli 1934 Nürnberg (Vater: Friedrich S., OStudDir.; Mutter: Emilie, geb. Düll), ev., verh. s. 1960 m. Gudrun, geb. Nitsche, 2 Kd. (Armin, Barbara Ann) - Dipl.ex. 1958 Würzburg; Promot. 1960 Stuttgart - 1960-66 E.I. duPont de Nemours & Co., Inc., Wilmington, Del./USA; 1963/64 Res. Fellow Univ. of Cambridge; 1967-68 Senior Lecturer (Anorg. Chemie) Univ. of Technology. Loughborough, Leics./Engl. Mitgl. American Chemical Soc., GDCh - Liebh.: Gesch., Eisenbahn, Porzellan. Denkmalschutz - Spr.: Engl.

SCHMUTZLER, Wolfgang
Dr. med., Univ.-Prof. f. Pharmakologie u. Toxikologie TH Aachen (s. 1971) - Reimser Str. 16, 5100 Aachen (T. 0241 - 7 26 94) - Geb. 20. März 1933 Spremberg (Vater: Dr. med. Heinrich S.; Mutter: Charlotte, geb. Schallock), ev., verh. s. 1961 m. Barbara, geb. Ziekow, S. Thomas Randolph - Thomasschule (Mitgl. Thomaner Chor) Leipzig (Abit. 1951); Stud. Univ. Heidelberg u. Düsseldorf; Promot. 1957; Habil. 1966 Freiburg/Br. - 1959-67 Wiss. Assist.; 1966 Privatdoz.; 1970 Doz.; 1967-69 Hon. Res. Assoc. Univ. College London; s. 1985 Vors. d. Aufbereitungskommiss. B7 beim Bundesgesundheitsamt; 1987-90 Vors. d. Dt. Ges. f. Allergie - u. Immunitätsforsch. Mitgl. Dt. Pharmakol. Ges., Ges. f. Immunol., Coll. Intern. Allergol., British Soc. of Immunol. Fachveröff. in- u. ausl. Ztschr. - Liebh.: Musik, Wandern - Spr.: Engl.

SCHNABBE-WIECZOREK, Sieglinde
Versich.-Kaufm., Aufsichtsrat Zoo Duisburg - Mecklenburger Str. 33, 4100 Duisburg 11 (T. 0203 - 59 84 00) - Geb. 13. Nov. 1931 Duisburg-Hamborn, kath., verh. m. Dipl.-Ing. Helmut W., MdB, 2 Kd. (Kai, Yvonne) - Volkssch. u. Gymn. Duisburg; Lehre Magdeburger Feuer Düsseldorf - S. 1975 Rat d. Stadt Duisburg, VR Dt. Oper am Rhein Düsseldorf, Duisburg, Sportfreunde Hamborn 07; Mitgl. Aussch. f. Stadtentw. u. Wirtschaftsförd. u. Kulturaussch. d. Stadt Duisburg - BV: Stadtgeschichte v. Duisburg-Hamborn, 1974 - 1985 Ehrenplakette Stadt Duisburg; 1987 PRO Cultura Hungarica (f. intern. Bemühungen d. ungar. Parlam. verliehen); 1990 BVK - Liebh.: Kunst u. Kunstgesch., Sport - Spr.: Engl., Franz. - Bek. Vorf.: Cuno Schnabbe v. Lonchin (1275).

SCHNABEL, Karl
Heizungsmonteur, MdL Hessen (s. 1974) - Friedrich-Ebert-Str. 67, 3550 Marburg (T. 4 24 04) - Geb. 14. März 1938 - SPD.

SCHNABEL, Manfred
Professor, Künstlerischer Gesamtleiter d. Theater u. Philharmonie Essen (s. 1986) - Rolandstr. 10, 4300 Essen 1 (T. 0201 - 812 22 10) - Geb. 2. März 1927 Gelsenkirchen, ev., verh. s. 1956 m. Sonja, geb. Sacher, 2 Söhne (Urs-Alexander, Boris-Maximilian) - Abit., Stud. German., Kunstgesch. u. Zeitungswiss. - S. 1979 Prof. Staatl. Hochsch. f. Musik, Köln; Schauspieler, Dramaturg u. Regisseur an versch. Theatern (Gelsenkirchen, Berlin, Augsburg, Zürich, Heidelberg, Mannheim); 1973-86 Int. Theater Hagen - 65 Insz. im Musiktheater, bevorzugt mod. Opern, u.a. Lulu, Wozzeck, Boulevard solitude, D. junge Lord, D. letzte Schuß, Weise v. Liebe u. Tod d. Cornets Christoph Rilke, Rakes Progress - Liebh.: Satir. Literatur, Bergwandern - Spr.: Engl.

SCHNABEL, Ralf

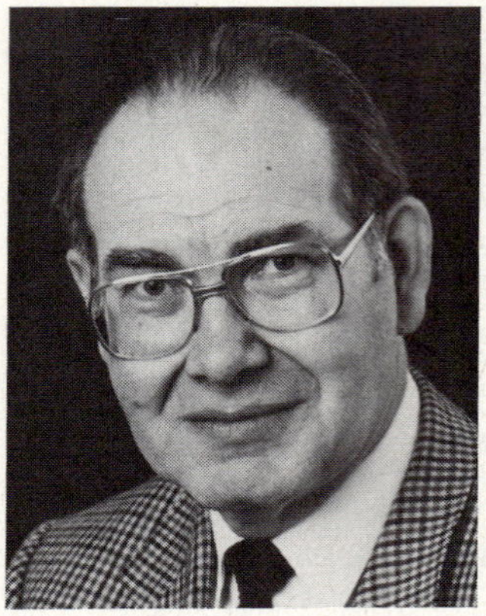

Dr. med. habil., Prof. f. Pathologie u. Neuropathologie, Chefarzt Inst. f. Neuropathol. d. v. Bodelschwinghschen Anstalten Bethel, Bielefeld - Bethesdaweg 14, 4800 Bielefeld 13 (T. 0521 - 1 44-9 31) - Geb. 31. Mai 1928 Leipzig, ev., verh. s. 1964 m. Dr. med. Christa, geb. Rückardt, 2 Töcht. (Bettina, Rena) - Stud. Univ. Leipzig; Promot. 1952, Habil. 1962. 1983 apl. Prof. Univ. Münster - 1955-64 Abt. Neuropathol. d. Pathol. Inst. d. Med. Akad. Magdeburg; 1964-74 Exp. Pathol. u. Exp. Endokr. d. Zentralinst. f. Mikrobiol. u. exp. Therap. d. Dt. Akad. d. Wiss., Jena - Zahlr. Publ. auf d. Geb. d. Pathol., Neuropathol., Histochemie, Polarisationsmikrosk., exper. Endokr., Onkologie u. Arzneimittelentw. Neurometabol. Krankh. (Glykogenosen, Lipoidosen, Leukodystrophie); Histochemie u. Substruktur d. Faserglia; Hirntumoren im Kindesalter; Topochem. Nachweismethode f. freies u. verestertes Cholesterin; tierexper. Unters. üb. Cancerogene u. Cancerostatica; kreuzreaktive Antigene zw. Herzmuskelgew. u. Streptokokken; Strukt. d. Nervensystems im circular polarisierten Licht; Histochem. u. Substruktur d. Myoklonuskörper; Exper. Aktiv. synth. Östrogene; Intoxik. durch Antiepileptica; Mors subita b. Epilepsien; Antiepileptica-Konzentr. in norm. u. pathol. Hirnregionen u. in Hirntumoren b. Epilepsien - 1968-74 Vorst.-Mitgl. Ges. f. Neuropath. (ehem. DDR), s. 1969 Intern. Brain Research Org. (IBRO) d. UNESCO; s. 1981 Mitgl. d. Intern. Akad. f. Pathol.; 1987/88 Vorst.-Präs. Dt. Ges. f. Neuropath. u. Neuroanat. - Liebh.: Klass. Musik, Bibliophilie, Floristik - Spr.: Engl., Franz.

SCHNABEL, Wolfram
Dr. rer. nat., Prof. f. Chemie TU Berlin - Krottnaurerstr. 11, 1000 Berlin 38 - Geb. 7. Okt. 1931 Freiburg/Schles. (Vater: Alois Sch., Studienrat; Mutter: Elisabeth, geb. Walter), kath., verh. s. 1962 m. Hildegard, geb. Hansche, 2 Söhne (Ronald, Rainer) - Dipl.-Chem. 1957, Promot. 1959 Univ. Köln; Habil. 1968 TU Berlin - 1960ff. Hahn-Meitner-Inst. Berlin-Wannsee; s. 1975 apl. Prof. TU Berlin - BV: Polymer Degradation, Principles and Applications, 1981; rd. 220 Publ. in Fachztschr. - Liebh.: Musik - Spr.: Engl.

SCHNACK, Elisabeth,
geb. Schüler
Dr. h. c., Lehrerin, Übersetzerin, Schriftstellerin - Beustweg 3, CH-8032 Zürich - Geb. 23. Dez. 1899 Joachimsthal (Vater: Karl Sch., Botaniker; Mutter: Margarethe, geb. Kuhlmey), ev., verh. s. 1926 m. Otto Schnack †, 2 S. (Otto Nicolaus, Jochen Hinrich) - Abit. Univ. Genf - Lehrerin in Mukden, Übers. in Zürich. Buchbesprech. u. Monogr. - BV: Blick aus d. Zug, Ged. 1977; Burlesken u. Grotesken, Erz. 1978; D. Zauberlaterne, Erinn. 1983; Spiegelungen, Autobiogr. 1984; Übers. v. fast 200 Büchern, weit. Übers. aus d. Amerik. - Preise Stadt u. Kanton Zürich; Geilinger-Preis; Bayer. Akad. d. Schönen Künste; Ehrendoktor Univ. Dublin; 1985 Johann-Heinrich-Voß-Preis Dt. Akad. f. Sprache u. Dicht.; BVK I. Kl. - Liebh.: Botanik - Spr.: Engl., Franz.

SCHNACKENBURG, Rudolf
Dr. theol., Dr. h.c., o. Prof. f. Neutestamentl. Exegese - Erthalstr. 22d, 8700 Würzburg (T. 7 29 27) - Geb. 5. Jan. 1914 Kattowitz/OS., kath. - 1948 Privatdoz. Univ. München, 1952 ao. Prof. Phil.-Theol. Hochschule Dillingen, 1955 o. Prof. PhThH Bamberg, 1957 Univ. Würzburg. 1962 Konsultor Päpstl. Bibelkommiss.; 1968 Mitgl. Intern. Päpstl. Theologen-Kommiss. - BV: D. Johannesbriefe, 5. A. 1975; D. sittl. Botschaft d. Neuen Testament, 2 Bde. 1986/88; Gottes Herrschaft u. Reich, 4. A. 1965; D. Kirche im NT, 3. A. 1966; D. Johannes-Evangelium, 3 Bde. 1965-75, Bd. 4 1984; Schriften z. Neuen Testament, 1971; D. Brief an d. Epheser, 1982 - 1970 Ehrendoktor theol. Fak. Univ. Innsbruck; 1972 Ehrenmitgl. Soc. Biblical Lit./USA; 1979 Bayer. VO; 1986 Gr. BVK.

SCHNÄDELBACH, Herbert
Dr. phil., Prof. - Auf den Wöörden 27, 2000 Hamburg 67 - Geb. 6. Aug. 1936 Altenburg (Vater: Herbert S., Pastor; Mutter: Helene, geb. Wunderlich), verh. s. 1965 m. Gerhild, geb. Eckhardt, 2 Töcht. (Anna Charlotte, Friederike Sophie) - Nach Habil. (1970) Privatdoz. u. Prof. (1971) Univ. Frankfurt (1971/72 Dekan Fachber. 7); s. 1978 o. Prof. f. Phil., insb. Sozialphil. Univ. Hamburg; 1988-90 Präs. d. Allg. Ges. f. Phil. in Dtschl. - BV: Erfahr., Begründ. u. Reflexion, 1971; Gesch.phil. nach Hegel, 1974; Reflexion u. Diskurs, 1977; Phil. in Dtschl. 1831-1933, 1983; Rationalität. Phil. Beitr., 1984 (hg.); Philosophie. E. Grundkurs, 1985 (hg. m. E. Martens); Vernunft u. Gesch., 1987 - Liebh.: Musik, Segeln - Spr.: Engl.

SCHNAKENBERG, Bruno
Gewerkschaftssekretär, Mitgl. Brem. Bürgerschaft (s. 1963) - Friedrichsdorfer Str. 19a, 2800 Bremen 70 - Geb. 6. Juni 1922 Grohn b. Bremen, verh., 2 Kd. - Volkssch.; Dreherlehre Bremer Vulkan - B. 1941 Dreher Lehrfa., dann 4 J. Kriegsdst., spät. Betriebsrat Camp-Grohn u. Nordd. Steingutfabrik, s. 1954 Sekr. IG Chemie-Papier-Keramik (Verw.sst. Bremen). Landessozial- u. -arbeitsrichter. SPD s. 1952.

SCHNARR, Georg Adolf
Ltd. Oberstaatsanwalt a. D., MdL Rhld.-Pfalz, Vors. parlam. Untersuchungsaussch. Parteispenden, Mainz - Zweibrücker Str. 5, 6793 Bruchmühlbach-Miesau - Geb. 5. Juni 1936 Saarbrücken, verh., 2 Kd. - Jura-Stud. - Vors. Richter LG Zweibrücken, dann Ltd. Oberstaatsanwalt Kaiserslautern. S. 1977 MdL. CDU. Vors. Bundesgericht Dt. Fußball-Bund.

SCHNARRENBERGER, Claus
Dr., Prof. f. Pflanzenphysiologie FU Berlin - Kantstr. 5, 1000 Berlin 41 - Geb. 6. Aug. 1939 Karlsruhe - Promot. 1969 Univ. Freiburg, Habil. 1974 Univ. Kaiserslautern - S. 1979 Prof. FU Berlin.

SCHNAUS, Peter
Dr., Prof. Hochsch. f. Musik u. Theater Hannover - Mendelssohnstr. 4, 3000 Hannover 1 (T. 88 56 09) - Geb. 17. April 1936 Berlin (Vater: Kurt Sch., Musiker; Mutter: Ilse, geb. Grünbaum), ev., verh. s. 1967 m. Ursula, geb. Grünbaum, 3 Kd. - Stud. Hannover, Berlin, Wien u. Freiburg; Prüf. Künstler. Lehramt (Musik, Deutsch) 1961; Ass. 1968; Promot. 1976 Freiburg - 1966-70 Gymn.lehrer; s. 1970 Doz. Hochsch. f. Musik u. Theater Hannover (1982 Prof., 1986-90 Vizepräs.) - BV: E.T.A. Hoffmann als Beethoven-Rezensent d. Allgem. Musikal. Ztg. Freiburger Schriften z. Musikwiss., 1977; Europ. Musik in Schlaglichtern, 1990.

SCHNEEBERGER, Hans
Dr. rer. nat., Dipl.-Math., o. Prof. f. Statistik u. Vorst. Volksw. Inst. Univ. Erlangen-Nürnberg (s. 1971) - Roggenweg 75, 8510 Fürth/Bay.

SCHNEEBERGER, Irmgard
s. Paretti, Sanda

SCHNEEKLUTH, Herbert
Dr.-Ing., em. o. Prof. f. Schiffbau, Entwurf u. Dynamik TH Aachen (s. 1964) - Am Adamshäuschen 6, 5100 Aachen (T. 7 44 94) - Geb. 3. Aug. 1921 Köln (Vater: Peter S.; Mutter: Käthe, geb. Prinz), ev., verh. s. 1952 m. Jutta, geb. Schnelle - 1941 u. 1946-50 TH bzw. TU Berlin - 1950-56 Schiffswerft Bremer Vulkan; 1956-64 Bundesmin. d. Verteid.; Fregattenkpt. d. R.; Vorst. Dt. Ges. f. Schiffahrts- u. Marinegesch., 1967-86 Versuchsanstalt f. Binnenschiffbau, Duisburg. Veröff. u. Patente a. d. Geb. d. Schiffsformgeb. u. -optimierung.

SCHNEEMELCHER, Wilhelm
D., Dr. h. c., em. o. Prof. f. Neues Testament u. Kirchengesch. - Böckingstr. 1, 5340 Bad Honnef/Rh. (T. 54 50) - Geb. 21. Aug. 1914 Berlin, ev., verh. s. 1940 m. Eva, geb. Ackermann, 4 Kd. (Wilhelm-Peter, Christiane, Thomas, Stefan) - Gymn. z. Grauen Kloster u. Univ. Berlin. Lic. theol. 1938 - 1947-49 Pastor, dann Privatdoz. u. apl. Prof. (1953) Univ. Göttingen, s. 1954 Ord. Univ. Bonn (1967/68 Rektor, em. 1979). 1957-63 Präs. Fakultätentag Ev.-theol. Fak. Dtschl.; 1963-67 Mitgl. Wiss.rat - BV: Neutestamentl. Apokryphen, 2 Bde., 5. A. 1987/89; Ges. Aufs., 1974; D. Urchristentum, 1981; Reden u. Aufsätze, 1991. Zahlr. Einzelarb. - Ehrendoktor Univ. Göttingen (1954) u. Straßburg (1966); 1973 Mitgl. Rhein.-Westf. Akad. d. Wiss.; 1982-85 Präs. d. Rhein.-Westf. Akad. d. Wissensch., 1976 Gr. BVK m. Stern - Spr.: Engl., Franz. - Rotarier.

SCHNEEVOIGT, Ihno
Dr., Geschäftsführer IBM Deutschland - Zu erreichen üb. IBM Deutschland GmbH, Pascalstr. 100, 7000 Stuttgart 80 - Geb. 4. Aug. 1938 Münster/W. - Stud. Soz.- u. Wirtschaftswiss. Univ. Heidelberg, Freiburg, Mannheim; Dipl.-Psych. 1964, Promot. Univ. Mannheim - S. 1968 IBM, 1976 Aufg. in USA (Dir. f. Gehaltswesen u.a.); 1979 Leit. Personalstab Hauptabt. Stuttgart; 1982 Generalbevollm., s. 1984 Geschäftsf., Personal- u. Arbeitsdir.

SCHNEEWEISS, Hans
Dr. phil. nat., o. Prof. f. Statistik u. Ökonometrie - Zellerstr. 62, 8026 Ebenhausen (T. 31 23) - Geb. 13. März 1933 Scheibe Kr. Glatz (Vater: Vinzenz S., Studienrat; Mutter: Eleonore, geb. Schöber), verh. s. 1959 m. Christl, geb. Best, 3 Kd. - Univ. Frankfurt/M. (Math.; Dipl.-Math. 1956). Promot. 1960; Habil. 1964 - 1964-73 Privatdoz. u. Ord. (1965) Univ. Saarbrücken, s. 1973 Ord. Univ. München - BV: Entscheidungskriterien b. Risiko, 1967; Ökonometrie, 1971; Lineare Modelle m. fehlerbehafteten Daten, 1986 - Spr.: Engl.

SCHNEEWEISS, Heinz
Bibliothekar, Schriftsteller - Hertzogstraat 11b, 4818 BL Breda/Niederl. (T. 076 - 22 81 94) - Geb. 21. Febr. 1930

Bregenz/Österr. (Vater: Franz Josef Sch.; Mutter: Anna, geb. Mohr), kath., verw. - 1946-51 Schauspielschule, Bibl.-schule, Gymn.; 1964-68 Stud. German. u. Niederl. - 1950-52 Kameraassist., Bibliothekspraxis; 1952-56 Akad.; 1956-64 Lehrtätigk.; 1964-74 Lehr- u. Übers.-Tätigk. in Holland; 1974ff. Bibliothekar Goethe-Inst. Rotterdam - BV: Auf meiner Zunge d. Kobold, Lyr. 1964; Memorandum e. Antipoden, Lyr. 1968; So u. nicht anders, Lyr. 1974; Heute mich, morgen dich, Gesch. 1976; In e. Arch. v. Stille, Ged. 1984; Am Wannsee, Libr. (Bearb.) 1986; Schneide meinen Namen in d. Stein, Dr. 1986; Belgien - die horen, Bd. 150, 1988. Übers./Nachdicht. aus d. Niederl.; China China. Nachdichtungen, 1986; Zehn Takte Weltmusik (Mitarb.) Anthol. 1988; Doch die Sprache bleibt... (Mitarb.) Prosaanthol. 1990; Zurück nach Kassel. Nachdicht. v. Wim de Vries, 1990; Herman de Conick-D. Mehrzahl von Glück, Nachdicht. 1990; W. M. Roggeman. Nichts geht je vorbei, Nachdicht. 1991; 25 Jahre Osnabrücker Autorengruppe. (Mitarb.) 1991. 1949/50 Mitarb. an Dok.filmen; Land u. Leute, Tonband-Projekt, 1980; D. trunkene Schiff, (1964) Niederl. Schriftst.-Verb. VVL, Amsterdam; 1978 Ges. f. ndl. Lit. Maatschappij d. Nederl. Letteren, Leiden; 1980 Verb. dt. Schriftst. (IG) Landesverb. Nieders.; 1982 Intern. PEN, London; 1988 Vorarlberger Autorenverb.

SCHNEHAGEN, Kurt

Inhaber Presseversand Schnehagen GmbH (Konfektionierung u. Verpackung aller m. Presseversand in Zusammenhang stehender Artikel), Industrie-Service Günther Rosbander, Inh. Kurt Schnehagen (Versand u. Verpackung v. Video u. Tonträgern), alle Hamburg - Verwaltung: Wellingsbütteler Weg 88, 2000 Hamburg 65; Betrieb: Alter-Teich-Weg 137 b, -70 - Geb. 31. Mai 1923 Hamburg - Inh. Hamburger Hostessenservice (m. 100 Mitarb. in fast allen Weltsprachen f. Kongresse, Messen u. Firmen).

SCHNEIDER, Albert

Prof., Leiter Seminar f. Musikerziehung u. Doz. f. Methodik u. Pädagogik, Gehörbild., Theorie u. Formenlehre, Gesang u. Sprecherzieh. Staatl. Hochschule f. Musik - Zu erreichen üb. Staatl. Hochsch. f. Musik, Dagobertstr. 38, 5000 Köln 1.

SCHNEIDER, Alfons

Oberlehrer, MdL Bayern (s. 1970) - Kurt-Schumacher-Str. 8b, 8400 Regensburg/Opf. (T. 2 37 77) - Geb. 1923 - SPD.

SCHNEIDER, Alfred

Regierungspräs. a. D. Kassel (1962-76) - Oberbringe 29 B, 3500 Kassel (T. 1 06-1) - Geb. 20. Juli 1911 Berlin, verh. - Univ. Berlin u. Frankfurt/M. (Rechtswiss.); Gr. jurist. Staatsprüf. 1936 in Berlin - Höh. Heeresverw.dst. (Int.), sowjet. Kriegsgefangensch. (b. 1953), Regierungs-, Oberreg.rat, Reg.dir., -vizepräs.; Div. Mandate - 1971 Gr. BVK, 1975 Stern dazu.

SCHNEIDER, Alfred

Dr. jur., Rechtsanwalt, Geschäftsf. Industrieverb. Schmuck u. Silberwaren ISS, Arbeitsgem. dt. Schmuck- u. Silberwarenind., Vereinig. d. Bundesverb. d. dt. Schmuck- u. Silberwarengewerbes, Industriengruppe beim Bundesverb. d. Dt. Industrie, alle Pforzheim - Industriehaus, Poststr. 1, 7530 Pforzheim (T. 07231 - 3 30 41); priv.: Eugen-Bolz-Str. 25 - Geb. 1. Okt. 1945 Rendsburg, verh., 2 Kd. - Abit.; Stud. Rechtswiss. (Promot. 1974 Köln) - Vorst. Stiftg. Dt. Diamant Inst. Pforzheim (s. 1983) u. Rechts- u. Staatswiss. Ges. Siegen (s. 1979); Lehrbeauftr. Schwesternhochsch. d. Univ. Heidelberg - S. 1984 Wiss. Beirat Ztschr. Medizinrecht, s. 1986 Wiss. Beirat Ztschr. Hygiene u. Medizin - BV: Rechtsprobl. d. Transsexualität, 1975; Rechts- u. Berufskd. f. med. Assistenzberufe, 1976, 3. A. 1990 m. Beiheft Prüfungsfragen - Spr.: Engl.

SCHNEIDER, Armin

Dr. phil., o. Prof. f. Anorgan. Chemie (emerit.) - Untere Seestr. 74, 7994 Langenargen (T. 07534 - 10 99) - Geb. 29. Juli 1906 Dresden (Vater: Prof. Otto S.; Mutter: Edith, geb. Schulz), verh. 1950 m. Cläre, geb. Zwick, 2 Kd. (Jürgen, Detlev Johannes) - Stud. Chemie. Promot. 1934 Freiburg; Habil. 1940 Stuttgart - 1935-45 Kaiser-Wilhelm-Inst. f. Metallforsch. Stuttgart; 1940-50 TH ebd. Privatdoz. Univ. Göttingen (1950; 1953 apl., 1958 ao. Prof.) Bergakad. bzw. TU Clausthal (1963 Ord. u. Inst.sdir.) - BV: Kurspraktikum d. Allg. u. Anorgan. Chemie, 1973 - Liebh.: Klass. Musik, Meißener Porzellan.

SCHNEIDER, Bernd

Oberbürgermeister Stadt Gießen a.D. - Rehschneise Nr. 82, 6300 Gießen - Geb. 16. April 1925 - Div. Ehrenstell., dar. Bund f. d. ältere Generation Europas, Ges. f. Wehrkd., Verb. d. Reservisten d. Dt. Bundeswehr; Männerarb. EKD u. Ev. Kirche in Hessen u. Nassau (EKHN).

SCHNEIDER, Berthold

Dr. phil. nat., o. Prof. u. Direktor Inst. f. Biometrie u. Dokumentation Med. Hochschule Hannover (s. 1965) - Konstanty-Gutschow-Str. 8, 3000 Hannover 61 (T. 532-43 75) - Geb. 18. Aug. 1932 Bamberg (Vater: Hans S., kfm. Angest.; Mutter: Margareta, geb. Friedlein), kath., verh. s. 1957 m. Edith, geb. Dumas, 4 Kd. - Univ. Erlangen, Gießen, Wien. Dipl.-Math. 1956 Gießen - 1960-65 Assist., Kustos u. Abt.sleit. Univ. Gießen.

SCHNEIDER, Burghard

Staatssekretär Ministerium f. Umwelt, Saarland (s. 1990) - Zu erreichen üb. Ministerium f. Umwelt, Hardenbergstr. 8, 6600 Saarbrücken - Geb. 28. Dez. 1944 Breslau/Schles., verh. s. 1984 m. Vera, geb. Ulrich, S. Daniel David - Stud. Sozial- u. Rechtswiss. Bochum, Staatsexam. 1974 - 1975-80 Leit. Inst. f. polit. Bildung, Lage/Lippe; 1980-81 Leit. Gustav-Stresemann-Inst., Bergisch-Gladb.; 1981-85 Pressesprecher d. SPD-Fraktion im Landtag d. Saarl. u. d. SPD-Saar; 1985-90 zusätzl. Geschäftsf. d. saarländ. SPD-Landtagsfrakt. - Liebh.: Politik, Literatur, Musik, Theater, Reisen - Spr.: Engl., Franz.

SCHNEIDER, Christel

Dr. rer. nat., Prof. f. Physikalische Chemie - Karl-Marx-Str. 7, 4600 Dortmund 1 - Geb. 22. Dez. 1928 Dortmund (Vater: Hugo Sch., Archit.; Mutter: Helene, geb. Schüttmann), ev. - Obersch. Unna/Westf. (Abit.), Univ. Köln, Dipl.-Chem. 1956, Promot. 1959, Habil. 1969 - 1972 apl. Prof. Univ. Köln, 1974 Wiss. Rat u. Prof. Ca. 50 Veröff. in Fachztschr. - Liebh.: Pferdesport, Lit. - Spr.: Engl.

SCHNEIDER, Christian

Journalist - Bergerstr. 11, 5350 Euskirchen - Geb. 17. März 1926 Euskirchen - Beisitzer Landesvorst. DJV, Landesverb. NRW (1975-81 Mitgl. Bundesvorst., 1981-84 Bundesvors., 1985-89 Landesvors. NRW) - 1978-84 Vors./stv. Vors. Personalrat WDR, 1984-89 Leit. Programmgruppe Nachrichten d. WDR.

SCHNEIDER, Dieter

Dr. rer. pol., o. Prof. f. Betriebswirtschaftslehre - Ruhr-Universität, 4630 Bochum-Querenburg - Geb. 2. April 1935 Striegau/Schles. (Vater: Walter S., Sparkassenangest.; Mutter: Lina, geb. Wolf), ev. - 1954-57 Stud. Betriebsw. Frankfurt/M. u. Nürnberg. Dipl.-Kfm., Promot. u. Habil. Frankfurt - S. 1965 Ord. Univ. Münster, Frankfurt (1970), Bochum (1973) - BV: D. wirtschaftl. Nutzungsdauer v. Anlagegütern, 1961; Investition u. Finanzierung, 1970 (Lehrb.); Grundzüge d. Unternehmensbesteuerung, 1974; Steuerbilanzen, 1978; Gesch. betriebswirtschaftl. Theorie, 1981; Allg. Betriebswirtschaftslehre, 1987; Investition, Finanzierung u. Besteuerung, 1990 - Liebh.: Musik - Spr.: Engl.

SCHNEIDER, Dietrich

Dr. rer. nat., em. wiss. Mitglied Max-Planck-Inst. f. Verhaltensphysiol., Hon.-Prof. Univ. München (1965) - Sandstr. 15, 8130 Starnberg - Geb. 30. Juli 1919, verh. s. 1949 m. Heidwig, geb. Intemann, 3 Kd. (Renate, Wolf-Eberhard, Irmelin) - Stud. Univ. Berlin u. Göttingen; Dr. rer. nat. 1949 - 1949-58 wiss. Assist. Tübingen; 1958-65 Doz. Univ. München; s. 1964 Dir. MPI Seewiesen - 1962 Mitgl. MPG; Mitgl. Akad. Leopoldina, American Acad. Arts and Sciences, Bayer. Akad. d. Wiss.; Fellow American Assoc. Advances of Science.

SCHNEIDER, Eberhard

Dr. med., Prof. Univ. Hamburg (s. 1987) - Eißendorfer Pferdeweg 52, 2100 Hamburg 90 - Geb. 22. Febr. 1937 Hennigsdorf (Vater: Robert S., Ing.; Mutter: Liesbeth, geb. Rennhack), ev. - 1968-85 Oberarzt Abt. f. Neurol. Klinikum Univ. Frankfurt, s. 1985 Leit. Arzt Neurol. Abt. Allg. Krankenhaus Hamburg-Harburg - Spr.: Engl.

SCHNEIDER, Eberhard

Redaktionsleiter Ausland Mitteldeutscher Rundfunk (MDR) Dresden (s. 1992) - Holbeinstr. 22, O-8019 Dresden (T. 0351 - 459 50 02) - Geb. 14. Sept. 1955 Siegen, verh. s. 1984 m. Catherine, geb. Lahmek, 2 Kd. (Julien, Stephanie) - 1978-81 Hörfunkredakt. SWF Baden-Baden; 1982 Korresp. in Paris (Hörfunk); 1983-84 Fernsehredakt. SWF Baden-Baden; 1985-91 Fernsehkorresp. in Straßburg f. d. SWF - Deutsch-Franz. Journ.preis - Liebh.: Tennis, Skifahren, Essen u. Trinken - Spr.: Engl., Franz.

SCHNEIDER, Edith

Schauspielerin - Spanische Allee 106, 1000 Berlin 38 (T. 80 56 80) - Geb. 16. Juli 1923 Bochum, verh. m. Peter Mosbacher (Schausp. u. Regiss.; s. dort), S. Manuel - Realsch. Bochum (Abit.); Folkwang-Sch. Essen - Städt. Bühnen Düsseldorf, Dt. Theat. Berlin, Thalia-Theat. Hamburg (1945), Schloßpark-(1950) u. Schiller-Theat. Berlin u. a. Hauptrollen: Don Carlos (Königin, Eboli), Egmont (Klärchen), Gyges u. s. Ring (Rhodope) u. in Stücken mod. Autoren; Film: Arche Nora, Finale, Kätchen f. alles, Es geht nicht ohne Gisela.

SCHNEIDER, Erich

Dipl.-Verwaltungswirt, Landtagspräsident u. MdL Baden-Württ. - Bergstr. 30, 7151 Burgstetten (T. Backnang 6 63 60) - Geb. 2. Aug. 1933 Altersberg-Pritschenhof/Württ., ev., verh., 3 Kd. - Obersch. Gschwend, Fachhochsch.-Reife; 1956-60 Laufbahnbeamter b. d. Stadt Gaildorf; 1960-79 Bürgerm. d. früheren Gemeinde Burgstall u. d. heutigen Gemeinde Burgstetten. S. 1968 MdL. 1976-82 stv. Vors. d. CDU-Landtagsfrakt., 1971-89 Kreisrat Rems-Murr-Krs.; 1979-83 Rundfunkrat SDR, u. a. Ämter.

SCHNEIDER, Ernst

Dipl.-Kfm., Vorstandsmitglied Flachglas AG Fürth/Gelsenkirchen - Heinrich Berns-Str. 13, 4300 Essen 18 (T. 02054 - 8 38 59) - Geb. 13. Mai 1937 Dickenschied, ev., verh. s. 1961 m. Anne, geb. Allard, 2 Töcht. (Bettina, Caroline) - Human. Gymn. Tübingen; Stud. Univ. Tübingen, Frankfurt u. Nürnberg; Dipl. 1961 Nürnberg.

SCHNEIDER, Franz

Eisenbahndirektor, Geschäftsf. Merzig-Büschfelder Eisenbahn, Landtagspräs. - Auf d. Acht, 6619 Hausbach/Saar (T. 06872 - 29 55) - Geb. 1. Juni 1920 Brotdorf, kath., verh., 2 Kd. - 1932-36 Gymn. Ehrenbreitstein - 1940-45 Wehrdst. u. Gefangenschaft; 1946-52 Redakt.; 1952-56 Amtsvorsteher Merzig-Land. S. 1952 MdL Saarl. (1961-65 Fraktionsvors.; 1970 II. Stv. Vizepräs.); 1957 vorübergeh. MdB. CVP bzw. CDU - 1972 BVK I. Kl.

SCHNEIDER, Franz

Dr. phil., Dr. jur., o. Prof. f. Politikwissenschaft - Schellingstr. 5/III, 8000 München 40 (T. 21 80 29 90) - Geb. 12. Jan. 1932 München (Eltern: Franz (Volksschullehrer) u. Josefa S.), kath., verh. s. 1963 (Ehefr.: Annemarie), S. Franz - Stud. Zeitungswiss., Klass. Phil., German., Rechtswiss. S. 1965 (Habil.); Ord. (1966) Univ. München; 1972 Hon.-Prof. Univ. Salzburg. Spez. Aufgabengebiet: Politische Kommunikation - BV: Presse- u. Meinungsfreiheit nach d. Grundgesetz, 1961; Pressefreiheit u. polit. Öffentlichkeit, 1965; Politik u. Kommunikation, 1966; D. Große Koalition - z. Erfolg verurteilt?, 1968; Theater als polit. Anstalt, 1978; Proporzkommunikation u. Vermittlerkommunikation - e. Stud. z. Wirkungsforsch., in: Media Perspektiven 12, 1981; Informationstransport? Kritik an pol. Magazinen d. ARD, 1987; D. polit. Karikatur, 1988. Herausg.: D. Weg d. Bundesrep. - V. 1945 b. z. Gegenw. (1985); Dienstjubiläum einer Revolte - "1968" u. 25 Jahre (1992) - Gold. Ehrenzeichen d. Rep. Österreich.

SCHNEIDER, Friedhelm

Dr. rer. nat., o. Prof. f. Physiol. Chemie u. Biochemie - Vogelsbergstr. 5, 3550 Marburg 7 (T. Marburg 4 12 59) - Geb. 5. April 1928 Datteln/W. - S. 1963 (Habil.) Lehrtätigk. Tübingen (zul. Abt.-vorsteher (Spez. Enzymologie) u. Prof.) u. Marburg (1970 Ord.); s. 1991 im Ruhestand - Etwa 200 Fachaufs.

SCHNEIDER, Friedrich W.

Dipl.-Kfm., Kaufmann, Beiratsvorsitzender Thomasdünger GmbH, Düsseldorf - Höhenweg 25, 4600 Dortmund 30 (Reichsmark) (T. 02304 - 8 02 51) - Geb. 26. Jan. 1912 Saarbrücken - Beirat Gerling-Konzern - Liebh.: Jagd, Fischen - Spr.: Engl., Franz - Rotarier.

SCHNEIDER, Fritz

Staatsminister a. D. - Kleiststr. 3, 6750 Kaiserslautern 32 - Geb. 8. Okt. 1916 Ludwigshafen/Rh. (Vater: Pfarrer), ev., verh., 2 Kd. - Gymn.; Univ. Heidelberg, Genf, München (Rechtswiss.). Ass.ex. 1944 - 1945-58 Staatsanw. Kaiserslautern, dazw. 1947-49 b. Generalstaatsanw. Neustadt/Weinstr., 1963-71 Justizmin. Rhld.-Pfalz (1964 Vors. Justizmin.-Konfz.). 1956-60 Mitgl. Stadtrat Kaiserslautern u. Bezirkstag Pfalz, 1958-75 (m. Unterbrech.) MdL RP (1959-63 Fraktionsvors.). 1955-79 Mitgl. Landessynode Ev. Kirche d. Pfalz, 1961-79 Präs.; 1972-78 Vors. d. Missionssyn. Südwestdtschld. (Stuttgart). 1966-76 Mitgl. Rundfunkrat SWF. FDP 1952-74 (1955-74 Mitgl. Landesvorst. RP) - 1974 Gr. BVK - Spr.: Franz. - Rotarier (1973/74 Clubpräs. Kaiserslautern).

SCHNEIDER, Gerhard

Dr. phil., Prof. f. Geschichte u. ihre Didaktik Univ. Hannover - Im Tannengrund 30, 3002 Wedemark (T. 05130 - 64 78) - Geb. 5. Sept. 1943 Buchen (Vater: Hermann Sch., Gärtnermeist.; Mutter: Else, geb. Hofmann), verh. s. 1967 m. Wibke, geb. Beug, 2 Töcht. (Anna, Eva-Luise) - 1964-69 Stud. Gesch., Franz., Pol.Wiss. Univ. Heidelberg u. Caen; 1. Staatsex. 1969 Heidelberg, Promot. 1972 ebd. - 1971-75 Wiss. Assist. EWH Rhld.-Pf., Abt. Landau; 1975-78 Hochschuldoz. PH Hannover; 1978-80 Hochschuldoz. Univ. Hannover; s. 1980 Prof. ebd. - BV: Erzbischof Fulco v. Reims (882-900) u. d. Frankenreich, 1972; D. Quelle im Geschichtsunterr., 1975; Ges. - Staat - Geschichtsunterr. (m. Klaus Bergmann), 1982; Gegen d. Krieg, 2 Bde. (m. K. Bergmann) 1982; Juden unterm Hakenkreuz, 2 Bde. (Mitverf.) 1983; 1945 - E. Lesebuch (m. Klaus Bergmann), 1985; Handb. Medien im Geschichtsunterr. (m. H.-J. Pandel), 2. A. 1986; Gesch. lehren u. lernen, 1986; D. Kurfürstentum Hannover u. d. Franz. Revolution, 1989; Kurhannover im Zeichen d. Franz. Revolution, 1990; ...nicht umsonst gefallen? Kriegerdenkmäler u. Kriegstotenkult in Hannover, 1991. Herausg.: Geschichtsbewußtsein u. hist.-polit. Lernen (1988). Mithrsg.: Ztschr. Geschichtsdidaktik (1976-87); Handb. d. Geschichtsdidakt., 1979 (4. A. 1992).

SCHNEIDER, Gerhard

Dr., Landesbeauftragter f. d. Saarl. Datenschutz - Fritz-Dobisch-Str. 12, Postf. 231, 6600 Saarbrücken (T. 0681 - 50 34 15; Telefax 0681 - 49 86 29).

SCHNEIDER, Gerhard

Staatssekretär Senatsverw. f. Arbeit, Verkehr u. Betriebe (1989-91), MdA Berlin (1975-91) - An d. Urania 4-10, 1000 Berlin 30 (T. 21 22-1) - Geb. 11. Juli 1942 Rüdersdorf b. Berlin, verh. - Gymn. (Abit. 1962); 1962-63 Bundeswehrdst.; 1963-67 FU Berlin (Polit. Wiss., Neuere Gesch., Staatsrecht; Dipl.-Polit. 1967) - B. 1975 Wiss. Assist. SPD-Frakt./Abg.haus Berlin, dann Wiss. Mitarb. Berlin-Consult GmbH. ebd. 1971-75 Bezirksverordn. Steglitz. SPD s. 1964 (div. Funkt.).

SCHNEIDER, Gerhard

Dr. theol. (habil.), o. Prof. f. Neues Testament Univ. Bochum (s. 1968) - Hustadtring 65, 4630 Bochum-Querenburg (T. 70 17 95) - Geb. 15. Juni 1926 Trier/Mosel - 1962 Doz. Päd. Hochsch. Koblenz, 1966 Prof. ebd., 1968 Privatdoz. Univ. Würzburg - BV: Neuschöpfung oder Wiederkehr?, 1961; Brief an d. Galater, 1964; Botschaft d. Bergpredigt, 1969; Verleugnung, Verspottung u. Verhör Jesu nach Lukas, 1969; D. Frage n. Jesus, 1971; Anfragen an d. Neue Testament, 1971; D. Passion Jesu, 1973; Parusiegleichnisse im Lukas-Evangelium, 1975; D. Evangelium n. Lukas (Kommentar), 1977; D. Apostelgeschichte (Komm.), 2 Bde., 1980, 1982. Mithrsg.: Exegetisches Wörterb. z. Neuen Testament, 3 Bde., 1980-83; Lukas, Theologe d. Heilsgesch. (Aufs.), 1985; Jesusüberlieferung u. Christologie, 1992.

SCHNEIDER, Gerhard

Generalmusikdirektor Schlesw.-Holst. Landestheater u. Sinfonieorch. - Rathausstr. 22, 2390 Flensburg (T. 0461 - 1 77 31) - Geb. 17. Juni 1946 Eichstätt (Vater: Ludwig Sch., Rektor; Mutter: Nilla, geb. Koeppl), kath., ledig - Human. Gymn. Augsburg; Musikhochsch. München; Sommerakad. Mozarteum Salzburg - 1969/70 Gastprof. Univ. d. Künste Nagoya/Japan; 1974-77 1. Kapellm. Münster, 1977-80 Wiesbaden, 1980-84 Lübeck, 1984-87 Bremen - Rd. 80 Opern u. Konz. dirig. (Debüt 1973 Wiesbaden) - Spr.: Engl.

SCHNEIDER, Gerhard M.

Dr. rer. nat., Dipl.-Chem., Univ.-Prof. f. Physikal. Chemie Univ. Bochum (s. 1969) - Heinrich-König-Str. 60c, 4630 Bochum 1 (T. 47 36 67) - Geb. 7. Mai 1932 Saarbrücken (Vater: Richard S., Justiz-Amtm.; Mutter: Wally, geb. Kraft), ev., verh. s. 1960 m. Renate, geb. Brübach, 2 Kd. (Dagmar, Carsten) - Stud. Univ. Saarbrücken, Göttingen; Promot. 1959 ebd.; Habil. 1965 Karlsruhe - S. 1959 Hochsch.dst. In- u. ausl. Fachmitgl.sch. Üb. 200 Fachveröff. - 1969 Nernst-Preis (Dt. Bunsenges.) - Liebh.: Lit., Musik - Spr.: Engl., Franz.

SCHNEIDER, Günter

Bezirksstadtrat a. D., Leiter Abt. f. Gesundheitswesen Bezirksamt Reinickendorf (1971-79) - Kurze Str. 1, 1000 Berlin 28 - Geb. 1936 Altona - 1958 ff. FU Berlin (Volksw.) - U. a. Ref. f. Polit. Bildung (1963 ff.). 1963-71 Bezirksverordn. Reinickendorf (1967 stv. Vorsteher). CDU s. 1956. 1979-81 Mitgl. d. Abgeordnetenhauses v. Berlin.

SCHNEIDER, Günter

Dr. rer. nat., em. o. Prof. f. Zoologie - Nikolausstr. 79a, 4000 Düsseldorf 13 - Geb. 13. Mai 1918 - S. 1961 (Habil.) Lehrtätigk. Univ. Würzburg u. Düsseldorf (1966 Ord.); emerit. 1983. Fachveröff.

SCHNEIDER, Günther

Dr. rer. nat., Dipl.-Phys., Prof. f. Physik TU Braunschweig (s. 1970) - Am Dahlumer Holze 22, 3300 Braunschweig (T. 6 59 56) - Geb. 21. Jan. 1933 Deichslau/Schles. (Vater: Andreas S.; Mutter: Auguste, geb. Schlame), ev., verh. s. 1964 m. Ingrid, geb. Wegner, 2 Kd. (Petra, Ingo) - Promot. 1962; Habil. 1966 - Spr.: Engl.

SCHNEIDER, Günther

Unternehmer, Ehrenbundes-Innungsmeister - Zu erreichen üb. Dottendorfer Str. 86, 5300 Bonn 1; priv.: 3000 Hannover.

SCHNEIDER, Hannsjörg

Direktor Albingia Versicherungen, Landesdirektion Nord - Bergstr. 16, 2000 Hamburg 1.

SCHNEIDER, Hans

Dr. rer. nat., Prof., Leit. Abt. Angewandte Kernphysik Strahlenzentrum Univ. Gießen - Philipp-Scheidemann-Str. 29, 6300 Gießen-Wieseck (T. 5 11 08) - Geb. 18. Aug. 1925 Madrid - S. 1963 (Habil.) Lehrtätigk. Gießen (Experimentalphysik). Facharb. - 1951 Preis Univ. Gießen (Naturwiss. Fak.).

SCHNEIDER, Hans

Bürgermeister a.D., Stellvertr. d. Landrates Landkr. Donau-Ries, Silcherstr. 19, 8860 Nördlingen-Baldingen - Geb. 24. Juli 1932 Baldingen .

SCHNEIDER, Hans

Kaufmann (Fa. Hans Schneider, Bekleidungs- u. Textilhaus Lichtenfels), Vizepräs. d. IHK f. Oberfranken, Bayreuth - Bahnhofstr. 5, 8620 Lichtenfels/Ofr.

SCHNEIDER, Hans

Dr. jur., o. Prof. f. Öfftl. Recht (emerit.), Vors. Experten-Kommiss. Neue Medien Bad.-Württ (1980/81) - Ludolf-Krehl-Str. 44, 6900 Heidelberg (T. 48 03 81) - Geb. 11. Dez. 1912 Berlin - 1940 Doz. WH Berlin, 1943 ao. Prof. Univ. Breslau, 1948 Univ. Göttingen, 1951 o. Prof. Univ. Tübingen, 1955 Univ. Heidelberg. 1955 Honorarprof. TH, jetzt Univ. Stuttgart - BV: u. a. D. pr. Staatsrat v. 1817, 1952; D. Ermächtigungsgesetz v. 24. März 1933, 2. A. 1961, NA. 1968; D. Liquidation d. dt. Auslandsvermögens u. ihre vertragl. Hinnahme durch d. Bundesrep., 1964; Werbung im Rundfunk, 1965; Rundfunkanstalten u. Mehrwertsteuer, 1966; Richter u. Gerichte in d. BRD, 1966; D. Steuerprivilegien d. Sparkassen, 1966 (m. H. C. Nipperdey †); Verfassungsrechtl. Grenzen e. gesetzl. Regelung d. Pressewesens, 1971; Lehrb. d. Gesetzgebung, 1982, erweit. A. 1991; D. Reichsverfassung v. 1919. Im Handb. d. Staatsrechts, Bd. 1 1987. Zahlr. Fachaufs.

SCHNEIDER, Hans

Dr., Univ.-Prof., Direktor Zool. Inst. Univ. Bonn - Zoologisches Inst., Poppelsdorfer Schloß, 5300 Bonn 1 - Geb. 18. Jan. 1929, verh. s. 1960 m. Dr. Alfonsa, geb. Stärk - Phil.-Theol. Hochsch. Bamberg, Univ. München; Promot. 1956 Univ. München - 1971/72, 1978/79, 1986/87 Vors. Fachgr. Biologie Univ. Bonn; 1985/86 Präs. Dt. Zool. Ges. Forschungsgeb.: Akustische Kommunikation, Physiologie d. Stimmbildung u. d. Hörens b. Froschlurchen. Üb. 100 Fachveröff. u. Buchbeitr.

SCHNEIDER, Hans Joachim

Dr. jur., Dr. h. c., Dipl.-Psych., o. Prof., Univ. Münster/Westf. - Möserweg 7, 4400 Münster/Westf. (T. 0251 - 8 17 89) - Geb. 14. Nov. 1928 Biedenkopf/Lahn (Vater: Ernst Richard S., Kaufm.; Mutter: Maria, geb. Dersch), kath., verh. s. 1955 m. Hildegard, geb. Schneider, 2 Kd. (Ursula, Marvin Oliver) - Jura Marburg, Frankfurt, Köln, Psych. Freiburg/Br. Dipl.-Psych. Freiburg/Br., Promot. Köln, Habil. Hamburg - Ass. Düsseldorf; Assist. Freiburg/Br.; 1974 Gastprof. Keio Univ. Tokio, 1974 Allunionsinst. Moskau, 1976 Univ. Warschau, 1982 Australian Inst. of Criminology, Canberra, 1986 United Nations Asia and Far East Inst. for the Prevention of Crime and the Treatment of Offenders (UNAFEI) Fuchu, Tokio, 1986 Keio-, Chuo-, Waseda-Univ. Tokio, 1987 Univ. Lódz, Torun, Poznan (Polen) - BV: Kriminologie, 1977; Jugendkriminalität im Sozialprozeß, 1974; Viktimologie, 1975; Handwörterb. d. Kriminologie, 5. Bde. 1966-91, Kriminologie, Jugendstrafrecht, Strafvollzug, 1982; Kriminalitätsdarst. i. Fernsehen u. kriminelle Wirklichkeit, 1977; The influence of mass communication media on public opinion on crime and criminal justice, Europarat Straßburg, 1979; Crime and criminal policy in Western Europe, Canada, and the United States, Vereinte Nat., New York 1979; D. Opfer u. sein Täter, 1979; D. Geschäft m. d. Verbrechen, 1980; D. Verbrechensopfer in d. Strafrechtspflege, 1982; The victim in international perspective, 1982; Psychologie d. 20. Jh., 14. Bd., 1981, Kriminologie, 1987; Kriminologie (chin.), 1990; Kriminalität in den Massenmedien (poln.), 1991 - Organisator 3. Intern. Symposium f. Viktimologie, 1979 - 1974 Ehrenmitgl. Japan. Ges. f. Strafrecht; b. 1985 Präs. Intern. Ges. f. Viktimologie; b. 1984 Vorst.-Mitgl. Intern. Ges. f. Kriminologie; Fellow Western Society of Criminology; Sachverst. f. d. Vereinten Nationen u. d. Europarat; 1987 Ehrendoktor Univ. Lodz/Polen - Spr.: Engl., Franz.

SCHNEIDER, Hans Julius

Dr. phil., Prof. f. Philosophie Univ. Erlangen - Bismarckstr. 12, 8520 Erlangen - Geb. 27. Juni 1944 Freiburg (Vater: Julius Sch., Phys.; Mutter: Ferdinande, geb. Gocke) - 1963-65 FU Berlin; 1965-66 Univ. of Texas, Austin; 1966-67 FU Berlin; 1967-70 Univ. Erlangen; Dr. phil. 1970 Erlangen; Habil. 1975 - 1970-77 Wiss. Assist. Konstanz; 1977-78 Wiss. Angest. ebd.; 1978-83 Heisenberg-Stip DFG; s. 1983 Prof. Erlangen. 1989 Gastprof. Univ. of Georgia, Athens - BV: Pragmatik als Basis v. Semantik u. Syntax, 1975; Üb. d. Schweigen d. Phil. z. d. Lebensprobl. (Universitätsreden Nr. 97), 1979; Phantasie u. Kalkül, 1992 - Bek. Vorf.: Alexander Gocke, Kunstmaler (Großv.).

SCHNEIDER, Hans Ulrich

Dr. jur., Dipl.-Kfm., Rechtsanwalt - Seeadlerring 25, 3004 Isernhagen (T. 0511 - 61 24 51) - Geb. 20. Juli 1956 Hannover, ev., verh. s. 1986 m. Christa, geb. Bruns, S. Christoph - Abit. 1976; Stud. Univ. Bonn u. Göttingen; 1. jurist. Staatsex. 1982; Dipl.-Kfm. 1983; 2. jurist. Staatsex. u. Promot. 1987 - 1987-90 Angest. b. Niedersächsischen Sparkassen- u. Giroverb.; 1988-92 Landesvors. d. Jungen Union Nieders., s. 1988 Mitgl. im CDU-Landesvorst.; s. 1990 Landtagsabgeordneter. Mitgl. im Landesrundfunkaussch.

SCHNEIDER, Hans-Heinz

Dipl.-Politologe, Rundfunkkorrespondent - Königswinterer Str. 156, 5300 Bonn 3 - Geb. 20. Juni 1934, ev., verh. m. Winnie, geb. Weber, 1 T. - 1953-57 Stud. FU Berlin, Dt. Hochsch. f. Politik (Politol., Publ. u. Jura).

SCHNEIDER, Hans-Jochen

Dr. rer. nat., em. Prof. f. Angew. Geologie FU Berlin - Ferd.-Lehner-Str. 4, 8346 Simbach a. Inn (T. 08571 - 58 74) - Geb. 28. Sept. 1923 Dresden (Vater: Fritz S.; Mutter: Marie, geb. Morgenstern), verh. 1949 m. Friedl, geb. Birneder - TH u. Univ. München - S. 1958 (Habil.) Lehrtätigk. Univ. München (1962 Diätendoz.) u. FU Berlin (1964 ao., 1966 o. Prof.). Emerit. s. 1989. 1984 Korr. Mitgl. Bayer. Akad. Wiss. München. Wiederh. Karakorum-Exped. - BV: u. a. Tektonik u. Magmatismus im NW-Karakorum; Time and Strata-Bound Ore Deposits, 1977; Mineral Deposits of the Alps (Hrsg.), 1983. Herausg. d. Ztschr.: Mineralium Deposita (ab Jahrg. 1980-90, m. D. D. Klemm). Üb. 85 Einzelveröff.

SCHNEIDER, Hans-Jürgen

Dr. rer. nat., o. Prof. f. Informatik Univ. Erlangen-Nürnberg (s. 1972) - Falkenstr. 19, 8526 Bubenreuth - Geb. 28. Febr. 1937 Saarbrücken (Vater: Willi S., kaufm. Angest.; Mutter: Anneliese, geb. Murl), ev., verh. s. 1965 m. Christa, geb. Altpeter, 3 Kd. - Stud. d. Math. Univ. Saarbrücken; Promot. 1965 TU Hannover - 1970-72 o. Prof. TU Berlin. Fachmitgl.sch. - BV: Compiler, Lehrb. 1975; Programmiersprachen, Lehrb. 1981 - Spr.: Engl.

SCHNEIDER, Hans-K.

Dr. rer. pol., Dr. h. c., Prof. f. Wirtschaftl. Staatswissenschaften - Landgrafenstr. 121, 5000 Köln 41 (T. 40 69 25) - Geb. 26. Mai 1920 Remscheid (Vater: Paul S., Kaufm.; Mutter: Elfriede, geb. Kühndahl), kath., verh. s. 1948 m. Gerda, geb. Pirlet, 5 Kd. (Michael, Monika, Angela, Manuel, Dominik) - B. 1938 Gymn. Remscheid; 1944-46 Univ. Köln, München, Marburg (Volksw.). Dipl.-Volksw. 1948, Promot. 1948, Habil. 1958 (alles Köln) - 1945-46 Sachbearb., dann Ref. Berg. IHK, 1948-63 Assist., Privatdoz. (1961), Ord. u. Dir. Inst. f. Siedlungs- u. Wohnungswesen (1963), Dir. Inst. f. Energiewirtsch. Univ. Köln (1970), 1968ff. Beiratsmitgl. Bundeswirtschaftsmin., Mitgl. d. Sachverständigenrats z. Begutachtung d. gesamtw. Entwickl. Emerit. 1992 - BV: D. Preisbildung f. Ferngas (Diss.); Prinzipien d. Energiepreisbild. in volksw. Betracht., 1958 (Habil.schr.); The Demands of the Social and Natural Environment on the Planning and Development of the Electrical Ind., 1974; Konzentration u. Wettbew. in d. Energiewirtsch., 1977; Soz. Wohnungsmarktwirtsch., 1977. Herausg.: Ztschr. f. Energiewirtschaft. Bearb.: Materialien z. Bericht d. Lage d. Nation (1974). Verantwortl. Leit.: OECD-Studie Energy Prospects to 1985 (1975). Zahlr. Fachbeitr. - Mitgl. wiss. Akad.; 1987 Dr. h. c. Chung-Ang Univ., Seoul, Südkorea - Spr.: Engl., Franz.

SCHNEIDER, Hans-Ludwig

Kanzler d. Univ. Göttingen - Goßlerstr. 5-7, 3400 Göttingen.

SCHNEIDER, Hans-Peter

Dr. jur., o. Prof. f. Staats- u. Verwaltungsrecht Univ. Hannover (s. 1974), Direktor d. Dt. Inst. f. Föderalismusforsch. Hannover (s. 1991) - Echternfeld 16, 3000 Hannover 51 (T. 65 08 58) - Geb. 26. Nov. 1937 Jena/Thür. (Vater: Peter S., Schulrat; Mutter: Marianne, geb. Bratfisch), ev., verh. s. 1966 m. Brigitte, geb. Pachaly, T. Marion - Altes Gymn. Bremen (Abit. 1958); Stud. d. Rechtswiss., Soziol., Politol. Univ. Freiburg/Br. u. München; 1. u. 2. jur. Staatsex. 1962 bzw. 1967; Promot. 1965; Habil. 1972 - 1965-74 Univ. Freiburg (wiss. Assist.; 1972 Privatdoz.); 1970-78 Richter am Kirchl. Verwaltungsgericht Ev. Landeskirche zu Baden; 1980 Gastprof. Univ. of Chicago Law School; s. 1987 Mitgl. Nieders. Staatsgerichtshof - BV: Justitia universalis. Quellenstud. z. Gesch. d. christl. Naturrechts b. G. W. Leibniz, 1967; Richterrecht, Gesetzesrecht u. Verfassungsrecht, 1969; D. parlam. Opposition im Verfassungsrecht d. Bundesrep. Dtschl., 1974 - Liebh.: Klass. Musik, mod. Graphik, Schauspiel, Ski, Tennis, Segeln - Spr.: Engl., Franz.

SCHNEIDER, Heinrich

Dr. theol., o. Prof. f. Altes Testament - Weintorstr. 12, 6500 Mainz (T. 23 16 23) - Geb. 22. Febr. 1908 Merkenfritz/Hessen (Vater: Heinrich S., ltd. Angest.; Mutter: Else, geb. van Venrooy), kath., led. - 1927-31 Stud. Phil. u. Theol. Freiburg/Br. u. Innsbruck, 1933-35 Alte Gesch. u. Spr. Freiburg, 1935-1939 Bibelwiss. u. Orientalistik Rom. Promot. (1935) u. Habil. (1939) Freiburg - 1945 Privatdoz. Univ. Freiburg; 1946

Ord. Univ. Mainz - BV: D. altlat. bibl. Cantica, 1938; D. Bücher Exodus, Leviticus u. Numeri übers. u. erklärt, 4. A. 1966; D. Buch Daniel, d. Buch d. Klagelieder, d. Buch Baruch übers. u. erkl., 1954; D. Text d. Gutenberg-Bibel, 1954; D. Bücher Esra u. Nehemia übers. u. erkl., 1959; D. Sprüche Salomos - D. Buch d. Predigers - D. Hohe Lied, 1962; Canticles in Syriac, 1972.

SCHNEIDER, Heinrich

Dr. phil., Prof. f. Politikwissenschaft - Doktorberg 3/4, A-2391 Kaltenleutgeben (Österr.) (T. 02238 - 4 28); dt. Anschr.: Oberer Stephansberg 3, 8600 Bamberg/Ofr. - Geb. 10. Aug. 1929 Brandenburg/H. (Vater: Dr. med. Georg S., Chefarzt; Mutter: Clara, geb. Schaefer), kath., verh. s. 1959 m. Helga, geb. Humpf, 3 Kd. (Johannes, Christine, Jürgen) - Phil.-Theol. Hochsch. Bamberg, Univ. München u. Cleveland (USA). Promot. 1955 München - 1959-62 Dozent u. Stellv. d. Dir. Akad. f. Polit. Bildung Tutzing; 1962-68 Prof. C.-H.-Becker-Hochsch. Hannover (Lehrstuhl f. Polit. Wiss.); 1968 Prof. f. Phil. d. Politik u. Ideologiekritik Univ. Wien; s. 1971 o. Prof. f. Politikwiss. ebd. (Vorst. Inst. f. Politikwiss.). Div. Ehrenstell., dar. Vors. Wiss. Beirat d. Österr. Inst. f. Polit. Bildung, Kurat.vors. Kath. Sozialakad. Österr., Dir. Österr. Komm. Iustitia et Pax, Direktoriumsvors. Inst. f. Europ. Politik, Bonn - BV: Europ. Volksdemokratie?, 1958; Wirtschaftsleben u. -ordnung, 1960 (m. F. Kopp); Polit. Bildung als Gewissensbild., 1961; Päd. Hochsch. u. Polit. Wiss., 1965; Leitbilder in d. Politik, 1972; Leitbilder d. Demokratie, 1973; Leitbilder d. Europapolitik, Bd. 1, 1977; Erfordernisse d. Friedens, 1982. Ca. 120 Einzelarb. - Komtur d. päpstl. Gregorius-Ordens; Komtur-Orden v. Hl. Grabe zu Jerusalem; BVK I. Kl.

SCHNEIDER, Heinz

Dr. rer. nat., Univ.-Prof. Univ. Koblenz-Landau/Abt. Landau - Oberer Steinweg 21, 6740 Landau-Godramstein (T. 06341 - 6 07 21) - Geb. 27. Febr. 1924 Bad Kreuznach - Arbeitsgeb.: Protozoa u. Hydrobiol.

SCHNEIDER, Heinz

1. Bürgermeister a. D. Stadt Geretsried, Textil-Ing. - Jeschkenstr. 55, 8192 Geretsried/Obb. - Geb. 21. März 1920 Lossen/Schl. - 1968-86 1. Bürgerm. Stadt Geretsried, Kreisrat - BVK am Bde.; erster Ehrenbürger v. Geretsried; Ehrenmitgl.schaften b. Verb.

SCHNEIDER, Helmhold

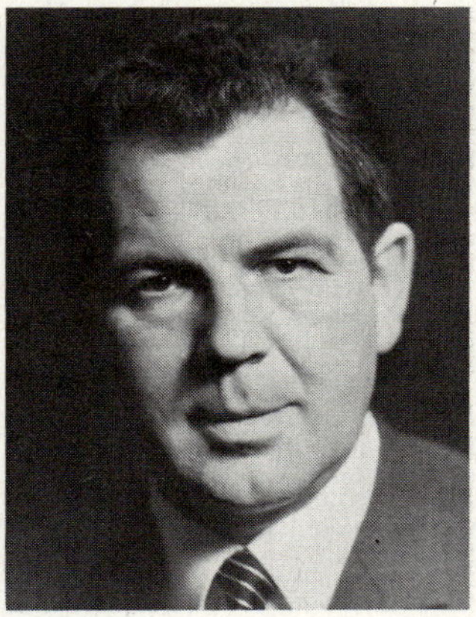

Dr. phil. h.c., Unternehmer, Geschäftsf. Werit-Kunststoffwerke W. Schneider & Co., Altenkirchen/Bludenz/Zürich/Wissembourg, JOMO - Sanitär-Kunststofftechnik GmbH & Co. KG, Buchholz/Asbach, WERIT Kunststoffwerke Sachsen GmbH & Co. KG, Ottendorf-Orkilla/Dresden - Petersbach 1, 5230 Altenkirchen - Geb. 5. März 1925 Düsseldorf (Vater: Wilhelm Sch., Kulturbauing.; Mutter: Adele, geb. Korf) - Abit.; Stud. agri. - Inh. u. Geschäftsf. Werit-Kunststoffw. W. Schneider GmbH & Co., Altenkirchen/Bludenz (Österr.)/ Zürich (Schweiz)/ Wissembourg (Frankr.), Isoplex AG, Zürich; Vorst. Inst. f. Demokratieforsch. (IfD), Würzburg, u. GKV Gesamtverb. kunststoffverarb. Ind. - BV: D. Kampf um d. Erbe, Raiffeisen - d. Auswanderer, D. Zukunft d. Genossenschaften im 21. Jh., Ergebnisse d. neuesten Raiffeisenforsch, 1989 - Ehrendoktor Univ. Greifswald.

SCHNEIDER, Herbert

Dr., Prof. f. Musikwissenschaft Univ. Heidelberg - Curt-Goetz-Str. 29, 6500 Mainz 33 (T. 06131 - 47 68 29) - Geb. 23. März 1941 Wiesbaden (Vater: Ludwig Sch., Kaufm.; Mutter: Berta, geb. Maurer), ev., verh. s. 1968 m. Heide, geb. Schulz, 2 Kd. (Fabian, Saskia) - 1. u. 2. Staatsex. in Musikerz., Roman.; Promot. 1971, Habil. 1978, alles Univ. Mainz - 1971-72 Ref.; 1972-78 Assist.; 1979-81 Zeitprof.; 1981-84 Prof. in Bayreuth; 1984ff. Prof. in Heidelberg - BV: D. franz. Kompos.lehre in d. 1. Hälfte d. 17. Jh., 1972; Chronol.-Themat. Verz. sämtl. Werke v. J.-B. Lully, 1981; D. Rezeption d. Opern v. Lully im Frankr. d. Ancien régime, 1982; Rameaus letzter Musiktraktat, 1986; L. van Beethoven, 8. Sinfonie. Einf. u. Analyse, 1989; Herausg.: J. J. Stupan v. Ehrenstein Violino Compendiosa u. Rosetum musicum, in: DTÖ Bd. 137 (1984); J. B. Lully u. M. Marais, Trios pour le coucher du roy, in: Le Pupitre Bd. 70 (1987); F. Chopin, Balladen, Lpz.-Dresden (1987); Jean-Baptiste Lully. Kongreßbericht (1990); D. Motette. Beiträge zu ihrer Gattungsgeschichte (1992; Studien z. Musikwiss. 5) - Spr.: Engl., Franz., Ital., Latein.

SCHNEIDER, Herbert

Schriststeller, Kolumnist Münchner Merkur u. tz - Candid-Huber-Str. 17, 8019 Ebersberg/Obb. - Geb. 8. Okt. 1922 München - Redakt. - BV (1956-81): D. Münchner Rass' (Ged.), Kinder d. Bavaria (Ged.), Geliebter Spektakel (Ged.), Karl May in d. Lederhose (Prosa), Münchner Geschichten (2 Bde. Prosa), Suibababierl (Ged.), Bair. Federspiel (Verse/Prosa), D. Nibelungen in Bayern (Prosa), Vabluahte Rosn (Ged.), Almaransch u. Wadlstrumpf (Prosa/Ged.), Maxl u. Muschi (Gesch.), D. Schwager (Erz.) - 1962 Preis z. Förd. d. Lit. München; 1970 Ludwig-Thoma-Med.; 1978 BVK.

SCHNEIDER, Herbert

Lithograf, MdL Hessen (s. 1974) - Auf der Eich 5, 6200 Wiesbaden-Dotzheim (T. 42 34 40) - Geb. 22. Juni 1942 Wiesbaden (Vater: Josef S., Maurer; Mutter: Anni, geb. Willemann), verh. s. 1964 m. Hilde, geb. Nürnberg - Volkssch.; Lehre Klischeeätzer - 1972-74 Stadtverordneter Wiesbaden (n. d. Wahl z. Landtagsabg. niedergelegt); ehrenamtl. Funktionen IG Druck u. Papier u. DGB.

SCHNEIDER, Hermann

Dr. rer. nat., Prof. f. Physik Univ. Heidelberg - Rainweg 1/1, 6900 Heidelberg (T. 06221 - 80 30 10) - Geb. 22. Okt. 1935 Jena (Vater: Prof. Dr. Wilhelm Sch., Vermessungsing.; Mutter: Anna, geb. Lay), ev., verh. s. 1966 m. Ursula, geb. Röhnert, 4 Kd. - Dipl. 1961 Univ. Tübingen; Promot. 1964 Univ. Hamburg - 1962-65 Cern, Genf; ab 1965 Univ. Heidelberg - BV: D. Urknall u. d. absoluten Datierungen, 1982 - Spr.: Latein, Griech., Engl., Franz., Ital., Holländ.

SCHNEIDER, Hermann

Dr. phil., Chefredakteur Württ. Wochenblatt f. Landwirtschaft u. Bad. Landw. Wochenbl. - Tübinger Str. 55, 7030 Büblingen/Württ. - Geb. 21. April 1909 Würzburg - Braunschweiger Neueste Nachr., Braunschw. Landesztg., Allg. Anzeiger (Braunschweig), Düsseldorfer Nachr., Magdeburger Ztg., Grazer-Tagespost, Schwäb. Tagebl. (Tübingen; zul. Chefredakt.).

SCHNEIDER, Holger Kurt

Dr. med., Prof. f. Neurol. u. Psychiatrie, Psychother., Dir. d. Bezirks-Krkhs, 8520 Erlangen (T. 09131 - 483 23 00) - Geb. 14. Sept. 1941 Neunkirchen/Saar (Vater: Walter S., Oberstud.dir.; Mutter: Else, geb. Saar), ev., verh. s. 1969 m. Brunhild, geb. Jonietz, 2 Kd. (Gregor, Katharina) - Ludwigsgymn. Saarbrücken (Abit. 1960); Stud. d. Med. Univ. Saarbrücken, Heidelberg, München - S. 1969 Univ.-Nervenklinik Homburg (Habil. 1978), spez. Arb.gebiet: Suchtforsch., psychiatr. Chir., Psychophysiol., Gerontopsychiatrie; Mitgl. Dt. EEG-Ges., Allg. Ärztl. Ges. f. Psychotherapie.

SCHNEIDER, Horst Reinhard

Dr. rer. soc., Prof., Hochschullehrer Univ. Bielefeld (s. 1986) - Postf. 86 40, 4800 Bielefeld 1 (T. 0521 - 106 46 31) - Geb. 5. Okt. 1946, verh. s. 1975 m. Ursula, geb. Wohlfart - Dipl.-Soziol.; Promot. 1976 Bielefeld; Habil. 1985 - 1983-90 Vors. Berufsverb. Dt. Soziologen; s. 1986 Geschäftsf. Zentr. f. Angew. Sozialforsch. u. Praxisberat. (ZASP) Bielefeld. S. 1986 Hochschullehrer f. Quantit. Meth. u. Angew. Sozialforsch. Fak. f. Soziol.

SCHNEIDER, Ingrid

Hausfrau, MdL Rhld.-Pfalz - Froelichstr. 11, 6660 Zweibrücken - Geb. 30. Nov. 1946 - SPD.

SCHNEIDER, Ivo

Dr. rer. nat., Prof. f. Geschichte d. Naturwissenschaften Univ. München - Hans-Leipelt-Str. 14, 8000 München 40 - Geb. 1. Sept. 1938 München - Promot. 1968 Univ. München, Habil. 1972 ebd. - 1972/73 Gastprof. Univ. Princeton; s. 1980 Prof. in München; 1983 Gastprof. ZiF d. Univ. Bielefeld, 1988 Gastprof. Univ. of Minnesota. 1976-82 Vorst.-Mitgl. Dt. Ges. f. Gesch. d. Med., Naturwiss. u. Technik; korr. Mitgl. Acad. Intern. d'Histoire d. Science (s. 1984); Geschäftsf. Graduiertenkolleg Wechselwirkungen zw. Naturwiss. u. Technik am Dt. Museum (s. 1988) - BV: Archimedes: Ing., Naturwiss. u. Math., 1979; Isaac Newton, 1988; D. Entwicklung d. Wahrscheinlichkeitstheorie b. 1933 - Einf. u. ausgew. Texte, 1988. Herausg.: Carl Friedrich Gauß (1777-1855): Sammelbd. v. Beitr. z. 200. Geb. v. C. F. Gauß (1981). Mithrsg.: RETE, Strukturgesch. d. Naturwiss. (1972-75); Historia Mathematica (s. 1977); ISIS (1981-85); Soc. History of 19th Century Math. (1981); Ganita Bharati (s. 1982); Neue Reihe d. Abh. u. Ber. d. Dt. Museums, Neue Folge (s. 1984); Stud. z. Wiss. - Soz.- u. Bildungsgesch. d. Math. (s. 1985) - 1970 Rudolf-Kellermann-Preis f. Technikgesch.; 1990 gr. Preis f. Publikationen d. Dt. Museums.

SCHNEIDER von SOVÁR, Johann Alexander

Dr. med., Ärztl. Krankenhausdirektor i.R., Privatdoz. Freie Univ. Berlin (Innere Med.) - Horandweg 19, 1000 Berlin 28 (T. 401 24 36) - Geb. 11. Sept. 1910 Budapest (Vater: Dr. rer. pol. Alexander S., Beamter; Mutter: Elisabeth, geb. v. Hegedüs), kath., verh., 3 Kd. (Thomas, Eva, Stephan) - Gymn. Ettal/Obb.; 1929-34 Univ. Berlin (Med.). Promot. (1936) u. Habil. (1944) Berlin - 1936-51 Charité Berlin; s. 1951 Städt. Krkhs. Tegel-N. bzw. Humboldt-Krkhs. Reinickendorf (Chefarzt Inn. Abt., 1961 Ärztl. Dir.). CDU s. 1958 - BV: Hypophyse u.Konstitution, 1944. Üb. 30 Fachaufs. - Spr.: Ung., Engl., Span.

SCHNEIDER, Josef

Dr. theol., Dr. phil., Mag. aggreg., Theologe - Domstr. 7c, 8600 Bamberg/Ofr. (T. 5 63 58) - Geb. 5. Febr. 1906 Nürnberg (Vater: Georg S.; Mutter: Theresia, geb. Helbig), kath. - 1925-34 Stud. Phil. u. Theol. Rom. Priesterweihe 1931 Rom - 1936-45 Assist. u. Subregens Erzbischöfl. Klerikalsem. Bamberg, 1945-55 ao. u. o. Prof. Phil.-Theol. Hochsch. ebd., 1955-76 Erzbischof Bamberg. 1964-1973 Konsultor Päpstl. Kommiss. z. Revision d. kirchl. Gesetzb. - BV: D. Grundl. d. Sittlichkeit, 1947; Zwei Wege d. Lebensführung, 1951 - 1959 Bayer. VO., 1960 Gr. BVK m. Stern u. Schulterbd., 1965 Großkreuz in Silber Orden Juan Pablo Quarte Honor y Merito (Dominikan. Rep.); 1966 Ehrenbürger Bamberg; 1977 Ehrensenator Univ. Bamberg.

SCHNEIDER, Josef

I. Bürgermeister Stadt Riedenburg - Rathaus, 8422 Riedenburg/Ndb. - Geb. 7. Juli 1913 Offendorf - Zul. Regierungsamtm. CSU.

SCHNEIDER, Josef

I. Bürgermeister - Rathaus, 8014 Neubiberg/Obb. - Geb. 20. April 1933, verh., 4 Kd., kath. - 1. Vors. VHS Neubiberg. SPD.

SCHNEIDER, Jost

Maschinenbau-Ingenieur, Geschäftsführer Daimon-Duracell Batterien GmbH, Köln, u. Daimon-Duracell GmbH, Köln - Am Bergerhof 47, 5024 Pulheim-Brauweiler (T. 02234 - 8 37 21) - Geb. 27. Juli 1933 Altlandsberg (Vater: Walter Sch., Theologe; Mutter: Dr. phil. Margot Sch.), ev., verh. s. 1958 m. Hannelore, geb. Bell, 2 Kd. (Ulrike, Martin) - Sprecher Intern. Elektr. techn. Kommiss. (ITC 35) - Liebh.: Jagd - Spr.: Engl.

SCHNEIDER, Jürgen

Dr. jur., Stadtdirektor Stadt Stade - Rathaus, 2160 Stade (T. 04141 - 4 01-1 00) - Geb. 1. März 1938 Wildemann, ev., verh. s. 1964 m. Synja, geb. Martyrer, 2 Kd. (Kerstin, Frank) - 1958-62 Jura-Stud.; Gr. jurist. Staatsprüf. 1967 Hannover, Promot. 1965 - 1967-70 Bezirksreg. Stade; 1971-72 Pers. Ref. Nieders. Innenmin.; s. 1972 Stadtdir. Stade. 1982 Vizepräs., 1990 Präs. Nieders. Städtetag - Spr.: Engl., Latein.

SCHNEIDER, Karin

Solotänzerin - Friedrich-Engels-Str. 27, O-6500 Gera - Geb. 26. Jan. 1960 Bischofswerda, verh. s. 1984 m. Thomas Sch., S. Tobias - Palucca Schule Dresden; Dipl. b. Ballettwettb. - Rollen u.a.: Gute Fee in Dornröschen; Helena in Sommernachtstraum; Bianca in Othello; Hauptrollen in mod. Balletten - Liebh.: Aktivist d. soz. Arbeit, Lesen, Musik - Spr.: Russ., Franz.

SCHNEIDER, Karl

Dr., Sprecher d. Vorstandes Südzucker AG Mannheim/Ochsenfurt - Maximilianstr. 10, 6800 Mannheim (T. 0621 - 42 10) - Geb. 4. Dez. 1927 - 1984ff. Präs. Bund f. Lebensmittelrecht u. -kd; stv. AR-Vors. AGRANA, Wien, KWS, Einbeck; AR AGAB, Frankfurt, Schöller Lebensmittel GmbH & Co. KG, Nürnberg, Fresenius AG, Bad Homburg.

SCHNEIDER, Karl

Dr. phil., em. Prof. f. Engl. Philologie - Cheruskerring 86, 4400 Münster/W. (T. 2 51 38) - Geb. 18. April 1912 Brückrachdorf/Rhld. (Vater: Karl S., Landw.; Mutter: Anna, geb. Schwinn), ev., verh. m. Gertrud M., geb. Staufenberg, S. Wolfger, in 2. E. s. 1948 m. Magdalene, geb. Thiel, 3. Kd. (Gerhard, Birke, Tilo) - Abit. 1931 Mülheim/R., Stud. 1932-36 Univ. Gießen (vgl. indog. Sprachwiss., Germanistik, Anglistik, Philosophie), Staatsex. f. d. Höh. Lehramt, Dr.-Examen 1936 - 1936/37 Studienref., 1937-39 German Assistant Victoria University Manchester (Engl.), 1939 Lehrer Odenwaldschule, 1940-45 (m. Unterbr. d. Militärdienst) Lektor f. Engl. Univ. Gießen, in gleicher Funktion 1946-50 Univ. Marburg. 1951 Habil. Univ. Marburg, dann Univ. Münster (1953 Doz., 1957 ao. Prof., 1959 o. Prof. u. Dir. Engl. Seminar, 1964 Dekan d. Philosoph. Fak.), 1981 Gastprof. Sophia-Univ. Tokyo/Jap. - BV: D. Stellungstypen d. finiten Verbs im urgerm. Haupt- u. Nebensatz, 1938; D. german. Runennamen, 1956; Anglo-fries. Runensolidi im Lichte d. Neufundes von

Schweindorf (Ostfriesl.) (zus. m. P. Berghaus), 1967 - Spr.: Engl.

SCHNEIDER, Karl

Architekt (BAK) - In d. Birken 74, 5600 Wuppertal-Elberfeld (T. 72 32 59) - Geb. 24. Mai 1909 Elberfeld (Vater: Wilhelm S.; Mutter: Johanne, geb. Kirsch), ev., verh. in 2. Ehe (in 1. verw.) s. 1964 m. Dorothee, geb. Freiin v. Carnap, 5 Kd. (Dr. Gisela, Dipl.-Ing. Karl Friedrich, Dr. Michael, RA Wolfram, RA Helmut) - Schule (Obersekundarreife) u. Höh. Techn. Lehranstalt Wuppertal (Hoch- u. Tiefbau-Ex.) - 10 J. Bauunternehmer; Kriegsdst. (Reserveoffz.), s. 1945 fr. Arch. (VDA). 1948-68 Ratsherr Wuppertal; 1950-70 MdL Nordrh.-Westf. (b. 1966 Vors. Aussch. f. Wohnungsbau u. Öfftl. Arbeiten, dann Vizepräs.). FDP 1945-70 - Gold. Ehrenz. 7. Panzergrenadier-Div. (Reserveoffz. Pioniere, Kriegsauszeichn.); 1969 Gr. BVK m. Stern - Liebh.: Geschichte - Spr.: Engl., Franz.

SCHNEIDER, Karl

Minister f. Landwirtschaft, Weinbau u. Forsten Rheinl.-Pfalz (s. 1991) - Große Bleiche 55, 6500 Mainz (T. 06131 - 16 25 53) - Geb. 21. Mai 1934 Mainflingen (Krs. Offenbach), kath., verh. s. 1960 m. Rosemarie Cleve, T. Birgit Yvonne - Abit.; Stud. Rechtswiss.; 1. u. 2. Staatsex. Marburg, Wiesbaden - Kommunal- u. Staatsverwaltung; MdL; 1973-91 Staatsmin. f. Landesentwickl., Umwelt, Landw. u. Forsten sowie Hess. Kultusmin.

SCHNEIDER, Karl-Hermann

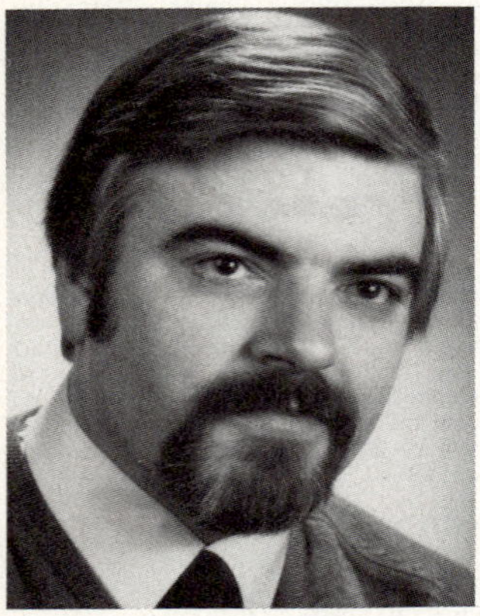

Schriftsteller (Ps. Carsten Peters) - Uhlandstr. 1, 3507 Baunatal I (T. 0561 - 49 40 84) - Geb. 3. März 1948 Kassel (Vater: Karl Sch., Bundesbahnbeamt. †; Mutter: Elisabeth, geb. Guth †), verh. s. 1969 m. Gisela, geb. Weishaupt, T. Silke - Zeitw. Finanzbeamt. Vors. Verb. Kasseler Autoren; Schatzm. Intern. Schriftst.-Verb.; s. 1989 Ehrenvors. Verb. Kasseler Autoren - 17 Buchveröff., Kurz-Krimis, Rätsel u. Quiz jegl. Art, Kurz-Prosa, Satiren- u. Aphorismen, Belletristik, Tatsachenber., Reportagen, Reiseber. Herausg. v. 3 Anthol.; Mitarb. v. weit. 17 Büchern. Schullesungen im gesamten Bundesgeb. - 1973 Stadtmed. d. Stadt Frankfurt anläßl. d. 25. Ffm.-Buchmesse; 1981 Ehrendipl. Intern. Orden d. Freiwilligen f. d. Frieden. (Italien); 1986 Pegasus-Preis; 3. Preis d. Verb. Kasseler Autoren f. Aphorismen aus d. Anthologie 10 J. VKA; 1990 Ehrenbrief d. Landes Hessen f. Verdienste um d. Gemeinschaft - Liebh.: Sign. Fotos v. Präsidenten u. Königen - Spr.: Latein, Engl.

SCHNEIDER, Klaus

Dr.-Ing., Prof. - Am Stadtwald 62, 8765 Erlenbach (T. 09372 - 59 20) - Geb. 9. März 1937 Leipzig (Vater: Werner Richard Sch., Ing.; Mutter: Annemarie, geb. Bühl), verh. s. 1961 m. Elisabeth, geb. Hülsmann, 2 S. (Joachim, Christian) - 1943-1955 Grund- u. Obersch. in Leipzig, Abschl. Abit.; 1955-59 Stud. Maschinenbau Dresden; 1959-61 dgl. Aachen; Promot. 1968 - 1961-63 Entw.-Ing. Enka AG; 1964-68 Assist. b. Prof. Kießkalt u. Rautenbach TH Aachen; s. 1969 Tätigk. Enka AG, Forschungsinst. Obernburg; zul. Ltg. Hauptabt. Neue Produkte. Hon.-Prof. Techn. Hochsch. Darmstadt. Fachgeb.: Mechan. Verfahrenstechnik. 8 Patente. Rd. 20 Veröff. in Fachztschr. - Spr.: Engl., Russ.

SCHNEIDER, Klaus M. R.

Geschäftsführer Flabeg GmbH, Fürth - Fürther Str. 338, 8500 Nürnberg 80 - Geb. 15. März 1932 Berlin.

SCHNEIDER, Klaus-Werner

Dr. med., Prof. f. Inn. Med. i. R. - Robert-Koch-Str. 21a, 8700 Würzburg - Geb. 28. Juni 1920 (Eltern: Adelmar u. Thusnelda S.) - Univ. München, Zürich, Brüssel, Innsbruck; Habil. 1956 - 1962 apl. u. 1966 Prof. f. Innere Med.; Vorst. Abt. Cardiol. Univ. Würzburg. Beirat Ztschr. Herz/Kreislauf; verantw. Schriftleit. Ztschr. CA-Bulletin - BV: Herzinsuffizienz, Haemodynamik u. Stoffwechsel (m. E. Wollheim), 1962; Hypotonie-Klinik u. Therapie, 1968; Kreislauffunktion b. Sportler, 1970; D. venöse Insuffizienz, 1972; Fibrinolytische Therapie, 1974; Aspekte moderner Angiologie, 1975. Üb. 350 wiss. Einzelarb. Erstmals Anwendung d. Indikatordilutionsmethode m. Cardiogreen b. Menschen, Untersuchung d. Hochleistungssportlers hiermit u. m. d. Echographie: Ablehnung d. sog. Schlagvolumenreserve d. Sportlers m. allg. Akzeptanz, Haemodynamik d. essentiellen Hypertonie u. Verwirkl. d. ambulanten Coronarographie z. flächendeckenden diagnost. Versorgung - Fellow concilii collegii intern. angiologiae - Spr.: Engl., Franz., Ital.

SCHNEIDER, Lambert

Dr., Prof. f. Klass. Archäologie Univ. Hamburg - Schlüterstr. 63, 2000 Hamburg 13 - Geb. 26. Jan. 1943 Berlin - Promot. 1968 (m. griech. Plastik); Habil. (m. spätantike Bildkunst) - BV: Asymmetrie griech. Köpfe, 1973; Z. sozialen Bedeutung d. archaischen Korenstatuen, 1975; Zeichen - Kommunikation - Interaktion, 1979; D. Domäne als Weltbild, 1983; Les signes du pouvoir: structure du langage iconique des Thraces, 1989; D. Akropolis v. Athen (m. Ch. Höcker), 1990.

SCHNEIDER, Lothar

Dr. rer. pol., Dipl.-Volksw., Prof. Univ./GH Paderborn, Haushaltswiss., Wiss. Beirat Inst. f. empir. Psych. GmbH (IFEP), Köln - Frankenstr. 36, 5000 Köln 40 (T. 0221 - 48 66 84) - Geb. 7. April 1937 Ströbitz/Cottbus (Vater: Otto Sch., Reg.-Baudir. a.D.; Mutter: Dora, geb. Kabel), verh. s. 1962 m. Elinor, geb. Steinhauer, 2 Kd. (Corinne, Stefan) - Dipl.-Volksw. 1962 Göttingen; Promot. 1966 Göttingen - 1962-67 wiss. Assist. Univ. Göttingen, Univ. Gießen; 1968-73 Abt.-Leit. Werbeagentur; 1974 Geschäftsf.; 1974ff. Prof. - BV: u. a. D. Arbeiterhaushalt im 18. u. 19. Jh., Monogr., 1967; Wirtschafts- u. Soziallehre d. Haushalts, Schulb., 1967-81 (9. A.); E. Diabetiker im Haushalt, Monogr., 1975 (3. A.); Fallstudien Haushalt u. Familie, Monogr. 1981; Arbeitslehre - Haushalt (m. and.), Schulb. 1981; Erfahrungen, Probleme u. Lerninteressen türkischer Hausfrauen in d. Bundesrep. (m. and.), 1983; Einkauf v. Lebensmitteln u. bedarfsgerechte Ernährung (Medienpaket, m. and.), 1986; Ausl. u. dt. Frauen: miteinander leben lernen, Anregungen zur interkulturellen Frauenarbeit (m. and.), 1988; Computer-/Teleheimarbeit (m. and.), 1990; Zur Ethik d. Handelns in Privatwelt u. Erwerbswelt (m. and.), 1991 - Liebh.: Fremdsprachl. Lit., Reisen (bes. nach Frankreich), Sammeln, Malerei, franz. u. ital. Küche - Spr.: Engl., Franz.

SCHNEIDER, Lothar

Dr., Prof. - Biozentrum EM-Abt., 8700 Würzburg (T. 3 16 33) - Geb. 8. Juni 1925 Bärenstein/Erzgebirge, ev., verh. s. 1950 m. Susanne, geb. Mann, S. Stephan - Stud. Bonn; Promot. 1956 ebd.; Habil. 1966 Würzburg - 1956-64 Mitarb., Assist., Kustos Zool. Inst. u. Zentrallabor f. Übermikroskopie Univ. Bonn, s. 1965 Zool. Inst. Univ. Würzburg (Konservator, Oberkonserv., Wiss. Rat u. s. 1972 apl. Prof. u. Vorst. Abt. Zellstrukturforschung). Fachveröff. Ztschr. u. Handb. - Spr.: Engl..

SCHNEIDER, Manfred

Bundestagsabgeordneter (s. 1983; Landesliste Rhld.-Pfalz) - Bundeshaus, 5300 Bonn 1 - 1977-84 Vors. CDU-Fraktion; s. 1984 Mitgl. Bezirksvorst. CDU Bezirksverb. Koblenz-Montabaur.

SCHNEIDER, Manfred

Vizepräsident Bundesaufsichtsamt f. d. Kreditwesen, Berlin - Kranzallee 7b, 1000 Berlin 19 (T. 030 - 304 31 88) - Geb. 23. März 1928 Olbernhau (Vater: Oswald Sch.; Mutter: Melitta, geb. Friedrich), ev., verh. s. 1952 m. Ingeborg, geb. Stange - Stud. Gesch., Rechtswiss. u. Volksw. Univ. Rostock, Halle u. FU Berlin; Gr. jurist. Staatsprüf. 1958 - 1958-62 Senator f. Wirtschaft Berlin; s. 1962 Bundesaufsichtsamt f. d. Kreditwesen. Mitgl. Berat. Bankeaussch. d. EG u. Aussch. f. Bankenbestimmungen u. Überwachung b. d. Bank f. Intern. Zahlungsausgleich; zahlr. Ehrenstell. u. Mand., u.a. AR HUK Coburg - BV: Kreditwesengesetz, Kommentar 1976 u. 85; Praxis d. Bankenaufsicht, 1978; Kreditwesengesetz, Loseblattsamml.; zahlr. Aufs. u. Beitr. in Fachztschr. - BVK - Liebh.: Gesch., Lit., Sport (Golf, Skilaufen) - Spr.: Engl., Franz.

SCHNEIDER, Michael

Dr. phil., Prof., Organist - Im Fuchsbau 8, 5000 Köln-Brück (T. 84 11 12) - Geb. 4. März 1909 Weimar (Vater: Gustav S., Maler; Mutter: Clara, geb. Tiedemann, Gesanglehrerin), ev., verh. in 2. Ehe (1953) m. Alice, geb.Tétaz, 6 Kd. - Gymn. Weimar; Musikhochsch. Weimar u. Leipzig; Univ. Jena u. Köln (Promot. 1941) - 1931 Stadtorganist Weimar, 1934 Kantor München, 1936 Prof. Musikhochsch. Köln, 1945 Kirchenmusikdir. München, 1951 Prof. Nordwestd. Musik-Akad. Detmold, Leit. Bielefelder Musikverein, 1958 Prof. Musikhochsch. Berlin, Organist Kirche z. Heilsbronnen ebd., 1965 Prof. Musikhochsch. Köln (1965-74 auch Leit. Inst. f. Kirchenmusik). Gürzenich-Organist a. D.; Konzertreisen Westeuropa, Nordamerika, Südafrika - BV: Entwickl. d. Orgelspieltechnik im 19. Jh., 1941 - 1981 Karl-Straube-Plak.; Ehrenmitgl. Dt. Musikrat - Spr.: Engl., Franz.

SCHNEIDER, Michael

Geschäftsführer Institut f. Neue Techn. Form - Eugen-Bracht-Weg 6, 6100 Darmstadt (T. 06151 - 4 80 08, Fax 06151 - 4 65 53).

SCHNEIDER, Michael

Dr. phil., Schriftsteller, Publizist - Oranienstr. 22, 6257 Hünfelden-Nauheim (T. 06438 - 36 62) - Geb. 4. April 1943 Königsberg (Vater: Horst Sch., Dirig. u. Kompon.), ev., verh. s. 1981 m. Ingeborg, geb. Dienstbach (Lehrerin), 3 Kd. (Andrea, Katja, Stefan) - Stud. Naturwiss., Phil., Soziol. u. Religionswiss.; Promot. 1974 FU Berlin - Verlagslektor, Journ., Schausp.dramaturg, Essayist, Prosaist u. Dramatiker; Doz. an d. Filmakad. Baden-Württ. - BV: Neurose u. Klassenkampf, 1973 (Übers. in 8 Spr.); D. Spiegelkabinett, 1980 (Übers. in 4 Spr.); D. Kopf verkehrt aufgesetzt, 1981; Nur tote Fische schwimmen mit dem Strom, 1985; D. Traumfalle, 1987; Iwan d. Deutsche, 1989; D. Unternehmen Barbarossa, 1989; D. abgetriebene Revolution; D. Ende eines Jahrhundertmythos. Eine Bilanz d. Sozialismus, 1992. Theaterstücke: D. Wiedergutmachung, Uraufführung Staatstheater Wiesbaden, 1977; Luftschloß Untertage, UA. LTT Tübingen, 1982; D. Beil v. Wandsbek - e. dt. Drama n. Arnold Zweig, UA Staatstheater Darmstadt, 1988 - 1980 ZDF-Aspekte-Lit.preis; 1981 Kulturpr. Stadt Wiesbaden - Liebh.: Zauberei, Schach, Musik (Querflöte), Sprachen - Spr.: Engl., Franz., Span., etwas Russ.

SCHNEIDER, Norbert

Dr. phil., Prof. Univ. Münster, Kunsthistoriker - Voigts-Rhetz-Str. 1A, 4500 Osnabrück (T. 0541 - 43 04 35) - Geb. 28. Juni 1945 Salzgitter - 1973-76 Doz. Hochsch. f. Gestalt. Bremen; 1976-80 Prof. PH Westf.-Lippe; s. 1980 Univ. Münster - BV: Civitas. Studien z. Stadttopik u. zu d. Prinzipien d. Architekturdarstellung im frühen Mittelalter, 1971; Probleme d. Ästhetik, 1979; Natur u. Kunst im Mittelalter (Funkkolleg Kunst), 1985; Jan van Eyck, D. Genter Altar, 1986, 2. A. 1989; Studien z. Werk d. Petrarcameisters, 1986; Stilleben. Realität u. Symbolik d. Dinge, 1989 (franz. u. dän. 1990). Herausg.: Max Raphael: Arbeiter, Kunst u. Künstler (1975); Zwanzig Jahre danach - Kritische Kunstwiss. heute (1990). Zahlr. Beitr. in Fachztschr. u. Handbüchern.

SCHNEIDER, Norbert

Dr. rer. nat., Dipl.-Chem., Mitgesellschafter Algol Mineralöl GmbH Emden - Oertelsburger Str. 13, 2970 Emden 1 - Geb. 8. Sept. 1926 - Zuv. elf-Raffinerie, Speyer u. 1972-82 Vorst.-Mitgl. Erdöl Raffinerie Duisburg GmbH/ERD (Techn. Ber.); 1982-83 Vors. Geschäftsf. Erdölwerke Frisia GmbH, Emden.

SCHNEIDER, Norbert

Sozialgerichtsrat, Staatssekr. Min. f. Wissenschaft u. Forsch. Baden-Württ. (b. 1992), MdL (s. 1968, CDU) - Südring 27, 7240 Horb/N. (T. 26 64) - Geb. 31. Jan. 1935 Horb/N., kath., verh., 1 Kd. - Gymn. Horb; 1955-59 Univ. Tübingen u. Bonn (Staats- u. Rechtswiss.) - S. 1964 Gerichtsass. u. Sozialgerichtsrat (1967) SG Reutlingen. 1962-67 Mitgl. Stadtrat Horb.

SCHNEIDER, Norbert

Dr. theol., Programmdirektor Sender Freies Berlin - Lassenstr. 30, 1000 Berlin 33 (T. 825 62 10) - Geb. 7. Aug. 1940 Langenau/Württ. (Vater: Dr. Erwin S., Studienrat; Mutter: Dr. Elfriede, geb. Hashagen), ev., verh. s. 1970 m. Irmela, geb. Brändle - Ev.-theol. Sem. Maulbronn u. Blaubeuren; Stud. d. Theol. u. Publiz. Univ. Tübingen, Marburg, Hamburg; Promot. 1968 Marburg - 1964/65 u. 1967 Vikar; Volont. SWF; Stip. DFG; 1971-73 Ref. f. Hörfunk u. Ferns. Ev. Konfz. f. Kommunikation, 1972-74 Lehrbeauftr. f. prakt. Theol. u. Religionspubl. Univ. Mainz, Bochum, Münster, s. 1974 GEP (zun. Ref.sleit. Grundsatzfragen). S. 1974 Vors. Programmbeirat Ferns.- u. Filmproduktionsges. Eikon, 1976-81 Fernsehbeauftr. EKD, Dir. Gemeinschaftswerk d. Ev. Publizistik; s. 1977 Vors. Verwaltungsrat Eikon; 1971-1976 Redakt. Zeitschrift medium; 1972-76 Redakt. Buchreihe medium-Dokumentation - BV: D. rhetor. Eigenart d. paulinischen Antithesen, 1970; D. gedopte Ges., 1972. Herausg.: Religionsunterr. Konflikte u. Konzepte (1971) - Liebh.: Sport, Musik - Spr.: Engl.

SCHNEIDER, Oscar

Dr. jur. utr., Rechtsanwalt, Bundesminister f. Raumordn., Bauwesen u. Städtebau (1982-89), MdB (s. 1969; CDU/CSU-Fraktion) - Bundeshaus, NH 1117, 5300 Bonn 1 (T. 16-30 35) - Geb. 3. Juni 1927 Altenheideck/Bay. (Vater: Josef S., Landwirt), verh. s. 1961 m. Josefine, geb. Kampfer, 2 Töcht. (Doris, Stefanie) - Univ. Erlangen u. Würzburg (Rechts- u. Staatswiss.; Promot. 1959, Diss.: Ministerverantwortlichkeit in d. BRD. Gr. jurist. Staatsprüf. - S. 1959 bayer. Finanzverw. 1956-69 Mitgl. Stadtrat Nürnberg (1960 Fraktionsvors.); 1966-70 Mitgl. Bezirkstag Mittelfranken; 1977-91 Vors. CSU-Bezirksverb. Nürnberg-Fürth; s. 1959 Mitgl. CSU-Landesvorst.; s. 1990 Vors. d. Aufsichtsgremien d. Kultureinricht. Dt. Histor. Museum,

Stiftg. Haus d. Geschichte d. Bundesrep. Deutschl. u. Kunst- u. Ausst.halle d. Bundesrep. Deutschland. Wehrdst. u. amerik. Gefangensch. - BV: D. geordnete Stadt, 1964; D. Harmonie v. Mensch, Raum, Natur u. Kultur, 1983; Fundamente. Plädoyer f. e. menschenwürdige Architektur u. Baupolitik, 1986. Aufs.: Versuch üb. d. Lesen, 1988.

SCHNEIDER, Otto

Kaufmann, Präsident Dt. Reisebüro-Verb. - Dt. Reisebüro-Verb., Mannheimer Str. 15, 6000 Frankfurt 1 - Geb. 24. Jan. 1929 Bremen - Kurat.-Vors. ITB-Intern. Tourismus Börse, Berlin; stv. Vors. Kurat. Willy-Scharnow-Stiftg.; Mitgl. Tourismusbeirat b. Bundesmin. f. Wirtsch.; VR Dt. Zentrale f. Tourismus (DZT), Frankfurt; AR Lufthansa-Commercial Holding, Köln; Kurat. d. Dt. Sem. f. Fremdenverkehr, Berlin; Dt. Fremdenverkehrs-Präsid.; Beirat d. Europ. Reiseversich.-AG, München.

SCHNEIDER, Peter

Dr. jur., o. Prof. f. Öfftl. Recht - Goldenluftgasse 4, 6500 Mainz (T. 22 32 73) - Geb. 10. Juli 1920 Zürich/Schweiz (Vater: Dr. Walter S., Rechtsanw.; Mutter: Annemarie, geb. Mousson), ev., verh. s. 1957 m. Vera, geb. Ryschikoff, 3 Kd. (Johannes, Tatjana, Markus) - Gymn. Zürich; Univ. Zürich u. Genf - S. 1955 (Habil.) Lehrtätigk. Univ. Bonn u. Mainz (1969-80 Rektor u. Präs.). 1963-67 Präs., dann Vizepräs. Vereinig. f. Rechts- u. Sozialphil. Emerit. 1987. Mitgl. Intern. Vereinig. f. Rechts- u. Sozialphil., Intern. Juristen-Kommiss., Dt.-Franz. Juristen-Vg. Staatsrechtslehrer-Vg., 1975-90 Vors. Kurat. d. Dt. Krebshilfe e. V., Bonn, 1976-86 Vors. d. Dt. Leseges. e. V., Bonn - BV: Ausnahmezustand u. Norm, 1957; Pressefreiheit u. Staatssicherheit, 1968; Recht u. Macht - Gedanken z. Gegenw., 1970; ... e. einzig Volk v. Brüdern. Staat u. Recht in d. Lit., 1987. Zahlr. Einzelarb. - 1975 Litt. D. h. c.; 1978 BVK; 1983 Chevalier de la légion d'honneur; 1989 Herrenchiemsee Stip. Verfassungskonvent - Liebh.: Lit., Kunst - Spr.: Franz. - Rotarier - Bek. Vorf.: Prof. Dr. phil. Hans S., Historiker; Heinrich Mousson, Erziehungsdir. (Kultusmin.) Kanton Zürich.

SCHNEIDER, Peter

Bürgermeister Stadt Braunfels/Lahn, Wahlbeamter - Am Kreuzberg 12, 6333 Braunfels-Bonbaden - Geb. 9. April 1940 Frankfurt (Vater: Robert Sch.; Mutter: Anna, geb. Zillich), ev., verh. s. 1964, 2 T. (Susanne, Sybille) - Gymn. (Mittl. Reife), Handelssch. - 1970-77 Stadtverordn., 1975-77 Stadtverordn.vorst., 1975-77 Mitgl. Hauptaussch. Hess. Städtetag, 1975-77 Präs.Mitgl. Vereinig. d. Hess. Stadtverordn.vorst., 1979-81 MdK Lahn-Dill-Kreis, 1979-81 stv. Kreistagsvors. - Liebh.: Europ. Partnerschaft, Reisen, Aquarien, Hunde, Angeln - Spr.: Engl., Franz.

SCHNEIDER, Peter

Dr. rer. nat., Prof. Fak. f. Biologie Univ. Heidelberg - Im Neuenheimer Feld 504, 6900 Heidelberg - Geb. 15. Aug. 1936 - 1957-60 Stud. Physik Univ. Würzburg; 1960-65 Stud. Biol. Univ. Münster; Habil. 1973 Bonn - Wiss. Assist. Würzburg; Doz. f. Physiol. Kabul (Afghanistan); s. 1974 Heidelberg - Interessen: Muskel- u. Bewegungsphysiol.

SCHNEIDER, Peter Maria

Studioleiter Südd. Rundf. Studio Karlsruhe - Kriegsstr. 166-170, 7500 Karlsruhe 1 (T. 0721 - 17 61 10) - Geb. 19. April 1940 Mülheim/Ruhr, kath., verh. - Stud. Angl., German., Publiz. - Ab 1965 Reporter, Redakt. u. Europaratskorresp. f. versch. ARD-Rundf.anst.; s. 1972 Redakt. u. s. 1987 Leit. SDR-Studio Karlsruhe.

SCHNEIDER, Reinhard

Dr. phil., Prof. f. Mittelalterl. Geschichte Univ. Marburg (s. 1974) - Gründeberg 12, 3551 Dagobertshausen - Geb. 13. März 1934 Berlin - Promot. (1963) u. Habil. (1971) Berlin (FU) - Zul. Prof. FU Berlin - BV: Brüdergemeine u. Schwurfreundschaft, 1964; Kapitularien, 1968; Königswahl u. -erheb. im Frühmittelalter, 1972. Fachaufs.

SCHNEIDER, Reinhard

Dr. phil., Prof. f. Musikpädagogik PH Flensburg, Vorsitzender Ges. f. Musikpäd., Regensburg (s. 1983) - Lange Fahrt 8, 2391 Freienwill - Geb. 17. Okt. 1948 Denklingen, verh. s. 1969 m. Hanna, geb. Pönitz, 2 Söhne (Wolfgang, Klaus) - Stud. Schulmusik Musikhochsch. Köln, Musikwiss., Phil. u. Soziol. Univ. Köln u. Münster; 1. u. 2. Staatsex., Promot. 1978 - Studienrat Rheine; 1979-83 Wiss. Assist. Univ. Paderborn; s. 1983 Prof. PH Flensburg - BV: Semiotik d. Musik, 1980. Herausg.: Anthropologie d. Musik u. d. Musikerziehung (1987); Musikalische Lebenswelten (1989); Perspektiven schulischer Musikerzieh. in d. 90er Jahren (1991). Mithrsg. d. Ztschr. Musik u. Unterricht.

SCHNEIDER, Rolf

Versicherungsdirektor - Welscher Wiese 6, 5060 Bensberg/Rhld. - Geb. 21. Aug. 1924 Nürnberg - Stv. Vorstandsvors. Agrippina Lebensversicherung AG., Köln.

SCHNEIDER, Rolf

Dr. med., Prof., Anatom - Bachstr. 1a, 6057 Dietzenbach (T. 06074 - 2 31 44) - Geb. 6. Sept. 1923 Frankfurt/M., kath., verh. s. 1957, 2 Kd. - Med. Staatsex. 1948 - Frankfurt - S. 1956 (Habil.) Lehrtätigk. Univ. Frankfurt (1963 apl. Prof.). Fachaufs.

SCHNEIDER, Rolf

s. Schneider, Rudolf

SCHNEIDER, Rudolf

Dr. med., Chefarzt Radiolog. Klinik Oldbg. Landeskrkhs., Sanderbusch, Honorarprof. f. Röntgenol. u. Strahlenheilkd. Univ. Marburg - Erlenweg Nr. 5, 2945 Sande Kr. Friesland.

SCHNEIDER, Siegfried H.

Dr. rer. pol., Dipl.-Kfm., stv. Chefredakteur Kath. Sonntagsblatt/Kirchenztg. f. d. Bistum Würzburg (s. 1970) - Kneippstr. 29, 8750 Aschaffenburg/Ufr. - Geb. 3. März 1918 Aschaffenburg (Vater: Felix S., Eisenbahnbeamter; Mutter: Rosa, geb. Scheuring), kath., verh. s. 1948 m. Adalinde, geb. Zieroff, T. Petra - Oberrealsch. Aschaffenburg; Univ. Frankfurt/M. u. München (Volks-, Betriebsw., Philol.). Dipl.-Kfm. (1941) u. Promot. (1947) Frankfurt - 1947-67 Lektor u. Chefredakt. Pattloch-Verlag, Aschaffenburg; 1967-70 Mithrsg. u. Chefredakt. Kath. Digest, Aschaffenburg. Buchübers. - Liebh.: Bücher, Musik - Gold. Sportabz. - Spr.: Engl., Franz., Ital. - Rotarier.

SCHNEIDER, Siegmar

Schauspieler, Regisseur - Oelschlägerstr. 57, 7000 Stuttgart 75 (T. 47 94 60) - Geb. 10. Dez. 1916 Berlin (Vater: Carl S., Kaufm.; Mutter: Anna, geb. Ziemendorf), verh. s. 1943 m. Gertrud, geb. Wienecke, T. Angelika-Christine - Realgymn. (Abit.); Schauspielausbild. - S. 1937 Bühnen Bremen, Stuttgart, Wien (Burgtheater), Göttingen (n. 1945, Schauspieldir.), Berlin (Dt. Theater, 1950 Schiller-Theater 25 J.), Hamburg (Thalia-Theater), SWF Baden-Baden (1965 Chefdramat. Abt. Fernsehspiel). Bühneninsz.: Bern, Braunschweig, Baden-Baden, Hamburg, Berlin. Theaterrollen: Wetter v. Strahl, Achill, König Heinrich, Siegfried, Eduard IV. u. in Stücken d. mod. Literatur; Fernsehregie: D. Scheiterhaufen, D. Oberkellner u. a., Film: Straßenbekanntschaft, Morituri, Unser täglich Brot, u.a. Tätigk. als Synchronsprecher f. James Stewart - 1963 Berliner Staatsschausp.

SCHNEIDER, Theodor

Dr. theol., Prof. f. Dogmatik u. ökum. Theol. Univ. Mainz, Theologe - Hauptstr. 60, 6509 Armsheim (T. 06734 - 5 06) - Geb. 22. Mai 1930 Essen - Priesterweihe 1956 Köln, Promot. 1966 Univ. Münster, Habil. 1970 Univ. Bochum - 1956-64 Seelsorge, Doz. f. Dogmatik, Spiritual; 1964-70 Wiss. Assist. Univ. Bochum; s. 1971 o. Prof. f. Dogmatik Univ. Mainz. 1971-75 Berater Sachkommission I d. Gemeinsamen Synode d. BRD; s. 1975 Beirat Concilium Sektion Spiritualität; Mitgl. Dösta d. Arbeitsgem. christl. Kirchen in d. BRD: Wiss. Leit. (kath.) d. Ökumen. Arbeitskr. kath. u. ev. Theol. (Paderborner Kreis) - BV: Teleologie als theol. Kategorie b. H. Schell, 1966; D. Einheit d. Menschen, 1973, 2. A. 1988; Wir sind s. Leib, 1977, 4. A. 1989; Gott ist Gabe, 1979; Zeichen d. Nähe Gottes, 1979, 6. A. 1992; Deinen Tod verkünden wir, 1980; Was wir glauben, 1985, 4. A. 1991; D. verdrängte Aufbruch. E. Konzils-Leseb., 1985, 2. A. 1991; Auf seiner Spur, E. Werkstattb. 1990.

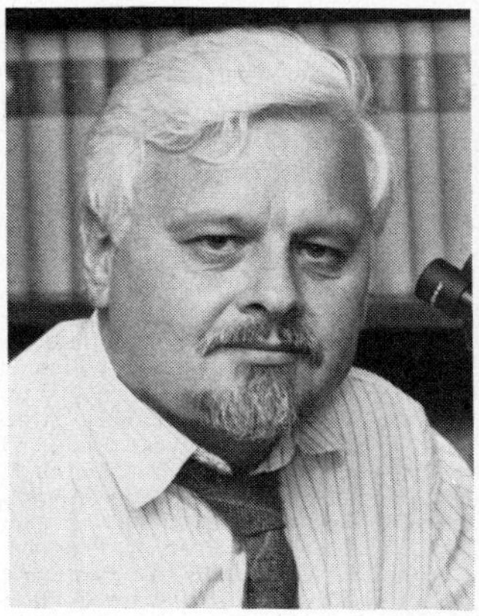

SCHNEIDER, Thomas

Solotänzer - Friedrich-Engels-Str. 27, O-6500 Gera, Geb. 5. Aug. 1951 Münchenbernsdorf, verh. s. 1984 m. Karin Sch., S. Tobias - Ballettschulen Leipzig u. Berlin - S. 1973 Tänzer in Altenburg; s. 1976 in Gera; s. 1977 Solist in Gera (Ballettcompagnie) - Rollen: Don José; Pelleas; Titelpartie Josefslegende; Erschaffung d. Welt (Adam); Romeo; Kastscheg; Othello; Cassio; Holzgeschnitzter Prinz; Cinderella (Stiefmutter); Revue (Miss Kapital); Lysander; Play Goethe (Goethe); Drosselmeier; Coppelius - Liebh.: Musik, bes. Wagner u. Straußopern.

SCHNEIDER, Ulrich

Dr. phil. (habil.), Prof. Indologe - Linckensstr. 31a, 4400 Münster-Hiltrup (T. 02501 - 1 34 53) - S. 1957 Lehrtätigk. Univ. Leipzig u. Freiburg (1959; 1964 apl. Prof.) u. Münster (1980, gegenw. Dir. Indol. Seminar) - BV: Einf. in d. Buddhismus, 1980, 2. A. 1987; Einf. in d. Hinduismus, 1989. Fachveröff. - Festschr.: Hinduismus u. Buddhismus (1987).

SCHNEIDER, Ulrich G.

Dipl.-Volksw., Geschäftsführer BVB - Bundesverb. Büro- u. Informations-Systeme e.V., Bad Homburg - Dietrich-Bonhoeffer-Str. 4, 6380 Bad Homburg v.d.H. (T. 06172 - 3 10 17; Telefax 06172 - 3 10 10).

SCHNEIDER, Uwe H.

Dr. jur., Prof., Ordinarius f. Zivilrecht, Dt. u. Intern. Wirtschaftsrecht sowie Arbeitsrecht - Am Elfengrund 39, 6100 Darmstadt-Eberstadt - Geb. 29. Jan. 1941 Karlsruhe (Vater: Prof. Dr. jur. h. c. Herbert S., Rechtsanw. b. BGH Karlsruhe †1981 (s. XX. Ausg.); Mutter: Ilse, geb. Schütte), verh. s. 1973 m. Dr. med. Barbara, geb. Peters, 2 Kd. (Sven, Annika) - Gymn. Karlsruhe; Univ. Heidelberg (1960/61, 1962), Kiel (1961), Freiburg (1962-64); Ecole Nationale d'Administration/ENA, Paris-Amiens (1968/1969). Jurist. Staatsex. 1964 (Freiburg) u. 67 (Stuttgart). Promot. 1969 Freiburg; Habil. 1974 Bochum - 1967-75 Rechtsanw.; Wiss. Assist. Univ. Edinburgh (1970) u. Bochum (1971); 1975-76 Abt.vorst. u. Prof. Univ. Mainz (1976ff. Dir. Inst. f. Intern. Recht d. Spar-, Giro- u. Kreditwesens); s. 1976 Ord. TH Darmstadt; 1981 Gastprof. Berkeley/Californien - BV: Recht d. elektr. Zahlungsverkehrs, 1982. Mitarb.: Mitbestimmungsgesetz (1977) u. Scholz: GmbH.-Ges, (1979). Ca. 200 Fachaufs. - Liebh.: Alte Spieluhren, Reisen - Spr.: Engl., Franz., Schwed. - Bek. Vorf.: Prof. Wilhelm Oncken, Historiker, 1838-1905 (Urgroßv. vs.).

SCHNEIDER, Volkmar

Dr. med., Prof., Arzt, Hochschullehrer, Dir. Inst. f. Rechtsmed. FU Berlin u. Landesinst. f. gerichtl. u. soz. Med. Berlin - Hittorfstr. 18, 1000 Berlin 33 (T. 030 - 838 33 49) - Geb. 21. Jan. 1940, ev., verh. s. 1966 m. Sabine, geb. Felber, 2 Kd. (Hendrik, Antje) - Stud. Humanmed. Berlin u. Hamburg; Promot. 1965, Approb. 1967, Habil. 1974 - 1976-78 Dekan/Prodekan, 1983 Lehrstuhl FU Berlin. Mitgl. vieler wiss. Ges.; Studienaufenth. im Ausl.: 1972 u. 1975 Paris, 1973 Detroit - BV: Festschr. Walter Krauland z. 65 Geb., 1977; D. Leichenschau - E. Leitf. f. Ärzte, 1987 (ital. Ausg. 1989, zus. m. M. Martini); Farbatlas d. Rechtsmedizin, 1991 - 1990 Purkyne-Med. u. Richard-Kockel-Med.

SCHNEIDER, Wilhelm

Dr. med., em. Prof. f. Dermatologie - Wildermuthstr. 40, 7400 Tübingen (T. 25 29 15) - Geb. 22. Mai 1910 Braunfels/Lahn - S. 1943 (Habil.) Privatdoz., apl. (1950) u. o. Prof. (1961) Univ. Tübingen (Dir. Hautklin.); b. 1961 Chefarzt Städt. Krkhs. Augsburg. Hauptarb.geb.: Phlebo-Angiologie, Arbeitsmed., Externaforsch. (Salben, Emulsionen, Hautreinig.) Fachmitgliedsch. u. a. Ehrenpräs. d. Dt. Ges. f. Phletrl. u. Proktol. - BV: Schönfeld (Begr.)/Schneider, Lehrb. d. Haut- u. Geschlechtskrankh., 9. A. 1965. Etwa 300 Einzelarb. Mithrsg.: D. Ztschr. f. Haut- u. Geschlechtskrankh., Archiv f. klin. exper. Dermatol. - Paracelsus-Med. d. Dt. Ärzteschaft; Verdienstmed. Baden-Württ.; Ehrenmitgl. ausl. Fachges., d. Dt. Dermatol. Ges., u. d. Intern. Union f. Phletologie; Carrier-Schneider-Med. u. Carrier Schneider Preis - Spr.: Franz., Engl. - Rotarier.

SCHNEIDER, Woldemar

Dr. rer. nat., em. o. Prof. f. Pharmaz. Chemie - Landsknechtstr. 15, 7800 Freiburg/B. (T. 7 53 17) - Geb. 26. Aug. 1919 Greiz/Thür., verh. m. Franziska, geb. Klocke, 2 Kd. - Pharmaz. Staatsprüf., Approb., Staatsprüf. als Lebensmittelchem. (alles Jena) - Ab 1947 Assist. Univ. Jena u. Freiburg, 1956-67 Diätendoz. u. apl. Prof. (1960) TH Karlsruhe, s. 1967 o. Prof. u. Inst.dir. Univ. Freiburg. Fachveröff.

SCHNEIDER, Wolf

Journalist - Fontenay-Allee 14, 2000 Hamburg 36 - Geb. 7. Mai 1925 Erfurt (Vater: Bruno S., Rechtsanwalt; Mutter: Annemarie, geb. Beilschmidt), verh. I) 1949 m. Änny, geb. Burgmeier, 3 Kd. (Horst, Susanne, Curt), II) 1965 Elisabeth, geb. Riemann, S. Maximilian - 1945-47 Dolmetscher US Army; 1947-1950 Redakt. D. Neue Ztg.; 1950-56 Korresp. Associated Press; 1956-66 Redakt. Südd. Ztg. (1965 Washington-Korresp.); 1966-68 Chef v. Dienst stern, 1969-71 Verlagsleit. stern; 1972-73 Chefredakt. Dialog-Magazin; 1973-74 Chefredakt. D. Welt; 1979 Leiter d. Hamburger Journalistenschule - BV: Überall ist Babylon - Weltgesch. d. Städte, 1960 (Übers.: USA, Brasil., Engl., Frankr., Ital., Span., Holl., Dänem., Schwed.); Essen - D. Abenteuer e. Stadt, 1963; D. Buch v. Soldaten - Geschichte u. Porträt e. umstrittenen Gestalt, 1965; Wörter machen Leute. Handb. f. Sprachverbraucher, 1976; Glück - was ist das?, 1978; Deutsch f. Profis, 1982; Unsere tägl. Desinformation - Wie die Massenmedien uns in d. Irre führen, 1984; D. Alpen-Wildnis, Almrausch, Rummelplatz, 1984; Mythos Titanic, 1986; Deutsch f. Kenner, 1987; Wir Neandertaler, 1988; D. Kölner Dom, 1991 - Liebh.: Bücher, Musik, Bergsteigen - Spr.: Engl.

SCHNEIDER, Wolfgang

Dr. rer. nat., Prof., Apotheker u. Chemiker i.R. - Einsteinstr. 14, 3300 Braunschweig - Geb. 31. Juli 1912 Berlin (Vater: Georg S., Stadtoberapoth.; Mutter: Marie, geb. Förste), ev., verh. s. 1937 m. Margarete, geb. Jacob, 2 Töcht. (Irmgard, Waltraud) - Realgymn. (Pankow) u. Univ. Berlin (Pharmaz. Staatsprüf. 1935, Chem. Verbandsex. 1936, Promot. 1938). Habil. 1954 Braunschweig - S. 1954 Doz. u. apl. Prof. f. Pharmaz. Chemie u. Geschichte d. Pharmazie (1960) TH bzw. TU Braunschweig (1958 Leit. selbstbegr. Pharmaziegeschichtl. Sem.; 1962 Wiss. Rat u. Prof.; 1963 Abt.vorsteher u. Prof.); 1977 Ruhestand. 1970-81 Präs. u. s. 1982 Ehrenpräs. Intern. Ges. f. Gesch. d. Pharmazie; s. 1986 Ehrenpräs. Intern. Paracelsus Ges. - BV: Lexikon alchemist.-pharmaz. Symbole, 1962; Gesch. d. Dt. Pharmaz. Ges., 1965; Lex. z. Arzneimittelgesch., 7 Bde. 1968-75; Gesch. d. pharmaz. Chemie, 1972; Mein Umgang m. Paracelsus u. Paracelsisten, 1982; Wörterb. d. Pharmazie, Bd. 4: Gesch. d. Pharmazie, 1985. Herausg. (m. Margarete Sch.): Justus v. Liebig, Briefe an Vieweg (1986) - 1950 Schelenz-Plak.; 1953 Mitgl. Acad Intern. d'Hist. D. L. Pharm.; 1964 Lauri del Palatino Assoc. Italiana di Storia della Farmacia; 1973 Urdang-Med.; 1976 Mitgl. Dt. Akad. d. Naturforscher Leopoldina Halle; 1982 Paracelsusring v. Villach; 1983 Medalla R. Folch Andreu Sociedad Espanola d. Hist. d. l. Farmacia - Sammelt Autographen - 1961 Gold. Sportabz.

SCHNEIDER-ESLEBEN, Paul

Dipl.-Ing., Prof., Architekt - 4000 Düsseldorf - Geb. 23. Aug. 1915 Düsseldorf (Vater: Franz Schneider, Arch.; Mutter: Elisabeth, geb. Esleben), kath., 3 Kd. (Florian, Claudia, Katharina) - TH Darmstadt u. Stuttgart - Verwaltungs-, Industriebauten, Kirchen, Flugplätze, Wohnhäuser In- u. Ausl.; Design f. Möbel u. Gerät - 1956 Gr. Kunstpreis Nordrh.-Westf.; 1968 BVK I. Kl., 1987 Gr. BVK.

SCHNEIDER-GÄDICKE, Karl-Herbert

Dr. rer. pol., Wirtschaftsprüfer - Messeturm, Friedr.-Ebert-Anl., Frankfurt 1 (T. 75 69 31 01) - Geb. 14. Dez. 1931 Berlin (Vater: Karl S., Wirtschaftsprüfer; Mutter: Irene, geb. Heimbruch), verh. s. 1957 m. Dipl.-Kfm. Brigitte, geb. Gädicke, S. Ansbert - Abit. 1951 Herford; Banklehre; Stud.; Dipl.ex. 1956; Promot. 1962 Mainz; Steuerberater- u. Wirtsch.-prüferex. 1964 - 1956-57 Dt. Bank AG; 1957-65 Dt. Revisions- u. Treuhand AG (zul. Prokurist); 1965-70 Dir. Dt. Genossenschaftskasse; 1970-72 Vorst.-Mitgl. Südwestd. Genossenschafts-Zentralbank AG; 1972-90 Vorst. (zul. stv.) DG Bank Deutsche Genossenschaftsbank, Frankfurt; AR-Vors. Anneliese Zementw. AG, Ennigerloh, Bankhaus Marcard, Stein & Co., Hamburg, BMG Bau- u. Montageges. mbH Zella-Mehlis, KCL Kächele - Cama - Latex, Eichenzell; AR Andreae-Noris-Zahn AG, Frankfurt, (Klöckner) Peguform GmbH, Bötzingen; stv. AR-Vors. Uhren-Christ GmbH, Hanau.

SCHNEIDER-LANG, Anne

Dipl.-Ing., Univ.-Prof. (Arbeitsgeb.: Bildende Kunst u. Didaktik d. Kunstunterr.) Univ. Koblenz Landau Abt. Landau - Oberer Steinweg 21, 6740 Landau-Godramstein (T. 06341 - 6 07 21) - Geb. 11. Jan. 1925 Aachen.

SCHNEIDER-LENNÉ, Ellen R.

Stv. Vorstandsmitglied Deutsche Bank AG, Frankfurt - Taunusanlage 12, 6000 Frankfurt a. M. - Geb. 28. Mai 1942 - AR-Mitgl. e. Reihe namh. Ges.

SCHNEIDER-MANZELL, Toni

Prof., Bildhauer - Arenbergstr. 33, Salzburg (Österr.) (T. 7 44 62) - Geb. 22. Febr. 1911 Friedrichshafen/B., kath., verh. s. 1940 m. Dr. phil. Erika, geb. Anders, 2 Kd. (Christoph, Barbara) - Gymn.; Univ. u. Kunstakad. München. Kunsterzieher Dt.-Engl. Landheim Ambach u. priv. Lorenz-Gymn. München. U. a.: (s. XX. Ausg.) Nord u. Südportal (Dom-Kirche Essen), Hauptportal f. Dom in Speyer u. Kreuzweg, bde. Bronze, Kardinal Graf v. Galen-Denkmal (Münster/Westf.), Epitaph u. Bronze-Altar f. bischöfl. Grabkapelle (Dom Limburg), Hl. Geist-Portal (Aluminium) (Lenzing 100), Mosesfigur (Bronze, Landtagsgebäude (Salzburg), Monumental-Kreuz, (Bronze) (Hammond/LA, USA), Vinzentinerin (Bronze, Landeskrankenanst. Salzburg); Graf-Zeppelin-Denkmal, Friedrichshafen, Wolf Dietrich-Denkmal, Salzburg, Tobiaszyklus (5 gr. Hochreliefs, Bronce), Dallas/USA - BV: Unsere lb. Frau v. Bodensee, Legenden, 1928; D. Spiel v. Heilsgeschehen, 1929; Frühe Lieder, Ged. 1930; Tagebuchblätter e. jg. Mönches, 1931 - 3 I. Preise Salzbg. Kunstverein, 1953 Ehrung Landesreg. Salzburg, 1959 Gr. Österr. Staatspreis, 1960 Oberschwäb. Kunstpreis, 1961 Ehrenbecher Land Salzburg, 1967 Intern. Rembrandt-Preis; Ritter Sylvester-Orden, 1970 Gold. Ehrenz. Land Salzburg, 1975 Gr. BVK; 1981 Verdienstmed. Baden-Württ.; Österr. Ehrenkreuz I. Kl. f. Kunst u. Wiss. I. Kl.; 1982 Komtur d. Gregoriusordens; Ring d. Stadt Salzburg - Liebh.: Segeln - Spr.: Franz.

SCHNEIDER-MATTHIES, Irene

Choreographin, Ballettdirektorin Theater Magdeburg (s. 1992) - Richard-Wagner-Str. 3, O-3010 Magdeburg - Geb. 10. Okt. 1942 Metz/Frankr., verh. m. Eberhard Matthies, 2 Kd. (Alexander, Katharina) - Stud. München u. Paris - Tänzerin, Ballettpäd. Stuttgart u. Frankfurt; Ballettdir. u. Chefchoreogr. Heidelberg, Ulm, 1985-92 Ballettdir. Theater Krefeld-Mönchengladbach - Choreogr.: D. mutmaßliche Leben d. Maria N. (UA); Du sollst nicht töten (UA); D. Sommernachtstraum; D. Feuervogel; Coppelia; D. schöne Lau (UA); D. Sturm; Ancient Voices of Children (UA); Hamlet; Four climbses of night (UA); Drei Musketiere (UA); Stella (UA); Le Sacre du Printemps; D. Beatles (UA).

SCHNEIDER-SCHOTT, Günther

Musikverleger, Sócio Gerente MUSAS Editora e Distribuidora Musical Ltda. 80.011 Curitiba, PR. - Caixa Postal 6040, Curitiba, PR. Brasilien - Geb. 8. April 1939 Mainz (Vater: Heinz, Musikverl.; Mutter: Elsbeth, geb. Strecker), verh. m. Marisa Mira, 3 Kd. (Claudia, Christian, Henrique) - Humanist. Gymn., Ausbild. z. Musikalienhändler - B. 1980 Handelsrichter u. Vorst.-Mitgl. Dt. Musikverlegerverb. - Spr.: Engl., Franz., Portug. - Großv.: Dr. Dr. Ludwig Strecker.

SCHNEIDER-WESSLING, Erich

Prof., Präsident Akademie d. bild. Künste München - Akademiestr. 2, 8000 München 40.

SCHNEIDERS, Carl

Prof., Maler - Rathenauallee 9, 5100 Aachen (T. 2 37 25) - S. 1964 Honorarprof. TH Aachen (Freihandzeichnen).

SCHNEIDEWIND, Dieter

Dr. rer. pol., Dipl.-Kfm., Prof., Aufsichtsrat Wella AG Darmstadt (s. 1978), gf. Gesellsch. Amari Pacific Consultants (APC) - Berliner Allee 65, 6100 Darmstadt (T. 34 22 05) - Geb. 16. Juni 1935 Bochum (Vater: Karl Sch.; Mutter: Hedwig, geb. Riedel), verh. m. Harumi, geb. Amari, 3 Kd. (Birgit, Bert, Iris-Aya) - Dipl. 1960 u. Promot. 1962 Univ. Köln - Hon.-Prof. Univ. Bochum, Marburg, Duisburg; Lehrauftr. f. Wirtsch. Ostasiens. Vorst. Schmalenbach- u. Dt. Ges. f. Betriebswirtsch., Mitgl. Ludwig Erhard Stiftg., Japanese-American Mgmt. Ass, Beirat Carl Duisberg Ges. - BV: Kulturelle Rollen jap. Unternehmungen; D. japanische Unternehmen; D. pazifische Raum (m. A. Töpfer); zahlr. and. Beitr. Mithrsg. Ztschr. f. Betriebswirtsch. (zfb) u. Editorial Board Europe-Asia-Pacific Studies - Liebh.: Gr. Buchsamml.; klass. Musik - Spr.: Engl., Jap.

SCHNEIDRZIK, Willy Erich

Dr. med., Chirurg, Schriftsteller (Ps.: Dr. Peter Sebastian, Dr. Thomas Bruckner, Dr. Fabian, Dr. Peter Sartorik) - Kunibertskloster 5, 5000 Köln 1 (T. 12 25 64) - Geb. 10. Sept. 1915 Berlin (Vater: Josef S., Kaufm.; Mutter: Emma, geb. Leidigkeit), verh., S. Dr. med. dent. Jörg Alexander - Falk-Realgymn. Berlin (Abit. 1936); Stud. d. Med. Friedrich-Wilhelm-Univ. Berlin; Staatsex. u. Promot. 1941 ebd. - Zun. Assist.-arzt Berlin u. Bonn; 1953-57 Oberarzt Chir. Univ.klin. u. 1957-59 Leit. Abt. f. Plast. Chir. Univ.hautklin. Köln; 1959-72 chir. Praxis Köln - BV: Kaserne Krankenhaus, 2. A. 1967; D. Wunder bist du, Kinderb. 1957; D. Chefarzt, R. 1959; Operation gegen Verzweiflung, Sachb. 2. A. 1968 (auch holl.); Sprechstunde b. Dr. Fabian, Ess. 1968; Ziekenhuiskazerne, R. 1963 (holl.); Kosmet. Chirurgie. Sinn u. Unsinn, Sachb. 1970; Hoffnung f. Millionen, 2. A. 1976; Dr. Thomas Bruckner, Taschb.-Reihe 1964-81 (bish. 237 R.); Als die letzte Maske fiel, 1981; D. Chefarzt, 1981; Schwester Carola, 1981; Stop Dr. v. Menasse, 1982; Macht Euch d. Krankheit untertan, 1983; Nervosität muß nicht sein, 1985; Rettender Schmerz, 1985; D. richtige Arznei, 1985; Allergien, 1986; Rheuma, 1986; Gutes Aussehen - E. Chance mehr, 1986; D. Welt d. Medikamente, 1987; Gesundheitsratgeber f. Senioren, 1990/92 - Mitgl. Dt. Ges. f. Chir. u. Soc. Intern. d. Chir.; 1983 Walter-Trummert-Med.; 1985 Medizin im Wort; 1987 BVK am Bde. - Liebh.: Ballettauff. - Spr.: Engl. (Certificate of Proficiency, Univ. Cambridge), Franz.

SCHNEIDT, Hanns-Martin

Prof., Generalmusikdirektor - Maria-Eich-Str. 98, 8032 Gräfelfing - Geb. 6. Dez. 1930 Kitzingen/M. (Vater: Karl S., Pfarrer; Mutter: Hedwig, geb. Appold), ev., verh. m. Ina, geb. Kasikauskaite, 3 Kd. (Martin, Bettina, Daniel) - Musikhochsch. (Dirig., Ex. m. Ausz.; Meisterkl. f. Kompos.) u. Univ. München (Musikwiss.) - 1949-1955 Assist. Landeskirchenmusikdir. Prof. Friedrich Högner, München, gleichz. Kantor u. Organist Erlöserkirche Schwabing; 1955-63 Dir. Berliner Kirchenmusiksch., Leit. Spandauer Kantorei, Berliner Bach-Collegium, Berliner Bach-Chor/Kaiser-Wilhelm-Gedächtniskirche Berlin (Begr.); 1963-85 GMD Stadt Wuppertal, 1984ff. künstler. Leit. Münchener Bach-Chor u. (Bach-)Orchester u. Lehrstuhlinh. f. Dirigieren u. Kirchenmusik, Musikhochsch. München; 1971-78 Prof. u. Leit. Dirigierkl. Musikhochsch. Hamburg. Orchester-, Chor-, Kammermusik- u. Orgelw.; s. 1985 Leit. Münchener Bach-Chor u. Orchester u. Prof. f. Dirigieren u. Kirchenmusik Musikhochsch. München; ständiger Gastdirig. Bayer. Staatsoper - 1953 Richard-Strauss-Preis Stadt München, 1954 Preis Kulturkr. BDI, 1963 Berliner Kunstpreis (Jg. Generation), 1972 Dt. Schallplattenpr., 1980 V.-d.Heyd-Pr. Stadt Wuppertal - Spr.: Engl. - Rotarier.

SCHNEIDT, Martin

s. Schneidt, Hanns-Martin

SCHNEIER, Heinrich

Journalist, Kreis- u. Stadtrat - Im Haag 3, 8729 Zeil/M. (T. 09524 - 3 03) - Geb. 21. Dez. 1925 Schmachtenberg/Ufr. (Vater: Leonhard S., Landw.; Mutter: Barbara, geb. Schöpplein), kath., verh. s. 1952 m. Josefine, geb. Obermaier - Obersch. Haßfurt - 1943-45 Kriegsmarine (zul. Fähnrich z. See), dann bayer. Staatsdst., s. 1948 Presse (zeitw. Lokalredakt. Haßfurter Tagbl.). S. 1952 Kreisrat. 1952-72 MdK Haßfurt (Fraktionsvors.); 1962-74 MdL Bayern. SPD (1964-85 Vors. Unterbez. Bad Kissingen bzw. Haßfurt; 1972-90 stv. Landrat Kreis Haßberge; s. 1978 Vors. SPD-Fraktion Stadtrat Zeil a/M.)- 1973 Bayer. VO.; 1989 BVK am Bde. - Spr.: Engl.

SCHNELL, Bernd

Kaufmann, Bürgermeister Stadt Beckum (s. 1975) - Nordwall 34, 4720 Beckum - Geb. 20. Mai 1938 Ottenstein - S. 1975 AR WLE; s. 1976 VR Sparkasse Beckum-Wadersloh.

SCHNELL, Elisabeth

Diözesanreferentin, MdL Bayern (s. 1974) - Schillstr. 235a, 8900 Augsburg (T. 70 26 60) - Geb. 1932 - CSU.

SCHNELL, Emil

Dr. rer. nat., Physiker, MdB (s. 1990) - Feuerbachstr. 39, 1570 Potsdam (T. 2 44 45) - Geb. 10. Nov. 1953 Packebusch, verh. s. 1978 m. Gabriele, geb. Säckel, 2 Kd. (Maya, Philipp) - 1975-80 Physikstud. in Magdeburg, 1984 Promot. - 1980-83 wiss. Mitarb. TH Magdeburg, 1983-90 wiss. Mitarb. (zeitw. Abt.Leit.) Forschungsst. f. Hochdruckforsch. d. AdW d. DDR Potsdam; 1990 Geschäftsf. SPD Potsdam; März-Okt. 1990 Mitgl. d. Volkskammer der ehem. DDR; April-Aug. 1990 Min. f. Post- u. Fernmeldewesen Berlin-Ost - Liebh.: Computer, Schach, Musik, Tennis - Spr.: Engl., Russ.

SCHNELL, F. Wolfgang

Dr. agr., em. o. Prof. f. Angew. Genetik u. Pflanzenzüchtung Univ. Hohenheim (s. 1963) - Windhalmweg 19, 7000 Stuttgart 70 - Geb. 18. Mai 1913 Bad Oeynhausen - Habil. 1963 Göttingen - Zeitw. Mitarb. MPI f. Züchtungsforsch., Scharnhorst (1952ff.). Zahlr. Fachveröff.- 1980 Ehrendoktor Univ. Göttingen (Fak. f. Landw.-Wiss.).

SCHNELL, Heinrich

Rechtsanwalt, MdL Bayern (s. 1970) - Kirchberg 5, 8501 Roßtal/Mfr. (T. 09127-76 66) - Geb. 1933 - SPD.

SCHNELL, Karl

Dr., Staatssekretär i. Bundesmin. d. Verteidigung - S. 1981 i. R. - Geb. 18. Dez. 1916 Sprendlingen (Vater: Friedrich S., Lehrer; Mutter: Elisabeth, geb. Hirschmann), ev., verh. s. 1952 m. Gisela, geb. Witte, 2 Kd. (Udo, Uta) - Oberrealsch. Alsfeld (Abit. 1935), Stud. d. Betriebswirtsch. u. Staatsrecht Univ. Hamburg (Staatsex. 1951, Promot. 1954). 1935-45 u. 1956-77 Berufsoffz. (Heeresattaché Rom, Stv. DivKdr. Marburg; Unterabt.Ltr. Heer, Bonn; Stv. Chef f. Plan. u. Operat. SHAPE/ Belg.; Stv. Generalinsp. Bundeswehr, Oberbefehlsh. Verbünd. Streitkräfte Europa Mitte) - Liebh.: Archäol., Reiten, Farbfotogr. - Spr.: Engl., Ital., Franz. - Rotarier.

SCHNELL, Peter

Oberbürgermeister Stadt Ingolstadt (s. 1972) - Streiterstr. 29, 8070 Ingolstadt/D. - Geb. 9. Dez. 1935 Ingolstadt (Vater: Peter S., Lokomotivführer (gef. 1944); Mutter: Viktoria, geb. Lutz) - 1946-54 Gymn. Eichstätt; 1954-59 Univ. Erlangen (5) u. München (3 Sem.; Rechtswiss.); Hochsch. f. Polit. Wiss. München. Jurist. Staatsprüf. 1959 u. 62 - 1963-72 bayer. Justizdst. (b. 1966 Staatsanw., dann AGsrat). S. 1966 Stadtratsmitgl. Ingol-

SCHNELL, Robert Wolfgang
Schriftsteller, Maler, Schauspieler - Stülpnagelstr. 3, 1000 Berlin 19 - Geb. 8. März 1916 Barmen (Vater: Robert S., Bankbeamter; Mutter: Annemarie, geb. Rebensburg), verh. in 2. Ehe (1954) m. Ursula, geb. Reiche, 3 Kd. (Rainald, René, Annemarie) - Oberrealsch. Wuppertal - 1938-41 Laborant, 1941-42 Inspizient u. Regieassist., 1942-50 Regiss., s. 1951 Schausp., Schriftst., Maler - BV: Wahre Wiedergabe d. Welt, Satire 1961; Mief, Erz. 1963; Geisterbahn, R. 1964; Muzes Flöte, Erz. u. Ged. 1966 (m. eig. Zeichnungen); Erziehung durch Dienstmädchen, R. 1968; Pulle u. Pummi, R. f. Kd. 1969; Junggesellen-Weihnacht, Erz. 1970; Vier Väter, Erz. 1973; D. verwandelte Testament, Erz. 1973; D. Försters tolle Uhr, R. f. Kd. 1974; Holger wohnt im Zoo, R. f. Kd. 1973; E. Tüte Himbeerbonbons, Erz. 1976; V. d. schönen Gleichheit u. Freiheit, Erz. 1978; Triangel d. Fleischers; Sind d. Bären glücklicher geworden?, 15 Autobiogr. 1983; D. Weg e. Pastorin ins Bordell, Erz. 1984. Bühnenstücke: Borromäusgasse, Dr. 1969; E. Eisbär in Berlin, Posse 1973; Fernsehsp.: D. trojan. Sessel, 1971; Ravachol, 1972; Pulle u. Pummi, 1972. Filme: E. Fall f. Goron. 1972; E. fröhl. Dasein, 1974; Erziehung durch Dienstmädchen, 1975; Um zwei Erfahrungen reicher, 1975; D. lange Weg d. Freiheit, 1977; Rosenmontag ist kein Feiertag, 1978; Achtung Zoll (5 Folgen); D. Römer in Baden (13 Folgen) - Hörsp.: Frühe Geschäfte (1965), D. Fleck auf d. Schuh (1970) - 1970 v.-d.-Heydt-Kunstpreis Stadt Wuppertal; 1970 Mitgl. PEN-Zentrum BRD.

SCHNELL, Rüdiger
Dr. phil., o. Prof. f. Dt. Philologie Univ. Basel (s. 1988) - Waldeckstr. 6, 7400 Tübingen (T. 07071 - 2 30 38) - Geb. 7. Sept. 1942 Berlin, ev., verh. s. 1969 m. Sigrid, geb. Maushake, 2 Kd. (Mirko-Alexander, Silke-Ariane) - 1962-68 Stud. German., Latin., Phil. Univ. Tübingen u. Basel; Promot. 1967 Basel, 1968/69 1. u. 2. Staatsex. f. d. höh. Lehramt, Habil. 1979 Basel - 1971-82 Doz. f. Dt. Spr. u. Lit. d. Mittelalters Univ. Groningen (Niederl.); 1979-82 Privatdoz.; 1982-88 Prof. f. Dt. Sprachgesch. u. mittelalterl. Lit. TU Braunschweig; s. 1988 o. Prof. Univ. Basel - BV: Z. Verhältnis v. hoch- u. spätmittelalterl. Lit., 1978; Andreas Capellanus, 1982; Causa amoris, Liebeskonzeption u. Liebesdarstell. in d. mittelalterl. Lit., 1985; Liber Alexandri Magni, 1989; zahlr. Veröff. in Fachztschr. - Liebh.: Musik, Sport.

SCHNELL, Stefan
Dr. phil., Dt. Pressesprecher d. EVP-Fraktion im Europ. Parlament (s. 1981) - Rue Belliard 97-103, B-1040 Bruxelles; priv.: 29, Av. de l'yser, B-1040 Bruxelles (T. 734 68 98) - Geb. 21. Sept. 1929 Hamburg (Vater: Dr. Edgar S., Studienrat; Mutter: Susanne, geb. Schnickel), kath., verh. s. 1957 m. Benita, geb. Stevenson, S. Peter-Anton - Gymn. Hamburg, Eisenach, Eschwege (Abit. 1947); Univ. Frankfurt u. Freiburg (German., Gesch., Phil.; Promot. 1953) - 1953-60 Redakt. Fuldaer Ztg.; 1961-66 Redakt. Engl. Bulletin d. Bundesreg.; 1966-69 Dezern. Dt. Städtetag (Leit. Pressedat.); 1969-81 Chefredakt. Fuldaer Ztg. - BV: D. Dt. Städtetag, 1970 (Jap. Neuausg., Tokio, 1989) - 1974 Ehrenmitgl. XI. US-Panzeraufklärungsregt. - 1975 Komturkreuz Päpstl. Gregoriusorden, 1976 BVK am Bde. - Liebh.: Musik (Klav., Kammermus.) - Spr.: Engl., Franz.

SCHNELL, Walter
Dr. rer. nat., em. o. Prof. f. Mechanik - Ostpreußenstr. 59, 6100 Darmstadt-Eberstadt (T. 5 21 03) - Geb. 8. Nov. 1924 Darmstadt, ev., verh. s. 1946 m. Martha, geb. Kichler, 2 S. (Wolfgang, Jürgen) - Realgymn. u. TH Darmstadt (Dipl.-Math. 1950) - U. a. 1960-63 Inst.leit. DVL Essen; s. 1960 Lehrtätigk. TH Aachen (1962 n. Habil. Privatdoz.) u. Darmstadt (1963 Ord.) - BV: Einf. in d. Leichtbau, 1966; Elastizitätstheorie, I u II 1983; Techn. Mech., I-III 1985. Div. Fachaufs. - Spr.: Engl.

SCHNELL, Wolfgang
s. Schnell, Robert Wolfgang

SCHNELLDORFER, Manfred

Staatl. geprüfter Eislauflehrer, Olympiasieger u. Weltmeister (1964) im Eiskunstlauf d. Herren, Sportartikel-Kaufm., eig. Geschäft - Seydlitzstr. 55, 8000 München 50 - Geb. 2. Mai 1943 München (Vater: Karl Sch., Eislauflehrer; Mutter: Elenor, geb. Gagern), verh. s. 1971 in 2. Ehe m. Gerda, geb Mundlechner, S. Stefan - BV: Traumnote 6 - 1964 Silb. Lorbeer - Spr.: Engl., Franz.

SCHNELLE, Heinz
Gewerkschaftssekretär, Mitgl. Hbg. Bürgerschaft (s. 1978) - Ernst-Bergeest-Weg 38d, 2100 Hamburg 90 - Geb. 3. Mai 1935 Wilhelmshaven, verh., 2 Kd. - N. Mittl. Reife Feinmechanikerlehre; 1956-57 Sozialakad. - S. 1957 Gewerkschaftssekr. Kiel, Lübeck (1958), Hamburg (1966; ÖTV). 1970-78 Mitgl. Bezirksvers. Harburg SPD s. 1955 (1976 Kreisvors. Harburg u. Mitgl. Landesvorst.).

SCHNELLE, Helmut
Dr. phil., o. Prof. f. Linguistik Ruhr-Univ. Bochum - Schattbachstr. 17, 4630 Bochum 1 - Geb. 28. Febr. 1932 Köln (Vater: Karl S.; Mutter: Else, geb. Hülser), verh. m. Dr. phil. Marlene, geb. Schneyder - Mitgl. d. Acad. Europaea, Cambridge/Engl.

SCHNELLE, Udo
Dr. theol., o. Prof. f. Neues Testament in Halle (s. 1992) - Großenbuch 125, 8524 Neunkirchen a. Br. - Geb. 8. Sept. 1952 Nauen, ev., verh. s. 1974 m. Adelheid, geb. Scola, 2 Töcht. (Carolin, Ricarda) - Stud. ev. Theol.; Promot. 1981; Habil. 1985 (alles in Göttingen) - 1986-92 Prof. f. Neues Testament in Erlangen - BV: Gerechtigkeit u. Christusgegenwart, 2. A. 1986; Antidoketische Christologie im Johannesevangelium, 1987; Einf. in d. neutestamentl. Exegese (m. G. Strecker), 3. A. 1989; Wandlungen im paulin. Denken, 1989; Neutestamentl. Anthropol., 1991.

SCHNELLENBACH, Helmut
Dr. jur., Prof. Univ. Bochum, Präsident Verwaltungsgericht Gelsenkirchen - Virchowstr. 116, 4650 Gelsenkirchen (T. 0209 - 20 21 08) - Geb. 30. Aug. 1937 Gelsenkirchen, verh. s. 1965 m. Susanne, geb. Schwartz, 2 Töcht. (Christiane, Annette) - Jurastud. Univ. Bonn u. Köln 1957-60; 1. jurist. Staatsex. 1960, Promot. 1963 Köln; Ass. 1964 - 1964 Gerichtsass.; 1967 Verw.-Gerichtsrat; ab 1971 Lehrbeauft. Univ. Bochum; 1972 OVG-Rat; 1978 Präs. Verw.gericht Gelsenkirchen. 1982 Honorarprof. Univ. Bochum - BV: Beamtenrecht in d. Praxis, 1983, 2. A. 1987; D. dienstl. Beurteilung d. Beamten u. d. Richter, 1986. Verw.- u. prozeßrechtl. Veröff.

SCHNELLER, Konrad
Dr. iur. utr., Vorsitzender Richter - Grothauswe 9, 4500 Osnabrück - Geb. 1. Mai 1937 Sögel - Stud. Münster, Promot. Würzburg.

SCHNELTING, Karl Bernhard
Assessor jur., Hauptredaktionsleiter Kultur ZDF (s. 1976) - Hegelstr. 4b, 6200 Wiesbaden (T. 37 02 46) - Geb. 20. Okt. 1930 Emmerich, kath., 2 S. (Christian, Mathias) - Stud. Phil. Münster, Oxford (USA), Paris, Rechtswiss. Bonn. Gr. jurist. Staatsprüf. - 1965ff. Geschäftsf. Werbefunk Saar GmbH.; 1966ff. Fernsehkoord. u. -programmdir. (1968) Saarl. Rundf. - Spr.: Engl., Franz.

SCHNEPF, Eberhard
Dr. rer. nat., Prof. f. Botan. Zellenlehre u. Biolog. Elektronenmiskroskopie Dürerweg 11, 6908 Wiesloch (T. 06222 - 17 48) - Geb. 4. April 1931 Nürnberg, ev., verh., 2 Kd. - S. 1963 (Habil.) Lehrtätigk. Univ. Marburg (Privatdoz.), Göttingen (1965 Wiss. Rat u. Prof. Pflanzenphysiol. Inst.), Heidelberg (1966 ao., gegenw. o. Prof.). Etwa 155 Fachveröff. - 1974 Mitgl. Dt. Akad. d. Naturforscher (Leopoldina); 1982 korr. Mitgl. Akad. d. Wiss. Göttingen.

SCHNERING, von, Hans-Georg
Dr. rer. nat., Dr. h. c., Prof., Chemiker, Direktor Max-Planck-Inst. f. Festkörperforsch. - Heisenbergstr. 1, 7000 Stuttgart 80 - Geb. 6. Juli 1931 Ranis, verh. s. 1958 m. Christa, geb. Schultze-Rhonhof, 3 Töcht. (Christine, Renata, Daniela) - Promot. 1960 Münster, Habil. 1964 - 1967ff. o. Prof. Univ. Münster; s. 1975 Wiss. Mitgl. Max-Planck-Ges. 1977 Hon.-Prof. Univ. Stuttgart - Ca. 600 Fachaufs. (Festkörperchemie, Strukturchemie). Herausg.: Z. Kristallogr. (1977) - 1981 Alfred-Stock-Gedächtnispreis Ges. Dt. Chem.; 1981 Ehrendoktor Univ. Genf; 1983 Mitgl. Heidelberger Akad. d. Wiss.; 1987 Mitgl. Akad. Leopoldina (Halle).

SCHNETTER, Reinhard
Dr. rer. nat., Prof. f. Botanik - Nelkenstr. 31, 6301 Heuchelheim (T. 0641 - 6 21 63) - Geb. 9. Mai 1936 Marburg, verh. s. 1965 m. Dr. Marie-Luise, geb. Schmidt - Univ. Gießen (Botanik, Zool., Chem., Geogr.), Promot. 1963, Habil. 1969 - 1963-69 Wiss. Assist. Botan. Inst. u. Tropeninst. Univ. Gießen, 1970-72 Gastprof. Univ. Nacional de Colombia, Bogotá, s. 1972 Prof. Botan. Inst. Univ. Gießen (mehrf. Gf. Dir. Inst. f. Allg. Botan. u. Pflanzenphysiol., 1990/91 Dekan FB Biol.) - BV: Marine Algen d. karib. Küsten v. Kolumbien, 1976 u. 1978; Marine Algen d. Pazifikküste v. Kolumbien, 1982; Einführung in d. Meeresbiol. I, II (m. Götting u. Kilian), 1982, 1988 - 1978 Korr. Mitgl. Acad. Colombiana de Ciencias Exactas, Fisicas y Naturales - Spr.: Engl., Span.

SCHNETZ, Peter
Schriftsteller, Journalist - Habergasse 9, 8600 Bamberg (T. 0951 - 20 27 64) - Geb. 7. Mai 1940 Chemnitz, ledig - Ausb. Orgel/Klavier Musikhochsch. Weimar u. Leipzig; Volont. Deutschlandfunk Köln - 1976-78 Nachrichtenredakt. u. -sprecher b. Radio Teheran/Dt. Programm - Erf. d. Episodentheaters; zahlr. Ess. dazu - BV/Gedichtbde.: Zeitfragmente u. Liebe, 1982; Türme d. Rebellion, 1982; Auf d. Jagd n. Liebe, 1984; Stürme d. Revolution, 1984; Die Synagoge d. Meister, Nov.; Seelen- u. Körperlandschaften, 1988. Theatersst.: D. Scheintode d. Herrn X, 1981; Ich Darius, 1985; Pietro Aretino/D. Mädchen aus Saragossa, 1986; Casanova, Komödie 1987; D. Traum d. Edison, Dokumentar. Episodenstück, 1990; Satyr - Agitpropschimpftrauerspaß, 1990. Musical: Spring!, 1988; Pike Mirabeau, Gracchus

Babeuf od. D. Verschwörung d. Gleichen, 1989; D. Scheintode d. Herrn X - Groteske m. Variationen frei nach Jesus, Theaterst., 1991. Kußmaulitäten u. andere gesellsch.kritische Sinnlich- u. Sehligkeiten, Ged. u. Kurzprosa, 1991; - Liebh.: Musik, Theater, bild. Kunst.

SCHNETZ, Wolf Peter

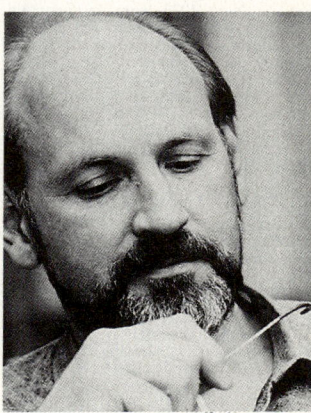

Dr. phil., Schriftsteller - Greifensteinstr. 14, 8551 Heiligenstadt - Geb. 27. Sept. 1939 kath., verh. s. 1963 m. Dr. Diemut, geb. Evers, 2 Kd. (Esther, Oliver) - Stud. German., Angl., Gesch., Kunstgesch. u. Theaterwiss. Univ. Erlangen, Mainz u. München; Promot. 1967 - 1968-73 Kulturdezern. Regensburg; s. 1973 Kulturdezern. Erlangen - BV: Zahlr. Veröff., zul. In diesem Garten d. Kälte, 1984; In diesem Garten d. Nacht, 1985; UNN, 1989 - 1966 Ehrenpreis Schwabinger Kunstpreise München; 1983 Hugo Carl Jüngst-Med. Hagen; 1986 Medaille Pro Cultura Hungrica; 1988 Ringelnatz-Preis f. Lyrik Stadt Cuxhaven - Spr.: Engl. - Mitgl. PEN, KOGGE u. VS (dt. Schriftstellerverb.).

SCHNEWEIS, Karl-Eduard
Dr. med., Prof. f. Med. Mikrobiologie u. Virologie - Am Sonnenhang 1, 5300 Bonn 1 - Geb. 24. April 1925 - Habil. 1962. Sd. Lehrtätig. Univ. Göttingen u. Bonn. Üb. 100 Facharb. u. Buchbeitr., vor allem üb. d. Virologie u. Pathogenese d. Herpes simplex Virus-Infektion.

SCHNEZ, Albert
Generalleutnant a. D. - Axenfeldstr. 14, 5300 Bonn 2 - Geb. 30. Aug. 1911 Abtsgmünd/Württ. - Abit. - 1930-45 Berufssoldat, zul. Oberst i. G., dann Kriegsgef.; b. 1957 selbst. Kaufm. u. ltd. Ind.angest.; s. 1957 Bundesw. (Brig.general, 1961 Generalmajor, 1965 -lt.), 1968-71 Inspekteur d. Heeres. 1971 Dir. u. Generalbevollm. Kühne & Nagel. 1971 ff. Vors. Dt. Ges. f. Wehrtechnik - 1971 Gr. BVK, zahlr. ausl. Ausz., dar. Kdr. Americ. Legion of Merit, Kdr. franz. Ehrenlegion, Großoffz. (ital.),

Gold. Sportabz. - Liebh.: Lit., Bergsteigen.

SCHNIEDERS, Bernhard
Dr. med. (habil.),Prof., Direktor, Leit. Inst. f. Arzneimittel/Bundesgesundheitsamt - Stauffenbergstr. 13, 1000 Berlin 30 - Privatdoz. FU Berlin.

SCHNIEDERS, Jens Jürgen
Dipl.-Ing., Gf. Gesellschafter Gopa Ges. f. Org., Planung u. Ausbildung mbH - Hindenburgring 18, 6380 Bad Homburg v.d.H. (T. 06172 - 30 04-1 77) - Geb. 1. Juli 1933 Berlin, ev. - Stud. Maschinenbau, Wirtschaftswiss. Univ. Darmstadt u. Berlin; Dipl.-Ing. 1960 - Consulting-Ing. S. 1979 Präs. Bundesverb. d. dt. Consultingfirmen, VUBI, Bonn; s. 1975 AR-Vors. Dt. Energie-Consult Ingenieurges. mbH, Bad Homburg v.d.H.; 1980-86 Arbeitsgem. Entwicklungsländer d. dt. Wirtsch., Köln (AGE), s. 1986 Vorst.-Mitgl. ebd.; s. 1987 AR-Mitgl. Dt. Ges. f. Techn. Zusammenarbeit (GTZ) GmbH, Eschborn; s. 1988 AR-Vors. d. BC Berlin-Consult GmbH. Honorarkonsul v. Barbados in Berlin.

SCHNIEDERS, Rudolf
Dr., Dipl.-Landwirt, Leiter d. Aussenstelle Berlin d. Dt. Bauernverbandes (s. 1992) - Reinhardtstr. 14, O-1040 Berlin (T. 030 - 28 93-5 00, Fax 282 73 44) - Geb. 2. Nov. 1926 Neuenkirchen (Kr. Steinfurt) (Vater: Heinrich Sch., Volksschullehrer; Mutter: Theresia, geb. Brünen), kath., verw. s. 1988, 2 Kd. (Maria, Barbara) - S. 1962 DBV (Leit. Ref. Kreditwirtschaft u. Strukturfragen, 1968 stv. Generalsekr., Mitgl. Wirtschafts- u. Sozialaussch. s. 1967). Mitgl. Verw.rat DSL-Bank, Bonn (1976); AR Verein. Tiervers., Wiesbaden (1980);

SCHNIEWIND, Herbert
Geschäftsführer Gebr. Schniewind GmbH., Neviges - Lukasstr. 1, 5604 Neviges/Rhld.

SCHNIPKOWEIT, Hermann
Bergmann, Nieders. Minister f. Soziales (1976-90) - Denkmalstr. 11, 3201 Borsum üb. Hildesheim (T. Harsum 205) - Geb. 31. Aug. 1928 Großgiesen b. Hildesheim (Vater: Landarb.), kath., verh. - Mittelsch. (Mittl. Reife); Akad. d. Arbeit (1 J.) - S. 1945 (Lehre) Kaliwerk Siegfried, Giesen (1952 Mitgl. Betriebsrat). 1956-76 Ratsherr Borsum/Harsum (1961 I. Beigeordn.); MdK Hildesheim-Marienburg. CDU s. 1954.

SCHNITKER, Paul
Malermeister, Präs. Zentralverb. d. Dt. Handwerks (1973-87), Ehrenpräs. (s. 1988) - Bismarckallee 1, 4400 Münster - Geb. 12. Jan. 1927 Münster - Meisterprüf. Maler (1950) u. Glaser (1963), Werkkunstsch., Stud. d. Phil. (1950-53) - Präs. d. Westdt. Handwerkskammertages (s. 1969), Präs. Handwerksk. Münster (s. 1968), Präs. Intern. Gewerbeunion (s. 1983), Mitgl. d. EP u. d. Wirtsch. u. Sozialaussch. b. d. Europ. Gemeinsch. (1979-90), Hon.-Konsul d. Rep. Frankreich - Veröff.: D. Goldene Boden u. üb. d. Wert d. handschaffenden Arbeit - Gr. BVK m. Stern, Gr. Ehrenz. d. Rep. Österreich, Commendatore della Rep. Italiana, Chevalier de la Légion d'Honneur, Frankreich - Spr.: Engl., Franz. - Rotarier.

SCHNITTER, Peter
Dipl.-Kfm., Dipl.-Braum., Vorstandsmitglied Dortmunder Ritterbrauerei AG, u. Dortmunder Union-Brauerei AG, AR-Mitgl. Dresdener Pensionsverein a.G., Kulmbach - Lütgendortmunder Hellweg 242, 4600 Dortmund 72.

SCHNITZER, Hans-Joachim
Rechtsanwalt, Bezirksbürgerm. a. D. - Quermatenweg 17e, 1000 Berlin 37 - Geb. 5. Mai 1922 Saarburg Bez. Trier (Vater: Curt S., Reg.svermessungsrat; Mutter: Helene, geb. Hande), ev., verh. s. 1955 m. Marianne, geb. Herrmann, 2 Kd. (Claus-Carlo, Christiane) - Realgymn. Magdeburg (Abit. 1941); n. Kriegsdst. (Panzerwaffe) 1946-50 Univ. Halle (Math., Physik, Rechtswiss.) u. Berlin/Freie (1950 Rechtsw.). Gr. jurist. Staatsprüf. 1955 Berlin - S. 1956 Senatsverw. f. Inneres/Entschädigungsamt (Justitiar) u. Volksbild. (1959; Regierungsrat) sow. Bezirksamt Zehlendorf (1962 Bezirksstadtrat, 1965 Bürgerm., 1971 stv. Bürgerm. u. Bezirksstadtrat. SPD s. 1951.

SCHNITZLER, Dierk Henning
Polizeipräsident Wasserschutzpolizei Nordrh.-Westf. - Moerser Str. 219, 4100 Duisburg 17 (T. 02066 - 2 03-0) - Geb. 16. Juni 1937 Remscheid, verh. s. 1967 m. Karen, geb. Bökenbrink, S. Jan Henning - Abit.; Stud. Univ. Freiburg, Bonn, München (Rechtswiss.); 1. jurist. Prüf. 1963 München, 2. jurist. Prüf. 1967 Düsseldorf - 1968/69 Dezern. Bezirksreg. Münster; 1970-76 Dezern. Bezirksreg. Düsseldorf; 1977 stv. Polizeipräs. Mönchengladbach; 1978-86 Ref. Innenmin. Nordrh.-Westf.; s. 1986 Polizeipräs. Wasserschutzpolizei Nordrh.-Westf.; 1977-91 Stadtbeauftr. d. Malteser Hilfsdienst Neuss; Beiratsmitgl. d. Vereins f. Binnenschiffahrt u. Wasserstraßen; AR-Vors. d. VSF Grdst. AG - 1977 Offizierkreuz d. Souv. Malteser-Ritterorden - Liebh.: Angew. Technik, Luftsport - Spr.: Engl.

SCHNITZLER, Hans-Ulrich
Dr. rer. nat., o. Prof. f. Zoophysiologie Univ Tübingen - Eschenweg 30, 7400 Tübingen.

SCHNÖRR, Robert
Dr.-Ing., Prof., Berater d. Vorstandes d. Daimler-Benz AG, Stuttgart - Am Waldrand 30, 6800 Mannheim 81 - Geb. 29. Mai 1927 Mannheim.

SCHNOOR, Herbert
Dr. jur., Innenminister Nordrhein-Westfalen, stellv. Ministerpräsident NRW (s. 1988), MdL (s. 1980) - Haroldstr. 5, 4000 Düsseldorf - Geb. 1. Juni 1927 Aurich (Vater: Friedrich S., Volksschullehrer; Mutter: Wilhelmine geb. Wachendorf), ev., verh. m. Jutta, geb. Sanetra, 2 Kd. - Univ Würzburg u. Göttingen (Dr. jur). - 1958-64 Beamter Land Niedersachs., 1964-70 NW, 1970-75 Staatssekretär NW, 1975-80 Chef Staatskanzlei, ab 1980 Innenminist. NW. SPD (s. 1965).

SCHNOOR, Steffie
Ministerin f. Bildung, Wissenschaft, Kultur, Jugend u. Sport Mecklenburg-Vorpommern (s. 1992) - Werderstr. 124, O-2750 Schwerin - Geb. 1948 Berlin, verh. s. 1974 - Lehrerin, 2. Staatsex. 1974 Berlin - 1979 Gesamtschulrektorin; Schulrätin; 1981 Bez.verordnete Berlin-Tempelhof; 1990 Direktmandat (CDU) im Abg.haus v. Berlin - Liebh.: Katzen - Spr.: Engl.

SCHNORR, Alfred K.
Geschäftsführer i. R. Messe- u. Ausstellungs-GmbH Frankfurt/M. b. 1984 (n. 36 J. Frankf. Messewesen; vorher Industriekfm.) - Ludwig-Erhard-Anlage 1, 6000 Frankfurt/M. 97 - BVK I. Kl., Ital. VO. Cavaliere Ufficiale - Rotarier.

SCHNÜRLE, Kurt
Dr. rer. pol., Dipl.-Kfm., Fabrikant, Geschäftsf. Friedrich W. Schnürle (Stempel- u. Metallwarenfabrik/Gravier- u. Prägeanstalt), Duisburg - Fuldastr. 27, 4100 Duisburg - Geb. 21. Okt. 1909.

SCHNUR, Roman
Dr. jur., Dr. h. c., o. Prof. f. Öfftl. Recht - Lindenstr. 49, 7407 Rottenburg-Wurmlingen - Geb. 20. Okt. 1927 Merzig/Saar - 1947-51 Univ. Mainz (Rechtswiss.). Promot. 1953 Mainz; Habil. 1961 Heidelberg - 1956-61 Assist. Hochsch. f. Verw.swiss. Speyer; 1961-65 Regierungs- u. Oberreg.rat Mainz (zul. Staatskanzlei Rhld.-Pfalz); s. 1965 o. Prof. Univ. Bochum, Hochsch. f. Verwaltungswiss. Speyer (1968), Univ. Tübingen (1972) - BV: D. franz. Juristen im konfessionellen Bürgerkrieg d. 16. Jh., 1962; Individualismus u. Absolutismus, 1963; Strategie u. Taktik b. Verw.reformen, 1966; Zeit f. Reform, 1967; Regionalkreise?, 1971; Vive la France od. Vive la Rép., 1982; Revolution u. Weltbürgerkrieg, 1983; Polen in Mitteleuropa, 1984; Transversale - Spurensicherungen in Mitteleuropa, 1988 - Gold. Kreuz poln. VO; Ehrendoktor Univ. Warschau.

SCHNURR, Friedrich Wilhelm
Prof., Rektor Hochschule f. Musik Detmold - Berliner Allee 27A, 4930 Detmold (T. 05231 - 2 48 51) - Geb. 21. Jan. 1929 Göttingen (Vater: Otto Sch., Oberstud.rat; Mutter: Annemarie, geb. Liebrich), ev., verh. s. 1951 m. Sigrid, geb. Köhne, 3 Kd. (Otto, Michael, Gesine) - 1949-53 Musikstud. Nordwestd. Musikakad. Detmold (Konz.-Ex. 1953) - 1965 Prof. Staatl. Hochsch. f. Musik Westf.-Lippe; s. 1982 Leit. Hochsch. - Konz., Rundfunkaufn., Schallpl. - 1959 I. Preis Intern. Musikwettb. d. ARD München.

SCHNURRER, Achim
Schriftsteller, Publizist - Friedensstr. 8, 8551 Heroldsbach (T. 09190 - 12 05) - Geb. 13. Nov. 1951 Bergisch-Gladbach - Sozialpäd. (Dipl. FH) - 1982 u. s. 1985 Chefredakt. Schwermetall u. U-Comix; s. 1990 Chefredakt. d. Comic-Fachmagazins Die Sprechblase. 1984 Initiator u. Mitorg. Intern. Comic-Salon Erlangen. Vorst.-Mitgl. Interessenverb. Comic (1983-87) - BV: Bilderfrauen - Frauenbilder, 1978; D. Kinder d. Fliegenden Robert, 1979; notizen aus d. nachtb., 1981; D. Kunst d. Comics, 1984; D. Welt d. Bilderfrauen, 1986; Überdosis, 1988; D. Kunst d. André Franquin, 1988; Comics als Geldanlage, 1991. Mithrsg.: Magazin Comixene (1977-79); literatur-tur, Erlanger Ztschr. f. Lit. (s. 1981). Ausst. 1990: 125 J. Max u. Moritz in Grenoble, Erlangen, Schwäbisch Hall - Liebh.: Lit., Musik, Film, Medien - Spr.: Engl., Lat.

SCHOBER, Friedrich-Wilhelm
Geschäftsführer P. E. Hoesch GmbH, Düren, Vors. Verb. d. dt. Wellpappen-Industrie, Darmstadt, Unternehmensverb. d. Papier u. Pappe verarb. Ind. Nordrhein, Wuppertal; Präs. Intern. Wellpappenverb. ICCA, Paris/Chicago - Farbmühlenstr. 11, 5160 Düren (T. 6 10 52) - Berufsoffizier (zul. Major i. G.) - Vater: Dr. med. Friedrich S., Generalarzt; Mutter: Lita, geb. Riege.

SCHOBER, Otto

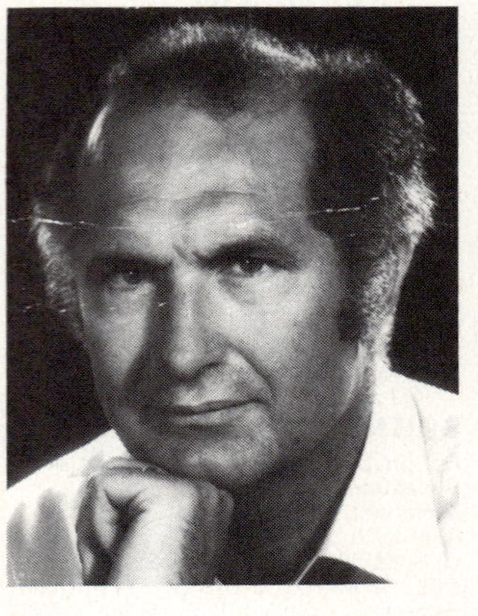

Dr. phil., o. Prof. f. Dt. Sprache u. Literatur u. ihre Didaktik - Am Friedrichsbrunnen 8, 8600 Bamberg (T. 0951 - 5 53 33) - Geb. 30. Mai 1935 Bamberg (Vater: Andreas Sch., Kriminalamtmann; Mutter: Sophie, geb. Schnapp), kath., verh. s. 1961 m. Hilde, geb. Kopetschke, 2 Kd. (Sigrid, Andreas) - Abit. Oberrealsch. Bamberg, Univ. Würzburg, München u. Erlangen (German., Päd., Psych. u. Phil.) - Lehrst. f. Didakt. d. Dt. Spr. u. Lit. Univ. Erlangen-Nürnberg - BV: (Hrsg.) Funktionen d. Sprache, 1975; Stud.b. Lit.didakt., 1977; (Hrsg.) Text u. Leser, 1979; (Hrsg.) Sprachbetrachtung u. Kommunik.anal., 1980; (Hrsg.) Körpersprache u. schulische Erziehung (m. H. Rosenbusch), 1986; Körpersprache, 1989 - Liebh.: Ornithol., Marathon-Lauf, Tennis - Spr.: Engl., Franz.

SCHOBER, Reinhard
Dr. med., Prof., Chefarzt Zentrales Röntgeninst. Städt. Krankenanstalten Siegburg (s. 1966) - Lohrbergstr. 1, 5330 Königswinter/Rh. 21 (T. 39 70) - Geb. 13. Dez. 1921 Breslau (Vater: Dr. med. Wilhelm S., Kinderarzt; Mutter: Ella, geb. Riege), ev., verh. s. 1956 m. Helga, geb. Neebe - Abit. 1939; Med. Staatsex. 1945; Promot. 1947; Habil. 1963 - 1947-66 Univ. München (Pathol. Inst., 1952 Chir. Klinik), Basel (1955 Neurol. Klinik), Saarbrücken (1960 Strah-Ges. - BV: Röntgenkontrastmittel u. Lignorraum, 1964; Lungenzirkulation, 1969 - 1965 Schleussner-Preis - Spr.: Franz., Engl.

SCHOBER, Reinhard
Dr. phil., o. Prof. f. Forsteinrichtung u. Ertragskunde (emerit.) - Ludwig-Beck-Str. 9, 3400 Göttingen (T. 2 21 16) - Geb. 15. Febr. 1906 Berlin (Vater: Reinhard S., Oberst; Mutter: geb. Schotten), ev., verh. s. 1935 m. Liesclotte, geb. Below, 2 Kd. (Reinhard, Renate) - 1924-28 Univ. Gießen u. München. Promot. 1935; Habil. 1937 Gießen - 1928-30 Forstass. hess. Forstämter, 1931-37 Assist. Hess. Forstl. Versuchsanst., 1939-41 Wehrdst., Doz. Univ. Göttingen, 1942-45 Assist. Inst. f. Forsteinricht. u. Ertragskd. Hann. Münden, 1945-52 Leit. Forstämter Nieder-Ohmen/Hessen u. Kattenbühl/Nieders. (1949), 1947-74 Ord. u. Inst.sdir. Univ. Göttingen (Forstl. Fak.) - BV: D. Lärche, 1949; Die japanische Lärche, 1953; D. Sitkafichte, 1962; D. Rotbuche, 1971. Herausg.: Grundner-Schwappachs Massentafeln (1952); Ertragstafeln (3. A. 1987); Ergebn. d. II. Intern. Lärchen-Provenienzversuches (1985) - 1971 v.-Tschermak-Seysenegg-Med. Wien; 1958 korr., 1980 Ehrenmitgl. Accad. di Scienze Forestali, Florenz.

SCHOBER, Theodor
Dr. theol., Dr. phil. h. c., Prof. - Romsgrund 12, 7298 Loßburg - Geb. 10. Aug. 1918, verh., 5 Kd. - Abit. 1937 Würzburg; Stud. Univ. Erlangen u. Tübingen - 1948-55 Pfarrer in Erlangen; 1955-63 Rektor Diakonissenanstalt Neuendettelsau; 1963-84 Präs. Diakonisches Werk d. Ev. Kirche in Dtschl. Herausg.: Ev. Soziallexikon; Handbuchreihe Zeugnis u. Dienst u. zahlr. Periodika - Ehrenstiftsherr d. Klosters Loccum.

SCHOBERT, Walter
Prof., Direktor Dt. Filmmuseum Frankfurt/M. - Gaußstr. 10, 6450 Hanau 1 (T. 06181 - 2 23 97) - Geb. 22. Sept. 1943 Erlangen, ev.-luth., verh. s. 1968 m. Marie-Louise, geb. Köbler, 3 S. (Michael, Christoph, Lucas) - Human. Gymn. Erlangen; Stud. Ev. Theol. u. Theaterwiss. Univ. Erlangen, Tübingen, Rom; Ex. ev. Theol. 1967 u. 70 Ansbach - 1968 Vikar Münchberg; 1970 Filmref. Ev. Konfz. f. Kommunikation, Frankfurt; 1974 Leit. Kommunales Kino, Frankfurt; 1979 Dir. Dt. Filmmus. 1986 Einf. z. Pfarrer im Ehrenamt, Hanau. Vorst. Kurat. Junger dt. Film; 1974-85 Vors. AG f. Kommunale Filmarb.; Lehrauftr. f. Filmgesch., Univ. Frankfurt; Hon.-Prof. HfG Offenbach - BV: Buster Keaton, 1974; Fischer Film Almanach, 1982 u. 83ff. - Spr.: Engl., Ital.

SCHOBERTH, Hannes
Dr. med., Prof., Orthopäde, Ärztlicher Leiter d. Lehrinst. f. Physikalische Therapie u. Sportmedizin an d. Ostseeklinik Damp (s. 1985) - 2335 Ostseeklinik Damp/Ostsee - Geb. 25. Febr. 1922 Selb/

Ofr. (Vater: Heinrich S., Pfarrer; Mutter: Luise, geb. Hebart), ev., verh., 6 Kd. (Brigitte, Gudrun, Ulrike, Wolfgang, Swantje-Maria, Johanna-Flore) - Gymn. Würzburg u. Nürnberg; Univ. Erlangen u. Würzburg (Med., Psych.) - 1948-73 klin. Tätigk., zul. Oberarzt Orthop. Klinik Friedrichsheim. S. 1960 (Habil.) Privatdoz. u. apl. Prof. (1965) Univ. Frankfurt; 1973-85 Ärztl. Dir. Damp. Leiter S. Jahren berat. Arzt DFB - BV: Sitzhaltung - -schaden - -möbel, 1962; Sportmed., 1979; Mehr Freude am Sport, 1980. Einzelveröff. üb. Wirbelsäulenerkrank., Ergonomie d. Sitzens u. a.

SCHOCH, Agnes

Dr. phil., Prof. Hochsch. f. Musik u. Darst. Kunst Frankfurt - An d. Herrenwiese 97, 6000 Frankfurt 71 (T. 069 - 666 18 56) - Geb. 30. Juni 1923 München (Vater: Joh. Müller, Stud.rat; Mutter: Anna, geb. Furtwängler), 1 Adoptivtochter - 2 Musiklehrer-, 1 Bewegungslehrer- u. 1 Schauspielex.; Diplompäd.; Promot. 1974 Univ. Frankfurt - Leit. Sem. f. Musikerzieher Wiesbadener Konservat. - BV: u. a. Opernschule, 1975; Grundl. d. Schauspielkunst, 1965; Päd. Kommunikationstheorie, 1979. Div. Publ. z. Theaterpäd. - Bek. Vorf.: Adolf Furtwängler (Großv.), Wilhelm Furtwängler (Onkel), Anton Dohrn (Urgroßonkel).

SCHOCKEMÖHLE, Alwin

Landwirt, Kaufmann, Springreiter - 2841 Mühlen Kr. Diepholz/Nieders. - Geb. 29. Mai 1937 Osterbeck/Emsl. (Vater: Landw.), verh. in 2. Ehe m. Rita Wiltfang, 3 Kd. (Alexandra, Frank, Christoph) aus 1. E., 2 Töcht. (Vanessa, Christina) aus 2. Ehe - B. 1980 Bundestrainer der Reiter - Zahlr. Turniererfolge, dar. div. Nationenpr.; 1975 King George Cup (Großbrit.); 1976 Gold-(Einzel-) u. Silbermed. (Mannschaftswert.) XXI. Olymp. Spiele Montreal.

SCHOCKEMÖHLE, Paul Hermann

Kaufmann, Weltmeister u. Olympiateiln. im Springreiten - Münsterlandstr. 51, 2841 Mühlen - Geb. 22. März 1945, kath., verh. s. 1981 m. Barbara, geb. Pohlmann, T. Vivien - Abit.; 4 Sem. Stud. Betriebsw. Münster - Olympiade: 1976 Silbermed. Mannsch. (Agent); 1977 Bronzemed. Mannsch. (Talismann); 1979 Silbermed. Mannsch. (Deister); 1979 Silbermed. Einzel (Deister); 1981 Europam. Mannsch. (Deister); 1982 Weltmeister (Deister); 1983 Bronzemed. Mannsch. (Deister); 1983 Europam. Einzel (Deister); 1984 Bronzemed. Mannsch. (Deister); 1985 Europam. Einzel (Deister); Dt. Meister (1974 Talismann, 1980 Deister, 1982 Deister, 1983 Deister, 1986 Deister, 1987 Deister); 2 × 2. Pl. Dt. Springderby Hamburg (m. El Paso u. Deister) - Liebh.: Tennis, Tischtennis - Spr.: Engl.

SCHOCKENHOFF, Andreas

Dr., Studienrat a.D., Mitglied d. Deutschen Bundestages - Am Kohlenberg 1, 7980 Ravensburg (T. 0751 - 1 78 24) - Geb. 23. Febr. 1957 Ludwigsburg, kath., verh. m. Sabine, geb. Rostan, 2 Kd. (Franz Ferdinand, Theresa) - Stud. d. Roman., German. u. Gesch.; Promot. 1985 am Rom. Sem. d. Univ. Tübingen - BV: Henri Albert u. d. Deutschlandbild d. Mercure de France 1890-1905, 1986 - Spr.: Engl., Franz., Ital., Span.

SCHÖBER, Johannes Georg

Dr. med., Prof., Kinderarzt, Kinderkardiologe, Ärztl. Dir., Chefarzt interne Abt. Kinderkrkhs. an d. Lachnerstr. München - Zu erreichen üb. Kinderkrkhs. an der Lachnerstr., Lachnerstr. 39, 8000 München 19 - Geb. 8. Dez. 1937 Neisse (Schles.), kath., verh. s. 1969 m. Susanne, geb. Hauck, 4 Kd. - Med. Staatsex. 1964, Promot. 1965; Habil. 1973 München - S. 1980 apl. Prof.; 1973-84 Leit. Arzt kinderkardiol. Intensivstation Dt. Herzzentrum München; s. 1984 Kinderkrkhs. an d. Lachnerstr. München - BV: Risikoneugeborene, 1975 - Liebh.: Bergsteigen.

SCHÖBERL, Alfons

Dr. phil., o. Prof. f. Chemie (emerit. 1971) - Angerstr. 87, 3000 Hannover 72 (T. 0511 - 52 82 05) - Geb. 12. Juli 1903 Würzburg (Vater: Michael S., Beamter; Mutter: Barbara, geb. Leopold), kath., verh. s. 1930 m. Emilie, geb. Harren, 3 Kd. (Franzjosef, Gisela, Klaus) - Oberrealsch. u. Univ. Würzburg (Chemie) - 1935 Privatdoz., 1942 apl. Prof. Univ. Würzburg, 1950 o. Prof. u. Inst.dir. Tierärztl. Hochsch. Hannover, 1961 Hon.-Prof. TH, jetzt TU, 1968 Hon.-Prof. Med. Hochsch. ebd. Spez. Arbeitsgeb.: Organ. Chemie, Biochemie, Analyt. Chemie, Textilchemie, 8 Patente. Etwa 200 Facharb. (auch Handbuchbeitr.) - 1940 Gold. Ehrennadel Verein Dt. Färber; 1983 Ehrenbürger TH Hannover.

SCHÖCH, Gerhard Konrad

Dr. med., Prof. f. Kinderheilkunde u. Klin. Molekularbiologie, Dir. Forschungsinst. f. Kinderernährung, Dortmund - Forschungsinst. f. Kinderernährung, Heinstück 11, 4600 Dortmund 50 (T. 0231 - 71 40 21) - Geb. 31. Dez. 1936 Sarata/Bessarabien (Vater: Theodor Christian Sch., Studienrat; Mutter: Margarete Alwine, geb. Feuer), ev., verh. m. Dr. rer. nat. Gesa Heller-Sch., 2 Kd. (Gesine, Gunter) - Univ. Tübingen (Med. Staatsex. 1966, Promot. 1967); Habil. 1976 Univ. Hamburg - 1970-81 Univ.-Kinderklinik Hamburg; s. 1981 Dir. Forschungsinst. f. Kinderernähr., Dortmund. Wiss. Beirat Dt. Ges. f. Sozialpädiatrie; Vizepräs. Dt. Ges. f. Ernährung; Mitgl. Ernähr.kommiss. Dt. Ges. f. Kinderheilkd., European Soc. f. Paediatr. Gastroenterol. and Nutrition; European Soc. f. Pediatr. Research; New York Acad. of Sciences; Ges. f. Pädiatr. Gastroenerol. u. Ernährung; Editor Europ. Journ. of Clinical Nutrition; Redaktionsbeirat Ernährungs-Umschau; Beirat Aktuelle Ernährungsmed. - BV: Molekularbiol. u. klin. Bedeut. d. Stoffwechsels normaler u. modifizierter Nucleobasen (m. Gesa Heller-Sch.) 1977. Üb. 200 Ztschr.aufs. u. Buchbeitr. bes. zu Kinderernährung u. RNA-Stoffwechsel - 1977 Adalbert-Czerny-Preis Dt. Ges. f. Kinderheilkd.; 1979 Jürgen u. Margarete Voß-Preis Werner Otto-Stiftg. Hamburg.

SCHÖCH, Heinz

Dr. jur., Univ.-Prof. f. Kriminologie, Strafrecht u. Strafvollzug Univ. Göttingen - Bramwaldstr. 11A, 3400 Göttingen - Geb. 20. Aug. 1940 Sarata/Bessarabien (Vater: Artur Sch., Tischlerm.; Mutter: Mathilde, geb. Gässler), ev., verh. m. Gabriele, geb. Lorych, 3 Kd. (Hans-Peter, Stefan, Ann-Kristin) - 1959/60 Stud. generale Univ. Tübingen; 1960-65 Jurastud. Univ. Hamburg u. Tübingen; 1. u. 2. jurist. Staatsprüf. 1965 u. 69; Promot. 1973 Tübingen - 1965-73 Wiss. Assist. Univ. Tübingen; 1973-74 Akad. Rat ebd.; s. 1974 o. Prof. f. Kriminol., Strafrecht u. Strafvollzug Göttingen - BV: Strafzumessungspraxis u. Verkehrsdelinquenz, 1973; Strafvollzug (m. Kaiser, Kerner), 4. A. 1991; Kriminol., Jugendstrafrecht, Strafvollzug (m. Kaiser), 3. A. 1987; D. Jugendgerichtsverhandl. am Runden Tisch, (m. Schreiber/Bönitz) 1981; Ausländerkriminalität (m. Gebauer), 1991. Herausg.: Wiedergutmachung u. Strafrecht (1987) - Spr.: Engl., Franz.

SCHOECK, Helmut

Dr. phil., o. Prof. f. Soziologie - Universität, 6500 Mainz - Geb. 3. Juli 1922 Graz (Österr.), verh. s. 1947 m. Margret, geb. Weiler, 3 Kd. - Gymn. Ludwigsburg (Abit. 1941); Univ. München u. Tübingen (Promot. 1948 b. Prof. Eduard Spranger m. e. Arbeit üb d. Wissenssoziol.) - S. 1950 Prof. Fairmont State College, Fairmont, Emory Univ., Atlanta (1954), Univ. Mainz (1965 Ord. u. Inst.dir.) - BV: Nietzsches Phil. d. Menschlich-Allzumenschlichen, 1948; Soziol. - Gesch. ihrer Probleme, 1952;

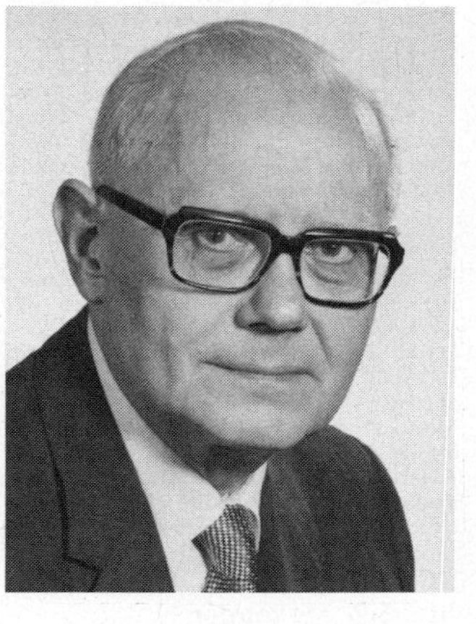

USA - Motive u. Strukturen, 1958; Was heißt politisch unmöglich?, 1959; Umgang m. Völkern - Amerikaner, 1961; D. Soziol. u. d. Gesellschaften, 1964; D. Neid - E. Theorie d. Ges., 2. A. 1968 (engl. u. span. 1969); D. Neid u. d. Ges., 5. A. 1977 (ital. 1974, chin. 1988); Ist Leistung unanständig?, 6. A. 1978, Neuaufl. 1988; Entwicklungshilfe - Polit. Humanität, 1972; Vorsicht - Schreibtischtäter, 1972; D. Lust am schlechten Gewissen, 1973; Umverteilung als Klassenkampf? - Z. Politik u. Psych. d. Vermögensbildung, 1973, 2. A. 1974; Gesch. d. Soziologie, 1974; D. Geschäft m. d. Pessimismus, 1975; Schülermanipulation, 4. A. 1978; Soziol. Wörterb. (11. A. 1982; auch span.); D. Recht auf Ungleichheit, 1979, 3. erw. NA. 1988; D. Neid. D. Urgesch. des Bösen, 1980; D. Arzt zw. Politik u. Patient, 1983; D. 12 Irrtümer unseres Jh., 1985; Kinderverstörung, 3. A. 1989. Zahlr. Einzelarb. - Spr.: Engl.

SCHÖDEL, Günther

Botschafter d. Bundesrep. Deutschl. in New Delhi (s. 1984) - POB 613, New Dehli 110001/India - Geb. 5. Aug. 1922 Berlin (Vater: Otto Sch., RA, Dir. Reichsunfallversich. u. Kunstmaler), verh. s. 1955 m. Erika, geb. Rothe, 5 Kd. - Stud. Rechtswiss. u. Volksw. - S. 1952 Ausw. Dienst, s. 1973 Botsch., Chefinspekteur AA, dann Dirig. Kulturabt., 1977 Botsch. Indonesien, 1980-84 Botsch. China, 1984 Botsch. Indien.

SCHÖFBERGER, Rudolf

Dr. jur., Regierungsrat a. D., Rechtsanwalt, MdB (s. 1972; Wahlkr. München-Süd) - Bundeshaus, 5300 Bonn 1 - Geb. 29. Juni 1935 München, verh., 2 Kd. - Postfacharb., Postassist., Abit. 1957, Werkstud., 1957-62 Univ. München (Rechtswiss.), 1959-1963 Hochsch. f. Pol. Wiss.; Jurist. Staatsprüf. 1963/67; Promot. 1971 München - 1966-72 MdL Bayern, 1972-76 Vors. SPD München, 1985-91 Vors. SPD Bayern.

SCHÖFER, Erasmus

Dr. phil., Schriftsteller, Sprachwissenschaftler - Trajanstr. 5, 5000 Köln 1 - Geb. 4. Juni 1931 Berlin - Stud. Sprachwiss., Phil., German.; Promot. 1962 Bonn - Mitgründer u. Vors. Werkkr. Lit. d. Arbeitswelt - BV: D. Sprache Heideggers, 1962; D. Sturm, 1981; Tod in Athen, 1986; Flieg Vogel stirb, 1987 - Mitgl. PEN, VS.

SCHÖFFL, Friedrich

Dr. rer. nat., Prof. f. Allg. Genetik Univ. Tübingen (s. 1990) - Zu erreichen üb. Univ. Tübingen, Auf der Morgenstelle 28, 7400 Tübingen 1 - Geb. 9. Nov. 1947 Ebermannstadt - Stud. Univ. Erlangen (Biol.); Dipl. 1973; Promot. (Mikrobiol. b. Prof. Heumann) 1976; Habil. (Genetik) 1985 Bielefeld - 1980-82 Assist. Prof. Univ. of Georgia, Botany Dept., Athens, USA (Auslandsstip. Dt. Forschungsgemeinsch.); 1985-90 Prof. Univ. Bielefeld. Entd. d. Hitzeschockgene b. Pflanzen - Spr.: Engl.

SCHÖFFLER, Alfred

Malermeister, MdL Baden-Württ. (Wahlkr. 20, Neckarsulm) - Bahnhofstr. 64, 7104 Obersulm-Eschenau (T. 07130 - 64 58) - Geb. 6. März 1929 Obersulm-Eschenau - SPD.

SCHÖFISCH, Horst

Direktor, Vorstand Sparkasse Bremen - Am Brill 1, 2800 Bremen 1 (T. 0421 - 179 20 08) - Geb. 19. Mai 1932 Bremen, ev., verh., 2 Söhne -AR- u. Beiratsmitgl. Wirtschaftsförderungs-Ges. Weser-Jade mbH; Ehrenamtl. Vorst. Kunst- u. Kultur-Stiftg. d. Sparkasse in Bremen, Haus- u. Grundbesitzerverein Bremen, Altes Packhaus Vegesack, Bremer Volkshilfe, Jugendgemeinsch.werk Bremen.

SCHÖLCH, Karl

Geschäftsführer Heinrich Schölch GmbH./Karosseriebau, Kassel, Präs. Zentralverb. Karosserie- u. Fahrzeugtechnik, Frankfurt/M. - Sandershauser Str. 89, 3500 Kassel-Bettenhausen, 1985 Handwerkszeichen in Gold.

SCHOELER, von, Andreas

Rechtsanwalt, Oberbürgermeister d. Stadt Frankfurt am Main (s. 1991) - Rathaus, 6000 Frankfurt/M. 1 - Geb. 4. Juli 1948 Bad Homburg v. d. H., verh., 2 Söhne - Abit. 1966; 1968-73 Univ. Frankfurt (Rechtswiss.); 1. jurist. Staatsex. 1973, 2. Staatsex. 1975 - 1982 Fernsehrat ZDF - 1972-83 MdB; 1976-82 Parlam. Staatssekr. b. Bundesmin. d. Innern, zul. Staatssekr. Hess. Innenmin. (b. 1987); 1989-91 Dezernent f. Personal, Recht u. Wirtschaft Stadt Frankfurt. 1966-82 FDP (stv. Landesvors. Hessen, Mitgl. Bundesvorst., Vors. Bundesfachaussch. f. Innen- u. Rechtspol.). S. Ende 1982 SPD.

SCHÖLER, Diane

Hausfrau, Weltmeisterin im Tischtennis - Josef-Kuchen-Str. 11, 4044 Kaarst 2 - Geb. 14. April 1933 London, verh. s. 1966 m. Nee Rowe, 2 Kd. (Cindy, Christian) - S. 1981 Damenwart Westd. Tischtennisverb. - 1951 u. 1954 Weltm. Damen-Doppel (m. Zwillingsschw. Rosalind); 1962 u. 1964 Europam. Damen-Doppel; 1970 u. 1972 Dt. Einzelm. - Liebh.: Musik, Lit. - Spr.: Deutsch, Engl. (Mutterspr.).

SCHÖLER, Eberhard

Sportwart (1981ff.) - Zu erreichen üb.: Deutscher Tischtennis-Bund, Otto-Fleck-Schneise 8, 6000 Frankfurt/M. 71 - Zahlr. Meisterschaft. (u. a. Vizeweltm.) - Silb. Lorbeerbl. d. Bundespräs.

SCHÖLER, Walter

Dr. paed., em. o. Univ.-Prof. f. Unterrichtswissenschaft - Rudolf Kattnig-Weg 1, A-9201 Krumpendorf (T. 0429 - 34 34) - Geb. 20. Aug. 1928 Schwaan/Mecklenburg, ev., verh. s. 1973 m. Hannelore, geb. Cuder, T. Evamarie - Gymn. Parchim, NPEA Plön 1938-45, 1952-55 Univ. Rostock, 1961/62 Frankfurt a.M.; 1946 Neulehrerausb. Neustadt-Gleve; 1. u. 2. Lehrerprüf. 1947 u. 49; Promot. 1955 Greifswald; Habil. (Erz.wiss.) 1967 TH Aachen - 1946-52 Lehrer u. Rektor Fritz-Reuter-Schule Parchim; 1956-60 Ass. u. Oberass. Päd. Inst. Univ. Rostock; 1963-68 Ass. u. Doz. Inst. f. Erz.wiss. TH Aachen; 1969-70 Ord. u. Vorst. Inst. f. Allg. Päd. Hochsch. f. Welthandel Wien; 1970-86 Ord. u. Vorst. Inst. f. Unterr.wiss. UBW Klagenfurt; s. 1988 Präs. d. Ges. f. Hist. Päd. in Österr. S. 1968 Mitgl. Dt. Ges. f. Erz.wiss. - Erf.: Probiton, e. apparative Lernhilfe (m. J. Zielinski) - BV: D. fortschr. Einfluß d. Philanthr. a. d. nied. Schulwesen, 1957; Päd. Grundlagen d. Programmierten Unterweisung (m. Johannes Zielinski), 1964 (Übers. ins Span.); Methodik d. Programmierten Unterr. (m. J. Zielinski), 1965 (Übers. ins Tschech.); Gesch. d. naturwiss. Unterr., 1970; Päd. Technol. I, Apparative Lernhilfen, 1971; Gesch. d. Päd., 18. neubearb. Aufl. v. Hermann Weimer 1976 (Übers. ins Jap. 1979); Strukturen u. Modelle d. Unterr., Lehrb. z. Didaktik 1977; Lehrverhaltenstraining f. Unterr. in Schule u. Betrieb (m. G. Pongratz), 1978; Ausb. am Arbeitsplatz, Bildungsprobl. im Prozeß v. Arbeiten u. Lernen, 1989; Kommunikation u. Begegnung, Festschr. z. 75. Geb. v. Johannes Zielinski (m. H. Levenig) - 1971 Offizierskreuz d. belg. Leopoldsord.; Gr. Silb. Ehrenz. f. Verd. um d. Republ. Österr.; 1983 Gr. Gold. Ehrenz. Ld. Kärnten; 1988 Österr. Ehrenkreuz f. Wiss. u. Kunst I. Kl. - Spr.: Engl., Russ. - Lit.: E. Lechner u. J. Zielinski: Festschr. z. 60. Geb., Wirkungssysteme u. Reformansätze in d. Päd. (1988); Forschen u. Feiern: Reden z. 60. Geb. (1989, hg. v. E. Lechner).

SCHÖLL, Franz

Dipl.-Volksw., Ministerialdirektor, Leit. Abt. 1 (Postwesen) Bundesmin. f. d. Post- u. Fernmeldewesen - Adenauerallee 81, 5300 Bonn 1.

SCHOELL, Konrad

Dr. phil., Prof. f. Romanistik (Literaturwiss.) Univ.-GH Kassel - Georg-Forster-Str. 3, 3500 Kassel (T. 0561 - 804 33 62) - Geb. 6. Juli 1938 Freudenstadt, ev., verh., 2 Kd. - Univ. Freiburg (Staatsex. 1962, Promot. 1966); Habil. 1973 Erlangen - S. 1973 Prof. in Kassel - BV: D. Theater Samuel Becketts, 1967; D. franz. Drama s. d. 2. Weltkrieg, 2 Bde. 1970; D. komische Theater d. franz. Mittelalters, 1975; D. franz. Komödie, 1983. Herausg.: Avantgardetheater u. Volkstheater (1982); Literatur u. Theater im gegenwärtigen Frankreich (1991). Mithrsg.: Beckett u. die Lit. d. Gegenwart (1988); Klassiker Renaissance (1991).

SCHOELLER, Franz Joachim

Botschafter a. D. - Adalbert-Stifter-Str. 7, 5300 Bonn 1 (T. 0228 - 23 49 80) - Geb. 24. Juli 1926 Düsseldorf (Vater: Franz S.; Mutter: Therese, geb. Hergenhahn), kath., verh. s. 1956 m. Ingetraud Helga, geb. Neul, 2 Kd. (Franz-Daniel, Maria-Alexandra) - Stud. d. Rechts- u. Wirtsch.wiss. Univ. Paris, Oxford, Köln, Barcelona - S. 1955 Höh. Ausw. Dst., zun. Zentrale Bonn, dann Ausl.posten in Paris, Rom (Quirinal), Dar-es-Salaam, Madrid, Teheran, 1973-80 wied. Bonn (stellv. Protokollchef, Chef d. Protokolls AA), 1980-83 Brasilia, 1983-87 Paris, 1987-89 Warschau - Liebh.: Archäol., Gesch., Ski, Bergsteigen - Spr.: Engl., Franz., Span., Ital., Portugies.

SCHOELLER, Wilfried F.

Dr. phil., Schriftsteller, Redakteur - 6000 Frankfurt 1 - Geb. 3. Juli 1941 Illertissen - Univ. München (German., Kunstgesch., Phil. u. Gesch.) - 1965-70 Verlagslektor, s. 1972 Lit.redakt. b. HR - BV: Studien z. bürgerl. Ges.kritik. Heinrich Mann, 1969; D. neue Linke nach Adorno, (Hg.), Schubart, Leben u. Meinungen e. schwäb. Rebellen, 1979; Herausg.: Ges. Werke v. Oskar Maria Graf (bisher 13 Bde.); D. Silhouetten-Kabinett (2. A. 1985). Mithrsg. d. Tageb. Klaus Manns. Zahlr. Lit.filme u. Autorenporträts - Mannheimer Filmfestsp. - Grimme-Preis Marl; Alfred-Kerr-Preis f. Literaturkritik.

SCHOELLER, Winfried

Dipl.-Psychologe, MdL Nordrh.-Westf. (s. 1975) - Keltenweg 7, 5352 Zülpich - Geb. 23. Febr. 1941 Posen/Warthegau, verh. - Gymn. (Abit. 1963); TH Aachen (Maschinenbau), Univ. Bonn (Psych., Politol., Soziol.; Dipl. 1970) - S. 1972 Angest. Bundesanst. f. Arbeit u. Arbeitsamt Düren (Leit. Psych. Dienst). 1969 ff. Ratsmitgl. Stadt Zülpich (1970-75 Fraktionsf.); 1970 ff. MdK Euskirchen (1965 stv. Fraktionsvors.). SPD s. 1968 (1970 Ortsvors. Zülpich, 1974 Mitgl. Unterbezirksvorst. Euskirchen).

SCHOELLER, Wolfgang

Dr. rer. nat., Prof. f. Chemie Univ. Bielefeld, Ingenieur - Universitätsstr. 25, 4800 Bielefeld - Geb. 3. Juli 1941 Illertissen (Vater: Franz Sch., Betriebsleit.; Mutter: Eleonore, geb. Rettich, verh. s. 1970 m. Johanna, geb. Stäbler, 2 Kd. (Sebastian, Friedrike) - 1960-63 Stud. Textiling.; 1963-66 Chemiestud. Univ. Stuttgart; Promot. 1969 - 1969 Postdoctoral Fellow Univ. of Texas, Austin; 1971-77 wiss. Assist. Univ. Bochum.

SCHÖLLKOPF, Ulrich

Dr. rer. nat., o. Prof. f. Organ. Chemie - Eichenweg Nr. 5, 3406 Bovenden (T. Göttingen 89 25) - Geb. 11. Okt. 1927 - Habil. Heidelberg - B. 1964 ao., dann 1968 o. Prof. Univ. Göttingen. Fachaufs. Herausg.: Liebigs Annalen d. Chemie - Mitgl. Akad. d. Wiss., Göttingen - Liebig-Denkmünze d. Ges. Dt. Chemiker; Award of the Japanese Society for the Promotion of Science-Mitgl. Preiskomitee d. Dr. Paul-Janssen-Preis.

SCHÖLLNER, Dietrich Alexander

Dr. med., Prof., Orthopäde, Chefarzt Krankenhaus d. Augustinerinnen, Orthopäd. Abt. Köln (s. 1975) - Mozartstr. 24, 5000 Köln 50 - Geb. 1. April 1929 Magdeburg (Vater: Dr. med. Wilhelm S., HNO-Arzt; Mutter: Ilse, geb. Wittek), ev., verh. s. 1961 m. Helga, geb. Drechsler, 5 Kd. (Silke, Carsten, Swantje, Wiebke, Geeske) - Stud. Univ. Mainz, Hamburg; Promot. 1954 Mainz; Habil. 1969 Münster - 1964 Wiss. Assist. u. 1966 Oberarzt Univ. Münster, s. 1975 apl. Prof. Univ. Münster (Orthopäd. Chir.). Med. Erfindung: implantierbares Distraktionsgerät zur Beinverlängerung - BV: D. Klumphand bei Radiusaplasie, 1972 - Liebh.: Musik, Tennis, Jagd - Spr.: Engl.

SCHÖLMERICH, Paul

Dr. med., Dr. med. h. c., em. o. Prof. f. Innere Medizin - Weidmannstr. 67, 6500 Mainz (T. 8 26 79) - Geb. 27. Juni 1916 Kasbach/Rhld., verh. s. 1946 m. Gerda, geb. Frowein, 3 Söhne (Jürgen, Axel, Uwe) - Stud. 1935-41 Medizin; Prom. 1941 Univ. Leipzig; Habil. 1952 Univ. Marburg; 1958 apl. Prof.; 1963 o. Prof. Univ. Mainz. Emerit. 1981 - BV: Beiträge z. Angiogr. chir. Lungenerkrank., 1964 (m. a.); Lehrb. d. Inn. Med., 7. A. 1987 (m. R. Gross u. W. Gerok); Interne Intensivmed., 3. A. 1988 (m. H. P. Schuster, H. Schönborn u. P. P. Baum). Beiträge z. Handb. Inn. Med. (1960) u. Handb. Med. Radiologie (1974); Bd. IX/5 Handb. Inn. Med., Myokarderkrankungen, Perikarderkrankungen, Herztumoren (m. H. Just, T. Meinertz), 1989; Molekularbiologische Grundlagenforsch. - therap. Innovationen (m. E. Mutschler), 1989; Lebensqualität als Bewertungskriterium in d. Medizin (m. G. Thews), 1990. Üb. 300 Einzelarb. u. Buchbeitr. - Mitgl. Leopoldina; korr. Mitgl. Akad. d. Wiss. u. d. Lit. Mainz - Rotarier.

SCHÖLZ, Karl

Generalbevollm. Direktor Siemens AG., München - Hohenaschauer Str. 50, 8000 München 80 - Geb. 7. April 1914.

SCHÖN, Alfred

Ressortleiter Politik u. Zeitgeschehen Saarbrücker Zeitung - Postf. 296, 6600 Saarbrücken (T. 0681 - 502 22 00) - Geb. 30. Juni 1947 Ensdorf, kath., verh. - Alt-Vors. Landespressekonfz. Saar - BV: Werner Scherer - E. Leben f. d. Politik, 1987; Rechnungshof u. Journalismus, 1988; Saarländ. Weihnachtsbuch, 1988; Beiträge in Oskar Lafontaine (Filmer/Schwan), 1990.

SCHÖN, Fritz

Zahnarzt u. Kieferchirurg, Honorarprof. Univ. Erlangen-Nürnberg - Praxis u. Fortbildungsinst., Wisbacherstr. 1, 8230 Bad Reichenhall/Obb. (T. 08651 - 24 35) - Fortbildungskurse s. 30 Jahren. 350 Fachveröff.; 14 Bücher (teilw. in Übers.) - Ehrenmitgl. zahlr. in- u. ausl. Fachges.; BVK am Bde.; Ehrennadel d. Dt. Dent. Med. Großh., d. Berufsverb. Dt. Anästh., d. Dt. Zahnärztesch., Pastpresid. ICD, Euler-Med. u.a.m. - Liebh.: Jagd, Fischen, Golf, Musik.

SCHÖN, Günter

Dipl.-Ing., Gesellschafter Erzquell-Brauerei Siegtal - Am Fichtenhang 15, 5900 Siegen - Geb. 16. Febr. 1918.

SCHÖN, Gustl

Diözesansekretär, MdL Bayern (s. 1974) - Clara-Staiger-Str. 78, 8078 Eichstätt (T. 08421 - 12 87) - Geb. 1929 - CSU.

SCHOEN, Hanns Detlev

Dr. med., Prof., Ärztl. Direktor Radiolog. Klinik im Katharinenhospital (b. 1990) - Rosengartenstr. 94, 7000 Stuttgart 1 (T. 42 70 62) - Geb. 8. März 1925 Halle/S. - S. 1961 (Habil.) Lehrtätigk. Univ. Tübingen u. FU Berlin (1967 apl. Prof. f. Röntgenol.) - 1968-78 Chefarzt Strahlenabt. Auguste-Viktoria-Krkhs. Berlin-Schöneberg (1976-78 Ärztl. Leiter d. Krkhs.) - BV: Med. Röntgentechnik, 1951 (m. E. Bunde, W. Frommhold, V. Loeck; mehrere Aufl.; auch engl., span., ital.); Strahlenschutzkurs f. Strahlentherapie, 1982 (m. F. E. Stieve). 120 Einzelarb.

SCHÖN, Hans

Dr. agr., Prof., Direktor Inst. u. Bayer. Landesanstalt f. Landtechnik TU München (s. 1990) - Vöttinger Str. 36, 8050 Freising-Weihenstephan - Geb. 16. Febr. 1940 Großensterz (Vater: Franz Sch., Landw.; Mutter: Maria, geb. Bayer), kath., verh. s. 1968 m. Christl, geb. Helmerich, 2 Kd. (Hans, Susanne) - Dipl.-Ing. agr. 1963 München; Ass. im bayer. Staatsdst. 1965; Promot. 1969 Gießen - 1970-78 Mitarb. Inst. f. Landtechnik TU München; 1978-90 Dir. Inst. f. Betriebstechnik, Bundesforsch.anstalt Braunschweig, 1988-90 Präs. d. Bundesforsch.anstalt Braunschweig. Ca. 250 Aufs. z. Mechanisierung d. Landw.

SCHÖN, Helmut

Bundestrainer (1964-78) - Paul-Lazarus-Str. 2, 6200 Wiesbaden - Geb. 15. Sept. 1915 Dresden (Vater: Kunsthändler), verh. m. Annelies, geb. Gräfe, S. Stephan - Gymn. Dresden; Lehre Sächsische Staatsbank ebd.; Sporthochschule Köln (1950 ff.) - Pharmaz. Industrie; 1952-78 Fußballtrainer (b. 1956 Saarl. Fußball-Verb., dann DFB; Assist. v. Herberger, 1964 ff. Bundestrainer). Bes. Erfolge: u. a. 1966 dt. Elf 2. Platz Fußball-Weltmeisterschaft London, 1970 3. Pl. Mexico-City, 1972 Europam., 1974 Weltm. - BV: Immer am Ball, 1970; Fußball, 1978 - 1970 BVK I. Kl.; 1974 Gr. Verdienstkreuz d. VO d. Bundesrep. Dtschl.; 1975 Gold. Ehrennadel DFB; 1980 Ehrenmitgl. DFB; 1984 FIFA-Orden - Bek. Fußballer (Dresdner SC; 1940 u. 41 Pokalsieger, 1943 u. 44 Dt. Meister).

SCHÖN, Karl

Bürgermeister, Mitgl. Europa-Parlament (s. 1979) - Danngasse 3, 5413 Bendorf/Rh. (T. 20 10) - Geb. 26. Juli 1923 Elstra/Sa., ev., verh., 2 Kd. - Volkssch.; Steinmetzhandwerk - U. a. Parteigeschäftsf. (1963ff.). S. 1957 Mitgl. Stadtrat (Fraktionsvors.), Beigeordn. u. spät. Bürgerm. Bendorf. MdK Mayen-Koblenz. MdL Rhld.-Pfalz (1967-74). Vors. Arbeiterwohlfahrt/Bezirksverb. Rheinl.-Hessen-Nassau, Koblenz. SPD s. 1955 (1966 Kreisvors., später UB-Vors. Koblenz u. Mitgl. Bezirksvorst.). Bezirksvors. d. Arbeiterwohlfahrt Rheinl.-Hessen-Nassau.

SCHÖN, Konrad

Dr. phil., Prof., Landesminister a. D., MdL Saarl. (1970-77; CDU) - Rotenbühler Weg 8, 6600 Saarbrücken (T. 3 47 32) - Geb. 7. Mai 1930 Mannheim - Stud. Rechtswiss. u. Phil. Freiburg/Br., Paris, Heidelberg - 1954-57 Direktionsassist. Dresdner Bank; 1958-60 Studienleit. Europa-Haus Marienberg; 1960-61 Studienleit. Europ. Akad. Otzenhausen; s. 1961 Doz. u. Prof. (1968) Päd. Hochsch. Saarbrücken (Politikwiss. u. Didaktik d. Polit. Bildung); s. 1974 Min. d. Finanzen Saarl. - BV: Europa-Aufbruch aus d. Krise, 1959; D. Begriff d. Polit. Bildung, 1964; D. Praxis d. Unterrichts in Polit. Bildung, 1967; Verfassung u. Erziehung, 1968; Grundl. d. polit. Urteilsbildung, 1969. 1979 Mitgl. Europ. Parlament. Zahlr. Einzelarb.

SCHÖN, Lothar

Dr. agr., Prof. - 8651 Katschenreuth 85/Ofr. (T. Kulmbach 7 68 35) - Geb. 13. Sept. 1923 - Stud. Landw. - S. 1967 (Habil.) Lehrtätigk. TU München/Fak. f. Landw. u. Gartenbau (apl. Prof. f. Schlachttier- u. Fleischkd.) - Rotarier.

SCHÖN, Otto

Dr. phil., o. Prof. f. Pädagogik u. Didaktik Kathl. Univ. (vorh. Päd. Hochsch.) Eichstätt - Heidingsfelderweg 13, 8078 Eichstätt/Bay. (T. 12 13) - Geb. 12. Juni 1926 Amberg/Opf. (Vater: Alfred S., Lehrer), verh. m. Anna, geb. Falb - S. 1958 ao. u. o. Prof. Eichstätt. Facharb.

SCHÖN, Peter

Verleger, Vors. Verb. d. Zeitschriftenverleger Berlin - Zu erreichen üb.: Markgrafenstr. Nr. 11, 1000 Berlin 61.

SCHÖNAUER, Hans

Dr., Präsident Landesarbeitsgericht München - Winzererstr. 104, 8000 München 40.

SCHÖNBACH, Gerhard

Dr. med., Prof., Chefarzt Chir. Abt. (s. 1980) - Kreiskrankenhaus Lindau, 8990 Lindau/B. (T. 30 31) - Geb. 25. April 1926 Oberbrechen, kath., verh. s. 1957 m. Christa, geb. Herion, 3 Töcht. (Barbara, Stephanie, Annette) - Univ. Frankfurt, Heidelberg, Gießen. Promot. u. Habil. Gießen - 1964 ff. Privatdoz. u. apl. Prof. Univ. Gießen (Chir.). 1966-80 Chefarzt Chir. Abt. St.-Josefs-Krankenhaus Freiburg. Bes. Arbeitsgeb.: Gastroenterologie. Facharb. - Spr.: Engl., Franz., Ital.

SCHÖNBACH, Klaus

Dr. phil., Prof. f. Journalistik m. d. Schwerpunkt Kommunikationswissenschaft, Hochsch. f. Musik u. Theater Hannover (s. 1985) - Harnischstr. 3, 3000 Hannover 1 (T. 0511 - 62 25 82) - Geb. 4. Sept. 1949 Seligenstadt/Hessen, kath., verh. s. 1987 m. Marianne, geb. Schuck, T. Christina Sophie - Stud. Publiz., Soziol. u. German. 1968-75 Univ. Mainz; Promot. 1975 Univ. Mainz; Habil. 1982 Univ. Münster - 1975-78 Leit. d. Inhaltsanalyseabt. im Zentr. f. Umfragen, Meth. u. Analysen Mannheim; 1978-83 Akad. Rat am Inst. f. Publiz. Univ. Münster; 1983-85 Prof. f. Angew. Kommunikat.forsch. Univ. München. S. 1990 gf. Leit. d. Inst. f. Journal. u. Kommunik.forsch. Hochsch. f. Musik u. Theater Hannover - BV: Trennung von Nachrichten u. Meinung, 1977; D. unterschätzte Medium, 1983; Zeitungsberichte u. Leseinteressen (m. W. Eichhorn), 1992. Herausg.: Massenmedien u. Wahlen (m. W. Schulz), 1982; Audience Responses to Media Diversification (m. L. B. Becker), 1989 - Liebh.: Gesch. d. Spätantike, Belletristik, Essen, Kochen - Spr.: Engl.

SCHÖNBACH, Peter Michael

Dr. phil., o. Prof. f. Sozialpsychol. Univ. Bochum - Petersstr. 7, 4630 Bochum (T. 700 31 70) - Geb. 4. Febr. 1928 Aussig (Vater: Viktor S., Chem.; Mutter: Hildegard, geb. v. Bolzano), ev., verh. s. 1956 m. Ruth, geb. Privat - Stud. Frankfurt/M. u. Univ. of Minnesota (M. A., Ph. D.), Habil. 1968 Frankfurt - 1962-68 Lehrbeauftr. Frankfurt/M., 1969 o. Prof. Bochum. In- u. ausl. Fachmitgl.sch. - BV: Reaktionen auf d. antisemit. Welle Winter 1959/1960, 1961; Sprache u. Attitüde, 1970; Education and Intergroup Attitudes, 1981; Account Episodes, 1990. Mithrsg.: Europ. Journal of Social Psychology (1971-77) - Spr.: Engl., Franz.

SCHÖNBECK, Fritz
Dr. agr., o. Prof. u. Direktor Inst. f. Pflanzenkrankheiten u. Pflanzenschutz TU Hannover (s. 1975) - Herrenhäuser Str. 2, 3000 Hannover (T. 762 26 41) - Geb. 8. März 1926 Helpsen (Vater: Wilhelm S., techn. Angest.; Mutter: Karoline, geb. Busche), ev., verh. s. 1959 m. Dr. Helge, geb. Peuß, 2 Kd. (Simone, Joachim) - Obersch.; Landwirtsch.lehre; Stud. Univ. Kiel, Bonn; Promot. 1956 ebd. - BV: Lehrb. d. Phytomedizin, 1976; Pflanzenkrankheiten, 1979 - Spr.: Engl., Franz.

SCHÖNBERG, Leo
Vors. Richter a.D. Oberlandesgericht. MdL Rheinl.-Pfalz (s. 1979) - Blumenbergstr. 13, 5444 Polch (T. 02654-24 06) - Geb. 11. April 1928 Polch, kath., verh. s. 1957 m. Klara, geb. Wey, 4 Kd. - Gymn., (Abit. 1947); Stud. Rechts- u. Wirtsch.swiss. Univ. Mainz, Refer.ex. 1951, Ass.- ex. 1955 - 1959-66 LGRat Koblenz, s. 1965 OLG, 1966-71 OLGRat, s. 1971 Senatspräs. OLG Koblenz u. vors. Richter - S. 1947 CDU, s. 1958 Vors. CDU-Kreisverb. Mayen, s. 1956 Mitgl. Gemeinderat Polch u. Kreistag, s. 1960 Frakt.f., 1960-64 2. Kreisdeput., s. 1968 Mitgl. Regionalvertr. u. Regionalvorst., s. 1970 Vors. CDU-Frakt., Regionalvertr. S. 1957/58 Mitgl. dt. Richterbund, s. 1977 Mitgl. Bezirkselternbeir. Koblenz, s. 1980 Bez.elternsprecher - 1972 Freiherr-v.SteinPlak., 1974 BVK a. Bdes., 1978 gr. Wappenteller d. Kr. Mayen-Koblenz - Liebh.: Musik, Kunst, Theater - Spr.: Engl.

SCHÖNBERG, Walter
Dr. jur., Bundesrichter Bundesgerichtshof (s. 1969) - Herrenstr. 45a, 7500 Karlsruhe - Geb. 17. Febr. 1914 - 1956-69 Landgerichtsdir. Hanau/M.

SCHÖNBERGER, Arno
Dr. phil., Prof., Generaldirektor German. Nationalmuseum, Nürnberg (1969-80) - Hohenlohestr. 33, 8500 Nürnberg - Geb. 19. Nov. 1915 Schönberg (Vater: Martin S., Oberpostmeister; Mutter: Hilda, geb. Ziegler), kath., verh. s. 1942 m. Irmingard, geb. Huber, 3 Kd. (Angela, Claudia, Alexander) - Gymn.; Univ. München (Kunstgesch., Archäol., Phil.). Promot. 1943 - 1945-48 Ref. Bayer. Landesamt f. Denkmalpflege, München; 1948-59 Konservator u. Hauptkons. (1954) Bayer. Nationalmuseum ebd.; 1959-69 Dir. Kunstgewerbemus. (früher Schloßmus.) Berlin - BV: Dt. Porzellan, 1949; Kunstgewerbe in Europa, in: Atlantisbuch d. Kunst, 1952; Meißener Porzellan m. Höroldtmalerei, 1953; (mit Ignaz Günther, 1954; D. Welt d. Rokoko, 2. A. 1959 (m. H. Soehner; auch engl., amerik., ital., franz., span.); Dt. Plastik d. Barock, 1963 - Spr.: Engl., Franz., Ital.

SCHÖNBERGER, Franz
Dr. phil., Dipl.-Psych., Prof. f. Allg. Behindertenpädagogik Univ. Hannover (s. 1978) - Fliederstr. 14, 3057 Neustadt a. Rbge. 1 (T. 05032 - 26 62) - Geb. 24. April 1934 Linz/Donau (Österr.) (Vater: Franz Sch., Straßenbahnkontrolleur; Mutter: Berta, geb. Aigner, Schneiderm.), verh. s. 1972 in 2. Ehe m. Heidi, geb. Kuse, 6 Kd. (Wolfram, Lothar, Pablo, Florian, Jakob, Lilli) - Lic. phil. 1958 München, Dipl.-Psych. 1961 Univ. München, Promot. 1971 Tübingen - 1962-64 Psych. Tätigk. in Österr.; 1964-66 Wiss. Assist. PH Karlsruhe; 1966-78 Prof. f. Körperbehindertenpäd. PH Reutlingen, s. 1978 Hannover - BV: D. sog. Contergankinder, 1971; Körperbehind.-Gutachten f. d. Dt. Bildungsrat, 1974; Erzieh. z. Geschäftsfähig. (m. G. G. Hiller), 1977; Verhaltensstör. als Handlungsstör. (m. K. Jetter) 1979; Kooperative Didaktik, 1982; Bausteine d. Kooperativen Pädagogik (m. K. Jetter u. W. Praschak), 1987 - Spr.: Engl., Franz., Latein, Ital., Span., Griech.

SCHÖNBERGER, Hans
Dr. phil., Prof., I. Direktor i.R. Röm.- German. Kommission Dt. Archäol. Inst., Frankfurt/M. - Friedrichstr. 4, 6380 Bad Homburg v. d. H. (T. 2 93 73) - Geb. 16. Okt. 1916 Kassel - Promot. 1943 Marburg; Habil. 1963 Freiburg - B. 1948 Assist. Staatl. Kunstsammlung, Kassel, dann Dir. Saalburg-Museum, Bad Homburg. Herausg.: Limesforschungen. Veröff. z. Archäol. d. röm. Provinzen.

SCHOENBERNER, Gerhard

Publizist, Institutsdirektor - Am Grossen Wannsee 56-58, 1000 Berlin 39 - Geb. 24. Mai 1931 Neudamm/Neum. (Vater: Werner S., Pfarrer; Mutter: Else, geb. Lockstaedt), verh. s. 1956 m. Mirjana, geb. Bihalji (Tochter d. Kunsthistorikers Oto Bihalji-Merin) - Stud. Polit. Wiss., German., Theaterwiss. - Redakt., Übers., Krit., Lektor, Autor; 1973-78 Dir. Kulturzentrum Dt. Botschaft Tel Aviv; 1979ff. Mitvors. Freunde d. dt. Kinemathek u. Intern. Forum d. jg. Films, beide Berlin. Div. Kommissionsämter - BV u. a.: D. gelbe Stern - D. Judenverfolg. in Europa 1933-45, 1960, Neuaufl. 1978-91 (auch franz., holl., engl., amerik., dän., schwed., norweg., jap., kanad.). Herausg.: Wir haben es gesehen - Zeugen sagen aus. Dok. u. Berichte 1933-45, 1962, Neuaufl. 1981, 1983; D. unheil. Allianz - Briefw. Stalin-Churchill (1964); Künstler gegen Hitler - Verfolgung, Exil, Widerstand, 1984 (auch engl., franz., span. u. ital.); Unser einziger Weg ist Arbeit. Das Getto in Lodz 1940-1944 (Redaktion m. H. Loewy), 1990. Essaybeiträge in zahlr. Sammelbden. Fernseh: Film im III. Reich (12teil. Serie). Zeitgeschichtl. Ausstellungen - Vize-Präs. PEN (BRD) - Bek. Vorf.: Franz S., b. 1933 Chefredakt. Simplicissimus (Onkel).

SCHÖNBÖCK, Karl
Schauspieler - Isabellastr. 22, 8000 München 13 (T. 37 08 12) - Geb. 4. Febr. 1909 Wien (Vater: Emanuel S., Schiffsoberinsp. Donau-Dampfschiffahrtsges.; Mutter: Luise, geb. Bogner), kath., verh. I) 1941 m. Herta, geb. Saal (Schausp.) † 1964, T. Christine, II) 1964 Corinna, geb. Genest - Realsch. (Abit.) u. Akad. f. Musik u. Darstell. Kunst Wien - U. a. Bühnen Wien, Berlin, München (Kammerspiele). Zahlr. Filme (Aufzählung s. XIII. Ausg.; zul.: u. a. D. Wahrheit üb. Rosmarie, D. schwarze Schaf, E. hübscher als d. andere; Fernsehen - 1936/1937 westd. Bezirksm. Florett u. Säbel - Spr.: Franz., Engl. - Rotarier.

SCHÖNBOHM, Ekkehard
Dr. rer. nat., Prof. f. Botanik u. Pflanzenphysiol. - Am Wäldchen 1, 3550 Marburg/L. 16 - Geb. 12. Okt. 1934 Aalen/Württ. - Univ. Tübingen (Phil., Chem., Biol.). Promot. 1962 Tübingen; Habil. 1970 Marburg - S. 1971 Prof. Univ. Marburg. Publ. üb. Licht- u. Bewegungsphysiol. d. Pflanzen - Liebh.: Alte Musik - Spr.: Engl.

SCHÖNBORN, von, Alexander
Dr. oec. publ., o. Prof. f. Saatgut, Genetik u. Züchtung d. Waldbäume - Amalienstr. 52, 8000 München 40 (T. 21 80 31 29) - Geb. 10. Febr. 1924 Sinzig - Oberrealsch. Regensburg (Abit. 1942); n. Kriegsdst. (Luftw.) Univ. München (Forstwiss.) - Tätigk. Forstl. Forschungsanst. München u. Hann. München; s. 1964 (Habil.) Lehrtätig. Univ. München (1968 apl., 1971 o. Prof.) - BV: D. Atmung d. Samens, D. Aufbewahrung d. Saatguts d. Waldbäume. Etwa 40 Einzelarb.

SCHÖNBORN, Wilfried

Dr. rer. nat. habil., Leiter d. Arbeitsgruppe Limnologie Univ. Jena - Schützenhofstr. 9, O-6900 Jena (T. 85 23 13) - Geb. 3 Febr. 1934 Harbke, verh. s. 1958 m. Ilse, geb. Müller, S. Christoph - Abit. 1953; Dipl.-Biol. 1958; Promot. 1962 Jena; Habil. 1968 Halle - B. 1991 wiss. Mitarb. in d. ehem. Akad. d. Wiss. (ohne besond. Position) - BV: Beschalte Amöben (Testacea), 1966; Fließgewässerbiologie, 1992 - Liebh.: Lyrik, Jagd - Spr.: Engl.

SCHÖNBORN-WIESENTHEID, Graf von, Karl
Dr. med., Laborarzt, Dipl.-Volksw., Generalkonsul - Schloßpl. 1, 8714 Wiesentheid (T. 09383 - 8 02) - Geb. 14. Okt. 1916 Würzburg (Vater: Dr. med. Dr. iur. Erwein Graf v. S.-W.; Mutter: Ernestine, geb. Ruffo della Scaletta), kath., verh. s. 1953 m. Graziella, geb. Alvares Pereira de Mello, 4 Kd. (Filipp, Teresa, Maria, Paul) - Gymn. Würzburg; Stud. Univ. Würzburg, München, Wien; Med. Staatsex. 1941 Wien; Dipl.ex. 1952 Würzburg - Fachmitgl.sch. u. a. Vors. Bayer. Fränk. Gesch., Beiratsmitgl. Bayer. Vereinsbank, Mitgl. d. Ehrenrates d. Deutschen Musikrates. Generalkonsul Rep. Gambia f. Portugal - Bayer. VO., BVK, Ehrenbürger Wiesentheid u. Pommersfelden - Spr.: Engl., Franz., Ital., Portug. - Rotarier.

SCHÖNE, Albrecht
Dr. phil., Dr. h. c. mult., em. Prof. f. Dt. Philologie - Grotefendstr. 26, 3400 Göttingen (T. 5 64 49) - Geb. 17. Juli 1925 Barby/Elbe, ev., verh. s. 1952 m. Dagmar, geb. Haver, 2 Kd. (Bettina, Tobias) - Univ. Freiburg, Basel, Göttingen, Münster (German., Gesch., Theol., Psychiatrie); Verlagsvolontariat. Promot. 1952; Habil. 1957 - 1957 Privatdoz. Univ. Göttingen; 1958 ao. Prof. Univ. Münster/W.; 1960 o. Prof. Univ. Göttingen. Gastprof. USA, Japan, Israel, Polen; 1980-85 Präs. Intern. Vereinig. f. german. Sprach- u. Lit.-Wiss. - BV: Säkularisation als sprachbild. Kraft, 2. A. 1968; D. Zeitalter d. Barock - Texte u. Zeugnisse, 3. A. 1988; Emblematik u. Drama im Zeitalter d. Barock, 3. A. 1993; Üb. polit. Lyrik im 20. Jh., 3. A. 1972; Emblemata - Handb. z. Sinnbildkunst d. 16. u. 17. Jhs., 3. A. 1978; Lit. im audiovisuellen Medium, 1974; Kürbishütte u. Königsberg, 2. A. 1982; Götterzeichen, Liebeszauber, Satanskult, 3. A. 1993; Aufklär. aus d. Geist d. Experimentalphysik. Lichtenbergsche Konjunktive, 2. A. 1983; Lichtenberg, Briefwechsel (m. W. Joost), 1983ff.; Göttinger Bücherverbrennung 1933, 1983; Goethes Farbentheologie, 1987; V. Biegen u. Brechen, 1991 - Mitgl. d. Göttinger, Bayer., Rhein.-Westf., Österr. u. Niederländ. Akad. d. Wiss. u. Dt. Akad. f. Sprache u. Dichtung. Hon.-Memb. of the Modern Language Assoc. of America - 1982 Weinpreis f. Lit.; 1983 Joh. Heinr. Merck-Preis f. lit. Kritik u. Ess.; 1986 Gr. BVK; 1989 Niedersachsenpreis f. Wiss.; 1991 Carl Zuckmayer-Med.; Dr. phil. h. c. Univ. Tübingen, Dr. theol. h.c. Univ. Heidelberg - Lit: H. Weinrich im Merkur (1983); A. Muschg in Jahrb. Dt. Akad. f. Spr. u. Dicht. (1983) - Träger d. Ordens Pour le mérite f. Wiss. u. Künste.

SCHÖNE, Armin
Dr.-Ing., Dipl.-Ing., Prof. Univ. Bremen (Meß-, Steuer.- u. Regelungstechnik, s. 1983) u. TH Aachen (s. 1976) - 2844 Lemförde (T. 05443 - 82 02) - Geb. 15. Juni 1932 Reichenbach/Eulengeb. (Vater: Rochus S., Bürgerm.; Mutter: Anna, geb. Engel), verh. s. 1961 m. Dipl.-Kfm. Monika, geb. Herbold, 2 S. (Heralt, Egbert) - Obersch. Tarnowitz, Oberrealsch. Augsburg; TH München (Dipl.ex. 1954); Promot. 1965 TH Aachen; Habil. u. Privatdoz. 1969 TH Aachen - 1955-72 Bayer AG u. Beteiligungsber. BASF AG; 1974-83 Prof. FH Bielefeld; Fachmitgl.sch. - S. 1992 Präs. Dt. Forschungsvereinig. f. Meß-, Regelungs- u. Systemtechnik - BV: Dynamisches Verhalten von Wärmeaustauschern, 1966; Prozeßrechensysteme d. Verfahrensindustrie, 1969; Regeln u. Steuern, 1971; Regelung v. Wärmeaustauschern (Mitverf.), 1973; Simulation techn. Systeme Bd. 1-3, 1974/76; Prozeßrechensysteme, 1981; Digitaltechnik u. Mikrorechner, 1984; Regelungstechnik, Bd. I u. II 1986/87. Zahlr. Fachveröff. - Liebh.: Geschichte (Arb. z. Regional- u. Heimatgesch.), Schach - Spr.: Engl.

SCHÖNE, Barbara

Schauspielerin - Zu erreichen üb. ZBF, Kurfürstenstr. 206, 1000 Berlin 15 - Geb. 19. Mai 1947, kath., gesch., S. Florian-John - Mittl. Reife, Ausb. Berlin Max-Reinhardt-Schule, Hochsch. f. Musik u. darstell. Kunst (m. Ausz. bestanden) - Hauptrollen im Theater: Zuckmayer's Rattenfänger, Shakespeare-Komödien, Sartre's D. ehrbare Dirne, Boulevardstücken; üb. 150 Fernsehrollen in Serien u. Shows (u.a. Musik ist Trumpf) - Liebh.: Zeichnen, Malen.

SCHOENE, Hanno
Wirtschaftsjournalist - Am Hostert 6, 5353 Kommern (T. 02443 - 56 38) - Geb. 15. Febr. 1922 Berlin (Vater: Fritz Sch., Major a.D., Verlagsleit.; Mutter: Margarete, geb. Goje), verh. s. 1962 in 3. Ehe m. Marianne, geb. Witscher - 1940 Abit.; militärärztl. Laufb. (cand. med.) -

1949 fr. Lokalreporter in Göttingen; 1952 Komment. S. 1954 eig. wirtschaftspol. Redaktionsbüro f. Tageszeit., Fachzeitschr. u. Rundf., Bonn - Kriegsausz. - Liebh.: Wirtschaftsgesch., Zeitgesch. - Spr.: Franz.

SCHOENE, Heinrich

Dr. phil., Ministerialdirigent a. D. - Am Schinnergraben 105, 6500 Mainz 42 - Geb. 19. April 1910 Marburg/L., ev., verh., 4 Kd. - 1936 Staatsex. in Math./Phys./Chemie; 1937 Promot. in Phil. u. Psych.; 1946-61 unterrichtl. Tätigk. u. Fachref. Kultusmin. Mainz, 1962-64 dt. Deleg. b. d. OECD Paris, 1965-66 Generalsekr. Dt. Bildungsrat Bonn, 1967-74 Leit. Abt. Planung u. Statistik Kultusmin. Rheinl.-Pfalz. 1975-78 Lt. Reg. Päd. Zentrum, ebd. Auslandsreisen. Veröff. in Presse u. Fachzeitsch. Hrsg. d. Synopsis f. mod. Schulmathematik (Mengenlehre); KMK 200 - D. Kampf um d. Schule, 1982.

SCHÖNE, Hermann

Dr. phil., Prof., Wiss. Mitarb. Max-Planck-Inst. f. Verhaltensphysiologie - 8131 Seewiesen/Obb. - Geb. 22. Juni 1921 Fürstenwalde/Spree - S. 1963 (Habil.) - 1982 Lehrtätigk. Univ. München (1969 apl. Prof. f. Zoologie). Emerit. 1985. Etwa 80 Fachveröff.

SCHÖNE, Jobst

Dr. theol., Bischof d. Selbst. Ev.-Luth. Kirche - Münchhausenstr. 11, 3000 Hannover 61 (T. 0511 - 55 33 74) - Geb. 20. Okt. 1931 Naumburg/S., ev.-luth., verh. s. 1964 m. Ingrid, geb. Germar, 3 Kd. (Oliver, Agnes, Dorothea) - Theol.-Stud. Bethel, Tübingen, Oberursel, Münster, St. Louis (USA); 1. theol. Ex. 1958, 2. theol. Ex. 1960, Master of Divinity 1957, Promot. 1969 Münster - 1962-86 Pfarrer (1973-85 Superintend.); s. 1985 Bischof - BV: Kirche u. Kirchenregiment im Wirken u. Denken G. Ph. E. Huschkes, 1969; Bekenntnis z. Wahrheit, 1978; Luthers Bekenntnis v. Altarsakrament, 1970; Um Christi sakramentale Gegenw., 1966 - 1978 Ehrenpromot. (Doctor of Divinity) Fort Wayne/USA.

SCHÖNE, Rotraud,
geb. Herzberg

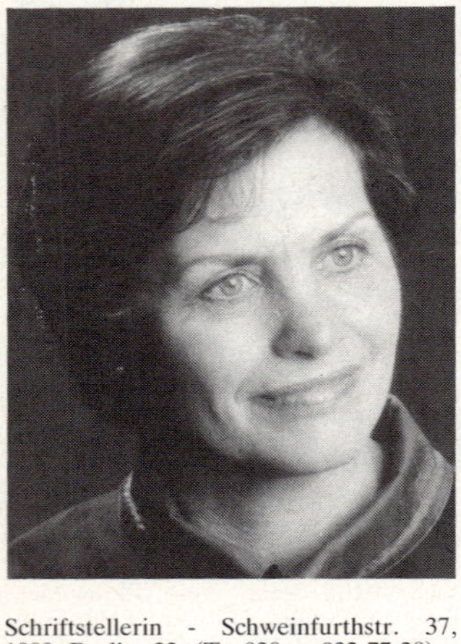

Schriftstellerin - Schweinfurthstr. 37, 1000 Berlin 33 (T. 030 - 832 77 20) - Geb. 28. Aug. 1928 Görlitz, ev., verh. s. 1955 m. Dr. Dieter Sch., 3 Kd. (Michael, Cordula, Franziska) - Abit.; Schauspielstud. in Dresden u. Berlin m. Abschlußex. (Theaterwiss., Gesang, Schauspiel) - BV: Deutsche Lyriker d. Gegenwart, 1984; Lunetta, Märchen f. Erw. 1985; Intermezzo, 1987; Schlesisches Himmelreich, 1990; Bunzlauer Weihnachtsteller, Schles. Weihnachtsgesch., 1991 - Liebh.: Malerei, Politik, Familie - Spr.: Engl., Franz. - Bek. Vorf.: Hermann v. Hanstein, Maler; Marie v. Hanstein, Dichterin; Ottfried v. Hanstein, Schriftst. (direkte Linie ms.).

SCHÖNE, Wolf-Dieter

Dr. rer. pol., Dipl.-Kfm., Prof. f. Betriebl. Steuerlehre u. Unternehmensprüf. FH Bielefeld, Steuerberater - Osianderweg 6, 4937 Lage-Hörste (T. 05232 - 8 05 56) - Geb. 14. Okt. 1929 Leipzig (Vater: Heinrich Sch., Kaufm.; Mutter: Gertrud, geb. Zeidler), ev., verh. s. 1962 m. Gerda Maria, geb. Ott, 3 Kd. (Wolf-Dieter, Michael, Barbara) - Dipl.-Kfm. Univ. Erlangen-Nürnberg; Promot. Univ. Göttingen; Steuerber. Finanzmin. Saarl.; Prof. FH Bielefeld - BV: Diversifikat. u. Besteuer., 1975; Körperschaftsteuer, 1978; Besteuer. d. Kapitalges., 1985 u. 90; Anhang u. Lagebericht, 1988 u. 89.

SCHÖNE, Wolfgang

Kammersänger, Opern- u. Konzertsänger (Bariton) - Mühlhaldenstr. 79, 7306 Denkendorf - Geb. 9. Febr. 1940 Bad Gandersheim, verh. m. Jena Ruchek, Opernsängerin - Stud. Musikhochsch. Hannover u. Hamburg (b. Prof. Naan Pöld, Konz.- u. Operngesang) - Nach Abschl. u. Gewinn versch. nat. u. intern. Gesangswettbew. (Berlin, Stuttgart, Bordeaux, Rio, s'Hertogenbosch) Konzertauftr. in ganz Europa, Nord-, Mittel- u. Südamerika, Japan; s. 1970 auch Operngastsp. S. 1973 Ensemblemitgl. Stuttgarter Staatsoper. Zahlr. Rundf.- u. Fernsehprod., Schallpl. (dar. üb. 50 Bachkantaten), Teiln. an intern. Musikfestivals (s. 1985 Salzburger Festsp.) - Hauptrollen: u. a. Don Giovanni, Mandryka, Onegin, Wolfram, Golaud, Graf Almaviva - 1978 Kammersänger-Titel.

SCHOENEBECK, Heinz

Dr., Prof. f. Theoret. Physik TU Berlin (s. 1969) - Britzer Damm 127, 1000 Berlin 47 (T. 606 76 27) - Geb. 17. Dez. 1920 Berlin (Vater: Fritz S., Ing.; Mutter: Hedwig, geb. Ziedrich), ev., verh. s. 1952 m. Hildburg, geb. Werdermann, 2 Kd. (Beate, Sabine) - Stud. TU Berlin - 1967 Privatdoz. - BV: Relativitätstheorie in: Bergmann-Schaefer, Experimentalphysik III, 1978 - Spr.: Engl.

SCHOENEBERG, Bruno

Dr. rer. nat., Prof., Mathematiker - Breslauer Str. Nr. 10, 2000 Norderstedt (T. Hamburg 527 97 23) - Geb. 8. Dez. 1906 Altona, kath., verh. s. 1937 m. Gertrud, geb. Moldt - Univ. Hamburg u. Göttingen (Math.). Promot. 1931; Habil. 1950 - 1938-66 höh. Schuldst. (Gymn.) Hamburg; s. 1950 Lehrtätigk. Univ. Hamburg (1957 apl. Prof.; 1970 Prof.); 1969-70 Gastprof. Univ. Karlsruhe u. 1971 Univ. Taipeh/Taiwan - BV: Elliptic modular functions, 1974. Fachaufs. - 1970 korr. Mitgl. Akad. d. Wiss. Göttingen.

SCHÖNEBERG, Hans

Dr. phil., em. o. Prof. f. Schulpädagogik u. Allg. Didaktik Univ./GHS Siegen - 5900 Siegen 32 - Geb. 22. Nov. 1915 - BV: Schulen - Gesch. d. Unterr. v. d. Antike bis z. Neuzeit, 1981 (u.a.); Übertragungen (J.-P. Sartre u.a.).

SCHOENEBORN, Alain

Vorstandsmitglied Dt. Renault AG (s. 1991; Bereich: Vertrieb) - Kölner Weg 6-10, 5040 Brühl-Vochem.

SCHÖNECKER, Hanns

Dipl.-Ing., Architekt - Karlstr. 18, 6670 St. Ingbert (T. 06894 - 24 67 u. 46 19) - Geb. 23. Juni 1928 Bliesen/Saar (Vater: Nikolaus S., Bergmann; Mutter: Barbara, geb. Dupont), kath., verh. s. 1957 m. Liesel, geb. Weiand, 4 Kd. (Susi, Barbara, Angela, Lisa) - TH Darmstadt - 1973 Vorst. BDA; Präs. AKS (b. 1988) - 1969 BDA-Preis - Liebh.: Erforsch. Lothring. Steinplastik - Spr.: Engl., Franz.

SCHÖNELL, Hartmut

Dr. rer. pol., Geschäftsführer Industrieverb. Hartschaum - In der Unteren Rombach 6L, 6900 Heidelberg - Geb. 27. Mai 1951 Anklam/DDR, ev., verh. m. Monika, geb. Schoppe - Univ. Bonn, Köln; Promot. 1979.

SCHÖNEMANN, Erwin

Dipl.-Ing., Gesellschafter Beregend KG., Berlin - Sommerfeldring 41, 1000 Berlin 39 (T. 805 19 95) - Geb. 23. Sept. 1920 Wattenscheid (Vater: Joseph S., Arbeitsamtsdir. †; Mutter: Wilhelmine, geb. Baetke †), ev., verh. s. 1945 m. Annemarie, geb. Lindner, S. Rüdiger - Maurerl.; Stud. Bauing.wesen TH Darmstadt; Dipl.ex. 1953 ebd. - 1953-57 Geschäftsf. Nordhess. Bauunternehmerverb.; 1957-63 Hauptgeschäftsf. Bundesverb. Dt. Kalksteinind. u. Güteschutzverb. Kalksteinind.; 1963-1964 Baustoffproduktion (Gf. u. Dir.); 1964-70 Vorst.smitgl. Verein. Berliner Mörtelwerke AG.; 1967 Gründer Transportbeton-Agentur Berlin; 1970-72 beratd. Ing. (selbst.); 1973-76 Gf. Papierind. VRsmand; 1975-78 Gl. Calorit KG., s. 1980 Mehrheitsges. e. Hotelbetriebsges. mbH. Ehrenamtl. Arbeitsrichter.

SCHÖNEMANN, Klaus

Städt. Verkehrsdirektor, Geschäftsf. Verkehrsverein Nürnberg i. R., Ehrenpräs. Verb. Dt. Kur- u. Tourismusfachleute, Ehrenmitgl. Europ. Union of Tourist Offic., Vorst.-Mitgl. Fédération Intern. de Centres Touristiques Vaduz, FL, Stud.leit. Dt. Sem f. Fremdenverkehr Berlin - Schrammstr. 17, 8500 Nürnberg - Geb. 29. Juli 1920 Coswig, verh. s. 1951 m. Ursula, geb. Lüchauer - Wirtschaftsobersch.; Lehre als Werbefachm. - U. a. Fremdenverkehrsverb. Nordbayern, Nürnberg, Fremden-Verkehrsverein Bayreuth - 1984 BVK.

SCHOENEN, Kurt

Mitglied d. Landtages d. Saarlandes - Felsberger Str. 63, 6636 Überherrn (T. 06836 - 31 30) - Geb. 2. Febr. 1943, kath., verh. m. Ellen, 2 Töcht. (Anne, Eva) - Stud. German. u. Gesch., 1. u. 2. Staatsex. - CDU-Kreisvors. Saarlouis - Spr.: Engl., Franz.

SCHÖNENBERG, Hans

Dr. med., em. o. Prof. f. Kinderheilkunde - Kaiser-Friedrich-Allee 49, 5100 Aachen (T. 7 44 29) - Geb. 2. Dez. 1915 Aachen (Vater: Michael S., Bäckerm.; Mutter: Agnes, geb. Rothkopf), kath., verh. s. 1947 m. Luzia, geb. Averdung, 3 Kd. (Michael, Christiane, Hans-Martin) - Promot. 1944; Habil. 1951 - 1949-1956 Oberarzt Univ.s-Kinderklin. Münster/W. (1951 Privatdoz., 1958 apl. Prof.); s. 1956 Chefarzt Städt. Kinderklinik bzw. Kinderklinik d. TH Aachen/Med. Fak. (1966 o. Prof.) - BV: D. Liquor cerebrospinalis im Kindesalter, 1960; Üb. Mißbildungen d. Extremitäten, 1962. Üb. 150 Einzelarb.

SCHÖNENBERG, Reinhard

Dr. rer. nat., em. o. Prof. f. Allg. u. Angew. Geologie - Eduard-Spranger-Str. 31, 7400 Tübingen (T. 6 41 74) - Geb. 24. Febr. 1914 Konitz/Westpr. - Promot. (1944) u. Habil. (1950) Berlin - S. 1950 Lehrtätigk. Berlin u. Tübingen (1958 ao., 1962 o. Prof.), 1970-71 Prorektor, 1977-78 Vizepräs. Univ. Tübingen - BV: Einf. in d. Geol. Europas, 5. A. 1987; Geographie d. Lagerstätten, 1979. Herausg.: D. Entstehung d. Kontinente u. Ozeane in heutiger Sicht (1975). Mithrsg.: Oberrhein. Geol. Abh. (1963 ff.) - Lit. Festschr., Clausthal 1979.

SCHOENENBERGER, Helmut

Dr. rer. nat., Prof., Lehrstuhl Pharmazeutische Chemie II Univ. Regensburg - Ahornstr. 14, 8401 Pentling - Geb. 2. Nov. 1924 Augsburg - S. 1961 (Habil.) Lehrtätigk. München (1967 Wiss. Rat; 1968 apl. Prof. f. Pharmazie). Etwa 100 Fachaufs.

SCHÖNER, Ingeborg

Schauspielerin - Mark-Twain-Str. 5, 8000 München 60 (T. 83 29 99) - Geb. 2. Juli Wiesbaden, ev., verh. s. 1961 m. Georg Marischka (Regiss.), 2 Töcht. (Julietta, Nicole) - Univ. Frankfurt/M. (7 Sem. Philol.) - Film: u. a. Menschen im Netz, Soldatensender Calais, Weit ist d. Weg, Bankraub in d. Rue Latour, Waldrausch; La vache et prisonnier. Les draguciers, Souvenir d'Italie, L'idee fissa, Peter u. Sabine; Fernsehen - Spr.: Engl., Franz., Ital.

SCHÖNERT, Klaus

Dr.-Ing., Prof. TU Clausthal - Tannenhöhe 4, 3392 Clausthal-Zellerfeld (T. 4 07 44) - Geb. 18. Juni 1927 Döbeln/Sa., ev., verh. s. 1960 m. Annelene, geb. Werner, 3 Kd. (Axel, Stefan, Frank) - Obersch. Suhl/Thür. (Abit. 1946), Rundfunkmechanikerlehre, Stud. d. Physik TH Karlsruhe, Dipl. 1957, Promot. 1966, Habil 1971 ebd. - S. 1972 i. Leitungskolleg. Inst. f. Mechan. Verfahrenstechn., 1981 Inst. f. Aufbereit. u. Veredel.; Vors. Fachaussch. Zerkleinern GVC, Vors. Arbeitsgr. Zerkleinern, Agglomerieren, Klassieren Europ. Föderation f. Chemieingenieurwesen (EFChE) - 1970 Arnold-Eucken-Preis VTG; 1988 Gaudin Award, AIME; 1991 Hans Rumpf Med. DVCV - Spr.: Engl.

SCHÖNEWALD, Goswin

Dr. jur., Ass., Geschäftsführer a. D. Union Dt. Bahnhofsbetriebe, Unternehmensberater Gastgewerbe - Pferdemarkt 8, 4250 Bottrop - Geb. 30. Dez. 1911 (Vater: Goswin Sch., Oberpostdir. Münster), verh. m. Annemarie Tovar, S. Goswin - Kriegsteiln. (Batteriechef in Rußl., verw., 2 J. amerik. Gefangensch. in Frankr.); Stud. Univ. Freiburg u. Münster - Gutachter z. Strukturunters.

SCHOENFELD, Heinz-Dieter

Dipl.-Kfm., Hauptgeschäftsführer Landesverb. d. Hess. Einzelhandels, Arbeitgeber u. Wirtschaftsverb. - Junghofstr. 27, 6000 Frankfurt/M. 1.

SCHÖNFELD, Peter

Dr. rer. pol., o. Prof. f. Wirtschaftl. Staatswissenschaften, insb. Ökonometrie - Am Kreizekranz 7, 5340 Bad Honnef - Geb. 13. Mai 1937 Berlin - B. 1968 Univ. Regensburg, 1971 Bonn - Spr.: Engl., Franz. - Fellow, The Econometric Soc. Rotarier.

SCHÖNFELD, Roland

Dr. oec. publ., Dipl.-Volksw., Geschäftsführer u. Mitgl. Präsid. d. Südosteuropa-Ges. München - Widenmayerstr. 49, 8000 München - 1981 BVK.

SCHÖNFELDER, Wilhelm

Dr., Botschaftsrat Botschaft Washington, 4645 Reservoir RD. N.W., Washington D.C., USA.

SCHÖNFELDT, Gräfin, Sybil

s. Schlepegrell, Sybil

SCHÖNHÄRL, Elimar

Dr. med., Prof., hess. Landesarzt f. Hör- u. Sprachgeschädigte - Sachsenring 8, 3551 Wehrda - Geb. 17. Okt. 1916 Regensburg - S. 1958 (Habil.) Univ. Erlangen u. Marburg (1964 apl. Prof.; 1966 Vorsteher Abt. Stimm- u. Sprachstörungen Hals-, Nasen- u. Ohrenklinik) - BV: D. Stroboskopie in d. prakt. Laryngologie. Üb. 50 Einzelarb. - 1964 Gould-Preis Los Angeles (f. laryngostroboskop. Arbeiten).

SCHÖNHALS, Ernst

Dr. phil., em. Prof. f. Bodenkunde u. -erhaltung - Rehschneise 2, 6300 Gießen (T. 4 22 82) - Geb. 3. Febr. 1909 Merlau/Hessen (Vater: Karl S., Landw.; Mutter: Karoline, geb. Figge), ev., verh. s. 1937 m. Elisabeth, geb. Jung †1987, S. Gerd-Rüdiger - Univ. Gießen, TH Darmstadt. Promot. 1934; Habil. 1953 - 1938-45 Bodenkundler Reichsamt f. Bodenforsch., Berlin; 1947-59 Leit. Abt. f. Bodenkd. Hess. Landesamt f. Bodenforsch., Wiesbaden; 1953-65 Privatdoz. u. apl. Prof. f. Bodenkd. u. Quartärgeol. (1959) Univ. Frankfurt/M.; 1959-65 Leit. Ref. f. Bodenkd. Bundesanstalt f. Bodenforsch., Hannover; 1965-76 o. Prof.

u. Inst.dir. Univ. Gießen - BV: Böden Hessens u. ihre Nutzung, 1954. Üb. 100 Fachaufs. - 1981 Ehrenmitgl. Dt. Bodenkundl. Ges.; 1985 Albrecht-Penck-Med. d. Dt. Quartärver.

SCHÖNHERR (Edler von Schönleiten), Dietmar

Schauspieler - Kaiserstuhl b. Zürich (Schweiz) - Geb. 17. Mai 1926 Innsbruck (Vater: Otto v. S., General; Mutter: Maria, geb. Koller), verh. 1950 m. Ellen, geb. Hanschitz, 1965 Vivi, geb. Bak (Schausp. unt. Bach, Verf.: E. Kind aus Kopenhagen, 1971, m. eig. Malereien) - Viktoria-Gymn. Potsdam Abit. 1943) - 1944-45 Soldat; 1947-52 Regiss., Sprecher u. Redakt. Österr. Sendergruppe West; s. 1951 Bühnen-, Film- (üb. 70 Rollen) u. Fernsehtätigk. (u. a. Showmaster: Wünsch Dir was, 24 Folgen; 1973-74 Gesprächsleit.: Je später d. Abend - ARD-Talk-Show). Filmregie: Lachotzky (1969, auch Buch), Kain 1970 (1972, auch Buch). S. 1977 Schauspielhaus Zürich - BV: Achtung - Aufnahme!, R. 1944; 3 Kinder- u. Jugendbücher. Liedertexte. Dt. Bühnenbearb.: Sartre, D. schmutz. Hände, Gide, La symphonie pastorale - Liebh.: Antiquitäten, Faßmalerei u. Vergolden - Spr.: Franz., Engl., Dän. - Bek. Vorf.: Karl S., österr. Dichter.

SCHÖNHERR, Horst Joachim

Dr. rer. silv. habil., Dr. h.c., Prof. Univ. Freiburg - Am Schloßpark 6, 7801 Stegen/b. Freiburg (T. 07661 - 6 14 56) - Geb. 23. Febr. 1926 Ölsa (Vater: Paul Sch., Bürgerm.; Mutter: Elisabeth, geb. Zöllner), ev. luth., verh. s. 1951 m. Erika, geb. Fuchs, T. Annegret - TH Dresden (Fak. f. Forstw.), Dipl.-Forstwirt 1952, Promot. 1957, Habil. Freiburg 1971 - 1972-74 Prof. Univ. Paraná in Curitiba (Brasilien), s. 1977 Prof. Univ. Freiburg - Spez. Arbeitsgeb.: Forstzool., Forstschutz, biol. Schädl.bekämpf. Wiss. Veröfftl. in Fachztschr.; Mitarb.: D. Forstschädlinge Europas, Bd. 2, 1972 - Ehrendoktor Univ. Curitiba/Bras. - Spr.: Engl., Portugies.

SCHÖNHÖFER, Peter S.

Dr., Prof. f. Pharmakologie Inst. f. Klinische Pharmakologie - Zu erreichen üb. ZKH St.-Jürgen-Str., 2800 Bremen (T. 0421 - 497 35 62).

SCHOENICKE, Werner

Verlagsdirektor, Geschäftsf. Verlagsgruppe Georg v. Holtzbrinck - Gänsheidestr. 26, 7000 Stuttgart 1 (T. 0711 - 21 50-2 05) - Geb. 21. Juni 1925 Düsseldorf (Vater: Wilhelm S.; Mutter: Elfriede, geb. Henker), verh., 3 Kd. (Jochen, Michaela, Klaus) - N. Abit. Buchverlagslehre - Mitgl. Abgeordnetenvers. Börsenverein f. d. Dt. Buchhandel, u. Mitgl. Lions Club.

SCHÖNIG, Heinzpeter

Pallottinerpater (S.A.C.), Vors. Intern. Arbeitsgem. d. Circus- u. Schaustellerseelsorger - Pallotti-Heim, 8904 Friedberg (T. 0821 - 60 05 20) - Geb. 28. Dez. 1926 Bruchsal/Bad., kath., ledig - Theologiestud. Univ. Eichstätt/Bay.; Priesterweihe 1953 - 1954 Gründ. Circus- u. Schausteller-Seelsorge im deutschspr. Raum; 1975 Mitarb. Vatikan f. Seelsorge am Menschen unterwegs. 1980 Vors. s. o. - BVK I. Kl.; Päpstl. Ehrenkreuz; Bayer. VO; Bischöfl. Geistl. Rat - Liebh.: Amateurzauberei - Spr.: Engl.

SCHÖNINGER, Artur

Fabrikant, Mitinh. Schöninger-Betriebe, München/Weiden/Luhe - Richildenstr. 48, 8000 München 19 (T. 17 35 17) - Geb. 7. Juli 1902 München (Vater: August S., Kaufm.; Mutter: Maria, geb. Feist), verh. 1933 m. Hermine, geb. Stecher - Vorstandsmitgl. Verein d. Glasind., München; VRsmitgl. Wohnungsbau-Ges. Bayer. Arbeitgeber GmbH. ebd.

SCHÖNLEIN, Peter

Dr. phil., Oberbürgermeister d. Stadt Nürnberg - Eisensteiner Str. 68, 8500 Nürnberg 30 - Geb. 16. März 1939 Nürnberg, ev., verh. s. 1970 m. Claudia, geb. Zeck, 2 Kd. (Martin, Birgit) - Abit.; Stud. Latein, Griech., Gesch., Franz.; 1. Staatsex. 1967 Erlangen-Nürnberg; Promot.; 2. Staatsex. 1969 - Lehrer f. Latein, Griech., Gesch. u. Franz. am Neuen Gymn. Nürnberg. SPD-Frakt.-Vors. im Nürnberger Stadtrat - Liebh.: Fußball, Joggen, Musik - Spr.: Engl., Franz.

SCHÖNMANN, Hans-Günther

Dr. jur., Vorstandsmitglied Bayer. Vereinsbank, München (1966-86) - Geb. 24. Mai 1921 München - 1957-66 Vorst.-Mitgl. Bayer. Handelsbank, München - BV: Freibier aus Eisenbahnschienen, 1981; Bewährtes im Fortschritt bewahren, 1987 - 1980 Bayer. VO; 1982 Gr. BVK.

SCHÖNNAMSGRUBER, Helmut

Dr. rer. nat., Prof., Ltd. Regierungsdirektor a.D. - Bergstr. 9, 7517 Waldbronn 2 (T. 07243 - 6 68 12) - Geb. 15. Nov. 1921 Stuttgart, ev., verh. s. 1952 m. Margret, geb. Hüber, Sohn Wolf - Gymn. Stuttgart; 1940-48 Wehrdst. u. sowj. Kriegsgefangensch.; Stud. Naturwiss. Univ. (TH) Stuttgart; Promot. 1954 - 1953-61 Wiss. Mitarb. Forstl. Versuchsanst,; 1961-71 Bezirksbeauftr. f. Naturschutz u. Landschaftspflege Tübingen; 1971-76 Dir. Landesst. f. Naturschutz u. Landschaftspfl. Baden-Württ., Ludwigsburg, 1976-83 Leit. Inst. f. Ökol. u. Naturschutz, Landesanst. f. Umweltschutz, Karlsruhe . S. 1963 Lehrbeauftr. Univ. Tübingen (Vegetationskd., Naturschutz, Landschaftspflege). S. 1973 Präs. Schwäb. Albverein; Vizepräs. Verb. Dt. Gebirgs- u. Wandervereine - 1961 Honorarprof. Univ. Stuttgart-Hohenheim; 1991 Gr. BVK - Liebh.: Naturwiss., Gesch., Kunstgesch., Wandern u. Bergwandern - Spr.: Engl., Russ. - Lit.: Bibliogr. u. Biogr.: H. Sch. Veröff. Naturschutz u. Landschaftspflege, Baden-Württ., 57/58, Karlsruhe 1984.

SCHÖNNENBECK, Hermann

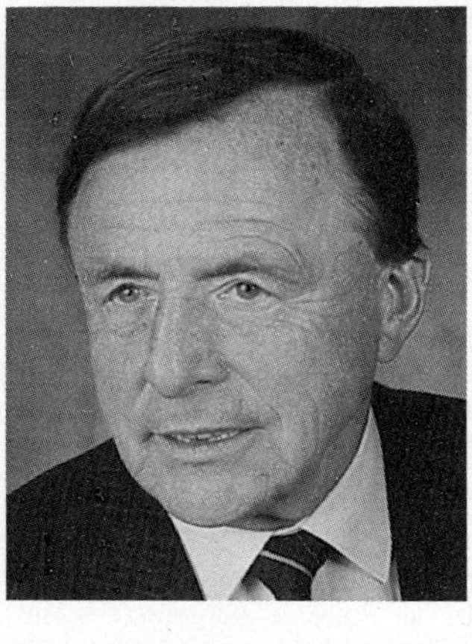

Dr., Prof. Univ. Dortmund - Meisenburgstr. 77, 4300 Essen 1 (T. 41 34 73) - Geb. 29. Dez. 1918 Essen (Vater: Hermann Sch.; Mutter: Emma, geb. Anger), ev., verh. m. Lore, geb. Steinmann, 2 Kd. (Britta, Ingo) - Stud. Wirtschaftswiss. Univ. Breslau, Prag u. Köln; 1947 Dipl.-Kfm.; 1949 Dipl.-Volksw.; 1950 Promot. - 1947-51 Assist. Univ. Köln; seitd. in d. Ind. Hon.-Prof. Univ. Dortmund - BV: Grenzen d. ind. Kostenrechn. (Diss.), 1950; Bilanz u. Bilanzpol. d. Bauuntern. in Einzeldarst., 1966; Unternehmensfinanz. in d. Bauwirtsch., 1977; Beitr. z. Baubetriebswirtsch., 1983.

SCHÖNPFLUG, Wolfgang

Dr. phil. nat., Prof. f. Psychologie FU Berlin - Ringstr. 13, 1000 Berlin 45 (T. 030 - 833 49 90) - Geb. 31. März 1936 (Vater: Dr. Fritz Sch., Privatdoz.; Mutter: Käte, geb. Mendel), verh. s. 1964 m. Dr. Ute, geb. Moll, 2 Söhne (Daniel, Tobias) - MA 1958 Univ. of Kansas; Dipl.-Psych. 1961 Univ. Frankfurt/M.; Promot. 1963 ebd.; Habil. 1967 Univ. Bochum - 1969 Wiss. Rat u. Prof. Univ. Bochum; 1974 Prof. FU Berlin - BV: Psych. München: Urban u. Schwarzenberg, (m. Ehefr.) 1989; Adaptation, Aktiviertheit u. Valenz; Kurt Lewin - Person, Werk, Umfeld, 1992, u. a. Monogr., Ztschr.-Art. - Fernsehen: Medienverbundprogr. System Mensch - Einf. in d. Psych., 1977; Filmserie WDR: Verf. Begleitb. System Mensch, 2 Bde. - Liebh.: Lit., Musik, Fotogr. - Spr.: Engl., Latein.

SCHÖNSTEDT, Arno

Dr. h.c., Prof., Landeskirchenmusikdirektor i.R., Organist - Wohnstift Augustinum Dießen, Appt. 485, 8918 Dießen am Ammersee (T. 08807 - 7 04 85) - Geb. 12. Sept. 1913 Sondershausen/Thür., ev., verh. m. Ursula, geb. Muff, 3 Kd. (Rolf, Wolfgang, Sabine) - N. Abit. 1932-35 Bankausbild.; 1935-38 Musikhochsch. Leipzig (Kirchenmusik m. Abschl.) - 1938 Kantor u. Organist St. Matthäi, Leipzig; 1945 Kant. St. Matthäi, Org. St. Thomae; 1947 Münster - Org. Herford; 1948 Doz. Landeskirchenmusiksch. ebd. Orgel- u. Glockensachverst. Ev. Kirche v. Westf.-Konzertreisen: Europa, USA, Kanada, Australien, Japan. Mitwirk. Rundf. u. Ferns. Schallpl. - 1974 Prof.-Titel Landesreg. NRW; 1975 Ehrendoktor Wartburg College, Waverly (USA); 1983 BVK I. Kl. - Spr.: Engl.

SCHOENTHAL, Hans-Ludwig

Kaufmann, Mitgl. Abgeordnetenhaus v. Berlin (s. 1977) - 1000 Berlin 47 - Geb. 9. Febr. 1923 Hahnenklee/Harz, verh., 1 Kd. - Gymn. (Abit. 1942); 1942-44 Hilfsarb. Kali-Chemie; 1946-55 Humboldt-Univ., FU u. TU Berlin - 1955-77 Verwaltungsangest. Landesjugendamt, Informationszentrum u. Landeszentrale f. Polit. Bildung Berlin; s. 1977 Inh. Reisebüro ebd. 1936-38 Aufenth. Schweden. Stv. Vors. Dt.-Israel. Ges. Berlin. SPD s. 1946.

SCHÖNTHAN, von, Gaby

Autorin - 17 Maplewood Ave., Dobbsferry N. Y. 10522 USA - Geb. 12. Sept. 1926, verh. in 1. Ehe s. 1957 m. Paul Frischauer, Historiker †1977, in 2. Ehe s. 1984 m. Henry C. Alter - 1942-44 Hochsch. f. Musik u. darstellende Kunst Reinhardt Seminar Wien (Schausp.) - 1944-55 Schausp. Theater in d. Josefstadt (Wien), Staatstheater Wiesbaden, München, Gastsp. S. 1963 Schriftst. - BV: D. Geliebte d. Königs, 1963; So nah der Liebe, 1963; D. Rosen v. Malcuaison, 1966; Madame Casanova, 1968; D. Löwin v. San Marco, 1972; D. Herrenhaus, 1977; 2 ungleiche Schwestern, 1979; Wie viele Stunden hat d. Nacht, 1982; Aunnia, 1986 (engl, franz., ital., span., holl., skand., finn. u. portug. Übers.) - Liebh.: Tiere (spez. Hunde, spez. Pudel) - Spr.: Engl., Franz. - Bek. Vorf.: Franz v. Schönthan, Lustspieldir. (u. a. Raub d. Sabinerinnen) (Urgroßv.).

SCHÖNWALD, Fritz

I. Bürgermeister - Rathaus, 8544 Georgengmünd/Mfr. - Geb. 3. März 1934 Düsseldorf - Zul. Verwaltungsamtm. SPD.

SCHÖNWALD, Kurt

Prof., Hochschullehrer - Klärchenstr. 10, 2000 Hamburg 60 (T. 47 26 59) - Geb. 30. April 1910 Notzendorf (Vater: Ernst S., Schmiedem.; Mutter: Martha, geb. Dörks), ev., verh. in 2. Ehe (1951) m. Maja, geb. v. Elepfandt, 2 Kd. (Harald; Alexandra-Dorothee) - Winrich-v.-Kniprode-Sch. Marienburg/Wpr. (Gymn.); Stud. Math., Physik, Psych.Danzig, Hamburg, Königsberg. Staatsex. f. d. höh. Lehramt 1934 (Königsberg) u. 37 (Berlin) - 1939-45 Frontoffz. (Polen, Frankfr., Rußl.); s. 1950 Prof. Päd. Inst. bzw. Fachbereich Erziehungswiss. Univ. Hamburg (1964 Ord. f. Didaktik d. Mathematik u. Physik). Herausg.: Math. Arbeitshefte (Klett-Vg.).

SCHOENWALDT, Peter

Generalkonsul d. Bundesrep. Deutschl. in Lyon - 33, Boulevard des Belges, F-69458 Lyon Cédex 06 - Geb. 10. Aug. 1934 Reutlingen.

SCHÖNWASSER, Jürgen

Dipl. rer. pol. (techn.), stv. Vorstandsmitglied Philipp Holzmann AG - Taunusanlage 1, 6000 Frankfurt/M. 1 - Geb. 29. Nov. 1947 - AR-Mitgl. u. Beirat v. div. Ges.

SCHÖNWIESE, Christian-Dietrich

Dr. rer. nat., Prof. f. Meteorol. Umweltforschung Univ. Frankf. - Inst. f. Meteorologie u. Geophysik d. Univ., Praunheimer Landstr. 70, 6000 Frankfurt/M. (T. 069 - 798 23 75) - Geb. 7. Okt. 1940 Breslau (Vater: Dr. Alex Sch., Wirtschaftsjourn.; Mutter: Ursula, geb. Leitzke), kath., verh. s. 1975 m. Dr. Marianne, geb. Zilleken, 2 Kd. (Ralf, Alexa) - 1963-68 Stud. Meteorol. Univ. München (Dipl.); Gr. Staatsprüf. 1970; Promot. 1974 - 1970-81 Berat. u. Lehrtätigk. Geophysikal. Beratungsdst.; 1981 Prof. Frankfurt - BV: Klimaschwank., Sachb. 1979; Prakt. Statistik, Lehrb. 1985; Treibhauseffekt, Sachb. 1987; Klima im Wandel, Sachb. 1992. Zahlr. wiss. Fachbeitr. f. Bücher u. Ztschr. - Liebh.: Musik, bild. Kunst - Spr.: Engl.

SCHÖNWIESE, Jürgen

Fotograf, Zeichner, Grafiker - Josef-Kyrein-Str. 3, 8014 Neubiberg (T. 089 - 601 56 99) - Geb. 20. Jan. 1949 Porta Westfalica, verh. - Bayer. Staatslehranst. f. Fotografie 1974-76 München; Akad. d. Bild. Künste 1977-83 München; Stud. d. Malerei u. Grafik (Abschl. Meisterschüler u. Dipl.) - S. 1990 Doz. an d. Staatl. Fachakad. f. Fotodesign, München - Zahlr. Ausst. m. fotograf., maler., zeichn. u. graf. Arb. Fachveröff. u. Illustr. in div. Magazinen u. Ztschr. Publ.: Fotobuch Sau, 1979; Kippen (Zeichnungen-Objekte), 1983 - 1978 Plakatwettbewerb Kindsmißhandlung, Aktion Jugendschutz; 1979 Theaterplakatwettbewerb DFG-Projekt Mandragola, 1980 Plakat München-Kultur, Kulturreferat Landeshauptstadt München; 1981 Intern. Kinderbuchtag 81 (Plakat), Junge Künstler d. 80er J., Preis d. K.V. d. Ecke Augsburg; 1982 Förderpr. Alfried Krupp v. Bohlen u. Halbach-Stiftg.; 1985 Plakatwettbewerb Fasching München 1986; 1987 Plakatwettbewerb Fasching München 1988 - Liebh.: Meine Katzen Bi-Bi, Pfeffer, Gato u. Federico; Biogärtnern; Jazz.

SCHÖPF, Bernhard

Dr. phil., Dr. theol., o. Prof. f. Moraltheologie - Am Galgenberg 1 1/2, 8880 Dillingen/Donau - Geb. 12. Dez. 1906, kath. - S. 1955 ao. u. o. Prof. (1963) Phil.-Theol. Hochsch. Dillingen - BV: D. Tötungsrecht b. d. frühchristl. Schriftst. b. z. Zeit Konstantins, 1958.

SCHOEPF, Erich

Dipl.-Ing., Regierungsbaumeister a. D. - Robert-Koch-Str. 37, 8022 Grünwald (T. 089 - 64 96 46) - Geb. 29. Dez. 1908 München - Schule u. TH München - S. 1950 Held & Francke (1951 Vorst., zul. Vors.) (s. 1974 a. D.).

SCHÖPP, Günter

Fabrikant, Geschäftsf. Fa. Hermann Schöpp, Textilwaren, Wermelskirchen, u. Chairman of Schoepp Velours of Ireland Ltd., Wexford/Ireland - Vorm Eickerberg 1, 5632 Wermelskirchen (T. 02196 - 40 46) - Geb. 4. Juli 1919 Wermelskirchen (Vater: Moritz S., Fabrikant; Mutter: Else, geb. Zartenar), ev., verh. s. 1944, 2 Kd. - Textil-Ing.sch. Wuppertal - Vors. Schoepp Velours of America, Inc., Rocky Mount, North Carolina/USA, Ambassador at Large d. Staates North Carolina, USA - Ehrenmitgl. IHK Köln; Ehrenpräs. Berg. IHK,

Remscheid; Großkreuz Ordine Militare del SS. Salvatore e S. Brigida di Svezia; 1969 Nederlands Laureaat van de Arbeid 1. Kl.; 1969 Mitgl. Tempelherren-Orden (Comtur-Kreuz); Gold. Sportabz. 1962; Bayer. Sportleistungsabz. in Gold 1965; 1984 BVK I. Kl. - Spr.: Engl., Ital.

SCHOEPPLER, Otto

Bankdirektor, Aufsichtsratsvorsitzender Chase AG, Frankfurt - Geb. 9. Febr. 1924 Worms/Rh. (Vater: Otto S.; Mutter: Margaretha, geb. Becker), kath., verh. s. 1948 m. Dolores, geb. Riolo, 2 Kd. (Carol, Steven) - 1941-47 Stud. Wirtschaftswiss. Bowling Green State Univ./Ohio, Stanford Univ./Cal., Cornell Univ. New York - 1947ff. Insurance Company of North America (1950 Manager, 1954 Hauptbevollm. f. Dtschl.); 1960-68 u. s. 1974 Chase Manhattan Bank, New York (1961 Assistant Manager Frankfurt, 1962 Manager Dt. Niederlass., 1963 Assist. Vizepräs., 1964 Vizepräs., 1974 Dir. of Corporate Banking-Europe u. stv. AR-Vors.); 1968-74 Bankhaus Burkhardt & Co., Essen, bzw. C. G. Trinkaus & Burkhardt, Düsseldorf u. Essen (pers. haft. Gesellsch. Zeitw. Präs. American Chamber of Commerce in Germany, Frankfurt/M. (1964-70 u. 1974ff.); 1974-85 Präs. d. Chase Manhattan Capital Markets Corporation; AR-Mitgl. Neckura Versicherungs AG, Capital International, VDO Adolf Schindling AG, Swanson Erie Corporation - 1964 Columbus-Med. - Liebh.: Golf - Spr.: Engl.

SCHOEPS, Julius H.

Dr. phil., o. Prof. f. Neuere Geschichte Univ. Potsdam u. Dir. d. Moses Mendelssohn Zentrums f. europ.-jüd. Studien - Niederdonkerstr. 76, 4005 Meerbusch 1 (T. 02105 - 7 36 35) - Geb. 1. Juni 1942 Djursholm/Schweden (Vater: Hans-Joachim Sch., Prof.; Mutter: Charlotte, geb. Busch), jüd., verh. s. 1975 m. Ursula, geb. Pradler - Stud. Gesch., Geistesgesch., Politik- u. Kommunikationswiss. Univ. Berlin u. Erlangen; Promot. 1969, Habil. 1973 - 1969-70 Verlagslektor; 1974-92 Prof. in Duisburg u. Dir. d. Salomon Ludwig Steinheim-Inst. f. dt.-jüdische Gesch. Gastprof. in Tel Aviv, Oxford, New York, Seattle u. Budapest, Vors. Ges. f. Geistesgesch. - BV: u. a. V. Olmütz nach Dresden 1850/51, 1972; Zionismus, 1973; Friedrich Albert Lange, 1975; Theodor Herzl, 1975; Revolution u. Demokr. in Gesch. u. Lit., 1979; Moses Mendelssohn, 1979; Religion u. Zeitgeist im 19. Jh., 1982; Juden im Vormärz u. in d. Revolution v. 1848, 1983; Bismarck u. s. Attentäter, 1984; Antisemitismus nach d. Holocaust, 1986; Juden in d. Weimarer Rep., 1986; Üb. Juden u. Deutsche, 1986; Juden als Träger Bürgerlicher Kultur in Deutschland, 1989; Leiden an Deutschland, 1990; Bürgerliche Aufklärung u. liberales Freiheitsdenken, 1992; D. politische Skandal, 1992; Neues Lexikon d. Judentums, 1992. Herausg.: Stud. z. Geistesgesch. (1981ff.). Mithrsg.: Menora. Jahrb. f. dt.-jüd. Gesch.; Ztschr. f. Relig.- u. Geistesgesch.; Theodor Herzl, Briefe u. Tagebücher - Spr.: Engl., Schwed.

SCHÖTT, Hans Erich

Dr., Apotheker, Lebensmittelchem., Landwirtschaftsmstr., MdL Baden-Württ. (s. 1976) - Hauptstr. 41, 7833 Endingen/Kaiserstuhl - Geb. 18. April 1940 Freiburg/Br., ev., verh. - Progymn. Kenzingen u. Internatssch. Gaisenhofen; landw. Ausbild. (Meisterprüf. 1976); Stud. (Lebensmittelchem.prüf. 1970; Promot. (Biol.) 1975) - Selbst. Apoth. u. Landw. 1975 ff. Gemeinderatsmitgl. u. stv. Bürgerm. FDP/DVP s. 1975 (stv. Kreisvors.).

SCHÖTTLE, Klaus

Dr. rer. pol., Generalbevollmächtigter Deutsche Babcock AG - Duisburger Str. 375, 4200 Oberhausen 1 (T. 0208 - 833-28 83) - Geb. 26. Okt. 1931 Stuttgart, kath., verh., 4 Kd. - Techn. u. kaufm. Lehre; Stud. Univ. Stuttgart u. Tübingen.

SCHÖTTLE, Ventur

Landwirtschaftsmeister, Staatssekr. Min. f. Ernährung, Landw., Umwelt u. Forsten (1978-91), MdL Baden-Württ. - Von-Speth-Schülzburg-Str. 29, 7930 Ehingen-Granheim (T. 07395 - 3 97) - Geb. 22. Sept. 1929 Granheim - S. 1968 MdL; s. 1973 Präs. Schutzgemeinschaft Dt. Wald, Landesverb. Baden-Württ., Mitgl. Landesvorst. d. CDU s. 1964.

SCHÖTTLER, Wilhelm

Rechtsanwalt u. Notar, Senator h. c. d. Ukrain. FU München, Prof. f. Rechts- u. f. Zeitgesch. Univ. Kaslik (Beirut/Libanon), Synd. Bundesverb. d. Finanzberater u. Wirtschaftstreuhänder, Justitiar Verb. d. Wirtschaftsberat. Berufe, Präs. Bundesverb. Fr. Juristen Dtschl.s, Dt.-Kenya-Ges., Dt.-Ägypt. Ges., Vors. Rechts- u. Staatswiss. Ges., Staats- u. Handelspolit. Ges., Vizepräs. Dt. Mauretan-Ges. u. Akad. Ges. f. Finanzw., Präsidialmitgl. Europ. Studienges. f. mod. Verkehrserzieh., Ehrenpräs. Ges. f. Dt.-Arab. Freundschaft u. a. - Königswall 26, 4350 Recklinghausen (T. 2 68 19 u. 2 36 30) - Geb. 21. Juni 1924 Recklinghausen, verh. - Zahlr. Fachveröff. - Dr. rer. pol. h. c. Faculté Libre des Sciences, Université Libre, Paris, France; Dr. h.c. d. Univ. Federal Fluminense Niteroi, RJ, Brasil. Zahlr. Ausz.

SCHÖTZ, Franz

Dr. rer. nat., Prof., Botaniker - Suessenguthstr. 28, 8000 München 60 (T. 811 74 62) - Geb. 8. Nov. 1920 München (Vater: Josef S.; Mutter: Maria, geb. Zißler), kath., verh. s. 1951 m. Anna-Maria, geb. Huber, 3 Söhne (Josef, Peter, Paul) - Wilhelms-Gymn. u. Univ. München (Naturwiss.). Staatsex. f. d. höh. Lehramt 1948/49. Promot. (1953) u. Habil. (1959) München - Studienass.; s. 1953 Assist., Konservator (Botan. Inst.; 1955), Privatdoz. (1959) u. apl. Prof. (1965) Univ. München; s. 1959 Oberkonserv., Dir. (1964), Landeskonservator (1970), Sammlungsdir. (1971; 1976 Ltd.) am Botan. Garten ebd.; Dir. d. Botan. Gartens München (1985) - BV: Botanischer Garten München (Bildbd., 4. A. 1981); Gewächshausführer, 1963; Freilandf., 1966; Gebirgspflanzen im Alpengarten auf d. Schachen, 1973; D. Freilandanl., 1975 u. 1980; D. Gewächshäuser, 1977 u. 1983; D. Alpengarten am Schachen, 1984. Üb. 80 Veröff. z. Genetik u. Feinstruktur d. Pflanzen u. üb. d. Botan. Garten München - Spr.: Engl.

SCHÖTZ, Werner

Dr. rer. pol., Direktor i. R. Heckners Verlag, Wolfenbüttel - Grüner Platz 8, 3340 Wolfenbüttel (T. 05331 - 3 14 57) - Geb. 19. Juni 1907 Berlin, ev., verh. s. 1937 m. Gertrud, geb. Wolf - Banklehre; Externenabit.; Stud. d. Wirtsch.s- u. Rechtswiss. Handelshochsch. Leipzig u. Univ. Köln, Dijon u. Breslau; Diplôme de franc. 1928 Dijon; Promot. 1931 Breslau - 1934-36 Wiss. Assist. u. Doz. Breslau; 1937-46 Prokurist Verlag B. G. Teubner u. Verlagsleit. G. A. Gloeckner, bde. Leipzig - Ehrenpräs. Barmenia Versicherungen, Wuppertal. - Fachveröff.

SCHOLE, Jürgen

Dr. agr., Dr. rer. nat., o. Prof. f. Physiol. Chemie - Weißdornweg 19, 3002 Wedemark - Geb. 4. Juni 1927 Königsberg - Stud. Landw. u. Chemie - S. 1964 (Habil.) Lehrtätigk. Univ. München (Wiss. Rat) u. Tierärztl. Hochsch. Hannover (1969 Ord. u. Inst.sdir.). Facharb.

SCHOLL, Günther

Botschafter a. D. - Zuccallistr. 17a, 8000 München 19 (T. 17 55 20) - Geb. 11. Jan. 1909 Stettin, verh. I) m. Bruna, geb. Meister († 1969), T. Heide u. Renate, II) 1971 Dr. Anna-Elisabeth, geb. Wolff, T. Ebba, Katharina - Stud. Bauwesen u. Rechtswiss. Jurist. Staatsprüf. 1935 u. 38 - 1939-45 AA Berlin, 1945-50 Bergbau; 1950-52 Bundesinnenmin.; s. 1952 AA Bonn (Auslandsposten: 1954 Legationsrat I. Kl. Belgrad, 1960 Botschaftsrat I. Kl., 1962 Gesandter Moskau, 1963 Botschafter Rawalpindi, 1970 Kopenhagen) - 1956 Komturkreuz Phönix-Orden (Griechenl.); 1964 Gr. BVK m. Stern; 1970 Hilal-i-Quaid-i-Azam (Pakistan); 1973 Großkreuz Dannebrog-Orden (Dänem.) - Liebh.: Gesch., Musik - Spr.: Engl., Franz., Russ., Dän., Ital.

SCHOLL, Hermann

Dr.-Ing., Geschäftsführer Robert Bosch GmbH (s. 1978) - Zu erreichen üb. Rob. Bosch GmbH, Postfach 10 60 50, 7000 Stuttgart 10.

SCHOLL, Johannes

Direktor, Mitgl. Geschäftsfg. SKF Kugellagerfabriken GmbH., Schweinfurt - Göteborgstr. 24, 8720 Schweinfurt/Ufr. - Geb. 18. Juni 1913 Leipzig.

SCHOLL, Roland

Kanzler Hochschule f. Musik u. Theater Hannover - Emmichpl. 1, 3000 Hannover (T. 310 02 20) - Geb. 9. Dez. 1934 Berlin (Vater: Jörn Hildebrand Sch., Kaufmann; Mutter: Hildegard, geb. Opper), ev. luth., verh. s. 1961 m. Christa, geb. Hugel, S. Jörn Christian - 1954-58 Jurastud. Hamburg u. München, Gr. jur. Staatsprüf. 1963 - 1964-73 Rechtsanwalt u. Syndikus d. Dt. Musikrates, Hamburg u. Bonn; s. 1973 in Hannover - Spr.: Engl.

SCHOLL-LATOUR, Peter

Dr. phil., Schriftsteller, Journalist, Herausgeber stern-Magazin (1983-88), Vorst. Gruner + Jahr AG (1984-88) - Geb. 9. März 1924 Bochum (Vater: Dr. med. Otto S.-L.) - Collège St. Michel Fribourg u. Wilhelms-Gymn. Kassel; Univ. Mainz, Paris, Beirut. Promot. Paris (Lettres) - S. 1950 Journalist (Aufgaben in 5 Erdteilen; 1960-63 Afrika-Korresp. ARD/Dt. Fernsehen; 1963-69 Leit. Pariser Studio ARD; 1969-71 Dir. I. WDR-Fernsehprogramm; 1975-83 Leit. Pariser Studio ZDF); 1983-84 Chefredakt. stern, s. 1984 noch Herausg. u. zuständ. f. FS-Aktivitäten d. Verlagsgruppe - BV: Im Sog d. Generals; D. Tod im Reisfeld, 1979; Allah ist m. d. Standhaften, 1983; Mord am großen Fluß, 1986; Leben m. Frankreich; D. Wahn v. himmlichen Frieden; D. Schwert d. Islam; D. Gottlosen d. Hölle - 1969 Gold. Kamera Hör zu (f. polit. Reportagen), 1974 Gold. Bambi Bild u. Funk; Adolf-Grimme-Preis; 1971 Aristide-Briand-Med.; 1977 Straßburg-Goldmed.; 1989 Elsie-Kühn-Leitz Preis; 1991 Ehrenpreis d. Bayer. Fernsehpr.; 1991 Telestar - Fernsehpr. v. ARD + ZDF; 1992 Dt.-Franz. Kulturpreis.

SCHOLL-POENSGEN, Adalbert

Geschäftsführer Nordsee Dt. Hochseefischerei GmbH., Bremerhaven - Schwanenweg 9, 2850 Bremerhaven - Geb. 8. Mai 1919 Köln - Spr.: Engl., Holl. - Rotarier.

SCHOLLER, Heinrich

Dr. jur., Dipl. sc. pol., Prof. f. Staats-, Verwaltungsrecht u. Rechtsphil. Univ. München - Zwengauerweg 5, 8000 München 71 (T. 089 - 79 64 24) - Geb. 1. Aug. 1929 (Vater: Dr. Heinrich Sch., Chemiker; Mutter: Anna, geb. Brasch), ev., verh. s. 1956 m. Gertrud, geb. Hartwig, 3 Kd. (Jens, Henrika, Luciane) - VG-Richter; s. 1961 Hochsch. f. Pol.; s. 1972 Prof. in München. 1972-75 Gastprof. Addis Abeba, 1981/82 Paris, 1986/87 Taiwan. Vorst. d. Ges. f. Afrikanisches Recht u. d. Ges. f. Rechtsvergleichung - BV: Freiheit d. Gewissens, 1958; Person u. Öffentlichkeit, 1967; Grundrechtsdiskussion in d. Paulskirche, 1973; Ethiopia: Revolution, Law and Politics, 1976 (m. P. Brietzke); Special Court of Ethiopia, 1986; u. a. - BVK; 1987 Med. de la Ville de Paris; Ehrenmitgl. Vorst. DVBS - Liebh.: Afrikanistik - Spr.: Engl., Franz., Ital.

SCHOLLER, Karl-Ludwig

Dr. med., Prof. f. Anaesthesiologie - Bussardweg 58, 7800 Freiburg (T. 0761 - 1 64 67) - Geb. 5. Juli 1925 München (Vater: Dr. Heinrich Sch., Chemiker), ev., verh. - Univ. München u. Heidelberg, Promot. Heidelberg 1954, Habil. Freiburg 1967, Facharzt f. Anaesthesiol. 1963 - Dir. Abt. f. Experiment. Anaesthesiol. Univ. Freiburg - BV: Lungenveränd. b. Langzeitbeatmung (Hrsg. m. K. Wiemers), 1973; Serumcholinesterase-Mangel (in Plasma-Therapie; Hrsg. m. H. Lutz u. K. Rother), 1980 - Spr.: Engl.

SCHOLLMEYER, Peter-Jörg

Dr. med., Univ.-Prof., Ärztl. Direktor Abt. IV, Med.-Univ.-Klinik Freiburg - Rabenkopfstr. 19, 7800 Freiburg (T. 3 91 71) - Geb. 28. Dez. 1932 Brandenburg/Havel, ev., verh. s. 1964 m. Dr. med. Ilse, geb. Jancke, 2 Kd. (Katharina, Eberhard) - Gymn. Brandenburg, Realgymn. Marburg; Stud. Univ. Marburg, Heidelberg; Promot. 1957 Marburg, Habil. 1966 Tübingen - Assist. Biochem. Inst. Marburg; DFG-Stip. Detroit R. Bing Wayne State Univ.; Assist. Med. Klinik Tübingen; Oberarzt Tübingen, Freiburg; 1972 apl. Prof. Freiburg; 1977 ärztl. Dir. ebd.; 1981-83 Prorektor f. Med. - Liebh.: Musik - Spr.: Engl.

SCHOLTEN, Hans

Dr. jur., Ministerialrat Wirtschaftsmin. NRW, Präsident Dt. Bund f. Vogelschutz, Bonn - Am Hofgarten 4, 5300 Bonn - Geb. 7. April 1935, verh. s. 1967 m. Eva Maria, geb. Holland.

SCHOLTISSEK, Christoph

Dr. rer. nat., Prof. f. Biochemie Univ. Gießen (s. 1969) - Waldstr. 53, 6301 Linden-Leihgestern (T. 06403 - 6 12 46) - Geb. 25. Dez. 1929 Dortmund (Vater: Dr. Herbert S., Bundesverfassungsrichter a. D., s. dort; Muter: Maria, geb. Stephan), kath., verh. s. 1959 m. Gisela, geb. Feyel, 3 Kd. (Martin, Cornelia, Bettina) - Stud. d. Chemie Univ. Mainz; Dipl.ex. 1953; Promot. 1955; Habil. 1965 - In- u. ausl. Fachmitgl.sch. 1975ff. Hrsg.: Archives of Virology - 1967 Fritz-Merck-Preis; 1981 Preis d. Dt. Ges. f. Hygiene u. Mikrobiologie - Spr.: Engl.

SCHOLTYSECK, Erich

Dr. rer. nat., Prof., Abt. f. Protozoologie, Zoolog. Inst. Univ. Bonn - Hobsweg 68, 5300 Bonn 1 Röttgen (T. 02221 - 25 17 79 u. 73 54 58) - Geb. 7. Okt. 1918 - Habil. 1962, Priv.-Doz., 1965 apl. Prof., 1970 Abt.sltr. 150 Publikat. (Protozoologie, Parasitologie).

SCHOLTYSSEK, Karl-Heinz

Dr. rer. pol., Botschafter d. Bundesrep. Deutschl. in Dhaka (s. 1989) - Deutsche Botschaft Dhaka/Bangladesch - Geb. 14. Febr. 1931 Beuthen, kath., gesch., 2 Töcht. (Christina, Nathalie) - 1950/51 Fulbright-Student Hamilton College, Clinton, U.S.A.; Dipl.-Volksw. 1955 Univ. Köln, Promot. 1958 ebd. - 1959 Entritt in d. Ausw. Amt; Auslandsposten Algier, Madrid, Sydney, Wellington, Honkong, Athen, Rio de Janeiro; 1981-86 Generalkonsul in Melbourne; 1986-89 Bundespresse- u. Informationsamt - Offizierskreuz d. Nationalen VO, Frankreich; Großkreuz d. Phoenix-Ordens m. Stern, Griechenland; Offizierskreuz d. Zivilen VO, Spanien - Liebh.: Golf, Schwimmen, Lit. - Spr.: Engl., Franz., Span., Portug. - Rotarier.

SCHOLTYSSEK, Siegfried

Dr. agr., o. Prof. f. Kleintierzucht Univ. Hohenheim - Garbenstr. 17, 7000 Stuttgart 70 - 1967 Priv.-Doz., dann apl. Prof. Univ. Hohenheim - Herausg.: Handb. d. Geflügelproduktion, 1968; Nutz- u. Ziergeflügel, 1978.

SCHOLTZ

Bundesrichter - Postf. 860240, 8000 München 86 - B. 1981 Ministerialrat Bundesfinanzmin., dann Richter Bundesfinanzhof.

SCHOLZ, Ernst

Dipl.-Ing., Prof., Oberbaudirektor a. D. - Königstr. Nr. 56, 4950 Minden/W. (T. 2 36 48) - Geb. 25. April 1905 Allerheiligen/Schles. (Vater: Bruno S., Hauptlehrer; Mutter: Frieda, geb. August), ev., verh. s. 1933 m. Ingeborg, geb. Schöck, 3 Kd. (Uwe, Sabine, Jochem) - Oberrealsch.; Maurer- u. Zimmererlehre; TH Danzig (Bauing.wesen) - B. 1934 Assist. TH Danzig, dann Leit. Kreisbauamt Danzig-Land, 1940-45 Leit. Neubauabt. U-Bootswerft Danziger Werft AG. u. Front-OT-Oberbauleit., 1945-46 Kriegsdst. u. sowjet. -gefangensch., 1946-48 Kesselbau (Ruhrzechen), anschl. stv. Abt.sleit. Ruhrsiedlungsverb., 1950-51 Stadtplaner u. stv. Stadtbaurat, 1951-62 Doz. Staatl. Ing.sch. f. Bauwesen Essen, anschl. Dezern. f. d. Ing.- u. Werkkunstsch. Westf., 1964-70 Dir. Staatl. Ing.-sch. Minden - BV: Grundbegriffe d. kommunalen Planungs- u. Bauwesens, 1966 - Liebh.: Malen, Musizieren, Sport - Gold. Sportabz. - Spr.: Engl., Franz.

SCHOLZ, Eva-Ingeborg

Schauspielerin - Lochhamer Str. 65, 8032 Gräfelfing/Obb. (T. München 85 11 95) - Geb. 1929 Berlin - Ausbild. Hilde Körber - S. 1947 Bühnentätigk.; Film; Fernsehen - Liebh.: Reiten, Dichten.

SCHOLZ, Franz

Dr. theol., em. Univ.-Prof. f. Moraltheologie, Honorarprof. Univ. Frankfurt/M. - Ringstr. 76, 6110 Dieburg (T. 06071 - 2 38 89) - Geb. 10. Dez. 1909 Breslau (Vater: Franz S., Prokurist; Mutter: Helene, geb. Bumbke), kath. - Univ. Breslau u. Freiburg/Br. Promot. 1940 Breslau; Habil. 1955 Freiburg - 1934-40 Kaplan u. Seelsorg. d. poln. Kolonie Breslau; 1940-46 Pfarrer u. Kriegsgefangenenseels. Görlitz; 1946-49 Caritasdir. Cottbus; 1956 Ord. Phil.-Theol.-Hochsch. Fulda, 1972-76 Ord. Univ. Augsburg, 1975-85 Pfarrverw. in Klein-Zimmern. S. 1985 Privatgelehrter u. Aushilfspriester - BV: D. Lehre v. d. Einsetz. d. Sakramente nach Alexanderv. Hales, 1940; Grundzüge d. Sittlichkeitslehre Benedikt Stattlers († 1797), 1956; D. religiöse Gewissen u. s. Recht, 1966; D. Versöhnungsbotschaft d. poln. Bischöfe, 1966; D. Kirche im Ringen um d. Weltfrieden, 1968, 2. A. 1973; Görlitzer Tagebuch 1945/46, 4. A. 1990 - Herausg.: D. Mensch unt. Gottes Anruf u. Ordnung (1957), Miscellanea Fuldensia (1966), Schuld - Sünde - Fehlhaltung (2. A. 1973), D. Mensch u. s. Gewissen (1973); Wege, Umwege, Auswege d. Moraltheol. E. Plädoyer f. begr. Ausnahmen (1976), Werdet kluge Wechsler (1979), Innere aber nicht absolute Abwegigkeit (1981), Wächter, wie tief ist die Nacht? (1984, 3. A. 1986), Ringen um sittliche Normen, die d. Menschen angepaßt sind (1985), Zw. Staatsräson u. Evangelium. Kardinal Augustyn Hlond u. d. Tragödie d. ostdt. Diözesen. Tatsachen, Hintergründe, Anfragen (3. A. 1989) - Monsignore; Ehrendomkapitular; Träger d. Schlesierschildes; Ehrenbürger d. wieder demokr. Stadt Görlitz a. d. Neiße - Spr.: Poln. - Bes. Anliegen: Dt.-poln. Verständig. in Wahrhaftigk. u. Würde. Ps. Winfried Neisner.

SCHOLZ, Friedrich

Dr. phil., o. Prof. f. Slavistik u. Baltistik - Nienkampstr. 14/16, 4401 Sendenhorst (T. 02526 - 6 67) - Geb. 1. März 1928 Hamburg (Vater: Gerhard S., Justizbeamter; Mutter: Erna, geb. Claussen), verh. 1953 m. Barbara, geb. Koppe - Univ. Hamburg. Promot. u. Habil. Hamburg - S. 1959 Lehrtätigk. Univ. Hamburg, Mainz (1962 ao., 1963 o. Prof.; Dolmetscher-Inst. Germersheim), Münster (1966 o. Prof.). Fachveröff.

SCHOLZ, Günther

Journalist, Leit. Bonner Büro Dt. Welle (s. 1962) - Im Meisengarten 124, 5300 Bonn-Bad Godesberg (T. 34 53 56) - Geb. 11. Sept. 1919 Berlin (Vater: Paul M. S., Verlagsbuchhändl.; Mutter: Hertha, geb. Würzbach), ev., verh. in 2. Ehe (1951) m. Irmela, geb. Vollbach, 3 Kd. (Rolf-Herbert, Barbara, Ursula) - 1938-40 Univ. Berlin (Rechtswiss.) - 1945-48 Ressortleit. Innenpolitik D. Kurier, Berlin, dann Bonner Korresp. Südd. Ztg. u. Weser-Kurier sowie Kommentator Südd. Rundfunk; b. 1983 Studioleit. d. Dt. Welle in Bonn - BV: In Bonn schlägt's 12, 1961; Herbert Wehner, Biogr. 1986; Kurt Schumacher, Biogr. 1988; D. Bundespräsidenten, Biogr. 1990 u. 1992 - Spr.: Engl., Franz.

SCHOLZ, Hans

Maler u. Schriftsteller, Prof. e. h. - Herbartstr. 15, 1000 Berlin 19 (T. 321 85 81) - Geb. 20. Febr. 1911 Berlin (Vater: Justizrat Wilhelm S., Rechtsanwalt u. Notar), ev., verh. - Univ. (6 Sem. Kunstgesch.) u. Kunsthochsch. Berlin (Malerei); Meisterschüler Pr. Akad. - 1930-35 Tanzmusiker; 1935-51 fr. Maler (dazw. 7 J. Wehrdst., zul. Ltn. d. R., u. Gefangensch.); 1936-39 u. 1946-50 Lehrer priv. Kunstsch.; 1950-54 VHSdoz. (Kunstgesch.); s. 1963 Feuill.chef D. Tagesspiegel. 3x in d. Rolle Fontanes in TV-Spielen (1980, SFB) - BV: Am grünen Strand d. Spree, R. 1955 (Anf. 1961 üb. 200 Ts., auch amerik., schwed., holl., franz.; Fernsehfilm (5 Folgen); Hörspiel (5 Folgen, SWF) 1960); Schkola, N. 1956; Berlin, jetzt freue Dich!, Skizzenb. 1960; An Havel, Spree u. Oder, 5 Hörbilder 1962; D. Prinz Kaspar Hauser - Protokoll e. modernen Sage, 1964; Jahr u. -gang 1911, 1966; Südost hin u. zurück - Luftreisef. durch d. östl. Mittelmeer, 1970; Wanderungen u. Fahrten in d. Mark Brandenburg, 10 Bde. 1973-84 (m. 64 Aquarellen d. Verf.); Theodor Fontane, Essay, 1978. Div. Hörsp. Üb. 40 Drehbücher f. Werbefilme - 1981 Prof. e.h. Senat v. Berlin; 1956 Fontane-Preis Stadt Berlin, 1960 Heinrich-Stahl-Preis Jüd. Gemeinde Berlin; o. Mitgl. Akad. d. Künste Berlin (1963; 1971 stv. Dir. Abt. Lit.) u. Dt. Akad. f. Sprache u. Dicht. (1968) - Liebh.: Restaurieren alter Gemälde - Bek. Vorf.: Dr. Hermann Rauschning, ehem. Präs. v. Danzig (Onkel ms.); Prof. Dr. Paul S., Naturwiss.ler, Breslau (Urgroßonkel).

SCHOLZ, Hans-Joachim

Dr. phil., o. Prof. f. Sprachbehindertendidaktik, Direktor Sem. f. Sprachbehindertenpäd. Univ. Köln - Am Schmidtgrund 112, 5000 Köln 71 (T. 0221 - 590 53 56) - Geb. 1. April 1927 Görlitz (Vater: Hans Sch., kfm.Angest.; Mutter: Charlotte Sch., geb. Klemt), ev., verh. s. 1957 m. Dorel, geb. Dresler, 3 Kd. (Ekkehart, Gundula, Frederun) - Päd. Akad. Bonn (1. Lehrerprüf.); Päd. Hochsch. Rheinl. (Sondersch.lehrerprüf.); Promot. Univ. Köln - 1960-67 Lehrer an Grund-, Haupt- u. Sonderschulen; 1967-72 Assist. PH Rheinl.; 1972-75 Prof. PH Reutlingen; 1975-80 Prof. PH Rheinl.; s. 1980 Prof. Univ. Köln - BV: Unters. z. Lautstruktur dt. Wörter, 1972; Stottern. Kompendium (m. W. Orthmann), 1975; Sachwörterb.: Stottern u. Poltern (m. R. Eckert), 1978 - Liebh.: Reisen - Spr.: Engl., Ital., Franz., Russ., Lat.

SCHOLZ, Hasso

Dr. med., Prof. f. Pharmakol. u. Toxikol. - Fuhlsbütteler Weg 28, 2000 Hamburg 61 (T. 040 - 551 74 13) - Geb. 24. Aug. 1937 Stettin (Vater: Dr. Hans Friedrich Sch., Apoth.; Mutter: Ruth, geb. v. Langendorff), ev., verh. s. 1962 m. Elke, geb. Ries, 2 Töcht. (Kristin, Inken) - Stud. Pharmazie u. Med. Heidelberg, Marburg, Berlin, Mainz; Pharm. Staatsex. 1961; Med. Staatsex. 1966; Promot. 1966 Mainz - 1973 Wiss. Rat u. Prof. Mainz; 1976 Leit. Abt. Biochem. Pharmakol. Med. Hochsch. Hannover; 1982 Dir. Pharmakol. Kerninst. Univ.-Krankenhs. Eppendorf, Hamburg; 1987-90 Vors. Dt. Ges. f. Pharmakologie u. Toxikologie; 1991/92 Vors. Dt. Ges. f. Herz- u. Kreislaufforsch. Rd. 320 Fachveröff.

SCHOLZ, Heinz

Vorstandsmitglied Howaldtswerke i. R. - Dt. Werft AG, Hamburg/Kiel - Deesbarg 25, 2000 Hamburg 53 (T. 832 58 24) - Geb. 3. Nov. 1927 Groß-Walditz Kr. Loewenberg, verh. - Volkssch., Maschinenschlosserlehre, 1955-56 Sozialakad. Dortmund - Kriegsdst. u. sowjet. Gefangensch., 1946-55 Maschinenschl., 1956 IG Metall Lübeck u. Hamburg. 1963-73 Bezirksltr. IGM Norddeutschl. AR-Vors. Kieler Werkswohnungen GmbH, u. Bauges. Kiel mbH. (b. 1980); Vorst.-Mitgl. Berufsgen.; Vors. BG - Verein f. Heilbehandlg. (b. 1986).

SCHOLZ, Helmut

Dr., Bankdirektor - Kardinal-Faulhaber-Str. 14, 8000 München 2 (T. 38 84 -1) - Vorst.-Mitgl. Bayer. Vereinsbank.

SCHOLZ, Helmut

Dr., Staatssekretär Bundesmin. f. Ernährung, Landwirtsch. u. Forsten - In der Wehrhecke 10, 5300 Bonn 1 (T. 0228 - 25 22 69) - Geb. 14. Okt. 1929 Delitzsch, ev., verh. s. 1961 m. Rosemarie, geb. Krüger, S. Jürgen - 1951-54 Stud. Landw. Landw. Hochsch. Stuttgart-Hohenheim; Dipl.-Landw. 1954, Promot. 1957 Stuttgart-Hohenheim - S. 1957 Bundesernährungsmin. (Mitarb. an d. Grünen Ber. u. Grünen Plänen, 1963-65 Pers. Ref. d. Staatssekr., 1965 Aufbau e. Arbeitsgr. f. Wirtschaftsanalysen u. Entwicklungsstud., 1968 Mitwirkung Agrarprogramm d. Bundesreg., 1970 Unterabteilungsleit. Wirtschaftsbeobachtung u. Planung sowie Weiterentw. d. Grünen Ber. u. Grünen Planes z. Agrarber., 1973 Aufbau e. Unterabt. f. Planung u. e. abteilungsübergreifend arbeitenden Planungsgr., 1975 Unterabteilungsleit. Ges.- u. Sozialpolitik im ländl. Raum, 1978 Abteilungsleit. Agrarische Erzeugung, Veterinärwesen, 1991 Staatssekr.) - Mitwirkung Buch v. Bundesmin. a. D. Hermann Höcherl: D. Welt zw. Hunger u. Überfluß.

SCHOLZ, Herbert

Dr. phil., Prof., Arbeitswissenschaftler, gf. Vorstandsmitgl. Ges. f. Arbeitswiss. ebd. - Alter Mühlenweg 54, 4600 Dortmund (T. 12 84 97) - Geb. 11. Juli 1912 Spandau, kath., verh. 1948-75 m. Ruth, geb. Arnold †, T. Christine - Univ. Breslau u. Kiel (Psych., Phil., Vergl. Sprachwiss., Päd.). Promot. 1951 Kiel - 1937-40 Assist. Univ. Kiel (Psych. Inst.), 1940-42 Luftwaffenpsychologe, 1944-64 Mitarb. Max-Planck-Inst. f. Arbeitsphysiol. bzw. Vorgänger (zul. Leit. Forschungsgruppe Betriebl. Arbeitswiss.), 1964-75 Prof. Sozialakad. Dortmund (Lehrstuhl f. Arbeitswiss.; 1967-69 u. 1975 Leit.); 1964-90 gf. Vorst.-Mitgl. Ges. f. Arbeitswiss., Dortmund - BV: Beleuchtung im Betrieb, 1962 (m. Jacob); D. phys. Belastung d. Gießereiarbeiter, 1963; Licht u. Leistung, 1970 (m. Burkardt); Ergonomie, 1972 (m. Kaminsky). Herausg.: D. Rolle d. Wiss. in d. mod. Ges. (1969), Entspannung u. Abrüstung (1970), Arbeitswissenschaft in d. Gesellschaftspolitik (m. Pornschlegel, 1978). Mitarb.: Angew. Arbeitswiss. - Lehrb. f. Ing. (1968), Organisationsleiter-Handb. (1968), Management-Enzyklopädie (1969), Trends in Ind. and Labor Relations (1974), Handwörterb. d. Personalwesens (1975). Üb. 80 Fachaufs. - 1971 Orden Großm. d. Arbeitswiss. TU Berlin; 1975 BVK I. Kl.; 1989 Ehrenmed. Sozialakad. Dortmund.

SCHOLZ, Herbert

Dr. rer. pol., Prof., Vorstandsmitglied a. D. Hüls AG, Marl - Falckweg 11, 2000 Hamburg 52 (T. 880 46 71) - Geb. 12. Jan. 1921 Waldenburg/Schles. - Stud. Volksw. - B. 1971 Lehrbeauftr., dann Honorarprof. Univ. Köln (Unternehmungsplanung) - BV (Ps. Carlo Floscenti): Doctor Fäustchen, Dr.; Musical: Emanzipiert, Libr. - Spr.: Engl.

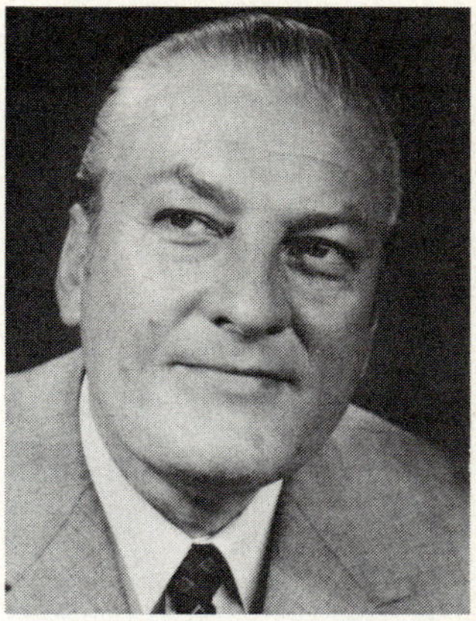

SCHOLZ, Ingeborg

s. Cornelius, Ingeborg

SCHOLZ, Manfred

Dr. jur., Geschäftsführer Haindl Papier GmbH. (s. 1972; Finanz- u. Rechnungswesen, Personal- u. Sozialwesen) - Jean-Paul-Str. 5, 8900 Augsburg - Geb. 9. Aug. 1937 - 1983ff. Vors. Bildungsw. d. Bayer. Wirtsch.

SCHOLZ, Oskar Berndt

Dr. rer. nat., Prof., Dipl.-Psychologe - Psych. Institut Univ. Bonn, Römerstr. 164, 5300 Bonn 1 (T. 0228 - 55 02 87) - Geb. 13. Juli 1941 Freiberg (Vater: Max Erwin Müller; Mutter: Lina Frida, geb. Rüdiger), ev., verh. s. 1978 m. Rita, geb. Müller, 3 Kd. (Aaron Bernhardt, Mirijam Friderike, Rahel Rita) - Lehre als Keramformer Meißen, Univ. Berlin (Psych.), Dipl. 1966, Promot. 1971 - Wiss. Tätigk. Univ. Ost-Berlin, Leipzig, Tübingen, Düsseldorf (1976 Prof.), Bonn (1983 Ord.) - Spez. Arbeitsgeb.: Psychosomatik u. Verhaltensmed.; Klin. Psych. d. Ehe u. d. 2. Lebenshälfte - BV: Diagnostik in Ehe u. Partnerschaftskrisen, 1978; Dialog u. Interaktion, 1980; Ehe- u. Partnerschaftsstörungen, 1986 - 1971 Johann Gottlieb Fichte-Preis - Liebh.: Klass. Musik (Orgel) - Spr.: Engl., Russ.

SCHOLZ, Peter

Dr. rer. pol., Botschafter d. Bundesrep. Deutschl. in Manila (s. 1986) - Zu erreichen üb. Dt. Botschaft, PA: POB 7703, Pasay City, Metro Manila; 8741, Paseo de Roxas, Makati, Metro-Manila/Philippinen - Geb. 4. Nov. 1930 Nieder-Hermsdorf/OS. - Stud. Volkswirtsch. u. Staatswiss. - S. 1954 AA (Auslandsposten: Colombo, Dublin, Ottawa, Genf, Tokyo, Phnom Penh, Abidjan, Budapest). 1974-76 beim Koordinator dt.-franz. Zusammenarb.; 1976-78 Botsch. in Hanoi; 1979-83 Botsch. in Madagaskar; 1983-86 Botschafter in Togo; S. 1986 Botsch. in Manila, Philippinen.

SCHOLZ, Rupert

Dr. jur., Prof., Bundesminister d. Verteidigung (1988/89), MdB (s. 1991) - Geb. 23. Mai 1937 Berlin, verh. - FU Berlin u. Univ. Heidelberg (Rechtswiss., Volksw.). Promot. 1966 München; Habil. 1970 München - 1972-81 Hochschultätigk. Berlin u. München (s. 1978 Lehrstuhlinh. Rechtswiss. Fak. Univ. München). 1981 Senator f. Justiz Berlin, 1983 Senator f. Justiz u. Bundesangelegenh; 1992 Vors. d. Gemeinsamen Verfassungskommiss. v. Bundestag u. Bundesrat. Facharb., u.a. Mitverf.: Grundgesetz-Kommentar - CDU s. 1983.

SCHOLZ, Udo W.

Dr. phil., Univ.-Prof. - Ringstr. 28, 8700 Würzburg-Oberdürrbach (T. 9 17 26) - Geb. 16. Mai 1939 Breslau (Vater: Richard S., Ing.; Mutter: Erna, geb. Kosmalski), ev., verh. s. 1962 m. Gudrun, geb. Seissler, T. Andrea - Stud. Lat., Griech., Gesch., German. Univ. München, Erlangen - O. Prof. f. Klass. Philol. Univ. Würzburg. 1971-74 Vors. Bay. Doz.konvent; 1973-78 Mitgl. Präs. Hochsch.verband - BV: D. Redner M. Antonius, 1963; Stud. z. altital. u. altröm. Marskult u. Marsmythos, 1970; ca. 70 Publ. - Spr.: Engl., Franz., Ital.

SCHOLZ, Uwe

Ballettdirektor, Chefchoreograph Oper Leipzig - Zu erreichen üb. Oper Leipzig, Augustusplatz 12, O-7010 Leipzig - Geb. 31. Dez. 1958 Jugenheim/b. Darmstadt (Vater: Erwin Sch.; Mutter: Elsbeth, geb. Büchler), ledig - 1964-73 Ballettunterr. Landestheater Darmstadt; ab 1964 Akad. f. Tonkunst Darmstadt (Gesangs-, Klavier-, Violin- u. Gitarrenunterr.); ab 1973 Stip. Ballettsch. Württ. Staatstheater, 1975 Stip. London, 1976 Ballettstip. School of American Ballet, New York; ab 1976 John Cranko Ballettakad. Stuttgart; Dipl. 1976 - 1979-85 ständ. Choreogr. d. Stuttgarter Balletts, 1985-91 Ballettdir. u. Chefchoreograph Opernhaus Zürich - Üb. 50 Ballett-Operninsz. in Europa, Israel u. Amerika - Preis Omaggio alla Danza v. Espressione Europa - Spr.: Engl., Franz.

SCHOLZ, Walter
Dr. med., Univ.-Prof. f. Humangenetik Ruhr-Univ. Bochum - Hofleite 40, 4630 Bochum (T. 0234 - 43 37 61) - Geb. 27. Dez. 1931 Breslau - Promot. 1958 Münster, Habil. 1965 Düsseldorf - S. 1965 Doz. Univ. Düsseldorf; 1968 apl. Prof. ebd.; 1971 Univ.-Prof. Ruhr-Univ. Bochum, Med. Fakultät; Leit. Abt. f. Humangenetik. Üb. 60 Fachveröff.

SCHOLZ, Winfried
Kaufmann, Präsident Bundesfachverb. Dt. Reformhäuser, Oberursel - Zur Hofhell 5, 6301 Wettenberg 1 (T. 0641 - 3 17 04) - Geb. 6. Dez. 1931, ev., verh. s. 1956 m. Gerlinde, geb. Schneider, 3 S. (Guido, Ralf, Arno) - Ausb. z. Kaufm. - AR-Vors. neuform Vereinig. Dt. Reformhäuser eG; Vorstandsvors. Stiftg. Reformhaus-Fach-Akad.; VR-Mitgl. Förderungsges. d. Reformwarenwirtsch. m.b.H.

SCHOMBURG, Eike Dieter
Dr. med., Prof. f. Physiologie - Humboldtallee 23, 3400 Göttingen (T. 0551 - 39 59 27) - Geb. 14. Dez. 1940 Berlin (Vater: Erich Karl Sch., Administrator Berliner Stadtgüter; Mutter: Gertraut, geb. Groth), ev., verh. s. 1972 m. Dr. med. Waltraud, geb. Lattermann, 2 Kd. (Jana, Jens) - Univ. Göttingen u. Tübingen, Promot. 1965 Göttingen, Habil. 1974 ebd. - S. 1978 Prof. Univ. Göttingen - Spr.: Engl., Schwed.

SCHOMBURG, Reiner
Dipl.-Math., Mitglied d. Landtages Sachsen-Anhalt CDU-Fraktion (s. 1990) - Grabenstr. 40, O-3723 Hasselfelde/Harz (T. 039459 - 5 58), kath., verh. s. 1977 m. Dorothea, geb. Schmidt, 2 Töcht. (Susanne, Claudia) - Math.stud. 1974-79 TU Magdeburg; Abschl. m. Dipl. - 1979-88 Systemprogrammierer im DVZ Magdeburg; 1988-90 Organisator in Landwirtsch. - Liebh.: Musik, Lesen, Sport - Spr.: Engl., Russ.

SCHOMER, Wulf
Prof. f. Kunstpädagogik Univ. Osnabrück - Boelweg 42, 4955 Hille - Geb. 28. Juni 1943 Minden (Vater: Ernst Sch., Filmarch.; Mutter: Hannelore, geb. Franke), ev., ledig - Staatl. Hochsch. f. bild. Künste Braunschweig (Staatsex. künstl. Lehramt 1968, Philosophikum 1969, Staatsex. Kunstwiss. 1969, 2. Staatsex. höh. Lehramt 1972) - 1973-76 Akad. Rat u. Oberrat Univ. Bielefeld; 1979-80 Lehrstuhlvertr. Univ. Münster; 1981 Prof. Univ. Osnabrück - BV: Fachdidakt. Studienziele u. Empfehlungen - Fach Kunst, 1978; Versch. Buchbeitr. z. Unterr.praxis u. Fachdidaktik/Kunst; 1 Künstlermonogr. - Grafiken m. Themen aus Figur u. Landsch. - 1982 Lebensrettungsmed. Land NRW - Spr.: Engl., (Altgriech., Latein), Portugies.

SCHOMERUS, Lorenz
Dr. iur., Ministerialdirektor Bundeswirtschaftsmin. - Villemombler Str. 76, 5300 Bonn 1 - Geb. 5. Dez. 1933 Hamburg, verh., 3 Kd. - Altspr. Gymn., Abit. 1953; 1953-57 Stud. Rechtswiss. Tübingen, Heidelberg, Aix en Provence, Montpellier - 1957-64 Wiss. Assist. Univ. Heidelberg, Forsch.stip. St. Antony's Coll. Oxford - 1964ff. Bundesmin. f. Wirtsch.; 1968-72 Pers. Ref. d. Staatssekretäre Dr. Rohwedder u. Dr. v. Dohnanyi; 1972-74 Leit. Ref. Luft- u. Raumfahrtind.; 1975-82 Leit. Unterabt. Ind. Grundsatzfragen, Luft- u. Raumfahrtind., industrielle Kooperation, Elektroind., Luft- u. Raumfahrtind.; 1982-84 Leit. Abt. Gewerbl. Wirtsch., Wirtschaftsförd. Berlin (u. innerdt. Bezieh.), s. 1984 Leit. Abt. Außenw.politik u. Entw.hilfe, Vors. d. Exekutivausch. b. d. OECD - Spr.: Engl., Franz.

SCHON, Hermann
Bezirksbürgermeister Saarbrücken-Dudweiler (s. 1974), Ltd. Verw.-Direktor Saarl. (1970-75) - Kieselstr. 11, 6602 Dudweiler/Saar (T. 06897 - 7 11 12) - Geb. 1. Febr. 1928 Dudweiler, kath., verh., 3 Kd. - Volkssch.; Verwaltungsausbild. (Abschl. n. kurzem Arbeits- u. Wehrdst. 1946). Beide Verw.sprüf. - B. 1964 Angest., dann Beamter Stadt Dudweiler (u. a. Jugendpflege). SPD s. 1965.

SCHONAUER, Franz
Dr. phil., Publizist - Lanze, Haus 14, 3131 Prezelle - Geb. 19. Febr. 1920 Hahnenhardt (Vater: Franz S., Beamter; Mutter: Margarete, geb. Linden), kath., verh. s. 1977 m. Barbara, geb. Wurzel - Höh. Schule Bonn u. Köln; Univ. Bonn, Marburg, Köln (Literaturwiss., Gesch., Phil.). Promot. 1947 Bonn - 1954-63 Lektor u. Verlagsleit. Mitgl. Dt. Ges. f. Publizistik u. Verb. d. dt. Kritiker. S. 1969 wiss. Mitarb. Inst. f. Publizistik FU Berlin; Mitgl. PEN-Club - BV: Stefan George, Monogr. 1960; Dt. Literatur im III. Reich, 1961; Max von der Grün, 1978.

SCHONER, Wilhelm
Dr. rer. nat., Biochemiker - Danziger Str. 40, 6301 Pohlheim 6 (Hausen) - Geb. 26. Mai 1935 Nürnberg - 1954-60 Stud. Med. Univ. Erlangen, Wien, Hamburg, Frankfurt; Staatsex. Med. 1960; Promot. Univ. Mainz 1962; Habil. Univ. Göttingen 1969 - 1963-69 wiss. Assist. Univ. Frankfurt u. Göttingen; 1969 Oberassist. Univ. Göttingen; 1971 Prof. u. Dir. Inst. f. Biochemie u. Endokrinol. Univ. Gießen - 1970 Fritz-Merck-Preis Univ. Gießen

SCHONEWEG, Rüdiger
Dr. rer. pol., Dipl.-Volksw., Geschäftsbereichsleiter Handel Unternehmensgruppe Tengelmann/Kaiser's Kaffe-Geschäft AG., Viersen - Hans-Willi-Mertens-Str. 11, 4060 Viersen 12 - Geb. 14. Aug. 1925 Bielefeld, verh. m. Margarita, geb. Titgemeyer, 3 Kd. (Wolf-Rüdiger, Christof, Henning) - Staatl. geprüfter Landwirt - VRsmitgl. GfK., Nürnberg - BV: Ladenzeiten b. Einzelhandel; Selbstbedienung im Großhandel (auch engl. u. franz.) - Liebh.: Reiten, Musik.

SCHOOF, Carl-Friedrich
Bauer, MdL Schlesw.-Holst. (s. 1967) u. a. - 2241 Wellinghusen (T. Wöhrden 8 65) - Geb. 26. Aug. 1914 Wellinghusen (Vater: Bauer), ev., verh., 3 Kd. - Oberrealsch. (Abit.); landw. Ausbild. - 1939-45 Wehrdst. (zul. Uffz.). S. 1948 Gemeindevertr. (1952 Bürgerm., 1965 Amtsvorsteher). VRsmandate. CDU s. 1959.

SCHOOG, Matthias

Dr. med., Prof., Facharzt f. Laboratoriumsdiagnostik, Dermatologe, Dir. med. Entwickl. Pfizer GmbH., Karlsruhe (s. 1966) - Breslauer Str. 52d, 7500 Karlsruhe-Waldstadt (T. 68 23 37) - Geb. 14. April 1921 Köln (Vater: Peter S., Kaufm.; Mutter: Maria, geb. Michiels), kath., verh. s. 1956 m. Dr. med. Amalie, geb. Lützenkirchen, 2 Kd. (Bruno, Regina) - Stud. Med., Chemie, Jura. Promot. 1943; Habil. 1955 - S. 1955 Privatdoz. u. apl. Prof. (1962) Univ. Köln (b. 1963 Oberarzt Hautklinik). Spez. Arbeitsgeb.: Chemotherapie. Üb. 60 Fachveröff. (auch in Handb.) - Liebh.: Alte Sprachen, Geschichte, Alpinistik - Spr.: Engl., Franz.

SCHOOP, Johann Wolfgang
Dr. rer. nat., apl. Prof. f. Kulturgeogr. RWTH Aachen - Damaschkestr. 25, 5100 Aachen (T. 0241 - 6 34 68) - Geb. 4. Juni 1940 Aachen (Vater: Anton Sch., Oberstud.-Dir.; Mutter: Ludovica, geb. Kiefer), kath., verh. s. 1968 m. Bärbel, geb. Beutler, 4 Kd. (Tilman, Florian, Ulrich, Anna-Maria) - Staatsex. (Math., Geogr.) 1966 Aachen; Promot. 1970 Aachen; 1977 Habil.; 1981 apl. Prof. - Leit. Fach- u. Grundsatzabtlg. b. Bischöfl. Hilfswerk Misereor. Mehrere Forschungsreisen in Zentrale Anden - BV: Agrarkolonisation in Bolivien, 1970; Verstädterung in Bolivien, 1980; Dezentralisierung, Impuls z. Selbsthilfe, 1987 - Liebh.: Fremde Kulturen, soz. Randgruppen - Spr.: Engl., Franz., Span.

SCHOOP, Werner
Dr. med., Prof. f. Innere Medizin, ehem. Chefarzt d. Aggertalklinik - Sonnenbergstr. 6a, 7800 Freiburg - Geb. 15. Aug. 1924 Hennweiler (Vater: Anton Sch., Lehrer; Mutter: Sophie, geb. Römer), kath., verh. s. 1951 m. Dr. Barbara, geb. Schmid, 3 T. (Dagmar, Gesa, Christiane) - Univ. Tübingen, Strassburg, Frankfurt, Promot. 1949, Habil. Freiburg 1963 - S. 1967 Chefarzt d. Aggertalklinik Engelskirchen (Spezialkl. f. Gefäßerkrank.). Spez. Arbeitsgeb.: Angiologie - BV: Prakt. Angiologie, IV. A. 1987 (Übers. Span., Ungar., Jap., Ital.) - BVK I. Kl. - Spr.: Engl., Franz.

SCHOPF, Alfred
Dr. phil., em. o. Prof. f. Anglistik Univ. Freiburg - Am Hangweg 6, 8021 Hohenschäftlarn - Geb. 25. Mai 1922, verh. s. 1950 m. Maria, geb. Tausch, 3 Kd. - Stud. Univ. München u. London; Staatsex. 1950; Promot. 1952 München - Studienrat im höh. Schuldst.; dann Lehrstuhlinh. (Angl.) Berlin u. Univ. Freiburg; emerit. 1987 - BV: Grammatik u. Lexik im Engl., 1969; D. Verzeitungssyst. d. Engl., 1984. Herausg.: Ess. on Tensing in English. 2 vols. 1987 (1989).

SCHOPPE, Siegfried G.

Dr. rer. pol., Gründer u. Akad. Leiter d. International Business School (IBS) Lippstadt u. Malente, Univ.-Prof. Inst. f. Außenhandel u. Überseewirtschaft Univ. Hamburg, Steuerberater - Anne-Frank-Str. 21e, 2000 Hamburg-Blankenese 55 (T. 040 - 86 19 33) - Geb. 25. April 1944 Hörstel (Vater: Bernhard Sch., Dipl.-Landw.; Mutter: Sophia, geb. Hoffroge), kath., verh. s. 1970 m. Marianne, geb. Raters, 3 Kd. (Christian Marten, Stephan Andreas, Anja Karen) - Stud. Univ. Münster (Dipl.-Kfm. 1971, Promot. 1973) - 1971-74 Volkshochschuldoz.; 1975-83 Wiss. Assist.; 1979 Privatdoz. u. s. 1983 Prof. Univ. Hamburg - BV: Kooperation u. Konzentration im Agribusiness, Diss. 1974; D. sowjet. Westhandelsstruktur - e. außenhdl. theoret. Paradoxon?, Habil. 1981; Kompendium d. Intern. Betriebswirtsch.lehre, 1991, 2. A. 1992. Zahlr. weitere Fachveröff.

SCHOPPE, Waltraud

Frauenministerin d. Landes Niedersachsen - Nieders. Frauenmin., Schiffgraben 44, 3000 Hannover 1 (T. 0511 - 1 20-88 02) - Geb. 22. Juni 1942 Bremen, 2 Söhne (Willi, Phillip) - Erzieherin; 1. Staatsex. Deutsch u. Gesch. f. d. Lehramt an Gymn.; Refer. - 1983-90 Abg. d. Grünen im Bundestag; 1984/85 Sprecherin d. Feminats; 1987-90 Sprecherin d. Fraktion, Kinderbeauftr. d. Fraktion, Sprecherin d. Kinderkommiss. d. Dt. Bundestags.

SCHOPPER, Erwin

Dr. rer. nat., em. Prof. f. Physik - Forststr. 17, 6232 Bad Soden - Geb. 26. Juni 1909 Heilbronn/N., ev., verh. I) m. Eleonore, geb. Bachner († 1951), II) 1952 Elfy, geb. Bartschat, T. Susanne - Univ. Tübingen (Promot. 1934), Berlin, München, TH Stuttgart (Physik) - 1934-37 wiss. Assist. TH Stuttgart, 1937-45 Abt.leit. IG. Farbenind. AG., Wolfen, dann wiss. Mitarb. Forschungsst. f. Physik d. Stratosphäre. Mitgl. (1952) u. Abt.leit. (Hochspannungslabor. Hechingen) Max-Planck-Ges., 1948-56 Doz. u. apl. Prof. (1950) TH Stuttgart, o. Prof. u. Inst.dir (1956) Univ. Frankfurt/M., 1979 emerit. 1937 Nachweis d. Kernprozesse d. kosm. Strahlung - BV: Grundriß d. Photogr. u. ihrer Anwend., 1958 (m. G. Joos); Nukleonen in d. Atmosphäre, 1967 (m. G. Mauck u. E. Lohrmann; Handb. d. Physik, XLVI/2). Fachaufs. - 1959 Ausw. Mitgl. Max-Planck-Inst. f. Aeronomie, Lindau/Harz.

SCHOPPER, Herwig

Dr. rer. nat., Dr. h. c. mult., em. Prof. - Europ. Kernforsch.-Zentrum CERN, CH-2111 Genève (T. 022 - 767 53 50) - Geb. 28. Febr. 1924 Landskron/CSR (Vater: Dr. Franz S., Studienrat; Mutter: Margarete, geb. Stark), kath., verh. s. 1948 m. Ingeborg, geb. Stieler, 2 Kd. (Doris, Andreas) - Univ. Hamburg (Physik; Promot. 1950). Habil. 1954 Erlangen - 1958 ao. Prof. Univ. Mainz (Dir. Inst. f. Kernphysik); 1960 o. Prof. TH Univ. Karlsruhe (Dir. Inst. f. exp. Kernphysik u. Kernforschungszentrum Karlsruhe; 1970 Leit. Kernphysikal. Abt. Cern Genf; 1973 o. Prof. Univ. Hamburg; 1973-80 Direktoriumsvors. Desy Dt. Elektronen-Synchroton; 1981-88 Generaldir. CERN, Genf. Forsch.aufenthalte: 1951 TU Stockholm, 1957 Univ. Cambridge/Engl., 1961 Cornwell Univ./USA. Nachweis d. Paritätsverletz. b. Beta-Zerfall, Unters. d. Struktur d. Protons u. Neutrons, opt. Unters. sehr dünner Metallschichten, Erzeug. u. Nachweis polarisierter Teilchenstrahlen. Beschleunigertechnol., Elementarteilchenphysik, Wiss. u. Religion - 1957 Physikpreis Akad. d. Wiss. Göttingen; 1959 Carus-Med. Dt. Akad. d. Naturforscher (Leopoldina), 1978 R.-v.-Gerstner-Med., 1967 Mitgl. Leopoldina. 1978 J.-Jungius-Ges.; Korr. Mitgl. Bayer. Akad.; Mitgl. Sudetend. Akad.; 1982 Ehrendoktor Univ. Erlangen, 1988 Staatsuniv. Moskau, 1989 Univ. London u. Univ. Genf; 1984 Golden Plate Award of the American Acad. of Achievement; 1988 Gr. BVK - Liebh.: Musik, Bücher - Spr.: Engl., Franz., Ital.

SCHOPPMEYER, Heinrich

Dr. phil., Prof. f. Westf. Landesgesch. Univ. Bochum - Bommerfelder Ring 59, 5810 Witten - Geb. 29. Juni 1935 Witten (Vater: Heinrich Sch., DB-Insp.; Mutter: Antonie, geb. Sohl), kath., verh. s. 1965 m. Ursel, geb. Röhlinghaus, 3 S. (Heinrich, Konrad, Ulrich) - 1955-60 Stud. Univ. Münster; Staatsex. (Gymnasiallehrer) u. Promot. 1966 - S. 1960 höh. Schuldst.; 1969 Univ. Bochum (Stud.Rat); 1972 Lehrbeauftr. Univ. Bochum. Mitgl. Hist. Kommiss. f. Westf. - BV: D. Bischof v. Paderborn u. s. Städte, 1968; D. Verfass. in d. Gesch. d. Bundesrep. Deutschl., 1978; Unterschichten - Aspekte z. Ges. in Altertum, Mittelalter u. Neuzeit, 1973; Veröff. z. westf. Landesgesch. u. mittelalterl. Gesch. - 1981 Hon.-Prof. Univ. Bochum - Spr.: Engl., Ital., Franz., Latein.

SCHORER, Rudolf

Dr. med., o. Prof. u. Direktor Zentralinst. f. Anaesthesiologie Univ. Tübingen - Burgholzweg 103, 7400 Tübingen (T. 2 18 70) - Geb. 27. Juni 1926 Weilbach - S. 1964 (Habil.) Lehrtätigk. Univ. Göttingen u. Tübingen (1968 ff. ao. u. o. Prof.). Üb. 50 Fachveröff.

SCHORISCH, Joachim

Dipl.-Ing., Werksleiter i. R. (zul. Franz Kuhlmann GmbH u. Co KG) - Promenade 7a, 3422 Bad Lauterberg/Harz - Geb. 16. Mai 1925.

SCHORK, Gerhard

Dr. rer. pol., Direktor - Beintweg 37, 6906 Leimen (T. 06224 - 7 23 30) - Geb. 2. Aug. 1929, verh. m. Margarete Maria, geb. Braunger, 2 Kd. (Michael, Bettina) - 1949-56 Stud. d. Volkswirt.lehre, Diss.: Versicherungsprinzip u. Versorgungsprinzip in d. dt. Sozialpolitik s. d. Weltwirtsch.krise; Hauptgeschäftsf. Berufsgenoss. Nahrungsmittel u. Gaststätten, Mannheim; Präs. Intern. Sektion Maschinenschutz d. IVSS f. d. Verhütung v. Arbeitsunfällen u. Berufskrankheiten, Genf; Präs. d. Dt. Verkehrssicherheitsrates, Bonn - BV: Spinnarke/Schork, Arbeitssicherheitsrecht, Kommentar z. Arbeitssicherheitsgesetz (ASiG) m. allen sicherheitstechn. u. arbeitsmed. Bestimmungen (1975). Versch. Aufsätze zu Fragen d. Verkehrssicherheit - 1981 Gold. Dieselring d. Verb. d. Motorjournalisten; 1983 Goldmed. d. Verkehrssicherheitspr. d. Bruderhilfe-Akad. f. Verkehrssicherheit u. BVK I. Kl. - Spr.: Engl.

SCHORK, Ludwig

Dr. jur., Präsident a. D. Dt. Pfandbriefanstalt - 6200 Wiesbaden - Geb. 27. Okt. 1927 - 1955-61 Bundeswirtschaftsmin., Bonn (Abt. Geld u. Kredit); 1962-65 Bundesaufsichtsamt f. d. Kreditwesen, Berlin; s. 1965 Vorst. Dt. Pfandbriefanst., Wiesbaden (s. 1978 Präs.); AR-Mand. - BV: Gesetz üb. d. Kreditwesen m. Begr., Durchführungsvorschr. u. Anmerk., 17. A. 1991.

SCHORLEMER, Freiherr von, Elmo

Vorstandsvorsitzender Aachener u. Münchener Versicherung AG (s. 1991) - Preusweg 111, 5100 Aachen.

SCHORLEMER, Freiherr von, Reinhard

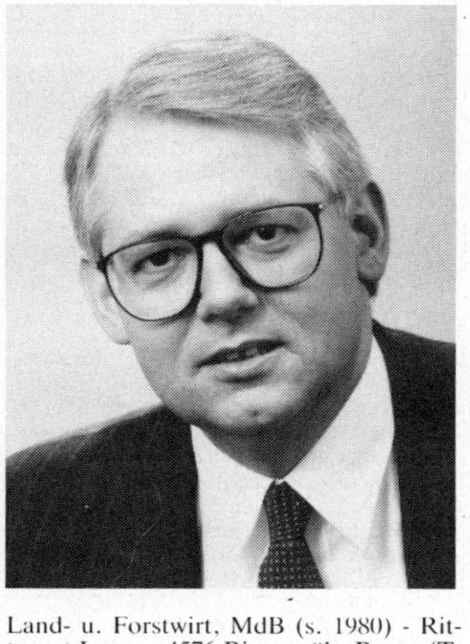

Land- u. Forstwirt, MdB (s. 1980) - Rittergut Lonne, 4576 Bippen üb. Berge (T. 05901 - 7 95) - Geb. 27. April. 1938 Fürstenau (Vater: Timo v. S., Rittergutsbes.; Mutter: Alice-Elisabeth, geb. Reichsgräfin v. Merveldt), kath., verh. s. 1968 m. Monika, geb. Gatzen, 5 Kd. (Stephanie, Alexandra, Marie-Theres, Burghard-Donatus, Isabell) - Landwirtschaftl. Lehre; Forsteleve; Höhere Fachsch. f. Sozialarbeit - 1964-72 Ratsherr u. Bürgerm. (1968) Engelern; s. 1968 Kreistagsabgeordn. Bersenbrück bzw. Osnabrück. 1955-73 Jg. Union (div. Funktionen); 1974-80 Abgeordn. Nieders. Landtag. CDU. Präs. Schutzgemeinsch. Deutscher Wald e.V.; Vors. d. dt.-ungar. Parlamentariergruppe; Präs. d. Dt. Parlam. Ges.

SCHORLEMMER, Helmut

Dr. phil., Regisseur, Autor u. Dramaturg (Ps. Curt Werner) - Waldtruderinger Str. 29, 8000 München 82 - Geb. 18. Aug. 1955 Garmisch-Partenkirchen, verh. s. 1980 m. Dagmar, geb. Hellberg - Stud. Univ. München (Theaterwiss., German. u. Psychol.); Promot. - Geschäftsf. Rent-Ability Munich, Creative Consultant - Mitwirk. u.a. Bayer. Staatsschauspiel München, Landestheater Linz, Theater d. Landeshauptstadt St. Pölten, Düsseldorfer Schauspielhaus, Theater d. Stadt Trier, Freilichtspiele Schwäb. Hall - Insz.: Alice im Land d. Wunder (Musical, UA 1992); Rainbow Girl. D. Leben d. Marilyn Monroe (Musical, UA 1992), D. Kohlen - Anni od. Des Glück is' a Vogerl... (Bayer.Singsp., UA - TV 1991), Gesucht: Robin Hood (Musical, UA 1990), Frostnacht (Staff an Götestam, ÖE 1989), E. Salzburger Totentanz: B. Brecht u. Österreich (Szenische Collage, UA 1986), D. Theatermacher (Thomas Bernhard), Mr. Pilks Irrenhaus (Ken Campbell), Tod auf d. Nil - Zehn kleine Negerlein - D. Mausefalle (Agatha Christie), Mensch Meier (F. X. Kroetz), Fool For Love (Sam Shepard), D. geliebte Stimme (Jean Cocteau), Losing Time (John Hopkins), u.a. - Autor: Alice im Land d. Wunder, Gesucht: Robin Hood, Des Glück is a Vogerl... (Musicals), Revue-Collagen üb. Tucholsky, Goethe, Brecht, Cocteau. Spielfilm-Synchronisationen u.a. - Div. Ausz. d. ARW (Arbeitsgem. Rundf.-werbung) u. d. Art Directors Club - Liebh.: Katzen, Filme, Musik, Ski - Spr.: Engl.

SCHORMANN, Klaus

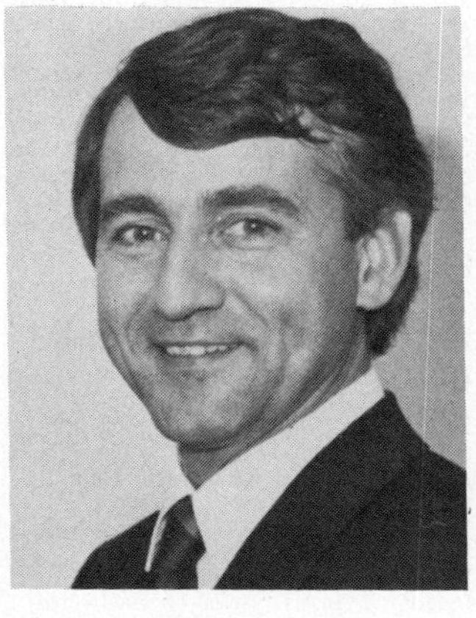

Oberstudienrat, Präsident Dt. Verband f. Modernen Fünfkampf (s. 1984), Dt. Meister im Friesenkampf - Heinrichwingertsweg 17, 6100 Darmstadt (T. 06151 - 4 77 39) - Geb. 17. Juli 1946 Göttingen, ev., verh. s. 1969 m. Karin, geb. Schwerdtner, 2 Kd. (René, Yvonne) - Stud. Höh. Lehramt (Geogr. u. Sport) TH Darmstadt - 1985-89 Stadtverordneter Darmstadt. S. 1976 Präs. Hess. Verb. f. Modernen Fünfkampf, u. s. 1979 Sportverein Moderner Fünfkampf Darmstadt, Vice-Pres. Union Intern. de Pentathlon Moderne et Biathlon, Berlin - Mehrf. Kreis- u. Bezirksm. in Leichtathl., im Schwimmen, Turnen u. Fechten; vierf. Niedersachsenm. im Friesenkampf Jugend (1000m-Lauf, Kugelstoßen, 100m-Schwimmen, 10 Schuß Luftgewehr u. Fechten); 2 × Dt. Meister (1963 u. 64) im Friesenkampf; b. 1965 erfolgr. Florett- u. Säbelfechter auf Landesebene Nieders. Mod. Fünfkampf: 3 × Hess. Juniorenm., 5 × Teiln. an Dt. Meistersch. (1 × Dt. Juniorenvizem.), 6 Länderkämpfe f. d. Dt. Verb. f. Mod. Fünfkampf (Junioren), 11 × Vertr. e. hess. Mannsch. im Ausl. (Junioren u. Senioren). Bronze-Diskus d. DSJ/DSB; 1981 Intern. Kampfrichterausweis (als 1. Deutscher d. Weltverb. UIPMB); s. 1987 Mitgl. Bundesfachaussch. Sport d. CDU; s. 1988 Vizepräs. Weltverb. UIPMB - Liebh.: Sport, Kunst, Bildungsreisen - Spr.: Engl., Franz.

SCHORMÜLLER, Anton

Dipl.-Ing., Geschäftsführer Landeswohnungs- u. Städtebauges. Bayern GmbH., München - Dr.-Böttcher-Str. 35, 8000 München 60 (T. Büro 53 92 41) - Geb. 21. Febr. 1912.

SCHORR, Hermann-Heinrich

Industrie-Kaufm., pers. haft. Gesellschafter Schorr & Co., Staffelstein, Inh. Schorr Flugbedarf, Staffelstein - Am Herberg 12, 8620 Lichtenfels (T. 09571-56 01) - Geb. 28. Juli 1945, verh., 2 Kd. - 1. Vors. Aero Club Lichtenfels; Schulleit. Interessengem. Flugschule Coburg-Kronach-Lichtenfels - Spr.: Engl.

SCHOSER, Franz

Dr., Hauptgeschäftsführer Dt. Industrie- u. Handelstag - Adenauerallee 148, 5300 Bonn 1; priv.: Franzstr. 14, 5000 Köln 41 - 1984 BVK I. Kl.; 1986 Offz. d. Ehrenlegion Rep. Frankr.

SCHOSSER, Erich

Dr. phil., Journalist, MdL Bayern (s. 1966), Kulturpolit. Sprecher d. CSU-Fraktion - Am Durchblick 13, 8000 München 60 (T. 811 26 84) - Geb. 7. Sept. 1924 München - 1935-42 Obersch. München; 1942-45 Wehrdst. (Inf.; schwerverwundet); Abit. 1946; 1946-51 Univ. München (Zeitungswiss., Phil., mus. Fächer; Promot. 1951); daneben journ. Ausbild. - Mehrere Jahre fr. Journ.; s. 1965 Redakt. Bayer. Rundfunk. Histor. Studien Osteuropa u. Asien.

SCHOSTAK, Renate

s. Kühnert-Schostak, Renate

SCHOSTOK, Paul

Dr. med., Prof., Chefarzt u. ärztl. Direktor a. D. Chirurg. Klinik Städt. Krankenhaus Friedrichshafen - Möwenstr. 14, 7990 Friedrichshafen/B. (T. 2 16 15) - Geb. 1. Jan. 1914 Wochczytz Kr. Pleß - S. 1958 (Habil.) Privatdoz. u. apl. Prof. (1968) Univ. Gießen. Etwa 100 Fachveröff. - Rotarier.

SCHOTT, Carl

Dr. phil. (habil.), o. Prof. f. Geographie (emerit. 1970) - Dörfflerstr. 6, 3550 Marburg (T. 2 51 92) - Geb. 12. Febr. 1905 Jena (Vater: Prof. Richard S.), verh. m. Dr. Charlotte, geb. Kämpf - Univ. Breslau, Innsbruck, Berlin, Toronto - 1937 Doz., 1942 apl. Prof. Univ. Kiel, 1954 ao. Prof. TH Aachen (Dir. Geogr. Inst.), 1955 o. Prof. u. Inst.sdir. Univ. Marburg - BV: D. Westküste Schleswig-Holsteins, 1950. Einzelarb. üb. Skandinavien, USA, Kanada - 1972 Silb. Carl-Ritter-Med. Ges. f. Erdkd. Berlin; 1975 Silb. Robert-Gradmann-Med.; 1981 BVK.

SCHOTT, Franz

Dr. phil. habil., Prof. f. Psychologie, Leit. Arbeitsbereich Erzieh.wiss./Erwachsenenbild. am Dt. Inst. f. Fernstudien an d. Univ. Tübingen - Konrad-Adenauer-Str. 40-44, 7400 Tübingen (Tel. 07071 - 9 79-0) - Geb. 9. April 1942 Nürnberg (Vater: Kunstmaler u. Graphiker; Mutter: Irene, geb. Schwalbe), ev. - Dipl.-Psych. 1968, Promot. 1973 (Päd.) - 1977-88 Prof. f. Psych. in Gießen - BV: Lehrstoffanalyse, 1975; Lehrstoffanalyse u. Unterrichtsplan., (m. a.) 1981; Intelligente tutorielle Systeme (m.and.), 1987; u. a. Veröff.

SCHOTT, Heinz

Dr. med., Dr. phil., o. Prof. f. Geschichte d. Medizin Univ. Bonn (s. 1987) u. Direktor d. dort. Medizinhistorischen Inst. - Zu erreichen üb.: Medizinhistorisches Inst., Sigmund-Freud-Str., 5300 Bonn 1 - Geb. 8. Aug. 1946 Bergzabern (Vater: Dr. med. Heinz Sch., Arzt; Mutter: Ruth, geb. Geilert), ev., verh. s. 1973 m. Dr. med. Elisabeth, geb. Schmidt-Glintzer, 3 Kd. (Kai, Mareile, Johannes) - 1966-71 Stud. Med. Univ. Heidelberg, Glasgow u. München; Promot. 1974; Approbat. als Arzt 1975; ab 1972 Phil.-Stud. Heidelberg; phil. Promot. 1978, Habil. (Med.-Gesch.) 1982 - S. 1978 Mitarb. Inst. f. Gesch. d. Med. Univ. Freiburg; s. 1983 Prof. ebd.

SCHOTT, Norbert

Geschäftsführer Commerzia Gläubiger- u. Kreditschutz Worms - Schöfferstr. 30,

6520 Worms (T. 06241 - 2 48 52) - Geb. 20. Juni 1937 Bürstadt b. Worms, kath., verh. s. 1961 m. Heide E. Schott, T. Martina - Lehre; Steuersem. Rhld.-Pfalz; Akad. f. Steuer- u. Wirtsch.recht Mainz (2. Bildungsweg) - Vors. Berufsverb. VDAI (Verb. Detektei-, Auskunftei- u. zugel. Inkasso-Untern.); stv. Vors. VRW-Bundesverb. Rechts- u. Wirtschaftsdienste, Bonn - Liebh.: Kunst, Musik.

SCHOTT, Rüdiger

Dr. phil., o. Prof. f. Ethnologie - Heitbusch 7, 4400 Münster/W. (T. 71 24 54) - Geb. 10. Dez. 1927 Bonn, ev., verh. s. 1958 m. Helga, geb. v. Notz, 4 Töcht. (Ingeborg, Brigitte, Gisela, Ulrike) - Promot. (1954) u. Habil. (1964) Bonn - 1954-60 Wiss. Hilfskraft, 1961-63 Assist. u. Chefredakt. Freiburg/Br., 1964-65 Privatdoz. Univ. Bonn, s. 1965 Ord. Univ. Münster (Dir. Sem. f. Völkerkd.) - BV: Anfänge d. Privat- u. Planwirtsch., 1955; Aus Leben u. Dichtung e. westafrikan. Bauernvolkes, 1970; Afrik. Erzählungen als religionsethnol. Quellen, 1990. Zahlr. Einzelarb.

SCHOTT, Wolfgang

Dr.-Ing., Vorsitzender d. Geschäftsführung FERROZELL GmbH, Augsburg - Nansenstr. 21, 8900 Augsburg 21 - Geb. 9. Juni 1940 Frankfurt/M., 5 Kd. - TU München. Promot. Aachen - Spr.: Engl., Niederl.

SCHOTTDORF, Wolf Dieter

Geschäftsführer Arbeiterwohlfahrt/Bezirksverband Ober- u. Mittelfranken - Karl-Bröger-Str. 9, 8500 Nürnberg 40 (T. 0911 - 45 08-0).

SCHOTTELIUS, Dieter

Dr., Rechtsanwalt, Geschäftsführer Verb. d. Chem. Ind. - Karlstr. 21, 6000 Frankfurt/M.

SCHOTTMANN, Hans

Dr. phil., Prof. f. Nord. Philol. Univ. Münster (s. 1970) - Teigelkamp 21, 4400 Münster - Geb. 1. Jan. 1932 Breslau, ev., verh. s. 1960 m. Brighid, geb. Palmer, 2 Kd. (Christian, Gudrun) - Stud. German., Nordistik, Lat., Archäol. Univ. Bonn; Promot. 1958 ebd. - Zun. Lektor Uppsala, 1960-70 Assist. u. Akad. Rat München - Metapher u. Vergleich in d. Spr. Hölderlins, 3. A. 1970; D. isländ. Mariendichtung, 1973; Wörterbuch d. schwed. Phraseologie in Sachgruppen (m. Rikke Petersson), 1989.

SCHOTTMAYER, Georg

Dr. phil., Dipl.-Psych., Prof. f. Erziehungswissenschaft Fachbereich Erziehungswiss. Univ. Hamburg - Elstorfer Ring 72, 2104 Hamburg 92 (T. 701 80 65) - Geb. 19. Dez. 1924 Hamburg - S. 1968 Prof. Hamburg. Div. Fachveröff., dar.: Psychologie d. Filmerlebens, Fernsehen u. Großstadtjugend, Kinderspielplätze, Wohnen vor d. Tür, Kinder u. Medien, Spielplatzplanung, Wohnen m. Nachbarn.

SCHOTTROFF, Luise,
geb. Klein

Dr. theol., Prof. f. Neues Testament GH Kassel - Im Rosental 6, 3500 Kassel (T. 0561 - 40 88 44) - Geb. 11. April 1934 Berlin (Vater: Rudolf K., Pfarrer; Mutter: Elisabeth K.), ev., verh. s. 1961 m. Willy Sch., S. Daniel - 1952-60 Stud. ev. Theol. Univ. Berlin, Bonn, Göttingen u. Mainz; Promot. 1960 Göttingen, 1. theol. Ex. Düsseldorf; Habil. 1969 (Neues Testament) Mainz - 1960-69 wiss. Assist. in Mainz; 1969-71 Privatdoz.; 1971-87 Prof. Univ. Mainz, s. 1987 Prof. GH Kassel - BV: D. Glaubende u. d. feindl. Welt, Beobacht. z. gnostischen Dualismus u. s. Bedeut. f. Paulus u. d. Johannesevangelium, 1970; (m. W. Stegemann:) Jesus v. Nazareth - Hoffnung d. Armen, 1978, 2. A. 1981; D. Sieg d. Lebens, Bibl. Traditionen e. Friedenspraxis, 1982; D. Parteilichkeit Gottes (m. W. Schottroff), 1984; D. Erde gehört Gott (m. D. Sölle), 1985; Sucht mich b. meinen Kindern, 1986; D. Macht d. Auferstehung (m. W. Schottroff), 1988; Schuld u. Macht. Stud. zu e. Feminist. Befreiungstheol. (m. C. Schaumberger), 1988; Befreiungserfahrungen. Stud. zu e. Sozialgesch. d. Neuen Testaments, 1990; Hannas Aufbruch (m. D. Sölle), 1990; D. kostbare Liebe z. Leben. Biblische Inspirationen (m. W. Schottroff), 1991. Herausg. m. W. Schottroff: Mitarbeiter d. Schöpfung (1983); Wer ist unser Gott? (1986); Gotteslehrerinnen (m. J. Thiele, 1989) - 1990 Sexauer Gemeindepreis.

SCHOTTROFF, Willy

Dr. theol., Prof. f. Altes Testament Univ. Frankfurt/M. - Im Rosental 6, 3500 Kassel (T. 0561 - 40 88 44) - Geb. 25. Jan. 1931 Frankfurt/M. (Vater: Johann Sch., Malermeister; Mutter: Lina, geb. Walter), ev., verh. s. 1961 m. Prof. Dr. Luise, geb. Klein, S. Daniel - 1951-58 Stud. Ev. Theol. Univ. Wuppertal, Tübingen, Heidelberg, Mainz (1. theol. Ex. 1958); 1958/59 Stud. in Paris, Promot. 1961 Mainz; 1961/62 Stud. a. d. Ecole Biblique Jerusalem (Habil. 1968 Altes Testam.) - 1962-68 Wiss. Assist. Univ. Mainz; 1968-71 Privatdoz. Mainz; s. 1971 Prof. Univ. Frankfurt/M. - BV: Gedenken im Alten Orient u. im Alten Testam., 1964 u. 1967; D. altisraelit. Fluchspruch, 1969; Palmyren. Grabreliefs (m. A. Böhme), 1979; D. Parteilichkeit Gottes (m. L. Schottroff), 1984; D. Macht d. Auferstehung (m. L. Schottroff), 1988; D. Reich Gottes u. d. Menschen, 1991; D. kostbare Liebe z. Leben. Biblische Inspirationen (m. L. Schottroff), 1991. Herausg. m. W. Stegemann: D. Gott d. kl. Leute. Sozialgesch. Bibelausleg. 1-2 (1979 u. 1981); Traditionen d. Befreiung. Sozialgesch. Bibelausleg. 1-2 (1980); m. L. Schottroff: Mitarbeiter d. Schöpfung (1983); Wer ist unser Gott? (1986).

SCHOUPPÉ, von, Alexander

Dr. phil., Prof., Geologe u. Paläontologe - Geiststr. Nr. 88, 4400 Münster/W. (T. 79 22 42) - Geb. 26. Febr. 1915 Baden b. Wien, kath., verh. s. 1947 m. Inge, geb. Berce, 2 Kd. (Elisabeth, Helmut) - Stud. Biol. u. Geol. Promot. (1939) u. Habil. (1948) Graz - S. 1948 Lehrtätigk. Univ. Graz u. Münster (1953; 1956 apl. Prof., 1968-79 Wiss. Rat u. Prof. Geol.-Paläontol. Inst.). Etwa 60 Fachveröff., vorwieg. üb. paläozoische Korallen.

SCHOWTKA, Peter

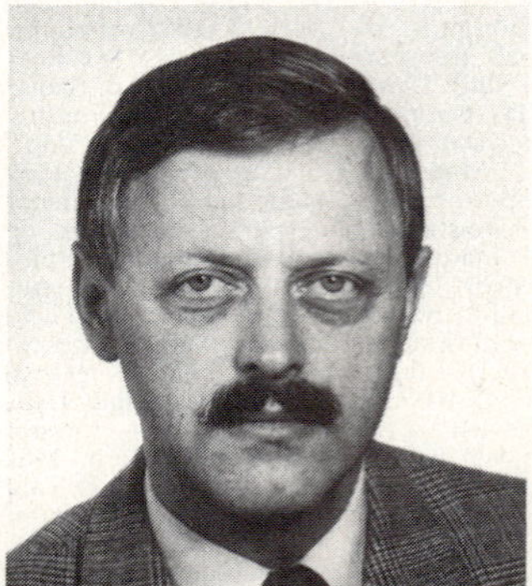

Bürgermeister, Mitglied d. Sächs. Landtages (s. 1991) - Kottener Str. 27, O-7707 Wittichenau (T. 2 91) - Geb. 7. Jan. 1945 Wittichenau, kath., verh. s. 1972 m. Michaelis, geb. Popella, T. Djamila - Betonbauer, Abit. 1964; Stud. Lateinamerikawiss. 1964-69 Univ. Rostock; Dipl. mangels gesellschaftl. Reife verweigert - 1969-90 wiss. Mitarb., dan. Dolmetscher f. ausländ. Arb.kräfte im Oberlausitzer Braunkohlenbergbau; s. 1990 Bürgermeister; s. 1991 Mitgl. d. CDU-Landesvorst. Sachsen - Spr.: Engl., Portug., Span.

SCHRADER, Achim

Dr. sc. pol., Univ.-Prof. f. Soziologie Univ. Münster - Hiltruper Str. 93, 4400 Münster - Geb. 12. Aug. 1934 Hamburg - Dipl.-Volksw. 1958 Univ. Hamburg; Promot. 1965 Münster; Habil. 1971 Bielefeld - 1969 Akad. Rat Univ. Bielefeld; 1971 o. Prof. PH-GH Duisburg; s. 1975 Univ.-Prof. Univ. Münster u. Dir. Lateinamerika-Zentrum. 1982-86 Vors. Arbeitsgem. Dt. Lateinamerika-Forsch. - BV: Einf. in d. empir. Sozialforsch., 1973 (Übers. portug.); Landschule in Brasilien, 1972 (Übers. portug.); Landschule in Ecuador, 1978; D. 2. Generation, 1979; D. brasil. Bildungssyst. in d. Reformphase n. 1971, 1983; Bevölkerungsentw., Bevölkerungswanderung u. Urbanisierung in Lateinamerika, 1984/85; Ökologie-Diskussion in Lateinamerika, 1986; Homem e natureza na Amazônia, 1987; Ökol. Probl. in Lateinamerika, 1987; Europ. Juden in Lateinamerika, 1989; Dt. Beziehungen zu Lateinamerika, 1991 - Spr.: Engl., Portug., Span.

SCHRADER, Adolf

Dr. med., em. Prof. - Forsthausstr. 16a, 8022 Grünwald/Obb. (T. 649 26 21) - Geb. 8. Okt. 1915 Düsseldorf, ev., verh. s. 1952 m. Irmgard, geb. Hölscher - Gymn. Düsseldorf (Hoh.); Univ. Freiburg, München, Frankfurt, Med. Akad. Düsseldorf (Promot. 1942) - S. 1954 (Habil.) Privatdoz., apl. (1960) u. o.ö. Prof. (1970) Univ. München (Neurol.). Zahlr. Veröff. üb. experimentelle u. klin. Neurol. - 1980 Bayer. VO. - Liebh.: Klass. Musik, Alte Lit., Fotogr.

SCHRADER, Bernhard

Dr.-Ing., Prof. f. Physikal. u. Theoret. Chemie Univ.-GH Essen - Soniusweg 20, 4300 Essen 15 - Geb. 15. März 1931 Quedlinburg - Promot. 1960 TU Berlin; Habil. 1968 Univ. Münster; Umhabil. 1969 Ruhr-Univ. Bochum; 1971 Wiss. Rat u. Prof. Univ. Dortmund; s. 1976 o. Prof. - 1961-71 Abt.Leit. Inst. f. Spektrochemie Dortmund. Entw. v. Ramanspektrometern; Anwend. d. Schwingungsspektrometrie. Vorst. Dt. Arbeitskreis f. Angewandte Spektroskopie - BV: Kurzes Lehrb. d. Organ. Chemie, 1985; Atlas Organ. Verbind. 1974-77, 1989; 200 Fachpubl. in Zeitschr. u. Handb. Film: Schwing. v. Molekülen u. Kristallen - 1991 Marin Drinor Preis d. Bulg. Akad. d. Wiss.

SCHRADER, Bodo

Dr.-Ing., Prof. Inst. f. Vermessungskunde TU Braunschweig - Am Schwarzen Berge 28, 3300 Braunschweig (T. 32 13 73) - Geb. 1. Sept. 1928 Braunschweig (Vater: Willi S., Regierungssekr.; Mutter: Else, geb. Krusekopf), ev., verh. s. 1956 m. Ingeborg, geb. Lages - Raabe-Sch. Braunschweig; TH ebd. u. Hannover (Geodäsie; Dipl.-Ing. 1952). Promot. (1958) u. Habil. (1971) Braunschweig - S. 1957 TH bzw. TU Braunschweig (1960 Obering.; 1963 Wiss. Rat u. Prof.). Spez. Arbeitsgeb.: Datenverarb. - BV: Elektron. Datenverarb. im Vermessungswesen, Bd. 1 1975, Bd. 2 1985 - Spr.: Engl.

SCHRADER, Hans-Dieter

Dr. jur., Ministerialrat a. D., Bankdirektor - Landschaftstr. 8, 3000 Hannover - Geb. 1929 - S. 1973 Vorstandsvors. Braunschweig-Hannoversche Hypothekenbank Aktiengesellschaft, Hannover.

SCHRADER, Hans-Jürgen Fritz

Dr.-Ing., Prof., Vizepräsident Physikal. Techn. Bundesanst. Braunschweig u. Berlin (PTB) - Dießelhorststr. 27, 3300 Braunschweig - Geb. 3. März 1920 Hannover (Vater: Fritz Sch., Oberinsp.; Mutter: Dina, geb. Otto), ev., verh. s. 1947 m. Ursula, geb. Kretschmer, 2 Kd. (Christine, Mathias) - 1944 Dipl.-Ing. 1948 Promot. TU Hannover - 1945-49 Wiss. Assist. TU Hannover; 1949-55 Wiss. Angest. PTB Braunschw.; 1956-65 Leit. Laborat. f. Elektr. Masch.; 1965-70 Leit. Abt. f. Elektrizität; s. 1970 Vizepräs. u. Prof. PTB Braunschw. u. Berlin - Rd. 30 Publ. üb. Elektrizität u. Metrolog. in wiss. Journalen. Herausg. Ztschr. f. Instrumentenkd. u. Nachf. Meßtechn., Feinwerktechn. u. Meßtechn. - Versch. Pat. auf d. Sektor Elektrizität - Hon.-Prof. TU Braunschweig - Liebh.: Klass. Musik, Sport.

SCHRADER, Jost-Heinrich

Geschäftsführer Vereinig. f. Getreide- u. Produktenhandel in Braunschweig - Dorfstr. 29, 3300 Braunschweig (T. 5 51 13) - Geb. 18. Aug. 1936 Braunschweig (Vater: Heinrich Sch., Getreidekaufmann; Mutter: Annaliese, geb. Witz), ev., verh. s. 1969 m. Barbara, geb. Justke, 2 Kd. (Jörg-Thomas u. Jens) - Spr.: Engl.

SCHRADER, Jürgen

Dr., Hauptgeschäftsführer Bundesverb. Dt. Holzhandel - Rostocker Str. 16, 6200 Wiesbaden; priv.: Wittenberger Str. 19, 6200 Wiesbaden - Geb. 27. Febr. 1939, verh. m. Gisela, geb. Rose, 2 Kd. (Christian, Ina) - Abit. 1959 Hannover, Promot. 1967 Göttingen.

SCHRADER, Jürgen

Rechtsanwalt, Vors. d. Geschäftsfg. Dt. Unilever GmbH, Hamburg - Zu erreichen üb. Dt. Unilever GmbH, Hamburg - Geb. 3. Dez. 1931 Hamburg (Vater: Ernst August S., Kaufm.; Mutter: Annemarie, geb. Langmaack), ev., verh. s. 1962 m. Christa, geb. Neuhäuser, 3 Kd. (Nikolaus, Oliver, Kristina) - Abit. 1. u. 2. jurist. Staatsex. - 1960 Unilever Trainee; 1962-69 Lintas Hamburg; 1969-73 Chairman Lintas Scandinavia; 1973-74 Director SSC & B-Lintas International Ltd., London; 1974 Vors. Geschäftsl. Lintas, Hamb.; 1982 AR-Vors. Batig, Ges. f. Beteiligungen mbH - Liebh.: Mod. dt. Lit. - Spr.: Engl., Dän., Franz.

SCHRADER, Jürgen

Dr. med., Prof. f. Physiologie Univ. Düsseldorf - Moorenstr. 5, 4000 Düsseldorf (T. 0211 - 311 26 70) - Geb. 9. Okt. 1942 Komotau (Vater: Helmut Sch., Ing.; Mutter: Margarethe, geb. Bodenstein), kath., verh. s. 1970 m. Dr. med. Gerlind, geb. Wuppermann, 3 Kd. (Thomas, Markus, Ines) - Stud. Univ. Köln, München, Freiburg, Med. Staatsex. 1968, Promot. 1970 Univ. Freiburg - 1970-71 post doc. fellow, USA; 1972-78 wiss. Assist. Aachen, München; 1979-83 Prof. f. Physiol. München; 1983 Lehrst. Düsseldorf. Entd.: Antiadrenerge Wirk. v. Adenosin am Herzen - Spr.: Engl., Franz.

SCHRADER, Ludwig

Dr. phil., o. Prof. f. Romanistik - Gleiwitzer Str. 20, 4044 Kaarst 2 (T. 60 23 91) - Geb. 11. März 1932 Dresden (Vater: Dr. phil. Richard S., Oberstudienrat; Mutter: Margarete, geb. Spannhof), ev., verh. s. 1958 m. Gisela, geb. Buechler, 3 Söhne (Karsten, Jens, Andreas) - Höh. Handelssch.; kaufm. Angest.; Stud. Roman., Angl., Phil. Promot. 1958 Bonn; Habil. 1967 Berlin (FU) - 1958-59 Lektor Univ. Toulouse (Dt.); 1959-67 Assist. FU Berlin; 1967-68 Privatdoz. ebd.; s. 1968 Ord. Univ. Düsseldorf; 1980-86 Schatzm. Intern. Hispanisten-Verb.; 1981-85 Vors. Dt. Hispanisten-Verb. - BV: Panurge u. Hermes - Z. Ursprung e. Charakters b. Rabelais, 1958; Sinne u. Sinnesverknüpfungen - Studien u. Materialien z. Vorgesch. d. Synästhesie, 1969 (span. 1975). Herausg.: Rabelais, Gargantua u. Pantagruel (2 Bde. 1964); Grundl. d. Roman. (1972ff., m. Eberhard Leube, s. 1992 m: Titus Heydenreich); Interpretation u. Vergleich-Festschr. f. Walter Pabst (1972, m. E. Leube); L'Affaire Lemoine v. Marcel Proust (1972 m. Walter Pabst); Studienr. Romania (1975ff., m. E. Leube, s. 1992 m. Titus Heydenreich); Fr. Luis de León, Ausgew. Ged., span.-dt. (1989, Übers. v. E.-E. Keil). Mithrsg.: Ztschr. Antike u. Abendland (s. 1981); Les Lettres Romanes (s. 1985); Studia humaniora (s. 1985) - Spr.: Engl., Franz., Ital., Span.

SCHRADER, Margarete
Schriftstellerin - Emmastr. 6, 4790 Paderborn - Geb. 7. April 1915 Paderborn (Vater: Karl Sch., Großkaufm.; Mutter: Maria, geb. Oberföll), kath. - 1938 Missio canonica Relig.-Hochsch. Elkeringhausen/Sauerland - BV: u. a. Paderborn zw. Pfauenauge u. Hochschulsiegel, 1972; Wir suchen dich, Christus, 1976; Menschen - heute, Perspekt.-Ged., 1982; Kleinode aus Paderborns Schatzkästchen, Farbbildbd. m. Ged., 1991 - Lyrikpreis Invandranas-Kulturcentr. Stockholm; 2 weit. Lyrikpreise - Liebh.: Weltgesch., alte Möbel, Kunstw. - Lit.: Paul Hübner: Z. Situation d. christl. Schriftst., 1976; M. Platei, Christ in d. Gegenwart 10/77; F. Kienecker in Päd. Stud. IV/77; P. Hübner i. Christ in d. Gegenw. 11/78; R. Bohne in Frankf. Hefte 7/77; S. Sparre dito 10/83; I. Meidinger-Geise d. literat 4/85; U. Homann in WESTF. SPIEGEL II/85; M. Plate in Bild in d. Gegenw. 12/85, u. in Christ in d. Gegenw. 10/88.

SCHRADER, Wiebke
Dr. phil., ao. Prof. f. Philosophie Univ. Würzburg - Frankenstr. 33, 8702 Eisingen vor Würzburg (T. 09306-344) - Geb. 3. Jan. 1930 Wuppertal - Univ. Marburg u. Würzburg (Phil., Theol., Psychol., Päd., Soziol.), Promot. 1963, Habil. 1970 - Mitgl. Gründ.vorst. Europ. Nietzsche-Ges., Intern. wiss. Vereinig. (ENG) - BV: (Mithrsg.): Neues Jahrb. Perspektiven d. Phil., 1974; Elementa, Schr. z. Phil. u. ihrer Problemgesch., 1975; D. Auflös. d. Warumfrage, 2. A. 1975; D. Experiment d. Autonomie, 1977; D. Selbstkritik d. Theorie, 1978; Schriftenreihe Nietzsche Kontrovers, 1981. Div. wiss. Abh. u. Festschrift-Beitr.

SCHRAFT, Rolf D.
Dr.-Ing., Prof., stv. Institutsleiter Fraunhofer-Inst. f. Produktionstechnik u. Automatisierung (IPA) - Nobelstr. 12, 7000 Stuttgart 80 (T. 0711 - 970 12 00) - Geb. 2. Febr. 1942, ev., verh. s. 1968 m. Lore, geb. Winternitz, 2 Söhne (Oliver, Roland) - Stud. Maschinenbau Univ. Stuttgart; Promot. 1976 Stuttgart - 1986 Hon.-Prof. Univ. Dortmund - Versch. Patente. Ca. 20 Bücher u. Buchbeitr., z. T. m. Übers. in Engl. u. Ital.; üb. 200 Ztschr.-Veröff. - 1986 ASEA Robotics Award - Liebh.: Segeln, Jagen - Spr.: Engl., Franz.

SCHRAGE, Konrad
Dramaturg, Regiss., Künstler. Leiter Theater f. Kinder u. Jugendliche Theater Oberhausen, Städt. Bühnen Dortmund u. Nationaltheater Mannheim - Käfertalerstr. 91, 6800 Mannheim 1 (T. 0621-3 47 17) - Geb. 21. Juni 1949 Melle, verh. m. Ingeborg Sungen-Schrage - Stud. Theaterwiss., German., Politol.

SCHRAGE, Wolfgang
Dr. theol. (habil.), o. Prof. f. Neues Testament Univ. Bonn (s. 1964) - Meßbeuel 8, 5340 Bad Honnef/Rh. (T. 54 57) - Geb. 30. Juli 1928 Hagen-Haspe, ev., verh. s. 1956 m. Elisabeth, geb. Tölke, 3 Kd. (Ulrike, Heinrich, Christoph) - Stud. Theol. Bonn, Tübingen, Göttingen, Heidelberg, Bethel - Zul. Privatdoz. Univ. Tübingen - BV: D. konkreten Einzelgebote in d. paulin. Paränese, 1961; D. Verhältnis d. Thomas-Evangeliums z. synopt. Tradition u. zu d. Kopt. Evangelienübers., 1964; D. Verständnis d. Todes Jesu Christi im Neuen Testament, in: D. Kreuz Jesu Christi als Grund d. Heils, 1967; D. Christen u. d. Staat n. d. Neuen Testament, 1971; D. Briefe d. Jakobus, Petrus, Judas, 1973; Barmen II u. d. NT, in: Z. polit. Auftrag d. christl. Gde., 1974; Leiden (Bibl. Konfrontationen), 1977; Frau u. Mann (Bibl. Konfrontrationen), 1980; D. Elia-Apokalypse, 1980;, Ethik d. Neuen Testaments, 2. A. 1989; D. erste Brief an d. Korinther, Teil I (EKK VII 1), 1991. Fachaufs.

SCHRAM, Armin
Dr. techn., Chemiker, Vorstandsvorsitzender RWE-DEA Aktiengesellsch. f. Mineraloel u. Chemie, Hamburg, Vorst.-Mitgl. d. RWE AG, Essen - Überseering 40, 2000 Hamburg 60 - Geb. 31. Jan. 1929.

SCHRAMEYER, Klaus
Dr. jur., Ständiger Vertreter Botschaft Sofia (s. 1990) - Geb. 8. Mai 1934 Dresden (Vater: Franz S., Versich.-Makler; Mutter: Margarete, geb. Lindenfeld), ev.-luth., verh. s. 1963 m. Sabine, geb. Magnus, 2 Kd. (Claudia, Kai) - Abit. 1953 Burggymn. Essen; 1953-56 Jura-Stud. Heidelberg; Promot. 1960 Heidelberg; 1959-61 Stud. in Paris, Ass.-Ex. 1962 Düsseldorf. 1962-64 Osteuropa-Ergänz.stud. FU Berlin - 1965 Ausw. Amt, Attaché Botsch. Mexiko-Stadt; 1967-68 Zentrale, anschl. 1968-72 Konsul Generalkonsulat Madras; 1972-76 Presseref. Botsch. Warschau; 1976-79 stv. Referatsleit. AA, 1979 Botschafter in Ouagadougou, 1982-85 Leiter Wirtschaftsabt. Botsch. Brüssel, 1985-88 Leiter Kulturabt. Botsch. Moskau, 1988-90 Generalkonsul Detroit - Liebh.: Tennis, Golf, Kunst - Spr.: Engl., Span., Poln., Franz., Russ.

SCHRAMM, Bernhard
Dr. rer. nat., Prof. f. Physikal. Chemie - Langgewann 33, 6900 Heidelberg - Geb. 12. Aug. 1937 Hindenburg (Vater: Georg Sch., O.Stud.-Dir.; Mutter: Hildegard, geb. Rosenberger), kath., verh. s. 1965 m. Christina, geb. Breinig, 2 S. (Ulrich, Christoph) - Univ. München u. Heidelberg, Staatsex. 1960, Promot. 1963, Habil. 1969 - Prof. Univ. Heidelberg, 1975/76 Forsch. Massachusetts Inst. of Technology (USA), 1982/83 Univ. of California, Berkeley (USA) - Spr.: Engl.

SCHRAMM, Edgar
Geschäftsführer Berufsfortbildungswerk Gemeinnützige Bildungseinrichtung d. DGB GmbH (bfw) - Postfach 10 15 27, 4000 Düsseldorf 1 (T. 02104 - 499-0).

SCHRAMM, Gerhard

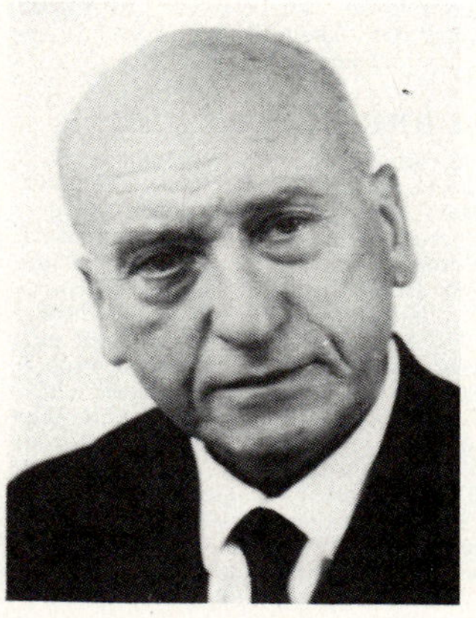

Dr.-Ing., Prof., Ministerialdirigent a. D. - Riedlingerstr. 7, 8011 Kirchseeon/Obb. (T. 96 90) - Geb. 23. Juni 1903 Worle/Westpr. (Vater: Max S., Fabrikdir.; Mutter: Amanda, geb. Preuß), verh. s. 1930 m. Hedwig, geb. Duschl, 4 Kd. (Heinz, Maja, Horst, Helmut) - TH Danzig (Diplomvor- 1922) u. München (-hauptprüf. 1924). Promot. 1930 Danzig; Habil. 1939 Aachen - 1926-65 Bundesbzw. Reichsbahn (1942 Ref. f. Oberbau. zul. Hauptverw. Frankfurt/M.); 1957-63 Privatdoz. TH Darmstadt; s. 1963 apl. Prof. TH bzw. TU München (Eisenbahnbau). Entwickl. v. Bogenabsteckverf. - BV: D. vollkommene Gleisbogen. 1931; Abstecken u. Vermarken v. Bogen n. d. Winkelbildverfahren, 2. A. 1941; Bogengestalt. u. -absteck., 1949; D. Gleisbogen, 4. A. 1962 (portug. 1974); Oberbautechnik u. -wirtsch., 3. A. 1973 (engl. 1961, russ. 1962, portug. 1977). Etwa 100 Einzelarb. - 1964 Ehrenbürger New Orleans (USA); 1969 Gr. BVK - Liebh.: Kammermusik (Violine), Astronomie - Spr.: Engl.

SCHRAMM, Godehard
Schriftsteller - Schweppermannstr. 41, 8500 Nürnberg - Geb. 24. Dez. 1943 Konstanz/B. - Fr. Mitarb. BR. Zahlr. Bücher (auch Lyrik, zul. 1984 Roman: D. Traumpilot). Übers. aus d. Russ.

SCHRAMM, Gottfried
Dr. phil., Prof. f. Neuere u. Osteurop. Geschichte - Maria-Theresia-Str. 8, 7800 Freiburg/Br. (T. 7 78 24) - Geb. 11. Jan. 1929 Heidelberg - Univ. Göttingen, Tübingen, Erlangen (German., Gesch., Slaw.). Promot. 1953 Göttingen; Habil. 1964 Marburg - 1964 Privatdoz. Univ. Marburg; 1965 Ord. Univ. Freiburg. Viele Aufenthalte Polen, Sowjetunion, ČSFR, Ungarn, Rumänien - BV: Namenschatz u. Dichtersprache - Studien zu d. zweigliedr. Personennamen d. Germanen, 1957; D. poln. Adel u. d. Reformation 1548-1607, 1965; Nordpont. Ströme - Namenphilol. Zugänge z. Frühzeit d. eur. Ostens, 1973; Eroberer u. Eingesessene - Geogr. Lehnnamen als Zeugen d. Gesch. Südosteurop. im 1. Jahrtausend n. Chr., 1981. S. 1975 Herausg. u. Beitr.: Handb. d. Gesch. Rußlands, Bd. 3 (1856-1945).

SCHRAMM, Günther
Schauspieler - Zu erreichen üb.: Dr. Beyer, Parkallee 61, 2000 Hamburg 13 - Geb. 18. Febr. 1929 Potsdam (Vater: Dr. med. Günther S.; Mutter: Anneliese, geb. Hoffmann), verh. s. 1958 in 2. Ehe m. Gudrun, geb. Thielemann (Schausp.), 3 Kd. (Cornelia, Andreas, Stefan) - Abit. Hamburg; 1950-51 Stud. Staatl. Hochsch. f. Musik u. Theater ebd. - 1952-53 Literar. Kabarett Die Buchfinken; Das Junge Theater, Hamb., Hamburger Kammerspiel (1953), Thalia-Theater (1953-57) ebd.; s. 1958 fr. Sch. - Zahlr. Rollen im Theater u. Fernsehen, u. a. als Walter Grabert (über 90mal) in D. Kommissar (ZDF-Reihe); s. 1973 Quizmaster Alles oder nichts; s. 1981 Erkennen Sie d. Melodie (ZDF-Reihe); Mitwirk. in zahlr. Unterhalt.ssend. im Hörfunk; ebenf. in 7 Filmen (Als geheilt entlassen, Die Botschafterin, Schneewittchen u. d. sieben Gaukler, Glückliche Jahre, Dynamit in grüner Seide, Die Lümmel v. d. ersten Bank, Die verlogenen R. - 1970 Bambi in Bronze; 1970, 71, 72 u. 73 Bambi in Gold - Liebh.: Schreinern, Segeln, Skilaufen, Bergsteigen - Spr.: Latein, Engl., Franz.

SCHRAMM, Julius
Ing., Fabrikant, Inh. Metallwarenfabrik Julius Schramm, Alsfeld, Vizepräs. IHK Gießen - Uhlandstr. 13, 6320 Alsfeld/Oberhessen (T. 06631 - 42 20) - Geb. 11. Juli 1914 Offenbach/M. - Spr.: Engl. - Rotarier.

SCHRAMM, Matthias
Dr. phil. nat., o. Prof. f. Geschichte d. Naturwissenschaften Univ. Tübingen - Weingartenrain 14, 7401 Dußlingen (T. Gomaringen 25 95) - Habil. Frankfurt/M.

SCHRAMM, Norbert

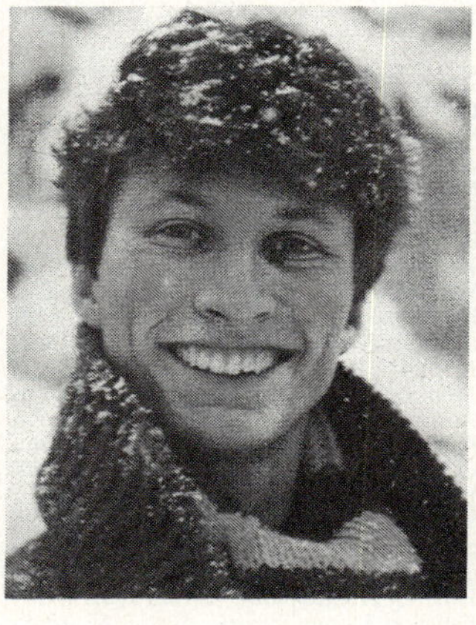

Eiskunstläufer b. Holiday on Ice (1985-92) - Am Dummelsmoos 21, 8980 Oberstdorf - Geb. 7. April 1960 Nürnberg (Vater: Gerhard Sch., Kaufm.; Mutter: Therese Sch.), ev., ledig - Abit. 1981 Oberstdorf; Stud. Betriebswirtsch. - Eiskunstlauf: 1979, 81 u. 84 Dt. Meister; 1982 u. 83 Europa- u. Vizeweltmeister - 1982 Gold. Ehrennadel Dt. Eislauf-Union u. Verdienstmed. Bundeswehr; 1984 Silb. Lorbeerblatt - Liebh.: Golf, Gleitschirm - Spr.: Engl., Latein.

SCHRAMM, Raimund
I. Bürgermeister - Rathaus, 8643 Küps/Ofr. - Geb. 29. Juni 1931 Wallenfels - Dipl.-Verwaltungswirt.

SCHRAMM, Werner
Kirchenpräsident (s. 1988) - An der Neumühle 12, 6721 Dudenhofen (T. 06232 - 9 54 15) - Geb. 18. Aug. 1933 St. Ingbert/Saarl., verh. s. 1962 m. Erika, geb. Rettig, 3 Töcht. (Barbara, Ulrike, Susanne) - Abit. 1953; Stud. Theol. Univ. Mainz u. Heidelberg; 1. Theol. Ex. 1959 (im gleichen Jahr Ordination); 2. Theol. Ex. 1962 - S. 1988 Kirchenpräs.

SCHRAMM, Werner
Dr.-Ing., Prof., Generalsekretär Akad. f. Raumforschung u. Landesplanung - Buchenweg 20, 3057 Neustadt a. Rbge 1 - Geb. 1. Febr. 1939 Dresden, verh. m. Helga, geb. Grossmann, 3 Kd. - Habil. 1974 Hannover - 1981 Prof. f. Regional- u. Landesplanung Univ. Hannover. Vorst.-Mitgl. Wiss. Ges. z. Stud. Nieders. - BV: Stadtplanung in Hochschulstädten, 1969; Infrastrukturplanung, 1978; Siedlungentwicklung in d. Bundesrep. Deutschl., 1984; Regionalplanung, 1986. Herausg.: Neues Archiv f. Niedersachsen - 1972 Mitgl. Dt. Akad. f. Städtebau u. Landesplanung; korr. Mitgl. Inst. f. Entwicklungsplanung u. Strukturforsch. (IES); 1985 Fellow Chonqing Inst. of Architecture and Engineering, PR China.

SCHRAMM-WÖHLMANN, Horst
Leitender Polizeidirektor i.R., zul. Leit. Dezernat Öfftl. Sicherheit Landespolizeidir. Berlin - Bismarckstr. 6, 1000 Berlin 41 (T. 030 - 796 53 05) - Geb. 13. Sept. 1930 Berlin, verh. s. 1957 m. Rosemarie, geb. Ocko - Abit. 1950 Rheingau-Realgymn.; Polizeidst. - 1966 Stud. Polizei-Führungs-Akad. Münster-Hiltrup.

SCHRANK, Gustav
Dipl.-Betriebswirt, Bürgermeister Stadt Hockenheim - Leopoldstr. 6B, 6832 Hockenheim - Geb. 18. Sept. 1942 - Vors. Gesellschaftervers. Hockenheim-Ring GmbH.

SCHRANZ, Anton
I. Bürgermeister Stadt Pfaffenhofen - Rathaus, 8068 Pfaffenhofen/Ilm; Betrieb: Ingolstädter Str. 87; priv.: Grabmairstr. 14 - Geb. 30. Jan. 1918 Reichertshofen - Bauuntern. (Straßen- u. Tiefb.).

SCHRANZ, Winfried
Dr. med., Privatdozent, Chefarzt Innere Abt. Marienkrkhs. Cochem/Mosel (s. 1987), u. Ärztl. Leit. (s. 1989) - Zu erreichen üb. Marienkrankenhaus, 5590 Cochem/Mosel (T. 02671 - 6 22 41) - Geb. 24. Okt. 1948 Koblenz, kath., verh. s. 1975 m. Agnes, geb. Hasenfratz, 2 Söhne (Stephan, Christian) - Medizinstud. 1968-74 Univ. Mainz; Med. Staatsex. 1974; Promot. 1974; Facharzt Innere Med. 1982 (Teilgeb. Gastroenterologie 1987), Habil. 1984.

SCHRAUB, Alfred
Dr. rer. nat., o. Prof. f. Biophysik i. R. - Spitzwegring 117, 6300 Gießen (T. 5 22 20) - Geb. 14. Dez. 1909 Butzbach - 1959 (Habil.) -72 Lehrtätigk. Univ. Frankfurt/M. u. Gießen (1962-72 Ord. u. Inst.sdir.) - BV (m. Boris Rajewski): Strahlendosis u. -wirk., 2. A. 1956; Wiss. Grundl. d. Strahlenschutzes, 1957. Üb. 50 Einzelarb.

SCHRAUFSTÄTTER, Ernst

Dr. phil., Dr. rer. nat. h. c., Prof., Sektorleiter Gesundheit i.R. Bayer AG, Leverkusen - Bremer Str. 28, 5600 Wuppertal 1 (T. 75 05 85) - Stud. Chemie - B. 1969 Lehrbeauftr., dann Honorarprof. Univ. Münster/W. (Ausgew. Kapitel d. Arzneistoff-Forschung) - Spr.: Engl. - Rotarier.

SCHRAUFSTETTER, Benedikt

Kaufmann, Präs. Bundesverb. d. Seifen- u. Parfümerie-Einzelhandels in d. Hauptgemeinsch. d. Dt. Einzelhdl., Köln - Westenhellweg 10, 4600 Dortmund - Zahlr. Ehrenstell., u.a. Handelsrichter, Präs. Bundesverb. Parfümerien i. d. Hauptgemeinsch. d. Dt. Einzelhdl., Präsid. Rat Mitgl. Hauptgemeinsch. d. dt. Einzelhdl., Vizepräs. Federation Européene d. Parfumeurs Détaillants, 1. Vors. Dt. Alpenverein, Dortmund, Beiratsmitgl. Einzelhdl.verb. Westf., d. Einzelhdl.-Aussch. d. IHK, d. Bundesfachschule Parfümerien - Gold. Ehrennadel Bundesverb. Parfümerie; 1979 BVK; Ehrenmed. Einzelhdl.verb. Westf.

SCHRAUT, Ludwig

Rektor, MdL Bayern (1966-74 m. Unterbr.) - Dresdner Str. 60, 8940 Memmingen/Allgäu (T. 6 15 53) - Geb. 1. Dez. 1929 Augsburg (Vater: Ludwig S., Prok.; Mutter: Clara, geb. Mattmer), kath., verh., 3 Kd. - Obersch. Memmingen u. Lauingen; Lehrerausbild. Lehramtsprüf. 1951 u. 54 - Volksschuldst. Memmingen. Mitgl. Stadtrat Memmingen. SPD s. 1952 - BVK a. Bde.

SCHRECK, Eugen

Dr. med., o. Prof. f. Augenheilkunde - Eichenweg Nr. 19, 8520 Erlangen (T. 2 46 77) - Geb. 15. März 1911 Stuttgart (Vater: Eugen S., Lehrer; Mutter: Emma, geb. Günther), verh. s. 1941 m. Berta, geb. Hammer, 4 Kd. - Univ. Tübingen. Habil. 1939 Heidelberg - 1936 Assist., 1944 Privatdoz., 1948 ao. Prof. Univ. Heidelberg, 1951 o. Prof. u. Klinikdir. Univ. Erlangen, 1966 Ruf a. Ordinariat Frankfurt/M. abgelehnt. Emerit. 1980. Forsch. üb. Geschwülste am Sehorgan, Farben- u. Lichtsinn b. Netzhautoperierten, Flüssigkeitswechsel d. Auges, grüner Star m. Angabe e. neuen Operation u. sympath. Ophthalmie, Entwickl. e. neuen künstl. Augenlinse, Differentialdiagnose v. Augenkrankh. - BV: D. Epilepsie d. Kindesalters, 1937. Viele Einzelarb. Schriftl.: Zentralbl. f. d. gesamte Ophthalmol. u. ihre Grenzgebiete (1948-59); Mithrsg.: Journal f. med. Kosmetik, D. med. Sachverst., D. Internist; Schriftl.: v. Graefes Archiv f. Ophthalmol. (1965-82) - 1935 württ. Staatspreis, 1951 v.-Graefe-Preis; Ehrenmitgl. Inst. Barraquer, Barcelona; 1980 BVK.

SCHRECKENBERGER, Waldemar

Dr., Univ.-Prof. f. Rechtsphilosophie, Rechtspolitik u. Gesetzgebungslehre, Chef d. Bundeskanzleramts u. Staatsekretär b. Bundeskanzler (1982-89) - Geb. 12. Nov. 1929 Ludwigshafen/Rh. (Vater: Ludwig S., Kaufm.; Mutter: Elise), ev., verh. s. 1961 m. Gisela, geb. Schmauch, 3 Söhne (Mathias, Harald, Christian) - Stud. Rechtswiss. u. Philos., 1. u. 2. jur. Staatsex., Habil. 1976 - S. 1960 öffentl. Dienst, 1976-81 Staatssekr. (Chef d. Staatskanzlei), 1981/82 Justizmin. Rhld.-Pfalz. S. 1976 Hochschullehrer. 1978-82 Vors. Kommiss. z. Ermittl. d. Finanzbed. d. Rundfunkanst.; s. 1978 stv. Vors. d. Intern. Vereinig. f. Rechts- u. Sozialphil. (dt. Sektion) - BV: Legalität u. Moralität, 1959; Rhetorische Semiotik, Analyse von Texten d. Grundges. u. v. rhetor. Grundstrukturen d. Argumentation d. BVerfg., 1978. Herausg.: Gesetzgebungslehre (1985) - Liebh.: Musik - Spr.: Engl., Franz.

SCHREIBER, Bernd

Dr., Geschäftsführer Verb. d. Wellpappen-Industrie - Hilpertstr. 22, 6100 Darmstadt.

SCHREIBER, Brigitte

s. Kronauer, Brigitte

SCHREIBER, Detlef

Dr. rer. nat., Prof. f. Klimageographie, Dipl.-Meteorologe - Hopfengasse 14, 5760 Arnsberg 2 (T. 02931 - 1 02 36) - Geb. 24. Febr. 1926 Olbersdorf (Vater: Erich Sch., Lehrer; Mutter: Martha, geb. Bartsch), ev.-luth., verh. s. 1950 m. Ingeborg, geb. Lindemann, 3 Kd. (Arne, Olaf, Irene) - Univ. Berlin (Meteorol., Geophys., Geogr., Botanik); Dipl. 1952 Berlin; Promot. 1959 Berlin; Habil. 1970 Stuttgart. Emerit. 1988 - BV: Klimaeinteilung f. Landwirtschaftl. Belange, 1973; Klimatogr., 1976; Meteorol.-Klimatol., 1982; Stadt- u. geländeklimatol. Unters. im südl. Münsterland, 1984 - Liebh.: Bergsteigen, Reisen - Spr.: Engl.

SCHREIBER, Friedrich

Rechtsanwalt, Oberregierungsrat a. D., MdL Nordrh.-Westf. (s. 1975) - Geisecker Talstr. 51, 5840 Schwerte - Geb. 19. Juli 1934 - SPD.

SCHREIBER, Friedrich

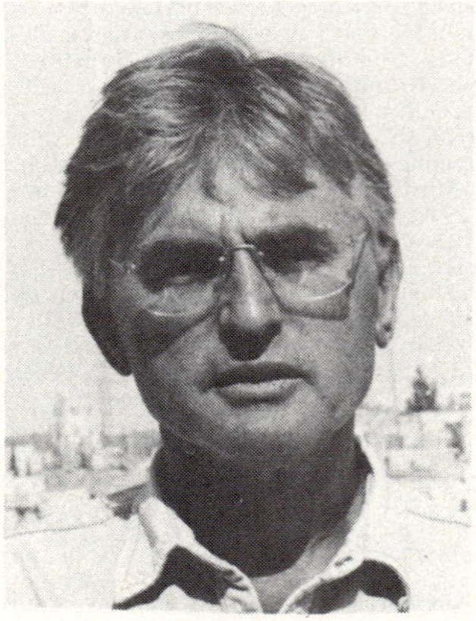

Dr. oec. publ., ARD-Korrespondent in Tel Aviv - 38 Hamasger Street, Tel Aviv 67211, Israel (T. 009723 - 537 12 81) - Geb. 30. März 1932, gesch., S. Michael - 1952-56 Stud. Volkswirtsch. u. Polit. Wiss.; 1952/53 Fulbright-Stip. Wesleyan Univ., USA; 1956 Dipl.-Volksw. Univ. München; 1957/58 NATO-Forschungsstip., Paris; Promot. 1962 Univ. München - 1959-64 Ref. f. Übersee.Entwicklung b. EG-Kommission Brüssel; 1964-87 Leit. Europaredaktion u. Auslandsredaktion Bayer. Rundf. (FS); 1977-87 Lehrbeauftr. Univ. München - BV: D. Saudis, Macht u. Ohnmacht d. Herrscher Arabiens, 1981; D. Palästinenser, Gesch. e. semitischen Volkes, 1983; NAHOST, Gesch. u. Struktur d. Konflikts, 1988, 1990; Intifada, Aufstand d. Palästinenser, 1990 - Spr.: Engl., Franz., Ital., Span., Hebr.

SCHREIBER, Georg

Dr. phil., Prof., Schriftsteller - Steinbüchlweg 13, A-1190 Wien (Österr.) (T. 37 12 79) - Geb. 12. Juni 1922 Wiener Neustadt, ev., A. B., verh. s. 1948 m. Doris, geb. Kolacny - Univ. Wien (Klass. Philol., Archäol., Alte Gesch.; Promot. 1948) - 1950-82 Lehrer u. Gymnasialprof. Wien (Alte Sprachen) - BV: D. Weg d. Bruders, histor. Jugendr. 3. A. 1960 (auch ital.); Bordfunker gesucht, Jgdr. 1955; D. 10. Legion, histor. Jgdr. 2. A. 1960 (auch ital.); Im Hunnensturm, histor. Jgdr. 2. A. 1962 (auch ital.); Den Funden nach zu schließen - Österr. in röm. Zeit, 3. A. 1974; Italien, Reiseb. 1961; Griechenland, Reiseb. 1962; Jugoslawien, Reiseb. 1963; Schwert ohne Krone, histor. R. 2. A. 1964; Segelschiffe aus Phokaia, histor. Jgdr. 1964; Ritt ins Hunnenland, histor. Jgdr. 1964; Fahrt z. Hohen Pforte, histor. R. 1965; Wokkio, König d. Noriker, histor. Jgderz. 1966; D. Tyrannen v. Athen, histor. Jgderz. 1967; Des Kaisers Reiterei, 1967; König Pyrrhos in Tarent, histor. Jgderz. 1968; Balkan aus erster Hand, 1971; Glück im Sattel oder Reiter-Brevier, 4. A. 1990 (a. holl.); Lösegeld f. Löwenherz, Jgderz. 1973; Husaren v. Berlin, R. 1974; Sipahi, 1975; Im Schatten d. Kaisers, 1977; D. Krone Glanz u. Last, 1978; Auf d. Spuren d. Türken, 1980 (auch ital.); M. Armbrust u. Schreibfeder, Histor. Jgdr., 1985; Gesch. Österreichs f. d. Jugend, 1986; Franz I. Stephan, Biogr. 1986; An Österr. Grenzen, 3 Bde. 1989-91; Schloß Schönbrunn, 1989; Burgenland, 1990; Von d. Ostsee an d. Donau, 1991. Zus. m. Bruder (Dr. Hermann S.): Versunkene Städte, 1955 (in 13 Spr. übers.); Mysten, Maurer u. Mormonen, 1956 (in 3 Spr. übers.); Throne unter Schutt u. Sand, 1957 (in 5 Spr. übers.); D. schönsten Heldensagen d. Welt, 3. A. 1970 (in 2 Spr. übers.) - 1955 Jugendbuchpreis Stadt Wien; 1962 Österr. Staatspreis f. Jugendlit.; 1966 Kulturpreis Stadt Baden; 1968 Österr. Staatspreis f. Jgdlit.; 1982 Österr. Ehrenkreuz f. Wiss. u. Kunst; 1988 Ehrenmed. Bundeshauptstadt Wien in Silber - Liebh.: Altertumswiss., Volkskd. - Spr.: Franz., Ital., Engl. - Bek. Vorf. ms.: Industriellenfamilien Elsinger, Hutter, Schrantz; Vater Hermann S., bek. Fachm. f. alte Stiche u. Landkarten († 1931).

SCHREIBER, Gustav-Adolf

Großhandelskaufmann, Pers. haft. Gesellsch. Wilhelm Schreiber KG, Baumasch., Bremen (s. 1972) - Stephanikirchhof 15, 2800 Bremen 1 (T. 0421 - 1 53 67) - Geb. 7. Okt. 1940 Bremen, ev., verh. s. 1983 m. Ulrike Sch., 2 Kd. (Anya, Julia) - Altsprachl. Abit. Gymn. Bremen; Kaufmannsgehilfenbrief IHK Würzburg.

SCHREIBER, Hans Wilhelm

Dr. med., o. Prof. f. Chirurgie - Chir. Univ. Klinik, 2000 Hamburg 20 - Geb. 17. Sept. 1924 Schönecken - V. Langenbeck-Preis Dt. Ges. f. Chir.; 1982 Mitgl. Dt. Akad. d. Naturforsch. Leopoldina Halle.

SCHREIBER, Hans-Ludwig

Dr. jur., Prof., Staatssekretär a. D. - Linzer Str. 1, 3000 Hannover - Geb. 10. Mai 1933 Mönchengladbach (Vater: Edmund Sch.; Mutter: Elisabeth, geb. Körner), kath., verh. s. 1960 m. Ursula, geb. Ernst, T. Ruth - Stud. Rechtswiss. u. Phil.; Promot. 1966, Habil. 1970 - 1974 Vizepräs. Landesjustizprüf.amt; 1982 Vizepräs. Univ. Göttingen; Prof. f. Strafrecht u. Allg. Rechtstheorie Univ. Göttingen, 1987-90 Staatssekretär Wissenschaftsmin. Hannover. Vors. Kurat. Volkswagenstiftg. - BV: D. Begriff d. Rechtspflicht, 1966; Gesetz u. Richter, 1975; Rechtstheorie, 1980; Recht - Gerechtigkeit, 1984; Handb. d. psychiatrischen Begutachtung, 1986.

SCHREIBER, Hermann

Dr. phil., Prof., Schriftsteller - Schleißheimer Str. 274, 8000 München 40 (T. 308 79 11) - Geb. 4. Mai 1920 Wiener Neustadt - Schule am Turm Wr. Neustadt; Univ. Wien (Germ., Phil., Ästhetik; Promot. 1944) - 1940-45 Kriegsdst., 1945-47 Verlagslektor u. -teilh., 1946-51 Redakt. u. Chefredakt. (1949), seith. fr. Schriftst. u. Übers. (Franz.) - BV: u. a. Land im Osten, 1961; D. 10 Gebote - D. Mensch u. s. Recht, 1962; Paris - Biogr. e. Weltstadt, 1967, Neuaufl. 1981; D. Stuarts - Genie u. Unstern e. königl. Familie, 1970; Capitain Carpfanger, R. 1973; Provence - Zauber d. Südens, 1974; D. Hunnen, Sachb. 1976; Kaiserwalzer, 1976; D. Versailles-Romane, 6 Bde., 1977-83; Marie Antoinette, Biogr. 1988; D. Schönheit d. Sinne, E. Makart-R. 1990; D. Belle Epoque in Paris, 1990 - 1968 Prof.-Titel (Österr. Bundespräs.), Mitgl. Österr. PEN-Club - Sammelt Tageb., Briefwechsel u. Märchen aus aller Welt - Lit.: Mein Sarg bleibt leer (Festschr. z. 60. Geb.), 1980.

SCHREIBER, Hermann

I. Bürgermeister - Rathaus, 8806 Neuendettelsau/Mfr. - Geb. 11. Jan. 1938 Neuendettelsau - Zul. Regierungsrat.

SCHREIBER, Hermann

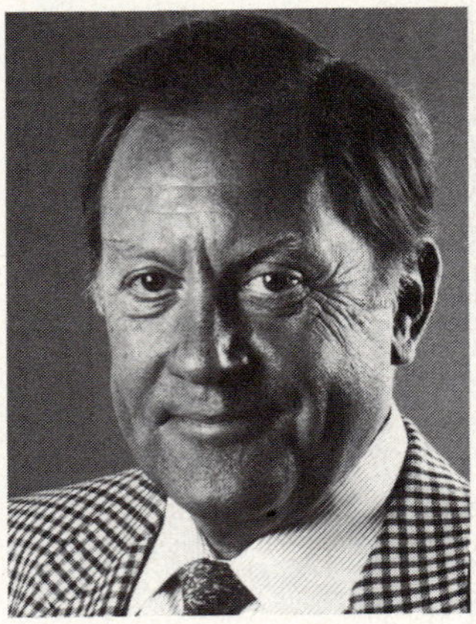

Journalist, Autor, Moderator, Chefredakteur Magazin GEO - Am Baumwall 11, 2000 Hamburg 11 - Geb. 9. Aug. 1929 Ludwigshafen (Vater: Richard Sch.; Mutter: Maria, geb. Fichter), verh. m. Marion, geb. Kellermann - Ausb. z. Journ. - 1952-64 Stuttgarter Ztg.; 1964-79 Kolumnist Magazin D. Spiegel; s. 1979 zunächst Chefreporter Ztschr. GEO. Fernseharbeit: Interviews (Lebensläufe) u. Moderation (NDR-Talkshow) - BV: Zwischenzeit. So leben wir, 1964; Willy Brandt. Anatomie e. Veränderung (m. Sven Simon †), 1970; Midlife Crisis. D. Krise in d. Mitte d. Lebens, 1977; Singles. Allein leben - besser als zu zweit?, 1978; Lebensläufe, 1982; Werkstatt Bayreuth (m. Guido Mangold), 1986; Durchblicke. Reportagen aus 30 Jahren Gegenwart, 1989. Fernsehfeatures - 1966 Theodor-Wolff-Preis - Spr.: Engl.

SCHREIBER, Jens

Dipl.-Kfm., Oberbürgermeister d. Stadt Lüneburg - Soltauer Str. 44, 2120 Lüneburg - Geb. 2. Mai 1942, verh. m. Siegrid, geb. Stührk, 2 Kd.

SCHREIBER, Johannes

Dr. theol., Univ.-Prof. f. Prakt. Theologie - Hahnenfußweg 40, 4630 Bochum - Geb. 11. Dez. 1927 Gahlen, ev., verh., 1 Kd. - Schule Lintorf u. Ratingen, Abit. n. Kriegsgefangensch. 1947; 1947-52 Kirchl. Hochsch. Wuppertal, Univ. Tübingen u. Bonn (Theol.). Promot. 1960 Bonn - 1957-63 Studienrat u. Pfarrer Bayreuth; 1963-65 Assist. Univ. Mainz; s. 1965 Ord. Univ. Bochum - BV: Theol. Erkenntnis u. unterrichtl. Vollzug, 1966; Theologie d. Vertrauens, 1967; D. Markus-Passion, 1969; D. Kreuzigungsbericht, 1986.

SCHREIBER, Karl-Friedrich

Dr. agr., Prof. f. Landschaftsökologie - Pröbstingstr. 77, 4400 Münster (T. 0251-32 46 46) - Geb. 9. Juli 1926 Deutsch-Krone, verh. m. Christa, geb. Mittelstaedt, 2 Kd. - Landwirtsch. Hohenheim, Promot. (Botanik), Habil. (Landsch.ökol.) - S. 1973 Dir. Inst. f. Geogr., Lehrst. Landschaftsökol. Univ. Münster. Emerit. 1991.

SCHREIBER, Karl-Heinz

Poet u. Pädagog', Herausg. u. Rezensent (Ps. sernold) - Sportplatzstr. 19, 8758 Goldbach 2 (b. Aschaffenburg) - Geb. 16. Sept. 1949 Werneck, verh., 2 Kd. - Abit.; Staatsex. (German., Angl.), OStR - Mitgl.sch. VS, VFS, IGdA, Kreis d. Freunde - Initiator d. GHS (Ges. f. Humanes Schreiben), d. AAALZ (Autonomes Archiv Autonomer Literatur Ztschr.), u. d. edition sernold. Herausg. d. Literarischen Korrespondenzen, D. ENTWURFBOTE, von Deutschlands

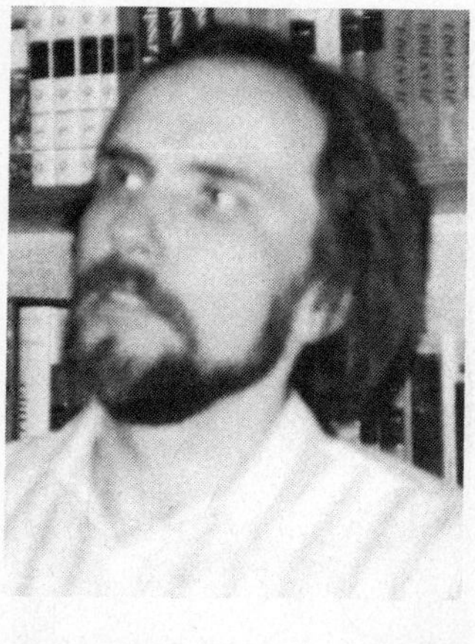

kleinster Literaturztschr., D. LESENDE AFFE, u. d. Reihe Entwurfbote - Anthologisticum. Zeitweise Leit. e. Schreibwerkstatt; Fr. Mitarb. b. Main-Echo (Aschaffenburg); Redaktionsmitgl. d. Lit.ztschr. aktuell, Frankf./M. - BV: D. Chaos könnte nicht größer werden, 1989; Memoiren e. Neugeborenen, 1989; Bei Sintflut allerdings kein Badewetter, 1990; Moritat v. d. kleinen Schritten, 1990; Eichendorff trinkt Clausthaler, 1990; D. WELT, d. umWELT & d. unterWELT, 1991. SchöWaGu - Vorabdrucke 1ff. Herausg.: D. Poetenhydra im Vorgarten d. Literaturgeschichte, 1989; Sisyphosiaden im idyllischen Ghetto, 1992. Reihe Werk/statt/texte 1ff. Zahlr. Beitr. (Lyrik, Prosa, Essay, Rezension) in Anthol., Ztschr. u. Ztg.

SCHREIBER, Lothar

Dr., Dipl.-Volksw., Geschäftsführer Verb. d. Chem. Industrie e.V., Landesaussch. Hessen, Fachverb. Elektrokorund- u. Siliziumkarbid-Hersteller - Karlstr. 21, 6000 Frankfurt/M. 1 - Geb. 1939.

SCHREIBER, Manfred

Dr. jur., Prof. f. Kriminologie u. Kriminalistik Univ. München, Ministerialdirektor Bundesinnenmin., München (1983-88) - Ettstr. 2, 8000 München 2 (T. 21 41) - Geb. 3. April 1926 Hof/B. - Gymn.; Univ. (Rechtswiss.). Staatsprüf. 1948 u. 52; Promot. 1952 - 1956-83 Polizeidst. München, 1960 Kriminaldir., 1963 Polizeipräs.). 1970ff. Vors. Arbeitsgem. d. Polizeichefs d. Bundesländer - Liebh.: Sport, Psych., Gesch. - Mitbegr. Hilfsorg. Weißer Ring - 1977 Gold. Diesel-Ring; BVK; Bayer. VO.

SCHREIBER, Othmar

Dipl.-Volksw. - Franz-Rücker-Allee 92, 6000 Frankfurt/M. 90 (T. 77 35 51) - Geb. 8. Juli 1924 Mähr.-Ostrau (Vater: Ludwig S., Masch.bau-Ing.; Mutter: Josefine, geb. Zurek), kath., verh. s. 1952 m. Hilda, geb. Frühauf, 2 Kd. (Peter-Michael, Wolfgang-Christian) - Human. Gymn.; Univ. Frankfurt (Sozial- u. Wirtschaftswiss.). Dipl.-Volksw. 1949 - 1949-87 Österr. Handelsdeleg. - 1968 Silb. Ehrenzeichen f. Verdienste Rep. Österr.; 1975 BVK a. Bde., 1981 Gold. Med. Handelskammer Wien, 1984 BVK I. Kl., 1985 Gold. Ehrenzeichen f. Verd. Rep. Österr., 1985 Gr. Ehrenzeichen f. d. Bundesld. Niederösterr. - Spr.: Tschech.

SCHREIBER, Robert

Landesbankdirektor a. D., Heidelberg - Panoramastr. 40, 6900 Heidelberg - Geb. 19. Okt. 1906 Überlingen/B. - N. Banklehre Sparkassen- (1952-60 gf. Dir. Bezirkssparkasse Heidelberg) u. Bankwesen (1960-73 Vorstandsmitgl. u. stv. Vorstandsvors. Kommunale Landesbank/Girozentrale, Mannheim), 1956-82 Arbeits- u. Landesarbeitsrichter.

SCHREIBER, Rolf

Dr., Geschäftsführer IHK Braunschweig - Garküche 3, Postf. 260 260, 3300 Braunschweig.

SCHREIBER, Werner

Sozialarbeiter, Minister f. Arbeit u. Soziales d. Landes Sachsen-Anhalt (s. Nov. 1990) - Auf dem Kohlberg 7, 6601 Scheidt - Geb. 17. Aug. 1941 Saarbrücken, kath., verh., 1 Kd. - Volkssch.; 3j. Lehre u. Gesellenz. Betonbauer; Bundeswehrdst.; üb. 2. Bildungsgang Stud. Sozialarb. - N. Staatsex. Sozialarb. u. Jugendpfl.; s. 1965 Mitgl. CDU; DGB Mitgl. (IG Bau, Steine, Erden); s. 1976 Mitgl. Bundesaussch. CDU (Vors. Landtagsaussch. f. Familie, Gesundh. u. Sozialord. u. Vors. Landesjugendwohlfahrtsaussch. Saarland; 1974-79 Mitgl. Stadtverbandstag Saarbrücken; 1975-83 MdL Saarl.; 1983-90 MdB. CDU (1978-90 Kreisvors. CDU Sbr.-Stadt).

SCHREIBER, Wolfgang

Dr. jur., Ministerialdirektor, Leiter d. Abteilung Polizeiangelegenheiten im Bundesinnenmin. (BMI) in Bonn - Graurheindorfer Str. 198, 5300 Bonn 1 (T. 0228 - 68 11) - Geb. 17. Sept. 1936, kath., verh. s. 1964 m. Inge, geb. Pinsdorf, 3 Kd. - Abit. 1955; 1. jurist. Staatsex. 1959; Promot. 1962; 2. jurist. Staatsex. 1963 - 1964 Eintritt in d. öfftl. Dienst; s. 1966 im BMI als Referent, persönl. Referent, Referatsleit., Unterabt.-Leit., ständ. Vertreter d. Abt.-Leit., Abt.-Leit. - BV: Handbuch d. Wahlrechts z. Deutschen Bundestag, 4. A. 1990. Zahlr. wiss. Veröff., vornehmlich zu staats- u. verfassungsrechtl. Themen - Kurat.-Mitgl. d. Polizeiakad. in Münster/Hiltrup - Liebh.: Sport, Klass. Musik, Jazz - Spr.: Engl., Franz.

SCHREIER, Georg

Dr., Landrat Kr. Würzburg (s. 1978) - Landratsamt, 8700 Würzburg - Geb. 23. Okt. 1934 Würzburg - Zul. Regierungsdir. CSU.

SCHREINER, Adolf

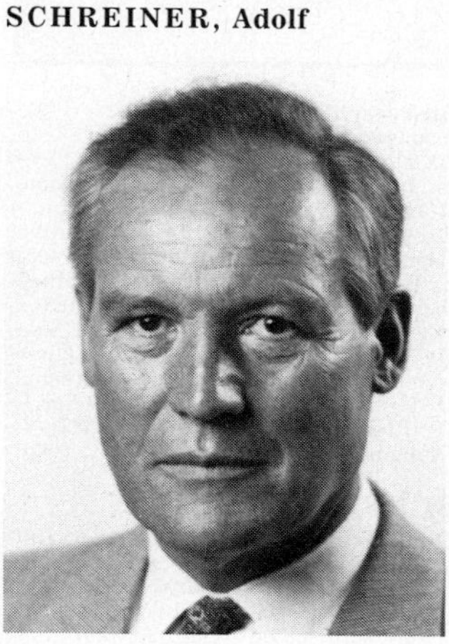

Dr. rer. nat., Prof. Rechenzentrum Univ. Karlsruhe (s. 1972) - Postf. 69 80, 7500 Karlsruhe 1 (T. 608 - 31 58) - Geb. 4. April 1929 München (Vater: Fritz S., Postbeamter; Mutter: Sopie, geb. Fink), ev., verh. s. 1962 m. Gabriele, geb. Loscar, 2 Kd. (Peer, Mark) - Stud. d. Math. u. Physik Univ. München; Staatsex. 1953 ebd.; Promot. 1959 TH - 1960-62 Bölkow-Entw. (Operations Res.); 1962-72 Direktor Klöckner Werke AG. (Datenverarb. u. Unternehmensforsch.) - Organisation v. Datensystemen, Systemanalyse, Lehrb. 1983. Herausg.: Betrieb v. Rechenzentren (1975) - CAK-Computeranwendungen Karlsruhe - Mitgl. Kommiss. f. Rechenanl. d. DFG - Spr.: Engl.

SCHREINER, Alois

Staatssekretär a. D., Präs. Rechnungshof Rhld.-Pfalz i.R. - Rolandsberg 5, 6730 Neustadt/W. 15 - B. 1968 Ministerialdir., dann Staatssekr. Innenmin. Rhld.-Pfalz. CDU s. 1957 - 1967 Orden Palmes Academiques; 1980 Johann-Christian-Eberle-Medaille; 1980 Gr. BVK; 1984 Komturritter v. Orden d. hl. Gregor d. Großen.

SCHREINER, Günter

Dr. phil., Dipl.-Psych., Prof. f. Pädagogik Univ. Göttingen - Humboldtallee 26, 3400 Göttingen (T. 0551 - 5 59 92) - Geb. 20. April 1942 Saarbrücken (Vater: Theobald Sch., Kaufm.; Mutter: Elisabeth), diss. - Mithrsg. d. päd. Fachztschr. D. Dt. Schule (1976/86) - BV: Schule als soz. Erfahrungsraum, 1973; Moral. Entw. u. Erzieh., 1983; Friedensfähigkeit statt Friedlichkeit (m. J. Schweitzer), 1986 - Liebh.: Schach, jidd. Lieder, Aphorismen - Spr.: Engl., Franz.

SCHREINER, Hanns

Staatssekretär, Chef Staatskanzlei Rhld.-Pfalz (1989-91) - Kehlweg 53, 6500 Mainz-Gonsenheim - Geb. 7. Juli 1930.

SCHREINER, Hans Peter

Publizist - Dohlenweg 2, 4156 Willich 3 - Geb. 24. Okt. 1949 Speyer - Mithrsg. u. Autor: (Auswahl): Anti-Politik, Terrorismus, Gewalt, Gegengewalt, 1979; Wahn oder Glaube - Alternativen z. Industrieges., 1980; Gastarbeiter, 1980; Anthroposophie heute, 1981; Ausflug nach Verdun, 1981; D. verborgene Imam, 1981; Rudolf Steiner - D. anthroposoph. Weg, 1982; Neue Religionen - Heil oder Unheil?, 1982; Praktizierte Anthroposophie, 1983; Frieden, 1984, Rudolf Steiner-Werkausgabe in 10 Bänden (Hrsg.), 1985; Menschenrechte, 1985; V. Robespierre zu Khomeini, 1985; Stadt u. Kultur, 1989.

SCHREINER, Heinrich

Dr., Staatssekretär a. D, Präsident Landeszentralbank in Rhld.-Pfalz - Hegelstr. 65, 6500 Mainz 1.

SCHREINER, Josef

Dr. theol., o. Prof. f. Altes Testament u. Bibl.-oriental. Sprachen - Karl-Straub-Str. 22, 8700 Würzburg - Geb. 14. April 1922, kath. - Habil. 1960 Würzburg - S. 1964 Ord. Univ. Münster/W. u. Würzburg (1970; 1973-75 Rektor) - BV: U. a. Septuaginta-Massora d. Buches d. Richter, 1957; Sion-Jerusalem Jahwes Königssitz, 1963, u. a. Fachaufs.

SCHREINER, Lothar

Dr. theol., Hochschullehrer, Prof. f. Missionswiss. u. Religionsgesch. i.R. - Theodor-Heuss-Str. 110, 5600 Wuppertal 1 (T. 0202 - 70 56 99) - Geb. 25. Nov. 1925 Hamburg, ev., verh. s. 1953 m. Lieselotte, geb. Wevelmeyer, 3 Kd. - Stud. Univ. Tübingen, Münster, Oxford, Zürich; M.A. (Oxon) 1953; Promot. 1956 Zürich; 1. u. 2. theol. Dienstex. 1950 u. 1952; Habil. 1969 Heidelberg - 1956-65 Doz. Theol. Fak. d. Nommensen-Univ. P. Siantar, Indonesien; 1968-78 Ref. f. Stip. u. miss. Ausb. b. d. Rhein. Miss. Ges. Wuppertal; 1970-91 Prof. f. Missionswiss. u. Religionsgesch. Kirchl. Hochsch. Wuppertal; s. 1984 Hon.-Prof. Berg. Univ. Wuppertal. 1987 Gastdoz. Eden Theol. Sem., St. Louis, MO - BV: J.G. Hamanns Hauptschriften erklärt, Bd. 1 u. 7, 1956; D. Bekenntnis d. Batakkirche, 1966; Adat u. Evangelium, 1972 (auch indones. 1978). Mithrsg. u. Verf.: Christus u. d. Gurus (1980) - Spr.: Engl., Indones., Bataksch.

SCHREINER, Nikolaus

Arbeitsdirektor, Vorstandsmitgl. AG. d. Dillinger Hüttenwerke - Auf Heipel 9, 6645 Beckingen 4 (T. 06835 - 75 52) - Geb. 24. Juni 1914 Saarbrücken, kath., verh. s. 1939 m. Lina, geb. Lauterbach, 1 Kd. - Volkssch., Formerlehre, 1940-46 Wehrdst. u. amerik. Gefangensch., ab 1950 Maschinenfabr. Erhard & Sehmer, Saarbrücken (Vorkalk.). 1955-1957 MdL Saarl., 1957-58 MdB. SPD. 1968-74 Bürgerm. Honzrath - Spr.: Engl.

SCHREINER, Ottmar

Jurist, MdB - Bundeshaus, 5300 Bonn 1 - Geb. 21. Febr. 1946 Merzig (Vater: Nikolaus Sch., Angest.; Mutter: Barbara, geb. Guckeisen), kath., verh., 3 Kd. - Gymn. Merzig (Abit. 1966), Univ. Saarbrücken, FU Berlin, Lausanne, Genf, 1. u. 2. jurist. Staatsex. Saarbrücken - 1973-74 VDS-Vorst., 1975-78 stv. Juso-Bundesvors., s. 1988 Fraktionsvorst. SPD-Bundestagsfraktion. SPD - Liebh.: Lit. - Spr.: Franz., Engl.

SCHREITER, Friedhelm Johannes

Dr. med., Prof., Urologe, Chefarzt Urolog. Klinik Verbandskrankenhaus Schwelm - Max-Klein-Str. 2, 5830 Schwelm (T. 02336 - 78 03) - Geb. 30. Mai 1936 Witten, ev., verh. s. 1964 m. Hedi, geb. Huber, 2 Töcht. (Eva-Maria, Johanna) - 1962-67 Stud. Univ. Heidelberg u. Wien; Promot. 1967 Heidelberg; Habil. 1986; 1970-75 Urologische Ausbildung in Mainz, St. Gallen/Schweiz u. Hamburg - 1977 Chefarzt d. Urol. Klinik Schwelm; 1987 Berufung auf d. Lehrst. Urologie an d. Univ. Witten-Herdecke - BV: Chirurgie d. Harnröhre, 1990 - Mitgl. Nordrh.-Westf. Ges. f. Urologie (Präs. 1990); Mitgl. Intern. Ges. f. Urologie, d. Amerik. Ges. of Urologie, d. Schweizer Ges. f. Urologie, d. Ital. Ges. f. Urologie, d. Intern. Kontinenz Ges.; Member of the Genito-Urinary-Reconstructive-Surgeons (GURS).

SCHREITER, Johannes

Prof., Maler, Leiter Abt. Freie Malerei u. Graphik Städelsch./Staatl. Hochsch. f. bild. Künste Frankfurt/M. (1963-87; 1971/74 Rektor) - Rotkehlchenweg 7, 6070 Langen/Hessen (T. 7 14 68) - Geb. 8. März 1930 Buchholz/Erzgeb. (Vater: Johannes S., Kaufm.; Mutter: Marie, geb. Oeser), verh. s. 1960 m. Edith, geb. Diedrichs - Schule Annaberg/Erzgeb. (Abit. 1948); 1949 Werkkunstsch. Münster/W.; 1952-57 Hochsch. f. Kunsterzieh., Univ. Mainz u. Berlin. Staatsex. f. Kunsterzieh. u. -gesch. 1957 - 1961-63 Leit. Abt. Fläche Staatl. Kunstsch. Bremen. Mitgl. Dt. u. Westdt. Künstlerbd., Neue Darmstädter Sezession. Abstrakte Brandcollagen (Kunsthallen Mannheim u. Bremen, Museum d. 20. Jahrhunderts Wien, Hess. Landesmuseum Darmstadt, Kunstmuseum Bonn, Museum Wiesbaden, Städelmuseum Frankfurt, Städt. Museum Leverkusen, Staatsgalerie Stuttgart) u. Glasfenster (St. Margareta Bürgstadt, St. Johannes Kitzingen, Münster Essen, Klosterkapelle (Johannesbund) Leutesdorf, Festburg-Kirche Frankfurt, St. Marien Dortmund, Heilig-Geist-K. Bremen-Neue Vahr, Evang. Kirche Laufenburg/Baden, St. Ansgar Södertälje b. Stockholm, Notre Dame Douai, Frankreich, Dom zu Limburg/Lahn, Münsterkirche St. Bonifatii Hameln, Victoria and Albert Museum London, Städt. Museen Freiburg/Br., Marienkirche Lübeck, Rathauscenter Ludwigshafen, Kapelle im Hess. Landesmuseum Darmstadt, Art College Swansea/GB, St. Lamberti Münster/W., St. Andreas Ahaus-Wüllen), Andachtsraum Flughafen Frankfurt/M., Melanchthonkirche Mannheim, Nikolaikirche Lüneburg, Marktkirche Goslar, Rathaus Wiesbaden, City Art Museum Shimonoseki Japan. Ausstell. im In- und Ausl. (auch Indien, Südamerika, Australien u. Japan) - Gastdoz. in Swansea/GB (1980 u. 89), Pilchuck/USA (1981 u. 88), Neuseeland (1983), Canada (1984 u. 87), Australien (1986) - 1974 Kunstpreis Ausstell. Europ. Graphik Salzburg, 1977 Philip-Morris-Pr. f. Malerei, 1979 BVK, 1981 Ehrenmed. anl. der 2. Ausst. Kleine grafische Formen in Lódź/Polen - Liebh.: Kammermusik, Märchen, Pilze sammeln - Lit.: H. H. Hofstätter, J. S., Neue Glasbilder, 1965; R. G. Dienst, Dt. Kunst - E. neue Generation, 1970; K. Hoffmann, Neue Ornamentik, 1970; J. Roh, Dt. Kunst d. 60er Jahre, 1971, W. Schmied, Malerei nach 1945 (1974), Lee-Seddon-Stephans, Stained Glass, 1976 (dt. Ausg.: D. Welt d. Glasfenster, 1977); K. Hoffmann u. a., D. Fumage-Collagen 1958-78, 1979; J. S. D. glasbildner. Werk v. 1959-80 (Diss. v. Birgit Schwarz); H. Gercke u.a., Johannes Schreiter Brandcollagen, Zeichn., Heidelberger Fensterentwürfe, 1987;

Hans Gercke, Rainer Volp: Johannes Schreiter Glasbilder, 1988.

SCHREITERER, Manfred

Dr. rer. pol., M. B. A., Dipl.-Ing., Ministre Conseiller (Gesandter f. Wiss., Technol., Forsch., Informatik, Kernenergie), Mitgl. d. deutschen Deleg. im OECD-Aussch. f. Wissenschafts- u. Technologiepolitik u. im Direktionsaussch. OECD-Kernenergieagentur (NEA) - 5, rue Léonard de Vinci, F-75116 Paris - Geb. 6. Nov. 1925 Mylau (Vater: Hans S., Direktor; Mutter: Margarete, geb. Braun), verh. s. 1956 m. Ilse, geb. Kurhaupt - Ingenieursch. f. Textilind. Reichenbach; TU Berlin; Univ. New York, Paris, Bonn - 1943-45 Kriegsdst. (3 × verwundet, Ostfront); 1945-47 Aug. Schreiterer GmbH., Reichenbach (Geschäftsf.); 1951-53 Flohr-Otis GmbH, Berlin; s. 1953 Ausw. Amt Bonn (1954 Generalkonsulat New York, 1956 Botschaft Karachi, 1958 Protokoll Bonn, 1962 OECD-Vertr. Paris); S. 1991 Koordinator f. d. privilegierten Beziehungn (Städte- Teilpartnerschaft) zw. d. Mairie d. 16. Arrondissements v. Paris u. d. Acad. Diplomatique Intern. in Paris mit d. Bezirksbürgermeisteramt v. Berlin-Charlottenburg, Paris; S. 1991 Kommanditist d. Aug. Schreiterer GmbH u. Co. KG, Streichgarnspinnereien Reichenbach/V. u. Cunersdorf/Sachsen - BV: D. Problem d. Messung u. d. Ausnutzung d. Kapazität in d. dt. Streichgarnspinnerei-Ind., 1952; Aspects of Jute Production and Jute Processing and Developments in India and Pakistan, 1957. Zahlr. Veröff. üb. Außenwiss.politik (Europa-Archiv, Außenpolitik) - Offz.kreuz Kgl. Thailänd. Kronenorden, VO. Rep. Peru, argentin. Orden Al merito del Mayo u. VO. Rep. Senegal; 1980 Ehrenritter Johanniter-Orden; 1979 BVK am Bde., 1984 BVK I. Kl.; 1988 Croix de Commandeur de l'Ordre des Palmes Acad.; Mitgl. membre titulaire de la Société des Amis du Musée, National de la Légion d'Honneur et des Ordres de Chevalerie, Paris; Mitgl. Schweiz. Schriftst.-Verb., u. Goethe-Ges.

SCHREMMER, Eckart

Dr. oec. publ., o. Prof. f. Sozial- u. Wirtschaftsgeschichte - Tillyweg 32, 6903 Neckargemünd 2 (T. 06223 - 38 64) - Geb. 15. Mai 1934 Stuttgart, ev., verh. s. 1968 m. Renate, geb. Kuhn - Wilhelms-Gymn. Stuttgart (Abit. 1953); 1953-55 kaufm. Lehre Daimler-Benz AG., Stuttgart; 1955-61 TH Stuttgart, Univ. München u. Luxemburg (Volksw., Gesch., Phil.). Dipl.-Volksw. 1959; Promot. 1961; Habil. 1967 (alles München) - S. 1968 o. Prof. u. Inst.dir. Univ. Heidelberg. 1969-70 Forschungsprof. Stanford u. Harvard-Univ. (beide USA); 1975 Forschungsprof. Emory-Univ. (USA). S. 1989 Vorst.-Vors. d. Ges. f. Sozial- u. Wirtschaftsgesch. - BV: D. Bauernbefreiung in Hohenlohe, 1963; D. Wirtschaft Bayerns - V. hohen Mittelalter b. z. Beginn d. Industrialisierung/Bergbau/Gewerbe/Handel, 1970; Techn. Fortschritt an d. Schwelle z. Industrialisierung, 1980; Üb. stabiles Geld. E. wirtschaftshistorische Sicht, 1992. Zahlr. Einzelarb. Mithrsg.: Forschungen z. Sozial- u. Wirtschaftsgesch. (Schriftenreihe); Textile History (Zeitschr.) - Lit.: Piotr Franaszek, Problemy i Metody Historii Gospodarczej W Pracach Eckarta Schremmera, in: Studia Historyczne; R. XXX, 1987.

SCHREMPP, Günter

Dipl.-Ing., Landtagsabgeordneter Baden-Württ. - Darriwald 29, 7800 Freiburg-Hochdorf (T. 07665 - 4 05 55) - Geb. 8. Juni 1942 Freiburg - Univ. Karlsruhe (Dipl.-Ing. 1970) - MdL Baden-Württ.; Mitgl. Präsid. Dt. Mieterb.

SCHRETTENBRUNNER, Helmut

Dr. phil., habil., Prof. f. Geographie u. ihre Didaktik - Hubertusstr. 10, 8500 Nürnberg (T. 0911 - 59 23 67) - Geb. 7. Sept. 1941 München (Vater: Josef Sch., Lehrer; Mutter: Rosa, geb. Kern), kath., verh. s. 1973 m. Anita, geb. Scheuerl, 2 Kd. (Philippe, Isabella) - Univ. München u. Reading (GB), Promot. 1969 (Geogr.) München, Habil. 1975 (TU) - B. 1978 Prof. TU München, s. 1981 Prof. Univ. Nürnberg - BV: Hrsg.: D. Erdkd.-Unterr., s. 1979; Bevölkerungs- u. sozialgeogr. Unters. e. Fremdarbeitergem. Kalabriens, 1970; Gastarbeiter, 1971, 76 u. 82; Westermann Programme z. Sozialgeogr., 1970 u. 75; Fischer Kolleg Geogr., Bd. 9, 1973, 79 u. 83; Multi-Medien-Paket Stadtsanier., 1973 u. 75; Diercke-Atlanten, 1974; Welt u. Umwelt, s. 1974, 76 u. 80; Quantit. Didaktik d. Geogr., T. I u. II, D. Erdkd.-Unterr., 1976 u. 78; Geogr.unterr. 5-10, 1981; Innovationen, D. Erdkundeunterr., 1984; D. Computer im Erdkundeunterr., Praxis Geogr. 5/1987; Empirische Forsch. u. Computer im Erdkundeunterr., Nederlandse Geogr. Studies 1988; Software f. d. Geographieunterr., Geographiedidakt. Forsch. 1989 - Spr.: Engl., Franz., Ital., Span.

SCHREY, Heinz-Horst

Dr. theol., D., Prof., Theologe - Im Gabelacker 25, 6900 Heidelberg (T. 40 16 89) - Geb. 16. Sept. 1911 Freiburg/Br. (Vater: Heinrich S., Amtmann; Mutter: Luise, geb. Manderschied), ev., verh. s. 1941 m. Marianne, geb. Fahrion, 2 Kd. (Gisela, Heinz) - 1930-34 Univ. Tübingen, Berlin, Marburg (Theol.); 1935-37 Austauschstud. USA (Theol. u. Phil. New York u. New Haven). Beide theol. Dienstprüf. Promot. 1939; Habil. 1947 - 1947-57 Dozent Univ. Tübingen, Bonn, Marburg, 1957-60 Prof. Päd. Hochsch. Berlin, s. 1962 Prof. PH Heidelberg (b. 1965 Rektor, 1977 i. R.) - BV: Existenz u. Offenbarung, 1947; D. Generation d. Entscheid., 1955; Weltbild u. Glaube im 20. Jh., 1955 (auch jap.); Gerechtigkeit in bibl. Sicht, 1955; Auseinandersetz. m. d. Marxismus, 1964; Einf. in d. Ethik, 1972, 4. A. 1991; Einf. in d. ev. Soziallehre, 1973; Dialog. Denken, 3. A. 1991 - 1951 Theol. Ehrendoktor Univ. Bonn - Liebh.: Briefmarken - Spr.: Engl., Franz., Schwed. - Lit.: Festschr. Ethik u. Lebenswirklichk. (1982).

SCHREY, Helmut

Dr. phil., em. Prof. Anglistik (Lit.-Wiss. u. Lit.-Didaktik) - Am Maashof 37, 4100 Duisburg 29 (T. 76 38 63) - Geb. 6. Jan. 1920 Odenkirchen/jetzt Mönchengladbach (Vater: Dr. Kurt S., Oberstudiendir.; Mutter: Ria, geb. Rilke), ev., verh. s. 1953 m. Dr. med. Brigitte, geb. Claßen, 3 Kd. - Univ. Portsmouth, Köln, Bonn (Angl., German., Phil., Theol.). Promot. 1953 Köln - Höh. Schuldst., zul. 1960-65 Oberstudiendir. Versuchsgymn. Duisburg; 1952-55 Schulfunkredakt. NWDR Köln u. Lektor Univ. ebd. (nebenamtl.); s. 1965 Prof. Päd. Hochsch. Westf.-Lippe/Abt. Siegerland (ao., 1966 o.) u. Ruhr/Abt. Duisburg (1968 o.) sow. Univ.-GH Duisburg (1972-75 Gründungsrektor); Hon.-Fellow Portsmouth Polytechnic - BV: Engl. Erziehungsreform d. J. 1944, 1953; J. H. Newman - Ch. Kingsley - M. Arnold, 1963; Didaktik d. Englandkd., 1967; Waldorf-Pädagogik, 1968; Didaktik d. zeitgenöss. engl. Romans, 1968; Didaktik d. polit. Rede in England, 1972; Grundzüge e. Lit.didaktik d. Englischen, 1973; S. T. Coleridge, Versuche üb. d. Meth., 1980; D. verlorene Paradies, Auf d. Wege zu Miltons Fit Audience though Few, 1980; Anglist. Kaleidoskop, 1982; D. Univ. Duisburg, 1982; Englischsprachige Lit. f. deutschsprachige Leser, 1990; Belletristik: 2 Gedichtbd., R. u. Erz. in Edition d. Kandidaten Jobs (s. 1985) - 1973 BVK I. Kl.; 1976 Mercatorplak. - Lit.: Festschr. Literatur im Kontext (1985); Hochschulgründung v. Ort. Festschr. z. 70. Geb., hg. H. Schilder (1990).

SCHREYER, Werner

Dr. rer. nat., Dr. E.h., o. Prof. f. Mineralogie (Petrologie) - Vogelrute 15, 4630 Bochum (T. 79 36 55) - Geb. 14. Nov. 1930 Nürnberg (Vater: Georg S., Bankprokurist; Mutter: Margarete, geb. Busch), ev., verh. s. 1962 m. Marianne, geb. Wilholt, 2 Söhne (Andreas, Christoph) - Abit. (Ausz. u. Begabtenstip.); 1950-55 Univ. Erlangen u. München (1952; Dipl.-Geol. 1955). Promot. 1957 München; Habil. 1963 Kiel - 1958-62 Carnegie Inst. Washington; 1962-66 Univ. Kiel (Assist., Doz.); s. 1966 Univ. Bochum (Ord.). 1970-72 Vors. Dt. Mineral. Ges.; 1970-76 Chairm. Intern. Commiss. of Experim. Petrology; s. 1973 ord. Mitgl. Rhein.-Westf. Akad. d. Wiss. Üb. 140 Fachveröff. - Fellow American Assoc. for the Advancement of Science u. Mineral. Soc. of America; 1976 André-H.-Dumont-Med. Soc. Géologique de Belgique; 1976-84 Vors. Dt. Nationalkom. Geol. Wiss.; 1983 Mitgl. Dt. Akad. d. Naturforscher Leopoldina Halle; 1985 korr. Mitgl. Österr. Akad. d. Wiss.; 1987 ausl. Mitgl. Acad. Nazion. dei Lincei Roma; 1988 Foreign Fellow Geol. Soc. London; 1989 Honorary Member Mineralogical Soc. Great Britain; Friedrich-Becke-Med. d. Österr. Mineral. Ges.; 1991 A. G.-Werner-Med. d. Dt. Mineralogischen Ges. - Spr.: Engl.

SCHREYER, Wolfgang

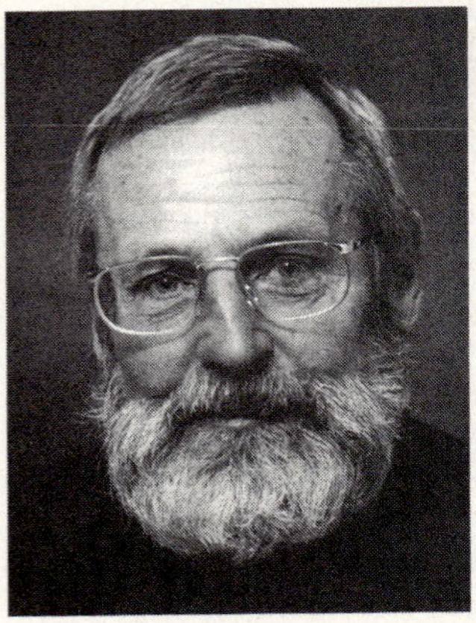

Erzähler, Roman- u. Filmautor - Niemannsweg 1, O-2593 Ahrenshoop - Geb. 20. Nov. 1927 Magdeburg, verh. s. 1990 m. Ingrid Mittelstrass, 4 Kd. (Susanne, Robert, Sabine, Paul) - Abit., Kfm. - Drogist; Geschäftsf.; s. 1952 fr. Schriftst. - Erf.: „Harmo 88" (= elektron. Gerät z. Partnersuche) - BV: u.a. Unternehmen Thunderstorm, 1954; Dominikanische Trilogie 1971-80; D. Sechste Sinn, 1987; Endzeit d. Sieger, 1989; Unabwendbar, 1990; Nebel, 1991; Alpträume, 1992 (insges. 30 Titel, übers. in 9 Spr.) - 1956 Heinrich-Mann-Preis; 1974 P.E.N.-Clubmitgl. - Liebh.: Segeln - Spr.: Engl.

SCHREYGER, Ernst

Dipl.-Kfm., Vorstandsmitglied Rütgerswerke AG (s. 1973, vorher stv.) - Mainzer Landstr. 217, 6000 Frankfurt/M. (T.759 23 30); priv.: Eichendorffstr. 6a, 6370 Oberursel/Ts. - Geb. 20. März 1930 Essen - AR-, VR-, Beirats-Mand. versch. in- u. ausl. Wirtschaftsuntern. Mitgl. Beirat Hessen Dresdner Bank, Frankfurt/M., ehrenamtl. Richter LG Frankfurt/M.

SCHREYL, Karl-Heinz

Dr. phil., Museumsdirektor - Rieterstr. 9, 8500 Nürnberg (T. 33 01 08) - Geb. 20. März 1929 Düsseldorf (Vater: Richard S., Kaufm.), verh. s. 1955 m. Inge, geb. Kraus - Stud. German. u. Kunstgesch. - Assist. FU Berlin (Kunsthistor. Inst.); Wiss. Mitarb. Kunstbibl. Berlin; Dir. Staatl. Akad. f. Grafik, Druck u. Werbung Berlin (1968); gegenw. Leit. Stadtgeschl. Museen Nürnberg - Spr.: Engl. - Rotarier.

SCHREYÖGG, Georg

Dr. rer. pol., Dr. habil., Univ.-Prof. f. Betriebswirtschaftslehre - Fleyer Str. 78, 5800 Hagen - Geb. 14. Nov. 1946 München, verh. m. Astrid, geb. Hildebrandt, 2 Kd. - Stud. Betriebswirtsch.lehre; Habil. 1983 - Lehrtätigk.: Univ. Erlangen-Nürnberg (Priv.-Doz.), Univ. Bamberg (Univ.-Prof.), Fernuniv. Hagen (1986 Lehrst. f. Organisation u. Planung) - BV: Umwelt, Technologie u. Organisationsstruktur, 1978; Unternehmensstrategie, 1984; Management (m. H. Steinmann), 1990. Videofilm: Unternehmenskultur (1989).

SCHREYÖGG, Jörg

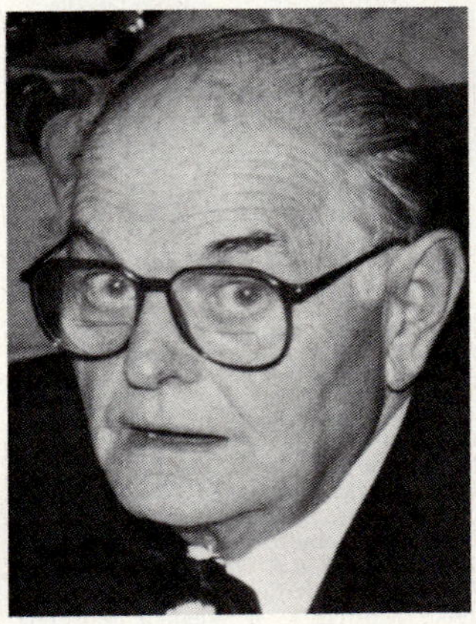

Maler, Grafiker - Am Anger 12, 8221 Seebruck am Chiemsee (T. 08667 - 4 61) - Geb. 5. April 1914 (Vater: Prof. Georg Sch., Bildhauer), ev., gesch. - Stud. 1932/33 Karlsruher Akad. (b. d. Prof. Würtenberger, Babberger, Schnarrenberger u. Hubbuch), 1934 Münchener Akad. f. Angew. Kunst (b. d. Prof. Ehmcke u. Hillerbrand), 1938 Meisterschule Wuppertal (b. Prof. Hans Schreiber) - 1945 selbst. Maler in Mittenwald; 1950 Übersiedl. nach Bonn, 1957 nach München; 10 J. Doz. f. Malerei VHS; Gründ. e. priv. Malschule; 1970 Chiemgau; b. 1975 Lehrer Gmyn. Ising; Malkurse in Seebruck; Mitgl. d. Neuen Münchner Künstlergenoss. - Verkäufe an Ministerien Bonn; Ausst.: Bonn, München, Brüssel, Eichstätt, Stuttgart, Wuppertal - Lit.: Festschr. z. 70 Geb. 1984 (m. Abb., Text: Prof. Vierneisel).

SCHRICKEL, Waldtraut

Dr. phil., Prof., Wiss. Rätin Inst. f. Ur- u. Frühgeschichte Univ. Heidelberg - Friedrich-Ebert-Str. Nr. 84, 6901 Neckarsteinach (T. 75 56) - Geb. 24. Aug. 1920 Gräfentonna/Thür. - S. 1952 (Habil.) Lehrtätigk. Univ. Jena u. Heidelberg (1960; s. 1981 i. R.) - BV: u. a. D. Funde v. Wartberg in Hessen, 1969; Zur frühgeschichtl. Tier- u. Bandornamentik, 1979 - 1960 Korr. Mitgl. Dt. Archäol. Inst.

SCHRICKER, Gerhard

Dr. jur., Dr. h. c. (U.L. Brüssel), Dr. h.c. (U. Stockkholm), o. Prof. u. gf. Vorstand Inst. f. gewerbl. Rechtsschutz u. Urheberrecht Univ. München (s. 1973) - Siebertstr. 3, 8000 München 80 (T. 9 24 61) - Geb. 25. Juni 1935 Nürnberg (Vater: Ludwig S.; Mutter: Maria, geb. Bodenschatz), ev., verh. s. 1986 m. Ulrike, geb. Gräfin Yorck v. Wartenburg, 6 Töcht. (Anna Maria, Sophie, Irene, Johanna, Luise, Pauline) - 1971ff. Dir. Max-Planck-Inst. f. ausl. u. intern. Patent-, Urheber- u. Wettbewerbsrecht - BV: D. täuschende Werbung im ital. Wettbewerbsrecht, 1962; D. Recht d. unlauteren Wettbewerbs in d. Mitgl.staaten d. EWG, Bd. II/1 Belgien (auch franz.), Bd. V Italien (auch franz., ital.), 1965-75; Gesetzesverletzung u. Sittenverstoß, 1970; D. Selbstbedienungsgroßhandel (m. M. Lehmann), 1976, 2. A. 1987; Verlagsrecht (m. Bappert/Maunz), 2. A. 1984; Urheberrecht, Kommentar 1987 - Spr.: Engl., Franz., Ital., Span.

SCHRICKER, Karl Theodor

Dr. med. (habil.), Internist, Laborarzt, Zusatzbezeichnung Transfusionsmedizin, apl. Prof. f. Inn. Med. Univ. Erlangen-

Nürnberg (s. 1975) - Rühlstr. 2, 8520 Erlangen - Vorsteher Abt. f. Transfusionsmed. Fachgeb.: Hämatologie, Transfusionsmed. u. Blutgerinnung - 1970 Thiersch-Preis d. Med. Fak. - Spr.: Engl., Franz., Latein.

SCHRIDDE, Rudolf

Dr. phil., Prof., Hochschullehrer - Gehrenring 11, 3400 Göttingen - Geb. 17. Febr. 1927, verh., 3 Kd. - S. 1963 Lehrtätigk. Päd. Hochsch. Hannover, Ruhr/Abt. Hagen, Dortmund, s. 1980 Univ. Dortmund (o. Prof. f. Gesch. u. ihre Didaktik), 1969-71 u. 1973-80 Rektor PH Ruhr, 1980/81 Prorektor Univ. Dortmund - BV: Bismarck u. Hannover, 1963; Bismarckbild im Geschichtsunterricht, 1973; Janusz Korczak, 1980 - BVK.

SCHRIEFERS, Heinz

Unternehmer u. Mitinhaber H.M.Schriefers Verpflegungs-Einricht.-Systeme GmbH & Co. KG, Andreasbäck Bäckerei & Konditorei Betriebe GmbH, MSV Milch + Schul-Verpflegung GmbH & Co. KG - Koopvaarder B.V., Goltziusstraat 3, 5911 NL-AS Venlo, u. Schiefbahner Str. 3, 4060 Viersen 1 (T. 02162 - 1 30 13; Telefax 02162/12396, Telex 8518877) - Geb. 20. Sept. 1932.

SCHRIEFERS, Heribert

Dr. med. (habil.), Prof. u. Direktor Inst. f. Physiolog. Chemie Univ. Essen (1974-89) - Am Ruhrstein 51, 4300 Essen 1 - Geb. 13. Jan. 1924 - B. 1969 apl. Prof. Bonn, dann o. Prof. Univ. Ulm; 1969/70 Dekan Fak. f. Theoret. Med. Univ. Ulm; 1972/73 Präs. Dt. Ges. f. Endokrinologie. 1977/78 u. 1983-85 Dekan Med. Fak. Univ. Essen. Emerit. 1989 - Facharb.

SCHRIEFERS, Karl-Heinz

Dr. med., Prof., Chefarzt Chir. Klinik Krankenhaus Kemperhof - Karl-Härle-Str. 9, 5400 Koblenz - Geb. 18. Dez. 1926 Schiefbahn - S. 1964 (Habil.) Lehrtätigk. Bonn (1969 Abt.svorst. u. Prof.). Facharb.

SCHRIEVER, Jörg

Dr. med., Chefarzt (Pädiatrie) Kreiskrkhs. Mechernich - Silberweg 10, 5353 Mechernich - Geb. 6. Okt. 1940 Lüdenscheid, ev., verh. s. 1969 m. Anneliese, geb. Saris, 3 Kd. (Ulf, Katja, Uta) - Stud. Univ. Bonn, Innsbruck, Hamburg - Tätigk. im Klinikaussch., Berufsverb. d. Kinderärzte.

SCHRIEVER, Wilhelm

Dr. phil., o. Prof. f. Pädagogik Univ. Bonn - Fliegerstr. 41, 6750 Kaiserslautern (T. 28 86) - Geb. 14. Dez. 1923 - S. 1963 Lehrtätigk. PH Worms (Doz.), Kaiserslautern (Prof.), Bonn (o. Prof.) - BV: Johann Friedrich Herbart - Vorles. üb. Päd.; Wilhelm Dilthey - Grundlinien e. Systems d. Päd.

SCHRIEWER, Jürgen

Dipl.-Volksw., Hauptgeschäftsführer Handwerkskammer Flensburg (s. 1963) - Kantstr. 56, 2390 Flensburg-Adelbylund (T. 2 25 90; HK: 75 73) - Geb. 14. Juni 1927 - S. 1960 Handwerksorg.

SCHRIMPF, Hans Joachim

Dr. phil., em. o. Prof. f. Neuere dt. Literaturgeschichte - Askulapweg 5, 4630 Bochum-Querenburg (T. 70 17 16) - Geb. 28. März 1927 Mülheim/Ruhr (Vater: Dipl.-Ing. Heinrich S., Stadtbaumeister; Mutter: Else, geb. Tolle), ev., 5 Kd. (Sibylle, Nicole, Claudia, Esther, Thomas) - Stud. German., Phil., Angl., Gesch. Münster, Bonn, Sheffield (Engl.). Promot. (1951) u. Habil. (1962) Bonn - S. 1962 Lehrtätigk. Univ. Bonn (Privatdoz.), Münster (1962 ao. Prof.), Bochum (1964 o. Prof. u. Dir. German. Inst.; 1969/70 Dekan; s. 1987 emerit.). Gastprof. USA (1964/65 u. 1968/69), Japan (1966), England (1972) u. Italien (1974), Univ. de Montréal (1978 u. 1979), Emory University, Atlanta/Georgia, USA (1985). - BV: u. a. D. Weltbild des späten Goethe, 1956; Hölderlin, Heidegger u. d. Lit.wiss., 1957; K. Ph. Moritz, Schriften zur Ästhetik u. Poetik, 1962; Struktur und Metaphysik des sozialen Schauspiels bei Gerhart Hauptmann, 1963; Lessing und Brecht - V. d. Aufklärung auf d. Theater, 1965; Andreas Hartknopf, 1968; Goethes Begriff d. Weltlit., 1968 (auch jap.); D. Sprache d. Phantasie, 1972; Piscator/Brecht/Hochhuth, 1973; Brecht u. d. Naturalismus, 1975; G. Hauptmann, Wege d. Forsch., 1976; D. Schriftst. als öffentl. Person, 1977; Komödie u. Lustspiel, 1978; K. Ph. Moritz, 1980; Critica e Compassione, 1981; Faust, 1981; Karin Struck, 1984; Wege d. Literaturwissensch., 1985. Div. Herausgaben, dar. Mhg. Hbg. Goethe-Ausgabe - Spr.: Engl. - Bek. Vorf.: Prof. Dr.-Ing. Max Tolle, Ord. TH Karlsruhe, Verf.: D. Regelung d. Kraftmaschinen (Großv. ms.).

SCHRITTENLOHER, Ludwig

Landrat Kr. Freising (s. 1967) - Berg Nr. 17, 8051 Kranzberg (T. dstl.: 08161 - 6 00-1 62) - Geb. 11. Aug. 1931 Holzheim (Vater: Peter S.; Mutter: Therese, geb. Eisenhofer), kath., verh. s. 1955 m. Helga, geb. Auer, 2 Kd. (Gerald, Elisabeth) - 1942-50 Dom-Gymn. Freising; 1950-54 Univ. München (Forstwiss.). Gr. jurist. Staatsex. 1958 - 1959-67 Ass., Reg.- u. Oberreg.rat Landratsamt Freising. Spez. Arbeitsgeb.: Bau- u. Wasserrecht. CSU s. 1965, 1. Vizepräs. d. Bayer. Landkreistages; Mitgl. Präs. Dt. Landkreistag; s. 1990 Mitgl. Bayer. Senat - BVK; Bayer. VO. - Liebh.: Jagd, Reisen, Sport, Lit. - Spr.: Engl.

SCHROBENHAUSER, Matthias

Geschäftsführer Bernh. Pflug GmbH., Möbelfabrik, Wiedenbrück - Hellingrottstr. 40, 4832 Wiedenbrück/W. - Geb. 1. Febr. 1920 Marquartstein.

SCHRÖCKE, Helmut

Dr. rer. nat., Prof., Abteilungsvorsteher Inst. f. Kristallographie u. Mineralogie Univ. München (s. 1964) - Am hohen Weg 22, 8081 Kottgeisering/Obb. (T. 08144 - 6 08) - Geb. 18. Juni 1922 - S. 1958 (Habil.) Lehrtätigk. Univ. Heidelberg, Karlsruhe u. München (1967 apl. Prof. f. Mineral., 1970 Abt.svorst.) - BV: Sammlg. naturkundl. Tafeln - Mineralien, 1969, Erg.sbd. 1972 (m. Schröcke; franz. 1970); Grundl. d. magmatogenen Lagerstättenbildg., 1973; Systemat. Mineralogie, 1981; D. Entstehung d. endogenen Erzlagerstätten, 1986; Siebenbürgen, Menschen, Kirchenburgen, Städte 1987; Sclavi, Slawen, Ostgermanen. Vor- u. Frühgesch. d. Ostraumes, 1992.

SCHRÖCKER, Sebastian

Dr. jur. utr., Dr. theol., Bundesrichter Bundesverw.sgericht a. D. - Am Schlachtensee 108, 1000 Berlin 38 (T. 803 70 08) - Geb. 1. Sept. 1906 München - Gymn.; Stud. Rechtswiss. u. Theol. Habil. 1936 - 1938 Univ.doz.; 1943 Reg.rat; 1952 VGrat; 1953 OVGrat; 1955 Bundesrichter - BV: Kirchenpflegschaft, 1934; Verw. d. Ortskirchenvermögens, 1935; Öffentlichrechtl. Kündigungsschutz, 1961.

SCHROEDER, Bernhard

Direktor - Zu erreichen üb. Karstadt AG, Theodor-Althoff-Str. 2, 4300 Essen-Bredeney - Geb. 1931 - Lehre Textileinzelhandel - 1954-56 Hermes & Co. (Textilgroßhandlung), dann Gründ. u. Leitg. Nora-Weberei GmbH (erste dt. Tufted-Teppichfabrik), 1965-73 Vorstandssprecher Vereinigte Seidenwebereien AG (Verseidag); 1973-86 Vorstandsmitgl. Karstadt AG, Essen, zugl. Vorstandsvors. Neckermann Versand AG, jetzt Berater dass.

SCHRÖDER, Bernt

Dr. rer. nat., Prof. f. Geologie - Auf dem Aspei 63, 4630 Bochum (T. 0234 - 700 32 27) - Geb. 13. März 1933 Colmar (Vater: Erich Sch., Landwirt; Mutter: Anna, geb. Kloppenburg), ev., verh. s. 1956 m. Christa, geb. Beyschlag, 3 K. (Gert, Dietrich, Helmut) - Stud. Erlangen; Dipl. 1956, Promot. 1957, Habil. 1965 - 1958-66 Wiss. Assist., 1966-70 Univ.-Doz., s. 1970 Prof. Univ. Bochum - BV: Fränk. Schweiz u. Vorland, Sammlg. Geol. Führer, 1968 - Spr.: Engl.

SCHROEDER, Conrad

Dr. jur., Ltd. Regierungsdirektor a. D., MdB (s. 1980) - Hammerschmiedstr. 1, 7800 Freiburg (T. 7 42 81) - Geb. 22. Nov. 1933 Freiburg/Br. (Vater: Gregor S., Arch.; Mutter: Franziska, geb. Keller), kath., verh. s. 1965 m. Edith Marie, geb. Weingärtner, S. Ulrich - Stud. Univ. Freiburg/Br.; 1. u. 2. Staatsex. 1959 bzw. 1963; Promot. Univ. Freiburg - CDU 1976-80 MdL Bd.-Württ., s. 1971 Stadtrat Freiburg; 1972-77 CDU-Kreisvors. ebd. - BV: Ersatzleistungen f. hoheitl. Eingriffe nach d. Recht d. Europ. Wirtsch.sgemeinsch., 1970 - Liebh.: Musik, Sport - Spr.: Franz.

SCHRÖDER, Diedrich

Landwirt, MdB (1969-83), Präs. Dt. Ges. f. Züchtungskunde - Wilhelminenhof, 2988 Dornumersiel/Ostfriesl. (T. Dornum 4 25) - Geb. 5. Mai 1922 Hammelwardersand (Vater: Johann S., Landw.; Mutter: Anna, geb. Blohme), ev., verh. s. 1950 m. Hedwig, geb. Oltmanns, 5 Kd. (Oltmann, Anna, Hilke, Insa, Jan-Friedrich) - Univ. Göttingen (Dipl.-Landw. 1949) - CDU s. 1960 - Liebh.: Musik - Spr.: Engl.

SCHROEDER, Diedrich

Dr. rer. hort., o. Prof. f. Pflanzenernährung u. Bodenkd. - Goethestr. 6, 2300 Kiel (T. 9 55 94) - Geb. 16. April 1916 Groß-Augstumalmoor/Memell., ev., verh. s. 1943 m. Ehrengard, geb. v. Wuthenau, 2 Töcht. (Sabine, Christiane) - Univ. Göttingen (Dipl.-Landw. 1949). Promot. (1951); Habil. (1954) TH Hannover. - S. 1956 Ord. u. Inst.sdir. Univ. Kiel (1962/63 u. 1970/71 Rektor). Etwa 80 Fachveröff. 1974 ff. Präs. Dt. Bodenkdl. Ges. - 1954 Paul-Wagner-Preis; 1962 Mitgl. Dt. Akad. d. Naturforscher (Leopoldina), Halle/S.

SCHRÖDER, Dieter

Dr. iur., apl. Prof. f. Polit. Wiss., Staatssekretär a. D. - Onkel-Bräsig-Str. 31, 1000 Berlin 47 - Geb. 21. Nov. 1935 Lübeck, ev., verh. s. 1961 m. Eva, geb. Lammers, 2 Söhne - 1. jurist. Staatsprüf. 1960 Hamburg; Promot. 1964 Hamburg; Habil. (Polit. Wiss.) 1973 Berlin - 1965-69 Ref. Univ. Hamburg; 1969-77 Ref. Senatskanzlei Berlin; 1977-81 Unterabt.-Leit. Senatskanzlei Berlin; 1981-85 Syndikus SPD-Frakt. Berlin; 1985-89 Prof. FU Berlin; 1989-91 Chef d. Senatskanzlei Berlin - BV: D. freie Zugang d. Binnenstaaten z. Meer, 1966; Dritte Welt u. Völkerrecht, 1970; Volksdiplomatie, 1972; Ausländ. Vertretungen in Berlin, 1983; D. Elbegrenze, 1986; D. geltende Besatzungsrecht, 1990. Aufs. zu Berlin-Fragen u. Deutschlandpolitik.

SCHRÖDER, Diethelm

Freier Journalist - Sybelstr. 35, 1000 Berlin 12 (T. 030 - 324 12 28) - Geb. 3. Sept. 1930 Greifswald - Stud. German., Gesch., Publ. - 1974-91 Mag. Der Spiegel - Fachgeb.: Außen- u. Sicherheitspolitik, neue Bundesländer, Berlin-Fragen.

SCHRÖDER, Erich

Dr. med., Dipl.-Ing., Ingenieur, Arzt, Schriftl. Ztschr. f. Lärmbekämpf. (1983ff.; 1976-82 Chefredakt.) - Böhmestr. 8, 4000 Düsseldorf 30 (T. 0211 - 435 07 37) - Geb. 11. Febr. 1948 Düsseldorf (Vater: Hermann Sch., Chemiker; Mutter: Erika, geb. Overhoff, Chemikerin) - Schule Köln (Abit. 1966); TH Aachen (Elektrotechnik; Dipl.-Ing. 1972); Univ. Düsseldorf (Med.; Ärztl. Approb. 1982) - 1976-82 Geschäftst. Dt. Arbeitsring f. Lärmbekämpf. D'dorf; 1982-86 Arzt St. Marien-Krkhs. Ratingen; 1986-88 Leit. d. Betriebsärztl. Dienstes d. Ruhrchemie AG, Oberhausen; seith. prakt. Arzt in Ratingen-Tiefenbroich - Spr.: Engl., Franz., Span.

SCHRÖDER, Erich Christian

Dr. phil., em. Univ.-Prof. f. Philosophie - Heinrichstr. 8, 4817 Leopoldshöhe - Geb. 3. Juli 1925 Elberfeld (Vater: Erich S., Fahrzeugbauer; Mutter: Ida, geb. Schniewind), ev., verh. s. 1962 m. Karin, geb. Müller, 3 Kd. (Stiefs. Peter, Martin, S. Christian) - 1947-53 Univ. Köln. Promot. 1954 - 1956-58 Wiss. Mitarb. Husserl-Archiv Köln; 1958-60 Assist. Univ. Köln (Phil. Sem.); s. 1961 Doz. Prof. (1962) u. o. Prof. f. Phil. (1965) Päd. Hochsch. Bielefeld bzw. Westf.-Lippe/Abt. Bielefeld (1967-69 Rektor). 1972-74 Vors. VHS Bielefeld; 1973-74 Vors. Gesamthochschulrat Bielefeld; Rektor Päd. Hochsch. Westf.-Lippe (1978-80); Prorektor d. Univ. Bielefeld (1980-83) - BV: D. Selbstaufhebung d. Moral b. Nietzsche, 1954; Abschied v. d. Metaphysik? - Beitr. zu e. Phil. d. Endlichkeit, 1969. Herausg.: Descartes, Meditationes de prima phil. (2spr. m. Einleit., 1956). Mitwirk. Schrift.: Spur (Berlin; 1965-70); Festschr. f. E.C.S.: Phil. d. Endlichkeit (hg. v. B. Niemeyer u. D. Schütze, 1992).

SCHROEDER, Ernst

Mitinhaber d. Anker Schroeder GmbH & Co - Postfach 11 01 96, 4600 Dortmund 1 - Geb. 1919 - Sprecher Rhein-Ruhr-Klub; Vors. Westf. Kaufmannsgilde, u. AOK Dortmund - Ehrenvors. Unternehmensverb. Metall in Dortmund; Träger vieler Tapferkeitsauszeichn.; BVK I. Kl.

SCHRÖDER, Ernst

Staatsschauspieler, Regiss. - Loc.Montalto, I-53011 Castellina in Chianti (Ital.) - Geb. 27. Jan. 1915 Wanne-Eickel (Vater: Bernhard Sch., Handw.; Mutter: Gertrud, geb. Noël), kath., verh. s. 1946 m. Gesa, geb. Ferck, 3 Kd. (Sebastian, Christiane †, Josephine) - Gymn. (Abit. 1934); Stud. German. - Assist. v. Prof. Saladin Schmitt (Bochum); 1938-45 Schausp. Schiller-Theater Berlin; 1946-49 Leit. Städt. Theatersch. u. Rheingau-Theater ebd.; anschl. freigast. (u.a. Zürich u. Salzburg/Jedermann); 1961ff. Mitgl. Staatl. Bühnen Berlin. Lehrtätigk. FU (1959-61) u. Kunsthochsch. Berlin (1983; Gastprof.). Viele Bühnenrollen, dar. Richard III., Mephisto, Tartuffe. Filme (u.a. Galilei, Stresemann) u. Fernsehsp. Insz.: Faust II., Elektra, Lear u.a. - BV: D. Besessenen, 1947; D. Arbeit d. Schausp., 1966; D. Leben verspielt, 1978; D. Zikaden, 1990 - 1956 Kunstpreis Stadt Berlin; 1980 Ehrengabe Zürcher Lit.fonds; 1975 Ehrenmitgl. Staatl. Bühnen Berlin; 1956 Mitgl. Akad. d. Künste Berlin (1971 Dir. Abt. Darst. Kunst), 1966 Dt. Akad. d. Darst. Künste Frankfurt/M.; 1974 Gr. BVK; 1986 Bundesfilmpreis - Spr.: Engl., Ital. - Lit.: Ludwig Berger, E. S. (1958).

SCHROEDER, Friedrich

Dr. med., Dr. med. dent., em. Prof. f. Kieferchirurgie, Facharzt f. Kiefer- u. Gesichtschirurgie (Plast. Operationen) - Trautenauerstr. 24, 8700 Würzburg - S. 1963 Ord. u. Klinikdir. Univ. Würzburg. Facharb. - Ehrenmitgl. in- u. ausl. Fachges.; 1981 BVK.

SCHROEDER, Friedrich-Christian

Dr. jur., o. Prof. f. Strafrecht, -prozeß- u. Ostrecht Univ. Regensburg, Vorst. Inst. f. Ostrecht (e. V.), München, Vors. Königsteiner Kreis (Vereinig. f. DDR-Recht u. innerdt. Rechtsprobl.) - Steinmetzstr. 14, 8400 Regensburg (T. 2 35 41) - Geb. 14. Juli 1936 Güstrow (Vater: Walther S.), verh. m. Ute, geb. Behrendt - Habil. München - Zul. Privatdoz. Univ. München - BV: D. Täter hinter d. Täter, 1965; D. Schutz v. Staat u. Verfassung im Strafrecht, 1970; D. Strafgesetzgebung in Dtschl., 1972; Wandlungen d. sowjet. Staatstheorie, 1979; D. Strafrecht d. realen Sozialismus, 1983. Mitverf.: Strafrecht. Besond. Tl., Bd. 1, 1988, Bd. 2, 1991. Herausg.:

Jahrb. f. Ostrecht; Strafrechtl. Abhandlungen; Festschr. f. Reinhart Maurach (1972); Sport u. Recht (1972); Sozialistisches Wirtschaftsrecht zw. Wandel u. Beharrung (1988).

SCHRÖDER, Gerhard

Dr. jur., Hauptgeschäftsführer Handelskammer Hamburg - Börse, 2000 Hamburg 11 - Geb. 15. April 1931 Celle - Kurat.-Mitgl. Inst. f. Ibero-Amerikakd., Hamburg, Beiratsmitgl. d. Präs. d. Bundesbahndirektion, Hamburg; Mitgl. Kurat. Hbg. Sparkasse; Vorst.-Mitgl. Dt. Inst. f. Schiedsgerichtswesen; AR-Mitgl. Hamburg Messe u. Congress GmbH, u. Flughafen Hamburg GmbH; Vorst.-Vors. d. Hamburgischen Anstalt f. neue Medien (HAM); AR-Vors. d. KGW Schwerin Maschinenbau GmbH.

SCHRÖDER, Gerhard

Ministerpräsident d. Landes Niedersachsen (s. 1990) - Planckstr. 2, 3000 Hannover 1 - Geb. 7. April 1944 Mossenberg, ev., verh. s. 1984 m. Hiltrud, geb. Hensen, 2 Töcht. (Wiebke, Franca) - Volkssch.; b. 1961 Lehre z. Einzelhandelskaufm.; 1962-64 Abendsch. (Mittl. Reife); 1964-66 Kolleg d. Zweiten Bildungswegs (Abit.); 1966-71 Stud. Rechtswiss. Univ. Göttingen; 1. jurist. Staatsex. 1971; 2. jurist. Staatsex. 1976 - 1978-90 RA Hannover. 1986-90 Vors. SPD-Frakt. im niedersächsischen Landtag. SPD s. 1963 (s. 1977 Vorst.-Mitgl. u. s. 1983 Vors. SPD-Bezirk Hannover; 1978-80 Bundesvors. Jungsozialisten SPD; s. 1986 Mitgl. SPD-Parteivorst.; s. 1989 Mitgl. SPD-Präsid.) - Liebh.: Malerei d. Zwanziger Jahre, moderne Grafik, Tennis - Spr.: Engl.

SCHRÖDER, Günter

Kriminalhauptkommissar, Gewerkschaftsvors. a. D. - Zu erreichen üb. GdP, Forststr. 3a, 4010 Hilden - Geb. 1937 - Handformer; s. 1955 Polizeidst. (gegenw. b. Regierungspräs. Detmold). B. 1986 Bundesvors. Gewerksch. d. Polizei (GdP). SPD.

SCHROEDER, Günther

Dipl.-Ing., Fabrikant, gf. Gesellsch. Wumag Waggon- u. Maschinenbau GmbH., Krefeld (mitbegr.; 1975 Ruhest.) - Sollbrüggenstr. 53, 4150 Krefeld - Geb. 25. Juli 1910.

SCHRÖDER, Gustav Adolf

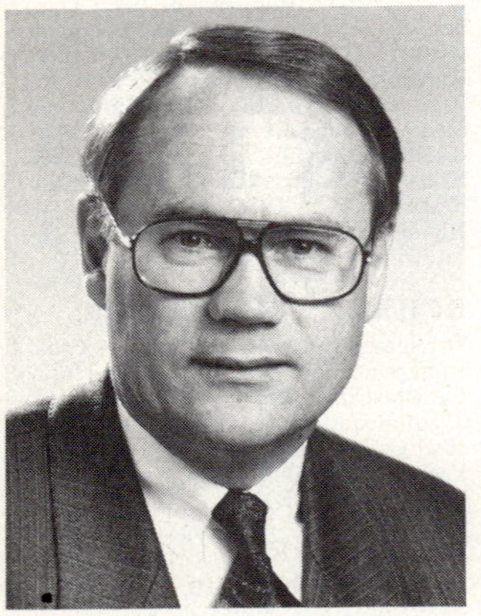

Vorstandsvorsitzender d. Stadtsparkasse Köln (s. 1989) - Hahnestr. 57, Postf. 10 17 10, 5000 Köln 1 (T. 0221 - 22 61; Telex 8 882 710 kln d; Telefax 0221/2401473, SWIFT COLS DE 33) - Geb. 25. März 1943 Plön/Holst., ev., verh., 2 Kd. - 1959-67 Ausbildung u. Tätigk. b. d. Kreissparkasse Plön; 1967-72 Referent/Verbandsprüfer b. Sparkassen- u. Giroverb. Schleswig-Holst., Kiel; 1972-78 Vorst.-Vors. b. d. Stadtsparkasse Langenberg/Rhld., n. d. kommunalen Neugliederung Vorst.-Mitgl. b. d. Sparkasse Velbert; 1978-86 Vorst.-Vors. d. Kreissparkasse Hannover; 1986-89 Geschäftsf. d. Dt. Sparkassen- u. Giroverb., Bonn; s. 1989 Vorst.-Vors. d. Stadtsparkasse Köln - Mandate im nat. u. intern. Rahmen.

SCHRÖDER, Harald Jürgen

Dr. rer. pol., Dipl.-Ing., persönlich haftender Gesellschafter u. stv. Vors. d. Geschäftsleitg. E. Merck, Darmstadt, Vorst.-Mitgl. Studienstiftung d. Dt. Volkes - Frankfurter Str. 250, 6100 Darmstadt - Geb. 4. Juli 1938 Hamburg, verh., 2 Kd. - Abit. Hamburg 1956, kfm. Lehre Im- u. Export Hamburg, Dipl.-Ing. TU Berlin 1963, Stud. Graduate School of Ind. Administr. Carnegie Mellon Univ. Pittsburgh/USA, Promot. TU Berlin 1969; 1965-72 Untern.ber. b. McKinsey & Co, New York u. Düsseldorf, 1972 zugl. Teilh.; 1972-76 Vorst.-Mitgl. Varta Batterie AG, Hannover; 1976-84 Mitgl. d. Geschäftsf. Friedr. Flick Industrieverw. KGaA, Düsseldorf; 1978-84 Vorst.-Mitgl. Gerling-Konzern Versich.-Beteil.-AG, Köln; 1984-89 Vorst.-Mitgl. Fried. Krupp GmbH, Essen - BV: Projekt-Management - E. Führungskonzept f. außergew. Vorhaben, 1970 - Spr.: Engl., Span.

SCHRÖDER, Hartwig

Dr. phil., Dipl.-Psych., o. Prof. f. Schulpäd. Univ. Würzburg (s. 1973) - Mittl. Neubergweg 36, 8700 Würzburg (T. 7 65 50) - Geb. 25. Jan. 1927 Aschaffenburg, kath., verh. s. 1951 m. Hermine, geb. Breunig, 2 Töcht. (Renate, Heidi) - Stud. Päd., Psychol. Univ. Erlangen u. Würzburg; Habil. 1963 - 1948-61 Schuldst., 1961-69 Wiss. Assist. u. Privatdoz., 1969-72 o. Prof. u. Vorst. PH Bamberg, 1975 Dekan Fachber. Erziehungswiss. Würzburg, Leit. d. Fachgr. Hochsch. im BLLV - BV: Theorie u. Praxis d. AV-Medien im Unterricht, 2. A. 1990; Lernen u. Lehren im Unterricht, 1990; Leistung in d. Schule, 1990; Grundbegriffe d. Schulpäd. u. Allg. Didaktik, 1990; Blickpunkt Schule, 1991; Erziehungsziel: Persönlichkeit, 3. A. 1991 - BVK am Bde.

SCHRÖDER, Heinrich

Dipl.-Landw., Vorstandsmitglied Nordfleisch AG., Schleswig, Hauptgeschäftsf. Bauernverb. Schlesw.-Holst., Rendsburg - Sophienstr. 23a, 2370 Rendsburg - Geb. 21. Sept. 1928.

SCHROEDER, Hellmut E.

Dr. jur., Rechtsanwalt, Ehrenmitgl. d. Intern. Waggonverb. (AICMR), Paris - Hinter Schönhausen 10, 4150 Krefeld-Bockum (T. 02151 - 59 14 30) - Geb. 11. Juni 1908 Krefeld (Vater: Ernst S., Generaldir.; Mutter: Hedwig, geb. Düsselberg), ev., verh. in 3. Ehe (1965) m. Lore-Luise, geb. Kawelmacher, T. Beate aus d. 1. Ehe - Stud. Univ. London, Hamburg u. Jena; Promot. 1934; Ass.ex. 1936 - 1937-45 Otto Wolff, Köln u. Berlin, dann ab 1946 Vorst.-Mitgl. Waggonfabrik Uerdingen AG (heute DUEWAG) - 1970 Mitgl. Außenhandelsaussch. u. Vors. Exportaussch. Eisen-Stahl, BDI - Liebh.: Golf, Musik - Spr.: Engl.

SCHRÖDER, Hinnerk

Pastor, Kirchenpräsident Ev.-ref. Kirche in Nordwestdeutschland (s. 1977) - Hardinghauser Str. 11, 4459 Uelsen - Geb. 29. Juli 1939 Frankfurt/M., ev., verh. s. 1973 m. Annemarie, geb. Schaefer, S. Uwe - Stud. Theol. u. Math. - Spr.: Engl., Lat., Griech., Hebr.

SCHRÖDER, Horst

Dipl.-Volksw., Dr. rer. pol. h. c., Präsident d. Landesrechnungshofes v. Sachsen-Anhalt (s. März 1991) - Belvederestr. 40, 5000 Köln 41 (T. 0221 - 498 64 82) - Geb. 25. Febr. 1938 Hamburg, ev. - Gymn. u. Wirtschaftsgymn. Hamburg (Abit. 1957); 1957-59 Lehre Dt. Bank ebd.; 1960-65 Univ. Hamburg u. Kiel (Volksw.) - 1966-68 Angest. DEA (PR), 1970-84 Angest. Vereins- u.Westbank AG, 1971-72 Geschäftsf. Hbg. Bankenverb., alles Hamburg. 1966-72 Abg. Hbg. Bürgersch.; 1972-84 MdB; s. 1980 Mitgl. Vertr.versich. Signal Unfallversich. AG; s. 1984 AR-Mitgl. SIGNAL-Unfallversich. AG; 1983 stv. AR-Vors. Kapital u. Wert; 1983 Kurat.vors. Bundesverb. priv. Kapitalanleger; s. 1984 AR-Mitgl. Salzgitter-Wohnungs AG; s. 1985 Beiratsvors. Ges. f. Informationswirtsch., Frankfurt/M.; s. 1986 stv. AR-Vors. Hunzinger Industriewerte GmbH; AR-Mitgl. Salzgitter-Ind.bau GmbH; b. 1991 Geschäftsführer d. DEG-Dt. Finanzierungsges. f. Beteilig. in Entwicklungsländern, Köln. CDU s. 1957, 1973-87 Mitgl. Bundesvorst. d. Mittelstandsvereinig., 1972-77 Bundesvors. Vereinig. f. Leit. Angest., 1980-83 Landesvors. d. niedersächs. Mittelstandsvereinig., s. 1986 Schatzm. u. Mitgl. Landesvorst. d. Mittelstandsvereinig. Nordrh.-Westf. u. Mitgl. Finanzkommiss. CDU NRW - Ehrendoktor d. Univ. Istanbul/Türkei.

SCHRÖDER, Horst

s. Schröder, Johannes Horst.

SCHRÖDER, Horst

Dipl.-Kfm., Steuerberater, Präsidiumsmitgl. Steuerberaterkammer Rhld.-Pfalz (s. 1975) - Mäuseturmstr. 3-5, 6530 Bingen (T. 06721 - 3 28 60; Fax 3 28 87) - Geb. 11. Dez. 1928 Nürnberg, ev., verh. s. 1961 m. Heidi, geb. Methfessel, T. Christine Dorothee - Stud. Betriebsw. Univ. Mainz u. Nürnberg; Dipl. 1952 - Bezirksgruppenvorst. Steuerberaterverb. Rhld.-Pfalz (s. 1973); Beiratsvors. DATEV (s. 1980).

SCHRÖDER, Hubert

Dr. rer. nat., Dr.-Ing. e. h., Prof., Physiker, Honorarprof. Univ. Mainz (s. 1966) - Diefenbachstr. 23, 8000 München 71 - Geb. 14. Juli 1913 Landshut - Wiss. Mitarb. Jenaer Glaswerk Schott, Mainz (1965-79 Leitung F. u. E.); s. 1952 (Habil.) Lehrtätigk. Univ. München u. Frankfurt/M. (1962 apl. Prof. f. Experimentalphysik). Zahlr. Patente auf optische Elemente u. Verfahrenstechnik. Üb. 60 Fachveröff. - Goldener Gehlhoff-Ring - Lit.: SCHOTT - Glaslexikon, 1980.

SCHRÖDER, Joachim

Dr. med., Prof., Internist, Chefarzt Med. Klinik II Bürgerhospital Stuttgart (s. 1963), MdL Baden-Württ. (s. 1968, SPD) - Kappisweg 11, 7000 Stuttgart (T. 29 96 11, App. 5 06) - Geb. 3. Dez. 1925 Stuttgart (Vater: Dr. med. Albrecht S., Chirurg; Mutter: Felicia, geb. Rosenstein), ev., verh. m. Dr. med. Dr. phil. Edith, geb. v. Hübschmann, 5 Kd. - Univ. Basel u. Heidelberg. Promot. 1950 Basel; Habil. 1958 Würzburg - S. 1958 Lehrtätigk. Univ. Würzburg (1964 apl. Prof.) u. Ulm (1967 apl. Prof.). 1960-63 Stadtratsmitgl. Würzburg - BV: Früherkennung v. Krankh. als method. Problem, 1967. Zahlr. Einzelarb.

SCHRÖDER, Jochen

Dr. jur., o. Prof. f. Bürgerl. Recht, Zivilprozeß-, Intern. u. Ausl. Privat- u. - verfahrensrecht - Universität, 5300 Bonn - Geb. 28. Nov. 1933 Breslau - Habil. 1967 Köln - S. 1967 Ord. Bonn. Facharb.

SCHRÖDER, Johann

Dr. rer. nat., o. Prof. i. R. f. Angew. Mathematik - Am Brooksborn 3, 2223 Bargenstedt - Geb. 4. April 1925 Norden/Ostfriesl. - Stud. Math. u. Physik TH Hannover u. Univ. Göttingen. Promot. 1952, Habil. 1955 - S. 1955 Lehrtätigk. TH Braunschweig, Univ. Hamburg (1957; 1961 apl. Prof.) u. Köln (1963 Ord.). S. 1986 i.R. Gastprof. USA (1960/61 Madison; 1964/65 u. 1969/70 Seattle). Zahlr. Fachveröff., u. a.: Operator Inequalities, Buch 1980.

SCHROEDER, Johannes H.

Ph.D. (George Washington Univ. Washington), Univ.-Prof., Geologe, TU Berlin - Motzstr. 13, 1000 Berlin 30 (T. 030 - 216 88 34) - Geb. 4. Jan. 1939 Todenbüttel/Kr. Rendsburg, ev., ledig - 1959-64 Stud. Univ. Tübingen; Dipl.-Geologe 1964/65 Univ. of Kansas, Lawrence, KS/USA; 1965-68 Stud. George Washington Univ., Washington D.C./USA; Ph.D.; Habil. 1974 TU Berlin; apl. Prof. 1978 TU Berlin - 1968/69 Assist. Rensselaer Polytech, Troy, N.Y./USA; 1969-76 Assist. u. Assist.-Prof. TU Berlin; 1976-81 Dir. Inst. of Oceanography, Port Sudan, Sudan; 1982-84 Lehrst.-Vertr. Univ. Kiel. 1985-87 Gastprof. TU Berlin - Herausg.: Reef diagenesis (1986, m. B.H. Purser); Führer z. Geologie v. Berlin u. Brandenburg, No. 1: Die Struktur Rüdersdorf (1992). Zahlr. Ztschr.-Art. a. d. Geb. d. Sedimentologie, insb. d. Karbonatgesteine - 1972 Credner Stip. Dt. Geol. Ges. - Spr.: Engl.

SCHRÖDER, Johannes Horst

Dr. rer. nat., Prof., Biologe (Zoologe, Genetiker), Arbeitsgruppenleit. GSF-Forschungszentrum, München (s. 1964), Lektor Univ. Innsbruck (Genet.) - Ingolstädter Landstr. 1, 8042 Neuherberg/Obb. - Geb. 27. Febr. 1933 Leipzig (Vater: Johannes Sch., Kaufm.; Mutter: Juanita, geb. Gürke), gesch., 5 Kd. (Maria, Veronica, Solvejg, Ferdinand, Egmont) - Abit. 1951 Leipzig; Staatsex. 1960 Berlin; Promot. 1964 Hamburg; Habil. 1972 Innsbruck - Zahlr. Facharb.

SCHROEDER, Johannes W.

Dr.-Ing., Univ.-Prof. Inst. f. Elektr. Maschinen TH Aachen - Markusstr. 6, 5100 Aachen 39 (T. Aachen 55 18 07) - Geb. 30. Juni 1920 - S. 1962 (Habil.) Lehrtätigk. Aachen (1969 Wiss. Rat u. Prof.). Spez. Arbeitsgeb.: Elektr. Kleinmaschinen u. Transduktoren. Fachaufs.

SCHRÖDER, Johann Michael

Dr. med., Prof. f. Neuropathologie RWTH Aachen - Zu erreichen üb. Klinikum d. RWTH, Pauwelsstr., 5100 Aachen - Geb. 12. Nov. 1937 Hamburg (Vater: Hans R. J., Kaufm.; Mutter: Katharina, geb. Lenssen), ev., verh. s. 1971 m. Monika, geb. Blut, 2 Söhne (Tobias, Sebastian) - Christianeum Hamburg, Univ. Freiburg, München u. Wien, Med. Staatsex. u. Promot. 1962 München - 1964-74 Wiss. Assist. Max-Planck-Inst. f. Hirnforsch.; 1965/66 Research Fellow Harvard Medical School Boston, Mass., USA; Vorst. Abt. f. Neuropathol., 1974 Mainz; Dir. Inst. f. Neuropathologie 1981 Aachen. 130 Veröfftl. in wiss. med. Ztschr.; Pathol. d. Muskulatur, Band 15. Serie: Spez. pathol. Anat., 1982 - 1991 Duchenne-Erb-Preis - Liebh.: Tennis, Segeln, Musik - Spr.: Engl., Franz.

SCHRÖDER, Josef

Dr. phil., Univ.-Prof. f. Zeitgeschichte - Metzstr. 24, 5010 Bergheim-Niederaußem (T. 02271 - 5 24 84) - Geb. 7. März 1937 Fortuna (Vater: Valentin Sch.; Mutter: Odilia, geb. Arnolds), kath., verh. s. 1990 m. Inge, geb. Arnolds - 1957-68 Univ. Bonn; Promot. 1968, Habil. 1975 - 1971-77 Doz., 1977-79 apl. Prof., 1980-90 Prof. Univ. Bonn, s. 1990 Prof. Univ. Köln - BV: Italiens Kriegsaustritt 1943, 1969; Italien im 2. Weltkrieg, Bibliogr., 1978; Bestreb. z. Eliminier. d. Ostfront 1941-43, 1985. Herausg.: R. De Felice, D. Deut. d. Faschismus, 1980. Mithrsg.: Dienst f. d. Gesch. Gedenkschr. W. Hubatsch (1985); Aspekte d. Gesch. Festschr. P.G. Thielen (1990) - 1978 Richard Franck-Preis.

SCHRÖDER, Jürgen

Dr. phil., Prof. f. Neuere dt. Literaturgeschichte Univ. Tübingen - Friedrich-Zundel-Str. 19, 7400 Tübingen-Lustnau - Geb. 3. Mai 1935 Woldenberg/Neumark (Vater: Otto S., Lehrer; Mutter: Annemarie, geb. Rückheim), ev., verh. - BV: Georg Büchners Leonce u. Lena, 1965; Lessing, 1972; (Hrsg.): Gottfried Benn. Briefe an F. W. Oelze 1932-45 I. Bd., 1977; Gottfried Benn. Briefe an F. W. Oelze 1945-1956, II. Bd., 1979; Gottfried Benn. Briefe an F.W. Oelze 1945-1956, Bd. II/1, 1980; Gottfried Benn. Poesie u. Sozialisation, 1978;

Horváths „Lehrerin von Regensburg". Der Fall Elly Malaque, 1982; Gottfried Benn u. d. Deutschen, 1986; DDR heute, 1988.

SCHRÖDER, Jürgen

Direktor, Vorst. Margarete Astor AG. Mainz - Nerotal 32, 6200 Wiesbaden - Geb. 28. Juni 1936 - Geschäftsf. Lancaster GmbH, Wiesbaden, Cofa GmbH. Michelstadt (Odw.), Biologica GmbH. Mainz, Interco GmbH, Wiesbaden, Acos GmbH, Wiesbaden, Jil Sander Cosmetics GmbH, Wiesbaden, Misslyn GmbH. München; VR Beecham Cosmetics + Fragrances AG, Zug (CH).

SCHRÖDER, Karl Heinz

Dr. phil., em., o. Prof. f. Geographie Europas unt. bes. Berücks. Südwestdtschl.s - Im Schönblick 20, 7400 Tübingen (T. 6 31 80) - Geb. 17. Juni 1914 Lunden/Holst. (Vater: Ernst S., Kaufm.; Mutter: Louise, geb. Ketterer), ev., verh. s. 1955 m. Isolde, geb. Schneider, S. Ernst-Jürgen - Reform-Realgymn. Heide; Univ. Tübingen u. Kiel (Geogr., Geschichte, Volkskd.). Promot. (1940) u. Habil. (1950) Tübingen - S. 1943 Assist. (b. 1951), Doz. (1950), apl. (1957), ao. (1961) u. o. Prof. (1964) Univ. Tübingen, emerit. 1982, 1960/61 apl. Prof. Freiburg (Umhabil.); 1951-58 Reg.srat Statist. Landesämter Tübingen u. Stuttgart (Leit. Abt. Landeskd. u. Hauptref. f. Geogr. Landeskd.); o. u. Vorstandsmitgl. d. Komm. f. gesch. Landeskunde in Bad.-Württ. - BV: D. Flurformen in Württ. u. Hoh., 1941, 2. A. 1944 (Diss.); Weinbau u. Siedl. in Württ., 1953; D. ländl. Siedlungsformen in Mitteleuropa, 1968 (m. G. Schwarz), 2. A. 1978; Geographie a. d. Univ. Tübingen, 1977. Etwa 70 Einzelarb. - Spr.: Engl., Franz. - Lit.: D. europ. Kulturlandsch. im Wandel - Festschr. z. 60. Geburtstag, 1974, darin Biographie - 1979 Med. d. Univ. Tübingen; 1984 Verdienstmed. d. Landes Baden-Württ.

SCHROEDER, Klaus-Henning

Dr. phil., Prof. f. Romanistik - Johann-Sigismund-Str. 16, 1000 Berlin 31 - Geb. 13. Okt. 1932 Schwerin (Vater: Walter Sch., Oberreg.- u. baurat; Mutter: Ilse, geb. Davids), ev. - Musikhochsch. Leipzig, Univ. Rostock u. Berlin - 1961 Wiss. Assist. Inst. f. Balkanol. FU, 1971 Prof. Inst. f. Roman. Philol. FU Berlin - BV: D. medialen Verben im Neufranz., 1961; Einf. in d. Stud. d. Rumänischen: Sprachwiss. u. Lit.gesch., 1967; D. Gesch. v. trojanischen Krieg in d. ält. rumän. Lit., 1976; D. rumän. Version d. 'Historia Destructionis Troiae' d. Guido delle Colonne, 1977; Davids' Enkel, Erinn. 1991; Edit. altfranz. Werke.

SCHRÖDER, Manfred

Dr. rer. oec., Dipl.-Kfm., Bankdirektor - Friedrich-Mißler-Str. 17, 2800 Bremen 1 (T. 23 56 20) - Geb. 4. Okt. 1930 Osterwald b. Hannover (Vater: Fritz S., Kaufmann; Mutter: Emma, geb. Magerkord), ev., verh. s. 1960 m. Christel, geb. Fröber, 4 Kd. (Christina, Britta, Michael, Thomas) - Bismarcksch. Hannover (Abit. 1950); Privatbanklehre Hannover; Univ. Hamburg (Dipl. 1956); Wirtschaftsprüferex. 1963 Düsseldorf - Vorst.-Mitgl. Bremer Landesbank, Kreditanstalt Oldenburg-Girozentrale, Bremen. Präs. Bremer Wertpapierbörse; AR-Mandate; Indones. Honorakonsul.

SCHROEDER, Manfred R.

Dr. rer. nat., o. Prof. u. Direktor III. Physikal. Inst. Univ. Göttingen (s. 1969) - Rieswartenweg 8, 3400 Göttingen-Nikolausberg (T. 2 12 32; Inst.: 39-77 13) - Geb. 12. Juli 1926 Ahlen (Vater: Karl S.), verh. m. Anny, geb. Menschik, 3 Kd. (Marion, Julian, Alexander) - Univ. Göttingen (Dipl.-Phys. 1951; Promot. 1954) - 1963-69 Dir. Acoustics, Speech and Mechanics Research Bell Laboratories, Murray Hill (USA). Versch. Mitgliedsch., auch USA. 45 US-Patente - BV: Number Theory in Science and

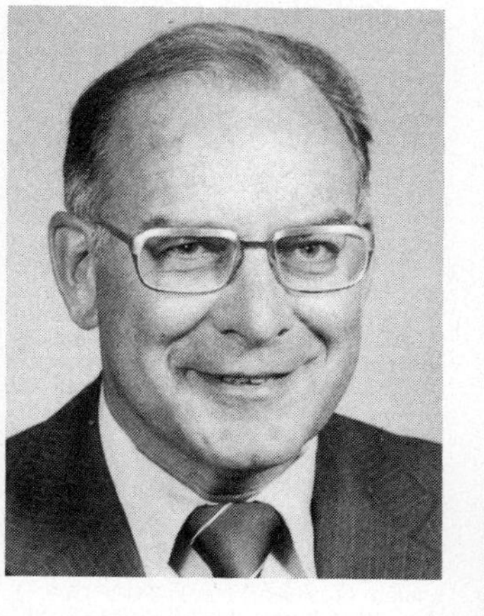

Communication, 1986; Fractals, Chaos. Power Laws: Minutes from an Infinite Paradise, 1991 - 1972 Goldmed. Audio Engineering Soc. of America; 1973 o. Mitgl. Akad. d. Wiss. Göttingen, 1974 ausw. Mitgl. Max-Planck-Ges., 1976 IEEE Baker Prize Award, 1979 Member. National Acad. Washington, 1980 Senior Award, Acoustics, Speech and Signal Processing Society; 1986 Fellow Amer. Acad. of Arts and Sciences; 1987 Lord Rayleigh Gold Medal (Brit. Inst. of Acoustics); 1991 Gold Med. (Acoustical Soc. of America) - Liebh.: Grafik (1969 I. Preis USA f. Computer-Grafik) - Spr.: Engl., Franz. Ital.

SCHRÖDER, Markus

s. Münster, Clemens

SCHRÖDER, Meinhard

Dr. jur., Univ.-Prof. Univ. Trier - Zum Wingert 2, 5501 Mertesdorf - Geb. 19. Mai 1942 München (Vater: Prof. Dr. rer. nat. Dr.-Ing. h. c. Hubert Sch.; Mutter: Dr. med. Isolde), kath., verh. s. 1972 m. Brigitte, geb. Lemmerz, 2 Kd. (Meinhard, Laura) - 1961-66 Stud. Univ. Mainz, Frankfurt (Rechtswiss.), Stip. d. Studienstiftg. d. Dt. Volkes; Promot. 1969 Bonn; Habil. 1977 Bonn - S. 1978 Prof. f. in- u. ausl. öfftl. Recht, Völkerrecht u. Europarecht Univ. Trier; s. 1983 nebenamtl. Richter am Oberverwaltungsger. Rheinl.-Pfalz; s. 1985 Dir. am Inst. f. Umwelt- u. Technikrecht Univ. Trier - BV: D. wohlerworbenen Rechte d. Bediensteten in d. Rechtsprechung d. Gerichthofs d. Europ. Gemeinsch., 1969; Planung auf staatl. Ebene, 1974; Grundl. u. Anwendungsbereich d. Parlamentsrechts, 1979; D. Geheimhaltungsschutz im Recht d. Umweltchemikalien, 1982; Europ. Bildungspolitik u. bundesstaatliche Ordnung, 1990. Zahlr. Arb. in Sammelwerken u. Fachztschr. - Spr.: Engl., Franz., Ital.

SCHRÖDER, Oskar

Dr., Ministerialdirigent a. D., zul. Abteilungsleit. f. Familie u. Soziales im Bundesmin. - Kastanienweg 87, 5300 Bonn 2 - Geb. 9. Sept. 1924 Schotterey Kr. Merseburg, ev., verh. s. 1965 m. Margarete, geb. Reinhard - Domgymn. Merseburg; Jurastud. Halle/Saale, Marburg, Köln; 1. u. 2. jurist. Staatsex., Promot. 1955 Köln - 1957-64 Landesfinanzverw. NW; 1965-89 Bundesmin. f. Familie u. Gesundheit. 1980/81 Präs. d. Suchtstoffkommiss. u. 1989-91 Präs. Komm. f. soziale Entwicklung d. VN, Wien. S. 1991 Präs. Intern. Suchtstoffkontrollamt, Wien u. Geschäftsf. Verbind.stelle f. Intern. Familienfragen, Bonn - Liebh.: Tennis, Ski, Amateurarchäol. - Spr.: Engl., Franz.

SCHRÖDER, Ralph C. M.

Dr.-Ing., o. Prof. f. Hydraulik u. Hydrologie - Im Weingarten 27 B, 6104 Seeheim-Jugenheim 1 (T. 06151 - 5 79 99) - Geb. 5. Juni 1927 - S. 1963 (Habil.) Lehrtätigk. TU Berlin u. TH Darmstadt (1967 Ord.). Facharb. - 1953 Schinkel-Preis (Berlin).

SCHROEDER, Reinhard C.

Bankier, Aktionärsausschuß Georg Hauck & Sohn Bankiers KGaA, Frankfurt - Kaiserstr. 24, 6000 Frankfurt/M.

SCHRÖDER, Rolf

Dr. med., Prof., Direktor Med. Univ.sklinik Berlin (Freie Univ.) - Ostpreußendamm 179c, 1000 Berlin 45 (T. 771 65 15) - Geb. 16. Febr. 1928 Osterode/Harz - S. 1962 (Habil.) Lehrtätigk. Univ. Göttingen u. Berlin/FU (1969 Prof. f. Inn. Med.). Fachveröff.

SCHRÖDER, Sabine

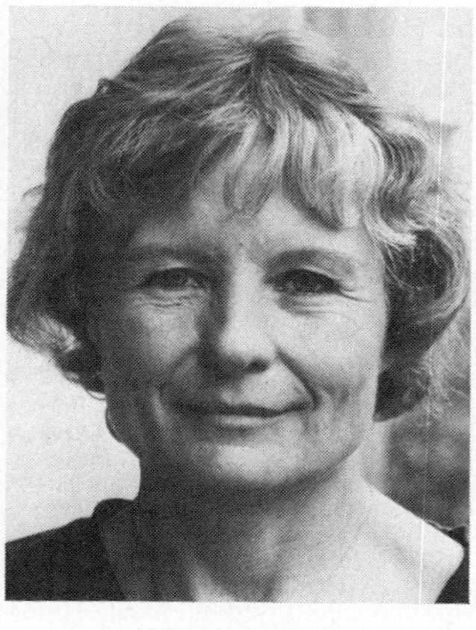

Realschullehrerin, MdL Schlesw.-Holst. (s. 1987) - Egkrog 4, 2319 Wittenberger Passau - Geb. 29. Nov. 1942 Angermünde/Brandenb., ev., ledig - Stud. German., Theol. Univ. Kiel u. Mainz - Vors. d. Aussch. f. Kultur, Jugend u. Sport im Landtag; berufsbildungspolit. Sprecherin d. SPD-Fraktion, Mitgl. im Agraraussch., in d. Hauptvers. d. Landwirtschaftskammer - Liebh.: Reisen, Kultur - Spr.: Engl., Franz.

SCHRÖDER, Stefan

Dipl.-Volkswirt, Vorstandsmitglied Bayer. Rückversicherung AG. (1981 ff.) - Sederanger 6, 8000 München 22.

SCHRÖDER, Thomas

Journalist, Chefredakteur Frankfurter Allgemeine Magazin - Schloßallee 14, 6229 Schlangenbad-Georgenborn - Geb. 29. Juli 1941 Idar-Oberstein, ev., verh., 2 Kd. - Gelehrtensch. Johanneum Hamburg; 1961-68 Univ. Hamburg (Kunstgesch., Archäol., Lit.wiss.) - 1967 Feuilletonredakt. D. Welt, 1970 twen, 1971 Kulturred. Spiegel, 1973 Magazinredakt. D. Zeit, 1975 stv. Chefred. Welt a. Sonntag, 1977 Ressortleit. Kultur/FS b. SWF, 1980 verantw. Redakt. F.A.Z.-Magazin - BV: Callot, D. gesamte Werk (Einf.) - Spr.: Engl., Franz.

SCHRÖDER, Toni

Bäckermeister, Bierverleger, MdL Nordrh.-Westf. a.D. - Ewertstr. 18, 4796 Salzkotten - Geb. 22. April 1932, kath., verh. s. 1959 m. Marline, geb. Niggemeyer, 2 Kd. (Klaus, Sabine) - Getränkegroßhändler. Vors. Bau-, Planungs- u. Industrieförderungs-Aussch.; Oberltn. d. R.; Ratsmitgl. ab 1964. CDU (1964-91 Vors., s. 1992 Ehrenvors.; 1975-90 KTV Vors., s. 1991 Ehrenvors.); Mitgl. in Sportclubs u. d. Kolpingfam. - BVK am Bde.

SCHROEDER, Udo

Studienrat, MdL Hessen (s. 1970) - Lessingstr. 12, 6200 Wiesbaden (T. 37 37 63) - Geb. 13. Sept. 1937 Grevenbroich - Univ. Frankfurt/M. (German., Gesch.). Beide Staatsex. - 1968-70 Stadtverordn. Wiesbaden. SPD.

SCHRÖDER, Ulrich

Dr. rer. nat., o. Prof. f. Theoret. Physik Univ. Regensburg (s. 1970) - Rehfeld 19, 8401 Niedergebraching (T. 09405-36 87) - Geb. 14. Mai 1935 Schwerte (Vater: Karl S., Stadtinsp.; Mutter: Else, geb. Kranefeld), ev., verh. s. 1966 m. Dr. med. Elisabeth, geb. Plötner, 3 Kd. (Martin, Michael, Joachim) - Stud. Marburg; Promot. 1963 Freiburg; Habil. 1969 München - 1963-67 Wiss. Assist. Freiburg u. Frankfurt, 1968 Adj. Prof. New York, 1969 Privatdoz. München.

SCHRÖDER, Walter

Schriftsteller (Ps.: Walter Kiewert) - Kohlbrandstr. 24, 6000 Frankfurt/M. 60 - Geb. 25. April 1905 Hamburg, konfessionsl., verh. m. Aida, geb. Gruber - Gymn. Bielefeld; Univ. Berlin, Heidelberg, München, Wien (German., Kunstgesch., Phil.) - S. 1928 fr. Schriftst. u. künstler. Lichtbildner (1935); 1940-45 Wehrdst. (Luftw.); spät. vorwieg. journalist. Tätigk. - W: u. a. D. Nürnbg. Trichter, R. 1931; Heinrich Mann, Monogr. 1932; D. entzauberte Wien, N. 1933; D. Dreigestirn, Musiker-N. 1935 (alle ds. Bücher im III. Reich verboten); D. Angst, Trag. Szenarium 1947; Kleinstadttrag., Bühnensp. 1947 (m. O. M. Graf); Musiker aus d. Blut, R. 1947; D. Tod d. Meisters, Erz. 1952; D. schöne Brunnen, Bildmonogr. 1956; Tore u. Türme, Bildm. 1958; Schicksal Paris, R. 1958; Dt. Rathäuser, Bildm. 1961 - Liebh.: Musik.

SCHRÖDER, Walter

Dipl.-Ing., Geschäftsführer Westd. Getriebewerke GmbH., Bochum - Stemmannsfeld 10, 4630 Bochum-Stiepel - Geb. 1. Mai 1928 Kassel.

SCHRÖDER, Walter

Prof. Univ. Hamburg, Lehrfach Sport - Kupfermühlenweg 16, 2056 Glinde (T. 040 - 711 94 71) - Geb. 29. Dez. 1932 Campow - 1953-62 Stud. Univ. Köln, Freiburg, Kiel (Sport, Physik, Math., Geogr., Päd.); Ex. f. Lehramt 1962 u. 64 - BV: Rudertraining, (m. a.) 1977; Anfängerunterr. im Rudern in jugendgemäßer Methodik, 1978; Rudern, 1978, 4. A. 1987 (Übers. Niederl. 1981) - 1959 u. 1960 Silb. Lorbeerblatt d. Bundespräs. - 1959 Europameister im Rudern (Achter), 1960 Olymp. Goldmed. im Rudern (Achter).

SCHRÖDER, Werner

Vorstandsmitglied Hamburger Hafen- u. Lagerhaus AG, Hamburg - Krempenhege 11, 2000 Hamburg 67 - Geb. 10. März 1927 - B. 1986 Vors. Zentralverb. d. dt. Seehafenbetriebe, Hamburg.

SCHRÖDER, Werner

Dr. phil., em. o. Prof. f. German. u. Dt. Philologie - Roter Hof 10, 3550 Marburg/L. - Geb. 13. März 1914 Tangerhütte/Altm. (Vater: Hermann S., Lehrer; Mutter: Hedwig, geb. Eikemeier), ev., verh. I) 1949 m. Ursula, geb. Nehm, 4 Kd. (Liv, Ulrich, Hiltgunt, Ekkehart), II) 1973 Anne-Ilse, geb. Radke, 2 Kd. (Wolfram, Gyburg) - Univ. Halle/S. (Deutsch, Gesch., Engl.). Promot. (1938) u. Habil. (1950) Halle - 1948-53 Landeshauptarchiv Magdeburg (Archivrat); s. 1952 Lehrtätigk. Univ. Halle (1956 Prof. m. vollem Lehrauftr. (ao.)) u. Marburg (1960 (o. Prof. u. Dir. Inst. f. Ältere Dt. Philol.)), krit. Edition d. Willehalm Wolframs v. Eschenbach; Texte u. Unters. z. Willehalm-Rezeption; Wolfram-Nachfolge im Jüngeren Titurel; Arabel-Stud. - 1975 korr., 1978 ord. Mitgl. Akad. d. Wiss. u. d. Lit., Mainz, u. 1976 Wiss. Ges. an d. Joh. Wolfg. Goethe-Univ. Frankfurt/M. - Lit.: Festschr. z. 60. Geb. u. z. 75. Geb.

SCHRÖDER, Werner

Aquariumsdirektor a. D. - Westendallee 79, 1000 Berlin 19 (T. 305 97 79) - Geb. 19. Dez. 1907 Bochum / s. 1910 Berlin (Vater: Paul S.; Mutter: Klara, geb. Scheel), verh. s. 1979 m. Inge, geb. Sievers - Univ. Berlin (Zool., Botanik, Paläontol., Phil.). Studienreisen in allen Erdteilen, bes. Karib. Meer, Gr. Barrier-Riff, Thailand u. Pakistan - S. 1945 Vorstandsmitgl. Zoo AG., Berlin (b. heute); 1945-52 kaufm. Dir. Zool. Garten zu Berlin; 1952-77 wiss. Dir. Berliner

Aquarium. Mitgl. Dt. (1961 Vizepräs.) u. Intern. Zoodirektoren-Verb. Reiseberichte u. Veröff. üb. Fische u. Reptilien; mehr als 500 Reportagen Rundfunk u. Fernsehen - 1961 Ehrenmitgl. Dt. Unterwasser-Club; 1974 BVK - 1935 u. 1936 Dt. Hochschulmeister im Federgewichtsboxen (Gold. Ehrennadel Univ. Berlin) - Liebh.: Exot. Masken, Bilder (Max Pechstein, Ludwig Richter, Karl Schmidt-Rottluft), Tischtennis.

SCHRÖDER, Wilhelm

Dr.-Ing. (habil.), Prof., Direktor (Rheinstahl/Hanomag AG., Hannover-Linden) - Am Klosterkamp Nr. 15, 3001 Bredenbeck/Deister (T. 05133 - 66 53) - B. 1965 Privatdoz. dann apl. Prof. TH bzw. TU Hannover (Holbenmaschinen).

SCHROEDER, Wilhelm

Dr. med., o. Prof. f. Angew. Physiologie - Teplitz-Schönauer-Str. 6, 6000 Frankfurt/M. (T. 62 34 93) - Geb. 4. Nov. 1911 Rheydt/Rhld. - Promot. (1939) u. Habil. (1944) Frankfurt - S. 1948 Privatdoz., apl. (1952) u. o. Prof. (1966) Univ. Frankfurt - BV: Pathophysiol. u. Klinik d. Kollapszustände, 1944 (m. R. Duesberg).

SCHRÖDER, Wolfgang

Erst. Vorsitzender Fachverb. Chamoisleder u. Schwämme, Frankfurt - Flemmingstr. 10, 4230 Wesel.

SCHRÖDER, Wolfgang

Dr.-Ing., Prof. f. Wasserbau TH Darmstadt - Inst. f. Wasserbau, TH Darmstadt, Rundeturmstr. 1, 6100 Darmstadt - Geb. 28. März 1937 Bremervörde (Vater: Diedrich Sch., Baumeister; Mutter: Anna, geb. Grüning), ev., verh., 4 Kd. (Marko, Karsten, Anke, Christian) - 1957-63 TH Karlsruhe u. Hannover (Promot. 1970) - 1963-64 Techn. Angest.; 1965-72 wiss. Assist. TH Darmstadt; s. 1972 Prof. ebd. - BV: Grundl. d. Wasserbaus (m. and.), 2. A. 1988; Bautabellen (m. and.), 10. A. 1992.

SCHRÖDER, Wolfgang Johannes

s. Bekh, Wolfgang Johannes

SCHROEDER-HOHENWARTH, Hanns Christian

Dr. jur., Bankier, Aufsichtsratsvors. Berliner Handels- u. Frankfurter Bank - Bockenheimer Landstr. 10, 6000 Frankfurt/M. (T. 7 18 -0) - Geb. 14. März 1921 Königsberg/Pr. - Div. Mandate.

SCHROEDER-PRINTZEN, Günther

Vors. Richter a. BSG i.R., Vorsitzender d. Bundesaussch. Ärzte/Krankenkassen - Knüllweg 47, 3500 Kassel-W'höhe - Geb. 28. Aug. 1924.

SCHRÖDINGER, Hubert

Dr., Fabrikant, Georg Leinfelder GmbH + Co., Papier - Karton - Kunststoff, Schrobenhausen/Obb.

SCHRÖDTER, Hans

Dr. jur., Rechtsanwalt - Beim Bockelsberg 13, 2120 Lüneburg (T. 4 38 82) - Geb. 11. April 1911 Rastenburg/Ostpr. (Vater: Dr. Kurt S., Studienrat; Mutter: Elisabeth, geb. Kruczinski), ev., verh. s. 1938 m. Antje, geb. Gröhn, 2 Kd. (Frauke, Wolfgang) - Univ. Freiburg u. Halle (Rechtswiss.). Promot. 1934; Ass.ex. 1936 - 1940 Amtsgerichtsrat Bad Segeberg, 1954 Verw.sgerichtsrat Hannover, 1955 Oberverw.sgerichtsrat Lüneburg, 1964 Senatspräs. OVG Lüneburg, 1966-76 Präs. VG Hannover, 1967-76 Mitgl. Nds. Staatsgerichtshof; 1966-76 Vors. Verein d. Verw.srichter Nieders.s u. Schlesw.-Holst.s - BV: D. verw.srechtl. Entscheidung, 1961, 2. A. 1965; Bundesbaugesetz, Komm. 1964, 4. A. 1980. Schriftl.: Dt. Verw.sbl. (1964-79) - Liebh.: Sport, Geschichte - 1952 Gold. Sportabz.; 1976 Gr. BVK - Spr.: Engl., Franz.

SCHRÖDTER, Hermann

Dr. phil., Prof. f. Religionsphilosophie Univ. Frankfurt (s. 1971) - Hubertusanlage 38, 6056 Heusenstamm - Geb. 13. Juli 1934 Offenbach, kath., verh. s. 1962 m. Karin, geb. Winter, 2 Kd. (Stephan, Ruth) - Stud. d. Phil. Lat., kath. Theol.; Promot. 1962; Habil. 1971 - Phil. u. Religion, 1972; D. Religion d. Religionspädagogik, 1975; Analyt. Religionsphilosophie, 1979; Erfahrung u. Transzendenz, 1987. Herausg.: D. neomythische Kehre(1991).

SCHROEDTER, Paul

Dr. rer. pol., Verleger - Pepers Diek 8, 2000 Hamburg 55 (T. 86 11 31) - Geb. 30. Jan. 1900 Hamburg (Vater: Carl S., Verleger; Mutter: geb. Sand) - Univ. Kiel, Freiburg, Hamburg (Rechts- u. Staatswiss.; Promot. 1922) - Bank-, Export- u. Schiffahrtswesen In- u. Ausl. (USA); s. 1936 väterl. Schiffahrts-Verlag Hansa, Hamburg (Ztschr. Hansa u. Schiffstechnik, Handb. d. Werften u. a.) - 1966 Ehrenbürger TH Hannover - Liebh.: Golf.

SCHRÖER, Alois

Dr. theol., Dr. phil., Prof., Direktor Inst. f. religiöse Volkskunde, Münster (s. 1963) - Horsteberg 15, 4400 Münster/W. (T. 4 60 42) - Geb. 27. März 1907 Einen/W., kath. - Zeitw. Domvikar. S. 1958 Lehrbeauftr. u. Honorarprof. (1961) Univ. Münster (Kirchengesch. d. westf. Raumes). 1954ff. Mitgl. Histor. Kommiss. Westfalens, 1973 Ehrendomkapitular - BV: u. a. D. Tridentinum u. Münster, in: Georg Schreiber, D. Weltkonzil v. Trient, 1951; D. geistl. Bild Liudgers, in: D. erste Jahrtausend an Rhein u. Ruhr, 1962; D. Legationsreise d. Kardinals Nikolaus v. Kues u. ihre Bedeut. f. Westf., in: Dona Westfalica f. Georg Schreiber, 1963; D. vita canonica u. ihre Ausbreit. in Westf., in: Festschr. f. St. Stephanus-Beckum, 1967; D. Kirche v. Westf. vor d. Reformation, 2 Bde. 1968, 2. A. 1987; Heiligenkult u. Volksfrömmigkeit, in: D. Kirche im Wandel d. Zeiten, 1970; D. Korrespondenz d. Münsterer Fürstbischofs Christoph Bernhard v. Galen (1650-78) m. d. Hl. Stuhl, 1972; Vatikan. Quellen z. Gropperforschung, in: Festschr. f. A. Franzen, 1972; Christoph Bernhard v. Galen u. d. Kath. Reform im Bistum Münster, 1973; Stiftsdechanten v. St. Ludgeri-Münster, in: 800 J. Sankt Ludgeri Münster (1973); D. Domkapitel v. Münster 1823-1973, 1976; D. Reformation in Westfalen, Bd. 1 (1979); Bd. 2 (1983); D. Anteil d. Frau an d. Reformation in Westf., in: Reformatio Ecclesiae. Festgabe f. E. Iserloh (1980); D. Pfarre St. Aegidii Münster, in: 800 J. St. Aegidii Münster (1983); D. Gründung d. Remigius-Kirche in Borken, in: 1200 J. St. Remigius Borken (1983); D. pastorale Wirksamkeit d. westf. Prämonstratenser, in: Clarholtensis Ecclesia, hrsg. v. Joh. Meier (1983); 1000 J. St. Pankratius, in: 1000 J. Christen in Gescher (1985); D. Kirche v. Warendorf im Zeitalter d. Reformation u. d. kath. Erneuerung, in: Kirchengesch. d. Stadt Warendorf = 1200 J. Pfarrei St. Laurentius (1985); D. Kirche in Westf. im Zeichen d. Erneuerung (1555-1648), Bd. I (1986), Bd. II (1987). Herausg.: Monasterium - Domfestschr. Münster (1966); Mithrsg.: Westfalia Sacra u. Forsch. z. Volkskd. (Reihen).

SCHRÖER, Heinrich

Dr. med., em. o. Prof. f. Physiologie Univ. Münster, ehem. Dir. Physiol. Inst. (b. 1987) - Ahornallee 7, 4400 Münster - Geb. 9. Sept. 1922 Duisburg (Vater: Alfons S., Industrieller; Mutter: Adelheid, geb. Sehsing), verh. 1958 m. Ursula, geb. Poppe, 3 Töcht. (Gabriele, Christiane, Jutta) - Univ. Bonn. München, Freiburg, Münster. Promot. 1949; Habil. 1958 Univ. Würzburg; apl. Prof. 1964; Ruf nach Münster, 1970. Spez. Arbeitsgeb.: Hämostaseologie u. Mikrozirkulation.

SCHRÖER, Henning

Dr. theol., Prof. f. Prakt. Theologie - Rundweg 4, 5330 Königswinter 41 (T. 02244-32 56) - Geb. 2. Mai 1931 Berlin (Vater: Erich Sch., Prof.; Mutter: Frieda, geb. Kippert), ev., verh. s. 1961 m. Bergrun, geb. Bornitz †, 4 Kd. (Regine, Harald, Ulrike, Clemens) - Abit. Meldorf; Stud. (ev. Theol.) Univ. Heidelberg u. Göttingen, Promot. Heidelberg 1957, Habil. 1968 - 1960-66 Pfarrer Kopenhagen, 1968-71 Doz. Heidelberg, s. 1971 Prof. Bonn - BV: D. Denkform d. Paradoxalität, 1960; Unser Glaubensbekenntnis, 1971; Mod. Lit. in Predigt u. Relig.unterr., 1972; Einf. in Stud. ev. Theol., 1982 - Liebh.: Lyrik - Spr.: Dän., Engl.

SCHRÖER, Rudolf

Dr. med., Prof., Ltd. Arzt Hals-Nasen-Ohrenabt. Bundeswehr-Krankenhaus Gießen - Forstweg 14, 6301 Großen-Linden (T. 06403 - 6 25 33) - Geb. 1. Dez. 1920 Hamm/W. - S. 1956 (Habil.) Privatdoz. u. apl. Prof. (1963) Univ. Gießen. Fachveröff.

SCHRÖER, Thomas

Studienrat a. D., MdB (s. 1980, SPD) - Hügelstr. 14, 4330 Mülheim - Geb. 15. Okt. 1946 Mülheim (Vater: Heinz Sch., Verkaufsleit.; Mutter: Charlotte, geb. Maßmann), ev. - Abit. 1966, Stud. German., Gesch., Phil. Münster, Bochum u. Bonn, Staatsex. Lehramt Höh. Sch. - 1968 SPD, 1971 Bez.vors. Jungsozial. Niederrh., 1972 Mitgl. SPD-Parteirat, 1976 Mitgl. SPD-Bez.-Vorst. Niederrh., 1975 Stadtverordn. Mülheim/R., 1980 Mitgl. Dt. Bundestag.

SCHRÖPF, Johann

Oberbürgermeister (s. 1976) - Rathaus, 8480 Weiden/Opf. - Geb. 15. Mai 1938 Weiden - Zul. Steueramtm. CSU.

SCHRÖPFER, Johannes

Dr. phil., o. Prof. f. Slavistik (emerit.) - Bergstr. 27A, 6900 Heidelberg - Geb. 11. Sept. 1909 Klostergrab/Böhmen - Dr. phil. 1934 Prag; Staatsprüf. f. d. Lehramt 1936; Habil. 1964 - 1965-74 Ord. Univ. Hamburg. Veröff. z. slav. u. allg. Sprachwiss. u. vergl. Semantik - Gründ. u. Herausg. (m. D. Gerhardt u. a.) d. Semantischen Hefte, 1973ff.; Begründer d. Archivs f. vergl. Semantik. Autor u. Herausg. d. Wörterbuchs d. vergl. Bezeichnungslehre (Onomasiologie) - Lit.: Forschung u. Lehre (Festschr.), Hamburg (1975), Heidelberg; Natalicia Johanni Schröpfer octogenario a discipulis amicisque oblata (FS z. 80. Geb.), München (1991).

SCHROEREN, J. Michael

Dipl.-Pol., Journalist, Pressesprecher Naturschutzbund Deutschland e.V. - Zum Katharinentor 3, 5202 Hennef/Sieg (T. 02248 - 32 52) - Geb. 31. Dez. 1949 Mönchengladbach, verh. s. 1981 m. Elisabeth, geb. Meyer, 2 Kd. (Lea Milena Rebecca, David Philip Berrigan) - 1973-76 Stud. Gesch. u. Pol. Wiss. Univ. Köln u. Berlin - 1973-77 Redakt. Ztschr. Graswurzelrevolution; 1977-83 Chefredakt. Bürgerinitiativen-Ztschr. Umweltmagazin; 1983-89 Pressesprecher Bundesvorst. d. Grünen - BV: Z. Beispiel Kaiseraugst: D. gewaltfr. Widerstand gegen d. Atomkraftwerk - v. legalen Protest z. zivilen Ungehorsam, 1977. Herausg.: D. Grünen - 10 bewegte Jahre (1990) - Spr.: Engl., Niederl.

SCHROERS, Gert

Dr. phil., Kulturdezernent i. R. - An d. Windmühle 12, 5300 Bonn (T. 65 54 80) - Geb. 1. Juni 1909 Mülheim/Ruhr (Vater: Gerhard S., Sparkassendir.; Mutter: Anna, geb. Richard), kath., verh. s. 1940 m. Brigitte, geb. Steinborn - Gymn. Traben-Trarbach; Univ. Köln u. Bonn (German., Musikwiss., Geogr., Phil., Päd.). Promot. 1939 Bonn - B. 1935 Wiss. Hilfsarbeit am Dt. (Grimm'schen) Wörterb., 1942 journalist. Aufg., dann Wehrdst. (Marinemeteorologe), ab 1947 Leit. VHS Bonn, 1951-67 (Ruhest. wegen chron. Erkrankung) Kulturdezern. Bonn. 1952-70 Lehrbeauftragter Univ. Bonn (Erwachsenenbildung); 1964-67 Mitgl. Kulturaussch. Dt. Städttag - BV: D. Rede als Lebensform, 1949; Erwachsenenbild. u. Kultur, Leitged. zu ihrem Wiederaufbau n. 1945, 1979; Schinkels Geist berührte auch Bonn, 1981; Mitverf.: D. Tor z. Nachbarn, 1957; Gedanken z. Film, 1962; D. alte Friedhof in Bonn, 4. A. 1981; D. VHS - Ihre Stellung u. Aufg. im Bildungssystem, 1963; Bilanz u. Perspektive - Aufs. z. Entwickl. d. VHS, 1968; 25 Jahre Erwachsenenbild. im Spiegel e. Ztschr., 1974. Herausg.: Beethoven im Mittelpunkt (1970); Humanität d. Spr. Leits. in d. sprachphil. Schr. Wilhelm v. Humboldts (1981) - Liebh.: Musik, Graphik, Sportangeln - Spr.: Franz.

SCHRÖRS, Heinz

Kaufmann, Vorstand d. Bundesverbandes Spielwaren, Köln, Präs. Europ. Vereinig. d. Spielwaren-Detailhandels, Nürnberg, AR Kölner Bank v. 1867 - Am Fuchsgraben 1, 5000 Köln 40 - Geb. 24. Juni 1923 - Handelsrichter.

SCHRÖTER, Egon

Fabrikant, Aufsichtsratsvorsitzender Schröter + Bake AG, Werke f. moderne Warenpräsentation, Vors. Verb. d. Bayer. Papier, Pappe u. Kunststoff verarb. Ind.; Vors. Fachvereinig. dt. Kartonagen-Ind. (FKI) - Hartinger Str. 9, 8402 Neutraubling üb. Regensburg.

SCHRÖTER, Egon-Horst

Dr. rer. nat., Prof., Direktor Kiepenheuer-Inst. f. Sonnenphysik, Freiburg - Schöneckstr. 6, 7800 Freiburg/Br. - Geb. 16. Juni 1928 - Ca. 80 Veröffentl. a. d. Gebiet d. Sonnenphys. bzw. Astrophys. - Mitgl. d. IAU, d. nat. COSPAR-Komit., Mitgl. d. Board of the Solar Section of EPS, Präs.-Mitgl. d. Internat. Astrophysical Observatory Roque de los Muchachos (La Palma); Vertr. d. Sonnenphysiker d. BRD in d. "LEST-Foundation".

SCHRÖTER, Gottfried

Dr. phil., Prof., Direktor a. D. Inst. f. Päd. PH Kiel - 2301 Felde üb. Kiel (T. 04340 - 5 88) - Geb. 17. Dez. 1925 Rädchen/Schles. (Vater: Friedrich S., Lehrer; Mutter: Erna, geb. Arnold), ev., verh. s. 1953 m. Christine, geb. Rauer, 3 Kd. (Friedemann, Barbara, Susanne) - Abit. 1943 (Gymn. Fraustadt); Lehrerprüf. 1947 u. 50; Promot. 1953 (Univ. Frankfurt/M.) - 1947-58 Lehrer Hessen; 1958-60 Assist. Päd. Inst. Weilburg; s. 1960 Doz., Prof. (1965), o. Prof. (1969) Päd. Hochsch. Kiel (Päd.) - BV: Sinn u. Grenzen d. religiösen Unterweis., 1952; D. Schüleralltag - krit. gesehen, 1962; Einf. in d. Schulpraxis, 1963, 4. A. 1984; Spannend unterrichten - aber wie?, 1964; Schon morgen m. d. Gruppenarbeit beginnen, 1967, 2. A. 1972; D. ungerechte Aufsatzzensur, 1971, 5. A. 1976; Informations- u. Trainingsbuch f. d. Zensieren v. Schüleraufs., 1972, 3. A. 1976; Kann ein Wissenschaftler d. Bibel glauben?, 1974, 2. A. 1986 m. d. Titel Als Wissenschaftler d. Bibel glauben?; D. Vater in d. Familie, 1975; Erziehen Christen anders?, 1976; Zensuren? Zensuren!, 1977, 3. A. 1981; Liebe - schwer u. schön, 1978, 6. erw. A. 1991 (m. Gerhard Naujokat); Denken erwünscht, 1978; Christoph u. Christiane (unter Ps. Gottfried Arnold) (1. A. 1978, 2. A. 1979). E. Christ feiert Weihnachten, 1979, 3. A. 1986 m. d. Titel Gesegnete Weihnachtszeit; Versetzung gefährdet, 1980; Erst hören, was Gott sagt - Andachten, 1980, 2. A. 1982; Denk mal! - Gesch. f. junge Leute, 1982. Auf d. Boden d. Tatsachen - Christ werden, Christ bleiben, 1983; Schulkritik, 1985. Herausg.: Probleme d. Primarstufe (1972), D. Schule d. 10-15jährigen (1975), Analyse u. Ansätze einer neuen Grundschuldidaktik (1976), Schulkinderprobleme (1981). Lit.: Hielscher, H. und M. Schwab (Herausg.), Schulkinder achten u. fördern. Festschrift z. 60. Geb. v. Gottfried Schröter (1986) - Interessen: Fragen d. Christentums - Spr.: Engl., Franz., Lat.

SCHRÖTER, Hans-Werner
Verleger, Inhaber u. Geschäftsf. Biermann Verlag GmbH + Co Wuppertal - Königsbergerstr. 1, 5600 Wuppertal 2 - Geb. 14. Sept. 1942 Canitz/Riesa, verh. s. 1985 m. Annegret, geb. Jungkeim, 4 Kd. (Daniela, Carsten, Christiane, Angelika) - Vors. Karnevalsges. Weinberger Funken, Wuppertal; 1972 u. 1990 Karnevalsprinz d. Stadt Wuppertal - Liebh.: Schwimmen, Tauchen, Tennis, Sauna.

SCHRÖTER, Heinrich
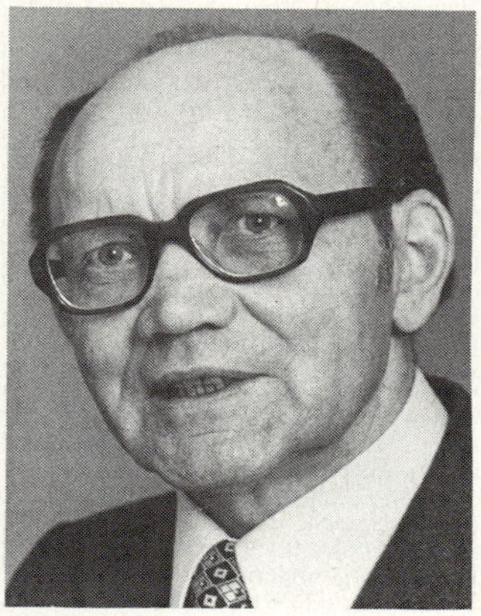

Journalist u. Schriftsteller - Dambachtal 44, 6200 Wiesbaden (T. 0611 - 52 35 19) - Geb. 23. März 1917 Hütte/Westpr., verh. s. 1948 m. Marthel, geb. Stöppler, 2 Kd. (Heimar, Marion) - Gymn.; Verw.-Schule; Journalistenausb. - 1948-65 Journ. in Hessen, Rhld.-Pfalz u. Württ.; 1965-78 Redakt. e. Presseagentur in Frankfurt/M.; s. 1979 fr. Autor in Wiesbaden - BV: 5 populärwiss. Schr., 12 Bde. Kurzprosa u. Lyrik, Glut u. Asche - Lebenslyrik 1937-87, 1988, Liebeslyrik, 1991, Lebensworte, 1992 - Liebh.: Kulturgesch., Bild. Kunst.

SCHROETER, Jürgen
Staatsrat b. Senator f. Bundesangelegenheiten d. Fr. Hansestadt Bremen a.D. - Schaumburg-Lippe-Str. 7-9, 5300 Bonn - Geb. 12. Dez. 1944.

SCHRÖTER, Jürgen
Dr. med. vet., Tierarzt, Landrat d. Kreises Beeskow (s. 1990) - Beeskower Chaussee 11, O-1231 Tauche (T. 3 36) - Geb. 5. Aug. 1938 Löwenberg/Schles., ev., verh. s. 1962, 2 Kd. (Kristine, Jochen) - Abit. 1956 Görlitz; Tierärztl. Ex. 1961; Approb. u. Promot. 1962 - 1963-90 Prakt. Tierarzt - BV: Wiss. Veröff. üb. biochem. Themen - Liebh.: Tennis, Surfen, Volleyball.

SCHRÖTER, Klaus
Dr., Dipl.-Ing., Unternehmensberater, Wirtsch.-Ing.-Ges. Dr. Klaus Schröter + Partner - Gässelweg 12, 6940 Weinheim 11 (T. 06201 - 5 55 12) - Geb. 10. Aug. 1935 - 1975-81 Hauptgeschäftsf. Verb. f. Arbeitsstud. u. Betriebsorg., Darmstadt.

SCHRÖTER, Klaus
Dr. phil., Prof. f. Deutsche u. Vgl. Literaturgesch., Herausgeber (Rowohlts Monogr.) - Abendrothsweg 26, 2000 Hamburg 20 (T. 040 - 46 36 46) - Geb. 3. Juli 1931 Königsberg (Vater: Dr. jur. Hans Sch.; Mutter: Ilse, geb. Brummund) - Kaufm. Lehre Ex- u. Import; Kaufm.gehilfenprüf. 1953 Hamburg; Stud. German., Angl., Lit.wiss.; Promot. 1961 Hamburg - 1957-69 Redaktion Goethe-, Klopstock-Bibliogr. Hamburg; 1969-72 Prof. f. Dt. Lit. Columbia Univ. New York City; 1972-81 State Univ. of New York Stony Brook; 1974/75 Univ. Hamburg; 1976/77 Univ. Amsterdam - BV: Thomas Mann, 1964 (auch ital., schwed., niederl., jap., katalan., israel.); Anfänge Heinrich Manns, 1965; H. Mann, 1967; Lit. u. Zeitgesch., 1970; Döblin, 1978; Böll, 1982; Goethe-Lexikon, 1983; Goethes Shakespeare-Rede, 1992.

SCHRÖTER, Robert
Dr. phil., o. Prof. f. Klass. Philologie - An Luigsmühle 8, 4760 Werl-Oberbergstraße - Geb. 7. Mai 1921 Oberbergstraße/W. - S. 1959 (Habil.) Lehrtätigk. Univ. Köln, Saarbrücken (1962 Ord.), Bochum (1969 Ord.) - BV: Studien z. varron. Etymologie, 1959 ff.

SCHRÖTER, Wolfgang
Dr. rer. nat., Prof. f. Physik Univ. Göttingen - Flachsrotten 16, 3400 Göttingen (T. 0551 - 6 78 63) - Geb. 2. Nov. 1935 Leipzig (Vater: Willy Sch., Geschäftsf.; Mutter: Else, geb. Falke), ev., verh. s. 1964 m. Edith, geb. Bose, 2 Kd. (Claudia, Michael) - Univ. Göttingen (Dipl. 1963, Promot. 1967, Habil. 1971) - BV: Beitr. in Fachb.: Dislocations in Solids, Bd. 5, 1979; Lattice Detects in Semiconductors, 1974 u. 1978; Electronic Structure of Crystal Detects and of Disordered Systems, 1981 - Spr.: Engl., Franz., Latein.

SCHRÖTTER, Freiherr von, Eberhard
Geschäftsführer Zentralverb. d. Eier-Groß- u. Außenhandels, Bundesverb. d. Dt. Eiprodukten-Ind., u. Bundesverb. d. Wild- u. Geflügel-Groß- u. Außenhandels - Buschstr. 2, 5300 Bonn 1.

SCHRÖTTER, Heinz W.
Dr. rer. nat., Prof. f. Physik Univ. München - Rheinstr. 6, 8000 München 40 (T. 089 - 36 36 58) - Geb. 8. Aug. 1931 Gablonz/N., kath., verh. s. 1960 m. Erika, geb. Frase, 3 Kd. - Univ. München (Dipl.-Phys. 1957, Promot. 1960) - 1972 Privatdoz. München; 1974 Wiss. Rat u. Prof.; s. 1978 Prof. f. Physik. Entd.: Mess. v. Raman-Streuquerschnitten an Gasen. 80 Veröff. auf d. Geb. d. Raman-Spektroskopie in Fachztschr.

SCHROT, Wilhelm
Schlossermeister, MdL Rhld.-Pfalz (s. 1967) - Trierer Str. 36, 5560 Wittlich (T. 84 05) - Geb. 12. Jan. 1915 Wittlich, verh., 7 Kd. - Höh. Schule (Obersekundareife); 1932-35 Schlosserlehre; 1939 Ingenieursch. (Maschinenbau). Meisterprüf. 1947 - 1937-45 Wehr- u. Kriegsdst. (zul. Fahnenj.-Oberfeldw.); s. 1947 väterl. Betrieb (1950 Übern.). Stv. Ober- u. stv. Kreishandwerksm. S. 1953 MdK Wittlich (1957 ff. m. Unterbrech. Fraktionsvors.). CDU s. 1947 (1966 ff. Kreisvors. Wittlich).

SCHROTH, Kurt
s. Breitenbach-Schroth, Kurt

SCHRUDDE, Josef
Dr.med., Dr. med. dent., Prof., Vorstand Abt. f. Plast. Chirurgie Univ.skliniken Köln - Ostmerheimer Str. 200, 5000 Köln 91 (T. 89 07 28 18) - Geb. 12. Mai 1920 Nichtinghausen (Vater: Josef S., Hauptlehrer; Mutter: Maria, geb. Bruder), kath., verh. s. 1943 m. Erica, geb. Fadegon, 3 Töcht. (Cornelia, Petra, Claudia) - Stud. Med. u. Zahnheilkd. Münster, München, Würzburg. Dr. med. dent. 1944, Dr. med. 1956 - S. 1956 (Habil.) Lehrtätigk. Med. Akad. bzw. Univ. Düsseldorf (1963 apl. Prof.) u. Univ. Köln (1970 Wiss. Rat u. Prof.). 1972 Präs. Kongreß f. plast. Chir. Köln - BV: Neuzeitl. Behandlungsmethoden d. Kieferbrüche m. Hilfe v. Kunststoffschienen, 1956. Üb. 80 Einzelarb. - 1958 Martin-Wasmund-Preis Dt. Ges. f. Kiefer- u. Gesichtschir. - Spr.: Engl.

SCHRUMPF, Emil
Dr. rer. pol., Arbeitsdirektor, Vorstandsmitgl. Bergbau AG. Dortmund, Dortmund, u. Bergbau AG. Westf., Heessen - Parkweg 64, 5810 Witten/Ruhr - Geb. 20. Sept. 1928 Lütgendortmund - Zul. Gelsenkirchener Bergwerks-AG., Essen, u. a. ARsmandate.

SCHUBACH, Konrad
Staatssekretär a. D. - Talstr. 15, 5501 Neuhaus, Post Aach (T. 0651 - 8 81 34) - Geb. 9. Mai 1914 Ahrweiler - 1964-73 Reg.-Präs. Trier, 1973-79 Staatssekr. Ministerium f. Landwirtschaft, Weinbau u. Umweltschutz, Mainz; Präs. Verb. Dt. Gebirgs- u. Wandervereine - 1960 Van-Tienhoven-Preis, Stiftg. F.V.S. Hamburg - Rotarier.

SCHUBART, Hermanfrid
Dr. phil., Dr. phil. h.c., Erster Direktor u. Prof. Dt. Archäol. Inst. Madrid, a.o. Prof. Univ. München - Serrano 159, E-28002 Madrid/Spanien (T. 00341 - 261 09 04) - Geb. 1. Dez. 1930 Kassel (Vater: Lic. theol. Christoph Sch., Pfarrer; Mutter: Ilse, geb. Defoy), ev., verh. s. 1963 m. Inka, geb. Gloxin, 6 Kd. (Konstanze, Christoph, Cordelia, Sebastian, Martin, Joachim) - Stud. Univ. Greifswald u. Leipzig; Promot. 1955 Greifswald; Habil. 1971 München - 1953-57 Univ. Greifswald; 1958/59 Dt. Akad. d. Wiss. Berlin; s. 1959 Dt. Archäol. Inst. Madrid (1967 II. Dir., 1981 I. Dir.) - Ausgr. kupferzeitl. u. phönizischer Kolonien in Iberien - BV: D. Iberer, 1967 (franz. u. ital. Übers.); Toscanos (m. H.G. Niemeyer), 1969; D. ältere Bronzezeit in Mecklenburg, 1972; Bronzezeit im Südwesten d. Iber. Halbinsel, 2 Bde. 1975; Trayamar (m. H.G. Niemeyer), 1975; Zambujal (m. E. Sangmeister), 1981; Slg. Siret (m. H. Ulreich), 1991 - Ehrenmed. Asoc. Española de la Arquelogia; Ehrendoktor d. Univ. Auton. Madrid; 1992 Goldmed. f. Bellas Artes durch span. König - Spr.: Engl., Franz., Span., Portug.

SCHUBEL, Friedrich
Dr. phil., o. Prof. f. Anglistik - Im Hopfengarten 10, 6200 Wiesbaden - Geb. 24. Sept. 1904 Stettin (Vater: Johannes S., Kaufm.; Mutter: Martha, geb. Henning), ev., verh. s. 1951 m. Annemarie, geb. Günthner - Realgymn. Stettin; Lehrersem. Pölitz/Pom.; Univ. Jena, Berlin, Greifswald (Engl., Franz., Dt., Phil.). Promot. (1930) u. Habil. (1937) Greifswald - 1937-45 Doz. u. apl. Prof. (1943) Univ. Greifswald; 1949-57 Studien- u. Oberstudienrat (1957) Köln; s. 1957 o. Prof. Univ. Mainz u. Tübingen (1962) - BV: Romant. Elemente im engl. realist. Roman v. 1830-35, 1929; D. südengl. Legende v. d. 11 000 Jungfrauen, 1938; D. engl. Dandytum als Quelle e. Romangattung, 1950; D. Fashionable Novels, 1952; Engl. Literaturgesch., 3 Bde., 2. A. 1967 ff.; Methodik d. Englischunterr. f. d. höh. Schulen, 5. A. 1971; D. Univ. Greifswald, 1960; Probleme d. Beowulf-Forschung, 1979. Übers.: D. Vorstoß ins All (m. K. Schütte, 1953) - Liebh.: Kammermusik - Spr.: Engl., Franz., Schwed. - Lit.: Literatur, Kultur, Gesellschaft in England u. Amerika (Festgabe z. 60. Geburtstag).

SCHUBERT, von, Andreas
Weingutsbesitzer - 5501 Grünhaus üb. Trier/Mosel (T. 0651 - 51 11) - Geb. 23. Juni 1922 Hohenfinow/Mark (Vater: Dr. jur. Carl v. S., 1930-33 Dt. Botschafter Rom (s. X. Ausg.); Mutter: Renata, geb. Gräfin Harrach), verh. 1951 m. Gloria, geb. Horstmann - S. 1951 Bes. C. v. Schubert'sche Gutsverw., Grünhaus. Div. Mandate. Kriegsdst. - Kommendator Johanniter-Orden - Spr.: Engl., Franz. - Rotarier.

SCHUBERT, Axel H.
Rechtsanwalt, Geschäftsf. Bremer Wertpapierbörse - Obernstr. 2-12, Postf. 10 07 26, 2800 Bremen 1.

SCHUBERT, Bruno H.
Generalkonsul, Vorstandsmitglied Ibero-Amerika Verein, Hamburg, AR-Mitgl. Sekuritas Bremer Allg. Versich.-AG, Bremen, Mitgl. Kurat. Dt.-Ibero-Amerika-Stiftg., Hamburg, Vorst.-Mitgl. Umweltstiftg. WWF-Dtschl. - Wendelsweg 64, 6000 Frankfurt/M. 70 - Geb. 25. Okt. 1919 Frankfurt (Vater: Bruno S., Generaldir.), verh. s. 1941 m. Inge, geb. Schreiber, T. Renate (Schausp. †) - Chilen. Generalkonsul f. d. Länder Rhld.-Pfalz, Hessen u. d. Saarl. - Stift. Namenspreis f. Tier- u. Naturschutz - Liebh.: Reiten.

SCHUBERT, Enno
Dr.-Ing., Prof., Unternehmensberater - Störtebekerstr. 12, 2930 Varel-Dangast (T. 04451 - 36 94) - Geb. 28. Febr. 1930 Bremen (Vater: Richard Sch., Kapitän; Mutter: Marie, geb. Ulffers), ev., verh. s. 1957 m. Mechthild, geb. Eschenburg, 3 Kd. (Heiko, Anja, Cathrin) - Abit. 1949 Varel; 1951-55 Stud. TH Aachen; Dipl. 1955 (Bergbau); Promot. 1959 Dr.-Ing., TH Aachen - 1960-63 Lagerstättening. Wintershall AG; 1964-75 Gelsenberg AG; s. 1969 Vorst.-Mitgl.; s. 1975 selbst. - 1980 Hon.prof. TU Clausthal, 1984 Bartlett Council CSIS Georgetown Univ., Washington D.C. - Spr.: Engl.

SCHUBERT, Georg R.
Werbewirt, Werbeberater, Marketing-Kommunikation - Machnower Str. 34, 1000 Berlin 37 (T. 030 - 802 54 02) u. 3258 Posteholz (T. 05158 - 15 80) - Geb. 4. Dez. 1946 Berlin (Vater: Rudolf S., Kaufm.; Mutter: Annemarie, geb. Pähler), verh. s. 1969 m. Anette, geb. Stodieck, 2 Kd. (Mark-Anton, Vivian Sheila) - Kaufm. Lehre; Hochsch. d. Künste, Wirtschaftswerbung Berlin - 1971 Werbeagentur Bollmann, 1974 Fremdenverkehrsverb. Lüneburger Heide, 1979 Axel Springer Verlag AG, 1980 Chem. Fabrik Dr. Weigert, 1981 Werbeberater, 1982 Sales Manager Hotel Schweizerhof Berlin, 1983 Verkehrsdir. FVV Weserbergland Mittelweser, 1988 Abt.-Leiter Marketing u. Information AOK-Landesverb. Nieders., Account Manager FAIR Marketing, Blomberg, 1991 Key-Account-Manager FAB-Kommunikation, Werbeagentur, Berlin, Potsdam, Rostock, Mitgl. d. Geschäftsltg.; 1992 Vors. d. Werbegemeinsch. Potsdam City - Spr.: Engl., Franz.

SCHUBERT, Gerhard Oskar
Dr. jur. - Behringstraße 4, 6200 Wiesbaden - Geb. 22. Mai 1925 Brünn (Vater: Dipl.-Ing. Oskar S., Regierungsbaurat; Mutter: Valerie S.), kath., verh. s. 1957 m. Dina Zoe Turrini, 2 Kd. (Alexander, Elisabeth) - Univ. Wien (Rechts-, Volks- u. Staatswiss., Promot.) - S. 1951 Abt.-Leit. Rückversich. Intern. Unfall- u. Schadenversich. AG Wien; s. 1962 Vorst.-Mitgl. Magdeburger Rückversich., Hannover, s. 1966 Frankona Rückversich.-AG, München; 1973-90 stv. Vorst.-Vors. Rhein-Main Rückversich.-Ges. AG, Wiesbaden; 1989/90 Vorst. R+V Holding; stv. AR-Vors. Finassimoco, Rom, Assimoco, Mailand - Spr.: Engl., Franz., Ital. - Rotarier.

SCHUBERT, Gerhard
Dr. rer. nat., Univ.-Prof. f. Theoret. Physik - Weidmannstr. 21, 6500 Mainz (T. 8 25 85) - Geb. 22. Sept. 1916 Berlin, ev., verh. s. 1942 m. Agathe, geb. Höllriegl, 2 Kd. (Uta †, Ulrich) - 1936-40 TH München (Physik) - Assist. u. Privatdoz. TH München, s. 1950 ao. u. o. Prof. (1956) Univ. Mainz. Emerit. 1981. Fachwiss. Veröff.

SCHUBERT, Günter
Dr. phil., Redakteur, Korrespondent f. Außenpolitik ZDF Studio Warschau - Zu erreichen üb. ZDF, Essenheimer Landstr., 6500 Mainz-Lerchenberg - Geb. 3. Sept. 1929 Berlin, 2 Kd. (Anne, Peter) - FU Berlin (Promot. 1960); Indiana Univ. Bloomington/Ind. - Spr.: Engl., Franz., Poln.

SCHUBERT, Günther Erich
Dr. med., Prof., Direktor Patholog. Institut Stadt Wuppertal u. Lehrstuhl d. Univ. Witten/Herdecke - Heusnerstr. 40, 5600 Wuppertal 2 (T. 0202 - 896-28 50) - Geb. 17. Aug. 1930 Mosul/Irak (Vater: Erich S., Geistl.; Mutter: Martha, geb. Zschitzschmann), verh. s. 1959 m. Gisela, geb. Schultz, 3 Kd. (Frank, Marion, Dirk) - Abit. 1951 Iserlohn; Staatsex. 1956 Heidelberg; Promot. 1957 ebd.; Habil. 1966 Tübingen - 1972-76 apl. Prof.

Univ. Tübingen, s. 1976 apl. Prof. Univ. Essen. Mitgl. Dt. Ges. f. Pathologie, Ges. f. Nephrologie, Intern. Akad. f. Pathol.; Dt. Ges. f. Urologie; Lehrbuch d. Pathologie, 2. A. 1987 - Spr.: Engl., Franz.

SCHUBERT, Hans-Joachim

Dr. jur., Chefsyndikus u. Mitgl. Geschäftsleit. Deere & Co., Region Europa, Afrika, Mittelost - Steubenstr. 36-42, 6800 Mannheim 1 (T. 810 43 05) - Geb. 9. Jan. 1929 Zeitz (Vater: Dr. jur. Paul S.; Mutter: Else, geb. Wibbels), kath., verh. s. 1957 m. Gisela, geb. Cibis, S. Mathias - Promot. 1957 Köln - Handelsrichter, Landesarbeitsrichter - Spr.: Engl., Franz. - Rotarier.

SCHUBERT, Heino

Prof. i.R., Komponist, Dirigent - Am Mühlenbach 18, 4403 Senden (T. 02597 - 84 87) - Geb. 11. April 1928 Glogau (Vater: Dr. Paul Sch., Stud.rat; Mutter: Alice, geb. Pauli); kath., verh. s. 1957 m. Adelheid, geb. Kroos, 6 Kd. (Mathias, Anneke, Christian, Dorothee, Adelheid, Heiner) - 1947-53 Nordwestd. Musikakad. Detmold; Schulmusikex. u. Dirigierreifeprüf. Musikhochsch. Freiburg; Kompos. u. staatl. Kantorenprüf. 1954-57 - 1960-81 Domorganist in Essen; 1961-71 Hochschull. Folkwanghochsch. Essen u. 1971-78 Musikhochsch. Köln; 1978-91 Prof. Univ. Mainz - Kammermusik, weltl. u. geistl. Chormusik (Motetten, Messen) Orgelmusik; Gryphius-Orator. - 1958 Rompreis Villa Massimo; 1961 J. W. Stamitz-Förderpr.; 1987 BVK am Bde.; 1987 ostdt. Kulturpreis d. Landes Nieders.; 1992 Joh. W. STAMITZ-PREIS - Lit.: Zeitgenöss. schles. Komp.; Beitr. z. Rhein. Musikgesch., 97.

SCHUBERT, Heinz

Geschäftsführer Alfred Mälich GmbH. (Damenschuhfabrik), Sudheim (s. 1973) - Göttinger Str. 209, 3411 Sudheim/Nieders. - Geb. 9. Dez. 1920 - Zul. kaufm. Leit. Mälich.

SCHUBERT, Heinz

Schauspieler, Regisseur - Rainville-Terrasse, 2000 Hamburg 50 - Geb. 12. Nov. 1925 Berlin - BV: Theater im Schaufenster, Fotodokum., 1979 - Regie: D. Schneekönigin, Christie in Love (Schauspiel.hs. Hamburg) - Rollen: Hadschi Halef Omar, D. starke Ferdinand, Hitler u. Himmler (Film), Alfred Tetzlaff (FS-Serie) - Spr.: Engl.

SCHUBERT, Horst

Dr. rer. nat., Dr. rer. pol. h. c., o. Prof. f. Mathematik - Poßbergweg 50, 4000 Düsseldorf (T. 28 52 65) - Geb. 11. Juni 1919 Chemnitz/Sa. - S. 1952 (Habil.) Lehrtätigk. Univ. Heidelberg, Kiel (1959 ao., 1962 o. Prof.), Düsseldorf (o. Prof.) - BV: Topologie, 1964 (engl. 1968); Kategorien, 1970 (engl. 1973) - 1975 Ehrendoktor Univ. Karlsruhe.

SCHUBERT, Karl

I. Bürgermeister - Fürther Str. 54, 8501 Roßtal/Mfr. (T. 09127-388) - Geb. 8. Juni 1931 Kaaden (Tschechosl.), verh. s. 1960, 4 Kd. - Kaufm. SPD.

SCHUBERT, Klaus R.

Dr. rer. nat., o. Prof. f. Exper. Hochenergiephysik Univ. Karlsruhe - Am Pferchelhang 33, 6900 Heidelberg 1 - Geb. 28. Dez. 1939 Freiberg/Sachsen, ev., verh. s. 1965 m. Marlies, geb. Rottler, 2 Kd. - Stud. Physik Karlsruhe, Berlin, Heidelberg, Dipl. 1963, Promot. 1966; Forsch.arbeiten in Heidelberg, Genf (CERN), Hamburg (DESY) u. Karlsruhe - Spr.: Engl., Franz.

SCHUBERT, Konrad

Dr. oec., Dipl.-Kfm., zul. Geschäftsführer Unidor GmbH., Pforzheim - Postf. 2007, 7530 Pforzheim - Geb. 25. Dez. 1924, verh., 4 Kd. - Führungsaufgaben b. AEG-Telefunken, Neff, BBC, zul. Gf. Kienzle Uhren GmbH., Villingen-Schwenningen.

SCHUBERT, Konrad

Dr.-Ing., Dipl.-Phys., apl. Prof. f. Kristallstrukturlehre Univ. Stuttgart - Happoldstr. 37, 7000 Stuttgart 30 (T. 81 52 05) - BV: Kristallstrukturen zweikomponent. Phasen (auch russ.), 1964.

SCHUBERT, Peter

Dr. med., Prof. f. exper. Neuropathologie u. Neurobiologie - Flösserstr. 4, 8921 Apfeldorf (T. 08869 - 16 85) - Geb. 8. Juni 1940 Schwerin (Vater: Dr. med. Hans Sch., Medizinaldir. im Rhld.), ev., verh. m. Gudrun, geb. Münster, T. Barbara - Stud. Humanmed. 1959 Univ. München, 1961-62 Univ. Wien; Staatsex. 1965 München; Promot. 1965 ebd.; Habil. 1975 München - S. 1967 Wissenschaftler MPI Psychiatrie München; s. 1976 mehrf. Guest Scientist Univ. of. California Irvine, USA - BV: u. a. Adenosine: Receptors and Modulation of Cell Function (m. K. Rudolphi), 1986. Ca. 120 Publ. in Fachztschr. - Spr.: Engl.

SCHUBERT, Peter U.

O. Univ.-Prof. f. Kunst u. ihre Didaktik Univ. Dortmund, Maler - Königsberger Str. 21, 6360 Friedberg (T. 06031 - 9 26 24) - Geb. 28. Juli 1938 Wernigerode/Harz - S. 1981 Prof. f. Kunst u. ihre Didaktik m. d. Schwerp. Malerei im Ber. d. ästh. Praxis Univ. Dortmund. Ztschr.-beitr. z. Kunstwiss. u. Kunstdidaktik - Bild. Kunst: Synthet. Realismus (Arbeitsber. Malerei u. Zeichn.). Zahlr. Einzel-, Gruppenausst. In- u. Ausl.

SCHUBERT, Ralph

Dr. med., Prof., Leiter Abt. f. Allg. Hygiene u. Umwelthyg./Zentrum d. Hygiene Univ. Frankfurt - Paul-Ehrlich-Str. 40, 6000 Frankfurt/M. (T. 63 01 54 32) - S. 1966 (Habil.) Lehrtätigk. Univ. Bonn u. Frankfurt (1970 Prof.).

SCHUBERT, Roman

Dipl.-Betriebsw., Geschäftsführer Verband d. Damenoberbekleidungsind., u. Verband d. Mieder- u. Badebekleidungsind. - Mevissenstr. 15, 5000 Köln 1 - Geb. 28. April 1955.

SCHUBERT, Walter

Dr. jur., Rechtsanwalt, Staatssekr. a. D. - Helmholtzstr. 55, 6200 Wiesbaden - Geb. 25. April 1915 - U. a. Regierungspräs. Wiesbaden, Staatssekr. Hess. Innenmin. ebd. (1966 zurückgetr.), Geschäftsf. VDO Tachometer-Werke Adolf Schindling GmbH., Frankfurt/M.

SCHUBERT, Werner

Dr. jur., o. Prof. f. Dt. Rechtsgeschichte u. Bürgerl. Recht Univ. Kiel (s. 1977) - Zu erreichen üb. Jur. Seminar der Univ., Olshausenstr. 40-60 2300 Kiel 1 - Geb. 15. Aug. 1936 Patschkau (Vater: Rudolf Sch., OStud.rat; Mutter: Felizitas, geb. Dinter), kath., verh. s. 1967 m. Christa, geb. Händler, 2 Töcht. (Veronika, Amelie) - Univ. Marburg, Hamburg, Münster (Rechtswiss.), Habil. Univ. Bochum - BV: Franz. Recht in Dtschl., 1977; D. Berat. d. Bürgerl. Gesetzbuchs, 8 Bde., 1978-1985; D. Vorentwürfe d. Redaktoren z. BGB, 15 Bde., 1980-86; Bayern u. d. BGB, 1981; D. dt. Gerichtsverf. (1869-1877), 1981; Preuß. Gesetzrevision (1825-1848), 11 Bde., 1981-86; 100 J. modernes Aktienrecht, 1984; Entsteh. d. dt. Rechtsanwaltsordn., 1985; GmbH-Gesetzentwurf v. 1939, 1985; D. Projekte d. Weimarer Rep. z. Reform d. Familienrechts, 1986. Herausg.: Protokolle d. Dresdener Kommiss. u. d. ADHGB-Kommiss. sow. d. CPO-Kommiss. v. 1862 u. 1867, insg. 39 Bde. (1984/85); Bayer. Zivilgesetzbuchsentwürfe v. 1808/09 u. 1811, 2 Bde. (1986); Protokolle d. Ausschüsse d. Akad. f. Dt. Recht, Bde. I-IV 1986; Quellen zur Reform d. Strafu. Strafprozeßrechts, Abt. II-NS-Zeit, 4 Bde. 1988; Abt. III, Strafverfahrensrecht, Bde. 1-2 1991; Sammlung sämtl. Erkenntnisse d. Reichsgerichts in Zivilsachen, Jge. 1900ff., 1992 - Spr.: Engl., Franz.

SCHUBERT, Werner

Dr. rer. pol., em. Univ.-Prof. f. Wirtschaftswissenschaft (Betriebswirtschaftslehre) d. Univ.-GH Duisburg - Schumannsdieken 21, 4030 Ratingen 4-Lintorf - Geb. 24. Okt. 1924 Steinach/Thür. - Habil. 1967 München - Facharb.

SCHUBERTH, Ernst

Dr., Univ.-Prof. a. D. f. Mathematik Univ. Bielefeld - Feldbergstr. 22, 6800 Mannheim 1 (T. 0621 - 30 10 88) - Geb. 5. Jan. 1939 Danzig, verh. s. 1967 m. Erika, geb. Seidel, 5 Kd. - Waldorfsch. Wuppertal (Abit. 1959); Univ. Bonn (1. Staatsex. Math. u. Physik 1964); Promot. Päd. 1970 Univ. Tübingen - 1968 Lehrer Rudolf-Steiner-Sch. München; s. 1974 o. Prof. PH Westf.-Lippe Bielefeld. 1978 Aufbau Freie Hochsch. f. anthrop. Päd. Mannheim. 1990/91 Leitg. d. Seminars f. Waldorfpäd. an d. Univ. Bukarest - BV: D. Modernisier. d. math. Unterr., 1971 (Übers. Span.); Zw. Tod u. Wiedergeburt, 1988; Erziehung in e. Computerges., 1990; zahlr. Zeitsch.aufs.; Beitr. in Sammelbd. u. Schulb. - Mitgl. d. Freien Europ. Akad. d. Wiss.

SCHUCH, Hans-Jürgen

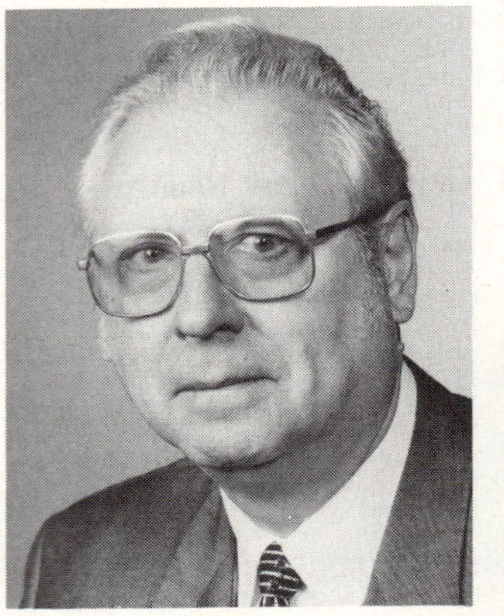

Verlagsleiter, Bundesgf. u. stv. Bundesvors. Landsmannsch. Westpreußen (s. 1963) - Von-Stauffenberg-Str. 47, 4400 Münster (T. 7 20 36, Büro: 52 34 24) - Geb. 15. Juni 1930 Elbing/Westpr. (Vater: Bruno Sch., Beamter; Mutter: Erika, geb. Smolinski), ev., verh. s. 1963 m. Renate, geb. Fuchs, 2 Kd. (Julian Klaus, Brigitta Verena) - Höh. Schule, 1946-49 Handwerkslehre; Sozialpäd. Sem. (Sozialarb. grad.). Journalist, Dir. d. Westpreuß. Landesmus. in Schloß Wolbeck, Münster, Vors. Bundesvereinig. ostdt. Museen u. Samml. Div. Ämter Heimatorg. Stiftungskurat. u. Stiftungsrat Ostdt. Kulturrat, Bonn, Mitgl. u. a. Beir. f. Vertrieb.- u Flüchtlingsfr. b. Min. f. Arb., Gesundh. u. Soz. Land Nordrh.-Westf. - BV: Wiedersehen mit Elbing, 1958; Blick auf Elbing, 1971; Elbinger Stadtplan 1945, 1978; Westpreußen in alten Ansichten, 1980; Elbing in alten Aussichten, 1987; Elbing. Aus 750 J. Gesch. d. Ordens-, Hanse- u. Industriestadt, 1989; Elbing wie es heute ist, 1991. Herausg. Elbinger Hefte; Herausg. d. Westpreußen-Jahrb. - 1962 Elbinger Verdienstmed.; 1960 Ehrenz. Landsmannschaft Westpreußen; 1973 Westpreußen-Med.; 1986 BVK; 1987 Elbinger Kulturpreis.

SCHUCH, Helmut

Direktor, gf. Vorstandsmitgl. Bundesverb. f. d. Selbstschutz (BVS) - Deutschherrenstr. 93, 5300 Bonn 2.

SCHUCHARDT, Eduard

Dr. med., Prof., Vorsteher Abt. f. Neuroendokrinologie Inst. f. Histologie u. Neuroanatomie Univ. Göttingen - Kiefernweg 3, 3406 Bovenden (T. Göttingen 3 29 50) - Geb. 6. Juli 1915 Göttingen - S. 1952 (Habil.) Lehrtätigk. Univ. Gießen (1958 apl. Prof.) u. Göttingen (apl. Prof.; 1968 Abt.svorst. u. Prof.) - BV: D. männl. Keimdrüse, 1960 (Mitverf.). Fachaufs.

SCHUCHARDT, Erika

Dr. phil. habil., Prof. Univ. Hannover, FB Erziehungswiss. - Bismarckstr. 2, 3000 Hannover (T. 0511 - 807 83 59) - Geb. 29. Jan. 1940 Hamburg (Vater: Karl Sch.; Mutter: Erna, geb. Aurisch) - Stud. Sozialwiss., Sonderpäd. u. Erwachsenenbildg.; Dipl.-Päd.; Promot. Hannover - 1982 Priv.-Doz., 1986 apl. Prof. Hannover - B. 1970 Lehrerin Haupt- u. Sondersch.; b. 1975 Abt.-Leit. VHS Hannover f. Päd., Psych., Phil.; Lehrtätigk. Univ. Hannover. S. 1972 gew. Synodale d. EKD; Mitarb. in ökum. Gremien d. Weltkirchenrates, Luth. Weltbundes, Dt. UNESCO Kommiss. - BV: Warum gerade ich ...? Leiden u. Glauben, 4. A. 1987 (Übertr. in Blindenschr., übers. in mehr. Fremdspr.); Jede Krise ist e. neuer Anfang, 3. A. 1987 (Übertr. in Blindenschr., übers. in mehr. Fremdspr.); Krise als Lernchance, 1985; Women a. Disability, 1985 (übers. in franz. u. span.); Schritte aufeinander zu. Soz. Integr. Behind. d. Weiterbildg., 1987; Biogr. Erfahrung u. wiss. Theorie. Soz. Integr., Bd. 1 3. A. 1987; Weiterbildung als Krisenverarb. Soz. Integr., Bd. 2 3. A. 1987 - 1984 Literaturpreis Dt. Verb. ev. Büchereien; 1985 Buchpreis AWMM Luxemburg - Liebh.: Musik (Geige, Flöte), Bergwandern, Ski - Spr.: Engl. - Bek. Vorf.: D. Karl Schuchardt, 1868, Begr. d. Anst. Hephata/Treysa u. d. Erwachsenenbildung in Hessen.

SCHUCHARDT, Gerd

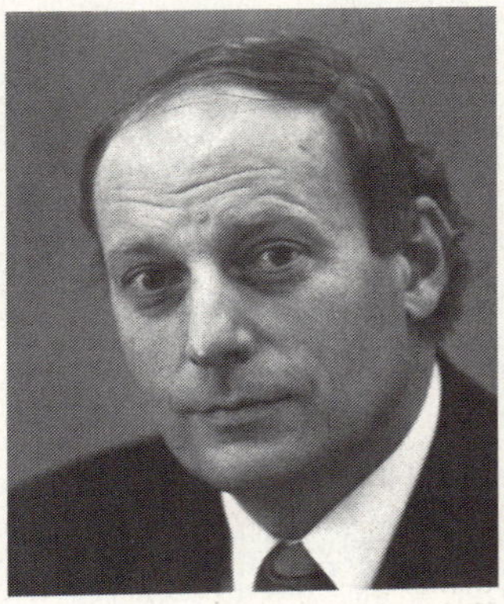

Dr.-Ing., Dipl.-Ing., MdL Thüringen (s. 1990) - Richard-Zimmermann-Str. 8, 6902 Jena-Lobeda - Geb. 11. März 1942 Erfurt, verh. s. 1965 m. Dr. med. Karin Sch., 2 Kd. (Dietmar, Sabine) - Funkmechaniker 1956-59; Stud. 1964-69 TH Ilmenau, Dipl.-Ing. Elektrotechn.; Promot. 1975 TU Dresden - 1969-89 Forsch.themen-Leit. im Forsch.zentr. Carl Zeiss, Jena - Frakt.-Vors. SPD; stv. Landesvors. SPD Thüringen - 27 Pat. z. Präzisions-Techn.

SCHUCHARDT, Helga,

geb. Meyer

Ingenieurin, Ministerin f. Wissenschaft u. Kultur Nieders. (s. 1990) - Leibnizufer 9, 3000 Hannover 1 (T. 12 01) - Geb. 2. Aug. 1939 Hannover, ev., verh. - S. 1965 Dt. Lufthansa. 1970-72 Mitgl. Hbg. Bürgerschaft; 1972-83 MdB; 1983-87 Kultursenatorin in Hamburg. FDP 1965-82 ausgetr.; (1970 Mitgl. Bundesvorst.; 1975-80 Landesvors. Hamburg) - BV (Herausg.): D. liberale Gewissen, 1982 (m. Günter Verheugen) - Spr.: Engl.

SCHUCHHARDT, Klaus

Dipl.-Volksw., Hauptgeschäftsführer Handwerkskammer Kassel - Wilhelm-Busch-Str. 10A, 3500 Kassel (T. 2 68 17) - Geb. 22. Aug. 1937 Marburg (Vater: Nikolaus S., Dachdeckerm.; Mutter: Elise, geb. Lorch), ev., verh. s. 1992 m. Petra, geb. Semmelroth, 3 Kd.

(Christian, Gesine, Tina Röding) - Stud. Volkswirtsch. Univ. Bonn, Freiburg. Staatsex. 1962 Freiburg - Zentralverb. Dt. Handwerk. S. 1972 Stadtverordn. Kassel; s. 1981 Fraktionsvors. d. F.D.P. AR-Mand. - Spr.: Engl. - BVK.

SCHUCHT, Karl

Rechtsanwalt, Geschäftsf. Fachverb. Fernmeldebau/Bundesvereinig. d. Fernmeldebauuntern. - Bundeskanzlerpl. (Center), 5300 Bonn 1.

SCHUCHT, Klaus

Dr.-Ing., Assessor d. Bergfachs, Vorstandsspr. d. Bergbau AG Westfalen - Silberstr. 22, 4600 Dortmund 1 (T. 0231 - 19 81); priv.: Roseneck 10, 4618 Kamen-Heeren - Geb. 25. Febr. 1930 Breslau - Rotarier.

SCHUCK, Josef

Dr. med., Prof., Chefarzt Geburgshilfl.-gynäk. Abt. Rotkreuzkrkhs. I München - Harthauser Str. 54, 8000 München 90 (T. 64 01 42) - Geb. 21. Jan. 1912 München - S. 1949 (Habil.) Privatdoz. u. apl. Prof. (1957) Univ. München. Fachveröff.

SCHUDER, Werner

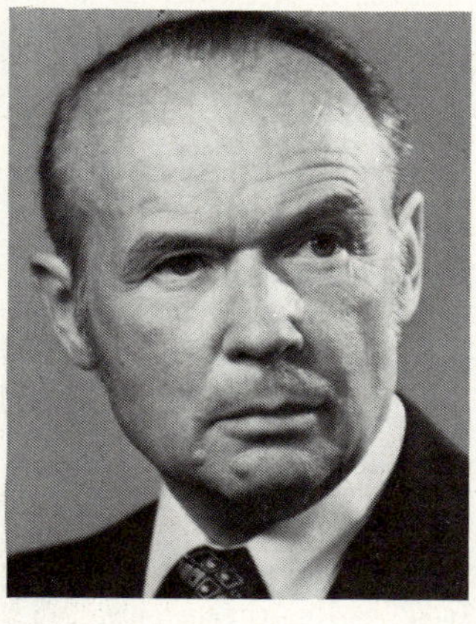

Verlagsdirektor - Freiwaldauer Weg 24, 1000 Berlin 45 (T. 811 33 09) - Geb. 25. Febr. 1917 Berlin (Vater: Franz S.; Mutter: Anna, geb. Frenzel), ev., verh. s. 1948 m. Christa, geb. Fröhlich, 2 Söhne (Thomas, Christian) - Univ. Berlin (Phil., Musikwiss.); Buchhändler- u. Bibliothekarsch. - 1945-54 Bibliothekar Univ.bibl. Berlin; s. 1954 Redakt. u. Dir. Verlag Walter de Gruyter & Co. Berlin, New York; 1947-54 Doz. Bibl.sch. d. ehem. Pr. Staatsbibl. Berlin; s. 1956 Doz. Berliner Bibliothekarakad.; s. 1972 Lehrbeauftr. FU Berlin u. Hochsch. d. Künste ebd. (1974). 1960ff. Vors. Prüfungsaussch. f. Verleger Berlin; 1967ff. Mitgl. FNA f. Bibl.wesen u. Dokumentation ebd. - BV/Herausg.: Universitas Litterarum - Handb. d. Wiss.kunde (1955), Minerva - Jahrb. d. Gelehrten Welt (1956ff.), Kürschners Dt. Literatur-Kalender (1958ff.), Kürschners Dt. Gelehrten-Kalender (1961ff.), De Captu Lectoris. Wirkungen d. Buches im 15. u. 16. Jh. (1988); Freude an Büchern. Protokolle, Dokumente, Berichte d. Berliner Bibliophilen Abends 1920-43 (1990). Fachaufs.

SCHÜBEL, Klaus Dieter

Dr. jur., Vorstandsmitglied Readymix AG f. Beteiligungen, Ratingen - Albrecht-von-Hagen-Pl. 1, 4000 Düsseldorf 30 (T. 0211 - 43 18 93) - Geb. 22. Nov. 1940 Berlin, verh., 3 Kd. (Bodo, Oliver Nikolaus, Stefanie) - Gymn.; Sen. High School USA; Univ. Köln (1. u. 2. jurist. Staatsex., Promot. Staats- u. Verwaltungsrecht 1969)- Posit. als Vorst. f. Zement, Handel, Spedition im Readymix-Konzern. Vorstandstätigk. in Fachverb. - Liebh.: Sport (Hockey, Golf, Ski) - Spr.: Engl., Franz.

SCHÜBEL, Theodor

Schriftsteller - Neue Gasse 4, 8676 Schwarzenbach/S. - Geb. 18. Juni 1925 Schwarzenbach (Vater: Theodor S., Braumeist.; Mutter: Rosa, geb. Schaff), ev.-luth., verh. s. 1953 m. Ingrid, geb. Franke, 2 Kd. (Stefan, Eva) - W: u. a. D. Kürassier Sebastian u. s. Sohn, Dr. 1957; Karl Sand, 1962; Wo liegt Jena?, 1964; D. Wohltäter, Dr. 1968; D. Münze, Kom. 1969; Einfach sterben, Dr. 1970; König Heinrich IV., Dr. 1971 (Neufass.); Die drei Musketiere (nach Dumas), 1976; Karneval, Dr. 1977. Hör- u. Fernsehsp. (u. a. Im Schatten, 1973; Neugierig wie e. Kind, 1974; Fusion, 1974; D. Opportunist, 1975); Alles umsonst, 1978; D. Grenze, 1979; Kellerjahre, R. 1982; D. Matrosen v. Kronstadt, 1983; Martin Luther, 1983; Damals im August, R. 1983; Dreizehn Stunden Angst, R. 1984; Bischoff - e. Karriere, R. 1987; D. Deutschen kommen!, Komödie 1990; Vom Ufer d. Saale (E. Journal, 10.11.1989 b. 3.10.1990), 1992 - 1957 Gerhart-Hauptmann-Preis (f.: Sebastian u. s. Sohn), 1977 u. 1982 DAG-Fernsehpr. in Gold (f.: D. Opportunist u. f. D. Grenze); 1983 Jakob-Kaiser-Preis (f. D. Grenze); Lit.preis d. Neuen Lit. Ges. Hamburg für d. Roman Kellerjahre.

SCHÜBELER, Carl

Kaufmann (Fa. Carl Schübeler Manufaktur- u. Modewareneinzelhandl., Warburg), Vizepräs. IHK Bielefeld - Sternstr. 3, 3530 Warburg/W. (T. 5 29).

SCHÜBELER, Egon

Dr. agr., MdL Schlesw.-Holst. (1957-87; Vizepräs. 1975-87) - 2341 Rüggesnorgaard (T. 370) - Geb. 4. Sept. 1927 Flensburg, ev., verh., 3 Kd. - Obersch.; Univ. Kiel (Dipl.-Landw.) - 1955-78 ehrenamtl. Bürgerm. Gde. Rügge Krs. Schlesw., 1955-70 MdK Schleswig. CDU s. 1953.

SCHÜFFEL, Wolfram

Dr. med., Prof. f. Psychosomatik Zentrum f. Innere Med. Univ. Marburg, Internist, Psychotherapeut - Kaffweg 17a, 3550 Marburg/L (T. 06421 - 2 63 51) - Geb. 18. Aug. 1938 Pirna/Elbe (Vater: Wolfgang Sch., Journ.; Mutter: Eva, geb. Lehr), verh. s. 1964 m. The Hon. Janet, geb. Edmund-Davies, 2 Kd. (Judith, Patrick) - Med. Staatsex. 1965 Heidelberg, Habil. 1975 Ulm - S. 1976 Lehrstuhl Psychosomatik u. Ltg. d. Abt. Psychosomatik im Zentrum f. Innere Med. Univ. Marburg - BV: Patientenbezogene Med.; Balint-Meth. in d. Med. Ausb., 1981 (m. Luban-Plozza, Egle); Sprechen m. Kranken - Erfahrungen a. student. Anamnesegr., 1983; Psychosomat. Fortbildung, 1984 (m. Fassbender); Ärztliche Erkenntnis - Entscheidungsfindung m. Patienten, 1986 (m. Jork); Sich gesund fühlen im J. 2000, 1988 (Hrsg.) - S. 1974 Vorst.-Mitgl. Sekr. Dt. Kollegium f. Psychosomatische Med. (DKPM); 1986-88 Präs. European Conference on Psychosomatic Research; 1989 Hilfsprogramm z. gesundheitl. Betreuung d. Betroffenen d. Grubenunglücks Stolzenbach/Borken - 1992 Hippokrates-Med. f. Verdienste um d. Allgemeinmedizin.

SCHÜGERL, Karl

Dr. rer. nat., o. Prof. Inst. f. Techn. Chemie Univ. Hannover (s. 1969) - Kirchstr. 31, 3005 Hemmingen 4 - Geb. 22. Juni 1927 Sopron/Ungarn (Vater: Miklos S.; Mutter: Margit, geb. Heiszler), kath., verh. m. Gertraut, geb. Taplick, 3 Töcht. (Christine, Sigrid, Gudrun) - 1946-49 TU Budapest (Dipl.-Ing.), 1957-59 TH Hannover. Promot. (1959) u. Habil. (1964) Hannover - 1949-63 Hochschul- u. Industrietätigk. In- u. Ausl. (New York, Princeton Univ.); 1966-69 Abt.svorst. u. Prof. TU Braunschweig. Fachmitgl.sch. - Dechema, GDCh, VDI, ACS, Bunsenges., Faraday Soc. - Spr.: Ung., Engl.

SCHÜLE, Helmut

Dr. med., Dr. med. dent., Prof., Ärztl. Direktor Klinik f. Kiefer- u. Gesichts-Chir., Plast. Operationen, Städt. Katharinen-Hospital Stuttgart - Auf dem Haigst 2, 7000 Stuttgart 70-Degerloch (T. 0711 - 640 24 76) - Geb. 25. Dez. 1923 Stuttgart - S. 1960 (Habil.) Lehrtätigk. Univ. Kiel u. Erlangen-Nürnberg (1965 apl. Prof. f. Zahn-, Mund- u. Kieferheilkd.) - BV: D. Schmelzoberhäutchen, 1962, Zahnärztl. Rezepttaschenb. (1966, 2. A. 1971). 140 Einzelarb., mehrere Handbuchbeitr. - Jahrespreis ARPA (1962) u. ORCA (1964).

SCHÜLE, Walter

Dr.-Ing., stv. Leiter Inst. f. Bauphysik, Stuttgart-Degerloch i. R., Honorarprof. Univ. Stuttgart (Techn. Ausbau, wärme- u. feuchtigkeitstechn. Fragen im Hochbau) - Krokusweg 6, 7050 Waiblingen/Württ. (T. 5 28 53) - Geb. 21. Aug. 1913 Friedrichshafen/B. - Etwa 150 Facharb.

SCHÜLEIN, Johann August

O. Univ.-Prof. Wirtschaftsuniv. Wien, Honorarprof. an d. Univ. Gießen - Mühlweg 46, 6305 Alten Buseck (T. 06408 - 5 41 74) - Geb. 19. Febr. 1947 - Stud. Soziol., Psychoanalyse, Phil.; Promot. (Dr. phil.) 1973 Gießen; Habil. (Soziol.) 1978 Gießen - 1973-76 wiss. Mitarb., 1976-86 Doz. bzw. Prof. f. Soziol. Univ. Gießen - BV: Gesellschaftsbild d. Freudschen Theorie, 1975; Selbstbetroffenheit, 1977; Mikrosoziol., 1983; Theorie d. Institution, 1987; D. Geburt d. Eltern, 1990; Auf der Suche nach d. wahren Selbst. Eine Auseinandersetzung m. Care Rogers (zus. m. A. Köhler-Weisker), 1992.

SCHÜLER, Hans

Dr., Vorstandsmitglied Iduna Bausparkasse AG (s. 1971) - Neue Rabenstr. 15, 2000 Hamburg 36 (T. 040 - 41 24-26 34) - Geb. 23. März 1933 Duisburg.

SCHÜLER, Klaus W.

Dr. rer. pol., Dipl.-Volksw., Prof. f. empirische Wirtschaftsforschung u. Ökonometrie Univ. Oldenburg - Geb. 17. Sept. 1940 Duisburg, verh. m. Angelika, geb. Moltmann, 7 Kd. (Dorothea, Alexander, Beatrice, Hans Ulrich, Carolyn, Christoph, Philip) - Abit. 1960 Duisburg; Dipl.-Volksw. 1966 Kiel; Promot. 1978 München - 1966-80 Ifo-Inst. München; 1976-77 Univ. München; s. 1981 Prof. Univ. Oldenburg - BV: Wirtschaftl. Wachstum in d. Bundesrep. Dtschl. - E. Test d. Learning-by-Doing-Hypothese, 1979 u. a. - Spr.: Engl., Franz.

SCHÜLER, Manfred

Dr., Dipl.-Volksw., Staatssekretär a.D. - Palmengartenstr. 5-9, 6000 Frankfurt - Geb. 7. März 1932 Jessen - Bismarck-Gymn. Sommerfeld/NL.; Verwaltungsausbild. Düsseldorf; n. Externer-Abit. (1953) Univ. Köln (Wirtschaftswiss.; u. a. Prof. Schmölders) - Assist. Univ. Köln, Dt. Städtetag, Friedrich-Ebert-Stiftg., Hoesch AG. (1963), SPD-Bundestagsfraktion (1967), Stadtkämmerer Gelsenkirchen (1969), Ministerialdir. (1969; Leit. Abt. Grundsatzfragen d. Finanzpolitik) u. Staatssekr. (1973) Bundesfinanzmin., 1974-80 Chef d. Bundeskanzleramts, Vorst.-Mitgl. Kreditanst. f. Wiederaufbau. SPD s. 1959 - Spr.: Engl.

SCHÜLER-SPRINGORUM, Horst

Dr. jur., o. Prof. f. Strafrecht u. Kriminologie Univ. München (s. 1975) - Pflegerstr. 31, 8000 München 60 - Geb. 15. Okt. 1928 Teheran/Iran (Vater: Werner S.), verh. m. Josi, geb. Helfrich - S. 1967/68 Ord. Univ. Göttingen u. Hamburg (1972). S. 1968-86 Vors. Dt. Jugendgerichtsvereinig.; 1978-82 Vors. Intern. Vereinig. d. Jugendrichter - BV: Strafvollzug im Übergang, 1970; Kriminalpolitik f. Menschen, 1991. Weit. Publik. üb. Strafvollzug, Kriminologie, Jugendrecht u. Kriminalpolitik.

SCHÜLING, Hermann

Dipl.-Psych., Dr. phil., Ltd. Bibliotheksdirektor a.D. - Rehschneise 11, 6300 Gießen - Geb. 16. April 1926 Vardingholt, verh. m. Renate, geb. Göttlich - BV: u.a. D. Drucke d. Offizin v. Joh. Prael, 1963; Ursprünge d. rationalen Naturbeherrschung, 1963; Denkstil, 1967; D. Gesch. d. axiomat. Meth. im 16. u. beginn. 17. Jh., 1969; Erkenntnistheorie, 1979; Wörterb. d. westmünsterl. Mundart v. Rhede-Vard, 1987.

SCHÜLLER, Alfred Alois

Dr. rer. pol., o. Prof. f. Volkswirtschaftslehre Univ. Marburg (s. 1976), Geschäftsf. Dir. Forschungsst. z. Vergleich wirtschaftl. Lenkungssyst. - Feldbergstr. 57, 3550 Marburg-Cappel - Geb. 21. Juni 1937 Ahrweiler (Vater: Peter Hubert S., orthopäd. Schuhmacherm.; Mutter: Gertrud, geb. Zimmermann), kath., verh. s. 1966 m. Christa, geb. Müller, 3 Kd. (Andreas, Verena, Christina) - Stud. d. Volkswirtsch.lehre Univ. Bonn; Habil. 1972 ebd. - 1962-64 Handlungsbevollm. Dt. Revisions- u. Treuhand-AG., 1964-68 wiss. Assist. Inst. f. Mittelstandsforsch. u. 1968-73 Univ. Bonn (1972 Lehrstuhlvertr.), 1973-76 Wiss. Rat u. Prof. Univ. Köln. Mithrsg. u. Redaktionsmitgl. Jahrb. ORDO; Direktoriumsmitgl. Bundesinst. f. ostwiss. u. intern. Studien Köln - BV: Dienstleistungsmärkte in d. Bundesrep. Dtschl., 1966; Osthandelspolitik als Problem d. Wettbewerbspolitik, 1973; Spontane Ordnungen in d. Geldwirtsch. u. d. Inflationsproblem, 1976 (m. F. W. Meyer); Internat. Wirtschaftsordn., 1978 (m. Helmut Gröner); Außenwirtsch.politik u. Stabilisierung v. Wirtschaftsyst., 1980 (m. Ulrich Wagner); Innovationsprob. in Ost u. West, 1983 (m. Hannelore Hamel u. Helmut Leipold); Property Rights u. ökonom. Theorie, 1983; Z. Interdependenz v. Untern.- u. Wirtsch.ordnung, 1986 (m. Helmut Leipold); Does Market Socialism Work?, 1988; Ethik u. Ordnungsfragen d. Wirtsch., 1989 (m. Gernot Gutmann); rd. 90 Beitr. in Ztschr. - Spr.: Engl.

SCHÜLLER, Karl-Heinz

Dr. rer. nat., Prof. an d. Georg-Simon-Ohm-Fachhochsch. Nürnberg, FB Werkstofftechnik (s. 1980) - Erbsenbodenstr. 36, 8560 Lauf an d. Pegnitz - Geb. 1. Juni 1928 Nürnberg - Promot. 1957, Habil. 1966 u. apl. Prof. 1972 Univ. Erlangen - Üb. 100 Fachveröff. - 1966 Ernst-Abbe-Preis, 1987 Georg-Agricola-Med. (Dt. Mineral. Ges.).

SCHÜMANN, Hans-Joachim

Dr. med., em. o. Prof. f. Pharmakologie - Ladenspelderstr. 70, 4300 Essen (T. 73 67 29) - Geb. 28. Dez. 1919 Stralsund (Vater: August S., Lehrer; Mutter: Maria, geb. Schönrogg), ev., verh. s. 1949 m. Annelies, geb. Ribbe, 2 Kd. (Peter, Christine) - Gymn. Stralsund; Univ. Köln, Greifswald, Rostock. Promot. (1945) u. Habil. (1950) Rostock - 1946 Assist. Univ. Rostock, 1950 Privatdoz. ebd., 1957 apl. Prof. Univ. Frankfurt/M., 1964 Ord. u. Inst.dir. Univ. Münster/W. (Klinikum Essen), 1972 Univ. Essen. Veröff. z. Pharmak. d. autonomen Nervensystems, insb. pharmak. Beeinfluss. d. Sekretion d. Sympathicusstoffe u. ihre Wirkung auf Herz u. Kreislauf - 1960 Affiliate Royal Soc. of Medicine, London; 1978 Honorary Member Jap. Pharmacol. Soc., Tokio; 1985 Ehrenmitgl. Dt. Pharmakol. Ges. - Spr.: Engl.

SCHÜMANN, Hans-Otto

Fabrikant, Präs. Dt. Segler-Verb. - Gründgensstr. 18, 2000 Hamburg 60 - Erfolgreicher Hochseesegler (1973 u. 85 Admiral's Cup) - 1985 BVK I. Kl. u. Silb. Lorbeerblatt.

SCHÜNDLER, Rudolf

Regisseur - Prinzregentenstr. 81, 8000 München 80 (T. 47 36 37) - Geb. 17. April 1906 Leipzig, ev. - S. üb. 30 J. Schausp. Provinzbühnen u. Berlin; s. üb. 20 J. Regiss.; 1945-50 Dir. u. künstler. Leit. Schaubude, München. Berliner Urauff.: Operetten Mamina (Admiralspalast) u. Königin d. Nacht (Metropol-Theater). Filmregie: D. Geigenmacher v. Mittenwald, Wenn am Sonntagabend d.

Dorfmusik spielt, Viktoria u. ihr Husar, Schützenliesl, Krach um Jolanthe, D. fröhl. Dorf, D. Rosel v. Schwarzwald, Gruß u. Kuß v. Tegernsee, Mikosch, d. Stolz d. Kompanie, Wenn Mädchen ins Manöver zieh'n, M. Mädchen ist e. Postillon, Gräfin Mariza, M. Schatz, komm ans blaue Meer, Meine Frau, d. Callgirl, Wilde Wasser. Üb. 50 Filmrollen - Liebh.: Pferderennen, Bücher.

SCHÜNEMANN, Bernd

Dr. iur. habil., Prof. f. Strafrecht u. Rechtsphil. - Draisstr. 3, 6944 Hemsbach (T. 06201 - 76 98) - Geb. 1. Nov. 1944 Broistedt (Vater: Wilhelm Sch., ORegRat; Mutter: Irmgard, geb. Bothe), ev.-luth., verh. s. 1968 m. Ilse, geb. Klose, 4 Kd. (Stefan, Corinna, Riccarda, Franziska) - Abit. 1963, 1963-67 Univ. Göttingen, Hamburg u. Berlin (Rechtswiss.) - 1971-74 wiss. Assist., 1975 Doz., 1975 wiss. Rat u. Prof., 1976 o. Prof. Univ. Mannheim, 1987 Univ. Freiburg im Br., 1990 Univ. München, Dir. d. Inst. f. Rechtsphil. u. Rechtsinformatik - BV: Grund u. Grenzen d. unechten Unterlass.delikte, 1971; Nulla poena sine lege?, 1978; Unternehmenskriminal. u. Strafrecht, 1979; Strafrechtl. Klausurenlehre, 5. A. 1991; Grundfragen d. mod. Strafrechtssystems, 1984; Parteispendenproblematik, 1986; D. Rechtsprobleme v. AIDS, 1988; Absprachen im Strafverfahren, 1990 - Spr.: Engl.

SCHÜNEMANN, Wolfgang Bernward

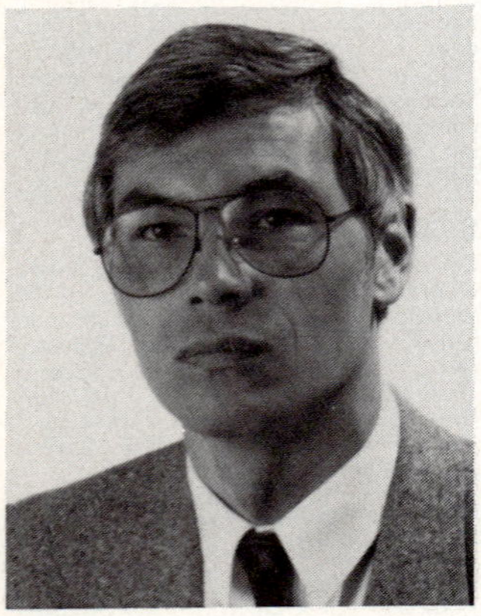

Dr. jur., Univ.-Prof. Univ. Dortmund (s. 1984) - Ostbürener Str. 38, 5758 Fröndenberg/Ruhr (T. 02373 - 7 22 45) - Geb. 11. Jan. 1947 Erlangen, ev., verh. s. 1973 m. Dipl.-Psych. Dr. rer. med. Sibylle, geb. Wurmthaler, 2 Söhne (Sebastian, Leonard) - Stud. Univ. Frankfurt (Rechtswiss.); Staatsex. 1971 u. 1976 Frankfurt; Promot. 1974 Frankfurt; Habil. (Bürgerl. Recht, Handels- u. Gesellschaftsrecht, Zivilprozeßrecht) 1984 Tübingen - Wiss. Mitarb. Univ. Frankfurt u. Stuttgart; 1982-84 Lehrbeauftr. Univ. Hohenheim u. Dortmund; Dozent an Verwaltungs- u. Wirtschaftsakad. sowie an d. Dt. Versicherungsakad. - BV: Grundprobleme d. Gesamthandsges., 1975; Selbsthilfe im Rechtssystem, 1985; Wettbewerbsrecht, 1989; Märkte in Europa (m. H. Berg u. G. Meissner), 1990; Wirtschaftsprivatrecht, 1991; sow. zahlr. weit. Publ.

SCHÜNGEL-STRAUMANN, Helen

Dr. theol., Prof. f. Biblische Theologie an d. GH Kassel - Schwedenweg 13 c, 3500 Kassel (T. 0561 - 8 55 07) - Geb. 5. Mai 1940, kath., 2 Söhne (Jochen, Manfred) - Dipl. in Theol. 1964; Promot. im Alten Testament 1969 Kath. Fak. d. Univ. Bonn - BV: D. Dekalog - Gottes Gebote?, 1967, 2. A. 1980 (ital. Übers.); D. Frau am Anfang. Eva u. d. Folgen, 1989 - Spr.: Dt., Franz., Ital., Engl.

SCHÜPPEL, Reiner V. A.

Dr. med., Dr. rer. nat., Facharzt f. Pharmakol., Apotheker, Prof. TU Braunschweig (s. 1973) - Mendelssohnstr. 1, 3300 Braunschweig - Geb. 13. Aug. 1935 Altona - Promot. 1964 Hamburg u. 1969 Tübingen; Habil. 1970 ebd.

SCHÜPPERT, Helga

Dr. phil., Prof. Inst. f. Literaturwiss. Univ. Stuttgart - Keplerstr. 17, 7000 Stuttgart 1 (T. 0711 - 121 30 81 od. 30 79) - Geb. 20. Sept. 1935 Offenbach, kath. - Abit. 1956 Oberrealsch. Aschaffenburg; Stud. German., Gesch., Mittellat., Volkskd. u. Geogr. Univ. Würzburg u. Göttingen; Staatsex. 1962, Promot. 1967 Univ. Würzburg, Habil. 1982 Univ. Stuttgart - 1963-67 Tutorin in Würzburg; 1967-71 wiss. Assist. FU Berlin; 1971-75 Assist.-Prof. FU Berlin, 1975-77 Habil.stip. Dt. Forsch.gem.; s. 1977 Univ. Stuttgart; 1982/83 Prof. Univ. Bayreuth - BV: Kirchenkritik in d. lat. Lyrik d. 12. u. 13. Jh., 1972; Topos u. Geschichtlichkeit. Stud. z. histor. Gehalt d. Topos in dt. und lat. Lit. d. Mittelalters. Herausg.: Festschr. I. Schröbler (1973). Zahlr. Beitr. in Ztschr. u. Sammelbd. - Liebh.: Bild. Kunst, Malerei, Städtereisen, Volkskultur - Spr.: Engl., Franz.

SCHÜREN, Peter

Dipl.-Volksw., stv. Hauptgeschäftsführer IHK Düsseldorf - Klopstockstr. 3, 4040 Neuß/Rh. (T. 4 19 39; Büro: Düsseldorf 3 55 71) - Geb. 17. Nov. 1911 - S. 1939 IHK Düsseldorf.

SCHÜREN, Peter Oskar

Dr. jur. habil., Univ.-Prof., Direktor d. Inst. f. Arbeits-, Sozial- u. Wirtschaftsrecht an d. Univ. Münster (s. 1989) - Universitätsstr. 14-16, 4400 Münster (T. 0251 - 83 27 21, Fax 83 83 40) - Geb. 9. Juli 1953 Gaggenau, ev., ledig - Stud. 1974-78 Jura, Politik, Promot. 1982, Habil. 1988, alles Univ. Freiburg - BV: Job Sharing, 1983; Vorruhestandsgesetz, 1985; Legitimation d. tariflichen Normsetzung, 1989.

SCHÜRENBERG, Walter

Dr. phil., Redakteur, Kritiker, Schriftst. u. Übers. - Hasselfelder Weg 2, 1000 Berlin 45 (T. 772 11 74) - Geb. 20. Sept. 1907 Mönchengladbach (Vater: Robert S., Fabrikant; Mutter: Martha, geb. Kuhlen), ev., verh. I) 1942 m. Marie-Agnes, geb. Gräfin zu Dohna, II) 1951 Gisela, geb. Haube, 3 Kd. (Jacob, Christoph, Adrienne) - Realgymn. M.gladbach; Univ. Leipzig, München, Köln, Göttingen (German., Kunstgesch., Sanskrit, Phil.). Promot. 1934 - 1937-44 DAZ (Redakt.); 1945-46 Magistrat Berlin/Amt f. Kunst (Lektor); 1947-50 Suhrkamp-Verlag (stv. Leit.); 1955-72 SFB (Redakt. Lit.). Zeitw. stv. Vors. Verb. dt. Übers. Herausg.: Georg Büchner, Werke u. Briefe (1947). Übers.: E. M. Forster, Scott Fitzgerald, Joseph Conrad, Rose Macaulay, Carlo Coccioli u. a. - Mitgl. PEN-Zentrum BRD - Liebh.: Musik - Spr.: Engl., Franz.

SCHÜRGER, Klaus

Dr. rer. nat., Prof. f. Statistik Univ. Bonn (s. 1980) - Röntgenstr. 17, 5205 St. Augustin 3 (T. 02241 - 31 26 98) - Geb. 23. Dez. 1939 Köln-Kalk, verh. s. 1973 m. Vera, geb. Loerick, 2 S. (Stefan, Thomas) - Stud. Univ. Heidelberg; Dipl.-Math. 1967; Promot. 1974 Heidelberg - 1973-80 wiss. Ang. Dt. Krebsforschungszentr. Heidelberg - Übers.: E.B. Dynkin, A.A. Juschkewitsch, Sätze u. Aufgaben üb. Markoffsche Prozesse, 1969; J. C. Oxtoby, Maß u. Kategorie, 1971; S. Mac Lane, Kategorien, 1972 - Liebh.: Lit., Klavier, Sport - Spr.: Engl., Franz., Russ., Türk., Ungar., Latein.

SCHÜRGERS, Josef

Vorstandsvorsitzender, MdL Nordrhein-Westf. (s. 1966) - Konrad-Adenauer-Ring 129, 4060 Viersen (T. 1 51 36) - Geb. 21. Okt. 1922 Kamp-Lintfort, verh., 3 Kd. - Volkssch.; kaufm. Lehre. Fachprüf. Buchhaltungs- u. Bilanzwesen - S. 1946 kaufm. Tätigk. (1965 ff. gf. Vorstandsmitgl. Viersener Aktien-Bauges.). 1956-60 u. 1970 ff. Ratsherr, 1960-64 Bürgerm. Stadt Viersen. CDU (1965-70 Kreisvors.).

SCHÜRHOFF, Christian

s. Pauck, Heinz

SCHÜRLE, Werner

Dipl.-Ing., Vorstandsmitglied i. R. Eisen- u. Drahtwerk Erlau AG, Aalen - Hornbergstr. 5, 7080 Aalen 15 - Geb. 8. Okt. 1924 Ulm/Donau (Vater: Georg S., Direktor), verh. m. Konstanze, geb. Budde.

SCHÜRMANN, Eberhard

Dr.-Ing., o. Prof. f. Eisenhüttenkunde u. Gießereiwesen - Berliner Str. 123, 3392 Clausthal-Zellerfeld (T. 13 28) - Geb. 20. Juni 1918 Meiderich b. Duisburg - S. 1955 (Habil.) Privatdoz., apl. (1958) u. o. Prof. (1962) Bergakad. bzw. TU Clausthal - BV: Metallurgie u. Schlackenkd., 5. A. 1961. Üb. 170 Fachaufs. - 1953 Friedrich-Borchers-Preis.

SCHÜRMANN, Heinrich

Angestellter, MdL Nordrh.-Westf. (s. 1966 m. Unterbr.) - Beckumsfeld 12A, 4300 Essen-Heisingen - Geb. 2. Okt. 1922 Heisingen, verh., 2 Kd. - Volkssch.; textilkaufm. Ausbild.; Offiziers- u. Navigationssch. - Kriegsmarine (Ltn. z. S. u. Räumbootskommandant); s. 1946 Wohnungsw. (1960 Handlungsbevollm., 1966 Zweigstellenleit.). S. 1961 Ratsherr Essen. CDU (Ortsvors. Essen-Heisingen).

SCHÜRMANN, Jürgen

Dr., Prof., Leiter Abt. Zeichen- u. Signalerkennung/Forschungsinst. Ulm AEG-Telefunken - Elisabethenstr. 3, 7900 Ulm/Donau - 1981 ff. Honorarprof. TH Darmstadt.

SCHÜRMANN, Kurt

Dr. med. (habil.), Dr. med. h. c., Prof. u. Direktor Neurochir. Univ.klinik Mainz - Am Eselsweg 29, 6500 Mainz-Bretzenheim (T. 3 48 61) - Facharb. - 1982 Pr. d. Wilhelm-Warner-Stiftung, Hamburg; 1988 Fedor Krause-Med. d. Dt. Ges. f. Neurochir.

SCHÜRMANN, Petra

Fernseh-Moderatorin (BR), Journalistin (u.a. Kolumnistin Münchner Merkur), Schauspielerin - Max-Emanuel-Str. 7, 8130 Starnberg/Obb. - Geb. 15. Sept. 1935 Mönchengladbach, kath., verh. s. 1973 m. Dr. med. H. Gerhard Freund, T. Alexandra - Stud. Phil. u. Kunstgesch. - S. 1982 Moderat. FS-Send. Montagsmarkt u. Moderat. D. Verkehrsgericht tagt. Ab 1985 Unterhaltungssend. Etcetera; 1987/88 Essen wie Gott in Dtschl.; 1988 ZDF: E. Abend für..., E. Abend in Gold; Bayern-Studio: BR Wunschkonzert - BV: D. Abenteuer, erwachsen zu werden; D. Frau im Rückspiegel; Tiere sind meine Freunde - Bühnenrollen: D. kleinen Sünden; Julia u. Romeo; Beitr. im World Wildlife Found - St. Christopherus-Preis HUK; 1958 Miß Welt - Liebh.: Innenarchit., Malen (4 Ausstellungen) - Spr.: Engl., Franz.

SCHÜRMANN, Ulrich

Studiendirektor, Mitgl. Abgeordnetenhaus v. Berlin (s. 1978) - 1000 Berlin 33 - Geb. 7. Sept. 1943 Berlin, verh., 1 Kd. - Gymn. Berlin (Abit. 1963); dazw. 1960/61 Schulbesuch USA; 1963-69 FU Berlin (Gesch., Politol., Angl.). Staatsprüf. 1971 u. 72 - S. 1974 John-F.-Kennedy-Sch. Zehlendorf (1978 Studiendir.). 1971-78 Bezirksverordn. Wilmersdorf. SPD s. 1964 (div. Funkt.).

SCHÜRMANN, Wilhelm

Dr. jur., M.C.L., Botschafter d. Bundesrep. Deutschl. in Mauretanien - B.P. 372, Ambassade de la RFA, Nouakchott/Mauritanie - Geb. 30. Juni 1934 Hameln, ev., verh. s. 1974 m. Dietlind, geb. Dahm, Sohn Bernd Thomas - Gymn. Hameln; Stud. Rechtswiss. Univ. Münster u. München; Stud. Rechtsvgl. Madrid u. Columbia New York; Promot. 1961 München, Ass. 1962, M.C.L. 1963 Columbia New York - 1963 Wiss. Assist. Columbia New York; s. 1964 Ausw. Dst. (Istanbul, Stockholm, Bonn AA, Rabat, Amman, Bonn AA, s. 1984 Botsch. in Mauretanien) - 1970 Ritterkreuz Königl. Schwed. Nordstern-Orden - Liebh.: Musik, Kunst, Tennis, Ski - Spr.: Engl., Franz., Schwed.

SCHÜRMANN-MOCK, Iris

Journalistin, Schriftst. - Drachenburgstr. 40, 5300 Bonn 2 (T. 0228 - 34 85 30) - Geb. 6. April 1947 Duisburg, verh., T. Katrin - Stud. Univ. Mainz (Publ., German., Soziol.); M.A. 1973 - 1975-78 ltd. Redakt. Ztschr. DM; 1978/79 Pressesprecherin f. Jugend, Fam. u. Gesundh.; 1982-86 Herausg. Fachztschr. Eselsohr - BV: Mütter schützen Kinderleben (m. Lore Schultz-Wild), 1986; Mit Kindern in d. Zukunft, 1987 - Liebh.: Ökol. Engagement, Theater, Musik, Kochen, Bücher - Spr.: Engl., Franz.

SCHÜRMEYER, Everhard

Dr. med., Prof., Chefarzt Innere Abt. Clemens-Hospital Münster (s. 1971) - Ricarda-Huch-Str. 7, 4400 Münster (T. 02534 - 16 47; Klinik: 7 89 -301) - Geb. 7. März 1927 Köln (Vater: Dr. med. Heinrich S.), verh. m. Christel, geb. Krebs - S. 1962 (Habil.) Lehrtätigk. Münster (1967 apl. Prof. f. Innere Med. u. Lungenkrankh.; zul. Oberarzt Med. Klinik). Facharb.

SCHÜRMEYER, Guido

Dr. jur., Rechtsanwalt, Direktor VEBA OEL AG Gelsenkirchen (s. 1981) - Wolfsbachweg 34, 3400 Essen 1 (T. 0201 - 41 31 07) - Geb. 22. März 1935 Essen, kath., ledig - Abit. Goethesch. Essen-Bredeney; Stud. Rechtswiss.; 1. jurist. Staatsprüf. 1960, 2. jurist. Staatsprüf. 1964, Promot. 1966 - 1965 Gelsenkirchener Bergwerks AG Essen, 1966 Handlungsbevollm., 1969 Prokurist; 1970 Geschäftsfg. Deminex-Dt. Erdölversorgungsges. mbH Essen - Liebh.: Klass. Musik - Spr.: Engl., Franz., Ital.

SCHÜRRLE, Wolfgang

Dr., Vorstandsmitglied Varta AG., Hannover (s. 1970) - Adolf-Ey-Str. 14, 3000 Hannover (T. 83 61 52) - Geb. 26. Sept. 1925 - Spr.: Engl., Franz., Ital. - Rotarier.

SCHÜSSLER, Hans-Wilhelm

Dr.-Ing., Prof. f. Nachrichtentechnik - Saidelsteig 3, 8520 Erlangen-Tennenlohe (T. 60 26 38) - Geb. 28. Febr. 1928 Dortmund (Vater: Theodor S., kaufm. Angest.; Mutter: Emma, geb. Flume), ev., verh. s. 1958 m. Prof. Dr. rer. nat. Helga, geb. Kuhlmann - Mittelsch. Dortmund; 1948-51 Staatl. Ing.sch. ebd.; 1951-54 TH Aachen (Elektrotechnik). Ing. 1951; Dipl.-Ing. 1954; Promot. 1958; Habil. 1961 - S. 1961 Lehrtätigk. TH Aachen, Cornell Univ. Ithaka/USA (1962 Assistant Prof.), TH Karlsruhe (1963 ao. Prof., 1964 pers. Ord.), Univ. Erlangen-Nürnberg (1966 Ord.), 1969/70 Dekan). 1975-81 Senat DFG, 1977-81 Hauptaussch. DFG - Lehrb.: Netzwerke u. Systeme, I (1971), Digitale Systeme z. Signalverarb. (1973), Netzwerke, Signale u. Systeme, I (3. A. 1991), II (3. A. 1991), Digitale Signalverarbeitung, (3. A. 1992) - 1979 Award d. ASSP-Soc. d. IEEE; 1980 BVK; 1984 IEEE Centennial Medal; 1990 o. Mitgl. Bayer. Akad. d. Wiss. - Spr.: Engl.

SCHÜSSLER, Heinz A.

Dipl.-Ing., Geschäftsführer Bauuntern. Hans Lamers GmbH, Jülich, u.a. - Mühlenstr. 1, 5170 Jülich (T. 02461 - 5 30 01).

SCHÜSSLER, Richard

Unternehmer, Inh. Franz Richter Nachf., Frankfurt, Vors. Fachverb. Reprografie, Düsseldorf - Mendelssohnstr.

72, 6000 Frankfurt/M. 1 - Geb. 19. Dez. 1917.

SCHÜTT, Christa Luzie

Schriftstellerin - Große Str. 10, 3031 Ahlden/Aller (T. 05164 - 14 18 - Geb. 26. Dez. 1948 Pinneberg, ev., ledig - Buchhandelslehre - 12 J. Buchhändlerin, dann fr. Schriftst. - BV: Ensslin-Reiter-Taschenb. (s. 1980); Div. Kinder- u. Jugendb. - Liebh.: Pferdezucht, Verhaltensforsch.

SCHÜTT, Peter

Dr. rer. nat. (habil.), o. Prof. f. Forstbotanik - Am Holz 11, 8157 Ascholdrug - B. 1963 Privatdoz., dann apl. Prof. Univ. Saarbrücken, s. 1970 Ord. Univ. München - BV: u. a. Weltwirtschaftspflanzen, 1972; Allg. Botanik f. Forstwirte, 1978; D. Wald stirbt an Streß, 1984.

SCHÜTT, Peter

Studiendirektor, MdL Nordrh.-Westf. (1970-75) - Arnoldstr. 29, 4060 Viersen-Dülken 11 (T. 5 13 30) - Geb. 14. Juni 1927 Dülken, verh., 1 Kd. - Univ. Mainz u. Köln (Volksw., Wirtschaftspäd.). Dipl.-Hdl. 1954 - S. 1956 Berufsschuldst. Kr. Kempen-Krefeld. 1961 ff. MdK. CDU s. 1960.

SCHÜTT, Peter

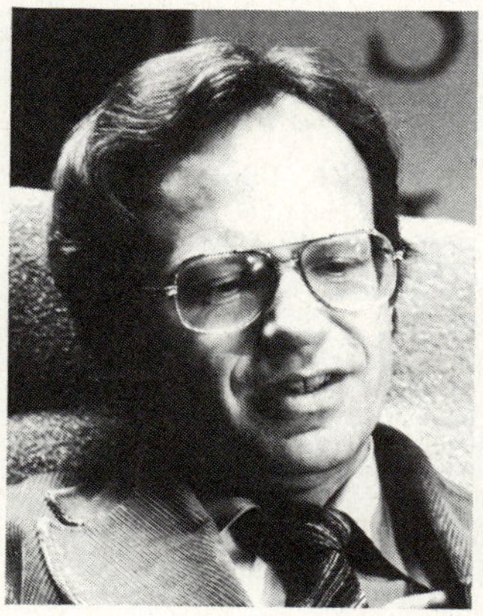

Dr. phil., Schriftsteller - Eppendorfer Landstr. 102, 2000 Hamburg 20 (T. 040 - 46 20 98) - Geb. 10. Dez. 1939 Basbeck (Vater: Walter Sch., Lehrer; Mutter: Erika, geb. Vagts), verh. s. 1987 m. Fariba, geb. Kholdi, S. Rubin - Stud. Gesch. u. German. Univ. Hamburg, Göttingen u. Bonn (Promot. 1967 Hamburg) - S. 1967 fr. Schriftst.; s. 1973 Mitgl. Verb. dt. Schriftst. in d. IG Druck u. Papier, s. 1983 Leiter Werkstatt schreibender Arbeitsloser, s. 1986 Sprecher d. Komitees gegen d. Golfkrieg - BV: Vietnam, Dreißig Tage danach, 1973; Ab nach Sibirien, 1977; D. Muttermilchpumpe, Bilder aus d. anderen Amerika, 1980; Let's go East, 1982; D. Mohr hat seine Schuldigk. getan, 1981; D. Kreuz d. Südens, e. Reise ins neue Afrika, 1985; Wenn fern hinter d. Türkei d. Völker aufeinanderschlagen ... Ber. v. e. Reise in d. Iran, 1987; D. Himbeersoße kam v. KGB. E. Reise auf d. Spuren meiner sibirischen Irrtümer, 1990; Mein letztes Gefecht. Abschied u. Beichte e. Genossen, 1992. Theaterst.: 40 Pfg. mehr - od. d. Stapellauf fällt ins Wasser, 1975; ... Thälmann e. Trauerspiel, 1986. Entrüstet Euch, Ged. 1982; Was v. d. Träumen bleibt, Ged. 1983; Black Poems, 1983; Liebesged. 1987; Moskau funkt wieder, Ged. 1989. Schallpl.: Garstige Weihnachtslieder (1971, m. and.); Daß sich d. Furcht verwandeln wird in Widerst. Künstler gegen Berufsverbot - Liebh.: Radfahren, Wetterbeobacht. - Spr.: Engl. - Lit.: Ulla Hahn: Lit. u. Aktion, 1979; Ursula Reinhold: Tendenzen u. Autoren, 1982..

SCHÜTTE, Dieter

Verleger - Lindenallee 55, 5000 Köln 1 (T. 0221 - 38 56 10) - Geb. 4. Juni 1923 Köln (Vater: Arthur Sch., Generaldir. 4711; Mutter: Maria, geb. Schloeßer), ev., verh. in 2. Ehe s. 1970 (in 1. 1968 verw.) m. Ute, geb. Friedrichs, 5 Kd. (Christian, Cornelia, Marco, Ingo, Nadine) - Stud. Chemie u. Volksw.; Parfümerieausbild. - 1949-52 Parfumeur ausl. Riechstoffirmen; 1953-60 pers. haft. Gesellsch. Dültgen & Schütte/Metallwaren, Solingen; s. 1960 p. h. bzw. gf. Gesellsch. (1975) Verlag M. DuMont Schauberg, Köln (Kölner Stadt-Anzeiger, Express) - Liebh.: Jagd, Golf - Spr.: Engl., Franz.

SCHÜTTE, Franz

Dipl.-Kfm., Geschäftsführer Bundesinnungsverb. f. Orthopädie-Technik - Reinoldistr. 7-9, 4600 Dortmund - Geb. 26. Mai 1941.

SCHÜTTE, Horst-Robert

Dipl.-Chem., Dr., Prof., Leiter Isotopen-Laboratorium Institut Biochemie d. Pflanzen Halle/S. (s. 1958) - K.-Liebknechtstr. 15, O-4020 Halle/S. (T. 0345 - 3 12 00) - Geb. 14. Juli 1929, kath., verh. s. 1957 m. Christa, geb. Dörrer, 4 Kd. (Wolfgang, Barbara, Andreas, Alexander) - Abit. 1947, Chemotechniker 1949, Stud. Chemie 1950-54, Dipl. 1954, Promot. 1957, Habil. 1961, 1962 Doz., alles Halle/S. - S. 1966 Prof. Halle/S. - BV: Biosynthese v. Alkaloiden, Synthese radioakt. mark. Verbindungen, Biosynthese v. Alkaloiden, 1969; Stoffwechsel v. Pflanzenschutzverbindungen, Radioaktive Isotope in Biochemie u. Org. Chemie, 1966; Biosynthese niedermolekularer Naturstoffe; Biochemistry of Alkaloids - Libh.: Foto, Film, Weinbau - Spr.: Engl.

SCHÜTTE, Jan

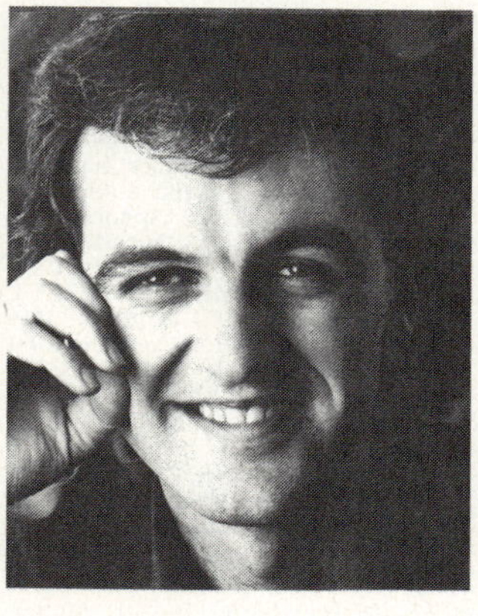

Regisseur - Hartwicusstr. 6, 2000 Hamburg 76 (T. 040 - 2 20-98 75) - Geb. 26. Juni 1957 Mannheim, ev., ledig - Stud. German., Kunstgesch. u. Phil. Tübingen, Zürich u. Hamburg; Magister Artium - Dok.filme; Spielfilme: Drachenfutter (1987); Winckelmanns Reisen (1990); Nach Patagonien (1991) - 1987 Prix Francois Truffaut; Bundesfilmpreis f. 2 Filme; 1987 Premio Cinecritica Filmfestsp. in Venedig; 1988 Dt. Kritikerpreis; 1988 Preis d. dt. Filmkritik; Adolf-Grimme-Preis.

SCHÜTTE, Kurt

Dr. phil., o. Prof. f. Mathematik - Belgradstr. 86, 8000 München 40 (T. 30 54 40) - Geb. 14. Okt. 1909 Salzwedel/Altm. (Vater: August S., Obersteuerinsp.; Mutter: Martha, geb. Schröder), ev., verh. s. 1937 m. Hanna, geb. Lechte, 2 Töcht. (Sigrid, Gisela) - Gymn. Magdeburg; Univ. Göttingen u. Berlin. Promot. 1933 Göttingen; Habil. 1952 Marburg - 1935-36 Studienrefer., dann Meteorologe, 1947-50 Studienrefer. u. - ass. (1948), anschl. Assist. (b. 1955), Privatdoz. (1952) u. apl. Prof. (1958) Univ. Marburg, s. 1963 Ord. Univ. Kiel u. München (1966). 1959/60 Member Inst. for Advanced Study Princeton (USA); Gastprof. ETH Zürich (1961/62) u. Pennsylvania State Univ. (1962/63), Mitgl. Dt. Mathematiker-Vereinig. Dt. Vg. f. math. Logik u. Grundl. d. exakten Wiss., Assoc. for Symbolic Logic - BV (1960 ff.): Beweistheorie; Vollständ. Systeme modaler u. intuitionist. Logik, Proof Theory. Üb. 50 Fachaufs. - o. Mitgl. Bayer. Akad. d. Wiss., München; korr. Mitgl. d. Österr. Akad. d. Wiss.

SCHÜTTE, Reiner

Dr., Geschäftsführer (Kunsthaus Lempertz), Präs. Bundesverb. Dt. Kunstversteigerer (s. 1975) - Neumarkt 3, 5000 Köln 1 (24 60 69).

SCHÜTTER, Friedrich

Schauspieler, Regiss. - Zu erreichen üb. Ernst-Deutsch-Theater, 2000 Hamburg - Geb. 4. Jan. 1921 - Aufenthalt 1922-32 u. 1937-39 Brasilien, zw. 1932 u. 37 Dtschl., 1939 Rückkehr n. Dtschl., Soldat b. Kriegsende (mehrf. schwer verwundet), ab 1947 Schauspielstud. Hamburg; Engagements (als Schausp.) an div. dt. Bühnen, u.a. Dt. Schauspielhaus Hamburg; 1951 Gründ. Junges Theater (1973 Umbenennung in Ernst-Deutsch-Theater); oftmals dort Tätigk. als Schausp. u. Regiss. Zahlr. Film- u. Fernsehrollen, Synchronisation ausl. Schausp. Zahlr. Schallpl. m. Sprech- u. Gesangstexten - 1972-75 u. 1978-79 Mitgl. d. Ensemble Bad Hersfelder Festspiele, 1973-75 Ruhrfestspiele Recklinghausen, 1980 u. 1982 Burgfestspiele Jagsthausen - 1971 Silberne Maske; 1972 Silber-Möwe; 1977 BVK I. Kl.; 1978 Gr. Hersfeldpreise f. Mr. Antrobus in: Wir sind noch einmal davongekommen v. Wilder; 1979 f. Pedro Crespo in D. Richter v. Zalamea v. Calderon u. Schauspieler in Arturo Ui v. Brecht; 1986 Portugaleser in Silber Hamb. Bürgervereine; Med. f. Kunst u. Wiss. d. Hamburger Senats; Mitgliedschaften: Akad. d. Darst. Künste, Rotary-Club, Freie Akad. d. Künste, Hamburg - Spr.: Engl., Span., Port.

SCHÜTTERLE, Georg

Dr. med., Prof., Lehrstuhl Innere Medizin II, Ltd. Arzt Med. Klinik II, Univ. Gießen - Tannenweg 2, 6301 Pohlheim-Hausen (T. 0641 - 4 57 25) - Geb. 23. Jan. 1928 Stockelsdorf/Holst. (Vater: Dr. med. Georg Sch.), verh. m. Dr. med. Sabine, geb. Schneider - Habil. 1965 Heidelberg - 1971 Beruf. Lehrstuhl f. Inn. Med. Univ. Gießen - Zahlr. Fachveröff. u. Buchbeiträge.

SCHÜTTLER, Adolf

Dr. phil., em. o. Prof. f. Heimatkunde u. Didaktik d. Erdkd. Univ. Bielefeld - Römerweg 9, 4930 Detmold-Hiddessen - Geb. 26. Febr. 1912 Langenberg (Vater: Adolf S.), verh. m. Maria, geb. Conrad - Univ. Bonn u. Marburg.

SCHÜTZ, Eberhard

Dr.-Ing., o. Prof. f. Allg. Elektrotechnik (emerit.) - Rolandstr. 6c, 1000 Berlin 38 (T. 803 60 02) - Geb. 30. Dez. 1903 - S. 1957 (Habil.) Lehrtätigk. TU Berlin (1962 Ord. u. Inst.sdir.) - BV: Grundzüge d. Elektrotechnik, 1956.

SCHÜTZ, Eckhard

Dr. rer. pol., Dipl.-Kfm., Geschäftsf. Gesellschafter d. Christoph & Schilling Unternehmens- u. Industrieberatung GmbH, Frankfurt - Schwalbenweg 29, 5020 Frechen-Königsdorf - Geb. 21. Nov. 1931 Fulda.

SCHÜTZ, Egon

Dr. phil., o. Prof. f. Allg. Päd. u. Erwachsenenbild. Univ. Köln Phil Fak. - Alveradisstr. 5, 5303 Bornheim-Walberberg - Geb. 20. Febr. 1932 Gladbeck - Stud. German., Anglist., Phil. u. Päd. Univ. Freiburg, Promot. 1959, Habil. 1969 - 1961-69 Assist. Freiburg; 1970 Doz. Sem. f. Phil. u. Erziehungswiss.; 1973 gleichz. Prof. PH Freiburg, 1976 Ern. z. apl. Prof. - BV: Autorität - e. Traktat, 1971; Freiheit u. Bestimmung, 1975; Vernunft u. Bildung, 1981; Aufs. zu anthropol., hist.-systemat., religionspäd. u. kunstdidakt. Fragen in Fachztschr.

SCHÜTZ, Erhard Heinrich

Dr. phil., Univ.-Prof., Direktor Inst. f. Kommunikationsgesch. u. angewandte Kulturwiss. FU Berlin (s. 1988) - Zu erreichen üb. Malteserstr. 74-100, 1000 Berlin 46 - Geb. 17. Febr. 1946 Holzhausen/Rhw., verh. s. 1985 m. Ellen, geb. Lissek, S. Volker - Stud. German., Politologie, Phil. Univ. Gießen u. Würzburg; Ex. 1972; Wiss. Ass. 1973-85; Promot. 1975; Habil. 1979 Univ. Essen - 1985 Univ.-Prof. Essen; s. 1988 Dir. Inst. f. Kommunikationsgesch. u. angew. Kulturwiss. FU Berlin - BV: Kritik d. lit. Reportage, 1977; Alfred Andersch, 1978; Einf. in d. dt. Lit. d. 20. Jh. (zus. m. J. Vogt), 3 Bde. 1977-80; R. d. Weimarer Republik, 1986.

SCHÜTZ, Hans-Georg

Dr., Geschäftsführer Diakon. Werk d. Ev. Kirche von Westfalen - Friesenring 34, 4400 Münster/W.

SCHÜTZ, Harald

Dr. rer. nat., Dipl.-Chem., Prof., Forensischer Toxikologe - Am Brückelchen 19, 6338 Hüttenberg-Rechtenbach (T. 06441 - 7 45 28) - Geb. 10. März 1942 Ingelheim - Stud. Univ. Mainz, Gießen u. Marburg; Dipl.-Chem. 1972 Univ. Gießen; Promot. 1977 Univ. Marburg, Habil. 1982 Univ. Gießen - Vors. d. Arb.-Gruppe Analytik d. DFG-Senatskommiss. f. Klin.-Tox. Analyt. - BV: Benzodiazepines I 1982, II 1989; Alkohol im Blut, 1983 - 1985 Schunk-Preis.

SCHÜTZ, Helga

Freie Schriftstellerin - Jägersteig 4, O-1590 Potsdam-Babelsberg - Geb. 2. Okt. 1937 Falkenhain Kr. Goldberg/Schlesien, 2 Kd. (Rochus, Claudia †) - Gärtnerin Dresden, Dipl.-Dramat. Hochsch. f. Filmkunst Potsdam-Babelsberg - BV: u.a. Jette in Dresden; Julia od. Erziehung z. Chorgesang; In Annas Namen; zahlr. Drehbücher f. Spielfilme, u.a. Die Schüssel; Ursula; Fallada - letztes Kapitel - 1976 Heinrich-Mann-Preis d. Akad. d. Künste Berlin (Ost); 1991 Stadtschreiber-Preis d. Stadt Mainz.

SCHÜTZ, Helmut

Ministerialdirigent, Leit. Abt. Verfassungsschutz/Innenmin. NRW - Pfitznerstr. 13, 4000 Düsseldorf.

SCHÜTZ, Joachim

Realschullehrer, MdL Baden-Württ. (Wahlkr. 6, Leonberg) - Otto-Hahn-Str. 8, 7250 Leonberg-Höfingen (T. 07152 - 2 22 78) - Geb. 30. Juli 1947 Höfingen - Die Grünen.

SCHÜTZ, Joseph

Dr. phil. (habil.), o. Prof. u. Vorst. Inst. f. Slav. Philologie Univ. Erlangen-Nürnberg (s. 1964) - Hahnemannstr. 3, 8520 Erlangen (T. 5 27 67) - Geb. 4. Okt. 1922 Kathreinfeld/Banat, kath., verh. - 1961-63 Privatdoz. Univ. München - BV: D. geogr. Terminologie d. Serbokroatischen, 1957; D. handschriftl. Missale illyricum-cyrillicum Lipsiense, 1963. Div. Einzelarb. Herausg.: Volksmärchen aus Jugosl. (1960), Jugosl. Märchen (1972).

SCHÜTZ, Jürgen

Dr. med., Dipl.-Phys., Univ.-Prof. Zentrum f. Strahlenmedizin Univ-Klinik Münster (s. 1976) - Rüschhausweg 136, 4400 Münster (T. 86 18 20) - Geb. 27. Nov. 1930 München (Vater: Prof. Dr. Wilhelm S., Phys.; Mutter: Dr. Lucy, geb. Mensing), ev., verh. m. Dr. med. Maria-Angela Hausknecht-Schütz, geb. Steinke - Dipl.ex. 1956 Jena; Staatsex. 1965 Münster - 1971 Arzt f. Radiol., 1975 apl. Prof. u. Wiss. Rat, 1978 auch Arzt f. Nuklearmed.

SCHÜTZ, Jürgen

Dr. phil., Landrat - Landratsamt Rhein-Neckar-Kreis, Kurfürstenanlage 40, 6900 Heidelberg - Geb. 14. Juni 1945 Heidelberg, verh. m. Gisela, geb. Meßner, 3 Kd. (Mona, Katrin, Jochen) - 1966-70 Stud. Rechtswiss., Gesch. u. Polit. Wiss.

Heidelberg; Promot. 1972 Heidelberg - 1979 Min.-Rat Stuttgart; 1984 Reg.-Vizepräs. Karlsruhe; 1986 Landrat Rhein-Neckar-Kr. Heidelberg - Spr.: Engl., Franz.

SCHÜTZ, Karl-Heinz

Speditionskaufmann, Präs. Verb. d. Verkehrsgew. Rheinland, Vorstandsvors. Straßenverkehrsgenoss. Rhld. eG., Vorstandsmitgl. BWV/Bank f. Wirtschaft u. Verkehr AG, Vizepräs. Dt. Verkehrssicherheitsrat, Vorstandsmitgl. Bundesverb. d. Dt. Güterkraftverkehrs (BDF/BDN/AMÖ/BDO/BDP) u.a. - Kaiserin-Augusta-Anlagen 26, 5400 Koblenz (T. 0261 - 3 66 90) - Geb. 18. April 1926 Koblenz (Vater: Peter Sch.; Mutter: Mathilde, geb. Berkholtz), kath., verh. m. Elsa, geb. Müller - Div. AR-Mand., dar. Vors. Dt. Behälter-Dienst GmbH - BVK.

SCHÜTZ, Klaus
Dr. h. c., Reg. Bürgermeister a. D., Intendant a. D. - Geb. 17. Sept. 1926 Heidelberg (Vater: Rechtsanw., gef. 1941 als Oblt. SU), ev., verh. s. 1953 m. Adelheid, geb. Seeberger (Tocht. d. Pfarrers Erhard S.), 3 Kd. (Michael, aus d. verw. 1. E. d. Frau; Christiane; Sebastian) - Paulsen-Realgymn. Berlin; Humboldt-Univ. ebd. (German.), Harvard Univ. Cambridge/USA (Polit. Wiss.), FU Berlin (German.) - 1944-45 Kriegsdst. (schwerbeschäd. Italien; Lähmung d. r. Arms); 1951-61 Assist. Inst. f. Polit. Wiss. Berlin; 1954-57 u. 1963-77 MdA Berlin; 1957-61 MdB; 1961-66 Senator f. Bundesangelegenh. u. f. d. Post- u. Fernmeldewesen, Berlin; 1966-67 Staatssekr. Ausw. Amt Bonn; 1967-77 (Rücktr.) Reg. Bürgerm. v. Berlin. 1961-66 u. 1967-77 Mitgl. Bundesrat (1967/68 Präs.); 1977-81 Botsch. Israel; 1981-87 Intendant Dt. Welle; s. 1987 Dir. Landesanst. f. Rundf. NRW, Düsseldorf. Div. Ehrenstell. SPD (b. 1962 Kreisvors. Wilmersdorf; 1968-77 Vors. Landesverb. Berlin; 1973ff. Parteibeauftr. f. Fragen d. Vereinten Nationen) - 1969 Ehrenbürger New York; 1971 Ehrendoktor Univ. of Michigan, Ann Arbor (USA) u. 1992 Ehrendoktor d. Philosophie d. Univ. Haifa; 1970 Ehrenschild Reichsbund d. Kriegsbeschädigten; 1972 Gr. BVK - Liebh.: Bücher, Barockmusik, Bergwanderungen (Grindelwald/Schweiz).

SCHÜTZ, Rudolf-M.
Dr. med., Prof., Direktor Klinik f. Angiologie u. Geriatrie Med. Univ. Lübeck - Ratzeburger Allee 160, 2400 Lübeck (T. 0451 - 500 24 00) - Geb. 3. Sept. 1929 Gelsenkirchen-Buer, kath., verw., 4 Kd. (Dorothea, Stefanie, Ulrike, Richard) - Stud. Med.; Promot. 1956, Habil. 1968 - S. 1974 Dir. Klinik f. Angiol. u. Geriatrie Univ. Lübeck. 1983 Präs. Dt. Ges. f. Angiol. u. s. 1986 Präs. Dt. Ges. f. Gerontol. - BV: Beurteilung arterieller Funktionsreserven in Giedmaßen, 1975; Alter u. Krankheit, 1987; Praktische Geriatrie, Bd. 1-12, 1981-92 - 1988 Dr. Günther-Buch-Preis.

SCHÜTZ, Ursula
s. Sax, Ursula

SCHÜTZ, K. Waldemar
Verleger - Innstr. 40, 8201 Raubling (T. 08035 - 30 16; Büro: 08031 - 1 56 43) - Geb. 9. Okt. 1913 Dausenau Kr. Unterlahn (Vater: Wilhelm S., Postbeamter; Mutter: geb. Wagner), vd., verh. s. 1967 in 2. Ehe, 4 Kd. - Oberrealsch. Bad Ems; Verlagsausbild. - 1949ff. Verleger (Deutsche Verlagsgesellsch.); 1. Vors. v. Kultur u. Zeitgesch. - Archiv d. Zeit, Rosenheim. 1955-59 (DRP) u. 1967-70 MdL Nieders. (NPD).

SCHÜTZ, Walter
Dr. med. (habil.), Dozent, Hals-Nasen-Ohrenarzt - Haus Siebenbuggerl, 8242 Berchtesgaden-Bischofswiesen (T. 72 91) - Geb. 2. Aug. 1907 Neckarsteinach (Vater: Dr. med. Leopold S., HNOarzt), verh., 5 Kd. - Univ. Heidelberg, München, Königsberg, Frankfurt - 1939 ff. Dozent Univ. Berlin - BV: D. Taubstummheiten in Dtschl., 1939; D. Sauna, 1942; Wetter u. Erkältungskrankh., 1943; Röntgenatlas d. HNOkrankh., 1944; Chir. Behandl. v. Schwerhörigen, 1953; Konservative Therapie d. HNOkrankh., 1956. Herausg. u. Hauptschriftl.: Fortschr. d. Med. (1938-62) - Entstammt d. ältesten deutschspr. Arztfamilie s. 1489 (Urahne S. (human. Name Toxites) aus Sterzing/Südtirol).

SCHÜTZ, Walter J.
Dr. phil. h.c., Ministerialrat, Leiter Medienreferat im Presse- u. Informationsamt d. Bundesreg. - Martin-Legros-Str. 53, 5300 Bonn 1 (T. 0228 - 64 73 10) - Geb. 27. Juli 1930 Bochum, ev., ledig - Stud. 1949-55 Publiz.wiss., Gesch., Geogr. Münster, München - S. 1956 Redakt. d. wiss. Fachztschr. PUBLIZISTIK; s. 1965 Lehrauftr. an zahlr. Univ.; s. 1990 Vors. Mikrofilmarchiv d. deutschsprach. Presse e.V. - BV: Zeitungsatlas d. Bundesrep. Deutschl. 1967 u. 1989. Mithrsg. v. Schiwy/Schütz: Medienrecht (1. A. 1977, 2. A. 1990) - 1983 Ehrendoktor Univ. Münster - Liebh.: Sammeln v. Briefmarken u. schönsten Büchern - Spr.: Engl.

SCHÜTZ, Wilhelm Wolfgang
Dr. phil., Schriftsteller, Präsidiumsmitgl. Kurat. Unteilbares Deutschl. (s. 1972) 1957-72 (Rücktr.) gf. Vors.) - Remigiusstr. 1, 5300 Bonn - Geb. 14. Okt. 1911 Bamberg (Vater: Joseph S., Fabrikant; Mutter: Grete, geb. Spear), ev., verh. in 1. Ehe m. Dr. Barbara, geb. Sevin, in 2. Ehe m. Sigrid, geb. Schaeper, 2 S. aus 1. Ehe (Wolf-Peter, Harald) - Univ. Heidelberg (Promot. (Staatswiss.) 1934) u. München - B. 1951 Londoner Korresp. Neue Zürcher Ztg.; b. 1957 polit. Berat. Bundesmin. f. gesamtdt. Fragen; 1974-75 Chefredakt. St. Galler Tageblatt. Herausg.: Politik u. Kultur, Berlin-West. SPD s. 1972 - BV: u. a. D. Staatsidee d. Wilhelm Meister, Ess. 1936; Aus d. Reiseb., 1947; An d. Schwelle dt. Staatlichkeit, Ess. 1949; Organ. Außenpolitik - v. Einzel- u. Überstaat, Ess. 1951; Dtschl. am Rande zweier Welten - Voraussetz. u. Aufg. unserer Außenpolitik, Ess. 1952; Neutralität od. Unabhängigkeit?, Ess. 1952; D. neue England - Staat/Ges./Lebensform, Ess. 2. A. 1958; D. Stunde Dtschl.s, Ess. 2. A. 1955; Wir wollen überleben - Außenpolitik im Atomzeitalter, Ess. 1956; Bewährung im Widerstand, 1956; D. Gesetz d. Handelns - Einheit in Zerrissenheit unserer Welt, Ess. 2. A. 1959; Schritte z. Wiedervereinig., Ess. 1959; Unteilb. Freiheit - Nehrus Politik d. Selbstbestimmung, 1964; Reform d. Dtschl.politik, 1965; D. gerade Weg - Paul Löbe u. d. dt. Einheit, 1966; Modelle d. Dtschl.politik, 1966; D. uneigentl. Punkt - E. polit. Dialog, 1967; Dtschl.-Memorandum - E. Denkschr. u. ihre Folgen, 1968; Antipolitik - E. Auseinandersetzung üb. rivalisierende Gesellschaftsformen, 1969. Bühnenst./Sch.: D. Fall Sokrates (1971), Gebrauchsanweisung f. e. Reichsverweser (1972), Leak (1972), Galopp rechts (1973), Tamerlan d. Große (1974), Vom freien Leben träumt Jan Hus (1976), D.

Schubart-Story (1978), Eulenspiegeliade (1979), D. einfache Leben d. Robert W. (1985); Requiem f. Clausewitz (1989) - 1974 Mitgl. PEN-Zentrum BRD; 1976 O.B.E.; 1978 Gr. BVK.

SCHÜTZ, Wolfgang
s. Schütz, Wilhelm Wolfgang

SCHÜTZBACH, Rupert

Zollbeamter, Schriftsteller - Dr.-Mayerhausen-Str. 2, 8390 Passau (T. 0851 - 4 15 91) - Geb. 4. Dez. 1933 Hals b. Passau (Vater: Rupert Sch., Kaufm.; Mutter: Maria, geb. Glück), kath., verh. s. 1967 m. Klara, geb. Bentele - Oberrealsch. (Mittl. Reife) - Spez. Arbeitsgeb.: Lyrik, Aphorismen, Buchkritik - BV: Gedichtbde.: Marktbericht, 1970; Nach Judas kräht kein Hahn, 1973; Nachschläge u. and. Epigramme, 1978; Ich griff nach d. Wind, 1980; Kopfkonfekt, Aphorismen 1983; Glückssachen u. and. Epigramme, 1985; Tage, geschrumpft wie getrocknete Pflaumen, Ged. 1987; Wortgreiflichkeiten, Epigr. 1990. Mitverf. d. Kunstbde.: Passauer Impress., 1977; Bad Füssing - heiße u. heilende Wasser, 1979; Verf. Aphorismenh. Spottgeld, 1981. Mitverf.: Dreierlei Maß, Ged. - Epigramme - Aphorismen 1983; Bagatellen, Aphorismen 1986 - 1975, 1976, 1977, 1981 u. 1984 lit. Ausz.; 1989 Mitgl. Dt./Schweiz. PEN-Zentrum; 1991 Kultur. Ehrenbrief d. Stadt Passau - Liebh.: Natur, Kunst, Theol., Parapsych. - Spr.: Engl. - Lit.: I. Bibliogr. Nachschlagew.

SCHÜTZE, Diethard
Rechtsanwalt, MdA Berlin - Rigaer Str. 27, O-1035 Berlin (T. 411 57 44/ 411 39 00) - Geb. 18. Nov. 1954 Berlin (Vater: Hartmut Sch., Rektor; Mutter: Helga, geb. Hillebrand), ev., gesch. - Abit. 1973 Berlin; FU Berlin (1. jurist. Staatsex. 1979, 2. Staatsex. 1981) - S. 1979 wiss. Mitarb. Inst. f. Staats- u. Verw.recht FU Berlin. CDU. 1974-75 Landesvors. Berliner Schülerunion; 1977-79 Vors. JU Reinickendorf; 1979-81 Mitgl. Bezirksverordn.vers. Reinickendorf; s. 1985 Vorst.-Mitgl. CDU-Frakt. Abg.haus Berlin; s. 1987 Mitgl. Landesvorst. Berliner CDU; s. 1989 Kreisvors. d. CDU-Reinickendorf; s. 1991 stv. Vors. d. CDU-Fraktion im Abgeordnetenhaus v. Berlin - Liebh.: Sport (insb. Leichtathletik) - Spr.: Engl., Franz., Latein.

SCHÜTZE, Klaus
Dr. jur., Rechtsanwalt, Hauptgeschäftsf. Bundesverb. d. Dt. Süßwarenindustrie (s. 1976) - Schumannstr. 4-6, 5300 Bonn 1 - Geb. 19. März 1935.

SCHÜTZE, Peter
Dr., Schriftsteller, Dramaturg, Regisseur, Rezitator - Bleichstr. 3, 5800 Hagen - Geb. 8. Juni 1948 Detmold - Stud. German., Kunstgesch. u. Phil. Univ. Mainz u. Marburg; Promot. 1976 Marburg - Fr. Schriftst. (Übers., Ess., Librettist); 1978 Dramat. Städt. Bühnen Bielefeld; 1979-81 Erster Dramat.

Staatstheater Wiesbaden; 1981-85 Thalia Theater Hamburg; 1988-92 Chefdramat. Hagen - BV: Z. Kritik d. lit. Gebrauchswerts, 1975; Peter Hacks, 1976; August Strindberg, 1990; Fritz Kortner, 1993. Übers. d. Psychoanalytiker Ernst Kris u. Robert Waelder. Opern: Grabbes Leben, 1986; D. Philosoph, 1990; D. Judenbuche, 1993. Schauspiel: Die Malteser, 1993. Zahlr. Aufs., u.a. üb. Friedrich Hebbel, Friedrich Nietzsche, Theaterfragen. Regiss.: Maria Magdalena, Wer hat Angst vor Virginia Woolf, Amadeus, Non(n)sens, Nathan d. Weise u.a. - Spr.: Engl. Ital., Lat., Griech.

SCHÜTZE, Udo
Dr. med., Prof., Leiter d. Kinderchirurgischen Abt. am Bürgerhospital Frankfurt - Nibelungenallee 37-41, 6000 Frankfurt/M. (T. 069 - 1 50 01) - Geb. 26. Febr. 1938 Seidenberg (Schlesien), ev., verh. m. Annemagret, geb. Sperling, 2 Söhne (Eckhard, Christian) - Abit. 1959 Justus-Liebig-Gymn. Giessen; Med.-Stud. an d. Justus-Liebig-Univ. Giessen; Staatsex. 1965 u. Promot. 1965, bde. Giessen - Ausb. Facharzt f. Chirurgie Univ. Heidelberg, 1973 Facharzt; 1974 Leiter Kinderchir. Abt. d. Chir. Zentrums Univ. Heidelberg; Venia legendi 1985 Heidelberg - 1979 stv. Leit. d. Abt. Kinderchir. Univ. Heidelberg. S. 1984 Lehrbeauftr. Kinderchir. Univ. Heidelberg; s. 1986 apl. Prof. Med. Fak. Univ. Heidelberg - Erf.: Entwicklung e. Sicherheitshandgriffes m. Knautschzone f. Kinder- u. Jugendfahrräder - BV: Typische Freizeitverletzungen im Kindesalter, 1990. Ca. 100 med. Publ. in d. versch. Fachztschr.

SCHÜTZE, Walter
Dr. phil., Prof. f. Pädagogik Päd. Hochschule Kiel (entpfl.) - Sonthofener Str. A, 2300 Kiel-Elmschenhagen-Kroog (T. 78 16 95) - Geb. 28. Dez. 1906 Rüsseina/Sa. - U. a. Schulrat.

SCHÜTZE, Werner
Dr.-Ing., Prof., Wiss. Rat, Leiter Reaktorabt./Inst. f. Kernphysik Univ. Frankfurt - Heinrich-Bleicher-Str. 50, 6000 Frankfurt/M. (T. 51 56 34) - Geb. 18. März 1911 - B. 1966 Privatdoz., dann apl. Prof. Frankfurt (Experimentalphysik). Facharb.

SCHÜTZE, Wolfgang
Stadtdirektor a. D. - Jahnstr. 2a, 2980 Norden (T. 43 46) - Geb. 20. Okt. 1919 Berlin (Vater: Artur S., Steuerberater; Mutter: Dorothea, geb. Rothe), ev., verh. s. 1948 m. Christa, geb. Müller, 2 Kd. (Barbara, Klaus) - 1946-48 Stud. Volksw. u. Rechtswiss. Univ. Berlin, Prag, Köln, Münster. Gr. jurist. Staatsprüf. 1953-54 Anwaltass., 1955-56 Leit. e. Entschädigungsbehörde, 1957-58 Reg.sass. Reg. Aurich, 1959-60 Ref. Nieders. Innenmin. (Reg.srat), 1961-67 Norden - Kriegsausz. - Liebh.: Kakteen, Farbfotogr., Briefm.

SCHÜTZEICHEL, Rudolf
Dr. phil., o. Prof. f. German. Philologie

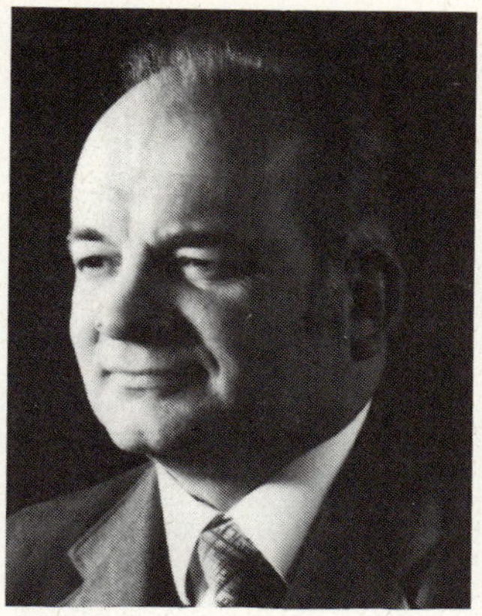

- Potstiege 16, 4400 Münster/W. (T. 86 13 45) - Geb. 20. Mai 1927 Rahms/Rhld., kath. - Univ. Mainz. Promot. 1954 Mainz; Habil. 1960 Köln - S. 1954 Lehrtätigk. Univ. Köln, Groningen (1963 Ord.), Bonn (1964), Münster (1969; Dir. German. Inst., Leit. Arbeitsstelle Wort- u. Namenforschg.), Vors. Arbeitskr. f. Namenforsch., Ges. f. Rhein. Geschichtskd.; Hist. Kommiss. Westfalen; Vorst.-Mitgl. Verein f. geschichtl. Landeskd. d. Rheinlande - BV: Mundart, Urkundenspr. u. Schriftspr., 1960, 2. A. 1974; D. Grundl. d. westl. Mitteldeutschen, 2. A. 1976; D. alemann. Memento mori, 1962; Köln u. d. Niederland, 1963; Althochd. Wörterb., 1969, 2. A. 1974, 3. A. 1981, 4. A. 1989; D. mittelrhein. Passionsspiel d. St. Galler Handsch. 919, 1978; Textgeb.heit, 1981; Codex Pal.lat. 52, 1982; Addenda u. Corrigenda zu Steinmeyers Glossensamml., Nachr. d. Akad. Göttingen, 1982; Addenda u. Corrigenda (II), Studien z. Althochd. 5, Akad. Göttingen 1985; Addenda u. Corrigenda (III), Göttingen 1991; Bibliogr. Rudolf Schützeichel v. E. Meineke, 1991. Festschr. Althochdt., 2 Bde., 1987. Herausg.: Adolf Bach, German.-Histor. Studien (1964); Namenforschung. Festschr. f. Adolf Bach (1965); Beiträge zur Namenforschung (Neue Folge, 1966ff.); Beiheft z. d. Beitr. z. Namenforsch. (1ff. 1969ff.); Register d. Beitr. z. Namenforsch. Bd. 1-16 (1969); Sprachwissenschaft (1976ff.); Monogr. z. Sprachwiss. (1ff. 1976ff.); NOWELE (1983ff.); Stud. z. Althochdt. (1ff. 1983ff.); Adolf Bach, Geschichte der dt. Sprache (9. A. 1970); M. Gottschald, Dt. Namenkd. (5. A. 1982); J. Franck, Altfränk. Grammatik (2. A. 1971); Stud. z. dt. Lit. d. Mittelalters (1979); Erlanger Ortsnamen-Kolloquium (1980); Erlanger Familiennamen-Colloquium (1985); Gießener Flurnamen-Kolloquium (1985); Ortsnamenwechsel. Bamberger Symposion (1986); Bibliogr. d. Ortsnamenbücher d. dt. Sprachgebietes in Mitteleuropa (1988); Ortsname u. Urkunde. Münchener Symposion (1990); Wörter u. Namen. Symposion Rauischholzhausen (1990 [1991]). Zahlr. Einzelarb. - 1973 Mitgl. Akad. d. Wiss. Göttingen, 1974 Ausl. Mitgl. Vetenskaps- och Viterhets-Samhället Göteborg; Mitgl. Maatschappij d. Nederlandse Letterkunde Leiden; Mitgl. d. Kommiss. f. Namenforsch. d. Bayer. Akad. d. Wiss. München - 1971 Offz. niederl. Orden v. Oranje-Nassau; 1992 Dr. phil. h.c. Leipzig.

SCHÜTZINGER, Heinrich

Dr. phil., apl. Prof., M.A., Akad. Oberrat i. R. am Orientalischen Sem. Univ. Bonn - Am Schloßplatz 13, 5300 Bonn 1-Röttgen (T. 0228 - 25 54 15) - Geb. 11. April 1924 Dresden (Vater: Dr. Hermann Sch., polit. Journalist), ev., verw. - Stud. Univ. Berlin, Saarbrücken, Bonn; Promot. 1960 Bonn; Habil. 1970 Bonn - Lehre u. Forschung auf d. Geb. d. Semitistik Univ. Bonn - BV: Ursprung u. Entwicklung d. arab. Abraham-Nimrod-Legende, 1960; D. Kitāb al-Mu'ğam d. Abū Bakr al-Ismā'īlī, 1978; sowie weit. Veröff. a. d. gen. Geb.

SCHUFF, Hans Otto

Kaufm. Geschäftsführer Ges. f. Schwerionenforsch. mbH - Planckstr. 1, 6100 Darmstadt - Geb. 23. Jan. 1930 - Stud. d. Rechte Univ. Heidelberg u. Mainz, 1960 Rechtsass., 1961 Eintritt in d. Forsch.-verw. S. 1969 Geschäftsf. e. staatl. Großforsch.einrichtung.

SCHUFFNER, Florian

Hauptgeschäftsführer Deutsch-Koreanische IHK - Zu erreichen üb. Dt.-Korean. Ind- u. Handelskammer, CPO Box 49 63, Seoul/Korea - Geb. 10. Sept. 1944, verh. - 1. u. 2. jurist. Staatsex. Berlin - 1974-78 stv. Leit. Abt. Auslandshandelskammer im DIHT; 1978-80 Hauptgf. Dt.-südafrikan. IHK.

SCHUG, Albert

Dr., Direktor Kunst- u. Museumsbibliothek u. Rhein. Bildarchiv d. Stadt Köln - Kattenbug 18-24, 5000 Köln 1.

SCHUG, Egon

Inspekteur d. Bundesgrenzschutzes - Zu erreichen üb. Bundesmin. d. Innern, Graurheindorfer Str. 198, 5300 Bonn 1 - Geb. 6. Mai 1932.

SCHUG, Hans-Gustav

Chem. Ing., Umweltschutzbeauftragter in e. chem. Werk - Gabelsbergerstr. 4, 6720 Speyer (T. priv.: 06232 - 9 26 05; dstl.: 0621 - 570 95 75) - Geb. 21. Nov. 1929 Pirmasens (Vater: Dr. Hermann Sch., Landrat), ev., verh. m. Ruth, geb. Günther, 4 Kd. (Christiane, Michael, Annette, Susanne) - Stud. Chem. Inst. Fresenius - S. 1947 ehrenamtl. als Mitgl., Beis., Vors. in Sportverb. u. Aussch. tätig; s. 1962 Schiedsrichter, Mitarb. u. OK-Mitgl. b. Europameistersch., Olymp. Spielen u. Weltmeistersch. - S. 1957 14 Ausz. u. Ehrennadeln v. Sportverb.

SCHUG, Walter

Dr. rer. pol., Prof. f. Welternährungswirtschaft u. -politik Univ. Bonn - Heideweg 9a, 5300 Bonn 3 (Holzlar) (T. 0228 - 48 16 18) - Geb. 3. Mai 1941 Trier (Vater: Fritz Sch., Bundesbahndir.; Mutter: Marianne, geb. Lindner), kath., verh. s. 1967 m. Ellen, geb. Leffers, 3 T. (Christine, Susanne, Jutta) - Dipl. 1965, Promot. 1967, Habil. 1971 - S. 1971 Univ. Bonn. S. 1979 gf. Vors. Dt.-Chines. Ges. f. Sozialökon. e.V. - Liebh.: Jagd, Reisen - Spr.: Engl., Franz.

SCHUH, Friedrich Theodor

Dr. med. habil., apl. Prof., Facharzt f. Anaesthesie u. Klinische Pharmakologie, Fellow of the American College of Anesthesiology (F.A.C.A.) - Bölschestr. 28, 3000 Hannover 1 (T. 0511 - 85 88 51) - Geb. 18. März 1940 Norden/Ostfrsld. (Vater: Dr. med. Waldemar Sch., Arzt; Mutter: Theda, geb. Hoppe), ev., verh. s. 1969 m. Dr. med. Sigrid, geb. Mölling, Fachärztin f. Anaesthesie, Zwillinge (Enno u. Theda) - Univ. Würzburg, Mainz u. Kiel (Med.), Promot. 1967, Ausbildung Pharmakol. u. Anaesthesie Kiel u. Buffalo/New York, Habil. 1979; apl. Prof. 1985 - S. 1984 Chefarzt Zentr. Abt. f. Anästhesie u. Intensivmed., s. 1987 Ärztl. Dir. Friederikenstift Hannover. Zahlr. Publ. in anaesthesiol. u. pharmakol. Ztschr., s. 1967 - 1979 Karl-Thomas-Preis Dt. Ges. f. Anaesthesiol. u. Intensivmedizin - Liebh.: Sammlung: Ostfriesl. in d. Graphik - Spr.: Engl., Franz.

SCHUH, Josef

Landtagsabgeordneter (VII. Wahlp.) - Blumenweg 9, 6690 St. Wendel 1/Saar - Geb. 12. Mai 1930 - CDU.

SCHUHBECK, Hans

I. Bürgermeister Stadt Miesbach - Rathaus, 8160 Miesbach/Obb.; priv.: Johann-Baptist-Zimmermann-Str. 2 - Geb. 27. Jan. 1926 Wasserburg/Inn - Zul. Realschullehrer. SPD.

SCHUHE, Hans F.

Dipl.-Ing., Geschäftsf. Gesellschafter WALZWERKE EINSAL GMBH, 5992 Nachrodt; Geschäftsf. SAEMAWERK Herbertz & Schmidt GmbH, Remscheid, Vors. d. Unternehmensverb. Ruhr/Lenne, Iserlohn - Wiechertstr. 4, 5860 Iserlohn-Letmathe - Geb. 21. Febr. 1929.

SCHUHKNECHT, Wolfgang

Dr. phil., Prof., Leiter Chem. Hauptlabor. Saarbergwerke AG., Saarbrücken (1948-73) - Ensheimer Str. 36, 6670 St. Ingbert (T. 75 21) - Geb. 24. März 1908 Leipzig (Vater: Edwin S., Oberstabszahlmeister; Mutter: Anna, geb. Flemming), ev., verh. s. 1944 m. Gertrud, geb. Nau, 2 Söhne (Stefan, Christof) - Realgymn. u. Univ. Leipzig (Chemie, Physik, Mineral.; Dipl.-Chem. 1930). Promot. 1934 Leipzig; Habil. 1952 Saarbrücken - S. 1952 Privatdoz. u. apl. Prof. (1959) Univ. Saarbrücken (Physikal. Analysen). Entwickl. d. ersten Flammenphotometers (1936) - BV: D. Flammenspektralanalyse, 1960 (auch span.). Zahlr. Einzelarb. - Spr.: Franz., Engl.

SCHUHMACHER, Peter

Dipl.-Kfm., Vorsitzender d. Vorst. Heidelberger Zement AG, Heidelberg - Philipp-Wolfrum-Weg 8, 6900 Heidelberg - Geb. 12. Jan. 1931.

SCHUHMACHER, Peter

Dipl.-Kfm., Vorstandsvorsitzer Heidelberger Zement AG, Heidelberg - Philipp-Wolfrum-Weg 8, 6900 Heidelberg (T. 4 09 91) - 1981 Präs. Bundesverb. Steine u. Erden, Frankfurt/M. - BV: Rezession u. Unternehmensführung, 1980 - Spr.: Engl., Franz.

SCHUHMANN, Andreas Arthur

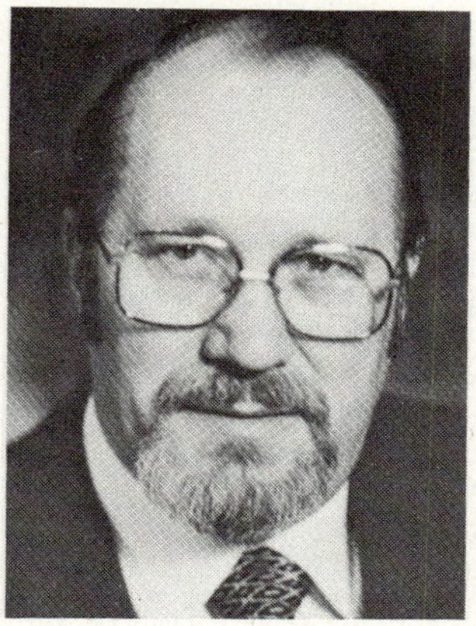

Dr. med., Medizinaldirektor i. R. - Rothendaschweg 7, 8162 Schliersee 2 (T. 08026 - 72 14) - Geb. 14. Jan. 1920 München, kath., verh. s. 1945 m. Eleonore, geb. Pfannes, 3 Kd. (Peter, Susanne, Anneliese) - Abit. 1939; Stud. Med. u. Phil.; Med. Staatsex. u. Promot. 1947 München - Assist.jahre Univ.-Klinik Würzburg; Fachausbildung in Radiologie u. innerer Med.; 1954-84 Med.-Dir. b. LVA Obbay. S. 1984 Redakt. b. Bayer. Ärzteblatt f. Belletristik (Äskulap u. Pegasus) - BV: Grenzsteine .. Wohin gehst Du?, Lyrik 1978; Drunt in d. Loh, Erz. u. Ged. 1984; Suchen u. Finden, Lyrik 1990; Wegmarkierungen, e. lyrisches Brevier 1992 - S. 1981 Mitgl. b. FDA (fr. Dt. Autorenverb.); s. 1982 Mitgl. d. Regensburger Schriftst.gr. Intern. (RSGI) - 1985 Lyrikpreis Witten/Westf. Soli Deo Gloria - Liebh.: Religionsphil., Öl- u. Aquarellmalen, Bergwandern, Reisen - Spr.: Franz., Ital. - Bek. Vorf.: Matthias Klotz, Geigenbauer v. Mittenwald (Ur-Urgroßv.) - Lit.: Bayer. Ärzteblatt; Ärzte-Ztg.; d. literat - Frankf./M.

SCHUHMANN, Gerhard

Dr. agr., Prof., Präsident i. R. Biolog. Bundesanstalt f. Land- u. Forstwirtschaft, Berlin/Braunschweig (b. 1988) - Am Hasengarten 55, 3300 Braunschweig (T. 0531 - 6 37 78) - Geb. 7. Juni 1923 Schriesheim (Eltern: Hans (Rektor) u. Sofia S.), ev., verh. s. 1953 m. Inge, geb. Siebert, 2 Kd. (Helmut, Nora) - 1934-41 Gymn. Heidelberg; 1948-50 LH Hohenheim (Dipl.-Landw.). Promot. 1953 Hohenheim; Habil. 1965 Berlin (TU) - S. 1953 Biol. Bundesanst. f. Land- u. Forstw. (1967 Leit. Inst. f. Pflanzenschutzmittelforsch., 1967 Dir. (u. Prof.) Abt. f. Pflanzenschutzmittel u. Geräte, 1970 Präs.). Fachveröff., dar. Tilletiaceae, in: P. Sorauer, Handb. d. Pflanzenkrankh. (Bd. III 6. A. 1962). Herausg.: Pflanzenproduktion im Wandel (1990) - 1985 Gr. Ehrenz. f. Verdienste um d. Rep. Österr.; 1987 BVK I. Kl. - Spr.: Engl.

SCHUHMANN, Otto

Studienrat, MdL Bayern (s. 1975) - Zu erreichen üb. Bayer. Landtag, Maximilianeum, Max-Planck-Str. 1, 8000 München 85 - Geb. 1944 - SPD.

SCHUHMANN, Roland

Dr. med., Prof., Chefarzt d. Frauenklinik am Stadtkrankenhaus Worms, Lehrkrkhs. d. Univ. Mainz - Skellstr. 20, 6520 Worms 24 - Geb. 19. Mai 1937 Frankfurt/M. (Vater: Arthur Sch., Kaufm.; Mutter: Elisabeth, geb. André), ev., verh. s. 1965 m. Gisela, geb. Hampel, 2 Kd. - Med.-Stud. Univ. Frankfurt, Heidelberg u. Innsbruck; Staatsex. 1964 Frankfurt, Promot. 1964, Habil. 1974 Ulm - Zul. Oberarzt Univ.-Frauenklinik Ulm, Leit. Sektion gynäkol. Morphol. - BV: D. funktionelle Morphol. d. Placentone reifer menschl. Placenten, 1976; Mitarb. Lehrb.: Geburtshilfe u. Gynäkol., 3. A. 1989; D. Placenta d. Menschen, 1982; üb. 80 wiss. Arb. in in- u. ausl. Ztschr. - Liebh.: Skilaufen, Bergsteigen, Paddeln - Spr.: Engl., Franz.

SCHUI, Herbert

Dr. rer. soc., Prof. Hochschule f. Wirtschaft u. Politik, Hamburg (s. 1979) - Zu erreichen üb. Hochsch. f. Wirtsch. u. Politik, Von-Melle-Park 9, 2000 Hamburg 13 - Geb. 13. März 1940 Köln (Vater: Walter S., Zimmermann; Mutter: Christine, geb. Hack), verh. s. 1973 m. Ute, geb. Eberhart, S. Florian - Promot. 1973 Konstanz - Spr.: Engl., Franz.

SCHUIERER, Hans

Landrat Kreisverwaltung, 8460 Schwandorf/Opf. - Geb. 6. Febr. 1931 - S. 1970 Landrat Kr. Burglengenfeld u. Schwandorf (1972); s. 1974 Mitgl. d. Bezirkstages d. Oberpfalz; Kreisvors. d. Bayer. Roten Kreuzes u. d. Gartenbau- u. Ortsverschönerungsvereine (wiedergewählt 1978, 84 u. 90); Kreisvors. Kriegsgräberfürsorge; AR-Vors. d. Sparkassen im Landkreis Schwandorf. SPD - BVK am Bde.

SCHULENBERG, Franz

Dr.-Ing., Dipl.-Ing., Präsident IHK Bochum (s. 1974) - Charlottenstr. 73, 4630 Bochum (T. 77 19 95) - Geb. 26. Mai 1924 Bad Westernkotten (Vater: Franz S.; Mutter: Katharina, geb. Koch), kath., verh. s. 1951 m. Dorothea, geb. Auchter, 5 Kd. (Angelika, Thomas, Andreas, Stefan, Peter) - Stud. Maschinen-, Apparatebau TH Karlsruhe. Dipl. 1951 Karlsruhe; Promot. 1969 Stuttgart - Spez. Arbeitsgeb.: Wärmetechnik, Luftkühlung. AR d. GEA AG; Beirat Friedrich Lohmann GmbH. Patente a. d. Gebiet luftgekühlter Kondensatoren u. Anlagen - 1984 BVK I. Kl.; 1986 VO d. Landes Nordrh.-Westf.; 1988 Gr. BVK; 1989 Ehrenring d. Stadt Bochum - Liebh.: Jagd - Spr.: Franz., Engl.

SCHULENBERG, Wolfgang

Dr. phil., o. Prof. f. Soziologie - Philosophenweg 6, 2900 Oldenburg/O. (T. 7 12 33) - Geb. 11. Juni 1920 Bremen (Vater: Wilhelm S.; Mutter: Dora, geb. Speckenter), ev., verh. m. Almut, geb. Stulken - Oberrealsch. Bremen; 1936-45 kaufm. Lehre, Wirtschaftstätigkeit.; Kriegsdienst; 1945-46 Päd. Hochsch. Oldenburg; 1952-56 Univ. Göttingen.

Lehramtsprüf. 1946 u. 49 Oldenburg; Promot. 1956 Göttingen - S. 1957 Lehrtätigk. PH Oldenburg (1959 Lehrstuhl). 1969-71 Rektor PH Nieders. Univ. Oldenburg (1973 o. Prof.). Mitgl. Dt. Ges. f. Soziol., Intern. Sociol. Assoc., Dt. Ges. f. Erziehungswiss., Dt. Ges. f. Sozialmed. - BV: Ansatz u. Wirksamkeit d. Erwachsenenbildung, 1957; Bildung u. gesellschaftl. Bewußtsein, 1966 (m. Strzelewicz u. Raapke); Plan u. System, 1968; Probleme d. sozialen Integration in e. Stadtrandsiedlung, 1969; Z. Professionalisierung d. Erwachsenenbildung, 1972 (m. a.); Kompensation oder Emanzipation?, 1974 (m. a.); Transformationsprobleme d. Weiterbildung, 1975 (m. a.); Soziale Faktoren d. Bildungsbereitschaft Erwachsener, 1978 (m. a.); Soz. Lage u. Weiterbild., 1979 (m. a.); Studium u. Beruf, 1985 (m. a.). Hrsg.: Erwachsenenbild. - Wege d. Forschung (1978), Reform in d. Demokratie (1976). Mithrsg.: Sozialforschung u. Gesellschaftspolitik (Reihe, 1972ff), Schriften d. Univ. Oldenburg (1978ff), Geschichte d. Oldenburg. Lehrerbildung (1979ff), Realismus und Reflexion (1982); Didaktik d. Erwachsenenbild. (1985) - Lit.: J. v. Maydell, Bildungsforsch. u. Ges.-Politik, 1982.

SCHULENBURG, Graf von der, J.-Matthias

Dr., o. Prof. Univ. Hannover, Dir. Inst. f. Versicherungsbetriebslehre - FB Wirtschaftswiss., Wunstorfer Str. 14, 3000 Hannover 91 (T. 0511 - 762 50 83) - Geb. 20. Juni 1950 Hamburg, ev., verh. s. 1979 m. Ines, geb. Camp, 3 Söhne (Daniel, Johann-Friedrich, Gustav) - Dipl.-Volksw. 1977 Göttingen, Promot. 1980 München, Habil. 1986 München, Priv.-Doz. Univ. München u. TU Berlin - 1977-84 Wiss. Assist. Univ. München; 1981/82 Princeton Univ., 1991/92 Hautes Etudes Commerciales, Paris; 1984-88 Senior Res. Fellow Intern. Inst. of Management (Wiss.zentrum Berlin), 1987/88 Wiss. Leit. IIM - BV: Systeme d. Honorierung v. Ärzten, 1981; Theorie d. Rückversich., 1981; Kostenexplosion im Gesundheitsw., 1981; Law and Economics, 1986; Ess. in Soc. Security Econ., 1986; Bibliogr. d. Gesundheitsökonomie, 1987; Selbstbeteiligung, 1987; D. Indemnitätstarif, 1988; Health Maintenance Organiz., 1988; Ökonomische Probleme d. Gesundheitsversorgung in Dtschl. u. Frankr., 1989; Theorie d. Wirtschaftspolitik, 1990; Basiswissen Gesundheitsökonomie, 1992; Konkurrenz u. Kollegialität, 1990 - 1981 1. Preis f. Gesundheitsökonomie; 1990 Alexander v. Humboldt-Preis.

SCHULENBURG, von der, Wedige

Geschäftsführender Gesellschafter ATEC Handelsgesellschaft mbH, Mitgl. Brem. Bürgerschaft (s. 1971) - Am Wall 151/152, 2800 Bremen 1 - Geb. 9. Mai 1945 Beetzendorf/Altmark, ev., verh. s. 1976 m. Brigitte, geb. Wolff, gesch. Verh., 2 Töcht. (Alexandra, Annabel aus 1. Ehe) - Mittelsch. (Mittl. Reife); Höh. Handelssch.; 1965-68 kaufm. Lehre - Selbst. Kaufmann - 1980-83 Generalsekr. d. CDU Bremen; 1983-91 Vizepräs. d. Bürgersch.

SCHULENBURG, Graf von der, Werner

Botschafter d. Bundesrep. Deutschl. in d. Schweiz - Willadingweg 83, CH-3006 Bern - Geb. 16. Aug. 1929 Filehne/Netzekr., ev., verh. m. Dorothea, geb. von Miller, 3 Kd. - Stud. Jura Univ. München u. Bonn; 2. Staatsex. 1959 - 1960 Eintritt in Auswärtigen Dienst; Ausl.posten in Algier, Helsinki, Caracas, Madrid u. Buenos Aires sow. versch. Tätigk. im Ausw. Amt in Bonn, zul. als Chef d. Protokolls (1984-88); 1988-91 Botsch. in Athen, seitd. Botsch. in Bern.

SCHULENBURG, Graf von der, Wilhelm

Dr. agr., Geschäftsführer W. v. Borries-Eckendorf, Leopoldshöhe/Bielefeld-Hovedissen, Vors. d. Bundesverb. Deutscher Pflanzenzüchter e.V., Bonn - Hovedissen, 4817 Leopoldshöhe (T. 05208 - 2 75) - Geb. 30. Jan. 1932 - Zul. Vorst.smitgl. Schloemann-Siemag AG., Düsseldorf - Spr.: Engl., Franz. - Rotarier.

SCHULER, Alf

Maler u. Bildhauer - Roßstr. 12, 5000 Köln 30 (T. 0221 - 52 22 04) - Geb. 1945 - 1986-87 Gastprof. GH Kassel - Ausst.: 1977 Documenta 6 Kassel, 1987 Documenta 8 Kassel - 1975 Villa Romana Preis Florenz; 1981 Bremer Kunstpreis (Böttcherstr.); 1981 Kunstpr. Glockengasse Köln.

SCHULER, Friedrich Karl

Ass., Vorstandsvorsitzender ARAG Lebensversich.-AG, u. ARAG Krankenversich.-AG, München - Zu erreichen üb. ARAG-Lebensversich.-AG, Prinzregentenplatz 9, 8000 München 80 (T. 089 - 41 24-01) - Geb. 9. April 1934 Bruchsal/Bad., ev., verh. s. 1962 m. Irmgard Ursula, geb. Epp, 4 Kd. (Martin, Margit, Matthias, Maximilian) - Abit.; Jurastud. - ARAG Kraftfahrt-Versich.-AG, D'dorf, u. KI Kapital-Invest, Frankf.; Beiratsvors. WOWOBAU, u. GWV, bde. München; IMO u. I.T.S., bde. Ingolstadt; Beiratsmitgl. AIV, Düsseldorf, u. Columbus Capital, München; Member of the Board ABIC ARAG BAVARIA Inv. Corp., Wilmington, Del., USA, u. BREC BAVARIA Real Estate Corp., Wilmington, Del., USA; Geschäftsf. ALV, München, VIA, Düsseldorf.

SCHULER, Gerhard

Dipl.-Ing. (FH), Vorstandsvorsitzender Homag Maschinenbau AG - Zollernstr. 6, 7290 Freudenstadt (T. 07441 - 8 26 01) - Geb. 1. April 1927, ev., verh. s. 1959 m. Marlies, geb. Nerbel, 3 Töcht. (Mareike, Anja, Silke) - Schreinerlehre, Schreinermeisterprüf., Dipl.-Ing. (FH) Holztechnik - Geschäftsf.: Holzma, Calw/Holzbronn; Friz Weinsberg; Hornberger Industrieanlagen, Schopfloch; Unternehmensberatung G. Schuler & Partner, Pfalzgrafenweiler; Ligmatech, Lichtenberg; Vertriebs-Beteilig. GmbH, Schopfloch; VR-Mitgl. Homag España; Kurat.-Mitgl. AGP (Arbeitsgemeinsch. z. Förd. d. Partnerschaft in d. Wirtsch.), Kassel; Fachbeirat d. FH Rosenheim; Ind.beirat d. Technikerschule Rosenheim - Wirtschaftsmed. Baden-Württ.; Ehrensenator FH Rosenheim; Ehrenplak. d. Ind. u. Handelskammer Nordschwarzwald.

SCHULER, Heinz

Dr. rer. pol., o. Prof. f. Psychologie Univ. Hohenheim - Tiefer Weg 54, 7000 Stuttgart 70 - Geb. 6. Juni 1945 Wien (Vater: Willi Sch., Filmkaufm.; Mutter: Erika, geb. Stetzenbach), verh. m. Karin, geb. Kohl, 2 Kd. (Benjamin, Julia) - Stud. Psych., Phil., BWL; Dipl.-Psych. 1970 Univ. München; Promot. 1973, Habil. 1978 Augsburg - 1979 Prof. Univ. Erlangen-Nürnberg; 1981 gf. Vors. Inst. f. Psych. ebd.; 1982 Lehrst. f. Psych. Univ. Hohenheim - BV (teilw. m.a.): D. Bild v. Mitarb., 1972; Psych. d. Person, 1974; Symp. u. Einfl. in Entscheidungsgruppen, 1975; Entscheidungsprozesse in Gruppen, 1976; Dynamics of groups decisions, 1978; Eth. Probl. psych. Forsch., 1980 (amerik. Übers. 1982); Psych. in Wirtsch. u. Verw., 1982; Organisationspsych. u. Unternehmenspraxis, 1985; Biogr. Fragebogen als Meth. d. Personalauswahl, 1986; Assessment Center als Meth. d. Personalentwicklung, 1987; Eignungsdiagnostik in Forsch. u. Praxis, 1991; Beurteilung u. Förd. berufl. Leistung, 1991.

SCHULER, Heinz

Dipl.-Ing., Bauamtsleiter Gemeinde Helgoland, Bundesvors. Zentralverb. d. Ing. d. öfftl. Dienstes - Postf. 9 40, 2192 Helgoland (T. 04725 - 78 56; Büro 8 08 28) - Geb. 9. Aug. 1939 Willwerath/Kr. Prüm, gesch., T. Ute - Steinmetzlehre Seffern/Schnee-Eifel; Fachabit. 2. Bildungsweg 1964 Düsseldorf; Stud. Tief- u. Verkehrsbau Univ. Wuppertal (Dipl. 1968), Staatsprüf. kommunaler techn. Verwaltungsdst. 1969 Düsseldorf - 1970-73 stv. Leit. untere Wasser- u. Fischereibehörde Düsseldorf, stv. Leit. Allg. techn. Abt. Kanal- u. Wasserbauamt Düsseldorf; 1974-83 stv. Leit. untere Wasser- u. Wegebehörde Solingen; s. 1. Juli 1983 Leit. Gemeindebauamt Helgoland. S. 1976 Zentralverb. d. Ing. d öfftl. Dienstes (ZVI), Landesverb. NW (1977-79 Schriftf. u. Presseref. Landesvorst., 1979-83 Landesvors.), 1978-80 nebenamtl. Bundesgeschäftsf., 1980-82 Beisitzer Bundesvorst., 1982-84 stv., s. 1984 Bundesvors. u. Presseref. FDP s. 1969 (1970-73 Kreisvorst. Mülheim/R., 1974-76 Kreishauptaussch., 1976 Gründ.-Vors. Ortsverb. D'dorf-Süd, 1979-83 wohnungspolit. Sprecher FDP-Ratsfrakt. D'dorf, s. 1984 Presseref. Ortsverb. Helgoland) - Ehrenurkunde Stadt Mülheim f. Tätigk. als ehrenamtl. Sozialbetreuer 1968-73; Ehrenurkunde Landesgerichtspräs. D'dorf f. Tätigk. alsLaienrichter 1977-80 - Liebh.: Fotogr., Sammeln v. Biogr. - Spr.: Engl.

SCHULER, Manfred

Dr., Prof. f. Musikerziehung u. Musikdidaktik Univ. Mainz - Binger Str. 26, 6500 Mainz 1 - Geb. 1. März 1931 Konstanz (Vater: Friedrich Sch.; Mutter: Pauline, geb. Hagmüller), kath., verh. s. 1969 m. Anita, geb. Frank, 2 Kd. (Wolfgang, Constanze) - Musikhochsch. Freiburg, Univ. München u. Freiburg (Staatsex. f. d. künstl. Lehramt an höh. Sch. 1955, Promot. 1958, 2. Staatsex. 1960) - 1974 Gymnasialprof. u. Fachberater am Oberschulamt Südbaden; Lehrtätigk. Musikhochsch. (1981) u. Univ. Freiburg (1977); 1982 Prof. f. Musikerzieh. u. Musikdidaktik Univ. Mainz - BV: Giorgio Mainerio, Il primo libro de balli, 1960; Homer Herpol, Officium, 1978; zahlr. Veröff. z. Musikgesch. d. Mittelalters, d. 16., 18., 19. u. 20. Jh., z. Musikerzieh. u. Musikdidaktik - Spr.: Engl., Franz.

SCHULER, Peter

Lehrer, MdL Rhld.-Pfalz (s. 1975) - Mörschstr. 19, 6701 Waldsee - Geb. 4. Jan. 1942 - CDU.

SCHULER, Peter-Johannes

Dr. phil., Staatssekretär a.D. - Thüringer Allee 131, 5205 St. Augustin (T. 02241 - 34 11 84) - Geb. 12. Juli 1940 Tübingen, kath., verh. m. Dipl.-Volksw. Heike, geb. Klumpp, 2 Kd. (Christian, Bettina) - Stud. Gesch., Deutsch, Wiss. Politik, Phil.; 1. Staatsex.; Promot. Dr. phil.; Habil. (Histor. Hilfswiss.) - S. 1982 Priv.-Doz. Ruhr-Univ. Bochum - BV: Südwestdt. Notarszeichen, 1976; Gesch. d. Südwestd. Notariats, 1976; Notare Südwestdeutschlands (ca. 100-1512), 1987; Familie als historischer u. sozialer Verband, 1988; Grundbibliogr.: Mittelalterl. Gesch., 1990; zahlr. Aufs. z. Spätmittelalter - 1970 Friedrich-Merz-Förderpr., Freiburg.

SCHULER, Rudolf

Vorstandsmitglied Gabriel Herose AG., Konstanz - Uhlandstr. 55, 7750 Konstanz/B. - Geb. 31. Aug. 1923 - Rotarier.

SCHULGEN, Hubert

Geschäftsführer Heilbäderverb. Nieders. - Bleicheweg 44, 3380 Goslar (T. 4 31 32).

SCHULHOFF, Wolfgang

Dipl.-Volksw., MdB, Geschäftsf. Ges. Dipl.-Ing. G. Schulhoff u. Schulhoff Ingenieur-Planungs-GmbH - Erasmusstr. 18, 4000 Düsseldorf 1 (T. 33 45 92) - Geb. 14. Dez. 1939 Düsseldorf, ev., verh. s. 1965, 2 Kd. - Abit. 1959, 1961 Gesellenpr. als Installat., 1961-65 Stud. Wirtschaftswissensch. Univ. Köln, Dipl. 1965, 1965-67 weit. techn. Ausb. z. Ing. - 1969-83 Mitgl. Rat d. Stadt Düsseldorf (1977-83 stv. Fraktionsvors.); s. 1983 Mitgl. d. Deutschen Bundestages, o. Mitgl. im Finanzaussch., Obmann d. CDU/CSU-Bundestagsfraktion im Aussch. f. Post u. Telekommunikation,

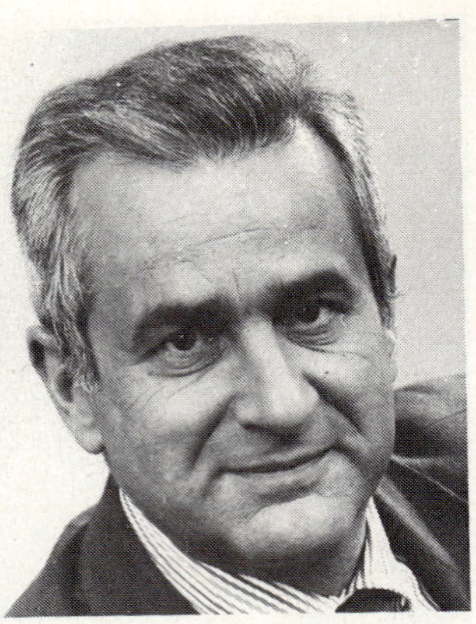

stv. Mitgl. im Wirtschaftsausschuß, Vorst.-Mitgl. d. Landesgr. NRW; s. 1989 Vors. CDU Düsseldorf, s. 1989 Kreisvors. d. CDU Düsseldorf - BVK.

SCHULIN, Bertram

Dr. jur., o. Prof. f. Zivilrecht, Arbeits- u. Sozialrecht - Ruppanerstr. 11, 7750 Konstanz - Geb. 14. Juli 1944 Witzenhausen (Vater: Dr. Paul Sch., Rechtsanw.; Mutter: Christel, geb. Besig), verh. s. 1971 m. Karin, geb. Lotz, 4 Kd. (Tobias, Susanne, Christoph, Johannes) - Gymn. (Abit. 1964), 1964-69 Univ. Göttingen u. München (Rechtswiss.) - 1980 Prof. Univ. Freiburg, WS 1981/82 o. Prof. Univ. Osnabrück, WS 1984/85 o. Prof. Univ. Konstanz, 1988 Ruf an Univ Münster (abgel.) - BV: D. natürl.-vorrechtl. Kausalitätsbegriff im zivilen Schadensersatzrecht, 1976; Sozialversich.recht, 1976; 4. A. (Sozialrecht) 1991; Soziale Sicherung d. Behinderten, 1980; Soz. Entschädig. als Teilsystem kollektiven Schadensausgleichs, 1981; Sozialrechtl. Rechtstatsachenforsch. (hg. m. Wolfgang Dreher), 1987; Fälle z. Sozialrecht, 1987; Kostenerstattung d. Ersatzkassen, 1989; Systeme u. Zahlen sozialer Sicherung (m. R. Kegel), 1990; Vergütungen f. zahntechn. Leistungen in d. ges. Krankenversich., 1991.

SCHULIN, Ernst

Dr. phil., o. Prof. f. Neuere Geschichte Univ. Freiburg (s. 1974) - Burgunderstr. 30, 7800 Freiburg (T. 3 55 02) - Geb. 12. Okt. 1929 Kassel (Vater: Kurt S., Vizepräsident Hess. Verwaltungsgerichtshof; Mutter: Charlotte, geb. Kirsch), ev., verh. s. 1957 m. Heidi, geb. Brunn, 3 Kd. (Sebastian, Friederike, Alexander) - 1949-56 Univ. Göttingen u. Tübingen (Geschichte, German., Religionswiss.) - 1958-61 Wiss. Mitarb. Inst. f. Europ. Geschichte Mainz; 1961-67 Assist. u. Doz. (1965) Univ. Gießen; 1967-74 Ord. TU Berlin. Mitgl. Histor. Colloquium Göttingen u. Berliner Histor. Kommiss. - BV: D. Weltgeschichtl. Erfassung d. Orients b. Hegel u. Ranke, 1958; Handelsstaat England - D. polit. Interesse d. Nation am Außenhandel v. 16. b. ins frühe 18. Jh., 1969; Traditionskritik u. Rekonstruktionsvers. - Stud. z. Entwickl. v. Gesch.wiss. u. histor. Denken, 1979; Walther Rathenau, 1979; D. Französische Revolution, 1988. Hrsg.: Universalgesch. (1974), Walther-Rathenau-Gesamtausg. (s. 1977) - 1982 Mitgl. Heidelbg. Akad. d. Wiss. - Liebh.: Musik - Spr.: Engl., Franz., Span.

SCHULLER, Wolfgang

Dr. jur., o. Prof. f. Alte Gesch. Univ. Konstanz (s. 1976) - Amselweg 10, 7750 Konstanz 16 (T. 07531 - 4 41 64) - Geb. 3. Okt. 1935 Berlin, ev., verh. s. 1968 m. Cordelia, geb. Kayser, 3 Kd. (Dorothea, Christoph, Johannes) - Stud. Rechtswiss.; Ass.ex. 1965 Berlin; Promot. 1967 Hamburg; Habil. (Alte Gesch.) 1971 Berlin - 1972-76 o. Prof. f. Alte Gesch. PH Berlin - BV: Geschichte u. Struktur d. politischen Strafrechts d. DDR b. 1968, 1980; Griechische Gesch., 3. A. 1991; Herrschaft d. Athener im Ersten

Attischen Seebund, 1974; Frauen in d. griech. Gesch., 1985; Frauen in d. röm. Gesch., 1987 - Spr.: Engl., Franz., Griech., Latein - Bek. Vorf.: Johann Caspar Lavater (Ur...großv.).

SCHULT, HA

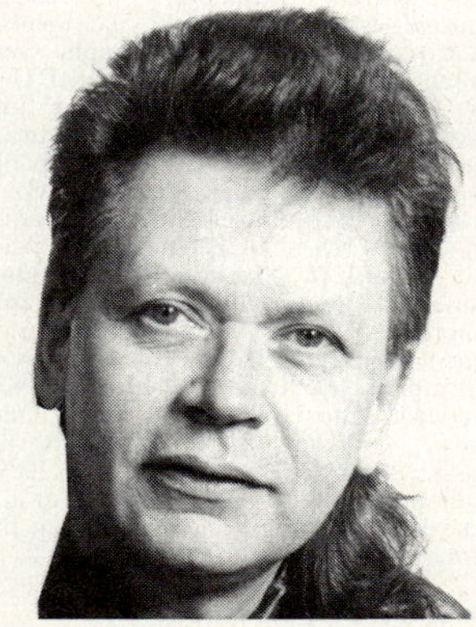

Aktionskünstler, Erfinder d. Kunstricht. Biokinetik - Schult-Museum, Im Steeler Rott 28, 4300 Essen; Sophie-Charlotten-Str. 51/52, 1000 Berlin 19; u. Prince St.Sta., P.O. Box 389, New York, N.Y. 10012/USA - Geb. 24. Juni 1939 Parchim (Vater: Otto Sch., Ing.; Mutter: Gerda Sch.), verh. s. 1975 m. Elke, geb. Koska, 2 Kd. (Kolin, Ossip) - 1959-61 Stud. Kunstakad. Düsseldorf - S. 1968 umweltbezogene Aktionen, s. 1971 Bildobjekte - Mittelpunkt s. künstl. Schaffens (in Aktionen, Bildobjekten u. gr. Ausstellungs-Zyklen) ist d. soziale Fauna v. Regionen u. Städten: d. Ruhrgebiet, d. Rheinland, ganz Dtschl., Berlin, Venedig u. New York. Wicht. Ausstell. im In- u. Ausland, u.a.: documenta 5 + documenta 6, Museum Morsbroich, Leverkusen, Museum Wiesbaden, Museum Folkwang, Essen, Kunsthalle Kiel, Städt. Galerie im Lenbachhaus, München, Museum am Ostwall, Dortmund, Museum Mülheim, Museum Düren, Römer- u. Pelizaeus-Museum, Hildesheim, Kunsthalle Nürnberg, Museum Ludwig, Köln. Wichtige Aktionen: Markusplatz in Venedig mit 350.000 Zeitungen gefüllt (1976), Flugzeug in New York abstürzen lassen (1977), Ruhr-Tour durchs Ruhrgebiet (1978), Archäologisches Konsum-Rodeo im Amphitheater von Xanten (1980), e. Straße in New York m. 600.000 New York Times gefüllt (1983), d. Brandenburger Tor u. d. Berliner Mauer in New York gebaut (1985/86), d. Berg d. Höchsten Harmonie v. Dtschl. nach Peking gebracht (1987). Z. Eröffn. d. Neuen Bundestagsgebäudes (Bonn) Ausstellung d. Bildobjektes Deutsch-Land (als einziges Kunstwerk v. d. Plenarsaal). S. 1986 in Essen HA Schult-Museum (d. einz. Museum d. Welt f. Aktionskunst), das nur s. Oeuvre gewidmet ist; 1989 Aktions-Zyklus Festisch Auto Köln; 1991 Krieg u. Frieden, Medien-Skulptur New York, Moskau, Berlin; s. 1991 Denkmal Goldener Vogel auf d. Römerturm d. Kölnischen Stadtmuseums. Als erster Künstler e. Ausst.-tournee durch 20 Museen in Ost-Deutschl. - BV: Die Schultfrage, Actif au Maroc, HA Schult - D. Macher, Now! Überdosis New York, New York ist Berlin; HA Schult - Fetisch Auto.

SCHULT, Hans-Erich

Dipl.-Volksw., Inh. Hans-Erich Schult Werbeagentur, gf. Gesellsch. Verlags-Ges. Hanse mbH & Co., Herausg. Wochenztg. Heimat-Echo, alle Hamburg - Claus-Ferck-Str. 1b, 2000 Hamburg 67 (T. 603 10 19) - 1970-74 Mitgl. Hbg. Bürgersch., Deputierter Finanz- u. Wirtsch.-Behörde Hbg., SPD. Stv. Bundesvors. Arbeitsgem. Selbständige in d. SPD.

SCHULT, Heinz-Werner

Dipl.-Kfm., Hauptgeschäftsführer Zentralverb. d. Dt. Elektrohandwerke (ZVEH) - Lilienthalallee 4, 6000 Frankfurt/M. 90 - Geschäftsf. Wirtschaftsförderungsges. d. Elektrohandwerke m.b.H. (WFE), u. d. Vereins z. Berufs- u. Nachwuchsförderung in d. Elektrohandwerken e.V.

SCHULTE, Bernt

Dr., Geschäftsführer, Mitgl. Brem. Bürgerschaft (s. 1975, CDU) - Mozartstr. 19, 2800 Bremen 1 - Geb. 3. März 1942 Berlin, ev. - Gymn. (Abit.); 1963-65 Wehrdst. (gegenw. Major d. R.); Stud. Sozialwiss. Hamburg u. Amsterdam. Promot. 1972 - S. 1974 Gf. Vereinig. d. Arbeitgeberverb. Bremen. 1968/69 Vors. Europ. Föderalist. Studentenverb.; 1972-74 Kreisvors. Jg. Union Bremen; 1976 ff. Landesvors. Europa-Union Bremen.

SCHULTE, Brigitte,

geb. Brewitz

Lehrerin, MdB (s. 1976; Wahlkr. 41/ Hameln-Holzminden), Parlam. Geschäftsf. d. SPD-Bundestagsfrakt. (s. 1987) - Zu erreichen üb. Wahlkreisbüro, Heiliggeiststr. 2, 3250 Hameln - Geb. 26. Sept. 1943 Treuburg/Ostpr., ev. - N. Abit. 1963-66 PH Lüneburg. Lererinnenex. 1966 (Theol., Politikwiss., Allg. Päd.) u. 69 - Ab 1966 Schuldst. Eimbeckhausen u. Gehrden; 1973-76 Vorklassenberat. Regierungspräsid. Hannover. Stadtratsmitgl. u. Kreistagsabg. SPD s. 1970 (div. Funkt.).

SCHULTE, Dieter

Dr. jur., Universitätsassistent, Parlam. Staatssekr. Bundesverkehrsmin. (s. 1982), MdB (s. 1969; Wahlkr. 173/ Schwäb. Gmünd-Backnang) - Lorcher Str. 22, 7070 Schwäb. Gmünd (T. 57 26) - Geb. 9. Juni 1941 Schwäb. Gmünd (Vater: Hermann S., Großhändler; Mutter: Lydia, geb. Knecht), ev., verh. s. 1968 m. Christa, geb. Strietzel, 2 Kd. (Eva-Maria, Christoph) - Gymn. Schwäb. Gmünd; Univ. Heidelberg, Berlin, Würzburg (Rechtswiss.). 1 J. USA; Stip. Paris. Promot. 1973 Würzburg - 1967-69 Assist. Univ. Würzburg (spez. Intern. Privatrecht). CDU s. 1964 - Spr.: Engl., Franz.

SCHULTE, Dietmar

Dr., Dipl.-Psychologe, o. Prof. Univ. Bochum - Zum Mühlenberg 23, 5840 Schwerte 6 (T. 7 44 74) - Geb. 29. Febr. 1944 Bad Gandersheim (Vater: Josef S., Dir.; Mutter: Anny, geb. Wenzel), kath., verh. s. 1972 m. Burgi, geb. Wessel - BV: Feldabhängigkeit in d. Wahrnehmung, 1974; Diagnostik in d. Verhaltenstherapie, 1974; Standardmethoden d. Verhaltenstherapie, 1981; Therapeutische Entscheidungen, 1991 - Spr.: Engl.

SCHULTE, Erich

Dr. jur., zul. Geschäftsführer Sack GmbH, Düsseldorf - Hompeschstr. 11, 4000 Düsseldorf - Geb. 13. März 1918 Siegburg - Gr. jurist. Staatsprüf. - Ehrenpräs. Verb. d. Dt.-Jap. Gesellschaften in Deutschland.

SCHULTE, Franz J.

Dr. med., o. Prof. f. Pädiatrie - Martinstr. 52, 2000 Hamburg 20 - Geb. 19. März 1930 Hagen/W. (Vater: Dr. med. Josef S.), verh. m. Frauke, geb. Deetjen - Habil. Göttingen - S. 1969 apl. Prof., Abt.svorst. u. Prof. (1970) u. Ord. (1971; Lehrst. II) Univ. Göttingen u. Hamburg (1979; Dir. Univ.skrkhs. Eppendorf) - S. 1979 Dir. Univ. Kinderklinik Hamburg. Fachveröff. - 1971 Maternitee- u. Hans-Berger-Preis, 1973 Folke-Bernadotte-Preis.

SCHULTE, Friedhelm

Geschäftsführer Juvena Produits de Beauté GmbH., Baden-Baden (s. 1974), VRsmitgl. Diva Holding AG., Volketswil/Schweiz (s. 1973) - Breitscheider Hof, 4035 Breitscheid/Rhld. - Geb. 30. Juni 1926, verh. (Ehefr.: Eva) - 1959-72 Dt. Revlon GmbH., Düsseldorf (Gf.), 1973-74 Divapharma GmbH., ebd. (Gf.).

SCHULTE, Friedrich-Karl

Architekt (BDA), MdL Nordrh.-Westf. (s. 1970) - Springweg 18, 4619 Bergkamen/W. (T. 8 71 47) - Geb. 4. Mai 1930 Bergkamen, verh., 2 Kd. - Realsch. Bergkamen; Schreinerhandw.; Staatl. Ingenieursch. f. Bauwesen, Essen (Ing. 1952) - S. 1954 fr. Arch. 1966 ff. Stadtratsmitgl. Bergkamen (Fraktionsf.). SPD s. 1961 (1967 Stadtverbandsvors).

SCHULTE, Hagen Dietrich

Dr. med., Univ.-Prof. f. Chirurgie, Thorax- u. Kardiovaskularchirurgie Univ. Düsseldorf - Zu erreichen üb. Chir. Universitätsklinik, Moorenstr. 5, 4000 Düsseldorf 1 - Geb. 8. Dez. 1936 Flensburg (Vater: Herbert Sch., Kaufm.; Mutter: Käthe, geb. Rusche), ev., verh. s. 1964 m. Jutta, geb. Herberg, S. Dirk Christian - 1956-61 Stud. Med. Marburg, Freiburg, FU Berlin, Düsseldorf; Staatsex. 1961, Promot. 1961; s. 1963 Weiterbild. Chirurg. Univ.-Klinik Düsseldorf - 1963-70 Wiss. Assist.; 1970-73 Oberarzt; 1973-79 Wiss. Rat u. Prof.; s. 1980 Prof. - 1972 Edens-Preis - Liebh.: Lit., Klass. Musik, Segeln, Golf - Spr.: Engl., Franz.

SCHULTE, Hans

Dr. jur., Prof. f. Bürgerl. Recht, Handels-, Berg-, Raumplanungs- u. Umweltrecht Univ. Karlsruhe - Univ., Kaiserstr. 12, 7500 Karlsruhe 1 - Geb. 7. Nov. 1932 Dortmund - Habil. 1968 Univ. Münster - S. 1969 o. Prof. - BV: Eigentum u. öffentl. Interesse, 1970; Grundkurs im BGB, 3 Bde., 1981-85; Rechtl. Gegebenheiten u. Möglichkeiten d. Sicherung d. Abbaus oberflächennaher Bodenschätze, 1986; Ausgleich ökologischer Schäden, 1990; Bergbau u. Grundeigentum, 1990. Zahlr. Aufs. z. priv. u. z. öfftl. Recht.

SCHULTE, Hans

Dr. rer. pol., Vorstandsvorsitzender Wohnungsbaugenossenschaft, Detmold - Lemgoer Str. 12, 4790 Paderborn - Geb. 6. Sept. 1947 Salzkotten, kath., verh. s. 1969 m. Christel, geb. Rempe, Arch., 3 Kd. - Stud. Univ. Paderborn, Dortmund (Wirtschaftswiss.); Dipl.-Kfm.; Promot. 1984 Dortmund - 1972-77 selbst. Bauträger; 1978-83 wiss. Mitarb. Univ. Dortmund; Doz. Univ. Dortmund (Lehrauftr. Wohnungsbaufinanz.) - BV: Strategisches Management v. Bauträgern, 1984.

SCHULTE, Hans-Heinrich

Reeder, Mitinh. Schulte & Bruns, Emden/Bremen/Hamburg, Schiffswerft Schulte & Bruns, Emden, u. W. Bruns, Leer/Bremen, Geschäftsf. Schulte & Bruns Schiffahrtges. mbH., Emden, Schulte & Bruns Schiffahrtsges. mbH., Dortmund, Schulte & Bruns Schiffahrtges. mbH., Duisburg-Ruhrort, Dollart-Reederei GmbH., Emden, Mundy Schiffahrtsagentur GmbH. ebd. - Douwesstr. 9, 2970 Emden - Geb. 13. Okt. 1909 Emden - S. 1930 väterl. Reederei Schulte & Bruns (1939 Mitinh.). Div. Ämter u. a. 1972 ff. I. Vizepräs. Bundesverb. d. dt. Binnenschiffahrt, Beuel. ARsmandate.

SCHULTE, Hans-Joachim

Assessor, Geschäftsf. Landesverb. Westf. Haus- u. Grundeigentümer - Dahlenkampstr. 5, 5800 Hagen/W.

SCHULTE, Hans-Peter

Dipl.-Kfm., Brauereidirektor, Mitgl. d. Geschäftsleitung Privatbrauerei Jacob Stauder GmbH, Essen - Bredeneyer Str. 63, 4300 Essen 1 - Geb. 5. Aug. 1939 - Geschäftsf. Rhein-Ruhr-Getränke-Spezialitätenges. mbH, Essen; Vorst.-Mitgl. Stern u. Dampf-Bierbrauerei v. 1896 Actienges., Essen.

SCHULTE, Harald

Techniker, Hauptgeschäftsf. Bundesverb. staatl. geprüfter Techniker Königswinter (s. 1974) - Baumschulweg 6, 5330 Königswinter 21 (T. 02244 - 32 37) - Geb. 8. Febr. 1943 Dortmund, verh. s. 1965 m. Edith Schulte, geb. Schmidt, 2 Töcht. (Veronika, Tanja) - 1957 Lehre als Elektroinstall.; 1970 Stud. z. staatl. gepr. Techniker Technikersch. Weilburg - S. 1973 Bundesvors. Bund dt. Techniker; 1974-80 Mitgl. Vertretervers. d. Techniker-Krankenkasse; 1980-86 stv. Vorst.-Mitgl. d. Techniker-Krankenkasse; s. 1986 stv. Vors. d. Vertretersamml. d. Techniker-Krankenkasse.

SCHULTE, Karl-Ernst

Dr. rer. nat., Dr. h. c., o. Prof. f. Pharmaz. Chemie - Fliednerstr. 11, 4400 Münster/W. (T. 8 26 07) - Geb. 16. Mai 1911 Deilinghofen/W., verh. 1942 m. Maria, geb. Prollius - Oberrealsch. Iserlohn; Univ. Berlin u. München. Apotheker, Dipl.-Chem., Lebensmittelchem. Promot. 1939; Habil. 1941 - 1939-53 Assist., Privatdoz. (1942) u. apl. Prof. (1952) Univ. München, 1941-45 Wehrdst., 1947-53 wiss. Mitgl. Dt. Forschungsanst. f. Lebensmittelchemie München, 1953-59 ao. Prof. FU Berlin, s. 1959 o. Prof. u. Dir. Inst. f. pharmaz. Chemie Univ. Münster. Nahezu 200 Fachveröff. - 1965 Ehrendoktor Univ. Lille; 1969 Ehrenmitgl. Ungar. Pharmaz. Ges., 1968 Soc. Italiana di Science Pharmaceutiche, 1971 Ägypt. Pharmaz. Ges.; 1970 korr. Mitgl. franz. Acad. de Pharmacie; Mitgl. The New York Acad. of Sciences; 1977 Prof. h. c. Porto Alegre/Brasil.

SCHULTE, Manfred

Amtsoberrechtsrat a. D., MdB (s. 1965; Wahlkr. 123/Unna; 1967-75 Parlamentar. Geschäftsf. Sozialdemokr. Bundestagsfrakt.; s. 1975 Vors. Aussch. f. Wahlprüfung, Immunität u. Geschäftsordn. Dt. Bundestag) - Aspersweg 5, 4750 Unna - Geb. 16. Aug. 1930 Hamm/W. (Vater: Friedrich S., Prokurist; Mutter: Wilhelmine, geb. Schmidt), verh. s. 1953 m. Dorothea, geb. Beckmann - Gymn. Hamm; Univ. Münster u. Bonn (Rechts- u. Staatswiss., Phil.). Jurist. Staatsprüf. 1957 u. 61 - 1961-62 Richter LG Hagen, AG Kamen u. Schwerte; 1962-65 Rechtsrat Amt Pelkum. SPD s. 1953 - 1985 Gr. BVK m. Stern - Liebh.: Lit., Musik, Malerei.

SCHULTE, Peter

Dr. rer. pol., Prof. f. Statistik FH Münster - Rohrkamp 29, 4403 Senden (T. 02597 - 79 03) - Geb. 29. Jan. 1944 Dortmund, kath., verh., 4 Kd. - Promot. 1972 Münster - 1984-90 Rektor FH Münster; s. 1989 Mitgl. d. Wiss.rat - 1985 Honorary Fellow of Humberside College of Higher Education.

SCHULTE, Rainer

Dr., Präsident d. Polizei-Führungsakademie - Zum Roten Berge 18-24, 4400 Münster - Geb. 16. Juni 1937 Hamburg, kath., verh. s. 1965 m. Ursula, geb. Pfeifer, 2 Töcht. (Julia, Cathrin) - Rechts- u. Staatswiss. Univ. Hamburg, Heidelberg, Mainz; 1. u. 2. Staatsex.; Promot. 1966 - Zahlr. Veröff. - Spr.: Engl., Franz.

SCHULTE zur HAUSEN, Wilhelm

Drs. h. c., Direktor i. R. - Kampstr. 87, 4330 Mülheim/R. - Geb. 21. Mai 1909 - Stud. Rechtswiss. - 1938-70 Aral AG, Bochum (Justitiar, 1950 Vorstandsmitgl., 1952 stv. Vorstandsvors.); 1950-86 alleiniger Geschäftsf. d. Thyssen'schen Handelsges. mbH, Mülheim a. d. Ruhr. AR-Mandate - Ehrendoktor Univ. Washington (Georgetown) u. Frankfurt/M.

SCHULTE, Willi

Dr. med. dent., o. Prof. f. Zahn-, Mund- u. Kieferkrankheiten - Heuberger-Tor-Weg 23, 7400 Tübingen (T. 6 14 26) - Geb. 3. Jan. 1929 Hamm/W. - S. 1963 (Habil.) Lehrtätigk. Univ. Tübingen Zahnärztl. Chirurgie u. Parodontologie, Sprecher SFB Implantologie - Erf.: Tübinger Implantat, Periotest - BV: D. Retraktion d. Blutgerinnsels u. ihre Bedeutung f. d. Primärheilung v. Kieferknochendefekten, 1964; Kiefergelenkerkrankungen u. Funktionsstörungen,

1981; D. exzentr. Okklusion, 1983. Etwa 250 Fachaufs. 20 wiss. Filme - 1968, 72 u. 1980 wiss. Preise Dt. Ges. f. Zahn-Mund-Kieferheilkunde; 1980 Ehrennadel Bundeszahnärztekammer in Gold; 1989 BVK I. Kl.

SCHULTE, Wolfgang

Dr. med., Prof., Oberarzt Med. Univ.-Klinik Bonn - Zu erreichen üb Med. Univ.-Klinik, 5300 Bonn 1 (T. 280 32 75) - Geb. 17. Aug. 1947 Gütersloh, ev., verh. s. 1974 m. Anna-Luise, 2 Söhne (Thorsten, Christian) - Stud. Univ. Bonn, Kiel (Med.); Staatsex. 1972; Approb. 1973; Promot. 1973; Habil. (Innere Med.) 1985 - 1982 Arzt f. Inn. Med., Oberarzt Med. Univ.-Klinik Bonn, s. 1987 komm. Dir. Med. Univ.-Klinik Bonn - Innere Medizin-Veg.Nervensystem u. Psychosomatik; 1986 C2-Prof. - Publ. aus d. Arbeitsber.: Hypertonieforsch., Streßforsch., Psychophysiol., Psychosomat. Med. - Spr.: Engl., Franz., Griech., Latein.

SCHULTE-FROHLINDE, Albrecht

Dr. jur., Rechtsanwalt, Hauptgeschäftsführer Fachverb. Hohlglasindustrie, Geschäftsf. Bundesverb. Glasind., ebd. - Couvenstr. 4, 4000 Düsseldorf 1 (T. 35 09 11); priv.: 12, Am Scheidt 8 - Geb. 25. März 1929 München.

SCHULTE-HERBRÜGGEN, Heinz

Dr. phil., o. Prof. f. Roman. Philologie u. Allg. Sprachwiss. FU Berlin (s. 1969) - Schmidt-Ott-Str. 3a, 1000 Berlin 41 (T. 791 90 68) - Geb. 16. Juni 1919 Mülheim/R. (Vater: Heinrich S., Werkm.; Mutter: Maria, geb. Dömkes), kath., verh. s. 1954 m. Anna, geb. Dagnino, 3 Kd. (Maria, Albert, Eduard) - Stud. d. Roman., Angl., Klass. Philol. Univ. Bonn, Würzburg; Promot. 1943 ebd. - 1944-46 Lektor Univ. Murcia/Span; 1946-49 wiss. Assist. Univ. Erlangen; 1949-69 Prof. Univ. d. Chile, Santiago, 1965/66 Visit. Prof. Univ. of Texas, Austin - BV: El lenguaje y la visión del mundo, 1963 - 1971 Orden de Bernado O'Higgins de la Rep. de Chile - Spr.: Engl., Span., Portug., Ital., Franz.

SCHULTE-HERBRÜGGEN, Hubertus

Dr., Prof. - Dürerstr. 30, 4040 Neuss - Geb. 12. Aug. 1924 Essen (Vater: Alois S. H., Kaufm.; Mutter: Clara, geb. Schmedding), kath., verh. s. 1960 m. Gerda, geb. Erdmann - Stud. Münster. Sheffield; Promot. 1959; Habil. 1968 - 1968 Doz. Univ. Münster, s. 1970 o. Prof. f. Angl. Univ. Düsseldorf - BV: Utopie u. Anti-Utopie, 1960; Sir Thomas More - Neue Briefe, 1965; The King's Good Servant: Sir Thomas More, 1977 (mit J. B. Trapp).

SCHULTE-HILLEN, Gerd

Vorstandsvorsitzer Gruner + Jahr AG & Co., Itzehoe/Hamburg (1981ff.); Vertreter d. Vorst.-Vors. Bertelsmann AG, Gütersloh (s. 1987) - Am Baumwall 11, 2000 Hamburg 11 - Geb. 1. Okt. 1940 - Stud. Maschinenbau u. Betriebsw. - Mohndruck Gütersloh, Bertelsmann Barcelona u. Lissabon, G. + J. (1973 Vorst.), 1979-81 Brown Printing (1981 Vorst.-Vors.).

SCHULTE-HILLEN, Jürgen

Dr., Dipl.-Ing., Dipl.-Wirtsch.-Ing., Unternehmensberater, Inh. Scientific Consulting Dr. Schulte-Hillen - Mathias-Brüggen-Str. 87-89, 5000 Köln 30 - Geb. 8. Okt. 1939 Menden (Vater: Dr. Hermann Sch.-H., Rechtsanwalt; Mutter: Antoinette, geb. Heyl), verh. s. 1967 m. Gisela, geb. Mertens, 2 Kd. (Thomas, Christina) - TH Aachen (Masch.bau; Dipl.-Ing. 1965, Dipl.-Wirtsch.-Ing. 1967, Promot. 1973) - 1965-73 Leit. Planungsabt. Luft- u. Raumfahrtforsch. (DFVLR); s. 1973 Inh. Scientific Consulting Dr. Schulte-Hillen BDU, ca. 50 Beschäftigte - BV: D. Luft- u. Raumfahrtpolitik d. Bundesrep. Dtschl., 1975; IuD-Online-Datenbanknutzung in d. Bundesrep., 1984; Handbuch d. Patentdatenbanken, 1984; Handbuch d. Wirtschaftsdatenbanken, 1990; Handb. d. Datenbanken f. Naturwiss. u. Technik, 1990; zahlr. weitere Veröff. in Fachztschr., Fachvorträge u. Studien üb. strategische Unternehmensplanung, Forsch. u. Entw., Märkte f. Hochtechnologieprodukte u. -dienstleistungen. Mitgl. in versch. beratenden Gremien d. Bundesreg.

SCHULTE HOLTHAUSEN, Heinrich Wilhelm

Dr. rer. nat., Prof. f. Molekularbiol. maligner Tumoren - Priembergweg 80 b, 4300 Essen 15 (T. 0201 - 48 20 26) - Geb. 20. Febr. 1935 Gelsenkirchen (Vater: Wilhelm Sch. H., Landwirt; Mutter: Veronika, geb. Wiesmann), kath., verh. s. 1968 m. Ingrid, geb. Heinen, 3 Kd. (Anne, Britta, Jan) - Univ. Innsbruck, Münster, Freiburg, Durham u. Hershy (USA), Würzburg, Erlangen; Chem.-Dipl. 1963, Promot. 1966, Habil. 1973, Prof. 1976 - 1973-76 Priv.doz. Univ. Erlangen (Virologie), s. 1976 Inst.dir. Univ. Essen - Entd.: Virusspezif. Nukleinsäuren in menschl. Burkitt-Lymphomen u. anaplast. Nasopharynx-Karzinomen - 1971 Walther-Richtzenhain-Preis, 1974 Thiersch-Preis, Erlangen.

SCHULTE-HOLTMANN, Josef

Dr. rer. pol., Hauptgeschäftsführer Bundesverb. Metall u. a. - Ruhrallee 12, 4300 Essen 1; priv.: Metzendorfstr. 51 - Geb. 2. April 1930.

SCHULTE-MIDDELICH, Theodor

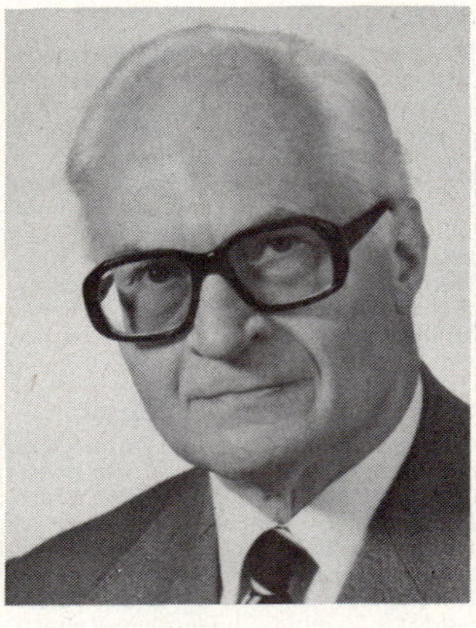

Dr. rer. pol., Dipl.-Kfm., Ltd. Ministerialrat a. D. - Mendelstr. 10, 4040 Neuss/Rh. (T. 8 21 63) - Geb. 29. Sept. 1920 Buer/W. (Vater: Theodor S.-M., Kaufm.; Mutter: Clara, geb. Frenzer), kath., verh. s. 1958 m. Edeltrud, geb. Fries, T. Cornelia - 1936/37 Höh. Handelssch. Gelsenkirchen; 1937-39 kaufm. Lehre Düsseldorf; 1940 Sonderreifeprüf. Köln; 1947-50 Univ. Bonn (Rechts- u. Staatswiss.) u. Köln (zuerst 1941; 1948 Wirtschafts- u. Sozialwiss.). Dipl.-Kfm. (1950) u. Promot. (1953) Köln - 1958-85 Beamter Min. f. Wirtschaft, Mittelstand u. Verkehr NRW, Düsseldorf; Geschäftsf. Ges. f. Wirtschaftsförd. in NRW mbH (1981-85); AR-Mitgl. Ind.kreditbank AG/Dt. Ind.bank (1975-87) - 1979 BVK - Liebh.: Bäuerl. Kunst.

SCHULTE-MIMBERG, Udo

Geschäftsführer Bundesverb. d. Innungskrankenkassen Körpersch. d. öfftl. Rechts - Kölner Str. 1-5, 5060 Bergisch-Gladbach 1 (T. 02204 - 44-0); priv.: Drachenburgweg 1, 5307 Wachtberg-Liessem.

SCHULTE-TORNAU, Joachim

Vorsitzender Ausschuß f. Wiss. u. Forschung, MdL Nordrh.-Westf. - Voltmannstr. 127, 4800 Bielefeld 1 (T. 0521 - 88 27 12) - Geb. 4. März 1933 Metz/Lothringen, ev., ledig - Stud. d. Rechte Univ. Saarbrücken u. Tübingen; 1. Staatsex. 1968 Saarbrücken; 2. Staatsex. 1971 OLG Zweibrücken - Rechtsdezern. Stadt Lage in Lippe a.D. FDP (s. 1973 FDP-Stadtratsfraktion Bielefeld; s. 1974 stv. Vors. Ostwestf.-Lippe; s. 1980 Bundeshauptaussch.; s. 1984 Mitgl. Landesvorst. NRW) - Liebh.: Musik (aktiver Sänger) - Spr.: Franz.

SCHULTE-UENTROP, Burkhardt

Dr., Hauptgeschäftsführer Dt. Bauernsiedlung/Dt. Ges. f. Landentwickl. GmbH., Düsseldorf - Schubertstr. 49, 4005 Meerbusch 2 - Geb. 30. Mai 1923 - Stud. Landw.

SCHULTE-VOGELHEIM, Margret

Kunstbuchbindemeisterin, Restauratorin - Ladenspelderstr. 54, 4300 Essen 1 (T. 73 47 70) - Geb. 9. Sept. 1924 Essen (Vater: Karl S.-V., Lehrer; Mutter: Anna, geb. Benders), kath. - Buchbinderlehre b. Frida Schoy Essen; Ecole Estienne Paris - Lehramt Folkwang Werkkunstsch. Essen; s. 1958 eig. Werkstatt. Spez. Arbeitsgeb.: künstler. gestaltete Handeinbände, Restaurier. v. Handschriften, Inkunabeln u. Einbänden. Ausst. im In- u. Ausl. - 1956 Silbermed. Triennale Mailand; 1956 Goldmed. Intern. Handwerksmesse München; 1967 Staatspreis Land NRW.

SCHULTEN, Rudolf

Dr. rer. nat., em. o. Prof. f. Reaktortechnik TH Aachen (s. 1964), Direktor Inst. f. Reaktorentwickl. Jülich - Karl-Friedrich-Str. 4, 5100 Aachen-Richterich (T. Aachen 1 28 61) - Geb. 16. Aug. 1923 Oeding/W. (Vater: Franz S., Fabrikant), verh. m. Elisabeth, geb. Stützel - U. a. Leit. Abt. Kernenergie BBC Mannheim u. Honorarprof. TH Karlsruhe (1961ff.). 1974ff. Vors. wiss.-techn. Rat Kernforschungsanlage Jülich - BV: Reaktorphysik, 2 Bde., 1960/62 (m. W. Güth). Üb. 50 Einzelarb. - 1972 Otto-Hahn-Preis; 1971 Gr. BVK; 1975 Grashof-Denkmünze (VDI); korresp. Mitgl. National Academy of Engineering of the United States.

SCHULTEN-BAUMER, Uwe

Dr., Vorsitzender Eurofontes, Generalsekr. Intern. Pig Iron Secretariat - Wirtschaftsvereinigung Stahl, Roheisenverb., Breite Str. 69, 4000 Düsseldorf.

SCHULTERT, Reinhold

Angestellter, MdL Nieders. (1967-82) - Sollingbreite 21a, 3454 Bevern (T. Holzminden/Weser 87 21) - Geb. 8. Juni 1919 Neundorf/Schles., ev., verh., 2 Kd. - Volkssch.; Zimmererlehre; 1951-52 Sozialakad. - 1938-46 Arbeits-, Wehrdst. u. Kriegsgefangensch.; 1946-57 Zimmerer Bauwesen; s. 1957 Angest. DGB Holzminden (Kreisvors.). Mitgl. Gemeinderat u. Kreistag. 1964-81 Bürgerm. Gde. bzw. Samtgde. (1973) Bevern. SPD.

SCHULTES, Heinrich

Prälat, Domkapitular, Vors. Diözesan-Caritasverb., Würzburg, Mitgl. Bayer. Senat, München - Kardinal-Döpfner-Pl. 8, 8700 Würzburg - Kath.

SCHULTES, Theodor

1. Bürgermeister d. Stadt Röthenbach a. d. Pegnitz - Rathaus, 8505 Röthenbach/Mfr. - Geb. 19. Aug. 1932 Röthenbach a. d. P. - Industriekaufm. - SPD.

SCHULTHEISS (ß), Franklin

Dipl.-Sozialw., geschf. Direktor Bundeszentrale f. polit. Bildung Bonn - Kleinenberger Str. 43, 5650 Solingen 1 - Geb. 18. Dez. 1928 Oberlind/Thür. - Dipl.-Sozialwirt Hochsch. f. Sozialwiss. Wilhelmshaven - 1949-56 polit. Haft durch SMAD in Bautzen, Waldheim, Torgau; 1960-67 Ref. f. polit. Bildung Parteivorst. d. SPD.

SCHULTHESS, Emil

Bildberichter - Langacherstr. 5, 8127 Forch b. Zürich (Schweiz) - Geb. 29. Okt. 1913 Zürich (Vater: Emil S., Gärtner; Mutter: Marie Leu), reform., 2 Kd. (Alfred, Elisabeth) - 1928-32 Kunstgewerbesch. Zürich (Graphik, Photo) - 1941-57 Mitbegr., graph. Gestalter u. Bildredakt. Monatsztschr. DU - BV (in Übers.): USA, Wildtiere im Kongo, Afrika, Japan, Antarctica, Amazonas, China, Sowjetunion, Top of Switzerland; 360 Flugpanoramen: Matterhorn, Zürich, Luzern; Swiss Panorama, Bildb. 1982 - 1952 US Camera Annuel Award (f. 24stünd. Mitternachtssonnen-Panorama); 1958 Annuel Award American Soc. of Magazine Photographers; 1960 Prix Nadar (Frankr.); 1964 Kulturpreis Dt. Ges. f. Photogr.; 1983 Goldene Letter f. Bildband Swiss Panorama, verliehen in Leipzig/DDR z. Ausst. Schönste Bücher d. Welt; 1989 Josef Sudek-Med. v. Min. f. Kultur d. tschech. Rep. Prag z. 150. Jahrestag d. Erfindung d. Photogr. - Spr.: Engl.

SCHULTZ, Albrecht

Dipl.-Kfm., Direktor - Gartenstr. 6, 6242 Kronberg/Ts. - Geb. 25. Febr. 1919 Naunhof - 1954-84 Braun AG, Frankfurt (1960 Vorst., 1976 stv. Vors.); 1984ff. Berat. Braun AG ebd. u. Beiratsmitgl. Braun Electronic GmbH, Kronberg - 1984 BVK I. Kl.

SCHULTZ, Bruno-Kurt

Dr. phil., Dr. rer. nat. habil., o. Prof. f. Anthropologie (emerit. 1961 Univ. Münster) - Klausenerstr. 18, 4400 Münster/W. (T. 7 32 56) - Geb. 3. Aug. 1901 Sitzenberg - S. 1936 (Habil.) Lehrtätigk. Univ. München, Berlin (1938 ao. Prof.), Prag (Dt.; 1942 o. Prof.). Div. Publ.

SCHULTZ, Fritz Rudolf

Landwirt u. Winzer - Bahnhofstr. 10, 6501 Gau-Bischofsheim/Rhh. (T. 06135 - 22 22) - Geb. 19. Febr. 1917 München (Vater: Albrecht S., Oberst a. D.; Mutter: Stephanie, geb. Michel), ev., verh. s. 1948 m. Marlies, geb. Pfeiffer (Speyer/Rh.), 3 Kd. (Hans-Christoph, Marie-Ev, Stefanie) - Realgymn. Schondorf/Ammersee (Abit.) - Akt. Offz., 1938 Übernahme elterl. Weingut, 1939-45 Wehrdst. (zul. Major d. R.). 1953-57 MdL Rhld.-Pfalz (1955 2. Vizepräs.); 1957-70 (Mandatsniederleg.) MdB; 1970-75 Wehrbeauftr. d. Dt. Bundestags. FDP - Gr. BVK; Eichenlaub z. Ritterkreuz d. EK - Liebh.: Kunstbetrachtung - Spr.: Engl. - Bek. Vorf.: S. C. Michel, Ehrenbürger Mainz (ms.).

SCHULTZ, Gernot

Dr. rer. nat., Prof. f. Phytochemie Tierärztl. Hochsch. Hannover - Am Wehrturm 1A, OT Lüdersen, 3257 Springe 5 - Geb. 23. März 1929 München (Vater: Dr. Bruno Kurt Sch., Prof.; Mutter: Ilse, geb. Irrlböck), verh. s. 1962 m. Sabine, geb. Reinke, 3 Kd. - Univ. München (Promot. 1955); Habil. 1969 Tierärztl. Hochsch. Hannover - 1970 Wiss. Rat u. Prof. Hannover; s. 1982 Prof. (C3); s. 1987 Univ.-Prof.

SCHULTZ, Gert A.

Dr.-Ing. habil., M.Sc. (Eng.), o. Prof. f. Wasserwirtschaft u. Hydrologie Univ. Bochum - An der Wabeck 36, 5810 Witten 3 (T. 02302 - 7 99 44) - Geb. 27. Mai 1936, ev., verh. m. Bärbel, geb. Kublitz, S. Konstantin - Stud. TH Stuttgart, TU München; Dipl.-Ing. 1961; M.Sc. (Eng.) 1964 Univ. of the Witwatersrand Johannesburg, Südafrika; Promot. 1967 TU München; Habil. 1973 Karlsruhe - 1980/81 Dekan Fak. Bauing.wesen Univ. Bochum; s. 1977 Schriftleit. v. dt. u. intern. Fachjournal; 1983-87 Vorst.-Mitgl. Dt. Verb. f. Wasserwirtschaft u. Kulturbau; 1978-87 Mitgl. DFG-Senatskommiss. f. Wasserforsch.; s. 1986 Unesco-Rapporteur Principal f. Fernerkundungstechniken in d. Hydrologie. S. 1989 Chairman IAHS/WMO working group for GE-

WEX; s. 1991 Vizepräs. d. Intern. Water Resources Assoc.; s. 1991 Präs. d. Intern. Commitee on Remote Sensing and Data Transmission im IAHS/IUGG - BV: Bestimmung theoret. Abflußganglinien durch elektronische Berechnung v. Niederschlagskonzentration u. Retention (Hyreun-Verf.), 1968; Wasserwirtschaftliche Speicherplanung, 1973; Mitarb. an zahlr. Büchern; üb. 100 Fachveröff. - Spr.: Engl.

SCHULTZ, Hans Jürgen

Publizist - Kohlerstr. 9, 7000 Stuttgart 75 - Geb. 19. Sept. 1928 Hamburg - Schule u. Univ. Hamburg - 1950 Verlagslektor, 1957 Rundfunkjourn., jetzt Chefredakt. Kultur SDR - BV (1960ff.): u. a. Konversion z. Welt, Jenseits d. Weihrauchs, Liebhaber d. Lebens, Anstiftg. z. Christentum, Ich habe versucht zu lieben. Herausg. v. üb. 40 Sammelw.: u.a. Psych. f. Nichtpsychologen, Mein Judentum, Einsamkeit, Vatersein, Frauen, D. neuen Alten, Kinder haben?, Angst, Warum wir schreiben, Liebespaare, Es gibt was Bessres in d. Welt, Schmerz, D. Erde den Sanftmütigen, Es ist ein Weinen in d. Welt - 1985 Wilhelmine Lübke-Preis; Mitgl. PEN-Zentrum BRD.

SCHULTZ, Henning

Oberkreisdirektor Landkreis Wittmund (s. 1986) - Pastor-Hoffmann-Str. 1, 2944 Wittmund (T. 04462 - 44 22) - Geb. 27. April 1943 Zeitz, ev., verh., 2 Kd. - Jurist - B. 1986 stv. Oberkreisdir. Landkreis Oldenburg; Kreisvors. DRK - Spr.: Engl., Franz.

SCHULTZ, Joachim

Dr. phil., Literaturwissenschaftler, Freier Schriftsteller u. Übersetzer (Okt. 1991) - Puchtastr. 7, 8580 Bayreuth - Geb. 12. April 1949 - Stud. Univ. Mainz, Paris, Bayreuth (Roman., German., Phil.); Promot. 1980 Bayreuth - 1979-81 Lektor f. dt. Spr. Univ. Paris X u. 1983-85 Univ. Fribourg/Schweiz; s. 1985 Akad. Rat Univ. Bayreuth; s. 1986 Leit. Kl. Plakatmuseum Bayreuth - BV: Literarische Manifeste d. Belle Epoque in Frankreich, 1981; Inselbuch d. Faulheit (m. G. Köpf), 1983; Tourismus - Exotismus. Tageb. e. Wanderung auf La Réunion, 1985; Ist Begegnung möglich? D. III. Welt in d. Jugendlit., 1986; D. Welt in Willis Vorstellung. E. Traktat. A. Schopenhauer z. 200. Geburtstag, 1988; Ramsenthaler. D. Melankomiker aus Oberfranken, 1988; TraumHaft, Ged. 1988; Ramsenthalers Schmausebuch f. Einsiedler, 1989; Herr S. od. D. Mann wie er ist, 1991; Übers.: Flavie v. George Sand, 1991 (Ars Vivendi); Flaubert-Biographie v. Herbert Lottman, 1992. Übers. u. Herausg.: Saint-Pol-Roux: D. Ausflug (1986); Saint-Pol-Roux/Victor Segalen: Briefwechsel (1986); Saint-Pol-Roux: D. Tradition d. Zukunft (1987). Herausg. d. dt. Werkausg. Saint-Pol-Roux - Spr.: Engl., Franz., Ital.

SCHULTZ, Jochen

Dipl.-Volksw., Bankdirektor, Vorstandsmitglied Deutsche Ausgleichsbank, Bonn (s. 1989) - Amalienhöhe 6, 5300 Bonn 2 (T. 31 54 05) - Geb. 6. Dez. 1933 Beuthen/OS (Vater: Dipl.-Kfm. Hans S., Mutter: Dorothea S., geb. Hechtle), ev., verh. s. 1962 m. Erika, geb. Settgast, S. Martin - Stud. Wirtschaftswiss. Univ. Bonn u. TU Berlin - Spr.: Engl.

SCHULTZ, Jürgen

Dr. rer. nat., Univ.-Prof. f. Geographie u. Geoökologie - Maria-Theresia-Allee 215, 5100 Aachen (T. 0241 - 7 78 34) - Geb. 20. Aug. 1934 Soltau/Hann. (Vater: Erich Sch., Realsch.lehrer; Mutter: Elisabeth, geb. Siemers), verh. I) s. 1964 m. Erika, geb. Mittig, † 1972, II) s. 1976 m. Lydia, geb. Hobmair, 4 S. (Mike, Tom, Niko, Chris) - Gymn. Soltau/Hann. (Abit. 1955); Stud. Geogr. u. Biol. Univ. Freiburg, München, Berlin (FU) u. Hamburg, Staatsex. 1961 Hamburg, Stip. Stud.stiftg. d. dt. Volkes (1962-66), Promot. 1967 Hamburg, Habil. 1975 Trier - 1966-70 wiss. Assist. München, 1970-72 Lecturer Lusaka/Zambia, 1973-74 Habil.stip. Dt. Forsch.gem., 1975-76 Hochschull. Giessen, 1977-78 Assoc. Prof. Daressalaam/Tanza- nia, 1979-80 Hochschull. Geogr. Inst. I Univ. Freiburg, Hochschull. Geogr. Inst. RWTH Aachen - BV: Agrarlandschaftl. Veränd. in Tanzania, 1971; Land Use in Zambia, 1976; Wiss. Länderkd. v. Zambia, 1983; D. Ökozonen d. Erde, 1988 - Spr.: Engl.

SCHULTZ, Klaus

Generalintendant Nationaltheater Mannheim (ab 1992/93) - Am Goetheplatz, 6800 Mannheim 1 - Geb. 20. Mai 1947 - 1973-77 Dramat. Frankfurter Oper; 1977-82 Chefdramat. Bayer. Staatsoper München; 1980-84 Musikdramat. Berliner Philharmon. Orch.; 1984-92 Generalint. Stadttheater Aachen.

SCHULTZ, Klaus

Generalintendant Stadttheater u. Musikdirektion Aachen - Theaterstr. 1-3, 5100 Aachen - Geb. 20. Mai 1947, verh. - 1973/74-77 Dramat. Frankf. Oper; 1977-82 Chefdramat. u. Pressesprecher Bayer. Staatsoper München; 1980-84 Musikdramat. Berliner Philharmon. Orch.; ab 1992/93 Generalint. Nationaltheater, Mannheim - BV: Zahlr. Publ. zu Musik u. Theater.

SCHULTZ, Lothar

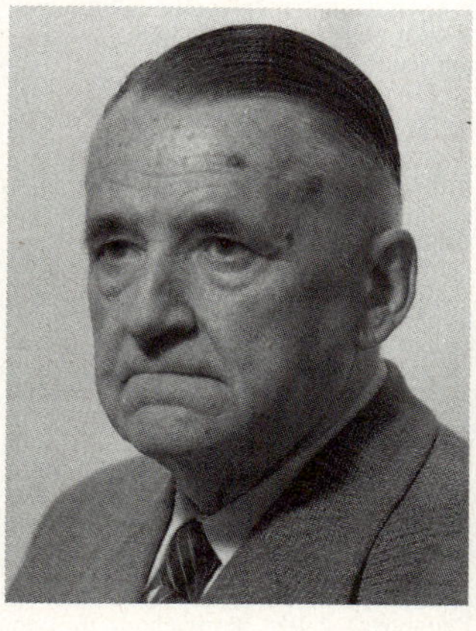

Dr. jur., Dr. phil., Prof., Rechtsgelehrter - Hainholzweg 15, 3400 Göttingen (T. 5 65 52) - Geb. 30. Nov. 1904 b. Riga/Lettl. (Vater: Julius S., Kaufm.; Mutter: Alma, geb. Peterson), ev., verh. s. 1948 m. Margarete, geb. Fugalewitsch - S. 1933 Lehrtätigk. Univ. Riga (1939-44 etatmäß. Dozent) u. Göttingen (1945-51 u. s. 1958; 1964 apl. Prof. f. Osteurop. Recht), dazw. 1951-52 Univ. Syracuse (USA) u. 1955-56 Münster. Mitgl. Ges. f. Rechtsvergl. u. Dt. Ges. f. Osteuropakd. - BV: Russ. Rechtsgesch. - V. d. Anfängen b. z. Gegenw. einschl. d. Rechts d. Sowjetuntion, 1951; D. Rußlandforsch. in d. Vereinigten Staaten, 1953; D. Rechtsstellung d. Ausländers in d. Tschechoslowakei, 1979. Buch- u. Ztschr.beitr. - Spr.: Engl., Franz., Russ.

SCHULTZ, Udo

Verwaltungsbeamter Datenzentrale Schlesw.-Holst., International Director of Development d. intern. IQ-Vereinig. Mensa - Hofholzallee 102, 2300 Kiel 1 (T. 0431 - 52 12 69) - Geb. 9. Mai 1943 Kiel, ev., verh. m. Sigrid, geb. Kokerbeck, 2 Töcht. (Megan Mareike, Arwen Amelie) - Ausb. z. gehob. Verw.dst.; Dipl.-Verw.-Wirt (FH) - Interessen: Intern. Verständig., intern. Kontakte - Spr.: Engl.

SCHULTZ, Uwe

Dr. phil., Literaturwissenschaftler - Grillparzerstr. Nr. 48, 6000 Frankfurt/M. (T. 56 16 15) - Geb. 8. Juni 1936 Hamburg - Stud. Phil., Literaturwiss., Gesch. Hamburg, Freiburg, Wien, München. Promot. 1964 - S. 1960 Südd. Ztg. u. Hess. Rundf. (1964; 1970 Leit. Abt. Lit.) - BV: Monogr. üb. Immanuel Kant, 1964. Herausg.: D. Tageb. u. d. mod. Autor, 15 Autoren suchen sich selbst, Umwelt aus Beton - Unsere unmenschl. Städte. Kritiken - 1972 Mitgl. PEN-Zentrum BRD.

SCHULTZ, Walter

Dr. rer. nat., o. Prof. f. Elektronik - An den Teichen Nr. 5, 3300 Braunschweig - Geb. 9. Febr. 1920 Stettin (Vater: Emil S., Verwaltungsangest.; Mutter: Ella, geb. Gaedtke), vd., verh. s. 1951 m. Ursula, geb. Ziemann, 2 Kd. (Brigitte, Jürgen) - Oberrealsch. Stettin; 1945-50 Univ. Göttingen (Physik; Diplomprüf. 1949). Promot. 1951; Habil. 1964 - 1951-65 Industrietätigk. (Forschungsinst.); 1964-65 Privatdoz. Univ. Erlangen-Nürnberg; s. 1965 Ord. TH bzw. TU Braunschweig - Spr.: Engl.

SCHULTZ-GERSTEIN, Hans-Georg

Dr. jur., Kanzler d. Univ. Lüneburg (s. 1981) - Postf. 24 40, 2120 Lüneburg - Geb. 1942 Hamburg, ev., verh. s. 1972, 3 Kd. - Stud. Rechtswiss. u. Kunstgesch. München, Hamburg, Florenz. Promot. 1973 Gießen; Ass.ex. 1974 Hamburg - U. a. Senatsbeauftr. f. Kunst am Bau u. Pressesprecher Hochsch. d. Bundeswehr Hamburg.

SCHULTZ-HECTOR, Marianne

Dr., Ministerin f. Kultus u. Sport (s. 1991), MdL Baden-Württ. (Wahlkr. 3, Stuttgart III) - Zu erreichen üb. Min. f. Kultus u. Sport, Neues Schloß, 7000 Stuttgart 1 (T. 0711 - 2 79-25 00) - Geb. 4. Okt. 1929 Saarbrücken - CDU.

SCHULTZ-KLINKEN, Karl-Rolf

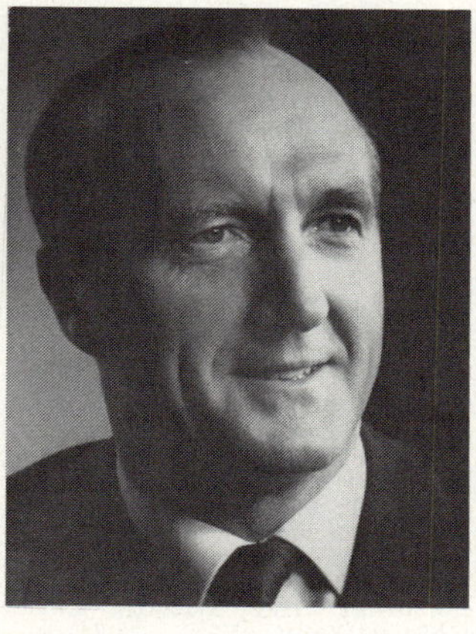

Dr. agr., Univ.-Prof. f. Agrargeschichte Univ. Hohenheim - Im Asemwald 52/18/738, 7000 Stuttgart 70 (T. 0711 - 72 13 70) - Geb. 24. Dez. 1922 Crivitz/Meckl., ledig - 1943/44 Stud. Univ. Greifswald, 1950-53 Rostock; Dipl. 1952; Promot. 1953; Habil. 1956 Rostock - Leit. Dt. Landwirtschaftsmuseum; Leit. Forsch.stelle f. vergl. Unters. d. Landwirtschaft (b. 1988) - Neuzüchtung v. 12 versch. Gräsersorten. Entw. e. extensiven landwirtschaftl. Region zu e. intensiven Wirtschaftsgeb. im Rahmen e. Großlandschaftsschutzgeb. (Lewitz) - BV: Nomenklatur u. systemat. Ordnung prähistor. Haken u. Pflüge, Forschungsbericht 1978; D. ländl. Siedlungswesen in Deutschl., s. Entwicklungsgesch. m. Quellensamml., Forschungsbericht 1978 - Liebh.: Altsteinzeitl. Felshöhlenmalerei u. feingemeißelte bronze- sow. eisenzeitl. Felsbilderforsch., Luftbildarchäol.

SCHULTZE, Arnold

Dr. phil., Univ.-Prof. f. Geographie u. ihre Didaktik an d. Univ. Lüneburg - Dömitzer Str. 7, 2120 Lüneburg (T. 3 29 66) - Geb. 12. Sept. 1930 Jever/Friesl. (Vater: Friedrich S., Hauptlehrer; Mutter: Adele, geb. Pleus), verh. s. 1963 m. Uta, geb. Buchheim, 3 Kd. (Roland, Ina, Almut) - Univ. Tübingen u. Göttingen (Geogr., Gesch., Päd.; Promot. 1961). Beide Lehrerprüf. - 1953-56 Lehrer; 1961-64 wiss. Assist.; s. 1964 Prof. - BV: D. Sielhafenorte u. d. Problem d. regionalen Typus im Bauplan d. Kulturlandschaft, 1962 (Göttinger Geogr. Abh., H. 27). Herausg.: 30 Texte z. Didaktik d. Geogr. (6. A. 1978). Herausg. u. Mitautor d. geogr. Unterrichtswerkes TERRA (1970-92). Aufs. - 1978 Gold. Sportabz.

SCHULTZE, Barnim, A.

Ing., Fachjournalist f. Fototechnik (Zeich. BAS) - Bergstr. 1, 8999 Scheidegg/Allg. (T. 08381 - 41 90) - Geb. 17. April 1916 Hochkamp (Vater: August Sch., Reeder †; Mutter: Elisabeth, geb. Kombst), verh., 2 Kd. (Elisabeth, Barnim) - 1936-39 HTL-Mittweida/Sachsen (Maschinenbau) - Fachjourn.: Foto-Optik, Kamerabau, Testberichte. Foto-Opt. Meßgeräte - Veröff.: Regelm. Beitr. in Foto-Ztschr.; eig. Testlabor; Testber. u. Informat. auf wiss. Basis - 1972 Dt. Ges. f. Photographie; 1972 FIAP (Ern. z. Exzellence).

SCHULTZE, Bernard

Maler u. Plastiker, Prof. - Riehler Str. 53, 5000 Köln 1 (T. 72 59 82) - Geb. 1915 Schneidemühle/Westpr. - Kunstakad. Berlin u. Düsseldorf - Lfd. Ausstell. In- u. Ausl. - 1967 Kunstpreis Stadt Darmstadt, 1969 Kunstpreis Stadt Köln; 1972 o. Mitgl. Akad. d. Künste Berlin; 1983 Kunstpr. Wormland, München (zus. m. Ursula Schultze-Bluhm); 1984 Gr. Hess. Kulturpr.; 1986 Lovis-Corinth-Preis Künstlergilde Esslingen; 1990 Stephan-Lochner-Med. d. Stadt Köln.

SCHULTZE, Heinz W.

Vorstandsmitglied Stadt-Sparkasse Gelsenkirchen - Oemkenstr. 141, 4660 Gelsenkirchen-Buer - Geb. 17. Juni 1911 Schwedt/O.

SCHULTZE v. LASAULX, Hermann-Arnold

Dr. jur., o. Prof. f. Dt. Rechtsgeschichte, Dt. Privatrecht, Bürgerl. Recht sowie Handelsrecht (emerit. 1970) - Müllenhoffweg 12, 2000 Hamburg 52 (T. 899 23 20) - Geb. 21. Okt. 1901 Jena (Vater: Prof. Alfred Schultze; Mutter: Agnes, geb. v. Lasaulx), ev., verh. I) m. Dorothea, geb. Vetters, 3 Kd. (Angelika, Arnold, Gabriele), II) Wera, geb. Kemna - Promot. 1927; Habil. 1931 - 1927 Richter AG Leipzig, 1930 Assist., 1931 Privatdoz. Univ. Tübingen, 1932 Ord. Univ. Rostock, 1935 Univ. Jena, 1941 Univ. Breslau, 1945 wied. Jena, 1947 Univ. Münster, 1951 Univ. Hamburg, zugl. Richter OLG ebd. Veröff. üb. dt. Rechtsgesch. d. Hochmittelalters, Bürgerl. Recht u. Handelsrecht.

SCHULTZE, Joachim Walter

Dr., Prof. f. Physikal. Chemie Univ. Düsseldorf - Zu erreichen üb. Universität, Universitätsstr. 1, 4000 Düsseldorf (T. 0211 - 311 - 47 50) - Geb. 23. Jan. 1937 Jena (Vater: Joachim Sch., o. Prof.; Mutter: Erna, geb. Gerlach), verh. s. 1961 m. Elke, geb. Groth, 3 Kd. - Stud. Chemie Jena u. FU Berlin; Promot. 1966; Habil. 1972 - 1972 Prof. f. Physikal. Chemie; 1976-78 FU Berlin (Inst.-Dir.); 1979 o. Prof. Düsseldorf - Vorst.-Mitgl. Fachgr. Angew. Elektrochemie GDCh; 1987-89 Pres. d. Int. Soc. of Electrochemistry; Vors. d. Arbeitsgem. Elektrochem. Forsch.institutionen e.V. 180 wiss. Veröff. üb. Wachstum v. Oxidschichten, Korrosion u. Passivität v. Metallen, Inhibition, Elektrosorption u. Fotoelektrochemie u.a.

SCHULTZE, Rainer-Olaf

Dr. phil., Prof. f. Politikwiss. Univ. Augsburg - Garmischer Str. 48, 8900 Augsburg (T. 0821 - 66 49 37 u. 598 51 77) - Geb. 6. Okt. 1945 Göttingen, ledig - Stud. Univ. Heidelberg u. Harvard/USA; Promot. 1975 Heidelberg; Habil. 1984 Bochum - 1976-85 wiss. Assist. Bochum; 1985 Prof. u. Dir. Inst. f. Kanada-Stud. Univ. Augsburg. 1980-84

Vors. Ges. f. Kanada-Stud. - BV: Wahlen in Deutschl., 1971; Politik u. Ges. in Kanada, 1977; D. politische System Kanadas im Strukturvergleich, 1985; German Students in Canada, 1989; Kanada u. d. Vereinigten Staaten: Ungleiche Nachbarn in Nordamerika, 1989; Bekannte Konturen im Westen- ungewisse Zukunft im Osten, in: Wahlenverhalten, 1991; Politikwiss. (Pipers Wörterb. z. Politik, Bd. 1), 4. A. 1992.

SCHULTZE, Rudolf

Dr. jur., Generaldirektor i. R. - Wilhelm-Leuschner-Str. 11, 6800 Mannheim 1 - Geb. 19. Mai 1922 Kronshagen - AR Mannheimer Versich. AG, Mannheimer Lebensversich. AG, Augusta-Anlage 65, 6800 Mannheim 1.

SCHULTZE, Wolfgang

Gewerkschaftssekretär, MdL Nieders. (s. 1974) - Am Stadtgraben 8c, 3017 Pattensen 1 - Geb. 11. Febr. 1936 Hannover - Gelernter Werkzeugmacher - Vorst.-Mitgl. BG Chemie; stv. AR-Vors. Continental AG, Hannover, Feldmühle Nobel AG, Düsseldorf; s. 1990 stv. AR-Vors. d. Leuna-Werke AG, s. 1992 d. Metallges. Industriebeteiligungen, Düsseldorf. S. 1958 Gewerksch.sekr., s. 1980 Mitgl. d. gf. Hauptvorst. d. IG Chemie-Papier-Keramik, s. 1988 stv. Bundesvors. - SPD.

SCHULTZE-BLUHM, Ursula

Bildende Künstlerin - Riehlerstr. 53, 5000 Köln 1 (T. 72 59 82) - Geb. 17. Nov. 1921 Mittenwalde/Mark - Lfd. Ausstell. In- u. Ausland - 1983 Kunstpr. Wormland, München (zus. m. Bernard Schultze).

SCHULZ, Alfred

Oberstudienrat, MdL Schlesw.-Holst. (s. 1971) - Großer Scharnhorst 5, 2057 Reinbek (T. Hamburg 722 62 45) - Geb. 23. Dez. 1928 Altona, ev., verh., 3 Kd. - Obersch. (Abit. 1948) u. Univ. Hamburg (Gesch., German., Öfftl. Recht, Politikwiss.) - S. 1954 Schuldst. SH (u. a. Otto-Hahn-Gymn. Geesthacht), 1966ff. Stadtverordn. Reinbek (1970-74 Bürgervorst., 1970/71 MdK Stormarn. SPD s. 1952 (1968 Kreisvors. Stormarn, 1969-73 Mitgl. Landesvorst. SH).

SCHULZ, Bertold

Rentenberater, Vorsitzender Bundesverband d. Rentenberater Norddeutschl. - Marktpassage 4, 2104 Hamburg 92 (T. 040 - 701 99 12) - Geb. 23. Okt. 1937 Berlin.

SCHULZ, Dieter

Dr. phil., Prof. f. Englische Philol. m. Schwerp. amerikan. Lit. Univ. Heidelberg - Ränkelweg 16, 6903 Neckargemünd (T. 06223 - 7 28 37) - Geb. 7. Jan. 1943, verh. s. 1968 m. Regina, geb. Mosler, 2 Kd. (Birke, Jan) - Stud. Angl. u. Slavistik Univ. Köln, Marburg u. Berlin; Promot. 1968 Marburg - 1968-71 Postdoctoral Fellow Yale Univ.; 1969/70 Visiting Prof. Univ. of New Mexico; 1973-76 Prof. Berg. Univ. Wuppertal; 1976-82 o. Prof. Stuttgart; 1982 Visiting Prof. Oregon State Univ.; 1986/87 Dekan Neuphilol. Fak. Univ. Heidelberg; 1988 Visiting Prof. Univ. of New Mexico - BV: Suche u. Abenteuer, 1981 - Liebh.: Musik - Spr.: Engl., Franz., Russ.

SCHULZ, Dietrich

Dr. rer. pol., Dipl.-Kfm., Vorstandsvorsitzender L. Possehl & Co. mbH - Beckergrube 38-52, 2400 Lübeck 1 - Geb. 24. Juli 1932 Prenzlau/Uckermark, ev., verh. s. 1958 m. Margrit aus dem Kahmen, 3 Kd. (Stefan, Eva-Britt, Anne-Marei) - Univ. Köln (Dipl. u. Promot.) - AR- u. Beiratsmandate (z. T. Vors.); Präs. Vereinig. Schlesw.-Holst. Unternehmensverb., Rendsburg; Stellv. d. Präses IHK zu Lübeck; stv. Vors. Dt. Schwed. Handelsk. Stockholm; Vors. Ges. d. Freunde u. Förderer Med. Univ. zu Lübeck, u. Studien- u. Förderges. Schlesw.-Holst. Wirtschaft, Rendsburg - Honorarkonsul Schweden; Offz.kreuz Königl. Schwed. Nordstern-Orden; BVK I. Kl.; Ehrenbürger d. Med. Univ. zu Lübeck - Liebh.: Kunst - Spr.: Engl., Franz.

SCHULZ, Eberhard

Dr. phil., Honorarprof. Univ. Bonn - Bellerstr. 10, 5303 Bornheim 4 - Geb. 17. Aug. 1926 Frankfurt/M., verh. s. 1951, 3 Kd. - Stud. mittelalterl. u. neuere Gesch., osteurop. Gesch. u. Slavist. Univ. Göttingen; Stud. Wirtschaftswiss. in Hamburg; Promot. 1952 Göttingen - 1966-91 stv. Dir. d. Forsch.-Inst. DGAP - BV: An Ulbricht führt kein Weg mehr vorbei, 1967; Moskau u. d. Europ. Integrat., 1975; D. dt. Nation in Europa, 1982 - Liebh.: Musik.

SCHULZ, Eberhard Günter

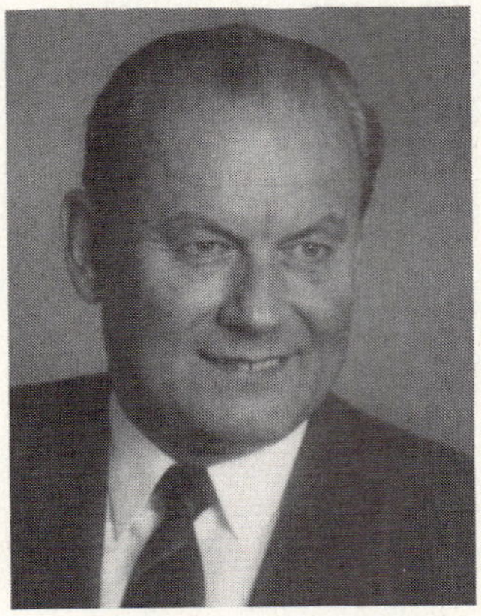

Dr. phil., M. A. Prof. f. Philosophie Univ. Duisburg - Friedr.-Ebert-Str. 79, 3550 Marburg 1 (T. 06421 - 4 25 14) - Geb. 27. Okt. 1929 Neusalz/O. (Vater: Artur S., Heilpraktiker; Mutter: Marie, geb. Eschenhorn), ev., verh. s. 1959 m. Hertha, geb. Conen, 2 Töcht. (Cosima, Viola) - Realgymn. Neusalz, Stade (Athenäum); 1949-57 Stud. Phil., German. u. Math. Univ. Marburg - S. 1972 Doz., 1982 Prof. Univ. Duisburg; s. 1972 Vors. Kulturwerk Schlesien Würzburg; s. 1979 Vorst.-Mitgl. Ostdt. Kulturrat Bonn; s. 1973 Präs. Kirchentag d. ev. Schlesier - BV: Leistung u. Schicksal, üb. d. Deutschen im Osten, 1967 (Hrsg.); Rehbergs Opposition gegen Kants Ethik, 1975; Aufs. z. Berliner Aufklärung (Kant, Garve), 1974 u. 79; Chr. Wolff - Gründlichk. u. Aufklärung in s. Phil., 1983; Wolffs Moralprinzip u. Kants Kategor. Imperativ, 1990; D. Widerstand gegen d. Staatsgew. als Probl. d. phil. Rechtslehre, 1989. Herausg.: Ztschr. Schlesien; Kunst - Wiss. - Volkskde. - Liebh.: Lit., bild. Kunst, Gesch. - Spr.: Engl., Franz.

SCHULZ, Eckhard

Geschäftsführer Dramatiker-Union, Wilfried-Steinbrenner-Stiftg. z. Förd. d. ernst. Musik, Interessengem. d. Urheber, Neue Zentralst. d. Bühnenautoren u. Bühnenverleger GmbH, VIB Veranstaltungen in Berlin, Verein z. Rettung d. Hebbel-Theaters in Berlin-Kreuzberg - Bismarckstr. 107, 1000 Berlin 12 (030 - 31 76 76), priv.: Gelfertstr. 30, 1000 Berlin 33.

SCHULZ, Ekkehard

Dr.-Ing., Vorstand Thyssen Stahl AG, u. Verein Dt. Eisenhüttenleute, Düsseldorf - Kaiser-Wilhelm-Str. 100, Postf. 11 05 61, 4100 Duisburg 11 - Geb. 24. Juli 1941 - Stv. Vorst.-Vors. Verein Dt. Zementwerke, Düsseldorf; AR Dolomit GmbH, Wülfrath, Exploration u. Bergbau GmbH, Düsseldorf, Martin & Pagenstecher GmbH, Köln, Nedstaal B.V., Alblasserdam (NL), Rhein. Kalksteinwerke GmbH, Wülfrath, Thyssen Bandstahl Berlin GmbH, Berlin, Thyssen Draht AG, Hamm, Thyssen Guss AG, Mülheim, Vereinigte Schmiedewerke, Bochum; Beirat Eisenbahn u. Hafen, Duisburg, Rohstoffhandel GmbH, Düsseldorf, Thyssen Laser-Technik GmbH, Aachen, Thyssen Sonnenberg GmbH, Düsseldorf, Thyssen Umformtechnik, Remscheid, Thyssen Verkehr GmbH, Duisburg; Board of Directors Bong Mining Company, Düsseldorf, Thyssen Steel Detroit.

SCHULZ, Friedrich J.

Mitinhaber u. Geschäftsführer „DruMeta" Metall GmbH u. „DruMeta" Metall GmbH & Co K.G., Velbert - Grünheide 79, 5620 Velbert/Rhld. (T. 02051 - 5 70 40) - Geb. 14. Febr. 1912 - Vors. Förderungsgem. d. Dt. Schloß- u. Beschläge-Museums Velbert - BVK.

SCHULZ, Georg E.

Dr., Prof. f. Biochemie Univ. Freiburg, Inst. f. Org. Chemie u. Biochemie - Albertstr. 21, 7800 Freiburg (T. 0761 - 2 03-28 35) - Geb. 24. Aug. 1939 Berlin (Vater: Max Sch., Handwerker; Mutter: Helene, geb. Stange), ev., verh. s. 1964 m. Elsa, geb. Witt, 3 Kd. (Annette, Dorothee, Sebastian) - Abit. Berlin; Stud. TU Berlin u. Univ. Heidelberg (Dipl. 1964, Promot. 1966, Habil. 1973) - 1968-83 wiss. Angest. u. Prof. Max-Planck-Inst. Med. Forsch. Heidelberg; 1983 Ord. Biochemie Univ. Freiburg - BV: Principles of Protein Structure (m. Prof. Schirmer), Monogr. 1979 (jap. 1980, russ. 1982). 130 Publ. in wiss. Journalen u. Büchern.

SCHULZ, Gerhard

Dr. phil., em. o. Prof. f. Neuere Geschichte unt. bes. Berücks. d. Zeitgeschichte - Bei d. Ochsenweide 16, 7400 Tübingen (T. 6 30 06) - Geb. 24. Aug. 1924 Sommerfeld/NL. (Vater: Kurt Sch., kaufm. Werkleiter; Mutter: Elise, geb. Dvorak), verh. m. Dr. phil. Cornelia, geb. Popitz †1987 (Tochter d. Preuß. Finanzmin. Prof. Dr. jur. Johannes P.), 2 Söhne (Dr. rer. nat. Gerhard Cornelius Schulz-Popitz, Johannes Heinrich Sch.) - Real-Reformgymn. Sommerfeld; 1942 Wehrdienst, 1944 schwere Kriegsverl.; 1946-52 TH Dresden, Univ. Leipzig, FU Berlin (Gesch., Geogr., Phil., Wirtschaftsgesch.). Promot. (1952) u. Habil. (1960) FU Berlin - S. 1962 ao. u. o. Prof. (1963) Univ. Tübingen (Dir. Sem. f. Zeitgesch.) - BV: Parteien in d. Bundesrep., 1955 (m. Lange u. Schütz); D. nationalsozialist. Machtergreifung, 1960, 3. A. 1973 (m. Bracher u. Sauer; eig. Beitrag: D. Anfänge d. totalitären Maßnahmenstaates); Zwischen Demokratie u. Diktatur, Bd. I (D. Periode d. Konsolidierung u. d. Revision d. Bismarckschen Reichsaufbaus 1919-30) 1963, 2. A. 1987; Bd. II (Dtschl. am Vorabend d. Gr. Krise) 1987; Bd. III (Von Brüning zu Hitler), 1992; Revolutionen u. Friedensschlüsse 1917-20, 1967, 6. A. 1985 (Schweizer Ausg. 1969, engl. 1972, 2. A. 1974) D. dt. Ostgebiete - Zu ihrer histor.-polit. Lage, 1967; D. Zeitalter d. Gesellschaft - Aufs. z. polit. Sozialgesch. d. Neuzeit, 1969; Faschismus - Nationalsozialismus, Versionen u. theoret. Kontroversen 1922-72, 1974; Aufstieg d. Nationalsozialismus - Krise u. Revolution in Dtschl., 1975; Dtschl. s. d. Ersten Weltkrieg, 1976, 2. A. 1982; Geheimdienste u. Widerstandsbeweg. im Zweiten Weltkrieg, 1982; Einführung in d. Zeitgeschichte, 1992. Herausg.: Was wird aus d. Univ.?; (1969), Tüb. Schriften z. Sozial- u. Zeitgesch. (1972ff.), Mod. Gesch. u. Politik, Histor. Stud. (1973ff.); Gesch. heute - Positionen/ Tendenzen/Probleme (1973); Quellen z. Ära Brüning: I. Staat u. NSDAP 1930-32 (1977), II. Politik u. Wirtschaft in d. Krise (1980); D. Große Krise d. dreißiger Jahre - V. Niedergang d. Weltwirtsch. z. Zweiten Weltkrieg (1985); Partisanen u. Volkskrieg - Z. Revolutionier. d. Krieges im 20. Jh. (1985); Weimarer Republik (1987). Zahlr. Fachaufs. - Mitgl. Kommiss. f. Gesch. d. Parlamentarismus u. d. polit. Parteien, Bonn, d. Wiss. Beirats Inst. f. Zeitgesch., München, d. Vereinig. f. Verfassungsgesch. - Lit.: Wege in die Zeitgesch. Festschr. z. 65. Geb. v. G. Sch., hg. v. J. Heideking, G. Hufnagel, F. Knipping (1989).

SCHULZ, Günter

s. Schulz-Benesch, Günter

SCHULZ, Günter H.

Dr. phil., Geschäftsführer FVB Theaterbetriebs-GmbH. (s. 1964) u. Freie Volksbühne e. V. (s. 1968), beide Berlin - Am Sandwerder 34 B, 1000 Berlin 39 (T. 306 44 05) - Geb. 23. März 1930 Berlin (Vater: Hermann S., Drechsler; Mutter: Alma, geb. Brückert), ev., verh. m. Ingeborg, geb. Dau, S. Lothar - Max-Planck-Sch. Berlin; Univ. ebd. (Freie) u. Göttingen (Theaterwiss., German., Musikwiss., Rechtswiss.). Promot. 1955 FU Berlin - 1956-68 Geschäftsf. Verb. d. dt. Volksbühnen-Vereine. Mitgl. Ges. f. Theatergesch. u. Intern. Theaterinst.; s. 1986 Vors. Kurat. Käthe-Dorsch-Stiftg. SPD s. 1969 - BV: D. Entwicklung d. Schauspielerengagements in Dtschl. v. 17. b. z. 19. Jh., 1955 (Diss.), Buchausg. 1991; Theaterbau im Wandel d. Zeit, 1959 - Liebh.: Archäol., Kunst- u. Kulturgesch. - Spr.: Engl., Franz.

SCHULZ, Günter-Viktor

Dr. phil., Drs. h. c., o. Prof. f. Physikal. Chemie (emerit.) - Niklas-Vogt-Str. 22, 6500 Mainz (T. 8 26 33) - Geb. 4. Okt. 1905 Lodz (Vater: Robert S.; Mutter: Martha, geb. Nippe), ev., verh. in 1. Ehe m. Erika, geb. Grössler †, s. 1980 in 2. Ehe m. Helma geb. Gebhard, 3 Kd. (Dietrich †, Vera †, Sibylle) - Univ. Freiburg/Br., München, Berlin (Chemie). Promot. 1931 Berlin; Habil. 1937 Freiburg - 1937 Doz. Univ. Freiburg, 1943 ao. Prof. Univ. Rostock, 1946 o. Prof. u. Inst.dir. Univ. Mainz, em. 1974. Spez. Arbeitsgeb.: Physikal. Chemie d. makromolekul. Stoffe. Fachveröff. - Ehrendoktor Univ. Uppsala, Freiburg u. La Plata (Argentinien); Staudinger-Med.; 1960 Fellow New York Acad. of Sciences; korr. Mitgl. Österr. Akad. d. Wiss.; 1980 Dechema-Med.

SCHULZ, Günther

Dr. rer. nat., Prof. f. Experimentalphysik - Semperstr. 32, 6600 Saarbrücken - Habil. Saarbrücken - S. 1968 apl. Prof. u. Prof. auf Lebenszeit Univ. Saarbrücken. Facharb.

SCHULZ, Hans-Joachim

Dr. theol., Prof. f. Ostkirchengesch. u. Ökumenische Theol. - Kapellenberg 3, 8712 Volkach-Gaibach - Geb. 18. Febr. 1932 Berlin (Vater: Anton S.) - S. 1964 (Habil.) Univ. Münster, Hochsch. Königstein (1965; Prof. f. Liturgiewiss.), Univ. Bochum (1968), Univ. Würzburg (1978; Theol. Fak.). Fachveröff., auch Bücher. Mithrsg.: Handb. d. Ostkirchenkde. (1984 u. 1988).

SCHULZ, Hartmut

Dr. iur., Oberfinanzpräsident Thüringen - Jenaer Str. 37, O-5084 Erfurt (T. 0361 - 50 71 02) - Geb. 1. Okt. 1935 Prenzlau, ev., verh. s. 1964 m. Christel, geb. Krakowksi, 2 Töcht. (Bianca, Corinna) - Abit. 1955; 1. jurist. Staatsex. 1959; 2. jurist. Staatsex. 1964; Promot. 1964 Univ. Bonn - 1964-68 Bundesvermögensverw.; 1968-91 Bundesfinanzmin. (zul. Ministerialrat) - Liebh.: Musik, Theater, Antiquitäten - Spr.: Engl., Franz.

SCHULZ, Heinz

Dr. rer. nat., Prof., Lehrstuhlinhaber Inst. f. Kristallographie u. Mineralogie Univ. München, Dir. Mineral. Staatssammlung - Innerkofler Str. 19, 8000 München 70 (T. 089 - 71 86 88) - Geb. 5. Juni 1935 Berlin, ev., verh. s. 1961 m. Angret, geb. Giesecke †1988, 5 Kd. (Andreas, Christian, Benjamin, Susanne, Sebastian) - 1953-60 Physik-Stud. Univ. Berlin; Promot. 1964 Univ. Saarl., Habil. 1971 Eidgenöss. TH Zürich - 1961-69 wiss. Assist.; 1970-74 Privatdoz.; 1974 Prof. Univ. Frankfurt; 1975-84 Gruppenleit. Max-Planck-Inst. f. Festkörperforschung, Stuttgart; 1975-84 Honorarprof. Univ. Karlsruhe; s. 1984 Univ.

München - Mitgl. mehrerer Gutachteraussch. Bundesmin. f. Forschung u. Technol.; Mitgl. mehrerer Komitees Intern. Union f. Crystallography. S. 1991 Erster Vors. d. neugegründeten Dt. Ges. f. Kristallographie - BV: Crystal Structure of Fast Ionic Conductors, in: Annual Review of Materials Science, 1982; Annual Reviews Inc. Palo Alto, California/USA; Diffuse X-RayDiffraction and its Applications to Materials Research, in: Current Topics in Materials Science Vol. 8, 1982. Heraus.: ACTA-Cryst. (1978-84). Haupt-Herausg.: Ztschr. f. Kristallographie (ab 1986) - 1967 Hermann-Rose-Preis Fa. Röntgen-Müller, Hamburg; 1973 Ernst-Abbe-Preis Dt. Mineral. Ges. - Liebh.: Bridge - Spr.: Engl.

SCHULZ, Herbert

Dr.-Ing., Prof., Leiter Inst. f. Produktionstechnik u. Spanende Werkzeugmasch. TH Darmstadt - Holunderweg 19, 6110 Dieburg (T. 06071 - 2 59 77) - Geb. 24. Jan. 1936 Aschaffenburg (Vater: Hans Sch., Verkaufsleit.; Mutter: Paula, geb. Morhard), kath., verh. s. 1961 m. Maria-Luise, geb. Fuchs, 2 Kd. (Ellen, Marcus) - 1955-60 Stud. Maschinenbau TH Darmstadt; Promot. 1966 - 1960-67 Wiss. Assist.; 1967-81 versch. ltd. Tätigk. in d. Maschinenbauind., zul. Geschäftsf. Werkzeugmaschinenfabr. Scharmann GmbH & Co., Mönchengladbach; s. 1981 Prof. (s. o.) - BV: Rechnergestützte Fabrikautomatisierung, 1989; Hochgeschwindigkeitsfräsen metallischer u. nichtmetallischer Werkstoffe, 1989; CIM-Planung u. -Einführung, 1990. Üb. 200 Fachveröff. Herausg. Fachztschr. Werkstatt u. Betrieb - Liebh.: Mod. Malerei, Musik - Spr.: Engl.

SCHULZ, Heribert

Dr. med., Prof., Pathologe - Natruper-Tor-Wall 1, 4500 Osnabrück - Geb. 2. Febr. 1928 - S. 1959 (Habil.) Privatdoz. u. apl. Prof. (1965) Med. Akad. bzw. Univ. Düsseldorf (1967 ff. Wiss. Rat u. Prof.; zul. Oberarzt Pathol. Inst.) - BV: D. submikroskop. Anatomie u. Pathologie d. Lunge, 1959 (auch engl.); Thrombocyten u. Thrombose im elektronenmikroskop. Bild, 1968. Üb. 100 Einzelarb.

SCHULZ, Hermann

Dr. theol., Prof. f. Altes Testament - Hofstatt 11, 3550 Marburg/L. - Geb. 27. Juli 1937 Memel (Eltern: Walter (Oberstudienrat) u. Lore S.), ev., verh. s. 1963 m. Reine, geb. Siefkes - Univ. Mainz, Göttingen, Marburg. Promot. 1966; Habil. 1970 - S. 1970 Doz. u. Prof. (1971) Univ. Marburg - BV: D. Todesrecht im AT, 1969; D. Buch Nahum, 1973.

SCHULZ, Horst

Dr. forest., o. Prof. u. Vorst. Inst. f. Holzforschung Univ. München (s. 1973) - Winzererstr. 45, 8000 München 40 - Geb. 6. Nov. 1924 - Stud. Forstw. - 1960 (Habil.) Lehrtätigk. Göttingen (1966 apl. Prof. f. Forstbenutzung), 1968 Dir. Wilhelm-Klauditz-Inst. f. Holzforsch. TU Braunschweig. Div. Facharb., auch Bücher - Spr.: Engl., Span.

SCHULZ, Jürgen

Altbürgermeister, Rechtsanwalt u. Fachanw. f. Steuerrecht, Kreisrat Landkr. Starnberg (1984ff.) - Stritt-holzstr. 4, Kanzlei: Seestr. 40, 8036 Herrsching/Ammersee - Geb. 9. Nov. 1929 Marburg/L. (Vater: Conny S., Steuerrat; Mutter: Maria, geb. Schaub), ev., verh., 2 Söhne - 1972-84 I. Bgm. (ehrenamtl.) Herrsching (776 n. Chr. erstmals urkundl. erwähnt). Div. Funktionen, dar. Vors. Abwasserverb. Ammersee-Ost u. Fremdenverkehrsverb. 5-Seen-Land; AR-Vors. Volksbank Herrsching-Landsberg-Starnberg e.G., Herrsching a. A.

SCHULZ, Jürgen

Kapellmeister, Leitender Chordirektor Hamburg. Staatsoper - Bredenbergsweg 32, 2104 Hamburg 92 (T. 040 - 796 72 98) - Geb. 9. Mai 1936 Berlin, ev., verh. s. 1960 m. Siglinde, geb. Kopp, 2 Kd. (Bernhard, Kerstin) - 1946 Sängerknabe Staats- u. Domchor Berlin; Oberschule; Abit. 1954; Kapellmeisterstud. Hochsch. f. Musik Berlin; Staatsex. 1959 - Theaterengagements: 1959 Senftenberg, 1961 Kaiserslautern, 1964 Düsseldorf, 1974 Mannheim, 1981 Hamburg. Lehrtätigk. Pfälz. Konservat., Staatl. Hochsch. f. Musik Ruhr, Staatl. Hochsch. f. Musik Rhld., Staatl. Hochsch. f. Musik Heidelberg/Mannheim, Musikhochsch. Lübeck, Hochsch. f. Musik u. darstellende Kunst Hamburg - Spr.: Engl., Franz., Ital., Russ.

SCHULZ, Klaus

Dr. jur., Geschäftsführer i. R. - Steinerstr. 22, 8000 München 60 (T. 811 19 65) - Geb. 6. Juni 1910 Klein-Irben/Lettl. (Vater: Konrad S., Pastor; Mutter: Lucie, geb. Sadowsky), ev., verh. s. 1942 m. Jutta, geb. Brinkhoff, T. Annette - Dt. Gymn. Riga; Univ. ebd. Königsberg/Pr., Innsbruck, München, Leipzig (Promot. 1940) - 1940-41 IHK Graudenz; 1948-49 Heidorn-Verlag, Stuttgart (Verlagsleit.); 1951-56 Verlag D. Beste ebd. (Vertriebsleit.); 1956-64 Südd. Verlag, München (Vertriebsleit.); 1964-75 Gf. Dt. Ztschr.verleger, Bonn - Spr.: Lett., Russ. - Liebh.: Lesen, Sport.

SCHULZ, Klaus-Peter

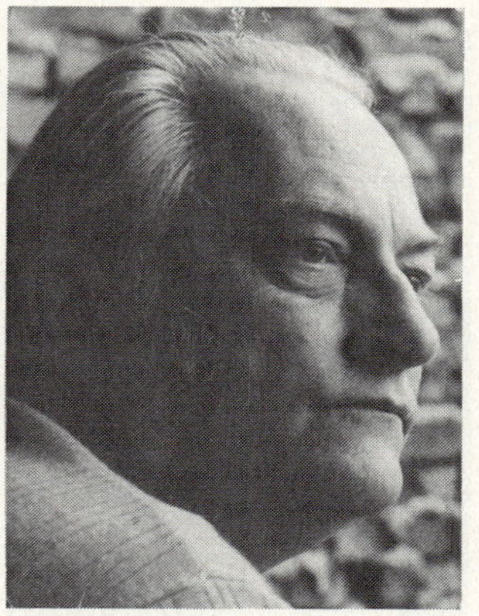

Dr. med., Publizist - Eichkampstr. 16, 1000 Berlin 19 - Geb. 2. April 1915 Berlin (Vater: Heinrich S., 1919-27 Staatssekr. Reichsinnenmin., MdR (1912-30), 1919-20 I. Vizepräs. Weimarer Nationalvers., Vors.mitbegr. Dt. Kunstgemeinsch. u. Begr. sozialdemokr. Bildungsarb. † 1932 (s. IX. Ausg.); Mutter: Gertrud, geb. Stahl) - Grunewald- u. Franz. Gymn. Berlin; Univ. Greifswald u. Berlin (Med.) - 1937-45 Wehrmacht (zul. Unterarzt d. R.), dann Dezern. Gesundheitsamt Berlin-Pankow, ab 1946 polit. Redakt. D. Tagesspiegel u. Chefredakt. D. Sozialdemokrat, beide Berlin, 1948-49 Herausg. Debatte, Helmstedt, dann polit. Kommentator NWDR, SWF, Bayer., Westd. u. Saarl. Rundf., 1959 Leit. Berlin-Büro Inter Nationes, 1960-63 Mitarb. Senat u. Berlin-Korresp. SWF, ab 1963 Leit. Berlin-Studio Dt. Welle, 1952-56 Mitgl. Verfassunggeb. Landesvers. u. Landtag Baden-Württ.; 1963-65 MdA Berlin (1964 Vors. Aussch. f. Wiss. u. Kunst); 1965-76 MdB/Vertr. Bln.s; 1966-73 Mitgl. Berat. Vers. Europarat (1970/71 Vizepräs.) u. Westeurop. Union; 1973 ff. Mitgl. Europ. Parlam. 1931-71 (Austr.) SPD; 1971-76 CDU - BV: D. Insel d. Freiheit, 1948; Sorge um d. dt. Linke, 1954; Luther u. Marx, 1956; Opposition als polit. Schicksal?, 1958; Kurt Tucholsky, Monogr. 1959; Berlin - le destin de l'Allemagne, 1961; Informationen üb. Berlin, 1961; Berlin zwischen Freiheit u. Diktatur, 1962; Proletarier - Klassenkämpfer - Staatsbürger/100 J. dt. Arbeiterbeweg., 1963; Auftakt z. Kalten Krieg - D. Freiheitskampf d. SPD in Berlin 1945-46, 1965; D. Reichstag gestern - morgen, 1969; Ich warne, 1972; D. ehrbaren Erpresser, 1976; Berlin u. d. Berliner, 1977; D. Liebe ist d. Sinn, 1980; E. perfekter Rufmord, 1984; Adenauers Widersacher, 1989; Authentische Spuren - 24 Begegnungen m. bekannten Zeitgenossen, 1992.

SCHULZ, Knut

Dr. phil., Prof. f. Geschichte d. Mittelalters - Am Waldhaus 32, 1000 Berlin 38 (T. 803 19 85) - Geb. 17. Nov. 1937 Berlin (Vater: Fritz Sch., Prof. †; Mutter: Ruth, geb. Grossert †) - Schule Berlin (Abit. 1957), FU Berlin, Staatsex. 1963, Promot. 1966, Habil. 1972 - 1964 Wiss. Assist., 1972 Prof., 1974-76 Vors. Fachber. Gesch.wiss. Univ. Berlin - BV: Ministerialität u. Bürgertum in Trier, 1968; Beitr. z. Wirtsch.- u. Sozialgesch. d. MA (Hrsg.), 1976; Handwerksges. u. Lohnarbeiter. Untersuch. z. oberrhein. u. oberdt. Stadtgeschichte d. 14. b. 17. Jahrh., 1985; Denn sie lieben die Freiheit so sehr... Kommunale Aufstände u. Entstehung d. europ. Bürgertums im Hochmittelalter, 1992.

SCHULZ, Kurt

Bürgermeister Stadt Eckernförde (s. 1969) - Sehestedter Str. 48, 2330 Eckernförde (T. 32 05) - Geb. 8. Okt. 1922 Stettin, ev., verh., 2 Kd. - Gymn. (Abit.) - Verwaltungsangest. 1948-70 MdK Eckernförde (Fraktionsvors.), 1951-69 Ratsherr Eckernförde; 1958-75 MdL Schlesw.-Holst. (1967 stv. Fraktionsvors.; 1971 Vizepräs.) SPD (u. a. Landesschatzm.) - 1975 Gr. BVK; 1979 Feuerwehrehrenz. in Gold; Frhr.-v.Stein-Med.

SCHULZ, Leo-Clemens

Dr. med. vet., Dr. h. c., Dr. med. vet. h. c., Dr. med. h. c., o. Prof. f. Allg. Pathologie u. pathol. Anatomie d. Haustiere - v.-Graevemeyer-Weg 20a, 3000 Hannover 72 (T. Hannover 52 33 86) - Geb. 22. Aug. 1923 Guttstadt/Ostpr., verh. s. 1958 m. Dr. Brigitte, geb. Meister, 2 Kd. (Michael, Sabine) - S. 1960 (Habil.) Privatdoz. u. Ord. (1965) Tierärztl. Hochsch. Hannover (1965-86 Dir. Inst. f. Pathol.; 1968-70 Rektor). 170 Fachveröff., spez. Rheumatoide Krankheiten. Herausg.: Pathologie d. Haustiere u. Lehrb. d. Allg. Pathol. - Ehrenmitgl. Veterinärmed. Fak. Univ. Santiago, Chilen. Veterinärmed. Ges., Soc. Italiana delle Szienze Veterinarie; Ehrendoktor Univ. Cordoba (1976), Rijksuniv. Gent (1978) u. Med. Hochsch. Hannover (1982); Mitgl. Dt. Akad. d. Naturforscher Leopoldina; Korr. Mitgl. Comp. Neuropathology of World Fed. of Neurology u. d. Albrecht-Thaer-Ges. - 1981 Carol-Nachman-Preis f. Rheumatol. f. Zwei-Phasenkonzept d. Rheumatoiden Entzünd.; 1989 Martin-Lerche-Forsch.preis d. Dt. Vet. Med. Ges.

SCHULZ, Max J.

Dr. rer. nat., o. Prof. u. Vorstand Inst. f. Angew. Physik Univ. Erlangen-Nürnberg (s. 1978) - Ruhsteinweg 17, 8525 Uttenreuth/Weiher - Geb. 17. Mai 1939 Nürnberg (Vater: Prof. Dr.-Ing. Max E. S. †1981; Mutter: Gretel, geb. Leder), verh. s. 1965 m. Telse, geb. Jebens - Stud. Physik Kiel u. Braunschweig (Dipl.). Habil. Freiburg - Research Fellow England; Wiss. Angest. IAF Freiburg; 1982/83 W. Schottky Prof. Stanford Univ.

SCHULZ, Oskar

Senator a. D., Rechtsanwalt, Vorst.-Mitgl. Aktiengesellschaft Weser, Werften Bremen u. Seebeck, Bremerhaven - Wurster Str. 39, 2850 Bremerhaven - Geb. 2. Febr. 1920 Pommern - Stud. Rechtswiss. Ass.ex. - S. 1961 Arbeitsgerichtsrat Bremen, Stadtkämmerer Bremerhaven (1965), Finanzsenator Bremen (1970). SPD s. 1957.

SCHULZ, Paul

Dr. phil., Dr. rer. nat. habil., em. o. Prof. f. Lichttechnik u. physikal. Elektronik Univ. Karlsruhe (s. 1950; 1963-65 Rektor) - Aschenbrödelweg 5, 7500 Karlsruhe/Rüppurr (T. 88 48 46) - Geb. 31. Jan. 1911 Rostock (Vater: Heinrich S.; Mutter: Marie, geb. Bahrdt), ev., verh. s. 1938 m. Irene, geb. Kerp, 3 Töcht. (Ingrid, Beate, Gabriele) - Univ. Rostock (Promot. 1934), Bonn, München (Physik, Chemie, Math.). Habil. 1943 Bonn - Assist. Univ. Rostock u. Bonn; 1937-46 Physiker u. Laborleit. Osram-Studienges. f. elektr. Beleuchtung, Berlin; ab 1946 Dir. Forschungsst. f. Gasentladungsphysik (Greifswald) Dt. Akad. d. Wiss., Berlin; 1948-49 Prof. Univ. Greifswald u. Berlin/Humboldt (1949). 1954-56 Vors. Dt. Lichttechn. Ges. In- u. ausl. Fachmitgliedsch. Spez. Arbeitsgeb.: Elektr. Gasentlad., Lichtquellen, Spektroskopie. Erf.: Xenon-Hochdruck- u. Metallhalogenid-Entladungslampe (zahlr. Patente) - BV: Elektron. Vorgänge in Gasen u. Festkörpern, 1968, 2. A. 1974. Ca. 100 Veröff. üb. Linienbreiten elektr. Gasentlad. u. Strahlungsquellen - Elenbaas-Preis - Liebh.: Musik, Malerei - Spr.: Engl., Franz.

SCHULZ, Peter

Rechtsanwalt - Mönckebergstr. 7, 2000 Hamburg 1, Lange Str. 35, O-2500 Rostock - Geb. 25. April 1930 Rostock (Vater: Albert S., u. a. Oberbürgerm. Rostock), verh. m. Dr. med. Sonja, geb. Planeth, 2 Kd. - Schule Rostock (Abit. 1949); Univ. Hamburg (Rechtswiss.). Gr. jurist. Staatsprüf. - S. 1959 Rechtsanw. Hamburg; s. 1966 Senator/Leit. Justizbeh., II. Bürgerm. u. Senator/Leit. Schul- u. Jugendbeh. (1970) u. I. Bürgerm. (1971-74 (Rücktr.) Hamburg (s. 1678 jüngster in d. Hbg. Geschichte). 1961ff. Mitgl. Bürgerschaft, 1978-82 u. 1983-87 Präs. Hbg. Bürgerschaft. Mitbegr. SDS. SPD.

SCHULZ, Peter

Dr. med., Dr. med. dent., Prof. Univ. Heidelberg u. Univ. Bonn (s. 1985), Facharzt f. Mund-, Kiefer- u. Gesichtschirurgie, Zahnarzt, Dir. Bundesverb. d. Dt. Zahnärzte, Bundeszahnärztekammer a. D. - Universitätsstr. 73, 5000 Köln 41 - Geb. 9. Nov. 1933 Jena, ev., verh. s. 1960 m. Dr. Helga, geb. Großkopf, 4 Kd. (Carsten, Joachim, Jutta, Jürgen) - Med. Staatsex. 1960, Zahnmed. 1961; Promot. 1962 u. 1967; Habil. 1971 - S. 1975 apl. Prof. f. ZMK-Heilkd. Univ. Heidelberg; Oberarzt u. Chefarzt-Stellv. (b. 1981) Kieferklinik Heidelberg. 1981-90 Dir. Bundesverb. d. Dt. Zahnärzte, Bundeszahnärztekammer - BV: Sozialhygien. Betracht. üb. vorzeit. krankheitsbedingtes Ausscheiden aus d. Erwerbsleben; Ist d. Chemotherapie b. odontogenen Absz. erforderlich? (Diss.); Exp. Unters. z. Frage d. Wachstums v. transplant. autologem Knochen b. d. chir. Therapie v. Lippen-Kiefer-Gaumenspalten (Habil.-Schr.); 90 Publ. in wiss. Ztschr. - Liebh.: Musik (aktiv); Lit.; Reiten - Spr.: Engl., Russ.

SCHULZ, Peter-Torsten

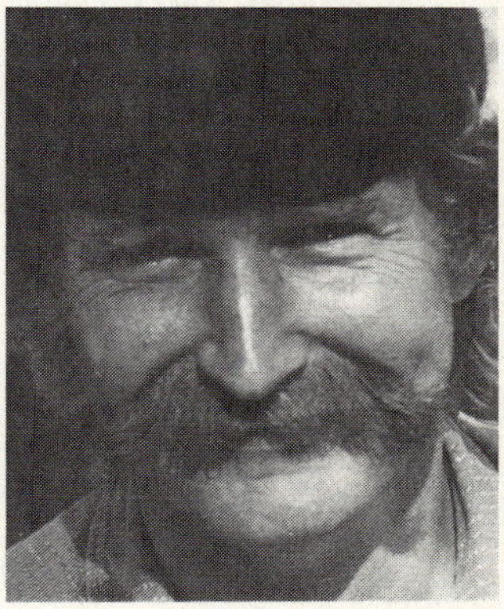

Maler, Dichter, Fotograf, Buchautor - Atelier, Werdener Weg 8, 4330 Mülheim a.d. Ruhr (T. 0208 - 3 34 62) - Geb. 5. März 1944 Friedeck/Mähren, ev., verh. s. 1969 m. Christa Luise, geb. Oehler, 2 Kd. (Anna Anuschka, Ben Robinson) -

Folkwangsch. Essen (Gebrauchs- u. fr. Grafik) Abschl. 1970 - Freischaff. Künstler; s. 1985 Atelier f. angewandte Kunst - Entdeckung u. Verbreitung d. Hansenschen Lebensgefühls (Poesie sehen, Humor haben, Phantasie wahr machen, Natürlichkeit als Kunst pflegen - Veröff.: (b.1977): 4 Lyrikhefte, 4 Comic-Alben (Schindel-Schwinger); s. 1977 u.a. 10 Bücher (30 Titel) aus Hansens Haus: D. Olle Hansen u. s. Stimmungen, 1977; Rapunzel, 1978; D. Esel, 1979; Gulliver, 1980; Berühren ist alles, 1982; Anna u. Ben, 1983; Georch u. Georgine, 1984; Artuhr, 1986, Anna u. Ben zaubern, 1987; Erleben ist alles, 1989. Zudem 7 Mal- u. Signierreisen durch 80 Städte; 40 Ausst., Aktionen, Vertonungen, Verfilmungen - 1980 Dt. Kodak-Fotobuchpreis - Liebh.: Sport, Trödel, unterwegs (u.) zuhause sein - Spr.: Engl., (Schul-)Franz., Niederl. - Lit.: Div. Besprechungen.

SCHULZ, Ralph-Hardo

Dr. rer. nat., Prof. f. Mathematik u. Didaktik d. Mathematik - Arnimallee 3, 1000 Berlin 33 - Geb. 15. Sept. 1942 Metz (Vater: Carl Conrad Sch., Masch.-bau-Ing.; Mutter: Gusti, geb. Terkatz), ev. - Staatl. Gymn. B. Kreuznach; Univ. Mainz u. London (Westfield College), Dipl. 1967 Univ. Mainz, 1. u. 2. Prüf. f. d. Lehramt (Rhld.Pfalz), Promot. 1968 Univ. Mainz - 1969 Stud.-Ass. Boppard, b. 1974 Ass., Akad. Rat Univ. Tübingen, Prof. FU Berlin (ztw. Dir. II. Math. Inst.) - Spr.: Engl., Franz.

SCHULZ, Reinhold

Bürgermeister Stadt Ladenburg - Ausoniusstr. 53, 6802 Ladenburg (T. 06203 - 51 53) - Geb. 5. April 1931 Weinheim (Vater: Friedrich Sch., Arbeiter; Mutter: Maria, geb. Pfrang), ev., verh. s. 1957 m. Lilo, geb. Pflästerer, 3 S. (Axel, Matthias, Harry) - Kfm. Berufssch., Verw.-Lehre, Prüf. f. d. gehob. Verw.dst., Verw.-Dipl. Verw.- u. Wirtsch.akad. Rhein-Neckar - S. 1965 Bürgermeister Ladenburg, Mitgl. d. Verb.vers. d. Regionalverb. Unterer Neckar, Mitgl. Denkmalrat beim Reg.-Präsid. Karlsruhe - BV: Ladenburg - D. Altstadt als Denkmal, 1982 (m. a.).

SCHULZ, Roland

Dr. rer. pol., Dipl.-Kfm., Mitglied d. Geschäftsführung d. Henkel KGaA, Düsseldorf - Händelstr. 7, 4000 Düsseldorf 13 (T. 0211 - 71 38 88) - Geb. 3. Aug. 1941 Prag, ev., verh. s. 1968 m. Renate, geb. Huber, S. Karsten - Dipl.-Kfm. 1968 - Promot. 1972 - BV: Kaufentscheidungsproz. d. Konsumenten, 1972.

SCHULZ, Rolf S.

Dr. jur. h. c., Konsul von Venezuela, Verleger, Inh. d. Verlages R. S. Schulz (Verlagsgeb.: Rechts- u. Staatswiss., Medizin, Zss., Belletr., Sach-, Fachb.) - Berger Str. 8-10, 8136 Percha am Starnberger See (T. 08151 - 1 49-0) - Geb. 29. Jan. 1925 München (Vater: Simon Sch., Beamter; Mutter: Maria, geb. Stemmer), verh. m. Marian, geb. Adamek, Innenarchitektin, 4 Kd. (Dieter, Karin, Roman Simon, Rolf-Daniel) - Stud. Literaturgesch. - S. 1964 Handelsrichter Landger. München II - BV: D. soz. u. rechtl. Verpflichtung d. Verlegers, 1972; Sammlung Deutsche Umweltschutzges. 4 Bde. - 1979 Andres Bello I. Kl. v. Venezuela; 1982 BVK; 1983 Bayer. VO.; 1985 St. Georg-Orden - Liebh.: Tennis, Skilaufen, Jagd, Wandern - Spr.: Engl., Franz.

SCHULZ, Siegfried

Dr. theol., o. Prof. f. Neues Testament - Titurelstr. 2/XIV, 8000 München 81 (T. 089 - 98 75 87) - Geb. 28. Juni 1927 - S. 1957 (Habil.) Lehrtätigk. Univ. Erlangen u. Zürich (1961 ao., 1964 o. Prof.) - BV: Unters. z. Menschensohn-Christologie im Johannes-Evangelium, 1957; Komposition u. Herkunft d. Johanneischen Reden, 1960; D. Stunde d. Botschaft, 3. A. 1982; Q - D. Spruchquelle d. Evangelisten, 1972; D. Mitte d. Schrift, 1976; Gott ist kein Sklavenhalter, 1982; D. Evangelium n. Johannes, NT Deutsch 4, 5. A. 1987; Neutestamentliche Ethik, 1987. Zahlr. Fachaufs.

SCHULZ, Walter

Dr. phil., o. Prof. f. Philosophie - Iglerslohstaffel 5, 7400 Tübingen (T. 2 45 58) - Geb. 18. Nov. 1912 Gnadenfeld, ev., verh. s. 1943 m. Dr. Ruth-Eva, geb. Seitz, 3 Kd. - Stud. Theol., Phil., Altphilol. - S. 1951 (Habil.) Lehrtätigk. Univ. Heidelberg u. Tübingen (1955 Ord.) - BV: D. Vollend. d. Dt. Idealismus in d. Spätphil. Schellings, 1955; D. Gott d. neuzeitl. Metaphysik, 1957; D. Problem d. absoluten Reflexion, 1963; Wittgenstein - D. Negation d. Phil., 1967; Phil. in d. veränderten Welt, 1972; Ich u. Welt, 1979; Metaphysik d. Schwebens, 1985; Grundprobleme d. Ethik, 1989.

SCHULZ, Walter

Dipl.-Kfm., Unternehmensberater Bekleidungsindustrie - Dammerstr. 74, 4050 Mönchengladbach 1; u. Rudolf-Schwander-Str. 1, 3500 Kassel - Geb. 11. März 1916 - Mitbegr. u. Mitgesellsch. Unternehmensberatung Bekleidungsind. Friederix u. Schulz GmbH - Zahlr. Ämter, u. a. Vorst.-Vors. Vereinig. berat. Betriebs- u. Volkswirte, Wuppertal, Mitgl. Arbeitskr. Kooperationsförd. d. BDI (Bundesverb. d. dt. Ind.), Deleg. Bundesverb. Bekleidungsind. im Betriebswirtschaftl. Aussch. d. BDI; Mitgliedsch., u. a. Bundesaussch. Betriebswirtsch. b. RKW, Eschborn, Bund d. Steuerzahler Nordrh. Westf., Bekleidungstechn. Inst. Mönchengladbach, Mitbegr. u. Ehrenmitgl. Dt. Inst. f. Unternehmensber. (difu), Neuss; Sachverst. f. Kostenrechn. u. Kalkulation in d. Bekleidungsind. - Gold. Ehrennadel Dt. Olymp. Ges., Westd. Leichtathletik-Verb., Mönchengladbacher TV 1848.

SCHULZ, Werner

Präsident Landeszentralbank in Schleswig-Holstein (s. 1989) - Zu erreichen üb. Fleethörn 26, 2300 Kiel 1 - Geb. 24. Juli 1936 Berlin (Vater: Dr. Werner S.; Mutter: Margarete, geb. Frey), ev., verh. s. 1966 m. Renate, geb. Grein, 3 Kd. (Christian, Stephanie, Alexander) - Gymn. (Abit.) Freiburg/Br.; Stud. Rechtswiss. München, Frankfurt; Kings College Univ. London.

SCHULZ, Werner

Präsident Bundesverb. priv. Alten- u. Pflegeheime, Mitgl. im Hauptaussch. Dt. Verein f. öfftl. u. priv. Fürsorge - Hegelingenstieg 1a, 2000 Hamburg 56 - Geb. 22. Juli 1930 Stendal, ev., verh. s. 1955 m. Marianne, geb. Behling - S. 1957 in d. Altenhilfe als Heimleit. - BVK - Spr.: Engl.

SCHULZ, Werner

Bankdirektor - Zu erreichen üb.: Nordd. Hypotheken- u. Wechsel-Bank AG, Domstr. 15, 2000 Hamburg 1 - B. 1984 stv., dann o. Vorstandsmitgl.

SCHULZ, Wilfried

Dr. rer. pol., Univ.-Prof. f. Volkswirtschaftslehre Univ. d. Bundeswehr, München - Sauerbruchweg 2, 8012 Ottobrunn - Geb. 9. Sept. 1939 Schwenningen (Vater: Wilhelm Sch., Importkaufm.; Mutter: Eugenie, geb. Müller), verh. s. 1965 m. Dr. med. Ursula, geb. Gabler †, 2 Kd. (Ralph Jimmy, Mirjam Susanne) - Dipl.-Volksw. 1965 Univ. Tübingen, Ph.D.-Progr. 1965/66 UC Berkeley; Promot. 1968 Univ. Freiburg – 1968-74 Univ.-Assist. Freiburg; s. 1975 Prof. f. Volksw. Univ. d. Bundeswehr, München - BV: Steuerwirkungsvergl. in Unternehmungsmod., (Diss.) 1968; Demokr. in Politik u. Alltag, (m. Hans Oswald) 1970; Mikroökonomie. E. Aufgabensammi. m. Lösungen, (m. Karl Brandt u. Walter Köhler) 1972-76 (4 Bde.); Einf. in d. Math. f. Wirtschaftswissenschaftler, (m. David S. Huang) 1979, 4. A. 1992; Strukt. u. Dynamik d. Wirtsch. Beitr. z. 60. Geb. v. Karl Brandt, 1983; Änderungen im Verbraucherverhalten b. stagnierender Wirtschaftsentw. (m. W. Köhler), 1988; zahlr. Fachart. u. versch. Ztschr. - Spr.: Engl., Franz., Span.

SCHULZ, Wilfried

Dipl.-Ing., Ehrenmitglied d. Firmen im Gas- u. Wasserfach - Marienburger Str. 15, 5000 Köln 51 - Geb. 21. Febr. 1930 - S. Juli 1990 im Ruhestand.

SCHULZ, Winfried Friedrich

Dr. rer. pol., Prof. f. Kommunikations- u. Politikwiss. Univ. Erlangen-Nürnberg - Wielandstr. 19, 8500 Nürnberg 90 - Geb. 11. Aug. 1938 Berlin, ev., verh. s. 1963 m. Helga, geb. Sajo, Sohn Jan - FU Berlin (Dipl.-Soz. 1964); Promot. 1968 u. Habil. 1974 Univ. Mainz - 1965 Wiss. Assist. Univ. Mainz, 1972 Assist.-Prof.; 1974 Prof. f. Publiz. u. Kommunikationswiss.; 1975/76 Univ. of Calif., Berkeley/USA; 1977 Univ. Münster; 1983 Univ. Erlangen-Nürnberg - BV: Kausalität u. Experiment in d. Sozialwiss., 1970; D. Fischer Lex. Publiz. (m. E. Noelle-Neumann), 1971, Neuaufl. 1989; D. Konstruktion v. Realität in d. Nachrichtenmedien, 1976; Massenmedien u. Wahlen (m. Kl. Schönbach), 1983; Medienwirkungsforschung in d. BRD, 1986; Massenkommunikation (m. M. Kaase), 1989 - Spr.: Engl.

SCHULZ, Wolf

Dr.-Ing., Mitglied d. Abgeordnetenhauses v. Berlin (s. 1991) - Thürnagelstr. 1, O-1170 Berlin - Geb. 1. Mai 1942, verh., 2 Kd. - 1990 Mitgl. d. Berliner Stadtverordnetenversammlung.

SCHULZ, Wolfgang

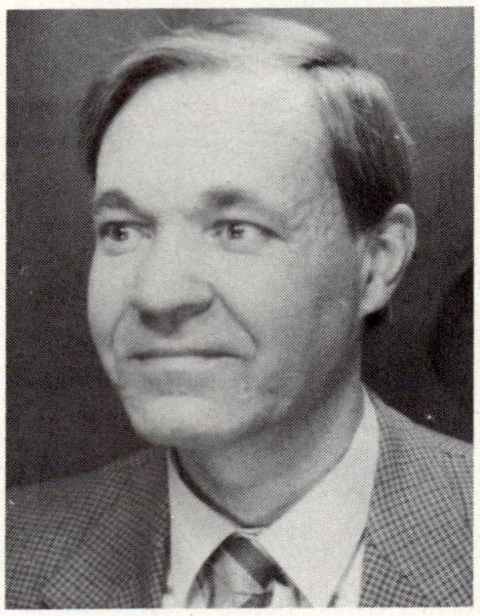

Dr. phil., Kunsthistoriker - Stresemannstr. 90, 1000 Berlin 61 (T. 030 - 261 10 46) - Geb. 28. Sept. 1943 Georgenswalde/Ostpr. (Vater: Rudi Sch.; Mutter: Anneliese, geb. Schiewer) - Stud. Univ. Freiburg u. FU Berlin; Promot. 1972 - 1972-74 Wiss. Mitarb. Kupferstichkabinett u. Gemäldegalerie Staatl. Mus. Berlin; 1974-75 Wiss. Mitarb. Mauritshuis Den Haag; 1979 Dir. Ostdt. Galerie Regensburg; s. 1980 Deutschlandhaus Berlin - BV: Lambert Doomer, Leben u. Werke, Bd. 1 u. 2, 1972; D. holländ. Landschaftszeichn. 1600-1740, 1974; Lambert Doomer, Sämtl. Zeichn., 1974; Aspekte dt. Kultur, 1974; Cornelis Saftleven, Leben u. Werke, 1978; Hollandse schilderkunst: Landschappen 17de eeuw Mauritshuis, 1980; Stadtführ. durch d. histor. Berlin, 5. A. 1989; Fritz Pfuhle, 1982; Herman Saftleven, Leben u. Werke, 1982; Martin Luther, Führer z. d. Lutherstätten, 1982; Ernst Mollenhauer, 1983; Mark Brandenburg, 1983; R. E. Schulz, 1984; Hans Orlowski, 1984; Große Schlesier, 1984; Dieter Brozat/Wolfgang Schulz: D. Berliner Dom u. d. Hohenzollerngruft, 1985; Große Ostpreussen, 1986; Große Berliner aus d. Osten, 1987; Dt. Kunst aus d. Osten (m. Stephan Waetzoldt), 1989; Danzig, 1990; Reise nach Pommern, 1991 - Spr.: Engl., Franz., Holl.

SCHULZ, Wolfgang

Dr. phil. habil., Prof. f. Psychologie TU Braunschweig (s. 1982) - Güttlandring 3, 1000 Berlin 27 (T. 030 - 431 68 29) - Geb. 19. März 1951 Berlin, ev., verh. s. 1984 m. Renate, geb. Schneider, 3 Kd. (Julius, Reimar, Lena) - Dipl.-Psych. 1976; Promot. 1978; Habil. 1981 - BV: Unters. z. Klassifikation u. Indikation in d. Gesprächspartnertherapie, 1981; Kopfschmerz-Therapie, 1983; Therapeutische Mißerfolge, 1985. Herausg.: Schriftenreihe d. Suchtforschungsstelle Ostniedersachsen (1988-92).

SCHULZ-BENESCH, Günter

Dr. phil., o. Prof. f. Schulpädagogik u. Allg. Didaktik Univ. Münster - Schwalbenstr. 16, 4417 Altenberge/W. (T. 12 00) - Geb. 18. Febr. 1925 - Zul. Ord. PH Ruhr/Abt. Hamm. Facharb. (bes. Montessori-Forschung) - 1970 BVK.

SCHULZ-BERTRAM, Hans-Detlef

Industriekaufmann, Präs. Verwaltungsrat Organa AG Software u. EDV-Systeme, Orbis-Leasing AG, OrgaSafe AG Datensicherheits- u. Datenschutzsysteme, Rebstockhalde Immobilien AG, Vicomp AG, alle Luzern, OrgaSafe Datensicherheits- u. Datenschutzsysteme GmbH, München - Rebstockhalde 6, CH-6008 Luzern - Geb. 22. Juni 1931 Magdeburg (Vater: Friedrich-Bruno S., Kaufm.; Mutter: Fride, geb. Bertram); verh. m. Sabine, geb. Ullmann, S. Igor - Gymn. (Abit.).

SCHULZ-DORNBURG, Stefan

Dr. jur., Rechtsanwalt, Geschäftsführer u. Gesellschafter d. MODERN MEDIA GmbH Filmproduktion u. OBERON MEDIA SERVICE FILM GmbH München - Possartstr. 12, 8000 München 80 - Geb. 10. März 1937.

SCHULZ-HAGELEIT, Peter

Dr. phil., Prof. f. Geschichtsdidaktik TU Berlin (s. 1975) - Ringstr. 83, 1000 Berlin 45 - Geb. 14. März 1939, 3 Kd. - Stud. Roman., Gesch. u. Erziehungswiss; Staatsprüf. f. d. Amt d. Studienrates 1965 u. 1970; Promot. 1972 - S. 1988 gf. Herausg. d. Reihe Gesch. u. Psychologie - BV: Wie lehrt man Geschichte heute?, 2. A. 1977; Jugend-Glück-Ges., 1979; Geschichte: erfahren - gespielt - begriffen, 1982; Geschichte - erleben - lernen - verstehen, 1987; Was lehrt uns d. Geschichte?, 1989.

SCHULZ-HARDT, Joachim

Dr., Ministerialdirektor, Generalsekr. d. Kultusministerkonfz. (s. 1976) - Nassestr. 8, 5300 Bonn 1 (T. 0228 - 50 12 02) - Geb. 9. Juni 1933 Heerwegen/Schles., kath. - Stud. Rechts- u. Staatswiss. Univ. Bonn u. Marburg u. Hochsch. f. Verw.-wiss. Speyer; 1. u. 2. Jurist. Staatsprüf.; Promot. - S. 1966 Innenmin. Schlesw.-Holst.; Kreisverw. Eutin; Ernährungsmin. Schlesw.-Holst.; s. 1970 Kultusmin. Schleswig-Holstein, zul. stv. Abt.-Leit. Hochsch. u. Wiss.; Mitgl. Dt. UNESCO-Kommiss.

SCHULZ-KLINGAUF, Hans-Viktor

M.A., Vorstandsmitglied Kaufhof AG, Köln (b. 1977) - 8419 Schönhofen - Geb. 25. Mai 1921 Elbing/Ostpr. - Stud. Rechts-, Wirtschaftswiss., Angl., Gesch. - Redakt., Industrietätigk., 1952-56 Karstadt AG, seither Kaufhof (1965 Vorst.). 1968-74 Präs. Außenhandelsvereinig. d. Dt. Einzelhandels, Köln; Vorst.-Mitgl. Ges. f. Geistesgesch. Erlangen (s. 1970) - BV: Selbstbedienung - d. neue Weg z. Kunden 1960; Zeitgeist-Zeugnisse I, 1981, II, 1991. Herausg.: Neufeld, Ge-

schichte d. jüdischen Gemeinde Elbing (1992).

SCHULZ-KÖHN, Dietrich
Dr., Musikschriftsteller - Zedernweg 2, 5042 Erftstadt-Liblar/Rhld. (T. 02235 - 37 37) - Geb. 28. Dez. 1912 Sonneberg/ Thür. (Vater: Wilhelm Schulz, Volksschullehrer; Mutter: Luise, geb. Köhn), ev., verh. I.) s. 1948 m. Inge, geb. Klaus († 1980), II.) s. 1981 m. Renate, geb. Vogelsang († 1984) - Realgymn. Magdeburg; Univ. Freiburg/Br., Frankfurt/ M. (auch Konservat.), Exeter (Engl.), Königsberg/Pr. (Promot. 1939) - Mitarb. v. Schallplattenfirmen, Rundfunkanstalten u. Fernsehen. Spez. Arbeitsgeb.: Jazz, Chansons, Folklore - BV: D. Schallplatte auf d. Weltmarkt, 1940 (Diss.); Wesen u. Gestalten d. Jazzmusik, 1951; Jazz in d. Schule, 1959; Django Reinhardt, 1960; Stan Kenton, 1961; Kl. Gesch. d. Jazz, 1963; Vive la Chanson, 1969; Let'Swing-Jazz z. Mitmachen, 1977; D. Evergreen Story - 40 mal Jazz. 1990 - EK II; 1. Ehrenmitgl. d. IGJ (Intern. Ges. f. Jazzforsch.) Graz; BVK I. Kl.; 1990 Hon.-Prof. Berlin HdK - Liebh.: Kammermusik (spielt Violine) - Spr.: Engl., Franz.

SCHULZ-LINKHOLT, Fritz
Dipl.-Ing., Prof. - Landteilstr. 19, 6800 Mannheim 1 (T. 81 85 68) - Geb. 31. Okt. 1913 Mannheim (Vater: Fritz Schulz, Galvaniseurmeister; Mutter: Johanna, geb. Schnörr), kath., verh. s. 1941 m. Karola, geb. Linkholt, 3 Kd. (Winfried, Gerhilde, Bertram) - Tulla-Gymn. Mannheim; TH Dresden (Nachrichtentechnik; Dipl.-Ing. 1939) - 1939-45 Entwicklungsing. Zentrallabor. Siemens, Berlin; 1948-78 Prof. Fachhochsch. f. Technik Mannheim (1968 Fachbereichsleit.). S. 1978 i. R.

SCHULZ-RINNE, Günther
Dipl.-Kfm., Ltd. Regierungsdirektor, Abteilungsleit. Bundesstelle f. Außenhandelsinformation, Geschäftsf. Ges. f. Außenhandelsinformation mbH - Brauweilerweg 18, 5040 Brühl - Geb. 20. Jan. 1930 Köln, verh. s. 1957 m. Dr. Erika Rinne, 3 Kd. (Henning, Carsten, Wiebke) - Univ. Köln; Dipl. 1956 - Fachveröff. - 1979 Ritterkreuz I. Kl. Orden d. Finn. Löwen, 1981 BVK.

SCHULZ von THUN, Friedemann
Dr. phil., habil. Univ.-Prof. f. Psychologie Univ. Hamburg - Weidende 22 a, 2000 Hamburg 65 (T. 040 - 601 01 21) - Geb. 6. Aug. 1944 Soltau (Vater: Walter Sch., Rechtsanw.; Mutter: Wilma, geb. Külper), verh. s. 1976 m. Ingrid, geb. Schmidt, S. Felix - Dipl. Psych. 1971, Promot. 1973 u. Habil. 1975 Univ. Hamburg - Autor u. Moderator div. Fernsehsend. (Psych.) - BV: Verständlichk., 1974; Kommunikat. u. Verhaltenstraining, 1976; Miteinander reden 1 - Psych. d. zwischenmenschl. Kommunik., 1981 (auch holl.), Bd. 2 1989; Fortbildungsangebot z. Experten f. zwischenmenschl. Verständigung u. dialog. Menschenführung im berufl. u. polit. Bereich, 1990.

SCHULZE, Arno
Dr. med., Prof., Neurochirurg (Chefarzt) - Wichernstr. 40, 5900 Siegen/W. (T. 37 11) - S. 1963 (Habil.) Lehrtätig. FU Berlin (1969 apl. Prof.; zul. stv. Leit. Neurochir.-Neurol. Klinik). Facharb.

SCHULZE, Christian
Dr. med. dent. (habil.), em. Prof. f. Kieferorthopädie - Hüninger Str. 6, 1000 Berlin 33 (T. 832 40 40) - Geb. 16. Nov. 1914 Klein-Schneen (Vater: Otto S., Lehrer; Mutter: Emilie, geb. Bosse), verh. s. 1942 m. Gudrun, geb. Evensen - S. 1956 Prof. Univ. Göttingen (apl.) u. Berlin/Freie (1964 ao., 1966 o., 1981 em.) - BV: Erbbedingte Strukturanomalien menschl. Zähne, 1956; Lehrb. d. Kieferorthopädie I, 1975 (jap. 1978), II, 1978, III, 1982; Anomalien u. Mißbildungen d. menschl. Zähne, 1987. Üb. 70 Einzelarb.

SCHULZE, Dieter
Dr. phil., Geschäftsführer u. Mithrsg. Rhein-Neckar-Ztg. Heidelberg (s. 1969) - Hauptstr. 23, 6900 Heidelberg - Geb. 23. Jan. 1915 Heidelberg, ev., verh. s. 1943 m. Ingrid, geb. Vering, 4 Kd. (Barbara, Ruprecht, Ulrike, Jörg) - Abit. 1933 Heidelberg; Promot. 1940 München - Spr.: Franz., Altgriech., Latein.

SCHULZE, Erich

Dr. jur. h. c., Prof., Ehrenpräsident d. GEMA Ges. f. musikal. Aufführungs- u. mechan. Vervielfältigungsrechte - Dr. Hans-Staub-Str. 3, 8022 Grünwald (T. 6 41 28-88, Fax 6 41 30 88) - Geb. 1. Febr. 1913 Berlin, verh. s. 1950 m. Christel, geb. Baltrusch - Ehrenpräs. Intern. Ges. f. Urheberrecht; Ehrenpräs. d. Bureau Intern. d. Soc. gérant les Droits d'Enregistrement et de Reproduction Mécanique (BIEM), Paris; Ehrenmitgl. d. Sachverst.kommiss. f. Urheberrecht b. Bundesmin. d. Justiz, Bonn; Ehrenmitgl. d. Anstalt z. Wahrung der Aufführungsrechte auf d. Gebiete d. Musik (AWA), Berlin; Präs. d. Spitzenverb. Deutsche Musik (SPIDEM), Bonn; Vorst. d. Vereins Arbeitsgemeinsch. Dt. Musikwettbewerbe; Vorst. d. Arbeitsgemeinsch. z. Talentförd. in d. Popularmusik u. Unterhaltung f. gewerbliche Rechtsschutz u. Urheberrecht; Kurat.-Mitgl. d. Carl Orff-Stiftg., d. Dt. Phono-Akad., d. Inst. f. Urheber- u. Medienrecht - BV: Urheberrecht in d. Musik, 5. A. 1981; Urhebervertragsrecht, 3. A. 1982; Kommentar z. deutschen Urheberrecht (Mestmäcker-Schulze), 12. Liefg. 1990; Kommentar z. Künstlersozialvers.-Ges. (KSVG), 1983. Herausg.: Rechtssprech. z. Urheberrecht, Entscheidungssamml. (39. Liefg. 1992). Mithrsg.: Quellen d. Urheberrechts (27. Liefg. 1990) - 1962 Komturkreuz Päpstl. Silvester-Orden; 1965 Österr. Ehrenkreuz f. Wiss. u. Kunst I. Kl.; 1967 BVK I. Kl., 1971 Bayer. VO.; 1973 Gold. Note dt. Musik-Union, Gold. Lyra d. Savez Organizacija Kompozitora Jugoslavij (SOKOJ), Jugoslawien; 1976 Orden I. Kl. f. Wiss. u. Kunst Arab. Rep. Ägypten; Ehrenmed. u. Ehrenmitgl. der Sociedad General de Autores de España (SGAE), Spanien; 1978 Med. d. Säveltäjäin Tekijänoikenstoimisto (TEOSTO), Finnland; Gr. BVK; 1980 Béla-Bartok-Med. des Bureau Hongrois pour la Protection des Droits d'Auteur (ARTISJUS), Ungarn; 1981 Med. d. Dt. Komponisten-Verb. (DVK); 1982 Silb. Blatt d. Dramatiker-Union e.V.; Ausz. in Gold (gestiftet v. d. Soc. Italiana degli Autori e Editori (SIAE) aus Anlaß ihres 100-jährigen Jubiläums); 1983 Verdienstmed. DMV; Verdienstmed. VG Wort; Richard Strauss-Med.; Ausz. d. Departemento Pequeno Derecho de Autor de Universidad de Chile (DAIC); 1986 Komturkreuz m. Stern Päpstl. Gregoriusorden; 1988 Gr. Silb. Ehrenzeichen d. Rep. Österreich; Sonderausfertigung d. Goldenen Feder m. d. zugefügten Emblem d. GEMA d. Dt. Textdichter-Verb. e.V. (DTV); Urkunde u. Plakette anläßlich d. Eröffnung des III. Intern. Music Festival der UdSSR in Leningrad; 1989 Gold. Nadel d. Dramatiker-Union e.V.; Richard-Strauss-Med. in Gold v. d. GEMA; Platin-Schallplatte f. hervorragende Verdienste um d. Förd. d. Volksmusik; 1990 Med. d'Or d. Confédér. Intern. d. Soc. d'Auteurs et Compositeurs (CISAC), Paris; Gold. Stimmgabel; Ehrenmed. d. Sociedad General de Autores de España (SGAE); Spanien; 1991 AGUSTIN LARA d. Soc. de Autores y Compositores de Música S. de A., Mexiko; zahlr. weitere Ausz.

SCHULZE, Fritz W.
Dr. phil., o. Prof. f. Anglistik - Kerschensteinerstr. Nr. 15, 6500 Mainz - Geb. 21. Jan. 1921 Zerbst/Anhalt (Vater: Willy S.; Mutter: Emma, geb. Fels), ev., verh. s. 1945 m. Magda, geb. Kadatz, S. Harald - Gymn.; Univ. Leipzig, Halle, Königsberg. Promot. (1948) u. Habil. (1950) Halle - 1950-59 Doz., apl. u. ao. Prof. Univ. Halle; s. 1960 o. Prof. Univ. Gießen u. Mainz (1964) - BV: Folklore - Z. Ableitung d. Vorgesch. e. Wissenschaftsbezeichnung, 1949; Wordsworth-Coleridge, Lyrical Ballads, 1952; Hamlet - Geschichtssubstanzen zw. Rohstoff u. Endform d. Gedichts, 1956; Shakespeare, s. Bühne, s. Schaffen, s. Hamlet, 1957; Shakespeare, Macbeth, 1964. Etwa 50 Ztschr.beitr. - Spr.: Engl.

SCHULZE, G. E. Werner
Dr. rer. nat. habil., Dipl.-Phys., Prof. f. Werkstoffwiss. Univ. Düsseldorf - Stürzelberger Str. 26, 4000 Düsseldorf 11 (0211 - 59 44 67) - Geb. 4. Febr. 1932 Kamenz (Vater: Erich Sch., Bierverleger; Mutter: Alma, geb. Lesche), verh. s. 1964 m. Dr. med. Karin, geb. Wolf, 2 S. (Axel, Bert) - 1952-57 Physikstud., Dipl. 1957, Promot. 1961 u. Habil. 1969 Univ. Halle-Wittenberg - 1957-63 Assist., b. 1976 Oberassist., 1977-78 Gastdoz. Univ. Münster; s. 1979 Univ. Düsseldorf (s. 1982 Prof.). Entd.: Eindimensionale Modellierung v. Werkstoffgefügen, Wahrscheinlichkeitsgeometrie d. Prozeßgefüge.

SCHULZE, Gerhard
Bezirksstadtrat a. D., MdB (1981-90) - Körtestr. 16, 1000 Berlin (T. 691 94 39; dstl. 0228-16 74 10 - Geb. 1. Sept. 1919 Berlin (Vater: Walter S., Drogist; Mutter: Alma, geb. Meerwald), ev., verh. s. 1945 m. Liselotte, geb. Bumann, 3 Kd. (Burglind, Gabriele, Wolfhard) - Oberrealsch.; Drogistenlehre; Drogisten-Fachsch.; Hochsch.-Inst. f. Wirtschaftskd. (alles Berlin) - Drogist, Einzelhandels- u. Versich.skaufm. 1948-54 Bezirksverordn. Kreuzberg (stv. Frak-tionsvors. u. stv. Vorsteher); 1954-55 MdA Berlin 1954-55 Landessekr. Jg. Union Berlin. CDU s. 1946 (1957-65 u. 1967ff. Kreisvors. Kreuzberg; Vors. Wirtschafts- u. Mittelstandsvereinig. Berlin), 1955-81 Abt. f. Wirtsch. u. Gesundh., s. 1975 stv. Bez.bürgerm. Kreuzberg) - 1969 BVK, 1974 BVK I.

Kl., 1989 Gr. BVK - Liebh.: Kunstgeschichte, Malerei, Wandern.

SCHULZE, Hadwiga
Dr. med., Orthopädie, Akademische Direktorin Heinrich-Heine-Univ. - Alte Landstr. 42, 4000 Düsseldorf 31 (T. 0211 - 40 02 82) - Geb. 2. Jan. Waltershausen (Thür.), ev., ledig - 1943-50 Med.-Stud. Univ. Innsbruck, Prag u. Köln; Promot. 1950 Köln - Oberärztin, Dozentin (Orthopädie) Heinrich-Heine-Univ., Lehranst. f. Krankengymnastik u. Massage, Akad. f. Öfftl. Gesundheitswesen - Üb. 60 med.-wiss. Veröff.; 80 Fachvortr. auf nat. u. intern. Kongressen - Ehrenmitgl. Verein f. Spastisch Gelähmte u. Körperbehind. Kinder, Düsseldorf - Liebh.: Kunst, Theater, Reisen in ferne Länder, Sport (Ski, Golf) - Spr.: Engl., Franz., Ital., Span.

SCHULZE, Hagen
Dr. phil. habil., o. Prof. f. Neuere Geschichte - Zieblandstr. 9, 8000 München 40 (T. 089 - 272 18 52) - Geb. 31. Juli 1943 Tanger/Marokko (Vater: Peter H., Ltd. Angest.; Mutter: Dr. Sigrid, geb. Hunke), verh. s. 1968 m. Ingrid, geb. Bidlingmaier, 2 Söhne (Hendrik, Thies) - Gymn. Bonn, Univ. Bonn u. Kiel (Gesch., Politik, Soziol.), Promot. Kiel 1967 - 1968-71 Edition Akten d. Reichskanzlei Bundesarchiv Koblenz, 1971-76 Stiftg. Pr. Kulturbes., 1977-79 Priv.-Doz. Kiel, 1979-89 Prof. Fr.-Meinecke-Inst. FU Berlin, s. 1989 Prof. Univ. BW München. 1985/86 visiting fellow St. Antony's College, Oxford; 1991/92 member Inst. for Advanced Study, Princeton - BV: Freikorps u. Rep. 1918-1920, 1979; Akten d. Reichskanzlei: D. Kabinett Scheidemann, 1971; Anpassung o. Widerstand. D. SPD 1932/33, 1975; Otto Braun o. Preußens demokr. Sendung, E. Biogr., 1977; Weimar. Dtschl. 1917-1933, 1982; D. Weg z. Nationalstaat, 1985; Wir sind, was wir geworden sind, 1987; Gibt es überhaupt e. dt. Geschichte?, 1989; D. Wiederkehr Europas, 1990.

SCHULZE, Hanno
Dr. med. vet., Dr. jur., Prof., Leiter Ref. Umwelthygiene Bayer. Staatsmin. f. Landesentwicklung u. Umweltfragen, Präs. Ges. f. Ernährungsbiol., stv. Vors. Dt. Sektion Europ. Vereinig. f. Lebensmittelrecht u.a. - Saarlouiser Str. 109, 8000 München 50 - Geb. 18. Aug. 1938 Berlin (Vater: Dr. med. vet. Hans-Georg Sch., Tierarzt; Mutter: Luise, geb. Viehweger), ev., verh. s. 1968 m. Monika, geb. Streich, S. Tobias - Univ. (Tiermed., Rechts- u. Wirtschaftswiss.) u. Hochsch. f. Polit. Wiss. München (Polit. Wiss.). Promot. 1965 u. 67; Habil. 1970 - s. 1970 Doz. u. Prof. Univ. München. Zahlr. Fachveröff. u. Vortr. (In- u. Ausl.) - Mitgl. Intern. Acad. for Environmental Safety - Liebh.: Bild. Kunst.

SCHULZE, Hans
Dr. theol., Prof. f. Christl. Sozialethik

Univ. Erlangen-Nürnberg (apl.; s. 1968) - Marienbader Str. 20, 8520 Erlangen.

SCHULZE, Hans Herbert

Dr. rer. pol., Dipl.-Kfm., Prof. f. Wirtschaftsinformatik FH f. Wirtschaft, Berlin (s. 1971) - Str. z. Löwen 5b, 1000 Berlin 39 (T. 030 - 805 51 53) - Geb. 8. Okt. 1933 Berlin - Kfm. Lehre (Ind.); Stud. Wirtschaftswiss. Promot. 1965 FU Berlin - 1961-65 Assist. FU Berlin; 1965-71 Doz. Wirtschaftsakad. ebd. - BV: Datenverarb. richtig einführen u. einsetzen - Leitf. f. d. Praxis, 1970; Lex. z. Datenverarb., 1978, 6. A. 1983; Datenverarb. in kl. u. mittl. Unternehmen, 1983; Computerlex., 1984, 6. A. 1987, erw. NA 1988; Computerenglisch - E. Fachwörterb., 1986, 8. A. 1990, erw. Neuaufl. 1990; Computer-Enzyklopädie, 1989, 2. A. 1990.

SCHULZE, Hans K.

Dr. phil., Prof. f. Mittelalterl. Geschichte u. Landesgesch. - Drosselweg 3, 3556 Weimar 1 - Geb. 8. Okt. 1932 Altenburg/Thür. - Promot. 1962; Habil. 1970 - S. 1971 Prof. Univ. Marburg. Bücher u. Einzelarb.

SCHULZE, Hans-Ulrich

Dr. med., Dipl.-Chem., Prof. f. Biochemie Univ. Gießen - Tannenweg 42, 6301 Linden-Großen-Linden (T. 06403 - 6 29 93) - Geb. 23. April 1937 Berlin (Vater: Herbert S., Angest.; Mutter: Erna, geb. Riemer), ev., verh. s. 1966 m. Ingrid, geb. Henkel, 3 Kd. (Uwe, Volker, Lothar) - Stud. d. Med. u. Chemie Univ. Berlin (Freie) u. Gießen; Promot. 1965; Habil. 1973 - 1965 Ludwig-Rinn-Preis.

SCHULZE, Harald

Dr., Präsident Rechnungshof d. Freien u. Hansestadt Hamburg i.R. - Gänsemarkt 36, 2000 Hamburg 36 (T. 359 87 71).

SCHULZE, Hermann

Bezirksschornsteinfegermeister, Präs. Handwerkskammer Hildesheim - (s. 1967) - Mozartstr. 4, 3200 Hildesheim (T. 3 50 70) - Geb. 13. März 1918 - 1973 Gr. BVK.

SCHULZE, Hugo-Otto

Schriftsteller, Regiss., Dramat., Lektor, Dozent Staatl. Akad. f. Grafik, Druck u. Werbung u. Staatl. Fachsch. f. Film, Optik, Foto, alles Berlin (Film- u. Fernsehgestalt.) - Reichsstr. 99, 1000 Berlin 19 (T. 304 22 54) - Geb. 14. Aug. 1905 Kalkberge/Mark (Vater: Hugo S., Zahnarzt; Mutter: Anna, geb. Walter), ev., verh. s. 1939 m. Hildegard, geb. Nemitz, 2 Kd. (Helga, Dieter) - Banklehre; Ausbild. als Kameramann; Stud. Fotochemie, Optik, Fotogr. (alles Berlin) - Zahlr. Kultur- u. Dokumentarfilme, dar.: Raum im kreisenden Licht, Glas, D. Dom zu Köln, D. Altenburger Dom, 14 Heilige, Autor, Regiss. u. Produz. (Infafilm) d. Dok.-Spielfilme f. d. gesundheitl. Aufklärung: Gesund werden - Gesund bleiben, Wege u. Ziele, Dein Herz - Dein Lebe u. v. a.; unter Pseudonym Holger Zesch Drehb. üb. Alkoholgef. C2-H5-OH - D. Wesen einer Sache. Fernsehserien: Bizarre Steine - biz. Klänge - BV: Dramaturgologie d. Massenmedien Film-Funk-Fernsehen (1979/80) - 1936 Olympia-Med. (f. Bildgestalt. b. d. Olympiafilmen) - Spr.: Engl. - Konstruierte 1938 d. Windstrom-Kamera f. Filmaufn. in u. v. schnellen Flugzeugen aus.

SCHULZE, Joachim

Dr.-Ing., Prof. f. Techn. Chemie TU Berlin/Fachrichtung Wirtschaftschemie (s. 1970) - Kornburger Weg 1, 1000 Berlin 20 (T. 335 87 88) - Geb. 5. Aug. 1929 Breslau (Vater: Fritz S., Kaufm.) - Stud. d. Wirtsch.sing.wesen u. d. Techn. Chemie TU Berlin; Promot. 1960; Habil. 1970 - Fachmitgliedsch. - BV: 4 Fachb. (meist m. H. Kölbel). 132 Ztschr.veröff. - 1976 Dechema-Plak. - Liebh.: Klass. Klaviermusik, Botanik d. Wasserpflanzen (Publ.) - Spr.: Engl.

SCHULZE, Karl-Heinrich

Dr.-Ing., Prof. f. Landtechnik - Karl-Keller-Str. 8, 6300 Gießen (T. 5 72 01) - Geb. 22. März 1909 Nobitz/Thür. - Industrietätigk.; s. 1960 Habil. Priv.-Doz., Prof. Univ. Gießen u. mehrm. Gastprof. Ege Univ. Izmir (Türkei). Facharb.

SCHULZE, Klaus-Jürgen

Dr. rer. nat., Prof., Präsident Dt. Judobund (1979-85 u. s. 1988) - Anemonenweg 85, 6070 Langen (T. 06103 - 7 13 43) - Geb. 18. Aug. 1930 Stahnsdorf (Vater: Otto Sch., Beleuchtungsinsp.; Mutter: Friedel, geb. Linde), ev., verh. s. 1957 m. Renate, geb. Eger, 2 Kd. (Heidrun, Holger) - Abit. 1948; Physik-Stud.; Dipl. 1956, Promot. 1960 - 1956-69 wiss. Mitarb. FU Berlin, Mosbach, Frankfurt (Battelle-Inst.) u. Obercochem (Fa. Carl Zeiss); s. 1969 staatl. Ing.-Schule Mannheim bzw. FHS f. Technik Mannheim. Zahlr. Ämter im Sportber. (bes. Judo), s. 1958 (u. a. Generalsekr. [1977-81] u. s. 1977 Vizepräs. Europ. u. Intern. Ju-Jutsu-Fed., stv. Vors. Verein Trainerakad. Köln (1979-82). S. 1980 Vorst.-Mitgl. Verein Führ.- u. Verw.-Akad. Berlin; 1984-88 u. s. 1990 Vizepräs. Europ. Judo-Union - BV: Judo-Bodenarbeit, Lehrb. 1960; Übers. v. Judob. aus d. Engl. u. Holländ., 1960-65. Vorträge u. Art. üb. d. Budo-Sport. Veröff. in Fachztschr. u. z. Kongr. aus d. Ber. Röntgen- u. Elektronenmikroskopie, Röntgen-Struktur-Analyse, Kristallographie - 1978 DJB-Ehrennadel in Gold; 6. Dan-Ju-Jutsu; 7. Dan-Judo; 3. Dan-Taekwon-Do - Liebh.: Sport, Musik - S. 1970 Gold. Sportabz. (jährl.) - Spr.: Engl.

SCHULZE, Martin

Auslandskorrespondent (ARD) - Zu erreichen üb.: Programmdirektion Deutsches Fernsehen ARD, Arnulfstr. 42, 8000 München 2 - Geb. 7. Juli 1937 Essen - 1965-71 Redaktionsleiter Monitor; 1971-82 Auslandskorrespondent ARD f. Nato, EG, EP u. Benelux; s. 1983 Koordinator f. Politik, Gesellschaft u. Kultur d. ARD.

SCHULZE, Martin

Dr. phil., Prof. f. Anglistik u. Amerikanistik Univ. Kassel - Kohlenstr. 63, 3500 Kassel (T. 0561 - 2 52 48) - Geb. 11. Juni 1928 Kohlfurt-Dorf/Schles. (Vater: Alfred Sch., Beamter; Mutter: Hildegard, geb. Malz), ev., verh. s. 1954 m. Karin, geb. Brinkmann, S. Rainer - 1947-52 Stud. Angl., Slav. Univ. Halle-Wittenberg (Promot. 1955) - 1952-55 Verlagsverw. Ost-Berlin; 1955-60 Haft in d. DDR; 1961-67 Journ. Frankfurter Rundschau; 1970 Prof. (Angl.) Univ. Gießen; s. 1972 Prof. Univ. Kassel. 1984/85, 1988, 1991/92 div. Gastprof. an amerik. Univ. 1985 Honorary Citizen City of New Britain, Conn., USA - BV: Amerik. Kurzgesch. v. Irving b. Crane, 1956; Alexander S. Puschkin. Boris Godunow, 1962; Wege d. Amerik. Lit., 1967; div. lit. Übers. u. Ztschr.-Beitr. - Liebh.: Seefahrtgesch., Schiffbau - Spr.: Engl., Russ. - Mitgl. Lions Club Kassel-Kurh.

SCHULZE, Max-Stephan

Dipl.-Ing., Vorstandsmitglied i.R. - Inzenham 5, 8201 Prutting/Kr. Rosenheim - Geb. 25. Febr. 1919 Halle - Vorst.-Mitgl. Salzdetfurth AG, Hannover (1968ff.), 1972ff. Vorst. Kali + Salz AG, Kassel.

SCHULZE, Olaf

Chefdramaturg Theater Nordhausen - Wilhelm-Nebelung-Str. 26, O-5500 Nordhausen - Geb. 13. Mai 1961 Leipzig, verh. s. 1987 m. Silke, geb. Teifel, 2 Töcht. (Friederike, Caroline) - Buchdrucker; Stud. Theaterwiss. s. 1988 - Spr.: Russ., Engl.

SCHULZE, Peter

Kurdirektor, Geschäftsführer d. Kurbetriebsges. mbH, u. Heilbäderverb. Niedersachsen, bde. Bad Zwischenahn - Unter den Eichen 18, 2903 Bad Zwischenahn (T. 04403 - 61-0); u. Auf dem Hohen Ufer 24, 2903 Bad Zwischenahn (T. 04403 - 5 86 89).

SCHULZE, Peter H.

Völkerpsychologe, Schriftsteller - Naheweg 2, 5300 Bonn 1 (T. 0228 - 23 26 54) - Geb. 14. Dez. 1919, evth. s. 1942 m. Dr. Sigrid Hunke, 3 Kd. (Prof. Dr. Hagen, Dr. med. Sigrun, Helga) - Univ. Leipzig, Berlin, Kairo (Völkerpsych., Ägyptol., Oriental.) - 1949-84 Chef v. Dienst u. Unterabt.-Leit. im Presse- u. Informationsamt d. Bundesreg. - BV: Herrin Beider Länder, 1976; Auf d. Schwingen d. Horusfalken, 1980; D. Sturz d. göttl. Falken, 1983; Frauen im Alten Ägypten, 1987 - 1961 Légion d'honneur; 1962 BVK - Liebh.: Arab. Länder, klass. Musik - Spr.: Engl., Franz., Ital., Span., Portug., Arab., Haussa, u.a. - Bek. Vorf.: Caspar David Friedrich (Ur-urgroßonkel).

SCHULZE, Sigrid

s. Hunke, Sigrid

SCHULZE, Theodor

Dr. phil., Prof., Hochschullehrer - Sparrenstr. 7, 4800 Bielefeld - Geb. 21. Juli 1926 Hannover (Vater: Prof. Gustav S.; Mutter: Mathilde, geb. Vogel), verh. m. Dorothee, geb. Merkel, 2 Kd. - Univ. Göttingen u. Heidelberg - 1955-61 Assist. Univ. Göttingen, 1961-71 Prof. Päd. Hochsch. Flensburg, dann Univ. Bielefeld. 1984-89 Vors. d. Kommiss. Schulpäd. u. Didaktik in d. Dt. Ges. f. Erziehungswiss. - BV: Methoden u. Medien d. Erziehung, 1978; Schule im Widerspruch, 1980. Herausg.: Aus Geschichten lernen (m. D. Baacke, 1979, 2. A. 1984); Didaktische Annäherungen (1980); Pädagogische Biographieforsch. (m. D. Baacke, 1985); Reihe: Studien z. Schulpäd. u. Didaktik (m. W. Klafki, W. Lütgert, G. Otto, s. 1989).

SCHULZE, Ursula

Dr. phil., Prof. f. Dt. Sprache u. Lit. d. Mittelalters FU Berlin - Franzensbader Str. 2, 1000 Berlin 33 (T. 030 - 826 18 84) - Geb. 16. Juni 1936 Berlin (Vater: Alfred Born, Postbeamter; Mutter: Margaret, geb. Böttcher), ev., verh. s. 1959 m. Lothar Schulze - Promot. 1966; Habil. 1972 - BV: Studien z. Orthographie u. Lautung d. Dentalspiranten s u. z, 1967; Lat.-dt. Parallelurkunden d. 13. Jh., 1975; Berliner Weltgerichtsspiel, 1991. Aufsätze z. mittelalterl. dt. Lit. u. z. Urkundensprache d. 13 Jh. in Ztschr. u. Sammelbd. Herausg.: Wörterb. z. Corpus d. altd. Originalurkunden (1985ff.). Mithrsg.: Lexikon d. Mittelalters.

SCHULZE, Volker

Publizist, Geschäftsf. Bundesverb. Dt. Zeitungsverleger, Bonn (s. 1980) - Geb. 20. Okt. 1939 Gevelsberg/W., kath., verh. s. 1968 - Univ. Frankfurt/M. u. Münster (Gesch., Philol.) - Ab 1968 journalist. Tätigk. Wiss. Lehrtätigk. Univ. Göttingen (1981), Dortmund (s. 1982) u. Düsseldorf (s. 1990) - BV: Medienkundl. Handb., 6. A. 1991 (m. P. Brand); Zeitung u. Persönlichkeit, 1983 (m. K. Koszyk); Wege z. Journalismus, 6. A. 1991 - Liebh.: Musik (Bach, Brahms).

SCHULZE, Waldemar

Soz.-Päd. grad., stv. Bezirksbürgermeister u. Bezirksstadtrat Berlin-Kreuzberg - Bergmannstr. 109, 1000 Berlin 61 (T. 030-691 20 66) - Geb. 9. Juli 1930 Seifersdorf - Volkssch.; Handwerk; Sozialpäd. Inst. AWO (Heimerzieher; Staatsex. 1955); Inst. f. Jugendgruppenarb. (Jugendpfleger; Staatsex. 1961) - B. 1952 Elektromontageleit., dann Heimleit. u. Jugendpfl. Bezirksamt Kreuzberg. SPD s. 1951. 1967-76 MdA Berlin. 1976-80 MdB Bonn.

SCHULZE, Werner

Dr. med., Prof., Direktor Radiolog. Zentralinst. Krankenhaus Nordwest, Frankfurt/M.-Praunheim (s. 1963) - Tannenweg 14, 6375 Oberstedten-Eichwäldchen - S. 1954 (Habil.) Lehrtätigk. Univ. Münster (1960 apl. Prof. f. Röntgenol.) u. Frankfurt (gegenw. apl. Prof. f. Inn. Med. u. Röntgenol.).

SCHULZE, Wilhelm

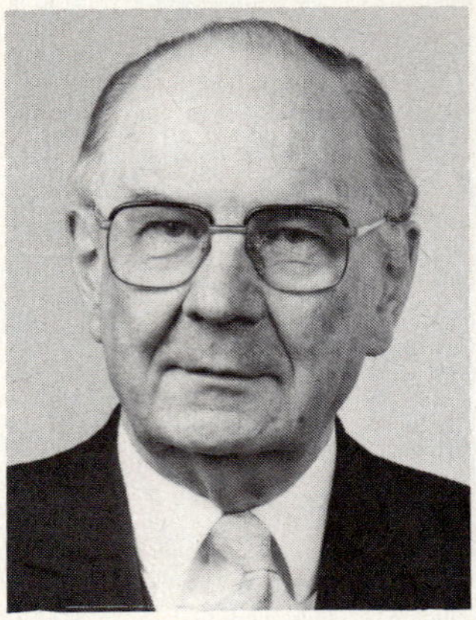

Dr. med. vet., Dr. h. c., Prof., Direktor i. R. Klinik f. kl. Klauentiere u. forens. Med. u. Ambulator. Klinik Tierärztl. Hochsch. Hannover - Am Sandberge 10, 3000 Hannover 72 (T. Hannover 52 08 74) - Geb. 10. Dez. 1920 Möckern/Sa., ev., verh. s. 1946 m. Charlotte, geb. Meyer, T. Juliane - Stud. Leipzig u. Hannover. Habil. 1949 - S. 1949 Lehrtätigk. Univ. Leipzig (1950 ao., 1953 o. Prof.) u. TiHo Hannover (1957; 1966-68, 1978/81 Rektor) - BV: Leitf. d. Ziegenkrankh. f. Tierärzte u. Studierende, 2. A. 1960; D. Arzneiverordnung d. Tierarztes, 1958 (m. Bentz u. Schneider); Klinik d. Schweinekrankh. (m. a.). Etwa 300 Einzelarb. Mithrsg.: DTW (1964ff.) - 1964 korr. ausl. Mitgl. Kgl. Fläm. Akad. f. Med. zu Brüssel, 1974 Ehrenmitgl. d. Poln. Wiss. Ges. f. Veterinärmed. u. d. Royal Coll. of Veterinary Surgeons; Mitgl. Albrecht-Thaer-Ges.; Ehrendoktor FU Berlin, d. Veterinärmed. Univ. Wien u. d. Landwirtschaftl. Univ. Warschau - 1978 Großkreuz d. isländ. Falkenordens; 1985 BVK I. Kl. u. Thaer-Thynenmed. in Silber; Ostertag-Med.; 1991 Oskar-Röder-Ehren-Plakette - Lit.: 1980 je ein Sonderheft "Deutsche tierärztl. Wochenschrift" u. 1980/84/85 "D. Prakt. Tierarzt".

SCHULZE, Winfried

Dr. phil., Prof. f. Neuere Geschichte Ruhr-Univ. Bochum - Virchowstr. 26, 4630 Bochum - Geb. 13. Okt. 1942 Berg.-Gladbach - 1965-70 Stud. Mittl. u. Neuere Gesch. u. d. Polit. Wiss. Univ. Köln u. Berlin; Promot. 1970 Berlin, Habil. 1975 ebd. - 1975-76 Prof. GH Kassel; 1976-78 Prof. FU Berlin; s. 1978 Ruhr-Univ. - BV: Landesdefension u. Staatsbild., 1973; Soziol. u. Geschichtswiss., 1974; Reich u. Türkengefahr im späten 16. Jh., 1978; Bäuerl. Widerstand u. feudale Herrschaft, 1980; Europ. Bauernrevolten d. früh. Neuzeit, 1982; Aufstände, Revolten, Proz., 1983; Einf. in d. Neuere Gesch., 1987; Dt. Gesch. d. 16. Jh., 1987; 14. Juli 1789. Biogr. e. Tages, 1989; Dt. Geschichtswiss. n. 1945, 1989. Mithrsg.: Geschichte in Wiss. u. Unterricht, Militärgesch. Mitteilungen.

SCHULZE-GABLER, Juergen Axel

Dipl.-Ing., Honorarkonsul d. Bundesrep. Deutschl. in Goiania/Brasilien - Al das Rosas 1209, S. Oeste, 74000 Goiania/Brasilien (T. 2 23-28 41) - Geb. 7. Mai 1942 Gleiwitz (Vater: Gerhard Sch., Dipl.-Ing.; Mutter: Eva, geb. Riedmueller), ev., verh. s. 1966 m. Marlene Carlos de Oliveira, 2 Kd. (Sacha, Sergio) - 1963-67 Stud. Univ. Goiania (Dipl.-Berging.) - S. 1967 eig. Baufirma - Liebh.: Gutsbesitzer m. Zucht v. eingetr. Rindvieh - Spr.: Portug., Engl. - Bek. Vorf.: Baron Muenchhausen (Onkel 3. Grades).

SCHULZE-REIMPELL, Werner

Dr. phil., Theater- u. Kunstkritiker - Bahnhofstr. 46, 5042 Erftstadt 1 - Geb.

24. April 1931 Kassel (Vater: Dr. med. Konrad S., Röntgenologe u. Internist), ev., verh. s. 1954, 3 Kd. - 1949-53 FU Berlin (German., Theaterwiss., Phil.). Promot. 1955 Berlin - 1956-59 Regieassist. u. Dramat. Schauspielhaus Bochum, 1959-60 Chefdramat. u. Regiss. Bühnen d. Hansestadt Lübeck, 1960-61 Dramat. Fr. Fernsehen GmbH., Frankfurt/M., 1961-62 fr. Journ., 1962-66 Chefdr. u. Regiss. Städt. Bühnen Gelsenkirchen u. Theater d. Stadt Bonn (1963), 1966-72 Kulturkorresp. d. Welt, 1972-77 Chefred. Ztschr. D. Deutsche Bühne. Insz.: u. a. Esther oder d. Massengrab (Dt. Erstauff.) - BV: Entwickl. u. Struktur d. Theaters in d. Bundesrep. Dtschl., 1975; Ernst Hardt, Biogr. 1977; V. kurköln. Hoftheater zu d. Bühnen d. Bundeshauptstadt, 1983; Mitgl. Akad. d. Darst. Künste, Frankfurt - Bek. Vorf.: Karl v. La Roche, Hofburgschausp. Wien.

SCHULZE-ROHR, Peter

Regisseur - Eckhöfe 15, 7570 Baden-Baden - Geb. 25. Mai 1926 Leipzig, verh. m. Christa, geb. Fest, 2 Kd. (Alexandra, Jakob) - Stud. Rechts-, Lit.- u. Theaterwiss. Jena, Bern u. Berlin. Jurist. Staatsex. - S. 1951 Regieassist. Berliner Ensemble, Schillertheater Berlin (1954), fr. Theaterregiss. u. Mitarb. Rundfunkanst. sowie journalist. Tätigk. (Afrika), Chefdramaturg u. stv. Leit. Abt. Fernsehsp. SWF (1960), Redakt. u. Regiss. Hauptabt. Fernsehsp. NDR (1964-69). Lehrauftr. Hochsch. f. Fernsehen u. Film, München; 1978-89 Hauptabt.leit. Spiel u. Musik b. SWF. Dok.filme in Afrika u. USA. Zahlr. Fernsehfilme, u. a. D. Liebhaber, Davor, D. zweite Ermordung d. Hundes, D. Scheck heiligt d. Mittel, D. Verfolgung u. Ermordung d. Jean Paul Marat, D. Ermittlung, Verdunkelung, Kein Feuer ohne Rauch. 10 Folgen d. Reihe Tatort, D. 21. Juli, Collin, Zausel, Platzanweiserin, Hautnah, Die Neue - 1970 Gold. Bildschirm (Kritikerpreis f. Blaues Wild); 1978 Jakob-Kaiser-Pr. (f. Mein Leben selber bestimm'); 1984 Wilhelmine-Lübke-Preis (f. Zausel); 1985 Fernsehpreis Akad. f. Darst. Künste (f. Platzanweiserin); 1986 Gold. Kamera; Gold. Gong; Adolf-Grimme-Preis (f. Hautnah); Silber f. Intern. Filmfestival Locarno.

SCHULZE-STAPEN, Christoph

Verwaltungsangestellter, ehem. MdL Nordrh.-Westf. (1958-80, s. 1968 stv. Vors. CDU-Fraktion) - Hessenheide 1a, 4830 Gütersloh/W. (T. 5 12 55) - Geb. 9. Okt. 1917 Ratibor/OS., verh., 1 Kd. - Gymn. (Reifeprüf.); landw. Lehre - Elterl. Hof, 1937-46 Arbeits-, Wehrdst. (1938), franz. Gefangensch., dann Landw. SBZ bzw. DDR, n. Flucht (1952) Lagerarb., s. 1955 Verw.angest. S. 1948 CDU-Ost bzw. -West (1952) - 1969 Gr. BVK.

SCHULZE van LOON, Reiner

Dr. phil., Journalist, selbst. PR-Berater, Beiratsmitglied IPR & O Beratungsges. f. Kommunikation mbH (GPRA) - Stresemannstr. 163, 2000 Hamburg 50 (T. 040 - 43 17 50) - Geb. 10. Sept. 1922 Altenburg (Vater: Dr. Ing. Armin Sch. v. L., Chemiker; Mutter: Ilse Sch. v. L.), ev., verh. s. 1946 m. Christa, geb. Gerth, S. Dietrich - 1946-50 Stud. Lit.wiss., Hispan., Journal., Phil., German. Univ. Hamburg u. Madrid; Promot. 1956 - 1949-54 Rundf.-Journ. u. -Reporter, Autor v. Tatsachenber. u. Rundf.-Features; 1978-82 PR-Beauftr. Lions Intern. Dtschl.; 1979-87 Präs. GPRA (Ges. Public Relat. Agent.); s. 1977 Lehrbeauftr. Univ.-GH Essen f. PR - Liebh.: Reiten, Golf, Erstdrucke v. Bücher d. 16. u. 17. Jh. in Dt. u. Span. - Spr.: Span. - Bek. Vorf.: Justus v. L., Holländ. Reeder, Dt. Vice-Konsul u. Gründ. d. Theaters Harlingen (Ur-Großv.); Christian Dümmatzen, Weinhändler u. Mitgl. d. Hamburg. Senats (Ur-Großv.); Hendrik v. L., Schriftst. (Großonkel) - Lit.: Art. in Ztg. u. Ztschr.

SCHULZE-VORBERG, Max

Dr. jur., Journalist, MdB (1965-76; Wahlkr. 236/Schweinfurt; CDU/CSU-Fraktion) - Petersbergstr. 10, 5300 Bonn - Geb. 23. Febr. 1919 Düsseldorf (Vater: Max Schulze, Dachdeckermeister; Mutter: Maria, geb. Hinker), ev., verh. s. 1946 m. Senta, geb. Wunder, 5 Kd. (Max, Richard, Maria, Helene, Martin) - Dachdeckerlehre; Sonderlehrg. f. Kriegsteiln. (Abit.); Univ. München u. Innsbruck (Rechtswiss.) - Kriegsdst. (vor Moskau verwundet); s. 1948 Journ. (Berichterstatt. üb. gr. intern. Konfz.; Bonner Korresp. Bayer. Rundfunk). 1973 ff. Vors. Enquête-Kommiss. f. ausw. Kulturpolitik. CSU. Studienreisen: Europa, Amerika, Afrika, Asien - 1968 Bayer. VO.

SCHULZE-WEISCHER

Dr., Prof., Direktor Inst. f. Nematologie/Biol. Bundesanstalt f. Land- u. Forstw. - Toppheideweg 88, 4400 Münster/W.

SCHULZE WIERLING, Bernd

Hauptgeschäftsführer Handwerkskammer Münster - Bismarckallee 1, 4400 Münster/W.; priv.: Billerbecker Str. 20a, 4405 Nottuln-Darup - Geb. 30. Sept. 1929 - AR-Vors. d. Volksbank Münster - BVK; Handwerkszeichen in Gold.

SCHUMACHER, Adolf

Dipl.-Ing., Gf. Mitglied d. Vorstandes Fachverb. Dampfkessel-, Behälter- u. Rohrleitungsbau (FDBR) - Sternstr. 36, 4000 Düsseldorf 30 - Geb. 12. Dez. 1935.

SCHUMACHER, Erich M.

Kaufmann (Martin Schumacher KG.), Vors. Getreide- u. Warenbörse zu Krefeld, Verein Produktenmarkt, Krefeld - Hülserstr. 5-7, 4152 Kempen/Ndrh.

SCHUMACHER, von, Felix

Dr. jur., Journalist - Zürichbergstr. 130, CH-8000 Zürich (Schweiz), (T. 251 90 19) - Geb. 15. Dez. 1909 Luzern (Vater: Felix v. S., Regierungsrat; Mutter: Emilie, geb. v. Linden), kath., verh. s. 1938 m. Evelyn, geb. Nager, 4 Kd. (Rudolf, Barbara, Hansjörg, Annemarie) - Univ. Fribourg, Berlin - S. 1935 Journ., b. 1936 London, dann Redakt. Weltwoche, Zürich, 1940-41 Auslandsredakt. Tat, 1941-50 Chefredakt. Sie u. Er, 1951-53 Redakt. Woche ebd., 1955-58 Chefredakt. Revue, München, anschl. Chefredakt. Bunte Illustr., Offenburg, 1960-61 Chefredakt. Tagesztg. Blick, Zürich, gegenw. Unternehmer (Immobilien u. Shopping Center) - Liebh.: Fischen - Spr.: Franz., Engl.

SCHUMACHER, Franz

Inhaber Metallhütten- u. Recyclingges. Schumacher mbH & Co. - Bergheimer Str. 91, 4049 Rommerskirchen/Rhld. - Geb. 21. Aug. 1920 Köln.

SCHUMACHER, Hans

Dr. phil., Schriftsteller - Lehenstr. 74, CH-8037 Zürich (T. 01 271 60 45) - Geb. 2. März 1910 Zürich, reform. - BV: In Erwartung d. Herbstes, Ged. 1939; Brunnen d. Zeit, Ged. 1941; Schatten im Licht, Ged. 1946; D. Horizont, Ged. 1950; Kl. Gesch. v. schönen Ged., Ess. 1950; Zum Ruhme Zürichs, Ged. 1950; Glück, Idylle u. Melancholie, Ess. 1954; Zürich, Monogr. 1955; Meridiane, Ged. 1959; Rost u. Grünspan - Erinn. e. Soldaten, 1964; ABC d. Tiere, Kinderverse 1967 (m. Celestino Piatti); In d. Rechnung e. Fehler, Kurzgesch. 1968; Nachtkurs, Ged. 1971; Folgerungen, Kurzgesch. 1971; E. Drache träumt u. zählt b. zehn, Ged. z. Bilderb. v. Peter Pavey, 1978; Ich bin d. Kröte Gernegross, Ged. z. Bilderb. v. Peter Pavey, 1981; D. Stunde d. Gaukler, Roman e. Rückvorschau, 1981; Harder u. Harder, R. 1984; D. durchlässige Zeit. Erinnerungen u. Betrachtungen im Spiegel d. Kindheit, 1990. Herausg.: Saure Wochen - Frohe Feste / Textsamml. üb. d. Arbeit (1967), Zürich überhaupt - E. Stadt im Spiegel d. lit. Textsamml. (1970), E. Gang durch d. Grünen Heinrich - Kommentierte Zitatensammlg. (1974); D. armen Stiefgeschwister d. Menschen. D. Tier in d. dt. Lit. (1977); D. grünen Pfade d. Erinnerung, autobiogr. Schriften aus 7 Jahrhdt. (1978) - Preis Conrad-Ferdinand-Meyer- (1942) u. Schweiz. Schiller-Stiftg. (1959); Lit.Preis d. Stadt Zürich (1982); Mitgl. PEN-Zentrum dt. Schweiz.

SCHUMACHER, Hans J.

Präsident europ. Arbeitsgem. d. Verkehrsunfallopfer, Vorst.-Vors. Dt. Förderkreis f. Verkehrsunfallopfer, Geschäftsf. Dt. Patienten-Schutzbund - Adenauerallee 11, 5300 Bonn 1 (T. 0228 - 22 16 35; Fax 21 59 95) - Geb. 1. Dez. 1942 Essen, verh. m. Edeltraud, geb. Hader - Ausb. z. Kaufm. - Mitautor: Handb. d. Medizinkommunikation (zus. m. H.D. Fischer), 1988; Droht uns d. totale Psychiatrie? (zus. m. R. Bloch). Herausg.: Dt. Patienten Ztg.

SCHUMACHER, Hans Walter

Dr. phil., Prof. f. Neuere dt. Literatur - Cranachstr. 47, 1000 Berlin 41 (T. 855 16 66) - Geb. 23. Juni 1931 Elbing (Vater: Rudolf Sch., Reg.- u. Baur.; Mutter: Hildegard, geb. Aust), ev., verh. s. 1962 m. Gesine, geb. Glimm, 2 Kd. (Hans, Beate) - Realgymn. (Abit. 1951); 1951-57 Stud. German. u. Phil. Univ. Bonn u. Heidelberg; Promot. 1958 - 1959-63 Lektor in Bristol u. Grignon; 1963-65 Doz. Goethe-Inst.; 1965 Assist. German. Sem. FU Berlin; 1967 Akad. Rat, 1971 Prof. - BV: Wesen u. Form d. aphorist. Sprache u. d. Essays b. Ernst Jünger, (Diss.) 1958; Narziß an d. Quelle, D. romant. Kunstmärchen, 1977. Herausg.: Berliner Beitr. zur neueren dt. Literaturgesch.; Erfahrungen Bd. I-VI, Jahrb. d. Lit. Arbeitskr. d. FU Berlin (1978-89); Spiegel im dunklen Wort. Analysen z. Prosa d. frühen 20. Jhs. (Bd. 1, 1983, m. W. Freund), Bd. 2, 1986; Neuere Stud. z. Aphoristik u. Essayistik (1986, m. G. Cantarutti); Romania-Germania-Stud. z. Begegnung d. dt. u. roman. Lit. (1990, m. G. Cantarutti); Phantasie u. Phantastik (1992, m. M. schulze) - Liebh.: Malerei - Spr.: Engl., Franz., Ital., Span.

SCHUMACHER, Heinrich

Landwirt, Mitgl. Brem. Bürgerschaft (s. 1967, CDU) - Wasserhorst 1, 2820 Bremen 77 (T. 64 07 32) - Geb. 24. März 1922 Wasserhorst, ev., verh., 3 Kd. - Landw. Ausbild. - S. 1959 selbst. 1941-45 Wehrdst.

SCHUMACHER, Heinz

Journalist, Vors. Verein Mittelrhein. Sportpresse, Koblenz (s. 1958), Pressew. Sportbd. Rhld. ebd. (s. 1961) - Wernerstr. 19, 5413 Bendorf/Rh. - Geb. 12. Febr. 1926 Bendorf (Vater: Hugo S.; Mutter: Emilie, geb. Kunz), Adventist, verh. s. 1962 m. Sigrun, geb. Hannebohn - S. 1946 (Volontariat) Rhein-Ztg., Koblenz (1947-89 Ressortleit. Sport) - BV: Meister - Sportler - Weltrekordler; Heitere Gesch. aus d. Welt d. Sports, Ziele im Urwald; Wenn Pinguine an Land gehen; Stars, Käuze, Starke Typen - 1967-90 20 Journalistenpreise, dav. 12 erste Pr., in d. Kat. Sport, Reise-Touristik, Wirtsch., Med., Foto - Liebh.: Amateurfilmen, Safaris, Sport - Gold. Sportabz.; BVK - Spr.: Engl.

SCHUMACHER, Hildegard

Schriftstellerin - Sonnenburger Str. 13, O-1310 Bad Freienwalde - Geb. 10. Sept. 1925 Eberswalde, ev., verh. s. 1946 m. Siegfried Sch., T. Annette - LBA, German., Fachlehrer f. Dt., Abschl. 1957 - Lehrer, Schriftst., freischaffend s. 1974 - BV: Sommerinsel, 1971; Andy, Chef d. Familie, 1975; Kirschenkosten, 1978; D. Junge m. d. großen schwarzen Hund, 1980; D. Brillenindianer, 1982; Susis sechs Männer, 1984; Andys Reise ins Morgenland, 1987; Laternentraum, 1988 - Alex-Wedding-Preis d. Akad. d. Künste - Liebh.: Lesen, Reisen, Kochen, Arb. m. schreib. Kindern u. Jugendl. - Spr.: Engl. - Lit.: Beitr. z. Kinder- u. Jugendlit. 21, 1971, 46 u. 47, 1977 in: Für Kinder geschrieben, 1978.

SCHUMACHER, Joseph

Dr. theol., Priester, Prof. f. Fundamentaltheol. Univ. Freiburg (s. 1983) - Basler Landstr. 97, 7800 Freiburg/Br. - Geb. 4. März 1934 Nottuln/W. (Vater: Ferdinand S., Lehrer; Mutter: Anna, geb. Brüggemann), kath. - Schule Coesfeld (Abit.); Univ. Münster u. Innsbruck (Phil., Theol.) - Seelsorge u. Gymnasialdst.; s. 1971 Hochschultätigk. - BV: D. Denzinger - Geschichte u. Bedeutung e. Buches in d. Praxis d. neueren Theol., 1974; D. apostol. Abschluß d. Offenbarung Gottes, 1979. 40 Aufs. in versch. Ztschr. - O. Mitgl. Pontificia Acad. Theologica Romana - Liebh.: Musik, Lit. - Spr.: Engl., Franz., Ital.

SCHUMACHER, Kurt

Geschäftsführer Bankenverb. Baden-Württ. - Theodor-Heuss-Str. 3, 7000 Stuttgart 1 (T. 29 45 03; Fax 0711 - 29 07 60).

SCHUMACHER, Kurt

Kammersänger, Opernsänger (Marcel Cordes) - Angerberg 119, A-6300 Wörgl/Tirol (T. 0043 - 53 32-62 03) - Geb. 11. März 1920, ev., gesch., 2 Kd. (Barbara, Sängerin; Andreas, Komp.) - 1948-50 Conservat. Kaiserslautern (Gesang), 1950/51 Musikhochsch. Mannheim (Opernschule), 1954 Konservat. Rich. Schubert u. Konservat. Fritz Krauß München - 1956-62 Doz. Rich. Strauß Konservat. München - 1956 Titel Bayer. Kammersänger.

SCHUMACHER, Martin

Dipl.-Polit., Fraktionsgeschäftsführer, MdL Schlesw.-Holst. a.D. (b. 1983) - Hafenstr. 21, 2000 Wedel/Holst. - Geb. 16. Dez. 1945 Wedel, ev., verh. - Gymn. Hamburg u. Uetersen; 1966-68 Bundeswehrdst.; 1968-74 Univ. Würzburg (Med.) u. Hamburg (Polit. Wiss., Soziol., Öfftl. Recht; Dipl.) - 1974-75 Wiss. Assist. FDP-Bürgerschaftsfrakt. Hamburg; 1975 parlam. Geschäftsf. FDP-Frakt. im Landtag, MdL VIII. u. IX. Wahlp. FDP s. 1967 (1970 Ortsvors. Wedel, 1972 Mitgl. Landesvorst.).

SCHUMACHER, Peter E.

Dipl.-Volksw., Leiter d. Nachrichtenabteilung im Presse- u. Informationsamt d. Bundesreg. - Welckerstr. 11, 5300 Bonn 1 - Geb. 25. März 1945 Bremen - Stv. AR-Vors. Dt. Reportagefilm GmbH.

SCHUMACHER, Rudolf

Senatspräsident i.R. (1981) - Herrenstr. 45a, 7500 Karlsruhe - Geb. 15. Sept. 1915 - B. 1972 Bundesanw., dann Senatspräs. Bundesgerichtshof.

SCHUMACHER, Siegfried

Schriftsteller (Veröff. gem. m. Ehefrau Hildegard) - Sonnenburger Str. 13, O-1310 Bad Freienwalde - Geb. 9. Aug. 1926 Oderberg/M., neuapost., verh. s. 1946 m. Hildegard, geb. Thöns, T. Annette - Gymn. Bad Freienwalde; Stud. Geographie; Fachlehrer f. Geogr. - Lehrer, Schriftst., freischaffend s. 1974 - BV: Sommerinsel, 1971; Andy, Chef d. Familie, 1975; Kirschenkosten, 1978; D. Junge m. d. großen schwarzen Hund, 1980; D. Brillenindianer, 1982; Susis sechs Männer, 1984; Andys Reise ins Morgenland, 1987; Laternentraum, 1988 - Alex-Wedding-Pr. d. Akad. d. Künste, Berlin - Liebh.: Arb. m. schreib. Kd. u. Jugendl., Reisen, Lesen - Spr.: Engl. - Lit.: Beitr. z. Kd.- u. Jugendlit. 21, 1971; 46 u. 47, 1971 in: Für Kinder geschrieben, 1978.

SCHUMACHER, Walter

Journalist, Redakt. Südwestfunk Baden-Baden - Bergseestr. 61, 7573 Sinzheim-Vormberg (T. 07221-276 32 59) - Geb. 4. Jan. 1950 Kaiserslautern, ev., verh. s. 1979 m. Ute, geb. Nabinger, 2 Kd. (Kai, Tanja) - Rundf.-Volont.; Jura-Stud. - Rundf.-Autor u. Moderator, dzt. SWF 3; Dramat. Hoftheater Scherzheim. 1974-79

Stadtrat Kaiserslautern - Autor Rundf.-Serie: Lernt pfälzisch m. d. Bundeskanzler (1982); Mitarb. Satire-LP: Ich bin Kohl, mein Herz ist rein (1984) - Liebh.: Bild. Kunst, Kabarett.

SCHUMACHER, Werner

Dr. med., Prof., Chefarzt Strahlenklinik Rudolf-Virchow-Krankenhaus Berlin (s. 1958) - Pfeddersheimer Weg 9, 1000 Berlin 38 (T. 803 59 78) - Geb. 25. Juni 1920 Jüterbog (Vater: Fritz S.; Mutter: Helene, geb. Gulbins), ev., verh., 2 Kd. (Angelika, Jörg) - Univ. Berlin (Med. Staatsex. u. Promot. 1944) - BV: Leberdiagnostik, Radioaktive Isotope in d. Chir. (beide m. a.), Neue Methoden d. Szintigraphie, D. Anwend. energiereicher Elektronen 35 MeV, Neue strahlenbiol. Erkenntnisse z. Verbesserung d. Strahlentherapie. Üb. 50 Fachaufs. - Spr.: Engl., Franz.

SCHUMACHER, Willi

Dr. med., Dr. rer. nat., o. Prof. f. Psychiatrie Univ. Gießen, Psychoanalytiker - Mozartstr. 8, 6300 Gießen - Geb. 30. März 1928 Windeck-Röcklingen, kath. - Med. Staatsex. u. Promot. 1952 u. 1955 - 1969 ao. Prof. f. Psychiatrie Univ. Düsseldorf; 1973 o. Prof. f. Med. Psych. Univ. Frankfurt; 1980 o. Prof. f. Psychiatrie Univ. Gießen.

SCHUMACHER-WANDERSLEB, Otto

Dr. med., Arzt, Kneipp-Physiotherapeut - Seb.-Kneipp-Promenade 28-30, 5358 Bad Münstereifel (T. 02253 - 60 11) - Geb. 19. Mai 1925 Mönchengladbach (Vater: Martin Sch., OStud.dir.; Mutter: Therese, geb. Schmitz), kath., verh. s. 1954 m. Renate, geb. Wandersleb, 4 Kd. (Claudia, Wolfram, Michael, Reinhard) - Gymn. (Abit. 1943) Bad Münstereifel, s. 1944 Univ. Berlin u. Bonn (1945-51) - S. 1972 1. Vors. Ärztl. Ges. f. Physiotherapie; s. 1976 Lehrbeauftr. f. Allg. Med. Univ. Bonn. Schriftl. Ztschr. Kneipp-Physiotherapie - BVK I. Kl.; Hufeland-Med.; Seb.-Kneipp-Med. in Gold - Liebh.: Philatelie - Spr.: Engl. - Bek. Vorf.: Dr. Herm. Wandersleb, Staatssekretär Bonn, 1949-57 (Schwiegerv.).

SCHUMANN, Ekkehard

Dr. jur., Prof. f. Prozeßrecht u. Bürgerl. Recht Univ. Regensburg (s. 1967) - Schillerstr. 3, 8417 Lappersdorf (T. Regensburg 8 24 34) - Geb. 28. Dez. 1931 Leipzig (Vater: Hermann S., b. 1934 Landgerichtsdir.; Mutter: Marianne, geb. Oelsner), ev., verh. s. 1960 m. Barbara, geb. Roether, 2 Kd. (Sabine, Sebastian) - Thomas-Sch. Leipzig; 1950-57 Univ. Berlin (Freie), München, Zürich, Ann Arbor/USA (Phil., Rechtswiss.). Jurist. Staatsex. 1957 u. 61. Promot. 1961; Habil. 1967 - 1958-67 Assist. u. Privatdoz. (1967) Univ. München. Mitgl. Bayer. Senat (s. 1974); 1980 Vors. Aussch. f. Kulturpolitik, 1988 Vizepräs.; s. 1985 stv. Vors. Medienrat d. Bayer. Landeszentrale f. neue Medien - BV: Verfassungs- u. Menschenrechtsbeschwerde gegen richterl. Entscheidungen, 1963; ZPO-Klausur, 1981; BVerfG, GG u. ZPO, 1983; D. überörtliche Rechtsanwaltssozietät, 1990. Herausg.: Unser Recht, 1982. Mitverf.: Stein/Jonas, ZPO-Kommentar (19. A. s. 1967ff., 20. A. 1976ff.), Ev. Staatslexikon (1. A. 1966, 2. A. 1975, 3. A. 1987), Handb. d. Landesverf.gerichtsbark. (1983) - 1981 Bayer. VO; 1984 BVK am Bde.; 1985 Bayer. Verf.-Med. in Silber u. 1989 in Gold; 1988 BVK I. Kl.

SCHUMANN, Erich

Rechtsanwalt, Geschäftsführer Zeitungsgruppe WAZ E. Brost & J. Funke GmbH & Co. KG, Essen - Thomas-Mann-Str. 49 A, 5300 Bonn 1 - Geb. 13. Dez. 1930 - BVK.

SCHUMANN, Gerhard

Schriftsteller, Verleger, Gründer (1962), Gesellsch. u. Programmleiter Hohenstaufen Verlag München/Bodman (s. 1987), s. Jan. 1990 nur noch Autor im Hohenstaufen-Verlag München-Bodman,

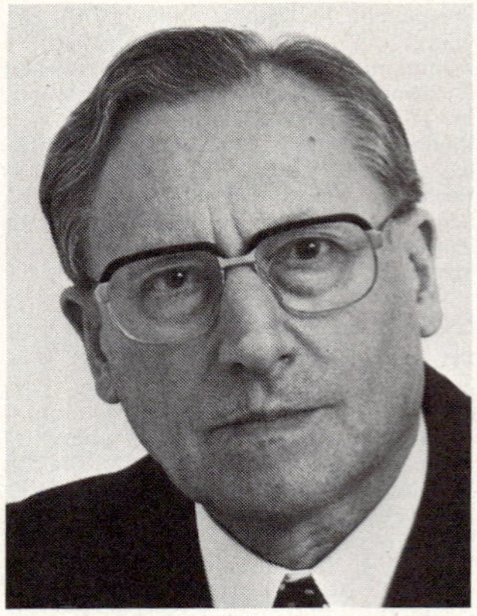

Geschäftsf. K. H. Biebl - Freseniusstr. 59, 8000 München 60; Im Gries 17, 7762 Bodman-Ludwigshafen 2 (T. 07773 - 56 16) - Geb. 14. Febr. 1911 Esslingen (Vater: Albert S., OStudR; Mutter: Mathilde, geb. Ruttmann), ev., verh. I) 1934 m. Margarethe, geb. Hausser † (gesch.), 3 Kd. (Ingeborg, Dagmar, Ulrich), II) 1961 Erika, geb. Stiba - Ev. theol. Sem.; Stud. German. - Ab 1934 fr. Schriftst.; 1936-45 Vorst.-Vors. Württ. Landesbühne, Eßlingen; 1942-45 Chefdramat. u. stv. Generalint. Württ. Staatstheater, Stuttgart; 1950-62 Prokurist u. Geschäftsf. (1956) Europ. Buchklub ebd.; seither Leit. Hohenstaufen-Verlag, Bodman. 1943-45 Präs. Hölderlin-Ges. - W: E. Weg führt ins Ganze, 1932; Gudruns Tod, Tragödie 1943; D. Tiefe trägt, Ged. 1957; Stachel-Beeren-Auslese, Ged. 1960; Leises Lied, Ged. 1962; E. Weihnachtsmärchen, Ged. 1963; D. Segen bleibt, Ged. 1968; Besinnung - V. Kunst u. Leben/Memoiren u. Essays, 1974; Bewahrung u. Bewährung, Ged. 1976; Entscheidung, Schausp. 1980, Gerhard Schumann Spruchbuch, 1981; Herbstliche Ernte, Ged. 1986; Langspielplatte: Heitere u. besinnliche Verse (1964), Deutsche Texte (1991) - 1935 Lyrikpreis Ztschr. D. Dame. Schwäb. Dichterpreis, 1936 Nationaler Buchpreis; 1971 Lyrik-Ehrenring Dt. Kulturwerk, 1974 Dichtersteinschild; 1981 Ulrich v. Hutten-Med.; 1983 Schillerpr. d. Dt. Volkes; EK I; Mitgl. Akad. Rat Humboldt-Ges.; u. d. Dt. Akad. f. Bildung u. Kultur; 1977 Berufung in d. Dt. Autorenrat; 1982 Ehrenmitgl. Europ. Bildungsgemeinsch.; 1985 stv. Präs. d. Dt. Akad. f. Bildung u. Kultur - Liebh.: Musik, Bild. Kunst, Sport - Spr.: Engl., Franz. - Lit.: Wilpert, Lexikon d. Weltlit., Persönlichk. Europas - Deutschl.; Hans Heinz Dum: Lobrede auf d. Träger d. Schillerpr. d. Dt. Volkes 1983.

SCHUMANN, Hans

Dr. phil., Prof., Stadtdirektor i. R. - Humboldtstr. 8, 7000 Stuttgart (T. 640 26 63) - Geb. 8. Juni 1912 Berlin (Vater: Erwin S., Kaufm.; Mutter: Johanna, geb. Dreyer), ev., verh. 1947 m. Anni, geb. Maier †, 3 Kd. (Hans, Andreas, Katharina) - Stud. Gesch. u. Sprachen - 1936-40 Übersetzer Reichsdst., 1940-42 Wiss. Hilfsarb. Ausw. Amt, 1942-45 Kriegseins. (zul. Ltn. d. Res.), 1945-46 franz. Gefangensch., 1946-47 Gymnasiallehrer, 1947-77 Schul- u. Kulturreferent d. Stadt Stuttgart. Gf. Vorst.-Mitgl. Dt. Ges. f. Osteuropakd., VR-Vors. Inst. f. Auslandsbeziehungen, Ehrenpräs. Stuttg. Kammerorch., Vorst.-Mitgl. d. Vereins United Services Organisation u. Vors. VHS Stuttgart - BV: Hohenheim, Bilder u. Gestalten, 1981; Blick n. Osteuropa - Ereign. u. Gestalten, 1983. Hrsg. v. Friedrich d. Große: Mein lieber Margnis, 1985; Baden-Württemberg. Portraits, 1988; A. v. Kotzebue: D. merkwürdigste Jahr meines Lebens, 1988. Herausg. u. Übers. d. Briefwechsels v. Katharina d. Großen u. Voltaire Monsieur - Madame, 1991 - 1957 Ritter Kgl. Schwed. Vasa-Orden, 1958 Gr. Ehrenz. Rep. Österreich, 1959 Ritterkreuz I. Kl. Orden d. finn. Löwen, 1963 Orden d. Belg. Krone I. Kl., 1968 franz. Orden Palmes Acad., 1978 BVK I. Kl., 1978 USA Outstanding Civilian Service Award; 1982 Verdienstmed. Land Baden-Württ.; 1987 Ernennung z. Prof. durch d. Min.-Präs. v. Baden-Württ. - Spr.: Engl., Franz., Span., Russ. - Rotarier.

SCHUMANN, Hans-Gerd

Dr. phil., Prof. f. Politikwissenschaft - Technische Hochschule, Schloß, Zimmer 211, 6100 Darmstadt (T. 16 21 42) - Geb. 30. Mai 1927 Essen, kath. - Univ. Münster (1948-50; Gesch., German., Kunstgesch., Publiz.) u. Marburg (1950-53; Gesch., Politik, Rechtswiss.). Staatsex. 1953; Promot. 1960 - 1947-49 Verlagslektor; 1956-69 Assist. u. Akad. Rat Univ. Marburg; s. 1969 o. Prof. TH Darmstadt - BV: Nationalsozialismus u. Gewerkschaftsbeweg., 1958; Edmund Burkes Anschauungen v. Gleichgewicht in Staat u. Staatensystem, 1964; Konservativismus, 1974 (erw. Taschenbuchausg. 1984); D. Rolle d. Opposition, 1976. Herausg.: D. polit. Parteien in Dtschl. n. 1945 (Bibliogr., 1967), O. Ladendorfs Histor. Schlagwörterb. 1906 (1968), Sprache u. Politik (1968ff.); Deutschland 1945-49 (1989). Mithrsg.: Wirtschaft, Recht u. Politik - Festschr. f. Wolfgang Abendroth (1968), Neue politische Literatur (ab 1979), D. Zukunft d. Stadt (1981); 40 J. Hess. Verfassung - 40 J. Politik in Hessen (1989). Mitverf.: Ende d. autoritären Demokratie?, 1970; Rhetorik - Beitr. zu ihrer Gesch. in Dtschl. v. 16.-20. Jahrh., 1974; Nachrichten, 1975; Herkunft u. Mandat, 1976; Dt. Führungsgesch. in d. Neuzeit, 1980; Kommunale Selbstverw. - Idee u. Wirklichk. 1983; Konservatismus - E. Gefahr f. d. Freiheit? F. Iring Fetscher, 1983; Kultur u. Politik. F. Iring Fetscher, 1990; Politische Teilkulturen zw. Malegration u. Polarisierung, 1990. Zahlr. Einzelarb. - Spr.: Engl.

SCHUMANN, Hilmar

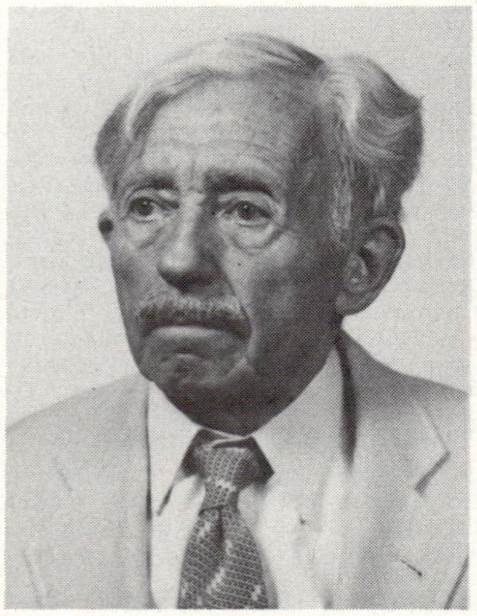

Dr. phil., o. Prof. f. Mineralogie (emerit.) - Madamenweg 14, 3300 Braunschweig (T. 37 11 62) - Geb. 8. Nov. 1902 Potsdam (Vater: Hofrat Prof. Dr. phil. Dr.-Ing. h. c. Richard S., Ord. f. Geodäsie u. Astronomie TH Wien † 1945, s. X. Ausg.; Mutter: Erna, geb. Jastram), ev., verh. s. 1956 m. Ursula, verw. Dunkelberg, geb. Eysen - Promot. 1928 Wien; Habil. 1940 Göttingen - 1954-71 Ord. TH Dresden u. TH bzw. TU Braunschweig. Spez. Arbeitsgeb.: Polarisationsmikroskopie - BV: Einf. in d. Gesteinswelt, 5. A. 1975; Grundl. d. geol. Wissens f. Techniker, 1962; Anleit. z. allg. u. pol. Mikroskopie, 1973. Zahlr. Fachaufs. - o. Mitgl. Braunschweig. Wiss. Ges.; Ehrenmitgl. Österr. Mineralog. Ges. (1978) - Bek. Vorf.: Robert Schumann (Komponist), Louis Eysen (Maler).

SCHUMANN, Horst

Bundesehrenvorsitzender Fachverb. Führungskräfte d. Druckind. u. Informationsverarb. (FDI), Bundesvors. FDI (1980-86), Landesvors. Hessen (1968-80) - Händelstr. 6, 6074 Rödermark/Hessen (T. 06074 - 7 09 39) - Geb. 26. Okt. 1921 Lychen/Mark (Vater: Werner Sch., Druckereibes. u. Zeitungsverl.; Mutter: Elisabeth, geb. Kaiser), ev., verh. s. 1946 m. Annemarie, geb. Koob - Abit.; Schriftsetzerm. - Betriebsleit., Prokurist mittl. Betr. d. Druckind. - BVK am Bde.

SCHUMANN, Jochen

Dr. rer. pol., Dr. sc. oec. h. c., Univ.-Prof. f. Volkswirtschaftslehre u. Direktor Inst. f. Wirtschafts- u. Sozialwiss. Univ. Münster (s. 1967) - Universitätsstr. 14, 4400 Münster/W. (T. 8 31) - Geb. 11. Febr. 1930 Kassel (Vater: Otto S., Oberstabsintendant; Mutter: Erna, geb. Brandt), ev., verh. s. 1959 m. Helga, geb. Kortheuer, 2 Kd. (Rolf, Iris) - Univ. Frankfurt/M. (Volksw.lehre; Dipl.-Volksw. 1955). Promot. 1959; Habil. 1967 - 1957-67 Assist. Univ. Frankfurt; 1960-61 Rockefeller Fellow Univ. Philadelphia, Stanford, Cambridge (Harvard) - BV: D. Sektorenanalyse als Instrument konjunkturtheoret. Unters., 1959; Input-Output-Analyse, 1968; Grundzüge d. mikroökonom. Theorie, 6. A. 1992 (span. Übers. 1980) - Spr.: Engl.

SCHUMANN, Karl

Dr., Prof., Musik- u. Theaterkritiker - Weingarts, 8551 Kunreuth - Geb. 24. Okt. 1925 München - S. 1948 Südd. Zeitung; s. 1974 Hochsch. f. Musik München; s. 1980 Honorarprof. - 1979 Salzburger Kritikerpreis; 1980 Gr. Verdienstzeichen d. Landes Salzburg; 1986 Bayer. VO; o. Mitgl. u. Dir. Abt. Musik Bayer. Akad. d. Schönen Künste.

SCHUMANN, Kurt

Dr. med. habil., Prof., Chefarzt Frauenheilkunde u. Geburtshilfe Ev. Krankenhaus Herne - Zu erreichen üb. Wiescher Str. 24, 4690 Herne 1 - Geb. 12. März 1943 Köln - Habil. 1980 Hannover. 1988 Prof.

SCHUMANN, Michael

Dr., Dipl.-Soz., Prof. Univ. Bremen (s. 1975) - Torgauer Str. 4, 2800 Bremen (T. 37 02 04) - Geb. 24. Febr. 1937 Lüben/Liegnitz (Vater: Hans S., OStudDir.; Mutter: Margarete, geb. Wünsche), verh. s. 1977 m. Claudia, geb. Doermer, T. Mylena - 1964-69 Assist. Soziol. Sem. Univ. Göttingen, s. 1969 gf. Dir. u. Präs. (1975) Soziol. Forschungs-Inst. (SOFI) - BV: Industriearbeit u. Arbeiterbewußtsein, 1970 (m. H. Kern); Zw. Drehbank u. Computer, 1970 (m. a.); Produktion u. Qualifikation, 1974 (m. M. Baetge) - Spr.: Engl., Franz.

SCHUMANN, Olaf

Dr. theol., Prof. f. Ev. Theologie u. Religionswiss. Univ. Hamburg - Parkweg 2, 2251 Witzwort (T. 04864 - 9 62) - Geb. 5. Nov. 1938 Dresden, ev. - 1959-66 Stud. Univ. Kiel, Tübingen, Basel u. Kairo (Ev. Theol. u. Islamist.); Promot. 1972 Tübingen - 1966-68 Deutschlektor Assiut (Ägypten); 1970-81 Wiss. Mitarb. Rat d. Kirchen in Indones.; 1981ff. Prof. f. Relig.- u. Missionswiss. Univ. Hamburg. 1982-89 Vorst.-Vors. Missionsakad. Hamburg. 1989-92 Gastprof. Theol. Hochsch. Jakarta - BV: D. Christus d. Muslime, 1975; D. Islam in Indonesien, 1978; Zwei Bücher z. interrelig. Dialog in Jakarta, 1980 u. 82 (Herausg.); Beitr. in Sammelw., Ztschr., Lexica u.a. - Spr.: Engl., Franz., Indon., Arab., Holländ.

SCHUMANN, Peter B.

Publizist, VR-Mitgl. Filmförderungsanst., Berlin (1976ff.), Vorst.-Mitgl. Intern. Forum d. Jungen Films Berlin (1980ff.) - Goltzstr. 35, 1000 Berlin 30 - Geb. 17. Mai 1941 Erfurt/Thür. (Vater: Wolfgang Sch., Verkaufsdir.; Mutter: Gertrud, geb. Heinemann) - Univ. Freiburg u. FU Berlin (German., Politol., Theaterwiss., Publiz.) - Autor u. Regiss. Fernsehdokument. u. -report.: u.a. Neuer brasilian. Film (Serie, 1968), Kino in Opposition (1970), Kino im Untergrund (1970), Erobert d. Film (1973), Dt. Film im Exil (1974), D. rote Leinwand (Serie, 1976), Kino in Cuba (1976), Kino in Argentinien (1985), Mario Benedetti (1986), Theater in Uruguay (1987), Gabriel Garciá Márquez (1987), Miguel Barnet (1987), Miguel Littin im Untergrund (1987), Lázaro (1987), Kunst in Venezuela: Jacobo Borges (1987). Zahlr. Rundfunkfeature üb. Lit., Theater, Kulturpolitik Lateinamerikas - BV: Film u. Revolution in Lateinamerika, 1971; Kino u. Kampf in Lateinamerika, 1976; Kino in Cuba, 1980; Handb. d. lateinamerik. Films, 1982; Historia del Cine Latinoamericano, 1987; Jacobo Borges, 1987; Handb. d. brasilianischen Films, 1988 - Spr.: Span., Engl., Franz., Portug.

SCHUMANN, Thomas B.

Journalist, Schriftsteller, Literaturwissensch. - Kiefernweg 11, 5030 Hürth-Efferen (T. 02233 - 6 72 82) - Geb. 6. Febr. 1950 Köln (Vater: Rolff Sch., Dipl.-Ing., Ltd. Landesvermess.dir. i.R.; Mutter: Hildegard, geb. Faßbender), kath. - Human. Gymn. Köln, (Abit.); Stud. German. u. Gesch. Univ. Köln, Bonn, München, Wuppertal - 1968/69 Buchhdl.Tätigk., s. 1970 Mitarb. Presse u.a. FAZ, D. Zeit, D. Welt, Publik, Allg. Jüd. Wochenztg., D. Presse, D. Weltwoche, D. Tat, Dt. Allg. Sonntagsbl., NZZ, Regionalbl.; s. 1978 Vortragstätigk. b. Theat., Akad., Volkshochsch. S. 1983 Organisierung liter. Ausstellung. S. 1988 Mitarb. am 15bändigen Lit.lexikon v. Walther Killy. 1990 Gründung e. Publikationsforums u. e. Ges. z. Förd. vergessener u. exilierter Lit. - BV: Hans Bütow. Bio-Bibliogr., 1974; Plädoyers gegen d. Vergessen, Essays üb. vergess. u. unbek. Autoren, 1979; D. Straßen komme ich entlang geweht, Ged. v. Ernst Blass, Ed. u. Nachw., 1980; D. Verbrechen d. Elise Geitler u. a. Erz. v. Hermann Kesser, Nachw. 1981; Mod. Kunst im Bildgespräch, Ged. v. Margot Scharpenberg, Nachw., 1982; Asphaltlit., Aufs. üb. im Dritten Reich unerwünschte Autoren, 1983; Entd. Ausgew. Nachworte, Aufs. u. Rezensionen z. Lit. d. 19. u. 20 Jh., 1984; D. Treue, Erz. v. Ludwig Tügel, Ed. u. Nachw. 1986; u.a. Veröff. - Liebh.: Kunst, Antiquitäten, Biblioph., Erstausg., Reisen, Kulinarik, Musik, Theater - Spr.: Engl. - 1980 Kulturförderpreis Stadt Hürth - Bek. Vorf.: Komponist Robert Schumann (entf.) - Lit.: Erika Kip: Hinter d. Dinge schauen, Thomas B. Schumann (in N. Rheinl., Jg. 24, Nr. 3, 1981).

SCHUMANN, Werner

Kaufmann (Gebr. Schumann oHG., Heilbronn), Vors. Bundesverb. d. Dt. Erfrischungsgetränke-Industrie, Bonn, u. a. - Danziger Str. 27, 7100 Heilbronn-Neckargartach (T. Büro: 7 20 91) - Geb. 14. März 1926 Neckargartach.

SCHUMERTL, Franz

Landrat a. D. - 8393 Freyung/Ndb. - Geb. 11. Juni 1925 Pfefferschlag Kr. Prachatitz (Böhmerwald), verh., 4 Kd. - B. 1972 Wolfstein, dann b. 1990 Freyung-Grafenau - BVK I. Kl.; Bayer. VO.

SCHUMM, Helmut

Direktor, Kaufm. Vorstandsmitglied Neckar-AG., Stuttgart (s. 1973) - Birkenwaldstr. 64, 7000 Stuttgart 1 (T. 0711 - 22 40 02) - Geb. 28. Jan. 1915 Stuttgart (Vater: Rudolf S., Oberpostinsp.; Mutter: Bertha, geb. Dürr), ev., verh. s. 1938 m. Wilma, geb. Mayer, 3 Kd. (Gisela, Dieter, Ursula) - Abit. - 1938 Steuerinsp.; 1949 Handl.sbevollm.; 1951 Prokurist.

SCHUMMER, August

Dr. med. vet. (habil.), o. Prof. f. Veterinär-Anatomie (emerit.) - Karl-Keller-Str. 40, 6300 Gießen (T. 3 37 70) - Geb. 13. Dez. 1902 Hermannstadt/Siebenb. - 1949 Privatdoz. Tierärztl. Hochsch. Hannover; 1954 o. Prof. u. Inst.sdir. Univ. Gießen (1960/61 Rektor) - BV: Lehrb. d. Anat. d. Haustiere, 1954 (m. a.).

SCHUNACK, Walter

Dr. rer. nat., Dr. med., Prof. - Spanische Allee 95, 1000 Berlin 38 - Geb. 21. März 1935 Kölleda (Vater: Richard S., Lehrer; Mutter: Käte, geb. Hilpert), verh. s. 1965 m. Ingrid, geb. Sütterlin, 2 Kd. (Bettina, Michael) - Stud. d. Pharmaz. u. Med. Univ. Mainz - 1975-79 Dekan Fachber. Pharmaz. Univ. Mainz; 1984 o. Prof. f. Pharmaz. Chemie FU Berlin; 1984-86 Sprecher Fachber. Pharmazie. 1987 Vizepräs. FU Berlin f. Naturwiss. u. Forsch. Fachveröff. - Spr.: Engl.

SCHUNCKE, Michael

Fachdozent Marketing/Werbung Bundes-FS f. Werbetechnik Lahr, Autor, Werbeberater - Heschmattweg 11, 7570 Baden-Baden (T. 07221 - 7 50 56) - Geb. 8. Mai 1929 Dresden (Vater: Dr. jur. Ernst Sch., Fabrikant; Mutter: Frieda, geb. Schuncke), ev., verh. s. 1956 m. Dorothea, geb. Czibulinski-Dressler, 2 Töcht. (Gabriele, Christina) - Musiktheorie/-harmonie u. Fuge, Orgel, 1945-49 Baden-Baden; kaufm. Ind.lehre 1952-53 Ludwigshafen/Rh.; Werbetheorie 1952-54 WHS Mannheim - Cheftexter u. Redakt.: 1963-68 Schmalbach-Lubeca, Braunschweig; 1968-82 Werbeber., Redakt., Alleinbev. Werbeagt. Bochum; s. 1966 Lehrauftr. Text Werbe-FS Hannover; s. 1974 Werbe-FS Essen; s. 1984 Bundes-FS f. Werbetechn. Lahr - 1965-69 Vorst.-Mitgl. Werbefachverb. Nieders.; 1971-81 AR-Mitgl./teilw. -Vors. e. Kapitalges. - Entd. e. Mendelssohn-Bildn. v. J. P. Lyser 1957 - BV: Zahlr. musikhistor., sprachl. u. werbefachl. Einzelarb. (s. 1957), z.B. in: Sammelbde. I. u. II. d. Robert-Schumann-Ges. Zwickau, 1961 u. 66; Katal. z. Schuncke-Ausst. (m. Dr. J. Draheim), 1984; Rachmaninoff in Dresden (m. Keith Fagan) in: Newsletter of the Rachmaninoff Society, New Road, March 1992; D. System d. Text-CI in: Werbeforsch. & Prax., 1991; Sprecht d. Sprache d. Adressaten, 1982; Schlüsselworte erfolgr. Anzeigen, 2. A. 1986; Prakt. Werbehilfe f. d. fortschrittl. Handwerker, 1987 - 1974 Gold. Hans-Buchholz-Med. f. Förder. d. Nachwuchses - Liebh.: Gründer u. Organisator (m. s. Frau) d. Reihe Kl. Lichtentaler Kirchenkonz. m. jungen Talenten u. erfahr. Musikern, s. 1989, stv. Vors. d. Freundeskr. v. Dr. Ludwig Finckh (s. 1989), Lit., Wandern - Bek. Vorf.: 20 Musiker v. beid. Elternseit., zw. 1742 (Ururgr.) u. 1946 (Großt.); dar. Ludwig Sch. (1810-34), Pianist, Komp., Schumann-Freund, Mitgr. Neue Ztschr. f. Musik - Lit.: u.a. Kürschners Lit.-Lex.; Intern. Who's Who in Music; Max F. Schneider, E. unbek. Mendelssohn-Bildn., 1958.

SCHUPHAN, Werner

Dr. agr., Prof. f. Angew. Botanik Univ. Mainz - Heidestr. 9, 6222 Geisenheim/Rhg. (T. 82 31) - Geb. 18. Nov. 1908 Berlin (Vater: Wilhelm S., Architekt; Mutter: Selma, geb. Vorholz), ev., verh. s. 1939 m. Elga, geb. Froböse, 2 Söhne (Dietmar, Ingolf) - Realgymn. u. Univ. Berlin. Promot. u. Habil. Berlin. Studienaufenthalt Frankr., Engl., Niederl., Spanien, Ital. - Assist. Univ. Berlin; Leit. Inst. f. Gemüsebau (Großbeeren) Versuchs- u. Forschungsanst. Berlin (Dahlem). S. 1939 Lehrtätigk. Univ. Berlin, Hamburg (1945; 1947 apl. Prof.; Angew. Botanik), Mainz (1952 apl. Prof.; Angew. Botanik). Präs. Intern. Vereinig. z. Erforsch. d. Qualität v. Nahrungspflanzen u. Dt. Ges. f. Qualitätsforsch. (Pflanzl. Nahrungsmittel). Jahrel. Ltd. Dir. Bundesanst. f. Qualitätsforschg. pflanzl. Erzeugnisse - BV: Gemüsebau auf ernährungswiss. Grundlage, 1948; Chem. u. biol. Qualitätsbestimmung gärtner. u. landw. Erzeugnisse, 1953; Z. Qualität unserer Nahrungspflanzen, Erzeugerinteressen - Verbraucherwünsche, 1961; Nutritional Values in Crops and Plants, 1965 (London); Jakosc produktow pochodzenia roslinnego, 1966 (Warschau); Calidad y Valor Nutritivo de los Alimentos Vegetales, 1968 (Saragossa); Mensch u. Nahrungspflanze, 1976 (Den Haag). Herausg.: Qualitas plantarum, Plant Food f. Human Nutrition - 1937 Hanns-Wießmann-Preis f. Agrikulturchemie, 1963 Bernadotte-Med. Kgl. Schwed. Akad. d. Land- u. Forstw.swiss., 1962 Offc. de l'orde pour le mérite de la recherche et de l'invention, 1969 Jan-R.-Purkyne-Med. Prag, 1975 Ehren-Med. Univ. Helsinki.

SCHUPP, Franz

Dr. theol., Dr. phil., Prof. f. Geschichte d. Philosophie Univ. Paderborn - Tempelhofer Str. 59, 4790 Paderborn - Geb. 3. Nov. 1936 Wien (Vater: Ferdinand Sch., Gymnasiallehrer; Mutter: Hildegard, geb. Raaber), verh. s. 1976 m. Milena, geb. Fracassi - Promot. 1965 Wien u. 1974 Innsbruck, Habil. 1969 Innsbruck - 1954-56 Bankangest.; 1968/69 Lehrbeauftr. Univ. Innsbruck; 1970 Gastprof. Boston; s. 1971 Prof. Innsbruck; 1976-79 Mitarb. Leibniz-Archiv Hannover; s. 1979 Prof. f. Phil. Univ. Paderborn; 1988 Gastprof. Lock Haven/USA - BV: D. Evidenz d. Gesch., 1970; Auf d. Weg z. e. krit. Theol., 1974; Glaube-Kultur-Symbol, 1974; Poppers Methodol. d. Gesch.wiss., 1975; Mythos u. Relig., 1976; Leibniz: Generales Inquisitiones, PhB 338, 1982; Leibniz: Sämtl. Schr. u. Briefe Bd. I, 11 (m.a.) 1982; Logical problems of the medieval theory of consequences, 1988; Schöpfung u. Sünde, 1990; Wilhelm von Osma, De consequentiis, 1991 - Spr.: Engl., Franz., Ital., Span., Griech., Latein.

SCHUPP, Volker Günther

Dr. phil., o. Prof. f. German. Philol. u. Rektor Univ. Freiburg (1983-87) - Haydnweg 4, 7830 Emmendingen - Geb. 12. Febr. 1934 Karlsruhe (Vater: Josef S., Oberlehrer a.D. †; Mutter: Maria, geb. Herr †), kath., verh. s. 1967 m. Renate, geb. Richter, 3 Kd. (Stefan, Christian, Bettina) - Stud. Univ. Freiburg/Br., München, Paris; Promot. (1962) u. Habil. (1971) Freiburg/Br. - 1971-78 Univ. Bochum (o. Prof. f. Dt. Lit. d. Mittelalters); 1978 Ord. f. German. Philol. Univ Freiburg/Br.; 1983-87 Rektor. 1986-88 Vors. d. Landesrektorenkonfz. Baden-Württ. - BV: Septenar u. Bauform, 1965; Dt. Rätselbuch, 1972; Studien zu Williram v. Ebersberg, 1976; Wollzeilerges. u. Kette, Impulse d. frühen Volkskunde u. Germanistik, 1983. Herausg.: Albert Kreuzhage. Tageb. d. Reise n. Baden u. d. Schwarzwalde 1836 (1982). Mithrsg.: Ztschr. Poetica (1976ff.) - 1988 Chevalier dans l'Ordre des Palmes Académiques.

SCHUPPE, Wolf-Dieter

Dr.-Ing., Prof. RWTH Aachen, Direktor AEG KABEL AG, Mönchengladbach - Oppspring 18, 4330 Mülheim/R. (T. 0208 - 37 48 26) - Geb. 11. Okt. 1937.

SCHURER, Bruno

Dr. rer. pol., Dipl.-Hdl., Prof. f. Wirtschafts- u. Berufspäd. Johannes-Kepler-Univ. Linz/Österr. (s. 1989) - Hausmoning 25, 8229 Ainring - Geb. 16. Juni 1947 Riedlingen, kath., verh. s. 1969 m. Rotraud, geb. Kräutle, 2 Söhne (Florian, Daniel) - Dipl. 1973; Promot. 1977; Habil. 1983 Köln - 1985-88 Prof. Univ. Köln; s. 1989 Univ. Linz/Österr. - BV: D. Anfangsphase d. Erwerbstätigkeit n. dualer u. vollschulischer Berufsausbildung, 1977; Gegenstand u. Struktur d. Lernhandlung, 1984; Grundlagen e. subjektorientierten Didaktik berufl. Lernens in Unterr. u. Unterweisung, 1986. Mithrsg.: Wirtschafts- u. Berufspäd. Schriften.

SCHURIAN, Walter

Dr. phil., Prof. f. Psychologie Univ. Münster - Philippistr. 13, 4400 Münster - Geb. 8. Jan. 1938 Sachsenhausen - Stud. Univ. Frankfurt/M., Kiel u. Wien, Promot. 1966 Univ. Wien - 1966-72 Lehr- u. Forsch.tätigk. USA; 1972-73 TU Berlin; s. 1973 Univ. Münster. Gastprof. u. Lehrauftr. Hochsch. f. Angew. Kunst, Wien, Univ. Chengdu, VR China. Ausst.: D. Phantasten, Künstlerhaus Wien (1990), Leipzig (1991) - BV: Jugendfeindlichkeit, 1976; Autorität u. Jugend (m. ter Horst), 1976; Psychologie ästhet. Wahrnehmungen, 1986; Alfred Hrdlicka. V. Robespierre zu Hitler, 1988; Psychologie d. Jugendalters, 1989; Kunst im Alltag, 1992. Herausg. d. Reihe: Kunst u. Psychologie. Monogr. üb. d. Künstler Fuchs, Brauer, Hausner, Goldschmid, Grützke, Hundertwasser, Hrdlicka.

SCHURIG, Frank Volker

Dr. rer. nat., Prof. f. Organische u. Metallorganische Chemie - Haußerstr. 77, 7400 Tübingen (T. 6 26 05) - Geb. 16. Febr. 1940 Dresden (Vater: Günther Sch., Textilfabrikant; Mutter: Elisabeth, geb. Gebler), verh. s. 1974 m. Adina, geb. Levi, T. Rona Veronique u. S. Jonathan David - 1950-58 Mitgl. u. Präfekt d. Dresdener Kreuzchores, Stud. Chemie Univ. Tübingen, Dipl. 1966, Promot. 1968, Habil. 1975, Postdoktorand Weizmann Inst., Rehovoth (Israel) 1969-71, Univ. of Houston/Texas 1972 - S. 1976 Univ.doz. f. Chemie, s. 1979 Prof. f. Chemie Univ. Tübingen - Entd.: Komplexierungsgaschromatographie z. Enantiomeren Trennung. Üb. 75 wiss. Publ. - Liebh.: Musikal. Kompositionslehre - Spr.: Engl.

SCHURIG, Gerhard

Oberst a. D., Geschäftsführer SCHURIG & SCHURIG Werbeagentur GmbH - Am Alten Forsthaus 11, 5300 Bonn 1 (T. 0228 - 25 48 73) - Geb. 25. Jan. 1937 Berlin, verh. s. 1963 m. Heidi, geb. Haas, Sohn Marcus G. - Offz., Flugzeugführer; Stud. Erziehungswiss. - 1972-78 Pressesprecher Luftwaffe Bonn; 1980-84 Public Information Advisor Nato Brüssel; 1984-88 Leit. d. Medienzentrale d. Bundeswehr; s. 1988 Medienberater d. Präsid. d. Reservistenverb. - BV: ...wahr muß es sein - Militär u. Journalismus in zwei Jh., 1989 - Spr.: Engl.

SCHURIG, Gertrud

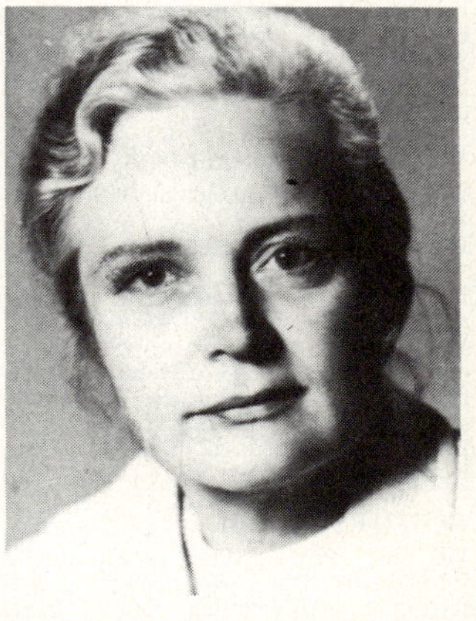

Schriftstellerin, Buchillustratorin - Körnerstr. 10, 2400 Lübeck (T. 0451 - 5 19 17) - Geb. 8. Juni 1922 Lübeck, ev., ledig - Stud. Kunst, German., Biol., Leibeserzieh.; Realschullehrerex. - B. 1964 Realschullehrer St. Jürgen-Mittelschule Lübeck. S. 1984 Leit. Lübecker Seniorenspielkreis D. Regenbogenbühne - BV: u.a. Freveltroll, Naturschutzfibel 1961; Freunde am Wege, Lyr. 1961; Zwiesprache, Lyr. 1972; Straße d. Lebens, Lyr. 1972; Samen im Wind, Lyr. 1975; D. Pilzkönig, Märchenb. 1975; Licht u. Schatten, 1980; Unsere Nothelfer, 1982; Sonne in dir, 1982; Erfüllter Tag, 1983; Empfindung u. Gedanke, 1984; Lübeck - e. Ged., 1984; Wandernde Gedanken, 1985; Frucht d. Jahres, Lyr. 1986; Schleswig-Holst. Sagen, Balladenb. 1986; Kinder d. Stille, Lyr. 1988; D. Totentanz unserer Zeit, Balladen m. Scherenschnitten 1989; Aus deines tiefen Spiegels Grund, Lyrikbd. 1990. Spielhefte: D. Auferstehung; Gleichwie e. Gras; D. Reise n. Afrika; Attalus u. Meno; D. Pfingstspiel. Kinderspiele: D. Narr als Weiser, D. Wundersalbe, D. Kaiser u. d. Abt. D. Fliegenfalle, Tippel u. Tappel. Zahlr. bish. unveröff. Arb., u.a. Liedkompos., Erlebniserz., Lyrik, Plattdt. Ged., Märchen, Dt. Volkssagen, Kinderb., Nov.: D. Glück im Sattel, u. D. Klassentreffen. Aquarelle, Scherenschnitte, Federzeichn. wurden bisher in 17 Kunstausst. in Lübeck u. Umgebung vorgestellt - 1980 Lyrikpr. Dt. Kulturwerk europ. Geistes - Liebh.: Naturkundl. Wanderungen.

SCHURIG, Klaus

Dr., Prof. f. Bürgerl. Recht, Intern. Privatrecht u. Rechtsvergl. Univ. Passau - Brixener Str. 15a, 8390 Passau (T. 0851 - 5 48 45) - Geb. 1. Mai 1942 Berlin (Vater: Waldemar Sch.; Mutter: Christel, geb. Moritz), ev., verh. s. 1965 m. Ursula, geb. Unger, 2 Kd. (Jacqueline, Marcel) - Abit. 1961 Essen; 1961-65 Jurastud. Köln (1. jurist. Staatsex. 1965, 2. jurist. Staatsex. 1969 Düsseldorf, Promot. 1974, Habil. 1980) - B. 1980 Wiss. Assist. Inst. f. intern. u. ausl. Privatrecht Univ. Köln; 1980 Vertr.prof. Univ. Hamburg; ab 1981 Lehrst.-Inh. Univ. Passau - BV: D. Vorkaufsrecht im Privatrecht. Gesch., Dogmatik, ausgew. Fragen, 1975; Kollisionsnorm u. Sachrecht. Z. Struktur, Standort u. Methode d. intern. Privatrechts, 1981; Veröff. in Ztschr. u. Festschr. (Intern. Privatrecht, intern. Wirtschaftsrecht; Festschr. Kegel II 1987, Festschr. Ferid II 1988, Festschr. Lorenz, 1991).

SCHURIG, Klaus Erich

Kaufmann, Mitgl. d. Geschäftsfg. Karl Geuther GmbH + Co, Geschäftsf. Bremer Schiffahrtsges. mbH & Co. KG, Transtainer Systems Transit Container GmbH & Co. KG, Atlantik Reisen, Dir. Euroatlantic Shipping Services Ltd. Harwich, England, Helia Import + Export H. Klatte GmbH + Co, Seepassagen + Touristik-Agentur GmbH + Co, Frankfurt, Beirat Autocontex GmbH, Bremen - Gerhard-Hellmers-Weg 9, 2800 Bremen 33 (T. 0421 - 25 09 55) - Geb. 1. April 1938 Plauen (Vater: Erich Sch., Kaufm.; Mutter: Irma, geb. Karsten), ev., verh. s. 1964 m. Irmgard, geb. Schmidt, 2 Kd. (Susan, Steffen) - Lehre Schiffsmakler - Liebh.: Politik, Sport - Spr.: Engl., Franz.

SCHURIG, Volker

Dr., Prof. f. Hochschuldidaktik Schwerp. Wissenschaftstheorie, IZHD, Univ. Hamburg - Sedanstr. 19, 2000 Hamburg 50 (T. 390 43 37) - Geb. 4. Jan. 1942 Leipzig (Vater: Herbert Sch., Finanzwiss.; Mutter: Irma Sch.) - 1961-66 Stud. Biol. Univ. Jena; Promot. 1969 Humboldt-Univ. Berlin; 1976 Habil. FU Berlin - 1971-77 Assist.-Prof.; s. 1977 Hochschullehrer - BV: Naturgesch. d. Psych. Bd. I u. II, 1975/76; D. Entsteh. d. Bewußtseins, 1976 - Spr.: Russ., Engl.

SCHURR, Adolf

Dr. phil., Prof. f. Phil. u. Phil.-theol. Propädeutik Univ. Regensburg - Reiterweg 8b, 8401 Pentling - Geb. 4. Febr. 1930 Aalen/Württ., kath., verh. m. Anna-Maria, geb. Lorusso, 3 Kd. (Claudia-Elisabeth, Paulus, Francesco) - Stud. Phil., Theol., Psych. Univ. Tübingen u. München; Promot 1965; Habil. 1971 - BV: D. Begründ. d. Phil. durch Anselm v. C., 1966; Phil. als System bei Fichte Schelling und Hegel, 1974; E. Einf. in d. Phil., 1977. Mitarb. an d. Fichte- u. Schelling-Gesamtausg. d. Bayer. Akad. d. Wiss. Aufs. u. Beitr. in Franz., Ital., Span.

SCHURR, Johannes

Dr. phil., Prof. f. Allg. Pädagogik Univ. Passau - Klosterwinkel 12, 8390 Passau; Herwarthstr. 21, 5000 Köln 1 (T. 0221 - 52 44 91) - Geb. 11. Sept. 1934 Aalen (Vater: Gregor Sch., Beamter; Mutter: Katharina, geb. Fürst), kath., verh. s. 1966 m. Helga, geb. Lietze, 2 Kd. (Monika, Bernhard) - Promot. 1964, Habil. 1971 - 1956 Lehrer; nach Stud. d. Päd., Phil. u. Musikwiss. 1964 Wiss. Assist.; 1971 Privatdoz.; 1975 Wiss. Rat u. Prof. Univ. Köln; 1980 o. Univ.-Prof. - BV: Gewißheit u. Erzieh., 1965; Schleiermachers Theorie d. Erzieh., 1975; Comenius, 1981; Transzendentale Theorie d. Bild., Bd. 1 1982, Bd. 2 1987; Pestalozzis Abendstunde, 1984.

SCHUSSER, Walter H.

Dr. rer. pol., Direktor HAL SIEMENS AG - Wittelsbacher Platz 2, 8000 München 2 - Geb. 3. Mai 1943, verh. s. 1967. 2 Kd. - Stud. Wirtsch.- u. Sozialwiss.; Dipl.-Sozialw. 1967; Promot. 1970 - Vors. d. Bildungsaussch. d. Arbeitgeberverb. in Bayern.

SCHUSTER, Annemarie

Parlam. Staatssekretärin f. Familie u. soz. Verbände Schlesw.-Holst. i. R. (1979-88), MdL (1962-87) - Im Trentsaal 8, 2400 Lübeck 1 (T. 0451 - 50 15 13) - Geb. 14. Dez. 1917 Lübeck, ev., verh., 4 Kd. - S. 1956 CDU, Parlam. Vertreterin d. Sozialmin. - Gr. BVK.

SCHUSTER, David

Kaufmann i. R., Vors. Israelit. Kulturgemeinde Würzburg, Vizepräs. Landesverb. d. Israelit. Kulturgemeinden in Bayern, Gründ.- u. Vorst.-Mitgl. Ges. f. christl.-jüd. Zus.arb. Unterfranken - Friedrich-Ebert-Ring 21a, 8700 Würzburg - 1976-82 Mitgl. Bayer. Senats - 1972 BVK I. Kl.; 1979 Bayer. VO; Ehrenbürger d. Univ. Würzburg, Behr Med. d. Stadt Würzburg u. Abdruck d. gold. Stadtsiegels.

SCHUSTER, Erich

Vorstandsmitglied Schott Glaswerke Mainz - Hattenbergstr. 10, 6500 Mainz 1 - Geb. 18. Febr. 1931 Kottiken, kath., verh., 3 Kd. - Dipl.-Physiker - 1969-74 President Schott Glass Technologies (USA); 1974-83 Vorst. Dt. Spezialglas AG, Grünenplan; 1983/84 Leit. Sparte Optik Schott Glaswerke, Mainz; s. 1984 Vorst.-Mitgl. Schott Glaswerke, Mainz (zuständig f. Prod. u. Techn.) - Spr.: Engl.

SCHUSTER, Hans

Ingenieur, stv. ARsvors. Feinpappenwerke Gebr. Schuster GmbH., Dachau, Ehrenvors. Fachaussch. Wickel- u. Feinpappe, Bonn - Kinadenweg 19, 8061 Günding/Obb. (T. 42 51) - Geb. 29. Aug. 1903 - Zul. Geschäftsf. Schuster.

SCHUSTER, Hans-Günter

Dr. rer. nat., Ministerialdirigent a.D., Generaldirektor a.D. - Höhenweg 32, 5300 Bonn 1 (T. 28 33 43) - Geb. 17. Dez. 1918 Gielsdorf b. Bonn (Vater: Rudolf S., Offizier; Mutter: Sophie, geb. Leinen), ev., verh. s. 1944 m. Helga, geb. Kleffmann, 2 Kd. (Angelika, Martin) - Univ. Bonn u. Göttingen. Dipl.-Phys. 1948; Promot. 1949 - 1948-50 Assist. u. 1956-65 Oberstudiendir. u. Lehrauftr. Univ. Bonn, ab 1965 Ministerialrat u. -dirig. Bundesmin. f. wiss. Forsch., 1971-73 stv. Generaldir. f. Ind., Forsch. u. Technol. Kommiss. d. EG, 1973-81 Generaldir. f. Forsch., Wiss. u. Erzieh. Kommiss. d. EG Brüssel, 1984-88 EG-Berater d. Senats v. Berlin - BV: V. Atom z. -kraftwerk, 4. A. 1964 - 1983 Gr. BVK; Offiziersgrad d. franz. VO. - Spr.: Engl., Franz.

SCHUSTER, Hans-Peter

Dr. med., Prof. f. Innere Medizin, Leiter Med. Klinik I, Städt. Krkhs. Hildesheim, Lehrkrkhs. d. Med. Hochsch. Hannover - Weinberg 1, 3200 Hildesheim - Geb. 17. Juli 1937 Frankfurt/M., verh. m. Dr. med. Renate, geb. Schuster, 2 Kd. (Beate Isabel, Frank Peter) - Stud. Phil. u. Med. Univ. Frankfurt, Tübingen, Wien u. Marburg; Med. Staatsex. 1965 Marburg; Promot. 1968 Mainz; Habil. 1974 Mainz - 1971/72 Forschungsstip. Wayne State Univ. Detroit, Michigan, USA; 1981/82 gf. Leit. II. Med. Univ.-Klinik Mainz; 1982-86 Vizepräs. Europ. Soc. of Intesive Care Med.; 1977-87 Präsid. Dt. Interdiszipl. Vereinig. f. Intensivmed.; 1987-90 Präs. Dt. Ges. f. Internist. Intensivmed. - BV: Interne Intensivmed., 1975, 3. A. 1988; Notfallmed., 1977, 4. A. 1988; Check-Liste Intensivmed., 1983, 3. A. 1988; Notfallmedizin, 1989. Mithrsg.: Ztschr. D. Internist,

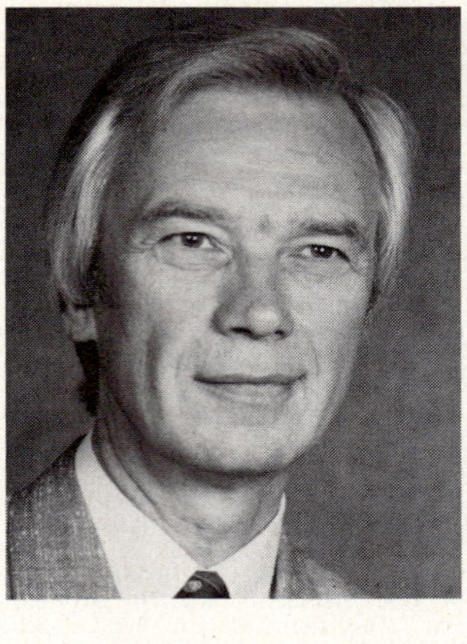

Med. Klinik, Intensivmed., Notfallmed. Klinik d. Gegenwart. Beitr. z. Handb. d. Inneren Med. (Springer) u. Lehrb. Innere Med. in Praxis u. Klinik (Thieme); Lehrb. d. Inneren Med. (Schattauer), Lehrb. d. Inneren Med. (Urban u. Schwarzenberg) - Affiliate Member Royal Soc. of Medicine, N. Y. Acad. of Sciences.

SCHUSTER, Hans-Siegfried

Dr. phil. (habil.), Prof. f. Altoriental. Philologie - Tacitusstr. 1a, 5000 Köln 51 - B. 1964 Privatdoz., Wiss. Rat u. Prof. (1968) Univ. Köln. Facharb.

SCHUSTER, Hans-Uwe

Dr. rer. nat., Dipl.-Chem., o. Prof. u. Institutsdirektor Univ. Köln (s. 1971) - Nikolaus Ehlen-Str. 45, 5042 Erftstadt (T. 02235 - 7 12 45) - Geb. 20. Febr. 1930 Büdelsdorf/Rendsburg, ev., verh. s. 1985 m. Dr. Ursula, geb. Eberz - Stud. Chemie Univ. Kiel; Dipl. 1956; Promot. 1960; Habil. 1967 - Forschungsergebnisse (Grundl.) Intermetallische Verbindungen. Üb. 100 Publ. in versch. wiss. Ztschr.

SCHUSTER, Heinz

Dr. rer. nat., Direktor u. Wiss. Mitgl. Max-Planck-Inst. f. Molekulare Genetik, Berlin, Honorarprof. f. Physiol. Chemie FU ebd. (s. 1969) - Ihnestr. 43, 1000 Berlin 33 (T. 831 15 95) - Geb. 14. Okt. 1927 - Stud. Chemie.

SCHUSTER, Helmut

Dr. phil. nat., Dipl.-Chemiker, Geschäftsführer Fachvereinig. Organ. Chemie - Karlstr. 21, 6000 Frankfurt/M. 1 - Geb. 26. Okt. 1926.

SCHUSTER, Hermann Josef

Dr. jur., Staatssekretär a. D., gf. Vorstandsmitglied d. Guardini-Stiftung - Tempelhofer Ufer 22, 1000 Berlin 61 - Geb. 19. März 1933 Essen (Vater: Theodor S., Angest.; Mutter: Mathilde, geb. Westermann), kath., verh. s. 1958 m. Erika, geb. Dahlmann, 3 Kd. (Martin, Felix, Anne) - Abit. 1953 Essen; Stud. Rechts- u. Staatswiss. Bonn, München u. Köln; 1. jur. Staatsex. 1956 Hamm, 2. 1960 Düsseldorf - Kanzler Univ. d. Saarl.; 1981-86 Staatssekr. Senatsverw. f. Wiss. u. Forsch. Berlin - Herausg.: Handb. f. Wissenschaftstransfer. Mitbegr. u. Mithrsg.: Ztschr. Wiss.-Recht, Wiss.-Verw., Wiss.-Förd. (s. 1967); Mithrsg.: Handb. f. Wiss.-Recht - Spr.: Engl., Franz.

SCHUSTER, Klaus

Rechtsanwalt, Vorstand Europa Carton AG, Hamburg (Personal und Recht) - Diekbarg 62, 2000 Hamburg 65.

SCHUSTER, Leo

Dr. rer. pol., Dipl.-Kfm., Dekan, Prof. f. Betriebswirtschaftslehre an d. Wirtschaftswissenschaftl. Fak. d. Kath. Univ. Eichstädt - Rheinpfalzstr. 2 a, 8070 Ingolstadt - Geb. 8. Juli 1937 Fürth/Bay. - Stud. Univ. Nürnberg, Wien u. München; Dipl. 1962; Promot. 1965; Habil. 1975 - 1975-90 o. Prof. Hochsch. St. Gallen (Schweiz) - BV: Macht u. Moral d. Banken, 1977; Bankpolitik im Spiegel aktueller Themen, 1990.

SCHUSTER, Ludwig

Direktor i. R., Dipl.-Math. - Rohdestr. 1, 8000 München 60 - Geb. 25. Sept. 1912.

SCHUSTER, Otto

Journalist, Herausgeber Gruner + Jahr AG & Co., Verlagsgruppe München - Neherstr. 9, 8000 München 80 (T. 089 - 41 52-5 81) - Geb. 27. Juli 1925, verh., T. Angelika - Journ. Tätigk. b. Tageszg., Quick, Weltbild; Chefredakt. Eltern.

SCHUSTER, Siegfried

Dr.-Ing., Prof., Ltd. Wiss. Direktor i.R. - Westendallee Nr. 66, 1000 Berlin 19 (T. 305 37 76) - Geb. 13. Jan. 1915 (Vater: Georg S., Kaufm.; Mutter: Martha, geb. Goetze), ev., verh. I) 1939 m. Elried, geb. Seller, 3 Kd. (Sigrid, Winfried, Elke), II) 1972 Margitta, geb. Kosack - Reform-Realgymn. Luckenwalde; TH Berlin (Dipl.-Ing. 1939). Promot. 1951 TU Berlin - Assist. TH Berlin (Lehrst. f. Bordmeßgeräte u. Höh. Mechanik d. Luftfahrt); 1941-46 Leit. Versuchsabt. u. Schiffbaubüro (1944) Gebr. Sachsenberg AG., Berlin/Dessau-Roßlau; 1950-51 Stip. Dt. Forschungsgem.; s. 1951 Leit. Schiffbauabt. u. Dir. (1957) Versuchsanst. f. Wasser- u. Schiffbau, Berlin. 1958ff. Honorarprof. TU Berlin (Schiffstechn. Versuchswesen). Div. Ehrenstell. Erf.: Wellenerzeuger, Hubböden u. Wendebrücken f. Schwimmbäder. Veröff. üb. Strömungsvorgänge an Schiffen im flachen Wasser, Wechselwirkung zw. Schiff u. Propeller, Strahlantriebe u. Tragflügelboote, Schiffsformen - 1978 Ernst-Reuter-Plak. in Silber - Liebh.: Malerei, Musik - Spr.: Engl., Franz.

SCHUSTER, Walter

Dr. agr., Prof. f. Pflanzenbau u. -züchtung - Dalheimer Grund 5, 6330 Wetzlar/L. (T. 5 22 35) - Geb. 7. Nov. 1918 Wetzlar (Vater: Ludwig S.), ev., verh. s. 1946 m. Hildegard, geb. Riepert, 2 Töcht. (Gislinde, geb. 1948; Cornelia, 1953) - Höh. Landbausch.; Stud. Agrarwiss. (Dipl.-Landw. 1948). Promot. (1951) u. Habil. (1961) Gießen - S. 1965 Prof. f. Pflanzenbau u. Pflanzenzücht. Univ. Gießen; s. 1984 Prof. i. R. Div. Fachmitgliedsch. Ursprungszüchter mehrerer Sorten - BV: Anlage u. Auswertung v. Feldversuchen, 2. A.; D. landw. techn. Assistent; Lehrb. d. Züchtung landw. Kulturpflanzen, Bd. 2 Spezieller Teil 2. A.; D. Züchtung d. Sonnenblume. Fachveröff., auch Handbuchbeitr.

SCHUSTER, Wolfgang

Dr. jur., Oberbürgermeister Schwäbisch Gmünd (s. 1986) - Oberbettringer Str. 40, 7070 Schwäbisch Gmünd (T. 60 31 07) - Geb. 5. Sept. 1949 Ulm/D. (Vater: Dr. jur. Hugo S., Rechtsanw. u. Nt.; Mutter: Hanni, geb. Krudewig), kath., verh. s. 1979 m. Dr. med. Stefanie, geb. Werner, 3 Kd. - Jurist. Staatsex. 1973 u. 76; Promot. 1975 - 1972 stv. Vors. Gr. Senat Univ. Freiburg; 1975 Stadtrat Ulm; 1978 Ref. im Staatsmin. BW (Grundsatz- u. Wirtschaftsfragen); 1980-86 Stadtdir. Stuttgart (Leit. Geschäftsbereich OB Rommel).

SCHUSTER-SCHMAH, Sigrid

Dipl.-Bibl., Leiterin Schul- und Stadtteilbücherei Mannheim, Schriftst. - Theodor-Storm-Str. 6, 6800 Mannheim 51 (T. 0621 - 79 66 39) - Geb. 31. März 1933 Breslau - Mitgl. GEDOK, VS, Bödecker-Kreis - BV: Mädchen heiraten ja doch, 1975; Staatsangehörigkeit: griech., 1978, 6. A. 1990 (FS-Verfilmung 1980); Ich laß von mir hören, 1981; Hände wie Kastanienblätter, 1986. Beitr. in Anthol.; Rundfunktexte; Text-Aufnahme in Lesebücher - Lit.: Markus

Weber: D. Schriftst. S. Sch.-S. in Passagen - Mannh. Ztschr. f. Lit. u. Kunst Nr. 4 (1989).

SCHUTTING, Jutta
Dr. phil., Schriftstellerin - Saarpl. 2/30, A-1190 Wien - Geb. 25. Okt. 1937 Amstetten/Niederösterr. - BV: Baum in O, Erz. 1973; In d. Sprache d. Inseln, Ged. 1973; Tauchübungen, Erz. 1974; Parkmord, Erz. 1975; Lichtungen, Ged. 1976; Sistiana, Erz. 1977; Steckenpferde, Texte 1978; Am Morgen vor d. Reise, R. 1978; D. Vater, Erz. 1980; Geschichten aus d. Provinz, Erz. 1981; Liebesroman, 1983; Liebesged., 1984; D. Herz e. Löwen. Ess. 1985; Hundegesch., 1986; Traumreden, Ged. 1987; Reisefieber, Erz. 1988.

SCHUTZ, Karl
Dr. rer. oec., Dipl.-Volksw., Senator h. c., Gesellschafter-Geschäftsf. Chema-Chemie Dr. Schutz GmbH - Deutschherrenstr. 117, 5300 Bonn 2 Bad Godesberg (T. 0228 - 33 10 16-17) u. Thaler Landstr. 34, 3280 Bad Pyrmont (T. 05281 - 84 12); priv.: Beckers Kreuz 5, 5307 Wachtberg-Villiprott - Geb. 25. April 1921 Ludwigshafen/Rh.

SCHUVER, Friedrich
Oberkreisdirektor i. R. - Eschener Allee, 2960 Aurich/Ostfriesl. - Geb. 14. März 1919 Collinghorst/Ostfriesl. (Vater: Ulrich S., Pastor; Mutter: Margarete, geb. Hickmann), ev., verh. s. 1959 m. Anne, geb. Kielsmeier, 2 Kd. (Ulrich, Antke) - Univ. Marburg, Halle, Göttingen (Rechtswiss.). Jurist. Staatsprüf. 1944 (Celle) u. 51 (Hannover) - 1951-52 Anwaltsass. Meppen, 1952-53 Ass. Rhein-Wupper-Kr. Opladen, 1953-55 Kreisrechtsrat das., dann Oberkreisd. Landkr. Aurich. Schatzm. Kind.- u. Jugendheim Leinestift d. Diakon. Werkes Grossefehn u. d. Ev. Seemannsmission Emden - DRK-Ehrenz. u. Verdienstmed. (Nieders.); 1973 BVK; 1981 BVK I. Kl.; Dt. Feuerwehrmed.

SCHWAARZ, Heidrun
Ballettdirektorin, Choreographin Theater u. Philharmonie Essen - Rolandstr. 10, 4300 Essen 1 - Verh. - Solotänzerin Frankfurt; 1970-81 1. Solotänzerin D. Oper Berlin; s. 1981 Ballettdir. in Essen - Choreographien: Feuervogel, D. wunderbare Mandarin, Nussknacker, Romeo u. Julia u.a., Einstudierung n. Orig. - Choreogr.: Giselle.

SCHWAB, Dieter

Dr. jur., o. Prof. f. Bürgerl. Recht u. Dt. Rechtsgesch. Univ. Regensburg (s. 1974) - Universitätsstr. 31, 8400 Regensburg (T. 943 22 80) - Geb. 15. Aug. 1935 Würzburg, ev., verh. m. Mechtild, geb. Dumoulin - S. 1966 (Habil.) Lehrtätig. Univ. Bochum, Gießen (1968 Ord.) u. Regensburg (Ord. 1974) - BV: Grundl. u. Gestalt. d. staatl. Ehegesetzgeb. in d. Neuzeit b. z. Beginn d. 19. Jh., 1967; D. Selbstverw.idee d. Frhr. v. Stein u. ihre geist. Grundl., 1971; Beiträge z. Reform d. Familienrechts, 1974; Einf. in d. Zivilrecht, 10. A. 1991; Handb. d. Scheidungsrechts, 2. A. 1989; Grundriß Familienrecht, 6. A. 1991; Tendenzen im Recht d. Geschiedenenunterhalts, 1983. Herausg.: Familienrecht u. deutsche Einigung (1991). Mithrsg. u. Schriftleit.: Ztschr. f. d. gesamte Familienrecht.

SCHWAB, Günther

Dr. phil. h. c., Dr. forest h. c., Prof., Schriftsteller - Hinterholzerkai 32, A-5033 Salzburg (Österr.) - Geb. 7. Okt. 1904 Prag, verh., 2 Kd. - Stud. Prag u. Wien - 27 J. Forstdst. Wienerwald u. a. - 5 J. Kriegseins. Begr. Weltbd. z. Schutze d. Lebens, Verf. v. 27 Büchern, dar. Abenteuer am Strom (R. 1935) u. D. Förster v. Silberwald (R. 1956; verfilmt. Bambi-Preis; D. Tanz mit d. Teufel - 1962 Prof.-Titel österr. Reg.; 1960 Ehrendoktor Univ. f. Bodenkultur Wien; 1980 Kulturpreis Stadt Salzburg; 1986 Ehrendoktor Univ. f. Bodenkultur Wien u. a.

SCHWAB, Herbert Paul
Dipl.-Ing., Geschäftsführer GROSS-IBAMA GmbH Kran- u. Baggerfabrik, Schwäbisch-Gmünd - Hochberg 14/1, 7070 Schwäbisch Gmünd (T. 07171 - 6 10 36; priv.: 6 10 38; Fax 07171 - 6 10 37) - Geb. 12. Sept. 1923 Schw. Gmünd, kath., verh. s. 1948 m. Brigitte, geb. Stauch, 4 Kd. (Dipl.-Kfm. Werner, Dipl.-Psych. Ulrike, Dipl.-Übers. Regine, Dipl.-Ing. Florian) - Stud. TH Stuttgart - Kriegsdst. (Lt. d. R.) - Verbandstätig. (3 J. Junge Unternehmer; 4 J. Verb. d. Metallind.). Patentinh. - Spr.: Engl. - Rotarier.

SCHWAB, Horst
Dipl.-Ing. f. Hochspannungstechnik, Vorsitzender d. Geschäftsfg. d. Transformatoren- u. Röntgenwerk GmbH - Dürerstr. 3, 8122 Radebeul (T. 003751 - 7 43 37) - Geb. 9. Mai 1940 Rautenkranz, verh., 1. Kd. - Maschinenschlosser m. Ing. f. Masch.bau; Stud. Dipl.-Ing. f. Hochspannungstechn. TU Dresden.

SCHWAB, Karl Heinz
Dr. jur., Dr. h. c., em. o. Prof. f. Bürgerl. Recht, Zivilprozeßrecht u. Freiwill. Gerichtsbarkeit - Atzelsberger Steige 16, 8520 Erlangen (T. 2 38 57) - Geb. 22. Febr. 1920 Coburg/Ofr. (Vater: Hilmar S.; Mutter: geb. Pöhlmann), ev., verh. s. 1950 m. Dr. Wiltraud, geb. Lindner, 3 Kd. (Renate, Gisela, Stefan) - Promot. 1947; Habil. 1953 München - S. 1955 Ord. Univ. Erlangen (Mitvorst. Inst. f. Zivil- u. Zivilprozeßrecht; 1957-59 Rektor) - BV: D. Streitgegenstand im Zivilprozeß, 1954; Schiedsgerichtsbarkeit, 3. A. 1979; Sachenrecht, 22. A. 1987; Zivilprozeßrecht, 14. A. 1986 (m. Rosenberg). Zahlr. Einzelarb. - 1967 Bayer. VO.; 1991 BVK I. Kl. - Spr.: Engl. - Rotarier - Rufe Univ. Hamburg, Münster, Köln, München.

SCHWAB, Robert
Dr.-Ing., Regierungsbaurat a. D., Vorstandsmitgl. Baumwollspinnerei Speyer, Speyer/Rh. - Waldheimweg 1, 7312 Kirchheim/Teck - Geb. 6. Nov. 1910 - ARsmandate.

SCHWAB, Ulrich
Generalmanager, stv. Intendant Dt. Schauspielhaus Hamburg (1985ff.) - Zu erreichen üb. Kirchenallee 39, 2000 Hamburg 1 - Geb. 9. Juli 1941 Stuttgart (Vater: Bruno Sch.; Mutter: Elfriede, geb. Meinhold), ev., verh. s. 1976 m. Hildegard, geb. Heichele, 3 Kd. (Sebastian, Sophie, Ulrike) - Realgymn. (Abit. 1960); 1960-64 Stud. Jura, Betriebswirtsch. u. Theaterwiss. - 1964-68 Refer., 1968-72 Pers. Ref. d. Int./RA, 1972-79 Verw.-Dir., 1979-85 Generalmanager Alte Oper Frankfurt - Spr.: Engl., Franz.

SCHWAB, Werner

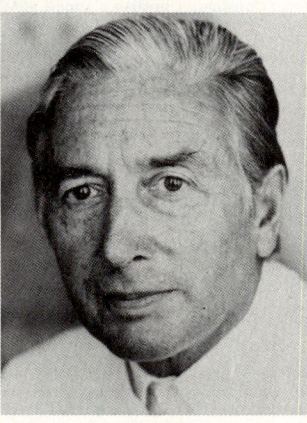

Dr. med., em. o. Univ.-Prof., ehem. Direktor d. Hals-Nasen-Ohren-Klinik u. Poliklinik d. Techn. Univ. München, Klinikum rechts d. Isar - Gereutstr. 3a, 8022 Grünwald (T. 089 - 6 41 53 61) - Geb. 28. Juli 1922 Hanau/Main, ev., verh. s. 1954 m. Ingrid, geb. Bülow - Promot. 1947; Habil. 1954. 1959 apl. Prof. Univ. Heidelberg, FU Berlin (Ord. u. Klinikdir. 1968-79) u. TU München (Ord. u. Klinikdir. 1979-91) - 1974-92 Vors. Arbeitsgem. Klin. Onkologie d. Dt. Ges. f. Hals-Nasen-Ohrenheilkunde, Kopf- u. Halschirurgie, 1981-90 Sprecher Arbeitsgem. Hals-Nasen-Ohrenheilkunde Dt. Krebsges. - s. 1973 Sachverst. Komiss. Inst. f. med. u. pharmaz. Prüfungsfragen, Mainz - BV: D. Operationen an Nase, Mund u. Hals, 5. A. 1964; D. Berufsschäden d. oberen Luftwege u. d. oberen Speisewegs, 1965; Möglichk. d. Strahlentherapie in d. Hals-Nasen-Ohrenheilkunde (m. K. zum Winkel), 1975; Head and Neck Tumours; TNM-Atlas; Illustrated Guide to the Classification of Malignant Tumours (m. Spiessl/Scheibe/Wagner), 1982, Dt. Ausg. 1985; Kombinationstherap. d. Oropharynx- u. Hypopharynx-Karzinome (m. R. Sauer), 1986; Schwindel (m. K. F.Hamann), 1989; Praxis d. Krebsbehandlung in d Oto-Rhino-Laryngologie (m. B. Clasen), 1989; Schwerhörigkeit (m. K. F. Hamann), 1991; Üb. 300 Einzelarb.- 2 intern. Filmpreise; Ehrenmitgl. DSK (Dt. Spr. TNM-Komitee, National Committee of ICC on TNM Classification); 1988 BVK am Bde.; 1988 Ernst v. Bergmann-Plak. d. Bundesärztekammer; 1990 Gold. Ehrennadel d. TU München; 1991 Verdienstmed. in Gold d. Dt. Ges. f. Hals-Nasen-Ohrenheilkunde, Kopf- u. Halschirurgie - Liebh.: Theater, Musik - Mitgl. Lions Clubs Intern. (s. 1971).

SCHWAB, Wilhelm
Dr. theol., Dr. phil., Prof., Hochschullehrer - Martin-Luther-Str. 20, 6950 Mosbach-Neckarelz (T. 06261 - 6 04 67) - Geb. 1. Sept. 1911 Grünewört (Vater: Georg S., Landw.; Mutter: Anna, geb. Weimann), ev., verh. 1939 m. Liselotte, geb. Schüßler †, 2 Töcht. (Dorothee, Gabriele), wiederverh. 1968 m. Erika, geb. Brüche - Gymn. Wertheim (Abit.); Univ. Tübingen, Marburg, Berlin, Heidelberg - 1937-59 Vikar, Pfarrer u. Studienrat (Religionslehrer); 1940-47 Wehrdst. u. Gefangensch.; s. 1959 Dozent u. Prof. (1965) Päd. Hochsch. Heidelberg (Phil.). S. 1958 Vors. Melanchthonverein f. Schülerheime in Baden - BV: D. Vereinigte Ev.-protest. Landeskirche Badens als besonderer Typ e. Unionskirche, 1938; D. Religiosität d. Christian Gotthilf Salzmann, 1941.

SCHWABE, Klaus
Dr. phil., Prof. - Hasselholzer Weg 133, 5100 Aachen (T. 0241 - 7 88 63) - Geb. 23. März 1932 Berlin (Vater: Dr. Eberhard S., RA; Mutter: Gerda, geb. Ludwig), ev., verh. s. 1961 m. Rosemarie, geb. Fritzsche, 4 Kd. (Gerhard, Ruth, Wolfgang, Ulrich) - Stud. Gesch., Engl. Univ. Erlangen, Berlin, Freiburg; Promot. 1958 - 1959-72 Wiss. Assist. u. Doz. Univ. Freiburg, 1972-80 Prof. f. mittl. u. neuere Gesch. Univ. Frankfurt; s. 1980 Prof. f. neuere Gesch., RWTH Aachen; 1990/91 Adenauer professor for German affairs, Georgetown Univ. Washington D.C., (USA); Mitgl. d. Hist. Komiss. Berlin, u. d. Verbindungsgr. v. Hist. b. d. Kommiss. d. EG, Brüssel. Fachmitgl.sch. - BV: Wiss. u. Kriegsmoral, 1969; Dt. Revolution u. d. Wilsonfrieden, 1971; Woodrow Wilson, Biogr. 1971; D. amerik. Isolationism. im 20. Jh., 1975; Gerhard Ritter E. polit. Historiker in s. Briefen, 1984; Woodrow Wilson, Revolutionary Germany and Peacemaking 1918-19, 1985. Herausg.: D. Ruhrkrise 1923 (2. A. 1986); Büdinger Fosch. z. Sozialgesch., Dt. Führungsschichten in d. Neuzeit, Bd. 13-17 (1981-88); D. Anfänge d. Schuman-Plans 1950/51 (1988); D. dt. Eliten u. d. Weg in d. Zweiten Weltkrieg (1989) - Liebh.: Musik, Kunstgesch. - Spr.: Engl., Franz.

SCHWABE, Klaus-Peter
Dr. rer. nat., Dipl.-Biochemiker, Geschäftsführer Dr. Willmar Schwabe (Arzneimittelfabrik), Karlsruhe-Durlach - Strählerweg 113, 7500 Karlsruhe 41 - Geb. 30. Juli 1941 Leipzig.

SCHWABEDISSEN, Hermann
Dr. phil. (habil.), em. o. Prof. f. Ur- u. Frühgeschichte - Loejaer Berg 54, 2422 Bosau (T. 04527 - 10 01) - Geb. 16. Jan. 1911 Meierberg/Lippe (Vater: Hermann S., Kaufm.; Mutter: Marie, geb. Kuhlmann), ev., verh. s. 1938 m. Gertraud, geb. Wegener, T. Christa - Lehramtsprüf. 1934 Hamburg; Promot. 1938 Kiel - 1938-50 Assist. Museum f. vorgeschichtl. Altertümer Kiel, 1946-57 Doz. u. apl. Prof. (1954) Univ. ebd., 1950-57 Kustos Landesmuseum f. Vor- u. Frühgesch. Schleswig, sd. ao. u. Prof. (1961) Univ. Köln (1957 Dir. Inst. f. Ur- u. Frühgesch.) - BV: D. mittlere Steinzeit im westl. Norddtschl., 1944; D. Federmesser-Gruppen d. nordwesteurop. Flachlandes, 1954. Zahlr. Einzelarb. Herausg.: Fundamenta (Monogr. z. Urgesch.) - O. Mitgl. Dt. Archäol. Inst.; Univ. Medaille Lüttich (Liège) - Spr.: Franz., Engl. - Nachweis d. Madeleine-Kultur u. d. menschl. Kulturstufen im nordwesteurop. Flachland (Paläol.-Neolithikum), Forsch. z. frühesten Ackerbaukultur in Nordwesteuropa, Naturwiss. Datierungen u. Umweltforsch. in d. Prähistorie, bes. Archäo-Dendrochronologie.

SCHWABL, Franz
Dr. phil., Prof. f. Theoret. Physik TU München (s. 1982) - Zu erreichen üb. Physik-Department TU, 8046 Garching - Geb. 24. Juni 1938 Zell am See, T. Birgitta - Stud. Physik Univ. Wien; Promot. 1962 - 1973-82 Prof. f. theoret. Physik Univ. Linz/Österr.

SCHWABL, Ludwig
Bürgermeister, MdL Bayern (s. 1970) - Adlgasser Str. 18, 8221 Inzell/Obb. (T. 71 18) - Geb. 1921 - Sportämter - SPD - 1981 Ehrenmitgl. Dt. Eissportverb.

SCHWACHULA, Gerhard
Dipl.-Chemiker, Dr. sc. nat., Prof., Direktor in d. Chemie AG Bitterfeld-Wol-

fen - Ginsterweg 21, O-4500 Dessau (T. 88 10 88) - Geb. 7. Mai 1934 Mährisch-Orstrau, verh. s. 1962 m. Apothekerin Evamaria, geb. Ständer, 3 Kd. (Annette, Werner, Brigitte) - Stud. Univ. Leipzig, Dipl. in Physik. Chemie; Promot. 1964 Martin-Luther-Univ. Halle, Habil. 1975 ebd. - 1978-88 Hon.doz.; s. 1988 Hon.-Prof. f. Techn. Chemie Univ. Halle - S. 1959 in d. Forsch. d. Farbenfabrik Wolfen; 1967-90 Leit. d. Forsch.abt. Ionenaustauscher VEB Chemiekombinat Bitterfeld; 1978-90 Mitgl. d. gf. Vorst. d. Chem. Ges. d. DDR; s. 1986 Vors. d. Ortsverb. Bitterfeld-Wolfen d. Chem. Ges. d. DDR (jetzt Ges. Dt. Chemiker) - Beteiligt an ca. 160 Pat.anmeldungen u. üb. 120 Beitr. f. Fach- u. Verb.ztschr. - 1972 Verdienter Erfinder; 1976 Friedr.-Wöhler-Preis d. Chem. Ges. d. DDR; 1978 Nat.preis II. Kl. f. Wiss. u. Technik - Spr.: Engl., Russ.

SCHWÄBLEIN, Jörg

Dipl.-Ing., Vorsitzender d. CDU-Fraktion im Thüringer Landtag - Am Stadtpark 29, O-5085 Erfurt (T. 0061 - 3 90 46) - Geb. 15. Mai 1952 Benshausen/Thür., ev., verh. s. 1975 m. Marita, geb. Otto, 2 Söhne (Sven, Christian) - Werkzeugmacher, Dipl.-Ing. 1974 Ilmenau - 1974-90 Entw.-Ing. in d. Mikorelektr. Erfurt - Liebh.: Musik, Sport, Computer - Spr.: Engl.

SCHWAETZER, Irmgard

Dr. rer. nat., Pharmazeutin, Bundesministerin f. Raumordnung, Bauwesen u. Städtebau (s. 1991), MdB (s. 1980/Landesl.) - Viktoriastr. 36, 5300 Bonn 2 - Geb. 1942 Münster/W., verh. m. Udo Philipp (Journalist) - FDP s. 1975 (1980 Bezirksvors. Aachen; 1982-84 Generalsekr.; 1984-87 Bundesschatzm.; s. 1988 stv. Bundesvors.); Vors. d. Bundesvereinigung Liberale Frauen; 1987-91 Staatsmin. im Auswärtigen Amt.

SCHWAIGER, Fritz

Dr.-Ing., Vorstandsmitglied Rhein-Main-Donau AG., Donau-Wasserkraft AG., Obere Donaukraftwerke AG., alle München, Geschäftsf. Mainkraftwerk Schweinfurt GmbH., Schweinfurt - Sophie-Stehle-Str. 1, 8000 München 19 (T. 17 39 48) - Geb. 13. März 1913.

SCHWAIGER, Georg

Dr. theol., Prof. f. Kirchengeschichte d. Mittelalters u. d. Neuzeit, Prälat - Morgenrothstr. 22, 8000 München 80 (T. 089 - 91 33 49) - Geb. 23. Jan. 1925 Hienheim/Ndb. - S. 1955 Privatdoz., apl. (1961) u. o. Prof. (1962) Univ. München. Etwa 400 wiss. Veröff. vorwieg. z. Gesch. d. Papsttums, z. bayer. u. nord. Kirchengesch., dar. 38 Bücher, zul. Bavaria Sancta, 3 Bde. 1970-73; Kirche u. Theol. im 19. Jh., 1975; Konzil u. Papst, 1975; Kath. Theologen Deutschlands im 19. Jh. (m. H. Fries), 3 Bde. 1975; Aufbruch ins 20. Jh., 1976; D. Regensburger Dom, 1976; Päpstl. Primat u. Autorität d. Allg. Konzilien, 1977; Zwischen Polemik u. Irenik, 1977; Hist. Kritik in d. Theologie, 1980; D. Bistum Regensburg im Dritten Reich (m. P. Mai), 1981; Joh. Mich. Sailer, 1982; J. M. Sailer u. s. Zeit (m. P. Mai), 1982; D. Erzbistum München u. Freising in d. Zeit d. nationalsoz. Herrsch., 2 Bde. 1984; Christenleben im Wandel d. Zeit, 2 Bde. 1987; Teufelsglaube u. Hexenprozesse, 3. A. 1991; Patrone d. Bistums Regensburg (m. P. Mai), 1988; D. Bistum Freising in d. Neuzeit, 1989; D. Erzbistum München u. Freising im 19. u. 20. Jh., 1989; Lebensbilder aus d. Gesch. d. Bistums Regensburg, 2 Teile, 1989; Kard. Jos. Wendel (m. M. Heim), 1992. Ca. 900 Lexikonart. Div. Herausg. - Komiss. f. bayer. Landesgesch.; BVK I. Kl.

SCHWAIGER, Josef

I. Bürgermeister - Rathaus, 8011 Hohenbrunn/Obb. - Geb. 29. Mai 1929 Heldenstein - Zul. Amtsrat. CSU.

SCHWAIGER, Max

Dr. med., o. Prof. f. Chirurgie - Schlehenrain 21, 7800 Freiburg/Br. (T. 5 66 73) - Geb. 26. Okt. 1911 Karlsruhe - Univ. München. Promot. 1936; Habil. 1949 - 1949 Privatdoz. Univ. Heidelberg (Oberarzt Chir. Klinik), 1954 apl. Prof., 1956 Ord. Univ. Köln (Dir. II. Chir. Klinik), 1959 Univ. Marburg (Dir. Chir. Klinik), 1968 Univ. Freiburg (Dir. Chir. Klinik). Zeitw. Vors. Mittelrhein. Chirurgen-Vereinig. Kriegsdst. Luftwaffe (Stabsarzt d. R.). Fachb. u. -aufs.

SCHWAKE, H. Peter

Dr. phil. habil., Prof. (Romanische Philologie) Univ. Heidelberg - Zu erreichen üb. Roman. Sem. d. Univ., Seminarstr. 3, 6900 Heidelberg (T. 06221 - 54 27 31) - Geb. 7. April 1935 Stadthagen (Vater: Rudolf Sch.; Mutter: Käthe, geb. Selk), verh. m. C. Cristina, geb. Munteanu, 4 Kd. (Christine, Christian, Anne-Catherine, Nicolas Gregor) - Stud. Philos., Päd., Roman., Völkerkd. u. Jura Univ. Göttingen, Bonn, Freiburg u. Heidelberg; Promot. Freiburg u. Habil. Heidelberg - BV: D. Wortschatz d. Cligés v. Chrétien de Troyes, 1979. Herausg.: Rudolf Hallig, Spracherlebnis u. Sprachforsch. Aufs. z. roman. Philol., 1970. Aufsätze u Rezensionen in div. Fachztschr. (ZrPh, RLiR, GRM, StN, RJb, ASNS u.a.) u. Festschr. - Spr.: Engl., Franz., Portug., Span.

SCHWALBA, Martin

Dr. rer. nat., Chemiker, Mitglied d. FDP-Fraktion d. Landtages v. Sachsen-Anhalt (s. 1990) - Peterholzhang 22, O-4500 Dessau (T. 0340 - 88 17 30) - Geb. 3. Febr. 1935 Falkenau, ev., verh. s. 1960 m. Rosemarie Dietz, 2 Söhne (Henrik, Steffen) - Landwirtsch.lehre 1949-52 im Kr. Güstrow; Abit. 1955 Rostock; Stud. Chemie 1955-60 Leipzig; Promot. 1960-64 Leipzig - 1964-90 Chemiker im Chemiekombinat Bitterfeld (heute: Chemie AG Bitterfeld) - Einige Patente - Liebh.: Gesch. - Spr.: Engl., Russ.

SCHWALBA-HOTH, Frank

Lehrer, Mitbegründer d. Grünen, Landesvorstand d. Grünen-Hessen (1980), Landtagsabgeordn. Hessen, Ausschußvors. f. Fragen d. öff. Dienstes (1982/83), Europaabgeordneter (1984/87), Fraktionsvors. (1986/87), Fraktionsgeschäftsf. (1988/89), Europadir. d. intern. Org. Partners (1990/91) - Zu erreichen üb. Greenpeace EC Unit, Avenue de Tervuren 36, B-1040 Bruxelles (T. 0032 - 2 - 736 99 27. Fax: 0032 - 2 - 736 44 60 - Geb. 12. Dez. 1952 Hamburg - Leit. d. EG-Büros v. Greenpeace Intern. - Spr.: Engl., Franz., Ital.

SCHWALBACH, Hans

Gewerkschaftssekretär, ÖTV-Bezirksvors. i. R., MdL Schlesw.-Holst. (1971-79) - Hoogewinkel 10, 2300 Kiel 1 (T. 31 11 82) - Geb. 9. Aug. 1919 Leipzig, ev., verh., 2 Kd. - N. Mittl. Reife kaufm. Lehre, Dolmetscher - S. 1948 Gewerksch. ÖTV Lüneburg (Geschäftsf.) u. Kiel (1953 Mitgl. Bezirksltg.); 1972-82 Mitgl. ÖTV-Hauptvorst. 1958-83 AR-Mitgl. (1978-83 stv. AR-Vors.) Nordwestdt. Kraftwerke AG, Hamburg. SPD s. 1949 - BV: Einkommen- Vermögen - Reichtum, 1967; Wirtschaft, Macht u. Gesellschaft in d. BRD, 1971 - 1982 Gr. BVK - Spr.: Engl., Franz., Span., Norweg.

SCHWALM, Dirk

Dr. rer. nat., o. Prof. f. Experimentalphysik Univ. Heidelberg - Handschuhsheimer Landstr. 54, 6900 Heidelberg 1 - Geb. 29. Febr. 1940 Berlin-Wilmersdorf, verh. s. 1970 m. Gisela, geb. Hutzler, 2 Kd. (Anja, Maximilian) - Gymn. Einbeck; Univ. Tübingen, Freiburg, Heidelberg; Dipl. 1966 Freiburg, Promot. 1969 Heidelberg, Habil. 1974 ebd. - 1969 Assist., 1974 Priv.-Doz., 1975 wiss. Rat u. Prof., alles Heidelberg; 1976 Ltd. Wissensch. Ges. f. Schwerionenforschung, Darmstadt; 1981 o. Prof. Heidelberg. Veröff. in Fachztschr.

SCHWALM, Hans

Dr. phil., ao. Prof. f. Geographie Osteuropas (emerit. Univ. Tübingen) - Rammertstr. 28, 7400 Tübingen 3 (Kil.) (T. Tübingen 7 25 44) - Geb. 16. Aug. 1900 Bremen - 1941ff. Extraord.

SCHWAMKRUG, Ernst-Günther

Dr. jur., Rechtsanwalt, MdL Nordrh.-Westf. (1970-75) - Am Falkenberg 18, 5674 Bergisch Neukirchen (T. 4 62 49) - Geb. 30. Mai 1919 Chemnitz/Sa., verh., 2 Kd. - Gymn. Chemnitz (Abit.); 1937-45 Arbeits- u. Wehrdst. (zul. Oblt. d. R.); Univ. Hamburg. Promot. 1950 Hamburg; Ass.ex. 1952 ebd. - 1950-51 NWDR, Hamburg (Rechtsabt.); 1952-60 Ufa, Düsseldorf (Justitiar); 1960-61 Dt. Wochenschau, Hamburg (Geschäftsf.); ab 1965 Agfa, Leverkusen (Leit. Handelspolit. Abt.). 1969 ff. Ratsherr Stadt Berg. Neukirchen. CDU.

SCHWAMM, Günther

Schlosser, MdL Rhld.-Pfalz (s. 1975) - Blütenweg Nr. 5, 6750 Kaiserslautern - Geb. 28. März 1935 - SPD.

SCHWAN, Gesine,

geb. Schneider

Dr. phil., Prof. f. Politische Theorie, Theorien d. Sozialismus - Teutonenstr. 6, 1000 Berlin 38 (T. 030 - 803 83 66) - Geb. 22. Mai 1943 Berlin (Vater: Hans R. Sch., Oberschulrat i.R.; Mutter: Hildegard, geb. Olejak), kath., verh. s. 1969 m. Prof. Dr. Alexander Sch., 2 Kd. (Dominik, Dorothee) - Franz. Gymn. Berlin; Stud. Berlin u. Freiburg, Promot. Berlin 1970, Habil. Berlin 1974 - BV: Leszek Kolakowski, E. Phil. d. Freiheit nach Marx, 1971; D. Ges.kritik v. Karl Marx, 1974; Sozialdemokratie u. Marxismus (zus. m. Alexander Schwan), 1974; Sozialismus in d. Demokr.? E. Theorie Konsequent sozialdemokr. Politik, 1982; D. normative Horizont moderner Politik I u. II, in: Funkkolleg Politik (m. Alexander Schwan), 1985 - Liebh.: Musik, mod. Theater - Spr.: Engl., Franz., Ital., Poln.

SCHWAN, Werner

Dr. rer. nat., o. Prof. f. Geologie - Habichtstr. 7, 8520 Erlangen (T. 4 78 78) - Geb. 27. Jan. 1917 Berlin (Vater: Arthur S., Obering.), verh. s. 1948 m. Hermine, geb. Hoffmann - 1949-61 Forschungstätigk. Dt. Akad. d. Wiss.; s. 1952 Lehrtätigk. Univ. Berlin (Humboldt; Doz.), Münster (1962 apl. Prof.), Erlangen-Nürnberg (1964 Ord.). Üb. 95 Facharb.

SCHWANDA, Hilde

Schriftstellerin, Singspiel-Rezitatorin - Postf. 14 06 09, 8000 München 5 (T. 089 - 690 89 14) - Geb. 5. April 1935 Oderberg/Sud. (Vater: Franz Sch., Bahnbeamt.; Mutter: Maria, geb. Beck), kath., led. - Musikausbild. - Zeitw. Angest. Mitgl. GEMA, VG-Wort, VG-Bild-Kunst, Dt. Komp. Verb., Dt. Textdichter Verb., LITTERA - BV: Tausend Masken, kein Gesicht, 1976; Singspiel-Musical; Hörfunk, ARD-Sendungen (1976 u. 1978) - Lit.: Persönlichkeiten in München.

SCHWANDNER, Gerd

Dr., Arzt, Staatsrat b. Senat f. Kultur u. Ausländerintegration, Bremen - Kohlhökerstr. 6, 2800 Bremen - Geb. 22. Mai 1951 Göppingen.

SCHWANDT, Christoph M. F.

Dramaturg d. Salzb. Festspiele - Hausener Weg 21, 8221 Bergen/Chiemg. (T. 08662 - 31 60; Fax 31 69) - Geb. 2. Sept. 1956 Bad Homburg v.d.H. (Vater: Ernst Sch., Abt.präs.; Mutter: Christa, geb. Krause) - 1975-78 Hochsch. f. Musik u. darst. Kunst u. Univ. Frankfurt (Schulmusik u. Klass. Philol.) - Fr. Mitarb. b. Tages- u. Fachpresse, Chor- u. Orch.ltg.; 1978-81 Dramat. bzw. Chefdramat. Oldenburg. Staatstheater, 1981/83 Chefdramat. Bühnen d. Stadt Bonn, zugl. Pers. Ref. d. Generalint., 1984/86 freier Journ. (Tages- u. Fachpresse, DLF, WDR); 1987-90 pers. Referent d. künstl. Leiters u. Leiter d. Öffentlichkeitsarbeit Theater u. Philharmonie Essen. Juror b. Musikwettb., schriftstell. Tätigk. (Bizet-Biogr.). Opernübers., Essays - Spr.: (Latein, Griech.), Engl., Ital.

SCHWANECKE, Helmut

Dr.-Ing., Prof., Schiffahrtssachverständiger, Direktor Versuchsanstalt f. Wasser- u. Schiffbau, Berlin (1981-92) - Henstedter Weg 25, 2000 Norderstedt/Hamburg; Fasanenstr. 35a, 1000 Berlin 15 - Geb. 22. Nov. 1927 Berlin (Vater: Dr. phil. et rer. pol. Johannes Sch., Ingenieur; Mutter: Elise, geb. Bierwas), verh. s. 1961 m. Ingrid, geb. Runde - 1950-55 TU Berlin (Dipl.-Ing.). Promot. 1958 TU Berlin; Habil. 1963 TH Hannover - 1956-62 Gruppenleit. Versuchsanst. f. Wasser- u. Schiffbau, Berlin; 1962-73 Abt.leit. Hbg. Schiffbau-Versuchsanst. GmbH; 1973-81 o. Prof. f. Schiffstheorie TU Wien. Zahlr. Facharb. u. Vortr. (In- u. Ausl.) - Liebh.: Natur, Weltpolitik - Spr.: Engl.

SCHWANENBERG, Enno

Dr. phil., Prof. Univ. f. Psychologie Frankfurt - Goethestr. 39, 6242 Kronberg - Geb. 1. Okt. 1938 Bonn (Vater: Josef Sch., Min.Rat a.D.; Mutter: Ilse, geb. Hellenbroich), kath. - Stud. Psych. u. Soz. Univ. Köln, München (Dipl.-Psych. 1963), Bern, Berlin (Promot. 1967) Harvard - 1972 ff. Prof. - BV: Soz. Handeln - D. Theorie u. ihr Problem, 1970.

SCHWANENBERG, Gerald

Dr. - Stephansplatz 2 A, 3000 Hannover 1 (T. 0511 - 88 78 58) - Geb. 14. Nov. 1939 Berlin, verh. m. Marlis, geb. Lucas, 3 Kd.

SCHWANHÄUSSER, Wulf

Dr.-Ing., Prof. f. Verkehrswirtschaft, Eisenbahnbau u. -betrieb RWTH Aachen - Fischweiher 14, 5100 Aachen - Geb. 22. März 1935 München (Vater: Paul Sch., Baudir.; Mutter: Marga, geb. Scheller), ev., verh. s. 1962 m. Monika, geb. Hermes, 2 Kd. (Gabriele, Gernot) - Abschl. Stud. Bauing. 1958 Univ. München, Bundesbahnbauass. 1961, Promot. 1974 RWTH Aachen - 1958-76 Bundesbahnbetriebsämter Passau, Regensburg, Schwandorf, Karlsruhe, Regensburg, Mainz (1967 Sao Paulo U-Bahnbau, 1972 Bundesbahndir.); s. 1976 o. Prof. - BV: D. Bemess. d. Pufferzeiten im Fahrplangefüge d. Eisenbahn, 1974 - Spr.: Franz., Engl.

SCHWANITZ, Dietrich

Dr. phil., Prof. f. Engl. Philologie Univ. Hamburg - Rehblöcken 40, 2000 Hamburg 67 (T. 603 44 60) - Geb. 23. April 1940 Werne (Vater: Ernst Sch., Lehrer; Mutter: Margarete, geb. Ter-Nedden), ev., verh. s. 1973 m. Gesine, geb. Hermes, 2 Kd. (Christoph, Alexandra) - 1959-65 Stud. Phil., Gesch. u. Engl. Univ. Freiburg, Münster, London, Philadelphia; Staatsex. 1965, Promot. 1969, Habil. 1975 - 1966/67 Instructor in USA; 1968-70 Wiss. Assist. Univ. Freiburg; 1971-72 Max Kade Visit. Prof. Amherst, USA; 1976-77 Privatdoz. Univ. Freiburg; ab 1978 o. Prof. Univ. Hamburg - BV: G. B. Shaw: künstler. Konstruktion u. unordentl. Welt, 1971; D. Wirklichk. d. Insz. u. d. Insz. d. Wirklichk., 1977; Lit.wiss. f. Anglisten, 1984; Shylock, 1989; D. Welt in d. Welt. E. Dialog zw. Lit.wiss. u. Systemtheorie, 1989; Macbarsh (Erstaufführung Dt. Schauspielhaus Hamburg 1.5.1988) - Spr.: Engl., Franz., Latein.

SCHWANITZ, Gesa

Dr. rer. nat., Prof. f. Humangenetik - Inst. f. Humangenetik, Wilhelmstr. 31, 5300 Bonn - Geb. 18. Aug. Müncheberg (Vater: Genetiker) - Promot. 1966 Kiel, Habil. 1977 - Ab 1979 Wiss. Rätin Univ. Bonn; 1981-84 Komm. Leit. Inst. f. Humangenetik, Bonn - BV: 5 Buchbeitr., u.a. D. Normvarianten menschl. Chromosomen, 1977; über 100 Publ. in intern. Fachztschr. - Spr.: Engl., Franz., Span.

SCHWANITZ, Rolf

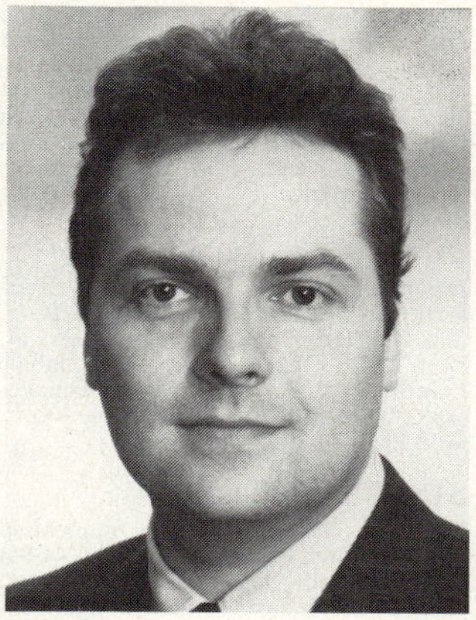

Dipl.-Ing.-Ökonom, Dipl.-Jurist, Mitglied d. Deutschen Bundestages (s. 1990) - Karl-Fr.-Schinkel-Str. 23, O-9900 Plauen (T. 03741 - 3 13 14) - Geb. 2. April 1959 Gera, verh. m. Eva-Maria, geb. Hoffmann, 2 Kd. (Georg, Annekatrin) - Obersch. 1965-75 Gotha; Lehre als Baufacharb. u. Abit. 1975-78 Erfurt; Stud. Betriebswirtsch. 1979-83 Univ. Jena; Stud. Jura 1984-90 Berlin - Wiss. Assist. an d. TH Zwickau. S. 1989 SPD; Parlam. Staatssekr. im Min. d. Justiz d. DDR - Liebh.: Lit., Musik, Gesch. - Bek. Vorf.: Artur Schöneburg, SPD, MdL Thüringen b. 1933 (Großvater).

SCHWANK, Inge

Dr. rer. nat. habil., Privatdozentin, Geschäftsführerin Forschungsinst. f. Mathematikdidaktik, Osnabrück (FMD) - Rückertstr. 56, 4500 Osnabrück (T. 0541 - 4 98 69) - Geb. 6. Juli 1959 Königstein, kath., verh., T. Elisabeth - Abit. 1977; 1977-82 Stud. Math., Physik u. Informatik Univ. Osnabrück; Staatsex. f. d. Lehramt an Gymn. 1982, Promot. (Math.) 1984 ebd., Habil. (Math.) 1992 ebd. - 1982-84 wiss. Mitarb. Univ. Osnabrück; s. 1984 Geschäftsf. FMD; s. 1986 wiss. Leiterin FMD - Spr.: Engl., Franz.

SCHWANTES, Hans-Otto

Dr. rer. nat., Prof. Univ. Gießen (s. 1971; 1975; 1980 Dekan Fachber. Biol.) - Sandfeld 56, 6300 Gießen (T. 3 54 51) - Geb. 31. Juli 1921 Ratibor (Vater: Otto S., LGDir.; Mutter: Elisabeth, geb. Dittmann), ev., verh. s. 1945 m. Käte, geb. Zurmühlen, 3 Kd. (Michael, Ulrich, Christian) - Stud. d. Botanik, Zool., Chemie, Geogr. Univ. Münster; Promot. 1952; Habil. 1963 Gießen - 1960 Kustos Botan. Inst. Gießen; 1969 apl. Prof. Fachmitgl.sch. - BV: Pflanzensystematik, 5. A. 1987 (auch span. u. port.); Ökologische Botanik, 2. A. 1987 - Spr.: Franz., Engl.

SCHWARK, Eberhard

Dr. jur., o. Prof. f. Bürgerl. Recht Univ. Bochum - Im Haselnbusch 18, 5307 Wachtberg (T. 0228 - 32 66 36) - Geb. 4. April 1939 Hagen, verh. s. 1965 m. Brigitte, geb. Reichelt, S. Christian - Stud. Rechtswiss. Berlin, Freiburg u. Bonn; 1. jurist. Staatsex. 1963, 2. Staatsprüf. 1968, Promot. 1969, Habil. 1978 - 1969-73 Bundesmin. f. Wirtsch.; 1972 Intern. Währungsfonds, Washington D.C.; 1975-80 Bundesmin. d. Justiz (Reg.dir.); 1980-81 Prof. Univ. Heidelberg; s. 1981 o. Prof. Ruhruniv. Bochum - BV: Begriff d. allg. Gesetze in Art. 5 II GG, 1970; Börsengesetz, Komment., 1976; Anlegerschutz d. Wirtschaftsrecht, 1979; Wirtschaftsrecht, Lehrb. 1986; zahlr. Ztschr.beitr. z. Zivilrecht, dt. u. intern. Handels-, Ges.- u. Wirtschaftsrecht - Liebh.: Bild. Kunst, Lit. - Spr.: Engl., Franz.

SCHWARK, Wolfgang

Dr., Prof., Hochschullehrer - Zu erreichen üb.: Kunzenweg 21, 7800 Freiburg/Br. - Prof. u. Rektor PH Freiburg.

SCHWARTLÄNDER, Johannes

Dr. phil., Prof., Philosoph - Wolfgang-Stock-Str. 28, 7400 Tübingen (T. 60 01 02) - Geb. 26. Jan. 1922 - Promot. 1953, Habil 1962 - S. 1968 Prof. Univ. Tübingen (s. 1976 Leit. Forschungsprojekt Menschenrechte) - BV: D. Mensch ist Person, 1968. Menschenrechte - e. Herausforder. d. Kirche, 1980. Hrsg. u. Mitverf.; Verstehen u. Vertrauen, 1968. D. Mensch u. sein Tod, 1976. Menschenrechte. Aspekte ihrer Begründ. u. Verwirklich., 78 Menschenrechte u. Demokratie, 1981; Mod. Weltethos u. christl. Glaube, 1981; D. Recht d. Menschen auf Eigentum, 1983; D. Recht d. Menschen auf Arbeit, 1983; D. Verantwortung d. Vernunft in e. friedlosen Welt, 1984; Meinungsfreiheit, 1986; Neue Medien u. Meinungsfreiheit im nationalen u. intern. Kontext, 1990. Aufs. z. Ethik, Phil. Anthropol., polit. Phil.

SCHWARTZ, Erwin

Prof., Ord. f. Didaktik d. Grundschule Univ. Frankfurt/Abt. f. Erziehungswiss. (s. 1966) - Lindenbergweg 9, 6375 Oberstedten/Ts. - Vors. Arbeitskr. Grundsch., Frankfurt - BV: D. Grundsch. - Funktion u. Reform, 1970.

SCHWARTZ, Helmut

Kaufm. Angestellter, MdL Nordrh.-Westf. (s. 1970) - Ilexweg 21, 5190 Stolberg/Rhld (T. 61 57) - Geb. 10. Febr. 1937 Aachen, verh., 3 Kd. - N. Mittl. Reife kaufm. Lehre - Tätigk. Industriekonzern. 1964 ff. Ratsmitgl. Stolberg u. MdK Aachen-Land (Fraktionsf.). CDU s. 1956.

SCHWARTZE, Heinz

Dr. rer. nat., em. o. Prof. f. Didaktik d. Mathematik - Waldbrunnenweg 18, 6300 Gießen (T. 3 52 90) - Geb. 19. März 1924 Stolp/Pom. (Eltern: Arthur (Bankdir.) u. Edith S.), ev., verh. s. 1954 m. Heidi, geb. Tischendorf, 2 Kd. (Klaus, Barbara) - Gymn. Köslin u. Stettin; TH München (Math., Physik, Phil.). Promot. 1950 München - 1954-62 Studienrat Frankfurt/M., Lehrte, Den Haag (1959 Leit. Dt. Schule); 1962-68 Doz. Päd. Hochsch. Schwäb. Gmünd; s. 1968 o. Prof. Univ. Gießen (Fachbereich Math.). Mitgl. Dt. Mathematiker-Vereinig. - BV: Grundriß d. math. Unterrichts, 1966; Neubearb. (zus. m. A. Fricke) 1982; Elementarmath. aus didaktischer Sicht, 1980, Bd. 2 Geometrie, 1984 - Liebh.: Musizieren (Geige) - Spr.: Niederl., Franz., Engl.

SCHWARTZKOPFF, Johann

Dr. rer. nat., em. o. Prof. f. Allg. Zoologie - Orchideenweg 8, 7406 Mössingen 5 (Öschingen) (T. 07473 - 59 27) - Geb. 29. Sept. 1918 Neubrandenburg/Meckl. (Vater: Oberkonsistorialrat Johannes S., Pfarrer; Mutter: Helene, geb. v. Loeper), ev., verh. s. 1944 m. Ingeborg, geb. Ullner, 2 Töcht. (Ulrike, Almut) - Univ. Berlin u. Göttingen. Promot. (1948) u. Habil. (1954) Göttingen - S. 1954 Lehrtätigk. Univ. München (1961 apl. Prof.), Tübingen (1963 ao. Prof.), Bochum (1964 o. Prof.). Mitgl. Dt. Zool. Ges. u. Dt. Ornithol. Ges. SPD. Üb. 100 Fachaufs. - 1959 Mitgl. Dt. Akad. d. Naturforscher (Leopoldina), Halle/S., 1974 korr. Mitgl. Rhein.-Westf. Akad. d. Wiss., Düsseldorf - Spr.: Engl., Franz., Ital.

SCHWARZ, Albert

Dr. phil., o. ö. Prof. f. Geschichte - Seilerbrücklstr. Nr. 22a, 8050 Freising/Obb. (T. 1 32 00) - Geb. 29. Aug. 1906 München, kath., verh. s. 1936 - Univ. München (Promot. 1935; Habil. b. Franz Schnabel) - Ab 1936 archival. Forschungen i. A. Dt. Forschungsgem., Berlin, 1940-45 Wehrdst. (Widerstandsbeweg.), 1950 Privatdoz. Univ. München, 1951-69 ao. u. o. Prof. (1956) staatl. Phil.-Theol. Hochsch. Freising, s. 1969 o. Prof. Univ. München. Mitgl. Kommission f. Zeitgesch. Bonn - BV: D. Handwerkerfrage in d. kath. Ztschr. Dtschl. 1848-70, 1937; D. Weimarer Republik, 1958, NA. 1971; D. Volksvertretung d. Ersten Republik, in: E. Deuerlein, D. Reichstag, 1963, NA. 1978; L'Allemagne, in L'Europe du IXX et XX siècle, 1964; Bayern 1918-33, in: M. Spindler, bayer. Gesch., IV, 1, 1974.

SCHWARZ, Alfons

Staatssekretär a.D. Min. f. Wirtschaft u. Verkehr Rhld.-Pfalz - Walhorner Str. 11, 5100 Aachen (T. 7 45 77) - Geb. 25. Okt. 1921 - Stud. Rechtswiss. Gr. jurist. Staatsprüf. - Früher Hauptgeschäftsf. IHK Aachen.

SCHWARZ, Alice

s. Gardos, Alice

SCHWARZ, Dietrich

Dr.-Ing., Prof., Hauptabteilungsleiter Kraftwerksysteme u. -komponenten, Vereinigte Elektrizitätswerke Westfalen AG (VEW), Geschäftsf. Hochtemperaturreaktor GmbH (HRG) (s. 1986), Lehrauftrag Kernprozeßtrechnik Univ. Dortmund (s. 1972), Hon.-Prof. (s. 1988) - Lüninckweg 22, 4600 Dortmund 41 - Geb. 10. Sept. 1936 Tokio, kath., verh. s. 1966 m. Clarita, geb. Nölting, 2 Kd. - Stud. TH München (Dipl.-Ing. Masch.-bau) 1960; California Inst. of Technol. (Master of Science) 1961; TH München (Promot.: Intern. benutzte Wasserdampfformel) 1966 - 1965-68 Kernenergie-Abt. AEG Frankfurt; s. 1968 VEW Dortmund - Liebh.: Phil. (Ethik), Ausdauersport (Berge) - Spr.: Engl., Franz.

SCHWARZ, Eberhard

Dr. rer. nat., Dipl.-Chem., Fabrikant, Geschäftsf. Zschimmer & Schwarz GmbH. & Co./Chem. Fabriken, Lahnstein, Vors. Verb. TEGEWA, Frankfurt/M. - Max-Schwarz-Str. 4/5, 5420 Lahnstein - Geb. 12. Nov. 1931 Dresden.

SCHWARZ, Egon

Dr. phil., Prof., Germanist - Zu erreichen üb. Washington University, St. Louis/Mo. 63130 (USA) - Geb. 8. Aug. 1922 Wien - Vielerlei Berufe (u. a. Prag, Paris, La Paz, Santiago de Chile, Seattle); s. 1954 Lehrtätigk. Harvard- u. Washington-Univ. (1961). 1974ff. Mitarb. FAZ - BV: Hofmannsthal u. Calderon, 1962; D. verschluckte Schluchzen-Poesie u. Politik v. Rainer Maria Rilke, 1972; Keine Zeit f. Eichendorff: Chronik unfreiwill. Wanderj. E. Autobiogr.; Dichtung-Kritik-Gesch./Ess. z. Lit. 1900-30, 1983; Lit. aus vier Kulturen. Ess. u. Besprechungen, 1987 - Mitgl. Dt. Akad. f. Sprache u. Dichtung; 1991 Österr. Ehrenkreuz f. Wiss. u. Kunst - Spr.: Franz., Span., Ital., Engl.

SCHWARZ, Franz Josef

Vorstandsvorsitzender WWK Lebensversicherung a. G. u. WWK Allg. Versich. AG, München - Marsstr. 42, 8000 München 2 - Geb. 9. Aug. 1932 Mannheim, verh., 4 Kd. - 1983 BVK am Bde.

SCHWARZ, Gerhard

Dr. med., Prof., Chefarzt I. Innere Abt. Allg. Krankenhaus St. Georg, Hamburg 1 - Horstweg 31, 2000 Hamburg 64 (T. 526 51 62) - Geb. 16. Nov. 1920 Bredereiche/Uckermark - S. 1964 (Habil.) Lehrtätigk. Univ. Heidelberg u. Hamburg (1969 apl. Prof. f. Inn. Med.). Etwa 80 Fachveröff., dar. Bücher.

SCHWARZ, Gerhard

Prof., Landeskirchenmusikdirektor a. D. - Am Thie 1, 3400 Göttingen-Herberhausen (T. 2 13 95) - Geb. 22. Aug. 1902 Reußendorf/Schles. (Vater: Wilhelm S., Rektor; Mutter: Gertrud, geb. Wähner), ev., verh. s. 1960 m. Margarete Schiller (Walter) - Akad. f. Kirchen- u. Schulmusik u. Univ. Berlin (Phil., Musikwiss.) - B. 1935 Leit. Ev. Schule f. Volksmusik Berlin u. Berliner Kirchenmusiksch., dann fr. Kirchenmusiker, Wehrdst., 1944-47 Organist Bernhardinkirche Breslau, 1947-49 Doz. Musikhochsch. Berlin u. Leipzig. 1949-67 Dir. Landeskirchenmusiksch. Düsseldorf, Organist Johanneskirche ebd. u. Doz. Musikhochsch. Köln. Viele Konzerte u. Funkaufn. WDR (bekannt als Improvisator an d. Orgel); Veranst.: 1. Intern. Orgelwoche (1954) u. 10. Heinrich-Schütz-Fest (1956) Düsseldorf. Herausg.: Geistl. u. weltl. Kantaten, Lieder, Psalmen - Werke: Sing unto him a new song - engl. Eichendorff-Liederb. 1-2; Musik f. Tenor-Saxophon f. Boris Wippermann; Musik Angelus Silesius f. Dr. Erhard Hellwig; Musik Meister Ekkehard f. Dr. Wippermann; Wilhelm Busch, D. verlorene Sohn, Part. f. 3 stg. Chor u. Cello; D. Kirmes, 4 stg. Chor. Etwa 50 Psalmen f. Vera v. Trott - 1960 Prof.-Titel; 1984 Schles. Kulturpreis - Liebh.: Lit., mod. Malerei u. Plastik, Reisen (Frankr., Ital., Griechenl.) - Spr.: Franz., Engl., Ital., Poln.

SCHWARZ, Gisela,

geb. Jordan

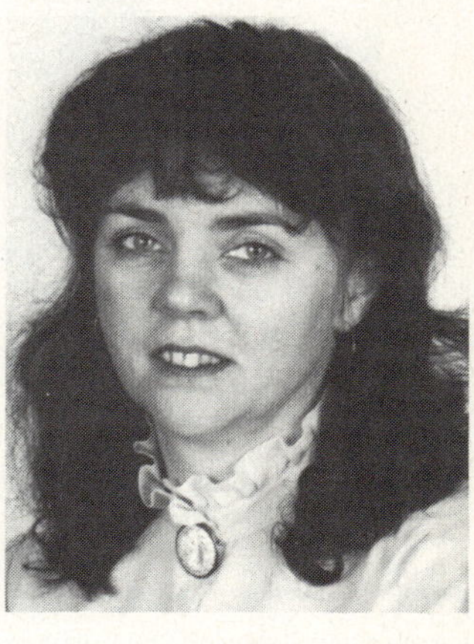

Dr. phil., Diplomgermanistin, Mitglied d. Landtages Sachsen (s. 1990) - Am Freibad 59, O-9368 Warmbad (T. Wolkenstein 81 90) - Geb. 28. Febr. 1949 Wolgast, ev., verh. s. 1971 m. Dr. med. Reinhart Sch., 2 Söhne (Robert, Gregor) - Abit.; Gesellenbrief Schlosser 1967; Stud. 1967-71, Abschl. Dipl.german. Rostock; Promot. 1991 Jena - Stv. Fraktionsvors. SPD-Fraktion; Vors. d. Unterbezirksvorst. Obererzgebirge SPD - BV: Literarisches Leben u. Sozialstrukturen um 1800. Zur Situation v. Schriftstellerinnen am Beispiel v. Sophie Brentano 1991 - Liebh.: Kochen, Handarb.

SCHWARZ, Günter

Dr. rer. pol., Wirtschaftsprüfer, Steuerberater, Geschäftsf. u. Vorstandsmitgl. d. Ges. Treuhand-Vereinig. AG (1978-87), Coopers & Lybrand (1978-87), Karoli-Wirtschaftsprüf. GmbH (1968-87) - Zu erreichen üb. Hedwigstr. 19, 4400 Münster; priv.: Gildenstr. 67, 4390 Gladbeck - Geb. 17. Juni 1933 Gladbeck, ev., verh. s. 1964 m. Ursula, geb. Martin, 2 Söhne (Andreas, Wernher) - Abit. 1953; 1953-56 Stud. Betriebsw. Univ. Frankfurt u. Köln; Dipl.-Kfm. 1956 Köln; 1958/59 Stud. Staatswiss. Univ. Graz; Promot. 1959 - AR-Vors. Stiebel Eltron-Gruppe, Holzminden (1981-87); Vors. Ständ. Finanzaussch. d. Landessynode d. Ev. Kirche v. Westf. (s. 1984); Mitgl. Landessynode d. Ev. Kirche v. Westf. - Spr.: Engl.

SCHWARZ, Hans

Dr. theol., Prof. f. Theologie Univ. Regensburg - Rilkestr. 44, 8417 Lappersdorf (T. 0941 - 8 39 33) - Geb. 5. Jan. 1939 Schwabach (Vater: Johann Sch., Gärtner; Mutter: Babette, geb. Götz), ev., verh. m. Hildegard, geb. Höfling, 3 Kd. (Hans, Krista, Claudia) - Abit. 1958 Schwabach; Promot. 1963 Univ. Erlangen, Landeskirchl. Ex. 1963 Ansbach - 1963-65 Vikar Erlangen-Bruck; 1965-67 Forschungsstip. Erlangen; 1967-81 Columbus/Ohio, USA; ab 1981 Lehrst. f. ev. Theol. Univ. Regensburg - BV: On the Way to the Future, 1972, 2. A. 1979; The Search for God, 1975 (dt. Kurs: Gotteslehre, 3 Bde., 1984); Our Cosmic Journey, 1977; Beyond the Gates of Death, 1981 (dt. Wir werden weiterleben, 1984); The Christian Church, 1982 (dt. Kurs: D. christl. Kirche, 3 Bde., 1986); Divine Communication, 1985; Verstehen wir d. Glaubensbekenntnis noch?, 1986 (engl.: What Christians believe, 1987); Responsible Faith, 1986; Christsein ist möglich, 1987; D. bibl. Urgeschichte, 1989; Jenseits v. Utopie u. Resignation, 1990 - Ehrung Frederik A. Schiotz Award - Liebh.: Sport, Musik - Spr.: Engl., Franz.

SCHWARZ, Hans Thomas

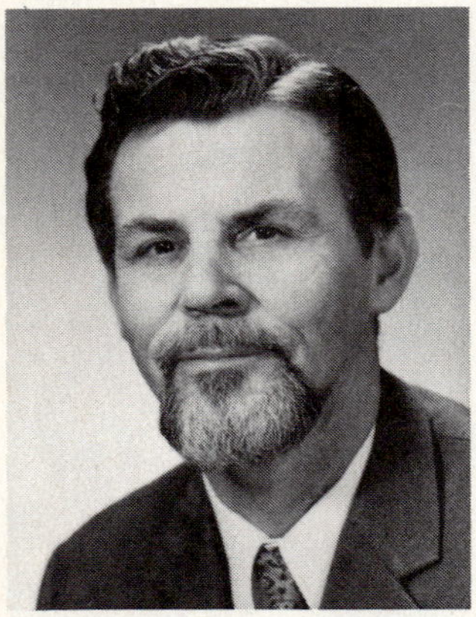

Übersetzer - Olbrichstr. 53, 6000 Frankfurt/M. 90 (T. 76 22 70) - Geb. 15. Dez. 1919 Frankfurt/M. - Div. Ehrenposten, u. a. Ehrenpräs. Bundesverb. d. Dolmetscher u. Übers. u. Mitgl. d. Ältestenrates Fédération Intern. des Traducteurs (1974); Ständ. Vertr. Fédération Intern. d. Traducteurs b. Büro d. Vereinten Nationen in Genf; Dir. intern. Ztschr. BABEL (FIT, Paris) - BV: Advanced Interpreting - Übungstexte f. Konsekutivdolmetschen, 1968 - 1980 BVK I. Kl.; Diamond Jubilee Medal (1975) u. Honorary Fellow Inst. of Linguists London; 1981 Pierre-Francois Caillé Memorial Med. FIT; Inh. Ehrenbrief Land Hessen; Hon. Fellow Inst. of Translation and Interpreting, London; Hon. Fellow Korean Soc. of Translators - Spr.: Engl.

SCHWARZ, Hans-Otto

Dr. rer. pol., Minister a. D., MdL Baden-Württ. (1956-76), Vors. Geschäftsführung Gasversorgung Süddeutschland GmbH, Stuttgart - Am Wallgraben 135, 7000 Stuttgart 80 (T. 0711 - 7 81 20) - Geb. 24. Mai 1929 Eßlingen/N. (Vater: Feinmechaniker), ev., verh., 3 Kd. - Obersch. Nürtingen; Univ. Tübingen, WH Nürnberg (Wirtschaftswiss.). Promot. 1953 - Industrietätigk. u. höh. Schuldst. (zul. Oberstudienrat); 1966-72 Wirtschaftsmin. BW.; Vors. d. Verb. d. Gas- u. Wasserwerke Baden-Württ. (VGW); 1. Vizepräs. d. Bundesverb. d. dt. Gas- u. Wasserwirtschaft e.V. (BGW); Mitgl. d. Bezirksverwaltungsrates Württemberg TÜV-Südwest e.V.

SCHWARZ, Hans-Peter

Dr. phil., o. Prof. f. Politikwiss. u. Direktor Sem. f. Polit. Wiss. Rhein. Friedrich-Wilhelms-Univ. Bonn - Welfenstr. 10, 5300 Bonn 2 - Geb. 13. Mai 1934 - Habil. 1966 Tübingen - Vors. d. Wiss. Beirat d. Inst. Zeitgesch. München, u. d. Wiss. Direktoriums d. Forsch.-Inst. d. Dt. Ges. f. Ausw. Politik - BV: u. a.: D. konservative Anarchist. Politik u. Zeitkritik Ernst Jüngers, 1962; Vom Reich z. Bundesrep. Deutschl. im Widerstreit d. außenpolitischen Konzeptionen in d. Jahren d. Besatzungsherrschaft 1945-49 (2. erw. Aufl., 1980); D. Ära Adenauer - Gründerjahre d. Republik 1949-57, Bd. II d. Gesch. d. BRD, 1981; D. Ära Adenauer - Epochenwechsel 1957-63, Bd. III d. Gesch. d. BRD, 1983. Herausg.: D. zweite Republik. 25 Jahre Bundesrepublik Dtschl. - e. Bilanz (m. R. Löwenthal, 3. A. 1979); Handb. d. dt. Außenpolitik (2. A. 1976); Amerika u. Westeuropa (m. K. Kaiser, 1977; engl. 1978); Adenauer - Briefe 1945-47 (m. Rudolf Morsey) (= Bd. I v. Adenauer - Rhöndorfer Ausg.), 1983; Briefe 1947-49 (= Bd. II v. Adenauer - Rhöndorfer Ausg.), 1984; D. gezähmten Deutschen. Von d. Machtbesessenh. z. Machtvergessenh. (1985); Weltpolitik. Strukturen - Akteure - Perspektiven (m. K. Kaiser, 1985); Adenauer. D. Aufstieg 1876-1952 (1986); Adenauer. D. Staatsmann 1952-67 (1991). Herausg.: Vierteljahrshefte f. Zeitgesch. (zus. m. Karl-Dietrich Bracher).

SCHWARZ, Heinz

Staatsminister a. D., MdL Rheinl.-Pf. (1959-76) u. MdB (s. 1976), Geschäftsf. Rohstoff-Importges. mbH (ROI), Leubsdorf - Bundeshaus, 5300 Bonn (T. 1 61); priv.: Kreuzstr. 73, 5461 Leubsdorf (T. Linz 33 11) - Geb. 24. Juli 1928 Leubsdorf, kath., verh., 5 Kd. - Volks-, Handels- u. Weinbausch.; 1944-47 Lehre Kreisspark. (dazw. 1944-45 Wehrdst.). Ab 1948 Tätigk. elterl. Betr. (Weinbau u. Gastw.) u. Industrie, 1949-64 Geschäftsf. CDU u. Junge Union, 1964-71 Bürgermeister bzw. Verbandsbürgerm. Bad Hönningen, 1971-76 Innenmin. Rheinl.-Pfalz (1973-75 Vors. Ständ. Konferenz d. Innenmin. d. Länder). CDU s. 1947 - Gr. BVK.

SCHWARZ, Helmut

Dr. Ing., Prof. - Lingeweide 3, 4000 Düsseldorf 31 (T. 0203 - 74 07 76) - Geb. 30. Juni 1931 Düsseldorf - S. 1965 (Habil.) Lehrtätigk. Hannover (1966 Wiss. Rat u. Prof.), s. 1975 o. Prof. u. Lehrstuhlinh. f. Steuer- u. Regelungstechn. Gesamthochsch. Duisburg.

SCHWARZ, Helmut

Dr., Prof., Chemiker - Zu erreichen üb. TU, Str. d. 17. Juni 135, 1000 Berlin 12 - 1981 Otto-Klung-Preis f. Chemie 1980 (f. d. Arb.: Chemie im Massenspektrometer).

SCHWARZ, Henning M.

Dr. jur., Ministerpräsident Schlesw.-Holst. (1987-88), Minister f. Bundesangelegenheiten d. Landes Schlesw.-Holst. (b. 1988) - Kastanienallee, 2071 Hoisdorf - Geb. 5. Okt. 1928 Gut Frauenholz b. Oldesloe/Holst. (Vater: Werner S., Landwirt, 1959-65 Bundesmin. f. Ernährung, Landw. u. Forsten (s. dort); Mutter: Rosemarie, geb. Saul), ev., verh. m. Gertrud, geb. Pritschau, 3 Kd. (Sabine, Bertram, Annette) - 1949-53 Univ. Würzburg u. Hamburg (Rechtswiss.). Ass.ex. 1957; Promot. 1958 - 1958-69 Rechtsanw. u. Notar (1959) Ahrensburg; s. 1971 (m. Unterbr.) MdL SH, zul. (s. 1979) Min. f. Bundesangel. u. stv. Ministerpräs. Versch. Kirchenämter. CDU s. 1948 (div. Funktionen).

SCHWARZ, Hermann

Dr. phil. nat., Dr. E.h., Fabrikant, Inh. Rohde & Schwarz, Meß- u. Nachrichtengerätewerk, München 8 - Normannenpl. 9, 8000 München 81 (T. 98 11 52) - Geb. 29. März 1908 Nördlingen - Univ. Heidelberg, München, Jena (Physik; Promot. 1931 m. e. Arbeit üb. Strommessungen) - 1933 Mitbegr. ob. Fa. - Ehrensenator; 1959 Isl. Konsul f. Bayern; 1971 Bayer. VO., 1978 Gr. BVK; Ehrendoktor d. Univ. Jena.

SCHWARZ, Jürgen

Dr. rer pol., Dipl.-Volksw., Vorsitzender d. Geschäftsführung/Chairman McCann-Erickson Deutschl. GmbH, Frankfurt/M. (s. 1987) - Ulmenstr. 39, 6000 Frankfurt/M. (T. 069 - 71 31-0) - Geb. 21. April 1942 Hamburg - 1966-68 Assist. d. Geschäftsfg. Neckermann u. Reisen; 1968-70 Kundenberater Ogilvy & Mather; 1970-85 Gf. Gesellsch. Admenting D'Arcy MacManus & Masius GmbH - Liebh.: Joggen, fernöstl. Antiquitäten, Fußball, Golf.

SCHWARZ, Karl

Dr. rer. pol., Prof., Demograph - Klopstockstr. 14, 6200 Wiesbaden (T. 81 17 10) - Geb. 17. Sept. 1917 Ludwigshafen/Rh. (Vater: Ludwig S., Kaufm.; Mutter: Berta, geb. Schlotter), ev., verh. s. 1944 m. Alice, geb. Künken, 5 Kd. (Dietrich, Felizitas, Matthias, Christopher, Andrea) - Dipl.-Volksw. 1949; Promot. 1953 - 1968-79 Abteilungsleit. Statist. Bundesamt u. Vertr. d. Bundeswahlleiters, Wiesbaden; 1979-82 Dir. u. Prof. Bundesinst. f. Bevölkerungsforsch. u. Mitgl. d. Wahlkommiss. ebd.; Mitgl. d. wiss. Beirats f. Familienfragen b. BMJFFG; Mitgl. in nationalen u. intern. wiss. Ges. Lehrbeauftr. an d. Univ. Mainz; 1985/86 Prof. Univ. Bamberg - Üb. 200 Facharb., dar. 3 Bücher - BVK I. Kl. - Spr.: Engl., Franz.

SCHWARZ, Kurt

Dr. med. (habil.), Prof., Oberarzt II. Med. Univ.sklinik München - Radspielerstr. 17a, 8000 München 81 (T. 91 15 58) - Geb. 18. Sept. 1925 Neutitschein (Vater: Ferdinand S., Ing.), verh. m. Renate, geb. Rehulka - B. 1967 Privatdoz., dann apl. Prof. München (Inn. Med.). Facharb.

SCHWARZ, Otfried

Dr. jur., Richter Bundesfinanzhof a.D., München (s. 1967) - Eugen-Kalkschmidt-Weg 6, 8000 München 81 (T. 93 14 36) - Geb. 13. Mai 1912 (Vater: Dr.-Ing. Hanns S., Chemiker; Mutter: Julie, geb. Reuter), ev., verh. I) 1938 m. Lieselotte, geb. Lober († 1973), 2 Kd. (Roger, Teda), II) 1974 m. Sibylle, geb. Freiin v. Pechmann - Ab 1943 Zollverw.; 1946-48 Rechtsanw. Nürnberger Prozesse; Zollref. OFD Nürnberg; ab 1959 Finanzrichter Nürnberg, Senatspräs. FG München - BV: Liman/Schwarz, Steuerbeitreibungsrecht, 1951, 2. A. 1960; Hübschmann/Grabower/Beck/v.Wallis/Schwarz, Umsatzsteuergesetz, 1955; Schwarz/Wockenfoth, Zollgesetz, 1961, 2. A. 1967; Hübschmann/Hepp/Schwarz/Spitaler, Abgabenordnung, 8. A. 1986. Zahlr. Veröff. z. Zoll- u. EWG-Recht - Liebh.: Schach, Segeln, Anthropozentrik.

SCHWARZ, Ottmar

Senator E. h., Dr.-Ing., Gf. Direktor i.R. - Zu erreichen üb. Verein Dt. Ing. VDI-RdL, Graf-Recke-Str. 84, 4000 Düsseldorf - Verh. s. 1944 m. Else, geb. Sponhauer, 3 Kd. (Rüdiger, Ulrike, Gisbert) - Dipl.-Ing. 1949 u. Promot. 1961 TH Darmstadt - Vors. VDI-Koordinierungsst. Umwelttechnik (KUT); stv. Vors. VDI-Kommiss. Reinhalt. d. Luft - 1980 Ehrenmed. VDI; 1982 BVK; 1987 Guilleaume-Gedenkmünze d. VGB - Spr.: Engl.

SCHWARZ, Raimund

Oberstadtdirektor, Schwartzstr. 72, 4200 Oberhausen; priv.: 14, Pfalzgrafenstr. 63 - Geb. 19. April 1926 - Ass.

SCHWARZ, Reinhard

Dr. theol., o. Prof. f. Kirchengeschichte - Salzstr. 43, 8034 Germering/Obb. (T. München 84 56 60) - Geb. 18. Nov. 1929 Liepe/Usedom, ev. - 1948-53 Kirchl. Hochsch. Berlin u. Univ. Tübingen (Ev. Theol.). Promot. 1959 Tübingen; Habil. 1966 ebd. - S. 1966 Lehrtätigk. Univ. Tübingen, Zürich u. München (1971 Ord. u. Seminarvorst.). 1983 Präs. Luther-Ges. - BV: Fides, spes u. caritas b. jg. Luther unt. bes. Berücks. d. mittelalterl. Tradition, 1962 (Diss.); Vorgesch. d. reformator. Bußtheol., 1968 (Habil.schr.); D. apokalyptische Theologie Thomas Müntzers u. d. Taboriten, 1977; Luther. D. Kirche in ihrer Gesch., 1986. Versch. Einzelarb. Herausg.: Luthers Werke.

SCHWARZ, Reinhard

Chefdirigent Staatstheater am Gärtnerplatz München (s. 1988) - Zu erreichen üb. Staatstheater am Gärtnerplatz, 8000 München - Geb. 1936 Berlin - U. a. I. Kapellm. Wuppertal u. Frankfurt/M., s. 1963 ständ. Gastdir. Staatsoper Wien, 1971ff. GMD Hagen, b. 1988 Generalmusikdir. Vereinigte Städt. Bühnen Krefeld-Mönchengladbach; Gastdirig. Dt. Oper am Rhein, Komische Oper Berlin. S. 1981 Leiter Dirigentenkl. Konservat. d. Stadt Wien; s. 1990 Principal Guest Conductor am Opernhaus in Cape Town, Südafrika - 1990 Prof.-Titel durch d. Österr. Min. f. Unterricht, Kunst u. Sport.

SCHWARZ, Rudolf

Dr. med. vet., Prof. Anat. Inst. Tierärztl. Hochschule Hannover - Im Bergfeld 37, 3005 Hemmingen 4 - Geb. 14. Sept. 1931 Oppeln - S. 1967 (Habil.) Lehrtätigk. u. Forschung TiHo Hannover (1968 Doz., 1970 Abt.vorst. u. Prof., 1978 Prof.).

SCHWARZ, Theo

Dipl.-Ing., Architekt - Am Sonnenfeld 17c, 8228 Freilassing (T. 08654 - 6 44 86) - Geb. 8. Febr. 1929 Freilassing (Vater: Joseph Sch., Industr.; Mutter: Olga, geb. Ach), kath., verh. s. 1960 m. Karin, geb. Wichert, 4 Kd. (Christian, Michaela, Susanne, Wolfgang) - Dipl. 1953 TH München - Spr.: Engl.

SCHWARZ, Uwe

Geschäftsführer DRK/Landesverb. Oldenburg - Gottorpstr. 25, 2900 Oldenburg/O.

SCHWARZ, Wolf

Dr. jur., Prof., Rechtsanwalt, Seniorpartner Anwaltssozietät Schwarz Schniewind Kelwing, Honorargeneralkonsul v. Bangladesh f. Bayern u. Baden-Württ., Geschäftsf. TVB Treuhandges. f. Vermögensverw. u. Beteiligungen mbH - Wittelbacherpl. 1 (Arco-Palais), 8000 München 2 (T. 089 - 235 00 40, Fax 089 - 280 94 32) - Geb. 10. Juni 1917 Hösel b. Düsseldorf (Vater: Dipl.-Ing. Heinrich S.; Mutter: Maria, geb. Koch), ev., verh. s. 1950 m. Hildegard, geb. Herding, 5 Kd. (Annelie, Iris, Mathias, Marius, Michael) - Univ. Freiburg/Br. (Med.; Vorphysikum 1935) u. München (Rechtswiss.; Promot. 1942), Ass.ex. 1949 - S. 1949 Rechtsanwalt - Spr.: Engl., Franz. - 1967 BVK I. Kl., 1985 Gr. BVK; 1972 Bayer. VO. - Bek. Vorf. (Großv.): Geheimrat Prof. Dr. Dr. h. c. Amandus S. u. (Urgroßv.): Prof. Dr. Dr. h. c. Ernst Kummer.

SCHWARZ, Wolfgang

Dr. phil., Prof., Schriftsteller, Chefdramaturg - Bölckestr. 13, 6740 Landau/Pfalz (T. 45 14) - Geb. 15. Mai 1916 Tarnowitz/OS., ev., verh. s. 1969 m. Erica, geb. Risch (Bühnenbildnerin) - Univ. Breslau (Promot. 1938), Berlin, München, Neapel - W: D. Komödie d. Satans, Lyr. Querschnitt durch 9 J. sibir. Gefangenschaft, 1954; Lubjanka-Ballade, Sch. 1954; Ritt n. Ovidiopol, Erz. 1954; Des Ostwinds eisiger Psalm, R. 1955; D. arme Odysseus, Sch. 1956; D. unsichtbare Brücke, R. 1958; Abschied v. Ithaka, Ged. 1961. Herausg.: Dies Land ist weit, Briefe russ. Menschen (1959); Indien - Europa, 2 Welten in Briefen (1961); Kreuzweg d. Karawanen (R. 1963); D. Westöstl. Planquadrat - E. Ideengesch. (2 Bde. 1971/73); D. sieben Geschichten (Erz. 1974); Kosaken (R. 1976); Raskolnikoff (Sch. 1977); z. B. Medea (Sch. 1978); Das Leben des Willibald Gänger (Erz. 1979); D. Heimkehr (R. 1990); Wegstern in alle Welt (Ged.); D. unheiligen zwei Könige (Erz. 1991) - 1939 Schiller-Preis, 1953 Ehrengabe Dt. Schiller-Stiftg., 1954 Gold. Ring d. Dt. Lyrik, 1955 Thomas-Mann-Ehrengabe, 1960 Friedland-Preis d. Heimkehrer u. Pfalz-Preis f. Lit., 1962 Andreas Gryphius Preis. Stip. Villa Massimo (Dt. Akad. Rom), 1983 Hermann Sinsheimer-Preis - Liebh.: Malerei u. Dekoration - Bek. Vorf.: General v. Fransecki, Feldherr dt.-franz. Krieg (ms.) - Lit.: Peter Welke, Spiegel u. Brücke, Annäherungen an W. Sch. (1986).

SCHWARZ, Wolfgang

Dr. rer. nat., o. Prof. f. Math. Univ. Frankfurt/M. (s. 1969) - Herlenstücks-

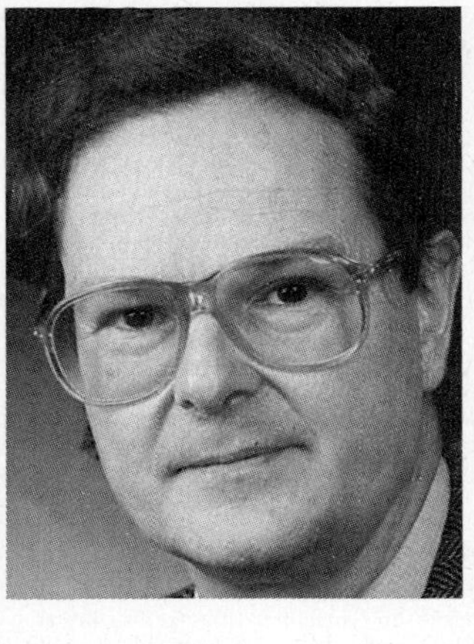

haag 19, 6233 Kelkheim - Geb. 21. April 1934 Selb (Vater: Wilhelm S., Lehrer; Mutter: Maria, geb. Knaisch), kath., verh. s. 1963 m. Doris, geb. Schwarze, 3 Kd. (Karin, Peter, Eva) - Stud. Erlangen; Promot. 1959 ebd.; Habil. 1964 Freiburg - 1956-60 wiss. Assist. Univ. Erlangen; 1960-69 wiss. Assist., Doz. (1964) u. Wiss. Rat (1969) Univ. Freiburg; 1969 o. Prof. Univ. Frankfurt; 1980-82 Secretarius Wiss. Ges. Univ. Frankfurt; 1982-89 Präs.-Mitgl. DMV; 1986-87 Vors. DMV; s. 1991 Sprecher d. Konferenz d. Math. Fachbereiche - BV: Einführung in Methoden u. Ergebnisse d. Primzahltheorie, 1969; Einf. in Siebmethoden d. analyt. Zahlentheorie, 1974; Einf. in d. Zahlentheorie, 1975, 2. A. 1987; Beisp. u. BASIC-Progr. z. Mathematikunterr., 1985. Ca 70 Fachaufs. - Liebh.: Schach, Ski, Bergsteigen, Musik, Kompos. - Spr.: Engl.

SCHWARZ-SCHILLING, Christian

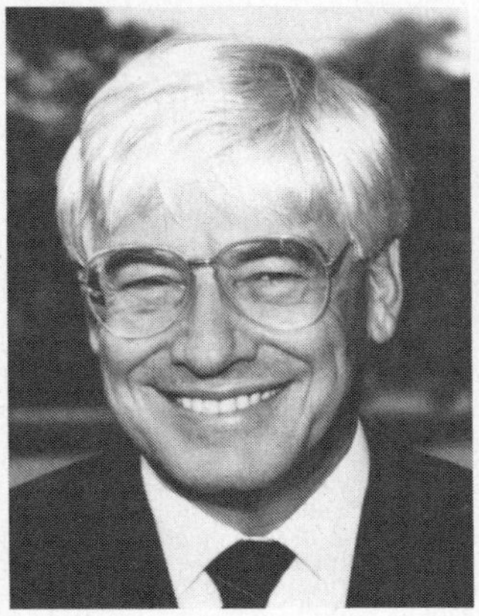

Dr. phil., Sinologe, Bundesminister f. Post u. Telekommunikation (s. Okt. 1982), MdB (s. 1976) - Am Dohlberg 10, 6470 Büdingen; dstl.: Heinrich-von-Stephan-Str. 1, 5300 Bonn 2 - Geb. 19. Nov. 1930 Innsbruck, verh. (Ehefr.: Dipl.-Volksw. Marie-Luise) - 1950-56 Stud. Geschichte, Ostasiat. Kultur- u. Sprachwiss. Berlin u. München - 1957-82 Gfg. Accumulatorenfabrik Sonnenschein GmbH, Büdingen. CDU (s. 1967 stv. Landesvors. d. CDU Hessen; s. 1977 stv. Bundesvors. Mittelstandsvereinig. d. CDU/CSU) - Spr.: Engl., Chines. - Rotarier.

SCHWARZ-SCHÜTTE, Rolf

Aufsichtsratsvorsitzender d. SCHWARZ PHARMA AG, Monheim - Bleerstr. 61, 4019 Monheim - Geb. 12. Dez. 1920 - S. 1984 Präs. d. IHK Düsseldorf - Spr.: Engl. - Rotarier.

SCHWARZACHER, Hans-Georg

Dr. med., o. Prof. f. Histologie u. Embryologie - Universität, Wien - Geb. 5. April 1928 Heidelberg - S. 1960 (Habil.) Lehrtätigk. Univ. Basel, Wien (1961), Gießen (1966 Ord.), Bonn (1969), Wien (1971). Üb. 100 Facharb. u. Handbuchbeitr. - Mitgl. Dt. Akad. d. Naturforsch. Leopoldina, Mitgl. Österr. Akad. d. Wiss.

SCHWARZBACH, Klaus

Dipl.-Betriebsw., Bundesgeschäftsführer Fachverb. Dt. Heilpraktiker (Bundesverb.) - Maarweg 10, 5300 Bonn 1 (T. 0228 - 61 10 49) - Geb. 29. Dez. 1938 - Stud. Wirtsch.wiss. u. Jura - 2. Vors. Stiftg. Dt. Heilpraktiker; Generalsekr., geschäftsf. Vorst.-Mitgl. Kooperation Dt. Heilpraktikerverb.; Vizepräs. u. Schatzm. Intern. Federation of Heilpraktiker.

SCHWARZBACH, Martin

Dr. phil., em. Prof. f. Geologie - Fasanenstr. 10, 5060 Berg. Gladbach 1 Frankenhorst (T. 02204 - 6 07 34) - Geb. 7. Dez. 1907 Polkwitz/Schles. (Vater: Karl S., Diakon; Mutter: Minna, geb. Vogelgesang), ev., verh. I) m. Dr. Margarete, geb. Dassek †, II) Beate, geb. Goldhardt - Univ. Heidelberg, Jena, Tübingen, Breslau (Geol.). Promot. u. Habil. Breslau - 1937-45 Doz. u. apl. Prof. (1944) Univ. u. TH Breslau, 1946-47 apl. Prof. Univ. Göttingen, s. 1948 Ord. u. Dir. Geol. Inst. Univ. Köln. Spez. Arbeitsgeb.: Paläoklimatol. - BV: D. Klima d. Vorzeit, 3. A. 1974 (russ. 1955, engl. 1963); Geologenfahrten in Island, 5. A. 1975; Berühmte Stätten geol. Forschung, 2. A. 1981 (russ. 1973, estn. 1985); Europ. Stätten geol. Forschung, 1976; Alfr. Wegener u. d. Drift d. Kontinente, 1980 (auch franz. u. engl.); Auf d. Spuren unserer Naturforscher, 1981. Zahlr. Fachaufs. Herausg.: Naturwissenschaften in Köln zw. d. alten u. neuen Univ. (1798-1919) (1985) - 1968 Gr. BVK, 1977 Gust.-Steinmann-Med., 1980 Albr.-Penck-Med.; 1983 H. Stille-Med. - Spr.: Engl., Franz.

SCHWARZBACH, Werner

Dr. med. apl. Prof., Chefarzt Klinik f. Inn. Krankh./Kreiskrankenhs. Altdorf (s. 1972), - Schlehenstr. 8, 8520 Erlangen - Geb. 5. Juli 1926 Böhm. Meipa - Promot. (1954) u. Habil. (1970) Erlangen - BV: D. Herzinsuffizienz, 1972.

SCHWARZE, Aloys

Redakteur - Riemkestr. 147, 4790 Paderborn/W. (T. 2 37 76) - Geb. 16. Nov. 1921 Paderborn, verh., 2 Kd. - Gymn. (Abit. 1940); journalist. Ausbild. Bielefeld - Militärdst. (5 J.) u. amerik. Gefangensch.; s. 1948 verantw. Redakt. Paderborn (Fr. Presse Bielefeld). 1953-64 Ratsherr Paderborn; 1956-66, 1968-70, 1971-75 MdL NRW; s. 1964 MdK Paderborn/Büren; gegenw. Vors. Bezirksaussch. Ostwestf.-Lippe).

SCHWARZE, Claus W.

Dr. med. dent., o. Prof. f. Kieferorthopädie Univ. Köln - Simmerer Str. 27, 5000 Köln 41 (T. 0221 - 43 20 60) - Geb. 20. April 1935 Leipzig (Vater: Harald Sch., Zahnarzt; Mutter: Annelies, geb. Schaumburg), ev., verh. s. 1964 m. Rosita, geb. Kaiser, 2 Kd. (Jörg Martin, Katja Marion) - 1955-60 Stud. Bonn u. Erlangen; Promot. u. Ex. Univ. Erlangen; Habil. 1970 Köln - S. 1973 Dir. Univ.-Zahn- u. Kieferklinik Köln u. Abt. f. Kieferorthop. ebd. Rd. 100 Veröff. in zahnärztl. u. kieferorthop. Fachztschr. In- u. Ausl. - 1971 Arnold-Biber-Preis; Korr. Mitgl. Argent. Ges. f. Kieferorthop. - Liebh.: Kunst, Sport - Spr.: Engl., Span., Ital.

SCHWARZE, Dietrich

Dr.-Ing., Prof., Techn. Direktor u. Geschäftsf. (s. 1975), stv. Intendant (s. 1990) Süddeutscher Rundfunk - Neckarstr. 230, 7000 Stuttgart (T. 288 21 00) - Geb. 17. Febr. 1930 Jüterbog bei Berlin (Vater: Berthold S., Kaufm.; Mutter: Dorothea, geb. Schäfer) - Stud. TU Berlin; Dipl.ex. 1956; Promot. 1963 - Zun. Sender Freies Berlin, 1970 Dir. Rundfunksbetriebstechnik Nürnberg. Hon.-Prof. Univ. Stuttgart m. Lehrauftr. Elektroakustik. Fachveröff.

SCHWARZE, Hans Dieter

Regisseur, Schriftsteller - Anterskofen 3, 8386 Reisbach/Vils - Geb. 30. Aug. 1926 Münster/W. (Vater: Heinrich S., Kaufm.; Mutter: Hanna, geb. Deichmann), verh. in 2. Ehe (1963) m. Karin, geb. v. Wangenheim, 2 Kd. (Micheline, Daniel) - N. Kriegsdst. u. sowjet. Gefangensch. Bühnentätigk. (u. a. Regiss. u. Dramat. Castrop-Rauxel, Trier, Krefeld, München (Kammersp.), 1968-72 Int. Westf. Landestheater Castrop-Rauxel, 1975-76 Schauspieldirektor Nürnberg - BV (1956-68): Tröste, blasse Straße (Ged.), Flügel aus Glas (Ged.), Heimweh n. d. Weiten (Peter-Hille-Biogr.), Clowns (Ged.), D. Stiefel ist vergiftet (Theateranekd.), Feierabend (m. Max v. d. Grün), Sterben üben - was sonst? (Ged.); Neues v. Caspar Clan, Verse u. Sprüche, 1984; Meersburg - Frei n. Briefen v. Droste-Hülshoff, Hörsp. 1984. Herausg.: Peter Hilles - Ausgew. Werke (1960), Eheliche Liebesgeschichten, Leseprogr. (1978); Memoriermurmeln (Ged.), D. Brandebusemanns (Erz.) (bd. 1980), Ludwig Leiserer (R. 1981); Mein lieber Wilhelm (Erz. 1982), Madame belieben zu lächeln (Kom. 1982); Kurz vorm Finale (1986); Sieh mir ins Auge (Schausp. 1988); Geh aus mein Herz (Erinnerungen, 1990). Bühnenbearb.: Lenaus Faust, D. Lästigen (n. Molière). Wesentl. Theater- insz.: Prinz v. Homburg, D. Dunkel ist licht genug, Korczak u. d. Kinder (Urauff.), Gespräch im Park, D. Mondvögel, Ubu, Prof. Toti (dt. Erstauff.); Fernsehfilme: Königinnen v. Frankr., Friedrich Hollaender erzählt, Madame Bovary, Schach v. Wuthenow, Komödie d. Irrungen, Ende e. Dienstfahrt. Hörsp.: D. Nashörner, D. Biber - 1958 Förderungspreis f. Literatur Nordrh.-Westf., 1960 Ordre de la Grande Gidouille Paris (f. d. Insz.: Ubu), 1965 Preis f. d. beste Fernsehregie Intern. Festival Prag (f.: D. Drache), 1965 Bundesfilmpreis/Filmband in Gold (f. d. darstell. Leistung in: Alle Jahre wieder), 1973 Silb. Lorbeerbl. Dt. Bühnenschriftst.-Verb. u. Silb. Blatt Dramatiker-Union; 1973 BVK; 1978 Spezial Mention, Montreux; 1986 Landesbühnenpreis (f. Schausp. E. wunderlicher Kerl im WLT u. ZDF); 1991 2. WDR-Kurzhörspielpreis (f. Sunndagsstory), 1992 dafür auch 1. Preis ARD-Regionalhörspiel; Kulturpreis DGF-Landau. Mitgl. PEN-Zentrum BRD - Liebh.: Pilze suchen - Spr.: Engl.

SCHWARZE, Hans-Joachim

Dipl.-Volksw., Bezirksstadtrat a. D., - Hagenstr. 3, 1000 Berlin 33 (T. 826 16 50) - Geb. 17. April 1917 Apolda/Thür. (Vater: Emil S., Zahnarzt; Mutter: Johanna, geb. Hofmann), ev., verh. m. Barbara, geb. Heller, 3 Kd. (Angelika, Christian, Hans-Peter) - Realgymn.; Univ. Hochsch. f. Welthandel Wien u. Univ. Jena (Stud. 1937-46 durch Militär-, Wehrdst. u. sowjet. Gefangensch. unterbr.). Dipl.-Volksw. 1947 Jena - 1947-50 Hochsch. f. Architektur Weimar (Verw.sdir.); 1950-56 Bundeshaus Berlin; 1956-59 Senat v. Berlin; s. 1959 Bezirksamt Wilmersdorf (b. 1965 Bezirksstadtrat f. Jugend u. Sport, 1965-75 f. Bau- u. Wohnungs- bzw. f. Bauwesen, 1965-71 stv. Bürgerm.). CDU s. 1946 (1950 West) - 1969 BVK - Liebh.: Tennis.

SCHWARZE, Jochen

Dr. rer. pol., Dipl.-Kfm., o. Prof. f. Betriebswirtsch.lehre m. Schwerpunkt Wirtschaftsinformatik Univ. Hannover (s. 1990) - Im Unterdorf 28, 3306 Lehre-Wendhausen (T. 05309 - 87 14) - Geb. 8. Aug. 1937 (Vater: Dr. rer. pol. Dipl.-Kfm. Paul S.; Mutter: Luise, geb. Abel), ev., verh. s. 1966 m. Margot, geb. Brössel, 2 Kd. (Stephan, Melanie) - Neue Obersch. f. Jungen Braunschweig (Abit. 1957); Lehre Ind.kfm.; Stud. d. Betriebswirtsch. u. Math. Univ. Frankfurt/M. u. Göttingen; Dipl.ex. 1963; Promot. 1967 Göttingen; Habil. 1972 Münster - 1963-72 wiss. Assist. Univ. Göttingen u. Münster (1972 auch Doz. ebd.); 1972-90 o. Prof. f. Statistik u. Operations Research TU Braunschweig; 1964-65 Schriftleit. Reihe Operations Res.-Verf.; 1970-91 Studienleit. Verw. u. Wirtsch. Akad. Leer; s. 1991 Studienleit. Leibniz-Akad. Hannover; 1974-76 Mitgl. Gründungsaussch. Fernuniv. NRW; Vorst.-Mitgl. Dt. Ges. f. Operations Research (1980-81); Gastprof. Beijing Agric. Eng. Univ. (China) - BV: Stochastische Ansätze in d. Theorie d. Unternehmung, 1967; Netzplantechnik, 6. A. 1989; Übungen hierzu, 2. A. 1990; Math. f. Wirtschaftswissenschaftler, Bd. I-III, 9. A. 1992; Grundl. d. Statistik - Beschreibende Verfahren, 5. A. 1990; Grundl. d. Statistik-Wahrscheinlichkeitsrechnung, 4. A. 1991; Wirtschaftsinformatik, 2. A. 1991. Mithrsg.: Intern. Abstracts in Operations Research (s. 1973); Operations Research Spektrum (s. 1981) - Spr.: Engl.

SCHWARZE, Jürgen

Dr. jur., Prof., Direktor Abt. f. Europ. Gemeinschaftsrecht u. Völkerrecht im Inst. f. öfftl. Recht Univ. Freiburg - Europaplatz, 7800 Freiburg (T. 0761 - 203 35 67) - Geb. 9. Juli 1944 Bielefeld - Univ. Münster, Göttingen u. Freiburg (Rechts- u. Staatswiss.), Ass.ex. 1971 Stuttgart, Promot. 1969 Freiburg, Habil. 1976 - S. 1978 Prof. f. öff. Recht Ruhr-Univ. Bochum, s. 1980 Prof. Univ. Hamburg, s. 1990 Dir. s.o. - BV: D. Eingriff in d. Gewerbebetrieb durch Gesetzesänd., 1969; D. funktionale Zus.hang v. Verw.verfahrensrecht u. verw.gerichtl. Rechtsschutz, 1974; D. Befugnis z. Abstraktion im europ. Gemeinsch.recht, 1976; Europ. Verw.recht, 2 Bde. 1988 - Spr.: Engl., Franz.

SCHWARZENAU, Dieter

Dr. phil., Leiter Hauptabteilung Information u. Presse ZDF Mainz (s. 1988) - Königsberger Str. 18, 6239 Kriftel/Ts. (T. 06192 - 4 47 76) - Geb. 16. Aug. 1937 Dortmund, verh. s. 1967 m. Heitken, geb. Tötter, T. Katrin -Stud. German., Gesch. u. Publiz. 1960-66 in Münster u. Kiel, daneb. fr. journ. Mitarb. Ruhr-Nachrichten, Promot. 1966 (m. d. Arb.: D. Dichter Gerrit Engelke) Univ. Kiel - 1966-68 Redakt. f. Politik Ruhr-Nachrichten, Dortmund; s. 1968 ZDF Mainz: b. 1969 Redakt. in d. Redaktion Schauspiel, b. 1971 Redakt. Planungsredaktion, 1971-76 Leit. Planungsredaktion, 1977-88 Leit. d. wöchentl. Kulturmagazins Aspekte - BV: D. frühen Arbeiterbiogr. in Beitr. z. Kulturgesch. d. dt. Arbeiterbewegung, 1979. Zahlr. Aufs. in Ztschr. u. Ztg., zul.: Lesen ohne vollen Lohnausgleich (in Buch u. Bibl., Nr. 6/7), 1988 - Fernseh-Preis Nationalkomit. f. Denkmalschutz - Spr.: Engl.

SCHWARZENBERG, Adolf

Pfarrer a. D., Puppenspieler, Schriftsteller - Diego Portales 1200, Dep. 405, Viña del Mar, Recreo. (Chile) (T. 66 36 11); Postanschr.: Casilla 970, Viña del Mar (Chile) - Geb. 23. März 1909 Valdivia/Chile (Vater: Friedrich S., Kaufm.; Mutter: Wanda, geb. Thater), ev.-luth., verh. s. 1936 m. Ilse, geb. Strasser, 3 Kd. (Helga, Ursula, Ulrich) - 1973-76 Lehrer Escuela de Cultura y Difusión Arfstica in Valdivia; 1976-80 ev.-luth. Pfarrer Gde. Valdivia - BV: Unter neuen Sternen, Ged.; D. Heimatsuche, Nov.; Simplemente vida, Ged. (span.); zahlr. Ztgs-Art. Übers.: Dt.-Span. u. Span.-Dt.: allg. Lit., Prosa u. Verse, theol. Schr. - Spielfahrten m. Figuren u. Schreibmasch. durch Spanien, Dtschl. u. Lateinamerika - 1966 Ehrenpreis chilen. Unterrichtsmin. (Puppenfestival); 1989 Anwandtermed. - Spr.: Deutsch, Span.

SCHWARZENBERG, Ilse,

geb. Strasser

Malerin, Puppenbildnerin - Diego Portales 1200, Dep. 405, Viña del Mar, Recreo. (Chile) (T. 66 36 11); Postanschr.: Casilla 970, Viña del Mar (Chile) - Geb. 16. Juli 1913 Peulla/Chile (Vater: Artur S., Landw. u. Kaufm.; Mutter: Helene, geb. Westphal), ev.-luth., verh. s. 1936 m. Adolf Sch. (s. dort), 3 Kd. (Helga, Ursula, Ulrich) - Kunstakad. Santiago - 1973-76 Lehrerin Escuela de Cultura y Difusión Arfstica Valdivia - Spielfahrten m. Figuren, Puppen. Zeichenstift durch Span., Dtschl. u. Lateinamerika. Bilder: Porträts u. Landschaften in Häusern Süd-Chiles, Buenos Aires u. Porto Alegres - BV: Impresiones personales. Reiseeindrücke u. Gesprächspartner; Begegnungen in Chile. Menschen aus d. dt. Gemeinsch. - 1966 Ehrenpreis chil. Unterrichtsmin. (Puppenfestival) - Liebh.: Insz. v. Figurspielen - Spr.: Deutsch, Span.

SCHWARZENBÖCK, Franz
Weihbischof Erzdiözese München-Freising - Maxburgstr. 2, 8000 München 2 (T. 2 13 71) - Geb. 24. Juli 1923 Miesbach (Vater: Bahnbeamter) - Phil.-Theol. Hochsch. Freising - Kaplan Maria-Hilf München; 1958-64 Diözesanjugendpfarrer München; 1964-68 Mitarb. Erzb. Seelsorgereferat; 1968-72 Seelsorgereferent u. Ordinariatsrat München; s. 1972 wie oben - 1981 Bayer. VO.

SCHWARZER, Alice
Journalistin, Herausg. u. Verlegerin d. feministischen Monatszeitschrift Emma (s. 1977) - Kolpingplatz 1a, 5000 Köln 1 - Geb. 3. Dez. 1942 Wuppertal-Elberfeld - 1959 Beginn d. Berufstätigkeit; 1964/65 Sprachstud. in Paris; 1966-68 Volont. u. Redakt. Düsseldorfer Nachrichten; 1969 Reporterin b. d. Ztschr. pardon; 1970-74 Freie polit. Korresp. in Paris f. Funk, FS u. Printmedien, 1970-74 Stud. Paris (Soziol., Psychol.). 1974/75 Lehrauftr. Univ. Münster, FB Soziol. Ab 1971 zahlr. Buchpubl. als Autorin u. Herausg., b. 1989 insges. 18, u.a. D. kleine Unterschied u. seine großen Folgen (übers. in elf Sprachen) - 1983 Mitbegründung Hamburger Inst. f. Sozialforsch.; 1983 Initiierung v. D. Feministische Archiv u. Dok.zentrum, Köln (seith. Vorst.-Vors.); 1984 PEN-Club; 1987 Gründungsmitgl. Kölner Presse-Club; 1988 Eintritt in d. Dt. Journalistinnen-Bund.

SCHWARZER, Jutta
Ass., Hauptgeschäftsführerin Handwerkskammer Hildesheim (s. 1991) - Braunschweiger Str. 53, 3200 Hildesheim (T. 05121 - 1 62-1 12) - Geb. 23. Sept. 1947 Verden/Aller.

SCHWARZFISCHER, Friedrich
Dr. med., Dr. rer. nat., Prof., Abteilungsvorsteher Inst. f. Anthropologie u. Humangenetik Univ. München - Sabener Str. 114, 8000 München 90 (T. 64 74 08) - Geb. 31. Dez. 1921 Petershausen/Obb. (Vater: Friedrich S., Zahnarzt; Mutter: geb. Hurler), verh. (Ehefr.: geb. Fischer), 2 Kd. - Stud. Med. u. Naturwiss. - S. 1960 (Habil.) Lehrtätig. München (1967 apl. Prof. f. Anthropol. u. Humangen.). Üb. 50 Fachveröff.

SCHWARZKOPF, Dietrich
Vizepräsident d. Europ. Kulturkanals ARTE, Straßburg - Hanfelder Str. 79, 8130 Starnberg (T. 08151 - 1 23 11) - Geb. 4. April 1927 Stolp/Pommern (Vater: Walter S., Tierarzt; Mutter: Dorothea, geb. Ernst), kath., verh. s. 1959 m. Hilde, geb. Stallmach (s. unt. Schwarzkopf-Stallmach) - Obersch. Babelsberg u. Berlin; FU Berlin (1948-54 Rechtswiss.; 1. jurist. Staatsprüf. 1954) u. Univ. of Minnesota/USA (1950-51 Polit. Wiss.) M.A. 1951) - 1952-62 Redakt. u. Bonner Korresp. (1955) D. Tagesspiegel, Berlin, dann Leit. Studio Bonn Deutschlandfunk, Köln, 1966-74 Programmdir. NDR (Fernsehen), 1974-78 stv. Int. NDR, 1978-92 Programmdir. Deutsches Fernsehen; s. 1991 Vizepräs. d. Europ. Kulturkanals, Straßburg - BV: Chancen f. Deutschland, 1965 (m. Olaf v. Wrangel); Atomherrschaft - Politik u. Völkerrecht im Nuklearzeitalter, 1969 - Spr.: Engl. - Rotarier.

SCHWARZKOPF-LEGGE, Elisabeth

Dr. h. c. mult., Dr. mus. h. c., Kammersängerin - Wohnh. in 8126 Zumikon/Schweiz - Geb. 9. Dez. 1915 Jarotschin/Posen (Vater: Friedrich Sch., Oberschulrat; Muttter: Elisabeth, geb. Fröhlich), verh. m. Walter Legge (†1979) - Gesangsstud. Hochsch. f. Musik Berlin u. b. Kammersängerin Maria Ivogün - Debut 1938 in Parsifal Städt. Oper Berlin; 1946-48 Mitgl. Wiener Staatsoper; 1948-63 Scala Mailand; 1948-50 Royal Opera House Covent Garden; 1955 Operndebut in d. USA (San Francisco), 1964-65 Met. New York, Chicago Opera. Teiln. an zahlr. Festsp. in d. ganzen Welt (u. a. Eröff. Bayreuther Festsp. nach d. Krieg, 1947-64 Salzburger Festsp.); Liederkonz. im In- u. Ausl. - Hauptrollen: Marschallin, Fiordiligi, Donna Elvira, Comtesse Almaviva, Gräfin in Capriccio, Pamina, Liu, Mimi, Eva, u. a. Regie: D. Rosenkavalier (Brüssel 1981) - 1950 Lilli Lehmann Med., Salzburg; 1955 1. Orfeo d'Oro, Mantua; 1971 Hugo Wolf Med., Wien; 1974 Gr. BVK; 1984 Preis Diapason d'Or (f. Plattenkassette: Les introuvables d'E.S.). 1982 Mozart-Med. Stadt Frankfurt; 1983 Mitgl. Orden Pour le Mérite; Mitgl. Danneborg Orden I. Kl., Dänemark; Österr. Kammersängerin; 1975 Ehrenmitgl. Royal Acad. of Music, London, 1983 Wiener Staatsoper u. Schwed. Akad. d. Künste u. Wiss.; Mitgl. Accad. Santa Cecilia, Rom; 1980 Korr. Mitgl. Bayer. Akad. d. Künste; 1976 Ehrendoktor Univ. Cambridge, Engl., 1982 American Univ. Washington, u. 1990 Univ. Glasgow; 1986 Commandeur l'Ordre des Arts et des Lettres, Frankreich; 1990 Prof. Reg. v. Baden-Württ.; 1991 UNESCO Mozart Med., Paris; 1992 D.B.E. Order (Dame Commander of The Most Excellent Order of The British Empire), Buckinghampalast, London.

SCHWARZL, Friedrich
Dr. phil., Prof., Inhaber Lehrstuhl f. Werkstoffwiss. V (Kunststoffe) u. Vorst. Inst. f. Werkstoffwiss. Univ. Erlangen-Nürnberg (s. 1973) - Burgbergstr. 44, 8520 Erlangen - Geb. 16. Juli 1925 Wien - Promot. 1948 Wien; Habil. 1971 Aachen - Facharb. Mithrsg.: Rheologica Acta (1958ff.).

SCHWARZMAIER, Hansmartin
Dr. phil., Prof., Leitender Archivdirektor Generallandesarchiv Karlsruhe - Katzenbergstr. 4a, 7500 Karlsruhe 41 - Geb. 3. Mai 1932 Tübingen, verh., 2 Kd. - Hon.-Prof. Univ. Heidelberg - Veröff.: Zahlr. Bücher u. Abh. z. dt. u. ital. Gesch. d. Mittelalters u. d. südwestdt. Landesgesch. 1962-91.

SCHWARZMAIER, Michael
Schauspieler - Ina-Seidel-Bogen 94, 8000 München 81 (T. 089 - 93 69 97) - Geb.

11. Sept. 1940 Frankfurt, verh. s. 1983 m. Michaela, geb. Steinhoff, 3 Kd. (Katharina, Caroline, Tim) - Abit.; Stud. German., Theaterwiss., Kunst u. Span.; Schauspielsch. Else Bongers, Berlin - Schausp. Theater Verden/Aller, Göttingen, Hannover, Münster, Buenos Aires München (Kammersp., Kleine Komödie, Kleine Freiheit). TV-Rollen, u.a. Tatort, Der Alte, Schwarzwaldklinik; Funkspr. u. Synchron - Liebh.: Malerei, Schreiben, Fotogr. - Spr.: Engl., Span., Franz.

SCHWARZMANN, Hans
Dr. jur., Botschafter d. Bundesrep. Deutschl. in Marokko (s. 1976) - 7, rue Mohamed El Fatih, BP 235, Rabat/Marokko (T. 325-32; Sammelnr.) - Geb. 16. Febr. 1913 Aschaffenburg/M. (Vater: Albert S., Rechtsanw.; Mutter: Hedwig, geb. Dingler), verh. 1937 m. Liselotte, geb. Schultz († 1975), 4 Kd. (dar. Sohn) - Univ. München, Erlangen, Königsberg - S. 1950 AA Bonn (Auslandsposten: Kopenhagen (Attache), Casablanca (Vizekonsul), Capetown (Konsul), Buenos Aires (Botschaftsrat), Beirut (1961-64 Botschafter); 1966-71 Chef d. Protokolls/Zentrale) - 1972 Gr. BVK.

SCHWARZWÄLDER, Herbert
Dr. phil., Prof. f. Geschichte - Torgauer Str. 7, 2800 Bremen (T. 35 22 18) - Geb. 14. Okt. 1919 Bremen, verh. - Stud. Marburg - Studienrat, Prof. PH u. Univ. Bremen - BV: Entstehung u. Anfänge d. Stadt Bremen, 1953 (Diss.); Reise in Bremens Vergangenheit, 1965, 2. A. 1986; D. Machtergreifung d. NSDAP in Bremen 1933, 1966; Bremen im Wandel d. Zeiten, D. Altstadt, 1970, 2. A. 1977; D. Neustadt, 1973; Berühmte Bremer, 1972; Bremen u. Nordwestdtsch. am Kriegsende, 1972/74; D. Ende an d. Unterweser, 1974. Gesch. d. Freien Hansestadt Bremen I/IV, 1975/85; (m. Inge Schwarzwälder) Bremerhaven u. s. Vorgängergemeinden, 1977; Sitten u. Unsitten ... im alten Bremen, 1984; Blick auf Bremen, Ansichten - Vogelschauen - Stadtpläne v. 16.-19. Jh., 1985; Reisen u. Reisende in Nordwestdeutschland, Bd. 1 b. 1620 (m. Inge Schwarzwälder), 1987; D. 800jährige Gesch. v. Ottersberg I, 1989; Sehenswürdigkeiten in Bremen einst u. jetzt, 1990.

SCHWARZWÄLDER, Rainer Matthäus
Dr.-Ing., Dipl.-Ing., Geschäftsführer NIS Ingenieurges. mbH, Hanau (s. 1974) - Enzlinger Berg 9c, 8752 Glattbach (T. 06021 - 47 08 75) - Geb. 27. Juli 1932 Ludwigshafen (Vater: Fritz S., Studiendir. a.D.; Mutter: Erna, geb. Weiß), kath. - Human. Gymn. (1943-52) Pirmasens; 1953-56 Stud. Masch.bau München. Promot. (Diss. b. Prof. Borchers, Inst. Metallkunde, München) - 1958-64 Leit. Gruppe Brennelemente AEG Telefunken; 1965-73 Geschäftsf. Kernreaktorteile GmbH, Großwelzheim - Spr.: Engl., Franz.

SCHWARZWÄLLER, Hermann Klaus
Dr. theol., Univ.-Prof. Theol. Fak. Univ. Göttingen (s. 1978) - Platz der Göttinger Sieben 2, 3400 Göttingen (T. 0551 - 39 71 50) - Geb. 13. März 1935 Flensburg, ev., verh. m. Heide, geb. Schmidt, 2 Kd. (Heidrun, Wolfgang) - 1955-60 Stud. Theol. Hamburg, Heidelberg, Basel, Göttingen; 1. theol. Ex. 1960 Hamburg; Vikariat 1960/61 Heide/Holst.; Promot. 1963 Hamburg, Habil. 1969 Göttingen - 1962-68 wiss. Assist. Vereinigte Theol. Sem. Göttingen; 1972 apl. Prof. - BV: sibboleth, 1969; Theologia crucis, 1970; D. Gotteslob d. angefochtenen Gemeinde, 1970; D. Wiss. v. d. Torheit, 1976 - Spr.: Engl., Franz.

SCHWASS (ß), Jürgen
Kürschnermeister, Modewart u. Pressesprecher Kürschner-Innung Dortmund - Oststr. 8, priv.: Kosterfeld 8, 4700 Hamm/W. (T. 2 49 21) - Geb. 11. Sept. 1939 Stettin (Vater: August S., Kürschnerm.; Mutter: Waltraud, geb. Beirow), ev., verh. s. 1966 m. Brigitte, geb. Walter, 2 Töcht. (Celina, Silke) - Kürschnerausbild.; 2 Sem. Meistersch. f. Mode (Entwurfskl. f. Pelze), Hamburg. Meisterprüf. 1963 Hamburg - Div. Fachmitgliedsch. - Zahlr. Goldmed. Dt. Kürschnerhandw. u. intern. Ausz. - Liebh.: Sport (Tennis, Schwimmen, Ski/Langlauf) - 3. Generation Kürschnerhandw.

SCHWEBEL, Horst

Dr. theol., Prof., Direktor Inst. f. Kirchenbau u. kirchliche Kunst d. Gegenwart - Schuhmarkt 3, 3550 Marburg (T. 06421 - 1 49 97) - Geb. 23. Nov. 1940 Frankfurt (Vater: Gustav Sch., Feinmechanikerm.; Mutter: Else, geb. Kreß), ev., verh. s 1969 m. Gerlinde, 2 Kd. (Natalie, Florian) - Univ. Frankfurt u. Marburg (Theol., Phil., Christl. Archäol.), Promot. 1966, 1. Theol. Ex. 1967, 2. Theol. Ex. 1969, Habil. 1977 - S. 1980 Hochschull. u. Dir. Inst. f. Kirchenbau u. kirchl. Kunst d. Gegenw. - Spez. Arbeitsgeb.: Grenzgeb. Theol. u. Kunst - BV: u. a. Autonome Kunst im Raum d. Kirche, 1968; Glaubwürdig. Gespräche üb. Kunst u. Religion, 1979; D. Christusbild in d. bild. Kunst d. Gegenw., 1980. Herausg.: Christus in d. Kunst d. 20. Jh. (m. G. Rombold); Kirche u. moderne Kunst (m. A. Mertin, 1988); Bilder u. ihre Macht (m. A. Mertin, 1989); M. Bildern predigen (m. H. U. Schmidt, 1989). Ausst. - Liebh.: Malen, Langlauf - Spr.: Engl., Franz.

SCHWEBLER, Robert
Dr. rer. oec., Dr. h. c., Dipl.-Volksw., Prof., Vorstandsvors. i.R. der Karlsruher Lebensversich. AG, Karlsruhe - Geb. 22. März 1926 - Stud. Volksw. Promot. 1952 - S. 1954 Karlsruher (1964 Vorst.) - 1982 Honorprof. Univ. Karlsruhe - 1990 Ehrendoktor Univ. Mannheim.

SCHWECKENDIEK, Wolfram

Dr. med., Prof. u. Arzt f. Hals-Nasen-Ohrenheilkunde, Leit. Klinik Dr. Schweckendiek, Marburg - Blitzweg 21, 3550 Marburg (T. 06421 - 6 11 55) - Geb. 16. Febr. 1920 Marburg (Vater: Dr. med. Hermann Sch., Prof., Facharzt f. HNO; Mutter: Lotte, geb. Andreae), ev., verh. s. 1969 in 2. Ehe m. Margot, geb. Kliche, 3 Kd. (Wolfram Alexander, Jürgen, Ursula) - 1938-50 Stud. Univ. Frankfurt, Göttingen u. Marburg; Med. Staatsex. u. Promot. 1950, Habil. 1972 - 1950-56 Assistenzarzt; Facharztausb. b. Prof. G. Eigler in Gießen; 1957 Niederl. in eig. Praxis; s. 1960 Ltd. Arzt Klinik Dr. Sch. (s. o.). S. 1982 Honorarprof. Univ. Marburg - BV: D. Spaltbild. d. Lippe, d. Kiefers u. d. Gaumens (in: HNO Heilkd.-Handb. Bd. II/1), 1963; D. Spaltbild. d. Gesichtes u. d. Kiefers, 1972; Spaltbild. d. Lippe, d. Kiefers u. d. Gaumens (in: Hals-Nasen-Ohrenheilkd. in Klinik u. Praxis, Bd. 3), 1976; weit. 70 Fachveröff. - Liebh.: Gesch., Reisen, Wandern, Reiten - Spr.: Engl., Franz.

SCHWEDES, Jörg

Dr.-Ing., Prof. f. Mechan. Verfahrenstechnik TU Braunschweig - Fasanenstr. 17, 3300 Braunschweig - Geb. 26. Febr. 1938 Berlin - Stud. Maschinenbau/Verfahrenstechnik TU München, Karlsruhe; Dipl. 1964, Promot. 1971 - 1971-76 Bayer AG, Leverkusen; s. 1976 o. Prof. Mechan. Verfahrenstechnik TU Braunschweig (1989-91 Dekan Maschinenbau); 1982-84 Vizepräs. TU Braunschweig - BV: Fließverhalten v. Schüttgütern in Bunkern, 1968. 100 weit. Veröff. u. Buchbeitr.

SCHWEER, Günther

Dr. med., Priv.-Doz., Chefarzt Augenabt. Pius-Hospital Odenburg (s. 1969) - Quellenweg 105, 2900 Oldenburg (T. 5 33 66) - Geb. 24. Juni 1920 Essen (Vater: Wilhelm S., Dir.; Mutter: Auguste, geb. Kailing), ev., verh. s. 1950 m. Christine, geb. Fraune, 2 Kd. (Christian, Stephan) - Promot. 1953 Göttingen; Habil. 1960 ebd. - 1958-62 Oberarzt Univ.-Augenkl. Göttingen, 1966-69 Chefarzt Augenabt. Ev. Krankenh. Oldenburg. Fachveröff. - Liebh.: Antike Uhren, Segeln, Fremdspr.

SCHWEFEL, Hans-Paul

Dr.-Ing., Prof., Lehrstuhl Systemanalyse FB Informatik Univ. Dortmund (s. 1985), Dekan d. Fachbereichs Informatik (s. 1990) - August-Schmidt-Str. 6, 4600 Dortmund 50 (T. 0231 - 755-45 90) - Geb. 4. Dez. 1940, kath., verh. s. 1966 m. Antje, geb. Schulte-Sasse, 2 Kd. (Anke, Jan) - Dipl.-Ing. (Flugtechnik) 1965 Berlin; Dr.-Ing. (FB Verfahrenstechnik) 1975 Berlin - Wiss. Mitarb. Inst. f. Strömungstechnik/Kerntechnik/Meß- u. Regelungstechnik/Anthropol. TU Berlin, zwischendurch Entwicklungsing. AFG-Forschungsinst. u. wiss. Mitarb. Inst. f. Versuchstierkunde Med. Hochsch. Hannover; 1976-85 wiss. Mitarb. Programmgr. Systemforsch. u. Technolog. Entw. KFA Jülich (Abt.-Leit.) - Erf. d. Heißwasser-Entspannungsverdampfungs-Düse - BV: Numerische Optimierung v. Computer-Modellen, 1977; Numerical Optimization of Computer Models, 1981 - VDI-Ausz. f. bes. gutes Dipl. - Liebh.: Evolution, Bionik, Kybernetik, Synergetik, Selbstorg., Erkenntnistheorie, Ökol. - Spr.: Engl., Franz., Latein, etw. Ital., Griech., Russ.

SCHWEFER, Theodor

Dr. jur., Verbandsgeschäftsführer, MdL Nordrh.-Westf. (s. 1970), Vors. WDR-Verwaltungsrat (s. 1982) - Fasanenweg 18, 5760 Neheim-Hüsten (T. 2 28 44; Büro: 2 28 43) - Geb. 21. Febr. 1930 Neheim, verh., 2 Kd. - Univ. Köln (Promot. 1958) - S. 1964 Gf. Arbeitgeberverb. f. d. südöstl. Westf. CDU.

SCHWEGLER, Erich

Dr. phil., Dr. rer. nat. habil., Prof. a. Seminar f. Studienreferendare Tübingen (geogr. u. geol. Fachdidaktik), Honorarprof. Univ. Tübingen - Im Schönblick 11, 7400 Tübingen (T. 6 11 53) - Geb. 25. Aug. 1909 - Habil. 1944 Tübingen. S. 1944 Doz., s. 1961 Honorarprof. Tübingen.

SCHWEGLER, Helmut

Dr., Prof. - Bergiusstr. 87, 2800 Bremen 33 (T. 27 02 49) - Geb. 21. Dez. 1938 München (Vater: Michael S., Beamter; Mutter: Johanna, geb. Seidinger), verh. s. 1963 m. Christel, geb. Schamoni, 3 Kd. (Thomas, Ursula, Johannes) - Stud. Math., Phys. Univ. u. TH München, TH Darmstadt - 1971 Prof. f. Phys. TH Darmstadt, s. 1971 o. Prof. Univ. Bremen (Theor. Phys. u. Biophys.). Fachmitgl.sch. - Spr.: Engl., Ital.

SCHWEGLER, Lorenz

Vorsitzender Gewerkschaft Handel, Banken u. Versicherungen (HBV) - Kanzlerstr. 8, 4000 Düsseldorf 30 (T. 0211 - 9 04 00) - Geb. 29. Jan. 1944 Hamburg, verh., 2 Kd. - Abit.; Stud. Rechts- u. Sozialwiss.; Rechtsrefer.; 2. jurist. Staatsex. 1972 - Arbeitnehmervertr. in d. Aufsichtsräten d. Dt. Bank AG, Allianz Holding AG, Kaufhof AG u.a.

SCHWEHM, Günter

Dr., Landrat Kr. Ottweiler - Mühlbachstr. 3, 6685 Schiffweiler/Saar - Geb. 1. Juli 1926.

SCHWEICKHARDT, Dieter

Dipl.-Volksw., Hauptgeschäftsführer Gesamtverband Werbeagenturen (GWA) - Friedensstr. 11, 6000 Frankfurt/M. (T. 256 00 80); priv.: Donnersbergstr. 38, 6500 Mainz 42 - Geb. 10. Jan. 1933 Stuttgart - Univ. Mainz - S. 1961 GWA (1967 Gf., 1972 Hgf.); Vorst. Eur. Assn. of Advertising Agencies (EAAA), Brüssel; Aktion Gemeinsinn, Bonn.

SCHWEIG, Armin

Dr. phil., Prof. f. Physikal. Chemie Univ. Marburg (s. 1972) - Eichweg 3, 3550 Marburg-Gisselberg (T. 06421 - 7 85 85) - Geb. 17. März 1937 Dudweiler/Saar (Vater: Christian S., Techn. Angest.; Mutter: Emma, geb. Port), verh. s. 1965 m. Doris, geb. Göbel, T. Tanja - Realgymn. Sulzbach; Univ. Marburg u. München (Chemie). Promot. (1964) u. Habil. (1969) Marburg - S. 1969 Hochschultätigk. (1969 Doz., 1972 Prof.). Etwa 200 Facharb. - Spr.: Engl., Franz.

SCHWEIG, Charly

s. Schweig, Karl-Franz

SCHWEIG, Karl-Franz

Verkehrsdirektor - Jägerhofstr. 18, 4000 Düsseldorf (T. 44 67 02) - Geb. 6. Sept. 1906 Rheinpfalz (Vater: Karl S., Großhandelskfm.; Mutter: Katharina, geb. Spanier), kath., verh. s. 1943 m. Gretel, geb. Schmidt - Realsch.; Banklehre; Handelsakad.; HH - 1932-45 Wiss. bzw. Dt. Kongreßzentrale Berlin (zul. Dir.); ab 1950 Dir. Werbe- u. Verkehrsamt bzw. Amt f. Fremdenverkehr u. Wirtschaftsförd. Düsseldorf (1966). Zahlr. Ehrenämter - BV: Wie organisiere ich e. Kongreß?, 1955 (5 Übers.); Düsseldorf ist mehr als e. Reise wert - Erinn. e. Erlebn. e. Verkehrsdir., 1968 - Div. Orden u. Ehrenz.; Ehrenbürger Texas (USA) - Liebh.: Souvenirsamml. (üb. 2000 Werbegeschenke aus aller Welt), Briefm.

SCHWEIGER, Karl

Dr. jur., Bundesrichter i. R. - Eckermannstr. 15, 8000 München 21 (T. 56 06 91) - Geb. 13. April 1917 München, kath., verh. m. Anneliese, geb. Gummersbach, 2 Kd. (Dr. rer. nat. Anneliese Maria Lagally, Eva Maria) - U. a. Bayer. Staatskanzlei, Bayer. Verfassungsgerichtshof, Bundesverwaltungsgericht - BV: Komm. z. Verfassung d. Freistaats Bayern - Geschichtl. Überblick b. 1945, Art. 1-97, Anhang; Z. Gesch. u. Bewertung d. Willkürverbots - 1941/42 EK II. u. I. Kl.; 1959 Österr. Gr. Silbernes Ehrenz.; 1989 Gold. Sportabz. (m. d. Zahl 25) - Liebh.: Kunst, Reisen, Photogr.

SCHWEIGER, Martin

Dr. rer. pol., Dipl.-Kfm., Metzgermeister, Landrat Kr. Dillingen (s. 1952) - Oberer Quellweg 50, 8880 Dillingen/D. - Geb. 5. Febr. 1911 Göggingen b. Augsburg (Vater: Johann S., Metzgerm.; Mutter: Olga, geb. Zimmermann), kath., verh. 1960 m. Ria Müller, geb. Hihler († 1966) - 1922-28 Realsch. (Abit. 1938 als Privatstudierender), 1928-30 Metzgerhandw. (1935 Meisterprüf.), 1938-41 TH u. Univ. München (Dipl.-Kfm. 1941, Promot. 1948) - 1948-52 Gemeinderat u. stv. Bürgerm. Göggingen; 1950-66 MdL Bayern. BP - EK II; 1964 Bayer. VO.; 1975 BVK I. Kl. - Liebh.: Segelsport, Eisstockschießen.

SCHWEIGGERT, Alfons

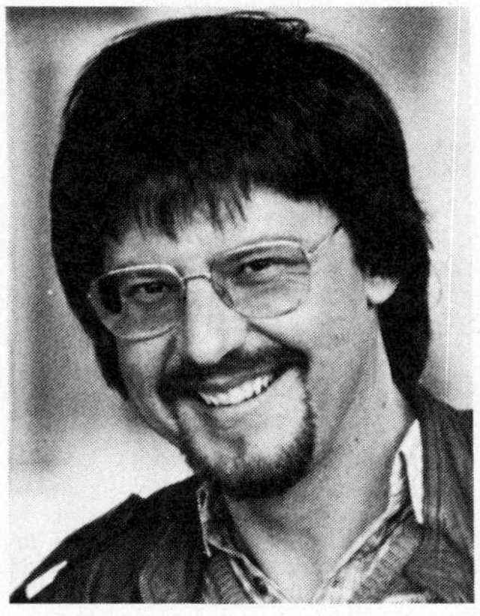

Buchautor, Illustrator, Sonderpäd. - Gstallerweg 6, 8032 Lochham b. München - Geb. 11. Mai 1947 Altomünster - Stud. Päd., Psych., Phil., Sonderpäd. - Autor zahlr. Kinder- u. Jugendbücher, Bavarica, Sachb., Lyrik, Romane, päd. Fachb.; Münchner Turmschreiber. 1974-79 Mitarb. b. Pardon (Satiremagazin) - BV: D. Löcherbuch, 1980; Märchenreise durch Bayern, 1982; Standpunkte-Schwankpunkte, 1982; D. Rabe u. ich, 1983; Ludwig II. - Jetzt rede ich, 1984; Karl Valentins Panoptikum, 1985; Tausend starke Bayernsprüche, 1985; Bardier dir den Jucker im knotrigen Prall, Ged. 1985; Alles üb. Wolpertinger, 1986; D. ist d. Knüller, 1986; Lex. f. Bayern-Fans, 1987; D. große Buch v. Münchn. Viktualienmarkt, 1987; Bayer. Wunderwesen, 1988; D. bayer. Osterlegende, 1989; D. Buch, R. 1989; D. bayer. Max u. Moritz, 1989; Märchenwelt Bayern, 1989; Kinderged. rund ums Jahr, 1989; Vorsicht Lehrer, 1990; Hinter d. Wimpernwald, Ged. 1990; D. bayer. Struwwelpeter, 1990; Gigantisch, 1991; Viele Grüße auch, 1991; D. Kleine Weltgeschichte, 1991; D. Maibaum, 1991; Unterm Glockenspiel, 1991; Schattenkönig, 1992; Eva bekommt einen Goldhamster, 1992; Typisch Lehrer, 1992; Mini, d. kleinste Katze d. Welt, 1992 - 1976 u. 1984 Dt. Jugendb.preis, Bestliste; 1990 Kultur- u. Literaturpreis München-West - Lit.: Lex. d. Kinder- u. Jugendlit. (Bd. IV, 1982); Taschenlex. z. bayer. Gegenwartslit. (1986); Handb. d. Lit. in Bayern (1987).

SCHWEIKART, Georg

Vorstandsmitglied Saarl. Kreditbank AG. u. Saarl. Investitionsbank AG. i. R., Vors. Verb. d. priv. Bankgewerbes im Saarl. - Siebennußbaumstr. 51, 7100 Heilbronn (T. 07131 - 7 34 60) - Geb. 8. Dez. 1902.

SCHWEIKHART, Gunter

Dr., Prof. f. Kunstgeschichte u. Direktor Kunsthist. Inst. Univ. Bonn (s. 1986) - Zu erreichen üb. Univ., Regina-Pacis-Weg 1, Postf. 22 20, 5300 Bonn 1 - Geb. 31. Dez. 1939 Gochsheim/Baden, ev., verh. s. 1967 m. Eva, geb. Tarnogrocki, 4 Kd. (Laura, Tullio, Clemens, Johanna) - 1960-67 Stud. Univ. Berlin, München, Freiburg, Padua u. Würzburg (Promot. 1967, Habil. mittl. u. neuere Kunstgesch. 1971) - 1967-70 Kunsthist. Inst. Florenz; 1971-77 Privat- u. Univ.doz. Würzburg; 1977-86 Prof. GH Kassel - BV: Fassadenmalerei in Verona. Vom 14.-20. Jh., 1973; Giovanni Caroto, Le Antichità di Verona, 1977; D. Codex Wolfegg. Zeichnungen n. d. Antike v. Amico Aspertini, Studies of the Warburg Inst. 38, 1986.

SCHWEIKLE, Günther

Dr. phil., o. Prof. f. Dt. Sprach- u. Literaturgeschichte d. Mittelalters Univ. Stuttgart (s. 1968) - Spittlerstr. 4, 7000 Stuttgart (T. 262 31 26) - Geb. 8. Jan. 1929 Reutlingen - Habil. 1966 Tübingen - Facharb.

SCHWEINFURTH, Ulrich

Dr. rer. nat. (habil.), o. Prof. u. Direktor Inst. f. Geogr./Südasien-Inst. Univ. Heidelberg - Geb. 6. Febr. 1925 Detmold - Gymn. Görlitz u. Dresden; Univ. Heidelberg u. Bonn - Feldforsch.: Ceylon, Malaya, Indonesien, Neuguinea, Australien, Tasmanien, Neuseeland, Alaska, Inseln i. Pazif. u. Ind. Ozean - BV: D. horizontale u. vertikale Verbr. d. Vegetation im Himalaya, 1957 (Bonner Geogr. Abh., H. 20); Studien z. Pflanzengeogr. v. Tasmanien, 1962 (B. G. A., H. 31); Neuseeland, 1966 (B. G. A., H. 36); Landschaftsökolog. Forschungen auf Ceylon, 1971, 1981, 1989 (Erdkdl. Wiss. H. 27, 54, 97). Herausg.: Geoecological Research (s. 1972).

SCHWEINITZ, v., Mark-U.

Botschafter d. Bundesrep. Dtschl. in Maseru/Königr. Lesotho - P.O. Box 1641, Maseru 100/Lesotho - Geb. 10. Nov. 1940, verh., 5 Kd. - Auslandsposten in Großbritannien, Vietnam, Schweden, Paraguay, Österr. - Major d. R.; Rechtsritter d. Johanniterordens; BVK am Bde.

SCHWEINITZ, von, Wolfgang

Komponist - Eiderdeich 22, 2241 Tielenhemme - Geb. 7. Febr. 1953 Hamburg (Vater: Georg v. Sch.; Mutter: Gabriele, geb. v. Rauchhaupt) - Stud. Musiktheorie u. Kompos.: 1968-69 American Univ. Washington, D.C., 1970-73 u. 1973-75 Hochsch. f. Musik Hamburg; Dipl. 1975 - 1975/76 Stip. als fr. Mitarb. Center for Computer Research in Music and Acoustics Stanford Univ. Kalifornien; s. 1977 freischaffend - Kompos.: Mozartvariationen, op. 12 (1976); D. Brücke, Gesang auf e. Text v. Franz Kafka, op. 15 (1977); Klavierkonzert, op. 18 (1978-79); Papiersterne, fünfzehn Lieder n. Ged. v. Sarah Kirsch, op. 20 (1980-81); Messe, op. 21 f. Soli, Chor u. Orch. (1981-83); Musiktheater: Patmos (1986-89) - 1972-77 Stip. Stud.stiftg. d. dt. Volkes; 1975 Bachpr.-Stip. Hamburg; 1976 Förderpr. Stadt Stuttgart f. junge Komp.; 1978-79 Stip. Dt. Akad. Villa Massimo in Rom; 1981 Förderpr. Musik Akad. d. Künste Berlin; 1986 Schneider-Schott-Musikpreis Mainz; 1992 Plöner Hindemith-Preis - Spr.: Engl.

SCHWEINS, Adolf

Direktor, Vorstandsmitgl. Provinzial Feuer- u. Lebensversicherungsanstalten d. Rheinprovinz, Düsseldorf (s. 1975) - Moorenstr. 54, 4000 Düsseldorf 1 (T. 0211 - 33 52 50) - Geb. 3. Nov. 1929 Köln (Vater: Josef S., Amtsbürgermeister; Mutter: Christina, geb. Radmacher), kath., verh. s. 1966 m. Hiltrud, geb. Halberkann, 2 Kd. (Christoph, Annette) - Univ. Köln (wirtsch.swiss. Math.; Dipl. 1955) - 1955-57 Concordia Leben, Köln; 1957-71 Rhein.-Westf. Treuhand AG., Köln; s. 1971 Provinzial Feuer- u. Lebensvers.sanst.

SCHWEISFURTH, Karl Ludwig

Dipl.-Kaufmann, Metzgermeister, Fabrik., Haupt-Gesellsch. Casserole Metzgereifilialges., von Eicken Restaurants, Stastnik Salami Wien, Inh. Herrmannsdorfer Landwerkstätten f. Lebens-Mittel, Kurat.-Vors. Schweisfurth-Stiftg., AR-Mitgl. Escada AG - Nesselrodestr. 6, 4352 Herten/W. (T. 3 10 38) - Geb. 30. Juli 1930 Herten (Vater: Karl S., Fleisch- u. Konservenfabr. † 1964 (s. XIV. Ausg.); Mutter: Erna, geb. Heckmann) - Fleischerhandw.; Stud. Köln (Betriebsw.) - Zeitw. Vors. Verb. d. Dt. Fleischwaren- u. Feinkostind., Köln - Spr.: Engl. - Rotarier.

SCHWEISFURTH, Theodor

Dr. jur., Prof., Max-Planck-Inst. f. ausl. öffentl. Recht u. Völkerrecht - Friedrichstr. 13, 6900 Heidelberg (T. 06221 - 16 25 56) - Geb. 13. Jan. 1937 Cottbus, ev., verh. s. 1971 m. Barbara, geb. Seredynski, 2 Kd. (Malina, Bolko) - 1957-61 Stud. Rechtswiss. Univ. Marburg, Tübingen, Bonn; 1962-64 ostwiss. Ergänzungsstud. f. Juristen FU Berlin; Promot. 1967 Köln, Habil. 1977 ebd. - BV: Sozialist. Völkerrecht? Darstellung, Analyse, Wertung d. sowjetmarxist. Lehre v. Völkerrecht neuen Typs, 1979 - Spr.: Engl., Russ.

SCHWEITZER, Carl-Christoph

Dr. phil., Prof. Univ. Bonn - Röttgener Str. 186, 5300 Bonn 1 - Geb. 3. Okt. 1924 Potsdam (Vater: D. Dr. phil. Carl S., Theologe † 1965 (s. XIV. Ausg.); Mutter: Paula, geb. Vogelsang), ev., verh. s. 1949 m. Therese, geb. Christians, 2 Söhne (Helmuth, Georg) - Kant-Gymn. Berlin, Wilhelm-Gymn. München; Univ. Oxford (B. A. 1946) u. Freiburg/Br. (Promot. 1949) - 1952-61 Bundeszentrale f. Polit. Bildung (Ref.); 1961-63 Bundespräsidialamt (Ref.); 1963 PH Berlin (o. Prof. f. Polit. Bild. u. Wiss. v. d. Politik), Univ. Bonn (1969; o. Prof. f. Politikwiss.), 1971ff. Honorarprof. Univ. Köln (Intern. Politik). Gastprof. u. a. Duke Univ., USA 1967/68, Univ. Oxford 1977, Toronto 1981/82, Leipzig 1991/92 - SPD (s. 1957; MdB 1972-76, 80) - BV u. a.: D. USA u. d. Vietnam-Konflikt 1964-67, 1969; Amerikas chines. Dilemma, 1971; Chaos od. Ordnung - Einf. im Probl. d. intern. Politik, 1973; D. Dt. Nation - v. Bismarck b. Honecker, 1976; D. nat. Parlamente in d. Gemeinschaft ..., 1978; D. Abg. i. parl. System d. Bundesrep. Dtschl., 1979; Weltmacht USA, 1983; Weltpolitik d. USA n. 1945, 1984. Hrsg.: Krisenherd Nahost, 1973; D. deutsch-poln. Konfliktverhältnis ..., 1975 (m. Feger); BRD - Volksrep. Polen ..., 1979 (m. a.); Weltpolitik d. USA nach 1945 - Einf. u. Dokum., 1984 (m. Ernst-Otto Czempiel); Bedrohung durch d. SU?, 1989/90; Federal Republic of Germany - EC membership evaluated, 1990 - Spr.: Engl.

SCHWEITZER, Dieter

Dr. jur., stv. Hauptgeschäftsführer IHK Wuppertal - Blumenstr. 1, 5620 Velbert (T. 5 57 21; Büro: Wuppertal 44 40 81).

SCHWEITZER, Hans-Joachim

Dr., Prof. f. Paläontologie Univ. Bonn, Apotheker - Auf dem Mühlenberg 45, 5300 Bonn 3 (T. 0228 - 46 44 52) - Geb. 7. Febr. 1928 Kassel (Vater: Hans Sch., Bankamtm.; Mutter: Therese, geb. Engelhardt), verh. s. 1960 m. Dorothea, geb. Hofmann, 5 Kd. (Ute, Dagmar, Silke, Harald, Sonja) - 1950-53 Stud. Pharmaz. Univ. Marburg u. Frankfurt; 1953-56 Botanik, Physik, Chemie Univ. Frankfurt; 1953 Pharm. Staatsex., Promot. 1956, Habil. 1962 - 1953 Apotheker; 1956-62 Univ.-Assist.; 1962-66 Doz. u. Prof.; 1961, 63, 64, 67, 70 Leit. versch. Arktisexpedit.; 1971-78 Leit. intern. Arbeitsgr. z. Erforsch. v. Kohlelagerstätten d. Irans u. Afghanistans; s. 1980 Arb. in China - Entd.: Zahlr. neue fossile Pflanzengatt.; Generationswechsel d. ältest. Landpflanzen, Urblüte - BV: Pflanzen erobern d. Land; u.a. ca. 90 Veröff. üb. foss. u. rezente Pflanzen u. Floren, dar. Monogr. üb. Devonfloren Mitteleuropas, d. Arktis u. Chinas, Permfloren Europas, Trias- u. Jurafloren d. Orients sow. z. Stammesgesch. d. Pflanzen - Ehrenmitgl. d. Poln. Botanischen Ges. - Liebh.: Flora v. Dtschl. u. d. Arktis, Jagd u. Angeln - Spr.: Engl., Norw.

SCHWEITZER, Harald

Konrektor, MdL Rhld.-Pfalz - Mozartstr. 17a, 5432 Wirges (T. 02602 - 6 09 66) - Geb. 18. April 1948 Wirges, ev., verh. s. 1980 m. Elisabeth, geb. Scherrer, Sohn Tobias - Abit. 1969 Staatl. Gymn. Montabaur; 1969-72 Stud. Erziehungswiss. Hochsch. Rhld.-Pfalz; 1. Lehramtsex. 1972; 2. Lehramtsex. 1975 - Vors. SPD-Kreistagsfrakt. Westerwaldkr., d. SPD-Stadtratsfraktion Wirges, d. Aussch. f. Bildung u. Kultur im Landtag Rheinl.-Pfalz, Nass. Spark. - Liebh.: Fotogr. - Spr.: Engl., Franz.

SCHWEITZER, Heinz

Dr. med., o. Prof. f. Gerichtl. Medizin - Im Rottfeld Nr. 9, 4000 Düsseldorf (T. 62 04 72) - Geb. 29. März 1919 Düsseldorf - S. 1956 (Habil.) Lehrtätigk. Med. Akad. bzw. Univ. Düsseldorf (1962 apl. Prof.) u. TH Aachen/Med. Fak. (1968 o. Prof.); 1976 o. Prof. Univ. Düsseldorf. Üb. 50 Fachveröff.

SCHWEITZER, Marcell

Dr. rer. pol., Dipl.-Kfm., o. Prof. f. Betriebswirtschaftslehre - Ammertalstr. 6, 7407 Rottenburg 5 (T. 07472 - 10 03) - Geb. 18. Okt. 1932 Radautz/Rum. (Vater: Franz S., Förster; Mutter: Anna, geb. Biborosch), kath., verh. s. 1961 m. Dr. rer. pol. Hildburg, geb. Müller, S. Marcus - Schulen Hannover; kaufm. Lehre Industrie; div. Praktika; 1954-55 TH Hannover, 1955-59 FU Berlin. Promot. (1963) u. Habil. (1968) Berlin - S. 1968 Lehrtätigk. FU Berlin (1969 Wiss. Rat u. Prof.) u. Univ. Tübingen (1969 o. Prof.). Direktor d. Forsch.abt. f. Industriewirtsch. (1974) - BV: Probleme d. Ablauforg. in Unternehmungen, 1964 (Diss.); Grundfragen d. betriebsw. Bilanz in methodolog. u. entscheidungstheoret. Sicht, 1972 (Habil.schr.); Einf. in d. Industriebetriebsl., 1973; Betriebswirtschaftl. Modelle (griech.), 1974; Produktions- u. Kostentheorie, 1974; Systeme d. Kostenrechng., 1975, 5. A. 1991 (auch jap. u. indones.); dto., Arbeitsbuch, 1976; Entscheidg. i. Industrieunternehmg., 1977; Break-even-Analysen, 1986 (auch jap., chin. u. engl.). Herausg.: Auffassungen u. Wissenschaftsziele d. Betriebswirtsch.lehre (1978); Industriebetriebslehre (1990); Betriebswirtschaftl. Forsch.ergebn.; Führungssysteme f. Universitäten (1977); Grundwissen d. Ökonomik, Betriebswirtsch.lehre (1978); Handwörterb. d. Rechnungswesens (3. A. 1992); Allgem. Betriebswirtsch.lehre, 3 Bde. 6. A. 1992 (auch jap. u. chin.); Handbook of German Business Management (1990). Mithrsg. mehr. Schriftenr.; Aufs., Beitr., Vortr., Forschungsr. - Liebh.: Musik, Malen, Sport, Garten - Spr.: Engl., Rumän. - Rotarier.

SCHWEITZER, Michael

Dr. jur., o. Prof., Lehrstuhl Staats- u. Verwaltungsrecht, Völkerrecht u. Europarecht Univ. Passau (s. 1980) - Göttweigerstr. 135, 8390 Passau - Geb. 8. Juni 1943 Wien, verh. m. Ines, geb. Eiselmayr, 2 Kd. (Christian, Doris) - Stud. Univ. Wien; Promot. 1967; Habil. 1974 Mainz - B. 1980 Prof. Univ. Passau; s. 1983 wiss. Leit. EG-Dokumentationszentr. Univ. Passau; s. 1986 Dir. Inst. f. Agrarrecht Univ. Passau; s. 1984 Mitgl. Kommiss. f. Europarecht d. Österr. Akad. d. Wiss. - BV: Völkergewohnheitsrecht u. Neustaaten, 1969; Dauernde Neutralität u. Europ. Integration, 1977; Europarecht, 3. A. 1990 (span. Übers. 1986); Staatsrecht III, 3. A. 1991; Österreich u. d. EWG, 1987; Ausverkauf Österreichs? Ausländergrundverkehr u. EWG, 1990. Herausg.: Europ. Verwaltungsrecht (1991) - Spr.: Engl., Franz., Span.

SCHWEITZER, Ottmar

Großkaufmann, Inh. Ottmar Schweitzer Landmaschinenvertrieb, Ludwigshafen (b. 1991) - Rottstr. 53, 6700 Ludwigshafen (T. 0621 - 56 20 86) - Ehrenpräs. d. Hauptarbeitsgem. dt. Landmaschinenhdl. u. Handwerk, Bonn; Ehrenmitgl. Haus d. Landtechnik Versorgungsring GmbH & Co. KG, Karlsruhe.

SCHWEITZER, von, Rosemarie

Dr. phil., o. Prof. f. Wirtschafts- u. Arbeitslehre d. Haushalts - Kättergrund 4, 6301 Pohlheim 2 - Geb. 9. Nov. 1927 Gneixendorf - Regierungslandw.srätin; s. 1968 (Habil.) Lehrtätigk. Univ. Gießen (1969 ff. Dir. Inst. f. Wirtschaftslehre d. Haushalts u. Verbrauchsforsch.; 1970 ff. ao. u. o. Prof.).

SCHWEITZER, Walter

Dr. oec. publ., Prof. Lehrstuhl f. Statistik, Univ. Passau (s. 1978) - Dr.-Stephan-Billinger-Str. 40, 8390 Passau (T. 0851 - 5 57 44) - Geb. 28. Jan. 1944 Augsburg - Stud. Univ. München; Promot. 1971, Habil. 1977 Regensburg - 1977 Prof. f. Statistik Univ. Marburg - BV: Stoch. Flüsse in Netzwerken; Modelle z. Erfassung v. Wanderungsbewegungen; Statistik I u. II; Arbeitsb. (m. a.); Fachveröff. z. Schätz- u. Testtheorie, Demographie, Anwendung stoch. Prozesse, explor. Datenanalyse, statistische Versuchsplanung in d. Qualitätskontrolle.

SCHWEIZER, Eckhart

Dr. rer. nat., o. Prof. f. Biochemie u. Vorst. Inst. f. Mikrobiol. u. Biochemie Univ. Erlangen-Nürnberg (s. 1975) - Lerchenweg 8, 8525 Uttenreuth/Weiher - Geb. 5. Febr. 1936 Stuttgart (Eltern: Wilhelm (Oberstudiendir.) u. Hilde S.), ev., verh. s. 1966 m. Edda, geb. Baur, 4 Kd. - Gymn. Tübingen; Univ. Tübingen u. München (Chemie; Dipl.-Chem. 1961). Promot. 1963 München; Habil. 1971 Würzburg - 1966-68 Res. Ass. Univ. Madison (USA); 1971-74 Doz., Wiss. Rat u. Prof. Univ. Würzburg.

SCHWEIZER, Eduard

Dr. theol., D. D., Dr. theol. h. c., em. Prof. f. Neues Testament - Restelbergstr. 71, CH-8044 Zürich (T. 01/361 57 20) - Geb. 18. April 1913 Basel (Vater: Dr. jur. Eduard S.; Mutter: Hedwig, geb. Böhni), ev., verh. s. 1940 m. Elisabeth, geb. Hanhart, 4 Kd. (Elisabeth, Ruth, Eva-Maria, Andreas) - Univ. Basel (Promot. 1938), Marburg, Zürich - 1940 Privatdoz. Univ. Zürich, 1946 Ord. Univ. Mainz, 1949 Univ. Bonn (SS.) u. Zürich (WS.; 1964-66 Rektor); 10 Gastsem. in USA, Japan, Australien; 1979 emerit. - BV: Ego eimi, 1939, 2. A. 1965; D. erste Petrusbrief, 3. A. 1972; Erniedrigung u. Erhöhung bei Jesu u. s. Nachf., 1955, 2. A. 1962; Pneuma, Sarx, Soma, Psyche (Theol. Wörterb.), 1957ff.; Gemeinde u. -ordnung im Neuen Testament, 1959, 2. A. 1962; Lordship and Discipleship, 1960; The Church in the NT, 1961; Neotestamentica, 1963; The Church as the Body of Christ, 1965; D. NT Deutsch - D. Evangelium n. Markus, 1967, 7. A. 1989; D. Evangelium n. Matthäus, 1973, 4. A. 1986; D. Evangelium n. Lukas, 1982, 2. A. 1986; Jesus Christus, 1968 (Taschenb.); Beitr. z. Theol. d. NT, 1969; EKK - D. Brief an d. Kolosser, 1976, 3. A. 1989; Heiliger Geist, 1978; Theol. Einleit. in d. NT, 1989. Zahlr. Einzelarb. Hrsg. Ev.-Kath. Komm. z. NT (EKK) - Theol. Ehrendoktor Univ. Mainz (1950), S. Andrews/Schottl. (1963), Wien (1972), Melbourne (1975) - Liebh.: Bergsport.

SCHWEIZER, Hans

Journalist, Studio-Direktor SWF-Landesstudio Rhld.-Pf., Mainz i.R.; Beauftr. f. Neue Medien i.R. - Hinter den Wiesen 33, 6500 Mainz-Marienborn (T. 36 22 04) - Geb. 22. Febr. 1926 Bühl/Bad. (Vater: Wilhelm S., ORR; Mutter: Rosemarie, geb. Bürstner), ev., verh. m. Jutta, geb. Weber, 2 Kd. (Thomas, Simone) - Volont. Rh.-Neckar-Ztg., Heidelberg, dann Mitarb. Rundf. u. DPA; 1947-58 Bez.redakt. Fränk. Nachrichten, Bad Mergentheim u. Buchen, u. Mithrsg. Kreisblatt Buchen; 1959-63 Tageblatt, Heidelberg (stv. Ressortleit., verantw. Redakt. Landespol., Lokalredakt.); 1963-70 parlament. Beratungsdst. Landtag Bad.-Württ.; 1969 Mitgl. Rundf.rat u. 1971 VR SDR, Stuttgart; Mitgl. Landeskurat. CARE; Kurat.-Mitgl. Fachhochsch. Rhld.-Pfalz, s. 1991 im Ruhestand.

SCHWEIZER, Harald

Dr. theol., Univ.-Prof. f. Methodik computerunterstützter Textinterpretation Univ. Tübingen (s. 1983) - Hakenweg 29, 7400 Tübingen 5 (T. 07071 - 7 86 46) - Geb. 23. Juli 1944, kath. - 1965-69 Stud. Univ. Tübingen, Paris (Kath. Theol.); Promot. (Altes Testament) München; Habil. 1980 München - 1973-77 pastoraler Dienst in d. Diözese Rottenburg; s. 1977 Assist. in Mainz; 1980-82 Lehrstuhlvertr. Altes Testament in Mainz; 1983 Univ.-Prof. f. Einleitungswiss. AT/NT kath.-theol. Fak. 1989 Entzug d. missio canonica durch Bischof v. Rottenburg (wg. Heirat); s. Ende 1990 Mitgl. d. Fak. f. Informatik. 1991 Organisator d. III. AIBI-Konfz. (Association Internationale Bible et Informatique), Tübingen - BV: Elischa in d. Kriegen, StANT 37, 1974; Metaphorische Grammatik, ATS 15, 2. A. 1991; Bibl. Texte verstehen, 1986. Herausg.: ...Bäume braucht man doch! (1986); Trauungsansprachen (1988); Sprachkritik als Ideologiekritik (1991); D. Josefsgeschichte (1991). Herausg. d. Reihe THLI (Textwiss., Hermeneutik, Linguistik, Informatik) (1991). Aufs. z. textwissenschaftl. Interpretation atl. Texte.

SCHWEIZER, Jochen

WDR-Fernsehen, Leiter d. ARD-Studios Washington - Postfach 10 19 50, 5000 Köln 1.

SCHWEIZER, Ludwig

Dipl.-Ing., Vorstandsmitglied Königsbacher Brauerei AG. vorm. Jos. Thillmann - An der Königsbach 2, 5400 Koblenz 1 (T. 0261 - 1 22 74) - Geb. 8. Augl. 1935 - Stud. Chemie - Spr.: Engl., Franz., Span. - Rotarier.

SCHWEIZER, Robert

Jurist, Inh. Kanzlei Schweizer (Rechtsanw., Wirtsch.pr., Steuerberater) - Bayerwaldstr. 2, 8045 Ismaning - Geb. 16. Mai 1938, ev., verh. m. Renate, geb. Stoffel, 4 Kd. (Robert G., Michael, Marc, Andrea) - Stud. Rechtswiss. u. Staatswiss; beide jur. Staatsex. in München - Marktforscher BVM; AR-Mitgl., Beiratsmitgl., VR u. Mitgl. d. Gf. in mehr. in- u. ausl. Ges.; Lehrbeauftr. Univ. München; Mitgl. d. Dt. Presserats - BV: Rechtstatsachenermittlung durch Befragen (m. Quitt), 1985.

SCHWEIZER, Wilhelm

Prof., Oberstudiendirektor i. R. - Denzenberghalde 7, 7400 Tübingen - Geb. 11. Nov. 1901 Stuttgart (Vater: Wilhelm S., Landw.; Mutter: Elise, geb. Traub), ev., verh. s. 1934 m. Hildegard, geb. Rasche, S. Eckhart - 1915-21 Ev. Lehrersem. Backnang; 1925-30 Univ. Tübingen u. TH Stuttgart (Päd., Math., Physik), Volksschuldienstprüf. 1921; Staatsprüf. f. d. höh. Lehramt 1930/31 - 1921-25 Volksschuldst.; 1931-33 Assist. TH Stuttgart (Math. Inst.); 1933-66 höh. Schuldst. (1953 Dir. Kepler-Gymn. Tübingen). S. 1946 Lehrbeauftr. u. Honorarprof. (1952) Univ. Tübingen (Didaktik d. Math.) - Mitgl. Dt. Mathematiker-Vereinig., Ges. Dt. Naturforscher u. Ärzte, Verein z. Förd. d. math. u. naturwiss. Unterr. Herausg.: Math. Unterrichtswerk f. höh. Schulen (m. Lambacher; 1946 ff., b. 1979 34 Bde.) - BVK I. Kl. - Liebh.: Musik - Spr.: Engl., Franz.

SCHWEMMER, Oswald

Dr. phil. (habil.), Prof. Lehrstuhlinh. f.

Philosophie - Am Wäldchen 14, 3550 Marburg-Bauerbach/L. - Geb. 10. Juni 1941 Hilden/Rhld. - Lizentiat 1966 Pullach, Promot. 1970 Erlangen, Habil. 1975 ebd. - 1975 Doz., 1978 Prof. Univ. Erlangen-Nürnberg, 1979 Mitdir. Interdisziplinäres Inst. f. Wiss.theorie u. -gesch. ebd., 1982 Lehrstuhlinh. Univ. Marburg, 1987 Univ. Düsseldorf - BV: Phil. d. Praxis, 1971, 2. A. 1980; Theorie d. rationalen Erklärung - Zu d. method. Grundl. d. Kulturwiss., 1976; Konstruktive Logik, Ethik u. Wiss.theorie (m. Paul Lorenzen), 1973, 2. A. 1975; Ethische Unters., 1986; Handlung u. Struktur. Z. Wiss.theorie d. Kulturwiss., 1987. Herausg.: Vernunft, Handlung u. Erfahrung - Üb. d. Grundl. u. Ziele d. Wiss. (1981); Üb. Natur. Phil. Beitr. z. Naturverständnis (1987). Zahlr. Einzelarb.

SCHWEMMLE, Berthold

Dr. rer. nat., Prof., Botaniker - Erlenweg 32, 7400 Tübingen (T. 6 16 81) - Geb. 5. Febr. 1927 Tübingen - Promot. u. Habil. Tübingen - S. 1962 Lehrtätigk. Tübingen (1968 Prof.). Aufs. üb. Entwicklungsphysiol. u. extrachromos. Vererbung.

SCHWEMMLE, Konrad

Dr. med., Chirurg, Prof. u. Leiter Abt. f. Allg. u. Thoraxchirurgie Univ. Gießen (s. 1976) - Finkenweg 30, 6307 Linden-Leihgestern (T. 06403 - 6 36 84) - Geb. 25. Dez. 1934 Erlangen (Vater: Dr. Julius S., em. o. Prof. f. Botanik, s. XVII. Ausg.; Mutter: Elisabeth, geb. Erbe), ev., verh. s. 1961 m. Irmgard, geb. Opp, 3 Kd. (Ursula, Jochen, Kornelia) - Hum. Gymn. Fridericianum Erlangen (Abit. 1953); Stud. d. Med. Erlangen, Freiburg/Br., Wien; Facharzt f. Chir. 1966 u. f. Kdchir. 1972 - 1961-67 Chir. Bayreuth; 1967-75 Chirurg. Univ.klinik Erlangen (1971 Oberarzt). Mitgl. Dt. Chirurg. Ges. u. Intern. College of Surgeons - BV: D. allgem.chirurg. Eingriffe am Hals, Operationslehre, Bd. V/4, 1980; Akutdiagnostik u. Akuttherapie (Hrsg.), 1980; Vascular Perfusion in Cancer Therapy (Hrsg. zus. m. Aigner), 1983; Lehrbuch d. Chirurgie (Hrsg. m. Koslowski, Bushe, Junginger), 1987 - Spr.: Engl.

SCHWENCKE, Olaf

Dr., Studienleiter Ev. Akademie Loccum - Wilhelmstr. 17, 3070 Nienburg - Geb. 27. Jan. 1936 Pinneberg, ev., verh., 4 Kd. - Realsch. Pinneberg (Mittl. Reife); 1953-55 Schiffsmaschinenschlosserlehre Hamburg (Stülcken-Werft); 1955-58 Abendgymn. ebd. (Abit.); 1958-64 Stud. German., Päd., Theol., Soziol. Univ. Hamburg, Univ. Cleveland (USA), Kirchl. Hochsch. u. FU Berlin. Promot. 1964 - S. 1969 Studienleit. Ev. Akad. Loccum; MdB (1972-80); MdEP (1979-84); 1973-79 Mitgl. Parlam. Versamml. Europarat (Präs. Denkmalschutzkommiss.). Gründungsvors. (1976) u. Präs. d. Kulturpolit. Ges., Hagen, Vors. Fonds Soziokultur (s. 1987), Hagen - BV: Ästhet. Erziehung u. Kommunikation, 1972; Kritik d. Lit.kritik, 1973. Herausg.: Ansichten e. künftigen Futurologie (1973), Plädoyers f. e. neue Kulturpolitik (1974); Hoffen lernen. 12 J. Politik als Beruf (1985).

SCHWENDEMANN, August

Ehrenmitglied Hauptverband d. Papier u. Pappe verarb. Industrie, Frankfurt/M. - Malsenstr. 35, 8000 München 19 (T. 15 28 71) - Geb. 25. Okt. 1904 - Div. Ehrenstell. - Stiftungsrat d. Papiertechn. Stiftung f. Forschung u. Ausbild. in Papiererzeugung u. Papierverarb., München; BVK I. Kl.

SCHWENDENMANN, Werner

Dipl.-Ing., Geschäftsführer Landesentwicklungsges. Baden-Württ. mbH - Katharinenstr. 20, 7000 Stuttgart - Geb. 21. Jan. 1932.

SCHWENDTER, Rolf

s. Schesswendter, Rudolf

SCHWENGER, Ferdinand

Vorstandsmitglied Adam Opel AG, Rüsselsheim i.R. - An d. Weiden 110, 6090 Rüsselsheim/M. - Geb. 16. Dez. 1926 Rüsselsheim - Stud. Volksw. (Dipl.-Volksw.) - Zul. stv. Vorstandsmitgl. Opel.

SCHWENGER, Hannes

Dr. phil., Schriftsteller - Pommersche Str. 12a, 1000 Berlin 31 - Geb. 26. Dez. 1941 - Zahlr. gesellschaftskrit. Werke. Div. Herausg., dar. Menschen im Büro - V. Kafka b. Martin Walser (1983); Doppeldecker. Literatur u. Grafik aus ganz Berlin (1990). Herausg./Red. Litfass - Berliner Ztschr. f. Literatur.

SCHWENK, Alfred

Dr. med., Prof., Wiss. Rat, Leit. Endokrinolog. Labor. Univ.s-Kinderklinik Köln (s. 1963) - Ecketsstr. 6, 5000 Köln 41 (T. 41 56 95) - Geb. 28. Mai 1914 Künzelsau/Württ. (Vater: Wilhelm S., Studienrat; Mutter: Hedwig, geb. Storz), ev., verh. s. 1949 m. Dr. Elisabeth, geb. Mirow, 3 Söhne (Hans-Wilhelm, Alfred, Joachim) - Oberrealsch. Schwäb. Hall u. Eßlingen; Univ. Tübingen (2 ×), München, Kiel (Med.). Staatsex. 1937 Tübingen; Habil. 1957 Köln - 1937-39 Wehr-, 1941-45 Kriegsdst., 1946-48 Univ. Tübingen (Pathol. Inst.) u. Max-Planck-Inst. f. Biochemie Tübingen, seith. Univ. Köln (Kinderklinik; 1957 Doz., 1962 apl. Prof., 1963 Wiss. Rat u. Prof.). Fachmitgliedsch. - BV: D. körperl. Entwickl. im Jugendalter u. ihre endokrinol. Grundl., 1965 (Basel). Mitarb. div. Handb. Fachaufs. - Liebh.: Geschichte, Musik - Spr.: Franz., Engl.

SCHWENK, Helga

Dr. phil., Prof. f. Deutsch als Fremdsprache - Jahnstr. 2, 6301 Pohlheim 1 (T. 06403 - 6 11 00; dstl.: 0641 - 702-55 22) - Geb. 6. Febr. 1933 - PH u. Univ. Göttingen, Promot. 1960 - 1960-68 Lektorin Finnland, 1968-70 Assist. PH Lüneburg, s. 1970 Univ. Gießen. Wiss. Aufs. z. Grammatikunterr. u. Dtsch. f. ausl. Schüler - BV: D. Sprachvermögen zweisprachiger türkischer Schüler, 1988 - Spr.: Engl., Finn., Türk.

SCHWENKE de WALL, Uwe

Bauingenieur, MdL Nieders. - Vor der Trift 2, 3380 Goslar (T. 05321 - 8 40 97/98) - Geb. 13. Nov. 1939 (Vater: Dr. Herbert Sch. d. W., Zahnarzt, gef. 1945; Mutter: Käte, geb. van Mark), ev., verh. s. 1968 m. Karin, geb. Wölky, 2 Kd. (Uwe, Swenja) - Realsch.; Lehre; Fachhochsch. Aachen - Geschäftsf. Gesellsch. Wölky-Bau-GmbH, A. Bertram, bde. Goslar, u. Harzer Hoch- u. Tiefbau, Werningerode (DDR).

SCHWENKE, Wolfgang

Dr. phil., em. o. Prof. f. Angew. Zoologie - Brenner Str. 88, 8038 Gröbenzell/Obb. - Geb. 22. März 1921 - Habil. 1958 Berlin (Humboldt-Univ.) - 1966-1987 Univ. München (Vorst. Inst. f. Angew. Zool.) - BV: Zwischen Gift u. Hunger, 1968; Leitfaden d. Forstzoologie, 1981; D. duftgelenkte Staat (Ameisen), 1985; D. unbekannte Wald, 1987. Üb. 100 Einzelarb. Herausg.: Forstschädlinge Europas (5 Bde. 1972/82); Ztschr. f. angew. Entom.; Anz. f. Schädlkde.

SCHWENKMEZGER, Peter

Dr. rer. soc., Dipl.-Psych., Univ.-Prof. Univ. Trier - Januarius-Zick-Str. 95, 5500 Trier - Geb. 17. Aug. 1946 Laichingen - Dipl.-Psych. 1972 Tübingen, Promot. 1977 ebd., Habil. 1982 Wuppertal - B. 1984 Lehrtätigk. Univ. Wuppertal u. Bochum (Priv.-Doz.); s. 1984 Univ.-Prof. Trier - BV: Risikoverhalten u. Risikobereitschaft, 1977; Angst u. Angstkontrolle im Sport, 1980, 2. A. 1985; Modelle d. Eigenschafts- u. Zustandsangst, 1985. Div. Herausg.tätigk.; zahlr. Ztschr.art.

SCHWENN, Hermann

Dr. jur., em. o. Prof. d. Rechte - Schenefelder Landstr. 14 L, 2000 Hamburg 55 - Geb. 19. Febr. 1912 Ratekau/Ostholst. (Vater: Wilhelm S.; Mutter: Margarete, geb. Kummerow), ev., verh. s. 1946 m. Ingrid, geb. Jannsen (Amtsgerichtsrätin i. R.), 2 Söhne (Gerhard, Rudolf) - Johanneum Lübeck; Univ. Grenoble, München, Berlin, Rostock (Promot. 1936). Gr. jurist. Staatsprüf. 1938 Berlin - 1949 Privatdoz. Univ. Hamburg; 1951 Ord. TU Berlin (Fak. f. Wirtschaftswiss., 1977 Emerit.) - BV: Wandlung u. Minderung als Gestaltungsrechte, 1936. Buchbeitr. u. Ztschr.aufs.

SCHWENS, Christa

Dr. phil., Prof. f. Kunsttheorie - Unterwaldenerstr. 13, 4600 Dortmund 1 (T. 0231 - 59 56 36) - Geb. 20. Febr. 1937 Dortmund (Vater: Martin Sch., LG-Präs.; Mutter: Magda, geb. Schulte-Mattler), kath., led. - Abit., Stud. Kunstgesch., German., Theol. München u. Münster, Staatsex., Promot. u. Habil. - 1963-69 Erwachsenenbild., 1970 Doz. PH Essen, 1975 Dekan, 1976 Prof. Univ. Essen-GH., 1980 Konventsvors. Univ. Essen - BV: D. Alexanderkirche zu Wildeshausen, 1969; Braucht Kunstpäd. e. Sinntheorie?, 1975; Bild-Analyse-Bild-Verstehen, (Mitautor: Fendel), 1980; Dt. Malerei d. Renaissance (Bildplatte u. Software), 1989 - Spr.: Engl., Franz., Ital.

SCHWENZER, Adolf W.

Dr. med., Prof., em. Chefarzt Frauenklinik St.-Markus-Krankenhaus, Frankfurt - Am Großen Berge 27, 6000 Frankfurt/M. (T. 79 12 23 27) - Geb. 19. Febr. 1919 Frankfurt/M., ev., verh. s. 1949 m. Anneliese, geb. Schäfer, 2 Söhne (Thomas, Martin) - Goethe-Gymn. Frankfurt; Univ. ebd. (Promot. 1944) u. München. Habil. 1952 Frankfurt - S. 1952 Privatdoz. u. apl. Prof. (1957) Univ. Frankfurt (u. a. Oberarzt Frauenklin.) - BV: D. Erythroblastose im Lichte d. neuen Rh-Forsch., 1953. Mitarb.: Schettler, Taschenb. d. prakt. Med. (Abschn.: Geburtshilfe). Zahlr. Fachaufs.

SCHWEPCKE, Hans-Jürgen

Dr. phil., M. A. - Dr.-Kurt-Huber-Str. 5, 8022 Grünwald/Obb. (T. 641 53 69) - Geb. 19. Juli 1921 Lübeck (Vater: Hans-M. S., Holzkfm.; Mutter: Marga, geb. Ahrens), ev., verh. s. 1953 m. Ilse, geb. Haus, 4 Kd. (Peer-Thomas, Andreas, Mathias, Barbara) - 1939-45 Wehrdienst (zul. Oblt. z. S., EK II u. I) - Stud. Gesch., Soziol., Staatslehre, Völker- u. intern. Privatrecht Heidelberg u. Minnesota/USA. Master of Arts 1950. Promot. 1952 - BVK I. u. II. Kl.; Gold. Dieselring - Spr.: Engl., Franz. - Rotarier.

SCHWEPPENHÄUSER, Hermann

Dr. phil. habil., Univ.-Prof. - Wilhelm Raabe-Str. 5, 2121 Deutsch Evern - Geb. 12. März 1928 Frankfurt/M. (Vater: Otto S., Auktionator; Mutter: Anna, geb. Raisch), kath., verh. s. 1954 m. Gisela, geb. Cornehl (M. A.), 2 Kd. (Sabine, Gerhard) - Univ. Frankfurt (Phil., Soziol., German.). Promot. (1956) u. Habil. (1966) Frankfurt - 1950-61 Wiss. Mitarb. (Inst. f. Sozialforsch.) u. Assist. (Phil. Sem.) Univ. Frankfurt (zeitw. Stip. Studienstiftg. d. Dt. Volkes); s. 1961 Prof., Hochsch. Lüneburg (Lehrstuhl f. Phil.); s. 1971 Honorarprof. Univ. Frankfurt - BV: Verbotene Frucht - Aphorismen u. Fragmente, 1966; Kierkegaards Angriff auf d. Spekulation - E. Verteidigung, 1967; Tractanda - Beitr. z. krit. Theorie d. Kultur u. Ges., 1972; Negative Dialektik u. d. Idee d. Versöhnung, 1973; Vergegenwärtigung z. Unzeit, 1986; Studien üb. d. Heideggersche Sprachtheorie, 1988; Ein Physiognom d. Dinge. üb. W. Benjamin, 1992. Versch. Herausgaben. Mithrsg.: Ges. Schriften v. W. Benjamin (1972ff.) - 1949 Preis Univ. Frankfurt (Akad. Preisausschreiben) - Bek. Vorf.: Marie Salome Haucke, Tocht. d. Sesenheimer Pfarrers H. W. Schweppenhäuser, Mutter v. Moritz Graf v. Haucke u. Großm. d. Prinzessin Julie v. Battenberg (1751-1833) - Lit.: Festschr. f. H. Sch. z. 60. Geb.: Perspektiven krit. Theorie, hg. v. Chr. Türcke (1988).

SCHWERD, Wolfgang

Dr. med., o. Prof. u. Vorst. Inst. f. Rechtsmedizin Univ. Würzburg (s. 1963) - Versbacher Str. 3 (Inst.), 8700 Würzburg - Geb. 10. Juni 1924 Fürth/Bay. - 1959-63 Doz. Univ. Erlangen bzw. - Nürnberg. S. 1969-80 Präs. Dt. Ges. f. Rechtsmed. - BV: D. rote Blutfarbstoff u. s. wichtigsten Derivate, 1962. Herausg.: Lehrb. d. Rechtsmed. (4. A. 1986). Üb. 100 Einzelarb.

SCHWERDTFEGER, Gunther

Dr. jur., Prof. f. Staats- u. Verwaltungsrecht - Thielallee 52, 1000 Berlin 33 - Geb. 7. Nov. 1934 Oldenburg (Vater: Fritz Sch., Senatspräs. OLG; Mutter: Ilse, geb. Renken), S. Renke - BV:Unternehm. Mitbestimmung d. Arbeitnehmer u. Grundgesetz, 1972 (Habil.schr.); Öfftl. Recht in d. Fallbearbeitung, 6. A. 1982; Gutachten: Ausländerintegration, 53. Dt. Juristentag, 1980.

SCHWERDTFEGER, Inge C.

Dr. phil., Prof. f. Sprachlehrforsch. (Meth. d. Fremdsprachenvermittl.) Univ. Bochum - Oberländer Ufer 158, 5000 Köln 51 (T. 0221 - 37 57 09) - Geb. 6. Juni 1945 - 1975-78 Prof. f. Sprachlehrforsch. Univ. Hamburg; s. 1978 Ruhr-Univ. Bochum. Mitgl. im wiss. Beirat Deutsch als Fremdspr. d. Goethe-Inst. - Zahlr. Fachveröff.

SCHWERDTNER, Joachim

Stadt- u. Kurdirektor, Vors. Verb. Dt. Kneippheilbäder u. Kneippkurorte, stv. Vors. Harzer Verkehrsverb., Vors. Heilbäderverb. Nieders., Vorst.-Mitgl. Landesverein f. Gesundheitspflege, stv. VR-Vors. u. stv. Vors. Kreditaussch. Sparkasse Kr. Osterode, Vorst. Abwasserverb. Großraum Bad Lauterberg - Am Scholben 20, 3422 Bad Lauterberg (T. 37 35) - Geb. 3. Mai 1926 Goldentraum/Schles. (Vater: Richard S., Maschinist; Mutter: Martha, geb. Queisser), luth., verh. s. 1953 m. Ingeborg, geb. Schulze, 2 Töcht. (Christiane, Babette) - Volkssch.; kaufm. Lehre (Ind.), Gemeindeverw.sch. (Dipl.-Verw.Wirt) u. Verw.- u. Wirtschafts-Akad. Braunschweig (Diplom) - 1943-46 Arbeits-, Wehrdienst, Kriegsgef., 1946-49 stv. Verwaltungslt. Flüchtlingslager Immendorf, 1949-64 Stadtverw. Salzgitter (zul. Amtsleiter), s. 1964 Stadt- u. Kurdirektor Bad Lauterberg - Philatelist.

SCHWERIN, Graf von, Eberhard

Generaldirektor, Vors. d. Geschäftsfg. Deutsche Fina GmbH, Frankfurt/M., u. Erdöl-Raffinerie Duisburg (ERD) GmbH, Duisburg, AR-Vors. Fina Bitumenwerk GmbH, Mülheim, u. Sigma-Unitecta Farben GmbH, Bochum, AR Babcock-BSH AG, Krefeld - Bleichstr. 2-4, 6000 Frankfurt/M. (T. 2 19 80) - Geb. 15. April 1927 Berlin (Vater: Bogislav Graf v. S., General; Mutter: Liselotte, geb. v. Eberhardt), ev., verh. s. 1951 m. Anna, geb. Deppe, 3 Kd. (Margarete, Alice, Bogislav) - 1950-66 Aral AG., Bochum; 1966-70 Erdölwerke Frisia AG, Emden, u. Frisia Mineralöl GmbH bzw. Gulf Oil Germany, Düsseldorf (Vorst.).

SCHWERIN v. KROSIGK, Graf, Dedo

Jurist, Direktoriumsmitglied u. Leiter Zentralverw. d. Dt. Forsch.gem. (DFG) Bonn - Auenweg 62, 5000 Köln 50 - Geb. 17. Jan. 1933 Berlin, verh. s. 1961 m. Marie-Ulrike, geb. Freiin v. Stackelberg, Studiendirektorin - Ass. 1960 Koblenz - 1961/62 Stifterverb. f. d. Dt. Wiss. Essen; 1963-78 Wiss.rat Köln; s. 1978 DFG; Kurat.-Mitgl. Stiftg. Öffentlichkeitsarbeit f. d. Wiss., Bonn; Werkmeister Johanniterorden; Mitgl. d. geschäftsf. Präsid. d. Joh.-Unfallhilfe (JUH) e.V., Bonn;

Vorst.-Mitgl. d. Joh.-Schwesternschaft e.V., Bonn.

SCHWERIN von SCHWANENFELD, Graf von, Wilhelm

Direktor Public Relations, Mitgl. d. Bereichsleitg. Deere & Company, European Office, Mannheim - Lindenstr. 18, 6836 Oftersheim - Geb. 7. Febr. 1929 Göhren (Vater: Ulrich-Wilhelm Graf v. Sch. v. Sch. †; Mutter: Marianne, geb. Sahm †), ev., verh. m. Astrid, geb. Auffermann - Präs. Johanniter-Unfall-Hilfe Bonn; Ehrenkommendator d. Johanniterorden; AR Bank f. Kirche u. Diakonie, Duisburg - BVK I. Kl. - Spr.: Engl. - Rotarier.

SCHWERING, Hans

Stadtdirektor a. D., Vors. DRK-Kreisverband Wolfsburg - (Dstl.: T. 5 30 35); priv.: Albert-Schweitzer-Str. 7 (T. 4 86 42) - Geb. 16. Aug. 1922 Hamburg, ev., verh. m. Ruth, geb. v. d. Decken.

SCHWERING, Hans

Dr. med., Prof., Chirurg, Chefarzt Chirurgische Abt. Marien-Hospital Euskirchen (s. 1985) - Zu erreichen üb. Akad. Lehrkrankenhaus Marien-Hospital, Gottfried-Disse-Str. 40, 5350 Euskirchen (T. 02251 - 81 30) - Geb. 22. Sept. 1948 Dortmund (Vater: Chefarzt Dr. med. Prosper Sch.; Mutter: Elisabeth, geb. Schlüter), kath., verh. s. 1973 m. Dr. Ulrike, geb. Leesch, 5 Kd. (Nicola, Daniela, Regina, Angela, Christoph Gregor) - Stud. Humanmed. Univ. Münster u. Klinikum Essen; Staatsex. 1973 Univ. Münster; Promot. 1973 Klinikum Essen, Habil. 1981 Univ. Münster (f. Chirurgie); Chirurg. Ausb. Univ.klinik Münster; s. 1981 Priv.-Doz.; s. 1986 apl. Prof. f. Chirurgie ebd. - Arb. üb. Kokarzinogene Wirkung d. Galle- u. Pankreassekretes auf d. Entstehung d. 1,2-Dimethylhydrazinhydrochlorid-ind. kolorektalen Karzinoms d. Nagetieres - Veröff.: 78 wiss. Publ. (Buchbeitr., Publ. in nat. u. intern. Ztschr.), u. 114 wiss. Vorträge (nat. u. intern. Kongresse) - 1981 Otto-Goetze-Preis Bayer. Ges. f. Chir.

SCHWERTE, Hans

Dr. phil., em. o. Prof. f. Neuere Dt. Literaturgeschichte German. Inst. TH Aachen (s. 1965; 1970-73 Rektor) - Kampenwandstr. 46, 8213 Aschau/Chiemgau - Geb. 3. Okt. 1910 Hildesheim (Vater: Paul S.; Mutter: Meta, geb. Behrendt), ev., verh. s. 1947 m. Annemarie, geb. Oldenburg, 3 Kd. - 1958-65 Privatdoz. u. apl. Prof. Univ. Erlangen-Nürnberg. 1984 Hon.-Prof. Univ. Salzburg - BV: Faust u. d. Faustische - E. Kapitel dt. Ideologie, 1962. Herausg.: Gestalter unserer Zeit (4 Bde. 1954ff.). Zahlr. Einzelarb. Festschr.: Lit. u. Theater im Wilhelminischen Zeitalter (1978) - BVK I. Kl.; Officier de l'Ordre de la Couronne du Royaume de Belgique; Ehrensenator TH Aachen.

SCHWERTMANN, Clemens

Ingenieur, Geschäftsf. A. Bücker GmbH. & Co. KG., Melle, Vors. Bundesvereinig. Mittelständ. Bauuntern., Bonn - Westberghöven 18, 4520 Melle/Wiehengeb. - Geb. 22. Nov. 1925 - Bürgerm. Stadt Melle u. a.

SCHWERTMANN, Udo

Dr. rer. hort., Prof. u. Direktor Inst. f. Bodenkunde - Techn. Universität, 8000 München - Geb. 25. Nov. 1927 - 1961 Doz. TH Hannover, 1964 o. Prof. TU Berlin, 1970 TU München. Etwa 200 Fachveröff. - 1963 Paul-Wagner-Preis; 1982 Fellow of the Amer. Soc. Agronomy; Member of Sigma Xi; 1987 Mitgl. Akad. Leopoldina.

SCHWESINGER, Curt

Dipl.-Kfm., Vorstandsmitglied Bayer. Berg-, Hütten- u. Salzwerke AG (BHS), München - Im Tannach 18a, 8972 Sonthofen (T. 08321 - 40 05) - Geb. 26. Febr. 1925 Augsburg (Vater: Josef Sch.; Mutter: Elisabeth), kath., verh. s. 1965 m. Rosemarie, geb. Robusch, 2 Kd. (Claudia, Holger) - Univ. München (Dipl. 1948) - Spr.: Engl., Franz.

SCHWETJE, Gerhard

Regierungspräsident Trier, Landrat Landkr. Süd. Weinstr. (1969-82), Vorst. Landkreistag Rhld. Pfalz, AR-Mitgl. Staatsbad Bergzabern GmbH. - Zu erreichen üb.: Deutschhauspl. 1, 6500 Mainz.

SCHWETLICK, Wolfgang

Dr. rer. pol., Dipl.-Kfm., Ing. (grad.), Leitung International Systems Design - Hinterbergstr. 25, CH-6318 Walchwil - Geb. 18. Nov. 1940 Klagenfurt (Vater: Bruno S., Handelsvertreter; Mutter: Theresia, geb. Bräuner), verh. m. Alison, geb. Mc Adam - Textiling.-Ex. 1964; Dipl.-Kfm. 1969; Promot. 1971, bde. Mannheim - 1973-78 Geschäftsf. Kienbaum Unternehmensberat., s. 1979 Metro Intern. AG, Zug (CH) s. 1984 Mitgl. d. Int. Geschäftsleit. Metro Intern. AG - BV: Forschung u. Entwicklung in d. Organisation industrieller Unternehmen, 1972; Unternehmensleitung, Fachb. 1976 (Reihe: Strategische Unternehmensführung); RKW-Handb. Forschung, Entwicklung - Liebh.: Musik, Sport, Phil., Fotogr. - Spr.: Engl., Franz.

SCHWETLIK, Gerhard

Stadtkämmerer v. Krefeld - Hohenzollernstr. 83, 4150 Krefeld (T. 59 61 38) - Geb. 12. April 1923 - Stud. Rechtswiss. Ass.ex. - ARsmandate - Rotarier.

SCHWETTMANN, Wilhelm

Dr. rer. pol., Dipl. rer. oec., Kaufmann - Hausstockweg 14, 1000 Berlin 42 - Geb. 26. Jan. 1929 Herne (Vater: Wilhelm Sch.; Mutter: Elfriede, geb. Krause), verh. s. 1952 m. Waltraud, geb. Brendel †1987, 4 Kd. (Volker, Sigrid, Uwe, Bernd), verh. in 2. Ehe m. Renate, geb. Diehne - 1958 Dipl. rer. oec., 1977 Dr. rer. pol. - 1971-74 Verlagsgeschäftsf.; s. 1974 gf. Gesellsch. Wittenbecher GmbH, Berlin, Essen. Versch. jugendsoziolog. Schriften - Liebh.: Musik, Lit.

SCHWEYER, Carl

Dr. jur., Rechtsanwalt, Kompl. Grundbesitz-Anlageges., Köln - Am Gibbelsberg 10, 5000 Köln 41 (T. 49 11 91) - Geb. 4. Aug. 1901 München (Vater: Dr. oec. publ. Dr. jur. Franz S., zul. Bayer. Staatsmin. d. Innern (s. IX. Ausg.); Mutter: Anna, geb. Koeck), kath. - Stud. Rechtswiss., Jurist. Staatsprüf. 1925 u. 28 - 1928-33 Bankjustitiar, 1933-45 Rechtsanw. Köln, 1945-50 Beigeordn., 1950-71 Vorst.-Vors. Gemeinn. AG f. Wohnungsbau ebd. Zeitw. Präs. Dt. u. Intern. Verb. f. Wohnungswesen, Städtebau u. Raumplanung - Gr. BVK - Rotarier.

SCHWICK, Hans-Gerhard

Dr. phil., Wiss. Mitarbeiter Behringwerke AG., Marbach, Honorarprof. f. Physiolog. Chemie Univ. Marburg (Bereich Humanmed.) - Auf'm Gebrande 18, 3550 Marburg-Wehrshausen.

SCHWICKERT, Klaus

Oberbürgermeister Stadt Bielefeld - Stadt Bielefeld, Postfach 181, 4800 Bielefeld.

SCHWIDETZKY-ROESING, Ilse

Dr. phil., Prof. f. Anthropologie - Beuthener Str. Nr. 35, 6500 Mainz - Geb. 6. Sept. 1907 Lissa/Posen (Vater: Georg Schwidetzky, Privatgelehrter; Mutter: Susanne, geb. Schröder), ev., verw., 3 Kd. (Ursula, Ina, Friedrich Wilhelm) - S. 1939 (Habil.) Lehrtätigk. Univ. Breslau (Privatdoz.) u. Mainz (1946 apl., 1960 ao. (Dir. Anthropol. Inst.), 1961 o. Prof.). Spez. Arbeitsgeb.: Bevölkerungsbiol., Sozialanthropol., Prähistor. Anthropol. Fachmitgliedsch. - BV: u. a. Grundzüge d. Völkerbiol., 1950; Problem d. Völkertodes, 1954; D. Menschenbild d. Biol., 1959, 2. A. 1971; Anthropol., 1959, 2. A. 1971 (Fischer-Lexikon 15; m. G. Heberer u. G. Kurth); D. neue Rassenkunde, 1962 (m. A. Remane, H. Walter, R. Knussmann); D. vorspan. Bevölkerung d. Kanar. Inseln, 1963; Unters. z. anthropol. Gliederung Westfalens, 1967 (m. H. Walter); Hauptprobleme d. Anthropol., 1972; Rassensystematik, 1974. Herausg.: Homo - Ztschr. f. d. vergl. Forschung am Menschen (s. 1957), Vergl.-statist. Unters. z. Anthropol. d. Neolithikums (1967), D. Anfänge d. Neolithikums v. Orient b. Nordeuropa (1973); Rassengesch. d. Menschheit - 1966 Med. Rumän. Akad. d. Wiss.; 1968 Alex-Hrdlčka-Med. d. Stadt Humpolec/ČSSR; Broca-Med. d. Soc. d'Anthropol. de Paris; Gorjanovič-Kramberger-Med. d. Kroat. Ges. f. Anthropol.; Ehrenmitgl. Kroat. Ges. f. Anthropol., u. Soc. Belge d'Anthropol.; korr. Mitgl. Hell. Ges. f. Anthropol., Geogr. Soc., Lissabon, Akad. d. Wiss. u. d. Lit., Mainz, Österr. Anthropol. Ges., Wien; 1988 Dr. h.c. Univ. Heraklion/Kreta - Spr.: Poln., Engl., Franz., Span.

SCHWIEGELSHOHN, Karl

Dr.-Ing., Vorsitzender d. Geschäftsführung d. Liebherr-Holding GmbH, Biberach, Liebherr-Aero-Technik GmbH, Lindenberg u. Liebherr-Verzahntechnik GmbH, Kempten, AR Maho AG, Pfronten, Beirat X. Fendt & Co., Marktoberdorf - Hermann-von-Barth-Str. 49, 8960 Kempten - Geb. 15. Febr. 1927 Köln (Vater: Wilhelm S., Obering.), verh. m. Lore, geb. Helwig.

SCHWIER, Hans

Schulrat, Kultusminister u. MdL Nordrh.-Westf. (s. 1970) - Lettow-Vorbeck-Str. 20, 4802 Halle/W. (T. 34 64) - Geb. 21. Febr. 1926 Lerbeck/Porta, verh., 3 Kd. - N. Abit. Päd. Akad. Dortmund - S. 1950 Lehrer, Rektor (1956), Schulrat (1969; Kr. Bielefeld). 1969ff. MdK Halle/W. (Fraktionsf.); zul. Landesmin. f. Wiss. u. Forsch. SPD s. 1952 (Kreisvors. Halle u. a.).

SCHWIER, Walter

Stadtdirektor - Gildenweg 6, 5804 Herdecke/Ruhr (T. 30 95) - Geb. 17. Aug. 1916 Todtenhausen/W., verh., 2 Kd. - Volks- u. Aufbausch.; kaufm. Ausbild.; 7 Sem. Verw.sakad. Meinberg - Wehrmacht, Verw.sangest., Kommunalbeamter, Kreisoberinsp. Minden, Amts- u. Stadtdir. Herdecke. 1958-75 m. Unterbr. MdL NRW. 1931-33 SAJ; s. 1946 SPD (Mitgl. Unterbezirksvorst. Hagen-Ennepe/Ruhr).

SCHWIERS, Ellen

Schauspielerin - Am Kreuzweg 85, 8137 Berg (T. Starnberg 56 52) - Geb. 11. Juni 1930 Stettin (Vater: Lutz S., Schausp.), verh. m. Peter Jacob †1992 (Kulturfilmregiss.), 2 Kd. (Katarina, Daniel †1985) - Bühne (u. a. 1968 UA. Zürich: Biografie); Film (üb. 40 Rollen); Fernsehen. S. 1984 Leiter. Festsp. Jagsthausen, s. 1982 Tourneeuntern. Das Ensemble - 1989 BVK I. Kl.

SCHWIETE, M. Rolf

Dr. rer. nat., Fabrikant, geschäftsf. Gesellschafter van Baerle Chem. Fabrik GmbH + Co, Gernsheim, Silinwerk GmbH. ebd. u. Chem. Fabrik Silicium GmbH., Frankfurt/M. - Mainzer Str. 35, 6084 Gernsheim/Rh. - Geb. 10. Jan. 1922 Frankfurt/M., kath. - Stud. Chemie. Promot. 1955.

SCHWILLING, Werner

Dr. rer. pol., Generalbevollmächtigter Dt. Bank AG - Königsallee 55, 4000 Düsseldorf 1 - Geb. 11. Febr. 1933 Waldalgesheim, kath., verh., 2 Kd. (Andreas, Annette) - Banklehre; Stud. Wirtsch. u. Sozialwiss. Univ. Köln (Dipl.-Kfm. 1958, Promot. 1963) - Chef Zentrale Börsenabt., stv. Mitgl. Düsseldorfer Börsenvorst., AR-Mand., Anlageaussch. - BV: Lexikon d. Geldanlage; u. div. Veröff. - Spr.: Engl.

SCHWINCK, Alexander

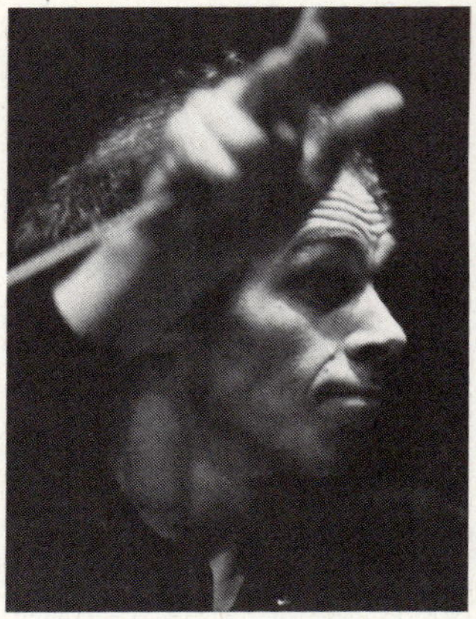

Dirigent, Generalmusikdirektor Staatl. Sinfonieorchester Istanbul (s. 1990) - Trappenbergstr. 24, 4300 Essen 1 (T. 0201 - 44 01 68; Telefax 0201 - 44 42 30) - Geb. 19. Dez. Darmstadt - Stud. 1974-79 Musikhochsch. d. Saarlandes; Meisterschüler v. Franco Ferrara (Siena), Hans Swarowsky (Wien u. Ossiach), Rafael Kubelik (Luzern) u. Kyrill Kondraschin (Hilversum); 1977 Dirigentenkurs in Tanglewood/USA b. Gunter Schuller, Seiji Ozawa u. Leonard Bernstein - 1976 Assist. v. Leonard Bernstein in New York; 1979-83 Kapellmeister Landestheater Coburg u. Hess. Staatstheater Wiesbaden; 1983 Doz. b. d. Jungen Dt. Philharmonie (Assist. v. Gary Bertini u. Lorin Maazel); 1984 Lehrauftr. Fachakad. f. Musik Nürnberg; 1984-86 musikal. Leit. d. Intern. Jugend-Festspieltreffen Bayreuth; 1985-89 Chefdirig. Folkwang Kammerorch. Essen; 1988/89 GMD Staatsoper Istanbul - Festspielmitwirkungen in Wiesbaden, Schlesw.-Holst., Bayreuth, Venedig, Izmir, Istanbul u. Ankara; 1988 Japan-Debut - 1975 Diploma d'Onore in Siena; 1976 u. 77 Preisträger b. Dirigentenwettbewerb d. Dt. Musikrats u. Teilnehmer d. 21. u. 22. Bundesauswahl Konzerte Junger Künstler; 1979 Mozart-Preis Mozart-Ges. Wiesbaden.

SCHWIND, Ernst

Dipl.-Brau-Ing., geschäftsf. Gesellsch. Philipp Schwind oHG, Gesellsch. Heylands Brauerei GmbH, u. Brauerei Schlappeseppel GmbH, alle Aschaffenburg - Yorckstr. 33, 8750 Aschaffenburg - Geb. 26. Juli 1927, kath., verh. s. 1954 m. Christine, geb. Wadenspanner, 3 Kd. (Eva-Maria, Susanne, Ralph) - Obersch. (Abit.); 2 J. Brauerlehrling; Stud. TH München (Dipl.) - S. 1957 Förderer u. Ehrenpräs. Bayer. Betriebssportverb.; s. 1958 Vertr. AOK; s. 1972 Handelsrichter LG Aschaffenburg; s. 1973 Deleg. Bayer. Brauerbund; s. 1975 IHK-Vollvers.; s. 1979 Vorst.-Mitgl. AOK - 1987 BVK am Bde. - Spr.: Engl.

SCHWIND, Hans-Dieter

Dr. jur., Prof. f. Kriminologie u. Strafvollzug Univ. Bochum - Universitätsstr. 150 GC 5, 4630 Bochum (T. 700 52 45) - Geb. 31. Mai 1936 Tokio (Vater: Martin S., Prof.; Mutter: Eva, geb. Klamroth), ev., verh. m. Stud.rätin Ortrud, geb. Haas, 3 Kd. (Elke-Christine, Maike-Brigitte, Jan-Volker Immo) - Univ. München, Göttingen u. Hamburg - 1974 o. Prof.; 1978-82 Nieders. Min. d. Justiz; 1981 Vors. Justizmin.-Konfz. d. Länder; s. 1981 Vors. Fachkomm. Kriminalpolitik d. CDU/CSU; 1984-89 Präs. d. Dt. Kriminolog. Ges.; s. 1988 Vors. Unabhängige Reg.kommiss. z. Verhinderung u. Bekämpfung v. Gewalt (Gewaltkommiss.); 1990/91 beteiligt am Neuaufbau d. Jurist. Fak. in Greifswald u. Jena; s. 1988 Oberstleutn. d. Res. - BV: Dunkelfeldforschung in Göttingen 1973/74, 1975; Strafvollzug in d. Praxis, 2. A. 1988; Empir. Kriminalgeogr., 1978; Präventive Kriminalpolitik 1980; Modelle z. Kriminalitätsvorbeug. u. Resozialisier., 1982;

Kommentar z. Strafvollzugsgesetz (zus. m. Alexander Böhm), 2. A. 1991; Kriminologie, 4. A. 1991 - 1981 Gr. BVK; 1981 Ehrenmitgl. Verb. d. Reservisten d. Dt. Bundeswehr; 1982 Beccaria-Med. in Gold (Dt. Kriminol. Ges.); 1987 Bul-le-mérite d. Bundes Dt. Kriminalbeamter (BdK).

SCHWIND, Hermann

Dr.-Ing., Prof. f. Anlagentechnik Univ. Dortmund - Stockumer Str. 424, 4600 Dortmund 50 - Geb. 18. März 1923 Mannheim (Vater: Otto Sch., Fabrikant; Mutter: Helene, geb. Bender), ev., verh. s. 1954 m. Irene, geb. Schwind, 2 Kd. (Iselin, Hermann-Ulrich) - 1942-48 Stud. Masch.bau TH Karlsruhe (Dipl.); Promot. 1952 - Ab 1953 Ind.tätigk. (USA: Forsch. u. Entw.; Chem. Ind. Bundesrep. Anlagenproj.); ab 1970 Lehrst. f. Anlagentechnik Univ. Dortmund. Div. Patente. Wiss. Veröff. in Fachztschr. - Spr.: Engl., Franz.

SCHWIND, Otmar

Dipl.-Kfm., Vorstandsvorsitzender Stadtsparkasse Aachen (s. 1972) - Münsterplatz 7-9, 5100 Aachen - Geb. 1. Sept. 1928 Aschaffenburg, kath., verh. s. 1954, 2 Kd. - Gymn.; Stud. d. Betriebswirtsch. Univ. Würzburg u. München; Dipl.ex. 1953 - 1953-64 versch. Sparkassen, 1964 Stadtsparkasse Osnabrück (Vorst.-Mitgl.), s. 1967 Stadtspark. Aachen (Vorst.-Mitgl.), s. 1972 Vorst.-Vors. Stadtsparkasse Aachen, Finanzrichter, div. AR- u. Beiratsmandate, Mitgliedschaften, Ämter u. Ehrenämter - Spr.: Engl. - Lions Club.

SCHWINDT, Helmut

Oberbürgermeister Bad Kreuznach - Zu erreichen üb. Stadtverwaltung, Hochstr. 48, 6550 Bad Kreuznach - Geb. 5 März 1941.

SCHWINEKÖPER, Berent

Dr. phil., Prof., Stadtarchivdir. a.D. - Zähringer Str. 23, 7800 Freiburg - Geb. 8. Nov. 1912 Magdeburg (Vater: Adolf Sch., Apotheker; Mutter: Helene, geb. Falke), ev., verh. s. 1947 m. Waldtraut, geb. Wieckert, 3 Kd. - Stud. Gesch., German., Hist. Hilfswiss., Kunstgesch. Univ. Göttingen, Wien, Freiburg; Promot. 1937, Prüf. f. d. Lehramt 1939, 1940 Abschlußprüf. Inst. Archivwiss. Berlin; 1940-45 Soldat, Russ. Kriegsgef. - 1941 Ass., 1944 Staatsarchivrat Geh. Staatsarchiv Berlin, 1947 Magdeburg, 1959 Freiburg. 1955 Lehrauftr. Berlin u. 1962 Freiburg, 1972 Hon.-Univ. Prof. - Ca. 190 Bücher u. wiss. Veröff. - 1968 ao. Mitgl. Hist. Kommiss. Bayer. Akad. d. Wiss. München u. zahlr. and. wiss. Institutionen - Spr.: Engl., Franz., Lat. - Lit.: Festschr. B. Sch. m. Bibliogr. (1982).

SCHWINGE, Erich

Dr. jur., o. Prof. f. Straf- u. Prozeßrecht, Rechts- phil. u. Öfftl. Recht (emerit.) - v.-Harnack-Str. 27, 3550 Marburg/L. (T. 6 64 87) - Geb. 15. Jan. 1903 Jena, ev., verh., 4 Kd. - 1930-32 Privatdoz. Univ. Bonn, dann Ord. Univ. Halle, Marburg (1936 u. wied. n. Kriegsende; 1954/55 Rektor), Wien (1940); Kriegsdienst 1939 u. 1941-45 - BV: Kommentar z. MSTGB, 6. A. 1944; Irrationalismus u. Ganzheitsbetrachtung in d. Rechtswissenschaft, 1938 (auch jap.); Welt u. Werkstatt d. Forschers, 1957; Grundl. d. Revisionsrechts, 2. A. 1960; D. Jurist u. s. Beruf - E. Einf. in d. Rechtswiss., 1960 (auch jap.); D. fehlerhafte Staatsakt im Mobiliarvollstreckungsrecht, 2. A. 1963; D. Jurist in d. mod. Ges., 1964; unt. Maximilian Jacta: Berühmte Strafprozesse, 1962ff. (b. 1974 12 Bde., auch niederl., franz., rumän., ungar., slowak.; GA. üb. 650 Ts.); Bilanz d. Kriegsgeneration, 15. A. 1990; Churchill u. Roosevelt aus kontinentaleurop. Sicht, 4. A. 1986; D. Staatsmann, 1983; Ehrenschutz heute, 1988; Verfälschung u. Wahrheit. D. Bild d. Wehrmachtgerichtsbarkeit, 2. A. 1992; Machtmißbrauch d. Massenmedien. D. Ohnmacht d. Bürgers, 2. A. 1991; Bundeswehr u. Wehrmacht. Z. Problem d. Traditionswürdigkeit, 1991. Herausg.: O. P. Schweling: D. dt. Militärgerichtsbarkeit in d. Zeit d. NS. (2. A. 1978) - Festschr. z. 70. Geburtstag.

SCHWINGE, Ernst-Richard

Dr. phil., o. Prof. f. Klass. Philologie (insbes. Graezistik) Univ. Kiel - Am Wildgehege 8, 2300 Kiel 1 - Geb. 4. Sept. 1934 Berlin, ev., verh. s. 1964, 2 Kd. (Christina, Tobias) - Promot. u. Staatsex. 1960, Habil. 1967 - S. 1976 o. Prof. Univ. Kiel - BV: D. Stell. d. Trachinierinnen im Werk d. Sophokles, 1962; D. Verwend. d. Stichomythie in d. Dramen d. Euripides, 1968; Künstlichkeit v. Kunst. Z. Gesch.lichkeit d. alexandrinischen Poesie, 1986; Goethe u. d. Poesie d. Griechen, 1986. Herausg.: Euripides, Wege d. Forsch. (1968).

SCHWINGEL, Paul

Dipl.-Ing., Geschäftsführer Dipl.-Ing. Paul Schwingel GmbH., Leverkusen - Hebbelstr. 13, 5090 Leverkusen 1 - Geb. 21. Febr. 1907.

SCHWINGENSTEIN, Alfred

Dr. oec. publ., Dipl.-Volksw., Verleger - Pagodenburgstr. 14, 8000 München 60 - Geb. 16. Dez. 1919 Ulm/D. (Vater: August S.; Mutter: Maria, geb. Fuhler), kath., verh. s. 1944 m. Magdalene, geb. Böhner, 5 Kd. (Christoph, Ulrich, Gerburg, Florian, Konrad) - Gymn.; Stud. München - S. 1945 Südd. Verlag GmbH, München - 1984 Gold. Bayer. Verfassungsmed.; 1985 BVK I. Kl.; 1988 Bayer. VO - Spr.: Engl.

SCHWINGER, Walter-Wolfram

Dr. phil., Operndirektor Württemberg. Staatstheater, Stuttgart (1975-91), stv. Generalintendant (1986-91), Künstler. Berater d. Staatstheater Stuttgart u. der Internat. Bachakad. Stuttgart (s. 1991) - Marienbader Str. 11, 7000 Stuttgart 50 (T. 0711 - 56 56 86) - Geb. 14. Juli 1928 Dresden (Vater: Waldemar S., Pfarrer; Mutter: Waltraud, geb. Winter), ev., verh. s. 1954 m. Dr. phil. Margarete, geb. Treisch, 3 Kd. (Claudia, Konstanze, Malte) - Kreuzsch. (hum. Gymn.) Dresden, Musik- u. Theaterwiss. Humboldt-Univ. Berlin - Musikkritiker (b. 1960 Berlin, 1960-64 Hannover), 1964-75 Leit. Musikredaktion Stuttgarter Ztg. - BV: Er komponierte Amerika (George Gershwin), 1960, Neuaufl. 1983; Penderecki - Begegnungen, Lebensdaten, Werkkommentare (1979, engl. Ausg. 1989) - 1986 BVK I. Kl.

SCHWINK, Christoph

Dr. rer. nat., o. Prof. u. Direktor Inst. A f. Physik TU Braunschweig (s. 1967) - Spitzwegstr. 21, 3300 Braunschweig (T. 33 95 83) - Geb. 20. März 1928 München (Vater: Dr. jur. Walther S., Rechtsanw.; Mutter: geb. Kauper), verh. s. 1960 m. Dipl.-Phys. Annelies, geb. Jaeger - Stud. Physik. Promot. u. Habil. München.

SCHWIRTZ, Herbert

Kommunalbeamter a. D., MdL Nordrh.-Westf. (s. 1975) - Steeler Str. 86b, 4630 Bochum-Wattenscheid - Geb. 31. Dez. 1929 - U. a. Oberbürgerm. Stadt Wattenscheid. Stadtratsmitgl. Wattenscheid (Fraktionsf.). SPD.

SCHWIRTZ, Karl-Heinz

Generalsekretär Dt. Turner-Bund (1980-90), Projekt- u. Beratungsbüro Sportorganisation (s. 1991) - 7595 Sasbachwalden.

SCHWITZGEBEL, Helmut

Dr. phil., Direktor Hess. Landesbibliothek i. R. (1971-88) - Ernst-v.-Harnack-Str. 9, 6200 Wiesbaden - Geb. 27. April 1925 Hannover (Vater: Fritz S., Oberbürgerm.; Mutter: Pauline, geb. Kurz), verh. m. Annemarie, geb. Benke - Stud. Mainz (Phil., dt. u. engl. Philol. u. Lit., Altphilol.) - Bibl.dst. Regensburg u. Düsseldorf, s. 1971 Wiesbaden - BV: Urkundenspr. u. Mundart, 1957; D. erzählte Stadt - Wiesbaden in d. Romanlit. d. 19./20. Jh., 1974; G. Freytags Soll u. Haben in d. Tradition d. dt. Kaufmannsr., 1980-82; Lit. Leben in Nassau, 1981; R. Wagner in Wiesbaden, 1983; Wagner am Rhein, 1983; Wiesbadener Theater um d. Jahrhundertwende, 1988; D. Hohenzollernschausp. v. Josef Lauff, 1988.

SCHWOCHAU, Klaus

Dr. rer. nat., Dipl.-Chemiker, Prof. f. Anorg. Chemie, Abteilungsleiter Forschungszentrum Jülich - Nordstr. 48, 5170 Jülich (T. 02461 - 71 94) - Geb. 20. Mai 1930 Hannover (Vater: Paul S., Beamter; Mutter: Martha, geb. Steinmeier), ev., verh. s. 1959 m. Dr. Irene, geb. Layh - Chemie-Stud. Univ. Mainz; Dipl. 1959; Promot. 1961 Köln; Habil. 1971 Aachen; s. 1977 apl. Prof. TH Aachen - 1967-75 Abt.-Leit. KFA Jülich, Inst. f. Nuklearchemie; 1975-82 Inst. f. Angew. Physikal. Chemie; s. 1983 Inst. f. Erdöl u. Organ. Geochemie; Vorlesungen in Aachen. 1981, 85 u. 90 Gastprof. Science Univ., 91 Gastprof. Metropolitan Univ. Tokyo. Publ. in Fachztschr. u. Fachb. - Liebh.: Tierbeobachtungen, Musik, Schwimmen - Spr.: Engl.

SCHWÖBEL, Christoph

Dr. theol., Theologe - 40 Kenilworth Gardens, GB Westcliff-on-Sea, Essex SS0 OBH - Geb. 19. Febr. 1955 Frankfurt/M. (Vater: Karl S., Pfarrer; Mutter: Gerlind, geb. Zitelmann), ev., verh. s. 1977 m. Marlene, geb. Hentschel, 4 Kd. (Martin, Christine, Johannes, Stephan) - Kirchl. Hochsch. Bethel, Univ. Marburg, Ex. 1977, Promot. 1978, Habil. 1990 - 1981-86 Hochsch.-Assist. Univ. Marburg, 1986 Lecturer in Systematic Theology, King's College London, Director Research Inst. in Systematic Theology - BV: Martin Rade. D. Verhältnis v. Gesch., Relig. u. Moral als Grundprobl. s. Theol., 1980; Persons: Divina and Human (m. C. E. Gunton), 1991; Action and Revelation, Ged. 1992. Herausg.: Karl Barth- Martin Rade. E. Briefwechsel, 1981; M. Rade: Ausgew. Schr., Bd. 1 1983; Bd. 2 1986; Bd. 3 1988 u. a.

SCHWÖRER, Hermann

Dr. jur., Fabrikant, MdB (s. 1958; Wahlkr. 197/Balingen), Mitgl. Europ. Parlament (s. 1970) - Bahnhofstr. 2, 7480 Sigmaringen/Hoh. (T. 30 31) - Geb. 1. Mai 1922 Oberstetten/Württ. (Vater: Fabr.), kath. - Progymn. Rottenburg, Obersch. Eßlingen; n. Arbeitsdst. Univ. Tübingen (Rechts- u. Staatswiss.; Stud. durch Kriegsdst. (1941-45) unterbr., zul. Ltn. u. Kompanief.). Promot. 1950 - S. 1950 Familienuntern. (Hans Schwörer KG.; Baustoffw.). CDU s. 1951 (u. a. Vors. Kreisverb. Sigmaringen u. Mitgl. Landesvorst. Südwürtt.-Hoh.) - 1982 Gr. BVK.

SCHWOERER, Markus

Dr. rer. nat., Prof. f. Physik Univ. Bayreuth - Bergfriedstr. 25, 8580 Bayreuth (T. 0921 - 9 91 09) - Geb. 9. März 1937 Waiblingen (Vater: Dr. Paul Sch., Arzt; Mutter: Gertrud, geb. Metzger), verh. s. 1962 m. Hannelore, geb. Buck, 3 Kd. (Heinrich, Friederike, Moritz) - Univ. Stuttgart (Physik-Dipl. 1963 Stuttgart, Promot. 1967, Habil. 1973) - 1974 wiss. Rat u. Prof. Univ. Stuttgart; s. 1975 o. Prof. Univ. Bayreuth - 1974 Jahrespreis f. Chemie Göttinger Akad. d. Wiss.; 1985 BVK am Bde. - Liebh.: Bergsteigen - Spr.: Engl., Franz. - Bek. Vorf.: Dr. h. c. mult., Dr.-Ing. E. h. Victor Sch. (Großvater).

SCHWOIM, Alois

Fernsehjournalist, Geschäftsf. Bonn-TV Medien-GmbH - Holbeinstr. 2, 5300 Bonn 2 (T. 0228 - 37 68 78) - Geb. 25. April 1949 Prüm/Eifel (Vater: Alois Sch., Kaufm.; Mutter: Marta, geb. Kopera), kath., verh. s. 1972 m. Anneliese, geb. Thein - Univ. Köln; Staatsex. 1976 in Sozialwiss. (Volksw., Soziol., Politol.) u. Päd. - S. 1979 Geschäftsf. Bonn-TV Medien-GmbH. Mitgl. Bundespressekonfz. Spez. Arbeitsgeb.: Innen- u. Wirtschaftspolitik - - Spr.: Engl., Franz.

SCHWONKE, Martin

Dr. phil., Prof., Hochschullehrer em. - Königsberger Str. 12, 3406 Bovenden (T. Göttingen 88 85) - Geb. 9. Febr. 1923 Marienwerder/Westpr., ev., verh. s. 1960 m. Dr. Herta, geb. Brögelmann, 3 Töcht. (Martina, Sybil, Verena) - Päd. Hochsch. Braunschweig; Univ. Göttingen. Promot. 1956 - S. 1962 Prof. Göttingen (Soziol.) - BV: V. Staatsroman u. Science Fiction, 1957; Wolfsburg - Analyse e. jg. Industriegemeinde, 1967 (m. U. Herlyn); Sozialisation u. Sozialstruktur, 2. A. 1981.

SCHYDLO, Reinhard

Dr. med., Arzt f. Kinder- u. Jugendpsychiatrie, Kinderheilkunde, Psychotherapie - Herzogstr. 89-91, 4000 Düsseldorf 1 (T. 0211 - 37 81 91) - Geb. 10. Jan. 1944 Gleiwitz, kath., verh., 2 Kd. (Eva-Maria, Boris) - Gymn. Mönchengladb., Med.-Stud. in Köln, Clermont-Ferrand u. Düsseldorf; Promot. 1968. Weiterbildung in Kanada, Schweiz, Bonn u. Düsseldorf - S. 1977 in Gemeinschaftspraxis (Modellpraxis d. Bundesgesundheitsmin.) f. Kinder- u. Jugendpsychiatrie in Düsseldorf; Gründer Berufsverb. d. Ärzte f. Kinder- u. Jugendpsychiatrie in Deutschland e.V., 1978-88 Vors., s. 1989 Ehrenmitgl.; s. 1987 Deleg. d. Bundesrep. Dtschl. b. d. UEMS (Vereing. d. europ. Fachärzte) Brüssel - BV: Psych. beeinträchtigte Kinder u. Jugendl., 1987 - Spr.: Engl., Franz.

SCHYGULLA, Hanna

Schauspielerin - Nymphenburger Str. 67, 8000 München 2 - Geb. 1943 - Theaterhauptrolle: Mutter Courage (1979). Rd. 40 Filme, zul. D. Ehe d. Maria Braun (f. d. Hauptr. Silb. Bär Berlinale, 1979), D 3. Generation (1979), Lili Marleen (1980), D. Fälschung (1981), E. Liebe in Deutschl. (1983); Fernsehen: u. a. 8 Stunden sind kein Tag (Serie, 1972) - Zahlr. Ausz.; 1984 Bambi - Liebh.: Reisen, Malen.

SCOTLAND, Rüdiger

Dr.-Ing., Ministerialdirektor a.D., Generalbevollmächtigter a.D. Dt. Bundesbahn (b. 1982) - Platanenstr. 34, 6094 Bischofsheim.

SCRIBA, Christoph J.

Dr. rer. nat., o. Prof. f. Gesch. d. Naturwiss. Univ. Hamburg - Bundesstr. 55, 2000 Hamburg 13 (T. 41 23 20 94) - verh. s. 1957 m. Inge, geb. Eckel, S. Friedemann - Univ. Marburg u. Gießen (Promot. 1957) - Mehrj. Tätigk. Univ. of Kentucky, Massachusetts, Toronto, 1962-64 Forschungsaufenth. Oxford, 1964-69 Assist. u. Privatdoz. Univ. Hamburg, 1969-75 o. Prof. f. Gesch. d. ex. Wiss. u. d. Techn. TU Berlin - BV: J. Gregorys fr. Schriften z. Infinitesimalrechnung, 1957; Studien z. Math. d. John Wallis, 1966; The Concept of Number, 1968. Div. Einzelarb. - Mitgl. Acad. Intern. d'Histoire des Sciences, Paris (1967 korr., 1971 o.) u. Dt. Akad. d. Naturforscher (Leopoldina), Halle (1972) - Vater: Hans S., Pfarrer; Mutter: Walberta, geb. Becker.

SCRIBA, Peter C.

Dr. med., Prof., Direktor Med. Klinik Klinikum Innenstadt, Univ. München (s. 1990) - Ziemssenstr. 1, 8000 München 2 (T. 089 - 51 60-21 00) - Geb. 19. Aug. 1935 Hamburg, ev.-luth., verh. m. Marisa, geb. Mikorey, 4 Kd. (Franziska, Johanna, Daniel, Eva) - Stud. Univ. Hamburg u. Freiburg (Promot. 1959), Habil. 1967 - B. 1980 Assist. u. Oberarzt Med. Klinik Innenstadt Univ. München; 1984-87 Vizepräs. Med. Univ. zu Lübeck, 1987-90 Rektor ebd.

SEAMAN, David

Kapellmeister, Mitbegr. u. Musikal. Leiter Pocket Opera Company Nürnberg (s. 1974) - Wohnh. in Cardiff (Engl.); zu erreichen üb. Pocket Opera Company, Gertrudstr. 21, 8500 Nürnberg - Geb. 14. Febr. 1943 London, anglikan., verh. s. 1971 m. Christine, geb. Daltry, 3 Kd. (Caroline, Jennifer, Anthony) - Stud.

Campridge (B.A. 1964, B. Mus. 1965), London u. Hamburg - 1974-78 2. Kapellm. Städt. Bühnen Nürnberg; 1978-81 1. Kapellm. u. Studienleit. Landestheater Coburg; s. 1981 Kapellm. u. Chorleit. National Oper Wales; s. 1984 Musikal. Leit. u. Bearb. St. Donats Musictheatre Ensemble. Bearb.: D. Vampyr (Marschner), La Wally (Catalani), Lucrezia Borgia (Donizetti), La Grande Duchesse de Gerolstein (Offenbach); La Gioconda (Ponchielli); Hänsel & Gretel (Humperdinck); D. Ring d. Nibelungen (Wagner); Semiramide (Rossini); Brecht-Weill-Lieder; J. Strauss, Suppé, u.a. - Liebh.: Wandern.

SEARCY, Imke

Cellistin (Ps. Searcy-Heitmann) - Ringstr. 19, 6384 Schmitten 6 - Geb. 5. März 1941 Lübeck (Vater: Hans Heitmann, Schriftst.; Mutter: Annelise, geb. Boysen), gesch. - Staatl. Hochsch. f. Musik Freiburg (Prof. A. Teichmanis); Künstl. Reife-Prüf. 1966 New England Conservat., Boston (USA), Artist's Dipl. - Solocellistin: Bergen, Norw., Nordwestdt. Philharmonie, RSO Frankfurt. 1966 Lehrauftr. f. Cello Musikhochsch. Freiburg, 1974 Frankfurt - Liebh.: Garten, Katzen, Yoga, Esoterik - Spr.: Engl., Franz.

SEBALDT, Maria

Schauspielerin - Geranienstr. 3, 8022 Grünwald/Obb. (T. 641 37 31) - Geb. 26. April 1930 Berlin (Vater: Werner S.), kath., verh. s. 1965 m. Robert Freitag (Schausp. u. Regiss.; s. dort), T. Katharina - Obersch.; Schauspielausbild. Annemarie Asmus - S. 1946 Landestheater Sondershausen u. Berliner Bühnen (1950). Bühne: Eve (D. zerbrochene Krug), Klärchen (Egmont), Rautendelein (D. versunkene Glocke), Franziska (Minna v. Barnhelm) u. a. Film: u. a. D. Zigeunerbaron, D. Zarewitsch, Mädchen ohne Grenzen, D. Hptm. v. Köpenick, Vater, Mutter u. 9 Kd., Patricia, Im 6. Stock, Barbara, Bekenntnisse e. möblierten Herrn, D. schwarze Schaf, Charleys Tante, Vorsicht - Mr. Dott!, D. Gejagten d. Sierra Nevada; Fernsehen: D. Abgründige in Herrn Gerstenberg, Oh, diese Geister, Zu e. Mord gehören zwei, D. Wicherts (Serie, ZDF) - Liebh.: Kochen, Schallplatten (Klass. Musik u. Jazz) - Spr.: Engl.

SEBENING, Friedrich Emil

Dr. med., Prof., Direktor Klinik f. Herz- u. Gefäßchir. Dt. Herzzentrum München (s. 1973) - Lothstr. 11, 8000 München 2 (T. 12 09 01) - Geb. 19. März 1930 Frankfurt/M. (Vater: Prof. Dr. med. Walter S., Chir.; Mutter: Herta, geb. Schumacher), ev., verh. s. 1953 m. Annie, geb. Romain, 2 Kd. (Christian, Thomas) - Schule Schloß Salem; Stud. Univ. Heidelberg (Staatsex. 1954); Syracuse, N. Y./USA; München; Habil. 1965 - In- u. ausl. Fachges. - 1982 Bayer. VO; 1984 Ehrenmitgl. Österr. Ges. f. Chirurgie, 1984 Ungar. Ges. f. Kardiol., 1985 Intern. Fellow d. American Heart Assoc.; 1986 Hon.-Prof. Chin. Akad. d. Med. Wiss., China; 1987 BVK I. Kl.

SEBIGER, Heinz

Dipl.-Volksw., Dr. rer. pol. h. c., Vorstandsvorsitzender DATEV, Datenverarbeitungsorganisation d. steuerberatenden Berufes in d. Bundesrep. Dtschl., Präs. Steuerberaterkammer, bde. Nürnberg - Am Doktorsfeld 42, 8500 Nürnberg - Geb. 9. März 1923 - Mitgl. Wirtschaftsbeirat Stadt Nürnberg - BVK, Staatsmed. f. bes. Verdienste um d. bayer. Wirtschaft.

SEBOTT, Reinhold, S. J.

Dr. jur. can., Dr. theol., Lic. phil., Prof. f. Kirchenrecht Phil.-Theol. Hochschule St. Georgen (1981ff.) - Offenbacher Landstr. 224, 6000 Frankfurt/M. 70 - Geb. 23. März 1937 Fulda (Vater: Josef S., Landw.; Mutter: Katharina, geb. Betz), kath. - Realgymn. Fulda; Hochsch. f. Phil. München (Phil.; Lic. 1962); PhThH St. Georgen Frankfurt (Theol.; Lic. 1968); Univ. Gregoriana Rom (Kirchenrecht; Promot. 1974). Habil. 1977 St. Georgen; Rom (Theol.; Promot. 1980) - S. 1957 Ges. Jesu (1967 Priester). 1974ff. lehrbeauftr. Prof. Gregoriana - BV: D. Problem d. Religionsfreiheit b. John Courtney Murray, 1974; Religionsfreiheit u. Verhältnis v. Kirche u. Staat, 1977; D. theolog. Grundleg. d. Rechtes in d. kath. Kirche, 1980; D. neue kirchl. Eherecht, 2. A. 1990; Il diritto matrimoniale della chiesa, (m. C. Marucci) 1985; Einf. in d. Kirchenrecht (m. Hans-Joachim Höhn), 1987; D. neue Ordensrecht, 1988; D. kirchliche Strafrecht, 1992 - Liebh.: Sport (Leicht- u. Schwerathletik; 1955 Dt. Jugend-, 56 Dt. Juniorenmeister) - Spr.: Lat., Ital., Engl., Franz.

SECKEL, Curt

Dr. phil., Kunsthistoriker - Hauptstr. 74, 8132 Tutzing/Obb. (T. 08158 - 85 22) - Geb. 23. März 1901 Weimar (Vater: Christian S., Postbeamter; Mutter: Luise, geb. Hellmich), ev., verh. s. 1958 m. Dr. Anne, geb. Knöppler - Univ. Berlin, München, Florenz, Rom (Kunstgesch., Archäol., Gesch.) - Fr. Schriftst. B. 1960 Vors. ZEN/Vereinig. abstrakter Maler in Dtschl. - BV: Maßstäbe d. Kunst im 20. Jahrhundert - Soziol.-ästhet.-psych. Kriterien d. mod. Malerei, 1967 (auch ital.).

SECKEL, Dietrich

Dr. phil., Prof. f. Ostasiat. Kunstgesch. (emerit.) - Hans-Thoma-Str. 49, 6900 Heidelberg (T. 4 40 75) - Geb. 6. Aug. 1910 Berlin (Vater: Prof. Emil S., Rechtsgelehrter) - Gymn. u. Univ. Berlin (Kunstgesch., German.). Promot. 1937 Berlin; Habil. 1948 Heidelberg - 1937-47 Lektor f. Dt. Spr. u. Doz. f. Dt. Lit. jap. Hochsch. (u. a. Kaiserl. Univ. Tokio); s. 1948 Privatdoz., apl. Prof. u. Ord. (1965) Univ. Heidelberg (erster dt. Lehrstuhl ds. Fachricht.). 1983 korr. Mitgl. Heidelbg. Akad. d. Wiss. - BV: Hölderlins Sprachrhythmus, 1937 (Leipzig); D. Ursprung d. Torii, m. O. Karow 1942 (Tokio); Kariteimo, d. buddhist. Madonna in d. jap. Kunst, 1944 (Tokio); Grundzüge d. buddhist. Malerei, 1945 (Tokio); Buddhist. Kunst Ostasiens, 1957 (Stuttgart); Andô Hiroshige, Tôkaidô-Landschaften, 1958 (Baden-Baden); Emaki, d. Kunst d. klass. jap. Bilderrollen, 1959 (Zürich; auch engl., amerik., franz., ital.); Einf. in d. Kunst Ostasiens, 1960; Kunst d. Buddhismus, in: Kunst d. Welt, 2. A. 1964 (auch engl., franz., ital., holl., schwed., span., hebr.); Jenseits d. Bildes. Anikonische Symbolik in d. buddhist. Kunst, 1976; Schriften-Verz. m. e. autobiogr. Ess.: Mein Weg z. Kunst Ostasiens, 1981; Buddhist. Tempelnamen in Japan, 1985 - 1987 Prix Stanislas Julien (Acad. d. Inscriptions et Belles-Lettres, Paris); 1991 Orden vom Heiligen Schatz (Jap. Regierung). - Bek. Vorf.: Prof. Paul Hinschius (†1898), Kirchenrechtler Berlin (Großv. ms.).

SECKFORT, Helmut

Dr. med., Prof., Obermedizinaldirektor, Chefarzt Med. Klinik u. Ärztl. Dir. Zweckverb. Stadt- u. Kreiskrkhs. Minden (s. 1961) - Bismarckstr. 6, 4950 Minden/W. (T. 20 66) - Geb. 7. März 1920 Düsseldorf (Vater: Heinrich S., Bankbeamter; Mutter: Elfriede, geb. Butzmühlen), ev., verh. s. 1950 m. Eva, geb. Schwerter, 3 Kd. (Alexa, Claudia, Jochen) - Med. Staatsex. 1944 Tübingen - S. 1954 (Habil.) Lehrtätigk. Univ. Mainz (1960 apl. Prof.; b. 1961 Oberarzt Med. Klinik). Üb. 100 Arbeiten z. Inn. Med. - Liebh.: Musik, Jagd, Sport - Spr.: Engl., Franz.

SECKLER, Max

Dr. theol., Prof. f. Fundamentaltheologie Univ. Tübingen (s. 1964) - Sommerhalde 5, 7400 Tübingen 6 - Geb. 23. Sept. 1927 Westerhofen - Stud. Tübingen, Paris, Rom (Anima), München. Promot. 1958 Tübingen; Habil. 1964 München. Dir. d. f.th. Seminar Univ. Tübingen - BV: Instinkt u. Glaubenswille n. Thomas v. Aquin, 1961; D. Heil in d. Geschichte, 1964; Hoffnungsversuche, 1972; Theologie vor Gericht. D. Fall Wilhelm Koch - E. Bericht, 1972. Register zur Theol. Quartalschrift, 1975; Im Spannungsfeld v. Wiss. u. Kirche. Theol. als schöpfer. Ausleg. d. Wirklichkeit, 1980; Lehramt u. Theol., 1981; Handb. d. Fundamentaltheol. (Hrsg. u. Autor) I-IV, 1985-88; D. schiefen Wände d. Lehrhauses. Katholizität als Herausforderung, 1988 - Übers.: Bouillard, Blondel u. d. Christentum, 1963 - Abh.: Vergil, 1965; D. Fortschrittsgedanke in d. Theologie, 1967; D. Theologie als kirchl. Wissensch. nach Pius XII. u. Paul VI., 1969; Sind Religionen Heilswege?, 1970; Thomas v. A. u. d. Theologie, 1976; Konflikt u. Einheit in d. Kirche, 1977; Theologie, Rel.-Philosophie, Rel.-Wissensch., 1977; J. S. Drey u. d. Theologie, 1978; V. Geist u. v. d. Funktion d. Theol. im MA, 1979; Aufklärung u. Offenbg., 1980; D. schöpfer. Wort, 1980; Reich Gottes als Thema d. Denkens, 1981; Kirchl. Lehramt u. theol. Wiss., 1982; Kritik-Krise-Kritizismus, 1982; Tradition u. Fortschritt, 1982; Weltoffene Katholizität, 1982; Theosoterik u. Autosoterik, 1982; Theologein. E. Grundidee in dreif. Ausgestaltung, 1983; D. Eine Ganze u. d. Theol. (Festschr. K. Rahner), 1984; Z. Interdependenz v. Aufklärung u. Offenbarung, 1985; Theol. d. Religionen m. Fragezeichen, 1986; D. ekklesiologische Bedeutung d. Systems d. loci theologici. Erkenntnistheoretische Katholizität und strukturale Weisheit (Festschr. Ratzinger), 1987; D. Reich-Gottes-Idee in d. Anfängen d. Kath. Tübinger Schule, 1988; Was heißt Offenbarungsreligion?, 1988; Synodos d. Religionen, 1989; Toleranz, Wahrheit, Humanität, 1989; D. christl. Glaube u. d. Wissenschaft, 1990; Philosophia ancilla theologiae?, 1991.

SEDLMEIR, Max

I. Bürgermeister - Rathaus, 8905 Mering/Schw. - Geb. 5. April 1933 Mering - Landw. CSU.

SEE, von, Klaus

Dr. phil., o. Prof. f. German. Philologie - Schumannstr. 53, 6000 Frankfurt/M. (T. 74 91 27) - Geb. 10. Aug. 1927 Altendorf - S. 1962 (Habil.) Lehrtätigk. Univ. Hamburg u. Frankfurt (1962 ao., 1963 o. Prof.; Dir. Dt. Sem.) - BV: D. Jütsche Recht, 1960; Altnord. Rechtswörter, 1964; German. Verskunst, 1967; Dt. Germanen-Ideologie v. Humanismus b. z. Gegenw., 1970; Germ. Heldensage, 1971; D. Gestalt d. Havamal, 1972; Kontinuitätstheorie u. Sakraltheorie in d. Germanenforschung, 1972; D. Ideen v. 1789 u. d. Ideen v. 1914, 1975; Jutisch Lowbok, 1975; Europ. Heldendichtung, 1978; Skaldendichtung, 1980; Edda, Saga, Skaldendicht. Aufs. z. skandinav. Lit. d. Mittelalters, 1981; Europ. Frühmittelalter, 1985; D. Strindberg-Fehde, 1987; Mythos u. Theologie im skand. Hochmittelalter, 1988. Herausg.: Frankfurter Beiträge zur Germanistik (1967ff.); Neues Handb. d. Literaturwiss. (1972ff.); Skandinavistische Arbeiten (1975ff.) - Lit.: Idee, Gestalt, Geschichte. Festschr. f. K. v. S. (1987).

SEE, Kuno

s. Zuse, Konrad

SEE, Wolfgang

Ev. Pfarrer, Schriftsteller, Publizist - Tropfsteinweg 54, 1000 Berlin 47 (T. 030 - 741 30 87) - Geb. 14. Juli 1930 Berlin, ev., verh. I.) 1958-77 m. Elisabeth Bleher, geb. Lessmann, II.) s. 1978 m. Ruth, geb. Fröscher, 4 Kd. (Annedore, Piroschka, Roland, David) - Stud. Theol. u. Jura (1956, 1957 Theol. Examina, 1957 Ordination) - Pfarrer Berlin-West (1957-70 Kirchengemeinden St. Paul, Genezareth, Neu-Buckow; 1970-76 Schülerbildungsarb.; 1976-80 Gefängnisseelsorge Tegel; s. 1980 Kirchengemeinde Mariendorf). S. 1950 fr. Mitarb. Hörfunk (bes. Hörspiel, Feature, Kirchenfunk) u. Buchautor - BV: Asche u. e. Licht - Auch e. Italienreise; 1963; Himmlische Karriere, R. 1964; Maifeier, Erz. 1966; Brot-Zeiten, R. 1968; Nun büßt mal schön, 1980; Dein Volk ist mein Volk, 1982; Adieu Israel, 1983; Frauen im Kirchenkampf, 1984; Altjahrsabend, R. 1984; D. Apostel Paulus u. d. Nürnberger Gesetze, 1985 - Liebh.: Nationale Minoritäten, gesellsch. Randgruppen, Dt. Frage, Israel-Palästina, Ung., bibl. Historie - Spr.: Engl., Lat., Griech., Hebr., Ung., Franz.

SEEBACH, Gerhard K.

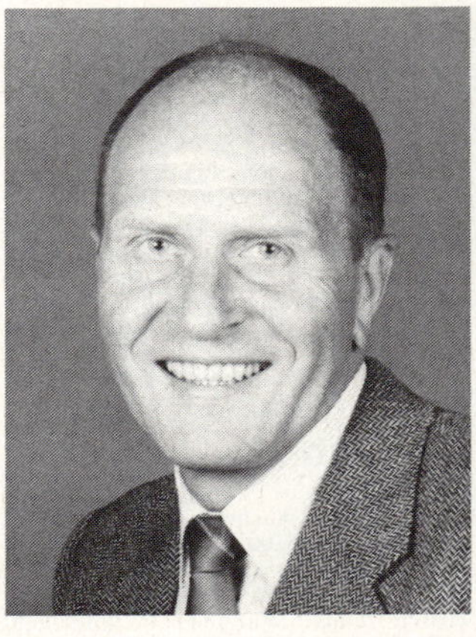

Dipl.-Kfm., Dr. rer. pol., Geschäftsführer Bissendorf Peptide GmbH (s. 1988), Braunschweiger Produktionsges. mbH f. Biotechnologie u. 2 weitere Gesellschaften - Brucknerring 10, 3000 Hannover 61 - Geb. 23. April 1934 Stuttgart (Vater: Karl S.; Mutter: Paula, geb. Walter), ev., verh. s. 1965 m. Barbara, geb. Gläser, 2 Kd. (Sita, Alexander) - Abitur 1954 Stuttgart; kfm. Lehre; Stud. München, Stuttgart, Berlin, Nürnberg. Dipl.-Kfm. 1959, Promot. 1963 Nürnberg - Ab 1961 Robert Bosch GmbH, Stuttgart; 1966-69 Kfm. Leiter Bosch-Mehrheitsbet. Motor Industries Co. Ltd., Bangalore/Indien; 1971-74 kfm. Gesch. f. AEG ETI, Istanbul/Türkei; 1974-77 kfm. Gf. Telefunken Fernseh u. Rundfunk GmbH, Hannover; 1977-79 Mitgl. Geschäftsltg. (Finanzen u. Personal) B. Sprengel GmbH. & Co., Hannover; 1980-88 Gf. RKW Nieders. in Hannover - Liebh.: Schach, Sport, Foto, Lit. - Spr.: Engl., Franz.

SEEBACH, Karl

Dr. rer. nat. (habil.), o. em. Prof. Fakultät für Mathematik Universität München - Walhallastr. 5, 8000 München 19 (T. 17 37 22) - Geb. 28. Juni 1912 München (Vater: Karl S., Bankbeamter; Mutter: Auguste, geb. Pfalner), kath., verh. s. 1941 m. Wilma, geb. Seebach, 4 Kd. (Inge, Wolfgang, Hildegard, Rudolf) - Realgymn. u. Univ. München (1931-35; Math., Physik). Promot. (1938, Univ.) u. Habil. (1941, TH) München - 1948-67 höh. Schuldst. (1965 Gymnasialprof.); 1949-81 Lehrtätig. TH (1956 apl. Prof.) u. Univ. München (1967 ao. (PH), 1969 o. Prof.) - BV: Mitarb.: Handb. d. Schulmath. (Bde. II, V, VII); Didaktik d. Math. (Bd. III).

SEEBACHER, Georg

Landwirt, Vors. Verb. Dt. Hopfenpflanzer - Zu erreichen üb. Birkenstr. 4, 8051 Nandlstadt (T. 08756 - 12 21).

SEEBACHER-MESARITSCH, Alfred

Prof., Historiograph, Schriftst., Dramatiker - Kollerweg 20, A-8044 Graz-Mariatrost (T. 03132-33 10) - Geb. 23. Aug. 1925 Großlobming/Steiermark, kath., verh. s. 1982 m. Elfriede, geb. Siegl, T. Claudia - BV: D. neunte Gebot, R. 1956; Hexen-Report, Sachb. 1972; Gold in steir. Bergen, Sachb. 1974; mehrere Ortsmonogr. 1978-84. Dramen: D. Bürgerm., Requiem f. Anna (bde. UA. 1974); D. Schladminger Knappenspiel (1983) - 1963 Polen-Preis; 1974 Dramatikerpreis Arnfelser Schloßspiele; 1976 Lit.-Förderungspreis Stadt Graz; 1983 Schladminger Literaturpreis; 1984 Ehrenmed. Landeshauptstadt Graz; 1984 Gr. Ehrenzeichen Land Steiermark.

SEEBASS, Gottfried
Dr. theol., Prof. f. Historische Theologie (Reformation u. Neuzeit) - Langgewann 53/1, 6900 Heidelberg (T. 06221 - 48 04 73) - Geb. 2. Juni 1937 Braunschweig (Vater: Georg S., Pastor; Mutter: Hedwig, geb. Schräpel, ev.-luth., verh. s. 1963 m. Helga, 3 T. (Elisabeth, Katharina, Christiane) - Gymn. Braunschweig; Stud. Hamburg, Erlangen, Göttingen - Leit. Osiander-Forsch.stelle, Vors. Kommiss. zu. Hrsg. d. Werke Melanchthons, Vors. Kommiss. z. Hrsg. d. Dt. Schr. Martin Bucers d. Akad. d. Wiss. Heidelberg, 1988-90 Vors. Evang.-theol. Fakultätentag, 1979-86 Ökumen. Aussch. VELKD, 1984-90 Mitgl. d. Landessynode u. d. Landeskirchenrats d. Ev. Landeskirche in Baden, Mitgl. Heidelberger Akad. d. Wiss., 1980/83 Dekan Theol. Fak. Heidelberg, Kurat.-Mitgl. Intern. Wiss.forum Heidelberg, d. Hochsch. f. Jüd. Stud. Heidelberg - BV: Andreas Osiander, 1967; Artikelbrief. Bundesordnung u. Verfassungsentwurf. 1988; üb. 70 Aufs. in in- u. ausl. Ztschr.. Mithrsg. Theol. Realenzyklop. - 1967 Promot.-Preis Theol. Fak. Erlangen. Habil.-Preis geisteswiss. Fak. Erlangen - Liebh.: Dt. Lit. - Spr.: Engl.

SEEBASS (ß), Horst
Dr. theol., Prof., f. Ev. Theologie - Am Hasenkamp 16, 4544 Ladbergen (T. 05485 - 16 16) - Geb. 3. Aug. 1934 (Vater: Dr. Werner S., zul. Min.-Dirig. Bonn; Mutter: Gertrud, geb. Schöning). gesch., 4 Kd. aus 1. Ehe (Astrid, Claudia, Oliver, Daniel), verh. s. 1985 m. Anita, geb. Wöstmann, 2 Kd. (Carsten, Kerstin) - Stud. Mathematik (3 Sem.) u. Theol. Bonn, Wien, Göttingen. Promot. 1962 Bonn; Habil. 1964 Bonn - S. 1964 Lehrtätigk. Univ. Bonn, Bethel, Münster, Mainz u. Bonn (1969 apl. Prof., 1971 Wiss. Rat u. Prof., 1981 o. Prof. Mainz, 1989 Bonn: Altes Testament) - BV: Mose u. Aaron, Sinai u. Gottesberg, 1962; Erzvater Israel u. d. Einf. d. Jahweverehrung in Kanaan, 1966; Bibl. Hermeneutik, 1974; Geschichtl. Zeit u. theonome Tradition in d. Josephserzählung, 1978; David, Saul u. d. Wesen d. bibl. Glaubens, 1981; D. Gott d. ganzen Bibel, 1982; Herrscherverheißungen im AT (1992); Genesis (im Druck). Div. Aufsätze.

SEEBAUER, Rolf
Dr. rer. pol., Dipl.-Volksw., MdL Bayern (s. 1974) - Herzog-Sigmund-Str. 2a, 8022 Grünwald (T. 641 52 44) - Geb. 1945 - SPD.

SEEBER, Hans Ulrich
Dr. phil., Prof. f. Neuere Engl. Literatur Univ. Stuttgart - Wieselweg 18, 7120 Bietigheim (T. 07142 - 5 27 06) - Geb. 13. Febr. 1940 Weinsberg (Vater: Kurt S., Stud.-Dir.; Mutter: Maria, geb. Bessler), ev., verh. s. 1967 m. Sibylle, 2 T. (Susanne, Anne-Katrin) - Gymn. Heilbronn, Univ. Tübingen - 1969-1976 Wiss. Assist., 1976-78 Wiss. Rat u. Prof., s. 1978 o. Prof. - BV: Wandlungen d. Form in d. lit. Utopie, 1970; Mod. Pastoraldicht. in Engl., 1979; Lit. Utopien v. Morus b. z. Gegenw., 1983 (zus. m. K.-L. Berghahn); D. engl. Lit. in Text u. Darstellung: 20. Jh. I, 1984.

SEEBER, Siegfried
Dr. med., Prof., Direktor d. Inneren Klinik u. Poliklinik (Tumorforsch.) Westdeutsches Tumorzentrum Essen (s. 1990) - Mühlenweg 64, 4300 Essen 17 (T. 0201 - 57 80 41) - Geb. 27. Mai 1941 Heilbronn/Neckar (Vater: Kurt S., Studiendir.; Mutter: Maria, geb. Beßler), ev., verh. s. 1968 m. Brigitte, geb. Vöhringer, 2 Kd. (Michael, Karin) - Robert-Meyer-Gymn. Heilbronn; Univ. Tübingen. Med. Staatsex. 1966; Habil. f. Inn. Med. 1976. Stip. Dt. Forsch.gem. Physiol. Chem. Tübingen 1967-69; Fulbright-Stip. u. Forsch.aufenth. Texas Medical Center, Houston 1969-71. 1986-90 Dir. Med. Klinik III, Städt. Krankenhaus Leverkusen; s. 1990 Vorst.-Mitgl. d. European Soc. for Medical Oncology, s. 1976 korr. Mitgl. Americ. Assoc. f. Cancer Research - 1975 Gerhard-Domagk-Preis f. Abh. Nucleare u. zytoplasmat. Ribonucleinsäuren in menschl. Leucose- u. Lymphomzellen, Vergl. markierungskinet. u. strukturchem. Unters.; 1980 Zimmermann-Förderpreis f. Abh. Kurative Chemotherapie maligner Hodentumoren; 1983 Preis d. Dt. Therapiewoche, Karlsruhe; 1986 Farmitalia-Carlo Erba-Preis. Zahlr. wiss. Veröff. üb. mod. Tumortherapie, Unters. neuer Cytostatica, Stud. hochmolekularer Ribonucleinsäuren in menschl. Leukämiezellen, Stud. zur Therapieresistenz.

SEEBERG, Hans-Adolf

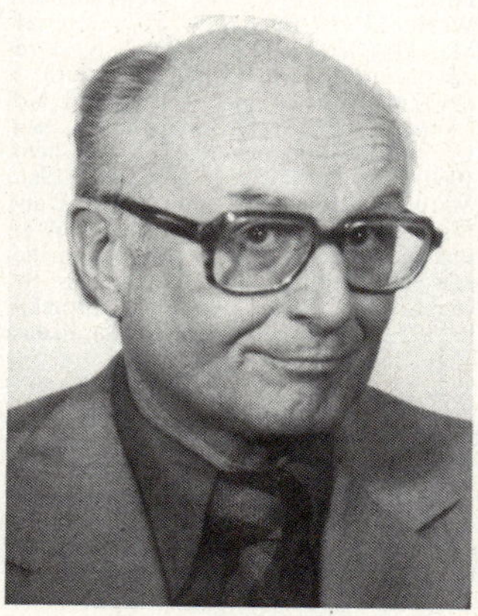

Autor, Regisseur, Produzent, Karikaturist - Falkenburger Ring 8, 2000 Hamburg 73 (T. 040 - 644 50 62) - Geb. 20. März 1919 Erfurt, verh. s. 1943 m. Inge, geb. Woywod, 2 Kd. (Wolf, Vilma) - Stud. Arch., Kunstgesch., Malerei, Bildhauerei, Zeichnen - Mitgr. Dt. FS - Reporter d. Windrose; Ehem. Programmdir. Polygram Video; Geschäftsf. Documentary Progr. Inc.; jetzt freiberufl. - BV: Hinter d. Sternen, Reporter d. Windrose, Mondeis. Hunderte v. TV-Sendungen. Filme (Trickfilme); u.a. Max u. Moritz, Andersens Märchen, D. Anatomie d. Kusses - Spr.: Engl.

SEEBERG, Harald
Geschäftsführer Wacker-Chemie GmbH - Hans-Seidel-Platz 4, 8000 München 83 (T. 089 - 62 79 01) - Geb. 21. Aug. 1933 Berlin, ev., verh. s. 1965 m. Barbara Katharina, geb. Urban, 3 Kd. (Axel, Konrad, Franziska) - 1955 Hoechst AG Frankfurt/M.; 1961-81 Auslandstätigk. f. Hoechst AG in Pakistan, Rep. China (Taiwan) u. Japan; 1981-83 Geschäftsf. Wacker-Chemitronic GmbH Burghausen.

SEEBODE, Manfred
Dr. jur. habil., Prof. f. Strafrecht, Strafprozeßrecht u. Kriminologie - Thüringer Str. 26, 8700 Würzburg - Geb. 15. Sept. 1938 Berlin, verh. s. 1967 m. Angelika, geb. Baumann, 2 Kd. (Ursula, Frank) - Schulzeit in Ratingen; Jurastud. Univ. Berlin u. Würzburg; Refer.ex. Würzburg; Ass.ex. München; Promot. u. Habil. Würzburg - BV: D. Verbrechen d. Rechtsbeugung, 1969; D. Vollzug d. Untersuchungshaft, 1985.

SEEBOLD, Elmar
Dr. phil., Prof. f. Germanistische Linguistik Univ. München - Mühlstr. 18, 8138 Andechs (T. 08152 - 66 54) - Geb. 28. Sept. 1934 Stuttgart, verh. s. 1964 m. Hertha, geb. Dilger, 4 Kd. (Ulrich, Hildegard, Irmtraud, Almut) - Lehre als Ind.-Kaufm.; Stud. d. engl. u. dt. Lit. u. Spr., Indogerman.; Promot. (Indogerman.) 1964; Habil. (Indogerman.) 1970 - 1971-83 Prof. f. german. Philologie Freiburg (Schweiz), 1978/79 Dekan; s. 1983 München (1987/89 Dekan ebd.) - BV: Vergleichendes u. etymol. Wörterb. d. german. starken Verben, 1970; D. System d. indogerman. Halbvokale, 1972; Etymologie, 1981; D. System d. Personalpronomina in d. frühgerman. Spr., 1984; (hg.) Friedrich Kluge: Etymologisches Wörterb. d. dt. Sprache (22. A. 1989).

SEECK, Gustav Adolf
Dr. phil., Prof. f. Klass. Philologie Univ. Frankfurt - Gräfstr. 76, 6000 Frankfurt/M. - Geb. 12. Nov. 1933, ev., verh. s. 1965, 2 Söhne - Promot. 1962; Habil. 1970 Kiel - BV: D. Elemente in d. Kosmologie d. Aristoteles, 1964; Dramatische Strukturen, 1984; Untersuchungen zu Euripides, 1985. Herausg.: Euripides I-VI (1972-81); D. griechische Drama (1979).

SEEFEHLNER, Egon
Dr. jur., Prof., Hofrat, Direktor Staatsoper Wien (1976-82, 1984-86) - Geb. 3. Juni 1912 Wien (Vater: Dr. Egon S., u. a. Generaldir. Österr. Bundesbahn; Mutter: Charlotte, geb. v. Kerpely-Krassó), led. - Theresian. Akad., Univ. (Jura) u. Konsular-Akad. Wien - 1938-43 AEG Berlin (Wirtschaftsabt.); 1946-61 Dir. Konzerthauses. Wien; 1954-61 stv. Operndir. Staatsoper Wien; 1945-63 Generalsekr. u. gf. Vizepräs. Österr. Kulturvereinig. (mitbegr.); 1961-72 stv., dann b. 1976 Generalint. Dt. Oper Berlin - 1973 Gold. Ehrenz. Land Wien; 1976 Gr. BVK u. Ehrenmitgl. Dt. Oper Berlin; Ehrenring Staatsoper Wien u. Stadt Wien - Liebh.: Bild. Kunst, bes. mod. Malerei - Bek. Vorf.: Julius S., Erbauer Elisabeth- und Franz-Josephs-Brücke Budapest (Großv.).

SEEFELD, Detlef G.
Betriebswirt, Immobilienkaufmann, gf. Gesellsch. Dr. Schröder GmbH, Hamburg, Vizepräs. a.D. Verb. Dt. Makler f. Grundbesitz u. Finanzierungen, Vors. a.D. VDM/Landesverb. Hamburg, 1. Vors. Allg. Immobilien-Börse - Rugenbarg 106, 2000 Norderstedt - Geb. 14. Mai 1943 Hamburg, ev., verh. s. 1965 m. Christa, geb. Oertel, 2 Kd. (Niels-Peter, Patricia) - Staatl. gepr. Betriebsw. Aachen - Präs. Berufsverb. Immobilientreuhänder u. Grundstücksverw. (BVIG) e.V.; Mitgl. Gutachteraussch. f. Grundstückswerte, Hamburg; Sachverst. d. Grundstücks- u. Wohnungswirtsch.; öffentl. bestellter u. vereidigter Sachverst. f. d. Bewertung v. Grundstücken u. d. Ermittl. v. Mietwerten - BV: D. Entflechtung d. gespaltenen Wohnungsmarktes; D. Erwerb v. Haus- u. Grundbesitz in e. Zwangsversteigerung; Was jeder v. Erbrecht wissen sollte - VDM-Ehrennadel in Gold - Liebh.: Lit., Phil., Tanzsport.

SEEFELD, Horst
Kaufmann, MdB (1969-80), Mitgl. Europ. Parlament (1970-89, Vizepräs. 1984-89) - Im Brettspiel 53, 7518 Bretten - Geb. 21. Nov. 1930 Berlin (Vater: Walter S., Werkmeister; Mutter: Gertrud, geb. Lingner), verh. s. 1955 m. Anny, geb. Maier, 2 Kd. (Jürgen, Elke) - Obersch. (Abitur); kaufm. Lehre (Spedition) - 1955-67 Angest. SPD Karlsruhe, Stuttgart, Bonn, 1967-69 Presseref. Bundesverkehrsmin. 1955-67 Mitgl. Bundesvorst. Jungsozialisten (u. a. stv. Bundesvors. u. Bundessekr.); 1963-66 Vizepräs. Sozialist. Jugendinternationale; SPD s. 1947, Vizepräs. Europa Union Deutschland, 1976-80. 1976-80 Präs. Dt. Rat d. Europ. Bewegung, Präsid.-Mitgl. Europa Union Dtschl. - Liebh.: Sport (viele J. akt. Fußballer) - Spr.: Engl.

SEEFELDER, Matthias
Dr. rer. nat., Prof., Vorstandsvorsitzer a.D. BASF AG, Ludwigshafen - 6700 Ludwigshafen/Rh. - Geb. 1920 Boos, Kr. Memmingen/Bay. - Human. Gymn.; Stud. d. Chemie Univ. München; Promot. 1951 - S. 1951 BASF (1967 Dir., 1971 stv., 1973 o. Vorst.-Mitgl., 1974-83 Vors., 1983-90 AR-Vors., ab 1990 AR-Ehrenvors.); 1974ff. Honorarprof. Univ. Heidelberg. Vors. Verein d. Freunde d. Akad. d. Wissensch. u. d. Literatur, Mainz; Präsid.-Mitgl. Verb. d. Chem. Ind. (1978 u. 79); Vors. Dt.-Franz. Ges. f. Wiss. u. Technologie, Bonn; Mitgl. d. Museumsrats Dt. Museum, München; Korr. Mitgl. Akad. d. Wiss. u. d. Lit., Mainz; Kurat.-Mitgl. Ges. z. Förd. d. Unternehmernachwuchses, Köln, Ges. d. Freunde Haus d. Kunst, München, Wilhelm-Hack-Stiftg. Ludwigshafen; Vors. Wirtschaftsaussch. Indien; Mitgl. d. Conseil d'Administration Fondation de la Maison de la Chimie; Beirats-Mitgl. Orch.-Akad. d. Berliner Philharmon. Orch. - 1979 Ritter Franz. Ehrenlegion; 1983 Gr. BVK m. Stern; 1982 Großkreuz d. zivilen VO d. Kgr. Spanien; Ehrensenator TU München, Univ. Mannheim u. Univ. Heidelberg.

SEEFELDT, Karl-Friedrich
Dipl.-Ing., Vorstandsmitglied Dt. Babcock Energie- u. Umwelttechnik AG Oberhausen - Lindenstr. 12, 4006 Erkrath 2 - Geb. 16. Febr. 1931, verh. - Dipl.-Ing. - Sprecher d. Vorst. Vereinigte Kesselwerke AG, Düsseldorf.

SEEGER, Alfred
Dr. rer. nat., Prof. u. Inh. Lehrstuhl f. Festkörperphysik Univ. Stuttgart, Dir. Inst. f. Physik Max-Planck-Inst. f. Metallforsch. ebd. - Donizettistr. 3a, 7000 Stuttgart 1 (T. 69 23 48) - Geb. 31. Aug. 1927 Stuttgart (Vater: Alfred S., Dipl.-Ing.; Mutter: Martha, geb. Sauer), ev., verh. s. 1961 m. Ursula, geb. Schnellbach, 2 Töcht. (Gudrun, Ulrike) - Stud. Physik TH Stuttgart (Dipl. 1949, Promot. 1951) - S. 1954 (Habil.) Lehrtätigk. TH bzw. Univ. Stuttgart (s. 1959 ao., s. 1966 o. Prof.). S. 1959 Wiss. Mitgl. MPI f. Metallforsch. Zahlr. Veröff. z. Physik u. Metallforsch. Mithrsg. (Ztschr.): physica status solidi, Philosophical Magazine, Radiation Effects, Crystal Lattice Defects - 1958 Masing Gedächtnispreis; 1983 Heyn Denkmünze; 1976 Mitgl. Dt. Akad. Naturforscher Leopoldina - Spr.: Engl., Franz., Span.

SEEGER, Hans-Christian
Schauspieler, Regiss. - Kletterrosenweg 22, 2000 Hamburg 71 (T. 040 - 691 75 94); u. 5600 Wuppertal (T. 0202 - 42 01 08 u. 5 63-42 61) - Geb. 13. Juni 1952 (Vater: Dr. Erhard S., Chemiker u. Geschäftsfgs-Mitgl. Schülke & Mayr GmbH, Hamburg †1965; Mutter: Ilsemarie, geb. Braka), kath., ledig - Hochsch. f. Musik u. darst. Kunst Hamburg (Schauspieldipl. 1976) - 1971 Regieassist. George Tabori (UA D. Kannibalen, Thalia-Theater Hamburg); 1980-82 Schausp. Bochum (unt. Claus Peymann); Till Eulenspiegel in Christa Wolffs Till Eulenspiegel (UA) am Nieders. Staatstheater Hannover; 1983-88 stv. Int. u. Leit. d. Öffentlichkeitsarb., Regiss. Schloßtheater Moers; ab 1989 Wuppertaler Schauspielhaus - Insz.: Warten auf Godot (S. Beckett), bräutigall & anonymphe (K. Bayer), Quartett (Heiner Müller). Regie: Publikumsbeschimpfung (Peter Handke), Gas (Georg Kaiser), Hunsrück, UA (Klaus Pohl), Broadway Melodie (Jura Soyfer) - Schausp. d. Jahres (1. Preis d. Hildesheimer Allg. Ztg.) - Liebh.: span. Kultur, Reisen, Oper, Musik - Spr.: Span., Franz., Engl.

SEEGER, Karl
Sportpublizist (VDS) - Postfach 209, 6308 Butzbach (T. u. Fax 06033 - 7 17 18) - Geb. 3. Febr. 1925 Butzbach/Hessen, ev., verh. s. 1947 m. Helga, geb. Grünig †1991, Sohn Manfred - Dipl.-Volksw., 1945-59 Sportjournalist, Frankfurter Rundschau, kicker, Sport-Kurier, 1959-70 Chefred. Sportverlag Bintz-Dohany, Offenbach, 1971-90 eig. Verlagsred. presse u. sport, ips - Inform. u. Presse-Service, Schriftleit. Media u. Sport VDS-Handb. Presse u. Sport, Präsidiumsmitgl.: 1951-71 V. Frankfurter Sportpresse, 1961-91 Verb. Dt. Sportjourn., 1977ff. UEPS - Union europ. Sportpresse, 1968-69 Präs. FSV Frankfurt/Hessenmeister, 1961-84 SG Ober-Erlenbach, 1984 Ehrenpräs.; 1964-72 Gemeindevertr., EWG-Fraktionschef O. Erlenbach, 1972-81 HUW/EWG-Stadtverordn. Bad Homburg, Vors. d. Sport-Aussch., Gründ. Vors. Sportring B. Homburg, u. Gründ. RSC B. Homburg, 1988 Gründ. u. Ehrenpräs. Europa-Akademie Sportpubliz. Bad Orb. Dir. d.

Wahl, Europa-Sportler d. J. - BV: Was große Sportler erlebten, 1963; Willi Holdorf: König d. Athleten, 1965; Dt. Sport-Kalender (1964ff.); Generation ohne Beispiel, 1991 - 1975 BVK, 1989 Ehrenmitgl. FSV Frankfurt, 1991 VDS-Ehrenmitgl., UEPS-Gold-Ehrennadel, Ehrenbriefe Stadt B. Homburg, Land Hessen, 1967 Gold. Sportabz., div. Sportausz.

SEEGER, Richard

Direktor, Hauptgeschäftsführer Gemeindetag Baden-Württ. i. R. - Lützelbachstr. 4, 7313 Reichenbach a. d. Fils (T. 07153 - 5 35 47) - Geb. 24. Nov. 1921 Unterfischach/LK Schwäb. Hall (Vater: Friedrich S., Landwirt; Mutter: Barbara, geb. Bühler), ev., verh. s. 1952 m. Lotte, geb. Bernlöhr, 2 Kd. (Harald, Marina) - Ausb. gehob. Verw.-Dst. Württ., Stuttgart - 1951-54 Hauptamt Stadt Stuttgart, 1954-57 Landratsamt Nürtingen, 1958-76 Bürgerm. Reichenbach a. d. Fils, 1977-87 Gemeindetag Baden-Württ. - Hon.-Prof. FHS f. öfftl. Verw. Stuttgart - BV: Komment. KAG BW, 3. A. 1987; Handb. Gemeinderatssitzung, 3. A. 1980; Komment. GemO BW, 1981 - 1987 BVK I. Kl. - Spr.: Engl. - Mitgl. Lions-Club.

SEEGER, Thomas

Dr. phil. habil., Prof. Informationswissenschaft Univ. Potsdam - Hölderlinweg 23, 6100 Darmstadt (T. 06151 - 4 34 64) - Geb. 13. Nov. 1942 Eberswalde, ev., verh. s. 1985 m. Anette Domberger - Verlagsbuchhändler, 1963; Dipl. 1972 FU Berlin; M.A. 1975 FU Berlin; Promot. 1978 FU Berlin - 1982 Priv.-Doz. FU Berlin Informationswiss.; 1984/85 Gastprof. Drexel-Univ. Philadelphia; 1985 Gründ.dekan d. FB IuD FH Darmstadt; 1991 Gründ.prof. Univ. Potsdam - Ca. 100 Fachveröff. in d. Informationswiss. - 1984 ISI-Award (m. N. Belkin u. G. Wersig) - Liebh.: Kunst, Reisen - Spr.: Engl., Franz.

SEEGER-LUCKENBACH, Helga

s. Luckenbach, Helga

SEEHAFER, Wolfgang

Dr. jur., Geschäftsführer Klöckner Stahlhandel - Fichtenstr. 120, 4000 Düsseldorf (T. 734 22 28) - Geb. 10. Aug. 1928 Berlin (Vater: Dr. Werner S., Kaufm.; Mutter: Hildegard, geb. Goepel), ev., verh. s. 1960 m. Helga, geb. Pongs, 2 Kd. (Sabine, Michael) - Stud. Rechtswiss. Gr. jurist. Staatsprüf. - 1954-61 Wirtschaftsvereinig. Eisen- u. Stahlind. (1958 ff. Leit. Verbindungsst. Berlin); 1961-65 Klöckner & Co. (Prok.); zul. Klöckner Silesiastahl GmbH. (Gf.).

SEEHOFER, Horst

Verwaltungsamtmann a. D., Bundesminister f. Gesundheit (s. 1992) - Koblenzer Str. 112, 5300 Bonn 2 - CSU. 1989-92 Parlam. Staatssekr. Bundesmin. f. Arbeit u. Sozialordn.; s. 1980 MdB.

SEEHUBER, Andreas

Landwirt, MdL Bayern (s. 1978) - Tettelham 17, 8221 Waging am See/Obb. - Geb. 4. Nov. 1929 Tettelham, kath., verh., 6 Kd. - B. 1944 Volkssch. Otting; 1945-47 Landw. Berufssch., 1946-48 Ldw. Fachsch. Traunstein; 1947-50 ldw. Lehre. Ldw. Lehrmeisterprüf. 1959 - S. 1959 auf elterl. Bauernhof selbst. 1956 ff. Kreisrat; 1966 ff. Gemeinderat; 1970-78 Bezirksrat. Zeitw. Kreisvors. Jg. Union Laufen. CSU s. 1951 (1968 Kreisvors. Laufen, 1972 stv. Kreisvors. Traunstein).

SEEHUSEN, Harald

Dr. sc. pol., Ministerialrat a. D., Direktor i. R. - Carl-Loewe-Weg 3, 2300 Kiel - Geb. 1. Dez. 1909 Flensburg (Vater: Heinrich S., Ingenieur; Mutter: Andrea, geb. Bruhn), verh. s. 1936 m. Hilde, geb. Meinhöfer - U. a. schlesw.-holst. Wirtschaftsmin. (Min.rat) u. Wirtschaftsaufbaukasse Schlesw.-Holst. AG. (Vorstandsmitgl.). Aufsichts- u. Beiratsmandate.

SEEL, Barbara

Dr. rer. pol., Lehrstuhl f. Haushaltsökonomik Univ. Hohenheim (s. 1990) - Schönbergstr. 5, 7302 Ostfildern 4 (T. 0711 - 45 13 56) - Geb. 19. Mai 1941 Erfurt - Stud. Volkswirtschaftslehre Univ. Heidelberg, Madrid, Kiel, Köln u. Bonn; Dipl. 1966; Promot. 1969; Habil. (Haushaltsökonomik) 1972 - 1973 Leit. Abt. f. Wirtschaftslehre d. Haushalts Inst. f. Landwirtschaftl. Betriebslehre Landwirtschaftl. Fak. Univ. Bonn - BV: Finanzwissenschaft als Geisteswissenschaft, 1972; Grundlagen haushaltsökonomischer Entscheidungen, 1975; Ökonomik d. privaten Haushalts, (m. Autorenteam), 1991; Standardmodell z. Analyse u. Planung ökonomischer Problemlagen privater Haushalte, 1992 - Spr.: Engl., Franz., Span., Griech., Latein.

SEELBINDER, Birgit,

geb. Schlögel

Dr. jur., Oberbürgermeisterin d. Stadt Marktredwitz (s. 1990) - Martin-Luther-Str. 1, 8590 Marktredwitz - Geb. 22. Jan. 1948 Nürnberg (Vater: Dr. jur. Anton Schlögel, Generalsekr. d. DRK a. D.), kath., verh. s. 1982 m. Werner Seelbinder - Gymn. Nürnberg, Bonn, Dayton/Ohio; Stud. Rechts- u. Polit. Wiss. Univ. Bonn, Genf u. München; Jurist. Staatsprüf. 1972 u. 75 München; Promot. 1981 Bonn - S. 1977 in Bayer. inneren Verwaltung in Bayreuth u. Wunsiedel; zul. Oberregierungsrätin b. d. Regierung v. Oberfranken, Bayreuth - BV: Grenzüberschreitende interkommunale Zusammenarb., 1982 - Liebh.: Musik, Reisen - Spr.: Engl., Franz.

SEELENTAG, Hedwig

Dr. rer. nat., Prof. i. R. FH Augsburg, Ehrenvorsitzende Aktion Lebensrecht f. Alle, Augsburg (s. 1977) - Rosenaustr. 36, 8900 Augsburg (T. 0821 - 51 50 33) - Geb. 22. Mai 1920, kath., gesch., 3 Kd. - Dipl.-Physikerin.

SEELER, Hans-Joachim

Dr. jur., Senator a. D. - Sonnentauweg 3, 2000 Hamburg 71 (T. 641 41 99) - Geb. 9. Aug. 1930 Lauenburg/Elbe (Vater: Siegfried S., Pastor; Mutter: Elisabeth, geb. Schneider), ev., verh. s. 1955 m. Dr. phil. Ingrid, geb. Burghardt, 4 Kd. (Martin, Christian, Elisabeth, Joachim) - Univ. Kiel u. Hamburg (Rechtswiss.). Promot. 1956 Kiel; Ass.ex. 1958 Hamburg - B. 1958 Richter LG Hamburg, dann Gnadenref. Landesjustizverw., 1960-1967 Kirchenbeamter (zul. Oberkirchenrat), Senator, b. 1972 Leit. Gesundheits-, dann Justiz-, 1974-1978 Finanzbeh. ebd., 1966-79 (71-78 ruhend) Bürgerschaftsabgeordneter, 1979-89 Mitgl. Europ. Parlament, seither Ehrenmitgl.; Vorst.-Vors. F.V.S. Stiftg., Hambg., Europa-Kolleg, Hambg., Univ. Ges. Hambg.; Vizepräs. Stiftg. Herzogt. Lauenburg - BV: D. Staatsangehörigkeitsrecht v. Jugoslawien, 1956; D. Staatsangehörigkeitsrecht Österreichs, 1957; Die Europ. Einigung u. d. Problem d. Gewaltenteilung, 1957; D. Arbeitskampf in d. dt. u. ausl. Gesetzgeb., 1958; D. Staatsangehörigkeit d. Volksdeutschen, 1960; D. Senatssitzung ist eröffnet, 1983 - Philatelist - Spr.: Engl., Franz. - S. 1975 Mitgl. Präsid. Europa-Union.

SEELER, Ingrid

Dr. phil., Bürgerschaftsabgeordnete (1974-86) - Sonnentauweg 3, 2000 Hamburg 71 - Geb. 5. Okt. 1928, ev., verh. s. 1955 m. Dr. Hans-Joachim Seeler, 4 Kd. - Univ. Hamburg (Franz., Engl., Päd.), Ass.ex. 1958, Promot. 1958 - 1957-61 u. 1972-74 Stud.Rat. 1985-91 Mitgl. Nordelb. Synode, 1986-92 d. Kirchenleitg. SPD - BV: Text z. Kinderkonzert Arche Noah (Musik St. Weiner), 1978; Chronik Bramfeld, 1988.

SEELER, Uwe

Kaufmann, Fußballer - Weg am Sportplatz, 2000 Norderstedt b. Hamburg - Geb. 5. Nov. 1936 Hamburg (Vater: Erich S., Dockarb.), verh. m. Ilka, geb. Buck, 3 Töcht. - 1954-72 aktiv. Etwa 900 Liga- (HSV) u. 72 Ländersp. (Rekordinternationaler); Teiln. 4 Weltmeistersch. (Mannschaftskapt. London, 2., u. Mexico-City, 3. Pl.) - 1965 Gold. Band d. Sportpresse; 1970 Ehrenspielf. DFB; 1970 Silb. Lorbeerbl. d. Bundespräs. u. Gr. BVK; 1972 Gold. Med. Schalke 04 (n. Kuzorra u. Szepan 3. Träger) u. Ehrenring HSV; bes. Ehrung: Straßenname Kleinern/Hessen - Lit.: Werner Pietsch/ Sven Simon, Uwe - Uwe! - Bilanz e. Karriere, 1969.

SEELIG, Friedrich Franz

Dr. phil., o. Prof. f. Theoret. Chemie - Forchenweg Nr. 6, 7405 Dettenhausen/ Württ. (T. 07157 - 6 21 24) - Geb. 21. Mai 1934 Kassel (Vater: Julius S., Drogist; Mutter: Erna, geb. Körle), verh. s. 1963 m. Wiebke, geb. Frauen, 3 Kd. (Anke, Ulf, Britta) - Realgymn. Kassel; Univ. Marburg (Chemie; Dipl.-Chem. 1960). Promot. (1963) u. Habil. (1966) Marburg - S. 1966 Lehrtätigk. Univ. Marburg (Doz.) u. Tübingen (1969 o. Prof.). Spez. Arbeitsgeb.: Quantenchemie, Reaktionskinetik komplexer Systeme - BV: Quantentheorie d. Moleküle, 1974 - Liebh.: Musik, Theater, Kunst - Spr.: Engl., Franz.

SEELIG, Peter

Dipl.-Volkw., Hauptgeschäftsführer Bundesverb. Flachglas Großhandel, Isolierglasherstellung, Veredlung e. V., Köln - Liegnitzstr. 9, 5200 Siegburg - Geb. 29. Nov. 1954 Paderborn, verh., 2 Kd.

SEELIGER, Heinz

Dr. med., o. Prof. u. Vorst. Inst. f. Hygiene u. Mikrobiol. Univ. Würzburg (1965-89) - Josef-Schneider-Str. 2, 8700 Würzburg (T. 201 39 29) - Geb. 1. Nov. 1920 Bad Warmbrunn, ev., verw., Tocht. Dagmar, s. 1973 verh. 2) m. Dr. rer. nat. Brigitte, geb. Wagner - Abitur 1939 Liegnitz, Physikum 1941 Breslau, Notex. 1945 Leipzig, Med. Staatsex. 1947 Frankfurt, Habil. 1955 Bonn - 1952-65 Leit. Dt. Salmonella-Zentrale, 1978-82 Präs. I.U.M.S. 1955-1965 Privatdozent und apl. Prof. (1961) Univ. Bonn - BV: Bakterienruhr - Laboratoriumsdiagnostik, 1953; Listeriose, 2. A. 1958 (russ. 1959, engl. 1961); Mykolog. Serodiagnostik, 1958; Taschenb. d. Bakteriologie, 1978; Diagnostik pathogener Pilze d. Menschen, 1981. Üb. 500 Einzelveröff. - Pasteur-Medaille in Silber; Offz. Mono-Orden Rep. Togo; BVK I. Kl. - Liebh.: Afrikan. Kunst, Rochus-Darstellungen u. -Plastiken - Spr.: Engl., Franz. - Mitgl. Dt. Sängerschaft.

SEELIGER, Wolfgang

Dirigent, Gründer u. Leit. Kammerorch., Konzertchor u. Philharmonisches Orch. Darmstadt (s. 1977) - Brunnenwiese 2, 6948 Wald-Michelbach (T. 06207 - 77 28) - Geb. 30. Mai 1946 Heidelberg (Vater: Rudolf, Ing.; Mutter: Gertrud, geb. Simon), kath., verh. s. 1975 m. Maria, geb. Rebhahn-Roither - Stud. Mozarteum u. Univ. Salzburg - S. 1982 Lehrauftr. f. Orch.dirigieren Musikhochsch. Heidelberg-Mannheim; 1983 künstler. Leit. intern. Graupner Musiktage Darmstadt. Konzerttätigk.; fr. Mitarb. Bayer. Rundf. München (Assist. v. Sir Colin Davis u. Leonard Bernstein). Rundf.- u. Schallplattenaufn. - Silb. Ehrennadel Musikal. Jugend Salzburg; Freundschaftsplak. Stadt Darmstadt.

SEELING, Reinhard

Dr.-Ing., Prof. f. Baubetrieb TH Aachen - Nordhoffstr. 11, 5100 Aachen (T. 0241 - 8 29 88) - Geb. 7. Febr. 1936 Zwickau (Vater: Johannes S., Oberbaurat; Mutter: Luise, geb. Seer), ev., verh. s. 1961 m. Renate, geb. Genée, 6 Kd. (Astrid, Erika, Ute, Sabine, Christian, Jutta) - 1956-61 TU Stuttgart; Promot. 1969 TH Aachen - 1962-66 Industrietätigk. a. Statik. bzw. Bauleit.; 1966-71 Obering. Inst. f. Baumasch.; 1972 Prof. f. Baubetrieb. 1988 Gastprof. ETH Zürich. S. 1989 Vors. VDI-Bezirksverein Aachen - BV: Recht im Baubetr. (m. W. Sinemus), 1983; Projektsteuerung im Bauwesen, 1984; Systemtechnik u. Optimalplanung, 1986; Unternehmensplanung im Baubetrieb, 1992. Herausg.: Schriftenreihe Baubetrieb (RWTH Aachen).

SEELMANN-EGGEBERT, Rolf

M.A., Journalist, Chefkorrespondent Fernsehen Nordd. Rundf. (s. 1990) - Zu erreichen üb. NDR, Rothenbaumchaussee 132-145, 2000 Hamburg 13 - Geb. 5. Febr. 1937 Berlin (Vater: Geh. Justizrat Dr. jur. Walther S.-E., Rechtsanw. u. Notar (s. X. Ausg.); Mutter: Elisabeth, geb. Trampe-Förster), ev., verh. s. 1964 m. Barbara, geb. Heider, 3 Kd. (Adele, Sebastian, Till) - 1963 Sekr. III. Europ. Rektorenkonfz. Göttingen; 1964 Redakt. NDR Hannover; 1969 Westafrika-Korresp. ARD Abidjan, 1971 Afrikakorr. ARD, Nairobi; 1978 Englandkorr. ARD London. Spez. Aufgabengeb.: Entwicklungspolitik; 1982-89 Programmdir. NDR Fernsehen - BV: Schawei Zion, 1965; D. ungeduld. Deutschen, 1967; D. Kap d. Stürme, 1978 - 1967 Dt. Journalistenpreis; 1986 Gold. Kamera Ztschr. Hörzu (f. Send. Royalty üb. brit. Königshaus, NDR 1985); 1985 BVK; 1990 Order of the British Empire.

SEELMANN-EGGEBERT, Ulrich

Schriftsteller (Ps. Carl J. Becher), Pariser Theaterkritiker Neue Zürcher Ztg. - Steinachring 16, 7293 Pfalzgrafenweiler - Geb. 5. Juni 1919 Königsberg/Pr. (Vater: Stephan S.-E., Rechtsanw. u. Notar), ev., verh. s. 1948 m. Jacqueline, geb. Tébib - 1939-45 Stud. Roman., Kunstgesch., Musikwiss., Phil. u. Publiz. Univ. Königsberg, Berlin, Frankfurt u. Heidelberg - 1945-46 Redakt. Rhein-Neckar-Ztg.; 1947-51 freiberufl. Tätigk.; 1951-77 Redakt. in Mailand u. Basel; s. 1969 Neue Zürcher Ztg. - BV: Käthe Kollwitz - D. Mensch, d. Werk, d. Geist, 1948; Max Ernst, 1960; Theaterstadt Stuttgart 1912-1962, 1962. Übers. v. Ionesco, Adamov, de Ghelderode u. Musset - 1955 Reuchlin-Med.; 1958 Grande Méd. de l'Exposition Universelle, Bruxelles; 1977 Ehrengabe f. Lit. Reg.rat Kanton Zürich; s. 1972 Mitgl. PEN-Center - Spr.: Franz., Ital., Engl., Poln.

SEEMANN, Hans

Dr. phil., Prof. f. Erziehungswiss., Univ. Osnabrück, Abt. Vechta - Tannenweg 37, 2848 Vechta/O. (T. 27 66) - Geb. 29. Dez. 1925 Minden/W. - S. 1963 Doz. u. Prof. (1967) PH Vechta bzw. PH Nieders./Abt. Vechta, jetzt Univ. Osnabrück/Abt. Vechta. Fachveröff.

SEEMANN, Heinrich

Dr. jur. utr., Botschafter, Chef d. Protokolls Ausw. Amt - Zu erreichen üb. Ausw. Amt, Adenauerallee 99-103, 5300 Bonn 1 - Geb. 22. Mai 1935 Stuttgart (Vater: Heinrich S., Kaufm.; Mutter: Emma, geb. Stuber), ev., verh. m. Karin, geb. Förster, 4 Kd. - Stud. Rechts- u. Staatswiss. Univ. Freiburg, Tübingen, Bonn; Promot. 1965 - Ab 1965 Ausw. Dst., Ausl.posten in USA, Nepal, Japan; außenpolit. Mitarb. d. Bundespräs.; 1982-86 Botsch. in Mali - BV: Nepal - gestern noch verbotenes Land, 2. A. 1978 (Engl. 1978); Japan - Ferner Westen od. Ferner Osten, 1978; Otto Eglau - Inselskizzen, 1982; Otto Eglau - Aquarelle, 1986 - Liebh.: Klavier, Malerei - Spr.: Engl., Franz.

SEEMANN, Klaus

Dr. jur. utr., Ministerialdirigent im Bundeskanzleramt - Stockenstr. 15-17, 5300 Bonn 1 (T. 0228 - 65 48 86) - Geb. 13. Jan. 1925 Beuthen/OS, kath., verh. s. 1974 m. Gisela, geb. Becker - Jura-Stud.; 1. u. 2. Staatsprüf. 1949 u. 53, Promot. 1951 Dipl.-Volksw. 1954 - 1956 Landgerichtsrat Nürnberg-Fürth; 1961-64 Ltd. Beamter (Ministerialrat) b. Bundesmin. f. bes. Aufg. u. Vors. d. Bundesverteidigungsrates Dr. Heinrich Krone. Rd. 80 Veröff. üb. Kartellrecht, Entwicklungspolitik, Reg.- u. Verwaltungsreform u. Medienpolitik - 1974 BVK.

SEEMANN, Klaus-Dieter
Dr. phil., o. Prof. f. Slav. Literaturen FU Berlin (s. 1969) - Eppinger Str. 12, 1000 Berlin 33 (T. 831 40 48) - Geb. 11. Nov. 1932 Neuruppin/Brandenburg (Vater: Ernst S., Kaufm.; Mutter: Gertrud, geb. Weichsel), ev., verh. s. 1961 m. Antje, geb. Walsdorff, 5 Kd. (Rahel, Joachim, Martin, Gabriel, Rebecca) - 1950-56 FU Berlin (Slav.). Promot. 1956 Berlin (Diss.: Z. Problem d. progressiven Palatalisierung d. Gutturale im Urslavischen); Habil. 1969 Konstanz (Habil.schr.: D. altruss. Wallfahrtsliteratur - Theorie u. Geschichte e. lit. Genres) - 1961-69 Assist. FU Berlin u. Univ. Konstanz (1966) - BV: D. altruss. Wallfahrtslit., München 1976; (Mitautor): D. Erz. über Petr Ordynskij, Berlin-Wiesbaden 1979. Herausg.: Abt Daniil, Wallfahrtsber., 1970; Russ. Lyrik, 1982; B. Tomaševskij, Theorie d. Lit. Poetik, 1985; Beiträge z. russ. Volksdichtung, 1987; Gattung u. Narration in d. älteren slavischen Lit., 1987; Gattungen u. Genologie d. slavisch-orthodoxen Literaturen d. Mittelalters. Zahlr. Fachaufs. Mithrsg.: Bibliogr. d. slavist. Arbeiten aus deutschsprach. Fachztschr. 1876-1963 (1965; m. F. Siegmann), Materialien z. Gesch. d. Slavistik (Bd. I, 1982; II, 1987). Veröffentl. Abt. f. slav. Sprachen u. Lit. Osteuropa-Inst. (Slav. Sem.) FU Berlin; Slavist. Studienb., Neue Folge; Ztschr. f. Slawistik (1991ff.).

SEERING, Ruth

Autorin u. Reporterin - Rheinuferstr. 52, 4040 Neuss (T. 1 96 17) - Geb. 19. Jan. 1923 Chemnitz (Vater: E. Mauersberger, Untern.; Mutter: Therese, geb. Ficker), ev., verh. s. 1965 in 2. Ehe m. Dr. Clemens Amelunxen (s. dort) - Stud. Univ. Innsbruck, Berlin, Prag (Archäol., Gesch.) - 1960 Schallmauer-Durchbruch m. F-100, US-Air Force; 1968 als erster weibl. Co-Pilot Überschallflug, US-Air Force; 1969 u. 74 Doppeldschall-Flug m. Lightning, British Royal Air Force; 1969-72 Überlebenstraining (als einzige Frau) m. British RAF in Malaysia, Katar, Zugspitzplateau u. Atlantik; Drei Staatseinlad. Saudi-Arabien zw. 1953 u. 1974 - BV: Profile e. Hauptstadt - Düsseldorf, 1964; Mein tödl. Risiko, 1972; König Feisal - Koran u. Öl, 1974; Auf d. Spuren v. Jeanne d'Arc, 1978; Abenteuer Südwest - Impressionen aus Namibia, 1981; Geliebt u. verteufelt d. Katze, 1986; E. Frau versucht d. Abenteuer, 1987; Inseln - Brücken im Mittelmeer, 1991 - 1960 Ehrennadel Mach Buster's Club, North American Aviation u. The 1000 miles per hour Club, Brit. Royal Air Force; 1975 Med. d'Argent Arts-Sciences-Lettres, Frankr., 1978 Croix de Commandeur du Mérite Belgo-Hispanique (Belgien) - Spr.: Engl., Franz. - Bek. Vorf.: Maria v. Ebner-Eschenbach, Schriftst. (Großtante).

SEESING, Heinrich
Bundestagsabgeordneter (s. 1983; Wahlkr. 81/Kleve), Grundschulrektor a.D. - Monrestr. 44, 4192 Kalkar (T. 02824 - 32 40) - Geb. 12. Juli 1932 Warbeyen/Kleve (Vater: Aloys S., Molkereigeschäftsf.; Mutter: Elisabeth, geb. Buerschaper), kath., verh. s. 1960 m. Klara, geb. van Gemmeren, 3 Kd. (Dorothee, Ludger, Benedikt) - Abit. 1953; 1. Prüf. f. d. Lehramt a. Volkssch., Essen 1956; 2. Staatspr., Kalkar 1958 - 1956 Volksschullehrer, 1963 Hauptlehrer, 1968 Grundschulrektor - CDU-Kreistagsabg. Kreistag Kleve 1961-83; viele kommunalpolit. Funkt.; CDU-Kreisvors. s. 1981; nebenamtl. Organist a. d. St. Clemens-Kirche zu Kalkar-Wissel.

SEEWALD, Heinrich
Dr. phil., Verleger - Brühlstr. 39, 7303 Neuhausen auf den Fildern - Geb. 10. Juni 1918 Kassel (aufgew. Soest) - Stud. Gesch., Phil., Literaturwiss., Klass. Philol. Promot. 1949 - Lektor u. Verlagsleit.; 1956 (Gründ.) b. 1984 eig. Verlag. heute Verlagsbüro Stuttg. - Mitgl. PEN-Club Liechtenstein - BV: Traumgesicht. Ged. 1947.

SEFFRIN, Horst
Dr. med. h. c., Bürgermeister a. D. - Breslauer Pl. 4, 6100 Darmstadt (T. 06151 - 4 89 86) - Geb. 20. Jan. 1921 Darmstadt (Vater: Alfred S., Bankkaufm.; Mutter: Angela, geb. Schuchmann), ev., verh. m. Anni, geb. Frenger - Realgymn. Darmstadt, Abit. 1939; 1939-41 Univ. Frankfurt (Philol.) - S. 1945 Stadtverw. Darmstadt (1956 Sozial- u. Gesundheitsdezern., 1970-83 Bürgerm.). AR-Vors. Südhess. Gas u. Wasser AG; Mitvorst. Kempf-Stift. - BV: Durchbruch z. soz. Geist; Sozialgesch. d. Stadt Darmstadt; Beitr. z. Gesundheitspol. Themen, versch. Publ. - 1983 Ehrendoktor Univ. Frankfurt/Main, BVK I. Kl.; Silb. Verd.-Plakette d. Stadt Darmstadt u. d. Landeswohlfahrtsverb. Hessen; Gold. Ehrenz. DRK, AWO, VDK, ALKMAAR u. TROYES (Frankr.) Assoc. France-Allemagne: 1982 Paris-Prix France-Allemagne pour le jumelage Darmstadt-Troyes - Liebh.: Musik, Lit. - Spr.: Lat., Engl., Franz.

SEFRIN, Peter
Dr. med., Prof., Ltd. Oberarzt am Institut f. Anaesthesiologie d. Univ. Würzburg - Sandweg 10, 8700 Würzburg (T. 0931 - 2 33 32) - Geb. 20. Mai 1941 kath., verh. s. 1970, 2 Kd. (Ellen, Andreas) - Med.stud.; Promot. 1969 - 1973 Facharzt; 1984 apl. Prof. - Vors. d. Bundesvereinig. d. Arb.gemeinsch. d. Notärzte Deutschl. (BAND), d. AGBN, d. Aussch. Verkehrsmedizin d. DVR, d. Sektion Rettungswesen d. DIVI, Bundesfeuerwehrarzt - BV: Notfalltherapie, 5. A; Erste-Hilfe in d. Krankenpfl. 3. A. Schriftleit. d. Ztschr. D. Notarzt. Buchreihenherausg. Klinische u. Experimentelle Notfallmedizin - 1986 BVK am Bde.; 1988 Verkehrssicherheitspreis d. EG; 1990 Dieselring d. Verb. d. Motorjournalisten.

SEGER, Adolf
Postbeamter, Ringerweltmeister, Olympiagewinner (Bronze) - Freiligrathstr. 7, 7800 Freiburg (T. 0761 - 4 11 21) - Geb. 2. Jan. 1945 Freiburg (Vater: Karl S., Steiger; Mutter: Magdalena, geb. Kiss), ev., verh. s. 1983 m. Vera, geb. Ohibsky (2 Kd. (Angela, Raika) - Postbeamtenlaufb. - 1972 u. 1976 Silb. Lorbeerblatt, 1977 Fair Play Trophe - Erfolgreichster Ringer d. Bundesrep.: 1971-80 Dt. Meister, 1972/73/76 Europameist., 1975 u. 77 Weltmeist. im fr. Stil; Olympiade 1972 u. 76 (Bronzemed.).

SEGERSTAM, Leif
Generalmusikdirektor Staatsphilharmonie Rheinl.-Pfalz (1983-89), Ehrengastdirigent (1989ff.), 1. Gastdirig. Finn. Rundfunkorch. Helsinki (1987ff.), Chefdirig. Dän. Rundf.orch. u. Musikal. Berater Tampere Symph. Orch. Finnl. (1989ff.) - Takojantie, SF-02130 Espoo, Finnland (T. 00358 - 0 - 46 04 46; Fax 00358-0-46753) - Geb. 2. März 1944 Vasa/Finnl. (Vater: Selim S., Komp., Dirig., Gesangspäd.), ev., verh. s. 1964 m. Hannele Angervo, 2 Kd. (Pia, Jan) - 1952-63 Sibelius-Akad. Helsinki; 1963-65 Juillard School of Music New York - 1968-72 Kapellmeister u. Musikchef

Oper Stockholm; 1973/74 Generalint. Finnische Nationaloper; 1975-82 Chefdirig. ORF Wien; 1977-87 Chefdirig. Finn. Rundf.-Orch. - Kompos. in frei-pulsierend. Stil s. 1970; Kompos. auf CD. Werke u.a.: 17 Sinfonien, 6 Violin-, 3 Klavier- u. Cellokonzerte, 7 Doppelkonzerte, Orchesterlieder, 26 Streichquartette, Orchestrale Tagebuchbl., Gedanken 1987, 88, 89, 90 f. Orchesterlieder, für große Orchester 91, chorale Werke u. Kammermusik. D. letzten Kompos.: Monumentale Gedanken Martti Talvela in Memoriam (1989), Waiting For, Streamings in the Soul - Spr.: Engl., Franz., Ital., Span., Finn., Deutsch, Schwed.

SEGGELKE, Jürgen

Dipl.-Ing., Dipl.-Wirtsch.-Ing., Prof. u. Direktor - Bischwilerstr. 14, 1000 Berlin 37 (T. 030 - 89 03 22 91) - Geb. 4. April 1938, verh. m. Dipl.-Psych. Barbara, geb. Freitag - Stud. Nachrichtentechnik u. Wirtschaftswiss. Univ. Braunschweig, Stuttgart, Hamburg u. München; Dipl. - Projektleit.; Leit. e. Softwaregruppe in Industrie; Bundesmin. f. Forschung u. Technologie; Leit. DV u. Umweltinformationssystem UMPLIS Umweltbundesamt; Beratung Dt. Forschungs- u. Bundesbehörden. Präs. e. EG-Arbeitsgr.; Vors. d. Bund-Länder-Arbeitsgruppen f. gefährliche Stoffe u. Umweltanwendungen von GIS - Zahlr. Fachveröff. - Gold. Feuerwehr-Ehrenzeichen am Bde. - Liebh.: Musik, Tennis, Windsurfen - Spr.: Engl., Span.

SEGGER, Heimdal
Dr. jur., Justitiar u. Verwaltungsdirektor Radio Bremen i. R. (1969-82), Vizepräs. Carl Schurz-Ges. Bremen - Claussenstr. 8, 2800 Bremen (T. 34 35 27) - Geb. 16. April 1926 Bremen, ev., verh. s. 1952 m. Irmgard, geb. Werlich, 2 Kd. - Univ. Hamburg u. Erlangen - Spr.: Engl. - Rotarier.

SEGGEWISS, Wilhelm
Dr. rer. nat., Prof., Astronom - Aachener Str. 3, 5568 Daun/Eifel (T. 06592 - 29 13) - Geb. 17. Sept. 1937 Bocholt (Vater: Wilh. S., Kaufm.; Mutter: Agnes, geb. Emonts), kath., verh. s. 1966 m. Karin, geb. Uhe, 2 Kd. (Michael, Corinna) - Gymn. Bocholt (Abit. 1957), 1957-63 Univ. Münster u. München (Math., Phys., Astronom.), Staatsex. Münster 1963, Promot. 1967, Habil. Bonn 1977 - 1964-69 wiss. Asist. Münster u. Bonn, 1969 Hauptobserv. Univ. Sternwarte Bonn, s. 1977 Prof., Lehrbeauftr. TH Aachen, Univ. of Maryland - Mitgl. intern. Astronom. Vereinig. u. Ges. (Dtschl. 1980-86 Schriftf.) - Üb. 100 Aufs. in wiss. Ztschr. z. Astronom. u. Astrophys.; Sternhaufen u. Assoz. in: Landolt-Börnstein, Neue Serie (Bd. VI/2), 1981 - Liebh.: Sammeln v. alter u. neuer Druckgraphik - Spr.: Engl., Franz.

SEGLER, Helmut

o. Prof., Inh. Lehrstuhl f. Musik u. ihre Didaktik TU Braunschweig, Fachbereich IX - Drömlingweg 4, 3300 Braunschweig (T. 37 74 09) - Geb. 14. Juni 1914 Nitzlin/Pomm., verh. s. 1953 m. Rosemarie, geb. Weckert (Violinistin) - 1948-51 Doz. Musikhochsch. Freiburg/Br.; 1951-57 Musiklehrer Odenwald-Sch.; s. 1958 Doz. u. Prof. (1963; 1964-66 Rektor) PH Braunschweig bzw. Nieders./Abt. Braunschweig, emerit. 1982 - BV: Musik als Schulfach, 1966; Musik aktuell, 1971, Musikbuch - Primarstufe A/B, 71/75; Herausg.: Musik u. -unterr. in d. Gesamtsch., (1972); D. Liedermagazin (1975); Experimente m. Schallquellen (Unterr.-Begleitmaterial, FBU München) 1975; Geräusche - Klänge - Töne, Schulfunksendung NDR 1968/79; Autor Gesamtschulfilm IGS Braunschweig-West, 1978; Untersuchungsprojekt DFG/Inst. f. d. Wiss. Film, Göttingen, Kindertänze 1980ff. Begleitmaterialien zu Musik aktuell, 1979f. - Ehrenvors. Forum Gesamtschule Braunschweig - Spr.: Engl., Franz. - Lit.: G. Kleinen: Heutungen-Texte von u. üb. H. S., 3. A. Aufsätze z. Musikunterr. in d. Grundschule, 1984; Unters. u. Filmdok. überlieferter Kindertänze, 1985ff.; Tänze d. Kinder in Europa 2 Bde., 1990ff.; D. Brillen auf meiner Nase. Blickfehler - Bilder - Perspektiven e. kritischen Musikpädagogen, 1992.

SEGNITZ, Hermann
Wein- u. Rumimporteur - Löwenhof 2, 2800 Bremen 1 (T. 0421 - 38 80 07) - Geb. 6. Jan. 1923 Bremen (Vater: Adolph S., Weinimp.; Mutter: Marie-Luise, geb. Hach), ev., verh. s. 1957 m. Ursel, geb. Lüke - Altes Gymn. Bremen; 1941-45 Arbeits- u. Wehrdst. (Fronteins. Osten u. Westen); 1945-48 kaufm. Lehre Reederei (DG Neptun) - B. 1950 Angest. Lehrfa., dann Stelp & Leighton, London (Schiffsmakler), s. 1952 Teilh. A. Segnitz & Co. GmbH, Bremen (gegr. 1859). Beeid. Sachverst. f. Weine a. D. Div. Funktionen, dar. Kurat.-Vors. Sektion Bremen/Bund Freiheit d. Wiss. (mitbegr.), Vors. Dt. Vereinig. z. Förd. d. intern. Konfliktforsch. (mitbegr.), Vorst.-Mitgl. Rum-Union Dtschl., s.

1987 stv. Vors. Bremer Verb. d. Weingroßhändler u. Spirituosenherst. - Übers. bzw. Mitwirk.: Hubrecht Duijker/D. guten Weine v. Bordeaux, ... v. Loire, Elsaß, Champagne, Michael Broadbent/ D. gr. Buch d. Weinjahrgänge - Membre d'Honneur de l'Académie du Vin de Bordeaux - Liebh.: Lit. (Gesch.), Tennis - Spr.: Franz., Engl.

SEHER, Artur

Dr.-Ing., Prof., ehem. Direktor Inst. f. Allg. u. Analyt. Chemie d. Bundesanstalt f. Fettforschung, Münster - Coesfeldweg 25, 4400 Münster/W. (T. 86 13 35) - Geb. 11. Febr. 1920 Berlin (Vater: Arthur S., Baumeister; Mutter: Ella, geb. Richter), ev., verh. s. 1957 m. Christine, geb. Freytag - TH Berlin (Chemie). Promot. 1943 Berlin; Habil. 1953 Münster - 1941-45 Assist. TH Berlin; 1946-49 techn. Leit. chem. Ind.; 1949-56 Assist. u. Oberassist. Univ. Münster (1953 Privatdoz., 1960 apl. Prof.); s. 1956-85 Stv. u. Leiter BA Fettforsch.; 1973-76 Präs., 1976-82 Vizepräs., 1983-91 Vorst.-Mitgl. Dt. Ges. f. Fettwiss.; 1974-76 Präsid.-Mitgl. Senat d. Bundesforschungsanstalten - BV: Analyse d. Fette u. Fettprodukte (Handb.). 1958. Zahlr. Fachaufs. Beiträge z. Handb. d. Lebensmittel-Chemie (1965). Handb. d. Infrarot-Spektroskopie (1972) - 1974 BVK am Bde.; 1981 Chevreul-Med. Assoc. Franc. p. l'Etude d. Corps Gras; 1989 Normann-Med. Dt. Ges. f. Fettwiss. - Liebh.: Farbfotogr. - Spr.: Engl. - 1969 Ruf Univ. Frankfurt/M. (Lehrstuhl f. Lebensmittelchemie).

SEHI, Meinrad

(Eigentl. Karl Ludwig Sehi) - Pfarramt St. Remigius, Brüdergasse 8, 5300 Bonn 1 (T. 0228 - 63 53 54) - Geb. 21. Sept. 1928 Bann/Pfalz (Vater: Ludwig S., Schlosserm.; Mutter: Agnes, geb. Kaufmann), kath., ledig - Abit. 1949 human. Gymn. Weiden; 1950-55 Phil.-theol. Stud. Univ. Würzburg (Promot. 1978) - Studienpräfekt, Seelsorger; 1968-74 Provinzial; s. 1974 Schriftleit. u. wiss. Forsch. d. Gesch. d. Franziskanerordens, d. er als Priester angehört; s. 1983 Pfarrer v. St. Remigius in Bonn - BV: u. a. Gesch. d. Franziskaner v. Kaiserslautern. In: Alemania Franciscana Antiqua 10, 1964; Im Dienst an d. Gemeinde. 750 J. Franziskaner-Minoriten in Würzburg 1221-1971, 1972; Chronik d. Gemeinde Bann, 1979; Konrad Eubel, Franziskaner-Minorit (1842-1923), in: Fränkische Lebensbilder 9, 1980; D. Bettelorden in d. Seelsorgsgesch. d. Stadt u. d. Bistums Würzburg b. z. Konzil v. Trient, in: Forsch. z. fränk. Kirchen- u. Theologiegesch., 1981; D. oberdt. Minoriten-Provinz im Mittelalter, in Ausst.kat. 800 J. Franz v. Assisi, 1982 - Liebh.: mittelalterl. Kirchengesch., Ordensgesch. - Spr.: Latein, Griech., Engl.

SEHLBACH, Herbert

Fabrikant, Inh. Herbert Sehlbach Schmalwebereien, Wuppertal-Barmen, Sehlbach Sohn & Steinhoff, Thiel & Wurms ebd., Markant Kleiderfabrik Herbert Sehlbach, Furth/Wald, Ehrenvors. Gesamtverb. Schmalweberei u. Flechterei, Wuppertal-Elberfeld (s. 1966; 1954-66 Vors.) - Ottostr. Nr. 23, 5600 Wuppertal-Elberfeld (T. Büro: 55 34 15) - Geb. 27. Juli 1903 Barmen (Vater: Ferdinand S.; Mutter: Klara, geb. Steinhoff), verh. s. 1936 m. Anne, geb. Martin, 2 Töcht. (Gisela, Burghild) - Abitur - S. 1935 Fabr.

SEHN, Marita,

geb. Kaspar

Industriekauffrau, Mitglied d. Deutschen Bundestages (s. 1990) - Graf-Simon-Str. 12, 6544 Kirchberg (T. 06763 - 29 39) - Geb. 2. Mai 1955 Rödern, kath., verh. s. 1975 m. Günter Johannes S. - Industriekauffr. - S. 1990 2. Beigeordn. Stadt Kirchberg; s. 1992 FDP-Kreisvors. Rhein-Hunsrück-Kr. - Liebh.: Musik, Politik, Lesen - Spr.: Engl.

SEHRBROCK, Hermann

Dr. jur., Ministerialdirigent a. D., Vorstandsvors. Dt. Siedlungs- u. Landesrentenbank/Anstalt d. öfftl. Rechts, Bonn (s. 1969) - Kantstr. 19, 5300 Bonn 2 - Geb. 13. Febr. 1924, verh., 2 Kd. - Stud. Rechtswiss. Gr. jurist. Staatsprüf. - Priv. Bankwirtschaft, Bundesernährungsmin. u. -präsidialamt (pers. Ref. Bundespräs. Dr. h. c. Heinrich Lübke).

SEIBEL, Claus

Journalist, Studioredakteur Send. heute ZDF - 6200 Wiesbaden - Geb. 16. Sept. 1936 Giessen, Tocht. Julia - Abit. 1957 Giessen; Stud. German. Univ. Marburg u. Theaterwiss./Publiz. FU Berlin - Redakt. Hess. Rundf. (Chef v. Dienst Nachrichten, Sendeleit.), s. 1971 ZDF - Liebh.: Reisen, Wandern, Theater.

SEIBEL, Hans Dieter

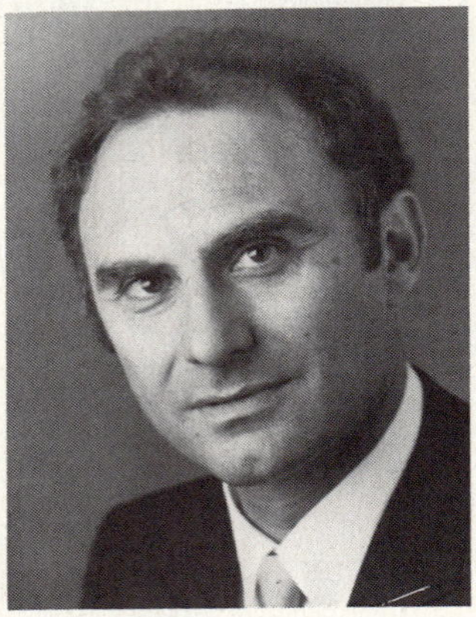

Dr. phil., o. Prof. f. Soziologie Univ. Köln (s. 1980) - Hahnwaldweg 14, 5000 Köln 50 - Geb. 1. Febr. 1941 Mühlheim/ Koblenz (Vater: Peter S., Verwaltungsangest.; Mutter: Anna, geb. Groß), kath., verh., 5 Kd. (Saskia, Tjark, Greta, Lena, Raoul) - Görres-Gymn. Koblenz; 1960-66 Stud. Soziol., Volksw., Phil. Trier, Freiburg, Ibadan. Promot. 1966 Freiburg; Habil. 1972 Münster - 1966 Leit. Afrika-Abt. Arnold-Bergstraesser-Inst., Freiburg; 1967 Assoc. Prof. u. Leit. Abt. f. Soziol. u. Anthropol. Univ. Monrovia; 1972 Assoc. Prof. u. Leit. Abt. f. Soziol. Manhattanville College, Purchase; 1975 Prof. PH/Ruhr, Dortmund. 1969-72 Gastdoz. Univ. Princeton; 1972 Gastprof. Univ. Münster; 1981 Gastprof. Univ. Lagos. B. 1991 beurl. als Berater d. Zentralbank v. Indonesien u. Leit. e. GTZ-Projektes z. Entw. d. ländl. Finanzw.; Vors. Kölner Ges. z. Förd. d. Entwicklungsländerforsch. - BV: Industriearbeit u. Kulturwandel in Nigeria, 1968; Social Change and Economic Development in Nigeria, 1973 (New York); Ges. im Leistungskonflikt, 1973; The Dynamics of Achievement, 1974 (Indianapolis/New York); Traditional Organizations and Economic Development, 1974 (New York); Ethnographic Survey of Southeastern Liberia - The Kran and the Sapo, 1974 (Newark); Industrial Relations in Africa, 1979 (London); Struktur u. Entwickl. d. Ges., 1980; Self-Management in Yugoslavia and the Developing World, 1982 (London); Self-Help Organiz., 1982 (Bonn); Arbeit u. psych. Gesundh., 1984 (Göttingen); Ansatzmögl. f. d. Mobilisier. v. Sparkapital z. Entwickl.finanz. 1984 (Bonn); Management Problems in Africa, 1986 (London); Ländl. Entw. als Austauschprozeß, 1987 (Saarbrücken); Dual Financial Markets in Africa, 1987 (Saarbrücken); Small-Scale Industries and Economic Development in Ghana, 1987 (Saarbrücken); Ländl. Selbsthilfeorg. in d. Volksrep. Kongo, 1987 (Saarbrücken); Industrial Labour in Africa: Continuity and Change Among Nigerian Factory Workers, 1988 (Saarbrücken); Handw. in Nigeria: Untern.org., Verb.struktur u. Förd.ansätze, 1988 (Saarbücken); Sozioökult. Faktoren d. Entw. in afrik. Gesellschaften: Entw. v. oben od. Entw. v. unten?, 1988 (Saarbrücken); Linking Self-Help Groups and Banks in Developing Countries, 1989 (GTZ/Eschborn); Finance with the Poor, by the Poor, for the Poor, 1989 (Social Strategies Forsch.ber. Basel); Empirische Sozialforsch. üb. Entwicklungsländer, 1992 - Spr.: Engl., Franz.

SEIBEL, Johannes Joachim

Dr. rer. oec., Prof. Berg. Univ.-GH Wuppertal - Wassermannweg 12, 5650 Solingen 1 (T. 0212 - 4 44 28) - Geb. 27. Okt. 1933 Neisse (Vater: Peter Michael S., Holzkaufm.; Mutter: Maria Anna, geb. Hubert), kath., verh. s. 1960 m. Christine, geb. Schäfer, 3 Kd. (Klemens-Maria, Beate Ursula, Anette Bettina) - Externenabit. 1952; 1955-58 Stud. Betriebswirtsch. u. Volkswirtsch. (Dipl. 1958), 1958-59 Stud. Europ. Forschungsinst. - 1958-60 Geschäftsf. Verlag; 1960-63 Controller Textilind.; 1963-71 Mitgl. Geschäftsf. in Elektroind.; 1971-72 Finanzvorst. Investitionsgüterwirtsch. Mitgl. in div. AR- u. Beiräten. Entw. Zero-Base Budgeting u. flex. Investitions- u. Finanzplanungssysteme - BV: Finanz-Management, 1970; Controlling u. Finanzmanagement, 1975; Strateg. Unternehmensführ., 1977; Zero-Base Budgeting, 1978; D. kaufm. Geschäftsf., 1978; Unternehmensfinanz. in schwieriger Zeit, 1982; Entscheid. für d. Zukunft, 1983; Unternehmernachfolge im Spannungsfeld zw. Familie u. Betriebswirtsch., 1991 - Spr.: Engl., Franz., Span.

SEIBEL, Klauspeter

Prof., Dirigent, Staatsoper Hamburg (s. 1972), Chefdirigent Nürnberger Symphoniker (1980-88), Prof. Hochsch. f. Musik Hamburg (s. 1978), Generalmusikdir. Kiel (s. 1987) - Geb. 7. Mai 1936 Offenbach (Vater: Rudolf S., gf. Vorst.-Mitgl.; Mutter: Elisabeth, geb. Kirsch), ev., verh. s. 1961 m. Jutta, geb. Reumann, 3 Kd. - Human. Gymn. (Abit.) - Theaterkapellmeister (1957-63 Gärtnerplatz München, 1963-1965 Freiburg i. Br., 1965-67 Lübeck, 1967-71 Kassel; 1975-78 Generalmusikdir. Freiburg) - 1957 Richard-Strauss-Stip. Stadt München; 1969 Dimitri-Mitropoulos-Wettb. New York - Spr.: Engl., Franz., Ital.

SEIBEL, Manfred

Drucker, Landtagsabgeordneter Rheinl.-Pfalz (s. 1987) - Sommerstr. 5, 6746 Hauenstein (T. 06392 - 36 44) - Geb. 3. Juli 1958 Hauenstein, verh. s. 1982 m. Christina, geb. Schöffel, 2 Töcht. (Nina, Daniela) - Lehre als Drucker - S. 1984 Mitgl. d. Verbandsgem.-Rates Hauenstein; 1988-89 Mitgl. d. Kreistages Pirmasens.

SEIBEL, Rainer

Dr. med. habil., Direktor Inst. f. Diagnostische u. Interventionelle Radiologie Univ. Witten/Herdecke - Kantorie 21, 4300 Essen 1 - Geb. 19. April 1953, verh. m. Angelika - Dozent Univ. Witten/ Herdecke im Fach Radiologie - BV: Interventionelle Computertomographie (m. Grönemeyer), 1989; Interventional Computertomography (m. dems.), 1990.

SEIBEL, Wilfried

Dr. agr., Dipl.-Ing. agr., Ltd. Direktor u. Prof. Bundesanstalt f. Getreide-, Kartoffel- u. Fettforsch., Detmold u. Münster (s. 1968) - Alter Postweg 19, 4930 Detmold (T. 05231 - 74 10) - Geb. 6. Febr. 1930 Dalwigsthal (Vater: Wilhelm S., Lehrer; Mutter: Else, geb. Decker), ev., verh. s. 1959 m. Edith, geb. Gross, 3 Kd. (Christiane, Ulrich, Martin) - Stud. d. Landw.; Dipl.ex. 1953; Promot. 1956, bde. Gießen - 1962-68 Produktionsleit. Meneba, Rotterdam, Niederld. Fachmitgl.sch. - Liebh.: Jagd - Spr.: Engl., Niederl. - Lions-Club.

SEIBEL-EMMERLING, Lieselotte

Schulrätin, MdL Bayern (1966-79), Mitgl. Europ. Parlam. (s. 1979) - Virchowstr. 15a, 8500 Nürnberg (T. 0911 - 56 44 67) - Geb. 3. Febr. 1932, verh. m. Alfred Emmerling (Maler), 1 Sohn - Realgymn. (Abit. 1949); FU Berlin (Psych., Soziol., Päd.) - Vizepräs. d. Aussch. f. Jugend, Kultur, Bildung, Information u. Sport.

SEIBERT, Gerhard

Dr. iur., Bundesrichter (Bundesverwaltungsgericht) - Hardenbergstr. 31, 1000 Berlin 12 - B. 1981 Hess. Verw.gerichtshof; 1978-81 wiss. Mitarb. b. BVerfG.

SEIBERT, Jakob

Dr. phil., ao. Prof. f. Alte Geschichte - Sudetenstr. 3, 8031 Maisach (T. 08141-9 49 93) - Geb. 3. Febr. 1939 Pirmasens (Vater: Jakob S., Kaufm.; Mutter: Elise, geb. Doniat), ev., verh. s. 1964 m. Dr. Bärbel S., S. Axel - Human. Gymn., Stud. Klass. Philol. u. Gesch., Promot., 1. Staatsex., Habil. - 1969-75 Univ.Doz., 1975-78 apl. Prof., s. 1978 ao. Prof. Univ. München - BV: Metropolis u. Apoikie, 1963; Dynastische Verbind., 1967; Ptolemaios I., 1969; Alexander d. Gr., 1972; Polit. Flüchtlinge u. Verbannte in d. griech. Gesch., 2 Bde. 1979; Zeitalter d. Diadochen, 1983; D. Eroberung d. Perserreiches durch Alexander d. Gr. auf kartographischer Grundlage, 2 Bde. 1985.

SEIBERT-SANDT, Walter

Direktor, Vorst. J. Sandt AG. (Maschinenfabrik), Pirmasens - Buchsweiler Str. 68, 6780 Pirmasens/Pfalz - Geb. 17. Aug. 1916.

SEIBOLD, Eugen

Dr. rer. nat., em. Prof. f. Geologie u. Paläontologie Univ. Kiel - Richard-Wagner-Str. 56, 7800 Freiburg (T. 0761 - 55 33 68) - Geb. 11. Mai 1918 Stuttgart, kath., verh. s. 1952 m. Dr. Ilse, geb. Usbeck, T. Ursula - Univ. Tübingen, Bonn. Promot. 1948 Tübingen; Habil. 1951 Tübingen - 1949-51 Assist. Univ. Tübingen, 1951-1953 Doz. TH Karlsruhe, 1953-58 ao. Prof. Univ. Tübingen, 1958-85 o. Prof. u. Dir. Inst. u. Museum f. Geol. u. Paläontol. Univ. Kiel, 1980-85 Präs. Dt. Forschungsgem., Bonn; 1985-90 Präs. European Science Foundation (ESF), Strassburg. Zeitw. Vors. Geol. Vereinig. Bonn. Zahlr. Fachveröff. Contribution to Sedimentology (1973ff.), Marine Geol. (1963ff.) - 1971 Mitgl. u. 1987 Ehrenmitgl. Dt. Akad. d. Naturforscher Leopoldina, Halle; 1972 Mitgl. Akad. d. Wiss. u. Lit., Mainz; 1974 Chevalier de l'ordre Palme académique; 1976 Ehrenmitgl. Geolog. Soc., London; 1980-84 Präs. Intern. Union of Geological Sciences; 1980 Vize-Präs. European Science Foundation; 1981 Korr. Mitgl. Bayer. Akad. Wiss. München; 1982 Hon.-Fellow, Geological Society of America; Hon. Member Geol. Soc. Africa; 1984 Korresp. Mitgl. Heidelberger Akad. d. Wiss. - 1980 Med. Albert I. v. Monaco, 1983 Gr. BVK, 1985 m. Stern, 1983 Dr. h.c. (Univ. East Anglia U.K.), 1985 Hon.-Prof. Tongji-Univ., Shanghai, 1986 Ehrensenator Univ. Kiel u. Univ. Gießen, Hon.-Prof. Univ. Freiburg, 1987 Verdienstmed. Land Baden-Württ., 1988 Dr.h.c. Univ. Paris 6, 1988 Gründungsmitgl. Acad. Europaea, 1989 korr. Mitgl. Akad. d. Wiss. Göttingen, Membre assoc. Acad. Sci. Française.

SEIBOLD, Kaspar

Dr. agr., I. Bürgermeister a. D. - Gaißacher Str. 21, 8172 Lenggries/Obb. - Geb. 14. Okt. 1914 Lenggries - Landw.; 1966-84 1. Bürgerm. v. Lenggries u. stv. Landrat Bad-Tölz - Wolfratshausen (13 J.) - Mitgl. Parlam. Rat, u. Bezirkstag Oberbayern. CSU.

SEIBOLD, Wilhelm

Dr. rer. nat., Prof. - Zwischen den Bächen 43, 6990 Bad Mergentheim - Geb. 16. März 1912 Künzelsau/Württ. (Vater: Prof. Dr. W. S.; Mutter: Helene, geb. Haller), verh. I) m. Margarete, geb. Roller †, 2 Söhne (Gerhard, Peter); II) m. Hedwig, geb. Häfner - Tätigk. Luftu. Raumfahrt: 1939-45 Forsch.-Anst. Graf Zeppelin Stuttgart; 1946-59

Frankr.; 1960-64 Focke-Wulf Bremen; 1964-70 o. Prof. TH Aachen; 1970-77 Geschäftsf. VFW (jetzt MBB). Versch. Patente u. Veröff. - Spr.: Engl., Franz.

SEIBOLDT, Ludwig
Ing. agr. (grad.), Verwaltungsangestellter, MdL Hessen (s. 1979) - Karl-Bieber-Höhe 3, 6000 Frankfurt/M. 56 - Geb. 14. Nov. 1941 Niedereschbach/Ts., verh., 2 Kd. - Volkssch.; landw. Lehre; Fachsch.; Höh. Landbausch. - 1963-66 Sachbearb. f. Agrarstrukturverbess. Baden-Württ. u. Hessen, 1966-77 Projektleit. u. Wiss. Mitarb. f. landw. u. -schaftl. Entwicklungsaufg. Süddtschl. u. Nordrh.-Westf., s. 1977 Verw.sangest. Bundesamt f. Ernährung u. Forstw. Frankfurt. 1963-70 Kreisvors. Jg. Union Friedberg. CDU (div. Funkt.).

SEIBOTH, Frank
Staatssekretär i. R. Hess. Ministerium f. Landw. u. Umwelt (1967-75) - Friedrich-Naumann-Str. 32, 6200 Wiesbaden (T. 40 12 32) - Geb. 9. Mai 1912 Proschwitz/Sudetenl., ev. - Stud. Maschinenbau Reichenberg - Industrie- u. Pressetätig., im Krieg zul. Uffz., 1945-48 interniert (Tschechosl.), 1950-54 Redakt. bzw. Chefredakt. (1951) Wegweiser f. Heimatvertriebene u. Verlagsgeschäftsf., dann Herausg. Dt. Einheit, 1962-67 Geschäftsf. Lotterie-Treuhandges. mbH. Hessen. 1953-57 MdB (GB/BHE); 1959-66 MdL Hessen (Fraktionsvors. GDP/BHE). SPD s. 1967.

SEIBT, Ferdinand

Dr. phil., o. Prof. f. Mittelalterl. Geschichte - Haydnstr. 14, 8013 Haar (T. 46 84 22) - Geb. 9. Mai 1927 Strischowitz/Böhmen, kath., verh. s. 1953 m. Dipl.-Psych. Dr. Gertrud, geb. Haibach, 2 Kd. (Nikolaus, Johanna) - Gymn.; Univ. München. Promot. u. Habil. München u. Bochum (1969 Ord.); 1980 1. Vors. Collegium Carolinum München - BV: Hussitica - Z. Struktur e. Revolution, 1965; Bohemica - Probleme u. Li-teratur, 1970; Utopica - Modelle Totaler Sozialplanung, 1972; Dtschl. u. d. Tschechen, 1974; Karl IV., 1978; Revolution in Europa, 1984; Glanz u. Elend d. Mittelalters, 1987; Handb. d. europ. Gesch., Bd. II, 1987; Karl V., 1990 - 1981 Offizierskreuz VO d. Großherzogtums Luxemburg; 1989 Georg-Dehio-Preis; 1991 Palacký-Med. d. tschechosl. Akad. d. Wiss. Prag.

SEIDE, Adam
Schriftsteller - Günthersburgallee 75, 6000 Frankfurt/M. 60 (T. 069 - 46 31 75) - Geb. 2. Juli 1929 Hannover, verh. m. Bildhauerin Ann, geb. Reder, S. Benjamin - Schriftsetzerlehre; Redaktionsvolont.; Werkkunstsch.; Hochsch. f. Sozialwiss. - 1968-70 Lektor f. dt. Lit. Melzer Verlag, Funktionen im VS; 1977 Redakt. d. Ztschr. Kunst u. Handwerk; 1982-83 Lehrbeauftr. Univ. Kassel - BV: ABC d. Lähmungen, 1979; Im Zustand wie gesehen, 1980; Friedensfibel, 1982; Taubenkasper, 1985; D. braunschweigische Johanna, 1986; Rebecca, 1987; Drei alte Maler, 1989. Herausg. d. Ztschr. Egoist - 1982/83 Stadtschreiber v. Unna; 1984 gr. Landesstip. Nieders.; 1987 kl. Landesstip. Hessen; 1990 Stip. Künstlerhof Schreyahn; 1991 Gerrit-Engelke-Preis d. Landeshauptstadt Hannover; Mitgl. PEN-Zentr.

SEIDEL, Christian
Dr. oec. publ., Konsul, Vorstandsmitgl. Dresdner Bank AG, Frankfurt - Jürgen-Ponto-Pl. 1, 6000 Frankfurt/M. 1 - Geb. 27. Aug. 1935 - Stud. Volksw. (Dipl.); Hon.-Prof. d. Univ. Gießen - Zahlr. AR-Mandate u. a. - Kgl. Norw. Honorarkonsul f. Bay. (Sitz München).

SEIDEL, Dietmar
Dr. med. habil., apl. Prof. f. Neurologie Univ. Münster, Direktor d. Augustahospitals Anholt-Neurolog. Klinik, Isselburg - Albert-Stolte-Str. 25, 4290 Bocholt (T. 02874 - 13 88) - Geb. 17. Juni 1945 Marbach/Sachs. (Vater: Dr. Rudolf S., Arzt; Mutter: Margarete S.), kath., verh. s. 1978 m. Silke, geb. Petrich, 3 Söhne (Sebastian, Johannes, Tobias) - 1964-71 Stud. Med. FU Berlin; Promot. 1971 FU Berlin, Habil. 1981 Univ. Göttingen - Ab 1981 Chefarzt, s. 1987 apl. Prof. Univ. Münster. 80 Fachveröff. u. Vortr. (Schwerp.: Stoffwechselerkrank. d. Nervensyst., Rehabilitation u. Multiple Sklerose).

SEIDEL, Friedrich
Dr. phil., em. o. Prof. f. Zoologie, Vergl. Anatomie u. Entwicklungsphysiologie - v.-Harnack-Str. 22, 3550 Marburg (T. 6 73 37) - Geb. 13. Juli 1897 Lüneburg (Vater: Friedrich S., Konrektor; Mutter: Elise, geb. Bertram), verh. s. 1925 m. Charlotte, geb. Bölsch †1984, 2 Kd. (Prof. Dr. med. Wolfgang, Dr. rer. nat. Sigrid, Stud.-Dir.) - Stud. Univ. Tübingen, Hamburg, Göttingen; Promot. 1923 Göttingen; Habil. 1926 Königsberg - 1937-65 Ord. u. Inst.-Dir. Univ. Berlin u. Marburg (1954) - BV: Entwicklungsphysiol. d. Tiere, 2. A. 1972-76; Handb. Morphogenese d. Tiere, 1.-5. A. 1978-82 - Kriegsausz., dar. Dt. Kreuz in Gold; 1935 Mitgl. Königsberger Gelehrten-Ges.; 1951 wiss. Mitgl., 1957 ausw. Mitgl. Max-Planck-Ges. z. Förd. d. Wiss.; 1954 Mitgl. Wiss. Ges. Marburg; 1956 Mitgl. Dt. Akad. d. Naturforscher Leopoldina; 1960 Fellow Intern. Inst. of Embryologie; 1968 Mitgl. Fr. Akad. Ges. f. Phil. u. Religion, Berlin u. Wiesbaden (1968-76 Präs., 1976 Ehrenpräs.); 1962 u. 1963 1. Vors. Dt. Zool. Ges., s. 1987 Ehrenmitgl. ebd.; 1. Ehrenmitgl. Verb. Dt. Biologen u. 1985 Ehrenmitgl. Europ. Ges. f. menschl. Reproduktion u. Embryologie, Bonn.

SEIDEL, Günter W.
Dipl.-Kfm., Bankdirektor - Hochstr. 2, 6000 Frankfurt/M. (T. 069-21 07-0) - Geb. 22. Juni 1931 - S. 1972 Landw. Rentenbank (1973 stv., 1974 o. Vorstandsmitgl.).

SEIDEL, Harald
Mitglied d. Landtages Thüringen, medienpolit. Sprecher d. SPD-Fraktion - Hainbergstr. 72, O-6600 Greiz (T. 2438 od. dstl. 29 00) - Geb. 22. Jan. 1945 Greiz, ev., ledig - Maschinenbauer - 1989 Gründungsmitgl. SPD (SDP) in Schwante (DDR); s. 1990 Vors. SPD-Kreisverb. Greiz. Gast d. Dt. Akad. d. Naturforscher Leopoldina Halle; Baßgitarrist; Mitgl. d. Akad.-Jazzformation media-nox - Liebh.: Lit., Phil., Evolutionsforsch., Musik, Naturwiss.

SEIDEL, Hinrich
Dr. rer. nat., Prof., Chemiker, Präsident Univ. Hannover - Zu erreichen üb. Univ. Hannover, Welfengarten 1, 3000 Hannover 1 - Geb. 7. Nov. 1931 Rendsburg - Promot. 1960; Habil. 1967 - 1970 Wiss. Rat u. Prof., s. 1971 TU bzw. Univ. Hannover, 1971 Ord. u. Dir. Inst. f. Anorgan. Chemie, 1975-77 Rektor, s. 1979 Präs. Univ. Hannover - 1977-87 Vizepräs. u. 1987-90 Präs. Westdt. Rektorenkonfz.; 1984-89 Vizepräs. u. s. 1989 Präs. Europ. Rektorenkonfz., Mitgl. Beratungsaussch. Europ. Zentrum f. Hochschulbild. (CEPES) d. UNESCO, Kurat.-Mitgl. Dt. Inst. f. Kautschuk-Technol. - Ehrenpromot.: 1987 LL.D. (Bristol), 1990 Dr. sc. (Leningrad), 1991 LL.D. (Dublin) -1990 Chevalier de l'Ordre National du Mérite; 1990 Gr. BVK.

SEIDEL, Jürgen

Vorstandsmitglied O & K Orenstein & Koppel AG - Karl-Funke-Str. 30, 4600 Dortmund 1 (T. 0231 - 17 60-3 65; Fax: 0231 - 17 60-8 84); priv.: Am Salach 13, 7913 Senden-Aufheim (T. 07307 - 2 28 25) - Geb. 28. Okt. 1940, verh. - B. 1971 Geschäftsf. Massey-Ferguson GmbH., Kassel-Eschwege, dann Claas-Gruppe, Harsewinkel/W.; Vorst.-Mitgl. Rheinstahl AG-Hanomag, Hannover, Mitgl. Geschäftsltg. Massey-Ferguson-Hanomag Inc. & Co., Hannover - BV: Gebrauchtmasch. ABC, 1969; Market.-Fachart. u. Publ. - Spr.: Engl.

SEIDEL, Martin
Dr. jur., Prof., Ministerialrat im Bundesmin. f. Wirtschaft, ehem. Ständ. Bevollm. d. Bundesregierung in Verfahren vor d. EuGH - Zu erreichen üb. Bundesmin. f. Wirtschaft, Villemomblerstr. 76, 5300 Bonn-Duisdorf (T. 0228 - 615 37 18) - Geb. 4. Okt. 1932 Beuthen, ev., verh. s. 1965 m. Dr. jur. Ingelore, geb. Roggemann, 2 Kd. (Carola, Ronald) - 1953-56 Stud. Rechts- u. Staatswiss. Univ. München, Innsbruck, Köln; Staatsex. 1956 u. 61 NRW, Promot. 1960 Köln; Stud. Politik- u. Wirtschaftswiss. Johns Hopkins Bologna Center, School of Advanced Intern. Studies; Dipl. 1962 - S. 1962 Bundesmin. f. Wirtsch. (s. 1972 o. a. Funktionen). S. 1982 Lehrbeauftr. u. s. 1989 Hon.-Prof. f. Europarecht Univ. Münster, s. 1983 Lehrbeauftr. Univ. Saarbrücken, Lehrbeauftr. f. Europarecht a. d. Friedrich List-Hochsch. Dresden (Subventionsrecht d. Europ. Gemeinsch.). Vorst.-, Direkt.- u. Bei-

SEIDEL, Max

ratsmitgl. versch. wiss. Inst. u. Vereinig. - Zahlr. europarechtl. u. europapolit. Veröff. - 1985 Officier de l'Ordre des Arts et des Lettres Franz. Rep.

Dr. phil., Direktor Dt. Kunsthist. Institut Florenz (Bundesmin. f. Forschung u. Technologie) - Via Giusti 44, I-50121 Firenze - Geb. 9. Febr. 1940 Basel (CH) (Vater: Alfred S., Ind.; Mutter: Julie, geb. Wagner), ev., verh. s. 1968 m. Silvana, geb. Menchi, S. Paul - Stud. Basel u. Florenz - 1975-78 Ltd. Redaktor a. Kunsthist. Inst. Florenz, 1978-82 Prof. Univ. Göttingen, 1982-92 o. Prof. Univ. Heidelberg, 1993ff. Dir. Dt. Kunsthist. Inst. Florenz - Entd.: Kunstwerke d. Giovanni Pisano, d. Nicola Pisano, d. Tino di Camaino, d. Amadeo, d. Ambrogio Lorenzetti, d. Neroccio de Landi, d. Francesco di Giorgio, d. Luca Signorelli - Zahlr. Veröff. z. ital. Kunstgesch. - Mitgl. d. wiss. Akad. v. Siena - Spr.: Ital., Engl., Franz.

SEIDEL, Norbert
Dr. jur., Verwaltungs- u. Finanzdirektor WDR, Köln (s. 1981) - Wiedenhof 72, 5064 Rösrath-Forsbach (T. 02205-8 18 19) - Geb. 31. Juli 1939 Breslau (Vater: Herrmann S., Textilkfm.; Mutter: Charlotte, geb. Stolz), ev., verh. s. 1968 m. Karin, geb. Sekula, 2 Kd. (Claudia, Thorsten) - Abit. 1959; Jurastud., Refer. 1964, 2. Staatsex. 1968 - S. 1968 Jurist WDR, s. 1973 Vors. Planungsaussch., 1974-81 Leit. Hauptabt. Verw.

SEIDEL, Otto
Geschäftsführer Fachverb. Jute-Industrie - Frauenstr. 3, 4407 Emsdetten/W. (T. 25 22) - S. 1945 FJI (1960 Gf.).

SEIDEL, Wolfgang
Dr. med., Prof. f. Allgemeinchirurgie, Chefarzt Städt. Krankenhaus Sindelfingen - Karl-Pfitzer-Str. 10, 7032 Sindelfingen (T. 07031-8 22 44) - Geb. 5. Jan. 1931 Königsberg/Pr. (Vater: Prof. Dr. Friedrich S., Zool.; Mutter: Charlotte, geb. Bölsch), verh. s. 1964 m. Dr. Roswitha, 3 Kd. (Anja, Robert, Britta) - Univ. Marburg (Med.), Staatsex. 1957, Promot. 1961, Habil. München 1967, 2. Habil. Tübingen 1975 - Chefarzt. Vors. DRK-Ortsverein Sindelfingen - Spr.: Engl.

SEIDEL, Wolfhart
Dr. rer. nat., Dipl.-Chem., o. Prof. Univ. Gießen - Geranienweg 12, 6300 Gießen - Geb. 30. Mai 1929 Frankfurt/O. (Vater: Erich S., StudR; Mutter: Hildegard, geb. Lindner), ev., verh. s. 1958 m. Brigitte, geb. Draeger, 2 Kd. (Katja, Bele) - Stud. d. Physik u. Chem. Univ. Kiel, Würzburg, Hamburg; Dipl.ex. 1956; Promot. 1959 Hamburg; Habil.

SEIDENATHER, Hans
Generalvikar i. R. - Germanerstr. 14, 6238 Hofheim/Ts. - Geb. 23. Sept. 1908 Frankfurt/Main (Vater: Karl S.; Mutter:

Gertrude, geb. Diehl), kath. - 1927-32 Theol. Hochsch. St. Georgen Frankfurt/M. (Theol.; Abschlußex.) - 1933-43 Seelsorge, 1943-52 Diözesancaritasdir., 1952-73 Geistl. Rat u. Dezernent b. Bischöfl. Ordinariat Limburg, 1974-79 Generalvikar u. Leit. Bischöfl. Ordinariat ebd.

SEIDENFUS, Hellmuth

Dr. rer. pol., Prof. f. Volkswirtschaftslehre - Parkallee 19a, 4400 Münster - Geb. 5. Mai 1924 Mannheim - S. 1958 (Habil.) Lehrtätigk. Univ. Köln, Gießen (1960 Ord.), Münster (1964; Dir. Inst. f. Wirtschafts- u. Sozialwiss. u. Inst. f. Verkehrswiss.). Mitgl. Wissenschaftl. Beirat b. Bundesmin. f. Verkehr; 1984 Präs. Dt. Verkehrswiss.-Ges. - BV: Verkehrsmärkte, 1959; Energie u. Verkehr, 1960 (auch franz.); Gemeindefinanzreform, 1969; Ostverkehr - Das Eindringen der östlichen Staatshandelsländer i. d. Verkehrswirtschaft d. westl. Welt, 1977; Present Regional Probl. in NRW, 1980; Institut. Regel. in d. mod. Marktwirtsch., 1980; Energieeinsparungsbedarf u. entsprechende Umstruktur. d. EG-Transportwesens, 1981; Sektorale Wirtschaftspolitik, 1982; Möglichk. der Transporttrationalisierung z. Sicherung d. intern. Wettbewerbsfähigk. d. dt. Montanind., 1985; Friedrich List, 1987; Europa auf d. Weg zu gemeinsamen Märkten, 1988; Regionalpol. zw. Strukturlenkung u. marktw. Ordnungspol., 1989; D. Wettbewerb zw. öffentl. u. priv. Unternehmen, 1989.

SEIDENSTICKER, Bernd

Dr., Prof. f. Klass. Philologie FU Berlin - Bayerische Str. 5, 1000 Berlin 15 (T. 030 - 881 58 92) - Geb. 16. Febr. 1939 Hirschberg/Riesengeb. - Stud. Hamburg u. Tübingen (Klass. Phil. u. Germ.); Promot. 1969, Habil. 1979 - 1974/75, 76/77, 85 u. 90 Gastprof. in Austin (Texas); 1981 in Berkeley, 1986 Harvard - BV: D. Gesprächsverdicht. in d. Trag. d. Seneca, 1970; Palintonos Harmonia, Studien z. komisch. Elementen in d. griech. Trag., 1982. Herausg.: D. Satyrspiel (1989). Zahlr. Aufs. u. Rezens.

SEIDENSTICKER, Peter

Dr. phil., Prof. f. Germanist. Linguistik Univ. Marburg (s. 1973, 1981-85 beurl. an d. Al-Azhar-Univ. Kairo) - Thüringer Str. 10, 3550 Marburg/L. 6 - Geb. 17. Aug. 1924 Berlin/Tegel (Vater: Bruno S., Mittelschullehrer; Mutter: Aenne, geb. Voigt), ev., verh. I) 1954-80 m. Frauke, geb. Schnoor †, 2 Kd. (Tilman, Frauke), II) s. 1981 m. Christel, geb. Schauenburg - Schule Verden/Aller (Abit. 1946); 1946-52 Univ. Hamburg, Erlangen, Göttingen (German., Angl., Lat.). Staatsex. u. Promot. 1952 Göttingen - 1952-73 Schuldst. Schlesw.-Holst. u. Nieders. (zul. Oberstudienrat Göttingen); 1955-57 Wiss. Assist. Univ. Göttingen; 1962-64 Lektor Univ. Kairo - BV: Schichten u. Bewegungen in d. Wortlandschaft v. Südniedersachsen, 1964 (Ztschr. f. Mundartforsch./Beih. NF 1); Didaktik d. Grundsprache, 1978; Das Promptuarium Medicinae. Magdeburg: B. Ghotan 1483. Lahr: Moritz Schauenburg, 1990. Zahlr. Aufs. u. Rez. in Fachztschr.

SEIDL, Alfred

Dr. jur., Staatsminister a. D., Rechtsanw., MdL Bayern (s. 1958) - Neuhauser Str. 3, 8000 München 2 (T. 260 47 75); priv.: Gedonstr. 2, 40 - Geb. 30. Jan. 1911 München - Altes Realgymn. u. Univ. München (Rechtswiss., Volksw.). Dipl.-Volksw. 1936, Promot. 1937; Gr. jur. Staatsprüf. 1938 - 1935-38 Assist. Univ. München (Jurist. Fakultät). S. 1940 RA ebd. - 1945-49 Verteidiger b. d. Nürnberger Prozessen, u. a. Rudolf Heß. 1970 stv., 1972 Vors. CSU-Fraktion, 1974 Staatssekr. Bayer. Justiz-Min., 1977-78 Bayer. Staatsmin. d. Innern - BV: D. Beziehungen zw. Deutschl. u. d. Sowjetunion 1939-41, 1949; D. Fall Rudolf Hess 1941-84; D. verweigerte Friede, 1985 - Dokumentation d. Verteidigers, 1984 - 1968 Bayer. VO., 1976 Gr. BVK m. Stern - Liebh.: Bergsteigen (Civetta NW-Wand), Skifahren, Klass. Musik.

SEIDL, Hubert

Altbürgermeister u. Ehrenbürger d. Marktes Wiesau, Ehrenpräs. d. L. G. Stiftland - 8591 Wiesau/Opf. - Geb. 27. Dez. 1914 Wiesau - Zul. Industriekfm. CSU.

SEIDL, Josef

I. Bürgermeister - Rathaus, 8023 Pullach i. Isartal - Geb. 24. Mai 1906 Lindau/B. - Zul. Oberamtsrat. CSU.

SEIDL, Karl

Bürgermeister Stadt Kötzting - Am Baierweg 11, 8493 Kötzting (T. 09941 - 60 20 od. 6 02-1 11) - Geb. 2. April 1924 Kleinaign - Beamtenfachsch. f. mittl. u. gehob. Dienst d. inn. Verw. - 1945 Gemeindedst., 1953 Staatsdst., 1971 Bürgerm., s. 1952 Kreisrat - 1980 kommun. Verdienst-Med. Bronze; 1982 BVK, mehr. Ausz. VDK; Landkreisverdienstmed.; Bürgermed. in Gold.

SEIDL, Otto

Dr. jur., Bundesverfassungsrichter (Erster Senat) - Schloßbezirk 3, 7500 Karlsruhe 1 - Geb. 11. Dez. 1931 München, kath., verh. s. 1961 m. Gertraud, geb. Ziegler, 2 S. - Jurist. Prüf. 1956 u. 1960 München; Promot. 1960 München - 1960-78 Bayer. Justizdienst; 1974-78 berufsrichterl. Mitgl. Bayer. Verfassungsgerichtshof; 1978-86 Richter Bundesgerichtshof.

SEIDL, Rupert Johannes

Schauspieler, Autor, Intendant d. Schloßtheater Moers (s. 1990) - Zu erreichen üb.: Schloßtheater, Kastell 6, 4130 Moers 1 - Geb. 24. Aug. 1955 Bonn, ev., verh. s. 1990 m. Esther Strainer-Seidl - Schauspielakad. Stuttgart (Hochsch. f. Musik u. darst. Künste) - 1980-86 Schauspieler am Schauspielhaus Bochum (unter Claus Peymann). Filme: Xaver, D. Mädchen mit d. Feuerzeugen - Gründg. d. Sezession m. Pia Bierey, s. 1990 Intendant - Spr.: Engl., Franz.

SEIDLEIN, von, Peter C.

Dipl.-Ing., Architekt BDA, Regierungsbaumeister, o. Prof. Univ. Stuttgart, Gesellsch. Südd. Verlag GmbH., München - Flüggenstr. 11, 8000 München 19 - Geb. 24. Juni 1925 München (Vater: Peter v. S., Arch.; Mutter: Marianne, geb. Kronenbitter), kath., verh. s. 1955 m. Karen, geb. Schöning, 3 Kd. (Maria-Theresia, Lorenz, Rupert) - Ludwigs-Gymn. u. TH München (Dipl.-Ing. 1950). IIT Chicago (USA) - 1970-72 Vors. BDA-Bayern. Bauten: u. a. Inst. f. Physiol. Chemie Tübingen, Siemens Saarbrücken, SGS Wasserburg/Inn, Druckerei Paderborn, Süddeutscher Verlag München - Steinhausen - 1963 Förderungspreis München; 1969 u. 85 BDA Preis Bayern; 1985 Dt. Arch.-Preis; Mitgl. Akad. d. Künste, Berlin; Mitgl. Bayer. Landesdenkmalrat - Liebh.: Freiballonfahren (Pilot s. 1971) - Spr.: Engl.

SEIDLER, Eduard

Dr. med., o. Prof. u. Direktor Inst. f. Geschichte d. Medizin Univ. Freiburg (s. 1968) - Röteweg 1, 7800 Freiburg/Br. - Geb. 20. April 1929 Mannheim - 1947-1953 Stud. Mainz, Paris, Heidelberg - U. a. Univ. Heidelberg (Inst. f. exper. Krebsforsch., Kinderklinik, Inst. f. Gesch. d. Med.). Facharzt f. Kinderkrankheiten. Mehrere Fachmitgliedsch. Wiss. Veröff. - 1972 Chevalier franz. Orden Palmes Acad.; Mitgl. Europ. Ass. Hist. Med. and Health, Strasbourg; Präs. Akad. f. Ethik in d. Medizin, Göttingen.

SEIDLER, Franz W.

Dr. phil., Prof. f. Sozial- u. Militärgesch. Univ. d. Bundeswehr München - Guttenbrunner Weg 28, 8000 München 82 (T. 42 35 53) - Geb. 2. März 1933 (Vater: Franz S.; Mutter: Marie, geb. Kaschuba), kath., verh. s. 1962 m. Renate, geb. Gütgemann, 4 Söhne (Martin, Ste-

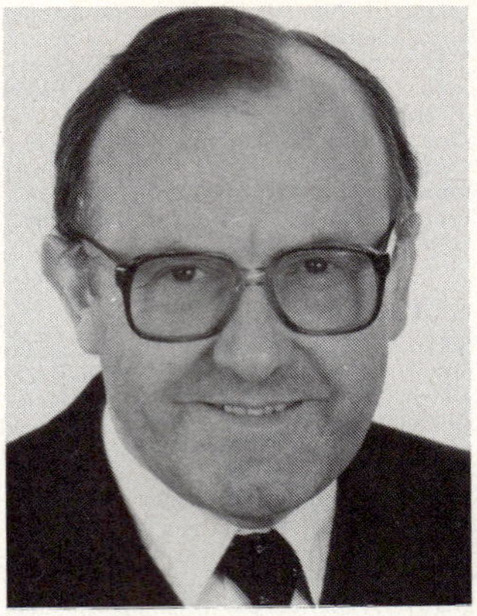

fan, Daniel, Christof) - Stud. German., Angl., Gesch. Univ. München u. Paris; Staatsex., Promot. u. Dolmetscherdipl. 1955; Studienref. Stuttgart; 2. Staatsex. 1958; 1958/59 Studienass. Stuttgart; 1959-63 stv. Schulleit. Bundeswehrfachsch. Köln; 1963-67 Bundesmin. d. Verteid.; 1968-73 Wiss. Dir. Heeresoffz.sch. München; s. 1973 Prof. f. Sozial- u. Militärgesch. Univ. d. Bundeswehr, München - BV: D. Wehrpflicht, 1971; D. Abrüstung, 1974; Probl. d. dt. Sanitätsführ. 1939-45, 1977; Frauen z. d. Waffen, 1978; D. Gesch. d. Helferinnen d. dt. Wehrmacht, 1979; Krieg oder Frieden, 1980; D. Militär in d. Karikat., 1982; Kontrovers: Friedenssicherung, 1983; Wehrpflicht u. Kriegsdienstverweig., 1984; Fritz Todt, Biogr. 1986; D. Org. Todt im Dienst f. Staat u. Wehrmacht, 1987; Dt. Volkssturm, 1989; Wehrmachtgerichtsbarkeit u. Strafvollzug 1939-45, 1991; zahlr. wiss. Beitr. - Diplom NATO Defense College Rom; 1988 BVK am Bde. - Liebh.: Wandern, Segeln.

SEIDSCHECK, Mark

Dr., Hauptgeschäftsführer Bundesfachverb. d. Arzneimittel-Hersteller - Ubierstr. 73, 5300 Bonn 2 - Geb. 18. Okt. 1944.

SEIER, Hellmut

Dr. phil., Prof. f. Neuere Geschichte Univ. Marburg (s. 1970) - Beethovenstr. 8, 3550 Marburg/L. - Geb. 7. Juni 1929 Berlin (Vater: Dr. Wilhelm S., Oberstudienrat; Mutter: Charlotte, geb. Jenne), ev., verh. s. 1958 m. Mechthild, geb. Haastert, 2 Kd. (Fried, Ulrike) - Stud. Gesch. u. German. Promot. 1956 Berlin; Habil. 1970 Frankfurt/M. - 1960-70 Wiss. Assist. - BV: D. Staatsidee Heinrich v. Sybels in d. Wandlungen d. Reichsgründungszeit 1862-71, 1961. Div. Einzelarb. Mithrsg.: Academia Marburgensis (1977); Stud. z. Gesch. Englands (1981); Akteneditionen z. hess. Gesch. (1985, 1987 u. 1992).

SEIFART, Horst

Sonderaufgaben Sport Nordd. Rundfunk (NDR) - Rothenbaumchaussee 132-34, 2000 Hamburg 13 (T. 413 41 82-84) - 1973 Gold. Kamera Hörzu (f. Leitg. Weltprogramm u. Regie Dt. Olympia-Zentrum); 1980 Gold. Ringe v. Lousanne; IOC-Preis f. Olympiaberichterstatt. Moskau.

SEIFART, Klaus Heinrich

Dr. sc. agr., Ph. D., Prof. f. Physiolog. Chemie Univ. Marburg - Schwalbenweg 28, 3550 Marburg-Cappel (T. 4 11 31) - Geb. 28. Aug. 1937 Windhoek (Deutscher) (Vater: Heinz S., Prok.; Mutter: Lisa S.), verh. s. 1963 m. Frauke, geb. Herbert, 2 Söhne (Ulf, Peter) - B. Sc. 1956 Univ. Pretoria; Promot. 1962 Göttingen u. 1966 Cornell Univ. Ithaca/N.Y.; Habil. 1969 Marburg; 1970 EMBO-Stip.; 1971 Prof. 1985-89 Gf. Dir. Inst. f. Molekularbiol. u. Tumorforsch., Univ. Marburg. Entd.: Struktur u. Funktion d. RNA Polymerasen aus Säugetierzellen; Wirk. d. Pilzgiftes Amanitin. Spez. Arbeitsgeb.: Isolierung u. Charakterisierung v. Transkriptionsfaktoren, Kontrolle d. Genexpression in eukaryonten Zellen. Ca. 80 Publ. in intern. Ztschr. u.a.: Biochemistry, Biochim. Biophys. Acta, Eur. J. Biochem., J. Biol. Chem., Mol. Cell. Endocrinology, Gene, Nucl. Acids. Res., J. Mol. Biol., EMBO-J. - Spr.: Engl., Niederl.

SEIFERT, Ansgar

Dr., Ministerialdirektor Min. f. Kultus u. Sport Baden-Württ. - Neues Schloß, 7000 Stuttgart 1 (T. 0711 - 2 19 31).

SEIFERT, Gerhard

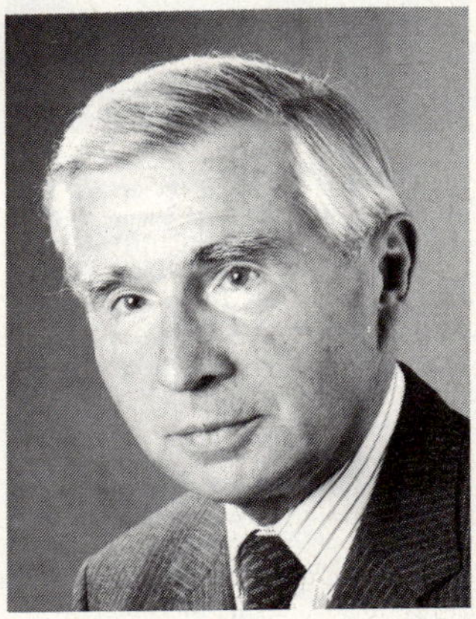

Dr. med., em. o. Prof. f. Allg. Pathologie u. Pathol. Anatomie - Schwarzdornweg 18a, 2000 Hamburg 65 (T. 536 12 53) - Geb. 9. Sept. 1921 Leipzig (Vater: Johannes S., Bücherrevisor; Mutter: Rosa, geb. Starke), ev.-luth., verh. s. 1951 m. Leonore, geb. Sallmann, 2 Söhne (Andreas, Christoph) - König-Albert-Gymn. Leipzig; Univ. ebd. (Promot. 1947) u. Münster - 1955-58 Prosektor Pathol. Inst. Univ. Leipzig (Habil. 1955); 1958-65 Oberarzt Pathol. Inst. Univ. Münster (1961 apl. Prof.); 1965-88 Dir. Inst. Pathol. Univ. Hamburg. Mitgl. Leopoldina u. zahlr. in- u. ausl. Fachges., Präs. Dt. Ges. Pathol. u. Präs. Europ. Soc. Pathol. - BV: D. Pathol. d. kindl. Pankreas, 1956; Pathol. u. Klinik d. Cytomegalie, 1957 (m. J. Oehme); Spez. Pathol. d. Mundhöhle u. Speicheldrüsen, 1966; Speicheldrüsenkrankh., 1984. Mithrsg.: Virchows Archiv, Spez. Pathol. Anatomie, Veröff. Pathol. u. a. - 1979/80 Lisec-Arzt-Preis Univ. Bonn; Präs. Joachim Jungius Ges. d. Wiss. Hamburg; Ehrenmitgl. Soc. Anatom. Paris, Europ. Soc. Pathol., u.a. - Liebh.: Theater, Lit., Musik - Spr.: Engl.

SEIFERT, Gerhard

Dr. rer. nat., Dipl.-Biol., Prof. f. Zoologie Univ. Gießen (s. 1972) - Tannenweg 17, 6310 Grünberg-Queckborn (T. 06401 - 78 68) - Geb. 7. Febr. 1929 Wittenberge (Vater: Karl S., StudR a. D.; Mutter: Elli, geb. Leisterer), ev., verh. s. 1954 m. Renate, geb. Schwarze, 3 Kd. (Susanne, Sabine, Katrin) - Kaiser-Wilhelm-Oberrealsch. Suhl/Thür. (Abit. 1946); Stud. d. Biol., Chem., Anthropol. Univ. Jena; Dipl.ex. 1953 u. Promot. 1959 ebd.; Habil. 1968 Köln - 1953-59 wiss. Assist. Phylet. Museum Jena, Inst. f. Phytopathol. Naumburg/S. (1955), Zool. Inst. Univ. Jena (1960) u. Univ. Tübingen (1962); 1966-72 Akad. Rat u. apl. Prof. Zool. Inst. Univ. Köln. Spez. Arb.sgeb.: Entomol., Funktionsmorphol., Ultrastrukturforsch. In- u. ausl. Fachmitgl.sch. - BV: Entomologisches Praktikum, Taschenb. 2. A. 1975 - Liebh.: Klavierspielen, mod. Graphik, Sport, Gärtnerei - Spr.: Engl.

SEIFERT, Hans-Joachim

Dr., Prof. f. Anorgan. Chemie Univ. Kassel - Hohefeldstr. 4, 3500 Kassel (T. 0561 - 40 36 24) - Geb. 9. Nov. 1930

SEIFERT, Heinz
Senator E.h., Dipl.-Ing., Aufsichtsratsmitglied Philipp Holzmann AG - Taunusanlage 1, 6000 Frankfurt/M. 1 - Geb. 20. April 1926 - Ehrensenator d. Techn. Hochsch. Darmstadt.

SEIFERT, Herbert
Dr. rer. techn., Dr. phil., em. o. Prof. f. Mathematik - Unter d. Schanz 2, 6900 Heidelberg - Geb. 27. Mai 1907 Bernstadt (Vater: August S., Justizamtm.; Mutter: geb. Kneschke), verh. 1949 m. Dr. Katharina, geb. Korn - TH Dresden, Univ. Göttingen u. Leipzig. Dr. rer. techn. 1930 Dresden, Dr. phil. 1932 Leipzig; Habil. 1934 Dresden - S. 1934 Lehrtätig. TH Dresden u. Univ. Heidelberg (1937 Ord.) - BV: Lehrb. d. Topologie, 1934 (m. William Threlfall); Variationsrechnung im Großen, 1938 (in. dems.) - Mitgl. Akad. d. Wiss. Heidelberg u. Göttingen; Accad. Mediterranea delle Scienze in Catania.

SEIFERT, Ilja

Dr. phil., Literaturhistoriker u. -kritiker, MdB (PDS/LL); ABiD-Präs. - Otto-Grotewohl-Str. 14c, O-1080 Berlin (T. 229 42 71) - Geb. 6. Mai 1951 Berlin, verh. s. 1991 m. Dr. Iris Cornelia S. (Architektin), 4 Kd. (Jan, Ilja, Michel, Janina) - Dipl.-Germanist 1974 Humboldt-Univ. zu Berlin; Promot. 1980 Akad. d. Wiss. d. DDR (Zentralinst. f. Lit.gesch.) - 1990 Mitgründer d. Behindertenztschr. D. STÜTZE d. Allg. Behindertenverb. in Deutschl. e.V. Für Selbstbestimmung u. Würde (ABiD) - Liebh.: Lit. (einige Ged. u. Kurzgeschich. veröff.) - Spr.: Engl., Russ., Tschech.

SEIFERT, Josef
Dr. Dr. phil. habil., o. Prof., Rektor Intern. Akad. f. Philosophie im Fürstentum Liechtenstein (1986ff.) - Oberbühl 76, FL-9487 Gamprin Liechtenstein (T. 0041 - 75 - 3 20 86 u. 2 86 75) - Geb. 6. Jan. 1945 Salzburg/Seekirchen, kath., verh. s. 1972 m. Mary K., geb. Heyne, 6 Kd. (Maria, Gabriel, Katharina, Raphaela, Johannes, Michael) - 1963-69 Stud. Phil., Psych. u. Kunstgesch. Univ. Salzburg, Paris, New York u. München; Promot. 1969 Salzburg; Habil. 1975 München - 1973-80 Inst.-Vorst. u. Prof. Univ. Dallas; 1980-86 Dir. IAP Dallas - BV: Erkenntnis Objektwahrh., 1972; Leib u. Seele, 1973; Was ist u.w.m. e. sittliche Handlung?, 1976; D. Leib-Seele-Problem, 1979, 2. A. 1989; Back to Things in Themselves: A Phen. Found. for Classical Realism, 1987; Essere e Per-

sona: Verso una Fenomenologia di una Metafisica Classica e Personalistica, 1989; Schachphil., 1989 (Übers. ins Engl., Poln., Span., Ital. u. Portug.) - Versch. Preise; Forschungsstip. - Liebh.: Kunst, Musik, Schachspielen, Skifahren - Spr.: Engl., Franz., Ital., Span., Griech., Latein.

SEIFERT, Jürgen
Dr. jur., o. Prof. (Wiss. v. d. Politik) Univ. Hannover (s. 1971) - Blumengenstr. 5, 3000 Hannover (T. 70 92 61) - Geb. 18. April 1928 Berlin (Vater: Walter S., Min.rat; Mutter: Lotte, geb. Franke), verh. s. 1960, 3 Kd. - Rheingau Obersch. Berlin; Werkzeugmacherlehre; Stud. Univ. Münster, Bristol, Bologna - BV: Gefahr im Verzuge, 4. A. 1966; D. Spiegelaffäre, 1966; D. Notstandsaussch., 1968; Grundgesetz u. Restauration, 3. A. 1977; Kampf um Verfassungspositionen, 1974; D. Grundgesetz u. s. Veränderung, 1983. Mithrsg.: Karl Korsch. Polit. Texte (1974) - 1958 Hans-Böckler-Preis; 1983-87 Bundesvors. Humanist. Union - Spr.: Engl., Ital. - Lit.: K. Dammann: Int. Soziologenlex., Bd. 2, 2. A.

SEIFERT, Jürgen
Dr. med., Prof. f. Experimentelle Chirurgie Univ. Kiel - Arnold-Heller-Str. 7, 2300 Kiel 1 - Geb. 6. Jan. 1941 Neisse/Oberschles. (Vater: Gerhard S., Pfarrer; Mutter: Erika, geb. Scholz), ev., verh. s. 1971 m. Brigitte, geb. Meditsch, 3 Kd. (Veronika, Franz, Sebastian) - Med. Ex. 1965, Promot. 1967, Habil. 1974 - S. 1967 Hochschullehrer - BV: Enterale Resorption großmolekularer Proteine b. Tieren u. Menschen, 1976; Nomenclatura columnae vertebralis, 1977. Lymphabfluß nach Unterbind. d. Ductus thoracicus b. Hunden (Film); Diffuse Peritonitis, 1985; Infektionsprobl. auf d. Intensivstation, 1988; Ökosystem Darm - 1974 Thannhauser-Preis, 1977 Jubiläumspreis - Spr.: Engl., Lit.: Jahresbibliogr. Univ. München/Kiel.

SEIFERT, Karl Heinz
Dr. phil., Dipl.-Psych., o. Prof. - Zu err. üb. Johannes-Kepler-Univ. Linz - Auhof, A-4040 Linz/Österr. - Geb. 2. Juli 1928 Ilsenburg/Harz - Habil. 1967 Heidelberg - S. 1969 Prof. Univ. Mainz, ab 1970 Prof. Univ. Linz, 1985 Forschungsaufenth. USA, Hon.-Prof. Univ. of Minnesota, Minneapolis - BV: Grundformen u. theoret. Perspektiven psychol. Kompensation, 1969; Handb. d. Berufspsychol., 1977; Lehrerverhaltenstraining in d. Wirtschaftslehrerbildung, 1979; Einstellungen zu Körperbehinderten u. ihrer berufl.-soz. Integration, 1981. Zahlr. Beitr. in wiss. Ztschr. u. Handb.

SEIFERT, Karl-Friedrich
Dr. rer. nat., Prof. f. Kristallographie - Norbertstr. 12, 5370 Kall-Steinfeld - Geb. 28. April 1927 Berlin (Vater: Hans S., o. Prof.; Mutter: Eleonore, geb. Schultze), ev., verh. s. 1952 m. Dr. Ilse, geb. Klemm, 2 Kd. - Dipl.-Phys. Tübingen 1952, Promot. Münster 1957 - 1972-75 Chairman European High Pressure Research Group, 1969-72 u. 1975-76 Secretary ebd. - Spr.: Engl.

SEIFERT, Volker Robert
Dr. rer. nat., Dipl.-Geogr., Prof. Univ. Gießen - Am Kirschenberg 9, 6301 Fernwald-Annerod (T. 0641 - 4 23 73) - Geb. 25. Febr. 1940 Sondershausen (Vater: Albert S., Steuerberater; Mutter: Erika, geb. Donath), ev., verh. s. 1968 m. Jutta, geb. Göbel, 3 Kd. (Kerstin, Tilman, Sebastian) - Stud. Univ. Jena u. Gießen; Dipl.ex. u. Promot. 1967 - 1971-75 Verwaltungsdir. u. Grundsatzplaner Regionale Planungsgemeinsch. Mittelhessen; s. 1975 Prof. - BV: Sozial- u. Wirtsch.geographie, Struktur- u. Funktionsuntersuchungen im Kr. Gießen. 1968; Stadt Laubach, 1971; Raumordnungsbericht Mittelhessen, 1972; Modellstudie Stadt Grünberg, 1973; Regionaler Raumordnungsplan Mittelhessen, 1974; Neue Betriebsformen im Handel - Muß d. Staat eingreifen?, 1977; Stadtentwicklungsplanung d. Stadt Linden, 1978; Probl. b. d. Fortschreib. d. regionalen Raumordnungspläne, 1981; Giessen als Einkaufs- u. Oberzentrum (m. E. Giese), 1985; Regionalplanung, 1986; Attraktivitätsunters. d. Stadt Lich, 1988; Innenstadtentw. Wetzlars unter bes. Berücksichtigung d. Einzelhdls.; Ansiedlung v. großflächigen Fachmärkten f. Unterhaltungselektronik in Lüdenscheid. Auswirkung auf d. Ziele d. Raumordnung u. auf d. Geschäftszentrum, 1992.

SEIFERT, Walter
Dr. phil., Prof. f. Didaktik d. Dt. Sprache u. Literatur Univ. Passau - Aprikosenweg 2a, 8900 Augsburg - Geb. 4. März 1936 Markersdorf, kath., verh. s. 1965 m. Edith, geb. Clement - 1. Staatsex. f. Lehramt an Gymn. 1964 Berlin, Promot. 1968, 2. Ex. 1969 Braunschweig, Habil. 1980 Augsburg - 1969-72 Lehramt Gymn.; 1972-80 Wiss. Assist. b. Stud.-Dir. in H. Univ. Augsburg; s. 1980 Prof. Univ. Passau - BV: D. epische Werk R. M. Rilkes, 1969; F. Dürrenmatt: D. Richter u. s. Henker. Z. Analyse u. Didaktik d. Kriminalromans, 4. A. 1980; Theorie u. Didaktik d. Erzählprosa, 1982. Herausg.: Lit. u. Medien in Wiss. u. Unterricht (1987); D. zweite dt. Demokratie (m. R. Roth, 1990).

SEIFFARTH, Roland
Musikdirektor, Dirigent an d. Oper Leipzig, Musikalischer Oberleiter d. Musikalischen Komödie, Leipzig - Reichstr. 18, 7010 Leipzig (T. 29 02 85) - Geb. 7. Okt. 1940, led. - Hochsch. f. Musik Leipzig, Dipl. - Werke: vor allem ital. Oper; klass. Operette (spez. Strauß, Lehár); Musical (u.a. Westside-Story) - Kunstpreis d. Stadt Leipzig.

SEIFFERT, Helmut
Dr. phil., Prof., Publizist - Weiselstr. 44, 8520 Buckenhof/Erlangen (T. 5 21 30) - Geb. 27. April 1927 Hameln/Weser, ev., verh. s. 1954 m. Helga, geb. Boehr, 2 Kd. - Promot. 1953 Göttingen - 1956-63 fr. Wirtschaft; 1963-65 Ev. Akad. Loccum; 1965-75 Univ. Erlangen-Nürnberg; s. 1975 Univ. Kassel (s. 1977 Hon.-Prof.; Wiss.- u. Planungstheorie) - BV: Information üb. d. Information, 1968; Einf. in d. Wiss.theorie, 2 Bde. 1969/70, Neubearb. 1983, 3. Bd. 1985, Neuaufl. 1992; Marxismus u. bürgerl. Wiss., 1971; Einf. in d. Logik, 1973; Sprache heute, 1977; Handlex. z. Wiss.theorie (m. G. Radnitzky), 1989, 1992; Einführung in d. Hermeneutik, 1992 - Liebh.: Astronomie, Musik, Reisen - Spr.: Engl. - Bek. Vorf.: Julius Wellhausen.

SEIFFERT, Johannes Ernst
Dr. phil., Prof. f. Pädgogik Univ. Kassel - Fabariusstr. 12, 3430 Witzenhausen 1 - Geb. 7. Juli 1925 Berlin, verh. s. 1985 m. Schriftst. Roswitha, geb. Ritze, T. Simone - Stud. Univ. Göttingen u. Freiburg; Promot. 1962 - Dt. Lektor (1962 Kyoto, 1965 Hirosaki); 1971 Assist. Göttingen; s. 1972 Prof. - S. 1990 tätig als phil.-kulturwiss. Praktiker im vereinten Deutschland - BV: D. Erzieher. in Martin Bubers chassid. Anekdoten, 1963; Päd. d. Sensitivierung, 1975; Eberhard Köbels Entwurf, 1985; Tusk f. Erwachsene (m. R. Ritze-Seiffert), 1988. Mitarb. an Bildung u. Zukunft (1989); Kulturphil. Einleitung (1990).

SEIFFERT, Peter

Opernsänger - Zu erreichen üb. Agentur Dr. Hilbert, München - Geb. 4. Jan. 1954 Düsseldorf, verh. s. 1986 m. Lucia Popp - Intern. Auftritte Oper u. Konzert, u.a. Japan, USA; Rolle d. Lohengrin in Berlin, München, Wien, u.v.a.m.

SEIFFERT, Reinhard
Publizist - Stuttgarter Str. 62, 7250 Leonberg/Württ. (T. 2 52 37) - Geb. 22. Mai 1930 Hameln/Weser (Vater: Kurt S., Fabrikant; Mutter: Hanna, geb. Machule), ev., verh. s. 1958 m. Judith, geb. Bubeck, 3 Kd. (Anna Bettina, Thomas Christian, Gabriele) - Obersch.; Lehre chem. Ind. - B. 1956 Großhandelskaufm., dann b. 1975 Redakt. bzw. Chefred. auto, motor u. sport - BV: Gutes Fahren - kein Geheimnis, 1959, 3. A. 1963; E. Wunder auf 4 Räder, 1965, 2. A. 1967 (engl. u. holl. 1966); V. Fahren hängt d. Leben ab, 1969, Neuaufl. 1973. Herausg.: Porsche Allrad 1900-1990 (1988); Porsche Turbo (1992) - 1961 Christophorus-Preis - 1968-80 Violin- u. Methodik-Stud. b. Prof. Max Rostal, Bern, u. s. 1979 Prof. Paul Rolland, USA. Herausgeber Edition Praxis & Hintergrund - Spr.: Engl. - Bek. Vorf.: Prof. Julius Wellhausen, Mitbegr. mod. ev. Theologie (1844-1918).

SEIFFGE-KRENKE, Inge
Dr. phil., Prof. f. Entwicklungspsychologie Univ. Bonn (s. 1989) - Kostheimer Landstr. 11, 6502 Mainz-Kostheim (T. 06134 - 6 51 51) - Geb. 28. Sept. 1948, verh. m. Dr. Dirk Seiffge, 2 Söhne (Julian David, Jakob Moritz) - Dipl.-Psych. 1972 Göttingen; Promot. (Dr. phil.) 1980; Habil. 1984 Gießen - 1976 Assist., 1981 Hochschulassist.; 1985 Priv.-Doz.; 1986 Prof.; 1987 Psychoanalytikerin - BV: Handb. Psychologieunterr., Bd. 1 u. 2, 1981; Probleme u. Ergebnisse d. Kreativitätsforschung, 1984; Psychoanalytische Therapie Jugendlicher, 1986. Rd. 40 Veröff. z. Thema Problembewältigung im Jugendalter, Didaktik d. Psych., Selbstenthüllung, Tagebuchschreiben u. Psychotherapie b. Jugendl. - Liebh.: Biogr. - Spr.: Engl., Franz.

SEIFRITZ, Walter
Dr.-Ing., apl. Prof. Univ. Hannover, Kerntechniker - Chapfstr. 4, CH-52 Windisch (T. 056 - 41 42 32) - Geb. 14. Juni 1939 Tuttlingen (Vater: Leo S., Verw.beamter †; Mutter: Luise, geb. Dangel), ev., verh. s. 1969 m. Birgit, geb. Czichos - Dipl.-Phys. 1964 u. Promot. 1969 TU Karlsruhe, Habil. 1972 TU Hannover - 1964-69 Kernforsch.zentrum Karlsruhe; 1969-73 TU Hannover; 1971/72 OECD Halden Reactor Projekt; s. 1973 Eidg. Inst. f. Reaktorforschung Würenlingen, Paul Scherrer Inst.; s. 1979

Prof. Member of the Board of Dir. Int. Assoc. for Hydrogen Energy - BV: Introduction to Hydrogen Energy (Mithrsg.), 1975; Hydrogen Energy System, 1978; Sanfte Energietechnol. - Hoffnung od. Utopie, 1980; Nukleare Sprengkörper - Bedroh. od. Energieversorg. f. d. Menschheit?, 1984; Wachstum, Rückkopplung u. Chaos, 1987; D. Treibhauseffekt, 1991. Zahlr. Publ. auf d. Geb. Kernenergie, Wasserstoffenergie u. allg. Energieprobl. - Liebh.: Feuerwerke - Spr.: Engl., Franz.

SEIFRIZ, Hans Stefan

Senator a. D., Journalist - Ohmstr. 3, 2800 Bremen 33 (T. 0421 - 27 02 66) - Geb. 28. Jan. 1927 Bremen (Vater: Hans S., Kapellm.; Mutter: Käthe, geb. Buckreus), kath., verh. s. 1948 m. Olitta, geb. Herberich, 2 Töcht. (Ilona, Vera) - S. 1946 Journ.; 1956-61 Ref. u. Geschäftsf. VHS Bremen; 1961-70 MdB (1967-69 Vors. Verkehrsaussch.) u. 1961-69 MdEP; 1970-79 Mitgl. Landesreg. Bremen (Senator f. Bauwesen). B. 1969 Mitgl. Dt. Unesco-Kommiss.; b. 1981 Mitgl. VR Sparkasse in Bremen; b. 1988 AR Bremer Straßenbahn AG; b. 1992 Mitgl. Deputation Kunst u. Wiss.; Vorst. Philh. Ges., u. Bremer Presseclub. 1979-87 MdBB.

SEIGFRIED, Adam

Dr. theol., Dr. phil., o. Prof. f. Syst. Theologie Univ. Regensburg, Priester - Carl-Maria-von-Weber-Str. 7a, 8400 Regensburg (T. 0941 - 7 56 46) - Geb. 30. Juli 1936 Karavukovo/Jugosl., kath., ledig - Univ. Gregoriana Rom; Inst. Catholique Paris; Yale Univ. New Haven/USA; Univ. Wien - 1967-68 Kaplan Köflach u. 1972-74 Graz; 1974-83 Univ.-Assist. Wien; 1972-83 Geistl. Assist. d. KBW-Steiermark; 1982/83 Rektor Bildungshs. Maria Trost; 1990-92 Dekan d. Theol. Fak. d. Univ. Regensburg - BV: D. Neue Sein. D. Zentralbegriff d. ontol. Theol. v. P. Tillich u. e. kath. Stellungnahme, 1974; Gott üb. Gott, 1978; Vernunft u. Offenbarung b. d. Spätaufklärer J. Salat, 1983 - 1982 Kard.-Innitzer-Förderungspreis; 1984 Premio Intern. Malipiero - Spr.: Engl., Ital., Span., Hebr., Griech., Lat.

SEILACHER, Adolf

Dr. rer. nat., o. Prof. f. Geologie u. Paläontologie - Engelfriedshalde 25, 7400 Tübingen (T. 6 31 41) - Geb. 24. Febr. 1925 Stuttgart, verh. s. 1957 m. Dr. Edith, geb. Drexler, 2 Kd. (Ulrike u. Peter) - Promot. (1951) u. Habil. (1957) Tübingen - S. 1962 Ord. Univ. Göttingen u. Tübingen (1964). Gast Univ. Baghdad, Santa Cruz, Lawrence, Kuala Lumpur, Mosul, Moskau u. Baltimore. 1987-91 Adjunct Prof., Yale Univ. Zahlr. Fachveröff. - 1980 Fellow AAAs; 1982 German National Fellow, Neuseeland; 1983 R. C. Moore Med.; 1988 Mitgl. Akad. Heidelberg; 1989 korr. Mitgl. Akad. Göttingen, Kurat. Acad. Sinica; Ehrenmitgl. Geol. Soc. London - Spr.: Engl., Span.

SEILER, Albert

I. Bürgermeister - Rathaus, 8150 Holzkirchen/Obb.; priv. Maxbauerstr. 5 - Geb. 1. Nov. 1920 Naring - Zul. Regierungsamtm. SPD.

SEILER, Emil

Prof., Kammermusiker - Starkenstr. 53, 7800 Freiburg/Br. - Geb. 5. Febr. 1906 Nürnberg, verh. - Ausbild. Musikhochsch. Berlin - U. a. Prof. Musikhochsch. Freiburg/Br. u. Berlin (Viola, Viola d'amore u. Kammermusik). Kammermusik, insb. Musik auf alten Instrumenten, zeitgenöss. Musik; Solokonzerte.

SEILER, Gerhard

Dr. rer. pol., Dipl.-Volksw., Prof., Oberbürgermeister, Karlsruhe - Kübelkopfstr. 17, 7500 Karlsruhe (T. 57 41 42) - Geb. 21. Okt. 1930 Karlsruhe (Mutter: Mathilde Oess), ev., verh. s. 1957 m. Gertrud, geb. Schwarz, 4 Kd. (Andreas, Alexander, Annette, Angela) - Promot. Mannheim; Habil. Karlsruhe - 1963-68 Hafendir.; s. 1972 apl. Prof. Karlsruhe - BV: Ökonometr. Konjunkturmodelle, 1959; Optimierungsprobleme d. kommunalen Investitionsplanung, 1973. Fachveröff. - Spr.: Engl., Franz.

SEILER, Hans-Hermann

Dr. jur. (habil.), o. Prof. f. Röm. u. Bürgerl. Recht, Direktor Seminar f. Bürgerl. Recht u. Zivilrechtl. Grundlagenforsch. u. Sem. f. Röm. Recht u. Vergl. Rechtsgesch. Univ. Hamburg (s. 1968) - Flagredder 80, 2055 Wohltorf (T. 04104 - 31 50) - Geb. 24. Dez. 1929 Münster/W.

SEILER, Hansjakob

Dr. phil., Dr. phil. h. c., o. Prof. u. Direktor Inst. f. Sprachwissensch. Univ. Köln (s. 1959) - Zu erreichen üb. Universität, 5000 Köln 41 - Geb. 16. Dez. 1920 München - Promot. 1947 Zürich - 1951-59 Privatdoz. u. apl. Prof. (1957) Univ. Hamburg - BV: D. primären griech. Steigerungsformen, 1950; L'aspect et le temps dans le verb neo-grec., 1952; Relativsatz, Attribut u. Apposition, 1960; Cahuilla Texts with an Introduction, 1970; Cahuilla Grammar, 1977. Herausg.: Structura, Schriftenreihe z. Linguistik; Mithrsg.: Intern. Journal of American Linguistics (1957ff.); Studies in Language (1979ff.) - S. 1972 o. Mitgl. Rhein.-Westf. Akad. d. Wiss.; 1978 Ehrendoktor Kath. Univ. te Leuven, 1983 Univ. Paris VII; 1991 o. Mitgl. Acad. Europaea, London; 1991 korr. Mitgl. Acad. d. Inscriptions et Belles Lettres, Inst. de France, Paris.

SEILER, Robert

Dr. phil., Oberstudiendirektor, Dirigent u. Musikwissenschaftler - Guntherstr. 44, 8500 Nürnberg (T. 46 59 05) - Geb. 1. Mai 1908 Nürnberg, ev., verh. - Musikhochsch.; Stud. Musikwiss., Phil., German.; Schüler v. Lendvai, Scherchen, v. Waltershausen - 1945-49 Abt.sleit. Musik u. Dirig. Bayer. Rundf.; s. 1949 Dir. Städt. Konservat. Nürnberg. Orch.- u. Kammermusik. Veröff. z. Gesch. d. fränk. Musik - Spr.: Engl., Franz.

SEILER, Thomas Bernhard

Dr. phil., Prof. f. Psychologie TH Darmstadt - Weinbergstr. 28, 6140 Bensheim-Auerbach (T. 06251 - 7 31 81) - Geb. 10. Febr. 1925 Dietikon (Vater: Eugen Joh. S., Landwirt; Mutter: Verena, geb. Grendelmeier), verh. s. 1967 m. Elisabeth, geb. Wagner, 3 Kd. (Milena Beatrice, Verena Maria, Gregor Emanuel) - B. 1953 Stud. Phil. u. Theol.; ab 1959 Stud. Math., Botanik u. Physik (Dipl. f. Lehramt); ab 1961 Stud. Franz. Lit. u. Psychol.; Promot. 1966 FU Berlin - Dipl.-Psych. 1964, s. 1971 Prof. FU Berlin; s. 1976 Prof. in Darmstadt - BV: D. Reversibilität in d. Entw. d. Denkens, 1968; Kognitive Strukturiertheit, 1973; Concept development and the development of word meaning, 1983; Begriffs- u. Wortbedeutungsentw., 1985.

SEILER, Wolfgang

Dr., Prof., Direktor Fraunhofer-Inst. f. Atmosphärische Umweltforsch. - Kreuzeckbahnstr. 19, 8100 Garmisch-Partenkirchen (T. 08821 - 18 30) - Geb. 22. Jan. 1940 Remscheid, kath., verh. s. 1965 m. Hannelore, geb. Wild, 2 Kd. (Birgit, Dirk) - Stud. Naturwiss.; Promot. 1970 Mainz, Habil. 1980 Zürich - 1967-69 Wiss. Assist. Univ. Mainz; 1969-85 Wiss. Assist. u. Gruppenleit. Max-Planck-Inst. f. Chemie Mainz; s. 1986 Dir. Fraunhofer-Inst. f. Atm. Umweltforsch. - S. 1986 Dir. Intern. Wiss. Sekretariat (ISS) d. europ. Umweltprojekts EUROTRAC; s. 1987 Mitgl. Enquête-Kommiss. d. Dt. Bundestags Vorsorge z. Schutz d. Erdatmosphäre; s. 1987 Mitgl. Wiss. Beirat d. BMFT f. d. Großforsch.-einricht.; s. 1988 Mitgl. Klimabeirat d. Bundesreg. - Spr.: Engl.

SEILER-ALBRING, Ursula

Dipl.-Soziol., Staatsministerin im Auswärtigen Amt (s. 1991), MdB (s. 1983; Landesliste Baden-Württ.) - Bundeshaus, 5300 Bonn 1 - Geb. 19. Juli 1943 Saarbrücken, verh., 2 Kd. - Stud. Soziol., Polit. Wiss., Psych., Staatsrecht Univ. Göttingen, Tübingen u. Berlin (1969 Ex. Dipl.-Soziol.); 1969-72 Personal- u. Organisationsreferentin Stahlind. NRW (Thyssen Ind. GmbH, Düsseld.), 1972-73 König-Brauerei, Duisburg. FDP

SEILTGEN, Ernst

Intendant, Regiss. - Wittelsbacher Str. 5, 8070 Ingolstadt. - Geb. 4. Mai 1928 Moers (Vater: Lambert S., Kaufm.; Mutter: Anne, geb. Ott), ev., verh. s. 1958 m. Emmy, geb. Lisken, T. Annette - Abit., Univ. Köln u. Bonn (Literaturgesch., Theaterwiss.), Schauspielsch.- 1954-60 Münchner Kammerspiele, 1960-62 Regiss. Städt. Bühnen Augsburg, 1963-66 Oberspielleit. Schauspiel Wuppertal, 1967-70 Int. Landestheater Tübingen, 1970-73 Int. Theater Oberhausen, s. 1973 Int. Stadtth. Ingolstadt. Gastinsz. Münchn. Kammersp., Residenztheater München, Schiller Theater Berlin, Burgtheater Wien, Schauspielhs. Zürich u. a. Shakespeare, Schiller, Hebbel u. mod. Autoren, etwa 80 Insz. - Rundfunkrat d. Bayer. Rundfunks s. 1983 - 1983 Ludwig-Thoma-Med. Stadt München; 1989 Kulturpreis Stadt Ingolstadt.

SEIMETZ, Hermann

Rektor, MdL Baden-Württ. (Wahlkr. 11, Geislingen) - Dr.-Frey-Str. 51, 7322 Donzdorf (T. 07162 - 2 16 90) - Geb. 16. Jan. 1938 Kostenbach/Trier - CDU.

SEINECKE, Andreas

Drogist, Geschäftsf. Parfümerie Götzen Handels GmbH - Asterlagerstr. 97, 4100 Duisburg, u. Bülowstr. 31, 5800 Hagen - Geb. 4. Juli 1945 Vöcklamarkt/Österr., verh. s. 1968, 1 T. - Fachsch., Sem. in Führung, Motivation u. Strategie, Wirtsch. u. Psych. - Liebh.: Fotogr., Tennis - Spr.: Engl., Franz.

SEIP, Günter

Dipl.-Ing, Geschäftsgebietsleiter Installationsgeräte Siemens AG - Ringstr. 6, 8525 Marloffstein (T. 09131 - 5 99 59) - Geb. 20. Febr. 1935 Darmstadt (Vater: Georg S., Schlosserm.; Mutter: Christine, geb. Schmidt), ev., verh. s. 1959 m. Gudrun, geb. Nenninger, 2 Kd. (Peter, Ursula) - 1953-56 Städt. Ing.sch. Darmstadt - Mitgl. versch. Org. u. Verb. (u.a. ZVEI, IHK Regensburg) - BV: Elektrische Installationstechnik (übers. engl., span., portug.) - Spr.: Engl.

SEIPOLT, Adalbert

Benediktinerpater, Studiendirektor Gymnasium d. Abtei Metten - Abteistr. 3, 8354 Metten (T. 0991 - 38 21 23) - Geb. 11. Aug. 1929 Breslau, kath., led. - Gymn.; Stud. Phil., Theol., German., Gesch.; Staatsex. 1961 - Lehrtätigk. Gymn. u. Erzieher im Internat, zugl. schriftst. tätig; Mitgl. d. Bayer. Benediktiner Akad. - BV u.a.: Alle Wege führen nach Rom, 1958; D. aufgeweckte Siebenschläfer, 1962; Zwei Hauben u. e. Posaune, 1965; Schnups, d. arme Wohlstandsknabe, 1974; D. römische Himmelfahrt, 1980; Zwölf im Netz, 1986; Und es nickte d. kopflose Bischof, 1988; Frauenspersonen Zutritt verboten, 1991 - Spr.: Ital.

SEIPP, Walter

Dr. jur., Aufsichtsratsvorsitzender d. Commerzbank AG - Neue Mainzer Str. 32-36, 6000 Frankfurt (T. 13 62-0) - Geb. 13. Dez. 1925 - AR-Mandate.

SEISS (ß), Rudolf

Dr. rer. nat., Prof. f. Psychologie Päd. Hochschule Kiel - Ruhmer Weg, 2351 Rendswühren (T. 04394 - 4 74) - Geb. 29. Juli 1927.

SEITE, Berndt

Dr., Tierarzt, Ministerpräsident Mecklenburg-Vorpommern (s. 1992) - Kisserower Str. 5, O-2071 Walow - Geb. 22. April 1940 Hahnswalde, ev., verh. s. 1964 m. Dr. Annemarie, 2 Kd. (Sibylle, Christoph) - Veterinärmedizin, 1963, 1975, Berlin - Prakt. Tierarzt; Verb.-Präs. d. Tierärzte in d. DDR; Landrat d. Landkreises Röbel (Müritz).

SEITERS, Rudolf

Regierungsassessor, Bundesminister d. Innern (s. Nov. 1991), MdB (s. 1969, Wahlkr. 26/Emsland; 1971-76 Fraktionsgeschäftsf.) - Spiekerooger Str. 6, 2990 Papenburg - Geb. 13. Okt. 1937 Osnabrück (Vater: Adolf S., Oberpostinsp.; Mutter: Josefine, geb. Gördel), kath., verh. m. Brigitte, geb. Kolata, 3 Kd. - Gymn. Osnabrück (Carolinum); Univ. Münster (Rechtswiss.). Jurist. Staatsex. 1963 u. 1967 - 1968 ff. Ass. Reg. Osnabrück. U. a. 1968-70 Landesvors. Jg. Union Nieders. CDU s. 1958 (1971 Mitgl. Bundesvorst., 1972 stv. Landesvors. Nieders.); 1971-76 u. 1982-84 Parlam. Geschäftsf., s. 1984-89 I. Parlam. Geschäftsf. CDU/CSU-Bundestagsfrakt.; 1989-91 Bundesmin. f. bes. Aufgaben u. Chef d. Bundeskanzleramtes - 1984 Gr. BVK - Spr.: Engl.

SEITZ, Dieter

Dr. med., Prof., Chefarzt Neurolog. Klinik Allg. Krankenhaus St. Georg, Hamburg i. R. - Parkallee 51, 2000 Hamburg 13 (T. 44 91 21) - Geb. 20. Sept. 1922 Hamburg (Vater: Prof. Dr. med. Theodor S., Facharzt; Mutter: Annie, geb. Heyer), verh. m. Dr. med. Elisabeth, geb. Ziese - Gelehrtensch. Johanneum u. Univ. Hamburg. Promot. 1951 Hamburg; Habil. 1963 Hamburg - 1954-63 Assist. Hamburg-Eppendorf; 1963-68 Oberarzt Göttingen (Neurol. Klinik). B. 1963 Privatdozent, 1969 apl. Prof. Göttingen (Neurol.) - Bek. Vorf.: Prof. Dr. med. Theodor S. (Vater). Rund 80 Fachaufs.

SEITZ, Erich

Uhrenfabrikant (Mathias Seitz, Pforzheim), Vors. Verb. d. Taschen- u. Armbanduhrenind., Pforzheim, Vorstandsmitgl. Verb. d. Dt. Uhrenind., Bad Godesberg, Vizepräs. IHK Pforzheim - Luisenstr. 44, 7530 Pforzheim (T. 54 15) - Geb. 9. Juni 1914.

SEITZ, Erwin

Landwirt, MdL Bayern (s. 1970), Präs. Bauernverb. Schwaben, Vors. Viehverwertungsgenoss. ebd. u. a. - Westendorfer Str. 1, 8951 Germaringen/Schwaben (T. 08341 - 6 52 01) - Geb. 1928 - CSU.

SEITZ, Franz X.

Filmproduzent, Präs. Spitzenorg. d. dt. Filmwirtschaft, Vors. Verb. Dt. Spielfilmproduz. - Zu erreichen üb.: Beichstr. 8, 8000 München 40 - Filmpreise: 1979 Gold. Palme Cannes, 1980 Oscar (f. Blechtrommel), 1983 Silb. Preis 13. Intern. Filmfestival Moskau (Doktor Faustus) u.a.

SEITZ, Fritz

Em. Prof. Hochschule f. Bild. Künste, Hamburg, Maler u. Grafiker - Alte Apotheke, 2412 Nusse (T. 04543 - 73 15) - Geb. 11. Juli 1926 Bad Kissingen (Vater: Hans S.; Mutter: Luise S.), ev., verh. s. 1953 m. Eva, geb. Simon - 1948-49 Akad. d. Bild. Künste Nürnberg, 1950-53 desgl. Stuttgart - S. 1952 Maler, Grafiker; 1953 Grafik-Designer; 1955 Schriftst.; S. 1962 Prof. Staatl. Hochsch. f. Bild. Künste Hamburg (mehrf. Vizepräs.) - BV: tractat visuell, 1960; D. Farbkontraste, 1968; Stankowski, 1986; Rückblick auf d. Grundlehre, 1986; Farbirritationen, 1988. Herausg.: Thema Farbe (1962ff.); Berufsbild Grafik-Design (1970); Visuelle Medien (1973); Rahmenplan u. Hochschulstud. Grafik-Design (1974); Farbe konkret (1989ff.).

SEITZ, Georg

Dr. phil. nat. (habil.), Abteilungsvorsteher u. Prof. Inst. f. Zoologie (Abt. Neurophysiol.) sow. apl. Prof. f. Zool. Univ. Erlangen-Nürnberg (s. 1977) - Robert-Koch-Str. 4b, 8521 Uttenreuth.

SEITZ, Gunther

Dr. rer. nat., Prof. f. Pharmazeut. Chemie Univ. Marburg - Hubgraben 8, 3550 Marburg - Geb. 8. März 1936 Hamburg - Promot. (1965) u. Habil. (1968) Marburg - Zul. 1972 ff. Ord. Tierärztl. Hochsch. Hannover. S. 1977 Dir. d. Inst. f. Pharmazeut. Chemie d. Philipps-Univ. Marburg. Facharb.

SEITZ, Hanns Martin

Dr. med., Prof. u. Direktor Inst. f. Med. Parasitol. Univ. Bonn - Sigmund-Freud-Str. 25, 5300 Bonn 1 - Geb. 7. Mai 1938 München - Stud. Humanmed. München; Promot. 1964 - 1975 Univ.-Doz. Tübingen; 1980 Prof. u. Dir. Univ. Bonn.

SEITZ, Helmut

Dipl.-Kfm., Journalist, Schriftst. - Josef-Weigl-Str. 11, 8024 Deisenhofen - Geb. 1931 Konstanz, verh. s. 1958 m. Renate, geb. Biensfeld, Malerin - Abschlußex. 1958 - Freiberufl. Tätigk. - BV: 29 Titel, zul. Auf ungewöhnlichen Wegen - 1974-86 zahlr. Journalistenpreise - Spr.: Engl., Ital., Span.

SEITZ, Ingeborg

Oberstudienrätin a.D., MdL Hessen (1970-87) - Stadtring 94, 6120 Michelstadt (T. 06061 - 7 14 14) - Schule Dramburg (Abit. 1942); Arbeits- u. Kriegshilfsdst.; Stud. Philol. Jena; 1946-48 ländl. Hauswirtschaftslehre; 4 Sem. Höh. Landfrauensch.; 2 Sem. Päd. Weilburg u. München. Staatsex. 1950 u. 1953 - S. 1953 Lehrkraft versch. hess. Landw.sch. 1968-89 MdK, stv. Kreistagsvors. CDU. Landesvors. Frauen-Union CDU Hessen, Schatzmeist. Verbraucherzentr. Hessen.

SEITZ, Josef

Dr. jur. utr., Oberbürgermeister - Hölderlinstr. 5, 8870 Günzburg/Schwaben (T. 23 85) - Geb. 18. März 1905 Günzburg (Vater: Josef S., Buchbinderm. u. Schreibwarenhändler; Mutter: Josefine, geb. Keller), kath., verh. s. 1947 m. Herta, geb. Wendel, S. Gerhard - Gymn. Günzburg; 1924-28 Univ. München u. Würzburg (Rechtswiss.; Promot. 1932). Gr. jurist. Staatsprüf. 1931 - Ab 1932 Rechtsanw. München, 1940-45 Kriegsdst., s. 1947 Bürger- u. Oberbgm. (1949) Stadt Günzburg - 1965 Bayer. VO.

SEITZ, Karl-August

Dr. rer. nat., Prof. f. Zoologie u. Morphol. d. Evertebraten - Drosselweg 13b, 3556 Weimar 1.

SEITZ, Konrad

Dr., Prof., Inst. f. Botanik Univ. Erlangen-Nürnberg - Hasenweg 8, 8520 Erlangen - Geb. 29. Juni 1936 (Vater: Prof. Dr. Walter S. (Inn. Med.); Mutter: Dr. Eva, geb. Springer), verh. m. Regine, geb. Leitner.

SEITZ, Konrad

Dr. phil., Ministerialdirektor, Botschafter d. Bundesrep. Deutschl. in Italien (s. 1992) - Via Po 25c, I-00198 Rom - Geb. 18. Jan. 1934 München, kath., verh. m. Eva, geb. Kautz - Gymn. Kloster Ettal; Staatsex. Univ. München in Klass. Philol., Phil. u. German., Promot. 1958 - 1956-65 Wiss. Assist. Univ. Marburg u. München; s. 1965 Ausw. Amt; 1967 M.A. Fletcher School (Harvard/Tufts); 1968-72 Wirtschaftsabt. Dt. Botsch. New Delhi; 1972-75 Dt. Vertret. b. d. Vereinten Nationen; s. 1975 Ausw. Amt, Bonn (Redenschreiber f. Außenmin. Genscher); 1981-87 Leit. Planungsstab; 1987-90 Botsch. in New Delhi, Indien. Veröff. üb. Europ.-amerikan. Beziehungen, Sicherheitspolitik, Nord-Süd-Fragen, Hochtechnologiefragen, SDI, Fragen d. Universitätspolitik, u.a. - BVK - Liebh.: Lit. u. Geistesgesch., westl. u. asiat. Kunst.

SEITZ, Kurt

Dipl.-Kfm., Wirtschaftsprüfer, Steuerberater, Vorst.-Mitgl. Genossenschaftsverb. Bayern (Raiffeisen/Schulze-Delitzsch) e.V. - Türkenstr. 22-24, 8000 München 2.

SEITZ, Manfred

Dr. theol., o. Prof. f. Prakt. Theologie - Kochstr. 6, 8520 Erlangen - S. 1966 Ord. Univ. Heidelberg u. Erlangen-Nürnberg (1972).

SEITZ, Tycho

Dr. rer. pol., Prof. f. Volkswirtschaftstheorie - Auf der Heide 48, 5810 Witten-Herbede - Geb. 9. Sept. 1933 Heilbronn (Vater: Prof. Hans S., Baudir.; Mutter: Dr. Sigrid, geb. Walz), verh. s. 1961 m. Evamaria, geb. Mewes, 2 T. (Anja, Ilka) - Schule Stuttgart (Abit. 1953), Univ. München (Dipl.-Kfm. 1960), Promot. Univ. Saarbrücken 1964, Habil. Univ. Tübingen 1971 - 1972 Univ. Tübingen, s. 1972 o. Prof. Univ. Bochum - BV: Preisführerschaft im Oligopol, 1965; Zur ökonomischen Theorie d. Werbung, 1971 - Spr.: Engl.

SEITZ, Walter

Dr. med., o. Prof. f. Innere Medizin - Widenmayerstr. 36, 8000 München 22 (T. 29 50 07) - Geb. 24. Juli 1905 München (Vater: Geheimrat Prof. Dr. med. Dr. h. c. Ludwig S., Ord. f. Geburtshilfe u. Gynäk. Univ. Erlangen u. Frankfurt/M. (s. XIII. Ausg.); Mutter: Hedwig, geb. Kerschensteiner), verh. m. Lally Reinhardt, geb. Stieve, Malerin, 3 Kd. - Approb. 1931; Habil. 1939 Berlin - 1931-39 Assist. Univ. Frankfurt, Heidelberg (1933), Berlin (1934, Charité, Prof. v. Bergmann), 1939-41 wiss. Berat. Schering AG., 1942-44 Oberarzt Augusta-Hospital, 1946-47 Oberarzt I. Med. Klin. u. Doz. Humboldt-Univ. ebd., s. 1947 ao. u. o. Prof. (1959) Univ. München (Dir. Med. Poliklin.) - 1950-54 MdL Bayern (SPD) - BV: Infektionskrankheiten, 1947 (2 A.). Herausg.: Taschenb. d. Inneren Med., 1949 (8 A.) - Liebh.: Bergsteigen, Gartenbau - Bek. Vorf.: Georg Kerschensteiner, Schulreformer (Onkel).

SEITZ, Willi

Dr. phil., Prof. d. Psychologie - Am Parkfeld 2c, 6200 Wiesbaden (T. 06121 - 6 28 44) - Geb. 31. Jan. 1940 Aschaffenburg (Vater: Willi S., Elektrom.; Mutter: Margarete, geb. Maier), kath., verh. s. 1965 m. Inge, geb. Trogisch, 2 S. (Markus, Roger) - Schulen Aschaffenburg, Univ. Frankfurt u. Würzburg (Psych. u. Soziol., Lehrer Adorno), Dipl. Psych. 1964 Würzburg, Promot. 1973 ebd., Lehrbef. Köln 1975 - 1965-69 wiss. Assist. Würzburg, 1970-72 Doz. Heilpäd. Sem. Würzburg, 1973-76 Reg.-Dir. (Ref. f. Kriminol.) Hess. Justizmin. Wiesbaden, 1976-80 o. Prof. f. Psych. PH Rhld. (Abt. Bonn), 1980-83 Prof. (C4) Päd. Fak. Univ. Bonn, 1983-85 Prof. (C4) f. Psych., Fachber. Sonderpäd., Erziehungswiss. Hochsch. Rhld.-Pfalz, Mainz, s. 1985 Prof. (C4) f. Psych., Inst. f. Sonderpäd. Univ. Mainz - Spez. Arbeitsgeb.: Psych. d. Kinderpersönlichk., Verhalt.stör., Erz.probl., Kriminal- u. Sportpsych. - BV: Sportpsych., 1972 u. 1975 (Mithrsg.); Persönlichk.fragebogen f. Kinder zw. 9 u. 14 J. (psych. Testverf.), 1976, 1980 u. 1992 (zus. m. A. Rausche); Persönlichk.beurt. d. Fragebogen, 1977; Fam. - Erz. u. jugendl. Delinquenz, 1979 (zus. m. W. Götz); Kriminal- u. Rechtspsych., 1983 - Liebh.: Malerei, Theater, Konzert, Tennis - Spr.: Engl.

SEITZER, Dieter

Dr.-Ing., o. Prof. f. Techn. Elektronik Univ. Erlangen-Nürnberg (s. 1970) - Humboldtstr. 14, 8520 Erlangen/Mfr. (T. 2 72 85) - Geb. 17. April 1933 Tübingen - 1962-70 wiss. Mitarb. IBM-Forschungslabor. Rüschlikon (Schweiz); 1982/83 Präs. Europ. Ges. f. Ing. Ausb. (SEFI); 1984/85 Geschäftsf. Zentrum f. Mikroelektr. u. Informationstechnik GmbH; 1990 Leit. Fraunhofer-Inst. f. integrierte Schaltungen - 11 Patente - BV: Arbeitsspeicher f. Digitalrechner, 1975; Elektron. Analog-Digital-Umsetzer, 1977; Elektron. Analog-to-Digital Converters, 1983; Mikroelektronik, Information, Ges., 1983 - 1987 Eur.-Ing. (FEANI); 1988 BVK.

SEIWERT, Hubert

Dr., Univ.-Prof. f. Religionswiss. Univ. Hannover - Kollenrodtstr. 16, 3000 Hannover (T. 0511 - 39 14 70) - Geb. 16. Juni 1949 Saarbrücken, verh. m. Bärbel, geb. Teubert, 2 Kd. (Anne, Eva) - Stud. Univ. Bonn, Paris (EPHE); M.A. 1974; Promot. 1978 Bonn; Habil. 1983 Hannover. Hauptarbeitsgeb.: Religionsgesch. Chinas, systemat. Religionswiss. - BV: Volksreligion u. nat. Tradition in Taiwan, 1985; Orakelwesen u. Zukunftsdeutung im chin. Altertum, 1979.

SEIWERT, Lothar J.

Dr. rer. pol., Dipl.-Volksw., Dipl.-Hdl., Prof. f. Personalwesen u. Unternehmensführung FH Wiesbaden (s. 1985) - Vogtlandstr. 11B, 6204 Taunusstein - Geb. 14. Dez. 1952 - 1979-84 Ind.tätigk. im Personal- u. Bildungsw., danach Personalberater. 1982-86 Mitgl. d. Bundesvorst. Ges. f. Arbeitsmethodik (GfA). AR-Mitgl. Megerle AG, Nürnberg; Beirat Verkauf & Marketing Intern.; Führender Zeitmanagement-Experte - BV (Ausw.): Zielwirksam arbeiten, 1984, 7. A. 1991; Mehr Zeit f. d. Wesentliche, 1984, 12. A. 1991 (holl. 2. A. 1990, amerik. 1. A. 1989, russ. 1. A. 1991, ital. 1. A. 1990, franz. 1. A. 1990); D. 1×1 d. Zeitmanagement, 1984, 14. A. 1991 (auch in dän., engl., finn., franz., griech., ital., jap., niederl., portug., russ., schwed., slowak., slowen., span. u. ungar. Sprache sowie in Esperanto); D. ABC d. Arbeitsfreude, 1987, 5. A. 1990, 1. TB-A. 1989; Selbstmanagement, 1988, 3. A. 1991; Mehr Zeit f. Verkaufserfolge (m. E. K. Geffroy), 1989; Zeitmanagement f. Rechtsanwälte (m. H. Buschbeel u. D. Mandelkow), 1991. Audio-Special-Programme: Verkaufen Sie sich an d. Spitze (m. M. Klose u. W.U. Graichen), 1987, 10. A. 1991; Mehr Zeit f. d. Wesentliche, 1988, 3. A. 1990; Trainings-Video: Mehr Zeit f. d. Wesentliche, 2. A. 1990 - 1990 Ausz. m. d. Benjamin-Franklin-Preis f. d. Beste Business-Buch d. Jahres in d. USA.

SELBACH, Alfred

Dipl.-Ing. - Obermühle 1, 6741 Walsheim - Geb. 12. Febr. 1924 Haslach i. K. - S. 1966 stv. u. o. Vorst.-Mitgl. (1968) BBC, 1987 i. R.; AR ABB Industrie u. Automation AG, Mannheim, u. Joseph Vögele AG, Mannheim - 1981 BVK I. Kl., 1986 Gr. BVK - Spr.: Engl., Franz. - Rotarier.

SELBERG, Werner

Dr. med., Prof. f. Allg. Pathol. u. pathol. Anat. Univ. Hamburg (s. 1964), Chefarzt Patholog. Inst. Allg. Krankenhaus Barmbek - Baron-Voght-Str. Nr. 137, 2000 Hamburg 52 (T. 82 71 20) - Geb. 5. Juli 1913 Hamburg (Vater: Eduard S., Dir. Hamb. Gaswerke, Ing.; Mutter: geb. Hemme), ev., verh. 1951 m. Gerda, geb. Jepp, 4 Kd. (Hanna, Eva, Ernst-Eduard, Oliver) - Univ. Marburg, München, Freiburg - S. 1974 Ärztl. Dir. Allg. Krkhs. Barmbek. S. 1974 Vors. Dt. Ges. f. Pathol. Spez. Arbeitsgeb.: Gerontologie, Maß u. Zahl in d. Pathol. Fachveröff. - 1950 Denecke-Med.; 1976 Silb. Med. Stadt Paris; 1981 E. v. Bergmann-Med.; 1984 Ehrenmitgl. d. Span. Ges. f. Pathol. u. d. Soc. Anat. de Paris, u. Berufsverb. Dt. Pathol.

SELBMANN, Hans-Konrad

Dr. rer. biol. hum., Dipl.-Math., o. Prof. f. medizinische Statistik u. Datenverarbeitung Univ. Tübingen, Inst. f. med. Informationsverarb. (s. 1985) - Westbahnhofstr. 55, 7400 Tübingen - Geb. 11. Dez. 1941 Stuttgart (Vater: Hans S., Jurist; Mutter: Hildegard, geb. Gerster), ev., verh. s. 1970 m. Karin, geb. Kraft, 2 Kd. - Univ. Stuttgart (Dipl.), Promot. 1972 u. Habil. 1976 Univ. Ulm, Prof. (C3) 1980 Univ. München - 1985-87 Präs. Dt. Ges. f. med. Dok., Inform. u. Statistik; 1988-91 Mitgl. d. Sachverst.rates d. Konzertierten Aktion im Gesundheitswesen. Büch. u. Art. z. Qualitätssicher. ärztl. Handelns, Therapiestud. u. Epidemiol.

SELCHERT, Friedrich Wilhelm

Dr. rer. pol., Dipl.-Kfm., Prof. Univ. Gießen (s. 1973) - Am Weinberg 14, 6301 Reiskirchen 8 - Geb. 30. Aug. 1938 Karlsruhe (Vater: Friedrich S., Kaufm.; Mutter: Friedel, geb. Riehle), verh. s. 1964 m. Brigitte, geb. Rösch, 2 Kd. (Martin, Annette) - Dipl.ex. 1962 Hamburg; Promot. 1966 u. Habil. 1970 bde. Berlin - 1970-73 Prof. FU Berlin - BV: D. Ausgliederung v. Leistungsfunktionen in betriebswirtsch. Sicht, 1971; Prüfungen anläßl. d. Gründung, Umwandlung, Fusion u. Beendigung v. Unternehmungen, 1977; D. Anhang als Instrument d. Informationspolitik, 1987; Jahresabschlußprüf. d. Kapitalges., 1988; Grundlagen d. betriebsw. Steuerlehre, 1989; Einführung in d. Betriebswirtsch.lehre, 1991.

SELDIS, Rudolf

Kaufmann (Fa. Rudolf Seldis, Techn. Schiffsausrüstung, Drahtseile, Tauwerk u. Persenninge, Hamburg), Vors. Fachverb. d. Draht- u. Hanfseil-Großhändler, Hamburg, Handelsrichter LG ebd. - Martin-Luther-Str. 20, 2000 Hamburg 11 (T. 36 32 01) - Geb. 12. Febr. 1910.

SELEKEN, Stefanie

Dr. rer. pol., Dipl.-Kfm., Verlegerin - Knappenstiege 7, 4300 Essen 16 - Geb. 15. Juli 1950 Essen - Gymn. Essen; Univ. Berlin u. Köln - Inh. SINTON-EDITION - BV: Geld u. Plagiat - Liebh.: Reiten, Wassersport - Spr.: Engl., Franz.

SELENKA, Fidelis

Dr. med., o. Prof. f. Allg. u. Umwelthygiene - Roomersheide 73, 4630 Bochum - Geb. 9. Okt. 1930 Freiwaldau (Vater: Julius S., Kunstmaler; Mutter: Emmy, geb. Wawrosch), kath., verh. s. 1960 m. Hedwig, geb. Ernstberger, 4 Kd. (Christoph, Angelika, Kornelius, Pia) - Schule Dillingen (Donau), Abit. 1950, Univ. Erlangen (Med., Ex. 1956), Habil. 1964 - 1964-73 Oberarzt Univ. Mainz, 1973 o. Prof. f. Allg. u. Umwelthygiene Ruhr-Univ. Bochum, 1976/77 Dekan Abt. Theor. Med. - Liebh.: Bild. Kunst - Spr.: Engl.

SELG, Herbert

Dr. phil., Dipl.-Psych., Prof. f. Psychol. - Kloster-Langheim-Str. 44, 8600 Bamberg (T. 1 26 56) - Habil. 1967 Freiburg - 1969-72 PH Braunschweig, 1972-75 FU Berlin, s. 1975 Univ. Bamberg. Tests: Freiburger Persönlichkeitsinventar FPI (1970; m. J. Fahrenberg), Fragebogen z. Erfass. v. Aggressivitätsfaktoren FAF (1975; m. R. Hampel) - BV: Einf. in d. experiment. Psychol., 1966 (ital. 1975); Forschungsmethoden d. Psychol., 1971 (m. W. Bauer); Z. Aggression verdammt?, 1971 (amerik. 1975); Entwickl. u. Lernen, 1972; Menschl. Aggressivität, 1974; Verhaltensbeobacht. u. Verhaltensmodifikation (m. U. Mees), 1977; Psychologie d. Sexualverhaltens (m. Ch. Glombitza u. G. Lischke), 1979; Psychologie (m. D. Dörner), 1984; Pornographie (m. M. Bauer), 1986; Psychologie d. Aggressivität (m. U. Mees u. D. Berg), 1987.

SELIGMANN, Kurt

Hauptgeschäftsführer Hotel- u. Gaststättenverb. DEHOGA Schlesw.-Holst. e.V. i.R. - Steinstr. 28, 2300 Kiel - Geb. 27. Febr. 1927 - Schriftl.: Schlesw.-Holst. Hotel- u. Gaststätten-Nachr.

SELL, Fred

s. Giesel, Manfred Gerhard

SELL, Freiherr von, Friedrich-Wilhelm

Rechtsanwalt - 5222 Morsbach-Appenhagen - Geb. 23. Jan. 1926 Potsdam, verh. (Ehefr.: Barbara), 2 Kd. - Univ. Erlangen u. FU Berlin (Rechtswiss., Phil.). Jurist. Staatsex. 1950 u. 55 (Berlin) - U. a. SFB u. Deutschlandfunk

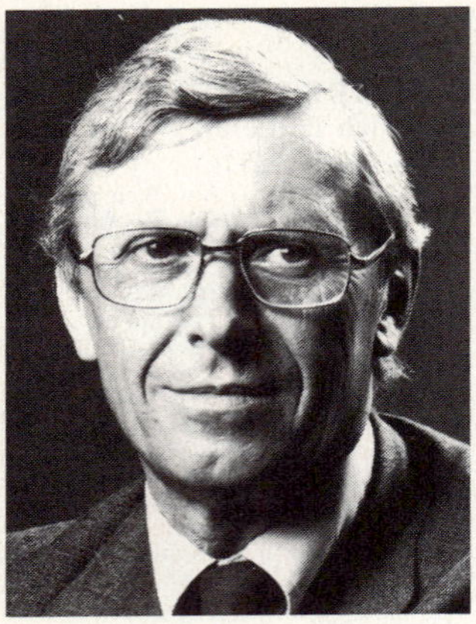

(Verw.dir. u. Justitiar), s. 1971 WDR Verw.- u. Finanzdir., 1978 u. 79 Vors. Arbeitsgem. öffentl.-rechtl. Rundfunkanst. d. Bundesrep. Deutschl. (ARD); 1975-85 stv. AR-Vors. Bavaria-Atelier GmbH; 1981-85 AR-Vors. Degeto-Film GmbH; 1976-85 WDR-Intendant; 1978-85 Vorst. Inst. f. Rundfunkrecht an d. Univ. Köln. S. 1985 wieder Rechtsanw. in Bonn u. Köln. S. 1989 Vors. Stiftg. f. Kunst u. Kultur e.V., Bonn; 1991 Gründungsintendant d. ORB. S. 1986ff. Lehrauftr. Univ. Hamburg u. Siegen (Journalistik, Politik-Wiss. u. Verf.-Recht).

SELL, Hans Joachim

Dr. phil., Schriftsteller - Schwaighofstr. 12, 7800 Freiburg/Br. (T. 0761 - 7 25 70) - Geb. 25. Juli 1920 Neustettin/Pommern (Vater: Georg S., Oberst a. D.; Mutter: Alice, geb. Steigert), ev., verh. s. 1950 m. Gertrud, geb. Freiin u. Herrin v. Werthern, 2 Söhne (Konstantin, Friedrich Leopold) - 1946-52 Stud. Ethnol., Phil., Sozialphil., Rechtswiss., German. Promot. 1952 Frankfurt a. M. - 1938-45 Soldat; 1960ff. Auslandskorresp. Iber. Halbinsel; dazw. 2 J. Mitarb. Ev. Akad. Tutzing. 1960 Begr. Dt. Miguel-de-Unamuno-Ges. - BV: Chantal, R. 1953; D. schlimme Tod b. d. Völkern Indonesiens, ethnol. Studie 1955; partisan, R. 1961; Verlockung Spanien - Erfahrung u. Erlebnis, 1963; D. Drama Unamuno, 1965 (auch span.); An Spaniens Fell zerren Dämonen - Aufz. aus e. Lande d. begrenzten Möglichkeiten, 1968; Auf d. Fährte e. Sohnes, R. 1970 (auch poln.; span.); Zerstörung e. Parks, Erz. 1973; Thekengespräche, Dialoge, 1975; D. rote Priester, Collage 1976; Briefe e. Jüdin aus Cuzco, dokumentar. Erz. aus d. heutigen Peru, 1978; Eisfarben, Erz. 1979; D. portugies. Einlad., Dicht. 1980; Monarchie d. Armut, e. Reisetageb. aus Peru, 1983; D. Umkehrung, R. 1983; Zu Jahrmärkten u. Rennbahnen, Lyr. 1984; Äquinoktien, Dicht. 1985; D. Ende d. Wohlwollens. Spuren u. Zeichen in e. sich wandelnden Welt, 1986; D. Ehe d. Sancho Panza, Erz. 1989; D. Einzäunung, Gesch. d. Untreue, 1990; D. verblassende Bild e. Reiters, Novelle in Briefen, 1990. Essays, Hörsp. - 1973 Kogge-Lit.preis; 1974 Förd.preis f. mod. Lit. d. Concordia, Wien; 1977 Charles Péguy-Preis; 1980 Georg-Mackensen-Literaturpreis. 1965 Mitgl. PEN-Zentrum BRD.

SELL, Werner

Dipl.-Ing., Prof., Dr. h. c., Direktor i. R., Ehrenvors. d. Arbeitsgem. D. Mod. Küche, Darmstadt - Ilmenkuppe 3, 6340 Dillenburg - Geb. 1. Sept. 1900 Berlin (Vater: Robert S.; Mutter: Gertrud, geb. von Wallersbrunn), verh. s. 1930 m. Elly-Käthe, geb. Kante, 4 Kd. - Vereid. Sachverst. f. Küchentechnik; ehem. Vorstandsmitgl. Burger Eisenwerke AG, Burg, u. Geschäftsf. Sell-Haus u. Küchentechnik GmbH (spätere Buderus-Sell GmbH), Herborn (Ruhest.). 1970ff. Honorarprof. Univ. Gießen (Haushaltstechnik; vorher Lehrauftr.) - Ehrenmitgl. IHK Dillenburg (zul. Präs.); Ehrenpräs. Arbeitsgem. Moderne Küche; 1965 Gr. BVK.

SELLACH, Brigitte

Dipl.-Soziologin, Staatssekretärin im Hess. Ministerium f. Jugend, Familie u. Gesundheit - Oederweg 12, 6000 Frankfurt (T. 069 - 55 51 83) - Geb. 14. März 1943 Berlin, ledig - Soz.arb. (Staatl. anerk.) 1967 Frankfurt, Dipl.-Soziologin 1975 Frankfurt - 1985-91 Stadtverordnete in Frankfurt; 1989-91 Fraktionsvors. d. GRÜNEN im Römer; Vors. d. Jugend- u. Sozialaussch.; Vorst.posit. in 2 stadtnahen sozialen Vereinen; AR-Mitgl. e. Behindertenwerkst.; Redakt. d. Inform.-dienstes z. Ausländerarb. - Fachveröff. z. Soz.polit., Frauenbewegung, -forsch. - Liebh.: Lit. - Spr.: Engl.

SELLE, Gerhard

Dr. med., Dr. med. dent., Prof. - Stöckachstr. 31, 7000 Stuttgart 1 (T. 0711 - 26 24-206 pr.) - Geb. 14. Dez. 1932, ev., 2 S. (Andreas, Lutz) - Stud. Med. u. Zahnmed. Heidelberg; Promot. 1957 u. 1959 Heidelberg; Habil. 1970 Göttingen; apl. Prof. 1974 - C 3 Prof. 1980; 1967/68 Oberarzt ZMK Klinik Mainz; 1968 ZMK Klinik Göttingen; 1980-91 Oberarzt Katharinenhospital Stuttgart, Kieferchir. - BV: Marx, Medizin. Begutachtung, 1992; Beitr. in Fachztschr. - Liebh.: Briefmarken, Sport (Hockey, Ski) - Spr.: Engl., Franz., Griech., Latein.

SELLERT, Wolfgang

Dr. jur., Prof. f. Rechtsgeschichte, Zivilprozeßrecht u. Bürgerl. Recht Univ. Frankfurt (1972-77), s. 1977 Direkt. jur. Seminar Univ. Göttingen, Abt. Dt. Rechtsgesch. - Konrad-Adenauer-Str. 25, 3400 Göttingen (T. 0551 - 2 37 71) - Geb. 3. Nov. 1935 Berlin (Vater: Horst-Günther S., Schriftl.; Mutter: Else, geb. Kaiser), verh. s. 1962 m. Richterin Dr. Urte, geb. Wenger, 2 Kd. - Promot. 1964 Frankfurt; Habil. 1970 ebd. Buchveröff.: Prozeßgrunds. u. Stilus Curiae am Reichshofrat, 1973; D. Ordnungen d. Reichshofrats (Edition), 1980 - S. 1984 Mitgl. Göttinger Akad. d. Wiss. - Liebh.: Alte Handschr. u. Bücher (spätmittelalterl. Urkundenfunde).

SELLHEIM, Rudolf

Dr. phil., o. Prof. u. Direktor Oriental. Sem. Univ. Frankfurt (s. 1958), Präs. Intern. Soc. for Oriental Research, Istanbul (s. 1968) - Broßstr. 5, 6000 Frankfurt/M. 90 (T. 77 27 61) - Geb. 15. Jan. 1928 Halle/S. (Vater: Dr. phil. Rudolf S., Gymnasialprof.; Mutter: Lucie, geb. Gerhardt), ev., verh. m. Isabel, geb. v. Treuenfeld, 3 Kd. (Thessa, Dido, Rudolf) - Latina Halle/S. (Franckesche Stiftg.); Univ. Halle u. Frankfurt/M. (Altertumswiss., Oriental.). Promot. 1953; Habil. 1957 Bonn - 1966 Gastprof. Univ. Los Angeles - 1980 Senator d. Dt. Forschungsgemeinsch., Bonn - BV: D. klass.-arab. Sprichwörtersamml., insb. d. d. Abū'Ubaid, 1954 (arab. 1971, 4. A. 1987); Gelehrtenbiogr. d. Abū'Ubaidalláh al-Marzubání I, 1964; D. 2. Bürgerkr. im Islam, 1970 (arab. 1974); Gelehrte u. Gelehrsamkeit im Reich d. Chalifen, 1961 (arab. 1972, pers. 1976); Materialien z. arab. Lit.gesch. I-II, 1976-87. Div. Einzelarb. in Dt., Engl., Franz., Arab., Pers., Urdu. Herausg.: Intern. Ztschr. Oriens (1956ff.). 1964 korr. u. 1981 o. Mitgl. Dt. Archäol. Inst., Berlin (Zentraldir.); korr. Mitgl. Real Acad. de Buenas Letras, Barcelona; 1967 o. Mitgl. Wiss. Ges. an d. Univ. Frankfurt; 1971 korr. Mitgl. Ägypt. Akad. d. Wiss., Kairo; 1974 korr. Mitgl. Arab. Akad., Aligarh; 1976 korr. u. 1985 o. Mitgl. Akad. d. Arab. Sprache, Kairo; 1979 korr. Mitgl. Iraq. Akad. d. Wiss., Bagdad; 1988 korr. Mitgl. Real Acad. de la Historia, Madrid.

SELLIEN, Helmut

Dr. rer. pol., Dipl.-Kfm., Verleger - Keplerstr. 8, 6200 Wiesbaden (T. 52 01 28) - Geb. 2. Juni 1905 Treuburg/Ostpr. (Vater: Eduard S., Verlagsleiter; Mutter: Ida, geb. Wilk), verh. s. 1933 m. Else, geb. Müller, 3 Kd. (Amone, Dorothee, Frank) - Banklehre; Univ. Königsberg, Frankfurt, Köln, Tübingen - U. a. Vorstandsmitgl. Industrie-Kredit-Finanzierungs-AG., Wien, u. Alpen-Elektro-Werke AG. ebd.; gegenw. Beirat Betriebsw. Verlag Dr. Th. Gabler KG., Wiesbaden - BV: Finanzierung u. Finanzplanung, 2. A. 1964 (jap. 1959). Herausg.: Wirtschafts-Lexikon, 9. A. 1976 - Liebh.: Sport (Tennis, Golf, Ski, Wasserski) - Spr.: Engl., Franz. - Bruder: Reinhold S.

SELLIEN, Reinhold

Dr. rer. pol., Dr. rer. pol. h. c., Dipl.-Kfm., Dipl.-Hdl., Verleger, Gesellsch. Betriebsw. Verlag Dr. Th. Gabler GmbH., Wiesbaden - Thünenstr. 6, 6200 Wiesbaden - Geb. 21. März 1904 Treuburg/Ostpr., verh. m. Hildegard, geb. Witt - S. 1928 Gabler-Vg. (mitbegr.) - Liebh.: Golf, Tennis, Ski - 1965 Ehrendoktor Univ. Köln - Eltern s. Helmut S. (Bruder).

SELLIER, Alexander

Prof., Konzertpianist - Huldstr. 14b, 6630 Saarlouis 5 (T. 66 00) - Geb. 23. Jan. 1924 Saarlouis (Vater: Heinz S., Kaufm.; Mutter: Eleonore, geb. Rupp), kath., verh. s. 1951 m. Mechthild, geb. Walter, 6 Kd. (Stephanie, Thomas, Alexander, Christian, Anselm, Marie-Theres) - N. Abitur Musikstud. b. Fritz Griem (Saarbrücken), August Leopolder (Frankfurt/M.), Edwin Fischer (Luzern), Walter Gieseking (Saarbrücken) - Konzerttätigk. Europa u. Nordafrika; s. 1950 Doz. u. Prof. (1962) Musikhochsch. Saarbrücken - Liebh.: Basteln - Spr.: Franz., Engl.

SELLIER, Karl

Dr. med., Dipl.-Phys., Prof., Rechtsmediziner Forensische Ballistik - Meßbeuel 1, 5340 Bad Honnef (T. 51 01) - Geb. 14. Nov. 1924 Chemnitz/Sa. - S. 1963 (Habil.) Lehrtätigk. Univ. Bonn (1968 apl. Prof.; 1971 Wiss. Rat u. Prof.) - BV: Wünschelrute - Erdstrahlen - Wiss. (m. O. Prokop); Mechanik u. Pathomorphol. d. Hirnschäden n. stumpfer Gewalteinwirk. auf d. Schädel (m. F. Unterharnscheidt) - BV: Schußentfernungsbestimmung, 2. A. 1988; Schußwaffen u. Schußwirkungen I, Ballistik, Med., Kriminalistik, 2. A. 1982; Schußwaffen u. Schußwirkungen II, Forens. Ballistik, Wundballistik, 1977; Wundballistik u. ihre ballistischen Grundlagen (m. B. Kneubühl), 1992.

SELLIN, Hartmut

Prof., Hochschullehrer - Am Tegelbusch 29, 2900 Oldenburg/O. (T. 7 44 73) - Geb. 12. Juni 1926 Berlin (Vater: Arthur S., kaufm. Angest.; Mutter: Elisabeth, geb. Streich), ev., verh. s. 1948 m. Barbara, geb. Meseke, 3 Kd. (Jan Henrik, Benjamin, Nanna) - Kunsthochsch. (Künstler. Lehramt) u. Univ. Berlin (Kunstgesch.). Staatsex. 1950 - 1949-1950 Assist. Kunsthochschule Berlin; 1950-55 Schuldst. Berlin (Grund-, Realsch. u. Gymn.); s. 1955 Doz. u. o. Prof. Päd. Hochsch. Oldenburg (Didaktik d. Techn. u. Technol.). 1968-72 Lehrbeauftr. Acad. van Bouwkunst Groningen/Niederl. (Architekturgesch.); 1972ff. Lehrbeauftr. Kunsthochsch. Hamburg, s. 1974 Univ. Oldenburg. Entw. Mod. z. spannungsopt. Unters. vorgespannter Bauteile (1982); Lehrgerät f. d. exper. Ermittlung v. Kräften in Stabfachwerken (1988) - BV: Ansätze z. Werkdidaktik s. 1945, 1968 (m. Gerd Uschkereit u. Otto Mehrgardt); Beitr. zur Didaktik d. techn. Bildung, 1970 (m. Bodo Wessels); Werkunterricht - Technikunterr., 1972. Schriftl.: Oldbg. Hochschulbriefe - Beitr. z. Erziehungswiss. (1965-68).

SELLMANN, Dieter

Dr. rer. nat., Prof. f. Anorgan. Chemie - Markomanniaweg 8a, 8525 Uttenreuth-Weiher (T. 09134 - 56 30) - Geb. 12. Febr. 1941 Berlin (Vater: Dr. jur. Martin S., VG-Präs.; Mutter: Hildegard, geb. Müller), ev., verh. s. 1970 m. Dr. med. Susanne, geb. Meiser, 2 Töcht. (Bettina, Angela) - Abit. Oldenburg 1960, Univ. Tübingen, München (Dipl.-Chem. 1965), Promot. 1967 TH München, Habil. 1972 TU München - 1972 Priv.-Doz. TU München, 1976 o. Prof. GH Paderborn, 1980 o. Prof. Univ. Erlangen - Entd.: Komplexe d. molekularen Stickstoffs u. verwandter Verbindungen. 150 Publ. in: Angew. Chemie, J. Organomet. Chem., Inorg. Chim. Acta, Ztschr. f. Naturforsch., J. Am. Chem. Soc., Dalton Trans., Inorg. Chem. 1970 - 1974 Karl-Winnacker Stip., 1975 Carl-Duisberg-Gedächtnispreis - Liebh.: Bergsteigen, Musik - Spr.: Engl.

SELLMANN, Paul

Oberkreisdirektor, 1970-75 MdL Nordrh.-Westf. - Corveyer Allee 7, 3470 Höxter/Weser (T. 6 12 10) - Geb. 29. Juli 1933 Wehrdohl/W., verh., 3 Kd. - Abit. 1954; Rechtspflegerex. 1957; Jurist. Staatsprüf. 1961 u. 1965 - 1965-68 I. Beigeordn. Neheim-Hüsten; s. 1968 Oberkreisdir. Höxter. 1961-65 Ratsherr Werdohl; 1969 Mitgl. Bundesvers. Berlin. CDU s. 1954 (div. Funktionen).

SELLSCHOPP, Hans-Dieter

Vorstandsmitglied Münchener Rückversich.-Ges. München - Königinstr. 107, 8000 München 40 - Geb. 18. Jan. 1934 - Stv. AR-Vors. Allianz Allgem. Rechtsschutzversich.-AG München, Dt. Krankenversich. AG Köln, KRAFT Versich. AG München; AR-Mitgl. Dt. Lloyd Versich.-AG, München.

SELMAIR, Hans

Dr. med., Dr. med. habil., Prof. TU München, Internist, Gastroenterologie, Chefarzt Klinik Wartenberg - Badstr. 43, 8059 Wartenberg (T. 08762 - 9 10) - Geb. 27. April 1936 - Med.-Stud. Univ. München; Promot. 1960; Habil. 1974 Marburg; Umhabil. 1977 TU München - S. 1983 apl. Prof.

SELMAYR, Gerhard

Dr. jur., Kanzler d. Univ. (TH) Karlsruhe (s. 1978) - Kaiserstr. 12, 7500 Karlsruhe 1 - Geb. 30. Mai 1935 München, ev., verh. m. Silke, geb. Gaedcke, 2 Kd. (Martin, Maike) - Jurist. Staatsprüf. 1958 u. 1962 München - 1968/69 Ref. Bundeskanzleramt, 1970-73 Abt.-leit. Verwaltung Bundesinst. f. Berufsbildungsforsch., 1973-78 Kanzler Univ. Bundesw. München - Spr.: Engl., Franz.

SELOWSKY, Rolf

Dr. rer. pol., Dipl.-Kfm., Kaufm. Direktor - Dachsweg 9, 5000 Köln 1 - Geb. 15. Sept. 1930 - B. 1966 stv., dann o. Vorst.-Mitgl. Klöckner-Humboldt-Deutz AG, Köln; s. 1982 Vorst.-Mitgl. Volkswagenwerk AG, Wolfsburg f. d. Geschäftsber. Finanz- u. Betriebswirtsch. - Liebh.: Golf.

SELTEN, Reinhard

Dr. phil. nat., Dr. h. c., Dr. h. c., o. Prof. f. Volkswirtschaftslehre - Universität, 5300 Bonn - Geb. 5. Okt. 1930 Breslau (Vater: Adolf S., Buchhändler; Mutter: Käthe, geb. Luther), ev., verh. s. 1959 m. Elisabeth, geb. Langreiner - Univ. Frankfurt/M. (Dipl.-Math. 1957). Promot. u. Habil. Frankfurt - S. 1969 Ord. Univ. Berlin/Freie, Bielefeld u. Bonn (1984; Wirtschaftstheorie) . Spez. Arbeitsgeb.: Spieltheorie u. Exper. Wirtschaftsforsch. - BV: Preispolitik d. Mehrproduktenunternehmung in d. stat. Theorie, 1970; General Equilibrium with Price Making Firms (m. T. Marschak), 1974; Models of Strategic Rationality, 1988; A General Theory of Equilibrium Selection in Games (m. J. Harsanyi), 1988 - Fellow of the Econometric Soc.; Mitgl. d. Rheinisch-Westf. Akad. d. Wiss.; Foreign Honorary Member of the American Acad. of the Arts and Sciences; 1989 Ehrendoktor Wirtschaftswiss. Bielefeld, u. 1991 Wirtschaftswiss. Frankfurt - Spr.: Engl., Franz., Esperanto.

SELTENREICH, Rolf

Dipl.-Sozialarbeiter (FH), Mitglied d. Landtages Baden-Württemberg - Stamitzstr. 4, 6800 Mannheim 1 - Geb. 5. Mai 1948 Mannheim, verh., 1 S. - Kaufm. Lehre; Stud. d. Soz.arb. - Vors.

d. Arb.-Samariterbundes Mannheim-Rhein-Neckar; Kreisverb.vors. d. Dt. Parität. Wohlfahrts-Verb. Mannheim.

SELZER, Rolf

Geschäftsführer a.D., MdL Schlesw.-Holstein - Ripener Weg 21, 2300 Kiel 1 - Geb. 5. Dez. 1942 Hochheim. SPD.

SEMBDNER, Friedrich

Dr. jur., Erster Beigeordneter, Lehrbeauftragter, Fachschriftst. (Öfftl. Recht) - Kaiserstr. 71, 4060 Viersen/Rhld. (T. 50 22 75) - Verh. s. 1953, 5 Kd. - FU Berlin. Ass.ex. 1957 Düsseldorf - 1957-67 Bezirksreg. Düsseldorf (zul. ORR); s. 1967 Stadtverw. Viersen - BV: Deine Rechte gegenüb. Behörden, 1967; Deine Rechte als Schüler, 1969; D. kommunist. Regierungssyst. in Vietnam, 1978 (zugl. Diss.); Dt. Staatsrecht, 1982. Etwa 50 Fachaufs.

SEMLER, Johannes

Dr. jur, Hon.-Prof., Rechtsanwalt, Vorstandsmitgl. Mercedes Aktiengesellschaft Holding, AR-Vors. Georg Hauck & Sohn Bankiers KGaA, Hugo Boss AG, Metzingen, AR-Vors. ADVANTA Management AG, AR-Mitgl. Axel Springer Verlag AG, Daimler Benz AG, AR Dt. Aerospace AG, Vors. Beirat LTG Lufttechnische GmbH, Stuttgart, Gütermann & Co, Gutach, Beirat fischer-werke Arthur Fischer GmbH & Co KG, Tumlingen/Waldachtal, TASA Consulting Partners GmbH, AGIV AG f. Industrie u. Verkehrswesen, J.P. Morgan GmbH, VR Berliner Handels- u. Frankfurter Bank, Vors. GesA Gebr. Happich GmbH, Wuppertal - Parkstr. 14, 6242 Kronberg/Ts. - Geb. 28. April 1923 Hamburg - BV: D. Überwachungsaufg. d. Aufsichtsrats, 1981.

SEMLER, Rudolph

Dr., Hauptgeschäftsführer Bundesverb. d. Dt. Zementind. a. D. (b. 1979) - Pferdmengesstr. 7, 5000 Köln (T. 37 10 26); priv.: Titurelstr. 2, 8000 München 81 - Geb. 18. Dez. 1913 - Zul. Geschäftsf. Hauptverb. d. Dt. Bauind.

SEMM, Kurt

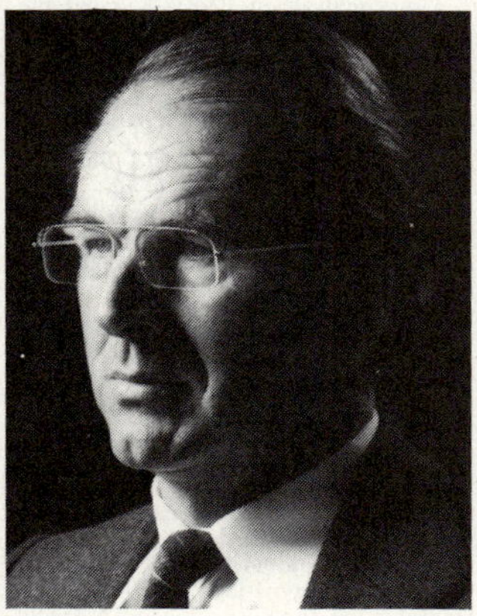

Dr. med., Dr. med. vet. h. c., o. Prof. f. Gynäkologie u. Geburtshilfe FRCOG (adeundem), FICS (hon.) - Düsternbrooker Weg 45a, 2300 Kiel 1 - Geb. 23. März 1927 München (Vater: Karl S., Betriebsing.; Mutter: Margarete, geb. Dillmaier), kath., verh. s. 1958 m. Roswitha, geb. v. Morozowicz, †1986 - Realgymn.; Stud. Med.; Promot. 1951; Habil. 1958 - S. 1958 Lehrtätigk. Univ. München (apl. Prof.); 1966 ltd. Oberarzt II. Frauenklinik; 1970 o. Prof. u. Dir. Frauenkl. u. Michaelis-Hebammenschule Univ. Kiel. Mitgl. in 29 in- u. ausl. med.-Wiss. Ges., Entw. mehrerer med.-diagnost. u. -therapeut. Apparate u. Instrumente. 586 med. wiss. Publ.; 1486 wiss. Vorträge in 5 Sprachen; 38 Filme üb. Gynäk., Geburtsh., Endokrinol., Biochemie; Atlas f. Pelviskopie u. Hysteroskopie, 1976 (Übers. engl., span., portug., franz.); Gesch. d. Univ.-Frauenklinik Kiel, 1980; Dia-Atlas f. Pelviskopie, Hysteroskopie u. Fetoskopie, 1980 (Übers. engl., franz., span.); Operationslehre f. endoskopische Abdominalchirurgie, 1984 (Übers. russ., jap., griech., engl., ital., chin.); Univ.-Frauenkl. Kiel - ihre Bedeutung f. d. Frauenheilkd. 1805-1985; Operative Manual for endoscopic abdominal surgery - operative pelviscopy - operative Laparoscopy, 1986. Mithrsg. bzw. wiss. Beirat v. 19 med.-wiss. Ztschr. Herstellung v. 36 med.-wiss. Filmen - 5 1. Preise u. 6 Ehrenmed. f. med.-wiss. Filme u. Ausst., Goldenes Dia 1978, intern. Awards 1980, 82, 83, 84 - 49 Ehrenmitgliedsch. in in- u. ausl. med.-wiss. Ges.: USA, Argent., Bras., Bulg., Chile, Dtschl., Engl., Frankr., Honduras, Indien, Islas Canarias, Israel, Italien, Jugoslavia, Mexico, Österr., Panpacific Soc. Gynaec Peru, Rumänien, Spanien, Türkei, Ungarn, Uruguay, Fell. Royal College Obstr. Gynecol ad eundem, 1989, 1990, Honorary Membership of the Israelian Soc. Gyn. Obstr. in Jerusalem, Fell. Int. College Surg. ad honorem, 1992 - 1958-75 ständ. Schriftf. d. Dt. Ges. z. Stud. d. Fertil. u. Steril., s. 1966 Generalsekr. d. Europ. Sterility Congr.-Organ. (ESCO), 1970 Präs. Europ. Endoscopy Congr., 1970-75 Generalsekr. d. Europ. Endoscopy Congr. Organ., 1975-83 Präs. d. Dt. Ges. z. Stud. d. Fertil. u. Steril., 1977-83 Secretary General of the Intern. Federat. of Fertility Soc. (IFFS), s. 1977 Vizepräs. of the Intern. Acad. of Reprod. Medicine, 1977, 1977/78 Präs. d. dt. Ges. f. Endoskopie, 1984-93 Präs. d. Dt.-Franz. Ges. f. Gynäk. u. Geburtsh. in Dtschl., 1980 Präs. of the Ist World Conf. of in vitro-Fertiliz., Instrum. Insem. a. Embryo-Transf., 1981 Präs. d. III. World Congr. of Human Reprod. 1993 VII. World Congr., s. 1982 Sachverst. u. Vertr. in d. Europ. Gemeinschaft (EG) d. Bundesrep. Dtschl. z. Hebammenausb., s. 1983 Vizepräs. ot the Int. Federation of Fertil. Soc. (IFFS), 1986 Präs.; Chairman of Scientific Prog. Com. IFES 1990; 1984 Präs. Elect of the Inter. Fed. of Gynec. Endoscopists (IFGE); 1988 Vizepräs. Falloppius Int. Soc. S. 1990 Pres., 1990 Präs. Dt. Ges. f. Endoskopie u. Bildgeb. Verf.; s. 1984 Mitgl. Axel Munthe Preis Committee; 1991 First Award Axel Munthe; 1986 Mitgl. Dt. Akad. d. Naturforsch. Leopoldina; 1987 BVK I. Kl.; Founding Life-Mem. of Pelviscopic Soc. of Eastern India; 1987 Ernst v. Bergm.-Med. f. Verd. um d. ärztl. Fortbild. Akad. f. ärztl. Fortbild. d. Ärztekammer Schlesw.-Holst.; 1991 Jatros-Preis Mediziner d. Jahres in Deutschland - Liebh.: Naturwiss. u. Archäol. Reisen, Motorfliegen, Segeln.

SEMMEL, Arno

Dr. phil. nat., Dr. rer. nat. h. c., Prof. - Theodor-Körner-Str. 6, 6238 Hofheim (T. 06192 - 53 76) - Geb. 5. Aug. 1929 Selchow, ev., verh. s. 1959 m. Brunhilde, geb. Steffen, S. Matthias - Stud. d. Geol., Geogr. Univ. Rostock, Humboldt-Univ. u. Frankfurt; Promot. 1959 u. Habil. 1967 ebd. - 1960-69 Reg.sgeol. Hess. Landesamt f. Bodenforsch., Wiesbaden; 1969-70 Wiss. Rat u. Prof. Würzburg, s. 1970 Prof. f. Bodengeogr. u. Geomorphol. Univ. Frankfurt - BV: Geomorphol. in d. BRD, 1972; Grundzüge d. Bodengeographie, 1976; Periglazialmorphologie, 1985; Grundlagen d. Physischen Geographie I, 1991 - 1986 Ehrendoktor Univ. Heidelberg - Spr.: Engl., Russ.

SEMMLER, Werner

Verleger - Semmlerhof, 7710 Donaueschingen (T. 0771 - 50 71) - Geb. 22. Febr. 1942, verh., kath. - Stud. Jura Heidelberg - Inh. Werner Semmler-Verlag Donaueschingen; Generallbevollm. Fixform GmbH, Papierwarenfabrik Freiburg; Alleingesellsch. Girofix Neuer Sparkassenverlag, Bankfix GmbH, Neuer Bankverlag, Fixpack Fabrik f. Verpackungsbedarf, Bürofix GmbH Fabrik f. Bürobedarf u. Fixprint & Fixpress, Druckerei, alles Freiburg - Spr.: Engl., Lat.

SEMSROTH, Alfred

Gewerkschaftssekretär, MdL Nieders. (s. 1974) - Krebsgasse 9, 3011 Garbsen (T. Seelze 7 18 49) - SPD.

SENDLER, Horst

Dr. jur., Präsident Bundesverwaltungsgericht, Berlin, Honorarprof. FU Berlin (Verfassungs- u. Verw.srecht) - Hardenbergstr. 31, 1000 Berlin 12 (T. 31 97-1) - Geb. 17. Juni 1925 Kamenz/Sa. - 1966 Bundesrichter, 1971 Senatspräs., 1976 Vizepräs. BVG, 1980 Präsident. Fachaufs.

SENF, Heinz

Vorstandsmitglied Privatdiskont-AG., Geschäftsf. AKA Ausfuhrkredit GmbH. u. Ges. z. Finanzierung v. Industrieanlagen mbH., alle Frankfurt - Melsunger Str. 25, 6000 Frankfurt/M. (T. 47 21 86) - Geb. 10. April 1921 Wintersdorf.

SENF, Paul

Dr. rer. pol., Landesminister a. D., o. Prof. f. Nationalökonomie, insb. Finanzwiss. - Am Botanischen Garten 4, 6600 Saarbrücken 15 (T. 3 37 33) - Geb. 16. März 1915 Leipzig, ev., verh. s. 1941 m. Gretl, geb. Neuhaus, 3 Kd. - Univ. Tübingen, Bonn, Frankfurt/M. Promot. (1940) u. Habil. (1950) Frankfurt/M. - 1946-51 Assist. u. Privatdoz. (1950) Univ. Frankfurt/M., dann ao. u. o. Prof. (1953) Univ. Saarbrücken, dazw. 1954-55 u. 1963-65 Saarl. Min. f. Finanzen u. Forsten. S. 1959 Generalsekr. Inst. Intern. de Finances Publiques; 1961 Berat. Türk. Reg. DPS - BV: Finanzpolitik u. wirtschaftl. Wachstum, 1960 (m. Bombach u. Giersch). Zahlr. Einzelarb. - 1975 Gr. BVK - Spr.: Franz., Engl.

SENF, Ralf M.

Dr., Hauptgeschäftsführer Dt. Textilreinigungsverb. - Simrockallee 29, 5300 Bonn 2 - Geb. 17. Mai 1929.

SENFF, Wolfgang

Dipl.-Volksw., Studienrat a. D., MdL Nieders. (s. 1978; Wahlkr. 27/Münden) - Friedrichstr. 4, 3510 Hann. Münden 1 - Geb. 18. Mai 1941 Göttingen, verh., 2 Kd. - Schulen Minden, Gelsenkirchen, Kassel (Abit.); Univ. Göttingen (Volksw.; Dipl. 1971) - 1972 ff. Lehrer Berufsbild. Schule Hann. Münden. 1973 ff. Ratsherr Hann. Münden (Fraktionsf.). SPD s. 1971.

SENFT, Bodo Ernst

Dr. agr., Prof. f. Biochemische Haustiergenetik - Waldgirmeserstr. 17, 6335 Lahnau-Atzbach (T. 06441-6 16 17) - Geb. 2. Febr. 1931 Magdeburg (Vater: Ernst S., Landwirt; Mutter: Ilse, geb. Böhnstedt), ev.-luth., verh. s. 1960 m. Gisela, geb. Richter, 3 Kd. (Christiane, Peter, Rüdiger) - Univ. Halle/S. (Dipl. 1954) u. Bonn (Promot. 1958), Univ. Minnesota/USA (M.S. 1959), Habil. Gießen 1969 - 1970 Visit. Prof. Univ. Ohio/USA, dann Prof. Univ. Gießen - Lehrfilm: Aufzuchtprobl. b. Tieren - Spr.: Engl.

SENFT, Helmut

Dr. rer. pol., Hauptgeschäftsführer Hauptverb. d. dt. Maler- u. Lackiererhandwerks, Frankfurt - Sachsenhäuser Landwehrweg 177, 6000 Frankfurt 70 (T. 069-68 11 96; Büro: 73 14 10/90) - Geb. 2. Sept. 1924 Darmstadt, verh. s. 1953 m. Marianne, geb. Meister, T. Pia - Gymn. Darmstadt; TH Darmstadt, Univ. Frankfurt (Wirtschaftswiss.; Dipl.-Volksw. 1950, Promot. 1952) - S. 1952 ob. Verb. (1961 Hgf.) - 1983 BVK I. Kl.

SENFT, Peter

Rechtsanwalt, Bundesgeschäftsf. Reichsbund Bonn (s. 1986) - Marienforster Promenade 1a, 5300 Bonn 2 (T. 0228 - 35 45 39) - Geb. 21. März 1949 Bremen, ev., verh., 1 T. - Abit. 1969; 1969-71 Banklehre; 1971-79 Univ. Bremen; 1980-81 Univ. Cambridge, King's Coll. (Rechtswiss.) - S. 1979 RA Bremen, 1981-84 Lecturer Univ. Surrey, 1984 Landesgeschäftsf. Reichsbund Bremen - 1971-79 MdBB. SPD s. 1966, ÖTV s. 1970, Labour Party s. 1980, HBV s. 1984 - Spr.: Engl., Franz.

SENG, Emil

Bankdirektor i. R. - Denkendorferstr. 7, 7140 Ludwigsburg/Württ. - Geb. 30. Jan. 1914 Maitis/Württ. - B. 1976 Vorst.s-mitgl. Wüstenrot Bank AG.

SENGE, Stephan Reimund

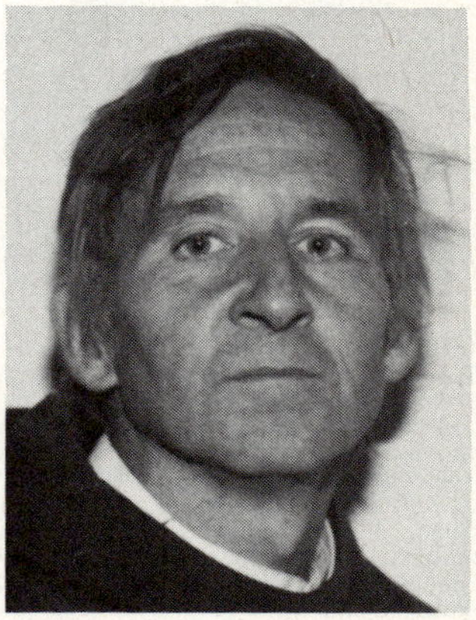

Zisterziensermönch, Schriftst. - Zu erreichen üb. Zisterzienserabtei, P. Großlittgen, 5561 Himmerod - Geb. 29. März 1934 Hannover - BV: ... u. fliegen quer in d. Himmel, 2. A. 1984; Sätze v. Himmel pflücken, 1986; V. Birke u. Wind, 4. A. 1987; ... Und kreuzte seine Spur, 1988; Gesch. v. Kleinen Mann u. d. Kleinen Frau, 1989; Flöße u. Zitronenfalter, 1989; ... d. Mauer sei durchlässig, 1990; Singen d. Drähte im Ostwind, 1991; Ende d. Vorworte, 1992.

SENGELEITNER, Richard

Prof., Gesangspädagoge - Ilsestr. 16a, 1000 Berlin 44 (T. 868 25 66) - Geb. 28. Juli 1903 Fürth/B. (Vater: Adolf K., Kaufm.; Mutter: Margarete, geb. Hübner), ev., verh. s. 1938 m. Else, geb. Pätzold, 2 Söhne (Jochen, Peter) - Akad. d. Tonkunst München (Gesang: Fritz Feinhals) - S. 1930 Opernsänger Hagen, Freiburg/Br., Danzig, Königsberg/Pr., Prag, Berlin (1935 Dt. Opernhaus); 1956-68 Doz. u. Prof. (1958) Musikhochsch. Berlin. Auslandsgastsp. Paris u. a. - Liebh.: Klavierspielen.

SENGER, Friedrich

Direktor u. Vorstandsmitgl. Wuppertaler Stadtwerke - Odenwaldweg 6a, 5600 Wuppertal 12 (T. 0202 - 40 03 84) - Geb. 22. Mai 1925 - verh. s. 1952, 1 Kd.

SENGER, Horst

Dr. rer. nat., Prof. f. Botanik u. Pflanzenphysiol. Univ. Marburg - Zum Neuen Hieb 45, 3550 Marburg/L. - Geb. 14. Aug. 1931 Hagen/W. - Promot. 1961 Göttingen; Habil. 1968 Marburg - S. 1971 Prof. - BV: The Blue Light Syndrome, 1980; Blue Light Effects in Biological Systems, 1984; Regulation of Chloroplast Differentiation (mit Akoyunoglou), 1986; Blue Light Responses: Phenomena and Occurence in Plants, 1987. Üb. 200 Facharb.

SENGER, Wolfgang

Regierungspräsident Bezirksreg. Hannover i. R. - Bürgermeister-Peters-Str. 34, 3410 Northeim.

SENGHAAS, Dieter

Dr. phil., Prof. - Freiligrathstr. 6, 2800 Bremen 1 (T. 23 04 36) - Geb. 27. Aug. 1940 Geislingen, verh. s. 1968 m. Ehefr. Eva, T. Tanja - Stud. d. Politikwiss., Phil., Gesch. Univ. Tübingen, Amherst/Mass., Frankfurt, Ann Arbor/Mich., Cambridge/USA; Promot. 1967 Frankfurt - 1970-78 Forsch.-gruppenleit. Hess. Stiftg. Friedens- u. Konfliktforsch., 1972-78 Prof. f. intern. Bezieh. Univ. Frank-

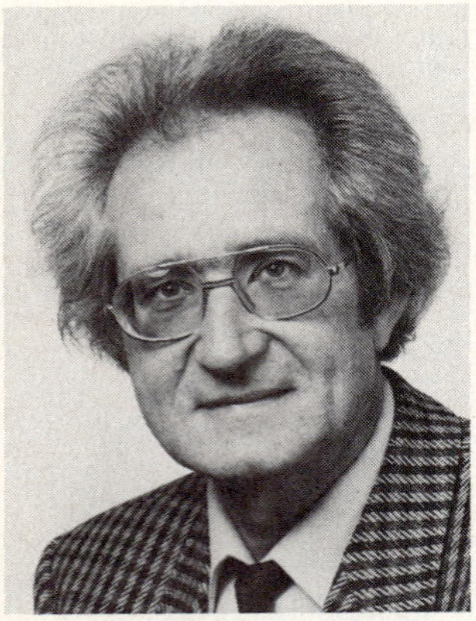

furt/M. S. 1978 Prof. f. Friedens-, Konflikt- u. Entwicklungsforsch. Univ. Bremen. Zahlr. Fachmitgl.sch. dt. u. intern. Friedens- u. Konfliktforsch. - BV u. a.: Abschreckung u. Frieden, 3. A. 1981; Aggressivität u. kollekt. Gewalt, 2. A. 1972; Rüstung u. Militarism., 2. A. 1982 (Span. 1975); Aufrüstung durch Rüstungskontrolle, 1972; Gewalt-Konflikt-Frieden, 1974; Weltwirtsch.ordnung u. Entwicklungspol., 5. A. 1987; V. Europa lernen, 1982 (Engl. 1985, Span. 1985, Korean. 1991); D. Zukunft Europas, 1986; Europas Entwicklung u. d. Dritte Welt, 1986; Konfliktformationen im intern. System, 1988; Europa 2000. E. Friedensplan, 2. A. 1991; Friedensprojekt Europa, 1992 - 1987 International Peace Research Award - Spr.: Engl., Franz., Span.

SENGLE, Friedrich

Dr. phil. habil., em. Prof. f. Neuere dt. Literaturgesch. - Mittelfeld 3, 8031 Seefeld-Hechendorf (T. 08152 - 71 83) - Geb. 14. Nov. 1909 Tellicherry/Ind. (Vater: Paul S., Geistl.; Mutter: Johanna Schmid), verh. s. 1933 m. Elfriede, geb. Kurzitza - Univ. Tübingen, Berlin, Frankfurt/M. - 1934 Studienass. Stuttgart, 1937 Assist., 1944 Doz. Univ. Tübingen, 1951 ao. Prof. Univ. Köln, 1952 o. Prof. Univ. Marburg, 1959 Univ. Heidelberg, 1965 Univ. München - BV: Wieland, 1949; D. dt. Geschichtsdrama, 1952; Arbeiten z. dt. Lit. (1750-1850), 1965; Lit. Formenlehre, 1967; Biedermeierzeit - Dt. Lit. im Spannungsfeld zw. Restauration u. Revolution 1815-48, 3. Bde. 1971-80; Literaturgeschichtsschreibung ohne Schulungsauftr., Werkstattberichte, Methodenl. Kritik, 1980; Neues zu Goethe, Ess. u. Vortr. 1989 - 1965 Mitgl. Heidelbg., 1968 Bayer. (o.), 1972 Österr. (korr.) Akad. d. Wiss.

SENGLING, Dieter

Dr. phil., Prof. f. Erziehungswissenschaft Westf. Wilhelm-Univ. Münster - Staufenstr. 57, 4400 Münster - Geb. 29. Jan. 1936 Halle an der Saale, verh., 3 Kd. - Abit.; Stud. d. German., Gesch., Erz.wiss., Psych.; Promot. - Vors. Dt. Paritätischer Wohlfahrtsverb. Gesamtverb.; Vorst.-Mitgl. u. Hauptaussch.-Mitgl. Dt. Verein f. öfftl. u. priv. Fürsorge.

SENGPIEL, Ingeborg

Dr. rer. pol., Senatsdirigentin, stv. Generalsekr. Ständ. Konfz. d. Kultusminister d. Länder in d. BRD (s. 1972) - Nassestr. 8, 5300 Bonn (T. 50 11) - Geb. 13. April 1922 Berlin (Vater: August S., Studienrat; Mutter: Elsa, geb. Dröll), ev., led. - Schule u. Stud. Berlin. Dipl.-Kfm. 1944; Promot. 1947 - 1944-48 Wiss. Hilfskraft u. Assist. WH u. Humboldt-Univ. Berlin; 1948-49 Wirtschaftsprüfungswesen; 1949-62 Ref. f. kulturelle u. kommunale Angelegenh. Ober- bzw. Reg. Bürgerm. Reuter, Schreiber, Suhr, Brandt; 1962-72 Leit. Abt. Wiss. u. Kunst, Hochsch. Berlin.

SENN, Josef Fidelis

Dr., Hauptgeschäftsführer Arbeitgeberverb. Stahl e.V. - Kaiserswerther Str. 115, 4000 Düsseldorf 30 - Geb. 6. Febr. 1957 Sigmaringen.

SENNHEISER, Fritz

Dr.-Ing., Prof., Fabrikant (Fa. Sennheiser electronic KG., Wedemark) - 3002 Wedemark 14 (T. 05130-60 02 99; Büro: 60 00) - Geb. 9. Mai 1912.

SENSE, Silke

Solo-Tänzerin - Nestorstr. 19, 1000 Berlin 31 - Geb. 25. Sept. 1963 - Berliner Tanzakad.; Schülerin v. Tatjana Gsovsky - Hauptrollen: La Sylphide, E. Volkssage, Daphne u. Cloe, Pavanne auf d. Tod e. Infantin, Sinfonie in D, Trois Gnoisiennes u. a. - Liebh.: Theater, Musik, Oper, Lit. - Spr.: Engl., Franz., Lat., Alt-Griech.

SENSEN, Wil(fried)

Prof., Maler u. Graphiker - Freiligrathstr. 112a, 5600 Wuppertal-Barmen (T. 62 64 34) - Geb. 1. April 1935 Wuppertal (Vater: Johann S., Chemigraph; Mutter: Adele, geb. Koch), verh. s. 1964 m. Grit, geb. Hofmann, 2 S. (Golo, Folko) - 1953-57 Werkkunstsch. Wuppertal (Graphik; Diplom-Designer) - 1988 u. 1991 Gastprof. an d. Canberra School of Art, Univ. Canberra, Australien - S. 1964 Hochschullehrer (Dekan). Beirat Kunst- u. Museumsverein W'tal; Mitgl. Westd. Künstlerbd. Div. Ausstell. In- u. Ausl. - BV: Atoll-Details (Mappe m. 10 Prägedrucken) - 1980 Preis f. d. Gestalt. e. Mauer (Kunst in Fußgängerbereichen); 1982 grand prix awards of space 2nd intern. miniatur print exhibition, seoul, korea; 1984 grand prix 3rd intern. miniatur print exhibition, seoul, korea.

SENZ, Josef Volkmar

Landesschulrat a. D., Schriftsteller - Dr.-Heiß-Str. 38, 8440 Straubing (T. 09421 - 6 24 68) - Geb. 22. Febr. 1912 Apatin/Abthausen (Vater: Franz S., Handw.; Mutter: Anna, geb. Baumgartner), kath., verh. s. 1935 m. Margarethe, geb. Ams, 5 Kd. (Ingomar, Sieglinde, Elke Ortrun, Reinhard, Ingrun) - Päd.Ausb. Sombor (Dipl. 1931, Staatsprüf. 1934) - Lehrtätigk.; s. 1941 Hauptabt.leit. u. Schulrat Landesschulamt. 1947 Gründ., 1952-80 gf. Vors. AG Donauschwäb. Lehrer; 1978 Gründ. Donauschwäb. Kulturstftg. - BV: Kurze Gesch. d. Donauschwaben, 1940; Volksdt. Schulerzieh. in Ungarn, 1943; Apatin u. d. Apatiner, 1949; Gesch. d. Donauschwaben, 1955; Apatiner Heimatb., 1966; D. Schulwesen d. Donauschwaben im Kgr. Jugoslawien, 1969; Wir bleiben dem Strom verbunden, 1977; Donauschwäb. Lehrer- u. Forschungsarbeit, 1973; Dt.-serb. schul. Miteinander, 1979; Donauschwäb. Siedlungsgeb., 1974; Bayer. Donauschwaben - donauschwäbische Bayern, 1979; D. Donaufischerei bei Apatin, 1976; D. Deutschen im Batscherland, 1984; D. Apatiner Bürgerschule, 1984; Familienregister Apatin-Abthausen, 1986; Gesch. d. Donauschwaben, 1987, 4. A. 1988, 5. A. 1989; Straubing u. d. Donauschwaben, Jb. Hist.Verein 1986; Donauschwäbisches Archiv, Bibliogr. 1991; Festschr. 40 J. ADL 1947-87, 1987. 1949-88 Schriftl. Apatiner Heimatblätter, Straubing; 1955-76 Schriftl. Donauschwäb. Lehrerblätter - 1978 BVK a. Bde.; 1974 Ehrenbürger Apatiner G.; 1981 Donauschwäb. Kulturpreis Land Baden-Württ.; 1981 Ehrenvors. d. ADL München; 1982 Adam Müller-Guttenbrunn-Plak. Südostdt. Kulturwerk München; 1982 Prinz Eugen-Med. Wien; 1983 Ehrenzeichen in Gold - Donauschwaben in USA; 1987 Ehrenobm. d. Apatiner Gem.; 1988 Ehrenvors. Donauschw. Kulturstiftg.; 1991 BVK I. Kl. - Spr.: Serbokroat., Ungar. - Lit.: Georg Wildmann: Entw. u. Erbe d. donauschwäb. Volksstammes, Festschr. f. J. V. S.

SEPPELFRICKE, Hans-Wilhelm

Dr. rer. pol., Dipl.-Kfm., Geschäftsführer - Reinersweg 20, 4650 Gelsenkirchen (T. 0209 - 3 91 19) - Geb. 15. Febr. 1933 Gelsenkirchen, kath., verh. s. 1960 m. Gertrud, geb. Tolksdorf, 3 Kd. - Stud. Univ. Marburg, München; Promot. Graz - Vizepräs. IHK Münster; Vors. Arbeitgeber-Verb. Emscher-Lippe, Gelsenkirchen - Spr.: Engl.

SEQUENZ, Claus

Dr., Hauptgeschäftsführer Bundesverb. d. Dt. Farben-Tapeten-Bodenbelagsgroßhandels e. V. - Geibelstr. 46, 4000 Düsseldorf-Grafenberg (T. 68 49 84).

SERGIOU, Paul

Dirigent, Musikalischer Oberleiter Landesbühne Sachsen-Anhalt, Eisleben - Birresborner Str. 32, 5000 Köln 41 - Geb. 28. Febr. 1956 Patras/Griechenl., griech. orth., verh. s. 1983 m. Irene, geb. Anastassopoulou (Journ.), S. Konstantin - Dirigierstud., künstl. Reifeprüfung 1988 Musikhochsch. Köln - Musikal. Oberleit. s.o.; ständ. Gastdirig. d. Sinfonieorch. d. Stadt Corfu, Griechenl. - Liebh.: Lit., Theater, Kino - Spr.: Engl., Franz., Griech. (Mutterspr.).

SERICK, Rolf

Dr. jur., em. Prof. f. Bürgerl. Recht, Handels-, Ausl. Privatrecht, Rechtsvergl., Direktor Inst. f. ausl. u. intern. Privat- u. Wirtschaftsrecht Univ. Heidelberg - Kleingemünder Str. 71, 6900 Heidelberg-Ziegelhausen (T. Heidelberg 80 04 44) - Geb. 30. Juni 1922 Göppingen/Württ. (Vater: Willy S., Finanzbeamter; Mutter: geb. Behrends), verh. 1956 m. Dr. Lucia, geb. Schottlaender, 3 Kd. (Andrea, Barbara, Konrad) - Univ. Tübingen u. Wien - 1949-56 wiss. Ref. Max-Planck-Inst. f. ausl. u. intern. Privatrecht Tübingen; s. 1953 (Habil.) Lehrtätigk. Univ. Tübingen u. Heidelberg (1956 Ord.). Honorarprof. Univ. Stuttgart - BV: Rechtsform u. Realität jurist. Personen, 1955 (auch span. u. ital.), 2. A. 1980; Durchgriffsprobleme b. Vertragsstörungen, 1959; Eigentumsvorbehalt u. Sicherungsübertrag., 6 Bde. 1963-86, Bd. II, 2. A. 1986; Mobiliarsicherheiten u. Insolvenzrechtsreform, 1987; Dt. Mobiliarsicherheiten, Aufriß u. Grundgedanken: Vorl. u. Vortr. an jap. Univ. sow. f. Praktiker, 1988 (franz., engl., spanisch., ital. Ausg. 1990). Mithrsg.: Handels- u. Wirtschaftsrecht d. Länder d. Gemeins. Marktes (Bd. I 1963); Rechtsvergleichung u. -vereinheitl. - Festschr. z. 50j. Bestehen d. Inst. f. ausl. u. intern. Privatrecht d. Univ. Heidelberg (1967); Abh. z. Arbeits- u. Wirtschaftsrecht (1973); Herausg.beirat Ztschr. f. Wirtschaftsrecht u. Insolvenzpraxis. Zahlr. Einzelarb.

SERING, Paul

s. Löwenthal, Richard

SERNETZ, Manfred

Dr. med. vet., Prof. f. angew. Biochemie u. klin. Labor-Diagnostik Univ. Gießen - Amselweg 15, 6301 Krofdorf-Gleiberg (T. 0641 - 8 24 88) - Geb. 29. April 1936 Brünn (Vater: Alfred S., Tierarzt; Mutter: Käthe, geb. Schmeer), kath., verh. s. 1966 m. Marianne, geb. Dunsche, 2 Kd. (Friedrich, Elisabeth) - Gymn. Fulda (Abit. 1957); 1957-62 Stud. Univ. Gießen, Promot. 1963 - 1963-68 Wiss. Assist. Biochemie Univ. Gießen; 1969-74 Battelle-Inst. Frankfurt; 1971 Pacific-Northwest Lab. Richland, Wash./USA; 1974 Prof. Angew. Biochemie Univ. Gießen. Üb. 50 Facharb. Forsch.geb.: Biotechnologie, Bioreaktoren, fraktale Strukturen - Spr.: Engl., Franz.

SERVAS, Erhard

Fabrikant (Servas-Schuhe) - Leiterstal 5, 6782 Rodalben/Pfalz (T. 06331-5 10 42) - Geb. 2. Nov. 1930 Rodalben (Vater: Ferdinand S., Schuhfabr.; Mutter: Elisabeth, geb. Fundstein), kath., verh. s. 1955 m. Annemarie, geb. Fischer, 3 Kd. (Michaela, Christa, Felix) - Schule Rodalben, Jesuiten Kolleg St. Blasien, Handelssch., 2 J. Amerikaaufenth. - Vorst.-Vors. Schuhunion AG, Zweibrücken, Beiratsmitgl. Dt. Bank, Mannheim - Liebh.: Segeln, Golf - Segelschein: Gr. Küstenfahrt B-K, 1969 DHV Hansa Hamburg - Spr.: Engl., Franz.

SERVATIUS, Bernhard

Dr. jur., Prof., Rechtsanwalt - Rondeel 5, 2000 Hamburg 60 - Geb. 14. April 1932 Magdeburg, kath., verh. s. 1985 m. Ingeborg, geb. Voelter - Philosophicum 1951; 1. u. 2. jurist. Staatsex. 1954 u. 1958, Promot. 1957 - AR-Vors. Axel Springer Verlag AG; Vors. d. Testamentsvollstr. Axel Springer; Gesellsch. u. Geschäftsf. Axel Springer Ges. f. Publizistik GmbH & Co.; Prof. an d. Hochsch. f. Musik u. Darst. Kunst (Bühnenrecht); Vors. bzw. Mitgl. versch. Stiftg.-Kurat. u. -räte (u. a. Stifterverb. f. d. Dt. Wiss.) - Österr. Ehrenkreuz f. Kunst u. Wiss. I. Kl.; VO Land Salzburg in Gold; BVK I. Kl.; u. a. - Spr.: Engl.

SESAR, Klement

I. Bürgermeister - Rathaus, 8922 Peiting/Schongau; priv.: Tegelbergstr. 2 - Geb. 25. Juni 1934 Peiting - Zul. Oberstudienrat. CSU.

SESEMANN, Heinrich

Dr. phil., Prof., Erziehungswissenschaftler, FU Berlin, Lehrbeauftr. Kunsthochsch. Berlin/Abt. Kunstpäd. (s. 1950) - Olafstr. 71, 1000 Berlin 28-Hermsdorf (T. 404 72 32) - Geb. 14. Jan. 1902 Erfurt (Vater: Hermann S., Rechnungsrat; Mutter: Luise, geb. Morgenroth), ev., verh. in 3. Ehe (1958) m. Lieselotte, geb. Pfitzenreuter, 3 Kd. (Inken, geb. 1932; Karen, 1937; Hinrich, 1942) - Gymn. Erfurt; Lehrersem. ebd.; Univ. Heidelberg, München, Jena, Berlin (Phil., Gesch., Med., Psych., Erziehungswiss.). Beide Volks- u. Mittelschullehrerprüf.; Promot. 1928 (Jena) - Ab 1922 Lehrer Volkssch. u. Landerziehungsheime, Univ.sassist., 1939-45 Wehrdst. (Kriegsoffz.; Psychologe), 1945-1967 Lehrerbild. Thüringen, Hessen (1947), Berlin (1948 Päd. Hochsch.; ao. Prof.) - BV: D. Kerl- (Mutter-) u. d. Schalk- (Hetären-) Typus, 1928, 2. A. 1938; D. Vergesellschaft. v. Kindern in d. Unterrichtsarbeit, 1933; Kurzgefaßte, allg. Anleit. z. Aufstell. v. Beurt. v. Mädchen u. Frauen, 1944 (OKL); Grundsätzliches z. Kern- u. Kursunterr. im Bild.- plan d. Berliner Schule (Zs. Wege zu neuer Erz. 1), 1950; Die Auslese z. Lehrerberuf (ebd. 1), 1950; Inn. Schulreform u. Bild.plan (Päd. Bl. 4), 1953; Schulkindergarten im Berliner Schulwsen (ebd. 4), 1953; Gedanken z. Erzieherbild. (ebd. 6), 1955; MHZ: Päd. Bl. 1953-56.

SESSAR, Klaus

Dr. jur., Prof. f. Kriminologie Univ. Hamburg - Heidelerchenweg 67, 2000 Hamburg 65 - Geb. 1937, verh. m. Dr. Ellen Sessar-Karpp, 2 Kd. - Univ. München, Freiburg u. Boston; Promot. 1971 Freiburg, M.A. (Soziol.) 1972 Boston, Habil. 1980 Freiburg - 1980 Privatdoz. Univ. Freiburg; 1982 o. Prof. Univ. Hamburg (Kriminol., Jugendstrafrecht, Strafvollzugsrecht). Délégué national f. d. Bundesrep. Deutschl. b. d. Société Intern. de Criminologie (Paris) - BV: D. Freiheitsstrafe im Strafrecht Frankreichs, 1973; Rechtl. u. soz. Probl. e. Definition d. Tötungskriminalität, 1981; Wiedergutmachen oder Strafen, 1992 - Spr.: Engl., Franz.

SESSELMANN, Sabina

Schauspielerin - Heimgartenstr. 7, 8132 Tutzing - Geb. 13. Aug. 1936 München (Vater: Maximilian S., Kaufm.; Mutter: Luise, geb. Karl), kath., gesch., 2 Töcht. (Caroline, Stephanie) - St.-Anna-Sch. München; 2 Sem. Kunstgesch.; 1956-58 Max-Reinhardt-Sch. Berlin (Diplom) - Filme (u. a. Madeleine: 13 62 11, E. Lied geht um d. Welt, Kriegsgericht, Le Bossu, Brücke d. Schicksals, On Information Received, 3 × Edgar Wallace) u. Fern-

sehsp. Bühnenrollen in Berlin, Basel u. München - Spr.: Engl., Franz., Ital.

SESSLER, Gerhard

Dr. rer. nat., Prof. f. Elektroakustik TH Darmstadt (s. 1975) - Merckstr. 25, 6100 Darmstadt (T. 16 28 69) - Geb. 15. Febr. 1931 Rosenfeld (Vater: Dr. Martin S., ORegVetR; Mutter: Else, geb. Fischer), ev., verh. s. 1961 m. Renate, geb. Schulz, 3 Kd. (Cornelia, Christine, Gunther) - Stud. d. Physik Univ. Freiburg/Br., München, Göttingen; Promot. 1959 ebd. - 1959-75 Bell Laboratories (Gruppenleit. Forsch.), s. 1975 o. Prof. TH Darmstadt (1976/77 u. 1989/90 Dekan FB Elektr. Nachrichtentechnik), 1984-90 Vors. Dt. Arbeitsgemeinschaft f. Akustik, s. 1990 Vizepräs. Dt. Ges. f. Akustik. Erfind. Elektret-Kondensatormikrofon (1962). In- u. ausl. Fachmitgl.sch. - BV: Electrets, 1980, 2. A. 1987; rd. 160 Fachveröff. - 1970 Callinan Award Electrochem. Soc.; 1971 Senior Award IEEE; 1977 Fellow IEEE; 1986 Thomas W. Dakin Award/IEEE Dielectrics and Electrical Insulation Society (alle USA) - Liebh.: Astronomie, Tennis, Ski - Spr.: Engl.

SESTERHENN, Klaus
Dr. med., Prof. f. Hals-Nasen-Ohrenheilkd. St. Anna-Krkhs., Duisburg-Huckingen - Am Heidberg 52, 4100 Duisburg 25 - Geb. 31. März Köln (Vater: Joseph S., Dr. Ing., Dipl.-Ing.; Mutter: Andrea, geb. Esser), kath., verh. s. 1969 m. Dorothee, geb. Piedmont, 4 Kd. (Andreas, Christian, Eva, Bettina) - Stud. Univ. Köln (Staatsex. 1964, Promot. 1969, Habil. 1978) - 1982-87 Prof. Univ.-Krkhs. Hamburg-Eppendorf; s. 1987 Chefarzt HNO-Abt. d. St. Anna-Krkhs. Duisburg-Huckingen. Üb. 60 Fachpubl. - Spr.: Franz., Engl.

SETHE, von, Berthold
Dipl.-Volksw., kaufm. Angestellter - Hans-Sachs-Str. 9, 8033 Krailling (T. 089 - 859 99 96) - Geb. 1. März 1940 Heinrichsdorf/Pommern (Vater: Christoph S.,

Landw. u. Portraitist; Mutter: Gisela, geb. v. Eberhardt), ev., verh. s. 1970 m. Ingeborg, geb. Grab, T. Benita - Abit. 1959 Bad Aussee; 1962-69 Stud. Volksw. Innsbruck/Österr. (Dipl.-Volksw.) - 1969-82 DEMAG (Niederlassungsleit. f. Baumasch. München, Geschäftsf. Österr., Exportleit. Drucklufttechnik); s. 1982 Flugzeugverkauf, zun. Gulfstream Commander u. s. 1983 Dornier 228 f. Nordeuropa - 1982 Rechtsritter d. Johanniterordens - Liebh.: Fliegen, Jagd, Golf - Spr.: Engl., Franz.

SETTGAST, Jürgen
Dr. phil., Prof., Direktor Ägypt. Museum, Berlin (s. 1968) - Sophie-Charlotten-Str. 59, 1000 Berlin 19 - Geb. 21. März 1932 Wismar - 1960-68 Deutsches Archäol. Inst., Kairo - BV: Unters. z. altägypt. Bestattungsdarstell., 1963.

SETZ, Wolfram
Dr., Geschäftsführer Monumenta Germaniae Historica - Ludwigstr. 16, 8000 München 34.

SEUFERLE, Walter

Dr., Dipl.-Volksw., Sprecher d. Geschäftsführung d. Wüstenrot Holding - Eugen-Nägele-Str. 27, 7140 Ludwigsburg (T. 07141 - 8 94 90) - Geb. 22. Nov. 1928 Leonberg (Vater: Karl S., Präs.; Mutter: Marie, geb. Fischer), ev., verh. s. 1957 m. Johanna, geb. Flämig, 2 Kd. (Johannes, Christoph) - Gymn.; Stud. Univ. Tübingen (Wirtschaftswiss. u. Soziol.), Dipl.-Volksw. 1956 ebd. - AR u. AR-Vors. b. Finanz- u. Wohnungswirtsch.; Präs. Ind.- u. Handelskammer, Ludwigsburg - Spr.: Engl.

SEUFERT, Karl Rolf
Studiendirektor, Schriftst. (Ps. Charles Hallgarten) - Hallgartener Pl. 12, 6227 Oestrich-Winkel 3 (T. 06723 - 21 44) - Geb. 1. Dez. 1923 Frankfurt/M., verh. s. 1952 m. Christine Hölzer, 2 Kd. (Ilse, Rudolf) - Stud. German. u. Gesch. - BV: u.a. Pfad d. Tränen, 1980; D. Großen d. Welt, 3 Bde. 1980-84; ... ist ein feins Ländlein. E. Kulturgesch. d. Rheingaus v. d. Anfängen b. z. Gegenwart, 1983; D. Großen d. Glaubens, Biogr. 1986; D. Großen d. Bibel, Biogr. 1987; Unter d. Hügeln d. Gold, 1987; Sie kamen v. Mitternacht, 1988; D. Zeichen v. Lambarene, 1988; Magie d. blauen Lichts, 1989; Sie nannten ihn Mahatma, 1990; D. Großen d. Versöhnung, 1990; Großes Hessenbrevier, 1991; insg. 30 Veröff. - 1962 Friedrich-Gerstäcker-Preis; 1965 Kurt-Lütgen-Sachb.-Preis; zweimal Buch d. Monats (Bundesrep. Dtschl., Frankr.) - Lit.: Lexikon deutschspr. Schriftst. DDR; Abenteuerlexikon.

SEUFFERT, Brigitta
Journalistin, Schriftst. (Ps.: Gitta von Cetto) - Capoliveri/Elba (Italien) - Geb. 6. Febr. 1908 Landsberg/Lech, kath., verw., 2 Kd. - Realgymn. - Feuill.: D. kl. Welt (1943), Er (1943, NA. 1953); R.: Zwei von Pitta, Wilde Ehe, Schloß mit sieben Siegeln, Stefanie (verfilmt 1958), Schwache Frau, Frauen im Zwielicht, Im

Schatten der Anderen, Teresa, Denn sie haben keine Zeit, Wer liebt, hat Ärger u. a.

SEUFFERT, Otmar
Dr. rer. nat., o. Prof. f. Geographie (Bodengeographie, Geomorphologie, Geoökodynamik) TH Darmstadt (s. 1977) - Mainstr. 50, 6140 Bensheim 1 - Geb. 8. Febr. 1933 Kitzingen (Vater: Josef S., Schriftsetzer; Mutter: Elise, geb. Keller), kath., verh. s. 1958 m. Miesje, geb. Heutink, 3 Kd. (Bianca, Gabriele, Ursula) - Stud. d. Geogr. Univ. Würzburg; Promot. 1958 ebd. - 1970-1977 Wiss. Rat u. Prof. TU Braunschweig - BV: Formungsstile i. Relief d. Erde, Braunschweig, 1976. Herausg. Ztschr. Geoökodynamik, Geoökoforum, Geoökoplus, Geoökotest., u. Petermanns Geographischen Mitteilungen. Mitherausg. Darmstädter Geograph. Stud. - Spr.: Engl., Ital., Niederl.

SEUL, Hermann
Dr.-Ing., Generaldirektor, Vorstandsmitgl. Gesamtverb. kunststoffverarb. Industrie, Frankfurt/M. (s. 1950) - Burg, 5351 Kommern b. Euskirchen - Geb. 20. Okt. 1907 Krefeld - S. 1944 Vorstandsmitgl. u. -vors. (1957) Isola Werke AG., Düren.

SEUL, Wolfgang
Dipl.-Volkswirt, Hauptgeschäftsführer IHK Koblenz - Schloßstr. 2, 5400 Koblenz (T. 0261 - 10 62 13) - Stud. Volkswirtsch. - Mitgl. Arbeitskreise Verkehr, Raumordnung, Regionale Wirtsch.politik, Europ. Regionalpolitik b. DIHT; AR-Mitgl.: Finanzierungs-AG, Mainz, Landesbürgschaftsaussch. - Ehrenamtl. Richter Finanzgericht Rheinl.-Pfalz.

SEUREN, Günter
Schriftsteller - Grimmelshausenstr. 3, 8000 München 80 - Geb. 18. Juni 1932, kath., ledig - Abit. - Journ.; Filmkritiker; fr. Schriftst. - BV: Romane: D. Gatter (Übers. in Franz., Schwed., Poln. u. Russ.), Lebeck, D. Kannibalenfest, D. Abdecker, D. fünfte Sinatra, D. Asche d. Davidoff, Nov.: Abschied von e. Mörder, D. Angriff; Lyrik: Winterklavier f. Hunde, D. Jagdherr liegt im Sterben; Sachb.: Schätze dieser Erde. D. Jagd n. Abenteuer, Glück u. Gold, 1989. Hörsp. u. Drehbücher f. FS-Filme - Förd.pr. f. Lit. Land NRW; 1967 Georg-Mackensen-Pr. f. d. beste Kurzgesch. - Liebh.: Kino - Spr.: Engl., Franz.

SEUSING, Johannes
Dr. med., Prof., Chefarzt Innere Abt. Henriettenstift, Hannover - Koblenzer Str. 8, 3000 Hannover (T. 80 27 02) - Geb. 20. März 1920 Westhausen/Thür. - S. 1956 (Habil.) Privatdoz. u. apl. Prof. (1962) Univ. Kiel (Inn. Med.). Facharzt - Spr.: Engl. - Rotarier.

SEUSS(ß), Wilhelm
Dr., Prof., Wirtschaftspublizist - Finkenhofstr. 29, 6000 Frankfurt/M. 1 - Geb. 13. Febr. 1921 Germersheim - Stud. Nationalök., Bankausbild. - 1958-89 FAZ. B. 1971 Lehrbeauftr., 1975 Honorarprof. Univ. Frankfurt (Individualwirtsch.) - BV: Versicherung als Geldanlage, D. Buch v. Geld, Jahrb. d. Lebensversich.

SEUSTER, Horst
Dr. agr., Dipl.-Landw., o. Prof. f. landw. Betriebslehre Univ. Gießen (s. 1971; 1976 u. 85 Dekan) - Bornhöll 15, 6304 Lollar (T. 06406 - 34 35) - Geb. 3. Jan. 1930 Rölvede/Wf. (Vater: Ernst S., Kaufm.; Mutter: Luise, geb. Kritzler), ev., verh. s. 1957 m. Luise, geb. Disselhoff, T. Dagmar - Promot. 1957 Gießen (Habil. 1965 - 1970 apl. Prof. Gießen. S. 1969 gf. Dir. Inst. f. ländl. Genoss.wesen Gießen. 1976-78 u. s. 1984 Vors. Arbeitsgem. Genossenschaftswiss. Inst. (AGI) - BV: D. funktionelle Ablauf im landw. Betrieb, 1966; Landwirtsch. Betriebslehre, 1966; D. Finanzierung d. landw. Betriebes, 1969, 2. A. 1981; In-

vestitionsrechnung f. d. Landwirtschaftl. Untern., 1983, 2. A. 1985 - Spr.: Engl.

SEVERIN, Hans
Dr. rer. nat., em. o. Prof. f. Hoch- u. Höchstfrequenztechnik, Mikrowellenphysik u. -technik, elektromagnet. Wellen, Ausbreitungsprobl. - Eicklöhken 21, 4322 Sprockhövel 1 (T. 02324 - 7 33 55) - Geb. 6. Mai 1920 Grafenwöhr/Oberpfalz (Vater: Ludwig S., Offizier, zul. Major; Mutter: Grete, geb. Hensel), verh. 1945 m. Ruth, geb. Zinke - Gymn. Amberg; Hochsch. f. Lehrerbild. Bayreuth; Univ. Göttingen (Physik, Math., Chemie). Promot. (1943) u. Habil. (1954) Göttingen - S. 1954 Lehrtätig. Univ. Göttingen, Hamburg (1957; 1960 apl. Prof.), Bochum (1965 Ord., 1966-68 Dekan Abt. Elektrotechn.); 1985 emerit. 1980-82 Vors. Fakultätsvorsteher f. Elektrotechnik; 1952-53 Mitarb. PTT, Bern (Schweiz); 1955/56 Mitarb. RCA, Princeton (USA); 1957-65 Abt.leit. u. Prok. Philips Zentrallabor. GmbH, Hamburg. Kriegsdst. Üb. 80 Fachveröff. - 1970 Fellow IEEE; 1990 Mitgl. Electromagnetics Acad. Cambridge Mass; 1973 Mitgl. Rotary International, 1983/84 Präs. RC Hattingen - Spr.: Engl.

SEWERING, Hans Joachim
Dr. med., Dr. h. c., Prof., Internist - Lungen- u. Bronchialheilkunde, Vors. Kassenärztl. Vereinig. Bayerns, München (s. 1972), Mitgl. Bayer. Senat, München (s. 1971) - Mühlbaurstr. 16, 8000 München 80 (T. 41 47-1); priv.: Am Oberanger Nr. 14, 8060 Dachau/Obb. (T. 7 10 77) - Geb. 30. Jan. 1916 Bochum (Vater: August S., Ing.; Mutter: geb. Zill), verh. - Univ. München u. Wien - S. 1968 Honorarprof. TU München (Sozialmed., ärztl. Rechts- u. Berufskunde) - 1975 Gr. BVK, 1981 Stern dazu, 1986 Stern u. Schulterband dazu; Gr. VO. Rep. Italien, Bayer. VO., Bayer. Staatsmed. f. soz. Verdienste, Bayer. Verfassungsmed. in Silber u. Gold - Liebh.: Jagd.

SEWING, Karl-Friedrich
Dr. med., Prof. f. Pharmakologie - An der Quelle 17, 3000 Hannover 72 (T. 0511-51 35 55) - Geb. 11. Okt. 1933 Recklinghausen (Vater: Gustav S., Lehrer; Mutter: Magdalene, geb. Hinselmann), ev., verh. s. 1967 m. Barbara, geb. Meder, 2 Kd. (Annette, Axel) - Gymn. Petrinum Recklinghausen (Abit. 1954), Univ. Freiburg (Med., Staatsex. 1959, Promot. 1959), Univ. Tübingen (Habil. Pharmakol. u. Toxikol. 1968) - 1961-68 Wiss. Assist., Univ. Tübingen, 1968-72 Priv.-Doz. Univ. Tübingen, 1972-80 Prof. ebd., s. 1980 Leit. Abt. Allg. Pharmakol. Med. Hochsch. Hannover - BV: Pharmakol. Fibel (m. F. Lembeck), 1962 u. 1973 (Übers. Engl. u. Japan.); Beitr. in Sammelw. - Spr.: Engl.

SEXAUER, Kurt
Wirtschaftsjurist, Inh MMC-Unternehmensberatungsgruppe - Birkenhöhe 33, 5064 Rösrath (T. 02205 - 10 33) - Geb. 28. Juni 1927 Karlsruhe (Vater: Otto S., Bundesbahnpräs. a. D.; Mutter: Gertrud, geb. Henninger), ev., verh. s. 1960 m. Karin, geb. Scharrer, 2 Kd. (Monika, Bernd). Stud. Univ. Freiburg u. Heidelberg (Rechtswiss.) - 1959-64 Leit. Krupp-Zentralpersonalabt., 1964-69 Personaldir. Klöckner-Humboldt-Deutz, s. 1969 eigene Firmen - Liebh.: Golf, Jagd - Spr.: Engl., Franz. - Rotarier.

SEXAUER, Michael
Rechtsanwalt, MdL Baden-Württ. (s. 1976) - Moserstr. 5, 7000 Stuttgart 1 - Geb. 10. Dez. 1936 Stuttgart, verh., 2 Töcht. - Stud. Rechtswiss. Gr. jurist. Staatsprüf. - Anwaltspraxis. 1975-76 Ratsmitgl. Stadt Stuttgart. Vors. Mieterverein Stuttgart. SPD s. 1961 (div. Funkt.).

SEYBOLD, Annemarie,
geb. Brunnhuber
Dr. phil., Prof. f. Sportdidaktik - Schlegelstr. 17, 8500 Nürnberg 20 (T. 59 15 52) - Geb. 18. Mai 1920 Nürnberg,

kath., verh. s. 1946 m. Dr. Heinz Seybold, 3 Kd. (Ursula, Annette, Hans) - Univ. Erlangen u. München (German., Leibeserz.), 1. u. 2. Staatsprüf. - Lehrtätigk. Univ. Erlangen, Köln, München, Nürnberg u. im Ausl. (Südamerika) - BV: D. Prinzipien d. mod. Päd. in d. Leibeserz., 1973; Didakt. Prinzipien d. Leibeserz., 1974 (beide span. u. portug. Übers.); Schulgymn., I u. II, 1976 (ital. u. japan. Übers.); Sportunterricht in d. Grundsch., 1981; Z. Didaktik d. Gymnastik in d. Grund- u. Hauptschule, 1990 - 1954 Carl-Diem-Preis, 1980 Hans-Groll-Plak. Wien; 1992 Schulsportverdienstmed. in Gold München.

SEYBOLD, Detlef

Dr. med., Prof., Chefarzt Med. Klinik Krankenhaus Hohe Warte, Bayreuth - Schliemannstr. 3, 8580 Bayreuth (T. 0921 - 3 03 58) - Geb. 24. Sept. 1939 Berlin - Stud. Univ. Göttingen, Heidelberg u. München - 1966-74 Tätigk. Med. Klinik Univ. Marburg; 1974-83 Klinikum Nürnberg u. Inst. f. Nephrol. Univ. Erlangen-Nürnberg.

SEYBOLD, Eberhard

Dr. phil., Redakteur (Lit.-, Film- u. Fernsehkritik) - Luxemburgerallee 6, 6000 Frankfurt am Main 60 (T. 44 77 54) - Geb. 23. Febr. 1937 Frankf. (Vater: Josef S., Angest.; Mutter: Helga, geb. Radatz), ev., verh. m. Gabriele, geb. Nicol - Stud. Univ. Frankf., Mainz, Heidelb. (Lit.wiss., Kunstgesch.). Promot. 1965 - BV: D. Genrebild in d. dt. Lit., 1967 - Spr.: Engl., Franz.

SEYBOLD, Gerhard

Dr. med., Prof., Chefarzt Innere Abt. Robert-Bosch-Krankenhaus Stuttgart - Fleckenweinberg Nr. 34a, 7000 Stuttgart (T. 85 50 66) - Geb. 26. Febr. 1918 Böblingen - Promot. 1944 Freiburg; Habil. 1956 Tübingen - S. 1956 Privatdoz. u. apl. Prof. (1963) Univ. Tübingen. Hauptarbeitsgeb.: Nierenkrankh., Rheumatologie. Viele Fachveröff.

SEYBOLD, Michael

Dr. theol., Lic. phil., o. Prof. f. Dogmatik - Klostergarten 31, 8078 Eichstätt (T. 13 73) - Geb. 1. Okt. 1933 Ensdorf/Opf. (Vater: Johann S.), kath. - S. 1966 (Habil.) Lehrtätigk. Univ. München, Phil.-Theol. Hochsch. bzw. Kath. Univ. Eichstätt; 1973-78 Konsultor Sekretariat f. d. Nichtglaubenden, Rom/Vatikan - BV: Sozialtheol. Aspekte d. Sünde b. Augustinus, 1963; Glaube u. Rechtfertigung b. Thomas Stapleton, 1967; Offenbarung in d. Frühscholastik, 1971; Gnade u. Heil, 1973. Mithrsg. Handb. d. Dogmengesch.; Eichstätter Studien N.F.; Extemporalia (Fragen d. Theol. u. Seelsorge).

SEYDLITZ-KURZBACH, von, Friedrich-Wilhelm

Dr. rer. pol., Aufsichtsratsvorsitzender Paul Hartmann AG (s. 1980) - 7920 Heidenheim/Brenz (T. 07321 - 34 51) - Geb. 2. Aug. 1914 Berlin, ev., verh. s. 1992 m. Margarete, geb. Hänsel - WH Mannheim. Dipl.-Kfm. 1949; Promot. 1952 - 1953-58 Dr.-Ing. Otto Bredt Wirtschaftsprüfungs-GmbH, Hannover (Prokurist); 1958-60 H. F. & Ph. F. Reemtsma, Hamburg (Mitgl. d. Geschäftsfg.); 1960-67 Telefunken AG, Berlin (Marketing; Vorst.-Mitgl.); 1968-79 Paul Hartmann AG, Heidenheim (Vorst.-Mitgl., ab 1974 Vorst.-Vors.). Versch. AR-Mandate. 1978ff. Ehrenvors. Bundesvereinig. Verbandstoffe u. Med. Hilfsmittel; Ehrenmitgl. ESDREMA European Surgicar Dressings Manufacturers Assoc. - 1980 BVK I. Kl. - Spr.: Engl.

SEYFARTH, Constans

Dr. phil., Prof. f. Soziologie Univ. Tübingen - Doblerstr. 31, 7400 Tübingen (T. 07071 - 2 75 49) - Geb. 9. Febr. 1941 Kiel (Vater: Dr. phil. Helmut H. G. S.), verh. s. 1980 m. Dr. Elisabeth, geb. Konau, S. Felix Constantin - Promot. 1969 München; Habil. 1980 Frankfurt - S. 1981 Prof. in Tübingen.

SEYFFERT, Wilhelm

Dr. agr., em. o. Prof. f. Genetik - Auf d. Morgenstelle 28, 7400 Tübingen - Geb. 8. März 1924 Masserberg/Thür. (Vater: Dr. Willy S.; Mutter: Hildegard, geb. Schiller), verh. 1951 m. Doris, geb. Schmidt - Promot. (1954) u. Habil. (1959) Berlin - S. 1959 Lehrtätigk. TU Berlin, Köln (1960), Tübingen (1965 Ord.). Emerit. 1989. Fachveröff.

SEYL, Gustav

Dipl.-Ing., Berghauptmann, Leit. Oberbergamt f. d. Saarland u. d. Ld. Rhld.-Pfalz - Am Staden 17, 6600 Saarbrücken 3 (T. 0681 - 6 87 04-10, Fax 0681 - 6 87 04-76) - Vors. Dt. Aussch. f. d. Grubenrettungswesen u. d. Arbeitsgem. d. Saarl. z. Erforsch. u. Förd. d. Gesundheitsschutzes im Bergbau e.V.

SEYPPEL, Joachim

Dr. phil., Schriftsteller - Spreestr. 21, 2000 Hamburg 53 (T. 040 - 83 47 05) - Geb. 3. Nov. 1919 Berlin (Vater: Friedrich S., Kaufm.; Mutter: Emma, geb. Reisner), verh. s. 1950 m. Jeannette, geb. Lander, 2 Kd. (Marcel, Tove) - Stud. German. u. Phil. Univ. Berlin, Rostock, Lausanne, Cambridge (Harvard). Promot. 1943 Rostock - 1952-61 Hochschulprof. USA; zeitw. DDR; 1979 Gastprof. Univ. Hamburg u. Lehrbeauftr. Univ. Bremen (Lit.). 1963-65 Vorstandsmitgl. Schutzverb. Dt. Schriftst. - BV: u. a. Flugsand d. Tage, R. 1947; Dekadenz oder Fortschritt?, Studie 1951; Ausdrucksformen Dt. Gesch., Studie 1952; William Faulkner, Ess. 1962; T. S. Eliot, Ess. 1963; Abendlandfahrt, R. 1963; columbus bluejeans, R. 1965; Als d. Führer d. Krieg gewann, Satiren 1965; Hellas - Geburt e. Tyrannis, Reiseb. 1968; E. Yankee in d. Mark - Wanderungen n. Fontane, 1970; Torso Conny, R. 1970; Fußballnachrichten, Erz. 1971; Wer kennt noch H. Stuhlfauth, Erz. 1972; Umwege nach Haus, Tageb. 1974; Abschied v. Europa, R. 1975; Gesang zweier Taschenkalender, Erz. 1976; D. Unperson oder Majakowskis Tod, Prosa u. Schausp., 1979; Ich bin e. kaputter Typ - Bericht üb. Autoren d. DDR, 1982; Ahnengalerie, R. 1984 - 1960 Preis American Philosophical Soc.; 1981 Kogge-Lit.preis - Spr.: Engl., Franz., - Bek. Vorf.: Carl Maria S., Maler u. Schriftst.

SEZGIN, Fuat

Dr. phil., Prof. f. Geschichte d. Naturwissenschaften - Bahnhofstr. 10a, 6242 Kronberg/Ts. (T. 47 05) - Geb. 1924 (?) Türkei - B. 1968 Privatdoz., dann apl. Prof. Univ. Frankfurt - 1980 Frankf. Goethe-Med.

SHELDRICK, William Stephen

Ph. D. Univ. Cambridge, o. Univ.-Prof. f. Chemie Ruhr-Univ. Bochum (s. 1989) - Küppersheide, 4300 Essen-Bredeney - Geb. 10. Mai 1945 Huddersfield/Engl. - 1963-66 Stud. Chemie Univ. Cambridge; Promot. 1969 Univ. Cambridge; Habil. 1976 TU Braunschweig - 1971-73 Alexander v. Humboldt Stip. TU Braunschweig; 1973-82 wiss. Mitarb. GBF Braunschweig; 1976-82 Privatdoz. TU Braunschweig; 1983-89 Univ.-Prof. f. Chemie Univ. Kaiserslautern - Üb. 270 Fachveröff.

SHELL, Kurt L.

Ph. D., Dr. h. c., em. Prof. f. Polit. Wissenschaften - Hans-Sachs-Str. 3a, 6000 Frankfurt/M. (T. 70 13 58) - Geb. 17. Nov. 1920 Wien (Vater: Joseph S., Rechtsanw.; Mutter: Eugenie, geb. Wulkan), verh. in 2. Ehe (1965) m. Ingrid, geb. Herzog, 2 Kd. (Andreas, Karin) - Gymn. (Abit.); Columbia Univ. New York (Polit. Wiss.; M. A., Ph. D.). S. 1950 Columbia Univ. New York, State Univ. ebd. (1956), Univ. Frankfurt (s. 1967). Spez. Arbeitsgeb.: Ideologien u. polit. Praxis in demokr. Systemen - BV: The Transformation of Austrian Socialism, 1962 (New York); Bedrohung u. Bewährung - Führung u. Bevölkerung in d. Berlin-Krise, 1965; D. Polit. System d. USA, 1975; Liberal-Demokrat. Syst., 1981; D. amerikanische Konservatismus, 1986 - Liebh.: Musik (ausüb. Operngesang), Fotogr., Wandern - Spr.: Engl., Ital.

SHORT, Leo N., Jr.

Präsident Auergesellschaft GmbH, Berlin 44 - Zu erreichen üb. Auerges. mbH, Thiemannstr. 111, 1000 Berlin 44 - Geb. 11. Aug. 1926 Pittsburg (USA).

SIBBERSEN, Christian

Kurdirektor i. R. (1946-55 Westerland/Sylt u. 1955-79 Staatsbad Norderney) - Barenbuscher Weg 39, 2980 Norden - Geb. 26. Aug. 1914 Westerland/Sylt - Verdienstkreuz 1. Kl. Land Nieders.; Ehrenvors. Fremdenverkehrsverb. Nordsee/Nieders.-Bremen, Oldenburg, Ehrenpräs. Golfclub Norderney, Ehrenmitgl. Forschungsgemeinsch. f. Meeresheilkde. Oldenburg, Gründungspräs. Rotary Club Norderney.

SIBBING, Winfried

Dr. rer. nat., Biologe, Univ.-Prof. f. Biol. u. ihre Didaktik Univ. Münster - Voßweg 14, 4710 Lüdinghausen (T. 02591 - 2 13 34) - Geb. 7. Juli 1927 Lüdinghausen i. W. (Vater: Engelbert S., Volkssch.lehrer; Mutter: Paula, geb. Mennemann), kath., verh. s. 1955 m. Dr. med. Hiltrud, geb. Nather, 3 Kd. (Wolfgang, Dorothee, Gerhard) - 1945-52 Univ. Münster (Zool., Bot., Math., Physik). Promot. 1952 u. Staatsex. f. Lehramt an Höh. Sch. - B. 1954 Wiss. Assist. Hygiene-Inst. Univ. Bonn; 1954-60 u. 1961-65 Lehrer an Gymn. in Rheydt, Düsseldorf, Bonn; 1960-61 Landesstelle MNU Recklinghausen (Fachleit. Biol.); 1965 o. Prof. f. Didaktik d. Biol. PH Rheinl., Abt. Bonn, desgl. Univ. Bonn (s. 1980) u. Univ. Münster (s. 1985) - Mitautor an Unterrichtswerken f. Grund- u. Hauptsch.; Beitr. im Weltseuchenatlas, im Handb. d. prakt. u. exper. Schulbiologie u. im Handb. d. Sexualpädagogik.

SIBYLLE

s. Friedmann, Anneliese

SICHERL, Martin

Dr. phil., em. o. Prof. f. Klass. Philologie - Weierstraßweg 8, 4400 Münster/W. (T. 86 18 12) - Geb. 14. Dez. 1914 Mirschowitz/Böhmen (Vater: Martin S., Landw. †1953; Mutter: Eva, geb. Schiller †1917), kath., verh. s. 1965 m. Käthe, geb. Kempkes, 3 Söhne (Peter, Bernhard, Thomas) - Univ. Prag (Klass. Philol.). Promot. 1937 Prag; Habil. 1955 Mainz - Lehrtätigk. Univ. Mainz (1955 Priv.-Doz., 1961 apl. Prof.), Göttingen (1961/62), Münster (1963 ao., 1964 o. Prof.). 1968/69 Mitgl. Inst. for Advanced Study, Princeton (USA). 1964-85 Sektionsleit. Görres-Ges. Comité intern. de paléographie grecque; Patrono de honor Fundación Pastor de Estudios Clásicos Madrid - BV: D. Handschr., Ausgaben u. Übers. v. Iamblichos De mysteriis, 1957; Beitr. z. Kritik u. Erklärung d. Favonius Eulogius, 1959; Zwei Reuchlin-Funde aus d. Pariser Nationalbibl., 1963; Handschr. Vorlagen d. Editio princeps d. Aristoteles, 1976; Johannes Cuno - e. Wegbereiter d. Griech. in Dtschl., 1978. Mithrsg. Stud. z. Gesch. u. Kultur d. Altertums - Lit.: Philophronema. Festschr. z. 75. Geb. (1990).

SICHTERMANN, Hellmut

Dr., Prof., Archäologe - Habichtweg 5, 7800 Freiburg - Geb. 21. Nov. 1915 Bartschin (Vater: Franz, ev. Pfarrer; Mutter: Emma, geb. Siedler), ev. - Dt. Priv.gymn. Bromberg; Stud. Archäol., Kunstgesch. u. Phil. Berlin, Promot. 1949 - Wiss. Ref. Dt. Archäol. Inst. (1948-53 Berlin, 1953-54 Madrid, 1954-55 Berlin, 1955-80 Rom); 1971 Hon.-Prof. Univ. Freiburg - BV: Ganymed, 1953; Laokoon, 1957; Sophokles, 1959; D. griech. Vase, 1963; Griech. Vasen in Unterital., 1966; Späte Endymionsarkophage, 1966; Griech. Mythen auf röm. Sarkophagen (m. G. Koch), 1975; Funde in Span., 1977; Röm. Sarkophage (m. G. Koch), 1982 - Liebh.: Geistesgesch., Musik - Spr.: Span., Ital., Engl., Franz.

SICK, Willi-Peter

Präsident Bundesverb. d. Selbständigen Deutscher Gewerbeverb., Bonn (s. 1985), MdB (1972-83; Wahlkr. 3/Nordfriesl./Dithmarschen-Nord) - Hennstedter Str. 6, 2246 Norderheistedt - Geb. 10. Nov. 1919 Tiebensee Kr. Norderdithmarschen (Vater: Ferdinand S., Landwirtschaftsarb.; Mutter: Emma, geb. Bojens), verh. s. 1945 m. Edith, geb. Bertram, 4 Kd. (Ingolf, Harald, Uwe, Frauke) - Volkssch.; kaufm. Lehre (Ind.) - Ab 1938 kaufm. Angest., 1938-45 Arbeitsdst., Kriegsmarine (1939), Luftwaffe (1940), 1946-50 Angest. Arbeitsamt Heide (daneb. autodid. Stud. Volksw.), spät. Geschäftsf. Arbeitgeberverb. Westküste Heide (vorher prakt. Unterweis. Rechtswiss.), s. 1953 Gf. IHK Flensburg/Verbindungsst. Dithmarschen Heide (beurl.), Gf. Dithmarscher Wohnungsbauges. mbH & Co. u. Rechenzentrum Westküste GmbH & Co. KG ebd., pers. haft. Gesellsch. Dethlefsen/Sick KG - Laden- u. Bürobau, Heide. 1970ff. MdK Dithmarschen. 1947-57 DP; s. 1960 CDU; 1974-82 Landesvors. d. Wirtschafts- u. Mittelstandsvereinigung d. CDU Schlesw.-Holst. - BV: Heide - Vergangenheit u. Gegenw., 1965 - Liebh.: Segeln, Jagd - Spr.: Engl.

SICK, Wolf-Dieter

Dr. phil., em. o. Prof. f. Geographie u. Landeskd. - Markgrafenstr. 7, 7819 Denzlingen/Fr. (T. 21 96) - Geb. 31. Mai 1925 Neunkirchen (Österr.) - S. 1961 (Habil.) Lehrtätigk. TH Stuttgart u. Univ. Freiburg (1964 ao., 1966 o. Prof.), Vors. d. Alemannischen Inst. Freiburg - BV: Wirtschaftsgeogr. v. Ecuador, 1963; Landeskd. v. Madagaskar, 1979; Agrargeographie, 1983. Üb. 70 Einzelarb. z. Siedlungs- u. Wirtschaftsgeogr. v. Südwestdtschl., Südamerika u. Madagaskar.

SICKERT, Walter

Vorsitzender DGB Berlin a.D. (1960-82), Bundesarbeitsrichter (1957-87), VR Gemeinnützige Krankenhausbetriebs-GmbH u. Walter Friedländer Bildungswerk - Brahmsstr. 3, 1000 Berlin 33 (T. 825 85 34) - Geb. 2. Febr. 1919 Hamburg (Vater: Emil S., Schlosser; Mutter: Katharina, geb. Huberthy), verh. s. 1943 m. Ingrid, geb. Hartmann †, T. Heidemarie † - Volkssch.; Schlosser- u. Maschinenbauerhandw. - Handels- u. Kriegsmarine (Maschinist), 1946-48 Polizeidst. Berlin, dann Gehag (zul. Betriebsratsvors.), 1954-60 Vors. IG Bau - Steine - Erden ebd., s. 1968 AR-Vors. d. Berliner Revisions-AG. S. 1963 MdA Berlin (1964 Mitgl. SPD-Fraktionsvorst.); 1967-75 Präs. AH v. Berlin, 1975-82 Vizepräs. AH v. Berlin. Div. Mandate. SPD s. 1946 (1967-82 Beis. Landesvorst. Berlin) - Interessen: Arbeitsrecht - 1979 Gr. BVK m. Stern u. Schulterbd.; 1982 Ernst-Reuter-Plak.; 1986 Verleih. d. Würde e. Stadtältesten v. Berlin - Liebh.: Fußball.

SICKINGER, Lothar

Dr., Dipl.-Volksw., Vorstandssprecher Triumph International AG u. Triumph Investex Ges. f. Investitionen AG, bde. München, Beir. Dresdner Bank AG, Präsid.- u. Hauptaussch.-Mitgl. Gesamtverb. d. dt. Maschenind., Stuttgart - Am Schafelbach 6, 8213 Aschau - Kath., verh.

SIDOW, Kurt

Präses d. Handwerkskammer Bremen - Ansgaritorstr. 24, 2800 Bremen 1 (T. 0421 - 3 05 00-0) - Geb. 13. Juni 1933 - Bäckermeister.

SIEBALD, Manfred

Dr. phil., Akad. Oberrat Univ. Mainz - Am Mainzer Weg 12A, 6500 Mainz - Geb. 26. Okt. 1948, ev., verh. s. 1973 m. Christine, geb. Stoßberg, Ärztin, S. Benjamin - Stud. Angl. u. German.; 1. u. 2. Staatsex. 1972 u. 1977 Marburg; Promot. (Amerikan.) 1977 Marburg -

BV: Auflehnung im Romanwerk Hermann Melvilles, 1979; Amerikanisierung d. Dramas u. Dramatisierung Amerikas, (m. H. Immel), 1985; Dorothy L. Sayers, 1989. Christl. Chansons; LP's: Da steh ich nun, 1972; Ich gehe weiter, 1974; D. ungedüngte Feld, 1976; Zeitpunkte, 1978; Überall hat Gott seine Leute, 1983; Kreuzschnabel, 1984; Alles auf seine Weise, 1986; Spuren, 1988; VON WEGEN, 1991.

SIEBECK, Fred C.

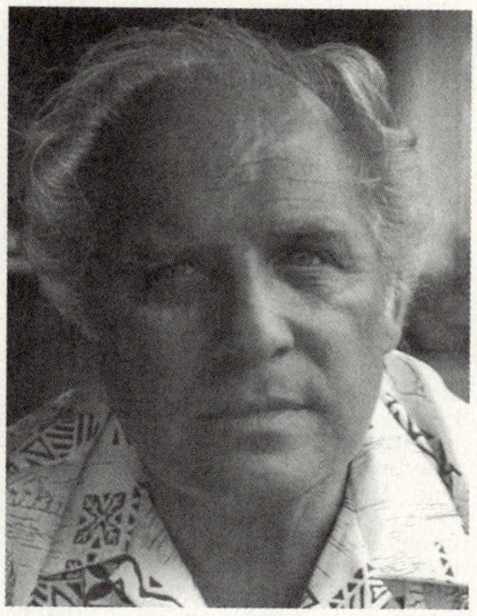

Schriftsteller, Ethnograph, Publizist, Hochschullehrer (Rhetorik) - Haus Am Mühlberg, 7154 Althütte (T. 07183 - 4 12 21) - Geb. 3. Sept. 1925 Magdeburg, ev., verh. m. Christine, geb. Horacek - Ständ. Mitarb. b. Presse, Funk u. Fernsehen - BV: u.a. Irland - e. Festmahl f. 10 Finger; D. Philippinen; Schwäbische Liebe; Letzte Paradiese (m.a.); Durch d. weite Welt, 15 Bde. (m.a.); Tiere sind meine Freunde, Prominente erzählen ihre Lieblingsgesch. (m.a.); Guten Tag, Elefant (m.a.). Theaterstücke: u.a. Wechselgesang, Vögel sterben im Sand, Strandgut (preisgekrönt). Filme: u.a. Rote Steppe Mongolei, Karibu, Wolf unter Wasser, D. Feder, Heia Safari, Drei Tage Irland. Hunderte v. ethnol. Berichten u. länderkundl. Sendungen: u.a. D. sprachlose Staat, Stern u. Schlüssel, Letzte Tage am Rande d. Welt, Am Wüstenbrunnen, Kopfjäger, Notstand im Paradies, D. steinerne Schildkröte, Ein Ozean v. Sand, Steinbeil u. Computer, Südsee aus letzter Hand, Ureinwohner im Protokoll, Im Wüstenparadies d. Puritaner, D. Erdnußdemokratie - Mehrere Ausz.; 1980 Weltpreis d. PATA.

SIEBECK, Otto

Fabrikant, gf. Gesellsch. Siebeck-Metallwerk GmbH., Ratingen, u. Siebeck-Metallwerk GmbH., Hameln, Vorst.-mitgl. Gesamtverb. dt. Metallgießereien u. Arbeitgeberverb. d. Eisen- u. Metallind., Düsseldorf, Handelsrichter LG Düsseldorf - Im Rott 29, 4030 Ratingen - Geb. 30. Okt. 1919 (Vater: Dipl.-Ing. Alois S.; Mutter: Emma, geb. Schmitz), verh. m. Irmgard, geb. Raschig, 4 Söhne.

SIEBECK, Wolfram

Journalist, Schriftst. - Burg Mahlberg, 7638 Mahlberg/Schwarzw. (T. 07825 - 18 00) - Geb. 19. Sept. 1928 Duisburg - Werkkunstsch. Wuppertal - B. 1967 fr. Illustrator u. Pressezeichner, seith. Publizist - BV: Lady Chatterley's Füße, Zeichn. 1961; Gewußt wie, Sat. 1970; Klappe zu, Affe tot, Sat. 1973; Kochsch. f. Anspruchsvolle, 1976; Beste Geschichten, Sat. 1977; Kulinar. Notizen, 1980; Kochen bis aufs Messer, 1982; Aller Anfang ist leicht, 1983; E. Prise Süden, 1984; Liebe auf d. ersten Biss, 1985; Nicht nur Kraut u. Rüben, 1985; Wenn Madame d. Deckel hebt, 1986; Vorsicht, bissiger Hummer, Sat. 1986; Frisch gewürzt ist halb gewonnen, 1987; D. schönsten u. besten Bistros v. Paris, 1988; D. Feinschmecker Kochschule, 1989; D. schönsten u. besten Bistros v. Paris II, 1990; D. Weinstuben d. Elsass, 1990; Über Wein, 1992. Fernsehsend. Essen u. Trinken (1983-87) - 1991 Chévalier du Mérite Agricole - Liebh.: Kochen - Beherrscht 2 Fremdspr.

SIEBECKE, Horst

Leitender Redakteur Bayer. Fernsehen (ARD) Kultur - Gartenstr. 5, 8196 Eurasburg (T. 08171 - 14 54) - Geb. 1. Aug. 1921 Herzhausen, ev., verh. m. Dipl.-Ing. Hildegard, geb. Reichelt - Stud. Lit., Gesch., Kunstgesch. u. Soziol. - BV: D. Herren d. Lage, 1972; Operation Oase, 1984. Zahlr. Dokument. z. Zeitgesch. - Filmpr. Otto-Wels-Ges. - Spr.: Engl., Franz.

SIEBEL, Günter

Dr., Journalist, Chefredakteur Journal f. d. Frau - Dockenhudener Chaussee 3, 2083 Halstenbek - Geb. 9. Mai 1936, verh., 2 Kd. - Stud. German., Geogr., Psych. 1957-62 Univ. Hamburg u. Marburg; Promot. 1968 Hamburg.

SIEBEL, Henning W.

Dr.-Ing., Dipl.-Ing., Direktor i.R. - Juistweg 34, 4300 Essen 1 (T. 71 41 38) - Geb. 20. April 1930 Wuppertal (Vater: Werner S., Fabrikant; Mutter: Hildegard, geb. van Wüllen Scholten), ev., verh. s. 1956 m. Brigitte, geb. Senkfeil, 3 Kd. (Sabine, Holger, Heike) - Stud. Maschinenbau TH Aachen; Dipl.ex. 1954; Promot. 1958 - S. 1959 Krupp Widia, 1983-91 Krupp Medizintechn. - BV: D. Hartmetallwerkzeuge in d. spanabhebenden Formung, 1961 (m. Wilthoff, Schaumann) - Liebh.: Musik, Briefmarken - Spr.: Engl., Franz., Schwed.

SIEBEN, Hermann Josef

Dr. theol., Prof. f. Alte Kirchengeschichte Theol. phil. Hochsch. St. Georgen/Frf. - Offenbacher Landstr. 224, 6000 Frankfurt 70 - Geb. 12. Jan. 1934 Boppard a. Rhein, kath., ledig - Stud. Univ. München, Lyon, Paris; Promot. 1969; Habil. 1973 - S. 1953 Mitgl. Jesuitenorden; 1965 Priesterweihe - BV: D. Konzilsidee d. Alten Kirche, 1979; Joseph Hubert Reinkens, Briefe an s. Bruder Wilhelm (1840-73), 1979; Voces. E. Bibliogr. zu Wörtern u. Begriffen aus d. Patristik, 1980; D. Konzilsidee d. lat. Mittelalters, 1984; Traktate u. Theorien z. Konzil, 1984; D. kath. Konzilsidee v. d. Reformation bis z. Aufklärung, 1988; D. Partikularsynode. Stud. z. Gesch. d. Konzilsidee, 1990; Konzilsdarstellungen-Konzilsvorstell. 1000 Jahre Konzilsikonographie, 1990; Kirchenväterhomilien zum NT. E. Repertorium d. Textausgaben u. Übersetzungen, 1991 - Spr.: u. a. Franz.

SIEBEN, Karl-Theo

Kaufmann, Geschäftsführer Mibach GmbH. u. Gladwolle Mönchengladbach - Bleichgrabenstr. 123, 4050 Mönchengladbach 1 - Geb. 16. Juni 1936 Mönchengladbach, kath., verh., S. Frank - Geschäftsf. ehem. Dt. Burlington GmbH, jetzt Mibach GmbH; Geschäftsf. Gladwolle, Gladbacher Wollind. GmbH Mönchengladbach.

SIEBEN, Otto

s. Narholz, Gerhard.

SIEBEN, Peter

Vizepräsident Handwerkskammer-Aachen - Knöppgerweg 33, 5100 Aachen (T. 0241 - 471 121 273) - Geb. 19. Febr. 1923 kath., verh. s. 1956 m. Josephine Rosinski - Dachdecker, Klempner, Blitzableiterbauer - Vorst.-Mitgl. Dt. Handwerkskammertag (DHKT) Bonn, Westd. Handwerkskammertag (WHKT) Düsseldorf, Landesgewerbeförderungsst. (LGH) NRW Düsseldorf, b. 1988 LAK/ZVK Dachdecker Wiesbaden (auch AR-Mitgl.) - 1969 Gold. Handwerkszeichen d. ZDH, Bonn; 1972 BVK I. Kl., 1983 Gr. BVK; 1989 VO Land Nordrh.-Westf.; 1989 Dr. Johann-Christian Eberle Med. (Sparkassen-Giroverb.)

SIEBENEICHER, Hans-Peter

1. Vorsitzender Gesamtverb. d. Dt. Industriemeistervereinig. - Wastl-Witt-Str. 15, 8000 München 21.

SIEBENEICHER, Joachim

Dr. rer. pol., Fabrikant, gf. Gesellsch. Arbau Bau- u. Industriebedarf v. Boddien & Dr. Siebeneicher, Heidelberg, Geschäftsf. Arbau Baugeräte GmbH. ebd. - Panoramastr. 53, 6900 Heidelberg - Geb. 22. Sept. 1910.

SIEBENEICK, Hans

Dr. rer. nat., Dipl.-Landwirt, Kreisverbandsdirektor i. R. - Stürtzstr. 17, 5160 Düren (T. 02421 - 5 36 66) - Geb. 12. Juli 1906 Erfurt-Möbisburg (Vater: Gerhard S., Obermasch.meist.; Mutter: Friederike, geb. Große), kath., verh. s. 1941 m. Franzis, geb. Heitmann, 5 Kd. (Hans-Ulrich, Rainer, Ruth, Rita, Rolf) - Dipl. 1932, Promot. 1936 Univ. Halle/S. - 1933-35 Feldmeist. u. Adjutant; 1935 Steuerberater; 1936-38 Amtl. Bodenschätzer; 1938-43 Stabsleit. Reichsnährstand; 1943-46 Militär- u. Internier.zeit; 1947-52 Geschäftsf. in Kartoffelhandelsverb. (zul. Zentralverb. Dt. Kartoffelhdl.); 1954-71 Kreisverb.dir., seitd. Landw. Sachverst. S. 1969 Kommunalpol. - BV: Üb. 40 Veröff., u. a. D. kl. Gemüsegarten, 1947; Stammtafel d. dt. Kartoffelsortiments, 1947; D. dt. u. ausl. Kartoffelsorten, 1948; Dt. Kartoffelatlas, 1950; Kl. Sortenratgeber, 1953-70; 100 Kochrezepte f. Kartoffelgerichte, 1954/55 Quer durch d. Kartoffelbau (13 Folgen), 1956; Weltkatalog d. Kartoffelsorten, 1957; Stammtafel d. niederl. Kartoffelsortiments, 1975; Stolonenzahl u. Ertrag, 1983 - 1975 BVK am Bde. - Interessen: Geneal., Züchtung, Krankheiten d. Kartoffel - Spr.: Engl., Franz. - Lit.: Fachztschr.

SIEBENHÜNER, Herbert

Dr. phil. (habil.), em. o. Prof. u. Vorst. Kunsthistor. Inst. Univ. Würzburg (1954-73) - Sonnenstr. 5, 8700 Würzburg (T. 7 33 48) - Geb. 10. März 1908 Leipzig - Lehrtätigk. Univ. Graz (1942-45) u. Bonn (1949-54; 1953 apl. Prof.) - BV: Dt. Künstler am Mailänder Dom, 1944; D. Kapitol in Rom - Idee u. Gestalt, 1953; D. Palazzo Barbarigo della Terrazza in Venedig u. s. Tizian Samml., 1981. Zahlr. Einzelarb.

SIEBENMANN, Gustav

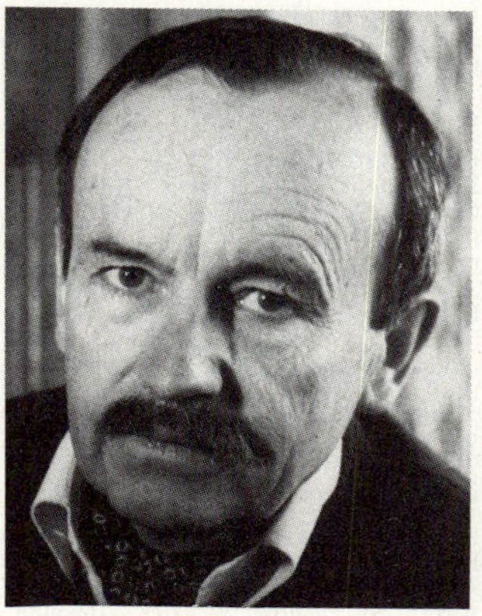

Dr. phil., em. Prof. Hochsch. St. Gallen i. R., Vizepräs. Asociación Intern. de Hispanistas (1986-92) - Hompelistr. 12a, CH-9008 St. Gallen - Geb. 21. Okt. 1923 Aarau/Schweiz (Vater: Robert S., Kaufm.), verh. s. 1949 m. Margrit, geb. Arnold, 3 Kd. - Schulen Lima u. Aarau; Stud. Univ. Bern, Zürich, Paris, Santander, Perugia (Roman.). Promot. (1949) u. Habil. (1965) Zürich - B. 1965 Gymnasiallehrer Winterthur, 1966-76 o. Prof. Erlangen (Roman. Philologie, Lit.wissensch.), v. a. Hispanist, 1976-89 o. Prof. Hochsch. St. Gallen (span. u. portug. Sprache u. Lit.). Emerit. s. 1989 - BV: D. mod. Lyrik in Spanien, 1965 (span. 1973); D. neuere Lit. Lateinamerikas u. ihre Rezeption im dt. Sprachraum, 1972; Lit.wiss. Wörterb. f. Romanisten (m. R. Hess u. M. Frauenrath), 3. A. 1989; Ensayos de lit. hispanoamericana, 1988. Ess. z. span. Lit., 1989. Herausg.: Kolloquiumsakten D. lateinamerik. Hacienda (1978); Reclam Anthol. Span. Lyrik d. XX. Jh. (m. J. M. López, 1985). Rd. 280 Fachveröff. z. Lit. u. Kultur Spaniens u. Lateinamerikas, Forsch.projekt z. Kulturtransfer zw. Hispania und Germania, Archiv d. dt. Übers. aus d. Span. u. Portug. (s. 1945); Lit. Feuilletons (NZZ s. 1948). Übersetzer (C. Alegria, D. goldene Schlange, 1971); Anekd. aus Span. u. Portug. in Manesse: Anekd. d. Weltlit., 1980; Bibliogr. d. aus d. iberischen Sprachen ins Deutsche übersetzten Literatur, 1945-83, Tübingen, 1985. Mithrsg. v. Iberoromania (Tübingen) u. v. Lateinamerika-Studien Frankfurt/M. - Lit.: 2 Festschr. z. 60. Geb.: Iberoamérica. Lateinamerika-Stud., Bd. 13, I u II, Fink (1983); De los romances-villancicos a Cl. Rodríguez, J. M. López ed., José Esteban, Madrid (1984).

SIEBENMARCK, Hans-Karl

Geschäftsführer J. G. Niederegger GmbH. u. Co., Lübeck - Hagenstr. 17, 2400 Lübeck - Geb. 31. Jan. 1924.

SIEBENSCHÖN, Leona

Schriftstellerin - Loogestieg 8, 2000 Hamburg 20 (T. 040 - 47 48 14) - 3 Kd. (Nina Maria, Peter, Christian) - Stud. Phil., German., Päd.; Staatsex. - Redakt.; Chefredakt. (Gruner & Jahr) - BV: Ehe zw. Trieb u. Trott, 1968; D. Unfähigkeit zu lieben, 1976; Im Kreidekreis, 1979; Nachtleben, 1983; D. Mama-Mann, 1983; Niemandskind, 1984; Wenn du d. Freiheit hast, 1986; Nichts wie weg, 1987; Sag mir, wie du heißt, 1988; D. skeptische Generation, 1989; D. achte Himmel, 1990 - Spr.: Engl., Franz., Lat. - S. 1974 Mitgl. PEN.

SIEBER, Günter

Dr. rer. pol., Vorstandsmitglied Hoesch AG, Dortmund i. R. - Goldfasanenweg 9, 4600 Dortmund 30 - Geb. 11. Jan. 1924 Chemnitz/Sa. (Vater: Friedrich S.; Mutter: Gertrud S.), verh. m. Edith, geb. Boden - Div. AR u. Ehrenstell. - BVK I. Kl.; VO. d. Landes Nordrh.-Westf.; goldene Ehrenmed. d. Gemeinnützigen Wohnungswirtsch.; Hans-Böckler-Med.

SIEBER, Karl

Dr.-Ing., Direktor - Am Fichtenhang 8, 5900 Siegen/W. (T. 5 15 87) - Geb. 16. Dez. 1917 Bockwa/Sa., ev., verh. s. 1943 m. Traute, geb. Niepagen, 2 Kd. (Christine, Hans Jürgen) - Realgymn. Zwickau; TH Stuttgart u. Dresden (Maschinenbau; Dipl.-Ing. 1944). Promot. (Wirtschaftsing.) 1957 TU Berlin - U. a. Techn. Dir. Leonhardt Söhne, Crossen/Mulde, Vorstandsmitgl. Hannoversche Papierfabriken, Alfeld/Leine (1952-63), Siegener AG., Geisweid (1963-66), Dt. Babcock- & Wilcox-Werke AG., Oberhausen (1966-72), Busch-Jaeger Dürener Metallwerke AG., Lüdenscheid (1972 ff.). Patent: Holzstapler - BV: Mechanisierung v. Holzplätzen versch. Größe, 1955 (RKW) - Spr.: Engl., Franz. - Mitgl. Lions Club.

SIEBER, Kurt

Studiendirektor a. D., 1. Bürgermeister Stadt Königsberg i. Bay. (s. 1990), MdL Bayern (1978-82) - Roßmarkt 12, 8729 Königsberg/Ufr. - Geb. 20. Juni 1936 Eger/Böhmen, ev., verh., 2 Kd. - Oberrealsch. Kempten, Pasing, Augsburg, Haßfurt (Abit. 1956); Univ. Würzburg (Franz., Engl.; Staatsex. 1962). Päd. Ex. 1964 - B. 1965 Schuldst. Königshofen, dann Haßfurt. 1972ff. Stadt- u. Kreisrat. FDP (1972ff. Kreisvors. Haßberge, 1975 stv. Bezirksvors. Unterfr., 1975ff. Vors. Kreistagsfrakt. FDP/Freie Bürger, Mitgl. Landesvorst.) - Spr.: Engl., Franz.

SIEBER, Ulrich

Dr. jur., Univ.-Prof. Univ. Würzburg (s. 1991) - Judenbühlweg 22, 8700 Würzburg (T. 0931 - 3 13 04; Fax 0931 - 1 70 57) -

Geb. 18. Nov. 1950 Stuttgart, led. - Stud. Rechtswiss. 1969-73 Tübingen, Lausanne u. Freiburg; Promot. 1977 Freiburg, Habil. 1987 ebd. - 1977-87 Rechtsanwalt u. Wiss. Mitarb. Inst. f. Kriminol. u. Wirtsch.strafrecht Univ. Freiburg; 1987-91 Ord. f. Strafrecht, Strafprozeßrecht u. Informationsrecht Univ. Bayreuth; s. 1980 auch wiss. Berater d. OECD, d. EG-Kommiss. u. d. Europarats; Präs. d. Vereinigung f. Europ. Strafrecht e.V.; Mitgl. Legal Advisory Board for the Community Information Market d. EG-Kommiss. - BV: Computerkriminalität u. Strafrecht, 2. A. 1980 (jap. Übers. 1986); Informationstechnologie u. Strafrechtsreform, 1985 (jap. Übers. 1988); The Intern. Handb. on Computer Crime, 1985 (franz. Übers. 1990); The Intern. Emergence of Criminal Information Law, 1992; Liability for On-line Data Bank Services in the European Communities, 1992 - Spr.: Engl., Franz.

SIEBERG, Herward

Dr. phil. habil., Univ.-Prof. f. Polit. Wiss. Univ. Hildesheim - Lehmkamp 31 d, 3201 Barienrode (T. 05121 - 26 39 30) - Geb. 28. Febr. 1942 Berlin (Vater: Dr. jur. Wilhelm S.; Mutter: Irmgard S.), ev., verh. s. 1967 m. Ute, geb. Schneider, 2 Kd. (Renée, Christoph) - Stud. Gesch., Polit. Wiss. u. Angl. Univ. Berlin, Heidelberg u. Paris; Promot. 1967 Heidelberg; Habil. 1983 - 1970 Ass. d. Lehramts; 1971-73 wiss. Assist. PH Schwäbisch Gmünd; s. 1973 Akad. Rat/Oberrat Hochsch. Hildesheim; 1985 Prof., 1985-87 Dekan FB I (Erziehungs- u. Sozialwiss.) Hochsch. Hildesheim - BV: Eugène Etienne u. d. franz. Kolonialpolitik (1887-1904), 1968; Dritte Welt - Vierte Welt. Grundprobl. d. Entwicklungsländer, 1977; Colonial Development. D. Grundlegung mod. Entwicklungspolitik durch Großbritannien (1919-1949), 1985 - Spr.: Engl., Franz.

SIEBERT, Hans

Dr. rer. nat., o. Prof. f. Strukturchemie i.R. - Erlenweg Nr. 49, 6900 Heidelberg (T. 30 12 99) - Geb. 4. April 1923 Hartem/Hann. - S. 1953 (Habil.) Lehrtätigk. Bergakad. bzw. TU Clausthal (1960 apl. Prof. f. Anorgan. u. Analyt. Chemie) u. Univ. Heidelberg (o. Prof. u. Mitdir. Anorgan.-Chem. Inst.). Facharb.

SIEBERT, Horst

Dr. phil., Prof. f. Erwachsenenbildung Univ. Hannover - Schollweg 21, 3000 Hannover 91 - Geb. 8. Juli 1939 Iserlohn - Promot. 1965, Habil. 1969 - S. 1970 Prof. Hannover - BV: Taschenb. d. Weiterbildungsforsch., 1979; Lernen u. Lernprobl. in d. Erwachsenenbild., 1982; Erwachsenenbild. als Bildungshilfe, 1983; D. vergeudete Umwelt, 1990.

SIEBERT, Horst

Dr. rer. pol., Präsident Inst. f. Weltwirtschaft, Kiel - Geb. 1938 Neuwied/Rh. (Vater: Fritz S.; Mutter: Anna, geb. Heini), kath., verh. s. 1965 m. Christa, geb. Causemann - Univ. Köln (Dipl.-Volksw. 1963). Promot. (1965) u. Habil. (1969) Münster - S. 1969 Lehrtätigk. Univ. Münster u. Mannheim (Ord.) u. Konstanz, 1960/61 u. 1967/68 USA - BV: Ökonomische Theorie d. Umwelt, 1978; Ökonomische Theorie natürl. Ressourcen, 1983; Economics of the Environment, 2. A. 1987; Einführung in d. Volkswirtsch.lehre, 10. A.; Außenwirtschaft, 5. A. 1991; The New Economic Landscape in Europe - Spr.: Engl., Franz.

SIEBERT, Kurt

Dr. rer. oec., Direktor i. R., Lehrbeauftr. Univ. München (Industriebetriebslehre) - Melchiorstr. Nr. 13, 8000 München 71 (T. 79 45 31) - Geb. 24. März 1905 Landsberg/W. - Zul. Generalbevollm. Siemens AG., Berlin/München - 1972 Bayer. VO.

SIEBERT, Manfred

Dr. rer. nat., em. o. Prof. u. Direktor Inst. f. Geophysik Univ. Göttingen (1968-90) - Hohler Graben 4, 3400 Göttingen 1 (T. Göttingen 2 13 30) - Geb. 2. Juni 1925 Ribbeck (Vater: Walter S, Lehrer; Mutter: Lisbeth, geb. Rosner), verh. s. 1962 m. Bärbel, geb. Gaßmann, 2 T. (Ina u. Anja) - Univ. Göttingen (Phys., Geophys. u. Math.), Promot. 1955, Habil. 1965, Göttingen. Emerit. 1990 - 1984 Mitgl. Akad. d. Wiss. Göttingen.

SIEBERT, Rüdiger

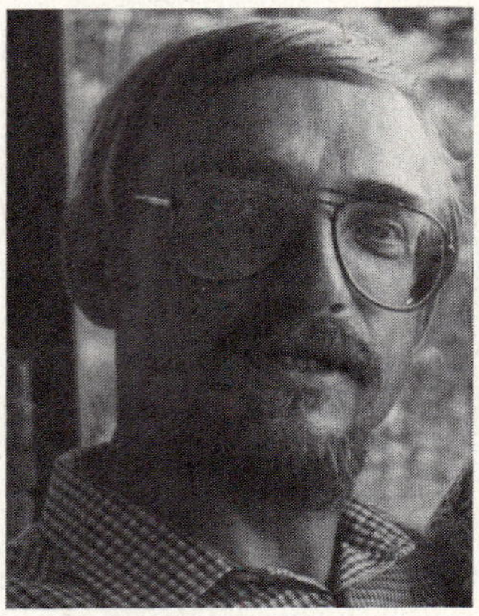

Journalist, Schriftsteller, Leiter Indones. Programm d. Dt. Welle Köln - Postf. 10 04 44, 5000 Köln 1 (T. 0221 - 389 47 31) - Geb. 17. Jan. 1944 Chemnitz - BV u.a.: Roter Reis im Paradies, 1976; Tod auf Mactan, 1982; Insel im schwarzen Fluß, 1984; 5mal Indonesien, 1987; 3mal Philippinen, 1989; D. Meer d. Träume, 1989; Java - Bali, 1991 - 1975 Kurt-Magnus-Preis d. ARD.

SIEBERT, Udo

Pfarrer, Oberkirchenrat Ev.-Luth. Kirche in Thüringen, Eisenach (s. 1991) - Palmental 19, O-5900 Eisenach (T. 7 15 77) - Geb. 23. März 1937 Weida/Thür., ev., verh. s. 1964 m. Dr. Barbara, geb. Sondershaus, 2 Söhne (Hansgeorg, Stefan) - Stud. ev. Theol. Jena, Berlin (Ost), Ex. Jena 1960 - Pfarrer in Neidschütz b. Naumburg; Studentenpfarrer Ilmenau u. Jena; Superintendent in Jena; ab Okt. 1991 Oberkirchenrat (Leit. d. Diakonischen Werkes d. Ev.-Luth. Kirche in Thüringen, Dezern. f. Diakonie im Landeskirchenrat, Eisenach).

SIEBERT, Wilhelm Dieter

Komponist - Bamberger Str. 33, 1000 Berlin 30 (T. 030 - 213 67 00) - Geb. 22. Okt. 1931 Berlin (Vater: Heinrich S., Ing.; Mutter: Doris, geb. Rüdiger), verh. m. Christiane-Friederike Droz, 2 Kd. (Diana, Katharina) - Musikhochsch. Berlin u. Freiburg - Musikwerke: Untergang d. Titanic (Oper), James-Bond-Oratorium - 1972 Cité des Arts, 1978 P.S.I. - Liebh.: Golf - Spr.: Engl. - Lit.: Alfons Runeberg: D. tonale System d. Werke W. D. Sieberts.

SIEBERTH, Heinz-Günter

Dr. med., Prof. Medizinische Klinik II RWTH Aachen - Morillenhang 61, 5100 Aachen - Geb. 6. Mai Wasungen (Vater: Alfred S., Amtm.; Mutter: Johanna, geb. Frank), ev., verh. s. 1960 m. Dr. Gudrun, geb. Richter, 2 Kd. (Veit, Uta) - Staatsex. 1957 Berlin; Habil. 1969 Köln - 1958/59 Akad. d. Wiss. Berlin; 1959-61 Med. Univ. Poliklinik Rostock; 1962-64 Med. Univ. Poliklinik Freiburg; 1964-80 Univ. Klinik. Köln; s. 1981 Dir. Med. Klinik II RWTH Aachen - BV: (m.a.) D. Internist. Notfall (auch span., ital.), 1989; Lehrb. d. Inn. Med., Differentialdiagnose; u.a. Ca. 300 wiss. Publ. - Liebh.: Bergsteigen, Segeln - Spr.: Engl.

SIEBKE, Hans

Dr.-Ing., Dr.-Ing. E.h., Prof., Ministerialrat Hauptverw. d. Dt. Bundesbahn (Ref. f. Kunstbauten u. Bahnübergänge) - Seedammweg 46, 6380 Bad Homburg v.d.H. - Honorarprof. Univ. Hannover - 1984 Ehrendoktor TU Braunschweig.

SIEBLER, Friedrich

Bankdirektor - Hauffstr. 2, 7500 Karlsruhe - Geb. 27. Jan. 1913 - Gegenw. Vorstandsvors. Volksbank Karlsruhe eGmbH. AR-Mandate u. a.

SIEBRECHT, Valentin

Dr. rer. pol., Landesarbeitsamts-Präs. a. D. - Buschingstr. 20, 8000 München 80 (T. 91 37 09) - Geb. 5. Dez. 1907 (Vater: Theophil S., Eisenbahner; Mutter: Caroline, geb. Siebrecht), verh. m. Emmi, geb. Mohr - Univ. Wien, Berlin, Frankfurt/M. (Dipl.-Volksw.) - BV: Arbeitsmarkt u. -politik in d. Nachkriegszeit, 1956; D. Vorschr. üb. Arbeitsvermittlung, Arbeitsberatung, Berufsberatung u. -marktpolitik, letzte A. 1992; Arbeitsmarktpolitik in Dtschl. unt. d. Bedingungen d. techn. Fortschritts, 1965. Herausg.: Handb. d. Arbeitsvermittl. u. Berufsberat. (2 Bde. 1959); Rehabilitation v. Behinderten in Dtschl., 1966. Schriftenreihe: Aufgaben u. Praxis d. Bundesanstalt f. Arbeit (1971/81 16 Schriften, m. Kohl); Wege z. Chancengleichh. d. Behinderten (1974 m. and.). Zahlr. Fachaufs. - 1961 Ital. VO; 1973 Bayer. VO. u. Gr. BVK.

SIEBURG, Heinz-Otto

Dr. phil., em. Prof., Historiker - Bayernstr. 12, 6600 Saarbrücken 3 (T. 6 56 85) - Geb. 16. Dez. 1917 Herne/W. (Vater: Dr. phil. Erich S., Studienrat, Schriftst., Theaterkrit.; Mutter: Ida, geb. van Kann), kath., verh. in 2. Ehe (1962) m. Eva-Maria, geb. Norrenberg, 3 Kd. (Irene †1987, Alexander, Christina) - Univ. Münster u. Berlin (Gesch., German., Phil.). Promot. 1940 Münster; Habil. 1958 Saarbrücken - S. 1958 Privatdoz., Doz. (1961), apl. Prof. (1965), Wiss. Rat u. Prof. (1972) Univ. Saarbrücken (Neuere Gesch.), s. 1983 Prof. i. R. - BV: D. Erwachen d. polit. Bewußtseins in Dtschl. zw. 1815 u. 48 im Spiegel d. Griechenbildes, 1941 (Diss.); Dtschl. u. Frankr. in d. Geschichtsschreib. d. 19. Jh., 1954, Bd. II 1958 (Habil.schr.); Polit. Gesch. Frankr., 2. A. 1959 (m. P. R. Rohden); Grundzüge d. franz. Gesch., 1966, 3. A. 1984; D. Grubenkatastrophe v. Courrières 1906 - E. Beitrag z. Sozialgesch. d. Dritten Republik u. z. dt.-franz. Verhältnis um d. Jh.wende, 1967. Herausg.: Napoleon u. Europa (1971), Gesch. Frankreichs (1975), 3. A. 1983, 4. erw. u. überarb. A. 1989; Kooperation d. Historiker aus Saarbrücken u. Metz 1973-1983 (1983); 3 Biographien in: Exempla historica, Epochen d. Weltgesch. in Biographien, Bd. 32 (1985). Zahlr. Einzelarb. - 1969 o. Mitgl. Centro Naz. di Studi Napoleonici; 1975 Offc. l'Ordre des Palmes Acad. - Liebh.: Kulturhistor. Zinnfiguren - Spr.: Franz., Engl. - Bek. Vorf.: Prof. Dr. phil. Friedrich S., Schriftst. (s. XIV. Ausg.), 1893-1964 (Onkel).

SIECKMANN, Hartmut

Dipl.-Ing., Umweltminister d. Landes Thüringen - Am Schönblick 18, O-5300 Weimar (T. 0621 - 6 10 71) - Geb. 19. Aug. 1943, ev., verh. s. 1969 m. Doris, geb. Plewka, 2 Kd. (Dirk, Cordula) - Lehre Werkzeugmacher 1960-63; Stud. 1963-69 TU Dresen; Dipl.-Ing.; Stud. 1976-78 TH Merseburg - Liebh.: Briefmarken, Münzen, Garten - Bek. Vorf.: Nicolaus von Dreyse, Erfinder Hinterlader/Zundnadelgewehr (Ur-Ur-Ur-Großvater).

SIECKMANN, Werner

Dipl.-Ing., Vorstandsmitglied HOESCH STAHL AG, 4600 Dortmund, AR-Mitgl. HOESCH Siegerlandwerke AG, 5900 Siegen - Könzgenstr. 2, 4600 Dortmund - Geb. 7. Nov. 1926.

SIEDENTOPF, Hans-Georg

Dr. med., Prof. - Danziger Str. 9, 6057 Dietzenbach (T. 06074 - 2 69 66) - Geb. 17. Sept. 1936 Leipzig (Vater: Prof. Dr. med. Heinrich S.; Mutter: Marie-Luise, geb. Bodecker), verh. s. 1967 m. Dr. med. Dörte, geb. Janssen, 2 Kd. (Friederike, Jan-Peter) - Stud. Heidelberg, München, Wien, Göttingen; Promot. 1961 Göttingen; Habil. 1971 Frankfurt - S. 1970 Oberarzt Univ.sfrauenkl. Frankfurt u. s. 1972 Prof. (Gynäkol. Geburtshilfe, Immunol.) ebd.; 1975 Landesvors. Pro Familia.

SIEDENTOPF, Heinrich

Dr. jur., Dr. h.c., Prof. - Hauptstr. 170, 6740 Landau-Godramstein (T. 6 07 57) - Geb. 5. März 1938 Leipzig (Vater: Prof. Dr. med. Heinrich S. (s. dort); Mutter: Marie-Luise, geb. v. Bodecker), ev., verh. s. 1973 m. Elisabeth, geb. Gräfin v. Ballestrem, 2 Kd. (Philipp, Johannes) - Univ. Münster (Promot. 1963). Habil. 1971 Speyer - Z. Z. Inh. Lehrstuhl f. Vergl. Verw.wiss. u. Öfftl. Recht Hochsch. f. Verw.wiss. Speyer.

SIEDLER, Gerold

Dr. rer. nat., Prof. f. Physikal. Ozeanographie Univ. Kiel - Berliner Weg 12, 2307 Dänischenhagen - Geb. 16. Aug. 1933 Olmütz - Promot. (Physik) 1960 Kiel; Habil. (Ozeanographie) 1966 Kiel - S. 1960 wiss. Mitarb. Inst. f. Meereskunde Kiel; 1967/68, 1971/72 u. 1983 Gastforscher Woods Hole Oceanographic Inst. USA; 1984 u. 85 Gastforscher Univ. Hawaii USA, 1989 Univ. Paris VI, France, 1990 Univ. Miami, USA, Jet Propulsion Lab. Pasadena, USA; 1969ff. Prof. u. Abt.-Dir. Univ. Kiel; 1976-78 gf. Dir. Inst. f. Meereskunde. Leit. zahlr. Exped. auf Forschungsschiffen, 1991/92 Dekan d. Math.-Naturwiss. Fak. Univ. Kiel - BV: Allg. Meereskunde, 1975; General Oceanography, 1980; Physical properties of sea water, 1986 - 1975-79 Vizepräs. Int. Assoc. Phys. Sci. Oceans (IAPSO); 1980-83 Vizepräs. u. 1983-88 Präs. Sci. Committee Oceanic Research (SCOR); s. 1986 Vors. Senatskommiss. Ozeanographie Dt. Forsch. Gem. - Spr.: Engl.

SIEDLER, Josef

Landwirt, MdL Baden-Württ. (1956-80) - Isnyer Str. Nr. 3, 7970 Leutkirch/Allgäu (T. 86 70) - Geb. 25. März 1913 Leutkirch, kath., verh. - Volks- u. Landw.ssch. - 1939-45 Wehrdst. u. engl. Kriegsgefangensch. 1948-84 Mitgl. Gemeinderat Leutkirch. CDU s. 1946 - 1969 BVK I. Kl., 1975 Gr. BVK.

SIEDLER, Wolf Jobst

Verleger - Falkenried 6, 1000 Berlin 33 (T. 832 80 06) - Geb. 17. Jan. 1926 Berlin (Vater: Dr. jur. Wolf Jobst S., Verbandssyndikus), ev., verh. s. 1949 m. Imke, geb. Faigle, 2 Kd. (Wolf Jobst, Sophie Elisabeth) - 1948-50 Humboldt- u. Freie Univ. Berlin (1949) - 1953-56 Generalsekr. Dt. Büro Kongreß für kulturelle Freiheit, Berlin, 1954-55 Feuilletonredakt. D. Neue Ztg., 1955-63 Feuill.chef D. Tagesspiegel ebd., 1963-79 Verlagsleit. (1967 Ullstein Verlagsgruppe), Vors. d. Direktoriums d. in d. Verlag Ullstein GmbH zus.geschloss. Verlage; Rücktr.); 1980-83 Geschäftsf. u. Mitinh. d. Verlage Severin u. Siedler u. Quadriga, Berlin, 1983 Umgründ. in Wolf Jobst Siedler Verlag GmbH, Berlin; gegenw. Zus.arb. m. Bertelsmann - BV: D. gemordete Stadt (5. A.), Behauptungen (2. A.); Weder Maas noch Memel (2. A. u. Club- u. Taschenb. Ausg.). Ess. z. Bildbd.: Die verordnete Gemütlichkeit; Auf der Pfaueninsel (4. A.); Wanderungen zw. Oder u. Nirgendwo. Mitautor: D. Mauer, Hier schreibt Berlin heute. Mithrsg.: Dichtung u. Wirklichkeit (Buchreihe; b. 1968 30 Bde.). Übers. aus dem Engl. (Jackson: The Outer Edges), Dän., Ital. - 1962-77 (Austr.) PEN-Zentrum BRD - 1984 Karl-Friedr.-Schinkel-Ring; 1987 Ernst-Robert-Curtius-Preis f. Essayistik; 1987 BVK I. Kl. - Spr.: Engl., Dän. Norw. - Bek. Vorf.: Schadow, Zelter, Adolf Stahr, Kupferstecher Schmidt.

SIEDSCHLAG, Hans-Joachim

Dr.-Ing. habil., Prof., Hochschullehrer Univ. Rostock - Blücherstr. 80, O-2500 Rostock 1 (T. 0381 - 2 56 04) - Geb. 15. April 1933 Finsterwalde, verh. s. 1964 m.

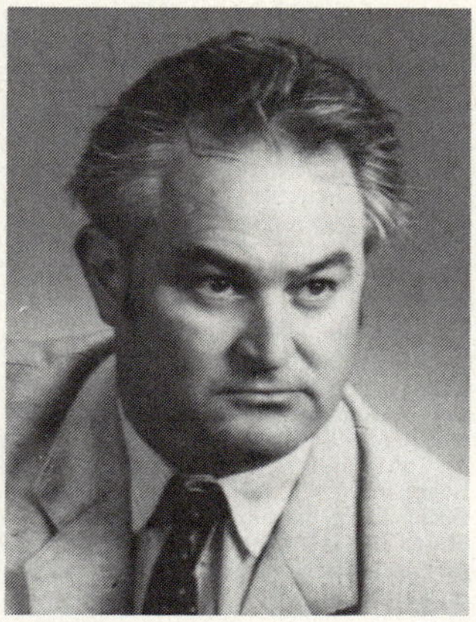

Anneliese, geb. Schemmel (Lehrerin), 2 Kd. (Stefan, Antje) - Dipl.-Ing. 1958 TH Dresden; Dr.-Ing. 1964 TU Dresden; Habil. 1969 Dresden - Ass./Oberass. Maschinenlabor Dresden; Dieselmotorenbau Magdeburg; s. 1971 Prof. Rostock; 1976-82 Prorektor Naturwiss. u. Technik; 1982-90 Dekan Math., Phys., Techn. Wiss. - 1979 Ehrennadel d. Univ. Rostock; 1980 VVO Bronze - Liebh.: Malerei, Sport (Feldhandball) - Spr.: Engl., Russ.

SIEFARTH, Günter

Dr. phil., Leiter Hauptabt. Planung u. Herstellung, WDR-Fernsehen, Journalist - Kopernikusstr. 8, 5060 Bergisch-Gladbach 1 (T. 02204 - 6 55 81) - Geb. 2. Juni 1929 Düsseldorf, kath., verh. s. 1959 m. Rosemarie, geb. Clouth, 3 Kd. (Christof, Marita, Winfried) - Stud. Univ. Bonn, München, Innsbruck, Freiburg; Promot. 1954 Freiburg - 1968-72 Leit. ARD-Weltraumstudio u. Kommentator d. amerik. Mondflüge; 1973-77 Moderator FS-Magazin Bilder aus d. Wissenschaft; s. 1977 Sonderaufgaben im ARD-Ferns. - BV: Raumfahrt (Übers. in 7 Spr.); D 1 - Unser Weg ins All - Liebh.: Sammeln v. Kupferstichen (Topographien u. Landkarten), Skilauf - Spr.: Engl., Franz. - Lit.: Martin Virchow, D. 100 v. Fernsehen.

SIEFER, Gregor

Dr. phil., Prof. f. Soziologie - Dreieichenweg 7, 2050 Hamburg 80 (T. 040 - 721 33 65) - Geb. 9. Okt. 1928 Berlin (Vater: Bernhard S., Jurist; Mutter: Marta, geb. Kraus), kath., verh. s. 1953 m. Margaretha, geb. Kellinghusen, 3 Kd. (Thomas, Teresa, Birgit) - Stud. Soziol., Pol.wiss., Dt. Lit., Psych., Phil.; Promot. u. Habil. Univ. Hamburg - 1953-61 Verlagsredakt., s. 1961 Assist., Doz. u. Prof. Univ. Hamburg - BV: D. Mission d. Arbeiterpriester, 1960 (engl. 1963, franz. 1964, span. 1965); Sterben d. Priester aus?, 1973; Relig. u. Politik im 20. Jh. (Hrsg. zus. m. S. Talmon), 1978; Ehe u. Familie, 1982 - Liebh.: Reisen, Klass. Musik - Spr.: Engl., Span.

SIEFKER, Leopold

Dr. jur, Generalkonsul d. Bundesrep. Deutschl. in Los Angeles/Californien - 6222 Wilshire Blvd. Suite Nr. 500, Los Angeles, CA 90048/USA - Geb. 14. Juli 1925 Osnabrück, kath., verh. s. 1953 m. Mechthild, geb. Wegner, 5 Kd. (Birgitta, Michael, Claudia, Cornelia, Urban) - Jurastud. Univ. Münster u. Grenoble (1. u. 2. jurist. Staatsex., Promot.) - S. 1954 Ausw. Dienst (Göteborg, Rom/Hl. Stuhl, Nikosia, Beirut, Amsterdam, Ankara, Mailand) - BVK.

SIEG, Karl

Dr. jur., em. o. Prof. f. Versicherungs- u. Handelsrecht sow. Bürgerl. Recht Univ. Hamburg (s. 1973) - Im Sorenfelde 23, 2000 Hamburg 67 (T. 603 88 31) - Geb. 6. Mai 1911 Berlin (Vater: Karl S., Kaufm.; Mutter: Emma, geb. Zieseke), ev., verh. s. 1952 m. Hannelore, geb. Heinicke - Realgymn. u. Univ. Berlin (Rechtswiss.; Promot. 1936). Ass.ex. 1947 Hamburg - 1934-39 Versich.w.; 1949-50 Rechtsanw.; 1950-63 Land- u. Oberlandesgerichtsrat (1953) Hamburg. 1949-63 Privatdoz. u. apl. Prof. (1954) Univ. Hamburg, 1963-73 Ord. Univ. Berlin; 1978 emerit., Ehrenmitgl. Dt. Verein f. Versich.wiss.; Vorst. Inst. f. Berufsfortbild. d. Versich., Versich.wiss. Verein Hbg. - BV: D. Buße nach d. Arbeitsordnungsgesetz, 1936; Ausstrahlungen d. Haftpflichtversich., 1952; D. gesetzl. Forderungsübergang auf d. Binnenversicherer, 1970; Handels- u. Wertpapierrecht f. Versicherungskaufleute, 1978; Allg. Versicherungsvertragsrecht, 2. A. 1988; Rechtsgeschäfte m. gekoppeltem Versicherungsschutz, 1990. Mitarb.: Versich.wirtsch. Studienwerk (1962ff.); Bruck-Möller, VVG, 8. A. 1970; Handwörterb. d. Versich., 1988. Zahlr. Einzelarb. - Liebh.: Geschichte, Theater - Spr.: Engl., Franz.

SIEGEL, Curt

Dr.-Ing., Architekt, o. Prof. f. Tragwerkslehre u. Konstruktives Entwerfen i.R. - Panoramastr. 64, 7303 Neuhausen (T. 07158 - 22 02) - Geb. 13. März 1911 Brüssel, verh. 1936 m. Marianne, geb. Schwenck, 6 Kd. - Realgymn. Dresden; TH Dresden - S. 1946 Prof. Hochsch. f. Baukunst Weimar u. TH bzw. Univ. Stuttgart (1950) - BV: Strukturformen d. Modernen Architektur, 1960 (dtsch. u. 10 Fremdspr., dar. Jap., Chin. u. Indones.).

SIEGEL, Elisabeth

Dr. phil., Prof., Hochschullehrerin i. R. - Ameldungstr. 21, 4500 Osnabrück (T. 5 10 20) - Zul. Prof. Päd. Hochsch. Osnabrück (Päd. u. Sozialpäd.).

SIEGEL, Ralph

Komponist, Verleger, Produzent - Höchlstr. 2, 8000 München 80 - Geb. 30. Sept. 1945 München (Vater: Ralph Maria S., Komp., Textd., Verl. †1972 (s. XVI. Ausg.), 2 Töcht. (Marcella, Julia) - Internate Schweiz u. Engl.; Musikunterr.; Verlagsausbild. Frankr. u. USA. Zahlr. Schlager, dar. Fiesta Mexicana. Du kannst nicht immer 17 sein, Dschingis Khan, Steck Dir Deine Sorgen an den Hut, E. bißchen Frieden (1982 Grand Prix de la Chanson), Theater, Johnny Blue, Laß die Sonne in Dein Herz, Babička, Träume sind f. alle da, Mit Dir vielleicht, u. ca. 1000 weitere Kompos. - 1983 Paul-Lincke-Ring Stadt Goslar - Großv.: Dr. jur. Rudolph S., Generalmusikdir. (s. X. Ausg.).

SIEGEL, Theodor

Dr., Prof. f. Betriebswirtschaftslehre TU Berlin - Fischerhüttenstr. 26, 1000 Berlin 37 (T. 030 - 801 73 18) - Geb. 21. Sept. 1940 Gelsenkirchen (Vater: Franz S., Krankenpfleger; Mutter: Sofie, geb. Szalata), verh. s. 1968 m. Ursula, geb. Szafranietz, 2 Kd. (Volker, Cordula) - B. 1959 Kaufm. Lehre; Dipl.-Kfm. 1970 TU Berlin, Promot. 1973 u. Habil. 1976 ebd. - 1976-83 Prof. Univ. Hannover, 1983-88 Univ. Essen, s. 1988 TU Berlin - BV: Arbeitsb. Steuerrecht, 1979; Steuerwirk. u. Steuerpolitik in d. Untern., 1982; Besteuerung d. Gesellschafter-Fremdfinanzierung (m. K.D. Haase u. D. Schneeloch), 1983; Strukturen d. Besteuerung, 1988.

SIEGELE, Ulrich

Dr. phil., Prof. f. Musikwissenschaft - Ursrainer Ring 101, 7400 Tübingen 1 (T. 07071 - 6 29 98) - Geb. 1. Nov. 1930 Stuttgart (Vater: Willi S., Kaufm., †; Mutter: Lore, geb. Lammfromm, †), ev., verh. s. 1971 in 2. Ehe m. Dr. theol. Leonore, geb. Wenschkewitz, 4 Kd. (Anna Barbara, Ludwig, Sebastian, Florian) - Univ. Tübingen (Promot. 1957), Habil. 1965 - Prof. f. Musikwiss. Univ. Tübingen. Spez. Arbeitsgeb.: Histor. Kompositionsverfahren, J. S. Bach - BV: D. Musiksammlung d. Stadt Heilbronn, 1967; Kompositionsweise u. Bearb.technik in d. Instrumentalmusik J. S. Bachs, 1975; Bachs theol. Formbegriff u. d. Duett F-Dur, 1978; Zwei Kommentare z. Marteau sans maître v. Pierre Boulez, 1979; Beethoven, Formale Strategien d. späten Quartette (Musikkonzepte 67/68), 1990; D. Orgeln d. Musikwissenschaftlichen Inst. im Pflegehof zu Tübingen, 1992 - Spr.: Engl.

SIEGELE-WENSCHKEWITZ, Leonore

Dr. theol., Theologin (spez. Arbeitsgeb.: jüd.-christl. Dialog, neuere Kirchen- u. Theologiegesch., feminist. Theol.) - Am Hasenborn, 6384 Schmitten 1 (T. 06084 - 40 44) - Geb. 27. Juni 1944 Belgard/Pommern (Vater: Prof. Dr. theol. Hans W., Superintendent †; Mutter: Anita, geb. Michelsson †), ev., verh. s. 1971 m. Prof. Dr. phil. Ulrich S. - Stud. Univ. Tübingen; Promot. 1972; 1. theol. Dienstprüf. 1978; 1990 Habil. f. Histor. Theol. u. PD Univ. Frankfurt - 1972 wiss. Assist. Univ. Tübingen, 1979 Repetentin Ev. Stift Tübingen, 1983 Studienleit. Ev. Akad. Arnoldshain, s. 1984 als Pfarrerin - BV: Nationalsozialismus u. Kirche, Religionspolitik v. Partei u. Staat b. 1935, 1974; Neutestamentliche Wiss. vor d. Judenfrage, Gerhard Kittels theol. Arbeit im Wandel dt. Gesch., 1980; D. Theol. Fak. im 3. Reich, in: Semper Apertus, 600 J. Univ. Heidelberg 1386-1986, Bd. 3, 1985, 503-542; Verdrängte Vergangenheit, d. uns bedrängt, Feministische Theol. in d. Verantwortung f. d. Gesch., 1988; Frauen u. Faschismus in Europa, 1990; Hochsch. u. Nationalsozialismus, 1990 - Spr.: Engl.

SIEGENTHALER, Peter

s. Hoffmann, Hans Peter

SIEGER, Dieter

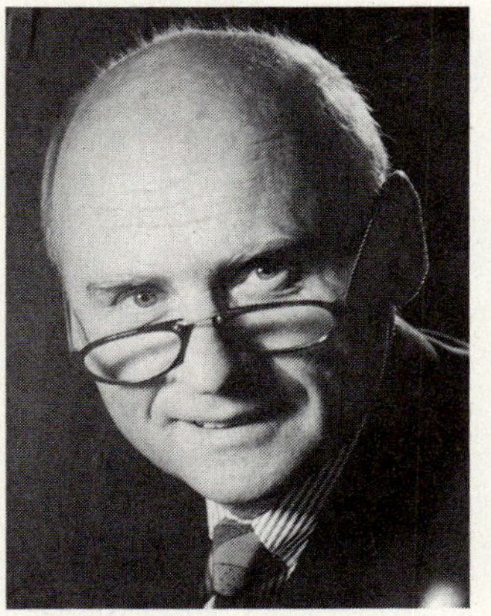

Architekt, Designer - Schloß Harkotten 1, 4414 Sassenberg 2 - Geb. 3. Mai 1938 Münster, verh., 2 Söhne (Christian, Michael) - 1964 Staatsex. f. Arch. Werkkunstsch. Dortmund - S. 1965 eig. Arch.büro in Münster, b. 1976 Entwurf u. Ausf. v. Reihen- u. Einfamilienhäusern in Griechenl., Spanien, Frankreich, USA u. Saudi Arabien, sowie Planung v. Industriebauten, b. 1982 Gestalt. v. Interieurs f. Segelyachten u. Motorboote, s. 1980 Ind.design/Messestandplanung/Marketingberat. f. d. Badezimmerbereich (Alape, Dornbracht, Duravit, Düker, Twick & Lehrke, Hoesch, DAL, Agrob/AWS, Gebhan, Hüppe, Kesseböhmer, Stiebel Eltron, Vorberg, Alliance Enamelsteel), f. andere Ind.zweige (GKS-Leuchten, Ogro, Dey, Mennekes, Peill + Putzler, WMF, Bestform, Hutschenreuther, Ritzenhoff, Wella) - Mitgl. Arch.kammer NRW, Member of the American Soc. of Interior Designers New York, Mitgl. d. Allianz Dt. Designer - 26 Preise u. Ausz., u. a. 1986 u. 88 Staatspr. Japan, 1987 Staatspr. NRW, 1989 Staatspr. Niederlande.

SIEGER, Hermann Walter

Kaufmann, Konsul v. Paraguay - Venusberg 32-34, 7073 Lorch - Geb. 6. April 1928 Schw. Gmünd (Vater: Hermann Ernst S. †, Kaufm.), ev., verw., 3 Kd. (Günter, Eva-Maria, Christine) - Abit. Schw. Gmünd - S. 1977 Vizekonsul v. Paraguay in Stuttgart - BV: Hausztschr. Siegerpost; div. Briefmarken-Kataloge - Hermann-Oberth-Med.; Hermann-Oberth-Ring; 1972 Goldmed. Federation Intern. Soc. Aerophilateliques; FISA-Ring; Ehrenz. Dt. Rotes Kreuz; Silbernadel Dt. Sporthilfe; 1988 BVK am Bde. - Spr.: Engl.

SIEGER, Robert Lutz

Dr. rer. pol., Geschäftsführer Seyfert GmbH + Co, Reichenbach - Sürther Str. 3, 5000 Köln 50 - Geb. 11. Mai 1943, kath., verh. s. 1976 m. Christina Maria, geb. Atzler, 2 Kd. (Robert Alexander, Christina Maria) - Stud. Univ. Berlin, Karlsruhe u. Innsbruck; Dipl. 1970, Promot. 1972 (Betriebswirtsch.) - Vors. Verb. d. Wellpappen-Ind., Präs. Hauptverb. d. Papier, Pappe u. Kunststoffe verarb. Ind., europ. Wellpappenind. (FEFCO) - Spr.: Engl., Franz.

SIEGERT, Hans-Christian

Prof., Geiger, Leiter Violinklasse Folkwang-Hochschule Essen, Abt. Duisburg - Düsseldorfer Str. 272, 4100 Duisburg 1 (T. 0203 - 66 60 00) - Geb. 7. Febr. 1929 Dresden, ev., verw., S. Roland - Abit.; Konzertex. Musikhochsch. Köln - 1953-55 Konzertm. Recklinghausen; s. 1955 Geiger im Westdt. Trio; 1959-73 Doz. Städt. Konserv. Duisburg; s. 1975 Prof. - BV: Violinsch. in Reihe Wiener Instrumentalsch., 1978 - Bek. Vorf.: Grete Sammler-Siegert, Koloratursopran Duisburger Oper (Mutter).

SIEGERT, Walter

Prälat, Direktor Caritasverb. f. d. Diözese Regensburg - v.-d.-Tann-Str. 7, 8400 Regensburg (T. 502 11 11) - Geb. 7. Febr. 1926 Burgweinting/Regensburg - 1948-54 Stud. Theol. Regensburg u. Würzburg, Ordinat. 1954 - 1954-63 Kaplan in Viechtach, Weiden u. Regensburg; 1958-70 Landeskurat d. DPSG; 1963 Diözesan-Caritassekr.; 1968 Diözesan-Caritasdir.; 1974 MHD-Diözesanseelsorger; 1976 Mitgl. d. Kurat. Stiftungsfachhochsch. München; 1991 Vizepräs. d. Dt. Caritasverb. (DCV) - 1968 Ehrenkonventualkaplan d. Malteser-Ritterord.; 1976 Ehrenz. Dt. Caritasverb. in Gold; 1977 BVK; 1980 Verdienstplak. d. MHD in Gold; 1983 Bayer. Staatsmed. f. soz. Verd.; 1986 Bayer. VO; 1988 Orden pro piis meritis d. Malteser-Ritterordens; 1988 Brotteller d. Dt. Caritasverb.; 1990 Gold. Ehrennadel d. Kath. Berufsverb. f. Pflegeberufe in Deutschl.

SIEGERT, Wolf

Prof. f. Physik u. Didaktik d. Physik Univ. Bremen - Richard-Wagner-Str. 6-8, 2800 Bremen (T. 34 31 04).

SIEGFRIED, von, Oskar

Dr., Generalkonsul a.D. (Bonn) - Geb. 24. Jan. 1920 Vorderwalde/Ostpr. (Vater: Herbert v. S., Landw. †; Mutter: Ruth, geb. von Bolschwing), ev., verh. 1950-79 m. Marie-Elisabeth, geb. Freiin v. Canstein †, 4 Kd. - 1947-50 Stud. Landwirtsch.; Promot. 1955 - 1940-45 Soldat; 1952 Ref. Bundesst. f. Außenhandelsinform. Köln; 1959-64 Wirtschaftsref. Dt. Botsch. Colombo; 1964-69 Ausw. Amt Bonn; 1969-72 Wirtschaftsref. Dt. Botsch. Brüssel; 1972-77 Ständ. Vertr. d. Botsch. in Luxemburg; 1977-80 Leit. Geschäftsber. Ausw. Angeleg. b. Bevollm. d. Bundesreg. in Berlin; 1980-85 Generalkonsul in Chicago - Liebh.: Lit., Jagd, Golf, Wandern - Spr.: Franz., Engl.

SIEGLAFF, Walter

Dr. jur., Präsident Bundesbahn-Sozialamt (1974 i. Ruhest.), Treuhänder Allg. Priv. Krankenversich. AG - Schlehenweg 4, 6395 Weilrod-Emmershausen (T. 06083 - 16 18).

SIEGLIN, Gunter

Dipl.-Ing., Vorstandsvorsitzender Eckardt AG, Stuttgart, Vors. Verb. d. dt. feinmechanischen u. optischen Ind. - Postfach 500347, Pragstr. 82, 7000 Stuttgart 50 - Geb. 6. Aug. 1935 Düsseldorf.

SIEGLOCH, Klaus-Peter
Leiter ZDF-Studio Bonn - Langer Grabenweg 45, 5300 Bonn 2 (T. 0228 - 88 62 00) - Geb. 15. Mai 1946 Hamburg, verh. s. 1974 m. Christiane, geb. Hammer, 2 Kd. (Christopher, Kristina) - Abit. 1966; Stud. Polit. Wiss., Soziol. u. Volkswirtsch.lehre; Dipl.-Polit. 1972 - Dienstleit. Film Tagesschau; Redaktionsleit. Hbg. Journal (NDR-FS); Moderator ARD Tagesthemen - Liebh.: Segeln, Surfen, Ski - Spr.: Eng., Franz.

SIEGMANN, Otfried
Dr. med. vet., Dr. med. vet. h.c., em. Prof. Klinik f. Geflügel Tierärztliche Hochschule Hannover (1966-91; 1972-74 Rektor) - Kantstr. 5, 3000 Hannover 61 - Geb. 7. Jan. 1926 Heilbronn/N. (Vater: Hermann S., Studienrat; Mutter: Berta, geb. Kreß), ev., verh. s. 1949 m. Hiltraut, geb. Enslin, 3 Kd. (Dagmar, Harald, Praxedis) - Gymn. Stuttgart; TH Stuttgart (Biol.), Justus-Liebig-Univ. Gießen, TiHo Hannover (Veterinärmed.). Promot. Hannover; Habil. Berlin - 1956-65 Abt.leit. Bundesforschungsanstalt f. Kleintierzucht, Celle; 1963-66 Privatdoz. FU Berlin - BV: Kompendium d. Geflügelkrankh., 1971, 5. A. 1992 - 1981 Mitgl. Albrecht Thaer-Ges.; 1981 Ehrendoktor Univ. d. Vet.med. Budapest.

SIEGMEIER, Albrecht W.
Geschäftsführer ge-ka Gerrit van der Kamp GmbH + Co. KG, Fenster- u. Türenwerk, Nordhorn-Klausheide - Klausheider Weg 53, 4460 Nordhorn-Klausheide; priv.: Kuckucksweg 15, 6233 Kelkheim/Ts. (T. 06195 - 6 45 48) - Geb. 1. Mai 1941 Nordhausen.

SIEGMUND, Manfred
Dipl.-Ing., Geschäftsf. Gesellschafter IVH Industrie-Verwaltungs-GmbH + Handelskontor KG, Hildesheim - Praetoriusweg 2, 3200 Hildesheim - Geb. 19. Aug. 1920 Schweidnitz/Schles., verh. m. Sigrid, geb. Hage, 2 Kd. - Wehrdst. Luftwaffe 1938-1945 - Th. Hann. (allg. Maschinenbau, Dipl.-Prüf. 1949) - Geschf. Ges. Senkingwerk 1950-77 - Gründungsmitgl. Lions Club Hildesheim - Liebh.: Motor- u. Segelflug - Internat. Leistungsabz. Gold C - 3 Brillanten.

SIEGRIST, Johannes
Dr. phil., Prof. f. Med. Soziologie Univ. Marburg - Schlehdornweg 13, 3550 Marburg - Geb. 6. Aug. 1943 Zofingen/Schweiz (Vater: Adolf S., Lehrer, Schulleit. a. D.; Mutter: Margrit, geb. Merz), s. 1982 verh. - Univ. Basel u. Freiburg/Br. (Soziol., Phil., Gesch.). Promot. u. Habil. Freiburg; Gastprof. J. Hopkins Univ. Baltimore u. Inst. f. Höh. Studien, Wien - BV: Lehrb. d. Med. Soziol., 1974, 4. A. 1988 (ital. 1979); Arbeit u. Interaktion im Krankenhaus, 1978; Soziologie in d. Medizin, dt. u. frz., 1982. Mitautor u. Mithrsg.: Breakdown in human adaptation to stress, 2 Bde., 1984. Mithrsg. intern. Fachztschr. Social Science and Medicin, Work and Stress, Eur. Journal Public Health, Social Psychiatry, Sozial- u. Präventivmed.; üb. 100 Fachveröff. (Schwerpunkt: psychosoz. Risiken u. Herz-Kreislauf-Krankh.) - 1979 Roemer Preis Dt. Koll. psychosom. Med.; 1988-90 Präs. Europ. Ges. f. Med. Soziol. - Spr.: Franz., Engl., z. T. ital.

SIEGWARTH, Camill
Verwaltungsangestellter, MdL - Feldbergweg 8, 7505 Ettlingen (T. 1 26 52) - Geb. 31. Juli 1918 Ettlingen, kath., verh., 2 Kd. - Volkssch.; kaufm. Lehre - 1939-45 Wehrdst. (Infanterist u. Gebirgsjäger; West- u. Ostfront); s. 1945 Angest. Arbeitsamt Karlsruhe/Nebenst. Ettlingen. S. 1947 Mitgl. Gemeinderat Ettlingen; s. 1953 MdK Karlsruhe; 1956-60 u. s. 1965 MdL Baden-Württ. CDU.

SIEKMANN, Heinz
Journalist, MdL Nordrh.-Westf. (s. 1970) - Münsterstr. 176, 4700 Hamm 1 (T. 02381 - 6 08 37) - Geb. 19. Juni 1927 Münster/W., verh. - Univ. Münster, Freiburg, Mainz (Rechts-, Staatswiss., Publiz.). I. jurist. Staatsprüf. - 1956 ff. Stadtverordn. Hamm; 1969 ff. Mitgl. Landschaftsvers. Westf.-Lippe. CDU s. 1954.

SIEKMANN, Julius
Dr.-Ing., Dipl.-Ing., em. o. Prof. f. Mechanik Univ.-GH Essen - Lilienmattstr. 9, 7570 Baden-Baden - Geb. 24. Sept. 1925 Gadderbaum (Eltern: Julius u. Anna S.), ev., verh. s. 1959 m. Ingrid, geb. Wagner, 3 Kd. (Regine, Marc, Verena) - Stud. TH Karlsruhe; Dipl.ex. 1952; Promot. 1955 - Liebh.: Musik - Spr.: Engl.

SIELAFF, Hans-Jürgen
Dr. med., Prof., Chefarzt Strahlenklinik Städt. Krankenanstalten Heilbronn - Jägerhausstr. 26, 7100 Heilbronn/N. - Geb. 24. Dez. 1920 - S. 1958 (Habil.) Privatdoz. u. apl. Prof. Univ. Heidelberg (Innere Med. u. Röntgenol.). Üb. 100 Fachveröff.

SIELAFF, Horst
Pfarrdiakon, MdB (Wahlkr. 156/Frankenthal) - Kirchgrabenstr. 11, 6710 Frankenthal 3 (Pfalz) - SPD.

SIELER, Wolfgang
Gewerkschaftssekretär a.D., MdB (VIII. Wahlp./Landesl. Bayern) - Kaiser-Wilhelm-Ring 29a, 8450 Amberg/Opf. - Geb. 31. Mai 1930 Leipzig, ev., verh. - Volkssch.; Flugzeugelektriker- u. Schlosserlehre (Messerschmitt, Maxhütte); Hochsch. f. Wirtsch. u. Politik Hamburg (Volksw./grad.) - B. 1956 Betriebsschlosser; s. 1959 Gewerkschaftsangest. (u. a. I. Bevollm. IGM Amberg); AR-Mitgl. Hallberger-Hütte Saarbrücken-Brebach. SPD s. 1950 (stv. Vors. Bez. N/O, Mitgl. Landesvorst. Bayern, im Kreistag Amberg-Sulzbach u. s. 1976 im Dt. Bundestag, Vors. Unterbez. Amberg-Sulzbach-Neumarkt).

SIELMANN, Heinz
Buch- u. Fernsehautor - Am Gänsebühel 13, 8000 München-Obermenzing - Geb. 1917 Königsberg/Pr., verh. (Ehefr.: Inge), Kd. - Stud. Biologie (9 Sem.) - 1947-58 Mitarb. Inst. f. Film u. Bild in Wiss. u. Unterr.; s. 1960 eig. biol. Filmproduktion - BV: 15 Bücher (vor allem üb. Tierverh.), u. a. Lockende Wildnis, 1970; Mein Weg zu d. Tieren, 1971; D. stille Jagd m. d. Kamera, 1986. Bek. Filme: Vögel üb. Haff u. Wiesen (1939), Lied d. Wildbahn, Quick, d. Eichhörnchen, Konzert am Tümpel, D. Iltiskoppel, Zimmerleute d. Waldes (Spechtf.), Herrscher d. Urwalds (u. a. Preis Filmfestsp. Moskau), D. Jahr d. Störche, Galapagos, Verhaltensforsch. b. Tieren, Expeditionen ins Tierreich, Lockende Wildnis (1970). Autor d. Fernsehreihe Expeditionen ins Tierreich m. üb. 130 Folgen - 5 Bundesfilmpreise; Fernsehpr.: Bambi u. Gold. Bildschirm; 1977 Gold. Blume v. Rheydt; 1983 Gold. Kamera HÖRZU; 1983 Bambi Bild + Funk; 1987 BVK I. Kl.

SIEMANN, Hans-Andreas
Dipl.-Volksw., stv. Hauptgeschäftsführer Bundesverb. d. Dt. Groß- u. Außenhandels (s. 1972) - Kaiser-Friedrich-Str. 13, 5300 Bonn (T. 2 60 04-0) - Geb. 19. Juni 1929 - Stud. Bonn - S. 1964 BGA (1966 Gf.), s. 1966 Gf. Bundesverb. d. Dt. Exporthandels e.V. (BDEx), u. d. Verb. d. Fertigwarenimporteure e.V. (VFI), bde. Bonn.

SIEMENS, von Peter
Ind.-Kfm., Vorstandsmitglied Siemens AG - Wittelsbacherplatz 2, 8000 München 2 - Geb. 10. Aug. 1937 Rio de Janeiro/Bras. (Vater: Dr. Peter v. S.; Mutter: Julia, geb. Lienau), ev., verh. s. 1966 m. Bettina, geb. Schicht - Ausb. z. Ind.-Kaufm. - S. 1962 Siemens AG (versch. Funktionen im In- u. Ausland) - Spr.: Engl., Franz., Span. - Rotarier - Bek. Vorf.: Werner v. Siemens.

SIEMES, Hans-Dieter
Dr. jur., Botschaftsrat I. Kl. Dt. Botschaft Jakarta - Jalan M. H. Thamrin Nr. 1, Jakarta/Indonesien - Geb. 28. März 1933 Geldern - Stud. d. Rechtswiss. Univ. Köln; 1. u. 2. jur. Staatsex. 1961 u. 65; Promot. 1964 - S. 1965 Ausw. Amt (Ausl.sposten: 1965/66 Tunis; 1967-70 Jakarta; 1973-76 Leit. Wirtsch.dst. u. Vertr. d. Botsch. Kuala Lumpur), dazw. Zentrale Bonn (polit. Abt. u. Protokoll); 1976-78 Botsch. d. BRD in Gabun; 1979-80 Zentrale Bonn; 1981-83 Jakarta, ständ. Vertreter; 1984-86 Prag, ständ. Vertreter; 1986 Zentrale Ref.-Leit.

SIEMS, Rolf
Dr. rer. nat., Prof. f. Theoretische Physik - Univ., 6600 Saarbrücken (T. 0681 - 302 34 17) - Geb. 24. Juni 1930 Bremen (Vater: Albert S., Tischlermeister; Mutter: Dora, geb. Bohlmann), ev. verh. s. 1965 mit Helgard, geb. Sindermann - Univ. Göttingen, Michigan State College (Dipl. 1957 Göttingen), Promot. TH Aachen 1963 - 1957-63 KFA Jülich, CEN Mol (Belgien), ISNSE Argonne (USA), Assist., Doz. TH Aachen 1963-1970, Habil. 1968 Aachen, 1968/69 Lehrst.-vertr. Univ. Gießen, s. 1970 o. Prof. f. Theor. Physik Univ. Saarbrücken, 1975-77 Fachber.vors. - Ca. 90 Fachveröff. z. Theorie v. Versetzungen, Punktdefekten, Korngrenzen, strukturellen Phasenübergängen, H-Brücken, modulierten Strukturen, Domänenwänden, Schwingungsanregungen in Verbundwerkstoffen - 1963 Borchers Plak. TH Aachen.

SIENKNECHT, Walter
Bauunternehmer, Gesellsch. Johannes Sienknecht GmbH. & Co. KG, Ehrenvors. Bauindustrieverb. Schlesw.-Holst., Kiel - Ripenstr. 22, 2350 Neumünster (T. Büro: 5 40 21-24, priv.: 4 49 29) - Geb. 4. März 1909 - Steinsetzm.; Bauing.

SIEP, Ludwig
Dr. phil., Prof., Direktor d. Philos. Seminars d. Univ. Münster - Vredenweg 13, 4400 Münster - Geb. 2. Nov. 1942 Solingen (Vater: Ludwig S., Arzt; Mutter: Gerta, geb. Wieser), kath., verh. s. 1968 m. Dr. Elke, geb. Pohlendt, 2 Söhne (Georg, Johannes) - Abit. 1962 Köln; Promot. 1969 Univ. Freiburg, Habil. 1976 - 1979-86 o. Prof. Univ. Duisburg, s. 1986 Univ. Münster, Gastprof. Princeton (1976) u. Emory Atlanta, USA (1986) - BV: Hegels Fichtekritik u. d. Wiss.-Lehre v. 1804, 1970; Anerkenn. als Prinzip d. prakt. Phil., 1979. Herausg.: D. Idealismus u. s. Gegenw. (1976); Identität d. Person (1983); Sterblichkeitserfahrung u. Ethikbegründung (1988).

SIEPE, Hans Theo
Dr. phil., Prof. f. Romanistik Univ. Duisburg - Brandenberg 81, 4330 Mülheim/R. (T. 0208 - 59 16 75) - Geb. 12. März 1947 Birkenfeld/Nahe, verh. s. 1984 m. Karin, geb. Bodatsch, S. Daniel - Stud. Univ. Köln, Aix-en-Provence (Roman., German.); Staatsex. 1971 Köln; Promot. 1976 Duisburg; Habil. 1983 Duisburg - BV: D. Leser d. Surrealismus, 1977; Abenteuer u. Geheimnis. Unters. z. franz. Populärroman, 1987. Herausg.: Sammelbde. u. Editionen. Versch. Fachaufs. z. romanist. u. allg. Lit.wiss.

SIEPE, Karl Heinz
Dipl.-Phys., gf. Gesellschafter Siepe & Doblinger Industriebeteiligungen - Rathausufer 23, 4000 Düsseldorf 1 - Zul. Vors. d. Gfg. Waggon Union GmbH., Berlin/Siegen.

SIEPELMEYER, Ludwig
Rechtsanwalt u. Notar, Bürgermeister Georgsmarienhütte (1965-86) - Körnerstr. 10, 4504 Georgsmarienhütte (T. 05401-51 38) - Geb. 4. Juli 1930 Oesede (Vater: Matthias S., Postbeamter; Mutter: Maria, geb. Flach), kath., verh. s. 1954 m. Doris, geb. Bellinger, 6 Kd. (Sabina, Stefan, Georg, Axel, Frank, Jörg) - Gymn. Carolinum Osnabrück (Abit. 1950); 1950-54 Univ. Münster (Jura), Ass. Hannover 1958 - S. 1965 Bürgerm., s. 1970 Vors. Verkehrswacht Oesede, Nieders. Städte- u. Gemeindebd. (1972ff. Bezirks- u. Kreisvors., 1982ff. Landesvorst., 1986 Präs., 1986 Vizepräs. Dt. Städte- u. Gemeindebd.) - 1972 silb. Ehrenz. Dt. Verkehrswacht, 1980 Dt. Feuerwehrmed., 1981 BVK; 1985 Nieders. Verdienstkreuz I. Kl.; 1986 Ehrenbürgerm. Georgsmarienhütte - Spr.: Engl.

SIEPEN, Volker
Dipl.-Kfm., Vorstandsmitgl. IPS Industrie-Verpackungs- u. Service AG., Essen - Donaustr. 50, 4006 Erkrath 2 - Geb. 26. März 1944 Sorau (Vater: Heinz S., RA; Mutter: Ilse, geb. Kunzendorf, Lehrerin), ev., verh. s. 1971 (Ehefr.: Elke), 2 Kd. (Sven, Silja) - Stud. Univ. München u. Köln; Dipl.ex. 1969 - Liebh.: Hochseesegeln - Spr.: Engl., Franz.

SIEPENKOTHEN, Anne-Hanne
Hausfrau, MdL Nordrh.-Westf. - Grüner Weg 26, 4000 Düsseldorf 1 (T. 0211-72 63 93) - Geb. 21. April 1949 Düsseldorf, kath., verh. s. 1970 m. Hans S., 2 Kd. (Christian, Katrin) - Mittl. Reife; Ausb. im elterl. Mörtelwerk - Spr.: Engl.

SIEPER, Bernhard
Journalist, Schriftst. - Kaiserstr. 59, 5608 Radevormwald/Rhld. (T. 3 37) - Geb. 21. Jan. 1909 Radevormwald, ev., verh. m. Waltraut, geb. Baum, 1 Kd. - Volkssch.; kaufm. Lehre (Spedition) - Bank- u. Industrieangest. - BV: D. Lebensbild d. Schiffsjungen Hein, 1936; Herz überm Amboß, Lersch - Biogr. 1939; Sterne üb. d. Heimat, 1941; D. Ruf d. Strahlen, Röntgen-Biogr. 1946; E. kl. Blütenlese d. Weltlyrik, 1946; Rader Humor, 1953; Paul Verlaine, Charakterbilder, 1957; Staunen u. Mitleid, Lyr. aus Erleben Indiens, 1974; Sechs Bildbände Radevormwald, 1976-81; Heutiges Indien, Prosa 1981 - Lyrikpreise: 1975 Das betroffene Metall, 1976 Dome im Gedicht, 1977 Lyrikpreis der IGdA, 1978 Zwei Menschen, 1981 Die Rose.

SIEPMANN, Helmut
Dr. phil., Prof. f. Romanische Philologie - Baadenberger Str. 40, 5000 Köln 30 (T. 55 24 25) - Geb. 29. Aug. 1937 Essen - Stud. Roman. u. Gesch. Tübingen, Lille u. Bonn; Staatsex. Höh. Lehramt, Promot. Bonn, Habil. Köln - Wiss. Assist. Bochum u. Köln, Prof. Köln u. Aachen - BV: D. allegor. Trad. im Werk Clément Marots, 1968; D. portugies. Lyrik d. Segundo Modernismo, 1977; D. portugies. Lit. d. 19. u. 20. Jh., 1987 - Spr.: Engl., Franz., Portugies., Ital., Span.

SIES, Helmut
Dr. med., Prof. f. Physiologische Chemie Univ. Düsseldorf - Inst. f. Physiol. Chemie I, Moorenstr. 5, 4000 Düsseldorf 1 - Geb. 28. März 1942, 2 Kd. (Alexander, Caroline) - Promot. (Dr. med.) 1967 Univ. München - S. 1979 Lehrstuhlinh. Physiol. Chemie I Univ. Düsseldorf - Entd.: Wasserstoffperoxyd in Säugetierzellen; GSH-Transport; Selenstoffwechsel; Singulettsauerstoff in biol. Systemen - BV: Glutathione, 1978; Metabolic Compartmentation, 1982; Oxidative Stress, 1985 (Jap. Übers. 1987); Peroxisomes in Biol. and Med., 1987 - 1978 FEBS Anniversary Prize; 1986 Silver Medal Karolinska Inst. Stockholm; 1988 Ernst Jung-Pr. f. Med.; 1990 Claudius-Galenus-Preis; 1990 Burroughs-Wellcome Visiting Prof. in Basic Medical Sciences, Univ. of Texas, Austin; 1989/90 Präs. Society for Free Radical Research (Europe); 1991 Mitgl. UNESCO Global Network for Molecular and Cell Biology; 1991 Mitgl. d. Rheinisch-Westf. Akad. d. Wiss. - Liebh.: Musik - Spr.: Engl., Franz.

SIES, Walter
Dr. rer. pol., Generalbevollm. Metallgesellschaft AG, Frankfurt am Main i. R. - Oberer Reisberg 9a, 6380 Bad Hom-

burg v.d.H. (T. 06172 - 3 17 38) - Geb. 24. Sept. 1924 Hamburg, verh. s. 1949, 6 Kd. - Stud. Nationalökon. (Promot. Prof. Stucken), 1954-88 Metallges., 5 J. Ifo-Inst. f. Wirtsch.sforsch.

SIESS, Manfred

Dr. med., em. o. Prof. f. Pharmakologie - Wilhelmstr. 56, 7400 Tübingen (T. 07071 - 29 22 68) - Geb. 10. Febr. 1920 Ulm/D. - S. 1956 (Habil.) Lehrtätigk. Univ. Tübingen u. Marburg (1958; 1962 apl. Prof., 1966 Wiss. Rat u. Prof., 1970 Abt.vorsteher u. Prof.) u. Tübingen (1971 o. Prof. u. Dir. Pharmak. Inst.). 1964/65 Gastprof. Univ. Chicago (USA). Emerit. 1988. Fachveröff.

SIEVEKING, Friedrich

Dr. jur., Senatspräsident a. D. - Marinesteig 18, 1000 Berlin 38 (T. 803 75 76) - Geb. 16. Sept. 1907 Hamburg (Vater: Dr. jur. Ulrich S., Notar; Mutter: Katharina, geb. Roosen), ev., verh. s. 1939 m. Eva, geb. Mönckeberg, 4 Söhne (Malte, Roland, Friedrich, Johann) - Gymn. Hamburg; Univ. Lausanne, Freiburg/Br., Berlin, Hamburg, Yale (Rechtswiss.) - 1934-45 Rechtsanw. Hamburg; s. 1946 Justizdst. ebd. u. Berlin (1948 ff. Verwaltungsrichter; b. 1970 Bundesrichter, dann Senatspräs. Bundesverw.gericht) - BV: Doppelte Gerichtsbarkeit in d. Vereinigten Staaten, 1935 - Spr.: Engl., Franz. - Bek. Vorf.: Georg Heinrich S. (1751-99) - 1962 ff. Governor Distrikt 111/Nord Lions Intern. - Bruder: Johannes S.

SIEVEKING, Kai

Oberstudienrat, 1. Vors. Bundesverb. d. Lehrkräfte d. Russ. Sprache (s. 1970) - Johannes-Schult-Weg 10, 2000 Hamburg 67 (T. 040-603 40 33) - Geb. 23. Aug. 1926, ev., verh. s. 1955 m. Ursula, geb. Zander, 2 Kd. (Dirk, Claudia) - Stud. Univ. Hamburg, Mainz, Göttingen (Lat.. Griech., Russ.); 1. Staatsex. 1952, 2. Staatsex. 1954.

SIEVEKING, Klaus L.

Dr. jur., Wiss. Mitarbeiter ZERP (Zentrum f. europäische Rechtspolitik) (s. 1986) - Bergiusstr. 121, 2800 Bremen 33 (T. 0421 - 27 46 57) - Geb. 23. Mai 1945 Bendestorf, ev., verh. s. 1985 m. Gundula, geb. Lösch, 3 Kd. (Nikolaus, Anna Katharina (aus 1. Ehe), Annelie) - Stud. Univ. Freiburg, Berlin Rechtswiss.; Ass. u. Promot. 1974 - 1974-75 Regierungsrat z. A. Hamburg; 1976-81 Assist.-Prof.; 1982-85 Prof. Univ. Bremen - BV: D. Entwicklung d. sozialist. Rechtsstaatsbegriffs in d. SBZ/DDR, 1975; D. Erstattung v. Rentenversich.beiträgen an Ausländer, 1988 - Spr.: Engl. - Bek. Vorf.: G. H. Sieveking (1751-99).

SIEVERDING, Franz

Dipl.-Ing., Vorstand Mannesmann AG, Düsseldorf - Mannesmannufer 2, Postf. 55 01, 4000 Düsseldorf 1 - Geb. 29. Mai 1927 Oberhausen - BVK am Bde.

SIEVERS, Angelika

Dr. phil., M. A., o. Prof. f. Geographie u. ihre Didaktik (emerit.) - Römerstr. 118/3308, 5300 Bonn 1 (T. 0228 - 556 33 08) - Geb. 28. Sept. 1912 Stolp/Pom. (Vater: Dr. Georg S., Kammersynd. †1935), kath. - Abitur 1932 Stolp; M. A. 1936 USA; Promot. 1939 Berlin (Geogr., Angl., Gesch., Päd.) - 1939-42 Assist. Univ. Berlin (Inst. f. Agrarwesen); 1943-49 Ref. Inst. f. Landeskd. ebd.; s. 1949 Doz. u. Prof. (1964) Päd. Hochsch. Vechta, 1973ff. Univ. Osnabrück, Abt. Vechta, 1964-66 UNESCO-Auftr. Nigeria - BV: Ceylon - Gesellschaft u. Lebensraum in d. oriental. Tropen, 1964; Nigeria - Stammeskulturlandschaften e. neuen Staates im trop. Afrika, 1970; Südasien - Beiträge ..., 1982; D. Tourismus in Sri Lanka ..., 1983. Mithrsg.: Geographia Religionum - Spr.: Engl., Franz., Ital.

SIEVERS, Heinrich

Dr. phil., Prof., Musikwissenschaftler - Holteistr. Nr. 1, 3000 Hannover-O, (T. 81 49 65) - Geb. 20. Aug. 1908 Dorum (Vater: Hugo S., Pastor; Mutter: Marie, geb. Beutnagel), ev., verh. s. 1940 m. Elske, geb. Bredlau († 1977), T. Carola - 1930-35 Stud. Musik, -wiss., Lit.- u. Kunstgesch. Würzburg u. Köln - S. 1937 Musikkrit. Presse u. Rundfunk (1953 NDR); s. 1939 Lehrtätigk. Staatl. Musikhochsch., TH bzw. TU Hannover (1946; 1958 Honorarprof. f. Musik u. -gesch.). Mitgl. Ges. f. Musikforsch. Entd.: Braunschweiger Osterspiel v. 1314 u. Wienhäuser Liederb. v. 1460 - BV: D. lat.-liturg. Osterspiele d. Stiftskirche St. Blasien zu Braunschweig, 1936; 350 J. Staatstheater Braunschweig, 1941; D. Wienhäuser Liederb., 1953; D. Musik in Hannover, 1961; Musica curiosa, 1971; Hannoversche Musikgeschichte, Bd. I, 1979, Bd. II, 1984; Kammermus. in Hann., 1980; Harrys Paganini, 1982; D. Prisma d. Musikgesch., 1983 - Verdienstkr. I. Kl. u. Gr. Verdienstkr. Nieders. VO.; Fokke Pollmann-Med. d. Sängerb. Nordwestdeutschl. - Spr.: Engl., Franz.

SIEVERS, Heinz

Vorstandsvorsitzender i.R. Westfälische Provinzialversicherungen - Eli-Marcus-Weg 26, 4400 Münster - Geb. 16. Febr. 1920 - Zuv. Vorst.-Mitgl. Concordia Feuer Versich.ges. a. G., Hannover (b. 1974). Zahlr. Vorst.-, Beiratsmitgliedsch., Ehrenvors. Verb. d. Haftpflicht-, Unfall-, Auto- u. Rechtsschutzversicherer (HUK), Hamburg, Vors. Verk.-Opferhilfe e.V., Hamburg.

SIEVERS, Leopold

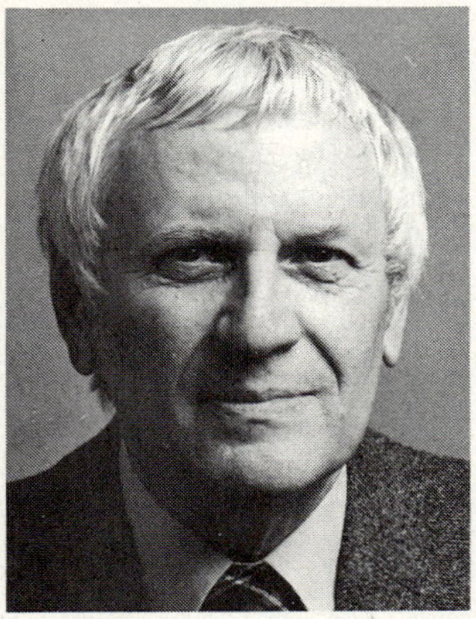

Schriftsteller - Elbchaussee 193a, 2000 Hamburg 52 (T. 880 58 78) - Geb. 8. April 1917 Hamburg (Vater: J. Leopold S., Elektr.werks-Dir.; Mutter: Ottilie, geb. Tholl), ev.-luth., verh. m. Ilse, geb. Schoeppler - 1937 Abit.; 1948 Ing. f. Hochbau - B. 1945 Soldat, zul. Hptm.; b. 1954 Tätigk. Architekturbüros; s. 1955 Redakt. - BV: Serpentinen, N. 1955; D. Nixe, Erz. 1958; Onyx, R. 1962; Juden in Dtschl., Sachb. 1977; Revolution in Dtschl./Gesch. d. Bauernkriege, Sachb. 1978; Deutsche u. Russen, Sachb. 1980, erw. u. aktual. Neuaufl. 1991 - 1955 C.-Bertelsmann-Novellenpreis, 1961 Julius-Campe-Preis.

SIEVERS, Otto

Dr., Geschäftsführer Gasversorgung Süddeutschland GmbH. (GVS), Stuttgart (s. 1969) - Hainbuchenweg 22e, 7000 Stuttgart-Degerloch - Geb. 11. Dez. 1907 Hamburg - Zul. Ministerialdirig. Wirtschaftsmin. Baden-Württ. (Leit. Energie-Abt.).

SIEVERS, Sven

Dr. med. habil., Privatdozent, Ltd. Arzt geburtshilflich-gynäkol. Abt. Krankenhaus Hetzelstift, Neustadt a. d. Weinstr. (s. 1981) - Triftbrunnenweg 48, 6730 Neustadt 19 - Geb. 30. Juli 1938 Heidelberg, ev., verh., 1 Kd. - 1960-66 Med.-Stud. Univ. Heidelberg; Staatsex. 1966, Promot. 1967, Habil. 1976 Univ. Frauenklinik Mannheim - Wiss. Arbeitsgeb.: Familienplanung u. Onkol. - Spr.: Engl., Franz.

SIEVERS, Wilhelm

Dr. jur., Bischof d. Ev.-Luth. Kirche in Oldenburg (s. 1985) - Philosophenweg 1, 2900 Oldenburg - Geb. 1931 Kiel - Stud. Theol. u. Rechtswiss. - 1971ff. Propst v. Angeln (Sitz: Kappeln).

SIEVERT, Manfred

Dipl.-Jurist, Hauptgeschäftsführer IHK Rostock - Utkiek 9, O-2500 Rostock - Geb. 24. Sept. 1953 Rostock, verh., 2 Kd. (Jan, Antje) - Kfz-Schlosser; Abit.; Hochsch. Ing.-Ökon.; 2. Stud. Dipl.-Jurist - Anwalt - Liebh.: Judosport, Klass. Musik.

SIEVERT, Olaf

Dr. rer. pol., Prof. f. Nationalökonomie, insb. Regionalwirtschaft - Universität, 6600 Saarbrücken - Geb. 27. Juli 1933 Demmin/Pom. (Vater: Erich S., Bibliothekar; Mutter: Else-Dorothea, geb. Stender), ev., verh. s. 1959 m. Caritas, geb. Vontz, 3 Kd. (Andreas, Judith, Uta) - Mittel- u. Wirtschaftsobersch.; Univ. Hamburg u. Saarbrücken. Dipl.-Volksw. 1957 Hamburg; Promot. 1963 Saarbrücken - 1959-64 wiss. Assist. Univ. Saarbrücken; 1965-66 Generalsekr. Sachverständigenrat z. Begutachtung d. gesamtw. Entwicklung; 1968 Mitgl. Planungsgruppe b. saarl. Ministerpräs.; s. 1968 Ord. Univ. Dortmund (Abt. Raumplanung) u. Saarbrücken (1971; FB Wirtschaftswiss.); Dir. Inst. f. empirische Wirtschaftsforsch. Univ. d. Saarlandes; 1970-85 Mitgl. Sachverständigenrat z. Begutacht. gesamtwirtschaftl. Entwickl. (1976-85 Vors.); 1974-78 unparteiischer Vors. d. bes. Schlichtung f. d. Metallind.; s. 1985 Mitgl. Wiss. B. BMWi; 1988-91 Mitgl. Deregulierungskommiss.; s. 1988 Mitgl. Kronberger Kreis - BV: Außenw. Probleme steuerlicher Ausgleichsmaßnahmen f. d. intern. Handel, 1964; Entwicklungsaussichten d. Saarw. im dt. u. westeurop. Wirtschaftsraum (m. M. Streit), 1964; Methoden u. Möglichk. d. Erfolgskontrolle städt. Entwicklungsmaßn. (m. J. Eekhoff u. a.), 1977; D. wirtschaftl. u. soz. Entwickl. im Grenzraum Saar-Lor-Lux (m. Ch. Augustin u. a.), 1978; Bewertung wohnungspolit. Strategien (m. J. Eekhoff u. a.), 1979; Mittelstandspolitik f. d. Saarland (m. H. Naust u.a.), 1979; Kommun. Finanzausgl. f. d. Saarl. (m. G. Brenner u.a.) 1981; Probl. d. saarl. Arbeitsmarktes (m. J. Lenhof u.a.), 1982; Steuern u. Investitionen (m. H. Naust u.a.), 1989; Reformbedarf f. d. Wohnungsgemeinnützigkeit (m. H. Naust u.a.), 1990; Zur Standortqualität d. Saarlandes (m. N. Häring u. a.) - 1965 Preis d. Europ. Gemeinschaften (f. d. erste Buch); 1985 Ludwig-Erhard-Preis f. Wirtschaftspubl. - Spr.: Engl., Franz.

SIEVERTS, Thomas

Dipl.-Ing., Prof., Stadtplaner (eigenes Planungsbüro in Bonn) - Buschstr. 20, 5300 Bonn 1 - Geb. 8. Juni 1934 Hamburg (Vater: Prof. Dr. jur. Rudolf S., †1980; Mutter: Elisabeth, geb. Ronnefeldt), ev., verh. s. 1965 m. Heide, geb. Pawelzik, 3 Kd. (Anja, Boris, Judith) - Gymn. Hamburg; Stud.Stuttgart, Liverpool, Berlin; Dipl.-Ing. 1962 - 1963-65 Assist. TU Berlin; fr. Planer (1965-70 Partner Fr. Planungsgruppe Berlin/FPB); 1967-70 Prof. Hochsch. f. bild. Künste Berlin/Arch.abt. (Stadtpl.); 1971 Gastprof. Harvard-Univ. (USA); 1971ff. Prof. f. Städtebau TH Darmstadt; 1989 Planungsdir. Intern. Bauausstellung Emscher Park. Zahlr. Veröff. zu Stadtplanung u. Städtebau - 1962 Fritz-Schumacher-Reisestip.; 1969 Deubau-Preis (m. Kossak u. Zimmermann); 1988 Ehrenzeichen in Gold d. Stadt Wien - Spr.: Engl.

SIEWERS, Ehrfried

Generaldirektor (Ps.: Bonmotius) - Am Hang 35, 2110 Buchholz (T. 04181 - 3 83 47) - Geb. 29. Nov. 1905 Soest/Westf. (Vater: Heinrich S., Lehrer; Mutter: Louise, geb. Lüdecke), ev.-luth., verh. s. 1948 m. Melitta, geb. Greverus, S. Rainer - Bankausbild., s. 1924 Ruberoidwerke AG, Hamburg (1951 stv. Vorst.-Mitgl., 1953 Vorst.-Mitgl., 1957 Alleinvorst., 1973 Vorst.-Vors.); Handelsrichter - Erf.: transparenter Regenschirm, Säuglingsschutzvorricht, Kfz-Warnlicht - BVK 1974 - Liebh.: Schriftstellerei - Spr.: Engl., Franz.

SIEWERT, Jörg-Rüdiger

Dr. med., Prof., Ordinarius f. Chirurgie u. Dir. Chir. Abt. TU-Klinikum rechts d. Isar (1982 ff.) - 8000 München - Geb. 1940 - Zul. Univ. Göttingen. Spezialist f. Bauchchir.

SIGEL, Heiner

Dr. med. habil., Prof., Chefarzt Klinik am Eichert, Göppingen - Eichertstr. 1, 7320 Göppingen - Geb. 22. Juli 1944, ev., verh. - Med.-Stud. Univ. Tübingen u. Wien; Staatsex. 1971, Promot. 1972 Tübingen, Habil. 1982 Ulm - S. 1985 Chefarzt Klinik am Eichert, Göppingen - BV: Diagnost. Strategien n. Myokardinfarkt, 1985.

SIGEL, Kurt

Maler, Schriftsteller - Fallerslebenstr. 16, 6000 Frankfurt/M. (T. 56 73 12) - Geb. 3. Aug. 1931 Frankfurt/M. (Eltern: Kurt-Georg (Angest.) u. Käthe S.), ev., S. René - Realgymn. (Mittl. Reife); Schriftsetzerlehre - 1952-54 Schrifts.; 1954-56 Typograph u. Graphiker; 1956-67 fr. Retuscheur u. Graph.; 1971-81 Galerieleit. u. Kustos; s. 1982 fr. Maler u. Schriftst. - BV: Traum u. Speise, Ged. 1958; Sperrzonen, Ged. 1960; Flammen u. Gelächter, Ged. 1965; Feuer de Maa brennt - Sauf-, Liebes- u. Kannibalenlieder in Frankfurter Mundart, 1968; Kurswechsel, 11 Erz. 1968; Knigge verkehrt, Satiren u. Parodien 1970; Lieder u. Anschläge, Ged. 1970; Kannibalisches. Einschlafgesch. f. sensible Leser, 1972; Uff Deiwel Kommraus, Frankfurter Mundartged., 1975; Kotilow oder Salto mortale nach hinten, R. 1977; Gegenreden/Quergebabbel, hess. Mundartsprüche, 1978, Krumm de Schnawwel - grad de Kerl, hess. Mundarttexte, 1980; Lyrik & Gitarre, LP gemeins. m. Manolo Lohnes, 1982; Verse geg. taube Ohren, Ged. zweispr. 1983; Kotilow's Verwundungen, R. 1989; Geifer-, Gift- u. Sudelverse, Ged. u. Prosa in Frankfurter Mundart 1989 - 1966 Förderpreis z. Kogge-Literaturpreis; 1983 Arbeitsstip. d. Dt. Literaturfonds, 1988 2. Arbeitsstip. d. Dt. Lit.fonds; 1992 Ehrenplak. d. Stadt Frankfurt; Mitgl. PEN-Zentr. BRD.

SIGL, Rudolf

Dr.-Ing., o. Prof. (s. 1961) u. Direktor Inst. f. Astronom. u. Physikal. Geodäsie (s. 1964) TH bzw. TU München - Prochintalstr. 10, 8000 München 50 (T. 14 24 14) - Geb. 16. März 1928 München (Vater: Gottfried S., Bäckerm.; Mutter: Walburga, geb. Schuster), kath., verh. s. 1957 m. Elisabeth, geb. Riepl, T. Angelika - 1942-44 Vermessungstechn. Lehre u. Techn. Privatsch.; 1944-46 Staatsbausch.; 1947-51 Stud. Vermessungswesen TH (Dipl.-Ing. 1951), alles München. Promot. (1954) u. Habil. (1960) München - 1954-59 Observator Bayer. Kommiss. f. d. Intern. Erdmess. (s. 1960 Mitgl.); 1959-61 Abt.leit. Dt. Geodät. Forschungsinst. , 1960ff. Mitgl. Dt. Geod. Kommiss. (1973-87 ständ. Sekr.); 1975-87 Dir. Dt. Geod. Forschungsinst.; s. 1976 Ständ. Sekr. d. Bayer. Kommiss. f. d. Intern. Erdmessung; 1979-83 Vizepräs. Intern. Assoz. f. Geodäsie - BV: Ebene u. Sphärische Trigonometrie, 1969; Einf. in d. Potentialtheorie, 1973; Geodätische Astronomie, 1975; Introduction to Potential Theory, 1985. Mehr als 200 Fachveröff. - S. 1979 o. Mitgl. Bayer. Akad. d. Wiss.; s. 1984 Korr. Mitgl. Österr. Akad. d. Wiss.; 1984 Levallois-Med. Paris; 1991 o. Mitgl. Europ. Akad. d. Wiss. u. Künste - Liebh.: Musik (Klavier- u. Orgelsp.) - Spr.: Engl., Franz., Russ.

SIGLE, Rolf

Industrieberater (Schuhind.) - Friedrich-Siller-Str. 36, 7014 Kornwestheim/Württtemberg (T. 2 13 09) - Geb. 19. Juli 1920 Stuttgart - 1962-69 Vorstandsmitgl. Salamander AG., Kornwestheim - Spr.: Engl. - Rotarier.

SIGLE, Walter

Dr. jur., Rechtsanwalt u. Notar - Im Schellenkönig 10, 7000 Stuttgart 1 (T. 0711 - 24 19 77) - Geb. 17. Juni 1930 Urach (Vater: Karl S., Notar; Mutter: Marie, geb. Bausch), ev., verh. s. 1959 m. Rosemarie, geb. Falter, 4 Kd. (Axel, Barbara, Ralf, Marc) - AR-Vors. Schwaben Bräu Rob. Leicht AG u. Fortuna-Werke, bde. Stuttgart, Krone AG, Berlin, Maschinenfabrik Müller-Weingarten AG, Weingarten, Württ. Filztuchfabr. D. Geschmay, Göppingen, u. v. a. AR-, VR- u. Beiratsmandate.

SIGLOCH, Heinrich

Dr., Bundesrichter, Vors. Richter Bundesfinanzhof i.R. - 8011 Zorneding - Geb. 18. Jan. 1920 - 1956-64 Oberlandesgerichtsrat, Referent im Bundesjustizministerium - BV: Kommentar Boruttau/Egly/Sigloch, GrEStG, 13. A. 1992.

SIGLOCH, Walter

Dipl.-Verwaltungswirt, Bürgermeister, Kreisrat Amstetten - Distelweg 19, 7341 Amstetten (T. 07331 - 30 06-0) - Geb. 3. Febr. 1941 Ravensburg, ev., verh., 2 Kd. - Verw.-Fachsch., Verw.-Akad. - S. 1966 Bürgerm. - Liebh.: Verkehrswesen (Eisenbahn).

SIGMUND, Oskar Karl

Dr. phil., Musikdozent, Komponist, stv. Direktor d. Fachakademie f. kath. Kirchenmusik u. Musikerziehung, Regensburg - Roter Brachweg 81, 8400 Regensburg (T. 0941-3 33 94) - Geb. 13. Aug. 1919 Karlsbad (Vater: Dr. Oskar S., Notar; Mutter: Emilie, geb. Schröder), ev., led. - Gymn. Mähr. Schönberg, Univ. Prag, Promot. 1942, Klavierstud. b. Dr. Ed. v. Chiari, dann Meisterkl. tschech. Staatskonserv. - 1942 Archivar b. Musikverlag Breitkopf u. Härtel, Leipzig, s. 1945 Doz. Kirchenmusiksch. Regensburg, s. 1973 stv. Dir. - Musikwerke: Orgel-, Klavier- u. Kammermusik, Chor, Variat. u. Fuge f. Soloklavier u. Orch., ca. 200 Lieder m. Klavier - 1965 Kulturpreis OBAG, 1965 Preis f. Musik d. Sudentendt. Landsmannschaft, 1980 Mitgl. Sudentendt. Akad. d. Wiss. u. Künste; 1991 BVK - Liebh.: Sprachen, Botanik - Spr.: Engl., Tschech., Kroat., etwas Russ. - Lit.: Aufs. in versch. Kulturztschr.

SIGRIST, Christian

Dr. phil., Prof. - Vahlbusch 36, 4400 Münster (T. 61 58 36) - Geb. 25. März 1935 Sankt Blasien (Vater: Karl S., Oberstud.dir.; Mutter: Grete, geb. Bergmann), verh. s. 1960 m. Ute, geb. Schick, S. Ulrich - Stud. d. Gesch., Soz., Roman., Phil. Univ. Freiburg, Paris, Basel; Staatsex. 1960, Promot. 1965 - 1963-71 Wiss. Assist. Heidelberg, s. 1971 o. Prof. f. Soz. u. Dir. Inst. f. Soz. Univ. Münster (1974/75 Dekan). 1975-1977 1. Vors. Amilcar-Cabral-Ges. 1978-81 Berat. d. kapverd. Ministers f. ländl. Entwickl. Consultant d. FAO - BV: Regulierte Anarchie, 1967, 1979 (Jap. 1975); Indien - d. Gesch. e. verhinderten Entwicklung, v. 1757 b. heute, 1976 (Hindi 1979); Probleme d. demokrat. Neuaufbaus in Guinea-Bissau u. auf d. Kapverden, Heidelberg 1977; D. Rußlandbild d. Marquis de Custine, 1990. Ko-Autor: D. Sozialplan ersetzt mir ja nicht d. Arbeitsplatz. Betriebsschließung u. Besetzungsstreik b. Videocolor (1987). Herausg. (m. F. Kramer): Gesellschaften ohne Staat, 2 Bde. 1978; (m. R. Neu): Ethnologische Texte z. Alten Testament, 2 Bde. 1989/90 - Spr.: Franz., Engl., Portugies.

SIGRIST, Helmut

Dr. Botschafter d. Bundesrep. Deutschl. a.D. zul. Athen/Griechenl. - Donausstr. 21, 5300 Bonn 2 (T. 37 44 95) - Geb. 8. Sept. 1919 Frankfurt/M., kath., verh. s. 1951 m. Berthild, geb. Klein, 4 Kd. - Dipl.-Volksw. 1949, Promot. 1950 Heidelberg - S. 1951 diplomat. Dienst (dazw. 1964 ff. EG-Kommiss.; u. a. stv. Generalsekr. u. 5 J. Generaldir. f. ausw. Bezieh.); 1977-79 Ständ. dt. Vertr. b. d. EG Brüssel, 1979-84 Botsch. Athen.

SIGUSCH, Volkmar

Dr. med. (habil.), Prof., Arzt u. Sexualwissenschaftler - Theodor-Stern-Kai 7, 6000 Frankfurt/M. 70 (T. 63 01 76 14) - Geb. 11. Juni 1940 Bad Freienwalde (Vater: Herbert S.; Mutter: Gertrud, geb. Anders) - 1959-66 Stud. Phil., Med., Psych. Promot. 1966; Habil. 1972 (Sexualwiss.) - 1966-72 Assist. Psychiatr. Klinik/Inst. f. Sexualforsch. Univ. Hamburg (Doz.); s. 1973 Leit. Abt. f. Sexualwiss. u. gf. Dir. Zentrum d. Psychosoz. Grundl. d. Med./Klinikum Univ. Frankfurt (Prof.). 1978 ff. Vors. Dt. Ges. f. Sexualforsch. - BV: Z. Frage d. Vorurteils, 1967; Exzitation u. Orgasmus, 1970; Tendenzen d. Sexualforsch., 1970; Arbeiter-Sexualität, 1971; Ergebn. d. Sexualmed., 2. A. 1973; Jugendsexualität, 1973; Therapie sexueller Störungen, 2. A. 1980; Sexualität u. Med., 1979; D. sexuelle Frage, 1982; V. Trieb u. v. d. Liebe, 1984; D. Mystifikation d. Sexuellen, 1984; Sexualität konkret, 1984; Sexualtheorie u. Sexualpolitik, 1984; Operation Aids, 1986; Aids als Risiko, 1987; Aids, Ergebnisse d. Kongr. f. klin. Psychol. u. Psychotherap., 1988; Kritik d. disziplinierten Sexualität, 1989; Anti-Moralia, 1990 - Ehrenmitgl. Intern. Acad. of Sex Research, New York (1973), Scuola Superiore Rom (1980), Univ. Washington (1982) - Bek. Vorf.: Martha Anders (Großm.), Johann Daniel Deus (Urgroßv.).

SIKORA, Jürgen

Finanzbeamter a. D., MdL Nieders. (s. 1978, Wahlkr. 34/Goslar-Stadt) - Lauenburger Str. 12, 3380 Goslar/Harz - Geb. 5. Mai 1943 Gleiwitz/OS. - Mittl. Reife 1959; Prüf. d. mittl. Finanzdst. 1962 - Ab 1959 Finanzamt Goslar u. Wolfenbüttel (1971; Steueramtsinsp.); dazw. 1963-65 Bundeswehr. 1972 ff. Ratsherr Goslar; 1974 ff. MdK ebd. CDU s. 1969.

SILBER, Alfred

Dr., Ing., Dipl.-Betriebswirt, Kaufm. Direktor i.R. Berliner Verkehrs-Betriebe/BVG, selbst. Untern.berater - Der Zwinger 6, 1000 Berlin 28 (T. 401 41 82) - Geb. 2. Okt. 1915 - Ehrenpräs. ACV Berlin - BVK.

SILBER-BONZ, Gert

Vorstandsvorsitzender Pirelli Deutschland AG, Höchst/Odenwald, Vors. d. Geschäftsfg. Dt. Pirelli Reifen Holding GmbH Breuberg, AR-Vors. Pirelli Reifenwerke Breuberg, Metzeler GmbH, München - Chemnitzer Str. 5, 6120 Michelstadt/Odenw. (T. 46 18) - Geb. 8. Juni 1930 Reutlingen/Württ. (Vater: Alfred S.-B., Industrieller (s. XIV. Ausg.); Mutter: Marie, geb. Arzt), verh. s. 1967 m. Edina-Maria, geb. Gräfin v. Roedern - AR-, VR- u. Beiratsmand., Vors. Wirtschaftsverb. d. Dt. Kautschuk Ind.; Präsident IHK Darmstadt - Spr.: Engl., Ital. - Rotarier.

SILBEREISEN, Sigmund

Dr. jur., Bürgermeister a. D. - Isarstr. 26, 8400 Regensburg - Geb. 6. Sept. 1912 Reisbach/Vils (Vater: Franz Xaver S., Kaufm.; Mutter: Anna, geb. Wintermeier), kath., verh. s. 1944 m. Hildegard, geb. Hottner, 2 Söhne (Wolf-Günther, Hans-Rainer) - Gymn.; Univ. München (Rechts-, Staatswiss., Volksw.). Jurist. Staatsex. 1938 (München) u. 41 (Berlin); Promot. 1940 München - 1947-49 Landratsamt Regensburg (Regierungsrat); 1950-1972 Stadtverw. Regensburg (Sozialdezern.; 1966 3. Bürgerm.). 1950-90 Sozialaussch. Bayer. Städteverb. CSU; 1972-87 Landesvors. Arbeitsgem. d. öfftl. u. fr. Wohlfahrtspflege in Bayern - BV: D. spätere Straffälligkeit jugendl. Rechtsbrecher, 1941 (Diss.) - Marianer Dt. Orden; DRK-Ehrenz; 1976 BVK; 1978 Bayer. VO. u. a. - Liebh.: Briefmarken - Spr.: Engl., Ital.

SILBERER, Günter

Dr. rer. pol., Prof. f. Betriebswirtschaftslehre, insbes. Marketing & Verbraucherforschung - In der Worth 5, 3400 Göttingen - Geb. 21. März 1944 Kippenheimweiler b. Lahr - 1966-70 Stud. Betriebsw. Univ. Mannheim - 1970-81 wiss. Assist. Mannheim; s. 1982 Prof. in Göttingen; Mitgl. wiss. Beirat Verbraucherinst. Berlin - BV: Theorie d. kognitiven Dissonanz u. Konsumgütermarketing (m. H. Raffée u. B. Sauter), 1973; Warentest - Informationsmarket. - Verbraucherverh., 1979; Informationsverh. (m. H. Raffée), 1981; Warentest u. Konsument (m. H. Raffée), 1984; Warentest u. Unternehmen (m. H. Raffée), 1984; Werteforschung u. Werteorientierung im Unternehmen - Interessen: Strategisches Management, Marketing u. Verbraucherforsch.

SILBERMANN, Alphons

Dr. jur., Prof., Soziologe - Rolandstr. 69, 5000 Köln 1 (T. 37 55 85) - Geb. 11. Aug. 1909 Köln (Vater: Salomon S., Kaufm.; Mutter: Bella, geb. Eichtersheimer), jüd., led. - Univ. Köln, Freiburg/Br., Grenoble; Musikhochsch. Köln (Dirigieren: Hermann Abendroth, Klavier: Lazzaro Uzielli), Kompos.: Willem Landré, Rotterdam - Staatsanw., Musikkrit. Nieuwe Rotterdamsche Courier, Musiklektor State Conservatorium of Music Sydney, Prof. u. Dir. Forschungsinst. f. Massenkommunikation Univ. Lausanne, Prof. Univ. Köln (1970ff.; Soziol. d. Massenkomm. u. Kunstsoziol.), 1975ff. Prof. Sorbonne - BV (dt.): Wovon lebt d. Musik? - D. Prinzipien d. Musiksoziol., 1957 (auch span. u. engl.); Musik, Rundfunk u. Hörer, 1959; D. imaginäre Tagebuch d. Herrn Jacques Offenbach, 1960; V. Wohnen d. Deutschen, 1963; Ketzereien e. Soziologen, 1965; Bildschirm u. Wirklichkeit, 1966; Vor- u. Nachteile d. kommerziellen Fernsehens, 1968; Soziol. d. Massenkommunikation, 1973; Empirische Kunstsoziol., 1973; Sind wir Antisemiten, 1982 - Laureat Inst. de France; Mitgl. PEN-Club; 1985 Gr. BVK; korr. Mitgl. franz. Akad. - Liebh.: Musik, Golf - Spr.: Engl., Franz.

SILBERREIS, Karl W.

Kaufmann, Deutschland-Direktor British Overseas Airways (BOAC), Verkaufsdir. Dtschl. Trans World Airways (TWA), Mitinh. Media Touristik GmbH, Hannover, Geschäftsf. ATS-Aviation- & Tourism Services GmbH, Inh. d. Firma selecTOURS - Fichtenstr. 47, 6242 Kronberg 2 - Geb. 8. Febr. 1920 Frankfurt/M. (Eltern: Karl u. Anna S., geb. Preisendörfer), verh. s. 1941 m. Hildegard, geb. Köhler, T. Birgid Ilonka - Kaufm. Ausb. Farbenind. Höchst - Mehrere Jahre Vors. Executive Committ. Board of Airline Repres. in Dtschl.; Gründ.mitgl. Foreign Airlines Managers Assoc. Dtschl. (Präs.) u. Pacific Area Transl Assoc. (PATA) Dtschl. (Präs., Sekr., Schatzm.); Präs. u. Ehrenpräs. Skal Club Frankfurt; Sales Manager Europe Las Vegas Airlines; Präs. Dt. Club d. Freunde d. Freien China; Mitgl. Maison Internationale des Intellectuels (M.I.D.I) Akad. M.I.D.I; PR-Tätigk. - Ehrenmitgl. Mount Kenya Safari Club, Pioneer of the Pacific; Träger Gold. Ehrenz. Jugosl.; BVK am Bde.; Ehrenabz. Freund d. Überseechinesen; Senatspräs. d. Weisse Mützen - Liebh.: Leichtathl., Fußball, Handball, Briefmarken, Reisen - Spr.: Engl., Franz, Span.

SILJA, Anja

Kammersängerin, Opernsängerin - Zu erreichen üb. Severence Hall, Cleveland, Ohio 44106/USA - Geb. 17. April 1940 Berlin (Eltern: Schauspieler), verh. m. Christoph v. Dohnanyi (Chefdirig. Cleveland-Orchestra, s. dort), 3 Kd. (Julia, Benedikt, Olga) - Ausb. Egon Aders van Rejn (Großv.) - S. 1956 Opernbühnen Braunschweig, Frankfurt/M., Hamburg, Stuttgart (1965). 1960-67 Bayreuther Festsp. Üb. 30 Sopranpartien, dar. Senta, Salome, Isolde, Leonore, Lulu, Traviata; Bayreuth. u. Salzburger Festsp. - 1967 Kritikerpreis span. Presse; Titel Kammersängerin - Liebh.: Autofahren, Inneneinrichtung, Garten, Tennis u. Eislaufen - Lit.: Josef Heinzelmann, A. S.

SILKENBEUMER, Rainer

Dipl.-Paed., Akad. Rat a. D., MdL Nieders. (s. 1978, Wahlkr. 7a/Langenhagen) - Ilseweg 20, 3012 Langenhagen 1 - Geb. 2. Juni 1942 Schröttersburg/Ostpr., verh., 1 Kd. - Mittelsch. Hannover; 1959-63 Lehre u. Angest. Bank f. Gemeinw. ebd.; 1965 Studiumsstip. Cleveland u. San Francisco/USA (Jugend- u. Sozialarb.); 1966-69 PH Nieders./Abt. Hannover - 1963-66 Doz. Jugendbildungsstätte Naumburg; 1969-71 Grund- u. Hauptschullehrer Fridtjof-Nansen-Sch. Hannover; 1971-78 Wiss. Assist. u. Akad. Rat (1976) PH Nieders./Abt. Hannover (Fachber. Schulpäd.). 1974 ff. Ratsmitgl. Langenhagen. SPD s. 1970.

SILLESCU, Hans Manfred

Dr. phil. nat., Prof. - Carl-Orff-Str. 53, 6500 Mainz 33 - Geb. 5. Okt. 1936 Frankfurt/M. - Habil. 1968; 1971-75 Prof. Frankfurt, s. 1975 o. Prof. f. Phys. Chemie Univ. Mainz - BV: Kernmagnet. Resonanz, 1966. Fachveröff.

SILLESCU, Werner Alexander

Journalist Norddeutsches Korrespondenzbüro - Heimhuder Str. 79, 2000 Hamburg 13 (T. 040 - 44 57 53) - Ehefr. Edith, Malerin, T. Pamela - B. 1980 Hamburger Abendblatt; b. 1985 Lokalchef Lübecker Nachr. - BV: Phoenix aus d. Asche - Hamburgs Zerstör. u. Wiederaufbau; Über d. Dächern v. Hamburg - D. Stadt aus d. Luft - Erich-Klabunde-Preis Journ.-Verb. Hamburg.

SILVESTER, Claus

s. Dörner, Claus S.

SIMADER, Christian G.

Dr. rer. nat., o. Prof. f. Mathematik Univ. Bayreuth - Am Harderbaum 4, 8581 Neunkirchen/M.

SIMITIS, Spiros

Dr. jur., o. Prof. f. Bürgerl. u. Arbeitsrecht - Röderweg 11, 6240 Königstein - Geb. 19. Okt. 1934 Athen (Vater: Prof. Dr. jur. Georg S., Rechtsanwalt; Mutter: Fanny, geb. Christopoulou), griech.-orth., verh. s. 1964 m. Ilse, geb. Grubrich - Univ. Marburg (Rechtswiss.). Promot. 1956 Marburg; Habil. 1963 Frankfurt - 1964-69 o. Prof. Univ. Gießen, ab 1969 o. Prof. Univ. Frankfurt; ständ. Gastprof. Univ. Yale;1966 Gastprof. Univ. London, 1975 Gastprof. Univ. Berkeley, 1966-81 Generalsekr. Intern. Zivilstandskommiss., s. 1975 Hess. Datenschutzbeauftr. - BV: D. fak. Vertragsverhältnisse, 1957; Grundl. d. Produzentenhaftung, 1965; Rechtl. Anwendungsmöglichk. kybernet. Systeme, 1966; Informationskrise d. Rechts, 1970; Mitbestimmung als gesetzgebungspolit. Aufgabe (m. Kübler u. Schmidt), 1978; Kommentar z. Bundesdatenschutzges. (m. Dammann, Mallmann, Reh), 1981 - Spr.: Engl., Franz., Ital.

SIMMA, Bruno

Dr. jur., Prof. f. Völkerrecht - Lärchenstr. 20, 8035 Gauting (T. 089-850 61 03) - Geb. 29. März 1941 Quierschied (Saar) (Vater: Alfred S., Arzt; Mutter: Maria, geb. Lorünser), kath., verh. s. 1964 m. Gertrud, geb. Schedle, 2 T. (Ruth, Eva) - Realgymn. Bludenz, 1962-66 Univ. Innsbruck (Promot.), 1967-72 Assist. Univ. Innsbruck - S. 1973 Ord. f. Völker- u. Europarecht Univ. München - BV: D. Reziprozitätselement in d. Entstehung d. Völkergewohnheitsrechts, 1970; D. Reziprozitätselement im Zustandekommen völkerrechtl. Verträge, 1972; Univers. Völkerrecht, 1976 (gem. m. A. Verdross, 3. A. 1984) - Spr.: Engl., Franz.

SIMMANN, Werner

Verbandsdirektor, MdL Schlesw.-Holst. (s. 1958, CDU) u. a. - Forstweg 11, 2408 Timmendorfer Strand (T. 24 34) - Geb. 8. Dez. 1916 Darkehmen/Ostpr., ev., verh., 2 Kd. - Realsch.; kaufm. Lehre; Stud. Wirtschaftswiss.- 1939-45 Kriegsteiln.; 1945-51 Kommunalverw. (1948 Gemeindedir.); s. 1951 Zweckverb. d. Ostseebäder (Dir.).

SIMMEL, Johannes Mario

Schriftsteller - Zu erreichen üb. Droemer-Verlag, Rauchstr. 9-11, 8000 München 80 - Geb. 7. April 1924 Wien (Vater: Walter S., Chemiker; Mutter: Lisa, geb. Schneider), konfessionsl., 3 x verh., verw. 1985, T. Michaela v. Treuberg (aus 2. Ehe) - Realgymn. (Abit.); Staatslehr- u. Versuchsanstalt f. Chemie Wien - Journ. u. Redakt. - BV (25 Bücher in 26 Übers.; bereits 75 Mill.): Begegnung im Nebel, N. 1947; Mich wundert, daß ich so fröhlich bin, R. 1949; D. geheime Brot, R. 1950; Ich gestehe alles, R. 1952; Gott schützt d. Liebenden, R. 1954 (verfilmt); Affäre Nina B., R. 1958 (verfilmt); Es muß nicht immer Kaviar sein, R. 1960 (verfilmt); Bis z. bitteren Neige, R. 1961; Liebe ist nur e. Wort, R. 1963 (verfilmt); Lieb' Vaterl. magst ruhig sein, R. 1965; Alle Menschen werden Brüder; R. 1967 (verfilmt); Und Jimmy ging z. Regenbogen, R. 1969 (verfilmt); D. Stoff, aus d. d. Träume sind, R. 1971 (verfilmt); D. Antwort kennt nur der Wind, R. 1973; Niemand ist eine Insel, R. 1975; Zweiundzwanzig Zentimeter Zärtlichkeit, Erz. 1978; Hurra, wir leben noch, R. 1977; Wir heißen euch hoffen, R. 1980; D. Erde bleibt noch lange jung, u.a. Gesch. aus 35 Jahren, 1981; Bitte laßt d. Blumen leben, R. 1983; D. im Dunkeln sieht m. nicht, R. 1985; Doch m. d. Clowns kamen d. Tränen, R. 1987; Im Frühling singt zum letztenmal die Lerche, R. 1990. 3 Kinderbücher. Bühnenst.: D. Schulfreund (UA. 1959; verfilmt). Zahlr. Drehb. - 1958 Preis Stadt Mannheim (D. Schulfreund); 1980 Kulturpreis Dt. Freimaurer; 1985 Gr. Gold. Ehrenz. Stadt Wien; 1991 Award of Excellence d. Society of Writers' b. den Vereinten Nationen, New York; 1992 Österr. Ehrenkreuz f. Wiss. u. Kunst I. Kl. - Liebh.: Mod. Musik, Malerei, Zuhören, Schreiben, Katzen - Spr.: Engl. - Lit.: u. a. Albrecht Weber: D. Phänomen Simmel, FS-Porträt Ich stelle mich (WDR 1985).

SIMMEN, Maria

Schriftstellerin - Rhynauer Str. 8, CH-6005 Luzern (Schweiz) - Geb. 6. Juli 1900 Zürich, verw. 1 T., 1 S. - Sekundarlehrer-Dipl. 1925 Univ. Bern - Lehrerin - BV: Um d. Heimat, N. 1945; Ich bin ganz gerne alt - Bericht aus d. Fülle später Jahre, 1980 (hierfür 1981 Wilh.-Lübke-Preis); Herbstblätter, Kurzgesch. 1980; Wohnt d. Treue in d. Milchstr., R. 1983; Und abends geh ich nach Kathaura, Ehegeschichten, 1985; So alt u. noch mitten im Leben, 1988. Hörsp. u. a. - 1955 Saffa-, 1980 Werkpreis Kulturkommiss. Kt. u. Stadt Luzern; Werkpr. Kulturkommiss. Kt. u. Stadt Luzern.

SIMMERT, Diethard B.

Dr. rer. pol., Direktor, Leiter Bereich Vermögensverwaltung d. Provinzial-Versich. - Friedrichstr. 62-80, 4000 Düsseldorf 1 - Geb. 29. Febr. 1944 Breslau (Vater: Joachim S., Verwaltungsangest.; Mutter: Erna, geb. Hirschberger), kath., verh. s. 1969 m. Marga, geb. Ostholt, 2 Tocht. (Antje, Katrin) - N. Mittl. Reife (1961) Ausbild. Bundespost (Mittl. Dienst); üb. Abit./2. Bildungsgang (1966) Univ. Münster (Volksw.) - 1971-77 DGB (Ref. WSI). Redakt.: WSI-Mitt. (1973-77) u. Kredit u. Kapital (verantw., 1978ff.). S. 1981 Lehrauftr. Univ. Bonn; Leiter d. Wirtschaftspolit. Beraterstabs Dt. Sparkassen- u. Giroverb. (1982-86), Berater d. Deutschen Girozentrale (DGZ), Frankfurt/M., 1987-89 stv. Leiter Abt. Volkswirtsch. u. Kommunikation d. Commerzbank AG, Frankfurt/M. - BV: Banken - Struktur/Macht/Reformen, 1976; Geldtheorie u. -politik, 3. A. 1985; Krise d. Wirtschaftspol., 1978; Wirtschaftspol. - kontrovers, 1979; Staatsverschuld. kontrovers, 1981; Geld- u. Währungspolitik in d. Bundesrep. Dtschl.; Allfinanz - Strukturwandel an den Märkten f. Finanzdienstleistungen, 1991; D. volkswirtsch. Sparprozeß - Liebh.: Reisen - Spr.: Engl.

SIMMLER, Franz Josef

Dr. phil., Prof. f. Dt. Philologie FU Berlin - Habelschwerdter Allee 45, 1000 Berlin 33 (T. 030 - 838 20 55) - Geb. 22. März 1942 Aussig - 1962-69 Stud. German., Gesch. u. Kath. Theol. Bonn u. München; 1. Staatsex. 1969; Promot. 1970, Habil. 1978 Münster - 1980 Prof. in Regensburg, s. 1985 Prof. in Berlin - BV: D. westgerman. Konsonantengemination, 1974; Stud. z. dt. Konsonantensystem, 1976; D. polit. Rede im Dt. Bundestag, 1978; Graphemat.-phonemat. Stud. z. Konsonantismus, 1981; Aus Benediktinerregeln d. 9.-20. Jhs., 1985.

SIMMROCK, Karl Hans

Dr. rer. nat., o. Prof. f. Techn. Chemie - Karoline-Zorwald-Str. 4, 4600 Dortmund (T. 73 31 33) - Geb. 29. April 1930 Darmstadt (Vater: Karl S., Betriebsing.; Mutter: Erna, geb. Grünig), ev., verh. m. Juliana, geb. Ottes, 3 Kd. (Andrea, Nicole, Hans-Ulrich) - Gymn. Lohr/M.; 1950-58 TH Graz u. Darmstadt (Chemie; Dipl.-Chem.). Promot. 1959 Darmstadt - 1959-69 Chem. Werke Hüls AG, Marl (Chem. Verfahrenstechnik); s. 1968 Univ. Dortmund (Ord.). Facharb. - Spr.: Engl.

SIMNACHER, Georg

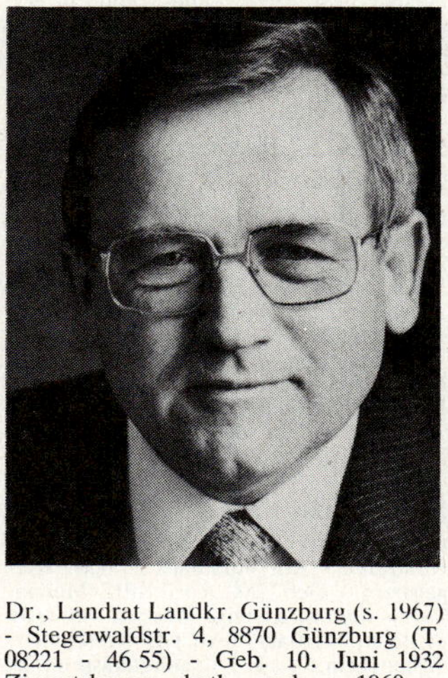

Dr., Landrat Landkr. Günzburg (s. 1967) - Stegerwaldstr. 4, 8870 Günzburg (T. 08221 - 46 55) - Geb. 10. Juni 1932 Ziemetshausen, kath., verh. s. 1960 m. Lieselotte, geb. Vogel, 4 Kd. (Klaus, Wolfgang, Ulrike, Elke) - Univ. München u. Erlangen (Rechtswiss., Volkswirtsch.); Promot. 1958 Erlangen - S. 1974 Bezirkstagspräs. Schwaben; s. 1979 Präs. Verb. d. bayer. Bez. - BV: D. Testamente d. Fugger im 16. Jh., 1960 - 1977 BVK, 1986 BVK I. Kl.; 1990 Kommunale Verdienstmed. in Gold; 1982 Bayer. Denkmalschutzmed.; 1983 Dt. Denkmalschutzpreis; 1983 Bayer. VO.; 1986 Bayer. Verfassungsmed.; 1987 Ehrensenator Univ. Ulm, u. 1991 Univ. Augsburg; 1987 Bayer. Staatsmed. f. soz. Verdienste; 1989 Sparlöwe d. Bundes d. Steuerzahler in Bayern; Komturkreuz m. Stern d. päpstl. Gregoriusordens - Spr.: Engl., Franz.

SIMON, Agnes

Hausfrau, Weltmeisterin im Tischtennis - Bernsweg 13, 4130 Moers 3 - Geb. 21 Juni 1935 Budapest, kath., verh. s. 1953 m. Dr. Bela Simon, 2 Kd. (Hajnal, Viola) - 1957 Weltmeisterin Damen Doppel; 1962 Europam. Damen Einzel; 16 × Dt. Meisterin (Mannsch.); 15 × Dt. Pokalm.; 3 × Dt. Meisterin (Einzel); 6 × Dt. Meisterin (Doppel); 2 × Dt. Meisterin (Mixed) - 1967 u. 1968 Silb. Lorbeerblatt; 1983 Sportplak. Land NRW - Liebh.: Hunde, Lesen - Spr.: Ungar. (Mutterspr.), Holl.

SIMON, Arndt

Dr., Prof., Chemiker, Direktor Max-Planck-Inst. f. Festkörperforsch. - Heisenbergstr. 1, 7000 Stuttgart 70 (T. 0711 - 686 06 40) - Geb. 14. Jan. 1940 Dresden, verh. m. Dr. med. Ursula, geb. Meese, 3 Kd. (Dr. med. Arnd, Regine, Falk) - Promot. 1966 Münster, Habil. 1971 - 1972 Wiss. Rat u. Prof. Münster; s. 1974 wiss. Mitgl. Max-Planck-Ges.; 1975 Hon.-Prof. Univ. Stuttgart; 1989 o. Mitgl. Akad. d. Wiss. u. Lit. Mainz; 1990 Heidelberger Akad. d. Wiss.; Acad. Europaea - 1972 Chemiepreis Akad. Göttingen; 1985 Wilh.-Klemm-Preis GDCh; 1987 Otto-Bayer-Preis; 1990 Gottfried-Wilhelm-Leibniz Preis d. DFG.

SIMON, Bettina

Dipl.-Ing.-Ökonom, selbst. Finanzberater, Mitglied d. Sächsischen Landtages (s. 1991) - Mozartstr. 13, O-8700 Löbau - 27. Sept. 1957 Karl Marx-Stadt (Chemnitz), verh., 2 Kd. - Stud. 1976-80 an d. Techn. Hochsch. Karl-Marx-Stadt - 1984-90 Abg. d. Stadtverord. -vers. Löbau; 1989/90 Abg. d. Kreistages Löbau - Spr.: Engl., Russ.

SIMON, Dieter

Dr. jur., o. Prof. f. Röm. u. Bürgerl. Recht Univ. Frankfurt (s. 1968) - Altkönigstr. 10, 6000 Frankfurt/M. (T. 72 76 37) - Habil. - Facharb.

SIMON, Dieter

Dr. jur., Botschafter d. Bundesrep. Deutschl. im Sultanat Oman - Dt. Botschaft, P.O.B. 3128 Ruwi, Maskat/Oman (T. 70 24 82) - Geb. 27. April 1935 Viersen, gesch., 2 Kd. (Joachim, Dietlind) - Jurastud.; Promot. 1962 Basel - 1963 Ass. Düsseldorf, 1964 IHK Düsseldorf. S. 1965 AA: 1968-71 Konsul in Dhaka, 1974-77 Leit.Wirtsch.dst. d. Botsch. Athen, 1977-78 stv. Kabinettchef in EG-Kommiss., 1978-80 Botschaftsrat (Politik) Botsch. New Delhi, s. 1983 Botsch. in Oman - Spr.: Engl., Franz., Ital.

SIMON, Dietrich

Dr. jur., Prof. f. Bürgerl. u. Röm. Recht Univ. Marburg, Präs. d. Philipps-Univ. (s. 1988) - Vogelsbergstr. 23, 3550 Marburg 7 - Geb. 26. Mai 1936 Rastatt, kath., verh. s. 1965 m. Dr. Elisabeth, geb. Kreuzer, 2 Kd. (Esther, Stephan) - Promot. 1964, Habil. (Röm. u. Bürgerl. Recht) 1974 - BV: Konstantin. Kaiserrecht, 1977 - BVK.

SIMON, Eckhart Heinrich

Dr. med., Prof., Physiologe, Direktor I. Physiol. Abt. u. Mitgl. Kollegium Max-Planck-Inst. f. physiol. u. klin. Forsch., W. G. Kerckhoff-Inst., Bad Nauheim (s. 1974) - Parkstr. 1, 6350 Bad Nauheim (T. 06032 - 60 15) - Geb. 16. Febr. 1933 Ernsthausen, Kr. Marburg/L. (Vater: Wilhelm S., Lehrer; Mutter: Ella, geb. Rutz), verh. s. 1971 m. Dr. med. Christa, geb. Oppermann, Ärztin - Realgymn. (Abit. 1953) Marburg; Stud. Marburg, Köln (Med.). Staatsex. u. Promot. 1959 Marburg; Habil. 1968 Univ. Gießen (Spinale Hypertonie - d. Kreislauf b. spin. Hypothermie) - S. 1961 Stip., dann Wiss. Assist. Kerckhoff-Inst. d. Max-Planck-Ges., Bad Nauheim; s. 1968 Univ. Gießen, 1971 Honorarprof.; 1973 Wiss. Mitgl. MPI f. physiol. u. klin. Forsch., Kerckhoff-Inst. - 1966 Ludwig-Schunk-Preis Univ. Gießen - Spr.: Engl.

SIMON, Erika

Dr. phil. (habil.), Prof. f. Klass. Archäologie Univ. Würzburg (s. 1964) - Buchenstr. 6, 8702 Eisingen - Geb. 27. Juni 1927 Rheingönheim (Vater: Ludwig S.) - 1957-64 Doz. Univ. Mainz u. Heidelberg - BV: Opfernde Götter, 1935; D. Portlandvase, 1957; D. Fürstenbilder v. Boscoreale, 1958; Corpus Vasorum Antiquorum (m. R. Hampe), 1959; Griech. Leben im Spiegel d. Kunst (m. dems.), 1960, 2. A. 1985; Ara Pacis Augustae, 1967; D. Götter d. Griechen, 1969, 3. A. 1985; Meleager u. Atalante, 1970; D. antike Theater, 1972, 2. A. 1981; Pergamon u. Hesiod, 1975; Führer durch d. Antikenabt. d. M. v. Wagner Museums d. Univ. Würzburg, 1975 (m. a.); D. griech. Vasen, Photographien von Hirmer, 1976, 2. A. 1981; Tausend J. frühgriech. Kunst (m. R. Hampe), 1980; The Kurashiki Ninagawa Mus., 1982; Festivals of Attica, 1983; Augustus Kunst u. Leben in Rom um d. Zeitenwende, 1986; D. konstantin. Deckengemälde in Trier, 1986. Div. Fachaufs. - 1966 Gold. Athos-Kreuz u. Markus-Orden (Patriarchat v. Alexandrien); Ernst Hellmut Vits-Preis d. Univ. Münster; Mitgl. Dt. Archäol. Inst. Berlin; Wiss. Ges. an d. Joh. Wolfgang Goethe Univ. Frankfurt; korr. Mitgl. Heidelberger Akad. d. Wiss.; Ehrenmitgl. Archäol. Inst. America u. Istituto Stud. Italici Florenz.

SIMON, Gerhard

Dr. rer. nat., o. Prof. u. Direktor Inst. A f. Theoret. Physik TU Braunschweig (s. 1967) - Am Rohrbruch 14, 3300 Braunschweig (T. 35 01 79) - Geb. 23. Jan. 1930 Allendorf, verh. m. Luise, geb. Blenk, 2 Kd. - Habil. 1962 Gießen.

SIMON, Gustav

Dr. med., Prof., ehem. Chefarzt Neurochirurg. Abt. Allg. Krankenhaus Heidberg, Hamburg 62, jetzt Diak. Krkhs. Jerusalem, Hamburg 2 - Rehblöcken 30, 2000 Hamburg 67 (T. 603 89 69) - Geb. 20. Juni 1920 Teplitz-Schönau, verh. m. Dr. med. Christamaria, geb. Wilke, 2 Kd. - S. 1960 (Habil.) Lehrtätigk. Würzburg (1966 apl. Prof. f. Neurochir., emerit.). Mitgl. dt. u. ausl. Ges. - BV: Neue Wege in d. Behandl. maligner Hirngeschwülste; Chemotherapie maligner Hirngeschwülste; Schädeldachgeschwülste (Handb.); Liquorzytologie; Pädiatrische Neurochir. Üb. 120 Einzelarb.

SIMON, Hansjörg

Dr. med., Prof., Chefarzt Innere Medizin I Krankenanstalten Düren - Roonstr. 7, 5160 Düren (T. 02421 - 3 73 86) - Geb. 17. Nov. 1935 Singen, kath., verh. s. 1964 m. Ingeborg, geb. Beyer, 2 Söhne (Oliver, Alexander) - Staatsex. 1960; Promot. 1962; Habil. 1971 - 1974 Prof. - BV: Differentialdiagnose Kardiologie, 1982; Herzwirksame Pharmaka, 5. A. 1984 (engl. Übers.); Diagnostik in Kardiologie u. Angiologie, 1985; Therapie - Handb., 3. A. 1991 - Mitgl.schaften: Dt. Ges. Innere Medizin, Dt. Ges. Herz- u. Kreisl.-Forschung, Dt. Ges. Angiologie, BGA, Arzneimittelkommiss. d. Dt. Ärzteschaft, Ethikkommiss. Ärztekammer Nordrh., Dt. Herzstiftg. - Liebh.: Lit., Malerei, Musik, Sport - Spr.: Engl., Franz.

SIMON, Heinz-Viktor

Rechtsanwalt, MdA Berlin (s. 1975, Vorst.-Mitgl. CDU-Fraktion s. 1977) - Tautenburger Str. 2g, 1000 Berlin 46 (T. 711 27 93) - Geb. 17. Juli 1943 Berlin (Vater: Heinz S., Refer.; Mutter: Gertrud, geb. Mahrd), ev., verh. s. 1966 m. Erika, geb. Ludwig, 2 S. (Roman, Frederik) - Schule (Abit. 1963); Stud. Rechtswiss., Volksw. u. Betriebsw.lehre - 1973-83 Vorst.-Vors. Erbbauverein Moabit; 1983ff. kaufm. Vorst.-Mitgl. GEHAG u. SabeBau AG. 1971-75 Bezirksverordn. Steglitz. CDU (1965-69 u. 1971-82 Mitgl. Kreisvorst. Steglitz, s. 1983 Vors. CDU Südende) - Liebh.: Theater, Sport (Berliner Vizem. im Rudern) - Spr.: Engl.

SIMON, Helmut

Dr. jur., Dr. theol. h. c., Bundesverfassungsrichter a. D. - Rittnertstr. 66, 7500 Karlsruhe 41 (T. 4 38 57) - Geb. 1. Jan. 1922 Ruh/Oberberg (Vater: Eduard S., Landw.; Mutter: Lisette, geb. Wirths), ev., verh. s. 1948 m. Eka, geb. Kruse, 2 Kd. (Beate, Andreas) - 1945-48 Univ. Bonn u. Basel (Rechtswiss., Theol.). Gr. jurist. Staatsprüf. 1953 - 1941-45 Kriegsdst. (zul. Oblt. d. R.); 1953-57

Richter LG Düsseldorf; 1958-59 Wiss. Hilfsarb. BGH Karlsruhe; 1960-65 Richter OLG Düsseldorf; 1965-70 Richter BGH; 1970-87 Richter Bundesverfassungsgericht. 1971ff. Mitgl. Präsid. Dt. Ev. Kirchentag. Veröff. üb. Rechtstheol., Naturrecht, konfessionelle Einflüsse auf d. Recht, Rechtsstaat, gewerbl. Rechtsschutz, Atomfragen, Notstandsrecht u. a. - 1977 Carl von Ossietzky-Med.; 1988 Karl-Barth-Preis; 1989 Hans-Böckler-Preis - Liebh.: Theol.

SIMON, Helmut

Dr. rer. nat., Prof. f. Organ. Chemie u. Biochemie - Egilbertstr. 31, 8050 Freising/Obb. (T. 1 35 23) - Geb. 14. April 1927 Würzburg (Vater: Georg S., Angest.; Mutter: Emma, geb. Kunz), verh. s. 1954 m. Hildegard, geb. Simon, 1 Kd. - Univ. Mainz u. Heidelberg (Chemie) - S. 1959 Lehrtätigk. TH bzw. TU München (1965 Ord.) - BV: Anwend. v. Isotopen in d. Organ. Chemie u. Biochemie, Bd. I 1967, Bd. II 1974 (Mitautor). Üb. 260 Fachveröff. u. Patente.

SIMON, Hermann

Dr., Dipl.-Volksw., o. Prof. f. Betriebswirtschaftslehre u. Marketing Johannes Gutenberg-Univ. Mainz - Peter-Moll-Weg 6, 5330 Königswinter 41 (T. 02244 - 8 00 92) - Geb. 10. Febr. 1947 Hasborn/Eifel (Vater: Adolf S., Landw.; Mutter: Therese, geb. Nilles), kath., verh. s. 1973 m. Cäcilia, geb. Sossong, 2 Kd. (Jeannine, Patrick) - Stud. Univ. Köln u. Bonn; Promot. 1976 u. Habil. 1980 - 1973-78 Assist. Univ. Bonn; 1978/79 Visiting Fellow Massachusetts Inst. of Technology; 1980 o. Prof. Univ. Bielefeld; 1983 Visiting Prof. Keio-Univ. Tokyo; 1984 Visiting Scholar Stanford Univ.; 1985-88 Wiss. Dir. Univ.seminar d. Wirtsch. Schloß Gracht, Erftstadt/Köln; 1988/89 Gastprof. Harvard Univ.; 1989 o. Prof. Univ. Mainz - BV: Preisstrategien f. neue Produkte, 1976; Preismanagement, 1982; Goodwill u. Marketingstrategie, 1985; Price Management, 1989; Preismanagement: Analyse, Strategie, Umsetzung, 1992; Simon f. Manager, 1991. Herausg.: Markteintritt in Japan (1986); Marketing im technol. Umbruch (1987); Wettbewerbsvorteile u. Wettbewersfähigkeit (1988); Wettbewerbsstrategie im Pharma-Markt (1989); Herausforderung Unternehmenskultur (1990) - 1980 Preis Markenverb., 1984-86 Präs. European Marketing Acad. (EMAC). Versch. AR- u. Beiratsmand. - Spr.: Engl., Franz.

SIMON, Josef

Dr. phil., Univ.-Prof. f. Philosophie Univ. Bonn (s. 1982) - Birkenweg 29, 5307 Wachtberg b. Bonn (T. 0228 - 34 01 36) - Geb. 1. Aug. 1930 Hupperath b. Wittlich, verh. s. 1959, 1 Kd. - 1950-57 Stud. Univ. Köln; Promot. 1957 Köln; Habil. 1967 Frankfurt - 1957-60 Ref. Studienstiftg. d. dt. Volkes Bad Godesberg; 1960-67 wiss. Assist. Phil. Sem. Univ. Frankfurt; 1971 Prof. Univ. Frankfurt; 1971 o. Prof. f. Phil. Tübingen - BV: D. Problem d. Sprache b. Hegel, 1966; Sprache u. Raum, 1969; Phil. u. linguist. Theorie, 1971; Wahrheit als Freiheit, 1978; Sprachphil., 1981; Philosophie d. Zeichens, 1989. Herausg. d. Allgem. Ztschr. f. Philosophie (AZP).

SIMON, Karl Günter

Dr. phil., Journalist, Schriftst. - Postf. 9, 6903 Feste Dilsberg b. Heidelberg (T. 06223 - 13 51) - Geb. 9. Febr. 1933 Ludwigshafen/Rh. (Vater: Dr. Walter S., Chemiker; Mutter: Martha, geb. Schumacher), ev. - Stud. d. Romanistik u. Publizistik. Promot. FU Berlin - 1965-68 stern-Autor; seither selbst. Spez. Arbeitsgeb.: Kunst, Wirtschaft, Südamerika, Arabien - BV: Pantomime, 1960; Samy Molcho, 1968; D. Kronprinzen, 1969; Millionendiener, 1973; Islam - u. alles in Allahs Namen, 1988. Fernsehen: D. Erfolgsvermittler, Millionendiener, Simons Zeitgenossen; Theaterfilme - Liebh.: Kunstsammeln, Reiten - Spr.: Engl., Franz., Span., Portugies.

SIMON, Klaus

Dr. jur., Botschafter a. D. - Albertus-Magnus-Str. 58, 5300 Bonn 2 - Geb. 1. Nov. 1916 Delitzsch - Studium Rechts- u. Staatswiss. Jurist. Staatsprüf. 1941 u. 53 - Wehrdst. u. Kriegsgefangensch.; 1949-53 Justizdst. Nordrh.-Westf. (u. a. Richter AG Siegburg); s. 1953 Bundesmin. f. bes. Aufgaben (pers. Ref. d. Min.), d. Innern (1955; 1958 p. Ref. d. Min.) u. Äußeren (1961; Leit. Min.büro, 1966-70 Botschafter Dänemark); 1970-74 Ministerialdirig., Leit. Unterabt. West d. Polit. Abt. AA; 1974-79 Botschafter d. Bundesrep. Dtschl. in Finnland. Kurat.-Vors. Dt.-Finn. Ges.

SIMON, Klaus

Journalist, Chefredakt. Fernsehen Südwestfunk (b. 1980) - Quettigstr. 16, 7570 Baden-Baden - Geb. 1. Mai 1925 Werl/W. - Zul. WDR.

SIMON, Kurt Georg

Dr. med., Prof. - 5603 Wülfrath-Düssel - Geb. 23. Febr. 1921 Aprath (Vater: Prof. Dr. med. Georg S.; Mutter: Martha, geb. Tillessen), kath., verh. s. 1961 m. Rosemarie, geb. Frey, 3 Kd. (Georg, Claudia, Lydia) - Stud. Univ. Köln, Bonn, Frankfurt, Würzburg, Essen, Düsseldorf; Habil. 1970 ebd. - Ämter in zahlr. wiss. Ges. u. Dt. parität. Wohlfahrtsverb. - BV: Herztonspektrographie, 1965; Lungentuberkulose, 1970. In- u. ausl. Fachveröff - Spr.: Engl., Franz. - Rotarier.

SIMON, Manfred

Dr.-Ing., Vorstandsmitglied Asea Brown Boveri AG (ABB) verantwortlich f. d. Segment Stromerzeugung - Zu erreichen üb. Postf. 10 03 51, 6800 Mannheim 1 (T. 0621 - 381-27 82) - Geb. 1932, ev., verh. s. 1960, 4 Kd. - TH Braunschweig u. Wien; Dipl. 1959 u. Promot. 1966 Braunschweig - Mitgl. d. Präsidien d. Dt. Atomforums u. d. Kerntechnischen Ausschusses.

SIMON, Norbert

Prof., Verleger - Dietrich-Schäfer-Weg 9, 1000 Berlin 41 (T. 030 - 79 00 06-0) - Geb. 23. Sept. 1937 Anklam, verh. s. 1964 m. Regine, geb. Eifler, S. Florian - Stud. d. Rechte, 1. u. 2. Staatsex. - Beirat u. Haushaltsaussch. Görres-Ges.; Kurat.-Mitgl. IFO-Inst. München; Vorst.rats-Mitgl. Inst. f. Angew. Wirtsch.-forsch. Berlin - 1991 Berufstitel Prof. durch Österr. Bundespräs. - Spr.: Engl.

SIMON, Robert

Dr. theol., Prälat, Generalvikar d. Erzbischofs v. München u. Freising - Rochusstr. 5, 8000 München 2 (T. 089 - 213 72 32) - Geb. 24. Sept. 1937, kath. - Theol. Univ.stud.; Promot. Univ. München - 1992 Päpstl. Ehrenprälat.

SIMON, Udo

Dr. rer. nat., Prof. f. Mathematik TU Berlin - Kreuznacher Str. 10, 1000 Berlin 33 - Geb. 31. Aug. 1938 Liegnitz - 1957-62 Stud. Math., Physik u. Phil. FU Berlin (Promot. 1965, Habil. 1969) - 1962-65 Wiss. Assist. TH Karlsruhe; 1965-69 dass. TU Berlin; ab 1970 Prof. f. Math. ebd.; 1985-87 Vizepräs. TU Berlin; 1988/89 Akad.-Stip. VW; 1990 Award Japan Soc. Promot. Science. Gastaufenth. in USA, Belgien, Chile, China, Griechenland, Großbritannien, Italien, Japan, Polen, Schweiz, Spanien - BV: Beweismeth. d. Differentialgeometrie im Großen, (m. a.) 1973; D. Stud. d. Math. u. Informatik, (m. a.) 1971. Herausg.: Global Differential Geometry and Global Analysis (Conf. Proceedings; 1981, 1985, 1991); Affine Diff. Geom. (Conf. Proceed. 1988, 1992); W. Blaschke, Ges. Werke, 6 Bde. (1982-86); rd. 60 Publ. in math. Fachztschr.

SIMON, Uwe

Dr. agr., M.S., Dipl.-Landw., Regierungsdirektor a. D., Prof. u. Dir. Lehrstuhl f. Grünland u. Futterbau TU München (s. 1982) - Zu erreichen üb. TU München, Lehrstuhl f. Grünland u. Futterbau, 8050 Freising-Weihenstephan - Geb. 12. Aug. 1926 München (Vater: Leonhard S., Landw.sdir.; Mutter: Maria, geb. Mohr), ev., verh. s. 1954 m. Ruth, geb. Fischer, 5 Kd. (Gunter, Ute, Wolfram, Uwe, Elke) - Obersch.; landw. Lehre; Stud.; Dipl.ex. 1951; Promot. 1956; Habil. 1968 - 1953-56 wiss. Assist. TH München; 1957-58 Postgraduate (Kellogg Fellow) USA; 1958-70 Abt.sleit. Bayer. Landessaatzuchtanst.; 1971-82 Prof. u. Dir. Inst. f. Grünlandwirtsch. u. Futterbau Univ Gießen. Ursprungszüchter zahlr. Futterpflanzensorten - Liebh.: Bergsteigen, Ski, Botanik, Garten - Spr.: Engl.

SIMON, Werner

Dr. theol., Prof. f. Religionspädagogik, Katechetik u. Fachdidaktik Religion, Univ. Mainz - Fichtenweg 47, 6501 Bodenheim (T. 06135 - 17 70) - Geb. 15. März 1950 Niederwalluf, kath., verh. s. 1974 m. Eva-Maria, geb. Herrmann - Stud. Lat., Gesch., Kath. Theol. Univ. Mainz; Staatsex. Lehramt Gymnasien 1974; Dipl. Kath. Theologie 1975; Promot. 1982 Mainz - 1977ff. Wiss. Mitarb., 1984 Hochschulassist. Sem. f. Religionspäd. Fachber. Kath. Theol. Univ. Mainz; 1985 Prof. FU Berlin, s. 1991 Prof. Univ. Mainz - BV: Didaktik u. Fachdidaktik Religion (m. R. Merkert), 1979; Inhaltsstrukturen d. Religionsunterr., 1983; Kirche in d. Stadt, 1990. Mithrsg.: Zw. Babylon u. Jerusalem. Beitr. zu e. Theologie d. Stadt (m. M. Theobald), 1987; Spiritualität aus Glaubenserfahrung. Gestaltungen christl. Existenz (m. M. Dreyer), 1990; Lernorte d. Glaubens. Glaubensvermittlung unter d. Bedingungen d. Gegenwart (m. M. Delgado), 1991; Weggemeinschaft m. d. Menschen. Kirche in d. Großstadt: Herausforderungen - Erfahrungen - Perspektiven, 1992. Zahlr. Beitr. in BV u. Aufs. in Ztschr. - 1982 Preis d. Johannes Gutenberg-Univ. Mainz f. wiss. Arb. - Mitgl. d. Zentralkomitees d. dt. Katholiken.

SIMONIS, Heide,

geb. Steinhardt

Dipl.-Volksw., Finanzministerin Schlesw.-Holst. (s. 1988) - Klosterufer 2, 2352 Bordesholm - Geb. 4. Juli 1943 Bonn (Vater: Dr. Horst S., Ltd. Verw.-dir.; Mutter: Sophia, geb. Brück), verh. s. 1967 m. Prof. Dr. Udo E. S. - Stud. d. Volksw. u. Soz. (Dipl.ex. 1967) - Tutor f. Dt. Univ. of Zambia (1967-69), Goethe-Inst. u. National TV and Radio Serv. Tokio (1970-72). MdB (1976-88). SPD - Liebh.: Lit., Musik - Spr.: Engl., Franz.

SIMONIS, Paul

Landesminister a. D., VRsmitgl. Saarl. Rundfunk - Am Forsthaus 3, 6601 Riegelsberg - Geb. 20. April 1912 Merzig/Saar - Gymn. Merzig; Ausbild. Villeroy & Boch, Mettlach - Ab 1937 Geschäftsf. Arbeitsgem. saarl. Krankenkassen, n. deren Auflös. Landesgeschäftsf. Reichsverb. d. Betriebskrankenk., Essen, Wehrdst. u. sowjet. Kriegsgefangensch. (b. 1948), ab. 1950 2. bzw. 1. Vors. DPS bzw. FDP-Landesverb. Saar (1962), 1955-70 MdL Saarl. (1956-67 Fraktionsvors., 1957-60 I. Vizepräs.). 1961-70 Saarl. Min. f. Arbeit u. Sozialwesen - Ehrenbürger Univ. Saarbrücken.

SIMONIS, Udo Ernst

Dr. sc. pol., Prof. f. Umweltpolitik am Wissenschaftszentrum Berlin - Reichpietschufer 50, 1000 Berlin 30 (T. 030 - 2 54 91-2 45) - Geb. 11. Okt. 1937 Hilgert (Vater: Ernst S., Töpfer; Mutter: Alma, geb. Mayer), ev., verh. s. 1967 m. Heide S., geb. Steinhardt - 1959-63 Stud. Univ. Mainz, Wien u. Freiburg (Dipl.-Volksw.); Promot. 1967 Kiel - 1963-64 Redakt. in Freiburg; 1964-67 Wiss. Assist. Kiel; 1967-69 Berater d. Präs. v. Zambia; 1970/71 Research Fellow Univ. Tokyo. 1973 Prof. f. Ökon. TU Berlin; s. 1981 Wiss.zentrum Berlin - BV: u. a. Entwicklungsstrategie Chinas, 1968; Infrastrukturpolitik, 1970; Japan, Wirtschaftswachstum, 1974; Hong Kong, 1979; Stadtentw., 1980; Ökon. u. Ökol., 6. A. 1991; Entwicklungsländer in d. Finanzkrise, 1983; Mehr Technik - weniger Arbeit?, 1984; Wissen f. d. Umwelt, 1985; Ökol. Orientierungen, 1988; Präventive Umweltpolitik, 1988; Beyond Growth, 1990; Basiswissen Umweltpolitik, 2. A. 1991. Herausg.: Jahrbuch Ökologie - 1985 Nürnbg. Trichter (f. Mehr Techn. - weniger Arb.?).

SIMONIS, Walter

Dr. jur., Dr. theol., Prof. f. Systemat. Theologie - Andreas-Grieser-Str. 81, 8700 Würzburg (T. 0931 - 6 53 86) - Geb. 5. Nov. 1940 Hamburg (Vater: Walter S., Rechtsanw.; Mutter: Anna, geb. de Beyer), kath. - Stud. Jura (1959-62 Würzburg), Phil. (1962-64 Innsbruck, Rom), Theol. (1964-69 Rom). Promot. 1963 u. 70 - S. 1971 (Habil.) Privatdoz. u. Prof. (1977) Univ. Würzburg - BV: Ekklesiologie u. Sakramentenlehre v. Cyprian b. Augustinus, 1970; Trinität u. Vernunft, 1972; Zeit u. Existenz, 1972; D. verständ. Umgang m. d. Welt, 1974; Ursprung u. Gesch. d. Kunst, 1984; Jesus v. Nazareth, 1985; D. Reich Gottes ist mitten unter euch, 1986; Gott in Welt, 1988; D. gefangene Paulus. D. Entstehung d. sog. Römerbriefs, 1989. Div. Fachaufs. - Liebh.: Klass. Musik, Tennis - Spr.: Engl., Franz., Ital.

SIMONIS, Wilhelm

Dr. phil., o. em. Prof. f. Botanik u. Pharmakognosie (1958) - Mittl. Dallenbergweg 43, 8700 Würzburg (T. 7 46 21) - Geb. 25. Juni 1909 Neubrandenburg/Meckl., ev., verh. s. 1938 m. Dr. Berta, geb. Döring, 3 Kd. (Barbara, Jürgen, Anette) - Gymn. Neubrandenburg; Univ. Rostock, Freiburg/Br., Göttingen (Promot. 1935). Habil. 1946 Tübingen - 1949 Dir. Botan. Inst. Tierärztl. Hochsch. Hannover; 1958 Vorst. Botan. Inst. Univ. Würzburg - BV: Praktikum d. Stoffwechselphysiol. d. Pflanzen, 1952 (m. Paech). Zahlr. Einzelarb. üb. Photosynthese, Phosphatstoffw. u. Membrantransp. d. Pflanzen.

SIMONS, Barbara

Mitglied d. Europa-Parlaments (s. 1984) - Wohnh. in Hannover; zu erreichen üb. Europ. Parlam., Europazentrum, Kirchberg, Postf. 16 01, Luxemburg (T. 00352 - 4 30 01) - SPD.

SIMONS, Kai Lennart

Dr. med., Prof., Programmkoordinator d. Zellbiologie Europ. Labor. f. Molekularbiol., Heidelberg - Kleinschmidtstr. 27-1, 6900 Heidelberg (T. 06221 - 1 55 91) - Geb. 24. Mai 1938 Helsinki, ev., verh. s. 1965 m. Carola, geb. Smeds, 3 Kd. (Mikael, Katja, Matias) - Stud. Univ. Helsinki; Promot. 1964 - 1971 Privatdoz.; 1977 Prof. Univ. Helsinki; 1975 Gruppenleit. Europ. Labor. f. Molekularbiol., Heidelberg. Rd. 100 Veröff. in d. Zell- u. Molekularbiol. - 1975 Federation of European Biochemical Soc. Prize; 1984 Hon.-Prof. Univ. Heidelberg; 1990 Keith Porter Lecturer of the American Soc. for Cell Biology - Spr.: Schwed., Finn., Engl.

SIMONS, Konrad

Dr. jur., Journalist, Schriftst. - Ronheider Weg 55, 5100 Aachen (T. 6 64 94) - Geb. 10. Febr. 1913 Düsseldorf (Vater: Wilhelm S., Silberschmied; Mutter: Helene, geb. Hartstein), kath., verh. s. 1947 m. Hildegard, geb. Börner, 2 Kd. (Angela, Martin) - Lessing-Oberrealsch. D'dorf; Univ. Köln (Promot. 1938) - 1945 Landesbildst. Niederrhein; 1947 Rhein. Post (Ressortchef); 1962 Aachener Volksztg. (Chefredakt.) - BV: Am Rande d. gr. Krieges; D. Reiter, d. d. Tod erschlug; Besso zw. zwei Wäldern; D. verlorene Rotte; Drei gehen durch d. Nacht, Gespenster in d. Parkstr. (alles Jugenderz.); Nordrh.-Westf. - Porträt u. Chronik; D. lange Weg nach Ua Pou; Missio-Gesch. e. Bewegg.; Heinrich Hahn (auch Span., Franz., Engl.), 1983; D. älteste Tochter (alles Zeitgesch.), 1984 - Spr.: Engl., Franz.

SIMPFENDÖRFER, Hansmartin

Oberstudienrat a. D., MdB (s. 1972), Mitgl. Haushaltsaussch. d. Dt. Bundestages - Silcherstr. 30, 6992 Weikersheim/ Württ. (T. 07934 - 5 01) - Geb. 22. Juni 1934 Creglingen, Main-Tauber-Kr., verh., 1 Kd. - 1940-49 Gymn. Bad Mergentheim u. Schwäb. Hall (1949); Abit. 1953; Ev.-theol. Sem. Maulbronn u. Blaubeuren; Univ. Tübingen (Dt., Gesch., Engl.). Staatsex. 1959 u. 61 - 1961-72 Lehrer Gymn. Weikersheim (1965 Studien-, 1969 Oberstudienrat). Mitgl. Gemeinderat u. Kreistag. SPD s. 1963.

SIMSHÄUSER, Wilhelm

Dr. jur., o. Prof. f. Bürgerl. Recht, Zivilprozeßrecht u. Römisches Recht, Univ. Augsburg (s. 1976) - Römerweg 23, 8901 Stadtbergen/Schw.

SIMSON, von, Otto

Dr. phil., Prof. Kunsthistoriker, Präs. Dt. Unesco-Kommiss. (1975-86) - Max-Eyth-Str. 26, 1000 Berlin 33 (T. 831 20 82) - Geb. 17. Juli 1912 Berlin - Langj. Forschungs- u. Lehrtätigk. Univ. Chicago u. FU Berlin (1964ff. Ord.) - BV: u. a. Z. Genealogie d. weltl. Apotheose im Barock, 1936; Byzantine Art and Statecraft in Ravenna, 1948; The Gothic Cathedral, 1956 (dr. 1972); D. hohe Mittelalter, 1973; D. Blick nach innen, 1986 - Ausw. Ehrenmitgl. Americ. Acad. of Arts a. Sciences; Gr. BVK; Offz. d. Ehrenlegion; Com. Ordre National de Mérite.

SIMSON, von, Werner

Dr. jur., em. o. Prof. f. Staats- u. Völkerrecht sow. Recht d. Europ. Gemeinschaften Univ. Freiburg (s. 1967) - Luisenstr. 3, 7800 Freiburg/Br. (T. 3 58 63) - Geb. 21. Febr. 1908 Kiel, verh. s. 1938, 4 Söhne - Univ. Freiburg u. Berlin (Rechtswiss.). Promot. 1935 Berlin; Habil. 1965 Freiburg - 1936-1939 Rechtsanw. Berlin (KG), 1939-53 England, s. 1953 Gerichtshof Europ. Gemeinsch. Luxemburg - BV: D. Souveränität im rechtl. Verständnis d. Gegenw., 1965; D. demokr. Prinzip im Grundgesetz, 1972; D. Verteidig. d. Friedens, 1975; D. Staat u. d. Staatengemeinsch., 1978; Kritik d. polit. Vernunft, 1983. Div. Einzelarb. - Mitgl. PEN-Zentrum BRD (Justitiar 1972-83).

SINELL, Hans-Jürgen

Dr. med. vet., o. Prof. f. Lebensmittelhygiene, Fleischbeschau u. Milchhyg. - Schillerstr. 6, 1000 Berlin 37 (T. 801 26 04) - Geb. 7. Dez. 1926 Berlin (Vater: Hugo S., Reichsbankrat; Mutter: Margarete, geb. Dubrow), ev., verh. s. 1953 m. Irmgard, geb. Mertin, 4 Kd. (Barbara, Angela, Martin, Stefan) - Humboldt- u. Freie Univ. Berlin (Veterinärmed.; Staatsex. 1952). Promot. (1954) u. Habil. (1960) Berlin - S. 1952 Wiss. Mitarb., Assist., Oberassist., Privatdoz. (1960), Ord. u. Dir. Inst. f. Lebensmittelhyg. FU Berlin. 1967 ff. Vizepräs. World Assoc. of Veterinary Food Hygienists. - BV: Einf. in d. Lebensmittelhygiene, 1980. Etwa 140 Fachveröff., dar. Beitr. Handb. d. Lebensmittelchemie u. Lehrb. d. tierärztl. Milchüberwach. - Spr.: Engl.

SING, Alfred-Hermann

Schriftsteller - Hermann-Hesse-Str. 10, 7070 Schwäb. Gmünd-Rechberg - Geb. 3. Dez. 1910 Eislingen/Fils, ev., verh. - 1929-34 Stud. Phil. u. Theol. - 1939-45 Wehrdst.; ab 1946 Verlagsleit. - W: Arator, Sch. 1930 (1933 verboten); Götzen, phil. R. 1947.

SINGELMANN, Walter

Fabrikant (Singelmann & Co. KG., Schacht-Audorf), Vors. Landesverb. d. Sägeindustrie u. verw. Betriebe in Schlesw.-Holst., Schacht-Audorf - Schacht-Audorf üb. Rendsburg (T. 04331 - 53 25) - Geb. 9. Okt. 1901 Itzehoe.

SINGELNSTEIN, Christoph

Theaterwissenschaftler, Chefredakteur Hörfunk beim Ostdeutschen Rundfunk Brandenburg (s. 1992) - August-Bebel-Str. 26-53, O-1591 Potsdam - Geb. 23. Juni 1955 Greifswald, kath., gesch., 2 Söhne (Johannes, Georg) - 1982 Dipl. Theaterhochsch. Hans Otto Leipzig - 1982/83 Redakt. Berliner Rundf.; 1983-90 Hörspieldramaturg; Juli 1990-Dez. 91 Int. d. Funkhauses Berlin - Spr.: Engl., Franz., Russ.

SINGER, Hans

Dr., Vorstandsvorsitzer Ferrostaal AG, Essen u. Vorst.-Mitgl. MAN AG, München - Franz-Fischer-Str. 8, 4330 Mülheim/Ruhr - Geb. 17. Juli 1928 Berwang/ Tirol - Präs. d. IHK Essen.

SINGER, Heinz

Dr. med., Chefarzt Kinderchirurg. Abt. Krankenhaus München-Schwabing (1965-82) i.R., Prof. Kinderchirurgie (s. 1974) - Hoffeldring 23, 8203 Oberaudorf (T. 08033-33 95) - Geb. 5. Aug. 1920 Berlin (Vater: Hugo S., Sprachen- u. Sprachheillehrer; Mutter: Emma, geb. Limbach), ev., verh. s. 1949 m. Lisel, geb. Machwitz, 4 Kd. (Harald, Detlef, Annette, Cornelia) - Univ. Berlin, Innsbruck, Marburg, Heidelberg. Physikum 1942 Innsbruck; Med. Staatsex. 1945 Berlin - 3 1/2 J. Arzt franz. Kriegsgefangensch.; 1948-65 Chir. Abt. Kinderheilanstalt Hannover, Städt. Krkhs. Siloah Hannover (1953), Chir. Abt. Univ.-Kinderklinik München (1955; Oberarzt), wissenschaft. Mitarb. in med. Verlag. Mitgl. in- u. ausl. Fachges. 8 Buchbeiträge u. üb. 80 weitere Veröff. -Liebh.: Zeichnen, Modellieren - Spr.: Engl., Franz.

SINGER, Herbert

- Vor den Hegen 16, 2055 Wohltorf - Geb. 9. Aug. 1919 Stallupönen/Ostpr. - AR-Vors. Albingia Versich.-AG, Hamburg, Albingia Lebensversich.-AG, Albingia-Rechtsschutz-Vers.-AG, Tertia Handelsbeteilig.ges. AG, Köln, PTC Electronic AG, Erfurt; AR-Mitgl. Philips GmbH, Vereins- u. Westbank AG, Hamburg, Schwab AG, Hanau, u. Lübecker Hypothekenbank AG, Lübeck; VR-Mitgl. Baustoffversorgungs AG, Berlin, Rhein.-Westf. Elektrizitätsw. AG, Essen; Beirats-Vors. G.A. Schürfeld Verwalt. GmbH, Lachendorf; Beirat Polyphon Film- u. Fernseh Ges. mbH. Hamburg; Mitgl. Stiftungsrat Umweltstiftg. WWF-Dtschl., Frankfurt; Kurat.-Mitgl. Stiftg. Dt. Sporthilfe, Frankfurt, D. Übersee-Club Ges. f. Weltwirtsch., Ges. d. Freunde u. Förd. d. Hochsch. d. Bundeswehr, alle Hamburg.

SINGER, Horst

Dr. phil., Prof. f. Germanistische Linguistik Ruhr-Univ. Bochum - Hörder Str. 144, 4630 Bochum 7 - Geb. 28. Aug. 1933 Rütte, kath., led. - BV: D. Mundarten d. Höri, 1965 (Diss.).

SINGER, Johannes

MdB, SPD-Bundestagsabgeordneter (s. 1987) - Zu erreichen üb. Bundeshaus, 5300 Bonn 1 (T. 0228 - 16 78 54) - Geb. 4. Juni 1943, verh., 1 S. - Abit. 1962 humanist. Gymn.; Jurastud. Univ. Köln u. Marburg; 1. Staatsex. 1967, 2. Staatsex. 1970 - 1970-75 Richter u. Staatsanwalt Düsseldorf u. Opladen; 1975-79 Hilfsref. u. Ref. Justizmin. Düsseldorf; 1979 Oberstaatsanwalt; s. 1981 Generalstaatsanwaltschaft Köln. SPD-MdB (Wahlkr. Leverkusen-Rhein.-Berg., Kreis II); 1969 Mitgl. Stadtrat Leverkusen (s. 1983 Frakt.-Vors.).

SINGER, Manfred Vinzenz

Dr. med., o. Prof. f. Innere Medizin an der Fak. f. Klinische Medizin Mannheim d. Univ. Heidelberg u. Dir. d. Medizin. Klinik f. Gastroenterologie im Klinikum Mannheim d. Univ. Heidelberg (s. 1990) - Strahlenberger Str. 50, 6905 Schriesheim - Geb. 20. Juli 1945 Trier (Vater: Heinrich S., Kaufm.; Mutter: Margarete, geb. Hackenberger), kath., verh. s. 1969 m. Barbara, geb. Kugelmeier, 2 S. (Christoph, Oliver) - Stud. Univ. Mainz, Wien, Heidelberg; Med. Staatsex. 1971, Promot. 1971, Habil. f. d. Fach Inn. Med. 1980 - 1978-90 em. wiss. Ass. u. s. 1982 Oberarzt Med. Klinik u. Poliklinik d. Univ. -GH- Essen; 1985 apl. Prof. 120 Originalarb., d. sich vor allem m. d. neurohormonalen Kontrolle d. Bauchspeicheldrüsensekret., d. Wirkung v. Alkohol auf d. Bauchspeicheldrüsensekret. sowie d. Interaktionen zw. Gehirn u. Magendarmtrakt b. Menschen befassen - 1975-77 DFG-Stip. Univ. Aix-Marseille (Frankr.); 1977-78 DFG-Stip. Univ. o. California, Los Angeles (USA); 1980 Theodor-Frerichs-Preis Dt. Ges. f. Inn. Med.; 1983 Thannhauser-Preis Dt. Ges. f. Verdauungs- u. Stoffwechselkrankh.; s. 1979 Mitgl. American Gastroenterol. Assoc. u. American Pancreatic Assoc.; s. 1983 Mitgl. New Yorker Acad. of Sciences - Spr.: Engl., Franz.

SINGEWALD, Arno

Dr.-Ing., habil., Prof., ehem. Vorstandsmitgl. Kali u. Salz AG, Kassel - Michelswiesenweg 1, 3500 Kassel (T. 40 50 40) - Geb. 7. Sept. 1926 Berlin (Vater: Arno S., Mutter: Gertrud), ev., verh. s. 1953 m. Dr.-Ing. Christine, geb. Wurster, 4 Kd. (Martin, Wolfram, Ludwig, Christian) - TU Berlin (Chemie), Dipl. 1951, Promot. 1957, Habil. Univ. Marburg 1963 - 1951-90 Kali u. Salz AG (bzw. Wintershall AG), 1963-72 Priv.-Doz. Univ. Marburg, S. 1984 Umhabil. TU Clausthal, 1986 apl. Prof. - Üb. 200 Pat. z. Chemie u. Verfahrenstechnik. Div. Veröff. in Fachztschr. - 1979 Dechema Forschungspreis; 1989 Van't Hoff-Med.; 1990 Agricola-Med. - Spr.: Engl.

SINJEN, Frauke

s. Sinjen-Wiegand, Frauke.

SINJEN, Sabine

Schauspielerin - Zu erreichen üb.: Thalia-Theater, 2000 Hamburg - Geb. 1942, verh. I) 1963-84 m. Peter Beauvais (Regiss. s. o.), gesch.; S. Simon; II) s. 1984 m. Gunter Huber (Regieassist.).

SINJEN-WIEGAND, Frauke

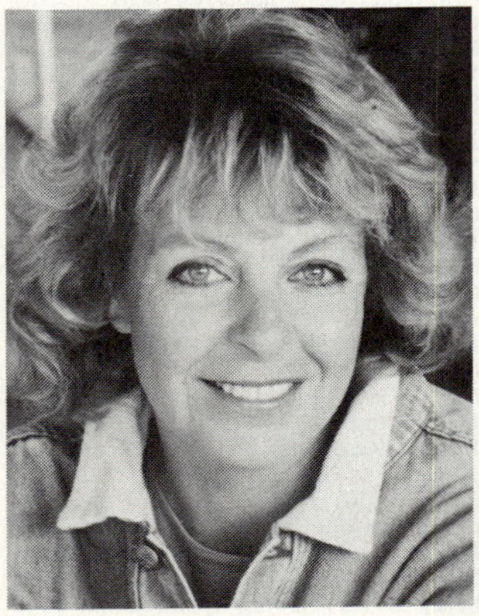

Schauspielerin (Ps. Frauke Sinjen) - Straßberger Str. 20, 8000 München 40 (T. 089 - 351 55 87) - Geb. 21. März 1940, ev., verh. s. 1963 m. Dipl.-Ing. Gerd Wiegand, Sohn Markus - Fotosch. München; 3 J. Schauspielunterr.; 2 J. Gesangstud. - FS: Bali (Regie: Istran Szábá, 1984); D. Schöffin (Regie: M. Mackensoth, 1984); Kur in Travemünde (Regie: Peter Beauvais) - Liebh.: Segeln, Skifahren, Fotogr. - Spr.: Engl., Ital.

SINKOVIC, Karl

Dipl.-Kfm., Vorstandsvorsitzender Düsseldorfer Verband - Vittinghoffstr. 38, 4300 Essen 1 - Geb. 3. Sept. 1929 Dortmund - Vorst. Klöckner Werke AG, Duisburg, Essener Verband, Essen, Unfallschadenverb. f. Werkangestellte e.V., Essen, Pensionsvereinigung d. Eisen- u. Stahlind.; stv. AR-Vors. Klöckner-Ferromatik-Desma, Malterdingen, Klöckner-Wilhelmsburger GmbH; AR Hoesch & Kappert AG, Dortmund, Ruhrkohle Westfalen AG, Seitz Enzinger Noll Maschinenbau AG, Mannheim; Beiratsvors. Klöckner Datentechnik GmbH, Bremen; Mitgl. im Landesbeirat d. Commerzbank, im Stromausschuß d. Ges. f. Stromwirtsch. mbH, Mülheim.

SINN, Hansjörg Walter

Dr. rer. nat., Dr.-Ing. E.h., Diplomchemiker, o. Prof. f. Angew. Chemie Inst. f. Techn. u. Makromolekulare Chemie Univ. Hamburg, Reaktionsführung v. Polyreaktionen, Pyrolyse u. Recycling, Alumoxane, Senator a. D. - Poolstieg 14, 2000 Norderstedt (T. 040 - 522 23 53) - Geb. 20. Juli 1929 Ludwigshafen/Rh. (Vater: Georg S., Ing.; Mutter: Christine, geb. Reinemuth), ev., verh. s. 1956 m. Margrit, geb. Wullekopf, 2 Söhne (Hansjörg, Christian) - Stud. Chemie Mainz, Innsbruck, Bonn u. Braunschweig (Diplomchem. 1954, Dr. rer. nat. 1956 Braunschweig, Habil. f. Techn. Chemie 1963 München). S. 1963 Lehrtätigk. TU München, 1965 Univ. Hamburg (1965 ao., 1966 o. Prof., 1969 Rektor, 1970-72 Vizepräs.); 1978-84 Senator f. Wiss. u. Forsch. Hbg. 1973-76 u. s. 1986 Mitgl. d. Wissenschaftsrates, 1974-76 Vors. d. Wiss. Komm., 1987-90 Sachverst.rat f. Umweltfragen, Mitgl. VDI (1986-91 Vors. Berufspolit. Beirat u. Mitgl. d. Präsid.), GdCh u. Dechema (1973-90 Vorst.-Mitgl.) - 1948 Schüler-Scheffel-Preis (Volksbd. f. Dichtung), 1957 Forschungsstip. d. DFG, 1960 Habil.stip. Verb. d. Chem. Ind./Fonds Chemie, 1973 Mitgl. Joachim-Jungius-Ges., 1976 korresp. Mitgl. d. Akad. d. Wiss. u. d. Lit. zu Mainz; 1988 Grüne Rosette u. Förderpreis d. Europ. Wiss.; 1989 Bürgermeister-Stolten-Med. - Liebh.: Bildungspolitik, Rohstofffragen, Energieversorgung, Literatur, Wandern, Wintersport - Spr.: Engl.

SINN, Richard

Dr.-Ing., Senator E. H., Prof., Direktor i. R. - Am Wingertsberg 1, 6900 Heidelberg-Ziegelhausen (T. Heidelberg 4 64 55) - Geb. 7. Aug. 1913 - Stud. Karlsruhe u. Göttingen - S. 1968 Honorarprof. Univ. (TH) Karlsruhe (Verfahrenstechnik). Mitgl. zahlr. Fachaussch. u. Ausbildungsgremien.

SINOGOWITZ, Bernhard

Dr. phil., Dr. jur., Ltd. Bibliotheksdirektor - Markweg 5, 8520 Erlangen (T. 0911-76 23 09) - Geb. 22. Juni 1921 Naumburg/S., verh. s. 1954 m. Gabriele, geb. Oexle, Sohn - Realgymn.; Univ. München (Byzantinistik, Rechtswiss.) - Bibl.dst. München u. Erlangen, Dir. Univ.bibl. i. R.

SINZ, Rainer

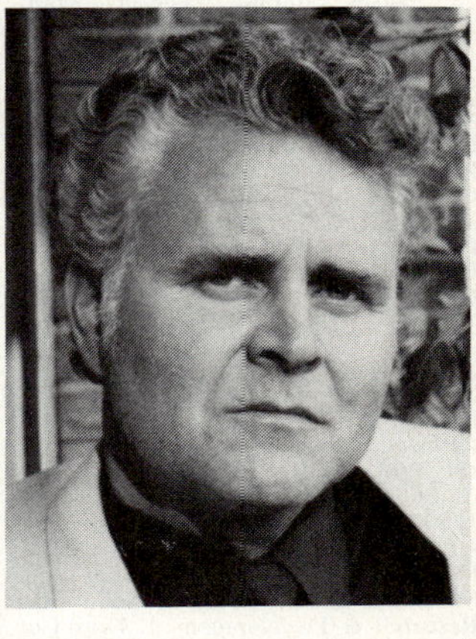

Dr. med. habil., Dr. rer. nat., Arzt f. Neurologie u. Psychiatrie, Psychotherapie - Kronenstr. 17, 5650 Solingen 11 (T. 0212 - 32 02 77) - Geb. 10. Febr. 1940 Schönheide/Erzgeb., ev., verh. s. 1965 m. Erika, geb. Donath, 2 Töcht. (Maya, Claudia) - 1959-64 Stud. Biol. Univ. Jena; Dipl. 1964, Promot. 1965; 1961-66

Stud. Humanmed. Univ. Jena, Leipzig; Approb. 1967; Promot. 1969; Facharzt f. Physiol. 1971; Stud. Psychol. Humboldt-Univ. Berlin; Promot./Habil. (Psychophysiologie) 1977; Umhabil. (Med. Psychol.) München - 1974 Doz. u. Abt.-Leit. f. Psychophysiol. Humboldt-Univ. Berlin; Vertr.-Gastprof. Univ. Bern, Innsbruck, Düsseldorf, Wuppertal, Duisburg, Marburg, Gießen, Wisconsin-Univ. Milwaukée; Leit. Ber. Neuropsychol. Reha-Zentrum Univ. Köln, 1986 Psychotherapeut, Ermächtigung, 1991/92 Facharzt u. Niederl. als Nervenarzt u. Psychotherapeut (s. o.). Nachweis bed. Reaktionen (Gedächtnis) b. isolierten Neuronen, Biorhythmik, Neuropsychol. Diagnostik, Hirnleistungstraining, Gedächtnistherapie - BV: Lernen u. Gedächtnis, 1973 (engl., jap., russ. Übers.); Gehirn u. Gedächtnis, 1978; Zeitstrukturen u. organismische Regulation, 1978; Neurobiologie u. Gedächtnis, 1979; Chronopsychophysiologie, 1980 (engl. Übers.); Psychophysiology (m. Rosenzweig), 1983 (engl.). 180 Publ. - Liebh.: Ethol., Malen, Segeln, Tennis - Spr.: Engl.

SIOLI, Harald
Dr. phil., em. Direktor am Max-Planck-Inst. f. Limnologie (s. 1978), Plön, Honorarprof. f. Limnologie Univ. Kiel (s. 1958) - Rautenbergstr. 56, 2320 Plön/Holst. (T. 8 02-2 04) - Geb. 25. Aug. 1910 Köthen/Anh. (Vater: Siegfried S., Intendant; Mutter: Emilie, geb. Ehrhardt), verh. 1951 m. Hilke, geb. Kremer (gesch.), 2 Kd. (Ute, Ehrhard) - Schulen Halberstadt, Aachen, Mannheim; Univ. Heidelberg, Göttingen, Kiel (Astronomie, Biol.; Promot. 1934) - 1935 Wiss. Hilfsarb. Biol. Anst. Helgoland, 1936-37 Stip. Dt. Forschungsgem., 1937-38 Assist. Rudolf-Virchow-Krkhs. Berlin, Biol. Abt. Allg. Inst. geg. d. Geschwulstkrankh., 1938-40 Austauschassist. Inst. Biológico São Paulo, 1940-42 Stip. Reichsforschungsrat Amazonasgebiet (limnol. Forsch.), 1942-45 Zivilintern. Toméassú (als solcher zeitw. Leit. Krkhs. u. Apoth). 1945-53 Assist. u. Leit. Abt. Limnol. Inst. Agronômico do Norte Belém-Pará (Brasil. Landw.min.), dann Mitarb. Servico Especial de Saúde Pública Belo Horizonte, 1955-57 Leit. Abt. Limnol. Inst. Nacional de Pesquisas da Amazônia Manáus (Brasil. Forschungsrat), 1957-66 gf. Dir. Hydrobiol. Anst. d. MPG Plön, 1966 - 1978 Dir. Abt. Tropenökologie des MPI f. Limnologie, Plön. Etwa 150 Fachveröff. Gründer: Amazoniana - Limnologia et Oecologia Regionalis Systemae Fluminis Amazonas (1965ff.) - 1967 brasil. Orden Cruzeiro do Sul (Kreuz d. Südens), 1978 Med. Ciência para a Amazônia Inst. Nac. de Pasquisas da Amaz., Manaus, Brasil., 1990 Medalla Fundación La Salle de Ciencias Naturales, Venezuela - Spr.: Portugies., Engl.

SIPPEL, Wilhelm
Dr. rer. nat., Prof. f. Mathematik Univ. Kassel - Goldsternweg 32, 3500 Kassel - Geb. 28. Mai 1939 Hersfeld - Stud. Math. Univ. Marburg u. Göttingen, Promot. Univ. Erlangen - 1965-74 Assist. Univ. Clausthal u. Erlangen; 1974 Prof. Univ. Kassel.

SIRTL, Erhard
Dr. rer. nat. habil., Dr. mont. E.h. (MU Leoben, Österr.), Industriechemiker, apl. Prof. am Inst. f. Anorgan. Chemie d. Ludwig-Maximilian-Univ., Meiserstr. 1, 8000 München 2 - Geb. 19. April 1928 - Promot. 1955 TH München - 1955-68 Halbleiterforsch. in d. Siemens AG, München; 1969-73 Dir. of Solid State Research & Development d. Dow Corning Corp. in Midland, Mich. (USA); 1973-89 Leit. d. Forsch. u. Entw. d. Wacker-Chemitronic GmbH, später wiss.-techn. Leit. d. Heliotronic, F. & E.-Ges. f. Solarzellen-Grundstoffe mbH, bde. Burghausen - 1979 Elektronik-Preis d. Electrochemical Soc. (USA); 1982 Dechema-Preis d. Max-Buchner-For-

schungsstiftg. (f. grundleg. Arbeiten auf d. Gebiet d. Silizium-Gewinnung).

SITTE, Hellmuth
Dr. phil., o. Prof. f. Med. Biologie Univ. d. Saarl. (s. 1966; Rektorat 1969-73), spez. Arbeitsgeb.: Technik u. Methodik d. Ultramikrotomie, Tieftemp.präparation - 6650 Homburg/Saar (T. 16 62 50/53) - Geb. 6. Mai 1928 Innsbruck (Vater: Prof. Dr. phil. Heinrich S., Ord. f. Klass. Archäol. Univ. Innsbruck, s. X. Ausg.; Mutter: Lisbeth, geb. v. Sauter), kath., verh. s 1956 m. Gerda, geb. Hüttner, 2 Kd. (Ingrid, Harald-Hans) - Univ. Innsbruck (Physik, Chemie, Zool.) u. Heidelberg (Med.). Promot. Innsbruck; Habil. Heidelberg - 1951-58 Leitg. Labor. f. Elektronenmikroskopie Univ. Innsbruck (zus. m. Bruder Peter); 1958-63 Leitg. EM-Abt. Med. Fak. Univ. Heidelberg; 1963-66 Vorst. EM-Abt. Med. Fak. Homburg/S. Mitgl. in- u. ausl. Fachges. Zahlr. Veröff., Buchbeitr. u. Patente. Erf.: Reichert-Ultramikrotome OmU1/2/3 sowie Ultracut u. Ultracut-E, Reichert-Kryosysteme FC4, CS-auto u. KF80, Reichert-Mikrofräse TM 60 - Saarl. VO., Orden Gr.-Ducal de la Couronne de Chêne de Luxembourg (bde. 1976) - Liebh.: Musik, Foto - Spr.: Engl. - Bruder: Peter S. (s. dort) - Bek. Vorf.: Camillo Sitte, Städtebauer (Großv.).

SITTE, Kurt
Dr. rer. nat., Prof., Physiker - Holbeinstr. 22, 7800 Freiburg i. Br. (T. 7 46 18) - Geb. 1. Dez. 1910 Reichenberg/Böhmen (Vater: Prof. Karl S., Maler; Mutter: Gisela, geb. Schicht), kath., verh. s. 1963 m. Judith Sitte-Arnon, geb. Krymolowski, S. Martin - Dt. Univ. Prag (Physik, Math.). Promot. (1932) u. Habil. (1935) Prag - 1935-39 Privatdozent Univ. Prag; o. ö. Prof. (1945); 1946-48 I.C.I. Research Fellow Manchester; 1948-54 Associate and Prof. Univ. Syracuse (USA); 1954-61 Prof. Israel Inst. of Technology Haifa; 1963-71 Gastprof. Univ. Freiburg/Br.; 1964-67 Mitarb. Max-Planck-Inst. f. Kernphysik Heidelberg/Br. U. a. Präs. Israel Physical Soc. (1959/60). Zahlr. Fachveröff. - 1953 Mitgl. New York Acad. of Sciences; 1970-83 Mitgl. wiss. Rat Labor di Cosmo-Geofisica d. C.N.R., Turin. Mithrsg. Il Nuovo Cimento (1972-85) - Spr.: Tschech., Engl., Franz., Ital. - Bek. Vorf.: Camillo Sitte, Architek u. Städtebauer.

SITTE, Peter
Dr. phil., Prof. f. Zellbiologie - Lerchengarten 1, 7802 Merzhausen/Br. - Geb. 8. Dez. 1929 Innsbruck, kath., verh. s. 1955 m. Eva-Maria, geb. v. Lürzer, 2 Kd. (Gerlinde, Wolfdieter) - Stud. Univ. Innsbruck, Promot. 1954, Habil. 1958 Innsbruck - S. 1958 Lehrtätigk. Univ. Heidelberg (1959 ao. Prof.) u. Freiburg (1965 pers. Ord., 1968 o. Prof.). Gastvorles.: Stockholm, Darmstadt, Austin/Texas, Salzburg - Einf. d. Begriffes d. accrustierten Zellwand, d. Geronto-plasten u. d. Intertaxonischen Kombination. Üb. 140 Fachveröff. - 1969 Mitgl. Dt. Akad. d. Naturforscher (Leopoldina), Halle/S., 1973-83 u. s. 1989 Senator; 1984 korr. Mitgl. Akad. d. Wissensch. zu Göttingen; 1974-75 Präs. Dt. Ges. f. Elektronenmikroskopie; 1975-77 Präs. Dt. Ges. f. Zellbiol.; 1977-78 Vors. Ges. Dt. Naturforsch. Ärzte - BV: Bau u. Feinbau d. Pflanzenzelle, 1965, poln. Ausg. 1970; Molekulare Grundlagen d. Entwicklung (m. H. Mohr), 1971; Zellbiologie - e. Lehrbuch (m. H. Kleinig), 1984, 3. A. 1991; Teil I (Cytologie, Morphologie) in Strasburgers Lehrb. d. Botanik f. Hochschulen, 33. A. 1991 - 1991 Schleiden-Med.; 1992 Oken-Med. - Liebh.: Kammermusik, Fotogr. - Eltern s. Hellmuth S. (Bruder) - Bek. Vorf.: Camillo Sitte (Städtebauer; Großv.), Ferdinand (Volksdichter) u. Dr. phil. Anton Sauter (Botaniker); Fritz v. Sauter (Physiker).

SITTE, Petra
Dr. oec., Volkswirtin, Mitglied d. Landtages v. Sachsen-Anhalt, Vors. d. PDS-Fraktion - Sagisdorfer Str. 2, O-4020 Halle - Geb. 1. Dez. 1960 Dresden, ledig - Stud. Volkswirtsch., Dipl. 1983, Promot. 1986, alles Martin-Luther-Univ. Halle-Wittenberg - Spr.: Engl., Franz., Russ.

SITTMANN, Manfred

Dipl.-Kfm., Senator E: h., Wirtschaftsberater - Konradin-Kreutzer-Str. 28, 7032 Maichingen-Sindelfingen (T. 07031 - 3 20 86); Beethovenstr. 51-53, 6000 Frankfurt/M. 1 (T. 069 - 75 10 03) - Geb. 25. Dez. 1940 Heidenheim (Vater: Ludwig S., Wirtsch.prüf.; Mutter: Helene, geb. Walb), ev., verh. - Dipl.-Kfm. Betriebsw. 1967 Nürnberg - Inh. M.S.-Wirtschaftsberat. - Dr. Maximilian Schubert - Dipl.-Kfm. Manfred Sittmann f. Personalmarketing Frankfurt, München, M.S.-Wirtschaftsberat. f. Unternehmensacquisition Maichingen, Zürich, Singen, München, Düsseldorf, Hamburg, London, New York, M.S.-Wirtschaftsberat. f. Untern.- u. Unternehmens-

Strategie-Berat. Maichingen, Zürich, Frankfurt, München. Div. Ämter in Kurat., Beir., Aussch. u. Präsid., Div. aktive u. stille Untern.-Bet. u. Gesellschafterfunkt. - Liebh.: Lesen, Tennis, Reiten - Spr.: Engl., Franz.

SITTMANN, Tassilo
Dipl.-Ing., Architekt - Praunheimer Weg 122, 6000 Frankfurt/M. (T. 57 02 85) - 1970 Heinrich-Plett-Preis Neue Heimat (f. Pionierleistungen auf d. Gebiet neuzeitl. Städtebaus).

SITZMANN, Werner
Rundfunkkorrespondent - Nolensstraat 286, Amsterdam (Holl.) - Geb. 26. Nov. 1911 Frankfurt/M. (Vater: Michael S., Mutter: Rosa, geb. Daum), christl., verh. s. 1934 m. Barbara, geb. Berhofer, 3 Söhne (Werner, Mario, Joachim) - Oberrealsch.; Univ. Granada (Gesch., Kunstgesch.) - Ab 1938 Holland-, Spanien-, Portugal- u. Marokko-Korresp. dt. Ztg. u. dt., österr. u. Schweizer Rundfunkanstalten; gegenw. Holl.-Mitarb. HR, SWF, SR, BR, SDR, NDR, RIAS Berlin, ÖR. Verf.: Marshall-Plan-Publ. - Spr.: Engl., Span., Niederl.

SIVKOVICH, Gisela,
geb. Hennig

Journalistin, Schriftst. - Bergstr. 9, 6477 Limeshain 3 (T. 4 21) - Geb. 27. Juli 1926 Berlin (Vater: Georg Hennig, Postbeamter; Mutter: Margarete, geb. Hauptfleisch), kath., verh. s. 1951 m. Hansvolker S. (geb. 1929), 2 Kd. (Till, Florentine) - Stud. German. u. Angl. 1. u. 2. Lehrerprüf. - Schuldst. - BV: Madame u. ihr Auto, 1960; Meine bessere Hälfte, R. 1961; Agathe heißt unsere Schildkröte, 1973. Kurzgesch., Reportagen, Glossen, Features - Liebh.: Porzellan - Spr.: Engl.

SIXT, Hans-Martin
Pastor, Mitgl. Brem. Bürgerschaft (s. 1971) - Sandstr. 15, 2800 Bremen 1 - Geb. 10. März 1937 Stuttgart, ev., verh., 2 Kd. - Gymn. Stuttgart (Abit.); 1957-58 Kirchl. Hochsch. Bethel, 1958-62 Univ. Heidelberg u. Hamburg (1960) - S. 1962 Vikar u. Pastor Bremen (1964; St. Petri-Dom). SPD s. 1968.

SIXTL, Friedrich
Dr. phil., o. Prof. f. Statistik - Zu erreichen üb. Johannes Kepler-Univ. Linz/Donau (Österr.) - Geb. 14. Aug. 1935 Steyr (Österr.) - Habil. 1965 (Psych.) Hamburg - S. 1967 Prof. Univ. Saarbrücken (apl.), Konstanz (1969; o.), HfSuW Linz (1971 o. Prof.) - BV: Meßmethoden d. Psychologie, 1967; Skalierungsverfahren, 1976; D. Entd. allg. psychol. Gesetze b. variablen Organismusbed., 1980; Kritik d. verhaltenswiss. Experimentierens u. Grundzüge einer wirksamen Forschungsstrategie, 1981; Notwendigkeit u. Möglichkeit einer neuen Methodenlehre d. Psychol. 1985; Über d. Degeneration v. Gewißheiten zu Wahrscheinlichkeiten, 1987; D. Messung d. Verläßlichkeit v. Diagnosen u. Prognosen, 1988; D. Analyse v. Verteilungen m. variablen Parametern, 1990.

SIZMANN, Rudolf
Dr. rer. nat., Dipl.-Chem., o. Prof. f. Experimentalphysik - Unnützstr. 2b, 8000 München 82 (T. 42 32 92) - Geb. 16. März 1929 Holland - S. 1962 (Habil.) Lehrtätig. TH u. Univ. München (1965 ao., 1967 o. Prof.). Zahlr. Fachveröff.

SJÖSTEDT, Urs
s. Gottwald, Björn A.

SKALITZKY, Josef (Sepp)
Oberlehrer i. R., Schriftst. - Buxheimer Str. 89, 8940 Memmingen/Schwaben (T. 6 38 46) - Geb. 30. Jan. 1901 Rothenbaum/Böhmen (Vater: Wenzel S., Lehrer; Mutter: Josefine, geb. Hetzl), kath., verh. s. 1928 m. Maria, geb. Mühlberger - Untergymn. Pilsen; 1916-20 Lehrerbildungsanst. Mies - 1934-37 Bürgerm. Markt Eisenstein/Böhmen - BV: Menschen im Walde, Erz. 1935; Wallenstein-

SKALITZKY - 1305 - SLEVOGT

Sommer in Memmingen, N. 1957 u. 79; D. Kind m. d. Schlüssel, N. 1960; D. Buben aus d. Böhmerwald, Erz. 1963; Die mich geliebt u. geärgert haben, päd. Erz. 1964 u. 74; Es ist so tröstl., wenn die Blätter fallen, Ged. 1971; D. gr. Ehrfurcht, Erz. 1973; Da begann d. Wald zu brausen, Rom. 1976; V. Böhmerwald ins Schwabenl., Erz. 1980 - 1963 Kulturpreis Stadt Passau, 1969 Sudetend. Kulturpr.; 1971 Adalbert-Stifter-Med.; 1976 BVK; 1981 Stadtsiegel u. 1986 Max-Unold-Medaille Memmingen - Spr.: Tschech. - Lit.: Prof. Wilhelm Formann, S. S., Sudetend. Kulturalmanach (Bd. VI).

SKALWEIT, Stephan

Dr. phil., em. o. Prof. f. Mittelalterl. u. Neuere Geschichte - Haager Weg 31, 5300 Bonn (T. 28 11 18) - Geb. 5. Febr. 1914 Gießen (Vater: Prof. Dr. phil. August S., zul. Ord. f. Wirtschaftl. Staatswiss. Univ. Frankfurt/M. †1960 (s. XIII. Ausg.); Mutter: Erna, geb. Herter †1972), ev., verh. s. 1950 m. Else, geb. Messing - Univ. Kiel, Wien, Paris, Frankfurt/M. Promot. 1937; Staatsarchivarsprüf. 1939 - 1942 Staatsarchivrat; 1951 Privatdoz. Univ. Bonn; 1957 Ord. Univ. Saarbrücken, 1963 FU Berlin, 1964 Univ. Bonn. 1953/54 British Council Fellowship Univ. Cambridge - BV: D. Berliner Wirtschaftskrise v. 1763 u. ihre Hintergründe, 1937; Frankr. u. Friedrich d. Gr., 1952; Edmund Burke u. Frankr., 1956; Reich u. Reformation, 1967; D. Beginn d. Neuzeit, 1982; Gestalten u. Probleme d. frühen Neuzeit, 1987 - Officier Ordre Palmes Acad.; o. Mitgl. Rhein.-Westf. Akad. d. Wiss., Düsseldorf; BVK 1. Kl.

SKARPELIS-SPERK, Sigrid

Dr., Dipl.-Volksw., Bundestagsabgeordnete (Landesliste Bayern) - Hopmannstr. 6/II, 5300 Bonn 2 - SPD.

SKIBA, Ernst-Günther

Dr. phil., Dipl.-Psychologe, o. Prof. Freie Univ. Berlin (s. 1973) - Bassermannweg 11a, 1000 Berlin 45 (T. 771 17 07) - Geb. 28. Mai 1927 Gadderbaum (Vater: Johannes S., Diakon; Mutter: Luise, geb. Nobbe), ev., verh. s. 1957 m. Erika, geb. Hohage, 4 Kd. (Ulrike, Gabriele, Anne-Kathrin, Martin) - Soz.arb.ausbild. Dortmund; Stud. d. Psych. u. Soz. Univ. Hamburg; Promot. 1969 - 1957-65 wiss. Assist. Univ. Hamburg, s. 1966 FU Berlin (Akad. Rat; 1971 Prof.). Fachmitgl.sch. - BV: D. Sozialarbeiter in d. gegenw. Ges., 1969 - Spr.: Engl.

SKOLUDEK, Horst

Dr. phil nat., Sprecher d. Vorst. Carl Zeiss, Bevollm. Carl Zeiss-Stiftg. - Carl-Zeiss-Str., Postf. 1369/80, 7082 Oberkochen/Württ. - Geb. 26. Mai 1927.

SKONIECZNY, Paul

Staatssekretär a. D., ehem. Vorstandsvors. Landesbank Rhld.-Pfalz Girozentrale, Mainz - Dijonstr. 16, 6500 Mainz-Gonsenheim - Geb. 17. April 1910 - Vors. d. Beirats Deutsche Kredit u. Handelsbank AG, Berlin. Mitgl. d. Gf. Präs. d. Nat. Olymp. Komitees f. Dtschl. u. d. Dt. Olymp. Ges. - Gr. BVK.

SKOPP, Paulus

Dr. rer. pol., Oberbürgermeister a. D., 1959-75 MdL Rhld.-Pfalz (Vors. Aussch. f. Wirtchaft u. Verkehr) - Siegbertstr. 7, 6720 Speyer/Rh. (T. 7 11 66) - Geb. 22. Mai 1905 Chicago (USA), ev., verh., 2 Kd. - Höh. Schule (Reifepr.); kaufm. Lehre; Stud. Wirtschafts- u. Sozialwiss. - Kaufm. Angest. Ind., 1933-45 Berufs- u. Fachschuldst., dazw. 1939-41 Wehrmacht, n. Kriegsende Handelskammergeschäftsf. Mitteldtschl., Magistratsref. ebd. u. Abt.sleit. Landesreg. Sachsen-Anhalt, 1948-49 Redakt. Neuer Vorwärts (Hannover), 1949-69 (Ruhest.) Oberbürgerm. Speyer. SPD s. 1930 - Ehrensenator Hochsch. f. Verwaltungswiss. Speyer; 1969 Gr. BVK.

SKORCZEWSKI, Egon

Versicherungsdirektor i.R. - Sarreiter Weg 5, 8017 Ebersberg (T. 08092 - 2 38 70) - Geb. 1. Mai 1918 Berlin (Vater: Dr. Paul S.; Mutter: Elisabeth, geb. Hartung), ev., verh. s. 1948 m. Hildegard, geb. Meyer, S. René - 1936-39 Ausbild. Nordstern Vers. z. Vers.-Kfm.; Vers.-Akad. Hamburg, Wirtsch.-Hochsch. Berlin (1939-43) - 1945-47 Ltd. Ref. Zentralverw. f. Brennstoffind., 1947-53 fr. Vertreter v. versch. Vers.-Ges., 1953-56 Gesch.Stellenleit. Gothaer LV-AG, 1956-73 Bezirksdir. ISAR LV-AG Berlin u. Nieders., 1952-69 Vors. d. Landesverb. Dt. Camping-Club, 1979-82 Präs. d. Federation Intern. de Camping et de Caravanning (FICC) - Ehrenpräs. d. Dt. Camping-Clubs (DCC); BVK; Span. Ehrenmed. - Liebh.: M. Caravan, Zelt u. Auto d. Welt kennenlernen, Motorbootsport - Spr.: Engl., Franz.

SKORNA, Hans-Jürgen

Dr. phil., Univ.-Prof. Seminar f. Germanistik Univ. Koblenz-Landau - Graf-Recke-Str. 40, 4000 Düsseldorf 1 - BV: Z. didakt. Erschließ. polit. Dichtung, 1963; Z. Problemlage u. Praxis d. Literaturunterrichts, 1978.

SKRIVER, Ansgar

Dipl.-Volksw., Publizist - Luttersiefen 32, 5253 Lindlar-Schmitzhöhe (T. 02207 - 24 14) - Geb. 4. Juni 1934 Ockholm (Vater: Dr. phil. Carl S.; Mutter: Hildegard, geb. v. Brockdorff), ev. - Gymn.; Buchhändlerlehre; Univ. Tübingen u. FU Berlin (Volksw., Soziol.) - 1956-63 Inh. Ansgar Skriver Verlag, Berlin; 1963-1966 Lektor Kreuz-Verlag, Stuttgart; s. 1966 Redakt. WDR, Köln (Programmber. Politik/Hörfunk), 1981-85 Hörfunkkorresp. WDR u. NDR f. UNO, New York u. Kanada, 1953-56 Mitgl. Bundesvorst. Jg. Presse. Mitgl. List-Ges. - BV: Gotteslästerung?, 1962; Aktion Sühnezeichen - Brücken üb. Blut u. Asche, 1962; Berlin u. keine Illusion, 1962 (Hrsg.); Soldaten gegen Demokraten - Militärdiktatur in Griechenl., 1968 (auch holl.); Schreiben u. schreiben lassen - Innere Pressefreiheit - Redaktionsstatute, 1970; D. Konzept d. Hilfe ist falsch. Entwickl. in Abhängigkeit, 1977; Zu viele Menschen? D. Bevölkerungskatastrophe ist vermeidbar, 1986 - 1962 Theodor-Wolff-, 1966 Dt. Journalisten-, 1968 Joseph-E.-Drexel-Preis, 1975 u. 1976 Journ.-Preis Entwickl.polit.; 1987 Global Award for Media Excellence (The Population Inst., Washington). Mitgl. PEN-Zentr. BRD - Spr.: Engl.

SKROBLIN-DORAZIL, Gislinde

Solotänzerin - Akademiestr. 15, 8000 München 40 (T. 089 - 34 14 25) - Geb. in Ballenstedt/Harz (Vater: Gustav S.. Oberstudiendir.; Mutter: Gertrud, geb. Müller), ev. - Ausb. in München - Rollen: u.a. Dornröschen, Giselle, Schwanensee, Onegin, D. Widerspenstigen Zähmung, Pierrot, Lunaire, Ebony Concerto.

SKRZYPCZAK, Henryk

Dr. phil., Wiss. Oberrat i.R., Vorstandsmitglied Histor. Kommission zu Berlin - Carstennstr. 36, 1000 Berlin 45 (T. 817 63 60) - Geb. 3. Mai 1926 Berlin (Vater: Johann S., Schlosser; Mutter: Gertrude, geb. Krawczyk), kath., verh. s. 1953 m. Dagmar, geb. Jubitz, T. Michaela - Obersch. Humboldt- u. Freie Univ. Berlin (Geschichte, German.); Promot. 1956, Diss.: Stadt u. Schriftlichkeit im dt. Mittelalter) - 1956-58 Journ.; 1958-65 Sekr., 1974 Generalsekr. Histor. Kommiss. zu Berlin. 1947-50 CDU; s. 1958 SPD - S. 1991 Vors. Förderkreis Archive u. Bibliotheken z. Geschichte d. Arbeiterbewegung - BV: Marx - Engels - Revolution, 1968. Herausg.: Intern. wiss. Korrespondenz z. Gesch. d. dt. Arbeiterbeweg. (1966ff.).

ŠKUTINA, Vladimir

Dr. phil., Schriftsteller - Postfach A-157, CH-8045 Zürich - Geb. 16. Jan. 1931 Prag - Stud. Psych. - U.a. Chefredakt. Magazin (Zürich). Bücher vornehml. humorist. Inhalts. Zahlr. Drehb. Fernsehkom.: D. verlorene Revue, Talente zu vermieten u.a.; -serien: Das Kriminalsanatorium u. Anekdotarium; Film: D. Fahrer u. d. Tod - Ausz.: Olymp. Goldmed. f. Lit., Gold. Rose v. Montreux, Gr. Preis Intern. Filmfestival Karlsbad, 1987 Mark Twain Preis f. Humor - Lebt n. Freiheitsentzug m. s. Familie s. 1979 in d. Schweiz.

SLÁDEK, Milan

Prof., Regisseur, Leit. Milan Sládek Pantomimentheater Kefka Köln (s. 1974) - Brüsseler Platz 24, 5000 Köln 1 - Geb. 23. Febr. 1938 Strezenice/CSSR (Vater: Josef S., Schmied; Mutter: Maria, geb. Zálesáková), kath., verh. s. 1983 m. Dr. Masako Shono - Abit. 1957 Kunstgewerbesch., Abt. Holzschnitzerei Bratislava; b. 1960 Stud. Akad. d. musischen Künste, Abt. Schauspiel Bratislava u. Prag u. Theater 34 d. Nationalpreisträgers E.F. Burian Prag - 1960 Gründ. 1. Pantomimenensemble; 1962-64 Slowak. Nationaltheater Bratislava; 1965 autonomes Pantomimenensemble M. S. Pantomimentheater; 1968 Dir. Theaterstudio m. Abt. f. dramat. Theater, Kabarett u. Pantomime; s. 1968 zun. v. Schweden, später v. Köln aus intern. Gastsp.; 1976 Gründ. Intern. Pantomimenfestival Gaukler Köln, sd. dessen künstler. Leit.; s. 1987 Leit. d. Pantomimenabt. an d. Folkwang-Hochsch. Essen - Regiss.: u.a. D. Gesch. v. Soldaten (1973), D. Lumpenhändler (1975), D. böse Mütze (1975); D. Bettleroper (1976), D. kl. Pirat (1976), Milan Sládek - Pantomimen (1977), Kefka's Don Juan (1978), Biribi (1980), Masken Improvisationen (1982), Carmen (1983), König Ubu (1984), Münchhausen (1986), D. drei Weisen u. d. Knecht (1987), Apocalyptica (1989), D. Hochzeit auf d. Eiffelturm (1989), D. Hochzeit d. Figaro (1991). Hauptrollen in fast allen eig. Insz. - 1963 Pr. d. Kulturmin. Prag (f. künstl. Experimente); 1965 Gr. Pr. Festival in Nancy; 1965 1. Pr. f. Insz. in Istanbul; 1968 Orden aus Anlaß d. 50j. Bestehens d. Tschech. Rep. - Spr.: Tschech., Slowak., Russ., Engl., Deutsch - Lit.: Ursula Zeidler: Pantomime - Milan Sládek u. s. Theater; Frank Meyer (Hrsg.): Milan Sládek Pantomimentheater (1984).

SLANY, Hans-Erich

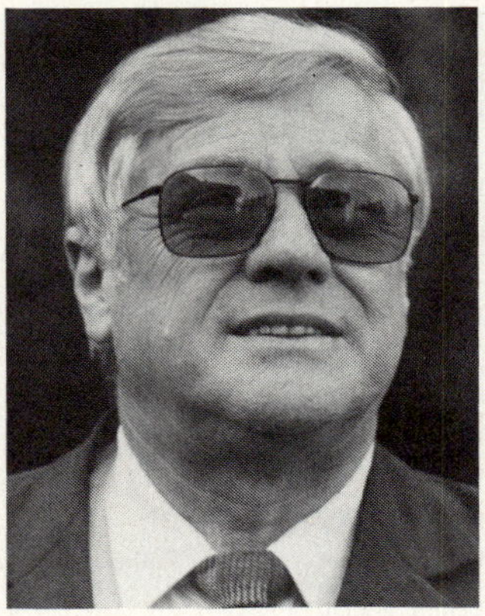

o. Prof. Staatl. Akad. d. bildenden Künste Stuttgart, Hon.-Prof. Hochsch. d. Künste Berlin FB Design, Designer DID, Dipl.-Ing. (FH) - Mülbergerstr. 90, 7300 Esslingen (T. 0711 - 37 32 22) - Geb. 12. Juni 1926 Wiesenthal b. Karlsbad - Ing.stud. Eger, Esslingen, künstler. Ausb. (Lehrer: Heinrich Löffelhardt) - Selbst. Ind.Designer, u. a. Kameras u. Wiedergabegeräte f. Studiofernsehen, Video- u. Filmgeräte, Kraftfahrz.- u. Ind.ausrüst., Verpack.masch., Wärmepumpen u. Armaturen, Elektrowerkz.; Haushaltgeräte, Büro-Ordn.- u. Einricht.syst.; Schreibgeräte; Werkzeugmasch., alles bekannte Marken. 1959 Gründungs- u. Vorst.-Mitgl. Verb. Dt. Ind.designer (VDID), 1965-68 Vorst.-Mitgl. Dt. Werkbund Baden-Württ., 1969-74 Juror Bundespr. Gute Form Bundesmin. f. Wirtsch. - 1973 Bundespr. Gute Form, 1975 2 Bundespr. Gute Form u. üb. 800 weitere nationale u. intern. Design-Auszeichn, Mitgl. Dt. Werkbund - Rotarier - Lit.: Brockhaus Enzyklopädie Bd. 22 unter Ind.-Design; Meyers Enzyklopädie, Bd. 21, S. 814 unter Slany; Propyläen Kunstgesch.: Kunst d. Gegenw., S. 286/287; Design Since 1945, Thames & Hudson Ldt., London; Hans Wichmann: D. Neue Sammlung München Kunst die sich nützlich macht.

SLARK, Dittker

s. Schlorke, Dieter

SLENCZKA, Helmut

Dipl.-Ing., Prof. f. Architektur GH Kassel - Luisenstr. 22, 3500 Kassel (T. 0561 - 77 81 22) - Geb. 1. Dez. 1932 Kassel (Vater: Hans S.; Mutter: Renate, geb. Heldmann), ev. - 1954-59 Stud. TH-Darmstadt - 1960-68 Tätigk. Büros Gutschow-Nissen, R. Schell, H. O. Vogel; s. 1968 Lehrtätigk., s. 1972 GH-Kassel.

SLENCZKA, Reinhard

Prof., Ord. f. Systemat. Theologie Univ. Erlangen (s. 1981) - Spardorfer Str. 47, 8520 Erlangen (T. 2 41 39) - Geb. 16. Febr. 1931 Kassel - Univ. Bern (Schweiz) u. Univ. Heidelberg.

SLENCZKA, Werner

Dr. med., Prof. f. Klin. Virologie Univ. Marburg (s. 1972) - Am Weinberg 3, 3550 Marburg/L. - Geb. 21. Okt. 1934 Kassel (Vater: Hans S., Pfarrer; Mutter: Renate, geb. Heldmann), ev., verh. s. 1962 m. Dr. med. Brigitte, geb. Schulz, 5 Kd. (Katja, Peter, Renate, Christian, Johannes) - Realgymn. Hofgeismar u. Staatl. Wilhelm-Sch. Kassel (Abit. 1955); Univ. Marburg, Zürich, München (Med.; Staatsex. 1961). Promot. (1961; Physiol. Chemie) u. Habil. (1971; Virol.) - Spr.: Engl., Franz. - Mitbeteiligt an d. Entdeck. u. Erstbeschreib. d. Marburg-Virus (1967).

SLESINA, Horst G.

Werbekaufmann - Bockenheimer Anlage 13, 6000 Frankfurt/M. 1; priv.: Myliusstr. 25b (T. 72 51 66) - Geb. 29. Juli 1911 Bielefeld (Vater: Leo S.; Mutter: Paula, geb. Schmalhorst), 3 Kd. - Stud. Volks- u. Betriebsw. - Vor 1945 Rundfunktätigk. (zahlr. Sportreportagen); s. 1951 Werbewesen. Div. Fachämter, dar. 6 J. Vors. GWA (Mitbegr.) - Liebh.: Golf - Spr.: Engl.

SLEUMER, Hermann

Dr. phil., Prof., Botaniker - Rapenburg 70-74, Leiden (Holl.) - Geb. 21. Febr. 1906 Saarbrücken, kath., verh. s. 1937 m. Anna, geb. Meyer, 2 Kd. (Angela, Bernhard) - Univ. Tübingen, München, Freiburg/Br. Pharmaz. Staatsex. 1929; Approb. als Apotheker, 1936; Promot. 1932; Habil. 1937 Berlin - Ab 1933 Assist. u. wiss. Beamter Botan. Garten u. Museum Berlin, 1946-49 Prof. m. Lehrauftr. f. Botanik u. Pharmakognosie Humboldt-Univ. ebd., 1949-53 ao. Prof. Univ. Tucumán (Argent.), 1953-56 Stiftg. Flora Malesiana, 1956-71 Kurator Rijksherbarium, Leiden. Üb. 170 Fachveröff.

SLEVOGT, Horst

Dr. rer. pol., Honorarprof. f. Bankbetriebslehre Univ. Kiel - Wiesenredder 2, 2330 Eckernförde (T. 04351 - 4 38 00) - Geb. 4. Juli 1922 Eckernförde, ev., verh. s. 1972 m. Elisabeth, geb. Neuhaus, S. Markus - Seeoff.hauptprüf. 1941 Flensburg; 1945-49 Stud. Wirtschaftswiss.; Dipl.-Volksw. 1949 Kiel; Promot. 1955 Frankfurt - 1939-45 Kriegsmarine (ab 1943 als Ubootkmdt.). 1951 Kreditanst. f. Wiederaufbau; 1955 Deutsche Bank; 1960-66 Filialdir. Darmstadt; 1966 KKB Kundenkreditbank KGaA; 1968-72 pers. haft. Gesellsch.; s. 1973 beratend u. wiss. tätig; s. 1985 Hon.-Prof. Univ. Kiel - Liebh.: Schlesw.-Holst. Gesch. - Spr.:

Engl., Franz. - Bek. Vorf.: Max Slevogt, Maler (Großonkel).

SLIBAR, Alfred

Dipl.-Ing., Dir. techn., em. o. Prof. Maschinendynamik u. Meßtechnik - Wiedner Hauptstr. 8-10, A-1040 Wien - Geb. 6. Mai 1921 Wien (Vater: Jakob S.; Mutter: Viktoria, geb. Klopfer), kath., verh. s. 1952 m. Emmi, geb. Wagust, 3 Kd. (Ulrike, Gabriele, Reinhard) - TH Wien (Dipl.-Ing. 1946) u. München (Maschinenbau) - 1946-54 Assist. u. Doz. (1952) TH Wien; 1954-56 Research Fellow Cambridge u. Stanford/USA; s. 1957 o. Prof. TH Stuttgart u. Wien (1963). Etwa 100 Veröff. üb. Nichtlineare Schwingungen, Fahrmechanik, Plast. Theorie, Unfallanalyse, Schnellstraßen u. Autobahnen (Slibar-Zaun) - 1953 Caesar-v.-Bézard-Preis, 1977 Technikpreis d. Wiener Wirtschaft, 1984 Österr. Ehrenkreuz f. Wissensch. u. Kunst, 1987 Gold. Ehrenmed. d. Stadt Wien ; 1987 Hon.-Member Vehicle Systems Soc.; 1988 Ehrenmitgl. BVSK (BRD) - Liebh.: Segelfliegen, Skilaufen, Tennis - Spr.: Engl., Franz.

SLOKAR, Branimir

Prof. Musikhochschule Köln - Wangelen, CH-3413 Kaltacker (T. 034 - 22 16 24) - Geb. 7. Juni 1946 Maribor (Vater: Vladimir S., Arb.; Mutter: Hilda, geb. Fras), kath., verh. s. 1974 m. Ursula, geb. Drabert, 5 Kd. (Vladimir, Louro, Zora, Ana, Gorjan) - Musikakad. Ljubljana; Dipl. m. Ausz. - Solo-Posaunist in Paris, Bern u. München; Prof. Musikhochsch. Köln - BV: Einblasübungen f. Tenor-Posaune; Schule f. Alt-Posaune; Schule f. Tenor Posaune, tägliche Übungen - Liebh.: Sport - Spr.: Deutsch, Engl., Franz., Slowen.

SLOTOSCH, Walter

Dr. rer. pol., Regierungsrat a. D., Wirtschaftsjournalist - Sudelfeldstr. 12, 8022 Grünwald/Obb. (T. München 641 18 90) - Geb. 23. April 1911 Königshütte/OS. (Vater: Carl S., Industrieller; Mutter: Olga, geb. Wywiolek), kath., verh. m. Gerda, geb. Rotterdam, 3 Kd. - TH Danzig u. Berlin, Univ. Genf, Greifswald, Breslau (Promot. 1935) - 1938-42 Abt.sleit. Inst. f. Konjunkturforsch. Berlin, 1945-1951 Reg.srat Bayer. Statist. Landesamt, München, sd. Leit. Wirtschaftsredaktion Südd. Ztg. u. Wirtschaftskommentator Bayer. Rundfunk ebd. - BV: D. Geld, m. d. wir leben müssen - Panorama d. Weltinflation, 1971 - 1965 Karl-Bräuner-Preis Bund d. Steuerzahler; 1972 Bayer. VO., 1975 Staatsmed. f. bes. Verdienste um d. bayer. Wirtschaft - Liebh.: Segeln.

SMEND, Rudolf

Dr. theol., D. D. h. c. (St. Andrews Univ.), Prof. f. Altes Testament - Thomas-Dehler-Weg 6, 3400 Göttingen (T. 2 33 32) - Geb. 17. Okt. 1932 Berlin, verh. s. 1969 m. Dagmar, geb. Erlbruch - 1951-58 Stud. Univ. Tübingen, Göttingen u. Basel (Promot. 1958) - 1962 Privatdoz. Univ. Bonn; 1963 Prof. Kirchl. Hochsch. Berlin; 1965 Ord. Univ. Münster, 1971 Univ. Göttingen, o. Mitgl. Akad. d. Wiss. Göttingen, Ehrenmitgl. Soc. f. Old Testament Study; 1986 Vizepräs. d. Dt. Forschungsgemeinschaft - BV: D. Entsteh. d. Alten Testaments, 1978, 4. A. 1989; D. Mitte d. Alten Testaments, 1986; Z. ältesten Gesch. Israels, 1987; Dt. Alttestamentler in drei Jh., 1989; Epochen d. Bibelkritik, 1991. Weitere Facharb.

SMIDT, Diedrich

Dr. med. vet., Dr. sc. agr., Dr. med. vet. h.c., Direktor u. Prof., Leiter Inst. f. Tierzucht u. Tierverhalten Mariensee Bundesforsch.anst. f. Landw. Braunschweig-Völkenrode - Höltystr. 10, 3057 Neustadt 1 (Mariensee) (T. 05034 - 87 11 80) - Geb. 14. Juli 1931 Breinermoor (Vater: Diedrich S., Landw.), verh. m. Heide, geb. v. Geldern - S. 1965 (Habil.) Lehrtätigk. Univ. Göttingen/Landw. Fak. (1969ff. apl. u. o. Prof.); 1970 u. 72 Dekan Landw. Fak. Göttingen; 1982/83 Präs. d. Bundesforschungsanst. f. Landwirtsch. Div. Fachmitgliedsch., auch USA u. Mexiko. Üb. 600 Fachveröff. u. Fachbücher.

SMIDT, Dieter

Dr. rer. nat., o. Prof. f. Reaktortechnik Universität Karlsruhe, Direktor Inst. f. Reaktorenentwickl. Kernforschungszentrum Karlsruhe-Leopoldshafen - Elbinger Str. 15, 7500 Karlsruhe-Waldstadt (T. 68 28 18) - S. 1965 Ord. TH bzw. Univ. Karlsruhe. 1981 ff. Reaktor-Sicherheitskommiss. - BV: Reaktortechnik, 2 Bde. 1971; Reaktorsicherheitstechnik, 1979.

SMIT, Will

s. Schmitt, Willi, Schriftsteller

SMITH, Lawrence (Larry)

Ph. D., Prof. f. Mathematik, gf. Direktor - Mathematisches Institut Georg August-Universität, Bunsenstr. 3/5, 3400 Göttingen - Geb. 13. Mai 1942 New York (Vater: Benjamin S., Lehrer; Mutter: Sylvia, geb. Trumer), verh. s. 1964 m. Mi-Soo, geb. Bae, gesch. s. 1980, 1 Kd. (Tong-Jin) - Brooklyn Coll. (B.S. 1962), Yale/Univ. (Ph.D. 1966) - 1965/66 u. 1972 Prof. Yale Univ., 1966-69 Princeton, 1969-72 Univ. of Virginia, 1973 Arhus, 1973-76 Indiana, 1975/76 Genf, 1976/77 Odensa, s. 1977 Göttingen - Spez. Arbeitsgeb.: Algebraische Topol. - BV: Introduction to linear Algebra, 1977; üb. 50 wiss. Arb. in math. Ztschr. - 1980 u. 1981 Dt. Senior-Meistersch. Gewichtheben (4. Pl.) - Spr.: Amerikan., Franz., Dtsch., Dän.

SMITTEN, In der, Franz-Josef

s. In der Smitten, Franz-Josef

SMOLA, Emmerich

Prof., Dirigent - Fliegerstr. 40, 6750 Kaiserslautern (T. 6 90 77) - Geb. 8. Juli 1922 Bergreichenstein (Vater: Emmerich S., Kirchenmusiker; Mutter: Anna, geb. Alsch, Lehrerin), kath., verh. s. 1947 m. Marga, geb. Wiehn, 2 Kd. (Margarete, Rainer) - 1976 Peter-Cornelius-Med. Rheinl.-Pfalz; 1978 BVK; 1982 VO Rheinl.-Pfalz; 1985 Kulturpreis Stadt Passau, u. 1988 d. Sudetendeutschen - Liebh.: Kirchengesch., mittelalterl. Buchmalerei, Orgelbau, Gregorian. Choral - Spr.: Tschech., Engl., Franz. - Rotarier.

SMOLINSKY, Heribert

Dr. theol., o. Prof. f. Kirchengesch. d. Mittelalters u. d. Neuzeit Kath.-Theol. Fak. Univ. Freiburg (s. 1988) - Waldstr. 29, 7803 Gundelfingen im Br. - Geb. 22. Nov. 1940 Waldbreitbach/Rheinl., kath., ledig - 1957-60 Bankkaufm.; Abit. 1965; 1965-73 Stud. Kath. Theol. Trier, Tübingen, Würzburg; Promot. 1973; Habil. 1981 Würzburg - 1974-76 Kaplan Trier; 1976-82 Univ.-Assist.; 1983-88 Prof. Kath.-Theol. Fak. Univ. Bochum - BV: Domenico de' Domenichi, 1976; Alveldt u. Emser, 1984; zahlr. Aufsätze zu Reform, Humanismus, Bildung. Herausg.: D. Geschichte d. Christentums (1991ff.). Mithrsg. Reformationsgeschichtl. Studien u. Texte - Spr.: Engl., Franz.

SMOLLA, Günter

Dr. phil., Prof. f. Vor- u. Frühgeschichte - Hardtgrundweg 20, 6240 Königstein-Mammolshain/Ts. - Geb. 10. Aug. 1919 Breslau, ev., verh., 2 Kd. - 1946-1955 Assist. Univ. Tübingen (Habil. 1955); s. 1956 Privatdoz. u. Prof. (1961) Univ. Frankfurt/M. - BV: Neolith. Kulturerscheinungen, 1960; Epochen d. menschl. Frühzeit, 1967. Zahlr. Einzelarb.

SNOPKOWSKI, Simon

Dr., Dr., Präsident Landesverb. d. Israelit. Kultusgemeinden in Bayern/Körpersch. d. Öfftl. Rechts - Effnerstr. 68, 8000 München 81.

SNYDER, Willard B.

Dr. jur., Anwalt, Honorarkonsul d. Bundesrep. Deutschl., Pres. Real Estate Corp., Inc. - 8014 State Line, Suite 203, Leawood, KS 66208 USA (T. 913 - 6 42-51 34) - Geb. 18. Dez. 1940 Kansas City (Vater: N. E. S., Anwalt; Mutter: Ruth, geb. Breidenthal), verh. m. Christa, geb. Wittmann; 3 Kd. - B.A. 1962, J. D. 1965 Univ. Kansas, Pres. Real Estate Corp. Inc. - Dir. United Mo. Bankshares, Inc. Liberty Memorial of K. C., Regional Council of Boy Scouts of Am., Cmdr. Region XI MOWW, Col in KSARNG - BVK, BWK (Silb.) - Liebh.: Schießen, Jagd, Notgeldsammlung - Spr.: Franz., Deutsch, Engl.

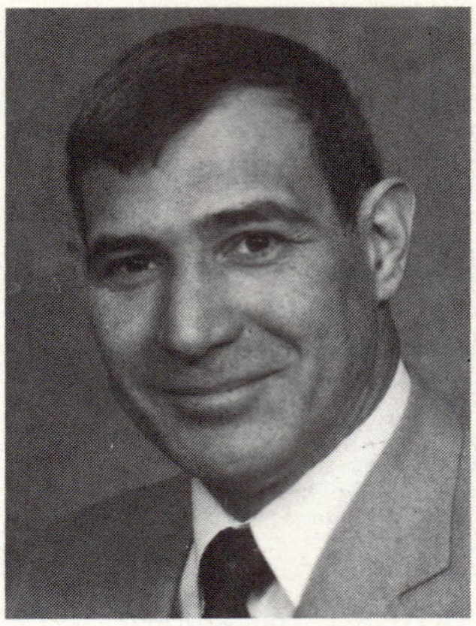

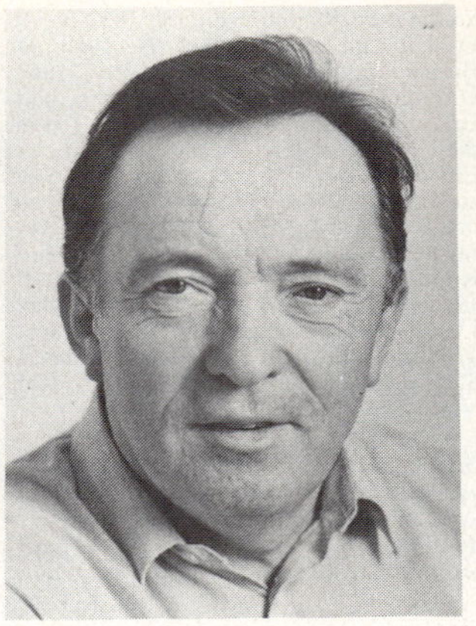

SOBIREY, Horst

Dipl.-Volksw., Dipl.-Kfm. - Dr.-Wirth-Str. 8, 6730 Neustadt/Weinstr. (T. 06321 - 21 68) - Geb. 6. Febr. 1920 Tammendorf/Schles. - Gf. Gesellsch. Haardter Schloß Verm.-Verw.-G.d.b.R., Neustadt/W.; Ehrenpräs. Bundesverb. Dt. Beton- u. Fertigteilind., Bonn; Vizepräs. BIBM, Frankfurt; Vizepräs. BIBM, Brüssel. Honorarkonsul Republik Haiti.

SOBISIAK, Günter

Dr. phil., Prof. FU Berlin - Rothenburgstr. 4, 1000 Berlin 41 (T. 792 72 40) - Geb. 10. Dez. 1924 Berlin (Vater: Franz S., Postbeamter; Mutter: Frieda S.) - 1946-51 PH, 1951-68 FU Berlin; Promot. 1968 - 1962-68 Assist.; 1969-71 Akad. Rat; s. 1971 Prof. - BV: Gesch. u. Phänomenol. d. Begriffs Bildungsarbeit, 1969; Kriterien d. Schul-Wirklichk., 1973; D. didakt. Analyse; systemat.-krit. Erzieh.wiss. I/II, 1990; Systematisch-krit. Erzieh.wiss. I u. II. Stefan George als Erzieher. Pädagogik u. Onkologie. Ges. Schriften. Bd. I; Aufs. u. Essays z. Erzieh.wiss. - Interessen: Kunst, Lit., Päd., Phil., Soziol.

SOBOTSCHINSKI, Arnim

Dipl.-Volksw., Abteilungspräsident Statist. Bundesamt, Wiesbaden, Honorarprof. f. Statistik Univ. Marburg - Gustav-Stresemann-Str. 11, 6200 Wiesbaden.

SOBOTTA, Joachim

Dr. jur., Chefredakteur Rhein. Post, Düsseldorf - Hohegrabenweg 78, 4005 Meerbusch 1 (T. 02105 - 7 03 22) - Geb. 21. März 1932 Glatz (Vater: Kurt S.; Mutter: Adelheid, geb. Wabnik), ev., verh. s. 1962 m. Dr. Mechthild, geb. Becker, 2 Kd. - Abit.; Volont.; Stud. Rechtswiss.; Staatsex. u. Promot. - 1955-58 Westdt. Allg. (WAZ); 1959-63 Dt. Zeitung; s. 1963 Rhein. Post - BV: Wohin treibt d. Bundesrep.?, 1973 - BVK u. BVK I. Kl.; Verdienstkreuz Land NRW.

SODANN, Peter

Intendant neues theater Halle - Geiststr. 58, O-4020 Halle/S. - Geb. 1. Juni 1936 Meißen, gesch., 4 Kd. (Tina, Susanne, Franz, Karl) - 1959-64 Ausb. z. Schauspieler Theaterhochsch. Leipzig (m. Unterbrechung wegen Relegation) - Schauspieldir. in Magdeburg u. Halle - Interessen: D. menschl. Verhalten miteinander, Erhaltung v. Werten, die in Vergessenheit geraten könnten - Spr.: Engl., Russ. - Lit.: Theaterztschr., and. Ztg. usw.

SODEN, Freiherr von, Wolfram

Dr. phil., em. o. Prof. f. Altsemit. Philol. u. oriental. Altertumskunde - Gluckweg 19, 4400 Münster/W. (T. 23 37 85) - Geb. 19. Juni 1908 Berlin (Vater: Prof. Dr. theol. Hans v. S., zul. Ord. f. Theologie Univ. Marburg (s. X. Ausg.); Mutter: Magdalena, geb. v. Möller), ev., verh. s. 1934 m. Margarete, geb. Conze, 6 Töcht. (Irmhild, Wiltrud, Friedrun, Hildegund, Ursula †, Sigrid) - Univ. Marburg, München, Berlin, Leipzig (Promot. 1931) - 1934-40 Doz. u. ao. Prof. (1936) Univ. Göttingen, 1940-45 o. Prof. Univ. Berlin, 1950-55 Lehrauftr. Univ. Göttingen, s. 1955 o. Prof. Univ. Wien u. Münster (1961) - BV: D. akkad. Synonymenlisten, 1933; D. Aufstieg d. Assyrerreichs als geschichtl. Problem, 1937; Arab. wehrsprachl. Ausdrücke, 1942; D. akkad. Syllabar, 1948, 4. A. 1990 (Rom); Grundriß d. akkad. Grammatik, 1952 (Rom), 2. A. m. Zusätzen 1969; Sumer. u. akkad. Hymnen u. Gebete, 1953 (m. A. Falkenstein); Herrscher im Alten Orient, 1954; Akkad. Handwörterb., 1959-81; Sprache, Denken u. Begriffsbild. im Alten Orient, 1974; Einf. in d. Altorientalistik, 1985 (span. Übers. 1988, ital. 1989); Bibel u. Alter Orient, ges. Aufs. 1985; Aus Sprache, Geschichte u. Religion Babyloniens, ges. Aufs. 1989 - 1966 o. Mitgl. Dt. Archäol. Inst., Berlin; korr. Mitgl. Finn. Oriental. Ges., Helsinki (1952), Österr. Akad. d. Wiss., Wien (1957), Akad. d. Wiss. u. d. Lit., Mainz (1969), British Academy, London (1973), Akad. d. Wiss., Heidelberg (1973), Akad. d. Wiss., Göttingen (1981) - Liebh.: Musik, Fahrpläne - Bek. Vorf. (Großv.): Prof. Hermann v. S., Pfarrer, zul. Berlin u. Theodor v. Möller, Fabrikbes., 1901-05 pr. Handelsmin. - Festschr. lišān mithurti 1968; Orientalia, Vol. 47/3 (1978).

SODEN-FRAUNHOFEN, Graf von, Heinrich

Weihbischof von München u. Freising u. Bischofsvikar Region Nord d. Erzbistums - Domberg 13, 8050 Freising (T. 48 44) - Geb. 6. Nov. 1920 Friedrichshafen/B. (Vater: Diplom-Ing., Gründ. u. Leit. Zahnradfabrik F.) - Stud. München u. Freising - S. 1951 Seelsorgsarb. in Rosenheim u. Landshut (St. Martin) - 1980 Bayer. VO.

SODOMANN, Carl-Peter

Dr. med., Prof. f. Innere Medizin Univ. Marburg (s. 1972) - Mühlenstr. 27, 4350 Recklinghausen - Geb. 23. Dez. 1939 Halle/S. (Vater: Dr. Heinrich S., Chemiker; Mutter: Ruth, geb. Kohnke), kath., verh. s. 1966 m. Marie-Theres, geb. Münnighoff, 5 Kd. (Matthias, Birgit, Jutta, Anke, Katja) - Schule Wanne-Eickel (Abit.); Univ. Bonn, Wien, Glasgow. Promot. Bonn; Habil. Marburg - 1966-72 Assist. Üb. 70 Einzelarb. - Spr.: Lat., Engl., Franz.

SÖDERBAUM, Kristina
Schauspielerin, Fotografin (s. 1966) - 8033 Krailling Post Planegg/Obb. - Geb. 5. Sept. 1912 Stockholm (Vater: Prof. Henrik S., Präs. Kgl. Schwed. Akad. d. Wiss. Stockholm u. Vors. Nobel-Preis-Komitee; Mutter: Margareta, geb. Lunddahl), ev., 1955 z. Katholizismus übergetr., verh. 1939 m. Prof. Veit Harlan (Regiss. †1964, s. XIV. Ausg.), 2 Söhne (Kristian, Caspar) - Lyz. Stockholm; Internate Frankr. u. Schweiz; 1935-36 Schauspielsch. Berlin (Ackermann) - BV: Nichts bleibt immer so - Rückblenden auf e. Leben vor u. hinter d. Kamera, Erinn. 1983 - Bek. Filme: Jugend, Verwehte Spuren, Reise n. Tilsit, D. unsterbl. Herz, Jud' Süß, D. große König, D. goldene Stadt (1942 Preis Biennale Venedig, 1943 Ehrenstudentin Univ. Upsala), Immensee, Opfergang, Kolberg, Unsterbl. Geliebte, Hanna Amon, D. blaue Stunde, Sterne üb. Colombo, D. Gefangene d. Maharadscha, Verrat an Deutschland, 2 Herzen im Mai, Ich werde Dich auf Händen tragen - Liebh.: Reiten.

SOEDING, Erich
Dr., Vorstandsmitglied Joh. Wilh. Scheidt AG., Kettwig - Gerhart-Hauptmann-Str. 3, 4307 Kettwig/Ruhr.

SOEDING, Helmut
Fabrikant - Beethovenstr. 19, 5810 Witten/Ruhr - Geb. 22. Dez. 1908 - S. 1932 KG. Lohmann & Soeding GmbH. & Co. (gegr. 1868; 1945ff. gf. Gesellsch.).

SOEFFING, Werner
Fabrikant (Werner Soeffing & Dr. M. Ehemann OHG Konservenfabrik, Kötzting), stv. Vors. Ind.- u. Handelsgremium Cham, Mitgl. Vollvers. IHK Regensburg, Arbeitgebervertr. Vorstandsch. AOK Cham - Pfingstreiterstr. 16, 8493 Kötzting/Oberpf. (T. 89 52) - Geb. 4. Nov. 1917 - s. 1972 Mitgl. Stadtrat Kötzting - 1983 BVK; 1987 Gold. Bürgermed. Stadt Kötzting.

SÖHN, Hartmut
Dr. jur., Prof. f. Rechtswissenschaften Univ. Passau - Eppanerstr. 9, 8390 Passau - Geb. 4. April 1938 Nürnbrecht, verh. s. 1964 m. Ursula, geb. Wehler, 2 Kd. (Florian, Janina) - 1958-62 Stud. Rechtswiss. (1. jurist. Staatsex. 1962, Promot. 1965, 2. Ex. 1967, Habil. 1971) - 1977-84 Vors. Wiss. Beir. Dt. Steuerjuristische Ges.; Mitgl. d. Wiss. Beirats Bundesministerium d. Finanzen - BV: Steuerrechtl. Folgenbeseitig. durch Erstatt., 1973; D. Abgrenz. d. Betriebs- od. Berufssphäre v. d. Privatsphäre im Einkommensteuerrecht (Sammelbd., Hrsg., m. a.) 1980; Kommentar z. Einkommensteuergesetz (Hrsg. m. Kirchhof), 1986ff.

SÖHNE, Walter
Dr.-Ing., Dr. agr. h. c., em. Prof. u. Vorst. Inst. f. Landmaschinen TU München (s. 1965) - Meisenstr. 6, 8032 Gräfelfing/Obb. (T. München 85 57 81) - Geb. 7. Okt. 1913 Fürstenberg/Waldeck (Vater: Christian S., Lehrer †; Mutter: Auguste, geb. Kesting), ev., verh. s. 1948 m. Waltraut, geb. Riemschneider, 3 Kd. (Barbara, Gerhard, Reinhild) - Gymn. Korbach; 1933-39 TH Stuttgart (Maschinenbau, Luftfahrttechnik; Dipl.-Ing.). Promot. (1947) u. Habil. (1959) Braunschweig - 1948-65 Forschungsanst. f. Landwirtsch., Braunschweig. Facharb. - 1981 BVK; 1983 Ehrenpromot. Hohenheim.

SÖHNGEN, Heinz
Dr. rer. nat., o. Prof. f. Mathematik - Goerdelerstr. Nr. 20, 6600 Saarbrücken (T. 81 81 44) - Geb. 30. Nov. 1908 Posen - S. 1950 (Habil.) Lehrtätigk. TH Darmstadt u. Univ. Saarbrücken (1958 Ord. u. Mitdir. Math. Inst.). Facharb.

SÖLCH, Rudi
Dipl.-Volksw., Verwaltungsdirektor Zweites Dt. Fernsehen/ZDF - Postf. 4040, 6500 Mainz-Lerchenberg - Geb. 5. Nov. 1931 - Div. Mandate u. Mitgliedsch.

SÖLING, Hans-Dieter
Dr. med., Prof., Abteilungsvorsteher Med. Univ.klinik Göttingen - Hainholzweg 54, 3400 Göttingen - B. 1969 Assist. u. Privatdoz., dann Abt.svorst. u. Prof. Göttingen. Facharb.

SÖLING, Till Klaus
Kaufmann, Vizepräs. IHK Wuppertal-Solingen-Remscheid (1982ff.), Vors. Bundesfachgemeinsch. Garne/Hauptverb. Dt. Textilhandelsvertr. (CDH) (1974ff.), Mitgl. Beirat f. Fragen d. gewerbl. Mittelstandes Bundesmin. f. Wirtsch. (1978ff.), Mitgl. Bezirkssprecherteam Berg. Land amnesty intern. (1972ff.), Vors. Förderkreis d. Berg. Musikschule, Handelsrichter (1981ff.) - Kronprinzenallee 162, 5600 Wuppertal 1 - Geb. 21. Okt. 1933 Wuppertal (Vater: Gustav S., Handelsvertr.; Mutter: Maria, geb. Esters), ev., verh. s. 1956 m. Marie-Luise, geb. Stolzenberg, 4 Kd. (Elisabeth, Annette, Christine, Caspar) - N. Abit. kaufm. Lehre - Liebh.: Klass. Musik, Malerei - 1981 BVK; 1979 Gold. Ehrennadel d. CDH - Spr.: Latein, Griech., Engl., Franz., Ital. - Bruder: Prof. Dr. med. Hans-Dieter S. (s. dort).

SOELL, Hartmut
Dr., Prof., Bundestagsabgeordneter (Landesliste Baden-Württ.) - Albert-Überle-Weg 12, 6900 Heidelberg (T. 06221 - 47 13 08) - SPD.

SÖLL, Ludwig
Dr. phil., o. Prof. f. Roman. Philologie - Hochweg Nr. 11, 8400 Regensburg (T. 5 55 19) - Geb. 7. Sept. 1931 Hof/S. (Vater: Christian S.), verh. m. Ilse, geb. Burger - S. 1964 (Habil.) Lehrtätigk. Univ. München, TU Berlin (1966 Ord.), Univ. Regensburg (1967 Ord.) - BV: D. Bezeichnungen f. d. Wald in d. roman. Sprachen, 1967. Üb. 30 Einzelarb.

SÖLLE, Dorothee
Dr. phil., Prof., Theologin u. Schriftstellerin - Roosens Weg 7, 2000 Hamburg 52 - Geb. 30. Sept. 1929 Köln, ev., verh. m. Fulbert Steffensky, 4 Kd. (Martin, Michaela, Caroline, Mirjam) - Stud. Univ. Köln, Freiburg, Göttingen (Phil., German., Theol.); Promot.; Habil. 1971 Köln - 6 J. höh. Schuldst. - BV: Stellvertretung - E. Kapitel Theol. n. d. Tode Gottes, 1965; D. Wahrheit ist konkret, 1967; Atheistisch an Gott glauben - Beitr. z. Theol., 1967; Phantasie u. Gehorsam - Überleg. z. e. künft. christl. Ethik, 1968; Meditationen u. Gebrauchstexte - Polit. Theol., 1971; D. Recht, e. anderer zu werden, 1971; Realisation. Studien z. Verhältnis v. Theol. u. Dicht. u. d. Aufklärung, 1973; Leiden. Themen d. Theol., 1973; D. revolutionäre Geduld, Ged. 1974; D. Hinreise, 1975; Sympathie. Theol.-polit. Traktate, 1978; Wählt d. Leben, 1980; Fliegen lernen, Ged. 1979; Im Hause d. Menschenfressers. Texte z. Frieden, 1981; Spiel doch v. Brot u. Rosen, Ged. 1981; Aufrüst. tötet auch ohne Krieg, 1982; Nicht nur Ja u. Amen - V. Christen im Widerst., (zus. m. Fulbert Steffensky) 1983; Verrückt nach Licht, Ged. 1984; D. Erde gehört Gott, Texte z. Bibelarb. v. Frauen (zus. m. Luise Schottroff), 1985; D. Fenster d. Verwundbarkeit, 1987; Dorothee Sölle im Gespräch, 1988; E. Volk ohne Vision geht zugrunde. Anm. z. dt. Gegenw. u. z. nat. Identität, 1986; Umkehr, Zwei Gespräche (m. Peter Bichsel, Klara Obermüller, Teschuwa), 1989; Gott denken. Einf. in d. Theol., 1990; Zivil u. ungehorsam, Ged. 1990; Gott im Müll - E. andere Entdeckung Lateinamerikas, 1992; D. Recht auf e. anderes Glück, 1992 - Mitgl. PEN-Zentrum BRD; 1974 Theodor-Heuss-Med.; 1982 Droste-Preis f. Lyrik - Lit.: Heike Mundzeck: Als Frau ist es wohl leichter, Mensch zu werden - Gespr. m. D. S., Margarete v. Trotta, Heidemarie Wieczorek-Zeul (1984).

SÖLLNER, Adolf-Peter
Fabrikant i. R. - Langheimer Str. 1, 8620 Lichtenfels (T. 50 88) - Geb. 5. Aug. 1911 Bamberg (Vater: Friedrich S., Postamtm.; Mutter: Maria, geb. Dorn), kath., 2 Söhne (Dieter, Horst) - Gymn. (Abit.); 2 Sem. Hochsch. - 1973 BVK I. Kl. - Spr.: Engl.

SÖLLNER, Alfred
Dr. jur., o. Prof. f. Röm. u. Bürgerl. Recht, Arbeits- u. Sozialrecht, Bundesverfassungsrichter - Licher Str. 72, 6300 Gießen - Geb. 5. Febr. 1930 Frankfurt/M. - 1949-54 Univ. Frankfurt (Rechtswiss.). Promot. (1958) u. Habil. (1966) Frankfurt - S. 1966 Ord. Univ. Kiel u. Gießen (1970) - BV: u. a. Röm. Rechtsgesch., 1971, 3 A. 1984; Arbeitsrecht, 1969, 9. A. 1987 - S. 1974 Mitgl. Max-Planck-Ges. u. korr. Mitgl. Akad. d. Wiss. u. d. Lit., Mainz (1984).

SÖLLNER, Horst Winfried
Dipl.-Volksw., Fabrikant - St. Veit Str. 10, 8620 Lichtenfels - Geb. 4. Juni 1942 Coburg (Vater: Adolf S.; Mutter: Käthe, geb. Lossa), verh. m. Gabi, geb. Hafenecker - Inh. Fa. Adolf Söllner & Co, Kunstharzpresserei- u. Spritzerei, Lichtenfels; gf. Gesellsch. Fa. Ligewa GmbH Knopffabrik, Lichtenfels; Vors. Industrie- u. Handelsgremium Lichtenfels-Staffelstein. Handelsrichter am Landgericht Coburg; Finanzrichter am Finanzgericht Nürnberg - Mitgl. u. Ehrenvors. Wirtschaftsjunioren Lichtenfels-Staffelstein; Senator Junior Chamber Intern. - Spr.: Engl.

SÖLLNER, Kurt
Dr. oec., Dipl.-Kfm. - Schulstr. 3, 8508 Wendelstein 2 (T. 09129 - 76 90) - Oberrealsch. Nürnberg (Abit. 1944) - 1943-45 Luftwaffenhelfer, Arbeitsdienst, Militär u. Gefangensch.; Stud. Univ. Erlangen; Dipl.ex. 1948; Promot. 1950; diss.: „Absatzbedingung u. Absatzorganisation im Lebensmittelgroßhandel" - 1950-73 Geschäftsf. Haeberelin & Metzger Lebkuchenfabrik Nürnberg; Andreas Hinterleitner, gegr. 1898, wurde als GmbH & Co KG 1974 umfunktioniert; Inzwisch. Alleingesellsch.; Geschäftstätigk. Groß- u. Einzelhandel SB-Warenhäuser; Tochterfirma attracta Handels-GmbH & Co. KG; Oertel Feinkost- u. Fleischwarenfabrik GmbH & Co. KG, bde. Hauptgesellsch. 51%, 100 %. Mitgl.: Coloniale München (A.R.), HKG Köln, Landesverb. d. Bayer. Groß- u. Außenhandels, Einzelhandelsverb. - Liebh.: Samml. v. Eisenbahnen u. Holzmodeln.

SÖLM, Oly
s. Winkler-Sölm, Oly

SOÉNIUS, Heinz
Geschäftsführer, MdL Nordrh.-Westf. (s. 1970) - Rondorfer Str. 42, 5000 Köln 51 (T. 38 83 59) - Geb. 26. Sept. 1929 Köln, verh., 3 Kd. - Mittelsch. - 1946-1968 Köln-Bonner-Eisenbahnen; s. 1968 Kölner Stadtwerke. 1961-68 Ratsmitgl. Köln. CDU s. 1947.

SOENNECKEN, Manfred
Dr. rer. nat., Studiendirektor - Haydnstr. 16a, 5880 Lüdenscheid/W. - Geb. 1928 - BV: D. mittelalterl. Rennfeuerverhüttung im märk. Sauerland, 1971 (Diss.) - 1969 Kulturpreis Kr. Lüdenscheid (f. archäol. Forsch. u. Ausgrab. im Kr. L.).

SOENTGERATH, Olly
Schriftstellerin (Künstlername: Komenda-Soentgerath) - Malmedyer Str. 17, 5000 Köln 41 (T. 0221 - 49 25 97) - Geb. 23. Okt. 1923 Prag, kath. - Stud. German., Gesch. Karlsuniv. Prag - Veröff.: Lyrik, Prosa, Übers. BV: Mit weniger kann ich nicht leben, 1983; Unerreichbar nahe, 1986; D. schläft mir nachts unter d. Lidern, 1989 (übers. v. Nobelpreistr. Jaroslav Seifert); Im Schatten Prags, 1990; Im Land d. Stunden, Ged. 1991; Erst wenn d. Boten kommen, 1992; Erdreich, Das Leben ist e. Kreis, 1992 - 1988 Gedok-Preis; 1992 Kulturpreis f. Schrifttum (dotiert v. Freist. Bayern) - Spr.: Engl., Franz., Tschech. - Mitgl. PEN-Zentrum - Lit.: Karl Krolow Olly Komenda-Soentgerath: Neue Gedichte; Hans Bender Äußerungen d. Lebens.

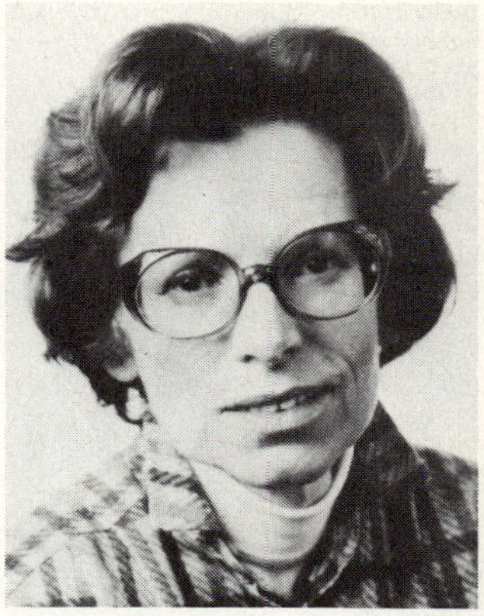

SOERGEL, Volker
Dr. rer. nat., o. Prof. f. Physik Univ. Heidelberg (1967ff.) (beurlaubt 1979ff.), Univ. Hamburg, u. Vors. Direkt. DESY Hamburg (s. 1981) - Willhöden 32, 2000 Hamburg 55 - Geb. 9. März 1931 Breslau, verh. s. 1959 m. Charlotte, geb. Fabricius, 3 Kd. - 1949-56 Stud. Physik Univ. Freiburg - 1979/80 Mitgl. CERN-Direkt.

SÖSEMANN, Bernd
Dr. phil., Univ.-Prof. FU Berlin, Historiker - Zu erreichen üb. FU, Malteserstr. 74-100, 1000 Berlin 46 (T. 030 - 77 92-4 48) - Geb. 8. Okt. 1944 Göttingen (Vater: Walter S., techn. Angest.; Mutter: Frieda, geb. Ohse), ev., verh. s. 1975 m. Britta, geb. Riemenschneider, 3 Kd. (Fabian, Benita, Pia) - Stud. Gesch., Deutsch u. Päd. (Ex. 1970 Göttingen); 1970-73 Stip. Göttinger Akad. d. Wiss. (Diss.); Ass. f. Höh. Lehramt 1975 Lüneburg - 1975 Wiss. Assist., 1982 Hochschulassist. Sem. f. mittl. u. neuere Gesch. d. Georgia Augusta Göttingen, 1985 Lehrst. f. Gesch d. öfftl. Kommunikation, s. 1988 Dir. d. Inst. f. Kommunikationsgesch. u. angew. Kulturwiss. an d. FU; 1989 Vors. Arbeitsgemeinsch. f. preuß. Gesch. u. d. Dt.-Griech. Ges. Berlin; Mitgl. Berliner Wiss. Ges. u. d. Preuß. Hist. Kommiss., Mitgl. d. Kurat. d. Theodor-Wolff-Preises - BV: D. Ende d. Weimarer Rep. in d. Kritik demokr. Publiz. (Diss.), 1976; Demokratie im Widerstreit. D. Weimarer Rep. im zeitgen. Urteil (Quellen), 1980; Th. Wolff, Tagebücher 1914-19, 2 Bde., 1984; D. Wilhelminische Deutschl., 1989.

SÖTJE, Peter
Senatsdirektor a. D., Geschäftsf. Intern. Bund f. Sozialarbeit, Berlin (1983ff.) - Franzenbader Str. 14, 1000 Berlin 33 (T. 826 44 42) - Geb. 16. Febr. 1941 Rendsburg, verh., 2 Kd. - Schule Rendsburg (Abit. 1961); Stud. Politol. u. Rechtswiss. Freiburg u. Berlin. Dipl.-Pol. 1966 Berlin (Otto-Suhr-Inst.) - Mitarb. v. Prof. Borinski (Inst. f. Erwachsenenbild.) u. Senator Korber (1967 ff. Senatsverw. Familie, Jugend u. Sport; Pers. Ref. u. Pressechef) u. Senatskanzlei (Chef); 1981-83 Senatsdir. Bundesverw. f. Bau- u. Wohnungswesen Berlin. SPD s. 1965.

SOHL, Beate
Dipl.-Päd., Gf. Vorstandsmitglied Public Relations-Akad. - Dstl.: Neptunstr. 10, 6200 Wiesbaden (T. 06121 - 56 17 25); priv.: Dönhoffstr. 16, 5810 Witten (T. 02302 - 2 32 16) - Geb. 24. April 1961 Bochum - Stud. Päd. (m. Schwerp. Sozialpäd., Sozialarb., Sozialpsych.) Univ. Dortmund - Vorst.-Mitgl. Vereinig. z. Förd. d. Public Relations-Forsch.; Geschäftsf. Dr. Heinz Flieger, PR-Beratung; 1986-88 Forsch.stelle Kooperationsmodelle im Bildungswerk d. DAG,

Zweigst. Ruhr-Mitte (m. Schwerp. Public Relations-Berater Curriculum).

SOHL, Gerhard

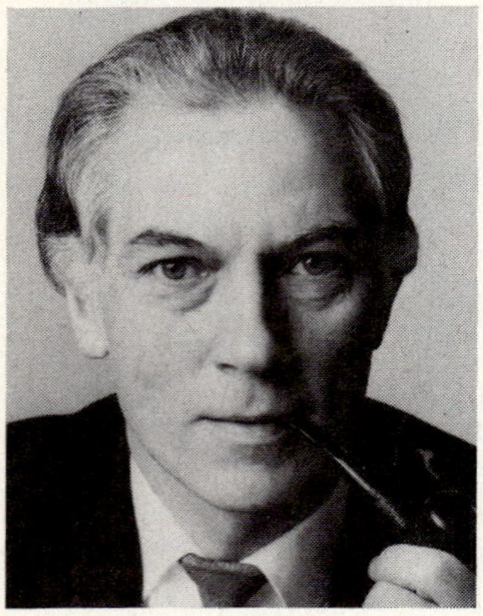

Geschäftsführer d. Volkshochschule Bochum - In der Schornau 14, 4630 Bochum 7 (T. 0234 - 28 03 20) - Geb. 5. Aug. 1936 Bochum, ev., verh. s. 1959 m. Inge, geb. Quellenberg, 2 Töcht. (Gabriele, Beate) - 1951-63 Stadt Bochum (Jugendpflege u. a.); 1963-69 Stadt Witten/R. (Liegensch. u. Wirtsch.förd.); s. 1969 wieder Bochum; 1972-77 Geschäftsf. Sternwarte Bochum; 1978-82 Geschäftsf. Bochumer Symphoniker; 1983-86 Sportabt. d. Stadt Bochum u. a. S. 1955 Redakt. u. Mitarb. b. zahlr. Publ. d. Jugendpflege Gewerksch. ÖTV, Jungsozial., Kultur, Sternwarte - BV: Medienforum Bochum '77, Dok. 1977; Dokumentation üb. d. Macht u. Ohnmacht e. Musikdramaturgen als Generalmusikdirektor, 1990 - Liebh.: Lit., Musik, bild. Kunst, Reisen - Spr.: Engl.

SOHN, August J.

Dipl.-Ing., Aufsichtsratsvorsitzender Harms & Wende GmbH, Hamburg, stv. AR-Vors. ELMEG GmbH, Kommunikationstechnik, Peine, Otto Junker GmbH, Simmerath, SGP-VA Energie- u. Umwelttechnik GmbH, Wien, VOEST-ALPINE Eisenbahnsysteme GmbH, Zeltweg, AR Austrian Industries Technologies AG, Linz - Siebengebirgsweg 6, 5202 Hennef 1 - Geb. 12. März 1922 - TH Wien (Maschinenbau), Stud. Schweden u. USA - U.a. Dir. Dornier GmbH, Friedrichshafen/München, Geschäftsf. Robert Bosch (France) S.A., Paris, Vorst.-Mitgl. DEMAG AG, Duisburg, b. 1982 Vors. Geschäftsfg. d. BOGE GmbH, Eitorf (Sieg) - Spr.: Engl., Franz., Schwed.

SOHN, Karl-Heinz

Dr. rer. pol., Prof., Geschäftsführender Gesellschafter ECON Management Service GmbH, Essen - Freiherr-vom-Stein-Str. 167, 4300 Essen 1 (T. 47 36 38) - Geb. 19. April 1928 Barmen, ev., verh. s. 1949 m. Christine, geb. Zipfel, 2 Söhne (Wolfgang, Dieter) - 1956-66 Abt.leit. DGB, Düsseldorf; 1966-1969 Dir. Fried. Krupp, Essen; 1969-74 Staatssekretär Bundesmin. f. wirtschaftl. Zusammenarbeit. Gesellsch. Rhein.-Westf. Verlagsges. (RWV), Honorarprof. Univ. Dortmund (Internat. Unternehmensführung), Saarberg Interplan. SPD s. 1949 - BV: Jugend, Betriebsvertretungen u. Gewerkschaften, 1956; Berufsverb. u. Industriegewerksch., 1964; Entwicklungspolitik - Theorie u. Praxis d. dt. Entwicklungshilfe, 1972 - Liebh.: Segeln - Spr.: Engl.

SOHNS, Ernst-Otto

Dr. jur., Rechtsanwalt, Verbandsdirektor u. Vorstandsvors. a. D. d. Zweckverb. Ostholstein, Timmend. Strand - Weedkroog 11, 2408 Timmendorfer Strand - Geb. 18. Juli 1937 Springe (Vater: Ernst S., Kaufm.; Mutter: Anna, geb. Tutschke), ev., verh. m. Gabriele, geb. Sielski, 2 Kd. (Ann, Gwen) - Jurastud. Kiel u. München; Promot. 1972 Göttingen - 1967-75 Justitiar Elektrizitätswerk Wesertal GmbH., Hameln; 1975-77 Justitiar Vereinig. Dt. Elektrizitätswerke (VDEW), Ffm., 1977-83 Justitiar Stadtwerke Ffm. Oblt. d. Res. - BV: D. Gefangenenarb. im Jugendstrafvollzug, 1973 - Liebh.: Jagd, Reitsport - Spr.: Engl., Franz.

SOHNS, Kurt

Prof., Kunstmaler - Burgstr. 23a, 3000 Hannover (T. 1 59 73) - Geb. 1907 Barsinghausen (Vater: Christian S.; Mutter: Elsa, geb. Menk), verh. s. 1935 m. Lise, geb. Wärness, 3 Kd. (Elin, Siri, Christiane) - Kunstgewerbesch., Hannover; Kunstakad. Stuttgart - S. 1948 Lehrtätigk. TH bzw. TU Hannover (1955 o. Prof.; Lehrstuhl f. Zeichnen). Malerei, Graphik, Wandbilder, Glasfenster, Mosaiken - Lit.: Ferdinand Stuttmann, K. S., 1965 (Musterschmidt-Verlag, Göttingen).

SOIKA, Josef-Adolf

Dr. phil., Oberstudiendirektor, Präs. Dt. Arbeitskr. f. Werkerzieh. (s. 1955), Vorstandsmitgl. Dt. Werkbd. u. a. - Oppelner Str. 40, 1000 Berlin 36 (T. 618 42 85) - Geb. 4. Juni 1914 Bolko (Vater: Josef S.; Mutter: Pauline, geb. Posor), kath., verh. I) 1941 m. Alice, geb. Herberg, II) 1968 Irmgard, geb. Lange, 4 Töcht. (Rosy, Nicola, Angela, Ursula) - Stud. Päd., Psych., Kunstwiss., Archäol., Geogr., Biol., Bild. Kunst, Werkerzieh. Breslau, Berlin, Königsberg, Prag, Leipzig; Promot. 1947 Univ. Leipzig - Doz. am Berlin-Kolleg - S. 15 Jahren Doz. Diesterweg-H. (Seminarleit.). 10 J. Präs. Bund Dt. Kunsterzieher; 1963-66 Präs. Intern. Soc. for Education through Art (INSEA); Begründer u. 1. Präs. d. Intern. Weltverb. d. Kunst- u. Werkerzieher in Paris. Zahlr. Ausstell. In- u. Ausl. - BV (Engl., Franz., Dt.): Werken - Bilden, 1960; Bildner. Erzieh., 1964 - Ehrenmitgl. BDK; Zahlr. (intern.) Ehrenpreise u. Anerkennungen - Liebh.: Kunst (u. a. Samml. v. Kinderzeichn.), Theater, Musik, Lit., Reisen.

SOKOLL, Günther

Dr. jur., Hauptgeschäftsführer d. Hauptverbandes d. gewerbl. Berufsgenossenschaften (HVBG) (s. 1990) - Alte Heerstr. 111, 5205 Sankt Augustin 2 (T. 02241 - 2 31-01) - Geb. 15. Juni 1937 Proberg - Stud. Univ. Münster u. München, jur. Staatsex. (1960 Hamm, 1965 Düsseldorf) - 1966-69 WIBERA Düsseldorf; s. 1969 HVBG; Präsid.-Mitgl. DIN; Mitgl. Bundesgesundh.rat; Vors. GVG-Aussch. Osteuropa.

SOLAROVÁ, Světluše,

geb. Wildmann

Ph. D., o. Prof. Univ. Dortmund (s. 1977) - Baroper Str. 337a, 4600 Dortmund 50; u. Freiestr. 43, CH-8032 Zürich - Geb. 10. Mai 1933 Prag, verh. s. 1977 m. Prof. Dr. Gerhard Heese, T. Jana - Stud. Univ. Prag, Forschungsstip. A.-v.-Humboldt-Stiftg. - 1969-77 a.o., später o. Prof. PH Hannover. 1970-73 Mitgl. Dt. Bildungsrat - BV: Mehrfachbehind. Kinder, 1969 (weit. Aufl.); Gesch. d. Sonderpäd., 1983.

SOLBACH, Heinz

Vorsitzender des Vorstandes der Hoesch Werke AG, Dortmund, stellv. Vors. d. Vorstandes Hoesch-Estel NV, Nimwegen (b. 1979) - Im Dünningsbruch Nr. 18, 5800 Hagen - Geb. 4. März 1918 Eichen.

SOLCHER, Hanns

Dr. med., Prof. f. Neurologie u. Klin. Neuropathol. Univ. Marburg (1967 ff.) - Lindenweg 10, 3550 Marburg 1/L. - Geb. 7. April 1924 - S. 1961 (Habil.) Lehrtätigk. Facharb.

SOLDMANN, Oskar

MdL Bayern (1954-78) - Heimstättenstr. 35, 8720 Schweinfurt/M. (T. 09721 - 4 27 46) - Geb. 2. Okt. 1915 Schweinfurt (Vater: Fritz S., Arbeitersekr., Reichstagsabg.; Mutter: Dora, geb. Böhm), verh. m. Marianne, geb. Wichtermann - Oberrealsch. (Abitur), kaufm. Lehre; Außenhandelssch. Hamburg; WH Berlin - Kaufm. Angest.; 1937-45 Soldat; Abt.sltr. Arbeitsverwaltung; 1946-56 Mitgl. Stadtrat Schweinfurt. SPD (langj. Unterbez.svors., Mitgl. d. Bezirksvorst. Franken u. d. Landesaussch.) - 1965 Bayer. VO., 1978 Bayer. Verfassungsmed. in Silber, 1978 Gr. Verdienstkreuz d. VO. d. Bundesrep. Deutschl.; 1979 Bürgermed. in gold d. Stadt Schweinfurt; 1988 Bayer. Verfassungsmed. in Gold - Je 20 x Dt. u. Bayer. Sportabz. in Gold - Spr.: Engl., Franz., Lat.

SOLDWEDEL, Heinrich

Bürgermeister, Vors. Schlesw.-Holst. Gemeindetag, Kiel - 2241 Tielenhemme/Norderdithmarschen (T. Büro: Kiel 4 24 21) - Geb. 22. Febr. 1915 - Frhr.-v.-Stein-Med.

SOLINGER, Helga

Ministerin f. Arbeit, Gesundheit u. Sozialordnung Baden-Württ. (s. 1992), MdL Baden-Württ. (Wahlkr. 2, Stuttgart II) - Neugütlestr. 6, 7000 Stuttgart 75 (T. 0711 - 20 63-757) - Geb. 28. Nov. 1939 Eisenach - SPD.

SOLLBÖHMER, Otto

Dipl.-Kfm., Vorstandsmitglied Ruhrgas AG - Huttropstr. 60, 4300 Essen 1 (T. 0201 - 18 41) - Geb. 2. Febr. 1930 - Stud. Wirtsch.wiss., Jura Univ. Köln u. München.

SOLLMANN, Hartmut

Dr. med., apl. Prof. Univ. Münster, Chefarzt Neurochirurgie Sarepta-Krankenanst. Bielefeld-Bethel - Stapenhorststr. 154, 4800 Bielefeld 1 (T. 0521 - 144 27 63) - Geb. 4. Aug. 1930 Scherneck (Eltern: Gustav u. Emmy S.), ev., verh. s. 1969 m. Holle, geb. Eichert, 3 Kd. (Jan, Julia, Philine) - Univ. Leipzig u. Rostock (Promot. 1959), Habil. 1973 Univ. Ulm - 1960 Arzt f. Physiologie Rostock; 1961-81 Arzt f. Neurochir. (Facharzt 1966) Univ. Greifswald, Berlin-Charité, Göttingen u. Ulm; s. 1980 Chefarzt Neurochir. Bielefeld-Bethel. Arbeitsgeb.: Mikrochir., periphere Nerven - Rekonstrukt. d. Cauda equina.

SOLMS, Helmut

Dipl.-Kfm., Vorstandsmitglied Kronprinz AG. - 5650 Solingen-Ohligs; priv.: Z. Blockbach 7, 4018 Langenfeld - Geb. 27. Okt. 1918 Siegen/W. (Vater: Ernst S.), verh. m. Magdalene, geb. Müller - Univ. Köln - 1949-54 AG. d. Gerresheimer Glashüttenwerke vorm. Ferd. Heye, Düsseldorf-Gerresheim (Dir.), dann Gf. Stahl- u. Röhrenwerk Reisholz GmbH. - BV: Wie gut ist m. Rechnungswesen, 1970.

SOLMS, Hermann-Otto

Dr., Dipl.-Ökonom, MdB (Landesliste Hessen) - Schloßgasse 6a, 6302 Lich 1 (T. 06404 - 71 07) - Geb. 1940 - FDP, 1985ff. stv. Fraktionsvors. (Bundestag), Jan. 1990 Vors. d. FDP-Bundestagsfraktion.

SOLMS-HOHENSOLMS-LICH, Prinz zu, Wilhelm

Dr., Prof. f. neuere dt. Lit. u. Medien Univ. Marburg - Barfüßer Tor 10, 3550 Marburg - Geb. 5. Jan. 1937 Lich/Oberh. (Vater: Hermann-Otto S., Land- u. Forstw.; Mutter: Gertrud, geb. Freiin u. Herrin v. Werthern), kath., verh. s. 1964 m. Dr. med. Milicent, geb. v. Boch-Galhau, 4 Kd. (Benedikt, Cynthia, Amicie, Christian-Lucius) - 1956-63 Stud. Univ. München (German. u. Musikwiss.) u. Akad. f. Musik Wien; M. A. 1967, Promot. 1971 - 1964-70 Verw.Assist.St.; 1971/72 u. 1974-77 wiss. Assist. Univ. München; 1972/73 Leit. Planungsteam f. Hochschuldidakt. Univ. München; ab 1977 Prof. f. Kommunikationswiss. u. Mediendidakt. Univ. Marburg, Vertrauensdoz. Fr.-Naumann-Stiftg.; 1983/84 Dekan FB Neuere dt. Lit. u. Kunstwiss. - 1982 Mitgl. u. 1986 Vors. d. Jury Marburger Literaturpreis; Sprecher d. AG lit. Ges., Berlin; Vizepräs. Europ. Märchenges.; Vors. Marburger Literaturforum - BV: Interpretat. als Textkritik. Z. Edition d. West-östl. Divans, 1974; Goethes Vorarb. z. Divan, 1977; Science fiction. Befunde aus Marburger Tutorien, 1981. Herausg.: D. selbstverständl. Wunder. Beitr. germanist. Märchenforsch. (1986); Gesch. aus e. ereignislosen Land. Schweizer Literaturtage in Marburg (1989); Nachruf auf d. rumäniendt. Lit. (1990); Dichtung u. Heimat (1990); Begrenzt glücklich. Kindheit in d. DDR (1992). Mithrsg.: Literaturwiss. heute (1979); D. gemütl. Selbstmörder. Österr. Autorentag in Marburg (1986); Tiere u. Tiergestaltige in Märchen (1991); zahlr. Beitr. z. Lit.-Gesch. d. 19. u. 20. Jh., z. Märchenforsch. u. Lit.- u. Hochschuldidaktik - Spr.: Engl., Latein - Bek. Vorf.: Hl. Elisabeth v. Thüringen, Dr. Georg Graf v. Werthern, Botsch. in Madrid u. Moskau (Urgroßv.).

SOLTER, Fany

Prof. f. Klavier u. Rektorin Staatl. Hochsch. f. Musik Karlsruhe - Weberstr. 8, 7500 Karlsruhe - Geb. 6. Febr. 1944 Bahia/Brasilien (Vater: Henrique S., Kaufm.; Mutter: Anna, geb. Wainchelboim) - Künstler. Reifeprüf. 1965 Staatl. Hochsch. f. Musik Freiburg - Konzerttätigk.; 1972-76 Doz. Staatl. Hochsch. f. Musik Freiburg; s. 1976 Prof. f. Klavier u. s. 1984 Rektorin Staatl. Hochsch. f. Musik Karlsruhe - Liebh.: Kunst - Spr.: Engl., Franz., Ital., Span., Portug.

SOLTERBECK, Hans-Klaus

Geschäftsführer, MdL Schlesw.-Holst. (Wahlkr. 9/Eckernförde) - Dorfstr. 33, 2331 Bistensee - Geb. 9. Nov. 1929 Bistensee - CDU.

SOLTI, Georg

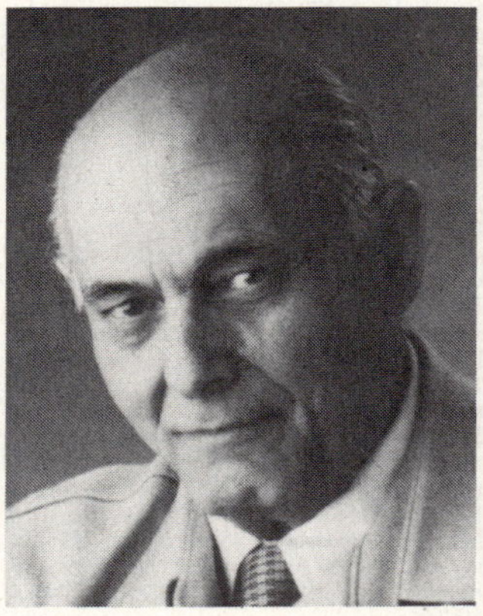

Prof. h. c., Sir, Dirigent - Wohnh. in Villars/Schweiz - Geb. 21. Okt. 1912 Budapest (Vater: Mor S., Geschäftsm.; Mutter: Therese, geb. Rosenbaum), verh. m. Hedi, geb. Oechsli (gesch. 1967) u. Valerie, geb. Pitts (1967), 2 Töchter a. 2. Ehe (Gabrielle, Claudia) - Dipl. für Klavier, Kompos. u. Dirigieren 1930 Budapest (m. Ausz.) - Ab 1930 Dirigent Staatsoper Budapest, 1937 Assist. Toscanini Salzburg, 1938 Dirigent Oslo u. London, 1939 v. Ungarn n. d. Schweiz emigriert, dort ab 1942 Dirig. u. Pianist Konzert-, Theater- u. Rundfunkveranst., 1946-52 musikal. Oberleit. Bayer. Staatsoper München u. Leit. Konzerte Musikakad. ebd., 1952-61 Generalmusikdir. Frankfurt/M., 1961-71 Musikdir. Royal Opera House Covent Garden, 1969 Musikdir. Chicago Symphony Orch., 1971 Knighthood (K.B.E.), Gastdirigent Berliner u. 1979ff. Chefdirigent Londoner Philharmon. Orch., 1985ff. Dirigent Emeritus, LPO u. a.; Dirig. Salzburger u. Edinburgher Festsp.; 1991 Music Director Laureate Chicago Symphony-Orch.; 1992 Künstl. Leit. Osterfestspiele Salzburg. Fernsehen: D. Entführung aus d. Serail (1970), Arabella (1977), Falstaff (1979) - 1942 I. Preis für Klavier Internationaler Musikwettbewerb Genf; 1961 Ehrenmitgl.

Städt. Bühnen Frankfurt; 1961 Ehrenplak. Frankfurt; 1967 Edison-Preis; 1968 Award CBE; 1968 Ehrenkdr. Orden d. Brit. Empire; Ehrendoktor Univ. Leeds, Oxford, Yale, Harvard, London, Eastman; Ehrenkr. d. Ehrenlegion (Frankr.); 1972 Ritter d. Britischen Empires; 1981 Goethe-Plak. Stadt Frankfurt/M.; 1985 Hon. Fellow-Royal College of Music, London; 1985 Med. de Vermeil, Ville de Paris; 1986 Bayer. Maximiliansorden; 1987 Prof. (h.c.) Baden-Württ.; 1987 Knight Commander's Cross with badge and Star, Order of Merit BRD; 1987 Loyola-Mellon Humanities Award; 1987 Order of the Flag, Hungary. People's Rep.; 1987 Medal of Merit, City of Chicago; 1992 Frankfurter Musikpreis; 14 gr. Schallplattenpreise, 30 Grammy-Ehrungen (die höchste Anzahl aller Zeiten) für d. beste Aufn. d. Jahres - Lit.: Paul Robinson, G. S. (1983 [dt.]).

SOLTMANN, Otto
Dr. jur., Botschafter a. D. - Haus Siebenbirken, 5411 Neuhäusel - Geb. 23. Mai 1913 Koblenz (Vater: Otto S., Offz. †1916; Mutter: Ilse, geb. Heydweiller †1972), ev., verh. s. 1949 m. Margaret, geb. Oakleigh-Walker, 2 Töcht. (Diana, Madeleine) - Arndt-Gymn. Berlin u. Friederizianum Davos (Schweiz); Univ. Berlin u. Rostock (Promot.) - Refer. AG Ribnitz u. LG Berlin; 1939-1945 Wehrdst.; 1947 Amt f. Fischw. Bremerhaven; 1948-49 Mitgl. Bremer Vertr. Länderrat Frankfurt/M.; 1949-52 Verbind. Senat/Militärreg. Senatskanzlei Bremen; 1952-55 AA Bonn (Protokoll); 1955-58 stv. Leit. Generalkonsulat Montreal (Kanada); 1958-61 Konsul I. Kl. Seattle (USA); 1961-63 Botschafter Kongo Brazzaville; 1963-67 Botschafter Kenya; 1967-70 Vortr. Legationsrat I. Kl. Zentrale Bonn (Ref.); 1970-74 Generalkonsul Bombay; 1974-78 Botsch. Neuseeland - Liebh.: Musik, Sport (Mitgl. Berliner Schlittschuh-Club, 1936/37 Dt. Eishockey-Meister; 1937 Gold. Meisterschaftsabz.) - Spr.: Engl., Franz.

SOLZ, Alexander
Dr. rer. pol., Dipl.-Kfm., Geschäftsführer Robert Bosch Industrieanlagen GmbH., Stuttgart - Sommerhaldenstr. 60, 7000 Stuttgart.

SOMMER, Albrecht
Dipl.-Ing., Mitglied d. Geschäftsfg. E. Heitkamp GmbH (Leit. Untern.bereich Bergbau), Herne - Berenberger Mark 16, 4300 Essen 1 - Geb. 20. März 1925.

SOMMER, Alfred
Kriminalbeamter, MdL Bayern (s. 1966) - Paumannstr. 127, 8500 Nürnberg (T. 48 22 33) - Geb. 12. Juli 1925 Nürnberg (Vater: Lorenz S., Straßenbahnschaffner; Mutter: Luise, geb. Reppich), verh., 2 Kd. - Volkssch.; Maschinenschlosserlehre - B. 1945 Kriegsdst. (Freiw.), dann MAN Nürnberg (Schlosser), s. 1946 Polizei ebd. (1956 Kriminalpol./Mordkommiss.). S. 1960 Stadtratsmitgl. Nürnberg. SPD s. 1945.

SOMMER, Antonius
Dr. phil., Prof. f. Rhythmisch-musikal. Erziehung PH Heidelberg - Falkenstr. 9, 6835 Brühl-Rohrhof (T. 06202 - 7 70 55) - Geb. 28. Mai 1940 Selbitz/Oberfr. (Vater: Anton S., Bergm.; Mutter: Maria, geb. Fickinger), verh. m. Wilma, geb. Kistmacher, 4 Kd. (Corinna, Renate, Dorothea, David) - Peter-Wust-Hochsch. Saarbrücken (Lehrer); Univ. d. Saarl.; Promot. 1969 - Vorst.-Tätig. in versch. Verb. u. Organ. - Begründung u. Entw. e. eigenständigen, umfassenden u. ganzheitl. Gesundheitspäd. - BV: Komplikationen d. musik. Rhythmus u. d. Bühnenwerken Richard Wagners, 1970; Resonanzen: Rhythm. in d. Päd., 1975; Darnach, 1983; Hör auf D. Körper, 1987; Entdecke, was f. dich Gesundheit ist, 1989 ; In dir liegt ein Schatz verborgen, 1990. Aufsätze hauptsächl. z. Rhythmik, z. religiösen Fragen u. z. Fragen d. Gesundheitsbildung - Liebh.: Sportl. Aktivitäten, religiös-eth. Forsch.;

Entw. u. Durchführung v. Lehrgängen - Spr.: Engl., Franz.

SOMMER, Bertold
Richter d. Bundesverfassungsgerichts - Schloßbezirk 3, 7500 Karlsruhe 1 (T. 0721 - 91 01-3 21) - Geb. 13. Sept. 1937. ev., verh. s. 1962, 2 Kd. - Stud. Rechtswiss. 1957-61 Berlin u. München; 1. jurist. Prüf. 1962 Berlin; Refer.dienst Berlin; 1966 2. jurist. Staatsprüf. Berlin - Richter in d. ordentl. Gerichtsbarkeit u. in d. Verw.gerichtsbarkeit in Berlin; 1979-91 Richter am Bundesverw.gericht: Abordnungen als wiss. Mitarb. an d. BVerfG - Spr.: Engl., Franz.

SOMMER, Carlheinz
Vulkaniseurmeister, Präsident Zentralverb. d. Dt. Vulkaniseur-Handwerks. Darmstadt, Geschäftsf. Reifen Darley - Münsterstr. 53-57, 4710 Lüdinghausen (T. 02591 - 50 31; Telex 89846).

SOMMER, Elke
Filmschauspielerin - Zu erreichen üb. Joe Hyams, 540 N. Beverly Glen Blud. W. Los Angeles CA 90024 (USA) u. Europa: 8525 Marloffstein (T. 09131 - 5 10 75) - Geb. 5. Nov. 1940 Berlin (Vater: Friedrich (gen. Peter) Schletz, Pfarrer; Mutter: Renate, geb. Topp), ev., verh. s. 1964 m. Joe H. - Gymn. Erlangen (7. Kl.) - S. 1959 Filme (Ital., Bundesrep., Engl., Frankr., USA). U. a. D. Totenschiff, D. Preis, D. Sieger, D. Oscar, Fernsehen; Schallpl. u. a. Ich liebe Dich - Songs in 5 Spr.) - 1965 Goldener Globe - Liebh.: Reiten, Komponieren, Malen - Spr.: Engl., Franz., Ital., Span.

SOMMER, Erhard
Dr. jur., Bankdirektor, Vorstandssprecher Ulmer Volksbank EG (s. 1973) - Olgaplatz 1, 7900 Ulm/Donau (T. 1 83-1) - Geb. 28. Febr. 1929 - AR: Genoss. Zentralbank AG, Mittelstandt. Kreditbank eG, bde. Stuttgart, Wohnungsverein Ulm AG; VR Bundesverb. Volks- u. Raiffeisenbanken, Bonn; s. 1986 Präs. IHK Ulm; Mitgl. Vollvers. IHK Ulm.

SOMMER, Frank
Unternehmensberater f. Kommunikations- u. Medienfragen - Dottendorfer Str. 25, 5300 Bonn (T. 23 51 80) - Geb. 25. Mai 1940 Düsseldorf (Vater: Anton S., Prokurist, gef. 1944 Sowjetunion; Mutter: Else, geb. Gunkel) - 4 J. Höh. Schule; 3 J. kaufm. Lehre (Textilbranche); 2 J. Redaktionsvolontariat (Main-Echo) - 1963-64 Presseref. SPD-Bezirk Hessen-Süd, 1964-69 stv., dann Sprecher Vorst. d. SPD, Bonn, 1969-72 Bonner Korresp. Telegraf (Erscheinen eingestellt); 1972-79 Bonner Korresp. Hamburger Morgenpost. 1976-79 Mitgl. Dt. Presserat; 1980-84 Sprecher d. Bundesmin. f. Jugend, Familie u. Gesundheit - BV: Heinemann - Bundespräsident (m. Schreiber), 1969.

SOMMER, Franz
Dr. med., o. Prof. f. Med. Strahlenkunde - Lerchenstr. 21, 6650 Homburg/S.

(T. 29 40) - Geb. 14. Febr. 1913 Ludwigshafen/Rh. (Vater: Franz S., Fabrikdir.; Mutter: Luise, geb. Braun), verh. 1945 m. Thea, geb. Doerr - Univ. Heidelberg, Leipzig, Saarbrücken - S. 1950 (Habil.) Privatdoz., ao. (1953) u. o. Prof. (1963) Univ. Saarbrücken (Dir. Strahleninst.). 1962 ff. Vors. Vereinig. Südwestd. Röntgenologen - BV: D. Silikose, 1953. Fachaufs.

SOMMER, Friedrich
Dr. phil., em. o. Prof. f. Mathematik - Schattbachstr. 6, 4630 Bochum-Querenburg (T. 70 14 26) - Geb. 1. Febr. 1912 Balve/W. - Oberrealsch. Dortmund; Univ. Münster u. Göttingen (Math., Physik). Promot. (1936) u. Habil. (1949) Münster - 1937-47 Mitarb. Siemens & Halske AG., Berlin/München (Zentrallabor.); s. 1949 Lehrtätigk. Univ. Münster (1956 apl. Prof.), Würzburg (1959 ao., 1962 o. Prof.), Bochum (1965), 1980 emerit. - BV: Theorie d. analyt- Funktionen e. komplexen Veränderlichen, Studienausg. 1976 (m. H. Behnke); Einf. in d. Math. f. Studenten d. Wirtschaftswiss., 2. A. 1968.

SOMMER, Gert

Dr. phil., Prof. f. Klinische Psychologie - Neuhöfe 7, 3550 Marburg (T. 06421 - 3 42 15) - Geb. 2. Febr. 1941 Dortmund (Vater: Fritz S.; Mutter: Luise, geb. Middelmann), verh. s. 1986 m. Dr. Sabine Rehahn-S., T. Anna-Sonja - Univ. Bonn (Dipl.-Psych. 1966, Promot. 1971). Habil. 1979 Univ. Heidelberg - 1966-68 wiss. Angest. Inst. f. Soz. Arbeitsmed. Heidelberg, 1968-77 wiss. Assist. Psych. Inst., s. 1977 Prof. f. Psych. Univ. Marburg - BV: Gemeindepsych. (m. Heiko Ernst), 1977; Grundbegriffe d. Psychotherapie (m. a.) 1982; Vorkrieg od. Panikmache? (m. A. Börner), 1985; Feindbilder im Dienste d. Aufrüstung (m. a.), 1987, 3. A. 1992; Soziale Unterstützung (m. Thomas Fydrich), 1989 - Liebh.: Fotograf., Wandern, Reisen - Spr.: Engl.

SOMMER, Hans Christian
Verkehrsdirektor - Potsdamer Str. 24, 3550 Marburg/Lahn - Geb. 1. Sept. 1931 Andernach (Vater: Willi S.; Mutter: Christine, geb. Maas), kath., verh. s. 1922 - Ausb. als Bankkaufm. - Bankkaufm. u. Versich.-Fachmann; s. 1969 Touristik - Erf. v. Kalender, Stadtplan u. Speisekarte in Blindenschr. - Gold. Kutsche Berlin; Gold. Helm Italien; 1987 2. Marketing-Preis Dtschl. u. a. Ehr. - Liebh.: Sport, Musik, Arbeit - Spr.: Engl.

SOMMER, Hans Peter
Journalist, Chefredakt. Rhein-Zeitung Koblenz (s. 1986) - Hohenzollernstr. 94, 5400 Koblenz - Geb. 14. Juni 1940 Kolin/CSFR (Eltern: Dipl.-Ing. Gustav u. Josefine S.), ev., verh. s. 1968 m. Jutta, geb. Mende - Kant-Gymn. Rüsselsheim, Dt. Schule Rom (Abit.); Stud. Univ. Hamburg, Tübingen (Jura), Volont. Hamburger Abendblatt - 1965-75 Hamburger Abendbl. (1968 Bonner Korresp.,

1971 Chef v. Dst.); 1976-85 Chefredakteur d. Saarbrücker-Zeitung; Mediendir. Mittelrhein-Verlag Koblenz; Geschäftsf. v. Studio Rhld. (Hörf.) - 1970 Ehrenbürger El Paso/USA; Ausz. f. dt.-franz. Zusammenarb. durch Staatspräs. Mitterand u. Premierminister Chirac, u. f. dt.-amerik. Zusammenarb. durch US-Reg.; BVK am Bde.; 1992 Ehrenkreuz d. Bundeswehr in Gold - Liebh.: Klass. Musik, Lit. - Spr.: Engl., Franz., Ital.

SOMMER, Heiner
Dr. med. vet., o. Prof. u. Direktor Inst. f. Anatomie, Physiol. u. Hygiene d. Haustiere Univ. Bonn (s. 1972) - Katzenburgweg 7-9, 5300 Bonn - Geb. 11. Juli 1932 Ravensburg (Vater: Otto Ambrosius S., Hochsch.lehrer; Mutter: Hanne, geb. Hensen), verh. s. 1959 m. Brigitte, geb. Höss, 2 Kd. (Bernd, Frank) - Stud. d. Med. u. Tiermed. Univ. Tübingen, München; Habil. 1968 - 1961-69 wiss. Assist. Univ. Hohenheim, s. 1969 Oberassist. u. Leit. Abt. Tierhygiene II. Zahlr. Fachmitgl.sch. - BV: Tierhygiene, UTB 2. A. 1991 - Liebh.: Darstell. Kunst, Phil., Tennis - Spr.: Engl.

SOMMER, Johann-Georg
Vorstandsmitglied Ytong AG. - Volkartstr. 83, 8000 München 19 (T. 18 20 01) - Geb. 15. Sept. 1912.

SOMMER, Karl
Dr.-Ing., Prof. f. Maschinen- u. Apparatekunde TU München - Zu erreichen üb. TU München, 8050 Freising-Weihenstephan - Geb. 24. Juni 1943 Ludwigshafen - BV: Probenahme v. Pulvern u. körnigen Massengütern, 1979; Sampling of Powders and Bulk Materials, 1985.

SOMMER, Karl
Dr. agr., Univ.-Prof. Univ. Bonn - Kapellenstr. 27, 5300 Bonn 1 - Geb. 25. Juni 1932, verh. m. Dr. L., geb. Rauls - Dipl.-Landw.; Promot. 1963; Habil. (Pflanzenernährung) 1970 - 1966/67 Mich. State Univ.; 1970 Univ. Liberia; 1976/77 Univ. Costa Rica. Entd. d. NH4-Ernährung v. Pflanzen z. Verhinderung v. Nitratanreicherungen in Pflanzen u. Grundwasser.

SOMMER, Manfred
Dr. rer. nat., Prof. f. Informatik Univ. Marburg (s. 1984) - Elsenhöhe 4 B, 3550 Marburg (T. 68 17 38) - Geb. 13. Jan. 1945 Amorbach/Odenw., verh. s. 1969 m. Uschi, geb. Kolb, 2 Kd. (Carolin, Philip) - Stud. Math. Univ. Göttingen u. München; Dipl. 1969 München; Promot. 1972 ebd. - 5 J. Assist. Inst. f. Informatik TU München; 10 J. Siemens - BV: Pascal, Einf. in d. Sprache, DIN-Norm, 1983 u. 1984; Informatik. E. PC-orientierte Einf., 1987.

SOMMER, Manfred
Dr. phil. - Zu erreichen üb. Suhrkamp Verlag, Lindenstr., 6000 Frankfurt/M. - Geb. 14. Aug. 1945 Thälmässing/Mitteifr. - Promot. 1974; Habil. 1982 - BV: D. Selbsterhaltung d. Vernunft, 1977; Husserl u. d. frühe Positivismus, 1985; Evidenz im Augenblick. E. Phänomenologie d. reinen Empfindung, 1987; Identität im Übergang: Kant, 1988; Lebenswelt u. Zeitbewußtsein, 1990.

SOMMER, Maria
s. Müller-Sommer, Maria.

SOMMER, Peter
1. Kapellmeister Bad. Staatstheater Karlsruhe - Zu erreichen üb. Staatstheater, Baumeisterstr. 11, 7500 Karlsruhe - Geb. 25. Mai 1938 Langewiesen/Thür. - Stud. Hochsch. f. Musik Leipzig (Dirig. u. Klavier) - 1960-69 Solorepetitor Opernhaus Leipzig; 1969-81 Musikal. Oberleit. Landestheater Altenburg; 1982-84 1. Kapellm. Saarl. Staatstheater Saarbrücken; s. 1984 s. o.

SOMMER, Siegfried (Sigi)
Journalist, Schriftst. - Wurzerstr. 17,

8000 München 2 - Geb. 23. Aug. 1914 München (Eltern: Siegfried (Restaurateur) u. Therese S.), kath., gesch., 1 Kd. - Volkssch. - Wehrdst. - BV: Und keiner weint mir nach, R. 1954; Meine 99 Bräute, R. 1956 (verfilmt); München f. Anfänger, 1958; E. Jahr geht durch d. Stadt, 1962; Farbiges München, 1965; Karussell - Münchner Kalendergesch., 1967; Meine 99 Stories, 1968; Sommersprossen - 100 gute u. böse Geschichten, 1969; D. Tage vergehen - Münchner Gesch., 1969; Bummel durch München, 1970; Wanderer kommst Du n. München, 1971; Leute v. München, 1972; Kinder wie d. Zeit vergeht, 1972; Liebe, Lenz u. kleine Luder. Herausg.: Gr. Olympia-Buch (Bildbd. 1971). Div. Blasius-Bde., dar. D. gr. Blasiusb. (1967). Bühnenst.: Marile Kosemund (UA. 1969 Kammersp. München) - 1973 Poetentaler d. Turmschreiber (München), 1955 Schillerpreis v. Weimar, 1949 Werner-Friedmann-Preis, 1956 Med. München leuchtet in Silber, 1980 in Gold, 1974 Schwabinger Lit.preis, 1976 Valentin-Orden, 1979 Bayer. VO; 1983 Ernst-Hoferichter-Preis; 1987 BVK I. Kl.

SOMMER, Theo

Dr. phil., Dr. h.c., Chefredakteur - Pressehaus, 2000 Hamburg 1 (T. 603 73 00) - Geb. 10. Juni 1930 Konstanz/B., verh. s. 1952, 5 Kd. (Gerald, Christoph, Florian, Daniel, Katharina) - 1952-54 Lokalredakt. Remsztg., Schwäb. Gmünd; s. 1958 polit. Redakt., stv. (1968) u. Chefredakt. (1973) Wochenztg. D. ZEIT, Hamburg. 1969ff. Leit. Planungsstab Bundesverteidigungsmin., Bonn. Mitarb. Hörfunk u. Fernsehen. Mitgl. Ges. f. Ausw. Politik u. Inst. for Strategic Studies - BV: Dtschl. u. Japan zw. d. Mächten 1935-40 - V. Antikomintern- z. Dreimächtepakt / E. Studie z. diplomat. Vorgesch. d. II. Weltkr., 1962; Reise in e. fernes Land - Bericht üb. Kultur, Wirtschaft u. Politik in d. DDR, 1964 (m. Marion Gräfin Dönhoff u. Rudolf Walter Leonhardt); D. Chines. Karte. Herausg.: Denken an Dtschl. (1966); Blick zurück in d. Zukunft, 1984 - 1966 Theodor-Wolff-Preis; 1982 Ehrendoktor Univ. of Maryland - Spr.: Engl., Franz., Schwed.

SOMMER, Willi

Musikpädagoge, Ensembleleit. f. Volksmusikorch. - Achenseeweg 34, 1000 Berlin 45 (T. 030 - 711 24 34) - Geb. 27. Jan. 1913 Berlin (Vater: Richard S.; Mutter: Emma, geb. Schilo), ev., verh. s. 1936 m. Charlotte, geb. Katzschke, 2 T. (Ingrid, Karin) - Musikstud. Berlin (Prof. Willy Drews) u. Dresden (Prof. Jorgo Chartofilax) - S. 1950 Doz. VHS Berlin-Steglitz. Kompos. u. Bearb. Folklore - Gold. Ehrenz. Verb. d. Musikvereine Österr. s. (VAMÖ); Verdienstmed. Bund Dt. Zupfmusiker; 1991 BVK.

SOMMER-BODENBURG, Angela

Schriftstellerin - P-O-Box 34 02, Rancho Santa Fe, CA. 92067-3402 USA - Geb. 18. Dez. 1948, verh. m. Burghardt B., T. Katja - Stud. Päd., Soziol., Psych.; Studienrätin - 12 J. im Schuldienst tätig; s. 1984 fr. Schriftst. - BV: Sarah b. d. Wölfen, Ged. 1979; D. kl. Vampir (u.) Anton d. kl. Vampir (bish. 16 Bde., davon d. Bde. 1 u. 2 als intern. 13-teilige FS-Koprod. gesend. ARD 1986/87 m. Weiderholungen 1990, 91, 92; 1992 dt. 13-teilige FS-Prod. d. WDR nach den Bden. 3 u. 4 1979; D. Biest, d. im Regen kam, 1981; Ich lieb dich trotzdem immer, Ged. 1982; Wenn du dich gruseln willst, 1984; D. Moorgeister, 1986; Co Co geht z. Geburtstag, Bilderb. 1986; Möwen u. Wölfe, Ged. 1987; Freu dich nicht zu früh, ich verlass die nie, Ged. 1987; D. Unterirdischen, 1988; Julia b. d. Lebenslichtern, Bilderb. 1989; Wenn d. Füchse Kaffee kochen, 1989 (FS-Produkt. ARD 1988); Gerneklein, Bilderb. 1990; Florians gesammelte Gruselgesch., 1990; Mein allerliebster Teddybär, Ged. 1991; neue 6-bändige Buchserie Schokolowski, 1991-93; Benjamin Biber, Bilderb. 1993; Anton u. d. kleine Vampir, Bd. 16: D. Reise zu Graf Dracula, 1993. E. lit. Studienreise durch Transsylvanien, Rum. (1991). 1993/94 amerik. Kinofilmprod. „The Little Vampire in Hollywood". Aufführ. Theaterstück D. kl. Vampir (1988), in Finnland (1989) u. auf dt. Bühnen (1989) - FS: Frauengesch. Portrait d. Schriftst. A. Sommer-Bodenburg (ARD 1985); D. kl. Vampir hat auch e. Mutter (ARD 1986).

SOMMERAUER, Adolf

Dr. theol. h.c., Pfarrer, Schriftst. - Isegrimstr. 25, 8000 München 83 - Geb. 6. Dez. 1909 München, verh. s. 1936 (Ehefr. Gertrud), 5 Kd. (ält. S. Manfred ebenf. Pfr.) - BV: u. a. D. Bekenntnis, Erz. 1951 (auch Schwed.) - Predigtbde.; Christl. Bayer. Kochb., 2. A. 1983; Lesebuch - Gesch. m. Gott u. d. Welt, 1984; Es begab sich aber, 1984; Er ist auferstanden, 1986; Ich bin d. Weg, 1987; Damit Liebe gelingt, 1988; Handwerk d. Predigt, 1973; Diesseits u. Jenseits, 1978; Auf meine Art, Erinnerungen e. Unbequemen, 1989; Hörsp.; Fernsehanspr. - Bayer. VO.

SOMMEREY, Karola

Programmdirektorin Hörfunk (1983ff.) - Radio Bremen, 2800 Bremen 33 - Zul. Journ. WDR.

SOMMERFELD, Alfred

Landwirt, MdA Berlin (s. 1967) - Spandauer Str. 18a, 1000 Berlin 20 (T. 366 14 46) - Geb. 24. Aug. 1928 Berlin, verh., 2 Kd. - 1938-46 Frhr.-v.-Stein-Sch. Berlin (Abitur); 1947-50 Humboldt-Univ. Berlin (Veterinärmed.) - 1949 Übern. elterl. Landw. 1958-67 Bezirksverordn. Spandau (1965 Fraktionsvors.). CDU s. 1951 (mehrere J. stv. Kreisvors. Spandau).

SOMMERFELD, Horst

Gewerkschaftssekretär, MdL Nordrh.-Westf. (s. 1975) - Viktoriastr. 14, 4620 Castrop-Rauxel - Geb. 24. Aug. 1930 - SPD.

SOMMERFELD, Willy

(Künstlername: W. S. Feld) Komponist u. Kapellm. - Uhlandstr. 195, 1000 Berlin 12 (T. 312 21 39) - Geb. 11. Mai 1904 Danzig, ev., verh. s. 1958 m. Doris, geb. Franke, S. Sebastian - Konservat. Danzig u. Berlin (Stern'sches) - 1928-34 Kapellm. Staatstheater Braunschweig, dann freischaffend (Rundfunk, Film, Theater), 1954-58 musikal. Oberleit. Hans-Otto-Theater Potsdam, 1965-73 mus. Oberleit. Th. d. Westens, Bln. S. 1972 b. heute Gesamtleit. Konzerte d. Bezirksamtes Bl. Charl. S. 1976 b. heute Chordir. d. Ersten Charlottenburger Senioren-Chor. Zwischenztl. freischaff. Vornehml. Bühnen- (50), Hörspiel- (80) u. Fernsehmusiken. Zahlr. Schallpl.

SOMMERLATTE, Horst

Prof. GH Kassel, Industrie-Designer - Kölnische Str. 171, 3500 Kassel - Geb. 10. März 1940 Dessau (Vater: Werner S., Kaufm.; Mutter: Helene, geb. Böhme), verh. s. 1981 m. Marlies, geb. Müller - Masch.schlosser; Dipl.-Designer - B. 1976 Chef-Designer Airbus Ind., Toulouse; s. 1977 Prof. f. Ind.design Univ.-GH Kassel - Designer d. Interior f. Airbus A300 - Spr.: Engl.

SOMMERSCHUH, Dietrich

Dr. rer. pol., Dipl.-Kfm., Landrat Kr. Fürth (1972-90), Berater d. Sächs. Landkreistages Dresden - Fronbergweg 6, 8501 Großhabersdorf - Geb. 7. April 1935 Oelsnitz/Erzgeb. - 1984 BVK am Bde.

SONDERMANN, Dieter Friedrich

Dr. rer. nat., Prof. f. Volkswirtschaft - Weidenweg 2, 5330 Königswinter 1 - Geb. 10. Mai 1937 Duisburg (Vater: Fritz S., Kaufm.; Mutter: Elfriede, geb. Büttgenbach), neu-apost., verh. s. 1967 m. Annemarie, geb. Boeters, 2 S. (Johannes, Matthias) - Gymn. Duisburg, 1953-56 kfm. Lehre, Univ. Bonn, Hamburg u. Erlangen (Math., Betriebs- u. Volksw.), Dipl.-Math. Hamburg 1966, Promot. Erlangen 1968, Habil. Saarbrücken 1973 - 1974-79 o. Prof. f. Volksw. Univ. Hamburg, s. 1979 Univ. Bonn - Gastprof. Leuven (1972/73), Bonn (1973), Berkeley (1974 u. 1978), Jerusalem (1980) - Ehrenmitgl. Econometric Soc. - Spr.: Engl., Franz.

SONDERMANN, Heinz

Bundesbahnbeamter, MdL Rhld.-Pfalz (s. 1975) - Schießerweg 1, 5400 Koblenz 32 - Geb. 1. Aug. 1928 - SPD.

SONDERMANN, Johannes Ernst

Dipl.-Ing., Kreisvorsitzender Arbeiterwohlfahrt Heinsberg (s. 1971) - Bahnhofstr. 78, 5142 Hückelhoven-Ratheim - Geb. 4. Nov. 1930 Bottrop, verh. s. 1974 m. Gertrud, geb. Rülling, 2 Kd. (Andreas, Esther) - S. 1975 Mitgl. Bezirksvorst. Mittelrh. AWO. S. 1969 SPD-Kreistagsfrakt. Heinsberg; s. 1975 Fraktionsvors.; s. 1985 Mitgl. Landschaftsverb. Rhld. u. Landtagsabgeordneter NRW - 1980 Marie-Juchacz-Med.; 1980 BVK.

SONNABEND, Bruno

Bundesrichter - Herrenstr. 45a, 7500 Karlsruhe - Geb. 23. Juni 1920 - B. 1968 Senatsrat Bundespatentgericht, dann Richter Bundesgerichtshof.

SONNABEND, Eberhard

Dr. med. dent., o. Prof. f. Zahnerhalt. u. Parodontologie - Junkerstr. 21, 8035 Gauting (T. 089-850 23 70) - Geb. 22. Jan. 1923 Bochum - 1946-50 Univ. Göttingen. Promot. (1950) u. Habil. (1960) Göttingen - S. 1960 Lehrtätigk. Göttingen (Abt.svorsteher u. Prof.) u. München (1969 Ord.) - BV: Üb. d. Röntgenbild in d. zahnärztl. Praxis, 1958, 2. A. 1975. 120 Einzelarb. m. Lehr- u. Handb.beitr. - 1968 Silbermed. Univ. Helsinki.

SONNE, Werner

Journalist, ARD-Fernsehkorresp. Warschau (1984ff.) - Zu erreichen üb. WDR, 5000 Köln 1 - Zul. Leit. Programmgr. Aktuelles WDR-Ferns.

SONNEMANN, Ulrich

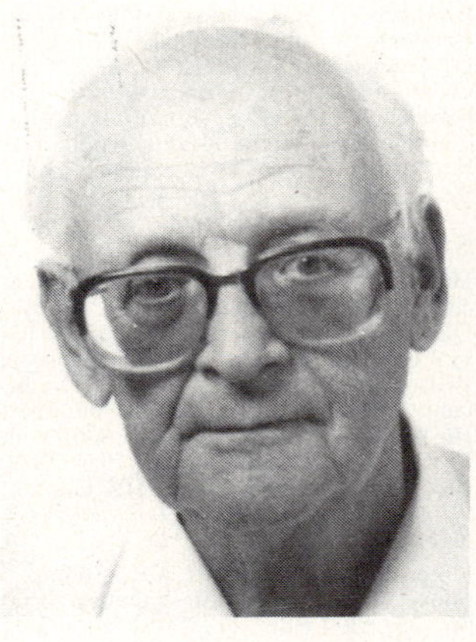

Dr. phil., Dr. phil. h.c., Prof., Schriftsteller - 3505 Gudensberg 4 b. Kassel (T. 05603 - 35 44) - Geb. 3. Febr. 1912 Berlin (Vater: Leopold Veit, Verlagsltr.; Mutter: Elfriede, geb. Wiener), verh. s. 1958 m. Brigitte, geb. Geske - Stud. Soziolwiss., Phil., Psych. Promot. 1934 Basel - Ab 1933 Emigration, 1941-56 USA (Klin. Psychologe, Doz. bzw. Prof. (1949) City College u. New School for Social Research New York), danach München. Gastprof. Univ. Bremen (Soziol.). Honorarprof. f. Sozialphil. Gesamthochsch. Kassel. Spez. Arbeitsgeb.: Phil., Gesellschaftskritik, Wissenschaftstheorie - BV: D. soziale Gedanke im Werk von H. G. Wells, 1935 (Diss.); Handwriting Analysis as a Psychodiagnostic Tool - A Study in General and Clinical Graphology, 1948 (New York); Existence and Therapy - An Introduction to Phenomenological Psychology and Existential Analysis, 1954 (New York); D. Land d. unbegrenzten Zumutbarkeiten - Dt. Reflexionen, 1963, Neuausg. 1985; D. Dickichte u. d. Zeichen, R. 1963 (franz. 1966); D. Einübung d. Ungehorsams in Dtschl., 1964, Neuausg. 1984; Institutionalismus u. student. Opposition - Thesen z. Ausbreitung d. Ungehorsams in Dtschl., 1968; Negative Anthropologie - Vorstudien z. Sabotage d. Schicksals, 1969, Neuausg. 1981; Wie frei ist unsere Justiz?, 1969 (Hrsg.); D. bundesdeutsche Dreyfus-Skandal. Rechtsbruch u. Denkverzicht in d. 10 Jahre alten Justizsache Brühne-Ferbach, 1970; D. Schulen d. Sprachlosigkeit, 1970; (Hrsg.) D. kritische Wachtraum - Dt. Revolutions-Lit., 1970. Mitautor: Subjektverleugnung als polit. Magie, 1973; (Hrsg.) D. mißhandelte Rechtsstaat, 1977; Gestaffelte Horizonte. Sonden u. Treibsätze z. Erkund., was an d. Zeit ist. Kasseler phil. Schriften V. 1982; Tunnelstiche. Reden, Aufzeichn. u. Ess., 1987; Gangarten e. nervösen Natter bei Neumond. Volten u. Weiterungen, 1988 - 1969 Ludwig-Thoma-Med. Stadt München; 1970 Mitgl. PEN-Zentrum BRD; 1986 Wilhelm-Leuschner-Med. Land Hessen; 1987 Ehrendoktor d. Univ. Bremen - Spr.: Engl., Franz., etwas Ital.

SONNENBICHLER, Johann Maximilian

Dr. rer. nat., Dr. med. habil., apl. Prof. - Willstätterstr. 41, 8000 München 50 (T. 089 - 812 63 33) - Geb. 4. Nov. 1932, verh., 2 Kd. (Andreas, Bernadette) - Promot. 1961 (b. Prof. Butenandt) - Wissenschaftler Max-Planck-Inst. f. Biochemie.

SONNTAG, Brunhilde

Dr. phil., Prof. f. Angew. Musiktheorie Univ.-GH Duisburg - Schloß 8-Organgerie, 4717 Nordkirchen (T. 02596 - 25 00) - Geb. 27. Sept. 1936 Kassel - 1956-59 Stud. Päd. Univ. Darmstadt (1. Lehrerex.); 1965-69 Stud. d. Kompos. Hochsch. f. Musik u. Darst. Kunst Wien (Dipl.); 1973-77 Stud. Musikwiss. Univ. Marburg (Promot. 1977) - 1975-78 Assist. PH Münster; 1978-80 Akad. Rätin; s. 1981 Prof. f. Angew. Musiktheorie in Duisburg - BV: u. a. Unters. z. Collagetechnik in d. Musik d. 20. Jh., 1977; Ästhet. Theorie u. Ästhet. Erzieh. Erwäg. z. Konzeptionen, 1981; Interview m. Hans Werner Henze, in: ZfMP, 1981 - Phil. Äußerungen üb. Musik. Adorno in s. musikal. Schriften, 1987; Zahlr. Beiträge in Fachztschr. u. -publ. Mithrsg. Kulturztschr. Klangspuren. Kompos. f. Klavier, Orgel, Gesang, Kammermusikalische Besetzung, Orchester, Chor.

SONNTAG, Franz

Dr. jur., Ministerialrat a. D., Präs.-Mitgl. d. Welt-Blinden-Union (s. 1984), Bundesvors. Bund d. Kriegsblinden Dtschl., Präs. intern. Föderation d. Blinden (1979-84) - Zu erreichen üb. Schumannstr. 35, 5300 Bonn 1 - Geb. 24. Dez. 1922.

SONNTAG, Gerhard

Dr. Dr.-Ing. habil, Prof. f. Allg. Techn. Mechanik - Tutzinger Str. 1, 8000 München 70 (T. 760 24 83) - Geb. 12. Febr. 1919 Magdeburg - S. 1950 (Habil.) Privatdoz. u. apl. Prof. (1957) TU München (Lehrstuhl f. Mechanik u. Spannungsoptik) - BV: Tafeln u. Tabellen z. Festigkeitslehre, 1951 (m. Föppl). Üb. 50 Einzelarb.

SONNTAG, Hans-Günther

Dr. med. (habil.), o. Prof. f. Hygiene u. Med. Mikrobiol., Dir. Abt. Hygiene u. Med. Mikrobiol., gf Dir. Hygiene-Inst. Univ. Heidelberg - Mozartstr. 8, 6919 Bammental (T. 06223-4 71 28) - Geb. 25. Juni 1938 Kassel, verh. m. Ursula, geb. Marten, 3 Kd. - 1981-87 Dekan Fak. f. Theoretische Med. u. d. Med. Gesamtfak. - 1984 Hygiene-Preis (Rudolf-Schülke-Stiftg.).

SONNTAG, Kurt
Bankdirektor, Vorstandsmitgl. Bayer. Vereinsbank, München - Hubertusstr. 24a, 8022 Grünwald/Obb. (T. München 641 27 98) - Geb. 23. Dez. 1918, verh. s. 1952 - Stud. Rechtswiss. Gr. jurist. Staatsprüf. - ARsmandate.

SONNTAG, Werner
Direktor, Mitgl. Brem. Bürgerschaft (s. 1967, SPD) - An de Holtöber 9, 2800 Bremen 71 (T. 60 14 12) - Geb. 7. Jan. 1930 Christburg/Westpr., verh., 1 Kd. - Mittelsch.; 1947-50 kaufm. Lehre - 1950-56 Nordd. Steingutfabrik (Buchhalter); s. 1956 Gemein. Wohnungs- u. Siedlunggenoss. Bremen-Nord (1967 gf. Vorstandsmitgl.).

SONNTAG-WOLGAST, Cornelie

Dr. phil., Journalistin, MdB (s. 1988), Sprecherin d. Parteivorst. d. SPD - Zu erreichen üb. Bundeshaus, 5300 Bonn (T. 0228 - 16 38 98) - Geb. 29. Aug. 1942 Nürnberg, verh. s. 1969 m. Thomas Wolgast (Journ.) - Stud. German., Lit.- u. Musikwiss.; Promot. 1969 Hamburg - Journ.; 1971-88 Redakt. u. Moderatorin f. polit. Sendungen b. Nordd. Rundf. Zahlr. Art. f. Ztschr. u. Ztg. Beitr. z. Frauenpolitik in mehreren Büchern. SPD.

SONS, Hans Ulrich

Dr. med., Dr. phil., Orthopäde in Orthopäd. Univ.-Klinik Düsseldorf (s. 1988) - Klever Str. 37, 4000 Düsseldorf 30 (T. 0211 - 49 97 75) - Geb. 15. Jan. 1954 Essen (Vater: Hans S., Ltd. Kriminaldir. a.D., zul. Bonn; Mutter: Hubertine, geb. Höcker), verh. s. 1981 m. Dr. med. Sabine, geb. Mikus (HNO-Ärztin) - 1972-79 Stud. Humanmed., Geisteswiss. m. Schwerp. Gesch. Univ. Düsseldorf; 1979 ärztl. Approb.; Promot. Dr. med. 1979, Dr. phil. 1981; Bundeswehrdienst (Oberstabsarzt d.R.); insges. 5jähr. chirurg. Tätigk., u.a. Ferdinand-Sauerbruch-Klinik, Wuppertal (Prof. Streicher), knapp 3 J. Patholog. Inst. Univ. Df. (Prof. Hort) - BV: Gesundheitspolitik während d. Besatzungszeit, 1983; ca. 80 wiss. Publ. in intern. Fachztschr.; zahlr. med. Fachb.-Beitr. u. Art. Zahlr. wiss. Kongreßvorträge: Traumatologie, Wirbelsäulenerkrankungen, Sportmed., Chirotherapie - Mitgl. mehrerer nation. u. intern. wiss. Ges. - Liebh.: Leichtathl., Schwimmen, Lit., Musik, freier Romanautor - Spr.: Engl., Franz., Lat. - Lit.: Chirurgenverz., (Hg. E. Ungeheuer, 7. A. 1990).

SONSINO, Cetin Morris
Dr.-Ing., Leiter e. Forschungsabt. d. Fraunhofer-Instituts f. Betriebsfestigkeit (LBF), Darmstadt - Nieder-Ramstädterstr. 57, 6100 Darmstadt (T. 06151 - 4 63 59) - Geb. 19. Nov. 1946 Istanbul, verh. s. 1971 m. Beate, geb. Neidhardt, T. Darja - Stud. Masch.bau TH Darmstadt; Dipl. 1972; Promot. 1982 TH Darmstadt - 1972-85 wiss. Mitarb. d. Abt. Spannungsanalyse u. Festigkeitsbeurt. im Fraunhofer-Inst.; s. 1985 Leit. Abt. Bauteilgebundenes Werkstoffverhalten; Lehrauftr. Univ. Saarbrücken u. Trento - 1986 Ehrenpreis d. Europ. Föderation f. Pulvermetallurgie - Interessen: Gesch. d. Antike, illustr. Bibeldrucke d. Renaissance - Spr.: Engl., Franz., Ital., Türk. - Bek. Vorf.: Gerson Soncino, Bibeldrucker aus d. Renaissance-Zeit (direkter Nachkomme).

SONTAG, Helmut W.
Prof., Fernsehjournalist, Chefredakt. Dt. Fernseh-Nachrichtenagentur GTN, Lehrbeauftr. am Inst. f. Publizistik FU Berlin, Forschungsauftr. MTC-Univ., San Francisco, Vors. Landesverband Berlin u. Mitgl. Präsidium Berufsverb. Dt. Kameramänner - Meinekestr. 11, 1000 Berlin 15 (T. 030 - 686 86 86) - Geb. 7. Nov. 1929 Bonn (Vater: Dr. med. vet. Anton S., Bakteriologe; Mutter: Josefine, geb. Schülter, Lehrerin), kath., verh. s. 1954 m. Journ. Ingeborg, geb. Hagen - Gymn. Bonn (Beethoven) u. Köln (Aposteln); Dt. Journalistensch. Aachen; Hochsch. f. Polit. Wiss. München - Volontär Köln. Rundschau, Redakt. D. Neue Ztg. u. SFB (Fernsehen). Korresp. Independent Television News (London). Zeitw. FDP (u. a. Mitgl. gf. Landesvorst. Berlin) - BV: Als d. Osten brannte, D. Schnellbootbesatzung (m. E. Wollenberg); Sidi - ein Kameramann u. Filmpionier. Etwa 100 Dokumentar- u. Fernsehfilme, dar. Mauer klagt an, Jugend im Feuer, Licht an d. Grenze, Flucht; versch. Expeditionsf. (u. a. 1958 Dt. Osterinsel) - 1983 BVK - Spr.: Engl., Franz., Span., Niederl. - Bek. Vorf.: Henriette S., Opernsängerin (Berlin).

SONTAG, Karl-Heinz
Dr. rer. nat., Dipl.-Biologe, Prof. f. Physiologie, apl. Prof. Med. Fak. Univ. Göttingen - Hermann-Rein-Str. 3, 3400 Göttingen - Geb. 19. März 1930 - Stud. Biologie u. Med.; Promot. 1966 Hamburg; Habil. 1974 Göttingen - Leit. Arbeitsgr. Neurophysiol. u. Neuropharmakol. Max-Planck-Inst. f. exper. Med. Göttingen. Gründungs- u. Vorst.-Mitgl. Ges. z. Förd. d. biomed. Forschung Bonn - 1983 Kopernikus-Med. Poln. Akad. d. Wiss.

SONTHEIMER, Heinrich
Dr. rer. nat., o. Prof. f. Wasserchemie Univ. (TH) Karlsruhe (s. 1966) - Stolper Str. 5, 7500 Karlsruhe-Waldstadt (T. 68 23 15) - Geb. 9. Sept. 1922.

SONTHEIMER, Kurt
Dr. phil., M. A., o. Prof. f. Polit. Wissenschaft - Viktor-Scheffel-Str. 2, 8000 München 40 (T. 33 17 37) - Geb. 31. Juli 1928 Gernsbach/Baden, ev., 2 Kd. (Michael, Ariane) - Stud. Soziol., Gesch., Polit. Wiss. Freiburg/Br., Erlangen, Kansas/USA (M. A. 1952). Promot. (1953) u. Habil. (1960) Freiburg - 1960-62 Prof. Päd. Hochsch. Osnabrück; 1962-69 Ord. FU Berlin; s. 1969 Ord. Univ. München. 1968-83 Mitgl. Präsid. Dt. Ev. Kirchentag; s 1971 Mitgl. PEN-Zentrum BRD - BV: Thomas Mann u. d. Deutschen, 1961; Antidemokr. Denken in d. Weimarer Republik, 1962; Grundzüge d. polit. Systems d. BRD, 14. A. 1990; Dtschl. zw. Demokratie u. Antidemokr., 1971; D. polit. System Großbritanniens, 1972; D. DDR - Politik/Gesellschaft/Wirtschaft, 1972 (m. Wilhelm Bleek); Abschied v. Berufsbeamtentum?, 1973 (m. Bleek); D. Elend unserer Intellektuellen, 1976; D. verunsicherte Republik, 1979; Zeitenwende?, 1983; Deutschlands Polit. Kultur, 1990; V. Deutschlands Republik, 1991. Herausg.: Israel - Politik/Gesellschaft/Wirtsch. (1968). Mithrsg.: Handb. d. dt. Parlamentarismus (1970; m. H. H. Röhring); Handb. d. pol. Systems d. BRD (1977). Übersetzungen polit. Bücher aus d. Engl.: (B. Crick, H. Ehrmann) u. Franz.: (Duverger, Ellul, B. de Sauvigny, R. Aron) - 1985 Ernst-Robert-Curtius-Preis f. Essayistik; 1988 Ehrendoktor d. Univ. of Bradford, GB - Spr.: Engl., Franz., Ital.

SORETH, Marion
Dr. phil., Prof. f. Philosophie - Krohstr. 4, 5000 Köln 51 (Bayenthal) (T. 38 69 18) - Geb. 26. Nov. 1926 Frankfurt/M. - S. 1958 (Habil.) Lehrtätig. Univ. Köln (1965 apl. Prof., später C3) - BV: D. platon. Dialog Hippias maior, 1953; Kritische Untersuchung (m. Elisabeth Shökers), Diss. 1990; Kleine Einführung in d. Aussagenlogik, 1992. Aufsätze in Fachztschr.

SORG, Josef
Prof., Dozent f. Biologie Päd. Hochschule Weingarten - Oppeltshofer Weg 3, 7980 Ravensburg.

SORG, Margarete

Komponistin (Ps. Sorg-Rose) - Henkellstr. 3, 6200 Wiesbaden (T. 06121 - 69 12 19) - Geb. 11. April 1960 Remscheid, ev. - Abit. 1979 human. Rabanus-Maurus-Gymn. Mainz; Stud. Musikwiss., Griech. u. Latein d. Eberhard Karls-Univ. Tübingen u. d. Johannes-Gutenberg-Univ. Mainz; 1983-87 Stud. Kompos. (Friedrich K. Wanek), Chorleitung u. Klavier in Mainz; s. 1986 Stud. d. Kompos. b. Volker David Kirchner u. Hans Werner Henze; Chorleiterex. 1985; Beginn d. musikwiss. Diss. 1985 - 1986 Aktive Teilnahme an d. Sommerkursen d. Bachakad. Stuttgart - 1985-87 Korrepetitorin b. Bachchor Mainz; 1987 Produktionsassistenz b. ZDF; s. 1985 Mitgl. d. GEDOK Rhein-Main-Taunus Musikfachbeirätin (Konzertorg., Programmgestaltung, Programmheftartikel) - Lyrik-Veröff. in Anthol. Kompos.: Orchesterstücke; zahlr. Kammermusik. Aufführungen im In- u. Ausland; 1990 repräsentiert an d. v. Hans Werner Henze betreuten Festival Cantiere Internazionale D'arte Montepulciano (Toskana, Ital.) - Mitgl. Dt. Komponistenverb., Esslinger Künstlergilde; Dt.-Griech. Gesellschaft - Lit.: Komponisten d. Gegenwart, Handb. (hg. v. Dt. Komponisten-Verb., 1987).

SORG, Margarete
Schriftstellerin - Rheinallee 12, 6500 Mainz 1 (T. 06131 - 61 16 02); u. Henkellstr. 3, 6200 Wiesbaden-Biebrich (T. 06121 - 69 12 16) - Geb. 4. Juli 1937 Bochum, ev., verh. m. Dr. med. Albert S., T. Margarete Sorg-Rose, Komponistin - Vors. GEDOK-Rhein-Main-Taunus, Gemeinsch. d. Künstlerinnen- u. Kunstfreunde e.V., Geschäftsst. Mainz. Initiatorin v. Konz., Ausst., Lesungen, Ausschreibungen Lit. Wettbewerbe - BV: Streiflichter, Ged. 1983, 2. A. 1984. Herausg.: Gedok-Journal; Gedok-Ztg. Herausg. u. Mitautorin: E. Wenig v. Verschwörung (Ged. 1990); Anthologie d. Gedok-Rhein-Main-Taunus. Beitr. in Lit.ztschr. u. Anthol. - Liebh.: Lit., Musik, Malerei.

SORGE, Siegfried
Dr., Landrat Kr. Marburg-Biedenkopf - Theisenbachstr. 9, 3560 Biedenkopf/Hessen.

SORGER, Karlheinz
Dr. theol., Prof. f. Kath. Theol. u. Religionspäd. Univ. Hannover (s. 1972) - Pettenkoferstr. 9, 3014 Laatzen (T. 0511 - 82 52 80) - Geb. 12. Sept. 1930 Duisburg (Vater: Julius S., Sonderschulrektor; Mutter: Johanna, geb. Kübel), kath., ledig - 1950-55 Stud. Univ. Münster u. München; 1956 Priesterweihe; Promot. 1970 Münster - 1956-68 Seelsorgstätig. Duisburg, Essen, Bochum; 1968 Assist., 1970 Doz. PH Ruhr Abt. Essen - BV: Gleichnisse im Unterr., 1972, 3. A. 1987; Zugänge zu bibl. Texten u., NT, 1980, 2. A. 1986. Herausg.-Direkt.: RU Ztschr. f. d. Praxis d. Religionsunterr. (s. 1983). Ca. 50 Veröff., u. a. zu rel.-päd. Fragen.

SORS, Hans-Edwin
Stadtdirektor - Jakob-Kaiser-Str. 5, 4550 Bramsche, Bez. Osnabrück (T. 39 89) - Geb. 27. Mai 1929 Duisburg, ev., verh.s. 1952 m. Wilma, geb. Breitkreuz, 2 Kd. (Jürgen, Birgit) - Verwaltungs- u. Wirtschaftsakad. - 1958-65 Pers. Ref. d. Oberbürgerm. d. Stadt Duisburg, dann Stadtdir. v. Bramsche - Spr.: Engl.

SORS, Rüdiger
Dr., stv. Hauptgeschäftsführer d. IHK Braunschweig - 3300 Braunschweig - Geb. 28. Aug. 1938, verh., 2 Kd. - Stud. Univ. Göttingen u. Köln.

SOTHMANN, Bärbel

Großhandelskauffrau, Betriebswirtin, MdB (s. 1990) - Friedrichsdorfer Str. 1, 6380 Bad Homburg (T. 06172 - 4 22 20) - Geb. 20. Aug. 1939 Neuruppin, ev., ledig - 1961 Großhdl.kauffr.; Stud. Betriebswirtsch.; Abschl. 1970 als Prakt. Betriebswirt - S. 1962 Mitarb. d. Battelle-Inst. Frankfurt/M. (Forsch.untern.) als Datenschutzbeauftr., Direktionsassist., Abt.leit., zul. als Leit. d. Ber. Beschaffung - Mitgl. d. Europa-Union; s. 1972 Mitgl. d. CDU; 1979/80 Kreisvors. d. Frauenunion Hochtaunus; 1980 Mitgl. d. Kommiss. Wirtsch. d. EFU; s. 1980 Mitgl. d. CDU-Kreisvorst. Hochtaunus; s. 1987 Mitgl. d. CDU-Stadtverbandsvorst. Bad Homburg u. Vors. d. CDU-

Ortsverb. Gonzenheim in Bad Homburg; Mitgl. d. Mittelstandvereinig. d. CDU; 1981 Stadtverordneter u. stv. Fraktionsvors. in Bad Homburg; Mitgl. in d. Aussch.: Forsch. u. Technol.; Umwelt, Naturschutz u. Reaktorsicherheit; Enquete Kommiss. Schutz d. Erdatmosphäre d. Dt. Bundestages - Spr.: Engl.

SOTTORF, Gerd K.
Direktor The Conference Board, New York, ehem. Vorst. Dt. Shell AG (Bereich Marketing) - Hammerichstr. 9, 2000 Hamburg 52 - Geb. 26. Jan. 1921 Bargteheide, verh. m. Sonny, geb. Schmidt, S. Christopher - Bayer. VO.

SOWINSKI, Bernhard
Dr. phil., Univ.-Prof. f. deutsche Philol. Univ. Köln (s. 1982) - Mahagonipfad 35, 5000 Köln 71 - Geb. 30. März 1931 Hergisdorf/Eisleben, kath., verh. m. Roswitha, geb. Kurpioch, 4 Kd. - Banklehre; Abit.; 1951-58 Stud. German., Gesch., Phil.; Promot. 1959; 1. u. 2 Lehrerex.; Habil. 1981 - 1958-66 Gymnasiallehrer; 1966-70 Studienrat i.H.; 1970 Studien-Prof. Univ. Köln - BV: Germanistik I, 2. A. 1974; Fachdidaktik Deutsch, 2. A. 1978; Werbeanzeigen u. Werbesendungen, 1979; Textlinguistik, 1983; Darstellungsstil u. Sprachstil im as. Heliand, 1985; Deutsche Stilistik, 3. A. 1986; Heinrich Böll, Satirische Erz. 1986; Art. Lit., Sprache in: Histor. Landeskd. Mitteldtschl. I-V, 1984-88; Heinrich Böll, Kurzgesch. 1988; Heinrich Wittenwiler: D. Ring (Textausg., Übers., Kommentar), 1988; Stilistik, 1991; Gedichte d. Empfindsamkeit n. d. Sturm u. Drang, 1992; Probleme d. Übersetzens aus älteren dt. Texten, 1992.

SOYKA, Dieter Paul
Dr. med., Prof., Direktor Neurol. Univ.-Klinik Kiel - Hofholzallee 266, 2300 Kiel (T. 52 48 66) - Geb. 9. Nov. 1929 Berlin (Vater: Theodor S., Vermess.-Ing.; Mutter: Alice, geb. Heller), ev., verh. s. 1957 m. Eva, geb. Blankenburg, 3 Söhne (Michael, Matthias, Martin) - Abit. 1946; 1947-53 Med.-Stud. (Staatsex. 1953 u. Promot. FU Berlin); Habil. f. Neurol. u. Psychiatrie 1966 Univ. Erlangen - 1972 Prof. in Erlangen; 1973 o. Prof. f. Neurologie, Dir. Neurol. Univ.-Klinik Kiel; 1979 Präs. Dt. Migräne-Ges.; 1987 Prorektor Univ. Kiel - BV: Kurzlehrb. d. klin. Neurol., 1970, 5. A. 1991; Tabulae Neurologicae, 2. A. 1982; Schlaganfall 1983, 3. A. 1991; Kopfschmerz, 1984, 2. A. 1990; Tabulae Algologicae, 1990. Herausg.: D. Gesichtsschmerz (1973); Migräne: Ursache - Diagnose (1978); D. Migräne (1979); Therapie d. Migräne (1985); Chronische Kopfschmerz-Syndrome (1988) - Liebh.: Musik, Lit.

SPAAR, Friedrich-Wilhelm
Dr. med., Prof. Univ. Göttingen, Facharzt f. Neurologie, Psychiatrie u. Neuropathologie - Robert-Koch-Str. 40, 3400 Göttingen; priv.: Leineweberstr. 6, 3412 Nörten-Hardenberg - Geb. 19. März 1921 Dresden (Vater: Dr. med. Richard S., Oberst-Arzt; Mutter: Selma, geb. Freiin Schuler v. Senden), ev., verh. s. 1963 m. Ursula, geb. Karheiding - Stud. Univ. Marburg; Staatsex. u. Promot. 1951.

SPADA, Hans
Dr. phil., o. Prof. f. Psychologie - In der Ehrenmatte 24, 7802 Merzhausen (T. 0761 - 40 62 99) - Geb. 25. Dez. 1944 Wien (Vater: Josef S., Hoteldir.; Mutter: Elisabeth, geb. Wieser), kath., verh. s. 1969 m. Dr. Verena, geb. Schweizer, 2 Kd. (Stephan, Saskia) - Univ. Wien (Psych.), Promot. 1969, Habil. 1976 (Wien), 1977 (Kiel) - Prof. Univ. Freiburg - BV: u.a.: Modelle d. Denkens u. Lernens, 1976; Developmental models of thinking, 1980 (zus. m. R. Kluwe); Wissenspsych. (zus. m. H. Mandl), 1988; Lehrb. Allg. Psychologie, 1990 - 1971 Preis d. Theodor Körner-Stiftg.-Fonds f. Sozialwiss. - Spr.: Engl.

SPAEH, Winfried H.
Generalbevollmächtigter Dresdner Bank AG., Direktor Americ. Chamber of Commerce - Nansenring 18, 6000 Frankfurt 70 (T. 68 28 48) - Geb. 23. Dez. 1930 Essen, kath., verh. s. 1964 m. Waltraud, geb. Schab, 2 Kd. (Andrea, Olivier) - Gymn. (Abit.), Banklehre Dresdner Bank, s. 1961 Morgan Guaranty Trust Co., New York, s. 1972 Vice President u. General Manager Dtschl.-Filialen, ebd., s. 1975 wieder Dresd. Bk. (Generalbevollm.) - Liebh.: Ski, Tennis - Spr.: Engl., Franz.

SPÄHN, Heinz
Dr. rer. nat., Dr.-Ing. E.h., Dipl.-Ing., Prof., Abteilungsdirektor - Pariser Str. 17, 6700 Ludwigshafen/Rh. (T. 66 21 73) - Geb. 4. April 1926 Stuttgart, ev., verh. s. 1954 m. Lieselotte, geb. Hägele, 3 Söhne (Ralf, Joachim, Wolfgang) - Stud. Metallkd., Physikal. Chemie u. Elektrochemie. Promot. (1953) u. Habil. (Maschinenbau; 1961) Darmstadt - S. 1965 Leit. Materialprüfungsbetr., Prok. (1968), Abt.dir. Werkstofftechn. (1971) BASF AG, Ludwigshafen. S. 1961 Privatdoz. u. apl. Prof. (1968) TH Darmstadt (Fakultät für Maschinenbau). Fachveröff., auch Buchbeitr. - 1960 Silbermed. American Electroplaters' Soc.; 1966 Dechema-Preis Max-Buchner-Forschungsstiftg.; 1977 Erich-Siebel-Gedenkmünze d. Dtsch. Verb. f. Materialprüfg. u. DFBO; 1980 Ehrenurkunde Techn. Vereinig. d. Großkesselbetreiber; 1980 BVK, 1986 BVK I. Kl.; 1990 U. R. Evans Award d. Inst. Corrosion Science and Technology, UK; 1980 Frank Newman Speller Award Nat. Assoc. of Corrosion Engineers, USA; 1982 ACHEMA-Plak. in Titan; 1991 Guilleaume-Gedenkmünze Techn. Vereinig. d. Großkraftwerksbetreiber - Liebh.: Klass. Musik, Skilauf - Spr.: Engl., Franz.

SPÄING, Ingo
Dr.-Ing., Dipl.-Berging. - Wipfelweg 13, 4600 Dortmund 30 (T. 46 40 31) - Geb. 22. Sept. 1921 Duisburg (Vater: Wilhelm S.), verh. m. Irmelind, geb. Redenz - TH Aachen - Vorst. Ges. z. Förd. d. Forsch. u. Ausbild. auf dem Gebiet d. intern. technischen u. wirtschaftlichen Zusammenarbeit TH Aachen; Hon.-Prof. Univ. Bochum - BVK I. Kl., Ehrenmitgl. Vorst. Vereinig. Bergbau-Spezialges., u. d. Ges. f. Tecnik u. Wirtsch. GTW, Dortmund; Ehrennadel Stadt Dortmund - Spr.: Engl., Franz. - Rotarier.

SPAEMANN, Robert
Dr. phil., Dr. h. c., o. Prof. f. Philosophie - Umgelter Weg 10E, 7000 Stuttgart 1 (T. 69 24 88) - Geb. 5. Mai 1927 Berlin - S. 1962 (Habil.) Lehrtätig. Univ. Münster, TH bzw. Univ. Stuttgart (1962 Ord.), Univ. Heidelberg (1969 Ord.) u. München (1973 Ord.) - BV: D. Ursprung d. Soziologie aus d. Geist d. Restauration, 1959; Reflexion u. Spontaneität, 1963; Kritik d. polit. Utopie, 1977; Einsprüche, 1978; Rousseau, 1980; D. Frage Wozu. Gesch. u. Wiederentdeck. teleolog. Denkens, 1981; Moralische Grundbegriffe, 1983; Phil. Ess., 1983; D. Natürliche u. d. Vernünftige, 1987; Glück u. Wohlwollen, 1989.

SPÄTH, Friedrich
Ass., Vorstand Ruhrgas AG., Essen - Im Heidkamp 5, 4300 Essen 1 (T. 18 41) - Geb. 9. Febr. 1936 Gilsbach (Vater: Friedrich S., Kaufm.; Mutter: Selma, geb. Müller), verh. s. 1967 m. Doris, 2 Kd. - Abit., Univ. Frankfurt u. Köln (Jura), Ass.

SPÄTH, Gerold
Schriftsteller - Sternengraben, CH-8640 Rapperswil (Schweiz) - Geb. 16. Okt. 1939 Rapperswil/Zürichsee - Kaufm. Ausbild. - BV/R.: Unschlecht, 1970 (auch USA u. Ital.); Stimmgänge, 1972; D. heile Hölle, 1974; Balzzapf od. Als ich auftauchte, 1977; Commedia, 1980; Erz.: 12 Geschichten, 1973; Phönix - D. Reise in d. Tag, 1978; Ende d. Nacht, 1979; V. Rom b. Kotzebue, Reisebilder, 1982; Sacramento, Erz. 1983; Sindbadland, 1984; Unser Wilhelm! Unser Tell, Stück 1985 (UA in Genf); Mein Besuch im Städtchen am See, Hörsp. 1986; D. See am Morgen, Hörsp. 1987; Barbarswila, R. 1988; Frühling/Sommer u. Herbst/Winter, Gesch. 1988; Pfaffenweiler Presse, 1988 - 1970 Conrad-Ferdinand-Meyer-Preis, 1979 Alfred-Döblin-Pr.; 1980 Stipendiat DAAD Berlin; 1981/82 Stip. Instituto Svizzero Roma; 1983 Intern. Pressepreis Stadt Rom (Targa d'Oro); 1984 Georg Mackensen-Literaturpr.; 1. Basler Hörspielpr. - Enstammt e. bek. Orgelbauerfamilie.

SPÄTH, Heribert
Dipl.-Ing., Dipl.-Wirtsch.-Ing., Bauunternehmer, Präs. Zentralverb. d. Dt. Handwerks (s. 1987), Präs. Handwerkskammer f. München u. Oberbayern, München - Geisenhausener Str. 11, 8000 München 15 - Geb. München, verh., 3 Kd. - Bayer. VO, BVK - Liebh.: Klass. Musik, Skilauf.

SPAETH, Leopold
Gärtner, MdL Schlesw.-Holst. (s. 1971) - Winnerter Str. 13, 2251 Ostenfeld (T. 04845 - 3 64) - Geb. 30. Okt. 1928 Schaulen (Litauen), ev., verh., 3 Kd. - Realsch. Memel u. Flensburg (Mittl. Reife 1945); Gärtnerlehre - S. 1952 selbst. 1959 ff. Gemeindevertr.; 1962 ff. MdK. U. a. 3 J. Schatzm. Jg. Union SH. CDU s. 1959 (1969 Kreisvors. Husum bzw. 1970 Nordfriesl.).

SPÄTH, Lothar
Dr. rer. oec. h. c., Ministerpräsident Baden-Württ. (1978-91), Vorst.-Vors. Jenoptik GmbH, Jena (s. 1991) - Carl-Zeiss-Str. 1, O-6900 Jena - Geb. 16. Nov. 1937 Sigmaringen, ev., verh. (Ehefr. Ursula), 2 Kd. - Obersch. Beilstein u. Heilbronn, 1953-58 Ausbild. Verw.-dienst; 1958/59 Staatl. Verwaltungssch. Stuttgart; s. 1960 Finanzverw. Bietigheim; ab 1965 Beigeordn. u. Finanzref., 1967 Bürgerm. d. Stadt Bietigheim, 1970-74 Gf. Neue Heimat Bad.-Württ., Stuttgart, u. Vorst.-Mitgl. Neue Heimat, Hamburg; 1975-77 AR- bzw. Vorst.-Mitgl. Baresel AG, Stuttgart; 1968-91 Mitgl. Landtag Bad.-Württ.; Febr. 78 bis Aug. 78 Innenmin., 1978-91 Min.präs., 1979-91 Landesvors., s. 1991 Ehrenvors. CDU Baden-Württ.; s. 1981 stv. Vors. CDU Dtschl. - 1984 Ehrendoktor Univ. Karlsruhe - Liebh.: Tennis, Skat.

SPAETH, Walter
Dr. jur., Präsident Bayer. Oberster Rechnungshof (s. 1986) - Zu erreichen üb. Oberster Rechnungshof, Kaulbachstr. 9, 8000 München 22 - Geb. 1929 - Jura-Stud. - Mitarb. bayer. Staatskanzlei; ab 1982 Ministerialdir. bayer. Arbeits- u. Sozialmin.

SPAGERER, Walter
Gewerkschaftsangestellter i.R., MdL Baden-Württ. (1972-88) - Große Ausdauer 15, 6800 Mannheim 31 (T. 0621 - 74 43 95) - Geb. 2. Nov. 1918 Waldhof/Mannheim, verh., 2 Söhne - Volkssch.; Feinmechanikerlehre - 1938-45 Arbeitsu. Wehrdst., dann Betriebsmechaniker, s. 1951 Sekr., II. (1955) u. I. Bevollm. (1961) IG Metall/Verwaltungsst. Mannheim. 1968ff. Stadtratsmitgl. Mannheim. SPD.

SPAHMANN, Gerhard Martin
Rechtsanwalt - Kanzlei: Johannes-Daur-Str. 11, 7015 Korntal 1 (T. 0711 - 83 30 01 + 02, Fax 0711 - 838 08 66) - Geb. 9. Juli 1935 Heilbronn.

SPAHN, Norbert
Dipl.-Kfm., Geschäftsführer Akzo Coatings GmbH Stuttgart - Zu erreichen üb. Akzo Coatings GmbH, Magirusstr. 26, 7000 Stuttgart 30 - Geb. 6. April 1939, verh. - Vorst.-Mitgl. Verb. d. Chem. Ind., Landesverb. Baden-Württ.; Vorst.-Vors. Verb. d. Lackind., u. Landesverb. d. Baden-Württ. Ind.

SPALLEK, Karlheinz Anton
Dr., Prof., Mathematiker (Forsch., Ausb.) - Zu erreichen üb. Fakultät f. Mathematik, Ruhr-Univ. Bochum, Universitätsstr. 150, 4630 Bochum 1 - Geb. 9. Febr. 1934 Bergwalde (Vater: Karl S., Lehrer; Mutter: Maria, geb. Heyna), kath., verh. s. 1964 m. Ursula, geb. Berentroth, 5 Töcht. (Karoline, Irene, Annemone, Ulrike, Marietheres) - 1954-60 Univ. Heidelberg u. Münster; Staatsex. 1960 Münster; Promot. 1962, Habil. 1966 Münster - 1962/63 Stip. Univ. California Berkeley, USA, 1963/64 Assist.-Prof. Purdue-Univ., Lafayette/Indiana, USA, 1964-66 Assist. Univ. Münster, 1966/67 Gastprof. USA, 1967-71 Dozent u. Prof. Münster, 1968 Gastprof. Argent., 1970 Italien u.a. - Mitgl. in versch. Vereinig. in Math., Didaktik-Phil., Politik, Kirche (Kath. Bund Neudeutschl., Kirchenvorst.); Dekan (1977), gf. Direktor d. Fak. f. Math. (1973-81) - BV: Kurven u. Karten, 1980; Zahl u. Zuordnung, 1981-86 (6 Bde.); Gleitkinematik, 1992 (Franz., Span.). Ca. 50 Veröff. in intern. Fachztschr. - Spr.: Engl., Franz., Span. - Liebh.: Malen, Dolomitenklettern.

SPALTHOFF, Franz Josef
Dr.-Ing. E. h., Dipl.-Ing., Vorstandsmitglied Rheinisch-Westfälisches Elektrizitätswerk AG (RWE) - Kruppstr. 5, 4300 Essen - Ehrenamtl. Tätigk. (Techn. Vereinig. d. Großkraftwerksbetreiber, Dt. Nationales Komitee/Weltenergiekonfz., Vereinig. Dt. Elektrizitätsw.); versch. AR-Mand. in Ind. u. Wirtsch. - 1984 Ehrendoktor Univ. Stuttgart u. BVK I. Kl.

SPAMER, Peter
Dr. sc. pol., Dipl.-Ing., Geschäftsführer Fachgemeinschaften Gummi- u. Kunststoffmaschinen u. Pumpen u. Kompressoren u. Vakuumpumpen i. VDMA - Postfach 71 08 64, 6000 Frankfurt 71 (T. 6 60 30) - Geb. 9. Aug. 1933 Frankfurt/M. - BV: Montagehandb. - Außenmontage u. Instandhalt., Begriffe, Träger, Durchführ., 1980; Einsatz v. Montagepersonal im Inl., 1980; Preisbild. b. Außenleist., 1981; Außenleist. als Aufg. d. betriebl. Org., 1982; Techn. Regeln f. Kreiselpumpen, 1986.

SPANDAU, Hans
Dr. rer. nat., Prof., Chemiker - Liebermannstr. 10, 3300 Braunschweig (T. 33 60 87) - Geb. 5. Jan. 1913 Braunschweig (Vater: Paul S., Lehrer; Mutter: Hedwig, geb. Westphal), ev., verh. s. 1949 m. Maud-Ruth, geb. Keuck, 4 Kd. - Wilhelm-Gymn. Braunschweig; TH ebd., Univ. Göttingen u. Greifswald (Dipl.-Chem.). Promot. 1939 Greifswald; Habil. 1949 Braunschweig - S. 1936 Univ. Greifswald (Assist. Chem. Inst.), TH Berlin (1943; Obering. Metallhüttenmänn. Inst.), Bergakad. Clausthal (1946; Assist.) u. TH bzw. TU Braunschweig (1947; Assist. (Inst. f. Anorgan. Chemie), 1949 Doz., 1956 apl. Prof., 1962 Wiss. Rat u. Prof., 1963 Abt.svorsteher u. Prof. Inst. f. Anorgan. Chemie) - BV: Kurzes Lehrb. d. Anorgan. u. Allg. Chemie, 1940, 8. A. 1977 (m. G. Jander); Qualitative Nachweisverfahren d. Alkalimetalle, in: Fresenius u. Jander, Handb. d. Analyt. Chemie, 1944; Teilchengewichts-Bestimmung organ. Verbind. m. d. Dialysenmethode, 1951; D. Chemie in nichtwässr., ionisierenden Lösungsmitteln, 1960 (m. Jander u. Addison). Ztschr.aufs.

SPANEHL, Werner
Präsident a. D. Oberpostdirektion Hamburg - Überseering 30, 2000 Hamburg 60; priv.: Reichskanzlerstr. 38, -52 - Geb. 7. Febr. 1923 Gelsenkirchen, ev., verh. s. 1950 m. Ursel, geb. Lotz, 3 Kd. (Gösta, Tamara, Elmar) - Journ.; Chefredakt. u. Pressechef Dt. Post; ab 1975 Präs. OPD Kiel, ab 1980 Hamburg. AR-Mand. - 1963 u. 64 Theodor-Wolff-Preis, 1983 BVK I. Kl.

SPANG, Günter
Schriftsteller - Wendl-Dietrich-Str. 12, 8000 München 19 (T. 16 27 74) - Geb. 10. Mai 1926 Mannheim - Rd. 60 Kinder- u. Bilderb., Roman, Satire; Übers. in 13 Spr.; Spielf.: Mein Onkel Theodor; Hör- u. Fernsehsp. - 1969 Tukan-Preis Stadt München; 1974 Dt. Jugendbuchpreis;

1979 Critici in Erba; 1984 Buchpreis d. AWMM - Lit.: Karl-Heinz Klimmer, Phantasie u. Wirklichkeit - Üb. G. S., in: D. gute Jugendb., 3/1972.

SPANG, Konrad

Dr. med., Prof., Intern. - Birkenwaldstr. 161, 7000 Stuttgart - Geb. 10. Juni 1909 Möckmühl/Württ. - S. 1943 (Habil.) Lehrtätigk. Univ. Heidelberg (1949 apl. Prof. f. Inn. Med.) - BV: D. Altersulkus an Magen u. Zwölffingerdarm, 1948; Rhythmusstörungen d. Herzens, 1957 (auch span., ital.). Etwa 100 Einzelarb.

SPANG, Rudolf

Dr. jur., Dipl.-Volksw., Botschafter a.D. - Bad Schussenried - Geb. 25. April 1913 Schussenried, verh., 3 Kd. - Stud. Volksw. u. Rechtswiss. Univ. München, Hamburg, Tübingen. 1. u. 2. jurist. Staatsprüf. Staatsanwaltschaft; Finanzmin. Württ.-Baden (pers. Ref. d. Min.s; als Oberreg.srat (1951) u. Reg.sdir. (1954) Ref. f. Bundesangelegenh. u. finanz. Bezieh. zw. Bund u. Ländern); s. 1956 AA, als Vortr. Legationsrat I. Kl. Leit. Haushaltsref.; 1961-64 Generalkonsul Basel; anschl. Botschaft Santiago de Chile (Botsch.rat I. Kl. u. ständ. Vertr. d. Botsch.); 1970 Ministerialdirigent u. Leit. Unterabt. Personal AA; 1973-78 Botsch. d. BRD in Venezuela.

SPANIOL, Otto

Dr., Prof., Lehrstuhl f. Informatik IV, RWTH Aachen - Ahornstr. 55, 5100 Aachen (T. 0241 - 80 45 39/45 68) - Geb. 11. April 1945 Otzenhausen (Vater: Adolf Sp., Mutter: Hedwig, geb. Backes), kath., verh. s. 1971 m. Renate, geb. Graß, S. Marc - Dipl. 1968 Univ. Saarbrücken, Promot. 1971 - 1972 Assist. Prof. Univ. Saarbrücken; 1976 C3-Prof. Univ. Bonn; 1981 C4-Prof. Univ. Frankfurt; 1984 Lehrst. f. Informatik IV RWTH Aachen - Patent 3003009 f. Schalt. z. Realisier. v. Verknüpfungsfunktionen (m. F. J. Kauffels) - BV: Arithmetik in Rechenanl., Studienb. 1976; Computer Arithmetic: Logic and Design, 1981 (übers. Engl.) - Spr.: Engl., Franz.

SPANJER, Geerd

s. Spanjer, Gerhard

SPANJER, Gerhard

Realschullehrer i. R., Schriftst. (Ps.: Geerd Spanjer) - Gallberghöhe 13, 2380 Schleswig (T. 2 46 13) - Geb. 7. Aug. 1905 Witten/Ruhr (Vater: Carl S., Stadtrat u. Dir. Städt. Licht- u. Wasserwerke; Mutter: Marie, geb. Trog), ev., verh. s. 1939 m. Ilse, geb. Schroers, T. Sielke, verehel. Salomon - Reform-Realgymn.; TH Darmstadt, Univ. Marburg, Göttingen, Münster (German., Biol., Religionslehre). Staatsex. f. d. höh. Lehramt 1935 Münster; Mittelschullehrex. 1951 Kiel - Mitarb. Naturkundemus. Münster, Fischereiref. Landesbauernschaft Westf., Archivpfleger Glückstadt, Lehrer Heimvolkshochsch. Leck, Doz. Dithmarscher Landessch. Lunden, Gebietspfleger f. Pflanzenkd. u. Ehrenmitgl. (1975) Arbeitsgem. Geobotanik Schlesw.-Holstein - BV: Die Leute vom Maßenhof, Erz. 1937; Heimweh nach Holstein, Ged. 1938; Steh' grade deinem Schicksal, Erz. 1939; D. Reise z. Glockenguß, N. 1944; D. Spitzenhäubchen, N. 1950; V. Heimat u. Weite, Ged. 1953; Aquarelle d. Landschaft, Ged. 1961; D. Teufel u. d. blaue Madonna, Leg. a. Schlesw.-Holst., 1976; Vom Schauen trunken (Von Malern u. ihren Bildern), Ged. 1978; Es ist d. alte Licht, Erz. u. Ged. 1980. Beitr. schongeist. u. wiss. Art in Ztg. u. Ztschr. - 1981 Schlesw.-Holst.-Med. - Liebh.: Genealogie, Kunst-, Lit.gesch., Natur- u. Tierschutz, Geobotan. - Bek. Vorf.: Nicolaus Moritz Pflueg, Brunsbüttel, Mitgl. Preuß. Abgeordnetenhs. (Urgroßv.) - Lit.: Prof. Dr. G. Jörgensen, D. Heimat e. Lied gesungen, üb. G. S., Steinburger Jahrb., 1962; Fr. Köhncke, D. Botaniker u. Schriftst. G. S. z. 65. Geburtstag, D. Heimat, 77. Jg. 1970; Dr. Dirk Puls, G. S. 70 J. alt, Ztschr. Schlesw.-Holstein 1975; Prof. Dr. Jörgensen, Eigene Welten gebaut, G. S. 70 J., Schlesw.-Holst. Heimatkalender 38. Jg. 1976, zahlr. Veröff. z. 75. Geburtstag 1980.

SPANN, Wolfgang

Dr. med., Dr. med. h.c., Dr. med. h.c., em. Prof. f. Gerichtl. Medizin - Volkartstr. 84, 8000 München 19 (T. 129 36 43) - Geb. 29. Aug. 1921 Spalt/Mfr. (Vater: Dr. Dr. Josef S., Prof. Ord. f. Tierzucht (s. XIII. Ausg.); Mutter: Barbara, geb. Wechsler), verh. s. 1949 m. Eldtraud, geb. Reis, 2 Kd. (Karl Wolfgang, Sabine) - Promot. 1947; Habil. 1956 - S. 1956 Lehrtätigk. Univ. München (1962 apl. Prof.), Freiburg (1966 Ord.), München (1969 Ord.) - BV: Ärztl. Rechts- u. Standeskunde, 1962; Pathologie d. Traumas, 1967. Üb. 150 Einzelarb. - 1971 Mitgl. Dt. Akad. d. Naturforscher (Leopoldina), Halle/S.; Ehrenpräs. Intern. Akad. f. Gerichtl. u. Soz. Med.; 1981 Bayer. VO; 1985 Ehrendoktor Univ. Istanbul, u. 1990 d. Univ. Freiburg - Liebh.: Segeln.

SPANNER, Hans

Dr. jur., em. o. Prof. f. Öfftl. Recht, insb. öfftl. Wirtschafts- u. Steuerrecht - Candidstr. 24, 8000 München 90 (T. 65 21 41) - Geb. 3. Aug. 1908 Graz/Steierm. (Österr.), kath., verh. s. 1956 m. Else, geb. Fischer - Univ. Graz u. Wien (Rechtswiss.). Habil. 1934 Graz - S. 1937 Prof. Univ. Graz (1951 Ord.), Erlangen (1956 Ord.), München (1960 Ord.); Staats-, Verw.s- u. Steuerr.); 1976 emerit. - BV: D. richterl. Prüfung v. Gesetzen u. Verordnungen, 1951; Handb. d. Österr. Verfassungsrechts, 1957 (m. Adamovich); D. Steuerbürger u. d. Bundesverfassungsgericht, 1967; D. Bundesverfassungsgericht, 1972. Zahlr. Einzelarb.

SPANNHUTH, Walter

Vorstandsmitglied Bremer Silberwaren-Fabrik AG., Bremen -Zur Deepen Wisch, 2801 Oyten üb. Bremen - Geb. 25. Febr. 1925.

SPANUTH, Jürgen

Pastor - Lütjenshöft, 2257 Bredstedt (T. 04671 - 18 48) - Geb. 5. Sept. 1907 Leoben/Steierm. (Vater: Dr. D. Paul S., Pastor; Mutter: Marie, geb. Baetz), ev.-luth., verh. s. 1933, 5 Kd. - 1933-78 Pastor i. Bordelum - BV: D. enträtselte Atlantis, 1953; ...und doch: Atlantis enträtselt!, 1955; Atlantis, Heimat, Reich u. Schicksal d. Germanen, 1965; D. Atlanter, 1976; D. Philister, 1979; D. Phönizier, e. Nordmeervolk im Libanon, 1985; D. Rückkehr d. Herakliden Europa kam aus Tyros, 1988 - Liebh.: Vorgesch., Klass. Archäol., Gesch. d. Orients, Religionsgesch. - Spr.: Holl., Franz. - Rotarier.

SPARBERG, Lothar F. W.

Prof., Senator E. h. Univ. Heidelberg u. Karlsruhe, Aufsichtsratsvorsitzender IBM Deutschl. GmbH, Stuttgart - Zu erreichen üb. IBM, Postfach 80 08 80, 7000 Stuttgart 80 - Geb. 24. Sept. 1927 Herne/W. - AR-Vors. Maersk Deutschl. GmbH, Hamburg; AR Handelsblatt GmbH Verlag f. Wirtsch.information, Düsseldorf; Karlsruher Lebensversich. AG, Bank f. Gemeinwirtsch.; AR-Vors. BMD Badische Maschinenfabrik Durlach GmbH, Karlsruhe; Kurat.-Mitgl. Stifterverb. f. d. Dt. Wiss., d. Hanns-Martin-Schleyer-Stiftg.; Wirtschaftsbeirat d. Westdt. Landesbank; Beirat Allianz Versich. AG, Volkswagenstiftg.

SPARSCHUH, Jens

Dr. phil., freiberufl. Schriftsteller - Eintrachtstr. 9, O-1100 Berlin - Geb. 14. Mai 1955 Karl-Marx-Stadt (Chemnitz), verh. s. 1974 m. Dr. Vera S., 2 Töcht. (Olga, Laura) - Stud. 1973-78 Phil./Logik Leningrad (St. Petersburg); Dipl.; Assist. Humboldt-Univ.; Promot. 1983; seither freiberufl. - 1992 Gastprof. Iowa (USA) - Zahlr. Hörsp. in d. ARD; Lyrik; Essayistik; Romane, u.a. D. große Coup, 1987; Kopfsprung, 1989 - 1990 Hörspielpreis d. Kriegsblinden; 1991 Ernst-Reuter-Hörspielpr. - Spr.: Russ.

SPARY, Peter

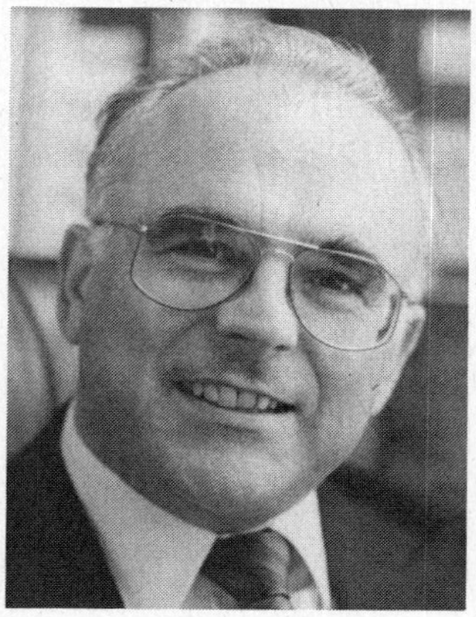

Dr., Hauptgeschäftsführer d. Bundesverb. d. Dt. Groß- u. Außenhandels e.V. - Kaiser-Friedrich-Str. 13, 5300 Bonn 1 (T. 0228 - 260 04 25; Fax 0228 - 260 04 55) - Geb. 12. März 1940 Beuthen/OS. (Vater: Karl S., Dipl.-Berging.), kath., verh. s. 1964 m. Helga, geb. Hager, 2 Kd. - 1960-64 Stud. Wirtsch.wiss. Univ. Saarbrücken u. Innsbruck (Dipl.-Volksw.) 1964-67 Ref. z. Stud. Strukturpolit. Fragen e.V., Bonn; 1967-90 Geschäftsf. Diskussionskr. Mittelst. CDU/CSU-Bundestagsfrakt.; 1975-90 auch Hptgeschäftsf. Mittelstandsvereinig. S. 1976 gf. Gesellsch. Mittelst.-Verlag GmbH, Bonn; s. 1976 gf. Vorst.-Mitgl. d. Vereins z. Förderung d. Wettbewerbswirtsch., Bonn; Geschäftsf. d. VGA-Bonn Versich.stelle d. Dt. Groß- u. Außenhandels GmbH, d. Kurat. d. Dt. Groß- u. Außenhandels e.V.; Geschäftsf. d. BGA Dienstleistungs- u. Verlags GmbH; Vorst.-Mitgl. d. Rationalisierungskurat. d. Dt. Wirtsch. RKW. 1974-84 Lehrbeauftr. f. Wirtschaftspolitik Kath. FHS Aachen - 1983 BVK am Bde.; 1987 Dt. Mittelstandspreis.

SPATHELF, Ernst

Dipl.-Ing., Geschäftsführer Schiele Industriewerke GmbH, Hornberg - In der Grub 485, 7625 Gutach/Schwarzwald (T. 07833 - 65 65) - Geb. 23. Juni 1930 Gutach (Vater: Friederich S., Bahnbeamter; Mutter: Margarete, geb. Wälde), ev., verh. s. 1957 m. Gertrud, geb. Moser, 4 Kd. (Ingrid, Christof, Hans-Jürgen, Andreas) - Schulen Hornberg u. Triberg, TU Karlsruhe (Hochspannungstechnik u. Elektromasch.bau, Dipl. 1957) - 1973-79 Kreistagsmitgl., Fach- u. Ehrenämter - Spr.: Engl.

SPATSCHEK, Karl-Heinz

Dr. rer. nat., Prof. f. Theoretische Physik - Dingerkusweg 19, 4300 Essen 16 (T. 0201-40 64 78) - Geb. 13. Jan. 1943 Grätz (Vater: Karl S.; Mutter: Hildegard), kath., verh. s. 1972 m. Dr. phil. Gertrud, geb. Brüggemann, 3 Kd. (Robert, Julia, Richard) - 1961 Abit. Bonn, Univ. Bonn (Dipl.-Phys. 1966), Promot. 1971 Bochum - 1975-85 Prof. f. theor. Physik Univ. Essen GH; s. 1985 Prof. f. theor. Physik Univ. Düsseldorf. Wiss. Veröff. z. theor. Physik (Plasmaphysik, Nichtlineare Dynamik) - Spr.: Engl.

SPATZ, Joachim

Dipl.-Math., Mitglied d. Landtages Bayern (s. 1990) - Waldkugelweg 21, 8700 Würzburg (T. 0931 - 7 13 58) - Geb. 5. Jan. 1964 Schippach Kr. Miltenberg, ledig - Gymn. Erlenbach; Abit. 1983; Univ. Würzburg (Dipl. Math.).

SPAZIER, Günther

Ministerialrat, Vorstandsvors. Dt. Zentrale f. Tourismus, Frankfurt/M. (s. 1968) - Ringstr. 2, 6084 Gernsheim/Rh. (T. 37 94) - Geb. 24. Aug. 1929 Mainz (Vater: Philipp S., Hotelier; Mutter: Mathilde, geb. Bauer), ev., verh. s. 1953 m. Irene, geb. Kauss - Realgymn.; Justizakad. (2 Ex.) - Amtsanw.; Ref. f. Fremdenverkehr Hess. Min. f. Wirtschaft u. Verkehr - BV: Ferienland Hessen - 1976 Offz.-Kreuz VO. d. Rep. Italien, gr. gold. Ehrenz. Rep. Österr., BVK I. Kl. - Liebh.: Jagd, Sportfischerei, Sport, Fotogr.

SPECHT, Ernst Konrad

Dr. phil., Prof., Philosoph - Brohlerstr. 2, 5000 Köln 51 (T. 38 75 98) - Geb. 16. Febr. 1926 Altenkirchen/Westerw. - S. 1961 (Habil.) Lehrtätigk. Univ. Bonn (1967 apl. Prof.; 1969 Wiss. Rat u. Prof.) - BV: D. Analogiebegriff bei Kant u. Hegel, 1952; D. sprachphil. u. ontolog. Grundl. im Spätwerk Ludwig Wittgensteins, 1963; Sprache u. Sein, 1967.

SPECHT, Ernst-Dieter

Gf. Gesellschafter mano-Lederwaren Mosbach-Gruber GmbH + Co. KG, Offenbach - Sprendlinger Landstr. 180, 6050 Offenbach (T. 069-83 10 91) - Geb. 3. Febr. 1928 Zerbst, ev., verh. s. 1958 m. Marti Aue de Specht, 2 Kd. (Angela, Michael) - Abit. 1947; prakt. kaufm. Ausb. b. Fa. Mosbach, Gruber & Co., Offenbach - Außendst.; 1961 Prok., 1962 Kommanditist; 1973 Übern. d. Fa. mano-Lederwaren Mosbach-Gruber GmbH & Co. KG (gf. Gesellsch.). S. 1979 Handelsrichter; Mitgl. Senat Dt. Ledermus. (1976); s. 1983 Vors. Verb. Dt. Lederwaren- u. Kofferind. - Liebh.: Sport, Musik, Theater - Spr.: Engl., Franz.

SPECHT, Friedrich

Dr. med., Prof. - Herzberger Landstr. 29, 3400 Göttingen - Geb. 3. Dez. 1924 Emden (Vater: Franz S., Oberstud.rat; Mutter: Elisabeth, geb. Herbrechtsmeier), ev., verh. s. 1952 m. Helga, geb. Müller, 4 Kd. (Gerhard, Anne Karen, Friederike, Heiner) - Stud. Berlin, Freiburg, Prag, Göttingen; Promot. 1950; Habil. 1966, bde. Göttingen - S. 1970 Abt.vorst. Kinder- u. Jugendpsychiatrie Univ. Göttingen - BV: Sozialpsychiatr. Gegenwartsprobleme d. Jugendverwahrlosung, 1967; Soziotherapie d. Oligophrenien, Handbuchbeitr. 1972; Beanspruchung v. Schülern-Kinder- u. Jugendpsychiatr. Aspekte, 1977; Integrative Sozialtherapie, 1980; Schule u. Sozialisation, Handb.beitr. 1984; Dissozialität, Delinquenz, Verwahrlosung, Handb.beitr. 1985; Kinder- u. Jugendpsychiatrie, Buchbeitr. 1987.

SPECHT, Hermann

Dr. techn., Prof., Wiss. Rat Inst. f. Gärungsgewerbe u. Biotechnologie - Seestr. 13, 1000 Berlin 65 (T. 465 90 11) - S. 1956 (Habil.) Lehrtätigk. TU Berlin (1962 apl. Prof. f. Gärungsgew.).

SPECHT, Manfred

Dr.-Ing., Dipl.-Ing., Prof. f. Stahlbeton- u. Spannbetonbau TU Berlin - Egisheimer Weg 3 A, 1000 Berlin 47 - Geb. 13. Nov. 1937 Dessau - Dipl. 1961 TH Dresden, Promot. 1972 TU Hannover - 1966 Konstruktionschef Dyckerhoff & Widmann AG, Hannover; 1969 Oberring.; 1975 Niederlass.leit. Dyckerhoff & Widmann AG, Koblenz; s. 1979 o. Prof. f. Stahlbeton- u. Spannbetonbau TU Berlin (1981-87 gf. Dir. Inst. f. Baukonstrukt. u. Festigk.). 1979 berat. Mitgl. Dt. Beton-Verein Berlin; 1982 Mitgl. Dt. Aussch. f. Stahlbeton - BV: D. Belast. v. Schal. u. Rüst. durch Frischbeton, 1973.

SPECHT, Rainer

Dr. phil., o. Prof. f. Philosophie Univ. Mannheim (s. 1967) - Altenbach-Neue Anlage 25, 6905 Schriesheim 2 (T. 06220 - 17 30) - Geb. 10. Jan. 1930 - Habil. 1964 Hamburg - Facharb.

SPECHT, Wilhelm

Dr. phil., o. Prof. f. Angew. Mathematik (emerit.) - Am Röthelheim 56, 8520 Erlangen - Geb. 22. Sept. 1907 Rastatt/Baden - 1938 (Habil.) -72 Lehrtätigk. Univ. Breslau u. Erlangen bzw. -Nürnberg (1948; 1950 Ord. u. Mitvorst. Math. Inst.) - BV: Gruppentheorie; Elementare Beweise d. Primzahlsätze. Fachaufs.

SPECK, Josef

Dr. phil., Prof. f. Philosophie Univ. Dortmund - Drosselweg 6, 4400 Münster-Roxel (T. 02534 - 72 20) - Geb. 11. März 1927 Grottkau (Vater: August S., Hauptlehrer; Mutter: Erna, geb. Poser), verh. s. 1960 m. Inge, geb. Martens, 2 S. (Michael, Uwe) - 1950-1959 Univ. Hamburg (Phil., Päd.; Promot. 1959) - 1964-71 Leit. Dt. Inst. f. Wiss. Päd., Münster (1965ff. nebenamtl.); s. 1965 Inh. Lehrstuhl für Phil. Päd. Hochschule Ruhr, Dortmund - BV: Heideggers Phil. in ihrem Verhältnis z. phil. Tradition, 1959 (Diss.); Karl Rahners theol. Anthropologie, 1967; D. anthropol. Fundierung erzieher. Handelns, 1968. Ztschr.aufs. Herausg.: Grundprobleme d. gr. Philosophen, 12 Bde. (1972ff.); Handb. päd. Grundbegriffe (zus. m. G. Wehle, 1970), Problemgesch. d. neueren Päd. (3 Bde. 1976); Gesch. d. Päd. d. 20. Jh. (2 Bde. 1978); Handb. Wiss.-theoret. Begriffe (3 Bde. 1980), (jeweils auch Mitautor) - Liebh.: Musik, Fotogr.

SPECKER, Hans Eugen

Dr. phil., Honorarprof. f. Gesch. Univ. Tübingen, Leiter Stadtarchiv Ulm - Stadtarchiv Ulm, Postf. 39 40, 7900 Ulm - Geb. 31. Mai 1937 Esslingen/Neckar - Vors. AG Kommunalarchivare im Städtetag Baden-Württ. u. Bundeskonfz. d. Kommunalarchive b. Dt. Städtetag; o. Mitgl. Südwestdt. Arb.kr. f. Stadtgesch.-forsch. u. d. Kommiss. f. geschichtl. Landeskd. in Baden-Württ.; Vorst.-Mitgl. Gesamtverein d. dt. Geschichts- u. Altertumsvereine u. d. Sektion Kommunalarchive im Intern. Archivrat; stv. Vors. Verein dt. Archivare u. Vors. d. Fachgr. Kommunalarchivare; Schriftleit. Ztschr. Ulm u. Oberschwaben u. Monographienreihe Forsch. z. Gesch. d. Stadt Ulm - BV: Ulm. Stadtgesch., 1977; Ulm an d. Donau, 1985. Herausg.: Tradition u. Wagnis. Ulm 1945-72 (1974); Einstein u. Ulm (1979); Stadt u. Kultur (1983); Ulm im 19. Jh. Aspekte aus d. Leben d. Stadt (1990). Mithrsg.: 600 J. Ulmer Münster, Festschr. (2. A. 1984); Kirchen u. Klöster in Ulm (1979); Einf. d. Reformation in Ulm (1981).

SPECKER, Manfred

Dr. rer. nat., Generalbevollmächtigter Fresenius AG, Bad Homburg - Weilerhalde 32, 7902 Blaubeuren/Ulm (T. 07344 - 86 18) - Geb. 8. Aug. 1931 Freiburg (Vater: Edelbert Sp., Stud.Dir.; Mutter: Johanna, geb. Zirlewagen); kath., verh. s. 1959 m. Christa, geb. Bußmann, 2 Töcht. (Beate, Andrea) - Abit. 1952 Freiburg; Stud. Pharmazie u. Med. Univ. Freiburg (Promot.); Weiterbild. Pharmakol. in Freiburg u. Ulm - Apotheker; Univ.-Assist. Pharm. Inst. Frbg.; Ltg. Lentia, München; Geschäftsf. Merckle, Blaubeuren; Vorst. Fresenius AG, Bad Homburg, Vorst. Fachgruppe Infus.Lösg. im BPJ, Frankfurt; Mitgl. Dt. Ges. f. Pharmakologie u. Toxikologie (DGPT), Ges. f. Naturforscher u. Ärzte, nationale u. intern. Fachges . - Wiss. Publ.; Patente f. neue Arzneimittel - Liebh.: Texten, Grafik, Fotografie, Musik.

SPECKMANN, Klaus

Dr. med., Prof., Chefarzt Innere Abt. Johanniter-Krankenhaus Bonn - Achim-v.-Arnim-Str. 36, 5300 Bonn (T. 23 17 55) - S. 1949 (Habil.) Lehrtätigk. Univ. Kiel u. Bonn (1954 apl. Prof. f. Inn. Med.) - Rotarier.

SPECKMANN, Rolf

Senator a. D., Vorstandsmitgl. Sparkasse in Bremen (1971-84), Präs. Verb. d. Dt. Fr. Öfftl. Sparkassen (1973-84) u. a. - Trifte 8, 2802 Fischerhude-Quelkhorn - Geb. 22. April 1918 Geestemünde, ev. - Gymn.; Lehre Städt. Sparkasse Wesermünde - 1939-48 Wehrdst. u. Gefangensch., dann Städt. Sparkasse Bremerhaven u. Staatl. Kreditanstalt Oldenburg-Bremen, 1958-66 Nordd. Finanzierungsbank AG (Vorst.-Mitgl.) u. Nordd. Kreditbank AG (1960 Dir.), 1966-71 (Rücktr.) Finanzsenator Bremen, 1959-66 Mitgl. Brem. Bürgerschaft, Vors. Bremer Ges. f. Wirtschaftsforsch. Kurat.-Vors. d. Nolting-Hauff-Stiftg. z. Förd. d. Wiss. u. d. Univ.; stv. Vors. Wolfgang-Ritter-Stiftg., Bremen. FDP.

SPEER, Christian

Prof., Dozent f. Werkpädagogik Päd. Hochschule Lüneburg - An d. Ilmenau 7, 3141 Deutsch Evern (T. Lüneburg 4 16 27).

SPEER, Gotthard

Musikerzieher, o. Prof. Musik u. ihre Didaktik - Am Winkel 6, 5060 Bergisch Gladbach 1 (T. B. 8 15 45) - Geb. 27. Febr. 1915 Kuhnern/Schles. (Vater: Gregor S., Lehrer u. Kantor; Mutter: Maria, geb. Joppich), kath., verh. s. 1949 m. Maria, geb. Schürholz, 4 Kd. (Barbara, Liudgera, Bernward, Lioba) - Hochsch. f. Lehrerbild. Beuthen/OS.; Hochsch. f. Musikerzieh. Berlin; Singschullehrersem. Augsburg - 1937-39 u. 1945-47 Volksschullehrer, dazw. Wehrdst.; s. 1947 Doz. u. Prof. Päd. Akad. Paderborn u. Köln bzw. Päd. Hochsch. Rhld./Abt. Köln, 1980 Prof. em. Univ. Köln; 1973-89 Gründer u. Leit., s. 1989 Ehrenvors. d. Inst. f. Ostdt. Musik, Bergisch Gladbach, darin d. Arbeitskr.: Schles.-, Nordostdt.-, Südostdt. Musik.; Leit. Samml. f. Ostd. Musikpflege in NRW (b. 1972) - BV: D. frohe Schultag, Musizierb. f. d. Volkssch. 1958; D. schles. Wanderer, Singb. 1959; D. Musik d. Dt. im Osten Mitteleuropas in Verbindung m. Anthologie Ostdt. Musik auf Schallpl. Herausg. Schriftenreihe, Notenreihen, Schallplatten ostdt. Musik. Planung u. Mitarb. Ostdt. Musiklexikon - Liebh.: Dirigieren, Fotogr. - Spr.: Engl.

SPEER, Rut

s. Wuthenau, von, Rut

SPEICH, Peter

Dr.-Ing., Bergwerksdirektor, Vorstandsmitgl. Rheinische Braunkohlenwerke AG - Friedrich-Moritz-Str. 2, 5000 Köln 41 (priv.); Stüttgenweg 2, 5000 Köln 41 (dstl.) - Geb. 12. Okt. 1922 Holzweiler/Ahr - Mitgl. Fachgremien, ARs- u. VRsmandate.

SPEICH, Richard

Hauptgeschäftsführer IHK Frankfurt - Börsenplatz 4, 6000 Frankfurt/M. (T. 21 97-283) - Stud. Rechtswiss. Gr. jurist. Staatsprüf.

SPEICHER, Rudolf

Direktor - Hochholzweg 14, 7000 Stuttgart 75 - Geb. 25. April 1927 Rheinfelden/Bd. - B. 1970 stv., dann o. Vorstandsmitgl. Kodak AG., Stuttgart.

SPEIDEL, Gerhard

Dr. rer. nat., Dr. h. c., o. Prof. f. Forsteinrichtung u. Forstl. Betriebsw.slehre - Mercystr. 19, 7800 Freiburg/Br. (T. 7 36 54) - Geb. 28. Dez. 1923 Züllichau/Mark - N. Kriegsdst. Univ. Göttingen (Math., Forstwiss.). Promot. 1952 Hamburg; Habil. 1956 Göttingen - S. 1957 Ord. Univ. Göttingen u. Freiburg (1965). S. 1965 Dt. Vertr. FAO-Advisory Committee on Forest Education - BV: D. Stückmassegesetz u. s. Bedeut. f. d. intern. Leistungsvergleich in d. Forstarbeit, 1952; D. rechner. Grundl. d. Leistungskontrolle u. ihre prakt. Durchführung in d. Forsteinricht., 1957; Economia Florestal, 1965 (portugies.); Forstl. Betriebsw.slehre, 1967 (jap. 1970); Planung im Forstbetrieb, 1972. Üb. 90 Einzelarb. - Korr. Mitgl. Akad. f. Raumforsch. u. Landesplanung, Hannover.

SPEIDEL, Manfred J.

Dr.-Ing. (Japan), Prof. f. Architekturtheorie RWTH Aachen (s. 1975) - Ungarnstr. 12, 5100 Aachen (T. 0241 - 15 39 23) - Geb. 7. Mai 1938 Stuttgart, ev., ledig - Stud. Arch. TH Stuttgart (Dipl. 1965); Promot. 1973 Waseda Univ., Tokio - Lehr- u. Forschungsgeb.: Architekturtheorie m. Schwerp. Gesch. d. Arch. d. 19. u. 20. Jh., Arch.-Anthropol., Lehmbau, japan. Arch. u. Volkskd. - BV: Japan. Archit. Gesch. u. Gegenwart, 1983; D. Team Zoo, 1991; Heinz Bienefeld (zus. m. S. Legge), 1991 - Liebh.: Kyudo - Spr.: Engl., Japan.

SPEIDEL, Raimund

Verwaltungsbeamter, Bürgermeister St. Johann - Lerchenstr. 4, 7411 St. Johann-Gächingen - Geb. 27. April 1946 Tübingen (Vater: Otto Sp.; Mutter: Dorothea, geb. Adolf), ev., verh. s. 1967 m. Renate, geb. Rilling, 2 Kd. (Markus, Viola) - FHS-Reife, Verw.hochsch., Dipl.-Verw.wirt - B. 1972 Gemeindeoberinsp., s. 1972 Bürgerm., Reg. Verband, Kreistag, DRK - Liebh.: Sport, Kunst - Spr.: Engl., Franz.

SPEIDEL, Sontraud

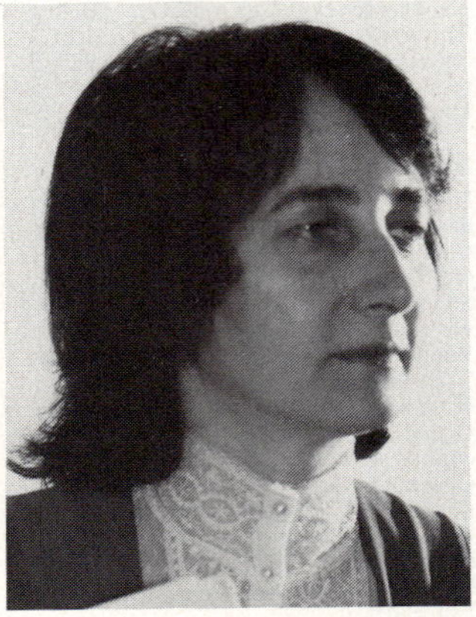

Professorin f. Klavier an d. Staatl. Hochschule f. Musik, Karlsruhe, Konzertpianistin - Seegasse 2, 7500 Karlsruhe 41 (T. 0721 - 47 48 48, Fax 47 38 16) - Geb. 30. März 1944 Karlsruhe - LP + CD-Aufnahmen m. Werken v. Bach, Brahms, Dussek, Hummel, Kirchner, Reinecke, Hensel, Wagner - Liebh.: Fotografieren, Lesen, Tiere - Spr.: Engl., Franz., Russ., Lat.

SPEIERER, Ludwig

Dr. jur., pers. haft. Gesellsch. Otto Speierer KG. - Burg-Windeck-Str. 3, 7580 Bühl - Geb. 9. Jan. 1902.

SPELLERBERG, Gerhard

Dr. phil., Prof. f. Deutsche Philologie - Morgensternstr. 22, 1000 Berlin 45 (T. 773 63 96) - Geb. 17. Jan. 1937 Dortmund (Vater: Anton S., kfm. Angest.; Mutter: Rosa, geb. Nierhoff), verh. m. Dipl.-Verw.W. Christiane, geb. Kemnitz - Gymn. Dortmund, Univ. Münster u. FU Berlin (H. de. Boor, W. Emrich, J. Bumke); Staatsex. 1963, Promot. 1968 - 1966 Wiss. Assist. FU Berlin, 1971/72 Akad. Rat/ORat Univ. Köln, 1977 Prof. FU Berlin, 1978-81 Prodekan - BV: Verhängnis u. Gesch., 1970; Althochdeutsch - Mittelhochdeutsch (zus. m. U. Gerdes), 1972, 7. A. 1991; Johann Christian Hallmann: Sämtliche Werke, Bd. 1: 1975, Bd. 2: 1980, Bd. 3 in zwei Teilbänden: 1987; Studien z. Werk Daniel Caspers v. Lohenstein (Hrsg.), 1983; Daniel Casper v. Lohenstein: Lyrica (Rara ex bibliothecis Silesiis. 1.), 1992.

SPELLERBERG, Heinz

Dr. rer. pol., Dr. jur., Dipl.-Kfm., Stadtdirektor a. D. - Auf der Gunst 26, 5840 Schwerte 1 - Geb. 12. Dez. 1913 - Ehrenring Stadt Schwerte; BVK am Bde.; Dr. Johann Christian Eberle-Med. d. Sparkassen- u. Giroverb. NRW.

SPEMANN, Wolf

Dr. phil., Prof., Bildhauer - Schöne Aussicht 9a, 6200 Wiesbaden (T. 52 14 32) - Geb. 3. Juli 1931 Frankfurt/M. (Vater: Prof. Dr. Friedrich-Wilhelm S., Pädagoge (s. XIV. Ausg.); Mutter: Elisabeth, geb. Kliem), ev., verh. s. 1956 m. Doris, geb. Wolff-Malm, 3 Kd. (Thomas, Ruth, Alexander) - Werkkunstsch. Wiesbaden; Kunstakad. Düsseldorf (Schüler v. Prof. Mataré) - S. 1957 freischaff. Wiesbaden. S. 1959 Lehrtätigk. (1968ff. Univ. Frankfurt; 1975 Prof.). S. 1980 Vorst.-Mitgl. d. Klingspor-Museums Offenbach/M.; s. 1991 Vors. d. Arbeitsgemeinschaft Friedhof u. Denkmal m. Inst. u. Museum f. Sepulkralkultur, Kassel. Plast. trotz zunehm. stärkerer Abstraktion durchweg themengebunden; Arbeiten Kassel, Wiesbaden, Herborn, Geisenheim u. a. Ausstell. u. Vortr. In- u. Ausl. - BV: plastisches Gestalten - anthropol. Aspekte, Hildesheim 1984; Direktkunst-Plastiken-Objekte, 1987 - Bek. Vorf.: Geheimrat Prof. Dr. phil. Hans S., Zoologe, 1935 Nobel-Preis f. Med. (Großv.).

SPENCKER, Joachim

Verleger, Carl Hanser Verlag - Memeler Str. 91, 8000 München 81 - Geb. 30. Mai 1931 Rathenow, verh. s. 1963 m. Angela, geb. Scharf, 3 Kd. (Martin, Kristian, Aglaia) - Spr.: Engl.

SPENDEL, Günter

Dr. jur., Landgerichtsrat a. D., o. Prof. f. Strafrecht u. -prozeßr. Univ. Würzburg - Josef-Bechold-Str. 9, 8702 Zell a. M. üb. Würzburg - Geb. 11. Juli 1922 Herne/W. - S. 1953 (Habil.) Lehrtätigk. Univ. Frankfurt/M. (1958 apl. Prof.) u. Würzburg (1962 Ord.) - BV: u. a. Z. Lehre v. Strafmaß, 1954; Gustav Radbruch - Lebensbild e. Juristen, 1967; Wider d. Irrationale unserer Zeit, 1973; Jurist in e. Zeitenwende, Gustav Radbruch z. 100. Geburtstag, 1979; Josef Kohler, Bild e. Universaljuristen 1983; Rechtsbeugung durch Rechtsprechung, 1984; Einleit. u. Bearb. z. G. Radbruch-Ges.-Ausg., 16. Bd.: Biograph. Schriften 1988; 17. Bd.: Briefe I (1898-1918), 1991; Mitarb. am Leipz. Komm. z. StGB, 10. A., 11. A. ab 1992. Zahlr. Einzelarb. - 1974 Ruf Univ. Köln (abgel.).

SPENGELIN, Friedrich

Dipl.-Ing., o. Prof. Inst. f. Städtebau, Wohnungswesen u. Landesplanung Univ. Hannover (s. 1961) - Architekturbüros: Hölderlinstr. 20, 2000 Hamburg 52 (T. 82 51 51) u. Habichtshorststr. 12, 3000 Hannover 51 (T. 69 50 01) - Geb. 29. März 1925, verh. (Ehefr.: Dipl.-Ing. Ingeborg) - Rathäuser u. Verwaltungsgebäude, u. a. Verw.geb. Hamburg-Mannheimer Vers.-AG City Nord, Hamburg, Landeszentralbank Hannover, Wohnquartiere u. Stadtplanung in vielen Städten, u. a.: Steilshoop, Depenkamp u. Holsteiner Chaussee, Hamburg, Roderbruchzentrum Hannover, beteiligt am Wiederaufbau Helgoland. Spez. Arb.-geb.: Städtebaul. Berat., Kultur- u. Verw.bauten, Schul- u. Hochschulbauten u. a. Biologie Osnabrück, Fachhochsch. Eckernförde, Kunsthalle Emden, Wohnungsbau, Stadtgestaltung, -sanierung u. -entwickl. (Neue Stadt Meckenheim-Merl) - Zahlr. 1. Preise b. Wettbewerben; Heinrich-Plett-Preis f. Verdienste um d. Städte- u. Wohnungsbau; Schumacherpreis d. Freien u. Hansestadt Hamburg; Mitgl. Dt. Akad. f. Städtebau u. Landesplanung, Freie Akad. d. Künste, Hamburg; Akad. d. Künste, Berlin (Dir. d. Abt. Baukunst) - Rotarier.

SPENGLER, Bruno

Botschafter d. Bundesrep. Deutschl. in Port Moresby/Papua-Neuguinea - 6, Karai Place, Port Moresby (T. 251 963) - Geb. 3. Aug. 1927 München, ev., verh. s. 1967 m. Karin, geb. Maentel, T. Gundula - 1949-51 Vorb.dst. u. Justizdst. München; s. 1958 AA (1961ff. in Istanbul, Izmir, Islamabad, 1970-77 Zentrale, danach Kinshasa u. Paris, s. 1984 Botsch. in Port Moresby) - Spr.: Engl., Franz.

SPENGLER, Erich

Assessor, Hauptgeschäftsf. Handwerkskammer d. Saarlandes, Saarbrücken (1958-72) - Hüttenstr. 7, 6605 Friedrichsthal/Saar (T. Sulzbach 83 73) - Geb. 9. April 1910 Neunkirchen/Saar (Vater: Karl S., Obersteiger; Mutter: Luise, geb. Weingardt), Diss., verh. s. 1951 m. Marianne, geb. Thös, 4 Kd. (Claudia, Petra,

Luise, Karl) - Univ. Marburg u. Halle (Rechtswiss.). Jurist. Staatsprüf. Naumburg u. Saarbrücken - 1951-55 Arbeitsgem. d. Saarl.; 1956-72 HK d. Saarl. - BV: D. Saar-Handwerk im Wandel d. Jh.e, in: D. Saarl., 1958.

SPENGLER, Felix
s. Schmidt-Decker, Petra

SPENGLER, Helmut
Pfarrer, Präsident d. Ev. Kirche in Hessen u. Nassau - Paulusplatz 1, 6100 Darmstadt (T. 06151 - 4 05-0) - Geb. 19. April 1931 Wetzlar, verh. - Theol.-Stud. Univ. Marburg - 1958 Pfarrer Breidenstein (Nassau), 1964 Bad Homburg; 1972 Oberkirchenrat u. Stellv. d. Kirchenpräs., s. 1985 Kirchenpräs.

SPENGLER, Paul
Fabrikant, Geschäftsf. Manusaar Saarländische Metallwarenind. GmbH., Bübingen üb. Saarbrücken - 33, rue du Jardin Zoologique, F-68 Mulhouse/Frankr. - Geb. 7. Aug. 1905.

SPERBER, Alfred
Dipl.-Volksw., Direktor, Geschäftsf. Sparkassen-Wohnbau Baden-Pfalz Gemeinn. GmbH., Karlsruhe - Bilfinger Str. 1c, 7500 Karlsruhe-Durlach - Geb. 14. Mai 1920.

SPERL, Georg F.
Dr. phil., Generalkonsul a.D. - Am Weiher 27, 5340 Bad Honnef 1 - Geb. 22. Nov. 1925 Regensburg (Vater: Georg S.; Mutter: Maria, geb. Heigl), kath., verh. s. 1961 m. Eva, geb. Troeger, 3 Kd. (Hans-Georg, Petra Eva-Maria, Klaus-Ulrich) - Luftw. 1943-45 - Abit., Stud. Gesch., German., Kunstgesch., Rechts- u. Staatswiss. Univ. Regensburg, Iowa; Promot. München, Europa-Kolleg Brügge (Dipl.) - Nebentätigk.: Journ. (Mittelbayr. Ztg., Süddt. Ztg.), wiss. Mitarb. Neue Dt. Biogr. - Im Bundesdienst (BPA u. AA) ab 1956: Bonn, London, Nairobi, Melbourne, Johannesburg, Budapest, Helsinki, Bordeaux - Liebh.: Kunst, Sport (Golf).

SPERLICH, Diether
Dr. phil., o. Prof. f. Populationsgenetik - Gösstr. 82, 7400 Tübingen (T. 4 56 77) - Geb. 15. Jan. 1929 Wien (Vater: Karl S., Beamter; Mutter: Maria, geb. Sperlich), kath., verh. s. 1957 m. Eva, geb. Sebek, 4 Kd. (Günther, Monika, Martin, Klaus) - Human. Gymn. Wien, Univ. Wien (Lehramt Biol. u. Phys. 1951, Promot. 1952, Med./Vorklinik 1958) - 1953-63 Univ.-Assist. Wien, 1964 Guest Investigator Rockefeller Inst., 1965-70 Oberassist. Univ. Wien, 1971-75 Wiss. Rat Univ. Tübingen, s. 1976 o. Prof. Tübingen; 1982 Hon.-Prof. Univ. Salzburg - BV: Populationsgenetik, 1973, 1988 (Übers. poln. 1977); Beitr. z. Evolutionstheor. (zus. m. Dobzhansky u. Boesiger); zahlr. Publ. üb. Populationsgenetik u. Evolution. Herausg.: Z. zool. Syst. Evolut.forsch. - 1960 u. 1964 Th. Körner-Preis; 1967 Kardinal Innitzer-Preis; 1983 korr. Mitgl. Finn. Akad. Wiss. - Spr.: Engl.

SPERLICH, Martin
Dr. phil., Prof., Direktor Staatl. Schlösser u. Gärten Berlin (1969-84) - Bismarckstr. 69, 1000 Berlin 39 - Geb. 1919 - Stud. Med. u. Kunstgesch. S. 1978 Mitgl. DGGL Historische Gärten, Honorarprof. d. F.U.; Vors. d. Pückler-Ges., Mitgl. ICOMOS.

SPERLICH, Volker
Dipl.-Ing., Prof. f. Thermodynamik u. Energietechnik Univ.-GH Duisburg - Lohbecker Berg 19, 4330 Mülheim/Ruhr (T. 0208 - 38 21 80) - Geb. 22. April 1937 Mülheim (Vater: Walter S., Ing.; Mutter: Gertrud, geb. Haas), verh. s. 1961 m. Inge, geb. Stamm, 2 T. (Antje, Dörte) - 1956-61 Stud. Masch.bau RWTH Aachen - 1961-64 Babcock Oberhausen (Entw. u. Forsch. Wärme-u. Strömungstechnik); 1964-68 AEG-Kernenergieanl. (Entw. u. Berechn. v. Kernkraftkomponenten, Inbetriebn. KKW Lingen, 1968); s. 1969 Doz. Ing.-Schule/FHS/GH/Univ. Duisburg. Mitgl. Landsch.-Beirat Stadt Mülheim u. Beirat f. Immissionsschutz MAGS NRW; Umweltschutz-Bürgerinitiativen. Entw.: Dampftrockner f. Siedewasserreaktoren - Liebh.: Wandern (alpin), Kammermusik (spielt selbst Bratsche im Mülh. Kammerorch.) - Spr.: Engl.

SPERLING, Dietrich
Dr. jur., Lehrer, MdB (s. 1969; Landesliste Hessen) - Reichenbachweg 26, 6243 Falkenstein/Ts. (T. 06174 - 15 72) - Geb. 1. März 1933 Sagan/Schles., verh. - Obersch. Bielefeld, Bunzlau, Oerlinghausen, Hannover; Stud. Rechtswiss., Volksw.slehre, Soziol. Göttingen u. Berlin. Studienaufenth. USA. Promot. 1965 Göttingen - 1960-1962 Tutor Frankfurter Studentenhaus; 1963-64 päd. Mitarb. DGB-Bundesjugendsch. Oberursel; s. 1964 Doz. u. Leit. (1965) Heim VHS Falkenstein/Adolf-Reichstein-Stiftg. SPD s. 1953.

SPERLING, Eckhard
Dr. med., Prof., Nervenarzt (Familientherapie) - Hohe Linde 22, 3400 Göttingen (T. 0551-27 54) - Geb. 19. Febr. 1925 Potsdam (Vater: Walter S., Stud.rat; Mutter: Gertrud, geb. Crawack), ev., verh. s. 1980 in 2. Ehe m. Anke, geb. Winkler, 2 Kd. (Daniela, Fabian) - Schule Potsdam (Abit. 1943), b. 1949 Univ. Berlin (Nervenarztausb.), dann Bonn, Bern, Göttingen (Psychotherap.-Ausb. 1961-69) - 1966 Leit. ärztl.-psych. Berat.stelle, 1971 Abt.vorst. f. Psycho- u. Soziotherapie, beides Univ. Göttingen - BV: D. psychosoziale Lage v. Hirnverletzten, 1967; (m. J. Jahnke): Zw. Apathie u. Protest, 1974; Mehrgenerationen - Fam.therapie, 1982 - Liebh.: Klaviermusik.

SPERLING, Walter
Dr. phil., o. Prof. f. Geographie u. Didaktik d. Geogr. - Kreuzflur 11, 5500 Trier (T. 0651 - 1 64 48) - Geb. 26. Juli 1932 Groß-Gerau (Vater: Wilhelm S., Lehrer; Mutter: Anna Eleonore, geb. Schaffnit), ev., verh. I) 1968 m. Ulrike, geb. Paulik, T. Wilma Luise, II) 1972 m. Birgitt, geb. Franken, S. Florian - Univ. Frankfurt/M. (Kulturwiss., Geogr.); Päd. Inst. Jugenheim/Bergstr. (Päd.) - 1961 Realschuldst. u. Lehrbeauftr. Päd. Inst. Jugenheim, 1963 Assist.; 1965 Lehrbeauftr. Univ. Frankfurt, 1964 Doz.; 1967 Prof. PH Neuwied, 1969 Erziehungswiss. Hochsch. Rhld.-Pfalz; 1970 o. Prof. Univ. Trier. O. Mitgl. J.-G.-Herder-Forsch.rat; o. Mitgl. Zentralaussch. f. dt. Landeskunde; Wiss. Arbeitskr. f. Mitteldtschl.; ständiger Aussch. f. d. geogr. Namen (o.) - BV: D. nördl. vord. Odenwald, 1962; Kind u. Landschaft, 2. A. 1973. Mithrsg.: Luftbildatlas Rhld.-Pfalz (2 Bde. 1970, 1972 m. E. Strunk); Topogr. Atlas Rhld.-Pfalz (1973, m. H. Liedtke u. G. Scharf); Geogr. u. Geographieunterr. in d. DDR, 1977; Geographiedidakt. Quellenkunde, 1978; Fischer Länderkunde Europa (1978 m. A. Karger u. a.), Bibliographie Landeskunde DDR, 1978; Erg.-Bd. 1984 u. 1991; Tschechoslowakei, Beitr. z. Landeskd. Ostmitteleuropas, 1981; Geographieunterricht u. Landschaftsl., T. 1, 2, 1981, 3, 4, 1982, 5, 1984; Formen, Typen u. Genese d. Platzdorfes in d. böhmischen Ländern, 1982; D. deutsche Ostgrenze u. d. polnische West- u. Nordgrenze in dt. Schulatlanten s. 1946, 1991. Herausg.: Neues Schrifttum z. deutschen Landeskunde (1978ff.).

SPERNER, Rudolf
Senator, Gewerkschaftler i.R. - Lindenweg 32, 6350 Bad Nauheim 4 (T. 06032 - 8 58 02) - Geb. 15. Jan. 1919 Böhmischdorf/Sudetenl., kath., - Mitteltsch.; kaufm. Lehre (Konsumgenoss.) - B. 1938 Lehrfa., dann Baugewerbe, 1939-45 Wehrdst. (5 x verwundet), spät. Bergbau u. Baugew., 1949-51 DGB, 1951-82 IG Bau - Steine - Erden (1953 Bezirkssekr. Dortmund, 1955 Bezirksleit. Westf., 1960 Mitgl. Hauptvorst., 1963 2., 1966-82 1. Vors.). SPD s. 1946 - Ehrensenator Univ. Karlsruhe u. Tübingen; L'Accademia Tiberina: Accademico Corrispondente; 1969 Commendatore; 1982 Gr. BVK m. Stern; 1979 Gold. Ehrenplak. Stadt Frankfurt/M.; 1980 Wilh. Leuschner Med.; 1983 Handwerksabz. in Gold.

SPETH, Friedrich
Lehrer, MdL Bayern (s. 1966) - Langgasse 47, 8766 Großheubach/M. (T. 09371 - 20 30) - Geb. 25. Aug. 1937 Großheubach, kath. - Höh. Schule Miltenberg; 1959 ff. Päd. Hochsch. u. Univ. Würzburg (Päd., Psych.). Beide Staatsex. f. d. Lehramt an Volkssch. - Lehrer Würzburg, Zittenfelden, Röllfeld. Ratsmitgl. Marktgde. Großheubach. CSU (Ortsvors.).

SPETH, Josef
Dr., Univ.-Prof. f. Theoretische Physik, Direktor d. Instituts f. Kernphysik (Theorie) d. Forschungszentrum Jülich (s. 1982) - Fliederweg 4, 5170 Jülich (T. 02461-5 24 26) - Geb. 16. Mai 1938 Kißlegg/Allg. (Vater: Josef S., Bürgerm.; Mutter: Maria, geb. Binzer), kath., verh. s. 1965 m. Irmgard, geb. Edel, 3 Kd. (Gabriele, Michael, Christoph) - TU München (Dipl. 1964, Promot. 1968, Habil. 1971) - 1972 Prof. f. theor. Physik Univ. Bonn (s. 1979 kommiss. Leit. Inst. f. Kernphysik KFA Jülich), 1975 u. 1980 Gastprof. State Univ. New York, 1985/86 long term visiting stuff member, Los Alamos National Laboratory. Spez. Arbeitsgeb.: Kernphysik. Veröff. üb. theor. Kernphysik in Fachztschr. - Spr.: Engl.

SPEVACK, Marvin
Ph. D., B. A., M. A., o. Prof. f. Engl. Philologie u. Direktor Engl. Seminar Univ. Münster (s. 1964) - Johannisstr. 12, 4400 Münster/W. (T. 83 45 93) - Geb. 17. Dez. 1927 New York - BV: A Complete a. Systematic Concordance to the Works of Shakespeare, 9 Bde. 1968-80; Lord Byron's Werner in the Acting Version of William Charles Macready, 1970; William Shakespeare, Romeo and Juliet, 1970; The Harvard Concordance to Shakespeare, 1973; Robert Burton, Philosophaster, 1984; Shakespeare: The Second, Third, and Fourth Folios, 1985; New Cambridge Julius Caesar, 1988; New Variorum Antony and Cleopatra, 1990. Weitere Fachveröff.

SPEYER, Eugen
Chefredakteur Dithmarscher Landeszeitung/Brunsbütteler Ztg. - Zu erreichen üb.: DL, Wulf-Isebrand-Pl., 2240 Heide/Holst.

SPICHTINGER, Josef
I. Bürgermeister Stadt Oberviechtach - Rathaus, 8474 Oberviechtach/Opf. - Geb. 8. Juli 1926 Winklarn - Zul. Landrat. CSU.

SPICKER, Heiner
Prof. f. Viola da gamba u. Aufführungspraxis Musikhochsch. Köln (s. 1980) - Herrenweg 21, 4047 Dormagen 5 (T. 02106 - 4 22 56) - Geb. 25. April 1931 Neuss, verh. m. Helene Blum-Sp. - Abit. 1952 Human. Gymn.; 1952-56 Stud. Musikwiss., Phil. u. Völkerkd. Univ. Köln; 1954-56 Sem. Aufführungspraxis alter Musik Staatl. Hochsch. f. Musik Köln; 1953, 54, 58 u. 59 Instrumentalausbild. spez. f. Viola da gamba; 1955 Leit. v. Kursen z. Weiterbild. v. Musiklehrern d. Stadt Mülheim/R.; 1956-58 Collége d'Europe, Bruges: Séminare Européen de musique ancienne (Stip. belg. Staat); 1958-64 Lehrer f. Viola da gamba Musikpäd. Arb.gemeinsch. Hagen; 1964-70 Lehrauftr. f. Viola da gamba Robert-Schumann-Konserv. Düsseldorf; s. 1965 Doz. f. Viola da gamba u. Consortmusik Rhein. Musiksch. Köln; 1966-67 Leit. Collegium musicum f. alte Musik Univ. Köln; Primarius d. Kölner Violen-Consort; s. 1972 Lehrauftr. Berg. Konserv. Wuppertal; s. 1972 Doz. Musikhochsch. Köln; s. 1980 Prof. f. Viola da gamba Musikhochsch. Rheinl. (Köln, Wuppertal, Aachen); s. 1992 stv. Dekan d. Musikhochsch. Aachen. Div. Konzerttätigk., Rundf.aufn. u. Plattenaufn. Herausg. v. Musik d. Renaissance - Spr.: Engl., Franz.

SPICKERMANN, Diethart
Prof. f. Elektrotechnik Univ.-GH Wuppertal - Fichtenstr. 126, 5630 Remscheid - Geb. 22. April 1938 Beyersdorf/Pomm. (Vater: Erich S., Tischlerm.; Mutter: Margarete, geb. Kersten), ev., verh. s. 1961 m. Siegrun, geb. Koerver, 3 Kd. (Judith, Niels, David) - 1958-64 Stud. Elektrotechnik RWTH Aachen (Dipl.-Ing.) - 1964-68 Entw. v. Bauelementen Telefunken AG u. Standard Elektrik Lorenz AG Nürnberg; 1966 Laborleit.; 1969-71 Rhein.-Westf. TÜV e.V. Essen; s. 1971 Lehrtätigk. - BV: Werkstoffe u. Bauelemente d. Elektrotechnik u. Elektronik, Lehr- u. Nachschlagw., 1978; Werkstoffe d. Elektrotechnik u. Elektronik, Übungsb. 1982 - Liebh.: Angeln, Musik, Kakteen - Spr.: Engl.

SPIEGEL, Alfons
Diplom-Sportlehrer, Redakteur - Kranichweg 14-16, 6271 Engenhahn/Ts. - Geb. 18. Mai 1928 Hagen/W. (Vater: Alfons S., Steuerbevollm.; Mutter: Elisabeth, geb. Busse), kath., verh. s. 1953 m. Hannelore, geb. Beckmann - Stud. Sport, Angl. u. German. Dipl.-Sportl. 1950 Köln - 1955-62 Geschäftsf. Dt. Sportjugend; s. 1963 Redakt. bzw. Sportleit. (1981-83, Rücktr.) ZDF. 1958-62 Mitgl. Exekutiv-Komitee World Assembly of Youth - BV: D. Erlebnis e. Gemeinschaft, 1955; Via Aurelia km 8,4, 1960; Spiel- u. Sportbüchlein d. dt. Jugend, 2. A. 1961. Herausg.: Sport im Prisma (Buchreihe, 1972 ff.). Fernsehfilme (Buch u. Regie): Leibesübungen - mangelhaft!, Athlet f. 2 1/2 Gramm, Geburt e. Olympiastadt, Deutschlandflug, Olympiasieger v. morgen? (Afrika); -serie: D. Sportarzt (12 Folgen) - Spr.: Engl.

SPIEGEL, Arnold
Dr. phil., Dr. med., Dr. med. vet. h. c., Dr. phil. h. c., Prof., Institutsdirektor i. R. - Charlottenburger Str. 19, 3400 Göttingen-Geismar (T. 799 49 15) - Geb. 12. Okt. 1905 - 1958-70 Dir. Zentralinst. f. Versuchstierzucht, Hannover. S. 1963 Lehrbeauftr. u. Honorarprof. (1967) Tierärztl. Hochsch. Hannover (Versuchstierkd.). Mithrsg.: Ztschr. f. Versuchstierkd. (1961ff.). Etwa 40 Fachveröff.

SPIEGEL, Bernt
Dr. phil., o. Prof. f. Wirtschaftspsychol. - Schwabenheimer Weg 8, 6803 Edingen (T. 06203 - 8 16 72) - Geb. 20. April 1926 Heidelberg (Vater: Dr. Nico S.; Mutter: geb. Seiller) - Univ. Heidelberg - S. 1957 (Habil.) Lehrtätigk. WH Mannheim (1960 apl. Prof.), Univ. Göttingen (1963 o. Prof.) Univ.sseminar d. Wirtsch., Schloß Gracht b. Köln (1969) - Mitgl. d. Aufsichtsrats d. Rosenthal AG, Selb u. d. Rosenthal Glas u. Prozellan AG, Selb - BV: Werbepsych. Unters.-meth., 1958; D. Struktur d. Meinungsverteil. im sozialen Feld, 1960; Einf. in d. Marktpsych., 1965. Fachaufs. Mithrsg.: Psych. Colloquium (1964 ff.) - Liebh.: Bildhauerei, Bergsteigen.

SPIEGEL, Frhr. v., Hanns Ulrich
Dr. jur., Regierungsdirektor, Geschäftsführer Inst. f. d. Wiss. Film gGmbH - Nonnenstieg 72, 3400 Göttingen - Geb. 13. Jan. 1950 Paderborn.

SPIEGEL, Freiherr von, Raban
Dr. jur., Aufsichtsratsvorsitzender Commerzbank AG - Neue Mainzer Str. 32-36, 6000 Frankfurt/M. (T. 1 36 21) - Geb. 9. März 1927 Wernigerode/Harz - AR-Mandate.

SPIEGEL, Richard
Dr., Dr., Richter Bundesgerichtshof, Präs. Dt. Verkehrsgerichtstag - Zweibrückener Str. 22, 7500 Karlsruhe 41 (T. 0721 - 47 33 62) - Geb. 7. Mai 1914.

SPIEHS, Carl
Filmproduzent - Zu erreichen üb.: Lisa-Film, Widenmayerstr. 48, 8000 München 22 - Geb. 1930, verh. (Ehefrau Angelika) - Üb. 125 Filme.

SPIEKER, Helmut
Dipl.-Ing., Prof., Architekt - Kurbergstr. 8, CH-8049 Zürich - BV: Totalitäre Architektur - Feststellungen u. Bekenntnisse, Programme u. Ergebnisse, Bauten u. Entwürfe, Einzel- u. Prachtobjekte, 1980 - Bauten f. d. Univ. Marburg (Marburger Bausystem).

SPIEKER, Manfred
Dr. phil., Univ.-Prof. f. Christl. Sozialwiss. Univ. Osnabrück - Südstr. 8, 4504 Georgsmarienhütte (T. 05401 - 4 51 55) - Geb. 4. April 1943 München, kath., verh. s. 1968 m. Rosemarie, geb. Raabe, 6 Kd. (Thomas, Martin, Stephan, Michael, Maria, Christoph) - Univ. Freiburg, Berlin, München (Politikwiss., Phil., Gesch.); Dipl.-Polit. 1968; Promot. 1973 München; Habil. 1982 Köln - 1971 wiss. Assist. Univ. München, 1972-82 Univ. Köln - BV: Neomarxismus u. Christentum, 2. A. 1976 (span. 1977); Legitimitätsprobl. d. Sozialstaats, 1986; Flucht aus d. Alltag?, 1989. Herausg.: D. Eurokommunismus - Demokratie od. Diktatur? (1979); Glauben - Bezeugen - Handeln in Kirche, Ges. u. Schule (1985); Katholikentage im Fernsehen (1987); Friedenssicherung (Bd. 1 1987, Bd. 2 1988, Bd. 3 1989, Bd. 4 1991).

SPIELER, Josef

Dr. phil., Prof., Erziehungswissenschaftler, Lehrbeauftr. Univ. Freiburg/Br. - Südenstr. 6, 7500 Karlsruhe (T. 2 85 94) - Geb. 5. Aug. 1900 Walldürn/Baden, kath., verh. m. Eleonore B. Witte (Ing.), 2 Pflegekd. (Rösli Meier, Michael Skibba) - Realsch. u. Gymn.; Univ. Freiburg, Würzburg, Münster (Phil., Theol.); Promot. 1925; Habil. 1930 - Ab 1930 Privatdoz., ao (1935), o. ö. Prof. (1943) f. Psych., Päd. u. Heilpäd. Univ. Fribourg, 1931-45 Dir. Inst. f. Heilpäd. Luzern; Gründ. Heilpäd. Sem. Univ. Fribourg; 1950-52 Prof. f. Psych. u. Heilpäd. Päd. Inst. Weilburg/L., 1952-65 o. Prof. u. Rektor Päd. Hochsch. Karlsruhe. Mitgl. Päd. Beirat DSB; Mitgl. Päd. Beirat dt. Sparkassenverb.; Mitgl. d. Kultusministerkonfz. - BV: Jugendrechtspflege u. Anstaltserziehn., 1937; Schweigende u. sprachscheue Kinder, Thymogener Mutismus, 1944; D. Erziehungsmittel, 1944; 15 J. Inst. f. Heilpäd. in Luzern, 1944; Einf. in wiss. Arbeiten u. Denken, 1944; E. Mensch sieht sich selbst, 8. A. 1968 (auch engl. u. holl.); Elternsorgen, 1949; Kinder u. A. 1963; Deines Kindes Sprache, 4. A. 1950; Wenn Kinder lügen, 5. A. 1964; Aber er näßt immer noch, 4. A. 1965; Willensschwache werden willensstark, 2. A. 1951; So lernen Kinder richtig sparen, 1957; Kinder u. Jugendl. in Gefahr, 1961; Betriebs- u. Erwachsenenbild., 1966; D. Arbeits- u. Wirtschaftswelt in d. Lehrerbild., 1967; Grundzüge e. Gefah-

renpäd., 1968. Herausg.: Lexikon d. Päd. d. Gegenw. (2 Bde. 1928/32, span. 1936), Arbeiten z. Psych., Erziehungs- u. Sondererziehungswiss. (20 Bde.), Bedrohte Jugend- Drohende Jgd. (68 Bde.; 6 Übers.), Bibliogr. d. Berufsberatung (1953), Wirtschaft u. Schule - Bibliogr. z. wirtschaftserzieh. in Familie, Schule, Heim (1966) - Verdienstmed. Baden-Württ.; Ehrenbürger Stadt Walldürn.

SPIELER-WITTE, Eleonore B., geb. Witte

Dr. h. c., Kommiss. Leiterin Inst. f. angew. Psych. u. Heilpäd. - Südenstr. 6, 7500 Karlsruhe 1 (T. 2 85 94) - Geb. 22. Nov. 1921 Berlin, verh. m. Prof. Dr. Dr. h.c. Josef Sp. (s. dort) - Abit., Pflichtj., 1. Praktikantin f. Luftfahrt, 1. Flugmonteurin, 1. Werkstud. f. Luftfahrt, 1. Testpilotin b. Junkers; TH Braunschweig (Luftfahrt, Arch., Jura f. Ing., Arbeitspsych., Flugmed.) - Focke-Wulf, Espenlaub, Dornier, Junkers. Mitgl. Hugo Junkersges., Interessengemeinsch. Ju 52, Conferation of Chivalry, MIDI u. Weltparlament of Chivalry, Staatssekretär - Botschafterin.

SPIELMANN, Erwein O.
Mitgl. Fernsehrat ZDF (1962-90) u. Vors. Aussch. Spiel u. Musik Fernsehrat ZDF (b. 1990) - Schiffbecker Höhe 19, 2000 Hamburg 74 - Geb. 4. Juli 1920 Nürnberg, ev. - Realgymn.; Univ. Hamburg (Theol., Phil.) - 1948/49 Presseref. Zentral-Justizamt f. d. Brit. Zone; 1949-51 Redakt. u. Ressortleit. Zwei D. WELT; 1951-80 Pressechef DAG. 1955-63 Mitgl. d. Programmbeirates zul. stv. Vors. Nordd. Rundfunk - BVK I. Kl.

SPIELMANN, Heribert
Dr. med., Geschäftsführer Desitin-Werk Carl Klinke GmbH., Hamburg - Bergweg 38, 2409 Sierksdorf - Geb. 21. Juli 1920.

SPIELMANN, Willi
Dr. med., o. Prof. f. Immunohämatologie u. Transfusionskd. - Feldbergweg 1, 6050 Offenbach/M. (T. 83 41 00) - Geb. 19. April 1920 Oberhausen/Rhld., kath., verh. I) m. Margarete, geb. Beck, 3 Kd., II) Margarete, geb. Huck, 2 Kd. - Univ. Jena u. Tübingen (Chemie, Diplom-Hauptprüf. 1945), Med. (Staatsex. 1945). Promot. 1945 Tübingen; Habil. 1953 Frankfurt/M. - 1947-51 Paul-Ehrlich-Inst.; s. 1951 Univ. Frankfurt (Leit. Blutspendedst.); 1953 Privatdoz., 1954 apl., 1966 o. Prof.). Mitarb. DRK-Blutspendedst. Hessen, 1975/76 Präs. Dt. Ges. f. Bluttransfusion u. Immunhämatol. - BV: Leitfaden d. Transfusionskd., 3. A. 1982; Immunhämatol., 1972, 2. A. 1979 (m. S. Seidl); Blutgruppenkd., 1981 (m. P. Kühnl). Zahlr. Einzelarb., vorwieg. z. Blutgruppenserologie u. -genetik, z. B. Genotypenbestimmung im Rhesus-, MNSs-, Duffy- u. Kidd-System sowie HLA- u. Plasmaproteingruppen - Spr.: Engl. - Rotarier.

SPIELMEYER, Günter
Bundesrichter BSG - Graf-Bernadotte-Pl. 5, 3500 Kassel-W'höhe - Geb. 19. Jan. 1925.

SPIER, Wolfgang

Schauspieler u. Regisseur - Kaiserdamm 98, 1000 Berlin 19 (T. 030 - 321 74 44) - Geb. 27. Sept. 1920 Frankfurt/Main (Vater: Julius S., Psychologe), ev., verh. I) mit Waltraut, geb. Schmahl (gesch.), II) Almut, geb. Eggert (gesch.), III) Christine, geb. Schild (gesch.), IV) s. 1991 m. Brigitte, geb. Uphoff, 2 Töcht. (Sabine, Miriam-Bettina) - Schauspielausbild. Holl-Bierkowski - B. 1950 Staatstheater Wiesbaden, dann British Centre Berlin (Leit. Theater-Club) u. Schauspielhaus Düsseldorf (1955), s. 1957 freiberufl. tätig (Theater, Film, Funk u. Fernsehen). Üb. 100 Insz., dar. D. Bärenhäuter, Romanoff u. Julia, My Fair Lady, Vater - armer Vater..., Vater e. Tochter, Tschau, Max Mahnke als Mensch, D. letzte d. feurigen Liebhaber, Alle reden v. Liebe, Bleib was Du bist, Ehekarussell, Bleib doch z. Frühstück, Hotel z. guten Ton. FS: Moderator Wer dreimal lügt - 1953 Kunstpreis (Regie) Stadt Berlin; 1986 BVK; 1988 Silb. Blatt d. Dramatiker Union.

SPIERIG, Siegfried
Dr.-Ing., Prof., Inst. f. Baumechanik u. Numerische Mechanik Univ. Hannover (s. 1967) - Langer Garten 11, 3200 Hildesheim - Geb. 23. Jan. 1931 - Facharb.

SPIES, Karl
Univ.-Prof. f. Mathematik in d. Ingenieurwiss. Univ. Kassel GH - Zu erreichen üb. Univ. Kassel-GH, Nora Platielstr. 5, 3500 Kassel (T. 0561 - 804 27 93) - Geb. 6. Dez. 1925 Ratschin - Stud. Math., Physik, Phil., Päd., Psych.; Lehramt an Höh. Schulen; Univ. Bamberg u. Würzburg - 1958 Doz. Balthasar Neumann Polytechnikum Würzburg; Studienrat; Baurat, Oberbaurat Staatsbausch. Kassel - 1964-71 Ingenieurs. f. Masch.wesen Kassel; s. 1971 GH Kassel; 1970-91 Sprecher Arbeitskr. Fachber. Math.-Naturwiss. u. Datenverarb. (MND) an d. Fachhochschul. d. Landes Hessen; 1971-79 Leit. Fachber. MND GH Kassel; s. 1984 Fachbereitsleit. Math. Naturw. Technik Gesamt-VHS Kassel; Mitgl. d. AG Council d. SEFI; 1982 Sprecher Intern. Arbeitsgr. Math. f. Ingenieurausbild. d. Europ. Ges. f. Ingenieurausbild. (SEFI) - Veröff.: Art. üb. Erwachsenenbild. im Rahmen d. Arbeit an d. VHS-Westermann Verlag. Vorträge u. Preprints z. Auf- u. Ausbau d. Fachobersch. u. d. FH 1969-75 im Rahmen d. LAK-MND; Math. in d. Ausbild. v. Ing. im Intern. Vergleich (SEFI 1980); Samml. intern. Aufg. in Math. b. d. Ing.ausbild. (SEFI 1981); Berichte üb. SEFI-Tagungen 1983; Mitarb. an d. Sondernummer d. Intern. Journal of Mathematical Education in Science and Technology VOL 16, No. 2 üb. d. 1. Intern. Seminar üb. Math. in d. Ing.ausbild. in Kassel 1984; Influence of the Computer on the Math. Education of Engineers, in European Journal of Engineering Education VOL 10, No. 3 & 4. Als Presseref. d. Nordhess. Bezirksvereins d. VDI Art. in d. VDI-Nachrichten - Spr.: Engl.

SPIES, Klaus Th.
Dr.-Ing., Prof., Leiter Büro Führungskräfte der Wirtschaft, Frankfurt/M. i. R. - Melibocusstr. 5, 6380 Bad Homburg v.d.H. 6 (T. 06172 - 4 23 67) - Geb. 2. Jan. 1923 Wuppertal (Vater: Wilhelm S., Ing.; Mutter: Margarete, geb. vom Hövel), verh. s. 1953 m. Annette, geb. Gabrisch, 2 T. (Sabine, Bettina) - Stud. TH Hannover (Masch.-Bau, Fertigungstechnik); Dipl.-Ing. 1952. Promot. 1957 ebd. - 1952-57 wiss. Ass. TH Hannover. 1957-64 Betr.-Dir. Eisenwerk Rothe Erde GmbH., Dortmund. 1965-69 Gf. Rheinmetall Schmiede- u. Presswerk Trier GmbH. 1970-74 Hauptabt.ltr. Auslandsbeteilig. Stahlwerke Südwestf. AG, Hüttental-G. - Zahlr. Fachveröff. - Spr.: Engl., Span. - Rotarier.

SPIES, Klaus W.
Dr.-Ing., Prof., o. Direktor d. Inst. f. Bergbauk. II d. RWTH Aachen - Frennetstr. 49, 5100 Aachen-Schmithof - Geb. 29. Juni 1930 Duisburg (Vater: Wilhelm S., Elektrom.; Mutter: Margarete, geb. Kolter), ev., verh. m. Hedwig, geb. Schleich, 4 Kd. (Erhard, Barbara, Julia, Claudia-Natalie) - Dipl.-Ing. Masch.bau 1953, Promot. 1955; Dipl.-Ing. Bergbau 1956; Habil. 1963 - 1956-80 Forsch. u. Bergbauzulief.-Ind.; ab 1969 Geschäftsf.; 1977 apl. Prof.; s. 1980 Prof. u. Inst.dir. Zahlr. Schutzrechte auf d. Gebiet d. Bergbaumasch.

SPIES, Peter Paul
Dr.-Ing., Prof. f. Informatik TU München - Rosenstr. 1b, 8012 Ottobrunn-Riemerling (T. 089 - 601 36 42) - Geb. 20. Sept. 1939 Würzburg, kath., verh. s. 1964 m. Karin, geb. Strohm, T. Katharina - 1958-64 Stud. Mathematik Univ. d. Saarlandes; Dipl.-Math.; Promot. 1969 Univ. Erlangen-Nürnberg - 1972-87 Prof. Univ. Bonn; 1979/80 Dekan Math.-Naturwiss. Fak.; 1987-91 Univ. Oldenburg; 1989-91 Dekan FB Informatik - s. 1991 TU München - BV: Grundl. stochast. Modelle, 1982; Lexikon Informatik u. Kommunikationstechnik: Zuverlässigkeit, Sicherheit, 1990. Fachbeitr.: Betriebssysteme, Modellierung u. Leistungsbewertung, zuverlässige u. sichere Rechensysteme, Verteilte Systeme.

SPIES, Werner Emil
Dr. phil., Prof. f. Erziehungswissenschaft Univ. Dortmund - Columbusstr. 30, 4000 Düsseldorf 11 - Geb. 31. Jan. 1928 Düsseldorf (Vater: Paul S., Kellner; Mutter: Pauline, geb. Klein), verh. s. 1954 m. Ilona, geb. Goede - Promot. u. 1. Staatsex. 1953 Univ. Bonn, 2. Staatsprüf. 1955 Düsseldorf - 1955-64 Lehrer am Gymn.; 1964-69 Oberstud.dir. Dortmund; 1969-74 Ltd. Min.rat Kultusmin. NRW; 1974ff. Prof. in Dortmund - BV: Konzepte schul. Erneuer., 1971; Bildungsplan. in d. BRD, 1976; Morphol. Didaktik, 1979; stv. Schulleit., 1986; Gestalt unserer Schule, 1987 - Spr.: Engl., Ital., Latein.

SPIES von BÜLLESHEIM, Freiherr, Adolf
Dr. jur., Rechtsanwalt u. Landwirt, Haus Hall b. Ratheim - 5142 Hückelhoven (T. 02433 - 50 66) - Geb. 4. Juni 1929 Ratheim (Vater: Egon Frhr. S. v. B.; Mutter: Maria, geb. Freiin v. Oer), kath., verh. s. 1961 m. Gräfin Mirbach), 5 Kd. (Daisy, Mary, Antoinette, Helena, Max) - Gymn. Erkelenz (Abit. 1947); landw. Lehre Krefeld; ab 1949 Univ. Bonn u. Köln (Landw., Rechtswiss.). Dipl.-Agraring. 1952, Jurist. Staatsex. 1954 u. 60, Promot. 1956 - Ab 1954 Bewirtschaft. u. Leit. Familienbetrieb; s. 1960 Anwaltspraxis. 1977ff. Ratsmitgl. Hückelhoven (1969-72 Bürgerm.). CDU s. 1952 (1967-69 Stadtvors., 1969-70 stv. Kreisvors.); 1972-87 MdB, Wahlkr. 55/Heinsberg; 1976-87 Mitgl. Europarat u. WEU. Mitgl. d.

SPIES von BÜLLESHEIM - 1317 - SPITZING

Verwaltungsrats Lehndorff Vermögensverwaltung u. d. Beirats d. Coloniaversicherungen; s. 1987 AR-Mitgl. Eschweiler Bergwerksverein AG, Sophia Jacoba GmbH, Beiratsmitgl. Beteilig.-Ges. Aachener Region mbH, Präs. Aktionsgemein. Christ, Ges. u. Staat. - 1956 Bundesverdienstmed.; 1979 BVK, 1986 BVK I. Kl.; 1989 Commandeur de l'Ordre de Merite du Grand-Duché de Luxembourg - Liebh.: Sport - Spr.: Engl. (1960 Aufenth. USA u. Kanada).

SPIESS, Hans Wolfgang

Dr. rer. nat., Prof., Direktor am Max-Planck-Inst. f. Polymerforschung, Mainz (s. 1984) - Grillenweg 8, 6500 Mainz - Geb. 14. Okt. 1942 Frankfurt - 1962-66 Chemie-Stud. Univ. Frankfurt (Promot. 1968); Habil. 1978 Univ. Mainz - 1970-75 Max-Planck-Inst. Heidelberg; 1975-83 Univ. Mainz; 1981-82 Prof. Univ. Münster; 1983-84 Prof. Univ. Bayreuth - BV: Dynamic NMR Spectroscopy, 1978; zahlr. Veröff. in Fachztschr. üb. Molekülspektroskopie u. Struktur u. Dynamik v Polymeren - 1988 Leibniz-Preis Dt. Forschungsgemeinschaft.

SPIESS, Heinz

Dr. med., o. Prof. f. Kinderheilkunde - Pettenkoferstr. 8a, 8000 München 2 (T. 516 036 78); priv.: Heilmannstr. 11, (T. 79 46 37) - Geb. 13. April 1920 Mühlhausen (Vater: Richard S., Fabrikant; Mutter: Hedwig, geb. Rossner), verh. m. Anne, geb. Giehl, T. Eva - Promot. (1945) u. Habil. (1951) Göttingen - S. 1951 Lehrtätigk. Univ. Göttingen (1957 apl. Prof.; zul. Oberarzt Kinderklinik) u. München (1968 o. Prof. u. Dir. Pädiatr. Poliklinik) - BV: Schutzimpfungen, 2. A. 1966; Problèmes sociopédiatriques; 1963; Impfkompendium, 3. A. 1987 - 1964 Ehrenmitgl. Chilen. Ges. f. Kinderheilkd. u. Intern. Tub. Union; 1980 Präs. d. Deutschen Grünen Kreuzes; BVK I. Kl. - Liebh.: Reit- u. Wassersport - Spr.: Engl., Franz.

SPIESS (ß), Walter

Beamter, Vors. Dt. Beamtenbund/Landesbd. Hessen - Zu erreichen üb. DBB, Goethepl. 7, 6000 Frankfurt/M. (T. 069 - 28 17 80, Fax 069 - 28 29 46).

SPIESSHOFER (ß), Günther

Dipl.-Kfm., Fabrikant - Zu erreichen üb.: Triumph International Holding GmbH., Marsstr. 40, 8000 München 2 (T. 51 11-1); - Geb. 3. Mai 1936 - Vorst., Gesellsch. u. Geschäftsf. zahlr. Unternehmen d. Triumph Intern. Gruppe.

SPIETH, Reinhard

Dipl.-Ing., Verkaufsleiter i.R., Lyriker (Ps. Baldur Spitoly) - Waldemar-Bonsels-Weg 127a, 2070 Ahrensburg (T. 04102 - 5 85 82) - Geb. 30. Nov. 1934 Göppingen, verh. s. 1961 m. Maria, geb. Hollbach, S. Darius-Alexander - Gärtnerlehre; Lehr- u. Forschungsanst. f. Gartenbau Berlin; Techniker-Ex. 1957, Inspektor-Staatsex. 1961, Dipl. 1985 - S. 1981 Mitarb. Kulturverein Romant. Kreis Hanstedt; Lesungen, Urauff. vertonter Ged. Spez. Engagement f. d. Pflege d. dt. Sprache - BV: u. a. Silberstreifen, lyr. Ged. - Interessen: Verständl. Kunst in Wort, Bild u. Ton, Fotogr., Gesamtd. Fragen - Spr.: Engl., Span. - Bek. Vorf.: Dr. h. c. Andreas Jakob Sp., Ethnologe (Großv.); Prof. Ferdinand Ohly, Philologe (Großv.).

SPILKER, Karl-Heinz

Rechtsanwalt, MdB (s. 1969, Wahlkr. 199/Altötting) - Saemischstr. 2, 5300 Bonn (T. dstl.: 0228 - 16 35 41; priv.: 08671 - 61 96) - Geb. 3.Mai 1921 Bad Oeynhausen, ev., verh. - Präsid. Dt. Atomforum; Präs. Bayer. Turnverb.

SPILLER, Kurt

Dr. rer. pol., Vorsitzender Geschäftsfg. Krupp Industrietechnik GmbH, Duisburg-Rheinhausen (b. 1988) - Franz-Schubert-Str. 1-3, 4100 Duisburg 14 (T. 02135 - 7 81) - Geb. 27. Aug. 1934 - Stud. Wirtschaftswiss. Stuttgart u. Hamburg - S. 1963 Demag AG., Duisburg (1970 Generalbevollm., 1971 Vorst.-Mitgl.); ab 1981 stv. Vors. u. s. 1982 Vors. d. Geschäftsltg. Krupp Industrie- u. Stahlbau, Duisburg-Rheinhausen; s. 1983 Vors. d. Gfg. Krupp Industrietechnik. Vors. Ges. d. Freunde d. Niederrh. Univ. Duisburg - Spr.: Engl., Franz. - Rotarier.

SPILLNER, Bernd

Dr. phil., o. Prof. f. Romanistik u. Allg. Sprachwiss. Univ. Duisburg - Londoner Str. 5, 5300 Bonn 1 (T. 0228 - 67 33 68) - Geb. 20. März 1941 Braunschweig - Promot. 1970 - 1972 Akad. Rat/Oberrat Univ. Bonn; 1974 o. Prof. Univ. Duisburg; 1976 Chairman Scientific Commission on Rhetoric and Stylistics Assoc. Intern. de Linguistique Appliquée; 1979-81 Dekan u. Prodekan Univ. Duisburg; 1982 2. Vors. Ges. f. Angew. Linguistik; 1985 Korresp. Mitgl. Forschungsstelle f. Mehrsprachigkeit Univ. Brüssel; 1986 Präs. Ges. f. Angew. Linguistik; 1987 Vorst.-Mitgl., 1990 Vizepräs. Assoc. Intern. de Linguistique Appliquée - BV: Symmetr. u. asymmetr. Prinzip in d. Syntax Marcel Prousts, 1971; Linguistik u. Literaturwiss. Stilforsch. Rhetorik, Textlinguistik, 1974 (span. Übers. 1979); Meth. d. Stilanalyse, 1984; Error Analysis, 1991. Üb. 120 Aufs. u. Rezensionen in Fachztschr. u. Kongreßakten; Herausg. mehrerer Sammelbde. u. Kongreßbde.

SPINDLER, Gert P.

Public Relations-Berater - Heinrich-Heine-Str. 31, 4006 Erkrath-Hochdahl (T. 02104 - 4 60 21) - Geb. 9. Mai 1914 Hilden (Vater: Paul S., Fabr.; Mutter: Meta, geb. Sondermann), ev., verh. s. 1942 m. Wiltrud, geb. Fischer, 2 Kd. (Claudia, Frank) - Oberrealsch. Hilden; 1931-33 Lehre Paul-Spindler-Werke KG. ebd. (gegr. 1832); 1933-34 Seidenwebsch. Zürich; 1934-35 Volontär London - 1943-70 Geschäftsf. Familienuntern. (aufgelöst). 1951-69 Präs. Arbeitsgem. z. Förd. d. Partnerschaft in d. Wirtschaft - BV: D. menschenwürdige Tat, 1946; D. Leistungsstaat, 1948; D. Mitunternehmertum - V. Klassenkampf z. sozialen Ausgleich, 1951; Neue Antworten im sozialen Raum - Leitbilder f. Unternehmer, 1964; Praxis d. Partnerschaft, 1970; Public Relations - Aufg. f. Unternehmer, 1974; Hildener Modell f. innerbetriebl. Kommunikation, 1979; D. Unternehmen in kritischer Umwelt, 1987. Herausg.: Wochenztg. D. Fortschritt (1949-54) - Spr.: Engl., Franz. - Rotarier.

SPINDLER, Herbert

Dr. rer. nat. habil., Staatssekretär im Min. f. Umwelt u. Naturschutz Sachsen-Anhalt (s. 1990) - Pfälzer Str., O-3024 Magdeburg - Geb. 12. Okt. 1934 Gotha, ev., verh. s. 1960 m. Jutta, geb. Schmidt, 2 Söhne (Eckart, Peter) - Stud. Chemie Univ. Halle, Dipl. 1959; Promot. 1964; Habil. 1984 - 1989 Doz. f. Physikal. Chemie Univ. Leipzig - 1959-64 wiss. Assist. Univ. Halle; 1970 Inst. f. Katalyse AdW SU Novosibirsk; 1964-90 Katalysatorforsch. Leuna-Werke, Gruppenleit.; 1989-90 Vorst.-Mitgl. u. Grundwertekommiss. CDU-Ost; s. 1990 Staatssekr. s.o. - Liebh.: Phil., Kulturgesch. - Spr.: Engl., Russ.

SPINNER, Kaspar H.

Dr. phil., Prof. f. Deutschdidaktik - Nordhoffstr. 4, 5100 Aachen (T. 0241-8 29 91) - Geb. 6. März 1941 Biel/Schweiz (Vater: Heinrich Sp., Gymnasiallehrer; Mutter: Marianne, geb. Wyss), ev., verh. s. 1973 m. Elisabeth, geb. Scheerer - Schulen Biel/Schweiz, Univ. Zürich u. FU Berlin (German., Kunstgesch., Päd.), Promot. 1968, Dipl. f. d. höh. Lehramt 1969 - 1968 Wiss. Assist. Univ. Genf, 1972 Assist.prof. GH Kassel, 1975 Prof. H2, 1979 Prof. H4 PH Rheinl., Abt. Aachen, 1980 Prof. C4 TH Aachen - BV: D. Mond in d. dt. Dichtung, 1969; Zur Struktur d. lyrischen Ich, 1975; Zeichen, Text, Sinn, 1977; Identität u. Deutschunterr., 1980 - Spr.: Franz.

SPIRA, Camilla

Schauspielerin - Am Hirschsprung 63, 1000 Berlin 30 (T. 831 24 07) - Geb. 1. März 1906 Hamburg, verh. m. Dr. jur. Hermann Eisner †1977 (s. XXII. Ausg.), 2 Kd. - Lyz.; Reinhardtsch. Berlin - Zahlr. Hauptrollen in Stücken d. mod. Theaterlit.; Filme: u. a. D. Buntkarierten, D. lust. Weiber v. Windsor, Roman e. Frauenarztes, D. fröhl. Weinberg, Des Teufels General, 2 blaue Augen, D. Herz v. St. Pauli, Vater, Mutter u. 9 Kd., Rosen f. d. Staatsanw.; Fernsehen: Gr. Mann - was nun? (1967ff.) - 1971 Berliner Staatsschausp.

SPIRO, Herbert John

Dr., M. A. h.c., Prof., Diplomat, Polit. Wissenschaftler, U.S.-Botschafter a.D. - Towers of Town Lake, 40 IH-35 North, Suite 4 B 3, Austin, Texas 78701 (T. 512 - 472 53 04) - Geb. 7. Sept. 1924 Hamburg (Vater: Albert John Sp., Kaufm.; Mutter: Marianne, geb. Stiefel), verh. I) 1958-85 m. Elizabeth, geb. Petersen, 2 Söhne (Peter John J.D., Alexander Charles); II) s. 1985 m. Marion, geb. Ballin y Spiro de - Gymn. Hamburg (Auswand. 1938), Harvard Univ. (A.B. summa cum laude 1949), M.A. 1950, Ph.D. 1953 - 1957-61 Assist.-Prof. Harvard, 1961-65 Assoc.-Prof. Amherst, 1965-70 Prof. Univ. of Pennsylvania, 1970-75 Member Policy Planning Staff, US State Dept, 1975-77 US-Botsch. Kamerun, 1975-76 Equatorial Guinea (z. persona non grata erklärt), American Council on Germany, Berliner Wiss. Ges., American Polit. Science Assoc., Council of American Ambassadors, International Republican Institute, 1983 Gastprof. Univ. Harvard, 1984 Univ. Tufts, 1989-91 Adjunct Prof. of Government, Univ. of Texas at Austin. 1990-92 Delegate Republican State Convention of Texas; 1991 Candidate Texas House of Representatives; 1992 Republican Candidate U.S. House of Representatives - Erf.: Begriff: polit. Stil, Interdependenzbegriff in d. US-Außenpolit. - Spez. Arbeitsgeb.: Weltpolitik, USA, Europa, Afrika - BV: Politics of German Codetermination, 1958; Government by Constitution, 1959; Politics in Africa, 1962; World Politics: The Global System, 1966; Responsibility in Government, 1969; Politics as the Master Science, 1970; A New Foreign Policy Consensus?, 1979; Anti-Americanism in Western Europe, 1988; u. a. - 1945 Bronze Star Med. m. Oak Leaf Cluster. Purple Heart (US Army), 1951 Bowdoin Prize (Harvard), 1953/59 Fulbright Stip., 1977 Grand Officer, Legion of Valor. United Republic of Cameroon, M. A. ehrenh. Univ. of Pennsylvania, Mitgl. Council on Foreign Relations, 1983 Visit. Scholar, Univ. of Texas at Austin, 1985 Researcher, Lyndon Baines Johnson Library, Austin, Texas, 1986 Fellow, Aspen Inst. f. Humanistic Studies, Aspen, Colorado, u.a. - Spr.: Engl., Span., Franz.

SPITAL, Hermann-Josef

Dr. theol., Kath. Bischof v. Trier (s. 1981) - Liebfrauenstr. 1, Postf. 34 44, 5500 Trier. - Geb. 31. Dez. 1925 Münster/W. (Vater: Arzt) - Priesterw. 1952 - S. 1973 Generalvikar u. Weihbischof Münster (1980).

SPITALER, Anton

Dr. phil., Dr. phil. h. c., em. o. Prof. f. Semit. Philologie - Veterinärstr. 2, 8000 München 22 (T. 28 51 00) - Geb. 11. Juli 1910 München (Vater: Anton S.; Mutter: geb. Sedlmair), kath., verh. m. Dr. rer. nat. Winifried, geb. Eich, 2 Kd. (Margot, Reinhard) - S. 1947 Privatdoz., ao. u. o. Prof. (1948) Univ. München (Vorst. Sem. f. Semitistik, vorderasiat. Altertumskd. u. Islamwiss.), 1978 emerit. - Bücher u. Aufs. z. Semitistik u. Arabistik - Mitgl. Bayer. Akad. d. Wiss.; Mitgl. Dt. Archäol. Inst., School of Oriental and African Studies Univ. London, British Academy.

SPITELLER, Gerhard

Dr. phil., o. Prof. f. Organ. Chemie Univ. Bayreuth (s. 1976) - Bodenseering 71, 8580 Bayreuth (T. 0921 - 55 26 80) - Geb. 24. Sept. 1931 Wien - Promot. Innsbruck; Habil. Wien - 1965-75 Prof. Göttingen - BV: Massenspektrometr. Strukturunters. organ. Verbindungen, 1966.

SPITTLER, Hans-Joachim

Dipl.-Volksw., Geschäftsführer MKB Mittelrheinische Bank GmbH u. deren Tochterges., d. MMV Leasing GmbH - Friedrich-Ebert-Ring 53, 5400 Koblenz - Geb. 16. Juni 1949 - B. 1982 Geschäftsf. Bundesverb. Dt. Leasing-Ges., Köln.

SPITZ, Arno

Verleger (Ps. Arnold Harttung) - Ehrenbergstr. 29, 1000 Berlin 33 (T. 832 62 32, 831 34 69) - Geb. 24. April 1920 Berlin (Vater: Walter S., Chemiker, Physiol.; Mutter: Christine, geb. Wilm), agnost., 2 T. (Cordelia-Friederike, Julia-Charlotte) - Stud. 1946-48 TH München (Arch.); 1956/57 Univ. München (Staatswiss.); 1957/58 UCLA Los Angeles, Cal. (Zeitungswiss.); 1958/60 IUHEI (Inst. f. Höh. Intern. Stud.) Genf. Lic. MA - 1948-55 Maurer, Baumeister Los Angeles; 1961/62 Asienreise; s. 1962 Aufbau u. Ltg. Berlin Verlag Arno Spitz - Bek. Bauw.: Dodeka-Haus in Berlin-Dahlem - Liebh.: Musik, Tiere - Spr.: Engl., Franz., Altgriech., Latein.

SPITZEDER, Jürgen

Vorstandsmitglied Milupa AG, Friedrichsdorf i.R. - Am heiligen Rain 25, 6370 Oberursel 6 - Geb. 8. April 1925 Hamburg.

SPITZING, Günter

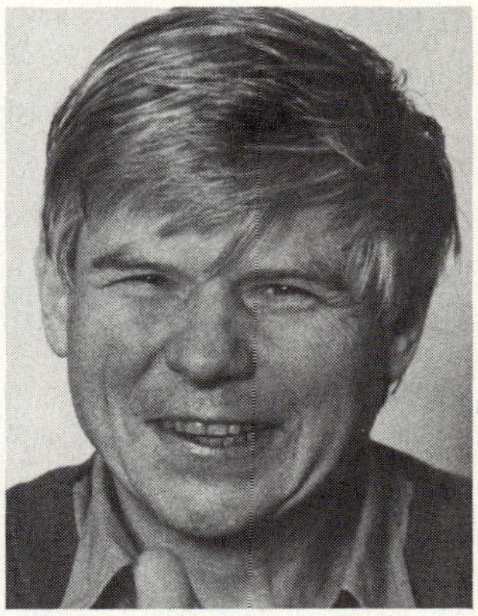

Schriftsteller (Freiberufler) - Stadtbahnstr. 86, 2000 Hamburg 65 (T. 040 - 601 38 81) - Geb. 19. Mai 1931 Bamberg, verh. m. Karin, geb. Maschewski, 2 Kd. (Tamara, Alexander) - Human. Gymn.; Abit.; Stud. Univ. Hamburg Magister Artium Orientalistik (Indones., Ethnol., Religionsgesch.) - Vorst.-Mitgl. Dt.-Indonesische Ges. Hamburg (zust. f. Veranstaltungsdst.) - BV: 47 Buchveröff. (Text u. Fotos), u. a. Schulfotografie - Didaktik u. Methodik, 1975; 1 Foto = 1001 Bilder, 1976; Infrarot- u. Ultraviolett-Fotografie, 1981; D. indonesische Schattenspiel, 1981; Fotopsychologie, 1985; Porträtfotos - gewußt wie!, 7. A. 1987; D. Fotolabor, 3. A. 1987; Bali - Dumont Kunstreiseführer, 3. A. 1989; Rhodos - richtig Wandern, 1987; D. neue Lehrb. d. Fotografie, 1989; Lexikon Byzantinisch Christl. Symbole, 1989; Athos - d. Heilige Berg, 1990; Nordgriechenland - richtig wandern, 1990; Bali, Bildb. 1991. Übers. in Engl., Holl., Franz., Ital., Span., Portug., Griech., Schwed., Hebr. Eigene Fotografikausst. photokina Köln (1976). Ausst. v. Schattenspielfiguren - Originale u. Fotogramme Stuttgart (1987) - Liebh.: Samml. v. Schattenspielfiguren, Samml. naiver Malerei aus Bali, Griech. Tänze - Spr.: Engl., Neugriech., Indon. - Lit.: Who is Who in Europe, Who is Who in the World, Intern. Writers a. Authors Who is Who, Who is Who (Indien).

SPITZLER, Marianne
Redakteurin (Ztschr. Plus), Schriftst. - Agnes-Bernauer-Str. 71/7, 8000 München 21 (T. 56 68 83) - Geb. 13. April 1901 München, kath., led. - Höh. Handelssch.; Ausbild. Verlagswesen - Ab 1924 Schriftl. Jugendztschr. (1936 Berufsverbot) - BV: D. Schatz in d. Höhle (1946), E. Seele redet m. Gott (1947), Unheiml. Geschichten (1948), Der Mutter e. Kranz (1949), Kreuzweg (1949), Deine Welt (1953), V. Zeit zu Ewigkeit (1954). Herausg.: Mädchenjahrb. Mariza (1952 ff.) u. Birgitt (1955 ff.), Isabell-Buch f. d. berufstät. Frau (1957), Kath. Ordenssch. (Bildbd., 1963). S. 1968 Gestalt. v. Hörbildfolgen auf Langspielpl.

SPITZMÜLLER, Kurt
Kaufmann, MdB (1957-69 u. 1971-80; 1971-76 stv. Fraktionsvors., 1976-80 parlam. Geschäftsf. FDP-Bundestagsfrakt., 1980-82 Fraktionsgeschäftsf.) - Waldstr. 1, 7618 Nordrach/Baden (T. 6 36) - Geb. 13. Mai 1921 Freiburg/Br. (Vater: Ludwig S., Hotelkfm.; Mutter: Hilda, geb. Roth), verh. s. 1958 m. Gabriele, geb. Zehnder, S. Heinzgünther - Kloster- u. Oberrealsch.; Ausbild. Hotelfach - S. 1941 Eigentümer Kurhaus Nordrach (elterl. Betrieb); 1941-43 Wehrmacht; 1943-45 Rüstungsind. Div. Funktionen Bad. Leichtathletik- u. Sportbd. 1952-54 Landesvors. Dt. Jungdemokr. Baden-Württ. FDP s. 1948 (1970 Mitgl. Bundesvorst.); s. 1973 Vizepräs. Dt. Ges. f. Freizeit; Vizepräs. Bundesverb. Dt. Privatkranken-Anstalten - 1952 Gold. Ehrennadel DLV; 1972 BVK I. Kl., 1980 Gr. BVK m. Stern; Ehrenzeichen d. Dt. Ärzteschaft; Ehrenmed. d. Dt. Apotheker.

SPITZNAGEL, Albert
Dr. phil., Dipl.-Psychologe, o. Prof. f. Päd. Psychologie Univ. Gießen - Zu erreichen üb.: Universität, Otto-Behaghel-Str. 10, Haus F., 6300 Gießen.

SPITZNER, Hans
Dipl.-Volksw., Staatssekretär Bayer. Staatsmin. f. Landesentwicklung u. Umweltfragen (1988-90), MdL Bayern (s. 1974) - Zum Dallmeierkreuz 41, 8433 Parsberg (T. 09492 - 51 85; dstl.: 09492 - 4 48) - Geb. 1943 - CSU.

SPLETT, Jochen
Dr. phil., Univ.-Prof. f. Germanistik Univ. Münster - Dettenstr. 1, 4400 Münster (T. 2 28 27) - Geb. 9. Juni 1938 Magdeburg (Vater: Bruno Sp., Senatspräs.; Mutter: Elisabeth, geb. Schieb), kath., verh. s. 1966 m. Eva, geb. Dlugi, 2 Kd. (Tatjana, Marcel) - Univ. Köln, Zürich, Berlin u. Bonn (Phil., German., Gesch.), Promot. Bonn 1967, Habil. Münster 1972 - 1972 Doz. German. Inst. Univ. Münster, s. 1978 apl. Prof., s. 1980 Univ.-Prof. - BV: Rüdiger v. Bechelaren. Stud. z. 2. T. d. Nibelungenliedes, 1968; Linguist. Probl. b. d. automat. Produkt. d. dt. Blindenkurzschr., 1974; Abrogansstudien. Komment. z. ält. dt. Wörterb., 1976; Samanunga-Studien, 1979; Splett/Hundsnurscher, Semantik d. Adjektive d. Deutschen, 1982; d. hymelreich ist gleich e. verporgen schatz in e. acker... D. hochdt. Übers. v. Matth. 13, 44-52 i. ma. Hss., 1987; u.a. - 1984 1. Louis-Braille Preis, Bonn - Spr.: Engl.

SPÖNEMANN, Jürgen
Dr. rer. nat., Prof. f. Geographie Univ. Göttingen - Tilsiter Str. 24, 3406 Bovenden 1 (T. 0551 - 89 84) - Geb. 20. Febr. 1931 Dömitz, ev., verh. s. 1965 m. Martha, geb. Roes, T. Barbara - Gärtnerl.; Stud. d. Geogr., Biologie, Chemie TH Hannover, Univ. Göttingen, Würzburg - BV: Stud. z. Morphogenese u. rezenten Morphodynamik im mittl. Ostafrika, 1974; Geomorphologie - Ostafrika, 1984.

SPÖRI, Dieter
Dr. rer. soc., Diplom-Volkswirt, stv. Ministerpräsident u. Wirtschaftsminister Baden-Württ. (s. 1992) - Theodor-Heuss-Str. 4, 7000 Stuttgart 1 - Geb. 15. Mai 1943 Stuttgart, kath., verh. - N. Abit. 1963 Bundeswehrdst.; Univ. Tübingen (Wirtschaftswiss.; Dipl. 1969). Promot. 1973 Konstanz - 1969-70 SEL, Stuttgart; 1970-74 Inst. f. Südwestd. Wirtschaftsforsch. ebd. (stv. Leit.); 1975ff. Inst. f. Angew. Systemanalyse/Ges. f. Kernforsch., Karlsruhe (Sprecher Gruppe Energie u. Wirtsch.). B. 1975 Lehrbeauftr. Univ. Stuttgart (Wirtschaftspol.). 1976-88 MdB (Landesl. BW); MdL Baden-Württ. (s. 1988, Vors. SPD-Landtagsfraktion). SPD s. 1970 (1975 Mitgl. Landesvorst., 1981 Mitgl. Präsidium Badenb-Württ., 1981 stv. Vors. SPD-Landesgr. Baden-Württ. im Bundestag, 1983-88 Vors. Landesgr. Baden-Württ. im Dt. Bundestag, s. 1988 Bundesvorst.), 1983-88 Vors., 1983-84 Obmann d. SPD-Bundestagsfrakt. im Flick-Unters.aussch., 1984-88 Vorst.-Mitgl. SPD-Bundestagsfrakt., Obmann d. SPD-Bundestagsfraktion im Finanzaussch.

SPOERRI, Helen
Malerin - Papenkamp 6, 2000 Hamburg 52 (T. 040 - 82 70 86) - Geb. 14. Dez. 1937, verh. m. Prof. E. W. Keck - Univ. Basel u. Zürich; Staatsex. Phil. u. Literaturwiss. 1960 - Malerin u. Aktionskünstlerin in Berlin, Hamburg u. New York; Artist in Residence Australien - Veröff.: Kataloge 1981, 84 u. 85 - Ausst. im In- u. Ausl.; Bilder in Europa u. USA - Spr.: Franz., Engl., Ital., Lat. - Lit.: Künstler in Hamburg (1984); Allg. Lexikon d. Kunstschaffenden; Künstlerhandbuch, weiblich, 1987, Allg. Verz. d. Kunstschaffenden, Bd. 7 - 1986 Kat. Paintings; Swiss Inst. New York, 1988 One woman show M.O.C.A. Brisbane, Goethe Inst. Sydney, 1988 Art Cologne 22; 1989 Gallery E.L. Stark N.Y.

SPOHN, Jürgen
Prof., Hochschullehrer, Schriftst. - Tapiauer Allee 21, 1000 Berlin 19 - Geb. 10. Juni 1934 Leipzig - Vornehml. Kinderb. - Div. Ausz., dar. Albatros-Preis Biennale f. Illustration Brünn (1972) u. Dt. Jugendb.preis (1981; f.: Drunter & drüber - Verse z. Vor-, Nach- u. Weitersagen).

SPOHN, Kurt
Dr. med., Prof., Direktor Chirurg. Klinik Städt. Klinikum Karlsruhe i. R. - Osterroder Str. 9, 7500 Karlsruhe (T. 68 23 33) - Geb. 19. Juni 1919 Urach/Württ. - S. 1955 (Habil.) Privatdoz., apl. Prof. (1962) Univ. Heidelberg (Chir.) - BV: D. experimentelle Lungenkrebs, 1955. 120 Einzelarb. Mitarb.: Stich/Bauer, Fehler u. Gefahren b. chir. Operationen (1958); Linke, Früherkennung d. Krebses (1961); Stich/Bauer, Lehrb. d. Chir. (18./19. A.) - Ehrenmitgliedsch. Intern. Med. Ges. Japan, Chilen. Chir. Ges., Chilen. Proktol. Ges.; Korr. Mitgl. Österr. Ges. f. Chir.; 1980/81 Präs. Dt. Ges. f. Chir. - Spr.: Engl. - Rotarier.

SPOHN, Ulrich
Dr., Botschaftsrat, Wirtschaftsref. Botschaft d. BRD in Portugal - CP 1046, Lissabon 1.

SPONAGEL, Klaus
Dipl.-Volksw., Vertriebsleiter - Gewerbstr. 5, 6800 Mannheim 31 (T. 72 16 90) - Geb. 18. Jan. 1942 Mannheim (Vater: Heinrich S., Kaufm.; Mutter: Anneliese, geb. Ehrbrecht), ev., verh. s. 1982 m. Renate, geb. Hennig, 3 Kd. (Frank, Katrin, Tim) - Neuspr. Gymn.; Stud. d. Volks- u. Betriebswirtsch. Univ. Saarbrücken u. Mannheim (Dipl.ex. 1966) - Liebh.: Mod. Belletristik - Spr.: Engl., Franz.

SPONSEL, Heinz
Schriftsteller - Freseniusstr. 60, 8000 München 60 (T. 811 96 15) - Geb. 25. Aug. 1913 Heimstetten/Obb. - Gymn. Nürnberg; Phil.-Theol. Hochsch. Bamberg - 1939-45 Wehrdst. u. amerik. Gefangensch. - BV: u. a. Goldner Sommer Avignon, R. 1947; Stille Insel Angelika, R. 1948; D. wunderbare Jahr, R. 1948; Deine Söhne, Europa!, Ged. 1948; Laßt uns den Menschen suchen, R. 1949; Sango u. d. Inkagötter, 1951; Fridtjof Nansen, D. Gewissen d. Welt, Biogr. 1952; Liebesbriefe an mein Auto, Erz. 1952; D. Hüter d. wilden Stiere, R. 1953; Macht Euch d. Erde untertan, D. Gesch. d. Entd. d. Welt, 1958; Verliebt in Frankr., 1962; D. Spur v. 100 000 Jahren - Archäologen aus aller Welt, 1962, NA. 1970; Dtschl. v. Flugzeug aus, 1963; D. Heilkräfte d. Natur, 1974; Fliegen - Beruf u. Hobby, 1974; D. Ärzte d. Großen, 1976; Damit d. Leben weitergeht, 1980; Heilkräuter Sammeln, 1982; Chemie, Umwelt, Zukunft, 1983; D. große Hundebuch, 1983; D. große Katzenbuch, 1985; Heilkräfte d. Natur, 1986; Ein Lob d. Weine, 1987 - 1942 Stip. Schiller-Stiftg. (f. Gedichtbd.), 1952 Lit.preis Ernst-Preczang-Stiftg.

SPOO, Eckart
Journalist, Präs. Adolph-Freiherr-v.-Knigge-Ges. - Gretchenstr. 36, 3000 Hannover 1 - Geb. 19. Dez. 1936 Mönchengladbach - Zahlr. Buchveröff., Redakt. Frankf. Rundschau - Fritz-Bauer-Preis d. Humanistischen Union (in Würdigung d. Eintretens f. d. Menschenrechte).

SPOREA, Constantin (Marcel)
Dr. rer. pol., Dipl.-Volksw., Schriftsteller (Ps. Andreas Rohmann) - Fritz-Meyer-Weg 47/I, 8000 München 81 (T. 089 - 95 57 57) - Geb. 30. Nov. 1910 Jassy/Rumän. (Vater: Constantin S., Studienrat; Mutter: Eleonora, geb. Vasilescu), griech.-orth., verh. s. 1953 m. Adele, geb. Jakob - Stud. Handelshochsch. u. Univ. Bukarest (Dipl.-Volksw., Jurist. Ex.); Univ. Berlin u. Leipzig (Promot.) - 1933-34 Studienrat; 1934-42 Beamt. Rumän. Nationalbank; 1942-45 Wiss. Assist. Univ. Leipzig; 1952-75 Angest. Radio Freies Europa - BV: Bibliogr. d. rumän. Schrifttums im Rahmen d. Südosteuropa-Bibliogr., Bd. I 1945-50, Bd. II 1951-55, Bd. III 1956-60, Bd. IV 1961-65. Redakt. Revista Scriitorilor Români, 1962-90; zahlr. Art. in versch. Ztschr. - Liebh.: Polit., Gesch., Kultur, bes. Südosteuropa - Spr.: Deutsch, Rumän., Engl., Franz.

SPORER, Eugen
Graphiker, Künstler. Leiter Prestel-Verlag, München (1953-89) - Lerchenauer Str. 29, 8000 München 40 (T. 089 - 30 96 30) - Geb. 16. Jan. 1920 München, kath., verh. s. 1945 m. Erika, geb. Schmidt, 2 Kd. (Renate, Florian) - 1946-52 Hochsch. f. bild. Künste München - Illustration (Holzschnitt), Buchgestaltung, Plakate, Aquarelle, fr. Graphik. Teiln. an Ausst.: 1952, 53, 56 München, 1962 Kairo, 1961 Beirut, 1962-64 Bund dt. Buchkünstler München, Hamburg, Stuttgart, Leipzig, u. Ausst. Klingspor-Mus. Offenbach, 1963 London. Gobelin Sitzungssaal IHK Nürnberg - 1964 Preis Akad. d. Schönen Künste München; 1972 BVK; 1973 Certificate of merit, Intern. Who's Who in Art and Antiques; 1975 Adalbert-Stifter-Med.; 1985 Med. München leuchtet - Lit.: Georg Kurt Schauer, Dt. Buchkunst 1890-1960 (1963); Gustav Stresow, E. Sp., Holzschneider u. Büchermacher, Philobiblon I, 85; Lillian Schacherl, Bunte Schwarz-Weiß-Welt in Illustration, 63, I, 85.

SPORHAN-KREMPEL, Lore
Dr. phil., Historikerin, Schriftstellerin - Rednitzstr. 70, App. 223, 8500 Nürnberg 60 - Geb. 19. April 1908 Stuttgart, verw. - Promot. 1934 Univ. München - Fr. Wissenschaftlerin - BV: Bibliogr. m. rd. 900 Titeln: Romane, Jugendb., Nov., wiss. Veröff., Rundf.send. u.a. - Wahlmitgl. Ges. f. Fränk. Gesch.; Ehrenmitgl. d. IPH, Intern. Arbeitsgem. d. Papierhistoriker.

SPOTKA, Adolf
Dr. habil., Hochschullehrer, Landtagsabgeordneter Sachsen-Anhalt (s. 1990) - Otto-Siegel-Str. 2, O-4350 Bernburg - Geb. 23. Febr. 1943 Tachau, kath., gesch., 2 Kd. (Anke, Tobias) - Schlosser; Abit.; Stud. 1962-67 TH-Merseburg, Dipl.-Ing. ökon.; Promot. 1975 TH Merseburg; Habil. 1987 Halle - Hochsch.lehrer TH Köthen; Vors. Wirtsch.aussch. - Veröff. e. Vielzahl wirtsch.wiss. Publ. - Liebh.: Bibliophilie, Phil., alpine Touristik - Spr.: Engl., Russ.

SPRANDEL, Wolfgang
Dipl.-Kfm., Geschäftsführer Hamburger Hotel-Verwaltungsges. mbH., Hamburg, u. Landesverb. Gaststätten- u. Hotelgewerbe d. Hansestadt Hamburg ebd. - Schützenstr. 30, 2085 Quickborn - Geb. 25. Juni 1929.

SPRANGER, Carl-Dieter
Rechtsanwalt, Landgerichtsrat a. D., Bundesminister f. wirtschaftliche Zusammenarbeit (s. 1991), MdB (s. 1972) - Friedrich-Ebert-Allee 114-116, 5300 Bonn 1 - Geb. 28. März 1939 Leipzig (Vater: Rudolf S., Landwirt; Mutter: Hertha, geb. Hürner), ev., verh. s. 1965 m. Gudrun, geb. Krapf, 3 Kd. (Karin, Jürgen, Christine) - Oberrealsch. Ansbach (Abit. 1957); Univ. Erlangen (Rechts- u. Wirtschaftswiss.). Jurist. Staatsprüf. 1962 u. 1966; Univ.assist.; s. 1967 Justizdienst Ansbach (1968 Staatsanwalt, 1969 Landgerichtsrat). 1972-76 Stadtratsmitgl. Ansbach (Fraktionsvors.). CSU s. 1968 (s. 1989 Bezirksvors. Mittelfranken, Mitgl. Landesvorst.); 1972-76 Mitgl. Rechtsaussch., Strafrechtssonderaussch., Guilleaume-Untersuchungsaussch., Planungsgr. CDU/CSU-Fraktion; 1976-80 Obmann CDU/CSU-Fraktion Innenaussch.; stv. Vors. Arbeitskr. Rechts- u. Innenpolit. CDU/CSU-Bundestagsfrakt.; 1980-82 Vors. Arbeitsgruppe Inneres, Umwelt u. Sport, Mitgl. Fraktionsvorst. CDU/CSU-Fraktion; 1982-91 Parlam. Staatssekr. b. Bundesmin. d. Innern - 1984 Bayer. VO; Gr. BVK - Liebh.: Lesen, Musik, Bergwandern, Skifahren, Geschichte - Spr.: Engl.

SPRANGER, Jürgen
Prof. - Sickingenstr. 1, 6501 Köngernheim - Geb. 1. Jan. 1931 Greifswald (Vater: Walter Sp., Arzt; Mutter: Hedwig, geb. Hess), ev. - Staatsex. 1956, Habil. 1968 - 1957-58 Sloan-Kettering Inst. New York; 1963-74 Univ. Kiel; 1968-69 Harvard Univ. Boston; 1971-72 Univ. of Wisconsin; 1974ff. Univ.kinderklinik Mainz. Entd. mehr. erbl. Skeletterkrank. - BV: Bone Dysplasias, 1974 - 1973 Czerny-Preis - Spr.: Engl., Franz.

SPRANZ, Bodo
Dr. phil. habil., Prof. f. Völkerkunde u. Archäologie - Hansastr. 2a, 7800 Freiburg (T. 0761 - 3 24 76) - Geb. 1. Jan. 1920 Nordhausen (Vater: Adolf S., Kulturbaumeister; Mutter: Anneliese, geb. Braess), ev., verh. s. 1945 m. Ingeborg, geb. Erdmann, S. Wolfgang - B. 1938 Realgymn.; 1938-45 Soldat, 1951-58 Stud. Völkerkd., Promot., Habil., apl. Prof. (1969) - 1951-58 Mus.Techn., 1958-61 wiss. Assist., 1962-85 Mus.-Dir., apl. Prof. - BV: u.a. Göttergestalten in d. mexik. Bilderhandschriften d. Codex Borgia-Gruppe, 1964; D. Pyramiden v. Totimehuacan, Puebla (Mexico), 1970; D. Pyramiden v. Cerro Xochitecatl, Tlaxcala (Mexico), 1978 - 1943 Ritterkreuz u. Eichenlaub dazu - Liebh.: Beruf, Orchideen - Spr.: Engl., Span.

SPRAUER, Germain
Dipl.-Kfm., Geschäftsführer Züblin Schleuderbetonrohrwerke GmbH. - Oststr. 10, 7640 Kehl/Rh. - Geb. 15. Febr. 1920.

SPRECHER, Ewald
Dr. rer. nat., em. o. Prof. f. Pharmakognosie - Sandmoorweg 31, 2000 Hamburg 56 - Geb. 17. Nov. 1922 Kupferzell - S. 1960 (Habil.) Lehrtätigk. TH bzw. Univ. Karlsruhe (1965 apl. Prof.; 1968 Abt.-vorst. u. Prof.) u. Hamburg (1969 Ord., Dir. Abt. f. Pharmakognosie/Inst. f. Angew. Botanik). Vicepräs. Ges. f. Arzneipflanzenforschung - Div. Fachveröff.

SPRECKELSEN, Kay

Dr. rer. nat., Dipl.-Phys., Prof. f. Didaktik d. Physik GH Kassel - Leonhard-Lechner-Str. 3, 3500 Kassel (T. 0561 - 31 34 30) - Geb. 14. Febr. 1934 Kiel, verh. s. 1961, 4 Kd. - PH: 1966-68 Kiel, 1968-71 Braunschweig - S. 1971 GH Kassel. Entw. e. Elementarschulcurriculums; Erf. physik. Lehrgerät - BV: Naturwiss. Unterr. in d. Grundsch., 1971 ff.; zahlr. Ztschr.publ.

SPRENG, Manfred

Dr.-Ing., Univ.-Prof. f. Physiologie Univ. Erlangen-Nürnberg (s. 1975) - Lange Zeile 121, 8520 Erlangen - Geb. 28. Mai 1936 Mannheim (Vater: Hermann S., Kaufm.; Mutter: Luise, geb. Nonnenmacher) - Promot. 1967 Stuttgart; Habil. 1970 Erlangen - Spez. Arbeitsgeb.: Sinnesphysiol., Biokybernetik. Lärmforsch.

SPRENG, Michael H.

Chefredakteur Bild am Sonntag - Axel-Springer-Platz 1, 2000 Hamburg 36 (T. 040 - 3 47 00) - Geb. 10. Juli 1948. kath., verh. s. 1981 m. Karin, geb. Buhr.

SPRENGER, Bertold

Soldat, MdL Schlesw.-Holst. (Wahlkr. 32/Oldenburg) - Klaus-Groth-Weg 2. 2447 Heiligenhafen - Geb. 2. Nov. 1939 Berlin - CDU.

SPRENGER, Gerhard

Ltd. Ministerialrat a. D., Beauftr. d. Hess. Landesreg. f. Angelegenheiten d. Grenzgebietes z. DDR (1979-90) - Birkenweg 13, 6430 Bad Hersfeld (T. 7 62 46) - Geb. 13. Dez. 1929 Kassel - Realgymn.; 1950-54 Stud. Rechts- u. Staatswiss. Jurist. Staatsprüf. 1954 u. 58 - 1958-73 Kreisverw. Bad Hersfeld; 1975-79 Verw.-Dir. Hess. Städte- u. Gemeindebd., Außenst. Nordhessen. Stadtverordn. Kassel (1956-58) u. Bad Hersfeld (1963-89 Fraktionsvors.). MdL Hessen (1966-74). SPD s. 1951 (b. 1990 stv. Vors. Bad Hersfeld) - BVK I. Kl., Ehrenmed. d. Stadt Bad Hersfeld, Freiherr-vom-Stein-Plak. d. Landes Hessen.

SPRENGER, Heinz

Dr. med., Arzt f. Allgemeinmedizin - Wildenbruchstr. 8, 4000 Düsseldorf 11 - Geb. 25. Jan. 1913 Essen, kath., verh. s. 1942 m. Gerda, geb. Wilke, T. Jutta - Med.-Stud. Univ. Köln u. Düsseldorf; Staatsex. 1939 Düsseldorf; Promot. 1941 Königsberg - Chefarzt Krankenhaus; Amtsarzt; Chefarzt Betr. Poliklinik Berlin; s. 1955 Arzt f. Allgemeinmed.; s. 1968 in d. Standespolitik auf Kreisebene tätig - Entd. in d. Seuchenbekämpfung: Fleckfieber 1945/46 Quarantäne in d. Quarantäne - 1987 Seb.-Kneipp-Med. in Silber - Spr.: Franz., Latein.

SPRENGER, Otto

Ehrenamtl. Landesarbeitsrichter u. Landessozialrichter - Geb. 4. März 1917 Hamburg - Klotzenmoor 31, 2000 Hamburg 61 (T. 040 - 51 29 00) - 1946-52 Stud. Univ. Hamburg, anschl. Markt- u. Meinungsforsch., spät. Archivleit. im Fernsehen d. NDR Hamburg - Ehem. ehrenamtl. Funktionen: Präs. d. Intern. Federation of Television Archives (IFTA), Vors. d. Gewerksch. Kunst im DGB, Vors. d. Rundfunk-Fernseh-Film-Union in d. Gewerksch. Kunst, Präs. Intern. Secretariat of Entertainment Trade Unions (ISETU) u. Vors. Europ. Gewerkschaftsaussch. f. Kunst u. Unterh. (EGAKU) im Europ. Gewerkschaftsb. (EGB) - Commandeur u. Träger Goldmed. v. Ordre de l'Etoile Civique, Paris, Med. f. treue Arb. im Dienste d. Volkes d. Freien u. Hansestadt Hamburg.

SPRENGER, Reinhard

Dr. phil., Univ.-Prof., Hochschullehrer, Landesstellenleit. NRW u. Vorst. Dt. Inst. f. Bildung u. Wissen, Paderborn - Auf der Natte 18, 4790 Paderborn-Wewer/W. - Geb. 11. Jan. 1935 Lichtenau (Vater: Anton S., Beamter; Mutter: Christine, geb. Haimann), kath., verh. s. 1960 m. Marie Luise, geb. Monzen, 3 Kd. (Markus, Stefan, Christine) - Beide Staatsex. f. d. Schuldst. Promot. 1970; Habil. 1977 (Mittelalterl. Geschichte u. ihre Didaktik) - Lehrtätigk. Univ./GH Paderborn - BV: Eruditio u. ordo discendi in Hugos v. St. Victor eruditiones didascalicae, 1971; Adel - Bürger - Bauern/D. anthropol. Hintergrund d. mittelalterl. Gesellschaftsordnung, 1978; D. Deutschlandbild in intern. Geschichtsbüchern, 1977 (Bd. VIII: Z. Sache Schulb.); Erzählung - schriftl. Quelle - lit. Beispiel/Arbeitsformen im Geschichtsunterr., 1979; Glück u. Leid - Schlüsselbegriffe menschl. Lebens (m. H. Kraft), 1983; Landwirtsch. u. Bauern d. Senneraums im 16. Jh. (m. R. Sprenger), 1986 - Liebh.: Musik, Kunst - Spr.: Lat., Griech., Engl.

SPRENGER, Werner-Till

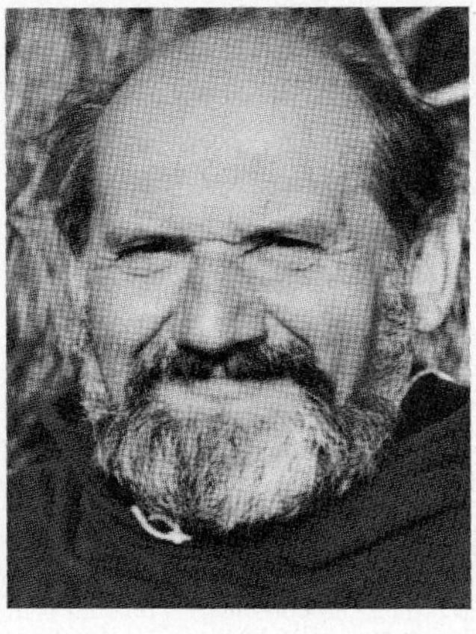

Direktor INTA-Meditations-Zentrum IMZ, St. Ulrich, Schriftst. - Haus Kaltwasser, 7801 St. Ulrich - Geb. 1923 Danzig - Stud. Psych. u. Religionssoziol., Ausb. in Gestalttherapie u. Psychodrama; lebte 3 J. in Indien (Ausb. in klass. Meditationslehren) - S. 1968 Dir. d. Europ. INTA-Meditations-Zentrum. Lehrt auch an Meditations-Colleges Mandaras u. Atjo - BV: Lehrged. u. zahlr. a. Bücher, zul. u.a. Daß das Glück ganz anders ist, 1981; Ged. z. Auswendigleben, 1982 (in 3 Spr.); Leben wir noch?, 1983; Hauch das Thermometer an, wenn du frierst, 1984; Kunst u. Meditation, 1985; Liebst Du Dich?, 1989; Schleichwege zum Ich II, 13. erw. A., 1991; Wahrheiten üb. d. Lüge, 1992. Hörsp.: Teilweise heiter (SR), Tag m. ihr (SR), Muß sich Oma wirklich schämen? (BR), Drei schwere Fälle v. Nächstenliebe (BR, Hörsp. d. Monats) - Spr.: Engl., Franz., 4 ind. Spr. - Lit.: Versch. Veröff. üb. d. Meditationslehrer W.-T. Sprenger.

SPRENGLER-RUPPENTHAL, Anneliese

Dr. theol., Prof. f. Kirchengesch. u. kirchl. Rechtgesch. - Basselweg 63 a, 2000 Hamburg 54 (T. 040 - 54 57 16) - Geb. 13. Sept. 1923 Hamburg (Vater: Karl Ruppenthal, Dipl.Ing.; Mutter: Helene, geb. Jebens), ev., verw. - Gymn., Univ. Hamburg u. Göttingen (Theol.), Promot. 1950, Habil. 1965 - 1952-65 Wiss. Mitarb. Inst. f. ev. Kirchenrecht, 1966 Doz., 1970 Prof. Univ. Göttingen. Emerit. 1985. 1988/89/92 Lehrbeauftr. Univ. Hamburg. 1984 Mitgl. Hist. Komm. f. Niedersachs. u. Bremen. 1987 Mitgl. d. Arbeitsgr. Canon Law in Protestant Lands, Univ. Chicago - BV: Bearbeit. d. Bde. VII, 1 u. VII, 2,1 d. Ev. Kirchenordn. d. 16. Jh., 1963 u. 1980; Mysterium u. Riten nach d. Londoner Kirchenordn. d. Niederländer, 1967; Z. Rezeption d. röm. Rechts im Eherecht d. Reformatoren, in: Ztschr. d. Sav. St. f. Rechtsgesch., Kan. Abt. LXVIII (1982), S. 363-418; Das kan. Recht in Kirchenordnungen des 16. Jh., in: Comparative Studies in Continental and Anglo-American Legal History (R. H. Helmholz), Bd. 11, 1992, S. 49-121; zahlr. Ztschr.beitr.; Lexikonartikel, u.a.: Kirchenordnungen, Ev., in: Theol. Realenzyklopädie, Bd. 18 (1989).

SPRENKMANN, Wolfgang

Dr. jur., Bundesrichter BGH - Herrenstr. 45a, 7500 Karlsruhe - Geb. 12. Juli 1908.

SPRICK-SCHÜTTE, Peter

Dipl.-Kfm., Vorstandsmitglied Bielefelder Papier- u. Wellpappenwerke E. Sprick AG., Bielefeld - Am Mühlenberg 113, 4801 Hoberge-Uerentrup - Geb. 30. Sept. 1938 Bussum (Holl.).

SPRICKMANN KERKERINCK, Detlef

Lehrbeauftragter Redaktion ZDF - Postf. 40 40, 6500 Mainz - Geb. 25. April 1938 Osnabrück, verh., 2 Töcht. - Stud. Publiz., Öfftl. Recht, Neuere Gesch., Musikwiss. Münster, FU Berlin u. Hamburg - 1972-77 stv. Leit. Hauptredakt. Innenpolitik ZDF; 1977-81 Hauptredaktionsleit. Ges.politik ZDF; 1981-85 Fernostkorresp. d. ZDF m. Sitz Tokyo. Lehrtätigkeit an versch. Univ.

SPRINGBORN, Norbert

Offsetdrucker, Mitgl. Hbg. Bürgerschaft (s. 1978) - Zu erreichen üb. SPD-Bürgerschaftsfraktion, Rathausmarkt 1, 2000 Hamburg 1 - Geb. 9. Dez. 1945 Hamburg, verh. - Volkssch. Hamburg; Buchdruckerlehre ebd. - S. 1964 Verlagsu. Druckereigewerbe Hamburg (1971 HDV-Druckerei; Buch- bzw. 1973 Offsetdr.). Funkt. Jungsozialisten. SPD s. 1971.

SPRINGENSCHMID, Rupert

Dr. techn., Dipl.-Ing., Univ.-Prof. (Ord.) f. Baustoffkd. u. Werkstoffprüfung TU München (s. 1973) - Seinsheimstr. 4, 8000 München 60 (T. 88 16 74) - Geb. 21. Dez. 1929 Salzburg (Vater: Karl S., s. XVII. Ausg.; Mutter: Hermine, geb. v. Radinger), kath., verh. s. 1968 (Ehefr.: Irmgard), 5 Kd. (Gundula, Rainer, Hartwig, Wolfram, Barbara) - Stud. TH Wien; Dipl.ex. 1955; Promot. 1959 - 1955/56 Assist. Princeton-Univ.; 1956-58 Bauind.; 1958-62 Forschungsinst. d. Zementind. Düsseldorf; 1962-73 Leit. Zement-Forsch.inst. Wien; 1977-79 Dekan Fak. f. Bauing.- u. Vermess.wesen TU München. Zahlr. Ausschußmitgliedschaften - Liebh.: Ski, Bergsteigen (2 Erstbesteigungen Ostanatolien) - Spr.: Engl.

SPRINGENSGUTH, Jost

Chefredakteur Westf. Nachrichten/ZENO-Zeitungen - Franz-Essink-Str. 17-19, 4400 Münster (T. 0251 - 6 90-7 00) - Geb. 23. Sept. 1945 Helfta, ev., verh. - 1969/70 Redaktionsvolont. Bocholter-Borkener Volksblatt; 1973-77 Redaktionsleit. ebd.; 1977-81 Pressespr. CDU-Landtagsfrakt. Kiel; 1981-83 Ressortleit. Landespolitik Kieler Nachr.; 1983-86 stv. Chefredakt., s. 1990 Chefredakt. Westf. Nachr.; 1986-89 Chefredakt. Flensburger Tageblatt - BV: Unser Grenzland (Dtschl.-Niederl.), Text-Bildbd.; Gefragt: Uwe Barschel - Liebh.: Tennis, Kochen - Spr.: Engl. - Bek. Vorf.: Dr. Otto Boelitz, Preuß. Kultusmin., Gründungsherausg. Westfalenpost (Großv.).

SPRINGER, Georg F.

Dr. med., Prof., Mikrobiologe - 20 Country Lane, Northfield, Ill. (USA) - Geb. 1. März 1924 Berlin (Vater: Dr. med. h. c., Dr. phil. h. c. Ferdinand S., Verlagsbuchh. (s. XIV. Ausg.); Mutter: Elisabet, geb. Kalvin), ev., verh. 1951 m. Heather Margaret, geb. Bligh († 1980), 3 Kd. (Martin F. B., Elizabeth-Anne, Julia-Alice) - Kaiserin-Augusta-Gymn. Berlin; 1942-45 Kriegsdst. (Sturmgeschütze); Univ. Heidelberg (1946-47 AStA-Vors.; cand. med. 1948) u. Basel (Promot. 1951) - S. 1951 Univ. of Pennsylvania, Walter Reed Army Medical Center, Northwestern Univ. (1963 Prof. u. Dir. Department of Immunochemistry Research). Fachmitgliedsch. USA, BRD, Frankr. Entd.: Blutgruppenaktiver Substanzen in Pflanzen u. Mikroben, Präzipitation v. Antikörpern durch kl. Moleküle, Erklärung d. Ursprungs d. Isoagglutinine; erstmal. Charakterisierung u. volle Darstellung d. Blutgruppensubstanzen M u. N u. ihre Identifizierung m. Virusrezeptoren; erstmal. Isolierung d. Endotoxinrezeptors menschl. Zellen - BV: Polysachorides in Biology; 5 Bde. 1955/59; Immunochemistry in Aminosugars, 1955; Molecular Biology, Biochemistry and Biophysics, 1968. Üb. 150 wiss. Originalarb. - 1966 Oehlecker-Preis Dt. Ges. f. Bluttransfusion; 1968 Ehrenmitgl. American Soc. of Biological Chemists - Liebh.: Springreiten - Spr.: Engl., Franz. - Bek. Vorf. d. Ehefr.: Capt. Bligh (Meuterei auf d. Bounty).

SPRINGER, Joachim

Industrieberater - Benediktenweg 10, 8132 Tutzing/Obb. (T. 08158 - 75 79) - Geb. 2. Juni 1921 Stettin (Vater: Paul S., Amtsrat; Mutter: Margarete, geb. Recke), ev., verh. s. 1956 m. Annemarie, geb. Derigs, 2 Kd. - Stud. Maschinenbau u. Zeitungswiss. Berlin u. München - 1950-56 Versuchsing.; 1957-67 Motorjourn.; 1968-70 Rennleit. 1970-81 Sportpräs. ADAC - BV: Rallye-Sport (auch franz.), 40 Tage um die Welt, Haben wir das nötig? (Verkehrs- u. Fahrsicherheits-Fibel) - Spr.: Engl.

SPRINGER, Konrad Ferdinand

Dr. phil., Senator, Verleger - Tiergartenstr. 17, 6900 Heidelberg - Geschäftsf. Springer Verlag, Berlin-Heidelberg-New York-London-Paris-Tokyo-Hong Kong, J. F. Bergmann Verlagsbuchhdlg., München, Lange & Springer Wissenschaftl. Buchhdlg., Berlin, Springer Verlag - Minerva Wissenschaftl. Buchhdlg., Wien - 1985 Ehrensenator Univ. Salzburg - Spr.: Engl., Franz.

SPRINGER, Rudolf

Dr. phil. nat., Prof. f. Pharmazie u. Lebensmittelchemie, Oberstapotheker a. D. - St.-Zeno-Pl. 4, 8254 Isen (T. 08083 - 2 18) - Geb. 20. Mai 1910 Mechtal/OS. (Vater: Rudolf S., Apotheker; Mutter: Angela, geb. Hadamitzky), kath., verh. s. 1972 m. Paula, geb. Ertlmaier - Gymn. Beuthen; Univ. München (Pharmazie, Botanik, Chemie, Lebensmittelchemie). Pharmaz. Staatsprüf. 1934, Promot. 1937, Lebensmittelchem. Staatsprüf. 1939 (alles München) - S. 1937 Assist., Privatdoz. (1942) u. apl. Prof. (1953) Univ. München; 1946-48 Tätigk. pharmaz.-chem. Ind.; 1948-50 hauptamtl. Mitarb. Dt. Forschungsanst. f. Lebensmittelchemie, München (jetzt ehrenamtl. Mitgl.) - BV: Anleitung z. Ausmittelung v. wicht. Alkaloiden u. organ. Arzneistoffen, 1940, 3. A. 1948 (2. u. 3. A. als Mskr. gedruckt); Grundl. u. Anwend. mikrobiol. Verfahren - unt. Berücks. d. Arbeitsgeb. d. Apoth. u. Lebensmittelchem., 1967. Üb. 60 Einzelveröff. z. Pharmazie u. Lebensmittelchemie - Liebh.: Bergsteigen, Skilaufen, Jagd.

SPRINGER, Tasso

Dr. rer. nat., Direktor am Inst. f. Festkörperforschung Forschungszentrum KFA Jülich, o. Prof. f. Experimentalphysik TH Aachen (s. 1974), Honorarprof. Univ. Bonn, 1977 Dir. Adjoint, 1980-82 Dir. Inst. Laue-Langevin, Grenoble - Nordstr. 15, 5170 Jülich (T. 02461 - 5 27 84) - Geb. 6. Okt. 1930 - Habil. 1961 München - 1981 o. Mitgl. Rhein.-Westf. Akad. d. Wiss.; 1984-89 Mitgl. Dt. Wissenschaftsrat; Mitgl. nat. u. internat. Beratungsgremien; 1989-91 Vors. Wiss. Techn. Rat d. KFA Jülich; Fachgeb.: Neutronenphysik, Molekülkristalle. Zahlr. Publ. Langj. Mithrsg. Z. Physik u. J. de Physique - 1983 BVK; 1992 BVK I. KL. - Spr.: Engl., Franz. - Rotarier.

SPRINGER, Ulrich

Fabrikant, Inh. C. U. Springer, Zwirnerei u. Färberei, Isny - Panoramastr. 28, 7972 Isny/Allgäu (T. 6 37) - Geb. 27. Okt. 1912 Isny - Langj. Vizepräs. IHK Ravensburg - Spr.: Franz., Engl. - Rotarier.

SPRINGER-ANDERSEN, Ruth

Lehrerin, MdL Schlesw.-Holst. (Wahlkr. 28/Kiel Süd) - Krummbogen 6, 2300 Kiel 1 - Geb. 23. Juli 1946 Husum - SPD.

SPRINGHORN, Rainer

Dr. rer. nat., Dipl.-Geol., Museumsdirektor Lippisches Landesmuseum Detmold, Prof. Univ. Freiburg - Am Rautenberg 15, 4930 Detmold (T. 05231 - 4 87 28) - Geb. 23. Sept. 1948 Düsseldorf, ev., verh. s. 1974 m. Anette, geb. Thiele, 2 Kd. (Tobias, Alexander) - 1969-76 Stud. Geol., Paläont. u. Zool. Univ. Freiburg u. Innsbruck; Dipl. 1973, Promot. 1976, Habil. 1983, bde. Univ. Freiburg - S. 1977 Kustos u. s. 1986 Dir. Lipp. Landesmus. Detmold; 1980/81 Doz. Univ. Bielefeld; s. 1983 Priv.-Doz., s. 1990 apl. Prof. Univ. Freiburg, s. 1991 Leit. d. Archäologischen Freilichtmuseum Oerlinghausen; s. 1992 Leit. d. Wald- u. Forstmuseum Kalletal-Heidelbeck - BV: Führer durch d. naturhist. Abt. d. Lipp. Landesmuseum, 1980; Lipp. Landesmuseum Detmold, Führer durch d. Sammlungen, 1989. Herausg.: Lipp. Mitt. aus Gesch. u. Landeskd. (ab 1982) - 1976 Gödecke-Forschungspreis Univ. Freiburg - Spr.: Engl., Franz.

SPRINGORUM, Friedrich (Fritz) A.

Dr.-Ing., Hüttendirektor i. R., Inh. F. A. Springorum & Partner Consulting-Engineering; Chairman Intern. Steel Ltd., Luxembourg - Friedrichstr. 10, 7570 Baden-Baden - Geb. 23. Nov. 1912 Esch Alzette/Luxembg. (Vater: Dr.-Ing. Fritz S., Stahlindustrieller; Mutter: Clara, geb. Wencker), verh. m. Marieluise, geb. Durre-Ehrlich - TH Aachen u. Berlin - 1947-61 Mannesmann AG. (Vorstandsmitgl.), dann Röchlingsche Eisen- u. Stahlwerke GmbH. (Geschäftsf.), 1966-72 Salzgitter AG. (Vorstandsmitgl.). Führ. Funktionen Fachorg.

SPRINGORUM, Gerd

Dipl.-Berging., Bergass. a. D., Bergwerksdirektor, MdB (s. 1965), Mitgl. Europ. Parlament (s. 1966), Vorstandsvors. Diakoniewerk Ruhr-Witten (s. 1959), Mitgl. Sozialbeirat Bundesreg. (s. 1963) - Bonackerweg 9, 4630 Bochum-Langendreer (T. 28 71 57) - Geb. 5. Nov. 1911 Halberstadt (Vater: Dr. med. Paul S., Chefarzt; Mutter: Dorothea, geb. Bärthold), ev., verh. s. 1943 m. Hannelore, geb. Wirths, 3 Kd. (Beatrice, Gerd-Henner, Gerd-Johannes) - Gymn. Halberstadt; 1930-31 Univ. Marburg, 1931-34 TH Berlin (Bergbau; Diplomhauptprüf. 1935). Bergass.ex. 1938 - 1950-61 Bergwerksdir. Gelsenkirchener Bergwerks-AG., 1961-69 Vorstandsmitgl. Bergbau AG., s. 1970 Bergwerksdir. Ruhrkohle AG. 1939-42 u. 1944-45 Wehrdst. (zul. Oblt. u. Batteriechef). CDU s. 1959 - Liebh.: Jagd, Reitsport (Vors. Bochumer Reiterschaft e. V.) - Spr.: Franz., Engl.

SPROCKHOFF, Wolfgang

Prof., Lehrstuhl f. Math. u. ihre Didaktik Univ. Oldenburg - Max-Mehner-Str. 4, 2900 Oldenburg i. O. (T. 50 28 83) - Geb. 10. Mai 1932 Eberswalde, verh. m. Ilse, geb. Röhr, T. Dr. Maren - 1964 Prof. PH Oldenburg i. O., 1972-73 Dekan PH Niedersachsen, Abt. O., 1973/74 Übergangsrektor Univ. O.; 1975 Nds. Landesfachaussch. Wiss., Kultur, Weiterbildung d. F.D.P., 1984-86 Vors. Landesfachaussch., 1981-87 Bundesfachausschuß Bildung u. Wissensch. d. F.D.P. Herausg.: Welt d. Math., 1969 ff.

SPROTTE, Siegward

Kunstmaler - Postf. 25, 2285 Kampen/Sylt (T. 04651 - 4 24 13) u. Potsdam-Bornstedt - Geb. 20. April 1913 Potsdam (Vater: Walther S.; Mutter: Friedel, geb. Henning), ev., verh. m. Cosmea, geb. Ebert, 3. Kd. (Armin, Sylvia, Kilian) - 1931-38 Kunstakademie Berlin (Emil Orlik). Werke in Museen u. Samml. im In- u. Ausl. - BV: Adieux à l'image, 1970 (hg. v. P. d'Arschot) - Mitgl. d. Intern. Akad. f. Kunst, Lit., Wiss. Rom, div. Preise - Liebh.: Musik (Violine) - Entdeckte neue Aquarelltechniken, Lasurfarbenmalereien (Cennini-Traktat). Ateliergespräche s. 4 Jahrz. Thema: Simultaneität v. Bilden u. Sprechen - Lit.: H.L.C. Jaffé u. a. S. S., 1963; Franz Roh, S. S., 1965; Herbert Read, S. S., 1967; H. L. C. Jaffé - Herbert Meier, S. S., 1973, Herbert Meier, S. Sp. malt in Nordfriesl., 1984; Silvia Chicó: Sprotte-Farbige Kalligraphie, Monogr., 3-spr., 1988. Edition Cicero Art Calendars Werkverz., 1984-91; Katalog Museum Potsdam, 1988; Katalog Puschkin Museum Moskau, 1989.

SPRUCK, Arnold

Malermeister, MdL Hessen (1976-91) - Radhausstr. 1, 6478 Nidda-Kohden (T. 06043 - 28 22) - Geb. 9. Sept. 1934 Gießen (Vater: August S., Malerm.; Mutter: Marie, geb. Wels), kath., verh. s. 1958 m. Rita, geb. Brück, 3 Kd. (Stefan, Adelheid, Lucia) - Malerlehre; Meisterprüf. 1957 - Präs. Handwerkskammer Wiesbaden, Mitgl. Handwerksrat Zentralverb. d. dt. Handwerks. CDU.

SPRUNG, Rudolf

Dr. rer. pol., Kaufmann, Parlam. Staatssekr. Bundeswirtschaftsmin. a. D., MdB (s. 1969) - Zu erreichen üb. BWM, Villemombler Str. 76, 5300 Bonn 1 (T. 0228 - 61 51) - Geb. 16. Sept. 1925 Wieze (Eltern: Friedrich u. Ella S.), kath., verh. 5 Kd. (Thomas, Ulrike, Anette, Markus, Friederike) - Univ. Göttingen (Promot.) - 1952-53 Fried. Krupp, Essen (Direktionsassist.); 1953-58 Bundesfinanzmin., Bonn (u. a. Dt. Delegationsmitgl. EWG u. Euratom); 1958-63 Europ. Investitionsbank, Brüssel (stv. Dir.); s. 1963 Fa. Heinrich Hottenrott, Goslar (gf. Gesellsch.). CDU s. 1960 - BV: Intern. Finanzierungseinricht., 1963. Mithrsg.: D. EWG (1960) - Spr.: Engl., Franz. - Mitgl. Lions-Club.

SPRUTE, Jürgen

Dr. phil., apl. Prof. f. Philosophie Phil. Sem. Univ. Göttingen, Studiendir. im Hochschuldienst - Platz der Göttinger Sieben 5, 3400 Göttingen - Geb. 15. Febr. 1935 Mannheim, ev., verh. s. 1963 m. Luise, geb. Pape, S. Christian - Stud. Phil., Klass. Philol., German. Univ. Heidelberg, München, Göttingen; Staatsex.; Promot. 1961; Habil. 1977 Göttingen - BV: D. Begriff d. Doxa in d. platonischen Phil.; D. Enthymemtheorie d. aristotelischen Rhetorik; Vertragstheoret. Ansätze in d. Antiken Rechts- u. Staatsphil.; Fachveröff., bes. z. Gesch. d. prakt. Phil. u. Ethik.

SPUR, Günter

Dr.-Ing., Dr.-Ing. E. h., Dr. h. c. mult., Prof. u. Direktor Inst. f. Werkzeugmaschinen u. Fertigungstechnik TU Berlin (s. 1965) u. Leiter FhG-Inst. f. Prod.-Technik, Berlin - Zu erreichen üb. TU Berlin, 1000 Berlin 12 - Geb. 28. Okt. 1928 Braunschweig - 1948-54 TH Braunschweig (Masch.bau); Assist. u. Oberring., Promot. 1960 - Gründungsrektor TU Cottbus - 8 Bücher, üb. 300 Fachbeiträge; Herausg. ZwF, Robotics u. IPE - VDI-Ehrenz.; Grashof-Denkmünze; SME-Ehrenmitgl. For. Ass. NAE; Schwed. AK.-Ing. IVA; CIRP-Mitgl.; Ehrendoktor Univ. Leuven, TU Chemnitz, TU Prag; 1984 Gr. BVK; VO Land Berlin - Spr.: Engl. - Rotarier.

STAAB, Heinz A.

Dr. rer. nat., Dr. med., Dr. phil. h. c., o. Prof. f. Organ. Chemie, Dir. Max-Planck-Inst. med. Forsch., Abt. Organ. Chemie, Heidelberg, (s. 1974), Präs. Max-Planck-Ges., München (1984-90) - Schloß-Wolfsbrunnenweg 43, 6900 Heidelberg (T. 80 33 30) - Geb. 26. März 1926 Darmstadt (Vater: Dipl.-Ing. August S.), verh. s. 1953 m. Dr. rer. nat. Ruth, geb. Müller, 2 Kd. (Dr. med Doris, Dipl.-Arch. Volker) - Univ. Marburg, Tübingen (Chemie), Heidelberg (Med.) - 1951-59 Wiss. Mitarb. Max-Planck-Inst. f. med. Forsch., Heidelberg; s. 1957 (Habil.) Privatdoz., ao. (1962) u.

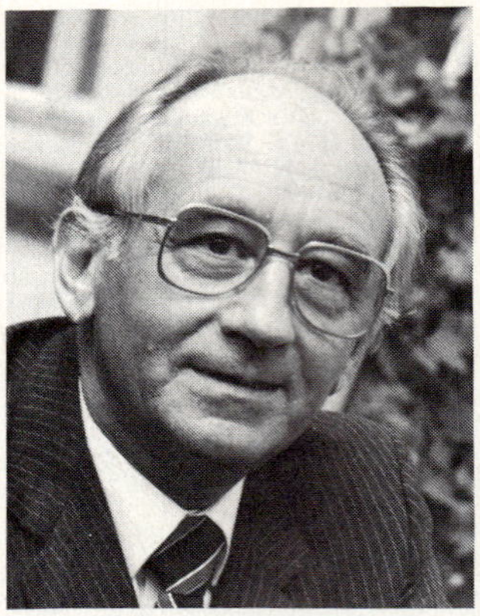

o. Prof. (1963) Univ. Heidelberg (Dir. Inst. f. Organ. Chem.); Gastprof. (wiederh.) USA, Engl., Israel, Japan u. a.; 1984 Andrews Lecturer (Austr. Univ.); 1985 Pacific Coast Lecturer (US u. Canada). 1969-74 Ausw. Wiss. Mitgl., s. 1974 Dir. Abt. Organ. Chemie Max-Planck-Inst. f. med. Forsch.; 1971-76 Vors. Fachaussch. Chemie u. 1976-82 sow. 1984-90 Senator Dt. Forsch.gemeinsch.; 1976-79 Mitgl. Wiss.rat (Vors. Forsch.aussch.); 1977ff. Mitgl. Board of Governors, Weizmann Inst. of Science, Rehovot (Israel); 1981/82 Vors. Ges. Dt. Naturforscher u. Ärzte; 1984/85 Präs. Ges. Dt. Chemiker; 1985ff. Vors. Dt. Zentralaussch. Chemie; Vorst., Vicepres. u. President-Elect, Intern. Union of Pure and Applied Chemistry (IUPAC); Kurat. u. Beiratsmitgl. Dt. Museum München, Goethe-Inst., TU München, Stifterverb. dt. Wiss., Thyssen-Stiftg. u.a.; AR-Mandate Degussa AG, Bayer AG - BV: Einf. in d. theoret. Organ. Chemie, 1959, 4. A. 1964 (auch poln.). Etwa 330 Einzelarb. Mithrsg.: Liebigs Annalen d. Chemie, Synthesis, Tetrahedron - 1970 o. Mitgl. Heidelberger Akad. d. Wiss. (1973-76 Vorst.), 1974 Dt. Akad. d. Naturforscher Leopoldina (1978-91 Senator); 1979 Adolf-von-Baeyer-Denkmünze, Ges. Dt. Chemiker; 1988 korr. Mitgl. Österr. Akad. d. Wiss.; 1988 Hon. Fellow, Indian Acad. of Sciences; Mitgl. Acad. Europea (1988ff. Council Member); 1989 korr. Mitgl. Bayer. Akad. d. Wiss.; Hon.-Prof. Acad. Sinica (Peking); 1980 BVK I. Kl., 1987 Gr. BVK, 1990 Gr. BVK m. Stern; 1984 Ph. D. h. c. Weizmann Inst. of Science, Rehovot (Israel); 1989 Weizmann Award in Sciences and Humanities; 1990 Ehrenmitgl. Senat d. Max-Planck-Ges.; 1991 Verdienstmed. Baden-Württ. - Liebh.: Reisen, Musik, Zeitgesch. - Rotarier.

STAAB, Johann

Präsident a. D. OPD Frankfurt/M. - Erzbergerstr. 12, 6056 Heusenstamm (T. 26 99) - 1972 BVK I. Kl., 1979 Gr. BVK.

STAAK, Magnus G. W.

Dr., Präsident Landeskulturverband - Eschenkamp 15, 2300 Kronshagen b. Kiel (T. 0431 - 58 82 71, Fax 0431 - 58 83 70); Vors. d. Lorenz v. Stein-Ges. u. d. VdK Multiple Art Kiel; Mitgl. d. Vorstände d. Kulturstiftg. d. Landes Schleswig-Holst. u. d. Bundes d. Steuerzahler, Landesverb. Schleswig-Holst., u.a.

STAAK, Michael

Dr. med., o. Prof., Direktor Inst. f. Rechtsmed. u. Prorektor Univ. Köln - Melatengürtel 60/62, 5000 Köln 30 - Geb. 22. März 1933 Conow/Kr. Ludwigslust (Mecklenburg), verh. s. 1970 m. Christa, geb. Thorban, 3 Söhne (Jan Oliver, Florian Christoph, Kai Sebastian) - 1953-58 Med.-Stud. Univ. Hamburg (Promot.); klin. Ausb. in Hamburg, Basel u. Zürich; Habil. 1969/70 Univ. Frankfurt, Umhabil. 1970 Univ. Tübingen - S. 1980 Lehrst. f. Rechtsmed. Univ. Köln (1983/84 Dekan Med.Fakultät), 1985/86 Rektor, s. 1986 Prorektor - BV: Klin. Prüfung v. Arzneimitteln, 1978; Arzneimittel u. Verkehrssicherh., 1983 (Hrsg. v. Bundesanst. f. Straßenwesen); Betäubungsmittelmißbrauch, 1988. Herausg.: Ztschr. f. Rechtsmed.; Beitr. z. Rechtsmed. - Spr.: Engl., Franz.

STAAK, Werner

Betriebswirt, Innensenator - Johanniswall 4, 2000 Hamburg 1 (T. 24 82 58 00) - Geb. 29. Jan. 1933 Trittau Kr. Stormarn, verh., 3 Kd. - Volkssch.; Bau- u. Möbeltischlerlehre; Abend-, Partei- u. Gewerkschaftssch.; Akad. f. Gemeinw. (Betriebsw.) - Bau- u. Möbeltischler, Arbeiter u. Angest. Strom- u. Hafenbau, Finanzierer Neue Heimat (alles Hamburg). 1970 (März-Mai) Mitgl. Hbg. Bürgerschaft; 1970-75 MdB. SPD s. 1951 (Mitgl. Landesvorst. Hamburg, 1980 Landesvors.).

STAAKE, Erich

Dipl.-Kfm., Bereichsvorstand Elektronische Medien Bertelsmann AG, Hamburg - Friedrich-Schmidt-Str. 64, 5000 Köln 41 - Geb. 9. Okt. 1953 Hildesheim, ev., verh. s. 1981 m. Gisela, geb. Donath - Stud. Betriebswirtsch. Univ. Göttingen - Vorst.-Mitgl. Tarifverb. Priv. Rundfunkveranstalter - 1978 Dt. Hochschulmeister (Fußball) - Liebh.: Sport - Spr.: Engl.

STAAL, Herta

Schauspielerin - Rümannstr. 59, 8000 München 40 (T. 36 22 33) - Geb. 29. März 1930 Wien - Ballett-, Gesangsausbild. Wien - S. 1949 bühnentätig. u. a. Anna (Feuerwerk), Eliza (Pygmalion), Gigi, Perichole, Colombe, Kiss me Kate, Irma la Douce, Maria (Was ihr wollt), Frau Page (D. lustigen Weiber v. Windsor), Kopecka (Schweijk im 2. Weltkrieg). Film, Rundfunk, Fernsehen.

STAAS, Hans E. A.

Aufsichtsratsvorsitzender Schoeller Anlagen A. G., München - Brissago/Monte Sereno (Schweiz) - Geb. 30. April 1909 Elberfeld - Stud. Rechts- u. Staatswiss. - AR-Mand. - 1978 Chevalier de L'Ordre Léopold; 1981 Bayer. VO.; 1984 officier de L'Ordre de la Couronne.

STAATS, August-Friedrich

Dr.-Ing. E. h., Präsident d. Intern. Förderkr. f. Raumfahrt Hermann Oberth/Wernher v. Braun, Präs. Hermann-Oberth-Ges. ebd. (mitbegr.), Intern. Förderkr. Hermann Oberth, Vors. d. Vorst. Verein z. Förd. d. Schweißtechn. Lehr- u. Versuchsanstalt Hannover; Mitgl. d. Vorstandsrates Dt. Verband f. Schweißtechnik - Gutenbergweg 5, 2870 Delmenhorst - Geb. 27. Okt. 1913 - 1972 Mitgl. Intern. Akad. f. Astronautik; 1971 BVK I. Kl.; Gold. Ehrenring Intern. Förderkr. f. Raumfahrt Hermann Oberth - Wernher v. Braun; Gold. Hermann-Oberth Ehrenring; Ehrenring Dt. Verb. f. Schweißtechnik; Med. D'Alambert; Kopernikus-Med.; Mitgl. Museumsrat Dt. Mus. München; Ehrenmitgl. div. astronom. Ges. u. Dt. Verb. f. Schweißtechnik.

STAATS, Reinhart

Dr. theol., Dr. h.c. (Lund), Prof. f. Kirchengesch. Univ. Kiel - Hasselkamp 104, 2300 Kronshagen - Geb. 8. Febr. 1937 Braunschweig (Vater: Walter St., Pfarrer; Mutter: Kaethe, geb. Pfister), ev., verh. s. 1971 m. Dipl.-Handelslehrerin Christel, geb. Kersebaum, 2 Kd. (Josefine, Wendelin) - Stud. ev. Theol. Tübingen, Berlin, Göttingen; Kirchl. Ex. Wolfenbüttel, Promot. 1965 - 1964-69 Pfarrer in Wieda/Harz; 1973-84 Privatdoz., Prof. Heidelberg, Dir. Inst. f. Kirchengesch. u. kirchl. Archäol., 1987-89 Dekan - BV: Gregor v. Nyssa, 1968; Reichskrone, 1976 u. 1991; Makarios, 1984; Bonhoeffer 1991.

STABEL, Ernst

Konsul, Kaufmann - Theodor-Storm-Str. 26, 2190 Cuxhaven (T. 2 29 75) - Geb. 30. April 1906 Kiel, ev., verh. in 2. Ehe

(1955) m. Anne-Lotte, geb. Schmoldt, S. Wolf-Rüdiger - Bürgersch. Kiel (Einj. 1921) - S. 1921 (Lehre) Schiffahrtsfirmen (1930 Peter Hein, Cuxhaven; 1938 Prok., 1950 Mit-, 1967 Alleininh.) - 1958 Isländ. Konsul f. Cuxhaven; 1961 Ritter-, 1966 Komturkreuz isl. Falkenorden; 1971 BVK I. Kl. - Spr.: Engl., Schwed. - Rotarier.

STABEL, Michael

Geschäftsführer Jünkerather Maschinenbau GmbH. - 5532 Jünkerath/Eifel - Kaufm. Werdegang.

STABENOW, Gerhard

Dr., Senatspräsident Bundespatentgericht, München 2 - Karolinenstr. 6, 8000 München 22 (T. 29 57 05) - Geb. 16. Juni 1910.

STABERNACK, Gustav

Dipl.-Ing., Fabrikant, Gf. Gesellsch. Fulda Verpackung GmbH u. Packaging Consult Beratungs GmbH, Gesellsch. u. Mitgl. d. Geschäftsleitg. Unternehmensgr. Gustav Stabernack GmbH, Lauterbach, Grebenhainer Kartonagen GmbH, Grebenhain, Inpack GmbH, Freiensteinau, Süddt. Verlagsanst. u. Druckerei GmbH, Vors. Soz.pol. Hauptaussch. Verb. d. Papier, Pappe u. Kunststoff verarb. Ind., Hessen - 6420 Lauterbach/Hessen - Geb. 24. Juli 1938 Offenbach/M. (Vater: Richard S., Fabrikant; Mutter: Lina, geb. Helfrich), ev., verh. s. 1963 m. Ingeborg, geb. Grein, 3 Kd. (Marc, Caroline, Felix) - Spr.: Engl., Franz. - Mitgl. Lions-Club Fulda.

STABERNACK, Wilhelm

Dipl.-Kfm., Fabrikant, gf. Gesellsch. Gustav Stabernack GmbH, Lauterbach, Grebenhain Display + Verpackung GmbH, Grebenhain, Inpack GmbH, Freiensteinau, VMS - Verpackung - Maschine - Service GmbH, Lauterbach, Lauterbach Verpackung GmbH - Am Eichenrasen 20, 6420 Lauterbach/Hess 1 (T. 8 12 44) - Geb. 2. Juli 1923 Frankfurt/M. (Vater: Richard S., Fabr.; Mutter: Rosa, geb. Fehse), ev., verh. s. 1954 m. Ingrid, geb. Peters, T. Kristina - Univ. Frankfurt (Betriebsw.) - Div. Ehrenstell., dar. Vors. Verein Papier u. Pappe verarb. Industrie Hessen, Präsidialmitgl. u. Schatzm. Hauptverb. Papier u. Pappe verarb. Ind., Vizepräs. IHK Gießen, Ehrenvors. Fachverb. Faltschachtel-Ind., Offenbach, Beirat Dresdner Bank Hessen - 1974 BVK, 1980 BVK I. Kl., 1988 Gr. BVK - Liebh.: Jagd, Tennis - Spr.: Engl. - Rotarier.

STABREIT, Immo F. H.

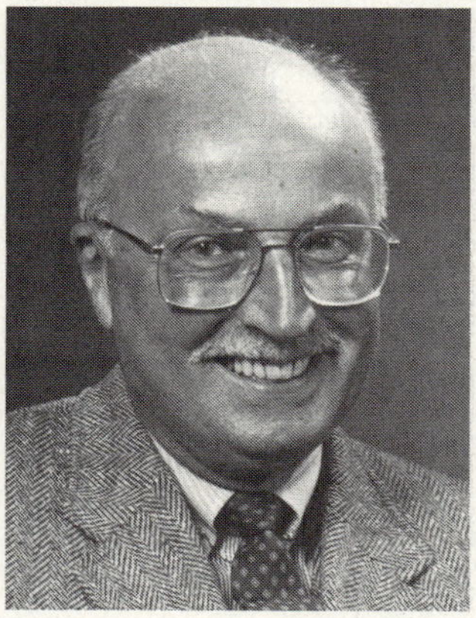

Dr. jur., Botschafter d. Bundesrep. Deutschland in d. Rep. Südafrika - Deutsche Botschaft, 180 Blackwood Street, Arcadia, Pretoria, P.O. Box 2023 - Geb. 24. Jan. 1933 Rathenow/Havel, ev., verh. s. 1962 m. Barbara, geb. Philippi, 3 Kd. (Eberhard, Sophie-Charlotte, Ernst Felix) - Abit. 1951; anschl. Univ. Princeton/USA (Gesch., Sprachen), B.A. 1953; 1953-62 Stud. d. Rechte Berlin u. Heidelberg; 1. jurist. Staatsex. 1957 Berlin, 2. jurist. Staatsex. 1962 Stuttgart, Promot. (Völkerrecht) 1963 Heidelberg - S. 1962 Ausw. Amt (Auslandsverwendg. Moskau, USA); 1975-78 Intern. Energieagentur Paris; 1983-87 Bundeskanzleramt - Spr.: Engl., Franz., Span., Russ.

STABRIN, Herbert

Fabrikant, Mitinh. Die Stonsdorferei W. Koerner & Co., Norderstedt 1 - Rolfinckstr. 31, 2000 Hamburg 64 (T. 536 23 43) - Geb. 21. Juni 1909 Hirschberg (Vater: Otto S., Fabr.), verh. m. Ilse, geb. Olafske - Bruder: Otto S.

STABY, Ludger W.

Dipl.-Kfm., Vorstandssprecher Reemtsma Cigarettenfabr. GmbH, Hamburg - Wulfsdal 10, 2000 Hamburg 55 (T. 040 - 870 38 87) - Geb. 12. Mai 1935 Köln (Vater: Dr. Werner S., Vorst.-Mitgl. i.R.; Mutter: Annelis, geb. Bachem), verh. s. 1977 in 2. Ehe m. Alice, geb. Freiin v. d. Borch, 2 Kd. (Bettina, Christian) - Stud. Univ. Köln, Berlin, München; Dipl.-Kaufm. 1960 - 1965-83 Dir. Metallges. AG, Frankfurt/M.; s. 1983 Vorst. Reemtsma, Hamburg; AR-Vors. Badische Tabakmanufaktur Roth-Händle GmbH, Lahr; AR CINTA Compagnie Independante des Tabacs S.A., Brüssel, Massalin Particulares S.A., Buenos Aires, Hannen Brauerei GmbH, Mönchengladbach; Mitgl. VR-Beirat Dt.-Südamerik. Bank AG, Hamburg; Mitgl. d. Wirtsch.beirates d. DSL Bank, Dt. Siedlungs- u. Landesrentenbank, Bonn - Spr.: Engl., Franz.

STACH, Fredy

Stadtrat f. Jugend u. Sport im Bezirksamt Spandau v. Berlin - Zu erreichen üb. Bezirksamt Spandau von Berlin, 1000 Berlin 20.

STACH, Hans

Dr. rer. nat., Geschäftsführer Wacker-Chemie GmbH, München - Prinzregentenstr. 22, 8000 München 22 - Geb. 14. Okt. 1938 Preßburg, verh., 2 Kd. - Chemie-Stud. (Dipl.), Promot. TH München - 1972-81 Geschäftsf. Hoechst do Brasil; ab 1982 Wacker-Chemie GmbH - Spr.: Portugies., Engl.

STACHEL, Günter

Dr. phil., Lic. theol., Univ.-Prof. - Carl-Orff-Str. 12, 6500 Mainz - Geb. 25. Juni 1922 Leipzig (Vater: Paul S.; Mutter: Theresia, geb. Simon), kath., verh. s. 1953 m. Elisabeth, geb. Mayr, 4 Kd. (Johanna, Maria, Paul, Thomas) - 1940-41 Univ. Leipzig (Phil., Philol., Gesch.), 1941 u. 1945-47 Phil.-Theol. Akad. Paderborn, 1947-51 Univ. München (Theol., Phil., Päd.) - Verlagslektor München (Kösel), Würzburg (Echter), Zürich (Benziger); 1957-61 Religionslehrer Nymphenburger-Gymn. München; s. 1961 Dozent u. Prof. (1965) Päd. Hochsch. Weingarten (Kath. Theol. u. Religionspäd.); 1970-72 Prof. Univ. Frankfurt; 1972-90 Univ. Mainz (Relig.-päd., Katechetik u. Fachdidaktik d. Relig.-Unterr.). Vors. Arbeitsgem. Kath. Katechetik-Doz. (1973-90) - BV: Weltall - -bild - -anschauung, 2. A. 1962 (auch ital. u. span.); Warum glauben?, 3. A. 1967 (auch ital., span., portugies.); Einübung d. Glaubens, 1965; (alle Mithrsg.) D. Bibelunterr. - Grundl. u. Beisp., 1967 (auch ital.); Bibelkatechese 68, 1968; D. neue Hermeneutik, 1968; Lernziele u. Religionspäd., 1970 (m. H. Heinemann u. S. Vierzig); Curriculum u. Relig.unterr., 1971; Aufruf z. Meditation, 2. A. 1973; Handb. d. Relig.päd., 3 Bde., 1973-75 (Mithrsg.); Erzählen u. Sprechzeichn. im Bibelunt., 1975 (m. A. Riedl); Erstell. d. Mainzer Dokumentation d. hundert Religionsst., Analyse dies. Stunden (3 Bde. 1976 u. 1977); Ethisch handeln lernen (m. D. Mieth), 1978; munen-muso. Ungegenständl. Meditation, 3. A. 1987 (Herausg.); Erfahr. interpret. Beitr. z. e. konkreten Relig.päd., 1982; Übung d. Kontenplation. Christen gehen den Zen-Weg, 1988; Gebet - Meditation - Schweigen. Schritte d. Spiritualität, 1989; Erzähl mir aus der Bibel. Mose-Elija-Jesus, 1992; Meister Eckhart. alles lassen · einswerden, Mystische Texte 1992. Mitarb. an Handb. u. Sammelwerken, Herausgeberschaft an Reihen, zahlr. Aufs. in Fachztschr. - Liebh.: Skifahren, Schwimmen, Gespräche - Spr.: Engl., Franz., Ital. - 1959 u. 63 als Typograph u. Einbandgestalter prämiiert (Wettbew. d. schönsten dt. Bücher) - Lit.: Festschr. f. G. St.: Glauben ermöglichen (E. Paul/A. Stock, Hrsg.), 1987.

STACHEL, Hans-Dietrich

Dr. phil., o. Prof. f. Pharmazie - Ammerseestr. 149, 8027 Neuried/Obb. (T. München 755 43 37) - Geb. 9. Juni 1928 Tapiau/Ostpr. (Vater: Fritz S., Mittelschullehrer; Mutter: Gertrud, geb. Ragnit), verh. s. 1957 m. Anneliese, geb. Hummel, 3 Kd. - Univ. Marburg (Pharmazie, Chemie). Promot. (1956) u. Habil. (1960) Marburg - S. 1965 Prof. Univ. München; Vorst. Inst. f. Pharmazie u. Lebensmittelchemie; 1975-86 Vizepräs. Univ. München, Fachmitgliedsch. Ztschr.aufs.

STACHOW, Hasso G.

Journalist u. Schriftst. - Wessobrunner Str. 19, 8035 Gauting/Obb. - Geb. 13. März 1924 Stettin - BV: D. kl. Quast, R. 1979; Zeitzünder, R. 1982; Neues Glück auf Seite 12, R. 1988.

STACHOWIAK, Herbert

Dr. phil., em. o. Prof. Univ. Paderborn, Hon.-Prof. Freie Univ. Berlin - Taubenweg 11, 4790 Paderborn (T. 3 30 05) - Geb. 28. Mai 1921 Berlin (Vater: Adalbert S., Ing.; Mutter: Auguste, geb. Hidding), verh. s. 1973 m. Brigitte, geb. Prästel - Abit. 1941; Stud. d. Math., Phys. u. Phil.; Promot. 1956 - 1949 Mitbegr. Rias-Funk-Univ., s. 1946 Lehrauftr. (zun. Lehrstuhlvertr., s. 1973 o. Prof.). Fachmitgl.sch., Mitgl. Ges. f. Verantw. in d. Wiss. - BV: Denken u. Erkennen im kybernet. Modell, 2. A. 1969 (Nachdruck 1975); Rationalismus im Ursprung, 1971; Allg. Modelltheorie, 1973; Werte, Ziele u. Methoden d. Bildungsplanung, 1976; Technol. u. Zukunftssicherung, 1976; Modelle u. Modelldenken im Unterricht, 1980; Modelle - Konstruktion d. Wirklichkeit, 1981; Bedürfnisse, Werte u. Normen im Wandel, (2 Bde.) 1981; Pragmatik, Bd. I 1986, Bd. II 1987, Bd. III 1989; Problemlösungsoperator Sozialwiss., (2 Bde.) 1987 - Spr.: Engl.

STACKEBRANDT, Erko

Dr. rer. nat., Prof. f. Mikrobiologie Univ. Kiel - Olshausenstr. 40/60, 2300 Kiel - Geb. 9. Juni 1944 Hamburg (Vater: Herbert S., HNO-Arzt; Mutter: Lore, geb. Hiepe), verh. s. 1977 m. Jutta, geb. Tiedemann) - Abit. 1965 Hamburg; Dipl. 1971, Promot. 1974, Habil. 1981, alles München - 1974-77 wiss. Angest. GSF; 1978 DFG-Stip. in USA; 1979-82 Akad. Rat TU München; 1982-83 Heisenberg Stip.; ab 1984 o. Prof. Kiel; s. 1990 Inst.dir. Department for Microbiology, Univ. Queensland, Brisbane, Australien - Zahlr. Fachveröff. üb. Evolution u. Phylogenie d. Prokaryonten - 1983 Biol. Preis Akad. d. Wiss. Göttingen; Korr. Mitgl. Akad. d. Wiss. Göttingen.

STACKELBERG, Freiherr von, Curt

Rechtsanwalt b. Bundesgerichtshof, Karlsruhe (s. 1950; 1968-85 Präs. Rechtsanwaltskammer b. BGH, jetzt Ehrenpräs.) - Im Rosengärtle 20, 7500 Karlsruhe 41 (T. 4 32 39) - Geb. 24. Mai (n. julian./russ. Kalender 11. Mai) 1910 St. Petersburg/Leningrad (Vater: Olaf Frhr. v. S., Rittergutsbes.; Mutter: Stella, geb. Bernewitz), verh. I) m. Ellen, geb. Biddle/New York (gesch. 1942), 4 Kd. (Prof. Dr. phil. Olaf, Mathematiker; Elisabeth, Musiklehrerin; Prof. Dr. phil. Roderich; Nicholas, Stockbroker, Cowen Intern., London), II) Halina, geb. Wojciechowski, 4 Kd. (Susanne, Kauffrau; Dr. med. Stella, Doz.; Sylvia, Gymnasialrätin; Curt, Rechtsanwalt) - Realgymn.

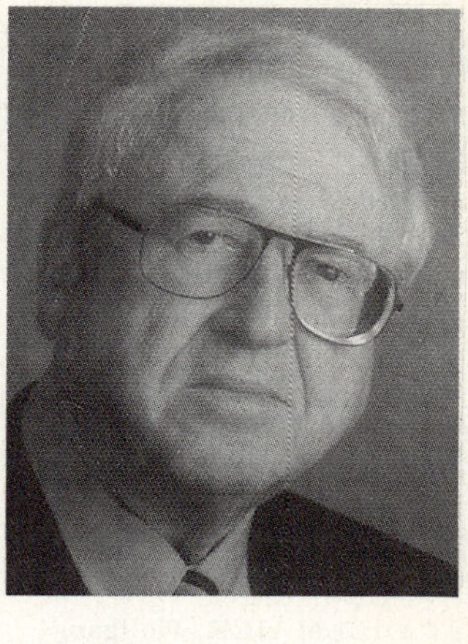

u. Studium München. Jurist. Staatsprüf. 1932 u. 35 München - Ab 1938 RA Berlin; 1940-45 Heeresdst. (Kriegs-, Militärverw.-, Heereskriegsrat/Majorsrang), dann RA Bad Reichenhall, ab 1946 Verteidiger Nürnbg. Prozesse (Wilhelmstraße u. Wirtschaftsverw.shauptamt), 1968-80 Mitgl. Grubenvorst. Eisenhütte Westfalia, Lünen. Mitgl. Gr. Strafrechtskommiss. Bundesjustizmin. (1954-1960); Vors. Estl. Ritterschaft (1966-85); 1979-85 Worldpres. World Assoc. of Lawyers; Präs. Bad. Bibliotheksges., u. Dt.-Koreanische Jurist. Ges.; u. a. Mithrsg..: Karlsruher Kommentar z. STPO, 1. A. - Gr. BVK m. Stern; Gr. Silb. Ehrenzeichen f. Verd. um d. Rep. Österr., Verdienstmed. Univ. Karlsruhe; Ehrenmed. Korean Federal Bar Association - Liebh.: Tennis (Ehrenmitgl. Karlsruher Eislauf- u. Tennisverein) - Dt. Uradel (b. z. 12. Jh. nachweisbar).

STACKELBERG, Freiherr von, Jürgen

Dr. phil., em. o. Prof. f. Roman. Philologie Univ. Göttingen (s. 1964) - Eibenweg 1, 3406 Bovenden - Geb. 26. Dez. 1925 Tengen/Hegau (Vater: Dr. med. Traugott v. S., Arzt u. Schriftst. †1970; Mutter: Helene, geb. Lohmann), verh. s. 1951 m. Jantra, geb. Henning - Schule Salem; Univ. Zürich, Freiburg/Br., Paris, Pisa. Habil. 1959 Freiburg - Zul. Doz. Univ. Freiburg - BV: Studien z. Auseinandersetz. m. d. mod. Technik in d. franz. Lit., 1952; Ital. Geisteswelt, 1954; Humanist. Geistesw., 1956; Prosatexte aus Mittelalter u. Renaissance, 1957; Tacitus in d. Romania, 1960; V. Rabelais b. Voltaire - Z. Geschichte d. franz. Romans, 1970; Lit. Rezeptionsformen - Übersetzung/Supplement/Parodie, 1972; Weltliteratur in dt. Übers., 1978; Themen d. Aufklär., 1979; Klass. Autoren d. schwarzen Erdteils, 1981; Franz. Moralistik im europ. Kontext, 1982; Diderot, e. Einführung, 1983; Übers. aus zweiter Hand, 1984; Franz. Lit.: Renaissance u. Barock, e. Einführung, 1984; Molière, e. Einführung, 1986; Voltaire, Candide (Übers. u. Komment.), 1987; La Rochefoucauld, Maximen (Übers.), 1987; Montesquieu, Perserbriefe (Übers.); Kleine Geschichte d. franz. Lit., 1990 - 1974 Offc. d. Palmes Acad.

STACKMANN, Karl

Dr. phil., o. Prof. f. Dt. Philologie - Nonnenstieg 12, 3400 Göttingen (T. 5 50 02) - Geb. 21. März 1922 Buxtehude, ev., verh. s. 1954, 4 Kd. - Univ. Hamburg (German.; Promot. 1947) - 1949-51 Dt. Lektor Aarhus (Dänem.); s. 1956 (Habil.) Lehrtätigk. Univ. Hamburg (Privatdoz.), Bonn (1959 ao., 1960 o. Prof.), Göttingen (1965 o. Prof.; 1973/74 Rektor) - 1969 Mitgl. Akad. d. Wiss.; 1974-80 Mitgl. Senat u. Hauptaussch. DFG; 1977-81 Mitgl. Wissenschaftsrat; 1978 Dr. phil. h. c. (Aarhus); 1980 Vizepräs. DFG - BV: D. Spruchdichter Heinrich v. Mügeln, 1959 (Habil.sschr.); Philologie u. Lehrerausbild., 1974. Herausg.: H. v. Mügeln, D. kleineren Dichtungen, 3 Bde. 1959 ff. (Krit.

Ausg.), Kudrun (1965); Frauenlob, Leichs, Sangsprüche, Lieder, 2 Bde. 1981.

STADELBAUER, Jörg

Dr. phil., o. Prof. Univ. Freiburg i. Br. - Marie-Juchacz-Weg 10, 7800 Freiburg i. Br. - Geb. 14. Aug. 1944 Wurzen (Vater: Hans St.; Mutter: Ellen, geb. Braune), ev. - Univ. Freiburg (1. Staatsex. f. Lehramt 1969; Promot. 1972; Habil. 1979) - 1970 Verw. e. wiss. Assist.st.; 1972 Wiss. Assist.; 1979 Privatdoz.; 1980 Prof. a. Z.; 1984 apl. Prof. Freiburg im Br.; 1987 Univ.-Prof. Mainz; 1991 Univ.-Prof. Freiburg - BV: Bahnbau u. kulturgeograph. Wandel in Turkmenien, 1973; D. sowj. Lehrpl. Geogr., 1980; Landwirtsch. Integration in d. Subtropen d. Sowjetunion, 1983; Stud. z. Agrargeogr. Transkaukasiens, 1983; Regionalforsch. üb. sozialist. Länder, 1984; Kolchozmärkte in d. Sowjetunion, 1991.

STADELMAIER, Wolfgang

Prof., Architekt, Dozent f. Innen-, Ausstellungsarch. u. Montagebau Kunstakad. Stuttgart - Mörikestr. 32, 7000 Stuttgart 1 (T. 0711 - 60 91 72; Telefax 640 86 31); Schloß Rübgarten (T. 07127 - 7 06 50) - Geb. 2. Sept. 1927.

STADELMANN, Li

Prof., Cembalistin u. Pianistin - Zugspitzstr. 66, 8035 Gauting 2/Obb. (T. München 850 12 69) - Geb. 2. Febr. 1900 Würzburg (Vater: Dr. med. Heinrich S., Psychiater u. Schriftst.; Mutter: Marie, geb. Berling), verh. 1929 m. Dr. Hans Penzel (Sinologe) †1966, T. Cordula - Konservat. Stuttgart (Klavier: Max v. Pauer, Kontrapunkt u. Kompos.: Joseph Haas). Dipl.-Musiklehrerin (1918) u. ausüb. Künstlerin (1919) - Konzertreisen In- u. Ausl.; s. 1921 Lehrtätigk. Musikhochsch. München (1949 Prof. u. Leit. Kl. f. Alte Musik). Kompos. Bearb. alter Musik. Aufnahmen in vielen dt. u. ausl. Sendern - auch Fernsehsendern. Schallpl. (Dt. Grammophon) - 1985 Günter Klinge Preis, Gemeinde Gauting; 1986 BVK I. Kl. - Liebh.: Wandern, Reisen, Bücher, Tiere - Spr.: Franz., Engl. - Bek. Vorf.: Prof. Dr. med. Nikolaus Friedreich, Ord. Univ. Heidelberg (F'sche Ataxie), Gr.onkel.

STADELMANN, Maria-Elisabeth

s. Stadelmann, Li

STADEN, von, Berndt

Staatssekretär a. D. - Leinfelderhof, 7143 Vaihingen/Enz - Geb. 1919 Rostock, verh. s. 1961 m. Wendelgard (Wendi), geb. Freiin von Neurath (Legationsrätin a.D., Verf.: Nacht üb. d. Tal, 1979), 3 Kd. (Christian, Inga, Georg) - Stud. Rechtswiss. Bonn (durch Kriegsdst. unterbr.) u. Hamburg. S. 1951 Ausw. Dienst (Auslandsposten: 1953-55 Botschaft Brüssel, 1958-63 EWG ebd./Kabinettschef d. Präs. 1963-68 Botschaft Washington/Botschaftsrat I. Kl.; 1970-73 wied. AA Bonn (Dir. Polit. Abt.); 1973-79 Botsch. in USA; 1979-81 Min.-Dir. Bundeskanzleramt (Leit. außenpolit. Abt.), 1981-83 Staatssekr. AA; 1982-86 Koordinator Dt.-amerik. Zusammenarb.; 1985, 88 u. 90 Prof. of Diplomacy, Georgetown Univ. Washington, D. C. - Gr. BVK, 1983 Stern u. Schulterbd. dazu.

STADJE, Wolfgang

Dr., Prof. f. Mathematik Univ. Osnabrück - Bismarckstr. 36, 4500 Osnabrück - Geb. 21. Nov. 1952 Braunschweig (Vater: Walter St., Rechtsanw.; Mutter: Elvira, geb. Kemper), verh. m. Monika Reß-Stadje - Univ. Göttingen (Dipl. 1976, Promot. 1978, Habil. 1981) - 1978-81 Wiss. Assist. Univ. Göttingen; 1981/82 Vertretungsprof. Univ. Hamburg; s. 1982 Prof. Univ. Osnabrück.

STADLER, Arnold

Dr. phil., Dipl.-Theol., Schriftsteller - Wentzingerstr. 72, 7800 Freiburg (T. 0761 - 27 70 32) - Geb. 9. April 1954 Meßkirch Baden, kath. - Theol.stud. 1973-79 in München u. Rom; German., Mediäv., Kunstgesch. 1980-86 in Freiburg, Bonn u. Köln; Wiss.Assist.; Promot. 1986 Köln - BV: Kein Herz u. keine Seele, 1986; Ich war einmal, 1989; D. Buch d. Psalmen, 1989; Feuerland, 1992 - 1989 Ponto-Preis f. Lit.; 1990 Stip. Rheinland-Pfalz; 1990 Jahresstip. Dt. Lit.fonds.

STADLER, Franz

Ehrenpräsident d. ADAC (Präs. 1972-89; 1957 Schatzm., 1964 Vizepräs.) - Altstadt 29, 8300 Landshut/Ndb. (T. 0871 - 2 80 22) - Geb. 8. Okt. 1913 Untermassing, verh. s. 1940, 3 Töcht. (Christiane, Waltraud, Gabriele) - Human. Gymn. - 1965 BVK I. Kl., 1973 Gr. BVK, 1978 Stern dazu, 1985 Gr. BVK m. Stern u. Schulterbd.; 1969 Bayer. VO.; 1969 DRK-Ehrenz.; 1978 Gold. Bürgermed. Stadt Landshut; 1986 Gold. Lenkrad; 1988 Gr. Gold. Ehrenz. Rep. Österr.; 1983 Ehrenbürger TU München.

STADLER, Heinrich

Dipl.-Landwirt, Präsident d. Landwirtschaftskammer Hannover - Masch Nr. 7 Föhrte, 3220 Alfeld/Leine - Geb. 15. Juli 1925, kath., verh. s. 1952 m. Gudrun, geb. Höcke, 3 Kd. (Martin, Thomas, Annette) - Landwirtprüfung; Stud. Landw. in Hohenheim, Bonn, Weihenstephan (TH München); Dipl. Weihenstephan (TH München); Vorstandsmitgl. DLG (Deutsche Landwirtschaftsges.), Landesverb. Nieders. Landvolk; Vorst. Leineverb. Göttingen.

STADLER, Hubert

Dr. jur., Hauptgeschäftsführer Vereinigung d. hess. Unternehmerverb. u. Arbeitgeberverb. d. hess. Metallind. - Emil-von-Behring-Str. 4, 6000 Frankfurt (T. 069 - 95 80 8-0) - Geb. 3. März 1929 Höchst, verh., 2 Töcht. - Stud. Rechtswiss. Univ. Frankfurt; Promot. Mainz - Spr.: Engl.

STADLER, Irmgard

s. Stadler-Nagora, Maria Irmgard

STADLER, Michael Aurel

Dr. phil., Dipl.-Psych., Univ.-Prof. f. Psych. Univ. Bremen - Osterdeich 60, 2800 Bremen (T. 70 06 52) - Geb. 1. Dez. 1941 Berlin (Vater: Christoph S.; Mutter: Ilse, geb. Streit), 3 Kd. (Christoph Aurel, Lena, Leif) - Studium Psych., Physiol. Phil., Kunstgesch. Dipl.-Psych. 1967; Promot. 1968 u. Habil. 1973 Münster - 1967-72 Wiss. Assist., 1972-80 Wiss. Rat u. Prof., 1973-74 Dekan Fachbereich Psych. Univ. Münster., s. 1980 Univ.-Prof. Univ. Bremen. Mitgl. Künstlergruppe Rimmini (Audiovision, Abform.) - BV: Psych. d. Wahrnehm., 1975 (auch ital.); Erkenntnis oder Dogmatismus?, 1978; Arbeitsmotivation, 1980; Psychol. an Bord, 1984 (auch engl. u. ital.); Persönlichkeitsentwicklung an Bord, 1988; Synergetics of Cognition (m. H. Haken), 1990 - Liebh.: Bild. Kunst, Jazzmusik, Segeln - Spr.: Engl., Franz., Ital., Finn. - Bek. Vorf.: Ernst S., Express. Dichter (Großonkel).

STADLER, Peter

Dr. phil., Prof. f. Neuere Geschichte - Hegibachstr. 149, Zürich (Schweiz) - Geb. 11. Nov. 1925 Zürich (Vater: Hermann S.; Mutter: Margrit, geb. Honegger), verh. s. 1963 m. Dr. jur. Verena, geb. Labhart, 3 Töcht. - Univ. Zürich u. Göttingen. Promot. (1952) u. Habil. (1957) Zürich - 1963-67 Ass. Prof. Zürich; 1967-70 o. Prof. Univ. Gießen, s. 1970 Zürich. 1981 Mitgl. Hist. Kommiss. Bayer. Akad. d. Wiss. - BV: Genf, d. gr. Mächte u. d. eidgenöss. Glaubensparteien 1571-84, 1952; Geschichtsschreib. u. histor. Denken in Frankr. 1789-1871, 1958; Karl Marx, 1966 (ital. 1971); D. Zeitalter d. Gegenreformation, Handb. d. Schweiz. Gesch. I, 1972; D. Univ. Zürich 1933-1983, Red. 1983; D. Kulturkampf in d. Schweiz, 1984; Pestalozzi, Geschichtl. Biogr. I, 1988; Zw. Mächten, Mächtigen u. Ideologien. Aufs. z. europ. Geschichte, 1990 1961 Werner-Näf-Preis (Schweiz).

STADLER-NAGORA, Maria Irmgard

Kammersängerin (Künstlername: Irmgard Stadler) - Payerstr. 10, 7000 Stuttgart (T. 24 06 31) - Geb. 28. März 1937 Michaelbeuern (Salzburg) (Vater: Konrad St., Gutsverw.; Mutter: Maria, geb. Mayr), kath., verh. s. 1965 m. Prof. Klaus Nagora, S. Rafael - 1957-63 Stud. Mozarteum Salzburg u. Musikakad. Wien - S. 1963 Festes Engagem. Württ. Staatstheater Stuttgart - Partien: u.a. Rosenkavalier (Marschallin), Jenufa, Katja Kabanowa, Rusalka, Donna Elvira, Wozzeck (Marie), Meistersinger-Eva - S. 1970 Kammersängerin - Spr.: Engl., Ital.

STADLMANN, Heinz

Verantwortl. Redakteur f. Wirtschaftsberichterstattung u. Unternehmen - Zu erreichen üb. FAZ, Postfach 10 08 08, 6000 Frankfurt/M. 1.

STÄBLEIN, Gerhard

Dr. rer. nat., o. Prof. f. Physiogeographie u. Polargeographie, FB Geowiss. Univ. Bremen - Postfach 330440, 2800 Bremen 33 (T. 0421 - 218 25 20; Fax 0421 - 218 31 16) - Geb. 2. April 1939 Landau/Pfalz (Vater: Alex St., Stud.rat; Mutter: Anni, geb. Welzbacher), kath. - Univ. Tübingen (b. 1960), FU Berlin (b. 1962), Würzburg (b. 1965), Promot. 1968, Habil. Univ. Würzburg - 1970 Prof. Univ. Marburg, 1975 o. Prof. FU Berlin, 1986 Prof. Univ. Bremen in Kooperation m. Alfred-Wegener-Inst. f. Polar- u. Meeresforschung Bremerhaven - S. 1967 Teiln. an versch. Exped. nach Spitzbergen, Grönland, N-Kanada u. in d. Antarktis - BV: Grobsediment-Analyse, als Arbeitsmeth. d. genet. Geomorphologie (Habil.schr.), 1970. Herausg. Ztschr. f. Geomorphologie; Beirat d. Geogr. Rdsch. - Spr.: Engl., Franz. - Lit.: Geograph. Tb.

STAECK, Klaus

Prof., Rechtsanwalt, Grafiker, Verleger - Ingrimstr. 3, 6900 Heidelberg 1 (T. 2 47 53; Telefax 06221 - 1 02 30) - Geb. 28. Febr. 1938 Pulsnitz, Kr. Kamenz (Vater: Georg S., Steuerbevollm.; Mutter: Liselotte, geb. Wagner), ev. - Stud. Univ. Heidelberg, Hamburg, Berlin; Refer.ex. 1962, Ass.ex. 1969 - S. 1986 Gastprof. Kunstakad. Düsseldorf - BV: D. Reichen müssen noch reicher werden, 1973; Plakate abreißen verboten, 1973; D. Kunst findet nicht im Saale statt, 1976 (m. Dieter Adelmann); Briefe z. Verteidigung d. Republik (m. Heinrich Böll u. Freimut Duve); D. Gedanken sind frei, 1980; Zuviel Pazifismus?, 1981 (m. Heinrich Böll u. Freimut Duve); Verantwortl. f. Polen?, 1982 (m. Heinrich Böll u. Freimut Duve); Staeck's Umwelt, 1984 - 1970 Zille-Pr. Berlin (f. soz.krit. Grafik), 1978 Kritikerpreis, Mitgl. Intern. Künstlergremium, s. 1982 Mitgl. PEN-Club - Liebh.: Grafik, pol. Plakate - Spr.: Engl. - Lit.: Ingeborg Karst, D. Fall Staeck, 1975.

STAECK, Lothar

Dr. phil. habil., Univ.-Prof. TU Berlin (s. 1980) - Devrientweg 2B, 1000 Berlin 45 (T. 030 - 771 22 24) - Geb. 10. Aug. 1944, verh. - 1980 Prof. TU Berlin Fachgeb. Didaktik d. Biol., s. 1987 1. Vors. d. Sektion Fachdidaktik im Verb. Dt. Biologen - BV: Zeitgemäßer Biologieunterr., 4. A. 1987. Weitere 5 Buch- u. üb. 40 Ztschr.-Veröff. - Liebh.: Naturfotogr., Tropenreisen - Spr.: Engl., Franz., Span.

STAECK, Rudolf

Dipl.-Kfm., Vorstandsmitglied Wayss & Freytag AG., Frankfurt/M. (s. 1972) - Böcklinstr. 2, 6000 Frankfurt/M. (T. 62 23 52) - Geb. 28. Juli 1929. B. 1972 (Umwandl.) pers. haft. Gesellsch. Wayss & Freytag KG.

STÄCKER, Hans-Detlef

Rechtsanwalt u. Notar, MdL Schlesw.-Holst. (s. 1968; 1970 ff. parlam. Vertr. d. Justizmin.) - Marktstr. 15, 2082 Uetersen (T. 26 32) - Geb. 22. Mai 1923 Uetersen, ev., verh., 2 Kd. - Gymn. Uetersen; 1946-49 Univ. Hamburg u. Kiel. Jurist. Staatsex. 1949 u. 53 - 1959 ff. Ratsherr Uetersen. 1959 FDP (1969 ausgetr.); 1969 CDU.

STÄCKER, Hans Georg

Geschäftsführer Fachgemeinschaft Textilmaschinen/VDMA u. Fachgemeinschaft Wäscherei- u. Chemischreinigungsmasch./VDMA - Lyoner Str. 18, 6000 Frankfurt/M. 71 - Gf. Vorst.-Mitgl. Walter-Reiners-Stiftg. d. Dt. Textilmaschinenbaues z. Förderung d. Ingenieurnachwuchses.

STÄCKER, Horst

Geschäftsführer Bremer Toto u. Lotto GmbH, Mitgl. Brem. Bürgerschaft (1963-86, davon 1968-71 stv. Fraktionsvors.) - Goldenstedter Weg 18, 2800 Bremen 1 - Geb. 28. April 1931 Bremen, ev., verh., 4 Kd. - Obersch. Bremen (Mittl. Reife); Lehre als Elektrowickler Lloyd-Dynamowerke ebd. - 1947-56 Lehrfa., 1956-64 SPD-Landesorg. (Sekr.), 1965-86 Arbeiterwohlf. Bremen (Gf.). SPD s. 1952.

STÄDING, Karl-Heinz

Beamter, MdA Berlin (s. 1975) -Wilhelmsruher Damm 100, 1000 Berlin 26 - Geb. 3. Mai 1928 Berlin - SPD.

STÄGLICH, Dieter

Dr. phil., Direktor Universitätsbibliothek Wuppertal (s. 1972) - Gaußstr. 20, 5600 Wuppertal 1 - Geb. 8. Febr. 1941 Leipzig - Promot. Slavistik 1966, Bonn - 1969-72 Abt.-Leit. UB Mannheim.

STAEHELIN, Martin

Dr. phil., o. Prof. f. Musikwissenschaft Univ. Göttingen (s. 1983) - Schlözerweg 4, 3400 Göttingen (T. 0551 - 39 50 72) - Geb. 25. Sept. 1937 Basel/Schweiz, ev.-ref., verh. s. 1973 m. Elisabeth, geb. Schenker, 3 Kd. (Katharina, Simon, Adrian) - Promot. (Dr. phil.) 1967 Basel, Habil. 1971 Zürich, Dipl. als Flötist 1963 Musikakad. Basel - 1976-83 Dir. Beethoven-Archiv Bonn; s. 1983 o. Prof. Univ. Göttingen f. Musikwiss. Versch. musikwiss. Publikationen - 1975 Dent Medaille Royal Musical Assoc. London; 1987 o. Mitgl. Akad. d. Wiss. Göttingen.

STAEHLER, Gerd

Dr. med., Dr. med. habil., Prof. f. Urologie, Direktor d. Abt. Urologie u. Poliklinik d. Univ. Heidelberg (s. 1989) - Im Neuenheimer Feld 110, 6900 Heidelberg 1 - Geb. 30. Aug. 1939 Leipzig (Vater: Prof. Dr. med. Werner St., Urologe; Mutter: Erika, geb. Defèr), verh. s. 1967 m. Mechthild, geb. Schulz, 2 S. (Michael, Thomas) - Gymn. Tübingen (Abit. 1958); Med.-Stud. Hamburg, Freiburg, München, Tübingen, Ex. 1963 - S. 1974 Oberarzt, s. 1978 ltd. Oberarzt Urol. Univ.-Klinik München . Mehr als 200 Publ. - 1977 Maximilian-Nitze-Preis Dt. Ges. f. Urologie; 1984 Curd-Bohnewand-Preis.

STÄHLER, Kurt

Dipl.-Ing., Vorstandsmitglied Preussag AG, Hannover u. Vorst.-Vors. Preussag Stahl AG, Salzgitter - Am Rodenberg 26b, 3388 Bad Harzburg 1 - AR-Vors. Salzgitter Stahl GmbH, Düsseldorf, DEUMU Dt. Erz- u. Metall-Union GmbH, Hannover, Hansaport Hafenbetriebsges. mbH, Hamburg, Walzwerk Ilsenburg GmbH, Ilsenburg; AR Vereinigte Aluminium Werke AG, Bonn.

STÄHLI, Hans

2. Kapellmeister u. Studienleiter Theater d. Stadt Heidelberg, Arrangeur - Fritz-Frey-Str. 8, 6900 Heidelberg (T. 06221-41 27 42) - Geb. 31. März 1950 Interlaken/Schweiz, ev., ledig - Bernisches Primar-Lehrerdipl. 1970; Musiktheorielehrerdiplom (Theo Hirsbrunner) 1973;

Orchesterdirigentendipl. (Sylvia Caduff) 1975 (bde. Konservat. f. Musik, Bern); Gebrauchskomp. u. Arrangeur f. Theaterauff. (Schauspielmusiken, Neuinstrumentierungen, Balletteinlage usw.); Klavierbegleiter; 1970-76 Dirig. Kammerorch. Interlaken, 1972-76 Berner Bläseroktett, 1975 Klavierbegleiter d. Violin-Meisterkl. v. Prof. Max Rostal, 1977 Repetitor, s. 1981 Studienleiter u. Kapellm. Landestheater Coburg, s. 1983 2. Kapellm. in Heidelberg - Insz.: Coburg: Frau Luna (1980); Vetter aus Dingsda (1981); Kiss me Kate (eig. Big-Band-Fassung, 1982); Ball im Savoy (1983); Heidelberg: Boccaccio (1983) Anatevka (1984); Zar u. Zimmermann (1985). Nachdirigate: Verkaufte Braut; Zaubergeige, The Rake's Progress; La Bohème.

STÄHLIN, Adolf

Dr.-Ing., Dr. agr. habil., Dr. agr. h. c., Dipl.-Landw., o. Prof. f. Grünlandw. u. Futterbau (emerit.) - Bergstr. 18, 6301 Wettenberg 2 (T. 06406 - 33 94) - Geb. 13. Okt. 1901 Nürnberg (Vater: Prof. Dr. phil. D. Otto S., Ord. f. Klass. Philologie Univ. Erlangen (s. X. Ausg.); Mutter: Anna, geb. Seiler), ev., verh. I) 1935 m. Julie, geb. Fischer (†1961), S. Peter, II) 1968 Dr. agr. Lieselotte, verw. Philipp, geb. Kienitz (Regierungslandw.rätin a.D.) - Stud. TH München u. LH Hohenheim - B. 1943 Univ. Jena; 1946-1956 LH Hohenheim (1951 ao. Prof.); 1956-70 Univ. Gießen (o. Prof. u. Inst.-dir.) - BV: Standorte, Pflanzenges.en u. Leistung d. Grünlandes, 1936 (m. E. Klapp); Handb. d. Samenkd., 2. A. 1975 (m. W. Brouwer); D. Beurt. d. Futtermittel, 1957; D. Acker- u. Grünlandleguminosen im blütenlosen Zustand, 1960; Verbreitete Pflanzenges.en d. Dauergrünl., d. Äcker, Gärten u. Weinberge, 1960 (m. O. Schweighart); D. landw. Kulturpflanzen Mitteleuropas in d. europ. Sprachen, 1967 (m. Dr. phil. Agnes S., Schwester) - 1967 Ehrendoktor TH München - Bruder: Gustav S.

STÄHLIN, Gustav

Dr. phil., Dr. theol. h. c., o. Prof. f. Neutestamentl. Wissenschaft (emerit.) - Weidmannstr. 53, 6500 Mainz (T. 8 25 36) - Geb. 28. Febr. 1900 Nürnberg, ev., verh. I) 1930 m. Irmgard, geb. Fischer †, 3 Kd. (Anemone, Ingeburg, Otto-Traugott), II) 1954 Dr. med. Ursula, geb. Michaelis - Univ. Erlangen, Halle, Berlin, Tübingen; Pred.sem. München. Habil. 1930 Leipzig - 1927 Studieninsp. Schles. Konvikt f. Studierende d. Theol. Halle, 1930 Privatdoz. Univ. Leipzig, 1932 Doz. Ev.-Luth. Theol. Hochsch. Madras (Ind.), 1940 wied. Leipzig, 1943 stv. Ord. Univ. Wien, Kriegsdst. u. Gefangensch., 1946 o. Prof. Univ. Erlangen, 1952 Univ. Mainz - BV: Skandalon, Unters. z. Gesch. e. bibl. Begriffs. 1930; Apostelgesch. (Neues Testam. Dt. 5), 7. A. 1980. Mitarb.: Kittel-Friedrich, Theol. Wörterbuch z. Neuen Testam., Religion in Gesch. u. Gegenw., Ev. Kirchenlexikon, Bibl.-Histor. Handwörterb. - 1948 Ehrendoktor Univ. Erlangen - Bek. Vorf. ms.: Gotthilf Heinrich v. Schubert, Naturphilosoph, 1786-1860 (Ururgroßv.); Friedrich Heinrich Ranke, Theologe, 1798-1876 (Urgroßv.) - Eltern s. Adolf S. (Bruder) - Lit.: Verborum Veritas - Festschr. z. 70. Geburtstag, 1970.

STÄHLIN, Traugott

Dr. theol., Prof. f. Prakt. Theologie Kirchl. Hochsch. Bethel - Martiniweg 2, 4800 Bielefeld 13 (T. 0521 - 144 32 79) - Geb. 12. Dez. 1934 Madras/Indien (Vater: Dr. Gustav St., Prof.; Mutter: Irmgard, geb. Fischer), ev., verh. s. 1964 m. Doris, geb. Büchner, 3 T. (Antje, Esther, Ruth) - 1. theol. Ex. 1958 Hannover, 2. theol. Ex. 1964 ebd., Promot. 1963 Göttingen - 1964-69 Pfarrer Hannover; 1969/70 Forsch.arbeit New York; 1970-72 Forsch.stip. DFG; 1973-76 Wiss. Assist. Tübingen; s. 1976 o. Prof. f. Prakt. Theol. Bethel; zweimal Rektor d. Hochsch.; Forsch.- u. Vortragsreisen in Europa u. USA; Gastprof. in Indien (Bangalore) - BV: Gottfried Arnolds geistl. Dicht. Glaube u. Mystik, 1966; Theol. u. Frömmigk., 1980. Mithrsg.: Handb. d. Prakt. Theol. (s. 1981); Ztschr. f. Gottesdienst u. Predigt (s. 1983) - Liebh.: Malerei d. späten Mittelalters u. d. 17. u. 20. Jh.; Russ. Lit. d. 19. u. 20. Jh. - Spr.: Engl., Franz., Neugriech.

STAEL, A., de

s. Jungk, Robert

STAEMMLER, Hans-Joachim

Dr. med., Prof., Direktor Städt. Frauenklinik Ludwigshafen/Rh. a. D. - Heinrich-Vogl-Str. 8, 8000 München 71 (T. 089-791 43 52) - Geb. 24. April 1918 Posen - S. 1954 (Habil.) Lehrtätigk. Univ. Kiel (1959 apl. Prof.) u. Heidelberg (apl. Prof.). Vorles. üb. Geburtshilfe u. Frauenheilkd. - BV: D. gestörte Regelung d. Ovarialfunktion, 1964; Fibel d. gynäk. Endokrinologie, 1965 (2 A.). Mithrsg.: Lehrb. d. Gynäkologie (begr. von H. Martius) 5. Aufln., 13. A. 1980; Störungen d. weibl. Sexualfunktion in: Praktische Endokrinologie, 3 Aufln. (4. A. 1976); D. Wechseljahre d. Frau, 1967; Geburtenplanung, 1974; Atlas d. gynäkol. Differentialzytologie (zus. m. M. L. Schneider), 1976 (sechsspr.); Gynäkol. Hormontherapie in d. Praxis, 1976 (auch engl. u. türk.); Gynaecological Hormonetherapy in General Practice, 1979. Zahlr. Einzelarb.

STAEMMLER, Volker

Dr. rer. nat., Prof. f. Theoret. Chemie - Natorpstr. 41 b, 4630 Bochum - Geb. 16. Dez. 1940 Breslau (Vater: Prof. Dr. med. Martin St., Pathologe; Mutter: Dr. med. Käthe, geb. Biedermann), ev., verh. s. 1966 m. Margarete, geb. Wagner, 4 Kd. - Gymn. Aachen, Univ. Göttingen (Phys.), Promot. 1969, Habil. Bochum 1975 - 1980 Prof. Bochum - Ca. 80 Art. in Fachztschr. f. Physik, Chemie - Spr.: Engl., Ital., Franz., Russ.

STAEMPFLI, Edward

Komponist - Bülowstr. 10a, 1000 Berlin 37 - Geb. 1908 Bern (Schweiz) - Lebt s. 1954 West-Berlin - Opern, Symphonien, Kammermusik, Lieder.

STÄMPFLI, Jakob

Prof. Folkwang Hochsch. f. Musik Essen, Konzertsänger - Haldenweg 24c, CH-3626 Hünibach - Geb. 26. Okt. 1934 Bern (Vater: Hans S., Dr. med. dent.; Mutter: Regine, geb. Stalder), ev., verh. s. 1962 m. Susanna, geb. Zogg, 2 Kd. (Philipp Lucas, Regula Elisabeth) - 1951-53 Konservat. Bern; 1953-56 Staatl. Hochsch. f. Musik Frankfurt/M. (Konzertex. 1956) - 1960-62 Lehrer Konservat. Biel; s. 1963 Konzertausbild. klass. Konservat. Bern; 1963-69 Staatl. Hochsch. f. Musik Saarbrücken; 1969 Hochsch. f. Musik Hamburg; s. 1975 Folkwang Hochsch. f. Musik - 1965 Prof.-Titel saarländ. Reg.; 1989 Kulturpreis Stadt Thun - Spr.: Franz., Ital., Engl.

STÄMPFLI, Robert

Dr. med., em. Prof. ehem. Direktor I. Physiol. Inst. Univ. Saarbrücken (s. 1954) - Websweiler Str. 34, 6651 Jägersburg (T. Homburg/Saar 7 89 35) - Geb. 9. Juni 1914 Bern (Vater: Wilhelm S., Verleger; Mutter: geb. Kammerer), ev., verh. s. 1941 m. Marie-Louise, geb. Vigne, 5 Kd. (Séverine, Marianne, Françoise, Bernard, Nicolas) - Realgymn. Bern; TH Zürich (Elektroing.), Univ. Bern u. Genf - Med. Hochalpine Forschungsstation Jungfraujoch; Physiol. Inst. Univ. Bern (1949 Privatdoz.). Entd.: Vitachrom - blau fluoreszierendes Dithiazolyl (Diss. 1942); 1954 Erf. Saccharose-Trennwand, Meth. z. Messung v. Membranpotentialen - 1959 Adolf-Fick-, 1967 Wilhelm-Feldberg-Preis; 1963 Mitgl., 1978 Senator Dt. Akad. d. Naturforscher (Leopoldina); 1964 Honorary Member British Physiological Soc., Dr. phil. h. c. Univ. Poitiers 1966, Dr. med. h. c. Univ. Genf 1972, Dr. Sc. h. c. Aston Univ. Birmingham 1976 - Liebh.: Fliegenfischen - Spr.: Franz., Engl., Ital.

STÄUBLE, Eduard

Dr. phil., Prof., Publizist - Chalet Plein Soleil, CH-3654 Gunten BE - Geb. 12. Febr. 1924 St. Gallen, verh. s. 1959 m. Maria, geb. Bossart, Malerin - Lehrerseminar Rorschach; Stud. Univ. Zürich German., Volkskunde; Promot. (Diss. üb. Albrecht v. Haller) - 1953-58 Herausg. u. Redakt. Schweiz. Republikan. Blätter (in d. Nachf. v. J. B. Rusch); 1958 Redakt. Schweizer Bücherztg. Domino; 1958-65 Redaktor d. Werkztg. u. Leit. Pressestelle AG Brown, Boveri & Cie. Baden; 1962-66 Redaktor Ztschr. Theater-Kurier, Baden; 1965-86 Leit. Abt. Kultur u. Ges. d. Schweizer FS Zürich - BV: Max Frisch, 4. A. 1971; Siena u. d. Landschaft d. Toscana, D. Bö-Buch, 1975. FS: Macht u. Ohnmacht/ Fluch u. Segen, 1979. Herausg.: Große Schweizer u. Schweizerinnen, 100 Portraits (1990); Robinson war ein Irrtum, zeitkrit. Essays (1991). Erz., Bühnenstücke. Arb. üb. Leopold Ziegler, Mary Lavater-Sloman, Albert Bächtold, Albert Knoepfli, Hugo Loetscher, Otto Frei, Walter Nigg, Erwin Jaeckle u.a. Zahlr. Radio- u. FS-Sendungen sow. Filme - Verleihung d. Prof.-Titels durch d. österr. Bundespräs. R. Kirchschläger.

STAFF-STARKE, Werner

Fabrikant, Kommanditist Staff KG., Lemgo - Grevenmarsch, 4920 Lemgo - Geb. 24. Jan. 1922.

STAFFELT, Ditmar

Dr. rer. pol., Vorsitzender d. Fraktion d. SPD im Abgeordnetenhaus v. Berlin (s. 1989), Mitgl. d. Abgeordnetenhauses (s. 1979) - Zu erreichen üb. SPD-Fraktion im Abgeordnetenhaus, Rathaus Schöneberg, John-F.-Kennedy-Platz, 1000 Berlin 62 (T. 030 - 783-87 40) - Geb. 1. Aug. 1949 Berlin, verh. - Kurat.-Mitgl. d. Initiative Berlin - USA - Spr.: Engl., Franz.

STAGL, Justin

Dr. phil., Dr. phil., o. Prof. f. Soziologie Univ. Salzburg - Rudolfskai 42, A-5020 Salzburg - Geb. 9. Jan. 1941 Klagenfurt (Vater: Alexander St., Major (gef. 1944); Mutter: Anna Maria, geb. Freiin v. Klopp-Vogelsang), kath., verh. s. 1967 m. Erika, geb. Petri, 2 Kd. (Maria Natalia, Jakob) - Human. Gymn. Klagenfurt (Abit. 1960), Univ. Wien, Leiden u. Münster (Ethnol., Psych., Linguistik u. Soziol.), Promot. 1965, Habil. Salzburg 1973 - 1967-69 Assist. Graz, 1970-74 Salzburg, 1969-70 Humboldt-Stip.; 1974-91 Prof. f. Soziol. Univ. Bonn; 1982/83 Gastprof. Univ. of Notre Dame, 1988/89 Akad.-Stip. VW-Stiftg., Visiting Fellow, Clare Hall, Cambridge 1989, Life Member s. 1990, o. Prof. Salzburg s. 1991 - BV: D. Morphol. segmentärer Ges., 1974; Kulturanthropol. u. Ges., 2. A. 1981; A History of Curiosity, 1993. Art. in Fachztschr. u. Sammelw. - Spr.: Engl., Franz., Niederl. - Bek. Vorf.: Onno Klopp (1822-1903), Histor., Karl Frhr. v. Vogelsang (1818-90), Sozialpolitiker, (Ur-urgroßväter).

STAGUHN, Kurt

Dr.-Ing., o. Prof. u. Direktor Inst. f. Kunsterziehung Univ. Gießen (s. 1962) - Nelkenweg 78, 6300 Gießen (T. 3 37 87) - Geb. 23. Juni 1920, ev., verh. s. 1952 m. Doris, geb. Kofler, 4 Kd. (Martin, Annette, Bettina, Johannes) - Kunsthochsch. Kassel, Univ. Göttingen, TH Hannover (Kunstgesch., bild. Kunst, Päd.) - S. 1962 ao. u. o. Prof. Gießen - BV: Didaktik d. Kunsterzieh., 2. A. 1972; Expressives Malen, 1968; Kunsterzieh. im Vorschulalter, 2. A. 1971; Malfibel, 1972 (m. Ehefr., auch ital.); Didaktik d. Werkerzieh. u. d. techn. Grundbildung, 1977; Fachdidakt. Stud. in d. Lehrerbild., Kunsterzieh., 1979 (Hrsg.).

STAHL, Alexander, von

Generalbundesanwalt Bundesgerichtshof (s. 1990) - Herrenstr. 45 A, 7500 Karlsruhe - Geb. 10. Juni 1938 Berlin, verh. s. 1965 m. Monika, geb. Woitschach, 3 Kd. - Stud. Rechtswiss. Univ. Münster u. München; 1. jur. Staatsex. 1961 Hamm; Gerichtsref. in Nordrh.-Westf., Berlin u. an d. Verw.Hochsch. Speyer; 2. jur. Staatsex. 1966 Düsseldorf - 1967 Verw.-tätigk. in Berlin; 1969-70 Wiss. Assist. d. FDP-Frakt. im Abg.haus von Berlin; 1970-75 Frakt.-Geschäftsf. d. FDP-Frakt. im Abg.haus v. Berlin; 1975-89 Senatsdir./Staatssekr. b. d. Senator f. Justiz, Berlin; 1989-90 Rechtsanwalt.

STAHL, Arne

Dr. rer. nat., Prof., Physiker - Obersteinstr. 34, 5190 Stolberg/Rhld. (T. 2 65 79) - Geb. 21. März 1931 Hermannseifen - S. 1967 (Habil.) Lehrtätigk. TH Aachen (1969 apl. Prof. u. Wiss. Rat u. Prof.). S. 1988 Mitgl. im Vorstandsrat d. Dt. Physikal. Ges. - Facharb. - BV: Electrodynamics of the Semiconductor Band Edge (m. I. Balslev).

STAHL, Dieter

Dipl.-Ing., Techn. Direktor RIAS Berlin (s. 1971) - Kufsteiner Str. 69, 1000 Berlin 62 (T. 8 50 31) - Geb. 1929 Ostpreußen - TH Hannover - Ind. Weitverkehrstechnik, Inst. f. Rundfunktechnik Hamburg. Spez. Arbeitsgeb.: Hochfrequenz- u. Satellitentechnik.

STAHL, Erwin

Bergingenieur, Parlam. Staatssekr. a.D., MdB (s. 1972) - Tiefstr. 29, 4152 Kempen 1/Ndrh. - Geb. 25. Juni 1931 Eigenheim/Posen, ev., verh., 4 Kd. - Mittel-, Berg- u. -Ing.sch. Grubensteiger 1956; Berging. 1963 - S. 1949 Lehrling, Knappe (1952), Hauer (1953), Gruben- (1956), Abt.- (1960), Fahrsteiger (1965), Sachbearb. (1970) Bergbau AG. Niederrhein (Stabsst. f. Unternehmerfragen im Untertagebetrieb). 1945-49 Internierung Polen. 1970 ff. Mitgl. Stadtrat Kempen (stv. Bürgerm.); b. 1982 Parlam. Staatssekr. Bundesmin. f. Forsch. u. Technol. SPD s. 1964 (Vors. Unterbez. Viersen 1969-86).

STAHL, Francis

Vorstandsvorsitzender a. D. Deutsche Renault AG - Kölner Weg 6-10, 5040 Brühl-Vochem - S. 1982 wieder Renault Paris.

STAHL, Friedrich-Christian

Dr., Ltd. Archivdirektor a. D., Oberstleutnant a. D. - Schwarzwaldstr. 68, 7803 Gundelfingen (T. 0761 - 58 04 13) - Geb. 28. Okt. 1918 Berlin (Vater: Friedrich S., Generalleutnant a. D.; Mutter: Katharina, geb. Worzewski), ev., verh. s. 1949 m. Anna-Maria, geb. Krüger, 2 Kd. (Georg, Christa) - 1945-51 Univ. Hamburg, Promot. 1953 - 1952-55 wiss. Assist. Univ. Köln; 1955-61 Hilfsref., s. 1958 Ref. f. Militärwiss. Bundesmin. d. Verteidig.; 1961-66 Abt.leit. Militärgesch. Forschungsamt; 1966-80 Leit. Bundesarchiv - Militärarchiv; Mitgl. d. Preußischen Historischen Kommiss. - Beitr. u. Lit.berichte z. Militär- u. Kriegsgesch. d. 19. u. 20. Jh.

STAHL, Günter

Senatsdirektor a.D. - Am Rüten 31B, 2800 Bremen - Geb. 11. Jan. 1922 Wetzlar/L. (Vater: Friedrich S., Betriebsleiter; Mutter: Auguste, geb. Schmitz), ev., verh. s. 1950 m. Dr. Emilie, geb. Kruse - Gymn. Wetzlar (Abit. 1940); Päd. Hochsch.; Univ. Frankfurt/M. u. Mainz (Päd., Psych.) - 1950-52 Lehrer Odenwaldschule (Landerziehungsheim); Dezern. Regierungspräsid. Darmstadt (Jugendhilfe); 1954-56 stv. Leit. Landesjugendamt Hessen; 1956-63 Leit. Jugendamt Bremen; s. 1963 Senatsdir. Senatsverw. f. Wohlfahrt u. Jugend bzw. Soziales, Jugend u. Sport Bremen, 1976-86 Senatsdir. b. Senator f. Finanzen, Bremen. SPD - Liebh.: Lit. - Spr.: Engl.

STAHL, Günter

Dipl.-Ing., Bauassessor, Bauoberrat - Veilchenweg 93, 6200 Wiesbaden-Freudenberg (T. 0611 - 2 51 10; dstl.: 0611 - 36 63 19) - Geb. 25. Juni 1935 Weilburg/ Lahn (Vater: Wilhelm S.; Mutter: Erna, geb. Diehl), ev., verh. s. 1962 m. Dr. Jutta, geb. Döhler, Ärztin f. Inn. Med.,

STAHL

2 Söhne (cand. Ing. Andreas Ph., cand. med. Armin) - Maurerlehre; 1952-55 FH Gießen; 1955-62 TH Darmstadt; Bauass.-Prüf. 1968 - 1962-65 U-Bahn-Bau Berlin, Prüfing. f. Baustatik Berlin; Bauoberrat Hess. Landesamt f. Straßenbau. 1973-91 Kirchenvorst. Wiesbaden, Dek.-Synode; s. 1978 Leit. Freudenberger Begegnung (FBB); s. 1990 Mitgl. d. Gr. Konvents d. Ev. Akad. Arnoldshain; s. 1991 d. M.-Niemöller-Stiftung. s. 1991 d. AA Geschichte d. Straßen- u. Verkehrswesens; s. 1992 Leit. d. AK Verkehrsnetz-Siedlungsstruktur; Mitgl. Hist. Kommiss. f. Nassau Wiesbaden. Ehrenamtl. Mitarb. Arbeitskr. Netzgestaltung d. Forsch.ges. f. d. Straßenwesen Köln. Zahlr. Veröff., Rez. in Int. Verkehrsw. Herausg. Blätter um d. FBB. Portraitbüste G. St. (v. Bildh. Th. Duttenhoefer, 1990) - 1987, 89, 90 u. 92 Silb. Bürgermed. Wiesbaden, 1991 Stadtsiegel - Liebh.: Bild. Kunst, Theol., Phil., Musik, Lit., Städtebau u. Verkehr - Bek. Vorf.: Fürstl. Consist.-Rath Pfr. Joh. Gg. Wilh. S. (1759-1813) - Lit.: Eugen Caspary, W. Schoppert in: Wilinaburgia, Weilburg/L. (1984ff.); R. Schulz-Bäsken, Wiesb. Tgbl.

STAHL, Harald

Unternehmer, Geschäftsführer - Cäsariusstr. 97, 5330 Königswinter 1 (T. 02223 - 2 69 02) - Geb. 9. Juli Troisdorf, kath., verh. s. 1969 m. Barbara, S. Mario Sebastian - Techn. Kaufm. - Erfinder; Designer, Konstrukteur; Mitarb. in Arbeitskr. Marketing, Vertrieb, PR - Color-Outdoor-Wohnwelt SL, farbige Holzmöbel, Markise, Mode im Freizeit-Wohnbereich, Kunst auf d. Markise, Kunst im Betrieb, Kunst auf Markisentüchern u. Auflagen - 1991 Intern.-Construction-Award, Barcelona; 1992 Intern. Leading-Company Trophäe Madrid - Liebh.: Kunst (alle Richtungen), Motorsport auf Rädern (Rennsport) - Spr.: Engl.

STAHL, Hermann W.
Schriftsteller u. akad. Maler - 8918 Diessen/Ammersee - Geb. 14. April 1908 Dillenburg/Hessen (Vater: Wilhelm S., Maler; Mutter: Charlotte, geb. Schmidt), 2 Söhne (Peter, Tobias) - Gymn. Kunstgewerbesch. u. -akad. - Maler u. Graphiker (1929 o. Mitgl. Münchner Künstlergruppe D. Juryfreien, 1933 v. NS zwangsaufgelöst, persönl. verboten); s. 1936 vornehml. schriftst. Tätigk. - BV: u. a. Traum d. Erde, R. 1936; D. Orgel d. Wälder, R. 1939; D. Heimkehr d. Odysseus, Erz. 1940; Gras u. Mohn, Ged. 1941; E. ganz alltägl. Stimme, N. 1947; D. Spiegeltüren, R. 1951; Wohin du gehst, R. 1954; Wolkenspur, Ged. 1954; Ewiges Echospiel, Erz. 1955; Wildtaubenruf, R. 1958; Jenseits d. Jahre, R. 1959 (auch engl. (USA) u. franz.); Tage d. Schlehen, R. 1960 (auch poln.); Genaue Uhrzeit erbeten, Erz. 1961; Das Pfauenrad, R. 1979; Ged. aus 40 Jahren, 1979. Hörspiele, Lit.kritik, Kurzgesch. - 1937 Immermann-Lit.preis Düsseldorf; 1951 Hörspielpreis München; 1968 Preis f. Epik, München; 1981 Tukan-Lit.-Pr.; 1982 BVK, u.a.; Gründungsmitgl. Dt. Akad. f. Spr. u. Dicht., Darmstadt, P.E.N. - Beteilig. an zahlr. gr. Kunstausstell. (b. 1933, mehrm. Glaspalast München) - Lit.: J. Schäfer, Symbol. Landsch. in d. Dicht. H. S., 1959 (Diss. Bonn); Malerei exkl., nachf. div. Gesamtausst. (u. 1980).

STAHL, Karl Heinz
Dr. phil., Prof. f. Kultur u. Technikvermittl. TU Berlin - Weiherwiesenstr. 14, 8500 Nürnberg-Brunn 50 (T. 0911 - 83 14 11) - Geb. 23. Nov. 1937 Nürnberg, ev., verh. s. 1969, 2 Kd. (Irvin, Tabea) - Promot. 1968 Univ. Erlangen-Nürnberg; Habil. (Neuere dt. Lit.gesch.) RWTH Aachen s. 1979 Prof. f. Kultur- u. Technikvermittl. TU Berlin. Verf. u. (Mit-)Herausg. v. Schr. z. Lit.-, Medien- u. Kulturwiss., Soziol. u. Phil.

STAHL, Konrad
Ph. D., Univ.-Prof. Univ. Mannheim (s. 1988) - Klosterstr. 175, 6732 Edenkoben - Geb. 30. Nov. 1941 Ludwigshafen/Rh., ev., verh. m. Barbara Dorothea, geb. Tolk, S. Julius - Dipl.-Ing. Arch. Univ. Stuttgart, M. Arch. Univ. of California, Berkeley, MCP ebd., Ph.D. ebd. - 1980-81 Fulbright Prof. Univ. of Calif., Berkeley, 1976-88 Univ.-Prof. Dortmund - BV: Math. Optimierung u. Mikroökon. Theorie (m. N. Schulz). Herausg.: Microeconomic Models of Housing Markets; U.S. and W.-German Housing Markets (m. R. Struyk); Regional Science and Urban Economics - Liebh.: Musik, Kunst - Spr.: Engl., Franz., Ital.

STAHL, Rolf
Regisseur u. Schauspieler - Hans-Sachs-Str. 10, 8000 München 5, u. Hebelstr. 107, CH-4056 Basel (T. 004161 - 321 18 01) - Geb. 27. April 1939, kath., verh. m. d. Fernsehredakt. Lieselotte Wicki, 2 Kd. (Johannes Christof, Anna Natalia Carlotta) - Abit.; Stud. Univ. Frankfurt/M.; Ausb. Staatl. Musikhochsch. Frankfurt/M. - Hochschulprofessur - Oberspielleit. Staatstheater Darmstadt, u. Stadttheater Basel; Schauspieler u. Regiss. Zürich, D'dorf, München, Frankfurt, Hamburg, Berlin, Wien; Arb. in Hongkong, New Delhi, Bombay; zahlr. Urauff. v. Stücken v. Franz Xaver Kroetz u. Felix Mitterer - Spr.: Engl., Franz., Lat.

STAHL, Ulf
Dr., Dipl.-Ing. o. Prof. f. Mikrobiologie TU Berlin - Zu erreichen üb. TU, Gustav-Meyer-Allee 25, 1000 Berlin 65 (T. 030 - 31 47 27 50) - Geb. 10. Jan. 1944 Wien (Vater: Josef S., Häusermakl.; Mutter: Elisabeth, geb. Burger), kath., verh. s. 1970 m. Anna, geb. Bartolich, 2 Töcht. (Christina, Vanessa) - Stud. Gärungstechnik u. Lebensmitteltechnol. Univ. f. Bodenkultur Wien; Dipl. 1969; Promot. 1975 Ruhr-Univ. Bochum; Habil. 1981 - 1982-83 C-3 Prof., Bochum; s. 1983 Univ.-Prof. (C 4) TU Berlin, gleichz. Leit. Bereich Mikrobiol. Inst. f. Gärungsgew. u. Biotechnologie - Spr.: Engl.

STAHL, Werner
Dr.-Ing., Prof. f. Mechanische Verfahrenstechnik Univ. Karlsruhe - Stalbühlweg 8, 6740 Landau - Geb. 24. Okt. 1938 Diedorf, verh. s. 1962 m. Gertraud, geb. Pfeffer, 2 Söhne (Manuel, Mario) - TU München (Masch.-Bau; Dipl.-Ing. 1962, Promot. 1965) - 1965-79 Leit. Entw. u. Prod.-Ber. Krauss-Maffei AG München; s. 1979 o. Prof. in Karlsruhe - 1976 Dechema-Preis - Spr.: Engl., Franz., Ital.

STAHLBERG, Hermann

Stabsfeldwebel a. D., MdB (1965-72 u. wieder 1974-80) - Kasseler Str. 24, 3580 Fritzlar - Geb. 1. Okt. 1920 Leichlingen/Rhld., kath., verh., 3 Kd. - Volkssch.; Lehre Schneidwarenind. - B. 1940 Versandgehilfe chem. Ind., dann Arbeits- u. Kriegsdst. (Wachtm.), b. 1949 sowjet. Gefangensch., anschl. Hilfsarb. u. Betriebsratsvors., 1956-57 (n. Reaktivierung als Oberfeldw.) Kompaniefeldw. u. Fernmeldeeinheit, s. 1957 Hilfssachbearb. Bundesverteidigungsmin.; 1973-75 Abt.leit. u. Prok. Albag, Bonn; 1958 Vorst.-Mitgl. (1956 Mitbegr.; 1967 stv. Vors.) u. 1972 Ehrenvors. Dt. Bundeswehrverb. CDU s. 1950 (u.a. 1974 Kreisvors. Schwalm-Eder-Kr.). Mitgr. Bundeswehr Sozialwerk, Soldatenhilfswerk, Res.-Verb. d. Dt. Bundesw. S. 1972 Ehrenvors. DBWV, Kreisvors. Seniorenunion, Kurat. K.-Th. Molinari Bildungswerk - BVK I. Kl., Gold. Ehrenkreuz d. Bundeswehr, 1988 Ehrenvors. CDU-Schwalm-Eder.

STAHLECKER, Hans
Fabrikant, gf. Gesellsch. Spindelfabrik Süßen, Schur, Stahlecker & Grill GmbH., Süßen - Haldenstr. 20, 7334 Süßen/Württ. - Ing.

STAHLECKER, Konrad
Kanzler d. Univ. Hohenheim - Schloß, 7000 Stuttgart 70.

STAHLKNECHT, Peter
Dr. rer. nat., Dipl.-Math., o. Prof. f. Betriebswirtschaftslehre/Wirtschaftsinformatik Univ. Osnabrück - Stenelttzstr. 32, 3000 Hannover 51 - Geb. 5. April 1933 Leipzig, ev., verh. s. 1963 m. Hedda, geb. Grethe, S. Holger - Dipl. 1955, Promot. 1958, Habil. 1977 - 1959-76 Ltd. Tätigk. b. Math. Berat.- u. Programmierdst. Dortmund, Preussag AG Hannover, Finanzverw. NRW Düsseld.; s. 1976 Prof. FU Berlin, s. 1981 in Osnabrück - BV: Operations Res., 1965/66, 2. A. 1970; Online-Systeme im Finanz- u. Rechnungswesen (Hrsg.), 1980; Methodik d. Hardware- u. Softwareausw. i. d. kl. u. mittl. Untern. (m. R. Nordhaüß), 1981; EDV-Syst. im Finanz- u. Rechnungswesen (Hrsg.), 1983, 5. A. 1991; Arbeitsbuch Wirtschaftsinformatik, 1991, EDV-Anwendungen im Unternehmen (m. B. Huch), 1987; zahlr. Einzelveröff.

STAHMER, Edgar
em. Prof., Dozent f. Musikerziehung Päd. Hochschule (Kant-Hochsch.) Braunschweig - Tulpenweg 37, 3300 Braunschweig.

STAHMER, Ingrid,
geb. Ulrici
Senatorin f. Soziales v. Berlin (s. 1991) - An der Urania 12-14, 1000 Berlin 30 (T. 030 - 21 22 27 00/27 01) - Geb. 16. Sept. 1942 Mittersill, verh. s. 1965 - Abit. - Sozialarbeiterin; Trainerin f. Gruppendynamik DAGG; 1966-71 Sozialarbeit; 1971-81 Leitung AG Kindertagesstätten b. Senat v. Berlin; 1981-89 stv. Bürgermeisterin u. Stadträtin f. Sozialwesen v. Berlin-Charlottenburg; 1989-91 Bürgermeisterin v. Berlin u. Senatorin f. Gesundheit u. Soziales - Liebh.: Kunst, Wandern - Spr.: Engl., Franz., Ital., Span.

STAHR, Karl
Dr. rer. nat., Prof. Inst. f. Bodenkunde u. Standortslehre Univ. Stuttgart 70 (Hohenheim) - Postfach, 7000 Stuttgart 70 (Hohenheim) - Geb. 5. Mai 1945 Neumarkt (Vater: Dr. Dr. Karl St., Arzt u. Zahnarzt; Mutter: Hildegard, geb. Nippa), ev., verh. s. 1971 m. Helga, geb. Schöllhammer, 4 Kd. (Carl Christoph, Anne Caroline, Johannes Jacob, Simon Eberhard) - Dipl.-Geol. 1969; Promot. 1972 Univ. Stuttgart; 1979 Habil. Bodenkd. Univ. Freiburg - 1971-80 wiss. Assist. Univ. Hohenheim u. Freiburg; 1980 Prof., Region. Bodenkd. TU Berlin; s. 1988 Prof. Allg. Bodenkunde m. Gesteinskunde Univ. Hohenheim - BV: Böden m. Eisenbändchen, 1973; Periglaziale Deckschichten, 1979; Soilscapes of Berlin (West), 1986 - Spr.: Engl., Span.

STAIB, Wolfgang
Dr. med., o. Prof. f. Physiol. Chemie u. Biochemie - Bergerfurthstr. 10, 4044 Kaarst - Geb. 12. Nov. 1924 Frankfurt/M. (Vater: Dr. Karl S., Chemiker, zul. Abteilungsdir. IG Farbenindustrie AG., Höchst/M. †1937; Mutter: Hilde, geb. Rentschler), kath., verh. s. 1954 m. Dr. Rosemarie, geb. Bermann, 3 Kd. (Karl Günter, Christiane, Peter) - Promot. 1951 Frankfurt/M.; Habil. 1959 Düsseldorf - S. 1959 Lehrtätigk. Med. Akad. bzw. Univ. Düsseldorf (1964 Oberarzt Inst. f. Physiol. Chemie; 1965 apl. Prof.; 1966 Wiss. Abt.svorsteher u. Prof.; 1970 o. Prof. u. Dir. Inst. f. Physiol. Chemie II). Fachmitgliedsch. - BV: Hübener/Staib, Biochemie d. Nebennierenrinden-Hormone, 1965. Üb. 80 Einzelveröff. Hormonforsch. u. z. Leberstoffw.

STAIGER, Willi K.
Generaldirektor i.R. - Hugo-Hoffmann-Str. 18D, 8021 Strasslach (T. 08170 - 76 71) - Geb. 9. Mai 1914 Bad Cannstatt.

STAIN, Walter
Staatsminister a. D., Publizist (Spezialgebiete Afrika u. Nahost), Präs. BV d. Suddt. Landsmannsch. (s. 1982) - 8711 Mainstockheim/Ufr. - Geb. 27. Dez. 1916 Prag (Vater: Dr. Viktor S., Justitiar; Mutter: geb. Kopitsch), verh. s. 1950 m. Elisabeth, geb. Körner, 1 Kd. - Oberrealsch.; DTH Brünn - 1939-46 Wehrdst. (zul. Oblt. Fallschirmjäger) u. Gefangensch.; ab 1947 Tätigk. Baugeschäft u. Holzkaufm.; 1950-62 MdL Bayern, GB/BHE bzw. GdP, 1953-54 Staatssekr. f. Angelegenh. d. Heimatvertriebenen in Bayern; 1954-62 Bayer. Min. f. Arbeit u. soz. Fürsorge (1957-58 zugl. stv. Min.präs.) u. Mitgl. Bundesrat. Vors. d. Inst. f. afrikan. u. intern. Studien München; 1982 Rundf.rat Bayer. Rundf. - Kriegsausz.; Ehrennadel d. Photoreporter; Bayerischer VO; BVK; Gr. Silb. Ehrenzeichen d. Rep. Österr. - Liebh.: Antiquitäten. - Lit.: Bayerns vierter Stamm - d. Sudetend. (R. Ohlbaum).

STAKS, Arno
Dr. jur., Bundesbahndirektions-Präsi-

dent a. D. - Feldbergweg 1, 3501 Fuldabrück 1 (Bergshausen) - Geb. 14. Aug. 1911 Bremen, ev., verh. s. 1937 m. Ingeborg, geb. Heinrich, 3 Kd. - Univ. Berlin, Caen (Frankreich), Greifswald (Rechts- u. Staatswiss.). Assess.ex. - S. 1936 Reichs- bzw. Bundesbahn, dazw. 1955-65 Hauptgeschäftsf. Dt. Zentrale f. Fremdenverkehr - Spr.: Engl., Franz.

STALLJOHANN, Eberhard

Dr. jur., Präsident Oberlandesgericht Oldenburg, Präs. Nieders. Staatsgerichtshof Bückeburg - Richard-Wagner-Platz, 2900 Oldenburg/O. - Geb. 1928 Hasbergen/Osnabrück (Vater: Eisenbahnbeamter) - Schulen Osnabrück (Realgymn.); 1949-52 Jura-Stud. Univ. Münster, Promot. - B. 1945 Flakhelfer, Arbeitsdienst, Soldat b. Pionieren; nach Stud. u. Refer. Straf- u. Zivilrichter LG Osnabrück, 1960 OLG Oldenburg, 2 J. im nieders. Justizmin., 1972 LG-Präs. Verden, 1974 Präs. OLG Oldenburg. Mitgl. Dt. Richterbd., Vors. Oldenburger Univ.-Ges. SPD.

STALLKAMP, Bernhard

Dr. med., Prof., Arzt f. Chirurgie u. Gefäßchir., Chefarzt Marienhospital Osnabrück - Von Kerssenbrockallee 5, 4500 Osnabrück (T. 0541 - 12 31 10) - Geb. 26. Aug. 1940 Holsten (Vater: Franz St., Lehrer; Mutter: Änne, geb. Köhne), kath., verh. s. 1974 m. Marion, geb. Martin, 4 Kd. (Gudrun, Volker, Astrid, Ulrich) - Schule Gymn. Carolinum Osnabrück (Abit. 1960), 1960-65 Univ. Münster, Wien u. Innsbruck, Med. Staatsex. Münster 1965, Promot. 1965 Münster, Habil. 1976 FU Berlin - 1968 Chir. Klinik FU Berlin; s. 1977 Chefarzt Osnabrück.

STALLMACH, Josef

Dr. phil., Prof. f. Philosophie - Liegnitzer Str. 2, 6500 Mainz 1 - Geb. 21. Febr. 1917 Hindenburg/OS. (Vater: Karl S., Standesbeamter; Mutter: Therese, geb. Grabka), kath. - Abitur 1935 Hindenburg (Kgn.-Luise-Gymn.); Promot. 1950 Göttingen (Klass. Philol.); Habil. 1956 Mainz (Phil.) - S. 1950 Univ. Mainz (1965 o. Prof., s. 1983 emerit.) - BV: Dynamis u. Energeia - Unters. am Werk d. Aristoteles z. Problemgesch. v. Möglichkeit u. Wirklichkeit, 1959; Ate - Z. Frage d. Selbst- u. Weltverständnisses d. frühgriech. Menschen, 1968; Suche nach d. Einen. Ges. Beitr. z. Problemgesch. d. Metaphysik, 1982; Ansichsein u. Seinsverstehen. Neue Wege d. Ontologie b. N. Hartmann u. M. Heidegger, 1987; Ineinsfall d. Gegensätze u. Weisheit d. Nichtwissens. Grundzüge d. Phil. d. Nikolaus v. Kues, 1989; Alte Fragen u. neue Wege d. Denkens - Festschr. f. J. Stallmach, hg. v. N. Fischer u. a. (1977) - Spr.: Franz.

STALLMEYER, Rolf

Dr., Dipl.-Kfm., Fabrikant, gf. Gesellsch. Industronic GmbH & Co. KG, Wertheim - Fuhlrottstr. 24, 5600 Wuppertal-Elberfeld - Geb. 19. April 1922 Witten/Ruhr.

STALP, Hans-Günther

Dr. rer. pol., Dipl.-Wirtschafts-Ing., o. Vorstandsmitgl. Preussag AG. - Große Heide 10 D, 3000 Hannover (T. 0511 - 65 09 65) - Geb. 17. Juni 1935 Knapsack (Vater: Wilhelm S.; Mutter: Anna, geb. Stommel), ev., verh. s. 1962 m. Ursula, geb. Unger, 2 Kd. (Michael, Anja) - TH Darmstadt - Spr.: Engl.

STAMER, Hans

Dr. agr., Prof., Staatssekretär (1975-79), Institutsdir. Univ. Kiel - Niemannsweg 65a, 2300 Kiel (T. 80 13 42) - Geb. 14. April 1925 Hamburg (Vater: Hermann S., Bäcker- u. Konditorm.), ev., verh. s. 1955 m. Ursula, geb. Kiehn, 2 Töcht. (Ulrike, Katrin) - Univ. Kiel (Landw.; Dipl.-Landw. 1950). Promot. (1952) u. Habil. (1960) Kiel - S. 1955 Assist., Privatdoz. (1960), Ord. u. Inst.dir. (1965) Univ. Kiel - BV: D. wirtschaftl. Auswirk. d. ländl. Siedlung - Unters. üb. Produktivität u. Rentabilität d. Agrarreform in Schlesw.-Holst., Kieler Studie 32 1955; Produktionsgestalt. u. Betriebsgröße in d. Landw. unt. d. Einfluß d. wirtschaftl.-techn. Fortschritts, K. S. 44 1958 (auch poln.); D. Agrarpreisstützung als Mittel d. Einkommenspolitik, 1961; Landw. Marktlehre, T. I (Bestimmungsgründe u. Entwicklungstendenzen d. Marktes) 1966, T. II (Absatzwege u. Märkte pflanzl. Produkte) 1976; Agrarpolitik aktuell, 1983. Zahlr. Fachaufs. - Spr.: Engl.

STAMM, Barbara

Staatssekretärin im Bayer. Staatsmin. f. Arbeit, Familie u. Sozialordnung (s. 1987), MdL Bayern (s. 1976) - Spessartstr. 71, 8700 Würzburg/Ufr. - Geb. 29. Okt. 1944 Bad Mergentheim, kath., verh., 3 Kd. - Volkssch.; Ausb. z. Erzieherin - B. 1970 Erzieherin u. hauptamtl. Jugendarb. d. Diözese Würzburg; 1970/71 Hausfrau, 1971/72 Erzieherin in e. Heilpäd. Kinderheim, Rhönkinderdorf Riedenberg/Bad Brückenau, 1974-78 Heimleit. Schifferkinderheim Würzburg. 1972-87 Stadtratsmitgl. Würzburg; s. 1976 Mitgl. d. Bayer. Landtags; s. 1978 Mitgl. Fraktionsvorst. CSU, 1986/87 stv. Fraktionsvors., CSU s. 1969.

STAMM, Dankwart Ludwig

Dr. med., Dr. rer. nat., Prof., Klin. Chemiker u. Laborarzt - Friedrich-Rein-Weg 21, 8000 München 60 - Geb. 6. Okt. 1924 Kirn/Nahe (Vater: Ludwig S., Arzt; Mutter: Karoline, geb. Stroh), ev., verh. s. 1956 m. Gertraud, geb. Niepmann, 4 Kd. (Hartmuth, Burkhard, Walther, Detlev) - Stud. Frankfurt (Med.), Darmstadt, Tübingen u. München (Chemie); Promot. 1950 (Med.) u. 1962 (Chemie) - BV: Qualitätskontrolle klin.-chem. Analysen, 1972 (auch franz. u. ital.) - 1985 Scherer-Med. Dt. Ges. f. Klin. Chemie.

STAMM, Erich

Kaufmann (Viktor Wilhelm Stamm), Präsidialmitgl. IHK Schweinfurt-Würzburg, Würzburg - Rückertstr. 2, 8720 Schweinfurt (T. 12 45).

STAMM, Harald

Opern- u. Konzertsänger (Baß) - Seebargwinkel 18, 2000 Hamburg 65 (T. 040 - 608 02 19) - Geb. 29. April 1938 Frankfurt/M. (Vater: Wilhelm S.; Hauptlehrer; Mutter: Liesel, geb. Grebe), ev., verh. s. 1965 m. Ute, geb. Krähmer, 2 Söhne (Henning, Holger) - 1958-63 Stud. Naturwiss. u. Sport Univ. Mainz; 1. u. 2. Staatsex.; 1964-68 Gesangstud. b. Franz Fehringer - 5 J. Schuldst.; Berufswechsel. Bühnenstationen ab 1968: Gelsenkirchen, Kassel, Köln; s. 1973 Staatsoper Hamburg; 1979 Metropolitan Opera (Debut). Zahlr. Gastsp. In- u. Ausl. Üb. 80 Partien im seriösen Baßfach; Schallpl. m. Liedern; Rundf.aufn. u. FS-Auftr. Festspiele: Salzburg, Orange, Luzern, Bregenz, Savontinna - 1967 Preis intern. Schubert-Wettb.; 1968 Preis Opernwettb., Berlin; 1988 Ernennung z. Kammersänger durch Senat d. Hansestadt - Liebh.: Sport, Jagd, Golf - Spr.: Engl., Franz., Ital., Span.

STAMM, Helmut

Dr. rer. nat., Prof. f. Pharm. Chemie Univ. Heidelberg - Zu erreichen üb. Pharmazeut.-Chem. Inst. Univ., Neuenheimer Feld 364, 6900 Heidelberg; priv.: Tannenweg 26, 6909 Walldorf (T. 06227 - 23 01) - Geb. 8. Febr. 1924 Münster (Vater: Gustav St., Landesinsp.; Mutter: Else, geb. Deerhake), ev., verh. s. 1958 m. Margot, geb. Soehle, 2 Kd. (Birgit, Ulrich) - Pharmaziestud. Univ. Münster (Promot. 1955); Chemiestud. Marburg (Habil. 1965) - 1955-61 Ind.; 1961-63 DFG-Stip., wiss. Assist. Marburg, dann Doz. u. Prof. Karlsruhe (1972) u. Heidelberg (1975). Veröff. in wiss. Ztschr. - Spr.: Engl.

STAMMBERGER, Erich

Dr., Oberbürgermeister d. Stadt Kulmbach (s. 1971) - Rathaus, Marktplatz 1, 8650 Kulmbach/Ofr. - Geb. 30. Juli 1927, verh., 3 Töcht. - Abit. 1947; Stud. 1948 Tierärztl. Fak. d. Univ. München; Staatsex. u. Promot. 1953; 1957 amtstierärztl. Examen - Schlachthof Memmingen, 1960 Leit. d. Schlachthofes d. Stadt Kulmbach; s. 1971 Oberbürgerm. d. Stadt Kulmbach. Parteilos - Liebh.: Klavierspiel, Wiener Klassik.

STAMMEN, Theo(dor)

Dr. phil., o. Prof. f. Polit. Wissenschaft - Fritz-Wunderlich-Platz 2, 8000 München 60 - Geb. 11. Juli 1933 Wachtendonk (Vater: Willibrord S., Lehrer; Mutter: Sibilla, geb. Hünnekens), kath., verh. s. 1961 m. Edeltraud, geb. Bünnagel, T. Silvia - Altsprachl. Gymn.; Univ. Freiburg/Br., Bonn, Manchester (Engl.). Promot. 1961; Habil. 1969 - S. 1970 Ord. PH Rhld./Abt. Aachen u. Univ. Augsburg (1973) - BV: Goethe u. d. Franz. Revolution, 1966; Regierungssysteme d. Gegenw., 3. A. 1972; Parteien in Europa, 2. A. 1978; Einführ. in d. Politikwiss. (1974, 4. A. 1984). Herausg.: Strukturwandel d. mod. Regierung (1967) u. Vergl. Regierungslehre (1977); Deutschland u. d. Franz. Revolution 1789-1806, 1988 - Liebh.: Schöne Lit. - Spr.: Engl.

STAMMLER, Albrecht

Dr. med., em. o. Prof. f. Neurologie u. Psychiatrie - Kiefernweg 18, 5030 Hürth (T. 02233 - 6 73 11) - Geb. 19. Jan. 1918 Hamburg, verh. m. Ursula, geb. Oelze - S. 1956 (Habil.) Lehrtätigk. Univ. Köln (1963 apl., 1968 o. Prof., emerit. 1985) - BV: Klinik, Pathologie u. Probleme d. Periarteritis nodosa d. Nervensytems, 1958. Etwa 150 Einzelarb. u. Buchbeitr.

STAMMLER, Eberhard

Pfarrer, Chefredakteur Ev. Kommentare (1970-82) - Isegrimweg 3B, 7000 Stuttgart 75 (T. 44 26 86) - Geb. 14. Aug. 1915 Ulm/D. (Vater: Fritz S., Kaufm.; Mutter: Frieda, geb. Dinkel), ev., verh. s. 1941 m. Elisabeth, geb. Gerstlauer, 3 Kd. (Dieter, Barbara, Wolfgang) - Gymn. Ulm; Univ. Tübingen (1934-38 Ev. Theologie) u. Heidelberg (1957-58 Soziol.) - S. 1938 Pfr.; 1947-49 Theol. Redakt. Hambg. Sonntagsblatt; 1952-64 Chefredakt. Jg. Stimme; 1964-65 stv. Chefredakt. Christ u. Welt, 1957-71 Vors. Selbstkontrolle illustr. Ztschr.; 1958-78 Mitgl. Beirat f. Innere Führung b. BVM (zeitw. Sprecher); 1976 Mitgl. PEN-Club. 1958-72 (Austr.) CDU - BV: Protestanten ohne Kirche, 1958 (auch engl.); Verschwörung f. d. Demokratie, 1966; Kirche am Ende unseres Jahrhunderts, 1974 - 1968 BVK I. Kl. - Spr.: Engl. - Rotarier.

STAMPE, Eckart

Prof. f. Didaktik d. Mathematik u. Curriculumentw. FU Berlin - Schillerstr. 8, 1000 Berlin 45 (T. 030 - 772 54 72) - Geb. 9. März 1937 Berlin - Stud. Math. u. Physik (1. Staatsex. 1969, 2. Staatsex. 1971) FU Berlin - 1971-75 Stud.rat; 1973-75 Fachsem.leit. Math.; 1975 Prof. PH Berlin, 1980 FU Berlin, Inst. f. Didaktik d. Math. u. Informatik - BV: Repetitorium Fachdidaktik Mathematik, 1984.

STAN, Hans-Jürgen

Dr. rer. nat., Dipl.-Chem., Prof. f. Lebensmittelchemie TU Berlin (s. 1971) - Lindenallee 28, 1000 Berlin 19 (T. 302 24 07) - Geb. 24. Nov. 1937 Halle/S. (Vater: Georg S., Drogist; Mutter: Elfriede, geb. Leonhardt), ev., verh. s. 1965 m. Helga, geb. Happ, 2 Kd. (Corinna, Livia) - Stud. d. Chemie TU Berlin; Dipl.ex. 1963; Promot. 1968; Lebensmittelchemiker 1971.

STANG, Friedrich

Dr. phil., em. o. Prof. f. (Wirtschafts-) Geographie RWTH Aachen - Hauptstr. 533, 5330 Königswinter (T. 02223 - 2 21 56) - Geb. 12. April 1926 Königswinter/Rh., verh. m. Prof. Dr. phil. nat. Christiane, geb. Voss - Promot. 1959 Bonn; Habil. 1967 Freiburg/Br.; Ordinariat 1969 RWTH Aachen. Fachveröff. bes. üb. Entwicklungsländer, spez. Indien.

STANG-VOSS, Christiane

Dr. phil. nat., Prof. f. Sporthochsch. Köln - Zu erreichen üb. Sporthochsch., Inst. f. exp. Morphol., 5000 Köln 40 - Geb. 27. Febr. 1938 Friedrichshafen, ev., verh. s. 1967 m. Prof. Dr. F. Stang, RWTH Aachen - Stud. Tübingen, Mainz, Freiburg, Frankfurt; Promot. 1966 (Biol.), Habil. 1972 - 1966-72 Wiss. Assist. Freiburg; 1975 Wiss. Rat u. Prof. RWTH Aachen; 1977 o. Prof. Köln; 1985 Dekan FB Nat.-Med.; 1987-91 Rektor d. DSHS. Ständige Kommiss. f. Fragen d. Forsch. u. d. wissenschaftl. Nachwuchses; VR Dt. Welle, Dt. UNESCO-Kommiss.

STANGE, Carmen,

geb. Nitsch

Staatssekretärin f. Frauen- u. Gleichstellungsfragen Sachsen-Anhalt - Staatskanzlei Sachsen-Anhalt, Domplatz 1a, O-3010 Magdeburg (T. 0391 - 38 20) - Geb. 29. Okt. 1955 Schlagenthin, ev., verh. s. 1979, S. Marvin - Wirtsch.kauffr. - S. 1978 Finanzwirtschaftlerin; s. 1991 stv. Landesvors. d. CDU Sachsen-Anhalt; Bundesvorst. FU d. CDU - Liebh.: Familie, Sport, Garten, Schlafen - Spr.: Engl., Russ.

STANGE, Günther Ludwig

Kaufmann, Geschäftsf. Wehra GmbH. (s. 1974) - Zelgstr. 4, 7867 Wehr-Öflingen - Geb. 17. Aug. 1928 Salza/Ostpr. (Vater: Rudolph S., Bauunternehmer; Mutter: Ida, geb. Kiesch), ev., verh. s. 1960 m. Liselotte, geb. Heuss, Tocht. Britta - Wirtschaftsobersch.; Kaufm. Lehre; Textil-Ing.sch.; Verw.-Wirtschaftsakad. - Vorwerk (Verkaufsleit. 1968, Vertriebsleit. 1968-71, Geschäftsf. 1972-74) - Liebh.: Alte Gesch. - Spr.: Engl.

STANGEL, Walter

Dr. med., Prof., Facharzt, Leiter Blutbank-Immunhämatologie-Transfusionsmed. Med. Hochsch. Hannover - Konstanty-Gutschow-Str. 8, 3000 Hannover 61 (T. 0511 - 532 20 84) - Geb. 14. Okt. 1931 Brünn/ČSFR (Vater: Dipl.-Ing. Gustav St.; Mutter: Margarete), kath., verh. m. Dipl.-Ing. Daisy, geb. Kallos, Biochem., 2 S. (Peter, Martin) - Realgymn. m. Abit.; Staatsex. u. Promot. 1956 Brünn; Facharzt f. Innere Med.; Arzt f. Transfusionsmed.; Habil. (Innere Med. u. Transfusionsmed.) - 1978-80 Vors. Ständ. Konfz. d. ltd. Ärzte d. Univ.-Einrichtungen f. Transfusionsmed. d. BRD; 1985-86 1. Vors. Dt. Ges. f. Transfusionsmed. u. Immunhämatol.; Vorst.-Mitgl. Arbeitsgemeinsch. staatl. u. kommunaler Bluttransfusionsdienste; s. 1987 Sprecher Arbeitsgemeinsch. gerichtl. Blutgruppensachverst. - BV: Mitautor e. Lehrb. üb. Transfusionsmed. Zahlr. wiss. Publ. u. Vortr. üb. Probl. d. Hämatol., Immunhämatol., d. Blutkonservierung u. Blutlagerung, d. Zellgewinnung m. Hilfe v. Zellseparatoren, d. therap. Anwendung v. Zellseparatoren, d. Massiv- u. Austausch-Transfusion, d. forens. Blutgruppenkd., d. Psychosomatik. Mitbegr. u. Mithrsg. (m. V. Kretschmer) d. Reihe Transfusionsmed. akt. (1986ff.). Mithrsg. d. Ztschr. Infusionstherapie u. Transfusionsmedizin (S. Karger) - Liebh.: Musik (Geige, Bratsche), Fotogr. - Spr.: Engl., Tschech., Slow., Russ.

STANGENBERG, Friedhelm

Dr.-Ing. o. Prof. f. Bauingenieurwesen Univ. Bochum - Baumhofstr. 37B, 4630 Bochum 1 (T. 0234 - 77 17 97) - Geb. 13. Okt. 1942 Dortmund, ev., verh. s. 1968 m. Heidrun, geb. Jork, Sohn Heiko - Stud. Bauingenieurwesen Univ. Hannover; Dipl.-Ing. 1967; Promot. 1973 Ruhr-Univ. Bochum - 1967-69 Bauind., Düsseldorf; s. 1974 Berat. Ing.; s. 1982 Prüfing. f. Baustatik; s. 1984 Ord. Mitgl. in Normenaussch. - BV: Berechnung v. Stahlbetonbauteilen f. dynam. Beanspruch. b. z. Tragfähigkeitsgrenze, 1973 (übers. Engl. u. Franz.); Spannbetonträger, Theorie u. Berechnungsgrundlagen (zus. m. W. Zerna), 1987 - Liebh.: Tennis - Spr.: Engl., Franz., Ital.

STANITZEK, Reinhold
Staatssekretär a. D., MdL Hessen (1974-87 u. s. 1991), Vors. d. Rechtsausschusses - Finkenweg 75, 6430 Bad Hersfeld - Geb. 1. Aug. 1939, kath., verh. m. Anni, geb. Potocnik, 2 Töcht. (Susanne, Rebekka) - CDU (s. 1971 Mitgl. Landesvorst.). Vors. Katholikenrat d. Diözese Fulda - BVK; Komptur d. Gregorius-Ordens.

STANJEK, Eberhard
Sportjournalist - Zu erreichen üb.: Bayer. Rundfunk, Rundfunkpl. 1, 8000 München 2 - Geb. 1934 Berlin, verh., 3 Kd. (dar. 2 S.) - Schulen Ansbach - B. 1960 Nürnbg. 8-Uhr-Blatt, dann BR (1964 ff. Sport; gegenw. Chef u. zugl. Moderator ARD). Vornehml. Fußballübertrag. In- u. Ausl. - Liebh.: Bayer. Geschichte; sportl. Betätigung: Volley- u. Fußball sow. Segeln.

STANKA, Peter
Dr. med., Univ.-Prof., Histologe, Ruhr-Univ. Bochum - Zu erreichen üb. Ruhr-Univ., MA 6/46, Postf. 102148, 4630 Bochum 1 (T. 0234 - 700 28 76) - Geb. 13. Febr. 1934 Karlsbad (Vater: Rudolf St., Augenarzt; Mutter: Gertrude, geb. Frisch), kath., verh. m. Lucia, geb. Modl, 3 Kd. - Promot. 1959 Univ. München; Habil. 1971 Hannover - S. 1972 Prof. Univ. Bochum. Zahlr. Beitr. in wiss. Fachztschr.

STANKOVIĆ, Borislav
Generalsekretär d. FIBA (Intern. Basketball-Verband) - Bichlerstr. 12, 8000 München 71 (T. 089 - 79 75 04) - Geb. 9. Juli 1925 Bihać, Jugosl., orth., verh. s. 1949 m. Miroslava, geb. Stefanović, T. Ljiljana - Veterinärstud. an d. Fak. Tiermedizin Belgrader Univ.; Dipl. 1955 - 1948 qualifiziert als Basketball-Trainer; s. 1966 voll beruflich f. Basketball auf nat. u. intern. Ebene tätig. 1972 Deputy Secretary General d. FIBA (s. 1976 Generalsekr.). S. 1981 zusätzl. Mitgl. versch. Kommiss. d. IOC; s. 1988 IOC Mitgl. - 1946 u. 47 Jugoslawischer Basketball Landesmeister b. Crvena Zvezda; 1950 Teilnahme an d. 1. Basketball-Weltmeisterschaft in Argentinien; 1983 World Sport Leader awarded by the United States of America Sports Acad. for noteworthy contributions to Intern. Sport; 1985 Olympic Order awarded by H. E. Juan Antonio Samaranch, Pres. of the Intern. Olympic Committee; 1987 BVK am Bde. - Liebh.: Lesen, Musik, Tennis, Schwimmen - Spr.: Deutsch, Engl., Franz., Ital., Span., Serbo-Croat., Russ.

STANZEL, Franz K.
Dr. phil., Dr. h.c., Prof. f. Anglistik - Moserhofgasse 24 d/12, A-8010 Graz/Steierm. - Geb. 4. Aug. 1923 Molln/Österr. (Vater: Franz S., Beamter; Mutter: geb. Seyerlehner) - 1947-50 Univ. Graz, 1950-51 Harvard Univ. Cambridge. Promot. (1950) u. Habil. (1955) Graz - S. 1959 Ord. Univ. Erlangen u. Graz (1962) - BV: D. typ. Erzählsituation im Roman, 5. A. 1970; Typ. Formen d. Romans, 11. A. 1987; Theorie d. Erzählens, 1979, 3. überarb. A. 1985; A Theory of Narrative, 1984 (Jap. 1988, Tschech. 1989). Zahlr. Einzelarb. Herausg.: D. engl. Roman (2 Bde. 1969); Mithrsg.: German.-Roman. Monatsschr. (1965ff.) - Wirkl. Mitgl. Österr. Akad. d. Wiss., Vizepräs. Ges. f. Kanadastudien (1978-83).

STAPF, Kurt-Hermann
Dr. rer. nat., Prof., Ordinarius f. Exper. Psychologie - Aspenweg 7, 7408 Wankheim/Tübingen - Geb. 17. Sept. 1939 Landsberg/W. (Vater: Kurt S., Kaufm.; Mutter: Ilse, geb. Wilke), verh. s. 1966 m. Dr. Aiga, geb. Benke - Stud. Leipzig, Mainz, Braunschweig (Psychol., Biol., Phil.). Dipl.-Psych. 1965 Braunschweig - U. a. Lehrtätig. Univ. Marburg. Präsidialmitgl. Dt. Ges. f. Psych. (1978 ff.) - BV: Unters. z. subjekt. Landkarte, 1968; Psych. d. elterl. Erziehungsstils, 2. A. 1976 - Liebh.: Jazz, Skisport, Turnier-Skat - Spr.: Engl.

STAPP, Wolfgang
Verlagsbuchhändler, Inh. Stapp Verlag, Berlin - Luisenstr. 11a, 1000 Berlin 45 - Geb. 13. Febr. 1927 Berlin, ev., verh. s. 1952 m. Helga, geb. Luther, 4 Kd. (Dorothea, Christiane, Henriette, Philine) - Human. Gymn. Berlin; 1947-49 Lehre Gebr. Weiß Verlag - S. 1953 Inh. Stapp Verlag (Gründ.); 1972-91 Vorst. Korporat. Berliner Buchhdl.; s. 1974 Geschäftsf. Berliner Buchhdl.-Zentrum KG Buchhandelshaus GmbH & Co.; s. 1984 gf. Gesellsch. Kupfergraben Verlags GmbH; s. 1991 Ges. u. Geschäftsf. Fontane Buchservice GmbH, Berlin.

STARATZKE, Hans-Werner

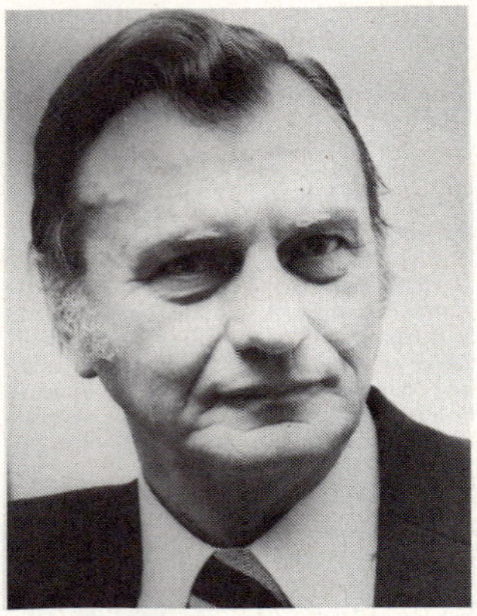

Dr. rer. oec., gf. Präsidialmitgl. Gesamtverb. d. Textilind. in d. Bundesrep. Dtschl. (b. 1979) - Gesamttextil, Frankfurt/M. - Goethestr. 28, 6232 Bad Soden/Ts. (T. 2 34 96; Büro: Brüssel 519 92 96) - Geb. 5. Aug. 1912 Breslau, ev., verh. 1947 m. Ingeborg, geb. Webeler (†1972); verh. s. 1974 m. Charlotte, geb. Gellert - Stud. Berlin u. Königsberg/Pr. - Ab 1938 Ref. Oberpräsid. Königsberg/Pr. u. Reichswirtschaftsmin., Berlin, 1946-48 Abt.leit. Verw. f. Wirtschaft d. Vereinigten Wirtschaftsgebietes, Minden bzw. Frankfurt/M., seither Hauptgeschäftsf. u. gf. Präsidialmitgl. (1964) Gesamttextil. 1965-69 MdB. FDP. 1974 Mitgl. Wirtschafts- u. Sozialaussch. d. EG; s. 1978 Präs. d. Gruppe Arbeitgeber WSA, Brüssel; s. 1988 Ehrenmitgl. d. WSA Brüssel - 1968 Gold. Sportabz.; 1973 Gr. BVK; 1980 Orden e. Kommandeurs d. Belg. Krone; 1983 Gold. Med. f. bes. Verdienste um Europa (EG); 1987 Gr. BVK m. Stern.

STARBATTY, Joachim
Dr. rer. pol., o. Prof. f. Volkswirtschaftslehre Univ. Tübingen - Nauklerstr. 47, 7400 Tübingen (T. 07071 - 29-25 62) - Geb. 9. Mai 1940 Düsseldorf, kath., verh. s. 1971 m. Ute, geb. Pellengahr, 4 Kd. (Nikolaus, Sabine, Barbara, Christiane) - Stud. Volkswirtschaftsl. u. Polit. Wiss. Köln u. Freiburg/Br.; Dipl.-Volksw. 1964, Promot. 1967, Habil. 1975, alles Köln - 1977-83 Wiss. Rat u. Prof. Ruhr-Univ. Bochum; s. 1991 Vors. d. Aktionsgemeinsch. Soziale Marktwirtschaft - BV: Erfolgskontrolle d. Globalsteuerung, 1976; Stabilitätspolitik in d. freiheitlich-sozialstaatlichen Demokratie, 1977; Z. Entnationalisierung d. Geldes. E. Zwischenbilanz (m. R. Gerding), 1980; D. englischen Klassiker d. Nationalökonomie, Lehre u. Wirkung, 1985; Politische Denker. V. Plato b. Popper (m. B. Redhead), 1988; Klassiker d. Ökonomischen Denkens, 2 Bde., 1989; D. Technologiepolitik d. Europ. Gemeinschaft - Entstehung, Praxis u. ordnungspolit. Konformität (m. U. Vetterlein), 1990 - Liebh.: Familie, alte Bücher.

STARCK, Christian
Dr. jur., Prof. f. Öffentl. Recht Univ. Göttingen (s. 1971) - Schlegelweg 10, 3400 Göttingen - Geb. 9. Jan. 1937 Breslau (Vater: Walter S., Kaufm.; Mutter: Ruth, geb. Hubrich), kath., verh. s. 1965 m. Brigitte, geb. Edelmann, 3 Kd. (Annette, Johannes, Marie-Christine) - Stud. d. Rechte, Gesch., Phil., Kiel, Freiburg, Würzburg; Promot. 1963, Ass. 1964, Habil. 1969 - 1964-67 Wiss. Hilfsarb. Bundesverfassungsgericht, 1968-69 Verw.dst., 1969-71 Lehrst.vertr., 1976/77 Rektor Univ. Göttingen. S. 1991 Mitgl. Nieders. Staatsgerichtshof, 1978-92 Mitgl. Fernsehrat ZDF; s. 1981 Mitgl. des Executive Committee d. Intern. Assoc. of Constitutional Law; 1982 o. Mitgl. Akad. d. Wiss. Göttingen; s. 1986 Vorst.-Mitgl. Dt. Ges. f. Rechtsvergleichung; 1987 Gastprof. Univ. Paris I (Panthéon-Sorbonne); 1990/91 Wiss. Mitgl. d. Wissensch.-Kollegs zu Berlin - BV (Auswahl): D. Gesetzesbegriff d. Grundgesetzes, 1970 (span. Ausg. 1979); Rundfunkfreiheit als Organisationsproblem, 1973; D. Bindung d. Richters an Gesetz u. Verfassung, 1976; Freiheit u. Org., 1976; Das BVerfG im polit. Prozeß d. BR Deutschl., 1976 (jap. Ausg. 1978); V. Grund d. Grundgesetzes 1970 (jap. Ausg. 1987); Verf. d. 3. A. d. Komment. v. Mangoldt/Klein/Starck. D. Bonner Grundgesetz (Bd. 1), 1985. Zahlr. Aufs. in Fachztschr. u. Festschr. Herausg. Festschr. zum 25jähr. Bestehen d. BVerfG (1976); Stud. u. Materialien z. Verfassungsgerichtsbarkeit (s. 1973). Mithrsg. d. Juristenzeitung - Liebh.: Architekt., Lit. - Spr.: Franz., Engl.

STARCK, Dietrich
Dr. med., Dr. phil. h. c., em. o. Prof. f. Anatomie - Balduinstr. 88, 6000 Frankfurt/M. (T. 65 24 38) - Geb. 29. Sept. 1908 Stettin (Vater: Dr. med. Julius S., Arzt; Mutter: geb. Lange), verh. - Gymn.; Univ. Jena, Wien, Frankfurt - 1932 Assist., 1936 Privatdoz., 1943 apl. Prof. Univ. Köln, 1945 ao., 1949 o. Prof. u. Inst.-Dir. Univ. Frankfurt - BV: Embryologie, 1955; Ontogenie u. Entwicklungsphysiol. d. Säugetiere, 1959; Embryologie, 3. A. 1975; Vgl. Anatomie I, II, III 1978/82. Etwa 90 Einzelarbeiten üb. vergl. Anatomie d. Wirbeltiere u. z. Embryol. (Kopfproblem, Schädel, Visceralmuskulatur, Primitiventwickl., Placentation, Primatol.) - 1958 Mitgl. Dt. Akad. d. Naturforscher (Leopoldina), Halle/S.; 1974 Dr. phil. h. c. Wien; 1983 Gregor Mendel Med. d. Leopoldina.

STARCK, Harry
Friseurmeister, MdL Schlesw.-Holst. (VIII. Wahlp.) - Sterleyer Str. 10, 2410 Mölln - Geb. 8. Dez. 1931 Hamburg - SPD.

STAREK, Jiri

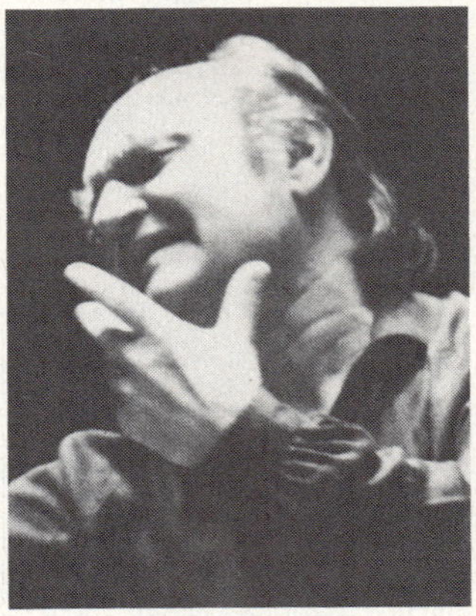

Prof., Dirigent, Dekan Abt. Künstler. Ausb. Hochsch. f. Musik u. Darst. Kunst Frankf./M. - Brunnenweg 18, 6380 Bad Homburg v.d.H. (T. 06172 - 4 65-93) - Geb. 25. März 1923 Mocovice (Vater: Josef S., Beamter; Mutter: Marie, geb. Novak), verh. s. 1964 m. Eva, geb. Iltis, Sohn Martin - 1946-50 Stud. Akad. d. Mus. Künste Prag (Dirig.klasse); Dipl. 1950 - 1953-68 Dirig. (s. 1964 Chefdirig.) im Tschechosl. Rundfunk Prag; s. 1973 Hochsch. f. Musik u. Darst. Kunst Frankf./M. (1973 Doz., 1975 Prof., s. 1980 Dekan); 1976-80 künstler. Leit. Sinfonietta RIAS Berlin; 1981-84 Chefdirigent u. künstler. Leit. Trondheim Sinfonieorch. Norwegen; 1988 Principal Guest Conductor ABC West Australian Symphony Orchestra. 1981 u. 82 Sem. f. Dirig. in Manila/Philippines; 1983 u. 84 Intern. Sem. in Trondheim/Norw.; 1989/90 General-Musikdir. Pfalztheater Kaiserslautern. Dez. 1990 nach 22 Jahren Exil wieder auf d. Prager Konzertpodium (Radiosinfonieorch. Prag im Smetana Saal). Zahlr. Festivals, Tourneen (Europa, Asien, USA, Australien u. New Zealand), Konzerte u. Rundf.aufn., Schallplattenaufn. - 1965 OIRT Preis f. d. Auff. d. Vokale Sinfonie d. Komp. Z. Šesták; 1966 u. 1967 Preise d. Tschechosl. Rundf. - Spr.: Engl.

STARK, Ferdinand
Staatssekretär a.D., Geschäftsführer Arbeitsgem. d. Grundbes. in Rhld.-Pfalz, u. Verein z. Pflege u. z. Schutz v. Denkmälern in Rhld.-Pfalz - Am Marienpfad 16, 6500 Mainz-Bretzenheim (T. 3 46 80) - Geb. 30. Juni 1926 Trier (Vater: Jodok St., Stud.Rat; Mutter: Johanna, geb. Rehe), kath., verh. s. 1954 m. Eva, geb. Rohde, 3 T. (Ulrike, Christiane, Brigitte) - Abit., Jura-Stud., 1. u. 2. Staatsex. - 1964-79 Stadtrat Mainz, s. 1969 1. Vors. USC Mainz - 1976 BVK 2. Kl., 1979 Ehrenring Stadt Mainz - Liebh.: Gesch., Sport - Spr.: Engl.

STARK, Franz
Dr. phil., stv. Chefredakteur, Leit. Red.gruppe Ausland FS Bayer. Rundf., Moderator Weltspiegel - Seestr. 8, 8000 München 40 (T. 39 95 44) - Geb. 25. Juli 1938 Nürnberg, ev., verh. s. 1964 m. Heidi, geb. Deyerler, 2 T. (Petra, Tanja) - 1959-64 Univ. Hamburg u. München (Phil., German., Ztg.swiss.). Promot. 1964 (Phil.) - S. 1964 polit. Redakt. Bad. Ztg. u. BR (1967) - BV: Revolution oder Reform?, 1970 (Herausg.); Verkehrsgesch. d. Oberpfalz, 1977; D. offene Recherche, 1980; D. Planeten-Temperament, 1983; Schatzkammer Deutsch, 1992 - Liebh.: Gesch. u. Sprachgesch., Bootswandern auf europ. Flüssen - Spr.: Engl., Franz., Lat.

STARK, Günther
Dr. med., Prof., Chefarzt Städt. Frauenklinik Nürnberg (1967-87) - Wackenroder Str. 28, 8500 Nürnberg - Geb. 6. Mai 1922 Berlin (Vater: Alfred S., Bankbeamter; Mutter: Margarete, geb. Keup), ev., verh. s. 1953 m. Eva, geb. Verres, 2 Töcht. (Bettina, Sabine) - Univ. Berlin, Königsberg, Marburg. Promot. 1948 Marburg; Habil. 1958 Mainz - S. 1958 Lehrtätigk. Univ. Mainz (1959 I. Oberarzt, 1965 komm. Dir. Frauenklinik; 1964 apl. Prof. f. Geburtshilfe u. Gynäk.) u. Erlangen-Nürnberg (1969 apl. Prof.). Üb. 100 Facharb. - 1960 Thomas-Preis; 1989 BVK am Bde. - Spr.: Engl.

STARK, Isolde
Dr. phil., Althistorikerin, Wiss. Mitarbeiterin am Zentralinst. f. Alte Geschichte u. Archäologie Berlin - Lehnestr. 43, O-1144 Berlin - Geb. 12 März 1945 Winterberg (Böhmen), gesch. - Stud. Gesch., German. Humboldt-Univ. Berlin, Dipl. 1969; Promot. 1972 - 1972 Lektorin Kinderb.verlag Berlin; 1973-76 Wiss. Assist. Sekt. German. Humb.-Univ.; 1976-79 Oberkonservatorin Inst. f. Denkmalpflege Berlin - BV: Kinderb.: Kleine Ente namenlos, 4. A. 1991; Vom Igel, d. keiner mehr sein sollte, 8. A. 1990 (Übers. ins Slowak., Ungar., Poln., u. Holländ.). 35 Arb. z. griech. Gesch. u. Lit.gesch. (Aufs., Art., Beitr., Rez.) -

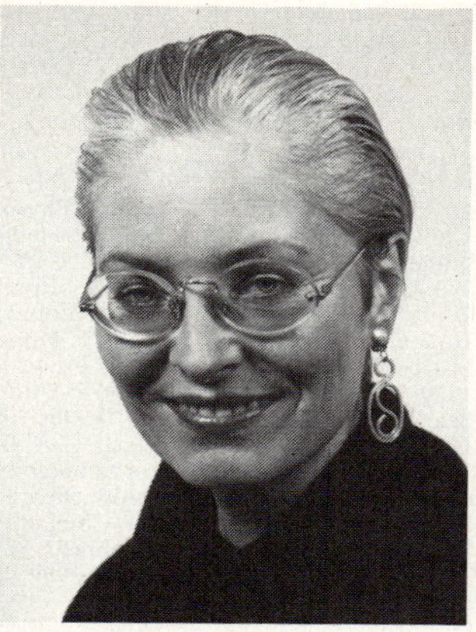

Liebh.: Reiten - Spr.: Engl., Franz., Lat., Griech.

STARKE, Gerhard

Dr. phil., Journalist, Bonner Beauftr. Axel Springer Verlag, Berlin (s. 1969) - Deutschherrenstr. 7, 5300 Bonn-Bad Godesberg (T. 33 00 31) - Geb. 16. Aug. 1916 Berbersdorf/Sa. (Vater: Richard S., Gymnasiallehrer; Mutter: Elsbeth, geb. Burghaus), ev., verh. s. 1941 m. Ingeborg, geb. Baumgarten (†) - Realgymn.; Univ. Leipzig (Promot. 1939) u. Genf (Phil., Soziol., Politik, Gesch., Publizistik) - 1939-49 Redakt. Dt. Allg. Ztg., Berlin (b. 1945), Ztschr. Prisma (1946) u. Thema, München, 1949-61 Leit. Polit. Abt. NWDR (b. 1956) u. Hauptabt. Politik NDR, Hamburg, 1961-66 Int. Dtschl.funk, Köln, 1966-68 Chefredakt. D. Welt, Hamburg/Essen/Berlin/Frankfurt - BV: D. Einheit d. Publizistik u. ihre geist. Grundl., 1939 - Spr.: Engl., Franz. - Rotarier.

STARKE, Heinz

Dr. jur., Bundesminister a. D., MdB (1953-80, CDU/CSU-Fraktion), Mitgl. Europ. Parlament (1958-79) - Europastr. 6, 5300 Bonn (T. 37 50 49) - Geb. 27. Febr. 1911 Schweidnitz/Schles. (Vater: Fritz S., Kaufm.; Mutter: Margarethe, geb. Dorn), ev., verh. m. Madeleine, geb. Nuël - Gymn. Schweidnitz u. Realgymn. Reichenbach; Univ. Berlin, Breslau, Jena (Rechts- u. Staatswiss.; Promot. 1935). Ass.ex. 1940 - B. 1945 Kriegsdst. (zul. Hptm. d. R.), dann Tätigk. IHK Halle u. Wirtschaftsverw. Minden (1946), Frankfurt/M. u. Bonn (Ref. f. wirtschaftspolit. Grundsatzfragen), 1950-61 I. Synd. (Hauptgeschäftsf.) IHK Bayreuth, 1961-62 Bundesfinanzmin. B. 1970 (Austr.) FDP (Mitgl. Landes- u. Bundesvorst.); s. 1970 CSU - 1964 Bayer. VO., 1973 Gr. BVK - Liebh.: Histor. u. kunsthistor. Forschungen - Spr.: Engl., Franz. - Rotarier.

STARKE, J. Peter

Dr.-Ing., Vorstandsmitglied Philips Kommunikations Ind. AG - Auf dem Broich 12, 5068 Odenthal-Glöbusch - Geb. 18. März 1927 Mannheim (Vater: Dr.-Ing. Alfred S., Chem.; Mutter: Olga, geb. Kremer), ev., verh. s. 1953 m. Irmgard, geb. Kauffmann, 4 Kd. (Bettina, Jens, Christian, Philipp) - Oberrealsch. Celle (Abit. 1946); TH Karlsruhe; Promot. 1959 Hannover; Kaufmannsgehilfenprüf. 1960 ebd. - 1959-62 Geschäftsf. Vitrometer GmbH., 1962-64 Abt.leit. Valvo GmbH., Hamburg, 1964-71 Vertriebsdir. u. Geschäftsf. (1969) Philips Ind. Elektronik GmbH., 1971-75 Managing Dir. Pye Unicam Ltd., Cambridge; s. 1975 Vorst. Felten & Guillaume Carlswerk AG (jetzt Philips Kommunikations Ind.) - Liebh.: Musik, Gärtnern, Antiquitäten - Spr.: Engl.

STARKE, Kurt

Dr. phil. (habil.), em. o. Prof. f. Kernchemie - Am Strauch 10, 3550 Marburg-Wehrshausen (T. Marburg 3 51 66) - Geb. 20. Nov. 1911 Berlin (Vater: Hugo S., Kaufm.; Mutter: Emma, geb. Brunzel), verh. s. 1951 m. Alexa, geb. Hartmann † 1983 - Schule u. Univ. Berlin (Promot.) - Kaiser-Wilhelm- bzw. Max-Planck-Inst. f. med. Forsch., Berlin bzw. Heidelberg, Univ. Hamilton (1948-50) u. Vancouver/Kanada (1950-56), Univ. Lexington/USA (1956-59 Associate Prof.) u. Marburg (1959 ao., 1967 o. Prof.; Dir. Inst. f. Kernchemie). Mitgl. GDCh - BV: Künstl. radioakt. Isotope in Physiol., Diagnostik u. Therapie, 1953. Einzelarb. z. Radiochemie u. Anorgan. Chemie.

STARKE, Matthias A.

Landesgeschäftsführer FDP Hamburg (s. 1984) - Paul-Nevermann-Platz 5, 2000 Hamburg 50 (T. dstl.: 040 - 39 13 25; Telefax 040 - 390 19 99) - Geb. 10. Jan. 1953 Leipzig - FDP s. 1972; s. 1978 hauptamtl. Funktionär; s. 1982 im Landesvorst. d. Vereinigung Lib. Kommunalpolitik Hamburg, davon 1982-84 Gründungsvors., seitd. Beisitzer u. Schatzmeister.

STARKE, O.-Ernst

Dr. Dr., Ministerialdirigent a. D., Vorstandsmitgl. Dt. Siedlungs- u. Landesrentenbank, Berlin/Bonn (b. 1980) - Welrichsweg 6, 5300 Bonn - Geb. 23. März 1925.

STARKMANN, Alfred Johannes

Redakteur, Literaturchef u. Leit. Wochenendbeilage D. WELT - Eibenweg 51, 5205 St. Augustin 1 (T. 02241 - 2 53 36) - Geb. 24. Juni 1934 Essen, kath., verh. s. 1958 m. Patricia, geb. Brennan (Britin), 5 T. (Juliet, Sylvia, Bettina, Cathrin, Sharon) - Human. Gymn. Essen; Stud. German., Angl. u. Kunstgesch. Univ. Innsbruck, Köln, Hamburg, Berlin u. London - 1967-77 Scriptwriter BBC London; Prod. v. Fernsehfilmen f. d. WDR - BV: 10 Buchübers. aus d. Engl./Amerik. (Sachb., Romane v. Francis King, Wilbur Smith u. Catherine Cookson); Ess. üb. Heinrich VIII. u. Queen Victoria (in: Kindlers Enzyklopädie D. Großen d. Weltgesch.) - Liebh.: Lit., Schach, Patience, Fußball - Spr.: Engl., Franz., Ital. - Lit.: Nachdrucke v. Aufs. in Fischers Almanach d. Lit. u. in angels. Ztschr.

STARLINGER, Peter

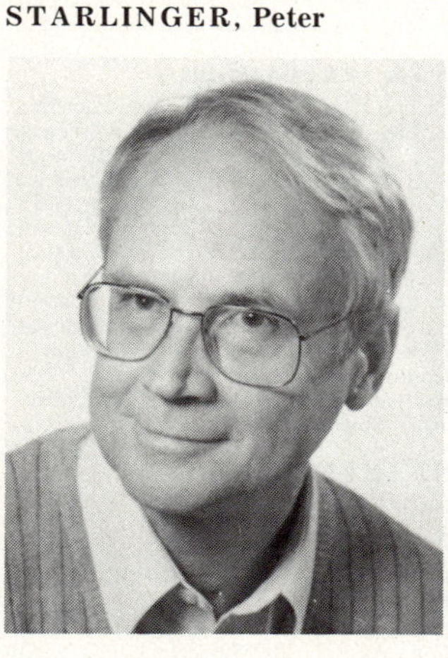

Dr. med., Univ.-Prof. f. Genetik u. Strahlenbiol., Inst. f. Genetik Univ. Köln - Thomas-Mann-Str. 19, 4600 Dortmund (T. 59 37 93) - Geb. 18. März 1931 Freiburg/Br. (Vater: Dr. med. Wilhelm S.; Mutter: Maria, geb. Rendulic), verh. s. 1954 m. Dr. Hilde, geb. Noll, S. Jörg Peter - Univ. Kiel u. Tübingen. Promot. 1954; Habil. 1960 - S. 1960 Lehrtätigk. Univ. Köln (1963 apl., 1965 o. Prof.), 1989-91 Vorsitz Zentrale Kommiss. f. d. biol. Sicherheit; 1981 o. Mitgl. Rhein.-Westf. Akad. d. Wiss., 1982 ausw. wiss. Mitgl. Max-Planck-Inst. f. Züchtungsforschung Köln-Vogelsang, 1983 Naturwiss.-Initiative Verantwortung f. d. Frieden, 1984 Krefelder Initiative, 1987 Foreign Assoc., National Acad. of Sciences, USA, 1989 Member Acad. Europaea. Facharb. - 1979 Robert-Koch-Preis; 1985 Otto Warburg Med.; 1986 Feldberg Preis; 1986 Ernst-Hellmut-Vits-Preis Ges. z. Förderung d. Wilhelms-Univ. Münster; 1990 Theodor Boveri Preis, Würzburg.

STARLINGER, Ursula

Lehrerin d. landw. Haushaltskunde - Friedensstr. 73, 6737 Böhl-Iggelheim (T. 06324 - 6 44 16) - Geb. 15. Febr. 1917 Danzig, ev., verh. s. 1944 m. Prof. Dr. med. Wilhelm S., 4 Kd. - Obersekundareife 1933; Staatsex. 1941 - Berufl. Tätigk. in Ostpr., Oldenburg u. Rhld.-Pfalz. CDU s. 1948 (1967-79 MdL Rhl.-Pfalz, 1971-79 Vizepräs., 1969-84 Mitgl. d. Kreistages), versch. Vorst. u. Bd.Aussch. 1982-90 Vors. d. Landesverb. Rhld.-Pfalz d. Dt. Multiple-Sklerose Ges. - 1972 BVK I. Kl., 1979 Gr. BVK, 1987 Stern dazu; 1990 Landesorden v. Rhld.-Pfalz.

STARNICK, Jürgen

Dr.-Ing., Prof. f. Technische Chemie TU Berlin, MdB (FDP-Fraktion), Senator f. Stadtentw. u. Umweltschutz a. D. (1986-89) - Inst. f. Technische Chemie, Straße d. 17. Juni 135, 1000 Berlin 12 - Geb. 1. Dez. 1937 Zwickau, ev., verh. s. 1963 m. Renate, geb. Galle, 2 Kd. (Niels, Sabine) - Abit. 1957; 1958-62 Stud. Chemie FU Berlin; Dipl. 1963; Promot. 1967 TU Berlin - 1971-79 Prof. TU Berlin, 1979-85 Präs. ebd. 1984-86 Vizepräs. Westd. Rektorenkonfz. FDP - BV: Simulation chem. Reaktionen, in A. Schöne (Hrsg.): Simulation techn. Systeme, 1976 - Liebh.: Segeln, Tennis - Spr.: Engl.

STARZACHER, Karl

Rechtsanwalt, Regierungsdirektor a. D., Präsident Hess. Landtag (s. 1991), MdL Hessen (s. 1978, Wahlkr. 19/Gießen II) - Licher Pforte 25, 6302 Lich-Langsdorf - Geb. 3. Febr. 1945 St. Veit/Glan, verh., 4 Kd. - Univ. Frankfurt/M. (Rechtswiss.). Beide jurist. Staatsex. - B. 1976 Ref. Hess. Staatskanzlei, dann Justizmin. (Presse- u. Parlamentsref.). Mitgl. Kreistag Landkreis Gießen. Vors. d. SPD-Fraktion im Kreistag Gießen. Stv. Vors. d. SPD-Landtagsfrakt. u. Parlam. Geschäftsf. d. SPD-Landtagsfrakt. SPD s. 1969, u.a. stv. Vors. Kreis Gießen.

STASIEWSKI, Bernhard

Dr. theol., Dr. phil., o. Prof. f. Neuere u. Neueste Kirchengeschichte u. Kirchengesch. Osteuropas (emerit.) - Pfarrer-Franssen-Weg 2, 5330 Königswinter 41 - Geb. 14. Nov. 1905 Berlin (Vater: Hans S., Kirchhofinsp.; Mutter: Narzissa, geb. Gosienietzki), kath. - Realgymn. Berlin (Neukölln); Univ. Breslau, München, Berlin. Priesterweihe 1929 - 1929-31 Kaplan; 1931-58 Rektor ecclesiae Berlin; 1946-54 Leit. Kath. Bildungswerk Berlin; Privatdoz. (1958) Doz. (1961) u. o. Prof. (1962) Univ. Bonn. (1961-84 Leit. Inst. f. Ostd. Kirchen- u. Kulturgesch.). Mitgl. Herder-Forschg.rat (1974-84 Präs., s. 1984 Ehrenpräs.), Vorst. Samml. Wiss. u. Gegenw. (1956-78), Beirat Görres-Ges. (1961), Vors. Arbeitsgem. d. Kath.-Theol. Fak. u. d. Phil.-Theol. Hochsch. Dtschl. (1965-69) - BV (Ausw.): D. hl. Bernardin v. Siena, 1931; Unters. üb. 3 Quellen z. ältesten Gesch. u. Kirchengesch. Polens, 1933; Kirchengeschichtl. Beitr. z. Entwickl. d. dt.-poln. Grenzsaumes im Hochmittelalter, 1955; Reformation u. Gegenref. in Polen, 1960; Akten dt. Bischöfe üb. d. Lage d. Kirche 1933-45 (Bd. I 1968, Bd. II 1976, Bd. III 1978); Inst. f. Ostd. Kirchen- u. Kulturgesch. e.V. 1958-1987, 1988. Div. Herausg., dar.: Forschungen u. Quellen zur Kirchen- u. Kulturgesch. Ostdeutschlands, 1964-92 (25 Bde.) - 1971 BVK I. Kl.; 1981 Georg-Dehio-Preis; 1986 Gr. BVK - Spr.: Lat., Engl., Franz., Poln. - Lit.: Festschr. f. B. St., Beitr. z. ostd. u. osteurop. Kirchengesch., hg. v. G. Adriányi u. J. Gottschalk 1975; Festgabe f. B. St. z. 75. Geb., hg. v. G. Adriányi 1980; Jahrb. f. Gesch. Osteuropas 28 (1980).

STATHER, Erich

Staatssekretär, Regierungssprecher v. Hessen - Ludwig-Strecker-Str. 14, 6500 Mainz 42 (T. 06131 - 50 99 15) - Geb. 18. Sept. 1948 Freiburg, verh. s. 1978 m. Dagmar, geb. Cordes, 3 Kd. (David, Sarah, Tobias) - Stud. Publiz., Politik, Gesch.; M.A.

STATKUS, Horst

Intendant Stadttheater Luzern - Theaterstr. 2, CH-6002 Luzern - Geb. 1929 - Dramat. u. Regiss. 1959 Schloßtheater Celle, 1961 Komödie Basel, Chefdramat. 1964 Städt. Bühne Heidelberg, 1967 Staatsth. Braunschweig (1969 Oberspiell.), 1972 Staatsth. Stuttgart, 1973 Int. Städt. Bühne Heidelb., 1978-88 Dir. Basler Theater.

STATZ, Hanjörg

Fabrikant, Ehrenpräsident d. Industrie- u. Handelskammer Hanau-Gelnhausen-Schlüchtern - Gottfried-Keller-Str. 2, 6450 Hanau/M. 1.

STAUB, Hans

Dr. phil., o. Prof. f. Roman. Philologie Univ. Freiburg (s. 1967) - Brandensteinstr. 17, 7800 Freiburg/Br.

STAUBER, Horstmar

Dr., Vorstandsvorsitzender Flughafen Frankfurt Main AG - Zu erreichen üb. Flughafen Frankfurt Main AG, 6000 Frankfurt/M. 75 - Geb. 1931, verh., 4 Kd.

STAUBER, Manfred

Dr. med., Prof., Gynäkologe I. Univ.-Frauenklinik München, Psychosomatiker - Maistr. 11, 8000 München 2 - Geb. 4. Sept. 1940, kath., verh., 3 Kd. - Promot. 1968 Würzburg; Habil. 1977 FU Berlin - S. 1984 Prof. Vizepräs. Dt. Ges. f. psychosomat. Gynäkol. u. Geburtshilfe - Design Präs. d. Intern. Soc. of Obstr. and Gynaec. - BV: Psychosomatik d. sterilen Ehe, 1979, 2. A. 1988 - 1978 Römer-Preis (f. beste wiss. Arb. auf psychosomat. Geb.).

STAUBESAND, Jochen

Dr. med., o. Prof. f. Anatomie - Schwarzwaldstr. 22, 7812 Bad Krozingen/Br. (T. dstl.: 0761 - 203 25 61) - Geb. 23. Jan. 1921 Hammer/Mark - 1952-61 Privatdoz. u. apl. Prof. Univ. Hamburg (Oberassist. Anat. Inst.); s. 1961 ao. u. o. Prof. (1965) Univ. Freiburg (Dir. Anat. Inst.). Fachveröff. - 1963 Fellow Intern. College of Angiology, New York.

STAUDACHER, Wilhelm

Stadtkämmerer a. D., Schriftst. - Pürckhauerstr. 9, 8803 Rothenburg/Tauber - Geb. 16. März 1928 Rothenburg (Vater: Johann S., Arbeiter; Mutter: Maria, geb. Reingruber), ev., verh. s. 1952 m. Alice, geb. Voit, 2 Söhne (Wolfram, Frank) - Volks- u. Berufssch.; VHS - BV: Märchen, 1951; Bänkelsang d. Zigeuner, Ged. 1960; Des is aa deitsch, Mundartged. 2. A. 1971; Liebe Menschen, Verse u. Prosa 2. A. 1989; Scherenschnitte, 1965; Eckstaa u. Pfennbutze, Mundartged. 3. A. 1979; Über Nei-Bejter-e-Schroll, Mundartged., 2. A. 1971; Gejcherejd, Mundartged. 1988; Großvaterged., 1990; s. 1972 mehrere Hörspiele, Übers. i. and. Mundarten; Beitr. Rundf. u. Ferns. Versch. Anthol. (1961ff.); fränkische Volksoper Dorftheater 1984 - 1968 Literatur-Förd.spreis Stadt Nürnberg; 1974 1. Preis Mundartwettb. SDR; 1977 Förderungspreis BLVfH (Mchn.); 1990 Bürgermed. d. Stadt Rothenburg o.d.T. - Mitgl. PEN, Kogge, RSG, IDI (Wien) - Lit.: W.-S. - E. fränk. Mundartdichter (SDR, 1965); Cornelius Streiter, Z. Mundartdicht. d. Franken W. S. (Klaus-Groth-Jahrb. 1970); Hoffmann/Berlinger D. neue dt. Mundartdichtung (1977); Radlmair, Beschaulichkeit u. Engagement (1981); B. Setzwein, E. fränkischer Rhapsode (1988); B. Setzwein. D. Rothenburger Mundartautor W. S. in: Käuze, Ketzer, Komödianten (1990).

STAUDE, Ulrich

Dr. rer. nat., Dipl.-Math., Wiss. Rat u. Prof. Univ. Mainz (s. 1973) - Kehlweg 37, 6500 Mainz-Gonsenheim (T. 9 98 77) - Geb. 18. März 1935 Dresden (Vater: Prof. Dr. Herbert S. (s. XVIII. A.); Mutter: Eva, geb. Pieck), ev., verh. s. 1970 m. Cordula-Christiane, geb. Foelsch, T. Angelika - Dipl.ex. 1957 Leipzig; Promot. 1962 Mainz; Habil. 1969 ebd. - Spr.: Engl.

STAUDENMAIER, Hans-Martin

Dr. rer. nat., Dipl.-Phys., Prof. Univ. Karlsruhe - Philippsburger Str. 23, 7520 Bruchsal (T. 1 22 58) - Geb. 22. Mai 1939 Ulm - TH u. Univ. Karlsruhe (Dipl. Physik 1964, Promot. 1969, Habil. 1980) - 1965-72 Forsch.aufenth. in CERN (Genf), Dubna u. Serpukhov (UdSSR); 1972-80 Akad. Oberrat Univ. Karlsruhe; s. 1980 Prof. Univ. Karlsruhe. Rd. 25 Veröff. in wiss. Ztschr.

STAUDER, Claus

Dr. jur., Geschäftsführer Privatbrauerei Jacob Stauder, Essen, Präs. Dt. Tennis-Bund - Stauderstr. 88, 4300 Essen (T. 0201 - 3 61 60) - Geb. 16. März 1938 Essen, verh. m. Christa, geb. Hoppe - Jurastud.; 1. jurist. Staatsex. 1961 OLG Hamm, Promot. 1963 Univ. Bonn (b. Prof. Stoll) - Mitgl. d. Nat. Olymp. Komitee f. Deutschl. - 1981 u. 88 BVK - Liebh.: Sport (insb. Tennis), Jagd - Spr.: Engl.

STAUDER, Wilhelm

Dr. phil., Musikwissenschaftler, Prof. Univ. Frankfurt (s. 1952) - Buchweg 26, 6072 Dreieich-Buchschlag - Geb. 12. April 1903 Luzern (Schweiz), verh. m. Helga, geb. Rust - Habil. 1940 Ffm. - BV: D. kl. Buch d. Musikinstrumente, ab 1973 als Taschenb. d. Musikinstrumente, 8. A. 1979; D. Harfen u. Leiern d. Sumerer, 1957; D. Harfen u. Leiern Vorderasiens in babylon. u. assyr. Zeit, 1961; D. Musik d. Sumerer, Babylonier u. Assyrer, in: E. J. Brill, Handb. d. Orientalistik, Ergänzungsbd. 1970 (Leiden); Alte Musikinstrumente, 1973; Einf. in d. Instrumentenkde., 1974 (Taschenb. z. Musikwiss. 21); Einf. in d. Akustik, 1976 (Taschenb. z. Musikwiss. 22).

STAUDINGER, Hugo

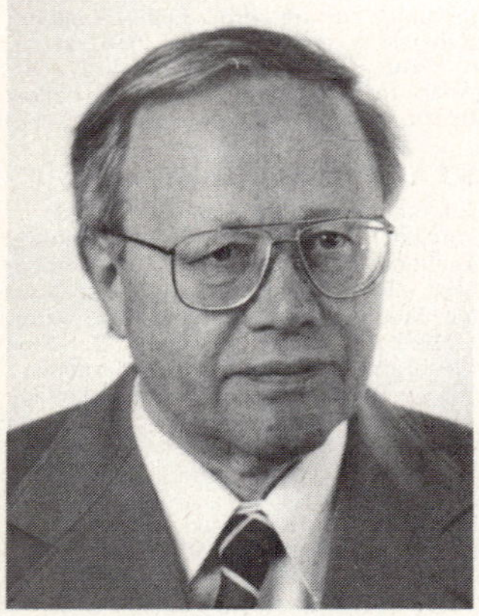

Dr. phil., Prof. (Gesch., Wissenschaftstheorie) - Fürstenweg 50, 4790 Paderborn/W. (T. 05251 - 2 49 05) - Geb. 5. Juli 1921 Dresden (Vater: Gerhard S., Kaufm.; Mutter: Margarete, geb. Werner), kath., verh. s. 1951 m. Hilde, geb. Kröger, 6 Kd. (Heribert, Maria, Margarete, Mechthild, Gisela, Hiltrud) - Gymn. Dresden; 1940 TH ebd., 1947-50 Univ. Münster (Gesch., Phil., Lat.; Promot.). Staatsex. 1950 Münster; Päd. Prüf. 1952 Bochum - 1950-62 Höh. Schuldst. NRW; s. 1962 Lehrtätigk. Päd. Hochsch. bzw. Univ.-GH Paderborn (o. Prof. f. Polit. Bildung u. Didaktik d. Gesch.). 1958-66 Dir. Dt. Inst. f. Bildung u. Wissen, Berlin; s. 1970 Leit. Inst. f. wiss.theoret. Grundlagenforsch., Paderborn - BV: u.a. D. histor. Glaubwürdigkeit d. Evangelien, 5. A. 1988 (engl. Übers. 1981, ital. Übers. 1991); Mensch u. Staat im Strukturwandel d. Gegenw., 1971; Um d. Zukunft v. Aufklärung u. Religion, Briefwechsel u. Gespräch m. Max Horkheimer, 2. A. 1991; Chance u. Risiko d. Gegenw. - e. krit. Analyse d. wissenschaftl.-techn. Welt, 2. A. 1976 (m. a.); Wer ist der Mensch? - Entwurf e. offenen u. imperativen Anthropologie, 1981 (m. a.); D. Frankfurter Schule als Monetekel d. Gegenw. u. als Herausford. an d. christl. Theol., 1982; Grundprobl. menschl. Nachdenkens - E. Einf. in mod. Philosophieren, 1984 (span. Übers. 1986); An Wunder glauben? - Gottes Allmacht u. mod. Welterfahrung, 1986; D. Glaubwürdigkeit d. Offenbarung u. d. Krise d. modernen Welt (m.and.), 1987; Ethik d. Wiss. u. d. Technol., 1989; Ethische Fragen im Bereich d. Biotechnik, insbes. d. Gentechnol., 1990 - Komturkreuz d. Silvesterordens - Spr.: Lat., Engl., Griech.

STAUDINGER, Max W.

Geschäftsführer Flabeg GmbH., Fürth - Berolzheimer Str. 35, 8510 Fürth/Bay. - Geb. 8. Febr. 1919 - Vors. Verein d. Glasind., München. - 1980 BVK 1. Kl.

STAUDINGER, Ulrich

Verleger (Franz Schneekluth Verlag, Philosophia Verlag GmbH, bde. München) - Widenmayerstr. 34, 8000 München 22 (T. 22 13 91) - Geb. 30. Mai 1935 Berlin (Vater: Dr. rer. pol. Wilhelm S.; Mutter: Elfriede, geb. Poth), ev., verh. 1960-89 m. Irmengard, geb. Ehrenwirth †, 3 Kd. (Ulrike, Florian, Penelope) - Realgymn.; Lehre Verlagsbuchhandel - 1971ff. AR-Mitgl. Ausstellungs- u. Messe GmbH (Frankf. Buchmesse); Mitgl. Urheber- u. Verlagsrechtsaussch. Börsenverein d. Dt. Buchhandels; Vorst.-Mitgl. Verwertungsges. Wort - Spr.: Engl.

STAUDT, Erich

Dr. Dr. habil., Prof. f. Arbeitsökonomie - Reckmannshof 15, 4300 Essen (T. 0201-42 44 04) - Geb. 8. Nov. 1941 Miltenberg (Vater: Nikolaus St., Schreiner; Mutter: Martha, geb. Helmstetter), kath., verh. s. 1968 m. Hannelore, 2 T. (Christina, Stephanie) - Stud. Physik, Math., Wirtsch.- u. Sozialwiss., Dipl.-Phys. Univ. Mainz 1970, Promot. 1973, Habil. 1978 Univ. Erlangen-Nürnberg - 1978-86 o. Prof. f. BWL Univ. Duisburg, s. 1986 o. Prof. Univ. Bochum, s. 1980 Vors. Inst. f. angew. Innovationsforsch. - BV: Planung als Stücktechnol., 1979; D. Management v. Innovationen, 1986 - Spr.: Engl.

STAUDT, Jakob

Direktor - Zu erreichen üb.: Postf. 1170, 6604 Brebach/Saarl. - Geb. 24. April 1914 - Zul. Geschäftsf. Halbergerhütte GmbH. Div. Ehrenämter, dar. Vors. d. Arbeitgeberverb. d. Saarl., Saarbrücken. Stv. ARsvors. Elster AG., Mainz.

STAUDT, Klaus

Prof. Hochsch. f. Gestalt. Offenbach, Künstler - Nordring 82 B, 6050 Offenbach/M. (T. 069 - 81 04 25) - Geb. 14. Sept. 1932 Otterndorf/N.E. (Vater: Dr. med. Erich St.; Mutter: Erika, geb. Dorn), verh. s. 1966 m. Barbara, geb. Boidol, 2 Töcht. (Andrea, Claudia) - 1954-58 Med.-Stud. Marburg; 1959-63 Stud. Malerei Kunstakad. München; 1964-67 Assist. Kunstakad. München, Dipl. 1964 - S. 1967 Doz. u. Prof. Hochsch. f. Gestalt. Offenbach - BV: Klaus Staudt, z. meinen Arbeiten, 1973; objekte, zeichn., 1974; Klaus Staudt, Linear. Notizen zu meinen Zeichn., 1975; D. Konstrukt. u. serielle Relief, Gesch. u. Entw., 1981 - Reliefs, Objekte, Doppelreliefs, Zeichn., Druckgrafik im Ber. d. konstrukt.-konkr. Kunst - Lit.: H. M. Schmidt, Elementar/komplex-programm./frei. Z. Werk v. Klaus Staudt (1980); Klaus Staudt, Werkverz. 1960-1984 m. Beitr. v. M. Bleyl, J. Enzweiler, Z.-M. Erdmann, W. Pohl, H. P. Riese, S. Rompza, H.-M. Schmidt, W.

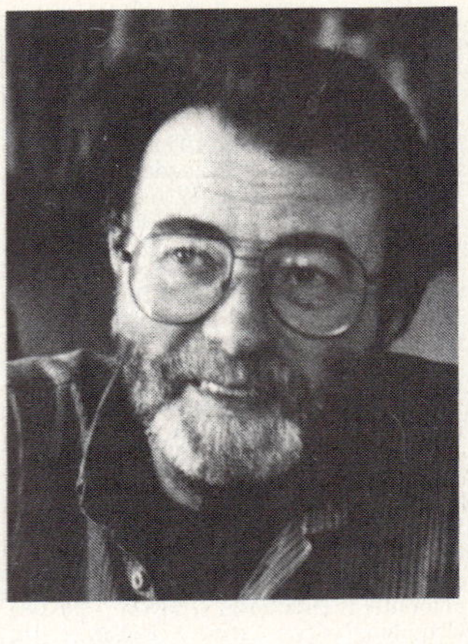

Vitt (1985); Gottfried Böhm: Vom Stamme d. Pythagoräer. In: Klaus Staudt, Zeichnungen 1985-1990 (1991).

STAUDTE, Adelheid,

geb. Sievert

Dr. phil., Prof. f. Kunstpädagogik Univ. Frankfurt - Unterer Hardthof 9, 6300 Gießen (T. 0641 - 6 55 21) - Geb. 3. Febr. 1944 Höfen/Enz (Vater: Cornelius S., OStud.rat; Mutter: Eleonore, geb. Braun), verh. s. 1967 m. Dr. Axel Staudte - 1964-67 Univ. Bielefeld u. Hamburg, 1. Staatsex. 1967, 2. Staatsex. 1969 f. d. Lehramt an Volks- u. Realsch., Promot. 1975, Habil. 1980 - 1969-80 wiss. Assist., 1980-84 Prof. Univ. Gießen, s. 1984 o. Prof. Univ. Frankfurt - BV: Ästhetisches Verhalten v. Vorschulkindern, 1977; Ästhetische Erziehung 1-4, 1980.

STAUF, Paul

Dr. jur., Geschäftsführer Verb. d. Dt. Herren- u. Knaben-Oberbekleidungsindustrie, Köln - Heinrich-Hertz-Str. 2, 5300 Bonn-Bad Godesberg (T. Büro: Köln 23 52 60) - Geb. 4. Febr. 1922.

STAUFER, Ludwig

Dr. theol., Vorsitzender Caritasverb. f. d. Diözese Speyer - Obere Langgasse 2, 6720 Speyer/Rh. (T. 50 41-42) - Geb. 22. Dez. 1911 - U. a. Kaplan Herxheim; 1945ff. Caritasdst. Ludwigshafen.

STAUFF, Joachim

Dr. phil., o. em. Prof. f. Kolloidchemie u. Physikal. Biochemie - Am Salinensee 2, 7737 Bad Dürrheim - Geb. 10. Sept. 1911 Berlin (Vater: Paul S., Fabrikant; Mutter: Claire, geb. Labude), ev., verh. s. 1936 m. Ilse, geb. Glagow - Oberrealsch. Bielefeld; Univ. Berlin (Promot. 1936), Göttingen, München (Chemie) - S. 1941 Privatdoz., apl. (1953) ao. (1960) u. o. Prof. (1965) Univ. Frankfurt/M. (1962 Dir. Inst. f. Physikal. Biochemie u. Kolloidchemie), emerit. (1976) - BV: Kolloidchemie, 1960. Etwa 100 Einzelarb. - Spr.: Engl.

STAUFFENBERG, Schenk Graf von, Franz-Ludwig

Rechtsanwalt, MdEP (1984ff.), Vors. d. Rechtsausschusses im Europ. Parlam. (1989), MdB (1972-84, CDU/CSU-Fraktion; Wahlkr. 209/München-Land) - 8601 Kirchlauter - Geb. 4. Mai 1938 Bamberg/Ofr. (Vater: Claus Schenk Graf v. S., zul. Oberst, Widerstandskämpfer †1944 (Attentat 20. Juli 1944 auf Hitler); Mutter: Nina, geb. Freiin v. Lerchenfeld), kath., verh. s. 1965 m. Elisabeth, geb. Freiin v. u. zu Guttenberg (Tochter d. langj. Bundestagsabg. †1972; s. XVI. Ausg.), 4 Kd. (Hans-Caspar, Valerie Sophie, Karl, Nina) - Gymn. Salem (Abit. 1958); 1958-62 Univ. Erlangen, Zürich, München (Gesch., Rechtswiss.). Jurist. Staatsprüf. 1962 u. 66 - B. 1972 Angest. Krauss-Maffei AG München (5 J.), 1972-77 Synd. Alumetall GmbH, Nürnberg. 1969-73 stv. Bundesvors. Jg. Union Dtschl.; 1987 Vizepräs. Europa-Union Deutschl.; 1988 Vors. Arbeitsgem. Dt. Waldbesitzerverb. CSU s. 1962 (1972 Vorst.-Mitgl.) - 1982 BVK; 1983 Gr. Gold. Ehrenz. Rep. Österr.; 1984 Bayer. VO - Spr.: Engl., Franz.

STAUFFER, Dietrich

Dr. rer. nat., Prof. f. Theoret. Physik Univ. Köln - Unicenter 2111, Luxemburgerstr. 124, 5000 Köln 41 (T. 0221 - 470 43 04) - Geb. 6. Febr. 1943 Bonn (Vater: Ethelbert St., Prof.; Mutter: Hanna, geb. Tummeley), ev. - Univ. Saarbrücken, Dipl.-Phys. 1967, Promot. 1970 TU München, Habil. 1975 Univ. Saarbrücken - 1979-81 Vertr. Kölns im Hochsch.aussch. d. Gewerksch. Erz. u. Wiss. NRW; 1988/90 Höchstleistungsrechenzentrum Jülich - BV: Introduction to Percolation Theory, 1985; Computer Simulation and Computer Algebra, 1988; Theoretische Physik, Kurzlehrb. 1989 u. ca. 250 Veröff. in Fachztschr. - 1980 Gastprof. Univ. de Provence; 1985 Alexander-v.- Humboldt-Preis; 1987 James Chair Prof., Kanada - Liebh.: Kino - Spr.: Engl.

STAUFFER, Robert

Schriftsteller, Lehrbeauftr. Inst. f. Theaterwiss. Univ. München (s. 1990), 1. Vors. Verb. Deutscher Schriftsteller, Bayern (s. 1991) - Corneliusstr. 42/1, 8000 München 5 (T. 089 - 201 44 27) - Geb. 23. Juni 1936 Bern (Schweiz), led. - Kunstgewerbesch. Zürich - 1974-76 Sekr. Österr. Kunstsenat, Wien; 1987/88 Interims-Leit. Hörspielabt. b. Bayer. Rundfunk - BV: 2 Männer (zus. m. Kh. Barwasser), 1986; Im eigenen Schatten (zus. m. Kh. Barwasser), 1986; Im Schleier d. Nacht, 1987. 20 Hörspiele, Ess., Features - 1976 Slábbesz, Hörspielpreis, Österr. - Spr.: Engl., Franz., Ital., Ung. - Bek. Vorf.: Karl Stauffer-Bern, 1857-1891 (4. Grad); Teddy Stauffer (3. Grad).

STAUNAU, Hans Werner

Versicherungsdirektor - Wüllner Str. 113a, 5000 Köln 14 - Geb. 23. Jan. 1917 Mönchengladbach (Vater: Hans S.; Mutter: Ellen, geb. Harff), ev., verh. s. 1956 m. Dr. Ingeborg, geb. Groebe, 2 Söhne (Michael, Hans Ullrich) - Abitur - Berufssoldat (1936-45, zul. Major); Vorstandsvors. Colonia Krankenversich.s-AG., Köln.

STAUSKE, Johannes

Dipl.-Polit., Regierungsdirektor - Gipsbrink 23, 3054 Rodenberg/Deister - Geb. 30. März 1937 Greifswald/Pom., verh., 3 Kd. - Schulen Daberkow, Wolgast, Greifswald, Gießen (Abit.); Stud. Wirtschafts- u. Sozialwiss. (Wilhelmshaven) sowie Polit. Wiss. (Berlin; Dipl.) - 1968-71 Ref. f. Polit. Bildung Schulverw. Köln; 1971-74 Wiss. Assist. CDU-Landtagsfraktion Nieders.: 1975-78 Ref. Nds. Landeszentrale f. Polit. Bild.; 1978-86 MdL Nieders. (Wahlkr. 15/Schaumburg). MdK Schaumburg. CDU. Mitgl. d. Samtgemeinde- u. Stadtrates Rodenberg.

STECH, Berthold

Dr. rer. nat., o. Prof. f. theor. Elementarteilchenphys. - Langgewann 5, 6900 Heidelberg (T. 4 98 77) - Geb. 8. Dez. 1924 Karlsruhe - S. 1956 (Habil.) Lehrtätigk. Univ. Heidelberg (1958 ao., 1960 o. Prof.). Fachveröff.

STECHELE, Ulrich

Dipl.-Ing. (FH), Architekt, MdL Baden-Württ. (1967-88, Wahlkr. 18/Heilbronn), CDU Landesgeschäftsf. Baden-Württ. - Bietigheimer Str. 35, 7100 Heilbronn/N. - Geb. 15. Okt. 1941 Heidelberg, ev., verh., 3 Kd. - Gymn. Heilbronn; Maurerlehre; Staatsbausch. Stuttgart - B. 1972 Planer Regierungspräsid. Nord-Württ.; s. 1973 Leit. Stadtplanungsamt Eppingen. 1968ff. Mitgl. Gemeinderat Heilbronn. Mehrj. Kreisvors. Jg. Union Heilbronn. CDU s. 1964 (Vors. Stadtverb. Heilbronn) - BVK a. Bde. BVK I. Kl.

STECHER, Hans

Dr. med., Generalsekretär Dt. Sportärztebund, Präs. Sportärztebund Baden -

Handschuhsheimer Landstr. 55, 6900 Heidelberg (T. 06221 - 48 09 19).

STECHER, Reinhold G.

Dipl.-Kfm., Literaturagent - Seeblickstr. 46, 8036 Herrsching 2/Ammersee - Geb. 7. März 1933 Ansbach/Mfr. - 2 J. Geschäftsf. Verlage Bertelsmann u. Blanvalet; 1979-83 pers. Bevollm. Verleger Rolf Heyne (wo bis 1977 tätig); s. 1983 gf. Gesellsch. d. Autoren- u. Verlagsagentur GmbH; s. 1991 Geschäftsf. Authors and Packaging Agency GmbH - BV: Stellenangebote entwerfen, gestalten, streuen, 1963; Verkaufstagungen u. Vertreterkonferenzen richtig organisieren, 1965; Werbebriefe texten, gestalten, streuen, 1967; Praktische Werbekunde f. d. Sortiment, 1967; Bühne d. Welt-Glanzvolles Salzburg (Mitverf.), 1985.

STECHER-KONSALIK, Dagmar

Geschäftsführerin APA, Authors & Packaging Agency GmbH - Am Karpfenwinkel 1, 8031 Weßling - Geb. 9. Dez. 1955, Elspe/West. (Vater: Heinz G. Konsalik, Schriftst.; Mutter: Elsbeth Langenbach) - N. Abit. Sprachenstud. - B. 1990 Verlegerin Hestia, Diana, Neff. - BV: Chines. Weisheiten, Aphor. 1978; So lerne ich reiten, 1978; Reiter-Brevier, 1979; Festspielbücher üb. Salzburg u. Bregenz.

STECK, Odil Hannes

Dr. theol., o. Prof. f. Alttestamentl. Wissenschaft Univ. Zürich (s. 1978) - Kirchgasse 9, CH-8001 Zürich (T. 01 - 34 73 30) - Geb. 26. Dez. 1935 München. Promot. 1965 Heidelberg, Habil. 1967 Heidelberg, 1968 o. Prof. Univ. Hamburg, 1976 o. Prof. Univ. Mainz - BV: Israel u. d. gewalts. Geschick d. Propheten, 1967; Überlieferung u. Zeitgesch. i. d. Elia-Erzählungen, 1968; D. Paradieserzähl., 1970; Friedensvorstellungen i. alten Jerusalem, 1972; D. Schöpfungsbericht d. Priesterschrift, 1975; Welt u. Umwelt, 1978; Exegese d. Alten Testaments, 1970, 8. A. 1978 (m. H. Barth).

STECK, Wolfgang

Dr. theol., Prof. f. Theologie Univ. München - Schellingstr. 3/Vg., 8000 München 40 (T. 089 - 21 80 - 34 83) - Geb. 20. Febr. 1940 Stuttgart - Promot. 1968 Univ. Tübingen - 1972 Privatdoz. Tübingen; 1974 Pfarrer Aistaig; 1978 Prof. Kiel, s. 1984 Prof. München - BV: D. homilet. Verfahren, 1974; D. Pfarrer zw. Beruf u. Wiss., 1974; Arbeitsb.: Prakt. Theol. (m. F. Wintzer u. a.), 2. A. 1985; D. Zukunft d. Pfarrerberufs (ThPr 20), 1985; Otto Baumgarten, Studien zu Leben u. Werk, 1986.

STECKEL, Frank-Patrick

Intendant Bochumer Schauspielhaus (s. 1986) - Zu erreichen üb. Schauspielhaus, Königsallee 15, 4630 Bochum - Geb. 1943 - Zul. fr. Regiss. in Berlin.

STECKER, Josef

Dr. jur., Oberkreisdirektor a. D., Rechtanwalt, Präsident Nieders. Sparkassen- u. Giroverb., Hannover (b. 1983) - Am Nachtigallenwald 3, 4470 Meppen - Geb. 7. Dez. 1916 Wehm/Emsl. (Vater: Franz S., Lehrer), kath., verh. s. 1950 m. Agnes, geb. Kuhlmann, 6 Kd. (Elisabeth, Franz, Maria, Magdalena, Georg, Bernhard) - Univ Münster/W. Promot. 1947; Ass.ex. 1948 - 1952-61 Oberkreisdir. Meppen. 1957-69 MdB. CDU (u. a. stv. Vors. Landesverb. Hannover). AR Fürstenberg Porzellanmanufaktur - Spr.: Engl.

STECKEWEH, Carl

Dipl.-Volksw., Bundesgeschäftsführer Bund Dt. Architekten BDA - Ippendorfer Allee 14b, 5300 Bonn 1 - Geb. 4. Okt. 1947.

STECKHAN, Helmut

Dr. rer. pol. habil., Prof. f. Betriebswirtschaftslehre, insbes. Unternehmensforschung, u. Geschäftsf. Inst. f. Betriebswirtsch.lehre Univ. Regensburg - Lessingstr. 18, 8417 Lappersdorf (T. 0941 - 8 83 83) - Geb. 26. Aug. 1935 Bad Pyrmont - Lehre Industriekaufm. Siemens; Stud. FU Berlin (Dipl.-Kfm.), Univ. of California at Berkeley; Promot. Univ. Heidelberg, Habil. ebd. - Wiss. Rat u. Prof. Univ. Heidelberg; Ord. Univ. Regensburg - BV: Güterströme in Netzen, 1970; Proceedings in Operations Research, 1980, 84, 85.

STECKMEISTER, Gabriele

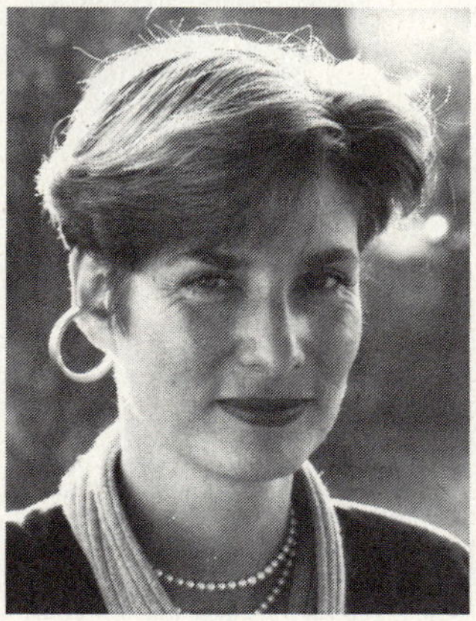

Dr. rer. pol., Prof., Hochschullehrerin f. Soziologie an d. FH Erfurt - Düppelstr. 14, 1000 Berlin 37 (T. 030 - 801 77 12 od. 0361 - 388-207) - Geb. 20. Okt. 1953 Hamburg - Stud. Politikwiss., Empirische Kulturwiss. u. German. Univ. Tübingen - 1979-84 Wiss. Mitarb. Inst. f. Politikwiss. d. Univ. Tübingen; 1985 Projekt d. BMBW u. DGB zu Arbeits- u. Lebensbedingungen v. weibl. Beschäftigten b. d. Dt. Bundespost; 1986-90 Frauenbeauftr. d. Landeshauptstadt Stuttgart u. Lehrbeauftr. am Inst. f. Politikwiss. d. Univ. Stuttgart u. FHS Esslingen; 1987-90 Mitgl. im Sprecherinnengremium d. kommunalen Frauenbüros; 1990/91 Leiterin d. Stabsstelle Frauenförderung b. Vorst. d. Volkswagen AG. Schwerpunkte d. Lehre, Forschung u. d. Veröff.: Feministische Frauenforsch., Frauenpolitik in Kommunen u. Unternehmen, empirische Staatsforsch., Neue soziale Bewegungen, Jugendforsch., Stadtsoziologie.

STEDING, Gerd

Dr. med., Univ.-Prof., Vorst. Abt. Embryologie Zentrum Anat. Univ. Göttingen (s. 1972) - Mühlenberg 18, 3406 Bovenden-Lenglern (T. 05593 - 6 91) - Geb. 24. Febr. 1936 Hannover - Ratsgymn. Hannover (Abit. 1956); Stud.; med. Staatsex. u. Promot. 1963 - 1968 Privatdoz.; Hon. Visiting Prof. Guangxi Med. College, Nanning, VR China.

STEEB, Günther

Dr. rer. pol., Direktor, MdL Baden-Württ. (1969-81) - Kurze Str. 7, 7064 Remshalden (T. 07151 - 7 13 96) - Geb. 23. Aug. 1931 Gerstetten Kr. Heidenheim, ev., verh. - Realgymn. Eßlingen (Abit. 1951); Ausbild. Bürgermeisteramt Gerstetten u. Landratsamt Eßlingen; 1955-56 Staatl. Verw.ssch. Stuttgart (Fachhochsch.); 1956-59 Univ. Tübingen (Rechts- u. Staatswiss.; Dipl.-Volksw. 1959). Promot. 1962 Tübingen - BV: Volkswirtschaftl. Ablauf. Struktur. Politik; Die Folgekosten kommunaler Siedlungen u. ihre Finanzierung - S. 1981 gf. Gesellsch. Schwäb. Beteiligungsges. mbH, Stuttgart, selbst. Unternehmensu. Finanzberater. CDU s. 1965 - BVK I. Kl.

STEEG, Helga

Ministerialdirektorin, Exekutivdirektorin Intern. Energie-Agentur (OECD), Paris (1984ff.), Stv. Aufsichtsratsvors. Hermes Kreditversich.s-AG., Hamburg - Klein-Villip, 5307 Wachtberg-Adendorf (T. 0225 - 70 63) - Geb. 8. Juni 1927 Bonn (Vater: Johann P. S., Verkehrsdienstleiter Stadt Bonn; Mutter: Annemarie, geb. Küper), kath., led. - Univ. Bonn u. Lausanne (Rechtswiss.). Jurist. Staatsprüf. 1950 u. 1954 - S. 1954 Bundeswirtschaftsmin. (1970 Leit. Unterabt. Entwicklungspolitik u. Ländergruppen Afrika, arab. Länder, Mittelasien, 1973 Leit. Abt. Außenwirtsch.spolit. u. Entwicklungsh.), dazw. 1965-67 Weltbank (stv. dt. Dir.) - Spr.: Engl., Franz.

STEENBOCK, Frauke

Dr., Kupferstichkabinett, Staatliche Museen PK - Arnimallee 23-27, 1000 Berlin 33.

STEER, Max

I. Bürgermeister Stadt Fürstenfeldbruck - Albrecht-Dürer-Str. 16, 8080 Fürstenfeldbruck/Obb. - Geb. 5. Mai 1931 Ingolstadt - Zul. Sonderschulrektor. CSU.

STEFANIAK, Hans

Dr. rer. nat., em. o. Prof. f. Mechanik - Klausingweg 4, 8000 München 40 (T. 089 - 300 24 77) - Geb. 6. März 1910 Halsbach/Mfr. - Stud. Techn. Physik - S. 1946 (Habil.) Privatdoz., apl. (1953), ao. (1961), o. Prof. (1969), em. 1975) TH bzw. TU München. Fachveröff.

STEFENELLI, Arnulf

Dr. phil., o. Prof. f. Roman. Philologie Univ. Erlangen-Nürnberg (s. 1968), Univ. Passau (s. 1982) - Eppaner Str. 8, 8390 Passau - Geb. 14. Jan. 1938 Dornbirn/Österr. (Vater: Franz S., Zahnarzt; Mutter: Gertrude, geb. Rhomberg), kath., verh. s. 1962 m. Friederike, geb. Fürst, 3 Kd. (Claudia, Marko, Julian) - Univ. Wien. Promot. 1961 Wien; Habil. 1968 Basel - Zul. Privatdoz. Univ. Basel - BV: D. Volkssprache im Werk d. Petron - im Hinblick auf d. roman. Sprachen, 1962 (Wien); D. Synonymenreichtum d. altfranz. Dichtersprache, 1967 (Wien); Gesch. d. franz. Kernwortschatzes, 1981 (Berlin); D. lexikalischen Archaismen in d. Fabeln v. La Fontaine, 1987 (Passau); D. Schicksal d. lateinischen Wortschatzes in d. romanischen Sprachen, 1991 (Passau).

STEFFAN, August Wilhelm

Dr. phil. nat., Prof. f. Zoologie, Ökologie - Dstl.: Berg. Univ. (GH S), 5600 Wuppertal 1, FB Naturwiss. II; priv.: Zur Gloria 23, 5600 Wuppertal 23 (T. 0202-61 17 67) - Geb. 23. Mai 1933 Gelnhausen (Vater: Wilhelm St., Bundesb.beamter; Mutter: Maria, geb. Köhler), ev., verh. s. 1961 m. Inge Brigitte, geb. Henke, 3 S. (Frithjof, Ingolf, Thorsten) - Gymn. Gelnhausen, Abit. 1953, Univ. Frankfurt, Promot. 1959 (Zool., Bot., Geol., Paläontol.), Habil. 1966 Univ. Mainz - S. 1974 Chief Editor Entomologia Generalis-Journal for General and Applied Entomology, 1973/74 Vors. Dt. Entomol. Ges. - 1963/64 Post.Doct. Research Fellow, Canadian Research Council, Ottawa; 1968/69 Gastprof. Univ. Lund/Schweden; 1971/72 Gastprof. FU Berlin; 1971-76 Dir. u. Prof. im Bundesdst.; 1972 Hon.Prof. (Zool.) FU Berlin; 1980/81 Gastprof. Univ. Monterey/Mex. u. 1985/86 Univ. Dar es Salaam/Tanzania. Entd.: 1975 Gerät z. Anlockung u. Fang flieg. Insekten (Pat.) - BV: D. Stammes- u. Siedl.gesch. d. Artenkreises Sacchiphantes viridis, 1961; Z. Statik u. Dynamik im Ökosystem d. Fließgewässer, 1965; Paläobot. u. Phytosoziol. im Dste v. Zoophylogenie u. Zoogeogr., 1967; Ectosymbiosis in Aquatic Insects, 1967; Evolution u. System. d. Adelgidae, 1968; Aphidina - Blattläuse - Forstschädl. Europas, 1972; Ökol., Soziol., Parasitol. d. Tiere, 1971-75; weit. 80 wiss. Veröfftl. in Ztschr. - Spr.: Engl., Schwed., Franz., Span.

STEFFANI, Winfried

Dr. phil., Prof. f. Polit. Wissenschaft Univ. Hamburg (s. 1967) - Richterstr. 11, 2000 Hamburg 76 (T. 22 14 93) - Geb. 2. Juni 1927 Znin (Vater: Pastor Joh. St.; Mutter: Otti v. Schweinichen), ev., verh. s. 1960 m. Brigitta, geb. Courault, 3 Kd. (Ulrike, Alexander, Constanze) - 1945-48 Tischlerlehre Frankf./Oder, 1948-51 Meistersch. f. Tischler u. Innenarch. Bln-Ost; 1952-56 Stud. Politologie, Geschichte, Staatsrecht Berlin. Dipl.-Polit. 1956; Promot. 1958; Habil. 1967 (alles Berlin-West); 1963-65 Columbia Univ. New York - Spez. Arbeitsgeb.: Vergl. Regierungslehre, Pluralismus- u. Parlamentarismusforsch. - 1971-73 Vors. Dt. Vereinig. f. Polit. Wiss.; s. 1971 stv. Vors. Dt. Vereinig. f. Parlamentsfragen; Beauftr. f. Ztschr. f. Parlamentsfragen - BV: D. Untersuchungsaussch. d. Pr. Landtages, 1960; Parlamentarismus ohne Transparenz, 2. A. 1973; Pluralismus, 3. A. 1976 (m. Nuscheler); Parlam. u. präsidentielle Demokr., 1979; Pluralist. Demokr., 1980; Regierungsmehrheit u. Opposition in d. Staaten d. EG, 1991. Üb. 100 weit. Abh. z. Pol. System d. Bundesrep. u. d. Vergl. Regierungslehre.

STEFFE, Horst-Otto

Dipl.-Volksw., Dr. rer. pol., Ehren-Vizepräsident Europ. Investitionsbank - 4, Rue Nicolas Gredt, L-1641 Luxemburg - Geb. 27. Aug. 1919 Berlin, verh. m. Margarete, geb. Spangl, 3 Kd. - Realgymn. Düren, Duisburg-Meiderich, Leipzig (Abit. Friedrich-List-Sch.); 1937ff. Arbeits- u. Wehrdst.; Univ. Leipzig u. Wien (Wirtschaftswiss.); 1948-52 Wiss. Referent, Österr. Inst. f. Wirtschaftsforsch. Wien - Ab 1952 Hilfsref. u. stv. Referatsleit. Bundeswirtschaftsmin.; 1958-60 Geschäftsf. Gemeinsch. z. Schutz d. dt. Sparer; 1960-67 Dir. f. Volksw. d. Mitgliedsländer u. Konjunktur EWG-Kommiss. (u. a. Präs. Aussch. d. Konjunktursachverst.); s. 1967 Dir. Volksw. Abt. u. 1972-84 Vizepräs. Europ. Investitionsbank. Zahlr. Fachveröff. - 1984 Gr. BVK; Grande Croix Ordre De Merite, G.-H. Luxemburg; Gr. silb. Ehrenz. f. Verdienste Rep. Österreich.

STEFFEL, Frank

Dipl.-Kaufm., Mitglied d. Abgeordnetenhauses v. Berlin (s. 1990) - Fürstendamm 8, 1000 Berlin 28 (T. 030 - 401 17 34) - Geb. 2. März 1966 Berlin, ledig - Dipl. Berlin - 1989-91 Mitgl. 1. Landesvorst. CDU-Berlin; s. 1990 MdA (jüngster Wahlkreisabg. Berlin's) - Spr.: Engl.

STEFFEN, Friedrich

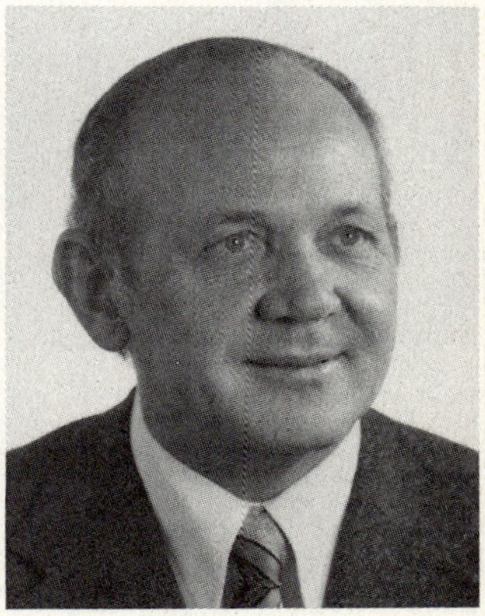

Stadtkämmerer a. D. - Rathausstr. 24, 4690 Herne 2 (Wanne-Eickel) (T. 79 41 71) - Geb. 17. März 1919 Wanne, ev., verh. s. 1949 m. Luise, geb. Hagemeier, 2 Töcht. (Brigitte, Silvia) - Abit. 1937; Arbeits-, Wehr- u. Kriegsdst.; Verw.- u. Wirtsch.akad. Bochum (Kommunaldipl. 1951); Stud. Wirtsch.- u. Polit. Wiss. Univ. Bochum - 1945-74 Stadtverw. Wanne-Eickel (1947-51 Leit. Kultur- u. Presseamt; 1947-64 Leit. VHS; 1951-74 Finanz- u. Kulturdezern.); 1975-79 Stadtverw. Herne, nach Zusammenschluß m. Wanne-Eickel (Finanzdezern.). 1956-73 Vors. Org.- u. Finanzaussch. Landesverb. d. VHS NRW. 1957-72 Mitherausg. VHS im Westen; 1967-75 Jurymitgl. Adolf-Grimme-Preis;

1969-75 Teiln. an d. British-German Conferences on Adult Education; 1971-75 Rechnungsprüfer Dt. VHS-Verb.; 1965-76 Mitgl. Kulturaussch. Städtetag NRW; 1960-63 Landessozialrichter, 1972-84 ehrenamtl. Richter b. BSG; versch. AR-Mand.; Ehrenvors. u. -mitgl. versch. Vereine. Veröff. - SPD s. 1945 - 1959 Gold. Sportabz.; 1966 Eiserner Steuergroschen; 1973 BVK I. Kl. - Spr.: Engl., Franz.

STEFFEN, Günther
Dr. agr., o. Prof. f. Angew. Landw. Betriebslehre - Schmidtbonnstr. 15, 5300 Bonn (T. 21 25 92) - Geb. 19. Sept. 1924 Markendorf Kr. Melle (Vater: Dr. Heinrich S., Tierarzt u. Landw.; Mutter: Paula, geb. Welpinghaus), ev., verh. s. 1953 m. Gisela, geb. Dencker, 2 Kd. (Ulrike, Christian) - Promot. u. Habil. Bonn - 1951-64 Fachberat. u. Leit. Abt. Betriebswi.(1958) Kurat. f. Technik in d. Landw., Frankfurt/M.; s. 1960 Privatdoz. u. o. Prof. (1964) Univ. Bonn. Emerit. 1989. Facharb.

STEFFEN, Hinrich
Dr. sc. pol., Berater Marketing, gf. Gesellschafter ExperConsult GmbH, Hamburg u. ExperConsult (UK) Ltd., London - Clausewitzstr. 30, 2800 Bremen 1 - Geb. 18. Dez. 1950 Lübeck, verh. - 1971-76 Stud. Volkswirtsch.lehre Freiburg u. Kiel; Promot. 1981 Kiel.

STEFFEN, Kurt
Dr. phil. (habil.), em. o. Prof. f. Pharmakognosie - In den Wiesen 42, 3300 Braunschweig-Völkenrode (T. 0531 - 51 50 07) - Geb. 14. Mai 1915, verh. m. Dr. Hedwig, geb. Pyrsch (Biologin) - S. 1958 ao. u. o. Prof. (1962) TH bzw. TU Braunschweig, emerit. 1974 (ehem. Dir. Pharmakognost. Inst.). Facharb. - 1990 Navashin-Med. Leningrad.

STEFFEN, Manfred

Schauspieler - Neuer Luruper Weg 8, 2083 Halstenbek (T. 04101 - 4 68 96) - Geb. 28. Juni 1916 Hamburg (Vater: Theodor Ludolf St.; Mutter: Marie, geb. Krumbholtz), rk.-ref., verh. s. 1943 m. Sigrid, geb. Peters - Realgymn. Hamburg, (Abit.); Schauspielstud. Thalia-Theater Hamburg 1937-39 Thalia-Theater Hamburg, 1939-41 Stadttheater Oberhausen, 1941-43 Stadttheater Aachen, 1943-45 Staatstheater Dresden, 1946/47 Junge Bühne Hamburg, s. 1947 Thalia-Theater Hamburg - Div. Rollen b. Bühne, FS, Hörfunk, z.B. Titelr.: Hauptmann v. Köpenick, D. Hausmeister, Traumulus, D. Kandidat; Synchronisation - 1968 Bozenhard-Ring, Thalia-Theater; 1980 Silb. Maske, Volksbühne; 1983 Ernenn. z. Ehrenmitgl. d. Thalia Theaters; 1987 Biermann-Rathjen-Med. f. Verdienste um Kunst u. Kultur durch d. Senat d. Freien u. Hansestadt Hamburg; 1989 Gr. Gold. Ehrenzeichen d. Genossenschaft Dt. Bühnen-Angehörigen - Liebh.: Wassersport - Spr.: Engl., Franz. - Lit.: Beitr. in zahlr. Theaterhandb. v. 1947-80, im intern. Filmlexikon 1961, Art. u. Interviews in d. Presse u.a.

STEFFEN, Reiner
Dr. rer. oec., Prof. f. Betriebswirtschaftslehre, insb. Produktionswirtschaft Univ. Hannover - Lisztstr. 9, 3057 Neustadt 1 (T. 05032 - 59 07) - Geb. 18. Aug. 1941 Kirchbrak (Vater: August St., Werkm.; Mutter: Luise, geb. Morich), ev., verh. s. 1969 m. Marianne, geb. Heidemann, 2 Kd. (Kai, Julia) - Wirtsch.wiss. Dipl. 1968 Univ. Göttingen; Promot. 1971 Univ. Bochum; Habil. 1975 ebd. - 1976/77 Doz. f. Betriebsw. Univ. Bochum; s. 1977 Prof. f. Betriebsw. Univ. Hannover - BV: Analyse ind. Elementarfakt. in prod.theoret. Sicht, 1973; Prod.plan. b. Fließbandfertig., 1976; Prod.- u. Kostentheorie, 1983 - Liebh.: Kunst, Musik.

STEFFEN, Uwe
Dompropst, Publizist - Domhof 35, 2418 Ratzeburg - Geb. 12. Juni 1928 Westerland (Vater: Richard St., Propst; Mutter: Anny, geb. Zufall), ev., verh. s. 1954 m. Hildegard, geb. Sager, 3 Kd. (Matthias, Hendrikje, Ulrik) - Univ. Kiel u. Göttingen (Theol.) - 1955-66 Pastor in Lütjensee; 1966-75 Propst v. Norderdithm.; s. 1976 Dompropst Ratzeburg. S. 1959 publiziert. tätig e. Rundf. u. FS - BV: D. Mysterium v. Tod u. Auferseh., Wiss. Monogr. 1963; Feuerprobe d. Glaubens, Wiss. Monogr. 1969; Jona e. Sinnbild gegenw. Existenz, Anthol. 1974; Jona u. d. Fisch, Buchreihe 1982; Drachenkampf, Buchreihe 1984; D. zwei Brüder. Jeder hat noch ein anderes Ich, Buchreihe 1986; Taufe, Buchreihe 1988 - Spr.: Engl.

STEFFENHAGEN, Hartwig
Dr. rer. pol., Dipl.-Kfm., Prof., Inhaber Lehrstuhl f. Betriebswirtschaftspolitik u. Marketing TH Aachen - Preusweg 66, 5100 Aachen - Geb. 9. Juli 1943 - Promot. 1972; Habil. 1976 - Zul. Prof. GH Siegen (1977) - BV: u.a. Konflikt u. Kooperation in Absatzkanälen, 1975; Wirkungen absatzpol. Instrumente, 1978; Kommunikationswirkung, 1984; Marketing, 1988 - Mithrsg.: Unternehmensführung u. Marketing (s. 1976).

STEFFENS, Friedhelm
Dr. jur., Dipl.-Volksw., Generaldirektor u. VR-Mitgl. EUROLUX Lebensversicherung AG, EUROLUX Anlageberatungs AG, EUROLUX Dienstleistungs AG - 25a, Boulevard Prince Henri, 1724-Luxembourg; priv.: Ulmenweg 30, 5040 Brühl (T. 02232 - 3 16 03) - Geb. 7. März 1940 Jüchen, kath., verh. s. 1968 m. Eva, geb. Dannebaum, 2 Kd. (Anke, Jörn) - Gymn. Rheydt, Univ. Köln, London u. Berlin (Volks- u. Rechtswiss.), Dipl.-Volksw. 1968 Köln, Promot. 1973 Berlin - B. 1981 Vorst.-Mitgl. Europa-Versich., dann Vors. Ehrenamtl. Kurat.-Mitgl. Stift. f. d. behinderte Kind - Spr.: Engl., Franz.

STEFFENS, Gerhard
Forstbeamter a. D., MdL Rhld.-Pfalz - Gartenstr. 29, 5484 Bad Breisig - Geb. 2. Okt. 1927 - CDU.

STEFFENS, Heiko
Dr. päd., Prof. f. Wirtschaft u. Arbeitslehre TU Berlin - Undinestr. 46, 1000 Berlin 45 (T. 030 - 834 97 60) - Geb. 11. April 1938 Oldenburg - Human. Gymn. Krefeld (Abit. 1958); 1959-62 Max-Reinhardt-Theaterschule Berlin; 1964-66 PH Bonn; 1970-72 Stud. Univ. Münster (Stip. Stiftg. VW-Werk), Promot. 1974 - 1967-70 Hauptsch.-Lehrer Bad Honnef; 1972-75 wiss. Assist. PH Bielefeld (Prof. F.-W. Dörge); s. 1975 Prof. PH Berlin, s. 1980 TU Berlin - BV: Berufswahl u. Berufswahlvorber., 1975; Verbraucherezieh., 1980; Berufl. Erwart. u. Fähigk., 1982; Industrieroboter, 1987; D. stumme Dialog, 1987; Neue Technologien, 1988; Lebensjahre im Schatten d. dt. Grenze, 1990. Drehb. f. d. WDR-Schul-FS - Schausp.: Bruno Edelzwicker

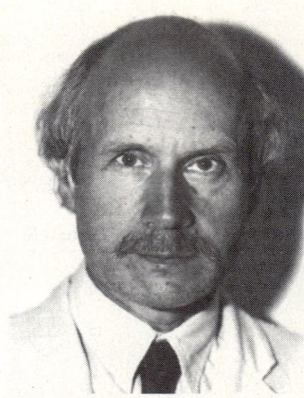

- Liebh.: Irische Lit., Reisen - Spr.: Engl., Franz., Latein.

STEFFENS, Hermann
Dr. jur., Oberstadtdirektor a. D. - Forstwaldstr. 740, 4150 Krefeld - Geb. 17. Okt. 1921 Köln (Vater: Josef S., kaufm. Betriebsleiter; Mutter: Elisabeth, geb. Tellenbach), kath., verh. s. 1949 m. Maria, geb. Krall - Promot. 1949; Ass.ex. 1949 - 1954 Beigeordn. Mönchengladbach; 1964-86 Oberstadtdir. Krefeld. Mitgl. CV u. Lions-Club - Liebh.: Astronomie - Spr.: Engl., Franz.

STEFFENS, Walter
Generalstaatsanwalt b. Oberlandesgericht Köln - Reichenspergerpl. 1, 5000 Köln.

STEFFENS, Werner

Dr. agr. habil., Honorarprofessor Humboldt-Univ. Berlin, Abt.-Leiter Inst. f. Gewässerökologie u. Binnenfischerei Berlin - Eitelsdorfer Str. 32, 1170 Berlin (T. 656 13 90) - Geb. 20. April 1931 Bautzen, ev., verh. s. 1963 m. Andrea, geb. Keienburg, 2 Söhne (Dirk, Ulf) - Fischzuchtgehilfe; Stud. Humboldt-Univ. Berlin; Dipl. 1954; Promot. 1958, Habil. 1964 Berlin - Fischereiwissenschaftler; 1966 Abt.-Leit. Inst. f. Binnenfischerei Berlin-Friedrichshagen; 1984 Hon.-Prof. f. Fischzucht u. Fischernährung Humboldt-Univ. Berlin; 1990 Präs. Verb. d. Binnenfischerie Berlin; Abt.-Leit. Inst. f. Gewässerökologie u. Binnenfischerei - BV: D. Karpfen, zul. 1980; Industriemäßige Fischprod., 1979, 1981; Mod. Fischwirtsch., 1981 (russ. 1985, poln. 1986); Binnenfischerei-Prod.verf., 1986; Grundl. d. Fischernährung, 1985 (span. 1987, engl. 1989) - Liebh.: Garten - Spr.: Engl.

STEFFENSKY-SÖLLE, Dorothee
s. Sölle, Dorothee

STEFFLER, Christel
Botschafterin d. Bundesrep. Deutschl. in Sofia - Postf. 8 69, Ulica Juliat Curie 25, Sofia/Bulgarien - Geb. 30. Juli 1930 Neustettin/Pommern, ev., ledig - Stud. Spr. Univ. Mainz u. Polit. Wiss. Univ. Genf - 1957 Ausw. Dienst; zul. Botsch. in Tansania - Spr.: Engl., Franz.

STEFULA, György
Maler - Osternach 15, 8210 Prien/Chiemsee (T. 43 84) - Geb. 22. Jan. 1913 - Meisterprüf. Schrift- u. Dekorationsmalerei - Viele Bilder gegenständl. Art, d. durch leichte Perspektivverschiebung e. unwirkl. Wirklichkeit schafft. Wandgemälde u. a. Lenbach-Galerie, Pinakothek u. Stadtmuseum München.

STEGEMANN, Hartmut
Dr. theol., Dr. phil., Prof. f. Neues Testament (Fachbereich Theol.) - Platz der Göttinger Sieben 2, 3400 Göttingen - Geb. 18. Dez. 1933 Gummersbach - Promot. 1963 Heidelberg (ph.) u. 1965 Bonn (th.); Habil. 1969 Bonn - S. 1970 Prof. Univ. Bonn (apl.), Marburg (1971 o.) u. Göttingen (1980 o.), Leit. d. Qumran-Forsch.stelle - BV: D. Entsteh. d. Qumrangemeinde, 1971. Etwa 30 Aufs. zu Qumrantexten u. z. hist. Jesus.

STEGEMANN, Hermann
Dr. rer. nat., em. Prof., Direktor Inst. f. Biochemie/Biol. Bundesanstalt f. Land- u. Forstw. Berlin/Braunschweig - Am Sandkamp 15, 3300 Braunschweig (T. 37 19 77; dstl.: 39 94 01) - Geb. 23. Juni 1923 Königsberg - Stud. Chemie (Dipl.-Chem.) - S. 1969 (Habil.) apl. Prof. (1972) Univ. Göttingen (Biochemie d. Nutzpflanzen). Etwa 200 Fachveröff. auf med., pflanzenphysiol. u. biochem.-genetischen Gebiet - 1987 Scientific Merit Medal d. World Cultural Council Univ. Heidelberg.

STEGER, Günter
Dr. med. vet. Ltd. Veterinärdirektor a.D., Honorarprof. f. Vet. Umwelthyg. Univ. Erlangen-Nürnberg - Schönweißstr. 16, 8500 Nürnberg 40.

STEGER, Hanns-Albert
Dr. phil. (habil.), o. Prof. f. Roman. Sprachen u. Auslandskd. im Sozialwiss. Inst. Univ. Erlangen-Nürnberg (s. 1974) - Spardorfer Str. 55, 8520 Erlangen - Geb. 30. März 1923 - Zul. Abt.-Leiter u. Prof. Univ Bielefeld.

STEGER, Hugo
Dr. phil., o. Prof. f. German. Philologie, Dir. Dt. Sem. I. u. Arbeitsber. f. Gesch., Landeskunde, Bad. Wörterbuch u. Dt. als Fremdsprache (b. 1988) - Bachmättle 2, 7801 Stegen (T. 07661 - 66 08) - Geb. 18. April 1929 Stein b. Nürnb. (Vater: Georg S., Oberschulrat; Mutter: Ottilie, geb. Seybold), ev., verh. s. 1965 m. Dr. Brunhilde, geb. Reitz, 2 Kd. (Eva-Christine, Friedrich-Georg) - 1948-55 Univ. Erlangen-Nürnb. u. Würzburg (German., Gesch., Erdk., Kunstgesch., Volksw.). Staatsex. 1953; Promot. 1958; Habil. 1964 - S. 1956 Wiss. Assist., 1964 Ord. Univ. Kiel u. 1968 Freiburg; Gastprof. Basel, Sao Paulo, 1977 Brittingham-Prof., Madison/Wisc., 1985 Max-Kade-Prof. Lawrence/Kans. u. 1989 Monash-Univ., Melbourne/Austr. - Verf. v. 9 Büchern u. zahlr. Aufs. zu d. Sachgeb.: Soziolog., Sprachbeschreibung, Gesprochene Sprache, Sprachnormen, Sprachgesch., Mundartforsch., Namensforsch., Dt. als Fremdsprache u. MA-Forsch., in sprachwiss. Ztschr., Sammelbde., Lex. Herausg. u. Mithrsg. mehrerer dt. u. ausl. sprachwiss. Ztschr. u. d. Reihe Handb. z. Sprach- u. Kommunikationswiss., Verf. zahlr. Vorträge im Rundf. u.a. - 1962 Kultur-Förderungspreis Stadt Nürnberg; 1982 Konrad-Duden-Preis Stadt Mannheim, Vors. wiss. Beirat d. Instituts f. donauschwäb. Gesch. u. Landeskde., u. d. Kommiss. f. geschichtl. Landeskde. in Baden-Württ.

STEGER, Karl Heinz
Gastronom, Kaufmann u. Großmeister, Generalkonsul Rheinl.-Pfalz Königreich Albanien (s. 1989) - Maximilianstr. 11, 6740 Landau/Pf. - Geb. 2. Okt. 1934, kath., verh. s. 1958 m. Gisela, geb. Herbig, 3 Kd. (Michael, Petra, Iris) - Realschule; Handelsschule; Kaufmannslehre; Marketing Seminar; Kochlehre - 1969 Großmeister Cordon bleu du Saint Esprit. Präs. Stiftg. u. Verein f. seelenpflegebedürftige Menschen, Neustadt 17. 1990 Graf v. Kavaje - Master of culinary Arts; 1981 Prof. h.c. v. Tourin u. Namur; 1981 Commandeur Rotes Kreuz Portugal; 1982 Commandeur kaiserl. japan. Rote Kreuz Ges.; 1984 Lateran-Kreuz; Pilgerkreuz in Gold; Großkreuz St. Lazarus-Orden u. weit. ausl. Ehrungen; Großkanzler d. Ordens Signum Fidei; 1988 Altendorf Bildpr. - Spr.: Engl., Franz.

STEGER, Max
I. Bürgermeister Stadt Vohenstrauß - Rathaus, 8483 Vohenstrauß/Opf. - Geb. 28. Okt. 1918 Waldhaus - Zul. Regierungsamtm.

STEGER, Ulrich
Dr., Dipl.-Ökonom, Prof. f. Ökologie u. Unternehmensführung European Business School Schloß Reichartshausen (s. 1987) - 6227 Oestrich-Winkel 1 - Geb. 8. Nov. 1943 Berlin, verh., 3 Kd. - Lehre als Steuergehilfe; Stud.; Dipl.ex. 1972; Promot. 1976 - Zeitoffz. Bundesw.; 1976-84 MdB (jew. Direktwahl NRW); 1984-87 Hess. Min. f. Wirtschaft u. Technik. SPD. 1988 Fellow in Harward; 1990/91 Gastprof. Hochsch. St. Gallen. AR-Vors. u.a.: Mitteldt. Kali AG; Vorst.-Mitgl. Arb.gemeinsch. f. Partnerschaft in d. Wirtschaft (AGP); s. 1991 Mitgl. d. Markenvorstandes Volkswagen (zuständig f. Umwelt u. Verkehr) - S. 1970 zahlr. Veröff. z. Wirtschafts- u. Technologiepolitik; 7 Bücher u.a.: Umweltmanagement - Erfahrungen u. Instrumente e. umweltorientierten Unternehmensführung, 1988; Umwelthaftung (m. E. Feess u. G. Prätorius), 1990 - Spr.: Engl.

STEGH, Marlis
Dr., Chefdramaturgin - Am Hermannsberg 26, 6200 Wiesbaden-Frauenstein (T. 42 68 68) - Geb. 30. Okt. 1933 Köln (Vater: Josef S., Sonderschullehrer; Mutter: Gertrud, geb. Breibach), kath., verh. s. 1964 m. Hans-Dieter Radke - Gymn. Köln (Abit. 1954), Univ. Köln, Mainz (Theaterwiss., German., Gesch.). Promot. 1974 Köln; 1. Staatsex. 1975 Mainz; 2. Staatsex. 1977 Wiesbaden - S. 1961 Stadttheater Cuxhaven (Dramat., Schausp.), Nationaltheater Mannheim (1963; Dramat.), Staatstheater Oldenburg (1968; Chefdramat.), Städt. Bühnen Frankfurt/M. (1970; Dramat. u. Redakt.); s. 1979 Studienrätin Wiesbaden - BV: D. Theatervorhang, Ursprung - Gesch. - Funktion, in: Dt. Studien, Bd. 32, Meisenheim/Glan 1978 - Liebh.: Aufbau e. Schultheaters - Spr.: Engl., Franz.

STEGLICH, Wolfgang
Dr. phil., o. Prof. f. Neuere Geschichte - Prausestr. 48, 1000 Berlin 45 (T. 833 57 70) - Geb. 2. März 1927 Grimma/Sa., verh. s. 1958 m. Maria, geb. Maier, verw. s. 1970, 2 Kd. (Hans-Martin, Marguerite) - Promot. 1956 Freiburg - S. 1963 (Habil.), Priv.-Doz. Univ. Freiburg (1969 apl. Prof.), 1970 o. Prof. FU Berlin - BV: Bündnissicherung od. Verständigungsfrieden - Untersuch. z. d. Friedensangebot d. Mittelmächte v. 12. Dez. 1916, 1958; D. Friedenspolitik d. Mittelmächte 1917/18, Bd. 1, 1964; D. Friedensappell Papst Benedikts XV. v. 1. Aug. 1917 u. d. Mittelmächte, 1970; Dt. Reichstagsakten unter Kaiser Karl V., Bd. VIII, T. 1-2, 1970/71; D. Verhandl. d. 2. Unteraussch. d. Parlam. Untersuchungsaussch. üb. d. päpstl. Friedensaktion v. 1917, 1974; D. Friedensversuche d. kriegführend. Mächte im Sommer u. Herbst 1917 - Quellenkrit. Untersuch., Akten u. Vernehmungsprotokolle, 1984.

STEGMANN, Carl Ulfert
Dr., Reedereidirektor, Alleinvorstand AG Reederei Norden-Frisia (s. 1975) - Am Markt 27, 2980 Norden 1 (T. 04931 - 18 02-0) - Geb. 22. Mai 1940 Norden (Vater: Walter S., Reedereidir. a. D. †; Mutter: Lieselotte, geb. Menge), ev., verh. s. 1963 m. Helga, geb. Remmers, 3 Kd. (Walter, Klaus, Carl Ulfert) - Gymn. Norden (Abit.); High school Coldwater, Mich./USA (m. Abschluß); Stud. d. Rechtswiss. u. Betriebswirtsch. Univ. Köln, München, Münster; 1. u. 2. jur. Staatsex. 1964 u. 1968; Promot. 1969 - 1968-71 Höh. Dienst Finanzverw. Nordrh.-Westf.; Präs. d. IHK f. Ostfriesland u. Papenburg; AR-Mitgl. Doornkaat-AG; Mitgl. DIHT-Etatkommiss. u. Fähr- u. Fördekommiss. b. Verb. Dt. Reeder, Hamburg - Spr.: Engl. - Lions-Club.

STEGMANN, Christel
Bürgerschaftsabgeordnete - Neumünstersche Str. 36, 2000 Hamburg 20 (T. 48 23 26) - S. 1970 Mitgl. Hbg. Bürgerschaft. B. 1973 (Austritt) FDP.

STEGMANN, Hartmut B. W.
Dr. rer. nat., Prof. Univ. Tübingen - Leopoldweg 8, 7407 Rottenburg 1 (T. 07472 - 62 08) - Geb. 16. Okt. 1931 Weißenfels (Vater: Walter St., Kaufm.; Mutter: Gertrud, geb. Vahl), verh. s. 1957 m. Margret, geb. Ott, 2 Kd. (Petra, Ekhard) - Dipl. Chemie 1959; Promot. 1963, Habil. 1970 - S. 1990 Dekan d. Fak. f. Chemie u. Pharmazie - Zahlr. Publ. in Fachztschr. - BV: Elektronensoniresonanz. Grundl. u. Anwend. in d. org. Chemie (m. K. Scheffer), 1970.

STEGMANN, Helmut
Chefredakteur tz, Vors. Verein Münchner Sportpresse (1980 z. 10. Mal gewählt) - Pressehaus Bayerstraße, 8000 München 2.

STEGMANN, Hubert
Dr. med., Prof., Chefarzt Geburtshilfl.-gynäk. Abt. Marienhospital (s. 1965) - Oberurbach Nr. 8, 7967 Bad Waldsee (T. 07524 - 83 81) - Geb. 11. Juli 1922 Wiesensteig/Württ. - S. 1957 (Habil.) Privatdoz. u. apl. Prof. (1963) Univ. Freiburg (Geburtshilfe u. Gynäk.) - BV: D. med. Vaterschaftsbegutacht. m. biostat. Beweis, 1961 (m. a.). Div. Fachaufs.

STEGMANN, Tilbert Dídac
Dr., Prof. f. Romanistik-Literaturwiss., Katalanistik - Telemannstr. 20, 6000 Frankfurt/M. (T. 069 - 72 20 67) - Geb. 1. Sept. 1941 Barcelona/Katal. (Vater: Eckhard St., OSchulrat; Mutter: Nele, geb. Fricke), verh. I.) 1972-86 m. Ginka, geb. Steinwachs (Schriftst.), II.) s. 1988 m. Inge, geb. Mees, Liedsängerin u. - komp. - Gymn. Barcelona, Düsseldorf, Detmold, Univ. Hamburg, Berlin, Hanover N.H./USA, Portugal, Ital., Frankr. (Lit.wiss., Angl., German., Hispan., Roman.), Promot. Hamburg 1971 - S. 1971 Tätigk. Univ. Hamburg, Erlangen, Rennes/Frankr., s. 1976 Assist.-Prof. FU Berlin; s. 1981 Prof. Univ. Frankfurt.; 1983 Gründ. Dt.-Katalan. Ges. (Präs.) u. Biblioteca Catalana (Frankfurt); 1978 Initiator Setmanes Catalanes a Berlin, 1983 Karlsruhe u. 1985 Frankfurt - BV: u.a. Cervantes' Musterroman Persiles (Monogr.), 1971; Ges. Schriften Salvador Dalís (Edit. u. Übers.), 1974; Katalan. Wochen Berlin 1978 (Teilverf. u. Hrsg.), 1978; Lieder aus Katalonien (Anthol.), 1979; Decàleg del catalanoparlant, 1982; D. dt. Beitrag z. Okzitanistik 1802-1983, Bibliogr. (Hrsg.), 1983; Schwerp. Mallorca (Hrsg.), 1985; Katalan. Lyrik d. 20 Jh. (Anthol.), 1987; Catalunya vista per un alemany, 1988; Lit. wissenschaftl. Wörterbuch f. Romanistik (Mitverf.), 1989; Katalanisch-dt. Wörterbuch, (Mitverf.), 1991; Katalonien u. d. Katalanischen Länder (m. Inge Mees), 1992. Herausg. Ztschr. f. Katalanistik (1988) - 1972 Intern. Cervantes-Preis Bonsoms, Barcelona, Mitgl. PEN Club Català, 1985 Creu de Sant Jordi (VO d. Autonomen Reg. Katalonien); 1991 Memorial Cendrós-Preis, Barcelona - Liebh.: Cello, Malen, Sprachen - Spr.: Span., Engl., Katalan., Franz., Ital., Portugies., Okzitanisch - Lit.: Jordi Pla: Til Stegmann, el nostre home a Berlin, in: Presència, n. 522, XV (1979); Ana Colom: T. St. , in Sóller, n. 4821 (1979); Instantànies: T. St., in: Avui, 17.5.1981; J. Nonell: Personatge a l'abast: T. St., in: Som, n. 20, (Dez. 1981); A. Gumbau: T. St. - Que el poble català i l'alemany ..., in: Presència, n. 606, XIX (1983); M. Jerzembeck: T. St., la vivacidad del concierto cultural europeo, in: La Vanguardia (1985); H. G. Klein: VO f. Prof. Stegmann, in: Uni-Report 14, Jg. 18 (1985).

STEGNER, Artur
Fabrikant - Obere Bachstr. 21, 3450 Holzminden/W. (T. 33 12) - Geb. 10. Juni 1907 Kattowitz/OS. (Vater: Alfred S.; Mutter: geb. Langner), verh. 1941 m. Gertrud, geb. Meyer, 2 Kd. - Gymn.; Stud. Naturwiss. (Werkstudent) - Chemiker Ind., Juli-Aug. 1933 Schutzhaft, s. 1936 Chemie-Fabrikant Berlin, Breslau u. Holzminden (n. 1945; Pharmus GmbH.), dazw. Kriegsdst. Mitgl. Kreistag u. Stadtrat, Nieders. Landtag u. Bundestag (1949-57; b. 1954 FDP, dann fraktionslos).

STEHKÄMPER, Hugo
Dr. phil., Honorarprof. Univ. Köln, Ltd. Stadtarchivdirektor - Am Hang 12, 5060 Bergisch-Gladbach 1 (T. 02204 - 5 46 96) - Geb. 5. April 1929 Gelsenkirchen, verh. m. Karola, geb. Stegemann, 3 S. (Ulrich, Wolfgang †, Christoph) - Promot. 1954; 1. Staatsex. 1955; archiv. Staatsprüf. 1959 - 1959-61 Staatsarchiv Münster, s. 1961 Hist. Archiv Stadt Köln, s. 1969 Dir.; Vors. Gesamtverein dt. Gesch.- u. Altertumsvereine, Vorst.- bzw. Beiratsmitgl. Ges. f. Rhein. Gesch.-Kde., Kurat. d. Inst. f. vergleichende Städtegeschichte in Münster, Vereinigung f. Verfassungsgeschichte, Hans. Gesch. Verein, Zentral-Dombau-Verein Köln, Stiftg. Bundeskanzl.-Adenauer-Haus Rhöndorf - BV: Nachlaß d. Reichskanzlers Wilh. Marx, 4 Bde., 1968; Konr. Adenauer, Oberbürgerm. v. Köln (Hrsg.), 1976; Konr. Adenauer als Katholikentags-Präs. in München 1922, 1977; Aufs. z. rhein. u. westf. Gesch. d. 12. u. 13. Jh., Albertus Magnus, Gesch. d. dt. Widerst. 1933-45 - 1982 Ritter d. päpstl. Gregorius-Ordens.

STEHLE, Hansjakob
Dr. phil., Journalist - C.P.43 V.del Lago, 15, I-00062 Bracciano/Roma - Geb. 25. Juli 1927 Ulm/D. - Korresp. Warschau, Wien, Rom (f. D. Zeit) - BV: Nachbar Polen, 2. A. 1968; Nachbarn im Osten - Herausforderung zu e. neuen Politik, 1971; D. Ostpolitik d. Vatikans 1917-1975, 1975; engl. Ausg. Eastern Politics of the Vatican 1917-1979, 1981.

STEHLE, Peter
Dr.-Ing., persönl. haftender Gesellschafter Freudenberg & Co. (s. 1990) - Postf. 10 03 63, 6940 Weinheim/Bergstr. - Geb. 17. Nov. 1940 Augsburg, verh. s. 1973 m. Renate, geb. Held, 2 Kd. (Yvonne, Nicolas) - Abit. 1959; Stud. 1959-64 TH Aachen, Maschinenbau Fachrichtg. Fertigungstechnik; 1964 Dipl.; 1966 Promot. - 1967-71 Georg Stetter Maschinenfabrik KG, Memmingen, ab 1969 Mitgl. d. Geschäftsltg.; ab 1971 Brown Boveri + Cie AG Mannheim; ab 1974 Geschäftsber.leit. d. Geschäftsbereiches Niederspannungsgeräte; 1982-1986 Sprecher d. Geschäftsfg. Diehl, Nürnberg; ab 1986 Vorst.-Mitgl. AEG (Automatisierungstechnik, Transportsysteme) - Spr.: Engl., Franz.

STEHLING, Thomas Bernd
Stv. Intendant d. Norddeutschen Rundfunks (s. 1991) - Rothenbaumchaussee 132-134, 2000 Hamburg 13 - Geb. 5. Sept. 1950 Braunschweig, ev., verh. m. Anne-Dore, geb. Ritter, 2 Kd. (Cecilia Christina, Philip Albrecht) - Stud. Univ. Kiel (Rechtswiss. u. Polit. Wiss.); 1. jurist. Staatsprüf. 1980 Kiel; gr. jurist. Staatsprüf. 1982 Hamburg - 1972-79 Mitarb. d. früheren Bundespräs. Prof. Dr. K. Carstens; 1982-83 Reg.-Rat in d. Staatskanzlei v. Schlesw.-Holst. Kiel; 1983-85 Leit. Intendantenbüro u. ARD-Ref. NDR Hamburg; 1986/87 Programmdir. RIAS Berlin; 1987-91 Dir. Landesfunkhaus Nieders. d. NDR - Liebh.: Segeln, Musik - Spr.: Engl.

STEHR, Hans-Dieter
Redaktionsleiter Bad Vilbeler Anzeiger - Panoramaweg 16, 6361 Niddatal 4 (T. 06187 - 2 31 33) - Geb. 4. Dez. 1952 Driedorf/Westerwald (Vater: Ernst St., DB-Hauptsekr.; Mutter: Hilde, geb. Merkelbach), ev., verh. s. 1974 m. Kornelia, geb. Schmidt - 1967-70 Schriftsetzerlehre; 1970-72 Schrifts. Bad Vilbel; 1972-76 fr. Mitarb. u. Reporter, dann Redakt. Druck- u. Verlagshaus Bad Vilbel; s. 1976 Redaktionsleit. Bad Vilbeler Anzeiger - Liebh.: Jagd, Tischtennis, Tennis, Bergwandern, klass. Trompetenmusik.

STEHR, Klemens
Dr. med., Prof., Direktor d. Univ. Kinderklinik Erlangen-Nürnberg - Loschgestr. 15, 8520 Erlangen (T. 85 31 11) - Geb. 7. März 1930 Wattenscheid - S. 1962 (Habil.) Lehrtätigk. Univ. u. TU (1970) München (1968), apl. Prof. f. Kinderheilkunde, 1977 o. Prof. Univ. Erlangen f. Kinderheilkd. - BV: Üb. therapieresistente Enterobakterien, 1963; Schwangerschaft, Geburt, Säuglingspflege, 1977. Etwa 100 Einzelarb.

STEIBLE, Horst
Dr., Prof. f. Sumerologie - Im Breyel 3 a, 7801 Pfaffenweiler (T. 07664-66 33) - Geb. 30. April 1941 Lörrach (Vater: Josef St., Küferm.; Mutter: Emma, geb. Koßmann), kath., verh. s. 1967 m. Marianne, geb. Schimmelschmidt, 3 Kd. (Mirjam, Judith, Benjamin) - Heimschule Sasbach/Achern, Univ. Freiburg, Ecole du Louvre, Univ. Heidelberg - 1968-72 Wiss. Assist., 1973-79 Univ. Doz., 1980 Prof., alles Univ. Freiburg - BV: E. Lied an d. Gott Haja m. Bitte f. Rîmsin v. Larsa, 1967; Rîmsin mein König, 1975; D. altsumer. Bau- u. Weihinschr., 1982; Glossar zu den altsumer. Bau- u. Weihinschriften, 1983; D. neusumer. Bau- u. Weihinschriften, 1991 - Spr.: Franz., Engl.

STEIDLE, Carl Theodor
Direktor i. R., Président d'honneur Union des Foires Internationales - Fontanestr. 134, 6000 Frankfurt/M. - Geb. 3. März 1909 Offenbach/M. - 1953-74 Geschäftsf. Messe- u. Ausstellungsges. m.b.H. Frankfurt/M. - 1977 Gr. BVK; vorher: Gr. Silb. Ehrenz. Rep. Österr. Comturkreuz Finn. Löwe; Offz. Italienischer VO.; Franz. VO.; Belg. Kronenorden u. Peruanischer VO; 1980 Ehrenplak. Stadt Frankfurt/M.

STEIDLE, Otto
Dipl.-Ingenieur - 8000 München - 1981 DEUBAU-Preis Stadt Essen (f.: Kommunikatives Wohnen in München-Schwabing u. Intern. Begegnungszentrum Berlin), Gruner + Jahr, Hamburg, Univ. Ulm, Wienerberg - Wien - Wohnbauten.

STEIERT, Ingeborg
Schauspielerin, Theaterinhaberin Wallgraben-Theater Freiburg - Mozartstr. 50, 7800 Freiburg - Kath. - Stud. German. (Staatsex. als Schausp.) - Zahlr. Gastsp. in Hauptrollen an Theatern im In- u. Ausland. Mitgl. Sachverst.-Beirat Kulturaussch. Stadt Freiburg - Gold. Verdienstmed. Land Baden-Württ. - Spr.: Engl., Franz., Russ. - Lit.: 25 J. Wallgraben-Theater.

STEIERWALD, Gerd
Dr.-Ing., o. Prof. f. Straßen- u. Verkehrswesen - Bopserwaldstr. 16, 7000 Stuttgart 1 (T. 24 04 83) - Geb. 20. Sept. 1929 - S. 1961 (Habil.) Lehrtätigk. TH Aachen (1967 apl. Prof.), TH Wien (1968 Ord.), Univ. Stuttgart (1972 Ord.) - BV: Verkehrsleittechnik f. d. Straßen-

verkehr, Bd. I u. II 1987. Facharb. - Berat. Ing., österr. Ingenieurkonsulent, Mitgl. Wiss. Beirat Bundesminist. f. Verkehr - 1970 Max-Erich-Feuchtinger-Gedenkmünze.

STEIGER, Otto

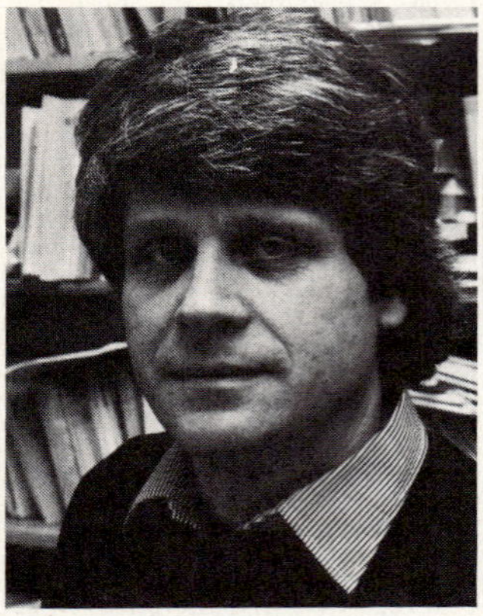

Fil. Dr., Dipl.-Volksw., o. Prof. f. Volkswirtschaftslehre Univ. Bremen (s. 1973) - Fesenfeld 32, 2800 Bremen 1 (T. 7 60 86 u. 70 43 96) - Geb. 12. Dez. 1938 Dresden (Vater: Hans S., Landw.; Mutter: Gertrud, geb. Richter), verh. m. Karin, geb. Bendt, verw. Schulenberg, 4 Kd. (Martin, Ferdinand, Tineke, Stephan) - Stud. d. Volkswirtsch.lehre FU Berlin u. Wirtschaftsgesch. Univ. Uppsala; Dipl.ex. 1968 Berlin; Promot. 1971 Uppsala - 1971-73 Lehrtätigk. Univ. Uppsala, Stockholm u. Umeaa - BV: Stud. zur Entstehung d. Neuen Wirtschaftslehre in Schweden (1971); Menschenproduktion - Allg. Bevölkerungstheorie d. Neuzeit (m. G. Heinsohn, R. Knieper), 1979 (dän. Übers. 1981, schwed. Übers. 1982); D. Vernicht. d. weisen Frauen. Beitr. z. Theorie u. Gesch. v. Bevölker. u. Kindheit (m. G. Heinsohn), 1985, 3. erw. A. 1989 (schwed. Übers. 1989). Herausg.: Keynes' General Theory n. 50 J. (1988, m. H. Hagemann); D. Stand u. d. nächste Zukunft d. Geldforsch. (1993, m. H.-J. Stadermann) - Spr.: Engl., Schwed. - Bek. Vorf.: Dr. h. c. Karl Otto S. (1851-1935), Mitgl. Sächs. Ständehaus bzw. Landtag (Urgroßv. vs.), Friedrich Gottlob Schulze-Gävernitz (1795-1860), Geh. Hofrat, o. Prof. d. Staats- u. Kameralwiss., Gründ. d. landw. Akad. zu Jena u. Eldena (ms.).

STEIGER, Otto

Schriftsteller - Regensdorfer Str. 179, CH-8049 Zürich (Schweiz) (T. 341 39 33) - Geb. 4. Aug. 1909 Flawil, reform., verh. m. Rosmarie, geb. Salber, 2 Kd. (Martin, Marianne) - Schulen u. Studien Bern - BV: Sie tun, als ob sie lebten, R. 1941; Und endet doch alles m. Frieden, R. 1949; Porträt e. angesehenen Mannes, R. 1952; D. Brüder Twerenbold, R. 1954; D. Reise ans Meer, R. 1959; D. Jahr m. 11 Monaten, R. 1961; Katz u. Maus, Kriminalr. 1964; D. Loch in d. Schallmauer, Erz. 1965; Nochmals beginnen können, R. 1965; Die Tote, Kriminalr. 1971; Geschichten v. Tag, 1973; Einen Dieb fangen, Jgdb. 1975; Keiner kommt bis Indien, Jgdb. 1976. Bühnenst.: D. Belagerung v. X (Kom. 1960), Auf d. Treppe (Sch. 1963); Sackgasse, R. 1978; Alles in Ordnung, Kurzgesch. 1978; Erkauftes Schweigen, Jgdb. 1979; Lornac ist überall, R. 1980; Spurlos vorhanden, R. 1980; E. abgekartetes Spiel, R. 1981; D. Unreifeprüf., R. 1984; Orientierungslauf, R. 1988; Vielleicht Patagonien, Kurzgesch. 1989; E. Strich durch d. Rechnung, Jgdb.; Vagabundenschule, Jgdb.; Schott, R. 1992. Fernsehspiele: D. Haus auf d. Insel (1969), Prometheus aus d. Seitengasse (1970). Drehb. zu 13-teiliger Fernsehserie: Lornac ist überall (1987) - Wiederh. Preise b. Literaturwettbew.; 1960 Ausz. Stadt Zürich (f. d. Kom.); 1980 Schweiz. Jugendbuchpreis; 1985 Lit.preis d. Stadt Zürich u. d. Schillerstiftg.

STEIGERWALD, Fritz

Dr., Landrat Kr. Rhön-Grabfeld (s. 1976) - Landratsamt, 8740 Bad Neustadt/ Saale - Geb. 5. Nov. 1937 Würzburg - Zul. Oberregierungsrat.

STEIGERWALD, Karl-Heinz

Dr. rer. nat. h. c., Physiker, gf. Gesellsch. Steigerwald Strahltechnik GmbH. (s. 1963) Prinzeneiche 15, 8135 Söcking/Obb. (T. Starnberg 40 21; Büro: 41 36) - Geb. 10. Sept. 1920 Koblenz (Vater: Lehrer), verh. s. 1943 m. Irene, geb. Höreth, 2 Töchter - TH Darmstadt u. Berlin (Dipl.-Phys.) - Tätigk. AEG u. Carl Zeiss. Div. Erfindungen, dar. Strahlenkanone (USA: Steigerwald Gun) - 1970 Ehrendoktor Univ. Tübingen.

STEIGLEDER, Gerd-Klaus

Dr. med., Dr. med. h. c., o. Prof. f. Dermatologie - Praxis: Kerpener Str. 111, 5000 Köln 41; priv.: Arno-Holz-Str. 29, 5000 Köln 41 (T. 40 36 63) - Geb. 25. Jan. 1925 Fulda (Vater: Dr. phil. Klaus S., Oberstudienrat; Mutter: Kathi, geb. Heckenbach), kath., verh. s. 1955 m. Inge H., geb. Krebs, 3 Kd. (Steffi, Klaus, Jochen) - Univ. Frankfurt/M. u. Marburg. Promot. 1948; Habil. 1952 - S. 1952 Lehrtätigk. Univ. Frankfurt/M. (1958 apl. Prof.), New York (Columbia; 1959-61 Assistant Prof.), Köln (1964 Ord. u. Klinikdir.). Emerit. 1990. 1956/57 Gastprof. Univ. Chicago. 1980-82 Präs. Dt. Dermat. Ges. Ehem. Dir. Univ.-Hautklinik Köln - BV: D. funktionelle Bedeutung d. Akanthose, 1952. Mitarb.: O. Gans, Histol. d. Hautkrankh. (2. A. Bde. I u. II), Handb. d. Allg. Pathol. (Bd. III), Handb. d. Haut- u. Geschlechtskrankh., Taschenb. Therapie d. Hautkrankh., Taschenb. Dermatol. u. Venerol. u. a. Schriftleit., Taschenatlas d. Dermatol. Ztschr. Hautkrankheiten - Mitgl. Leopoldina u. Ehrenmitgl. zahlr. nationaler dermatolog. Ges., Lions Köln Agrippina - Liebh.: Wandern - Spr.: Engl.

STEILMANN, Klaus

Kaufmann, pers. haft. Gesellsch. Fa. Klaus Steilmann, Bochum, Geschäftsf. Dressmaster Bekleidungswerk GmbH & Co. KG, Herne - Herrenacker 75, 4630 Bochum 6 (T. 02327 - 5 37 04) - Geb. 12. Juni 1929 Neustrehlitz, kath., verh. s. 1965 m. Ingrid, geb. Henties, 3 Töcht. (Britta, Ute, Cornelia) - Abit. Abendsch.; kaufm. Ausb. C&A Berlin - 1984 BVK; intern. Modemarketing-Pr. - Liebh.: Sport - Spr.: Engl., Franz.

STEIM, Hugo

Dr. med., Prof., Arzt f. inn. Medizin, Radiologie u. Arbeitsmedizin - Schlehenrain 17, 7800 Freiburg/Br. (T. 5 27 72) - Geb. 12. April 1919 Stuttgart (Vater: Dr. med. Otto S., Chirurg) - Univ. München, Innsbruck, Prag, Freiburg - S. 1962 Privatdoz.; 1967 apl. Prof. Freiburg (Inn. Med.). 1950-84 Med. Univ.-Klinik Freiburg (1974 Wiss.Rat, 1978/79 Dekan Med.-Fak.). Spez. Arbeitsgeb.: Kardiologie - 1982 Vorst.-Mitgl. d. K.V. Südbaden; VR-Vors. d. Kern-Liebers-Gruppe, Schramberg. CDU-Stadtrat Freiburg - 1979 BVK.

STEIMLE, Fritz W.

Dr.-Ing., Prof. f. Angew. Thermodynamik u. Klimatechnik Univ. Essen - Bernhardstr. 14, 4300 Essen 16 (T. 0201 - 40 21 41) - Geb. 21. Mai 1938 Stuttgart (Vater: Friedrich St., Dipl.-Ing., techn. Dir.; Mutter: Finne, geb. Mohn), ev., verh. s. 1968 m. Christel, geb. Wichmann, 2 Töcht. (Ulrike, Monika) - Dipl.-Ing. Maschinenbau 1961 Univ. Stuttgart, Promot. 1969 ebd. - S. 1973 o. Prof. Essen; 1984-88 Rektor Univ.-GH Essen; 1985-88 Vors. Landesrektorenkonfz. Nordr.-Westf. - 1979-84 Vors. Dt. Kälte- u. Klimatechn. Verein; s. 1975 Vors. FGK, Stuttgart; s. 1983 Executif Pres. Inst. Intern. du Froid, Paris. Herausg. Fachztschr. Kälte- u. Klima-Ing. (K-i) - BV: Klimakursus, 1969 u. 74 (auch engl., ital. u. poln.); Wärmepumpen (m. H.L. v. Cube), 1981 u. 84 (auch engl., chin. u. jap.); üb. 100 Fachaufs. aus d. Geb. Wärmeübertrag., Thermodynamik, Kälte- u. Klimatechnik sowie Wärmepumpentechnik - BVK am Bde. - Liebh.: Modellbahnen, Briefmarken - Spr.: Engl., Franz.

STEIN, Bernhard

Dr. phil., Dr. theol., Prof., Bischof v. Trier (1967-81) - Domfreihof 5, 5500 Trier/Mosel - Geb. 5. Sept. 1904 Weiler b. Cochem/Mosel (8. Kind unt. 11 Kd.; Vater: Nikolaus S., Lehrer; Mutter: Maria, geb. Keßeler), kath. - Gymn. Mayen u. Trier; Priestersem. Trier; Univ. Rom (Gregoriana) u. Münster (Phil., Theol., Bibelwiss.). Promot. Rom (phil. 1926, theol. 1930, Lic. bibl. 1935) u. Münster (theol. 1939) - 1930-32 Kaplan Trier; 1940 Prof. Priestersem. Trier; 1941-46 Pfarrer Kanzem; 1944-67 Weihbischof Trier - BV: D. Begriff Kebod Jahweh u. s. Bedeut. f. d. alttestamentl. Gotteserkenntnis, 1939. Div. Fachaufs. - 1981 Gr. BVK m. Stern u. Schulterbd.; 1986 Komtur d. Ordens d. Eichenlaubkrone Großherzogtum Luxemburg.

STEIN, Ekkehart

Dr. jur., o. Prof. f. Öfftl. Recht - Jacob-Burckhardt-Str. 49, 7750 Konstanz/B. (T. 6 32 57) - Geb. 24. Sept. 1932 Breslau (Vater: Dr. phil. Dr.-Ing. E. h. Rudolf S.), verh. m. Sibylle, geb. Ockel - Schule Erfurt; Univ. Berlin (Freie) u. Frankfurt/M. (Rechtswiss.). Beide Staatsprüf. Promot. 1957; Habil. 1965 Bonn - S. 1965 Lehrtätigk. Univ. Bonn (Privatdoz.), Kiel (Ord. 1965), Konstanz (1968 Ord.) - BV: D. Mensch in d. pluralist. Demokratie - D. Freiheitsrechte in Großbritannien; D. Wirtschaftsaufsicht; Staatsrecht (13. A.); Gewissensfreiheit in d. Demokr.; Vermögenspolitik u. Grundrechte; Qualifizierte Mitbestimmung unter d. Grundgesetz; Arbeiterselbstverw. in Jugoslawien. Herausg.: Wir gründen e. fr. Schule; Handb. d. Schulrechts (zus. m. M. Roell, 2. A.).

STEIN, Erwin

Dipl.-Volksw., Steuerberater, Präs. Steuerberaterkammer München (s. 1978), MdL Bayern (s. 1968) - Geschwister-Scholl-Str. 5, 8022 Grünwald/Obb. (T. München 641 52 81; Büro: 52 70 95) - Geb. 20. April 1930 Nürnberg, kath., verh. - Oberrealsch. Amberg; kaufm. Lehre; n. Externer-Abitur Hochsch. f. Wirtschafts- u. Sozialwiss. Nürnberg, Univ. Erlangen u. München (Dipl.-Volksw. 1958). Prüf. Steuerbevollm. 1962, Steuerberat. 1965 - S. 1963 freiberufl. Tätigk. München. CSU s. 1958.

STEIN, Erwin

Dr. jur. utr., Prof., Staatsminister a. D., Bundesverfassungsrichter a. D. - Am Kirschenberg 6, 6301 Fernwald Annerod/ Hessen (T. Gießen 0641 - 4 22 40) - Geb. 7. März 1903 Grünberg/Hessen (Vater: Wilhelm S., Eisenbahning.; Mutter: geb. Ruppel), ev., verh. s. 1947 m. Charlotte, geb. Putscher (†1988) - Lessing-Gymn. Frankfurt/M.; Univ. Heidelberg, Frankfurt, Gießen (Rechtswiss., Phil.; Promot. 1928) - B. 1933 Staatsanw. u. Richter hess. Justizdst., dann Rechtsanw. u. Notar (1945) Offenbach, 1943-45 Wehrdst. u. Kriegsgefangensch., 1946-51 MdL (CDU), 1947-50 Min. f. Kultus u. Unterr. sowie d. Justiz (1949) Hessen, 1951-71 Richter Bundesverfassungsgericht, Karlsruhe - BV: u. a. Wege z. Volksbildung, 1948; Vorschläge z. Schulgesetzgebung in Hessen, 1949; Kommentar z. Hess. Verfassung, 1954; Elternrecht, 1959. Herausg.: Leopold Ziegler, Briefe (1963), Tradition u. Erneuerung; D. Institution d. Pressebeauftragten (1974); 30 Jahre Hess. Verfass. (1976); Erinnerungsb. f. Friedrich Hengst (1972). Zahlr. Einzelarb. - 1957 Ehrensenator Univ. Gießen; hess. Goethe-Plak., Wilhelm-Leuschner-Med.; 1963 Gr. BVK m. Stern u. Schulterbd., van Thienhoven-Preis (1974), Erich-Hylla-Preis (1978) - Lit.: Festschr. f. Erwin Stein (1991) - Liebh.: Gärtnern, Angeln - Spr.: Franz., Engl.

STEIN, Fritz

Dipl.-Kfm., Mitglied d. Geschäftsltg. GASAG, Berlin - Geb. 25. März 1928, kath., verh. m. Dr. jur. Jutta, geb. Köhn, 5 Kd. - Stud. Chemie, Physik, Math., Med., Wirtschaftswiss. Univ. Erlangen, Köln, London; Dipl. 1954; Ec.D. - Vorst. u. Geschäftsltg. Ind.- u. Handelsuntern. Beirats- u. AR-Mand. - Liebh.: Wassersport - Spr.: Engl., Franz., Span.

STEIN, Georg

Kaufmann, Vors. Fachverb. Laden- u. Schaufensterbedarf, Frankfurt/M. - Hamburger Str. 178, 2000 Hamburg 76.

STEIN, Gerd

Dr. paed., Dipl.-Päd., Privatdozent, Direktor Inst. f. Schulbuchforsch. Univ.-GH Duisburg - Schildberg 43, 4300 Essen 11 (T. 0201 - 69 15 76) - Geb. 14. Dez. 1941 Oberhausen (Vater: Karl St., Büroangest.; Mutter: Elisabeth, geb. Happel), ev., verh. s. 1965 m. Ilse, geb. Detering - Neusprachl. Gymn. Essen, PH Dortmund u. Univ. Hamburg (Lehrerstud.); 1. u. 2. Staastex. 1964 u. 66); Stud. Päd., Politikwiss. u. Phil. Ruhr-Univ. Bochum; (Dipl. 1973 PH Ruhr, Promot. 1977, Habil. 1980 Univ. Duisburg) - S. 1977 Akad. Rat f. Politikwiss. u. Dir. Inst. f. Schulbuchforsch. Univ. Duisburg; s. 1980 dort Privatdoz. f. Erziehungswiss. - BV: Plädoyer f. e. Polit. Päd., 1973; Schulbuchkritik als Schulkritik, 1976; Schulbuchwissen, Politik u. Päd., 1977, Krit. Päd. (Hrsg.) 1979; Immer Ärger m. d. Schulbüchern, 2 Bde. 1979; Schulbuchschelte als Politikum u. Herausford. wiss. Schulbucharbeit, (Hrsg.) 1979; Ansätze u. Perspektiven krit. Erzieh.wiss., 1980; Politikdidaktik als praxisbezogene Theorie, (Hrsg.) 1981; Schriftenreihe: Z. Sache Schulb., 10 Bde. (Mithrsg.) 1973 ff. - Spr.: Engl.

STEIN, Gisela

Schauspielerin - Zu erreichen üb.: Kammerspiele, Hildegardstr. 1, 8000 München 22 - Zahlr. trag. Rollen (zul. Iphigenie, 1981). 1983 Salzbg. Festsp. - Trägerin Tilla-Durieux-Halsschmuck; 1981 Mitgl. Akad. d. Künste Berlin.

STEIN, Freiherr von, Hans

Botschafter d. Bundesrep. Deutschl. in Brüssel - Geb. 2. Nov. 1928 Berlin, ev., verh. m. Christine, geb. Butter, 4 Kd. - Univ. Marburg (1. jurist. Staatsex. 1952, 2. Ex. 1956) - 1958-63 Hauptverw.-Rat EWG-Kommiss., seitd. Ausw. Dienst (Addis Abeba, London, Djidda), zul. Unterabt.leit. in d. Rechtsabt. AA Bonn - BVK I. Kl.; Kommand. d. Ehrenlegion, u. a. Ausz.

STEIN, Hans-Joachim

Dr. jur., Vorstandsmitglied Agrippina Versicherungs-/Rückversich.s-AG., beide Köln - Coburger Str. 7, 5300 Bonn - Geb. 24. Juli 1910.

STEIN, Heinz

Holzschneider - Bergmannstr. 65, 4650 Gelsenkirchen (T. 0209 - 2 51 12 od. 0209 - 14 61 61) - Geb. 27. Dez. 1934 Gelsenkirchen, verh. m. Irmgard, geb. Pape, Verlegerin, 3 Kd. (Volker, Elmar, Katja) - Folkwangsch. f. Gestalt. Essen - BV: In unserer Zeit, 1982. Edition Jeunesse (s. 1990) - Holzschnitte (Schöpfung d. Figur d. Orpheus, Mythol., neue Wege d. Drucktechnik, (spez. Farbversuche) - 1977 Förderung d. Holzschnitt-Tageb. durch d. Kultusmin. NRW - Spr.: Engl. - Lit.: Prof. Heinz Albert Heindrichs: Sanfte Magie; Hans Jörg Loskill:

E. Ästhet m. d. Stichel; Prof. Horst Pfeiffer: Orpheus blickt zurück.

STEIN, Heinz-Gerd
Dr. oec. publ., Vorstandsmitglied Thyssen AG. vorm. August-Thyssen-Hütte, Duisburg - Kaiser-Wilhelm-Str. 100, 4100 Duisburg 11 - Ehrenstellungen u. AR-Mandate.

STEIN, Helmut
Dr., Dipl.-Volksw., Syndikus IHK Limburg, Geschäftsf. Einzelhandelsverb. Limburg-Oberlahn - Schornstr. 2, 6250 Limburg/L. - Geb. 26. März 1933 Kaiserslautern/Pf.

STEIN, Hermann
Direktor, MdL Hessen (s. 1962; 1970 ff. Fraktionsvors.) - Ginsterbusch 7, 6300 Gießen-Rödgen (T. 7 66 17) - Geb. 18. Juni 1919 Gießen - Realsch. (Mittl. Reife); kaufm. Lehre - 1938-45 Wehr- u. Kriegsdst. (1942 Offz.; 4 x verwundet); 1948-57 Angest. Stadtverw. Gießen (Leit. versch. Ämter); ab 1957 Geschäftsf. Gemeinn. Wohnungsbau GmbH. ebd. 1948 ff. Stadtverordn. Gießen (üb. 20 J.; Fraktionsvors.; jetzt Stadtältester. FDP (u. a. Landesvors.).

STEIN, Horst
Chefdirigent Bamberger Symphoniker, Künstlerischer Leiter d. Allg. Musikges. (AMG) Basel - 4, Chemin Vert, CH-1253 Vandoeuvres/Ge - Geb. 2. Mai 1928 Elberfeld, ev., verh. s. 1972 m. Dr. Hannelore, geb. Kaiser, Sohn aus 1. Ehe (Wolf-Thilo), a. 2. Ehe Tocht. Kristin, Sohn Johannes - Mus. Gymn. Frankfurt/M., Hochsch. f. Musik, Köln, 1947-51 Städt. Bühnen Wuppertal, 1951-55 Kapellm. Staatsoper Hamburg, 1955-61 Staatskapellm. Dt. Staatsoper Berlin, 1961-63 stv. Generalmusikdir. Staatsoper Hamburg, 1963-70 GMD u. Operndir. Nationaltheater Mannheim, 1970-72 Erster Dirigent Staatsoper Wien, 1972-77 GMD Staatsoper Hamburg, 1980-85 Directeur Musicale Orch. de la Suisse Romande, Genève, Gastdir. Dt. Oper Berlin, Wiener Staatsoper, Grande Theatre Genève, SF-Opera, Teatro Colon BA, Bayreuther u. Salzburger Festspiele - Ehrendirigent NHK-Sinfonieorchester, Tokio - Spr.: Engl., Franz.

STEIN, Irmgard
Verlegerin (Edition Xylos) - Bergmannstr. 65, 4650 Gelsenkirchen (T. 0209 - 2 51 12 u. 14 61 61) - Geb. 14. Sept. 1934, verh. m. Heinz St., Holz-

schneider - Herausg. u. Förd. v. Lyrik; Faksimile script (s. 1990) - Lyrikpreis.

STEIN, von, Johann Heinrich
Dr. oec. publ., Dipl.-Kfm., o. Prof., Inh. Lehrstuhl f. Kreditwirtsch. Univ. Hohenheim, Stuttgart (Bankbetriebslehre u. Finanzierungslehre) - Schloß, 7000 Stuttgart 70 (T. 0711 - 4 59-29 00); priv.: Rößlinweg 3, 7000 Stuttgart 1 (T. 0711 - 46 73 86) - Geb. 20. Febr. 1937 Köln (Vater: Joh. Heinrich v. S., Bankier; Mutter: Marion, geb. de Weerth), verh. m. Rose, geb. Kappler, 4 Kd. (Albrecht, Georg, Ruth, Friedrich) - Gymn. Kreuzgasse, Köln; Banklehre Merck, Finck u. Co., München; Stud. Wirtsch.wiss. München - B. 1972 wiss. Assist. ebd.; 1981 Mitgl. Board of Dir. e. intern. Investmentges., 1987 VR-Vors. e. Bank - BV: Insolvenzen priv. Banken u. ihre Ursachen, 1988. Herausg.: Obst/Hintner, Geld-, Bank- u. Börsenwesen, 38. A. 1988. Zahlr. Fachveröff. in Sammelwerken, Fachzeitschr. u. ä. - Liebh.: Wirtsch.gesch., Archäol. - Spr.: Engl. - Bek. Vorf.: Gustav v. Mevissen (Ururgroßv.).

STEIN, Karl
Dr. phil., Dr. rer. nat. h. c., Prof. f. Mathematik - Ulmenstr. 14, 8000 München 90 (T. 64 42 29) - Geb. 1. Jan. 1913 Hamm/W. - S. 1940 (Habil.) Lehrtätigk. Univ. Münster (1948 apl. Prof.) u. München (1955 Ord. u. Inst.-Vorst.), 1981 emerit. Fachveröff. - 1962 o. Mitgl. Bayer. Akad. d. Wiss., 1970 korr. Mitgl. Akad. d. Wiss. Göttingen; 1982 korr. Mitgl. Österr. Akad. d. Wiss.; 1990 Georg-Cantor-Med. d. Dt. Math. Vereinigung.

STEIN, Karl
Dipl.-Kfm., Brauereidirektor, AR-Mitgl. Dortmunder Stifts-Brauerei AG, Dortmund - Am Hittenauer 4, 4600 Dortmund 30 (T. 02304 - 8 02 83) - Geb. 4. Sept. 1920 Steinbach - Spr.: Engl., Franz. - Rotarier.

STEIN, Michael
s. Kroll, Jens M.

STEIN, Otti
Dr., Soziologin, Gleichstellungsbeauftragte d. Saarlandes - Ludwigsplatz 14, 6600 Saarbrücken (T. 0681 - 50 06-135) - Geb. 10. Mai 1945 - Stud. Soziol., Psych., German.; M.A., Promot. Univ. d. Saarlandes - S. 1985 Leit. Leitstelle z. Durchsetzung d. Gleichberechtigung d. Frauen, Staatskanzlei Saarbrücken, vorher Tätigk. in d. sozialwiss. Forsch.

STEIN, Paul A.
Dr. jur., Aufsichtsratsmitglied Württembergische AG Versich.-Beteiligungsges., Stuttgart, Württembergische Versich. AG, Stuttgart - Taxiswald 9, 7022 Leinfelden-Echterdingen 1 - Geb. 13. Sept. 1919 Kassel - S. 1953 Robert Bosch GmbH, 1968-86 Mitgl. d. Geschäftsfg., 1987-90 AR-Mitgl. ; Gesellsch. d. Robert Bosch Industrietreuhand KG.

STEIN, Philipp
Dr.-Ing., o. Prof. f. Stahl- u. Ing.holzbau TH Aachen (s. 1948, emerit. 1976) - Am Blockhaus 21, 5100 Aachen-Hanbruch (T. 7 39 75).

STEIN, Reinhold
Geschäftsführer Arbeiterwohlfahrt/Landesverb. Schlesw.-Holst. - Feldstr. 5, 2300 Kiel (T. 5 11 40).

STEIN, Rudolf
Dr. phil. (habil.), o. Prof. f. Lernpsychologie u. Verhaltensmodifikation Univ. Bremen (s. 1971) - Nebelthaustr. 13, 2800 Bremen (T. 0421 - 21 16 36) - Geb. 28. Okt. 1911 Leipzig (Vater: Oskar S., Brandmeister; Mutter: Johanna, geb. Fischer); verh. s. 1947 m. Dr. Ruth, geb. Gottbehüt, Dipl.-Psych., 3 Kd. (Sabine, Bettina, Stefan) - Abit. (1931) Humboldtsch. Leipzig; 1936 Stud. Leipzig (Psych., Päd.; Promot. 1939; Habil. 1943) - 1944 Doz. Univ. Leipzig, 1961 PH Bremen.

STEIN, Ulf
Dr. med., Prof. f. Innere Medizin - Wildstr. Nr. 11, 6520 Worms - Geb. 19. Nov. 1936 Darmstadt (Vater: Wolf-Dietrich St., Kaufmann; Mutter: Ellen, geb. Fette), ev., verh. s. 1965 m. Dr. Gerda, geb. Welge, 3 T. (Maike, Silke, Frauke) - Staatsex. Univ. Marburg 1962, Promot. Univ. Tübingen 1964, Habil. Univ. Freiburg 1971 - S. 1978 Chefarzt II. Med. Klinik Stadtkrkhs. Worms - Entd.: Saure Carboxypeptidase, e. lysosomales Enzym d. Proteinkatabolismus (zus. m. G. Reich u. E. Buddecke) - 1971 Byk-Gulden-Preis - Liebh.: Klass. Musik, bild. Kunst, Sport (Skilauf) - Spr.: Engl. - Bek. Vorf.: Adolf Stein, Schriftst. (Großv.).

STEIN, Werner
Dr. phil., nat., Senator a. D. (Wiss. u. Kunst, 1964-1975), MdA (1955-75) - Rheinbabenallee 3, 1000 Berlin 33 (T. 823 35 56) - Geb. 14. Dez. 1913 Berlin (Vater: Erwin S., bek. Kommunalpolitiker (s. X. Ausg.); Mutter: Else, geb. Kahnert), ev., verh. s. 1939 m. Gisela, geb. Rode, 2 Söhne (Walter, Rainer) - Univ. Berlin, München, Frankfurt/M. (Promot.) - 1939-45 Wiss.ler RLM, 1945 Wehrdst. (Uffz.) u. sowjet. Gefangensch., 1946-49 Assist. Humboldt-Univ. Berlin (O), s. 1949 Assist., Privatdoz. (1956), apl. (1960), ao. (1962; Dir. Inst. f. Biophysik), o. Prof. (1966) Freie Univ. Berlin (W), 1948-55 Bezirksverordn. Wilmersdorf; s. 1955 MdA Berlin (1955; 1956 Vors. Aussch. f. d. Kernforsch.; 1959 Volksbild., 1960 Unters.aussch. Justiz; 1959 Mitgl. Ältestenrat). SPD s. 1946 (1965-68 2. stv. Landesvors.) - BV: Kulturfahrplan D. wichtigsten Daten d. Kulturgesch. v. Anbeginn b. heute, 1946 (engl. 1975 in New York u. London; GA 1975 500 000); Daten v. Urknall z. Raumfahrt (Almanach n. d. Evolution), 1986 - Ehrenmitgl. Intern. Liga f. Menschenrechte Berlin; 1967 Luther-Plak.; 1975 Ernst-Reuter-Plak.; 1981 Ehrenmitgl. Neuer Berliner Kunstverein; 1983 Stadtältester v. Berlin - Liebh.: Bücher, Schallpl., Bergsport, Tennis - Spr.: Engl.

STEIN, Werner
Dipl.-Ing., Vizepräsident Dt. Patentamt, München (1966 ff.) - Zauberstr. 43b, 8000 München 80 (T. 470 17 37) - Ab 1937 Reichspatentamt, Berlin; zul. Bundespatentgericht, München (Senatspräs.) - 1970 Gr. BVK.

STEIN, Wolfgang
Dr. rer. nat., Univ.-Prof., Zoologe - Tulpenweg 43, 6300 Giessen (T. 0641 - 3 36 11) - Geb. 30. Nov. 1927 Wuppertal, verh. s. 1955 m. Sigrid, geb. Kiese, S. Ekkehard - Stud. Univ. Aachen, Marburg, Münster; Promot. 1957 Münster; Habil. 1966 Giessen - Leiter Fachgeb. Vorratsschutz - BV: Vorratsschädlinge u. Hausungeziefer, 1986 - Liebh.: Seeschiffahrt, Sport - Spr.: Engl., Niederl.

STEINACKER, Claus
Gf. Gesellsch. Pabst & Richarz GmbH - An der Weinkaje, 2887 Elsfleth (T. 04404 - 50 10) - Geb. 6. März 1922 Berlin - Vors. Anuga-Aussteller-Beirat.

STEINACKER, Peter
Dr. theol., Pfarrer, Honorarprof. f. Syst. Theol. Univ. Marburg - Sanderstr. 192, 5600 Wuppertal 2 - Geb. 12. Dez. 1943 Frankfurt/M., ev., verh., T. Sonja - Stud. Univ. Frankfurt, Marburg, Tübingen; Promot. 1973 Marburg; Habil. 1980 Marburg - BV: D. Verhältnis d. Phil. Ernst Blochs z. Mystik, 1973; D. Kennzeichen d. Kirche, 1982; Ernst Blochs Vermittlungen z. Theol. (hg. m. Hermann Deuser), 1983.

STEINBACH, Bernhard
Dr. jur., Rechtsanwalt, Hauptgeschäftsf. Verb. d. Dt. Zementindustrie (s. 1979), Beiratsvors. Beton-Verlag GmbH, u. Informations Zentrum Beton GmbH, Köln - Pferdmengesstr. 7, 5000 Köln 51 - Geb. 4. April 1933 Bonn (Vater: Prof. Dr. Franz St.) - Zul. Geschäftsf. Verb. d. Dt. Feuerfest-Ind., Bonn.

STEINBACH, Christian
Landwirt, Landtagsabg. - Hesternworth 6, 3030 Walsrode 9 - Geb. 25. Juni 1921 Olbersdorf/OL., verh., 2 Kd. - Schule (Mittl. Reife 1937); 1948-50 landw. Ausbild. u. Landw.ssch. - 1938-48 Arbeits-, Kriegsdst., Gefangensch. (5 J. Nordafrika); s. 1950 selbst. Düshorn. 1956 ff. Ratsmitgl. u. 1968-74 Düshorn; 1961 ff. MdK Fallingbostel; 1974 ff. Ratsmitgl. Walsrode; 1964-68 u. 1972 ff. stv., dazw. 1968-1972 Landrat; MdL Nieders. (VI., VII., VIII., IX. Wahlp.). SPD s. 1958 (1968 Unterbezirksvors. Soltau Fallingbostel).

STEINBACH, Gunter
Schriftsteller, Landwirt - Irsengund, 8999 Oberreute - Geb. 30. Mai 1938 Allgäu - Schriftsetzerlehre, Stud. Hochsch. f. bild. Künste Hamburg - 20 J. Verlagstätigk.; dan. fr. Schriftst. u. Landw. auf eig. Hof im Allgäu - BV: u.a. D. Schöpfungskarussel, D. Pferde, D. Welt d. Eulen, D. Nährgarten, Pflanzen zeichnen, Wunderwelt d. Schmetterlinge, 6 Taschb. Besser biologisch gärtnern. Jugend- u. Sachb. Unser Bauernhof, Kinderb. Herausg. d. 34bänd. Reihe Steinbachs Naturführer, Steinbachs Biotopführer u. d. Jugendbuchreihe Aktion Ameise - 1. Vors. Förderkreis Aktion Ameise; Mitgl. Naturschutzbeirat im Landkr. Lindau.

STEINBACH, Hans-Joachim
Botschafter a. D. - Rebberggstr. 22, 7840 Müllheim 16 - Geb. 20. Febr. 1911 Berlin (Vater: Otto S., Beamter; Mutter: Carry, geb. Gärtner), ev., verh. s 1943 m. Henny, geb. Spies, 1 Kd. (Peter, Gerald) - Jura-Stud. 1. Staatsex. Univ. Freiburg/Br. - 1961-1964 Konsul in Dacca (Bangla Desch); 1964-68 Botsch. in Kigali (Rwanda); 1969-72 Botsch. in Libreville (Gabun) u. 1972-76 in Valetta (Malta) - Liebh.: Golf - Spr.: Engl., Franz. - 1966 BVK I. Kl.; Großoffz.skreuz d. „Ordre de l'Etoile Equatoriale".

STEINBACH, Hermann
Assessor d. Bergfachs, Vorstandmitgl. Eschweiler Bergwerks-Verein AG, Herzogenrath (s. 1974) - Weststr. 124, 5120 Herzogenrath AG (T. 02407-51-567) - Geb. 23. März 1930 Bonn (Vater: Prof. Dr. Franz St.).

STEINBACH, Jörg
Dr. sc. agr., M. S., Dipl.-Landw., Prof. Univ. Gießen (s. 1976) - Klein-Lindener Str. 41, 6300 Gießen (T. 06403 - 41 83) - Geb. 17. Mai 1935 Neuruppin (Vater: Erwin S., Landw.; Mutter: Ursula, geb. Wolff v. Gudenberg), ev., verh. s. 1964 m. Barbara, 2 S. (Marc, Ivo) - Waldorfsch. Kassel (Abit. 1955); landw. Lehre; Landw.stud. Univ. Göttingen, TU Berlin, Cornell/USA; Dipl.ex. 1961; Promot. 1966 bde. Göttingen - 1966-76 Doz. Univ. of Ibadan, Nigeria. 1988 Hon.-Prof. Acad. Sinica, Peking. Fachmitgl.sch. - Spr.: Engl.

STEINBACH, Manfred
Dr. med., Prof., Ministerialdirektor, Leit. Abt. Gesundheitsvorsorge u. Krankheitsbekämpfung im Bundesmin. f. Gesundheit - Weissdornstr. 13, 5309 Meckenheim - Geb. 18. Aug. 1933 Sprottau - Habil. Psychiatrie Univ. Mainz - Hon.-Prof. TH Darmstadt - Ehem. bek. Leichtathlet (Weitsprung, Sprint).

STEINBACH, Meerfried
s. Reuschel, Reinhold

STEINBACH, Peter
Journalist - Auf der Röte 9b, 7840 Müllheim/Baden (T. 07631 - 1 45 29) - Geb. 26. März 1906 Mannheim (Vater: Albert S., Kaufm.; Mutter: Katharina, geb. Ballmann), verh. s. 1949 m. Renate, geb. Geissler - Human. Gymn. - Wehrdst. 1939-45; 1946-71 Redakt. Verlagshaus Frankfurter Societäts-Druckerei, s. 1971 ständ. Glossist u. Kolumnist Frankfurter Abendpost/Nachtausgabe - BVK am Bd. - Liebh.: Wandern, Gesch. d. Franz. Revolut., Klass. Lit., Schach - Spr.: Franz.

STEINBACH, Peter
Dr. phil., Prof. f. Politikwissenschaft u. ihre hist. Grundlagen FU Berlin - Ihnestr. 21, 1000 Berlin 33 (T. 030 - 838 23 33/23) - Geb. 16. April 1948 Lage, ev., verh. s. 1971 m. Dr. Renate, geb. Schneider, 3 Kd. (Ivo, Arvid, Marie-Louise) - Staatsex. 1972, Promot. 1973, Habil. 1978 - 1974-78 Assist.-Prof. Berlin; 1979 Lehrstuhlvertr.; 1982-92 Prof. Passau, s. 1992 Prof. FU Berlin; s. 1983 nebenamtl. wiss. Leit. d. Ausst. Widerstand gegen NS in Gedenkstätte Dt. Widerstand d. Senats v. Berlin; s. 1989 wiss. Leit. d. Gedenkstätte; s. 1986 Mitgl. Hist. Kommiss. zu Berlin - BV: Industrialisier. u. Sozialsystem, 1976; Modernisier. in Dtschl., 1978; NS-Verbrechen in d. dt. Öffentlichk., 1980; Sozialdemokr. u. Verfassungsordn., 1982; Probleme polit. Partizipation, 1982; Vergleichende europ. Wahlgeschichte, 1983; Felix Fechenbach, 1984; Vergangenheitsbewält. durch Strafverfahren, 1984; Modell Dachau, 1987; Politisierung d. Region, 1989; Zähmung d. politischen Massenmarktes im Bismarckreich, 1990 - 1980 Heisenberg-Stip.

STEINBECK, Wolfram
Dr. phil., Prof. f. Musikwissensch. Univ. Bonn - Rosenweg 32, 5300 Bonn 3 - Geb. 5. Okt. 1945 Hagen (Vater: Prof. Dr. Wolfram St., Philosoph; Mutter: Ursula, geb. Söding), verh. s. 1972 m. Dr. Susanne, geb. Schmidt, 4 Kd. (Frank, Barbara, Katharina, Wolfram) - 1965-72 Stud. Musikwiss., German. u. Phil. Univ. Bonn u. Freiburg, Promot. 1972; Habil. 1979 Kiel - 1972-80 wiss. Assist., 1981-85 Prof. Univ. Kiel; 1985-88 PH Kiel; s. 1988 Univ. Bonn - BV: D. Menuett in d. Instrumentalmusik J. Haydns, 1972; Struktur u. Ähnlichk. Methoden automat. Melodienanalyse, 1982.

STEINBERG, Fred
Kaufmann, Sector President Verkauf, Kimberly-Clark Europa - Zu erreichen üb. Kimberly-Clark, Carl-Spaeter-Str. 17, 5400 Koblenz - Geb. 13. Dez. 1945 Helmstedt (Vater: Rudolf St., Kaufm.; Mutter: Käthe, geb. Pfingst), ev., verh. s. 1970 m. Marion, geb. Westhoff, in 2. Ehe s. 1984 m. Barbara, geb. Petermann; 3 Kd. (Marc Oliver, Daniel, Julia) - Dipl.-Betriebswirt FHS Niederrh. - S. 1970 Posit. in Verkauf u. Marketing. 1982-87 Geschäftsf. Kimberly-Clark Deutschland, s. 1988 Sector President; Landesbeiratsmitgl. Dresdner Bank, Frankfurt, Beirat Reuther Verpackung GmbH, Neuwied - Mitgl. Lions-Club, Koblenz - Liebh.: Tennis, Schifahren - Spr.: Engl.

STEINBERG, Hans-Josef
Dr. phil., Prof. f. neuere Geschichte, Rektor Univ. Bremen (1974-77) - Weyertal 47, 5000 Köln 41 (T. 44 81 42) - Geb. 22. Okt. 1935 Köln (Vater: Christian S., Versich.kfm.; Mutter: Johanna, geb. Hagedorn), 2 Kd. (Wolfram, Christoph) - Gymn.; 1956-62 Stud. Gesch., German., Phil. Köln. Staatsex. - 1962-64 wiss. Assist.; 1964-66 Forschungsstip.; 1966-71 wiss. Mitarb. Forsch.inst. Friedr.-Ebert-Stift.; s. 1971 Prof. Univ. Bremen - BV: Sozialismus u. dt. Sozialdemokratie (Zur Ideol. d. Partei vor d. I. Weltkrieg, 1967, 5. A. 1979 (ital. 1979, jap. 1983); Widerstand u. Verfolg. in Essen, 1969, 2. A. 1972; D. dt. Sozialist. Arbeiterbewegung b. 1914. E. bibliogr. Einführung, 1979. Herausg.: Mahnruf e. dt. Mutter - Proletarierpoesie aus d. Zeit d. Sozialistenges. (Bremen 1983); Marxismus u. Demokratie (1991).

STEINBERG, Heinz
Dr. phil., Ltd. Bibliotheksdirektor a. D., Lehrbeauftr. FU Berlin, Univ. Marburg, Göttingen u. Erlangen - Riemeisterstr. 40, 1000 Berlin 37 (T. 813 79 53) - Geb. 27. Febr. 1913 Berlin, ev., verh. s. 1941 m. Renate, geb. Weiß, 2 Kd. (Irene, Thomas) - Luisengymn. Berlin; Univ. ebd., Freiburg, Göttingen (Promot. 1941) - B. 1941 Privatlehrer, dann Soldat, ab 1943 Verlagslektor, n. Kriegsende Bezirksschulrat, Verlagslektor (1946), fr. Schriftst. (1948) u. Doz. Bibliothekarsch. Berlin, 1953-73 Ref. u. Abt.leit. Senatsverw. f. Volksbild. ebd. 1957-63 stv. Vors. Dt. Büchereiverb. S. 1978 literatursoziolog. Forschungsarb. in Europa u. Amerika - BV: Schicksal u. Ethos b. F. M. Klinger, 1941; Berlins Öfftl. Büchereien, 1956; Buch u. Leser, 1967; Wer war Leibniz?, 1967; Forschungsobjekt Buch, 1971; Zur Benutzerforschung öffentl. Bibliotheken, 1973; Lesen in öffentl. Bibl./Reading in German Public Libraries, 1974; Gutenbergs Zukunft, 1990. Herausg.: Klass. Literatur; Anleitung z. wiss. Arbeiten (8. A. 1973, Horst Kliemann); Bibliographie Buch u. Lesen (1979). Mithrsg.: Lexikon d. ges. Buchwesens (ab 1982). Zahlr. Beitr. Ztschr. u. Sammelw. Über St.: Buch u. Bibliothek 30 (1978) 4.

STEINBERG, Karl-Hermann
Dr., Prof. f. Technische Chemie, Geschäftsf. NOELL Umweltdienste Leipzig - Sorbenweg 4, O-4200 Merseburg - Geb. 22. Juni 1941 Heiligenstadt/Eichsfeld - April - Okt. 1990 Minister f. Umweltschutz, Naturschutz, Energie u. Reaktorsicherheit d. DDR.

STEINBERG, Pinchas
Dirigent, Generalmusikdir. Bremen - Zu erreichen üb. Hamburg. Staatsoper, Gr. Theaterstr. 34, 2000 Hamburg - Geb. 13. Dez. 1945 Israel - Indiana Univ., Roosevelt Univ., Chicago, Julward School of Music, New York - Gastdirig. Gr. Symphony Orch. u. Oper in London, Mailand, Paris, San Francisco, München, Stockholm, Zagreb, Sydney, Bruxelles, Rom, Turin - Liebh.: Garten, Politik - Spr.: Engl., Franz., Ital., Deutsch, Hebräisch.

STEINBERG, Rudolf
Dr. jur., Prof. Univ. Frankfurt - Wingertstr. 2a, 6238 Hofheim/Ts. 1 - Geb. 23. Juni 1943 Cochem (Vater: Rudolf St., Stud.rat; Mutter: Dr. med. dent. Luise, geb. Kistner), verh. m. Angelika, geb. Schriever, 4 Kd. - Univ. Freiburg (Promot. 1970, Ass. 1973, Habil. 1978 - 1977-80 Prof. Univ. Hannover; ab 1980 Univ. Frankfurt - BV: Politik u. Verw.org., 1979; Abrüst. u. Rüst.kontrollverw. in d. Bundesrep. Deutschl., 1982; Staat u. Verbände, 1985; D. Nachbarrecht d. öfftl. Anlagen, 1988; Schadensvorsorge im Atomrecht, 1991; Aufopferung - Enteignung u. Staatshaltungsrecht, 1991. Zahlr. Veröff. im Verfassungs- u. Verwaltungsrecht.

STEINBERGER, Helmut
Dr. jur., o. Prof. f. Öfftl. Recht u. Völkerrecht Heidelberg - Berliner Str. 48, 6900 Heidelberg 1 - Geb. 18. Dez. 1931 München - Promot. 1963; Habil. 1971 - 1961-72 Wiss. Ref. MPI f. Ausl. öfftl. Recht Heidelberg; 1972-87 o. Prof. Univ. Mannheim (Dt. u. Ausl. öfftl. Recht, Völker- u. Europarecht); b. 1987 Richter Bundesverfassungsgericht (II. Senat), Karlsruhe; gegenw. Dir. am MPI f. Völkerrecht, Heidelberg - BV: GATT u. regionale Wirtschaftszusammenschlüsse, 1963; Konzeption u. Grenzen freiheitl. Demokr., 1974. Zahlr. Einzelarb.

STEINBERGER, Josef
I. Bürgermeister - Rathaus, 8386 Reisbach/Ndb. - Geb. 14. Aug. 1943 Stieberg 11 - Zul. Flurbereinigungstechniker. CSU.

STEINBERGER, Susanne
s. Uhlen, Susanne

STEINBOECK, Rudolf
Prof., Regisseur - Dr.-Heinrich-Maier-Str. 38, Wien XVIII - Geb. 7. Aug. 1908 Baden b. Wien, verh. m. Aglaja, geb. Schmid (Schausp.) - Schule u. Ausbild. Wien - S. 1938 Schausp., Regiss. u. Dir. (1946-1954) Theater in d. Josefstadt Wien. Gastinsz. München, Berlin u. a. - 1963 Prof.-Titel; 1965 Josef-Kainz-Med.

STEINBORN, Ernst Otto H.
Dr. phil. nat., Prof. f. Theoret. u. Physikal. Chemie - Inst. f. Phys. u. Theor. Chemie Univ. Regensburg, Universitätsstr. 31, 8400 Regensburg (T. 0941 - 94 31) - Geb. 8. Mai 1932 Dresden (Vater: Heinrich St., selbst. Kaufm.; Mutter: Gertrud, geb. Thomas), ev.-luth., verh. s. 1968 m. Gudrun, geb. Mnich - S. 1959 TH Dresden (Phys.), Promot. Univ. Frankfurt/M. 1965, Habil. (Theor. u. Physikal. Chem.) TU Berlin 1970 - 1961-67 Wiss. Assist. Univ. Frankfurt, 1967-69 Wiss. Mitarb. Iowa State Univ. Ames/USA, 1970 Priv.-Doz. TU Berlin, 1971 Prof. ebd., 1971-78 Wiss. Rat u. Prof. Univ. Regensburg, s. 1978 ao. Prof. - Spr.: Engl.

STEINBRECHER, Michael
Sportredakteur - Jugendstr. 9, 8000 München 8 - Geb. 23. April 1915 München - Spez. Fußballberichte (Inh. e. umfangr. Fußb.-Archivs) - 1981 Ehrenmitgl. Verb. Dt. Sportpresse; Med. München leuchtet; Ehrenvors. Verein Münchner Sportpresse; Goldene Ehrennadel Stadt München f. bes. Verd. um d. Sport; Ehrenmed. d. Bayer. Fußball-Verb.

STEINBRECHER, Wolfgang Willi
Dr. med., Prof. f. Neurologie u. Psychiatrie - Parkstr. 4, 2800 Bremen 1 - Geb. 21. Okt. 1925 Breslau (Vater: Willi St., Hochsch.l.; Mutter: Margarete, geb. Vogt), ev., verh. s. 1988 m. Käthe, geb. Stephan, 3 Kd. aus 1. Ehe (Gabriele, Beate, Bertold) - Univ., Staatsex., Facharztausb., Habil. 1963 - Em. Klinikdir. Neurol. Klinik ZKH Bremen-Ost, 1970 apl. Prof. Univ. Göttingen (Med. Fak.) - BV: Elektromyographie in Klinik u. Praxis, 1965; Sucht u. Mißbrauch (Hrsg., m. H. Solms), 1975; Tremor, 1986; Kopfschmerz, 1990 - Honorary commitee of Electromyography Brüssel - Liebh.: Jagd, Musik - Spr.: Engl., Franz.

STEINBRECHT, Rudolf Alexander
Dr. rer. nat., Prof. f. Zoologie Univ. München - Pfahlweg 12a, 8138 Andechs - Geb. 27. Okt. 1937 (Vater: Alexander St., Bildhauer), ev., verh. s. 1964 m. Barbara, geb. Strack, Kunstmalerin, 2 S. (Andreas, Tonio) - Hum. Gymn.; 1956-64 Stud. Naturwiss. München, Berlin, Kiel; Promot. 1964 München; Habil. 1972 München - Wiss. Mitarb. Max-Planck-Inst. f. Verhaltensphysiol. Seewiesen; Mithrsg. b. Tissue & Cell sow. Intern. Journal of Insect Morphol. & Embryol.; 1975-77 Gastprof. ICIPE Nairobi/Kenya. Grundl. Arb. z. Geruchssinn d. Insekten - BV: Cryotechniques in Biol. Electron Microscopy, 1987; zahlr. Originalbeitr. in Fachztschr. - Spr.: Engl., Franz., Ital., Russ., Alt- u. Neugriech., Latein, Kisuaheli - Bek. Vorf.: Alexander Steinbrecht, Kunstmaler (Großv.).

STEINBRECHT-STRACK, Barbara
Kunstmalerin Freie Malerei u. Graphik - Pfahlweg 12a, 8138 Andechs (T. 08152 - 18 58) - Geb. 5. Juni 1935 Kiel (Vater: Prof. Dr. Paul L. Strack †), ev., verh. s. 1964 m. Prof. Dr. Alexander S., 2 Kd. (Andreas, Tonio) - Stud. 1955-61 Malerei u. Graphik an d. Akad. d. Bild. Künste München - S. 1965 40 Ausst. im In- u. Ausland, u.a. 1965 Galerie W. Gurlitt, München; 1969 Casa di Guilietta, Verona; 1975 Monte Carlo; 1976 Gallew Watara, Nairobi; 1985 Le Salon des Nations, Paris; 1988 Leek Fest - Gold- u. Silbermed. b. Italia 2000 Wettbew. - Liebh.: Blumen, Lit., Theater, Segeln, Reiten - Spr.: Engl., Franz., Ital. - Bek. Vorf.: Prof. Dr. Max L. Strack (Großvater †) - Lit.: Bibliographie: Concorso Intern. di Pitiura, 73, 74, 75, 83; Repertorium Artis 1968-85; D. Frau in d. Zeitgenössischen Kunst, 1983; Kunst in Europa 85; Prestige de la Peinture d'Aujour 'hui dans la Monde, 1990; Who is Who in intern. Art, 1991.

STEINBRENNER, Georg
Rechtsanwalt, Landrat i. R. - Blumenthalstr. 54, 6900 Heidelberg (T. 47 24 73) - Geb. 28. Aug. 1911 Wiesloch, ev., verh. s. 1940 m. Adelheid, geb. Hollerbach, 2 Kd. (Klaus, Edeltraud) - Gymn.; Univ. Heidelberg, München, Berlin (Rechtswiss.) - B. 1939 Gerichtsref., dann Regierungsass., -rat (1941), Oberreg.rat (1951), Reg.dir. (1953), 1954-73 Landrat Heidelberg - DRK-Ehrenkreuz; 1973 BVK I. Kl.; 1973 Ehrenzeichen dt. Feuerwehrverb.; 1980 Ehrenz. in Silber Dt. Genossenschaftsverb.; 1989 Verdienstmed. Land Baden-Württ. - Liebh.: Lit., Musik, Wandern.

STEINBRÜCK, Peer
Staatssekretär im Ministerium f. Natur, Umwelt u. Landesentwicklung Schleswig-Holstein - Grenzstr. 1-5, 2300 Kiel 14 - Geb. 10. Jan. 1947 Hamburg, verh. s. 1975 m. Dr. Gertrud, geb. Isbary, 3 Kd. - Dipl.-Volsw. 1974 Univ. Kiel - 11975-76 BMBau; 1976-78 BMFT; 1978-81 Koord. Ref. Kanzleramt; 1981-83 BMFT, 1983-85 SPD-Bundestagsfrakt., 1986-90 Büroleit. UP J. Rau.

STEINBUCH, Karl W.
Dr.-Ing., o. Prof. f. Nachrichtenverarbeitung i. R. - Adalbert-Stifter-Str. 4, 7505 Ettlingen/Baden (T. 1 26 86) - Geb. 15. Juni 1917 Bad Cannstatt, konfessionsl., verh. s. 1949 m. Hannelore, geb. Leitmeyer, 2 Kd. - TH Stuttgart (Physik; Promot. 1944) - 1948-1958 Labor- u. Entwicklungsleit. Standard-Elektrik Lorenz AG, Stuttgart; 1958-80 o. Prof. u. Inst.dir. TH bzw. Univ. Karlsruhe - BV: Automat u. Mensch, 4. A. 1971; D. informierte Gesellschaft, 2. A. 1969; Nachrichtentechnik, 1967; Falsch programmiert, 9. A. 1968; Programm 2000, 1969; Mensch - Technik - Zukunft, 1971; D. humane Ges. jenseits v. Kapitalismus u. Kommunismus, 1972; Kurskorrektur, 7. A. 1973; Ja z. Wirklichkeit, 1975; Maßlos informiert, 3. A. 1979; Diese verdammte Technik, 1980; D. rechte Zukunft, 1981; Unsere manipulierte Demokratie 1985; Schluß m. d. ideologischen Verwüstung, 2. A. 1986; D. Zeitgeist in d. Hexenschaukel, 1988; D. desinformierte Ges., 1989; Kollektive Dummheit, 1992. Herausg.: Taschenbuch d. Nachrichtenverarbeitung (1961) - 1972 Dt. Sachbuchpreis Stadt Osnabrück; 1969 Wilhelm-Boelsche-Med. in Gold Kosmos-Ges. d. Naturfreunde Stuttgart; 1967 Mitgl. Dt. Akad. d. Naturforscher (Leopoldina), Halle/S.; 1975 Konrad-Adenauer-Preis; 1979 Jakob-Fugger-Med.; 1982 Verdienstmed. Land Baden-Württ. - Spr.: Engl., Franz.

STEINDORF, Gerhard
Dr. phil., o. Prof. f. Allg. Didaktik u. Schulpäd. - Ferdinand-Schmitz-Str. 73, 5330 Königswinter 1 (T. 02223 - 2 70 68) - Geb. 30. Juni 1929 Friedeberg/Neum. (Vater: Johannes S., Hauptlehrer; Mutter: Gertrud, geb. Ninnemann), ev., verh. s. 1962 m. Gisela, geb. Rischmül-

ler, 2 Kd. (Arne, Karen) - Gymn. Bad Kreuznach; 1949-51 Päd. Akad. Worms; 1951-1952 u. 1955-59 Univ. Mainz (Päd., Psych., Geogr.; Promot. 1959). 1. u. 2. Lehrerprüf. - 1951-56 u. 1960 Lehrer; 1961-62 Doz. PH Worms; s. 1962 Prof. PH Bonn, s. 1980 Univ. Bonn (Dir. Sem. f. Schulpäd.). Mitgl. Dt. Ges. f. Erziehungswiss. - BV: D. Intentionen d. dt. VHSn, 1960 (Diss.); V. d. Anfängen d. VHS in Dtschl., 1968; Einf. in d. Schulpäd., 3. A. 1976; Pädagogikstudium - Plan. u. Gestalt. Hochschuldidakt. Überleg. im Bereich d. Erziehungswiss., 1975; Grundbegr. d. Lehrens u. Lernens, 3. A. 1991; Lernen u. Wissen. Theorie d. Wissens u. d. Wissensvermittlung, 1985. Fachaufs.

STEINDORFF, Ernst

Dr. jur., o. Prof. f. Bürgerl. Recht, Handels-, Wirtschafts-, Arbeits- u. internationales Privatrecht - Ludwigstr. 29/III, 8000 München 22 (T. 21 80 32 67) - Gymn. u. Univ. Frankfurt (1946-49; Rechtswiss.). Promot. (1952) u. Habil. (1957) Frankfurt; Ass.ex. 1953 - 1937-46 Wehrmacht (Offz.) u. Kriegsgefangensch.; 1950-51 Dt. Schuman-Plan-Delegation/AA Bonn (Sekr.); s. 1957 Lehrtätigk. Univ. Frankfurt (Privatdoz.), Tübingen (1959 Ord.), München (1964 Ord.). 1962 Visiting Prof. Georgetown Univ. Washington, D. C./USA u. Law School Univ. of Chicago/USA. 1985 Mitgl. Sachverständigenkommiss. Arbeitsgesetzb. - BV: D. Nichtigkeitsklage im Recht d. Europ. Gemeinsch. f. Kohle u. Stahl, 1952; Sachnormen im intern. Privatrecht, 1958 (Habil.schr.); Zweckmäßigkeit im Wettbewerbsrecht, 1959; Problèmes des prix imposés dans le marché commun, 1962; Rechtsschutz u. Verfahren im Recht d. Europ. Gemeinsch., 1964 (franz. 1965); D. Gleichheitssatz im Wirtschaftsrecht d. Gemeins. Marktes, 1965; Einführung in d. Wirtschaftsrecht, 1977, 2. A. 1985; Sind Handelsgenossenschaften Kartelle?, 1978; Wettbewerbliche Einheit u. Kartellrecht. Vermutungen, 1982; Grenzen d. EG-Kompetenzen, 1990. Mithrsg. u. Schriftl. Ztschr. f. d. Ges. Handelsrecht u. Wirtschaftsrecht (1961ff.) - Spr.: Engl., Franz., Ital.

STEINEBACH, Josef Gerhard

Dr. rer. nat., Prof. f. Stochastik Univ. Marburg - Am Langacker 2, 3575 Kirchhain-Burgholz (T. 06425 - 15 92) - Geb. 21. Dez. 1949 Lank (Vater: Gerhard St., Angest.; Mutter: Sofia, geb. Wankum), kath., verh. s. 1972 m. Beate, geb. Bongers, 3 Kd. (Claudia, Silvia, Carsten) - 1968-73 Stud. Math. u. Physik Univ. Düsseldorf; Dipl.-Math. 1973, Promot. 1976, Habil. 1979, alle ebd. - 1973-79 Wiss. Assist. Univ. Düsseldorf; 1980 Visiting Scientist Ottawa/Canada; 1980-87 Prof. Marburg; 1987-91 Prof. Hannover; s. 1991 Prof. Marburg.

STEINECKE, Hartmut

Dr. phil., Prof. f. neuere dt. Literatur Univ.-GH Paderborn - Niedernhof 28, 4790 Paderborn-Wewer (T. 05251 - 9 11 52) - Geb. 12. März 1940 Nürnberg (Vater: Dr. Erich St., Dipl.-Ing.; Mutter: Elisabeth, geb. Grimm), ev., verh. s. 1966 m. Christa, geb. Peter, 2 Kd. (Anke, Christoph) - Promot. 1966 Bonn, Habil. 1973 ebd. - 1966-67 Gastdoz. Univ. of Chicago; 1967-74 Wiss. Assist. u. Privatdoz. Univ. Bonn; 1974 o. Prof. Univ. Paderborn; 1978 Gastprof. Dartmouth Coll., 1981 u. 1985 Gastprof. Cornell Univ., 1984 Gastprof. Univ. of Kansas, 1987 Gastprof. Univ. of Michigan, 1990 Gastprof. Univ. Budapest - BV: Hermann Broch u. d. polyhist. Roman, 1968; Romantheorie u. Romankritik in Dtschl., 2 Bde, 1975/76; Literaturkritik d. Jungen Dtschl., 1982; Romanpoetik v. Goethe b. Thomas Mann, 1987; V. d. Aufklärung z. Romantik. Bemerkungen z. dt. Gegenwartslit., 1987. Herausg.: E. T. A. Hoffmann, Sämtl. Werke (1985ff.); N. Lenau, Hist.-krit. Ausgabe (1989ff.).

STEINECKE, Klaus-Peter

Kaufmann, Mitgl. Abgeordnetenhaus v. Berlin (s. 1979) - Zu erreichen üb.: CDU-Fraktion, Rathaus, 1000 Berlin 62.

STEINEL, Kurt

Prof., Maler u. Grafiker - Heinrich-Heine-Str. 29, 6050 Offenbach (T. 85 86 03) - Geb. 3. Febr. 1929 Freiburg/Br., kath. verh. s. 1957 m. Christa, geb. Novinsky - Prof. Staatl. Akad. d. Bild. Künste, Freiburg; s. 1975 Rektor Hochsch. f. Gestaltung, Offenbach.

STEINER, Adolf Martin

Dr. rer. nat., Prof. f. Saatgutforsch. Univ. Hohenheim - Windhalmweg 4, 7000 Stuttgart 70 - Geb. 2. Juni 1937 Stuttgart - Promot. 1964, Habil. 1972 - 1964-65 Smithsonian Inst., USA; 1966-68 Univ. Freiburg; s. 1968 Univ. Hohenheim (Stuttg.), 1975 Prof. - Mitgl. Verb. Dt. Landw. Unters. u. Forsch.anst. (VDLUFA); Mitgl. Intern. Seed Testing Assoc. (ISTA, f. d. BRD akkred.); u. a. Fachverb. Mithrsg. Fachztschr. Seed Sci. Technol; Gen. Res. Crop Evol. Zahlr. Publ. auf d. Geb. d. Pflanzenphysiol. u. Saatgutforsch.

STEINER, Friedrich

Kaufmann, gf. Gesellsch. IHG Gesellschaft f. Internationalen Handel GmbH, Ludwigshafen (s. 1977) - Fritz-Haber-Str. 16, 6700 Ludwigshafen - Geb. 29. Jan. 1926 Oppau.

STEINER, Gerd

Dr. phil., Prof. f. Altorientalistik Univ. Marburg (s. 1971) - Tulpenstr. 3, 3550 Marburg/L. 7 - Geb. 21. Okt. 1932 Nürnberg, verh. m. Rosemarie, geb. Komrowske, 1 Kd. - Abit. 1951 Nürnberg; Promot. 1959 Hamburg; Habil. 1969 Marburg - Facharb.

STEINER, Gerolf Karl

Dr. phil. nat., o. Prof. f. Zoologie (emerit. 1973) - Schwarzwaldhochstr. 10, 7560 Gaggenau-Freiolsheim (T. 07204 - 2 91) - Geb. 22. März 1908 Straßburg/Els. (Vater: Dr. h. c. Karl Theodor S., Ministerialrat; Mutter: Katharina, geb. Frick, Bildhauerin), ev., verh. s. 1954 m. Renate, geb. du Mesnil de Rochemont, 7 Kd. (Ursula, Friederike, Alfred, Berthold, Irmtrud, Wolfram, Dietrich) - Gymn. Karlsruhe; Univ. Heidelberg u. München (Biol.) - Ab 1931 Assist. Zool. Inst. Univ. Heidelberg, 1935-39 wiss. Mitarb. Kältetechn. Inst. TH Karlsruhe u. Reichsinst. f. Lebensmittelfrischhalt. ebd., 1939-47 Assist. u. Doz. (1942) TH Darmstadt, 1947-62 Privatdoz. u. apl. Prof. (1949) Univ. Heidelberg, seither ao. u. o. Prof. (1966) TH bzw. Univ. Karlsruhe - BV: Bau u. Leben d. Rhinogradentia, 1961 (Ps.: H. Stümpke; franz. 1962, amerikan. 1967, japan. 1976); D. zool. Laboratorium, 1963; Wie werde ich Diktator, 1968 (Ps.: Wiederumb); Nebenergebnisse aus 1001 Sitzungen, 1968 (Ps.: Andereich); Zoomorphologie in Umrissen, 1977. Tierzeichn. in Kürzeln, 1982 (japan. 1987); Zeichnen. D. Menschen andere Sprache, 1986 (japan. 1988); Stümpke's Rhinogradentia (Ps.: K. D. S. Geeste), 1988 (japan. 1989); Wir sind zu viele. Was tun?, 1991. Einzelveröff. üb. Sinnesphysiol., Erziehungsfragen, Kältekonservierung v. Lebensmitteln, Naturschutz. Mitarb.: Plank, Handb. d. Kältetechnik (1952) - Liebh.: Kunstwiss., Malerei - Spr.: Franz., Ital., Engl.

STEINER, Hans-Georg

Dr. rer. nat., o. Prof. f. Didaktik d. Mathematik, Dir. Inst. f. Didaktik d. Math. Univ. Bielefeld - Marsstr. 16, 4800 Bielefeld 15 (T. 05206 - 34 87) - Geb. 21. Nov. 1928 Witten (Vater: Alfred St., Gutsbes.; Mutter: Johanna, geb. Viol), ev., verh. s. 1952 m. Erika-Luise, geb. Pächer, 3 Kd. (Johannes, Pamela, Gregor) - 1949-55 Stud. Math., Physik, Phil. u. Päd. Univ. Münster; Lehramtsprüf. f. höh. Schulen 1955 u. 57, Promot. 1969 TU Darmstadt - 1957-59 wiss. Assist. Univ. Münster; 1959-70 OStud.rat, Akad. Oberrat, Univ. Münster, TH Karlsruhe; s. 1968 Dir. Zentr. f. Didaktik d. Math. Univ. Karlsruhe; 1970-73 o.

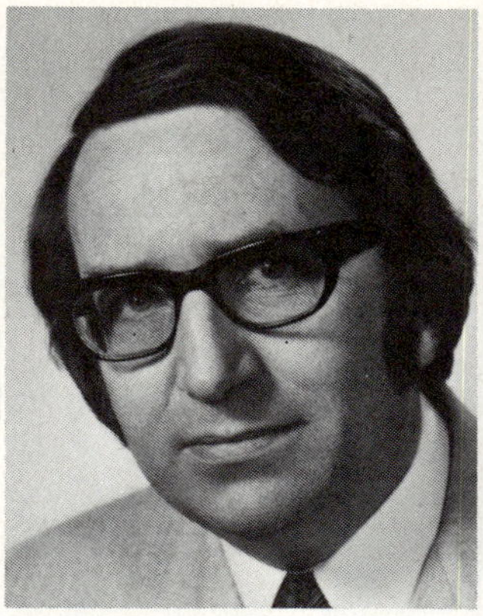

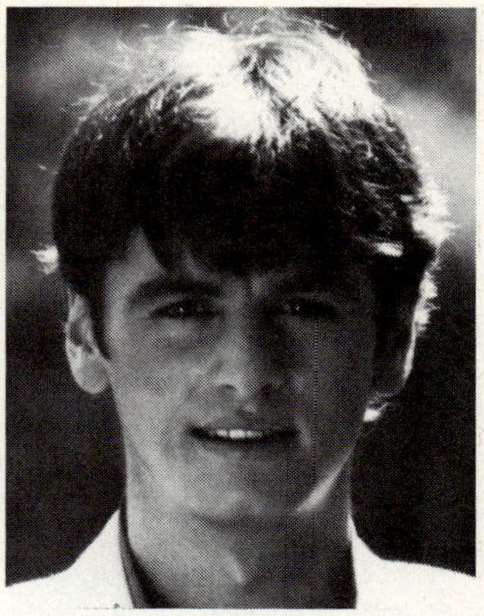

Prof. Univ. Erlangen-Nürnberg, Univ. Bayreuth; 1971-72 Vorst. PH Bayreuth; s. 1973 o. Prof. Bielefeld, Inst.-Dir. 1975 Vize-Präs. Intern. Math. Unterr.-Kommiss. (IMUK); 1973-88 Vize-Präs. Intern. Jugend-Kultur-Zentrum Bayreuth - BV: Grundl. u. Aufb. d. Geometrie, 2. A. 1975; Didaktik d. Math., 1978; Math.-Phil.-Bildung, 1982; Math. Kenntnisse - Leistungsmess. - Studierfähigk., 1984; D. math. Denken u. d. Schulmath., 1988; Mathematikdid.-Bildungsgesch.-Wissensch.geschichte, 1990 - S. 1987 Ehrenmitgl. Union tschechosl. Math. u. Phys. - Spr.: Engl., Franz., Ital.

STEINER, Heinz-Alfred

Hauptmann a. D., MdB (SPD-Landesliste NRW), Hauptmann a. D. - Bundeshaus, 5300 Bonn 1 (T. 0228 - 16 73 47; Fax 0228 - 168 64 41) - Geb. 2. April 1936 - Stv. Vors. d. Verteidig.aussch. d. Dt. Bundestages; Mitgl. d. Parl. Vers. d. Europarates u. d. Westeurop. Union.

STEINER, Jacob

Dr. phil., o. Prof. f. Dt. Philologie - Universität (Inst. f. Literaturwiss.), Collegium am Schloß, 7500 Karlsruhe - Geb. 1. Okt. 1926 Bern/Schweiz (Vater: Hans S., Chemiker; Mutter: Charlotte, geb. Kramer), verh. s. 1952 m. Dr. Beatrice, geb. Bucher (Zürich), 4 Kd. (Andreas, Anna Cornelia, Walter Jakob, Max Ulrich) - Literargymn. Bern; Univ. Zürich u. Bern. Promot. 1954 Zürich; Habil. 1959 Uppsala - B. 1956 Lektor Univ. Uppsala, 1960 Extraord. Univ. Stockholm, s. 1964 Ord. Univ. Münster, Göttingen (1968), Karlsruhe (1972). Spez. Arbeitsgeb.: Goethezeit u. 20. Jh. - BV: Sprache u. Stilwandel in Goethes Wilhelm Meister, 1959; Erläuter. zu Goethes Faust I, 1959; Rilkes Duineser Elegien, 1962, 2. A. 1969; D. Bühnenanweis., 1969; Storm-Fontane, Briefwechsel, Krit. Ausg., 1981; Rilke, 1986.

STEINER, Paul

Nationalspieler, Fußballweltmeister 1990 in Italien, Spieler d. 1. FC Köln.

STEINER, Rudolf

Dr.-Ing., Prof., Chemiker - Rehweiherstr. 14, 8520 Erlangen - Geb. 20. Dez. 1938 Prag (Vater: Rudolf S., Postbeamt.; Mutter: Anna, geb. Sieber), kath., verh. s. 1964 m. Dr. Dagmar, geb. Liebscher, 2 Töcht. (Carola, Nicola) - Promot. 1963; Habil. 1967 Darmstadt - S. 1969 Hoechst AG, dort s. 1976 Leiter der Verfahrenstechnik/Wiss. Dir. S. 1973 Honorarprof. TH Darmstadt; s. 1988 Ord. f. Techn. Chemie Univ. Erlangen-Nürnberg. Mithrsg.: Winnacker-Küchler, Chem. Technol. - 1974 Dechema-Preis.

STEINER, Tommy

Sänger, Komponist, Verleger, Texter, Produzent - Zu erreichen üb. Wolfgang Kaminski, Künstlermanager, Dahlienweg 2, 5804 Herdecke - Geb. 7. Okt. 1962 Aalen/Württ. (Vater: Karl St., Bauleit.; Mutter: Eleonore, geb. Schwarz), kath., gesch. - Stud. Jura u. Betriebsw.; Schlagersänger. Plattenveröff.: Tommy Steiner, Ich will frei sein f. d. Träume (LP), Sommerwind, Gedanken z. Weihnacht, Fischer v. San Juan, Märchen v. Rhodos, D. ewige Feuer, Wenn dein Herz dir nicht sagt (Singles), Der Morgen danach, Märchenland; einige Kompos. (u.a. Wenn dein Herz dir nicht sagt, D. Riesen u.a.) - Div. Ausz. v. Funk, Fernsehen u. Plattenind., u.a. Gold. Stimmgabel, Gold. Antenne - Spr.: Engl., Franz., Portug.

STEINER, Udo-Dietrich

Dr. jur., o. Prof. f. Öfftl. Recht Univ. Regensburg (s. 1979) - Am Katzenbühl 5, 8400 Regensburg-Harting (T. 70 09 13) - Geb. 16. Sept. 1939 Bayreuth (Vater: Dr. jur. Philipp S.; Mutter: Martha, geb. Adel), ev., verh. s. 1967 m. Ingeborg, geb. Kanzok, 4 Kd. (Axel, Ina, Michael, Christina) - 1958-62 Univ. Erlangen, Köln, Saarbrücken. Beide jurist. Staatsprüf.; Promot. 1965, Habil. 1972 (beides Erlangen) - 1973 Univ. Bielefeld (Wiss. Rat u. Prof. bzw. o. Prof.), 1975 Verwaltungsakad. Ostwestf.-Lippe (Studienleit.), 1976 OVG NRW (Richter im Nebenamt), 1985 Ruf an Hochsch. f. Verwaltungswiss. Speyer - BV: Verfassunggebung u. verfassunggeb. Gewalt d. Volkes, 1966; Öfftl. Verw. durch Private, 1975; Rechtl. Aspekte e. städtebaul. orientierten Verkehrsplanung in d. Gemeinden, 1980; Off. Rechtsschutzprobleme im Verhältnis von Staat u. Kirchen, 1981; Staatl. Gefahrenvorsorge u. Techn. Überwach., 1984; Möglichkeiten u. Grenzen d. wirtschaftl. Betätigung d. öfftl.-rechtl. Rundfunkanstalten, 1986; Öffentliches Baurecht, 1990; D. Schutz d. Lebens durch d. Grundgesetz, 1992. Herausg.: Besonderes Verwaltungsrecht (4. A. 1992) - 1966 Fakultätspreis Univ. Erlangen-Nürnberg - Liebh.: Sport - Spr.: Engl., Franz.

STEINER, Wolfgang

Dr., o. Univ.-Prof., Direktor d. Univ.-HNO Klinik Göttingen - Brüder-Grimm-Allee 48, 3400 Göttingen - Geb. 2. März 1942 Crailsheim, ev., verh. s. 1966, 3 Söhne (Robert, Christian, Martin) - Univ.stud.; 1970 Ärztl. Prüf. in Erlangen; Promot. 1971; Habil. 1979 - 1985 apl. Prof.; 1986 Beruf. nach Göttingen - Erf.: Laserchirurgie Kehlkopf - Zahlr. Veröff. - Nationale u. intern. Ausz., u.a. Hufeland-Preis - Spr.: Engl., Ital.

STEINERT, Jürgen

Volkswirt, Senator a.D. - Zu erreichen üb. Rathaus, 2000 Hamburg 1 - Geb. 1937, verh. s. 1962 - 1958-62 u. 1965-71 Gewerkschaftssekr.; 1971-74 Ltd. Reg.-Dir.; b. 1982 Senator f. Wirtsch., Verkehr u. Landw. Hbg. SPD (s. 1976 stv. Vors. Landesorg. Hbg.).

STEINFELD, Karl-Heinz

Komponist, Musikpäd., Dirig. - Landhausstr. 78, 7290 Freudenstadt/Schwarzw. (T. 07441 - 3261) - Geb. 17. Juli 1934 Speyer/Rh. (Vater: Karl S., Staatsbeamt.; Mutter: Adelheid, geb. Dörzapf), kath., verh. s. 1960 m. Margarete, geb. Frick, 3 T. (Annika, Simone, Katrin) - Musikhochsch. Stuttgart (Staatsex. 1957/Kompos., Orchester- u. Chorleit.) - s. 1958 Orch.- u. Chordirig.; 1977-80 Musikschulleit. Üb. 70 uraufgef. Musikwerke (Kammerm., Orchester-, Klavierst., Orch.- u. Chorw., Singsp. u. Musical) - 1953 Kompos.preis SDR - Liebh.: Lit., Malerei - Spr.: Engl., Franz., Schwed.

STEINGRÄBER, Erich

Dr. phil., Prof., Generaldirektor Bayer. Staatsgemäldesammlungen a. D. (1969-87) - Prinzenweg 22, 8180 Tegernsee (T. 08022 - 31 03) - Geb. 12. Febr. 1922 Danzig-Neuteich (Vater: Berthold S., Staatsbeamter; Mutter: Ella, geb. Melchert), ev., verh. s. 1950 m. Gabriele, geb. Henseler, 2 Söhne (Stephan, Anselm) - Univ. Leipzig u. München (Kunstgesch., Archäol., Vorgesch.). Promot. 1950 München - 1954-62 Konservator u. Oberkonserv. Bayer. Nationalmuseum München; 1962-69 Generaldir. German. Nationalmus., Nürnberg. S. 1971 Hon.-Prof. Univ. München (Mittlere u. neuere Kunstgesch.) - Veröff. z. europäischen Kunst d. Mittelalters u. d. Neuzeit. Schriftl.: Pantheon (1973-80) - 1973 Bayer. VO.; 1975 Comm. dell'Ordine al merito della Rep. ital.; 1976 BVK I. Kl.; 1983 Gr. BVK; 1988 Bayer. Maximiliansorden f. Kunst u. Wiss.; Premio internazionale arti e scienze; Mitgl. Accad. Fiorentina delle Arti del Disegno u. Ateneo Veneto, Venedig - Spr.: Engl., Ital.

STEINGROBE, Werner
Dipl.-Volksw., Geschäftsführer Südd. Metall-Kontor GmbH., Nürnberg - Stephanstr. 49, 8500 Nürnberg (T. 0911 - 475 24 75) - Geb. 8. April 1926 - Zuv. s. 1970 Geschäftsf. Diehl-Gruppe (Leit. Zentralverw.).

STEINGRÜBER, Hans-Joachim
Dr. phil., Dipl.-Psych., Prof. u. Direktor Institut f. Med. Psych. Univ. Düsseldorf (s. 1974) - Zu erreichen üb. Univ., Inst. f. Med. Psych., 4000 Düsseldorf - Geb. 25. April 1940 Erfurt - Promot. 1969 Düsseldorf; Habil. 1972 ebd.

STEINHÄUSER, Emil W.
Dr. med., Dr. med. dent., o. Prof. u. Direktor Klinik f. Mund-Kiefer-Gesichtschirurgie Univ. Erlangen-Nürnberg (s. 1973) - Hindenburgstr. 67, 8520 Erlangen - Geb. 24. Sept. 1926 Würzburg - Promot. 1949 (m. d.) u. 53 (m.) Würzburg; Habil. 1968 Zürich - BV: Unterkiefer-Rekonstruktion durch intraorale Knochentransplantate u. deren Beeinfluss. durch d. Funktion, 1968; 2 Bücher üb. Kieferorthopädische Chirurgie, 1988/89. Über 150 Publ. u. mehrere Buchbeitr. - 1968 Martin-Wassmund-Preis; 1988 Semmelweis Med. Univ. Budapest;

1984/85 Präs. Dt. Ges. f. Mund-Kiefer-Gesichtschirurgie.

STEINHÄUSER, Günter

Dr. jur., Rechtsanwalt, Staatssekretär a. D. - Matterhornstr. 7, 6200 Wiesbaden (T. 0611 - 46 36 73; Fax 0611 - 46 85 92) - Geb. 16. Febr. 1928 Kassel, ev., verh. - Stud. Rechtswiss. Göttingen u. Marburg; Promot. 1955 - 1957 Hess. Verw.gerichtshof Kassel; 1959 Hess. Sozialmin., (1970 Min.dirig., 1977-87 Staatssekr.).

STEINHÄUSER, Hanskarl
Geschäftsführer Verb. d. Korbwaren-, -möbel- u. Kinderwagenind. - Lauterburgstr. 20e, 8630 Coburg/Ofr. (T. 9 01 93) - Geb. 19. März 1921 Hof/S.

STEINHAUER, Erwin
Ökonomierat, Präs. Landwirtschaftskammer Rheinland-Pfalz, Bad Kreuznach - Hauptstr. 15, 6758 Lauterecken/Pf.

STEINHAUER, Friedrich
Arbeitsdirektor, Vorstandsmitgl. Mannesmannröhren-Werke AG., Düsseldorf (s. 1970) - Fliederweg 5, 4000 Düsseldorf 31 - Geb. 16. Sept. 1918 Dortmund - Zul. Vorstandsmitgl. Thyssen Röhrenwerke AG., Düsseldorf. Div. Mandate - Ehrenring Stadt Dortmund (f. Verdienste als Stadtrat); BVK 1. Kl.

STEINHAUER, Hans-Günter
Stadtdirektor a. D. - Von-Fraunhofer-Str. 6, 5620 Velbert 1 (T. 6 39 02) - Geb. 16. April 1930 Velbert (Vater: August S.; Mutter: Anna, geb. Knabe), ev., verh. s. 1956 m. Ursula, geb. Fink, 3 Kd. (Oliver, Claudia, Martina) - Gymn. Velbert; Stud. Rechtswiss. Univ. Köln u. Madison (Wisconsin). Jurist. Staatsprüf. 1956 u. 1962 - 1962 Richter LG Wuppertal; 1963-87 Stadtdir. Velbert. 1956-62 Ratsmitgl. Velbert (1959-61 Bürgerm.); SPD - Spr.: Engl.

STEINHAUER, Helmut
Geschäftsführer Landesverb. d. Oldenburg. Haus- u. Grundbesitzervereine - Wallstr. 19, 2900 Oldenburg/O..

STEINHAUER, Waltraud
Gewerkschaftssekretärin, MdB (s. 1974), stv. Bez.-Vors. Bez. WW (Landesl. NRW) - Grabenstr. 21, 5900 Siegen - Geb. 8. Febr. 1925 Velbert, ev., led. - Volkssch.; kaufm. Lehre - B. 1948 Eisengießerei, dann DGB (1965 Kreisvors. Siegen-Wittgenstein). 1956-74 Stadtverordn. (1963 Fraktionsf.) u. II. Bürgerm. Siegen; 1966 MdK Siegen. SPD s. 1951 (1972 Mitgl. Parteirat); z. Z. Vorst.-Mitgl. SPD-Bundestagsfraktion, o. Ausschußmitgl. f. Arb. u. Soziales, Sportaussch. u. stv. Arbeitskreisvors. f. Arb. u. Soziales, Vors. d. Kommiss. f. Mitarbeiterfragen d. Ältestenrates.

STEINHAUSEN, Michael
Dr. med., Dr. h. c., Prof. f. Physiologie - Im Neuenheimer Feld 326, 6900 Heidelberg - Geb. 28. Juni 1930 Greifswald (Vater: Wilhelm St., Univ.-Prof.; Mutter: Marie-Helene, geb. Colsman), ev., verh. s. 1957 m. Brigitte, geb. Holtz, 5 Kd. (Mechthild, Friedhelm, Almut, Ute, Wiltrud) - Human. Gymn.; Hochsch. f. Musik u. FU Berlin, Staatsex. 1958, Promot. 1958 Kiel, Habil. 1966 Heidelberg - S. 1972 Prof. f. Physiol., s. 1980 Vors. Gr. Senat Univ. Heidelberg - Entd.: Sichtbarmach. d. tubulären Harnstromes m. Lissamingrün (1963) - Spez. Arbeitsgeb.: Nephrologie, Mikrozirkulation - Üb. 100 Aufs. in wiss. Ztschr., viele Filme. BV: Lehrb. Physiol., 3. A. 1989; (Zus. m. G.A. Tanner): Microcirculation and tubular urine flow, 1976; Lehrb. Medizinische Physiol., 2. A. 1991 - 1968 Goldmed. British Medical Association, 1971 Preis Sowjetunion, 1976 Malpighi-Preis, 1990 Dr. h. c. Univ. of Louisville, USA - Liebh.: Dirigent Heidelberger Ärzteorch. - Spr.: Engl. - Bek. Vorf. Wilhelm Steinhausen (1846-1924), Maler (Großv.).

STEINHAUSER, Hugo
Dr. agr., o. Prof. u. Vorstand Lehrst. f. Wirtschaftslehre d. Landbaues d. TU München, Freising-Weihenstephan - Prandtlstr. 12, 8050 Freising (T. 08161 - 1 35 31) - Geb. 21. März 1929 Ingolstadt/D. (Vater: Theodor S., Malerm.; Mutter: Franziska, geb. Maier), kath., verh. s. 1955 m. Erika, geb. Mayer, 2 Kd. (Bernhard, Angelika) - LH Hohenheim u. TH München (Dipl.-Landw. 1954), Promot. (1958) u. Habil. (1963) München - 1954-64 Wiss. Assist. u. Oberassist. TH München, 1965-71 o. Prof. u. Direktor Inst. f. Landw. Betriebs- u. Arbeitslehre Univ. Kiel, s. 1972 Mitgl. d. Wiss. Beirats b. Bundesmin. f. Ernähr., Landw. u. Forsten, 1975-87 Mitgl. d. Wiss. Beirats f. Naturschutz u. Landschaftspflege - 1984 Henneberg-Lehmann-Preis - 276 Fachveröff. - Liebh.: Skifahren - Spr.: Engl.

STEINHOFF, Johannes
General a. D. - Auf dem Berge 15, 5307 Wachtberg-Pech - Geb. 15. Sept. 1913 Bottendorf/Thür. (Vater: Mühlenbes.), verh., 2 Kd. (S., T.) - Univ. Jena - S. 1936 m. bedingter Unterbrech. Berufsoffz. Luftwaffe (1939 Oblt., 1945 Oberst u. Kommodore Jagdgeschwader 7; 1955 als Oberst reaktiviert, 1960 Dt. Vertr. NATO-Militärausssch. Washington, 1963 Kommandeur 4. Luftwaffendiv., 1965 Chef d. Stabes NATO-Hauptquartier d. alliierten Luftstreitkräfte Europa-Mitte Fontainebleau, 1966 Inspekteur d. Luftw., 1971-73 (Ruhest.) Vors. NATO-Militärausssch., Brüssel - BV: D. Straße n. Messina - Tageb. e. Kommodore, 3. A. 1970; Verschwörung der Jagdflieger, 1975; Wohin treibt die NATO?, 1976 - Unt. anderem 1944 Ritterkreuz m. Eichenl. u. Schwertern (anl. d. 167. Luftsieges); 1965 Trophäe Pilot d. Jahres Intern. Orders of Characters (USA); 1967 Ehrenkdr. Kaktus-Staffel (Bundesstaat Arizona/USA); 1969 span. Orden; 1970 Kdr. amerik. Orden Legion of Merit; 1972 Kdr. franz. Ehrenlegion; 1972 Gr. BVK m. Stern u. Schulterbd. - Liebh.:

Reiten, Malen, Kakteen - Fernsehen/ARD: Einige Tage im Leben d. J. S. (20. Nov. 1970) - B. Absturz e. Düsenjägers gegen Ende d. II. Weltkr. schwere Brandverletzungen (üb. 70 Gesichtsoperationen).

STEINHOFF, Jürgen
Rechtsanwalt, Geschäftsf. a.D. Wirtschaftsverb. Dt. Werbeagenturen, Düsseldorf 1 (b. 1982) - Brunhildenstr. 6, 4000 Düsseldorf 11 - Geb. 10. Febr. 1945.

STEINHOFF, Martin
Dr. phil., gf. Direktor (s. 1984) u. Intendant (s. 1989) Städtische Bühnen Frankfurt - Friedrichstr. 30, 6000 Frankfurt 1 - Geb. 17. Nov. 1950 Hemer/Westf., verh. s. 1987 m. Irene, geb. Klein - 1975 Dipl.-Designer FH Dortmund; Promot. Univ. Frankf. - Lehrauftr. Univ. Frankf.; Betriebsdir. an d. Städt. Bühnen Frankf. - BV: Zeitbewußtsein u. Selbsterfahrung, 1983.

STEINHÜSER, Ferdinand
Oberkreisdirektor Kr. Erkelenz - Lindenweg 4, 5140 Erkelenz/Rhld. - Geb. 10. Febr. 1904 Geseke - Div. Mandate - 1969 BVK I. Kl. u. Groner gold. Schild d. Rhein. Landwirtschaft; Ehrenmitgl. DRK - Landesverb. Rheinland.

STEINIGER, Fritz
Dr. phil., Prof., Museumsdirektor - Waldhausenstr. 7, 3000 Hannover (T. 83 07 12) - Geb. 23. Febr. 1908 Aschbuden (Vater: Gustav S., Bauer; Mutter: Marie, geb. Thiessen), ev., verh. s. 1952 m. Ingeborg, geb. Bertram, T. Birte-Sünne - Univ. Königsberg/Pr., Greifswald, Berlin (Biol., Med.). Promot. (1932) u. Habil. (1937) Greifswald - U. a. Doz. u. Leit. Inst. f. Vererbungswiss. Univ. Greifswald, Regierungsrat Reichsgesundheitsamt, 1942-44 Dir. Inst. f. Med. Zool. Riga-Kleistenhof, 1945-52 Leit. Außenst. Husum Robert-Koch-Inst. u. Staatl. Hyg.-Bakt. Unters.amt Flensburg, b. 1973 Dir. Naturkd.-Abt. Nieders. Landesmus., dann Vorst. Inst. f. Umweltschutz u. Sozialanthropol., Heinsen/Oberweser. Analysen (1941-68): D. embryonale Riechgrubenabschluß, 10 Jahre rattenfr. Hafen- u. Fischind.gebiet Cuxhaven, Weltweiter Transport v. Krankheitserregern durch Zugvögel, Ausprüf. d. Wühltiersicherh. v. Deichbaustoffen - BV: Warnen u. Tarnen im Tierreich, 1938; Vogelparadies Drausensee, 1938; D. Entlausung u. sonst. Entwes., 1943; Rattenbiol. u. -bekämpf. 1942; D. Photogr. freileb. Tiere, 1956; D. gr. Regenpfeifer, 1959; Mit d. Zugvögeln z. Polarkreis, 1966 - Liebh.: Ölmalerei, Freilandtierfotogr., Ornithol.

STEININGER, Hanns Karl
Dr., Ministerialdirigent, Leiter d. Bayer. Senats - Maximilianeum/Max-Planck-Str. 1, 8000 München 85 - Geb. 8. April 1938 München.

STEININGER, Hans
Dr. phil., Prof. f. Philologie d. Fernen Ostens, Inst. f. Sinologie Univ. Würzburg - Am Hubland, 8700 Würzburg (T. 0931 - 888 55 71); priv.: Martin-Luther-Str. 7, 8700 Würzburg (T. 5 59 57) - Geb. 1. Aug. 1920 Breslau (Vater: Dr. med. Hans S., Arzt; Mutter: Maria, geb. Götz), kath., verh. s. 1945 m. Dr. Helga, geb. Schreiber, S. Dr. med. Helmuth - Obersch. Trebnitz/Schles. (Abit. 1939); 1943-51 (m. kriegsbed. Unterbrech.) Stud. Sinol., Japanol., Religionsgesch., Phil., German. Promot. 1951; Habil. 1960 - 1951 Lehrbeauftr. Univ. Erlangen, 1958 Assist., 1960 Privatdoz. ebd., 1965 Ord. u. Dir. Sem. f. Sinol. Univ. Würzburg. Mehrj. Stip. Dt. Forschungsgem. - BV: Hauch- u. Körperseele u. Dämon b. Kuan Yintze, 1953 (Leipzig); Sino-Japonica, 1956 (Leipzig). Zahlr. Einzelveröff., u. a. The Religions of China, in: Historia Religionum, 1971; Taoismus u. Volksreligion, in: China-Handb., 1974; D. Stellung d. Menschen im Konfuzianismus u. im Taoismus, in: Neue Anthropol. Bd. VI, 1975. Herausg. d. Reihe

Würzb. Sino-Japonica (1974 ff.); Assoc. editor d. Monumenta Serica - Spr.: Lat., Chines., Jap., Engl., Franz., Türk.

STEININGER, Hans
I. Bürgermeister - Rathaus, 8589 Bindlach/Ofr.

STEINITZ, Hans
Dr. jur., Chefredakteur - 65 Park Terrace West, New York 34 - Geb. 9. März 1912 Berlin (Vater: Ludwig S.; Mutter: Erna, geb. Rothenberg), jüd., verh. s. 1948 m. Lore, geb. Oppenheimer, T. Lucy - Univ. Berlin, Heidelberg, Basel (Jura, Polit. Wiss.; Promot.) - S. 1936 Journalist (1947 ff. USA-Korresp.) D. Bund (Bern), D. Welt (Hamburg), Berliner Morgenpost, Rhein. Merkur (Köln); s. 1964 Redakt. u. Chefredakt. (1966) D. Aufbau (New York); s. 1985 Ruhest. Teiln. Südpol-Forschungsreise 1957 (Intern. Geophysikal. Jahr) - BV: Regierungs- u. Verfassungsformen d. Auslandes, 1948 (Baden-Baden); D. 7. Kontinent - D. unbek. Antarktis, 1958; Mississippi - Gesch. e. Stromes, 1967; Aufbau - Dokumente e. Kultur i. Exil (a. Mitautor) - 1960 BVK I. Kl.; 1977 Gr. BVK, 1985 Stern dazu; 1979 Silb. Ernst Reuter-Med. d. Berliner Senats; 1961 Ehrenmitgl. Foreign Press Assoc. (vorher Vors.); Mitgl. PEN-Club - Liebh.: Geschichtsstudien, Bergsteigen.

STEINJAN, Herbert
Dipl.-Volksw., Direktor HOECHST AG (Verkauf Landwirtschaft) Frankfurt - Postf. 800320, 6000 Frankfurt 80.

STEINKAMP, Günther
Dr. rer. pol., Prof. f. Soziologie Univ. Bielefeld - Schützenwall 8, 4420 Coesfeld (T. 02541 - 32 47) - Geb. 3. April 1935 Coesfeld, verh. s. 1964 m. Cordula, geb. Draheim, S. Philipp - Univ. Köln (Dipl.-Kfm. 1959; Promot. 1962, Habil. 1971) - 1964/65 Forsch.assist. Sozialforsch.st. Dortmund Univ. Münster; 1965-67 Assist. Hochsch. f. Wirtsch. u. Politik Hamburg; 1967-71 Ass., wiss. Rat u. wiss. Oberrat Sem. f. Sozialwiss. Univ. Hamburg; 1971 o. Prof. f. Soziol. in Bielefeld; 1984-88 Sprecher Sektion Bildung u. Erziehung in d. Dt. Ges. f. Soziol. Buchveröff. z. Mobilitätstheorie, Erziehungssoziol. u. Sozialisationsforsch.; zahlr. Aufs. z. Lehrersoziol., Sozialisationstheorie u. Forsch.; Familien- u. Jugendsoziol., Medizinsoziol. - Spr.: Engl., Ital.

STEINKE, Wolfgang
Dr. jur., Abteilungspräsident im Bundeskriminalamt - Biebricher Allee 40, 6200 Wiesbaden - Geb. 17. Okt. 1933, ev., verh. - Abit.; 2. jurist. Staatsex. 1963, Promot. 1968 Mainz - 2 J. richterl. Dienst Landgericht Düsseldorf; 1965 Bundeskriminalamt; 1980-82 ltd. Kriminaldir. Fachbereichsleit. Kriminalistik/ Kriminologie Polizei-Führungsakad. in Hiltrup. S. 1968 ltd. Dienst in mehreren Abt. Bundeskriminalamt, s. 1982 Abt.-präs., Abt. Kriminaltechn. Inst. im BKA - BV: Zahlr. Veröff. zu strafrechtl., strafprozessualen u. polizeirechtl. Fragen. Schriftleit. Fachztschr. Kriminalistik.

STEINKÜHLER, Franz
1. Vorsitzender IG Metall (s. 1986) - Zu erreichen üb. IG Metall, Wilhelm-Leuschner-Str. 79-85, 6000 Frankfurt/M. 11 - Geb. 20. Mai 1937 Würzburg - Präs. d. Intern. Metallgewerkschaftsbundes (IMB); stv. AR-Vors. Volkswagen AG; AR-Mitgl. Daimler Benz AG, Thyssen AG.

STEINKÜHLER, Manfred
Dr., Generalkonsul a. D., Publizist, zu erreichen üb. Auswärtiges Amt, Ref. 101, Postf. 11 48, 5300 Bonn 1 (T. 0041 - 91-69 21 27) - Geb. 3. April 1929 Bielefeld, ev., verh. m. Anneliese, geb. Thiel, S. Christian (Dr. rer. nat.) - Stud. Roman., Rechts- u. Wirtsch.wiss. Göttingen, Münster, Paris; Promot. 1961 Paris - 1948-50 Schausp. u. Regieassist.; 1962 Presse- u. Informationsamt d. Bundesreg.; 1965-72 Konsul GK Mailand; 1972-75 Leg.Rat Botsch. Bukarest; 1975-78 Ständ. Vertreter GK Rio de Janeiro; 1978-80 Botsch.rat Botsch. Rom; 1980-84 Vortr. Leg.Rat. I. Kl. Ausw. Amt (Leitungsstab); 1984-87 Botschaftsrat I. Kl. Botsch. Paris; 1987-91 Generalkonsul in Mailand u. b. d. Republik San Marino; 1991-92 Geschäftsführer d. Export-Union d. Deutschen Films e.V., München; Mitgl. d. Dt. Ges. f. Sexualforsch. - BV: Mélanges de philologie romane dédiés à la Mémoire de Jean Boutière (Mitautor), 2 vol. 1971; Eurokommunismus im Widerspruch. Analyse u. Dok., 1977; Le Sujet et la Loi. De la petite délinquance. Approche juridique et psychanalytique (Mitautor), 1988; ESPRIT/GEIST. 100 Schlüsselbegriffe für Deutsche u. Franzosen (Mitautor), 1989; fr.: Au Jardin des Malentendus, 1990; Psychiatrie im Wandel. Erfahrungen in Ost u. West (Mitautor), 1990; Geschlechtswechsel in nichtklinischer Zeit: D. Chevalier d'Eon in: Pfäfflin/Junge, Geschlechtsumwandlung, Abh. z. Transsexualität, 1992.; Antijüdische Auslandsaktion. D. Arbeitstagung d. Judenreferenten d. dt. Missionen am 3. u. 4. April 1944, in: Linne/Wohlleben, Patient Geschichte, 1992. Mithrsg. v. „1999 - Ztschr. f. Sozialgesch. d. 20. u. 21. Jahrhunderts". Ztschr.- u. Ztg.-beitr. zu zeitgeschichtl. Fragen (Kommunismus, Nationalsozialismus, Psychoanalyse) - Spr.: Engl., Franz., Ital., Port., Rumän. - Commendatore dell'Ordine al Merito della Repubblica Italiana, Officier del'Ordre National du Mérite de la République Française.

STEINL, Hans
I. Bürgermeister Stadt Scheinfeld - Rathaus, 8533 Scheinfeld/Mfr. - Geb. 21. Juni 1913 Kümmersbruck - Zul. Verwaltungsangest.

STEINLIN, Hansjürg
Dr. sc. techn., Prof., Director Forest Resources Division FAO, Rom (1973-76) - Eichhalde 68, 7800 Freiburg/Br. (T. 5 27 27) - Geb. 9. April 1921 St. Gallen (Schweiz) - 1952-58 Lehrtätigk. ETH Zürich; s. 1958 o. Prof. u. Dir. Inst. f. Forstbenutzung u. Forstl. Arbeitswiss. Univ. Freiburg (1970-73 Rektor). 1977-79 Präs. d. Westdt. Rektorenkonferenz. s. 1980 o. Prof. u. Dir. Inst. f. Landespflege Univ. Freiburg. Emerit. 1986. Fachveröff. - 1962 korr. Mitgl. Forstw. Ges. Finnl.; 1975 Mitgl. u. 1987 Ehrenmitgl. Academia Italiana delle Scienze Forestali; 1983 korr. Mitgl. Akad. f. Raumforsch. u. Landesplanung - Spr.: Franz., Engl., Span. - Rotarier.

STEINMANN, Hanswerner
Dr. med., Prof., Wiss. Rat Neurochirurg. Univ.sklinik Köln - Dürener Str. 62, 5000 Köln 41 (T. 42 02 30) - S. 1961 (Habil.) Privatdoz., Doz., apl. Prof. (1967), Wiss. Rat u. Prof. (1971) Univ. Köln. Fachveröff.

STEINMANN, Hedi
s. Lehmann, Hedi

STEINMANN, Horst
Dr. rer. nat., Dipl.-Kfm., Prof., Ordinarius f. Betriebsw.lehre, insb. Unternehmensfhg. u. Vorst. Betriebsw. Inst. Univ. Erlangen-Nürnberg - Hubertusstr. 8, 8500 Nürnberg - Geb. 17. Juli 1934 Bad Salzuflen - Promot. 1962; Habil. 1967 - S. 1968 o. Prof. FU Berlin u. Univ. Erlangen-Nürnberg - BV: D. Großunternehmen im Interessenkonflikt, 1969; Planungsmodelle f. d. Grundstoffind. (m. M. Meyer), 1971; Unternehmensordn. u. Tarifvertragl. Mitbestimm. (m. E. Gerum), 1984; D. mitbestimmte Aufsichtsrat (m. E. Gerum u. W. Fees), 1988; Shandong, Standort f. betriebl. Kooperationen (m. B. Kumar u. J. Hettler), 1988; Management, 2. A. 1991; Grundlagen d. Unternehmensethik (m. A. Löhr), 1991. Herausg.: Plan u. Kontrolle (1981); Unternehmensethik (1989, 2. A. 1991, m. A. Löhr). Etwa 180 Fachaufs.

STEINMANN, Wulf
Dr. rer. nat., Prof. f. Physik Univ. München (s. 1973, 1973-78 stv. Rektor bzw. Vizepräs., 1982ff. Präs., 1990ff. Rektor) - Zu erreichen üb.: Geschwister-Scholl-Pl. 1, 8000 München 22 - Geb. 1930 Essen - Univ. München (Physik) - 1978-82 Leit. Bayer. Staatsinst. f. Hochschulforsch. u. -plan., München.

STEINMETZ, Eberhard Georg
Dr.-Ing., Dipl.-Ing., Prof., geschäftsf. Vorstandsmitgl. im Haus d. Technik, Essen (s. 1974) - Spillenburgstr. 15, 4300 Essen 1 (T. 51 65 42) - Geb. 23. Dez. 1934 Bonn (Vater: Kurt Konrad S., Dipl.-Koloniallandw.; Mutter: Lina Edina, geb. Meyer), ev., verh. s. 1962 m. Ingrid, geb. Mannhardt, 2 Kd. (Anke, Ilona) - Carl-Duisberg-Gymn. (Abit. 1954); Stud. TH Aachen; Dipl.ex. 1959 - 1959-61 wiss. Mitarb. TH Aachen, 1961-68 wiss. Assist. TH Aachen; 1968-74 wiss. Mitarb., dann Betriebschef Fried. Krupp Hüttenwerke, Bochum, Hauptbereich Metallurgie. 11 Patentanmeldungen (metallurg. Verfahrenstechn.) - BV: Wirkungsparameter von Begleiterscheinungen flüssiger Eisenlösungen u. ihre gegenseitigen Beziehungen, 1966 (m. H. Schenck) - Spr.: Engl., Franz.

STEINMETZ, Fritz

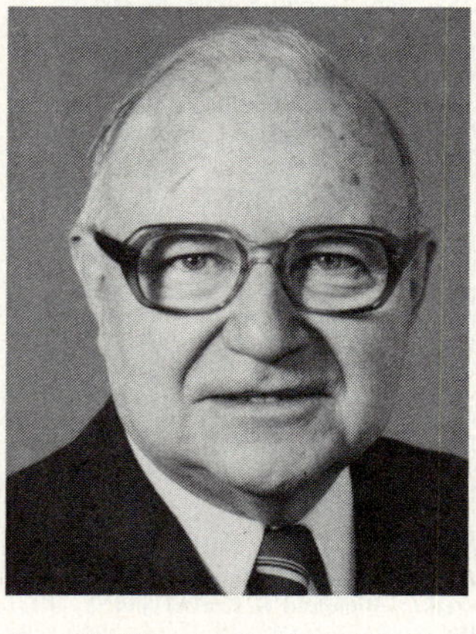

Geschäftsführer Dt. Leichtathletik-Verb. a. D., Fachjournalist Leichtathletik Berlin (s. 1950) - Teichstr. 35, 3500 Kassel (T. 0561 - 6 71 94) - Geb. 10. Mai 1917 Berlin, ev., verh. s. 1944 m. Helga, geb. Schubert - Realgymn.; kaufm. Ausbild. - 1946-51 Pressetätigk. Berlin (Sportjourn., Redakt.); 1954-80 DLV. Vorstandsmitgl. Berliner (1945-49) u. Hess. Leichtathletik-Verb. (1961ff.); 1979-91 stv. Vors., jetzt Ehrenmitgl.; 1972-80 ehrenamtl. Generalsekr. ATFS (Association of Track and Field Stat.), ab 1984 Ehrenmitgl., Mitgl. Gutachteraussch. Dt. Sportjugend (1961-81) - BV: Statist.-histor. Beitr. z. Gesch. d. dt. Leichtathl.; Dt. Meisterschaften 1898-1972, Bd. 2: 1973-81, Bd. 3: 1982-87; Leichtathl.-Länderkd. 1921-77; Athleten im Nationaltrikot 1896-1977; D. Dt. Leichtathl.-Verb. u. seine Landesverb. 1946-81; 90 J. Nat.Mannsch. 1896-1986; 80 J. Leichtathl. d. SCC-Bln. 1904-1984; D. Mannsch.-Meisterschaft 1921-89; 40 J. Hess. Leichtathl. Verb.; Alle d. Leichtathl. b. OS, WM, EM 1896-1990, Deutsche LA-Rek.-Entwicklg. 1898-1991. Mitarb. Leichtathl.-Jahrb. 1953ff. (Stat. Teil v. 1954-81) - 1981 Hanns-Braun-Preis DLV, 1991 DLV-Ehrenring, 1982 Sportplak. Ld. Hessen - Liebh.: Sport, Auto, leichte Musik.

STEINMETZ, Otto
Versicherungsdirektor i. R. Mannheimer Versicherungen AG. u. Mannh. Lebensversicherung AG. - Titiseestr. 4, 6800 Mannheim (T. 45 72 07) - Geb. 31. Dez. 1915 - Ab 1932 Tätigk. b. Mannheimer Versich. AG (1957-82 Vorst.).

STEINMETZ, Peter
Dr. phil., Prof. f. Klass. Philologie - Eulenweg 5, 6602 Dudweiler/Saar (T. 06897 - 76 11 56) - Geb. 2. März 1925 Illingen/ Saar (Vater: Peter S., Schneiderm.; Mutter: Ottilie, geb. Konrad), kath., verh. s. 1954 m. Marianne, geb. Jacoby, 3 Kd. (Anne, Benedikt, Matthias) - 1936-43 u. 1945-46 Gymn.; 1946-51 Univ. Mainz u. Saarbrücken. Promot. (1957) u. Habil. (1963) Saarbrücken - 1954-61 Ludwigs-Gymn. Saarbrücken; s. 1961 Univ. Saarbrücken (1963 ff. Privatdoz., apl. Prof., Wiss. Rat u. Prof., 1972/73 Dekan, 1973-75 Vizepräs.) - BV: Theophrast - Charaktere, 2 Bde. 1960/62 (I: Textgesch. u. Text, II: Kommentar u. Übers.); D. Physik d. Theophrastos v. Eresos, 1964; Untersuchungen z. Römischen Lit. d. 2. Jh. n. Chr., 1981. Herausg. d. Reihe Palingenesia. Div. Einzelarb. - Pratum Saraviense, Festschr. z. 65. Geb. (1990).

STEINMETZ, Werner
Landesgeschäftsführer, Rechtsrat a. D., DRK-Landesverb. Baden-Württ., stv. Vors. d. Liga d. Freien Wohlfahrtspflege Baden-Württ. - Badstr. 41, 7000 Stuttgart-Bad Cannstatt (T. 0711 - 5 50 50).

STEINMÜLLER, Ulrich
Dr. phil., Prof. TU Berlin - Lohmeyerstr. 23, 1000 Berlin 10 (T. 030 - 341 54 67) - Geb. 10. Nov. 1942 Gießen - Stud. Univ. Gießen, FU Berlin (German., Angl.); Staatsex. 1968 Gießen; Promot. 1974 Berlin; Habil. 1980 Berlin - 1969-75 wiss. Assist. FU Berlin; 1976-82 Assist.-Prof. FU Berlin; s. 1983 Prof. FB Erziehungs- u. Unterrichtswiss. TU Berlin f. Zweitspracherwerb u. Zweitsprachdidaktik; 1985-87 Mitgl. Akad. Senat; s. 1987 Vizepräs. d. TU Berlin; Leit. Arbeitsst. Interkultur. Erziehung TU Berlin. Wiss. Begleitung u. Durchf. mehr. Proj. zu Spracherw. u. Sprachunterr. ausl. Schüler u. Jugendl. an dt. Schulen - BV: Kriterien effektiver Kommunikation, 1977; Kommunikationstheorie, 1977; Monemvasia (m. R. W. Klaus), 1977. Übers. ins Engl., Franz. u. Ital. 1980, 1982 u. 1984, 7. A. 1991.

STEINMÜLLER, Wilhelm
Dr. jur., Prof. f. Rechts- u. Verwaltungsinformatik Univ. Bremen, FB Math./Informatik - Univ., Postf., 2800 Bremen 33 - Geb. 29. Mai 1934 Ludwigshafen/Rh. (Vater: Wilhelm S.) - S. 1966 (Habil.) Lehrtätigk. Univ. München u. Regensburg (1966 Ord.) - BV: Ev. Rechtstheologie, 2 Bde. 1968; ADV u. Recht, Einf. in d. Rechtsinformatik, 2. A. 1976; Grundfragen d. Datenschutzes (Bundestags-Drucks. VI/3826); Informationsrecht u. Informationspolitik, 1976; Datenschutz b. riskanten Systemen, 1978; Einführung in d. Angewandte Informatik, Lehrb. 1992; 2 Reihen - Mehrere Bibliographien. Einzelarb.

STEINOHRT, Wolfgang
Dipl.-Ing., Geschäftsführer Westharzer Kraftwerke Osterode GmbH., Osterode u. Gasversorgung Südhannover-Nordhessen GmbH., Kassel - Freiheiter Str. 35, 3360 Osterode/Harz (T. 28 00) - Geb. 1. Juni 1914 Berlin (Vater: Dipl.-Ing. Richard S., Direktor), ev., verh. in 2. Ehe (1967) m. Edith, geb. Willer, 2 Töcht. (Jutta, Irene) - Gymn. Berlin; TH Berlin, Bergakad. Clausthal - Spr.: Engl.

STEINRUCK, Eugen
Prof., Ord. f. Didaktik d. Mathematik (emerit.) - Stettiner Str. 3, 6290 Weilburg/L. (T. 29 58) - Zul. Ord. Univ. Gießen (1967 ff.).

STEINSCHULTE, Gabriel M.
Dr. phil., Geschäftsführender Direktor d. Geschäftsbereichs Zentrale Dienste, Kommunikation u. Öffentlichkeitsarb. d. Ges. f. musikal. Aufführungs- u. mech. Vervielfältigungsrechte (GEMA), Generalsekr. Spitzenverb. Dt. Musik (SPIDEM), gf. Vorst.-Mitgl. d. Musikfonds f. Musikurheber - Adenauerallee 134, 5300 Bonn (T. 0228 - 21 93 70) -

Geb. 12. Febr. 1953 Bensberg, kath., verh. s. 1984 m. Reinhild Torggler, 4 Kd. (Marianne, Cäcilie, Gregor, David) - Oblt. d. Reserve; Stud. Musikwiss., Gesch., Phil., Kunstgesch.; Promot. 1979 Univ. Köln; s. 1977 Leit. Schola Cantorum Coloniensis, Köln; 1981-84 Red. L'Osservatore Romano, Rom; s. 1983 Verw. d. Lehrstuhls f. Musikwiss. am Pontificio Istituto di Musica Sacra, Rom - 1979 Fakultätspreis Köln; 1981 korr. Mitgl. Hist. Akad. São Paulo - Spr.: Engl., Franz., Ital., Niederl.

STEINVORTH, Ulrich

Dr. phil., Prof. f. Philosophie Univ. Hamburg - Strindbergweg 3B, 2000 Hamburg 55 - Geb. 18. Aug. 1941 Neutitschein, verh. m. Hella, geb. vom Hof, 3 Kd. - Promot. 1967 Göttingen, Habil. 1975 Mannheim - 1981 Prof. f. Phil. Univ. Mannheim; s. 1982 Prof. Hamburg - BV: E. Analyt. Interpretat. d. Marxschen Dialektik, 1977; Stationen d. Polit. Theorie, 2. A. 1983; Freiheitstheorien in d. Phil. d. Neuzeit, 1987; Klassische u. mod. Ethik, 1990.

STEINWACHS, Friedrich

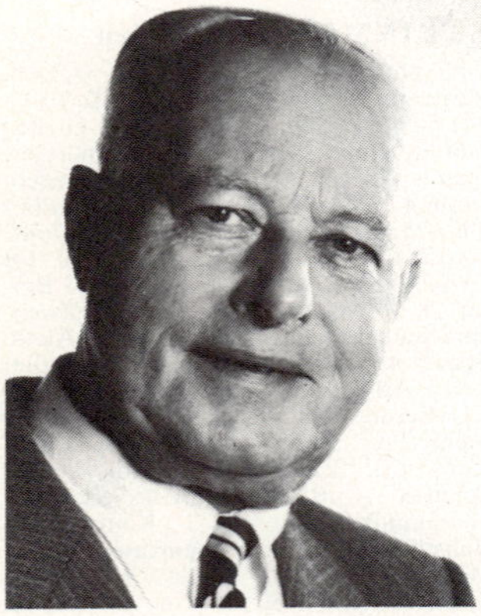

Dr. phil., em. o. Univ.-Prof. f. Psychologie - Zur Halde 30, 7763 Öhningen 3-Wangen/Bodensee - Geb. 31. Jan. 1911 Hannover (Vater: August S., Kaufm.; Mutter: Karoline, geb. Wedemeyer), kath., verh. s. 1950 m. Anneliese, geb. Lewantoski, 4 Söhne (Dipl.-Kfm. Friedrich-Karl, Dipl.-Ing. Arch. Michael, Dr. med. Klaus-Christian, Dr. med. Matthias) - TH Hannover, Univ. Gießen, Göttingen, Tübingen (Psych., Päd., Anthropol., Physiol.). Promot. Tübingen; Habil. Erlangen - S. 1948 Univ. Tübingen (Aufbau Psych. Labor. u. Forschungsstelle f. Konstitutions- u. Arbeitspsych.), Med. Akad. Düsseldorf (Aufbau Klin.-Psych. Labor.), Univ. Erlangen (1958 Privatdoz.), TH Aachen (1963-76 Inh. Lehrstuhl I Psychol.), 1963-76 Vertrauensdozent d. bischöfl. Cusanus-Werks d. RWTH-Aachen, 1976-80 Mikromotor. Labor Neurolog. Kliniken Gailingen-Allensbach, s. 1980 wiss. Beir. Forschungsvorhaben d. Bundesmin. - Interessen: Ausbau mikromotor. Diagnostik f. Med. in Forsch. u. Praxis, Eignungsdiagnostik f. Luftfahrtphysiol. - Spez. Arbeitsgeb.: Mikromotorische Kurvendiagnostik f. a) Klin. psychophysiol. Diagnostik, b) Eignungsdiagnost. f. Luft- u. Raumfahrt sow. Fitnessprüf.; computergestützte Schreibdruckkurvenauswertung - BV: Körperl.-seel. Wechselbeziehungen in d. Reifezeit, 1962; Mikromotor. Tonusregistrierungen u. ihre diagnost. Möglichkeiten, 1969. Beitr.: E. Kretschmer, Med. Psych. (Psychomotorik), Körperbau u. Charakter. - Spr.: Engl., Franz. - Lit.: E. Kretschmer, Gedanken u. Gestalten.

STEINWACHS, Ginka

Dr. phil., Schriftstellerin (eigentl. Dr. Gisela Stegmann, geb. Steinwachs) - Telemannstr. 20, 6000 Frankfurt 1 (T. 069-72 20 67) - Geb. 31. Okt. 1942 Göttingen, ev., verh. s. 1972 m. Prof. Dr. Tilbert Stegmann - Abit.; Stud. Phil. u. German. Univ. München, Berlin, Paris; Promot. 1971 Berlin; 1969-85 Doz. Ecole Normale Supérieure (ENSET), Paris-Cachan, Univ. Vincennes, Asnières, Sorbonne, München, Berlin, Zürich, Filmhochsch. München; 1974-76 Leit. Workshop f. Schreibende, Erlangen; 1981-82 Regieass. b. Joan Germà Schroeder am Teatre Romea, Barcelona - BV: Mythol. d. Surrealismus, 1971 u. 85; marylinparis - montageroman, 1974/75, 1978 u. 79; Tränende Herzen, 1978; Berliner Trichter, 1979; George Sand, e. Frau in Beweg., 1980 u. 83; Tàpies intim, 1983; Erzherzog-Herzherzog, 1985; D. schwimmende Österreicher, 1985; Guido Kucznierz - Ginka Steinwachs, 1985. 8 Hörspiele u. Fernsehspiele, 1 Theaterstück; Hauptrolle (Hettie) in total vereist (1980) - 1976 Literaturförderpreis Stadt Erlangen; 1980 Literaturstip. Berliner Senat; 1981 u. 84 Intern. Hörspielpreis Unterrabnitz - Liebh.: Geigespielen, Kammermusik, Gärtnern - Spr.: Franz., Katal., Engl., Griech., Lat. – Lit.: zahlr. Werke d. Sekundärlit. zu ihren Veröff.; Krit. Lex. d. Gegenwartslit., 1985; Kürschners Dt. Literaturkalender.

STEITZ, Heinrich

D. theol., Dr. phil., Prof. Univ. Mainz - Jakob-Steffan-Str. 47, 6500 Mainz 1 (T. 3 23 10) - Geb. 24. Jan. 1907 Fürfeld/Rhh., ev. - Prof. Mainz (Kirchengesch., insb. hess. Territorialkirchengesch. u. Diasporakd.) - BV: Gesch. d. Ev. Kirche in Hessen u. Nassau, 1977; Die Unionsurkunden d. Ev. Kirche in Hessen u. Nassau, 1960; Martin Luther auf d. Reichstag zu Worms 1521, 1971; D. Kreuzweg m. d. Drei Nägeln - Holzschnitte v. Karl Baumann, 1982; Armsheim in Rheinhessen u. s. ehemalige Wallfahrtskirche, 1985. Zahlr. Fachaufs.

STELAND, Dieter

Dr. phil., Prof. Romanisches Seminar Univ. Göttingen - Kleestieg 7, 3400 Göttingen (T. 0551 - 2 38 56) - Geb. 7. April 1933 Köln - Promot. 1962 Freiburg, Habil. 1979 Göttingen - BV: Dialekt. Gedanken in Stéphane Mallarmés Divagations, 1965; Moralistik u. Erzählkunst v. La Rochefoucauld u. Mme. de Lafayette b. Marivaux, 1984 - Forschungspreis Univ. Freiburg f. Roman. Literaturwiss.

STELBRINK, Rudolf

Persönl. haftender Gesellsch. Dr. August Oetker Bielefeld - Kerkebrink 2, 4800 Bielefeld 1 - Geb. 19. Sept. 1924 Gütersloh, verh. m. Gerda, geb. Wolber - Zahlr. AR- u. Beiratsmand., dar. -vors. Frankfurter Bankges., Frankfurt, Hanseatische Hochseefischerei AG, Bielefeld.

STELLJES, Günter

Techn. Angestellter, Mitgl. Brem. Bürgerschaft (s. 1975, SPD) - Reitberger Str. 3, 2820 Bremen 10 - Geb. 21. Febr. 1926 Grohn/Bremen, ev., verh., 3 Kd. - Volkssch.; 1940-43 Maschinenschlosserlehre AG. Weser; Kriegsdienst - S. 1945 US-Besatzungsmacht u. Krupp-Spinnbau (1949 Maschinenschl., 1973 Disponent).

STELLMACH, Rudolf

Dr. med., Dr. med. dent., o. Prof. f. Kieferchirurgie u. Direktor Kieferchir. Klinik/Klinikum Steglitz Freie Univ. Berlin - Schweinfurthstr. 11, 1000 Berlin 33 (T. 76 59 18) - Geb. 24. Febr. 1924 Oppeln/Os. - S. 1958 (Habil.) Lehrtätigk. Med. Akad. bzw. Univ. Düsseldorf (1964 apl. Prof.) u. FU Berlin (1967 Ord. u. Klinikdir.). In- u. ausl. Fachmitgliedsch. (USA). Wiss. Veröff. - 1959 Martin-Wassmund-Preis Dt. Ges. f. Kiefer- u. Gesichtschir.

STELLWAAG-KITTLER, Friedrich

Dr., Prof., ehem. Leiter Inst. f. Phytomed. u. Pflanzenschutz, Forschungsanst. f. Weinbau, Gartenbau, Getränketechnologie u. Landespflege - 6222 Geisenheim/Rh. (T. Rüdesheim 50 22 66); priv.: Dippehäuser Str. 50 (T. Rüdesh. 62 62) - Geb. 23. Juni 1917 Haardt/Weinstr. (Vater: Prof. Dr. Friedrich Stellwaag; Mutter: Hedwig, geb. Kittler), ev., verh. s. 1948 m. Ursula, geb. Koch, 2 Söhne (Michael, Christof) - Gymn. Neustadt/Weinstr. u. Bingen; Univ. Jena, Freiburg/Br., Göttingen (Naturwiss.; Promot. 1953) - 1950-54 Assist. Forschungsinst. f. Rebenzücht., Geilweilerhof/Pf. - Bek. Vorf.: Geheimer Rat Prof. Dr. Dr. h. c. Erasmus Kittler (Großv. ms.).

STELLWAG, Peter

Zahnarzt, Dt. Meister im Tischtennis - Bruchäckerweg 39, 7410 Reutlingen 11 - Geb. 16. Sept. 1956 Stuttgart-Bad Cannstatt, ev., verh. - Tischtennis: 1974 Vize-Europameist. im Jugend-Einzel, 1978 im Herren-Doppel, 1980 in d. Mannsch.; 1977, 79, 80 u. 81 Dt. Meist. im Herren-Einzel, 1979 u. 81 im Herren-Doppel; 1982 u. 83 Europapokalsieger. Üb. 120 Berufungen in d. Nationalmannsch., Teiln. an 7 Europameistersch. u. 5 Weltmeistersch. Zahlr. Med. b. Intern. Meistersch. - Liebh.: Sport (außer TT Tennis u. Skifahren), Musik, Reisen - Spr.: Engl., Franz.

STELTER, Horst A.

Intendant i.R. u. Regisseur - Haidplatz 7, 8400 Regensburg (T. 0941 - 56 35 91); Esch 222, A-5023 Salzburg-Mayrwies (T. 0043 - 662 - 66 17 67) - Geb. 16. April 1925 (Vater: Hermann S., Regiss. u. Märchenautor; Mutter: Rosina Fiala, Opernsäng.), verh. m. Brigitte, geb. Umlauf, T. Julia - Abitur, 4 Jahre Musikhochschule, 8 Sem. Univ. (Köln u. Mainz) - 1945-59 Regisseur u. Schausp., 1959-63 Intendant Stadttheater Pforzheim u. 1963-70 Städt. Bühnen Bielefeld; b. 1988 Int. Städ. Bühnen Regensburg, ab 1989 freischaff. Regisseur.

STELTER, Wolf-Joachim

Dr. med., Prof., Chefarzt Chir. Klinik, Klinikum d. Stadt Frankfurt in Frankfurt/M.-Höchst - Gotenstr. 6-8, 6230 Frankfurt/M.-Höchst (T. 069 - 31 06 23 23) - Geb. 14. Juli 1942 Bad Nauheim, ev., verh. s. 1974 m. Barbara, geb. von Vietinghoff-Scheel, 3 S. (Klaus, Philipp, Kaj-Joachim) - Stud. in Gießen u. Wien, Staatsex. 1967, Promot. 1968, Facharzt f. Chir. 1976, Habil. 1978; 1981 Prof. f. Allgemeinchir. m. d. Subspez. Thorax- u. Gefäßchir., 1. Oberarzt Chir. Klinik u. Poliklinik d. Ludwig-Maximilians-Univ. München im Klinikum Grosshadern, s. 1984 Chefarzt d. Chir. Klinik Städt. Krkhs. Frankfurt/M.-Höchst - Mitwirk. im Tumorzentrum München als Projektgruppenleit. Bronchialkarzinom, Mitgl.: Dt. Ges. f. Chir., Dt. Ges. f. Angiologie, Dt. Ges. f. Herz-Thorax- u. Gefäßchir., Dt. Ges. f. Gefäßchir., Dt. Ges. f. Exper. Chir., d. DeBakey International Surg. Soc.; (1971-72 Rotating Fellow in Cardiovascular Surgery unter Prof. M. E. DeBakey, Houston/Texas) - Mitgl. Rotary-Club Bad-Soden Königstein - Liebh.: Segeln - Spr.: Engl., Franz., Ital.

STELZIG, Friedrich

Dr., Stadtkämmerer - Rathaus, 8520 Erlangen - Geb. 5. April 1920 Buttelstedt - Univ. Leipzig u. Bonn (Volksw., Rechtswiss.). Gr. jurist. Staatsprüf. 1953 - S. 1955 Stadtverw. Köln u. Erlangen (1961 Kämmerer). CDU bzw. CSU.

STELZL, Ingeborg

Dr. phil., Prof. f. Psychologie Univ. Marburg (s. 1973) - Gutenbergstr. 18, 3550 Marburg/L. - Geb. 9. Sept. 1944 Wien (Vater: Ado S., Journalist; Mutter: Karin, geb. Rackmann) - Univ. Graz (Psych., Phil., Phys.). Promot. 1967 Graz - B. 1971 Graz, dann Marburg. Spez. Arbeitsgeb.: Psych. Methodenlehre (Erbe/Umwelt) - BV: Einf. in d. Erbpsych., 1977 (m. F. Merz); Fehler u. Fallen d. Statistik, 1982.

STELZMANN, Gotthard

Dipl.-Volksw., Journalist - Silingenweg 5, 1000 Berlin 19 - Geb. 30. Aug. 1930 Oberfrohna (Vater: Friedrich St., Buchhalter; Mutter: Johanne, geb. Quellmalz), verh. s. 1968 m. Karin, geb. Schmalz - Stud. Publiz. u. Volksw. FU Berlin; 1952-57 Volont. Düsseldorfer Nachrichten - Redakt. D'dorf; dann Redakt. Innenpolitik SFB, s. 1978 Abt.-leit. Wirtsch. u. Sozialpolitik - Spr.: Engl., Franz.

STELZNER, Axel

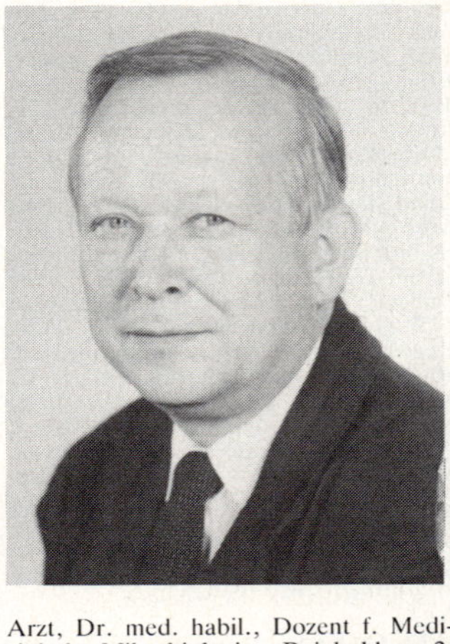

Arzt, Dr. med. habil., Dozent f. Medizinische Mikrobiologie - Reinholdweg 2, O-6900 Jena (T. 078 - 42 59 16) - Geb. 22. Juli 1937 Dresden, ev., verh. s. 1965 m. Ingrid, geb. Werle, 3 Kd. (Antje, Robert, Christoph) - Medizinstud. 1955-60 Jena; Promot. Dr. med. 1963, Dr. med. habil 1971, bde. Jena - 1981 Doz. Med. Mikrobiologie Jena; 1962-80 Facharzt u. Oberarzt Inst. Med. Mikrobiologie Jena; 1981-91 Abt.-Leit. Virologie Inst. Mikrobiologie u. exper. Therapie Jena; s. 1992 Dir. Inst. f. Virologie an d. FSU Jena - 205 Publ., 285 Fachvortr., 11 Buchbeitr. - 4 Patente - 1990 Gründ.-Mitgl. Thür. Landtag - Liebh.: Gesch., Musik - Spr.: Engl., Franz., Lat., Russ. - Lit.: Rezensionen.

STELZNER, Friedrich

Dr. med., Dr. rer. nat. h. c., o. Prof. f. Chirurgie (Abdominal u. Allgemein), Direktor d. Chir. Univ.Klinik - Venusberg, 5300 Bonn - Geb. 4. Nov. 1921 Oberlohma (Vater: Georg S., Bahnob.insp.; Mutter: Helene, geb. Brandner), kath., verh. s. 1957 m. Dr. med. Renate, geb. Buchborn, 3 Kd. (Matthias, Philipp, Barbara) - Gymn. Eger; Univ. Berlin, Gießen, München, Würzburg. Promot. 1945 Würzburg (m. Ausz.); Habil. 1952 Erlangen - 1949-54 Assist. u. Oberarzt (1944) Chir. Univ.sklinik Erlangen; 1955-72 I. Oberarzt u. Dir. (1968) Chir. Univ.sklinik Hamburg (1958 apl., 1968 o. Prof.); s. 1970 Dir. Chir. Zentrum Univ. Frankfurt (o. Prof.). Mitgl. Dt. u. Nordwestd. Ges. f. Chir. d. Mastdarmcarcinoms, 1955; D. anorectalen Fisteln, 3. A. 1981; D. Appendicitis, in: Klin. Chir. f. d. Praxis, 1960; Rectum u. Anus, ebd. 1961. Zahlr. Einzelarb. üb. d. Verschluß u. d. Krankh. d. Speiseröhre sow. üb. d. Kontinenzorgan - 1960 v.-Langenbeck-, 1965 Martini-, 1967 Wilhelm-Warner-Preis - Spr.: Engl.

STEMME, Fritz

Dr. phil., Psychologe - Nebelthaustr. 3, 2800 Bremen (T. 21 16 10) - Hochschultätigk. Bremen.

STEMMER, Axel B.

Dr. jur. utr., Geschäftsführer - Eduard-Pfeiffer-Str. 48, 7000 Stuttgart 1 - Geb. 23. April 1938 - 1958-62 Stud. Univ. Freiburg (Rechtswiss.); 1. jurist. Staatsex. 1962, 2. jurist. Staatsex. 1966; Promot. 1968 - 1963/64 Assist. Univ. Padua/Ital. - Hauptgeschäftsf. d. Verbände d. Ernährungsind. Baden-Württ., Stuttgart; Verw.-Aussch. d. Landesarbeitsamtes Baden-Württ.; altern. Vors. Vertretervers. LVA Württ.; Vertretervers. AOK Stuttgart; ehrenamtl. Richter LAG Baden-Württ.; Beirat Freudenstädter Sem. - Spr.: Engl., Franz., Ital.

STEMMER, Fritz
Direktor i. R. - Nußbaumweg 5, 5900 Siegen 21 (T. 0271 - 8 79 99) - Geb. 1925 - B. 1984 Vorst.-Mitgl. Krupp Stahl AG, Bochum (Verkaufschef).

STEMMER-BEER, Roswitha

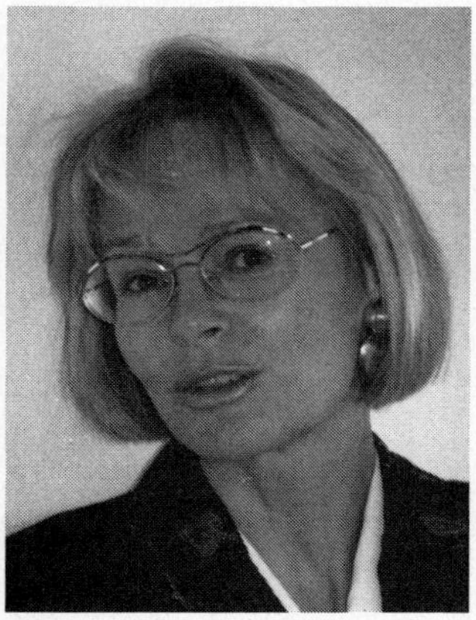

Autorin - Steinbruchstr. 26, 7821 Eisenbach 3 (T. 07657 - 13 72) - Geb. 20. Juni 1943, kath., in 2. Ehe verh. m. Dr. Ulrich B., 3 Kd. (Anja, Andrea, Nikolaus) - Stud. Psychol., Sprecherzieh. - BV: So heilt d. Seele d. Körper; Frauen Reden (Herausg. + Autorin); Veröff. im Rundfunk: Schwarzwaldgesch. - Liebh.: Menschen, Katzen u. a. Schönheiten d. Welt - Spr.: Engl., Franz., Ital.

STEMMLER, Dierk
Dr., Direktor Städt. Museum Abteiberg, Mönchengladbach (s. 1985) - Barbarossastr. 29, 4050 Mönchengladbach 1 (T. 02161 - 3 47 30) - Geb. 29. Juni 1935 Berlin - B. 1985 Dir. Städt. Kunstmuseum Bonn.

STEMMLER, Johannes
Dr. rer. pol., M. Sc., Generalsekretär Vereinig. z. Förd. d. Christl. Sozialwiss. - Dürener Str. 387; priv.: Klosterstr. 56, 5000 Köln 41 - Geb. 18. Dez. 1927.

STEMMLER, Theo
Dr. phil. (habil.), o. Prof. f. Anglistik - Conradstr. 7a, 6905 Schriesheim/Bergstr. (T. 06203 - 6 21 82) - Geb. 3. Okt. 1936 Köln (Vater: Theodor S.), verh. m. Gunhild, geb. Bergner - S. 1968 Ord. Univ. Mannheim - BV: Liturgische Feiern u. geistl. Spiele, 1970; Dt. Neuausg. v. Thomas Paine, The Rights of Man, 1973; The Latin Hymns of Richard Ledrede, Poetria Mediaevalis, 1975-79; The Ellesmere Minatures of the Canterbury Pilgrims, 1977; Edward Lear: Sämtl. Limericks (Engl./Dt.), 1988; D. Liebesbriefe Heinrichs VIII an Anna Boleyn, 1988; Vom Jeu de Paume z. Tennis. E. Kurzgeschichte d. Tennisspiels, 1988; Kl. Geschichte d. Tennisspiels, 2. A. 1988; V. Tennis, 1990; Heinrich VIII: Ansichten eines Königs, 1991; Rückkehr nach Thule (1992). Facharb. u. kulturgeschichtl. Ess. - Mitgl. d. Dt. PEN-Zentrums.

STEMPEL, Hermann-Adolf
Dr. theol., Prof., Bochum - Kattenstr. 9a, 4630 Bochum (T. 0234 - 23 51 23) - Geb. 7. Okt. 1934 Münster/Westf., ev., verh. s. 1965 m. Gunhild, Schipulowski, 3 Kd. (Anne, Sebastian, Stephan) - Stud. Univ. Bethel, Bonn, Rom, Heidelberg; 1. u. 2. theol. Ex. Bielefeld; Promot. 1965 Heidelberg; Habil. 1977 Duisburg - Synodalvikar in Hagen; Predigerseminar in Soest; Wiss. Assist. Kirchl. Hochsch. Bethel u. PH Wuppertal; 1966 Doz. Katech. Sem. d. Ev. Kirche v. Westf.; 1971 Fachochschullehrer u. 1974 Prof. Ev. FH Rheinl.-Westf.-Lippe; Priv.-Doz. f. Kirchengesch. u. ihre Didaktik Univ.-GH Duisburg. Wiss. Beirat Albert-Schweitzer-Ges. - BV: D. heidnische Religion in d. Theol. Augustins, 1964; Melanchthons päd. Wirken, 1979; Ökumene u. europäische Kultur, Bochum 1990. Ca. 30 Aufs. in Fachztschr. - Liebh.: Reiten, Schwimmen, Kanu, Schach - Bek. Vorf.: Adolf Clarenbach, Märtyrer d. Ev. Kirche, †1529.

STEMPEL, Wolf-Dieter
Dr. phil., o. Prof. f. Roman. Philologie - Kyreinstr. 8, 8000 München 70 (T. 725 49 16) - Geb. 7. Juli 1929 Landau/Pf. (Vater: Dr. theol. h. c. Hans S., Kirchenpräs. †1970 (s. XVI. Ausg.); Mutter: Hilde, geb. Panzer †1985) - S. 1962 (Habil.) Lehrtätigk. Univ. Bonn (1963 Ord.) Konstanz (1967 Ord.) Hamburg (1973 Ord.) u. München (1985 Ord.) - 1982-88 Senat DFG (wiss. Tätigk.) - BV: Unters. z. Satzverknüpfung im Altfranzösischen, 1964; Gestalt, Ganzheit, Struktur, 1978. Herausg.: Beitr. z. Textlinguistik (1971), Texte d. russ. Formalisten II (1972), Gesch.-Ereignis u. Erzählung (1973), Texte im Dialog (1983); D. Pluralität d. Welten (1987). Mithrsg.: Roman. Jahrb., Interaktion u. Lebenslauf, Romanica Monacensia - Korr. Mitgl. Joachim-Jungius-Ges. d. Wiss.; o. Mitgl. Bayer. Akad. d. Wiss.; o. Mitgl. Acad. Europaea.

STENBOCK-FERMOR, Graf, Friedrich
Prof., Kanzler a. D. - Eichendorffweg 1, 5100 Aachen (T. 7 45 97) - Geb. 16. Juni 1908 Dubbeln/Livl. (Vater: Wilhelm S.-F., Gutsbesitzer; Mutter: Marie, geb. Prinzessin Kropotkin), ev., verh. s. 1936 m. Leonore, geb. v. Lammerz, 3 Kd. (Brita, Dorrit, Nils) - Realgymn. Riga u. Neustrelitz; Univ. Kiel, Innsbruck, Berlin, Rostock (Rechtswiss.). Jurist. Staatsprüf. 1932 (Rostock) u. 35 (Berlin) - Ab 1933 Assist. Univ. Königsberg/Pr., 1935-36 Generallandschaftsdir. Kiel, 1936-38 Ass. AEG Berlin, anschl. Leit. Graf Henckel v. Donnersmarcksche Zentralverw. Beuthen/OS., 1942-45 Wehrdst., 1945-54 Richter LG Aachen u. OLG Köln, seither Kanzler u. Honorarprof. f. Öfftl. Recht (1965) TH Aachen - 1973 Gr. BVK - Spr.: Schwed. - Rotarier - Bek. Vorf.: Magnus Graf Stenbock, schwed., Wilhelm Graf Fermor, russ. Generalfeldmarschall.

STENDEBACH, Franz Josef
Dr. theol., Honorarprof. f. Altes Testament Univ. Frankfurt/M., Schriftleit. Gottes Wort im Kirchenjahr (s. 1979) - Drosselweg 3, 6500 Mainz 1 (T. 06131 - 3 86 10) - Geb. 24. Dez. 1934 Bonn-Bad Godesberg, kath., ledig - Stud. kath. Theol.; Promot. 1970 Bonn - 1971-78 Dir. Kath. Bibelwerk Stuttgart; Lehrauftr. Frankfurt, Saarbrücken, Darmstadt; Erwachsenenbildung - BV: Theol. Anthropol. d. Jahwisten, 1970; D. Mensch, wie ihn Israel v. 3000 Jahren sah, 1972; Glaube bringt Freude, 1983; Rufer wider d. Strom, 1985 - Liebh.: Musik, Theater, Belletristik, Wandern - Spr.: Engl., Griech., Hebr., Latein, Aram., Akkad.

STENDEL, Eberhard
Dr. jur., Bundesrichter Bundesfinanzhof, München (s. 1968) - Pelargonienweg 5, 8000 München 55 (T. 71 12 64) - Geb. 13. Jan. 1913 - Zul. Finanzgerichtsrat FG Düsseldorf.

STENDER, Hans-Stephan
Dr. med. (habil.), o. Prof. u. Direktor Inst. f. Klin. Radiologie Med. Hochsch. Hannover (s. 1965) - Konstanty-Gutschow-Str. 8, 3000 Hannover 61 - Geb. 4. Jan. 1920 Hannover - 1957-65 Privatdoz. u. apl. Prof. (1963) Univ. Marburg - BV: Strahlenpathol. d. Zelle (m. E. Scherer), 1963; Wirbelsäule u. Nervensystem (m. Trostdorf), 1970; Radiol. Diagnostik (m. Frommhold u. Thurn), 1983; Qualitätssicherung in d. Röntgendiagnostik (m. Stieve), 1985. Üb. 200 Veröff. - 1962 Ernst-v.-Bergmann-Plak.; 1984 Hermann-Rieder-Med.; 1990 Röntgen-Plak.

STENDER, Heinz-Dieter
Geschäftsführer Gehring & Neiweiser GmbH & Co. KG, Bielefeld - Sudbrackstr. 43, 4800 Bielefeld/W. - Geb. 3. Sept. 1933.

STENGER, Ernst
Dr. med., Prof. f. Chirurgie (bes. Unfallchirurgie) - Ahornweg 6, 6906 Leimen (T. 06224-7 17 18) - Geb. 30. Juli 1913 Berlin (Vater: Prof. Dr. Erich St., Chemiker; Mutter: Margarethe, geb. Schmelzer), verh. s. 1944 m. Luise, geb. Baier, 2 Kd. (Christiane, Thomas) - Med.-Stud. u. Promot. 1939 Univ. Berlin - B. 1976 Leit. d. chir. Poliklinik Univ. Heidelberg - BV: Verbandlehre, 4. A. 1985.

STENGER, Horst
Dr. rer. nat. (habil.), o. Prof. f. Statistik u. Ökonometrie - Zu erreichen üb. Univ. Mannheim, A 5, Postf., 6800 Mannheim - Geb. 2. April 1935 Saarbrücken, verh. m. Christa, geb. Meister - Stud. Math. (Dipl.-Math.) - S. 1967 Ord. Univ. Göttingen u. Mannheim. Facharb.

STENGLEIN, Heinrich
Dipl.-Ing. (FH), Techn. Oberamtsrat a. D., MdL Bayern (s. 1974) - Frankenleite 26, 8650 Kulmbach (T. 09221 - 7 54 45) - Geb. 1928 - SPD - 1984 Bayer. Verfassungsmed. in Silber u. Bayer. VO.

STENTZLER, Friedrich
Dr. phil., Prof. f. Religionswiss. auf religionsphil. Grundlage FU Berlin - Argentinische Allee 195, 1000 Berlin 37 (T. 813 20 30) - Geb. 21. Juni 1942 Friedrichshof/Passin (Mecklenburg) (Vater: Friedrich St., Rittergutsbesitzer; Mutter: Hannah, geb. Ufer), verh. s. 1986 m. Jutta, geb. Schmidt - Abit. 1961 Bad Kreuznach; Ltn. d. Reserve 1962, Stud. Jura, Phil., Soziol. u. Religionswiss. Univ. Mainz, Berlin, Paris; beide jurist. Staatsex. 1967 u. 72, Promot. 1975 u. Habil. 1982 Berlin - BV: Versuch üb. d. Tausch, 1979; D. Verfassung d. Vernunft, 1984; D. Martyrium d. Leibes, 1985 - Bek. Vorf.: Alfred Stentzler, Leipziger Architekt u. Messehauserbauer (Großv.).

STENZEL, Alois
Dr. theol., o. Prof. f. Dogmatik u. Liturgiewiss. - Offenbacher Landstr. 224, 6000 Frankfurt/M. 70 (T. 6 06 11) - Geb. 1. Jan. 1917 Schönheide/Schles., kath. - Gymn.; Stud. Theol. Pullach (Lic. phil. 1941), Frankfurt, Rom, Innsbruck (Promot. 1952) - S. 1953 Doz., ao. (1957) u. o. Prof. (1965) Phil.-Theol. Hochsch. St. Georgen, Frankfurt - BV: D. Taufe - E. genet. Erklärung d. Taufliturgie, 1958. Fachaufs. - Spr.: Engl., Franz.

STENZEL, Arnold
Dr. phil., Prof. f. Allg. Pädagogik - Lärchenhof 4, 2390 Flensburg - Geb. 29. Okt. 1924 Stuttgart (Vater: Dr. Karl S., Archivdir.; Mutter: Martha, geb. Fuellenwarth), ev., verh. s. 1956 m. Wiltrud, geb. Lenhartz, 4 Kd. - 1951-55 Univ. Mainz u. Tübingen. Volksschullehrerprüf. 1947 u. 51; Promot. 1955 - S. 1960 Prof. PH Flensburg (1968-71 Rektor, 1975-81 Präs., 1989 Rektor). Emerit. 1990. Fachveröff.

STENZEL, Hans Joachim
Karikaturist (Künstlern. Zelli) - Bingerstr. 33, 1000 Berlin 33 (T. 030 - 25 91 24 39) - Geb. 15. Okt. 1923 Louisville, KY/USA, verh. s. 1953 m. Ursula, geb. Zach, T. Julia - Kunstgewerbesch. Berlin - BV: V. Witzen m. Spritzen, 1979; Männchen im Hotel, 1980; E. Dreifach Hoch, 1989. Carmens Lotterleben (ORF 1987) - 1983 BVK - Spr.: Engl. - Bek. Vorf.: Johann Stenzel (1611), Hofnarr b. Kurfürst Johann Sigismund (Ur-Ur-Ur-Urgroßv.).

STENZEL, Jürgen
Dr., Prof. TU Braunschweig - Parkstr. 2e, 2000 Hamburg 52 (T. 040 - 82 11 07) - Geb. 14. April 1937 Leipzig, 2 Kd. (Cornelia, Sebastian) - Univ. Göttingen (Promot. 1966, Habil. 1972) - S. 1973 Prof. in Braunschweig - BV: Zeichensetz., 2. A. 1970; versch. Editionen.

STENZEL, Kurt
Dr. phil., Journalist, Leit. Bad. Fernsehredaktion Mannheim/Karlsruhe Südd. Rundf. - Wilhelm-Varnholt-Allee 5, Postf. 10 28 48, 6800 Mannheim 1 (T. 0621 - 4 10 40) - Geb. 21. Mai 1938 Luxemburg (Vater: Albert S. †; Mutter: Felicie, geb. Poire †), kath., verh. s. 1989 m. Ilse Bonn-St., S. Alexander - Karls-Gymn. Stuttgart; Univ. Tübingen u. München (Politikwiss., Phil., Gesch.) - S. 1966 Südfunk/Ferns., Stuttgart (Chefredakt. Report, Kompaß, Weltspiegel, ARD-Korresp. Arab.) - Liebh.: Polit. Theorie, Fußball - Spr.: Franz., Engl.

STEPF, Werner
Dr. rer. pol., Vorstandsmitglied Kohlensäure-Industrie AG., Düsseldorf (s. 1960), Geschäftsf. Lingner-Werke GmbH. ebd. (s. 1961), ARsmitgl. Lingner-Werke AG., Berlin (s. 1962) - Am Roland 5, 4033 Hösel/Rhld. (T. Ratingen 6 10 60) - Geb. 28. Dez. 1919 Essen, ev., verh. s. 1949 m. Annemarie, geb. Eich, 2 Söhne (Thomas, Axel).

STEPHAN, Bernd
Kaufmann, Inh. Fa. Bernd Stephan Stahlhandel GmbH, Bad Homburg v.d.H. - Geb. 5. Juni 1940 Dortmund (Vater: Bernhard St., Kaufm.; Mutter: Lilli, geb. Hogendorf) - S. 1972 Firmeninh. (s.o.) u. Gesellsch. Fa. Fisser KG & Co., Hamburg; 1978-91 Gesellsch. Fa. Norex-Ltd., Midland/Texas USA u. AR Norex GmbH, München. Div. Ehrenämter in Tierschutzorg.

STEPHAN, Bruno
Dr. jur., Rechtsanwalt, geschäftsführendes Vorstandsmitgl. Verb. d. Dt. Chemikalien-Groß- u. Außenhandels - Große Neugasse 6, 5000 Köln 1 - Geb. 1. Jan. 1942.

STEPHAN, Eberhart
Dr. med. vet., Prof., Vorstand Inst. f. Tierhygiene u. Tierschutz, Tierärztliche Hochschule Hannover - Freihorstfeld 70, 3000 Hannover-Kirchrode - Geb. 28. Jan. 1926 Berlin - S. 1964 (Habil.) Lehrtätigk. Univ. Gießen u. TiäH Hannover (1967); (1969 apl. Prof., 1970 Prof.). Fachveröff.

STEPHAN, Günter
Vorstandsmitglied DGB, Düsseldorf (b. 1982); Präs. Internat. Bund d. Privatangest. (FIET), Genf; ARsmitgl. Hoesch AG/Estel NV; VRsmitgl. ZDF - Oststr. Nr. 2, 4044 Kaarst 1 (T. DGB: Düsseldorf 4 30 11) - Geb. 3. März 1922.

STEPHAN, Inge
Dr., Prof., Hochschullehrerin - Bergstr. 3, 2055 Aumühle - Geb. 1. Juli 1944 - Stud. Univ. Hamburg (Studienstiftg. d. Dt. Volkes); Promot. 1973 Hamburg - BV: J. G. Seume, 1973; Literarischer Jakobinismus, 1976; D. verborgene Frau, 1983; Lenz u. Lenzrezeption, 1984; D. Drama d. begabten Frau, 1989.

STEPHAN, Karl
Dr.-Ing., Prof. u. Direktor Inst. f. Thermodynamik TU Stuttgart (s. 1975) - Pfaffenwaldring 9, 7000 Stuttgart 80 (Vaihingen) - Geb. 11. Nov. 1930 Saarbrücken - Habil. 1963 Karlsruhe - Industrietätigk. (Mannesmann). 1967-70 o. Prof. TU Berlin u. 1970-75 Ruhr-Univ. Bochum - BV: Techn. Thermodynamik, 13. A., Bd. 1 1990, Bd. 2 1987; Wärmeübergang b. Kondensieren u. b. Sieden, 1988; Dechema Data Series, Bd. 4/1. u. 2 1987; Bd. 10/1 1988. Fachveröff. - 1965 Preis Dt. Kältetechn. Verein; 1966 Arnold-Eucken-Preis d. Verfahrenstechn. Ges.

STEPHAN, Klaus
Publizist, Schriftsteller - Rothenbaumchaussee 148, 2000 Hamburg 13 (T. 040 - 45 17 61) - Geb. 27. Okt. 1927 Treptow/Rega, verh. s. 1952 m. Nina Fischer-St.

(FS-Journ.), S. Oliver - Seemann; Stud. Lit.- u. Theaterwiss. München - Redakt. BR; 1960-70 Afrika-Korrespondent ARD; 1970-77 Chef Report-Redaktion ARD; 1978-81 Chefredakt. Tagesthemen ARD; 1982-84 Leit. Zentralstudio Südosteuropa ARD; 1984-87 Leit. Hoffmann u. Campe Verlag; s. 1987 fr. Publizist - BV: So wahr mir Gott helfe, R. 1958; Reise gegen d. Zeit - Nigeria, 1961; Südafrika, 1976; E. feiner Patriot, R. 1977; Gelernte Demokraten, 1988. Hörspiele, FS-Spiele; FS-Dokumentarfilme (mehr als 50) - Spr.: Engl.

STEPHAN, Rudolf

Dr. phil., em. o. Prof. f. Musikwissenschaft - Grunewaldstr. 27, 1000 Berlin 41 (T. 824 40 10) - Geb. 3. April 1925 Bochum (Vater: Dr. phil. Gustav-Adolf S., Chemiker †1925; Mutter: Maria, geb. Oeder, Sängerin, †1982), reform., verh. s. 1947 m. Dorothea, geb. Rothe, 3 Kd. (Xenia, Marius, Viola) - Univ. Heidelberg u. Göttingen (Musikwiss., Phil., Kunstgesch.). Promot. (1950) u. Habil. 1963 Göttingen - S. 1967 Prof. Univ. Göttingen (apl.) u. Berlin/Freie (1967 Ord. u. Inst.dir.). Emerit. 1990. Mitgl. Intern. Ges. f. Musikwiss., Ges. f. Musikforsch. (1980-89 Präs.) u. a. - BV: Neue Musik -Versuch e. krit. Einf., 1958; Gustav Mahler - 4. Symphonie G-Dur, 1966; A. Zemlinsky, 1978; Gustav Mahler - 2. Symphonie c-Moll, 1979; Gustav Mahler, Werk u. Interpretation, 1979; V. musikalischen Denken. Ges. Vorträge, 1985. Herausg.: Musik (Fischer-Lexikon) (1957ff; auch engl., span., ital.); A. Schönberg, Sämtl. Werke (s. 1968); D. Wiener Schule (1989). Buch- u. Ztschr.beitr. - 1981 Gr. Gold. Ehrenz. d. Rep. Österr. - Lit.: Festschr. R. St. z. 65. Geb.: Neue Musik u. Tradition (1990) - Rotarier.

STEPHAN, Ulrich

Dr. med., Prof. f. Kinderheilkunde, Ärztl. Dir. Univ.-Klinikum Essen (s. 1989) - Am Wünnesberg 53, 4300 Essen 1 (T. 71 88 11) - Geb. 28. Nov. 1929 Hagen/Westf. (Vater: Dr. Walter St., Verw.-Oberrat; Mutter: Gertrud, geb. Goos), ev., verh. s. 1961 m. Elisabeth, geb. Stumptner, 4 Kd. (Jochen, Christine, Ursula, Ulrich) - Obersch., Abit.; Univ. Göttingen, FU Berlin, Frankfurt (Med.), Promot. 1955 Frankfurt, Habil. 1965 Erlangen - 1950-77 Assist., Oberarzt, Ltd. Oberarzt Univ.-Kinderklinik Erlangen, s. 1977 gf. Dir. Univ.-Kinderklinik Essen. Spez. Arbeitsgeb.: Luftwegerkrankungen - Entd.: Screening-Test auf Mucoviscidose. Üb. 180 Veröff., zahlr. Art. in Lehrb. - Spr.: Engl.

STEPHANI, Claus

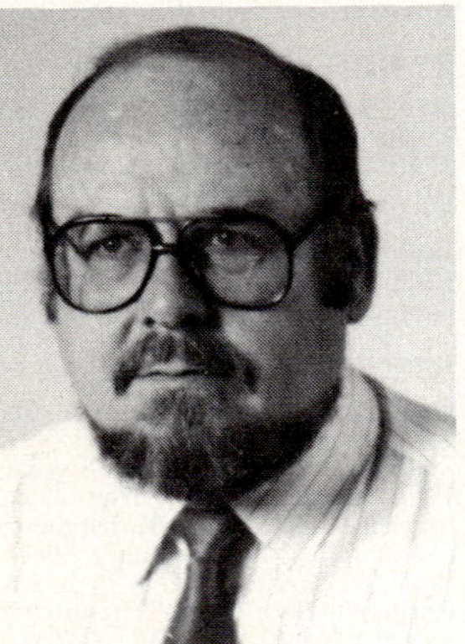

Schriftsteller, Volkskundler, Journalist - Keuslinstr. 10, 8000 München 40 (T. 089 - 123 36 72) - Geb. 25. Juli 1938 Kronstadt/Siebenbürgen (Vater: Werner Hermann St., kaufm. Direktor i.R.; Mutter: Gertrud Friederike, geb. Klein, Schriftstellerin), verh. m. Brigitte Maya, geb. Nussbächer, German., Volkskundl., Journ., 2 Söhne (Kay Swen, Jens Johannes) - Stud. German. u. Ztg.wiss. Univ. Bukarest - Mitgl. Brüder Grimm-Ges., Kassel, Kommiss. f. Ostdt. Volkskunde, Kiel, Dt. Ges. f. Volkskunde, München, Arbeitsgemeinsch. f. Bildstock- u. Flurdenkmalforsch., Wien, Südosteuropa-Ges., München - BV: 4 Ged.bde., 2 Bde. m. Erz.; außerd. wiss. Sachbuchausg.: Oben im Wassertal. E. Zipser Chronik, 1970; Töpferkunst d. Dt. in Rumänien, 1973; Zipser Texte aus d. Südbukowina, 1975; Burzenländer sächs. Sagen u. Ortsgesch., 1977; Volkserz. aus d. Oascher u. Sathmarer Land, 1979; Zipser Ssangl aus d. Wischauer Land, 1981; Zipser Volkserz. aus d. Maramuresch, d. Südbukowina u. d. Nösner Land, 1981; Dt. Volkserz. aus Rumänien, 1982; Jüd. Hirtengesch. aus d. Wischauer Land, 1982; Sächs. Sagen u. Ortsgesch. aus d. Nösner Land, 1982; Volkserz. d. Zipser in Nordrumän., 1983; Sächs. Sagen u. Ortsgesch. aus d. Zekescher Land, 1983; Volksgut d. Sathmarschwaben, 1985; Märchen, Sagen u. Ortsgesch. aus d. Radautzer Ländchen, 1985; Zipser Frauenschicksale, Protokolle, 1986; Gedichte, 1987; Frauen im Wassertal, Protokolle 1990; Märchen d. Rumäniendeutschen, 1991; Leben u. Leiden d. Juden in Oberwischau, Erinnerungsgespräche 1991; üb. 500 Einzelarb. zu volkskundl. Themen. Zahlr. Veröff. u.a. üb. Volkskunde, bild. Kunst, Volkskunst, Volksmythologie, Gesch. d. dt. Bevölkerungsgruppen u. Ostjuden in Rumänien in zahlr. dt. u. ausl. Fachztschr. Herausg. u. Mithrsg. geschichtl. u. volkskundl. Bde. - Spr.: Engl., Rumän., Russ., Ungar., Jidd.

STEPHANOS, Samir

Dr. med., Prof. f. Psychosomat. Med., Facharzt u. Lehrstuhlinh. Univ.-Klinik Ulm - Robert-Koch-Str. 8, 7900 Ulm (T. 0731 - 502 45 41 u. 45 42); priv.: Auf dem Berg 1, 7910 Neu-Ulm Reutti (T. 0731 - 7 30 00) - Geb. 28. Jan. 1932 Kairo (Vater: Fouad St., Dir. d. Wasserwerks Kairo; Mutter: Clotilde, geb. Tagher), orth., verh. m. Dr. med. Auhagen-Stephanos, geb. Krauel, Fachärzt. f. Neurol. u. Psychiatrie, 2 Kd. (Merit Ariane, Cyril Marius) - Med.-Stud. Univ. Kairo; Staatsex. u. Promot. 1955, Habil. (Psychosomat. Med.) 1972 Univ. Gießen; Dr.-Grad 1986 Med. Fak. Univ. Genf - 1960-64 Wiss. Assist. Nervenklinik Univ. Frankfurt/M.; 1965-76 Wiss. Assist. Psychosomat. Klinik Univ. Gießen; 1968 Facharzt f. Psychiatrie; Psychoanalytiker; 1976-79 Prof. f. klin. Psychosomatik Univ. Gießen, s. 1979 Prof., Lehrst.-Inh. u. Ärztl. Dir. Psychosomat. Abt. Univ.-Klinik Ulm. 1971 Lehranalytiker Dt. Psychoanalyt. Vereinig. (DPV; s. 1968 Mitgl.); 1973-76 Vorst.-Mitgl. Europ. Psychoanalyt. Föderation; s. 1975 Mitgl. Dt. Kollegium f. Psychosomat. Med. Entw. e. Konzepts z. Behandl. psychosomat. Krankh. (1973) - BV: Analyt.-psychosomat. Therapie, 1973; zahlr. wiss. Beitr. in Ztschr. u. Büchern - Spr.: Franz., Engl., Arabisch.

STEPHANY, Manfred

Dr., Dipl.-Volkswirt, Geschäftsf. Nukem GmbH - Am Möllerborn 9, 6451 Neuberg 2 - Geb. 5. Juni 1930 Münster/W.

STEPP, Walther

Dr., Hüttendirektor i. R. - Am Egelsee 11, 6720 Speyer (T. 9 45 76) - Geb. 25. Aug. 1921 Rockenhausen (Vater: Dr. med. Theodor St.; Mutter: Helene, geb. Zahn), verh. s. 1955 m. Sigrid, geb. Christiani - 1940-45 Luftwaffe, 1946-50 Stud. Gesch., Soziol. Staatslehre - 1950-1980 Stahlind.; Mitgl. mehrerer AR u. Beiräte - Rotarier.

STEPPAN, Hans-Lothar

Dr. rer. pol., Botschafter d. Bundesrep. Deutschl. im Tschad, Afrika (s. 1991) - Zu erreichen üb. BP 893, N'Djamena/Tschad - Geb. 1933 Kuwertshof/Ostpr. - S. 1965 Ausw. Dienst, Auslandsposten u.a. in Conakry (Guinea), Helsinki (Finnl., Leit. d. Wirtschaftsdienstes), Belgrad (Jugosl., Leit. d. Wirtschaftsdienstes); 1986-90 Botsch. Doha, Katar.

STEPPAT, Fritz

Dr. phil., em. o. Prof. f. Islamwissenschaft - Ortrudstr. Nr. 3, 1000 Berlin 41 (T. 851 12 03) - Geb. 24. Juni 1923 Chemnitz/Sa. (Vater: Otto S., Druckereibes.; Mutter: Gertrud, geb. Reimann), ev., verh. s. 1954 m. Gertraud, geb. Graf - Univ. Berlin, München, Montana/USA (Islamkd., Gesch.). Promot. (1954) u. Habil. (1964) Berlin - 1948-51 Redakt. D. Neue Zeitung u. Münchner Merkur (1949), beide München; 1955-59 Leit. Goethe-Inst./Zweigst. Kairo; 1963-68 Dir. Orient-Inst. d. Dt. Morgenl. Ges., Beirut; s. 1968 Privatdoz. u. Ord. (1969) FU Berlin. Emerit. 1990. 1992 Kommiss. Leit., Forsch.schwerpunkt Moderner Orient, Berlin. Mitgl. Dt. Morgenl. Ges., Dt. Ges. f. Ausw. Politik, Assoc. Langues Orientales; Middle East Studies Assoc. of North America; Inst. d'Egypte (membre assoc.) - BV: Iran zw. d. Großmächten 1941-48, 1948; Nationalismus u. Islam bei Mustafa Kamil, 1956; Gesch. d. arab. Welt, 1964 (m. Franz Taeschner; arab. Ausg. 1975). Mitverf.: Deutsch f. Araber 1 - 3, 1955ff. (m. Helmut Klopfer) - 1969 Ritterkreuz Libanes. Zedern-Orden - Spr.: Engl., Franz., Arab. - Lit.: Festschr. Gegenwart als Gesch. (1988, hg. A. Havemann, B. Johansen).

STEPPUHN, Götz

Präsident Hess. Statist. Landesamt - Rheinstr. 35-37, 6200 Wiesbaden 1 - Geb. 2. Sept.

STEPPUTAT, Olaf

Mitglied d. Thüringer Landtages - Stadtweg 18, O-5084 Erfurt - Geb. 26. Juli 1965 Koethen, ledig - Stud. Baustoffing. - Hochsch. f. Architektur u. Bauwesen Weimar; Vors. d. Versammlung d. Thüringer Landesanstalt f. Privaten Rundfunk (TPR) - Spr.: Engl.

STERCKEN, Hans

Dr. phil., Direktor i.e.R., MdB (s. 1976; Wahlkr. 53/Aachen), Präs. Interparlam. Union (1985-88), Ehrenpräs. (s. 1990) - Annastr. 36, 5100 Aachen (T. 0241 - 2 08 80) - Geb. 2. Sept. 1923 Aachen, kath., verh. s. 1953 m. Annemarie, geb. Wittelberger, 5 Kd. - Gymn. Aachen; Stud. Phil., klass. Philol., Gesch., Archäol.; Promot. 1952 Bonn - Tätigk. b. Presse- u. Informationsamt Bonn; 1966 Ministerialrat; 1969-76 gf. Dir. Bundeszentrale f. polit. Bild. S. 1983 Vors. Dt.-Franz. Parlamentarier-Gruppe; s. 1961 Präs. Vereinig. Dt.-Griech. Ges.; s. 1983 Bundesvors. dt.-türk. Freundschaftsverein Hür Türk; s. 1985 Vors. Ausw. Aussch. d. Bundestages; 1978-86 Präs. Dt. Afrika-Stiftg., s. 1990 Dt. Atlantische Ges., s. 1990 d. Deutsch-Schweizer. Ges. e.V. CDU - Zahlr. Veröff. (Bücher) - Gr. BVK m. Stern; Offizierskreuz d. franz. Ehrenlegion. Ausgez. v. Belgien, Frankr., Österr., Griechenl., Portugal, Ital., Guinea, Span., Kamerun, Finnland, Ungarn - Spr.: Engl., Franz., Ital. - Rotarier.

STERLEY, Christian

Regisseur, Fernsehjourn. - Lehmweg 45, 2000 Hamburg 20 (T. 46 57 12) - Geb. 2. Mai 1943, verh. s. 1981, T. Anna-Charlotte - Stud. Gesch., Geogr. - Publiz.; Fernsehautor; Filmregiss. - Intern. Ausz. f. d. Fernsehdok. Calcutta, Benares, Maneater - Liebh.: Beruf - Spr.: Engl., Franz.

STERN, Carola

s. Zöger, Erika

STERN, Klaus

Dr. jur., Drs. h. c., Prof. f. Öffentl. Recht, Allg. Rechts- u. Verwaltungslehre - Albertus-Magnus-Platz, 5000 Köln 41 - Geb. 11. Jan. 1932 Nürnberg, ev. - Gymn. Nürnberg; Univ. Erlangen u. München (Rechtswiss., Volksw.). Jurist. Staatsprüf. 1955 u. 59; Promot. 1957, Habil. 1961 (alles München) - 1961 Privatdoz. Univ. München, 1962 o. Prof. FU Berlin u. 1966 Univ. Köln (Dir. Inst. Öfftl. Recht u. Verw.lehre, Inst. f. Rundfunkrecht, Rektor 1971-73, Prorektor 1973-75); 1971/72 Vors. Landesrektorenkonfz. NW; s. 1981 Vizepräs. Dt. Atlantische Ges.; s. 1975 Mitgl. Wiss. Beirat Bundesfinanzmin., 1971-76 Mitgl. Enquête-Kommiss. Verf.reform d. Dt. Bundest.; s. 1966 Studienleit. Verw.- u. Wirtsch.akad. Düsseldorf; 1972-84 Mitgl. Ständ. Deputation Dt. Juristentag, s. 1976 Richter Verf.gerichtshof Land NW; s. 1978 Mitgl. Rhein.-Wesf. Akad. d. Wiss.; 1983-89 Mitgl. Senat DFG (Dt. Forschungsgemeinsch.) - BV: Die öffentliche Sache, 1963; Ermessen u. unzuläss. Ermessensausüb., 1964; D. Gemeindewirtschaft - Recht u. Realität, 1965 (m. G. Püttner); D. Verfassungsgarantie d. kommunalen Selbstverw., 1967; Grundfragen z. Verw.reform im Stadtumland, 2. A. 1968; Funktionsgerechte Finanzierung d. Rundfunkanstalten durch d. Staat, 1968; Konjunktursteuerung u. kommunale Selbstverw., 1968; Grundfragen d. globalen Wirtschaftssteuerung, 1969; Öfftl.-rechtl. u. privatrechtl. Rundfunk, 1971 (m. H. Bethge); D. Rechtsstaat (Rektoratsrede 1971); Komm. z. Gesetz z. Förderung d. Stabilität u. d. Wachstum d. Wirtsch., 2. A. 1973; Verw.prozessuale Probleme, 6. A. 1987; Z. Verf.treue d. Beamten, 1974; Grundgesetz in Gefahr, 1974; D. Staatsrecht d. BRD, Bd. I 2. A. 1984; Bd. II 1980; Bd. III/1 1988; Staatsverfass. u. Unternehmensführung, 1980; Verfass.gerichtsbark. zw. Recht u. Politik, 1980; Neue Medien: Neue Aufgaben d. Rechts?, 54. DJT 1982; Normative Gestaltungsmöglichk. z. Verbess. d. Qualität d. med. Ausbild. (m. P. J. Tettinger), 1982; D. Rechtmäßigk. d. Beamteneinsatzes b. Streik d. Tarifkräfte (m. P. Badura), 1983; Grundideen europ.-amerikan. Verfassungsstaatlichk., 1984; Verträge u. Rechtsakte z. Dt. Einheit, Bd. 1 Staatsvertrag, Bd. 2 Einigungsvertrag, Bd. 3 Zwei-plus-Vier-Vertrag (m. B. Schmidt-Bleibtreu), 1990/91. Mithrsg. u. Mitverf. mehr. Artikel im Bonner Komm. z. Grundgesetz (1964ff.) in Festschr., Archiv f. Komm.wiss., Studien z. öfftl. Recht u. z. Verw.lehre, Schriftenreihe d. Inst. f. Rundfunkrecht a. d. Univ. Köln, Österr. Ztschr. f. öffentl. Recht u. Verwaltungsrecht, Nordrh.-Westf. Verw.blätter - 1952 silb. Sportabz.; 1981 Gr. Gold. Ehrenz. f. Verdienste um d. Rep. Österr.; 1989 Gr. BVK - Spr.: Engl., Ital.

STERN, Martin

Dr. phil., o. Prof. f. Dt. Philologie - Angensteinerstr. 29, CH-4052 Basel (Schweiz) (T. dstl.: 267 37 31) - Geb. 19. Febr. 1930 Zürich (Vater: Alfred S., Musiklehrer, Komp. u. Dirig.), reform., verh. s. 1953, 3 Kd. - Gymn. Zürich; Univ. Zürich, Paris, Cambridge (Harvard) - 1959-66 Gymnasiallehrer Zürich; 1966-67 Visiting Lecturer Harvard; s. 1967 Ord. Univ. Frankfurt/M. u. Basel (1968). - BV: Hugo v. Hofmannsthal, Silvia im Stern, 1959 (Neuherausg.); Expressionismus in d. Schweiz, 2 Bde., 1981; Fünf Komödien d. 16. Jh. (hg. m. Walter Haas), 1989; Textkonstitution b. mündl. u. schriftl. Überlieferung, 1991; Basler Hofmannsthal-Beiträge (m. Karl Pestalozzi), 1991 - Bek. Vorf.: Wilhelm S., Seminardir. Karlsruhe (1792-1873).

STERN, Michael

Soloposaunist Bayer. Rundfunksymphonieorchester, Honorarprof. Staatl. Hochschule München, Gastprof. Mozarteum Abt. X., Innsbruck, Kapellm. Stadtmusikk. Wilten IBK - Fleischweg 9, 6161 Natters Tirol (T. 05222 - 3 11 17) o. Rosenheimer Str. 124/al, 8000 München 80 (T. 089 - 49 75 71) - Geb. 23. Dez. 1933 Natters Tirol (Vater: Alois St., Gastw.; Mutter: Aloisia), kath., verh. s. 1961 m. Helga, geb. Haller, 2 Kd. (Manfred, Michaela) - Musiksch. Innsbruck; Staatskonservat. Würzburg - Soloposaunist Symphonieorch. Bayr. Rundf.; Hon.Prof. Staatl. Hochsch. München; Gastprof. Mozarteum, Abt. X. Innsbruck.

STERNBERG, Herbert

Bankkaufmann, Vorsitzender d. Geschäftsleitung Bankhaus Amex GmbH, Mitgl. d. Geschäftsleitg. American Express Bank GmbH - Am Hasensprung 35, 6240 Königstein - Geb. 28. Mai 1942 Kolberg (Vater: Erich S., Techn. Angest.; Mutter: Hildegard, geb. Schülke), ev., verh. s. 1969 m. Christel, geb. Demel - Gymn.; Banklehre.

STETTEN, Freiherr von, Wolfgang

Dr., Prof., Mitglied d. Deutschen Bundestages - Schloßstetten, 7118 Künzelsau - Geb. 22. Jan. 1941 Niederwartha, verh. m. Silvia, geb. Forrer, 3 Kd. (Christian A., Richard H., Franziska) - Stud. Volkswirtsch. 1961-64 Köln; Jurastud. 1969-72 Univ. Würzburg - 1974-84 Richter am Amtsgericht Crailsheim, Langenburg, Bad-Mergentheim u. Landgericht Ellwangen; s. 1984 Prof. f. Wirtsch.- u. Handelsrecht FH Heilbronn - BV: Was regelt d. Arbeitsrecht, 1990; Klausuren im BGB - 1989 Frhr. v. Stein-Med.; 1990 BVK am Bde.

STETTER, Hans
Staatsschauspieler - Englschalkinger Str. 203, 8000 München 81 (T. 93 24 71) - Geb. 16. Aug. 1927 Köln - 1943-44 Ausb. Staatl. Hochsch. f. Dramat. Kunst, Leipzig - 1949-59 Dt. Theater Berlin; 1959-69 Städt. Bühnen Frankfurt; s. 1969 Bayer. Staatsschausp. München.

STETTER, Hermann
Dr. rer. nat., o. Prof. f. Organ. Chemie - Am Pannhaus 10, 5100 Aachen-Laurensberg (T. Aachen 1 26 56) - Geb. 16. Mai 1917 Bonn (Vater: Oskar S., Brauer; Mutter: geb. Schub), verh. m. Elisabeth, geb. Steinhaus, 3 Kd. - Univ. Bonn u. Leipzig (Dipl.-Chem.). Promot. 1947 Bonn; Habil. 1952 Bonn - 1952 Privatdoz. Univ. Bonn, 1955 a. o. Prof. Univ. München, 1960 o. Prof. u. Inst.dir. TH Aachen (1970/71 Dekan naturwiss. Fakultät) - BV: Enzymat. Analyse, 1951. Einzelarb. üb. Synthese langkett. Carbonsäuren, Urotropin-Struktur, makrocycl. Verbind., kat. Addition v. Aldehyden u. a. - Emil-Fischer-Med. d. Ges. Dt. Chemiker (1982).

STETTER, Inge Heidemarie, geb. Steinke
Lehrerin, Mitglied d. Landtages Freistaat Sachsen (s. 1990) - Zinnaerstr. 46, O-7290 Torgau (T. 40 54) - Geb. 27. Juli 1941 Berlin, ev., S. Thomas - Krankenschw.; Stud. 1979-84 Med.päd. Magdeburg - B. 1990 Lehrerin an e.

Med. Fachsch.; s. 1990 Mitgl. d. Volkskammer d. DDR - Liebh.: Musik.

STETTER, Karl
Dr. rer. nat., o. Prof. f. Mikrobiologie Univ. Regensburg - Roter Brachweg 2D, 8400 Regensburg (T. 0941 - 3 62 42) - Geb. 16. Juli 1941 München, verh., 3 Kd. (Sabine, Claudia, Florian) - Stud. Biol. TU München; Dipl. 1969, Promot. 1973 TU München, Habil. 1977 Univ. München - S. 1980 o. Prof. f. Mikrobiol. Univ. Regensburg - BV: Lebensformen bei 110 Grad in vulkan. Quellen, 1982; The Bacteria (Bd. VIII, S. 85-170), 1985 - 1984 Preis Dt. Ges. f. Hygiene u. Mikrobiol.; 1988 Leibniz-Preis Dt. Forschungsgemeinschaft - Liebh.: Orchideen, Botanik - Spr.: Engl. - Lit.: Forum Mikrobiol. (6/85).

STETTNER, Rupert
Dr. jur., Prof. Univ. Bamberg - Jahnstr. 6, 8060 Dachau (T. 08131 - 1 32 44) - Geb. 25. Juli 1945, kath., verh., 2 Kd. (Ferdinand, Elisa) - Stud. d. Rechte; Promot. 1973 München, Habil. 1982 Augsburg - S. 1983 Prof. f. öfftl. Recht Univ. Bamberg - BV: Grundfr. e. Kompetenzlehre, 1983; Rundfunkstruktur im Wandel, 1988.

STEUBEN, von, Hans
Dr., Prof. f. Klass. Archäologie Univ. Frankfurt (s. 1973) - Im Trutz 46, 6000 Frankfurt 1 (T. 59 59 09) - Geb. 15. Juli 1929 Hamburg (Vater: Kurt v. S., Bankangest.; Mutter: Elfriede, geb. Güttler), ev., verh. s. 1963 m. Ingeburg, geb. Zander, 2 Kd. (Julie, Nina) - Stud. Univ. Tübingen, FU Berlin, Freiburg; Promot. 1960 ebd. - 1960-65 Mitarb. am Helbig: Führer durch d. öfftl. Sammlungen Klass. Altertümer in Rom (4 Bde.), 1965-71 Assist. Univ. Göttingen. Korr. Mitgl. Dt. Archäol. Inst. - BV: Frühe Sagendarstellungen in Korinth, 1968; D. Kanon d. Polyklet, 1973; Kopf e. Kuros, 1980; Parmenides, Üb. d. Sein, 1981.

STEUBER, Erika
Studiendirektorin, Präs. Dt. u. Schweizer. Schutzgemeinschaft f. Auslandsgrundbesitz, Waldshut-Tiengen - Sonnhalde 3, 7891 Horheim/Br.

STEUBER, Friedrich-Wilhelm
Dr. phil., Univ.-Prof. f. Organ. Chemie Univ. Marburg (s. 1972) - Höhenweg 48, 3550 Marburg/L. - Geb. 23. Juni 1936 Lelbach/Waldeck - Promot. 1963 - 1981-83 Vizepräs. d. Philipps-Univ. Marburg, 1988/89 Dekan ebd. - Facharb.

STEUBER, Werner
Geschäftsführer Dt. u. Schweizer. Schutzgemeinschaft f. Auslandsgrundbesitz - Gartenstr. 17, 7890· Waldshut-Tiengen 1.

STEUBING, Lore
Dr. rer. nat., o. Prof. f. Pflanzenökologie (Lehrstuhl II) - Grünberger Str. 72, 6300 Gießen (T. 4 77 26) - Geb. 1. Febr. 1922 Hamm/W. - S. 1952 (Habil.) Lehrtätigk. Gießen (1959 apl. Prof., 1967 Wiss. Rätin u. Prof., 1969 o. Prof.). Emerit. 1989 - BV: Pflanzenökol. Praktikum: Geländ e- u. Laborpraktikum d. teerestr. Pflanzenökol. (gem. m. A. Fangmeier), 1992.

STEUDEL, Andreas
Dr. rer. nat., o. Prof. f. Experimentalphysik - Hahnensteg 41c, 3000 Hannover - Geb. 17. Febr. 1925 Leipzig - S. 1957 (Habil.) Lehrtätigk. Univ. Heidelberg u. TH bzw. TU Hannover (1962 Ord. u. Dir. Inst. f. Experimentalphysik A). Etwa 110 Fachaufs. - Mitgl. Braunschweig. Wiss. Ges.

STEUER, Günther
Dr. rer. pol., Hauptgeschäftsführer IHK Mittlerer Neckar, Stuttgart, i. R., Ehrenpräs. Württ. Verw.- u. Wirtschafts-Akademie, Mitgl. Kuratorium d. Verkehrswiss. Inst. Univ. Stuttgart - Schönblick 3, 7300 Esslingen-Liebersbronn (T. Stuttgart 37 11 62) - Geb. 26. Jan. 1912 Stuttgart, verh. s. 1939 (Ehefr.: Dr. med. Dora) - Univ. München u. Tübingen - Spr.: Engl.

STEUER, Heiko
Dr., Prof., Direktor Inst. f. Ur- u. Frühgesch. Albert-Ludwigs-Univ. - Belfortstr. 22, 7800 Freiburg i. Br.

STEUER, Walter

Dr. med., Prof., Präsident d. Landesgesundheitsamtes Baden-Württemberg - Eduard-Pfeiffer-Str. 35A, 7000 Stuttgart 1 - Geb. 23. April 1927 München, verh., 1 Kd. - Medizinstud. Univ. München, Staatsmed. Prüfung in München; Allgemeinarzt; Arzt f. Mikrobiol. u. Infektionsepidemiologie, f. Öffentl. Gesundheitswesen u. f. Hygiene; Amtsarzt im Landkreis Böblingen - BV: Lehrbuch f. Sozialhyg., Leitfaden f. Krankenhaushyg.; Leitfaden f. Sterilisat., Desinfekt. u. Entwesung; Gesundheitsvorsorge - Liebh.: Malerei.

STEUER, Werner
Dr. rer. pol., Geschäftsführer Gemeinschaft z. Schutz d. dt. Sparer - Am Hofgarten 7, 5300 Bonn 1 (T. 22 30 79) - Geb. 1. Jan. 1936 Köln (Vater: Jakob S., Amtsrat a. D.; Mutter: Elisabeth, geb. Schmitz), kath., verh. s. 1965 - Nicolaus-Cusanus-Gymn. Bad Godesberg; Dipl. Volksw. 1961 Univ. Bonn - BV: D. Aufwertungsspekulation, 1968 - Spr.: Franz., Engl.

STEUER, Wilfried
Dr. agr., Aufsichtsratsvorsitzender EVS, Verbandsvors. OEW, Landrat Kr. Saulgau (s. 1968), MdL Baden-Württ. (s. 1972), Landrat v. Biberach (s. 1973), Vizepräs. Dt. Volksmusiker-Verb., DRK-Kreisvors. - Rollinstr. 9, 7950 Biberach a. d. Riss - Geb. 20. Juni 1933 Stuttgart (Eltern: Hermann (Zollamtm.) u. Frida S.), kath., verh. s. 1968 m.

Sonngard, geb. Wiedmaier, 2 S. (Tobias, Sebastian) - Gymn. Neuenburg; Studium Land-, Volksw., Rechtswiss. Hohenheim (LH), Bonn, Tübingen. Dipl.-Landw. 1957 (Bonn), Promot. 1962 (Hohenheim); jurist. Staatsprüf. 1960 (Tübingen) u. 65 (Stuttgart) - 1965-68 Min. f. Ernährung, Landw., Weinbau u. Forsten Baden-Württ. (Pers. Ref. d. Min.). 1965-68 Landesvors. Jg. Union BW. CDU s. 1961 - Liebh.: Sport, Wandern, Reiten - Spr.: Engl., Franz.

STEUERNAGEL, Friedrich
Dr. rer. pol., Hauptgeschäftsführer Handwerkskammer Kassel (s. 1961) - Fliederweg 15, 3500 Kassel (T. HK: 1 59 75) - Geb. 2. Febr. 1910 Hildesheim - S. 1933 Handwerksorg. u. Öfftl. Dienst.

STEUERWALD, Hans
Dr. jur., Senatspräsident b. KG a. D. - Dallwitzstr. 35, 1000 Berlin 37 (T. 802 80 15) - Geb. 19. Febr. 1911 Metz (Vater: Bernhard S., Amtsrat; Mutter: Anna, geb. Grub), ev., verh. s. 1937 m. Käthe, geb. Tonndorf, 4 Kd. (Katharina, Hans, Claudia, Martina) - Reform-Realgymn. Stuttgart; 1929-33 Univ. Berlin (Rechtswiss.). Ass.ex. 1937; Promot. 1938 - Wehrdienst 1939-45, zul. Oblt. d. R. - S 1940 Land- (LGrat) u. Kammergericht Berlin (1952 KGrat, 1958 Senatspräs.). 1958-67 Präs. Justizprüfungsamt Berlin - BV: D. Versäumnisverfahren im ausl. Zivilprozeß, 1938; D. Rätsel um d. Bamberger Reiter, 1953; D. Reitermeister v. Bamberg u. Magdeburg, 1968. Herausg.: Berliner Gesetze; Weit war sein Weg nach Ithaka, 1978; D. Untergang v. Atlantis, 1983; Jahreslieder, 1991; E. Grabmal Kaiser Heinrichs II., 1992 - Liebh.: Malen, Schnitzen, Komponieren.

STEULER, Georg
Geschäftsführer Steuler-Industriewerke GmbH, Höhr-Grenzhausen - Parkstr. 15, 5410 Höhr-Grenzhausen - (Vater: Georg S. s. dort) - Volljurist, Stud. Bonn u. Köln - S. 1970 Rechtsanwalt.

STEURER, Hugo
Prof., Konzertpianist (u. a. Beethoven u. mod. Komp.) - Willow House The Paddocks, TN8 YHY, Cowdey/Kent (England) - Geb. 13. Nov. 1914 München, ev., verh. s. 1941 m. Gretl, geb. Benedict, 2 Töcht. (Christiane, Bettina) - Akad. d. Tonkunst München (Klav.: Prof. Schmid-Lindner; Meister 1935) - S. 1943 Lehrtätigk. Musikhochsch. Leipzig (1946-58 Prof.), Weimar (1947-50 Prof.), München (1956 ff. o. Prof.). Herausg.: Klavierw. Bach u. Beethoven 1938 Musikpreis München, 1952 Nationalpreis II. Kl. (Ost) - Lit.: H. P. Range, D. Konzertpianisten d. Gegenw.

STEURER, Josef
Oberbürgermeister - Rathaus, 8990 Lindau/B.; priv.: Alwindstr. 10 - Geb. 24. Aug. 1927 München (Vater: Josef S.), verh. m. Ingeborg, geb. Bielefeld - Jurist. Staatsprüf. - Parteilos.

STEUSLOFF, Hartwig
Dipl.-Ing., Dr. rer. nat., Prof., Leiter Fraunhofer-Inst. f. Informations- u. Datenverarbeitung, Karlsruhe - Fraunhoferstr. 1, 7500 Karlsruhe 1 (T. 0721 - 60 91-330); priv.: Kirchfeldstr. 60 - Geb. 15. Juli 1937 Gelsenkirchen, ev., verh. m. Hannelene, geb. Kirnberger, 2 T. (Annette, Sabine) - Human. Gymn. Gelsenkirchen-Buer; Stud. Nachrichtentechnik TH Darmstadt u. TH München (Dipl.-Ing. 1963); Promot. (Informatik) 1977 Univ.-TH Karlsruhe - 1963-68 Teldix GmbH, Heidelberg; s. 1968 Fraunhofer-Ges. (s. 1984 Inst.leit.); Hon.-Prof. u. Lehrtätigk. Fak. f. Informatik Univ.-TH Karlsruhe. Fachveröff. - Liebh.: Musik, Kunst, Bergwandern - Spr.: Engl., Franz.

STEVES, Kurt
Wirtschaftsredakteur, Bundesverband d. Dt. Ind., Mitgl. Hauptgeschäftsf. (Außenwirtschaft), Köln (s. 1976) - Am

STEVES

Wäldchen 2, 5309 Meckenheim-Merl (T. 02225 - 68 99) - Geb. 1. Febr. 1930 Schwetzingen, ev., verh. s. 1965 in 2. Ehe m. Karola, geb. Geber, 4 Kd. - Abit. 1949; Univ. Erlangen, FU Berlin (Gesch.) - 1954-56 journ. Volont. Berlin; 1956-58 Wirtschafsredakt. Die Welt, Hamburg; 1958-75 Leit. Bonner Wirtsch.sredaktion Die Welt - 1975 Karl-Bräuer-Preis Bund d. Steuerzahler - Spr.: Engl.

STEYBE, Hans

Dr. rer. pol., PR-Berater - Unterbrunnerstr. 22, 8035 Gauting b. München - Geb. 26. Juni 1924 - 1954-66 Dir. WMF Geislingen/Steige; 1966-72 Vorst.-Mitgl. Braun AG, Frankfurt/M.; 1973-78 Geschäftsf. Bosch-Siemens-Hausgeräte GmbH, München, 1978/79 verantwortl. f. sozialpolit. Projekte; 1980-84 Leit. d. Sozialwesens d. Robert Bosch GmbH, Stuttgart - S. 1960 Mitgl. Dt. Public Relations-Ges. (DPRG) - Spr.: Engl., Span. - Rotarier.

STIBANE, Fritz

Dr. rer. nat., Prof. f. Geologie u. Paläontologie - Burgstr. 40, 6301 Biebertal 1 (T. 06409 - 5 72) - S. 1966 (Habil.) Lehrtätigk. Univ. Gießen (1969 Wiss. Rat u. Prof.); gegenw. Prof.). Fachveröff.

STICH, Max

Lehrer, Parlam. Staatssekretär f. Jugend u. Sport Kultusministerium Land Schlesw.-Holst. (s. 1984), MdL (VIII./IX. Wahlp.) - Düsternbrooker Weg 64, 2300 Kiel; u. Treeneweg 8, 2390 Flensburg - Geb. 24. Nov. 1940 Posen (Vater: Adolf S., Berufsoffz., gef. 1943; Mutter: Agnes, geb. Brandtner, Schulleit. u. Kommunalpolitikerin), ev., verh., 1 Kd. - Schulen Bredstedt, Niebüll, Husum (Abit.); 1962-67 Stud. Berlin, Hamburg, Kiel, Lehrerprüf. 1967 u. 71 - 1967-75 Lehrer Pestalozzisch. (Sondersch.) Flensburg, Oltn. d. R. 1970-75 Ratsherr Flensburg. Orts-, Kreis- u. stv. Landesvors. Jg. Union. CDU s. 1968 (Kreisvors. s. 1977, Mitgl. Landesvorst. s. 1979). Vors. Kreishandballverb. Flensburg.

STICH, Michael

Tennisprofi, Wimbledon-Sieger (1991), Herren-Doppel m. John McEnroe (1992) - Ernst-Barlach-Str. 44, 2200 Elmshorn - Geb. 18. Okt. 1968.

STICHELE, Florian

s. Fischer, Richard H.

STICHMANN, Wilfried

Dr. rer. nat., Univ.-Prof. f. Didaktik d. Biologie - Engernweg, 4773 Körbecke/Möhnesee - Geb. 15. Nov. 1934 Hamm/W. (Vater: August S., Dreher; Mutter: Anna, geb. Reith), kath., verh. s. 1961 m. Ursula, geb. Marny - Altspraul. Gymn. Hamm; Univ. Münster (Zool., Botanik, Geogr., Geol., Phil., Päd.). Staatsex. u. Promot. 1960 - 1961 Ökolog. Unters. an Anatiden Finn-u. Lappl.; 1962-63 höh. Schuldst.; s. 1964 Doz. u. Prof. (1965) Päd. Hochsch. Ruhr/Abt. Hamm u. PH Ruhr/Abt. Dortmund (1970), s. 1980 Univ. Dortmund; stv. Vors. Landesgem. Naturschutz u. Umwelt NW; Kurat.-Vors. f. d. Naturschutzzentrum NRW - BV: D. Vogelwelt am Nordoststrande d. Industriereviers. 1955; Biologie - Didaktik, 1974; Audiovisuelle Medien im Biologieunterr., 1974. Arbeiten üb. heimatkdl. Biologie, Naturschutz u. -erzieh. Begr., Mithrsg. u. Verleger: Natur- u. Landschaftskd. (Viertelj.schr.); Mithrsg.: Unterr. Biol. (Monatsschr.).

STICHNOTE, Werner E.

Verleger - de-la-Fosse-Weg 28, 6100 Darmstadt-Kranichstein (T. 71 88 68) - Geb. 28. Jan. 1908 Potsdam (Vater: Eduard S., Buchdruckereibesitzer; Mutter: Anna, geb. Sinagowitz), ev., verh. 1932 m. Annemarie, geb. Mick (†), verh. s. 1973 m. Melanie, geb. Terzenbach - Realgymn.; Buchdruckerlehre - B. 1937 Inh. Druckerei u. Verlag Stichnote, Potsdam; 1951 Übersiedl. n. Darmstadt u. Neugründ. Verlag Stichnote; ab 1953 (Geschäftsf. Verlag Das Goldene Vließ (Taschenbücher), inzw. übergegangen in Ullstein Taschenbücher-Verlag; 1960-1972 Gf. Verlag Ullstein GmbH. 1961-63 Vors. Hess. Verleger- u. Buchhändlervereinig.; 1968-71 Vorsteher Börsenverein d. Dt. Buchhandels - BV: Von d. Herstellung d. Buches, 1950 (Potsdam) - 1970 BVK I. Kl. Joh.-Heinrich-Merck-Ehrung; 1973 Perthes-Med.; 1976 Gr. BVK; 1959 Mitgl. PEN-Zentrum BRD (1962 u. 74-76 Schatzmeister, 1977 Austr.), Mitgl. Schweizer PEN; Vorstandsmitgl. Inst. f. Neue techn. Form, Darmstadt - Liebh.: Hinterglasbilder.

STICHWEH, Hermann

Lehrer, Mitgl. Brem. Bürgerschaft s. 1971) - Eyterweg 17, 2800 Bremen 66 - Geb. 9. Okt. 1940 Bremen, verh., 2 Kd. - Gymn. (Abit.) und Päd. Hochsch. Bremen - B. 1967 Schuldst., dann Senatsverw. f. d. Bildungswesen Bremen. 1969-71 Landesvors. Jungsozialisten. SPD s. 1961.

STICKEL, Gerhard

Dr. phil., Prof. f. Germanist. Linguistik, Direktor Inst. f. dt. Sprache, Mannheim - Obere Bergstr. 32, 6905 Schriesheim (T. 06203 - 6 29 32) - Geb. 9. Mai 1937 Bochum, verh., 2 Kd. - Stud. Univ. Freiburg, Bonn, Wesleyan Univ. Connecticut, USA; Staatsex. 1963 Freiburg; Promot. 1970 Kiel - 1964-66 wiss. Mitarb. Dt. Rechenzentr. Darmstadt; 1970 wiss. Assist. Univ. Kiel; 1970-73 Gastdoz. Kyushu Univ. Japan; 1973ff. Inst. f. dt. Spr. (1973-76 Abt.-Leit., s. 1976 Dir.) 1986 Hon.-Prof. Univ. Mannheim. Buch- u. Aufsatzveröff. u. a. üb. Negation, Kontrastive Linguistik, Rechtsspr. Sprachkritik - Spr.: Engl., Franz., Jap.

STICKLER, Gunnar B.

M.D., Ph. D., Prof. of Pediatrics - 2400 Crest LN SW., Rochester, MN 55 902/USA (T. 501 - 288-423) - Geb. 13. Juni 1925 Peterskirchen/Obb., verh. s. 1957 m. Duci M., geb. Kronenbitter, 2 Kd. (Katarina Anna, George David) - Med.-stud. Univ. Wien, Erlangen, München; Promot. 1949, Ph. D. 1958 Univ. of Minnesota - 1956 Chefarzt Kinderklinik US Army Hospital München; 1957 Senior Cancer Res. Scientist Roswell Park Mem. Inst.; 1957 Consult. Mayo Clinic; 1969-74 Leit. Section Kinderheilkd. Mayo Clinic; 1974-80 Chairman Dept. Kinderheilkd. Mayo Clinic. 1973-77 Americ. Board of Pediatrics - Entd. d. Stickler-Syndrome. 190 pediatr. Veröff. - Liebh.: Regattasegeln, Tennis, Langlauf - Spr.: Engl. - Bek. Vorf.: Gunnar Wennerberg, Schweden (Urgroßonkel).

STIEBELER, Walter

Dr. jur., Prof., Präsident Hamburg. Verfassungsgericht, Hanseat. Oberlandesgericht u. Hbg. Oberverwaltungsgericht (1969-84) - Flebbestr. 24, 2000 Hamburg 90 (T. 34 97-1) - Geb. 3. Nov. 1919 - Zul. Senatsdir. Justizbehörde Hamburg. S. 1985 Prof. Univ. Hamburg. Schiedsrichter - 1983 Titel Prof.

STIEBNER, Erhardt D.

Verleger (Herausg.: novum gebrauchsgrafik, Pantheon, D. Bergsteiger), gf. Gesellsch. F. Bruckmann KG, München, Mandruck München KG, Pantheon-Verlag GmbH, Graphika-Werbung GmbH, Ehrenvors. Verb. d. Ztschr.verlage in Bayern (VZB) u. a. - Ludwig-Thoma-Str. 22, 8022 Grünwald - Geb. 1. April 1924 - S. 1950 Bruckmann (1966 pers. haft. u. gf. Gesellsch.) - Bayer. VO.; BVK.

STIEBRITZ, Annett,

geb. Reichardt

Dipl.-Chem., Landtagsabgeordnete Thüringen (s. 1990), sozialpolit. u. umweltpolit. Sprecherin d. F.D.P.-Fraktion, stv. Fraktionsvors. - Am Birnstiel 21, O-6900 Jena - Geb. 29. Juli 1965 Jena, verh. s. 1984 m. Arndt St., 2 Kd. (Elisabeth, Michael) - Dipl. Chemie Friedrich-Schiller-Univ. Jena - S. 1991 Mitgl. d. Landesvorst. d. F.D.P. Thüringen.

STIEF, Eberhard

Dr.-Ing. habil., Staatssekretär im Ministerium f. Umwelt u. Naturschutz Sachsen-Anhalt (s. 1990) - Geb. 17. März 1935, verh., 1 T. - Promot. Dr.-Ing. 1972; Habil. Dr. sc. techn. 1981 - Tätigkeit in Betrieb u. Forsch., Ind.berater; Mai 1990 Staatssekr. im Min. d. Innern d. DDR, Nov. 1990 Staatssekr. im Min. f. Umwelt u. Naturschutz s.o. - Div. wissenschaftl. Publ. - Liebh.: Theater, Lit., Mineralogie, Schwimmen - Spr.: Engl., Russ.

STIEFEL, Christian

Dr.-Ing., Aufsichtsratsmitglied DUEWAG AG, Geschäftsf. Waggonfabr. Talbot - Jülicher Str. 213-237, 5100 Aachen. 24. Sept. 1917 Berrenrath - Ehrenmitgl. d. Vorst. Verband Waggonind., Mitgl. d. Waldemar-Hellmich-Kreises, Vizepräs. Assoc. Intern. Constructeurs Matériel Roulant - BVK.

STIEFEL, Eberhard

Dr. phil., em. Prof. f. Musikerziehung u. -wiss. Päd. Hochschule Reutlingen - Stämmesäckerstr. 109, 7410 Reutlingen (T. 2 18 67) - Geb. 26. April 1916 Stuttgart.

STIEGLER, Ludwig

Rechtsanwalt, MdB (Landesliste Bayern) - Hinterm Zwinger 9, 8480 Weiden/Opf. (T. 0961 - 4 55 93; dstl.: 3 30 11) - SPD.

STIEGLITZ, Heinrich

Dr. rer. pol., Dipl.-Kfm., o. Prof. f. Soziologie - Rehfeld 30, 8401 Niederbraching (T. 09405 - 31 63) - Geb. 14. März 1932 Hindenburg/OS. - S. 1963 Päd. Hochsch. Vechta bzw. Univ. Osnabrück - Abt. Vechta, s. 1978 Univ. Regensburg - BV: D. soziale Auftr. d. fr. Berufe; Soziologie u. Erziehungswiss. Div. Einzelartik. z. Allg., Berufs- u. Erziehungssoziol.

STIEHL, Hans Adolf

Dr. phil., Schriftsteller u. freier Journalist (Ps. Hans Stilett) - Postf. 16 01 03, 5300 Bonn 1 (T. 0228 - 25 26 80) - Geb. 20. April 1922 Witzenhausen, ev. - Abit. 1941 Zeulenroda/DDR; Stud. Komparatistik, German., Phil. Univ. Bonn; 1953-83 Leit. Redakt. Presse- u. Informationsamt d. Bundesreg. in Bonn - BV: Lyrik: Dunkelgrüne Poeme, 1974; Signalrote Poeme, 1975; Hellgrüne Poeme, 1976; Nachtblaue Poeme, 1981; D. Botschaft d. Fassaden, 1983; D. Zwischenweltenkind, 1983; Prosa: Grenzüberschreitender Verkehr, 1982; Wiedergänger aus d. grünen Herzens, 1983; Länderbilder. Imagologische Fallstudie zu Montaigne, 1990 - 1978 Intern. Lyrikwettbewerb Stockholm: 3. Preis; 1983 Ostd. Kulturrat Bonn: 3. Preis - Spr.: Lat., Ital., Franz., Engl., Norweg. - Lit.: Philipp Rehbiersch: Lit. als Attacke auf Literaten (Neues Rheinland 14/1, 1971); ders.: D. unbekannten Ich (Neues Rheinland 15/2, 1972); ders.: E. neuer Regionalismus? (Neues Rheinland 16/10, 1973).

STIEHL, Ruth

s. Altheim-Stiehl, Ruth

STIEHL, Ulrich

Kaufmann, Vors. Zentralverb. Dt. Kreditmakler u. d. vermittelnden Bankdienstleistungsgewerbes, Vors. Dt. Finanzgilde, Vors. Bundesverb. d. Finanz- u. Immobilienkaufleute, Vors. Bundesverb. d. Gewerbebetreib. z. Förd. d. Gleichheit im Wettbewerb, Geschäftsf. Geld & Kredit Verlagsges. mbH, Gf. EMC-Consulting Dortmund GmbH - Zu erreichen üb. Rosental 23, 4600 Dortmund

STIELAU-PALLAS, Alfred R.

(Pseud. Alfred R. Pallas) Buch- u. Drehbuchautor - Zu erreichen üb. Rosensteinstr. 6/1, 7320 Göppingen (T. 07165 - 87 88) - Geb. 7. März 1947 St. Andreasberg, verh. m. Gisela P. - 1961 techn. Ausb.; 1973/74 Sem. Leiter-Ausb., teilw. USA - 1965-73 selbst. als Fotogr.; s. 1974 freiberufl. Sem.leit. u. Autor f. Persönlichkeits-Training; 1977 Gründ. d. PALLA-Sem., 1985 d. PALLAS-Sem. Int. in Neuseeland - BV: u.a. Märchenhafte Freiheit, 1985; Auch Du bist e. Engel auf Erden, 1987; Erfolg UND Erfüllung - Sem.progr.; m. üb. 50 Audio- u. Video-Cass. u.a. Management by Intuition (1985); D. Spielregeln d. Verkaufs (1992) - Liebh.: Segeln, Windsurfen, Gleitschirm-Fliegen.

STIELOW, Jörn P.

Gf. Gesellschafter Stielow GmbH u. Stielow GmbH & Co. KG, beide. Norderstedt - Barghof 17, 2000 Norderstedt - Geb. 15. Sept. 1933 - Stv. Vors. Fachverb. Informationstechnik im VDMA u. ZVEI; Vizepräs. EUROBIT; AR Dt. Messe AG, Hannover.

STIENEN, Karl-Heinz

Dr. jur., Stadtdirektor, Rechtsanwalt (1961-76), MdB (1972-76; Wahlkreis 80/Krefeld) - Buddestr. Nr. 13, 4150 Krefeld-Oppum (T. 54 07 08) - Geb. 11. Juli 1932 Duisburg, verh., 4 Kd. - Gymn. Uerdingen (Abit. 1952); Univ. Köln u. Göttingen. Jurist. Staatsex. 1956 u. 1961; Promot. 1963 - SPD 1967-76 (Austritt).

STIEPELDEY, Heinz-Willi

Geschäftsführer Kolpingwerk Dt. Zentralverb. - Kolpingplatz 5-11, 5000 Köln 1 - Geb. 19. Okt. 1936.

STIER, Anton

Dr. med., Dr. rer. nat., Prof. f. Pharmakologie u. Toxikologie - Zur Akelei 34, 3400 Göttingen (T. 0551 - 20 14 26) - Geb. 10. März 1928 Stuttgart (Vater: Wilhelm St., Beamter; Mutter: Elisabeth, geb. Pfeiffer), kath., verh. s. 1959 m. Barbara, geb. Loichen, 2 Kd. (Albrecht, Babette - Gymn. Stuttgart; Univ. Würzburg (Prüf. 1952), Promot. Würzburg 1953 u. Stuttgart 1961, Chem.-Dipl. TU Stuttgart 1958 - S. 1966 Wiss.

Mitarb. Max-Planck-Inst. f. biophys. Chemie, Abt. Spektroskopie, apl. Prof. med. Fak. Univ. Göttingen - Spr.: Engl., Franz., Griech., Latein.

STIER, Kurt-Christian

Prof. f. Violine Hochschule f. Musik, München - Chiemseering 37, 8011 Heimstetten (T. 089 - 903 03 69, Fax 089 - 9 04 52 08) - Geb. 3. Febr. 1926 Gütersloh (Vater: Kurt St., Musiklehrer; Margarete, geb. Kaufmann), ev., verh., 2 Söhne (Ludwig, Florian) - 1942-44 Violinstud. Braunschweig, 1948-50 Detmold, 1950-51 Köln (Reifeprüf. u. staatl. gepr. Musiklehrer) - 1951-61 Stroß-Quartett (II. Violine); 1958-68 Konzertmeist. Bayer. Staatsoper; 1968-75 Bayer. Rundf. (Sinfonie-Orch.); 1966-75 Lehrauftr., ab 1975 Prof. Hochsch. f. Musik München. 1983 1. Vors. Verb. Münchner Tonkünstler - Herausg. v. Orchesterstud. b. Musikverlag - Liebh.: Segeln, Fischen, Bergwandern, Radfahren - Spr.: Engl., Franz.

STIER, Reinhart C.

Dr.-Ing., Geschäftsführer Bosch-Siemens Hausgeräte GmbH., Giengen - Am Läutenberg 8, 7928 Giengen/Brenz (T. 07322 - 85 32) - Geb. 16. Jan. 1915 Rostock (Vater: F. F. S.; Mutter: Ida, geb. Schulz), ev., verh. s. 1942 m. Erika, geb. Link, 2 Kd. (Ulrich, Edith) - 1935-39 TH Berlin-Charl.

STIERLIN, Helm

Dr. med., Dr. phil., Prof., Psychiater u. Psychoanalytiker - Kapellenweg 19, 6900 Heidelberg (T. priv.: 06221 - 4 25 74 u. 47 39 73, dstl.: 06221 - 56 58 31) - Geb. 12. März 1926 Mannheim (Vater: Paul St., Bauing.; Mutter: Elsbeth, geb. Schöningh), verh. s. 1965 m. Satuila, geb. Zanolli, 2 Töcht. (Larissa, Saskia) - 1946-53 Univ. Heidelberg, Freiburg u. Zürich (Med., Phil.) - Therapeut. u. wiss. Tätigk. an amerik. u. dt. Inst., s. 1974 Univ. Heidelberg - Entw. Delegationskonzept u. Heidelberger familiendynam. Konzept (Spez. Arbeitsgeb.: Familientherapie) - BV: D. Tun d. einen ist d. Tun d. anderen, 1972; Adolf Hitler/Familienperspektiven, 1975; V. d. Psychoanalyse z. Familientherapie, 1975; D. Erste Familiengespräch, 1977; Eltern u. Kinder, 1978; Delegation u. Familie, 1978, TB 1984; Krankheit u. Familie, 1982; D. Christen in d. Weltfamilie, 1982; Psychotherapie u. Sozialtherapie d. Schizophrenie, 1984; D. Sprache d. Familientherapie, 1984; Familiäre Wirklichkeiten, 1987; Ob sich d. Herz z. Herzen findet, 1987; In Liebe entzweit, 1989; Individuation u. Familie, 1989; Nietzsche, Hölderlin u. d. Verrückte, 1992; u. a. Büch.; dazu ca. 200 wiss. Aufs., Buchübers. in 10 Spr. - Div. Ausz. u. Mitgl.sch. - Liebh.: Theater (Verfass. e. Libretto f. Tanztheater) - Spr.: Engl., Franz. - Lit.: In: Pioniere d. Tiefenpsych., Bd. III, 1981.

STIERSTADT, W. Otto

Dr. phil. habil., Privatdozent f. Physik - Ellerstr. 17, 4800 Bielefeld 1 (T. 0521 - 12 29 75) - Geb. 11. Juli 1905 Bielefeld, ev., verh. s. 1929, 3 Kd. (Klaus, Haidi, Gerhild) - Stud. Physik, Math., Phil. u. Nebengeb. (Promot. 1928 Univ. Göttingen, Habil. 1933 Göttingen/Hannover) - S. 1933 Privatdoz. f. Physik Univ. Göttingen, Hannover, Berlin; s. 1938 Leit. Forsch.inst. f. Physik. Zahlr. Pat.; s. 1960 mehrf. UNESCO-Experte (Senior-Officer) f. Fachgeb. in vielen Teilen d. Welt (meist Übersee); div. wiss. Veröff. Mitarb. an mehr. Büchern - Mitgl. Stud.-Stiftg. d. Dt. Volkes; 1942 KVK; 1932 Aufn. in "Sigma Xi"/USA - Liebh.: Phil., Tiefenpsych., Musik, Weltreisen, Philatelie - Acht Spr. - Lit.: u. a. Europ. Profile.

STIETENCRON, Freiherr von, Heinrich

Dr. phil. habil., o. Prof. u. Direktor Seminar f. Indol. u. vergl. Religionswiss. Univ. Tübingen (s. 1973), Dekan d. Fak. f. Kulturwiss. (1981-82) - Justinus-Kerner-Str. 15/1, 7400 Tübingen - Geb. 18. Juni 1933 Ronco s/A. (Vater: Georg-Eduard v. S.; Mutter: Fides, geb. Goesch), ev., verh. s. 1965 m. Barbara, geb. Thierfelder, 3 Kd. - Stud. Univ. München, London; Promot. 1965 München; Habil. 1970 Heidelberg - 1970-1973 Abt.leit. (f. Religionsgesch. u. Phil.) Südasien-Inst. Heidelberg. 1980-88 Vors. Dt. Vereinig. f. Religionsgesch; s. 1985 2. Vors. Inst. f. Histor. Anthropologie; Schriftl. Saeculum, Jahrb. f. Universalgesch. (s. 1979) - BV: Indische Sonnenpriester: Samba u. d. Sakadvipiya Brahmana, 1966; Ganga u. Yamuna, 1972. Co-Autor: The Cult of Jagannath and the Regional Tradition of Orissa, 1978; Christentum u. Weltreligionen (Herausg. H. Küng) 1984. Herausg.: D. Name Gottes (1975); Angst u. Gewalt, Ihre Präsenz u. ihre Bewältig. in d. Religionen (1979); Dämonen u. Gegengötter. Antagonist. u. antinom. Strukturen i. d. Götterwelt (Saeculum 34/3-4, 1983); Theologen u. Theologien in versch. Kulturkr. (1986); Krieg u. Kultur (Saeculum 37/2, 1986); Hinduismus/Hindu-Religionen, Heilige Schriften, Gott, Heilsweg im Hinduismus. In: König/Waldenfels, Lex. d. Religionen (1987); Tod. u. Wiedergeburt im Hinduismus (1988, H. Waldenfels); Hinduism: On the Proper Use of a Deceptive Term (1989, Sontheimer/Kulke); Geplanter Synkretismus: Kaiser Akbars Religionskritik (1989, Antes/Pahnke).

STIEVE, Friedrich-Ernst

Dr. med., Prof., Erster Dir. u. Prof. i. R. Bundesgesundheitsamt, Berlin/Neuherberg (Leit. Inst. f. Strahlenhygiene a.D. (s. 1971), Gastwissensch. Ges. f. Strahlen- u. Umweltforsch. mbH, Neuherberg - Lindenschmitstr. 45, 8000 München 70 (T. 77 39 19) - Geb. 5. Nov. 1915 München (Vater: Prof. Dr. med. Dr. phil. Hermann S., Ord. f. Anatomie Univ. Halle u. Berlin (s. XI. Ausg.); Mutter: Marie, geb. Müller), verh. 1942 m. Dr. med. Eva, geb. Schubert †, s. 1978 m. Rose Marie, geb. Fritze, 2 Kd. (Angelika, Joan) - Univ. Berlin, München, Tübingen. Promot. 1939; Habil. 1953 - S. 1953 Privatdoz. u. apl. Prof. (1962) Univ. München (zul. Ltd. Oberarzt Inst. u. Poliklinik f. Physikal. Therapie u. Röntgenol.). Etwa 370 Fachveröff. Mithrsg.: Handb. d. Physikal. Therapie - 1963 Holthusen-Ring; Mitgl. Leopoldina; Ehrenmitgl. Österr. Röntgenges. u. a.; s. 1974 Mitgl. United Nations Scientific Commit. on the Effects of Atomic Radiation (UNSCEAR).

STIEVE, Hennig

Dr. rer. nat. (habil.), Prof., Direktor Inst. f. Biologie II, RWTH Aachen - Lemierser Berg 49, 5100 Aachen (T. 1 47 60) - Geb. 19. Juni 1930 Halle/S. (Vater: Prof. Dr. med. Dr. phil. Hermann S., Anatom, s. XI. Ausg.), verh. m. Dr. med. Britta, geb. Miegel - B. 1965 Doz. Univ. Hamburg, dann Ord. TH Aachen (Dir. Zool. Inst.), 1970-85 Inst. f. Neurobiol., KFA Jülich. Facharb.; s. 1985 Dir. Inst. Biol. II, RWTH Aachen.

STIEWITT, Ilse

Regierungspräsidentin Kassel (s. 1992) - Karlshafener Str. 24, 3500 Kassel (T. 0561 - 6 70 00) - Geb. 7. Jan. 1943 Schöningen, ledig - Dipl.-Soz.wirtin 1971 Göttingen - 1972-84 Ref. d. Oberbürgermeisters u. Amtsleit. Stadt Duisburg; 1987-92 Beigeordnete f. Schule, Kultur

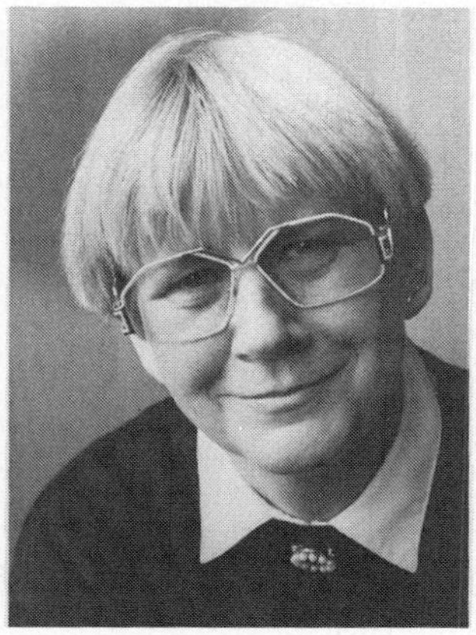

u. Sport Stadt Herne - Liebh.: Klass. Musik, Lit., Reisen - Spr.: Engl., Franz.

STIHL, Hans Peter

Dipl.-Ing., pers. haft. Gesellschafter u. Vors. d. Geschäftsf. Fa. Andreas Stihl, Präs. Dt. Ind. u. Handelstag Bonn (s. 1988) - Badstr. 115, 7050 Waiblingen - Geb. 18. April 1932 Stuttgart (Vater: Andreas St., Ing.; Mutter: Mia, geb. Giersch), ev., verh. - Stud. TH Stuttgart - 1960 Assist. Unternehmensleit., 1966 Mitgl. Geschäftsf., s. 1971 pers. haft. Gesellsch. Fa. Stihl - 1980-88 Vors. Verb. d. Metallind. Baden-Württ. (VMI) Stuttgart; Vizepräs. Gesamtverb. metallind. Arbeitgeberverb., Gesamtmetall Köln; 1981-89 Präs. Bezirkskammer Rems-Murr d. IHK Region Stuttgart; Vizepräs. IHK Neckar; s. 1983 Vizepräs. Inst. d. dt. Wirtsch. (IW), Köln, 1983-88 Schatzmeister ebd.; b. 1988 Vorst.-Mitgl. Verein dt. Maschinen- u. Anlagenbau (VDMA), Fachber. Holzbearbeitungsmaschinen, Frankfurt/M., VDMA, Sektion Baden-Württ. Stuttgart; s. 1988 Präs. Dt. Ind.- u. Handelstag (DIHT) Bonn; 1990 Präs. Ind.- u. Handelskammer Region Stuttgart; Vors. d. Arbeitsgem. d. Ind.- u. Handelskammern Baden-Württ. - Rotarier.

STIKSRUD, Hans Arne

Dr. phil., Dipl.-Psych., Univ.-Prof. f. Entwicklungs- u. Päd. Psychol. Kath. Univ. Eichstätt - Zu erreichen üb. Kath. Univ. Eichstätt, Ostenstr. 26-28, 8078 Eichstätt - Geb. 10. Jan. 1944, verh. m. Dr. Jutta Margraf-Stiksrud, 2 Kd. - Stud. Psych.; Dipl. 1972 Frankfurt; Promot. 1976 Frankfurt, Habil. 1988 FU Berlin - BV: Diagnose u. Bedeutung individueller Werthierarchien, 1976; Jugend u. Werte - Aspekte e. Politischen Psychologie d. Jugendalters (hg.), 1984; Entwicklungsaufgaben u. Bewältigungsprobleme d. Jugendalters (hg. m. D. Liepmann), 1985; Adoleszenz u. Postadoleszenz - Beitr. z. angewandten Jugendpsychologie (hg. m. F. Wobit), 1985; Erziehung, Entfaltung u. Entwicklung (zus. m. E. Schmitz), 1990. Herausg.: Klinische Psychol. Übers./Engl.-Amerik.: Rachman & Teasdale, Verhaltensstörungen u. Aversionstherapie (1975); Lazarus, Multimodale Verhaltenstherapie (1978, m. W. Stifter); Schaefer u. Millman, Kompendium d. Psychotherapie in Kindh. u. Pubertät (1984, m. F. Wobit).

STILCKEN, Rudolf

Vorsitzer Verwaltungsrat Benton & Bowles u. Partner, Werbeagentur - Zellerstr. 19, 2000 Hamburg 73 - Geb. 15. Febr. 1925 Hamburg, verh. s. 1977 m. Angelika Jahr-Stilcken, S. Andreas, S. Alexander u. T. Anna-Constanze - Senior Vice Pres. Benton & Bowles, Inc., New York (1977); AR-Mitgl. Rosenthal Glas u. Porzellan AG (1978-82); Vorst. Rat f. Formgebung (1977) u. Gestaltkr. BDI (1981).

STILETT, Hans

s. Stiehl, Hans Adolf

STILL, Carl-Otto

Dr.-Ing., Mitinhaber u. Geschäftsf. STILL OTTO GMBH, Carl Still GmbH & Co. KG, Dr. C. Otto & Comp. GmbH, alle Bochum, Planung u. Bau v. Kokerei- u. Kohlenwertstoffanlagen, Anlagen f. d. Erdöl-, Erdgas- u. Chem. Ind., Umweltschutzanlagen - Geb. 2. Juni 1940 Recklinghausen (Vater: Dr.-Ing. E.h. Karl-Friedrich St.; Mutter: Marianne, geb. Remmets), ev., verh. s. 1978 m. Beate, geb. Hofmann, T. Stephanie - Humanist. Gymn. Recklinghausen; Stud. Masch.-bau TH München, Stud. Verf.technik RWTH Aachen (Hauptdipl. 1966, Promot. 1971) - Pres. Carl Still Corp., Pittsburgh, USA; Chairman of the Board OSC Process Engineering Ltd., Stockport, England; Board Member Otto India Ltd., Calcutta, Indien, Carbotecnica, Genua, Italien.

STILL, Karl-Friedrich

Dr.-Ing. E. h., Dipl.-Ing., Mitinhaber Carl Still GmbH & Co. KG (Planung u. Bau v. Kokerei- u. Kohlenwertstoffanl. sow. Anlagen f. d. Erdöl-, -gas- u. chem. Industrie), Recklinghausen - Hohenzollernstr. 5a, 4350 Recklinghausen - Geb. 10. Okt. 1911 Recklinghausen (Vater: Dr.-Ing. E. h. Carl S., Firmengründer †1951; Mutter: Hanna, geb. Gürtler †1978), verh. s. 1939 m. Marianne, geb. Remmets †1986, 3 Kd. - 1951-83 Firmenltg. - Ehrenbürger Recklinghausen; Ehrenbürger u. -doktor (1964) TH Aachen.

STILLE, Bernd

Dr. phil., Prof. f. Mikrobiologie - Meßbeuel 2, 5340 Bad Honnef (T. 55 57) - Geb. 25. Aug. 1912 Paderborn (Vater: Bernhard St., Gewerbeoberl.; Mutter: Maria, geb. Henze), kath., verh. s. 1942 m. Hildegard, geb. Leblanc, 5 Söhne (Elmar, Lothar, Reinhard, Berthold, Wolfgang) - Human. Gymn. Paderborn, Univ. Göttingen (Phys., Chem., Botanik, Zool., Mikrobiol.), Promot. 1937, Habil. 1951 Univ. Bonn - S. 1938 Abt.-leit. Reichsforsch.-Anst. f. Lebensmittelfrischhalt. Karlsruhe, 1942-45 Kriegsmarine (Reg.-Rat.), s. 1947 Univ. Bonn, s. 1951 Priv.-Doz., s. 1957 Prof. - Entd.: Erstmals mikro-chem. gesich. Nachweis d. Bakterienzellkernes - Kältetod v. Mikroorganismen (Gesetzmäßigk. d. Absterbeverlaufs). Xerotolerante Pilze - BV: Biol. d. Bodens, 4. A. 1968 - Spr.: Franz.

STILLE, Günther

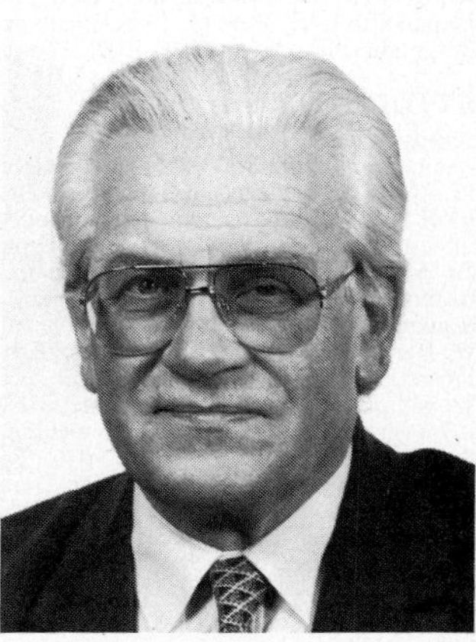

Dr. med., Direktor u. Prof. a. D. Bundesgesundheitsamt - Am Wallberg 49, 2400 Lübeck 14 - Geb. 11. Juli 1923, verh. s. 1946, S. Peter - Stud. Med. Univ. Tübingen, Strassburg u. Kiel (Promot. 1952), Habil. 1970 Bern - Arzt f. Pharmakol. u. Toxikol.; 1979 apl. Prof. FU Berlin; Leit. pharmakol. Entwicklungslaborat. d. pharmazeut. Ind. In- u. Ausl.; Leit. Abt. exper. u. klin. Pharmakol. Bundesgesundheitsamt. Entw. heute in d. Therapie benutzter Psychopharmaka. Herausg.: Handbook of Exper. Pharmacol. Psychotropic

Agents (1982) - Ehrenmitgl. Ges. f. Pharmakol., Schweiz - Spr.: Engl., Franz. - Lit.: Who's who in Medicine.

STILLE, Peter

Rechtsanwalt, Hauptgeschäftsf. des Deutschen Brauer-Bundes e.V. - Annaberger Str. 28, 5300 Bonn 2 (T. 0228 - 9 59 06-0; Fax 9 59 06-16).

STILLER, Axel Bernd

Volkswirt, Immobilienmakler, Präs. Verb. Dt. Makler (s. 1986) - Neymayerring 40, 6710 Frankenthal - Geb. 7. Jan. 1942, verh., 1 Kd. - Graph. Ausb.; Hochsch. f. Wirtsch. u. Politik, Hamburg; grad. Volkswirt - 1968ff. selbst. Immobilienmakler. Vizepräs. Europ. Maklerverb. CEI, Sitz Paris - Goldene Ehrennadel Verb. Dt. Makler - Liebh.: Reisen, Spr., Numism. - Spr.: Engl., Franz., Span.

STILLER, Georg

Bäckermeister, AR-Mitgl. Bayer. Hausbesitzer-Versicherungs-Ges. a. G., München - Kappelgraben 6a, 8503 Altdorf b. Nürnberg (T. 26 78) - Geb. 9. Febr. 1907 Nürnberg (Vater: Ulrich S., Bäckerm.; Mutter: geb. Frank), ev., verh. 1938 m. Walburga, geb. Reinhardt, T. Uta - Realgymn.; Bäckerhandw. Meisterprüf. 1931 - 1939-45 Wehrdst.; 1949-53 Stadtrat Nürnberg. 1953-69 MdB. Ehrenvors. Hausbesitzerverein Nürnberg u. Landesverb. bayer. Haus- u. Grundbes. CSU s. 1946 (1952-69 Vors. Bezirksverb. Nürnberg-Fürth) - 1965 Bayer. VO., 1969 Gr. BVK.

STILLER, Horst

Dr. med., Prof., Direktor Chirurg. Klinik (1964-86) Akad. Lehr- u. Stadtkrankenhaus - Lortzingstr. 7, 6450 Hanau/M. 1 - Geb. 7. Jan. 1921 Hamburg (Vater: Wilhelm S., Kaufm.; Mutter: Margarethe, geb. Moschner), kath., verh. s. 1960 m. Heide, geb. Mackensen, 2 Kd. (Marlene, Peter) - 1939-45 Univ. Breslau, Gießen, Jena. Promot. (1945) u. Habil. (1957) Gießen - 1945-64 Chir. Univ.-Klinik Gießen (zul. Oberarzt; 1957 Privatdoz., 1963 apl. Prof., 1974 Honorar-Prof.). Operationsverfahren: Transsternale Embolektomie b. Lungenembolie (m. K. Vossschulte), Behandl. d. coronaren Luftembolie (mit D. Langrehr u. R. Voss), Vorgehen b. Mitralstenose m. Vorhofthromben, Transduodenale Divertikelplastik b. Duodenaldivertikeln im Papillenbereich, Handbuchbeitr. u. Fachaufs. - 1974 Ehrenzeichen d. DRK; 1978 Ehrenbrief Land Hessen; 1980 Ehrenplakette LÄK Hessen; 1986 Ernst von Bergmann Plak.; 1986 BVK I. Kl.

STILLER, Klaus

Schriftsteller, Rundfunkredakteur - Bamberger Str. 6, 1000 Berlin 30 - Geb. 15. April 1941 Augsburg (Vater: Dr. Josef St. †, prakt. Arzt; Mutter: Friederike, geb. Pfannmüller), verh. s. 1968 m. Dr. Maria, geb. Di Luca), 2 Kd. (Diana, Bruno †) - 1961-68 Stud. German., Roman. Univ. München, Grenoble u. W.-Berlin - BV: D. Absperrung, Erz. 1966; H., Protokoll, 1970; Tageb. e. Weihbischofs, 1972; D. Faschisten, N. 1976; Traumberufe, 1977; Weihnachten, R. 1980; D. heilige Jahr, R. 1986; D. Klassiker d. ital. Lit., Sachb. 1990; Dem Dichter - Sein Vaterland, Erz. 1991; Ach, d. ferne Land, Ged. 1992. Herausg.: Ital. Erz. d. 20. Jh., Anthol. (1982) - 1977 Hermann-Hesse-Förderpreis; Mitgl. PEN - Spr.: Engl., Franz., Ital., Latein.

STILLER, Manfred

Dr.-Ing., Gf. Vorstandsmitglied Dt. Beton-Verein, Vorst.-Mitgl. Güteschutzverband Beton BII-Baustellen, u. Gütegem. Erhaltung v. Bauwerken, Vizepräs. Euro-Intern. Beton-Komitee (CEB) - Hermann-Gitter-Str. 2, 6200 Wiesbaden - Geb. 3. Juni 1930 Berlin - TU Berlin (Bauing.wesen), Dipl.-Ing. - 1955 Dischinger-Preis; 1985 BVK am Bde.; 1990 Ehrenmitgl. d. Intern. Spannbeton-Verb. FIP; 1990 Beuth-Denkmünze d. DIN - Liebh.: Bild. Kunst - Spr.: Engl., Franz.

STILLER, Niklas

Dr. med., Arzt, Schriftst. - Schumannstr. 17, 4000 Düsseldorf 1 - Geb. 19. Sept. 1947, 2 Kd. (Barbara, Nicolas) - Medizinstud.; Promot. - S. 1988 fr. Wissenschafts-Redakt. f. d. J. Springer-Verlag Heidelberg - BV: D. Tod u. d. Flugzeug, 1978; Ordnung durch Fluktuation. E. Gespräch m. Ilya Prigogine, Nobelpreisträger f. Chemie 1977, 1979; Albert Einstein, 1981; Lehrb. d. klin. Akupunktur, 1981; D. gr. Hirnriss, (m. P. Glaser) TB 1983. FS: Lastwagenkrieg, Film, NDR 1982; Z. Ansicht - Ilya Prigogine, Feature WDR 1978; Z. Ansicht - Klaus Traube, Feature WDR 1979. Spiegel-Ess.: D. Arzt u. d. Tod, 1977; E. Ritt üb. d. Bodensee, 1978. Herausg.: Litfasslit. Stadt Düsseldorf - 1976 Förderpreis Stadt Düsseldorf, 1978 Land NRW - Liebh.: Kunst, Naturwiss., Sport - Spr.: Franz., Engl., Ital. - Lit.: Art. in Ztg. u. Ztschr., u.a. D. Spiegel, FAZ.

STILZ, Eberhard

Staatssekretär im Sächs. Staatsministerium d. Justiz (s. 1990) - Geb. 30. Mai 1949 Kleinbottwar/Krs. Ludwigsburg, verh. - Stud. Rechtswiss. 1968-73 Tübingen, Rechtsref. 1973-75 Stuttgart - 1975 Richter LG Tübingen; 1980 Regierungsdir. (Justizmin. Stuttgart); 1988 Min.Rat; 1990 Staatssekr. s.o.

STILZ, Gerhard

Dr. phil., Prof. f. Engl. Philologie Univ. Tübingen - Geb. 12. Nov. 1940 Schnait - Promot. 1967, Habil. 1977 - 1967-68 Univ. Tübingen; 1968-70 Univ. Bombay/Ind.; 1970-79 wieder Univ. Tübingen; 1981-83 Univ. Stuttgart; s. 1983 Univ. Tübingen, 1986 u. 1992 Northern Arizona Univ., USA, 1991 Univ. of Adelaide, Australien; Mitgl. Ges. f. Australien-Stud., Ges. f. d. Neuen Englischsprachigen Literaturen (Vorst.) - BV: D. Anglo-Ind. Kurzgesch., 1980; Drama im Commonwealth, 1981; Grundl. z. Lit. in engl. Spr.: Indien, 1982; Naturalismus in Engl. (m. W. Greiner), 1983; Australienstud. in Dtschl. (m. H. Lamping), 1990; Mensch u. Natur in Australien, 1991. Herausg.: Grundlagen z. Literatur in engl. Sprache (s. 1982); German-Australian Studies/Dt.-Austral. Studien (s. 1989); Jahrbuch d. Ges. f. d. Neuen Engl.sprachigen Literaturen (s. 1990); Ztschr. f. Anglistik u. Amerikanistik (s. 1991).

STILZ, Walter

Dr. rer. nat., Chemiker, Direktor BASF AG Ludwigshafen - BASF, 6700 Ludwigshafen (T. 0621 - 6 01) - ev., verh. s. 1959 m. Waltraud, geb. Ludwig, 2 Kd. (Susanne, Hans-Ulrich) - Human. Gymn.; 1948-55 Stud. Chemie Univ. Tübingen; Promot. 1955.

STIMPEL, Hans-Martin

Dr. phil., Prof. f. Pädagogik - Ludwig-Beck-Str. 17, 3400 Göttingen - Geb. 26. Aug. 1926 Oybin/Sa. (Vater: Paul S., Schulleiter; Mutter: Martha, geb. Heitmann), ev., verh. s. 1949 m. Rosmarie, geb. Tielking, 3 Söhne (Burkhard, Roland, Hartmut) - Gymn. Zittau (Abit. 1946 Holzminden); Päd. Hochsch. Celle (beide Lehrerprüf.); Univ. Göttingen u. Bonn (Päd., Phil., Dt. Philol., Gesch.) - 1943-1946 Soldat u. Gefangensch.; 1949-51 Lehrer; s. 1954 Assist., Doz. (1959) u. Prof. (1961) Univ. Göttingen - BV: Erziehungswiss., Lehrerbild. u. Schule in d. Bundesrep. Dtschl. u. in Schweden, Informationen 1 - 3, 1968; Schüler, Lehrerstudenten u. Politik - E. intern. Vergleich, 1970; Studien- u. Forschungsprojekte 1967-82, zahlr. Ber. hierüber.

STIMPEL, Walter

Dr. h.c., Vizepräsident Bundesgerichtshof (s. 1978) - Rebgärtenstr. 9, 7500 Karlsruhe 41 - Geb. 29. Nov. 1917 - U. a. OLG-Rat Braunschweig u. Leit. Landesjustizprüfungsamt Hannover (1961 ff.); s. 1965 Bundesrichter u. Senatspräs. (1971; 2. Zivilsenat), dann stv. Präs. BGH; 1989 Honorarprof. Univ. Heidelberg - 1982 Ehrendoktor Univ. Tübingen.

STIMPFLE, Josef

Dr. theol., Dr. h. c. (Kath.-Theol. Fak. Univ. Augsburg 1985), Kath. Bischof v. Augsburg (1963-92) - Hoher Weg 18, 8900 Augsburg (T. 51 93 08) - Geb. 25. März 1916 Maihingen/Schwaben - Stud. Gregoriana u. Germanicum Rom (Phil., Theol.). Priesterweihe 1946 - Stadtkaplan Augsburg (St. Peter u. Paul, St. Ulrich), Subregens Dillingen. Sonderdelegat d. Hl. Stuhles f. d. Päpstl. Hilfswerk Kirche in Not/Ostpriesterhilfe in Königstein - BV: Die Grundwerte in d. Sicht d. Kath. Kirche, Stuttgart 1978 - 1964 Friedenskreuz Dt.-Franz. Union d. Friedens in soldat. Kameradschaft; 1966 Bayer. VO.; 1978 Gr. BVK; 1970 Prior Bayerische Sektion/Ritterorden v. Hl. Grab zu Jerusalem u. Komtur m. Stern; 1981 Eintrag Gold. Buch Jüd. Nationalfonds Jerusalem; 1982 Großkreuz VO Ital. Rep.; 1984 Europa-Verdienstmed. - Liebh.: Bergsteigen (Hochalpinist) - Lit.: Konrad Lachemayr, Gespräche m. d. Bischof (1980) - Bes. Ehrung: Namensstiftg. Bar-Ilan-Univ. Tel Aviv (Israel).

STINGL, Helmut

Dr. rer. nat., o. Prof. f. Geomorphologie Univ. Bayreuth - Am Sommeracker 10, 8651 Trebgast (T. 44 94) - Geb. 6. Juni 1936 Bad Königswart (Vater: Waldemar St., Bürgerschuldir.; Mutter: Maria, geb. Hartl), kath., verh. s. 1967 m. Beate, geb. Peiffer, Ärztin, 2 Kd. (Veronika, Jörg Arnulf) - Univ. Münster, München, Göttingen (Geogr., Geol., Pedol.; Promot. 1968); Habil. 1977 Univ. Erlangen - 1968-77 wiss. Assist. Univ. Göttingen, Köln u. Erlangen; 1977-79 wiss. Rat u. Prof. Univ. Bayreuth; ab 1979 Univ. Eichstätt (Lehrst. f. Phys. Geogr., 1980-81 Dekan); s. 1982 Lehrst. f. Geomorphol. Univ. Bayreuth. Geoökol.-geomorphol. Forsch. in Hochgebirgen, Trockengeb. u. Südamerika - BV: E. periglazialmorphol. Nord-Süd-Profil durch d. Ostalpen, 1969; Strukturformen u. Fußflächen im westl. Argentinien, 1979; Südamerika-Geomorphologie u. Paläoökologie im jüngeren Quartär, 1985, 1991 (Mithrsg.).

STINGL, Josef

Dr. h. c., Prof., Präsident a. D. Bundesanstalt f. Arbeit - Delmondstr. 32, 5456 Rheinbrohl (T. 02635 - 53 33) - Geb. 19. März 1919 Maria-Kulm/Böhmen (Vater: Georg S., Bäckermeister; Mutter: Amalie, geb. Hüttl), kath., verh. s. 1943 m. Dorothea, geb. Behmke †, 5 Kd., in 2. Ehe m. Dipl.-Pol. Elvira Lougear-St., geb. Stark - Gymn. Eger; Deutsche Hochschule f. Politik, Berlin (Dipl. 1951) - 1939-45 Wehrdst. (Flugzeugführer u. Beobachter, zul. Oblt.) u. engl. Gefangensch., dann neben Stud. Angest. Wohnungsbauges., wiss. Hilfsassist. DHfP (Sozialpolitik u. intern. Bezieh.), Angest. IHK Berlin (Ref. Sozialpol.), 1953-68 (Mandatsniederleg.) MdB/Vertr. Berlins (1963 Vors. Arbeitskr. Arbeit u. Soziales CDU/CSU-Fraktion, 1965-73 Vors. CDU-Fachaussch. Sozialpolitik), 1968-84 Präs. Bundesanst. f. Arbeitsvermittl. u. -losenversich. bzw. f. Arbeit. Lehrbeauftr. Hochsch. f. Verw.-Wiss. Speyer u. Hon.prof. Univ. Bamberg. 1964-69 Vors. Landesverb. Oder/Neiße CDU/CSU. 1964-73 Mitgl. CDU-Bundesvorst. u. Vorst. Christl.-Demokr. Arbeitnehmersch.; Ehrenvors. Ackermann-Gemeinde. Vizepräs. 80. Dt. Katholikentag 1964 Stuttgart. Gemeins. Syn. d. Bistümer in d. Bundesrep. Deutschl.; Mitgl. Zentralkomitee Dt. Katholiken; Mitgl. Dt. Sektion Päpstl. Hilfswerk Kirche in Not/Ostpriesterhilfe; Vorst.-Mitgl. Intern. Bund f. Sozialarbeit; Neutraler Mann im AR Vereinigte Schmiedewerke GmbH - Div. Kriegsausz., dar. Dt. Kreuz in Gold; 1971 Bayer. VO.; Gr. BVK m. Stern; Komtur m. Stern d. Gregorius-Ord.; Großoffz.kreuz d. VO. d. ital. Rep.; 1976 Ehrensenator Univ. Mannheim; 1979 Ehrendoktor (rer. publ.) Hochsch. f. Verwaltungswiss., Speyer; 1984 Heinrich-Brauns-Preis Bistum Essen, Hermann-Lindrath-Preis, Großkreuz päpstl. Gregoriusorden; 1984 Rehabilitationspreis d. Reichsbund.; BVK, Stern u. Schulterbd. dazu; 1984 Europ. Karls-Preis d. Sudetendt. Landsmannsch.; Kolping Ehrenz.; Handwerksehrennadel; Paul Klinger-Preis d. DAG - Spr.: Tschech. - Rotarier.

STINGL, Josef

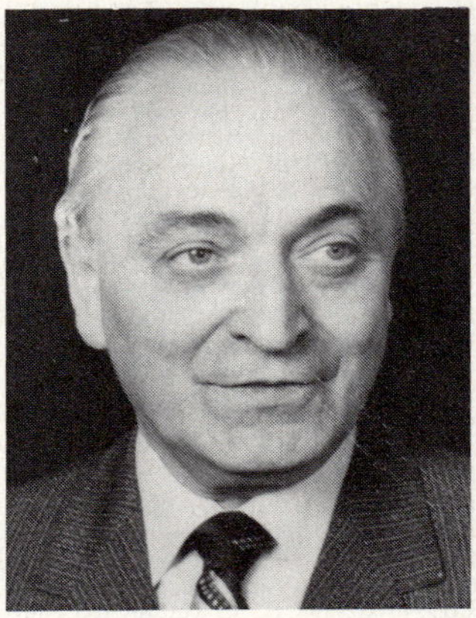

Dipl.-Pol., Geschäftsführendes Vorstandsmitglied Dt. Arbeitgeber-Verb., Vizepräs. EUROPMI, gf. Vorst. Verb. d. Selbständigen in Berlin - Leydenallee 53a, 1000 Berlin 41 - Geb. 31. Dez. 1922 Rothof (Vater: Josef Stingl; Mutter: Theres, geb. Binder), verh. m. Maria, geb. Heiser - Stud. Polit. Wiss. u. Rechtswiss. Univ. München, Bonn u. Berlin - Hochschulassist., wiss. Mitarb.; Geschäftsf. Berliner Anwaltsverein, Verb. d. fr. Berufe in Berlin u. Dramatiker Union. Ehrenvors. Wirtsch.- u. Mittelstandsvereinig. Berlin. Ehrenamtl. Finanzrichter. Schriftleit. bzw. Redaktionsmitgl. v. Verb.ztschr.; u.a. Abh. in Personal-Enzyklop. - Zahlr. Ausz., Ehrenmitgl. u. sonst. Ehrungen, dar. BVK I. Kl., Preis aus d. Theodor-Heuss-Stiftg.

STINGL, Manfred

Dr. rer. nat., Prof. f. Theoretische Physik - Institut f. Theoret. Physik I Univ. Münster, Wilhelm-Klemm-Str. 9, 4400 Münster - Geb. 20. März 1939 München (Vater: Eduard St., Dipl.-Ing.; Mutter: Berta, geb. Wutz), kath., verh. s. 1968 m. Dr. Elisabeth, geb. Elendt, 2 T. (Bettina, Susanne) - 1960-66 Univ. Stuttgart u. Freiburg (Phys., Math.), Promot. Freiburg 1968 - 1972 Priv.-Doz. f. Physik Univ. Freiburg, s. 1973 Prof. Univ. Münster - Versch. Beitr. z. Quantentheorie d. Stoßproz., Theoret. Mittelenergiephysik, Quantenchromodynamik - Spr.: Engl.

STITZ-ULRICI, Rolf

Schriftsteller - Haus Ursula, 8214 Bernau/Chiemsee (T. Prien 73 17) - Geb. 7. März 1922 Berlin (Vater: Leonhard S.-U., Bankdir. † 1982 (s. XIV. Ausg.); Mutter: Erika, geb. Ulrici), ev., verh. s. 1946 m. Ingeborg, geb. Thom, Sohn Manuel - Fichte-Gymn. (Abit. 1941) u. Friedr.-Wilh.-Univ. Berlin - Ständ. Redakt.-Mitgl. Wassersportmagazin Skipper - BV (z. T. in Übers.): u. a. Käpt'n Konny, Jugendb. 4 Bde. 1954 (GA. etwa 5 Mill.; auch Schallpl.); Kai erobert Brixholm, Jgdb. (verfilmt) 1960; D. Oder gluckste vor Vergnügen, heit. R. 1960 (im ZDF verfilmt 1971); D. schöne Fräulein u. d. Herren Primaner, Erz. 1961; Wien, Wien - nur du allein ..., R. 1965; D. Mädchen u. d. Millionär, R. 1969; 8 Bde. Monitor, Science fiction f. Jugendl., 1972-75; neue Käpt'n Konny-Serie 1974 (auch verfilmt ZDF, 13 Teile); Griganto-Serie, 1975; Schallpl. Monitor, Käpt'n Konny, 1974/75; Reiterserie, 1981; Superhirn, Science-fiction-Serie 1982/83; Fußballer Konny, 1982; u. weit. rd. 50 Jugendb. - 1953 Dt. Jugendb.preis (Käpt'n Konny); 1965 Ehrenmed. Bayer. Rotes Kreuz; Würdig. durch Papst Paul VI.; 1974 Buchhandelsmed. Ao Servico da Cultura, Lissabon; 1974 Bona fide - Ehrencowboy v. Big Wyoming, USA durch Gouverneur Hathawey; 1968 Gold. Buch Franz-Schneider-Verl. - Stifter d. Rolf-Ulrici-Preises (Premio Rolf Ulrici 1974) f. Portugal.

STOBBE, Alfred

Dr. sc. pol., Dipl.-Volksw., o. Prof. i. R. f. Volkswirtschaftslehre u. Ökonometrie - Andreas-Hofer-Str. 50, 6800 Mannheim (T. 79 53 84) - Geb. 10. Okt. 1924 Königsberg/Preußen - Seit 1961 (Habil.) Lehrtätigk. Univ. Kiel, FU Berlin (1963 o. Prof.), WH bzw. Univ. Mannheim (o. Prof.), Univ. Hamburg, Heidelberg, Saarbrücken - BV: Unters. z. makroökonom. Theorie d. Einkommensverteilung, 1962; Volksw. Rechnungswesen, 1966, 7. A. 1989; Mikroökonomik, 1983, 2. A. 1991; Volksw.lehre III - Makroökonomik, 1975, 2. A. 1987.

STOBBE, Dietrich

Reg. Bürgermeister a. D. - Geb. 25. März 1938 Weepers/Ostpr., verh., 2 Söhne - Abitur 1958 Stade; Dipl.-Polit. 1962 Berlin (FU) - 1963-66 Pers. Ref. u. Presseref. Senator f. Jugend u. Sport; 1966-1967 Direktionsassist. Berliner Kindl Brauerei AG.; 1967-73 Fraktionsgeschäftsf. Abgeordnetenhaus; 1973-77 Senator f. Bundesangelegenh.; 1977-81 (Rücktr.) Reg. Bürgerm. (alles Berlin); 1981-83 Leit. Büro Friedr.-Ebert-Stiftg. New York. 1967-81 MdA. SPD s. 1960 (1977 Mitgl. Bundesvorst., 1979 Landesvors. Berlin); 1983-90 MdB/Vertr. Berlins. 1979 Bundesratspräs.

STOBBE, Hanna,
geb. Kleist

Dipl. sc. pol., Ehrenvors. TSV Mannheim v. 1846 - Andreas-Hofer-Str. 50, 6800 Mannheim 51 - Geb. 23. Mai 1930 Freiburg i. Br., verh. s. 1954 m. Alfred St., 3 Töcht. (Tania, Julia, Xenia) - Volkswirtschaftsstud. Univ. Kiel; Ex. 1956 - 1956-64 fr. wiss. Mitarb. Inst. f. Weltwirtschaft Kiel; s. 1986 Mitgl. wiss. Beirat Dt. Sportbund - BV: Volkswirtschaftl. Gesamtrechnung, 1960; Einkommensverteilung als theoretisches u. statistisches Problem, 1964 - BVK am Bde.

STOBER, Rolf

Dr. jur., Prof. f. Öfftl. Recht Univ. Dresden - Am Blütenhain 33, 4400 Münster - Geb. 11. Juni 1943 Baden-Baden, verh. s. 1973, 2 Kd. - 1. jurist. Staatsex. 1970, Promot. u. 2. jurist. Staatsex. 1972, Habil. 1979 Mannheim (Staats- u. Verw.recht, Verfass.- u. Verw.prozeßrecht) - 1970 Wiss. Hilfskraft; 1973 Wiss. Mitarb. OVG Koblenz, Richter Verw.gericht; 1975 Prof. f. Staats- u. Verw.recht FHS f. öfftl. Verw. Stuttgart; 1977 FHS f. öfftl. Verw. NRW, Abt. Köln; 1979 Privatdoz. Univ. Mannheim; 1979/80 Lehrstuhlvertr. Univ. Tübingen u. München; 1981 Univ.-Prof. Münster; s. 1990 Gastprof. in Leipzig, 1992 Gründungsprof. Univ. Dresden - BV: Schüler als Amtshelfer, 1972; Kommunalrecht, 1975; Verw.prozeßrecht, 1976; Grundges. m. Anmerk., 1978; Grundpflichten u. Grundges., 1979; Wirtschaftsverw.recht, 7. A. 1991; D. Ehrenbeamte in Verfass. u. Verw., 1981; Rechtsfragen z. Massentierhaltg., 1982 u. 1990; Kommunale Ämterverfass. u. Staatsverfass., 1982; Quellen z. Gesch. d. Wirtsch.rechts, 1986; Rechtsfragen b. Mitgliederklagen, 1985; Kommentar Ladenschlußg, 3. A. 1990; Wolff/Bachof/Stober, Verwaltungsrecht II, 5. A. 1987; JuS mit Jux, 2. A. 1991; Kommunalrecht, 2. A. 1992; Handb. Wirtschaftsverw.- u. Umweltrecht, 1989; EG-Binnenmarkt u. dt. Wirtschaft, 1990; D. öfftl. best. Sachverständige, 1991; D. IHK zwischen Staat u. Wirtschaft, 1992. Mitverf. mehr. Art. im Bonner Kommentar z. GG, 1983ff., Kommentar z. Sozialgesetzbuch u. Kommentar z. Gewerbeordnung. Herausg.: Taschenkommentare u. Studien z. öffent. Wirtsch.recht; Eigentumsschutz sozialrechtl. Positionen, (1986); Praktikerschriften z. öffentl. Recht; Wirtschaftsverwaltungsrecht in Europa, 1992; Textausg. Wichtige Wirtschaftsverw.- u. Gewerbegesetze (5. A. 1991); Wichtige Umweltgesetze f. d. Wirtschaft (3. A. 1991); Wichtige Vorschriften zur öffentlichen Auftragsvergabe; Entscheidungssammlung z. Gewerberecht (1989). Mithrsg.: Lexikon d. Rechts, Lexikon d. Wirtsch.rechts. Zahlr. Aufs. in den wichtigsten Fachztschr. d. öfftl. Rechts.

STOCHDORPH, Otto

Dr. med., em. o. Prof. f. Neuropathol. - Untertaxetweg 79, 8035 Gauting/Obb. (T. München 850 32 06) - Geb. 1. April 1914 Stuttgart, ev., verh. s. 1951 m. Dr. med. Brigitte, geb. Rössler, 2 Töcht. (Catharine, Barbara) - S. 1955 (Habil.) Med. Akad. Düsseldorf (Privatdoz.), Univ. Frankfurt/M. (1961 apl. Prof.) u. München (1965 ao., 1969 o. Prof.); emerit. 1982. Mitgl. Dt. Ges. f. Pathol., Vereinig. Dt. Neuropathol., American Assoc. of Neuropathol. - BV: Gewebsbilder d. Hirngewächse, 1955. Div. Einzelarb.

STOCK, Heinrich

Landwirt, MdL Schlesw.-Holst. (Wahlkr. 22/Segeberg Ost) - An den Tannen 1, 2361 Seedorf-Weiterwelt - Geb. 26. Okt. 1930 Marnitz/Mecklenburg - CDU.

STOCK, Josef

Kaufmann, Nieders. Minister d. Innern u. stv. Ministerpräs. 1988-90), MdL Nieders. (s. 1974) - Am Ring 5, 4520 Melle 9 (T. 05429 - 3 90) - Geb. 11. Juli 1938 Wellingholzhausen, kath., verh. s. 1972 m. Gisela, geb. Wulbusch, 2 Kd. - S. 1974 Landt.-Abgeordn. (1976-88 Wirtschaftspolit. Sprecher CDU-Frakt., 1982-86 stv. Fraktionsvors., 1986-88 Fraktionsvors. d. CDU im Nieders. Landtag). CDU.

STOCK, Karin,
geb. Meißner

Dipl.-Volksw., Geschäftsführerin Verbraucherzentrale Rheinland-Pfalz - Gr. Langgasse 16, 6500 Mainz - Geb. 21. Juli 1942 Berlin - Gymn.; Stud. Volksw. (Dipl.) u. Europ. Integr. (Nachdipl. Amsterdam) - Tätigk. Bankwesen, Ind., Versich. - Spr.: Engl.

STOCK, Martin

Dr. jur., Prof. f. Staats- u. Verwaltungsrecht Univ. Bielefeld - Zu erreichen üb. Univ., Fak. f. Rechtswiss., 4800 Bielefeld 1 - Geb. 18. Okt. 1933 Drossen (Vater: Hans St., Prof.; Mutter: Luise, geb. Kocks), ev. - Promot. 1970 Univ. Göttingen; Habil. 1974 Univ. München - BV: Päd. Freiheit u. polit. Auftrag d. Schule, 1971; Z. Theorie d. Koordinationsrundf., 1981; Koordinationsrundf. im Modellversuch, 1981; Medienfreiheit als Funktionsgrundrecht, 1985; Landesmedienrecht im Wandel, 1986; Neues Privatrundfunkrecht, 1987.

STOCK, Mechtilde

Dipl.-Volksw., Geschäftsführerin Verbraucher-Zentrale Hessen - Berliner Str. 27, 6000 Frankfurt/M. 1 - Geb. 9. März 1936 Offenbach am Main.

STOCK, Reinhard

Dr. rer. nat., Physiker, Prof. f. Experimentalphysik Univ. Frankfurt, Inst. f. Kernphysik - August Euler Str. 6, 6000 Frankfurt - Geb. 31. Juli 1938 Bielefeld.

STOCKBAUER, Berthold

Dipl.-Ing., Geschäftsführer Metallwerk Olsberg GmbH., Essen-Katernberg - Ruhrland 23, 4300 Essen-Werden - Geb. 21. Mai 1913.

STOCKER, Karl

Dr. phil., o.ö. Prof. f. Didaktik d. Deutschen Sprache u. Literatur/Schwerp. Lit./Medien, Inst. f. Deutsche Philol. Univ. München - Schrämelstr. 110, 8000 München 60 (T. 089 - 88 27 02) - Geb. 11. Juli 1929 Bärnau/Obpf., kath., verh. s. 1962 m. Ute, geb. Gebhardt, 2 Söhne (Richard, Leo) - Volkssch. Bärnau u. Bogen/Donau; Oberrealsch. Straubing; Stud. Univ. Regensburg, St. Louis/USA, München; Promot. 1956 München;

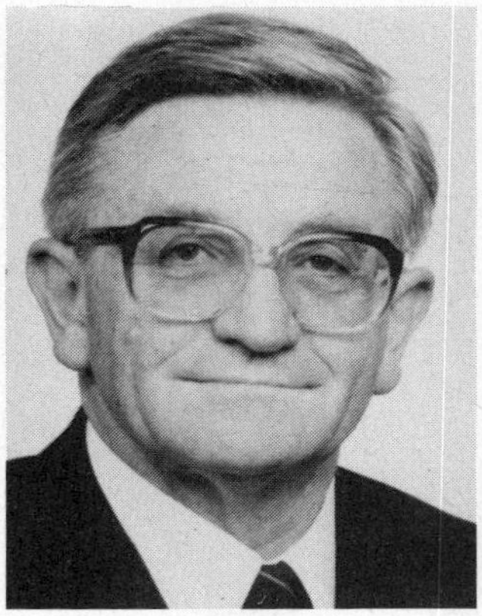

Staatsex. I u. II f. d. Lehramt an Höh. Schulen - Stud.-Ass., -Rat, OStR, Sem.-Lehrer, Gymnas.-Prof., 1970 o. Prof. PH München; o. Prof. Univ. München; 1959-70 nebenamtl. Ausb.-L. Goethe-Inst. München; Lehrerfortbildung Inland; Vortr. u. Intensivsem. in europ. Ländern, Afrika, Ostasien, Südostasien, Indien, Nord- u. Südamerika - BV: Dt. Aufs., 1970; Dramat. Formen in did. Sicht, 2. A. 1977; Praxis d. Arb. m. Texten, 3. A. 1977; Praxis d. Lit.unterr. im Gymn., 1979; V. Lesen z. Interpretieren, 1988. Herausg.: Taschenlexikon d. Lit.- u. Sprachdidaktik, 2 Bde. (1976, Nachdr. 1984, 2. A. 1987); Lit. d. Mod. im Deutschunterr. (1981). Mithrsg.: Handb. d. Deutschdidaktik, 2 Bde.; Hirschgraben-Leseb., 5 Bde. (1986ff.); DFG-Proj. Interesse an Lit. b. Jugendl. (1987, m. H. Schiefele); Literaturinteresse. Ansatzpunkte e. Literaturdidaktik (1990, m. H. Schiefele). Ca. 200 Beitr. f. Fachztschr.; Filmgutachten (LB/München); Schulferns., Schulfunk, Unterrichtsmitschau; Lehrplan-Ber.; Inst. Jugend, Film, Ferns.; Beirat Ztschr. Päd. Welt - 1989 BVK am Bde.

STOCKER, Wilhelm

Dr. rer. nat., Prof. f. theoret. Physik Univ. München - Im Wismat 28, 8000 München 60 - Geb. 27. Mai 1940 Wangen (Vater: Wilhelm St., Oberlandw.rat; Mutter: Maria, geb. Sommer), verh. m. Elke, geb. Staud, 2 Kd. (Manfred, Michaela) - Promot. 1967 Univ. Köln, Habil. 1973 Univ. München - 1974 Univ.-Doz. München; 1980ff. Prof. ebd. Forsch.aufenth. in Orsay, Montreal, Santa Barbara, Los Alamos, Bordeaux, Seattle - Fachveröff. z. theoret. Physik - Spr.: Engl., Franz.

STOCKHAUSEN, von, Hans-Gottfried

Maler, em. Prof. Staatl. Akad. d. bild. Künste, Stuttgart - Ed.-Hiller-Str. 22, 7064 Remshalden-Buoch (T. 07151 - 7 12 75) - Geb. 12. Mai 1920.

STOCKHAUSEN, Josef

Dr. med., Prof., Internist, Sozialmediziner, Publizist, Hauptgeschäftsführer Bundesärztekammer u. d. Dt. Ärztetages a. D. - Clarenbachstr. 239a, 5000 Köln 41 Lindenthal (T. 40 47 19) - Geb. 1. Febr. 1918 Elspe/Sauerland (Vater: Emil S.; Mutter: Elisabeth, geb. Biermann), kath., verh. m. Dr. med. Anneliese, geb. Gutmann, 5 Kd. - Gymn. Dortmund; Univ. Gießen, Jena, Frankfurt/M., Düsseldorf, Innsbruck, Freiburg - Kriegsteiln., Truppenarzt (heute Oberstarzt d.R.); 1949-74 Vorst., gf. Arzt u. Hgf. Bundesärztek. u. Ärztetag; Honorarprof. Univ. Marburg (s. 1968). Mitgl. zahlr. wiss. Vereinig. u. öfftl. Ehrenämter. Mitbegr. Verb. d. angest. Ärzte Dtschl. (Marburger Bund). CDU (Rheinl.-Westf. Leit. Referat ärztl. Fortb. d. Internisten Verb. Gesundheitspol. Aussch.). Zahlr. Veröff. in med. Fachpresse, Rundfunk u. Fernsehen, Autor mehr. Bücher - 1968 BVK I. Kl.; 1978 Gr. BVK; Komturkreuz; ital.

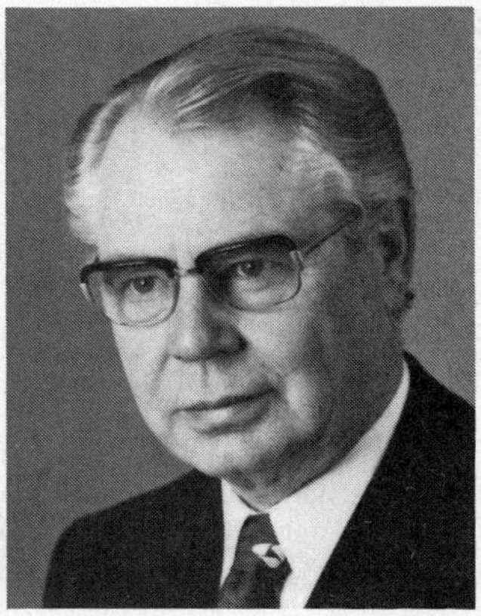

VO.; Gr. Ehrenz. d. Rep. Österr.; Gold. Ehrenzeichen d. Landes Kärnten; Ehrenbecher Land Salzburg; Paracelsus-Med. Dt. Ärztesch.; Ehrenz. d. dt. Zahnärzte u. d. dt. Apotheker; Ehrenz. f. Verd. um d. ärztl. Fortbildung; E.-v.-Bergmann-Plak.; Budelmann-Med. f. Verd. um d. Innere Med.; EK I u. II; Gold. Sportabz.; Wilh.-v. Humboldt-Plak. Bundesverb. Freier Berufe; Ehrenmitgl. Präs. d. Dt. Ärztetages, Berufsverb. Dt. Internisten, Dt. Med. Ges. v. Chicago, u. Marburger Bund, Verb. d. angest. Ärzte Dtschl.

STOCKHAUSEN, Karl

Landwirtschaftsmeister, MdB (1983-87 u. s. 1990, Landesliste Hessen) - Haubertstr. 25, 3549 Twistetal-Berndorf - Geb. 4. Jan. 1928 Berndorf, ev., verh., 1 Kd. - Landwirtsch. Fachsch.; Landwirtsch. Meisterprüf. 1955 - 1944-45 Wehrdst., anschl. russ. Gefangensch. Mitgl. Vorst. VEW Kr. Waldeck. MdK Waldeck 1974-90, Vors. CDU-Frakt.; Mitgl. d. Verteidig.aussch. CDU s. 1957 - BVK.

STOCKHAUSEN, Karlheinz

Prof., Komponist, Dirigent (Interpret eig. Werke) - Zu erreichen üb. Stockhausen-Verlag, 5067 Kürten - Geb. 22. Aug. 1928 Mödrath (Vater: Simon S., Volksschullehrer; Mutter: Gertrud, geb. Stupp), verh. I) 1951 m. Doris, geb. Andreae, 4 Kd. (Suja, Christel, Markus, Majella), II) 1967 Mary, geb. Bauermeister, 2 Kd. (Julika, Simon) - Gymn.; Musikhochsch. Köln (Klavier, Schulmusik), Univ. Köln (Musikwissensch., Phil., German.) u. Bonn (Phonetik, Kommunikationsforsch.). Staatsex. 1951 - S. 1953 ständ. Mitarb. u. Studioleit. (1963) WDR. 1971-77 o. Prof. f. Kompos. Musikhochsch. Köln. Doz. Intern. Ferienkurse f. Neue Musik Darmstadt (1955ff.) u. Kölner Kurse f. Neue Musik (1963ff.); Lehrauftr. USA u. Kompositionsauftr. Japan. Repräsentant dt. Musik Weltausstellung 1970 Osaka (Kugelbau/Dt. Pavillon). Üb. 200 selbständig aufführbare Kompos., u.a. Donnerstag aus Licht (Oper), Welt-UA 1981 Mailänder Scala, Samstag aus Licht (Oper), Welt-UA 1984 Mailänder Scala, Montag aus Licht (Oper), Welt-UA 1988 Mailänder Scala, 6 Bde. seiner Texte z. Musik (DuMONT-Buchverlag), üb. 100 Schallplatten m. eig. W. - 1964 Preis d. dt. Schallplattenkritik; 1966 u. 72 Ital. Pr. f. Orch.w. SIMC; 1968 Grand Prix du Disque; 1968, 69 u. 71 Edison-Pr.; 1974 BVK I. Kl.; 1968 Mitgl. Fr. Akad. d. Künste Hamburg, 1970 d. Schwed. Königl. Akad., 1973 Akad. d. Künste, Berlin, 1977 Acad. Filharmonia Romana, 1979 American Acad. and Inst. of Arts and Letters, 1980 Acad. Européenne d. Sciences, d. arts et d. Lettres; 1981 Pr. ital. Musikkritik (f. Donnerstag aus Licht); 1982 Dt. Schallplattenpr. (Dt. Phono-Akad.); 1983 Diapason d'or f. Donnerstag aus Licht; 1985 Commandeur dans l'Ordre des Arts et des Lettres; 1986 Ernst v. Siemens Musik-Preis; 1988 Ehrenbürger v. Kürten; 1989 Hon. Membership of the American Acad. of Arts and Sciences; 1990 Prix ars Electronica, Österr. - Spr.: Engl., Franz., Ital. - Lit.: J. Cott, St. - Conservations with the composer; Wörner/Hopkins, St., the Life and Work; J. Harvey, The music of St.; R. Maconie, St.; Barry Sullivan/Fritz Weiland: Stockhausen in Den Haag; Herman Sabbe: D. Einheit d. Stockhausen-Zeit; Seagull Books Nagel/Bose: Stockhausen in Calcutta; Cardew: Stockhausen; Mya Tannenbaum: Stockhausen; Fred Ritzel: Musik f. e. Haus (Kompositionsstudio Stockhausen); Rolf Gehlhaar: Ensemble (Kompositionsstudio Stockhausen); Jerome Joseph Kohl: Serial and non-serial techniques in the music of Karlheinz Stockhausen.

STOCKMEIER, Wolfgang

Dr. phil., Prof. f. Orgel, Improvisation u. Theorie Musikhochsch. Köln (s. 1960), Leiter Inst. f. ev. Kirchenmusik - Obere Heeg 4, 5620 Velbert-Langenberg (T. 02052 - 17 14) - Geb. 13. Dez. 1931 Essen (Vater: Julius S., kaufm. Angest.; Mutter: Wilhelmine, geb. Welsch), ev., verh. s. 1962 m. Ingrid, geb. Pack, 3 Kd. (Uwe, Elke, Detlev) - 1961-73 Lehrauftrag Univ. Köln, 1969-72 Landeskirchenmusiksch. Herford - BV: Musikal. Formprinzipien, 1967; D. Programmusik, 1970 (engl. 1970). Aufs. - Übers.: Sappho, Gedichte - W.: Chor-, Orgel-, Orch.-, Kammermusik-, Klavierwerke; Oratorien Jona, Historien, Jesus. Schallplatten, Rundfunkaufn. - 1983 Preis d. dt. Schallplattenkritik, 1987 Dt. Schallplattenpreis.

STODIEK, Dieter

Direktor, Vorst. H. Stodiek & Co. AG. - Bismarckstr. 6, 4800 Bielefeld - Geb. 23. Jan. 1934.

STODTMEISTER, Richard

Dr. med., Prof., Ltd. Oberarzt Univ.-Augenklinik Ulm - Weizenweg 14, 7910 Neu-Ulm (Burlafingen) (T. 0731 - 71 05 45) - Geb. 2. Jan. 1940 St. Gallen (Vater: Dr. Dr. med. Rudolf St., Prof.; Mutter: Hedwig, geb. Hartmann), ev., verh. s. 1969 m. Nelda, geb. Rava, 3 Kd. (Anne, Maike, Nils) - 1962-69 Med.-Stud. Univ. Kiel u. Heidelberg, Promot. 1969; Habil. 1979 Bonn - 1970-72 Mitarb. Max Planck-Inst. Bad Nauheim; 1973-80 Assist. Univ.-Augenkliniken Frankfurt u. Bonn; s. 1980 Ltd. Oberarzt Univ.-Augenklinik Ulm. Zahlr. Art. in wiss. Ztschr. - Spr.: Engl.

STODTMEISTER, Rudolf

Dr. med., Dr. phil., Prof., Internist - Humboldtstr. Nr. 55, 7530 Pforzheim (T. 3 19 61) - Geb. 19. Jan. 1908 Detmold (Vater: Paul S.; Mutter: Ella, geb. Gaedke), ev., verh. s. 1936 m. Hedwig, geb. Hartmann, 5 Kd. (Walther, Richard, Gertrud, Martin, Herta) - 1934-46 Assist. Med. Univ.skliniken Berlin (Charite, Prof. Siebeck) u. Heidelberg (Ludolf-Krehl-Klinik; 1938 Privatdoz., 1944 apl. Prof.); 1947-50 Chefarzt Inn. Abt. Elisabethen-Stift Darmstadt; 1950-73 Chefarzt Med. Klinik Städt. Krkhs. Pforzheim - BV: Moderne Eisentherapie, 1943 (m. Prof. Büchmann); Osteosklerose u. Knochenmarkfibrose, 1953 (m. Dr. Sandkühler u. Dr. Laur); Experimentelle u. klin. Strahlenhämatologie, 1961 (m. Prof. Fliedner).

STOEBE, Hans-Joachim

Dr. theol., em. o. Prof. f. Altes Testament Univ. Basel (s. 1961) - Postfach, Gundeldingerrain 110, CH-4024 Basel (T. 061 - 35 52 01) - Geb. 24. Febr. 1909 Berlin (Vater: Robert S., Beamter; Mutter: Elvira, geb. Schneider), ev., verh. s. 1943 m. Ilse, geb. Rengel - Gymn. Berlin; Univ. Tübingen u. Berlin (Theol.); 1951-61 Dozent Kirchl. Hochsch. Bethel (Hebräisch u. alttestamentl. Hilfswiss.) - BV: D. erste Buch Samuelis. KAT VIII, 1 1973. Zahlr. Fachveröff. Ges. Aufs.: Geschichte, Schicksal, Schuld u. Glaube (Hg. H. D. Neef, 1989).

STOEBER, Elisabeth

Dr. med., Prof., langjähr. Chefärztin d.

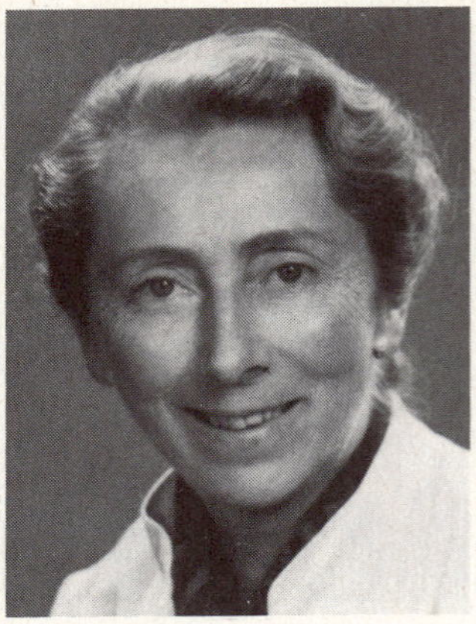

Rheumakinderklinik Garmisch-Partenkirchen (mitbegr.) - Pitzaustr. 8, 8100 Garmisch-Partenk./Obb. (T. 33 32) - Geb. 5. Mai 1909 - S. 1951 (Habil.) Privatdoz. u. apl. Prof. (1961) Univ. München (Kinderheilkd.). Fachveröff., dar. Beitr. Opitz/Schmid, Handb. d. Kinderheilkd. (1964) u. Keller/Wiskott, Lehrb. d. Kinderheilkd. (1977); Handb. Inn. Med./Rheumatologie, 1984 - 1974 Bayer. VO.; 1979 Ehrenplak. Garmisch-Partenk.; 1978 Ehrenmitgl. d. Dt. Ges. f. Pädiatrie u. Rheumatologie.

STÖBER, Kurt

Regierungsdirektor a. D. - Krokusstraße 13, 8039 Puchheim - Geb. 29. Aug. 1928 Rothenburg o.d.T. (Eltern: Fritz u. Marie St.), verh. s. 1950 m. Agnes, geb. Kullmann, 3 T. (Rita, Margit, Barbara) - BV: Forderungspfändung, 9. A. 1990; Vereinsrecht, 6. A. 1992; ZVG-Handbuch, 6. A. 1992; Zwangsversteigerungsges., 13. A. 1989; GBO-Verfahren (1991); Grundbuchrecht (m. Schöner), 9. A. 1989; Registerrecht (m. Keidel), 5. A. 1991. Mitautor: Zöller, Zivilprozeßordn., 17. A. 1991, u.a.

STÖBER, Matthaeus

Dr. med. vet., DDr. med. vet. h.c., Univ.-Prof., Direktor Klinik f. Rinderkrankheiten Tierärztl. Hochsch. Hannover - Aachener Str. 26, 3000 Hannover 1 (T. 88 11 12) - Geb. 13. Mai 1927 Hirschberg/Schles. - S. 1965 (Habil.) Privatdoz. u. Abt.vorst. u. Prof. (1966) TiäH Hannover (Rinderkrankh.). 1967-73 Sekr. Comité de Liaison des Vétérinaires de la Communauté Economique Européenne; 1977-88 Sekr. Welt-Ges. f. Buiatrik - Erfind.: Käfig-Magnet (z. Verhüt. d. Reticuloperitonitis traumatica, 1963). Etwa 140 Fachveröff. - Akad. Med. Univ. Liège (Belgien), Hon.Ass. Royal Coll. Vet. Surgeons (London), Membre Hon. Soc. Française Buiatrie, Socio Hon. Soc. ital. Buiatria; Hon. Assoc. of the Israel Assoc. for Buiatrics; Acad. Corresponsal de la Acad. die Ciències Veterinàries de Catalunya; Correspondant de l'Académie Royale de Médecine de Belgique; Aeresmedlem den Norske Veterinaerforening - Spr.: Engl., Franz., Ital., Span.

STÖBER, Werner

Dr. rer. nat., Prof., Dir. Fraunhofer-Inst. f. Toxikol. u. Aerosolforsch., Hannover - Potstiege 34, 4400 Münster - Geb. 8. Mai 1925 - Stud. physikal. Chemie Univ. Göttingen (Dipl. 1953, Promot. 1955, Habil. 1965) - 1955 wiss. Assist. Med. Forsch.-Anst. Max-Planck-Ges., Göttingen; 1961 Res. Fellow Calif. Inst. f. Technol., Pasadena/Calif., USA; 1963 wiss. Assist. Univ. Münster; 1966 Assoc.-Prof. Univ. Rochester, N.Y./USA; 1968 apl. Prof. (Vorst. Abt. Med. Aerosolforsch.) Univ. Münster; 1970 Prof. f. Biophys. Univ. Rochester, N.Y./USA; 1973 Dir. Inst. f. Aerobiol., Schmallenberg u. Prof. Univ. Münster; 1978-82 Präs. Ges. f. Aerosolforsch.; 1982 Prof. f. Med. Physik Med. Hochsch. Hannover. Facharb. z. Silikoseforsch., Physik u. Chemie d. Aerosole, Wirk. v. Luftschadstoffen, Umweltschutz.

STOECK, Wolfgang

Dr. jur., Syndikus - Im Klingenfeld 75a, 6000 Frankfurt/M.-Berkersheim (T. 54 36 72) - Geb. 13. Jan. 1921 Bad Kreuznach/N. (Vater: Lothar S., Gutsbesitzer; Mutter: Gertrud, geb. Andreae), kath., verh. s. 1956 m. Jutta, geb. Beusch, 2 Söhne (Christian, Martin) - Gymn. Bad Kreuznach; 1940 Univ. Münster u. München, 1945-48 Univ. Bonn (Rechtswiss.). Jurist. Staatsprüf. 1949 u. 53; Promot. 1953 - B. 1955 Frankfurter Bank, dann Frankf. Wertpapierbörse (I. Synd., s. 1985 i.R.) - Kriegsausz.

STOECKEL, Bernhard

Rechtsanwalt, Geschäftsf. Verein Dt. Handarbeitsgarn-Fabrikanten, Verb. d. Zwirner u. Veredler halb- u. vollsynthet. Garne, Zwirnerverb. d. Dt. Bundesgebietes - Zu erreichen üb. Verband Wollfilzfabr., Schaumainkai 87, 6000 Frankfurt 70.

STOECKER, Dietrich

Dr., Botschafter d. Bundesrep. Dtschl. a. D. - Hobsweg 45, 5300 Bonn 1 - Geb. 11. Nov. 1915 Köln (Vater: Otto S., Vors. Dt.-Atlant. Telegrafenges.; Mutter: Ina, geb. Rottenburg), ev., verh. s. 1942 m. Ingrid, geb. Bergemann, 4 Söhne - Abit. Berlin; Stud. Marburg/L., Lausanne (Rechts- u. Staatswiss.). 2. Staatsex. 1943 - 1946-1948 Richter Hanseat. OLG Hamburg; 1948-49 Oberreg.srat Dt. Obergericht f. d. Vereinigte Wirtsch.sgeb. Köln; 1949-52 Oberreg.srat Bundesjustizmin.; s. 1953 Ausw. Dienst; 1972-76 Botschafter in Schweden; 1976-79 Botschafter in Bulgarien - BV: Kommentar z. Gesetz üb. Ordnungswidrigkeiten; D. Dt. Obergericht f. d. Vereinigte Wirtsch.sgebiet, in: Gedächtnisschr. f. Herbert Ruscheweyh, 1966 - 1975 Gr. BVK.

STÖCKER, Hans Jürgen

Dr. jur., Rechtsanwalt, Vorsitzender Verb. Dt. Küstenschiffseigner - Bredenbergsweg 24 C, 2104 Hamburg 92 (T. 040 - 796 39 39 u. 796 02 41) - Geb. 11. Nov. 1928, verh.

STÖCKER, Kurt

Dipl.-Volksw., Geschäftsführer Stabziehereien-Vereinig. u. Arbeitsgem. Blankstahlhandel - Meliesallee 44, 4000 Düsseldorf-Benrath (T. Büro: 1 37 53) - Geb. 2. Aug. 1925 - Zul. Hauptgeschäftsf. Wirtschaftsvereinig. Ziehereien u. Kaltwalzwerke.

STÖCKER, Michael

Dr. jur., Oberbürgermeister (s. 1977) - Rathaus, 8200 Rosenheim/Obb. - Geb. 25. Juli 1937 Steinwiesen, verh. (Ehefr.: Sigrid), 2 Kd. (Anja, Kai) - Zul. I. Staatsanw. CSU - 1982 Gold. Sportabz.

STÖCKL, Rudolf

Dr. phil., Redakteur, ständ. Mitarbeiter d. Bayer. Rundfunks und mehrerer Musikzeitschriften - Dreihöhenstr. 28, 8501 Schwaig b. Nürnberg (T. 0911 - 50 89 30) - Geb. 10. Nov. 1920 Nürnberg (Eltern: Emil u. Marie S., geb. Höfling); ev.-luth., verh. s. 1950 m. Dr. Hermine, geb. Sammetreuther - Stud. Musikwiss., Germanistik, Geschichte.

STÖCKL, Wilhelm

Stadtschuldirektor a. D., MdB (VIII. Wahlp./Landesl. Bay.) - Kattowitzer Str. 13, 8400 Regensburg - Geb. 30. Dez. 1925 Regensburg, ev., verh., 1 Kd. - Obersch. Regensburg (durch Kriegseins. kein Abschl.; schwerbesch./Oberschenkelamput.); Lehrerstud. (Abiturientenkurs). Ex. 1947 u. 50 - 1947-56 Schuldst. (1969 Stadtschulrat). 1966-72 Mitgl. Stadtrat Regensburg. SPD s. 1964.

STOECKLE, Bernhard

Dr. theol., Dr. h.c., Prof. h.c., Prof. f. Moraltheologie - Ibenbachstr. 2, 7801 Buchenbach-Unteribental (T. 07661 - 15 66) - Geb. 10. Jan. 1927 München, kath. - Wittelsbacher Gymn. München (Abit.); Wehrdst.; 1947-54 Phil.-Theol. Hochsch. Eichstätt u. Univ. München (1949; Phil., Theol.). Promot. 1954 München; Habil. 1962 Salzburg - 6 J. Religionslehrer u. Erzieher Heimsch. d. Benediktiner Ettal; 4 J. Doz. Päpstl. Kolleg Rom (Fundamenttheol.); 1963-70 Privatdoz. u. ao. Prof. (1967) Univ. Salzburg (Christl. Phil.); s. 1970 o. Prof. Univ. Freiburg, 1975-77 Prorektor; 1977-83 Rektor Univ. Freiburg; 1983-92 o. Prof. Univ. Freiburg - BV: Gratia supponit naturam - Analyse u. Geschichte e. theol. Axioms, 1962; Gottgesegneter Eros, 1963; Ich glaube an d. Schöpfung, 1966; Strafe als Erziehungshilfe, 1969; Erlöst - Grundkonzept christl. Daseins, 1974; Gesetz autonomer Moral, 1974; Handeln aus dem Glauben, 1977. Herausg.: Wörterbuch Christl. Ethik (1975); Wörterbuch ökologischer Ethik (1984). Div. Einzelarb. - Ehrendoktor u. Prof.-Titel Staatsuniv. Curitiba/Brasilien.

STÖCKLER, Manfred

Dr. phil., Dipl.-Phys., Prof. f. Naturphilosophie u. Philosophie d. Naturwissenschaften Univ. Bremen (s. 1991) - Hinter dem Gartel 28, 2860 Osterholz-Scharmbeck - Geb. 23. Juni 1951 Mannheim, verh., 3 Kd. - Stud. Physik, Phil. in Heidelberg u. Gießen; Promot. 1981, Habil. 1988 - BV: Philosophische Probleme d. relativistischen Quantenmechanik, 1984. Herausg.: D. Riese, d. Wasser u. d. Flucht d. Galaxien, 1990.

STÖCKLIN, Gerhard

Dr. rer. nat., Dr. h.c., Chemiker, o. Prof. f. Nuklearchemie Univ. Köln (s. 1970) - 5177 Titz-Kalrath (T. 02463 - 85 25) - Geb. 7. Juli 1930 Leverkusen (Vater: Dr. Paul S., Chemiker; Mutter: Ruth, geb. Endreß), verh. s. 1961 m. Angelita, geb. Freiin v. Ketelhodt, 3 Kd. (Marcus, Kristina, Tobias) - Stud. Chemie. Promot. 1960 Univ. Mainz; Habil. 1965 Univ. Köln - 1959-61 Max-Planck-Inst. (Otto-Hahn-Inst.) f. Chemie, Mainz; 1961-63 Research Associate Brookhaven National Laboratory, USA; 1963 Abt.sleit., 1970 Dir. KFA Jülich GmbH.; 1977-79 Vors. Wiss.-Techn. Rat KFA Jülich GmbH - BV: Zahlr. Fachveröff. in Radiochemie u. radiopharmazeut. Chemie,dar. Chemie heißer Atome, 1969, franz. Übers. 1972.

STÖCKMANN, Fritz

Dr. rer. nat., o. Prof. f. Angew. Physik - Stettiner Str. 14, 7500 Karlsruhe (T. 68 32 10) - Geb. 19. Okt. 1918 Fallingbostel, ev., verh. s. 1943 m. Hildegard, geb. Brandt, 2 Kd. (Hans-Jürgen, Ursula) - Promot. (1942) u. Habil. (1950) Göttingen - 1950 Privatdoz. Univ. Göttingen; 1955 apl. Prof. TH Darmstadt; 1959 o. Prof. TH, jetzt Univ. Karlsruhe (Dir. Inst. f. Angew. Physik). Zahlr. Veröff. üb. Festkörperphysik (spez. Photoleitg. u. verw. Gebiete).

STÖCKMANN, Paul

Dipl.-Ing., Prof., Vorstandsmitglied Pittler Maschinenfabrik AG., Langen - Elisabethenstr. 8, 6070 Langen/Hessen (T. 2 24 33) - Geb. 22. Aug. 1923 Oberhausen/Rhld. - S. 1971 Honorarprof. TH Darmstadt (Sonderprobleme d. Automatisierung in d. Fertigung).

STÖDTER, Rolf C. W.

Dr. jur., Prof., Reeder, Hamburg - Golfstr. 7, 2057 Wentorf (T. Hamburg 720 26 46) - Geb. 22. April 1909 Hamburg (Vater: Dr. med. vet. Wilhelm S., Tierarzt; Mutter: geb. Keim), ev., verh. s. 1964 m. Legationsrätin a. D. Dr. Helga, geb. Kloninger, 3 Töcht. - Univ. Freiburg, Genf, München, Hamburg, Ref. Ex. 1931 (Promot. 1933). Gr. jurist. Staatsprüf. 1935 Hamburg - S. 1936 (Habil.) Privatdoz. u. apl. Prof. (1943) Univ. Hamburg (Staats-, Verwaltungs- u. Völkerrecht). Div. Ehrenstell., dar. Präs. Intern. Handelskammer, Paris (1977); Handelskammer Hamburg (1964-69 Präs., 1969-78 Vizepräs.) Verb. Dt. Reeder ebd. (1961-64, 1969-70 Präs.) u.

Intern. Law Assoc., London (1960-62 Präs., sd. Vicepräs.), Vicepräs. Intertanko-Oslo (1974-83). AR-, Beirats- u. VR-Mand. - BV: u. a. Dtschl. Rechtslage, 1948; Gesch. d. Konnossementsklauseln, 1953; Am Tor z. Welt, Reden u. Aufs. 1979; Schicksalsjahre Dt. Seeschiffahrt 1945-55, 1982 - 1979 Gr. BVK m. Stern u. Schulterbd.; Ehrenpräs. Übersee-Club Hamburg.

STÖGER, Markus

Altbürgermeister Stadt Osterhofen - Kirchbergstr. 1, 8353 Osterhofen/Ndb. - Geb. 18. Aug. 1920 Osterhofen - Kaufm.

STÖGER, Peter

1. Bürgermeister v. Übersee/Chiemsee - Osterbuchberger Weg 14, 8212 Übersee/ Chiemsee (T. 08642-17 01) - Geb. 25. Febr. 1954 Übersee (Vater: Matthias St., Süßmoster; Mutter: Anna, geb. Leeb), kath., verh. s. 1989 m. Lorena, geb. Alvarez Jaramillo - 1978 jüngster Bürgerm. Dtschl. (24 J.).

STÖHR, Jochen

Vorstandsmitglied Alte Leipziger Lebensversicherungsges. a.G., Oberursel, Rechtsschutz Union Versicherungs-AG, München - Geb. 1935 - Univ. Frankfurt/ M., München u. Hamburg, 2. jur. Staatsprüf. Hamburg - 1964-70 Bundesaufsichtsamt f. d. Versich.wesen, s. 1971 Versich.wirtsch.

STÖHR, Johannes

Dr. theol., o. Prof. f. Dogmatik - Dr.-v.-Schmitt-Str. 23, 8600 Bamberg/Ofr. (T. 2 80 50) - Geb. 19. Febr. 1931 Berlin (Vater: Dr. Maximilian S.), kath. - 1963ff. Doz. Univ. Freiburg; 1966ff. ao. u. o. Prof. (1973) Phil.-Theol. Hochsch. bzw. Univ. Bamberg. 1988 visit. Prof. Univ. de Navarra. Fachveröff. - 1969 Magisterwürde span. Raimundus-Lullus-Akad.; 1982 ord. Mitgl. d. Pontificia Accademia Romana; 1985 o. Mitgl. Academia Mariana Internationalis.

STÖHR, Jürgen

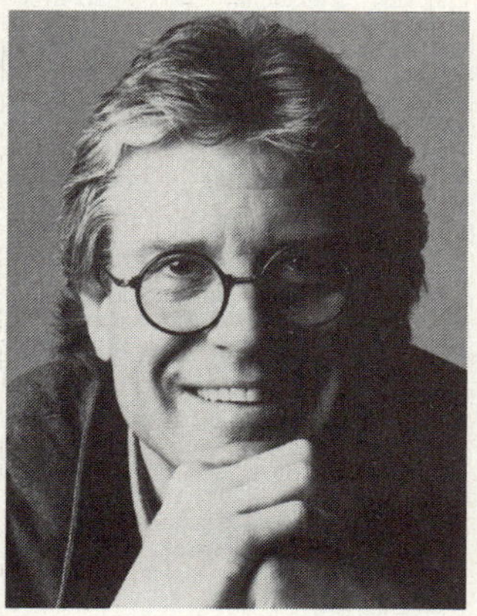

Inhaber u. gf. Gesellschafter Stöhr Scheer Werbeagentur GmbH - Burghofstr. 40, 4000 Düsseldorf 1 (T. 0211 - 933 01 00); Osterrather Str. 12, 4000 Düsseldorf 11 (T. 0211 - 57 49 70) - Geb. 25. Nov. 1936 Frankfurt/M.

STÖHR, Martin

Dozent Univ. Siegen - Rosterstr. 71, 5900 Siegen (T. 0271 - 33 51 73) - Geb. 30. Aug. 1932 Singhofen (Vater: Werner St., Pfarrer; Mutter: Hildegard, geb. Meckel), ev., verh. s. 1959 m. Marie-Luise, geb. Schmidt - Stud. Soziol. u. Theol. Univ. Mainz, Bonn u. Basel - S. 1963 Vors. Studium in Israel; 1991 Hon.-Prof.; Präs. d. International Council of Christians and Jews - BV: Disputation zw. Christen u. Marxisten, 1966; Antijudaismus im Neuen Testament? 1967; Zionismus, 1980; Jüd. Existenz u. d. Erneuer. d. christl. Glaubens, 1982; Jesusbekenntnis u. Christusnachfolge, 1992 - 1983 Ehrenpromot. Heidelberg; 1984 Hedwig-Burgheim-Med. Gießen.

STÖHR-HILLEBRECHT, Hildegard

s. Hillebrecht, Hildegard

STÖKL, Günther

Dr. phil., em. o. Prof. f. Osteurop. Geschichte - Arnulfstr. 6, 5000 Köln 41 (T. 41 62 02) - Geb. 16. Jan. 1916 Wien, ev. - S. 1949 (Habil.) Lehrtätigk. Univ. Wien u. Köln (1956 Ord.) - BV: Russische Geschichte, 5. A. 1990; D. Bild d. Abendl. in d. altruss. Chroniken, 1965; Osteuropa u. d. Deutschen - Gesch. u. Gegenw. e. spannungsreichen Nachbarschaft, 3. A. 1982; Testament u. Siegel Ivans IV., 1972; D. russ. Staat in Mittelalter u. früher Neuzeit (ausgew. Aufs.), 1981. Herausg.: Jahrb. f. Gesch. Osteuropas (Vierteljh.ztschr., s. 1966), Slavische Geschichtsschreiber (11 Bde. 1958-88) - Rhein.-Westf. Akad. d. Wiss., Düsseldorf, Österr. Akad. d. Wiss., Wien, Europ. Akad. d. Wiss. u. Künste, Salzburg; 1978 BVK I. Kl. - Lit.: Osteuropa in Gesch. u. Gegenw., Festschr. 1976; Gesch. Altrußlands in d. Begriffswelt ihrer Quellen, Festschr. 1986; Kleine Völker in der Geschichte Osteuropas, Festschr. 1991.

STÖLZL, Christoph

Dr., Prof., Generaldirektor d. Deutschen Historischen Museums (s. 1987) - Unter den Linden 2, O-1086 Berlin - Geb. 17. Febr. 1944 Westheim, verh. s. 1967 m. Bettina, geb. Praetorius, 4 Kd. (Philipp, Nina, Laura, Fanny) - Stud. Gesch., German., Soziol.; Promot. 1970 - 1980-87 Dir. d. Münchner Stadtmuseums - BV: Kafkas böses Böhmen, 1975, 2. A. 1989 - Bek. Vorf.: Gunta St., Bauhausmeisterin (Tante).

STÖPPEL, Heinz

Vorstandsmitglied Alte Leipziger Versich.-Gruppe, Hauptbevollm. The Continental Ins. Comp. New-York, Zweigniederl. f. Deutschl. - Hunburgstr. 3, 6382 Friedrichsdorf 4 - Geb. 4. Mai 1929, kath., verh. s. 1956 m. Hildegard, geb. van Bevern, 2 Kd. (Guido, Martina) - Lehre Versicherungskaufm., Dipl.-Betriebswirt 1956 - BV: Feuer-Betriebsunterbrechungsversich., 1982 - Spr.: Engl. - Mitgl. Lions-Club.

STÖRIG, Hans-Joachim

Dr. phil., Dr. jur., Prof. Univ. München, Schriftst. - Osterwaldstr. 59, 8000 München 40 (T. 361 32 23) - Geb. 25. Juli 1915 Quenstadt/Harz (Vater: Friedrich S., Direktor; Mutter: Hedwig, geb. Popendiker), ev., verh. s. 1948 m. Lieselotte, geb. Ehlert, 2 Töcht. (Andrea, Petra) - Stud. Phil., Gesch., Rechtswiss. Freiburg, Königsberg/Pr., Basel, Hamburg, Berlin - 1956-63 Leit. Cotta-Verlag, Stuttgart; 1963-83 Leit. Lexikogr. Inst. München. 1962ff. Vors. Verb. d. Verleger u. Buchhändler in Baden-Württ. - BV: Kl. Weltgesch. d. Phil., 1949, 15. A. 1990 (auch niederl., span., ital., jap.); Kl. Weltgesch. d. Wiss., 1952, 3. A. 1965, Nachdr. 1992 (auch ital., jap., niederl.); Knaurs mod. Astronomie, 1972, 6. A. 1992; Abenteuer Sprache, 3. A. 1991 (auch niederl., ital., portug.). Herausg.: D. Gr. Knaur, Knaurs Rechtschreibung, D. Problem d. Übersetzens u. a. - Liebh.: Musik - Spr.: Engl., Franz., Ital.

STÖRMER, Horand

Dr. rer. nat., Prof. f. Mathematik - Hohbergstr. 36, 6941 Abtsteinach - Geb. 9. Jan. 1926 Lüdenscheid (Vater: Hans St., Pfarrer; Mutter: Elisabeth, geb. Koch), ev., verh. s. 1952 m. Margarete, geb. Rabestein, 2 T. (Katrin, Cornelia) - 1946-52 Stud. Math., Promot. 1952, Habil. 1968 - 1952-72 wiss. Mitarb. Siemens, s. 1972 o. Prof. Univ. Mannheim. Emerit. 1991 - BV: Verkehrstheorie, 1966; Math. Theorie d. Zuverlässigkeit, 1970; Semi-Markoff-Prozesse, 1970; Binary Functions and their Applications - Spr.: Engl., Franz.

STOERMER, Joachim

Dr. med., em. o. Prof. f. Kinderkardiol. - Geb. 29. Febr. 1924 Bremen - S. 1960 (Habil.) Lehrtätigk. Univ. Göttingen (1966 apl. Prof.), zul. Dir. Abt. f. Pädiatr. Kardiologie Univ.-Klinik f. Kinder- u. Jugendmed. (1973 Ord. u. Klinikdir.) Essen. 220 Fachveröff.

STOERMER, Monika

Ltd. Regierungsdirektorin, Geschäftsf. Bayer. Akademie d. Wissenschaften - Marstallpl. 8, 8000 München 22.

STÖRMER, Wilhelm

Dr. phil., Prof. f. mittelalterl. u. neuere Geschichte - Pappelstr. 40, 8014 Neubiberg b. München - Geb. 13. Sept. 1928 Faulbach/M. - Univ. München, Marburg, Würzburg (Gesch., German., Geogr.), Promot. 1957, Habil. Univ. München 1971 - S. 1974 Mitgl. Inst.leitg. bayer. Gesch. Univ. München - BV: Früher Adel - Stud. z. polit. Führungsschicht im fränk.-dt. Reich v. 8. - 11. Jh., 1973; Adelsgruppen im früh- u. hochmittelalterl. Bayern, 1972; Marktheidenfeld, 1962; Miltenberg - D. Ämter Amorbach u. Miltenberg d. Mainzer Oberstifts als Modelle geistl. Territorialität u. Herrschaftsintens., 1979; Hartmann von Aue. Epoche - Werk - Wirkung (m. Christoph Cormeau), 1985; zahlr. Aufs. z. mittelalterl. u. frühneuzeitl. Adels-, Stadt-, Agrar-, Klostergesch.

STÖRRING, Gustav E.

Dr. med., o. Prof. f. Psychiatrie u. Neurologie (emerit.) - Schlieffenallee 11, 2300 Kiel (T. 33 26 46) - Geb. 3. April 1903 Zürich/Schweiz (Vater: Prof. Dr. phil. et med. Gustav S., bek. Philosoph u. Psychologe, zul. Ord. Univ. Bonn; s. X. Ausg.), ev., verh. m. Lisa, geb. Hauer, 2 Kd. (Bärbel, Rolf) - Univ. Bonn (Promot.), Kiel, Königsberg. Habil. 1933 München - 1936 Doz. Univ. Göttingen, 1939 apl. Prof., 1950 Ord. u. Klinikdir. Med. Akad. Düsseldorf, 1954 Univ. Kiel - BV: u. a. Z. Psychopathol. u. Klinik d. Angstzustände, 1934; Gedächtnisverlust durch Gasvergiftung, 1936; Üb. Grundfragen d. med. Psych., 1948; Besinnung u. Bewußtsein, 1953; Reichardt, Allg. u. spez. Psychiatrie, 1955 (m. E. Grünthal); Reichardt, Unfall-Lehrbuch z. Einf. in d. nervenärztl. Unfall-, Versorgungs- u. Invaliditätsbegutachtung, 1958.

STÖSSER, Rudolf

Dr., Prof. Univ. Hohenheim (s. 1973) - Daimlerstr. Nr. 55, 7303 Neuhausen (T. 07158 - 88 64) - Geb. 10. Jan. 1938 Schorndorf (Vater: Gottlieb S., Obstbauamtmann; Mutter: Berta, geb. Kneule), ev., verh. s. 1967 m. Gerlinde, geb. Schumann, 2 Töcht. (Silke, Birte) - Abit.; Gartenbaulehre; Stud. TU Hannover; Promot. 1966; Habil. 1971 - Übers.: Mouselise, Citrusfrüchte f. d. Herstell. v. Säften u. anderen Erzeugnissen, 1973 - Spr.: Engl., Franz.

STÖTER, Jochen

Dr.-Ing., Geschäftsführer i. R. Gerlach-Werke GmbH, Homburg - Websweilerstr. 50, 6650 Homburg - Geb. 24. Juli 1926 Hannover (Vater: Friedrich S.), verh. m. Elfriede, geb. Sickbert - Spr.: Engl. - Rotarier.

STÖTZEL, Berthold

Dipl.-Psych., Dr. rer. nat., Univ.-Prof. Univ.-GH Siegen - Eiserntalstr. 127A, 5900 Siegen (T. 0271 - 38 58 98) - Geb. 13. Nov. 1938 Eiserfeld - Univ. Köln (Staatsex. Lehramt 1967, Dipl.-Psych. 1971, Promot. 1978) - BV: D. Fach Psychol. im Stud. d. Sozialarb./Sozialpäd., 1980; Demokr. am Arbeitspl. (m. K. Hoppmann), 1981.

STÖTZEL, Georg

Dr. phil., Prof. f. Dt. Philologie u. Linguistik Univ. Düsseldorf (s. 1968) - Merianweg 2, 4010 Hilden - Geb. 2. Juni 1936 Dortmund - Univ. Marburg, Bonn, Aberdeen (German., Angl., Psych.) - 1962-66 wiss. Assist.; 1966-68 Stip. DFG. 1969ff. Mitgl. Wiss. Rat Inst. f. dt. Sprache Mannheim; Ruf Univ. Münster u. Saarbrücken (1972) u. Heidelberg (1975) abgel.; 1982-84 Präs. Dt. Germanisten-Verb.; 1991/92 Akad. Stip. d. Volkswagen-Stiftg. - BV: D. Bezeichnungen zeitl. Nähe, 1963 (Diss.); Ausdrucksseite u. Inhaltsseite d. Sprache, 1970; Schulbezogene Sprachwiss., 1982. Herausg.: Germanistik-Forsch.stand u. Perspektiven (2 Bde. 1985) - Liebh.: Sport.

STÖTZER, Utta

Dipl.-Wirtsch.-Ing., Mitglied d. Abgeordnetenhauses v. Berlin (s. 1991) - Gehrenseestr. 34, O-1092 Berlin (T. 979 13 09) - Geb. 26. Jan. 1940, kath., verh. s. 1966 m. Manfred St., 2 Kd. (Christine, Mattias) - Dipl.-Wirtsch. 1975 Berlin Karlshorst, Chemieing. 1964 Chemnitz - 1990 Mitgl. d. 1. freigewählten Stadtverordnetenvers. v. Berlin nach 1948; Mitgl. u. Schriftf. d. Hauptaussch., Mitgl. d. Aussch. f. Bau u. Wohnungswesen.

STÖVER, Hans Dieter

Schriftsteller - Fliederstr. 1 B, 5308 Rheinbach - Geb. 1937 Wissen/Sieg, verh. s. 1960 m. Brunhild, geb. Stakemeier, 2 Kd. - Stud. Alte Gesch. u. Altertumskunde, Gesch. u. Kunstgesch. - BV: D. Römer - Taktiker d. Macht, 1976; Spartacus, 1977; Catilina, 1979; Christenverfolg. im röm. Reich, 1982; Quintus geht n. Rom, Jugendb. 1987; Drei Tage in Rom - Land- u. Stadtleben z. Zt. Caesars, 1988; Agon - od. d. Ring d. Demetrios, Hist. R. 1989; Macht u. Geld im alten Rom, Sachb. 1989; Große Gegner Roms, Jugendb. 1989; Report aus d. Römerzeit, Sachb. 1989; Röm. Kriminalgesch.: C.V.T. im Dienste d. Caesaren (z.Z. 10 Bde.); Haldavo steigt auf - E. Ubier im röm. Köln, Hist. R. 1990; D. Akte Varus, Hist. R. 1991; Quintus in Gefahr, Jugendb. 1991; Dann gehe ich zum Kaiser!, Jugendb. 1992; D. Fall Nero, Jugendb. 1992 - Liebh.: Musik u. Musizieren - Spr.: Engl., Franz., Lat.

STÖVER, Ulla

Dr., Geschäftsführerin Gesellschaft f. Goldschmiedekunst - Loogepl. 3, 2000 Hamburg 20 - Geb. 24. Juli 1918.

STOEVESANDT, Hermann

Dipl.-Kfm., Vorstandsmitglied Gebr. Stoevesandt AG. - Hafenstr. 21, 3260 Rinteln 1 (T. 05751-54 16) - Geb. 5. Juni 1944 Lemgo.

STOEWER, Heinz

Dipl.-Ing., M. Sc., Prof., Geschäftsführer Raumfahrt-Nutzung, Dt. Agentur f. Raumfahrtangelegenheiten (s. 1990) - Königswinterer Str. 522-524, 5300 Bonn 3 (T. 0228 - 44 74 23) - Geb. 8. Mai 1940 Giengen (Brenz), verh. s. 1981 m. Dr. Ingrid Eder-Stoewer, 2 Kd. (Kirsten, Torsten) - Techn. Physik, Wirtschafts- u. Betriebstechnik, Systems Management in Dtschl. u. USA - S. 1962 tätig auf d. Geb. d. Weltraumfahrt; MBB (1962-66); MDAC (1967-73); ESA/ESTEC (1973-90); DARA (s. 1990); Techn. Univ. Delft (s. 1987). Erf.: Astronautenschlafsack - 1983 NASA Public Service Award; 1983 Intern. Akad. f. Astronautik.

STOFFEL, Wilhelm

Dr. rer. nat., Dr. med., o. Prof. f. Physiol. Chemie - Kornelimünsterstr. 14, 5000 Köln 41 (T. 49 54 35) - Geb. 30. April 1928 Köln (Vater: Wilhelm S., Lehrer; Mutter: Margarete, geb. Wolff), kath., verh. s. 1958 m. Gisela, geb. Voss, 4 Kd. (Thomas, Jeanette, Markus, Boris) - Gymn. Köln; Univ. Köln (Med.) u. Bonn (Chemie). Promot. 1952 (med.) u. 59 (rer. nat.); Habil. 1962 (alles Köln) - Rockefeller-Stip.; Assist. Rockefeller Inst. New York (1957-59) u. ETH Zürich (1959-60); s. 1962 Privatdoz. u. Ord. (1967) Univ. Köln. 1965 Visiting Prof. Rockefeller Inst. New York. Üb. 180 Fachveröff. (Chemie u. Stoffwechsel d. Lipide, Membranstrukturen u. -biosynthese, Molekulare Neurobiologie, Lipoproteine). Mithrsg.: G. Schettler, Lipids and Lipidoses (1967; in engl. Spr.), Hoppe-Seyler's Ztschr. f. Physiol. Chemie (1962ff.); Biological Chemistry

Hoppe-Seyler - 1965 Heinrich-Wieland-Preis; 1969 Mitgl. Dt. Akad. d. Naturforscher/Leopoldina, Halle/S.; 1978 Otto-Warburg-Med.; Preis d. Therapiewoche; 1990 Jung-Preis f. Medizin.

STOFFELS, Hans

Rechtsanwalt, Geschäftsf. Bundesverb. Dt. Rolladenhersteller - Alte Jülicher Str. 105, 5160 Düren/Rhld.; priv.: Schweringstr. 13 - Geb. 15. Mai 1935.

STOFFREGEN, Heinz

Dr. rer. pol., Honorarprof. f. Betriebsw.slehre d. Genoss. Univ. Marburg - Erfurter Str. 12, 3550 Marburg/L.

STOFFREGEN-BÜLLER, Michael

Journalist, Leit. WDR-Landesstudio Münster/Westf. - Mondstr. 144-146, 4400 Münster; priv.: Wolteringstr. 27 (T. 0251 - 61 53 53) - Geb. 12. Juli 1939 Göttingen, verh. s. 1965 m. Hilke, geb. Schramm, 2 S. (Daniel, Arne) - 1965-72 Autor/Redakt. zeitkr. Magazin Monitor, WDR Köln; 1972-74 Leit. Redaktion Weltspiegel; 1974-82 Chefredakt. Fernsehen d. Hess. Rundf. Frankfurt, Moderator, ARD-Kommentator - BV: Himmelfahrten - d. Anfänge d. Aeronautik, 1983.

STOIBER, Edmund

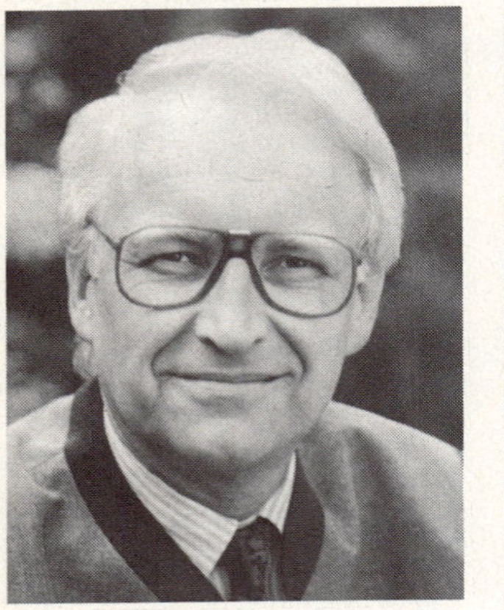

Dr. jur., Staatsminister - Zu erreichen üb. Bayer. Staatsmin. d. Innern, Odeonspl. 3, 8000 München 22 - Geb. 1941, verh. (Ehefr.: Karin), 3 Kd. - Stud. Rechtswiss. Univ. München u. Hochsch. f. Polit. Wiss. München; Rechtsrefer. 1967, Regierungsrat 1971 - 1972-74 Persönl. Ref. d. Bayer. Staatsmin. f. Landesentw. u. Umweltfragen, 1974 Leit. d. Min.büros; MdL (Bayern) s. 1974; 1978 Zulassung als Rechtsanw.; 1978-83 Generalsekr. d. CSU; 1982-86 Staatssekr. u. Leit. Bayer. Staatskanzlei; 1986-88 Staatsmin. u. Leit. Bayer. Staatskanzlei; s. 1988 Bayer. Staatsmin. d. Innern. CSU - BV: Politik aus Bayern, 1976; D. Hausfriedensbruch im Licht akt. Probl. - 1984 Bayer. VO - Liebh.: Ski, Fußball.

STOJAN, Ernst-Wilhelm

Rektor, MdL Schlesw.-Holst. - Kampstr. 39, 2280 Westerland/Sylt (T. 2 45 44) - Geb. 13. Mai 1926 Oels/Schles., ev., verh., 3 Kd. - Mitgl. Stadtvertr. Westerland.

STOLL, Andreas (André)

Dr. phil., o. Prof. f. Roman. Literaturwissenschaft Univ. Bielefeld (s. 1979) - Humboldtstr. 30, 4800 Bielefeld 1 (T. 12 15 41) - Geb. 31. Mai 1941, kath., led. - Kaiser-Karls-Gymn. Aachen; Univ. Bonn, Köln, Lüttich, Paris (Roman., Klass. Philol., Kunstgesch.). Promot. 1968 Köln - 1969 Wiss. Assist. Univ. Frankfurt, 1972 Prof. ebd., 1975 Gastprof. Ecole Pratique des Hautes Etudes Paris, 1988/89 Lyon II, 1989 Alicante, Neapel - BV: Scarron als Übers. Quevedos, 1970 (Diss.); Wege z. Soziol. d. pikaresken Romans, in: Span. Lit. im Gold. Zeitalter, 1973; Asterix, d. Trivialepos Frankr., 1974, 3. A. 1977 (franz. 1978); Komm. zu Teresa v. Avila, V. d. Liebe Gottes, 1984. Herausg.: Flauberts Werke (1979ff.); D. Rückkehr d. Barbaren - Europäer u. Wilde in d. Karikatur H. Daumiers, Ausstellungskat. (1985, ital. 1987); La bande dessinée en question: Astérix (m. C. v. Kleffens) (1986). La illuminatio di Goya Ausst. Neapel (1992); Non si può guardare. Callot-Goya, Ausst. Rom (1992) - Spr.: Engl., Franz., Ital., Span. Portug., Russ.

STOLL, Brigitte

Hauswirtschaftsmeisterin, MdL Nieders. (s. 1978, Schriftf.) - Friedrich-Naumann-Str. 17, 2970 Emden - Geb. 4. Aug. 1927 Breslau, verh., 4 Kd. - König-Wilhelm-Gymn. Breslau u. Schule Emden (Abit. 1948); Ausbild. ländl. Hausw. (Gehilfinnen- 1950, Meisterprüfung 1973) - 1951-54 Sekr. Betonwerk Wolf KG., Emden. 1972 ff. Ratsmitgl. Emden. CDU (Mitgl. Landesvorst.).

STOLL, Hans

Dr. jur., o. Prof. f. Bürgerl. Recht, Intern. Privatrecht u. Rechtsvergleichung - Alemannensteige 9, 7800 Freiburg/Br. (T. 6 95 63) - Geb. 4. Aug. 1926 Freiburg/Br. (Vater: Prof. Dr. jur. Heinrich S., o. Prof. d. Rechte Univ. Tübingen †1937 (s. X. Ausg.); Mutter: Doris, geb. Eberle), ev., verh. 1957 m. Elisabeth, geb. Schneider, 5 Kd. (Andreas, Georg-Heinrich, Veit, Eva, Angela) - Uhland-Gymn. Tübingen; Univ. ebd. u. Freiburg (Rechtswiss.). Promot. Tübingen; Habil. Hamburg - 1953 Rechtsanw. Stuttgart; 1954 Tätigk. Bundeswirtschaftsmin.; 1955 Ref. Max-Planck-Inst. f. ausl. u. intern. Privatrecht; 1959 Privatdoz. Univ. Hamburg; 1960 o. Prof. Univ. Bonn; 1965 o. Prof. Univ. Freiburg; 1987 Präs. Dt. Rat f. IPR - BV: D. Handeln auf eig. Gefahr - E. rechtsvergl. Unters., 1961; Empfiehlt sich e. Neuregelung d. Verpflichtung z. Geldersatz f. immateriellen Schaden?, 1964; Consequences of Liability; Remedies = Ch. 8, Vol. XI (Torts), Intern. Encyclop. of Comparative Law, 1972; Internationales Sachenrecht (in: v. Staudinger, Kommentar z. BGB, 12. A.), 1985 - Liebh.: Entomologie - Spr.: Engl., Franz.

STOLL, Karl-Heinz

Dr. phil., Prof. f. Anglistik u. Amerikanistik Univ. Mainz (1984-86 Senator, 1985-87 Dekan FB Angew. Sprachwiss.) - Königsberger Str. 20, 6923 Waibstadt (T. 07263 - 25 98) - Geb. 1. Okt. 1942 Neunkirchen (Vater: Karl St.; Mutter: Martha, geb. Busch) - Univ. Saarbrücken (Ex. 1967, Promot. 1970), Habil. Univ. Mainz 1975 - 1967/68 Visit. Instructor Dubuque, Iowa, 1968/69 u. 1971 Visit. Prof. Youngstown, Ohio, s. 1970 Univ. Mainz, 1978ff. Prof. auf Lebenszeit, 1980 Fulbright Prof. Univ. of North Carolina, 1983 Prof. Univ. Heidelberg - BV: D. Charakterisierungsmittel in Th. Dreisers Romanen, 1970; The New British Drama, 1975; Harold Pinter, 1977; zus. m. Drescher u. Ahrens: Lexikon d. Engl. Lit., 1980 - 1975 Reise- u. Forsch.stip. DAAD, 1980 Fulbright Prof. - Spr.: Engl., Franz.

STOLL, Ludwig

Dr. med. vet., Prof. u. Leit. Abt. f. Zoonosenforschung, gf. Dir. d. Zentrums d. Hygiene Univ. Frankfurt/M. - Meisenstr. 22, 6078 Neu Isenburg 2 (T. 5 16 24) - Geb. 16. März 1927 Berlin - Habil. 1969 - Mitgl. Dt. Ges. f. Hygiene u. Mikrobiol., Dt. Ges. f. Arbeitsmed. u. Memb. N.Y. Acad. of Sciences - 1969 Franz-Redeker-Preis.

STOLL, Manfred

Dipl.-Volksw., Vorstandsmitglied VICTORIA Holding AG, VICTORIA Lebensversich. AG u. VICTORIA Versich. AG, alle Berlin - Victoriapl. 1, 4000 Düsseldorf 1 - 1963-76 Allianz Versich. AG (zun. Außendienst; 1970 Filialdir.); 1976-83 Vorst.-Mitgl. Nordstern Allg. Versich. AG, Nordstern Lebensversich. AG, Köln; AR-Mitgl. VICTORIA Krankenversich AG, D'dorf.; stv. AR-Vors. Vereinsbank VICTORIA Bauspar AG, München.

STOLL, Peter

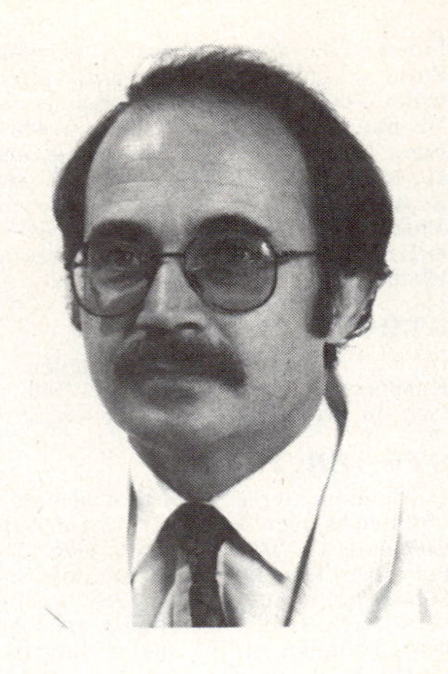

Dr. med., Prof. f. Gynäkologie u. Geburtshilfe - Collinicenter, 6800 Mannheim (T. 2 86 04) - Geb. 13. Jan. 1916 Neu-Isenburg, verh. s. 1946 m. Margot, geb. Freundlieb, 6 Kd. (Eva, Dr. Walter, Margret, Dr. Peter, Dr. Christian, Dr. Georg) - S. 1953 (Habil.) Lehrtätigk. Univ. Heidelberg (1965 Ord. u. Dir. Frauenklinik/Klinikum Mannheim). 1965-66 Präs. Dt. Ges. f. Angew. Cytologie; 1974-78 Präs. Intern. Akad. f. Cytologie - BV: Schwangeren-Vorsorge in d. Praxis, 1967; Gynäk. Cytologie, 1968; Gynäkol. Vitalcytologie in d. Praxis, Citologia vital gynecologia, 1970; Arzt u. Autorität, 1972; Teamwork - Ärztl. Verantwortung, 1975; Gyn. Erkrank. im Klimakterium u. Senium, 1977; D. kinderlose Ehe, 1980. Üb. 250 Einzelarb. - 1976 Maurice Goldblatt Award Cytol; 1980 hon. Member ob Chilen. Ges. Obstr. Gyn. u. ital. Ges. Gyn. Onkol.; 1983 Ehrenmitgl. Dt. Ges. f. Kindergynäkologie; Ehrenmitgl. Dt. Ges. f. Balneogynologie; Korr. Mitgl. Dt. Ges. f. Kinderheilkunde u. Dt. Ges. Allgemeinmed., emerit. 1984; 1986 Ernst-von-Bergmann-Plak. BÄK; 1990 Paracelsus-Med. Dt. Ärzteschaft; 1991 Albert Schweitzer Med., 1992 F.I.A.C. (hon.).

STOLL, Stephan

s. Hinterholzer, Peter A.

STOLLBERG, Dietrich

Dr. theol., Prof. f. prakt. Theol. Univ. Marburg, Pfarrer, Konzertsänger, Psychotherapeut - Zu erreichen üb. Alte Univ., Zi. 201, Lahntor 3, 3550 Marburg 1 - Geb. 14. April 1937 Nürnberg (Vater: Dr. Oskar St., Kirchenmusikdir.; Mutter: Irmgard, geb. Herold), ev., verh. s. 1966 m. Elfi, geb. Leykauff, 4 Kd. (Hildegund, Heidrun, Almut, Martin) - Beide theol. Ex. 1962 u. 1965 Ansbach; Promot. (1968) u. Habil. (1971) Erlangen - 1971-79 Prof. f. Prakt. Theol. u. Dir. Seelsorgeinst. Kirchl. Hochsch. Bethel; 1979 Prof. f. Prakt. Theol. u. Univ.-Prediger Marburg. Zahlr. Konz. u. Liederabende - BV: Therapeut. Seelsorge, 1969; Seelsorge prakt., 1970; Seelsorge durch d. Gruppe, 1971; Mein Auftrag - Deine Freiheit, 1972; Nach d. Trennung, 1974; Wahrnehmen u. Annehmen, 1978; Wenn Gott menschlich wäre, 1978; Predigt prakt., 1979; Lernen, weil es Freude macht, 1982 - Liebh.: Gesang (Bariton). Bek. Interpret romant. Balladen (Schubert, Loewe, Schumann, Wolf) - Bek. Vorf.: D. Max Herold (Urgroßv.), Wilhelm Herold (Großv.); Oskar St. (Vater).

STOLLE, F. Ulrich

Hotelkaufmann, gf. Gesellsch. Stolle Service GmbH, Hotelmanagement KG, Bonn, u. a. - Heussallee 2-10, 5300 Bonn 1 - Geb. 27. Febr. 1940 Brunsholm (Vater: Fritz St., Dipl.-Ing.; Mutter: Marlis, geb. Hennig), ev., verh. s. 1965 m. Kathryn, geb. Heidenreich, 3 Kd. (Karin Lee, Kristina, Fritz-Ulrich) - 1956-60 Hotelausb. St. Moritz u. Montreux - 1961-66 Militärdst. (Artillerieoffz. USA); 1966-67 Food & Beverage Comptroller, The Greenbrier/USA; 1967-68 General Manager Hunt Valley Inn, Baltimore, Md./USA; 1968-70 General Manager Hilton, Lancaster PA./USA; 1970-71 Hoteldir. Holiday Inn, Region V/USA; 1972-75 Geschäftsf. Dorint Hotelges. mbH Mönchengladbach; s. 1975 gf. Gesellsch. Stolle Service GmbH Hotelmanagement KG, Bonn; s. 1980 Geschäftsf. Hotel Haus Lyskirchen Betriebsges. mbH, Köln; s. 1982 gf. Gesellsch. Colonius Turmrestaurants GmbH & Co KG, Köln; s. 1987 Geschäftsf. Dorint Hotels GmbH, Mönchengladbach - 1963 Certificate of Merit US Army; 1977 Timone Dore.

STOLLE, Michael

Dirigent, 1. Kapellmeister Bühnen d. Stadt Gera (s. 1981) - Joliot-Curie-Str. 20, O-6500 Gera (T. 5 23 77) - Geb. 27. Okt. 1947 Querfurt, Sachsen-Anhalt, verh. in 2. Ehe s. 1989 m. Caliope, geb. Badea (Geigerin im Philharm. Orch. Gera), 2 Kd. (Elisabeth, Benjamin) - Stud. Hochsch. f. Musik Leipzig; Dipl. als Dirig. - 1973-77 Kapellmeister am Loh-Orch. Sondershausen, 1977-81 Kapellmeister am Landestheater Halle; s. 1990 Stadtverordn. in Gera (Fraktion NEUES FORUM/Grüne) - Dirig. Bühnenwerke u.a.: Xerxes (Händel); Figaros Hochzeit; D. Zauberflöte; D. Freischütz; D. Barbier v. Sevilla; Zar u. Zimmermann; D. Wildschütz; D. lustigen Weiber v. Windsor; Ruslan u. Ludmila; Tannhäuser; Rigoletto; La Traviata; E. Maskenball; Carmen; Margarete; Eugen Onegin; Hoffmanns Erzählungen; Ritter Blaubart; Madame Favart; D. Fledermaus; Wiener Blut; Hänsel u. Gretel; La Boheme; Tosca; Paganini; D. Land d. Lächelns; D. Vetter aus Dingsda; Im weißen Rössl; Zwei Herzen im Dreivierteltakt; D.Kluge; Simplicius Simplicissimus; Albert Herring; Weiße Rose; My fair Lady; Cabaret; Annie Get Your Gun - Balette: Dornröschen; D. Nußknacker; Pulcinella; D. Feuervogel; Ischtar (Martinu); D. Fontäne von Bachtschissarai (Asafjew); Spartacus (Chatschaturjan); Coppelia (Delibes); D. holzgeschnitzte Prinz (Bartók); D. Mohr v. Venedig (Blacher) - Liebh.: Lektüre (Belletristik, Gesch.), Briefmarkensamml. (Musikmotive) - Spr.: Engl., Russ.

STOLLENWERK, Christoph

Dr., Hauptgeschäftsführer Landesvereinig. rheinl.-pfälz. Unternehmerverb., Hauptgeschäftsf. Verb. d. pfälz. Metallind., Neustadt/Weinstr. - Zu erreichen üb. Hölderlinstr. 1, 6500 Mainz (T. 5 57 50) - Geb. 30. Juni 1935 - Volljurist - 1962-64 Bau- u. Wasserrechtsref. Bezirksreg. Koblenz; 1964-73 Ministerium d. Innern Mainz; 1973-76 Landrat Kr. Ahrweiler; 1976-84 Staatssekr. im Kultusmin., 1984-88 Staatssekr. im Min. f. Wirtschaft u. Verkehr Mainz.

STOLLFUSS(ß), Michael Christian

Dipl.-Kfm., Verleger - Baunscheidtstr. 6, 5300 Bonn 1 - Geb. 4. Nov. 1956 Bonn (Vater: Erich S., Verleger; Mutter: Hildegard, geb. Löchner), ev., verh. s. 1985 m. Andrea, geb. Christl, 2 Kd. (Christian, Robert) - Stud. Betriebsw. Nürnberg u. Köln (Dipl. 1982) - S. 1975 Wilhelm Stollfuß Verlag, Univ.-Buchdruckerei u. Rechenzentrum Dataprint, alles Bonn.

STOLLREITHER, Konrad

Dr. jur., Dipl.-Volksw., Landesbeauftragter f. d. Bayer. Datenschutz (1978-87) - Hohenlohestr. 47, 8000 München 19 - Geb. 6. Juli 1922 Aying/Lkrs. München (Vater: Bibl.Dir. Prof. Dr. St.; Mutter: Rosa, geb. Minor), verh. m. Inge Wolter, 2 Kd. - Dozent Univ. München u. Hochsch. f. Politik München - Fachveröff. aus Staatsrecht, Öffentl. Verw., Neue Medien, Datenschutz. Mitarb. b. Fachztschr.

STOLP, Heinz
Dr. rer. nat., em. o. Prof. f. Mikrobiologie Univ. Bayreuth - Elbering 7, 8580 Bayreuth - Geb. 15. Aug. 1921 Silberborn, ev., verh. s. 1959 m. Ursula, geb. Hechel, Tocht. Claudia Sabine - S. 1945 Stud. Mikrobiol. Univ. Göttingen, Promot. 1951 - 1953-70 Biol. Bundesanst. f. Land- u. Forstwirtsch. (zul. Ltd. Dir. u. Prof.); 1962-64 USA; 1970-75 Univ. Hamburg (Ord.); ab 1975 Univ. Bayreuth - BV: The Prokaryotes: A Handbook on Habitats, Isolation, and Identification of Bacteria (m. and.), 1981; Microbial Ecology: Organismus Habitats, Activities, 1988 - 1968 Robert-Koch-Preis - Spr.: Engl., Franz.

STOLPE, Manfred
Dr., Ministerpräsident v. Brandenburg - Heinrich-Mann-Allee 107, O-1561 Potsdam.

STOLTE, Dieter

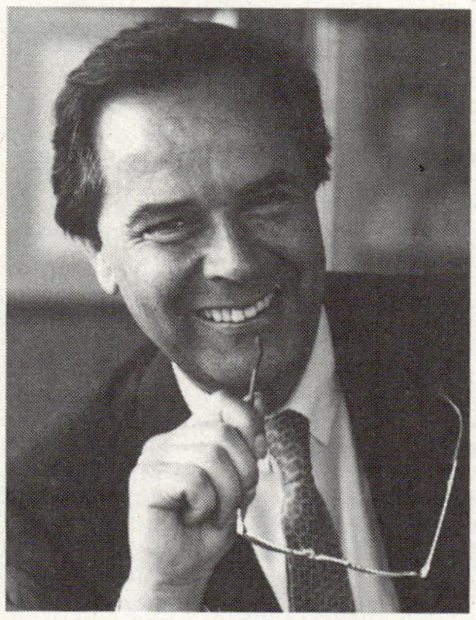

Prof., Dr. h.c., Intendant ZDF (s. 1982) - ZDF-Str., 6500 Mainz-Lerchenberg - Geb. 1934 - Stud. Univ. Tübingen u. Mainz - Fernsehdir. u. stv. Int. SWF, s. 1976 Programmdir. ZDF, s. 1980 Prof. Hochsch. f. Musik u. darstellende Kunst Hamburg - BV: Publikum u. Südwest 3. E. Beitr. z. Analyse, Konzeption u. Struktur e. FS-Programms (m. Matthias F. Steinmann), 1975. Herausg.: Integritas (m. Richard Wisser, 1966); D. ges.-krit. Funktion d. Fernsehens (1970); D. FS u. s. Publikum (m. Anna-Luise Heygster, 1974); FS: E. Medium sieht sich selbst (m. Werner Brüssau u. Richard Wisser, 1976); Wirklichkeit u. Fiktion im FS-Spiel (m. Anna-Luise Heygster, 1980); Zw. Pflicht u. Neigung (m. Günter Diehl, 1988) - 1983 Gutenbergplak. Stadt Mainz, 1983 BVK I. Kl., 1990 Gr. BVK; 1983 Gold. Ehrenzeichen SOS-Kinderdörfer; 1983 Bambi d. Ztschr. Bild u. Funk; 1984 Goldherz Aktion E. Herz f. Kinder; 1984 Spidem-Preis d. Spitzenverb. d. Dt. Musik; 1985 Bayer. VO; 1986 Gold. Kamera d. HÖRZU; 1987 Silb. Hermes, Jury neue medien; 1988 Esquire-Preis; 1988 Gr. Gold. Ehrenz. f. Verd. um d. Rep. Österr.; 1991 Civis-Preis - Mitgl. Intern. Acad. of Television Arts and Sciences New York; AR-Vors. Trans Tel GmbH, Köln; AR-Mitgl. dpa Hamburg, MGK Münchner Ges. f. Kabelkommunikation mbH, Unterföhring; VR-Mitgl. Europ. Rundfunkunion (EBU) Genf; Mitgl. Intern. Broadcast Inst. London; Kurat.-Vors. Europ. Prod.gemeinsch. (EPG), Dt. Behindertenhilfe Aktion Sorgenkind, u. Kulturstiftg. d. Länder; Vors. Medienkommiss. ARD/ZDF.

STOLTEN, Inge
Autorin, Schauspielerin, stv. Vors. d. PDS (s. Dez. 1991) - Maria-Louisen-Stieg 15, 2000 Hamburg 60 (T. 040 - 47 37 43) - Geb. 23. März 1921 Hamburg - BV: D. Tageb. d. Jutta S., R. 1970; Kinderlos aus Verantw., Sachb. 1978 (m. Thomas Ayck); D. alltägl. Exil, Autobiogr. 1982; Keine Lust auf Kinder?, Sachb. 1988. Herausg.: D. Hunger n. Erfahrung Frauen n. '45 (Sachb., 1981).

STOLTENBERG, Gerhard
Dr. phil., Mitglied d. Deutschen Bundestages - Bundeshaus, 5300 Bonn 1 - Geb. 29. Sept. 1928 Kiel (Vater: Gustav S., Pfarrer; Mutter: Christine), ev., verh. s. 1958 m. Margot, geb. Rann, 2 Kd. (Susanne, Klaus) - Univ. Kiel (Neue Gesch., Sozialwiss., Phil.). Promot. (1954) u. Habil. (1960) Kiel - 1944-45 Kriegsdst.; ab 1954 Assist. u. Privatdoz. (1960) Univ. Kiel; 1965 (April-Okt.) u. 1969-70 Dir. u. Leit. Stabsabt. Wirtschaftspolitik Fried. Krupp GmbH, Essen; 1965-69 Bundesmin. f. wiss. Forschung. 1954-57 u. ab 1971 MdL (1957-71 Mandatsniederl.); 1971-82 Ministerpräs. Schlesw.-Holst., 1982-89 Bundesmin. d. Finanzen, 1989-92 Bundesmin. d. Verteidigung; 1957-71 u. ab 1982 MdB (1969 stv. Fraktionsvors.) 1955-61 Bundesvors. Jg. Union. CDU s. 1947 (1956 stv., 1971-89 Landesvors. SH; 1969 stv. Bundesvors.) - BV: D. Dt. Reichstag 1871-73; Polit. Strömungen im schlesw.-holst. Landvolk, 1919-33; Hochschule - Wissenschaft - Politik/Reden u. Aufs., 1968; Staat u. Wissenschaft - Zukunftsaufg. d. Wissenschafts- u. Bildungspolitik, 1969; Schleswig-Holst. - heute u. morgen, 1978; Unsere Verantwortung f. e. gute Zukunft, Ausgew. Reden 1986 - 1969 Gr. BVK m. Stern, 1973 Schulterbd. dazu; Ehrenbürger Gemeinde Stoltenberg/Kr. Plön - Liebh.: Bücher (vor allem Politik u. Gesch.), Ostasiat. Kunst, Klass. Malerei.

STOLTZ, Dieter
Abteilungsleiter, MdL Baden-Württ. (s. 1976) - Josef-Schmitt-Str. 26, 7500 Karlsruhe 21 - Geb. 24. Nov. 1938 Karlsruhe, 2 Kd. - Volkssch.; 1953-56 kaufm. Lehre Stadtwerke Karlsruhe - S. 1968 Stadtw. Karlsruhe (Leit. Abt. Betriebsw. u. Org.). SPD s. 1962 (1966ff. Mitgl. Kreisvorst. Karlsruhe, 1978-81, 1983-85, 1987/88 Vors.).

STOLTZENBERG, Peter
Dr. phil., Generalintendant - Theater d. Fr. Hansestadt, 2800 Bremen; priv.: Richard-Dehmel-Str. 13 - Geb. 16. Juni 1932 Berlin (Eltern: Hugo u. Lotte S.), ev., verh. m. Renate, geb. Watzger, T. Katharina - Volksbühne Berlin (Chefdramat.), Städt. Bühne Heidelberg (1968 Int.), Theater Bremen (1973 Generalint.).

STOLZ, Artur
Journalist - Onkel-Bräsig-Str. 80, 1000 Berlin 47 (T. 606 32 80) - Geb. 17. Juli 1932 Berlin (Vater: Walter S., Kaufm.; Mutter: Hedwig, geb. Lehrig), ev., verh. s. 1990 in 2. Ehe m. Ulrike, geb. Grün, 2 Kd. (Elke, Torsten) - Presse-Ref. AMK Berlin - Spr.: Engl., Schwed., Franz. - Bek. Basketballspieler (u. a. 52 Länderspiele m. d. dt. Nationalmannsch.; Gold. Ehrennadel DBB).

STOLZ-FRANKE, Korina
Solotänzerin, Deutsche Staatsoper Berlin - Fischerinsel 10, O-1020 Berlin - Geb. 8. Aug. 1961 Brandenburg, verh. s. 1989 m. Thomas Stolz, T. Leonis - Staatl. Ballettschule Berlin - Hauptrollen in klass. Balletten, u.a. Schwanensee, Dornröschen, Aschenbrödel, Nußknacker - Preisträgerin nation. Ballettwettbewerbe.

STOMBERG, Rolf
Dr. rer. pol., Vorstandsvorsitzender Dt. BP AG - Überseering 2, 2000 Hamburg 60 (T. 040 - 6 39 50) - Geb. 10. April 1940 Emden (Vater: Friedrich S.; Mutter: Johanna, geb. Meiners) - Univ. Hamburg (Betriebsw.; Dipl. 1966, Promot. 1969).

STOMMEL, Wilhelm Peter
Dr. h. c., Dipl.-Volksw., selbständiger Unternehmer (s. 1988) - Schnepfenweg 24, 5205 St. Augustin 1 - Geb. 9. Febr. 1938 Bad Godesberg, kath., verh., 3 Kd. - Stud. d. Rechts- u. Staatswiss. Univ. Bonn u. Köln; Dipl.ex 1963 - 1966-69 Ref. Altbundeskanzler Erhard. 1970-73 Vorst.-Mitgl. EUROPA Lebensversich. AG, 1973-76 u. 1980-88 Aachener u. Münchener Versich.-Gruppe. s. 1965 CDU; 1976-80 u. 1985-87 Bundestagsabgeordn.; Gf. Gesellsch. d. Stommel Finanz- u. Wirtsch.berat. GmbH u. d. Kommunalfinanz-Verm. GmbH.

STOOB, Heinz
Dr. phil., Prof. f. Westf. Landesgeschichte u. Direktor Histor. Sem. Univ. Münster (1964-85), Präs. Arbeitsgem. Histor. Kommiss. (1975-87), Dir. Inst. f. vergl. Städtegesch. Münster (1969-79), Ratsvors. Kurat. f. vergl. Städtegesch. (1979-91) - Besselweg 10, 4400 Münster/W. (T. 8 65 73) - Geb. 3. Dez. 1919, verh. s. 1942 m. Alice, geb. Altenburg, 5 Kd. - 1958-64 Doz. Univ. Hamburg. Mitgl. Histor. Kommiss. f. Westf. (s. 1964), Histor. Komiss. Berlin (s. 1976), Österr. Arbeitskr. für Stadtgesch. (s. 1979), Histor. Kommiss. f. Nieders. (s. 1980), Hist. Kommiss. f. Schlesien (s. 1983), Herder Forsch.rat (s. 1983) - BV: u. a. D. dithmars. Geschlechterverb., 1951; Hamburgs hohe Türme, 1957; Gesch. Dithmarschens im Regentenzeitalter, 1959; Helmoldi, Chron. Slav. 1963; Forschungen z. Städtewesen in Europa, 1970; Kaiser Karl IV. u. seine Zeit, 1990. Herausg.: Dt. Städtebuch (1970ff.), Dt. Städteatlas (1973ff.); Westf. Städteatlas (1975ff.); Städteforschung (1976ff.).

STOPE, Herbert
Dr. med., Chefarzt u. Ärztl. Direktor i. R. Orthopäd. Klinik Waldkrankenhaus, Berlin 20 - Reichhardtstr. 8, 3590 Bad Wildungen - Geb. 27. Juli 1914 Kunzendorf/NL., ev., verh. s. 1941 m. Annemarie, geb. Günther, T. Karin - Gymn. Sorau, Obersch. Gassen u. Freiwaldau/Schles., 1929-31 kaufm. Lehre, Berliner Abendgymn. (Abit. 1939), Staatl. Krankengymnastiksch. Dresden (Staatsex.), Univ. Berlin (Med. Staatsex. u. Promot. 1944) u. Erlangen - 1931-45 Soldat (daneb. Vorb. auf Reifeprüf. u. Stud.), n. Kriegsende prakt. Arzt Bestensee/Kr. Teltow, 1946-54 Assistenz- u. Oberarzt (1951) Oskar-Helene-Heim, Berlin. S. 1960 Mitgl. World Commission on Cerebral Palsy. Div. Fachveröff. - 1953 Ehrenmitgl. Brasilian. Militärärztl. Akad.; Mitgl. Intern. Ges. f. Orthop. u. Traumatol. (1957) u. Ges. f. Natur- u. Heilkd. (1960); korr. Mitgl. Amerik. Ges. f. infantile Cerebralparese - Liebh.: Wassersport, Golf - Spr.: Engl. - Rotarier.

STOPFKUCHEN, Karl
Dr.-Ing., Vorsitzender d. Geschäftsführung d. Hydraulik Nord GmbH, O-2850 Parchim (s. 1991) - Von-Eichendorff-Str. 13, 8152 Feldkirchen-Westerham (T. 08063 - 72 58) - Geb. 22. Sept. 1936 Pritschap 1/Komotau (Vater: Ferdinand S. †; Mutter Berta, geb. Poppek †), kath., verh. s. 1963 m. R. M. Elisabeth, geb. Fröhlich, 2 S. (Thomas, Matthias) - Abit. 1957; 1957-63 Stud. Maschinenbau m. Schwerp. Luftfahrttechnik TH Darmstadt, Dipl.-Ing., Promot. 1971 TU Karlsruhe; 1963-69 Entwicklungsing. Firma Dornier GmbH; 1965-67 Doz. Ingenieursch. Konstanz; 1969-72 Leit. Abt. Regelungstechnik Dornier System GmbH; S. 1971 Leit. Hauptabt. Flug- u. Fahrzeugführung Firma Dornier GmbH; 1972-83 Leit. Systementwickl. ESG, Elektronik-System GmbH; s. 1973 Prokura. S. 1983 Mitgl. d. Geschäftsleitung u. Leit. Bereich Technik Contraves GmbH; 1984-87 Geschäftsf. Contraves GmbH Dtschl.; 1987-89 Mitgl. d. Geschäftsleitg. Systeme Diehl GmbH & Co., Nürnberg - BV: On the Stability of the Steady State Angular Motion of Passive Magnetically Stabilized Satellites, 1971; Neue Technologien z. Frühwarnung u. Führung v. Luftoperationen. Führungs- u. Informationssyst. (S. 243-280), 1982.

STOPP, Klaus
Dr. rer. nat., Prof., Botaniker u. Pharmazeut - Draiser Str. 108, 6500 Mainz-Bretzenheim (T. 3 44 66) - Geb. 11. Juli 1926 (Vater: Fritz S., Lehrer; Mutter: geb. Heinrich) - Promot. u. Habil. Mainz - S. 1948 Univ. Mainz (1962 Prof. Fachbereich Chemie u. Pharmazie). Exped.: Südafrika (1950-51), Kongo (1954), Angola (1959-60), Neu-Guinea (1961) - BV: D. verbreitungshemm. Einrichtungen in d. südafrik. Flora, 1958; Katalog alter Landkarten in d. Bad. Landesbibl., 1974; Selbst. Publik. Züricher Handwerkskundschaften, Männersdorf, 1978; D. Handwerkskundsch. d. Schweiz, Weißenhorn, 1978; Landkarten d. Pfalz a. Rhein, 1984; D. Handwerkskundschaften m. Ortsansichten. 17 Bände, Stuttgart 1982-91. Zahlr. Einzelarb.

STORATH, Josef
I. Bürgermeister - Rathaus, 8621 Ebensfeld/Ofr. - Geb. 24. Sept. 1929 Kleukheim - Landw. CSU.

STORB, Ilse

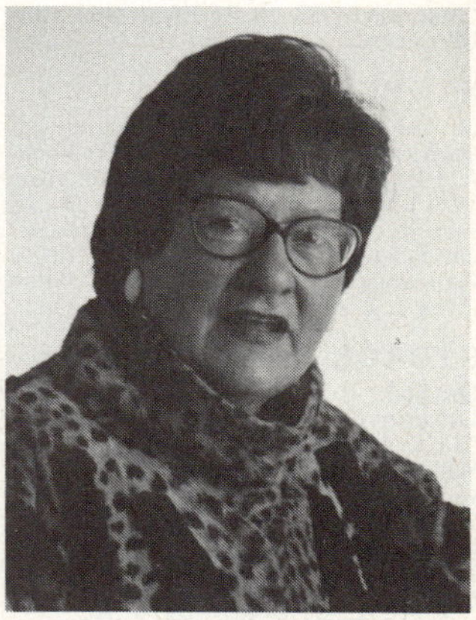

Dr., Univ.-Prof. f. systematische Musikwissenschaft, einschl. Jazzforsch., Leiterin d. Jazzlabors d. Univ. Duisburg - Bredeneyer Str. 44, 4300 Essen 1 (T. 0201 - 41 10 79) - Geb. 18. Juni 1929 Essen - Stud. Univ. Bonn, Köln u. Paris (Sorbonne); Philosophicum; 1. u. 2. Staatsex. in Musik u. Romanistik; Promot. (Musikwiss.) 1966 b. K. G. Fellerer; Stud. Berklee College of Music in Boston - Einzige Jazzprof. in Europa (s. 1982); 1. Vors. d. Arbeitskr. f. Jazzpäd. u. Improvisierte Musik. Klangdokumentation z. Jazzlabor: Interaction - BV: Claude Debussy, 1966; Jazz - Musik in d. Schule, 1983, 1987, 1990; Louis Armstrong, 1989; Dave Brubeck, 1991. 3 Kongresse f. Jazzpäd. u. Improvisierte Musik m. Dok., 1985, 1987, 1990 - 1989 Appreciation for Outstanding Service to Jazz Education, 1989 San Diego u. 1990 New Orleans - Liebh.: Reisen, Jazz-Dance - Spr.: Franz., Engl., Span.

STORCH, Günter W.
Dr. rer. pol., Mitgl. d. Direktoriums d. Dt. Bundesbank, Frankfurt/M. (s. 1987) - Auf d. Albansberg 2, 6500 Mainz - Geb. 2. Febr. 1926 Oberhausen/Rhld.

STORCH, Volker
Dr. rer. nat., o. Prof. f. Zoologie Univ. Heidelberg - Am Pferchelhang 2/5, 6900 Heidelberg - Geb. 4. Dez. 1943 Neumünster (Vater: Dr. Werner St., Stud.-Dir.; M.: Anneliese, geb. Börstinghaus), ev., verh. s. 1969 m. Dr. Renate, 2 Kd. (Sönke, Sabine) - Promot. 1968 Univ. Kiel - 1975-78 apl. Prof. Univ. Kiel; 1979 o. Prof. Univ. Heidelberg - BV: Comparative Animal Cytology and Histol., 1976; Evolution, 6. A. 1989; Systemat. Zool., 4. A. 1991; Umweltpädagogik, 1988; Kurzes Lehrb. d. Zool., 6. A. 1989; Leitfaden f. d. zoologische Praktikum, 1991; etwa 190 Fachpubl. - Spr.: Engl., Franz., Lat.

STORCK, Gerhard
Dr., Museumsdirektor, Leiter Kaiser Wilhelm Museum u. Museum Haus Lange (s. 1976) - Karlspl. Nr. 35, 4150 Krefeld 1 (T. 63 22 69) - Geb. 22. Aug. 1940 Essen (Vater: Ludwig S., Ing.; Mutter: Charlotte, geb. Hassenpflug),

ev., verh. s. 1965 m. Hildegard, geb. Lichtenschlag, 2 Kd. (Christopher, Julia) - Stud. d. Arch., Kunstgesch., Archäol., Theaterwiss. TH Aachen, Univ. Berlin (Freie), Bonn, Köln; Promot. 1969 ebd. - 1969-75 Dir.sassist. u. 1973 Leit. Abt. Mod. Kunst Kunstmuseum Düsseldorf.

STORCK, Hans
Dr. theol., Superintendent - Pacelliallee 53, 1000 Berlin 33 (T. 030 - 832 64 88) - Geb. 1. Dez. 1925 Schwarz, Krs. Alsfeld, ev., verh. s. 1953 m. Helga, geb. Leue, 3 Kd. (Martin, Peter, Karin) - 1960 Landessozialpfarrer f. Kurhessen u. Waldeck. 1972 Direktor Ev. Akad. Loccum. - BV: Die Zeit drängt - D. Ev. Kirche stellt sich den Fragen d. Industrieges., 1957; Kirche im Neuland d. Industrie, 1959; Gott in unserer Zeit - Situationen u. Schicksale, 1967; Mut zur Verständigung, 1977; D. Kraft d. Volkskirche in d. Großstadt, 1988 - Spr.: Engl., Schwed. - Rotarier.

STORCK, Harmen
Dr. rer. hort., Prof. Inst. f. Gartenbauökonomie Univ. Hannover - Freihorstfeld 19, 3000 Hannover - Geb. 10. Aug. 1929 Lübeck, verh., 3 Kd. - BV: D. Risiko im Gartenbau, 1966; Investitionsentscheidungen im Gartenbau, 1977; Gartenbau-Betriebsführung, Produktion (Hrsg.), 2. A. 1982 - Spr.: Engl., Franz.

STORCK, Joachim Wolfgang
Dr. phil., Hon.-Prof. Univ. Mannheim - Urbanstr. 16, 7800 Freiburg i. Br. - Geb. 29. Dez. 1922 Karlsruhe (Vater: Dr. Willy F. St., Kunsthistoriker), kath., verh. s. 1986 m. Evelyn Grill, geb. Holzapfel, 3 Kd. (Daniel, Miriam, Tobias) aus 1. Ehe m. Mary Hartrodt († 1984) - 1944-52 Stud. Sinol., Gesch., German., Angl. Univ. Göttingen, Zürich, Freiburg; C.P.F. 1954 Univ. of Cambridge; Promot. 1957 Freiburg - 1952-54 Lektor Univ. of Cambridge; 1960-64 wiss. Assist. Freiburg; 1965-68 DFG; 1970/71 Univ. Marburg; s. 1971 Lehrbeauftr. s. 1991 Hon.-Prof. Univ. Mannheim; 1971-88 wiss. Mitarb. Dt. Lit.archiv Marbach/N.; 1976-87 Leit. Martin-Heidegger-Archiv; s. 1974 Vizepräs. Rilkeges.; s. 1985 Ausschß. Dt. Schillerges.; s. 1986 Membre du Conseil Fondation R.M. Rilke (Sierre) - BV: R.M. Rilke als Briefschreiber, 1977; Als d. Krieg zu Ende war, 1973; Rilke heute, 1975; R.M. Rilke. 1875.1975, 1975; Max Kommerell, 1985; R.M. Rilke u. Österr., 1986; Günter Eich, 1988; R. M. Rilke. Briefe zur Politik, 1992 - Liebh.: Politik. Sprachen - Spr.: Engl., Franz., Lat., Griech., Russ.

STORCK, Klaus
Prof., Cellist - Siebertstr. 1, 8000 München 80 (T. 089 - 98 48 06) - Geb. 11. Febr. 1928 Berlin (Eltern: Prof. Dr. med. Hans (Orthopäde) u. Elisabeth S.), ev., verh. s. 1960 m. Helga, geb. Wittek, 2 Kd. (Martin, Vera) - Gymn.; Musikhochsch. Detmold (Konzertdiplom u. Privatmusiklehrerprüf. 1951 m. Ausz.) - 1953-58 Doz. Musik-Inst. Mainz; s. 1958 Prof. Folwang-Hochsch. Essen u. Musikhochsch. Köln (1964); s. 1972 Prof. Staatl. Hochsch. f. Musik, Hannover. Konzerte In- u. Ausl. (mehrere USA-Tourneen). Schallpl. Herausg.: Cello-Lit. (Schott, Mainz u. Bärenreiter, Kassel) - Liebh.: Fotogr. - Spr.: Engl.

STORCK, Louis
Dr., Staatssekretär a. D., Vorstandsvorsitzender BHW-Bausparkasse (Beamtenheimstättenwerk) Hameln - Lubahnstr. 2, 3250 Hameln 1 (T. 05151 - 1 81) - Geb. 3. Dez. 1928 Melle/Hann. (Vater: Friedrich S., Kaufm.; Mutter: Elise-Johanne, geb. Bräke), ev., verh. s. 1956 m. Ilse, geb. Vortmeyer, 3 Kd. (Marietta, Peter, Joachim) - 1938-48 (unterbr. durch Kriegsdst. u. Gefangensch.) Obersch. Osnabrück; 1949-52 Univ. Münster u. Freiburg (Rechts- u. Staatswiss.). Jurist. Staatsprüf. 1952 (Hamm) u. 1956 (Hannover); Promot. 1955 (Diss.: D. Verbot d. Doppelveranlagung d. Beteiligten d. Emscher-Genoss. durch d. Gemeinden) - 1956ff. nieders. Finanzverw. (1959 Reg.rat); 1963ff. Stadtverw. Gronau/W. (Stadtdir.); 1965ff. Stadtverw. Hameln/Weser (Oberstadtdir.); 1968ff. Bundesmin. f. Wohnungswesen u. Städtebau (Min.dir., 1969 Staatssekr.). SPD - Brosch.: Durchbruch z. sozialen Rechtsstaat - Eigentum u. Sozialdemokr., 1969 (m. Herbert Ehrenberg) - Liebh.: Alte Stiche, Bücher, Jagd - Spr.: Engl., Franz. - Rotarier - Früher bek. Leichtathlet (Sprinter).

STORCK, Volker
Geschäftsführer Bundesverb. d. Dt. Foto-Fachhandels - Volmerswerther Str. 20, 4000 Düsseldorf 1 (T. 0211 - 390 09 10).

STORK, Friedrich-Konrad
Landwirt u. Weinbauer, MdL Baden-Württ. (1956-1976) - Winzerstr. 17, 7801 Schallstadt; priv.: Im Bopser 2 (T. 07664-63 24) - Geb. 30. Dez. 1914 Schallstadt (Kriegsvollwaise), ev., verh., 4 Kd. - Volks- u. Landw.ssch., Bäuerl. Werkprüf. 1935 - S. 1936 selbst. 1936-37 u. 1939-45 Wehrdst. 1948-79 MdK Freiburg bzw. Breisgau-Hochschwarzwald (1953 Fraktionsf.) u. 1948-71 stv. Bürgerm. Schallstadt. DVP/FDP 6. 1947 - Staatsmed. in Gold f. hervorrag. Leistungen im Weinbau; 1969 BVK I. Kl.; 1974 Gr. Bundesverdienstkreuz d. VO. d. BRD.; 1980 Verdienstmed. Land Baden-Württ.; 1985 Ehrenbürger Gem. Schallstadt.

STORK, Walter Wilhelm
Schiffahrtskaufmann, gf. Gesellschafter NAVIS Schiffahrts- u. Speditionsges. mbH, Hamburg - Marienhöhe 6a, 2000 Hamburg 55 (T. 7 89 48-2 12) - Geb. 20. Jan. 1935 Hamburg, ev., verh. s. 1957 m. Greta Emma, geb. Malchau, 2 Kd. (Schuschia, Remo) - AR-Mitgl. HHLA, Dakosy GmbH, VR-Vors. DIHS-DAKOSY GmbH, alle Hamburg - BV: Roll on-Roll off in Europe (jährl.).

STORM, Peter-Christoph

Dr. jur., Direktor u. Prof. - Emser Str. 46, 1000 Berlin 15, Wilmersdorf (T. 883 32 41) - Geb. 8. Sept. 1936 Wustrow Kr. Rostock (Vater: Prof. Dr. rer. pol. Ernst S. (s. XVII. Ausg.); Mutter: Ruth, geb. Siwinna), ev., verh. s. 1969 m. Christa, geb. Schenke, 2 Kd. (Bertine, Axel) - 1947-56 Ratssch. Peine; 1956-59 Bundeswehr (1976 Oberstlt. d. R.); 1959-64 Univ. Tübingen u. Genf (Rechtswiss.). Jurist. Staatsprüf. 1964 u. 69, Promot. 1972 Tübingen - 1965-66 u. 1969-72 Wiss. Assist. Univ. Tübingen, 1972-76 Akad. Oberrat Univ. Hohenheim (Abt. f. Öffftl. Recht, Agrar- u. Umweltr.), s. 1977 Wiss. Dir. bzw. Dir. u. Prof. (1979) Umweltbundesamt Berlin (1978 Gruppenleit. Rechts-, wirtschafts- u. sozialwiss. Umweltfragen, 1991 Fachbereichsleit. Umweltplanung, Ökologie). 1974ff. Lehrbeauftr., 1983 Hon.-Prof. Univ. Tübingen. Mitgl. UNEP-Arbeitsgr. Umweltr., Intern. Council of Environmental Law u. a. - BV: D. Schwäb. Kreis als Feldherr - Unters. z. Wehrverfass. d. Schwäb. Reichskr. 1648-1732, 1974; Umweltr. - Einf. in e. neues Rechtsgeb., 4. A. 1991; Umwelt-R. - dtv-Rechtstexte Nr. 5533, 7. A. 1992. Mithrsg.: Handwörterb. d. Umwelt (1986/88); Handb. d. Umweltverträglichkeitsprüfung (1988ff.); Festschr. H. v. Lersner z. 60. Geb. (1990). Div. Einzelarb.

STORM, Ruth,
geb. Siwinna

Schriftstellerin - Masurenstr. 1, 7988 Wangen/Allgäu - Geb. 1. Juni 1905 Kattowitz O/S (Vater: Carl S., Verlagsbuchhändler), ev., verh. s. 1926 m. Prof. Dr. rer. pol. Ernst S. (†1980), S. Prof. Dr. jur. Peter-Christoph - Höh. Töchtersch. Brüdergemeine Gnadenfrei/Schles. LH Berlin - BV: u. a. D. vorletzte Gericht, R. 1953, Neuaufl. 1989; Tausend Jahre - e. Tag, R. 1956; Ich schrieb es auf, Tageb. 1961, 2. A. 1983; Der Verkleidete, R. 1963; E. Stückchen Erde, R. 1965; ...und wurden nicht gefragt - Zeitgeschehen aus d. Perspektive e. Kindes, 1972; Odersaga, R. 1978; Wieder war d. Erde verdorben v. Gottes Augen, Erz. 1979; D. Zeitenuhr unentrinnbarer Sand, Lyr. 1983; D. geheime Brot, Erlebtes u. Bewahrtes, Erz. 1988; Fern geboren u. doch heimatbewußt, Erz. 1988; D. Haus am Hügel, 1989; Schausp. in d. Neuauflage v. Vorletzten Gericht, R. - 1970 Ehrengabe Wangener Kreis/Ges. f. Lit. u. Kunst Dt. Osten, 1978 Preisträg. Ostdt. Kulturrat Erzählerwettbew.; 1983 Eichendorff-Preis Wangener Kr.; 1984 Sonderpreis z. Schles. Kulturpr. Land Nieders.; 1986 BVK am Bde, 1988 Ehrenmed. d. Stadt Alfeld/Leine z. 700 Jahrfeier d. Patenstadt Hirschberg.

STORR, Peter
Dr. jur., o. Prof. - Franz-Senn-Str. 9, 8000 München 70 (T. 089 - 714 95 74) - Geb. 5. Juli 1941 Niederaschau, kath., verh. s. 1965 m. Dr. Annette, geb. Bader, 3 Söhne (Stefan, Martin, Oliver) - Stud. Univ. München; 1. u. 2. jurist. Staatsprüf.; Promot. 1975 - Rechtsanwalt; 1975 Prof. Kath. Univ. Eichstätt; s. 1981 o. Prof. Landshut. Vorst. d. Inst. f. soziale Praxis; Mitgl. in wiss. Ges. - BV: Eherecht u. eheliche Sorge, 4. A. 1989; Sozialgesetzbuch, 1985; Gesetze f. Sozialwesen u. Wirtschaft, 12. A. 1990; Aufsichtspflicht, 1990; Betreuungsrecht, 1990; Lexikon d. Sozialrechts, 1990. Zahlr. Aufs.

STORZ, Hans-Ulrich
Dr., Delegierter Resident Delegate of German Industry and Trade - P.O. Box 11683, 50754 Kuala Lumpur/Malaysia.

STORZ, Oliver
Schriftsteller - Bergstr. 10, 8021 Deining b. München (T. 08170 - 4 08) - Geb. 30. April 1929 Mannheim (Vater: Prof. Dr. Gerhard S.; Mutter: Martha, geb. Rothweiler), ev., verh. s. 1953 m. Jutta, geb. Bosse, 2 Töchter (Sylvia, Susanne) - Univ. Tübingen (German., Anglist., Roman.). Staatsex. 1955 u. 1956 1955-57 Refer. Gymn. 1957-60 Redakt., Theater- u. Lit.kritiker Stuttg. Ztg.; 1960-74 Produzent, Dramaturg, Autor Bavaria Atelier-GmbH., München - BV: Lokaltermin, Erz. 1962. Zahlr. zeitkrit. Originalfernsehspiele; Dramenbearb. f. FS (u. a. Schiller, Hofmannsthal, Anouilh); Filmdrehb.; Erz., Lyrik, Feuill. in Presse u. Funk; Roman Nachbeben, 1977 - 1963 FS-Preis Berliner Filmfestspiele (z. Thema Freiheit u. Gerechtigk.), 1978 3. Preis DAG-Wettbewerb f. Fernsehsp. D. Tod d. Camilo Towes. Mitgl. Dt. PEN-Zentrum - Liebh.: Musik, Sport - Spr.: Engl., Franz.

STORZ, Werner
Dozent f. Musik Hamburger Konservatorium, Landesleit. Dt. Akkordeon-Lehrerverb. Schlesw.-Holst. - Stippelhörn 4e, 2218 Wrist (T. 04822 - 75 61) - Geb. 25. Mai 1951 Villingen - Musik-Stud. Trossingen (Ex. 1973), Musikschulleiterprüf. 1983 - Leiter d. Instrumentalunterr. u. d. Jugend-Akkordeon-Ensembles Musikschule u. d. VHS Kiel; s. 1977 Doz. u. Seminarleit. Hamburger Konservat. (Studiengänge Diplommusiklehrer u. Künstler. Reifeprüf. m. d. Hauptf. Konzertakkordeon, Zusatzfächer Methodik, Lehrproben, Instrumenten- u. Literaturkd., Dirig., Kammermusik). Landesleit. Dt. Akkordeonlehrer-Verb. Schlesw.-Holst.; Mitgl. Landesmusikrat SH; Fortbildungsdoz. Verb. dt. Musiksch.; Kuratoriumsmitgl. VHS Kiel.

STOTZ, Hermann
Direktor a. D. - Schlenkerbrink 19, 4973 Vlotho - Geb. 9. Febr. 1910 Rodheim/H., ev., verh., 2 Kd. - Ludwig-Georgs-Gymn. Darmstadt; Univ. Marburg u. Gießen (Altphilol., Musik, Rechtswiss.). Gr. jurist. Staatsprüf. u. Promot. Verw., Ind., 1956-75 Gf. Dt. Eisenbahn-Reklame GmbH. b. 1980 Vizepräs. Fédération Europ. de la Publicité Extérieur, Zürich, Präs.mitgl. Zentralaussch. d. Werbewirtsch., Vors. Fachverb. Außenwerbung, 2. Vors. Dt. Plakat-Forum, Essen. Mehrere Ehrenämter in nationalen u. intern. Bereich - Oskar-v.-Miller-Med. Dt. Museum, München; 1990 Ehrenbürger d. Stadt Babenhausen in Hessen.

STOWITSCH, Agno
s. Riha, Karl

STOY, Ernst

Chordirektor u. Kapellmeister Deutsche Staatsoper Berlin (s. 1973) - Geb. 22. Febr. 1931 Kleinpriesen (ČSFR), verh. s. 1971 m. Opernsängerin Renate Krahmer, T. Julia - Stud.: Staatsex. Klavier u. Dirigieren; Ausb. b. C. A. Martienssen, Horst Stein, Kurt Masur - Lehrtätigk. Hochsch. f. Musik Berlin; Kapellmeister am Landestheater Halle; s. 1973 Chordir. u. Kapellmeister s.o. - Liebh.: Bergwandern.

STRAATEN, van, Ehrhard
Vorstandsmitglied Axel Springer Verlag AG - Zu erreichen üb. Axel Springer Verlag AG, 1000 Berlin - Geb. 28. April

1943 Gießen, ev., verh., S. Martin - Abit.; Stud. Wirtschaftsing.wesen Univ. Berlin; Dipl.-Ing. - Alleinberechtigter Geschäftsf. Ullstein GmbH; AR Axel Springer-Budapest; AR-Mitgl. DBP-TeleKom; VR-Mitgl. Poligrafici Editoriale SpA, Ital.

STRAATMANN, Victor

Geschäftsführer Stratex Handelsges. mbH, Hamburg (s. 1983) - Priv.: Loogestieg 10, 2000 Hamburg 20, gesch.: Rothenbaumchaussee 93, 2000 Hamburg 13 - Geb. 23. April 1928 Hamburg, ev., verh. s. 1959, T. Yvonne - 1959 Geschäftsf. Gilbert J. McCaul & Co., 1969 Dir. Hongkong & Shanghai Banking Corp., 1972 Vorst. Bankhaus Otto Wieckhorst u. 1974 Asien-Pazifik-Bank AG, 1976-83 Geschäftsf. Strato GmbH, s. 1983 STRATEX Handelsges. mbH (alle Hamburg) - Chévalier de la Confrèrie des Chévaliers du Tastevin - Liebh.: Golf - Spr.: Engl.

STRACHE, Wolf

Dr. rer. pol., Bildjournalist - Landhausstr. 59, 7000 Stuttgart (T. 262 39 83) - Geb. 5. Okt. 1910 Greifswald, ev., verh. s. 1960 m. Carla, geb. Schneider - Realgymn. Erfurt; Univ. Köln u. München - Bildbücher m. eig. Textteil: D. Weserbuch, D. Moselbuch, Kl. Liebe zu Columbus, Was uns blieb, Ästhetik d. Bildgestaltung, Verwandeltes Antlitz, Schöpfer. Kamera, D. Golf v. Neapel, Reihe: D. Schönen Bücher (Kunst, Natur, dt. Städte u. Landsch., Europa; bish. üb. 110 Titel), Bildw. alter dt. Meister, Forms and Patterns in Nature, Steinhausen - e. Juwel unt. d. Dorfkirchen; Deutschl. - Gestern u. heute, Kalender 1961ff.; Fotograf. Stationen, 1981; Stuttgart - m. meinen Augen, 1983; Mallorca, Menorca, Ibiza, Formentera, 1984; Vor fünfzig Jahren, 1986. Herausg.: Jb. D. Dt. Lichtbild (1955-79), The German Photographic Annual (1956-79), Akt International, Japan - Fernes Land, Geboren in Feuer: Stahl, D. Gr. Ernte, 100 Jahre Porsche im Spiegel der Zeitgeschichte - 1979 Kulturpreis Dt. Ges. f. Photogr. u. BVK.

STRACHWITZ, Rupert, Graf

M.A., gf. Gesellschafter Maecenata Management GmbH, Vors. d. Gesellschafterrates d. Hansa-Tresor GmbH - Kurfürstenstr. 18, 8000 München 40 - Geb. 30. April 1947 Luzern/Schw. (Vater: Rudolf Gr. St., Botschafter; Mutter: Barbara, geb. Greene), kath., 2 Kd. (Victoria, Benedikt) - 1952-65 Schule in Rom, Salem u. Berg/Starnberger See, 1965-74 Colgate Univ./USA, Univ. München (pol. Wiss., Gesch. Kunstgesch.), Magisterprüf. 1974, Wehrdst. m. Offz.ausb. 1966-68 Ingolstadt - 1974/75 Pers. Ref. Hospitalier des Souver. Malteser-Ritterordens, Rom, 1976-80 Landesgeschäftsf. MHD Bayern, 1980-87 Präs. Verw. d. Herzogs v. Bayern, 1987-89 Matuschka-Gruppe München, 1981-85 Landesbeauftr. d. MHD Bayern (e.a.). 1984/85 Vizepräs. Dt. Caritasverb. (e.a.) - 1971 Ehren- u. Devotionsritter des Souveränen Malteser-Ritterordens, 1979 VK d. VO Rep. Italien - Spr.: Engl., Franz., Ital.

STRACK, Günter

Schauspieler - 8531 Münchsteinach/Mfr. - Theater, Film, Fernsehen (u.a. ZDF-Serie: Ein Fall f. Zwei, Diese Drombuschs, Mit Leib u. Seele), Hessische Geschichten.

STRACK, Herbert Heinrich

Dr.-Ing., Prof. f. Städtebau u. Verkehrsplanung - Zu erreichen üb. Inst. f. Städtbau, Univ. Bonn, Nußallee 1, 5300 Bonn - Geb. 24. Jan. 1935 Bad Godesberg (Vater: Johannes St., Schreinerm.; Mutter: Margarethe, geb. Schneider), kath., verh. s. 1960 m. Berthy, geb. van der Burg, 2 T. (Christiane, Caroline) - Aloisiuskolleg Bad Godesberg (Abit. 1955), TH Aachen (Dipl.-Ing. 1960), Univ. Bonn (Promot. 1965, Habil. 1970), Prof. 1972 - 1960-67 Wiss. Assist. u. Obering., 1968-1972 Akad. Rat, s. 1972 Prof. Univ. Bonn - BV: u.a. Sanierungs- u. Entw.-Maßnahmen im Rahmen d. Dorferneuerung, 1971; Planung u. Erschließ. v. Ind.-geb., 1973; Ind. im Städtebau, (Dok: m. and.), 1979 - Spr.: Engl., Franz., Niederl.

STRACKE, Achim

Rechtsanwalt - Bonner Talweg 225, 5300 Bonn 1 - Geb. 3. Okt. 1945 Paderborn (Vater: Ludwig S., Forstmann; Mutter: Ella, geb. Leufgens), verh. - 1956-65 Max-Planck Gymn. Bielefeld; 1968-1973 Stud. Rechtswiss. Freiburg u. Bonn, Gr. jurist. Staatsprüf. 1976 Düsseldorf - 1977 Rechtsanw. u. wiss. Mitarb. v. Bundestagsabg. 1980-86 DIHT, AHK Johannesburg - Spr.: Engl., Franz., Span.

STRACKE, Wilhelm

Dr. phil., Industrieberater - Alt-Schürkesfeld 7, 4005 Meerbusch 1 (T. 63 01) - Geb. 4. Nov. 1910 Wuppertal (Vater: Wilhelm S.), verh. m. Ursula, geb. Richaels - Zul. Vorstandsmitgl. Europa Carton AG., Hamburg/Düsseldorf. Zeitw. Vors. Verb. d. Wellpappen-Ind., Frankfurt.

STRÄHLE, Joachim

Dr. rer. nat., o. Prof. f. Anorganische Chemie - Institut f. Anorgan. Chemie, Auf der Morgenstelle 18, 7400 Tübingen (T. 07071-29 61 02) - Geb. 14. April 1937 Dresden (Vater: Erwin St., Ing.; Mutter: Hildegard, geb. Wörsdörfer), ev., verh. s. 1965 m. Barbara, geb. Schies, 2 Kd. (Stefan, Christine) - Schule Stuttgart (Abit. 1958); 1958-63 Univ. Stuttgart (Chem.), Dipl. 1963, Promot. 1965, Habil. Karlsruhe 1973 Wiss. Assist. Univ. Freiburg u. Univ. Karlsruhe; Wiss. Rat, 1976 o. Prof., Lehrst. f. anorgan. Chem. Univ. Tübingen - Spr.: Engl.

STRÄSSER, Manfred

Dr., Prof. Univ.-GH Dusiburg - Am Pferdskamp 9, 4030 Ratingen 8 - Geb. 15. Nov. 1934 Hammermühle (Vater: Karl St., Arch.; Mutter: Elfriede, geb. Peitgen), ev., verh. s. 1963 m. Helga, geb. Seeger, 2 Kd. (Kathrin, Stefan) - 1955-63 Univ. Bonn; Promot. 1963, Habil. 1970 - S. 1970 Prof. in Duisburg - BV: D. Bewässerungslandsch. d. Wasatch-Oase in Utah, 1972 - 1980 Gold. Sportabz. - Spr.: Engl.

STRAETEN, Jo

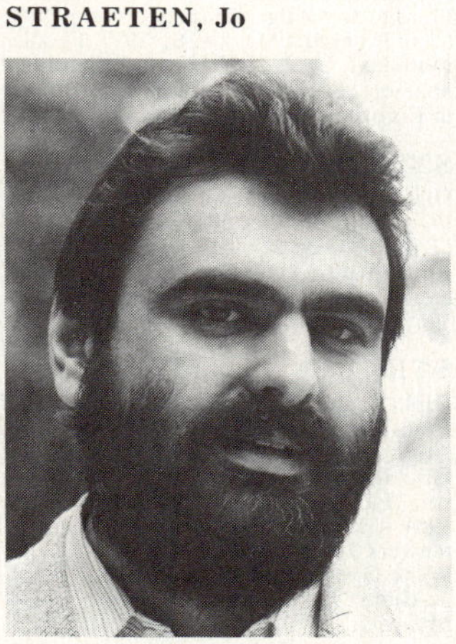

Programmverantw. Chefredakt. Privat-Radio Antenne Ruhr, Mülheim/R., Publizist (Ps. Joachim Alexander), u. Theaterautor (Ps. J. Wanzejew) - Helgolandring 120, 4300 Essen 1 (T. 0201 - 71 47 22 u. Funk-T. 0161 - 121 19 53) - Geb. 13. Juli 1949 Coburg (Vater: Herbert St., stv. Chefredakt.; Mutter: Marlis, geb. Dötschel), verh. m. Caro Dai - Gymn. Coburg, Essen; 1967-74 Stud. German., Theaterwiss. u. Publiz. Univ. Bochum u. FU Berlin - Fr. Mitarb. SFB Berlin, Kulturredakt. u. Kritiker Westf. Rundschau u. Neue Ruhr Ztg. (NRZ) - BV: 75 J. Stadttheater, 1982; Stuttgarter Theaterplakate, 1984; Stuttg. Theaterarb., 1985 - Dram. V. einem d. auszog, d. Fürchen.., Gefährliche Liebschaften, Moskauer Nächte. - Insz. u.a.: W.-Allen-Erstauff., eig. Neuübers. Arsenic & Old Lace, Molière, Hauptmann, Shakespeare, Büchner. Neugründung d. hess. Freilichttheaterfestivals Burgtheater Münzenberg (Künstl. Leiter) - Liebh.: Musik, Antiquitäten, Schwimmen, Reisen - Spr.: Engl., Franz., Niederl., Serbokroat. - Bek. Vorf.: Medici-Hofmaler Stradanus (dir. väterl. Linie).

STRÄTLING, Wolf

Dr. rer. nat., Prof. f. Biochemie Univ. Hamburg - Heilholtkamp 57, 2000 Hamburg 60 - Geb. 12. März 1940 Paderborn (Vater: Wolf S., Chemiker; Mutter: Lisa, geb. Oeding), 3 Kd. (Regine, Susanne, Merle) - 1960-66 Stud. Biochemie Univ. München u. Tübingen; Dipl. in Physiol. Chemie u. Biochemie 1966 Tübingen; Promot. 1969; 1969-73 Assist. Friedrich-Miescher Laboratorium d. Max-Planck-Ges. Tübingen; 1973-74 Postdoc am Baylor College of Med., Houston/USA; 1975-76 Assist. Physiol.-Chem. Inst. Hamburg; s. 1982 Prof.

STRAHL, Erwin

Schauspieler, Sänger, Regisseur u. Schriftsteller - Künigglbergg. 45, A-1130 Wien (T. 222 - 804 83 44) - Geb. 12. Febr. Wien (Vater: Friedrich St., Bankvorst.; Mutter: Henriette St.), ev., verh. m. Waltraut Haas, Schausp., S. Marcus - 1944 Handelsakad.; 1947 Staatsakad. f. darst. Kunst/Max Reinhardt-Sem. - Fr. Schausp. u. Regiss. - BV: D. beiden Herren d. gnädigen Frau, 1980; D. Zauberreise in d. Ritterzeit (v. Nestroy), 1981; Es war d. Lerche (üb. 320 Vorstell., v. E. Kishon), 1979 u.v.a. Film: Keine Angst, Liebling (Buch u. Regie). Rd. 40 Theaterinsz. (George in: Käfig voller Narren, Regie u. Hauptrolle in: D. Fee v. Molnar im Theater in d. Josefstadt, Graf Durante in: Bürger als Edelmann v. Moliere b. d. Festsp. in Melk b. Wien). Tournee-Theater (u.a. O. Wilde, D. ideale Gatte, 1988/89 BRD u. Schweiz, USA, m. Ged. v. Walter v. d. Vogelweide b. Kästner, Showtournee m. G'sch. aus d. Wienerwald u. versch. Showauftritte mit dieser Show in Berlin). Tournee m. Musical Feuerwerk (1989) - 60 Hauptrollen in Filmen (BRD, Österr., Dänemark, Frankr. u. Italien), Fernsehen (u.a. Regie u. Titelrolle v. Nestroy's Lupazivagabundus, Regie, Buch, Film, in Co-Prod. m. BRD/Schweiz u. Österr. (Hauptdarsteller m. W. Haas) f. TV-Show Kunterbuntes m. Musik, 1988); neue Show, Herz u. Gspass (m. Erwin Strahl u. Waltraut Haas), u.a. f. Tournee in Canada - Liebh.: Lesen, Sport - Spr.: Engl., Franz., Ital.

STRAHL, Rudi

Schriftsteller - Ahornstr. 30, O-1167 Berlin - Geb. 14. Sept. 1931 Stettin, verh. s. 1956 m. Alice Beyer, 2 Söhne (Bob-Henry, Stefan) - Inst. f. Lit. Leipzig; Dipl. 1958 - 1959-61 Redakt. Eulenspiegel; s. 1961 freischaffend - BV: Aufs Happy End ist kein Verlaß, R. 1967; D. Krösus v. Wölkenau, R. 1969; Mein Zustand ist ernst, R. 1987; Wendeltreppe, Ged. 1984; Lustspiele, 1984; 8 Filme; 14 Theaterstücke, u.a. In Sachen Adam u. Eva, E. irrer Duft v. frischem Heu, Barby (m. P. Hacks), 2099, Arno Prinz von Wolkenstein; ca. 30 Fernsehspiele u. -filme - Lessingpreis; Goethepr.; Nationalpr. (DDR) - Spr.: Engl., Poln. - Lit.: Prof. Dr. Fischborn: D. heimliche Diktator; Prof. Dr. Reichel: Zur Autorenposition v. R. St. u.a.

STRAHLENFELD, zum, Bogs

s. Bogs, Dieter

STRAHM, Christian Niklaus

Dr. phil., Prof. f. Archäologie - Kaiser-Joseph-Str. 225, 7800 Freiburg (T. 2 46 93) - Geb. 1. Okt. 1937 Niederwichtrach (Kt. Bern, Schweiz) (Vater: Hans St., Dir. Stadt- u. Univ. Bibl.; Mutter: Paula, geb. Urweider) - Schulen Bern, Univ. Bern, Zürich, Fribourg u. Saarbrücken, Promot. 1961, Habil. 1973, 1974 Univ.-Doz., 1978 Prof. (C 3) - 1962-64 Assist. Bern (Hist. Museum), 1962-63 Lektor Univ. Bern, 1964-74 Wiss. Assist. Univ. Freiburg/Br., s. 1971 Lehrauftrag Univ. Bern - Spez. Arbeitsgeb.: Neolithikum u. frühe Bronzezeit - BV: D. Gliederung d. Schnurkeramischen Kultur in d. Schweiz, 1971.

STRAKA, Gerald A.

Dr. phil., Prof. f. Erziehungswissenschaften Univ. Bremen - Brinkmannstr. 12, 2807 Achim (T. 04202 - 8 29 23) - Geb. 23. April 1944 Troppau (Vater: Albert St., Oberstudienrat †; Mutter: Waltraud, geb. Tomala), kath., verh. s. 1980 m. Christine, geb. Oldenburg, 2 Kd. (Elisabeth, Henrike) - Dipl.-Handelslehrerex. 1968 Univ. Mannheim; Promot. 1973 Univ. Göttingen - 1973-76 Akad. Rat Univ. Freiburg; 1976-77 Prof. f. Erziehungswiss. Univ. Münster; ab 1977 Prof. Univ. Bremen - BV: Forschungsstrat. z. Evaluation v. Schulversuchen, 1974; Lehren u. Lernen in d. Schule, 1979, 2. A. 1981 (m. and.); Lehren - Lernen - Bewerten, 1983 - Liebh.: Reisen, Briefmarken - Spr.: Engl., Franz.

STRAKA, Herbert

Dr. rer. nat., Dr. h. c., Prof., Botaniker - Forstweg 47, 2300 Kiel (T. 8 34 32) - Geb. 14. Juli 1920 Brünn/Mähren - Promot. 1951 Bonn; Habil. 1954 Kiel - S. 1954 Doz., Prof. (1961) Univ. Kiel. Arbeitsgeb.: Pollenforschung, Geobotanik, Blüten- u. Ausbreitungsökol., Anat. u. Morphol. d. Blüte u. Frucht - BV: Spätquartäre Vegetationsgesch. d. Vulkaneifel, 1952 (Bonn); Früchte paraspermer Mesembryanthemen, 1955 (Leipzig); Pollenanalyse u. Vegetationsgesch., 1970 (Wittenberg); Arealkd. - Florist. Geobotanik, 1970; Pollen- u. Sporenkd., 1975; D. spätquartäre Vegetationsgesch. d. Vulkaneifel, 1975; Vegetations- u. Klimagesch. in Mexiko, 1983; Palynologia Madagassica et Mascarenica, 1964 - 1963 Ehrendoktor Rennes; 1963 korr. Mitgl. Schwed. Pflanzengeogr. Ges. u. 1981 Madagass. Akad.; 1987 Ritter d. madagass. Nationalordens; o. Mitgl. Sudetendt. Akad., München.

STRALAU, Josef

Dr. med., Prof., Ministerialdirektor a. D. - Max-Scheler-Str. 20, 5000 Köln 41 (T. 43 26 38) - Geb. 5. Juni 1908 Trier/Mosel, kath., verh., 3 Kd. - U. a. Bundesmin. d. Innern (Leit. Abt. IV), f. Gesundheitswesen, f. Jugend, Familie u. Gesundheit (Abt. I/Humanmedizin, Arzneimittel, Apothekenwesen). Herausg.: Schriftenreihe aus d. Gebiet d. öfftl. Gesundheitswesens (Thieme-Verlag) - 1969 Prof.-Titel Landesreg. Baden-Württ.; 1954 DRK-Ehrenz., 1964 Offz.skreuz Franz. Orden f. Öfftl. Gesundheitswesen, 1965 Ehrenplak. Dt. Zahnärzteschaft; 1968 Kommandeur Orden d. Belg. Krone; 1970 Gr. BVK, 1973 Stern dazu; 1974 Joh.-Peter-Frank-Med.; 1974 Ehrenmitgl. Rob.-Koch-Stiftg.; Beiratsmitgl. Univ. Bonn.

STRASSBURG (ß), Manfred

Dr. med. dent., o. Prof. u. Direktor Univ.klinik f. Zahn-, Mund- u. Kieferkrankheiten/Westd. Kieferklinik Düsseldorf - Moorenstr. 5, 4000 Düsseldorf (T. 311 81 40); priv.: Im Diepental 40 - Geb. 30. Aug. 1930 - S. 1962 (Habil.) Lehrtätigk. Univ. Saarbrücken u. Düsseldorf (1963; 1967 apl. Prof., 1972 o. Prof.); 1974-81 stv. Vors. Akad. Praxis u. Wiss. in d. DGZMK; 1980/81 Dekan Med. Fak. Univ. Düsseldorf; 1981-85 Präs. Dt. Ges. f. ZMK-heilkd. - BV: Zahnverlust u. Trigeminusganglion, 1964; Farbatlas d. Mundschleimhauterkrankungen, 3. A. 1991. Üb. 100 Einzelarb. - 1963 Miller-Preis, 1969 Jahrespreis, 1986 Gold. Ehrennadel (sämtl. Dt. Ges. f. ZMKheilkd.), 1990 Ehrennadel d. dt. Zahnärzteschaft in Gold; 1991 Ehrenmitgl. d. Akad. Praxis u. Wiss. in d. DGZMK u. d. Dt. Ges. f. ZMKheilkd.

STRASSER, Helmut

Dr. phil., o. Prof. f. Mathematik Wirtschaftsuniv. Wien - Augasse 2-6, A-1090 Wien (s. 1990) - Geb. 21. Juni 1948 Sierning/Österr. (Vater: Prof. Dr. jur. Rudolf S., Rechtswissenschaftler; Mutter: Margarete, geb. Losert), kath., verh. s. 1971 m. Erika, geb. Lehner, 4 Kd. (Mathias, Kathrin, Eva, Christoph) - Univ. Wien (Promot. 1970) - 1973 Assist. Akad. d. Wiss. Wien; 1975 Prof. Univ. Gießen; 1977 Ord. Univ. Bayreuth - Spr.: Engl.

STRASSER, Hermann

Dipl.-Volksw., Dr. rer. oec., Ph.D., Prof. f. Soziologie Univ. Duisburg - Forsthaus 9, 4030 Ratingen 6 (T. 02102 - 6 77 49) - Geb. 28. Nov. 1941 Altenmarkt/Österr. (Vater: Franz St., Gastw.; Mutter: Elisabeth, geb. Pichler), kath., verh. s. 1968 m. Gudrun B., geb. Hinz, 2 Kd. (Sandra, Mark) - Stud. Volkswirtsch. Univ. Innsbruck, FU Berlin, Dipl.-Volksw., Dr.; Soziologie Fordham Univ., New York, Ph.D.; Habil. Univ. Klagenfurt - 1968-71 Teaching Fellow Fordham Univ.; 1971/72 Visit. Prof. Univ. of Oklahoma; 1972-77 Assist.-Prof. Inst. f. Höh. Studien, Wien; s. 1978 o. Prof. Univ. Duisburg - BV: The Normative Structure of Sociology, 1976 (portug. 1978); Einf. in d. Theor. d. soz. Wandels, 1979 (engl. 1981); D. ges. Konstrukt. d. Entfremd., 1977; Determinants and Controls of Scientific Development, 1975 (dt. 1976); D. Analyse soz. Ungleichheit, 1985; Probleme d. Industriegesellschaft, 1985; Soziale Ungleichheit u. Sozialpolitik: Legitimation, Wirkung u. Programmatik, 1987; D. Ende d. Klassengesellschaft?, 1990; Change and Strain in Social Hierarchies, 1992; In Search of Community, 1992 - Spr.: Engl., Franz. - Mitgl. Rotary Club Ratingen.

STRASSER, Hugo

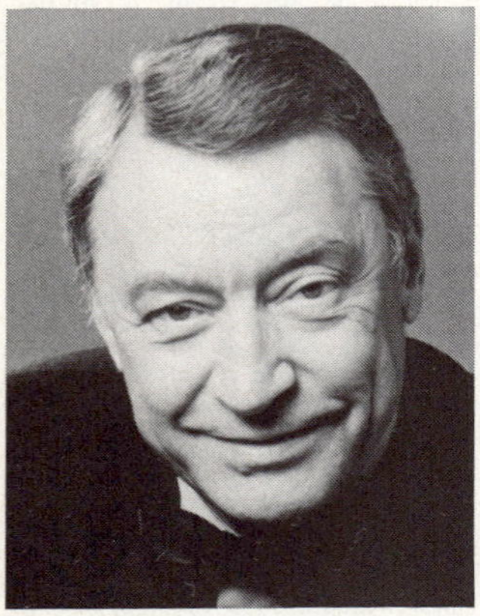

Bandleader, Komponist - Bussardstr. 9, 8011 Grasbrunn 1 (T. 089 - 46 73 47) - Geb. 7. April 1922 München (Vater: Simon St., Staatsbeamter; Mutter: Afra, geb. Seemüller), kath., verh. s. 1945 m. Ilse, geb. Becker, S. Thomas - Akad. d. Tonkunst München (8 Sem.) - Zahlr. Kompos. (Pop- u. Tanzmusik) - 2 Gold. Langspielpl., Gold. Tanzschuh, div. Ehrungen Welttanzverb. - Liebh.: Schwimmen, Wandern, Lesen (gehob. Lit.) - Spr.: Engl.

STRASSER, Karl

Direktor i. R. - 4722 Ennigerloh/W. - Geb. 21. Febr. 1913 - B. 1973 Vorst.s-mitgl. Anneliese Portland-Cement- u. Wasserkalkwerk AG.

STRASSERT, Günter

Dr. rer. pol., Prof. f. Regionalwissenschaft Univ. Karlsruhe (s. 1976) - Kaiserstr. 97, 7500 Karlsruhe 1 - Geb. 8. Mai 1938 Berlin, verh. m. Snežana, geb. Milojević, T. Sandra - Stud. Volkswirtschaftslehre; Promot. 1968 Freiburg - 1968/69 u. 1971-74 Mitgl. Planungsgr. b. Ministerpräs. d. Saarl.; 1974-76 Res. Fellow Wiss.zentrum Berlin (IIMV); 1976-80 Vors. Ges. f. Regionalforsch. 1985 u. 88 Gastprof. Univ. Mexiko (UNAM) - Korr. Mitgl. Dt. Akad. f. Raumforsch. u. Landesplanung - Spr.: Engl., Franz., Span., Serbokroat.

STRASSL (ß), Hans

Dr. phil., em. o. Prof. f. Astronomie - Ochtrupweg Nr. 39, 4400 Münster/W. (T. 86 24 63) - Geb. 10. Jan. 1907 Rauischholzhausen b. Marburg/L. (Vater: Ludwig S., Kraftfahrer; Mutter: Elisabeth, geb. Oster), kath., verh. s. 1940 m. Josefa, geb. Schlüter († 1981)- Lateinsch. Amöneburg u. Gymn. Fulda; Univ. Marburg u. Göttingen (Astron., Physik, math. Statistik; Promot. 1932). Habil. 1948 Göttingen - 1929-1937 u. 1945-48 Wiss. Hilfsarb. u. Assist. Univ.-Sternwarte Göttingen; 1937-45 wiss. Mitarb. Aerodynam. Versuchsanst. ebd.; 1948-58 Observator Univ.-Sternw. Bonn (1948 Privatdoz., 1954 apl. Prof.); s. 1958 ao. u. o. Prof. (1964) Univ. Münster (Dir. Astronom. Inst.), em. 1975. 1970-75 Mitgl. Wiss. Beirat MPI f. Radioastr. Spez. Arbeitsgeb.: Spektralphotometrie, Dynamik d. Sternsystems, Nomographie. Fachveröff. Mithrsg.: Ztschr. Himmelswelt (1946-49), Sterne (1948 ff.) - 1984 Ritter päpstl. Gregorius-Orden - Spr.: Engl.; z. Lekt. wiss. Veröff. ausreichend: Franz., Ital., Russ., Span.

STRASSMEIR (ß), Günter

Parlamentarischer Staatssekr. a. D., MdA - Nassauische Str. 60, 1000 Berlin 31 (T. 87 84 60) - Geb. 20. Juni 1929 Röthenbach (Vater: Carl S., kaufm. Direktor †1935; Mutter: Elisabeth, geb. v. Lips †1984), ev., verh. s. 1956 m. Edeltrud, geb. Wenzel, 3 Söhne (Andreas, Robert, Alexander) - Höh. Schule Berlin (Abit. 1947); Dt. Hochsch. f. Politik ebd. (Dipl.-Pol. 1954) - 1955-64 Senatsverw. f. Inneres u. -kanzlei v. Berlin (1960 Ref.); 1965-72 Bezirksamt Wilmersdorf (b. 1971 Stadtrat f. Finanzen u. Wirtsch., b. 1972 f. Volksbild.). B. 1964 Bezirksverordn. W'dorf (stv. Fraktionsvors.). CDU s. 1956 (1969-79 Vors. CDU-Kreisverb. Wilmersdorf, 1981-85 Gen.sekr. CDU-Landesverb. Berlin, 1985-88 stv. Landesvors.); 1972-91 MdB/Vertr. Berlins; 1989-91 Parlam. Staatssekr. b. Bundeskanzler u. Bevollm. d. Bundesreg. in Berlin - Liebh.: Lesen, Waldspaziergänge, Jagd - Spr.: Engl.

STRATE, Herbert

Kaufmann, Präs. Hauptverb. Dt. Filmtheater, u. d. UNIC (Union Internationale des Cinemas), VR-Vors. u. Präsid. d. Filmförderungsanst. - Zu erreichen üb. Langenbeckstr. 9, Postf. 29 27, 6200 Wiesbaden.

STRATENWERTH, Günter

Dr. jur., o. Prof. f. Strafrecht u. Rechtsphil. - Thiersteinerrain 48, CH-4053 Basel (Schweiz) (T. 331 22 41) - Geb. 31. Jan. 1924 Naumburg/S. (Vater: Dietrich S.; Mutter: geb. Knehans), ev., 3 Kd. (Christoph, Irene, Peter) - 1945-50 Univ. Göttingen (Rechtswiss.). Promot. 1950 Göttingen; Habil. 1956 Bonn - S. 1960 Ord. Univ. Erlangen u. Basel (1961) - BV: D. Naturrechtslehre d. Johannes Duns Scotus, 1951; D. rechtstheoret. Problem d. Natur d. Sache, 1957; Verantw. u. Gehorsam, 1958; Publizist. Landesverrat, 1965; Leitprinzipien d. Strafrechtsreform, 1970; Strafrecht, Allg. Teil, 3. A. 1981; Tatschuld u. Strafzumessung, 1972; Schweizer Strafrecht, Allg. T. I, 1982, Allg. T. II, 1989, Bes. T., 3. A. 1983/84; Teilrevisionen 1987-1990, 1990; D. Zukunft d. strafrechtl. Schuldprinzips, 1977.

STRATMANN, Heinrich

Dr. rer. nat., Prof., Dipl.-Chem., Präsident Landesanst. f. Immissionsschutz, Essen (1970-88) - Am Buchenhain 3, 4300 Essen 16 - Geb. 14. Sept. 1923 Bochum, verh. - Stud. TH Aachen; Promot. 1955 - 1956-63 Leit. Kohlenstoffbiol. Forschungsinst. (KOFO) Essen; 1963-70 Abt.-Leit. Landesanst. f. Immissionsschutz (LIS), 1970-88 Präs. ebd. 1973 Hon.-Prof. Univ. Bochum; stv. Vors. VDI-Kommiss. Reinhaltung d. Luft; Lehrauftr. Univ. Bochum üb. Luftüberwachung - BV: Farbtafelatlas üb. Schwefeldioxidwirkungen an Pflanzen - 1976 Intern. Rheinlandpreis f. Umweltschutz.

STRATMANN, K.-Peter

Publizist - Zu erreichen üb.: Nomos-Verlag, Waldseestr. 3, 7570 Baden-Baden - BV: NATO-Strategie in d. Krise?, 1981.

STRATMANN, Karlwilhelm

Dr. phil., Prof. f. Berufs- u. Wirtschaftspädagogik - Unterstr. 37a, 5632 Wermelskirchen - Geb. 9. Nov. 1930 Kelzenberg - Berufsausb. Baugew., Gewerbelehrerstud. - 1957-62 Berufssch.dst., 1962-70 Stud.rat i. Hochsch.dst., 1970 Prof., s. 1972 Ruhr-Univ. Bochum - BV: D. Krise d. Berufserziehung, 1967; Hauptsch. u. Arbeitslehre, 1968; Quellen z. Gesch. d. Berufserziehung, 1969; Berufspäd., 1975; D. Berufsvorb.jahr, 1981; Quellen u. Dokumente z. Berufsbildung 1794-1869, 1982; D. betriebl. Berufsbildung 1869-1918, 1985; Handb. d. dt. Bildungsgesch., 1987ff.; D. Duale System d. Berufsbildung, 1990; Zeit d. Gärung u. Zersetzung, 1992; üb. 100 Aufs. in wiss. Ztschr. Mithrsg.: Ztschr. f. Berufs- u. Wirtschaftspäd.

STRAUB, Eberhard

Dr. med., Prof. f. Kinderheilkunde, Chefarzt u. Direktor Kinderklinik Städt. Krankenhaus Frankfurt-Höchst (s. 1981) - Am Schnittelberg 36, 6232 Bad Soden 2 (T. 06196 - 2 44 17) - Geb. 12. April 1935 Dietersweiler (Vater: Otto St., Mutter: Gretel, geb. Jaggy), ev., verh. s. 1963 m. Marietta, geb. v. Haendel, 4 Kd. (Christiane, Christoph, Eva, Ursula) - Gymn. Ebingen (Abit. 1954); Stud.-stiftg. d. dt. Volkes, Univ. Tübingen u. München (Med. Staatsex. 1960, Promot. 1961), Max-Planck-Inst. f. Biochemie, Kinderklinik Univ. d. Saarl. (Kinderarzt 1967), Habil. 1970 Univ. Mainz - 1970 Oberarzt Univ.-Kinderklinik Mainz, 1972 Prof., 1975-79 Dekan Fachber. Konserv. Med., Wiss. Veröff., vorw. z. pädiatr. Nephrol. u. Urol. - Liebh.: Segeln - Spr.: Engl., Franz.

STRAUB, Eberhard

Journalist, Schriftst. - Zu erreichen üb.: Frankfurter Allg. Zeitung, Postf. 2901, 6000 Frankfurt/M. 1 - S. 1977 Feuilletonredakt. FAZ - BV: Pax et Imperium - Spaniens Kampf um s. Friedensordnung in Europa zw. 1617 u. 1635, 1980.

STRAUB, Enrico Bernardo

Dr. phil., Prof. f. Romanische Philologie FU Berlin - Im Gestell 36, 1000 Berlin 37 (T. 030-813 16 16) - Geb. 3. Aug. 1935 Rom (Vater: Hans St., Dipl.-Ing.; Mutter: Klara, geb. Schmidt), ev., verh. s. 1965 m. Anna, geb. Multhaupt.

STRAUB, Gerhard

Dipl.-Kaufm., gf. Gesellschafter Südt. Etna-Werk GmbH, München - Geb. 11. Aug. 1936 München, verh. s. 1963 m. Gisela, geb. Ganzlin, 3 S. (Stefan, Oliver, Florian) - Univ. München; Dipl. 1964 - 1964-66 Mannesmann AG, Hüttenwerk Huckingen; 1966ff. Südt. Etna-Werk GmbH, München (s. 1973 Hauptgeschäftsf.); s. 1982 Vollvers. IHK München; s. 1984 Präs. Walter-Lehmann-Stiftg., Bonn; s. 1985 Vors. Mittelstandsaussch. Landesverb. d. Bayer. Ind., München; s. 1979 Handelsrichter LG München I; 1980-84 Vorst. Bundesverb. Heizung, Klima, Sanitär, s. 1984 Präs., 1975-79 Vorst. Heizung, Klima u. Sanitärtechn. Bay., 1979-85 2. Vors., s. 1985 1. Vors. - Liebh.: Malerei, Hockey - Rotarier.

STRAUB, Heinrich

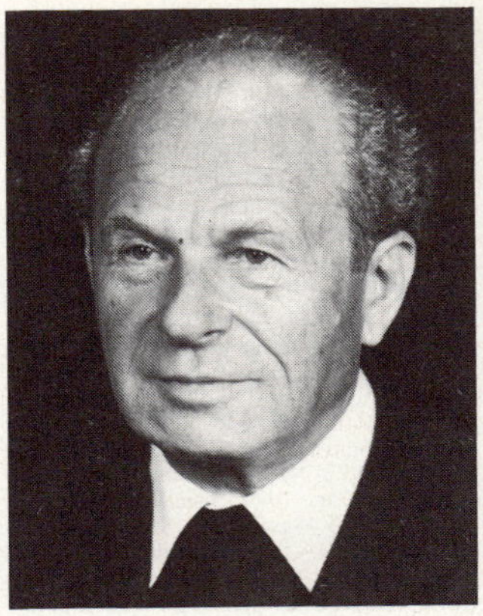

Dr. iur. can., Apostol. Protonotar, Generalvikar, Domkapitular i.R. Bamberg - Domstr. 7, 8600 Bamberg - Geb. 12. Sept. 1917 Nürnberg (Vater: Dr. phil. Adolf St.; Mutter: Maria, geb. v. Kramer), kath., ledig - Abit. Nürnberg; Stud. Univ. Frankfurt, Erlangen, Bamberg, Rom-Gregoriana - S. 1956 Dompred., Bamberg; 1959 Erzb. Offizial; 1967 Generalvikar u. Domkapitular, Bamberg. Emerit. 1990 - BV: D. geistl. Gerichtsbarkeit d. Domdekans im alten Bistum Bamberg v. d. Anfängen b. z. Ende d. 16 Jh., 1957 - 1979 Bayer. VO; 1982 Komtur d. Ritterordens v. Heiligen Grab zu Jerusalem; 1992 BVK I. Kl. - Spr.: Engl., Franz., Ital., Latein.

STRAUB, Johannes

Dr. phil., Dr. h. c., o. Prof. f. Alte Geschichte - Auf d. Hügel 14, 5300 Bonn-Endenich (T. 62 15 33) - Geb. 18. Okt. 1912 Ulm/D. (Vater: Josef S., Postsekr.; Mutter: Barbara, geb. Stükle), kath., verh. s. 1938 m. Hanni, geb. Lielich, 3 Kd. (Hannemarie, Eberhard, Veronika) - Gymn. Ulm; Univ. Tübingen u. Berlin (Klass. Philol., Gesch.). Promot. u. Habil. Berlin - 1943 Doz. Univ. Berlin, 1944 ao., 1948 o. Prof. Univ. Erlangen, 1953 Univ. Bonn, 1971-81 Mitgl. Zentraldirektion Dt. Archäol. Inst., Berlin - BV: V. Herrscherideal in d. Spätantike, 1939; Stud. z. Historia Augusta, 1952; Heidn. Geschichtsapologetik in d. christl. Spätantike, 1963; Regeneratio Imperii, I/II 1972/86. Herausg.: Acta Conciliorum Oecumenicorum IV 1/ACO (1971). Buchbeitr. u. Ztschr.aufs. - 1965 Ehrendoktor Pantios-Hochsch. f. Polit. Wiss., Athen. 1975 Mitgl. Rhein.-Westf. Akad. d. Wiss., Düsseldorf; 1977 Auswärt. Mitgl. Accademia Nazionale dei Lincei, Rom.

STRAUB, Otto Christian

Dr. med. vet., Univ.-Prof., wissenschaftl. Direktor in d. Bundesforsch.anstalt f. Viruskrankheiten d. Tiere, Tübingen - Im Schönblick 71, 7400 Tübingen (T. 07071 - 6 36 35) - Geb. 11. Dez. 1930 Blaubeuren, ev., verh. s. 1965 m. Ursula, geb. Wannagat, 3 Kd. (Kristina Lotte, Ellen Babette, Christian Otto) - Stud. 1951-56 Hannover u. Wien; Ex. Hannover u. Kalifornien (Davis); Promot. 1956 Hannover; Habil. 1973 Hohenheim - Vizepräs. d. Dt. Tierärzteschaft e.V.; s. 1991 Präs. Landestierärztekammer Baden-Württ. u. Vizepräs. d. Akad. f. Tiergesundheit; s. 1978 Schriftleit. d. Tierärztl. Umschau - Versch. Impfstoffe f. Wiederkäuer - BV: Bovine Herpesvirusinfektionen, 1978 (dt., russ.) - 1984 Nieberle-Plak. - Liebh.: Musik (E), Garten, Eisenbahnen, Briefmarken, Fachtierarztreisen (Org.) - Spr.: Engl., Franz.

STRAUB, Wolfgang

Dr. med., Dr. med. h. c., em. o. Prof. f. Augenheilkunde - v.-Harnack-Str. 7, 3550 Marburg/Lahn - Geb. 29. Dez. 1920 Möttlingen/Württ. (Vater: Wilhelm S., Lehrer; Mutter: Hildegard, geb. Schüle), ev., verh. s. 1949 m. Sybil, geb. Dollfus, 3 Kd. (Stephanie, Philip, Axel) - S. 1954 (Habil.) Lehrtätigk. Univ. Hamburg (1960 apl. Prof.) u. Marburg (1961 Ord. u. Klinikdir.). Mitgl. Dt. u. Franz. Ophthalmolog. Ges.; s. 1982 Vizepräs. d. intern. Opathalmol.-Rat, s. 1985 Mitgl. Acad. Nationale de Med. v. Frankr., s.

1986 stv. Vors. Wiss. Beirat d. Bundesärztekammer - BV: Toxoplasmose d. Auges, 1956; D. Elektroretinogramm, 1960; Atlas d. Erkrank. d. vord. Augenabschnittes, 1962 (m. H. Roßmann); D. photographierte Augenhintergrund, 1963 (m. H. Sautter); D. ophthalmolog. Untersuchungsmeth., 1970; Augenspiegelkurs, 1975. Herausg.: Ophthalmologica (s. 1976); Developments in Ophthalmology (s. 1984); Fachred. f. Augenheilk. d. Deutschen Ärzteblattes (s. 1974). Zahlr. Einzelarb. - S. 1984 Mitgl. d. Acad. Ophthalmologica Intern.; 1988 Ehrenmitgl. Intern. Assoc. for Cataract related Research (IACRR), u. 1991 d. Soc. Française d'Ophthalmologie - 1961 Martini-Preis Hamburg; 1972 Dr. h. c. Univ. Clermont-Ferrand; 1979 Médaille d'or Chibret d. franz. Ophthalmol. Ges.

STRAUBEL, Harald

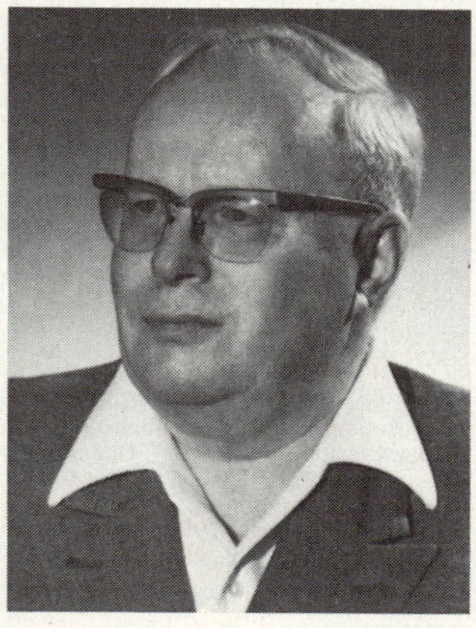

Dr. phil. nat., Prof., Physiker, Wiss. Beirat Battelle-Inst. Frankfurt/M. (1960), Honorarprof. Univ. Mainz (s. 1966) - Hubertusstr. 5, 6232 Neuenhain/Ts.; ab Ende 1976: Bergweg 7, 8973 Vorderhindelang/Allgäu - Geb. 3. Okt. 1905 Jena (Vater: Prof. Dr. Rudolf, 1903-33 Geschäftsl. u. Bevollm. Carl-Zeiss-Stiftg., Jena; Mutter: Marie, geb. Kern), ev., verh. s. 1956 m. Edith, geb. Fischer, T. Renate - Gymn. Jena; TH München, Univ. Jena. Promot. (1930) u. Habil. (1953) Jena - B. 1945 eig. Labor., dann Leit. Kristall-Labor. Zeiss Jena, 1946-52 UdSSR, 1952-58 Univ. Jena (1954 Prof. m. vollem Lehrauftr.) u. Bergakad. Freiberg/Sa. (1956 Prof. m. Lehrstuhl). Spez. Arbeitsgeb.: Elektrostatik, Optik, Aerosole. Entd.: Einheitl. schwingender Piezoquarz, Piezoquarze m. Temperaturkoeffizient Null. Div. Fachveröff. m. E. Straubel; 1985 Chem. Reakt. freischwebender Tropfen im Laserlicht, 1987 erstmalig direkte Beobachtung d. Molekülstruktur v. Flüssigkeitsoberflächen im Laserlicht (Vergrößerung 1 Million). Mitgl. Dt. Physikal. Ges. u. Dechema; 1960-70 Battelle-Inst. Frankf./M.; 1972-76 Generalsekr. Ges. f. Aerosolforsch., Bad Soden/Ts., 1977 Ehrenmitgl., 1990 Ehrenmitgl. Ges. f. Aerosolforsch. - Liebh.: Eigenbau physikal. Geräte, Garten - Spr.: Engl., Franz.

STRAUCH, Dieter

Dr. jur., Prof. f. Rechtswissenschaft Univ. Köln - Clemensstr. 2a, 5303 Bornheim 4 - Geb. 29. Okt. 1933 Brandenburg (Vater: Kornelius St., Beamter; Mutter: Herta, geb. Schoof), ev., verh. s. 1959 m. Ruth, geb. Weinbrenner, 3 Kd. (Christoph, Florian, Solveig) - Abit. 1954; Bde jurist. Staatsprüf. 1958 u. 1963, Promot. 1959 f. Bürgerl. Recht, Dt. u. Nord. Rechtsgesch. 1970, alles Köln - S. 1974 apl. Prof.; s. 1980 Prof. Univ. Köln. Zahlr. Fachveröff. - Spr.: Engl., Franz., Schwed., Arab.

STRAUCH, Dieter

Dr. med. vet., Prof. f. Tierhygiene - Garbenstr. 30, 7000 Stuttgart 70 (T. 0711 - 459 24 27) - Geb. 19. Okt. 1928 Gießen - Promot. u. Habil. Gießen - S. 1962 Lehrtätigk. Univ. Gießen (1967 apl. Prof.) u. 1970 o. Prof. Univ. Hohenheim, 1981 Honorarprof. Univ. Stuttgart, 1984 Ehrenmitgl. Österr. Ges. f. Hygiene, Mikrobiol. u. Präventivmed. Zahlr. Fachveröff., dar. Veterinärhyg. Unters. b. d. Verwertung fester u. flüss. Siedlungsabfälle, 1964; Lehrb. d. Veterinärhyg., 1972; Abfälle a. d. Tierhaltung, 1977 (tschech. übers. 1980); Desinfektion in d. Tierhalt., Fleisch- u. Milchwirtsch., 1981; Animal Production and Environmental-Health Management, 1987 - 1989 BVK; 1991 Dr. h. c. Landw. Akad. Kraków - Spr.: Engl.

STRAUCH, Friedrich

Dr. rer. nat., o. Prof. f. Paläontologie - Südostring 26, 4409 Havixbeck/W. (Vater: Friedrich S.; Mutter: Auguste, geb. Grümmer), kath., verh. s. 1964 m. Monika, geb. Lücke (Ärztin), 3 Söhne (Konrad, Severin, Gereon) - Univ. Köln (Dipl.-Geol. 1961) u. München. Promot. (1962) u. Habil. (1971) Köln - S. 1971 Lehrtätigk. Univ. Köln (1973 apl. Prof.) u. Münster (1980 Ord. u. Dir. Inst./Mus. f. Geol. u. Paläontol.). 1971 Gastdoz. Univ. Aarhus/Dänem. Präs. Alfred-Wegener-Stiftg. Div. Facharb. Herausg.: Kayser/Brinkmann/Krömmelbein, Histor. Geol. (1986) - Entd.: Aut- u. Synökol. foss. Gruppen, Paläoklimatologie u. a. - CDU - 1972 Credner-Preis Dt. Geol. Ges.; o. Mitgl. Akad. u. Lit. Mainz.

STRAUCH, Monika

Schauspielerin - 8000 München - Geb. Wien, verh. s. 1978 m. Peter Machac - Ballettschule Prof. Rudi Fränzl; Schauspielschule Prof. Helmut Krauss u. Prof. Polly Kögler; Chansongesang Prof. Else Domberger - Theater in d. Josefstadt, Volkstheater, Kammerspiele (Wien), Kammerspiele (Hamburg), Kl. Komödie u. Kl. Freiheit (München), u.a.; Film, FS-Spiele u. -Serien (ORF, ZDF, ARD, RAI); div. Moderationen - Spr.: Engl.

STRAUCH, Rudi

M. A., Theaterwissenschaftler, Wiss. Mitarb. Theatermuseum Univ. Köln - In der Hohl 5, 5453 Horhausen (T. 02687 - 15 18) - Geb. 23. Sept. 1954 Stolberg, verh. s. 1983 m. Dagmar, geb. Paul - Stud. Theater-, Film- u. Fernsehwiss., German., Soziol.; M. A. 1983 Köln; Stud. Erwachsenenbild. GH Hagen - 1979-83 Mitarb. Theatermus. Univ. Köln, 1983-86 Chefdramat. u. PR-Leit. Theater Stadt Koblenz - Liebh.: Vergangenh., Gegenw. u. Zukunft v. Kultur - Spr.: Engl.

STRAUCH, Rudolf

Dr. phil., Journalist, stv. Chefredakteur Hannoversche Allg. Zeitung (s. 1989) - Borchersstr. 2, 3000 Hannover 71 (T. 52 39 62; Büro: 518 18 02) - Geb. 16. Sept. 1929 Birkesdorf, kath., verh. s. 1958 m. Ursula, geb. Pels, 3 Kd. (Barbara, Robert, Ulrike) - Stud. d. Gesch. u. German. Bonn; Promot. 1957 - S. 1950 Journ. Ruhr-Nachr., Dortmund, u. d. Welt Hamburg (1964-66); 1966-72 Bonner Korresp. D. Welt; b. 1989 Hannoversche Allg. Ztg. u. 1986-89 D. Tagesspiegel. 1981-89 Vors. Bundes-Pressekonfz. - BV: Sir Nevile Henderson - Brit. Botschafter in Berlin 1937-39, 1959; D. Deutschen an Hollands Thron - D. Gesch. d. Hauses Oranien-Nassau, 1966; Bonn macht's möglich - Idee u. Wirklichkeit im polit. Leben d. Bundesrep., 1969 - 1984 Theodor-Wolff-Preis; s. 1988 Mitgl. Jury Th.-Wolff-Preis.

STRAUER, Bodo-Eckehard

Dr. med., Prof., Direktor Med. Klinik u. Poliklinik B (Kardiologie, Pneumologie, Angiologie) Univ. Düsseldorf - Moorenstr. 5, 4000 Düsseldorf - Verh. m. Elisabeth, geb. Alves, 3 Kd. - Habil. 1973 Univ. Göttingen - 1979 apl. Prof. f. inn. Med. München; s. 1980 Extraord.; 1984 Leit. Abt. f. inn. Med., Univ. Marburg - BV: Dynamik u. Koronardurchblut. d. Herzens, 1975; Hypertensive Heart Disease, 1979; The Heart in Hypertension, 1981; D. Hochdruckherz, 3. A. 1991 - 1976 Paul-Martini-Preis; 1978 Theodor-Frerichs-Preis; 1985 Preis Dt. Therapiewoche (I); 1987 Franz Groß-Wiss.preis; 1990 Preis Dt. Therapiewoche (II).

STRAUF, Hubert

Betriebswirt, Inh. Strauf u. Weiß gemeinsam (Absatzw. Beratung), Seniorberater Die Werbe Euro-Advertising GmbH & Co. Düsseldorf, Sachverst. f. Wirtschaftswerbung Sekretariat Essen - Elsaßstr. 27, 4300 Essen 15 (T. 46 12 50, Fax 0201 - 46 17 93) - Geb. 7. April 1904 Essen (Vater: Hubert S.; Mutter: Therese, geb. Stemmer), kath., verh. 1934 m. Hilde, geb. Helf †, 3 Kd. (Burkard, Veronika, Hans Georg) - Realsch.; Höh. Handelsfachkl.; Univ. - S. 1934 selbst. u. a. - Ehrenring BDW, Ehrenmitgl. WVW, GWA, Presseclub Essen, Marketing-Club Essen u. German Chapter IAA; Medal for Merit IAA; Komtur päpstl. Orden v. Hl. Sylvester; Gold. Ehrenz. IHK Essen; Dr. Neven-Dumont-Med. WAK Köln

STRAUMANN, Roland

Dr. med., Arzt i. R. - Hauptstr. 20, CH-4437 Waldenburg - Geb. 3. Okt. 1899 Waldenburg (Vater: Hermann St.; Mutter: Fanny, geb. Thommen), ref., verh. m. Emma, geb. Beck †), 6 Kd. (2 verst.) - Promot. 1924 Basel - 1935-42 Gemeindepräs. Waldenburg, 1951 Präs. d. Landrates Kanton Baselland, Präs. M.S.R. Biel, Revue Thommen AG; Präs. Phénix Watch Co. SA, Waldenburg, Gebr. Buser & Co. AG, Niederdorf - 1952-60 Präs. Ärzteges. Kanton Baselland, s. 1970 Ehrenmitgl., 1980 Ehrenpräs. Waldenburger Bahn; 1982 Ehrenbürger Waldenburg.

STRAUSS(ß), Botho

Schriftsteller - Keithstr. 8, 1000 Berlin 30 - Geb. 2. Dez. 1944 Naumburg/S. - BV: Marlenes Schwester, Erz. 1975; D. Widmung, Erz. 1977; Rumor, R. 1980; Paare, Passanten, Prosa 1981. Bühnenst.: D. Hypochonder (1971), Bekannte Gesichter - gemischte Gefühle (1973), Groß u. Klein (1978), Kalldewey, Farce (1982, UA Hamburger Operettenhaus); Dr. jg. Mann, R. 1984 - 1974 Hannoverscher Dramatikerpreis, 1981 Literaturpr. Bayer. Akad. d. Schönen Künste, 1982 Mülheimer Dramatikerpreis.

STRAUSS, Herbert A.

Dr. phil., Prof., Hochschullehrer, Leit. Zentrum f. Antisemitismus-Forsch./TU Berlin (1982-90) - 90 Lasalle St., New York (USA) 10027 - Geb. 1. Juni 1918 Würzburg (Vater: Benno S., Kaufm.; Mutter: Magdalena, geb. Hinterneder), jüd., verh. s. 1944 m. Lotte, geb. Schloss, T. Jane - 1936-42 Lehranst. f. d. Wiss. d. Judentums, Berlin, 1942-43 im Untergrund Berlin, 1943-46 Univ. Bern, 1946 Dr. phil. (s. c. l.). 1948-82 Prof. Neuere Gesch., City College u. City Univ., New York; 1962 Exec. Vice-Pres. Am. Fed. Jews Central Europe New York; s. 1972 Generaldir. Forschungsleit. Research Fdtn. Jewish Immigration, New York, Fellow Leo Baeck Inst. New York. VR-Mitgl. zahlr. amer. Wohlfahrtsorg.; 1982-90 Prof. FB 1, TUB, Leit. Zentr. f. Antisemitismusforsch. - Zahlr. Veröff. u. a. Forsch. in dt.-jüd. u. int. Wanderungsgesch. u. Akkulturation. Mithrsg.: Handb. d. dt.-sprach-Emigration, 1980-83; Current Research on Antisemitism, 4 Bde. 1989-93. Herausg.: Jewish Immigrant of Nazi Period in USA, N. Y. (1978-93).

STRAUSS (ß), Karl-Hugo

Dipl.-Chemiker, Dr. rer. nat., Vorstandsmitglied Chemie AG Bitterfeld-Wolfen - Zu erreichen üb.: Chemie AG, Zörbiger Str., O-4400 Bitterfeld (T. 441 - 7 25 26) - Geb. 21. Juli 1932 Fischhausen/Ostpr., ev., verh. s. 1959 m. Dr. Barbara, geb. Uhde (Ärztin), 2 Söhne (Hans-Georg, Christoph) - Laborant; Dipl.-Chemiker 1957 Univ. Leipzig, Promot. 1959 Univ. Halle - Abt.-Leit., Bereichsdir. Chemie AG - Pat. auf d. Gebiet d. Chlorierungschemie, Phosphorchemie - Spr.: Engl., Lat.

STREB, Walter

Dr. rer. nat., Prof. f. Mathematik - Auf der Egge 69, 5620 Velbert 11 (T. 25 52) - Geb. 1. April 1941, kath., verh. s. 1966 m. Heidi, geb. Berger, S. Michael - Human. Gymn. (Abit. 1960); 1960-66 Univ. Erlangen (Math., Phys.), Promot. 1970 Univ. Erlangen, Habil. 1975 Univ. Essen - 1966-72 Gymn.lehrer, Stud.rat, 1972-78 Doz. Univ. Essen, s. 1978 Prof.

STREBEL, Heinz

Dr. rer. pol., Prof. f. Betriebswirtschaftslehre Univ. Graz, Inst. f. Innovationsmanagement - Johann-Fux-Gasse 36, A-8010 Graz - Geb. 23. Sept. 1939 München (Vater: Heinrich St., Bankkfm.; Mutter: Sofie, geb. Geymeier), ev., verh. s. 1965 m. Sigrun, geb. Briesen, 3 Kd. - Univ. Karlsruhe Dipl. rer. pol. (techn.) 1963, Promot. 1967, Habil. 1977 Berlin - BV: D. Bedeutung v. Forsch. u. Entw. f. d. Wachstum ind. Unternehmungen, 1968; Forsch.planung m. Scoring-Modellen, 1975; Innovation u. ihre Organisation in d. mittelständ. Ind., 1979; Umwelt u. Betriebsw., 1980; Industriebetriebslehre, 1984; Umwelt u. Ökonomie, 1991.

STREBLOW, Lothar

Schriftsteller - Im Greutle 4, 7050 Waiblingen-Hegnach (T. 07151 - 5 24 92) - Geb. 10. Okt. 1929 Gera/Thür. (Vater: Fritz St., Kaufm.; Mutter: Gertrud, geb. Bein), verh. s. 1955 m. Rosemarie, geb. Heinemann, †1983, S. Nicolas - 1951-54 Stud. Regie, Dramat., Ästhetik Hochsch. f. Musik Weimar - BV: D. Andere, Nov. 1961 (franz. 1964); D. Fisch, Hörsp. 1972 (USA, Canada 1982); Drollis Abenteuer, 3 Bd. 1973/75/76; Raumschiff Pollux, 5 Bd. 1974/76/77/78/79; Geheimnis im Steinbruch, Jugendr. 1977; D. Planet d. bunten Damen, R. 1977; E. Eierkuchen aus Blech, Jugendb. 2 Bd. 1978/80 (span. 1982); Schnüffi, Tiermonogr. 1975, Neuausg. 1982; Raumkreuzer Runa, 5 Bd. 1982/83/84/85/86; Spuren e. Sommers, Tiererz. 1983; Sundera, Erz. u. Hörsp. 1984; Buchreihe Lesespaß u. Wissen f. junge Tierfreunde: Anja, Tiermonogr. 1985; Maxi, Tiermonogr. 1985; Kiki, Tiermonogr. 1987; Schnüffi, Tiermonogr. 1991; Pinsi, Tiermonogr. 1992; D. Ruf d. Robben, Exped.bericht 1986; Buchreihe Tiere in ihrem Lebensraum: Robbi, d. Heuler v. Wattenmeer, 1986 (dän. 1988); Borstel, d. Frischling v. Eichwald, 1987; Ruscha, d. Fischotter, 1988; Murru, d. Murmeltier, 1988; Raku, d. Kolkrabe, 1989; Duna, d. Dinosaurier, 1989; Barro, d. Braunbär, 1990; Manka, d. Mammut, 1990; Wirru, das Wildpferd, 1991; Trigan, d. Dreihornsaurier, 1992 - 1972 Hörspielpreis ARD; 1978 Umweltschutz-Med.; 1979 Studienpreis z. Kogge-Lit.; Preis Stadt Minden; 1980 Landeskundl. Jugendbuchpreis - Spr.: Engl., Franz.

STRECKER, Alwin

Kommandeur im Bundesgrenzschutz - Zu erreichen üb. Grenzschutzpräsidium Süd, Infanteriestr. 6, 8000 München 40 - Geb. 8. April 1934.

STRECKER, Georg

Dr. theol., o. Prof. f. Neues Testament - Platz der Göttinger Sieben 2, 3400 Göttingen; priv.: Wilhelm-Raabe-Str. 6, 3406 Bovenden (T. dstl.: 0551-39 71 31; priv. 88 38) - Geb. 15. März 1929 Oldendorf/Kr. Melle, ev., verh. s. 1960 m. Gisela, geb. Schaare - Promot. 1955, Habil. 1959 Bonn - S. 1959 Lehrtätigk. Univ. Bonn (1964 apl. Prof.) u. Göttingen (1968 Ord.) - Mitgl. Synode d. ev.-luth. Landeskirche Hannovers, d. Studiorum Novi Testamenti Societas, Gastprof.: 1964/65 Southern Methodist Univ. Dallas, USA, 1977 Unisa Pretoria, 1980 Queens College Melbourne, 1986 Seoul (Südkorea) u. Tohuku Gakuin Univ. Sendai (Japan), 1989 USA, Toronto (Kanada) - BV: D. Judenchristentum in d. Pseudoklementinen, TU 1970, 2. A. 1981; D. Weg d. Gerechtigkeit. Unters. z. Theol. d. Matthäus, 3. A. 1971; Handlungsorientierter Glaube, 1972; Evangelium u. Kirche nach ev. u. kath. Verständnis, 1972; Eschaton u. Historie, Aufs. 1979;

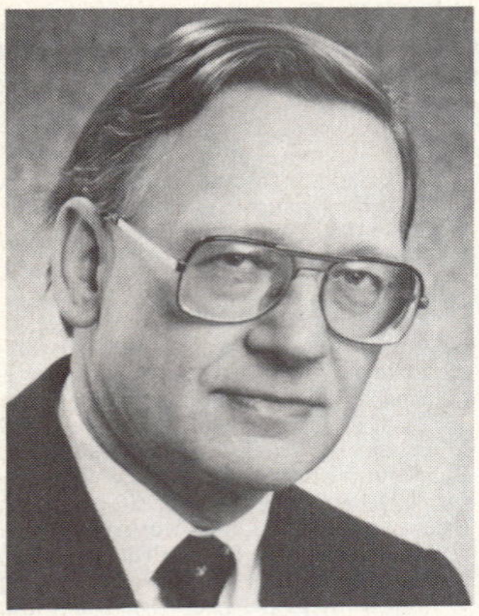

Einf. in d. ntl. Exegese (m. U. Schnelle), 3. A. 1989; D. Bergpredigt, 2. A. 1985; Konkordanz zu d. Pseudoklementinen I-II, 1986 u. 89; Neues Testament - Antikes Judentum (m. J. Maier), Grundkurs Theologie, Bd. 2 1989; D. Johannesbriefe, 1989; Literaturgesch. d. Neuen Testaments, 1992. Herausg.: Göttinger Theologische Arb. (s. 1975, bish. 50 Bde.); W. Bauer, Rechtgläubigkeit u. Ketzerei im ältesten Christentum, (2. A. 1964); W. Bauer, Aufs. u. Kleine Schriften (1967); H. Windisch, D. 2. Korintherbrief (1970); D. Problem d. Theol. d. NT (1975); Jesus Christus in Historie u. Theol. (Festschr. f. H. Conzelmann) (1975); Kirche (Festschr. f. G. Bornkamm m. D. Lührmann) (1980); D. Land Israel in biblischer Zeit (1983); Theol. im 20. Jh. (1983); Grundkurs Theologie (s. 1989, bish. 4 Bde.). Mithrsg.: Dictionary of Biblical Interpretation (Atlanta); Neotestamentica. Zahlr. Art. u. Aufs. in intern. Fachztschr., Enzyklop. u. Lexika.

STRECKER, Heinrich

Dr. rer. nat., em. o. Prof. f. Statistik, Math. f. Wirtschaftswiss. Univ. Tübingen, Hon.-Prof. f. Statistik Univ. München - Rosenstr. 11, 8130 Starnberg (T. 2 18 20) - Geb. 13. Sept. 1922 Coburg/Bayern (Vater: Dr. phil. Heinrich S., Stud.-Prof.; Mutter: Elise, geb. Ramsthaler), ev., verh. s. 1962 m. Dr. rer. pol. Rosemarie, geb. Bassenge - Gymn. Casimirianum Coburg - Stud. Univ. München. Dipl.-Math. (1947), Promot. (1949) u. Habil. (1956) München - 1948-57 Ref. Bayer. Statist. Landesamt München, 1956-57 Privatdoz. Univ. ebd.; 1957-59 ao. Prof. Univ. Mannheim (WH), 1959-88 o. Prof. Univ. Tübingen (Dir. Abt. Statist. u. Math. Wirtsch.wiss. Seminar), 1964 Gastprof. Univ. Wien - BV: Mod. Methoden in d. Agrarstatistik, 1957 (auch span., franz., chines.); New Results in the Variate Difference Method (Mitverfasser G. Tintner u. J. N. K. Rao), 1978; Mess. d. Antwortvariabilität auf Grund v. Erhebungsmodellen m. Wiederholungszähl. (Mitverf. R. Wiegert, J. Peeters, K. Kafka), 1983; Heinrich Strecker, Statist. Erhebungen: Methoden u. Ergebnisse, Ausgew. Schriften (Herausg. Martin J. Beckmann u. Rolf Wiegert), 1987 - A. Zahlr. Einzelarb. Mithrsg.: Jahrb. f. Nationalökonomie u. Statistik, Angew. Stat. u. Ökonometrie (dt., engl. u. franz.) - 1971 Offz.kreuz d. Ordens Leopold II (Belg.); BVK I. Kl.; Mitgl. Intern. Statist. Inst.

STRECKER, Otto

Dr. agr., Prof., Geschäftsf. Gesellschafter AFC Agriculture and Food Intern. Consulting GmbH, AFC Unternehmensberat. GmbH, DLG-Agriservice GmbH, ASA Inst. for Agricultural Sector Analysis GmbH, alle Bonn - Gluckstr. 9, 5300 Bonn 1 - Geb. 4. Febr. 1931 Oldendorf Kr. Melle, verh. s. 1958 - S. 1963 (Habil.) Privatdoz., Ord. (1967) u. Honorarprof. (1973) Univ. Bonn (b. 1973 Dir. Inst. f. Agrarpolitik u. Marktforsch.), 1965-67 Dir. Inst. f. Landw. Marktforsch. Forschungsanstalt f. Landw. Braunschweig, Veröff. üb. Marktforsch., Marketing, Agrarpolitik, Entwicklungspolitik. Mithrsg.: Agribusiness - Intern. Journal (Verlag Wiley & Sons, New York).

STRECKER, Siegbert

Dipl.-Volkswirt, geschäftsf. Direktor Energieversorgung Mittelrhein GmbH - Karthäuserhofweg 69, 5400 Koblenz-Karthause (T. 0261 - 40 22 50) - Geb. 22. Juni 1943 Henkenhagen/Kolberg, verh. s. 1970 m. Angelika, geb. Gassert, 2 Kd. (Jens, Sonja) - Stud. Univ. Bonn u. Köln (Volkswirtsch.); Dipl-Volkswirt - AR-Mitgl. Koblenzer Gemeinn. Wohnungs- u. Siedlungs GmbH, Koblenzer Wohnungsbauges. mbH, Gasversorgung Westerwald GmbH; ständ. AR-Gastmitgl. Vereinigte Wasserwerke Mittelrhein GmbH, Koblenz; VR-Mitgl. Gasversorgung Westerwald GmbH, Höhr-Grenzhausen, Propan Rheingas GmbH & Co. KG, Brühl, Sparkasse Koblenz; Beiratsmitgl. TÜV Rheinl., Landesbank Rheinl.-Pfalz, Mainz - Spr.: Engl., Franz.

STRECKERT, Liese-Lotte

Prof., Dozentin f. Deutsch u. Didaktik d. Deutschunterr. Päd. Hochschule Bremen - Wörther Str. 46, 2800 Bremen (T. 44 31 80).

STREE, Walter

Dr. jur., Univ.-Prof. f. Straf- u. Prozeßrecht - Schneidemühler Str. 31, 4400 Münster/W. (T. 24 98 93) - Geb. 4. Mai 1923 Hohn Kr. Rendsburg, ev., verh. s. 1956 m. Lina, geb. Kühl - 1948-52 Univ. Kiel (Rechtswiss.). Jurist. Staatsprüf. 1952 u. 55. Promot. 1953 Kiel; Habil. 1959 Tübingen - S. 1959 Lehrtätigk. Univ. Tübingen u. Münster (1962 Ord.). Emerit. 1988 - BV: Deliktsfolgen u. Grundgesetz, 1960; In dubio pro reo, 1962; Mitarb.: Schönke-Schröder, Komm. z. StGB, 24. A. 1991. Div. Fachaufs.

STREGER, Hasso

Autor, Übersetzer, Freier Journalist - Wiemelhauser Str. 211, 4630 Bochum 1 - Geb. 7. Okt. 1942 Berlin, ev., verh. s. 1974 m. Monika, geb. Immeln - Stud. Univ. Kiel, Erlangen, Bochum (Soziol., Psychol., Jura, Geol., Gesch., Geogr.); jurist. Ex. 1973; Dipl. (Geogr.) 1979 - BV: Mensa-Rätsel f. Hochbegabte; Mensa Quadrat - Div. Sportabz. - Liebh.: Sport, Natur, Kultur - Spr.: Engl., Franz., Latein, Ital., Span., Russ.

STREHL, Klaus

Dipl.-Verwaltungswirt, MdL Nordrh.-Westf. - Siegfriedstr. 68, 4250 Bottrop (T. 02041-9 25 93) - Geb. 27. Juli 1943 kath., verh. m. Hedwig, geb. Gebauer, 2 Kd. - Verw.- u. Wirtschaftsakad. - Rat Stadt Bottrop (s. 1975; stv. Fraktionsvors.) - Spr.: Engl., Franz.

STREHLE, Franz Josef

Fabrikant, pers. haft. Gesellsch. Günzburger Nahrungsmittelfabrik Gebr. Strehle GmbH., Günzburg, Vors. Fachverb. d. Kaffeemittelind., Bonn - Eisenlauerstr. 4, 8870 Günzburg/Schw. - Geb. 23. Sept. 1934.

STREHLE, Hans M.

Dipl.-Ing., Mitglied d. Bereichsvorstandes Antriebs-, Schalt- u. Installationstechnik d. Siemens AG - Zu erreichen üb. Siemens AG, Werner-von-Siemens-Str. 50, 8520 Erlangen - Geb. 12. Sept. 1937, verh. - Stud. Elektrotechnik.

STREHLOW, Hans

Dr. rer. nat., em. Prof., Abteilungsleiter Max-Planck-Inst. f. Biophysikal. Chemie - Am Faßberg, 3400 Göttingen-Nikolausberg - Geb. 29. Juli 1919 Oberhausen - S. 1954 Abt.leit. MPI f. Physikal. Chemie u. Biophysikal. Chemie Göttingen; s. 1956 (Habil.) Privatdoz. u. apl. Prof. (1956) Univ. Göttingen (Physikal. Chemie). Mitgl. Dt. Bunsen-Ges. (1951), Faraday Soc. (1957), MPG (1958) - BV: Magnet. Kernresonanz u. chem. Struktur, 1962; Fundamentals of Chemical Relaxation, 1977; Rapid Reactions in Solution, 1992. Üb. 100 Einzelarb.

STREIBL, Max

Dr. h. c., Bayer. Ministerpräsident, MdL Bayern (s. 1962) - Prinzregentenstr. 7, 8000 München 22 (T. 2 16 50) - Geb. 6. Jan. 1932 Oberammergau/Obb. (Vater: Max S., Hotelier †; Mutter: Irene, geb. Oswald), kath., verh. s. 1960 m. Irmingard, geb. Junghans, 3 Kd. (Martin, Florian, Monika) - Gymn. Ettal; Univ. München (Rechtswiss., Volksw.). Jurist. Staatsprüf. 1955 u. 59 - S. 1955 Landratsamt Garmisch-Partenk., Bundesrat Bonn, Reg. v. Oberbayern (1960 Ass.), Bayer. Staatskanzlei (1961; zul. Ministerialrat). V. 1970-77 Bayer. Staatsmin. f. Landesentwickl. u. Umweltschutz (Min.), 1972-77 Vors. Min.konfz. f. Raumordnung, 1977-88 bayer. Staatsminister d. Finanzen, s. 1988 Bayer. Ministerpräs.; AR-Mitgl. Bayernwerk AG, Messerschmidt-Bölkow-Blohm GmbH, Bayer. Vereinsbank, Dt. Lufthansa AG, Flughafen München GmbH, Rhein-Main-Donau AG. Mitgl. Gemeinderat Oberammergau (1960), Kreis- (1957 Garmisch-Partenk.), Bezirks- (1960 Oberbayern) - Landesvors. (1961 Bayern) Jg. Union. CSU (1961 Mitgl. Landesvorst.; 1967 Generalsekr.; 1970 Bezirksvors. Oberbayern). - BV: Verantwortung f. Alle, Sachb., 1980; Schlösserland Bayern Bd. I, II u. III, 1982, 85 u. 86; Modell Bayern, Sachb. 1985 - 1971 Bayer. VO., 1974 Ehrung m. Orden u. Urk. d. ital. Region Emilia Romagna f. bes. Verd. im Umweltsch., 1975 Gr. BVK, 1977 Stern, 1983 Schulterbd. dazu; 1975 Grande Ufficiale; 1980 Gold. Ehrenz. Land Oberösterr.; 1985 Dr. h.c. Univ. Passau; 1989 Gran Croce d. Rep. Ital. - Liebh.: Fischen, Bergsteigen - Spr.: Engl., Franz.

STREIER, Joseph

Dr. jur., Präsident Bundesbahndirektion Köln (b. 1979) - Landgrafenstr. 106, 5000 Köln 41 - Geb. 2. Sept. 1914.

STREIM, Alfred

Ltd. Oberstaatsanwalt Zentrale Stelle d. Landesjustizverw. z. Aufklärung v. NS-Verbrechen - Schorndorfer Str. 58, 7140 Ludwigsburg (T. 07141-141 2032) - Geb. 1. Jan. 1932 Neu-Isenburg - BV: D. Behandlung sowjet. Kriegsgefangener im Fall Barbarossa, 1981; Sowjet. Gefangene in Hitlers Vernichtungskrieg, 1982; div. Mitveröff.

STREISSLER (ß), Erich

Dr. jur., o. Prof. f. Volkswirtschaftslehre, Ökonometrie u. Wirtschaftsgesch. Univ. Wien - Khevenhüllerstr. 15, A-1180 Wien - Geb. 8. April 1933 Wien - S. 1959 (Habil.) Lehrtätigk. Wien u. Freiburg (1962 Ord. Freiburg, 1968 Wien). Fachveröff.

STREIT, Ludwig

Dr. phil., Prof., Leiter Stochastik-Forsch.-Zentrum BiBoS (s. 1984) - Univ. Bielefeld, Universitätsstr., 4800 Bielefeld 1 - Geb. 26. Juni 1938 Leipzig (Vater: August St., Steuerberat.; Mutter: Marie-Theres, geb. Adolph), 2 Kd. (Clara, Jan) - 1957-62 Stud. Univ. Göttingen, Graz u. Hamburg; Promot. 1962 - 1962-68 Univ. Assist. Graz, Hamburg, Zürich, Syracuse; 1968/69 Member of Tech. Staff, Bell Labor.; 1969 Prof. Syracuse Bielefeld; 1978/79 Dekan. Mitgl. div. intern. wiss. Gremien. Herausg.: 14 Bücher Math. - Physik; ca. 80 Art. in Fachztschr. - Spr.: Engl., Franz., Portug.

STREIT, Monica (Marianna)

Schriftstellerin, Psychotherapeutin - Zu erreichen üb. c/o A. Streit, Heimstr. 15, 1000 Berlin 61 - Geb. 3. Jan. 1948 Hilbringen/Saarl. - 1972-78 Stud. Politol. u. Psych. FU Berlin; Dipl. (Psych.) 1978; Gesprächspsychotherapie (GwG); Klin. Psychologin (BdP) - S. 1978 Schriftstellerin. 1982 Mitgl. VS Berlin, 1985 Gedok Berlin. 1978 Gründg. Therapiepraxis THEFFRA; s. 1986 in eig. Praxis freiberufl. tätig - BV: Issi Marocco, Erz. 1982; Busy to be free, Ged. 1983; Joschi - E. Kindheit nach d. Krieg, R. 1984; D. Kopfdromedar u. Fließpunkte, Ged. - 1985 Stip. d. Kultursenators v. Berlin; 1988 Schriftstellerstip. Ld. Nieders.; 1988 Aufenthalt in d. Künstlerkolonie Worpswede; 1989 Reisestip. d. Berliner Kultursenators; 1989 Aufenthalt im Intern. Atelierhaus, Toya-Lake, Japan; 1990 Schriftst.-Stip. d. Kultursenators v. Berlin; 1991 Stip. Alfred-Döblin-Haus, Wewelsfleth, Atelierhaus.

STRELETZ, Haidi

Dr. med. dent., Zahnärztin, MdL Hessen (s. 1974) - Kolpingstr. 3, 6056 Heusenstamm (T. 36 96) - Geb. 24. Sept. 1931 - SPD.

STREMME, Helmut E.

Dr. rer. nat., Prof., Dir. Geol. Landesamt - Bartelsallee 14, 2300 Kiel (T. 8 49 68) - Geb. 26. Febr. 1916 Danzig (Vater: Prof. Dr. phil. Hermann S., zul. Ord. f. Mineralogie u. Geol. TH Danzig (s. X. Ausg.); Mutter: Dr. phil. Antonie, geb. Täuber), ev., verh. s. 1942 m. Dr. med. Johanna, geb. Benning, 4 Kd. (Heinrich, Gundula, Dietmar, Wilfried) - Oberrealsch. Danzig (Conradinum); Univ. Freiburg, TH Danzig, Univ. Münster. Promot. 1939) u. Habil. (1951) Münster - 1945-51 Assist. Univ. Heidelberg; s. 1951 Wiss. Angest., Bezirks-, Landes- bzw. Oberlandesgeol., Dir. Geol. Landesamt Schlesw.-Holst. Kiel. S. 1951 Lehrtätigk. Univ. Münster u. Kiel (1961; 1964 apl. Prof. f. Bodenkd.) - BV: Bodenentsteh. u. Mineralbild. im Neckarschwemmlehm, 1955; Bodentypen u. -arten in SH, 1955 (m. Karte 1 : 500 000); Insel Fehmarn - Bodenkarte 1 : 50 000 m. Erläut., 1958; Bodenkarten 1 : 25 000 Holtdorf u. Hennstedt, 1966 - Spr.: Engl., Franz.

STRENG, Josef

Bankdirektor (Bayer. Vereinsbank, Filiale Bad Kissingen) - Martin-Luther-Str. 7, 8730 Bad Kissingen (T. 0971 - 93 91 00; priv.: 0971 - 6 18 25) - Vors. Ind.- u. Handelsgremium Bad Kissingen d. IHK Würzburg-Schweinfurt; Vorst.-Mitgl. ARGE Main-Werra, Lions-Club, Forbach-Stiftg.; Mitgl. Wirtschaftsbeirat Stadt Meiningen u. Landkreis Bad Kissingen.

STRENGER, Hermann-Josef

Vorstandsvorsitender Bayer AG, Leverkusen - Domblick 3, 5674 Bergisch Neukirchen - Geb. 26. Sept. 1928 Köln - S. 1972 Vorst.-Mitgl. bzw. Vors. (1984) Bayer AG - Ab 1987 Vors. Carl Duisberg Ges. (CDG).

STRESEMANN, Ernst

Dr. med., Prof., Internist, Allergologe, Arbeitsmediziner, Ärztl. Dir. Asthma- u. Allergieklinik u. Inst. f. Arbeits- u. Sozialmed. Allergiediagnostik - 4902 Bad Salzuflen (T. 05222 - 6 12 96) - Geb. 11. Juni 1924 München - S. 1958 Univ.-Asthma-Poliklinik FU Berlin (1963 Habil.). Lehrtätigk. FU Berlin (1969 apl. Prof.) u. Univ. Münster (1971 Inn. Med.). Zeitw. Dir. u. Prof. Bundesgesundheitsamt Berlin. 1966-1967 Forsch.aufenth. USA. 1970-74 Allergie-Forsch.inst. u. Asthmaklinik Bad Lippspringe. Zahlr. Fachveröff.

STRESEMANN, Wolfgang

Dr. jur., Intendant Berliner Philharmonisches Orchester (1959-78), Kommissar. Int. (1984-86) - Bitterstr. 21, 1000 Berlin 33 (T. 832 71 77) - Geb. 20. Juli 1904 Dresden (Vater: Dr. phil. Gustav S., 1923-29 (†) Reichskanzler u. Außenmin. (s. IX. Ausg.); Mutter: Käte, geb. Kleefeld †1970), ev., verh. s. 1953 m. Jean, geb. Athay, 2 Kd. (Walter, Christina) - Univ. Berlin, Heidelberg, Erlangen (Rechtswiss.); Ausbild. Klavier, Musik-Theorie, Kompos., Instrumentation - 1944-55 Dirig. Westminster- (Princeton) u. Toledo-Orch. (1949), s. 1956 Int. Radio-Sinfonie- u. Berliner Philharmon. Orch. (1959) - BV: Philharmonie u. Philharmoniker, 1977; . . . und abends in d. Philharmonie . . . - Erinn. an gr.

Dirigenten, 1981; D. Zwölf - V. Siegeszug d. 12 Cellisten d. Berl. Philh., 1982; E. Lanze f. Mendelssohn, 1984; Wie konnte es geschehen?, 1987; E. seltsamer Mann, Erinn. an Herbert v. Karajan, 1991. Kompos.: Sinfonien, Kammermusik, Lieder u. a. - BV: Mein Vater G. S., 1979 - 1970 Gr. BVK - Spr.: Engl. - Amerik. Staatsbürger (1961 bestätigt).

STRESOW, Gustav

Verleger - Klementinenstr. 18, 8000 München 40 (T. 089 - 361 26 01) - Geb. 22. Aug. 1910 Frankfurt (Vater: Heinrich St., Bankbeamter; Mutter: Auguste, geb. Zeh), ev., verh. s. 1962 m. Eva-Maria, geb. Czakó - Oberrealsch., Schriftsetzerlehre - S. 1947 Gesellsch. d. Prestel-Verlags, München - Spez. Arbeitsgeb.: Kunstbücher - S. 1950 zahlr. Ausz. f. buchkünstl. Leist. - Liebh.: Buch- u. Schriftgesch. - Spr.: Engl., Franz.

STREUBEL, Manfred

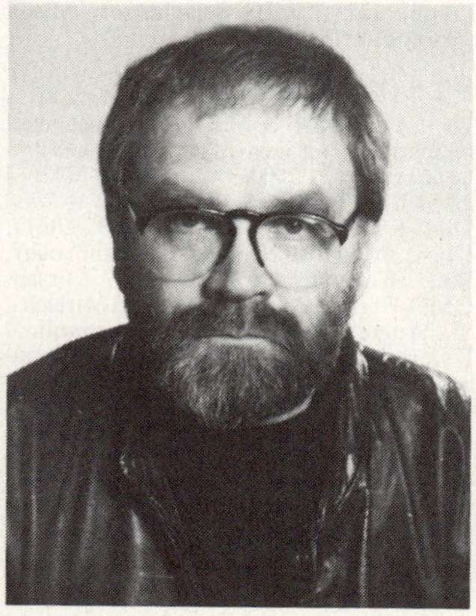

Schriftsteller - Gartenstr. 9, O-8132 Gohlis b. Dresden - Geb. 5. Nov. 1932 Leipzig, gesch., S. Tilman - Stud. German. Berlin; Dipl. 1957 - 1957-67 Redakt.mitgl. b. Berliner Kinderztschr. FRÖSI - BV: Lyrikbde.: Zeitansage, 1968; Honigholen, 1976; Inventur, 1978; Mein Lausitzer Guckkasten, 1979; Wachsende Ringe, 1980; Fazit, 1983; D. vermasselte Mahlzeit, 1987 - 1968 Kunstpr. d. Stadt Dresden; 1970 Heinrich-Heine-Pr. - Liebh.: Malerei, Musik - Lit.: Knuth Wolfgramm: Streubels Kinder (in Beitr. z. Kinder- u- Jugendlit. Nr. 82/1987).

STREUBEL, Wolfgang

Geschäftsleiter Ullstein Bilderdienst, Berlin - Rheinbabenallee 31 b, 1000 Berlin 33 (T. 030 - 823 11 23) - Geb. 20. Febr. 1935, ev., verh. s. 1967 m. Gabriele, geb. Loichinger, 2 Kd. (Anja, Boris) - Stud. FU Berlin, Univ. München (Publiz., Gesch., Politik) - Vorst.-Vors. Bundesverb. d. Pressebildagenturen u. Bildarchive, Berlin - Berufenes Mitgl. d. Dt. Ges. f. Photographie - Herausg. d. Bücher: BERLIN - Porträt e. Stadt sowie Berlin - Porträt e. Metropole.

STREUL, Eberhard

Dipl. Phil., Prof., Autor u. Regisseur. Fernsehredakt. Südf. Stuttgart (s. 1985) - Ludwig-Frank-Str. 29, 6800 Mannheim 24 (T. 0621 - 82 27 87) - Geb. 29. Okt. 1941 Radebeul b. Dresden - Stud. Theaterwiss. u. Musikwiss. in Leipzig; Dipl.; Lehrauftr. f. Opernregie Musikhochsch. Berlin; 1971-77 Dramat. Dt. Staatsoper Berlin-Ost; 1978-81 Regiss. u. Dramat. Theater d. Stadt Essen; 1981-85 Nationaltheater Mannheim; Lehrauftr. Hochsch. f. Musik Mannheim - Stücke: Papageno spielt auf d. Zauberflöte, 1982 (Engl., Franz., Finn.); D. Leiche im Sack (Opernparodie), 1983; D. Sternstunde d. Joseph Bieder, 1985; E. seltsamer Tag (Kinderoper), 1988 - 1983 Günter-Neumann-Preis.

STRIBRNY, Wolfgang

Dr. phil., Historiker, Prof. f. Geschichte Päd. Hochsch. Flensburg (s. 1974) - Schottweg 44, 2390 Flensburg (T. 0461 - 3 43 27) - Geb. 16. Juni 1935 Gelnhausen, ev., verh. s. 1964 m. Erika, geb. Gilde, 3 Töcht. (Luise, Bettina, Dorothea) - Stud. Gesch., Geogr., Politische Wiss.; Promot. u. Staatsex. 1963 - 1964-74 Studienleit. Ev. Akad. Hofgeismar. 1. Vors. d. Preußeninst., Sprecher d. Zollernkreises - BV: D. Rußlandpolitik Friedrichs d. Großen 1764-1786, 1966; Bismarck u. d. dt. Politik 1890-98, 1977; D. Weg d. Hohenzollern, 1980. Frankfurt/Oder - Porträt e. Brückenstadt (m. Fritz Zäpke), 1990. Herausg.: Louis Ferdinand Prinz v. Preußen - Erbe u. Auftrag. Festschr. z. 80. Geb., 1987 - 1984 Rechtsritter d. Johanniterordens.

STRICH, Hermann

Dr., Regierungspräsident a. D. - Kalkstr. 20 A, 4000 Düsseldorf 31 - Geb. 1. Dez. 1921 Cottbus - 1983-86 Regierungspräs. Düsseldorf, dann Ruhest.

STRICKER, Herbert

Dr. rer. nat., Prof. f. pharmazeut. Technologie u. Biopharmazie - Richard-Lenel-Weg 13a, 6903 Neckargemünd - Geb. 26. Okt. 1931 Braunsdorf (Vater: Josef St., Werkm.; Mutter: Emilie, geb. Hackenberg), verh. s. 1965 m. Ingrid, geb. Gartner, 3 Kd. (Angelika, Hans Peter, Florian) - TH München (Chemie); Promot. 1962, Habil. 1976 Univ. Bonn - 1964-80 Galenische Forsch. Fa. Ch. Böhringer, Ingelheim, s. 1980 Leit. Inst. f. pharmaz. Techn. u. Biopharm. Univ. Heidelberg - Spr.: Engl.

STRICKRODT, Johannes

Dipl.-Ing., Sprecher d. Vorstandes Stadtwerke Wolfsburg AG, Geschäftsführer LSW LandE-Stadtwerke GmbH Wolfsburg, Vors. Fernwärme-Forsch.inst. Hannover, u. VFTW - Heßlinger Str. 1-5, 3180 Wolfsburg 1; priv.: Ahornweg 28 - Geb. 18. März 1935 Kassel (Vater: Prof. Dr. Georg St., Staatsmin. a.D.; Mutter: Kora, geb. Friedrich) - TU Darmstadt, Dipl.-Ing. - Mitgl. Landesgruppenvorst. d. BGW u. DVGW; Vors. VFTW Wolfenbüttel, Verein z. Förd. d. praxisbezog. wiss. Forsch. u. d. Technol.transfers im Bereich d. öfftl. Versorgung; Vollvers. IHK Lüneburg-Wolfsburg; Obmann d. AVO - BV: Kooperations-Handb.; VKU-Handb. Praxis d. Kooperation. Div. fachwiss. Aufs. üb. Energie-, Wasser- u. Verkehrswirtsch. - Spr.: Engl., Franz.

STRIEFLER, Hanns

Leiter ND-Bundesarchiv Bund Neudeutschland - Gabelsbergerstr. 19, 5000 Köln (T. 0221 - 41 24 00).

STRIEK, Heinz

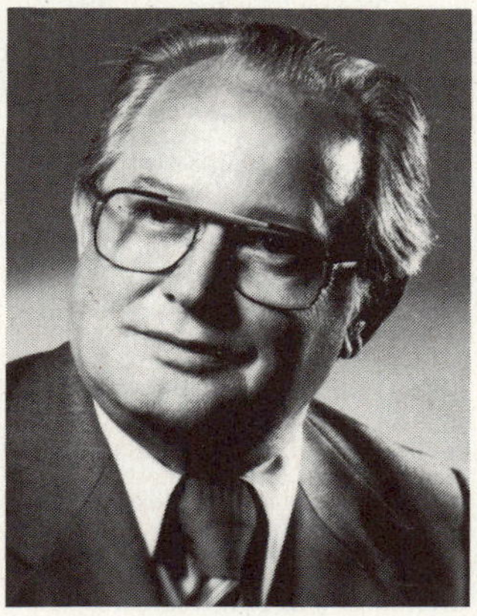

Senator a. D., Steuerberater, Berlin - Ernst-Ring-Str. 4, 1000 Berlin 38 (T. 030 - 803 43 67) - Geb. 27. Juli 1918 Berlin, verh. s. 1938, 3 Kd. - 1967-75 Senator f. Finanzen v. Berlin; 1954-85 MdA Berlin. 1957-72 u. 1980ff. AR Zool. Garten Berlin AG; 1986ff. Gesellsch. Conti-Reederei; 1979ff. Vizepräs. Dt.-Israelische Ges. - 1984 Med. Abgeordnetenhaus (f. 20 j. Zugehörigkeit); Gr. BVK; Stadtältester v. Berlin.

STRIFFLER, Helmut

Dipl.-Ing., Prof., Architekt - Hochfirststr. 5, 6800 Mannheim - Geb. 1. Febr. 1927 Ludwigshafen/Rh. (Vater: Albert S.), verh. m. Mathilde, geb. Kreiselmaier - S. 1969 Ord. f. Entwerfen u. Gebäudekd. TU Hannover, s. 1974 Prof. f. Entw. u. Gebäudekd. TH Darmstadt.

STRIGL, Günter

Assessor, Dipl.-Volksw., Bürgermeister v. Saulgau - Lindenstr. 23, 7968 Saulgau (T. 07581 - 2 07-13) - Geb. 11. Mai 1934 Oberndorf/N., kath., verh. s. 1961 m. Bergit, geb. Selg, 2 Kd. (Matthias, Bettina) - Human. Gymn., Univ. Freiburg, 1. jur. Staatsex. 1959, Ass. u. Dipl. 1965 - S. 1967 Bürgerm. - 1965 u. 1974 Gold. Sportabz. - Spr.: Franz., Engl.

STRITTMATTER, Peter

Dr. phil., Prof. Univ. d. Saarlandes - Leberstr. 15, 6600 Saarbrücken (T. 0681 - 81 35 06) - Geb. 6. Aug. 1937 Karlsruhe - Vorst.-Mitgl. d. Landesanst. f. d. Rundfunkwesen (LAR); Leit. Medienzentrum d. Univ. d. Saarlandes; gf. Herausg. Ztschr. Unterr.wiss. - BV: Präsentationsmodi v. Lehrprogr., 1970; Lernzielorient. Leistungsmessung, 1972; D. schulängstl. Schüler, 1979 (m. Jacobs); Lernen in e. Ganztagsschule (m. Eigler, Schönwälder, Straka, Weiss), 1977; Modellversuche z. Schulfernsehen, 1979; Curriculumentwicklung als Problemlöseprozeß (m. Schäfer), 1980. Herausg.: Information ist noch kein Wissen (m. Scheidgen, Tack, 1990); Z. Lernforschung, Befunde - Analysen - Perspektiven (1990). Mithrsg.: Unterrichtswiss.; Grundlag. d. Sozialwissenschaften (1980).

STRITTMATTER, Thomas

Autor u. Maler - Leonrodstr. 45, 8000 München 19 (T. 089 - 123 54 51) - Geb. 18. Dez. 1961 St. Georgen, led. - Stud. Malerei u. Grafik Kunstakad. Karlsruhe - BV: 3 Bildgesch. u. 2 and.; Raabe Baikal, R.; Viehjud Levi u.a. Stücke - Theaterstücke: Viehjud Levi (Urauff. 1983 Stuttgart), Brach (UA. 1984 Stuttgart), Polenweiher (UA. 1984 Konstanz), Kaiserwalzer (UA. 1986 Bielefeld), D. Liebe zu d. 3 Orangen (UA. 1987 Groningen/Niederl.), Irrlichter, Schrittmacher. Filme: Polenweiher (1985/86 ZDF); Drachenfutter (Drehb. m. Jan Schütte); D. Königsstechen (Drehb. m. Fanny Morweiser, ZDF), Winchelmanns Reisen - 1981 u. 83 Landespreis f. Volkstheaterstücke; 1984 E. Willner Pr. b. Bachmann Wettbew., Klagenfurt; 1985 Preis b. Prosawettbew. d. BR; 1987 Stip. Kunststiftg. Baden-Württ.; 1988 Stip. Dt. Lit.-fonds; 1988 Lit.förd.preis Stadt München; 1990 Kranichsteiner Lit. Preis; 1991 Bremer Lit. Förderpreis; 1991 Förderpreis d. Jean Paul Preises - Spr.: Engl., Franz.

STRIXNER, Hans

I. Bürgermeister - Rathaus, 8062 Markt Indersdorf/Obb. - Geb. 12. Juni 1922 Walkertshofen.

STRNAD, Helmut Frithjof

Dr. rer. pol., Dipl.-Ing., Univ.-Prof. f. Sicherheitstechnik/Entwicklungs- u. Konstruktionstechn. (s. 1977), spez. Konstr.systematik; Sicherheitsanalysen - Jägerhofstr. 63, 5600 Wuppertal 1 (T. 43 33 48) - Geb. 30. Juni 1930 Prag (Vater: Ernst S., Angest.; Mutter: Elsa, geb. Wildt), verh. s. 1966 m. Dora, geb. Merkel, 2 S. (Oliver, Gero) - Elektrikerlehre; Stud. Elektrotechnik u. Betriebsw. TH Aachen u. TH Darmstadt - 1956-69 Industrietätigk.; 1969-77 o. Prof. f. Feinwerktechnik a. d. RWTH Aachen; 1969-77 gleichzeitig Dir. u. Gf. Vorst. Techn. Akad. Wuppertal; s. 1977 Prof. Univ. Wuppertal; 1972-74 Vorstandssprecher Landesverb. NRW f. Weiterbild. i. Technik u. Wirtschaft; Öff. Best. u. vereid. Sachverständiger d. IHK Remscheid-Solingen-Wuppertal. Zahlr. Patente (Regelungstechnik) - Mitgl. d. Verw.-Aussch. d. Techn. Akad. Wuppertal - BV: Die Steuerung industrieller Fertigung in kybernet. Sicht unt. bes. Berücks. v. Störeinflüssen (Diss.); Diplomingenieur Feinwerktechnik, 1974; Sicherheitsgerechtes Konstruieren, 1983; Sicherheitstechn. Eigenschaften u. Einsatzbedingungen v. Niederspannungs-Schaltgeräten, 1984; Entwickeln u. Konstruieren gefahrenfreier techn. Arbeitsmittel, 1985; Sicherheitsgerechtes Konstruieren, 2. A. 1991. Beitr. zu mehreren Handb. - Liebh.: Geschichte, Fotogr. - Spr.: Engl., Franz.

STROBACH, Lothar

M.A., Redaktionsdirektor Burda-Verlag - Zu erreichen üb. Burda-Verlag, Postf. 12 30, 7600 Offenburg - Geb. 30. Okt. 1940, verh. s. 1975 m. Viola, geb. Zander - Stud. Univ. München (German., Gesch.) - Freizeit Revue, Glücks Revue, M. schöner Garten; Herausg. v. Holiday; Chefred. v. Bild + Funk, inside BUNTE - Liebh.: Oper, Golf - Spr.: Engl., Franz., Ital.

STROBEL, August

Dr. theol., Prof., Pfarrer, Hochschullehrer, Ltd. Direktor Dt. Ev. Inst. f. Altertumswiss. d. Hl. Landes, Jerusalem/Amman (s. 1984) - Föhrenstr. 15, 8806 Neuendettelsau/Mfr. - Geb. 4. März 1930 Schwarzenbach/S., ev., verh. s. 1956 m. Brigitte, geb. Ecker, 4 Söhne (Volker, Jochen, Rolf-Peter, Gerold) - Oberrealsch. Hof/S.; Augustana-Hochsch. Neuendettelsau, Univ. Heidelberg u. Erlangen. Promot. (1956) u. Habil. (1960) Erlangen - S. 1960 Lehrtätigk. Univ. Erlangen (1962 Doz.), Univ. Bonn (1963-64 Vertr. Lehrstuhl f. Neues Testament), Augustana-Hochsch. (1965 o. Prof. f. NT). Entd.: Archäol. Palästina-Beitr. (u. a. erstmal. Beschreib. d. röm. Circumvallation v. Machärus). Ausgrabungen in ez-Zara/Kallirrhoe (Jordanien); versch. Surveyarbeiten am Toten Meer; Qasr er-Riyashi (Herodion), Boz el-Mushelle (Zeret Schachar), Straßenverbindungen in Süd-Peraea - BV: u. a. Unters. z. eschatolog. Verzögerungsproblem, 1961; Begründung u. Gebrauch d. hl. Taufe (m. O. Perels), 1961; D. mod. Jesusforsch., 1966; D. Anfänge d. Kirche (m. E. Schweizer u. F. Hahn), 1966; Kerygma u. Apokalyptik, 1967; D. Gottesgeheimnis d. Kreuzes, 1968; Erkenntnis u. Bekenntnis d. Sünde, 1968; Jesus in Nazareth (m. W. Eltester u. a.), 1972; Wer war Jesus? Wer ist Jesus?, 1973; D. Brief an d. Hebräer (NTD 9), 1975; D. spätbronzezeitl. Seevölkersturm (BZAW 145), 1976; Ursprung u. Gesch. d. frühchristl. Osterkalenders, 1977; D. hl. Land d. Montanisten, 1980; D. Stunde d. Wahrheit. D. Strafverf. gegen Jesus, 1980; D. Stern v. Bethlehem. E. Licht in uns. Zeit?, 1985; Weltenjahr, gr. Konjunktion u. Messiasstern (ANRW 20,2), 1987; Conrad Schick. E. Leben f. Jerusalem, 1988. Herausg.: D. Tod - ungelöstes Rätsel oder überwundener Feind (1974); Jahrb. d. Dt. Evangelischen Inst. Bd. 1 (1989). Mitarb. in: Macht u. Gewalt, 1978; Weihnachten neu überlegt (Herrenalber Texte 14), 1979 - 1988 korr. Mitgl. d. Dt. Archäol. Inst.

STROBEL, Beate,

geb. Bartel

Dipl.-Psychologin - Schässburger Str. 33, 8000 München 82 - Geb. 15. März 1951 Frankfurt/M. (Vater: Hans B., Prof.; Mutter: Ruth, geb. Weber), kath., verh. s. 1973 m. Ottmar Strobel, 2 T. (Anja Maraike; Elisa Christina) - 1969-72 Univ. Tübingen, dann München (Dipl. 1975); Max-Planck-Inst. f. Psychiatrie München - 1975-79 Aufbau eines Modells Hausfrühförd. Lebenshilfe f. geistig Behinderte e.V., München - Buch: Diskriminier. od. Integration behinderter Kinder? (Dipl.-Arbeit) 1974 - Spr.: Engl., Niederl., Franz.

STROBEL, Eberhard

Dr. med., Prof., Schriftleiter u. med.

Fachjournalist (s. 1989) - Liegnitzer Str. 13, 8520 Erlangen - Geb. 11. Aug. 1925 Fürth/Bay. - Promot. 1951; Habil. 1960 - 1954-69 Univ. Frauenklinik Erlangen, 1967 apl. Prof. f. Geburtshilfe u. Frauenheilkd.; 1970-90 Chefarzt d. Frauenklinik am Klinikum Aschaffenburg, s. 1988 Leit. Med.Dir. Facharb. u. Handb.beitr.

STROBEL, Georg-Waldemar

Dr. phil., Prof. TH Darmstadt - Auf der Beine 7, 6114 Groß-Umstadt/Raibach (T. 06078 - 46 81) - Geb. 23. Jan. 1923 Lwow (Vater: Alfons St., Weber; Mutter: Regina, geb. Mater), kath., verh. s. 1952 m. Evelyn, geb. Bockmann, 2 S. (Martin, Tobias) - Promot. 1955 Univ. Kiel; Habil. 1970 Univ. Mainz - 1955-61 wiss. Mitarb. Inst. f. Weltwirtsch., Kiel; 1957 NATO-Generalsekr. Paris; 1961-75 wiss. Ref. Bundesinst. f. ostwiss. u. intern. Stud. Köln; 1975ff. TH Darmstadt u. 1978ff. Honorarprof. Univ. Mainz; 1972ff. German Editor East Europe in German Books, Kansas City; 1965-92 Gastprof. USA, Kanada, Polen - BV: Quellen z. Gesch. d. Kommunismus in Polen 1878-1918, 1968; D. Partei Rosa Luxemburgs, Lenin u. d. SPD, 1974; NSZZ Solidarność, 1983 - Spr.: Poln., Russ., Engl., Franz., Tschech., Ukrain., Jidd. - Lit.: Who's who in the world.

STROBEL, Hans

Geschäftsführer Vorwerk & Co. Möbelstoffwerke GmbH & Co. KG - Vorwerkstr. 4, 8650 Kulmbach (T. 09221 - 50 80) - Geb. 15. Aug. 1940.

STROBEL, Käte,

geb. Müller

Bundesministerin a. D. - Erlachweiherstr. 3, 8500 Nürnberg 60 (T. 88 49 88) - Geb. 23. Juli 1907 Nürnberg (Vater: Friedrich Müller, Schuhmacher u. Sekr. Zentralverb. d. Schuhm.; Mutter: Anna, geb. Breit), verh. s. 1928 m. Hans S., 2 Töcht. (Ilse, Traudel) - Volks- u. Handelssch. Nürnberg - 1923-1938 u. 1945-47 kaufm. u. organisator. Tätigk., b. 1933 Vors. Kinderfreundebeweg. in Bayern u. Mitgl. Reichsvorst. (1932), s. 1946 Frauenvors. SPD Franken, Mitgl. Bezirksvorst., Landes- u. Parteiaussch., 1949-72 MdB, 1958-66 Mitgl. Europ. Parlament (1962-64 Vizepräs.; 1964-66 Vors. Sozialist. Fraktion), 1966-72 Bundesmin. f. Gesundheitswesen bzw. Jugend, Familie u. Gesundheit (1969), 1974-86 Mitgl. Wirtsch.- u. Sozialaussch. EG. SPD s. 1925 (Mitgl. Parteivorst. u. -präsid.) - 1962 Bayer. VO., 1969 Gr. BVK m. Stern, 1972 Schulterbd. dazu, 1965 Isabella d'Este (Intern. Preis); 1968 Gold. Leinwand (Filmpreis f. d. Unterstütz. v. „Helga"); 1986 Gustav Heinemann Bürgerpreis, 1986 Georg von Vollmar-Preis; Ehrenbürgerin Stadt Nürnberg; Vors. Seniorenrat d. SPD.

STROBEL, Manfred

Dr., Ministerialdirigent a.D., Geschäftsf. abr - amtl. bayer. Reisebüro GmbH - Im Hauptbahnhof, 8000 München 2 - Zul. Leit. FB Absatz/Dt. Bundesbahn, Frankfurt/M. AR-Vors. Transfracht Dt. Transport GmbH, Frankf.

STROBEL, Robert

1. Bürgermeister Stadt Naila (s. 1972) - Rathaus, 8674 Naila/Ofr. - Geb. 22. Dez. 1939 Naila - Mitgl. Kreistag Hof, Bezirkstag v. Oberfranken, u. d. Oberfrankenstiftg. - 1979 Ehrenmed. d. Bezirks Oberfranken; 1985 Verdienstmed. d. Landkreises Hof in Silber; 1991 BVK am Bde.

STROBEL, Wolfgang

Kaufmann, Vorsitzender Bundesfachverb. Fleischereibedarf-Großhandel - Gutleutstr. (Schlachthof), 6600 Saarbrücken 3 (T. 0681 - 63 17-18-19) - Geb. 22. März 1940 - Geschäftsf. Saarl. Metzgereibedarf B. Strobel GmbH, Saarbrücken, Strobel Sàrl, Strassen/Luxembourg, Strobel S. A. Forbach/Frankr.

STROBELT, Manfred

Präsident Landesarbeitsgericht i. R. Saarland (1968-84) - Zur Kirchenmühle 12, 6610 Lebach - Geb. 5. Febr. 1922 - S. 1965 LAG-Dir. u. -Präs.

STROBL, Lothar

Redakteur, Ressortleit. Sport Heilbronner Stimme (Ps. Lostro) - Rauchstr. 57, 7100 Heilbronn (T. 07131 - 7 27 85) - Geb. 1. Aug. 1928 Heilbronn (Vater: verst.; Mutter: Friedl, geb. Schmoll), ev., verh. s. 1953 m. Irene, geb. Deecke, 2 Kd. (Thomas, Heike) - Gymn. (Abit. 1949); 1949-51 Volont. - 1951-63 Redakt. Neckar-Echo; ab 1963 Ressortleit. Sport Heilbr. Stimme, Redakt. Wiss. u. Technik - ADAC-Verdienstplak. in Silber; Sportkreis-Ehrenbrief; Turngau-Ehrenbecher in Silber - Liebh.: Tennis, Aktienmarkt - Gold. Sportabz., mehrf. baden-württ. u. dt. Pressemeister in Tennis u. Sportschießen - Spr.: Engl., Latein.

STROBL, Max

Dipl.-Kfm., Geschäftsführer Isarwerke GmbH, München - Blumenstr. 29, 8034 Unterpfaffenhofen b. München.

STROCKA, Volker Michael

Dr. phil., o. Prof. f. Klass. Archäologie Univ. Freiburg - Hochrüttestr. 3, 7800 Freiburg (T. 0761 - 203 36 12) - Geb. 26. Febr. 1940 Frankfurt/M. (Vater: Dr. med. Gerhard St., Arzt; Mutter: Mathilde, geb. Dafeldecker, Dr. phil.), kath., verh. s. 1974 m. Brigitte, geb. Auchter, 3 Kd. - Stud. Univ. München, Basel, Freiburg, Paris; Promot. 1965 Freiburg/Br., Habil. 1973 Bochum - 1965-73 wiss. Assist. Univ. Bochum; 1974 Doz. Göttingen; 1975-81 1. Dir. Dt. Archäol. Inst. Berlin; s. 1981 Ord. f. Klass. Archäologie Univ. Freiburg/Br. - BV: Piräusreliefs u. Parthenosschild, 1967; D. Wandmalerei d. Hanghäuser in Ephesos, 1977; D. Markttor v. Milet, 1981; Häuser in Pompeji, Bd. 1 1984, 4 1991 - Mitgl. Dt. Archäol. Inst.; wirkl. Mitgl. Österr. Archäol. Inst. - Spr.: Engl., Franz., Ital., Griech., Türk.

STRÖBELE, Roland

Bürgermeister, MdL Baden-Württ. (Wahlkr. 55, Tuttlingen-Donaueschingen) - Am Täle 4, 7203 Fridingen (T. 07463 - 10 11) - Geb. 14. Aug. 1943 Stuttgart - Sicherheitspolit. Sprecher d. CDU-Landtagsfraktion. CDU.

STRÖDER, Josef

Dr. med., Dr. med. h. c., Prof. f. Kinderheilkunde - Schlesierstr. 22, 8700 Würzburg - Geb. 6. März 1912 Mömerzheim/Rhld. (Vater: Josef S.; Mutter: geb. Joist), kath., verh. s. 1938 m. Luise, geb. Steves, 2 Töcht. (Luise, Christel) - Beethoven-Gymn. Bonn; Univ. Bonn u. Freiburg (Med. Staatsex. 1935). Promot. 1936 Freiburg; Habil. 1941 Düsseldorf - 1941-48 Doz. u. apl. Prof. (1947) Med. Akad., Düsseldorf (1946 Oberarzt Kinderklinik); s. 1948 Ord. u. Klinikdir. Univ. Würzburg - BV: Pädiatr. Fortbild. f. Ärzte u. Studierende, 1961; Probleme d. Verhüt. v. Viruserkrank., 1967; Unser Kind ist krank - was tun? Überleg. u. Ratschläge f. Eltern, 1981. Zahlr. Beitr. in Fachztschr. - Ehrenmitgl. Soc. de Biologia Pernambuco, Poln. (erster Deutscher), Tschechosl., Span. Pädiatr. Ges., Tschechosl. ärztl. Ges. J. E. Purkynie, Jap. Pädiatr. Ges.; korr. Mitgl. Ges. f. Nuclearmed., London, Schweizer, Franz., Ital. Pädiatr. Ges. u. Österr. Ges. f. Kinderheilkd.; Offc. dans l'ordre des palmes acad.; VO. in Gold Volksrep. Polen; Inh. Ehrenschild Univ. Helsinki u. Univ. Tokyo; 1980 Bayer. VO.

STRÖHER, Manfred

Möbelkaufmann, Präs. Dt. Basketball-Bund (DBB, s. 1984) - Winzenheimer Str. 24, 6550 Bad Kreuznach (T. 0671 - 6 40 61) - Geb. 25. März 1937 Bad Kreuznach, ev., verh. s. 1960 m. Liselotte, geb. Diemer, 3 Töcht. (Anke, Sibylle, Karen) - Handelssch.; Schreinerlehre; Fachsch. d. dt. Möbelhandels - Inh. e. Möbelhauses. Präs. Werbegem.

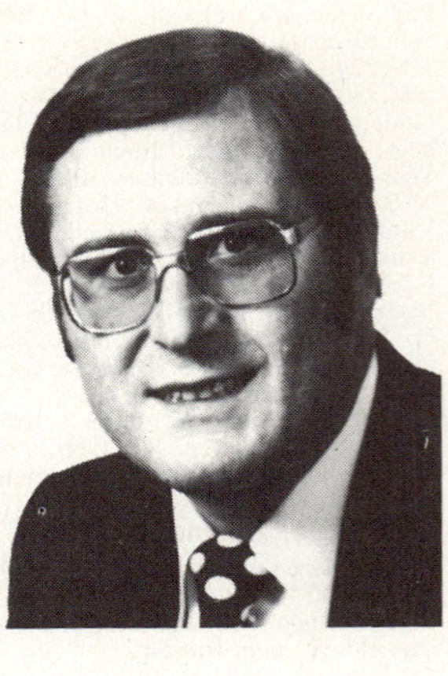

Wohnbären-Gruppe. 1963-73 Vorst. DBB (Schiedsrichterwart), 1980-84 DBB-Vizepräs., 1984 Präs.; 1964 Intern. Schiedsrichter; 1964 Mitgl. techn. Kommiss. FIBA (intern. Basketball-Verb.); s. 1980 Präs. d. Finanzen u. Mitgl. Central-Boards d. FIBA; techn. Kommiss. d. FIBA b. d. Olymp. Spielen 1968, 1972, 1976, 1980, 1984, 1988 - BV: Technik d. Schiedsrichterns im BB, 1977 (in 15 Spr., auch in arab. u. chin.) - 1973 Gold. Ehrennadel d. DBB - Liebh.: Philatelie, Fotos - Spr.: Engl. - Lit.: Zeitung Basketball (4. Mai 1983); 16. Mai 1984; FIBA-BULLETIN Nr. 81/87, 83/88, 84/88, 85/89 u. 86/89; 60 Jahre FIBA-Basketball-Regeln in deutsch, engl., franz. u. span., 264 S. (1. Nov. 1991).

STRÖHLEIN, Gerhard

Dr. phil., Prof. Univ. Göttingen - Fichtenweg 1, 3400 Göttingen (T. 0551 - 3 53 95) - Geb. 29. März 1937 Ansbach/Mfr., ev., verh. s. 1967 m. Helga, geb. Zacher, 2 S. (Bernd-Friedrich, Arne Gert) - Stud. German., Gesch. u. Geogr. (Lehramtsprüf. Realsch. 1963, Lehramtsprüf. Gymn. 1964 u. 1966, Promot. 1974) - 1964-66 Stud.refer.; 1966/67 Stud.ass.; 1967-74 wiss. Assist.; 1975-79 Doz.; ab 1980 Prof. - BV: Rohstoff Öl - Mod. e. integr. Unterr.einheit, 1973; Politik, Geogr. u. Ges., Vorschläge z. e. interdisz. Unterr., 1976; Wald u. Randgäu im westl. Mittelfranken. D. Entw. untersch. Agrarlandsch., 1976.

STRÖHM, Carl Gustaf

Dr. phil., Journalist - Zu erreichen üb. Strehlgasse 5, A-1190 Wien - Geb. 8. März 1930 Reval (Vater: Dr. Carl Gustaf S.; Mutter: Vera, geb. Levitzky) - Univ. Tübingen (Osteurop. Gesch., Polit., Wiss.; Promot. 1959) - B. 1954 Geschäftsf. Dt. Ges. f. Osteuropakd., Stuttgart, dann Stud., s. 1958 Osteuropa-Experte Wochenztg. Christ u. Welt, Stuttgart, Leit. Zone Südosteuropa Dt. Welle, Köln (1966), Osteuropa-Korresp. Die Welt (1972) - BV: Zwischen Mao u. Chruschtschow - Wandlungen d. Kommunismus, 1964; V. Zarenreich z. Sowjetmacht - Rußl. 1917-67, 1967; Ohne Tito kann Jugoslawien überleben, 1977; Kirche im Kampf: Rußland u. Ukraine, 1989 - Spr.: Russ., Engl., Serbokroat., Franz.

STRÖKER, Elisabeth

Dr. phil., Dr. phil. h.c., o. Prof. f. Philosophie, Dir. d. Phil. Sem. u. d. Husserl Archivs Univ. Köln - Univ. Köln, Albertus Magnusplatz, 5000 Köln 41 - Geb. 17. Aug. 1928, ledig - Stud.; 2 Staatsex.; Promot.; Habil. 1963 - Lehrtätigkeit Univ. Hamburg, TU Braunschweig (1965 Ord., 1968-70 Dekan), Univ. Köln (1971, 1976-77 Dekan), div. Gastprof. USA, Canada, europ. Ausland - BV: Phil. Unters. z. Raum, 2. A. 1977 (amerikan. Übers. 1986); Denkwege d. Chemie, 1967; Einf. in d. Wissenschaftstheorie, 3. A. 1988 (japan. 1978 u. 1980, türk. 1990); Wissenschaftsgesch. als Herausforderung, 1976 (japan. 1980); Theoriewandel in d. Wissenschaftsgesch., 1982; Husserlian Foundations of Science, 1986; Phänomenologische Studien, 1987; Husserls transzendentale Phänomenologie, 1987 (amerik. 1992); Wissenschaftsphil. Studien, 1989; Phänomenologische Phil. (m. P. Janssen), 1989. Div. Einzelarb. auch z. Sprachphil., Phänomenologie, Geschichtsphil. u. Wiss.ethik.

STROETMANN, Clemens

Staatssekretär Bundesministerium f. Umwelt, Naturschutz u. Reaktorsicherheit - Kennedyallee 5, 5300 Bonn 2 (T. 0228 - 3 05-20 20 - Geb. 10. Mai 1946, kath., verh. s. 1979 m. Lieselotte, geb. Fischer, 2 Kd. (Antonia, Hubertus) - Abit. 1966; nach Bundeswehr (1966-68) 1968-72 Stud. Rechtswiss. Univ. Göttingen; 1. Ex. 1973, Ass. 1975 - 1976-80 Leiter Ministerbüro nieders. Sozialmin.; 1981-84 Referatsleit. im Min., 1984 zugl. stv. Abteilungsleit. Gesundheitsabt.; 1985 Vizepräs. Bundesgesundheitsamt in Berlin; s. 1987 Staatssekretär s.o. - Liebh.: Lit. (Lyrik), Schwimmen, Musik (Barock) - Spr.: Engl.

STROETMANN, Karl A.

Dr., Dipl.-Kfm., Vorstand Arbeitsgemeinschaft sozialwiss. Inst. (ASI) - Lennestr. 30, 5300 Bonn 1 (T. 0228 - 22 81-0) - Geb. 04. Febr. 1944 - 1968 Dipl.-Kaufm. FU Berlin; 1974 Ph.D. Univ. of British Columbia, Vancouver, B.C. Kanada; s. 1990 wiss. Mitarb. GMD-Forsch.stelle f. Informat.wirtsch., St. Augustin - Councillor International Federation for Information and Documentation (FIb), The Hague, Netherlands - 1977-80 StGeschF & Partner Abt. Associates GmbH Heidelberg/Bonn; 1980-89 Geschäftsführer Informationszentrum Sozialwissenschaften, Bonn.

STROH, Günter

Dipl.-Volksw., Geschäftsführer Medical Tribune GmbH. (Intern. Wochenztg. f. Ärzte/Ausg. f. Dtschl., Schweiz, Österr.; Sexualmed.; mtv. - Fernsehztschr. f. d. Arzt; Apotheken-Praxis) - Am Birnbaum 14, 6200 Wiesbaden-Sonnenberg (T. Büro: 396 55-59) - Geb. 29. Jan. 1929 Wiesbaden.

STROH, Wilfried (Valahfridus)

Dr. phil., Prof. f. Klassische Philologie - Camerloherstr. 13, 8050 Freising - Geb. 26. Dez. 1939 Stuttgart (Vater: Hans St., Pfarrer; Mutter: Rosemarie, geb. Wendel), ev., verh. s. 1972 m. Elisabeth, geb. Weber, 3 Kd. (Kassian, Valentin, Fanny) - Promot. Heidelberg 1967, Habil. Heidelberg 1972 - 1967-72 wiss. Assist., 1972-76 Univ.-Doz., s. 1976 Ord. Univ. München - BV: Ovid im Urteil d. Nachwelt, 1969; D. röm. Liebeselegie als werbende Dichtung, 1971; Taxis u. Taktik: D. advokatische Dispositionskunst in Ciceros Gerichtsreden, 1975; Proben latein. Verskunst (m. Tonkassette), 1981; Erotomachia, 1985; Amor in Monte Docto, 1987; Ludi Latini, Musikal. Lateinfestival in Ellwangen/Jagst (m. Jan Novák), 1983, wiederholt in Augsburg 1985, Freising 1986 - S. 1988 Scholae Frisingenses (Lat. Sommerakad.); Mitgl. Acad. Latinitati fovendae (Rom); Accad. Properziana (Assisi).

STROH, Wolfgang Martin

Dr., Prof. f. Musikwissenschaft Univ. Oldenburg - Saarstr. 22, 2900 Oldenburg (T. 0441 - 8 36 45) - Geb. 1. Juli 1941 Stuttgart - Staatsex. Math. 1966 u. 1968, Promot. 1972 - S. 1978 Prof. f. Musikwiss. - BV: Anton Webern, 1973; Anton Webern: Symph. op. 21, 1975; Z. Soziol. d. Elektron. Musik, 1975; Musikkonsum u. Kaufverh., 1978; Z. Psychol. musikal. Tätigkeit, 1984; D. Erste improvisierende Streichorch., 1989; Midi-Experimente u. Algorithmische Komposition, Bd. 1 1990, Bd. 2 1991.

STROHBACH, Siegfried

Prof. Hochschule f. Musik u. Theater Hannover, Komponist - Uhlhornstr. 12, 3000 Hannover 61 (T. 0511 - 55 20 78) - Geb. 27. Nov. 1929 Schirgiswalde

(Oberlausitz), kath., verh. s. 1953 m. Ilse, geb. Bartels, 3 Kd. (Tilo, Mira, Ingo) - 1939-45 Musisches Gymn. Frankfurt; b. 1949 Stud. Kompos. u. Dirig. b. Kurt Thomas, Klavier b. A. Leopolder; 1949-51 Stud. Gesang b. P. Gümmer - 1951-53 Schauspielkapellm. Nieders. Staatstheater Hannover; 1953 Chorgründer (Collegium Cantorum, Propsteichor Hannover); s. 1966 Doz. Musikhochsch. Hannover (1973 Prof.); 1968-88 Kapellm. (Oper, Konz.) Landesbühne Hannover - Musikw.: geistl. u. weltl. Chormusik aller Größenordn. u. Besetz., Kammeroper, Orchesterwerke, Kammermusik, Lieder u.a.

STROHBUSCH, Frank

Dr. rer. nat., Prof. f. Phys. Chemie, FH Weihenstephan - Eckerstr. 25, 8050 Freising - Geb. 6. Mai 1940 Schneidemühl, ev., verh. s. 1967 m. Monika, geb. Roßmann, 3 Kd. (Stefan, Barbara, Julia) - 1959-65 Chemiestud. Univ. München; Dipl. 1965; Promot. 1969; Habil. 1979 Freiburg - 1981 Prof. Univ. Freiburg; 1983-87 Industrieentwicklung Umweltmeßgeräte - 1986 Entw. e. Spektrometers f. Rauchgasmessung - 27 Fachveröff., bes. z. Kinetik schneller chem. Reaktionen.

STROHBUSCH, Udo

Dr. phil. nat., Prof. f. Physik (insb. Kern- u. Elementarteilchen-Physik) Univ. Hamburg - Schwentinestr. 40, 2000 Norderstedt (T. 040-524 17 12).

STROHEKER, Tina

Schriftstellerin - Heckenweg 2, 7332 Eislingen - Geb. 13. Juni 1948 - BV: Ged.: Provinz od. d. zufällige Wiederentd. d. Mondsichel, 1982; D. zweite Horizontlinie, 1983; Hinter d. Stirn d. Tod, 1987; D. Meer ist e. Gerücht, 1989 - 1981 Leonce- u. Lena-Förderpreis; 1985 Stip. Villa Massimo; 1989 Stip. Künstlerhof Schreyahn.

STROHMAYER, Max

Amtsinspektor a. D. (1950-58 u. 1972-74 MdL Bayern) - Georgenstr. 44, 8948 Mindelheim/Schw. - Geb. 24. Febr. 1919 Markt-Rettenbach - 1974 Bayer. VO.

STROHMAYR, Alois

Architekt (BDA) - Am Graben 15, 8901 Stadtbergen/Schwaben (T. Augsburg 3 61 43) - Geb. 30. Aug. 1908 Stadtbergen, kath., verh. s. 1932, 2 Kd. - Gymn. St. Stephan u. Höh. Techn. Lehranst. Augsburg - S. 1930 Arch. Spanien u. Stadtbergen (1936), m. Kriegsbeginn Polizeidst., ab 1942 KZ, 1944-45 Strafbatl. S. 1946 Mitgl. Gemeinderat Stadtbergen (Fraktionsvors.) u. Kreistag Augsburg; 1954-61 MdL Bayern; 1961-72 MdB. 1948-52 u. 1956-60 stv. Landrat Kr. Augsburg. S. 1949 Ehren-Bezirksvors. Arbeiterwohlfahrt Schwaben - Gr. BVK m. Stern; Bayer. Verdienstkreuz.

STROHMEIER, Walter

Dr. rer. nat., o. Prof. f. Physikal. Chemie - Mittlerer Dallenbergweg 21a, 8700 Würzburg (T. Inst.: 3 15 16) - Geb. 13. Dez. 1919 Würzburg - S. 1955 (Habil.) Privatdoz., apl. (1961), ao. (1964) u. o. Prof. (1968) Univ. Würzburg (Vors. Inst. f. Physikal. Chemie). Üb. 230 Facharb.

STROHMEIER, Wolfgang

Dr. rer. nat., Prof., Direktor Remeis-Sternwarte Bamberg (s. 1954) - Sternwartstr. 7, 8600 Bamberg/Ofr. (T. 2 37 08) - Geb. 16. Jan. 1913 Kassel (Vater: Friedrich S., Stadtobering.; Mutter: Maria, geb. Wellerdick), kath., verh. s. 1939 m. Käthe, geb. Beck, 2 Töcht. (Margot, Angelika) - Wilhelms-Gymn. Kassel; Univ. Berlin (Math., Physik, Astron.; Promot. 1938) - 1942-47 Assist. Univ.s-Sternw. Göttingen; 1948-53 Observator Bayer. Erdmessungskommiss. München. S. 1962 (Habil.) Lehrtätigk. Univ. Erlangen bzw. Erlangen-Nürnberg (1968 apl. Prof. f. Astronomie). Veröff. in- u. ausl. Fachztschr. - Spr.: Engl., Franz.

STROHMEYER, Georg

Dr. med., Prof., Arzt u. Klinikdirektor, Ordinarius f. Innere Med. Univ. Düsseldorf (s. 1973), Ärztlicher Direktor, Internist (spez. Magen/Darm/Leber/Pankreas-Krankheiten) - Zu erreichen üb. Moorenstr. 5, 4000 Düsseldorf 1 - Geb. 6. Nov. 1928 Freden/Leine (Vater: Gustav S.; Mutter: Lea, geb. Wallenstein), ev., verh. s. 1956 m. Sibylle, geb. Colpe, 3 Kd. (Torsten, Silke, Henning) - Gymn. Bremerhaven; Stud. Göttingen, Innsbruck, Hamburg (Staatsex., Promot.). Habil. Marburg - 1965-73 Oberarzt Marburg; 1960/61 Harvard Univ. Boston; Präs. u. Councillor German, European and Intern. Assoc. for the Study of the Liver (1978/79 Präs.); Präs. d. Dt. Ges. f. Verdauungs- u. Stoffwechselkrankheiten (1980/81); s. 1989 Prorektor Heinrich-Heine-Univ. D'dorf. Mitarb. versch. dt. u. intern. med.-wiss. gastroenterolog. Werke - Liebh.: Musik, Malerei, Sport - Spr.: Engl.

STROHMEYER, Klaus

Dr. phil, Schriftsteller - Laubacher Str. 37, 1000 Berlin 33 - Geb. 8. Juli 1947 Hannover - BV: Warenhäuser-Geschichte, Blüte u. Untergang im Warenmeer, 1980; Berlin in Bewegung. Lit. Spaziergang, 2 Bde., 1987; Zu Hitler fällt mir noch ein ... Sat. als Widerstand, 1989.

STROHSCHNEIDER-KOHRS, Ingrid, geb. Kohrs

Dr. phil., em. o. Prof. f. Neuere dt. Literaturgeschichte - Pippinstr. 28, 8035 Gauting (T. 089 - 850 20 56) - Geb. 26. Aug. 1922 Hamburg (Vater: Heinrich Kohrs; Mutter: Magda, geb. Ohl), verh. s. 1958 m. Dr. phil. Gottfried Strohschneider - 1942-48 Stud. Lit., German., Phil., Gesch. Promot. Hamburg; Habil. München - S. 1959 Lehrtätigk. Univ. München u. Bochum (1964 o. Prof.) - BV: D. romant. Ironie in Theorie u. Gestaltung, 1960, 2. A. 1977; Vom Prinzip d. Maßes in Lessings Kritik, 1969; Literar. Struktur u. geschichtl. Wandel, 1971; Vernunft als Weisheit. Studien z. späten Lessing, 1991.

STROLZ, Walter

Dr. phil., Prof., Schriftsteller - Müllerstr. 37, 6020 Innsbruck/Österr. (T. 05222 - 56 13 45) - Geb. 17. Nov. 1927 Schoppernau (Österr.), kath., verh. s. 1958 m. Leopoldine, geb. Mayr, 2 Kd. (Christoph, Odilia) - 1949-54 Univ. Innsbruck (German., Phil., Gesch.; Promot.) - 1954-65 Verlagslektor Innsbruck u. Freiburg, dann wiss. Leit. Stiftg. Oratio Dominica z. Förd. d. christl. Dialogs m. d. Weltreligionen - BV: D. vergessene Ursprung, 1959; Menschsein als Gottesfrage, 1965; Widerspruch u. Hoffnung d. Daseins, 1965 (engl./USA 1967); Schöpfung u. Selbstbesinnung, 1973; Heidegger als meditativer Denker, 1974; Du gibst weiten Raum meinen Schritten - Bibl. Textinterpret., 1980; Goethes versteckte Sprachphil., 1981; Heilswege d. Weltreligionen, 3 Bde., Bd. 1: Christl. Begegnung m. Judentum u. Islam, 1984; Bd. 2: Christl. Begegnung m. Hinduismus, Buddhismus u. Taoismus, 1986; Bd. 3: Quellentexte, 1987 - 1981 österr. Prof.-Titel; 1971 Theodor-Körner-Preis Wien; Mitgl. Österr. PEN-Club - Spr.: Engl., Franz. - Urenkel Franz Michael Felders, Vorarlbg. Dichter (1839-69).

STROMBACH, Werner

Dr. phil., Prof. f. Philosoph. Grenzfragen d. Math., Physik u. Informatik Fachhochsch. Dortmund (1972-78 Rektor) u. Univ. Dortmund - Hessenbank 16, 4600 Dortmund 50 (T. 71 77 91) - Geb. 9. April 1923 Dresden (Vater: Feodor S., Werkm.; Mutter: Elisabeth, geb. Günther), kath., verh. s. 1946 m. Antonia, geb. Stutzmann, Tocht. Christiane - Stud. Univ. Münster (Phil., Psychol., Physik); Promot. 1958; Habil. 1975 - Fachmitgl.sch. - BV: Natur u. Ordnung, 1968; D. Gesetze uns. Denkens, 3. A. 1975; Mathematische Logik (m. a.), 1972; Einführung in d. Systematische Phil., 1992. Herausg. m. and.: D. Intelligenzbegriff in d. versch. Wiss. (1985). Ca. 80 weitere Fachveröff. - 1983 BVK I. Kl.; 1988 Ehrennadel d. Stadt Dortmund; 1985/86 Gastprof. Ruhr-Univ. Bochum; s. 1987 ao. Prof. Intern. Akad. d. Wiss. San Marino; s. 1990 Lehrauftr. TU Magdeburg; Vors. Arbeitskr. Mensch u. Technik d. Intern. Ges. f. Ing.päd.; Scientific Member Intern. Assoc. for Cybernetics - Rotarier.

STROMBERGER, Robert

Schriftsteller, Regisseur, Schauspieler - Schumannstr., 6100 Darmstadt - Geb. 13. Sept. 1930 Darmstadt (Vater: Georg S., Kaufm. Angest.; Mutter: Margarethe, geb. Schneider), ev., verh. s. 1958 m. Irmgard, geb. Stapp, T. Iris - Realgymn.; Schauspielausbild. - BV: PS, R. 1976 (FS-Serie 1973-78). Kom.: D. Unverbesserlichen (1956; FS-Serie 1964-71) u. Biedermänner (1973). Regie: Datterich (auch Hauptrolle), Biedermänner, Fröhl. Weinberg, Tod e. Schülers (FS-Serie 1981), Mein Bruder u. ich (1982), Katharina Knie (auch Hauptrolle), Diese Drombuschs (FS-Serie s. 1983) - 1975 Bronz. Verdienstplak. Darmstadt, Gold. Bildschirm, Lothar-Danner-Med., 1981 Bambi, Gold. Rosenstrauß; 1982 Gold. Kamera - Liebh.: Musik, Schach - Bek. Vorf.: Robert Schneider, Mundartdichter, Denkmal u. Str. Darmstadt (Großv. ms.).

STROMER v. REICHENBACH, Freiherr von STROMER, Wolfgang

Dr., Dr. rer. pol. habil., em. o. Prof. f. Wirtschafts-, Sozial- u. Technikgeschichte - Zu erreichen üb. Univ. Erlangen-Nürnberg, Findelgasse 7, 8500 Nürnberg; priv.: Burg Grünsberg, 8503 Altdorf (T. 09187 - 4 11 21) u. Tetzel-Schloß, 8565 Kirchensittenbach (T. 09151 - 9 44 96) - Geb. 28. April 1922 München (Vater: Prof. Dr. Ernst Frhr. St. v. R., Paläontol. u. Geol.; Mutter: Hathor Elisabet, geb. Rennebaum), verh. s. 1981 m. Prof. Dr. Dr. phil. habil. Natalie Fryde (v. Stromer), Prof. f. Geschichte d. Mittelalters an d. TH Darmstadt - Univ. u. TH München, Univ. Erlangen, Wirtsch.-Hochsch. Nürnberg (Naturwiss., Jura, Staatswiss., Geschichte), 1. u. 2. jur. Staatsex., Promot. 1962, Habil. Wirtsch.gesch. 1967, Technikgesch. 1977 - 1959 Gerichtsass., 1962 Prüfer Dt. Patentamt, 1967 Priv.-Doz., 1973 apl. Prof., 1978 o. Prof., s. 1969 Stud.zentrum Venedig - BV: D. Ges. Gruber-Stromer im 15. Jh., 1963; D. Erfind. d. Nadelwaldsaat, 1969; Oberdt. Hochfinanz 1350-1450, 3 Bde., 1970; Gründ. d. mitteleurop. Baumwollind., 1978; D. Sophienquelle 1724-1728, 1979; Technik d. Kunsthandwerks im 12. Jh., 1984 - 1975 Willibald-Pirkheimer-Med. - Lit.: Hochfinanz, Wirtschaftsräume, Innovationen, Festschr. f. W. v. Stromer (hg. v. U. Bestmann, F. Irsigler, J. Schneider), 1987.

STROMEYER, Albrecht

Dr., Fabrikant, Mitinh. L. Stromeyer & Co., Kreuzlingen (Schweiz), Gf. Honegger & Co., Rüti (Schweiz), Ehrenvors. Bundesverb. d. Sportartikel-Ind. - Haus im Roten Gatter, Ermatingen/Thurgau (Schweiz) - Geb. 23. Febr. 1927 (Vater: Kommerzienrat Manfred S., Fabr. (s. dort); Mutter: Elisabeth, geb. v. Michel-Raulino).

STROMEYER, Rainald

Dr. phil., Bibliotheksdirektor - Hochbaumstr. 79, 1000 Berlin 37 (T. 817 30 79) - Geb. 16. Juli 1923 Jena (Vater: Dr. med. Kurt S., Chirurg; Mutter: Asta, geb. v. Dassel), ev., verh. s. 1957 m. Aleit, geb. Hambrock - Gymn. Jena; Univ. Jena u. Heidelberg (Geschichte, Staatswiss.). Promot. 1950; Bibl.sass. 1956 - 1956-62 Univ.s-Bibl. (FU), s. 1962 Senatsbibl. Berlin (1963 Dir.) Mitgl. Verein f. d. Gesch. Berlins, Verein d. Freunde u. Förderer d. Berlin-Museums, Stifterverb. f. d. Dt. Wiss. - BV: Moderne Probleme d. Magazinbaues in Dtschl. u. s. Nachbarländern, 1958; Europ. Bibl.sbauten s. 1930, 1962.

STROTH, Gernot

Dr. rer. nat., Prof. f. Mathematik FU Berlin - Bayernallee 18, 1000 Berlin 19 - Geb. 26. Mai 1949 Wiesbaden (Vater: Fritz St.; Mutter: Ingeborg, geb. Schmidt), ev., verh. s. 1971 m. Anni, geb. Schlitzer, 3 T. (Natascha, Kerstin, Nicole) - Dipl.-Math. 1973, Promot. 1973, Habil. 1976 - 1973 Assist. Univ. Mainz; 1977 Doz. Univ. Heidelberg; s. 1979 Prof. f. Math. FU Berlin. Mithrsg. Journal of Algebra.

STROTHE, Stephan

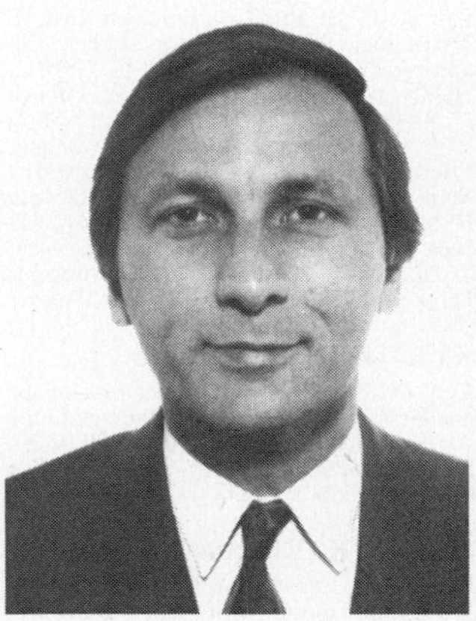

Dipl.-Polit., USA-Korrespondent SAT.1 Satellitenfernsehen GmbH (s. 1988) - 1620 Eye Street NW, Washington DC 20006, USA - Geb. 10. Dez. 1950 Hamburg, ev., verh. s. 1986 m. Angela, geb. Mertens, T. Lena - Stud. Univ. Hamburg; Dipl. 1979 Univ. Hamburg, Fachber. Soz.wiss. - 1973-79 Fr. Journ. f. Ztg., Radio u. Fernsehen in Hamburg u. 1979-84 New York, dazw. Redakt. d. Tagesthemen (ARD); 1984-88 Redakt., Ressortleit. Aktuell u. stv. Chefredakt. b. SAT.1 (Nachr.zentr. HH); 1988-92 1. SAT.1 Auslandskorresp. in New York u. s. 1992 Washington - Liebh.: Inselurlaub, Fussball, Kino - Spr.: Engl.

STROTHMANN, Karl-Heinz

Dr., Techn. Dipl.-Volksw., Prof. f. Investitionsgüter-Marketing FU Berlin, Ges. iMW Inst. f. ind. Markt- u. Werbeforschung - Goernestr. 27, 2000 Hamburg 20; priv.: Liether Feldstr. 18, 2200 Elmshorn - Geb. 7. Sept. 1930 Bielefeld (Vater: Karl S.; Mutter: Anna, geb. Schürmann), verh. m. Lieselotte, geb. Schulze.

STROTHMANN, Werner

Dr. phil., Lic. theol., Prof., Kirchenrat Univ. Göttingen (b. 1972; Vorles. üb. Syr. Kirchengesch.) - Im Hasenwinkel 17, 3400 Göttingen (T. Göttingen 9 21 30) - Geb. 23. Febr. 1907 Dortmund (Vater: Wilhelm S., Pastor), verh. m. Gertrud, geb. Hessel - BV: D. Anfänge d. syr. Studien in Europa, 1971; D. Wolfenbütteler Tetraevangelium Syriacum, 1971; Johannes v. Apamea, 1972; Konkordanz d. syr. Koheletbuches, 1973; Jakob von Sarug, D. Prophet Hosea, 1973; Moses bar Kepha, Myron-Weihe, 1973; Makarios/Symeon, D. arab. Sondergut, 1975; Jakob v. Sarug, Drei Gedichte üb. d. Apostel Thomas in Indien, 1976; Codex Syriacus Secundus, 1977; D. Sakrament d. Myron-Weihe in d. Schrift De ecclesiastica Hierarchia d. Pseudo-Dionysios Areopagita, I, 1977, II, 1978; Syrische Hymnen z. Myron-Weihe, 1978; Syr. Überliefer. d. Schr. d. Makarios, 1981; Schr. d. Makarios/Symeon unt. d. Namen d. Ephraem, 1981; Textkrit. Anmerk. zu d. Geistl. Homilien d. Makarios, 1981; Konkordanz z. syrischen Bibel, 8 Bd. 1984-86 - Ehrendoktor theol. Fak. Åbo-Finnland; Mitgl. Akad. Bagdad.

STROUX, Thomas

Schauspieler - Lammgasse 10/8, A-1080 Wien, u. Burgtheater, Dr.-Karl-Lueger-

Ring 2, A-1014 Wien - 1981 Gr. Hersfeld-Preis (f.: Mephisto, in Faust II) - Vater: Prof. Karlheinz S., Generalint. a. D. (s. dort).

STRUBE, Hans-Gerd

Bundestagsabgeordneter (s. 1983; Wahlkr. 26/Mittelems) - Bundeshaus, 5300 Bonn 1 - Geb. 6. Juli 1933 Castrop-Rauxel, verh., 4 Kd. - Päd. Hochsch. (Päd., Gesch., Politik). Rektor an Grund- u. Hauptsch. CDU.

STRUBELT, Otfried

Dr. med., o. Prof. u. Direktor Inst. f. Toxikologie Med. Univ. zu Lübeck, Senator d. Hansestadt Lübeck (s. 1990) - Heinrich-Mann-Ring 45, 2400 Lübeck (T. 0451 - 62 47 87) - Geb. 9. Sept. 1933, ev., verh. s. 1957 m. Ute, geb. Friese, 3 Kd. (Süster, Florian, Antrin) - Med. Stud.; Promot. 1959 Erlangen, Habil. 1967 Lübeck - 1982 o. Prof. Lübeck - BV: Elementare Pharmakol. u. Toxikol., 4. A. 1991; Gifte in unserer Umwelt, 1989 - Spr.: Engl., Ital., Russ.

STRUBELT, Wendelin

Dr., Prof., Direktor Bundesforschungsanstalt f. Landeskunde u. Raumordnung - Am Michaelshof 8, Postf. 20 01 30, 5300 Bonn 2 (T. 0228 - 82 62 90; Fax 0228 - 82 62 66) - Geb. 5. Dez. 1943.

STRUCK, Eberhard

Dr. med., Prof. f. Chirurgie Univ. München, Honorarprof. Univ. Marburg, Chirurg f. Thorax-, Herz- u. Gefäßchirurgie im Zentralklinikum Augsburg, Stenglinstr. 2, 8900 Augsburg - Regerstr. 6a, 8902 Neusäß - Geb. 26. April 1937 (Vater: Dr. Wilhelm S., Chirurg; Mutter: Renate, geb. Haberland), ev., verh. s. 1961 m. Frauke, geb. Wenzel, 3 Kd. (Christine, Michael, Rainer) - Schulbes. Neubrandenburg, Gütersloh, Parchim und Nordhausen; 1965-61 Univ. Jena, Münster u. München; Lehrer: O. Wieland, J. Ashmore (1963-65), R. Zenker, W. Klinner, F. Sebening (München 1965-68, H. Hamelmann (Marburg 1969-72), N.E. Shumway (Stanford, USA, 1973), F. Sebening (München 1972-85). 1972 Allgemeinchirurgie, s. 1973 spezialisiert in Herz-, Thorax- u. Gefäßchirurgie; zus. m. F. Sebening 1981 erste erfolgreiche Herztransplantation in Deutschland; 1985 Leiter d. Herzchirurg. Klinik am Zentralklinikum Augsburg - Zahlr. Buchbeitr. u. Einzelpubl. auf d. Gebieten d. Biochemie, experimentell. Chirurgie, Allgemeinchir., Thorax-, Herz- u. Gefäßchir. sow. d. Transplantationschirurgie.

STRUCK, Gustav

Kaufmann, Inh. Friedrich Werdier/Leihhaus, Hamburg, Ehrenvors. Zentralverb. d. Dt. Pfandkreditgewerbes, Stuttgart - Schubertstr. 21, 4300 Essen - Geb. 27. Febr. 1926 - Univ. Hamburg - Sachverst. - BVK am Bde.

STRUCK, Peter

Dr. jur., Rechtsanwalt, MdB (s. 1980, Landesliste Nieders.) - Immenweg 47, 3110 Uelzen 1 - Geb. 24. Jan. 1943 Göttingen, verh., 3 Kd. - Abit. 1962; Stud. Rechtswiss. (Promot. 1971); 1973 Stadtrat u. stv. Stadtdir. Uelzen. SPD s. 1964.

STRUCKSBERG, Michael

Dr. jur., Rechtsanwalt, Direktor Bayer AG - Hans-Sachs-Str. 49 A, 4000 Düsseldorf - Geb. 20. Sept. 1936 Berlin - Jurist. Staatsprüf. 1960 u. 1964 Düsseldorf; Promot. 1966 Köln - Leit. Abt. Recht in d. Konzernverwalt. Bayer AG; Mitgl. Rechtsaussch. Bundesverb. d. Pharmazeut. Ind.; Generalsekr. Theodor Bilharz Stiftg. - BV: Kündigung d. Betriebsvereinbarung, 1965 - Liebh.: Golf - Spr.: Engl.

STRÜBING, Hildegard

Dr. rer. nat., Prof. f. Zoologie FU Berlin - Kruseweg 5, 1000 Berlin 48 (T. 711 41 02) - Geb. 8. Mai 1922 Berlin - Promot. 1945 Berlin - S. 1972 Prof. f. Zool. in Berlin. Wiss. Publ. auf entomol. Geb., insb. Lautäußer. v. Zikaden.

STRUECKER, Hans-Erich

Dipl. rer. pol., Vorstandsmitglied Mittelstandskreditbank AG, Hamburg - Husarenweg 8, 3167 Burgdorf-Ehlershausen - Geb. 6. Juni 1924 - B. 1970 Vorst.-Mitgl., dann stv. u. Vorst.-Vors. NVZ-Bank (1973-82).

STRUFE, Reimer

Dr. rer. nat., Leiter Institut f. medizinische Information, Ottobrunn - Zu erreichen üb. Münchener Str. 3, 8012 Ottobrunn-Riemerling - Geb. 21. Febr. 1928 Kiel (Vater: Hans St., Amtmann; Mutter: Anne St., geb. Wrede), kath., verh. s. 1958 m. Elisabeth, geb. Mühlenkamp, 2 Kd. (Christiane, Bernd) - Promot. 1953; Stud. Univ. Göttingen u. Würzburg - Tätigk. in d. Pharma-Industrie Biochemie, Pharmakologie, ab 1984 selbst. (IMED) - Veröff. auf wiss. Gebieten u. z. Patienten-Information.

STRUMANN, Werner

Fabrikant - Nordwalder Str. 80, 4407 Emsdetten - Geb. 25. Nov. 1925 Münster/Westf. (Vater: Dr. Paul Str., Zahnarzt; Mutter: Therese, geb. Gröter), kath., verh. s. 1965 m. Edith, geb. Stratmann, 2 Kd. (Ansgar, Elena) - Gymn., Höh. Handelssch., kaufm. Lehre, Textiltechnikum, Volontärtätigk. im In- u. Ausland - 1943-45 Wehrdst. - 1952-62 gf. Gesellsch. Fa. Engelbert Gröter, Jutespinnerei u. -weberei. S. 1962 alleiniger gf. Gesellsch. Egeplast Werner Strumann GmbH & Co., Kunststoffrohrfabr., Emsdetten; Handelsrichter LG Münster, 1. Vors. Arbeitsgem. dt. Stenographie-Syst.; Bundesvorst.-Mitgl. türk.-dt. Freundschaftsverein Hür Türk, Bonn; Mitgl. d. Senats d. Theodor-Storm-Ges., Husum - 1981 u. 1991 Gold. Sportabz.; Stolze-Gedenkmünze d. Stenografenverb. Stolze-Schrey - Liebh.: Geschichte d. Luftschiffahrt, Gesch. allgem., Stenographie, Niederwildjagd, Ski-Langlauf - Spr.: Engl., Niederl.

STRUMPF, Edith

Stellvertretende Vorsitzende d. Rundfunkrates b. Hessischen Rundfunk - Flughafen Frankfurt, 6000 Frankfurt/M. 75 - Geb. 30 Juli 1938 Frankfurt, verh., 2 Kd. - 1972-81 Ortsbeirat, 1973-82 Kreisvors. FDP, 1981-82 Kreisvors., alle Frankfurt/M.; 1978-82 Mitgl. d. Hessischen Landtags, Wiesbaden. 1984-89 Landesvorst. FDP Hessen. S. 1985 Mitgl. d. Rundfunkrats HR, s. 1986 stv. Vors. Mitgl. d. Landesvorst. d. hess. FDP. S. 1981 Schirmherrin d. Women Intern. Zionist Organisation (WIZO), Frankfurt; Vors. d. Büros f. Staatsbürgerliche Frauenarbeit, Wiesbaden; Vors. d. Kommiss. Gleichberechtigung d. FDP, Hessen; Mitgl. d. Landesfrauenrates.

STRUNK, Klaus

Dr. phil., o. Prof. f. Allgem. u. Indogerman. Sprachwissenschaft Univ. München - Ringbergstr. 11, 8182 Bad Wiessee (T. 08022 - 8 21 98) - Geb. 22. Aug. 1930 Düsseldorf - S. 1965 (Habil.) Lehrtätigk. Univ. Köln, Saarbrücken (1967 Ord.) u. München. Dekan (1985-87). Vors. Indogerman. Ges. (s. 1983); o. Mitgl. Phil.-histor. Kl. Bayer. Akad. d. Wiss. (s. 1979), Sekr. (s. 1989) - BV: D. sog. Äolismen d. hom. Sprache, 1957; Nasalpräsentien u. Aoriste, 1967; Lachmanns Regel f. d. Lateinische, 1976; Generative Versuche zu ... Probl. in d. hist. Grammatik indogermanischer Sprachen, 1976; Typische Merkmale v. Fragesätzen u. d. ai. Pluti, 1983; Zum Postulat "vorhersagbaren Sprachwandels", 1991. Herausg.: Probleme d. lat. Grammatik (1973); Glotta (1974ff.); Kratylos (1969-83); Unters. z. indogerman. Sprach- u. Kulturwiss. (1985ff.); Münchener Studien z. Sprachwiss. (1992ff.).

STRUNK, Peter

Dr. med., o. Prof. f. Kinder- u. Jugendpsychiatrie Univ. Freiburg - Zu erreichen üb. Univ. Freiburg - Geb. 24. Dez. 1929 Wuppertal - S. 1966 (Habil.) Lehrtätigk. Freiburg - BV (Mitverf.): Lehrb. d. Kinder- u. Jugendpsych., 5. A. 1989. Üb. 70 Einzelarb.

STRUNZ, Dieter

Redakteur Feuilleton-Ressortleiter Berliner Morgenpost (Zeichen: -nz) - Manfred-v.-Richthofen-Str. 118, 1000 Berlin 42 (T. 786 15 44) - Geb. 3. Juni 1933 Berlin (Vater: Dr. Johann Paul St., Oberstud.rat; Mutter: Charlotte, geb. Lionnet), ev., verh. s. 1964 m. Jane-Monika, geb. Faber, 2 Kd. (Jeanette, Tobias) - Abit. 1951; 1951-55 Stud. FU Berlin (Publiz., Angl., German.) - 1971-79 Vors. Club d. Filmjourn. - BV: Friedrich Gustav Robert Faber, in: Dt. Presseverleger d. 18. b. 20. Jh., 1975; D. Jubiläum in Berlin '87, 1988 - 1991 Theodor-Wolff-Preis - Sammelt Briefmarken - Spr.: Engl.

STRUNZ, Horst

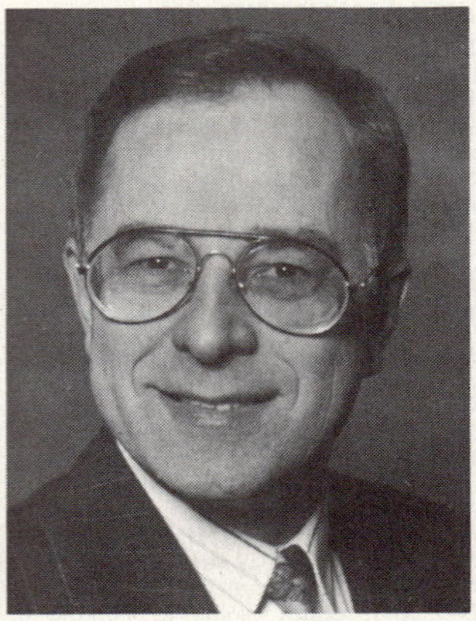

Dr. rer. pol., Honorarprof. f. Wirtschaftsinformatik Köln, Geschäftsf. u. Hauptgesellsch. ExperTeam-Gruppe - Zu erreichen üb. ExperTeam GmbH, Eupener Str. 150, 5000 Köln 41 (T. 0221 - 497 07 41) - Geb. 19. Sept. 1941 Pforzheim, kath., verh. s. 1966 m. Eveline, geb. Thelen, 2 Kd. (Sandra, Frederik) - Augenoptiker-Lehre; Abit. 1963; Stud. Betriebswirtschaftslehre Univ. Köln u. Karlsruhe; Dipl.-Kfm. 1968 Köln, Promot. 1975 Köln - 1969-84 Angest. u. zul. Geschäftsf. in e. Untern. d. dt. Softwareind.; 1985 Gründung v. ExperTeam; s. 1970 Lehrbeauftr. f. Informatik Univ. Köln; 1984-87 Vizepräs. Ges. f. Informatik - BV: Entscheidungstabellentechnik, 1975. Mithrsg.: Springer-Compass-Reihe; Springer-Reihe Betriebs- u. Wirtschaftsinformatik; Handb. Wirtschaftsinformatik.

STRUNZ, Hugo

Dr. phil. habil., Dr. sc. techn., em. o. Prof. f. Mineralogie TU Berlin (s. 1951) - Priv.: Abergerstr. 33A, 8218 Unterwössen - Geb. 24. Febr. 1910 Weiden (Vater: Kuno S.; Mutter: Bertha, geb. Sachs), ev., verh. s. 1939 - Oberrealschule Weiden u. Regensburg (Abit.); Univ. München, Manchester, Zürich (Naturwiss., Mineral.) - Lehrtätigk. Univ. Berlin u. Cambridge (Harvard). 1970-74 Präs. (1965-70 Vizepräs.) Intern. Mineralogical Assoc. Forschungsreisen: Afrika, Madagaskar, Nord- u. Südamerika, Ostasien, Entd.: Mineralarten Laueit, Pseudolaueit, Carobbiit, Scholzit, Hagendorfit, Stottit, Gallit, Chudobait, Fleischerit, Stranskiit, Redledgeit, Söhngeit, Schaurteit, Petscheckit, Liandratit; Isotypie zahlr. Phosphate - Silikate - Germanate etc.; Beitr. z. Diadochie d. chem. Elemente - BV: Mineralog. Tabellen, 1941, 7. A. 1978; Mineralien u. Lagerstätten in Bayern, 1952; Johannes Kepler, Über d. hexagonalen Schnee, 1958; D. Uranfunde in Bay. v. 1804 b. 1962, 1962. Herausg.: Klockmann's Lehrb. d. Mineral. (17. A. 1990). Üb. 220 Einzelarb. - 1970 Boricky-Med. Univ. Prag; Ehrenmitgl. Amerikan. Bulgar., Dtsch. Engl., Franz., Österr., Russ., Ungar. Mineralog. Ges., Dt. Gemmolog. Ges., Gemmological Assoc. of All Japan u. a.; 1968 Mitgl. Dt. Akad. d. Naturforscher (Leopoldina), Halle/S. (1970/80 Senator); korr. Mitgl. Münchener, Heidelbg., Wiener Akad. d. Wiss.; Mitgl. Accad. Naz. d. Lincei, Rom.; 1986 BVK; Plinius-Med. Florenz.

STRUNZ, Volker

Dr. med., Dr. med. dent., Privatdozent f. Mund-, Kiefer- u. Gesichtschirurgie FU Berlin - Muthesiustr. 3, 1000 Berlin 41 - Geb. 20. April 1944, verh. s. 1966 m. Dr. med. Gabriele Neiser, 4 Kd. - 1983 Wassmund-Preis Dt. Ges. f. Mund-, Kiefer- u. Gesichtschir.

STRUPP, Christoph

Jurist, Direktor ARD-Büro, Arbeitsgemeinsch. d. öfftl.-rechtl. Rundfunkanstalten d. Bundesrep. Deutschl. (ARD) - Bertramstr. 8, 6000 Frankfurt 1.

STRUPPLER, Albrecht

Dr. med., o. Prof. f. Neurologie u. Klin. Neurophysiologie, Direktor d. Neurol. Klinik u. Poliklinik d. Klinikums rechts d. Isar an d. TU München - Ismaninger Str. 22, 8000 München 80 - Geb. 7. März 1919 München (Vater: Geheimrat Dr. med. Theodor S., Internist †1971, 99j.; Mutter: Lili, geb. Hutschenreuter †) verh., Kd. - S. 1954 (Habil.) Lehrtätigk. Univ. (1963 apl. Prof.) u. TH bzw. TU München (1968 o. Prof.). Emerit. 1989. Seitdem Forschungslabor f. Motorik - Üb. 275 Fachveröff. - Ehrenmitgl.schaften in d. Franz., Ital., Österr., Jugosl., u. Poln. Neurol. Ges.; 1976 Hans Berger-Preis; Förderpreis f. Schmerzforsch. u. Schmerztherapie; Bayer. VO.

STRUVE, Günter

Dr. phil., Programmdirektor Dt. Fernsehen, München (s. 1992) - Geb. 6. März 1940, verh., 2 Kd. - Abit.; Stud. Politikwiss., Volkswirtsch. u. Gesch. FU Berlin; Austauschstip. Knox College, Galesburg/USA (Promot. 1971 b. Kurt Sontheimer) - 1958-60 Mitarb. Schleswig-Holst. Landesztg. (Sport u. Lokales); 1964/65 Mitarb. Büro Willy Brandt; 1966 Pressesprecher Berlin-Vertret., Bonn; 1966/67 Leiter Ref. Inland b. Ausw. Amt; 1967-72 Leit. Büro Reg. Bürgerm. Berlin; 1970/71 Verhandlungskommiss. Senat v. Berlin, Viermächteabkommen; 1971/72 1. Beauftr. d. Senats f. d. Reise- u. Besucherverkehr; 1973-77 Sprecher d. Senats v. Berlin u. Leit. Presse- u. Informationsamt (Chefredakt. Landespressedst.), Fachaufsicht üb. Informationszentrum Berlin u. Verkehrsamt Berlin; 1977-79 Beauftr. d. Senats f. Filmförderung - Entw. d. Berliner Modells; 1979-81 Senatsdir. f. kulturelle Angelegenh.; 1982-84 Geschäftsf. Firmengr. Berliner Synchron Wenzel Lüdecke; s. 1984 Geschäftsf. Westfilm Medien GmbH (neue Medien-Tochter Gruppe WAZ); 1985-92 Programmdir. WDR-Fernsehen, Köln; s. 1992 Programmdir. Dt. Fernsehen, München. 1979-81 Vors. Kurat. Dt. Film- u. Fernsehakad., AR-Vors. Theater d. Westens GmbH, Rechtsaufsicht über den SFB u.a. 1973-81 Mitgl. Fernsehrat ZDF (Aussch. Politik u. Zeitgeschehen sow. Spiel u. Musik) - BV: Kampf um d. Mehrheit, 1971; Perspektiven d. Stadtentw., 1974 (Hrsg.). Herausg.: Brandt, Willy, Draußen, Schriften während d. Emigration, (1966, neu aufgelegt 1976, übers. in mehrere Spr.). Mitherausg.: Periodical Transfer, (1975-1978). Aufs. in Büchern, Art., Kritiken in versch. Ztschr. u. Ztg.

STRUVE, Hinrich

Ing., Landwirt, Präsident Dt. Feuerwehrverband - 2257 Sönke-Nissen-Koog/Bredstedt (T. 04671 - 6 51) - Geb. 27. Febr. 1929 Cecilienkoog (Vater: Otto St., Landw.; Mutter: Mathilde, geb. Wulff), ev., verh. s. 1953 m. Anne, geb. Bauroth, S. Wolf-Hinrich - 1968 Gemeinderat (stv. Bürgerm.); 1969 stv. Deichgraf; 1979 Landesbrandmeister - 1968-82 in- u. ausl. Ausz.; 1981 BVK - Liebh.: Musik (Oper, Operette), Schmalfilm - Spr.: Engl.

STRUVE, Tilman
Dr. phil., Univ.-Prof. f. Mittlere u. Neuere Geschichte - Einbrunger Str. 34a, 4000 Düsseldorf 31 - Geb. 5. April 1938 Dresden (Vater: Irmfrid St., Kaufm.; Mutter: Hertha, geb. Heinze) - Promot. 1968 Univ. Tübingen; Habil. 1976 Univ. Stuttgart - 1969-78 Wiss. Assist.; 1976 Privatdoz.; 1982 apl. Prof. Univ. Stuttgart; 1982 Lehrst.vertretg. Univ. Mainz, 1983/84 Univ. Tübingen; s. 1984 Prof. Bergische Univ. Wuppertal - BV: Lampert v. Hersfeld. Persönlichk. u. Weltbild e. Gesch.schreibers am Beginn d. Investiturstreits, 1969/70; D. Entw. d. organol. Staatsauff. im Mittelalter, 1978; D. Regesten d. Kaiserreiches unt. Heinrich IV., 1984; Beitr. in wiss. Fachztschr. - Dt. Kommiss. f. d. Bearb. d. Regesta Imperii.

STRUVE, Wolfgang
Dr. phil., Prof., Philosoph - Jägerhäusleweg 23, 7800 Freiburg/Br. - Geb. 14. Juli 1917 Hamburg (Vater: Emil S., Fabrikant; Mutter: Frieda, geb. Bethke), ev. - Promot. 1943 u. Habil. 1948 Freiburg, 1979 Prof. - S. 1948 Doz. u. 1955 apl. Prof., 1981 Prof. i. R., Univ. Freiburg - BV: Wir und Es - Gedankengruppen, 1957 (Zürich); D. andere Zug - Gedanken u. Aufz. z. Mystik, 5 T. 1967-68 (Salzburg/München); Philosophie u. Transzendenz - E. propädeut. Vorlesung, 1969; Übergehn z. Wirklichkeit - Phil. u. a. Reisenotizen, 1970 (Salzburg); Unglaubl. Wirklichkeit - Phil. u. a. Reisenotizen, 1972 (Salzburg); West-östl. Mystik u. d. Problem absoluter Transzendenz in Initiative 42, 1981; Homo Mysticus - Zwei Vorträge, 1983 (Wies); Über d. Nichtkonformität d. Wirklichen 1986 (Wies). Div. Einzelarb.

STRUZYK, Brigitte
geb. Kraft
Autorin - Wolfshagener Str. 56, O-1100 Berlin - Geb. 2. April 1946 Steinbach-Hallenberg, gesch., 4 Kd. (Eike, Janni, Willi, Jan) - Dipl.-Theaterwiss. 1969 Leipzig - 1969/70 Dramat. Görlitz/Zittau; 1970-82 Verlagslektorin Weimar u. Berlin; s. 1982 freiberufl. - BV: Poesiealbum 134, 1978; Leben auf d. Kippe, Ged. 1985; Caroline unterm Freiheitsbaum, Prosa 1988; D. wild gewordene Tag, Ged. 1989 - 1991 Lion-Feuchtwanger-Preis; Präsid.-Mitgl. d. P.E.N.-Zentrums (Ost) - Spr.: Franz.

STUBBE, Helmut
Dipl.-Volksw., Verbandsdirektor a.D. - Sthamerstr. 48, 2000 Hamburg 65 - Geb. 25. Sept. 1932 - S. 1963 Edeka-Verb. (b. 1986 Sprecher d. Vorst. Edeka Verb. kaufm. Genoss. e.V., Hamburg); s. 1989 Heilpraktiker in Hamburg.

STUBBE, Wolfgang
Rechtsanwalt, Geschäftsf. Verb. d. Dt. Feuerfest-Industrie - An d. Elisabethkirche 27, 5300 Bonn 1 (T. 0228 - 9 15 08-0; Fax 0228 - 9 15 08-55).

STUBENVOLL, Hans
Dr. phil., Museumsdirektor - Dillingstr. 60, 6382 Friedrichsdorf/Ts. (T. Bad Homburg v.d.H. 06172 - 56 84) - Geb. 18. Febr. 1917 Untermantel/Opf., kath., verh. s. 1943 m. Maria, geb. Waldschmidt, 2 Kd. (Willi, Philippine) - 1946-53 Univ. Frankfurt/M. (Kunstgesch., Archäol., Gesch.) - B. 1960 Kustos, dann Dir. Histor. Museum Frankfurt/M. - BV: Frankfurt/M. - Ansichten aus alter Zeit, 1959.

STUBY, Gerhard
Dr., Prof. f. Öffftl. Recht u. wiss. Politik Univ. Bremen (s. 1972; b. 1976 Konrektor) - Richard Dehmelstr. 10, 2800 Bremen - Geb. 13. Juni 1934 Saarbrücken (Vater: Rudolf S., Bankdir.; Mutter: Elisabeth, geb. Gansen), 2 Kd. (Stefan, Fabian) - Stud. d. Rechtswiss. Univ. Freiburg/Br. - Mitgl. Dir. Intern. Vereinig. Demokr. Juristen - Mitgl. Weltfriedensrat - BV: Recht u. Solidarität im Denken v. Albert Camus, 1965; Disziplinierung d. Wiss., 1970; Gesch. d. Sozialdemokratie 1861-1975, 1975 (m. a.); Entstehung d. Grundgesetzes (m. a.); Gesch. d. BRD (m. a.); D. gefesselte Souveränität d. Bundesrep., 1987. Mithrsg.: Ztschr. Blätter f. dt. u. intern. Politik, Demokratie u. Recht - Liebh.: Bergsteigen, Ski - Spr.: Engl., Franz.

STUCHLIK, Marlis
Gewerkschaftsangestellte, Mitgl. Brem. Bürgerschaft (s. 1971) - Gust.-Radbruch-Str. 72 - Geb. 17. Okt. 1938 Wolfenbüttel, verh. - Mittel- u. Handelssch. - S. 1956 Sekr. IG Metall Bremen. SPD s. 1959.

STUCHTEY, Peter H.

Dr. rer. pol., Dipl.-Kfm., Geschäftsführer & Mitgesellschafter Burg-Möbel-Verwaltungs GmbH, Schmallenberg - Im Goseborn 7, 5880 Lüdenscheid (T. 02351 - 4 53 51) - Geb. 18. Jan. 1938, kath., verh. s. 1964 m. Heide, geb. Casel-Barthelmes, 2 Kd. (Catharina, Martin) - Stud. Betriebswirtsch. Univ. Paris, München, Köln u. Würzburg; Dipl.-Kfm., Promot. 1964 Würzburg - Div. Mand. (Vorst. Vereinig. Dt. Sanitärwirtsch., Präs. ASU); Div. AR- u. Beiräte - BV: Betriebswirtschaftl. Planung, 1964 - Liebh.: Jagd, Segeln, Tierzucht - Spr.: Engl., Franz.

STUCHTEY, Rolf W.
Dr. rer. pol., Prof. - Elsa-Brandström-Str. 4, 2800 Bremen 1 (T. 0421 - 23 64 79) - Geb. 23. Jan. 1940, kath., verh. s. 1968 m. Christa, geb. Brechler, 1 Kd. - Dipl.-Volksw.; Promot. 1968 Münster u. Hamburg - 1987 o. Prof. Direktoriumsvors. u. Univ.-Prof. Inst. f. Seeverkehrswirtsch. u. Logistik; Vorst. Mitgl. dt. verkehrswiss. Ges.; Vorst.-Vors. Bremer Ges. f. Wirtschaftsforschung - Div. Veröff. üb. Seeverkehr, Logistik u. Verkehrspolitik sow. Außenwirtsch.politik - Liebh.: Jagd, Wassersport, Tennis - Spr.: Engl., Franz.

STUCK, Hans-Joachim
(eigentl. Strietzel), Rennfahrer - Zierwaldweg 16, 8104 Grainau/Obb. - Geb. 1. Jan. 1951 Garmisch-P. (Vater: Hans St., Rennf.; Mutter: Christa-Maria, geb. Thielmann), verh. s. 1986 m. Regina, geb. Schnagl, S. Johannes-Emanuel - Mittl. Reife, Handelssch. - 1972 Dt. Automobil-Rennsportm., 1973 Tourenwageneuropam. (BMW Werksteam), 1974 Jüngster u. erfolgr. Formel 1-Pilot, Vize-Europam. Formel 2, 1975 3. d. amerik. IMSA-Rennserie, 1976 Formel 1-Weltmeistersch. 12. Platz, 1977 8. Platz, 1979 Sieger PROCAR-Serie, 1980 Vizem. Dt. Automobil-Rennsportmeistersch., 3. PROCAR-Serie, 1985 Langstreckenweltm., 1986 Vize-Langstreckenweltm. (auf Porsche 962 C), 1986 Le Mans Sieger - Spr.: Engl., Franz.

STUCKE, Kurt
Dr. med., Prof., Abteilungsvorsteher Chirurg. Univ.klinik Würzburg i.R. - Mittl. Dallenbergweg 14, 8700 Würzburg (T. 7 29 01) - Geb. 28. April 1911 (Vater: Sanitätsrat Dr. med. Carl S.; Mutter: Anna, geb. Harting, ev., verh. s. 1944 m. Dr. med. Lotte, geb. Resow, 2 Kd. - Abit. 1929 Ratsgymn. Osnabrück; Med. Staatsex. 1934 Univ. Rostock; Habil. 1948 Univ. Göttingen - S. 1951 Oberarzt Chir. Univ.kliniken Göttingen u. Würzburg (1952; 1954 apl. Prof.). Mitgl. zahlr. wiss. Ges. - BV: D. Chir. d. Säugeunfalls, 1955 (m. Bayreuther); D. Fersenschmerz, 1956; Syndaktylie, m. Helbig, in: Schwalbe-Gruber, D. Morphologie d. Mißbildungen d. Menschen u. Tiere, 1958; Leberchir., 1959; Atlas d. per- u. postoperativen Cholangiographie, 1967 (m. B. Kourias; auch ital. u. span.); Les traumatismes du foie, in: La vie medicale - Specialites de la Chirurgie Hepatique, 1968 (Paris); Leber-Tumoren in Endokrinium, in: L. Wannagat, Leber, Endokrinium u. Wasserhaushalt, 1968; Chir. Lebererkrankungen/HD. traumatisierte Abdomen/Anomalien u. Mißbildungen d. Leber/Lebertumoren/Hernien u. klin. Gastroenterologie, in: L. Demling, Klin. Gastroenterologie, 1972; Tumeurs du foie. Padova: Piccin Editore 1978. Herausg.: Echinokokkose d. Leber. Epidemiol u. Klin d. Lebertumoren, in: Klin Hepatol. (1979, m. Kühn, Wernze); Akt. Probl. d. alvenol. Echinokokkose d. Leber. Festbd. z. 70. Geb. v. Dr. Sapkas Athen (1979). Mitverf.: Traumatologie in d. chir. Praxis, 1965. Zahlr. Fachaufs. - 1963 I. Preis Vereinig. Nordwestd. Chirurgen (f. d. Arbeit: D. exper. Grundl. d. Leberchir.); 1968 Purkinje-Med.; 1966 Ehrenmitgl. Fläm. Ges. f. Gastroenterologie u. Röm. Accad. Lancisiana; 1969 Med. de Alta Distincao, Bras.; 1970 Fellow of Amer. Coll. of Surgeons; Ehrenmitgl. Griech. Ges. Chirurgie, 1974; Soc. Med. Chir. Portogruaro-Venedig, 1975 - Spr.: Franz., Engl.

STUCKE, Sigismund

Schriftsteller, Historiker - Krokusstr. 14. 8950 Kaufbeuren - Geb. 15. Jan. 1933 Lipianki/Polen (Vater: Ludwig St.; Mutter: Helene, geb. Sadowski), ev. - Handwerksberuf u. Stud. Elektron. Datenverarb. - BV: D. Reußen u. ihr Land - D. Gesch. e. südd. Dynastie, 1984; Orlamünde u. Schwarzburg - Zwei ehemalige Herrschaftsbereiche in Thüringen - Liebh.: Geneal., Numismatik. Heraldik.

STUCKE, Werner
Dr. med., Prof., Chefarzt Hannoversche Nervenklinik Langenhagen - 3012 Langenhagen - Geb. 1921 - S. 1979 Honorarprof. Med. Hochsch. Hannover. Div. Ehrenämter, dar. Vizepräs. Ärztekammer Nieders., Vors. Landesverb. Nieders./Marbg. Bund (1962 ff.), Vorst. Kassenärztl. Vereinig. Nieders. - 1981 Ernst-v.-Bergmann-Plak.

STUCKENHOFF, Wolfgang
Dr., Prof. f. Spielpädagogik Univ. Dortmund, Regisseur - Flurstr. 21, 5860 Iserlohn, u. Univ. Dortmund, Abt. 16, Emil-Figge-Str., 4600 Dortmund - Geb. 12. April 1936 Dortmund (Vater: Herbert St., Rechtsanw. u. Notar; Mutter: Josefine, geb. Ross), ev., verh. s. 1968 m. Karin, geb. Rittershaus, 2 Kd. (Bettina, Achim) - 1958-66 Stud. Theaterwiss., German., Phil., Musik (Gesang), Schausp. Köln, München u. Wien (Promot. 1966); 1966/67 Regie-Volont. österr. Fernsehen, Musiktheater-Prod. - 1964-67 Konz.-Tätigk. (klass. u. mod. Liedgut) u. a. München u. Wien; 1967-69 Regiss. Musiktheater Städt. Bühnen Dortmund, dazw. Bayreuther Festsp. (1968/69 Insz. D. Ring d. Nibelungen, Tetralogie); s. 1969 PH Ruhr (Aufbau Lehrber. Spielpäd.), jetzt Univ. Dortmund. 1976 wiss. Beirat Modellversuch Künstler u. Schüler b. Bundesmin. f. Bild. u. Wiss., 1977 Leit. u. wiss. Begleiter d. Modellvers. NRW. 1985 Gründung d. Spielmittel-Inst. K. Stuckenhoff z. Zwecke d. Spielmittel-Forsch./ d. Tests v. Spielmitteln - BV: Spiel, Persönlichk. u. Intelligenz, 1975; Rollenspiel in Kindergarten u. Schule, 1978 - Liebh.: Musik, Theater, Lit., Sport - Spr.: Engl., Franz.

STUCKY, Wolffried
Dr. rer. nat., Dipl.-Math., o. Prof. f. Angew. Informatik Univ. Karlsruhe (s. 1976) - Klarastr. 11, 6520 Worms (T. 06241 - 7 82 14) - Geb. 5. Nov. 1939 Bad Kreuznach (Vater: Karl S., Lehrer; Mutter: Auguste, geb. Schweitzer), ev., verh. s. 1966 m. Ingrid, geb. Koch, T. Alexandra - Stud. d. Math. Univ. Saarbrücken; Dipl.ex. 1965; Promot. 1970, bde. Saarbrücken - 1965-70 wiss. Assist. u. Mitarb. Univ. Saarbrücken (Inst. f. Angew. Math.); 1970-71 wiss. Mitarb. Boehringer, Mannheim; 1971-75 wiss Mitarb. E. Merck, Darmstadt; gleichz. Inh. Stiftg.lehrstuhl f. Organisationstheorie u. Datenverarb. Univ. Karlsruhe. Lehrauftr. WU Wien (s. 1987). Mitgl. ACM, ACM-German Ch., APL-Club Germany (1981-85 Schatzm.), Biom. Ges., DMV, EATCS, GAMM, GI, GMDS, GMÖOR - BV: u.a.: Datenbanksysteme: Konzepte u. Modelle, 1977, 3. A. 1992 (m. G. Schlageter, A. Oberweis, W. Wilkes); Programmieren m. Modula-2 (m. J. Puchan, J. Wolff v. Gudenberg), 1991; Automaten, Sprachen, Berechenbarkeit (m. P. Sander, R. Herschel), 1992. Mithrsg.: Buchr. Leitfäden d. angew. Informatik u. Mikrocomputer-Praxis, sow. Fachztschr. Journal of Microcomputer Applications; Biometrie u. Informatik in Med. u. Biol.; Wirtsch.informatik.

STUDNICZKA, Ingeborg

Schriftstellerin (Ps. Ingeborg Hecht) - Dreikönigstr. 11, 7800 Freiburg/Brsg. - Geb. 1. April 1921, ev., verw., 1 Tochter † - Fr. Schriftst., Mitarb. b. Funk, Ztg., Ztschr. - BV: In tausend Teufels Namen - Hexenwahn am Oberrhein, 1977; Aus d. Welt d. Herren v. Zimmern, 1981; D. Siechen Wandel. D. Aussätzigen im Mittelalter u. heute, 1982; St. Peter im Schwarzwald, 1980; D. Bilderb. v. Badenweiler, 1983; Begegnungen mit Bacchus, 1982; Frauen im Wehrdienst: Schanzen am Westwall, 1982; Als unsichtbare Mauern wuchsen - E. dt. Familie unter d. Nürnberger Rassengesetzen, 1984 (übers. engl., dän., franz.). Reihe: Heimat im Bild: Staufen, 1984; St. Märgen im Schwarzwald, 1985; Sulzburg, 1985; Ehrenkirchen, 1985; Müllheim, 1985; Freiburg, 1986; Messkirch, 1989; Von d. Heilsamkeit d. Erinnerns - Opfer d. Nürnberger Gesetze begegnen sich, 1991 - 1985 Anne Frank Anerkennungspreis.

STUDNITZ, von, Gotthilft

Dr. phil., Prof., Museumsdirektor a. D. - Haus Windeck, Hamburger Str. 2a, 2407 Bad Schwartau - Geb. 3. Jan. 1908 Kiel (Vater: Oswald v. S., Kapitän z. See; Mutter: Johanna, geb. v. Bulmerincq), ev., verh. s. 1950 m. Sylvia, geb. v. Studnitz, T. Alexandra - Oberrealsch. Kiel; Univ. Breslau u. Kiel (Promot. 1930). Habil. 1935 Kiel - 1935-45 Lehrtätigk. Univ. Kiel u. Halle/S. (1942 o. Prof. u. Dir. Zool. Inst. u. Museum); 1951-73 Dir. Naturhistor. Museum Lübeck. Erf.: Adaptinol (Bayer-Präparat z. Hebung d. Dämmersichtigkeit, Behebung d. Nachtblindheit u. Verkürzung v. Blendungseffekten); 1952-65 Dir. VHS Lübeck - BV: Was ich sah, 1928; Vergl.-physiol. Praktikum, 1936 (m. W. v. Buddenbrock); Physiol. d. Sehens Retinale Primärprozesse, 2. A. 1952; V. Sein u. Werden e. Organs, 1945; Biol. Brevier, 1948; Einf. in d. Zool., 2 Bde. 1950-53; Naturwiss. u. Bildung, 1954; Wahn oder Wirklichkeit? - E. Gesch. d. Erforschung d. Natur, 1955; E. Jagdhaus in Schweden, 1963; Naturhist. Museum Lübeck, 200 J. museale Naturkd.; D. Studnitze im 20. Jh., 1979; Mein Jagdbuch, 1982 - Liebh.: Genealogie - Rechtsritter Johanniter-Orden - Spr.: Engl., Franz. - Rotarier; Paul Harris Fellow.

STUDNITZ, von, Hans-Georg

Publizist - 8219 Otterkring/Chiemsee (T. Prien 17 11) - Geb. 31. Aug. 1907 Potsdam (Vater: Thassilo v. S., Offz.; Mutter: Anna-Maria, geb. v. Schinckel), ev., verh. I) Eveline, geb. Baronesse Behr (gesch.), II) Marietta, geb. Freiin v. Mengersen (gesch.), T. Georgine, III) 1950 Vera, geb. Schuler, S. Andreas, T. Allegra - Realgymn. Potsdam; Banklehre - B. 1931 Angest. Nordd. Bank, Hamburg, Banco de Chile y Alemania, Valparaiso, A. M. Delfino & Cia., Buenos Aires, Hamburg-Amerika Linie, New York u. Berlin, dann außenpolit. Mitarb. Neue Pr. Kreuzztg.; 1932-40 Schriftl. u. Ztg.skorresp. f. Scherl Wien, Rom, Salamanca, New Delhi, London, Kairo, Den Haag, 1940-45 Ref. Presseabt. AA Berlin, 1948 Vertreter Wochenztg. D. Zeit b. d. Nürnberger Prozessen, 1949-50 Chefredakt. Hbg. Allg. Ztg., Begr. u. Herausg. Monatsschr. Außenpolitik, ab 1953 Chefredakt. Hbg. Anzeiger, b. 1961 Pressechef u. Public Relations-Dir. Dt. Lufthansa AG, Köln, ständ. Mitarb. Zeitbühne, Deutschland-Magazin, Criticon, Konservativ Heute, Dt. Adelsblatt, Welt am Sonntag - BV: Als Berlin brannte - Diarium d. J. 1943-45, 1963; Bismarck in Bonn - Bemerkungen z. Außenpolitik, 1964; Glanz u. keine Gloria, 1965; Rettet d. Bundeswehr!, 1967; Ist Gott Mitläufer?, 1969; Menschen aus meiner Welt, 1985; Seitensprünge, Memoiren 1975 - 1966 Heinrich-von-Kleist-Preis Bund der Vertriebenen; Medailla de las Jons (Span. Bürgerkr.); Ritterkreuz Isabella la Catolica (Spanien); Kriegsverdienstkreuz II. u. I. Kl., BVK - Liebh.: Kunst, Golf, Reisen - Bek. Vorf.: D. Max v. Schinckel, Bankier u. Wirtschaftsführer, Hamburg (Großv. ms.).

STUDNITZ, von, Wilfried C. J.

Dr. Dr. med., Prof. - Zu erreichen üb. Med. Diagn. Inst., Nussbaumstr. 14, 8000 München 2 (T. 089 - 53 67 04) - Geb. 12. April 1927 Berlin, verh. s. 1958 m. Theodora Adriana Gräfin Pückler, 2 Kd. (Katharina Henriette, Carl-Philipp) - Med. Stud. Göttingen; Promot. 1953 Göttingen; Promot. 1960 Lund - 1960-63 Visit. Scient. Bethesda, NIH; Doz. f. Klin. Chemie Univ. Lund; Ausbild. Klin. Chemie u. Innere Med. Univ. Lund; b. 1969 Oberarzt Inst. Klin. Chemie Malmö; 1970-72 Prof Univ. Göteborg; s. 1972 Lehrtätigk. München. Rd. 75 Aufs. auf d. Geb. d. klin. Chemie u. exp. Med. - 1966 Warner Chilcott Award - Liebh.: Gesch. - Spr.: Engl., Schwed.

STÜBEN, Johannes

Dr. med. dent., Dr. med., o. Prof. f. Zahn-, Mund- u. Kieferheilkunde - Universitätsklinikum, 6650 Homburg/Saar (T. 16 49 60); priv.: Röntgenstr. 3 - Geb. 17. Febr. 1925 Heide - Promot. Dr. med. dent. (1950) u. Dr. med. (1958) - 1957 Priv.-Doz., 1963 apl. Prof., 1966 o. Prof. Univ. Saarbrücken.

STÜBEN, Paul

Unternehmer, Ehrenpräs. Bundesverb. Gerüstbau, Düsseldorf - Vogelsang 144, 5600 Wuppertal 1.

STÜBIG, Hermann

Dipl.-Ing., Dr.-Ing. E.h. Vorstandsmitglied AUDI AG (1981ff.; Geschäftsbereich: Produktion), Vorst.-Vors. DGfL (Dt. Ges. f. Logistik) - Auto-Union-Str., 8070 Ingolstadt - Geb. 2. Dez. 1933.

STÜBINGER, Karl

Bäckermeister, Präs. Handwerkskammer d. Saarl., Saarbrücken (s. 1960) - Dudweiler Str. 45, 6600 Saarbrücken (T. 2 97 92) - Geb. 16. Mai 1908.

STÜBLER, Elfriede

Dr. agr., Prof., Ltd. Direktorin Inst. f. Hauswirtschaft d. Bundesforschungsanst. f. Ernährung - Garbenstr. 13, 7000 Stuttgart 70 (T. 45 50 63); priv.: Römerstr. 64 - Geb. 5. April 1916 - Vorlesungstätigk. Univ. Hohenheim (Arbeitslehre d. Haushalts) - Max-Eyth-Med.; Refa-Med.

STUEBS, Albin

Schriftsteller (Ps.: Albin Stuebs) - Oderfelder Str. Nr. 13, 2000 Hamburg 13 (T. 47 41 31) - Geb. 20. Febr. 1900 Berlin, ev., verh.s. 1942 (Oxford) m. Margaret Graham, geb. Irving, 5 Kd. (Margaret, Martin, Nicolas, Andreas, Gabriele) - Univ. Berlin - Redakt.; Abt.sleit. NWDR bzw. NDR - BV: Milly 1930, R. 1933; Span. Tod, Requiem 1942; Romant. Vorspiel, R. 1946; D. wahre Jakob, R. 1948; Whisky Johnny - Songs/Shanties, 1958. Bühnenst.: D. Glücksrad (UA. 1937 Prag), Bei d. Schildbürgern (UA. 1939 Reichenberg), Wir armen dt. Brüder (UA. 1951 Bonn), E. Tag im 7. Himmel (UA. 1954 Hamburg), Alle werden reich (UA. 1956 Hamburg), Biegen od. Brechen (UA. 1956 Hamburg), 2 Herren im Haus (UA. 1957 Hamburg). Übers.: McCarthy, Jack Anderson u. Ronald May, 1953; Laurence Thompson, Und singen in d. Wildnis, 1955 - Spr.: Engl.

STÜCKLEN, Heinz

Dr. med., Urologe, Bezirksbürgermeister - Augustastr. 35, 1000 Berlin 45 (T. 834 80 10; Rathaus: 68 09 23 00) - Geb. 23. Dez. 1921 Berlin (Vater: Georg S., zul. Bezirksstadtrat; Mutter: Marie, geb. Pfaff), ev., verh. s. 1955 m. Lucie, geb. Uchtenhagen, 2 Kd. (Marion, Stefan) - Realgymn. (Lichterfelde), Friedrich-Wilhelm- bzw. Humboldt-Univ. (Stud. durch Kriegsdst. unterbr.) u. Freie Univ. Berlin (Med. Staatsex. 1951; Promot. 1952) - 1951-1959 Städt. Krkhs. Westend Berlin (Urol. u. Chir. Abt.); s. 1959 Bezirksamt Neukölln (1959 Bezirksstadtrat f. Gesundheitswesen, 1965 zusätzl. stv. Bürgerm., 1971 Bgm. u. Leit. Abt. Personal u. Verw.). 1948-59 Bezirksverordn. Steglitz; 1964-70 Vors. DRK Neukölln u. 1961-66 Bund gewerkschaftl. Ärzte; 1971-81 Bez. Bürgerm., 1982-87 Ärztl. Leit. d. Lore-Lipschitz-Krankenh.; 1982-91 DRK Vizepräs. Landesverb. Berlin, jetzt Ehrenvors. DRK Kreisverb. Neukölln. SPD - Liebh.: Fachlit., Briefm. - Bek. Vorf.: Daniel S., Reichskommissar (Großv.).

STÜCKLEN, Richard

Bundesminister a. D., MdB, Vizepräsident des Deutschen Bundestages (1983-91) - Eichstätter Str. 27, 8832 Weißenburg/Bayern (T. 27 20) - Geb. 20. Aug. 1916 Heideck/Mfr. (Vater: Georg S., Schlosserm., Alterspräs. erster Bayer. Landtag n. 1945; Mutter: Mathilde, geb. Bach), kath., verh. s. 1943 m. Ruth, geb. Geißler, 2 Kd. (Rosemarie, Hans-Peter) - Volkssch.; Elektrohandwerk; Ing.-schule (Elektroing.) - Abt.leit. Industrie, 1940-44 Wehrdst., danach Geschäftsf. elterl. Betrieb, s. 1949 MdB (1953-57 u. s. 1967 stv. Vors. CDU/CSU-Fraktion, 1983-91 Vizepräs. d. Dt. Bundestages. Vorsitzender Ausschuß für Sonderfragen des Mittelstandes, Mitgl. Ältestenrat und Wirtschaftsausschuß; 1967ff. Vors. CSU-Landesgruppe), 1957-66 Bundesmin. f. d. Post- u. Fernmeldewesen, 1979-83 Präs. d. Dt. Bundestages. CSU s. 1945 (Mitbegr. Kr. Hilpoltstein/Mfr.) - BV: Die neue dt. Handwerksordnung (Kommentar), Reden u. Aufs. als Postmin. - Gold. Ring d. Handwerks; Großkreuz VO. Bundesrep. Deutschl. (1963); 1979 Orden Wider d. tier. Ernst; 1981 Europ. Karlspreis Sudetend. Landsmannsch.; Ehrenbürger Heideck, Gunzenhausen, Weißenburg u. Les Sables d'Olonne (Frankr.); Ehrenmitgl. Kath. Studentenverbind. Gothia, Erlangen - Liebh.: Tennis, Fußball, Schach, Skat - Onkel: 28 J. MdR vor 1933 (SPD).

STÜCKMANN, Werner

Kammersänger Staatstheater am Gärtnerplatz, München - Ganghoferstr. 19, 8031 Eichenau (T. 08141 - 75 46) - Geb. 13. Aug. 1936 Dortmund, kath., verh. s. 1964 m. Doris, geb. Biermann, T. Christine - Ausb. Speditionskaufm.; Opernschule - Engagem. an versch. Theatern, Rundf., Fernsehen; Schallpl., Konz. - 1985 Kammersänger-Titel.

STÜHLER, Waldemar

Dr.-Ing., Dipl.-Ing., Prof. TU Berlin - Ostpreußendamm 179a, 1000 Berlin 45 (T. 771 18 45); dstl.: Einsteinufer 5-7, 10 (T. 31 42 27 15) - Geb. 1. Okt. 1938 Berlin (Vater: Walter S., Ing.; Mutter: Hildegard, geb. Igel), ev., verh. s. 1963 m. Birgit, geb. Heinze, 2 Söhne (Harald, Carsten) - Gymn.; Stud. Maschinenbau u. Fertigungstechn. TU Berlin; Dipl.ex. 1962; Promot. 1965; Habil. 1971 - VDI, GAMM, NALS.

STÜHLER, Walter

Fabrikant, Inh. Zigarrenfabrik Franz Stühler, München (s. 1932), Vorst. Gebr. Bernard AG., Regensburg (s. 1961) - Isoldenstr. 1, 8000 München 40 (T. 36 65 63) - Geb. 20. April 1909 München (Vater: Franz S., Fabr.; Mutter: Marie, geb. Rattenhuber), verh. s. 1935 m. Vera, geb. Rijs, 2 Kd. - Gymn., kaufm. Lehre - Tätigk. Tabakimport Bremen u. Amsterdam. 1939-45 Wehrdst. - Liebh.: Malerei (Sammler Münchner Schule), Skilaufen, Bergsteigen, Fotogr., Hundezucht.

STÜLPNAGEL, von, Paul-Joachim

Dr., Botschafter d. Bundesrep. Deutschland in Addis Abeba - P.O.Box 660, Addis Abeba/Äthiopien.

STÜMPERT, Hermann

Programmdirektor u. Geschäftsführer Radio Schlesw.-Holst. - RSH, Funkhaus Wittland, 2300 Kiel 1 (T. 0431 - 587 02 01) - Geb. 24. Mai 1949, ev., verh. m. Annelie, geb. Frank, 2 Kd. (Lena, Jan).

STÜMPFLER, Hermann

Dr. jur., Generalstaatsanwalt b. Bayer. Obersten Landesgericht (b. 1982) - Zu erreichen üb.: Schleißheimer Str. 139, 8000 München 40 - Geb. 2. Aug. 1917.

STÜMPKE

s. Steiner, Gerolf Karl

STÜPER, Karl-Heinz

Dr. rer. pol., Vorstandsmitglied Energieversorgung Oberfranken AG, Bayreuth - Riedelsgut 3, 8580 Bayreuth/Ofr. - Geb. 22. Okt. 1928 - Vorst.-Rat Vereinig. Dt. Elektrizitätsw., Frankf.; AR-Vors. Weißmainkraftwerk Röhrenhof AG, Bad Berneck; stv. AR-Vors. Gasversorgung Wunsiedel GmbH, Wunsiedel; AR-Mitgl. Energieversorgung Südsachsen AG, Chemnitz, u. Regnitzstromverwertung AG, Erlangen; VR-Vors. Fränk. Gaslieferungs-Ges. mbH, Bayreuth; Vizepräs. IHK f. Oberfranken; Beirat Bayer. Vereinsbank, München, Ferngas Nordbayern GmbH, Bamberg, u. Gerling-Konzern, Köln - Ehrensenator Univ. Bayreuth.

STÜRCKEN, Martin

Generalkonsul a. D., Kaufmann - Marcusallee 65, 2800 Bremen (T. 23 60 49) - Geb. 2. Jan. 1916 - Gf. Ges. Martin Stürcken & Co. GmbH u. Martin Stürcken Consult GmbH, bde. Bremen, Vorst.-Mitgl. Ostasiatischer Verein, Hamburg; Vizepräs. Dt. Zimbabwische Ges., Bonn; Mitgl. Ostaussch. d. dt. Wirtsch./Arbeitskr. China, Köln; stv. Vors. Verein Bremer Exporteure, Bremen.

STÜRMER, Hans-Dieter

Dipl.-Chemiker, MdL Baden-Württ. (1984-88; Wahlkr. 46, Freiburg I), Leit. Freiburger Inst. f. Umweltchemie - Schauinslandstr. 43, 7801 Stegen - Geb. 30. Okt. 1950 Eberbach/Neckar - Die Grünen.

STÜRMER, Kurt

Dr. med., em. Prof., Chefarzt a. D. Geburtshilflich-Gynäkol. Abt. St.-Josefs-Hospital Beuel - Brentanostr. 18, 5300 Bonn (T. 63 59 39) - Geb. 28. Febr. 1912 Bonn - Promot. u. Habil. Bonn - S. 1944 Lehrtätigk. Univ. Bonn (1951 apl. Prof. f. Frauenheilkd.). Zahlr. Fachveröff. - Spr.: Engl., Franz. - Rotarier.

STÜRMER, Michael

Dr. phil., Prof. f. Mittlere u. Neuere Geschichte Univ. Erlangen (s. 1973), Direktor d. Forsch.inst. f. Intern. Politik u. Sicherheit, Stiftg. Wiss. u. Politik, Ebenhausen - Kochstr. 4, 8520 Erlangen (T. 85 23 55); 8026 Ebenhausen/Isartal (T. 08178 - 7 03 14) - Geb. 29. Sept. 1938 Kassel (Vater: Bruno S., Komponist; Mutter: Ursula, geb. Scherbening), ev. - Stud. London, Berlin, Marburg; Promot. 1965 - 1966-70 wiss. Assist., 1970-71 Dozent Univ. of Sussex, 1971 Habil., 1971-1973 Prof. TH Darmstadt, 1976-77 Res. Fellow Harvard-Univ., 1977/78 Inst. for Advanced Study, 1982/83 u. 1985/86 Gastprof. Sorbonne. S. 1988 Dir. Forschungsinst. SWP, Ebenhausen - BV: Koalition u. Opposition in d. Weimarer Rep., 1967; Bismarck u. d. preußisch-dt. Politik, 3. A. 1978; D. kaiserl. Dtschl., 3. A. 1977; Reg. u. Reichstag im Bismarckstaat, 1974; D. Weimarer Rep. - Belagerte Civitas, 1980; Handwerk u. höf. Kultur, 1981; D. ruhelose Reich - Deutschl. 1866-1918, 1983; Dissonanzen d. Fortschritts, 1986; Bismarck - D. Grenzen d. Politik, 1987; D. Grenzen d. Macht, 1992.

STÜRMER-ALEX, Erika

Malerin, Grafikerin - Falkenhagener Str. 10, O-1211 Lietzen - Geb. 4. Febr. 1938 Wriezen, ev., gesch. - Stud. Hochsch. f. Bild. u. Angewandte Kunst Berlin-Weissensee; Dipl. 1963 - Lit.: Bildende Kunst (5/89, v. Gabriele Muschter); Katalog Personalausst. in Wilhelmshaven (1990, v. Dr. Sibylle Badstübner); Kunst d. DDR (v. Eck. Gillen, Text Hiltrud Ebert); Weißensee (1990, v. Dr. Sybille Badstübner) - 1991 Mitbegründerin d. Endfilm & Printmoräne e.V.

STÜRNER, Rolf

Dr., o. Prof. Univ. Konstanz - Talstr. 31, 7705 Steißlingen (T. 07738 - 2 98) - Geb. 11. April 1943 Stuttgart, ev., verh. s. 1972 m. Ursula, geb. Zeyer, 3 Kd. (Ferdinand, Johannes, Elisabeth) - Stud. Univ. Tübingen, Promot. 1966, Habil. 1976 ebd. - Lehrst. f. Bürgerl. Recht u. Zivilprozeßr. Univ. Konst., 1986-88 Prof.

Univ. Genf, Richter OLG Stuttgart, Mithrsg. Juristenztg., Ztschr. f. Zivilprozeß, u. Ztschr. f. Insolvenzrecht (KTS) - Vorst.-Mitgl. d. Vereinig. dt. Zivilprozeßrechtslehrer; Mitgl. d. Wiss. Beirats d. Vereinig. f. Verfahrensrechtsvergleichung, d. Intern. Vereinig. f. Prozeßrecht - BV: D. Aufklärungspflicht d. Parteien d. Zivilprozesses, 1976; D. richterl. Aufklär. im Zivilprozeß, 1981 (jap. 1986); Baur/Stürner, Zwangsvollstreckungs-, Konkurs- u. Vergleichsrecht, 11. A. 1983, Bd. II: Insolvenzrecht, 12. A. 1990; Sachenrecht (m. Baur), 16. A. 1992; Kommentierungen d. BGB in Jauernig, 6. A. 1992 u. Soergel, 12. A. 1990 - Liebh.: Musik, Dichtung - Spr.: Engl., Franz.

STÜRTZEBECHER, Fritz

Dr. med., Chefarzt Chirurg. Abt., ärztl. Geschäftsf. u. ärztl. Dir. Ev. Krankenhaus Bethesda, Mönchengladbach - Bergstr. 133, 4050 Mönchengladbach (T. 1 07 88) - Geb. 11. Febr. 1917 Königsberg/Pr. (Vater: Dr. med. vet. Max S.; Mutter: Elisabeth, geb. Lohrentz), ev., verh. s. 1942 m. Hildegard, geb. Schulz, 3 Kd. (Manuela, Uta, Klaus) - Univ. Königsberg (Promot. 1942), Freiburg/Br., Jena; Facharzt f. Anaesthesie, Chirurgie u. Unfallchir. - B. 1953 Leit. Thorax-Chir. Abt. Univ.sklinik Hamburg-Eppendorf. Einf. d. mod. Kreislaufnarkose in Dtschl.; Entwickl. neuer Spezialtracheal-Katheter f. Lungenoperationen u. e. spez. Technik für Segmentresektionen d. Lunge; Mitarb. an d. Entwickl. d. Draegerschen Narkosegeräte s. Fachveröff. - Spr.: Engl.

STÜRZBECHER, Klaus

Apotheker, Präsident Bundesvereinig. Dt. Apothekerverb. Frankfurt - Siegener Str. 57-59, 1000 Berlin 20 - Geb. 23. Sept. 1933 Berlin, ev., 2 Kd. - Pharmaziestud. FU Berlin; Staatsex. 1959 - Präs. Apothekerkammer Berlin - BVK; Ehrenvors. Berliner Apotherverein.

STÜRZE, Wilhelm

Fabrikant - 3424 St. Andreasberg/H. - Geb. 20. März 1908 - Inh. Holzwerke Wilhelm Stürze, St. Andreasberg/Harz. Ehrenvors. Landesverb. d. Sägeind. e. V. Nieders., Langenhagen, Holzfachschule, Bad Wildungen, Vertreterversamml. d. AOK-Nordharz, Goslar; Vorst. Vereinig. Dt. Sägewerksverbände e. V., Wiesbaden; Beirat Verb. Kisten- u. Palettenind. e. V., Frankfurt/M. - Arbeitsrichter Arbeitsgericht Braunschweig - Verdienstkreuz a. Bde. d. VO. d. Bundesrep. Dtschld.

STÜTING, Johannes

Generalvikar Bistum Essen (1981ff.) - Zu erreichen üb. Bistum Essen, Zwölfling 16, 4300 Essen 1 - 1977-81 Stadtdechant Bochum (Propst).

STÜTTGEN, Albert

Dr. phil., Prof. - Eimermacherweg 25a, 4400 Münster/W. - Geb. 14. Febr. 1932 Aachen (Vater: Josef S., Polizeirat; Mutter: Anna, geb. Goedecker), kath., verh. s. 1959 m. Dorothee, geb. Lauter, 3 Kd. (Odo, Monica, Benjamin) - Univ. Bonn u. Freiburg (Phil., German., Gesch.). Staatsex. 1956 (Bonn) u. 59 (Aachen) - Prof. f. Phil. Univ. Münster - BV: Offenheit u. Perspektive - Z. Problematik phil. Standpunkte, 1966; Kriterien e. Ideologiekritik - Ihre Anwend. auf Christentum u. Marxismus, 1972; Kindererzieh. - Praktische Wege f. Eltern, 1975; D. Dilemma d. Erziehungswiss., 1975; Ende d. Humanismus - Anfang d. Religion, 1979; Ufer u. Horizont. Neues Leben aus d. Psalmen, 1985; Heimkehr z. Rhythmus. D. Abschied v. Machbarkeitswahn, 1988; Auch Rast ist Reise. Notizen e. Wandernden zu e. neuen Horizont, 1990; Einkehr in d. Stille, 1990.

STÜTTGEN, Günter

Em. o. Prof. f. Dermatologie u. Venerol. - Kissingerstr. 12, 1000 Berlin 33 (T. 823 96 61) - Geb. 23. Jan. 1919 Düsseldorf, kath., verh., 3 Kd. - Med.stud. Marburg, Freiburg/Br., Düsseldorf - S. 1952 (Habil.) Lehrtätigk. Med. Akad. bzw. Univ. Düsseldorf (1958 apl. Prof.), Univ. Frankfurt/M. (1965 apl. Prof.), Berlin/Freie (1969 Ord. u. Klinikdir.) - BV: D. normale u. pathol. Physiol. d. Haut, 1965; Allergie u. Haut, 1969; Funktionelle Dermatologie, 1974; Skin Permeability, 1982; Umweltdermatosen, 1983; Dermatological Thermography, 1985; Bildtafeln z. vergleichenden Dermatologie, 1987 - Korr. bzw. Ehrenmitgl. Brasilian., Ital., Poln., Schwed., Franz., Bulgar., Brit. u. Amerikan. Dermatol. Ges.; 1987 Präs. Weltkongress Dermatologie Berlin.

STÜTTGEN, Ulrich

Dr. med. dent. habil., Univ.-Prof., Direktor d. Abt. f. Zahnärztlice Prothetik d. Heinrich-Heine-Univ. Düsseldorf - Geb. 17. Juli 1949 Düsseldorf, ev., verh. s. 1974 m. Doris, geb. Effert, 3 Töcht. (Cornelia, Christiane, Corinna) - Zahnmedizin 1968-73 Düsseldorf, Promot. 1976, Habil. 1982 Düsseldorf - 1985-90 Dir. d. Inst. f. Zahnärztl. Werkstoffkunde u. Technologie d. Johannes Gutenberg-Univ. Mainz - BV: D. Reibungs- u. Verschleißverhalten teleskopierender Prothesenanker, 1985; Funktionelle Okklusion (m. a.), 1982; Praxis d. Zahnheilkunde (m. a.), 1991 - 1981 Mitgl. Verein Deutscher Ingenieure (VDI) - Inter.: Feinmechanik, Elektronik, Musik - Spr.: Engl., Franz.

STÜTZ, Gisela

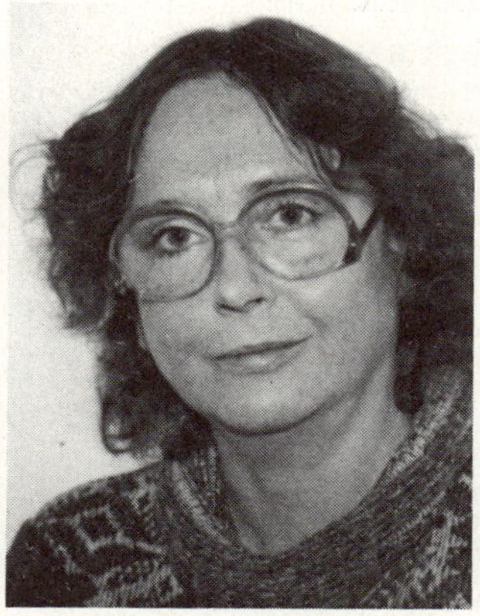

Dr. rer. pol., Prof. f. Berufspädagogik u. allg. Erziehungswissenschaft Univ. Hamburg - Hochweg 8, 2057 Wentorf (T. 720 86 99) - FU Berlin (Sozialwiss.) - 1970-76 Assist., dann Assist.-Prof. Inst. f. Wirtsch.päd. FU Berlin, s. 1976 Prof. Univ. Hamburg - BV: Berufspäd. unter ideol. Aspekt, 1970; D. Handwerk als Leitbild d. dt. Berufserziehung, 1969.

STÜTZEL, Werner

Journalist, Chefredakteur AOK-Magazin BLEIB GESUND - Zu erreichen üb. WDV - Wirtschaftsdienst oHG, Lange Str. 13, 6000 Frankfurt/M. 1 (T. 069 - 29 90 71 34) - Geb. 11. Dez. 1943 Bad Kreuznach, kath., verh. s. 1971 m. Monika, geb. Klaus, S. Peter - Abit., Volontariat Allg. Ztg. Mainz - S. 1967 Redakt., Ressortleit. Wirtsch. AZ - Ztg. f. Mannheim, Politikredakt. Neue Presse Hannover, Pressespr. Hannover-Messe, stv. Zentralbereichsleit. Presse u. PR d. Messe Frankfurt; s. 1991 Präsid.-Mitgl. d. Dt. Ges. f. Ernährung (DGE) - Vier-Jahreszeiten-Kur m. üb. 300.000 Teilnehmern, 1987/91 - 1983 Franz-Anton-Mai-Preis; 1986 Silb. Ehrenz. Dt. Verkehrswacht - Spr.: Franz.

STÜTZER, Herbert-Alexander

Dr. phil., Schriftsteller (Ps. Herbert Alexander) u. Kunsthistoriker - Braystr. 22, 8000 München 80 (T. 47 85 81) - Geb. 28. Jan. 1909 Berlin, kath., verh. 1935 m. Aenne, geb. Bäumer, Schriftst. (†1968) - Promot. 1931 Bonn - W: Fritze u. s. Zirkus, Jugendb. 1932; Achtung, Achtung! Hier ist d. kl. Muck, Jgdb. 1934 (auch holl. (u. Schulausg.) u. jap.); Sommer e. jg. Mannes, R. 1934; Mensch aus Schatten, R. 1936; Lucia, N. 1939; Erwin Brummlatschen, Jgdb. 1939 (auch holl. Schulausg.); D. Rotkopf, R. 1940; D. umbrische Narr, Laiensp. 1946; Nation - Abendl. - Welt, histor.-polit. Abh. 1946; Einer v. jenen, Jgdb. 1950 (auch jap.); Michelangelo, kunstgeschichtl. Abh. 1951; D. Kunst d. Griechen, 1955; D. Kunst d. Etrusker u. d. Röm. Rep., 1956; D. Kunst d. Röm. Kaiserreiches b. z. Sieg d. Christentums, 1957; Röm. Kunst d. Spätantike im Reich d. christl. Kaiser, 1962; Aus d. Frühzeit Italiens; D. Etrusker, 1965; D. alte Rom, 1971; Röm. Kunstgesch., 1973; D. Etrusker u. ihre Welt, 1975; D. ital. Renaissance, 1977; Florenz (m. Heidi Weidner), 1978; D. antike Rom, 1979; Malerei d. ital. Renaissance, 1979; D. Kunst d. röm. Katakomben, 1983; Kleine Gesch. d. röm. Kunst, 1984; Ravenna u. seine Mosaiken, 1989; Frühchristliche Kunst in Rom, 1991. Je 13 Sendungen D. Etrusker (1965) u. Kunst in Bayern (1966; beide III. Fernsehprogramm Bayer. Rundfunk); Brunelleschi (1977; I. Fernsehprogr. Bayer. Rundf.); So lebten d. Etrusker (1980; III. Fernsehprogr. Bayer. Rundf., als Video-Kass. 1988); V. Guten Hirten z. Weltherrscher - Christusbilder im antiken Rom (1983; III. Fernsehprogr. Bayer. Rundf.) - 1958 Ritterkreuz VO. Rep. Ital.; 1989 BVK am Bde.; Mitgl. Soc. Dante Alighieri - Spr.: Ital.

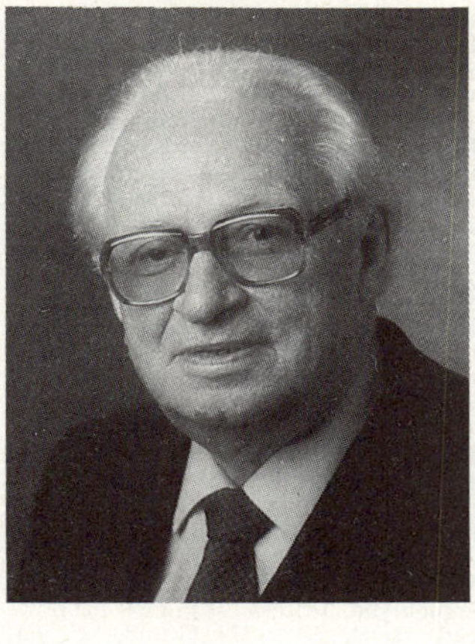

STÜWE, Hein-Peter

Dr. rer. nat., o. Prof. Inst. f. Metallphysik Mont. Univ. Leoben, Inst.-Dir. Inst. f. Festkörperphysik d. Österr. Akad. d. Wissensch. Leoben (Plastizität, Bruch) - Jahnstr. 12, A-8700 Leoben (T. 03842 - 4 55 11) - Geb. 14. Sept. 1930 Königsberg/Pr. (Vater: Kurt S., Prof.; Mutter: Gertraude, geb. Werner), verh. s. 1957 m. Ursula, geb. Biermann, 3 Kd. (Kurt, Barbara, Klaus) - Dr. rer. nat. Göttingen, o. Prof. u. Dir. Inst. f. Werkstoffkd. u. Herstellungsverf. TU Braunschweig (1967-71), 1978-84 Rektor u. Prorektor Montanuniv. Leoben - BV: Introducción a las texturas de los materiales metálicos, 1969 (Span.); Mechan. Anisotropie, 1974; Feinstrukturunters. i. d. Werkstoffkunde, 1974; Einführung in d. Werkstoffkunde, 2. A. 1978. Herausg.: Verformung u. Bruch (1981) - Korr. Mitgl. Österr. Akad. d. Wissensch., 1985 Dr. h.c. Univ. f. Schwerind. Miskolc (Ungarn); 1990 Fellow, ASM international - Spr.: Engl., Franz., Span.

STUHLINGER, Ernst

Dr. rer. nat., Dr.-Ing. E.h., Physiker - 3106 Rowe Drive, Huntsville, Ala./USA (T. 534 - 9828) - Geb. 19. Dez. 1913 Niederrimbach (Vater: Ernst S., Lehrer; Mutter: Pauline, geb. Werner), ev., verh. s. 1950 m. Irmgard, geb. Lotze, 3 Kd. (Susanne, Tilman, Hans-Christoph) - Univ. Tübingen (Physik, Zool.; Promot. 1936) - 1936-41 TH Berlin, 1941-43 Kriegseinsatz Rußl. (Infanterie), 1943-45 Raketenversuchsanst. Peenemünde, 1946-50 Guided Missile Division Fort Bliss, 1950-60 Army Ballistic Missile Agency Huntsville, 1960-76 George C. Marshall Space Flight Center; Mitgl. dt. u. amerik. Fachges. Beitr. z. elektr. Raketen, s. 1976 Univ. Alabama in Huntsville (Adjunct Prof. f. Physik), Amerik. Satelliten-Programm - BV: Handbook of Astronautical Engineering, 1961 (Co-Editor); Astronautical Engineering and Science, 1963 (Co-Author u. -Editor); Space Science and Engineering, 1965 (Co-Editor); Ion Propulsion f. Space Flight, 1964; Skylab, 1973 (Co-Aut.) - 1959 Award Departm. of the Army Except. Civilian Service (USA), 1962 Galabert-Preis (Paris), 1960 Propulsion Award (American Rocket Soc.), 1962 Hermann Oberth Award (dies.); 1962 Ehrenbürger Niederrimbach; 1964 Exceptional Scient. Achievem. Award (NASA); 1964 Hermann-Oberth-Med. (Dt. Ges. f. Raketentechnik u. Raumfahrt); 1970 Ehrenring Intern. Förderkr. Hermann Oberth; 1970 Röntgenpreis; 1973 Ehrendoktor TU Berlin; 1976 Hon. Dr. of Sc. Univ. of Alabama, Huntsville; 1981 Wernher v. Braun-Preis DGLR; 1978/83/84/85 Visiting-Prof. TU München u. Max Planck Inst. f. Kernphysik, Heidelberg; 1984 Senior Research Assoc. Teledyne Brown Engineering Comp., Huntsville u. Korr. Mitgl. Heidelberger Akad. d. Wiss.; 1991 Wernher von Braun Space Flight Award d. National Space Club - Liebh.: Fliegen, Bergsteigen.

STUHLMACHER, Peter Otto

Dr. theol., o. Prof. Univ. Tübingen (s. 1972) - Untere Schillerstr. 4, 7400 Tübingen 1 (T. 52 54 9) - Geb. 18. Jan. 1932 Leipzig (Vater: Dr. Johannes S., Filmkfm.; Mutter: Elise, geb. Hoffmann), ev., verh. s. 1960 m. Irmgard, geb. Kühl, 5 Kd. (Walther, Mechthild, Reinhart, Konrad, Gertraud) - Promot. 1962; Habil. 1967 - 1968-72 o. Prof. Erlangen. Fachmitgl.sch. - BV: Gerechtigkeit Gottes b. Paulus, 2. A. 1966; D. paulin. Evangelium, 1968; D. Brief an Philemon, 2. A. 1981; Schriftauslegung, 1975; Vom Verstehen d. NT., 2. A. 1986; Jesus v. Nazareth, 1988; Brief an d. Römer, 1989; Bibl. Theologie d. Neuen Testaments, I 1992. Herausg.: D. Evangelium u. d. Evangelien (1983); Neues Testament D. - Spr.: Engl.

STUHLMANN, Walter

Vorstandsmitglied d. GKN Automotive AG, Siegburg - Hans-Holbein-Str. 4, 5000 Köln-Rodenkirchen - Geb. 8. Juni 1942, verh. m. Yvonne v. Berg-Stuhlmann, 2 Kd. - Dipl.-Kfm. Köln - Wirtschaftsprüfer - Spr.: Engl., Franz. - Lions-Club Köln-Vitellius.

STUKE, Bernward

Dr. rer. nat., Prof. f. Physikal. Chemie Univ. München - Eichthalstr. 4, 8122 Penzberg (T. 08856 - 30 93) - Geb. 6. Juni 1921 Bremen - S. 1954 (Habil.) Lehrtätigk. München. Facharb.

STUKE, Josef

Dr. rer. nat., em. o. Prof. f. Experimentalphysik Universität Marburg (s. 1967) - An der Haustatt 17, 3550 Marburg/L. (T. 6 72 06) - Geb. 26. Mai 1918 Lastrup/Hann. - Realgymn. Cloppenburg (Abit. 1937); Arbeits- u. Wehrdst.; 1941-43 TH Hannover (Dipl.-Phys.). Promot. 1947; Habil. 1964 - 1947-61 Industrietätigk.; 1962-66 Wiss. Rat TH Karlsruhe. Facharb.

STULOFF, Nikolaus

Dr. rer. nat., Prof., Abteilungsvorsteher Math. Inst. Univ. Mainz - Rheinstr. 90, 6200 Wiesbaden (T. 37 36 91) - Geb. 20. Nov. 1914 Moskau - S. 1955 Lehrtätigk. Univ. Mainz (1957 Diätendoz., 1960 apl. Prof., 1964 Wiss. Rat u. Prof., 1969 Abt.svorst. u. Prof.). Vorles. üb. Math., insb. Gesch. d. Math. u. exakten Naturwiss. Facharb.

STUMMEL, Friedrich

Dr. rer. nat., o. Prof. u. Direktor f.

Angew. Mathematik Univ. Frankfurt/M. (s. 1964) - Fasanenweg 6, 6070 Langen/Hessen - Geb. 1929 Berlin - Stud. Math., Physik, Phil. Göttingen, Tübingen, Paris. Promot. 1955 Göttingen; Habil. 1961 Berlin (TU) - Tätigk. Max-Planck-Inst. f. Physik (Reaktorgruppe), Kernforschungszentrum Karlsruhe. Hahn-Meitner-Inst. 1961-64 Privatdoz. TU Berlin. Fachveröff.

STUMP, Berthold

Geschäftsführer Burlington-Schappe GmbH., Breisach - Joseph-Rupp-Weg 5, 7850 Lörrach/Baden (T. 07621 - 4 61 23) - Geb. 26. Juli 1917 Lörrach - S. 1946 Schappe.

STUMPE, Klaus Otto

Dr. med., Internist, Wiss. Rat u. Prof. Univ. Bonn (s. 1976) - Berliner Ring 73, 5300 Bonn 2 (T. 0228 - 35 12 11) - Geb. 26. Jan. 1938 Dortmund (Vater: Benno S., Kaufm.; Mutter: Elly, geb. Siepmann), ev., verh. s. 1965 m. Dr. med. Irmhild, geb. Wegner, 2 Kd. (Volker, Katrin) - Gymn. Dortmund (Abit. 1958); Stud. d. Med. Univ. Erlangen, Göttingen, Berlin (Freie), Hamburg; Staatsex. u. Promot. 1964 Hamburg; Habil. 1972 Saarbrücken - 1964-65 Assist. Hamburg; 1965-66 Cornell Univ. u. Orange Memorial Hospital USA; 1966-68 Max-Planck-Inst. Göttingen; 1969-73 Med. Univ.s-klinik Homburg/Saar; s. 1973 Univ. Bonn (Oberarzt Med. Poliklinik). Spez. Arbeitsgeb.: Hochdruckforsch., Herz u. Kreislauf, Elektrolyt- u. Wasserhaushalt, Endokrinol. Mitgl. Europ. Soc. for Clinical Investigation, Dt. u. Intern. Ges. f. Nephrol., New York Acad. of Sciences, Intern. Soc. of Hypertension. Üb. 150 Veröff. in wiss. Ztschr. - 1970 Karl-Thomas-Preis; 1971 Claude-Bernard-Preis - Spr.: Engl., Franz., Span.

STUMPF, Harald

Dr. rer. nat., Prof. f. Theoret. Physik - Auf d. Morgenstelle 14, 7400 Tübingen - Univ. Heidelberg, TH Stuttgart (Dipl.-Math. 1952). Promot. (1955) u. Habil. (1960) Stuttgart - S. 1960 Lehrtätigk. TH Stuttgart, Univ. München (1963) u. Tübingen (1967 Ord.) - BV: Quantentheorie d. Ionenrealkristalle, 1961; Elektrodynamik, 1973 (m. W. Schuler); Thermodynamik I, 1975, II, 1977 (m. A. Rieckers); Quantum Processes in Polar Semiconductors and Insulators I, II, 1983; Leben u. Überleben, 1976. Fachaufs.

STUMPF, Hermann

Dr. jur., Vizepräsident Bundesarbeitsgericht a. D., Honorarprof. f. Arbeits- u. Bürgerl. Recht Univ. Köln (s. 1964) - Auenweg 63, 5000 Köln 50 (Rodenkirchen) (T. 0221 - 39 22 13) - Geb. 9. Okt. 1912 - B. 1957 Bundesrichter, 1964 Senatspräs., 1977 Vizepräs. Bundesarbeitsger. Kassel - BV: Kommentar z. Tarifvertragsgesetz (m. H. Wiedemann), 5. A. 1977 - 1980 Gr. BVK m. Stern.

STUMPF, Manfred

Kaufm. Angestellter, MdL Rhld.-Pfalz (s. 1975) - Oberhaide 7, 6719 Hettenleidelheim - Geb. 30. März 1930 - SPD.

STUMPF-RODENSTOCK, Michael

Rechtsanwalt, Brauereidirektor, Vorstand Brauereiges. Vorm. Meyer & Söhne AG., Riegel/Kaiserstuhl - Hauptstr. 1, 7839 Riegel (T. 07642 - 6 71 16) - Geb. 9. Sept. 1945 Endingen (Vater: Dr. Wilhelm St., Arzt; Mutter: Anneliese, geb. Brucker), kath., verh. s. 1978 m. Margarit - Univ. Freiburg, 1. jur. Staatsex. 1972, 2. Ex. 1975 - 1975-79 Rechtsanwalt, s. 1979 Vorst.-Mitgl. s.o.

STUMPP, K. Friedrich (Fritz)

Dr.-Ing., Fabrikant (Stumpp, Schuele & Somappa, Bangalore/Ind.), Ehrenpräs. IHK Nürtingen, Ehrenkreisjägerm. - Duttenhofer Str. 50, 7440 Nürtingen/N. (T. 23 48) - Geb. 22. Aug. 1907 Stuttgart (Vater: Bernhard S., Gastwirt; Mutter: Rosa, geb. Haug), ev., verh. s. 1935 m. Hanne, geb. Schellmann, 3 Kd. (Hans-Peter, Inge, Wilhelm-Wolfgang) - TH Stuttgart (Maschinenbau) - BV: Abh. üb. kaltgeformte Federn (m. Dr. Gustav Wagner) - Gold. Sportabz. - Spr.: Franz., Engl., Ital., Portugies. - Bek. Leichtathlet (1928-32 mehrf. württ. Meister üb. 100 u. 200 m, 1932 südd. M. üb. 100 m).

STUNA, Günther

Kaufmann, Inh. wsd Wach- u. Sicherheitsuntern. m. Schule, Cham - Weiherweg 7, 8490 Cham (T. 09971 - 50 05) - Geb. 9. Okt. 1948 Cham (Vater: Franz St., Kaufm.; Mutter: Emilie, geb. Bejwl), kath., verh. s. 1972 m. Elfriede, geb. Gruber, S. Günther - S. 1974 Aufbau u. Führung d. Wach- u. Sicherheitsuntern. wsd in Süddeutschl.; s. 1979 Aufbau u. Führung d. ersten priv. Werkschutz- u. Sicherheitsschule; Alleininh. bd. Untern. (rd. 1500 hauptberufl. Beschäft.); 1979 Gründg. d. Fa. elect-safety Wach- u. Sicherheitsuntern. GmbH; 1985 Gründg. d. Fa. MEKA Medizinisch-elektronische Apparate GmbH; 1985 Beteilg. an d. Fa. Handelsges. f. Medizin u. Technik mbH Sitz Dachau; Gründungsmitgl. Forschungsges. f. Anthroposkopie - hochfrequente Feldstärkenmessung in d. Humanmedizin München; Mitgl. Ges. f. Militärökonomie Koblenz; 1987 Zulassung z. staatl. anerkannten Fernlehrgang d. wsd Werkschutz- u. Sicherheitsschule - 1986 Mitautor Handb. z. Ökonomie d. Verteidigungspolitik.

STUPP, Wilhelm

Dr. rer. nat., Direktor i. R. Staatl. Materialprüfungsamt Nordrh.-Westf. - Ginsterweg 7, 4600 Dortmund 30 (T. 02304 - 8 06 32) - Geb. 20. März 1916 Köln, verh. s. 1942, 2 Kd. - B. 1947 Ind.tätigk., dann Ref. u. Gr.leiter Wirtschaftsminist. NRW; b. 1982 Vors. Verb. d. Materialprüfungsämter; Rhein.-Westf. Ind.-Club Dortmund; s. 1986 fr. Mitarb. in d. Technologie-Zentrum Dortmund GmbH - Spr.: Engl., Franz.

STUPPERICH, Robert

Dr. phil., D., o. Prof. f. Kirchengeschichte (emerit.) - Möllmannsweg 12, 4400 Münster/W. (T. 86 13 07) - Geb. 13. Sept. 1904 Moskau (Vater: Robert S., Apotheker; Mutter: Mary, geb. Krüger), ev., verh. s. 1938 m. Erna, geb. Everts, 7 Kd. - Univ. Berlin (Theol., Gesch., Slav.; Promot.). Lic. theol. Leipzig, Dr. phil. Berlin - Pfarrer, 1942 Doz. Univ. Berlin, 1946 Ord. Univ. Münster. Dir. Ostkirchen-Inst. Münster (s. 1957) u. Inst. f. Westf. Kirchengesch. (s. 1958) - BV: Humanismus u. d. Wiedervereinig. d. Konfessionen, 1936; Staatsgedanke u. Religionspolitik Peters d. Gr., 1936; Anfänge d. Bauernbefreiung in Rußland, 1939, 2. A. 1969; Russ. Sekten, 1938; Martin Bucer, 1941; Münster. Täufertum, 1958; Melanchthon, 1960 (engl. 1965, jap. 1971); D. unbek. Melanchthon, 1961; D. Russ.-Orthodoxe Kirche in Lehre u. Leben, 1965; Unters. z. Kirchengesch., 14 Bde. 1965ff.; Gesch. d. Reformation, 1967; D. Reformation in Dtschl., 1972, 3. A. 1988; D. Herforder Fraterhaus u. d. Devotio moderna, 1975; Erasmus v. Rotterdam u. s. Welt, 1977; Herausg.: Verantw. u. Zuversicht (Festschr. f. Bischof Dibelius, 1950); Kirchengeschichtliche Quellenhefte (1949ff.); Quellenh. z. ostd. u. -europ. Kirchengesch. (1958ff.); Melanchthons Werke (8 Bde., 1951ff.); Kirche im Osten - Stud. z. osteurop. Kirchengesch. (20 Bde., 1958ff.); Karl Holl, Kl. Schriften, 1966; Martin Bucers dt. Schr. (7 Bde., 1960ff.); Jahrb. f. Westf. Kirchengesch. (1968ff.); Münster. Täuferschr. (Bd. I 1970, Bd. II 1980, Bd. III 1983); Reformatorenlexikon (1984); H. Cremer. Briefwechsel (1988); Otto Dibelius. E. Bischof im Umbruch d. Zeiten (1989) - 1953 D. theol. h. c. Humboldt-Univ., Berlin; Mitgl. J.-G.-Herder-Forschungsrat u. Ehrenmitgl. Histor. Kommiss. f. Westf., Münster; ausl. Mitgl. Kgl. Niederl. Akad. d. Wiss., Amsterdam (1964) - Spr.: Russ., Franz. - Lit.: Reformation u. Humanismus (Festschr. 1969), Bucer u. s. Zeit, 1976.

STURM, Alexander

Dr. med., Prof. f. Innere Medizin, Direktor Med. Univ.-Klinik RUB Bochum - Hölkeskampring 40, Marien-Hospital, 4690 Herne 1 - Geb. 3. Febr. 1930 Jena (Vater: Prof. Dr. med. Alexander St.; Mutter: Marion), kath., verh. s. 1961 m. Anneliese, geb. Raudenbusch, 4 Kd. (Alexander, Anja, Andreas, Rita) - Univ. München, Innsbruck, Freiburg (Med.) - S. 1970 Dir. Med. Univ.-Klinik (s.o.). Vorst.-Mitgl. Dt. Ges. f. Internistische Intensivmed. u. d. DIVI; Beiratsmitgl. versch. med. Ges. - Hauptarbeitsgeb.: Kreisl.erkr. - BV: Ca. 150 Publ., davon 6 Buchbeitr. u. 3 Monogr.: D. arteriellen Hochdruckerkrankungen, 1971; Grundbegriffe d. Inn. Med., 1969, 1981 u. 1985. Herausg. d. Checklisten d. aktuellen Med. - Ehrenmitgl. Argent. Ges. f. Inn. Med.

STURM, Berthold

Dr. phil., Dr. sc. techn. h. c., ETH, Physiker, Automatisierungstechnik - Niederwihl 31, 7883 Görwihl (T. 07754 - 10 31) - Hrsg. Handb. Messen, Steuern, Regeln in d. Chem. Technik.

STURM, Dieter

Dramaturg Schaubühne Berlin - Nikolsburger Str. 11, 1000 Berlin 31 - Geb. 24. Mai 1936 Frankfurt/M. - Stud. Ethnol., German. u. Alte Gesch. Univ. Erlangen u. FU Berlin - 1962-68 u. s. 1970 Schaubühne Berlin.

STURM, Gerhard

Geschäftsführer Backwarenfabrik Wilhelm Weber GmbH (1981ff.), Nur Hier, Hamburg, Stefansbäck GmbH, Freiberg/Neckar, Großbäckerei Nuschelberg GmbH, Lauf a.d. P.-Nuschelberg - Ostendstr. 8, 6102 Pfungstadt/Hessen.

STURM, Gerhard

Dr. rer. nat., Prof., Klinischer Chemiker u. Leit. d. Klin.-chem. u. Hormonlaboratorien Univ.-Frauenklinik - Pilgrimstein 3, 3550 Marburg; priv.: Baumgarten 11, 3550 Marburg - Geb. 31. Okt. 1937.

STURM, Hermann

Dipl.-Ing., Vorstandsvorsitzender Arbeitgeberverband freier Berufe (AFB), München (s. 1986) - Edelsbergstr. 8, 8000 München 21 (T. 089 - 57 00 72 45) - Geb. 14. Juli 1944 Neckarrems, verh. m. Sabine, geb. Kammermeier - Stud. Elektrotechnik, Ex. 1968 - S. 1969 Vizepräs. Zentralverb. Dt. Ingenieure (ZDI); Vorst.-Vors. Union Beratender Ingenieure (U.B.I.-D.), München, s. 1982 Union freier Berufe (UFB).

STURM, Hertha

Dr. phil., Prof. f. Kommunikationspsychologie, Psychologie u. Medienpädagogik Univ. Koblenz/Landau (1982-90) - Am Rosenberg 34, 7801 Ehrenkirchen 2 - Geb. 22. Jan. 1925 Nürnberg (Vater: Wieland S.; Mutter: Maria, geb. Albrecht), ev., led. - Univ. Erlangen (Dipl.-Psych. 1945) u. Freiburg (Psych.). Promot. (1947) u. Habil. (1967) Freiburg. 1946-63 Südwestfunk (Leit. Abt. Schul- u. Jugendfunk); 1963-68 ZDF (Leit. Abt. Bildung u. Erziehung). 1968-74 Doz. u. Prof. f. Psychologie Univ. Freiburg; 1974-81 Prof. f. Psych. u. Kommunikationswiss. Univ. München; 1974-79 Wiss. Leit. Intern. Zentralinst. f. d. Jugend- u. Bildungsfernsehen; b. 1982 Projektgruppe Sturm/Grewe am Bayer. Rundf.; 1983-86 Entw. u. Erprobung d. Studienganges Kommunikationspsychol./Medienpäd. - BV: Masse - Bildung - Kommunikation, 1968; Sturm et al. Medienspezif. Lerneffekte, 1972; Emotionale Wirkungen d. Fernsehens - Jugendl. als Rezipienten, 1978; Grundl. e. Medienpäd., 1979; Informationsverarb. durch Kinder-Piagets Entwicklungstheorie auf Hörfunk u. Fernsehen angewandt, 1980 (auch engl. übers.). Herausg.: Methoden d. Medienwirkungsforsch., 1976; Mithrsg.: Fernsehen u. Bildung, Intern. Ztschr. f. Medienpsych. u. Medienpraxis (s. 1975); Wie Kinder m. d. Fernsehen umgehen, 1979; D. rezipienten-orient. Ansatz in d. Medienforsch., 1981 u. 82; Emotion u. Erreg. - Kinder als Fernsehzuschauer, 1982; Wahrnehmung u. Fernsehen: D. fehlende Halbsekunde, 1984; Medienwirkungen - e. Produkt d. Beziehungen zw. Rezipient u. Medium, 1988; D. Defizite d. Fernsehens, 1989; Fernsehdiktate: D. Veränderung v. Gedanken u. Gefühlen. Ergebnisse u. Folgerungen f. eine rezipientenorientierte Mediendramaturgie, 1991.

STURM, Klaus

Dr. theol., Prof. f. Theologiegeschichte u. Syst. Theol. Univ. Siegen - Buchenhain 34, 5912 Hilchenbach (T. 0271 - 740 45 15) - Geb. 13. Nov. 1934 Gummersbach (Vater: Otto St., Landw.; Mutter: Elise, geb. Bimberg), ev., verh. s. 1963 m. Erika, geb. Bubenzer, 3 S. (Christoph, Stephan, Philipp) - Stud. Ev. Theol. Univ. Marburg, Göttingen u. Bonn (1. theol. Ex. 1962, Promot. 1969), Habil. 1977 Siegen - 1965 Verw. e. Assist.st.; 1969 Wiss. Assist.; s. 1977 Lehrtätigk. Univ. Siegen. Spez. Arbeitsgeb.: Theol.gesch. u. Syst. Theol.; 1983-87 Prorektor - BV: Theodor Beza, De iure magistratuum, 1965; D. Theol. Peter Martyr Vermiglis, 1971; D. Luther.-konfess. Dogmatik d. Erlanger Kreises, 1983.

STURM, Paul

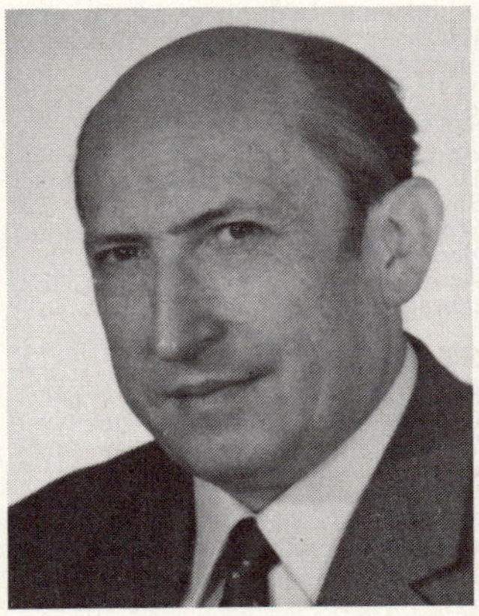

Kaufmann, Inhaber e. Buch- u. Offsetdruckerei - Kapellenstr. 17A, 6500 Mainz-Gonsenheim (T. 06131 - 4 61 95) - Geb. 2. Jan. 1924, ev., verh. s. 1950 m. Leni, geb. Wagner - Realgymn. Mainz; 1940-42 kaufm. Lehre - 1946 Prokurist; s. 1949 selbst. Druckereikaufm. - 1946-64 Gründer u. Vors. Rheinhess. TT-Verb., s. 1964 Ehrenvors.; s. 1968 Gründer u. Vors. Südwestd. TT-Verb.; 1959-61 Beisitzer DTTB, 1965-81 Vizepräs., s. 1985 Ehrenmitgl. ebd.; 1970-82 DSB-Gutachterausssch. - Div. Musterschutzrecht auf d. Sektor Weinverpackungen - Goldene Ehrennadel RTTV, DTTB, SWV Sportbund Rhh.; Goldene Sportplak. LSB; 1984 BVK - Liebh.: Sport, Lit., Musik.

STURM, Wilhelm

Dr. theol., Prof., Lehrstuhlinh. f. Ev. Theologie Univ. Regensburg (s. 1973), Lehrbeauftragter f. Religionspäd. Univ. Erlangen-Nürnberg - Geberichstr. 8, 8401 Hohengebraching üb. Regensburg - Geb. 19. Dez. 1932 Feuchtwangen - Promot. 1971 - 1967-73 Katechet. Amt Heilbronn (Theol. Ref.) - BV: Religionsunterr., gestern/heute/morgen, 1971.

STURM zu VEHLINGEN, von, Ferdinand

Dr. rer. nat., Prof. f. Chemie, Wiss. Berater Forsch.zentrum Jülich GmbH - Jahnstr. 26, 8901 Biberbach (T. 08271 - 38 21) - Geb. 21. April 1927 Lichtenberg, verh. s. 1956 m. Ursula, geb. Gube, 3 Kd. - 1946-54 Stud. Univ. Bonn; Habil. 1974 Univ. Erlangen - 1955-79

Forschungslab. Siemens AG; 1979-88 Forschungsleit. SIGRI GmbH - BV: Elektrochem. Stromerzeug., 1969 - 1976 Honorarprof. Univ. Erlangen-Nürnberg.

STURMOWSKI, Georg
Kaufm. Angestellter, MdL Hessen (s. 1970), Vizepräs. Hess. Landtag (s. 1988) - Elisabethstr. 60, 6080 Groß-Gerau (T. 21 30) - Geb. 23. Mai 1923 Danzig, kath. - B. 1939 Obersch. Danzig, dann kaufm. Ausbild., 1941-46 Arbeits-, Wehrdst. u. Kriegsgefangensch. - 1954-64 MdK Groß-Gerau (s. 1964 Kreisbeigeordn.). Kolpingfam. CDU s. 1948 (1964-90 Kreisvors., ab Dez. 1989 Bezirksvors.).

STURSBERG, Rüdiger
Dr. rer. pol., Dipl.-Kfm. - Schauinslandstr. 2, 7200 Tuttlingen 14 (Möhringen) - Geb. 8. Sept. 1927 Niederbieber-Segendorf - B. 1981 Präs. IHK Schwarzwald - Baar-Heuberg, Villingen; Ehrenpräs. IHK Schwarzwald-Baar-Heuberg - Rotarier.

STUT, Wolfgang
Direktor, Geschäftsf. Sparkassen- u. Giroverb. f. Schlesw.-Holst. - Holstenstr. 98, 2300 Kiel 1 - Geb. 5. März 1937.

STUTZ, Ernst
Dr. med. (habil.), o. Prof. f. Med. Strahlenkunde (emerit.) - Höllentalstr. 66, 7800 Freiburg/Br. (T. 6 75 74) - Geb. 27. Aug. 1905 Hindenburg/OS., ev., verh. s 1939 m. Hildegard, geb. Thoenes, 2 Kd. (Jürgen, Monika) - Med. Staatsex. 1935 Berlin - 1936-70 Univ. Freiburg (Assist. Med. Klinik, Oberarzt (1945) u. Leit. Röntgeninst. Chir. Klinik, Dir. Klin. Strahleninst.; 1949 Privatdoz., 1955 apl., 1961 ao., 1969 o. Prof., 1970 em.). Spez. Arbeitsgeb.: Norm. u. pathol. Physiol. d. Lunge, Krebsforsch. - BV: D. Bronchographie, 1955 (m. Vieten; auch span.). Üb. 60 Einzelarb.

STUTZ, Hans
I. Bürgermeister - Rathaus, 8072 Manching/Öbb.: priv.: Lindenstr. 6 1/2 - Geb. 29. April 1918 Kelheim - Zul. Maschinenbautechniker. CSU.

STUTZER, Hans-Jürgen
Amtsrat a. D., MdB (VIII. Wahlp./Landesl. Schlesw.-Holst.) - Heidweg 2a, 2374 Fockbek - Geb. 25. Jan. 1926 Berlin, ev., verh. - Schule Berlin (Abit.) - Wehrdst. u. sowjet. Kriegsgefangenschaft; s. 1946 (m. kurzer Unterbrech.) Arbeitsverw. (1960 Rendsburg). CDU s. 1972 (stv. Landesvors. d. Christl. Demokr. Arbeitnehmerschaft).

STUTZER, Volker

Dipl.-Finanzwirt, Redakteur, Schriftsteller (Ps. Stefan Volkert) - Ficht 3, 8391 Untergriesbach (T. 08593 - 13 86) - Geb. 9. Dez. 1927 Ficht (Vater: Paul St., Dipl.-Landw.; Mutter: Berta, geb. Gier), ev., verh. s. 1952 m. Lilian, geb. Kahl, T. Dagmar - Schulen Passau u. Deggendorf (m. Unterbr. durch Kriegseins.

u. Gefangensch.); Zollinspektorex. 1955; Dipl.-Finanzwirt (Nachdipl. 1989) - Fr. Schriftst.; 1950-63 Bundeszollverw.; s. 1964 Redakt. 1989 staatl. best. Kreisarchivpfleger Passau-Nord - Schuf 1982 priv. Hilfswerk: Freunde Indiens f. Entw.-Projekte - BV: Schlehreuther Gesch., Erz. 1968, 2. A. 1975; Land an drei Flüssen, Bildbd. 1971; Bunte Blätter, Reiseber., Kurzgesch., Fotos, 1983; Neue Schlehreuther Gesch., Erz. 1989; Teufelstritt u. Seelenloch, Anthol. volks- u. heimatkundl. Arb. 1990; Zw. Delhi u. Schlehreuth, Erz. 1992 - 1979 BVK a. Bde.; 1981 Theodor-Wolff-Preis; 1989 Ehrenbürger d. Heimatgem. Untergriesbach - Spr.: Engl. - Bek. Vorf.: Gustav St., Mitbegr. v. Blumenau in Brasilien, Schriftst. (Großonkel).

SUCHENWIRTH, Richard Mathias
Dr. med., apl. Prof. Univ. Erlangen-Nürnberg (s. 1972), Neurologe - Seestr. 12, 8036 Herrsching-Breitbrunn - Geb. 1. Nov. 1927 Wien (Vater: Prof. Dr. Richard S., Historiker; Mutter: Else, geb. Kutsch), kath., verh. I) Dr. Gertrud, geb. Meyer zu Hörste (†), 4 Kd. (Richard, Gertrud, Dietlinde, Roland), II) Barbara, geb. von Fürstenberg, 2 Kd. (Lioba, Leonhard) - Theresiengymn., Univ. München; Staatsex. u. Promot. 1950; Habil. 1965 Univ. Kiel (u. Fak. Lübeck) - 1970-81 Chefarzt Neurol. Klinik Akad. Lehrkrkhs. Kassel - BV: Abbau der graphischen Leistung, 1967; Taschenb. d. klin. Neurologie, 4. A. 1990 (auch engl. u. portugies.); Neurolog. Begutachtung, 1977; Neurol. Diagnostik (m. G. Wolf), 1977; An d. letzten Türe, 1979 (Ps. R. Lachner); Neurolog. Unters. (m. R. Büngeler), 1982; Warum krank?, 1982; Handb. Neurol. Begutachtung (m. G. Wolf), 1987; Therapie neurolog. Krankheiten (m. J. Sayk u.a.), 1988; Sterbehilfe mit od. ohne Cyankali, 1990; Handbuchbeitr. üb. Parietal Lobe Tumours (1973), Oligorphrenien (1974) u. Schmerz (1992). Übers.: Schade: Einf. in d. Neurologie, 5. A. 1989. Üb. 200 Ztschr.- u. Buchbeitr.

SUCHNER, Barbara,
geb. Prudix

Apothekerin, Apothekeninhaberin. Schriftst. - Denharten 2, 8342 Tann (T. 08572 - 80 66) - Geb. 31. Juli 1922 Breslau/Schles., ev., verh. s. 1949 m. Werner S. †1989, 5 Kd. (Christel-Beate, Ines-Ulrike, Birgit-Donata, Ingolf-Matthias, Katrin-Bianca) - Pharmazie-Stud.; Staatsex. 1950 Erlangen - 1966-75 Stadträtin Stadt Günzburg; s. 1988 Repräsentantin f. Bayern d. Ges. f. Lyrikfreunde, Innsbruck - BV: Wegwarte, 1981; Kein Engel fällt v. Himmel, 1982; Und wenn d. tausend Jahre vollendet sind, 1985; Lauschen-schauen-Brücken bauen, 1987; E. Blühen e. Leuchten, 1988; Tod, wo ist dein Stachel?, 1989; Schlesisches Wörterbuch, 1990; Wo endet d. Spur?, 1992. Herausg.: Lyr. Flugblätter (s. 1985). Mithrsg.: D. Chronik d. Penne (1990) - 1981 Lyrikpreis Unsterbliche Rose; 1984 Lyrikpreis Soli deo gloria;

1990 Rudolf-Descher-Feder - Spr.: Engl., Franz. - Lit.: Heinz Piontek, Nachwort zu Kein Engel fällt v. Himmel.

SUCHY, Kurt
Dr. rer. nat., Prof. f. Theoret. Physik (Lehrstuhl II) Univ. Düsseldorf - Eichenwand 14, 4000 Düsseldorf 12 (T. 20 34 10) - Geb. 13. Nov. 1926 Dessau (Vater: Franz S., Ingenieur; Mutter: Melanie, geb. Krause), ev., verh. s. 1964 m. Barbara, geb. Cropp, 2 Kd. (Melanie, Bernhard) - Goethe-Gymn. Dessau, Univ. Halle u. Greifswald; Dipl. 1950 Greifswald; Promot. 1951 ebd. - 1951-55 Franz. Ionosphärenforschungsinst. Neubreisach; 1955-58 Industrietätig. Zürich, 1958-71 Univ. Marburg, s. 1971 Univ. Düsseldorf (1971 Ord.; 1975/76 Dekan Math.-Naturwiss. Fak. 1976/78 Rektor, 1978-80 Prorektor). - BV: Radio-Observations of the Ionosphere, (m. K. Rawer) 1967; Transport Coefficients and Collision Frequencies for Aeronomic Plasmas, 1984; Reciprocity, Spatial Mapping and Time Reversal in Electromagnetics, (m. C. Altman), 1991 - Liebh.: Kammermusik - Spr.: Engl.

SUCKALE, Robert
Dr., Prof. f. Kunstgeschichte TU Berlin - Sensburger Allee 28, 1000 Berlin 19 - Geb. 30. Okt. 1943 Königsberg/Pr. - Stud. FU Berlin, Univ. Bonn, Paris u. München; Promot. 1970; Habil. 1976 - 1971 Wiss. Assist. Univ. München; 1980 Prof. Univ. Bamberg; 1990 Prof. TU Berlin - Directeur d'études associé Ecole des Hautes Etudes en Sciences Sociales Paris.

SUCKFÜLL, Hubert
Dipl.-Ing., Mitgl. d. Bereichsvorst. Siemens AG - Hofmannstr. 51, 8000 München 70 (T. 089 - 72 26 15 42) - Geb. 25. Febr. 1932 Schweinfurt, kath., verh. s. 1961 m. Christine, geb. Keilwerth, 2 Söhne (Markus, Hanns) - Stud. TU München (Nachrichtentechnik); Dipl. 1956 - 1956 Siemens Zentrallabor; 1961 General Electric, Computer Dept.; 1964 Siemens AG; 1985 Geschäftsbereichsl. Öffentl. Vermittlungssysteme Siemens AG; 1989 Mitgl. d. Bereichsvorst. Öffentl. Kommunikationsnetze.

SUDECK, Kai
Prof., Dozent Staatl. Hochschule f. bild. Künste - Lerchenfeld 2, 2000 Hamburg 22.

SUDER, Alexander L.

Dr. phil., Prof., Musikhistoriker, Präs. Bayer. Musikrat (1977ff.) - Altenburgstr. 10, 8000 München 60 (T. 87 30 30) - Geb. 6. Nov. 1927 Stuttgart (Eltern: Joseph (Komp.) u. Hilde S.), kath., verh. s. 1963 m. Ilse, geb. Pitschmann, S. Daniel - Gymn.; Stud. Musikwiss., Kunstgesch., Ztg.wiss. - 1971-90 Prof. Fachhochsch. München. 1969ff. Vorst. Verb. Münch. Tonkünstler; 1977-82 Vors. Landesverb. Bayer. Tonkünstler/VDMK; 1974-90 Mitgl. Rundfunkrat BR; 1988ff. Präs.-Mitgl. Dt. Musikrat - BV: Musikerporträts, 1959; Dt. Malerei 1400-1550,

1959; Carl Spitzweg, 1959; Und Wagner schuf d. Arie ab, 1967; Beethoven gehört zu den Singsp., 1975; Beethoven - 1. Sinf./Anmerk. u. Erläut. z. Partiturausg., 1986; Monographienr.: Komponisten in Bayern - Dokumente musikal. Schaffens im 20. Jh. (Herausg.), 1983ff. - 1980 BVK; 1986 Bayer. VO - Liebh.: Bild. Kunst, Gesch.

SUDHAUS, Walter
Dr. rer. nat., Prof. f. Evolutionsbiologie FU Berlin - Brauerstr. 14, 1000 Berlin 45 (T. 772 48 38) - Geb. 25. April 1943 Kiel (Vater: Wilhelm S., Ing.; Mutter: Lotte, geb. Prahl), ev., verh. s. 1972 m. Karin, geb. Hust, 3 Kd. (Martina, Dirk, Arnika) - Univ. Freiburg (Staatsex. 1969, Promot. 1974, Habil. 1980) - 1975-81 wiss. Assist. Univ. Freiburg, ab 1981 Prof. Berlin - 1976 Gödecke-Forsch.preis - Liebh.: Umweltschutz, Musik, Kleingarten - Spr.: Engl. - Bek. Vorf.: Dr. Peter Prahl u. Georg Howaldt (Urgroßv.).

SUDHOFF, Jürgen
Dr. jur., Staatssekretär Ausw. Amt (1987-90) - Zul. 5300 Bonn 1 - Geb. 1935 (Vater: Rechtsanw., † 1945), verh. m. Dr. phil. Heinke S., 1 Sohn - Gerichtsass. LG Essen; Master of Laws, Harvard Univ.; s. 1965 Ausw. Dienst in Niederl., Großbrit., Israel; 1977-81 Sprecher Ausw. Amt; 1981/82 Botschafter Mexico, 1982-85 stv. Sprecher d. Bundesreg., zul. Leit. Pol. Abt. im Ausw. Amt.

SUDMANN, Heinrich
Ministerialrat, Leiter Unterabt. Familienförd. u. Leistungsgesetze im Bundesmin. f. Familie u. Senioren - Postfach 12 06 09, 5300 Bonn 1 (T. 0228 - 3 06-0); priv.: Stationsweg 8, 5300 Bonn 1 (T. 0228 - 28 41 38) - Geb. 29. Sept. 1939 Warendorf-Einen - Dipl.-Volksw. 1967 Univ. Münster - 1975-78 Bundesvors. Bund d. Dt. Kath. Jugend (BDKJ), 1978-83 Bundesgeschäftsf. Familienbund d. Dt. Katholiken.

SÜCHTING, Joachim
Dr. rer. pol., o. Prof. f. Wirtschaftslehre, insb. Finanzierung u. Kreditw., Univ. Bochum (s. 1970) - Behringweg 1, 4630 Bochum-Querenburg (T. 70 18 57) - Geb. 27. März 1933 Wismar/Meckl. - Banklehre; Stud. Wirtschaftswiss. Promot. 1962 Köln; Habil. 1969 Frankfurt/M. - Fachveröff. Dir. Inst. f. Kredit- u. Finanzwirtsch., Bochum; wiss. Leit. Bankakad., Frankfurt. Banktätigk. In- u. Ausl.

SÜFKE, Hans-Peter
Dipl.-Kfm., Vorstandsmitglied L. Possehl & Co. mbH - Postfach 1684, 2400 Lübeck 1 - Geb. 28. Febr. 1942 Lübeck, ev., verh. - Abit., Univ. Hamburg u. Berlin (Betriebsw.), Dipl. 1966 Univ. Hamburg. AR- u. Beiratsmandate.

SÜHLER, Gustav
Landwirt, Bürgermeister, Mitgl. Bayer. Senat, 1. Vizepräs. Dt. Bauernverb. e.V. (s. 1982), Präs. Bayer. Bauernverb. u. Bezirksverb. Oberfranken - 8581 Waldau/Ofr. (T. 09203 - 2 92) - Geb. 17. März 1922 Lindau/Ofr., ev., verh., 3 Kd. - Volks- u. LdwSch. - 1939-45 Wehrdst. (Flugzeugf.). 1957-65 MdB. 1949-53 Vors. Bund d. Dt. Landjugend. CSU - Versch. Studienreisen, auch USA - 1968 Bayer. VO., 1972 BVK I. Kl.; 1983 Gr. BVK m. Stern.

SÜHNEL, Rudolf
Dr. phil., o. Prof. f. Anglistik (emerit.) - Hölderlinweg 14, 6900 Heidelberg (T. 06221 - 4 98 76) - Geb. 10. März 1907 Nottingham/Engl. (Vater: Richard S., Kaufm.; Mutter: Ida, geb. Schmelzer), ev., led. - Kreuz-Gymn. Dresden; Univ. Leipzig u. Heidelberg 1934-39 Lektor Univ. London, 1939-43 Lektor Univ. Leipzig, 1946-47 Assist. ebd., 1947-55 Oberassist. u. Privatdoz. Univ. Bonn, 1955-60 ao. Prof. FU Berlin, 1960-72 o. Prof. Univ. Heidelberg - BV: D. Götter Griechenl. u. d. dt. Klassik, 1936; Homer u. d. engl. Humanität, 1958; Lebende Antike, 1967;

Engl. Dichter d. Moderne, 1971; Make it new, 1987 - 1966 o. Mitgl. Heidelbg. Akad. d. Wiss.; 1968 Mitgl. PEN-Zentrum BRD.

SÜLE, Tibor

Dr. phil., Dipl.-Bibl., Prof. FHBD Köln (s. 1982) - Siebengebirgsallee 159, 5000 Köln 41 - Geb. 15. Aug. 1933 Budapest, verh. m. Dr. Gisela, geb. Prenzel - PH Budapest; Dipl.-Bibl. 1955; Stud. Univ. Tübingen; Promot. 1965 Tübingen; Laufbahnprüf. f. d. höh. Staatsdst. 1972 - Bibliotheksleit.; wiss. Assist.; Journalist; 1972 Doz. Bibliothekar-Lehrinst. Köln - BV: Sozialdemokratie in Ungarn. Z. Rolle d. Intelligenz in d. Arbeiterbewegung 1899-1910, 1967; Bücherei u. Ideologie. Polit. Aspekte im Richtungsstreit dt. Volksbibliothekare 1910-33, 1972; Mangelfächer f. d. höh. Dienst an wiss. Bibl. Zu e. Problem bibliothekarischer Berufsrekrutierung in d. Bundesrep. Deutschl., 1974; Preußische Bürokratietradition. Z. Entw. v. Verwaltung u. Beamtenschaft in Dtschl. 1871-1918, 1988. Herausg.: D. gesellschaftl. Rolle d. dt. Öfftl. Bibliothek im Wandel 1945-75 (1976, 2. A. 1979); Organisation u. Bibliotheksarbeit. Sozialwissenschaftl. u. betriebswirtschaftl. Perspektiven in ausgew. Beitr. (1977, 2. A. 1978) - Spr.: Engl., Franz., Ungar.

SÜLLWOLD, Fritz

Dr. rer. nat., o. Prof. f. Psychologie - Guiollettstr. 53, 6000 Frankfurt/M. (T. 72 52 96) - Geb. 6. Aug. 1927 Herne/W. (Vater: Friedrich S., Bundesbahnsekr.; Mutter: Luise, geb. Johannmeier), ev., verh. s. 1963 m. Prof. Dr. Lilo, geb. Strötzel (s. dort) - Univ. Göttingen (Dipl.-Psych. 1952). Promot. 1953 Göttingen; Habil. 1963 Saarbrücken - 1954 Forschungsassist. Univ. Göttingen, 1957 Leit. Statist. Abt. Hochsch. f. Intern. Päd. Forsch. Frankfurt/M., 1963 Privatdoz. Univ. Saarbrücken, ao. Prof. HIPF (Statistik), 1965 o. Prof. Univ. Frankfurt. Mitgl. Dt. Ges. f. Psych., Dt. Ges. f. Erziehungswiss., Biometr. Ges., Psychometric Soc. - BV: D. unmittelbare Behalten u. s. denkpsych. Bedeutung, 1964; Begabung u. Leistung, 1976. Zahlr. Einzelveröff. - Spr.: Engl.

SÜNDERMANN, Jürgen

Dr. rer. nat., o. Prof. f. Ozeanographie Univ. Hamburg - Haselweg 6, 2083 Halstenbek (T. 04101 - 4 42 73) - Geb. 9. März 1938 Oppeln (Vater: Rudolf S., Prof.; Mutter: Ilse, geb. Döring), ev., verh. s. 1962 m. Gerda, geb Grünwald, 3 Kd. (Anja, Ute, Marc) - Dipl.-Math. 1962, Promot. 1966, Habil. 1971 - 1962-67 Wiss. Angest.; 1967-69 Wiss. Assist.; 1970/71 Wiss. Rat/Oberrat; 1971 Prof. C3; 1978 Prof. C4; Direktor Zentrum f. Meeres- u. Klimaforsch. Univ. Hamburg - BV: Tidal Friction and The Earth's Rotation (m.a.), 1978 u. 1982; North Sea Dynamics (m.a.), 1982; Oceanography, 1986; Tidal Friction from Eons to Days (m.a.), 1989 - Spr.: Engl., Russ.

SÜNKEL, Wolfgang

Dr. phil., o. Prof. f. Päd. (Lehrstuhl I) u. Inst.vorst. Univ. Erlangen-Nürnberg (s. 1972) - In der Reuth Nr. 66, 8520 Erlangen (T. 4 43 16) - Geb. 22. Jan. 1934 Detmold (Vater: Wilhelm S., Reg.dir.; Mutter: Elisabeth, geb. Keiner), verh. s. 1962 m. Käthe, geb. Coring, T. Anne †1987 - Gymn. Leopoldinum Detmold (Abit. 1954); Stud. d. Phil., German., Päd., Theol. Univ. Marburg, Hamburg, Basel, Münster; Promot. 1962 Münster; Habil. 1970 - 1971 Doz. u. apl. Prof. Univ. Münster. Fachmitgl.sch.

SUERBAUM, Ulrich

Dr. phil., Prof. f. Engl. Philologie - Voßkuhlstr. Nr. 16b, 4630 Bochum-Stiepel (T. 79 77 38) - Geb. 2. Nov. 1926 Osnabrück (Vater: August S.), verh. m. Margret, geb. Niemeyer, 2 Söhne (Sebastian, Joachim) - Stud. Münster, Sheffield, Baltimore - S. 1961 (Habil.) Lehrtätig. Univ. Münster u. Bochum (1963 Ord.). Facharb. u.a. Science Fiction, 1978; Shakespeares Dramen, 1980 - Liebh.: Musik.

SUERBAUM, Werner

Dr. phil., Univ.-Prof. f. Klassische Philologie - Amalienstr. 81, 8000 München 40 (T. 28 33 74) - Geb. 14. Juli 1933 Osnabrück, verh. mit Renate, geb. Heim, 4 Kd. (Andreas, Clemens, Eva, Ulrich) - Gymn. Osnabrück (Carolinum); Univ. Münster, Würzburg, München. Promot. 1959 Münster; Habil. 1965 Würzburg - 1959 Assist. Univ. Würzburg, 1965 Privatdoz. ebd., 1965 ao., 1970 o. Prof. Univ. München (Inst.-vorst.) - BV: V. antiken z. frühmittelalterl. Staatsbegriff, 1961, 3. A. 1977 (Orbis antiquus 16/17); Unters. z. Selbstdarstell. älterer röm. Dichter, 1968 (Spudasmata 19); Vergils Aeneis, 1981 (Auxilia 3); Festschr. f. F. Egermann (hg. m. F. Maier), 1985; Et scholae et vitae (hg. m. F. Maier), 1985; Riflessioni in margine alla moderna critica dell'Eneide, 1985; Textausg. Vergil Aeneis VII-XII, 1986.

SUERMANN, Walter

Dr. jur., Stadtdirektor a.D., Oberbürgermeister Stadt Offenbach a. D. - 6050 Offenbach - Geb. 2. Aug. 1939 Kassel (Vater: Dr. Hans-Georg, Reg.Präs.), kath., verh. s. 1970 m. Renate, geb. Bobbert, 2 T. (Andrea, Maja) - Univ. Göttingen, München, Berlin (Rechts- u. Staatswiss.), Promot. b. Prof. Werner Weber Univ. Göttingen - 1970-74 Regierungspräs. Braunschweig u. Hildesheim; 1974-80 Stadtdir. Lehrte (Niedersachs.), 1980-87 OB Offenbach - Liebh.: Sportl. Betätig. (Tennis u. Fußball).

SUESELBECK, Heinrich

Lederkaufmann (Fa. Diedrich Sueselbeck, Bochum) - Huestr. 14, 4630 Bochum - Alterspräs. Unicuir Intern. Lederhandelsverb.; Ehrenvors. Bundesverb. Dt. Leder-, Orthop.- u. Schuhbedarf-Großhdl. sowie Lederhandelsverb. Westf.-Lippe; Mitgl. Häute- u. Lederbörse sowie Sozialpolitik; Aussch. u. Tarifkomm. - 1970-83 Gold. Sportabz.

SÜSS (ß), Christian

Generalmusikdirektor Theater Solingen - Konrad-Adenauer-Str. 71, 5650 Solingen 1 - Zul. GMD Heidelberg.

SÜSS, Gustav A.

Studiendirektor, Fachleit. f. Geschichte Stud.-Seminar f. Gymnasien (b. 1987) - Heidesheimer Str. 65 D, 6500 Mainz 1 (T. 06131 - 47 42 55) - Geb. 15. Jan. 1927 Hettenleidelheim, ev., verh. s. 1953 m. Edith, geb. Schmitz, 2 Kd. (Angelika, Martin) - 1946-50 Stud. Univ. Mainz u. Tübingen (Gesch., Dtsch., Latein; Staatsex. 1950), Promot. Mainz 1952 - 1950 Gymnasiallehrer; s. 1963 Fachleit. f. Gesch. am Stud.-Sem. f. Gymn. Mainz; 1980-86 Vors. d. Geschichtslehrer Dtschl. - BV: Grundzüge d. Sozialkd. s. 1964 (in vielen Aufl.); Curriculum Gesch., b. 1988 (4 Bde.) - Spr.: Franz., Latein, Griech.

SÜSS, Reiner

Kammersänger, Mitglied d. Abgeordnetenhauses v. Berlin (s. 1991) - Geb. 2. Febr. 1930, verh. s. 1955 m. Renate, geb. Bergner, 2 Kd. (Dario, Patricia) - Thomanerchor Leipzig; Gesangsstud. Leipzig - 1953-56 Rundf. Leipzig; 1956/57 Theater Bernburg, 1957-59 Halle; s. 1959 1. Baß-Buffo Statsoper Berlin. 1990 Stadtverordn. Ost-Berlin - Zahlr. Operngastspiele u. Schallplatten, Fernsehtätigk. (auch als Moderator).

SÜSS, Wolfgang

Dr. rer. nat., Dr. sc. nat., Chefapotheker (s. 1962), MdL Sachsen (s. 1990) - An der Hubertusburg 13, O-7264 Wermsdorf (T. 3 41) - Geb. 10. Febr. 940 Magdeburg, ev., verh. s. 1966 m. Gudrun, geb. Schenk, 2 Töcht. (Andrea, Diana) - Facharb.prüf.-Apoth.helfer 1956; Abit. 1958; Univ. Jena (Pharmazie) 1958-63; Staatsex. 1963; Promot. 1968 Jena; Fachapoth. f. Arzneimitteltechnol. 1976; Promot. B z. Dr. sc. nat. 1980 Halle; Klin. Pharmazeut (ADKA) 1991; Facultas docendi 1991 Pharmazeut. Technol. Halle - 1975-83 Mitgl. d. Zentralen

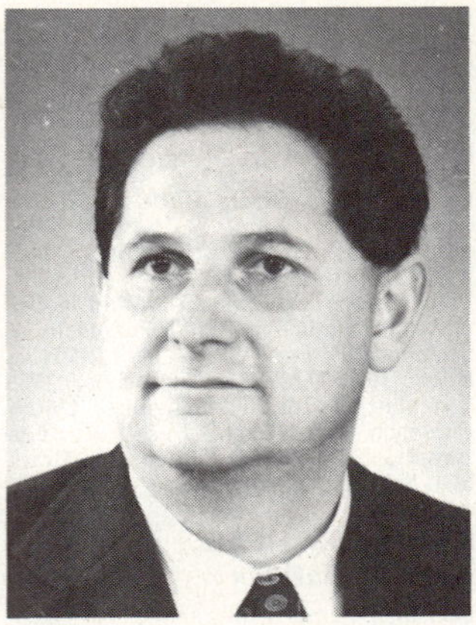

Fachkommiss. Arzneimitteltechnol. d. Akad. f. Ärztl. Fortbild.; 1984-90 Vorst.-Mitgl. d. Fachges. Arzneimitteltechnol. (Pharmaz. Ges. d. DDR); 1987-90 Präsid.-Mitgl. d. Pharmaz. Ges. d. DDR, 1990 Präs. d. Verb. d. Krkhs.apoth. (ADKA-DDR); s. 1990 Vorst.-Mitgl. Bundesverb. Dt. Krkhs.apoth. - 1974 Pharmazierat; 1979 Preis d. Pharmazeut. Ges. d. DDR; 1989 Oberpharmazierat - Spr.: Engl.

SÜSSE, Peter

Dr. phil., Prof. f. Mineralogie - Kurze Str. 3, 3400 Göttingen (T. 0551-4 36 28) - Geb. 24. Febr. 1939 Kahla/Thür. (Vater: Erich S., Gärtnerm.; Mutter: Ursula, geb. Liebermann), kath., verh. s. 1969 m. Sandra, geb. Slone, S. Toby Jonathan - Abit. Jena 1957, Univ. Marburg, Göttingen, Cambridge/Mass., Promot. Marburg 1963, Habil. Göttingen 1971 - 1967-69 Res. Assoc. M.I.T. Cambridge/Mass., Priv.doz. 1971, Prof. 1978 Univ. Göttingen - Autor v. MINABS, e. weltweit benutzten Mineraldatenbank, 4. A. 1992 - Spr.: Engl.

SÜSSENBERGER, ERICH

Dr. phil. nat., Präsid. a. D. (Deutscher Wetterdst.) - Tempelseestr. 61, 6050 Offenbach/M. - Geb. 13. Febr. 1911 Undenheim (Vater: Martin S.; Mutter: Maria, geb. Ruckelshausen), ev., verh. s. 1943 m. Maria, geb. Refardt, 3 Kd. (Ulrike, Jochen, Wolfgang) - 1930-35 Univ. Frankfurt/M. (Meteorol., Geophysik, Physik, Math., Geogr.; Promot. 1935) - 1935-45 Meteorologe Marineobservat. Wilhelmshaven; 1948-52 Meteorol. Meteorol. Amt f. Nordwestdeutschl., Hamburg; 1952-66 Hilfs- u. Ref. (1956) f. Wetterdst. Bundesverkehrsmin., Bonn; 1966-77 wie oben. Versch. Veröff. üb. angew. Meteorologie - Liebh.: Musik, Lit. - Spr.: Engl., Franz.

SÜSSENGUTH, Hans

Dipl.-Ing., Prof., Aufsichtsratsmitgl. Dt. Lufthansa - Lufhansa-Basis, 6000 Frankfurt-Flughafen (T. 696 22 00); priv.: Taunusstr. 2, 6420 Kronberg (T. 7 95 38) - VRsvors. Berliner Hotelges. Bubis & Co, Berlin, Ausstellungs-Messe-Kongreß-GmbH, Berlin, Hon.Prof. TU Berlin - Ehrenmitgl. Dt. Club Buenos Aires; Komturkreuz VO. d. ital. Rep.; 1978 Gr. BVK - Spr.: Engl., Franz. - Rotarier.

SÜSSMANN (ß), Georg

Dr. rer. nat., o. Prof. f. Theoret. Physik - Fichtenstr. Nr. 21, 8011 Baldham/Obb. (T. Zorneding 19 74) - Geb. 1. Jan. 1928 Lodz/Polen (Vater: Robert S., Textiling.; Mutter: Hedwig, geb. Schiller), ev., verh. s. 1954 m. Renate, geb. Ulrich, 4 Kd. (Reinhard, Margit, Joachim, Peter) - Univ. Göttingen u. FU Berlin (Physik; Promot. 1951) - 1951 wiss. Mitarb. Max-Planck-Inst. f. Physik Göttingen; 1957 Assist. Univ. München; 1958 ao. Prof. Univ. Hamburg; 1961 o. Prof. Univ. Frankfurt, 1967 Univ. München - BV: Glaube u. Naturwiss., 1957; Einf. in d. Quantenmechanik, 1963; Theoret. Mechanik, 1966; Einheit u. Vielheit, 1973. Mithrsg.: Atome - Kerne - Elementarteilchen (1968), Areopag - Mainzer Hefte f. intern. Kultur - Liebh.: Go-Spiel - Spr.: Engl.

SÜSSMANN, Walter

Dr. rer. nat., Direktor - Mendelssohnstr. 4, 4005 Meerbusch-Strümp - Geb. 29. Juni 1926 - Bis 1972 Dir. Dt. Edelstahlwerke AG, Krefeld, dann Vorst.-Mitgl. (1973) Böhler AG, Düsseldorf. S. 1986 Handelsrichter b. Landgericht Düsseldorf; s. 1991 AR-Mitgl. d. Walzwerk FINOW-GmbH, Finow.

SÜSSMUTH, Hans

Dr., Univ.-Prof. f. Neuere Gesch. u. Didaktik d. Gesch. Univ. Düsseldorf (s. 1980) - Droste-Hülshoff-Str. 1, 4040 Neuss 1 (T. 02101 - 4 24 15) - Geb. 4. März 1935 Emsdetten, kath., verh. s. 1964 m. Univ.-Prof. Rita, geb. Kickuth, Präs. d. Dt. Bundestages, T. Claudia - 1965 Studienass.; 1965-68 wiss. Assist. Univ. Osnabrück; 1968/69 Akad. Rat Osnabrück; 1969 o. Prof. PH Rheinl.; 1974-76 Rektor PH Rheinl. (Köln, Aachen, Bonn, Neuss); 1984 u. 1985 Dekan Phil.-Fak. Univ. Düsseldorf - 19 Bücher als Verf. od. Herausg.; 40 Aufs. z. Geschichtstheorie, Geschichtsdidaktik, DDR u. Deutschlandforsch., Parteiengeschichte - Liebh.: Tennis, Kunstgesch. - Spr.: Engl., Franz.

SÜSSMUTH (ß), Rita

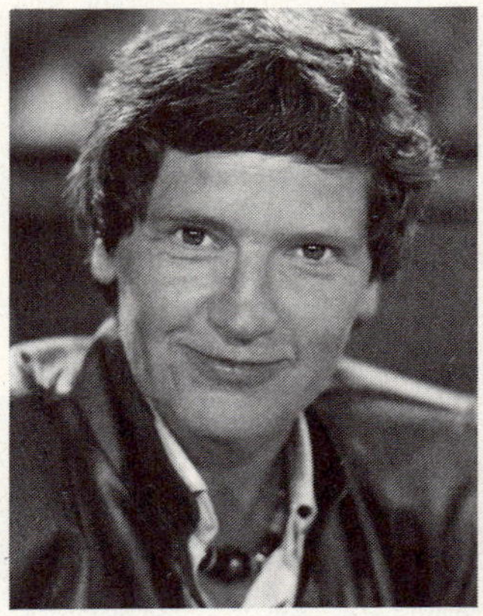

Dr. phil., Prof. f. Erziehungswiss. Univ. Dortmund, Präsidentin d. Dt. Bundestages (s. 1988), MdB (s. 1987) - Bundeshaus, 5300 Bonn 1 - Geb. 1937, kath., verh. m. Univ.-Prof. Dr. Hans S., Historiker, T. Claudia - Stv. Leit. Inst. f. Sozialpäd. Univ. Dortmund. 1971ff. wiss. Beirat Bundesfamilienmin. 1985-88 Bundesmin. f. Familie, Jugend, Frauen u. Gesundheit. CDU s. 1981 (s. 1988 stv. Vors. CDU Nieders.) - BV: Frauen - D. Resignation keine Chance, 1985; Aids-Wege aus d. Angst, 1987; Kämpfen u. Bewegen - Frauenreden, 1989 - 1990 Ehrendoktor Bochum - Liebh.: Tennis.

SÜVERKRÜP, Fritz

Dr., Geschäftsführender Gesellsch. Fa. Süverkrüp Automobile GmbH - Klausdorfer Weg 169, 2300 Kiel 14 Geb. 17. März 1941 - Präs. IHK zu Kiel, Lorentzendamm 24, 2400 Kiel (T. 0431-5904-219).

SUHL, Alfred Wilhelm

Dr., Prof. f. Neues Testament Univ. Münster (s. 1972) - Im Mühlenfeld 20, 4400 Münster (T. 02501 - 52 00) - Geb. 27. Jan. 1934 Baekken/Dänem., ev., verh. s. 1959 m. Ursula, geb. Gebler, 3 Kd. (Ulrike, Michael, Ute) - Katharineum zu Lübeck (Abit. 1954); Stud. d. Theol., German.; Promot. 1962; Habil. 1969 - BV: Paulus u. s. Briefe, 1975; D. Philemonbrief, 1981. Herausg.: D. Wunderbegriff im Neuen Testament, 1980 - Liebh.: Hausmusik, Chorsingen, Segeln - Spr.: Engl., Franz., Dän.

SUHLE, Günter

Dr. jur., Rechtsanwalt, Ehrensenator d. Univ. Hannover - Wilhelmstr. 12, 3000 Hannover 1 (T. 85 48 64) - Geb. 1. Juli 1913 Köslin (Vater: Hermann S., Generaldir.; Mutter: Margarete, geb. Hennig), ev., verh. s. 1940 m. Elsbeth, geb. Brandes, 2 Töcht. (Viola, Rita) - Gymn.; kaufm. Volontär Engl.; Univ. Heidelberg, München, Berlin (Rechts- u. Staatswiss.). Promot. 1936 - Ab 1940 Gerichtsass. u. Landgerichtsrat (1943) Stettin, 1945 pers. Ref. nieders. Ministerpräs., 1946-55 Hauptgeschäftsf. Gesamtverb. Kunststoffverarb. Ind., Geschäftsf. Forschungsges. Kunststoffe u. Arbeitsgem. Dt. Kunststoffind., 1955-80 (Haupt-)Geschäftsf. zahlr. Fachvereinig. - 30 x Gold. Sportabz. - Spr.: Engl., Franz.

SUHLRIE, Helmut

Pfarrer, Leit. Diakon. Werk an d. Saar - Deutschherrenstr. 12, 6600 Saarbrücken 1 - Ev.

SUHR, Heinz

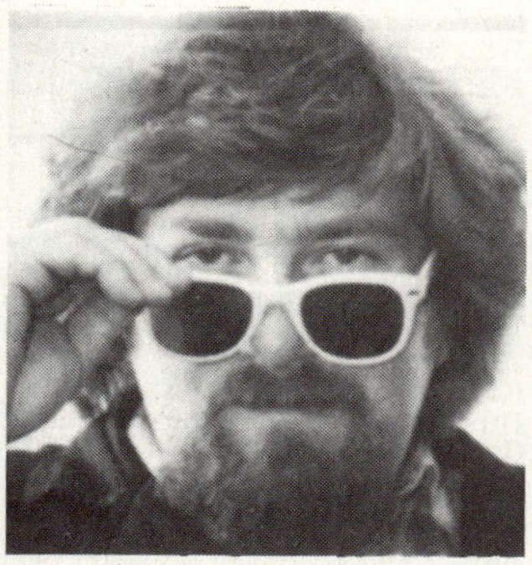

Publizist, Pressesprecher Bündnis 90/Die Grünen - Zu erreichen üb. Bonner Pressebüro Heinz Suhr, Bernhardstr. 51, 5300 Bonn-Oberkassel (T. 0228 - 44 22 12, Fax 44 45 36) - Geb. 30. Okt. 1951 Augsburg - 1985-87 MdB. Vorst.-Mitgl. Bundesverb. Bürgerinitiativen/Umweltschutz; Pressesprecher Bundestagsfraktion D. Grünen (med.-polit. Sprecher) - BV: Was kostet uns d. ehemalige DDR?, 1990; D. Treuhandskandal, 1991.

SUHR, Robert

Oberstudiendirektor a. D., Ehrenvors. Bad. Sportbd. - Bulacher Str. 57, 7505 Ettlingen/Baden, ev., verh. m. Gerda, geb. Findeisen, 4 Kd. (Dieter, Giselher (aus 1. E.), Else, Günter) - Stud. Physik, Math., Chemie, Geol. TH Karlsruhe u. Univ. Heidelberg. Staats- 1928, Ass.ex. 1930 - 1935 Prof. im Bad. Landesschuldienst, 1937-1939 Dir. Dt. Obersch. Windhuk (Südwestafrika) - SPD - Spr.: Engl., Franz., Norw. - Bek. Leichtathlet (1926 Dt. Staffelmeister üb. 4 x 100 m, 1928 Goldmed. b. Olymp. Spielen d. Studenten in Paris üb. 4 x 100 m, dt. Rekorde 4 x u. 10 x 100 m) - BVK I. Kl. 1975.

SUIN de BOUTEMARD, Bernhard

Dr. soz. wiss., Dipl.-Päd., Prof. f. Soziolog. u. Religionspäd., Pfarrer u. Verleger - Kappstr. 29, 6145 Lindenfels 1/Odenw. (T. 06255 - 26 57) - Geb. 10. Febr. 1930 Berlin (Vater: Dr. med. Günther S. de B., Arzt; Mutter: Louise, geb. Loeffler), ev., verw., 3 Kd. (Christoph-Amand, Cordula, Dorothee) - 1951-56 Stud. Ev. Theol. Neuendettelsau, Basel, Zürich, Göttingen; 1969-75 Soziol. u. Päd. Osnabrück u. Bielefeld; 1. theol. Ex. 1956, 2. theol. Ex. 1958, Dipl.-Päd. 1973, Promot. 1974 - 1958-69 ev. Pfarrer; 1969 Leit. biafranisches Kinderdorf in Libreville (Gabun/Afrika); 1969-75 Wiss. Assist. Ev. Theologie; s. 1975 Prof. f. Soziol. u. Religionspäd.; 1981-86 Rektor; 1966-72 Mitgl. Synode EKD, 1966-76 Mitgl. Landessynode Hannover, 1986-92 Mitgl. d. 7. Kirchensynode d. Ev. Kirche in Hessen u. Nassau, Mitgl. d. Dt. Ges. f. Soziol. - Erfind. d. Alternativ. Vorlesungsverz. - BV: Projektunterr.: Beisp. Religion, 1973; Oeser Passionen, 1975; Schule, Projektunterr., 1975; Projektarb. in Gemeinden, 1979 - Liebh.: Mail-Art, Gartenarbeit - Spr.: Engl.

SUKOWA, Barbara

Schauspielerin - Zu erreichen üb. Dt. Schauspielhaus, Kirchenallee 39, 2000 Hamburg 1 - Geb. 1950 Bremen - Verh. m. Hans-Michael Rehberg (Schausp.), S. Hans - Ausb. Max-Reinhardt-Sem. Berlin - Bühnen Darmstadt (1971), Bremen, Frankfurt/M., Hamburg (1976-80), München (1981) - U. a. FS-Serie Berlin Alexanderplatz (Mieze), Film Lola (1981), Death Game (1982), D. bleierne Zeit u. Rosa Luxemburg (v. Margarethe v. Trotta) - 1981 Dt. Darstellerpreis (Bundesverb. d. Fernseh- u. Filmregiss.); 1982 Bundesfilmpreis/Filmband in Gold (f.: D. bleierne Zeit u. Lola); 1986 Palme Cannes als beste weibl. Darst. (f.: Rosa Luxemburg).

SUKROW, Joachim

Hauptgeschäftsführer Bundesinnungsverb. d. Dt. Steinmetz-, Stein- u. Holzbildhauerhandwerks, Frankfurt, Geschäftsf. Berufsbildungswerk d. Steinmetz- u. Bildhauerhandw., Wiesbaden, gf. Vorstandsmitgl. Zusatzversorgungskasse d. Steinmetz- u. Bildhauerhandw. V.V.a.G. ebd. - Praunheimer Landstr. 210, 6000 Frankfurt/M. 90 (T. 069 - 76 41 75) - Geb. 27. Febr. 1936 - 1979-86 Richter Hess. Verw.-Gerichtshof. Mitgl. Vertreterverс. AOK, Verb.rat Zweckverb. Fortb.-Zentrum Wunsiedel f. d. Steinmetz- u. Bildhauerhandwerk. Mitgl. Fachbeirat (NMA) Nürnberger Messe- u. Ausstellungsges. - 1986 Gold. Handwerkszeichen; 1990 BVK am Bde.

SULZER, Alain Claude

Schriftsteller - Zu erreichen üb. Klett-Cotta Verlag, Rothebühlstr. 77, 7000 Stuttgart 1 - Geb. Schweiz - BV: D. Erwachsenengerüst, R. 1983; Bergelson, E. 1985; D. Künstlerzimmer, E. 1988 - 1985 Kölner Förderpreis f. Lit.

SUMP, Richard

Kaufmann, Ehrenvors. Bund Dt. Wild- u. Geflügel-Importeure, Frankfurt/M. - Brauerknechtgraben 43, 2000 Hamburg 11 (T. 040 - 37 19 56) - Geb. 11. Sept. 1899.

SUND, Horst

Dr. rer. nat., Prof., Rektor Univ. Konstanz (1976-91) - Universitätsstr. 10, 7750 Konstanz - Geb. 16. Okt. 1926, 2 Töcht. (Gabi, Eva) - 1947-53 Stud. Univ. München; Promot. 1957 Freiburg; Habil. (Biochemie) 1964 - 1966 Lehrst. f. Biochemie Univ. Kiel, 1967 Lehrst. f. Biochemie Univ. Konstanz; Auslandsaufenth. Schweiz, Schweden, Holl., Österr., Jerusalem; mehrf. Dekan u. Prorektor Univ. Konstanz - 198 Originalpubl., dar. 19 Buchveröff. Herausg.: Konstanzer Blätter f. Hochschulfragen, Konstanzer Univ.reden, Konstanzer Bibl. - 1991 Gr. BVK; Ehrenring d. Stadt Konstanz; Ehrenprof. Fudan-Univ. u. Jiao-Tong-Univ., Shanghai, Ehrensenator d. Fudan-Univ., VR China - Liebh.: Kunst - Spr.: Engl.

SUND, Olaf

Dipl.-Volksw., Staatssekretär im Min. f. Arbeit, Soziales, Gesundheit u. Frauen d. Landes Brandenburg in Potsdam (s. 1991) - Heinrich-Mann-Allee 107, O-1561 Potsdam - Geb. 31. Aug. 1931 Heide/Dithm., verh., Sohn - B. 1948 Schule Heide (o. Abschl.); vorübergeh. Tätigk. Tiefbau u. Landw.; 1949-51 Verwaltungslehre AOK Heide; 1952-54 Hochsch. f. Arbeit, Politik u. Wirtschaft Wilhelmshaven; n. Abitur (1954) Stud. Sozialwiss. u. Volksw. Wilhelmshaven, Tübingen, Hamburg (Dipl.-Volksw. 1957). 1957-61 Chemiefaserind.; s. 1962 Erwachsenenbild. (Heim VHS Hustedt; 1969 Leit.). 1970-72 MdL Nieders.; 1972-76 MdB; 1977-81 Senator f. Arbeit u. Soziales Berlin; 1982-91 Präs. d. Landesarbeitsamtes NRW in Düsseldorf; s. 1979 MdA. SPD s. 1961 (s. 1981 stv. Vors. SPD-Fraktion im Abgeordnetenhs. Berlin).

SUNDER-PLASSMANN, Reinhard

Dr. jur., Richter Bundesfinanzhof - Ismaninger Str. 109, - 8000 München 80 - Geb. 25. Okt. 1936 Münster (Vater: Prof. Dr. med. Paul S.-P.; Mutter: Rose, geb. Bierschenk), kath., verh. s. 1973 m. Gabriele, geb. Stratkötter, 2 Kd. - Human. Gymn.; Stud. Rechtswiss. Univ. Freiburg, Lausanne u. Münster; Promot. 1964 Münster, Staatsex. 1961 u. 1966 - Tätigk. in Wirtsch., Finanzverw. u. als Rechtsanw.; ab 1973 Richter Finanzgericht, zul. in Münster; ab 1981 Richter Bundesfinanzhof.

SUNDERMANN, Hans

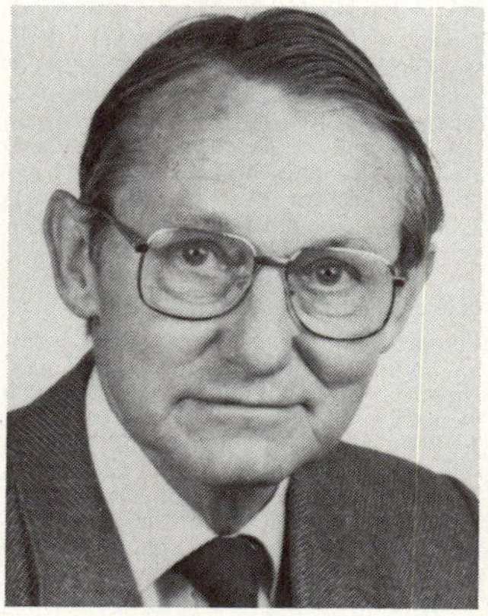

Dr. rer. nat., em. Prof., Hochschullehrer - Am Nordpark 7, 5600 Wuppertal-Barmen (T. 50 22 23) - Geb. 14. Dez. 1924 Detmold (Vater: Wilhelm S., Kaufm.; Mutter: Elisabeth, geb. Kettelhake), verh. s. 1952 m. Margot, geb. Hoffmann, 2 Kd. (Ingrid, Wolfgang) - Univ. Mainz (Biologie, Chemie, Physik). Promot. (Zool.) 1953 Mainz - 1953-54 Chemiker; 1954-65 höh. Schuldst.; 1965-68 Dir. Naturwiss. u. Stadthistor. Museum Wuppertal; s. 1967 o. Prof. Päd. Hochsch. Rhld./Abt. Wuppertal u. Univ./GH Wuppertal (Didaktik d. Biol.). Emerit. 1990. Mitgl. naturwiss. Vereinig. - BV: Europ. u. mediterrane Orchideen, 1970, 3. A. 1980. Fachaufs. - 1986 BVK; 1985 Rheinlandtaler - Liebh.: Photographie, Eidechsen u. Schlangen.

SUNDERMEIER, Theo

Dr. theol., Prof. f. Religionsgeschichte u. Missionswiss. Univ. Heidelberg - Feilgasse 10, 6906 Leimen 2 - Geb. 12. Aug. 1935 Bünde/Westf. (Vater: Fritz S., Fabrikant; Mutter: Paula, geb. Knollmann), ev., verh. s. 1964 m. Renate, geb. Wellmer, 3 Kd. (Wolfram, Oda, Erdmute) - Gymn. Bünde, Univ. Bethel u. Heidelberg - 1964-75 Doz. Afrika, 1975-82 Prof. Ruhr-Univ. Bochum, ab 1983 Prof. Univ. Heidelberg, s. 1978 Vors. Kammer f. kirchl. Entw.dst. Ev. Kirche in Dtschl. - BV: Mission, Bekenntnis u. Kirche, 1963; Kirchwerdung u. Kirchentrennung in Südwestafrika, 1973; D. Mbandern, 1977; Nur gemeinsam können wir leben. D. Menschenbild afrikanischer Religionen, 1991 - Liebh.: Malen, Musizieren - Spr.: Engl., Afrikaans.

SUNDERMEYER, Wolfgang

Dr. rer. nat., o. Prof. f. Anorgan. Chemie - Peter-Schnellbach-Str. 49, 6903 Neckargemünd (T. 15 48) - Geb. 4. Okt. 1928 Aachen - S. 1966 (Habil.) Univ. Göttingen u. Heidelberg (1967 Ord.). Fachaufs.

SUNDHOFF, Edmund

Dr. rer. pol., Dipl.-Kfm., em. o. Prof. - Im Spürkergarten 36, 5042 Erftstadt-Liblar - Geb. 1. April 1912 Dortmund - Promot. (1940) u. Habil. (1949) Köln - 1954-62 o. Prof. Univ. Göttingen, 1962-79 o. Prof. Univ. Köln - BV: D. Handelsspanne, 1953; Grundlagen u. Technik d. Beschaffung, 1958; Absatzorganisation, 1958; D. Lieferantenstruktur industrieller Unternehmungen, 1963 (m. G. Pietsch); Handwerksbetriebe als Lieferanten d. Industrieunternehmungen, 1964 (m. A. Ihle); D. Werbekosten als Determinante d. Wirtsch.swerb., 1976; 300 Jahre Handelswissensch., 1979; D. Distributionswirtsch.lehre an d. Kölner Hochschulen, 1990. Herausg.: Distributionswirtsch., 1968; Wirtsch.sl. d. Handels (v. R. Seyffert; 5. A. 1972). Mithrsg.: Betriebsw. u. Marktpolitik - Festschr. f. Rudolf Seyffert (1968). Lit.: Kirschner's Dt. Gelehrtenkalender, 1987.

SUNDSTRÖM, Lars

Dipl.-Ing., Vorstandsmitglied i. R. PWA Papierwerke Waldhof-Aschaffenburg AG (s. 1970) - Weinheimer Str. 3, 6945 Hirschberg-Leutershausen - Geb. 4. Sept. 1918.

SUNTUM, van, Ulrich

Dr. rer. oec., Prof. f. Wirtschaftspolitik u. Konjunkturforsch. Univ. Witten/Herdecke - Hackertsbergweg 140, 5810 Witten (T. 02302 - 6 69-3 54) - Geb. 6. Jan. 1954 Hamm, kath. - 1987/88 Generalsekr. Sachverständigenrat z. Begutachtung d. gesamtwirtschaftl. Entw. - BV: Regionalpolitik in d. Marktwirtschaft, 1981; Konsumentenrente u. Verkehrssektor, 1986; Verkehrspolitik, 1986. Mithrsg.: Grundl. u. Erneuerung d. Marktwirtsch. (1988). Herausg.: Wittener Konjunktur-Archiv (1991ff.).

SURHOLT, Josef

Chefredakteur Westf. Anzeiger - Gutenbergstr. 1, 4700 Hamm - Geb. 1. April 1935, kath., verh. s. 1963 m. Maria, geb. Breuner, 2 Kd. (Frank, Britta) - Stud. Univ. München, Berlin, Münster (Gesch., Publiz.) - 1960-68 Volont. u. polit. Redakt. Ruhr-Nachr. Dortmund; 1968-81 Leit. Nachr.redakt. Frankf. Neue Presse; s. 1981 Chefredakt. Westf. Anzeiger u. Arbeitsgemeinsch. Westf. Tageszg.

SURKAMP, Alwin

Kaufmann (Fa. Alwin Surkamp, Damen- u. Herrenmoden, Remscheid), Vors. Berg. Einzelhandelsverb., Remscheid, Vizepräs. IHK Remscheid (s. 1962) - Alleestr. 74-88, 5630 Remscheid - Geb. 13. Okt. 1912.

SURKAU, Hans-Werner

Dr. theol., o. Prof. f. Prakt. Theologie - Am Richtsberg 60, 3550 Marburg/L. (T. 4 69 33) - Geb. 21. März 1910 Allenburg/Ostpr. (Vater: Paul S., Oberschullehrer; Mutter: Helene, geb. Klatt), ev., verh. I) 1936 m. Thea, geb. Mittasch, 4 Kd. (Dorothee, Gabriele, Christiane, Hans-Christoph), II) Karin, geb. Aye, 3 Kd. (Hermann Reinhard, Angela, Uta) - Gymn.; Univ. Heidelberg, Berlin, Königsberg (Theol., Phil., Psych.). Theol. Ex. 1932 u. 35 Königsberg; Promot. 1934 Heidelberg - B. 1937 Pfarrer Ostpr. Bekenn. Kirche, dann Wehrmachtspfr., n. 1945 Pastor Hamburg, 1951-61 Doz. u. Prof. Päd. Inst. Weilburg, s. 1954 Lehrauftr. f. Prakt. Theol. Marburg, 1957-58 Vertretung Bonn, s. 1961 Ord. Univ. Bonn u. Marburg (1964) - BV: Martyrien in jüd. u. frühchristl. Zeit, 1938; V. Text z. Unterrichtsentwurf, 1965, 2. A. 1969. Mithrsg.: Handbücherei f. Gemeindearbeit; D. Ev. Erzieher (b. 1971). Mitarb.: Ev. Kirchenlex., D. Religion in Gesch. u. Gegenw., Bibl.-theol. Handwörterb. z. Luther-Bibel, Göttinger Predigtmeditationen, TRE. Fachaufs. u. Buchbespr. - Liebh.: Fotogr. - Spr.: Engl., Franz., Dän.

SURMINSKI, Arno

Schriftsteller, Journalist - Schwalbenstr. 33, 2000 Hamburg 60 - Geb. 20. Aug.

1934 Jäglack/Ostpr. (Vater: Max S., Schneidermstr.; Mutter: Erna, geb. Riemann), ev.-luth., verh. s. 1962 m. Traute, geb. Bern, 3 Kd. (Marc, Katja, Swenja) - Rechtsanw. u. Notargehilfe - 1950-55 u. 1957-62 Anwaltsbüro, 1955-57 Kanada, 1962-72 Versich.untern., s. 1972 freiber. - BV: Jokehnen o. Wie lange fährt man v. Ostpreußen nach Dtschl., R. 1974; Aus d. Nest gefallen, Erz. 1976; Kudenow o. An fremden Wassern weinen, R. 1978; Fremdes Land o. Als d. Freih. noch z. haben war, R. 1980; Wie Königsberg im Winter, Erz. 1981; Damals in Poggenwalde, Kinderb. 1983; Polninken od. E. Dt. Liebe, R. 1984; Gewitter im Januar, Erz. 1986; Am dunklen Ende d. Regenbogens, R. 1988; Malojawind, Erz. 1988; Grunowen od. D. vergangene Leben, R. 1989; D. Reise nach Nikolaihen, Erz. 1991 - Spr.: Engl.

SUSSET, Egon

Landwirt, Bürgermeister a. D., MdB (s. 1969) - Grantschener Str. 7, 7102 Weinsberg-Wimmental (T. 07134 - 31 69) - Geb. 3. Juni 1929 Wimmental, kath., verh., 4 Kd. - Volkssch.; Ausbild. Landw. u. Weinbau; Landw.sch. Heilbronn; Landvolksakad. Fredeburg - S. 1960 eig. Landw.betrieb m. Weinbau. Mitgl. Kreistag (1965ff.); Vizepräs. Bauernverb. Baden-Württ., Vors. CDU-Landesagraraussch. Baden-Württ., agrarpolitischer Sprecher CDU/CSU-Bundestagsfraktion. CDU s. 1952.

SUTER, Ludwig

Dr. med., Prof., Hautarzt - In der Stroth Nr. 37, 4400 Münster-Handorf (T. 0251-32 57 78) - Geb. 24. Mai 1938 Berlin (Vater: Hermann S., Apoth.; Mutter: Margarete, geb. Paul), ev., verh. s. 1971 m. Jacoba, geb. Braaksma, 2 T. (Margrit, Elke) - Gymn. Berlin, Abit. 1957, FU Berlin, Univ. Würzburg, Vordipl. Chemie 1961, Med. Staatsex. 1964 - 1966-70 Max Planck-Inst. Göttingen, 1970-72 Albert Einstein College of Medicine, New York; 1972-80 Univ.-Hautklinik Münster, s. 1980 Fachklinik Hornheide, Münster-Handorf, 1981 apl. Prof. - Spr.: Engl.

SUTER, Lukas B.

Schriftsteller - Zu erreichen üb.: Theater am Neumarkt, CH-8000 Zürich - Geb. 1937 Schweiz - Theaterst.: Schrebers Garten (UA. 1983) - 1984 Mülheimer Dramatikerpreis.

SUTERMEISTER, Heinrich

Prof., Komponist, Dozent Hochsch. f. Musik u. Theater Hannover (1963-75), Präs. Schweizer. Ges. f. Mechanlizenz - Vaux-sur-Morges/Waadt (Schweiz) - Geb. 12. Aug. 1910 Feuerthalen b. Schaffhausen (Vater: Friedrich S., Pastor; Mutter: Marie, geb. Hunziker), ev., verh. s. 1948 m. Verena, geb. Renker, T. Anna-Katharina (geb. 1968) - Gymn. Basel; Univ. Paris (Sorbonne); Akad. d. Tonkunst München (Courvoisier, Geierhaas, Röhr, Pfitzner, Orff) - Zahlr. Werke, dar. d. Opern: D. schwarze Spinne, Romeo u. Julia, D. Zauberinsel, Niobe, Raskolnikoff, D. rote Stiefel, Titus Feuerfuchs, Seraphine, Madame Bovary, Le Roi Berenger; 2 Fernsehopern: Gespenst v. Canterville, D. Flaschenteufel; 2 Cellokonzerte, 3 Klavierkonzerte, 8 Kantaten, Missa da Requiem, Te Deum 1975 - 1965 Opernpreis Stadt Salzburg, 1967 Preis Schweizer. Tonkünstlerverein; s. 1977 Korr. Mitgl. Bayer. Akad. d. schönen Künste - Liebh.: Hundezucht - Spr.: Franz., Ital., Engl. - Großv.: Prof. Otto S., Ord. Univ. Bern (Herausg. d. Werke Jeremia Gotthelfs); Urgroßv.: Cornelius S., Pfarrer u. Komp.

SUTOR, Bernhard Heinrich

Dr. phil., Prof. f. Didaktik d. Sozialkunde u. Christl. Soziallehre - Speckmühle 8, 8079 Nassenfels (T. 08424 - 4 25) - Geb. 11. April 1930 Waldböckelheim (Vater: Jakob S., Arbeiter; Mutter: Christine, geb. Kirchhof), kath., verh. s. 1956 m. Therese, geb. Göbel - 1950-55 Stud. f. d. höh. Lehramt, bde Staatsex. in Gesch., Latein, Phil. u. Theol.; Promot. 1965 (Polit. Wiss.) - 1955-78 Schuldienst Rhld.-Pfalz; 1978 o. Prof. Kath. Univ. Eichstätt - BV: Politik u. Phil., 1966; Dicaktik d. polit. Unterr., 1971; Politik. Lehr- u. Arbeitsb., 1979, 2. A. 1987; Neue Grundlegung polit. Bildung, 1984; Politik, Arbeitsbücher 1-4, 1984/86; Lehrerhandbuch Politik, 1989; Politische Ethik, 1991.

SUTTER, Christian

Dipl.-Kfm., Geschäftsführer A. SUTTER GmbH - Semperstr. 28, 4300 Essen 1 (T. 0201 - 25 63 38) - Geb. 4. Febr. 1952, verh. m. Claudia, geb. Ebbinghaus, 2 Kd. (Martin, Carolin) - Stud. Betriebswirtsch. TU Berlin - Liebh.: Reiten, Lesen - Spr.: Engl.

SUTTER, Gerd Henning

Dipl.-Kfm., Direktor, Vorstand Cosmos Lebensversicherung AG, Saarbrücken (s. 1981) - Pfaffenkopfstr. 40, 6602 Saarbrücken-Dudweiler - Geb. 12. Jan. 1939 Saarbrücken, ev. - 1965-75 Doz. versich.wirtsch. Fachsem. Saarbrücken - Spr.: Franz., Engl.

SUTTER, Hans Friedrich

Dr. h. c., Fa. A. Sutter GmbH - Bottroper Str. 20, 4300 Essen 1 (T. 32 02-0) - Geb. 5. März 1928 Essen (Vater: August S., Verleger; Mutter: Elisabeth, geb. Grimm), ev., verh. s. 1951 m. Christel, geb. Schlingschroeder, 6 Kd. (Christian, Isa, Martin, Andreas, Anne, Anja) - 1978-84 Präs. BVD; 1979-82 Präs. Eurograf Brüssel - 1983 BVK I. Kl.

SWART, Bernhard

Dr. med., Prof., ehem. Chefarzt Radiolog. Klinik u. Strahleninst. Krankenanstalten Neuss - Sauerbruchstr. 9, 4040 Neuss/Rh. (T. 8 00 39) - Geb. 4. Sept. 1919 Kevelaer - S. 1959 (Habil.) Lehrtätigk. Univ. Hamburg (1966 apl. Prof.; Radiol.) u. Düsseldorf (apl. Prof.; Med. Strahlenkd.). 50 Fachveröff., 12 Buchbeiträge - 1965 korr. Mitgl. d. Chilen. Rö.-Gesellsch., 1969 Ehrenmitgl. Soc. Arequipeña de Radiologia, Peru, 1972 Ehrenmitgl. Indones. Rö.-Ges.; 1959 Schleussnerpreis d. Dt. Rö.-Ges.; 1973 Agfa-Gevaert-Preis d. Berliner Rö.-Ges.; Albers-Schönberg-Med. d. Dt. Rö.-Ges.; 1978/79 1. Vors. d. Rhein.-Westf. Rö.-Ges.; 1985 Ehrenmitgl. Rhein.-westf. Röntgenges. - Liebh.: Liedgesang, Fotogr., Fechten, Bergsteigen.

SWIECA, Hans Joachim

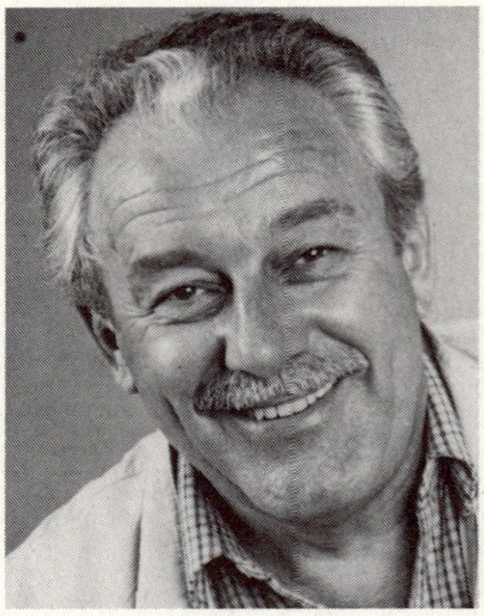

Freier Journalist, Schriftsteller (Ps. Rolf Lasa u. Joachim Lehnhoff) - Bergmillerstr. 8, 8918 Diessen am Ammersee (T. 08807 - 72 50) - Geb. 4. Sept. 1926 Breslau, verh. s. 1950 m. Gerda E., geb. Müller (als Schriftst. Ps. Yvonne Thomas), Sohn Stefan-Andreas - S. 1945 Journ., 1946-53 Redakt. D. Tagesspiegel Berlin, s. 1953 fr. Journ., Reporter u. Schriftst. f. versch. Ztschr. (u.a. PAN u. GEO) - BV: D. Heimfahrt d. U 720, 1956, TB 1985; Regen im Sommer, 1957; Verlorene Jahre, 1967; Quecksilber, 1982; Karibik Fieber, 1983; Motu Tabu, 1985; Inseln in Gottes Hand, 1988; D. Herrenhaus auf Martinique, 1990; Saison in Marbella, 1992; versch. Sachb. - Liebh.: Fotogr., Südseeforschung - Spr.: Engl., Franz.

SWINNE, Axel Hilmar

Dr. phil., Wirtschaftsberater, Geschäftsf. SIGMA Holding & Management GmbH, Dr. Swinne + Partner Wirtschaftsberat. GmbH, Dr. Swinne Haus- u. Vermögensverw. GmbH, alle Bad Rappenau, ALTERNATIVE Management Consultants GmbH, Frankfurt/M. - Finkenstr. 1, 6927 Bad Rappenau - Geb. 2. Juni 1933 (Vater: Richard S., Physikochem., Labor.vorst. u. Schriftleit.; Mutter: Hildegard, geb. Botsch), ev., verh. s. 1966 m. Zahnärztin Ingrid, geb. Stammeyer, T. Agnes Bettina - Ind.- u. Bankprakt.; kaufm. Lehre; Stud. d. Wirtsch.-, Sozial- u. Religionswiss. Univ. Berlin, Heidelberg, Frankfurt, Bochum - 1969-71 Mitgl. Geschäftsf. Fa. Wildfang Metallwerk GmbH, Gelsenkirchen, 1971-77 Controller, Finanzdir. Union Carbide Dtschl. GmbH, Düsseldorf, 1977-81 Vorst. Pittler Maschinenfabrik AG, Langen. Mitgl. Dt. Ges. f. Betriebswirtsch., Aussch. f. Unternehmensf.; AR-Mitgl. d. Mitteldt. KALI AG, O-Sondershausen; zahlr. Beiratsmand.; Lehrbeauftr. Univ. Frankfurt - BV: John Cameron, Phil. u. Theol., 1968; Von d. Oekumenik z. Irenik, 1969; Bibliographia Irenica, 1977; M. Amyraut u. frz. Irenik im 17. Jhdt., 1978. Herausg.: studia irenica (1969ff.), Internat. Finanzmanagement, s. 1980. Verf.: D. finanz. Führung u. Kontrolle v. Auslandsges., 1983; Intern. Kreditmanagement, 1981 - Spr.: Engl., Franz.

SWINNE, Edgar

Gesamtschulrektor - Im Heidewinkel 9, 1000 Berlin 13 - Geb. 24. Dez. 1936, verh. s. 1961 m. Ellen, geb. Hoffmann, 5 Kd. - 1967-79 Bezirksverordneter, 1972-79 Fraktionsvors. in Bln.-Spandau, 1979-85 MdA Bln., 1983/85 stv. Fraktionsvors., 1985-88 Mitgl. FDP-Landesvorst. Bln. - BV: Georg Gehlhoff-Gründer d. Dt. Ges. f. techn. Physik, 1986; Hans Geiger - Spuren aus e. Leben f. d. Physik, 1988; Friedrich Paschen als Hochschullehrer, 1989. Mithrsg.: Berliner Beiträge z. Gesch. d. Naturwiss. u. d. Technik.

SWITALLA, Bernd

Dr. phil., Prof. f. Sprachwissenschaft u. -didaktik Univ. Bielefeld (s. 1981) - Zu erreichen üb.: Univ./Fakultät f. Linguistik u. Literaturwiss., 4800 Bielefeld 1 (T. 106 36 95) - Geb. 5. Okt. 1938 Nentershausen/Hessen (Vater: Hans S.; Mutter: Helene, geb. Heinen), kath., verh. s. 1964 m. Hedwig, geb. Bornemann, T. Silke - Lehrerausbild.; Stud. Köln, Bonn, Aachen. Lehrerprüf. 1961 u. 64; Promot. 1971 (Linguist., Lit.wiss., Psych.) Aachen - 1972-81 TH Aachen (zul. Akad. Oberrat German. Inst.) - BV: Sprachl. Handeln im Unterr., 1977; Sprache, E. Handb. (zus. m. W. Boettcher, W. Herrlitz, Ernst Nündel), 1983. Zahlr. Einzelarb. - Liebh.: Musik, Lit., Wiss.stheorie.

SWOBODA, Michael

Ass., Hauptgeschäftsführer IHK Lippe zu Detmold - Willi-Hofmann-Str. 5, 4930 Detmold - Geb. 11. Okt. 1947.

SWOBODA, Walter

Dipl.-Kfm., Vorstandsvorsitzender Akad. Dt. Genossenschaften - Schloß Montabaur, 5430 Montabaur - Geb. 6. März 1930.

SWODENK, Wolfgang

Dr. rer. nat., Prof., Chemiker, Leiter Zentrale Forsch. u. Entw. Bayer AG - Auf dem Broich 5, 5068 Odenthal-Glöbusch - Geb. 18. Nov. 1930 Dresden - Chemiestud. in Berlin - Leit. Zentr. Forsch. u. Entw. Bayer AG; Honorarprof. in Bonn.

SYASSEN, Onno

Dr.-Ing. E. h., Dipl.-Ing., ehem. Vorstandsvorsitzender MWM, Techn. Beiratsmitgl. Germanischer Lloyd AG, Hamburg, Beratender Ingenieur - Carl-Benz-Str. 5, 6800 Mannheim - 1981 Ehrendoktor Univ. Hannover.

SYBEN, Wilhelm

Dr., Hauptgeschäftsführer Handwerkskammer Osnabrück-Emsland - Bramscher Str. 134-136, 4500 Osnabrück; priv.: Gerhart-Hauptmann-Str. 9, 4512 Wallenhorst.

SYBERBERG, Hans-Jürgen

Dr. phil., Filmregisseur - Genter Str. 15a, 8000 München 23 - Geb. 8. Dez. 1935 Nossendorf/Pom., verh. - Stud. German. - Filme: u.a. Sex-Business - made in Pasing (1969), San Domingo (1970), Ludwig II. - Requiem auf e. jungfräul. König (1972), Karl May (1974), Winfried Wagner u. d. Gesch. d. Hauses Wahnfried 1914-75 (1975), Hitler - E. Film aus Dtschl. (1977), Parsifal (1981), D. Nacht (1984), Edith Clever liest Joyce - Molly (1985), Fräulein Else (1987) - BV: Syberbergs Filmb., 1976; Hitler - E. Film aus Dtschl., 1978 (franz. 1980); D. freundl. Ges. - Notizen aus d. letzten Jahr, 1981; Parsifal, 1982; D. Wald steht schwarz u. schweiget, 1984 - 1983 Kritikerpreis Berlin (Parsifal).

SYDOW, Jürgen

Dr. phil., Honorarprof. f. Geschichte d. Städtewesens, Stadtarchivdirektor Tübingen a. D. - Jürgensenstr. 32, 7400 Tübingen (T. 8 24 14) - Geb. 30. April 1921 Dresden (Vater: Bruno S., Journ.; Mutter: Dora, geb. Hansen), kath., verh. s. 1947 m. Brunhilde, geb. Markert, 2 Kd. (Wolfgang, Angelika) - Gymn. Dresden (Abit. 1939); Univ. München (Promot. 1942), Staatsex. - Wiss. Archivdst.; s. 1947 Landeshptarchiv Dresden, 1950-1951 Ref. Doz. Berlin/Potsdam, 1953-59 Stadtarchivar Regensburg, 1959-62 Landesarchivrat Münster, 1962-83 Stadtarchivdir. Tübingen. 1963-82 Geschäftsf. Südwestdt. Arbeitskr. f. Stadtgesch. - BV: D. Tübinger Rathaus, 1969 u. 1976; Minnesänger, 1970; Z. Problem kaiserl. Schiedsverfahren unter Maximilian I., 1973; Gesch. d. Stadt Tübingen, I. T. 1974; Universitätsstadt Tübingen, 1976; Tendenzen u. Formen d. Stadtgesch.forsch. in d. BRD, 1979; Bilder z. Gesch. d. Stadt Tübingen, 1980; D. Zisterzienserabtei Bebenhausen, 1984; Städte im dt. Südwesten, 1987; Alt Tübingen, 1987. Herausg. d. Reihe: Stadt in d. Gesch. (Bd. 1-9, 1977-82) - Spr.: Engl., Franz., Ital., Poln.

SYDOW, von, Rolf

Regisseur, Autor - Stresemannstr. 14, 7570 Baden-Baden (T. 07221 - 2 99 25) - Geb. 18. Juni 1924 Wiesbaden (Vater: Ernst v. S., Farmer; Mutter: Ilse, geb. Bayerthal), verh. s. 1983 m. Susanne, geb. Hart, T. Ruth - Zahlr. Bühneninsz., Filme, Fernsehspiele - Spr.: Engl.

SYKOSCH, Heinz-Joachim

Dr. med., Prof. f. Chirurgie, Chefarzt - Rheinallee 53, 4000 Düsseldorf (T. 50 22 26) - Geb. 20. Febr. 1925 Guttentag (Eltern verst.), kath., verh. s. 1961 m. Elisabeth, geb. Wild, 2 Kd. (Nicolai, Katharina) - 1945/46 Kriegsgefang.sch., Abit.; 1946-52 Univ. Würzburg, Bonn (Promot. 1952) - 1969 Prof., Univ.Klinik Würzburg, Intern. Elisabeth-Hosp., New Jersey/USA, 1954-58 Fellow of Surgery Mayo-Klinik, Rochester, 1958-69 Assist. u. Oberarzt Chir. Klinik Univ. Düsseldorf, s. 1969 Chefarzt Chir. Klinikum Dominikus-Krkhs. D'dorf - Entw. d. Demand-Schrittmacher-Systems (Erster Demand-Schrittm. d. Welt, 1963) - Gründungsmitgl. u. 1. Präs. Dt. Ges. f. Herzschrittmacher, Gründungs- u. Präsid.mitgl. d. Europ. Ges. f. Herzschrittm. (European Cardiac Pacings Society) sowie d. Intern. Ges. f. Herzschrittm. (Intern. Cardiac Pacing Society). Ca. 90 Veröff. z. Thema Chir., insb. Schrittmacherweiterentw. u. -techn. - Spr.: Engl. - Lit.: Dt. Chirurgenverz.

SYMANNEK, Werner

Dipl.-Kfm., Vorstandsvorsitzender Ges. d. Freunde d. Med. Hochsch. Hannover - Asplundweg 9, 3000 Hannover 71 (T. 51 19 45) - Geb. 1. März 1922 Farienen - Spr.: Engl., Norw. - Rotarier.

SYMPHER, Peter

Dr., Botschafter, Leit. d. Aus- u. Fortbildungsstätte d. Auswärtigen Amts - Gudenauer Weg 134-136, 5300 Bonn 1.

SYRING, Hans-Willi

Dr. jur., Oberverwaltungsdirektor a. D., MdL Bayern (1966-74) - Elbestr. 12, 7910 Neu-Ulm (T. 8 13 96) - Geb. 31. Aug. 1918 Landau/Pfalz, verh., 2 Kd. - Oberrealsch. Ludwigshafen (Abit. 1937); n. 1945 Univ. Erlangen (Rechtswiss.; Promot. 1950). Gr. jurist. Staatsprüf. 1952 - Akt. Offz. (mehrf., z. T. schwerverwundet; u. a. I. Ordonnanzoffz. d. Generalquartierm. b. Generalstab d. Heeres); 1952-57 Reg.Rat bei Reg. v. Schwaben u. versch. Landratsämter, zul. Neu-Ulm; 1957-70 Rechtsrat u. rechtskd. Verw.Dir. Stadtverw. Neu-Ulm (Wirtschaftsref.). B. 1972 (Austr.) SPD; s. 1973 FDP.

SYRING, Rüdiger

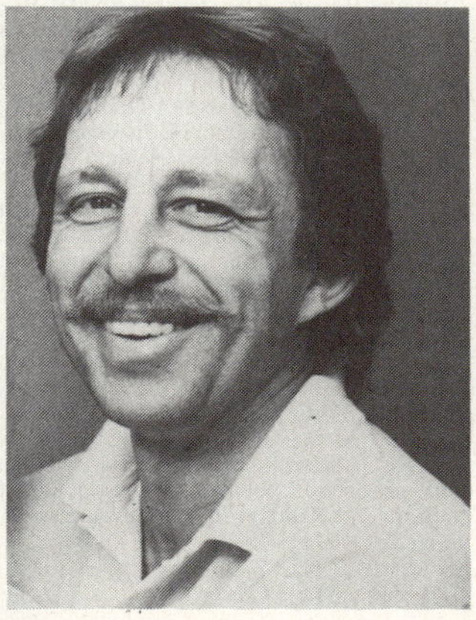

Erster Redakteur, Chef v. Dienst Norddeutscher Rundfunk, Hamburg (s. 1985) - Stellinger Weg 53, 2000 Hamburg 20 (T. 040 - 491 02 75) - Geb. 29. Jan. 1939 Stolp/Pommern, ev., verh. s. 1979 m. Brigitte, geb. Kreutz, 3 Kd. (Michael, Bettina, Julia) - Univ. Hamburg (Betriebsw. u. Erziehungswiss.); 1970 StudRat - 1970-80 Fachschul-Dir.; Geschäftsf. d. Rundfunkverb. in Hamburg - Liebh.: Schach, Fallschirmspringen (Nordd. Meister, üb. 1500 Sprünge) - Spr.: Engl., Span.

SYWOTTEK, Arnold

Dr. phil., Prof. f. Geschichte Univ. Hamburg - Busestr. 41, 2800 Bremen (T. 0421 - 21 29 60) - Geb. 1. Febr. 1942 Insterburg (Ostpr.), ev., verh. s. 1970 - 1962-70 Stud. Gesch., German., Politikwiss. u. Päd. Univ. Hamburg - 1970-74 wiss. Mitarb. Friedrich-Ebert-Stiftg. Bonn - BV: Volksdemokratie. Stud. z. polit. Konzeption d. KPD, 1971. Herausg.: Arbeiter in Hamburg (1983); Massenwohnung u. Eigenheim (1988) - Spr.: Engl.

SZADKOWSKI, Dieter

Dr. med., Prof. f. Arbeitsmedizin, ltd. Oberarzt Zentralinst. f. Arbeitsmed. Hamburg (b. 31.3.1989), komm. Dir. ebd. (s. 1.4.1989) - Zu erreichen üb.: Zentralinst. f. Arbeitsmed., Adolph-Schönfelder-Str. 5 XI, 2000 Hamburg 76 - Geb. 21. Juni 1933 Breslau (Vater: Hans S.; Mutter: Hilde, geb. Oczko), kath., verh. s. 1961 m. Dr. Elsbeth, geb. Neyses, T. Karin - Abit. 1953 Köln; Med. Staatsex. 1958, Promot. 1963, Habil. 1972 Hamburg - S. 1965 Facharzt f. inn. Krankh.; s. 1973 Prof. f. Arb.-Med. Hamburg; 1959-63 Univ.-Klinik Köln; 1963-66 Oberarzt Klinik f. Berufskrankh. Bad Reichenhall; 1966-71 Inst. f. Arb.- u. Sozialmed. Univ. Erlangen; s. 1971 Zentralinst. f. Arb.-Med. Hamburg; Vorst.-Mitgl. d. Dt. Ges. f. Arbeitsmedizin E.V., 1985 (s. 1989 Vizepräs.) - BV: Spätfolgen nach extremen Lebensverh., 1970; Physikal. Umwelteinflüsse, 1971; Feindiagnost. Meth. z. Früherk. best. berufl. bedingt. Gesundheitsschäden, 1972; Ökol. Kurs, T. Arb.-Med., 1976; Vinylchlorid als Krankheitsurs., 1982; D. Bleibelast. d. Menschen, 1982 - Spr.: Engl., Franz.

SZAJAK, Stefan

Dipl.-Kfm., Verwaltungsdirektor Jüdische Gemeinde, Geschäftsf. J.G.Z. Jüdisches Gemeindezentrum, Bau- Betriebs- u. Verwaltungsges. mbH, Waizenegger Unterstützungsges. mbH, u. Wohnpark An d. Saalburgallee GmbH, Vorst.-Mitgl. H. u. E. Budge Stiftg., Rothschild'sche Stiftung, alle Frankfurt/M. - Westendstr. 43, 6000 Frankfurt/M. 1 (T. 74 07 21) - Geb. 1. Mai 1948 Krakau (Vater: Baruch S., Kürschner; Mutter: Esther, geb. Künstlinger); jüd., verh. s. 1971 m. Alisa, geb. Plaut), 2 Söhne (David, Rafael) - Abit. Schuldorf Bergstraße; Dipl. Univ. Frankfurt/M.

SZALAI, Wendelin

Dr. päd. habil., Professor f. Geschichtsdidaktik - Geb. 26. Juni 1939 Ganna (Ung.), verh., 2 Töcht. - Fachlehrer f. Gesch. u. Kunsterzieh. in Dresden u. Potsdam; Promot. 1973; Habil. 1979 - 1960-67 Lehrer; 1967-92 Gesch.methodiker (Gesch.didaktiker) d. PH Dresden.

SZALLA, Holger Gerald

Staatl. gepr. Betriebswirt u. prakt. Betriebswirt, Mitglied d. Geschäftsleitung SCHULTZ GmbH, Köln - Zu Großen Busch 41, 5600 Wuppertal 11 - Geb. 10. Okt. 1949 Staßfurt, verh. m. Monika, geb. Jochheim, 2 Kd. (Jasmin-Carina, Nils-Kristian) - Ausb. Groß- u. Außenhandelskfm.; Stud. d. Betriebswirtsch. Bochum - Mitgl. Marketing-Club Bergisch-Land; Tätigk. b. Firmen d. Medical-Ind. (Beiersdorf, Penaten, Moelnlycke, HAKLE) - Silb. Ehrenhebammennadel - Liebh.: Sammler v. Altactien, Oldtimer.

SZCZESNY, Ches

Dr. h.c. Lith., Artphotograph, Photograph, Maler, Graphiker, Kunstakteur - Weidenallee 10a, 2000 Hamburg 36 (T. 040 - 44 23 86) - Geb. 27. April 1946 Kreuzen/Österr., verh. m. Elisabeth, geb. Dieckvosz, T. Lea Helena - Malermeister, Dipl.-Graphiker 1966 Düsseldorf, 1968 Den Haag - Generalmanager Black Panel World Foundation u. Decan Akad. EFIA. Leit. Kunstlabor Szczesny Hamburg - 1986/87 Gründg. d. Visuellen Konkreten Erotik (Photos), d. Black-Panel-World-Foundation, d. 1. fr. interplanetaren Akad. m. Dr. Klaus Groh - 1988 H. E. Chevalier Grand Commander (Confederation of Chevalry Australien) - Liebh.: Oldtimer - Spr.: Engl. - Bek. Vorf.: Joh. Egon v. Szczesny, Fürst zu Hollberg S.E. von Hungaria.

SZCZESNY, Gerhard

Dr. phil., Schriftsteller - Irmgardstr. 7, 8000 München 71 (T. 79 48 27) - Geb. 31. Juli 1918 Sallewen/Ostpr. (Vater: Ernst S., Kaufm.; Mutter: Margarethe, geb. Behrendt), verh. in 3. Ehe m. Anemone, geb. Friedmann, 3 Kd. (Alexander, Stefan, Claudia) - Univ. Königsberg, Berlin, München (Phil., Lit.gesch., Publizistik) - B. 1962 Bayer. Rundfunk (Leit. Sonderprogramm), dann eig. Verlag, s. 1968 Herausg. Rowohlt Taschenbuch-Verlag. Gründer Humanist. Union (1961; b. 1969 Vors.). - BV: Europa u. d. Anarchie d. Seele, 1946; D. Zukunft d. Unglaubens, 1958 (auch amerik., engl., finn., holl., span.); D. Leben d. Galilei u. d. Fall Bertolt Brecht, 1966 (auch amerik.); D. sog. Gute, 1971 (auch ital, holl.); D. Disziplinier. d. Demokr. o. d. vierte Stufe d. Freiheit, 1974; E. Buddha f. d. Abendl., 1976; Mögen alle Sorben glücklich sein - Tageb. e. Machtergreif., 1980; V. Unheil d. totalen Demokr., 1983; Als d. Vergangenheit Gegenwart war, 1990. Herausg.: D. Zeitg. u. s. Vaterl. (1956); Vorgänge - Kulturpolit. Korrespondenz (1962ff.); Club Voltaire - Jahrb. f. Krit. Aufklärung (1963ff.); D. Antwort d. Religionen (1963); Marxismus - ernst genommen (1975) - 1959 Mitgl. PEN-Zentrum BRD; 1957 Heinrich-Droste-Lit.-preis (f. D. Zuk. d. Unglaubens).

SZCZESNY, Stefan

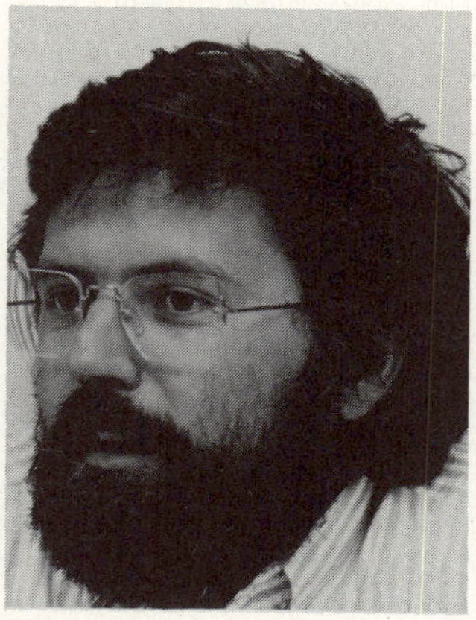

Maler - Neusser Str. 27-29, 5000 Köln 1 (T. 0221 - 72 99 76, Fax 72 84 51), priv.: Weissenburgstr. 74, 5000 Köln 1, (T. 0221 - 72 33 67) - Geb. 9. April 1951 München, (Vater: Dr. Gerhard S., Schriftst. u. Philosoph), verh., 4 Kd. (David, Sarah, Roman, Aurel) - 1969-75 Stud. an d. Akad. d. bild. Künste München. Herausg. d. Künstlerztschr. Malerei-Painting-Peinture (s. 1985); lebt u. arbeitet in Köln u. Croix-Valmer bei St. Tropez. Einzelausst. (Auswahl): 1984 Metamorphosen, Glyptothek u. Staatliche Antikensammlungen, München, 1988 Rheinisches Landesmuseum, Bonn, 1990 Kunstverein Mannheim u. Kunstverein Augsburg, 1991 Idole, Kunstverein Heidelberg, 1992 Portraits, DuMont Kunsthalle, Kunsthalle Bremen - 1980 Gastaufenthalt in d. Villa Romana Florenz; 1981 DAAD Stip. Paris; 1982-83 Rom-Preis, Aufenthalt in d. Villa Massimo Rom.

SZÉKESSY, Bernd-Géza

Dr. phil., Dipl.-Ing., Architekt - Baumstr. 67, 4000 Düsseldorf (T. 423 02 19) - Geb. 17. Jan. 1930 Düsseldorf (Vater: Prof. Zoltán S., Bildhauer; Mutter: Else, geb. Röcken), verh. s. 1960 m. Heidi, geb. Möbs, 3 Kd. (Béla, Luca, Tibor) - Abit. 1951; Univ. München (Phil., Archäol., Theaterwiss., Lit.wiss.), TH Karlsruhe (Arch.). Dr. phil. 1955 München; Dipl.-Ing. 1964 Karlsruhe - S. 1967 fr. Arch.; 1973-76 Lehrauftr. f. Baugesch. Hochsch. f. Techn., Bremen - W.: Doppelgymn. Rückertstr. Düsseldorf, Wohneinheiten Manderscheid/Eifel, Forschungsaufträge - Spr.: Engl.

SZEMERÉNYI, Oswald

Dr. phil., em. o. Prof. f. Allg. u. Indogerman. Sprachwissenschaft Univ. Freiburg (1965-81) - Caspar-Schrenk-Weg 14, 7800 Freiburg - Geb. 7. Sept. 1913 London - 1931-35 Univ. Budapest (Klass. Phil., German.). Promot. (1936; Summa cum laude) u. Habil. (1944) Budapest - Gymnasial- u. Hochschullehrer Budapest (1942; 1947 o. Prof.), 1948 Übersiedl. Engl., 1952-65 Hochschullehrer London (1960 o. Prof.)- BV: Studies in the Indo-European System of Numerals, 1960; Syncope in Greek and Indo-European and the Nature of Indo-European Accent, 1964; Einf. in d. Vergl. Sprachwiss., 1970 (span. 1978, russ. 1980, ital. 1985), 3. A. 1989, 4. A. 1991; Richtungen d. mod. Sprachwiss. I, 1971 (span. 1979); II, 1982 (span. 1986); Comparative Linguistics, in: Current Trends in Linguistics, Vol. 9,1 1972; Studies in the Kinship Terminology of IE languages, in: Acta Iranica 16, 1978. Four Old Iranian ethnic names: Scythian - Skudra-Sogdian-Saka, 1980; Scripta Minora - Selected ess., I-III, 1987; IV, 1991; An d. Quellen d. lateinischen Wortschatzes, 1989; Summing up a life, 1992. Mehr als 260 Fachaufs. u. Besprech.; 21 Bücher - S. 1982 Fellow of the British Acad.; 1989 Honorary Member, Linguistic Soc. of America; 1947 korr. Mitgl. ungar. Akad. (1949 ausgeschl., 1989 rehabilitiert), 1991 o. Mitgl. - Lit.: Festschr. f. O. Sz. (hg. v. Bela Brogyanyi), 1980.

SZENKAR, Claudio

Komponist, Musikprod. - Utrechter Str. 2, 5024 Pulheim-Stommeln/Rhld. (T. 02238 - 1 48 48) - Geb. 1. Jan. 1943 Rio de Janeiro/Brasil. (Vater: Prof. Eugen S., Dirigent, †1977 (s. XVII. Ausg.); Mutter: Hermine, geb. Zeitschel, Sängerin), ev. - Schulen Rio, New York, San Francisco, Düsseldorf; Konservat. D'dorf (abgeschl. Musikstud.). Unterweis. Vater - Üb. 450 aufgef. Musikw., eig. elektron. Studio u. Musikverlag, Kompos.-Ps. Song Team, zus. m. Sandra Haas (s. dort) Deutschl. auf Intern. Song-Festivals Seoul (Korea) u. Vina del Mar (Chile) als Kompon./Dirig. repräsent. M. 18 J. 1. Preis als bester dt. Jazzpianist/ Vibrafonist Dt. Jazz-Festival - Ehrenbürger New Orleans/USA - Liebh.: Fotogr., Sportschießen - Spr.: Portug., Engl., Ital., Franz., Span. - Bek. Vorf./ Onkel: Alexander (Dirig.) u. Dezsö S. (Komp.).

SZILARD, Rudolph

Dr.-Ing., em. Prof. f. Baumechanik u. Statik Univ. Dortmund - 14615 Latrobe Dr., Colo Spings. CO 80921, USA - Geb. 26. Aug. 1921 Güns (Vater: Rudolf S., Dipl.-Ing.; Mutter: Anna, geb. Sterbinszky), ev., verh. s. 1975 m. Ute, geb. Roßbach - 1939-45 Stud. Univ. Budapest (Dipl.-Bauing.), Prüf.-Ing. New York, Promot. 1961-62 Univ. Stuttgart - 1943-45 Berat. Ing. f. Brücken- u. Hochbau (Jun.-Partner Szilard & Sohn); 1945-49 Statiker in Österr.; 1949-57 Chefing.-Assist. (Abt. f. Spezialkonstr., Brücken usw.) Fa. Amman & Whitney, New York; 1958-67 Prof. Univ. in USA; 1967-78 o. Prof. f. Baumechanik u. Statik Univ. Hawaii; s. 1978 o. Prof. Univ. Dortmund - BV: 7 Fachb. in engl. u. dt. Spr., 1973-83 - Stat. Berechn.: Pittsburgh Amphitheater, TWA-Hangar (Chicago), M.I.T. Auditorium, City Hall of Milwaukee, Lunar Housing f. NASA-Weltraumbeh. - 1972 u. 73 Humboldt-Preis Bonn-Bad Godesberg; 1975 ACI Fellow American Concrete Inst.; 1961 Engineer of the Year (Soc. of Prof. Engineers, Seattle/USA) - Liebh.: Lit., Sport, Fotogr. - Spr.: Engl., Ungar., Span.

SZKLENAR, Hans

Dr. phil., Prof. f. Deutsche Philologie - Konstanzer Str. 51, 6900 Heidelberg (T. 06221 - 30 19 09) - Geb. 2. Aug. 1932 Berlin (Vater: Franz S., Schneider; Mutter: Frieda, geb. Krüger), ev., led. - Gymn. Berlin; 1951-57 FU Berlin (Dt. u. Klass. Philol., Promot. 1964), Habil. Göttingen 1975 - 1957-62 Höh. Schuldst. Berlin, s. 1962 Univ. Göttingen; s. 1982 Univ. Heidelberg - BV: Stud. z. Bild d. Orients in vorhöfischen dt. Epen, 1966; Magister Nicolaus de Dybin, 1981; Georg Trakl, Dichtungen u. Briefe, 1969 (hg. m. W. Killy), 2. erg. A. 1987 - 1971 Österr. Ehrenkreuz f. Wiss. u. Kunst - Liebh.: Kunst, Musik - Spr.: Engl., Franz.

SZYMANSKI, Rolf

Bildhauer, Prof. Hochschule d. Künste Berlin (s. 1986) - Bayernallee 44, 1000 Berlin 19 - Geb. 22. Okt. 1928 Leipzig (Vater: Harry S., Architekt; Mutter: Elise, geb. Fischer), verh. s. 1961 m. Gisela, geb. Rieffert - 1945-50 Kunstgewerbesch. Leipzig; 1950-55 Kunsthochsch. Berlin - U. a. Warschauer Nixe/ Bronzearb. (1960 Nationalgalerie Berlin), Fräulein in Algier (1961 Stadt Wolfsburg), D. öfftl. Rose/Eisenguß-Monumentalskulptur (1971 Stadt Hannover), Figur Ghanas-Bronze (1965 Kunsthalle Mannheim), L'Éphémère u. Anabase - zwei Eisenskulpturen (1982/83 im Bundesgesundheitsamt - Inst. f. Arzneimittel Berlin), Gebreite-Gipsorginal (1989 Berlinische Galerie Gropiusbau) - 1961 Preis Verb. d. dt. Kritiker u. Kunstpreis Stadt Wolfsburg, 1962 Rom-Preis (Villa Massimo), 1963 Berliner Kunstpreis (Jg. Generation), 1964 Villa-Romana-Preis; 1969 Premio del Governo Federale della Germania, 19. Biennale Intern. d'Arte Premio del Fiorino; 1970 o. Mitgl. Akad. d. Künste Berlin (1983 Vizepräs.); 1990 Dt. Künstlerbund Harry-Graf-Kessler-Preis.

SZYMCZAK, Heinz
Rektor i.R., Major d. R., MdL Nordrh.-Westf. (1966-80) - Andreasstr. 26, 5300 Bonn-Bad Godesberg (T. 35 25 96) - Geb. 6. Febr. 1921 Duisburg-Hamborn, kath., verh. s. 1950 m. Marianne, geb. Essers, 4 Kd. - Gehob. Klassen Hamborn (Mittl. Reife); 2 J. Praktikant; Ingenieursch. Duisburg (1 Sem.); 6 J. Soldat; Päd. Akad. Oberhausen - 1947-80 Volksschuldst. (1962 Konrektor, 1964 Rektor); s. 1961 Doz. f. Kommunalpolit. Kath. Soziales Inst. Bad Honnef. 1956-58 Stadtverordn. Mülheim/Ruhr; 1960-64 MdK Bonn-Land; 1964-69 Mitgl. Gemeinderat Bad Godesberg. CDU s. 1950 (1960-65 Mitgl. Kreisvorst. Bad Godesberg, 1970-76 Bonn) - BV: Schwanenspiegeleien (Parlamentssplitter), 1970, 75 u. 80 - 1975 Gold. Offz.-Kreuz d. VO v. Brabant (Belgien); 1979 BVK am Bde.; 1981 Ritter d. Silvesterordens.

T

TABORI, George
Regisseur, Autor - Riglergasse 8/9, A-1180 Wien - Geb. 25. Mai 1914 Budapest, verh. m. Ursula, geb. Höpfner, 3 Kd. (Lena, Christopher, John) - 1932-37 Stud. - Journ., Übers., Auslandskorresp. Brit. Armee, BBC; 1947 Amerika (Hollywood, New York) - Zahlr. Romane, Bühnenstücke, Filmdrehb. u. Insz. (New York, Tübingen, Bonn, Bremen, München, Bochum, Berlin, Wien) - BVK; Prix Italia; Brit. Acad. Award; Mann d. Jahres - Liebh.: Menschen, Theater, Liebe, Schach - Spr.: Engl., Franz., Ungar.

TACKE, Alfred
Dr. rer. pol., Staatssekretär im Niedersächsischen Ministerium f. Wirtschaft, Technologie u. Verkehr - Friedrichswall 1, 3000 Hannover 1 (T. 0511 - 1 20-64 04) - Geb. 13. Juli 1951 Celle.

TACKE, Karl
Dr. phil., Drs. h. c., Prof., Inh. Karl H. W. Tacke KG, Strickwaren, Jerseystoffe - Dickmannstr. 70, 5600 Wuppertal 2 - Geb. 22. Sept. 1910 Wuppertal - verh. s. 1936 m. Lisa, geb. Meuer, 2 S. (Klaus, Volker) - Gymn.; Stud. Phil. Univ. Wien (Promot.) - Prof. F. Ind. Management u. Sozialwiss. in Japan u. Südkorea. Zahlr. Mand., Mitgl.sch. u. Ehrenst. - Komtur Gregoriusorden; Großkreuzritter Ritterorden v. Hl. Grabe zu Jerusalem; Ehrendoktor Univ. Nagoya (Japan), Univ. Seoul (Südkorea) - Rotary-Altpräs.

TACKE, Walter
Geschäftsführer EMNID GmbH. & Co./ Inst. f. Markt- Meinungs- u. Sozialforsch. - Bodelschwinghstr. 21-25a, 4800 Bielefeld/W. 1.

TACKENBERG, Anny
Verwaltungsratsvorsitzende Verbraucher-Zentrale Nordrh.-Westf./Landesarbeitsgem. d. Verbraucherverb. - Mintropstr. 27, 4000 Düsseldorf 1.

TAEGEN, Frank
Dr.-Ing., Prof. f. Elektr. Masch. u. Antriebe Hochsch. d. Bundeswehr Hamburg (s. 1974) - Wulfsdorfer Weg 106b, 2000 Hamburg 67 (T. 603 03 38) - Geb. 5. Jan. 1932 Heilsberg (Vater: Gerhard T., Justitiar; Mutter: Elisabeth, geb. Lischewsky), ev., verh. s. 1962 m. Barbara, geb. Giesecke, 2 Kd. (Dirk, Thomas) - Dipl.ex. 1959; Promot. 1961; Habil. 1964 - Zul. o. Prof. TH Delft/Niederl. (s. 1966) - BV: Einf. in d. Theorie d. elektr. Maschinen I u. II, 1971.

TAESCH, Hans-Martin
Bauing., Maurer- u. Zimmerermeister, MdL Sachsen-Anhalt (s. 1990) - Mittelweg 8, O-7940 Jessen/Elster (T. 03537 - 31 59) - Geb. 2. April 1937 Prettin/Elbe, ev., verh. s. 1960 m. Karin, geb. Schlüter, 2 Söhne (Olaf, Holger) - Zimmerer - 1970-84 Vors. d. Baukommiss. d. Stadt Jessen; Vors. d. Aussch. Raumordnung, Städtebau, Wohnungswesen.

TAFEL, Hans Jörg
Dr.-Ing., em. o. Prof. u. ehem. Direktor Inst. f. Nachrichtengeräte u. Datenverarb. TH Aachen (s. 1964) - Raschlgründe 1, A-5412 Puch/Hallein (T. 06245 - 57 79) - Geb. 11. April 1922 Stuttgart (Vater: Prof. Georg T.; Mutter: Gertrud, geb. Wanner), ev., verh. s. 1959 m. Ursula, geb. Rieth, S. Cornelius - Gymn. Eßlingen; TH Stuttgart (Physik; Dipl.-Phys. 1949). Promot. 1952 - 1952-63 Siemens & Halske AG., München (Nachrichtentechn. Entwickl.). 1968-72 NTG-Vorst.; 1969-70 Beiratsmitgl. VDI/VDE-Ges. f. Feinwerktechn. u. Meß- u. Regeltechn. 1969/70 Dekan Elektrotechn. Fak. TH Aachen. Erf.: Siemens-Drucker f. Datenverarbeitungsanlagen - BV: Passive Bauelemente d. Nachrichtentechn., 1969; Einf. in d. Digitale Datenverarbeitung, 1971. Beitr. zu Rohrbach, Handb. d. fluid. Meßtechn., 1976; Datentechnik, 1978; Ein- u. Ausgabegeräte d. Datentechnik, 1982 - Spr.: Engl. - Bek. Vorf.: Dr. phil. h. c. Karl Mayer, Lyriker, Freund u. Biograph Uhlands (1786-1870); Karl Friedrich Mayer, Demokrat, 1848 Abg. Frankfurter Parlament (1819-89); Gottlob T., Gründer Dt. Volkspartei Stuttgart (1891-1974).

TAKANO, Kohsi
Dr. med., Prof. f. Neurophysiologie Univ. Göttingen - Hölleweg 13, 3400 Göttingen (T. 0551 - 2 19 15) - Geb. 7. Febr. 1931 in Japan (Vater: Tadashi T., Seidenfabrikdir.; Mutter: Fumi, geb. Okayama), Buddhist, verh. s. 1962 m. Kyoko, geb. Mori (Germanistin), 2 Töcht. (Pianistin Yayoi, Geigerin Erika) - Doz. (1965), assoc. Prof. (1969) Chiba Univ. Japan - S. 1971 Leit. d. Abt. Pathoneurophysiol. Univ. Göttingen. Fachinteresse: Neurophysiol. d. Motorik, Tetanustoxin. BV: Wiss. d. Musik (1981, jap.) - Liebh.: Akupunktur, Musik - Spr.: Jap., Engl., Deutsch.

TALKE, Kurt
Dr.-Ing., o. Prof. em. Univ. Stuttgart (1961-77) - Am Wald 16, 7590 Achern-Mösbach - Geb. 24. Jan. 1912 Zschachwitz/Sa., verh. m. Irmgard, geb. Weichold - 1937-41 TH Dresden. Zul. Dir. Inst. f. Maschinenelemente. Vorh. Geschäftsf. Demag Zug GmbH Wetter/Ruhr; AR-Mitgl. Barmag Barmer Maschinenfabr. AG, Remscheid-Lennep, b. 1978 Mitgl. Wiss. Ges. f. Masch.elemente u. Konstruktionsforschung.

TALLERT, Alfons
Stadtverordnetenvorsteher Bremerhaven - Jakob-Kaiser-Str. 35, 2850 Bremerhaven - Geb. 18. Mai 1916 Bremerhaven (Vater: Alfons T., Kaufm.; Mutter: Antonie, geb. Peters), ev., verh. s. 1946 m. Ursula, geb. Meyer, T. Angelika - Realsch.; seemäß. (naut.) Ausbild. - S. 1945 Verw.tätigk. 1951 Stadtverordn., 1955 Vors. SPD-Fraktion, 1958-83 Magistrat (1958-65 Stadtrat, 1965-83 Bürgerm.) Bremerhaven, s. 1983 Stadtverordnetenvorsteher. Mitgl. VR Städt. Sparkasse Bremerhaven, Mitgl. Hauptvers. Dt. Städtetag - Spr.: Engl., Franz.

TALLERT, Harry
Redakteur - Claussenstr. 12, 2850 Bremerhaven (T. 4 11 21) - Geb. 11. Juli 1927 Beuthen/OS. (Vater: Alfons T.), ev., verh. m. Brigitte, geb. Hornickel - B. 1944 Schulbesuch (Mittl. Reife) - S. 1948 (Ausbild.) journalist. Tätigk. 1944-45 Gestapohaft. 1955-65 Mitgl. Brem. Bürgerschaft; 1965-72 MdB. SPD s. 1953.

TALSKY, Gerhard
Dr. rer. nat., Univ.-Prof. TU München - Sulzemooser Str. 3a, 8000 München 60 (T. 863 13 76) - Geb. 6. Juli 1927 Mähr. Ostrau, kath. - Dipl. 1957 Univ. München, Promot. 1959 ebd.; Habil. 1969 TU München - 1959 Chemiker Pharmaind.; 1963 Techn. Dir.; 1964 Wiss. Assist.; 1969 Privatdoz.; 1978 Univ.-Doz.; s. 1980 Prof. - 5 Patentanmeld. 137 wiss. Veröff. (z. Biotechnol., Enzymmodifizierung, Umweltschadstoffnachweis, Analytik, Kinetik, Derivativspektroskopie).

TAMASCHKE, Olaf
Dr. rer. nat., Prof., Mathematiker - Ernst-Bloch-Str. 35, 7400 Tübingen - Geb. 13. Aug. 1927 Beuthen/OS. - S. 1962 (Habil.) Lehrtätigk. Univ. Tübingen (Prof.). Fachaufs.

TAMM, Peter
Verleger u. geschäftsführender Gesellschafter d. Maximilan-Verlagsgruppe, Schiffahrts-Verlag HANSA, d. Wissenschaftliches Inst. f. Schiffahrts- u. Marinegeschichte GmbH - Elbchaussee 277, 2000 Hamburg 52 - Geb. 12. Mai 1928 Hamburg (Vater: Emil T.), verh. s. 1958 m. Ursula, geb. Weisshun, 5 Kd. - Univ.-stud. (5 Sem. Wirtschaftswiss.) - 1960-62 Geschäftsf. Ullstein; 1962-64 Verlagsleit. Bild-Ztg.; 1964-68 Vors. d. Geschäftsltg. der Verlagshäuser Ullstein u. Axel Springer Berlin; 1968-69 all. Geschäftsf. Axel Springer Verlag GmbH; 1970-82 Alleinvorst. d. Axel Springer AG u. Geschäftsf. d. Axel Springer Ges. f. Publizistik KG, b. 1991 Vorst.-Vors. - 1987 BVK I. Kl.; Bayer. VO.

TAMMANN, Gustav Andreas
Dr. phil., Dr. h. c., M.A., Prof. f. Astronomie - St. Albanring 172, CH-4052 Basel (T. 061 - 42 63 65) - Geb. 24. Juli 1932 Göttingen (Vater: Prof. Dr. Heinrich Linus T., Chirurg; Mutter: Verena, geb. Bertholet, Antiquarin), ev., verh. s. 1965 m. Yvetta, geb. Jundt, Physiotherapeutin, 2 Kd. (Tatjana Anna, Heinrich Thomas) - Univ. Göttingen, Freiburg, Basel (Promot. 1961) - S. 1961 Astronom. Inst. Univ. Basel (s. 1977 o. Prof. u. Vorsteher) u. Mount Wilson and Palomar Observatories (s. 1976 Visiting Assoc.), s. 1975 Assoc. European Southern Observatory (ESO, Garching-München), 1979-87 Präs. Schweiz. Kommiss. f. Weltraumforsch., 1981-84 Vors. Astronom. Ges., Mitgl. versch. Kommiss. European Space Agency (ESA, Paris) - BV: (m. A. Sandage): The Revised Shapley - Ames Catalog, 1981 u. 1987; (m. P. Véron): Halleys Komet, 1985 - Fellow American Association for the Advancement of Science; 1984 Mitgl. Akad. d. dt. Naturforscher Leopoldina; 1985 Ehrendoktor Istanbul - Liebh.: Sammeln v. Orden - Bek. Vorf.: Geheimrat Prof. Dr. h.c. Gustav T., Physikochemiker; Geheimrat Prof. Dr. h.c. Alfred Bertholet, Theologe (Großv.).

TANDLER, Gerold
Vorstandsmitglied d. Linde AG, Wiesbaden (s. 1990), Bayer. Staatsminister d. Finanzen (1988-90), MdL Bayern (1970; 1982-88 Fraktionsvors. CSU, stv. Vors. ebd.) - Hotel Zur Post, 8262 Altötting/Obb. - Geb. 12. Aug. 1936 Reichenberg/Sudetenl. (Eltern: Josef u. Emma T.), verh. m. Gabriele, geb. Hiermaier, 5 Kd. - 1953-71 Bayer. Vereinsbank; s. 1976 Hotelier; 1971-78 u. 1983-88 Generalsekr.; 1978-82 Bayer. Innenminister; 1988 Bayer. Wirtschaftsmin. CSU s. 1956. 1985ff. Vizepräs. Europ. Volkspartei (EVP), Brüssel - 1984 Gr. BVK m. Stern u. Bayer. VO - Judoka (brauner Gürtel).

TANGE, Ernst Günter

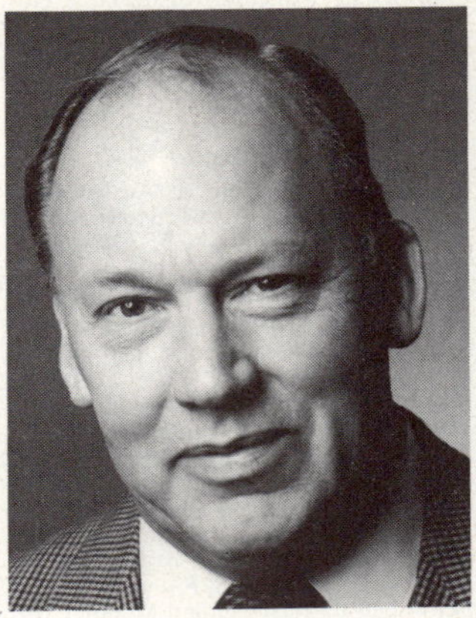

Journalist, NDR-Redakteur - Am Südhang 7 a, 2000 Oststeinbek (T. 040 - 41 56 24 57) - Geb. 24. Juli 1933, verh., 2 Söhne (Benjamin, Florian) - Stud. Phil. u. Dt. Philol. Univ. Freiburg, München u. Hamburg - Volontariat b. Hörzu; 1960-65 Redakt. b. Hörzu; NDR-Redakt.; s. 1965 Pressesprecher - BV: Sag's m. Biß. D. Wörterbuch d. boshaften Definitionen, 1985; Wörterbuch f. Querdenker. Boshafte Definitionen, 1987; Funk - Sprüche. Geistesblitze z. Thema Fernsehen, 1988; Adam & Eva. Zitatenschatz f. Liebe u. Ehe, 1988; Sag's m. Witz. Geistreiche Definitionen f. Selbstdenker, 1989; D. gr. Buch d. boshaften Definitionen, 1989; Sag's mit Pfiff, 1990; Wer liest, kann mitreden, ABC f. Bücherfreunde u. Zeitungsleser, 1991; Zitatenschatz d. Liebe, 1991; Vom Vergnügen, Recht zu haben, 1992; D. Dummheit d. anderen ist Deine Chance, 1992; No Body is Perfect, 1992 - Liebh.: Lesen, Swing-Musik - Spr.: Engl., Griech., Latein - Lit.: Oststeinbek: Wo wir unseren Lebensfaden festgemacht haben, in: Sander, Oststeinbek Havighorst.

TANK, Max Otto
Dr. rer. pol., Geschäftsführer i. R. - Diezelweg 41, 4000 Düsseldorf - Geb. 27. Aug. 1911 Neukarbe/Neumark, ev., verh. s. 1941 m. Ursula, geb. Schultze, 4 Kd. - Vorm. Geschäftsf. u. Vorst. Verb. nordwestdt. Lederwarenind.

TANNER, Widmar
Dr. rer. nat., Prof. Univ. Regensburg - Holbeinweg 21, 8400 Regensburg - Geb. 3. Mai 1938 Wagstadt (Vater: Otto T.; Mutter: Gisela, geb. Lech), verh. s. 1961 m. Bärbel, geb. Schlotmann, 4 Kd. (Gregor, Robert, Burkhard, Susanne) - 1957-61 Univ. München; 1961-64 Purdue Univ./USA - 1970ff. o. Prof. Univ. Regensburg.

TANNERT, Gerhard
Bürgerschaftsabgeordneter - Seehofweg 4a, 2000 Hamburg 96 (T. 745 86 44) - 1970-74 Mitgl. Hbg. Bürgerschaft. SPD.

TANTAU, Hans Jürgen
Dr. ing. agr., Dr. rer. hort., Prof. - Unter den Eichen 12, 3000 Hannover - Geb. 11. Sept. 1945 Neuendeich (Vater: Hans-Joachim T., Gärtner; Mutter: Hilda, geb. Vietze), ev., verh. s. 1987 m. Regine, geb. Erler, 3 Kd. (Joachim, Mathias, Sonja-Juliane) - Dipl. 1970, Promot. 1975, Habil. 1979 - S. 1971 Univ. Hannover - Erf.: Klimaregel. v. Gewächshäusern, Expertensystem - BV: Heizungssyst., 1974; Doppelbedach., 1976; Heizungsanl. im Gartenbau, 1983 - Liebh.: Fliegerei - Spr.: Engl.

TANZBERG, Kris
s. Kranz, Gisbert

TAPHORN, Hans-Joachim
Kaufmann, Geschäftsf. Bramlage & Co. (Kunststoffverarb.), Lohne, Präs. IHK

Oldenburg - Zu erreichen üb. Bramlage GmbH, Postf. 11 49, 2842 Lohne/Oldbg. (T. 30 84) - Geb. 19. Juli 1922 - 1973 BVK I. Kl. - Rotarier.

TAPPE, Karl-Friedrich
Bankdirektor, Vorstandsmitgl. Allgemeine Deutsche Credit-Anstalt, Frankfurt - Lindenstr. 27, 6000 Frankfurt/M. - Geb. 23. Jan. 1931 Stettin, verh. s. 1965 m. Rosemarie, geb. Wenzel, 2 Kd. - 1965-75 Kreditdir. Nordd. Landesbank, Hannover - Spr.: Engl.

TAPPER, Werner
Verleger - Bei der Pilzbuche 7, 7900 Ulm/D. (T. 26 86 80) - Geb. 4. Jan. 1918 Berlin (Vater: Hermann T., techn. Leiter; Mutter: Johanna, geb. Salzmann), verh. s. 1943 m. Ingeborg, geb. Schaffer, 2 T. (Ingrid, Marion) - Kaufm. Lehre - Kaufm. Angest.; Wehrdst.; s. 1946 Herausg. Sport-Kurier, München/Augsburg/Ulm.

TAPPERT, Horst
Schauspieler, Regisseur - Geigerstr. 21, 8032 Gräfelfing/Obb. (T. München 85 54 83) - Geb. 26. Mai 1923 Elberfeld (Vater: Julius T., Beamter; Mutter: Ewaldine, geb. Röll), verh. in 3. Ehe (1957) m. Ursula, geb. Pistor, 3 Kd. (Karin, Ralph, Gary) - Grund- u. Handelssch.; kaufm. Lehre - S. 1945 Schausp. Bühnen: Tübingen, Göttingen, Kassel, Bonn, Wuppertal, Münchener Kammerspiele u. Bayer. Staatsschauspiel. Neben unzähl. Bühnenrollen ca. 25 Spielfilme, ca. 200 Fernsehsp. (Gentlemen bitten zur Kasse; 1974ff., Derrick - 1982 100. Folge) - 1979 Gold. Bambi; 1980 Kriminalhauptkommissar; 1981 Gold. Superkamera; 1983 ETMA-Preis (Vereinig. Europ. Programmztschr.) f. Derrick; 1984 Gold. Kamera Österr.; 1985 Ercolo d'Oro; 1985 Primo Capo Circeo; 1986 Tele Gatto Ital. Ausz. f. Darst. d. Derrick, 1987 2. Tele Gatto f. besten dt. Darst.); 1988 BVK; 1989 Bulle-merite v. Bund dt. Kriminalbeamter f. glaubhaftesten Art d. Darst. ihrer Berufssparte; 1989 Ehrenmitgl. d. Intern. Police Assoc. IPA; 1990 3. Tele Gatto f. Derrick (als beste ausl. Serie); 1990 Ehren-Bambi d. Hauses Burda - Liebh.: Popul. Naturwissenschaft.

TAPROGGE, Rainer

Dr.-Ing., Dipl.-Ing., Dipl.-Wirtsch.-Ing., Prof., Industrieberater - Stockkamp 10, 2000 Hamburg 52 (T. 82 76 01) - Geb. 14. Okt. 1937 Schwerte (Vater: Paul T.; Mutter: Sophia, geb. Betten), kath., verh. s. 1968 m. Ingrid, geb. Gelück, 2 Kd. (Carsten, Birga) - Stud. Maschinenbau u. Wirtschaftsing.wesen TH Aachen; Promot. 1966; Habil. 1970 - 1962-70 Inst. f. Kunststoffverarb. TH Aachen (zun. wiss. Assist.; 1966 Oberring. u. stv. Leit.); 1974 ff. apl. Prof. f. Konstruieren m. Kunstst. ebd.; 1970-73 Leit. Inst. z. Erforsch. technol. Entwicklungslinien, s. 1973 beratender Ing. Kunststofftechnik. Üb. 70 Fachveröff. - 1966 Borchers-Plak. TH Aachen -

Liebh.: Hochseesegeln, Skisport - Spr.: Engl., Franz.

TARGONSKI, György
Ph. D., Prof. f. Angew. Mathematik Univ. Marburg (s. 1974) - Inheidener Str. 71, 6000 Frankfurt/M. 60 - Geb. 27. März 1928 Budapest/Ung. (Vater: Dr. Anton T., Physiker; Mutter: Rózsa, geb. Simonovits), kath., verh. s. 1956 m. Jolán, geb. Horváth - Abit. 1947 Budapest; Mathematikerdipl. 1952 ebd.; Promot. 1963 Cambridge - 1951-56 Assist. u. Lehrbeauftr. TH Budapest; 1959-60 Assist. Lecturer Univ. London; 1960-61 attaché de recherche CERN, Genf; 1961-63 dass. Univ. ebd.; 1963-74 Assoc. u. Full Prof. (1966) Fordham Univ. New York. Fachaufs., Bücher - Liebh.: science fiction - Spr.: Ung., Dt., Engl., Franz.

TARNOWSKI, Wolfgang
Dr. med., Prof. f. Physiol. Chemie Univ. Hamburg, Senator d. Fr. u. Hansestadt Hamburg a. D. - Eckerkamp 25, 2000 Hamburg 65 - Geb. 25. Febr. 1931 Seeburg/Ostpr. (Vater: Dr. med. vet. Otto T., Tierarzt; Mutter: Maria-Magdalena, geb. Labotzki, Lehrerin), verh. s. 1960 m. Dr. med. Katrin, geb. Rittich, 3. Kd. (Nikolai, Andrej, Natascha) - 1951-53 Lehre u. Abschl. als Groß- u. Ind.kfm.; 1953-58 Stud. Med. u. Kunstgesch. Univ. Hamburg; Promot. 1961 Hamburg, Approb. 1961; Habil. 1966 - 1963 wiss. Assist. Inst. f. Physiol. Chemie Univ. Hamburg; s. 1971 Prof. u. Leit. Abt. f. Biochem. Endokrinol. Inst. f. Physiol. Chemie d. Univ.klinik Hbg.-Eppendorf - SPD s. 1966. 1970-74 Deputierter d. Hbg. Gesundheitsbehörde; 1974-78 MdHB, gesundh.- u. kulturpolit. Sprecher d. SPD-Fraktion; 1978-83 Kultursenator d. Fr. u. Hansestadt Hamburg - Veröff. in dtsch. u. intern. Fachztschr., Handb. u. ä. (dtsch. u. engl.) - BV: Ernst Barlach u. d. Nationalsozialismus, 1988; div. Jugendsachb. (Unser Körper, Seeräuber, Gladiatoren, Mumien, Ritter, Samurai) - Spr.: Engl., Franz., Ital.

TARTTER, Günther
Hauptgeschäftsführer Handwerkskammer Rheinhessen - Göttelmannstr. 1, 6500 Mainz 26.

TARTTER, Rudolf Erich
Landrat i. R., Abteilungsleiter, Ehrenpräsident Landesmusikverband Rhld.-Pfalz - Fliegerstr. 55, 6750 Kaiserslautern (T. 0631-934 54) - Geb. 2. Aug. 1938 Landau/Pfalz (Vater: Hermann T., Kaufm.; Mutter: Irmgard, geb. Kronacher), ev., verh. s. 1965 m. Heidemarie, geb. Bergner - Univ. Heidelberg, Kiel, Freiburg, 1. u. 2. jurist. Staatsex. - Mitgl. Rundfunkrat SWF Baden-Baden.

TASCHAU, Hannelies

Schriftstellerin - Zentral 8, 3250 Hameln/Weser - Geb. 26. April 1937 Hamburg - BV: Verworrene Route, Ged. 1959; D. Kinderei, R. 1960; D. Taube auf d. Dach, R. 1967; Gedichte, 1969; Strip, Erz. 1974; Landfriede, R. 1978; Dop-

pelleben, Ged. 1979; Erfinder d. Glücks, R. 1981; Gefährdung d. Leidensch., Ged. 1984; Nahe Ziele, Erz. 1985; Wundern entgehen, Ged. 1987, 1986; weg mit d. Meer, Ged. 1990; Mein letzter Mann, Erz. 1992 - 1980 Künstlerstipendium Niedersö.

TAU, Theo
s. Tauchel, Theodor

TAUBE, Werner
Dr. jur., Versicherungsdirektor i. R. - Amselweg 18, 2107 Rosengarten 7 (T. Büro: Hamburg 339 57 -1) - Geb. 29. Okt. 1919 Hamburg - B. 1969 stv., dann o. Vorstandsmitgl. Albingia Versich.s-AG., Hamburg.

TAUBE, Werner
Prof. Staatl. Hochsch. f. Musik, Stuttgart, Cellist - Heumadener Str. 78, 7302 Ostfildern 4 (T. 0711 - 45 17 03) - Geb. 12. Mai 1930 Leipzig.

TAUBER, Hans
Bauer, Bürgermeister, MdL Bayern (s. 1970) - Burgstallstr. 5, 8501 Obermichelbach b. Nürnberg (T. 76 11 64) - Geb. 22. Febr. 1921, ev., verh., 3 Kd. - CSU 1980 Bayer. VO.

TAUBER, Peter Fritz
Dr. med., Prof., Arzt f. Gynäkologie u. Geburtshilfe - Wittgenbusch 37, 4300 Essen 14 (T. 0201-58 13 64) - Geb. 9. Dez. 1939 München (Vater: Dr. Fritz T., Rechtsanw.; Mutter: Elisabeth, geb. Ketterl), kath., verh. s. 1966 m. Beate, geb. Strom, 3 Kd. (Michael, Stefan, Konstanze) - Gym. München (Abit. 1959); Univ. München, Würzburg, Chicago, Ulm u. Essen, Promot. München 1970, Habil. Essen 1979 - 1970-72 u. 1974-1975 Assist. Univ.-Frauenklinik Ulm, s 1975 Klinikum Essen (dazw. Aufenth. in USA), s. 1976 Facharzt (Oberarzt) Essen, 1979 ff. Priv.doz., s. 1982 Prof. Univ. Essen. - Spez. Arbeitsgeb.: Biol., Biochemie u. Immunol. d. Fortpflanzung; Vorsorge, Empfängnisverhütung - Mitgl. in zahlr. wiss. Ges. - BV: Human Fertilization Workshop Proceedings, 1978 (in engl. Spr.; zus. m. H. Ludwig) - Liebh.: Klass. Musik/Oper, Med.gesch. - Spr.: Engl.

TAUBERT, Hans-Dieter
Dr. med., o. Prof. f. Gynäkolog. Endokrinologie u. Leit. Abt. f. Gynäk. Endokrinol. Univ.s-Frauenklinik Frankfurt - Theodor-Stern-Kai 7, 6000 Frankfurt/M. (T. 63 01 - 57 08) - Geb. 10. Aug. 1931 Kötzschenbroda/Sa. (Vater: Dr. med. Rudolf T., Sanitätsrat; Mutter: Käthe, geb. Müller), ev., verh. s. 1960 m. Judith, geb. Owens, S. Philip - Obersch. Radebeul/Sa.; Univ. Marburg u. München (Med.) - 1963-65 Univ. of Maryland, Baltimore (Instructor in Obstetrics and Gynaecology); 1965-66 Rockefeller Univ. New York (Research Associate); s. 1967 Univ. Frankfurt (ao. u. o. Prof.). Mitgl. Dt. u. amerik. Facheinricht. - BV: Ärztl. Rat f. kinderlose Ehepaare, 1972; Gynäkologie u. Geburtshilfe, 1972 (m. H. Schmidt-Matthiesen); Kontrazeption m. Hormonen, 1981 (m. H. Kuhl). Fachaufs. - Liebh.: Musik, Reiten - Spr.: Engl.

TAUBERT, Sigfred
Schriftsteller - Am Felsenkeller 26, 6457 Maintal-Hochstadt (T. 06181 - 43 17 74) - Geb. 8. Sept. 1914 Stavanger/Norw. (Vater: Paul T., Buchdrucker; Mutter: Gertrud, geb. Trödler), verh. s. 1942 m. Ingeborg, geb. Fuchs, 2 Kd. (Heiner, Barbara) - Oberrealsch.; Lehre Otto Harrassowitz, Leipzig; Buchhändler-Lehranstalt u. Akad. f. graph. Künste Leipzig 1932-51 im. Kriegsunterbr. intern. Buchhandel; 1951-58 Pressechef, dann Geschäftsf. Auslands- u. Messebüro bzw. Ausstellungs- u. MesseGmbH. (1964) Börsenverein d. Dt. Buchhand.; b. 1974 Dir. Frankf. Buchmesse; 1974-1978 Vors. Intern. Buchkomitee Unesco, Paris - BV: Grundriß des Buchhandels in der Welt, 1953; Bibliopola, 1966; The book trade of the

world, Bd. I 1972, Bd. II 1975, Bd. III 1981, Bd. IV 1984; Wege u. Irrwege, Erinner. 1984; D. Brief, Erz. 1989. Buchübersetzungen aus dem Englischen, Französischen, Skandinav. - 1974 Ehrenplak. Stadt Frankfurt, Dem Förderer des Buches (Preis d. Börsenvereins), Ehrenplak. Österr. Verlegerverb., Goldmed. Cercle de Librairie, Ehrenmitgl. PEN Kolumbien, Trevi-Preis Stockholm, Amico do Livro São Paulo, 1987 Ehrenplak. Dt. Bücherei, Leipzig; Mitgl. Jury Noma Award for Publishing in Africa - Liebh.: Bibliophilie, Ornithol., Fotogr., Gärtnerei - Spr.: Engl., Franz., Finn., Schwed. - Rotarier.

TAUBERT, Uwe
Journalist, Leiter d. Dänemark-Redaktion d. Deutschlandfunks - Stommelner Weg 22, 5040 Brühl - Geb. 3. Febr. 1940 Flensburg, verh. m. Gabriele, geb. Hamann, 2 Söhne (Nils, Michel) - Journ.-Hochsch. Arhus (Dänemark); Ausb. b. Flensborg Avis u. mehr. Ztg. in Dänemark - Spr.: Dänisch (2. Muttersp.).

TAUBITZ, Monika

Lehrerin, Schriftstellerin - Lehrenweg 23, 7758 Meersburg/Bodensee - Geb. 2. Sept. 1937 Breslau (Vater: Josef T., Lehrer; Mutter: Elisabeth, geb. Zenker), röm.-kath. - Mitgl. intern Bodenseeklub, u. Wangener Kreis, Ges. f. Kunst u. Lit.; gewähltes Mitgl. Kulturwerk Schlesien (Würzburg) u. Ostdt. Kulturrat (Bonn); Künstlergilde Esslingen, Ackermann-Gemeinde, Droste-Ges., Gedok, u. a. - BV: Fallende Sterne, Ged. 1968; Schatten üb. d. Brunnen, N. 1971; Schlesien - Tageb. e. Reise, 1973; Probeflug, Ged. 1974; Durch Lücken im Zaun, R. 1977; Netze werfend, Ged. 1978; Gestörte Befragung, Hörsp. 1982; Treibgut, R. 1983; Dir. Spinnweb Zeit ins Netz gegangen, Ged. 1983; Dort geht Katharina, Erz. 1984; Schlesien - Blick ins Land, Bildbd. 1988. Herausg.: Schön wie d. Mond - E. Meersburger Leseb. (1988). Herausg./Mithrsg. vieler Anthologien - Div. Ehrungen, dar. 1976 Päpstl. VO in Gold am

Bde. Benemerenti; 1978 Eichendorff-Preis; 1980 Förderpreis z. Kulturpr. Schlesien d. Land Nieders.; 1981 Hörspiel- u. Erzählerpr. d. Ostd. Kulturrates; 1983 Preis Bad Harzburger Lit.tage - Lit.: u. a. Ztschr. Schlesien (Kunst. Wirtsch., Kultur); 1981 Laudatio Dr. Herbert Hupka (MdB); 1979 Jochen Hoffbauer; 1988 Voith: Schriftstellerportrait, Bodenseehefte u. a.

TAUCHEL, Theodor

Schriftsteller - Konrad-Broßwitz-Str. 10, 6000 Frankfurt/M. (T. 77 16 32) - Geb. 22. Jan. 1908 Soginten/Ostpr., ev., verh. m. Marlis, geb. Gefe († 1972) - Univ. Marburg, München, Berlin (Rechts- u. Staatswissensch., Publizistik, Theaterwissensch.) - Journalist u. Bildredakteur Scherl-Verlag; Redakt. Archiv f. Weltw.; Geschäftsf. Ufa-Filmproduktion. 1958-71 Vors. Schutzverb. Dt. Schriftst. Hessen; Vorst.-Mitgl. Vereinig. Dt. Schriftst.-Verb. - BV: D. Rominter Heide, Plaudereien 1932; Masuren, Heimatb. 1932. Reisef. (1957-1959); D. Ital. Riviera, D. Tschechosl., Südtirol, Korsika-Sardinien-Elba, Oberital. Seen, Bulgarien, Ital. Adria; Herausg./Chefredakt.: D. Literat (Monatsschr. f. Literatur u. Kunst) - 1982 BVK - Spr.: Engl., Franz.

TAUPITZ, Artur

Dr. med., Prof., Chefarzt Urolog. Klinik Städt. Krankenhaus Kaiserslautern (s. 1964) - Dansenbergerstr. 102, 6750 Kaiserslautern - Verh. m. Dr. Dr. Eva, geb. Stahn, 2 Kd.

TAUPITZ, Jochen

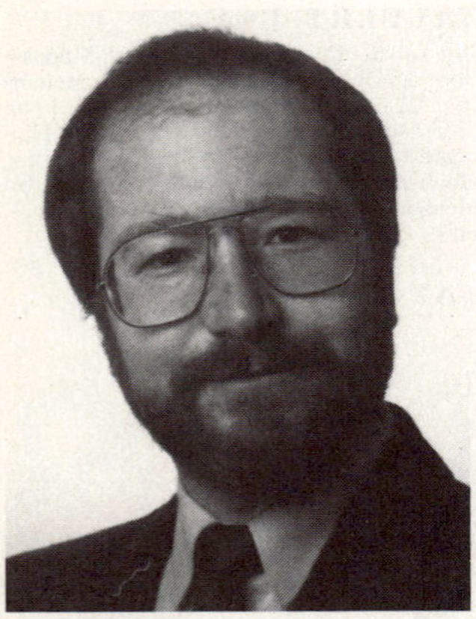

Dr. jur., o. Prof. f. Bürgerl. Recht, Zivilprozeßrecht, Intern. Privatrecht u. Rechtsvergl. Univ. Göttingen (s. 1988) u. Univ. Mannheim (s. 1990) - Siebseeweg 29, 6800 Mannheim 31 (T. 75 86 12) - Geb. 12. April 1953 Detmold (Vater: Dr. jur. utr. Ludwig T., Mutter: Lotte, geb. Köster), verh. s. 1982 m. Christiane, geb. Hartenstein (RiLG) - Schulbes. Detmold, Santa Cruz de Tenerife u. Minden; Stud. Rechtswiss. Freiburg u. Göttingen; Jur. Staatsprüf. 1978 u. 82; Promot. 1981; Habil. 1988 - BV: Haftung f. Energieleiterstörungen durch Dritte, 1981; D. zivilrechtl. Pflicht zur unaufgeforderten Offenbarung eigenen Fehlverhaltens, 1989; D. Standesordnungen d. freien Berufe, 1991. Mitautor: Menschl. Blut: verwendbar nach Belieben d. Arztes?, 1991.

TAURIT, Rudolf

Dipl.-Ing., Prof. M. S., Rektor Fachhochschule Lübeck - Heinrich-Mann-Ring 14, 2400 Lübeck (T. 0451 - 6 45 17) - Geb. 31. Okt. 1934 Zossen, ev., verh. s. 1966 m. Aloisia, geb. Zweschper, 3 Söhne (Matthias, Diethmar, Thiemo) - Human. Gymn. Katharineum Lübeck; Abit. 1955; Dipl.-Ing. Elektrotechnik 1960 TH Hannover; M.S. Nuclear Engineering 1963 Univ. Cincinnati/Ohio, USA - 1963-69 Ing.-Tätigk. auf d. Kernenergiesektor (AEG bzw. KWU Frankfurt). S. 1970 Doz. f. Energie- u. Kerntechnik/Strahlenschutz FH Lübeck - Spr.: Engl.

TAUSCH, Reinhard

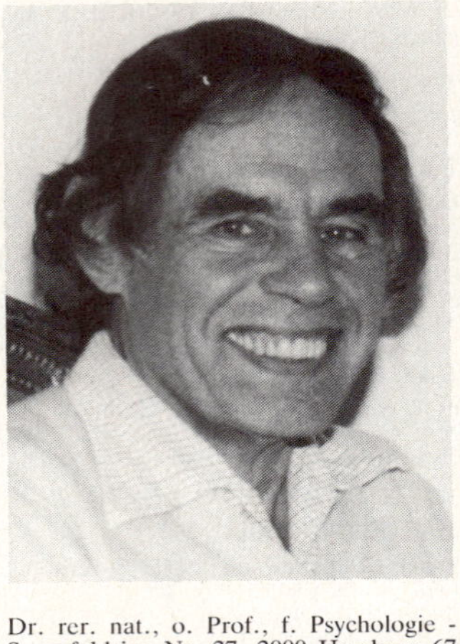

Dr. rer. nat., o. Prof., f. Psychologie - Sorenfeldring Nr. 27, 2000 Hamburg 67 (T. 603 89 75) - Geb. 6. Nov. 1921 Braunschweig (Vater: Hans T., Bankkfm.; Mutter: Else, geb. Zitzlaff), ev., verh. s. 1954 m. Dr. Annemarie, geb. Habeck, 3 Töcht. (Cornelia, Angelika, Daniela) - Päd. Hochsch. Hannover (I. Lehrex. 1946); Univ. Göttingen (Dipl.-Psych. 1950). Promot. 1951 Göttingen; Habil. 1960 Marburg - 1960 Privatdoz. Univ. Marburg; 1961 Prof. PH Kettwig/Duisburg (Dir. Forschungsinst. f. Psych.); 1964 Wiss. Rat u. Prof. Univ. Köln; s. 1965 o. Prof. Univ. Hamburg (Dir. Psych. Inst.) - BV: D. psychotherapeut. Gespräch, 1960, 9. A. 1990 unt. d. Titel: Gesprächspsychotherapie; Erziehungspsych., 1963, 10. A. 1991; Wege zu uns, 1983; Sanftes Sterben, 1985; Lebensschritte, 1989. Div. Fachaufs. - Spr.: Engl.

TAUSCH, Siegfried-Eberhard

Journalist, Vorstandsmitglied DRF (Deutsche Rettungsflugwacht) e.V. - Am Birkenbruch 25, 5300 Bonn 1 (T. 0228 - 28 58 64 u. 0228 - 21 49 00) - Geb. 3. Okt. 1924 Stargard/Pom. (Vater: Friedrich T., Pfarrer †; Mutter: Elfriede, geb. Welz), ev., verh. s. 1966 in 2. Ehe m. Christa, geb. Villhauer, 4 Töcht. (Sabine, Solveigh, Tanja, Cordula) - Human. Leibniz-Gymn. Berlin - 1952 Pressechef Real-Film Hamburg, 1956 PR u. Pressechef Opal Strumpfwerke, 1971-82 PR-Chef Volvo Dtschl., 1978-83 Präs. DPRG (Deutsche Public Relations-Ges.); 1978-83 Vorst.-Vors. DIPR (Dt. Inst. f. Public Relations); 1982-89 Pressesprecher d. Vorst. DEKRA (Dt. Kraftfahrzeug-Überwachungs-Verein e.V.); s. 1982 Vors. Öffentlichkeitsaussch. DVR (Dt. Verkehrssicherheitsrat); s. 1983 Ehrenmitgl. DPRG + DIPR - 1985 BVK I. Kl. - Liebh.: Gesch. - Spr.: Engl.

TAUSCHER, Bernhard

Dr. habil., Dipl.-Chem., Prof., Direktor, Leit. Inst. f. Chemie u. Biologie d. BFE - Richard-Kuhn-Str. 9, 6900 Heidelberg (T. 06221 - 83 38 43) - Geb. 16. Juni 1943 Singen am Hohentwiel, verh., 2 Kd. - Stud. Botanik u. Chemie Univ. Heidelberg; Dipl. u. Promot (Naturstoffchemie); Habil. 1982; Venia legendi f. Org. Chemie 1983 Heidelberg - Mehrj. Tätigk. in ltd. Positionen d. Chem. Ind.; s. 1989 Leit. Bundesforschungsanst. f. Ernährung - BV: Atencion Primaria de Salud (Mitautor), 1987 - Spr.: Engl., Franz., Span.

TAUSIG, Otto

Schauspieler - Iglaseegasse 9, A-1190 Wien - Geb. 13. Febr. 1922 Wien (Vater: Dr. Aladar T.; Mutter: Franziska, geb. Gatner), verh. s. 1958 m. Lilly, geb. Schmuck, S. Wolfgang - Max-Reinhardt-Sem. Wien - Zahlr. Bühnen, dar. Burgtheater Wien, Volksbühne Berlin (beide Teile), Schauspielhs. Zürich, Hamburg, Städt. Bühnen Frankf., Köln, Bonn, Wiesbaden, Münchner Volkstheater. U.a. Nestroy, Raimund, Goldoni, Shakespeare. Div. Insz., auch Fernsehen - BV: V. Paradies z. Weltuntergang - D. dramat. Werke Jura Soyfers, 1947. Film: Indisches Nachtstück (Bombay 1989); Warburg, a man of influence (Paris 1991).

TAVERNIER, Pierre

Ballettmeister u. Solotänzer f. Charakterrollen Badisches Staatstheater, Karlsruhe - Kaiserallee 73, 7500 Karlsruhe 21 (T. 0721 - 85 69 98) - Geb. 29. Juli 1956 Chatillon-Coligny/Frankreich, ledig - Schule d. Opera Paris; Mudra (Schule Maurice Bejart/Brüssel); Dipl.: Mudra (Kurse: klass. u. mod. Tanz, Schauspiel, Gesang) - Rollen: Solist-Hauptrollen in Balletten, Choreographien v. Germinal Casado Madeleine Bart (Adam: Jardin des Delices; Tchaikowsky: P.I.T. - Bilder; Vivaldi: Viva Vivaldi; D'Artagnan: Drei Musketiere, Orion: Sylvia, Don Ottavio: Namouna, Dali: Lorca) - Spr.: Dt.

TAYLOR, Anthony Simon

Choreograph u. Ballettm. Theater Stadt Koblenz - Kurfürstenstr. 10, 5400 Koblenz (T. 0261 - 1 72 58) - Geb. 28. Dez. 1944 Wokingham/Großbrit.; ledig - Rambert School of Ballet, London - Solotänzer in Bremen u. Kiel; s. 1983 Ballettm. Koblenz; Gastdoz. London; Gastchoreograph in London, Linz, Salzburg, Lübeck, Kiel.

TAYLOR, David Marshall

Ph.D., D.Sc., Prof. f. Biochemie (Strahlentoxikologie) - Kinzigring 34, 7525 Bad Schönborn 2 (T. 07253 - 3 22 26) - Geb. 5. Febr. 1927 London (Vater: Frederick T., Beamter; Mutter: Violet F., geb. Beazley), anglican., verh. s. 1952 m. Mary P., geb. Williamson, 2 Töcht. (Carolyn, Sarah) - Schule London, Univ. Liverpool u. London (Biochemie, Promot. 1959) - 1952/53 Biochem. Forsch. pharmaz. Ind., 1953-79 Inst. f. Krebsforsch. Univ. London (Abt.-Leit. Biochemie u. Strahlenpharmakol., Vize-Dekan 1970-71), s. 1979 o. Prof. f. Strahlentoxikol. Univ. Heidelberg, Dir. Inst. f. Genetik u. Toxikol. v. Spaltstoffen, Kernforsch.-Zentr. Karlsruhe; s. 1989 Hon.-Prof. f. Chemie, Univ. Wales, Cardiff, UK. Beitr. z. wiss. Strahlenbiol., Strahlentoxikol., Biochemie u. Krebsforsch. Ca. 250 Veröff. - BV: Basic Science of Nuclear Medicine (m. R. P. Parker u. P.H.S. Smith), 1978; Risks from Radium and Thorotrast (m. C. W. Mays, G. B. Gerber, R. G. Thomas), 1989 - Liebh.: Lit., Wandern, Segeln - Spr.: Engl. (Mutterspr.), Franz., Deutsch.

TAYLOR, Richard

Dr. phil. (Ph.D.), Prof. f. Anglistik Univ. Bayreuth - Postfach 10 12 51, 8580 Bayreuth (T. 0921 - 55 35 64) - Geb. 24. Dez. 1935 Cambridge N.Y./USA (Vater: Floyd T., Bankvorst.; Mutter: Lillian, geb. Frémont), verh. s. 1963 m. Aina, geb. Pavolini, 2 Kd. (Olu, Oba) - A.B. 1957 Brown Univ. RI/USA, M.A. 1964 Manchester Univ. UK, Ph.D. 1966 Durham Univ. UK - 1963-65 Doz Fourah Bay College (Durham Univ., UK) Freetown, Sierra Leone; 1965-66 Gast-Doz. Reading Univ., UK; 1966-71 Assist.-Prof. Dartmouth College, NH/USA; 1971-76 Doz. Univ. of Ife, Nigeria; 1976-79 Prof. Univ. of Ife, Nigeria; s. 1979 Prof. f. Angl. u. Komparatist. Univ. Bayreuth - BV: Frank Pearce Sturm, 1969; The Drama of W.B. Yeats, 1976; Herausg.: Background Lectures in Eng. Lit., (1978); Understanding the Elements of Literature, (1982); A Reader's Guide to the Plays of W.B. Yeats, (1984); Variorum Edition of THREE CANTOS, a prototype (1991) - Spr.: Engl. (Mutterspr.), Franz., Ital., Deutsch.

TEBARTH, Klaus

Niedersächsischer Datenschutzbeauftragter - Schwarzer Bär 2, 3000 Hannover.

TEBBE, Karl-Friedrich

Dr. rer. nat., Prof. f. Anorganische Chemie Univ. Köln - Niederste Feldweg 89, 4600 Dortmund 1 (T. 0231-51 05 32) - Geb. 29. Nov. 1941 Dortmund (Vater: Wilhelm T., Realschull.; Mutter: Wilhelmine, geb. Schäfer), ev., verh. s. 1969 m. Helga, geb. Kubisch, 2 S. (Karl Dirk, Friedrich Ludger) - Gymn. (Abit. 1961); Univ. Münster, Dipl. Chemie 1967, Promot. 1970, Habil. 1975 - 1972 Akad. Rat Münster, 1974 Akad. Oberrat, 1978 Wiss. Rat Univ. Köln - Spr.: Engl.

TECHTMEIER, Eberhard

Dipl.-Kfm., Direktor, MdL Nordrh.-Westf. (1966-1975; Wahlkr. 118/Soest) - Meßbergstr. 29, 5757 Wickede/Ruhr (T. 8 12 05) - Geb. 19. Mai 1913 Schwäb. Gmünd, verh., 2 Kd. - Oberrealsch.; Univ. Münster u. Köln (Wirtschaftswiss.; Dipl.-Kfm.) - Tätigk. Ind. u. Wirtschaftsprüf., Kriegsdst. u. Gefangensch., s. Jahren kaufm. Dir. 1952-56 Gemeindevertr. Wickede; 1960-69 MdK Soest. CDU s. 1952.

TECKENTRUP, Karl-Heinz

Dipl.-Math., Vorstandsmitglied Barmenia Allgemeine Versich.-AG, Barmenia Lebensversich. a.G., Barmenia Krankenversich. a.G., alle Wuppertal - Kronprinzenallee 12-18, 5600 Wuppertal 1 - Geb. 15. Nov. 1938.

TEGELER, Josef

Kaufmann, MdL Nieders. (1963-74) - Am Zuckerhut 13, 4504 Georgsmarienhütte (T. 22 30) - Geb. 8. Dez. 1926 Malbergen Kr. Osnabrück, kath., verh. s. 1967, S. Jens - Gymn. Carolinum Osnabrück - Ab 1943 Wehrdst. (Luftw.; schwerkriegsversehrt); s. 1959 Mitinh. u. Gf. VAG-Kraftfahrzeugbetrieb Hülsmann & Tegeler. 1964 ff. Landrat Kr. Osnabrück. Mitgl. Kreistag Osnabrück u. Gemeinderat Georgsmarienhütte. 1956-59 Bezirksvors. Jg. Union. CDU s. 1954 (1959 Kreisvors. Osnabrück-Land) - BVK - Liebh.: Jagd, Reisen, Musik, Lesen.

TEGETHOFF, Walter

Dipl.-Landw., Geschäftsführer Howard Rotavator Maschinenfabrik GmbH., Michelstadt - 6125 Zell/Odenw. - Geb. 16. Juni 1929 Warburg.

TEGETTHOFF, Folke

Märchenerzähler, Märchendichter - Kloster, A-8413 St. Georgen/Stf. - Geb. 13. Febr. 1954, verh., 3 Töcht. (Tessa, Sophie, Kira) - Abit. - Folke Tegetthoff Collection, weltweit einziges Archiv an d. Murray State Univ. Kentucky, USA. 1988 Begründer u. Organisator v. Intern. Märchenerzählerfestivals. Teilnahme an: Storytellerfestival Toronto (1983); 1. Intern. Erzählerkongreß Tel Aviv (1987); Berliner Festtage (1989). 1982-84 Welttournee (33 Länder) - BV: u.a. Liebesmärchen, 1981; Pan Tau, 1985; V. meinem Zwerg, 1986; Kräutermärchen, 1988; Dorf im Kopf, 1988; Tegetthoffs Fairy Tales, 1989 (engl.); Gott ist überall zu Hause, 1990 - Steirischer Landespreis f. Kinder- u. Jugendlit. - Spr.: Engl. - Bek. Vorf.: Wilhelm von Tegetthoff, Admiral (Ururgroßv.) - Lit.: 3 Diplomarb. üb. sein Werk (Univ. Klagenfurt, Graz, Wien).

TEGTMEIER, Georg

Dipl.-Ing., Techn. Beigeordneter i.R., Arch., Stadtplaner u. Städtebauer - Sennehof 74, 4800 Bielefeld 12 (T. 0521 - 49 34 47) - Geb. 26. Dez. 1920 Bielefeld (Vater: Wilhelm T., Desinfekt.; Mutter: Elisabeth, geb. Röder), verh. s. 1945 m. Elfriede, geb. Lippold, 2 Söhne (Harald, Frank) - 1940-41 Stud. TH Hannover, 1943-45 TH Dresden; Dipl.-Hauptprüf. 1951 - 1953-55 Dt. Bauakad. Ostberlin, Forschungsinst. f. Städtebau - 1945-51 Stadtbaum. in Leisnig; 1952-53 Min. f. Aufbau Berlin; 1955 Nordkorea (Wiederaufb. Ham-Hung); 1955-58 Beir. f. Bauwesen b. Min. DDR; 1958-59

Stadtbaudir. Magdeburg; nach Flucht in d. Westen 1960-70 Stadtbaurat Brackwede; 1970-80 Techn. Beigeordn. Bünde; s. 1980 Ruhest. - Zahlr. Ehrungen - Liebh.: Okol. Probl., Wandern, Radfahren, Fotogr., Versehrtensport - Spr.: Engl., Franz.

TEGTMEIER, Werner

Dr. rer. pol., Dipl.-Kfm., Staatssekretär Bundesmin. f. Arbeit u. Sozialordnung (s. 1987) - Rochusstr. 1, 5300 Bonn-Duisdorf; priv.: Am Park 85, 5205 St. Augustin 1 - Geb. 27. Sept. 1940 Hannover (Vater: Heinz T., Feinmechaniker; Mutter: Hildegard, geb. Herrmanns), ev., verh. s. 1968 m. Annegret, geb. Bonse, 2 S. (Jens, Jörn) - 1957-60 kaufm. Ausbild. Ind. Hannover; 1961-63 Akad. f. Wirtschaft u. Politik Hamburg; 1963-67 Univ. ebd. (Wirtschafts- u. Sozialwiss.; Dipl.-Kfm. 1967). Promot. (Volksw.) 1972 Hamburg - 1967-70 Geschäftsf. Stab d. Mitbestimmungskommiss. d. Bundesreg.; 1970-76 Ref. Sozialpolit. Gruppe/ Polit. Planung Bundeskanzleramt; 1977-87 Ministerialdir. Leit. d. Grundsatz- u. Planungsabtlg. im BMA - BV: Wirkungen d. Mitbestimmung d. Arbeitnehmer, 1973 - Spr.: Engl.

TEICH, Gerd-Hermann

Geschäftsführer Vermögensverwaltungsges. Dr. Joachim Schmidt GmbH., Ilsede - Gartenstr. 3, 3152 Ilsede 1 - Geb. 17. Okt. 1922.

TEICHLER, Ulrich

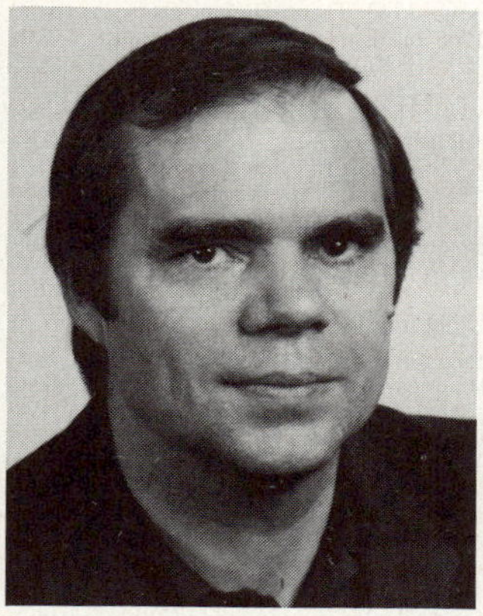

Dr. phil., Univ.-Prof. - Haroldstr. 11, 3500 Kassel (T. 0561 - 6 53 42) - Geb. 23. Juli 1942 Stettin (Vater: Johannes T., Pfarrer; Mutter: Erika, geb. Petersen), ev., verh. s. 1966 m. Yoko, geb. Urata, 2 Kd. (Nils-Erik Shinichiro, Matthias Tim Yoshio) - 1962-68 Stud. Soziol. FU Berlin; Dipl.-Soz. 1968; Promot. 1975 Univ. Bremen - 1968-78 wiss. Mitarb. Max-Planck-Inst. f. Bildungsforsch.; 1970-72 Gastwissensch. National Inst. f. Educational Res. Tokyo; 1978ff. Univ.-Prof. GH Kassel (gf. Dir. Wiss. Zentrum f. Berufs- u. Hochschulforsch., 1980-82 Vizepräs. GH); 1985/86 Fellow, Netherlands Inst. for Advanced Studies; 1986ff. Gastprof. Northwestern Univ., Evanston/Illinois; 1992 Special Exchange Programm Fellow d. Univ. Nagoya (Japan); 1992 Ehrenmitgl. d. Acad. of Humanities and Sciences of the City Univ. of New York - BV: D. Arbeitsmarkt f. Akademiker in Japan, 1975; D. Dilemma d. mod. Bildungsges., 1976; Hochschulexpansion u. Bedarf d. Ges., 1976 (engl. 1980); Probl. d. Hochschulzul. in d. Vereinigt. Staaten, 1978 (engl. 1978); Gesamthochsch. - Erfahr., Hemmnisse, Zielwandel, 1981; D. Arbeitsmarkt f. Hochschulabsolv., 1981 (engl. 1982); Hochschulzertifikate u. betriebl. Einstellungspraxis, 1984; Studium u. Beruf, 1986; Higher Education in the Federal Rep. of Germany, 1986; Hochschule - Stud. - Berufsvorstellungen, 1987; Auslandsstud.programm im Vergleich, 1988; Erträge d. Auslandsstud. f. Studierende u. Absolventen, 1988; Changing Patterns of the Higher Education System, 1988; Convergence or Growing Variety: The Changing Organisation of Studies, 1988; Europäische Hochschulsysteme, 1990; Learning in Europe: The ERASMUS Experience, 1991. Bestand u. Perspektiven d. Weiterbildung, 1991; Handbook of Higher Education Diplomas in Europe, 1992. Herausg.: Hochsch. u. Beruf (1979); Praxisorient. d. Stud. (1979); Integrierte Hochschulmod. (1982; engl. 1983); Hochsch. u. Beruf in Polen u. d. Bundesrep. Deutschl. (1983); Berufstätigk. v. Hochschulabsolventen (1983); Higher Education and Employment in the USSR and the Federal Republic of Germany (1984); Forschungsgegenstand Hochsch. (1984); Hochschulentw. s. d. sechziger Jahren (1986); D. Hochschulwesen in d. Bundesrep. Deutschl. (1990); D. Berufsstart v. Hochschulabsolventen (1990); Hochschulabsolventen in Beruf (1992); u. a. Veröff.

TEICHMANIS, Atis

Prof., Cellist - Mettackerweg 36, 7800 Freiburg/Br. (T. 4 35 63) - Geb. 15. Juni 1907 Libau/Lett. (Vater: Karlis T., Orgelbaum.; Mutter: Luise, geb. Baumanis), verh. s. 1949 m. Edite-Anna, geb. Vidzirkste, 5 Kd. (Atis, Guna, Anda, Maruta, Juris) - Gymn.; Musikstud. Riga, Paris, Salzburg (Mozarteum). Diplom 1930 Riga - S. 1947 Prof. Musikhochsch. Freiburg (Violoncello) - Spr.: Lett., Russ.

TEICHMANN, Arndt

Dr. jur., o. Prof. f. Bürgerl. Recht, Handels- u. Wirtschaftsrecht Univ. Mainz (s. 1972); Richter OLG Koblenz (s. 1974) - Bahnhofstr. 71, 6501 Harxheim (T. 06138 - 68 65) - Geb. 3. Dez. 1934 Dresden (Vater: Herbert T., Offz.; Mutter: Erika, geb. Siebdrat), ev., 3 Kd. (Merten, Heinke, Helge) - Stud. Univ. München, Göttingen; Promot. (1961) u. Habil. (1969) ebd. - 1971 Prof. Kiel. Fachmitgl.sch. - BV: D. Gesetzesumgehung, 1962; Gestaltungsfreiheit in Ges.-verträgen, 1970; Texte u. Fälle z. Ges.-recht, 2. A. 1976; Leistungsstörungen u. Gewährleistung, 3. A. 1988; Gutachten z. 55. Dt. Juristentag 1984 (Reform d. Werkvertragsrechts) - Liebh.: Bild. Kunst - Spr.: Engl., Franz.

TEICHMANN, Knud M.

Dr., Vorstandsmitglied DBV + Partner Versich. - Zu erreichen üb. DBV + Partner Versich., Berliner Str. 170/172, 6050 Offenbach, u. Frankfurter Str. 50, 6200 Wiesbaden.

TEICHMÜLLER, Marlies,

geb. Köster

Dr. rer. nat., Direktorin a.D. Geol. Landesamt Nordrh.-Westf. - Am Hohen Haus 15, 4150 Krefeld (T. 02151 - 2 47 90) - Geb. 11. Nov. 1914, verh. 1938-83 m. Dr. phil. Rolf T. † - 1934/35 Stud. Geol., Geogr., Mineral. Univ. Freiburg, 1936/37 Berlin, 1937/38 Worcester, Mass. (USA) u. Pittsburgh, Pa (USA), 1938/39 Berlin; Promot. 1939 Berlin - 1940-45 Wiss. Mitarb. Reichsamt f. Bodenforsch.; s. 1947 Geol. Landesamt Nordrh.-Westf. (1961 Landesgeologin, 1964 Oberlandesgeologin, 1970 Geologie-Dir. u. Leit. Dez. Kohlenpetrol. u. Kohlenchemie, 1979 Ruhest.) - 181 Wiss. Veröff., dar. Beitr. zu Büchern: Textbook of Coal Petrology (1975 u. 82), Inkohlung u. Erdöl (1974), Inkohlung u. Geothermik (1979), D. niederrh. Braunkohlenformation (1958). Fluoreszenz v. Vitriniten u. Liptiniten (1982), Coal and Coal Bearing Strata (1987), Low Temperature Metamorphism (1987); Peat and Coal: Origin, Facies and Depositional Models (1989) - 1969 Hans Stille Med. Dt. Geol. Ges.; 1971 Reinhard Thiessen Med. Intern. Kommiss. f. Kohlenpetrol.; 1978 Carl Engler Med. Dt. Ges. f. Mineralölwiss. u. Kohlechemie; 1979 BVK; 1987 Waterschoot v.d.Gracht Med.Roy.Geol.-Min.Soc. Netherlands - Spr.: Engl., Franz.

TEICHS, Adolf

s. Teichs, Alf

TEICHTWEIER, Georg

Dr. theol., em. o. Prof. f. Moraltheologie - Frühlingstr. Nr. 46, 8700 Würzburg 25 - Geb. 8. Mai 1913 Rohr/Niederbayern (Vater: Georg T.; Mutter: Helene, geb. Lang), kath. - Phil.-Theol. Hochsch. Passau, Univ. München u. Tübingen. Priesterw. 1937. Promot. (1951) u. Habil. (1956) Tübingen - Seelsorge; s. 1956 Lehrtätigk. Univ. Tübingen, Phil.-Theol. Hochsch. Passau (1958 Ord.; 1962 Rektor), Univ. Bochum (1965 Ord.) u. Würzburg (1968 Ord.); 1976 Päpstl. Ehrenprälat; 1980 emerit. - BV: D. Sündenlehre d. Origenes, 1958; Ehel. Leben heute, 3. A. 1966; Moral - wieder gefragt, 1976; Moral in aktueller Diskussion, 1983; Was Gott verbunden hat. Glück in Liebe u. Ehe, 1988. Mithrsg.: Herausforderung u. Kritik d. Moraltheologie (1971, m. W. Dreier).

TEIGELER, Peter

Dr. phil., Dipl.-Psych. u. Altphilologe, Prof. TU Berlin - Katharinenstr. 13, 1000 Berlin 37 (T. 030 - 813 53 29) - Geb. 11. Mai 1936 Berlin - Stud in Berlin (Dipl.-Psych. 1962, Staatsex. 1965, Promot. 1971) - BV: Verständlichk. u. Wirksamk. v. Sprache u. Text, 1968; Satzstruktur u. Lernverhalten, 1972; Verständlich sprechen, schreiben, informieren, 1982. Herausg.: Montessóri-, Freinet-, Waldorfpädagogik (m. Achim Hellmich, 1992).

TEILMANS, Ewa

Intendantin, Regisseurin, Schauspielerin - Röntgenstr. 8, 7410 Eningen (T. 07121 - 8 85 37) - Geb. 3. Aug. 1955 - Hochsch. d. Künste Berlin (Dipl. 1983) - Z. Z. Intendanz d. Reutlinger Theaters in d. Tonne - Künstl. Arb. (Regie zul.): Extremities - W. Mastrosimone (Wien); E. Hungerkünstler; Brief an d. Vater - F. Kafka (München); Bettleroper - J. Gay; Leonce u. Lena - Büchner (Reutlingen); In d. Einsamkeit d. Baumwollfelder - B.-M. Koltes; Antigone - Sophokles (Bearb.: Walser Selge); Georg Kreisler: Heute abend - Lola Blau; Gerhard Majer: Blutschand u. D. Bäuerin (Mecklenburg. Landestheater Parchim) - Spr.: Engl., Franz., Ital.

TEIN, von, Dieter

Assessor, Hauptgeschäftsführer Hauptverb. d. Papier, Pappe u. Kunststoffe verarb. Industrie (HPV); Verb. Papier, Pappe u. Kunststoff verarb. Industrie, Hessen u. d. Verb. Wohnraumleuchten-, Lampenschirm- u. Zubeh.- Ind. (VLWZ) e.V. - Arndtstr. 47, 6000 Frankfurt/M. - Geb. 25. Aug. 1934 Bamberg.

TEISSIER, Elizabeth

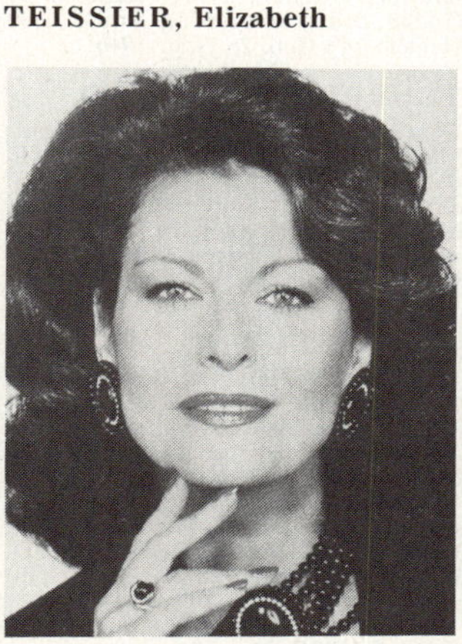

Astrologin, Vizepräsidentin Franz. Astrologen-Verb. - 2, chemin de Beau-Soleil, CH-1206 Genf - Geb. 6. Jan. 1941 Algier, gesch., 2 Töcht. (Isabelle, Marianne) - Stud. Sorbonne (Prof. Franz.) Agregation Grammatik u. Philol. 1965 - 1 J. Unterr. am Gymn. 1966-75 Mannequin (b. Coco Chanel) u. Filmrollen m. Burt Lancaster, Jean-Paul Belmondo, Shirley McLaine (unter d. Regie v. De Sica, Marcel Carné, Sydney Pollack). 1975 1. FS-Horoskop in Europa (im franz. FS Antenne 2). Regelmäßige Rubriken in 7 Ländern - BV: Ne brulez-pas la sorciere, 1976 (Dt. 1981: U. d. Sterne haben doch recht); Astralement Votre, 1980; Verbrennt d. Hexe nicht, 1982; Astrologie, Science du XXIeme Siecle, 1988 (Dt. 1989: Astrologie, d. Wiederkehr e. Wiss.); Ihre Sterne b. z. Jahr 2000, 1990 - 1989 Guinness des Records (meistgelesene Astrol. Europas, 60 Mill. Leser pro Monat) - Liebh.: Yoga, Lesen - Spr.: Franz. (Mutterspr.), Deutsch, Engl.

TEITZEL, Helmut

Schuhmacher, Mitglied gf. DGB-Bundesvorst. (s. 1983) - Zu erreichen üb. DGB-Bundesvorstand, Hans-Böckler-Str. 39, 4000 Düsseldorf 30 - Geb. 4. Juli 1934 Göttingen (Vater: August T., Schuhmacher; Mutter: Anne, geb. Semmelrodt), ev., verh. s. 1956 m. Inge, geb. Jarczewski, 2 Kd. (Sylvia, Marco-Percy) - Schuhmacherlehre; Weiterbild. in Abendsch. - 1976 2. Vors. Gewerksch. Leder, 1980 1. Vors.

TELLENBACH, Gerd

Dr. phil., Drs. h. c., Prof., Direktor Dt. Histor. Institut, Rom (1962-72) - Hintere Steige 4, 7800 Freiburg/Br. (T. 5 64 97) - Geb. 17. Sept. 1903 Berlin (Vater: Leo T.; Mutter: Margarete, geb. Eberty), verh. s. 1945 m. Marie-Elisabeth, geb. Gerken - Univ. Freiburg u. München - 1928-33 Mitarb. Pr. Histor. Inst., Rom, dann Privatdoz. Univ. Heidelberg, ab 1938 Ord. Univ. Gießen, Münster (1942) u. Freiburg (1944; 1949/50 u. 1957/58 Rektor). 1957/58 Präs. Westd. Rektorenkonfz. - BV (1933-81): u. a. Repertorium Germanicum, Röm. u. christl. Reichsgedanke in d. Liturgie d. frühen Mittelalters, Libertas - Kirche u. Weltordnung im Zeitalter d. Investiturstreites (auch engl.), D. Entstehung d. Dt. Reiches, Königtum u. Stämme, Goethes geschichtl. Sinn, Studien u. Vorarb. z. Gesch. d. großfränk. u. frühdt. Adels, Z. Bedeutung d. Personenforschung d. frühen Mittelalters (auch ital.), Europa im Zeitalter d. Karolinger, Kaisertum, Papsttum u. Europa (Hist. Mundi V u. VI), Neue Forschung üb. Cluny u. Cluniacenser, D. Sibyllin. Preis - Reden u. Schriften z. Hochschulpolitik, D. Germanen u. d. Abendl. b. z. Beginn d. 13. Jh.s (Saeculum-Weltgesch. (IV), D. Grundleg. d. späteren Weltstell. d. Abendlands (ebd. V), Liber memorialis v. Remiremont (Mon. Germ. Hist.), Aus erinnerter Zeitgesch.; D. westl. Kirche v. 10. bis zum 12. Jh., 1988. Ausgew. Abh. u. Aufs., 4 Bde. 1988 u. 89; Zahlr. Fachaufs. - 1960 Ehrendoktor Univ. Löwen (Dr. phil. et litt.) u. Glasgow (D. litt.), 1987 Univ. Pisa; Mitgl. Bayer. Akad. d. Wiss., Zentraldir. Monumenta Germaniae historica, Histor. Kommiss. München, Kommiss. f. Landesgesch. Baden-Württ., Österr. Inst. f. Geschichtsforsch.; Società Storica Pisana The Bristish Acad., Accad. Naz. dei Lincei; 1968 Gr. BVK m. Stern; 1973 Komturkreuz ital. VO. - Lit./Festschr.: Josef Fleckenstein/Karl Schmid, Adel u. Kirche (1968); Reinhard Mielitz, D. Lehren d. Gesch. (1968); J. Fleckenstein, G. T. (Quellen u. Forsch. aus ital. Archiven u. Bibl. 53, 1973); K. Schmid, Der Freiburger Arbeitskreis, G. T. z. 70. Geburtstag (Ztschr. f. d. Gesch. d. Oberrheins 121, 1974); Festgabe z. 80. Geburtstag (Ztschr. f. d. Gesch. d. Oberrheins 131, 1983).

TELLENBACH, Hubertus

Dr. phil., Dr. med., Prof., Psychiater u. Neurologe - Rungestr. 43, 8000 München 71 (T. 7 91 55 45) - Geb. 15. März 1914 Köln (Vater: Heinrich T., Kaufm.; Mutter: Christine, geb. Sons), kath., verh. s. 1939 m. Dr. Ingeborg, geb. Goose, 3 Söhne (Kurt, Reinhard, Michael) - S. 1952 (Habil.) Privatdoz. u. apl. Prof. Univ. München u. Heidelberg (emerit. Vorsteher Abt. f. Psychopatho-

TELLER, Heinrich
Dr. med., Prof., Dermatologe - Bayernallee 15, 1000 Berlin 19 (T. 304 35 55) - Geb. 23. Juli 1910 Niedersalzbronn/Schles. - S. 1951 (Habil.) Privatdoz. u. apl. Prof. (1959) FU Berlin; b. 1975 Chefarzt Städt. Krkhs. Britz. Div. Mitgliedsch. Etwa 50 Fachaufs. - 1976 BVK a. Bd.

TELLER, Walter
Dr. med., o. Prof. f. Kinderheilkunde (s.1969) u. Prorektor Univ. Ulm (1979-81) - Weichselstr. 4, 7910 Neu-Ulm - Geb. 10. Okt. 1928 Essen (Vater: Dr. Paul T., Reg.baum.; Mutter: Edith, geb. Schumacher), ev., verh. s. 1958 m. Ursula, geb. Heidenhain, 3 Kd. (Susanne, Marc, Jan) - Stud. Univ. Würzburg, Freiburg, Heidelberg, Mayo Clinic, Harvard, 1965 Habil. Marburg - 1966-67 Oberarzt Univ. Kinderklinik Marburg, 1967-69 Oberarzt Univ.-Kinderklinik Heidelberg. Mitgliedsch.: Europ. Soc. Ped. Res., Europ. Soc. Ped. Endocrinol., N. Y. Acad. Sci., Intl. Coll. Pediatr., Sigma Xi, Korr. Mitgl. Schweizer u. Öster. Ges. f. Kinderheilkd., American Acad. Pediatrics - 1961 Jones Award, Mayo Clinic; 1966 Czerny-Preis, Dt. Ges. f. Kinderheilkd. - Spr.: Engl. - Lions-Club.

TELTSCHIK, Horst
Dipl.-Politologe, Dr. h. c., Ministerialdirektor a. D. - 4830 Gütersloh - Geb. 14. Juni 1940 Klantendorf (Eltern: Richard u. Anna T.), kath., verh. s. 1967 m. Gerhild, geb. Ruff, 2 Kd. (Richard Alexander, Anja Katharina) - Abit. Gymn. Tegernsee; 1962-69 Stud. Polit. Wiss., Gesch. u. Völkerrecht FU Berlin; Dipl. Polit. Wiss. 1967 - 1967-69 Hochschulassist. FU (b. Prof. Richard Löwenthal); 1970 Leit. Gruppe Außen- u. Dtschl.politik in d. CDU-Bundesgeschäftsst.; 1972 Ref. Staatskanzlei Mainz (Min.Rat); 1977 Leit. Büro d. Vors. d. CDU/CSU-Bundestags-Frakt., Kohl; 1982 Bundeskanzleramt; Leit. Abt. II, 1991 Geschäftsf. Bertelsmann Stiftung, Gütersloh. Außenpolit. Aufs. in div. Büchern u. Fachztschr. - 1983 Orden Kommandeur d. franz. Ehrenlegion; BVK.

TEMBRINK, Heinz
Dipl.-Kfm., Geschäftsführer Arbeitsgem. Außenhandel d. Dt. Wirtschaft - Gustav-Heinemann-Ufer 84-88, 5000 Köln 51.

TEMMING, Peter K.
Fabrikant, Ehrenvorsitzender Unternehmensverb. Südholst., Itzehoe, Verb. Norddt. Papierfabriken, Hannover, Vereinig. d. Arbeitg.-Verb. d. Dt. Papierind., Bonn, Förderverein d. Papiermacherschule, Gernsbach; Ehrenmitgl. Vorst. Verb. Dt. Papierfabriken, Bonn, Vorst. Vereinig. d. Schlesw.-Holst. Unternehmensverb., Rendsburg; Vereinig. Gernsbacher Papiermacher (s. 1982) - Bei d. Papiermühle, 2351 Sarlhusen (T. 04324 - 2 70) - Geb. 1. Jan. 1916 Hamburg, ev., verh. s. 1939 m. Hilde, geb. Hubert, 2 Kd. - Wilhelm-Gymn. Hamburg - 1951-71 Vorstandsmitgl. Temming - 1974 BVK II. Kl., 1979

BVK I. Kl., 1985 Gr. BVK - Liebh.: Garten - Spr.: Engl. - Rotarier.

TEMPELMEIER, Horst
Dr. rer. pol. habil., Prof. f. Betriebswirtschaftslehre TH Darmstadt (s. 1984) - Angelstr. 19a, 6112 Groß-Zimmern (T. 06071 - 4 32 99) - Geb. 1. Jan. 1952, verh. s. 1984 m. Barbara, geb. Kubli - Industriekaufm.; 1972-77 Stud. Univ. Gießen; Promot. 1979; Habil. 1982 - 1977 wiss. Mitarb. Univ. Trier - BV: Standort-Optimierung in d. Marketing-Logistik, 1980; Lieferzeit-orientierte Lagerungs- u. Auslieferungsplanung, 1983; Quantitative Marketing-Logistik, 1983; Simulation m. GPSS (m. Weber u. Trzebiner), 1983; weit. Fachveröff. z. Lagerhaltung u. z. Simulation v. Produktionssystemen - Spr.: Engl., Franz., Latein.

TEMPLIN, Rainer
Konzertsänger, Harfenist - Duisburger Str. 50, 4000 Düsseldorf 30 (T. 0211 - 492 05 50) - Geb. 15. Jan. 1957 Viersen (Vater: Günther T.; Mutter: Rosel, geb. Vieten), kath. - Gesangsstud. b. Ingeborg Reichelt u. Werner Lechte; Ausb. Harfe b. Magdalene Schäk, Cembalo b. Werner Smigelski; Staatl. Gesangslehrerex. 1981 - Gesangslehrer in Düsseldorf; s. 1990 Leit. d. Vokalbereichs u. d. Studienvorbereitenden Ausb. d. Clara-Schumann-Musiksch. Düsseldorf. Konz. als Bariton in Oratorien u. kammermusikal. Auff. In- u. Ausl. - Erste Preise b. Gesangswettb.

TENBRINK, Walter
Dr. rer. pol., Dipl.-Kfm., Geschäftsführer Rhein-Chemie GmbH., Heidelberg. ARsvors. Rhein-Pharma Arzneimittel GmbH. ebd. - Wilckensstr. Nr. 14, 6900 Heidelberg - Geb. 28. März 1916.

TENBRUCK, Friedrich H.
Dr. phil. (habil.), o. Prof. f. Soziologie - Maienfeldstr. 29, 7400 Tübingen 9 (T. 8 23 70) - Geb. 22. Sept. 1919 Essen (Vater: Fritz T.; Mutter: Gertrud, geb. Meßmann), verh. m. Kora, geb. Schröner - Univ. Freiburg/Br., Berlin, Greifswald, Köln, Marburg (Phil., Gesch., German.; Promot. 1944) - S. 1957 Lehrtätig. USA, Freiburg (1963), Frankfurt/M. (1963 Ord. u. Seminardir.), Tübingen (1967 Ord. u. Seminardir.) - BV: Jugend u. Gesellschaft - Soziol. Perspektiven, 1962, 2. A. 1965; Soziale Verflechtung u. Gliederung im Raum Karlsruhe, 1965; Z. Kritik d. planenden Vernunft, 1972; D. unbewält. Sozialwiss. od. D. Abschaff. d. Menschen, 1984; D. kulturellen Grundlagen d. Gesellschaft. D. Fall d. Moderne, 1989.

TENCKHOFF, Jörg
Dr. jur., utr., Prof. f. Straf-,prozeß- u. Jugendstrafrecht Univ. Augsburg - Richard-Wagner-Str. 12, 8900 Augsburg - Geb. 18. März 1940 Mannheim - Stud. Rechtswiss. Freiburg u. Heidelberg, 1. Jurist. Staatsprüf. 1964 Heidelberg, 2. Jurist. Staatsprüf. 1968 Stuttgart, Promot. 1974, Habil. 1977 Univ. Heidelberg - BV: D. Bedeut. d. Ehrbegriffs f. d. Systematik d. Beleidigungstatbestände, 1974; D. Wahrunterstell. im Strafprozeß, 1980. Veröff. auf d. Geb. d. Strafrechts, Strafprozeßrechts, Jugendstrafrechts u. d. Kriminol. - 1974 Akad. Preis Univ. Heidelberg.

TENDAS, Paula
Solotänzerin Staatstheater am Gärtnerplatz, München - Voßstr. 16, 8000 München 90 (T. 089-65 27 47) - Geb. 19. Juni 1964 Landsberg/Lech - Mittl. Reife; Fachsch. f. Tanz Leipzig, 1966 Abgeschl. m. Auszeichn. - 1966/67 Landestheater Dessau; 1967/69 Dt. Nationaltheater Weimar; 1969/71 Dt. Staatsoper Berlin; s. 1971 München - Solotänzerin: Umele in Gajaneh; Feuervogel; Giselle in Abraxas Schlange; Beatrice in Undine; Coppelia; Aschenbrödel - 1967 Wettb. f. Tänzer u. Choreographen u. 1970 je m. d. Förderungspreis d. DDR - Bek. Vorf.: Carl Suckfüll, Theater-Dir. Residenztheater Dresden (Großv.).

TENGELMANN, Wolfgang
Fabrikant, Kompl. Geschäftsführer Herbert F. W. Tengelmann GmbH & Co. KG, Herford - Wittekindstr. 18, 4900 Herford - Geb. 17. April 1923 Essen (Vater: Herbert T., Fabr. † 1959, s. XIII. Ausg.) - Textiling.sch. Mönchengladbach.

TENNSTEDT, Klaus
Dirigent, Chef NDR-Sinfonie-Orchester (1979-81) - Rothenbaumchaussee 132-34, 2000 Hamburg 13 - Geb. 6. Juni 1926 - Konzerttätig., 1981 Leit. London Philharmonie Orchestra - 1980 Preis f. d. beste Mahler-Interpretation 1979.

TENNYSON, Christel
Dr. rer. nat., Prof. f. Mineralogie u. Kristallographie TU Berlin - Hardenbergstr. 42, 1000 Berlin 12 - Geb. 23. Dez. 1925 - Habil. 1963 TU Berlin - S. 1967 Prof. TU Berlin. Üb. 30 Fachveröff.

TENT, Lothar

Dr. phil., o. Prof. f. Psychologie Univ. Marburg (s. 1973) - Tilsiter Str. 9, 3550 Marburg 7 (T. 06421 - 4 12 38) - Geb. 17. Sept. 1928 Essen (Vater: Heinrich T., Ingenieur; Mutter: Ernestine, geb. Figge), verh. s. 1951 m. Paula, geb. Kesper - 1948-51 Lehrerausbild.; 1951-52 Studienaufenth. USA; 1955-60 Stud. Psych. (Dipl.-Psych. 1958). Promot. 1962; Habil. 1968 - 1952-62 Volks- u. Realschullehrer; 1962-68 Assist. u. Privatdoz. (1968) Univ. Marburg; 1968-69 o. Prof. Univ. Gießen; 1969-73 o. Prof. Univ. Marburg (Dir. Inst. f. Sonderschulpäd.; 1970/71 Rektor). 1964-68 MdK Marburg, 1974-1977 Stadtverordneter Marburg, SPD s. 1960 - BV: Weilburger Testaufgaben f. Schulanfänger (m. H. Hetzer), 1951ff.; D. Schulreifetest - Auslesemittel oder Erziehungshilfe? (m. Hetzer), 1958, 3. A. 1968; D. Auslese v. Schülern f. weiterführende Schulen - Möglichkeiten u. Grenzen, 1969, 2. A. 1970; Schätzen u. Messen in d. Unterrichtsforsch. (m. K. Ingenkamp u. E. Parey), 1973; Quellen d. Lehrerurteils (m. W. Fingerhut u. H. P. Langfeldt), 1976. Herausg.: Erkennen - Wollen - Handeln (1981); D. Rechts-Links-Problem (1985; Pseudonym: Dr. Kleine-Moritz); Päd.-psychol. Diagnostik (m. I. Stelzl), 1992 - Liebh.: Bild. Kunst - Spr.: Engl.

TENZER, Gerd

Dipl.-Ing., Vorstandsmitglied d. Deutschen Bundespost Telekom - Zu erreichen üb. Generaldirektion Telekom, Postfach 20 00, 5300 Bonn 1 - Geb. 4. Aug. 1943 Baden-Baden, kath., verh. s. 1968 m. Ute, geb. Sommerkamp, 2 Kd. (Dirk, Kerstin) - Stud. TH Aachen, Dipl.-Ing. 1968 Nachrichtentechnik - Vorst.-Mitgl. DBT, Leit. d. Vorst.bereiches Satelliten, Netze u. Logistik - BV: Glasfaser b. zum Haus, 1991 (engl.); Telekommunikationsmärkte in Bewegung, 1991 (engl.); Telekom 2000, 1991 - Eisenhower Exchange Fellowships, Philadelphia - Spr.: Engl.

TEPE, Walter
Dr. rer. hort., Prof., Dozent Hess. Forschungsanstalt f. Wein-, Obst- u. Gartenbau, Geisenheim (Geologie, Bodenkd., Pflanzenernährung u. -düng.) - Rebenweg 4, 6222 Geisenheim/Rhg. - Geb. 22. März 1914 Kiel (Vater: Friedrich T., Zollbeamter; Mutter: Auguste, geb. Runge), ev., verh. s. 1941 m. Frieda, geb. Schubert, 2 Söhne (Wolfgang, Detlef) - Oberrealsch.; Gärtnerlehre; Stud. Berlin u. Hannover (Dipl.-Gärtn.). Promot. 1952 TH Hannover - S. 1952 Wiss. Assist. u. Inst.sleit. (1962; Inst. f. Bodenkd. Hess. Forschungsanst.). Entd. bzw. Erf.: Ionenaustauschermethode, Geisenheimer Wasserzange, Aktivitätsmessungen im Boden, dielektr. Ionentransport. Mitgl. Bodenkdl. Ges. u. Dipl.-Gärtnerbd. - BV: Pflanzenernährung im Gartenbau, 1966 (Handb. d. Erwerbsgärtners, Bd. IV) - Spr.: Engl., Franz.

TEPPERWIEN, Fritz
Rechtspfleger, Mitgl. Brem. Bürgerschaft (s. 1971) - Contrescarpe 122a, 2800 Bremen 1 - Geb. 20. April 1937 Bremen, verh., 2 Kd. - Gymn. Bremen (Abit.); Rechtspflegerausbild.; Rechtspfleger-Akad. Schwetzingen (Prüf.) - Vors. Arbeiter-Samariter-Bund/Landesverb. Bremen, langj. Rechtspfleger AG Bremen. SPD s. 1966.

TERBORG, Margitta
Sozialpädagogin, MdB (Wahlkr. 23/ Delmenhorst-Wesermarsch-OL-Land) - Magdalenenstr. 39, 2890 Nordenham (T. 04731 - 8 87 04) - SPD, (Mitgl. Parl. Vers. Europarat u. WEU).

TERFLOTH, Klaus
Dr. iur., Botschafter a.D., Vors. d. Kurat. d. Stiftg. Dt. Kulturerbe in Rumänien, Stuttgart - Zu erreichen üb. Nahestr. 11, 5300 Bonn - Bad Godesberg - Geb. 20. Mai 1929 Düsseldorf (Vater: Hans T., Rechtsanw. u. Notar; Mutter: Agathe, geb. Potthoff, Künstlerin), ev.,

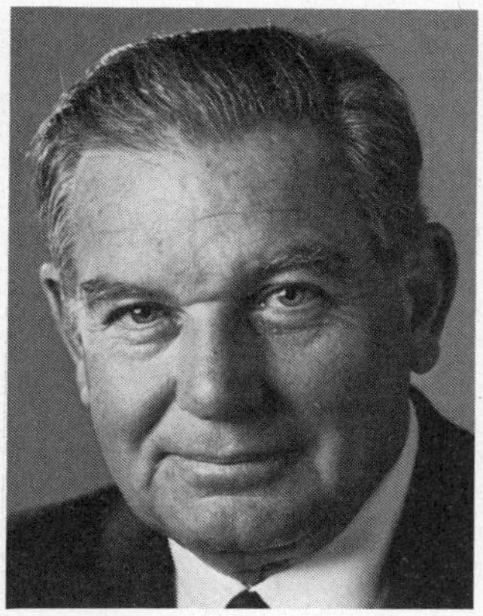

verh. s. 1955 m. Elisabeth, geb. Bley, 3 Kd. - Stud. Rechtswiss. Staatsex. u. Promot. Bonn - Versch. Ämter im Ausw. Dienst (In- u. Ausl., u. a. Kabinettschef in d. Europ. Kommiss., Brüssel (1970-73) u. Botsch. Birma, Tunesien, Pakistan, Helsinki, Bukarest - Zahlr. Veröff. üb. Asiatica - Versch. Orden - Liebh.: Phil., Asiat. Kulturen - Spr.: Engl., Franz., Portug., Indones.

TERHEYDEN, Rolf

Rechtsanwalt u. Notar, Verleger - Dürerstr. 35, 4290 Bocholt (T. 02871 - 955-101) - Geb. 29. Jan. 1926 Osnabrück, kath., verh. m. Beate, geb. Temming, 5 Kd. (Pia, Katja, Claudia, Jörg, Nicola) - Stud. Rechts. u. Staatswiss. - 1957 AR-Mitgl. ZENO-Zeitungsverlagsges. mbH, Münster; 1964 AR-Mitgl. d. Standortpresse, u. b. 1984 zeitw. AR-Vors.; s. 1974 Vorst.-Mitgl. VRWZ, Verein Rhein.-Westf. Zeitungsverl., Düsseldorf; 1978 Vizepräs. Bundesverb. Dt. Zeitungsverleger, Bonn, 1984-92 Präs., jetzt Ehrenpräs. - 1985 Gr. BVK - Liebh.: Golf, Segeln - Spr.: Engl.

TERJUNG, Knut

Redakteur, Leiter ZDF-Studio Athen - Eleftherias 5, 15301 Athen (T. 00301 - 639 70 54) - Geb. 21. April 1940 Wuppertal, 2 Kd. (Vera, Frank) - Rias Berlin, WDR, ZDF-Magazin, Bonner Korresp. ZDF; 8 J. Sprecher SPD-Bundestagsfraktion (unt. H. Wehner); zul. Heute-Journal - BV: D. Onkel - Herbert Wehner in Gesprächen u. Interviews, 1986 - Liebh.: Türk. Teppiche - Spr.: Engl., Franz., Span.

TERNES, Elmar

Dr. phil., Prof. f. allg. u. angew. Phonetik - Papenmoorweg 36 E, 2083 Halstenbek/Hamburg (T. 04101 - 4 59 74) - Geb. 24. Nov. 1941 Trier (Vater: Johann T., Mutter: Marta, geb. Sauerteig), verh. m. Sabine, geb. Demski, S. Philipp - Univ. Saarbrücken (Promot. 1970, Habil. 1977) - S. 1977 o. Prof. Univ. Hamburg - Gf. Dir. Phonet. Inst. Univ. Hamburg - BV: Grammaire structurale du Breton de l'Ile de Groix, 1970; The Phonemic Analysis of Scottish Gaelic, 1973, 2. A. 1989, Probleme d. kontrastiven Phonetik, 1976; Einf. in d. Phonologie, 1987.

TERPLAN, Gerhard

Dr. med., vet., o. Prof. f. Hygiene u. Technologie d. Milch - Possartstr. 6, 8000 München 80 (T. 47 29 20) - Geb. 16. März 1924 Mediasch/Siebenbürgen - Univ. München (Tiermed.). Promot. (1953) u. Habil. (1962) München. 1962 Privatdoz. Univ. München; 1965 Ord. u. Inst.dir. Tierärztl. Hochsch. Hannover; 1971 Ord. u. Inst.vorst. Univ. München, 1981-83; Dekan; wiss. Betreuer Milchwirtschaftl. Unters. u. Versuchsanst. Kempten. Div. Mitgliedsch. Kriegsdst. Ca. 200 Fachveröff. (dar. 4 Bücher). Schriftl.: Archiv f. Lebensmittelhyg.

de TERRA, Hans-Adolf

Präsident d. Landesverb. Nieders. Heimatbund (s. 1986) - Helmerstr. 10, 3200 Hildesheim (T. 3 42 40) - Geb. 10. April 1921 Schleswig (Vater: Adolf de T., Regierungsdir.; Mutter: Hilde, geb. Müller), ev., verh. m. Adelheid, geb. Prinz, (S. Michael) - Staatl. Gymn. Minden (Abit. 1939); 1939-41 Univ. Göttingen (Rechts- u. Staatswiss.). Jurist. Staatsex. 1941 u. 46 - 1941-45 Kriegsdst. (zul. Obergefr.), spät. Tätigk. Landkr. Hameln-Pyrmont u. Schaumburg-Lippe, 1949-54 Reg. Hildesheim (Polizei- u. Kommunaldezern.; Reg.rat), 1954-55 Nieders. Staatskanzlei Hannover (Oberreg.rat), 1955-65 Nieders. Innenmin. (Verteidigungsref.; Reg.dir.), 1965-66 Nds. Min. f. Wirtschaft u. Verkehr (Leit. Verkehrsabt.; Min.rat), 1966-72 Reg.-präs. Hannover. 1972-80 MdB; 1983-86 Präs. d. Nieders. Landesverwaltungsamtes Hannover. CDU s. 1962 - Liebh.: Lit., Musik.

TERRAHE, Jürgen

Dr. jur., Vorstandsmitgl. Commerzbank AG - Neue Mainzer Str. 32-36, 6000 Frankfurt/M. (T. 1 36 20) - Geb. 26. Aug. 1933 Rheine - B. 1970 Generalbevollm., 1971 stv., 1972 o. Vorst.-Mitgl., AR-Mandate.

TERRAHE, Klaus

Dr. med., Prof. - Kriegsbergstr. 60, 7000 Stuttgart 1 (T. 203 44 10) - Geb. 4. Jan. 1935 Rheine/W. (Vater: Josef, Facharzt; Mutter: Toni, geb. Tacke), kath., verh. s. 1956 m. Ursula, geb. Wattendorff, 2 Kd. (Sybille, Mathis) - Stud. Univ. München; Habil. 1968 Münster - 1969-71 Oberarzt HNO-Univ.skl. Münster, s. 1971 apl. Prof., s. 1974 ärztl. Dir. HNO-Klinik städt. Katharinenhosp., Stuttgart - BV: D. Drüsen d. respirator. Nasenschleimhaut, 1970 - Spr.: Engl., Franz.

TERSTIEGE, Heinz

Dr.-Ing., Prof., Direktor Bundesanst. f. Materialprüf. (BAM) Berlin - Wiesbadener Str. 58c, 1000 Berlin 33 (T. priv. 030 - 823 10 23; dstl. 030 - 810 454 00) - Geb. 18. Juni 1934 Münster (Vater: Heinrich T., Kaufm.; Mutter: Käte, geb. Kalisch), kath., verh. s. 1975 m. Joyce, geb. Pimenta, 4 Kd. (Sabine, Birgit, Kai, Jörg) - Abit. 1954 Münster; Dipl.-Ing. 1962 TU Berlin; Promot. 1966 ebd. - 1979 Vors. Normenaussch. Farbe, 1979 Vorst. Commiss. Intern. de l'Eclairage, 1991 Vors. dt. nat. Komm. d. CIE, 1981-84 Vizepräs., 1985-88 Präs. Assoc. Intern. de la Couleur, 1982 Präs. dt. farbwiss. Ges. - S. 1975 Mithrsg. d. wiss. Ztschr. DIE FARBE. Ca. 80 Veröff. in wiss. Ztschr. - 1980 Ehrenmitgl. Grupo Argentino del Color - Spr.: Engl., Franz., Span.

TERZAKIS, Dimitri

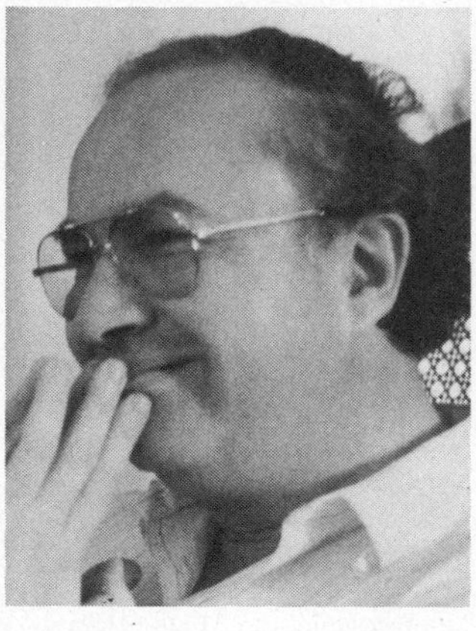

Komponist - Berndorffstr. 6, 5000 Köln 51 - Geb. 12. März 1938 Athen (Vater: Angelos T., Schriftst.), griech.-orth., verh. s. 1974 m. Magdalena, geb. Bröckel, T. Louisa - Stud. Komposition in Athen u. Köln b. B.A. Zimmermann; Stud. Politikwiss. Athen; Dipl. - Doz. f. Komposition Musikhochsch. Düsseldorf; 1985/86 Gastprof. f. Komp. an HDK Berlin, am Konservatorium Athen, Prof. f. Kompos. am Konservatorium Bern - Kammermusikw.; Orch.-Werke, Bühnenmusik zu antiken Trägodien; 2 Opern; 2 Oratorien - Spr.: Deutsch, Franz. - Bek. Vorf.: Dimitrios Terzakis (Großv.) - Lit.: J. Papaioannou, griech. Komponisten EMIAL (1973); Detlef Gojowy, Zw. Gefühlen u. Ordnungsvorstellungen. Werkstattgespräch m. D. Terzakis, in: Musica 31 (1977); Wolfgang Burde, D. Terzakis. Komponistenportrait in: Neue Ztschr. f. Musik 5 (1980); Rudolf Lück, Komponieren heute. D. Terzakis, in: Neue Ztschr. f. Musik 6 (1984). Lexikonart.: Riemann Musiklexikon, Ergänzungsband Personenteil L-Z (1975); D. Musik in Gesch. u. Gegenwart, Bd. 16 (1979); Who's Who in Griechenland (1979); The New Grove Dictionary of Music and Musicians, Bd. 18 (1980).

TESCHEMACHER, August-Friedrich

Journalist - Brandestr. 4, 3000 Hannover 81 (T. 83 67 43) - Geb. 3. April 1908 Elberfeld, verh. m. Marlene, geb. Cremer, 2 S. (Thomas, Christoph) - U. a. Studioleit. NDR - Veröff.: Monogr. u. Erz., Feuilletons, Theaterstücke, Filmdrehb., Übers. Bild. Kunst.

TESCHEMACHER, Hansjörg

Dr. med., Prof. f. Pharmakologie Univ. Gießen - Hagstr. 3, 6300 Gießen - Geb. 18. Dez. 1938 Augsburg (Vater: Hans T.; Mutter: Else, geb. Gruber), 2 T. (Anja Gabriele, Gudrun Jennifer) - Promot. 1966 Univ. München - Mehr. Entd. auf d. Geb. d. körpereigenen Opioide - 1980 Wilhelm-Stepp-Preis.

TESCHENDORFF, Lutz

Dr. phil., Dirigent - Ringstr. 14, 8333 Linden - Geb. 28. Sept. 1927 Fraustadt/Schles., ev., verh. s. 1961 in 2. Ehe m. Colette, geb. Bickel, 3 Kd. (Andreas, Sylvia, Gabriele) - Promot. 1957 FU Berlin, Kirchenmusiker-A-Ex. 1958 Staatl. Hochsch. f. Musik Frankfurt/M. - S. 1958 Theaterkapellmeister; jetzt Musikal. Leit. Theater an d. Rott, Eggenfelden.

TESCHKE, Gerhard

Generalstaatsanwalt der Staatsanwaltschaft Schlesw.-Holst. Oberlandesgericht i. R. (b. 1988) - August-Sach-Str. 18, 2380 Schleswig - Geb. 13. Nov. 1923.

TESCHKE, Rolf

Dr. med., Prof. Univ. Düsseldorf, Dir. Med. Klinik II Stadtkrkhs. Hanau (s. 1987) - Philippsruher Allee 25, 6450 Hanau 1 (T. 06181 - 2 18 59) - Geb. 15. April 1944 Gera/Thür. (Vater: Dr. Günther T., Apoth.; Mutter: Helga, geb. Rabbow), ev., verh. s. 1971 m. Maria, geb. Schneider, 3 Kd. (Peter, Volker, Sabine) - 1963-65 Med.-Stud München, 1965-68 Marburg; Med. Staatsex. 1968, Promot. 1971, Habil. 1979 - 1969-70 Med.-Assist. Stuttgart u. Marburg; 1970-71 Wiss. Assist. Pathol. Inst. Univ. Marburg; 1972-75 Wiss. Assist. Bronx Veterans Administration Hosp. New York u. Mount Sinai Hosp. New York; 1972-73 Stip. Dt. Forschungsgem.; 1975-81 Wiss. Assist. Med. Klinik Univ. Düsseldorf; 1981-87 Oberarzt Med. Klinik ebd.; s. 1982 Prof. - BV: Leberschäden durch Alkohol, 1980; Alkohol u. Organschäden, 1981 (m. C.S. Lieber); zahlr. wiss. Beitr. - 1980 Hörlein-Preis Düsseldorf - Spr.: Engl.

TESCHNER, Manfred

Dr. phil., o. Prof. f. Soziologie TH Darmstadt (s. 1967) - Mozartweg 12, 6100 Darmstadt (T. 7 46 47) - Geb. 3. Okt. 1928 Danzig - 1958-67 Mitarb. Inst. f. Sozialforsch., Frankfurt - BV: u. a. Z. Verhältnis v. Betriebsklima u. Arbeitsorg., 1961; Politik u. Ges. im Unterr., 1968.

TESKE, Karl W. E.

Dr.-Ing., Dr.-Ing. E.h., Prof. - Stechinellistr. 8, 3108 Winsen/Aller - Geb. 2. Jan. 1916 Kl. Glienicke, verh. m. Eva, geb. Chmielecki, 3 Kd. (Michael, Ulrich, Stephan) - TH Berlin; Dipl. 1945; Promot. 1955 Berlin - 1955-61 FG-Leit. BAM; 1961-73 Forschungsleit. MG Frankfurt; 1973-77 Dir. SLV Berlin; s. 1978 fr. Wissenschaftler; ISO-Chairman; NAS-Vors. - Erf.: Außenmischbrenner, Laserstrahlpreßschweißen, Mehrstrahldüse, u.v.a. - BV: Gefügerichtreihe, 1979; Zeitgem. Metallschweißen, 1983; Handb. d. Fertigungstechnik, 1986/87 (4 Beitr.) - DVS-Ehrenring; DIN-Ehrennadel; 1980 Dr.-Ing. E.h.; 1984 Hon.-Prof. - Liebh.: Malerei, Musik, Sport - Spr.: Engl., Franz.

TESMANN, Rudolf

Direktor, Generalbevollm. Horten AG., Düsseldorf, Geschäftsf. Allg. Dt. Inkasso GmbH. ebd. - Simrockstr. 40, 4000 Düsseldorf - Geb. 29. März 1910 Stettin - Stud. Rechtswiss. (Staatsex. Köln) - S. 1948 Horten. Ämter Fachorg.

TESSENDORFF, Heinz

Dr.-Ing., Technischer Geschäftsleiter Berliner Wasser-Betriebe (s. 1971) - Hohenzollerndamm 45, 1000 Berlin 31; priv.: Ilsensteinweg 58, 1000 Berlin 38 - Geb. 26. April 1931 - S. 1961 BW.

TESSIN, Baronin von, Brigitte

Schriftstellerin - Seestr. 23, 8133 Feldafing/Starnberger See (T. 3 50) - Geb. 29. Aug. 1917 Stuttgart, christl., verh. 1949 m. Peter Kugelmüller (Bootsbauer) † 1958, Tochter - Gymn. Schweiz u. Stuttgart; Kunstakad. München (Bühnenkl.: Prof. Emil Preetorius) - BV: D. Bastard, R. 1954, 4. A. 1960 (auch holl. u. engl.); D. Parvenü, R. 1967 (auch ital.). Mitgl. Tukan-Kr. München - Liebh.: Alte Puppenstuben, klass. Literatur (früher Reiten u. Segeln) - Bek. Vorf.: Gustav Siegle, Stuttgart.

TESSMER (ß), Gerd

Realschullehrer, MdL Baden-Württ. (Wahlkr. 38, Neckar-Odenwald) - Lindauer Str. 20, 6951 Binau (T. 06263 - 84 25) - Geb. 21. Jan. 1945 Pelplin/Westpr. - SPD.

TESSMER, Manfred

Dr. phil., Prof. f. Musikwiss., Musiktheorie u. Orgelspiel Musikhochsch. Lübeck - Huusbarg 63, 2000 Hamburg 67 (T. 603 85 58) - Geb. 25. Okt. 1931 Eilenburg (Vater: Artur T.; Mutter: Elisabeth, geb. Kroek), ev., verh. m. Else, geb. Reiff, 2 Kd. (Ekkehart, Ulrike) - Stud. Musikhochsch. Leipzig u. Lübeck, Univ. Hamburg; Promot. 1967 - 1953-85 Organist Hamburg; s. 1960 Lehrtätigk. Musikhochsch. Lübeck (1978 Prof.; s. 1976 Leit. Inst. f. Kirchenmusik; 1976-88 Präs. bzw. Rektor); 1978 Kirchenmusikdir. - Mithrsg.: Neue Bach-Ausg., Musik u. Kirche.

TESSNER, Norbert sen.

Verleger i.R. - Postf. 7 13, 7570 Baden-Baden (T. 07221 - 2 61 76) - Geb. 6. Juli 1901 Teplitz/Böhmen, kath., verw. (Ehefr.: Louise, geb. Dehn †), 1 Kd. - Akad. Ausbild. - 61 J. Redakt. u. Chefredakt. TU - Intern. Nachr.dst. GmbH, Berlin, Ostsee-Ztg., Stettin, Marienbader Abendpost, Charlottenburger Ztg., Berlin, Bad. Tagbl. u. Bad. Neueste Nachr., bde. Baden-Baden - Liebh.: Darstell. Kunst, Musik.

TETSCH, Peter

Dr. med., Dr. med. dent., Prof. Univ. Mainz, Arzt f. Mund-, Kiefer- u. Gesichtschirurgie, Leiter Poliklinik f. zahnärztl. Chirurgie - Augustusplatz 2, 6500 Mainz (T. 06131 - 17 30 22) - Geb. 31. Okt. 1941 Essen (Vater: Dr. Werner T., Zahnarzt; Mutter: Ingeborg, geb. Kleinholz), ev., verh. s. 1965 m. Dr. Barbara, geb. Meinken, 2 Kd. (Karin, Jan) - Univ. Münster (Med. Staatsex. 1968, Zahnmed. Ex. 1969, Promot. 1969 u. 1970, Habil. 1976) - 1973 Facharzt; 1975 Vors. Westf. Arbeitsgem. f. Zahnärztl. Implantol.; 1978 Abt.vorst. u.

Prof.; 1978 Leit. Poliklinik f. zahnärztl. Chir. Univ. Mainz. 1982 Leit. Arbeitskr. Implantol. Dt. Ges. f. Zahn-, Mund- u. Kieferheilkd. - BV: Implantate z. Aufn. v. Zahnersatz, 1980; D. operative Weisheitszahnentfern., Lehrb. 1982; Wurzelspitzenresektionen, Lehrb. 1986; 150 wiss. Publ. z. Probl. d. Implantol., präprothet. Chir., Traumatol., Lokalanästhesie, Regeneration v. Knochendefekten u. a. Schriftleitg. d. Ztschr. f. Zahnärztl. Implantol.

TETTENBORN, Joachim

Dr. phil., Schriftsteller - Rheinblick 35, 6501 Wackernheim (T. 06132 - 5 71 89) - Geb. 26. Nov. 1918 Ottendorf/Thür., ev., verh. s. 1947 m. Gisela, geb. Kayser-Petersen, 2 Kd. (Alexander, Sabine) - Gymn. u. Univ. Jena (Dt., Phil., Theaterwiss.); Schauspielsch. Weimar. Promot. 1950 (Diss.: D. Tragische b. Gerhart Hauptmann) - N. Kriegsende Chefdramat., Spiell. u. Schausp. Stadttheater Jena u. Städt. Bühnen Erfurt (1948), ab 1952 Dramat. u. Lektor Schiller-Theater Berlin, b. 1980 Redaktionsleit. ZDF, Mainz - BV: Nur e. einziger Tag, R. 1972; D. Anstalt bedauert, R. 1977; Korruption, R.; U. es geschah in dieser Zeit, Erz. Fischgedichte. Bal. Westerhever Balladen Bühnenst. (1951-81); Perspektiven, D. gr. Verhör, D. Mann auf d. Sockel (1981), Tilman Riemenschneider (1981), Hunger, D. Dornenkrone hab' ich mir geflochten. Hörsp.: Beim Teufel abonniert (1952), Übermorgen Regen (1957), D. schwarze Schwan (1958), Gedanken im Kreise (1963) - Spr.: Engl. - Rotarier.

TETTINGER, Peter J.

Dr. jur., Prof. f. Öfftl. Recht, insbes. Allgemeines Verw.recht, Wirtsch.verfassungs- u. Wirtsch.verwaltungsrecht Ruhr-Univ. Bochum - Lehrst. f. Öffl. Recht, Universitätsstr. 150, GC 8/155, 4630 Bochum 1 - Geb. 1. März 1947 Köln - 1. jurist. Staatsex. 1970; Promot. 1972; 2. Staatsex. 1974, Habil. 1979 - Privatdoz. Univ. Köln; 1980 Ruhr-Univ. Bochum - Gf. Dir. Inst. f. Berg- u. Energierecht - BV: Ingerenzprobl. staatl. Konjunktursteuer. auf kommun. Ebene, 1973; Rechtsanw. u. gerichtl. Kontrolle im Wirtschaftsverw.recht, 1980; Besonderes Verw.recht (Kommunalrecht, Polizei- u. Ordnungsrecht), 1986; Gewerbeordnung, Kommentar 1988. Mithrsg. Nordrh.-Westf. Verwaltungsblätter u. Recht d. Energiewirtschaft.

TETZ, Martin

Dr. theol., o. Prof. f. Kirchengeschichte (Patristik) - Burggrafenstr. 2, 4630 Bochum (T. 5 18 40) - Geb. 22. Mai 1925 Dölitz/Pom. - Groeningianum Stargard (Abit. 1943); n. Kriegsdst. u. Gefangensch. Univ. Bonn, Göttingen, Basel (Ev. Theologie). Promot. (1956) u. Habil. (1961) Bonn - 1955 Assist. Univ. Göttingen; 1961 Privatdoz. Univ. Bonn; 1965 Ord. Univ. Bochum. Emerit. 1990. Hauptarbeitsgeb.: Theologie- u. Dogmengesch. d. Alten Kirche (insb. 4. Jh.). Div. Schr.

TETZLAFF, Dieter

Dr. med., Arzt, Vors. Berufsverb. d. Prakt. Ärzte u. Ärzte f. Allgemeinmed. Dtschlands - Landesverb. Westf.-Lippe e. V. - Schillerstr. 41, 4600 Dortmund 1.

TETZLAFF, Frank Rainer

Dr. phil., Prof. f. Internationale Politik - Adebarweg 47, 2000 Hamburg 56 - Geb. 5. Okt. 1940 Bad Salzbrunn (Vater: Günter T., Kurdir.; Mutter: Lotte, geb. Ludwig), verh. s. 1986 m. Margrit, geb. Wantoch v. Rekowski, 2 Kd. (Janina, Julian) - Gymn. Bad Salzuflen, Univ. Bonn u. Berlin - 1968-74 Doz. Otto-Suhr-Inst. Berlin, 1974ff. Inst. f. Polit. Wiss. Univ. Hamburg, s. 1977 Vorst.-Mitgl. Dt. Inst. f. Afrika-Kunde Hamburg, Mitgl. Dt. Vereinig. f. Polit. Wiss., August-Bebel-Kreis, Vereinig. v. Afrikanisten in Dtschl., Kurator d. FEST Heidelberg - BV: Koloniale Entw. u. Ausbeutung. Deutsch-Ostafrika 1885-1914, 1970; Afrika u. Bonn. Versäumnisse u. Zwänge dt. Afrika-Politik, 1978 (m. H. Bley), D. Weltbank: Machtinstrument d. USA o. Hilfe f. Entw.länder?, 1980; Staat u. Entwickl. Stud. z. Verhältnis v. Herrschaft u. Ges. in Entw.ländern, 1981 (m. R. Hanisch); Strukturelemente d. Weltges., 1981 (m. T. Siebold); Im Teufelskr. d. Verschuldung. D. IWF u. d. Dritte Welt (m. P. Körner u.a.), 1984; Multis u. Menschenrechte in d. Dritten Welt (m. V. Kasch u.a.), 1985; Afrika u. d. dt. Kolonialismus (m. R. Nestvogel), 1987; D. afrikan. Krise u. d. Krise d. Entwickl.-politik. Schriften d. VAD, Band 11 (m. K. v. Freyhold), 1991; Perspektiven d. Demokratisierung in Entwicklungsländern, 1992.

TETZNER, Bruno

Kirchenmusiker, Dozent, Prof. f. Musik u. darst. Kunst Hamburg, Direktor a.D. d. Akademie Remscheid f. musische Bildung u. Medienerziehung - Wiechertweg 17, 5630 Remscheid (T. 02191 - 79 06 03) - Geb. 6. Febr. 1922 Remscheid (Vater: Bruno T., Druckereileit.;

Mutter: Mathilde, geb. Schaub), ev., verh. s. 1951 m. Ilse, geb. Goebel, 2 Söhne (Christoph, Ulrich) - Gymn., 1939-41 Ausb. z. Exportkfm., 1945-48 Stud. d. Kirchenmusik, 1948-51 Ausb. Beamtenlaufb. - B. 1956 stv. Leit. Kulturamt Stadt Remscheid, b. 1968 stv. Dir. Akad. Remscheid, 1968-87 Dir. - Vorst.-Vors. d. Sprecherrates d. Dt. Kulturrates, 1. Vors. Bundesvereinig. Kultur. Jugendbild. e.V., Rat f. Soziokultur, Landesarbeitsgem. Musik NRW, 1. Vors. d. Inst. f. Bildung u. Kultur, Vizepräs. Landesmusikrat NRW - 1985 BVK I. Kl. - Liebh.: Musik machen (Orgel spielen, Chorleiter sein, Chorsätze schreiben), Segeln - Spr.: Engl., Franz.

TETZNER, Karl

Prof., Chefredakteur a.D. Funkschau (b. 1980), Leiter Redaktionsbüro f. Elektronik - Kammerlbreite 12, 8021 Icking/Isartal (T. 08178 - 56 41; Telex 526 300; Telefax 08178 - 58 48) - Geb. 26. Okt. 1914 Duisburg (Vater: Paul T., Techn. Dir.; Mutter: Anna, geb. Kriegel), verh. s. 1941 m. Annemarie, geb. Hoßbach, T. Andrea - Oberrealsch. Leipzig - Großhandelskfm.; s. 1946 fr. Journ.; Honorarprof. FU Berlin; Ehrenpräs. Union Intern. de la Presse Electronique - Ehrenmed. Syndicat de la Presse Radio Electronique Française; Ehrenmitgl. nieders. Einzelhandelsverb.; Gesellsch. d. Freunde d. Funkwesens; Gold. Med. Bayer. Rundf. - Liebh.: Funkamateur - Spr.: Engl.

TETZNER-HALLARD, Ruth, geb. Wodick

Schriftstellerin (Ps. Ruth Hallard) - Fehlingstr. 45, 2400 Lübeck-Travemünde (T. 04502-64 97) - Geb. 25. Nov. 1917 Flensburg (Vater: Kapt. Werner W.; Mutter: Agnes Marie geb. Hach, Lehrerin), ev., verh. s. 1948 m. Rudolf T., Sohn Ernst-Otto - Höh. Handelssch. Lübeck; Angest. Stadt Kiel; Modeberaterin/Schneiderin; 1969-78 kaufm. Angest. Hochtief AG. Vorst.-Mitgl. versch. demokratischer Verbände (auch Schriftst.Verbände u. Autorenkreise, Ltg. u. Diskuss.) - BV: Lyr., Erz. u. Romane, u.a. Blüten im Sturm, 1958; Greta-Bücher, 1969-81; Signale ..., Ged. 1974; Kreuzungen, Erz. 1978; Neue Wege u. Straßen - lit. u. priv. Tagebuch-Notizen 1983; Schlangenbeschwörer - Ind. Impress., ausgew. Erz. 1985; E. Trip ins Paradies...? Anti-Drogenroman, Dok. 1986; Einsatz f. neue realist.-überrealist. Lit., 1956-86; u. a. 1. Öffl. Autorengespr. in Essen ab 1964. Verbindg.: Autoren, Verlage, Bibl., Univ., in- u. ausl. - Ab 1987-89 Angebote u. fachwiss. Bearb. z. Absicherung o.a. lit. Anregungen u. Beobacht. üb. 2.000 S. (Veröff., Vortr., Schriftw., lit. Diskuss.). Persönl. u. lit. Belege als wichtig befunden. Ergänzung geg. and. Interpretationen u. sog. Realismus-Debatte. Beisp.lit. u. demokr. Ausw. Lyrik, Erzählungen u. Romane. 1990: Lyrik-Veröff. in 6 Anthol.; Bestandsaufnahme d. Belege z. Anregung neuer Literatur 1956-90, f. wiss. Bearb.; 1991: Lyrik-V. (9), 1992: In Arbeit - neue Erz., Lyrik; R. Agaven - m. Signum d. Malers EW/beendet. In Arbeit: Neue Erz., Lyrik, Roman-Kapitel (Künstlerroman 19. Jh.) - Liebh.: Schreiben, Lesen, Musik, Natur, Med. - Spr.: Engl., Franz. - Lit.: Kürschners Literaturkalender, u.a.m.

TEUBER, Hans-Joachim

Dr. med., Dr. rer. nat., Prof., Chemiker - Fichtenstr. 13, 6242 Kronberg 2/Ts. - Geb. 26. Okt. 1918 Berlin (Vater: Paul T., Mutter: Johanna, geb. Teige), ev. - Stud. Berlin, Graz, Heidelberg, Oxford (H. Leuchs, W. Heubner, E. Thilo, Sir R. Robinson) - S. 1953 Lehrtätig. Univ. Heidelberg, Chicago, Frankfurt/M. (1960 apl. Prof.; nachf. Prof. f. Organ. Chemie) - Arbeitsgeb.: Alkaloide (auch Pharmakol.), Biogenese (Modellreaktionen), neue Methoden (Oxidation, Chinone, Teuber-Reaktion), Heteroaryloxide u. -helicene, Aminosäuren u. Peptide (Spin-Markierung), Propellane, Stereochem. - Mitgl. versch. in- u. ausl. wiss. Ges. Üb. 100 Fachveröff.

TEUBER, Heinrich

o. Prof. em. - Carl-Heise-Str. 17, 3220 Alfeld/Leine (T. 55 15) - B. 1978 Lehrstuhlinh. Sport u. Sportwissensch. (Schwerp. Sportpädagogik) Päd. Hochsch. Nieders., Abt. Hildesheim - Gegenw. em. o. Prof. Inst. f. Sportwiss./Sportpäd. d. Univ. Hildesheim Fachbereich II.

TEUBER, Michael

Dr. rer. nat., o. Prof. f. Lebensmittelmikrobiol. Eidgenöss. TH Zürich (s. 1990) - Zu erreichen üb. ETH Zürich, Inst. f. Lebensmittelwiss., Universitätsstr. 2, 8092 Zürich/Schweiz - Geb. 11. Juli 1937 Sorau/Lausitz (Vater: Johannes T., Apotheker; Mutter: Eva-Maria, geb. Moshamer), ev., verh. s. 1962 m. Renate, geb. Drechsler, 2 Söhne (Roland, Ralph) - Human. Gymn. Passau (Abit. 1956); Univ. München (Botanik, Fachr. Mikrobiol., Chemie u. Bakteriol.), Promot. 1962, TU München (Habil.

1971, Priv.doz.) - 1962-1964 wiss. Mitarb. Bayer. Landesanst. f. Bodenkultur, München, 1964-66 wiss. Assist. Max-v.-Pettenkofer-Inst. f. Hygiene u. med. Mikrobiol. Univ. München, 1966-68 Postdoct. Res. Fellow A. Einstein College of Medicine, New York (USA), 1968-1971 wiss. Assist. Inst. f. Botanik TU München, 1972-76 wiss. Rat, 1974 komm. Leit. Lehrst. f. Mikrobiol. TU München, 1976 Dir. u. Prof., Leit. Inst. f. Mikrobiol. Bundesanst. f. Milchforsch. Kiel, 1982-84 Leit. Bundesanst. f. Milchforsch. Kiel, 1984-86 Vors. Dt. Ges. f. Milchwiss.; Präs. Komm. Wiss. u. Erziehung Int. Milchwiss.-Verb. Brüssel; 1991 stv. Mitgl. i. d. Fach Mikrobiol. in d. Zentr. Kommiss. f. Biol. Sicherh. b. Bundesgesundheitsamt Berlin - Entd.: Pneumat. Wirbelbett-Bioreaktor f. d. alkohol. Gärung (gem. m. O. Moebus u. H. Reuter), Wirkungsmech. d. Antibiotikums Polymyxin B, Konjugation b. Milchsäurestreptokokken (gem. m. A. Geis), Plasmide b. Essigbakterien - BV: Grundriß d. prakt. Mikrobiol. f. d. Molkereifach, Lehrb. 1983, 2. A. 1987; Fachberater f. Milchwirtsch., VDMF, 1985 - 1977 apl. Prof. TU München, 1978 Hon.-Prof. Univ. Kiel - Liebh.: Musik, bild. Kunst - Spr.: Engl. - Bek. Vorf.: Ludwig Moshamer, Architekt (Großv.).

TEUBNER, Gunther
Dr. jur., M.A., Prof. f. Privatrecht u. Rechtssoziol. Univ. Bremen (s. 1977) u. Europ. Hochschulinst. Florenz (s. 1981) - Via de Ferraglia 4, I-50036 Pratolino-Firenze (T. 055 - 40 96 39) - Geb. 30. April 1944 Herrnhut (Vater: Walter T., Amtsgerichtsrat; Mutter: Renate, geb. Schmidt), verh. m. Enrica Mazza-Teubner, 3 Kd. (Jonas, Nicola, Daniel) - 1963-67 Univ. Göttingen u. Tübingen (Rechtswiss.); 1972-74 Univ. Berkeley/USA (1974 M.A. Rechtssoziol.). Promot. (1971) u. Habil. (1977) Tübingen - 1980/81 Gastdoz. Law School, Berkeley; 1987/88 Law School Ann Arbor u. Stanford - BV: Standards u. Direktiven in Generalklauseln, 1971; Organisationsdemokratie u. Verbandsverfass., 1978; Recht als autopoietisches System, 1989. Herausg.: Corporate Governance (1984); Dilemmas of Law in the Welfare State (1985); Contract and Organization (1986); Juridification (1987); Autopoietic Law (1988); Regulating Corporate Groups (1990); State, Law, Economy as Autopoietic Systems (1992). Einzelarb. - 1982 Leon Petrazycki Intern. Scientific Prize; 1989 Acad. Europaea - Spr.: Engl., Franz., Ital.

TEUFEL, Erwin
Ministerpräsident Baden-Württemberg (s. 1991), Dipl.-Verwaltungswirt FH, Mdl Baden-Württ. - Dreifaltigkeitsbergstr. 44, 7208 Spaichingen (T. 0711 - 20 63-8 31) - Geb. 4. Sept. 1939 Rottweil, verh., 4 Kd. - 1964-72 Bürgermeister Stadt Spaichingen, 1972-74 Staatssekr. Innenminist. Bad.-Württ., 1974-78 Staatssekr. f. Umweltschutz u. Mitgl. d. Landesreg. Bad.-Württ.; 1978-91 Vors. CDU-Fraktion, Bezirksvors. CDU-Südbaden, stv. Landesvors. d. CDU Bad.-Württ.; Mitgl. d. Bundesvorst. d. CDU.

TEUFFENBACH, Ingeborg
s. Capra, Ingeborg

TEUTSCH, Gotthard Martin
Dr. phil., Prof., Soziologe, Sozialethik, Sozialbeziehungen zw. Mensch u. Tier - Lisztstr. 5, 8580 Bayreuth - Geb. 13. Dez. 1918 Leutershausen (Baden) - Stud. München, Freiburg, Erlangen, 1962 Päd. Hochsch. Karlsruhe, (1965-70 Rektor), 1971 Gründ. u. bis 1984 Leit. d. Hodeget. Inst., 1977-79 Ökumen. Initiative Ethik d. Schöpfung, Mitgl. in kirchl. berat. Umweltgremien - BV: Soziol. u. Ethik d. Lebewesen, 1975, 2. A. 1978; D. Mensch als Mitgeschöpf: Aspekt einer neuen Ethik. Festschr. Hans-Wolfg. Heidland, 1977 (m. a.); D. Frage d. Zulässigkeit d. wiss. Versuches an u. mit lebenden Tieren, 1979; Zulässig. d. Intensivhaltung v. Nutztieren, 1979; Erziehen z. ethischen Verantwortung, 1980

(m. a.); Tierversuche u. Tierschutz, 1983; Lexikon d. Umweltethik, 1985; Da Tiere eine Seele haben..., 1987; Mensch u. Tier, Lexikon d. Tierschutzethik, 1987; Tierschutz - Texte z. Ethik d. Beziehung zw. Mensch u. Tier, 1988; D. Tier als Objekt: Streitfragen z. Ethik d. Tierschutzes, 1989.

TEWES, Ernst
Dr. theol. h. c., Weihbischof i. R. (1968-84), Titularbischof v. Villamagna in Proconsulari - Maxburgstr. 2, 8000 München 33 (T. 213 73 63) - Geb. 4. Dez. 1908 Essen - Priesterweihe 1934 Köln - Kaplan (Wandernde Kirche), 1940-1950 Wehrdst. u. sowjet. Kriegsgefangensch. (1945), dann Weltpriestergem. d. Oratorianer München, s. 1954 Pfarrer St. Laurentius, Seelsorgeref. Ordinariat u. Domkapitular, Dompropst Metropolitankapitel (1972) ebd.; b. 1984 Weihbischof Erzbistum München u. Freising.

TEWES, Rolf
Architekt, Landrat Kreis Unna - Hainweg 9, 4670 Lünen - Geb. 24. Sept. 1935, verh. - AR-Vors. Wirtschaftsförd.ges. mbH f. d. Kreis Unna.

TEWORDT, Ludwig
Dr. rer. nat. (habil.), o. Prof. f. Theoret. Physik - Lenaustr. 13, 2085 Quickborn - S. 1964 ao. u. o. Prof. (1966) Univ. Hamburg (Dir. Abt. f. Theoret. Festkörperphysik/Inst. f. Angew. Physik). Fachartb.

TEYSSEN, Anton
Studiendirektor a. D., MdL Nieders. (s. 1974) - Hohnsen 20, 3200 Hildesheim - Geb. 6. Nov. 1922 Emden (Vater: Anton T., Arbeitsamtsdir.; Mutter: Anna, geb. Wittkamp), kath., verh. s. 1954 m. Mechthild, geb. Rohleder, 2 Kd. (Georg, Stephan) - Schule (Abit.); Zimmermannslehre; Univ. Göttingen (German., Gesch., Geogr.) - Mitarb. an Richtlinien u. Handreichungen f. nieders. Gymn. S. 1958 Ratsherr Hildesheim; s. 1981 Abg. Kreistag Hildesheim; s. 1982 Vors. Landesaussch. f. Wiss. u. Kunst.

THADDEN, von, Adolf
Immobilienkaufmann - Kiefernweg 6, 3003 Ronnenberg 2 (T. Ronnenberg 25 57) - Geb. 7. Juli 1921 Trieglaff/Pom. (Vater: Adolf v. T., Landrat u. Gutsbes.), verh., 2 Töcht. (Ulrike, Christine) - Gymn. Greifenberg, Baltensch. Misdroy (Abit.) - Arbeits-, Wehrdst. Oblt. u. Adj. e. Sturmgeschützbrig.; mehrm. verwundet) u. Kriegsgefangensch.; b. 1964 Chefredakt. Reichsruf, s. 1965 Chefredakt. u. Herausg. Dt. Nachr. 1948-60 Ratsmitgl. Göttingen; 1949-53 MdB; 1955-59 u. 1967-70 MdL Nieders. 1947-64 DRP (1961 Vors.); s. 1964 NPD (1967-71 (Rücktr.) Vors.); s. 1970 Aktion Neue Rechte; Vors. Aktion Oberschles.; Gründ.- u. Urgroßv. Landtagsabg.

THADDEN, von, Rudolf
Dr. phil., o. Prof. f. Mittlere u. Neuere Geschichte - Grotefendstr. 30, 3400 Göttingen (T. 4 16 32) - Geb. 20. Juni 1932 Trieglaff/Pom. (Vater: Dr. jur. Drs. h. c. Reinold v. Thadden-Trieglaff, Ehrenpräs. Dt. Ev. Kirchentag; Mutter: Elisabeth, geb. v. Thüngen zu Heilsberg), ev., verh. s. 1958 m. Dr. phil. Wiebke, geb. Fesefeldt, 4 Kd. (Ernst-Ludwig, Elisabeth, Leopold, Reinold) - Univ. Tübingen, Paris, Göttingen. Promot. (1958) u. Habil. (1967) Göttingen - S. 1967 Doz. u. Ord. (1968) Univ. Göttingen (f. 1974/75 z. Rektor gewählt). 1975ff. Vors. Landesrektorenkonfz. S. 1962 2. bzw. 1. Vors. Arbeitsgemeinschaft Kirchenreform Göttingen; s. 1978 Mitgl. Wiss. Beirat Georg-Eckert-Inst. f. intern. Schulbuchforsch.; s. 1983 Directeur d'Etudes an d. Pariser École d. Hautes Études en Sciences Sociales; 1985ff. Präs. Dt.-Franz. Inst. Ludwigsburg - BV: D. Brandenburg.-Preuß. Hofprediger im 17. u. 18. Jh., 1959; Restauration u. napoleon. Erbe, 1972; D. Krise d. Liberalismus zw. d. Weltkriegen (Herausg.), 1978; Fragen an Preußen, 1981; Hugenotten; Nicht Vaterland,

nicht Fremde, 1989 - 1984 Officier de la Légion d'Honneur (Frankr.) - Spr.: Franz., Engl. - Bruder: Franz-Lorenz v. T.

THALACKER, Rudolf
Dr. rer. nat., Prof., Hon.-Prof. (s. 1982), Leitender Chemiedirektor i. R. - Jahnstr. 37, 6302 Lich (T. 06404 - 71 39) - Geb. 22. Sept. 1928, ev. - Stud. Lebensmittelchemie, Biochemie u. Botanik Univ. Gießen; Promot. 1961 Gießen, Habil. 1975 ebd. - 1970-84 Leit. Staatl. Chem. Untersuchungsamt Gießen; 1984-88 Leit. Staatl. Medizinal-, Lebensmittel- u. Veterinäruntersuchungsamt Mittelhessen in Gießen. Publ. zu Lebensmittelchemie u. Biersektor - 1987 Bayer. Bierorden; 1988 BVK am Bde.

THALER, Fritz
Fabrikant, Verbandsvors. - Zu erreichen üb.: Verb. d. nord- u. westd. Bürsten- u. Pinselmacher-Handwerks, Kleinberger Str. 16, 5650 Solingen.

THALER, Horst
Kaufmann, Vorstandsmitglied Stora Feldmühle AG, Düsseldorf - Hindenburgstr. 21, 4005 Meerbusch 1 (T. 02132 - 56 98) - Geb. 19. April 1939 Mönchengladbach, verh. s 1962 m. Ingeborg, geb. v. Kaldenkerken, 2 Töcht. (Silke, Anja).

THALER, Johannes
s. Gärtner, Hans

THALER, Klaus Peter
Radrennprofi, Geschäftsführer v. Thaler Sports (Großhandel v. Radsportkleidung) - Bremmerstr. 10, 5820 Gevelsberg - Geb. 14. Mai 1949 Eckmannshausen (Vater: Erich T., Arzt; Mutter: Luise, geb. Weber) ev., verh. s. 1978 m. Jutta, geb. Gößling, 2 Kd. (Christian Caspar, Julia) - Stud. PH Siegen (Ex. 1973); Dipl.-Trainer 1976 - Radrennprofi - Silb. Lorbeerblatt - Liebh.: Anitquitäten, alte Autos, Trickskilauf - 15 Dt. Meistertitel, 4 Weltmeistertitel (1973, 76, 85, 87), 3 Vizeweltmeistertitel (1974, 75, 80) - Spr.: Engl., Franz., Span.

THALHAMMER, Beatrice
s. Ferolli, Beatrice.

THALHAMMER, Georg
I. Bürgermeister - Rathaus, 8261 Garching/Alz - Geb. 7. Juni 1930 Garching - Zul. Heizer.

THALHEIM, Karl C.
Dr. rer. pol., Prof. f. Volkswirtschaft - Münchener Str. 24, 1000 Berlin 30 (T. 030 - 24 27 93) - Geb. 26. Mai 1900 Reval/Estl. (Vater: Edmund T., kaufm. Angest.; Mutter: Elisabeth, geb. Johannson), ev.; verw., S. Dr. Holger - Stud. Wirtschaftswiss. Univ. Leipzig; Promot. 1925 - 1928 Privatdoz. Leipzig; 1932 apl. ao. Prof.; 1938 Leit. Weltwirtsch.-Inst.; 1949 stv. Leit. Volkswirtsch. Abt. Berliner Zentralbank; 1950 Leit. Volkswirtsch. Abt. IHK Berlin; 1951 o. Prof. f. Volkswirtsch. FU Berlin, 1968 emerit., 1951 Leit. Wirtschaftswiss. Abt. Osteuropa-Inst. FU Berlin; 1961-69 Mitgl. Direkt. Bundesinst. f. ostwiss. u. intern. Studien - Zahlr. Buchveröff. - 1968 Brüder-Murhard-Preis, Kassel - Liebh.: Buchsammit., Reisen in Nieders. - Spr.: Engl., Franz. - Lit.: Beitr. z. Theorie u. Praxis v. Wirtschaftssyst. (Festg. 70. Geb. 1970).

THALLMAIR, Heribert
Rechtsanwalt, I. Bürgermeister Stadt Starnberg (s. 1969), Vors. Bayer. Gemeindetag, Mitgl. Bayer. Senat - Rathaus, 8130 Starnberg/Obb. - Geb. 23. Mai 1936 Roth/Mfr., verh., 3 Kd. - CSU.

THAPE, Moritz
Bürgermeister u. Senator a. D., MdBB - Borchershof 20, 2800 Bremen 66 (T. 58 03 00) - Geb. 19. Febr. 1920 Zürich, verh. m. Gerda, geb. Meinecke - Obersch. Magdeburg; Maschinenschlosserlehre; Staatl. Ing.sch. (1940 Verhaft.

durch Gestapo u. Studiumsverbot) - 1940-44 Wehrdst. (schwerbesch.), n. 1945 polit. Redakt. Halle/S., Berlin, Hagen/W., 1955-65 Chefredakt. Bremer Bürgerztg., 1965-79 Senator f. Bildungswesen bzw. Bildung, Kunst u. Wiss. (1975) Bremen, 1979-85 Bürgerm. u. Senator f. Finanzen, 1959ff. Mitgl. Brem. Bürgerschaft. 1965-80 stv. Vors. Rundfunkrat Radio Bremen. SPD (1962-72 (Rücktr.) Landesvors. Bremen).

THAUER, Rolf
s. Thauer, Rudolf K.

THAUER, Rudolf K.
Dr. rer. nat., o. Prof. f. Mikrobiologie Univ. Marburg (s. 1976) - Vogelsberg Str. 47, 3550 Marburg-Cappel - Geb. 5. Okt. 1939 Frankfurt/M. (Vater: Dr. med., Dr. h. c. Rudolf T., emerit. o. Prof. f. Physiol. †; Mutter: Charlotte, geb. Kalberlah), ev., verh. s. 1968 m. Helga, geb. Krebel, 3 Kd. (Kattrin, Jenny, Christian) - Dipl.-Chem. (Biochemie) 1966 Tübingen; Promot. (1968) u. Habil. (1971) Freiburg - 1972-76 Wiss. Rat u. Prof. Univ. Bochum; 1983-87 Vizepräs. Dt. Forschungsgemeinsch. S. 1991 Dir. d. neu gegründeten MPI f. Terrestrische Mikrobiologie - Üb. 200 Fachveröff. (In- u. Ausl.) - 1984 Otto-Warburg-Med. Ges. f. Biol. Chemie; 1986 Leibniz-Preis Dt. Forschungsgemeinsch. u. Dannie-Heineman-Preis Akad. d. Wiss. Göttingen (f. Entd. d. Rolle v. Nickel als an d. Methanbildung beteiligtes Spurenelement); Mitgl. d. Leopoldina, u. d. Acad. Europaea; korr. Mitgl. Akad. d. Wiss. Göttingen, u. Rheinisch-Westf. Akad. d. Wiss.

THAYSEN, Uwe

Dr. phil., Univ.-Prof. f. Politikwissenschaft, Direktor d. Inst. f. Sozialwissenschaften d. Univ. Lüneburg - Brunsberg 13, 2000 Hamburg 54 - Geb. 9. Sept. 1940 Scherrebek, verh. m. Maleen, geb. Reinshagen, 2 Kd. (Arne, Morten) - Stud. Jura, Gesch., Phil., Soziol., Politol. Univ. Tübingen, Berlin u. Hamburg;

Dipl.-Politol. 1967; Promot. 1972; Habil. 1974 - S. 1969 Redakt.-Mitgl. u. s. 1972 Chefredakt. Ztschr. f. Parlamentsfragen; s. 1980 Chairman Committee for the Cooperation of European Parliamentary Studies; 1979-81 Rektor Hochsch. Lüneburg; s. 1987 Sprecher Sektion Regierungssysteme u. Vergleichende Politikwiss. Dt. Vereinig. f. Polit. Wiss.; s. 1992 im Kurat. d. Stiftg. DIE MITARBEIT - BV: Parlamentsreform, 1972; Parlament. Regierungssystem, 1976; Politische Planung, 1976; Bürger-, Staats- u. Verwaltungsinitiativen, 1982; Bundesländer u. EG, 1986; Unters.aussch., 1987; US-Kongreß u. Dt. Bundestag, 1988; D. Runde Tisch, 1990.

THEBIS, Hansgünter

Schriftsteller u. Fachjournalist - Drakestr. 33, 1000 Berlin 45 (T. 030 - 833 44 11) - Geb. 29. Dez. 1925 Plauen/Vogtl. (Vater: Reinhold T., Schriftst. u. Redakt.; Mutter: Hildegard, geb. Frick), ev., verh. s. 1970 m. Hildegard, geb. Kantel - Abit. - BV: Jugendb., Kriminal- u. Unterhalt.romane, Jugendfunksend.. Fernsehdrehb. u. a. (s. 1946) - Liebh.: Tennis, Skilauf, Foto - Spr.: Engl. - Lit.: Kürschner's Lit.-Kal.

THEDERING, Franz-Josef

Dr. med., Prof., Ärztl. Direktor u. Chefarzt Innere Abt. Pius-Hospital (b. 1978) - Danziger Str. 6, 2900 Oldenburg/O. - Geb. 10. Mai 1913 - S. 1952 (Habil.) Doz. u. apl. Prof. (1959) Univ. Tübingen. Forsch. üb. Eisenstoffwechsel u. Vitaminmangelzustände. Fachveröff.

THEDIECK, Franz

Staatssekretär a. D., Intendant i. R. - Am Kümpel 14, 5300 Bonn-Ippendorf (T. 28 45 70) - Geb. 26. Sept. 1900 Hagen/W. (Vater: Geh. Justizrat Josef T., Landgerichtsdir.; Mutter: Johanna, geb. Hasse), verh. s. 1941 m. Hilde, geb. Bömer - Realgymn.; Univ. Bonn u. Köln (Land-, Volksw., Rechtswiss.) - Ab 1923 Leit. Stelle Köln Innenmin. z. Abwehr d. Separatismus im Rhld., 1929-31 Hilfsarb. Landratsamt Mülheim, 1931-40 Regierungs- u. Oberreg.srat Reg. Köln, 1940-43 (Entlass. auf Anordnung Himmlers) Generalref. Militärverw. Brüssel, n. Rückkehr aus amerik. Kriegsgefangensch. wied. Reg. Köln, 1949-64 (Rücktr.) Staatssekr. Bundesmin. f. gesamtd. Fragen, 1966-72 Int. Deutschlandfunk (1961ff. VR-Vors.). 1964-68 (Rücktr.) Vors. Konrad-Adenauer-Stiftg. f. polit. Bildung u. Studienförd. e. V. - 1957 Gr. BVK m. Stern u. Schulterbd.; 1960 Lodgman-Plak. Sudetend. Landsmannschaft, 1964 Ehrenplak. BdV, 1973 Hans-Bredow-Med.

THEEDE, Hans Johannes

Dr. rer. nat., Dr. h.c., Vertr. Prof. f. Meereszoologie Univ. Bremen, FB 2, apl. Prof. f. Zoologie Univ. Kiel - Brückenstr. 1, 2302 Flintbek - Geb. 17. Dez. 1934 Lohe/Kr. Rendsburg (Vater: Johannes T., techn. Angest.; Mutter: Marie, geb. Lichtenstein), ev., verh. s. 1967 m. Gisela, geb. Glüsing, T. Edda - Abit. 1955 Rendsburg; Stud. Naturwiss. Univ. Kiel; Promot. 1962, Habil. 1971 - 1974 apl. Prof. (Abt. f. Meereszool. Inst. f. Meereskd. Univ. Kiel); 1987 Präs. Balt. Meeresbiol. (BMB) - Mithrsg.: D. Ostsee, Natur u. Kulturraum (1985). Üb. 80 Publ. z. Ökol. u. Physiol. d. Meerestiere in Büchern u. Fachztschr. - 1991 Ehrendoktor d. Landw. Univ. in Szczecin (Stettin), Polen - Spr.: Engl.

THEENHAUS, Rolf

Dr.-Ing., Vorsitzender Direktorium Ludwig Kronne GmbH & Co. Kg, Duisburg (s. 1985), Vorst.smitgl. Kernforschungsanlage Jülich GmbH. (s. 1974), Lehrbeauftragter Univ. Siegen (s. 1982) - Hamicher Str. 80, 5163 Langerwehe (T. 02423 - 21 77) - Geb. 17. Dez. 1936 Delmenhorst (Vater: Werner T.; Mutter: Auguste, geb. Hollmann), ev., verh. s. 1961 m. Irmgard, geb. Sous, 3 Kd. (Heike, Olaf, Britta) - Stud. Elektrotechn. TH Aachen; Promot. 1965 - Entwicklungsleit. ITT (1965), Mitgl. Geschäftsleit. Fa. L. Krohne (1967), Fachbereichsleit. BBC; Mitgl. d. Direkt. d. Ludwig Krohne GmbH & Co KG, Duisburg (s. 1979); Mitgl. d. techn.-wiss. Beirats Ges. f. Kernenergieverw. in Schiffbau u. Schiffahrt (GKSS) s. 1975. Patentinh. - 1961 Springorum Denkmünze - Liebh.: Musik - Spr.: Engl., Franz., Span.

THEILE, Ursel

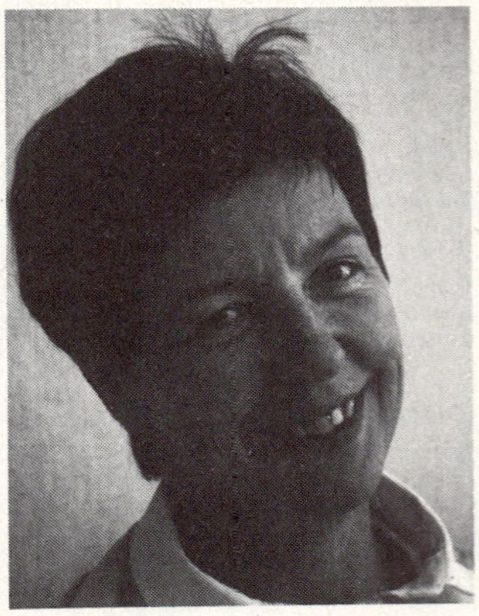

Dr. med., Prof. f. Inn. Med. Univ. Mainz, Leiterin Genet. Beratungsst. Land Rhld.-Pfalz (s. 1975) - Oechsnerstr. 6, 6500 Mainz (T. 06131 - 5 10 55) - Geb. 17. April 1938 Weiden b. Köln, ev.-luth., ledig - Med. Staatsex. 1964, Promot. 1964, Habil. 1975, Fachärztin f. Inn. Med. 1972 (Zusatzbezeichn. Med. Genetik) - B. 1983 Oberärztin II. Med. Univ.-Klinik Mainz - BV: m. a.: Genet. Beratung, 1973; Genetik u. Moral, 1985; Checkliste Genetische Beratung, 1992 - 1975 Hufelandpreis; 1983 Soemmering-Plak. - Liebh.: Musik (aktiv), mod. Lit., Bergwandern, Reisen, Geol. - Spr.: Engl., Franz.

THEILEN, Bernd

Postoberinspektor, MdL Nieders. (s. 1974) - Trakehner Str. 6, 2942 Jever (T. 34 35) - SPD.

THEILEN, Ernst Dieter

Dr., Landrat d. Landkreises Birkenfeld (Nahe) - Kreisverwaltung, Schloßallee 11, 6588 Birkenfeld (T. 06782 - 1 52 11) - Geb. 13. April 1940, verh. s. 1967 m. Erika, geb. Schulte Overberg, 2 Kd. (Monika, Thilo) - Stud. Rechtswiss. u. polit. Wiss. in Genf, Berlin, Bonn u. Köln; Zweitstud. polit. Wiss. am Genfer Graduate Inst. of Intern. Studies; Advanced Management Program d. Harvard Business School, Boston; Promot. z. Dr. jur. Univ. Köln - VR-Vors. d. Kreissparkasse Birkenfeld - Spr.: Engl., Franz.

THEILEN, Hermann

Dipl.-Volksw., Vorstandsmitglied Preussag AG i. R. - Harrenhorst 21, 3052 Bad Nenndorf (T. 05723 - 31 82) - Geb. 1. März 1915 Schleswig - Univ. Heidelberg - ARmandate u. a.: Vorst.-Mitgl. Fördererkreis d. Carl-Duisberg Ges. Köln, Fördererkreis Nieders. d. Carl Duisberg Ges. Hannover; Mitgl. Gr. Senat Christl. Jugenddorfwerk Dtschl. Göppingen.

THEILER, Karl

I. Bürgermeister Ebermannstadt - Rathaus, 8553 Ebermannstadt/Ofr. - Geb. 3. Dez. 1926 Ebermannstadt Kaufm.

THEIS, Adolf

Dr. h.c. mult., Prof. e.h. Univ. Heilongjian, Präsident Univ. Tübingen - Wilhelmstr. 5, 7400 Tübingen 1 - AR-Mitgl. Vereinigte Papierwerke; VR-Mitgl. Quelle; Vors. Gesellschaftervers. Attempto-Verlag Tübingen.

THEIS, Edgar

Dr. rer. pol., Dipl.-Wirtsch.-Ing., Ing. (grad.), Hauptgeschäftsführer REFA-Verband f. Arbeitsstudien u. Betriebsorganisation - Greinstr. 5b, 6100 Darmstadt (T. 06151 - 37 55 20) - Geb. 30. März 1946 Althornbach (Vater: Helmut T., Bundesbahnbeamter; Mutter: Liane, geb. Bast), kath., verh. s. 1970 m. Christa, geb. Blessing, 2 Kd. (Kerstin, Jochen) - 1961-1964 Masch.schlosserlehre Fa. DEMAG AG, Zweibrücken, 1965/66 Berufsaufbausch. Kaiserslautern, 1966-70 Ingenieursch. Kaiserslautern (Masch.-bau, Ing. grad.), 1974-77 Univ. Karlsruhe (Dipl.-Wirtsch.-Ing.); Promot. 1982 - 1964-65 Werkzeugmacher, 1970-74 Assist. Werkleit. u. Gruppenleit. Fertigungspl. Fa. Robert Bosch GmbH, Homburg, 1978-80 wiss. Mitarb. u. Verb.-Ing. Geschäftsf. Gesamtverb. metallind. Arbeitgeberverb. (Gesamtmetall), s. 1981 Hptgf. REFA-Verb. f. Arbeitsstud. u. Betriebsorgan. Darmstadt, 1982 Vorst.-Mitgl. European Federation of Productivity Services (efps).

THEIS, Ernst Fr.

Beiratsmitgl. Foseco, Ges. f. chem.-metallurg. Erzeugnisse m.b.H., Borken, Steibe GmbH, Euskirchen, Stutz GmbH, Bochum, Dt. Bank AG, Bez. Bielefeld, Hermanns & Co GmbH, Radevormwa.d, Gelsenkirchener Str. 10, 4280 Borken - Geb. 8. Jan. 1917.

THEIS, Werner

Dr. rer. nat. (habil.), o. Prof. f. Theoret. Physik Freie Univ. Berlin (s. 1963) - Marienbader Str. 12, 1000 Berlin 33 (T. 826 18 06) - Geb. 3. Okt. 1926 Hamburg - 1959-63 Privatdoz. Univ. Hamburg - BV: Grundzüge d. Quantentheorie, 1985. Facharb.

THEISEN, Angela

Musikdramaturgin Pfalztheater Kaiserslautern - Davenportplatz 9, 6750 Kaiserslautern (T. 0631 - 1 75 86) - Geb. 19. April 1954 (Vater: Anton T., Kapellm. u. Musikkonsulent), ledig - Stud. German., Phil., Gesch., Kunstgesch. u. Politik; 1962-72 Ballettausb. - 1977-79 Regie- u. Dramturgieassist. Stadttheater Würzburg; 1979-81 Schauspieldramat. u. Disponentin Theater Baden-Baden; 1981-84 Dramat. (Schwerp. Musik) Schlesw.-Holst. Landestheater; s. 1984 s.o. - Spez. Arbeitsgeb.: Valentiniaden in Baden-Baden; Matineen versch. Art; Schwerp. Spanien u. Südamerika in Hinblick auf Politik u. Kultur - Liebh.: Musik, span. u. südamerik. Kultur - Spr.: Engl., Span.

THEISEN, Günther

Dr. rer. pol., Dipl.-Kfm., Vorstandsmitglied RWE Entsorgung AG, Essen - Am Mühlenbach 110, 4300 Essen 1 (T. 0201 - 70 16 56) - Geb. 31. Aug. 1936 Andernach, kath., verh. s. 1962 m. Gisela, geb. Kleff, 2 Kd. (Gaby, Jörg) - Gymn.; Univ. Köln (Dipl.-Kfm. 1967, Promot. 1970).

THEISEN, Helmut

Dr. phil., Kaufmann (Theisen-Gruppe), stv. Vors. Ausstellerbeirat Bauma München, Geschäftsf. Gesellsch. Theisen KG-GmbH & Co, München/Nürnberg/Wien - Pfättendorferstr. 21, 8000 München 60 (T. 811 28 29) - Geb. 21. Nov. 1922 Nürnberg, gesch. - Univ. Basel u. München (Phil., Soziol., Polit. Wiss.). Promot. 1950 Basel - S. 1952 Familienuntern. (Gebr. Theisen, gegr. 1886). Handelsrichter - Liebh.: Jagd, Fischen - Spr.: Engl., Franz., Ital., Serbo-kroat.

THEISEN, Otto

Dr. jur. h.c., Rechtsanwalt, Staatsminister a. D., MdL Rhld.-Pfalz (1959-83) - Heinrich-Weitz-Str. 1, 5500 Trier/Mosel (T. 3 15 52) - Geb. 13. Okt. 1924 Beuren Kr. Saarburg, kath., verh., 3 Kd. - Gymn. (b. 1943); 1943-46 Kriegsdst. (Jagdflieger; mehrm. verwundet) u. Gefangensch.; n. Externer-Abit. (1946) Univ. Bonn (Rechts- u. Staatswiss.). Jurist. Staatsprüf. 1949 u. 52 - 1953-67 Rechtsanw. Trier; 1967-71 Staatssekr. im Justizmin., 1971-79 Justizmin. v. Rhld.-Pfalz.; Präs. Ges. f. Rechtspolitik s. 1973 (Leit. Inst. f. Weinr. d. Ges.). CDU s. 1953, s. 1964 Landesschatzm.

THEISEN, Paul

Dr. rer. oec., o. Prof. f. Betriebswirtschaftslehre, insb. Handelsbetriebslehre u. Marketing - Seminar f. Handel u. Marktwesen, Von-Melle-Park 5, 2000 Hamburg 13 (T. 41 23/47 05); priv.: Zum Meeschensee 15, 2359 Henstedt-Ulzburg 3 (T. 7 85 67) - Geb. 29. Dez. 1929 Berg. Gladbach (Vater: Peter T., Kaufmann; Mutter: Therese, geb. Nöthen), verh. s. 1959 m. Charlotte, geb. Kolb, 2 Kd. (Axel, Hanno) - Diplom 1955 Köln; Promot. 1958 u. Habil. 1967 Saarbrücken - S. 1969 Ord. Univ. Hamburg - BV: Betriebl. Preispolitik im Einzelhandel, 1960; Grundzüge e. Theorie d. Beschaffungspolitik, 1970 - Liebh.: Malerei, Architektur - Spr.: Engl., Franz.

THEISEN, Werner

Dr., Herausgeber TopBusiness - Ingolstädter Str. 22, 8000 München 45 (T. 35 09 30) - AR-Vors. verlag moderne industrie AG, Landsberg.

THEISSEN, Gerd

Dr. theol., Dr. h. c., Prof. f. Neues Testament - Max-Josef-Str. 54/1, 6900 Heidelberg - Geb. 24. April 1943 Rheydt, ev. - Univ. Bonn (Ev. Theol., German.) - 1972-78 Priv.doz. Bonn, 1978-80 Prof. Kopenhagen, s. 1980 Heidelberg - BV: Unters. z. Hebräerbrief, 1969; Urchristl. Wundergeschichten, 1974; Soziol. d. Jesusbewegung, 1977; Argumente f. e. krit. Glauben, 1978; Stud. z. Soziol. d. Urchristentums, 1979; Psychol. Aspekte paulin. Theol., 1983; Bibl. Glaube in evolutionärer Sicht, 1984; D. Schatten d. Galiläers, 1986; Lokalkolorit u. Zeitgesch. in d. Evangelien, 1989; D. offene Tür, 1990.

THEISSING, Ludmilla

s. Arseniew, von, Ludmilla

THELEN, Vigoleis

s. Thelen, Albert Vigoleis

THEMANN, Hermann

Dr. rer. nat., Univ.-Prof., Direktor Inst. f. Med. Cytobiologie - Domagkstr. 3, 4400 Münster; priv.: Finkenstr. 67, 4400 Münster (T. 2 83 32) - Geb. 17. Nov. 1927 Friesoythe/Oldbg. - Stud. Univ. München u. Münster (Biol., Med.) - Habil. 1962, Lehrtätigk. Münster (1966 apl. Prof. f. Med. Physik u. Elektronenmikroskopie, 1974 o. Prof. f. Med. Cytobiologie) - BV: Untersuchungen üb. Glykogen im Zellstoffwechsel, 1963. Ca. 200 Fachveröff. - 1983 BVK.

THEOBALD, Adolf

Dipl.-Kfm., Journalist, Medienberater - Jacobistr. 56, 7800 Freiburg - Chefredakt. twen, Capital (1961); Vorst. Gruner + Jahr (1971); Mitgl. Unternehmensltg. Ringier & Co. AG, Zürich (1978); Chefredakt. natur, München (1983) u. GEO, Hamburg (1985-87), Geschäftsf. Spiegel-Verlag Rudolf Augstein GmbH & Co. KG, Hamburg (1987-91) - BV: D. Macher, 1977; D. Ökosozialprodukt, 1986.

THEOBALD, Jürgen Peter

Dr. rer. nat., Dipl.-Phys., Prof. TH Darmstadt (s. 1973) - Graupnerweg 42, 6100 Darmstadt (T. 71 23 85) - Geb. 6. Nov. 1933 Weidenau/Sieg (Vater: Walter T., Ing.; Mutter: Frieda, geb. Dietrich), ev., verh. m. Dörte, geb. Prühs, 3 Kd. (Dirk, Jörn, Marc) - Stud. Univ. Göttingen, Bonn, Mainz - 1961-64 Max-Planck-Inst. f. Chemie, Mainz; 1964-73

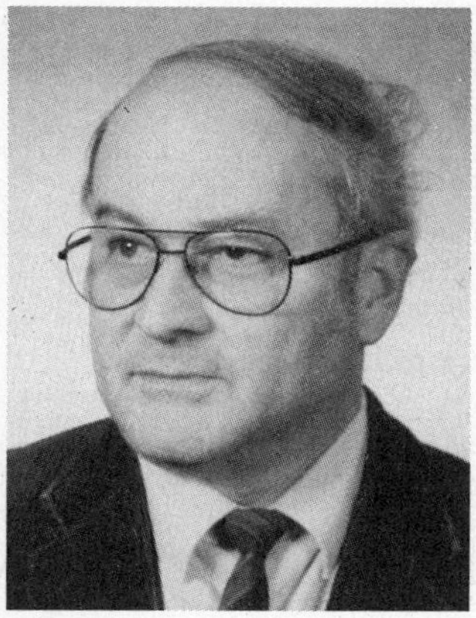

wiss. Ref. BCMN, Geel/Belg. Fachmitgl.sch. - Spr.: Engl., Franz., Holl.

THEOBALD, Michael

Dr. theol., Prof. f. Neues Testament - Zu erreichen üb. Univ. Tübingen, Sem. f. Kath. Theol., Rosenstr. 46, 7406 Mössingen 2 - Geb. 7. März 1948 Köln, kath., verh., 1 Kd. - 1982-85 Akad. Rat a.Z. Regensburg, 1984/85 Stud.rat Bamberg, 1985-90 Prof. FU Berlin, s. 1990 Tübingen - BV: D. Überströmende Gnade, 1982; Im Anfang war d. Wort, 1983; D. Fleischwerdung d. Logos, 1988; Zw. Babylon u. Jerusalem, 1988; D. Römerbrief, 1992.

THEOPOLD, Wilhelm

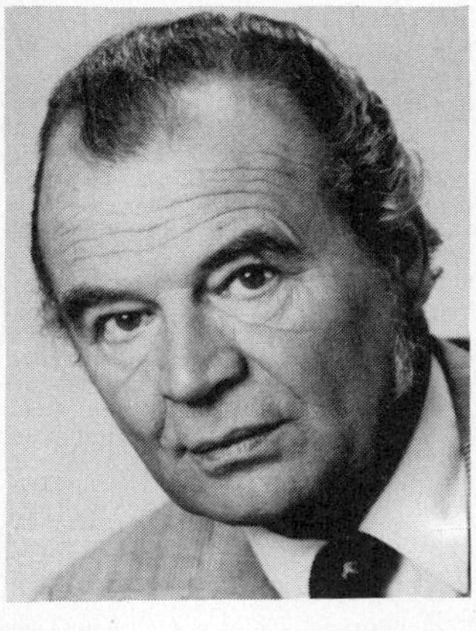

Dr. med., Prof. em., Direktor Kinderklinik Städt. Krankenhaus Frankfurt/M.-Höchst - Herrnwaldstr. 11, 6240 Königstein/Ts. (T. 31 69) - Geb. 12. Dez. 1915 Lage/Lippe (Vater: Dr. med. Wilhelm Th.; Mutter: Eugenie, geb. Wolff), verh. s. 1949 m. Dr. med. Johanna, geb. Sonntag, 2 Kd. (Petra, Rolf) - Stud. Med., Psych., Gesch., Univ. Marburg, Jena, Graz u. Tübingen, s. 1952 (Habil.) Lehrtätigk. Univ. Marburg u. Frankfurt (1967 apl. Prof. f. Kinderheilkd.) - 1956-64 Vizepräs. Landesärztekammer Hessen, (1964-68 Präs.), 1956-68 Vorst.-Mitgl. Bundesärztekammer. Begründer d. Vorsorgeprogramms f. Kinder in d. Bundesrep., s. 1958 Schriftl. Hess. Ärzteblatt, s. 1982 Präs. Bundesverb. Dt. Schriftstellerärzte - BV: D. Kind u. d. Zivilisation, 1959; Schiller - S. Leben u. d. Medizin im 18. Jh., 1964; D. Medizin an d. Hohen Carlsschule zu Stuttgart, 1967; Hab e. kostbar Gut erfleht. E. Ess. üb. Votivmalerei, 1977; Votivmalerei u. Medizin, 1978; D. Kind in d. Votivmalerei, 1981; Mirakel, 1983; Doktor u. Poet dazu. Arztdichter aus 5 Jh., 1986; Lose Lieder, Ged. 1991. Herausg.: Präventive Medizin (1970); Medizinisch-lit. Almanach f. d. Jahr 1986 - Kriegsausz., Verwundetenabz., BVK I. Kl.; Adolf-Grimme-Preis. Ernst v. Bergmann-Plak. d. Bundesärztekammer; Gold. Ehrenplak. d. Landesärztekammer Hessen; Bernhard Christoph Faust-Med. Land Hessen; 1988 Lit.-Preis d. Bundesärztekammer; 1988 Ehrenpräs. d. Dt. Ärztetages; Méd. René Cassin, Straßburg; Méd. d'Honneur de la Confédération des Anciens Combattants, Paris; Paracelsus-Med. d. Dt. Ärzteschaft; 1991 Ehrenmitgl. d. Dt. Ges. f. Kinderheilkunde.

THESING, Jan

Dr. rer. nat., Prof., Chemiker - Lossenweg 35, 6100 Darmstadt (T. 4 81 36) - Geb. 15. Mai 1924 Darmstadt (Vater: Paul T., Maler; Mutter: Irene, geb. Wiskott), verh. s. 1947 m. Anne, geb. Nanz, 3 Kd. - Oberrealsch. Heppenheim/Bergstr.; TH Darmstadt (Chemie). Promot. (1952) u. Habil. (1955) Darmstadt - 1966-84 stv. Vorst.-Vors. E. Merck AG. bzw. n. Umwandlung stv. Vors. d. Geschäftsltg. E. Merck, Darmstadt (Leitg. Forschung). S. 1955 Privatdoz., apl. Prof. (1963), Honorarprof. (1971) TH Darmstadt (Organ. Chemie). Fachveröff. 1972-88 pers. haft. Gesellschafter d. E. Merck, Darmstadt; 1986/87 Präs. Ges. Dt. Chemiker - 1988 Dr. rer. nat. h. c. Univ. Dortmund; 1989 Carl-Duisberg-Plak. Ges. Dt. Chemiker.

THEUERKAUF, Gerhard

Dr. phil., Prof. f. Mittelalterl. Geschichte Univ. Hamburg - Hagedornstr. 49, 2000 Hamburg 13 (T. 040 - 45 72 50) - Geb. 6. März 1933 Magdeburg - Promot. 1960 Univ. Münster - 1966 Privatdoz., 1971 Wiss. Rat u. Prof. Univ. Münster; 1974 Prof. Univ. Hamburg - BV: Land u. Lehnswesen v. 14. b. z. 16. Jh., 1961; Lex, Speculum, Compendium iuris, 1968; Einführung in d. Interpretation historischer Quellen, 1991.

THEUERKAUF, Walter E.

Dr.-Ing., Prof. f. Allgem. Techniklehre u. ihre Didaktik, Leit. Inst. f. Angew. Elektrotechnik u. Technikpäd. Univ. Hildesheim - Am Hasengarten 25, 3300 Braunschweig (T. 0531 - 69 09 88) - Geb. 7. Juni 1935 Hildesheim (Vater: Walter T., Dir.; Mutter: Magdalena, geb. Deckmann), ev., verh. s. 1965 m. Eva-Karola, geb. Hinz, Sohn Jörg - Stud. Elektrotechnik TH Hannover, Dipl.-Ing. 1964, Promot. 1970 TU Clausthal - 1964-67 Wiss. Ass. TU Clausthal; 1967-70 Obering. TU Clausthal; 1970-71 Industrietätigk.; 1971-77 Doz. PH Nieders.; 1977-87 o. Prof. f. Allg. Techniklehre u. ihre Didaktik TU Braunschweig; 1977-81 Lehrbeauftr. Univ. Göttingen; 1979-83 Dekan FB Erziehungswiss. TU Braunschweig. Mehr. Buch- u. zahlr. Ztschr.-veröff. z. Allg. Technol., z. Technikunterr. u. z. Berufsorientier. - Spr.: Engl., Franz.

THEUERMEISTER, Käthe

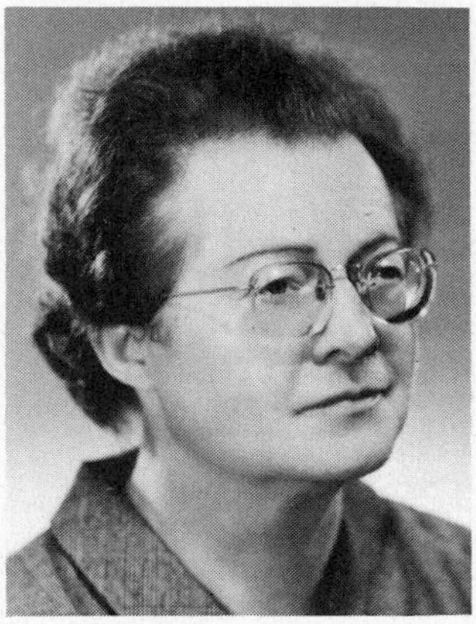

Kinderbuchautorin - Waldstr. 18, 6301 Pohlheim (T. 0641 - 4 51 71) - Geb. 21. Jan. 1912 Leipzig, ev., verh. s. 1941 m. Herbert T., 5 Kd. - BV: 47 Kinderbücher (einige franz., span. u. holl. übers.), zul. Acht Tage m. Jenny, 1976; Hänschen geht auf Wandersch., 1976; E. fröhl. Woche m. Stefanie, 1977; Sommerfest in d. Waldschule, 1977; Thomas u. Inge spielen Kaufm., 1977; Maxi, d. freche Fohlen, 1978; Niko ist Klasse, 1978; Ferien m. Pferd u. Wagen, 1980.

THEUNISSEN, Michael

Dr. phil., Prof. f. Philosophie - Beerenstr. Nr. 50, 1000 Berlin 37 - Geb. 11. Okt. 1932 Berlin (Vater: Gert H., Schriftst.; Mutter: Elfriede, geb. Thoss), ev., verh. s. 1962 m. Anneliese, geb. Stolz, 2 Kd. (Viola, Oliver) - Univ. Bonn u. Freiburg (German. u. Phil.), Promot. 1955 - 1959-64 wiss. Assist. FU Berlin, 1964-67 Doz. FU Berlin, 1967-71 o. Prof. Univ. Bern, 1971-80 o. Prof. Heidelberg, s. 1980 FU Berlin - BV: D. Andere, 1965 u. 1977; Hegels Lehre v. absolutem Geist als theol.-polit. Traktat, 1970; Sein u. Schein, 1978; Selbstverwirklichung u. Allgemeinheit, 1982; Negative Theologie d. Zeit, 1991.

THEURER, Else

Personalberaterin - Herderstr. 2, 6140 Bensheim 1, (T. 06251 - 7 35 58) - Geb. 1924 Ebersbach/Fils - S. 1953 selbständig.

THEURER, Hermann

Schriftsteller, Fachbeamter i. R., Editor (Künstlername: Hermann Theurer-Samek) - Haydngasse 20, A-2340 Mödling b. Wien (T. 02236 - 88 80 92) - Geb. 7. Juli 1928 Mödling b. Wien, verh. s. 1946 m. Johanna, geb. Fink, T. Margit - Volks-, Haupt-, Handelssch.; Abendmaturasch. - Gründ. u. Mitbes. d. ÄNEAS-Verlages GmbH, Mödling/Österr.; Vorst.-Mitgl. in einigen lit. Vereinen - BV: Bergfahrt, Lyr. 1969; Ecce Homo, Lyr. 1970-72; D. Duden sagt, Lyr. 1974; Widerwärtigkeiten-Wieder Wertigkeiten, Lyr. 1975; Näher Dir, Lyr. 1976; Sa-Tierisches, Lyr. 1980; Florent. Impressionen, Lyr. 1981; Weihnacht d. Ringstraßenhäuser, Erz. 1982, 2. erw. A. 1989; Immer wieder tönt Olifant, Lyr. 1983; D. neue Narrenschiff, Erz. 1983; Sonette an Gott, Lyr. 1986; D. Traumschloß, Erz. 1987; D. kleine Land - E. lyrischer Streifzug durch Österreich, bebildert, Lyrik 1990; Im Bettlerorden, Lyr. 1992. Herausg.: Lit. Ztschr. Jetzt (s. 1971). Prod. v. 2 Platten - 1971 1. Lyrikpreis Verlag Arndt; 1980 Gold. Ehrenz. f. Kultur Stadt Mödling - Liebh.: Lesen, Bergwandern - Spr.: Engl. - Lit.: Kreativ-Lex. Österr. Dramat. d. Gegenw. (1976); Brennpunkte - Gesch. d. spirit. Poesie (1976); Bortenschläger: Dt. Lit.gesch. II u. III; Kürschner: Dichtung aus Niederösterr. III-IV.

THEWS, Gerhard

Dr. med., Dr. rer. nat., o. Prof. f. Physiologie - Weidmannstr. 29, 6500 Mainz - Geb. 22. Juli 1926 Königsberg/Pr. - S. 1959 (Habil.) Lehrtätigk. Univ. Kiel (1962 apl. Prof.) u. Mainz (1964 Ord. u. Inst.dir.). 1967 ff. Vors. Dt. Physiol. Ges. Etwa 200 Fachveröff. - 1961 Wolfgang-Heubner-, 1964 Feldberg-, 1964 Carl-Diem-, 1969 Adolf-Fick-Preis; 1970 o. Mitgl. Akad. d. Wiss. u. d. Lit., Mainz (1985 Präs.).

THEYSSEN, Hansjosef

Journalist u. Schriftsteller - Adele-Weidtmann-Str. 32, 5100 Aachen - Geb. 1. April 1924 in Solingen, kath. - Vors. d. Vereins Union-Presse; Gründungsmitgl. u. Präs. d. Adam-Schall-Ges. f. dt.-chines. Zusammenarb.; Vors. Radio EURAC - BV: Joe, d. Reporter. China auf d. Marsch gen Westen; Wie junger Bambus im Frühlingswind; D. Rad d. Lebens; Lichter im Schwarzen Kontinent; Kinderschicksale in d. Dritten Welt - 1984 Kath. Journalistenpreis (Dt. Bischofskonfz.).

THIE, Antonius

Bankier, Grundstücksmakler (s. 1936) - St.-Annen-Str. 2, 4573 Löningen (T. 05432 - 23 06) - Geb. 7. Juni 1906 Löningen (Vater: Agaton T., Bankier; Mutter: Maria, geb. Elsken), kath., verh. s. 1934 m. Magda, geb. Bolte, 6 Kd. (Marianne, Aloys †, Alfred †, Günter, Rita, Brigitte) - Nöllesch., Handelssch. Osnabrück; 1923-26 Banklehre - B. 1927 Darmstädter u. Nationalbank AG., Hamburg, dann Münsterländ. Bank Thie & Co., Löningen (1941-83 Inh.; 1983 Verkauf d. Münsterländ. Bank an d. Oldenburg. Landesbank A. G. Oldenburg mangels Familien-Nachfolge) - Ehrenvors. KKV Löningen - Liebh.: Jagd.

THIEDE, Carsten Peter

Präsident d. Reinhold-Schneider-Ges., Vorst.-Mitgl. Dt. Inst. f. Bildung u. Wissen, stv. Leiter Inst. f. wissenschaftstheoretische Grundlagenforsch., Paderborn, Autor, Regiss. - Friedrich-Ebert-Str. 52, 4790 Paderborn - Geb. 8. Aug. 1952 Berlin (Vater: Wilhelm F. R., Leit. Beamter; Mutter: Margarete, geb. Kögler), ev., verh. s. 1982 m. Franziska, geb. Campbell, 3 Kd.(Miriam, Emily, Frederick) - Stud. Vergl. Lit.-Gesch., Anglist., Gesch., Mittellat. Lit. Univ. Berlin, Genf, Oxford, Paderborn; Stip. d. Studienstiftg. d. dt. Volkes; MA, Drs.; 1976-77 Research Fellow, Oxford; 1977-82 wiss. Assist. Genf; s. 1982 Member of the Inst. of Germanic Stud., London; 1985-87 Dir. Christl. Medien-Akad. Wetzlar; s. 1984 Liturg (Reader) d. Church of England; s. 1988 Europe & Middle East Production Manager d. Christian History Inst.; s. 1990 Editorial Advisor d. Christian History Magazine - BV: D. älteste Ev.-Handschr., 1986, 2. A. 1990 (ital. 1987, holl. 1988, span. 1989); Simon Peter: From Galilee to Rome, 1986, 2. A. 1988; Jesus - Life or Legend, 1990; Erstedition Papyrus Bodmer L, 1990; The Earliest Gospel Manuscript, 1992; Kirche in d. Kinderschuhen, 1991; From Christ to Constantine, 1991. Herausg.: Üb. Reinhold Schneider (1980); Reinhold Schneider, D. lebendigen Geist (1980); Stendhal, Gesammelte Werke (m. E. Abravanel, B. Frank, U. Mathis, K. Wais, 1978-82); Christl. Stud. heute (1984); Jahre m. Luise v. Mecklenburg-Strelitz. Aus Aufz. u. Briefen d. Salomé v. Gélieu (m. E. G. Franz, 1985); Christl. Lit. d. 20. Jh. (2 Bde. 1985); Wie Segel üb. d. Meer (1986); D. Petrusbild in d. neueren Forsch. (1987); Christlicher Glaube u. Lit., Jahrb. (fortlauf. s. 1987); R. Brockhaus Bildbiogr. (s. 1988); Beitr. z. Diskussion (s. 1989, m. G. Masuch u. J. Schlüter); Redaktion D. Gr. Bibellexikon (1988-89); Consulting Editor Jesus 2000 (1988-89). Hörfunk: Redakteur Glaube u. Denken, ERF (s. 1988), From Boniface to Bonhoeffer, Series BBC (1990). Filme (Autor, Regiss.): Zu hoffen wider d. Hoffnung - D. Dichter Reinhold Schneider (1983); Auferstanden v. d. Toten (1983); Render Unto Caesar - Christians in Nazi Germany (1984); Und er weinte bitterlich - Gedanken z. Buß- u. Bettag (1984); Rufer in d. Wüste - Christl. Dichter im Dritten Reich (1985); Het ontstaan van het christendom (1985/86); Auch d. ist Luthers Erbe (1986); Wenn d. Herr nicht d. Haus baut, od. Wie d. Gemeinden wieder wachsen lernen (1987); M. Gott reden - Alltag in evang. Kommunitäten (1987); From Christ to Constantine (1989/90), D. unbekannte Jesus. Neues vom Sohn Gottes (1992) - 1977 Silbermed. Brit. Intern. Volleyball-Meistersch. - Mitgl. Intern. PEN (s. 1982), Ritter d. Johanniter-Ord.; Club: United Oxford and Cambridge.

THIEDE, Günther

Dr. agr., Ministerialrat - Avenue de la Faiencerie 197, L-1511 Luxemburg (T. 22 06 15) - Geb. 28. Febr. 1921 Flensburg, ev., verh. s. 1944 m. Lieselotte, geb. Paul, 3 Töcht. (Ursula, Gisela, Gabriele) - Stud. Kiel - 1952-58 Bundesernährungsmin.; 1958-82 EWG bzw. EG (Aufbau agrarstatist. Dst., Abt.-Leit u. Berat. d. EG-Kommiss.). 1966 Mitgl. Akad. f. Raumforsch. u. Landesplanung, Freiberufl. Journ., Zukunftsforsch. - BV: Standorte d. EWG-Agrarerzeugung, 1972 (auch Franz., Ital.); Europas Grüne Zukunft (auch Franz.), 1975; Landwirt im Jahr 2000, 1988; Landwirt in Europa, 1990 - Spr.: Engl., Franz.

THIEDE, Jörn

Dr. rer. nat., Prof. f. Paläo-Ozeanologie Univ. Kiel, Dir. GEOMAR Forsch.zentrum f. marine Geowiss., Kiel - Bartelsallee 8, 2300 Kiel (T. 49 431 - 80 16 35) - Geb. 14. April 1941 Berlin (Vater: Prof. Dr. Klaus T., Regierungsdir.; Mutter: Dr. Clotildis, geb. Fieber), ev., verh. s. 1970 m. Sigrid, geb. Dietrich, 4 Kd. (Rasmus C., Hannes K., C. Fridtjof, Morten L.) - Stud.: 1962-63 Univ. Buenos Aires, 1963-65, 1966-67 Univ. Kiel, 1966 Univ. Wien; Dipl.-Geol. 1967 Kiel, Promot. 1971 Kiel - 1967-73 Tätigk. Amanuensis Aarhus/Dänemark; 1973-74 Lektor Bergen; 1975-77 Assist. u. Assoc.-Prof. Oregon State Univ.; 1977-82 Prof. Univ. Oslo; s. 1982 Prof. Univ. Kiel. 5 Bücher in engl. Spr. - 1984 Steno-Med.; 1988 Leibniz Preis; 1989 Kgl. Norw. Akad. d. Wiss.; 1991 Akad. Wiss. Literat. Mainz; 1992 Russ. Akad. Wiss. - Spr.: Engl., Span., Norweg., Dän.

THIEDE, Walther

Dr. rer. nat., Apotheker u. Zoologe, Vertriebsleit. Weimer Pharma-Gruppe, Rastatt, Schriftst., Redakt. Orn. Mitt. (1984ff.) - An der Ronne 184, 5000 Köln 40 (T. 02234 - 7 05 84) - Geb. 18. Dez. 1931 Berlin-Schmargendorf (Vater: Walther T., Rechtsanw. u. Notar; Mutter: Elisabeth, geb. Nickel, Apoth.), ev., verh. m. Dr. Dr. Ulrike, geb. Schumacher (Zool., Japanol.) - Stud. Univ. Bonn, Frankfurt/M. u. Hamburg; Pharmazeut. Staatsex. 1959, Approb. 1960, Promot. 1964 - 1960-66 Apoth.; 1966-73 Asta-Werke Bielefeld (dazw. 5 J. Wiss. Deleg. Fernost, Kobe/Japan); 1973-75 Geschäftsf., Wiss., Prod., Lipha Arzneim. GmbH, Essen; 1976-79 Marketing- u. Vertriebsleit. Kettelhack Riker Pharma GmbH, Borken/W., 1979-87 Geschäftsf. UCB-Chemie GmbH, Kerpen, s. 1988 Vertriebsleit. Weimer Pharma-Gruppe, Rastatt - BV: D. Verbreit. d. Rotschenkels, 1964; Salomonsen: D. Vogelzug (aus d. Dän.), 1969; Vogelwelt im Oberberg., 1965; BLV-Naturführer Vögel 1976-91, 10 dt. u. mehrere ausl. Aufl.; BLV-Naturführer Wasservögel-Strandvögel, 1979-89, 3 dt., mehrere ausl. Aufl.; BLV-Vogelführer (aus d. Engl.), 2. A. 1982; Greifvögel (aus d. Dän.), 1986-91, 2. A. - Liebh.: Ornithol., Wandern - Spr.: Engl., Schwed.

THIEDEMANN, Fritz

Landwirt - Ostroherweg 28-32, 2240 Heide/Schlesw. - Geb. 3. März 1918 Weddinghusen/Holst. (Vater: Klaus T., Landw.; Mutter: geb. Hausen), ev., verh. s. 1950 m. Anneliese, geb. Groth, 3 Kd. (Anke, Zwillinge Claus u. Hartwig) - Oberrealsch. Heide (b. 1934); landw. Ausbild. - 1938-45 Soldat (zul. Oblt. u. Schwadronschef; 1940-43 Kavallerieschule Potsdam-Krampnitz). S. 1938 üb. 500 Turniererfolge, dar. 150 auf Meteor: 5f. Sieg im Dt. Springderby (1950, 51, 54, 58, 59), 3 × Sieger im Gr. Preis v. Aachen (1951, 53, 55), 1953 Zweiter b. d. Pariser Weltmeisterschaft, 1954 Gewinner d. Country-Life- u. d. King-Georg-V.-Cup in London, 1958 Europameister, 1952, 56, 60 Olympia-Teiln. (Helsinki: 2 Bronzemed., Stockholm u. Rom: Goldmed. in d. Mannschaftswertung) - 1950 Gold. Reiterabzeichen m. Brillanten (erster), 5 × Silb. Lorbeerbl. d. Bundespräs. (1950, 51, 52, 56, 60), 1958 Sportler d. J., 1959 Gold. Band d. Vereins Dt. Sportpresse, 1964 Silb. Ehrennadel Intern. Reiterl. Vereinig. (Brüssel) f. 27 Nationenpreise; 1956 Ehrenbürger v. Elmshorn; 1974 Gr. BVK; 1984 ISPO-Pokal München - BV: Mein Freund Meteor, 1957; Meine Pferde - mein Leben, 1961; D. Springpferd, 1979 - Lit.: Schönerstedt, Meisterreiter F. T.

THIEKÖTTER, Friedel

Dr. phil., Schriftsteller, Lehrer - Wiener Str. 32, 4400 Münster (T. 0251 - 39 33 93) - Geb. 3. Juni 1944 Neheim-Hüsten, ledig - Stud. German. u. Roman.; 1. u. 2. Staatsex., Promot. 1970 Münster - BV: Reisebekanntschaft, 1974; Schulzeit e. Prokuristen, 1978; Jeden Tag Schule, 1981; Jans Reifezeugnis, 1983; Kopfschatten, 1984; D. Kaiser u. d. Photograph, 1991. Veröff. in zahlr. Anthol. u. Ztschr. - Div. Lit. Ausz.

THIEL, Eckhard

Dr. med., Dr. med. habil., Univ.-Prof., Leiter Abt. Hämatologie u. Onkologie Med. Klinik Innenstadt Univ. München (s. 1981) - Schuchstr. 8 A, 8000 München 71 - Geb. 30. April 1944, verh. m. Dr. med. Antonia, geb. Pawlowa, 2 T. (Julia, Mira) - Med.-Stud. Univ. Tübingen u. Wien; Promot. 1969 Tübingen; Habil. (Innere Med.) 1979 München; 1970-80 Spezialausb. in Immunologie - Entd. d. Immundiagnostik v. Leukaemien. Üb. 200 wiss. Veröff., 4 Bücher z. d. Themen: Leukaemieforschung, Leukaemietherapie, Immundiagnostik v. Leukaemie m. Lymphomien - 1979 Vincenc Gzerny Preis f. Onkologie d. Dt. Ges. f. Hämatologie u. Onkologie; 1981 Albert Knochl Preis.

THIEL, Harald

Dr. med., Prof., Internist, Chefarzt Marienhospital Gelsenkirchen - Am Wiesenpfad 7, 4630 Bochum 6-Wattenscheid (T. 02327 - 3 11 26) - Geb. 18. Juni 1939 Magdeburg (Vater: Ludwig Th., verst. Staatssekr. d. Finanzen, NRW; Mutter: Marianne, geb. Becker), kath., verh. m. Gisela, geb. Flohr, 3 Kd. (Anneke, Johannes, Sebastian) - Med.-Stud. Univ. Bonn u. Düsseldorf; Staatsex. u. Promot. 1964 Düsseldorf; Habil. 1976 Würzburg - 1981 apl. Prof. Univ. Bochum - BV: Hämodynamische Unters. z. Leberdurchblutung, 1975; Respirationsallergien b. Bäckern (m. W. T. Ulmer), 1982; Bakers' Asthma: A classical occupational allergy, in: Current Treatment of Ambulatory Asthma (ed. by G. A. Settipane), 1986 - Spr.: Engl.

THIEL, Heinz Dietrich

Direktor, Leit. Dt. Caritasverb./Hauptvertr. Berlin - Ahornallee 49, 1000 Berlin 19 - Stud. German. u. Gesch. Göttingen, Freiburg, Indiana (USA) - 1956-1959 Generalsekr. Kath. Dt. Studenten-Einig.; 1962 ff. Leit. Bildungszentrum Berlin/KDST - 1978 Komtur Gregorius-Orden.

THIEL, Johannes Christian

Dr. phil., Prof. f. Philosophie u. Wissenschaftstheorie Univ. Erlangen - Spardorfer Str. 45, 8520 Erlangen - Geb. 12. Juni 1937 Neusalz (Vater: Hermann Otto T., Dipl.-Bibl.; Mutter: Anna Katharina, geb. Graetz), kath., verh. s. 1974 m. Anna Barbara, geb. Weippert - Stud. Phil., Math., Soziol., Psych. u. Kunsterz. Univ. Erlangen u. München; Promot. 1965 Erlangen, Habil. 1970 - 1965 Wiss. Assist. Staatswiss. Sem.; 1966 Postdoctoral Fellow Austin/Texas; 1967 Assist.-Prof. ebd.; 1967 Wiss. Assist.; 1972 o. Prof. RWTH Aachen, 1974/75 Dekan; 1982 o. Prof. Erlangen - BV: Sinn u. Bedeut. in d. Logik Gottlob Freges, 1965 (engl. 1968, span. 1972); Grundlagenkrise u. Grundlagenstreit, 1972. Herausg.: Frege u. d. mod. Grundlagenforsch. (1975), Erkenntnistheor. Grundl. d. Math. (1982). Mithrsg.: G. Frege, Wiss. Briefwechsel (1976, engl. 1980, ital. 1983).

THIEL, Josef Franz

Dr., Prof. f. Ethnologie (m. Schwerpkt. Afrika) - Kastellstr. 14, 6000 Frankfurt 50 - Geb. 18. Sept. 1932 Filipovo (Vater: Balthasar T., Tischler; Mutter: Eva, geb. Zollitsch), kath., S. Benjamin - 1953-60 Univ. Wien (Phil., Ethnol., Theol.), 1964-69 Univ. Paris (Soziol.), Dipl.-Soziol. Paris 1966, Promot. Paris (Sorbonne) 1970, Habil. Bonn 1974 - 1969-77 Chefredakt. Ztschr. Anthropos, 1977-84 wiss. Leit. v. Haus Völker u. Kulturen, s. 1976 apl. Prof. Univ. Bonn, s. 1987 apl. Prof. Univ. Mainz. S. 1985 Dir. d. Museums f. Völkerkunde Frankfurt am Main - BV: La situation religieuse des Mbiim, 1972; Heil u. Macht. Approches du sacré, 1975; Ahnen, Geister, Höchste Wesen, 1978; Grundbegriffe d. Ethnologie, 1980; Christl. Kunst in Afrika, 1984; Religionsethnol., 1984 - Spr.: Engl., Franz., Kikongo, Ungar.

THIEL, Karl-Heinz

Direktor, Geschäftsführer d. Stiftg. Deutsches Hilfswerk - Aloys-Schulte-Str. 33a, 5300 Bonn 1 (T. 0228 - 21 16 28) - Geb. 4. Mai 1921 Herten/W., verh., 2 Kd. - Stud. Volkswirtsch. u. Sozialpäd. - Geschäftsf. d. Dt. Behindertenhilfe Aktion Sorgenkind u. Rundfunkhilfe, u. Stiftg. Dt. Hilfswerk. AR Bank f. Sozialwirtsch., stv. Vors. Stiftungsrat d. Stiftg. Hilfswerk f. behinderte Kinder, Mitgl. Nationalkomitee Dt. Welthungerhilfe, Ständ. Beirat Bundesausgleichsamt, Präsidiumsmitgl. BAG Werkstätten f. Behinderte, Beiratsmitgl. d. BAG f. Rehabilitation, Hauptaussch. Dt. Verein f. öfftl. u. priv. Fürsorge - 1975 BVK, 1984 BVK I. Kl.

THIEL, Winfried

Dr. theol., Prof. f. Altes Testament Univ. Bochum - Tilsiter Str. 8, 3550 Marburg/L. 7 (T. 06421 - 48 11 51) - Geb. 29. Juni 1940 Cottbus, ev., verh. s. 1965 m. Elfriede, geb. Schmidt, 3 Töcht. - Stud. Ev. Sprachenkonvikt u. Humboldt-Univ. Ost-Berlin; Promot. 1970; Habil. 1976 Humboldt-Univ. - BV: D. deuteronomistische Redaktion v. Jeremia 1-25, 1973; D. deuteronomistische Redaktion v. Jeremia 26-45, 1981; D. soz. Entw. Israels in vorstaatl. Zeit, 2. A. 1985; Biblische Zeittafeln (m. K. Matthiae), 1985; Altes Testament (m. W. H. Schmidt u. R. Hanhart), 1989.

THIELCKE, Gerhard

Dr. rer. nat., apl. Professor, Zoologe, stv. Vors. Bund f. Umwelt u. Naturschutz Deutschl. - Storchenweg 1, 7760 Radolfzell-Möggingen - Geb. 14. Febr. 1931 Köthen - 1954-59 Stud.; Promot. 1959 Univ. Freiburg, Habil. 1970 Univ. Konstanz - S. 1962 wiss. Mitarb. Max-Planck-Inst. f. Verhaltensphysiol. Vogelwarte Radolfzell; 1977-89 Vors. Bd. f. Umwelt u. Naturschutz - BV: Vogelstimmen, 1970 (übers. Engl.); Rettet d. Vögel (m. and.), 1978; Arche Noah 2000 (m. and.), 1982; Rettet d. Frösche (m. and.), 1983; Naturschutz in d. Gemeinde (m. and.), 1985; Natur ohne Grenzen (m. and.), 1990.

THIELE, Alfred

Dipl.-Ing., Unternehmer, geschäftsf. Gesellsch. Thiele GmbH + Co KG - An den Sieben Gäßchen 24, 5860 Iserlohn - Geb. 18. Okt. 1945 Iserlohn, kath. - Abit. 1966 Gymn. Iserlohn; Dipl.-Ing. 1970 Aachen; anschließend wirtschaftswiss. Aufbaustud. - Spr.: Engl.

THIELE, Carl-Ludwig

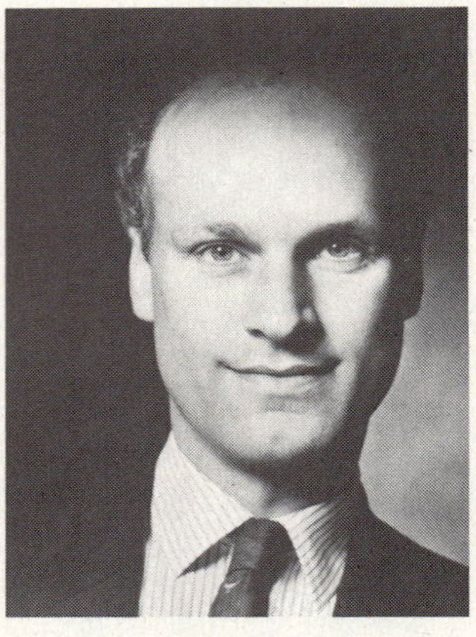

Rechtsanwalt, Mitglied d. Deutschen Bundestages (s. 1990) - Zeppelinstr. 25, 4500 Osnabrück - Geb. 9. Aug. 1953, kath., verh. m. Petra Kannengießer, 3 Kd. (Carl-Philip, Lukas, Stephanie) - Abit. 1972 Osnabrück; Bundesw.; Stud. d. Rechtswiss. Erlangen u. Münster; 1. Staatsex. OLG Hamm 1980; Ref. b. OLG Oldenburg; 2. Staatsex. Justizmin. 1983 Hannover - Vors. d. Bezirks-Verb. Osnabrück d. FDP - Spr.: Engl.

THIELE, Eckhard

Essayist, Übersetzer - Fischerinsel 9, O-1020 Berlin (T. 030 - 241 29 61) - Geb. 24. Febr. 1944 Garlipp üb. Stendal, verh. s. 1971 m. Helga, geb. Schwerdtfeger (Übersetzerin) - Stud. slawischer Sprachen Univ. Leipzig; Dipl. 1966 - S. 1966 freier Übersetzer (Russ., Tschech., Slowak., Poln.), Essayist, Herausg., Kritiker - BV: Karel Čapek, 1988; D. terroristische Option d. Kommunisten, 1992; üb. 100 Übersetzungen.

THIELE, Friedrich

Dr. theol., Landespfarrer f. Diakonie, Geschäftsf. Diakon. Werk Kurhessen-Waldeck i.R. - Zul. 3500 Kassel - Geb. 23. Jan. 1926 Wisconsin/USA (Vater: Pfarrer Karl T.; Mutter: Elisabeth, geb. Garschagen), ev., verh. s. 1953 m. Marga geb. Münchmeyer, 5 Kd. (Joachim, Bettina, Michael, Christoph, Verena) - N. Marine-Dst. Univ. Bethel, Uppsala, Heidelberg, Münster, Amsterdam, Promot. 1954 Münster. - 1953-68 Gemeindepfarrer u. Diakonissenhauspf. - BV: Diakonissenhäuser im Umbruch d. Zeit, 1962; Wir beten, 1967ff.; Bibl. (Er)Kenntnis, 1978; Diakonie-Lexikon, Ev. Ethik, 1984 u. a. sowie Übers. - Spr.: Engl., Franz., Holl.

THIELE, Günter

Rechtsanwalt, Staatssekretär a.D. Nordrh.-Westf. - Bachemer Str. 267, 5000 Köln-Lindenthal - Geb. 9. Nov. 1927 - Vors. Sektion Bundesrep. Dtschl. im IAKS u. stv. Vors. Stiftungsrat Preuß. Kulturbes. Berlin (b. 1982); Vorstandsmitgl. im intern. Vorst. d. IAKS; Kurat. Mitgl. Ges. d. Freunde d. Sporthochsch. Köln; Mitgl. Messerat boot, Düsseldorf; Sachverst. in d. Bundesfachaussch. f. Bild.-Wissensch., Kultur u. Sport. FDP.

THIELE, Heinrich

Dr. phil. (habil.), Prof. f. Kolloidchemie (emerit.) - Kirchenweg 22, 2321 Niederkleveez/Plön (T. 13 13) - Geb. 30. Aug. 1902 Berlin, ev., verh. - Realgymn. u. Univ. Berlin - S. 1923 Tätigk. Kaiser-Wilhelm-Inst. f. Physikal.-Chemie Berlin (Fritz-Haber-Inst.), TH Danzig, Univ. Heidelberg u. Kiel (1950 apl. Prof., 1962 Wiss. Rat u. Prof.), Ionotropie, Schutzkolloide, E.-Dialyse, Isoporenmembranen, Hautimplantat, Feinstruktur v. Augenlinse, Kornea u. Glaskörper. Mitgl. Kolloid-Ges., Dt. Ophthalmol. Ges., Dt. Bunsen-Ges., Ges. Dt. Naturf. u. Ärzte, Ges. Dt. Chem., Faraday-Ges., Gutacht. Akad. Mainz - BV: Praktikum d. Kolloidchemie, 1950; Kunststoffe - E. Überblick, 1960; Histolyse u. -genese, 1967. Mithrsg.: Biomed.-Math. Research. Fachaufs.

THIELE, Rolf

Filmproduzent, -autor u. -regisseur - Zu erreichen üb. Agentur Jäger, Oberholz 8, 8130 Starnberg/Obb. - Geb. 7. März 1918 Böhmen - Univ. Prag u. Berlin (Phil.) - Filmregie: Primanerinnen, D. Tag vor d. Hochzeit, Sie, Mamitschka, Geliebtes Leben, Skandal in Ischl, D. Mädchen Rosemarie, D. Halbzarte, Labyrinth, D. lb. Augustin, Auf Engel schießt man nicht, Man nennt es Amore, Lulu, D. schwarz-weiß-rote Himmelbett, Venusberg, Moral 63, Wälsungen-Blut, Tonio Kröger, DM-Killer, Opernliebe, Grieche sucht Griechin, D. Lügner u. d. Nonne, Ohrfeigen, Gelobt sei, was hart macht, Versuchung im Sommerwind u. a. - Mitinitiator: D. Liebeskarussell, D. Herren - 1963 Ernst-Lubitsch-Preis Club d. Filmjournalisten Berlin.

THIELE, Rose-Marie,
geb. Bender

Dr. med., Fachärztin f. Neurologie u. Psychiatrie, Med.-Direktorin i. R. - Schoettlestr. 44, 7100 Heilbronn - Geb. 26. Dez. 1922 Karlsruhe (Vater: Dr. Ludwig Bender; Mutter: Adele, geb. Hartmann), ev., verh. m. Prof. Dr. med. Wolfgang T. († 1973; s. XVII. Ausg.) - Schule Gießen (Abit. 1941); Univ. Gießen u. Frankfurt. Promot. 1950 Marburg - 1949-53 Max-Planck-Inst. f. Hirnforschg. u. Med. Univ.-Klinik (1951-52)

Gießen; 1953-57 Univ.-Nervenklinik Würzburg; 1957-1959 Wiss. Abt. Farbwerke Hoechst; 1959-64 Anatom. Inst., 1964-66 Nervenklinik Univ. Würzburg; 1966-88 Leit. Neurolog. u. Neuroradiolog. Abt. Psychiatr. Landeskrkhs. Weinsberg, 1981-88 stv. ärztl. Direktorin. 1960-66 Lehrbeauftragte Univ. Würzburg; Mitgl. Fachges. Fachveröff. - 1988 BVK am Bde. - Liebh.: Kunst, German., Gesch. - Spr.: Engl.

THIELE, Rüdiger

Dr. jur., Staatssekretär im Staatsministerium f. Wirtschaft u. Arbeit Freistaat Sachsen (s. 1990) - Schevenstr. 1, O-8010 Dresden - Geb. 23. Mai 1936 Berlin, ev., verh. m. Ingrid, geb. Flohn, 3 Kd. (Angelika, Volker, Axel) - Stud. Rechtswiss. Köln, Berlin; 1. u. 2. Staatsprüf.; Promot. Dr. jur. 1964 Köln - 1965 Bundesfinanzverw.; 1968 Bundesfinanzministerium; 1970 Bundeskanzleramt (zul. stv. Leit. d. Wirtsch.-Abt., Min.-Dirigent); s. Dez. 1990 Staatssekr. s.o.

THIELE, Wilhelm H.

Dr. med., Chefarzt Geburtshilfl.-gynäk. Abt. Kreiskrkhs. Alzey (s. 1951) - Kreuznacher Str. 24, 6508 Alzey/Rh. (T. 4 14) - Geb. 12. Juli 1917 Königsberg/Pr. (Vater: Hermann T.; Mutter: Marie, geb. Steinhoff), ev., verh. s. 1942 m. Ilse, geb. Gruhler, 3 Kd. (Lutz-Jürgen, Jörg-Peter, Ines Katrin) - Hufengymn. Königsberg; Univ. ebd., Berlin, München, Hamburg, Wien (Med. Staatsex. 1940) - N. Kriegseins. fach. Ausbild. Univ.s-Frauenklinik Gießen (Prof. v. Jaschke) - Liebh.: Gartenbau - Spr.: Franz.

THIELE, Willi

Dr. jur., Ministerialdirigent a. D., Generalsekr. Lessing-Acad. (s. 1980), Honorarprof. f. Wirtschaftsverwaltungsrecht TU Braunschweig (s. 1968), Präs. Volksbund Dt. Kriegsgräberfürsorge (1970-78) - Habichtweg 12a, 3300 Braunschweig - Geb. 3. Okt. 1915 Königslutter/Elm (Vater: Willi T., Stadtinsp.; Mutter: Emmy, geb. Lambrecht), verh. s. 1942 m. Gretl (Margarethe), geb. Kindler, 2 Kd. (Dirk, Susanne) - Univ. Freiburg u. Köln (Rechtswiss.). Beide jurist. Staatsprüf. - U. a. Abt.sleit. Senatsverw. f. Volksbild. v. Berlin (1956; Allg. Verw.) u. Nieders. Innenmin. (1959; Personal, Verfass., Verw.). 1940-45 Wehrdst. Zul. Präs. Nieders. Verw.-Bez. Braunschweig. AR-Mandate u. a. - BV (1952 ff.): Völkerstrafrecht; D. Sozialrichter; Pressefreiheit - Theorie u. Wirklichkeit; Wirtschaftsverfassungsrecht, 2. A.; D. Gestalt. unserer Wirtsch.ordn.; D. Entwickl. d. Dt. Berufsbeamtentums. Üb. 250 Fachaufs. - Ehrenz. DRK u. Rumän. Rotes Kreuz, Ehrenring Stadt Bad Gandersheim u. Landkr. Blankenburg; Gr. Verdienstkreuz m. Stern Rep. Ital.; 1973 BVK I. Kl.; 1975 Gr. BVK; 1975 Croix de Cdr. de l'ordre du Mérite; 1975 Ehrenbürger Bad Gandersheim u. Königslutter.

THIELE, Otto Wolfgang

Dr. med., Dipl.-Chem., Univ.-Prof. f. Biochemie u. klin. Chemie - Ludwig-Beck-Str. 13, 3400 Göttingen (T. 2 26 09) - Geb. 25. Jan. 1917 Köln (Vater: Dr. phil. Otto T., Oberstudiendir.; Mutter: Mathilde, geb. Kneip), verh. s. 1952 m. Christa, geb. Jäger, 2 Kd. (Lothar, Dr. med. Jutta) - Gymn. Köln-Kalk - Stud. Med. Köln u. Jena, Chemie Gießen u. Göttingen (Dipl.-Chem.). Promot. Köln. 1940-44 Wehrdst. (San.-Offz., Truppenarzt), 1944-48 Kriegsgef. - Habil. Göttingen - 1958-64 Privatdoz., s. 1964 Prof. Univ. Göttingen. 1968/69 USA-Aufenth. Spez. Arbeitsgeb.: Biochemie d. Lipide. Etwa 200 Veröff. üb. Biochemie; Monogr.: Lipide, Isoprenoide, Steroide. 3 wiss. Lehrfilme - Spr.: Engl. (Dolmetscherex.), Franz. - Bek. Vorf.: Dr. iur. Hugo Holthöfer, Senator (Berlin), Fachm. f. Lebensmittelrecht (Onkel).

THIELE, Wolfram

Dr. oec., Vorstandsmitglied i. R. MAN-GHH - Bahnhofstr. 66, 4200 Oberhausen - Geb. 2. Nov. 1922 Rastatt - Dipl.-Kfm. - Ab 1948 MAN - Div. Ehrenposten, dar. Ehrenpräs. Gesamtmetall - 1979 Bayer. VO; 1982 Gr. BVK.

THIELEMANN, Wilhelm

Dr.-Ing., o. Prof. f. Flugzeug- u. Leichtbau TH bzw. TU Braunschweig (s. 1960), Direktor Inst. f. Flugzeugbau Dt. Forschungsanstalt f. Luft- u. Raumfahrt e. V. ebd. - Walter-Schrader-Str. 4, 3340 Wolfenbüttel (T. 7 16 49) - Geb. 20. Aug. 1908 Laibach, verh. s. 1963 m. Eva, geb. Klitzing, 1 Kd. - Hohenzollern-Oberrealsch. u. TH Berlin (Flugzeugbau; Dipl.-Ing. 1935). Promot. 1946 - 1936-37 Assist. TH Berlin; 1937-53 Industrietätigk.; 1954-60 stv. Inst.sdir. Dt. Versuchsanstalt f. Luftfahrt, Mülheim/Ruhr. Facharb.

THIELEN, Peter G.

Dr. phil., em. Prof. f. Mittlere u. Neuere Geschichte, Didaktik d. Geschichte u. Polit. Bildung Univ. Bonn - Schlehdornweg 3, 5210 Troisdorf-Spich (T. 4 27 88) - Geb. 12. Dez. 1924 Berlin (Vater: Dr. med. Hanspeter T., prakt. Arzt; Mutter: Frieda, geb. Erdmann), ev., verh. s. 1956 m. Gisela, geb. Freiin v. Bischoffshausen, 2 S. (Peter-Christian, Askan) - B. 1942 Gymn. Berlin; 1947-48 u. 1952 Univ. Göttingen, 1948-52 Univ. Zürich (Gesch., Dt. u. Lat. Philol., Kunstgesch.). Promot. 1952 Göttingen; Habil. 1959 Bonn - 1961-65 Studienass. u. -rat Gymn. Troisdorf, 1956-57 Lehrbeauftr. Bergakad. Clausthal (Neueste Gesch.); 1960-65 Privatdoz. Univ. Bonn (Histor. Hilfswiss.); 1965-80 o. Prof. Päd. Hochsch. Rhld./Abt. Bonn - BV: D. Kultur am Hofe Herzog Albrechts v. Preußen (1525-68), 1953; D. Gr. Zinsbuch d. Dt. Ritterordens (1414-48), 1958; Frhr. v. Stein, Briefe u. amtl. Schr., Bde. II/1 u. 2 1959/60; D. Verw. d. Ordensstaates Preußen, 1966; Karl August v. Hardenberg (1750-1822), Biogr. 1967; D. Mensch u. s. Welt - Gesch./Politik f. d. Sekundarstufe I, 1973 - Liebh.: Kirchenmusik - Spr.: Engl., Franz., Lat., Griech. - Bek. Vorf.: D. Peter T., Feldpropst d. preuß. Armee (1806-87).

THIELHEIM, K. O.

Dr. rer. nat., Prof., Direktor Inst. f. Reine u. Angew. Kernphysik Univ. Kiel - Zu erreichen üb. Inst. f. Kernphysik, Olshausenstr. 40, 2300 Kiel (T. 0431 - 880 32 16) - Geb. 27. Febr. 1932 Danzig, verh. m. Waltraut, geb. Borowczak, T. Gabriele - Stud. München, Hamburg u. Kiel - BV: Kernenergie-Technik (m. H. Engel); Primary Energy (Hrsg.).

THIELMANN, Fritz Otto

Kaufmann, MdL Nordrh.-Westf. (s. 1975) - Am Waldesrand 10c, 5800 Hagen - Geb. 16. Aug. 1937 - FDP.

THIELMANN, Georg

Dr. iur., Prof. f. Römisches Recht u. Zivilrecht - Sodener Str. 38, 1000 Berlin 33 (T. 823 72 86) - Geb. 14. Nov. 1930 Berlin (Vater: Dr. Paul T., Arzt; Mutter: Maria-Magdalena, geb. Amstein), kath., verh. s. 1972 m. Giesela, geb. Gehricke - 1949-53 Stud. Rechtswiss., Ass. 1957, Promot. 1961, Habil. 1971 - 1961 wiss. Assist., 1963 Akad. Rat, 1972 Prof. Univ. Berlin - BV: D. röm. Privatauktion, 1961; Sittenwidrige Verfügungen v. Todes wegen, 1973.

THIELS, Rudolf

Dipl.-Kfm., Präsident IHK Offenbach, gf. Gesellsch. Thiels & Partner, Personal- u. Unternehmensberatung GmbH (s. 1987) - Königsberger Str. 70, 6056 Heusenstamm (T. 06104 - 6 13 37) - Geb. 12. April 1924 Frankfurt (Vater: Theodor T.), verh. m. Lieselotte, geb. Krämer - Spr.: Engl., Franz. - Rotarier.

THIEMANN, Bernd

Dr. jur., Vorstandsvorsitzer Nordd. Landesbank/Girozentrale, Hannover (1981 ff.) - Habichtshorststr. 22, 3000 Hannover 51 - Geb. 5. Juli 1943 Münster/W. - Stud. Rechtswiss. u. Staatswiss.; Div. Mandate.

THIEMANN, Franz

Kaufmann (Schmelz GmbH & Co. KG, Hannover), Ehrenpräs. IHK Hannover, Hildesheim, u. Bundesfachverb. Dt. Reformhäuser - Zu erreichen üb. Schmelz GmbH & Co. KG, Zeißstr. 63, 3000 Hannover 81 - Geb. 6. Jan. 1906 Hannover - Präs. d. Ges. z. Förd. d. Ganzheitsmed. - 1967 Gr. Verdienstkreuz Nieders. VO; 1976 Gr. BVK, 1982 Gr. BVK m. Stern f. bes. Leistungen in d. Berufsbild.; Gold. Sportzabzeichen - Liebh.: Garten, Sport (Laufen, Ski) - Spr.: Engl.

THIEMANN, Friedrich

Dr. paed., o. Prof. f. Unterrichtsforschung Univ. Köln - An der Trappstiege 12, 4358 Haltern 1 (T. 02364 - 46 28) - Geb. 22. Juli 1940 Bonn (Vater: Hermann T.; Mutter: Katharina), verh. s. 1965 m. Hedwig T., 4 Kd. (Marcus, Uwe, Oliver, Kirsten) - Stud. Univ. Münster, Berlin u. Bochum; Promot. 1973; Wiss. Rat 1974, s. 1977 o. Prof. - BV: Beitrag empir. Unterr.-Forsch. f. d. Konzeption v. Unterr., 1973; Versuche zu e. Entstörung d. Schule, 1976; Krit. Unterrichtsbeurt., 1979; Konturen d. Alltäglichen, 1980; Praxisforsch., 1981; Schulszenen. V. Herrschen u. v. Leiden, 1985; Kinder in d. Städten, 1988 - Liebh.: Sport, Gitarrenspiel.

THIEMANN, Wolfram

Dr. rer. nat., Prof. f. Physikal. Chemie FB 2 Univ. Bremen - Schweizer Str. 1, 2800 Bremen 1 (T. 0421 - 7 12 70) - Geb. 29. Jan. 1938 Oppeln (Vater: Max T., Volksw.; Mutter: Margot, geb. Glatzel), verh. s. 1965 m. Isabella, geb. Paul, 2 Töcht. (Corinna, Sonja) - Dipl. Chemie 1963 FU Berlin, Promot. 1966 TU Berlin - 1964-68 wiss. Assist. u. Oberassist.; 1968-76 Gruppenleit. Forsch. KFA; 1976ff. Prof. f. physikalische Chemie; Gastprof. an PUC Rio de Janeiro, UFC Fortaleza, Brasilien, am Yunnan Inst. f. Technologie Kunming, Techn. Univ. Changsha, Hunan, TU Harbin, VR China, Univ. Pune, Indien, Ruhuna Univ., Matara, Sri Lanka. Forsch.: Experiment. Überprüf. v. Asymmetrien in Chemie, Kontaminationen m. Pestiziden u. anderen Schadstoffen in Trinkwasser, neue Verfahren d. Trinkwasser-Aufbereitung u. Abwasserbehandl. d. UV-Bestrahlung, Enzymkinetik, Theorien üb. Ursprung lebender Systeme, Umweltchemie, organ. Spurenelemente in Wasser, Luft, Lebensmitteln, Metabolismus v. Xenobiotika. Probleme d. Technol.-Transfers in 3-Welt-Länder. 2 Bücher u. üb. 100 wiss. Aufs. in Fachztschr. - 1958 Honorary Scholar Wesleyan Univ./USA; Officer Int. Soc. Study Origins of Life - Liebh.: Tennis, Foto, Bergwandern, Reisen. Bes. Interesse f. Kinder - Spr.: Engl., Franz., Portugies., Ital., Holl., Schwed.

THIEME, Christian

Dr. iur., Senatsdirigent u. Ständiger Vertreter d. Generalsekretärs d. Kultusministerkonfz., Bonn - Am Ziegelofen 23, 4005 Meerbusch 3 (T. priv.: 02150 - 37 56; dstl.: 0228 - 501-204) - Geb. 8. Juni 1938 in Breslau (Schlesien) (Vater: Prof. Dr. Hans T., Rechtshistoriker), ev. - Jura-Stud. Univ. Freiburg, München u. Berlin; 1. jurist. Staatsex. 1961 Freiburg; 2. jurist. Staatsex. 1968 Stuttgart; Promot. 1967 Freiburg - 1968-71 jurist. Mitarb. in d. Verwaltung d. TH Aachen; 1971-91 im Ministerium f. Wiss. u. Forsch. d. Landes Nordrh.-Westf. in Düsseldorf; 1981 Ltd. Ministerialrat u. Gruppenleit., zun. Leit. d. Landeszentrale f. Polit. Bildung d. Landes NRW, danach zuständig f. Hochschulgesetzgebung, Grundsatzangelegenheiten d. Hochschulrechts u. intern. sow. innerdeutsche Angelegenheiten; s. 1991 St. Vertr. d. GS d. KMK in Bonn. S. 1987 zusätzlich Beauftr. d. Kultusmin.konfz. f. bilaterale u. multilaterale Fragen d. gegenseitigen Anerkennung v. Studienleistungen u. Hochschulabschlüssen; 1989-91 auch Beauftr. d. Bundesrates f. Fragen d. EG-Architektenrichtlinie v. 1985 u. d. EG-Richtlinie üb. e. allg. Regelung z. Anerkennung d. Hochschuldiplome v. 1988 - BV: Diss. üb. D. Vorbehalt d. Gesetzes u. d. vollziehende Gewalt in d. schweiz. Eidgenossensch. - E. Beitrag z. Funktion d. Verwaltung im demokratischen Rechtsstaat - 1990 BVK am Bde. - Liebh.: Zeitgesch., klass. Musik, Bergwandern - Spr.: Engl. (Grundkenntnisse), Franz.

THIEME, Ekkehard

Prof., Graphiker - Moordamm 6, 2390 Flensburg (T. 5 19 42) - Geb. 14. Jan. 1936 Berlin (Vater: Waldemar T., Jurist; Mutter: Maria, geb. Derday), verh. s. 1958 m. Christa, geb. Rokitta, 2 Kd. (Joachim, Wiebke) - Werkkunstsch. Hannover; Kunsthochsch. Hamburg (Prof.en Alfred Mahlau u. Georg Gresko) - Prof. f. fr. Graphik Fachhochsch. Kiel/Abt. Gestaltung. Vorwieg. Druckgraphik (meist zyklisch) - 1962 Reisestip. (Labrador) Kunstkreis Hameln, 1963 Villa-Massimo-Preis Rom, 1964 Kunstpreis Böttcherstr. Bremen, 1965 Stip. Kulturkr. Bundesverb. d. Dt. Industrie, 1976 Kulturpreis Stadt Flensburg - Liebh.: Musik, Lit.

THIEME, Hans Wilhelm

Dr. jur., Dr. jur. h. c., em. Prof. f. Dt. Rechtsgesch., Bürgerliches Recht u. Handelsrecht - Rehhagweg 19, 7800 Freiburg-Günterstal (T. 0761 - 29 05 27) - Geb. 10. Aug. 1906 Naunhof/Sa. (Vater: Prof. D. theol. Dr. phil. Karl T., Theologe (s. IX. Ausg.); Mutter: Jenny, geb. Respinger), ev., verh. m. Ursel, geb. Rauch, 5 Kd. (Christian, Gottfried, Ricarda, Jenny, Ursula) - Gymn. Leipzig u. Basel; Univ. Basel, München, Berlin, Leipzig (Promot. 1929) - 1931 Privatdoz. Univ. Frankfurt, 1935 ao., 1938 o. Prof. Univ. Breslau, 1940 Univ. Leipzig, 1946 Univ. Göttingen, 1953 Univ. Freiburg (1960/61 Rektor). 1961 Vizepräs. Intern. Vereinig. f. Rechts- u. Verfassungsgesch. (b. 1970). Div. Fachmitgliedsch. - BV: Ideengesch. u. Rechtsgesch. Ges. Schriften, 2 Bde., 1986. Herausg.: Ztschr. d. Savigny-Stiftg. f. Rechtsgesch./German. Abt. (1954) - 1977 Ehrendoktor Univ. Granada, Montpellier, Basel, Paris 2; o. Mitgl. Akad. d. Wiss. Heidelberg, korr. Mitgl. Österr. Akad. d. Wiss., Mitgl. Soc. d'Histoire du Droit, Paris u. Soc. Jean Bodin, Brüssel; 1971 Gr. BVK; Orden vom Heiligen Schatz, 2. Kl.; Ehrenmitgl. Portug. Akad. f. Gesch. - Bek. Vorf.: Peter Ochs, Präs. Helvet. Republik - Lit.: Festschr. Rechtshistor. Stud. Hans Th. z. 70. Geb. v. seinen Schülern (1977); Gerichtslauben-Vortr., Freiburger Festkolloquium z. 75. Geb. v. H. Th. (1983); Festschr. f. H. Th. z. 80. Geb. (hg. v. K. Kroeschel, 1986).

THIEME, Helga

Dr. med., Ärztin, stv. Landrätin, Vorsitzende Dt. Frauenrat, Bonn (1980-83, s. 1984 Vorst.-Mitgl.) - K. Balderstr. 17, 3380 Goslar/Harz - Geb. 25. Aug. 1915 Stettin (Vater: Reichsgerichtrat Dr. Hoffmann; Mutter: geb. Piper), verh. m. Dr. Wolfgang Th., Radiologe, 4 Kd. - Schatzm. Dt. Ärztinnenbund; Past-President Intern. Ärztinnen (MWIA); stv. Vors. Ethikkomiss. Landesärztekammer Nieders. FDP (Kreisabg. Kr. Goslar) - Ehrenmitgl. Intern. Ärztinnenbund, Dt., Engl., Peruan. u. Mexikan. Ärztinenbd.; BVK I. Kl.

THIEME, Jörg H.

Dr. rer. pol., Univ.-Prof. f. Volkswirtschaftslehre - Riesweg 89, 4300 Essen 1 (T. 0201 - 47 02 71) - Geb. 29. Aug. 1941 Leipzig - Schulen Leipzig u. Erlangen (Abit. 1959); 1960-64 Univ. Erlangen/Nürnberg, Marburg (Volksw.), Dipl.-Volksw. Marburg 1964, Promot. Marburg 1968 - 1972-77 Lehrst. f. Wirtschaftswiss. Univ. Essen, 1977-90 Lehrst. f. Theor. Volksw. Ruhr-Univ. Bochum, s. 1990 Lehrstuhl f. Volkswirtsch.lehre Univ. Düsseldorf - BV: u.a. D. sozialist. Agrarverfassung, 1969; 25 J. Marktwirtschaft in d. BRD - Konzeption u. Wirklichk., 1972 (Mithrsg.); Wirtsch.politik in d. Soz. Marktwirtsch., 1974; Einkommensverteil. im Systemvergl., 1976 (Mithrsg.); Einkommenspolitik, 1977 (Mitverf.), Gesamtwirtsch. Instabilitäten im Systemvergl., 1979 (Hrsg.); Vahlens Komp. d. Wirtsch.theorie u. -politik, 1980 u. 1981 (Mitverf.); Geldtheorie, 1985, 2. A. 1987 (Hrsg.); Ordnungspolitik (Mithrsg.), 1988; Soziale Marktwirtschaft, 1991.

THIEME, Paul

Dr. phil., o. Prof. f. Indologie u. vergl. Religionswissenschaft (emerit.) - Spemannstr. 14, 7400 Tübingen: (T. 6 41 44) - Geb. 18. März 1905 Berlin - Promot. (1928) u. Habil. (1932) Göttingen - 1940-70 Prof. Univ. Breslau, Halle (1941 ao., 46 o.), Frankfurt/M. (1953 o.), New Haven (Yale)/USA (1954), Tübingen (1960 o.) - BV: Panini and the Veda, 1935; D. Fremdling im Rigveda, 1938; Unters. z. Wortkunde u. Ausleg. d. Rigveda, 1949; Studien z. indogerman. Wortkd. u. Religionsgesch., 1952; D. Heimat d. indogerman. Gemeinsprache, 1953; Mitra and Aryaman, 1957. Div. Einzelarb. Mithrsg.: Ztschr. f. vergl. Sprachforsch. (1946 ff.) - Ausw. Mitgl. Sächs. Akad. d. Wiss., Leipzig.

THIEME, Werner

Dr. jur., em. o. Prof. f. Öfftl. Recht Univ. Hamburg (s. 1962) - Am Karpfenteich 58, 2000 Hamburg 63 (T. 538 49 92) - Geb. 13. Okt. 1923 Celle (Vater: Dr. jur. Paul T., Senatspräsident; Mutter: Marie, geb. Benöhr), ev., verh. s. 1952 m. Viva-Renata, geb. Jung, 3 Kd. - 1945-48 Univ. Göttingen (Rechts- u. Staatswiss.). Gr. jurist. Staatsprüf. 1952. Promot. 1951 Göttingen; Habil. 1955 Hamburg - 1952-56 Geschäftsf. Hochschulverb.; 1956-62 ao. u. o. Prof. (1958) Univ. Saarbrücken. 1959-62 Mitgl. Verfassungsgerichtshof d. Saarl. u. 1987 Hamburg, s. 1988 Rechtsanwalt in Celle - BV: Dt. Hochschulrecht, 2. A. 1986; D. Öfftl. Dienst in d. Verfassungsordnung, 1961; Entscheidungen in d. öfftl. Verw., 1981; Verw.lehre, 4. A. 1984; Privathochschulen in Deutschl., 1988. Zahlr. Einzelarb.

THIEMEYER, Theodor Heinrich

Dr. rer. pol., o. Prof. f. Sozialpolitik u. öfftl. Wirtschaft Univ. Bochum (s. 1973) - Universitätsstr. Nr. 150, Geb. GC 04/307, 4630 Bochum (T. 700 29 71); priv.: Knipscherhof, 5204 Lohmar 21 - Geb. 22. April 1929 Köln (Vater: Theodor T., Kaufm.; Mutter: Marie Luise, geb. Rosenbaum), kath., verh. s. 1965 m. Mechthild, geb. Borowski, 3 Kd. (Guido, René, Ulrike) - Obersch. u. Gymn.; Stud. d. Betriebswirtsch.lehre (Seyffert) u. Sozialpolitik (Weisser); Dipl.ex. (1954), Promot. (1963) u. Habil. (1968) Köln - 1969 Privatdoz. Univ. Köln; 1970-73 o. Prof. f. öfftl. Verw. u. öfftl. Dienste Univ. Linz/Österr. 1970-76 Mitgl. Sachverst.kommiss. f. Fortentwickl. d. gesetzl. Krankenversicher. Bundesmin. f. Arb. u. Sozialordn., Bonn, u. 1972-73 österr. Verw.reformkommiss., Wien; s. 1977 Vors. Wiss. Beirat Ges. f. öfftl. Wirtsch. u. Gemeinwirtsch.; 1983 Beratergr. z. Reform d. Krankenhausfinanzierung b. Bundesmin. f. Arb. u. Sozialordn. Bonn. Weitere Fachmitgliedsch. - BV: Grenzkostenpreise f. öfftl. Unternehmen, 1964; Gemeinwirtsch. als Ordnungsprinzip, 1970; Wirtschaftslehre öfftl. Betriebe, 1975. Herausg.: Finanzierung öfftl. Untern. (m. B. Eichhorn, 1979); Öfftl. Bind. v. Untern. (1983).

THIENEN-ADLERFLYCHT, Freiherr von, Christoph

Dr. et Lic. phil., Historiker u. Publizist - 8229 Ainring-Perach 84 (T. 08654 - 6 28 08) - Geb. 5. April 1924 Salzburg, kath., verh. s. 1950 m. Isabelle Gräfin Serényi von Kis-Sereny, 3 Kd. (Wolfgang, Anna-Maria, Franz) - Stud. Rechtswiss., Phil., Theol. u. Gesch. Univ. München, Salzburg u. Graz; Promot. 1964 Graz - 1948-50 Mitarb. österr. Forschungsinst. f. Wirtsch. u. Politik; 1951 Pressechef b. Bundespräsidentenwahl f. Prof. Dr. Burghard Breitner; 1953-70 Hotel-Inh. in Wasserburg/Bodensee; s. 1978 Mitgl. Redaktionskollegium v. (Europa-)Zeitbühne - BV: Graf Leo Thun im Vormärz, Grundlagen d. böhmischen Konservativismus im Kaisertum Österr., Hermann Böhlaus Nachf., 1967; div. hist. polit. Ess. in Zeitbühne, Festschr., wiss. Ztschr. - Spr.: Engl., Franz. - Bek. Vorf.: Marie v. Ebner-Eschenbach (Schwester d. Urgroßv.), Fürst Franz v. Thun u. Hohenstein, 1898 österr. Ministerpräs. u. langjähr. Statthalter d. Königreichs Böhmen (Großv.).

THIERBACH, Dieter

Dr. rer. nat., Dipl.-Chemiker, Freier Wissenschaftsjournalist - Am Jesuitenhof 12, 5300 Bonn 1 - Geb. 5. Juni 1951 Schwerte, kath., ledig - Stud. Chem. Univ. Bochum u. Dortmund; Dipl. 1976; Promot. 1980; 1981-83 Betriebsleit. Dynamit Nobel, Würzendorf; 1983-90 Ressortleit. Wiss. u. Technik, Die Welt, Bonn. S. 1986 Lehrbeauftr. FU Berlin; Gründungsmitgl. Wiss.-Pressekonferenz, Bonn - Fachveröff. Übers. d. Standardwerks z. Ultraschalltiefenbestimmung in landnahen Fjorden (m. Dr. Rainer Nolden), 1984 - Spr.: Engl., Norweg.

THIERFELDER, Rudolf

Dr. jur., Botschafter i. R. - Lommerwiese 19a, 5330 Königswinter 1/Rh. - Geb. 31. Dez. 1905 Berlin (Vater: Geheimrat Prof. Dr. Hans T., Ord. f. Physiol. Chemie Univ. Tübingen † 1930 (x. IX. Ausg.); Mutter: Luise, geb. v. Beseler † 1945), ev., verh. s. 1938 m. Annemarie, geb. Burk, 2 Kd. - Gymn. Tübingen; Univ. München u. Tübingen (Rechtswiss.). Ass.ex. 1930; Promot. 1932 - 1930-45 Justizdst. (m. Kriegsbeginn Wehrdst.), Verw. Württ.-Hoh. (1946) u. AA (1950); Generalkonsul u. Gesandter Genf, Gesandter Botschaft London, 1964 Ministerialdir. u. Leit. Rechtsabt. Bonn, 1968 Botschafter Türkei) - 1970 Gr. BVK m. Stern.

THIERSCH, Hans

Dr. phil., o. Prof. f. Sozialpädagogik Univ. Tübingen - Beethovenweg 14, 7400 Tübingen (T. 6 15 95) - Zul. Prof. f. Pädagogik Päd. Hochsch. Kiel - BV: Kritik u. Handeln, 1977; D. Entwicklung d. Erziehungswissenschaft, 1978; D. Erfahrung d. Wirklichkeit, 1986; Dt. Lebensläufe in Autobiogr. u. Briefen (m. Walter Jens), 1987, 2. A. 1991. Herausg.: Handb. d. Sozialarbeit/Sozialpäd. (1984, m. Hanns Eyferth, Hans-Uwe Otto) - 1978-82 Vors. d. Dt. Ges. f. Erziehungswiss.; Mitgl. d. Sachverst. Kommiss. z. 8. Jugendbericht üb. Bestreb. u. Leist. d. Jugendhilfe.

THIES, Alfred

Dr. jur., Vorstandsmitglied i.R. Deutsche BP AG, Hamburg 60 - Parkstr. 10, 2000 Hamburg 52 (T. 82 92 16) - Geb. 30. Mai 1919 Sittensen - Stud. Rechtswiss. Ass.ex.

THIES, Arnold

s. Thies, Heinrich-Arnold

THIES, Claus-Jürgen

Geschäftsführer AR WO BAU Arbeitnehmer-Wohnheimbauges. mbH, GSG-WOHNEN Gewerbesiedlungs-Ges. mbH in Berlin-Wilmersdorf u. AR WO GE Arbeitnehmer-Wohnungsbauten-Ges. mbH in Berlin-Lichtenberg - Kaddettenweg 82A, 1000 Berlin 45 (T. 833 70 16) - Geb. 17. Mai 1931 Hamburg, verh. - Schule Hamburg (Mittl. Reife); Lehre Holzkfm. (m. Praktikum Schweden); 1958-60 Akad. f. Gemeinw. Hamburg (Dipl.-Sozialwirt) - Angest. Hbg. Holzw. (5 J.), Fraktionsref. Berlin (1 J.), Verlagsprok. (1966-71), Handelsvertr. (1971-73), Bezirksstadtrat f. Wirtsch. u. Gesundheitswesen (1973-75), u. f. Sozialwesen (1975-88). 1967-71 Bezirksverordn. Steglitz, 1971-73 MdA Berlin. CDU s. 1961.

THIES, Erich

Dr. phil., Prof. f. Philosophie PH Heidelberg - Brunnengasse 20/24, 6900 Heidelberg - S. 1978 Rektor, 1978-82 Vors. d. Landesrektorenkonferenz - Herausg. v. Schriften aus d. Nachlaß Ludwig Feuerbachs sow. e. Theorie Werkausgabe.

THIES, Heinrich

Dr. rer. nat., Prof., Pharmazeut u. Lebensmittelchemiker - Böhlaustr. 22, 8000 München 60 (T. 811 26 44) - Geb. 6. Mai 1905 Klein-Siemz/Meckl. (Vater: Hans T., Mühlenbes.; Mutter: Anna, geb. Freitag), ev., verh. s. 1938 m. Franziska, geb. Becker, 2 Kd. - Reform-Realgymn. Johanneum Lübeck; Univ. München. Apotheker; Dipl.-Chem.; Lebensmittelchem. - S. 1941 (Habil.) Privatdoz. u. apl. Prof. (1951) Univ. München (b. 1969 Leit. Pharmaz.-Chem. Abt./Inst. f. Pharmazie u. Lebensm.-chemie), 1969-75 Leit. Zentr. Prüf.Labor. Kommiss. Dt. Arzneim.-Codex (DAC) - BV: Ausführung qualitativer Analysen, 9. A. 1966 (m. Souci); Praktikum d. qualitativen Analyse, 8. A. 1979 (m. Souci) Anleit. u. Harnunters., 5. A. 1966 (m. Schlemmer); Dt. Arzneimittelcodex, 1975 (m. Wehle u. Fresenius). Üb. 50 Fachaufs. Mitherausg.: Ztschr. f. Lebensmittelunters. u. -forsch. (1947-62) - 1983 Hermann Thoms-Med. (Dt. Pharm. Ges.).

THIES, Heinrich-Arnold

Dr. med., Prof., Chefarzt f. Chirurgie i. R. Univ. Heidelberg - Buchendorfer Str. 39, 8000 München 71 (T. 089 - 755 53 52) - Geb. 10. Okt. 1919 Jever/O. (Vater: Arnold T., Ing., zul. Reichsbahn-Bauinsp.; Mutter: Elisabeth, geb. Lucke), verh. s. 1948 m. Marianne, geb. Kümmelschuh, 2 Töcht. (Marianne, Annelie) - Gymn. Lohne, Handrup, Sittard (Holl.), Vechta (Abit. 1939); 1939-45 Kriegsdst. (Luftw., Heer); Univ. Hamburg (Med. Staatsex. 1948). Promot. (1948) u. Habil (1958) Hamburg - 1948-55 Assist. div. Kliniken Hamburg, 1963 wiss. Rat, 1964 Abt.-Vorst.; 1965-67 Leit. d. Chir. Univ. Poliklinik; 1958ff. Lehrtätigk. Univ. Hamburg (1964 apl. Prof.) u. Heidelberg (1971 apl. Prof.). 1967-84 Chefarzt Städt. Chir. Klinik Heilbronn (Akad. Lehrkrkhs. Univ. Heidelberg). 394 Vorträge im In- u. Ausland. Ltg. v. 41 med. Tagungen. Vergabe v. 110 unter eig. Ltg. beendeten Dr.-Arb. - BV: 247 Buchveröff. bzw. Buchbeiträge (allg. Chir., Unfallchir. Hämostaseol., Thromboseprophylaxe), 122 Ztschr.-Publ. - Entd.: Aktivitätsdifferenzen menschl. u. tier. Gewebsthrombokinasen, Thrombophilie durch Carcinom-Thromboplastin, erworbener F.XIII-Mangel in d. Chir., Blutströmungsverlangsamung p.op., hämatol. Kontrollen d. Frakturheilung, Effekte u. Inkorporation Seltener Erden, Verhüt. v. Cumarin-Nekrosen, Heparin-Rückfluss-Effekte n. Herzop., generelle antikoagul. Thromboseprophylaxe in d. Chir., Plasma-Thrombin-Spray, Sauerstoffbrille, Tiefenknoter - 1958 Dr.-Martini-Preis, Hamburg; 1960 Einlad. Nobelfeier (Stockholm); 1967 Vesalius-Gedenkmünze, Augsburg; Rudolf-Jürgens-Gedenkmünze in Bronze, Hamburg; 1968 korr. Mitgl. Brasilian. Angiologenges., Sao Paulo; 1977 Rudolf-Jürgens-Gedenkmed. in Silber, Hamburg; 1982 Rudolf-Jürgens-Gedenkmed. in Gold, Hamburg - Liebh.: Reisen - Spr.: Engl., Franz., Latein, Griech.

THIES, Jochen

Dr. phil., Chefredakteur - Teutonenstr. 54, 5300 Bonn 2 - Geb. 18. Sept. 1944 Rauschen/Ostpr. (Vater: Heinz T., Konrektor; Mutter: Hildegard, geb. Bartel), verh. s. 1971 m. Brigitte, geb. Böttcher, T. Nora - Ratsgymn. Bielefeld; Univ. Kiel, Freiburg im Br. u. Köln; Promot. (Gesch.) - Ass. d. Lehramts; 1976-78 Dt. Hist. Inst. London; 1978-80 Redakt. Bayer. Rundfunk; 1980-82 stv. Gruppenleit. im Bundeskanzleramt; 1982-85 Parlamentskorresp. in Bonn; s. 1986 Chefredakt. Europa-Archiv. Beiratsmitgl. d. Ztschr. Politica Exterior - BV: Architekt d. Weltherrschaft. D. Endziele Hitlers, 2. A. 1976 (Taschenb. 1980); Südwestdeutschland Stunde Null. D. Gesch. d. Franz. Besatzungszone 1945/48, 1979, Sonderausg. 1989; Helmut Schmidts Rückzug v. d. Macht. D. Ende d. Ära Schmidt aus nächster Nähe, 2. A. 1988; Deutschland von innen. Beobachtungen aus wechselnder Perspektive, 1990 - Spr.: Engl., Franz., Span., Ital.

THIESEN, Peter

Dipl.-Sozialpädagoge, Dozent, Schriftsteller - Pegelaustr. 1a, 2400 Lübeck - Geb. 1. Juni 1952 Eutin (Vater: Albert T., Beamter; Mutter: Betty, geb. Bischof), verh. s. 1981 m. Anna, geb. Ringeisen, 2 Söhne (Florian, Felix) - Stud. Soz.-Päd., Politik u. Erzieh.wiss Kiel, Lehramtsex. - Lehrer an d. Fachsch. f. Soz.päd. Lübeck - Tätigk. als Bezirks- u. Stadtjugendpfleger; Jugendbildungsref. u. Lehrbeauftr. (FH Kiel). Verfasser mehr. sozial- u. spielpäd. Standardwerke - BV: (u.a.): Pädagogisches Feld Jugendarbeit, 1976; Handbuch Jugendarbeit (m. C. Cornils, 1981; Arbeitsbuch Spiel. F. d. Praxis in Kindergarten, Hort, Heim u. Kindergruppe, 1982; Kreatives Spiel m. Kindern, Jugendlichen u. Erwachsenen, 1985; D. gezielte Beschäftigung im Kindergarten, 1985; Schönwetterspiele im Kindergarten, 1986; Drauflosspieltheater. E. Spiel- u. Ideenbuch, 1990; Konzentrationsspiele f. Kindergarten u. Hort. Lebendige Förderung ohne Dressur u. Streß, 1990; Umwelt spielend entdecken (m. P. Brandt), 1991; Sozialpädagogik lehren. Kleines Kompendium d. Unterrichtens, 1991; D. Montagsbuch. E. Arbeitsbuch z. Überwindung d. Montagssyndroms, 1992. Heraus.: 50 Bildnerische Techniken (m. C. Krempien, 1992); Neue Formen d. Erzieherausb. (m. H. Küppers, 1992)

THIESS, Alfred M.

Dr. med., Prof. i. R. - Weimarer Str. 73, 6700 Ludwigshafen/Rh. - Geb. 3. Okt. 1921 Großau/Rumänien (Vater: Michael T., Hauptlehrer; Mutter: Sophia, geb. Thiess), ev., verh. s. 1949 m. Dr. med. Gisela, geb. Helwert, 2 Kd. (Andrea, Michael) - Stud. d. Med. Univ. Frankfurt/M.; Promot. 1951 ebd.; Habil. 1969 Heidelberg - S. 1954 BASF AG. (Werksarzt; 1963 Ltd. Werksarzt; 1976 Arbeitsmed. Direktor); s. 1967 Lehrauftr. u. apl. Prof. (1973) f. Arbeitsmed. Univ. Heidelberg, s. 1986 i. R. 1972 Gründ. Medichem (1972-86 Chairman, s. 1986 Hon. Pres.). Üb. 350 wiss. Veröff. in in- u. ausl. Ztschr. - 1975 BVK a. Bd.; 1982 BVK I. Kl.; 1986 Gr. BVK - Spr.: Engl., Rumän.

THILO, Waltraud

Dr. med., Prof., Mikrobiologin - Dimitroffstr. 239, O-1055 Berlin - Geb. 14. Nov. 1934 Berlin, verh. s. 1962 m. Dr. sc. phil. Thomas Th., Sinologe, T. Susanne - Med.-Stud. Humboldt-Univ. Berlin; Approb. 1959; Promot. 1961; Habil. 1973 - 1978 Prof. f. Mikrobiologie Akad. Ärztl. Fortbild., Berlin (Ost).

THIMIG, Hans

Schauspieler u. Regisseur - Friedrich-Schmidt-Pl. Nr. 4, A-1080 Wien - Geb. 23. Juli 1900 Wien (Vater: Hofrat Hugo T., Schausp., Regiss. u. Dir. Hofburgbzw. Burgtheater, 1854-1944 (s. X. Ausg.); Mutter: Fanny, geb. Hummel), verh. m. Helene, geb. Rauch - S. 1918 bühnentätig, u. a. Burgtheater (b. 1924 u. wied. ab 1949-66) u. Theater in d. Josefstadt Wien; s. 1959 Lehrer u. zeitw. Leit. Reinhardt-Sem. ebd. Film - 1963 Kammerschausp.; 1978 Prof. - Geschw.: Helene († 1974, s. XVII. Ausg.) u. Hermann T. - Lit.: Prof. Franz Hadamovsky, Hugo Thimig erzählt - Briefe u. Tagebuchnotizen (1963); Neugierig wie ich bin. Erinn.

THIMM, Heinz-Ulrich

Dr. agr., o. Prof. (s. 1967) Univ. Gießen - Ringallee 88, 6300 Gießen (T. 3 18 58) - Geb. 25. April 1927 - 1970-74 Univ. of Nairobi, s. 1974 Prof. Welternährungswirtschaft, 1975-78 gf. Dir. Zentrum f. regionale Entwicklungsforsch. Univ. Gießen - BV: D. volksw. Verflechtung d. Landwirtsch., 1964; Koordination f. d. landw. Absatz, 1967; D. Nahrungsw., 1970. Div. Einzelarb., Handbuchart. u.

Gutachten zu Entwicklungsländerproblemen; Schwerp. Afrika.

THIMM, Walter

Dr. rer. nat., em. Prof. f. Math. Univ. Kaiserslautern (s. 1971) - Rousseaustr. 6, 6750 Kaiserslautern - Geb. 22. Juni 1913 Königsberg/Pr. (Vater: Anton T., Reichsbahnrottenm.; Mutter: Maria, geb. Schulz), kath., verh. s. 1948 m. Anna, geb. Poeplau, 2 Kd. (Rita, Anton), verw. 1968, verh. 1969 m. Maria, geb. Schulte) - Oberrealsch. u. Univ. Königsberg (Math., Physik, Chemie; Promot. 1939). Habil. 1949 Bonn - 1937-39 Assist. Univ. Königsberg; 1945-48 Assist. TH Braunschweig; 1949-71 Doz. u. apl. Prof. (1956) Univ. Bonn (zul. Vorsteher Histor. Abt./Math. Inst.); 1970 o. Prof. u. 1982 em. Prof. Univ. Kaiserslautern. Spezialgeb.: Funktionentheorie v. mehreren komplexen Variablen. Üb. 50 Fachveröff.

THIMM, Walter

Dr. phil., Prof. f. Allg. Behindertenpädagogik Univ. Oldenburg (s. 1980) - Pirschweg 17, 2903 Petersfehn (T. 04486 - 26 18) - Geb. 24. Mai 1936 Dortmund, kath., verh. m. Marianne, geb. Heisig, 3 Kd. - Stud. Univ. Dortmund, Hamburg, Hannover (Erziehungswiss., Sonderpäd., Soziol., Psychopathol.); Lehrämter f. Volkssch., Blinden- u. Sehbehindertensch.; Promot. (Soziol.) 1970 - 1957-70 Lehrer, Blindenpäd.; 1972-80 Prof. f. Soziol. d. Behinderten in Heidelberg. Mitgl. in nationalen u. intern. Fachgremien - BV: Blinde in d. Ges. v. heute, 1971; M. Behinderten leben, 1977; E. Leben so normal wie möglich führen (m. Ch. v. Ferber), 1985. Herausg.: Soziol. d. Behinderten (1972); Ethische Aspekte d. Hilfen f. Behinderte (1989). Zahlr. Veröff. in Ztschr., Handb., Sammelbd., insbes. zu soziol., sozialpolitischen Fragestellungen u. z. Theoriebildung in d. Behindertenpäd. u. Rehabilitation.

THIMME, Hans

D., Präses Ev. Kirche v. Westfalen (1968-77) - Deppendorfer Str. 79, 4800 Bielefeld 1 (T. 10 42 02) - Geb. 6. Juni 1909 Fallersleben (Vater: Prof. D. Wilhelm T., Pastor; Mutter: Auguste, geb. Capelle), ev., verh. s. 1935 m. Gertrud, geb. Ruhfus, 4 Kd. (2 S., 2 T.) - Archi-Gymn. Soest; Univ. München, Berlin, Marburg, Münster (Theol.) - Pastor Bad Oeynhausen u. Spenge, Ephorus Predigersem. Kupferhammer u. Soest, 1957-68 Oberkirchenrat u. Vizepräs. Landeskirchenamt Ev. Kirche v. Westf. - Vorf.: Theologen (Hannover).

THIMME, Jürgen

Dr., Prof., Hauptkonservator a. D. - Beethovenstr. 5, 7500 Karlsruhe (T. 0721 - 84 22 27) - Geb. 26. Sept. 1917 Berlin (Vater: Dr. phil. Friedrich T., Historiker), verh. s. 1954 m. Dr. Ulrike, geb. Schauer, 3 Söhne (Clemens, Johannes, Christian) - Stud. Klass. Archäol., Griech. u. Kunstgesch. Göttingen, Promot. 1954 - 1959-82 Leit. Antikenabt. Bad. Landesmuseum Karlsruhe - BV: Picasso u. d. Antike, 1974; Kunst d. Sarden, 1983; Antike Meisterwerke im Karlsruher Schloß, 1986; Willi Müller-Hufschmid, 1890-1966 (zus. m. Christiane Riedel), 1990. Herausg.: Kunst u. Kultur d. Kykladeninseln im 3. Jahrtausend (1976); Kunst u. Kultur Sardiniens (1980). Zahlr. Aufs. z. Archäol. u. z. Kunst d. 20 Jh. - 1985 Verleihung d. Professortitels - Lit.: Antidoron J. T., Festschr. z. 65. Geb. (1982).

THOBEN, Christa

Dipl.-Volksw., Hauptgeschäftsführerin d. Industrie- u. Handelskammer Münster - Sentmaringer Weg 61, 4400 Münster - Geb. 1. Aug. 1941, kath. - Stud. Volksw. Univ. Münster, Wien u. Innsbruck, Ex. 1966 Münster - 1966-77 Wiss. Ref. Rhein.-Westf. Inst. f. Wirtschaftsforsch. Essen; 1978-80 Geschäftsf. IHK Münster. 1980-90 MdL in NRW, stv. Fraktionsvors.; Mitgl. d. Präsid. d. CDU Deutschlands.

THODEN, Uwe

Dr. med., Prof. f. Neurologie u. Neurophysiologie Univ. Freiburg, Ltd. Arzt Neurologische Klinik, Klinikum Landshut - Robert-Koch-Str. 1, 8300 Landshut - Geb. 26. Sept. 1942 Insterburg (Vater: Dr. Wilhelm Th., Dipl.-Volksw.; Mutter: Anneliese, geb. Wesa), ev., verh. s. 1972 m. Birgitta, geb. Schilp, 2 S. (Jan, Tim) - Univ. Köln, Bonn, Freiburg, Stockholm u. Pisa; Promot. 1969, Habil. 1975 - 1980 Prof. Univ. Freiburg. Veröff. in Fachztschr. - Liebh.: Lit., Musik, Grafik - Spr.: Engl., Franz., Schwed., Ital., Latein.

THOELKE, Horst-Günther

Präsident i. R. Landgericht Hannover (1974-85) - Mars-la-Tour-Str. 24, 3000 Hannover (T. 81 78 89) - Geb. 14. Nov. 1920 Ilfeld, Kr. Hohnstein (Vater: Arnold T., Oberstud.rat; Mutter: Selma, geb. Rombach), verh. s. 1945 m. Gerda, geb. Götz - 1945-48 Rechtswiss. Univ. Göttingen. Staatsex. 1948 Oldenburg i. O., 1952 Hannover - 1952-53 Staatsanwaltschaft Hannover, 1953-62 LG ebd., 1962-63 OLG Celle, 1963-68 Nieders. Justizmin., s. 1968 ständ. Vertr. d. Landgerichtspräs., 1974-86 Präs. LG Hannover.

THÖLKE, Jürgen

Dipl.-Kfm., MdL Nieders. (s. 1974) - Gneisenauweg 30, 2870 Delmenhorst (T. 2 10 17) - SPD.

THOELKE, Wim

Fernseh-Journalist ZDF, Moderator - Parkstr. 91, 6200 Wiesbaden (T. 06121 - 56 21 22) - Geb. 9. Mai 1927 Mülheim/R. (Vater: Dr. Wilhelm T., Oberstud.-dir. †; Mutter: Martha, geb. Stiepermann †) - 1948-52 Stud. Rechts- u. Staatswiss. Univ. Köln - 1952-60 Geschäftsf. Dt. Handballbd.; 1960-63 kaufm. Leit. Bavaria-Flugges.; s. 1963 ZDF (b. 1970 Abt.-Leit. Sport, Präsentator Aktuelles Sportstudio; 1963 Send. heute; 1970-74 Drei mal Neun; s. 1974 D. gr. Preis m. Fernseh-Lotterie f. d. Aktion Sorgenkind, erfolgreichste Send. ihrer Art d. Welt [Lotterie-Einnahme in 100 Send.: üb. 1 Milliarde DM]) - BV: Vor allem Sport, 1969 - Gold. Bambi; Gold. Kamera - Liebh.: Aktives Fliegen.

THÖMING, Jürgen C.

Dr. phil., Prof. f. Neuere dt. Literatur u. Allg. Literaturwiss. Univ. Osnabrück - Philosophenweg 16, 2848 Vechta - Verh. m. Frauken, geb. Peters-Poppenbüll, 2 Kd. (Anja-Rosa, Lilja Nadeshda) - Nordsee-Gymn. St. Peter-Ording; Stud. Philol. Univ. Tübingen, Hamburg, Straßburg u. Berlin (Staatsex. 1967, Promot. 1971), Habil. 1976 Saarbrücken - 1966 Wiss. Angest. TU Berlin; 1969 dass. Herzog-August-Bibl. Wolfenbüttel; 1971 Assist. f. Lit.wiss. Bielefeld; 1977 o. Prof. Univ. Osnabrück - Veröff. z. deutschsprachigen Literatur d. 20. Jh. Schriftleit. Musil-Forum.

THÖNE, Ernst

Hauptgeschäftsführer Industrie- u. Handelskammer f. Rheinhessen - Schillerplatz 7, 6500 Mainz (T. 06131 - 2 62-0) - Geb. 22. April 1932 Anröchte/Westf.

THOENEN, Hans

Dr. med., Prof., Direktor Abt. Neurochemie Max-Planck-Inst. f. Psychiatrie, Martinsried - Zu erreichen üb. MPI f. Psychiatrie, Am Klopferspitz 18 A, 8033 Planegg-Martinsried - Geb. 5. Mai 1928 Zweisimmen/Schweiz, verh., 2 Kd. - Abit. 1947; Med.-Stud. Univ. Bern u. Insbruck; Staatsex. 1953, Promot. 1957 Bern, Habil. 1970 - 1954-55 Assist. Pathol. Anatom. Inst. Univ. Bern; 1955-59 Med. Univ.-Klinik Basel; 1960 Inst. f. Exper. Gerontol., Basel; 1960-62 div. Auslandsaufenthalte; 1962-71 Abt. f. Exper. Med. Hoffmann-La Roche & Co. AG, Basel; 1968/69 National Inst. of Mental Health, Bethesda, USA; 1972-78 Forschungsgruppenleit. Abt. Pharmakol. Univ. Basel; s. 1979 s.o.; 1981 Hon.-Prof. Univ. München - BV: Molekulare Neurobiologie insbes. Isolierung u. Charakterisierung v. neurotrophen Molekülen, d. f. d. embryonale Entwicklung u. d. Regeneration im peripheren u. zentralen Nervensystem v. Bedeutung sind. Insges. über 250 Publ. - 1975 Mitgl. Europ. Molecular Biol. Org. (EMBO); 1979 Mitgl. Dt. Akad. d. Naturforscher Leopoldina; 1980 Feldberg-Preis; 1985 Cloëtta-Preis; 1988 Wakeman Award; 1990 Mitgl. Acad. Europaea.

THOENES, Hans Willi

Dr. rer. nat., Prof., Mitglied d. Rates v. Sachverständigen f. Umweltfragen - Priv.: Auf'm Kampe 39, 5600 Wuppertal 2 (T. 0202 - 52 35 39); dstl.: Umweltrat, Postfach 55 28, 6200 Wiesbaden (T. 0611 - 75 21 77) - Geb. 8. Nov. 1923 Wuppertal (Vater: Wilhelm T., Kaufm.; Mutter: Erna, geb. Mary), ev., verh. s. 1947 m. Hannelore, geb. Meermann, 2 T. (Ulrike, Monika) - Dipl. 1950 TH Aachen, Promot. 1953 ebd. - B. 1988 gf. Vorst.-Mitgl. Rhein.-Westf. TÜV, Essen; s. 1987 Mitgl. d. Umweltrates. 1974 Hon.-Prof. TH Aachen - 1976 gold. Ehrenmünze VDI; 1979 BVK, 1983 BVK I. Kl., 1987 Gr. BVK - Liebh.: Briefmarken - Spr.: Engl., Franz.

THÖNI, Hanspeter

Dr. phil., Prof. f. Biometrie Univ. Hohenheim (s. 1974) - Hundersinger Str. 23, 7000 Stuttgart 70 (T. 45 14 79) - Geb. 14. Mai 1934 Basel (Vater: Ernst Paul T., Techn.; Mutter: Alice, geb. Schmid), ref., verh. s. 1961 m. Ruth, geb. Lobsiger, 2 Kd. (Sabine, Barbara) - Stud. Univ. Basel, Bern, Iowa State Univ., Ames, Iowa/USA; Promot. 1963 Bern - 1966-1969 Lektor Univ. Bern; 1969-73 Oberassist. ETH Zürich. 1969-75 Generalsektr. Intern. Biometr. Ges. - Spr.: Franz., Engl.

THOENIES, Hans

Intendant u. Geschäftsf. Theater Wolfsburg (s. 1991) - Postf. 100930, 3180 Wolfsburg - Geb. 19. Sept. 1932 - Schauspielhaus Bochum u. Regensburg, 1970 Int. Rendsburg, 1975 Int. Memmingen, 1979 Generalint. Lübeck.

THÖNNESSEN, Werner

Dr. phil., stv. Generalsekretär Intern. Metallgewerkschaftsbund (s. 1972), AR Krupp-Stahl AG u. Standard-Elektrik-Lorenz AG (SEL) - Zu erreichen üb. IMB, Genf, 54 bis, Route des Acaciaz - Geb. 21. Okt. 1929 (Vater: bek. Industriemann) - Promot. b. Prof. Adorno - Zul. Pressechef IG Metall.

THOFERN, Edgar

Dr. med., o. Prof. f. Hygiene - Sigmund-Freud-Str. 25, Klinikgelände 37, 5300 Bonn 1 (T. 28 01) - Geb. 6. Mai 1925 Bovenden - S. 1959 (Habil.) Lehrtätigk. Univ. Göttingen (apl. Prof.) u. Bonn (1971 o. Prof. u. Dir. Hyg.-Inst.). Facharb.

THOL, Alfons

Vorstand Ifa Hotel & Touristik AG, Duisburg - Steinsche Gasse 29, 4100 Duisburg 1 - Geb. 25. Aug. 1927.

THOLEY, Paul

Dr. phil. nat., Prof. f. Sportwissenschaft u. Leiter Abt. Sportpsych. TU Braunschweig (s. 1982) - Kapellenweg 31, 6690 St. Wendel (T. 06851 - 66 70) - Geb. 14. März 1937 St. Wendel - Abit. 1956 St. Wendel; Stud. versch. Fächer Univ. München; s. 1958 Univ. Frankfurt; Sportlehrerex. 1960 Frankfurt; Dipl. (Psych.) 1964 Frankfurt; Promot. 1973 Frankfurt - S. 1974 Doz. u. 1980-82 Prof. f. Psych. Univ. Frankfurt; s. 1982 Lehrbeauftr. f. Psych. Univ. Frankfurt. 1987 Mitbegründer European Assoc. for the Study of Dreams; 1989 Mitbegründer u. Vors. d. Intern. Assoc. Consciousness Res. And Its Applications CORA; 1991 Vorst. d. Intern. Society of Gestalt Theory and its Applications GTA; s. 1991 Vorst. d. intern. Ges. f. Gestalttheorie - 1976 Entwicklung d. Klartraumtechnik - BV: Z. Einzel- u. Gruppenleistung unter eingeschränkten Kommunikationsbedingungen, 1973;

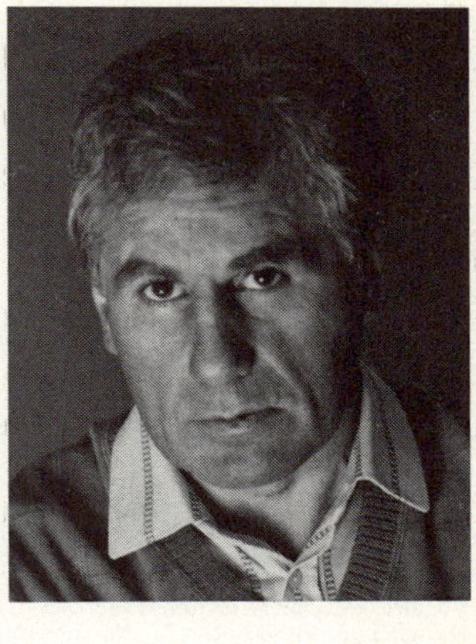

Schöpferisch Träumen (m. K. Utecht), 1987. Herausg.: Intern. Ztschr. Bewusst-Sein (s. 1989) u. d. Ztschr. Gestalt Theory. Mithrsg.: Intern. Ztschr. Gestalt Theory (s. 1979). Forsch. u. Publ. auf versch. Geb. d. Statistik, Psych., Sport- u. Traumwiss. - 1974 Preis d. Förderer u. Freunde d. Joh. Wolfg. Goethe-Univ. Frankfurt - Spr.: Engl., Franz., Griech., Latein.

THOMA, Alfons

Dr.-Ing., Senator e. h., Berater in Baufragen - Richelstr. 14, 8000 München 19 (T. 089 - 16 96 63) - Geb. 13. März 1917 München, kath., verh. s. 1951 m. Eleonore, geb. Winkler - Human. Gymn.; TH München; Dipl. 1936; Promot. 1956 Darmstadt - Präs. e. Bundesbahndir. a. D.; Vorst. Ges. f. rationale Verkehrspolitik, Düsseldorf, u. Bezirksvereinig. Südbayern d. Dt. Verkehrswiss. Ges. (DVWG); Leit. Fachbeirat Spurgeführter Verkehr im Dt. Museum - BV: D. Fahrkarte, 1985 - Bayer. VO.; Gr. gold. VO. d. Rep. Österr.

THOMA, Dieter

Journalist, Chefredakteur WDR-Hörfunk - Stadtwaldgürtel 85, 5000 Köln 41 (T. 40 92 01) - Geb. 11. April 1927 Paderborn (Vater: Gustav T., OStud.-Dir.; Mutter: Käthe, geb. Bruun), kath., verh. m. Ruth, geb. Rehn, S. Oliver - Gymn., Univ. Münster - 1953 Lokalredakt., 1957 Chefreporter, 1962 Korresp., 1963 Abt.-Leit. WDR Köln - BV: Köln f. Anfänger, 1964; Westfalen, 1975.

THOMA, Elmar

Dr. phil. nat., o. Prof. f. Höh. Mathematik u. Analyt. Mechanik - Lustheimstr. 2, 8000 München 60 (T. 811 50 07) - Geb. 10. Sept. 1926 Baden-Baden (Vater: Hubert T., Fabrikdir.; Mutter: Frieda, geb. Meyer), ev., verh. s. 1952 m. Helga, geb. Hagemann, 2 Söhne (Markus, Sebastian) - 1946-47 Phil.-Theol. Hochsch. Regensburg. 1947-52 Univ. Erlangen (Math., Physik). Promot. 1952 Erlangen; Habil. 1957 München - Ab 1957 Privatdoz. Univ. München; 1963-64 Wiss. Rat Univ. Heidelberg (Math. Inst.); s. 1964 Ord. Univ. Münster u. TU München (1969). 1959-61 Gastprof. Univ. of Washington, Seattle. Fachveröff. - Spr.: Engl.

THOMA, Ernst

Dipl.-Ing., Vorstandsvorsitzender Leonische Drahtwerke AG, Nürnberg, AR-Vors. d. Westf. Kupfer- u. Messingwerke AG, Lüdenscheid, Vors. Verein d. Bayer. Metallverarb. Industrie - Kiebitzweg 9, 8000 Nürnberg (T. 57 22 46) - Geb. 31. Mai 1934 Nürnberg - Spr.: Engl. - Rotarier.

THOMA, Franz

Dr., Wirtschaftsjournalist, Chefkommentator f. Wirtschaftspolitik Südd. Zeitung - Sendlinger Str. 80, 8000 München 2 - Geb. 30. Sept. 1921 München - Kurat.-Mitgl. d. Ifo-Inst. f. Wirtschaftsforsch. e.V., München; Mitgl. u. Jury-Mitgl. Ludwig-Erhard-Stiftg. e.V., Bonn

- 1970 Theodor-Wolff-Preis; 1974 Bayer. VO.; 1976 BVK I. Kl.; 1978 Ludwig-Erhard-Preis; 1981 München leuchtet; 1982 Staatsmed. f. Verdienste um d. bayer. Wirtsch.

THOMA, Heinz

Dr., Prof. f. Romanische Philologie Univ. Osnabrück, FB 7 - Kyffhäuserstr. 23, 5000 Köln - Geb. 29. Dez. 1944 - Promot. 1976; Habil. 1984 - Vorst.-Mitgl. Dt. Romanistenverb. - BV: Aufklärung u. nachrevolutionäres Bürgertum in Frankr., 1976; D. öffentliche Muse, 1986. Herausg.: D. französische Lyrik d. 19. Jh. (1987).

THOMA, Helge

Regisseur, Intendant Städt. Bühnen Augsburg - Völkstr. 27, 8900 Augsburg - Geb. 30. Okt. 1936 Mannheim (Vater: Helmuth T., Arch.; Mutter: Ruth, geb. Vögele), ev., led. - Gymn. Tegernsee u. Mannheim, Musikhochsch. Mannheim, Univ. Wien - 1959/60 Schauspieler Wien, 1962-68 Regieassist. u. Regiss. Schillertheater Berlin, 1968-70 Spielleit. Dt. Theater Göttingen, 1971-75 OSpiell. Wiesbaden, 1976-81 OSpiell. Staatsoper Wien - Bearbeit. u.a.: Gans v. Kairo (Mozart), Viktoria u. ihr Husar (f. Schausp.; Wiesbaden u. Burgtheater Wien) - Regie: u.a. Don Juan (Horvath) Berlin, Sonnenuntergang (Gorki) Wiesbaden, Frau ohne Schatten u. Figaro Wien. Zahlr. Auslandsinsz., bes. Richard Strauss u. Wagner, u.a. Ring d. Nibelungen am Grand Theatre Bordeaux - 1986 BVK f. Verd. um d. Augsburger Theater u. d. Förd. d. Nachwuchses; 1987 BVK - Liebh.: Klavier, Kammermusik, bild. Kunst, Reisen, Pferderennen - Spr.: Engl., Franz. - Bek. Vorf.: Johannes Hus.

THOMA, Helmut

Maler u. Graphiker, em. Prof. Hochsch. f. bild. Künste Berlin (s. 1948) - Regensburger Str. 29, 1000 Berlin 30 (T. 24 89 72) - Geb. 17. Aug. 1909 Lugnian/OS. (Vater: Paul T., Postschaffner; Mutter: Emma, geb. Klußl), kath., verh. m. Ellen Cornelia, geb. Wechselberg - 1930-34 Kunsthochsch. Breslau u. Berlin, 1. Staatsprüf. f. d. künstler. Lehramt 1934 - 1948-74 Lehrtätigk. Hochsch. f. bild. Künste Berlin, 1958-65 Leit. Abt. Kunstpäd. Hochsch. f. bild. Künste Berlin - Lit.: Helmut Th., Mein Leben - eine Collage, (Herausg: Hochsch. d. Künste, Berlin 1991).

THOMA, Helmut

Dr., Programmdirektor u. Sprecher d. Geschäftsführung v. RTL plus - Aachener Str. 1036, 5000 Köln 40 (T. 0221 - 48 95-1 10) - Geb. 3. Mai 1939 Wien - Abendgymn.; Matura; Stud. Jura; Promot. 1962 - Tätigk. in Anwaltskanzleien Wien; 1966-73 Leit. ORF-Rechtsabt.; ab 1973 IPA Frankfurt (zun. Prok., ab 1975 Alleingeschäftsf.); 1982 Dir. Dt. Programm; s. 1984 Dir. dt. Programme RTL u. RTL plus; s. 1986 Sprecher d. Geschäftsf. v. RTL plus Dtschl. FS GmbH & Co. KG - Div. Publ. - 1986 Bronzener Hermes v. Neue Medien; 1987 Orden Officier d L'orde de mérite d. Luxemburger Staates; 1989 Medienmann d. Jahres; 1990 Gold. Kamera - Liebh.: Radiohören, Ferns., Zeitunglesen, Antiquitäten, Medienpolitik.

THOMA, Josef

Vizepräsident Landeszentralbank in Nordrh.-Westf. a. D. - Robert-Reinick-Str. 7, 4000 Düsseldorf - Geb. 11. Febr. 1913 Viersen - S. 1949 LZB in NRW (1953 Leit. Volksw. Abt., 1959 Hauptref. Bankenaufs. u. Volksw., 1965 Vorstandsmitgl., 1967 Vizepräs.) - 1972 BVK I. Kl., 1978 Gr. BVK.

THOMA, Karl

Dr. rer. nat.; o. Prof. f. Pharmaz. Technologie - Sophienstr. 10, 8000 München 2 (T. 59 02-1) - Geb. 6. Mai 1931 Rehau/Oberfranken (Vater: Karl T., Kaufm.; Mutter: Margarete, geb. Scherzer), ev., verh. s. 1961 m. Krista, geb. Pillhöfer, 2 Kd. (Eva, Markus) - 1952-55 Univ. München (Pharmazie). Promot. 1959, Habil. 1964 München - S. 1967 ao. bzw. o. Prof. (1967) u. Dir. Inst. f. galen. Pharmazie Univ. Frankfurt; s. 1980 o. Prof. u. Vorst. Inst. f. Pharmazie u. Lebensmittelchemie Univ. München. Spez. Arbeitsgeb.: Pharmaz. Technologie, Arzneimittelstabilität, Biopharmazie, neue Arzneiformen u. Arzneimittelanalyse - Etwa 360 Einzelarb. - 1989 BVK am Bde.

THOMA, Kathleen

Schriftstellerin (Pseud. Dalila Thomas-Roos) - Im Eulenwinkel 1, 2999 Walchum 1 - Geb. 26. Jan. 1945 Wiesbaden - Leit. intern. Autorengemeinsch. Kreis d. Freunde um Peter Coryllis - BV: ... aus d. Eulen-Nest, Ged.; zahlr. Einzelveröff. im In- u. Ausl., u. a. auch holl., engl., span., rumän., poln., ungar., schwed., luxemb., franz., hebräisch, jiddisch, russ., japan. u. chines. - 1981 Zenta-Maurina-Lit.preis; versch. kl. Lit.preise.

THOMA, Manfred

Dr.-Ing., Dr. sc. h.c., Dr.-Ing. E. h., Prof., Direktor Inst. f. Regelungstechnik Univ. Hannover (s. 1967) - Westermannweg 7, 3000 Hannover 21 (T. 79 21 75) - Geb. 24. Febr. 1929 Neumarkt/Opf. (Vater: Hubert T., Fabrikdir.; Mutter: Frieda, geb. Meyer), ev., verh. m. Elisabeth, geb. Franczok, 3 Kd. (Robert, Eberhard, Susanne) - Dipl.-Ing. 1975 TH Darmstadt, Promot. 1963 - 1957-64 Wiss. Assist., 1964/65 Gastprof. USA, 1967ff. Prof. u. Dir. Inst. f. Regelungstechnik Univ. Hannover, 1977 u. 1985 Gastprof. Japan. Mitgl. Braunschweig.-Wissenschaftl. Ges., Ukrain. Akad. d. Wiss. - BV: Theorie linearer Regelungssysteme, 1973. Fachveröff. - Spr.: Engl.

THOMA, Richard

Dr. phil., Direktor Goethe-Inst. Hong Kong - 141, Des Voeux Road C, Hong Kong/BCC - Geb. 1. Dez. 1926 Ingolstadt (Vater: Georg T., Postbeamter; Mutter: Barbara, geb. Dunz), kath., verh. s. 1960 m. Barbara, geb. Klüglein, 2 Kd. (Jörg-Andreas, Bettina) - Stud. Univ. München; Promot. 1953 - S. 1956 Goethe-Inst. (1957 Leit. Zweigst. Kalkutta; 1961 Lagos; 1964 Brilon; 1967 Lahore/Pak.; 1972 Hong Kong).

THOMA, Werner

Dr., Hauptgeschäftsführer IHK f. Essen, Mülheim a. d. Ruhr u. Oberhausen zu Essen - Am Waldthausenpark 2, 4300 Essen 1.

THOMAE, Adolf

Dr., Geschäftsführer i. R. - Alte Landstr. 172, 4000 Düsseldorf 31 - Kaiserswerth (T. 0211 - 40 37 81) - Geb. 26. April 1916 - Kriegsdst. (5× verw.); Wirtschaftsprüfer; 1954 Mitgl. d. Geschäftsfg. Pfaff, Kaiserslautern, u. 1957 Flick, Düsseldorf. Div. AR- u. Beiratsmand. Vorst. Schmalenbach-Stiftung, Köln, Diakoniewerk Kaiserswerth u. a. - Rechtsritter Johanniter-Orden - Spr.: Engl., Franz. - Rotarier.

THOMAE, Hans

Dr. phil., Dr. phil. h. c., em. o. Prof. f. Psychologie - Langemarckstr. 87, 5300 Bonn 3 - Geb. 31. Juli 1915 Winkl/Obb. (Vater: Georg T., Zollbeamter; Mutter: geb. Fraas), verw. - Univ. Bonn u. Berlin. Habil. 1942 Leipzig - 1949 Privatdoz. Univ. Bonn, 1953 o. Prof. Univ. Erlangen, 1960 Univ. Bonn (b. 1983 em.). 1969 Chairman Intern. Soc. of Study Behavioral Development (b. 1975), 1977-83 Präs. Dt. Ges. f. Gerontologie, 1981-83 Pres. Intern. Assoc. of Gerontology - BV: u. a. D. Wesen d. menschl. Antriebsstruktur, 1944; Persönlichkeit - E. dynam. Interpretation, 2. A. 1955; Beobachtung u. Beurteilung von Kindern, 12. A. 1976; D. Mensch in d. Entscheidung, 1960; Konflikt, seel. Belastung u. Lebensalter, 1965 (m. U. Lehr); D. Individuum u. s. Welt, 1968, 2. neubearb. A. 1988; Konflikt, Entscheidung, Verantwortung, 1974; Psychologie u. Gesellschaft, 1977; Alternsstile u. Altersschicksale, 1983; Formen d. seelischen Alterns (m. U. Lehr). Üb. 150 Einzelarbeiten. Mithrsg.: Handb. d. Psychol. (12 Bde. 1958ff.), Patterns of Aging (1976) - Max-Bürger-Preis f. Gerontol. Forsch.; 1970 Ehrendoktor Univ. Loewen u. 1990 Univ. Leipzig; 1971 korr. Mitgl. Bayer. Akad. d. Wiss. - Lit.: D. Coletti, psicol. Umanistica. Metodo e. valore antropol. della psicol. dinamica di H. Th., 1974; H. Wahl, Phil. Probleme d. psychol. Konzeption v. H. Th., Diss., Ges. wissenschaftl. Fak. d. Humboldt-Univ. Berlin, 1983.

THOMÄ, Helmut

Dr. med., em. o. Prof. f. Psychotherapie - Am Hochsträss 8, 7900 Ulm/Donau (T. 176-29 70/71) - Geb. 6. Mai 1921 Stuttgart, ev., verh. s. 1957 m. Dr. med. Brigitte, geb. Hase, 2 Kd. - Ärztl. Approb. 1945 - S. 1961 (Habil.) Lehrtätigk. Univ. Heidelberg (1967 apl. Prof.; Oberarzt u. Abt.vorst. Psychosomat. Klinik) u. Ulm (1967 Ord.). 1955-56 Assist. Yale Univ. New Haven (USA). Zeitw. Vors. Dt. Psychoanalyt. Vereinig. (1968ff.) - BV: Anorexia nervosa, 1961 (engl. 1967 New York); Vom spiegelnden zum aktiven Psychoanalytiker, 1981; Lehrb. d. psychoanalyt. Therapie. Bd. 1: Grundlagen (m. H. Kächele), 1985; Bd. 2: Praxis (m. H. Kächele), 1988; Self, Symptoms and Psychotherapy (m. N. Cheshire), 1987; Psychoanalytic Process Res. Strategies (m. H. Dahl u. H. Kächele), 1988 - Spr.: Engl.

THOMALE, Friedrich-Heinrich

Dr., Mitglied d. Geschäftsleitung d. FAG Kugelfischer Georg Schäfer KGaA, Schweinfurt - Georg-Schäfer-Str. 30, 8720 Schweinfurt (T. 09721 - 91 30 98) - Geb. 17. Dez. 1943, verh., 2 Kd. - AR: DKFL Dt. Kugellagerfabrik GmbH, Böhlitz-Ehrenberg, Dürkopp Adler AG, Bielefeld - Spr.: Engl., Franz.

THOMALLA, Georg

Schauspieler (Komiker) - Haus Nefer, A-5640 Badgastein/Salzburg (Österr.) (T. 20 46) - Geb. 14. Febr. 1915 Kattowitz/OS. (Vollwaise), verh. s. 1957 m. Margit, geb. Mayrl, S. Thino - Volkssch.; Kochlehre - S. 1932 Bühnentätigk. Film (viele Rollen); Fernsehen - 1976 Gold. Vorhang Theaterverein Berlin; 1977 Oberschles. Kulturpreis; 1984 Bundesfilmpreis/Filmband in Gold - Liebh.: Astrologie, Ikone, alte Münzen.

THOMALSKE, R. E. Günther

Dr. med., Prof., Vizepräsident Ges. z. Stud. d. Schmerzes f. Deutschl., Österr. u. d. Schweiz (s. 1978) - Tulpenstr. 12, 6078 Neu-Isenburg - Geb. 8. Juni 1925 Hohkirch (Vater: Paul T., Pfarrer; Mutter: Eleonore, geb. Pletz), ev., verh. s. 1958 m. Anne, geb. This, 2 Töcht. (Christine, Catherine) - S. 1973 Prof. u. Leit. Abt. f. Funktionelle Neurochir. Univ. Frankfurt. In- u. ausl. Fachmitgl.sch. - BV: Schmerzkonferenz (m. D. Gross u. E. Schmitt), 1984; Beinschmerz (m. K.J. Münzenberg), 1986; Rücken- u. Kreuzschmerz (m. H. Tilscher), 1989. Herausg. d. Buchreihe: Schmerzen (s. 1984) - Spr.: Engl., Franz.

THOMANN, Heinz

Dr. med., Prof. f. Augenheilkunde Univ. Witten/Herdecke, Chefarzt Augenklinik St. Josefs-Hospital Hagen - Im Sonnenwinkel 2, 5800 Hagen 5 (T. 02334 - 5 19 60) - Geb. 1. April 1924 Frankenthal (Vater: Dipl.-Ing. Ernst T., Dir.; Mutter: Johanna, geb. Baumeister), verh. s. 1952 m. Anneliese, geb. Heinz, 2 S. (Henning, Ulrich) - S. 1961 (Habil.) Lehrtätigk. Univ. Mainz u. Köln (1967 apl. Prof.; zeitw. Wiss. Rat u. Oberarzt Augenklinik). Fachaufs. u. Buchbeitr. (Augenheilkd., Biochemie, Arbeits- u. Sozialmed.) - Lions.

THOMANN-STAHL, Marianne

Dipl.-Volksw., Mitgl. d. Landtags Nordrh.-Westf. - Geroldstr. 39, 4790 Paderborn (T. 05251 - 2 69 83) - Geb. 23. März 1954 Oberkochen, verh. - 1973-78 Stud. Freiburg - FDP (Landesvorst. NRW).

THOMAS, Alexander Friedrich

Dr. phil., Dipl.-Psych., Prof. f. Psychologie Univ. Regensburg - Rüdigerstr. 8, 8400 Regensburg - Geb. 4. Nov. 1939 Köln (Vater: Hubert T.; Mutter: Anna T.), kath., verh. s. 1968 m. Marianne, geb. Decker - Dipl.-Psych. 1968 Univ. Münster, Promot. 1970 ebd. - 1974-79 Prof. FU Berlin; 1979ff. Prof. Univ. Regensburg - Bes. Geb.: Kulturvergleichende Psych., Sozialpsych., Angew. Psych. - BV: Einf. in d. Sozialpsych., 1974; Einf. in d. Sportpsych., 1978 (span. 1982, portugies. 1983); Psych. d. Handl. u. Beweg., 1976; Erforschung interkultureller Beziehungen, 1983/84/85/88 - Liebh.: Reisen, Kunst u. Kunstgesch., Ethnologie - Spr.: Engl.

THOMAS, Bernd Georg

Dipl.-Ing., Dipl.-Wirtsch.-Ing., Vorsitzender d. Geschäftsführung d. AGIT - Aachener Gesellschaft f. Innovation u. Technologietransfer GmbH (s. 1989) - Höfchensweg 71/73, 5100 Aachen (T. 0241 - 6 23 35) - Geb. 7. Juni 1942 Köln, kath., verh. s. 1968 m. Gerda, geb. Bendermacher, 2 Kd. (Marc, Carolin) - Dipl.-Ing. Bauwesen 1970, Dipl.-Wirtsch.-Ing. 1974, bde. Aachen - 1977-86 Ltd. Direktor Klinikum d. RWTH Aachen; 1987/88 Geschäftsf. Städt. Kliniken Neuss GmbH - Spr.: Engl., Franz.

THOMAS, Berthold

Dr. phil., Prof. f. Technol. u. Nährwert von Getreide TU Berlin - Rolandstr. 12, 1000 Berlin 38 (T. 803 80 90) - Geb. 1. Juni 1910 Berlin (Vater: Paul T., Physiker; Mutter: Lili, geb. Pfankuch), ev., verh. s. 1946 m. Edith, geb. Franke, 2 Kd. (Angelika, Andreas) - Realgymn. Berlin; Univ. Bonn, Innsbruck, Berlin (Naturwiss., Biol., Geogr., Chemie) - Ab 1936 Assist. Inst. f. Müllerei, Berlin; 1945 Dir. Versuchsanst. f. Getreideverwert. ebd.; 1946-61 Leit. Abt. Getreideforsch. Inst. f. Ernährung, Potsdam; s. 1962 (Habil. TU Berlin Inst. f. Lebensmittel- u. Getreidetechnol.) Mitbegr. u. Wiss. Leit. Staatl. Fachsch. f. Lebensmitteltechnik Berlin u. Dozent Techn. Fachhochsch. ebd. Mitgl. Intern. Ges. f. Getreidechemie - BV: Die Nähr- u. Ballaststoffe d. Getreidemehle, 1964; Ernährung u. Getreidemahlprodukte, 1966; Handb. d. Lebensmittelchemie, Bd. V (Getreide- u. -mahlprod.) 1967; Ernährung ohne Brot?, 1983; Vollkorn bietet mehr, 1986; ca. 400 wiss. Aufs. üb. Nährwert v. Getreide, Brot, Ballaststoffen, Rohkost - 1970 Ehrenmitgl. Ges. D. Lebensmitteltechnol.; 1979 Pelshenke Med. d. DLG; 1990 Ehrenplak. Zentr. Inst. Ernähr. Potsdam-Rehbrücke - Liebh.: Musik, Phil. - Bek. Vorf.: Prof. Dr. Friedrich T. (Botaniker).

THOMAS, Bodo

Wiss. Berater, MdA Berlin (s. 1971) - Ollenhauerstr. 60, 1000 Berlin 52 (T. 412 81 89) - Geb. 1. Febr. 1932 Berlin, verh., 3 Kd. - Gymn. Baden (Österr.), Rosenheim, Berlin; Stud. Rechtswiss., spät. nebenberufl. Geschichte u. Zeitgesch. - B. 1964 Tätigk. Sozialversich., dann Geschäftsf. Ring Polit. Jugend, s. 1965 Aufg. Erwachsenenbild. 1957-71 Bezirksverordn. Reinickendorf (1967 stv. Fraktionsf.). SPD s. 1954.

THOMAS, Carl-Heiner

Industriekaufmann, Vorstandsmitgl. Siemens AG (Leiter Bereich Antriebs-, Schalt- u. Installationstechnik) - Werner-v.-Siemens-Str. 50, 8520 Erlangen (T. 09131 - 72 14 00) - Geb. 17. Aug. 1930 Düsseldorf (Vater: Carl T., Kinderarzt; Mutter: Grete, geb. Köddermann), ev., verh. s. 1960 m. Eva, geb. Wulff, 2 Söhne (Frank, Jens) - Rethelgymn. Düsseldorf, Abit., kaufm. Lehre Siemens AG - Spr.: Engl.

THOMAS, Carmen

Journalistin - Zu erreichen üb. WDR, Appelhofplatz 1, 5000 Köln - Geb. 7.

Mai 1946 Düsseldorf - Stud. German. u. Angl. - S. 1968 WDR; 1973 u. 74 1. Sportmoderatorin d. dt. FS (ZDF); s. 1974 Hallo Ü-Wagen WDR. S. 1983 Lehrbeauftr. Univ. Dortmund, Fort- u. Weiterbild. f. Journalisten - BV: D. Hausfrauengruppe, 1988; Hallo Ü-Wagen, Rundf. z. Mitmachen, 1984 - 1975 Gold. Mikrophon; 1986 Wilhelmine Lübke Preis; 1987 Prix Medial.

THOMAS, Ekkehard

Dr. med., Prof. Univ. Frankfurt - Deutschordenstr. 46, 6000 Frankfurt (T. 6 70 4-1) - Geb. 14. Juni 1929 Plauen/Vogtl. (Vater: Dr. Erich T., OMed.rat; Mutter: Marianne, geb. Wolf), ev., verh. s. 1959 m. H., geb. Wilatus, 2 Kd. (Sebastian, Caroline) - BV: Histotopochemie u. Histopathochemie d. peripheren Nervensystems b. Verletzungen u. Tumoren, 1969; Histochemie d. Enzyme im Peripheren Nervensystem, 1977.

THOMAS, Erhard

Regierungssprecher Landesregierung Brandenburg - Heinrich-Mann-Allee 107, O-1561 Potsdam - Geb. 7. Sept. 1940, ev., verh., T. Julia - Stud. German., Theaterwiss., vergl. Religionswiss. - Zul. Korresp. ARD Studio Bonn.

THOMAS, Erhard Peter

Dr. rer. nat., Prof. f. Zoologie (Verhaltensforschung) - Schillerstr. 10, 6501 Budenheim (T. 06139-67 62) - Geb. 3. Aug. 1928 Ahrweiler/Rhld. (Vater: Matthias T., Stadtinsp.; Mutter: Anna, geb. Peters), kath., verh. s. 1974 m. Gertrud, geb. Grande, 2 S. (Stefan, Christoph) - Realgymn. Ahrweiler/Rhld., Univ. Mainz, Promot. 1954, Habil. 1963 - 1964 Oberassist., 1971 apl. Prof., 1971 wiss. Rat, 1974 Abt.vorst. u. Prof. Zool. Inst. Mainz - 1964-80 Vorst.-Mitgl. Dt. Ges. f. Herpetologie u. Terrarienkd., 1964-70 Schriftl. Salamandra (Ztschr. f. Herp. u. Terr.kd.), s. 1976 Mitgl. Redakt.beir. Salamandra, s. 1975 Hochsch.-filmref. Univ. Mainz. Beitr. in: Evolution of Play Behavior, 1978; zahlr. Einzelarb. - 10 Forsch.filme (vorw. üb. Verhalten v. Amphibien u. Reptilien) - Liebh.: Bild. Kunst, Orchideen, Reiten - Spr.: Engl.

THOMAS, Ernst

Direktor Intern. Musikinstitut, Darmstadt (1962-81) - Nieder-Ramstädter-Str. 215, 6100 Darmstadt (T. 4 82 44) - Geb. 21. Febr. 1916 Darmstadt (Vater: Albert T., Bankkfm.; Mutter: Lina, geb. Vorbach), ev., verh. s. 1944 m. Lore, geb.-Gerlt, 2 Söhne (Eberhard, Georg) - Gymn. Darmstadt; 1934-39 Musikstud. Musikhochsch. Leipzig (Staatsex. Klaviersp. 1937); 1939 Dirigieren Mozarteum Salzburg - 1940-41 Theaterkapellm. Freiburg/Br. u. Görlitz, dann Wehrdst., 1947-56 Musikkrit. Darmstädter Echo, 1956-62 Musikredakt. Frankfurter Allg. Ztg. 1960-70 Kommentator Westd. Rundfunk; 1962-80 Leit. Intern. Ferienkurse f. Neue Musik Darmstadt - BV: D. neue Musikbericht, 1967. Herausg.: Darmstädter Beitr. z. Neuen Musik, Neue Musik in d. BRD; Mithrsg.: Neue Ztschr. f. Musik (1958-78) - Bek. Vorf.: Georg Sebastian Thomas, Hofkapellm. Ludwigs I. v. Hessen (Urgroßv.).

THOMAS, Frank

Dr. rer. pol., Vorstand Gerling-Konzern Versich.-Beteiligungs-AG - Gereonshof. 5000 Köln 1 (T. 0221 - 144 57 77) - Geb. 9. April 1934 Duisburg, verh. s. 1961, 2 Kd. - AR-Mitgl. versch. Ges. d. Gerling-Konzerns, d. Frankona Rückversich.-AG, d. Firmen-Lebensversich.-AG d. Deutschen Bank u. d. Dt.-Atlant. Telegraphen-AG - Spr.: Engl., Franz., Span.

THOMAS, Fred

Dr.-Ing., Prof., Vorstandsmitglied Dt. Forschungsanst. f. Luft- u. Raumfahrt (DLR) (s. 1975) - Dahlienweg 15, 3300 Braunschweig (T. 0531 - 35 23 22) - Geb. 13. Okt. 1932 Prüm/Eifel (Vater: Alfred T., Studienrat; Mutter: Maria, geb. Meermann), verh. in 2. Ehe s. 1973 m. Heidemarie, geb. Herrmann, 4 Töcht. (Ilse, Friederike, Bettina, Katrin) - Gymn. Trier; 1952-57 Univ. Mainz u. TH Braunschweig (1957; Dipl.-Physiker). Promot. (1961) u. Habil. (1966) Braunschweig - 1957-63 wiss. Mitarb. u. stv. Abt.sleit. (1961) Dt. Forschungsanst. f. Luftfahrt, Braunschweig; 1963-66 Leit. Abt. Aerodynamik Dornier-Werke, Friedrichshafen/B.; 1966-71 Wiss. Rat u. Prof., s. 1972 apl. Prof. TU Braunschweig, Dir. Inst. f. Aerodynamik (1971), Ltr. Forsch.szentr. Braunschweig d. DFVLR (1972) - BV.: Grundlagen f. d. Entwurf von Segelflugzeugen, Fachlit., 1979 - Liebh.: Flugsport (Pilotenlizenz f. Motor- u. Segelflug), Ski - Spr.: Engl., Franz.

THOMAS, Gerhard

Ing., Geschäftsführer Zenith-Maschinenfabrik GmbH., Neunkirchen Kr. Siegen - Reckenstr. 35, 5880 Lüdenscheid - Geb. 2. Mai 1921.

THOMAS, Hans-Joachim

Dr.-Ing., o. Prof. f. Thermische Kraftanlagen - Möwestr. 8, 8000 München 82 (T. 430 70 06) - Geb. 24. Okt. 1920 Berlin - B. 1961 Dir. AEG, Essen, 1966 Ord. TH bzw. TU München (vorh. Lehrbeauftr.) - BV: Thermische Kraftanlagen, Berlin, Heidelberg, New York, 2. A. 1985. 36 Fachaufs. insbes. üb. Turbomaschinen.

THOMAS, Heinz

Dr. phil., Prof. f. Geschichte Univ. Bonn - Drachenfelsweg 11, 5300 Bonn 3 - Geb. 28. Nov. 1935 Gotha - Promot. 1966 Univ. Bonn, Habil. 1972 - 1962 Wiss. Assist.; 1971 Doz.; 1973 apl. Prof., 1980 Prof. Lehrauftr. u. Lehrstuhlvertr. Univ. Düsseldorf, Saarbrücken u. Bochum - BV: Stud. z. Trierer Gesch.schreib. d. 11. Jh., 1968; Zw. Regnum u. Imperium, 1973; Kaiser Otto III, 1980; Dt. Gesch. d. Spätmittelalters, 1983. 50 Aufs. in wiss. Ztschr. z. polit. u. Lit.-Gesch. d. Mittelalters.

THOMAS, Heinz

Dr. jur., Prof., Vors. Richter i.R. Oberlandesgericht München - Hillernweg 5, 8132 Tutzing - Geb. 7. Juni 1920 München, ev., verh. - Promot. 1949, jurist. Staatsex. 1950 - BV: Thomas-Putzo, Komment. z. ZPO (m.a.) - 1974 Honorarprof. Univ. München - Spr.: Ital., Franz., Engl.

THOMAS, Helga,

geb. Adamovsky

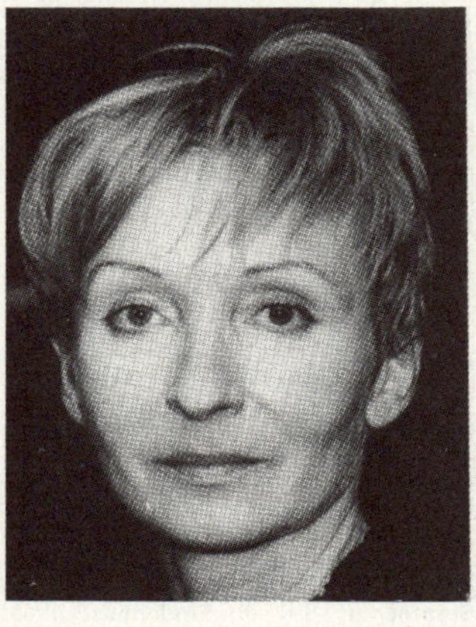

Dr. phil., Prof. f. Erziehungswiss. TU Berlin (s. 1974) - Pfalzburger Str. 82, 1000 Berlin 15 (T. 030 - 881 72 47) - Geb. 4. Okt. 1937, T. Judith - Stud. Roman., Klass. Philol., Phil., Päd. Univ. Frankfurt, Paris, Marburg, Graz, Hamburg; Promot. 1961 - 1961-64 wiss. Assist. f. Erziehungswiss. Univ. Hamburg; 1964-72 wiss. Mitarb. Max-Planck-Inst. f. Bildungsforsch. Berlin; 1972-74 o. Prof. PH Berlin - BV: Schulorganisation u. Unterr. (m. W. Schulz), 1967; Differenzierung im Sekundarschulwesen (m. S.B. Robinsohn), 1968; Innovation in Education: Germany, 1971; Schulreform u. Ges. in England u. Wales 1944-70, 1975; Modellversuch „Integration ausländischer Schüler in Gesamtschulen“, 1987 - Mitgl. Akad. d. Wiss. Berlin - Liebh.: Ballett, Malerei, Musik - Spr.: Engl., Franz.

THOMAS, Helmut

Dr. med., o. Prof. f. Physiologische Chemie Univ. Ulm - Ruländerweg 60, 7900 Ulm (T. 0731 - 5 78 38) - Geb. 20. Aug. 1929 Ahrweiler (Vater: Matthias T., Stadtinsp.; Mutter: Anna, geb. Peters), kath., verh. s. 1981 m. Elke, geb. Möhler - Univ. Köln u. Bonn; Promot. 1959, Habil. 1966 - 1970 apl. Prof. Univ. Bonn, 1970 wiss. Rat Univ. Ulm, s. 1976 o. Prof. ebd. (Leit. Abt. Physiol. Chemie, 1972-73 Dekan Fak. f. Theoret. Med., 1976-80 Prorektor). 1970-78 Mitgl. Advisory Panel Ztschr. Acta endocrinologica. Beitr. in: Methoden d. Hormonbestimmung, 1975, u. Fermente, Hormone, Vitamine, Bd. III, 1981; zahlr. Einzelarb. - Liebh.: Bild. Kunst, Musik - Spr.: Engl.

THOMAS, Klaus

Dr. med., Dr. phil., D. D., Oberstudienrat, Arzt, Psychotherapeut, Pfarrer, Vizepräs. Ökumen. St.-Lukas-Orden (s. 1964), Vorstandsmitgl. Intern. Ges. f. Religionspsych. u. a. - Glockenstr. 17, 1000 Berlin 37 (T. 801 58 48) - Geb. 1915, ev. - Stud. Theol., Neuphilol., Volkskd., Psych., Med. Promot. Berlin (phil. 1941) u. Marburg (med. 1947) - 1940-51 Pfarrer, bes. Studenten- u. Klinikpfr.; s. 1951 prakt. Arzt u. Psychotherapeut; s. 1954 Studien- u. Oberstudienrat. S. 1950 Leit. Lukas-Orden f. Dtschl., s. 1973 f. d. Welt; 1950-61 Doz. Predigersem. Paulinum (Psych., Seels.); 1964/65 Prof. Gettysburg Lutheran Seminary u. Wesley Theological Sem. Washington (Seels.). Initiator Dt. Telefonseels. u. Lebensmüdenbetreuung; Leit. Ärztl. Lebensmüdenbetreuung Berlin; s. 1971 Leit. d. I.H. Schultz-Inst. f. Autog. Training, ärztl. Hypnose u. Psychother.; s. 1980 Präs. Europ. Ges. f. Ärztl. Hypnose - BV: Konstitution u. Entwickl., 1966; Praxis d. Selbsthypnose d. Autogenen Trainings, 7. A. 1985 (Ital. 1976); D. künstl. gesteuerte Seele, 1970; Sexualerziehung, 3. A. 1973 (ital. 1972); Menschen vor d. Abgrund, 1970 (span. 1971); Seelsorge u. Psychother., Bd. 1 1973; Träume - selbst verstehen, 6. A. 1991; Selbstanalyse, 4. A. 1992 (span. 1974); Wirksam helfen - aber wie, 1976; Konzentration f. Lebensgestaltung u. geistige Arb., 1976; Abriß d. Entwicklungspsych., 1979; Warum Angst vor d. Sterben?, 1980 (GA: 300 000); Religiöse Träume u. andere Bilderlebnisse, 1992. Herausg.: Monatsschr. Wege zu Menschen (eig. Gründ., 1949-57); Handb. d. Selbstmordverhüt. (1964); W. Zeller, Konstitution u. Entwickl. (neubearb., 1964) - 1964 Ehrendoktor Hartwick College Oneonta (USA); Ehrenmitgl. mehrerer wiss. Ges., bes. USA - Liebh.: Weltreisen, Fliegen - Spr.: Engl., Franz., Ital.

THOMAS, Konrad

Dr. theol., Prof. f. Soziologie - Eschenweg 5, 3407 Gleichen Weißenborn (T. 05508-80 44) - Geb. 9. Juni 1930 Bremke/Göttingen (Vater: Wilhelm T., Pfarrer; Mutter: Edith, geb. Gebhardt), 2 S. (Philipp, David) - Gymn. Hannover u. Hildesheim, Univ. Göttingen, Erlangen u. Bonn (ev. Theol.), Fak.ex. 1955, Promot. Marburg 1964, Habil (Soziol.) Göttingen 1968 - 1955-59 Fabrikarbeiter, 1962-68 Assist., Priv.doz., Univ.doz., apl. Prof. (1974), 1969-71 Gastprof. Hyderabad/Indien - BV: Betriebl. Situation d. Arbeiter, 1964; Analyse d. Arbeit, 1969; Probl. schneller Industrialisierung in Entw.ländern - Indien, 1976; Rivalität, 1990 - Liebh.: Musik, Poesie, Altbaurenovierung - Spr.: Engl.

THOMAS, Ludwig

Dr.-Ing., Prof., Metallphysik, Inst. f. Metallforschung TU Berlin (s. 1967) - Kadettenweg 15, 1000 Berlin 45 - Geb. 7. Aug. 1933.

THOMAS, Peter

Vorstandsvorsitzender d. Hoesch Eisen u. Metall AG, Gelsenkirchen (s. 1992) - Mandarinenweg 16, 7000 Stuttgart 75 (T. 0711 - 47 21 88) - Geb. 9. Okt. 1940 Nürnberg, 2 Töcht. (Martina, Francesca) - AR Hoesch Stahl AG, Dortmund, Hoesch Rohstoff GmbH, Dortmund; Beirats-Vors. Herzog Coilex GmbH, Stuttgart; Chairman Supervisory Board: Gwent Steel Ltd., Newport (UK); Beirat SSC Radebeul, Beirat Allg. Kreditversich. AG, Mainz - Liebh.: Segeln, Tennis, Skifahren, klass. Musik, mod. Kunst - Spr.: Engl.

THOMAS, Ulrich

Assessor, Geschäftsführer Fachverb. d. Sitzmöbel u. Tischindustrie - Allee 11, 4930 Detmold/Lippe.

THOMAS, Uwe

Minister f. Wirtschaft, Technik u. Verkehr Schleswig-Holstein (s. 1992) - Düsternbrooker Weg 94, 2300 Kiel 1 - Geb. 26. Juni 1938 Dresden, ev., verh. s. 1964 m. Marie-Mand, geb. Boisette, 2 Kd. (Patrick, Magali Ann) - Physikdipl. 1964 München - Forsch.inst. AEG; Projektleit. Studiengr. f. Systemforsch.; Consultant OECD; wiss. Mitarb. im Bundeskanzleramt; Unterabt.leit. BMFT; b. 1992 Staatssekr. b. Min. f. Wirtsch., Technik u. Verkehr Schlesw.-Holst. - Spr.: Engl., Franz.

THOMAS, Werner

Dr. phil., em. o. Prof. f. Indogerman. Sprachwissenschaft - Weinbergsweg 64, 6380 Bad Homburg v. d. H. (T. 4 18 13) - Geb. 14. Nov. 1923 Neugersdorf/Sa. (Vater: Ernst T., Fabrikant; Mutter: Martha, geb. Hensel), ev., verh. s. 1954 m. Dr. Ingeborg, geb. Freiberger - Univ. Leipzig u. Göttingen (Indogerman., Indol., Keltol.; Promot. 1951) - 1956 Privatdoz. Univ. Göttingen; 1960 Ord. Univ. Frankfurt/M. - BV: D. tochar. Verbaladjektive auf -l, 1952; Tochar. Sprachreste, 1953 (aus Nachlaß hg.); D. Gebrauch d. Vergangenheitstempora im Tocharischen, 1957; Tochar. Elementarb., 2 Bde. 1960/64 (m. W. Krause); Bilinguale Udānavarga-Texte d. Sammlung Hoernle, 1971; Histor. Präsens oder Konjunktionsreduktion?, 1974; Z. Problem d. Prohibitivs im Indogerman., 1975; Z. Problem d. Übersetzung buddh. Sanskrittexte im Tocharischen, 1977; D. tochar. Übers. u. seine Zweifel an d. eigenen Leistung, 1977; Z. sog. erzählenden Futur im Deutschen, 1977; Indogerman. in d. Syntax d. Tochar.: Z. Ausdruck e. Gebotes u. Verbotes, 1981; D. Erforschung d. Tocharischen 1960-84, 1985; E. neues Pātayantika-Fragment in toch. B, 1987; Tocharische Maitreya-Parallelen aus Hami, 1990; Zwei weitere Maitreya-Fragmente in tocharisch A, 1991 - 1964 korr. Mitgl. Akad. d. Wiss. u. d. Lit. Mainz, 1971 o. Mitgl. Wiss. Ges. Frankfurt/M. (s. 1984 Präs.) - Liebh.: Zauberei - Spr.: Engl., Franz.

THOMAS, Wolfgang

Dipl.-Ing., Prof. f. Stadtplanung - Radhoff-Str. 21, 4300 Essen 12 - Geb. 15. Aug. 1935 Lüdenscheid (Vater: Robert Otto T.; Mutter: Emmi, geb. Weiß), ev., verh. s. 1958 m. Inge, geb. Wittenhans, 3 T. (Julia, Konstanze, Caroline).

THOMASCHKE, Thomas M.

Kammersänger, Konzert- u. Opernsänger - Fliederweg 108, 5000 Köln 40 - Geb. 1946 Pirna (Vater: Kirchenmusiker), verh. s. 1964 m. Ivana, geb. Vondráková, 2 Kd. (Sophia, Philipp) - Stud. Musikhochsch. Dresden (Gesang) - Oper: Dresden, Leipzig, Köln, Debüt Mailänder Scala (1974); 1976 Bayer. Staatsoper; 1981 Covent Garden Opera - Partien: u.a. Sarastro (Zauberflöte), Don Giovanni, Rocco (Fidelio), Gurnemanz (Parsifal). Festspielleiter Festival Mitte Europa Sachsen/Bayern/Böhmen - 1974 Kammersängertitel.

THOME, Alfons

Dr. theol., o. Prof. f. Religionspädagogik u. Katechetik Theol. Fakultät Trier (s. 1967) - Jesuitenstr. Nr. 13, 5500 Trier/Mosel (T. 7 98 59) - Geb. 21. Juni 1915 Oberlöstern/Saar (Vater: Johann T., Bergmann u. Landw.; Mutter: Maria, geb. Feid), kath. - Gymn.; Theol. Fak. Trier (Theol., Phil.) - 1953-59 Religionslehrer (Berufssch.); 1959-67 Doz. u. Prof. Päd. Hochsch. Trier - BV: Berufsschulkatechese als personale Glaubens- u. Gewissensbildung, 1960; Unser Heil in Gottes Wort - Z. Theol. d. Bibelkatechese, 1964; Dichter u. Propheten, 1973; Moderne Problemliteratur im Religionsunterr., 1976.

THOMÉ-KOZMIENSKY, Karl Joachim

Dr.-Ing., Prof. TU Berlin, Inhaber d. Ing.-Büros f. Abfalltechnik - Im Schwarzen Grund 20, 1000 Berlin 33 - Geb. 30. Okt. 1936, kath., T. Sophie - Stud. Bergfach RWTH Aachen, Bergakad. Clausthal, TU Berlin; Promot. 1967; Habil. 1971/72 - Prof. TU Berlin f. d. Fachgeb. Abfallwirtschaft, langj. Dir. Inst. f. Techn. Umweltschutz; Organisator Intern. Recycling Congress. Zahlr. Bücher üb. versch. Themen d. Abfallwirtsch., insbes. üb. Verbrennung u. Deponie - Spr.: Engl., Franz.

THOMÉE, Friedrich

Dr. rer. pol., Aufsichtsratsvorsitzender Haftpflichtverb. d. Dt. Ind. V.a.G. (HDI) - Riethorst 2, 3000 Hannover 51; priv.: Planckstr. 17, 3180 Wolfsburg - Geb. 1. Mai 1920 - AR-Mitgl. Dt. Warentreuhand AG, Hamburg, Löwenbräu AG, München. Zul. Vorst.-Mitgl. Volkswagen AG f. Finanzen. 1974ff. Honorarprof. Univ. Gießen.

THOMMES, Susanne

M.A., Schriftstellerin - Schlüterstr. 5, 2000 Hamburg 13 (T. 040 - 41 80 32) - Geb. 23. April 1944 Celle, verh. s. 1976 m. Jürgen Th., geb. Dillmann - Stud. German.; M.A. 1968 Frankfurt/M. - BV: Altweibersommer, Kriminalr. 1984; D. falsche Freund (m. Roland Kramp), R. 1985; Brüderchen u. Schwesterchen, R. 1986; Totensonntag, R. 1986; Unter Krokodilen, R. 1987; D. dritte Position, R. 1989; Kronzeugen, Kriminalr., 1991. Vor Morgengrauen, Theaterst., 1990; Haus Ofelia, Theaterst., 1991.

THOMSEN, Klaus

Dr. med., o. Prof. f. Geburtshilfe u. Gynäk. - Martinistr. 52, 2000 Hamburg 20 (T. 4 68 -1) - Geb. 22. Juli 1915 Hamburg (Vater: Dr. med. Christoph T., Arzt; Mutter: Helene, geb. Brandenburg) - Promot. 1942; Habil. 1952 - S. 1952 Lehrtätigk. Univ. Hamburg (1956 apl. Prof.; 1965 Ord. u. Klinikdir.) u. Mainz (1960 Ord. u. Klinikdir.); s. 1965 Univ. Hamburg, Ord. u. Klinikdir. Spez. Arbeitsgeb.: Funktionelle Morphologie d. Placenta, d. Eihäute u. d. Nabelschnur - BV: D. Adenocarcinom d. Collum uteri, 1949 u. 54 (m. H. Limburg). Üb. 80 Einzelarb. Mithrsg.: Gynäk. u. Geburtsh. (3 Bde.). 25 Arb. üb. Diagnostik u. Therap. d. Mammacarcinoms (3 in Buchbeitr.) - Ehrenmitgl. Dt. Ges. f. Gynäk., Finn. Ges., Rumän. Ges., Span. Ges. f. Gynäkol. sow. zahlr. regionale Ges.; 1985 Präs. XI. Weltkongress f. Gynäk. u. Geburtshilfe in Berlin.

THOMSEN, Peter

Wissenschaftsjournalist, Redakteur Zeitschr. Stern, (Ps. Jo Sailer) - Ratiborweg 26, 2000 Hamburg 70 (T. dstl. 040 - 37 03 36 50; priv.: 653 99 66) - Geb. 21. Nov. 1937 Kiel (Vater: Harro T., Rechtsanw.; Mutter: Gerda, geb. Sailer), verh. s. 1975 m. Ilske, geb. Schmieder - 1960-65 Masch.bau-Stud. TH Aachen; 1965-67 journ. Volont. Aachener Nachr. - 1967-69 Redakt. Aachener Nachr., 1969-75 Ztschr. hobby; s. 1975 Redakt. Ztschr. Stern - BV: D. arabische Krise (Mitverf.), 1979 - Liebh.: Modellbau - Spr.: Engl.

THOMSSEN, Reiner

Dr. med., o. Prof. f. Medizinische Mikrobiologie (s. 1968) - Wilhelm-Weber-Str. 29, 3400 Göttingen (T. 4 27 46) - Zul. Privatdoz. Univ. Freiburg.

THOMSSEN, Wolfdietrich

s. Gugl, Wolfgang Dietrich

THON, Manfred

Pfarrer, Landwirt, Mitglied d. Landtages Sachsen-Anhalt - Zöberitzer Weg 11, O-4101 Braschwitz - Geb. 13. März 1935 Braschwitz (Saalkr.), verh., 4 Kd. - B. 1968 LPG-Brigadier bzw. Abt.leit.; b. 1990 Prediger bzw. Pfarrer d. Ev. Kirche d. KPS.

THON, Olaf

Nationalspieler, Fußballweltmeister 1990 in Italien, Spieler d. FC Bayern München.

THONET, Georg

Dipl.-Ing., Fabrikant, geschäftsf. Gesellschfter Gebr. Thonet GmbH, Frankenberg - Michael-Thonet-Str. 3, 3558 Frankenberg/Eder (T. 50 81 80) - Geb. 12. April 1909 Bystritz/Tschechosl. (Vater: Dr. Richard T.; Mutter: geb. Schmitt), verh. 1942 m. Joy, geb. Momberger - TH Wien (Dipl.-Ing. 1935) - S. 1942 Dir. Thonet. Vorst.-Mitgl. Verb. d. Dt. Möbelind. - Spr.: Engl., Franz. - Rotarier.

THOR, Erich

Kaufmann - Postf. 761 109, 2000 Hamburg 76 - Geb. 27. Juni 1906 - Eig. Wohnungsuntern.

THORMANN, Eduard

Rechtsanwalt - Kleine Johannisstr. 6/II, 2000 Hamburg 1 (T. 040 - 374 36 83; Fax 37 36 41) - Geb. 15. Aug. 1921.

THORMANN, Gundel

Schauspielerin - Hauensteinstr. 10 A, 8000 München 90 (T. 64 73 57) - Geb. 15. März Lübeck (Vater: Dr. Heinrich Müller-Thormann, Oberstud.rat; Mutter: Anne-Grete, geb. Thormann), verw. s. 1974 - Lyz. Lübeck; Schauspielausbild. Berlin - 1937-43 Kammersp. München, dann abwechselnd Berlin, München, Hamburg, Wien. Hauptrollen (z. T. an mehreren Bühnen): u. a. Baumeister Solness, Don Gil v. d. grünen Hosen, D. Dame ist nicht für's Feuer, Rebecca, Schmutzige Hände, Geisterkomödie, D. Launen d. Doña Beliza, Dantons Tod, Frl. Julie, Pygmalion, D. Fee, D. Himmelbett, Geliebte Hexe, Spiel zu Zweit, Intimitäten, Old Times, Towarisch - Liebh.: Reisen.

THORN, Friedrich (Fritz)

Übersetzer, Journalist - 8, Teignmouth Court, Mapesbury Road, London NW2 4HL (T. 081 - 452 7771) - Geb. 16. Nov. 1908 Wien, verh. s. 1956 in 2. Ehe m. Elvira, geb. Bork (†1983) - Chemiestud. in Wien (Ing.) - S. 1963 Kulturkoresp. Süddt. Ztg.; s. 1975 Theaterkorresp. Neue Zürcher Ztg - Spr.: Engl., Franz., Ital.

THORN, Werner

Dr. med., o. Prof. f. Biochemie - Am Langenzug 9, 2000 Hamburg 76 (T. 040 - 22 33 09, dstl. 040 - 41 23 28 42) - Geb. 4. Juli 1922 Groß-Buchwald, verh. I) m. Ursula, geb. Nagel (†1976), 2 Kd. (Claudia, Armin) II) m. Prof. Dr.-Ing. Emmy, geb. Csanyi, S. Rudolf - S. 1955 (Habil.) Lehrtätigk. Univ. Köln, 1961 apl. Prof. u. Hamburg 1962 - Mitgl. Ges. dt. Chemiker, dt. physiol. Ges., Ges. biol. Chem., dt. Ges. f. Kreislauff., Abwassertechnische Vereinig., Fachveröff., Aufs., Ergebnisartikel. Herausg.: Funktionelle Biol. u. Medizin (m. a.) - 1955 Hochhaus-Preis, Köln.

THORWALD, Achim

Generalintendant Städt. Bühnen Münster - Im Drostebusch 16c, 4400 Münster (T. 0251 - 3 13 77) - Geb. 23. Sept. 1943 Stuttgart (Vater: Prof. Josef Dünnwald,

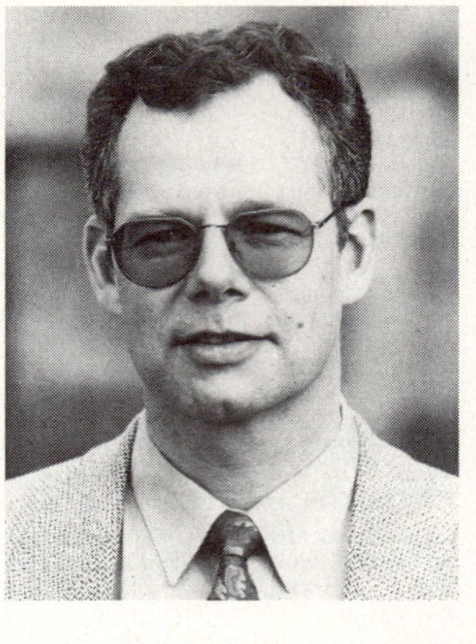

Staatskapellmeister; Mutter: Anny, geb. Frische), verh. s. 1966 m. Marlies, geb. Heppe, 2 Kd. (Anja, Bastian) - Human. Abit.; Ausb. als Schausp., Stud. Kunst-, Lit.-, Musik- u. Theatergesch. Mozarteum Salzburg - 1965-67 Schausp. Hamburg, 1967-71 Nürnberg; 1971-76 Regiss. u. Schausp. Freiburg (1975/76 Oberspielleiter); 1976-85 Intendant Württ. Landesbühne Esslingen, 1985-88 Int. Stadttheater Würzburg - Liebh.: Musik, Sport, Reisen - Spr.: Engl., Franz.

THORWALD, Jürgen

(Ps. f. Heinz Bongartz) Schriftsteller - Via Bellavista 8, CH-6977 Suvigliana (Schweiz) (T. Lugano 51 74 80) - Geb. 28. Okt. 1915 Solingen (Vater: Jakob B., Gewerbeoberlehrer; Mutter: Auguste, geb. Hartmann), ev., verh. s. 1985 m. Hannelore, geb. Rosner, 2 Kd. (Brigitte, Kim) - Univ. Köln (Med., Phil., Gesch.) - Wehrdst. (Marine; 1940-45), 1948-51 Redakt. Wochenztg. Christ u. Welt - BV (alle in Übers.): u. a. Es begann an d. Weichsel, 1949; D. Ende an d. Elbe, 1952; Wen sie verderben wollen, 1954, NA. 1974 unt. d. Titel: D. Illusion; D. Jahrhundert d. Chirurgen, 1956 (Fernsehreihe); D. Weltreich d. Chirurgen, 1957; D. Entlassung (Sauerbruch), 1960; Macht u. Geheimnis d. frühen Ärzte - Ägypten/Babylonien/Indien/China/Mexico/Peru, 1962; D. Jahrhundert d. Detektive, 1964 (Fernsehserie 1989); D. Stunde d. Detektive, 1966; D. Traum-Oase (Beverly Hills), 1968; Die Patienten, 1971; Blut d. Könige, 1975; D. Gewürz - D. Saga d. Juden in Amerika, 1978; D. Große Flucht, Neubearb. v. Es begann an d. Weichsel u. D. Ende an d. Elbe in einem Band, 1979; D. Mann auf d. Kliff, R. 1980; D. Monteverdi-Mission, R. 1982; Tödliche Umarmung, 1984; Im zerbrechlichen Haus d. Seele - e. Jh. d. Gehirnchirurgen, d. Gehirnforscher, d. Seelensucher, 1986, Neuausg. 1990 - 1966 Edgar-Allan-Poe-Preis New York; 1984 BVK I. Kl. - Spr.: Engl., Franz., Ital.

THOSS, Elke

s. Hümpel, Elke

THRAEDE, Klaus

Dr. phil., Dr. theol., o. Prof. f. Klass. Philologie Univ. Regensburg (s. 1968) - Zu erreichen üb. Univ., 8400 Regensburg - Geb. 6. März 1930 Lüneburg (Vater: Erich T., Pastor) - Stud. Theologie, Klass. Philol., Soziologie Göttingen, Innsbruck, Zürich; 1958-60 Gymnasiallehr., Habil. 1964 Köln - BV: Stud. zu Sprache u. Stil d. Prudentius, 1965; Grundzüge griech.-röm. Brieftopik, 1970; D. Hexameter in Rom, 1978. Mithrsg. RAC, JbAC. Div. Einzelarb. zu ant. Sozialgesch. u. -theorie, altchr. Dichtung, Liturgie; Im RAC bes. Exorzismus, Fortschritt, Frau ... Homonoin (Eintracht).

THRÄNHARDT, Dietrich

Dr., Prof. f. Politikwiss. Univ. Münster - Am Linnenkamp 2, 4400 Münster - Geb. 31. Mai 1941 Breslau (Vater: Günter T., Pfarrer; Mutter: Siegtraud, geb. Weigelt), verh. s. 1969 m. Dr. Anna-Maria, geb. Hesse, 3 T. (Angela, Bettina, Fumiko-Susanne) - Promot. 1971 Konstanz, Habil. 1975 Münster - 1969-74 wiss. Assist.; 1975-80 Doz., s. 1980 Prof. - BV: Parteien u. Wahlen in Bayern 1848-1953, 1973; D. Bundesrep. Dtschl., 2. A. 1974; Funktionalreform, 1977; Schule, 1979; Alternativen lokaler Demokratie, 1979; Kommunikationstechnol. u. kommunale Entsch., 1982; Gesch. d. Bundesrep. Deutschl., 1986 - Spr.: Engl., Franz.

THROLL, Manfred

Dr. disc. pol., o. Univ.-Prof., Dipl.-Ing., Architekt/Stadtplaner, TU Berlin - Apostel-Paulus-Str. 12, 1000 Berlin 62 (T. 030 - 782 18 17) - Geb. 23. März 1935 Frankfurt/M. (Vater: Franz C. Th., Architekt; Mutter: geb. Koppehl), kath., verh. s. 1985 m. Dr. phil. Mechthild, geb. Schumpp (Stadtsoziologin), 2 Kd. (Frank, Kerstin) - Dipl.-Ing. 1960 TH Karlsruhe; Dr. disc. pol. (Soziol., Raumwirtschaftspolitik, Bau- u. Planungsrecht) 1971 Göttingen - S. 1972 o. Prof. FB Architektur TU Berlin (Fachgeb.: Entwerfen, Städtebau, Architektursoziologie). Schul- u. Sportbauten, kommunale Bauten, Univ.-Planungen. 1987 Gastprof. an d. Zhejiang Univ. in Hangzhon/VR China - BV: D. Architekt zw. Staat, Wirtschaft u. humanem Anspruch, 1980; Human living - spaces in future postind. Societies (übers. ins Chines.) - Preise in Architektenwettbew. - Liebh.: Reisen - Spr.: Engl., Franz.

THROLL, Wolfgang

Stadtkämmerer a. D., Oberstudienrat a. D. - Brüder-Grimm-Str. 23, 6370 Oberursel (T. 06171 - 2 47 17) - Geb. 18. April 1930 Offenbach/M., kath., verh. m. Marianne, geb. Clemm, 4 Kd. - Stud. Klass. Phil., Wirtsch.wiss. - 1956-74 Gymnasialleher; 1974-82 MdL Hessen; 1983-89 Stadtkämmerer Oberursel (Taunus) - S. 1978 stv. Vorst.-Vors. d. Oberurseler Gemeinn. Wohnungsgenossenschaft e.G. CDU - BVK am Bde.

THROM, Günther

Dr. rer. nat., Prof. f. Botanik u. Pflanzenphysiol. Univ. Marburg - Zwickauer Str. 11, 3575 Kirchhain/Hessen.

THÜMEN, von, Achaz

Kanzler a.D. Univ. Frankfurt, Präsident Eintracht Frankfurt a. D. - Mühlebachstr. 41/36, CH-8008 Zürich (T. 251 24 21) - Geb. 17. Sept. 1911 Dessau (Vater: Joachim v. T., Offz.; Mutter: Marie, geb. v. Bonin), ev., verh. s. 1939 m. Frauke, geb. Magnussen, 2 Töcht. (Annette, Bettina) - Human. Gymn., Abit. 1931; Jura-Stud., Refer. 1935, Reg.-Ass. 1939 - Liebh.: Sport, Phil. - Gold. Sportabz. - Spr.: Engl., Franz.

THÜMLER, Heinz

1. Bürgermeister a. D. Rehau - 8673 Rehau/Ofr. - Geb. 26. Mai 1929 Münchberg - Stv. Landesvors. Gewerksch. d. Kommun. Beamten u. Arbeitnehmer, Versichertenältester, Mitgl. Vertr. Vers. d. Gemeindeunfallversich.-Verb., Rechnungsprüfer d. Bayer. Beamtenbundes, Kursleit. VHS Hof - BVK; Silb. Ehrenmed. v. Oberfranken; Silb. Wasserwachtmed.; Silb. Weinbergermed. d. Arbeiterwohlfahrt; Ehrenbürgermed. d. Stadt Rehau; Ehrenkreuz d. Präs. Merite et Devouement Francais; Ehrenmitgl. SPD Rehau.

THÜMMEL, Hans

Dr. jur., Prof. Univ. Hohenheim, Rechtsanwalt u. Notar - Landhausstr. 90, 7000 Stuttgart 1 (T. 0711 - 28 32 82) - Geb. 1. Mai 1921 Luckenwalde (Vater: Alwin T., Geschäftsf.; Mutter: Helene, geb. Bader), ev., verh. s. 1952 m. Vera, geb. Koebe, 2 Kd. (Heidrun, Roderich) - Stud. TH Stuttgart, Univ. Tübingen (Refer. 1950, Dr. jur. 1952, Ass. 1954); Univ. of Virgina Law School USA - Rechtsanwalt u. Notar in eig. Kanzlei; zahlr. Mandate. AR- u. Beiratspositionen - Spr.: Engl.

THÜMMLER, Fritz

Dr.-Ing., em. o. Prof. f. Werkstoffkunde (Lehrstuhl II) - Hohenwettersbacher Str. 17, 7500 Karlsruhe 41 (T. 4 55 77) - Geb. 22. Mai 1924 Dresden (Vater: Dr.-Ing. Fritz T. † 1939; Mutter: Elsa, geb. Stach † 1978), ev., verh. s. 1957 m. Dr. Ursula, geb. Tschepe, 3 Kd. (Sabine, Christoph, Ulrich) - Staatsgymn. u. TH Dresden (Chemie; Dipl.-Chem. 1947). Promot. (1953) u. Habil. (1958) Dresden - 1948-54 Assist. u. Oberassist. (1952) TH Dresden (Lehrbeauftr., 1958 Dozent); 1955-57 Forschungsgruppenleit. Hartmetallwerk Immelborn; 1957-61 Bereichsleit. Zentralinst. f. Kernphysik Rossendorf/Sa.; 1961-64 Wiss. Mitarb. Max-Planck-Inst. f. Metallforsch. Stuttgart; s. 1964 Ord. TH bzw. Univ. Karlsruhe u. 1965-87 Leit. Inst. f. Material- u. Festkörperforsch. KFK Karlsruhe, 1985-89 gf. Dir. Inst. f. Keramik im Maschinenbau Univ. Karlsruhe. Emerit. 1991. Vors. Aussch. f. Pulvermetallurgie Düsseldorf (1973-80). 1966-84 Präs. Plansee-Ges. f. Pulvermetallurgie. Mithrsg.: J. Nuclear Mat. (1966-85) - BV: D. neuere Entwickl. d. Pulvermetallurgie, Dresden 1955 (m. F. Eisenkolb; russ. 1957); Fortschr. d. Pulvermetall., Berlin 1963 (m. dems.); Reaktorwerkstoffe, Stuttgart 1964 (m. E. Gebhardt u. D. Seghezzi); Produkte d. Pulvermetallurgie (m. R. Oberacker) in: Chemische Technologie, 1986; Keramische Materialien (m. K.-H. Härdtl) in: Neue Werkstoffe, 1989. Ca. 240 Veröff. in Fachztschr. - 1969 Fellow Inst. of Metallurgists, London; 1980 Med. Inst. Jozef Stefan, Ljubljana; 1985 BVK I. Kl. - Spr.: Engl.

THÜMMLER, Heinz

Direktor i.R., Ehrenpräsident Oldenburgische IHK, Ehrenvors. Arbeitgeberverb. Oldenbg., Wirtschaftl. Vereinig. D. Kleine Kreis - Roggemannstr. 16 A, 2900 Oldenburg/O. - Geb. 26. Juni 1915 - Mandate - BVK I. Kl., Gr. BVK.

THÜNKEN, Werner

Dr. rer. pol., Dipl.-Kfm., Fabrikant (Thünken & Co. KG., Hagen-Haspe) - Schützenstr. 26, 5800 Hagen-Haspe/W. - Geb. 10. Mai 1924 Hagen (Vater: Wilhelm T., Fabr.; Mutter: Hedwig, geb. Bendt), ev., verh. s. 1952 m. Gisela, geb. Vitt, 2 Kd. (Martin, Gabriele) - Univ. Köln (Dipl.-Kfm. 1950; Promot. 1954) - Div. Ehrenstell., dar. Vors. Fachverb. Oberflächenveredlung u. Härtung, Hagen.

THÜR, Gerhard

Dr. jur., o. Prof. f. Antike Rechtsgeschichte u. Dt. Bürgerl. Recht - Holbeinstr. 5, 8000 München 80 - Geb. 3. Juni 1941 Golling (Vater: Hans T., Chefredakt.; Mutter: Gertrude, geb. Schmidt), kath., verh. s. 1964 m. Hilke, geb. Raske, 3 T. (Janna, Gesa, Wilma) - Human. Gymn. Salzburg (Abit. 1959), Univ. Wien u. Freiburg (Rechtswiss.), Promot. Wien 1965, Habil. 1973 - 1964-78 Univ.-Assist. Wien, s. 1978 o. Prof. München - BV: Beweisführung v. d. Schwurgerichtshöfen Athens, 1977.

THÜRAUF, Jobst R. E.

Dr. med., Prof., Reg. Medizinaldir. - Zu erreichen üb. Inst. f. prakt. Arbeitsmedizin, Elsässer Str. 2 a, 7800 Freiburg - Geb. 9. Febr. 1944 Halle/S. - Human. Gymn. Neustadt/A.; Univ. Tübingen, Göteborg, Erlangen; Promot. 1970, Habil. 1982 Erlangen - 1989 Prof. Freiburg/Br. - Mitgl. nat. u. intern. Fachgremien. Arbeitsmediziner, Allergologe, Med. Informatiker. Zahlr. Publ. in Fachztschr. u. Mongr. - 1981 Franz-Koelsch-Preis - Spr.: Engl., Franz., Schwed.

THÜRER, Daniel Georg

Dr. iur., LL.M. (Cambridge/GB), o. Prof. f. Völker-, Europa-, Staats- u. Verwaltungsrecht, Univ. Zürich - Abeggweg 20, 8057 Zürich/Schweiz (T. 01-362 65 47 od. 01 257 11 11) - Geb. 6. Juni 1945 St. Gallen, protest., verh. s. 1977 m. Susi, geb. Reber, 2 Töcht. (Anna-Katharina, Franziska Regula) - 1964 Matura; Stud. d. Rechtswiss. an d.

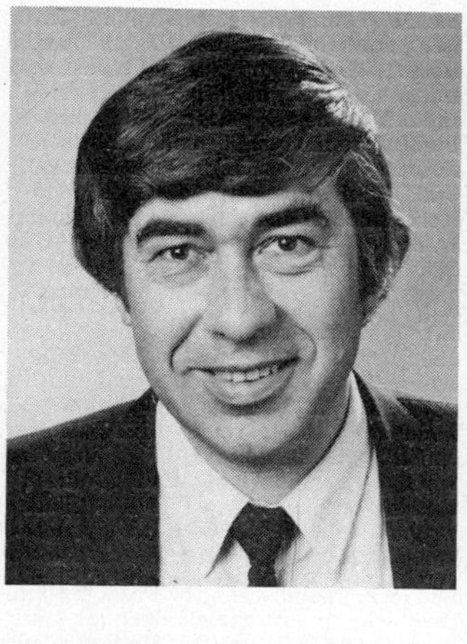

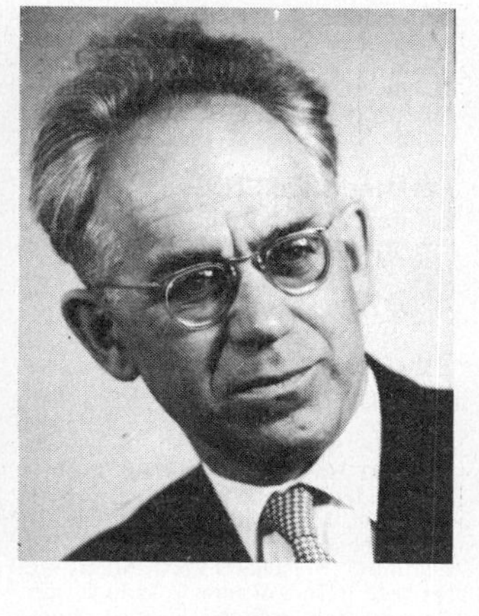

Univ. Zürich u. Genf sowie in d. Hochsch. St. Gallen; 1970 Lizentiat d. Rechtswiss. an d. Univ. Zürich; Rechtsu. journ. Praktika; 1972-74 British Council Scholar Univ. Cambridge, Darwin College, England; 1974 LL.M. Univ. Cambridge; 1974 Dr. iur. Univ. Zürich - 1976-79 Wiss. Referent am Max-Planck-Inst. f. ausl. öfftl. Recht u. Völkerrecht, Heidelberg; 1979-81 Visiting Scholar Harvard Law School, Mass./USA; 1981-83 Rechtsberat. d. Regierung des Kantons Aargau. Ämter u. Funktionen: Mitgl. d. Intern. Komitees v. Roten Kreuz; Mitgl. Staatsgerichtshof d. Fürstentums Lichtenstein; Präs. d. Zürcherischen Juristenvereins; Mitgl. d. leit. Aussch. Stiftungsrat d. Schweizerischen Friedensstiftung, Beirat d. Liberalen Inst., Zürich; Vorst.-Mitgl. d. Neuen Helvetischen Ges. (Ortsgruppe Zürich); Mitgl. d. Menschenrechtskommiss. d. Schweiz. Ev. Kirchenbundes, u. d. Lehrkörpers d. Univ. européenne d'été, Fribourg (Thematik: Décentralisation et autonomie locale); 1991 Gründ.präs. d. Schweizerischen Sektion d. Intern. Commission of Jurists. Militär. Hauptmann - BV: D. Selbstbestimmungsrecht d. Völker, 1976; Bund u. Gemeinden, 1986; Größere wiss. Arb.: D. Koalitionsfreiheit d. Arbeitnehmers, 1980; D. Störerprinzip im Polizeirecht, 1983; Z. Bedeutung d. sprachenrechtl. Territorialprinzips, 1984; Soft Law - E. neue Form v. Völkerrecht?, 1985; Widerstandsrecht im Rechtsstaat, 1985; Humanität u. Neutralität, 1986; Europ. Menschenrechtskonvention u. schweiz. Verwaltungsverfahren, 1986; Familientrennung durch Staatsgrenzen?, 1986; D. Rechtsstellung d. Ausländers in d. Schweiz, 1987; D. drei traditionellen Welten d. Bundesverfassung - Aufbruch zu e. vierten Welt?, 1987; D. Willkürverbot nach Art. 4 BV, 1987; Menschenrechte u. Dritte Welt, 1988; Neuere Entwicklungen im Bereiche d. Europ. Menschenrechtskonvention, 1988; Von d. verfassungsrechtl. Situation d. Rätoromanischen, 1988; Schweizerische Gemeindeautonomie u. d. Charta d. Europarates z. Schutze d. kommunalen Selbstverwaltung, 1989; Vorstellungen üb. d. dauernde Neutralität v. d. Ersten Weltkrieg, heute u. f. d. Zukunft, 1989; D. polit. Rechtsstellung d. Ausländer in d. Schweiz, 1989; Europaverträglichkeit als Rechtsargument, 1989; Auf d. Wege zu e. Europ. Wirtschaftsraum, 1990; Z. Europaverträglichk. d. Schweizerischen Ausländerrechts, 1990; D. Verfassungsstaat als e. Glied d. Europ. Gemeinsch., 1991; D. Schweizer. Bundesversamml. u. d. Europ. Gemeinsch., 1991; Demokratie u. Kirche aus staatsrechtl. Sicht, 1991; Beiträge bedeutender Schweizer z. Aufbau Europas, 1991 - Spr.: Engl., Franz., Ital. - Bek. Vorf.: Prof. Dr. phil. Georg Thürer (Vater); Pfr. Dr. h. c. Paul Thürer (Großvater); Oberrichter Dr. Paul Thürer (Onkel).

THÜRER, Georg

Dr. phil., Prof. i. R., Schriftsteller - CH-9053 Teufen Kt. Appenzell (Schweiz) - Geb. 26. Juli 1908 Tamins/Schweiz (Vater: Dr. h. c. Paul T., Pfarrer u. Historiker; Mutter: Nina, geb. Accola), ev., verh. s. 1941 m. Maria-Elisabeth, geb. Tobler, 4 Kd. (Barbara, Daniel, Andreas, Annina) - Lehrersem. Kreuzlingen; Stud. Zürich, Genf, Paris - Mittelschullehrer Gymn. Biel u. Kantonssch. St. Gallen; 1940-78 o. Hochschulprof. St. Gallen. U. a. Präs. Histor. Verein d. Kt. St. Gallen (1954-58) u. Schweiz. Ges. f. Theaterkultur (1955-57); Präs. Intern. Kongreß d. Schriftst. dt. Sprache 1957; Mitgl. Nationale UNESCO-Kommiss. (1957-64) u. Stiftg. Pro Helvetia (zul. Vizepräs.), Präs. Vereinig. schweiz. Hochschuldoz. (1970-72) - BV: Kultur des alten Landes Glarus, 1936; Stammbuech, Ged. 1937; Mein blauer Kalender, Ged. 1941; Vrinelis Gärtli, Ged. 1946; Unsere Landsgemeinden, 1950; D. Rosenkanzel, ep. Dicht. 1951; St. Galler Geschichte, 2 Bde. 1953/72; D. Ahorn, Ged. 1955; Gloggestube, Ged. 1960; Hermann Hesse als Maler, 1957; Rund ume Blattetisch, Erz. 1966; Bim Brunnemeischter, Erz. 1975; Johannes u. Arnold Roth, 1981; Johanna Spyri u. ihr Heidi, 1982; Froh u. fry, Ged., 1985; Grüezi mitenand, Erz. 1987; Tanz ohne Musik, Erz. 1988; Zusammenspiel, Ged. 1988; Eidgenössische Erinnerungen, 1989. Herausg.: Holderbluescht - Alemannisches Leseb. (1962). Dr.: D. Spiel v. St. Gotthard, Beresina, Meischter Zwingli, Frau Musika, St. Galler Bundesspiel, D. verlorene Sohn, Brot über Bord, Rousseaus Tochter fordert Rechenschaft, Menschen im Feuer - 1940 Gottfried-Keller-Preis (m. a.), 1957 Radiopreis d. Ostschweiz, 1966 Kulturpreis St. Gallen; Hebeldank (Schatzkästl. Lörrach 1978); Glarner Kulturpr. 1978; Ausz. Schweiz. Schiller-Stiftg., Ehrengabe Bundespräs. Prof. Dr. Theodor Heuss - Lit.: Dino Larese, G. T. - Lebensskizze, 1968; Erker (Festschr. 70. Geb.) m. Bibliogr. 1978; H. Siegwart: Zwischen d. Kulturen (1978); H. Wahlen, G. T. Mahner, Historiker, Dichter (1983).

THÜRK, Harry

Schriftsteller - Windmühlenstr. 6, O-5300 Weimar (T. 6 53 30) - Geb. 8. März 1927 Zülz/Oberschlesien, verh. m. Renate, geb. Stumpf - 1971-81 Vors. d. Thüringer Schriftstellerverb. (Bez. Erfurt) - BV: D. Stunde d. toten Augen, 1957; D. Tod u. d. Regen, 1967; Amok, 1974; Taifun, 1988 (Trilogie), u.a.; milit.histor. Dok.: Pearl Harbor, 1965; Singapore, 1970; Saigon, 1985; Dien Bien Phu, 1988; D. Reis u. d. Blut, 1990 - Versch. Ostdt. Lit.-Preise/1968 1. Festival Intern. du Film in Phnom Penh: Prix de Scenario f. Les Eclairs Congelés - Spr.: Engl., Chin. - Lit.: Übl. Abhandl. üb. Werke, versch. Doktorarb. unbek. Verf. (Ost-D.).

THÜRK, Kurt L. F. W.

Präsident Verwaltungsgericht Saarland, Vizepräs. Verfassungsgerichtshof Saarland, Bundestagsabgeordn. (1972-76) - Spichererbergstr. 72, 6600 Saarbrücken - Geb. 3. Sept. 1926 Saarbrücken (Vater: Kurt T., Landgerichtsdirektor; Mutter: Luise, geb. Kiefer), ev., verh. s. 1948 m. Ruth, geb. Müller, 2 Kd. (Dr. rer. nat. Jürgen-Hans T., Monika Gabriele) - Ludwigs-Gymn. Saarbrücken (Kriegsabit. 1943); Luftwaffenhelfer, Arbeitsdst., Kriegsmarine (1944), -gefangensch. (1945); 1947-51 Univ. Mainz u. Saarbrücken (Rechts-, Staats- u. Wirtschaftswiss.). Jurist. Staatsex. 1950 u. 54 - S. 1954 saarl. Justizdst. (1954 Staatsanw., 1959 LG-Rat, 1964 OVGsrat, 1968 Richter Verfassungsgericht, 1976 Vors. Richter OLG, alles Saarbrücken). CDU s. 1960 (div. Funktionen).

THÜRNAU, Volker

Dr.-Ing., stv. Hauptgeschäftsführer i. R. Verband Dt. Maschinen- u. Anlagenbau e.V. (VDMA) - Kirschblütenweg Nr. 9, 6380 Bad Homburg (T. 2 62 41; Büro: Frankfurt/M. 6 06 81) - Geb. 27. Jan. 1913 Berlin (Vater: Dr. Karl T., Lehrer; Mutter: Melitta, geb. Weber), ev., verh. s. 1941 m. Irmgard, geb. Strauchenbruch, T. Claudia - TH Karlsruhe (Maschinenbau) - B. 1945 techn. Leit., dann Geschäftsf. mehrerer Verb. d. eisen- u. metallverarb. Ind., 1952-57 Dt. Konsul USA, 1957-60 Gf. Reimers Getriebe KG, Bad Homburg. Mitgl. Intern. Lions-Club - Spr.: Engl.

THÜSING, Wilhelm

Dr. theol., o. Prof. f. Neutestamentl. Exegese - Breite Gasse 27, 4400 Münster/W. (T. 5 47 61) - Geb. 18. Mai 1921, kath. - Habil. 1964 Würzburg - S. 1965 Ord. Theol. Fak. Trier u. Univ. Münster (1968). Div. Veröff., auch Bücher.

THUL, Heribert

Dipl.-Ing., Dr.-Ing. E. h., Ministrialdirektor a. D., Ing. f. Straßen- u. Brückenbau - Robert-Schuman-Platz 1, 5300 Bonn 2 - Geb. 31. Aug. 1921 St. Wendel (Vater: Leo, Beamter; Mutter: Veronika, geb. Recktenwald), kath., verh. s. 1949 m. Marthe, geb. Becker - Hum. Gymn.; Techn. Hochsch. Darmstadt, Bauingenieurwesen (Dipl.-Ing. 1949, Bauassessor 1954) - 1949-52 Statiker Industrie, 1952-59 Dezernent Eisenbahn, ab 1959 Referent-Abteilungsleiter Bundesverkehrsmin., 1980 Lehrauftr. TH Aachen - BV: Hochstraßen-Planung/Ausführung/Beispiele (span.), 1967; Bauen gestaltet d. Zukunft, 1984 - Dr.-Ing. E. h. 1973 f. Entwickl. im Brückenbau; 1981 Ehrenzeichen d. Vereins Dt. Ing. (VDI); Gr. Ehrenzeichen in Silber m. Stern d. Bundesrep. Österr.; Officier in de Orde van Oranje-Nassau; BVK I. Kl.

THULKE, Jürgen

Ingenieur d. Nachrichtentechnik, MdL Nordrh.-Westf. - An der Bergkuhle 26, 4300 Essen 11 (T. 0201 - 60 10 11) - Geb. 14. Nov. 1938 Essen, ev., verh. s. 1983 m. Angelika, geb. Limberg, 2 S. (Jürgen, Peter) - 1960-85 techn. Beamter Fernmeldeamt Essen; s. 1981 Personalratsvors. - Liebh.: Pflege trop. Pflanzen, Fotogr. - Spr.: Engl., Franz.

THULL, Roger

Dr.-Ing., Dr. rer. nat. habil., Univ.-Prof. f. Experimentelle Zahnmedizin (Biomaterialien) - Waldkugelweg 23, 8700 Würzburg (T. 0931 - 88 40 53) - Geb. 19. Juli 1941 Berlin (Vater: Dr. med. Josef T., Arzt; Mutter: Hildegard, geb. Klinge), ev., verh. s. 1965 m. Heike, geb. Friederichs, T. Ulrike - Stud. TU Berlin (Physik); Dipl.-Ing. 1967; Dr.-Ing. (Physik) 1971; Dr. rer. nat. habil. 1977 - 1980 Univ.-Prof. Univ. Erlangen-Nürnberg, 1990 Univ.-Prof. Univ. Würzburg, Lehrst. f. Experimentelle Zahnmedizin. Arbeitsgeb.: Physik. Eigensch. dünner Schichten, Biomaterialien u. Skelettimplantate - BV: Elektrolyte, in: Lehrb. Bergmann-Schäfer, Bd. 4, 1992; Implantatwerkstoffe f. d. Endoprothetik, 1978.

THULL, Stefan

Verleger, Buchautor, Werbedesigner, fr. Journ. - Friedrichstr. 18, 5300 Bonn 1 (T. 0228 - 65 61 08) - Geb. 17. Okt. 1958 Aachen, led. - Ausb. als Schauwerbegestalter - Verkauf u. Einkauf in d. Modebranche; s. 1985 selbständig; Krawattologe - BV: Krawatten - D. Handbuch, 1990; Stil u. Etikette, 1990; Krawattivitäten, Sammlung St. Thull; Kunstkalender 1990/91; D. Männer-Mode Lexikon, 1993 (in Vorber.) - Liebh.: S. 10 J. intensive Beschäftigung m. d. Thema: Krawatte in d. Kunst, Männermode allg. - Spr.: Engl., Franz.

THULLEN, Alfred

Dr. med., Prof., Hals-Nasen-Ohren-Arzt - Lortzingstr. 5, 7920 Heidenheim/Brenz (T. 4 39 71) - Geb. 27. Okt. 1911 Saarbrücken (Vater: Johann T., Beamter; Mutter: Anna, geb. Konrad), verh. 1940 m. Irmgard, geb. Koehlau - Univ. Jena, München, Königsberg, Freiburg - S. 1954 Lehrtätigk. Univ. Freiburg/Br. (1965 apl. Prof. f. HNOheilkd.). Fachveröff.

THUMFART, Walter Franz

Dr. med., Univ.-Prof. f. HNO-Heilkunde, Ltd. Oberarzt Univ. HNO-Klinik Köln - Gottfried-Keller-Str. 1, 5000 Köln 41 (T. 0221 - 40 77 97) - Geb. 16. Jan. 1947 Oberviechtach (Vater: Franz T., Rektor; Mutter: Rosa, geb. Petter), gesch., 3 Kd. (Gregor, Saskia, Lucas) - Stud. Univ. Erlangen; Promot. 1972, Habil. 1981 Erlangen - 1981 Priv.-Doz. f. HNO-Heilkunde Erlangen, 1985 Zusatzbez. plast. Operationen; 1985 Univ.-Prof. (C 3) Univ. Köln. Entd. d. Elektrodiagnostik caudaler Hirnnervenstörungen (Stimmstörungen, Schluckstörungen) - BV: The Cranial Nerves, 1981; Disorders of the Facial Nerve, 1982; Traumatology of the Skull Base, 1982; Facial Nerve, 1984; Chirurgie d. Felsenbeins, 1988; Funktionelle u. elektrophysiologische Diagnostik b. Dysphagie, 1990. Üb. 100 wiss. Publ. einschl. Film u. Video, bes. z. endoskopischen u. Elektrodiagnostik im HNO- u. Hirnnervenbereich u. üb. endoskopische Operationen einschl. Laserchir., plast. u. Rehabilitationschir. d. Faches - 1982 President's Award Scientific Exhibit, American Acad. of Otolaryngology Head and Neck Surgery; Meeting, New Orleans; 1985 Gerstner-Med. f. Verd. in Wiss. u. Kunst - Liebh.: Bildende Kunst, Sport - Spr.: Engl., Franz., Latein.

THUMULLA, Hans-Dieter

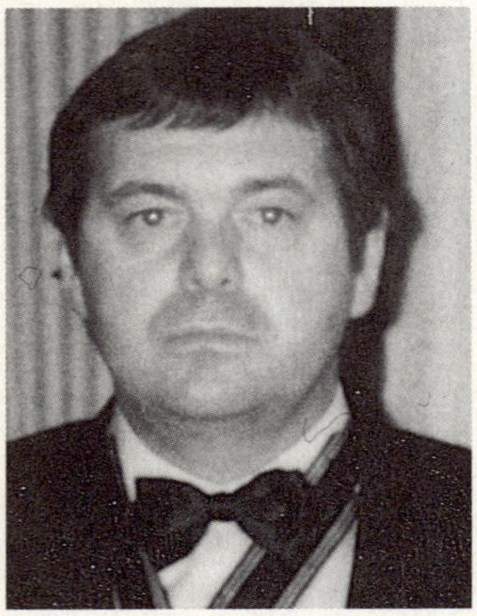

Dr., Dr. h.c., Prof., Leiter u. Inhaber v. Europas größtem Gesundheitspark - Plaggenbahn 38, 4250 Bottrop (T. 02041 - 5 88 45) - Geb. 5. April 1947 Bottrop, kath., verh. s. 1968 m. Edeltraud, geb. Schiwek, 3 Kd. (Anja, Nadin, Danny) - Dipl. 1982 City Univ. L.A., Master of Arts, Physical Education, Univ. of the Americans 1989 - 1990 Prof. f. Sportpäd.; 1991 Dr. d. Sportpäd. - Vorlesungen an versch. Univ., u.a. Magdeburg, Salzburg, Brüssel, City Univ. L.A., Tarija Bolivien, Kath. Univ. Cuenka Equador - Schallplatte: Aerobic goes round the world, 1983 - Ausz./Orden: Königin Juliane, Holland; Commémorative Belgika, Belgien; Europäische Kammer f. Handel, Industrie u. Finanzen; Offizierkreuz Belge-Hispanica; Académie Sciences Hum.; 1986 Ehrendoktor; 1990 Polonia Restituta m. Schulterbd. u. Stern (größte poln. Ausz.); 1991 Ritter d. Tempelherren - Liebh.: Klass. Musik - Spr.: Engl.

THUN, Alfred H.

Fabrikant (Alfred Thun & Co. GmbH., Ennepetal-Altenvoerde), Vors. Fachverb. Fahrrad- u. Kraftradteile-Industrie, Wuppertal - Neuenloher Weg Nr. 14, 5828 Ennepetal - Geb. 30. Sept. 1924.

THUN, Hans Jens

Dipl.-Ing., Direktor Krauss-Maffei AG., München - Menzinger Str. 74, 8000 München 50 (T. 811 25 60) - Geb. 27. Mai 1931 Husum (Vater: Hans T., Ing.; Mutter: Jenny, geb. Howold), ev., verh. s. 1958 m. Marianne, geb. Grünwaldt, 4 Kd. - Ehem. Gf. GLS Ges. f logist. Service mbH, München; Vorst.-Mitgl. Dt.-Niederl. Handelskammer; Mitgl. div. Außenwirtsch.-Aussch. - Spr.: Engl., Franz., Span.

THUNECKE, Hans-Heinrich

Dr. jur., Oberlandesgerichtspräsident i.R. - Schorlemer Str. 102, 4000 Düsseldorf 11 - Geb. 21. Aug. 1913 - 1963-78 Präs. OLG Düsseldorf.

THURAU, Klaus

Dr. med., Dr. h. c., o. Prof. f. Physiologie - Josef-Vötter-Str. Nr. 6, 8000 München 90 - Geb. 14. Juni 1928 Bautzen/Sa. (Vater: Walther, T., Orgelbaum.; Mutter: Helene, geb. Engel), ev., verh. s. 1957 m. Antje, geb. Wiese, 2 Söhne (Stephan, Matthias) - Gymn. Norden; Univ. Kiel. Promot. Kiel; Habil. Göttingen - S. 1961 Lehrtätigk. Univ. Göttingen u. München (1968 Ord.). 1973 ff. Mitgl. Exekutiv-Komitee mehr. intern. wiss. Gesellschaften; Präs. Intern. Soc. of Nephrology; Vors. Forsch.rat Rauchen u. Gesundh.; Treasurer Intern. Council Scientific Unions; Coordin. Ed. Pflügers Archiv/Europ. Journ. of Physiol. Fachveröff. - Liebh.: Musik - Spr.: Engl.

THURM, Ulrich

Dr. rer. nat., Prof. f. Zoologie - Erlengrund 9 b, 4400 Münster (T. 02536 - 7 67) - Geb. 8. Juli 1931 Sorau/Lausitz (Vater: Walter T., Betriebsf.; Mutter: Gertrud, geb. Steiner), ev., verh. s. 1974 in 2. Ehe m. Barbara, geb. Althoff, 5 Kd. (Rüdiger, Agnes, Frauke, Henrike, Gundolf) - Obersch., Tischlerlehre, Univ. Göttingen, Freiburg, Würzburg u. München (Biol., Physik, Chemie, Physik.-Chemie), Promot. Würzburg 1962 - 1962-70 wiss. Assist. Max-Planck-Inst. Tübingen, 1970-74 wiss. Rat u. Prof. Ruhr-Univ. Bochum, s. 1974 Lehrst. f. Neurophysiol. Univ. Münster - Entd. in d. Physiol. u. Morphol. d. Sinneszellen - Zahlr. Veröff. in wiss. Ztschr. - Mitgl. Rhein.-Westf. Akad. d. Wiss. - Spr.: Engl.

THURMAIR-MUMELTER, Maria-Luise

Dr. phil., Schriftstellerin - Lichteneckstr. 10/I, 8000 München 60 - Geb. 27. Sept. 1912 Bozen/Südtirol, kath., verh. s. 1941 m. Georg Thurmair, Schriftst. †1984 (s. XXII. Ausg.), 6 Kd. - Univ. Innsbruck (Promot. 1936) - 1939-45 Bibliothekarin. 1963ff. Mitgl. Kommiss. f. d. Kath. Einheitsgesangb. - BV: D. Brautfahrt d. Jungfrau Engratis, Leg. 1948; Im Glanz d. Liebe, Erz. 1949; Sieg d. Liebe, Erz. 1954; Gabe Gottes, Erz. 1954; D. hl. Hedwig, Erz. 1954; Liebesgespräch, Ged. 1956; 5 Paar Kinderschuhe, Erz. 1957; Lieder d. Tröstung, Ged. 1957; Boten d. Lichts, Ged. 1987. Laienspr. Herausg.: Sonnenland/Jahresgabe f. Mädchen (1948ff.), Was dein Herz bewegt - Erz. u. Ess. (1962), M. Kdn. singen (1976), Wie Weihn. feiern (1977), Wie Ostern feiern (1978); Christsein m. Maria (1989).

THURN, Hans Peter

Dr. phil., Prof. f. Soziologie, Autor - Nixhütter Weg 149, 4040 Neuss (T. 02101 - 46 66 98) - Geb. 5. Aug. 1943 Krefeld - Stud. Phil., Soziol., Lit.wiss. u. Kunstgesch.; Promot. 1970, Habil. 1977 - 1973 Hochschuldoz.; 1977 Privatdoz.; 1978 Prof. Kunstakad. Düsseldorf - BV: D. Roman d. unaufgeklärten Ges., 1973; Soziol. d. Kunst, 1974; Kritik d. marxist. Kunsttheorie, 1976; Soziol. d. Kultur, 1976; Sociologia della cultura, 1979; D. Mensch im Alltag, 1980; Soziol. in weltbürgerl. Absicht, 1981; D. Kultur d. Sparsamkeit, 1982.

THURN, Hans-Jürgen

Geschf. Gesellschafter Köbig-Gruppe, Baustoffe, Fliesen, Sanitär, Mainz, Vorst. VSI Bundesverb. Handelsrichter, AR-Vors. Sanitär-Union - Rheinallee 161, 6500 Mainz.

THURN, Peter

Dr. med. (habil.), em. o. Prof. f. Röntgenologie u. Strahlenheilkunde Univ. Bonn (s. 1965) u. em. Dir. Radiol. Klinik ebd. - Zedernweg 18, 5300 Bonn-Röttgen (T. Klinik 280 28 70) - Geb. 15. Juni 1920 Marmagen, kath., verh. m. Christa, geb. Gercken, T. Ulli - 1941-45 Univ. Münster, Bonn, München. Med. Staatsex. 1946 Bonn - BV: Haemodynamik d. Herzens, 1956; Diagnose u. Differentialdiagnose d. Herzerkrank., 1958; Einf. in d. Radiol. Diagnostik, 9. A. 1992 (auch span. u. ital.); Selektive Laevokardiogr., 1964; Herzerkrankungen im Röntgenbild, in: Schinz, Lehrb. d. Röntgendiagnostik, 6. A. 1968; Röntgenol. Diff. Diagn. Bd. I, Teil 1 u. 2 Thorax-Organe, 5. A. 1977 (m. a.); Ganzkörper-Computertomogr., 1981 (m. a.); Schunz, Radiol. Diganostik, 7. A. 1983-88 (m.a.); Computertomographie d. Wirbelsäule, 2. A. 1986. Herausg. d. Fortschritte auf d. Gebiet d. Röntgenstrahlen u. d. Nuklearmedizin. Etwa 270 Einzelarb. Mithrsg.: Ergebnisse d. med. Radiologie - 1956 Intern. Schleussner-Preis f. Röntgenol.; 1963 Fellow Intern. Council of Angiologiae New York; 1978 Präs. d. Dt. Röntgen-Kongr.; 1986 Albers-Schönberg-Med. Dt. Ges. f. Klin. Radiol. u. Nuklearmed.; Ehrenmitgl. d. österr., belg. u. dt. Röntgenges. - Liebh.: Mod. Malerei u. Lit., Golf - Spr.: Engl.

THURNER, Franz

Dr. phil., Prof. f. Psychologie Univ. Göttingen - Calsowstr. 24, 3400 Göttingen (T. 4 23 26) - Geb. 10. Sept. 1928 Innsbruck (Vater: Johann T.), verh. m. Gudrun, geb. Diesner - Promot. u. Habil. Innsbruck - BV: Kurzzeit. Nacheffekte unserer Wahrnehmungen, 1961; Sprachsystemkompetenz, 1977; Lehren-Lernen-Beurteilen, 1981.

THUROW, Norbert

Dr. rer. pol., Dr. jur., Prof., Hauptgeschäftsführer Bundesverb. Phonograph. Wirtschaft, Dt. Landesgruppe d. Intern. Federation of the Phonographic Industry (IFPI), Geschäftsf. Ges. z. Verwertung v. Leistungsschutzrechten (GVL) - Grelckstr. 36, 2000 Hamburg 54 (T. 040 - 58 02 58) - Geb. 16. Sept. 1934 - 1970-78 Bürgerschaftsabgeordn. - CDU.

THUROW, Werner

Vorstandsvorsitzender Aral AG - Hahnenfußweg 64, 4630 Bochum - Geb. 6. März 1929 Flensburg - S. 1951 Aral (1971 stv., 1972 o. Vorst.-Mitgl., 1980 stv. Vorst.-Vors.) - Spr.: Engl. - Rotarier.

THYEN, Hartwig

Dr., theol., Prof. f. Neues Testament Univ. Heidelberg - Adalbert-Seifriz-Str. 16, 6903 Neckargemünd (T. 06223 - 26 11) - Geb. 21. April 1927 Varel/Friesland (Vater: Dr. Hermann T., Prof. f. Math.; Mutter: Traute, geb. Reichenbach), ev., verh. s. 1949 m. Gisela, geb. Wragge, 4 Kd. (Olaf, Maike, Ulrike, Gerburg) - Realgymn. Darmstadt, Univ. Mainz u. Marburg (Theol.), Promot. Marburg 1953, Habil. 1966 Heidelberg - 1951-63 Pfarrer in Brake/Unterweser u. Oldenburg, 1966 Priv.-doz., s. 1971 Prof. in Heidelberg - BV: D. Stil d. jüd.-hellenist. Homilie, 1955; Studien z. Sündenvergebung, 1970; Als Mann u. Frau geschaffen (m. F. Crüsemann), 1978.

THYEN, Johann-Dietrich

Dr. theol., Univ.-Prof. f. Ev. Theologie u. ihre Didaktik (Schwerp.: Ökumen. Theol.) Univ.-GH Siegen - Hochstr. 8, 5905 Freudenberg-Alchen (T. 0271 - 37 11 05) - Geb. 9. Sept. 1934 Oldenburg, 4 Kd. (Susanne, Katja, Elmar, Dagmar) - Stud. Ev. Theol. Univ. Marburg, Göttingen, Heidelberg.

THYEN, Rainer

Dr., Dipl.-Ing., Prof. f. Physik Fachhochsch. Lübeck - Am Steilhang 7, 2400 Lübeck (T. 0451 - 89 16 32) - Geb. 28. Dez. 1930 Oldenburg, 5 Kd. (Anke, Ute, Enno, Henning, Peter) - Stud. TH Darmstadt.

THYSSEN, Eberhard

Dipl.-Ing. agr., Gutsbesitzer - Gut Lichtenberg, 8911 Scheuring ü. Landsberg - Geb. 12. Dez. 1919, kath., verh. s. 1977 m. Maximiliane-Maria, geb. v. Einem - Dipl. 1952 landw. Fakultät TH in Weihenstephan - ehrenamtl. Vors. versch. Tierzüchter-Vereinigungen: s. 1958 Vors. d. Fleckvieh-Zuchtverb. in Weilheim, s. 1974 Arb.Gem. bayer. Besamungsstationen, s. 1978 Arb.Gem. dt. Rinderzüchter, Abt. C, Bonn; s. 1983 Präs. Arb.Gem. dt. Tierzüchter, Bonn - 1986 Bayer. VO; 1990 BVK I. Kl. - Spr.: Engl., Franz.

TIBI, Bassam

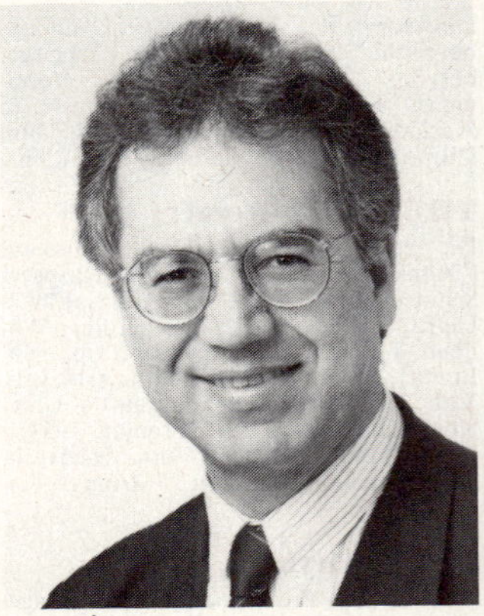

Dr. phil. habil., Prof. Univ. Göttingen - Heinz Hilpert Str. 6, 3400 Göttingen (T. 39 73 48) - Geb. 4. April 1944 Damaskus (Vater: Taisier T., Bauunternehmer; Mutter: Nahida, geb. Khayat), verh. in 2. Ehe s. 1976 m. Ursula, geb. Helwig, S. Fabian Fuad - Stud. (Phil., Sozialwiss., Gesch.) Univ. Frankfurt; Promot. ebd.; Habil. Univ. Hamburg - Wiss. Assist. u. Doz. Univ. Frankfurt, Lehrstuhlvertr. Univ. Heidelberg, s. 1973 Prof. f. Intern. Politik Univ. Göttingen u. Leit. d. dortigen Abt. f. Intern. Beziehungen. 1982 Spring Term Visit. Scholar Harvard Univ., Fall Term Univ. of Michigan/Ann Arbor u. Georgetown Univ. Washington; 1986 Gastprof. Inst. d. Relations Intern. du Cameroun/Univ. de Yaoundé; 1986/87 Visiting Res. Fellow Princeton Univ./USA; 1987 anschließend Fellow am al-Ahram Center for Political and Strategic Studies, Cairo, u. dann Visiting Prof. (postgraduate) Inst. for Asian and African Studies/Univ. of Khartoum/Sudan; 1988 (spring term) Rockefeller Fellow, Univ. Michigan Ann Arbor; 1988 Berufung auf d. Lehrst. Comp. Politics Univ. Bergen (auf d. Basis einer 'royal resolution' v. König Olav V) abgelehnt (durch Einsatz Univ.-Präs. Prof. Kamp), 1988-90 parallel z. Lehrtätigk. in Göttingen Res. Assoc. an d. Harvard Uni. Center for Intern. Affairs u. Mitgl. d. Sektion The Fundamentalism Project d. American Acad. of Arts and Sciences, Cambridge/MA u. Chicago, 1991/92 Akad.-Stip. d. Volkswagen-Stiftg. in Harvard;

Sommer 1991 Resident Fellow in Belagio Center d. Rockefeller Foundation. 1980-92 Vorlesungszyklen im Rahmen d. dt. Ausw. Kulturpolitik (Goethe-Inst.) an Univ. in Nordafrika (Rabat, Tunis, Algier, Kairo), Westafrika (Dakar, Lagos/Ife/Ibaden, Kinshasa, Accra, Yaoundé), Ostafrika (Nairobi, Khartoum, Addis Abeba) u. Südasien (Calcutta u. Colombo), (s. 1976 Dt. Staatsbürger). Zahlr. Fachverb. - BV: Internat. Politik u. Entwicklungsländerforsch., 1979; Arab Nationalism. A Critical Enquiry, 1981 (erw. brit. u. amerik 2. A. 1990); D. Krise d. modernen Islam, 1981 (Crisis of Modern Islam. Amerik. Ausg. Utah UP, 1988), 2. erweiterte dt. A. 1991; D. Islam u. d. kulturelle Bewältig. sozialen Wandels, 1985 (amerik. Ausg., Islam and Cultural Accommodation of Social Change, 1990), 3. dt. A. 1991; Maxime Rodinson, d. Islam u. d. westl. Islam-Studien, Einl. zu Maxime Rodinson: Islam u. Kapitalismus, 1986; V. Gottesreich z. Nationalstaat, 1987, 2. aktual. A. 1991; Konfliktregion Naher Osten. Regionale Eigendynamik u. Großmachtinteressen, 1989, 2. erweit. u. aktualisierte A. 1991; Conflict and War in the Middle East, 1992; Islamischer Fundamentalismus, moderne Wiss. u. Technol. 1992. Mitautor: S. Farsoun, Arab Society Continuity and Change, 1985; Fred Scholz, D. Golfstaaten, 1985; Barbara Stowasser, The Islamic Impulse, 1987 (2. A. 1989), sow. Deutschl., Portrait e. Nation (Bd. 1, 1985 u. Bd. 10, 1986, 2. völlig neu geschr. A. 1991), Bertelsmann Enzyklopädie; The Arab-Israeli Conflict Two Decades of Change (Y. Lukacs, A. Battah, 1988); Arab Civilization. Challenges and Responses (G. Atiyeh, I. Oweiss, 1988). Mitautor: F. Deng, Human Rights in Cross-Cultural Perspectives (Washington 1990); T. Ismael, Middle Eastern Studies. Intern. Perspectives (N. Y. 1990); Ph. Khoury u. Joseph Kostiner, Tribes and State Formation in the Middle East (Berkeley 1990); P. Lösche, Festschr. d. Univ. Göttingen (1990); Martin Marty, Fundamentalism Bd. 2 Fundamentalisms and Society (Chicago 1992) - Liebh.: Reisen, Musik, Lit., Ästhetik - Spr.: Arab., Engl., Franz. - Bek. Vorf.: Sadik T., General in d. Osman. Armee sow. d. Stadt-Erbrechtler v. Damaskus Selim Tibi u. Ali Tibi Ober-Kadi v. Damaskus auch Afif Tibi Doyen d. Presse v. Beirut.

TICHY, Franz

Dr. phil. (habil.), em. Univ.-Prof. f. Geographie - Spardorfer Str. 51, 8520 Erlangen (T. 2 37 95) - Geb. 16. Juli 1921 Marburg (Vater: Prof. Dr. med. Hans T.), verh. m. Dr. phil. Cornelie, geb. Tuczek - 1960 Privatdoz. Univ. Heidelberg; 1964-86 Ord. u. Inst.-Vorst. Univ. Erlangen-Nürnberg - BV: D. Lahn, 1951; D. Land- u. Waldwirtschaftsformationen d. Kl. Odenwaldes, 1958; D. Wälder d. Basilicata u. d. Entwaldung im 19. Jh., 1962; Italien, wiss. Länderkunde, 1985; D. geordnete Welt indianischer Völker, 1991. Div. Einzelarb. (u. a. z. Kulturlandschaftsgesch. Mexikos, z. Orientierung u. Raumordn. in Altmexiko u. z. mesoamerik. Kalender) im Mexiko-Projekt d. DFG.

TIDICK, Marianne

Ministerin f. Bildung, Wissenschaft, Kultur u. Sport Schlesw.-Holst (s. 1990) - Düsternbrooker Weg 64, 2300 Kiel (T. 0431 - 59 61) - Geb. 1. Nov. 1942 Hamburg, verh. s. 1969 - Stud. German., Angl., Amerik. - Generalsekretärin BLK, zul. Min. f. Bundesangelegenh. u. Stellvertr. d. Min.präsidenten.

TIEDEKEN, Hans

Dr. jur., Präsident d. Deutschen Heimatbundes (DHB), Oberkreisdirektor u. Hauptgeschäftsf. d. Dt. Landkreistages a.D. - Adenauerallee 68, 5300 Bonn 1 (T. 0228 - 22 40 91-93, Fax 0228 - 21 55 03) - Geb. 6. Dez. 1925 Papenburg/Ems (Vater: Dr. Johannes T., Kaufm.), verh. m. Hiltrud, geb. Roenspies, 4 Kd. - AR-Vors. Johann Bunte, Bauunternehmung GmbH & Co., Papenburg - Spr.: Engl. - Rotarier.

TIEDEMANN, Claus

Dr. phil., Prof. f. Sportwiss. Univ. Hamburg - Alsterkrugchaussee 130, 2000 Hamburg 60 (T. 040 - 511 33 11 u. 511 33 22) - Geb. 6. Okt. 1941 Stade (Vater: Dr. Claus T., Studienrat; Mutter: Sieglind, geb. Schmidt), verh. s. 1971 m. Dr. Petra, geb. Moldtmann, 3 Kd. (Sonja, Lars, Claus Gerhard) - 1. Staatsex. f. d. Höh. Lehramt (Gesch., Latein, Leibeserzieh.) 1968 Univ. Hamburg, Promot. 1970 - 1969-78 Wiss. Angest. u. Assist. Inst. f. Leibesüb. Univ. Hamburg; s. 1979 Prof. FB Sportwiss. Hamburg (1970 Kommiss. gf. Dir. Inst. f. Leibesüb., 1981-83 stv. FB-Sprecher, 1987-91 FB-Sprecher). 1974-75 Vorst.-Mitgl. Allg. Dt. Hochschulsportverb. (ADH), s. 1976 Disziplinchef Segeln das.; 1969-73 Mitgl. Kurat. Dt. Olymp. Ges. u. a. - BV: D. Schiffahrt d. Herzogtums Bremen z. Schwedenzeit (1645-1712), 1970; Reform d. Sportlehrerausb. (m. Hans-Gert Artus u. a.), 1973 - 1979 Dt. Meister d. 505-Jolle; 1985 Intern. Belg. Meister d. 505-Jolle - Spr.: Engl., Franz. - Bek. Vorf.: Prof. Dr. Karl-Friedrich Schmidt, Papyrologe (Großv.).

TIEDEMANN, Dieter

Dipl.-Verwaltungsw., Senator a. D., MdBB - Bederkesaer Weg 25, 2850 Bremerhaven (T. 0471 - 6 29 78) - Geb. 13. März 1935 Bremerhaven (Vater: Johann T.; Mutter: Adelheid, geb. Katt), ev., verh. s. 1958 m. Ortrud, geb. Sandersfeld, S. Ralf - Wirtsch.gymn.; (Abit.) - 1954-71 Verw.beamter Bremerhaven, 1971-75 Mitgl. Brem. Bürgersch., 1975-79 Senator f. Wirtsch. u. Außenhandel; s. 1979 Wirtsch.- u. Projektberater - SPD (s. 1960; Mitgl. Landesvorst.; Vors. Jungsozial. Bremerhaven, Unterbez.-vors., stv. Fraktionsvors. SPD-Bürgersch. Land Bremen). S. 1991 Stadtverordneter. AR-Mitgl. Flugplatz-Betriebs-GmbH, Bremerhavener Innovations- u. Gründungs-GmbH; VR-Mitgl. d. Dt. Schiffahrtsmuseums - Liebh.: Jagd, Segeln, Angeln, Tennis - Spr.: Engl.

TIEDEMANN, von, Heinrich

Journalist, Schriftst. - Untere Kate, 2432 Sievershagen (T. 04363-28 76) - Geb. 9. Juli 1924 Bad Tölz/Obb. (Vater: Konsul a. D. Helmuth v. T.; Mutter: Ada, geb. Gräfin v. Kalnein), ev., verh. in 2. Ehe (1952) m. Maria-Josefa, geb. Lopez, 2 Kd. (Esther, Florian) - Ritter-Akad. Brandenburg/H. (Gymn.); Univ. Hamburg (Lit.wiss.) - 1949-61 fr. Schriftst. u. Journ., dann Mitarb. NDR, 1963-66 Westafrika-Korresp. ARD, 1966-69 u. 1976-82 Skandinavien-Korresp. NDR/WDR - BV: D. Haut d. Maske, R. 1949; Schritte nach drüben, R. 1950; Abenteuer im Pazifik, Kinderb. 1955, u.a.m. - Sammelt afrikan. Kunst - Spr.: Engl., Franz., Schwed.

TIEDEMANN, Heinz

Dr. med., Dr. rer. nat., Prof. f. Physiol. Chemie - Gütlingstr. 13, 1000 Berlin 37 - Geb. 16. Febr. 1923, verh. s. 1953 m. Dr. rer. nat. Hildegard, geb. Waechter, 2 Kd. (Karl-Heinz, Christiane) - 1965-67 Wiss. Mitgl. u. Abt.leit. Max-Planck-Inst. f. Meeresbiol., Wilhelmshaven; s. 1957 (Habil.) Lehrtätigk. Univ. Freiburg (1965 apl. Prof. f. Biochemie) u. FU Berlin (1967 o. Prof. u. Inst.dir.). Spez. Arbeitsgeb.: Biochemie d. Differenzierung höh. Organismen. Fachveröff. (u. a. in: The Biochemistry of Animal Development II/III, Biochemical Development of the fetus and neonate Cellular Endocrinology: Hormonal control of embryonic and cellular differentiation, Cell Differentiation and Development, Zoological Science, Naturwiss., Roux's Archives Dev. Biol., FEBS Letters) - 1991 Theodor Boveri-Preis.

TIEDEMANN, Joachim

Dr. rer. nat., Prof. f. Pädagogische Psychologie Univ. Hannover (s. 1986) - Geb. 4. Juni 1942 Wormditt/Ostpr., verh. m. Herma, geb. Nagel, 2 Kd. (Tobias, Tonia) - 1962-69 Stud. Psych. Univ. Hamburg; Promot. 1971 Braunschweig - 1971 wiss. Assist.; 1973 Akad. Rat - BV: Leistungsversagen in d. Schule, 2. A. 1985; Sozial-emotionales Schülerverhalten, 1980. Fachveröff., bes. z. Thema Päd.-psych. Diagnostik, kognitive Stile, Lernschwierigkeiten, Verhaltensauffälligkeiten.

TIEDEMANN, Klaus

Dr. jur., Dr. h. c. mult., o. Prof. f. Strafrecht - Universität, 7800 Freiburg/Br.; priv.: Am Schießrain 52, 7813 Staufen - Geb. 1. April 1938 Unna/W. (Vater: Walter T., Oberstudienrat; Mutter: Sofie, geb. Burghardt), ev., verh. s. 1963 m. Inge, geb. Hoffmann, 2 Söhne (Michael, Philip) - Univ. Göttingen, Freiburg, Münster, Paris (Rechtswiss.). Jurist. Staatsex. 1961 Hamm u. 66 Stuttgart; Promot. 1962 Münster (Summa cum laude), Habil. 1968 Tübingen - S. 1968 Lehrtätigk. Univ. Tübingen, Gießen (1968 o. Prof.), Freiburg (1973 o. Prof.) - BV: D. Rechtsstellung d. Strafgefangenen, 1963; Tatbestandsfunktionen im Nebenstrafrecht, 1969; D. Verbrechen in d. Wirtsch., 1970, 2. A. 1972; Strafrechtl. Mittel f. e. wirksamere Bekämpfung d. Wirtschaftskriminalität, 1972 (Gutachten z. 49. Dt. Juristentag); Straftaten u. - recht im Bank- u. Kreditwesen, 1973; Subventionskriminalität in d. BRD, 1974; Kartellr.verstöße u. Strafr., 1976; Wettb. u. Strafr., 1976; Wirtschaftsstrafrecht u. -kriminalität, 2 Bde. 1976; Multinationale Unternehmen u. Strafr., 1980; Kommentar z. GmbH-Strafrecht, 1981, 2. A. 1988; Einf. in d. Strafrecht u. Strafprozeßrecht (m. Roxin u. Arzt), 1983, 2. A. 1988 (span. Übers. 1989); D. gesetzl. Milderung im Steuerstrafrecht, 1985; Poder económico y delito, 1985; Konkurs-Strafrecht, 1985; Lecciones de Derecho Penal Ecónomico, 1992. Mithrsg.: Festschr. f. Karl Peters (1974); Festschr. f. Gerd Pfeiffer (1988); Handwörterb. d. Wirtsch. u. Steuerstrafrecht (1985ff.); Doitsu oyobi EG ni okeru keizaihanzai to keizaikeiho (Wirtsch.kriminalität u. Wirtsch.strafrecht in Deutschl. u. d. EG, 1990); Schriftenreihe z. gesamten Wirtschaftsstrafrecht - 1963 Rektorenpreis Univ. Münster; 1973 Bremer Kriminalistenpreis; 1981 Prof. Honorario Univ. del Rosario, Bogotá (Kolumbien); 1983 Ehrendoktor Univ. Lima (Peru); 1987 Ehrenmitgl. d. Japan. Ges. f. Strafrecht; 1989 span. Forschungspreis Humboldt-Mutis; 1989 Ehrendoktor Fribourg (Schweiz), u. 1992 Madrid - Liebh.: Musik, Literatur - Spr.: Engl., Franz., Ital., Span.

TIEDEMANN, Rudolf

Dr. med., Prof., Chefarzt Hals-, Nasen- u. Ohrenabt. Allg. Krankenhaus Barmbek - Aalheitengraben 4, 2000 Hamburg 67 (T. 603 58 88) - Geb. 21. April 1922 Berlin (Vater: Dr. phil. Ernst T.; Mutter: Helene, geb. Böllert), verh. m. Susanne, geb. Naasner - FU Berlin. Promot. u. Habil. - S. 1967 apl. Prof. Univ. Hamburg (HNOheilkd.). Facharb.

TIEDT, Peter

Diplom-Politologe, MdA Berlin (1985-89 u. s. Dez. 90), stv. Vorsitzender der FDP-Fraktion - Am Dorfanger 10 a, 1000 Berlin 26 - Geb. 24. Aug. 1945 - B. 1987 ltd. Mitarb. im Dt. Inst. f. Urbanistik; 1987-89 Landesgeschäftsf. Berliner FDP; seither ltd. Mitarb. in mittelständischem Untern.

TIEFEL, Karl-Heinz

Geschäftsführer Verb. d. Dt. Drechslerhandwerks, Fürth - Laubenweg 25, 8510 Fürth/Bay. - Geb. 26. Febr. 1944.

TIEFENBACH, Heinrich

Dr. phil., Prof. f. Deutsche Philologie (Sprachwiss.) Univ. Regensburg (s. 1985) - Rilkestr. 27, 8400 Regensburg (T. 0941 - 2 28 61) - Geb. 17. Sept. 1944 Orsoy, ev., verh. - Promot. 1970 Bonn; Habil. 1983 Münster - 1969-85 Lehrtätigk. Münster - BV: Studien zu Wörtern volkssprachiger Herkunft in karolingischen Königsurkunden, 1973; Althochdeutsche Aratorglossen, 1977; Xanten, Essen, Köln. Unters. z. Nordgrenze d. Althochd., 1984. Mithrsg.: D. Handwerk in vor- u. frühgeschichtlicher Zeit. Abh. Akad. d. Wiss. Göttingen (2 Bde. 1981 u. 83); Althochd. (2 Bde. 1987) - 1985 Preis d. Henning-Kaufmann-Stiftg. z. Förderung d. westd. Namenforschung auf sprachgesch. Grundlage.

TIEFENBACHER, Max P.

Direktor, Vors. Bundesverb. d. Pharmazeut. Industrie (b. 1981) - Zu erreichen üb.: Karlstr. 21, 6000 Frankfurt/M. 1 - Tätigk. Hoechst AG.

TIEGEL, Giselher

Dr. phil., Univ.-Prof. f. Sportwissenschaft Univ.-GH Duisburg - Am Marienfeld 28, 5013 Heppendorf - Geb. 22. Juni 1943 Münsterberg (Vater: Dr. Gerhard T., Studiendir.; Mutter: Inge, geb. Lux), verh. s. 1976 m. Ursula, geb. Brenner - Dipl.-Sportlehrer-Ex. 1968 Köln, 1. Staatsex. Lehramt an Gymn. (Englisch, Sport) 1970, 2. Staatsex. 1971, Promot. (Engl., Päd., Phil.) 1973 Univ. Köln - S. 1976 als Prof. f. Sportpäd. Univ. Duisburg. Rd. 50 sportwiss. Veröff. (6 Bücher), Herausg. v. 2 Büch. in engl. Spr.

TIELEBIER-LANGENSCHEIDT, Karl-Ernst

Verleger, Geschäftsf. Gesellsch. Langenscheidt KG., Berlin/München - Neusser Str. 3, 8000 München 40 (T. 36 09 60) - Geb. 27. Juli 1921 Berlin, ev., verh. s. 1951 m. Renate, geb. Bolte, 3 Kd. - Spr.: Engl., Franz. - Rotarier.

TIELSCH, Ilse,

geb. Felzmann

Schriftstellerin - St.-Michael-Gasse 68, A-1210 Wien - Geb. 20. März 1929 Auspitz (Tschechosl.) (Vater: Dr. Fritz Felzmann, Arzt; Mutter: Marianne F., geb. Zemanek) - Univ. Wien, Dr. phil., 1953 - BV.: In meinem Orangengarten, Ged.; Herbst mein Segel, Ged.; Anrufung d. Mondes, Ged.; Begegnung in e. steir. Jausenstation, Erz.; Regenzeit, Ged.; Ein Elefant in uns. Straße, satir. Erz.; Erinnerung m. Bäumen, Erz.; D. Ahnenpyramide, R.; Heimatsuchen, R.; Nicht beweisbar, Ged.; Fremder Strand, Erz.; D. Früchte d. Tränen, R.; D. Solitär, Erz.; Zwischenbericht, Ged.; D. Zerstörung d. Bilder, unsentimentale Reisen d. Mähren u. Böhmen; u. a. Div. Hörsp. etc. - Div. Förderungspreise; 1971 Boga-Tinti-Lyrikpreis; 1975 Erzählerpreis d. Autorenkolloquiums Neheim-Hüsten; 1980 N. Ö. Landeskulturpreis; 1983 Sudetendt. Kulturpreis; Österr. Ehrenkreuz f. Wiss. u. Kunst; 1989 Andreas Gryphius-Preis; 1989 Anton Wildgas-Preis. S. 1990 1. Vizepräs. d. Österr. PEN-Club - Lit.: u. a. Österr. Lit. s. 1945; Sprache: Traum u. Wirklichk., österr. Kurzprosa d. 20. Jh.; Heimat-Kurswert steigend? Z. Werk v. I. T., Kurt Adel, Ztschr. Morgen 33/84; Ilse Tielsch z. 60. Geb., Broschüre, Herausg. Verlag Styria - N.Ö. Landesreg.; D. ungeheure Verlust, 1989, Luis F. Helbig; Ilse Tielsch-Felzmann, Leben u. Werk, Baher Elgohary; Österr. Lit. v. 1945-80, Kurt Adel.

TIELSCH-FELZMANN, Ilse

s. Tielsch, Ilse

TIEMANN, Burkhard

Dr. jur., Rechtsanwalt, Hauptgeschäftsführer Kassenzahnärztl. Bundesvereinigung - Universitätsstr. 73, 5000 Köln 41 (T. 0221 - 40 01-0) - Geb. 15. Jan. 1945 Wenden/Westf. (Vater: Eugen T., Apoth.; Mutter: Margarete, geb. Schulte), kath., verh. s. 1969 m. Dr. Susanne, geb. Bamberg, 3 Kd. (Julia, Konstantin, Sophia) - Univ. Bonn u. München (Rechtswiss. u. Volksw.), 1. jur. Staatsprüf. Köln, 2. jur. Staatsprüf. München - 1970 Wiss. Assist. Univ. München,

Rechtsanw. 1975, Wiss. Dir. München, s. 1979 Hptgf. kassenzahnärztl. Bundesvereinig., s. 1987 gf. Dir. d. Inst. d. Dt. Zahnärzte, stv. Vors. Ges. f. Versich.-wiss. u. -gestaltung, Mitgl. Konzertierte Aktion im Gesundheitswesen - BV: Gemeinschaftsaufg. v. Bund u. Ländern in verfassungsrechtl. Sicht, 1970; Versorgungsausgl. u. steuerl. Folgen d. Ehescheidung, 1977; Verfassungsprobl. d. Krankenversich.-Kostendämpfungsges., 1977; System d. zahnärztl. Versorg. in d. BRD, 1980 (auch engl. u. franz.); Kassenarztrecht im Wandel, 1983; Beck'sches Formularbuch z. Bürgerl., Handels- u. Wirtschaftsrecht, 4. A. 1987.

TIEMANN, Eberhard
Dr. rer. nat., Prof. - Hägewiesen 6, 3004 Isernhagen - Geb. 9. Febr. 1942, ev., verh. s. 1969 m. Ingeborg, geb. Kessel, T. Christine - 1964-68 Physikstud. Univ. Hannover, Berlin; Promot. 1970 Berlin; Habil. 1972 ebd. - 1969-76 Assist. u. Assist.-Prof. FU Berlin; 1976-78 TU Hannover; 1978 apl. Prof. TU Hannover; 1982 Prof. Univ. Hannover (1988/89 Dekan FB Physik). 1973 Gastwissenschaftler NBS Washington DC, USA; 1986/87 Gastprof. Inst. f. Molecular Science, Japan. 1986/89 Leit. Fachausss. Molekülphysik d. DPG. Mehr als 100 Publ. z. Molekülphysik in intern. Ztschr.

TIEMANN, Walter
Geschäftsf. Gesellschafter Joh. Achelis & Söhne GmbH & Co., Bremen - Vehrels 1, 2800 Bremen 66 - Geb. 18. Aug. 1926 - Vorst. Bundesverb. d. dt. Exporthandels, Verein Bremer Exporteure, Afrika Verein e.V., Hamburg; Beirat Arbeitsgemeinsch. Entwicklungsländer, Ostasiatischer Verein, Hamburg; Mitgl. Außenhandelsausssch. Verb. dt. Maschinen u. Anlagenbau (VDMA), Außenwirtsch.ausssch. Handelskammer Bremen, Außenwirtsch.- u. Integrationsausssch. DIHT, Länderausssch. Taiwan Ostasiatischer Verein, Hamburg.

TIEMEYER, Clauss
Betriebswirt, Hauptgeschäftsführer Hotel- u. Gaststättenverb. Hessen e.V., Geschäftsf. Kreditgarantiegem. d. Hotel- u. Gaststättengewerbes u. verw. Betriebe Hessens GmbH, Prokurist HOGA, Förder- u. Betriebsberat.-Ges. f. d. Hotel- u. Gaststättengewerbe - Auguste-Viktoria-Str. 6, 6200 Wiesbaden.

TIESENHAUSEN, Freiherr von, Wolter
Journalist (Ps.: Matthias Erlaa), Leit. Studio Bonn Dt. Welle - Zu erreichen üb. Dt. Welle, Pressehaus I/513, 5300 Bonn 1 (T. 0228 - 21 90 55) - Geb. 30. Sept. 1940 Athen (Vater: Berend Frhr. v. T., Journ.; Mutter: Elisabeth, geb. Koch-Grünberg), ev., verh. s. 1966 m. Waltraut, geb. Glasenapp, 3 Kd. (Elisabeth, Matthias, Cyrill) - Mittl. Reife, Höh. Handelssch. Gießen - 1960-65 Redakt. AP, 1963-80 Parlamentskorresp. Bonn; 1965-80 Mannheimer Morgen, u. a.; 1980/81 Staatskanzlei Schlesw.-Holst.; 1981-85 CDU-Sprecher Bonn - Rechtsritter Johanniterorden.

TIESLER, Ekkehard
Dr. med., Prof. f. Medizinische Mikrobiologie - Ziegelhütte 40, 6650 Homburg/S. (T. 06841 - 53 76) - Geb. 28. Okt. 1934 Rabishau (Vater: Hermann T., Pfarrer; Mutter: Meta, geb. Greth), ev., verh. s. 1954 m. Gunda, geb. Blos, 2 Töcht. (Vera, Andrea) - Univ. Frankfurt (Med.), Facharzt f. Laboratoriumsmed. Homburg/Saar, wiss. Rat s. 1971 Hochschullehrer. Ca. 90 wiss. Publ. in

naturwiss. u. med. Ztschr., Buchbeitr. - Liebh.: Fotografie - Spr.: Engl., Franz.

TIETJEN, Günther
Kriminalpolizeibeamter a. D., MdB (Landesliste Nieders.) - Ringstr. 8, 2950 Leer - SPD.

TIETMEYER, Hans
Dr. rer. pol., Direktoriumsmitglied Dt. Bundesbank (s. 1990), Staatssekr. a. D. - 6000 Frankfurt/Main - Geb. 18. Aug. 1931 Metelen/W. (Vater: Bernhard T., Gemeinderentm.; Mutter: Helene, geb. Pieper), kath., verh. m. Marie-Therese, geb. Kalff, 2 Kd. (Monika, Markus) - Gymn. Paulinum Münster (Abit.); Univ. Münster, Bonn, Köln (Volksw., Sozialwiss.; Dipl.-Volksw. 1958). Promot. 1961 Köln - 1958-62 Cusanuswerk (Geschäftsf. Studienförd.); 1962-82 Bundeswirtschaftsmin. (1973 Ministerialdir. u. Leit. Abt. Wirtschaftspolitik); 1982-89 Staatssekr. Bundesfinanzmin. Lehrbeauftr. f. Europ. Wirtschaftspol. Univ. Bochum (1968-71) u. Köln (1971/72) - Div. Orden - Liebh.: Sport, Wandern - Spr.: Engl.

TIETZ, Bruno
Dr. rer. oec., Dipl.-Kfm., Prof. f. Betriebswirtschaftslehre - Kobenhüttenweg 45, 6600 Saarbrücken (T. 6 78 22) - Geb. 2. Febr. 1933 Bischofsburg/Ostpr. (Vater: Hubert T., Rektor; Mutter: Luzia, geb. Huhn), verh. m. Erna, geb. Wolfensperger - Univ. Köln, Promot. u. Habil. Saarbrücken - s. 1969 Prof. Univ. Saarbrücken (apl. Prof., Wiss. Rat u. Prof., Prof. auf Lebenszeit; Dir. Handelsinst.). Fachveröff. - Liebh.: Segeln, Skilaufen, Fliegen.

TIETZ, Georg
Ministerialdirigent a. D. - Beethovenstr. 1, 5300 Bonn - Geb. 23. Sept. 1904 Berlin (Vater: Georg T., Postbeamter; Mutter: Bertha, geb. Koch), ev., led. - Univ. Berlin (Math., Physik) - 1934-69 Reichsversicherungsamt, -arbeitsmin. (1940), Zentralamt f. Arbeit, Verw. f. Arbeit d. Vereinigten Wirtschaftsgebietes (1948), Bundesarbeitsmin. (1950; zul. Chefmathematiker f. Dt. Sozialversich. Herausg.: Zahlenwerk z. Sozialversich. in d. BRD (Loseblatt-Samml. 1963 ff.) - 1969 Dr. BVK.

TIETZ, Horst
Dr. phil., o. Prof. f. Mathematik - Röddinger Str. Nr. 31, 3008 Garbsen 1/Hann. - Geb. 11. März 1921 Hamburg (Vater: Willy T., Kaufm.; Mutter: Amanda, geb. Cornils), ev., verh. s. 1948 m. Lieselotte, geb. Wiese, 2 Töcht. (Anna-Cornelia, Ingeborg) - 1940 1945-47 Univ. Hamburg u. Marburg, 1951-56 Assist. u. Habil. Braunschweig - 1948-51 Hilfsassist. Univ. Marburg, 1951-56 Assist. u. Privatdoz. TH Braunschweig, 1956-62 Doz. Univ. Münster (1961 apl. Prof.), s. 1962 ao. u. o. Prof. (1966) TH Bzw. Univ. Hannover - BV: Lineare Geometrie, Lehrb. 1966, 2. A. 1973; Einführung in d. Math. f. Ingenieure, Lehrb. Bd. I, 1979, Bd. II 1980. Üb. 20 Einzelarb. Mithrsg.: Studia Mathematica, Math. Sem.berichte. Mitarb.: Fischer Lexikon f. Math. (2 Bde.), Handb. d. Physik, Grundzüge d. Math., Math. Hilfsmittel d. Ing.s - Orden: Légion d'Honneur (Chevalier), 1973 - Liebh.: Musik - Spr.: Engl., Franz.

TIETZ, Reinhard
Dr. rer. pol., Dipl.-Kfm., Prof. f. Volkswirtschaftsl. Univ. Frankfurt (s. 1974) - Steinhausenstr. 23, 6000 Frankfurt (T. 61 30 00) - Geb. 28. Juli 1928 Frankfurt (Vater: Edwin T., Obermagistratsrat), ev., verh. s. 1964, 2 Kd. - Promot. 1971 - 1982 Vors. Ges. f. experimentelle Wirtschaftsforsch. - BV: E. anspruchsanpassungsorientiertes Wachstums- u. Konjunkturmodell. Herausg.: Wert- u. Präferenzprobleme in d. Sozialwiss., Aspiration Levels in Bargaining and Economic Decision Making. Mithrsg.: Sozialwiss. im Stud. d. Rechts, Bounded Rational Behavior in Experimental Games and Markets.

TIETZE, Hans-Ulrich
Dr. med., Chefarzt Cnopf'sche Kinderklinik e. V., Nürnberg, Privatdoz. f. Kinderheilkd. Univ. Erlangen-Nürnberg (s. 1973) - Kieler Str. 29, 8500 Nürnberg.

TIETZE, Lutz-Friedjan
Dr., o. Prof., Institutsdirektor Fachber. Chemie Univ. Göttingen - Stumpfe Eiche 73, 3400 Göttingen - Geb. 14. März 1942 Berlin (Vater: Dr. Friedrich T., Landgerichtsdir.), ev., verh. s. 1966 m. Karin, geb. Krautschneider, 4 Kd. (Martin, Maja, Andrea, Julia) - 1961-66 Stud. Chemie u. Volkswirtsch. Univ. Kiel u. Freiburg; Dipl. Chemie 1966 Kiel; Promot. 1968 Kiel; Habil. f. Org. Chemie 1975 Univ. Münster - 1975 Doz. Univ. Münster; 1977 wiss. Rat u. Prof. Univ. Dortmund; s. 1978 s.o. 1983-87 u. s. 1991 Dekan u. Prodekan, Univ. Göttingen; 1982 Gastprof. Univ. Madison, Wisconsin, USA. 1991 Ruf auf Lehrstuhl, Univ. Münster - BV: Reaktionen u. Synthesen im org. chem. Praktikum, 1981; 2. A. 1991 (jap. 1983, engl. 1989). Üb. 150 wiss. Veröff. in Fachztschr. - Karl Winnacker Preis, Literaturpreis d. Fonds d. Chem. Ind.; Mitgl. Akad. d. Wiss. Göttingen; Ehrenmitgl. SAIQO (Sociedad Argentina de Investigaciones en Quimia Organica - Spr.: Engl.

TIETZE, Peter
Prof., 1. Konzertmeister d. Komischen Oper Berlin (s. 1960) - Anton-Saefkow-Platz 3/1804, O-1156 Berlin - Geb. 11. Mai 1931 Rostock, verh. - Ausb. durch d. Vater, Prof. Stiehler, Leipzig u. Prof G. Havemann, Berlin - 1952-54 Konzertmeister Plauen, 1954-57 Schwerin u. 1957-60 Radio-Symphonie-Orch. Berlin; Hon.-Prof. Hochsch. f. Musik Hanns Eisler Berlin.

TIETZE-LUDWIG, Karin
Fernsehansagerin Hess. Rundfunk - Hessischer Rundfunk, Bertramstr. 8, 6000 Frankfurt/M. - Geb. 31. Mai 1941 Siegen (Vater: Walter L.; Mutter: Gine, geb. Schmidt), ev., verh. s. 1966 m. Hans Jürgen Tietze, S. Tim - Gymn. u. Höh. Handelssch. - Bek. als Ansagerin f. Lottozahlen - BV: Zusatzzahl 13, 1976 - Liebh.: Lesen - Spr.: Engl., Franz., Span.

TIEWS, Klaus
Dr. rer. nat., Prof., Ltd. Direktor, gf. Sekr. Dt. Wissenschaftl. Kommission f. Meeresforschung - Palmaille 9, 2000 Hamburg 50 - Geb. 17. Jan. 1928 Stettin - 1953ff. Inst. f. Küsten- u. Binnenfischerei Hamburg (1968 Dir.); 1956-58 Bureau of Fisheries Manila (Philipp.) - Herausg. Arch. Fischereiwiss. - s. 1975 Schr. Bundesforsch.anstalt f. Fischerei u. 2 weit. Ztschr. Mehrere hundert Aufs. - S. 1961 380 Ölgemälde - 1976-82 Präs. Europ. Binnenfischereiberat. Kommiss. d. FAO; zahlr. Ämter (Vors.) in nat. u. intern. Org. d. Fischereiforsch. - 1973 Weißer Elefantenorden d. Königs v. Thailand.

TIGGES, Hans
Dr. jur., Oberstadtdirektor - Knappenstr. 46, 4700 Hamm/W. (T. 2 40 61) - Geb. 2. Nov. 1911 (Vater: Dr. med. Wilhelm T., Arzt; Mutter: Friedel, geb. Wurm), verh. m. Gretel, geb. Aschoff - Stud. Rechts- u. Staatswiss. - 1947 Stadtdir. Remscheid; 1958 Oberstadtdir. Hamm - Liebh.: Psychologie - Rotarier.

TILGER, Willi
Ministerialrat a.D., Ehrenvorsitzender Dt. Beamtenbund/Landesbd. Rhld.-Pfalz (s. 1990) - Brahmsstr. 8, 6700 Ludwigshafen (T. 0621 - 56 79 54) - Geb. 19. Jan. 1922 - AR-Mitgl. d. Werbung im Südwestfunk; 1971-90 Vors. DBB Rhld.-Pfalz.

TILL, Franz
Dipl.-Ing., Verbandsgeschäftsführer - Limburger Str. 55, 6057 Dietzenbach/Hessen - Geb. 12. Mai 1926 - Gf. Fachverb. Elektroschweißgeräte u. -wärmeanlagen, beide Frankfurt/M.

TILLEN, Walter
Präsident Finanzgericht Köln - Adolf-Fischer-Str. 12-16, 5000 Köln 1 (T. 0221 - 13 50 25); priv.: Bruckneralle 131, 4050 Mönchengladbach 2 - Geb. 18. Jan. 1927 Rheydt, ev., verh. s. 1956 m. Inge, geb. Roelen - Stud. Rechtswiss. Gr. jurist. Staatsprüf.

TILLER, Nadja

Schauspielerin - Via Tamporiva 26, CH-6976 Castagnola b. Lugano (Schweiz) - Geb. 16. März 1929 Wien (Vater: Schauspieler; Mutter: Operettensängerin), verh. s. 1956 m. Walter Giller (Schausp.), 2 Kd. (Natascha, Jan-Claudius) - Modistinausbild.; Akad. f. Musik u. Darstellende Kunst Wien - Filme: u. a. Hotel Adlon, D. Barrings, Ich suche dich, 3 Mann auf e. Pferd, Banktresor 713, El Hakim, Des Königs bester Mann, D. Mädchen Rosemarie, D. Mantel d. Nacht, Rififi b. d. Frauen, Labyrinth d. Leidenschaften (1960 Berlin; Filmband in Silber), D. Buddenbrooks, D. Botschafterin, Geliebte Hochstaplerin, Affäre Nina B., An e. Freitag um 1/2 12, D. brennende Gericht, Lulu, Moral 63, Schloß Gripsholm, D. gr. Liebesreigen, Tonio Kröger, Rififi in Paris, d. Feuerzangenbowle, Ohrfeigen; Fernsehen: Waterloo (1969), Serie: Hotel z. schönen Marianne, 1978 u. a 1968 Salzburger Festsp. (Buhlschaft in: Jedermann) - 1979 Bundesfilmpreis/Filmband in Gold (f. langj. u. hervorrag. Wirken im dt. Film) - Spr.: Engl., Franz., Ital.

TILLEWEID, Lutz
s. Zillich, Heinrich

TILLMANN, Bernhard
Dr.med., Univ.-Prof., Lehrst. f. Anatomie Univ. Kiel (s. 1977) - Muhliusstr. 65, 2300 Kiel 0431 - 55 29 88) - Geb. 1. Mai 1939 Dörnholthausen/Sundern (Vater: Ferdinand T.; Mutter: Anna, geb. Specht) - Human. Gymn. Laurentianum Arnsberg, Abit. 1960 - Stud. Med.

Univ. Köln, Graz, München; Habil. 1973 (Anatomie u. Entw.gesch.) Köln, 1974 Prof. (H3) - Einzelveröff. vorw. auf d. Gebiet d. Biomechanik d. Bewegungsapparates. Handbuchbeitr. Pathol., Hals-Nasen-Ohrenheilkd.; Lehrb. u. Atlas d. Anatomie - 1975 Biesalski Preis d. DGOT; 1991 Carl-Rabl-Preis d. Vereinig. Südt. Orthopäden e.V. - Mitgl.sch.: Anatomische Ges., Anatomen d. Bundesrep. Dtschl., Dt. Ges. f. Orthop. u. Traumatologie - Liebh.: Musik, Malerei.

TILLMANN, Ferdinand

Dipl.-Kfm., selbst. Unternehmer, MdB (s. 1972; Wahlkr. 119/Hochsauerlandkr.), Vors. Sportaussch. (s. 1980) - 5768 Sundern-Dörnholthausen (T. 02933 - 20 00) - Geb. 27. Juni 1932 Dörnholthausen, kath., verh., 1 Tochter - Gymn. (Abit. 1952); Univ. Frankfurt/M. u. Köln (Betriebs- u. Volksw.), Dipl.-Kfm. 1955 - 1969-72 Landrat Krs. Arnsberg. CDU s. 1957 (Mitgl. gf. Kreisvorst.).

TILLMANN, Friedrich

Dr.-Ing., Oberleutnant zur See d. R., Geschäftsführer Bundesvereinig. d. Firmen im Gas- u. Wasserfach, Verb. d. Dt. Gaszählerind., Verb. d. Dt. Hersteller v. Gasdruck-Regelgeräten, Gasmeß- u. Gasregelanlagen, Verb. d. Hersteller v. Bauelementen f. wärmetechn. Anlagen, Verb. d. Dt. Wasserzähler-Ind., alle Köln - Marienburger Str. 15, 5000 Köln 51 (T. 0221 - 38 16 17) - Geb. 25. April 1937 Siegen (Vater: Helmut T., Dipl.-Ing., Stahlwerkschef; Mutter: Elisabeth, geb. Düsberg), ev., verh. s. 1963 m. Barbara, geb. Tewes - Univ. Clausthal; Dipl. 1962; 1963 Wiss. Mitarb.; 1964 Indugas Versuchs-Ing.; Promot. 1966 - 1967 Vorst.-Assist. Ruhrgas AG Essen; 1970 Prok. NGT; 1972 Geschäftsf. s.o.; 1982 Generalsekr. Europ. Verb. Gasmeß- u. Gasregel-Geräte-Ind.; Beirat GWF, Gaswärme Intern.; Herausg. Gas; Vorst. Verein d. Freunde Univ. Clausthal (1983); Beirat Gaswärme-Inst., Essen, D. Gas- u. Wasserfach, München, D. Bundesmin. f. Arbeit u. Soz.-Ordnung, Bonn, Rohre, Rohrleitungen, Bauteile, Essen, Gaswärme Intern., Essen; Vorst. Dt. Verein d. Gas- u. Wasserfaches, Eschborn; VR AFECOR, Brüssel - Europ. Controls-Ind.-Verb. -;Generalsekr. Faregaz, Paris; Mitgl. Energie-Aussch. BDI, Köln, Dt.-Franz. Ges., Bonn u. Düsseldorf, Wehrtechn. Ges. Bonn, Folkwang Mus., Essen; Vorst.-Vors. Preußenhaus Clausthal - Veröff. üb. Erdgas u. Stahl (dar. in Engl. u. Franz.) - Mitgl. Clausewitz Ges. - Liebh.: Friedrich d. Gr., Napoléon, Preuß. Gesch., Röm. Gesch., Kaiserl. Marine im Dt. Reich u. im Kaiser-Reich Japan - Spr.: Engl., Franz., Latein - Bek. Vorf.: Ludwig T., Gewerke Eisenerz-Bergbau Siegerland (Urgroßv.) - Rotarier.

TILLMANN, Heinz-Günther

Dr. rer. nat., o. Prof. f. Mathematik Univ. Münster (s. 1976) - Von-der-Tinnen-Str. 32, 4400 Münter (T. 0251-37 43 02) - Geb. 30. Sept. 1924 Massen/W. - S. 1957 (Habil.) Lehrtätigk. Univ. Mainz (1962 ao., 1964 o. Prof.). 1962/63 Gastprof. Univ. of Maryland. Fachaufs.

TILLMANN, Karl-Heinz

Dr. rer. pol., Dipl.-Kfm., Direktor BASF AG, Ludwigshafen, Leit. Untern.bereich Düngemittel - Weinbietstr. 23, 6703 Limburgerhof/Pf. - Geb. 24. Juni 1925 Mannheim - AR-Mandate, dar. Vors. Guano-Werke AG, Castrop-Rauxel, BASF Düngemittelwerke Victor GmbH, Castrop-Rauxel u. CNO N.V., Ostende, Vors. Fachverb. Stickstoffind. im Verb. d. Chem. Ind., Frankfurt - Präs. FIAC - FAO Rom - Spr.: Engl., Franz., Niederl., Ital.

TILLMANN, Klaus-Jürgen

Dr. paed., Prof. f. Erziehungswissenschaft (Schulpädagogik) - Zu erreichen üb. Univ. Hamburg, FB Erziehungswiss., Von-Melle-Park 8, 2000 Hamburg 13 - Geb. 17. Sept. 1944 Bochum (Vater: Klaus T., Bergmann; Mutter: Wilma, geb. Wieditz), verh. in 2. Ehe m. Marianne Horstkemper, T. Katja - Lehre Ind.-Kfm.; Univ. Dortmund, Dipl.-Päd. 1972, Promot. 1974 - 1979 Prof. f. Erz.wiss. Univ. Hamburg (1987-89 Dekan); s. 1991 Dir. d. Pädagogischen Landesinst. Brandenburg in Potsdam - 1974-78 stv. Bundesvors. Gemeinnützigen Ges. Gesamtsch.; s. 1984 Vertrauensdoz. Hans-Böckler-Stiftg. - BV: Polit. Sozialisation in d. Gesamtsch., 1972; Unterr. als soz. Erfahrungsfeld, 1976; Sozialpäd. in d. Schule, 1976; Jahrb. d. Schulentw., 1980/82/84; Bildung f. d. Jahr 2000, 1985; Sozialisationstheorien, 1989.

TILLMANN, Wilfried

Dr. med., Prof., Chefarzt Kinderklinik Klinikum Minden (s. 1984) - Am Kohlgraben 19, 4950 Minden/Westf. (T. 0571 - 5 21 33) - Geb. 15. Dez. 1943 Unna/Westf., verh. s. 1969 m. Karin, geb. Köppen, 3 Kd. (Susanne, Martin, Stefanie) - Med.-Stud. Univ. Göttingen, Hamburg; Promot. 1969 Hamburg; Habil. 1977 Göttingen - 1970-72 wiss. Assist. Univ.-Kinderkl. Hamburg; 1974-77 Univ.-Kinderkl. Göttingen; 1977-84 Oberarzt Univ.-Kinderkl. Göttingen; 1982 apl. Prof. - Rd. 130 Fachveröff., bes. z. Thema Hämatologie, klin. Hämorheologie, Infektionskrankh. - 1978 Preis d. Dt. Ges. f. Hämatologie u. Onkologie - Liebh.: Phil., Sport - Spr.: Engl., Latein.

TILLMANNS, Karl-Adolf

Kaufmann, pers. haft. Gesellschafter F. C. Tillmanns, Remscheid - Elberfelder Str., 5630 Remscheid.

TILLY, Richard H.

Ph. D., o. Prof. u. Direktor Inst. f. Wirtschafts- u. Sozialgeschichte Univ. Münster (s. 1966) - Adlerhorst 18, 4400 Münster-Mauritz (T. 24 71 27) - Geb. 17. Okt. 1932 - 1963-66 Assist. Prof. u. WS. 1969/70 Gastprof. Univ. of Wisconsin, Madison (USA). Fachveröff.

TIMM, Curt

Intendant - Am Binnenhafen 8, 2250 Husum - Geb. 29. Jan. 1926 Hamburg (Vater: Carl T., Ing.; Mutter: Anna T.), ev., verh. s. 1950 m. Marga, geb. Dingler - Schule f. Musik u. Theater - Regiss. f. Schausp. u. Oper, Hörsp.-Regiss., Oberspielleit., Chefdramat., Int. - Feature f. d. Hörfunk.

TIMM, Gottfried

Dr., Parlam. Geschäftsführer d. Landtagsfraktion SPD Mecklenburg-Vorpommern - Solzower Weg 2, 2070 Röbel - Geb. 26. Juni 1956 Hohenkirchen, ev., verh. s. 1982 m. Silke, geb. Weinhardt, 2 Kd. (Wiebke, Edith) - Abit.; Baufacharb.; Dipl.-Theol.; Dr. Theol. 1986 Rostock - Pastor; stv. Fraktionsvors. d. SPD in d. Volkskammer - Liebh.: Segeln, Wandern - Spr.: Engl., Russ., Hebr., Lat., Griech.

TIMM, Helga

Dr. phil., Dozentin, MdB (s. 1969) - Am Hopfengarten 16, 6100 Darmstadt (T. 06151 - 31 33 56) - Geb. 11. Juli 1924 Hamburg - Volks-, Aufbau-, Oberschule Hamburg (Kriegsabit.); 1946-52 Univ. ebd. (Gesch., Lat., Päd.; Promot. 1952 m. d. Diss.: D. dt. Sozialpolitik u. d. Bruch d. Gr. Koalition im März 1930, Neuaufl. Herbst 1982) - 1953-65 wiss. Ref. Unesco-Inst. d. Jugend Gauting/Obb.; s. 1965 Doz. u. Mitleit. Akad. d. Arbeit in d. Univ. Frankfurt/M. SPD s. 1946 - 1986 Gr. BVK m. Stern.

TIMM, Johannes-Peter

Dr. phil., Prof. f. engl. Sprache und Lit. u. deren Didaktik PH Heidelberg (s. 1974) - Brückenstr. 47, 6900 Heidelberg (T. 06221 - 40 29 01) - Geb. 7. Nov. 1942 Baden-Baden, verh. s. 1969 m. Katharina, geb. Röhl (†1986), s. 1990 m. Barbara, geb. Kittel, 3 Söhne (Hans Christoph, Florian, Gunther) - Stud. Angl., Roman., Freiburg im Br., Bristol; 1. u. 2. Staatsex. Lehramt an Gymn. 1968/69 (Engl., Franz.); Promot. 1979 Essen - 1979/80 stv. Fachbereichsleit., 1981-85 Fachbereichsleit. PH Heidelberg; Leit. u. Mitgl. versch. Planungskommiss. im Schul- u. Hochschulber.; 1989-91 Beirat Dt. Ges. f. Fremdsprachenforsch. - BV: Pragmatisch-kommunikative Grammatik im Englischunterr., 1979. Herausg.: Fremdsprachenunterr. im Wandel (m. G. Bach), 1989; Englischunterr. - Grundl. u. Meth. e. handlungsorientierten Unterrichtspraxis (m. G. Bach), 1989. Arbeitsschwerpunkte: kognitives u. handelndes Lernen; Sprachlehrforsch. - Liebh.: Ski, Schach, Folk/Rock, Armbanduhren - Spr.: Engl., Franz.

TIMM, Jürgen

Dr. rer. nat., Dr. h. c., Prof., Mathematiker - Feldhausen 33, 2804 Lilienthal b. Bremen - Geb. 18. Febr. 1941 Hamburg (Vater: Ernst T., Kaufm.; Mutter: Marianne, geb. Sumfleth), verh. s. 1965 m. Ursula, geb. Helbing, 3 Kd. (Andreas, Olaf, Ingo) - Promot. (1967) u. Habil. (1969) Hamburg - S. 1971 Prof. Univ. Bremen (gegenw. Rektor).

TIMM, Uwe

Dr. phil., Schriftsteller - Rezensried 16, 8036 Herrsching/Ammersee (T. 08152 - 89 86) - Geb. 30. März 1940 Hamburg, verh. s. 1969 m. Dagmar, geb. Ploetz, 3 Kd. (Tobias, Bettina, Johanna) - BV: Widersprüche, Ged. 1971; Heißer Sommer, R. 1974; Wolfenbüttler Str. 53, Ged. 1977; Morenga, R. 1978; Kerbels Flucht, R. 1980; Dt. Kolonien, Photobd. 1981; D. Zugmaus, Kinderb. 1981; D. Piratenamsel, Kinderb. 1983; D. Mann auf d. Hochrad, R. 1984; D. Schlangenbaum, R. 1986; Vogel, friß d. Feige nicht, Ess. 1989; Rennschwein Rudi Rüssel, Kinderb. 1989; Kopfjäger, R. 1991 - 1979 Kl. Bremer Literaturpreis; 1990 Münchner Literaturpreis; 1990 Dt. Jugendlit.preis; 1981 Mitgl. Intern. PEN (Dt. Zentrum).

TIMMERMANN, Hans

Schauspieler u. Regisseur Ohnsorg Theater u. Ernst-Deutsch-Theater, Hamburg - Schottmüllerstr. 36, 2000 Hamburg 20 (T. 040 - 47 58 09) - Geb. 20. Febr. 1926 Flensburg.

TIMMERMANN, Klaus

Dr. phil., Botschafter in Sambia (s. 1984) - Botschaft Lusaka, Postfach 1500, 5300 Bonn 1 - Geb. 6. Sept. 1926 Lübeck (Vater: Johannes T., Lehrer; Mutter: Martha, geb. Meins), ev., verh. s. 1956 m. Margot, geb. Nordschild, 3 Kd. (Ralph, Stephan, Thomas) - Stud. d. Philol. Univ. Hamburg u. Cambridge/Engl.; Promot. 1952 - Zun. Journalist. (1953); s. 1956 Ausw. Amt, Bonn (Ausl.posten: 1960-63 Presseref. Botsch. Buenos Aires; 1964-68 Kulturref. Handelsvertret. Helsinki; 1968-72 Botsch.rat Daressalaam), 1972-75 wied. Zentrale Bonn (Kulturabt.); 1975-80 Botsch. in Jamaika; 1980-84 Botsch.rat I. Kl. Ständige Vertretung d. BRD b. Europarat, Straßburg; s. 1984 s.o. - 1954 Fullbright-Stip. - Liebh.: Tennis, Segeln, Wasserski, Ski, Lit., Gesch. - Spr.: Engl., Franz., Span.

TIMMERMANN, Manfred

Dr. sc. pol., Dipl.-Volksw., o. Prof. f. Verwaltungswiss., Staatssekretär b. Bundesmin. d. Verteidigung, Bonn (b.1989) - Zu erreichen üb. Fak. f. Wirtschaftswiss., Universitätsstr. 10, 7750 Konstanz - Geb. 19. Okt. 1936 Bremen (Vater: Johann T., Grundstücksmakler; Mutter: Meta, geb. Glander), ev., verh., s. 1961 m. Roswitha, geb. Bratke, 2 Kd. (Kirsten, Lars-Olaf) - 1959-64 wiss. Assist. Univ. Kiel, Berlin (Freie), Mannheim; 1966-70 Geschäftsbereichsleit. Drägerwerk AG, Lübeck; 1970-73 Mitgl. Geschäftsleit. Prognos AG, Basel; 1973ff. Prof. f. Verwaltungswiss. Univ. Konstanz. Mitgl. Verein f. Socialpolitik u. Intern. Inst. f. Verw.wiss. Herausg.: Management in d. öfftl. Verw. (1976), Strategien d. Personalführung (1976), Sozialwissenschaften (1978); Mithrsg.: D. Keynesianismus (1976) - Spr.: Engl.

TIMMERMANN, Otto-Friedrich

Dr. phil., o. Prof. f. Geographie - Mörikestr. 3, 5000 Köln 51 (T. 0221 - 37 46 77) - Geb. 29. Sept. 1910 Ostönnen/W. - Habil. 1941 Hamburg - S. 1960 Prof. Univ. Münster (apl.) u. Köln (1963 o.). Zahlr. Fachveröff.

TIMMERMANN, Vincenz Engelbert

o. Prof. f. Volkswirtschaftslehre Univ. Hamburg (s. 1971) - Richterstr. 11, 2000 Hamburg 76 (T. 040 - 220 07 06) - Geb. 16. Febr. 1935 Herne (Vater: Vincenz Urban, Kaufmann; Mutter: Meta, geb. Uffmann), kath., verh. s. 1963 m. Renate, geb. Keitel, 2 Kd. (Andreas, Beate) - 1957-61 Stud. Volkswirtsch. Univ. Münster; Dipl. 1961; Promot. 1965 Mannheim; Habil 1969 Mannheim - BV: Probleme u. Möglichk. d. Entwicklungsplanung, 1967; Lieferantenkredit u. Geldpolitik, 1971; Entwicklungstheorie u. Entwicklungspolitik, 1982; Wachstums- u. Produktionsstruktur in Entw.-ländern, 1987 - Spr.: Engl., Franz., Ital.

TIMMERS, Josef

Dr.-Ing., Geschäftsführer Renk Tacke GmbH, Augsburg/Rheine - Bruchweg 12, 4442 Salzbergen (T. 05976 - 4 49) - Geb. 3. Juni 1937 Epe, kath., verh. s. 1970, 2 Kd. - Gymn. Gronau (Abit. 1957); 1957-61 TH Aachen (Dipl.-Ing., Promot. 1965) - B. 1986 Vorst.-Sprecher Dorstener Maschinenfabrik AG - Spr.: Engl.

TIMMLER, Markus

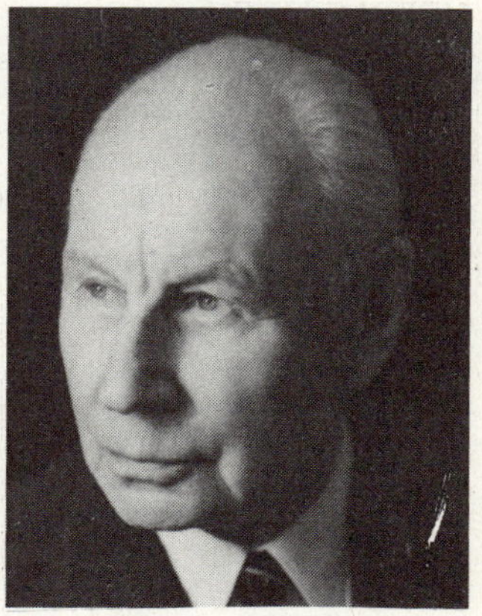

Dr. phil., Publizist - Kronprinzenstr. 23, 5300 Bonn 2 - Geb. 31. Aug. 1906 Königsberg/Pr., ev., verh. s. 1954 - 1925-31 Stud. Neuere Sprachen, Volksw. u. Gesch. Univ. Königsberg, Jena u. München - 1933-39 Doz. Engl. u. Südafrika; 1954-57 Chefredakt. Volksw.; 1957-75 Korresp. Bundesst. f. Außenhdl.information Köln; 1962 Mitbegr. d. ständ. Verkaufsmesse Partner d. Fortschritts, Berlin - BV: Hunger ist kein Schicksal; D. Welthdlskonfz. in Genf; Können u. Wollen, d. Strategie f. d. zweite Jahrzehnt d. Entw.; u. a. - 1931 Kant-Preis Univ. Königsberg; 1967 Ritterkreuz Nationalorden d. Elfenbeinküste - 1928 Zehnkampf-Meister v. Ostpreußen; 1954 Gold. Sportabz. - Spr.: Engl., Franz., Afrikaans.

TIMOFIEWITSCH, Wladimir

Dr. phil., Kunsthistoriker, Univ.-Prof. i.R. f. Mittlere u. Neuere Kunstgesch. Univ. Erlangen-Nürnberg - Höhenkircherstr. 23, 8000 München 60 - Geb. 2. Aug. 1922 Djurdjewo (Jugosl.) - Promot. 1960; Habil. 1970 - Bücher u. Aufs.

TIMPE, Dieter

Dr. phil., o. Prof. f. Alte Geschichte - Keesburgstr. 28, 8700 Würzburg (T. 7 31 43) - Promot. 1956; Habil. 1963 - 1963 Privatdoz. Univ. Freiburg/Br.; 1964 apl. Prof. Univ. Kiel; 1964 o. Prof. Univ. Würzburg - BV: Unters. z. Kontinuität

d. frühen Prinzipats, 1962; D. Triumph d. Germanicus, 1968; Arminiusstudien, 1970.

TINSCHERT, Julius
Dr. med., Internist, Chefarzt i. R. Privatklinik u. Sanatorium Der Westerhof, Tegernsee (s. 1959) - Klosterwachtstr. 47, 8180 Tegernsee/Obb. (T. 31 06) - Geb. 2. Sept. 1918 Otterndorf/Elbe (Vater: Dr. med. Otto T., Amtsarzt; Mutter: Dora, geb. Hottendorff), ev., verh. s. 1951 m. Dr. Inge, geb. Warnekros, 4 Kd. (Sabine, Christine, Ullrich, Jens) - N. Abit. (1937) Stud. Med. Staatsex. u. Promot. 1943 Freiburg/Br. - 1948-51 I. Med. Univ.sklinik Hamburg; 1951-58 Sanat. u. Kurhaus Bühlerhöhe; 1958 Städt. Krkhs. Dortmund (Oberarzt Med. Klinik) - Liebh.: Literatur, bild. Künste - Spr.: Franz., Engl.

TIPKE, Klaus
Dr. jur., em. Prof. f. Steuerrecht - Blumenweg 3, 2057 Wentorf - Geb. 8. Nov. 1925, ev., verh. s. 1952, m. Ursula, geb. Boening, 2 Kd. - 1964 Lehrbeauftr. Univ. Hamburg, b. 1966 Senatspräs. Finanzgericht Hamburg, dann o. Prof. Univ. Köln; 1988 Stiftungsprof. Stifterverb. f. d. Dt. Wiss. Emerit. 1991. 1976-81 Vorst.-Vors. Dt. Steuerjurist. Ges. - BV: Komm. z. Abgabenordn. u. Finanzgerichtsordn., 3 Bde. (14. A. [Losebl.]; m. Kruse); Betriebsprüf. im Rechtsstaat, 1968; Lehrb. d. Steuerrechts (m. Lang), 13. A. 1991; Steuergerechtigkeit, 1981; Grenzen d. Rechtsfortbild. im Steuerrecht, 1982. Üb. 200 Einzelarb. 1973-88 Herausg.: Steuer u. Wirtsch. - Ztschr. f. d. ges. Steuerwiss.

TIPPELSKIRCH, von, Alexander
Dr. rer. pol., Dipl.-Kfm., Bankvorstand - An den Linden 13, 4005 Meerbusch 1 - Geb. 16. Jan. 1941 Berlin - S. Jahren Industriekreditbank AG/Dt. Industriebank, Düsseldorf/Berlin (1984ff. Vorst.-Mitgl.).

TISCHENDORF, Friedrich

Dr. med., Univ.-Prof., Anatom - Petersbergstr. 73, 5000 Köln 41 (Klettenberg) (T. 44 53 17) - Geb. 1. April 1915 Gera/Thür. (Vater: Carl T., Bankdir.; Mutter: Charlotte, geb. Müller), verh. s. 1946 m. Irmgard, geb. Arndt, 2 Söhne (Werner, Klaus) - 1925-34 Gymn. Zittaviense; 1934-39 Univ. Leipzig 1939 (Bestallg.) Arzt, 1942 (Promot. Leipzig) Dr. med.; 1939-45 Kriegsdst. (Stabsarzt d. R. u. Truppenarzt; hohe Ausz.); 1948 (Habil. Köln) Privatdoz., apl. Prof. (1955), Wiss. Rat u. Prof. (1959), Leit. Abt. f. Angioanat. u. Gewebezücht./Anat. Inst., Prof. C4 (1980), em. (1980) Univ. Köln. Mitgl. in- u. ausl. Fachges., u. a. Mitgl. Anatom. Ges., Ehrenmitgl. Società Italiana di Microcircolazione, Korr. Mitgl. Accad. Patavina, Padua. Fellow of the Royal Microscopical Society - BV: Makroskop. anat. Kurs, 5. A. 1986 - Beitrag: D. Milz, in: v. Möllendorff/Bargmann, Handb. d. mikroskop. Anat. d. Menschen, Bd. VI/6, 1969. Zahlr. Aufs. z. Arbeitsgeb. Mithrsg.: Biochemistry and Experimental Biology - Med.-wiss. Beirat-Mitgl. Ztschr. Physikal. Therap. - 1951 Diplom m. Plak. d. PHOTOKINA; 1971 Ehrenurk. d. Intern. Artisten-Verb. S.w.J.; 1960 HOCHHAUS-Preis d. Med. Fak. d. Univ. Köln; Ehrenmitgl. Bund Dt. Fallschirmjäger; Europakreuz d. Fédérat. Europ. d. Anciens Combattants (FEAC) - Liebh.: Gesch., Lit., Fotografieren, Fechten, Skilaufen - Spr.: Engl.

TISCHER, Heinz
Dr. phil., Prof. f. Didaktik d. dt. Sprache u. Literatur Univ. Bayreuth - Klinikumallee 47, 8580 Bayreuth (T. 0921 - 4 28 35) - Geb. 20. März 1930 Coburg (Vater: Carl Otto T., Bücherrevisor; Mutter: Alma, geb. Neidiger), ev., 2 Kd. - Lehramtsprüf. 1953, Promot. 1969 - S. 1980 Prof. - Stadtrat Bayreuth - BV: Gesch. d. dt. Volksschulleseb., 1969; Ironie u. Resignation in d. Lyrik Heinrich Heines, 1973; Rechtschreibunterr., 1981; D. Prinzip Sisyphos: Z. Kritik d. demokrat. Leistungssch. (in: DDS), 1980.

TISCHER, Rudi (Rudolf)
Dr. jur., Präsident d. Verwaltungsrates Allianz Versicherung (Schweiz) AG - Wilhelm-Leuschner-Str. 49, 6078 Neu-Isenburg - Geb. 15. Mai 1925 Nürnberg - N. Kriegsdst. (Marine) Stud. Rechtswiss. - Stv. Synd. IHK Bayreuth; s. 1958 verantw. Tätigk. FV. Präs. Frobenius-Ges./ Dt. Ges. f. Kulturmorphol., Frankfurt - Kenner afrikan. Felsmalereien.

TISCHERT, Hans
Chefredakteur Europa-Pressedienst (s. 1945), Motor Echo (s. 1954), Kraftverkehr u. Wirtschaft (s. 1956) - Pariser Gärten 9, 6712 Bobenheim-Roxheim 2 (T. 06239 - 72 72) - Geb. 9. Dez. 1904 Berlin (Vater: Dr. phil. Georg T., Börsenjourn.; Mutter: Clara, geb. Nagel), verh. I) 1947 m. Charlotte, geb. Weirich († 1972), II) 1973 Gustel, geb. Roethe - Werner-Siemens-Realgymn. u. Humboldt-Akad. Berlin; Ausbild. Bergmann Elektricitäts-Werke u. Ullstein-Verlag (Voss. Ztg.) ebd. - 1923 Gründ. Ztg.s-Nachr.dst. Mitbegr Verb. d. Motorjourn. - BV: Es interessierte Europa, 1927; 5000 km Südlandfahrt, 1929; Stätten d. Arbeit, 15 Bde. 1929/36, 2. A. 1950ff. (GA. üb. 250 Ts.); Dt. Industrie, 1929, 1951, 1964/68. Etwa 1500 Wirtschaftsmonogr. u. Jubiläumsschr. dt. Industrieunternehmungen, Rundfunk- u. Fernsehreportagen, Touristfilme - Liebh.: Philatelie, Schmalfilm - Spr.: Engl., Franz., Ital., Span.

TISCHLER, Wolfgang
Dr. phil., em. o. Prof. f. Ökologie - Flensburger Str. 99, 2300 Kiel (T. 33 10 68) - Geb. 2. Aug. 1912 Heidelberg (Vater: Prof. Dr. phil. Dr. med. h. c. Dr. agr. h. c. Georg T., zul. Ord. f. Botanik Univ. Kiel (s. XII. Ausg.); Mutter: Gisela, geb. v Funck), verh. s. 1938 m. Ursula, geb. Wendig, 4 Kd. (Ragna, Wolf-Hermann, Ulrik, Björn) - Gymn. Kiel; Univ. ebd. (Naturwiss.) u. Cornell-Univ. (USA). Promot. 1936 - 1936-39 Assist. Biol. Reichsanst. f. Land- u. Forstw. Kitzeberg b. Kiel, sd. Assist., Doz. (1941), apl. Prof. (1947), Wiss. Rat u. Prof. (1957), ao. (1963) u. o. Prof. (1966) Univ. Kiel. Mitgl. Dt. Zool. u. Entomol. Ges., Ehrenmitgl. Ges. f. Ökol., ausl. Mitgl. Entomol. Ges. d. Akad. d. Wiss. d. UdSSR - BV: Agrarökol., 1965 (russ. u. poln. 1971); Grundriß d. Humanparasitol., 3. A. 1982; Wörterb. d. Biol.: Ökol., 4. A. 1983; Einführ. in d. Ökol., 3. A. 1984; Biologie d. Kulturlandsch., 1980; Ökol. d. Lebensräume, 1990 - Bruder: Prof. Dr. phil. Fritz T., Museumsdir. Duisburg † 1967 (s. XV. Ausg.).

TITS, Jacques
Dr., o. Prof., Collège de France, Paris - 12, rue du Moulin-des-Prés, F-75013 Paris - 1965 Belg. Regierungspreis f. Reine Math. (wird nur alle 10 J. verliehen); Mitgl. Dt. Akad. d. Naturforscher Leopoldina (1977) u. Acad. d. Sciences de Paris (1979).

TITTEL, Klaus
Dr. rer. nat., Prof. f. Physik - Uferstr. 56, 6900 Heidelberg (T. 06221-47 27 29) - Geb. 8. Juli 1932 Chemnitz (Vater: Dr. Rudolf T., Arzt; Mutter: Leonore, geb. Trübenbach), verh. s. 1964 m. Dr. Ulrike, geb. Meissner, 2 Kd. (Jakob, Juliane) - Human. Gymn. Chemnitz (Abit. 1951); Univ. Leipzig, Heidelberg, Tübingen (Dipl.-Phys. 1958, Promot. 1965) - 1965-68 Wiss. Assist. TH Aachen, 1968-73 Physiker am Europ. Kernforsch.zentr. CERN Genf/Schw., s. 1974 o. Prof. f. Physik Univ. Heidelberg u. Dir. Inst. f. Hochenergiephysik - Spr.: Engl., Franz.

TITTELBACH, Ernst
Dipl. oec., Vorstandssprecher Eisen- u. Drahtwerk Erlau AG., Aalen - Schubertstr. 17, 7080 Aalen/Württ. - Geb. 7. April 1920 Lipine/OS. - Stud.

TITZCK, Rudolf

Landesminister a.D. - Rehbenitzwinkel 16, 2300 Kiel 1 - Geb. 21. Febr. 1925 Neukirchen (Vater: Karl T., Pastor; Mutter: Magdalena, geb. Janell), ev., verh. s. 1951 m. Inge, geb. Reinhardt, 3 Söhne (Hans-Jürgen, Klaus-Peter, Karl-Reinhard) - Gymn. Flensburg; Univ. Freiburg u. Kiel (Rechts- u. Staatswiss.). Gr. jurist. Staatsprüf. 1952 - 1952-54 OVG Lüneburg, dann Innere Verw. Schlesw.-Holst. (zul. Reg.dir. Innenmin. u. Staatskanzlei), 1963-69 Bürgerm. u. Stadtkämmerer Kiel, 1970-71 Staatssekr. u. Chef Staatskanzlei, 1971-79 Innenmin. SH, 1979-83 Finanzmin., b. 1987 Landtagspräs. CDU - 1984 Gr. BVK m. Stern u. Schulterbd. - Spr.: Engl. - Rotarier.

TITZE, Klaus
Dr. rer. pol., Dipl.-Wirtschaftsing., Vorsitzender d. Geschäftsf. SP Reifenwerke GmbH - Dunlopstr. 2, 6450 Hanau/M. - Geb. 29. Dez. 1930 - Spr.: Engl., Franz.

TIWISINA, Theodor
Dr. med., Prof., Chefarzt i.R Chir. u. Neurochir. Abt. Clemenshospital Münster - Schlüterstr. 18, 4400 Münster - Geb. 4. Febr. 1919 Münster/W. (Vater: Bernhard T.), verh. m. Marianne, geb. Hefter - S. 1954 (Habil.) Doz. u. apl. Prof. (1966) Univ. Münster (Chir. u. Neurochir.) - BV: D. Vertebralis-Angiographie, 1954. Fachaufs. - 1954 Preis Niederr.-Westf. Chirurgen-Vereinig.

TOBATZSCH, Stephan-Lutz
Oberstudiendirektor a.D., Schulleiter, Schriftsteller (Prosa u. Lyrik) - Am Holzhauser Berg 58, 4504 Georgsmarienhütte - Geb. 21. Dez. 1933 Leipzig, verh. - 1952-60 Bergmann, Ind.arb., Anwaltsgeh., Sänger; Stud. Naturwiss., Geogr., Phil., Päd. u. Gesellsch.wiss. - S. 1960 Doz. in d. Erw.bild.; s. 1961 Lehrer an Gymn. (1971-83 Leit.); s. 1972 Lehrauftr. Univ. u. Lehrerausb.; s. 1984 fr. Schriftst. - BV: D. Erdbevölkerung, 1976 u. 1981; Zeitzeichen, 1981; Was soll nun aus d. Kind werden?, 1982; Vom Turm sieht man d. Dinge anders, 1986; Wendekreise, 1986; Manchmal brauch ich einen, der wie ich empfindet, 2. A. 1991; Im Schatten alter Tamarisken, 1992; zahlr. Ged., Kurzgesch., Ess. in Journalen u. Fachztschr. - Liedkompos. u. Textvertonungen - S. 1988 Ausst. m. großformat. Bildmeditation, Lesungen m. Liedortr. - 1984 bes. Belobig. d. SOLI DEO GLORIA; 1987 Buch d. Monats d. Christl. Publizisten; 1990 Int. Lit.-Preis d. Allchines. Jugendverb. im Allchines. Schriftst.verb.

TOBEI, Johannes
Dr., Generalvikar Bistum Berlin - Wundtstr. 48-50, 1000 Berlin 19 - Geb. 1930, kath. - U. a. Pfr. St. Bonifatius-Gde. Kreuzberg u. Dir. Caritasverb. Berlin - 1976 Päpstl. Hausprälat.

TOBIAS, Wolfgang W. J.
Dr. rer. nat., Prof., Kustos am Forschungsinstitut Senckenberg, Frankfurt - 6380 Bad Homburg v. d. H. (T. 06172 - 2 34 74) - Geb. 20. Mai 1936 Breslau, verh. s. 1966 m. Dagmar, geb. Schmidt, 2 Kd. (Daniela, Leif-Erik) - Abit. 1956; Staatsex. f. Höh. Lehramt 1963; Promot. 1966 Univ. Gießen - Forsch.tätigk. im Ber. Gewässerökologie u. Entomologie; Lehrtätigk. im FB Geowiss. d. J. W. Goethe-Univ., Frankfurt/M. - 130 wiss. Veröff. - 1974 Förderpreis d. Dr. Senckenbergschen Stiftg. - Liebh.: klass. Musik, Fotografie - Spr.: Engl., Franz., Norw.

TOBIEN, Heinz
Dr. phil. nat., em. o. Prof. f. Paläontologie - Schillerstr. Nr. 1, 6507 Ingelheim/ Rh. (T. 26 21) - Geb. 8. April 1911 Braunschweig (Vater: Max T., Theaterint.; Mutter: Emmy, geb. Baumann), verh. s. 1939 m. Edith, geb. Freiin v. Gleichenstein, 3 Söhne (Wolfgang, Rainer, Josef) - Univ. Berlin, München, Freiburg/Br. (Geol., Paläontol.). Promot. (1935) u. Habil. (1941) Freiburg - S. 1945 Lehrtätig. Univ. Freiburg (1949 apl. Prof.), TH Darmstadt (1950 apl. Prof.), Univ. Mainz (1955 ao., 1966 o. Prof.); 1967 Dir. Paläontol. Inst.; 1978 emerit.; 1950-68 Hess. Landesmuseum Darmstadt (b. 1955 Kustos, dann Abt.s-leit.). 1963/64 Gastprof. Univ. of California, Berkeley. Fachveröff. - 1973 korr. Mitgl. Österr. Akad. d. Wiss.; 1981 korr. Mitgl. Bayer. Akad. d. Wiss.; 1981 BVK I. Kl.

TOBIESEN, von, Fred
Geschäftsführer d. Schwedischen Handelskammer in d. Bundesrep. Deutschl. (s. 1972) - Nietzschestr. 39, 4020 Mettmann (T. 02104 - 5 33 05) - Geb. 18. Dez. 1930, ev., verh. s. 1969 m. Heidrun v. Blacha, 2 Kd. (Antonia, Moritz) - Schwed. Dipl. Volkswirt 1957 Stockholm - 1984 D. Med. Seiner Majestät König Carl XVI Gustaf 8. Grösse - Spr.: Deutsch, Engl., Franz.

TOBISCH, Lotte
(eigtl. Lotte Tobisch v. Labotýn) Burg-

schauspielerin - Zu erreichen üb. Bundestheaterverband, A-1010 Wien - 1981ff. Leit. Wiener Opernball - Ehrenkreuz f. Wiss. u. Kunst; Gr. Ehrenzeichen f. Verdienste um d. Rep. Österr.; Commander of the Order of Independence of Jordan - Entstammt e. altösterr. Patrizierfamilie (Vorf. b. 1229 nachweisb.).

TODENHÖFER, Jürgen

Dr. jur., Richter i.R., stellv. Vorsitzender d. Geschäftsfg. d. Burda Holding u. d. Burda GmbH - Prinz-Karl-Str. 26, 8130 Starnberg - - Geb. 12. Nov. 1940 Offenburg/Baden (Vater: Werner T., Senatspräs. OLG; Mutter: Edith, geb. Leonhardt), ev., verh. (Ehefr.: Francoise), 3 Kd. (Valérie, Frédéric, Nathalie) - Univ. München, Paris, Bonn, Freiburg (Rechts- u. Staatswiss.). Jurist. Staatsprüf. 1964 u. 67; Promot. 1969 - 1970-71 Pers. Ref. CDU-Generalsekr.; 1972 Wiss. Assist. Univ. Freiburg; 1972ff. Richter LG Kaiserslautern; Mitgl. d. CDU s. 1970; 1972-90 MdB; 1973-80 Entwicklungspolit. Sprecher CDU/CSU-Fraktion; 1981-89 Mitgl. d. Ausw. Aussch.; 1982-87 Abrüstungspolit. Sprecher d. CDU/CSU-Fraktion - BV: Wachstum f. alle, 1976; Ich denke deutsch, 1989 - Liebh.: Dt. Literatur, Geschichte u. Philisophie, Skilaufen, Tennis - Spr.: Engl., Franz.

TODT, Dietmar J.

Dr. rer. nat., o. Prof. Freie Univ. Berlin - Haderslebener Str. 9, 1000 Berlin 41 (T. 838 38 48) - Geb. 4. April 1935 Castrop-Rauxel (Vater: John D. T., Arch.; Mutter: Hede, geb. Kappelhoff), ev., verh. s. 1962 m. Waltraut, geb. Kemnate, 2 Kd. (Jens Oliver, Tilman Jörn) - Promot. 1961 Tübingen; Habil. 1970 Freiburg/Br. - 1972-74 wiss. Organisator u. Leit. Funkkolleg Biol.; 1975 apl. Prof. Freiburg; 1976 Lehrstuhl f. Verhaltensbiologie FU - BV: D. Leben, 1972; D. Welt d. Tiere, 1973; Biol.-Systeme d. Lebendigen, I u. II 1976; D. Zeichenverhalten d. Tiere, 1986; Primate Vocal Communication, 1988. Zahlr. wiss. Veröff. in Fachztschr. - Spr.: Engl.

TODT, Eberhard

Dr. rer. nat., Prof. f. Pädagogische Psychologie - Am Sonnenhang 13, 6301 Pohlheim (T. 0641 - 4 53 86) - Geb. 1. Mai 1935 Worms (Vater: Dr. phil. Wilhelm T., Stud.rat; Mutter: Hildegard, geb. Bickelhaupt), ev., verh. s. 1976 m. Heidi, geb. Zeuch, 2 Kd. (Ingrid, Jochen) - Univ. Marburg, Göttingen u. Gießen (Psych., ev. Theol.; Dipl.-Psych. Göttingen 1960, Promot. Dr. rer. nat. Gießen 1965) - S. 1978 Leit. zentr. Stud.ber. d. Univ. - BV: Beitr. z. Päd. Psych. d. Sek.stufe, 1976; Motivation, 1977; D. Interesse, 1978. Herausg.: Probl. d. Jugendalters (m. E. Olbrich, 1984); Angew. Entwicklungspsych. (m. H. Hetzer, 2. A. 1990) - Liebh.: Musik, Kunst - Spr.: Engl.

TODT, Hans

Dipl.-Ing., I. Bürgermeister Großgemeinde Lappersdorf, Landkr. Regensburg - Zu erreichen üb. Rathaus, Rathausstr. 3, 8417 Lappersdorf - Geb. 5. Sept. 1939 Walderbach - CSU.

TOEBELMANN, Peter

Dr., Leiter d. Referats Personal u. Organisation d. Auslandshandelskammern im DIHT (s. 1991) - Adenauerallee 148, 5300 Bonn 1 - Geb. 17. Okt. 1936 - 1983-91 Geschäftsf. d. Deutsch-Brasilian. Ind.- u. Handelskammer São Paulo.

TÖGEL, Tilman

Elektromeister, Mitglied d. Landtages Sachsen-Anhalt (s. 1990) - Bahnhofstr. 4, O-3501 Uchtspringe (T. 2 21) - Geb. 12. März 1960 Leipzig, ev., verh. s. 1981 m. Anette, geb. Lellau, 2 Kd. (Anne-Kathrin, Sebastian) - Elektroinstall.meister; Abit.; 1988 TU Magdeburg - S. 1990 MdL, Parlam. Geschäftsf. d. SPD-Landtagsfraktion.

TÖLG, Arnold

Geschäftsführer, MdL Baden-Württ. (s. 1977) - Im Vogelsang 11, 7263 Bad-Liebenzell-Möttlingen - Geb. 30. Sept. 1934 Königswalde/Schles., kath., verh., 3 Kd. - Schule (Mittl. Reife); kaufm. Lehre Großhdl. Braunschweig; 1964-67 Fachhochsch. f. Wirtsch. Pforzheim (Betriebsw./grad.) - 1956-57 Angest. DAK Stuttgart; 1957-64 Sekr. e. CDU-Bundestagsabg.; 1967-69 stv. Kurdir. Bad Liebenzell; s. 1969 Geschäftsf. Pforzheimer Reise- u. Verkehrsbüro GmbH. u. Verkehrsbüro Pforzheim (1973 Verkehrsdir.), Vors. d. TurngaUS Nordschwarzwald. CDU s. 1956 (1969 Kreisvors. Calw u. Mitgl. Bezirksvorst. Nordbaden).

TÖLG, Günther

Dr., Prof., Dipl.-Chem., Direktor Institut f. Spektrochemie u. Angewandte Spektroskopie - Postfach 10 13 52, 4600 Dortmund (T. 0231 - 13 92-101) - Geb. 5. Dez. 1929, verh., 1 Kd. - Wiss. Mitgl. u. Dir. am MPI f. Metallforsch. Stuttgart; Prof. Univ. Dortmund; Honorar-Prof. Univ. Tübingen - Forschungsarb.: Analyt. Chemie, Spurenanalyse d. Elemente, Reinststoff-Forsch. - 3 Patente; 210 wiss. Veröff. - 1980 Fritz-Pregl-Med.; 1981 Fresenius-Preis.

TÖLKE, Friedrich

Dr.-Ing. (habil.), Dr. ès Sc. h. c., o. Prof. f. Bodenmechanik u. Wasserkraftanlagen (emerit.) - Kep-lerstr. 11, 7000 Stuttgart (T. 29 55 18) - Geb. 7. Mai 1901 Hannover, ev., verh. s. 1926 m. Emilie, geb. Kapp, 5 Kd. (Edith-Helga, Jürgen-Friedrich, Heinrich-Hermann, Friedrich-Wilhelm, Hedwig-Isolde) - Realgymn. Hannover; TH Karlsruhe (Dipl.-Ing. 1922) - 1922-27 Konstrukteur u. Chefkonstr. Demag AG., Duisburg, dann Ziviling., 1927-45 Privatdoz. u. o. Prof. (1934) TH Karlsruhe (Techn. Mechanik) u. Berlin (1937; Techn. Mech. u. wasserbaul. Strömungslehre), wied. Ziviling., s. 1952 o. Prof. TH bzw. Univ. Stuttgart (Dir. Otto-Graf-Inst. u. Amtl. Forschungs- u. Materialprüfungsanstalt f. d. Bauwesen) - BV: D. stat. Behandl. d. ebenen zykl. Ringes auf vielen Stützen, 1927 (Diss.); Über Stabilitätsprobleme dünner kreiszylindr. Schalen, 1932; Üb. Spannungszustände in dünnen Rechteckplatten, 1934; Bessel'sche u. Hankel'sche Zylinderfunktionen, 1936; Talsperren, 1938 (Handbibl. f. Bauing., 3 T. Bd. 9); D. geophysikal. Baugrunduntersuchungen., 1938; Z. Integration Differentialgleichungen d. drehsymmetr. belasteten Rotationsschale bei belieb. Wandstärke, 1938; Üb. Rotationsschalen gleicher Festigkeit f. konstanten Druck, 1939; D. Torsion d. Rechteckstabes als räuml. Problem, 1943; Prakt. Funktionslehre, Bd. I 2. A. 1951; Mechanik starrer Körper, 1943; Mech. deformierbarer Körper, Bd. I 1949; Baustatik, 1950; Talsperren, 1953 (Samml. Göschen); Prakt. Funktionslehre, Bd. II 1966, III, IV 1967, V 1968, I i. V. - 1953 Ehrendoktor L'Ecole Polytechnique de l'Universite de Lausanne - Liebh.: Entwerfen v. Talsperren u. Wasserkraftanlagen, Math.

TÖLKES, Hans

Ausbildungsleiter, MdL Rhld.-Pfalz - Tannenweg 4, 5540 Prüm - Geb. 10. Febr. 1935 - CDU.

TÖLLE, Engelbert

Vorsitzender d. Geschäftsführung Dt. Kornbranntwein-Verwertungsstelle GmbH, SPIREI Spiritus-Reinigungswerke Lüdinghausen GmbH, DEKO Verwaltungs- u. Beteiligungsges. mbH, Klindtworth GmbH, Buxtehude - Kaiser-Wilhelm-Ring 14, 4400 Münster - Vorst.-Vors. Bundesverb. d. Spiritus-Reinigungswerke e.V.; AR-Vors. Guttenberg'sche Hausverwaltungsges. mbH, Bad Neustadt/Saale; Präsid.-Mitgl. d. Arbeitsgemeinsch. Dt. Agraralkoholerzeuger u. -bearbeiter; Mitgl. Landesbeirat NRW Commerzbank AG, Düsseldorf.

TOELLE, Tom

Regisseur - Cosimastr. 4, 8000 München 81 (T. 91 18 34) - Geb. 19. Mai 1931 Berlin (Eltern: Karl u. Helma T., Fotogr.) - Franz. Gymn. u. Freie Univ. Berlin - Zeitw. Regieassist. Bühneninsz.: u. a. Prinz v. Homburg (1972, Bad Hersfeld); Macbeth (1974, Ernst-Deutsch-Theater); E. Eremit wird entdeckt (1975, Thalia Theater); Bär u. Heiratsantrag (1979, Schauspielhaus Hamburg); Tod eines Handlungsreisenden (1980, Thalia Theater); D. Botschafter (1982 Schlosspark-Theater Berlin), etc. Fernsehf.: D. wahre Geschichte v. geschändeten u. wiederhergestellten Kreuz (auch Drehb. u. Buch), Der eine u. d. andere, Im Kreis, D. Millionenspiel, Ich töte, Reichstagsbrandprozeß, D. Witwen, E. Bräutigam f. Marcella, Victor oder Die Kinder an der Macht, Rückfahrt von Venedig, Via Mala, D. Schrei d. Eule, Bismarck u. a. - 1964 Unda-Preis Monte Carlo, 1970 Stern d. Jahres Münchner Abendztg., 1971 Bambi u. Prix Italia - Spr.: Engl., Franz.

TÖNNESMANN, Andreas

Dr. phil., Prof. f. Kunstgeschichte Univ. Bonn (s. 1991) - Humboldtstr. 2, 5300 Bonn 1 - Geb. 24. Okt. 1953, verh. m. Bernadette Fittkau (Ärztin) - Univ. Bonn u. Florenz; Promot. 1980 Bonn; Habil. 1989 München - 1980-84 Wiss. Assist. Bibliotheca Hertziana (Max-Planck-Inst.) Rom; 1984-91 TU München - BV: D. Palazzo Gondi in Florenz, 1983; Pienza - Städtebau u. Humanismus, 1990.

TÖNNIS, Dietrich

Dr. med., Prof., Direktor Orthopäd. Klinik Städt. Klinik Dortmund (s. 1970) - Beurhausstr. 40, 4600 Dortmund 1 (T. 54 22 18 50) - Geb. 10. Aug. 1927 Würzburg (Vater: Prof. Dr. Wilhelm T., s. XVII. Ausg.; Mutter: Herma, geb. Köster), ev., verh. s. 1963 m. Margret, geb. Beckmann, 3 Töcht. (Anja, Delia, Nora) - Stud. Münster, Freiburg, München - BV: Rückenmarkstrauma u. Mangeldurchblutung; D. angeborene Hüftdysplasie u. Hüftluxation im Kindes- u. Erwachsenenalter, 1984; Congenital Dysplasia and Dislocation of the Hip in Children and Adults, 1987. Zahlr. wiss. Einzelarb. - 1963 Preis Dt. Ges. f. Unfallheilkde. - Spr.: Engl.

TÖNSHOFF, Ernst

Kaufmann, Präs. Zentralverb. d. dt. Milchhandels, Bonn - Elisabethstr. 97, 4300 Essen (T. 21 01 81).

TÖNSHOFF, Hans Kurt

Dr.-Ing., Dr.-Ing. E.h., Prof. f. Fertigungstechnik u. Spanende Werkzeugmaschinen Univ. Hannover - Schloßwender Str. 5, 3000 Hannover 1 (T. 0511 - 7 62 55 08) - Geb. 14. Mai 1934 Bochum (Vater: Dipl.-Ing. Kurt T., Fabrikant; Mutter: Margarete, geb. Maas), kath. - TH Hannover (Dipl. Maschinenbau 1960, Promot. 1965) - 1960/61 Konstrukteur USA; 1961/65 wiss. Assist. TH Hannover; 1965-70 Konstruktionsleit./Techn. Leit. im Werkzeugmaschinenbau; 1970 o. Prof. Univ. Hannover. S. 1975 o. Mitgl. Intern. Forsch.gem. CIRP; 1980-84 Mitgl. Wissenschaftsrat; 1982-87 Mitgl. Kurat. Stiftg. Volkswagenwerk; 1984-86 Landesbeauftr. f. Forsch. u. Technol. d. Nieders. Landesreg., s. 1986 Vorst. Laser Zentrum Hannover; s. 1988 Geschäftf. CIM-Fabrik Hannover gGmbH; s. 1989 Vizepräs. d. DFG; AR-Mand. - Veröff. üb. Fertigungsverf., Werkzeugmasch. u. Fertigungsorg. - Spr.: Engl.

TOENZ, Kurt

Kaufmann, Geschäftsf. Pitney Bowes Deutschl. GmbH u. Adrema Maschinenbau GmbH - Tiergartenstr. 7, 6148 Heppenheim; priv.: Höhenstr. 40, 6242 Kronsberg/Ts. - Geb. 23. Febr. 1937.

TOEPEL, Tim H.

Dr. rer. nat., Prof., Chemiker - Am Schwanenteich 1, 5483 Bad Neuenahr-Ahrweiler 1 (T. 02641 - 8 18 72) - Geb. 2. Febr. 1915 Jena, ev., verh. s. 1939 m. Hildegard, geb. Koch, 2 Kd. (Monika, Hans) - Oberrealsch. Jena; Univ. ebd. u. Heidelberg (Chemie). Promot. 1939 Jena - 1939-40 IG Farbenindustrie AG, Frankfurt/M.-Höchst (Zentrallabor.), 1940-59 IG Farben bzw. Bad. Anilin- & Soda-Fabrik, Ludwigshafen, 1959 b. 1961 Dow Bad. Chemical Co., Freeport, Tex./USA (Vice President u. General Manager), 1961-66 Dir. BASF AG (Leit. Ammoniak-Lab. u. Auslandskoordination); 1966-71 Dow Badische Comp. Williamsburg, VA./USA (Executive Vice Pres. and General Manager); 1971-76 Dir. BASF AG Forschung (Koord. u. Dokument.); 1965-76 Hon.-Prof. Univ. Mainz (Organ.-chem. Technol.).

TOEPFER, Alfred

Dr. h. c. mult., Prof. E. h., Kaufmann, Landwirt, AR-Vors. Alfred C. Toepfer Verw.-Ges. m.b.H. - Ballindamm 2-3, 2000 Hamburg 1 (T. 3 01 30) - Geb. 13. Juli 1894 Hamburg-Altona (Vater: Carl T., Kaufm.; Mutter: Marie, geb. Volkmer), ev., verh. s. 1922 m. Emmele, geb. Klima, 5 Kd. (Gerda, Helmuth, Hermann, Heinrich, Lore) - Mittl. Reife - Vors. d. Stiftg. F.V.S. zu Hamburg, Johann Wolfgang v. Goethe-Stiftg. zu Basel, u. Carl-Toepfer-Stiftg. zu Hamburg - Ehrendoktor Univ. Kiel, München, Basel; Ehrensenator Univ. Hamburg, München, Basel - 1941 Gold. Sportabz.; 1984 Europarat-Med. (pro merito); 1984 Hbg. Ehrengedenkmünze in Gold; Commander of the British Empire - Spr.: Engl., Franz.

TÖPFER, Armin

Dr. rer. pol., Dipl.-Volkswirt, Univ.-Prof. f. Management u. Marketing Univ.-GH Kassel - Wiederholdstr. 11, 3500 Kassel (T. 40 37 50) - Geb. 1. April 1944 Lörrach - Hptm. d. R.; Stud. u. wiss. Assist. Univ. Freiburg; 1981/82 Leit. Fachber. Organisat. u. Personalwesen, E.A.P. Europ. Wirtschaftshochsch. Düsseldorf; s. 1983 Univ.-GHS Kassel; Herausg.-Beirat Ztschr. Personalwirtsch. - BV: Planungs- u. Kontrollsyst., 1976; Mitarb. führen, 1981; Personalführung, 1982; Führungsgrundsätze u. -instrumente, 1982; Strateg. Unternehmensplanung, 1983, Strateg. Marketing, 1984; Krisenmanagement u. Sanierungsstrat, 1985; Mitarb.-Befragungen, 1985; Direktmarketing m. neuen Medien, 1986; Bürokommunikation, 1987; Schluß m. d. Ladenschluß, 1988; Marketing im kommunalen Bereich, 1989; Marketing im staatlichen Bereich, 1989; Aufgabenfelder d. betriebl. Personalwesens f. d. 90er Jahre, 1989; Fort- u. Weiterbildung - Chance f. d. Handwerk?, 1989; Unternehmenserfolg im Europ. Binnenmarkt, 1991; D. asiatisch-pazifische Raum - Strategien u. Gegenstrategien von Unternehmen, 1991; Technologie-Marketing - D. Integration v. Technologie u. Marketing als strategischer Erfolgsfaktor, 1991. Herausg.: Schriftenreihe Management u. Marketing; Schriftenreihe Schr. z. Personalwirtsch. - Spr.: Engl., Franz., Lat.

TÖPFER, Hans-Joachim

Dr. rer. nat., Prof., Mathematiker (Approximationstheorie/Informatik) - Rehwinkel 6, 8901 Diedorf - Geb. 26. Okt. 1933 Meseritz/Grenzm. (Vater: Erich T., ltd. Angest.; Mutter: Gertrud, geb. Weber), ev., verh. s. 1959 m. Annemarie, geb. Illner, 3 Kd. (Barbara, Klaus, Jochen) - Schule Salzgitter (Abit. 1954); TH Braunschweig, TU Berlin (Math.; Dipl.-Math. 1960). Promot. (TU, 1965) u. Habil. (FU, 1972) Berlin - S. 1960 Hahn-Meitner-Inst. f. Kernforsch. Berlin (1964 Abt.leit. Sektor Math., 1970 komm. Leit. Sekt. Math., 1973 Leit. Bereich Datenverarb. u. Elektronik); s. 1974 zusätzl. FU ebd. (o. Prof. f. Math.); s. 1983 Lehrst. f. Informatik Univ. Augsburg; 1989-91 Vizepräs. Univ. Augsburg - Fachveröff. Übers.: B. S. Walker, Einf. in d. Computer-Technik (1969).

TOEPFER, Helmuth

Dr., Prof. f. Wirtschaftsgeographie Univ.

Bonn - Meckenheimer Allee 166, 5300 Bonn 1 (T. 0228 - 73 75 19) - Geb. 11. Okt. 1943 Erkelenz - Stud. Univ. Bonn u. Köln (Geogr., Gesch., Wirtschaftswiss., Päd.); Promot. 1967 u. Habil. 1975 Bonn - 1970-72 Doz. Univ. Kabul/Afghanistan; 1978-80 Doz. GH Paderborn; s. 1982 Prof. Bonn - BV: Ländliche Gebiete Afghanistans, 1972; Sozialstrukt. Afghanistan, 1976; Mobilit- u. Investitionsverh. türk. Gastarb., 1980 (engl. 1982); Länderneuordn., 1980; Türk. Remigranten, 1984 (franz. 1986) - Liebh.: Musik, Sport.

TÖPFER, Jürgen

Angestellter, Mitgl. Hbg. Bürgerschaft (s. 1978) - Langbehnstr. 17, 2000 Hamburg 50 - Geb. 19. Dez. 1946 Hamburg - Christianeum Hamburg (Abit. 1966); Banklehre; Stud. Rechtswiss. ebd. - 1976-77 Wiss. Assist. Dt. Bundestag, Bonn; s. 1977 Angest. Landesverb. Hbg. Haus-, Wohnungs- u. Grundeigentümer-Vereine, Hamburg. 1974-78 Mitgl. Bezirksvers. Altona (Deputierter Baubeh.). CDU (1971 Vors. Bahrenfeld).

TÖPFER, Klaus

Dr. rer. pol., Prof., Bundesminister f. Umwelt, Naturschutz u. Reaktorsicherheit (s. 1987) - Kennedyallee 5, 5300 Bonn 2 - Geb. 1938 Waldenburg/Niederschles., verh., 3 Kd. - Schule Höxter (Westf.) - Stud. Wirtschaftswiss. Mainz, Frankfurt, Münster - 1971 u. Mitte d. 70er J. Lehrtätigk. Univ. Hannover (Lehrstuhl f. Raumforsch. u. Landesplan.). 1971-77 Staatskanzlei Saarbrücken (Leit. Abt. Planung u. Information); b. 1985 Staatssekr. Min. f. Soziales, Gesundheit u. Umwelt; b. 1987 Min. f. Umwelt u. Gesundh. Rhld.-Pfalz. CDU.

TÖPFER, Wilfried

Verwaltungsbeamter, Mitgl. Brem. Bürgerschaft (s. 1975) - Muskauer Str. 13, 2850 Bremerhaven - Geb. 23. Aug. 1945 Wesermünde, ev., verh., 2 Kd. - Realsch. (Mittl. Reife); 1962-64 Lehre IHK Bremerhaven; Wehrdst. Verwaltungsprüf. 1970 u. 73 - S. 1964 IHK u. Magistrat Bremerhaven (1967; b. 1973 Angest., dann Beamt.). SPD s. 1967.

TÖPFL, Gerhard

I. Bürgermeister Stadt Grafenau (s. 1984) - Rathaus, 8352 Grafenau/Ndb. - Geb. 1952 - Zul. Finanzamtm. SPD.

TÖPPE, Frank

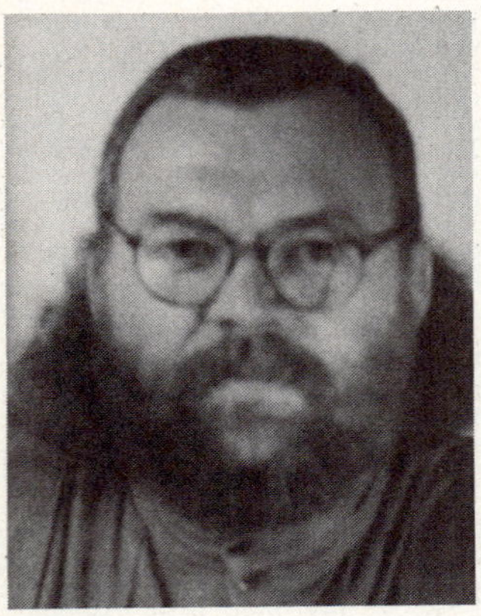

Dr., Schriftsteller - Friedenstr. 2, 4005 Meerbusch 1 (T. 02105 - 44 84) - Geb. 2. Juni 1947 Bleicherode/Südharz, verh. s. 1979 m. Gisela, geb. Churs, 2 Kd. (Li, Eno) - Stud. Wirtsch.-Wiss.; Dipl. 1970 u. Promot. 1975 Berlin - S. 1979 Tätigk. als wiss. Mitarb., Lektor, Schriftst.; 1985 Mitbegründ. Edition Vogelmann - BV: Regen auf Tyche, Erz. 1978 u. 79; D. grüne Tuul, Kinderb. 1980; Tiefe d. Ortes, Erz. 1984; D. Geheimnis d. Brunnens (Versuch e. Mythol. d. Märchen), 1985; E. Gastmahl Goethes, 1986.

TÖPPER, Bernhard

Journalist - Zu erreichen üb. ZDF, Postf. 40 40, 6500 Mainz - Geb. 25 Nov. 1944, verh., 1 Kd. - Stud. Rechtswiss. Göttingen u. München, Ass. - BV: Festschrift f. Gerd Jauch, 1990; Mein Recht im Urlaub, 1992 - 1985 Pressepreis d. Dt. Anwaltvereins - Spr.: Engl.

TÖPPER, Hertha

Prof., Kammersängerin - Aidenbachstr. 207, 8000 München 71 (T. 79 86 41) - Geb. 19. April 1924 Graz/Steiermark, kath., verh. s. 1949 m. Prof. Dr. phil. Franz Mixa (Musikwiss.ler u. Komp.) - Schule (Abit.), Konservat. u. Opernsch. Graz - S. 1945 Altistin Opernhaus Graz u. Staatsoper München (1952), Bayreuther Festsp. Operngastsp.: Europa (Berlin, Dresden, Wien, London, Mailand), Ferner Osten (Tokyo, Osaka), Nord- u. Südamerika (Metropolitan, San Francisco, Buenos Aires); Bach-Tourneen: Ital., USA, Finnl., Schweiz, UdSSR, Japan. Schallpl.; 1952-81 o. Prof. Musikhochsch. München - 1955 Bayer. Kammers.; 1962 Bayer. VO.; 1963 Richard-Wagner-Gedenkmed.; 1965 Förderungspreis d. Kulturellen Ehrenpreises d. Stadt München; 1985 BVK I. Kl. u. Joseph Marx Preis Steiermark - Liebh.: Bücher, Autofahren.

TÖRNER, Günter

Dr. rer. nat., Prof. f. Mathematik Univ.-GH Duisburg - Bachstr. 10, 4250 Bottrop - Geb. 29. Juli 1947 Gießen (Vater: Otto T., kaufm. Angest.; Mutter: Emmi T.), neuapost., verh. m. Annegret, geb. Meinerzhagen, 2 S. (Daniel, Johann) - Dipl. Math. 1972 Univ. Gießen, Promot. 1974; Habil. 1977 TH Darmstadt - 1972-75 wiss. Assist. Math. Inst. Univ. Gießen; 1975-78 Doz. TH Darmstadt; 1978ff. wiss. Rat u. Prof. Univ. Paderborn; dann o. Prof. Univ.-GH Duisburg - BV: Lineare Algebra, Kolleg-Text (m. and.) 1981; Fachdidaktik d. Analysis (m. and.) 1983 - 1975 Diss. Ausz. Univ. Gießen.

TÖRRING, Thoms

Dr. rer. nat., Dipl.-Phys., Prof. f. Experimentalphysik FU Berlin - Lefèvrestr. 10, 1000 Berlin 41 (T. 851 86 10) - Geb. 5. April 1933 Kiel (Vater: Fritz T., Berufsschuldir.; Mutter: Anni, geb. Zachow), verh. s. 1983 in 2. Ehe m. Gerda, geb. Fey, 4 Kd. aus 1. Ehe (Jens Thomas, Christoph, Annette, Elisabeth) - 1952-58 Phys.-Stud. Univ. Göttingen u. Berlin; Dipl.-Phys. 1958, Promot. 1961, Habil. 1968 - S. 1971 Prof. FU Berlin; 1975-76 Sprecher FB Physik; 1974-65 Gastprof. Univ. Nijmegen. Zahlr. Publ. in wiss. Fachztschr. z. Molekülspektroskopie - Liebh.: Musik (Viola da Gamba) - Spr.: Engl.

TOETEMEYER, Hans-Günther

Bundestagsabgeordneter (s. 1983; Wahlkr. 108/Hagen) - Bundeshaus, 5300 Bonn 1 - SPD.

TØGESEN, Vibber

s. Rosendorfer, Herbert

TOKARSKI, Walter

Dr. rer. pol., Univ.-Prof. f. Freizeitpädagogik Deutsche Sporthochschule Köln, Leit. d. Freizeitwissenschaftlichen Inst., Leit. d. Inst. f. Europ. Sportstudien, Rektoratsbeauftragter f. europ. Angelegenh. - Am Kolvermaar 15 A, 5014 Kerpen 3 - Geb. 1. Juli 1946, verh. s. 1982 m. Carmen, geb. Schnorpfeil, 2 Töcht. (Jennifer, Kim) - Kfm. Lehre; Dipl.-Volksw. 1974 Köln; Promot. 1978 Köln; Habil. 1988 Kassel - S. 1988 Vorst. Dt. Ges. f. Gerontologie, s. 1983 European Leisure and Recreation Assoc., s. 1987 Research Committee Sociology of Leisure d. Intern. Sociological Assoc.; s. 1990 Dir. of the Board World Leisure and Reereation Association - BV: Arbeits- u. Freizeiterleben, 1979; Freizeit, 1985; Freizeit- u. Lebensstile älterer Menschen, 1989; D. neuen Alten, 1989; Life Styles, 1990; Sport u. Altern, 1991; Bildung u. Freizeit im Alter, 1992.

TOLKEMITT, Georg

Dr. rer. pol., o. Prof. f. Finanzwissenschaft Univ. Hamburg - Rögenfeld 21e, 2000 Hamburg 67 (T. 603 96 81) - Geb. 28. April 1930 Freiort/Ostpr., verh. s. 1958 m. Waltraud, geb. Staben, 3 Kd. (Brigitte, Johannes, Till) - Dipl.-Volksw. 1956 Univ. Kiel, Promot. 1960 Heidelberg, Habil. 1972 ebd. - 1957-73 Wiss. Assist, Akad. Rat, Oberrat; 1973-75 Wiss. Rat u. Prof. Univ. Dortmunt; s. 1975 o. Prof. Univ. Hamburg - BV: Z. Theorie d. langfrist. Wirk. öfftl. Verschuld., 1975. Mitherausg.: Wirtschaftswiss. als Grundlage staatl. Handelns (1979).

TOLKMITT, Hans Bodo

Dr. iur., Rechtsanwalt, Fachschriftst., ehem. Chefjurist Dt. Unilever GmbH - Schwanenwik 33, 2000 Hamburg 76 (T. 22 32 82) - Geb. 3. Nov. 1914 Wilhelmshaven - Stud. Rechts- u. Volkswirtsch. Göttingen, Berlin, Glasgow u. London - 1978-83 AR-Mitgl. Elida Gibbs GmbH; 1967-76 Landesvors. Europa-Union Hamburg, 1968-72 Vizepräs. Europa Union Deutschl.; 1978-81 Lehrbeauftr. Univ. Hamburg; Redaktionsmitgl. e. Fachztschr. f. Export. 1956-67 Ratsherr d. Stadt Peine, 1962-70 Deputierter d. Hamburger Wirtsch.- bzw. Gesundheitsbehörde, 1970-74 Mitgl. d. Hamburger Bürgersch. (CDU), s. 1970 Mitgl. d. Bundesvorst. Vereinig. z. Förd. d. Ltd. Angestellten, s. 1978 d. Beirats d. Bundesmittelstandsvereinig. d. CDU - S. 1962 Berat. dtsch. Reg.Deleg. zu d. Rechtsangleichg. Sitzung d. Codex Kommission d. UNO - BV: Komment. z. Intern. Lebensmittelrechtsnormen d. UNO; Komment. z. Lebensmittelrecht d. EWG; Komment. z. Lebensmittelrecht außereurop. Länder; Mitarb. am Werk Lebensmittelrecht europ. Länder - 1975 BVK a. Bde. - Spr.: Engl., Franz., Ital., Span.

TOLLE, Adolf

Dr. med. vet. (habil.), Prof., Ltd. Direktor Inst. f. Hygiene/Bundesanstalt f. Milchforschung, Kiel - Drosseleck 4, 2305 Kiel-Kitzeberg (T. Kiel 2 35 60) - Geb. 25. April 1927 Großbodungen/Thür., verh. m. Dr. rer. nat. Rosel, geb. Knobloch - S. 1959 (Habil.) Lehrtätigk. Univ. Göttingen (1965 apl. Prof.) u. Kiel (apl. Prof. f. Hygiene u. Tierseuchenlehre). Vorstandsmitgl. versch. wiss. Ges.

TOLLE, Henning

Dr. rer. nat., Dipl.-Ing., Prof. TH Darmstadt (s. 1973) - Heinrich-Heine-Str. 8, 6101 Roßdorf (T. 06154 - 8 12 10) - Geb. 23. Mai 1932 Berlin, ev., verh. s. 1963 m. Gertraude, geb. Schäfer, 3 Kd. - Stud. TU Berlin; Dipl.-Ing. 1955; Promot. 1956 - 1955-58 wiss. Assist. TU Braunschweig; 1959-61 Ref. BVA Berlin; 1961-73 ERNO Raumfahrt - BV: Optimierungsverfahren, 1971 (engl. 1975); Mehrgrößenregelkreissynthese, Bd. I 1983, Bd. II 1985; Neurocontrol (gem. m. E. Ersú), 1992.

TOMAN, Walter

Dr. phil., em. o. Prof. u. Vorst. Inst. f. Psychologie Univ. Erlangen-Nürnberg (s. 1962) - Hedenusstr. Nr. 15, 8520 Erlangen (T. 4 70 85) - Geb. 15. März 1920 Wien - U. a. Doz. Univ. Wien (1951), Lecturer Harvard Univ. (1952), Associate Prof. Brandeis Univ./USA (1957) - BV: Einf. in d. mod. Psych., 1951, 2. A. 1968; Dynamik d. Motive, 1954, 2. A. 1970; Psychoanalytic Theory of Motivation, 1960; Family Constellation, 1961, 3. A. 1976, dt. (Familienkonstellationen) 1965, 5. A. 1991; Motivation - Persönlichkeit - Umwelt, 1968; Einf. in d. allg. Psych., 1973; Tiefenpsych., 1978; Familientherapie, 1979; Family Therapy and Sibling Position, 1988; Psychotherapie im Alltag, 1991 - 1953 Förderungspreis Stadt Wien, 1980 Preis d. Georgetown University, Washington, D.C.

TOMBY, G.N.

s. Boschke, Friedrich Libertus.

TOMEI, Annemarie,

geb. Mohrmann

Verlagslektorin, Leit. d. Landesbildstelle Nieders., Leit. d. Landesmedienstelle, MdL Nieders. (1974-78) - Hindenburgstr. 10, 3032 Fallingbostel (T. 05162 - 22 49) - Geb. 22. April 1928 Fallingbostel (Vater: Karl M.; Mutter: Elfriede, geb. Kilian), ev., verh. s. 1956 m. Ernst T., 4 Kd. (Petra-Susanne, Jan, Oliver, Saskia) - FDP.

TOMICIC, Stefan

s. Dalma, Alfons

TOMUSCHAT, Christian

Dr. jur., Prof. Univ. Bonn (s. 1972), Direktor Inst. f. Völkerrecht - An Tiebes Eiche 3, 5300 Bonn 3 - Geb. 23. Juli 1936 Stettin (Vater: Dr. Ernst T., Apotheker; Mutter: Erika, geb. Schoder), ev., 2 Kd. (Julia, Philipp) - Stud. d. Rechtswiss. Univ. Heidelberg, Montpellier - 1977/86 Mitgl. Aussch. f. Menschenrechte Vereinte Nationen; s. 1981 Mitgl. Intern. Juristenkommiss.; 1985-96 Mitgl. Völkerrechtskomm. Vereinte Nationen; 1986/87 Vorst. Vereinig. Dt. Staatsrechtslehrer; 1990-93 Beauftr. d. Menschenrechtskommiss. d. Vereinten Nationen f. d. Menschenrechtslage in Guatemala - BV: D. gerichtl. Vorabentscheidung n. d. Verträgen üb d. europ. Gemeinschaften, 1964; Verfassungsgewohnheitsrecht?, 1972; Extremisten u. öffentl. Dienst, 1981 - 1964 Preis Legatum Visserianum Leiden/NL - Spr.: Franz., Engl., Ital., Span.

TOPF, Hans-Gerhard

Kaufmann (Johannes Baubeschlag-Union GmbH) - Siemensstr. 17, 2250 Husum (T. 60 51); priv. Ludwig-Nissen-Str. 18 - Geb. 4. Aug. 1923 Husum, ev., verh. s. 1954 m. Frauke, geb. Bischoff, 2 Kd. (Maren, Rickmer) - Lehre Einzelhandel.

TOPITSCH, Ernst

Dr. phil., o. Prof. f. Philosophie - Gaußg. 4/31, A-8010 Graz - Geb. 20. März 1919 Wien (Eltern: Franz u. Johanna T., geb. Huppmann), verh. s. 1976 m. Gertrude, geb. Nowotny-Glanwehr - Promot. u. Habil. Wien - S. 1951 Lehrtätigk. Univ. Wien (1956 Prof.), Heidelberg (1962 Ord. f. Soziol.), Graz (1969 Ord.) - BV: V. Ursprung u. Ende d. Metaphysik, 1958; Sozialphil. zw. Ideologie u. Wiss., 1961; D. Sozialphil. Hegels, 1967; Gottwerdung u. Revolution, 1973; D. Voraussetz. d. Transzendentalphil., 1975; Erkenntnis u. Illusion/Grundstrukt. uns. Weltauffassung, 1979; Stalins Krieg, 1985.

TOPMANN, Günter

Kriminaloberkommissar a. D., MdB (s. 1976, Wahlkr. 123/Märkischer Kreis II) - Graf-Engelbert-Str. 24, 5990 Altena - Geb. 7. Mai 1934 Bielefeld, verh., 2 Kd. - Schuhmacherlehre. S. 1953 Polizeibeamter, Kriminaloberkommissar. AR-Mitgl. Elektromark AG Hagen. VR-Vors. Sparkasse Altena-Nachrodt. S. 1970 ff. Bürgerm. Altena. SPD s. 1961.

TOPP, Gerd

Arbeitsdirektor, Vorstandsmitglied Thyssen Edelstahlwerke AG, Krefeld (s. 1987) - Zu erreichen üb. Thyssen Edelstahlwerke, Oberschlesienstr. 16, 4150 Krefeld - Zul. Arbeitsdir. im Vorst. Hoesch Stahl AG, Dortmund.

TOPSCH, Wilhelm

Dr. phil., Prof. f. Erziehungswiss. Univ. Oldenburg - Kurt-Schumacher-Str. 37, 2900 Oldenburg - Geb. 8. Juli 1941 Dauba (CSSR) - Lehre Elektro- u. Fernmeldehandw. Düsseldorf (Abschl. 1959); 1. u. 2. Staatsprüf. f. d. Lehramt an Grund- u. Hauptsch. 1967 u. 69 Essen; Promot. 1975 Bochum (Päd., Psych., Publiz.) - 1959-63 Fernmeldehandw.; 1967-70 Lehrer; 1970-77 Wiss. Assist. Dt. Bild.rat u. Inst. f. Päd. Ruhr-Univ. Bochum; 1977-80 Prof. GH Kassel; s. 1980 Prof. Univ. Oldenburg - BV: Grundschulversagen u. Lernbehinder., 1975; Lesenlernen/Erstleseunterr., 1979, 3. A. 1988; Lernbehindertendidaktik: Lesen lernen u. Lesen lehren (Stud.brief Fernuniv. Hagen), 1981. Herausg.: Standardw. d. Lehrers. Reihe: Grundsch. (1982 u. 85); Schulbuchveröff., zahlr. Kinderb., Beitr. z. Kinderfernsehen, Buch- u. Ztschr.beitr.

TORBRÜGGE, Walter

Dr. phil., o. Prof. f. Geschichte Univ. Regensburg (s. 1968) - Regensburger Str. 48, 8404 Wörth/Donau - Geb. 16. Aug. 1923 Wittingen/Hann. - Zul. Doz. Univ. München (Vor- u. Frühgesch.) - BV: u. a. Europ. Vorzeit, 1968.

TORGE, Reimund

Dr.-Ing., Dipl.-Physiker, wiss. Mitarbeiter Fa. Carl Zeiss - Geierweg 24, 7080 Aalen 8 (T. 07361 - 4 21 00) - Geb. 24. Aug. 1934, verh. s. 1966 m. Karin, geb. Mumelter, 3 Kd. - Stud. Physik, Math. u. Chemie TH Hannover; Dipl. 1960, Promot. 1970 TU Stuttgart - Abteilungsleit. Fa. Carl Zeiss. Vors. Verein z. Förderung d. Techn. Optik. Zahlr. Veröff. u. Pat. (vorw. Interferometrie) - Spr.: Engl., Franz.

TORGE, Wolfgang

Dr.-Ing., Prof. f. Geodäsie Univ. Hannover (s. 1968) - Geb. 4. Juni 1931 Laubusch (Vater: Alfred T., Lehrer; Mutter: Gertrud, geb. Klose), ev., verh. s. 1959 m. Renate, geb. Keil - Obersch. Lauban u. Nienburg; 1951-55 TH Hannover (Vermessungswesen; Dipl.-Ing.). Promot. 1966 Hannover - Zul. Vermessungsrat Nieders. Landverm. 1967/68 Experte Entwicklungshilfeprojekt Zentralamerika u. Panama, s. 1971 Schriftl. Ztschr. f. Vermessungswesen; 1979-83 Vors. Nat. Kommiss. f. Geodäsie u. Geophysik; 1987 Vors. D. Geod. Kommiss. b. d. Bayer. Akad. d. Wiss.; 1987 1. Vizepräs. Intern. Ass. f. Geod. - BV: Geodäsie, Slg. Göschen 1975; Geodesy, 1980; Gravimetry, 1989 - Spr.: Engl., Span.

TORKE, Hans-Joachim

Dr. phil., Prof. f. Osteurop. Geschichte - Tietzenweg 112, 1000 Berlin 45 (T. 030-833 34 52) - Geb. 9. Juni 1938 Breslau, verh. s. 1969 m. Karin, geb. Fischer, 2 Kd. (Tobias, Anna) - Neue Obersch. Braunschweig (Abit. 1959); FU Berlin (Promot. 1965, Habil. 1973) - 1976 o. Prof. u. Abt.-Dir., 1979-81 Sprecher Osteuropa-Inst. FU - BV: D. russ. Beamtentum in d. ersten Hälfte d. 19. Jhs., in: Forsch. z. osteurop. Gesch. 13, 1967; D. staatsbedingte Ges. im Moskauer Reich, 1974; Lexikon d. Geschichte Rußlands, 1985; Historisches Lexikon Sowjetunion, 1992 - Spr.: Engl., Russ., Franz.

TORRIANI, Vico

Sänger u. Schauspieler - Villa Solaria, Agno/Ticino (Schweiz) - Geb. 21. Sept. 1920 Genf, protest., verh. s. 1951 m. Evelyne, geb. Guentert, 2 Kd. (Nicole, Reto) - Ausbild. Hotelfach - Versch. Berufe (u. a. Kellner, Koch, Skilehrer) - Filme: Straßenserenade, D. bunte Traum, Gitarren d. Liebe, E. Herz voll Musik, D. Fremdenführer v. Lissabon, Santa Lucia, Träume v. d. Südsee, D. Stern v. Santa Clara, Robert u. Bertram, Hotel Victoria u.a.; Fernsehen (u. a. 1967-70 ZDF: D. goldene Schuß). Schallpl. - Verf. e. Kochbuches m. eig. Rezepten.

TOSCHEK, Peter E.

Dr. rer. nat., Prof. f. Physik (Optik u. Atomphysik) Univ. Hamburg Inst. f. Laser-Physik - Dstl.: Jungiusstr. 9, 2000 Hamburg 36; priv.: Klostersteig 9, 2000 Hamburg 13 - Geb. 18. April 1933 Hindenburg/OS. (Vater: Ernst T., Fleischerm.; Mutter: Maria, geb. Koj), kath., led. - 1951-54 Univ. Göttingen, 1954-57 Univ. Bonn (Dipl.-Phys. 1957, Promot. 1961) - 1977-82 Vorst.-Mitgl. Arbeitsgem. Quantenoptik Dt. Phys. Ges., 1980-89 Assoc. Editor Optics Communications, u. 1987 J. de Physique - Entd.: Sättigungsspektroskopie (m. 1 and. Forscher); erstm. einzelne Atome (Ionen) sichtbar gemacht u. laser-gekühlt (m. 3 and. Forschern) - 1990 Robert-Wichard-Pohl-Preis Dt. Physikal. Ges. - Spr.: Engl.

TOSSE, Paul

Dipl.-Kfm., Geschäftsführer Gas-Union GmbH, Frankfurt - Dettweilerstr. 12a, 6240 Königstein 2 (T. 06174 - 42 08) - Geb. 4. Nov. 1935 Berlin (Mutter: Emilie, geb. Weindler), kath., verh. s. 1970 m. Margarete, geb. Zimmer, 2 Kd. (Corinna, Pascale) - Gymn. Krefeld (Abit. 1956), Univ. Köln (Dipl.-Kfm. 1960) - 1961-70 Geschäftsf. Dr. Helle & Co., Krefeld, 1971-74 Ruhrgas AG, Essen, s. 1974 Gas-Union GmbH, Frankfurt - Liebh.: Lit., Musik - Spr.: Engl., Franz.

TOTH, Imre

Dr. phil., Prof. f. Phil. u. Geschichte d. Math. Univ. Regensburg (s. 1972) - Eichbühl 9, 8301 Langquaid - Geb. 26. Dez. 1921 Satumare (Vater: Abraham Roth, Buchh. † 1944; Mutter: Serena, geb. Epstein † 1944), jüd., verh. s. 1974 m. Siegrid, geb. Schmidt; 4 Kd. (Pierre, Anne, Anais, Vanessa) - Promot. 1968 Bukarest - 1969-72 Gastprof. Frankfurt, Bochum u. 1975 Ecole Normale Supérieure Paris, 1976 Visiting Fellow Princeton N.J./USA, 1978 Enschede/Holland, 1980-81 Inst. f. Advanced Study Princeton N.J./USA - BV: Achilles. D. Paradoxien d. Eleaten, 1968; D. Parallelprobl. i. Corpus Aristotelicum, 1968 ; Non-Euclid, Geometr. bef. Euclid, 1969; D. nichteuklid. Geometr. in d. Phänomenol. d. Geistes, 1972; Geometria more ethico. Aristoteles u. d. axiomat. Grundleg. d. eukl. Geometrie, 1977; La révolution non-euclid., 1977; Un probl. de logique et de linguistique concernant la géom. eucl. et la géom. non-eucl., 1978; An Absolute-Geometric Model of the Hyperbolic Plane a. Relat. Metamath. Probl., 1979; Genetic structure of Non-Euclid Geom., 1979; Aristote et les paradoxes de Zénon d' Elée, 1979; Spekulationen üb. d. Möglichkeit e. nicht euklidischen Raumes vor Einstein, 1979; Wann u. von wem wurde d. nicht-euklid. Geometrie begründet? 1980; Gott u. Geometrie. E. viktorianische Kontroverse, 1982; Three Errors in Frege's Grundlagen, 1984; Wiss. u. Wissenschaftler im postmodernen Zeitalter, 1986; Math. Philosophie u. hegelsche Dialektik, 1986; I Paradossi di Zenone nel Parmenide di Platone, 1991 - Liebh.: Unt. Pseudonym Jacques stellt surrealist. Collagen aus - Spr.: Franz., Engl., Ital., Ung., Rumän.

TOTOK, Wilhelm

Dr. phil., Prof., Bibliotheksdirektor i. R. - Buchweizenfeld 8, 3000 Hannover 51 (T. 604 14 81) - Geb. 12. Sept. 1921 Groß-St.-Nikolaus (Vater: Andreas T., Kaufm.; Mutter: Luise, geb. Loch), kath., verh. m. Ursula, geb. Fricke - Gymn. Temeschwar; Univ. Marburg u. Wien. Staatsex. u. Promot. 1948 Marburg - 1951 Bibl. Dt. Bibl. Frankf./M.; 1957 Bibl.rat Univ.-Bibl. Marburg; 1962-86 Dir. Nieders. Landesbibl. Hannover. Herausg.: Handb. d. bibliogr. Nachschlagewerke (6. A. 1985; ital. Übers. 1979-80), Handb. d. Gesch. d. Phil. (Bd. I 1964, II 1970, III 1979, IV 1981, V 1986, VI 1990). Mithrsg.: Ztschr. Studia Leibnitiana - Liebh.: Reisen - Spr.: Ung., Rumän., Franz.

TOUSSAINT, Friedrich

Dipl.-Ing., Geschäftsführer Berg Stahl-Ind. Edelstahlwerk Lindenberg s. 1983; 1975-78 stellv. Vors. d. Vorst. DFBO (Dt. Forsch.Ges. f. Blech u. Oberfl.bearb.); s. 1975 Mitgl. d. Vorst. Verein Dt. Eisenhüttenleute; 1978 aus Vorst. Stahlw. Bochum u. Gesch. f. Elektroblechges. ausgesch.; s. 1979 Vorstandsvors. (Presidente) Thyssen Fundicoes S.A. in Barra do Pirai RJ, Brasilien - Kuhlendahler Str. Nr. 299, Haus Fischerkotten, 5620 Velbert 15 (Neviges) - Geb. 7. Juni 1933 Duisburg, verh. s. 1961 m. Ingeborg, geb. Hagenburger, 2 Kd. (Guido, Matthias) - Stud. Eisenhüttenkd. TH Aachen u. TU Berlin - 1958-64 Phoenix Rheinrohr AG., Düsseldorf; 1964-67 Obering., 1967-70 Gf. Walzwerk Neviges GmbH., Neviges; s. 1967 Stahlwerke Bochum AG. (Betriebsdir., 1973 stv. Vorstandsmitgl.) - Spr: Engl., Franz., Span., Ital., Port.

TRABALSKI, Karl

Dipl.-Kfm., MdL Nordrh.-Westf. (1966-90 im Wahlkr. 45/Düsseldorf II), Vorsitzender Aussch. f. Städtebau u. Wohnungswesen d. Landtags NRW (1980-87) - Lambert-Backer-Str. 13, 4000 Düsseldorf 12 (T. 27 37 55) - Geb. 16. Mai 1923 Leipzig, verh., 1 Kd. - Obersch. Leipzig; Kriegsdst. (schwerversehrt); Univ. Leipzig u. Köln (Phil., Staatswiss., Betriebsw., Soziol.) - 1952-74 wiss. Ref., 1960-88 Vorst.-Mitgl. Wohnungsgenoss.; s. 1991 Geschäftsf. Leipziger Wohnungs- u. Bauges. mbH. SPD s. 1951 (1958-87 Mitgl. gf. Vorst. Unterbez. Düsseldorf, 1972-80 Bezirksvorst. Niederrhein, 1976-80 stv. Vors., 1973-80 u. 1982-90 Landesaussch. NRW, 1977-85 stv. Vors.), Bundesarbeitsgem. f. Städtebau- u. Wohnungspolitik d. SPD.

TRABANT, Jürgen

Dr. phil., Prof. f. Sprachwissenschaft - Krampasplatz 4b, 1000 Berlin 33 - Geb. 25. Okt. 1942 Frankfurt - Gymn. Frankfurt; Univ. Frankfurt, Tübingen, Paris (Promot. 1969) - 1969-1971 Lektor (Bari, Rom), 1972-75 Doz. Hamburg, s. 1975 o. Prof. Berlin. 1988/89 Visiting Prof. Stanford - BV: Z. Semiol. d. lit. Kunstwerks, 1970 (übers. Span.); Elemente d. Semiotik, 1976 (übers. Japan., Ital.); Apeliotes oder D. Sinn d. Sprache, 1986 (übers. Franz.); Zeichen d. Menschen, 1989; Traditionen Humboldts, 1990. Mithrsg. KODIKAS/CODE (Intern. Ztschr. f. Semiotik).

TRÄGER, Ernst

Richter Bundesverfassungsgericht (II. Senat) - Schloßbezirk 3, 7500 Karlsruhe 1.

TRAEGER, Jörg

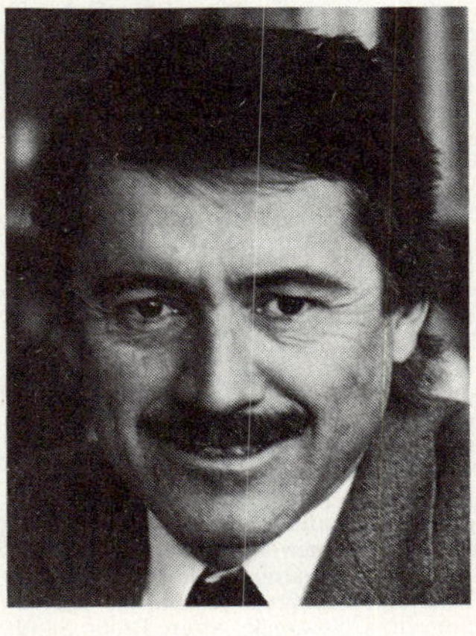

Dr. phil., Prof. f. Kunstgesch. - Rennweg 33c, 8400 Regensburg - Geb. 21. Jan. 1942 Rosenheim (Vater: Dr. med. Heinz T., Arzt; Mutter: Ruth, geb. Kunze), ev., verh. s. 1969 m. Eva, geb. v. Seubert, 2 Kd. (Tobias, Friederike) - Schulen Rosenheim (Abit. 1961); 1961-68 Univ. München (Kunstgesch.), Promot. 1968, Habil. 1973 - 1969/70 Wiss. Assist. Inst. f. Kunstgesch. Univ. München, 1973-76 Priv.doz. München, s. 1976 Ord. f. Kunstgesch. Univ. Regensburg, 1985 Ruf an d. Univ. Bonn (abgelehnt), 1986-88 Vizepräs. Univ. Regensburg - Entd.: 2 Hauptw. v. Philipp Otto Runge - BV: D. reitende Papst, 1970; Philipp Otto Runge u. sein Werk, 1975; Mittelalterl. Architekturfiktion, 1980; D. Tod d. Marat, 1986; D. Weg n. Walhalla, 1987, 2. A. 1991 - 1991 Albertus-Magnus-Med. d. Stadt Regensburg - Liebh.: Musik, Theater, Reisen, Wandern - Spr.: Engl., Franz., Ital. - Lit.: Kürschners Dt. Gelehrtenkal. 1976 (12. Ausg.), 1983 (14. Ausg.).

TRAENKLE, Carl August

Dr.-Ing., o. Prof. f. Flugmechanik u. Regelung - Am Berg 1, 8024 Oberhaching/Obb. (T. München 613 18 64) - Geb. 25. Juli 1905 Stuttgart - S. 1948 (Habil.) Lehrtätigk. TH Braunschweig u. TH bzw. TU München (1963 Ord. u. Inst.sdir.). Prof. US-Air Univ. (1960-63). Etwa 40 Fachveröff. (dar. Lehrb. üb. Flug- u. Raummechanik).

TRÄNKLE, Hans

Direktor Theaterakademie, Geschäftsführender Direktor Württ. Staatstheater Stuttgart - Oberer Schloßgarten 6, 7000 Stuttgart 1 (T. 0711 - 20 32-5 03) - Geb. 8. Febr. 1943 Heidenheim.

TRÄNKLE, Hermann

Dr. phil., o. Prof. u. Leiter Klass.-Philol. Sem. Univ. Zürich (s. 1971) - Meierwis 5, 8606 Greifensee - Geb. 18. März 1930 Augsburg - 1962-63 Privatdoz. Univ. München, 1963-71 o. Prof. Univ. Münster - BV: D. Sprachkunst d. Properz u. d. Tradition d. lat. Dichtersprr., 1960; Livius und Polybios, 1977. Herausg.: Q. S. F. Tertullianus, Adversus Iudaeos (1964, eingeleitet u. komment.); Corpus Tibullianum, Buch III u. IV (1990, m. Komment.) - Rufe Univ. Hamburg (1969) u. München (1974).

TRÄNKMANN, Gert Joachim

Dr. med. dent., Prof. f. Kieferorthopädie - Alb.-Schweitzer-Hof 5, 3000 Hannover (T. 0511-52 46 56) - Geb. 23. Okt. 1935 Chemnitz (Vater: Gert T., RA; Mutter: Irma, geb. Seyfarth), ev.-luth., verh. s. 1962 m. Maria, geb. v. Lilienfeld-Toal, 3 S. (Konstantin, Christopher, Alexander) - Obersch. Chemnitz, Gymn. Heidelberg (Abit. 1954); 1954-58 Univ. Heidelberg (Zahnmed.), Promot. 1960, Habil. 1969 - 1966 Fachzahnarzt f. Kieferorthop., 1968 Lehrbeauftr. u. Leit. Abt. f. Kieferorthop., 1971 Kommiss. Leit. Abt. f. Kieferorthop. Univ. d. Saarl., 1971/72 Prof. u. wiss. Rat, 1973 o. Prof. f. Kieferorthop. Med. Hochsch. Hannover - Versch. Ämter Hochsch.-Selbstverw. - Entd.: Hilfsebenen-Gerät (Gebrauchsmuster), Operationsmethode, Behandlungsmethoden. Ca. 120 wiss. Veröff. in Fachztschr., Übers. ins Engl., Span., Ital., Japan. u. Chin. Monograph.: D. Plattenapparatur in d. Kieferorthopädie. Buchbeitr.: Kieferorthopäd. Betreuung Behinderter.

TRÄNKNER, Erhard

Dipl.-Ing., Architekt, Präsident Bund Deutscher Architekten, Bonn (s. 1987) - Gorch-Fock-Str. 30, 7000 Stuttgart 75 - Geb. 1. Jan. 1929 Halle/Saale, verh. s. 1956 m. Gisela, geb. Labrenz, 2 Kd. (Corinna, Jens) - 1950-55 Hochsch. f. Arch. Weimar - 1977-86 Landesvors. Bund Dt. Arch (BDA) Baden-Württ. - BV: Behnisch & Partner, Arbeiten aus d. J. 1952-87 (ital./engl.) - Bauwerke: Olympiapark München (Stadion, Sporthallen, Schwimmhalle, Dach), Neu- u. Umbau Bundestag Bonn (Behnisch & Partner) - Etwa 60 Arch.ausz. m. Behnisch & Partner.

TRÄUTLEIN, Willy

I. Bürgermeister - Rathaus, 8013 Haar/Obb. - Geb. 31. Okt. 1916 Hockenheim/Baden - Zul. Verwaltungsangest.

TRAGESER, Martin

Dipl.-Ing., Oberstudienrat, MdL Hessen (1976-78) - Herderstr. 5, 6463 Freigericht 1 (Somborn) (T. 06055 - 24 15) - Geb. 30. Sept. 1943 Somborn/Hessen (Vater: Josef T.; Mutter: Anna, geb. Horn), kath., verh. s. 1976 m. Christa, geb. Schreiber, 2 Kd. (Johannes, Astrid) - Ing.sch. Frankfurt/M. (Ing.ex. 1969); Stud. d. Politik, Gesch., Psychol. Berufspäd. TH Darmstadt (1. Staatsex. 1976, 2. Staatsex. 1977) - 1969-71 Ing. Kernenergie, dann Berufssch.lehrer. CDU (1973-75 Mitgl. Landesvorst. d. JU, 1977-86 Bezirksvors. d. Sozialaussch.

TRAINER, Eckard
Dipl.-Kfm., Geschäftsführer STILL GmbH (1981ff.; Ber.: Finanzen, Controlling, Recht, Personal, Organisation, Einkauf) - Berzeliusstr. 10, 2000 Hamburg 74 (T. 040 - 73 39-14 00).

TRAINER-GRAUMANN, von, Thea
Schriftstellerin - Giesweg 22, 3056 Rehburg-Loccum 1 (T. 05037-12 87) - Geb. 12. Jan. 1928 Chemnitz, ev., verw., 4 Kd. (Kerstin, Ute, Wolfgang, Martin) - 1942-45 Buchhändlerlehre, 1950-60 Weiterbild. in Lit. u. Sprachen; 1945/46 Kulturref. in Oschersleben/Bode; 1966-68 Bibliothekarin in Loccum - BV: Perlen im Tau, Lyr. 1978; Nessel u. Seide, Lyr., Fotografie u. Kurzprosa, 1980; Zärtlichkeiten, Lyr. 1980; Anatol. Tage (Impress.), Lyr., Kurzprosa, Fotogr., 1985. Mitautorin an 21 Anthol. - Liebh.: Bücher, Gesch., Natur, Tiere - Spr.: Engl.

TRAITTEUR, Ritter und Edler von, Karlheinz (Karl Heinrich)
Altoberbürgermeister Stadt Forchheim - John-F.-Kennedyring 41, 8550 Forchheim/Ofr. (T. 28 22) - Geb. 27. März 1925 Waldsassen/Opf. (Vater: Carl Wilhelm Ritter u. Edler v. T., Notar; Mutter: Berta, geb. Keusch), kath., verh. s. 1961 m. Irmgard, geb. Klein (MdL) - Gymn. Bamberg; Univ. Erlangen (Rechtswiss.), Lyr. jurist. Staatsprüf. - B. 1945 Kriegsdst. (zul. Ltn.), dann Stud. u. Referendarzeit, 1952-61 Regierungsrat u. jurist. Staatsbeamter Landratsamt Forchheim; 1961-90 Oberbürgermeister Stadt Forchheim. CSU - 1961 Gratial- u. Devotionsritter Souv. Malteser-Ritterorden; BVK 1 Kl.; Bayer. VO.; Gold. Ehrenz. Bund Dt. Kriegsopfer; Gold. Ehrenring Stadt Forchheim; BVK; Kommun. Verdienstmed. in Silber; Oberfrankenmed.; Ehrenbürger Stadt Forchheim, Le Perreux sur Marne u. a. - Liebh.: Briefmarken - Rotarier - Bek. Vorf.: Johann Andreas u. Carl Theodor v. T., um 1790 Mannheim (Traitteurstr.), Wilhelm v. T., um 1840 Erbauer d. ersten Newa-Brücke St. Petersburg (Leningrad).

TRAMER, Erwin

Dr. phil., Schriftsteller u. Journalist - Ritter v. Schuhplatz 11, 8500 Nürnberg 40 - Geb. 4. April 1921 Karlsbad (Vater: Prof. Friedrich T., Privatgelehrter u. Schriftst. Wien u. Karlsbad), kath. - Abit. Karlsbad; Stud. Naturwiss., Psych., Gesch., Lit.-Wiss. Univ. Mainz u. Erlangen; Promot. 1969 Erlangen - S. 1965 Doz. Erwachsenenbild. in Erlangen u. Nürnberg. Als Journ. f. div. Redakt. tätig. Text-Dichter d. fränk. Kabarett-Bühne - BV: Damals in Karlsbad, R. 1957; E. lieber guter Mensch, Kom. 1960; D. Republikanische Schutzbund, hist. Diss. 1969; In d. Höhle d. Löwen,

Schausp. 1980; Gesch. aus Prag u. Wien, Erz. 1986; D. Grab d. Lehrers, (in Tschech.), Erz.; D. Clarc Gable v. Worschowitz (in Tsch.), Erz. Schauspiel: D. Botschaft d. zentralen Himmels (1992). Drei russische Mädchen in Prag, Erz. (Lit.-Telefon Bay. Rundf.). Filmautor: D. Gastromat. Filmexposées: Milena, Kafkas Geliebte, E. König f. 3 Tage, 1987 - 1955 u. 1969 Theodor Körner-Preis Wien; 1991 Adalbert-Stifter-Preis; s. 1988 Mitgl. Intern. P.E.N. London - Lit.: Rezens. d Werkes E. T.; Beitr. in d. dt., niederl. u. amerik. Presse.

TRAMNITZ, Helmut Paulus
Prof., Organist - Oberaustr. 33, 5300 Bonn 2 (T. 34 24 15) - Geb. 7. Mai 1917 Dresden (Vater: Paul T., kaufm. Dir.; Mutter: Doris, geb. Wetzel), ev., verh. s. 1944 m. Edeltraut, geb. Richter, 3 Kd. (Christine, Wolfgang, Michael) - Kreuzgymn. Dresden; Staatl. Orch.- u. Musikhochsch. ebd., Hochsch. f. Schul- u. Kirchenmusik Berlin 1937-45 Organist u. Kantor Reichenau/Sa.; 1946-50 Org. u. Kant. Heidelberg (Heiliggeistkirche) u. Doz. Kirchenmusikal. Inst. ebd., 1950-59 Org. u. Kant. Hamburg (Hauptkirche St. Petri) u. Doz. Musikhochsch. ebd., 1959-82 Prof. f. künstler. Orgelsp. Staatl. Hochsch. f. Musik Detmold (em. Leit. Abt. Kirchenmusik) u. Hochsch. f. Musik Berlin - BV: Musik f. Orgel, Chor u. Schallpl. (Metronome Records, Dt. Grammophon, Christophorus). Kompos.: Orgelw., geistl. Chormusik (u. a. Johannes-Passion), Suite f. Orch. - Mitgl. Dt. Bach-Ges., Coadjutor d. Hochkirchl. Apostolates St. Ansgar - Liebh.: Zeichnen, Aquarellmalerei, Schnitzen - Spr. Engl.

TRAMPE, Gustav
Dr., Leiter ZDF-Studio Berlin (s. 1988), Chefkorrespondent d. ZDF - Zu erreichen üb. ZDF, Postf. 40 40, 6500 Mainz - Geb. 1. März 1932 - B. 1981 Auslandskorresp. New York, dann Brüssel.

TRANCHIRER, Raoul
s. Wolf, Ror

TRANTOW, Herbert
Komponist u. Dirigent - Gerkrathstr. 8, 1000 Berlin 38 (T. 803 50 05) - Geb. 19. Sept. 1903 Dresden, seit 1934 m. Edith, geb. Kirchhoff (Leit. Studio f. tänzer.-musikal. Gymnastik), 2 Kd. (Steffen, Soloflötist; Cordula, verehel. Noelte, 1960 Bunceslfilmpreis als beste Nachwuchsschausp. s. dort) - Musikausbild. (Kompos.: Max Butting, Klavier: Paul Aron, Dresden, Dirigieren: Kurt Striegler ebd. (Staatsoper)) - 1924-31 ständ. Begleite Tänzerin Palucca, dann versch. Theaterengagements u. Musikschriftl. Sozialist. Monatshefte, 1933-45 Städt. Opernhaus u. Staatsoper (1935) Berlin, 1946-47 Dramat. Staatsoper Dresden, sd. fr. Komp. Opern: Odysseus bei Circe (UA. 1938 Braunschweig, spät. verboten), Antje (UA. 1941 Chemnitz), Liane u. d. Räuber, E. Risiko geht jeder ein (n. Grétry); Musicalette: Lolotte (UA Dresden); Orchestersw.: Kammermusik: Duo f. Bratsche u. Klavier, Sonatine f. Klav.; Chöre, dar. Hölderlin-Madrigale. Musik f. Bühne, Film (u. a. Wozzeck, Affäre Blum, Sünd. Grenze, Pünktchen u. Anton, D. Schloß). Fernsehen.

TRANTOW, Rüdiger
Dirigent - Eitel-Fritz-Str. 25, 1000 Berlin 38 (T. 801 72 33) - Geb. 21. Jan. 1926 Frankfurt/M. (Vater: Johannes T., Oberstud.dir.; Mutter: Helene, geb. Knoche) - Tätigk. f. SFB u. ZDF.

TRAPMANN, Margret
Pressechefin Presse- u. Information/Dt. Fernsehen (ARD), Programmdirektion - Arnulfstr. 42, 8000 München 2.

TRAPP, Erich
Dr. Prof. f. Byzantinistik - Fliederweg 33, 5205 St. Augustin 1 (T. 02241 - 33 86 06) - Geb. 5. Juni 1942 Klosterneuburg/b. Wien (Vater: Dr. Erich T., Geophys.; Mutter: Elisabeth, geb. Kreindl), verh. s. 1968 m. Hilda, T.

Monika - Gymn. Wien (Abit. 1960); 1960-64 Univ. Wien - 1965-73 wiss. Angest. Österr. Akad. d. Wiss., s. 1973 Prof. Univ. Bonn - BV: Manuel II., Dialoge m. e. Perser, 1966; Digenes Akrites, Synoptische Ausg., 1971; Prosopographisches Lexikon d. Palaiologenzeit, 1976ff.; Militärs u. Höflinge (Übers. d. Zonaras), 1986.

TRAPP, Karl
Dr. phil., Dipl.-Psych., Prof. f. Psychologie - Auf Feiser 37, 5500 Trier-Ruwer (T. 5 23 15) - Geb. 16. Sept. 1925, kath., verh. s 1960 m. Marianne, geb. Cramer, 1 Tocht. - Langj. Lehrtätigk. Päd. Hochsch. Trier bzw. Erziehungswiss. Hochsch. Rheinl.-Pfalz/Abt. Koblenz.

TRAPP, Klaus
Dr. phil., Prof. f. Musikdidaktik Hochschule f. Musik u. Darstellende Kunst, Frankfurt - Bäumerweg 1, 6100 Darmstadt 13 - Geb. 3. Juni 1931 Friedberg/ Hessen - 1950-56 Univ. u. Musikhochschule Frankfurt/Main, Staatsex. f. d. Künstl. Lehramt an Gymn., Promot. 1958; 1958-81 Schulmusiker in Darmstadt, s. 1970 auch Fachleit. f. Musik am Studiensem. - BV: D. Fuge in d. dt. Romantik, 1958; zahlr. Fachveröff. u. Musikkritiken - Orchester-, Kammer-, Klaviermusik.

TRAPPE, Paul
Dr. phil., o. Prof. f. Soziologie - Haus Hohliebi, CH-3127 Mühleturnen (Schweiz) (T. Seminar: Basel 22 55 51) - Geb. 12. Dez. 1931 Trier/Mosel (Vater: Dr. jur. Johannes T., Ministerialdirigent; Mutter: Ottilie, geb. Kaess), ev., verh. s. 1966 m. Margrith, geb. Diemand, 3 Kd. (Luzius, Simon, Elisabeth) - Gymn. Berlin, Meißen, Traben-Trarbach; Univ. Innsbruck, Paris, Freiburg, Frankfurt, Mainz. Promot. Mainz; Habil. Bern - S. 1966 Ord. Univ. Kiel u. Basel (1969). Lehrbeauftr. ETH Zürich. 1961-67 Generalsekr. , s. 1979 Präs. Intern. Vereinig. f. Rechts- u. Sozialphil. (IVR); 1967-80 Vors. Sozialwiss. Studienkr. f. Intern. Probleme (SSIP) - BV: D. Rechtssoziol. Theodor Geigers, 1960; D. Entwicklungsfunktion d. Genossenschaftswesens, 1966; Warum Genoss. in Entwicklungsländern?, 1966; Z. Situation d. Rechtssoziol., 1968; Sozialer Wandel in Afrika südl. d. Sahara, 1968 (m. a.); Development from Below as an Alternative, 1971 (2. A. 1978); Entwicklungsproblematik u. Bericht d. Nord-Süd-Kommission, 1980. Hrsg.: D. Beitrag d. Entwicklungsländerforsch. z. sozialwiss. Theorie (s. a. 1974), Strategien gesamtgesellschaftl. Mobilisierung, Social Strategies; Mithrsg.: Rechtssoziol. u. -praxis (2. A. 1970, m. Wolfgang Naucke). Üb. 80 Fachaufs. - 1970 Triennial Jubilee Price Intern. Coop. Alliance London - Liebh.: Numismatik - Spr.: Ital., Span., Engl., Franz. (jeweils Abschlußex. im Ausl.) - Bek. Vorf.: Friedrich Wilhelm T., 25 J. Direktor Rhein.-Westf. u. Belg. Kohlensyndikat (Großv.).

TRAPPL, Wilhelm
Dr. phil., Chefredakteur Polyglott-Verlag, München - Burgstr. 22c, 8011 Pöring/Obb. (T. 08106 - 2 91 23) - Geb. 13. April 1944 Wien (Vater: Prof. Dr. Wilhelm T.; Mutter: Hermine, geb. Hornstein), verh. s. 1966 m. Gabriele, geb. Schumann, T. Katharina - Univ. Wien (German., Theaterwiss.) - BV: D. wilde Westen im Bild, 1977 - Liebh.: Bücher, Reisen - Spr.: Engl. - Versch. Bühnenrollen (Jedermann, E. Glas Wasser, Tartuffe).

TRASTL, Rudolf
I. Bürgermeister Stadt Erbendorf - Rathaus, 8488 Erbendorf/Opf. - Geb. 18. Dez. 1932 Altenstadt - Zul. Stadtkämmerer. SPD.

TRATZSCH, Werner
Dr., Vizepräsident Landeszentralbank in Berlin (s. 1971) - Am Hirschsprung 22, 1000 Berlin 33 (T. 831 38 74).

TRAUB, Norbert
Dr. sc. pol., Dipl.-Volksw., Geschäftsführer Fachverb. Seile u. Anschlagmittel, u. Fachverb. Seenot-Rettungsmittel - Raboisen 101, 2000 Hamburg 1 (T. 040 - 32 40 82); priv.: Treptower Weg 10, 2057 Reinbek (T. 040 - 32 40 82) - Geb. 23. Juli 1930 Wilhelmshaven (Vater: Friedrich T.; Mutter: Else, geb. Struck), verh. s. 1958 m. Lisa, geb. Thiess, 2 Kd. (Anja-Bettina, Marcus) - Univ. Kiel (Dipl.-Volksw. 1955; Promot. 1957) - S. 1957 Verbandsgeschäftsführer - Spr.: Engl.

TRAUB, Peter
Dr. rer. nat., Prof., Chemiker, Direktor Max-Planck-Inst. f. Zellbiologie, Ladenburg/Heidelberg - Rosenhof, 6802 Ladenburg (T. 06203 - 1 06-0) - Geb. 27. Juni 1935 Stuttgart, verh. s. 1963 m. Ulrike, geb. Drechsler - 1954-58 Stud. Chemie TH Stuttgart, Univ. München; Promot. 1963 München - S. 1970 wiss. Mitgl. Max-Planck-Ges. - BV: Intermediate Filaments. A Review, 1985 - Spr.: Engl.

TRAUB, Robert
Bürgermeister, Kurdirektor, Präs. Fremdenverkehrsverb. Schwarzwald - Am Mayenberg 16, 7506 Bad Herrenalb/ Schwarzw. (T. 07083 - 7 41 10) - Geb. 8. Aug. 1933 Stuttgart (Vater: Heinrich T., Postbeamt.; Mutter: Hermine, geb. Ziegler), ev., verh. s. 1981 m. Margarete (Gretel), geb. Mundle, S. Thilo - Dipl.-Verwaltungsw. (FH) - Württ. gehob. Verw.dst.; dzt. Bürgerm. u. Kurdir. Bad Herrenalb - Gold Sportabz. (1974-80) - Spr.: Engl., Franz.

TRAUBLINGER, Heinrich
Abgeordneter d. Bayer. Landtags (s. 1986) - Oskar-Maria-Graf-Ring 17, 8000 München 83 - Geb. 9. Mai 1943 München, kath., verh. m. Elisabeth Wittke, 2 Kd. (Heinrich, Brigit) - Bäcker- u. Konditorenmeister - 1972-86 e.a. Stadtrat d. Landeshauptstadt München; Landesinnungsm. f. d. bayer. Bäckerhandw.; Oberm. d. Bäcker-Innung München; Vizepräs. d. Genoss.verb. Bayern eG; stv. AR-Vors. d. Münchner Bank Volksbank eG u. d. PKB Pensionskasse d. Bäckerhandw.; AR d. BÄKO Bundeszentr.; AR-Vors. d. BÄKO Bäcker- u. Konditoreneinkauf (Elbim) München eG; Vorst.-Mitgl. d. Handwerkskammer f. München u. Oberbayern; Vorst.-Sprecher d. BÄKO-Zentr. Baden-Württ. eG - 1986 BVK am Bde.; München leuchtet in Gold.

TRAUGOTT, Edgar
Dr. phil., Chefredakteur Nürnberger Ztg. (1963-77) - An d. Schwedenschanze 35, 8501 Weiherhaus/Mfr. (T. NZ: Nürnberg 4 95 11) - Geb. 23. Juli 1912 Straßwalchen/Salzburg, kath., verh. - Univ. Wien (German., Archäol.). Promot. 1939 Wien - B. 1955 polit. Redakt. Oberösterr. Nachr., dann Christ u. Welt - BV: u. a. Media Terra, 1964; D. Herrschaft d. Meinung, 1970; Tief in Deutschland, 1970; Auf der Adamsbrücke, 1974, Schlagwörterbuch, 1980; D. magnetische Welt, 1983; Sicherheit im Ungewissen, 1986; Don Quijote de Strasswalchen, 1988; D. unfaßbare Erscheinung - Versuch e. Phänomenologie Gottes - 1971 Bayer. VO.

TRAUPE, Karl
Jurist, Hauptgeschäftsführer Handwerkskammer Braunschweig (s. 1975) - Heinrichstr. 45, 3300 Braunschweig; Büro: Burgplatz 2 (T. 48 01 30) - Geb. 20. Mai 1930 Braunschweig (Vater: Karl T., Beamter; Mutter: Martha, geb. Salomon), ev., verh. s. 1958 m. Irmtraud, geb. Stecher, 2 Töcht. (Marion, Bianca) - Univ. Göttingen. 1. u. 2. Jurist. Staatsprüf. - 1958-60 Rechtsabt. Mecklenb. Versich., Hannover; 1967-75 Geschäftsf. HK Braunschweig - BV: Johannes Selenka im Kampf f. d. Handwerkerprogramm v. 1848, 1983; D. dt. Handwerkerbewegung 1848/49 im Herzogtum Braunschweig, 1986 - 1982 Méd. de la Reconnaissance Artisanale française.

TRAUT, Benedikt Werner
Bildender Künstler, Schriftsteller - Wildenberg 23, 8677 Selbitz (T. 09280 - 68-0) - Geb. 19. März 1934 Köln, ev., ledig - Fr. Mitarb. im Arch.büro d. Vaters in Köln; Stud. Hochsch. f. Gestaltung in Nürnberg; Dipl. - Fr. bildner. Gestaltung, Meditationsbilder u. öffentl. Aufträge: Architektur, Plastiken, Glasfenster, Wandbilder u. Kommunik.-Design - BV: Meditation in Farbe u. Form, 2. A. 1980; Meditationsbilder, 1982; Reihe: Wege zur Kunst, 1988-90; Trilogie Dein Weg - mein Weg - Werke: Altarfenster in Gottmandingen/Baden (1974); Altarwand Kirchheim/Teck (1981); Außenplastik Mönchengladbach (1985); Rauminstallation Naila (1992) - Spr.: Engl., Griech., Lat.

TRAUT, Horst
Dr. rer. nat., Prof., Biologe, Direktor Inst. f. Strahlenbiologie Univ. Münster - Eimermacherweg 120, 4400 Münster - Geb. 18. Mai 1932 Ludwigshafen/Rh., kath., verh. s. 1959 m. Anneliese, geb. Peter - Stud. Biol., Physik, Chemie. Promot. (1958) u. Habil. (1962) Heidelberg - S. 1962 Lehrtätig. Univ. Heidelberg u. Münster (1967 apl. Prof., 1970 Prof.). Spez. Arbeitsgeb.: biolog. Strahlenwirk. Veröff. z. Strahlenbiologie - Versch. Fachmitgliedsch. - Liebh.: Musik - Spr.: Engl., Franz.

TRAUTMANN, Christel
Hausfrau, MdL Hessen (s. 1976) - Schloßgartenstr. Nr. 55, 6100 Darmstadt - Geb. 23. Okt. 1936 Weiterstadt/Hessen, verh., 2 K. - Volkssch.; Lehre - B. 1967 Angest. Bank, Versich., Verb. 1977 Ff. Stadtverordn. Darmstadt. SPD s. 1964.

TRAUTMANN, Dietmar

Dr. rer. pol., Studienrat, Dipl.-Hdl., 1. Bürgermeister Winkelhaid (s. 1978) - Kreisrat u. Mitgl. d. Kreisaussch. Nürnberger Land - Fichtenstr. 13, 8501 Winkelhaid (T. 09187-46 81) - Geb. 31. Dez. 1939 Langenöls (Vater: Martin T., Tischlerm.; Mutter: Käthe, geb. Milde), ev., verh. s. 1981 m. Karin, T. - Volkssch., kfm. Lehr, Fachschulreife, Abendgymn., Univ. Köln (Wirtsch.- u. Sozialwiss.), Dipl. 1971, Promot. 1978 - S. 1977 St.rat, s. 1978 Doz.-Univ. - BV: D. wirtsch. u. soz. Entw. d. Stadt Hof, Bd. I, 1979 (Bd. 2 1984); Die Imhoffs - Liebh.: Politik, Phil., Sport - Spr.: Engl., Ung.

TRAUTMANN, Friedrich P. O.
Dr. med., Prof., Internist - Sembritzkistr. 31a, 1000 Berlin 41 (T. 976 11 92) - Geb. 12. April 1910 St. Petersburg/Leningrad (Vater: Oskar T., b. 1939 Dt. Botschafter China; Mutter: Hedwig, geb. Schultz), ev., verh. s. 1950 m. Dr. med. Maria L., geb. Noack, 3 Kd. (Matthias, Korinna, Johann-Christoph) - Herdersch. Berlin (Reifeprüf.); Univ. Freiburg/Br., Peking, Berlin, Hamburg (Promot. 1935). Habil. 1949 Berlin - Arzt Palästina u. China, 1939-45 Kriegsmarine, 1945-46 Oberarzt Med. Univ.sklinik Halle, 1946-53 I. Med. Univ.sklinik Berlin/Charité (1949 Doz.), 1953-57 I. Med. Univ.sklinik (Freie)/Westend-Krkhs. Charlottenburg (1956 apl. Prof.), 1957-75 Dirig. Arzt II. Innere Abt. Krkhs. Neukölln, Buckow. Spez. Arbeitsgeb.: Klin. Lymphologie - BV: Infektionskrankh., Lehrb. 4. A. 1957 (m. W. Schultz). Div. Einzelarb. - Liebh.: Geigensp. - Spr.: Engl.

TRAUTMANN, Herbert
Ingenieur, MdL Rhld.-Pfalz (s. 1971) - Mannheimer Str. 20b, 6702 Bad Dürkheim - Geb. 29. Nov. 1948 Ludwigshafen, ev. - Volkssch. Ludwigshafen; Bauzeichnerlehre; 1967 Berufsaufbausch.; 1968-71 Staatl. Ing.sch. ebd. (Hochbau) - CDU s. 1966.

TRAUTNER, Hanns Martin
Dr., Prof. Univ. Münster (s. 1981) - Westring Nr. 127, 6500 Mainz 25 (T. 68 42 28) - Geb. 15. März 1943 Wiesbaden (Vater: Hanns T., Schriftst.; Mutter: Else, geb. Nickel), ev., verh. s. 1971 m. Marianne, geb. Beginn, 3 Kd (Moritz, Karoline, Jonas) - Stud. d. Psychol. Univ. Mainz; Dipl.ex. 1966; Promot. 1969 - 1966-74 wiss. Assist. u. Assist.prof. (1972) Univ. Mainz; 1974-81 Prof. Univ. Frankfurt; s. 1981 Prof. Psychol. Inst. Univ. Münster. Fachmitgl.sch. - BV: Lehrb. d. Entwicklungspsychol., 2 Bde. 1978/1991; Geschlechtstypisches Verhalten, 1979 (m. A. Degenhardt).

TRAUTNER, Jörg
Landesgeschäftsführer d. SPD-Landesverbandes Baden-Württemberg - Schloßstr. 68, 7000 Stuttgart 1 (T. 0711 - 61 93 60) - Geb. 7. April 1955 Stuttgart, ledig - Dipl.-Verw.wiss. 1974-81 Univ. Konstanz.

TRAUTVETTER, Andreas
Dipl.-Math., Mitglied d. Thüringer Landtages, CDU Fraktion - Ebersbach 52, O-6086 Kleinschmalkalden - Geb. 21. Sept. 1955 Pappenheim, ev., verh. s. 1977 m. Manuela, geb. Köhler, 2 Kd. (Achim, Toni) - Hochsch.stud. 1977-82 Friedrich-Schiller-Univ. Jena - Liebh.: Wandern, Musik - Spr.: Engl.

TRAUTWEIN, Alfred Xaver
Dr. rer. nat., Prof. f. Physik u. Inst.-Direktor Med. Univ. Lübeck - Zeisigweg 1, 2401 Gr. Grönau (T. 04509 - 12 58) - Geb. 5. Nov. 1940 Neu-Ulm, kath. - 1961-67 Stud. Physik TU München; Dipl. 1967 TU München, Promot. 1969 ebd., Habil. 1973 Univ. d. Saarlandes - 1976-78 Senator Univ. d. Saarlandes; 1985-87 Senator u. s 1989 Dekan Med. Univ. Lübeck. Forsch.schwerp.: Biophysik d. Übergangsmetalle - BV: Physik f. Mediziner, 4. A. 1987; Mössbauer Spectroscopy, 1978 - 1984 Universitätsmedaille Univ. du Maine, Le Mans/Frankr. - Liebh.: Lit., Gesang, Sport, Holzhandwerk - Spr.: Engl., Franz.

TRAUTWEIN, Fritz
Dipl.-Ing., Architekt, Prof. f. Hochbau Staatl. Hochsch. f. bild. Künste Hamburg - Elbchaussee Nr. 423, 2000 Hamburg 52 (T. 82 06 03) - Geb. 19. März 1911 Berlin (Vater: Dr. med. Eduard T., Arzt; Mutter: geb. Schor), verh. s 1942 m. Gisela, geb. Heinemann - Liebh.: Mod. Kunst.

TRAUTWEIN, Gerhard
Dr. med. vet., Prof., Abteilungsvorsteher Inst. f. Pathologie Tierärztl. Hochsch. Hannover - v.-Graevemeyer-Weg 16a, 3011 Bemerode - Geb. 18. April 1929 Greifswald - S. 1963 (Habil.) Lehrtätig. TiäH Hannover (1966 Wiss. Rat u. Prof., 1970 Abt.-Vorst. u. Prof.). Vorles. üb. Allg. Pathol. u. pathol. Anat. d. Haustiere. Zahlr. Fachaufs.

TRAUTWEIN, Herbert
Dr. med., Prof., Obermedizinaldirektor a. D. - Otto-Weiß-Str. 6, 6350 Bad Nauheim (T. 23 69) - Geb. 17. Jan. 1907 Leipzig (Vater: Max T., Justiz-insp.; Mutter: geb. Grieshammer), verh. 1934 m. Käthe, geb. Voigt - 1953-72 Chefarzt Beobachtungskrkhs. Hainerberg Königstein u. Sanat. Hassia Bad Nauheim (1956). S. 1950 (Habil.) Doz., apl. Prof. (1958), Honorarprof. (1971) Univ. Marburg. Zahlr. Fachveröff., dar. Buch: Organtuberkulose u. Gesamtorganismus (1950).

TRAUTWEIN, Wolfgang

Direktor, Schausp., Regiss. Theater d. Keller, Köln, Schauspielschuldirektor - Geb. 26. Sept. 1942 Marienberg (Vater: Erwin T., Apoth.; Mutter: Luise, geb. Schroeder) - Schausp.-Dipl. 1968 - 1973-77 Oberspielleit.; s. 1978 Dir. - Insz. u. a. Geschwister (v. Klaus Mann), D. Laden d. Goldschmieds, D. Spielverderber (v. Michael Ende). Rollen: Beckmann (Draußen vor d. Tür), Caligula (Caligula), Martin (Fremdenführerin), Verrückter (Zufälliger Tod e. Anarchisten), Feuerbach (Ich, Feuerbach), Oppenheimer (Sache J. R. Oppenheimer). Schausp.-Gastverträge: Dt. Oper Berlin, Staatsoper Hamburg, Schauspiel Marburg. Fernseh-Filmrollen.

TRAXEL, Werner
Dr. phil., em. Prof. f. Psychologie - Deubzerstr. 3, 8580 Bayreuth (T. 3 15 39) - Geb. 6. Dez. 1924 Hanau/M., verh. s. 1953 m. Rosemarie, geb. Heirich - Luitpold-Gymn. u. Univ. München (1946-52; Psych., Phil., Anthropol.; Dipl.-Psych. 1949). Promot. 1952 München; Habil. 1962 Marburg - 1954-62 Assist. u. Privatdoz. Univ. Marburg; 1962-64 ao. Prof. Päd. Hochsch. Bayreuth; 1964-71 o. Prof. u. Dir. Inst. f. Psych. Univ. Kiel; 1971 o. Prof. Univ. Erlangen-Nürnberg; 1975 o. Prof. Univ. Bayreuth; 1981 Prof. u. Dir. (s. 1992 Kurator) Inst. f. Gesch. d. Neueren Psych. Univ. Passau - BV: Krit. Unters. z. Eidetik, 1962; Üb. Gegenstand u. Methode d. Psych., 1968; Grundlagen u. Methoden d. Psych., 2. A. 1974 (span. 1970); Geschichte f. d. Gegenwart, 1985. Mitherausg.: Psych. in Selbstdarstell. (1972, 1979).

TREBCHEN, Alfred
Oberbürgermeister, MdL Nieders. (1963-70) - Lüner Weg 71, 3140 Lüneburg (T. 5 11 64) - Geb. 20. Nov. 1915 Dölzig/Sa. - Volkssch.; Maurerlehre - 1936-47 Luftwaffe (Flieg. Personal) u. franz. Kriegsgefangensch. (1945); 1947-53 Angest. Arbeitsverw.; s. 1953 Geschäftsf. Gewerksch. ÖTV Lüneburg. S. 1961 Ratsmitgl., Bürger- u. Oberbgm. Lüneburg (1964). SPD s. 1931 (u. a. Vors. Unterbez. Lüneburg/Harburg).

TREBESS, Manfred
Redakteur, Moderator, Abteilungsleiter Wirtschaft-Fernsehen Südwestfunk - Südwestfunk Postfach 820, 7570 Baden-Baden; priv.: Baden-Badener-Str. 71, 7560 Gaggenau - Geb. 12. Febr. 1928 Berlin (Vater: Otto T., Grafiker; Mutter: Erna, geb. Nemitz), ev., verh. s. 1953 m. Margot, geb. Schade, 2 Kd. (Ralph, Martina) - Obersch., Abit.; 1949-53 FU Berlin (Publiz., Phil., Soziol.), 1948-50 Redakt.-Volont. D. Tag - 1948-62 Redakt. D. Tag, Berlin; 1963 RIAS-Berlin; s. 1964 Abt.leit. Wirtschaft-Fernsehen, Südwestfunk B.-Baden; Moderator ARD-Wirtsch.-Magazin Plusminus, Kommentator, Mitgl. Verbraucher-Beirat Bundeswirtsch.min. - 1975 u. 83 Ernst-Schneider-Preis, 1979 Silb. Preis Intern. Verbraucherfilmwettb., Sonderpr. d. Bundeswirtsch.min. Intern. Verbraucherfilmwettb., Ehrenz. DRK - Spr.: Engl.

TREBITSCH, Gyula

Prof., Film- u. Fernsehproduzent, Vors. d. Geschäftsführung TREBITSCH PRODUKTION & CONSULTING KG Hamburg, Ehrenpräs. Norddt. Filmhersteller Verb. e.V., Hamburg, u. Verb. Techn. Betriebe f. Film u. Fernsehen, Berlin (VTFF) - Rondeel 41, 2000 Hamburg 60 (T. 279 83 48) - Geb. 3. Nov. 1914 Budapest (Vater: Markus T.; Mutter: Melanie, geb. Rosenbaum), verh. m. Erna, geb. Sander †1991 (Filmkostümbildnerin), 4 Kd. - Handelsakad. Budapest; Volontär Ufa - Filmverleiher u. -produzent Budapest, währ. d. Krieges 1 J. KZ, n. d. Zusammenbruch Kinopächter Itzehoe u. Gesellsch. Real-Film GmbH, Hamburg. Produktionschef zahlr. Spiel- u. Kulturfilme. Lehrtätigk. Hochsch. f. Musik u. Theater Kunst Hamburg. 1984 Gold. Kamera Hör zu (TV-Prod.: D. Geschw. Oppermann) - Ehrenmitgl. Verb. Dt. Tonmeister u. -ingenieure - Liebh.: mod. Kunst - Spr.: Ung., Engl. - Rotarier.

TREBST, Achim
Dr. rer. nat., o. Prof. f. Biochemie d. Pflanzen Univ. Bochum (s. 1967) - Schattbachstr. 24, 4630 Bochum (T. 70 16 96) - Geb. 9. Juni 1929 Habil. München - Zul. 1963-67 ao. Prof. Univ. Göttingen. Facharb.

TREDE, Michael
Dr. med., Prof. f. Allg. Thorax- u. Gefäßchirurgie - Nadlerstr. 1A, 6800 Mannheim 51 (T. 0621 - 79 63 01) - Geb. 10. Okt. 1928 Mannheim (Vater: Hilmar T., Musikwiss.; Mutter: Gertrud, geb. Daus), ev., verh. s. 1956 m. Ursula, geb. Boettcher, 5 Kd. (Katharina, Nikolaus, Franziska, Melanie, Tanja) - 1947-53 Cambridge Univ. Engl. - Dir. Chir. Univ.-Klinik Mannheim (Univ. Heidelberg). Üb. 200 Fachart. - Liebh.: Musik, Malerei, Alpinismus - Spr.: Engl.

TREDE, Walter
Fabrikant, pers. haft. Gesellsch. Tapetenfabrik Hansa Iven & Co., Hamburg 50, Vors. Arbeitgeberverb. d. dt. Tapetenind., Frankf./M. - Windmühlenweg 52, 2000 Hamburg 52 (T. 82 55 90) - Geb. 10. Okt. 1912 Hamburg.

TREES, Wolfgang
M.A., Handlungsbevollmächtigter f. innerbetriebliche Information, Rheinische Braunkohlenwerke AG, Köln, freiberufl. Schriftst. - Fuchserde 44, 5100 Aachen

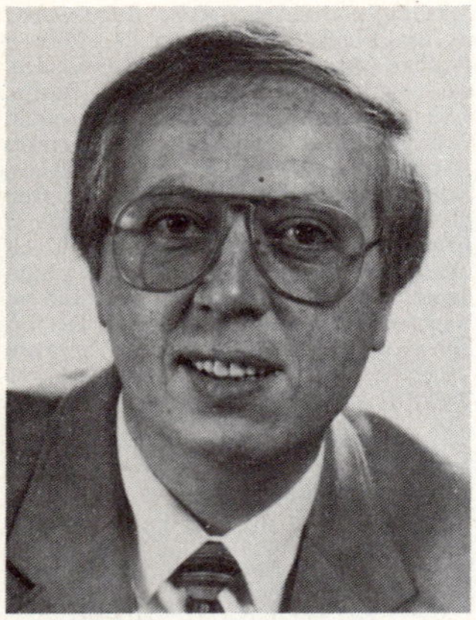

(T. 0241 - 6 99 00) - Geb. 16. Okt. 1942 Koblenz (Vater: Dr. med. Rudolf T.; Mutter: Irmgard, geb. Artz), kath., verh. s. 1969 m. Elske, geb. van Gils, 2 Söhne (Martin, Stefan) - Stud. Politik, Soziol., Psych. Univ. Freiburg u. RWTH Aachen; M.A. 1972 - 1965-67 Volont. Aachener Volksztg. Vorst.-Mitgl. Ges. f. innerbetriebl. Kommunikation - BV: (insg. 23) u.a.: Schlachtfeld Rheinland; Hölle im Hürtgenwald; Drei Jahre n. Null/Gesch. d. brit. Besatzungszone; Krieg ohne Sieg; D. Amis sind da - Aachen 1944; Kaffee, Krähenfüße u. Kontrollen, d. gr. Schmuggeljahre an d. dt. Westgrenze; Van dolle dinsdag tot bevrijding, ons langste oorlogsjaar (Niederl.) - Ridder in de orde van Oranje Nassau; Rheinlandtaler Landschaftsverb. Rhld.; Europapreis Stadt Lüttich; Jahrb. Stadt Maastricht - Spr.: Engl., Niederl.

TREFF, Alice

Schauspielerin - Bonner Str. 1, 1000 Berlin 31 (T. 821 58 83) - Geb. 4. Juni Berlin (Vater: I. Cellist Berliner Staatsoper), ev., verw., 2 Kd. (S., T.) - Lyz. u. Reinhardt-Sch. Berlin - Bühnen Hamburg, München, Berlin u. a. Film; Fernsehen - Liebh.: Bücher (bes. üb. ind Weisheitslehre), Reiten.

TREFFERT, Diethild Maria,

geb. Pohl

Dipl.-Volksw., Journalistin - Ahornweg 43, 8056 Neufahrn (T. 08165 - 6 16 04) - Geb. 6. Mai 1921 Görlitz, kath., verh. m. Wilhelm T., Rechtsanw. (†1974), 5 Kd. - Stud. Zeitungswiss. u. Volkswirtsch. Univ. Berlin u. Marburg; Diss. üb. J.M. Keynes, Promot. nicht abgeschl. - S. 1960 fr. Journ. m. Fachgeb. Osteuropa; 1974-76 Presseref. f. Dtschl. f. Glaube in d. 2 Welt, Zürich; 1976-86 Redakt. Kath. Nachr.-Agentur Bonn. Dan. Publ. in Ztg. u. Ztschr., sow. b. zahlr. Rundfunkanst.; Vorst.-Mitgl. Glaube in d. 2. Welt-Deutschl. - BV: Appartement 704, R. 1962 - 1986 Kath. Journalistenpreis - Spr.: Engl., Franz., Russ.

TREFZ, Heinz

Kaufmann, Geschäftsf. Dt. Tanzsportverb. e.V. (s. 1978) - Im Geiger 57, 7000 Stuttgart 50 (T. 0711 - 56 64 54) - Geb. 3. Febr. 1933 Stuttgart (Vater: Karl T., Kaufm.; Mutter: Hede, geb. Müller), verh. s. 1959 m. Wally, geb. Roller, S. Oliver Frank - Liebh.: Tanzsport (6 J. Nationalmannsch.), Tiere, Umwelt - Spr.: Engl.

TREIBEL, Werner

Dr.-Ing., Prof. - Waldenbucher Str. 35, 7022 Leinfelden-Echterdingen 2 - Geb. 29. März 1913 Berlin, verh. s. 1940 m. Ruth, geb. Kitzinger, 3 Kd. - TH Berlin - 1937-45 Lufthansa, 1950-78 Geschäftsf. Arbeitsgem. Dt. Verkehrsflughäfen (ADV). Div. Ehrenstell., dar. Ehrenmitgl. Western European Airports Association (WEAA), Mitgl. Kuratorium Lilienthalstiftung, stv. AR-Vors. Versorgungskasse f. d. Dt. Luftfahrt - Zahlr. Fachveröff. - Mitgl. Luftfahrt Presseclub (LPC); 1978 Ehrenring d. ADV Nr. 1, 1981 AOCI - Award - USA.

TREIBER, Helmuth

Dr. jur., Assessor, Hauptgeschäftsführer Dt. Handelskammer f. Spanien, Madrid/Barcelona (1989ff.) - Paseo de la Castellana, 42, 28046 Madrid (T. 575 40 00) - Geb. 25. Juni 1934 Mannheim, verh. s. 1960 - Stud. Heidelberg u. Basel (Rechts- u. Staatswiss.), 2. jurist. Staatsex. 1964, Dr. jur. 1962 - 1964-67 IHK Karlsruhe, 1967-72 Gf. Dt.-Bras. IHK, Rio de Janeiro/Brasil., 1972-74 DIHT, Bonn, 1974-76 Gf. Dt.-Amerik. IHK. Los Angeles/Kalif. (USA), 1976-88 Hauptgf. Dt.-Mexikan. IHK, Mexico City - BV: Investieren in Brasilien, 1974 (m. Henkel u. Moebius) - 1985 Ehrenmitgl. Ehrenlegion v. Mexiko; 1988 BVK; s. 1976 Rotary Club.

TREIBER, Hubert Paul

Dr. rer. soc., Lic.MA, Prof. f. Verwaltungswiss. Univ. Hannover - Im Moore 25, 3000 Hannover 1 (T. 0511 - 70 35 90) - Geb. 30. Juli 1942 Geislingen/St. (Vater: Dr. Hugo T., Studiendir.; Mutter: Elisabeth, geb. Grün), kath., verh. s. 1970 m. Ulrike, geb. Hildbrand - Stud. Univ. Freiburg (Soziol.) u. Konstanz (Politik-/Verwaltungswiss.); MA 1969, Lic. 1972, Promot. 1973 - S. 1976 Lehrst.-Inh. f. Verwaltungswiss. Univ. Hannover. 1981/82 Honorary Fellow Law School, Univ. of Wisconsin/Madison; 1986/87 Jean-Monnet-Fellowship, Europ. Hochsch. Florenz; 1991 Fellowship Yale Univ. (Beinecke Libr.). 11 Buchpubl.; 50 Aufs. - 4 Fernsehfilme - Spr.: Engl., Franz.

TREITZ, Norbert

Dr. rer. nat., Dipl.-Physiker, Univ.-Prof. f. Didaktik d. Physik Univ.-GH Duisburg (s. 1985) - Düsseldorfer Str. 23, 4100 Duisburg 1 (T. 0203 - 2 28 83) - Geb. 1. April 1944 Blumberg/Bad. - 1963-69 Stud. Physik Univ. Köln; Promot. 1974 Köln; Habil. (Didaktik d. Physik) 1985 Duisburg - 1969-73 wiss. Angest. Univ. Köln; 1973-77 Phys. Techn. Bundesanst (Inst. Berlin); 1977-85 wiss. Assist. Univ.-GH Duisburg - BV: Spiele m. Physik, 1983; Spiele m. Computergrafik, 1984 (finn. Übers.); Farben, 1985; Deduktive Programme auf d. Bildschirmcomputer u. and. Mediennutzungen im Physikunterr., 1984; u. a. - Liebh.: Kl. Computer, Spielzeuge in Verb. m. Physikdidaktik - Spr.: Engl.

TREML, Karl

Dr. iur., Staatssekretär a. D. - Amalienweg 8, 2300 Kronshagen b. Kiel - Geb. 4. Jan. 1934 Groß-Tschernitz/Sud., kath., verh., 2 Tocht. - Staatssekr. Schlesw.-Holst. Sozialmin., Kiel (b. 1988).

TRENDELENBURG, Friedrich

Dr. med., Prof., Abt. f. Pneumonologie/Med. Univ.-Klinik Saarbrücken - Klinikum, 6650 Homburg/Saar - Geb. 26. Aug. 1916 - S. 1964 (Habil.) Lehrtätigk. Univ. Saarbrücken (1969 Prof. auf Lebenszeit; Inn. Med., insb. Lungenkrankh.). Fachveröff.

TRENDELENBURG, Ingo

Oberfinanzpräsident d. Oberfinanzdirektion Berlin - Zu erreichen üb. OFD Berlin, Kurfürstendamm 193-194, 1000 Berlin 15 (030 - 88 07 13 00) - Geb. 23. Okt. 1938 Berlin, ev., verh. s. 1964 m. Ingrid, geb. Stache, 2 Kd. (Yvonne, Oliver) - Abit. 1958; Stud. Rechtswiss. 1959-63 München, Berlin u. Heidelberg; 1. Jurist. Staatsprüf. 1963; 2. Jurist. Staatsprüf. 1967 München - AR-Mitgl. Deutsche Baurevision, VW-Gedas, GSW Berlin u. Zoo AG Berlin.

TRENKLER, Götz

Dr. rer. pol., o. Prof. f. Oekonometrie u. Statistik Univ. Dortmund - Stortsweg 25, 4600 Dortmund 50 (T. 0231 - 75 34 59) - Geb. 14. Juli 1943 Dresden (Vater: Gotthard T., Lehrer; Mutter: Marianne, geb. Frauendorf), ev., verh. s. 1979 m. Birgit, geb. Heinrich - 1962-69 Stud. Chemie u. Math. FU Berlin (Dipl., Promot. 1973) - 1969-73 wiss. Assist. FU Berlin; 1974-82 Akad. Rat; s. 1982 Prof. - BV: Nichtparametr. Statist. Meth., (m. H. Büning) 1978, Biased Estimators in the Linear Regression Model, 1981 - Liebh.: Sport, Briefmarken, Schach - Spr.: Engl., Russ., Lat., Ital.

TRENSCHEL, Hans-Peter

Dr. phil., Hauptkonservator Mainfränk. Museum Würzburg - Weg zur Zeller Waldspitze 34, 8700 Würzburg (T. 0931 - 4 39 16) - Geb. 3. Okt. 1938 Berlin, ev., verh., 2 Kd. - Univ. Marburg, München u. Würzburg; Promot. 1966 Würzburg - 1966-69 Hist. Museum Bern, s. 1969 Mainfränk. Museum Würzburg - BV: D. kirchl. Werke d. Würzburger Hofbildhers Johann Peter Wagner, 1968; Ausgewählte Kostbarkeiten aus d. Samml. d. Mainfränk. Mus. Würzburg, 1974; D. Würzburger Hofbildhauer Johann Peter Wagner, 1980; Fränk. Kleinplastik d. Rokoko - Joh. Benedikt Witz, 1980; Uhren fränk. Meister d. 18. u. 19. Jh., 1982; Meisterwerke fränk. Möbelkunst - Carl Maximilian Mattern, 1982; Würzburger Porzellan, 1986; D. Bozzetti-Samml. d. Mainfränk. Mus. Würzburg, 1987.

TREPTOW, Werner

Kaufmann, Handelsvertr., Präs. Central-Vereinig. Dt. Handelsvertr. u. Handelsmaklerverb. (1980-84) - Bayernallee 6, 1000 Berlin 19 (T. 304 48 84) - Geb. 14. Sept. 1917 Berlin, ev., verh. 1945-81 m. Käthe, geb. Hannig †, T. Barbara - Gymn.; Drogistenausb., Fachex. 1936 - Ab 1939 Wehrdienst; 1945 journ. Tätigk.; ab 1946 kaufm. Tätigk. (Firmengründ. als Großhandl.); ab 1950 Handelsvertr., 1953 Handelsrichter, div. Verb.tätigk. - 1977 BVK a. Bde.; 1982 BVK I. Kl. - Liebh.: Klass. Musik, Sammeln alter Gläser.

TRESCHER, Karl

Dr. jur., Rechtsanwalt, Vorst. a. D. coop Rhein-Main Handels AG (b. 1981) - Sonneneck 2, 6104 Seeheim-Jugenheim (T. 06151 - 5 77 18) - Geb. 24. Dez. 1923 Wasserburg/Inn, verh. s. 1949 m. Isolde, geb. Ziegler, 2 Kd. - Stud. Rechtswiss. u. Betriebsw., Promot. 1951, Ass. 1952 - 1957-67 Vorst.-Mitgl. Zentralverb. dt. Konsumgenoss., 1967-73 Bund dt. Konsumgenoss., 1976-81 Vorst. coop Rhein-Main Handels AG; s. 1981 Rechtsanw.

TRETER, Uwe

Dr. rer. nat., Prof. f. Physische Geogr. Univ. Erlangen-Nürnberg - Espenweg 8, 8520 Erlangen (T. 09131 - 6 59 38) - Geb. 22. April 1940 Cuxhaven, verh. s. 1971 - Promot. 1969 Kiel, Habil. 1979 FU Berlin - S. 1979 Priv.-Doz.; s. 1986 Ord. u. Inst.-Vorst. Univ. Erlangen-Nürnberg - BV: Z. Wasserhaushalt Schlew.-Holst. Seengebiete, 1981; D. Baumgrenzen Skandinaviens, 1984; Boreale Waldländer, 1991.

TRETTNER, Heinz

General a. D. - Robert-Koch-Str. 52, 5300 Bonn 1 - Geb. 19. Sept. 1907 Minden (Vater: Offizier), verh. m. Lotte, geb. Sterkel - Gymn. (Abit.); 1953-56 Univ. Bonn (Rechtswiss., Volksw.; Dipl.-Volksw.) - 1925-66 m. bedingter Unterbrech. Berufssoldat (im Krieg u. a. Generalstabschef XI. Fliegerkorps u. Kommandeur e. Fallschirmjägerdivision, 1956 b. 1959 Leit. Abt. Logistik NATO-Hauptquartier Roquencourt bei Paris, dann Kdr. General I. Bundeswehr-Korps, 1964-66 (Rücktr.) Generalinspekteur d. Bundeswehr); n. 1945 kaufm. Tätigk. - Zahlr. Ausz., darunt. Ritterkreuz m. Eichenlaub (1944), Kommandeurskreuz d. amerik. VO. (1964). Gr. BVK m. Stern u. Schulterbd. (1967).

TRETZEL, Erwin

Dr. phil. nat., em. o. Prof. f. Zoologie - Pascalstr. 4, 6750 Kaiserslautern/Pf. (T. 2 44 64) - Geb. 28. Mai 1920 Kaltenbrunn/Opf. (Vater: Julius T., Oberforstm.; Mutter: Josephine, geb. Bogner), verh. 1949 m. Hedy, geb. Ziegler - S. 1961 (Habil.) Lehrtätigk. Univ. Erlangen (1967 apl. Prof.) u. Kaiserslautern (1970 o. Prof.). Emerit. 1988. Fachveröff. (Ökologie, Ethologie, Bioakustik).

TREU, Joachim Albert

Prof., Oberfinanzpräsident in Bremen - Am Fuchsberg 47, 2805 Stuhr 1, Heiligenrode - Geb. 24. März 1928 Hamburg, verh. m. Hannelohre Holch-T. - Volljurist - Vors. d. Margarethe-von-Post-Stiftg., Bremen.

TREUE, Wilhelm

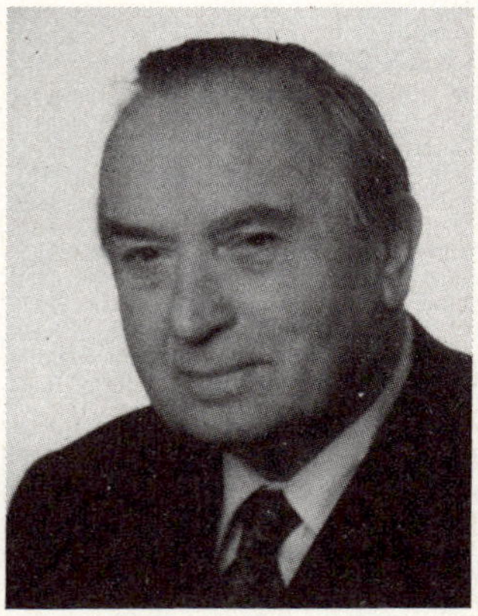

Dr. phil. habil., Dr. phil. h.c., em. Prof. f. Geschichte - Otto-Wallach-Weg 13, 3400 Göttingen (T. 5 94 63) - Geb. 18. Juli 1909 Berlin (Vater: Wilhelm T., Beamter; Mutter: Margarete, geb. Schuppe), ev., verh. s. 1935 m. Hildegard, geb. Dartsch †1987, T. Vilma - S. 1935 (Habil.) Lehrtätigk. Univ. Berlin, Göttingen, Würzburg, Oxford, Südafrika, Paris, TU Hannover (1948 ao., 1954 o. Prof.; Dir. Hist. Sem.). 1978 Hon.-Prof. Salzburg. 1965ff. Vorst. Hist. Kommiss. Berlin, Hist. Kommiss. Nieders., Schlesien. Ehrenmitgl. Kurat. Ges. f. Unternehmensgesch., Ehrenvors. Dt. Ges. f. Schiffahrts- u. Marinegesch., Kurat. Georg-Agricola-Ges., Ehrenvors. Studienkreis Rundf. u. Gesch., Mitgl. Wiss. Beirat Dt. Schiffahrtmus., Gründer Göttinger Kunstverein - BV: D. Eroberung d. Erde; Kulturgesch. d. dt. Alltags; Politik u. Wirtsch.; D. Krimkrieg u. d. Entsteh. d. modernen Flotten; Kulturgesch. d. Schraube (m. Rudolf Kellermann); Gummi in Dtschl.; D. Gesch. d. Ilseder Hütte; Dt. Gesch. v. d. Anfängen b. 1990, 6. A. in 2 Bde.; M. d. Augen ihrer Leibärzte; Kunstraub; Wirtschaftsgesch. d. Neuzeit; Achse, Rad u. Wagen - 5000 J. e. kultur- u. technikgeschichtl. Entwickl., 2. A. 1986; Geschichte d. August-Thyssen-Hütte; Herbert Quandt, e. Unternehmer d. dritten Generation, 1980; Entwurf zu meinem Nekrolog, 1982; Wirtsch.- u. Technikgesch. Preußens, 1984; Gesch. e. Hamburg. Anwaltssozietät, 1986; Gesch. d. Bankhauses Oppenheim, 1989; Unternehmens- u. Unternehmergesch. aus 5. Jh., 1989; Karl Maybach, 1992; E. Frau, drei Männer u. eine Kunstfigur, 1992. Herausg.: Ztschr. f. Unternehmensgesch., Zs. Technikgesch., Quellensamml. z. Kulturgesch., Dtschl. in d. Weltw.krise in Augenzeugenberichten, Technik, Naturwiss. u. Medizin im 19. Jh., Gesch. d. franz. Marine (1982), Acta Borussica-Reprint (1986/87) - 1979 BVK I. Kl.; K.-Sudhoff-Med.; VDJ-Ehrenz.; 1984 Ehrendoktor Univ. Salzburg - Spr.: Engl., Franz.

TREUHEIT, Werner

Dr., Dipl.-Ing., Dipl.-Wirtschaftsing., Dipl.-Polit., Prof. - Hohn 31, 5469 Windhagen/Ww. (T. 02645 - 30 65) - Geb. 16. April 1934 Plauen/Vogtl. (Vater: Max T., Arb.; Mutter: Gertrud, geb. Frieser), verh. m. Gisela, geb. Preuß - Dipl.-Ing. 1962 u. Dipl.-Wirtsch.-Ing.

1964 Aachen, Dipl.-Politologe 1967 Berlin - 1968-71 Bundestutor f. polit. Bildung, s. 1972 Prof.; Vors. Inst. f. angew. Kommunikationsforsch. in d. außerschulischen Bildung, Bonn - BV: Sozialismus in Entwicklungsländern, 1971; Modelle z. Bildungsurlaub I (m. a.), 1977; Bildungsurlaub II: Evaluationsprobleme (m. a.), 1979; Polit. Didaktik u. Krit. Theorie, 1981; Akkulturation junger Ausländer in d. Bundesrep. (m. a.), 1986; Bildung f. Europa (m. a.), 1990 - Liebh.: Bildende Künste, Sport - Spr.: Engl., Schwed.

TREUNER, Peter Hermann
Dr. sc. pol., Prof., Direktor Inst. f. Raumordnung u. Entwicklungsplanung Univ. Stuttgart - Friedenstr. 62, 7530 Pforzheim (T. 07231 - 2 42 12) - Geb. 11. Febr. 1938 Hirschberg - Cert. d'Et. Politiques 1962 Paris; Dipl.-Volksw. 1965, Promot. 1968, Habil. 1972, alles Kiel - S. 1972 o. Prof. u. Dir. Inst. f. Raumordn. u. Entw.plan. Univ. Stuttgart - 1983-85 Secretaire General d. Freizone Inga, Kinshasa/Zaire - 1979 o. Mitgl. Akad. f. Raumforsch. u. Landesplan., 1989 Vizepräs., 1991 Präs. - Interesse: Raumplan. in d. Dritten Welt - Spr.: Engl., Franz.

TREUTLEIN, Freda, Baronin von,
geb. Baronesse von Stackelberg
Schriftstellerin u. Unternehmerin, Konsul d. Republik Gambia f. d. Freistaat Bayern - Schönfeldstr. 14, 8000 München 22 - Geb. 29. Juli 1929, kath., verh. m. Gerhard Constantin T., ltd. Ministerialrat - Schriftst. u. Publ., geschäftsf. Gesellsch. Bayer. Monatsspiegel Verlagsges. GmbH u. Vorst.-Vors. Peutinger-Inst. f. angew. Wiss. GmbH - Zahlr. Unterhaltungsromane (Freda v. Stackelberg) - 1967 Goldmann Preis f. d. besten dt.-spr. Kriminalr.; BVK; Mitgl. Crime Writers Assoc. London - Lit.: Kindlers Lit. Lexikon.

TREUTLEIN, Gerhard Constantin
Leiter d. Außenwirtschaftsabt. im Bayer. Staatsmin. f. Wirtschaft - Prinzregentenstr. 28, 8000 München 22 (T. 98 66 52) - Geb. 24. Mai 1931 München (Vater: Georg-Otto T., Dipl.-Ing.; Mutter: Anny Helene, geb. Zeller-Neunheim), kath., verh. s. 1960 m. Freda, geb. Baronesse v. Stackelberg-Abja - Maximiliansgymn. München (Abit.), Rechts- u. Staatswiss., Nationalökon. - 1960 Bayer. Staatsmin. d. Finanzen; s. 1965 Staatsmin. f. Wirtsch. u. Verkehr. 1967 Präs. Peutinger-Collegium; 1972 Vorst. Donaueurop. Inst. - Herausg.: Jurist. Fachkommentare, Bayer. Monatsspiegel (Ztschr., 28. Jg.) - BVK, Gr. Gold. Ehrenz. d. Rep. Österreich; Großoffz. d. Rep. Italien u. zahlr. andere ausl. Orden - Spr.: Engl., Franz. - Bek. Vorf.: Johann Adam T., erster Gouverneur v. Georgia/USA (unmittelb. Vorfahr).

TRIEBEL, Hans
Dr. rer. nat. habil., DSc. h.c., o. Prof. f. Analysis (Mathematik) Univ. Jena - Zu erreichen üb.: Math. Fak., Univ. Jena, Universitäts-Hochraus, O-6900 Jena - Geb. 7. Febr. 1936 Dessau - Stud. Math. Univ. Jena; Dipl. 1959; Promot. 1962; Habil. 1966 - S. 1970 o. Prof. - 8 Fachb., üb. 120 Facharbeiten - 1990 Ehrenpromot. Univ. Sussex, Engl.; s. 1987 o. Mitgl. Akad. d. Wiss. Berlin - Spr.: Engl., Russ.

TRIEBEL, Wolfgang
Dr.-Ing., Oberregierungsrat a. D., Honorarprof. f. Techn. Bauforsch. TU Hannover (s. 1960) - Max-Eyth-Str. 48, 3000 Hannover 1 (T. 0511 - 81 72 54) - Geb. 30. Sept. 1900 Zetzsch (Vater: Georg T., Landgerichtsdir.; Mutter: Elsbeth, geb. Wolff), verw., 6 Kd. (York, Barbara, 4 Stiefkd.) - Gymn.; TH Hannover (Dipl.-Ing. 1923; Promot. 1927) - 1927-31 Abt.leit. Reichsforsch.-Ges. f. Wirtsch.lichk. im Bau- u. Woh-

nungsw., Berlin (Reg.baum.); 1931-38 Stadtbaurat Stendal; 1938-45 Oberreg.rat Reichsarbeitsmin., Berlin (zugl. techn. Geschäftsf. Dt. Akad. f. Bauforsch.); 1946-73 Dir. Inst. f. Bauforsch. Hannover. Rd. 800 Publ. (dav. 80 m Ausl.), u. a. Wirtschaftl. bauen - aber wie? (1955), Elemente u. Maßstäbe d. Produktivität (1964), Rationalisierung im Hoch- u. Wohnungsbau (1966), Voraussetzungen f. wirtschaftl. Bauen m. Fertigteilen (1966), Energieersparnis durch Verbesserung d. baul. Wärmeschutzes (1966), Rationelles Bauen m. Fertigteilen (1968), Großformat. Betonfertigteile in Tafelbauart (1968), Rationalisierungsfibel (1972), Kleine Stahlkunde f. d. Wohnungsbau (1975), Gesch. d. Bauforschung, (1983) - 1966 Heinrich-Plett-Preis Neue Heimat; 1964 Gr. Verdienstkreuz Nieders. VO., 1971 Gr. BVK - Spr.: Franz. - Bek. Vorf.: Paul Gerhardt, Friedrich Gottlieb Klopstock.

TRIEBOLD, Karl
Dr. med., M.A., Prof., Kinderarzt - Dionysiusstr. 23, 4600 Dortmund 14 (T. 0231-8 98 08) - Geb. 3. Apr. 1920 Senne, ev., verh. s. 1963 m. Gertrud, geb. Anhäuser (Apothekerin), 2 Kd. (Carolina, Jochen) - Stud. Med., Zahnmed., Psychol. u. Päd. Univ. Münster u. Würzburg; Promot. 1946; M.A. 1967; Habil. 1972; 1975 apl. Prof.; 1952-83 Leit. Dir. Städt. Kinderklinik Dortmund-Derne; s. 1975 Vizepräs. Bundesvereinig. f. Gesundheitserziehung Bonn; s. 1980 Berater Intern. Union f. Gesundheitserziehung Paris - Zahlr. Veröff. im med.-päd. Grenzber. (auch in franz. bzw. Übers. aus d. Franz.) - 1962 Korresp. Mitgl. Schweizer. Ges. f. Sozialmed.; 1973 Goldmed. d. Franz. Nationalakad. f. Med.; 1982 BVK I. Kl. - Spr.: Franz., Engl.

TRIEBOLD, Karl Friedrich
Dr.-Ing., Dipl.-Ing., Prof., Vorsitzender d. Geschäftsfg. Atlas-Elektronik GmbH Bremen, Vorst.-Mitgl. Bremer Vulkan AG - Zu erreichen üb. Atlas-Elektronik GmbH, 2800 Bremen 44 - Geb. 15. April 1938 Bremen, verh. - Dipl.-Ing. 1964, Promot. 1968.

TRIEBOLD, Klaus
Dr., Kanzler d. Univ. Münster - Schloßpl. 2, 4400 Münster/W.; priv.: Scharnhorststr. 99.

TRIER, Eduard
Dr. phil., em. o. Prof. f. Kunstgeschichte - Hoffmann-von-Fallersleben-Str. 6, 5000 Köln 51 (T. 38 51 08) - Geb. 4. Jan. 1920 Köln (Vater: Hans T., Telegrapheninsp.; Mutter: Helene, geb. Hager), kath., verh. s. 1953 m. Edith, geb. Brabender, 3 Kd. (Michael, Marcus, Alice) - B. 1938 Gymn. Köln (Kreuzg.); 1946-52 Univ. Bonn (Promot. 1952) u. Köln - Ab 1948 Kunstkrit. D. Neue Ztg., FAZ (1953), D. Zeit u. NDR; 1949 Redakt. Kunstztschr. D. Cicerone; 1958-64 Sachbearb. f. Bild. Kunst Kulturkr. BDI u. Redakt. Serie Jg. Künstler; 1964-72 o. Prof. Kunstakad. Düsseldorf (1966-72

Dir.); 1972-85 o. Prof. u. Dir. Kunsthist. Inst. Univ. Bonn. 1964 u. 66 Kommissar d. BRD f. d. Biennale Venedig. 1959, 64 u. 68 Mitgl. documenta-Rat - BV: Marino Marini, 1954; Moderne Plastik, 1954; Wilhelm Lehmbruck - Zeichnungen und Radierungen, 1955; Ewald Mataré, 2. A. 1958; Lehmbruck - D. Kniende, 1958; Zeichner d. XX. Jh.s 1956; Athenäum-Kunstreisef. Belgien. 1957 (auch schwed.); Max Ernst, 1959; D. Bergbau in d. Kunst, 1958 (Ko-Autor); Figur u. Raum, 1960 (auch engl. u. ital.); Marino Marini, Plastik, 1961 (auch engl., franz., ital.); Norbert Kricke. 1963; Hans Arp, Skulpturen, 1968 (auch engl. u. franz.); Günter Ferdinand Ris. 1970; Bildhauertheorien im 20. Jh., 1971. 4. A. 1992; H. G. Prager, 1990; 200 J. Kunstakad. Düsseldorf, 1973 (Hrsg. u. Mitautor); Jahresring (Mithrsg. 1961-89); Kunst als Bedeutungsträger, 1978 (Mithrsg. u. Mitautor); Kunst d. 19. Jrh. im Rheinland, 5 Bände, 1979ff. (Mithrsg. u. Mitautor); Arp, 1985; Heinz-Günter Prager, 1990 - Mitgl. ICOM; 1970 BVK I. Kl.; 1979 Ehrenmitgl. Staatl. Kunstakad. Düsseldorf; 1991 VO. d. Landes NRW - Liebh.: Alte u. neue Kunst - Spr.: Engl., Franz. - Rotarier - Bruder: Hann T. - Lit.: Justus Müller Hofstede u. Werner Spies (hg.), Festschr. f. Eduard T. z. 60. Geburtstag (Berlin 1981); Arta Valstar u. Dieter C. Schütz (hg.), V. Hildebrand b. Kricke. Schülergabe f. Eduard T. z. 7. Febr. 1985 (Bonn 1985).

TRIER, Hann
Maler u. Graphiker, em. Prof. Hochsch. d. Künste, Berlin (s. 1957) - 5353 Mechernich/Vollem (T. 02484 - 15 25) und Caesarstr. 27, 5000 Köln (T. 38 11 69) - Geb. 1. Aug. 1915 Kaiserswerth/Rhld., kath., verh. s. 1962 m. Prof. Dr. phil. Renate, geb. Pflaum (s. unt. Mayntz-Trier) - Gymn. Köln (Kreuzgasse); 1934-38 Kunstakad. Düsseldorf - 1952-55 Südamerika - Abstrakte Malerei; Bilder in dt. u. ausl. Museen (Amsterdam, Seattle, Pittsburgh). 1972 Deckenbild Weißer Saal, 1974 Treppenhaus Schloß Charlottenburg (Berlin), 1978 Deckenbild Bibliothek philosoph. Sem. Univ. Heidelberg, 1980 Freischweb. Baldachin Rathaushalle Köln; 1984 Deckenbild Residenz d. Dt. Botschaft b. Hl. Stuhl, Rom; 1986 Supraporte im Parlament (Wasserwerk), Bonn; 1986 Wandbild (6x18m) Museum Ludwig, Köln; 1990 Wandbild v. d. Heydt-Museum, Wuppertal - 1961 Darmstädter Kunstpreis, 1962 Gr. Kunstpreis Nordrh.-Westf., 1966 Berliner, 1967 Kölner Kunstpreis; 1975 Gr. BVK; 1990 VO NRW; Ehrenmed. Univ. Heidelberg; Stefan-Lochner-Med., Köln - Spr.: Ital., Span., Engl., Franz. - Eltern s. Eduard T. (Bruder) - Lit.: E. Roters; Hann Trier, D. Deckengemälde, (1981); P.A. Riedl, Kat. Ausst. Saarl.-Mus. (1985); G. W. Költzsch; Hann Trier Archimedes (1990); H. T., Monogr. (1990); Im Handumdrehen, Kat. (1990).

TRIESCH, Ernst-Günter
Hauptgeschäftsführer u. Gf. Präsidialmitgl. d. Bundesarbeitsgem. d. Mittel- u. Großbetr. d. Einzelh. (BAG), Köln, VR Westdt. Rundfunk (WDR), u. Urbanicom, Beirat Patria Versich. AG, Kurat. Dt. Einzelhandelsinst. f. Öffentlichkeitsarbeit (DEFÖ) - Auf d. Berg 14, 5200 Siegburg-Seligenthal (T. 02242 - 31 31) - Geb. 17. Jan. 1926 Siegburg (Vater: Karl T.; Mutter: Henriette, geb. Weber), ev., verh. s. 1955 m. Erika, geb. Wagner, 3 Töcht. (Regine, Susanne, Sabine) - Stud. Gesch., Soziol., Volksw. - 1948-52 fr. Journalist (Westd. Rundschau, D. Welt); 1952-74 Assist., zul. Geschäftsf. Dt. Industrieinst. Köln; Vorst. Inst. f. Ges.wiss. Walberberg, Bonn; Kurat. Heinrich-Hertz-Stiftg., u. Friedrich v. Isabel-Vogel-Stift. - BV: u. a. D. Macht d. Funktionäre, 1956; D. Gewerksch. in d. Bundesrep., 2. A. 1959; Mitbestimmung in d. Diskussion, 1968; Gewerkschaftsstaat o. Soz. Rechtsstaat, 1975 - Liebh.: Garten - Spr.: Engl., Franz.

TRIESCH, Günter
s. Triesch, Ernst-Günter

TRIFTSHÄUSER, Werner

Dr. rer. nat., o. Prof. f. Physik Univ. d. Bundeswehr München - Ringelnatzweg 3, 8012 Ottobrunn (T. 089 - 609 86 26) - Geb. 22. März 1938 Selb/Bayern, verh. s. 1981 m. Eva Lucia, geb. Hrncirik, 3 Kd. (Germar, Caroline, Natalie) - 1957-62 Stud. Phys. TU München, Dipl. 1962; Promot. 1965; 1965-67 wiss. Ass. TU München; 1967-68 Res. Assoc., Univ. North Carolina, Chapel Hill, USA; 1968-70 Res. Assoc., Queen's Univ. Kingston, Kanada; 1970-75 Leit. wiss. Forschungsgr. Kernforschungsanlage Jülich u. gleichz. Lehrbeauftr. TH Aachen; s. 1980 Mitgl. im Intern. Advisory Committee on Positron Annihilation, s. 1989 d. New York Acad. of Sciences - Üb. 80 Veröff. in wiss. Ztschr. - Spr.: Engl., Franz.

TRILLHAAS, Wolfgang

Dr. theol., Dr. phil., Dr. theol. h. c., Dr. theol. h. c., Prof. f. Systemat. Theologie (emerit.) - Tuckermannweg 19, 3400 Göttingen (T. 5 65 30) - Geb. 31. Okt. 1903 Nürnberg (Vater: Friedrich T., Pfarrer; Mutter: Elisabeth, geb. Hagen), ev., verh. s. 1975 m. Ilse, geb. Rudert - Gymn. Nürnberg; Univ. München, Erlangen, Göttingen - 1926-45 Stadtvikar u. -pfarrer Regensburg u. Erlangen (1928), 1933-46 Privatdoz., Lehrstuhlvertr. u. o. Prof. (1945) Univ. Erlangen, 1946-72 o. Prof. Univ. Göttingen (1950-52 Rektor), 1961-67 Honorarprof. TH Hannover. 1965 Carnahan-Vorl. Buenos-Aires, Fac. di Teol. - BV: u. a. Schleiermachers Predigt, 2. A. 1975; Ev. Predigtlehre, 5. A. 1964; V. Leben d. Kirche, Pred. 1938; Studien z. Religionssoziol., 1949; V. Wesen d. Menschen - Christl. Anthropol., 1949; D. Dienst d. Kirche am Menschen - Pastoraltheol., 2. A. 1958; D. apostol. Glaubensbekenntnis, 1953; D. innere Welt - Religionspsych., 1953; V. d. Geheimnissen Gottes, Pred. 1956; Ethik, 3. A. 1970; Dogmatik, 4. A. 1980;

D. Evangelium u. d. Zwang d. Wohlstandskultur, 1966; Predigten aus d. J. 1956-66, 1967; Sexualethik, 2. A. 1970; Religionsphil., 1972; Einf. in d. Predigtlehre, 4. A. 1989; Aufgehobene Vergangenheit, Aus meinem Leben, 1976 - Viele Aufs. z. Theologie- u. Geistesgeschichte d. Neuzeit - 1967 Ehrendoktor Univ. Helsinki, 1972 Univ. Wien - Lit.: H.J. Birkner/D. Rössler: Beiträge z. Theorie d. neuzeitl. Christentums, W. Tr. z. 65. Geb. (1968); H.W. Schütte/F. Wintzer: Theol. u. Wirklichk., Festschr. z. 70. Geb. (1973).

TRINCKER, Dietrich E. W.

Dr. med., o. Prof. f. Physiologie - Hattinger Str. Nr. 374, 4630 Bochum (T. 4 57 94) - Geb. 1. Okt. 1923 Insterburg/Ostpr. (Vater: Johannes T., Studienrat; Mutter: Helene, geb. Obgartel), verh. 1948 m. Dr. Ingeborg, geb. Comolle - 1942-48 Univ. Königsberg, TH Danzig, Univ. Hamburg u. Greifswald (Med. Staatsex. 1948). Promot. (1959) u. Habil. (1953) Greifswald - S. 1953 Lehrtätigk. Univ. Greifswald, Erlangen (1957; 1959 apl. Prof.), Kiel (1964 Wiss. Rat u. Prof.), Bochum (1969 o. Prof.) - BV: Informationsspeicherung bei Lebewesen, in: Kybernetik - Brücke zwischen d. Wiss., 6. A. 1966; Taschenb. d. Physiol., 3 Bde. 1968 ff. (mans. H. Lullies). Üb. 50 Fachaufs.

TRINIUS, Reinhold

Oberstudienrat a. D., MdL Nordrh.-Westf. (s. 1970) - Stresemannstr. 3, 4952 Porta Westfalica (T. 5 85 62) - Geb. 10. Juni 1934 Langendorf/Zeitz, verh., 3 Kd. - Stud. Dt. u. Gesch. Univ. Halle/S., Münster, Tübingen - S. 1960 Schuldst. 1969-85 Ratsmitgl. Barkhausen bzw. Porta Westfalica (1973). SPD s. 1961 (s. 1978 stv. Bezirksvors. Ostwestf.-Lippe, s. 1985 stv. Vors. SPD-Landtagsfraktion).

TRIPATHI, Chandrabhal

Dr. phil., Prof. f. Indologie, Buddhismus u. Jaina Literatur - Gardeschützenweg 106, 1000 Berlin 45 (T. 833 67 33) - Geb. 19. Sept. 1929 Cambay/Indien (Vater: Bhailalbhai T., RA; Mutter: Parsanbahen, geb. Gor), Hindu, gesch., 2 T. (Maya, Gita) - S. 1958 Univ. Bombay (M.A. Gujarat Univ.), Promot. Univ. Göttingen, Habil. FU Berlin 1971 - Lektor u. akad. Oberrat, s. 1971 Prof. Berlin - Entd.: Gilgit Fragmente in Ujjain - BV: 25 Sūtras d. Nidānasamyukta, 1962; Catalogue of the Jaina Manuscripts at Strasbourg, 1975; Ekōttarāgama-Fragmente d. Gilgit-Handschr., 1981 - Liebh.: Klass. Musik (Ind. u. Europ.) - Spr.: Sanskrit, Pali, Prakrit; Hindi, Gujarati; Engl., Deutsch.

TRIPPEN, Ludwig

Dr. jur., stv. Vorstandsvors. Westd. Landesbk. Girozentrale Düsseldorf/Münster (s. 1978) - Zu erreichen üb.: WestLB, Friedrichstr. 1, 4400 Münster - Geb. 20. Nov. 1927 - 1948-51 Stud. Rechts- u. Staatswiss. Univ. Bonn u. Marburg (1. jurist. Staatsex.), Promot. 1953 Univ. Marburg, 1954-55 Volontär Dt. Girozentrale - Dt. Kommunalbk., 2. jur. Staatsex. 1956 - 1956-65 Dt. Girozentrale - Dt. Kommunalbk. (Leit. Rechtsabt., danach Leit. Direktionssekr.); 1956 Bevollm.; 1958 Prokurist; 1962 Abt.dir.; 1958 Rechtsanwalt OLG Düsseldorf; 1962 Fachanwalt f. Steuerrecht; 1965 stv. Vorst.-Mitgl. Landesbk. f. Westf. (heute WestLB); 1966 Vorst.-Mitgl.

TRIPPS, Manfred Wolfram

Dr. phil., em. Prof., Kunsthistoriker - Konradweg 10-12, 7100 Heilbronn; Im Chrüzli 3, CH-3852 Ringgenberg - Geb. 9. Sept. 1925 Böckingen (Vater: Hans T., Meister Metallflugzeugbau, spät. Elektrom.; Mutter: Mathilde Caroline, geb. Geiger), ev., verh. s. 1961 m. Gertrud, geb. Seitz, 3 Kd. (Johannes, Christine, Wolf-Kersten) - Univ. Heidelberg (Kunstgesch., Gesch., Archäol., German. alter u. neuer Zweig, mittelalt. Wirtsch.gesch. u. Soziol.) - 1967/68 Dir. Werkkunstsch. (FHS) Mannheim, 1968-71 Museumsdir. Stadt Düren, 1971ff. Prof. PH Ludwigsburg, Mitgl. d. Senats u. gr. Senats, Leit. Fachber. V u. 2. Stv. d. Rektors (1974/75, 1979-81 u. 1985-87). S. WS. 1981/82 zusätzl. Lehrauftr. Univ. Stuttgart. Emerit. 1990 - BV: Hans Multscher, Seine Ulmer Schaffenszeit 1427-1467; Düren; Baden-Württ. im Wandel d. Gesch.; 60 Aufs. in Sammelw. u. wiss. Ztschr. - Film üb. Bildhauer Hans Multscher (III. Bayer. FS (m. Prof. Dr. Th. Müller u. Dr. A. Schädler v. Bayer. National Museum München) - 1969 Ausz. v. A.A. f. Multscherbuch; 1972 Certificat of Merit for distinguished Work in Art History, Cambridge; 1975 Silb. Med. d. Rep. Italien (f. Verd. um Ital. Kunst u. Kultur im Ausl.); 1979 Ausz. d. Baden-Württ. Buches vom Staatsmin. Baden-Württ.; 1985 Ehrennadel Land Baden-Württ.; Ehrenschild u. Gr. Goldene Med. d. Museo Naval y Maritim in Valparaiso - Spr.: Engl., Franz., Ital., Lat. - Bek. Vorf.: Georg Friedr. Thill, Geheimer Legat.rat Herzog Karl Eugens v. Württ. - Lit.: L. Schacherl u. H. Schindler: M. T., d. Dedektiv d. Madonna in: Ztschr. EPOCA, Juni 1970.

TRISTRAM, Hildegard L.C.,
geb. Paul

Apl. Prof. (s. 1988) - Waldhofstr. 50, 7800 Freiburg (T. 0761 - 6 50 06) - Geb. 6. Sept. 1941 Kassel, kath., verh. s. 1970 m. Dr. Konrad J. T., 2 Söhne (Konrad Robert, Engelbert Johannes) - Stud. Angl., Roman., Keltologie; StPr LA Gymn. 1967; Promot. 1970; Habil. 1981 - 1970 wiss. Assist.; 1974 Akad.-Rat; 1981 Akad.-Oberrat; 1988 apl. Prof. (Lehrf.: Angl., Keltol.). Gastprof. Univ. Massachusetts u. Univ. Brest; Vertretung Univ. Konstanz - BV: Linguistik u. d. Interpret. engl. lit. Texte, 1978; Altengl. Lit., 1979; Tense and Time, 1983; Sex aetates mundi - D. Weltzeitalter b. d. Angelsachsen u. d. Iren, 1985. Herausg.: Sound, Sense and System (1987); Early Irish Literature (1989); Deutsche Kelten u. Iren (1990); Metrik u. Medienwechsel (1991); Mittelalterliche insulare Literatur (1992) - Liebh.: Klavier, Schwimmen, Skilaufen, Wandern, Garten, Vorlesen - Spr.: Engl., Franz., Ital., Span., Irisch, Breton., Kymrisch.

TRITSCHLER, Heinrich

Kaufmann - Schepplerweg 4, 8750 Aschaffenburg (T. 9 13 15) - Geb. 23. Juli 1920 Krozingen, kath., verh. s. 1959 m. Maria, geb. Endress, 3 Kd. (Eva, Ralf, Doris) - Rotarier.

TROBISCH, Heiner

Dr. med. habil., Prof., Arzt f. Laboratoriumsmed., Leiter Inst. f. Laboratoriumsmed. Duisburg - Tiergartenstr. 32, 4000 Düsseldorf 1 (T. 0211-67 87 90) - Geb. 17. Jan. 1940 Hamburg, ev., verh. s. 1980 m. Sybille, geb. Bleike, 2 Kd. (Michael, Gesine) - Stud. Med., Staatsex. 1965 Hamburg, Promot. 1967 Hamburg, Habil. 1977 Düsseldorf - Lehrtätigk. klin. Chemie u. Hämatol. Univ. Marburg (1968-73) u. Düsseldorf (s. 1973); s. 1981 apl. Prof. Univ. Düsseldorf - S. 1968 Forschungsarb. auf d. Geb. d. Biochemie, d. menschl. Blutgerinnung - Üb. 70 Fachpubl., 3 Monogr. - Liebh.: Musik d. Renaissance u. d. Barock, Cembalospielen - Spr.: Engl.

TROBITZSCH, Jörg

Buchautor, Fotograf - Alter Schulweg 12, 2110 Buchholz-Trelde (T. 04186 - 86 44) - Geb. 15. Jan. 1940, ev., verh. s. 1976 m. Päivi, geb. Pahtaja - Arktisexped. n. Spitzbergen, Grönland u. Kanada; 1960 Arbeiter in e. Fischfabr.; 1963 Robbenfänger; 1961 Rentierhirt; VHS-Dozent; Fotograf; Buchautor; Veranstalter v. Multivisionsveranstalt. - BV: Jugendb., Bildbde. u. Reisehandb. u.a. Norweg. Abenteuer-Almanach, 1977; Finn. Abenteuer-Almanach, 1980; Bildband Dt. Nordseeinseln, 1980; Bildband Norwegen, 1981; Bildband Skandinavien, 1988; Bildband Naturwunder Norwegen, 1992 - Spr.: Engl., Dän., Norweg., Schwed.

TROCHE, Horst

Dipl.-Ing., Direktor Zentralstelle f. d. Werkstättendienst/DB - Kaiserstr. 3, 6500 Mainz.

TROCKEL, Walter

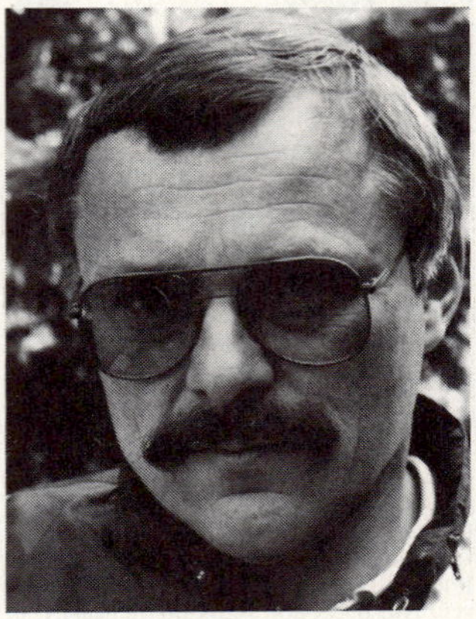

Dr. rer. pol., Prof. f. Mathematische Wirtschaftstheorie Inst. f. Math. Wirtschaftsforschung (IMW) Univ. Bielefeld - Am Brinkhof 12, 4811 Oerlinghausen (T. 05202 - 7 23 54) - Geb. 18. März 1944 Essen, kath., verh. s. 1970 m. Monika, geb. Krämer, 4 Söhne (Stefan, Jan, Tobias, Daniel) - Stud. Univ. Münster u. Bonn (Math., Physik, Wirtschaftstheorie); Dipl. (Math.) 1971; Promot. 1974; Habil. 1983 Bonn - 1971-81 u. 1982/83 wiss. Mitarb. SFB 21 Univ. Bonn; 1981/82 Habil.-Stip. d. DFG. 1973/74 u. 1981 Gast Univ. of Calif., Berkeley; 1988/89 Gastprof. Univ. of California, San Diego - BV: Market Demand, 1984; Market Demand, E. mathematischer Countdown z. WirtschaftsWiss. Veröff. in intern. Fachztschr. Mithrsg.: Journal of Mathematical Economics; J. Meth. Econ, Springer Lecture, Notes in Economics and Mathematical Systems.

TROCKELS, Friedrich

Dr.-Ing., Geschäftsführer Elektrizitätswerk Minden-Ravensberg GmbH., Herford, Herforder Kleinbahnen GmbH. ebd., Straßenbahn Minden GmbH., Minden - Hoffmannsweg 6, 4900 Herford/W. - Geb. 19. Sept. 1908 - Div. Ehrenstell. u. ARsmandate.

TROEBST, Cord Christian

Journalist - Zul. Nonnenstieg 14, 2000 Hamburg 13 (T. 48 44 03) - Geb. 4. Aug. 1933 Bukarest/Rumänien (Vater: Hans T., Auslandskorresp.; Mutter: Octavia, geb. Sylver), verh. s. 1956 m. Ingrid, geb. Klein - Ev. Paedagogium Bad Godesberg u. Gymn. Josephinum Hildesheim (Abit. 1954) - 1954-56 Jungredakt. Kristall, 1957/58 PR-Writer McGraw-Hill Verlag New York, fr. Journ. u. Schriftst. (1959), Korresp. Springer-Auslandsdst. ebd. (1965), s. 1967 Chefredakt. Springer-Auslandsdst. (SAD) Hamburg - BV (b. zu 7 Übers.): D. Griff n. d. Mond, 1959; D. Griff n. d. Meer, 1961; Auf Wunder ist kein Verlaß, 1963 - Liebh.: Studienreisen - Spr.: Engl. - Bek. Vorf.: Prof. Christian Gottlob T., Weimar, Prinzenerzieher Moskau, 1. Puschkinübersetzer (Die Hauptmannstochter), pers. Freund v. Leo Tolstoi. Verf. div. Bücher (Urgroßv.), Dir. Realgymn. Weimar.

TRÖGER, Hans Dieter

Dr. med., Prof., Direktor Institut f. Rechtsmedizin d. Med. Hochsch. Hannover - Konstanty-Gutschow-Str. 8, 3000 Hannover 61 (T. 0511-532 45 70) - Geb. 15. Mai 1941 Bamberg, ev., verh. s. 1967 m. Dorothea, geb. Weegmann, 2 Kd. (Ingrid, Markus) - Abit. 1962 Bamberg; 1962-68 Stud. Med. Univ. Erlangen, Nürnberg, München, Promot. 1971, 1977 Priv. Doz. f. Rechtsmed., Prof. 1980, o. Prof. 1983; 1970-83 Univ. München; s. 1983 Med. Hochsch. Hannover. Sachverst. f. Blutgruppenuntersuch. - Fachveröff. - Spr.: Engl.

TRÖGER, Rudi Christian

Prof., Kunstmaler - Schleißheimerstr. Nr. 102, 8000 München 40 - Geb. 12. Okt. 1929 Marktleuthen (Vater: Adolf T., Porzellanmaler; Mutter: Frieda, geb. Benker), ev., verh. s. 1957 m. Klara, geb. Weghofer - 1949-57 Akad. d. Bild. Künste München - S. 1967 Prof. Akad. d. Bild. Künste München - Werke: Malerei u. Graphik - S. 1977 Mitgl. Bayer. Akad. d. Schönen Künste.

TRÖGER, Walter

Dr. phil., o. Prof. f. Pädagogik Univ. Regensburg (s. 1972) - Utastr. 62, 8400 Regensburg - Geb. 2. Mai 1926 Vohenstrauß/Opf. (Vater: Josef T., Lehrer; Mutter: Maria, geb. Seibert), kath., verh. s. 1961 m. Gertraud, geb. Schuller, 2 Kd. (Monika, Wolfgang) - 1952-58 Univ. München (Dipl.-Psych. 1956). Promot. (1959) u. Habil. (1965) München - 1947-55 Volks- u. Berufsschullehrer (1954); 1957-65 Wiss. Assist. (dav. 1962-64 Stip. Dt. Forschungsgem.); s. 1965 ao. u. o. Prof. (1968) PH Regensburg, s. 1972 Univ. Regensburg - BV: D. Film u. d. Antwort d. Erziehung, 1963; Elitenbildung, 1968; Jugend rebelliert, 1968; Chancen d. Schulreform heute, 1968; Erziehungsziele, 1974; Lernziel Frieden, in: Chr. Küpper (Hrsg.); Friedenserziehung. E. Einführung, m. Beiträgen v. B. Claußen, W. Maser, W. Tröger, 1979.

TRÖGER, Walther

Geschäftsführer, Generalsekr. Nationales Olymp. Komitee f. Deutschl. (s. 1961) - Staufenstr. 32, 6000 Frankfurt/M. (T. 72 24 34) - Geb. 4. Febr. 1929 Wunsiedel (Vater: Karl T., Regierungsrat; Mutter: Gertrud, geb. Ruffs), ev., verh. s. 1957 m. Almuth, geb. Ruffs, 2 Kd. (Sabine, Wolfram) - Oberrealsch. Breslau, Marktredwitz, Wunsiedel; Univ. Erlangen (Rechtswiss.). I. jurist. Staatsprüf. 1951 Erlangen - 1953-61 Geschäftsf. Allg. Dt. Hochschulsport-Verb. Bürgerm. Olymp. Dorf München (1972), Vorst.-Mitgl. (1974), stv. Vors. (s. 1991) d. Stiftg. Dt. Sporthilfe, Vizepräs. Dt. Basketball-Bd. (s. 1976), Mitgl. Intern. Olymp. Komitee u. mehr. s. Kommiss.; Vors. Kommiss. Sport f. Alle; Sportdir. IOC (1983-90) - Ritter VO. Franz. Rep.; 1970 Gold. Sportabzeichen; BVK I. Kl. - Liebh.: Fotogr., Briefm., Gesch., Tennis, Skilaufen - Spr.: Engl., teilw. Franz. - Bek. Vorf.: Philipp Jacob Spener, luth. Theologe (Wegbereiter d. Pietismus).

TRÖHLER, Ulrich H.

Dr. med., Ph.D. (Univ. London), Prof., Direktor Inst. f. Geschichte d. Med. Univ. Göttingen (s. 1983), Schriftf. u. Vorsteher Geschäftsst. Akad. Ethik in d. Medizin (s. 1988) - Humboldtallee 36, 3400 Göttingen (T. 0551 - 39 90 06) - Geb. 24. Jan. 1943 Bern, ev., verh. s. 1969 m. Maria Claudia, geb. Pedotti, 3 Kd. (Michel, Nicolas, Anne-Sophie) - Stud. Univ. Neuenburg, Lausanne, Wien u. Bern (Med.); Staatsex.; Approb. als Arzt 1970 Bern; Promot. 1973 Zürich; 1976-78 Stud. Univ. London (Wissenschafts- u. Medizingesch.); Ph.D. 1979 London - 1970-75 Ass. Arzt Inst. Pathophysiologie Univ. Bern; 1979-83 Oberarzt, zugl. Lehrbeauftr. f. Gesch. d. Med. Univ. Basel - BV: D. Schweizer Chirurg J.F. de Quervain, 1973; Quantification in British Medicine 1750-1830, 1978; Auf d. Weg z. physiol. Chirurgie, 1984; Armamentarium obstetricium gottingense (dt., engl., franz. m. W. Kuhn), 1987; D. Tierversuchsgegner Richard Wagner: Seine Zeitkritik u. die Reaktion seiner Zeit (m. J. Thiery), 1987; D. Göttinger medizinischen Promotionen im 18. Jh. (m. S. Mildner-Mazzei), 1992 - 1974 Henry E. Sigerist Preis - Liebh.: Oper, Architektur - Spr.: Engl., Franz., Ital., Span. - Lit.: Bull Hist. Med.

TRÖKES, Heinz

Prof., Kunstmaler - Landhausstr. 13, 1000 Berlin 31 (T. 87 55 64) - Geb. 15.

Aug. 1913 Hamborn, verh. m. Renata, geb. Severin, S. Jan-Manuel - N. Abitur Schüler v. Johannes Itten (1933-36) u. Georg Muche (1940). Studienreisen Europa, Afrika, Amerika, Asien, Australien, Süd-Pazifik - Prof. Kunsthochsch. Weimar (1947-48), Hamburg (1956-58), Stuttgart (1961-65), Berlin (1965-78). Zahlr. Ölbilder, darunt.: Mondkanone (1946) u. Eroberte Stadt (1953). Entwürfe f. Textil, Gobelin, Mosaik, Glasfenster u. a. Preisträger Dt. Kunstwettbewerb (1950) u. Hallmark-Wettbew. New York (1952) - BV: Singhales, Miniaturen, 1959; Tage-Nacht-Buch, 1963; Eldorado - E. Bilderb. v. Amerika, 1965 - 1955 Dt. Kritikerpreis, 1956 Berliner Kunstpreis; 1961 o. Mitgl. Akad. d. Künste Berlin - Lit.: Will Grohmann, H. T., 1959.

TROELTSCH, Walter

Rechtsanwalt u. Notar, Regierungsoberrat a. D., MdL Hessen (1970-91; Wahlkr. 12/Marburg-Biedenkopf West) - Rotenberg 16, 3550 Marburg/L. (T. 06421 - 2 77 00) - Geb. 29. Juli 1928 Kiel - 1949ff. Univ. Marburg, Frankfurt/M., Syracuse/New York (Volksw.; M. A.); 1956ff. Univ. Marburg (Rechtswiss.). S. 1966 hess. Landeskulturverw. (zul. Dezern. Landeskulturamt Hessen). Vors. Petitionsaussch. b. 1976, Vors. Aussch. f. Landwirtsch. u. Forsten b. 1978. Agrarpolit. Sprecher CDU-Landtagsfraktion, 1982-91 Vors. Hauptaussch. Hess Landtag. Ehrenamtl. Stadtrat Magistrat d. Stadt Marburg - CDU. S. 1989 Ehrenvors. CDU - Kreisverb. Marburg-Biedenkopf - 1978 BVK, 1987 BVK I. Kl.

TRÖMEL, Thomas

Botschafter d. Bundesrep. Deutschland in Khartoum/Sudan (s. 1991) - Zu erreichen üb. Ausw. Amt, Adenauerallee 99-103 , 5300 Bonn 1 - Geb. 18. Aug. 1931 Berlin, verh., 1 Sohn - Gymn. (Abit. 1951), 1951-56 Stud. d. Rechte Frankfurt; 1952-53 Stud. Aix-en-Provence, 1956 1. jur. Staatsprüf. 1956-57 Dt. Bank AG, Frankfurt. S. 1957 Ausw. Dienst; 1957-60 Attaché Bonn, Luxemburg u. Straßburg; 1960-61 Legationssekr. Accra, Ghana; 1961-64 Legationssekr., spät. Legationsrat Monrovia, Liberia; 1964-68 Legationsrat Athen; 1968-73 Vortr. Legationsrat Ausw. Amt, 1973 Botschafter Burundi; 1978-81 Botschafter in Liberia; 1981-84 Vortr. Legationsrat 1. Kl. Ausw. Amt; 1984-87 Botschafter Abu Dhabi, V.A.E.; 1987-90 Gesandter Teheran/Iran.

TROEMER, Klaus

Intendant Fränk.-Schwäb. Städtetheater Dinkelsbühl, Regisseur, Schausp. - Max-Neeser-Str. 2, 8804 Dinkelsbühl (T. 09841 - 21 78) - Geb. 24. Juli 1934 Wiesbaden, kath., verh. s. 1965 m. Helga, geb. Wahrlich, Schausp., T. Barbara - S. 1971 Int. d. Fränk.-Schwäb. Städtetheaters Dinkelsbühl - Rd. 50 Bühnen-Insz.; üb. 100 Rollen an versch. Theatern.

TRÖNDLE, Herbert

Dr. jur., Honorarprof., Landgerichtspräsident a.D. - Obere Haspelstr. 10, 7890 Waldshut-Tiengen 1 (T. 07751 - 34 66) - Geb. 24. Aug. 1919 Kiesenbach, verh. m. Ilse, geb. Dosse, 4 Kd. - Promot. 1948 Göttingen - 1950 Richter, 1966 Oberstaatsanwalt, 1968-84 LG-Präs., 1973-88 Pers. Mitgl. d. Kurat. u. Fachbeirat MPI f. ausl. u. intern. Strafrecht, s. 1980 Hon.prof. Univ. Freiburg, 1982-91 stv. Mitgl. Staatsgerichtshof Baden-Württ. - BV: Strafgesetzb., Komment. 38.-45. A., 1978-91; Leipziger Kommentar z. Strafgesetzb. 9./10. A. 1970/82 (m. a.). Mithrsg.: Jur. Rundschau, 1973ff. - 1984 Gr. BVK; 1992 Verdienstmed. d. Landes Baden-Württ. - Rotarier - Lit.: Jescheck/Vogler (Hrsg.), Festschr. f. Herbert Tröndle (1989).

TRÖNDLE, Karlheinz

Dr.-Ing., Prof. Univ. d. Bundeswehr München - Schneewittchenstr. 12b, 8000 München 83 - Geb. 26. Aug. 1939 Sächingen - Ing.-Stud. Ohm-Polytechnikum Nürnberg u. TU München (Dipl.); Stud. ETH-Zürich (Promot. 1972, Habil. 1975) - 1977 Prof. TU München; s. 1978 Prof. Univ. d. Bundeswehr. Erf. Signalkorrektor, Meth. d. Jitterkompansation - BV: Math. Meth. d. Codierungstheorie; Systemtheorie d. opt. Nachrichtentechnik; Theorie u. Optimier. digitaler Nachrichtensyst. - 1963 VDE-Preis; 1982 Silb. Ehrennadel Intern. Ges. f. Ing.-Päd.

TRÖSCHER, Tassilo

Dr. agr., Dr. agr. h. c., Landesminister a. D. - Johann-Sebastian-Bach-Str. 2, 6200 Wiesbaden (T. 52 09 74) - Geb. 25. Dez. 1902 Atzenbach/Baden (Vater: Oskar T., Fabrikdir. u. Hofbes.; Mutter: Emma, geb. Ebner), ev., verh. I) 1928-65 m. Lydia, geb. Schäfer, 5 Kd., II) m. Edith, geb. Hartmann - Mittl. Reife, spät. Begabtenprüf. Landw. Praxis, Hochschulstud. Landw. u. Agrarpol. Hohenheim (Diplomlandw.) USA u. Berlin, Promot.; 1928-38 Ref. f. Betriebswirtsch. u. Abt.Leiter i. Reichskuratorium f. Technik in d. Landwirtsch., 1938-45 Mitgl. Geschäftsf. d. Wirtschaftsgr. Chem. Ind., 1946-52 Verbandsgeschäftsf., 1953-70 Min.Dir., Staatssekr. u. Hess. Minister f. Landw. u. Forsten. 4 x in d. Hess. Landtag gewählt, Mitgl. bis 1974. Mitbegr. d. Agrarsoz. Ges. Göttingen. Vors. b. 1977, SPD s. 1946, Mitgl. u. zeitw. Vors. d. Agraraussch. b. Parteivorst. Zahlr. Publikationen - 1964 Ehrendoktor d. Univ. Gießen. 1968 Gr. BVK m. Stern u. Schulterbd., 1971 Alexander v. Humboldt-Med. F.V.S. Hamburg, 1968 Max-Sering-Med. d. Ges. zur Förd. d. Inn. Kolonisation, 1973 Frhr.-v.-Stein-Plak. Land Hessen, 1978 Tilo-Frhr.-von-Wilmowsky-Med., Kurator f. Technik u. Bauwesen in d. Landw. u. zahlr. ausländ. Auszeichn.

TROESTER, Arthur

Prof., Cellist - Papenkamp 31, 2000 Hamburg 52 (T. 82 70 78) - Geb. 11. Juni 1906 Rostow (Rußl.), reform., verh. s. 1935 m. Alice, geb. Fritzsche-Singler, 2 Kd. (Regina, Alexander) - Schule Hamburg (Abit.); Handelssch. Lüttich (Dipl.-Ing. Commercial et Industriel 1927); Ecole Normale de Musique Paris (Kl. Casals; Konzertlizenz 1930) - S. 1934 Solo-Cellist Reichssender Hamburg, Berliner Philharmon. Orch. (1935, I.) u. Symphonie-Orch. NWDR Hamburg (1946, Konzertm.); Prof. Musikhochsch. Hamburg; s. 1978 Doz. Musikhochsch. Lübeck. Konzertierte unt. Furtwängler, v. Karajan, Fricsay, Celibidache, de Sabata, Guy u. a. Erstauff.: 1948 Cellokonzert v. Chatschaturian; Urauff.: 1958 Cellokonzert v. Giselher Klebe (A. T. gewidmet), 1962 Dialoge f. Cello u. Klavier v. Jürg Baur, 1964 Zyklen f. Cello u. Klav. v. Wolfgang Fortner - 1942 Bulg. Zivilverdienstkreuz; 1956 Ritter libanes. Zedernorden - Liebh.: Hochfrequenztechnik, Hi-Fi-Aquarianer - Spr.: Russ., Franz., Engl., Span.

TRÖSTER, Klaus

Dr. rer. pol., Wirtschaftsjurist, stellv. Vorsitzender d. Geschäftsführung Alfred Teves GmbH, Geschäftsf. ITT Ges. f. Beteiligungen, bde. Frankfurt - Im Fasanengarten 14, 6240 Königstein/Ts. (T. 06174 - 76 39) - Geb. 30. Dez. 1937 Rinnthal/Pf., verh. s. 1964 m. Ingrid, geb. Merz, 2 Töcht. (Uta, Mirjam) - 1956-1964 Univ. Heidelberg, Mainz, Freiburg (Jura u. Wirtschaftswiss.) - 1964-73 Stand. Elektrik Lorenz AG, Stuttgart (zul. Abt.-Dir. Personalwesen), 1973-1978 Geschäftsf. SWF-Spezialfabrik f. Autozubehör GmbH, Bietigheim, s. 1978 Teves GmbH, Frankfurt - Spr.: Engl.

TROITZSCH, Klaus G.

Dr. phil., Dipl.-Politologe, Prof. f. Sozialwissenschaftliche Informatik - Schenkendorfstr. 16, 5400 Koblenz - Geb. 28. Nov. 1946 Lahstedt (Vater: Helmut T., Konsul Burkina Faso (ehem. Obervolta); Mutter: Margarete, geb. Haslböck), verh. s. 1972 m. Ingrid, geb. Kalab (Apothekerin) - Diplom 1972 Hamburg, Promot. 1979 ebd., Habil. 1985 Koblenz - 1974-78 Mitgl. Bürgersch. d. Freien u. Hansestadt Hamburg - BV: Sozialstruktur u. Wählerverhalten, 1976; Volksbegehren u. Volksentscheid, 1979; Bürgerperzeptionen u. Legitimierung, 1987; Modellbildung u. Simulation in d. Sozialwiss., 1990. Herausg.: Computer-Aided Sociological Research (m. Johannes Gladitz, 1990); Modellierung sozialer Prozesse (m. Hartmut Esser).

TROJAHN, Manfred

Komponist - 44 rue Dauphine, 75006 Paris/Frankr. - Geb. 22. Okt. 1949 Cremlingen/b. Braunschweig - 1966-70 Niedersächs. Musikschule Braunschweig (Flöte, Orch.musik), Orch.dipl. 1970, Stud. Hochsch. f. Musik Hamburg (Flöte, Komposition) Lehrer: u.a. Zoeller, de la Motte - 1977 u. 1979/80 Stud.Aufenth. in Villa Massimo. Rom, 1978/79 Stud.Aufenth. Paris. Vertr. u. Aufs. - Musikwerke: 3 Sinfonien, 3 Streichquartette, Orch.- u. Kammermusik - 1974 Kompos.-Preis Stadt Stuttgart, 1975 Bachpreisstip. Hamburg u. Stip. Stud.-stiftg. d. Dt. Volkes, 1975 Preis Kompos. Wettbewerb Hitzacker, 1978 1. Preis im Intern. Rostrum of Composers (UNESCO), Paris, 1980 Sprengelpreis - Lit.: Vortr., Interviews, Veröff. üb. M.T.

TROJAN, Eva

s. Boesche-Zacharow, Tilly

TROJE, Hans Erich

Dr. jur., Prof., Richter am OLG Frankfurt (Familiensenat, 1983-91) - Am Berg 1, 6233 Kelkheim - Geb. 28. April 1934 Göttingen (Vater: Kurt T., Pfarrer; Mutter: Emmy, geb. Weiß), ev., verh. s. 1959 m. Elisabeth, geb. Heimpel, 4 Kd. (Nikolaus, Christian, Dorothee, Konstantin) - 1964-71 Max-Planck-Inst. f. Europ. Rechtsgesch., Frankfurt, dann Doz. u. Prof. f. Rechtsgesch., Rechtstheorie u. bürgerl. Recht (Familienrecht) Univ. Frankfurt; 1982 Univ. of Calif. at Berkeley; 1984 Gastprof. Univ. Straßburg III u. Chuo-Univ. Tokyo. Spez. Arb.geb.: Entstehung v. Moral u. Recht, Europ. Jurisprudenz unt. d. Einfluß v. Renaissance u. Humanismus, Probleme der Juristenausbild., Problematik d. Ehescheid. - BV: Graeca leguntur, 1971; Europa u. griech. Recht, 1971; D. Literatur d. gemeinen Rechts unter d. Einfluß d. Humanismus, 1977; Juristenausbild. heute, 1979; Gestohlene Liebe - Z. Problem d. Rettung d. Ehe, 1988 - Liebh.: Klavier- u. Orgelsp., Bergsteigen (1975 Matterhorn) - Spr.: Engl., Franz., Griech., Ital., Lat.

TROLLER, Georg Stefan

Journalist - 4 Rue Goethe, F-75116 Paris (T. 47 20-47 77) - Geb. 10. Dez. 1921 Wien (Vater: Karl T., Kaufm.; Mutter: Vilma, geb. Pick), jüd., verh. m. Kirsten, geb. Lerche, 2 Töcht. (Fenn, Tonka) - Gymn. Wien; 1946-51 Univ. of California (Anglistik; B. A.), Columbia Univ. (1949; Theaterwiss.; M. A.), Sorbonne (1951; Vergl. Literaturwiss.) - Ab 1938 Emigration; 1941-43 Buchbinder; 1943-46 US-Soldat; s. 1952 Pariser Korresp. f. USA, Kanada, Österr., BRD (Rundfunk/Fernsehen (v. 1971 ARD, s. 1972 Sonderkorresp. ZDF), Presse). Fernsehend. Pariser Journal, Personenbeschreibung (üb. 70 Folgen), Dokumentarspiele üb. d. Jugend v. Hitler u. Freud, eig. Emigration (Trilogie: Wohin u. zurück) - BV: Pariser Journal - Ein unkonventioneller Parisführer, 1966; Pariser Gespräche - Prominenteninterviews, 1967; D. Abenteuer - Jack-London-Biogr., 1968; Mein Paris, Bildbd. 1970; Pariser Geschichten, 1972; Selbstbeschreibung - Autobiogr., 1988; Personenbeschreibung, 1990 - 1966 Gold. Kamera v. Hör zu f. hervorrag. Fernseharbeit; 1967 Adolf-Grimme-Preis in Gold f. d. WDR-Dokumentation Paris 1925 - Shakespeare & Co. u. NDR-Prod. Cinq Colonnes à la Une, 1967 Gold. Nymphe Monte Carlo, 1968 Berliner Kunstpreis f. Fernsehen, 1969 Sonderpreis Landesreg. v. Nordrh.-Westf. (f. d. Fernsehsend.: Wolf ohne Halsband - Bilder aus d. Leben d. Paul Gauguin), 1973 Österr. Volksbildungspreis (f. d. Dokumentarsp.: Jg. Mann aus d. Innviertel - Adolf Hitler), 1975 Erich-Salomon-Preis (Dt. Ges. f. Photogr.), Adolf Grimme-Preis u.v.a. (f. Drehbücher zu Emigranten-Trilogie: Wohin u. zurück, verfilmt v. A. Corti), 1986 Eduard Rhein-Preis - 1991 Adolf-Grimme-Preis - Spr.: Engl., Franz.

TROMMER, Siegfried

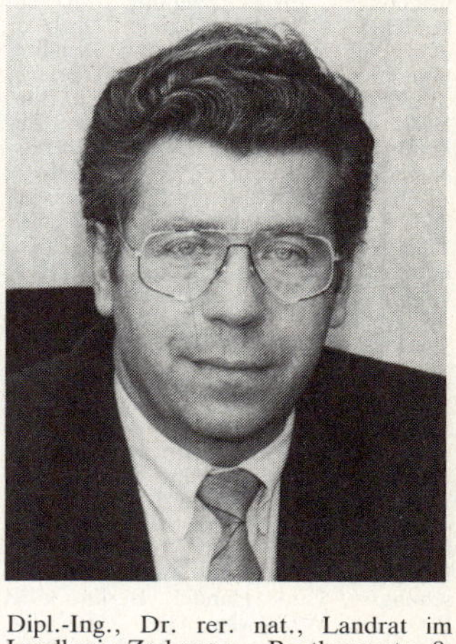

Dipl.-Ing., Dr. rer. nat., Landrat im Landkreis Zschopau - Beethovenstr. 8, O-9360 Zschopau (T. 8 49) - Geb. 20. Febr. 1938 Grünbach, ev., verh. s. 1963 m. Brigitte, geb. Felge, 2 Söhne (Gernot, Gunther) - Abit. 1956; Stud. Dresden; Dipl. 1962; Promot. 1976 TH Chemnitz - Forsch. u. Entw. in d. Ind. - 12 Patente - Liebh.: Wintersport, Malerei - Spr.: Engl.

TROMMER, Wolfgang

Prof. f. Dirig. Musikhochschule Rheinl. Düsseldorf, Dirigent - Am Sonnenlehen 9, 5100 Aachen (T. 0241 - 1 44 74) - Geb. 10. Juli 1927 Wuppertal (Vater: Hermann T., Kaufm.; Mutter: Frieda, geb. Seibert), ev., verh. s. 1955 m. Ruth, geb. Lennartz, S. Michael - Product Manager Frankfurt/M., Köln, Detmold u. Salzburg - Dirig.-Ex. 1949 - Kapellmeister; 1949 Oper Dortmund, 1955 Hannover; 1962-74 GMD f. Oper u. Konz. Aachen; s. 1976 Prof. f. Dirig.; 1980 Leit. Düsseld. Ensemble, s. 1984 künstl. Leit. Westdeutsche Kammeroper. Regelm. Gastdirig.-Tätigk. - Liebh.: Segeln - Spr.: Engl.

TROMMER, Wolfgang

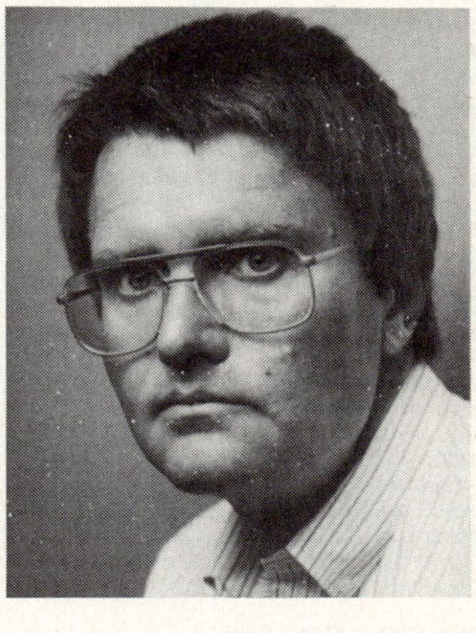

Dr. phil. nat., Prof. f. Biochemie Univ. Kaiserslautern - Brunnenstr. 41, 6750 Kaiserslautern 31 (T. 0631 - 5 65 57) - Geb. 11. Juni 1943 Frankfurt (Vater: Walter T.; Mutter: Herta, geb. Evers), verh. s. 1969 m. Jutta, geb. Fricke, T. Tanya - Stud. Univ. Frankfurt, Dipl.-Chem. 1966, Promot. 1968, Habil. 1976 Stuttgart - Wiss. Ass. Ruhr-Univ. Bochum; 1980/81 Prof. Univ. Stuttgart; s.

1981 Prof. K'lautern. Research Fellow Harvard Univ., Cambridge, MA. Rd. 90 Publ. in intern. Ztschr.

TROMMSDORFF, Gisela

Dr. phil., Prof. Sozialwiss. Fak. Univ. Konstanz - Postf. 55 60, 7750 Konstanz - Univ. Göttingen, Berlin, Köln, Univ. of North Carolina, Promot. Mannheim, Habil. ebd. - 1978-87 Prof. TH Aachen - BV: Gruppeneinflüsse auf Zukunftsbeurteilungen, 1978; Erziehung f. d. Zukunft, 1978; Erziehungsziele. Jahrb. f. empir. Erziehungswiss., 1984; Sozialisation im Kulturvergleich, 1989; Wörterb. d. Soziologie (m. Endruweit), 3 Bde. 1989. Aufs. üb. Gruppeneinflüsse, Zukunftsorient., Werte, Persönlichkeitsentwicklung, Kulturvergleich in intern. Ztschr. - 1985 Research Fellow Japan. Society for the Promotion of Science; 1986 Research Fellow japan. Erziehungsmin.; 1988/89 Visiting Prof. Keio Univ., Tokio - Spr.: Engl., Franz.

TROMMSDORFF, Volker

Dr. rer. oec., Dipl.-Ing., Prof. d. Betriebswirtschaftslehre (Marketing) TU Berlin - Inst. f. Betriebswirtsch.- Straße d. 17. Juni 135, 1000 Berlin 12 - Geb. 18. Okt. 1943 Höxter (Vater: Prof. Dr. F. T., Math.; Mutter: Irmgard, geb. Eckert) - Wirtschaftsing. (Dipl.-Ing.) 1969 Berlin; Promot. 1974 Saarbrücken - 1978 o. Prof. TU Berlin; 1983 Wiss. Dir. Forschungsst. f. d. Handel, Berlin, 1988 Präs. Dt. Werbewiss. Ges. - BV: D. Messung v. Images f. d. Market., 1975. Herausg.: D. Internationalis. d. Untern. (m. Wolfgang Lück, 1982); Innovative Marktforsch. (m. and., 1982); Handelsforsch. (1986ff.); Konsumentenverhalten (1989); Innovationsmanagement (1989).

TROMNAU, Gernot

Dr. phil., Leiter Museum d. Dt. Binnenschiffahrt - Dammstr. 11, 4100 Duisburg 13.

TRONNIER, Hagen

Dr. med., Prof., Inst. f. Experimentelle Dermatologie Univ. Witten-Herdecke - Horstkottenknapp 17, 5804 Herdecke-Ahlenberg - Geb. 4. März 1925 Bad Kreuznach, verh. s. 1958 m. Eveline, geb. Steinert - S. 1963 (Habil.) Lehrtätigk. Münster u. Witten-Herdecke. Ehem. Dir. Städt. Hautklinik Dortmund. Mitgl. bzw. Ehrenmitgl. div. in- u. ausl. Fachges. Üb. 600 Fachveröff. - 1967 Willmar-Schwabe-Preis; Preis d. Hanauer UV-Stiftg.; Felix-Haffner-Preis; Wilhelm Ritter-Preis; Ehrenmitgl. Poln., Türk., Tchechosl., Ung. u. Jugoslaw. Dermatol. Ges.; BVK I. Kl.

TROOGER, Margot

Schauspielerin - 8268 Mauerberg/Obb. - Geb. 2. Juni 1923 Gorma/Thür. (Eltern: Alfred (Unternehmer) u. Hedwig T.), gesch. v. Jörg Zimmermann (Bühnenbildner), T. Sabina (Schauspielerin u. Graphikerin) - Lyz.; Handels- u. Schauspielsch. - Direktionssekr. Innsbruck. S. 1947 Theater Bremen, Wuppertal, Dt. Schauspielhaus Hamburg, Kammersp. u. Staatstheater München, Schiller- u. Schloßparktheater Berlin, Schauspielhs. Zürich, Ruhr-Festsp. Recklinghausen (4 mal), Grillparzerfestsp., Theatertourneen u. a. Theatre Sarah Bernard Paris, Burgtheater Wien, Weltausstell. Brüssel. Ca. 40 Filme im In- u. Ausl., s. 1955 üb. 140 Fernsehrollen - 1961 Gold. Bildschirm, Otto (2 mal), Gold. Rose, Nominierung als weltbeste Fernsehschauspielerin Barcelona - Liebh.: Musik, Literatur, Antiquitäten, antike Dosen, Sport im u. auf d. Meer, Reiten - Spr.: Engl., Span., Franz.

TROOGER, Sabina

Schauspielerin, Regisseurin - Elsdorfer Gasse 27, 5000 Köln 90 (T. 089 - 47 60 81) - (Vater: Jörg Zimmermann, Bühnenbildner; Mutter: Margot Trooger, Schauspielerin) - Graphikerausb., 1973 Werbegrafikerin (eig. Firma). Ab 1974 Schauspielausb. b. Prof. Margret Langen u. Lina Carstens, München - S. 1976 freiberufl. Schauspielerin; 1979-81 Engagem. Nieders. Staatstheater Hannover; ab 1981 wieder freiberufl. in München. S. 1983 Mitgl. Theatergr. Zauberflöte (Andreas Fricsay), München. Regie: Protest (v. Vaclav Havel), Hannover 1981, Memories Mod. Th. München 1984; Kuss d. Spinnenfrau, 1989. Rollen: Eboli (Don Carlos), Lavinia (Trauer muß Elektra tragen), Jo (Bitterer Honig), Anne Frank, u.v.a. Wichtigste Filme: Dormire v. Niklaus Schilling, E. Stück v. Glück v. Hans Schmid, Mathilde Möhring v. Wolfgang Schleif u.v.a. FS: zul. Anna in: E. Stück v. Glück, Mathilde Möhring, Väter u. Söhne, zahlr. a. Rollen. - Liebh.: Schreiben - Spr.: Engl., Franz.

TROOST, Alex

Dr.-Ing., Prof. f. Werkstoffkunde - Augustinerbach 4, 5100 Aachen - Geb. 12. Dez. 1922 - S. 1956 (Habil.) Lehrtätigk. RWTH Aachen (1963 apl., 1968 o. Prof.; Dir. Inst. f. Werkstoffkd.), emerit. 1988. Etwa 200 Fachveröff.

TROSCHKA, Thorsten

Betriebspädagoge - Stephanienstr. 30, 7500 Karlsruhe 1 (T. 0721 - 2 81 43) - Geb. 5. Okt. 1951 Darmstadt (Vater: Alfred T., Kaufm.; Mutter: Elisabeth, geb. Spiegel), ev., verh. - Wirtschaftsabit. 1973 Heidelberg; 1973-77 Stud. Rechtswiss. Univ. Heidelberg - S. 1978 Inh. d. staatl. anerkannten Berufsfachsch. f. Kosmetik Karlsruhe u. Inhaber d. Th. Troschka Unternehmensberat. BDU. Präs. Dt. Ges. intern. Förd. d. Kosmetol.; s. 1987 Vorst. Wirtschaftsjunioren IHK Karlsruhe; S. 1990 Mitgl. Aussch. Öffentlichkeitsarbeit IHK Karlsruhe. S. 1989 Doz. f. Marketing an d. Berufsakad. Karlsruhe. Zahlr. Art. in d. Fachpresse - Senator E.h. d. Junior Chamber Intern. (JGI) - Liebh.: Tennis - Spr.: Engl., Franz.

TROSCHKE, Freiherr von, Harald

Journalist - Paul-Klee-Str. 4, 8000 München 71 (T. 089 - 791 35 06) - Geb. 22. März 1924 Ludwigslust/Meckl. (Vater: Dr. rer. pol. Paul Frhr. v. T., Oberst; Mutter: Alice, geb. Mensing), ev., verh. s. 1952 m. Eva, geb. Bühling, 3 Kd. (Andrea, Bettina, Hasso) - Internat Schnepfenthal; Schauspielsch.; Univ. München (Wirtschaftsw.) - 1942-45 Kriegsdst.; Volontär u. Assist. b. Bühne, Film, Funk; s. 1950 fr. Journ. (Autor, Reporter, Produzent, Korresp., Kommentator f. Rundfunk u. Fernsehen). Auslandstätigk. Dokumentar-, Feature- u. Porträtsendungen aus Politik, Wirtsch., Kunst, Wiss. u. Forsch. (Europa Report/Gespräch d. Monats, Zur Sache/Zur Person u. a.) - Spez. Arb.s-geb.: Friedens-, Konflikt- u. Zukunftsforsch.

TROSCHKE, Freiherr von, Jürgen

Dr. med., Prof. f. Med. Soziologie Univ. Freiburg (Ps. Joschka Knopfauge) - Hölderlinstr. 34, 7830 Emmendingen (T. 07641 - 5 19 07); dstl.: Abt. f. Med. Soziol. d. Univ., Stefan-Meier-Str. 17, 7800 Freiburg (T. 0761 - 203 41 46) - Geb. 19. März 1941 Gladbeck (Vater: Heinrich, Frhr. v. T., Dir.; Mutter: Doris, geb. Lübbers), ev., verh. s. 1970 m. Frauke, geb. Risse, 2 Kd. (Juju, Jonas) - Med. Staatsex. 1969, Promot. 1970, Habil. 1975 - S. 1971 Arzt - BV: D. Kind als Patient im Krkhs., 1974; Möglichk. u. Grenzen ärztl. Gesundheitsberat., (m. U. Stössel), 1981; Information u. Berat. durch d. Apotheker, (m. K. Küpper) 1982; Ärztl. Entscheidungskonflikte, (m. H. Schmidt) 1982; Soz. Umwelt u. Genußmittelkons. (m. W. v. Stünzner); Gesundheit ist lernbar, 1978; Smoker motivation (m. G. Wetterer), 1986; Das Rauchen, 1988; Erfolge gemeindebezogener Prävention (m. L. Klaes u.a.), 1991. Film: Sozialanamnese (ärztl. Fortb.) - 1983 Hufelandpreisträger; 1985 Niedickpreis - Liebh.: Lyrik, Joggen, Spielen, Reisen - Spr.: Engl.

TROSSMANN (ß), Ernst

Dr. rer. pol. habil., Prof., Ordinarius f. Betriebswirtschaftslehre an d. Univ. Hohenheim - Zu erreichen üb. Inst. f. Betriebswirtschaftslehre, Schloß Hohenheim, Postf. 70 05 62, 7000 Stuttgart 70 (T. 0711 - 4 59-34 15) - Geb. 13. Okt. 1953 Ansbach/Mfr., kath., verh. s. 1983 m. Monika, geb. Weiss, 2 Töcht. (Ariane, Theresa) - 1973-78 Stud. Betriebsw.-lehre, Volksw.lehre u. Math. Univ. Tübingen; Staatsex./Dipl. 1978/79; Promot. 1983; Habil. 1988 - Als Priv.-Doz. Lehrtätigk. an d. Univ. Tübingen u. an d. TH Darmstadt; s. 1989 Inhaber d. Lehrst. Controlling/Internes Rechnungswesen am Inst. f. Betriebsw.lehre d. Univ. Hohenheim - BV: Verschnittoptimierung, dargestellt an Beispielen aus d. Textilindustrie, 1983; Grundlagen e. dynamischen Theorie u. Politik d. Produktion, 1983; Break-even-Analysen, Grundmodell - Varianten - Erweiterungen (m. Marcell Schweitzer), 1986 (jap. Übers., 1991); Finanzplanung m. Netzwerken - Konzeption e. Netzwerkmodells u. e. Datenbank f. d. betriebl. Finanzplanung, 1990; Break even Analyses, basic model, variants, extensions (m. Marcell Schweitzer u. Gerald H. Lawson), 1992.

TROSSMANN (ß), Hans

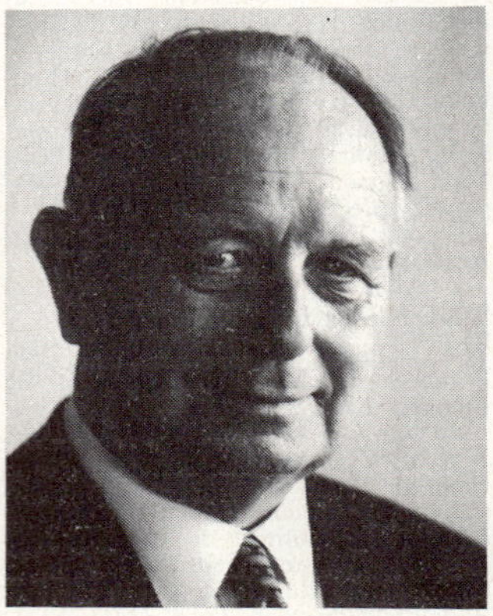

Bundestagsdirektor a. D. - Kolumbusring 21, 5300 Bonn 2 - Geb. 18. April 1906 Nürnberg (Vater: Karl T., bis 1933 Kreisgeschäftsführer BVP, 1919-23 MdL Bayern, 1923-33 MdR (s. IX. Ausg.); Mutter: Dorothea, geb. Grau), kath., verh. s. 1933 m. Gertrud, geb. Esch, 4 Kd. (Ingeborg, verehel. Pittomvils; Gisela, vereh. Swincicki; Dr. med. Gerhard; Christa, verehel. Kittner) - Univ. Berlin, München, Erlangen (Jura, Vw.). Ass.ex. - 1932-40 bayer. inn. Verw. (1934 RR); 1940-45 Reichskommissar f. d. Preisbild. (abgeordnet; 1942 ORR); ab 1947 stv. Generalsekr. CSU, anschl. Fraktionssekr. Bayer. Landtag; 1948-49 Sekr. Parlamentar. Rat; 1949-70 (Ruhest.) Dir. Dt. Bundestag. CDU - BV: Parlamentsrecht u. Praxis d. Dt. Bundestages, 1967; D. Dt. Bundestag - Vorgeschichte/Leistungen/Organisation/ Arbeitsweise, 6. A. 1971; Parlamentsrecht d. Dt. Bundestages, Kommentar z. Geschäftsordn. d. Dt. Bundestages unt. Berücks. d. Verfassungsrechts, 1977, Ergänzungsbd. 1981; D. Bundestag, Verfassungsrecht u. Verfassungswirklichkeit in JöR NF. Bd. 28; Bundestag u. Vermittlungsaussch., JZ 1983; D. Aktenanforderungsrecht d. Untersuchungsaussch. d. Dt. Bundestages in: Parlam. Demokratie, Bewährung u. Verteidig., 1984 - 1965 Gr. BVK, 1969 Stern dazu; ausl. Orden - Spr.: Engl.

TROST, Heinrich

Dr.-Ing., o. Prof. f. Massivbau - Diemstr. 28, 5100 Aachen (T. 2 39 86) - S. 1963 TH bzw. TU Hannover (Wiss. Rat u. Prof.) u. TH Aachen (1971 Ord. u. Inst.sdir.).

TROST, Klaus

Dr. phil., Prof. f. Slavische Philologie Univ. Regensburg, Inst.-Direktor - Universitätsstr. 31, Postfach 397, 8400 Regensburg 1 (T. 0941 - 943-3360/3361) - Geb. 20. Juli 1934 Kaiserslautern - Promot. 1965 Univ. Saarbrücken, Habil. 1973 Univ. Würzburg - 1965 Wiss. Assist. Univ. Saarbrücken; 1972 Univ. Würzburg; 1973 Privatdoz. u. Oberassist., 1975 Univ.-Doz.; s. 1977 o. Prof. u. Inst.dir. Univ. Regensburg; 1983-85 Dekan Phil. Fak. IV Univ. Regensburg - BV: Perfekt u. Konditional im Altkirchenslav., 1972; Unters. z. Übers.theorie u. -praxis im spät. Kirchenslav., 1978. Zahlr. Fachaufs. u. Rezensionen.

TROST, Otto J.

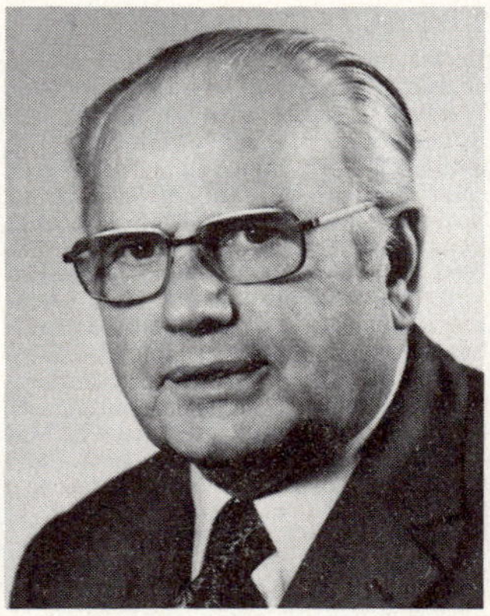

Dr. rer. oec. h. c., Wirtschaftsing., Unternehmer - Lipper Hellweg 43 a, 4800 Bielefeld 1 (T. 0521 - 2 15 33) - Geb. 8. Jan. 1911 Weidenau - S. 1945 Teilh.Prok. Otto J. Trost KG Ing.-Büro, 1964-87 gf. Ges. ERA Elektronik-Regelautomatik GmbH u. Co. KG; 1971-86 1. Vors. Wirtschaftsverb. d. Handelsvertr. u. Handelsmakler in Ostwestf.-Lippe (CDH), s. 1986 Ehrenvors.; 1973-82 Mitgl. Vollvers. d. IHK Ostwestf. u. 1973-85 Handelsrichter, alles Bielefeld - Div. Kriegsausz.; 1974 gold. Herz d. Verkehrsw.; 1976 gold. CDH Ehrennadel u. gold. VDI-Ehrennadel; 1983 BVK; 1987 gold. Lorbeerblatt d. Verkehrsw.

TROST, Wilhelm

Dr. jur., Stadtrat - Klopstockstr. 20, 4690 Herne 1 (T. 5 02 75) - Geb. 6. Juni 1925 Paderborn/W., kath., verh. s. 1952 m. Bettina, geb. Montag, 3 Kd. (Dr. med. Adelheid, Dr. med. Michael, Dr. med. dent. Ulrich) - Theodorianum Paderborn (Reifeprüf. 1943); 1945-48 Univ. Münster (Rechtswiss.). Jurist. Staatsprüf. 1948 (Hamm) u. 51 (Düsseldorf); Promot. 1949 Münster - 1952 Bundesinnenmin. (zul. Reg.rat); 1955-87 Stadtverw. Herne (Beigeordn.); s. 1987 Geschäftsf. CURA GmbH, Herne.

TROSTEL, Rudolf

Dr.-Ing., o. Prof. f. Mechanik - Laurinsteig 27, 1000 Berlin 28 (T. 401 72 27) - Geb. 26. Dez. 1928 Berlin - S. 1957 (Habil.) Lehrtätigk. TU Berlin (1963 Ord.) - BV: Zugbeanspr. Konstruktionen, 1962 (m. Otto). Fachaufs.

TROTHA, von, Klaus-Dietrich

Minister f. Wissenschaft u. Kunst, MdL Baden-Württ. (s. 1976) - Lorettosteig 32A, 7750 Konstanz (T. 07531 - 3 33 81) - Geb. 7. Okt. 1938 Berlin (Vater: Dr. Carl-Dietrich v. T.; Mutter: Dr. Margarete, geb. Bartelt), ev., verh. s. 1969 m. Almuth, geb. Redeker, S. Jan Thilo - Stud. d. Rechts- u. Politikwiss. Univ. Berlin (Freie), Bonn, München; 1. u. 2. jurist. Staatsex. 1962 u. 67 - 1967-73 Verw.leit. u. wiss. Mitarb. (1970) Zentrum f. Bildungsforsch. Univ. Konstanz, s. 1974 Akad. Oberrat Fak. f. Verwaltungswiss. ebd. - Mitgl. Bundesaussch. CDU u. Fernsehrat ZDF - 1980 BVK,

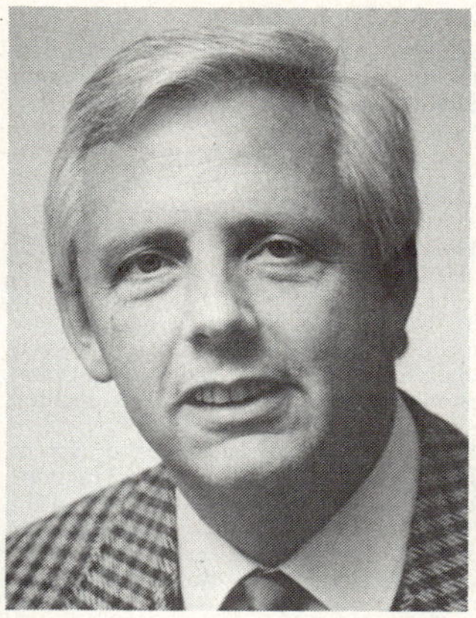

1987 BVK I. Kl. - Spr.: Engl. - Lions-Club.

TROTTENBERG, Ulrich

Dr. rer. nat., Univ.-Prof. f. Angewandte Mathematik - Königstr. 53, 5300 Bonn 1 (T. 0228 - 22 96 48) - Geb. 19. Jan. 1945 Düsseldorf (Vater: Heinrich T., Kaufm.; Mutter: Elfriede, geb. Keidel), verh. m. Adelinde Schlief-T., 6 Kd. (Kristian, Filipp, Lukas, Sophia, Eva, Katharina) - Gymn. Düsseldorf (Abit. 1964); 1964-69 Stud. Univ. Köln (Math. u. Physik); 1969 Dipl.-Math.; 1972 Promot.; 1976 Habil. (Math.) Köln - 1977 Prof. f. Angew. Math. Univ. Bonn; 1982 Lehrst. f. Ingenieurmath. Univ. Essen; 1985 Lehrst. f. Angew. Math. Univ. Köln; s. 1983 Leit. Inst. f. Method. Grundlagen d. Ges. f. Math. u. Datenverarb. mbH (GMD); 1984-89 Leit. d. nationalen Verbundprojekts SUPRENUM; 1986-91 Geschäftsf. SUPRENUM GmbH, s. 1991 PALLAS GmbH, Bonn. Ca. 70 Publ. in Fachztschr. Herausg. Tagungsbände; Mithrsg. mehrerer Fachztschr. - 1987 Alexander-von-Humboldt-Preis f. d. wissenschaftl. Zusammenarb. zw. Frankr. u. Deutschl. - Spr.: Engl.

TROWE, Gisela

Schauspielerin - Tonndorfer Hauptstr. 98, 2000 Hamburg 70 - Geb. 3. Sept. Dortmund (Vater: Heinrich T., Kaufm.; Mutter: Lina, geb. Vieler), verh. 1944-64 m. Thomas Engel, Regiss. (gesch.), 2 Töcht. (Angelika, Barbara) - Oberlyz., Schauspielausbild. - Bühne, Film, Fernsehen, Rundfunk, Synchronisation (u. a. G. Lollobrigida, M. Mercurie, S. Signoret, M. Vitti, D. Darrieux) - Liebh.: Bücher, Ikone, Musik, Schach, Politik - Spr.: Engl., Franz.

TRUBE-BECKER, Elisabeth, geb. Becker

Dr. med., Prof., f. Gerichtl. u. Soziale Medizin - Am Strauchbusch 27, 4040 Neuss/Rh. - Geb. 4. Jan. 1919 Düsseldorf (Vater: Dr. jur. Adolf Becker; Mutter: Elisabeth, geb. Wiebels), kath., verh. s. 1954, 2 Kd. (Sabine, Christiane) - S. 1951 (Habil.) Privatdoz. u. Oberärztin Inst. f. Gerichtl. Med., apl. Prof. (1958) u. Wiss. Rätin u. Prof. (1971) Med. Akad. bzw. Univ. Düsseldorf. Zahlr. Arb. auf d. Geb. d. Rechtsmed. Mitarb. an Fachb. u. Anthol. - BV: Frauen als Mörder, 1974; Gewalt gegen d. Kind, 1982, 87; Mit d. Herzen sehen, 1986; Mißbrauchte Kinder, 1992 - Ehrenmitgl. d. Dt. Ges. f. Rechtsmedizin - Liebh.: Reisen, Lit., Oper - Spr.: Engl., Franz., Russ.

TRUCHSESS von und zu WETZHAUSEN, Volker, Freiherr

Regierungsdirektor, Leiter d. Hauptfürsorgestelle Oberbayern, MdL Bayern (1970-86) - Rosenbuschstr. 5, 8000 München 22 - Geb. 28. Feb. 1936 - Bezirksvors. Arbeiterwohlfahrt Ufr., 1982-86 stv. Vors. Landesdenkmalrat. Vors. Ges. f. Archäologie in Bayern. SPD - 1981 Bayer. VO.; 1985 BVK am Bde.

TRUCKENBRODT, Erich Andreas

Dr.-Ing. habil., Dr.-Ing. E. h., o. Prof. f. Strömungsmechanik - Josef-Würth-Str. 12, 8022 Grünwald/Obb. (T. München 641 21 21) - Geb. 1. Febr. 1917 Hermsdorf b. Magdeburg (Vater: Walter T., Bauer; Mutter: Frieda, geb. Benn), ev., verh. s. 1943 m. Barbara, geb. Peters, 2 Kd. - Realgymn. Magdeburg; TH Braunschweig (Luftfahrt; Dipl.-Ing. 1940). Promot. (1945) u. Habil. (1953) - Industrietätigk. (1940 Junkers Flugzeug- u. Motorenwerke, Dessau, 1945 Flugzeugw. S.N.C.A.S.E., Südfrankr., 1954 Heinkel Flugzeugw., Stuttgart); s. 1953 Hochschullehrer (Privatdoz. TH Braunschweig u. Stuttgart, 1957 Ord. u. Dir. Inst. f. Strömungsmechanik TH bzw. TU München). Mitgl. GAMM, DGLR, FhG, AIAA, Sprachen- u. Dolmetscher-Inst. - BV: Aerodynamik d. Flugzeuges, 2 Bde. 2. A. 1967/68 (m. H. Schlichting); Fluidmechanik, 2 Bde. 3. A. 1989/92; Mechanik d. Fluide, 1972; Lehrbuch d. angew. Fluidmechanik, 2. A. 1988 - 1977 Ludwig-Prandtl-Ring; 1981 Ehrendoktor TH Aachen; 1982 Fellow Amer. Inst. Aero-Astronautics; 1986 Ehrenmitgl. Dt. Ges. f. Luft- u. Raumfahrt (DGLR); 1986 Bayer. VO - Spr.: Engl., Franz.

TRUCKENBRODT, Hans

Dr. med., Prof., Kinderarzt, Chefarzt d. Kinder- u. Rheumakinderklinik Garmisch-Partenkirchen (einzige Rheumakinderklinik) - Gehfeldstr. 23, 8100 Garmisch-Partenkirchen - Geb. 4. Jan. 1932 Coburg (Vater: Albert T., Lehrer; Mutter: Gerda, geb Diezel), ev., verh. s. 1961 (Ehefr.: Lisei), 3 Kd. (Hubert, Klaus, Lisei) - Stud. Univ. Erlangen u. Freiburg/Br., Fachausbild. Univ.-Kinderklinik Erlangen, s. 1979 wie oben - BV: Pädiatr. Notfallfibel, 9. A. 1976 (auch franz., ital., span.) - Spr.: Engl.

TRÜCK, Klaus

Dipl.-Kaufm., Mitglied d. Geschäftsleitg. d. REWE-Zentralorg., Köln - Osterriethweg 31, 5000 Köln 50 - Geb. 16. Sept. 1943 Bonn, kath., ledig, Tochter Cecilia - Abit. in Wuppertal, Banklehre, Stud. Betriebswirtsch. Univ. Köln; Konsortialgeschäft Zentrale Dt. Bank; Doz. Bankakad., Prüfer IHK Düsseldorf f. Volkswirtschaftslehre u. Außenhandel. - Liebh.: Gesch. - Spr.: Engl.

TRUEMPER, Heinrich

Dipl.-Ing., em. Prof f. Heizung, Lüftung u. Klimatechnik Univ. Dortmund, Hon.-Prof. RWTH Aachen - Teichwinkel 7, 5100 Aachen - Geb. 11. Juli 1924.

TRÜMPER, Joachim

Dr. rer. nat., Prof. f. Astrophysik, Direktor Max-Planck-Inst. f. Extraterrestr. Physik - Zu erreichen üb. MPI f. Extraterrestr. Physik, Karl-Schwarzschild-Str. 1, 8046 Garching (T. 089 - 32 99-35 59) - Geb. 27. Mai 1933 Haldensleben, verh. s. 1960 m. Jutta Blunck, 3 Kd. (Brigitte, Michael, Ulrich) - Stud. Univ. Halle (1952-55), Hamburg (1955-57), Kiel (1957-59); Promot. 1959, Habil. 1966, Kiel - 1970 Prof. Univ. Kiel, 1971 o. Prof. Univ. Tübingen; s. 1975 Dir. MPI, bde. Univ. - Erf.: Messung d. Magnetfeldstärke v. Neutronensternen - 1979 Röntgenmed. Stadt Würzburg; 1985 BVK; 1986-88 Präs. Dt. Physikal. Ges.; 1987 Ziolkowskimed. Kosmonaut. Föderation USSR; 1988 Mitgl. Dt. Akad. d. Naturforscher Leopoldina; 1989 Mitgl. Intern Acad. of Astronautics, Paris, u. Acad. Europaea, London - Lieb.: Segeln - Spr.: Engl.

TRÜPER, Hans Georg

Dr. rer. nat., o. Prof. f. Mikrobiol. Univ. Bonn (s. 1972; 1976/77 Dekan) - Geb. 16. März 1936 Bremen (Vater: Johannes D. T., Bauing.; Mutter: Helga A., geb. Harms), ev., verh. s. 1962 m. Erika, geb. Bengs, 2 Kd. (Jan, Keno) - Stud. Univ. Marburg u. Göttingen; Promot. (1964) u. Habil. (1971) Göttingen - 1966-68 wiss. Assist. Woods Hole Oceanographic Inst. USA. In- u. ausl. Fachmitgl.sch. Üb. 150 Fachveröff. - Korr. Mitgl. Akad. d. Wiss., Göttingen - Spr.: Engl., Franz., Span.

TRUHART, Peter

Dr. jur., Referatsleiter kulturpolit. Bezieh. z. Afrika, Asien, Lateinamerika, Auswärtiges Amt - Adenauerallee 86, 5300 Bonn 1 - Geb. 25. Juli 1936 Hamburg, ev., verh. s. 1970 m. Almute, geb. Ruthe, Sohn Konstantin - 1955-61 Stud. Osteurop. Gesch. u. Jura FU Berlin; 1961-62 Gerichtsrefer.; 1962-65 Stud. Chines. Sprache; Sprachdipl. 1965 Univ. Bonn; Promot. 1970 Univ. Bonn; s. 1965 Ausw. Dienst (Auslandsposten: 1966-67 UN-Beobachtermiss. New York; Botsch. 1968/69 Saigon, 1970/73 Moskau, 1976 Hanoi, 1976-79 Peking, 1984-87 Botsch. Conakry/Guinea), 1987-90 Leit. Kulturref. Botsch. Paris - BV: Regents of Nations/Regenten d. Nationen I-III, 1984/85, I-III/2, 1984/87; Directory of Foreign Ministers, 1989 - 1976 BVK; 1992 Franz. VO. (Offizier) - Spr.: Engl., Franz., Russ., Chines.

TRUM, Rudolf

Rechtsanwalt, Vorstandsvorsitzender INTERSEROH AG (Aktienges. z. Verwertung v. Sekundärrohstoffen), Köln - In der Rosenau 22a, 5000 Köln 90 (T. 02203 - 8 31 00) - Geb. 26. März 1927 Porz am Rh., verh., T. Gabriele - Stud. Rechtswiss. Univ. Köln; Ass.-Ex. D'dorf - 1960-75 Stadtdir.

TRUMMER, Hans

Schriftsteller - Fleischmarkt 20, A-1010 Wien - Geb. 17. Mai 1947 Bruck/Mur - BV (1974-81): Seine Verblüffung üb. die Veränderung in ihrem Wesen (Erz.), Versuch, sich am Eis zu wärmen (R.), Luises Auffahrt (N.) - U. a. Theodor-Körner-Preis.

TRUNZ, Erich

Dr. phil., o. Prof. f. Neuere dt. Sprache u. Literatur (emerit. 1970) - Struckbrook 18, 2300 Kiel 17 (T. 32 36 02) - Geb. 13. Juni 1905 Königsberg/Pr. (Vater: Dr. August T.; Mutter: Helene, geb. Fähser), ev., verw., S. Hermann - Gymnasialabit. 1925 Allenstein; Promot. 1932 Berlin; Habil. 1938 Freiburg - 1931 Assist. Univ. Berlin, 1933 Lektor Univ. Amsterdam, 1935 Assist., 1938 Doz. Univ. Freiburg, 1940 o. Prof. Dt. Univ. Prag, 1950 Univ. Münster/W., 1957 Univ. Kiel (emerit. 1970). Herausg.: Goethes Werke/Hbg. Ausg. (m. Kommentar, 14 Bde. 1948/60, umgearb. NA 1981-90). Verf. v.: Ein Tag aus Goethes Leben (1990); Weltbild u. Dichtung im dt. Barock (1992).

TRURNIT (gen. Berkenhoff), Hansgeorg

Verleger u. Herausgeber - Stefanistr. 43, 8024 Deisenhofen/Obb. (T. München 613 19 73) - Geb. 27. Juni 1912 Döbeln/Sa. (Vater: Ernst T.; Mutter: Margot, geb. Jung), verh. in 2. Ehe (1965) m. Candida, geb. Wenz, 5 Kd. (Hanno, Heiko, Rolf, Renate aus 1., Sven aus 2. Ehe) - Leibniz-Oberrealsch.; 1931-33 Stud. Volksw. u. Ztg.wiss.; 1932-34 Volontariat u. Redakt. Dt. Ztg. (alles Berlin) - 1934-36 fr. Journ., dann Presseleit. Reichsarbeitsgem. Schadenverhütung, 1938-39 Chefredakt. Ztschr.dst., 1940-45 Pressechef Tobis Filmkunst u. Wehrdst. (1941), ab 1945 Dolmetscher u. Personalchef bei US-Dienststellen. 1949-54 Redakt. Die Neue Ztg., München, 1954-77 Gründer, Herausg. u. Chefr. ZfK/Ztg. f. kommunale Wirtschaft, s. 1962 Verleger u. Herausg. Kundenztschr. tag + nacht u. a. (6 Mill.) - BV: Friedrich Friesen, R. 1934, Herausg.: Energie v. A - Z (Lexikon, 1954) - Liebh.: Bridge, Tennis, Skilaufen, Schwimmen, Golf - Spr.: Engl.

TRUSEN, Winfried

Dr. jur., Dr. phil., o. Prof. f. Dt. u. vergl. Rechtsgeschichte, Kirchen- u. Zivilrecht - Albert-Hoffa-Str. Nr. 14a, 8700 Würzburg - Geb. 24. Mai 1924 Danzig - S. 1963 (Habil.) Lehrtätigk. Univ. Mainz u. Würzburg (1966 Ord.). Bücher u. Aufs.

TRUSS, Friedrich

Dr. med., Prof., Direktor Klinik u. Poliklin. f. Urologie Univ. Göttingen - Am Weendelsgraben 7, 3400 Göttingen (T. 3 14 62) - Geb. 15. Nov. 1921 Kassel, ev., verh. s. 1948 m. Hildegard, geb. Ritter, 1 Kd. - S. 1960 (Habil.) Privatdoz., apl. (1966) u. o. Prof. (Ord. f. Urol.) u. Klinikdir. (1972). Fachveröff. Mithrsg. dt.- u. engl.spr. Fachztschr.

TRUTE, Friedrich

Geschäftsführer i. R. - Schulstr. 4, 2409 Scharbeutz (T. 04503 - 7 34 54) - Geb. 4. April 1913 Gersfeld - Vors. Verein z. Förderung d. Elbstromgebiets, Hamburg, zul. Geschäftsf. Rhenus-WTAG AG, Zweigniederl. Berlin.

TRUX, Walter Rudolf

Dr. rer. pol. h. c., Vorstandsvorsitzender Flachglas AG, Gelsenkirchen (s. 1981) - Eifelhang 2, 4300 Essen 1 - Geb. 20. April 1928 Jägerndorf/CSR (Vater: Rudolf T., Bankdir.; Mutter: Martha, geb. Sperlich), kath., verh. s. 1953 m. Ellen, geb. Hurt, 2 S. (Michael, Martin) - Stud. Betriebswirtsch. u. Naturwiss. Berlin - 1956-75 IBM (zun. Sindelfingen u. München, 1971 Groupdir. Paris); 1975-80 Vorst.-Vors. Fichtel & Sachs AG; Präs. Dt. Marketing-Vereinig.; Vorst.-Mitgl. Stiftg. Dt. Sporthilfe, Vorst.-Vors. u. Mitgl. in div. AR - BV: Einkauf u. Lagerdisposition m. Datenverarbeitung, 2. A. 1972 - Liebh.: Reisen, Fotografieren, Musik - Spr.: Engl., Franz.

TSCHECHNE, Wolfgang

Redakteur, Feuilletonchef Lübecker Nachrichten (b. Okt. 1990) (Ps. Wolfgang Martin, Walter Osten) - Vermehrenring 2A, 2400 Lübeck 1 - Geb. 26. Dez. 1924 Schweidnitz (Vater: Walter T., Bundesbahnamtm.; Mutter: Hildegard, geb. Springer), ev., verh. s. 1953 m. Gertrude, geb. Keckstein, S. Martin - S. 1952 Redaktionsleit. Braunschweiger Presse; s. 1960 Feuilletonchef Hannoversche Rundsch.; s. 1971 Feuilletonchef Hannoversche Presse; s. 1977 Feuilletonchef Lübecker Nachr. - BV: Sachb.: Schles. Panorama, 1966; Ich hab' noch meine Schnauze in Berlin, 1967; Geliebte Städte, 1967; Gr. Dt. aus Schlesien, 1969; D. angebissene Apfel, 1969; Hofkonzert im Hinterhaus, 1976; Lübeck u. s. Künstler, 1987; Thomas Manns Lübeck, 1991; D. Elbe von d. Quelle bis z. Mündung, 1991; D. Rhein von d. Quelle bis z. Mündung, 1992 - 1956 Ehrenplak. Stadt Braunschweig - Liebh.: Lit., Theater - Spr.: Engl.

TSCHESCHE, Harald

Dr. rer. nat., Prof. f. Chemie Univ. Bielefeld - Cranachstr. 18, 4800 Bielefeld 1 (T. 0521 - 88 98 25; dstl.: 106-20 81) - Geb. 7. Juni 1935 Göttingen (Vater: Rudolf T., Univ.-Prof. u. Chemiker; Mutter: Annemarie, geb. Hirsche), ev., verh. 1969-77 m. Wulfhild, geb. Natorp †, 2 Kd. (Frank, Anja) - Dipl. 1960 Univ. Bonn; Promot. 1962 Univ. Heidelberg; Habil. 1970 München - 1972 Univ.-Doz., 1973 Wiss. Rat, 1974 Abt.-vorst., 1976 apl. Prof., 1977 o. Prof. Rufe TU Braunschweig, Univ. Essen u. Bielefeld. 220 wiss. Originalveröff. - BV: Proteinase Inhibitors, 1971; Proteinase Inhibitors, 1974; Biological Functions of Proteinases, 1979; Modern Methods in Protein Chemistry Vol. 1, 1983, Vol. 2, 1985, Vol. 3, 1988; Proteinases in Inflammation and Tumor Invasion, 1986; Modern Methods in Protein and Nucleic Acid Research, 1990 - Spr.: Engl.

TSCHICHE, Hans-Jochen

Pfarrer, Fraktionsvorsitzender Bündnis 90/Grüne im Landtag Sachsen-Anh. (s. 1990) - Breite Str. 23, O-3211 Samswegen (T. 09182 - 8 84) - Geb. 10. Nov. 1929 Kossa, ev., verh. s. 1950 m. Lieselotte, geb. Sperhake, 3 Kd. (Wolfram, Andreas, Tabea) - Abit. 1948; Theologiestud. 1950-55 Berlin - 1960-75 Pfarrer in Meßdorf; 1975-78 Studienleit. d. Ev. Akad.; 1978-90 Leit. d. Ev. Akad.; 1990 Abg. Volkskammer; 1990 MdB; s. Okt. 1990 MdL - Liebh.: Lit. - Spr.: Engl.

TSCHIEDEL, Hans Jürgen

Dr. phil., o. Univ.-Prof. f. Klass. Philologie Kath. Univ. Eichstätt (s. 1982) - Richard-Strauß-Str. 5, 8078 Eichstätt - Geb. 19. April 1941 Warnsdorf, kath., verh. s. 1967 - Stud. Klass. Philol. u. German. Univ. Erlangen u. Wien; Promot. 1969 Erlangen; Habil. 1976 ebd. - 1977 Priv.-Doz. - BV: Phaedra u. Hippolytus. Variationen e. tragischen Konflikts, 1970; Caesars Anticato, 1981; Concentus hexachordus, (m. P. Kraft), 1985; Ratis omnia vincet. Untersuchungen zu d. Argonautica des Valerius Flaccus (m. M. Korn), 1991.

TSCHIERSCHWITZ, Gerhard

Direktor - Waldschmidtstr. 16, 8132 Tutzing - Geb. 23. April 1920 Berlin (Vater: Oswald T., kaufm. Angest.; Mutter: Else, geb. Seeliger), ev., verh. s. 1943 m. Eva-Charlotte, geb. Echt, 3 Kd. (Antje, Ingke, Rainer) - Abit. 1938 - 1938-45 Berufssoldat (zul. Hptm.); 1945-53 sowjet. Kriegsgefangensch.; 1954-60 Allianz Lebensversicherungs-AG., Köln u. Essen; 1960 Filialdir. Allianz Lebensversicherungs-AG., Wien; 1961-65 stv. Vorstandsmitgl. Wr. Allianz Versicherungs-AG. ebd.; 1966-82 stv. bzw. o. Vorstandsmitgl. (1968) TELA Versicherung Aktienges. Berlin/München; ab 1985 Hauptbev. Wiener Allianz Vers. AG f. d. BRD. Mitgl. Export-Club München u. Dt.-Franz. Ges. München - 1944 Ritterkreuz - Liebh.: Foto, Musik - Spr.: Franz., Engl., Russ.

TSCHIRREN, Jürg

Dr. rer. pol., Aufsichtsratsvorsitzender Bull AG, Köln - Fauthstr. 55, 5060 Bergisch Gladbach 2 - Geb. 6. Jan. 1925 - B. 1982 Vorst.-Vors.

TSCHOELTSCH, Hagen

Ingenieur, Unternehmer, Parlamentarischer Geschäftsf. d. FDP-Fraktion (s. 1988), MdL NRW (s. 1985) - Malscheider Weg 27, 5908 Neunkirchen (T. 02735 - 50 06) - Geb. 26. Febr. 1941 Breslau, ev., verh. s. 1967 m. Gudrun, geb. Schütz, 2 Söhne (Martin Alexander, Götz Christian) - Mittl. Reife, Lehre als Elektro-Installateur im Bergbau. Ingenieursch. Siegerland (Abschluß 1965); Wirtschaftspolit. Sprecher FDP-Fraktion.

TSCHUKEWITSCH, Viktor

Unternehmer, Inhaber e. intern. Spedition - Kriegsstr. 129, 7500 Karlsruhe - Geb. 12. Juni 1920 Memel, verh. s. 1955 m. Charlotte, geb. Benke, 3 Töcht. (Alexandra, Irene, Iris) - 1936-39 Ausb. Speditionskfm.; Arbeitsdst. u. Militär - B. 1965 Angest. u. Prokurist Spedition Aschaffenburg; s. 1965 selbst. Untern. CDU/CSU s. 1948. Div. Ehrenämter - Dt. Ritterorden St. Georg Gouverneur Baden-Württ. u. Bayern.

TSCHUPP, Räto

Dirigent - Zürichbergstr. 36, CH-8044 Zürich (T. 0041 - 1 - 251 19 81) - Geb. 30. Juli 1929 Thusis/Schweiz (Vater: Armin T., Handelslehrer; Mutter: Clara, geb. Bertschmann), verh. s. 1959 m. Els, geb. van Gastel - Stud. Univ. Zürich; theoret. Prüf. 1953, Kontrabaß 1954, Klavier 1958; 1954-57 Dirig.-Stud. b. Erich Schmid, 1957/58 b. Willem van Otersloo - 1957ff. Dirig. Camerata Zürich; 1969-71 Südwestd. Kammerorch. Pforzheim; s. 1975 Dirig. Gemischt. Chor Zürich (Oratorien); 1976-83 Leit. Berner Musikstudio; Gastdirig. b. in- u. ausl. Orch.; 1976-88 Prof. Staatl. Hochsch. f. Musik, Karlsruhe (Dirig. u. Orchesterltg.); s. 1989 Chefdirig. d. Aargauer Symphonie-Orch. - BV: Hugo Pfister, e. Schweizer Komp. d. mittl. Generation, 1973 - 1974 Nägeli-Med. Stadt Zürich; 1979 Janáček-Med. Tschech. Kultur-Min. - Spr.: Engl., Franz.

TUBBESING, Ilse

Journalistin u. Reiseschriftstellerin - Am Schloßgarten 1, 6945 Leutershausen (T. 06201 - 5 16 12) - Geb. in Dortmund (Vater: Heinrich T.; Mutter: Erna, geb. Japes), ev., verh. 1956-69 m. Harald Jänecke, verw. - Abit. 1947; Univ. Heidelberg, ab 1952 Oxford-Univ. - 1952-86 Redakt. Mannheimer Morgen - BV: USA, Reisef. 1972; Elsaß, Reisef. 1976; Schwarzwald u. Bodensee, 1978; Reiseführer Korsika, 1985; Reisebuch Côte d'Azur, 1991 - 1971 Silb. Ehrenz. f. Verd. um d. Rep. Österr. - Spr.: Engl., Franz.

TUCHELT, Klaus

Dr. phil., Direktor u. Prof. Dt. Archäologisches Inst., Zentrale Berlin - Podbielskiallee 69, 1000 Berlin 33 - Geb. 25. April 1931 Dessau (Vater: Franz T., Kaufm.; Mutter: Erna, geb. Dietze), kath., verh. s. 1966 m. Antje, geb. Gallwitz, 2 Kd. (Boris, Sophie Amélie) - 1949-51 Stud. Univ. Halle-Wittenberg, 1951-53 FU Berlin, 1953-56 Univ. München, Studienstiftg. d. Dt. Volkes (Klass. Archäol.); Promot. 1956 München; Habil. 1969 Mainz - 1969-81 wiss. Dir. Abt. Istanbul d. DAI; s. 1981 Erster Dir. d. DAI, Berlin; s. 1978 Leit. d. Ausgrabungen v. Didyma (Türkei) - BV: Tiergefäße in Kopf- u. Protomengestalt, 1961; Türkische Gewänder u. Osmanische Ges. im 18. Jh., 1966; D. arch. Skulpturen v. Didyma, 1970; Vorarb. zu e. Topographie v. Didyma, 1973; Frühe Denkmäler Roms in Kleinasien, 1979. Veröff. u. Ber. z. griech.-röm. Altertum in Kleinasien - S. 1962 KM u. s. 1976 OM b. Dt. Archäol. Inst.; KM b. österr. Archäol. Inst. - Spr.: Engl., Türk.

TUCHER, Freiin von, Leonore

Verlagsbuchhändlerin, Vizepräs. Bayer. Rotes Kreuz (1969-89) - Elisabethstr. 17, 8000 München 40 (T. 271 11 49) - Geb. 28. Febr. 1916 München (Vater: Heinrich Frhr. v. T., Diplomat; Mutter: Cäcilie, geb. Freiin v. Nostitz), ev. - Hum. Gymn. (Abit.); Verlagsbuchhdl.lehre - 1942-47 Verlagsleit. Wiking Verlag, Berlin/Regensburg; 1948/49 Bibl. Amerika-Haus ebd.; 1949/50 Org.leit. Akad. d. Schönen Künste; 1950-53 Werbeleit. Richard Pflaum Verlag, Wiking Verlag GmbH. (1951) u. R. Oldenbourg (1952), alle München; 1953-68 Gf. Ev. Presseverb. f. Bayern, München (einschl. Tochterges.: 1957-66 Lucas Cranach-, 1960-68 Claudius Verlag u. 1962-68 Ev. Digest). Präs.-mitgl. (1976ff.) DRK, 1981-85 Mitgl. d. Bay. Senates - 1976 Bayer. VO.; 1991 BVK I. Kl. - Spr.: Engl., Franz. - Entstammt bek. Nürnberger Patrizier-Geschlecht.

TUCHOLSKI, Barbara Camilla

Malerin - Torhaus, 2430 Oevelgönne - Geb. 7. Sept. 1947 Loitz/Mecklenburg, ev., verh. s. 1983 m. Dr. K.-H. Däke - Stud. 1970-76 Kunstakad. Düsseldorf, 1975-80 Kunstgesch., Phil., German. Univ. Bonn; Promot. 1980 - 1981-89 Lehrauftr. Univ. Kiel - BV: Fr. W. v. Schadow, 1984; Langer Schlag, 1987; Vangerin-Zyklus, 1989. Werke: Langer Schlag, Malerei, Tomellila, Schweden; Vangerin-Zyklus, Zeichn., Kunsthalle Kiel; Schwimmende Bilder, Künstler. Aktion auf d. Gr. Eutiner See (1988) - 1980 Paul-Clemen-Stip. Bonn; 1980 Univ.-Preis Bonn - Lit.: Lars Olof Larsson: Langer Schlag; Ulrich Bischoff u. Anna Peters: Vangerin-Zyklus.

TÜLLMANN, Adolf

Dr. phil., Schriftsteller - Wittekindstr. 27, 1000 Berlin 42 (T. 751 79 24) - Geb. 19. Nov. 1922 Essen (Vater: Paul T., Prokurist; Mutter: Theresia, geb. Schnelle), kath., verh. s. 1945 m. Christine, geb. Uffelmann, 3 Kd. (Astrid, Carola, Stephan) - Realgymn. Tempelhof (Abit. 1940); 1953-57 FU Berlin (Ethnol., Amerik., Psych., Kunstgesch.; Promot. 1957) - S. 1946 Lehrer u. Taubstummenoberl. (1953) - BV: Lebensmöglichk. d. Taubstummen b. Natur- u. Kulturvölkern, 1957 (Diss.); D. Liebesleben d. Naturvölker, 1960 (auch ital. u. span.); D. Liebesl. d. Kulturvölker, 1961 (auch ital. u. span.); Studienreiseführer USA, 1966.

TÜMMLER, Hans

Dr. phil. (habil.), Oberstudiendirektor a. D., Honorarprof. f. Geschichte Univ. Köln (s. 1962), fr. Vizepräs. Goethe-Ges. Weimar (1971-75; 1964ff. Vorst.-Mitgl.), Mitgl. wiss. Arbeitskreis f. Mitteldeutschl. - Sundernholz 90, 4300 Essen 1 (T. 44 06 23) - Geb. 12. März 1906 Wernshausen/Th. (Vater: Wilhelm T., Reichsbahninsp.; Mutter: Ida, geb. Hoffmann), ev., verh. 1934 m. Edith, geb. Bauermeister †1987 - Gymn. Jena; Univ. ebd., Berlin, München. Promot. 1928; Habil. 1944 - Studienrat u. Oberstudiendir. Erfurt u. Essen (1954 Staatl. Studiensem.), 1957 - 1969 Oberstudiendir. Essen (Staatl. Burggymn.) - BV: Briefwechsel Goethes m. Christian Gottlob Voigt, 4 Bde. 1949/62 (Weimar); Polit. Briefw. d. Herzogs/Großh. v. Weimar, 1954ff. (Bd. I 1954, II 1958, III 1973); Goethe in Staat u. Politik, 1964; Goethe, d. Kollege - S. Leben u. Wirken m. Christian Gottlob v. Voigt, 1970; Essen - so wie es war, 1973; Freiherr vom Stein u. Carl August v. Weimar, 1974; D. klass. Weimar u. d. gr. Zeitgeschehen, 1975; Goethe als Staatsmann, 1976; Carl August v. Weimar, Goethes Freund. E. vorwieg. polit. Biogr., 1978; Erfurt, so wie es war, 1978; Deutschland, Deutschland über alles. Zur Gesch. u. Problematik uns. Nationalhymne, 1979. Ernst August von Gersdorff, Reformminister im klass. Weimar. E. Schüler Steins, 1980; Essener Miniaturen, Gesammelte Aufs., 1981; König Ludwig I. von Bayern u. Caroline von Heÿgendorf in ihren Briefen; 1981; Essen, so wie es war, Bd. 2, 1981; U. d. Gelegenh. schaff' e. Ged., Ged., Goethes an u. üb. polit. Persönlichk. s. Zeit, 1984; Kultur u. Gesch. Vorträge z. Klassik u. z. neueren dt. Gesch., 1986; Wartburg u. Weimar. Amtl. Zeugnisse z. Gesch. d. Urburschenschaft, 1988; Johann Wolfgang Goethe u. Christian Gottlob Voigt - e. Briefwechsel, 1989; Herzog/Großherzog Carl August von Sachsen-Weimar-Eisenach als Förderer u. fürstl. Mittelpunkt d. Klassik, 1989; Histor.-Polit. Stud. zu d. Thüringen d. Goethezeit, 1992 - 1976 Gold. Med. Goethe-Ges.; 1976 BVK I. Kl.; Ehrenvors. Essener Goethe-Ges.; Ehrenmitgl. Akad. gemeinn. Wiss. zu Erfurt (1990) - Rotarier - Lit.: Staat u. Ges. im Zeitalter Goethes, Festschr. 1977; Im Bannkreis d. klass. Weimar, Festschr. 1981.

TUENGERTHAL, Hansjürgen

Rechtsanwalt, Syndikus Bundesverband d. Großschlächter u. Fleischgroßhändler e.V., Heidelberg - Landfriedstr. 1 a, 6900 Heidelberg (T. 06221 - 2 36 44) - Geb. 8. März 1936 Waltershausen (Vater: Hans Hermann T., Pfarrer; Mutter: Ilse, geb. Metzel), ev., verw., 3 Kd. (Nina, Tim, Miora) - 1960-69 Jura-Stud. u. Refer.zeit in Heidelberg - S. 1970 Rechtsanw. Heidelberg, Mannheim u. Karlsruhe (1976); seitd. Syndikus u. teilw. Mitbegründ. versch. Institutionen d. Großschlächter u. Fleischgroßhändler, Inst.-Dir. f. Volponie, fast alle Heidelberg; AR-Vors. Genoss. Sparen u. Vorsorgen, Mainz. Zahlr. Veröff. in d. Vieh- u. Fleischwirtsch. Fachpresse - Liebh.: Alte Bauernhäuser u. Burgen, Musik - Spr.: Engl.

TÜRK, Helmut

Dr. jur., Botschafter a. D. - Zu erreichen üb. Ausw. Amt, Bonn - Geb. 3. Mai 1920 Untermassfeld/Thür., verh. m. Dr. med. dent. Gerda, geb. Franck, 3 Töcht. - Stud. Göttingen/New Orleans - 1955 BMWi; 1958 Ausw. Amt, Ausl.-Vertr. Marseille, Monrovia, Zürich, Sydney, Rangun.

TÜRK, Hubert

Dr. med. vet., Tierarzt, MdL Nordrh.-Westf. (s. 1975) - Am Zuckerberg 14, 5070 Bergisch Gladbach (T. 5 19 73) - Geb. 31. Jan. 1925 - CDU.

TÜRKE, Joachim

Dr. jur., Rechtsanwalt, Beigeordneter (Schul- u. Kulturdezernent) a. D. Stadt Leverkusen - Halenseestr. 7, 5090 Leverkusen 1 (T. 9 14 00) - Geb. 3. Juni 1929.

TÜRKLITZ, Arno

Honorarkonsul a.D. - Heydenstr. 30, 1000 Berlin 33 (T. 25405332) - Geb. 12. Febr. 1911 Brandenburg/H. (Vater: Emil T.; Mutter: geb. Bruns), verh. s. 1935 m. Gertrud, geb. Hübner, Kd. (Rita, verehel. Reiche † 1972; Achim) - Realgymn. Brandenburg (Abit.) - S. 1929 Möbelind. - 1960 Ehrensenator TU Berlin; 1962-70 Konsul v. Guatemala (wegen d. Spreti-Falls zurückgetr.); 1971-87 Honorarkonsul v. Malaysia; 1970 BVK I. Kl., 1975 Gr. BVK, 1986 Stern dazu - Liebh.: Segeln, Jagd, Malerei (bes. holl. Meister) - Spr.: Engl., Franz. - Rotarier.

TÜRMER, Tobias

s. Goldmann, Rudolf A.

TÜRNAU, Georg

Dr. rer. pol., Dipl.-Kfm., Personalchef u. Controller Bertelsmann AG - Bülowstr. 19, 4830 Gütersloh 1 (T. 05241 - 3 74 94) - Geb. 25. Sept. 1931 Gütersloh (Vater: Rudolf T., Realschullehrer; Mutter: Irmgard, geb. Bode), ev., verh. s. 1959 m. Irmgard, geb. Depenbrock - Gymn.; Betriebsw. Univ. Köln u. St. Gallen; Dipl.-Kfm. 1955 Köln - 1956 Betriebsabrechner, 1958 Leit. Bilanzabt., 1960 Assist. d. Generalbevollm., 1961 Controller, 1971 Personalchef - Liebh.: Tennis, Jagd, Bücher - Spr.: Engl.

TÜSCHEN, Wilhelm

Vorstandsmitglied Hess. Berg- u. Hüttenwerke AG., Wetzlar (s. 1972; Kaufm. Leitg.) - Auf dem Hauserberg 14, 6330 Wetzlar/Lahn (T. 4 51 40) - Geb. 24. Okt. 1914 - Zul. Dir. HBuH - Spr.: Engl., Franz. - Rotarier.

TÜTKEN, Hans

Dr. phil., Prof. f. Curriculumforschung - F.-v.-Bodelschwingh-Str. 1, 3400 Göttingen - Geb. 19. März 1928 Driefel, verh. s. 1950 m. Gisela, geb. Ulrich, 4 Kd. (Sibylle, Tania, Tilman, Thomas) - S. 1948 PH Oldenburg u. Univ. Göttingen (Gesch., Frühgesch. u. Päd.), Ex. 1965 - 1965 Assist., 1968 Leit. Arbeitsgr. f. Unterr.forsch., 1975 Prof. Univ. Göttingen. Hist. u. päd. Veröff.

TÜTTENBERG, Hanns Paul

Dr. jur., Präsident d. Landgerichts Mainz (s. 1986) - Diether-von-Isenburg-Str., 6500 Mainz - Geb. 1. Juli 1938.

TÜTTENBERG, Peter

Dipl.-Volksw., Geschäftsführer Bundesverb. d. Baumaschinen-, Baugeräte- u. Industriemasch.-Firmen e. V. - Adenauerallee 45, 5300 Bonn (T. 22 34 69) - Geb. 18. Nov. 1942.

TUGENDHAT, Ernst

Dr. phil., Prof., f. Philosophie - Schopenhauerstr. 62, 1000 Berlin 38 (T. 803 51 72) - Geb. 8. März 1930 Brünn - Habil. 1966 Tübingen - 1966-75 o. Prof. f. Phil. Univ. Heidelberg, s. 1980 FU Berlin - BV: u. a. D. Wahrheitsbegriff b. Husserl u. Heidegger, 1968. Vorles. z. Einführ. in d. sprachanalyt. Philosophie, 1976; Selbstbewußtsein u. Selbstbestimmung, 1979; Probleme d. Ethik, 1984.

TULODZIECKI, Gerhard

Dr. phil., Prof. f. Erziehungswiss. Univ.-GH Paderborn - Lichtenturmweg 52, 4790 Paderborn (T. 05251 - 6 61 13) - Geb. 5. Jan. 1941 Bochum (Vater: Franz T., Formermeister; Mutter: Anna, geb. Olivo), kath., 3 Kd. (Stefan, Katja, Eva) - Staatsex. f. Lehramt berufsb. Sch. 1967 u. 1971; Promot. 1970, Habil. 1972 - 1975-80 Dir. FEoLL-Inst. f. Medienverbund/Mediendidaktik; s. 1975 Prof. in Paderborn - BV: Schulfernsehen in d. Bundesrep. Dtschl., 1977; Einf. in d. Medienforsch., 1982; Einf. in d. Mediendidaktik, 1978; Konzepte f. d. berufl. Lehren u. Lernen, 1984; Unterrichtskonzepte f. d. Medienerziehung, 1985; Unterricht mit Jugendlichen, 1987 - Spr.: Engl.

TURBAN, Dietlinde

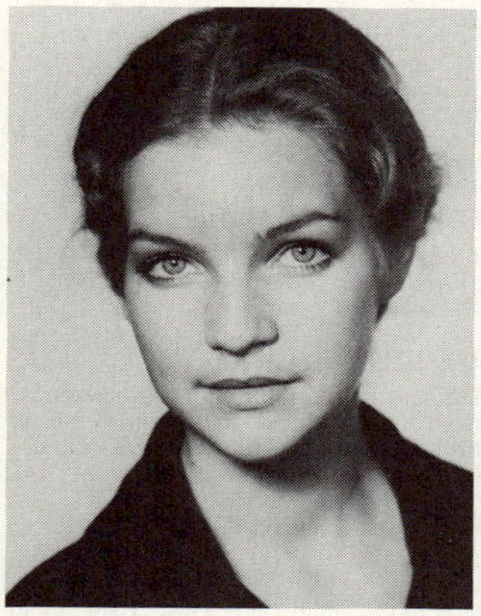

Schauspielerin - Wohnhaft in Monaco - Geb. 27. Aug. 1957 Reutlingen, verh. s. 1986 m. Lorin Maazel, Dirigent, 2 Kd. - Abit.; Violin- u. Schauspielausb. München - Hauptrollen: Debut als Gretchen in M. Degens Faust-Insz. am Residenttheater München (1977), Desdemona, Minna v. Barnhelm, Luise (Kabale u. Liebe). Zahlr. Fernseh- u. Kinofilme in Deutschl., Italien, Frankr. u. USA - 1982 Festspielpreis Bad Hersfeld; 1983 Bambi - Liebh.: Musik, Schreiben, Phil. - Spr.: Engl. Franz., Ital.

TURCZYNSKI, Emanuel

Dr. phil., em. Prof. f. Geschichte Ost- u. Südosteuropas - Fasangartenstr. 132, 8000 München 90 - Geb. 18. Juli 1919 Czernowitz, ev.-ref., verh. s. 1944 m. Barbara, geb. Faulbaum, 4 Kd. (Janne, Margret, Barbara, Matthias) - Univ. Berlin, Königsberg/Pr. u. München - BV: Ca. 50 Aufs. in Fachztschr.; D. dt.-griech. Kulturbez., 1959; Konfession u. Nation, 1976; Von d. Aufklärung zum Frühliberalismus, 1985; H.v.Mikulicz-Radecki, Erinnerungen an Wien, Krakau, Königsberg u. Breslau. Bearb. u. m. e. Nachwort v. E.T., 1988. Herausg.: Rumän. Sagen (m. F. Karlinger, 1981) - Spr.: Engl., Franz., Rumän., Serbokroat., Neugriech. - Lit.: Von d. Pruth-Ebene b. z. Gipfel d. Ida. Festschr. z. 70. Geb. von E. T. (Südosteuropa-Schr. Bd. 10, München 1989).

TURNOVSKY, Martin

Dirigent - Grinzinger Allee 39, A-1190 Wien 19 - Geb. 29. Sept. 1928 Prag (Vater: Dr. Jan. T., Rechtsanw.; Mutter: Ilse, geb. Schwarz), ev., verh. s. 1952 m. Zdenka, geb. Vozenilkova, 2 Söhne (Michael, Stephan) - Abit. 1952; Akad. d. mus. Künste Prag - 1959-63 Dirig. Staatl. Philharm. Brünn; 1963-66 Chefdirig. Radio-Sinfonieorch. Pilsen; 1966-68 Generalmusikdir. Dresdner Staatsoper u. Staatskap.; 1975 GMD Staatsoper Oslo, 1979 Chefdirigent Oper Bonn, s. 1992 Chefdirigent d. Prager Sinfoniker - 1959 1. Preis Intern. Dirigentenwettb. Besançon (Frankr.) - Liebh.: Lit. - Spr.: Deutsch, Tschech., Engl., Norweg.

TUSCHHOFF, Fried

Generalbevollmächtigter Westd. Landesbank/Girozentrale, Düsseldorf/Münster, Vorst.-Mitgl. Deutsche Außenhandelsbank, Berlin - Friedrichstr. 1, 4400 Münster; Unter den Linden 26-30, O-1080 Berlin .

TWEHLE, Manfred

Chemiegraph, MdA Berlin (s. 1971) - Onkel-Bräsig-Str. 1, 1000 Berlin 47 (T. 606 64 51) - Geb. 19. Febr. 1941 Berlin - SPD.

TWELLMANN, Walter

Dr. phil., o. Prof. f. Pädagogik Univ. Essen - Neudorfer Str. 170, 4100 Duisburg - Geb. 1. Jan. 1927 - BV: Schule u. Unterricht, Handb., 8 Bde., s. 1981; Pädagogische Praxis, Handb., 2 Bde., 1989.

TWENHÖVEN, Jörg

Dr. iur. utr., Oberbürgermeister (s. 1984), MdL Nordrh.-Westf. - Rathaus, 4400 Münster/W. - Geb. 18. Juli 1941, verh., 4 Kd. - Mitgl. Landesvorst. CDU Rheinl.-Westf., Landesvors. d. kom.-pol. Vereinig.

TWORUSCHKA, Udo

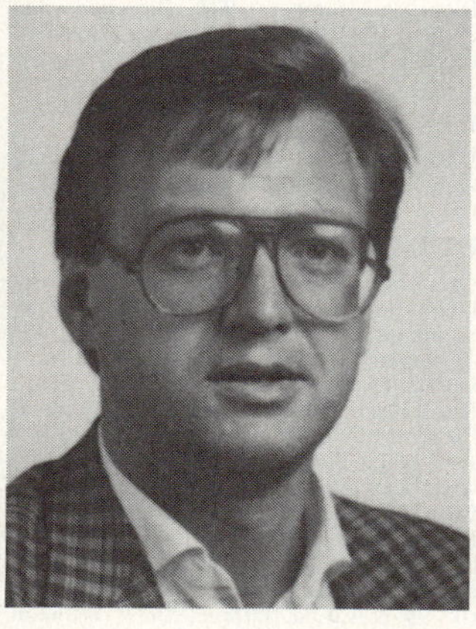

Dr. phil., Dozent u. apl. Prof. Univ. zu Köln, Direktor Interdisz. Inst. f. Religionsgesch., Bad Münstereifel (s. 1982) - Blumenweg 2, 5358 Bad Münstereifel-Arloff (T. 02253 - 40 81; Telefax 02253 - 25 40) - Geb. 12. Febr. 1949 Seesen am Harz (Vater: Alfred T.; Mutter: Charlotte T.), ev., verh. s. 1975 m. Dr. phil. Monika, geb. Funke (Islamwissenschaftlerin, Publizistin), 4 Kd. (Miriam, Christopher, Sarah, Ronja) - Stud. Vergl. Religionswiss., ev. Theol. u. Angl. Univ. Bonn u. Köln; Promot. 1972 Bonn, Habil. 1979 Köln - 1979 Doz., 1984 apl. Prof.; s. 1982 Dir. s.o. - Publiz. Tätigk. im Hörfunk (mehrteilige Serien üb. d. großen Weltreligionen), Fernsehen (u.a. Drehbücher) u. Presse; s. 1986 Präs. Bund f. fr. Christentum; Mitgl. Dt. Ges. f. Missionswiss.; Mitleit. folg. Forsch.-projekte: D. Islam in d. Schulbüchern d. Bundesrep. Dtschl., Intern. Forsch.proj. Islam in Textbooks; 1990 Gründungs- u. Vorst.-Mitgl. d. EAWRE (= European Assoc. for World Religions in Education) - BV: Meth. Zugänge zu d. Weltrelig., 1982; D. vielen Namen Gottes, 1985; Analyse d. evang. Religionsbücher z. Thema Islam, 1986; Sucher, Pilger, Himmelsstürmer, 1991. Herausg.: Vorlesebuch Fremde Religionen (m. Monika Tworuschka, 2 Bde. 1988); Miteinander - was sonst? Multikulturelle Ges. im Brennpunkt, Köln-Wien (1990); Gottes ist d. Orient - Gottes ist d. Okzident (FS Falaturi), 1991. Mithrsg.: Ethik d. Religionen - Lehre u. Leben, 5 Bde. (1984-86), Bertelsmann Handbuch Religionen d. Welt (zus. m. M. Tworuschka, 1992); Kölner Veröff. z. Religionsgesch. (1983ff.); Forum Freies Christentum (s. 1984); Jahrb. f. Interreligiöse Begegnung (s. 1990) - Liebh.: Schwimmen, Film, englischspr. Lit., Familie - Spr.: Engl., Latein, Griech.

TYMISTER, Hans Josef

Dr. päd., Prof. f. Erziehungswissenschaft - Hasselkamp 31, 2070 Großhansdorf (T. 04102 - 6 10 10) - Geb. 19. Febr. 1937 Aachen (Vater: Joseph T., Angest.; Mutter: Berta, geb. Jenzen), kath., verh. s. 1963 m. Elfriede, 2 Söhne (Markus, Karl) - Realsch., Sparkassenlehre; Päd. Hochsch. u. RWTH Aachen, Stud. Linguistik u. Erz.wiss., Dipl. 1972, Promot. 1974 - Volksschullehrer, Fachleit. Dtsch, 1978 o. Prof. Univ. Hamburg. Vorst.-Mitgl. Alfred-Adler-Inst.-Nord, Delmenhorst - BV: Schulaufs. - Texte f. Leser (m. and.), 1973 u. 1978; Konstruktion fachdidakt. Curricula, 1974; Projektorientierter Dt.unterr., 1975 u. 1980; Lehrer u. Schüler machen Unterr. (m. and.), 1976 u. 1980; Didaktik: Sprechen, Handeln, Lernen, 1978; Deutschunterr. 5-10 (m. and.), 1980. Herausg.: Lehrer u. Schüler lösen Disziplinprobleme (1987 u. 1989); Individualpsychol.-päd. Beratung (1990) - Liebh.: Individualpsych., Wandern - Spr.: Engl. - Lit.: van d. Kerkhoff, Lothar: Z. Verhältnis v. Sprachtheorie u. Sprachdidaktik, 1983.

TYRELL, Werner

Gutsbesitzer (Weinbau/Landw./Trakehner Gestüt), Ehrenpräs. Dt. Weinbauverb. (s. 1980) - Karthäuserhof, 5500 Trier-Eitelsbach (T. 0651 - 51 31) - Geb. 19. April 1916 Berlin (Vater: Albert T., Amtsgerichtsdir.; Mutter: Hedwig, geb. Pünder), kath., verh. s. 1947 m. Maria, geb. Rautenstrauch, 7 Kd. (Christoph, Constanze, Stephan, Clemens, Marcel, Markus, Wenemar) - Gymn. (Abit. 1934); Offz.- u. Generalstabsausbild.; 1947-49 Ausbild. Weinbau; 1949-50 Weinbaustud. Geisenheim - 1936-45 Berufsoffz. (beritt. Artl.; 1943 Major i. G.); 1945-47 engl. Kriegsgefangensch.; s. 1951 Betriebsf. u. Mitinh. (1955) Gutsverw. Karthäuserhof, 1950-64 Ehrenvors. Weinbauverb. Mosel-Saar-Ruwer, 1964-80 Präs. Dt. Weinbauverb., u. a. - Zahlr. Veröff. (Agrarpolitik, Weingesetz) - 1976 v.-Bassermann-Jordan-Med. DLG u. Gold. Med. Landw.kam. Rhld.-Pfalz; 1980 Gr. BVK; 1980 Müller-Thurgau-Preis Geisenheim; 1981 Prof.-Wilh.-Niklas-Med. - Liebh.: Musik, Pferde (eig. Trakehnerzucht) - Rotarier - Spr.: Engl., Franz., Ital. - Bek. Vorf.: Engelbert Humperdinck, Komp. (vs.); Onkel (ms.): Staatssekr. u. Oberdir. a. D. Dr. jur. Dr. jur. h. c. Hermann Pünder (s. dort); Bruder: Heribert T., Fabr. † 1970 (s. XVI. Ausg.).

TZSCHASCHEL, Gerta E.,

geb. Pütter

Public Affairs-Beraterin, Ehrenpräs. Dt.-Thailänd. Ges. - Koblenzer Str. 89, 5300 Bonn 2 (Bad Godesberg) (T. 0228 - 36 47 55; Telefax: 0049-228-361894) - Geb. 22. Sept. 1914 Bonn (Vater: Prof. Dr. med. et phil. August Pütter; Mutter: Gisela, geb. Zitelmann), ev., verh. s. 1938, 4 Kd. (Monika, Timm, Inge, Sabine) - Beratung Management-Berat. Bonn; Ehrenämter - BV: Erste Wahl d. Bundespräs. in Berlin, 1954 - 1982 BVK 1. Kl.; 1984 Komturkreuz d. Ordens d. Krone v. Thailand - Spr.: Engl., Franz.- Bek. Vorf.: Geheimrat Prof. Dr. Ernst Zitelmann (Großv. ms.).

U

UBER, Giesbert

Dr. jur., em. o. Prof. f. Öfftl. Recht - Roseneck 5, 4400 Münster/W. (T. 02501 - 31 59) - Geb. 20. Okt. 1921 Halle/S. - Univ. Hamburg (Rechtswiss.). Ass.ex., Promot. u. Habil. Hamburg. 1960-64 Privatdoz. Univ. Hamburg; 1964-87 o. Prof. Univ. Münster - BV: Freiheit d. Berufs, 1952; Wirtschaftsverf.- u. Wirtschaftsverw.recht, 1978.

UCKRO, von, Hanns-Detlef

Ministerialdirigent, Leiter Abt. Staatsvermögen, Hess. Min. d. Finanzen, Wiesbaden, Geschäftsf. Blista EHG, Marburg/L. - Philipp-Holl-Str. 7, 6200 Wiesbaden (T. 06121 - 40 13 72) - Geb. 30. Okt. 1935 Uckro, ev., verw., 2 Töcht. (Stefanie, Henriette) - AR-Vors. Lotterietreuhandges. mbH Hessen; AR-Mitgl. Main-Gaswerke AG; Mitgl. Staatslotterieaussch. Süddt. Klassenlotterie - Spr.: Engl., Franz.

UDE, Karl

Chefredakteur i. R., Schriftst., Redaktionsmitgl. Südd. Ztg. - Bauerstr. 9, 8000 München 40 - Geb. 14. Jan. 1906 Düsseldorf (Vater: Karl U., Angest.; Mutter: Ottilie, geb. Hahn), ev., verh. s. 1938 m. Renée, geb. Guggisberg, 2 Kd. (Karin, Christian) - Univ. Bonn, Marburg, München, Paris (Theol., Phil., German., Theaterwiss., Kunst- u. Musikgesch.) - Literatur- u. Theaterkrit., u. a. München-Augsbg. Abendztg., Münchner Neueste Nachr., Berliner Börsen-Ztg., Südd. Ztg. - BV: D. Ringen um d. Franziskus-Legende, N. 1932; Hier Quack!, Froschr. 1933; Schelme u. Hagestolze, Gesch. 1940; D. Pferde auf Elsenhöhe, N. 1942 (I. Preis Wettbew. D. Novelle d. XX. Jh.); D. Rettung, N. 1943; 14 Tännlein zuviel, Erz. 1948; D. Rollschuhlaufbüchlein, 1949; Abenteuer im Dezember, Erz. 1955; Damals, als wir Rollschuh liefen, Erz. 1956; Frank Wedekind, Biogr. 1966; Lothar Dietz, Monogr. 1966; Schwabing u. s. Kunstpreise, Ess. 1970; Maleridyllen, Ess. 1975; Malerpoeten, Ess. 1976; Bauernromantik, Ess. 1978; Alltagsidylle, Ess. 1978; Künstlerromantik, Ess. 1979; München leuchtet, Bildband 1979; Friedrich Reiner, Biogr. 1980; Begegn. m. Bildhauern, Ess. 1982; Gold. München 1983, 1986. Hörsp. Alb. Magnus, Bismarck u. Virchow, D. Pferde auf Elsenhöhe, Bilderstürmer, Stützen d. Gesellschaft, Gyges u. s. Ring, Stadtbummel. Herausg.: Schriftenreihe Geist. München (1946-48); Welt u. Wort, Lit. Monatsschr. (1946-73, 28 Jahresbde.). Hier schreibt München (1962); Bes. Kennzeichen, Selbstporträts zeitgenöss. Autoren (1964); Denk ich an München (1966, m. Hermann Proebst); D. Ernst Hoferichter Buch (1977); Bearb.: Artur Kutscher, Wedekind (1964) - 1966 Med. „München leuchtet"; 1967 Tukan-Preis Stadt München, 1970 Essay-Preis Stiftg. z. Förd. d. Schrifttums München, 1976 Ernst-Hofrichter-Preis Stadt München, Schwabinger Literaturpr. - 1977 BVK; 1986 Med. München leuchtet in Gold; Ehrentukan - Liebh.: Kammermusik (Geige), Bücher.

UEBE, Ingrid

geb. Theissen

Autorin, freie Journalistin (s. 1982) - Marsiliusstr. 85, 5000 Köln 41 (T. 0221 - 42 72 24) - Geb. in Essen, ev., verw., T. Katja - Abit. - Redakt.-Volont.; Kulturredakt. NRZ Essen - BV: Bettina aus d. Windmühlenweg Nr. 7, 1977; D. kleine Brüllbär, 1984; D. Monsterchen, 1987; D. Kicherschwein, 1989; Pommi, Paula & Söhnchen, 1990 - Liebh.: Lesen - Spr.: Engl., Franz., Ital., Lat.

UEBEL, Erich

Fabrikant (Adoros Teppichwerke Uebel KG.) - Am Juliusturm 13-31, 1000 Berlin 20 (T. 334 10 44) - Geb. 17. Sept. 1912 Roßbach/Böhmen (Vater: Friedrich U., Fabr.), verh., 2 Kd. (Wolf-Dieter, Ursula) - Staatl. Lehranstalt f. Textilind., Asch.

UEBERHORST, Horst

Dr. phil., Prof. f. Sportwissenschaft - Drachenfelsstr. 23, 5307 Wachtberg-Niederbachem (T. 0228 - 34 41 19) - Geb. 25. Okt. 1925 Bochum, ev. - Stud. Dt., Gesch., Leibesüb. - 1952-56 Assist. Inst. f. Leibesüb. Univ. Bonn; 1956-65 Studien- u. Oberstudienrat Bonn; s. 1965 Leit. bzw. Dir. (1967) Inst. f. Leibesüb. u. o. Prof. (1970) Univ. Bochum; 1969-1970 Sportref. Kultusmin. NRW. 1974 Gastprof. Amherst, Mass. Mitgl. Intern. Olymp. Akad. u. American Acad. of Phys. Ed. - BV: Elite f. d. Diktatur, 1969; Zurück zu Jahn?, 1969; V. Athen b. München, 1969; Edmund Neuendorff - Turnführer ins III. Reich, 1970; Frei, Stark u. Treu. Die Arbeitersportbeweg. in Deutschland 1893-1933, 1973; Carl Krümmel u. die nationalsozialist. Leibeserzieh., 1976; Turner unterm Sternenbanner. D. Kampf d. dt.-amerik. Turner f. Einheit, Freiheit u. soz. Gerechtigkeit (1848-1918), 1979; Gesch. d. Leibesübungen, 7 Bde. 1972-88; F. W. v.

Steuben, 1982; 100 J. Dt. Ruderverb., 1983; 125 J. Rhein.-Westf. Turnerbund, 1983; Wattenscheid: D. Freiheit verloren? E. Sozialgesch. 1986; Ausst. im Rahmen d. Ruhrfestsp. Recklinghausen: Sport im nat.soz. Dtschl., 1983; Olympia - d. Fest u. s. Bedrohung, 1984; Sport im Ruhrgeb. - s. Sozialgesch., 1985; Reflexionen-Dt. Turnfeste im Spiegel d. Turnbewegung, 1986; 150 Jahre Rudern in Deutschland, 1986; Segeln. Von d. Fort- z. Sportbewegung, 1988; Turnen im Land der Roten Erde. Dt. Turnfest Dortmund/Bochum, 1990 - 1972 Ausz. Intern. Carl-Diem-Wettbewerb.

UEBERHORST, Reinhard

Beratungsbüro f. diskursive Projektarbeiten & Planungsstudien - Marktstr. 18, 2200 Elmshorn - Geb. 24. April 1948 Elmshorn - Stud. Rechts-, Sozialwiss. u. Sprachen Hamburg, Tübingen, Amsterdam - SPD s. 1966 (1976-81 MdB, 1981 Senator f. Gesundheit u. Umweltschutz, Berlin, 1981-85 MdA Berlin). Vors. Enquete-Kommiss. Zukünftige Kernenergiepolitik im 8. Dt. Bundestag; Mitgl. Enquete-Kommiss. f. Technikfolgenabschätzung u. -bewertung d. Bundestages; Mitgl. Grundwertekommiss. d. SPD-PV.

ÜBERLA, Karl

Dr. med., Prof. f. Informationsverarbeit., Biometrie u. Epidemiologie, Institutsdir. Univ. München - Klinikum Großhadern, Marchioninistr. 15, 8000 München 70 (T. 70 95 44 91); priv.: Seeleiten 18, 8021 Icking - Geb. 29. Jan. 1935 Leitmeritz/Elbe (Vater: Dr. med. Karl U., Arzt; Mutter: Anni, geb. Wechtersbach), kath., verh. s. 1964 m. Heidi, geb. Bernhardt, 2 Söhne (Klaus, Jörg) - Stud. Med. Heidelberg, München, Innsbruck, Psych. Freiburg (Dipl.-Psych.). Promot. 1960 Freiburg; Habil. 1967 Mainz - S. 1967 Lehrtätigk. Univ. Mainz, Ulm (1968 Ord.) u. München (s. 1974). 1963 Gast Univ. Illinois (USA); 1981-85 Präs. Bundesgesundheitsamt, Berlin - BV: Faktorenanalyse, 1968 - Spr.: Engl.

UEBERSCHÄR, Kurt

Dr. jur., Rechtsanwalt, gf. Gesellschafter IBS-International Business Service-Dr. Ueberschär GmbH - Sozietätskanzlei: Fürther Str. 51, 8500 Nürnberg (T. 0911 - 28 84 44 od. 28 85 05); Am Bergwaldtheater 12, 8832 Weißenburg/Bay. (T. 09141 - 24 45) - Geb. 31. Okt. 1939 Brieg, verh. s. 1964 m. Med.-Dir. Dr. med. Wilfriede, 2 T. - Leit. Angest., selbst. Rechtsanwalt, MdB, Kreisrat - Spr:: Engl., Franz.

UEBING, Dietrich

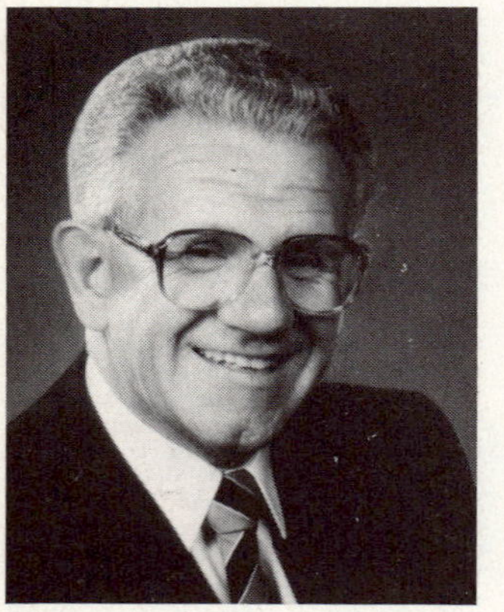

Dr.-Ing. habil., Prof., Geschäftsführungsmitglied - Gartenstr. 15, 5206 Neunkirchen-Seelscheid 1 (T. 02247 - 25 96) - Geb. 16. Mai 1931 Düsseldorf, ev., verh. s. 1958 m. Anna Susanne, geb. Schneider, 2 Töcht. (Brigitta, Ulrike) - Gymn. Ratingen; Stud. Ing.wiss. TH Stuttgart; Promot. 1959; Habil. 1966 - apl. Prof. 1971 Univ. Stuttgart; Staatl. Materialprüfungsanst. Stuttgart (10 J. Forsch. u. Lehre); TÜV Rheinl. (25 J. Mitgl. d. Geschäftsf.); AR GKN Automotive AG Siegburg, u. TAKATA Europe; AR-Vors. Euroqua GmbH Budapest; Mitgl., z. T. Vors. in nationalen u. intern. Aussch. - BV: Werkstoffprüfung d. Metalle, 1960; Werkstoffverhalten b. ruhender u. schwellender Innendruckbeanspruchung, 1967; Prognose d. Gefahr, 1969; Fortschritt d. Technk - m. Umsicht bedacht, 1973; Handb. d. Qualitätssicherung, 1980; Einflußgrößen d. Zeitsicherh. b. techn. Anlagen (m. D. Schlegel), 1985; Brockhaus Enzyklopädie. Herausg.: Kraftwerktechnik, Symposium üb. Zuverlässigkeitssteigerung u. Betriebsoptimierung (1974); Rohrfernleitungstechnik (1975); Angew. Bruchmechanik - Probl. aus d. Sicht d. Herst., Betreiber u. Überwacher (1976); Instandhaltungs-Symp. (1977); Intern. Symp. Qualitätssicherung (1978); The Quality of Nuclear Power Stations from American and German Viewpoints (1978); Entwicklungstendenzen b. Gefahrguttransport (1982); Wirbelschichtfeuerung (1982); Feuerungstechnik u. Umweltschutz (1985); Qualitätssicherung (1986). Rd. 75 Aufs. üb. Werkstoffragen, Bauteilfestigkeit, Anlagenzuverlässigkeit u. Qualitätssicherung - 1986 Don Bosco Med. d. Salesianerorden; 1986 BVK - Spr.: Engl., Franz. - Lit.: Kürschners Dt. Gelehrten-Kalender; Europ. Who is Who Enzyklop. - Who is Who in Westdeutschl.; Leitende Männer u. Frauen d. Wirtsch.

UEBLER, Emil-Georg

Dr. rer. techn., Dipl.-Volksw., Hauptgeschäftsführer Verb. d. Dt. Bleistiftindustrie, Geschäftsf. Wirtschaftsverb. Eisen, Blech u. Metall verarb. Industrie/Landesvertr. Bayern u. Metallguß Bayern - Schmausenbuckstr. 39, 8500 Nürnberg (T. 59 06 85; Büro: 20 44 41) - Geb. 26. März 1904 Nürnberg (Vater: Bernhard U.; Mutter: Neunsinger), verh. 1936 m. Elisabeth, geb. Neidhardt - Univ. München u. Berlin, TH München - Zeitw. Staatsdst. - Bayer. VO.; 1975 BVK I. Kl. - Liebh.: Sport, Fotogr. - Spr.: Engl., Franz.

ÜCKER, Bernhard

Journalist - Arcisstr. 52, 8000 München 40 (T. 272 28 06) - Geb. 29. Mai 1921 München (Vater: Hans Ü., Dipl.-Ing.; Mutter: Else, geb. Steinberger), kath., verh. s. 1950 m. Irmelin, geb. Hagspiel - Hum. Gymn.; Univ. München (German.) - S. 1945 Reporter, s. 1953 Kommentator, 1970-86 Abt.leit. Bayer. Rundf. Spez.: Arbeitsgeb.: Landespolitik - BV: Bayern - d. widerspenstige Freistaat, 1968; Löwen f. jedes Wetter, 1969; Wie Bayern unter d. Pickelhaube kam, 1970; D. Hohe Haus in Augenhöhe, 1971; Endstation 1920, 1972; Weißblaues Contra, 1974; Schwarz-Rot-Liberal, 1976; D. III. Königreich Bayern, 1979; Weißblaue Malaisen, 1985; D. Bayer. Eisenbahn, 1985; Lieber bayrisch FREI - als preussisch REICH, 1991 - 1968 Bayer. VO, 1974 Gold. Verfass.med., 1982 Ludwig Thoma-Med. - Spr.: Franz., Engl.

UECKER, Dietrich

Oberstadtdirektor v. Oberhausen - Schwartzstr. 72, 4200 Oberhausen/Rhld. - Geb. 13. April 1934.

UECKER, Gerd

Künstlerischer Betriebsdirektor Staatsoper München - Zu erreichen üb. Staatsoper München, Max Josephplatz 2, 8000 München 22 (T. 089 - 2 18 51) - Geb. 15. Sept. 1946, verh. s. 1970 m. Ingrid, geb. Müller - Hochschulstud. Musik; 1973 Musikdir. Passau-Landshut; 1979 Musikdir. u. Leit. Intendanzbüro Staatsoper München; schriftst. Tätigk. - Insz.: Opernlibretto Marat v. Walter Haupt, 1984 (Kassel), Pasolini; Übers. Ormindo v. Cavalli, 1984 - Spr.: Engl., Ital.

UECKER, Günther

Prof., Bildhauer, Lehrst. f. Bildh. Kunstakad. Düsseldorf - Düsseldorfer Str. 29a, 4000 Düsseldorf 11 (T. 0211 - 55 54 38) - Geb. 13. März 1930 Wendorf/Meckl. (Vater: Walter U., Bauer; Mutter: Charlotte, geb. Röglin), 3 Kd. (Marcel, Laura, Jacob) - 1951-58 Hochsch. f. angew. Kunst Wismar, Berlin/O. u. Kunstakad. Düsseldorf - S. 1955 freischaff. Nagelstrukturen. Entd. neuer bildner. Mittel (Experimente m. Lichterscheinungen u. Strukturmedien als Reflektionskörper). Arbeiten in- u. ausl. Museen (darunt. USA u. Japan), 1958 freischaffend. S. 1974 Lehrst. f. Freie Kunst Staatl. Kunstakad. D'dorf - BV: Weißstrukturen, 1962 - 1963 Beteiligung am Gr. Preis IV. Biennale San Marino, 1964 Förderungspreis d. Gr. Kunstpreises v. Nordrh.-Westf., 1965 Anerkennungspreis Jg. Biennale Paris; 1970 Biennale Venice; 1971 Biennale Sao Paulo; 1983 Kaiserring Stadt Goslar - Liebh.: Fliegen.

ÜCKER, Josef

I. Bürgermeister - Rathaus, 8137 Berg 1 - Geb. 13. Jan. 1922 Farchbach - Landw.

UEDING, Gert

Dr. phil., o. Prof. f. Allg. Rhetorik Univ. Tübingen (s. 1983, s. 1988 Dir. d. Seminars) - Rosenauer Weg 11, 7400 Tübingen 1 - Geb. 22. Nov. 1942 Bunzlau/Schles. - Stud. d. German., Phil., Kunstgesch. Univ. Köln, Tübingen; Promot. 1970; Habil. 1974 - 1968-70 Assist. Prof. E. Bloch; 1970-74 Assist. u. wiss. Rat (1973) TU Hannover; 1974-83 Prof. Univ. Oldenburg. Fachmitgl.sch. - BV: Schillers Rhetorik, 1971; Glanzvolles Elend, 1973; Ernst Bloch - Ästhetik d. Vor-Scheins, 1974; Einf. in d. Rhetorik, 1976; Lit. u. Utopie, 1977; Wilhelm Busch. D. 19. Jh. en miniature, 1977; Friedrich Maximilian Klinger - E. verbannter Göttersohn, 1981; Hoffmann und Campe, e. dt. Verlag, 1981; Grundriß d. Rhetorik, 1987; D. anderen Klassiker, 1987; Klassik u. Romantik. Dt. Lit. im Zeitalter d. Franz. Revolution, 1988; Tübingen. E. Städtelesebuch, 1990; Friedrich Schiller, 1990, Rhetorik d. Schreibens, erw. A. 1991.

UEHLEKE, Hartmut

Dr. med., Dipl.-Chem., Prof. f. Pharmakologie-Toxikologie, Ltd. Direktor Bundesgesundheitsamt a. D. - Karwendelstr. 13, 1000 Berlin 45 - Geb. 17. Aug. 1924 Holzminden (Vater: Dr. Rudolf U., Oberstud.rat; Mutter: Paula, geb. Reinking), ev., verh. s. 1955 m. Inge, geb. Patzke, 3 Kd. (Bernhard, Marianne, Rainer) - Med.-Stud. Univ. Marburg; Promot. 1953; Dipl.-Chem. 1958 München - 1955-58 Wiss. Assist. Max-Planck-Inst. f. Psychiatrie u. f. Biochemie München; 1958-74 Pharmakol. Inst. Tübingen; 1975 Bundesgesundheitsamt Berlin. 200 wiss. Publ.; Mithrsg. u. Wiss. Beirat v. 7 wiss. Ztschr. - 1969 E. Merck-Preis; 1970 Gold. Verdienstmed. Ital. Ges. f. Toxikol., New York Acad. of Sciences - Spr.: Engl.

UELHOFF, Klaus-Dieter

Dr. jur., Staatssekretär a. D., MdB (s. 1987) - Bundeshaus, 5300 Bonn 1 - Geb. 9. Jan. 1936 Finnentrop/Sauerl. - B. 1979 Landrat Pirmasens; b. 1987 Staatssekr. bei d. Landesreg. Rheinl.-Pfalz; Präsid.-Mitgl. d. Dt. Roten Kreuzes; Präs. d. Ges. f. Wehr- u. Sicherheitspolitik.

UELLENDAHL, Erich

Vorstandsmitglied Carl Prinz AG., Geschäftsführer Fr. Burberg & Co. GmbH., bde. Solingen - Sanatoriumsstr. 3, 7891 Ühlingen - Geb. 15. Nov. 1908.

UELNER, Adalbert

Dr. jur., Rechtsanwalt - Im Erlengrund 23, 5205 St. Augustin 2 - Geb. 27. Okt. 1927 Olpe/Westf., ev., verh. s. 1953 m. Christel, geb. Fröning - Ministerialdirektor a. D., Gf. Vorst.-Mitgl. d. Inst. Finanzen u. Steuern in Bonn; Vorst.-Mitgl. d. Dt. Vereinig. f. intern. Steuerrecht; wiss. Beiratsmitgl. d. Dt. Steuerjurist. Ges. - Mithrsg. d. Dt. Steuerztg.

UELTZEN, Klaus-Jochen

Autor, Regisseur - Casparigasse 20, 8701 Sommerhausen/Ufr. (T. 09333 - 3 54) - Geb. 3. Dez. 1919 Berlin (Vater: Gerhard U., Bankier; Mutter: Charlotte, geb. Bluhmenthal), verh. s. 1981 m. Doris, geb. Müller, Zwill. Jean-Pierre u. Jean-Claude - Univ. Genf (Lit., Kunstgesch.) - Vornehmlich Fernsehdrehb. Festsp. z. Kulturgesch. (1981 Tilman Riemenschneider Würzburg). S. 1977 Sommerhäuser Impressionen - 1980 Rubens-Med. Lukas-Gilde Antwerpen - Spr.: Engl., Franz. - Großv. bek. Arzt Berlin.

UERLINGS, Hubert

Prof., - Eynattener Str. 80, 5100 Aachen (T. 6 36 62) - Gegenw. em. o. Prof. f. Didaktik d. Physik TH Aachen.

UETER, Carl

Dirigent, Prof. f. Orchesterdirigieren u. Kontrapunkt Staatl. Hochsch. f. Musik Freiburg - Möhlinstr. 11, 7801 Ehrenkirchen (T. Staufen 57 21).

UFFHAUSEN, Horst

Präsident a. D. OLG Oldenburg - Postenweg 37, 2900 Oldenburg/O. (T. 7 34 05) - Geb. 7. April 1909 Liep/Ostpr. (Vater: Valdemar U., Landwirt; Mutter: Clara, geb. Elmenthaler), ev., verh. m. Loren, geb. Zimmermann, 3 Kd. (Sabine, Karsten, Gisela) - Gymn.; Stud. Rechts- u. Staatswiss. Jurist. Staatsprüf. 1931 u. 34 - 1938 Landgerichtsrat Königsberg, 1949 Göttingen, 1950 Oberlandesgerichtsrat Celle, 1955 Regierungsdir. Nieders. Justizmin., 1959 Bundesrichter Bundesverw.gericht, 1966 Vizepräs., 1968-74 Präs. OLG Oldenburg u. Nieders. Staatsgerichtshof; 1971-77 Stud.leit. Verw.- u. Wirtsch.-Akad. Oldenburg, 1973 Vors. Schlichtungsst. f. Tarifstreitigk. d. nordw. Nieders. - 1974 Gr. BVK m. Stern - Spr.: Engl., Franz.

UGI, Ivar

Dr. rer. nat. (habil.), Prof., Inh. Lehrstuhl I f. Org. Chemie TU München (s. 1971) - 8046 Garching (T. 089 - 32 09 33 30) - Geb. 5. Sept. 1930 Kuressaare/Estland - 1960 Privatdoz. Univ. München; 1962-68 Chemiker, d. letzten zwei Jahre als Dir. im Wiss. Hauptlabor. d. Bayer AG, Leverkusen. 1967 Hon.-Prof. Univ. Köln; 1968-71 Prof. of Chemistry Univ. of Southern Calif., Los Angeles. Üb. 300 Fachveröff. - 1987 o. Mitgl. königlich-schwedische Wissenschaftsges.; 1987 Philip-Morris-Preis.

UHDE, Hans

Dipl.-Ing., Aufsichtsrat Uhde GmbH., Dortmund - Toblacher Str. 9, 4600 Dortmund 50 (T. 73 20 67) - Geb. 29. Juli 1920 Bochum/Gerthe (Vater: Dr.-Ing. E. h. Friedrich U. † 1966; s. XIV. Ausg.) - Spr.: Engl. - Rotarier.

UHDE, Reinhard

Chefredakteur - Bgm.-Reuter-Str. 34, 2800 Bremen 41 (T. 467 32 18) - Geb. 30. Juli 1929 Bremen, verh. s. 1958 m. Ursula, geb. de Beek, 2 Töcht. (Corinna, Nicola) - Obersch. u. Schriftsetzerlehre (1946 ff.) Bremen - Schrifts.; s. 1960 Redakt. u. 1968-75 Chefredakt. Bremer Bürgerztg.; s. 1976 Ref. f. Presse- u. Öffentlichk.sarb. Bremer Bürgersch. 1965-71 MdBB. SPD - Spr.: Esperanto.

UHE, Ernst

Dr. phil., Prof. f. Berufspädagogik Univ. Hamburg - Zu erreichen üb. Univ., Sedanstr. 19, 2000 Hamburg 13 - Geb. 1939 - 1. Staatsex. 1965, 2. Staatsex. 1967, Promot. 1972 RWTH Aachen - Tätigk. als Zimmermann, Ing. u. Studienrat an e. berufsbild. Schule, Akad. Rat; s. 1980 Prof. in Hamburg - BV: D. Nationalsozialismus in d. dt. Schulbüchern, 1972, 2. A. 1975; Jugendarbeitslosigkeit u. Berufsvorbereitungsjahr, 1979.

UHEN, Leo

Dr. rer. pol., Partner Krüger & Uhen, Königstein, Associate Hill Samuel & Co. Limited, London - Kronberger Str. 9,

6240 Königstein - Geb. 29. März 1934 Aachen - Vors. Beir. Ems-Inventa Anlagenbau GmbH, Köln; Mitgl. d. Beirats Brent Chemicals Intern. GmbH, Heilbronn.

UHL, Fritz
Kammersänger (Heldentenor) - Lindauer Str. 9, 8000 München 83 (T. 40 06 42) - Geb. 2. April 1928 Wien (Vater: Friedrich U., Versicherungsbeamter; Mutter: Käthe, geb. Lammel), kath., verh. s. 1991 m. Waltraud, geb. Aigner, S. Michael - Realgymn. u. Musikakad. Wien - S. 1952 Opernbühnen Graz, Luzern, Oberhausen, Wuppertal, München (1956), Wien (1961). Mitwirk. Bayreuther (1957ff.) u. Salzburger Festsp. (1968ff.). Gastsp. Europa, Nord-, Südamerika, Kanada, Japan, Korea. 85 Hauptpartien (spez. Richard Wagner u. Richard Strauss). Div. Schallplattenaufn. - 1962 Bayer. Kammers.; Silb. Franz-Schmidt-Med. Ges. d. Musikfreunde Wien, Richard-Wagner-Med. Bayreuther Festsp.; 1991 Titel Prof. - Liebh.: Schallpl. (Symphon. Musik), Bücher, Sport - Spr.: Ital., Engl.

UHL, Hugo
Bildhauer, Vizepräs. Zentralverb. d. Dt. Handwerks, Präs. Europ. Natursteinunion, Bundesinnungsmeister Dt. Steinmetz-, Stein- u. Holzbildhauerhandw., AR-Vors. Zusatzversorgungskasse d. Steinmetz- u. Bildhauerhandw., Vorst.-Mitgl. Handw.kammer Rhein-Main, Arbeitgem. Friedhof u. Denkmal, Präs. d. Zentralverb. d. dt. Naturwerksteinwirtsch. - Haintalstr. 25, 6000 Frankfurt 50 (T. 06101 - 4 28 79) - Geb. 19. Sept. 1918 Frankfurt/M., kath., verh., 2 Kd. (Reiner-Maria, Anna-Maria) - Bek. Arbeit: Weltmonument Flughafen Frankfurt. Planung u. Gestaltung div. Freizeit- u. Erholungszentren - Hess- Ehrenplak., Römer-Plak. Frankfurt in Bronze, Silber u. Gold, Dr.-Franz-Gurk-Med. Baden-Württ.; versch. Gold. Ehrennadeln; 1969 BVK I. Kl., 1979 Gr. BVK, 1989 Gr. BVK m. Stern.

UHL, Ottokar
Mag. Arch., Architekt, o. Prof. f. Bauplanung u. Entwerfen Univ. Karlsruhe (s. 1973; 1976-79 Dekan Fakultät f. Arch.) - Hübschstr. 23, 7500 Karlsruhe (T. 81 51 80) - Geb. 2. März 1931 Wolfsberg/Kärnten (Mutter: Luise U.), kath., verh. s. 1955 m. Gertrude, geb. Mundsperger, 5 Kd. (Karin, Jakob, Clemens, Leonhard, Anna) - Stud. Akademie d. bild. Künste in Wien (Meistersch. Prof. Lois Welzenbacher); Dipl.ex. 1953 - S. 1959 fr. Arch.; 1969-70 Gastprof. Washington Univ./USA; 1965-75 Lehrauftr. Akad. Wien - Bek. Bauw.: Studentenkapellen (1957-64), demontable Kirchen Wien (1960-63 u. 1964-67), Kirche Taegu/ Korea (1965), Kapelle u. Aufenthaltsraum (1966) u. Erweiterungsbau Gymn. (1969) Stift Melk, Gymn. Völkermarkt/Kärnten (1974), Wohnen morgen, Hollabrunn/Niederösterr. (1977), Wohnhaus Stadt Wien (1981), Wohnen m. Kindern, Wien (1984) - BV: Architektur in Wien von Otto Wagner b. heute, 1966; Lois Welzenbacher 1889-1955, Monogr. 1968 (m. F. Achleitner) - 1963 Österr. Staatspreis f. Arch.; 1973 Preis Stadt Wien f. Arch.; 1976 Kardinal-Innitzer-Würdigungspreis f. Naturwiss. - Spr.: Engl.

UHL, Sabine
Sozialpädagogin (grad.), Senatorin f. Arbeit u. Frauen Fr. Hansestadt Bremen - Contrescarpe 73, 2800 Bremen 1 - Geb. 25. März 1945 Bremen, ev., verh., 3 Kd. - Gymn. Bremen; 1970-74 Hochsch. f.

Sozialpäd. u. -ök. ebd. - Zul. Gruppenleit. Kindertagesheim Bremen.

UHLE, Hans-Joachim
Dr. agr. (habil.), Prof. - Ostpreußenstr. 81, 6238 Hofheim/Ts. (T. 06192 - 32 37) - Geb. 3. Nov. 1926 - Stud. Land- u. Volkswirtsch. - Mitarb. div. Forschungsinst. 1973 ff. Honorarprof. Univ. Gießen - BV: Branchenökonomik. Fachveröff.

UHLEN, Gisela
Schauspielerin - Prediger Platz 18, CH-8001 Zürich - Geb. 16. Mai Leipzig (Vater: August U., Opernsänger), verh. s. 1975 m. Beat Hodel, 2 T. (Barbara Bertram, Susanne Uhlen (s. dort) - Schauspiel- u. Ballettausb. - Div. Rollen b. Theater, Film u. Fernsehen; ab 1982 eig. TourneeTheater Wanderbühne Gisela Uhlen - BV: D. Glashaus, Roman e. Lebens, 1978 - 1979 Bundesfilmpreis in Gold (f.: D. Ehe d. Maria Braun) - Spr.: Franz., Engl.

UHLEN, Susanne,
geb. Kieling
Schauspielerin (eigentl. Susanne Steinberger) - Zu erreichen üb. Management Baumbauer, Keplerstr. 2, 8000 München 80 - Geb. 17. Jan. 1955 Potsdam (Vater: Wolfgang Kieling, Schauspieler (†); Mutter: Gisela Uhlen, Schauspielerin, s. dort), verh. s. 1978 m. Charly St., Kameramann, S. Florian - Gymn. (abgebr.); Ballett b. Tatjana Gsovsky - Rollen: u.a. Romeo u. Julia, Tartuffe, Schule d. Frauen, Armer Mörder (Theater); Wenn süß d. Mondlicht ..., Birdie, Engel, u. ihre Flügel verbrennen, B. z. bitteren Neige, D. Netz (Film); E. aufregende kl. Frau, D. Fall Angelika Kurtz, Wunnigel, Stella, D. Verhaftung, Stadt im Tal.; div. Gastrollen in: D. Kommissar, Derrick, D. Alte u. Tatort (Ferns.) - 1976 Bambi; 1980 Gr. Darstellerpreis Hersfelder Festsp. - Liebh.: Landleben, Reiten, Lesen, Innenarchitektur - Spr.: Engl.

UHLENBERG, Eckhard
Landwirt, Mitglied d. Landtags Nordrh.-Westf. - Büdericher Hellweg 5, 4760 Werl-Büderich (T. 02922 - 30 79) - Geb. 16. Febr. 1948, kath., verh. s. 1976, 3 Kd. (Pia, Tim, Friedrich) - Landwirtsch.meister - Mitgl. Kreistag Soest, CDU Kreisvors. Bezirksvors. Sauer-Siegerland CDU, stv. CDU Landesvors. NRW; Mitgl. Rundfunkrat WDR.

UHLENBRUCK, Wilhelm
Dr. iur., Hon.-Prof. Univ. Köln, Richter am Amtsgericht Köln - Friedrich-Schmidt-Str. 39, 5000 Köln 41 (T. 0221 - 40 27 47) - Geb. 30. Okt. 1930 Köln (Vater: Prof. Dr. med. Paul U., Kfm.), kath., verh. s. 1962 m. Mechthild, geb. Ebeler, 3 Kd. (Antje, Jan, Tom) - Kaufm. Lehre Rheinbraun; Stud. Univ. München u. Köln (Rechtswiss.); jurist. Staatsprüf. 1958 Köln u. 1963 Düsseldorf - Richter am LG Bonn, Aachen u. AG Köln; s. 1968 Vors. d. Arbeitskr. f. Insolvenz- u. Schiedsgerichtswesen, Köln;

1978-85 Mitgl. d. Kommiss. f. Insolvenzrecht; 1979-83 Beirat Schmalenbach-Ges./Dt. Ges. f. Betriebswirtsch.; Vergleichsrichter im Verf. Herstatt-Bank, Köln. Lehrauftr. Jurist.- u. Wirtschaftswiss. Fak. Univ. Köln; Vors. d. Beirats Abwicklung d. Treuhandanstalt Berlin - BV: Abschreibungsges., 1974; Handb. d. Rechtspraxis, 1977; D. GmbH & Co KG in Krise, Konkurs u. Vergl., 1977/1988; Kommentar z. Konkursordnung, 1979/ 1986; Insolvenzrecht, 1979; Gläubigerberatung in d. Insolvenz, 1983; Sterbehilfe u. Patiententestament, 1983; Handbuch d. Rechtspraxis Konkurs u. Vergleich, 1991; Mitautor: Handbuch d. Arztrechts, 1992. Mithrsg.: Ztschr. Medizinrecht u. Konkurs-, Treuhand-, Schiedsgerichtswesen - Liebh.: Lit., Sport - Spr.: Engl., Franz.

UHLENBUSCH, Jürgen
Dr. rer. nat., Prof. Univ. Düsseldorf - Ruhrstr. 30, 4006 Erkrath 2 (T. 02104 - 4 20 79) - Geb.: 2. Febr. 1935 Eitorf-Harmonie (Vater: Friedrich U., Lehrer; Mutter: Luise, geb. Frede), kath., verh. m. Dr. Leonore, geb. Detloff, T. Ingrid - Dipl. (Physik) 1960 TH Aachen, Promot. 1962 TH Aachen; Habil. 1966 ebd. - Lehrtätig. TH Aachen (1969 apl. Prof., 1971 wiss. Rat u. Prof.); 1972ff. Prof. Univ. Düsseldorf; 1980/81 Dekan Math.-Naturwiss. Fak. Düsseldorf; 1982-85 zugl. Extraord. TH Eindhoven; 1982ff. Kurat.-Mitgl. d. Ständ. Arbeitsausssch. f. d. Tagungen d. Nobelpreisträger, Lindau; 1985ff. Prorektor f. Forsch. u. Wiss. Nachwuchs; s. 1991 zugl. Dir. am IPP d. Forsch.zentrums Jülich. Patente aus d. Geb. d. Lasertechnol. 130 Publ. üb. Plasma- u. Laserphysik - Liebh.: Klavierspi. - Spr.: Engl.

UHLIG, Anneliese

Schauspielerin, Autorin - 1519 Escalona Drive, Santa Cruz, CA 95060 U.S.A. - Geb. 27. Aug. Essen (Vater: Kurt U., Schausp.; Mutter: Margarete, geb. Maschmann, Opernsi.), verh. in 2. Ehe (1948) m. Douglas B. Tucker, S. Peter - Reimann-Sch. Berlin (Schauspielausbild.) - 1938-45 Schausp., Bühne, Funk, bes. Film (Hauptrollen: Manege, D. Stimme aus d. Äther, D. Vorhang fällt, D. Recht auf Liebe, Herz ohne Heimat, Verdacht auf Ursula, Golowin geht durch d. Stadt, Kriminalkommissar Eyck, Blutsbrüderschaft, Um 9 Uhr kommt Harald, D. Majoratsherr, Solistin Anna Alt, Ruf an d. Gewissen, Frau üb. Bord), 1941-43 Dreharb. in Ital., 1946-70 vornehml. journalist. Tätigk. Europa, USA (Weißes Haus, Wash.), Asien. 1963-65 Doz. f. Drama, Thammasat Univ.., Bangkok. 1971-82 Schausp. (u. a. Fernsehserie: Okay S.I.R., 32 Folgen; D. Klavier; D. Kommissar; Monddiamant; Der Winter der ein Sommer war; Der Haselnußstrauch. Bühne, FS: D. Patenonkel (1991/92) - BV: Rosenkavaliers Kind, Erinn. 1977; Einlad. n. Kalifornien, 1981 - 1989 BVK I. Kl. - Liebh.: Malerei, Fotogr., Reisen - Spr.: Engl., Ital., Franz. - Großeltern (Karl u. Anna U.) ebenf. Schausp. - V. Thea v. Harbou entdeckt.

UHLIG, Claus
Dr. phil., Prof. f. Anglistik u. Amerikanistik Univ. Marburg - Lindenweg 13, 3550 Marburg/L. - Geb. 5. Nov. 1936 Berlin (Vater: Heinz U., Kaufm. Angest.; Mutter: Käthe, geb. Loges), ev., verh. s. 1969 m. Christou †1991, 2 Kd. (Roland, Olivia) - Bismarck-Obersch. Hamburg (Abit. 1957); 1957-62 Univ. Hamburg, Freiburg, Montpellier (Angl., Roman., Phil.). Staatsex. (Unterrichtsf. Engl. u. Franz.) 1962 Hamburg; Promot. 1966, Habil. (Engl. Philol.) 1972 ebd. - S. 1973 Ord. Univ. Hamburg u. Marburg (1978) - BV: Traditionelle Denkformen in Shakespeares trag. Kunst, 1967; Hofkritik im England d. Mittelalters u. d. Renaissance, 1973; Chaucer u. d. Armut, 1974; Lit. d. Renaissance, 1975 (m. Ludwig Borinski; Studienreihe Engl., 23); Theorie d. Literaturhistorie: Prinzipien u. Paradigmen, 1982 - Liebh.: Bild. Kunst, bes. Malerei - Spr.: Engl., Franz.

UHLIG, Egon
Dr. rer. nat. habil., o. Prof. f. Anorganische Chemie Univ. Jena - Dietrichweg 22, O-6900 Jena (T. 78 - 2 66 20) - Geb. 8. Nov. 1929 Neundorf, ev., verh. s. 1953 m. Christa, geb. Beyer, 2 Söhne (Wolfram, Ronald) - Stud. Chemie, Dipl. 1952, Promot. 1955, Habil. 1960 (alles Univ. Leipzig) - Hochsch.lehrer; 1977-89 Dekan d. math.-naturwiss.-techn. Fakultät u. s. 1990 d. chem. Fakultät Univ. Jena - BV: Reaktionsverhalten u. Syntheseprinzipien, Lehrb. 4. A. 1989 - Clemens-Winkler-Med. d. Chem. Ges. - Spr.: Engl.

UHLIG, Harald
Dr. phil., em. Prof. f. Geographie - Hofäckerweg 4, 6301 Krofdorf-Gleiberg (T. Gießen 8 27 15) - Geb. 1. März 1922 Dresden (Vater: Herbert U., Kaufm.; Mutter: Elisabeth, geb. Siebert), ev., verh. I) s. 1944 m. Sieglinde, geb. Eichhorn (†), II) s. 1979 m. Irmgard geb. Jüsten, 2 Kd. (Christine, Bernd) - TH Dresden u. Univ. Heidelberg (Geogr., Geol., Gesch., Wirtschaftswiss.; Promot. 1950). Habil. 1955 Köln - 1950-51 Mitarb. Bundesanstalt f. Landeskd.; 1951-52 Forschungsstip. 1952-1960 Assist. u. Privatdoz. (1957 Diätendoz.) Univ. Köln; s. 1960 Ord. u. Inst.sdir. Univ. Gießen. 1973-1975 1., 1975-77 2. Vors. Zentr.verb. d. Dt. Geogr. Spez. Arbeitsgeb.: Süd- u. Ostasien Vors. Intern. Arbeitsgr. f. d. Terminologie d. Agrarlandsch. Intern. Geographen-Union; Mitgl. Standing Committee on Geogr. Pacific Science Congress; Mitgl. Leopoldina, Akad. Dt. Naturforscher; korr. Mitgl. Akad. f. Raumforsch. u. Landesplan. - BV: D. Altformen d. Wettersteingebirges m. vergl. Unters. in d. Allgäuer u. Lechtaler Alpen, in: Forsch. z. dt. Landeskd., 1954; D. Landkr. Kreuznach, in: D. dt. Landkr., Reihe Rhld.-Pfalz, Bd. 1 1954; D. Kulturlandschaft - Meth. d. Forsch. u. d. Beisp. Nordostengl., in: Kölner Geogr. Arbeiten, Bd. 9/10 1956; Indonesien, 1973;

Fischer, Länderkd. SO-Asien, 1975, Neubearb. 1987; Geogr. Exkurs. Führer Mittleres Hessen, 3 Bde. 1980 (m. W. Schulze); Z. Entwicklung d. Vergl. Geogr. d. Hochgebirge, Wege d. Forschung, Bd. CCXXIII, 1984 (m. W. Haffner). Zahlr. Fachaufs. - Lit.: Festschr. z. 60. Geb. v. H. Uhlig, 2 Bde.; Geogr. Zeitschr., Beih. 58/59, 1982.

UHLIG, Helmut

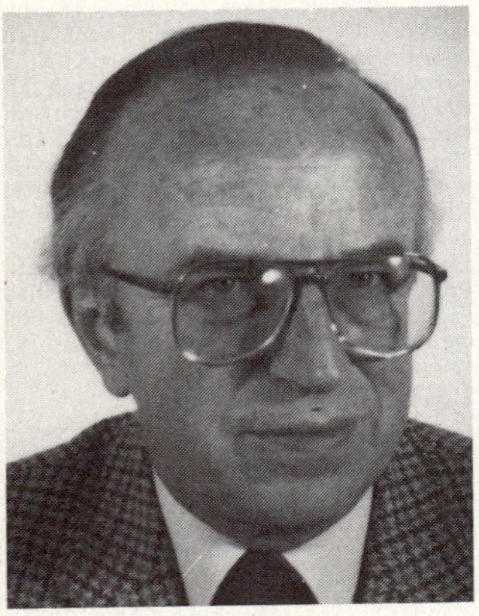

Volkshochschuldirektor a. D., Schriftst. - Hessenallee 12, 1000 Berlin 19 (T. 304 42 22) - Geb. 18. Mai 1922 Chemnitz/Sa., ev., verh. s. 1944 m. Margitta, geb. Müller, 3 Kd. (Kirstin-Sylva, Wolf-Rüdiger, Christian-Alexander) - Univ. Wien (German., Phil., Kunstgesch.) - BV: André Gide oder Die Abenteuer d. Geistes, 1948; Adalbert Stifter, 1950; Amerik. Lit., in: Handb. d. Amerikakd., 1952; Ess. üb. Heym, Trakl, Stadler, Goll, Benn, Becher, in: Expressionismus - Gestalten e. lit. Beweg., 1956; Gottfried Benn, 1961; Wladimir Majakowski, 1962; Edzard Schaper, in: Christl. Dichter d. Gegenw., 1968; Fabrizio Clerici, 1968; Claude Maréchal, 1968; Fritz Mikesch, 1969; Otto Gleichmann - Gemälde, 1970; Südseeparadiese, 1971; Indonesien hat viele Gesichter, 1971; Marcel Proust, 1971; Auf d. Spuren Buddhas, 1972; Kein Platz f. wilde Menschen, 1974 (m. P. Baumann; franz. 1977); Menschen d. Südsee, Völkerkd. d. Gegenw. Bd. 1, 1974; Buddhist. Kunst aus d. Himalaya, 1976; D. Sumerer, 1976 (ital. 1979, jap. 1980, tschech. 1982); Am Thron d. Götter, 1978; D. Bild d. Buddha, 1979. Bali-Insel d. lebenden Götter, 1979 (ung. 1982, russ. 1989); Himalaya - Reich d. tausend Buddhas, 1980; Tantrische Kunst d. Buddhismus, 1981; Tibet - E. verbotenes Land öffnet seine Tore, 1986; D. Seidenstraße - Antike Weltkultur zw. China u. Rom, 1986 (ital. 1991); Himalaya - Menschen u. Kulturen in d. Heimat d. Schnees, 1987; Geheimnisvolle Südsee. Menschen, Mythen u. Kulturen, 1989; D. Mutter Europas. Ursprünge abendländ. Kultur in Alt-Anatolien, 1991; D. Geheimnis d. Großen Göttin, 1992.

UHLIG, Siegbert

Dr. theol., Dr. phil., Privatdozent Univ. Osnabrück - Bahnhofstr. 104, 2000 Norderstedt 1 (T. 040 - 522 51 37) - Geb. 16. Febr. 1939 Königsberg, verh. s. 1962 m. Waltraud, geb. Lippert, 2 Söhne (Hilmar, Sven) - Stud. Ev. Theol., Promot. (Dr. theol.) 1969 Rostock; Stud. Semitistik, Promot. (Dr. phil.) 1983 - Mitarb. in Forschungsstelle f. Hist. Palästinakde. (Univ. Osnabrück); 1990 Prof. f. Afrikanische Sprachen u. Kulturen m. d. Schwerp. Äthiopistik Univ. Hamburg. Spez. Arbeitsgeb.: Äthiop. Paläographie u. Handschriftenkde., Evaluierung d. äthiop. Handschr. d. Neuen Testaments, äthiop. Textkritik - BV: Hiob Ludolfs Theologia Aethiopica, 1983; D. äthiop. Henochb. - Jüd. Schr. aus hellenist.-röm. Zeit, 1984; Äthiop. Paläographie, 1988; Introduction to Ethiopian Palaeography, 1990. Herausg.: Afrika aktuell (1989). Mithrsg.: Collectanea Aethiopica; Orientalia Biblica et Christiana (ab 1991).

UHLIG, Sigmar

Dr. jur., Bundesanwalt b. Bundesgerichtshof - Neuenburger Str. 15, 1000 Berlin 61 (T. 030 - 2 59 61) - Geb. 3. Dez. 1936 Altenburg/Thür. - Promot. Bonn - Richter in Bonn; Ref.-Leit. Bundesmin. d. Justiz; Leit. Dienstst. Bundeszentralreg. - BV: BZRG (m. Rebmann); IRG (m. Schomburg).

UHLMANN, Günther

Dr. med., Prof., Gynäkologe - Peter-Nonnenmühlen-Allee 46, 4050 Mönchengladbach (T. 1 44 88) - Geb. 4. Nov. 1918 Oschatz/Sa. - S. 1959 (Habil.) Lehrtätigk. Univ. Hamburg (1965 apl. Prof. f. Geburtshilfe u. Frauenheilkd.); zul. Chefarzt Ev. Krkhs. Bethesda. Fachveröff. - Spr.: Engl. - Rotarier.

UHLMANN, Werner

Dr. rer. nat., o. Prof. f. Statistik - Rottendorfer Str. Nr. 11, 8708 Gerbrunn (T. Würzburg 70 72 06) - Geb. 30. Sept. 1928 Hamburg, verh. s. 1950 m. Erika, geb. Kirchner - 1948-52 Univ. Hamburg (Math.; Dipl.-Math.). Promot. 1955; Habil. 1961 - 1956-61 Assist. Univ. Hamburg; 1961-65 Dozent TH Braunschweig (Angew. Math.); 1962-63 Lehrstuhlvertr. TH Karlsruhe; s. 1965 Ord. Univ. Würzburg (Vorst. Inst. f. Statistik; 1969-71 Rektor). 7 Fachmitgliedsch. - BV: Statist. Qualitätskontrolle, 1982; Kostenoptimale Prüfpläne, 1969. Üb. 20 Einzelarb. Herausg.: Ztschr. Metrika (1966ff.), 1973 Bayer. VO.; 1982 VK am Band VO d. Bundesrep. Deutschl.- Spr.: Engl.

UHRENBACHER, Werner

Dr. rer. pol., Botschaftsrat I. Kl. - Groot Hertoginnelaan 18-20, Den Haag/Niederlande - Kath., verh. s. 1951, 4 Kd. (Christina, Ingeborg, Rainer, Michael) - Gymn. Lörrach (Abit. 1940); 1945-50 Univ. Salzburg, Basel (1946), Lausanne (1950). Promot. 1950 Basel - Industrietätigk. Schweiz; s. 1952 AA Bonn (Auslandsposten: Ankara, Rangun, Karachi/Wirtschaftsref., Ottawa/Botschaftsrat, New Delhi/Leit. Wirtschaftsabt.) - BV: Türkei, 1957; Pakistan-Studie z. Entwicklungshilfe, 1972.

UHRIG, Karl-Theodor

Oberstudiendirektor a.D., MdL Baden-Württ. (s. 1967) - Am Schießrain 12, 7630 Lahr/Schwarzw. (T. 2 43 28) - Geb. 14. Juni 1923 Mannheim, ev., verh., 4 Kd. - Gymn. Lahr (Abit. 1940); 1945-49 Univ. Freiburg (Gesch., German.). Staatsex. 1949 u. 50 - 1940-1945 Wehrdst. (zul. Oblt.); s. 1951 Schultätigk. Lahr (ehem. Leit. berufl. Gymn., Kaufm. Berufsfach- u. Berufssch., s. 1981 a. D.). 1962ff. Mitgl. Stadtrat Lahr; 1965ff. MdK ebd. CDU (1956 stv. Kreisvors.); Vors. Kulturpolit. Aussch. Landt. BW - 1974 BVK, 1978 BVK I. Kl., 1983 Gr. BVK, 1989 Stern dazu.

UIHLEIN, Kurt Heinz

Konsul, Kaufmann, Geschäftsführer u. all. Inh. Tapetenhaus Uihlein GmbH & Co KG, Hannover - Ludwig-Barnay-Str. 2, 3000 Hannover (T. 0511 - 1 20 46) - Geb. 14. Nov. 1919 Bad Harzburg (Vater: Heinrich U., Kaufm.; Mutter: Martha, geb. Wörmcke), ev., verh. s. 1951 (Ehefr. Brigitte), 2 Kd. (Klaus-Peter, Jürgen) - Obersch. u. Internat; Ausb. Bankkfm. - Versch. Fachmitgliedsch. - BV: Hollands Beitrag zum Bau d. Vereinten Europa, 1970 - Orden Al Isticlal II. Kl. u. Orden Independence III. Kl. d. Hashemit. Königr. v. Jordanien u. BVK I. Kl.; Königl. jordan. Konsul f. Nieders. - Spr.: Engl., Franz. - Bek. Vorf.: Heinrich Peter Uihlein, Studienrat - Einführung d. Volksschulen in Dtschld. (Urgroßv.).

ULBERT, Günter

Dr. phil., Prof., Archäologe - Primelweg 5, 8137 Berg 3-Allmannshausen (T. 08151 - 5 19 91) - Geb. 20. Juni 1930 Augsburg, verh. s. 1957 m. Dr. Ute, geb. Schede, 3 Kd. (Cornelius, Corinna, Caroline) - S. 1964 (Habil.) Lehrtätigk. Univ. München (1969 apl. Prof., 1970 Prof.; Provinzialröm. Archäol.). 1968ff. Leit. Ausgrab. Auerberg. Zahlr. Fachveröff., auch Bücher - 1968 Mitgl. DAI.

ULBRICH, Rolf

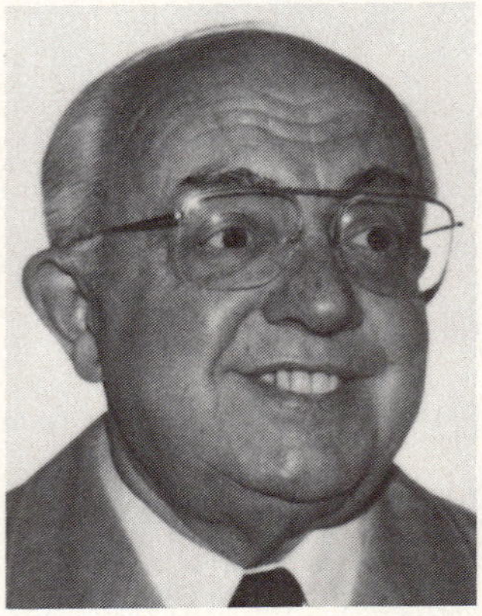

Dr. phil., Prof. f. tschech. Sprache u. Literatur FU Berlin - Corneliusstr. 3, 1000 Berlin 46 (T. 030 - 771 32 55) - Geb. 26. Dez. 1920 Gablonz (Sudetenland) (Vater: Rudolf U., Lithograph; Mutter: Elfriede, geb. Wildner), kath., verh. s. 1969 m. Jutta, geb. Pannhorst, selbst. Apothekerin) - Gymn. (Abit. 1940); Univ. Prag (dazw. bis 1945 Soldat), Staatsex. 1949, Promot. 1953 (Slavistik u. Roman.) Univ. Leipzig - 1949/50 Volont.assist. u. Übers., s. 1952 Lehrbeauftr. Slav. Inst. Univ. Leipzig, 1953 Lektor, Gastdoz. Univ. Jena, 1959 Lehrbeauftr. FU Berlin, 1960 Lektor, 1970 Prof. Berlin - BV: Polyglott-Sprachf. Tschech., 1964ff.; Langenscheidts Taschenwörterb., Tschech., 1978; D. alttschech. Tkadleček u. d. and. Weber - Waldenserlit. in Böhmen um 1400, 1980; Themen u. Wesenszüge d. tschech. Phil., 1984; Tkadleček u. Ackermann - Waldenserlit., Humanismus, Theol. u. Politik um 1400 in Böhmen, 1985; D. zeitlose Zeit, eig. Ged. 1988; Russ. Phil. u. Marxismus, 1992; Tkadleček (um 1407) in dt. Übers., 1990; Tschech. Erzähler. Ausgew., übers. u. eingeleitet, 1958; Übers.: L.S. Berg: Gesch. d. russ. geogr. Entd., 1954; N. Tscherkassow: In Indien, (aus d. Russ.), 1955; B. Machulka: Auf Wildpfaden in Afrika, 1957 u. 1959 (a. d. Tsch.); W. Bykow: D. Toten haben keine Schmerzen (R. a. d. Russ.), 1967; J. Karásek ze Lvovic: La conversión de Raimundo Lulio (Nov. aus d. Tschech. ins Span.), 1971; H. Bento de Gouveia: Stille Wasser v. Madeira (R. aus d. Portug.), 1976; u.a. - Ständ. Mitarb. Verlag Brockhaus (Tschech., Slowak., Weißruss., Sorbisch) - Liebh.: Fremdspr., bes. Chinesisch, Gesch., Geogr., Reisen in alle Welt - Spr.: Tschech., Russ., Franz., Span., Portugies.

ULBRICHT, Dieter

Rechtsanwalt,, gf. Vorstandsmitgl. Bundesverb. d. Kaffeemittelindustrie, Bonn - Gartenstr. 2, 6080 Groß-Gerau/Hessen - Geb. 21. Febr. 1927.

ULBRICHT, Günther

Dr.-Ing., Prof., Physiker - Anton-Ferstl-Str. 23, 8031 Wessling/Obb. (T. 16 07) - Geb. 12. Mai 1905 Leipzig, ev., verh., 3 Kd. (Dr. Wolfgang; Dr. Klaus; Barbara) - TH Dresden (Dipl.-Ing. 1929) u. Hannover (Promot. 1931) - 1934-56 Telefunken AG. (Abt.sleit. Geräteentwickl.); 1956-70 Dt. Versuchsanst. f. Luft- u. Raumfahrt (Leit. Inst. f. Flugfunk u. Mikrowellen). B. 1966 Lehrbeauftr., dann Honorarprof. TU Berlin (Funkortung). Zahlr. Mitgliedsch. Fachveröff. - Spr.: Engl.

ULBRICHT, Reinhard

Prof., Kammervirtuose, Konzertmeister - Regerstr. 24, O-8053 Dresden (T. 051 - 33 52 59) - Geb. 22. Mai 1927 Dresden, ev., verh. s. 1959 m. Gabriele, geb. Wartner, T. Katrin - 1942-44 Konservatorium Dresden - Konzertmeister Staatskapelle Dresden; Hon.-Prof. Hochsch. f. Musik - Schallplatten, Aufnahmen m. Ensemble Dresdner Kammersolisten - Div. Ausz. d. DDR - Spr.: Engl.

ULDALL, Gunnar

Dipl.-Volksw., Unternehmensberater, MdB (s. 1983, Landesliste Hamburg) - Bundeshaus, 5300 Bonn 1 - Geb. 17. Nov. 1940 Hamburg (Vater: Dr. Hans U., Komponist; Mutter: Ruth, geb. König), ev., verh. s. 1968 m. Lore, geb. Lampe - Walddörfersch. u. Univ. Hamburg (1962-1966; Volksw.) - 1960-62 Militärdst. Luftw. (Flugmeldeoffz., zul. Oblt. d. R.); s. 1967 Unternehmensberater; Geschäftsf. Uldall Unternehmensberat., Hamburg; s. 1984 Partner Mummert u. Partner; 1966-83 MdHB. CDU - Liebh.: Musizieren - Spr.: Engl., Franz., Dän.

ULE, Carl-Hermann

Dr. jur., Dr. h. c. (Keio), o. Prof. f. Öfftl. Recht (emerit.) - Oberer Gaisbergweg 9, 6900 Heidelberg (T. 2 78 32) - Geb. 26. Febr. 1907 Stettin (Vater: Alfred U., Kaufm.; Mutter: Emma, geb. Vollbrecht), ev., verh. s. 1934 m. Ursula, geb. Bosert, 2 Söhne (Wolfgang, Hans Michael) - Schiller-Realgymn. Stettin; Univ. Freiburg/Br., Berlin, Jena (Promot. 1930). Habil. 1940 München - 1933-43 Landgerichtsrat Kiel u. München (1938), 1943-48 LGsdir. Bonn, 1948-49 Reg.sdir. Zentraljustizamt Hamburg, 1949-55 Senats- u. Vizepräs. (1951) OVG Lüneburg, 1951-55 Honorarprof. Univ. Göttingen, 1955-72 o. Prof. Hochsch. f. Verwaltungswiss. Speyer (zeitw. Rektor). 1956-72 Studienleit. Verwaltungs- u. Wirtschaftsakad. Rhein-Neckar - BV: D. neue Verwaltungsgerichtsbarkeit u. d. Verhältnis v. Justiz u. Verwaltung, 1949; D. Bonner Grundgesetz u. d. Verwaltungsgerichtsbarkeit, 1950; Gerichtl. Rechtsschutz im Beamtenrecht, 1951; Gesetz üb. d. Bundesverwaltungsgericht (Handkommentar), 1952; Verwaltungsgerichtsbarkeit (Komm.), 2. A. 1962; Öfftl. Dienst, 1962; Verwaltungsprozeßrecht - E. Studienbuch, 9. A. 1987; Verwaltungsverf. im Rechtsstaat, 1964 (m. F. Becker); Allg. Polizei- u. Ordnungsrecht (Komm.), 1965 (m. E. Rasch); Beamtenrecht, 1970; Bundes-Immissionsschutzgesetz, 1974ff.; Verwaltungsverfahrensrecht, 3. A. 1986 (m. H.-W. Laubinger). Mithrsg.: Dt. Verwaltungs-Blatt, Verwaltungs-Archiv u. Ztschr. f. Beamtenrecht - 1973 Ehrenmitgl. Japan Public Law Assoc; Ehrenmitgl. Ges. f. deutsche Sprache; Gr. BVK; Japan. Orden v. Heiligen Schatz, Stern m. gold. u. silb. Strahlen.

ULE, Günter

Dr. med., o. Prof. f. Neuropathologie - Landfriedstr. 5, 6900 Heidelberg (T. 2 02 35) - Geb. 28. Nov. 1920 Tilsit - S. 1957 (Habil.) Lehrtätigk. Univ. Kiel (1963 apl. Prof.) u. Heidelberg (1964 ao., 1965 o. Prof.; Dir. Inst. f. Neuropathol.). Div. Fachveröff.

ULEER, Hans Christoph

Dr. jur., gf. Vorstandsmitglied, Verb.-Direktor Verb. d. priv. Krankenversicherung (s. 1971) - Bayenthalgürtel 26, 5000 Köln 51 (T. 0221 - 376 62-0) - Geb. 24. Jan. 1937 Merschwitz/Sachsen - Veröff. u. a.: 100 Fragen z. priv. Krankenversich.

ULEER, Nikolaus

Dipl.-Volksw., Geschäftsführer Dr. Otto Suwelack Nachf. GmbH & Co (Zuständigk.: Marketing, Vertrieb, Verwaltung, s. 1986) - Josef-Suwelack-Str., 4425 Billerbeck/Westf. - Geb. 25. Sept. 1941 Merschwitz/Sa., verh. s. 1969 - Dipl.-Volksw. 1966 Univ. Frankfurt; wiss. Assist. ebd. 1983-86 Vorstandsvors. Fischwirtsch. Marketing-Inst., Bremerhaven.

ULICH, Klaus

Dr. oec. publ., Dr. phil. habil., Prof. f. Schulpsychologie Univ. München (s. 1980) - Winzererstr. 98, 8000 München 40 - Geb. 27. Juli 1943 Kassel, ev., verh. s. 1969 m. Christa, geb. Drechsel, 2 S. (Marcus, Michael) - Stud. Univ. München; Dipl.-Soz. 1968; Promot. 1971; Habil. 1975 - Lehrerfortbildung, Elternbeiräte - BV: Sozialisation in d. Schule, 1976; Lehrerberuf u. Schulsystem, 1978; Schüler u. Lehrer im Schulalltag, 1983; Schule als Familienproblem?, 1989. Herausg.: Wenn Schüler stören (1980). 20 wiss. Beitr. in Fachztschr. u. Sammelw. - Liebh.: Politik, Sport, Schach.

ULLERICH, Fritz-Helmut

Dr. rer. nat., o. Prof. f. Allg. Zoologie - Albert-Einstein-Str. 3, 2308 Preetz (T. 04342 - 8 33 03) - Geb. 10. Sept. 1933 Gr.-Brütz/Meckl. (Vater: Hans U., Pastor; Mutter: Elisabeth, geb. v. Fumetti), ev., verh. s. 1962 m. Rosemarie, geb. Borck, 2 S. (Hansjörg, Stefan) - Oberschule Schwerin; Univ. Tübingen u. Göttingen (Zool., Botanik, Chemie), Promot. Göttingen 1962, Habil. Würzburg 1970 - 1962-66 Wiss. Assist. Max-Planck-Inst. f. Zellbiol. Tübingen, 1966-70 Zool. Inst. Würzburg, 1970 Priv.doz. f. Zool. u. Cytogenetik Univ. Würzburg, 1971 Abt.vorst. u. Prof. Zool. Inst. Würzburg, 1975 apl. Prof., s. 1977 o. Prof. f. Allg. Zool. Univ. Kiel (Dir. Zool. Inst.). Spez. Arbeitsgeb.: Genetik - Spr.: Engl.

ULLERICH, Klaus

Dr. med., Prof., Direktor Augenklinik Städt. Kliniken Dortmund (s. 1960) - Beurhausstr. 40, 4600 Dortmund (T. 542 21 400) - Geb. 26. Juni 1919 (Vater: Otto U., Reg.svermessungsrat; Mutter: Meta, geb. Bergen), verh. s. 1967 m. Eva, geb. Schmieder - Promot. 1944; Habil. 1955 - S. 1955 Privatdoz. u. apl. Prof. (1961) Univ. Hamburg (u. a. Oberarzt Augenklinik). 1973 ff. Vors. Dt. Ophthalmolog. Ges. - BV: Hypophysen - Schilddrüsenerkrankungen u. endokrine Ophthalmopatie, 1958 (m. W. Horst; Probleme entzündl. Augenaffektionen, 1974 (m. G. Meyer-Schwickerath); Fortschritte in d. Diagn. u. Ther. d. primären Glaucoms, 1976 (m. Meyer-Schwickerath); Mod. Diag. raumfordernder Prozesse d. Orbita, 1976 (m. Tänzer u. a.). Etwa 140 Fachveröff. - 1957 Curt-Adam-Preis; 1974 Ernst-v.-Bergmann-Plak.

ULLMAIER, Hans

Dr. techn., Prof. f. Physik RWTH Aachen - Berliner Str. 79, 5170 Jülich (T. 02461 - 61 31 60) - Geb. 8. Aug. 1936 Stockerau/Österr. (Vater: Josef U.; Mutter: Hedwig, geb. Hodik), verh. m. Brigitte, geb. Grädigk, S. Johannes - Stud. TH Wien; Promot. 1963; Habil. 1974 Aachen - 1964-66 Oak Ridge Nat. Labor.; 1967-73 KFA Jülich; 1974 Oak Ridge Nat. Labor.; 1975-84 KFA Jülich; 1985 Univ. Innsbruck; s. 1986 KFA Jülich. Gastprof. Bombay, Sao Paulo, Triest, Wien - BV: Irrev. Prop. of Type II Superconductors, 1975; rd. 100 Fachveröff.

ULLMANN, Elsa

Dr. rer. nat., ao. Prof. f. Pharmazeut. Technologie i. R. - Sambergerstr. 6, 8000 München 71 (T. 79 57 50) - Geb. 20. Febr. 1911 - S. 1953 (Habil.) Privatdoz., apl. (1961) u. ao. Prof. (1964) Univ. München (Vorst. Pharmaz.-Technol. Abt./Inst. f. Pharmazie u. Lebensmittelchemie) - BV: Chem. Unters. v. Arzneigemischen, Spezialitäten u. Giftstoffen, 2. A. 1960 (m. Eugen Bamann). Üb. 100 Einzelarb.

ULLMANN, Günter

Lyriker, Maler - Beethovenstr. 54, O-6600 Greiz - Geb. 4. Aug. 1946, verh., 2 Kd. - Abit. (konnte aus polit. Gründen nicht studieren) - Broterwerb auf d. Bau;

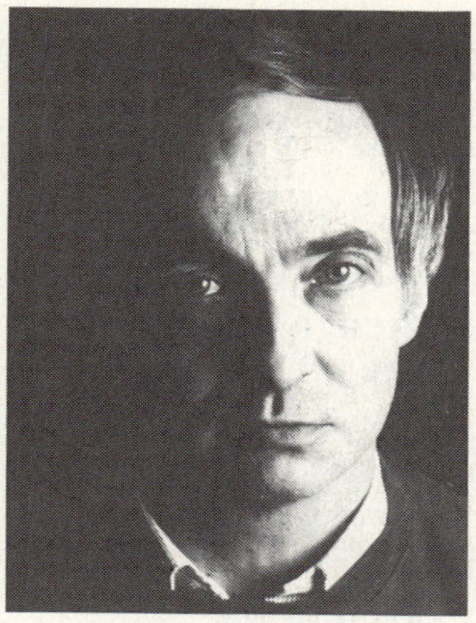

s. 1990 Kultursachbearb. - BV: Steinschrei, 1990; Gegenstimme, 1991; D. Horizont um d. Hals, 1992; sonst. Veröff. in Anthol. u. Ztschr. m. Übers. in Jugosl. u. Franz. - Liebh.: Lit., Kunst., Musik, Phil., Politik - Lit.: J. Serke in: D. Welt (Nr. 44 v. 21.2.1990); Peter Gehrisch. D. Literat (3/92); Axel Reitel. Freie Presse; Udo Schehr. Nürnberger Zeitung (4.4.92); Rundfunk.

ULLMANN, Uwe

Dr. med., Prof., Arzt f. Med. Mikrobiologie, Arzt f. Hygiene, Direktor d. Inst. f. Med. Mikrobiologie u. Virologie, Klinikum d. Univ. Kiel, Leiter d. MUA Schl.-H. - Brunswiker Str. 4, 2300 Kiel - Geb. 10. Nov. 1939 Ludwigshafen (Vater: Dr. jur. Heinz U., Ltd. Reg.dir.; Mutter: Marianne, geb. Nieser), ev., verh. s. 1965 m. Anneliese, geb. Gentz, 2 S. (Sven, Arne) - Univ. Saarbrücken, Homburg u. Heidelberg - 1968 wiss. Assist. Hygiene-Inst. Univ. Tübingen, 1974 Doz. u. 1978 apl. Prof. ebd. - S. 1980 Lehrst. Univ. Kiel, Leit. FB Mikrobiol., Normenaussch. Med. DIN Berlin, Vizepräs. DGHM, stv. Vors. PEG, Vors. d. Wiss. Beirats PEI d. BMJFG, WHO. 200 Veröff., dar. Buchbeitr., 2 Monogr. - Spr.: Engl.

ULLRICH, Christian

Dr. rer. nat., o. Prof. f. Didaktik d. Biologie Päd. Hochschule Ruhr/Abt. Hagen - Buschstr. 83, 5800 Hagen-Helfe (T. 6 35 25) - Geb. 27. Okt. 1932 Duisburg - S. 1964 Lehrtätigk. PH Hagen bzw. Ruhr/Abt. Hagen (1966 Ord.).

ULLRICH, Erich

Dr. jur., Dipl.-Kfm., Rechtsanwalt u. Fachanw. f. Steuerrecht, Präs. IHK Würzburg-Schweinfurt (1967-71, Vizepräs. 1967 u. 1971-78), Ehrenvorsitzender Motorflug-Club Haßfurt, Mitgl. Rundfunkrat Bayer. Rundf. (1973-84), Vorstand AOK Schweinfurt (1953-80, Vorst.-Vors. 1976-80), Steueraussch. u. Etatkommiss. DIHT - Amonshöhe 10, 8728 Haßfurt/Sylbach (T. 09521 - 22 75) - Geb. 10. Juli 1913, ev., verh. I) Lilo, geb. Schuck (durch Fliegerangriff †), T. Brita, II) Roswitha, verw. Schmid, geb. Knörl (Enkelin d. Kommerzienrats Nikolaus Mölter), T. Doris, Stiefs. Klaus-Georg - Oberrealsch. Fulda; Univ. Halle u. Frankfurt (Rechtswiss., Betriebsw.; Dipl.-Kfm. 1938, Promot. 1939). Jurist. Staatsprüf. 1937 u. 40 - Wehrdst. u. sowjet. Kriegsgefangensch. (1945-49) - Ehrenvors. Adac-Ortsclub Haßfurt (Gründungsvors.); 1971 Bayer. VO.; 1975 Gr. BVK; 1979 Ehrenmitgl. Vollvers. IHK Würzburg-Schweinfurt.

ULLRICH, Johannes Hermann

Dr. rer. nat., Prof. f. Biochemie Biochem. Institut Univ. Freiburg/Br. - Hermann-Herder Str. Nr. 7, 7800 Freiburg/Br. (T. 0761-203 32 15); priv.: Rehmatten 4, 7800 Freiburg-Ebnet (T. 0761-6 42 30) - Geb. 21. Aug. 1931 Leipzig (Vater: Hermann U., Prof. d. Botanik; Mutter: Susanne, geb. Schönfelder), ev., verh. s. 1962 m. Dr. Etta, geb. Greve, 3 Kd. (Silke, Karin, Volker) - Gymn. Landau/Pf. (Abit.); TH Stuttgart (Chemie, Vordipl.) u. Univ. Bonn (b. z. Dipl.), Promot. 1958 (b. B. Helferich) Bonn, Habil. 1970 (Biochemie) Med. Fak. Freiburg - 1961/62 Res. Assoc. Berkeley/USA, anschl. wiss. Assist., Akad. Rat u. Oberrat, Prof. Biochem. Inst. Univ. Freiburg - Entd.: Lipophilie d. aktiven Zentrums d. Hefe-Pyruvat-Decarboxylase, Bedeut. d. Tryptophans darin f. d. Thiamindiphosphat-Bindung - BV: Handb.-Art. in: Methods in Enzymology - Liebh.: Naturwiss., Schach - Spr.: Engl., Franz.

ULLRICH, Karl J.

Dr. med., Dr. human biol. h.c., Prof., Direktor Max-Planck-Inst. f. Biophysik (s. 1967) - Kennedy-Allee 70, 6000 Frankfurt/M. (T. 6 30 31) - Geb. 18. Nov. 1925 Würzburg, kath., verh. s. 1953, 3 Kd. - Gymn. Schweinfurt; Univ. Erlangen u. Würzburg (Biol., Med.; Promot. 1951). Habil. 1959 - 1952-55 Assist. Univ. Marburg - 1952-62 Assist. Univ. Göttingen (1959 Privatdoz.); 1962-67 o. Prof. u. Dir. Physiol. Inst. FU Berlin; s. 1968 Honorarprof. Univ. Frankfurt - BV: D. Nierenmark, in: Ergebnisse d. Physiol., 1959 - BV: Renal tubular mechanisms of organic solute transport, 1976. Fachaufs. - 1962 Preis Feldberg-Stiftg., 1975 Homer W. Smith Award, New York, Heart Assoc.; 1982 Purkinje-Med. Tschechoslow. Akad. d. Wiss.; 1985 Honorary Member d. American Physiol. Society; 1985 Franz Volhard-Med. d. Ges. f. Nephrol.; 1986 Robert Pfleger-Preis; 1987 Ernst Jung-Preis f. Med.; 1990 Richards Award Int. Soc. Nephrology - Spr.: Engl.

ULLRICH, Karl V.

Dr. rer. pol., Dipl.-Volksw., Hauptgeschäftsführer Wirtschaftsverb. Industrieller Untern. Baden, Freiburg - Holbeinstr. 16, 7800 Freiburg (T. 0761 - 70 86 80) - Geb. 6. Dez. 1939 Baden-Baden, verh. - Banklehre; Betriebswirt (Grad.); Dipl.-Volksw.; Promot. 1974 Freiburg - DIHT (Auslandshandelskammer), Bonn - BV: D. gesellschaftl. Verantwortung mittelständ. Untern., 1979 - Spr.: Engl., Franz., Span.

ULLRICH, Konrad

Dr. med. vet., Dr. med. vet. h. c., o. Prof. f. Spez. Pathologie u. Therapie d. Haustiere (emerit.) - Deikestr. 42, 8000 München 82 (T. 42 17 98) - Geb. 11. Juni 1903 Fasangarten/Böhmen (Vater: Hans U., Oberförster; Mutter: geb. Welz), kath., verh. in 2. Ehe (1947) m. Hilde, geb. Möller, 2 Kd. (Marleni, Wolfgang) - Gymn.; Stud. Tiermed. - B. 1932 Hochschulassist. Berlin u. Brünn, dann Privatpraxis, ab 1942 Wehrdst., 1945-46 Schlachthofdir. Arnstadt/Thür., 1946-71 Ord. Humboldt-Univ. Berlin, Freie Univ. Berlin (1951) u. Univ. München (1955) - BV: Tierärztl. Arzneiverordnungen; Grundriß d. spez. Pathol. u. Therapie d. Haustiere. Etwa 100 Fachveröff. Schriftl.: Fachztschr. Kleintier-Praxis - 1968 Ehrendoktor Tierärztl. Hochsch. Hannover; 1969 Pessina-Med., Brünn; 1976 Rich. Völkermed., Hannover; 1978 Paul-Niehansplak. - Liebh.: Jagd, Fischen, Ornithologie.

ULLRICH, Wolfgang Carl

Dr. jur., Prof., Publizist (Bau- u. Wohnungsrecht, Architektenrecht, Arztrecht, Kriminologie) - Tilsiterstr. 2c, 2217 Kellinghusen und POB 30 55 66, 2000 Hamburg 36 (T. 04822 - 86 00) - Geb. 4. Aug. 1927 Bremen (Vater: G. R. J. Ullrich; Mutter: Ruth, geb. Rodenbeck), ev. - Ausb.: Univ. Göttingen, Paris, Bonn, Bern u. Saarbrücken. Prom. Köln 1958. Lektor f. Schulrecht, Ltd. Lektor f. Bau- u. Wohnungsrecht Luchterhand-Verlag (1959-80); Lehrbeauftr. f. Bauordnungsrecht TU Berlin, M. of the British Institute of Internat. and Comp. Law; Gouvernor of the Royal Human Soc. Vors. Legal Dept. of the European Commiss. on Crime and Delinquency (ECCD); versch. Forschungsauftr. auf d. Geb. d. Kriminologie; Bundesjustitiar Berufsverb. d. prakt. Ärzte - BV: Verbrechensbekämpfung, 1961; Kindesmißhandlung, 1964; Schicksal d. Lebenslänglichen, 1965; Entscheidungen d. OLG i. Strafsachen OLGSt (m. Max Kohlhaas); Städtebauförderung, 4. A. 1979; Landesbauordnungen (Bad.-Württ., 3. A. 1981; Hamburg, 5. A. 1978; Nieders., 3. A. 1978; Nordrh.-Westf., 6. A. 1981; Hessen, 2. A. 1979; Rheinl.-Pfalz, 4. A. 1980); Entscheidungssammlg. z. ges. Boden- u. Baurecht; Entscheidungssammlg. z. ges. Miet- u. Wohnungsrecht, Landespl. u. Raumordnung (D. ges. Miet- u. Wohnungsrecht; D. Umlegungsverf. n. d. BBauG, 2. A. 1975; Mietberechn., 6. A. 1980; Rechts- u. Steuerhandb. f. Haus-, Grund- u. Wohnungseigent., NA 1974 (m. Linden); Wohnungseigentumsges., 3. A. 1979; Rechtslex. f. d. Arch., 3. A. 1979 (m. Drevermann u. Koch); Rechtslex. f. d. Immobilienmakler, 3. A. 1975; Red. Blätter f. Grundstücks-, Bau- u. Wohnungsrecht (1962-79); Nachbarrechtliche Streitfragen, 1981; Beweisfragen zum Reichstagsbrand (Weltwoche 21. A. 1986). Verf. zahlr. Zeitschr.aufs. auf d. Geb. Kriminologie, Polizeirecht, Strafvollzugsrecht, Arztrecht. Untersuchg. im Strafvollzugsanst. z. Kriminalität von Untermittelgroßen, Tatausf. durch Frauen, Gutachten z. Frage d. Vorverurteil. v. Beschuldigten, Kriminol. Anm. zum Todesfall Barschel, Thesen z. Beilegung d. Nordirland-Konflikts, Bericht z. Kriminalität d. Ausl. auf d. Balearen, Verbrechensbekämpf. auf Malta. Die Stellung der sog. entarteten Künstler im NS-Staat; Beweis zur Echtheit von Klimt-Zeichnungen. Mitgl. zahlr. in- u. ausl. Ges., Club Wig and Pen, London - Liebh.: Moderne Kunst (Sammler) - Spr.: Engl.

ULMANN, von, Elisabeth

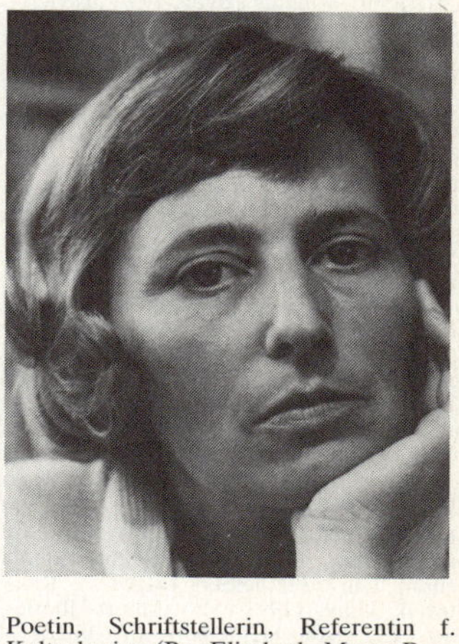

Poetin, Schriftstellerin, Referentin f. Kulturkreise (Ps. Elisabeth Meyer-Runge) - Reventlouallee 15 D, 2300 Kiel 1 (T. 0431 - 56 45 25) - Geb. 21. April 1929 Kiel, ev., verw. (Ehemann Hellmuth v. Ulmann, Schriftst., Komp. u. Dirig. †1987), S. Alexander Runge (aus d. Ehe m. d. Maler Jürgen Runge) - 1978-81 Vors. d. niederd. Autoren- u. Wissenschaftler Tagung; derz. Beirat in versch. Landeskulturorg. - BV: Einsichtig, 1979; Wenn Kassandra wiederkehrte, 1981; D. Jahr gehört allen, 1984; Heimat haben wir zu werden (m. H. v. Ulmann), 1984; Een Fru von Fööftig, 1988; Märchenparaphrasen, 1990; Wort u. Skulptur, 1992; u.a. 1988 Hebbel-Epos Mutter u. Kind f. Szenische Lesung im Auftrag d. Hebbelges. - 1978 Freudenthal-Preis; 1982 Hamburger Lit.preis f. Kurzprosa; 1983 Lyrikpreis AWMM lux. abgelehnt - Lit.: Kürschners Dt. Lit.-Kalender (1988).

ULMCKE, Reiner

Jurist, Oberbürgermeister Stadt Homburg/Saar (s. 1977) - Rathaus, 6650 Homburg (T. 06841 - 10 12 13) - Geb. 26. März 1937 Saarlouis (Vater: Leopold U., Betriebsleit.; Mutter: Luise, geb. Eisenbeis), ev., verh. m. Helga, geb. Pilz, 2 Kd. (Vera, Christian) - Gymn.

Homburg, Univ. Berlin u. Saarbrücken, 2. jur. Staatsex. 1967 Saarbrücken - 1967-77 Höh. Dienst saarl. Finanzverw., s. 1977 hptamtl. OB Homburg/Saar (wiedergew. b. 1997); s. 1981 Vors. Stiftg. Römermuseum Homburg; 1984-86 u. 1989-91 Präs. Saarl. Städte- u. Gemeindetag.

ULMEN, Wilhelm

Landtagsabgeordneter - Verhülsdonkstr. 15, 5450 Neuwied - Geb. 29. Okt. 1914 - S. 1972 MdL Rhld.-Pfalz. FDP. Richter a. D. OLG (Vors.).

ULMER, Hans-Volkhart

Dr. med., Prof. - Curt-Goetz-Str. 93, 6500 Mainz-Drais (T. 06131 - 47 67 03) - Geb. 22. Mai 1939 Danzig, ev., verh. s. 1966 m. Gisela, geb. Fernau, T. Franziska Mara - Leit. Sportphysiol. Abt. Univ. Mainz.

ULMER, Hermann

Sozialgerichtspräsident a. D., Lehrbeauftr. f. Sozialversicherungsrecht Univ. Würzburg (1972-77) - Jauerstr. 8, 8500 Nürnberg (T. 80 90 09) - Geb. 26. Mai 1909 Ansbach (Vater: Karl U., Oberregierungsrat), ev., verh. s. 1937 m. Ursula, geb. Schall, 3 Kd. - Gymn. Würzburg, Univ. Würzburg, Wien, Erlangen (Rechts- u. Staatswiss.). Gr. jurist. Staatsprüf. 1935. 1935-38 u. 1946-53 Rechtsanw. Würzburg u. Nürnberg, dazw. Luftwaffenbeamter u. -richter, ab 1953 Richter Sozialgericht Nürnberg u. Würzburg (ab 1959 Dir., 1964-74 Präs.), 1948-53 AR, ab 1951 Vors. Neue Baumwollenspinnerei Bayreuth, 1956-59 Mitgl. Stadtrat Nürnberg. 1974-79 ehrenamtl. Richter a. Bayer. Ld.Soz.Gericht, 1975-77 Wehrkreisverw. VI, s. 1978 Notarvertr. u. Publikat., 1979-81 ehrenamtl. Richter Bayer. VG Ansbach - 1975 BVK am Bde.

ULMER, Jürgen

Rechtsanwalt, Hauptgeschäftsführer Wirtschaftsvereinig. Metalle (s. 1975), Geschäftsf. Stifterverb. Metalle (s. 1975), Geschäftsfg. WV (s. 1967), Geschäftsf. Gesamtverb. Dt. Aluminiumind., Gesamtverb. Dt. Buntmetallind. (s. 1985) u. Verb. d. Aluminium verarb. Ind., Frankfurt (s. 1987) - Tersteegenstr. 28, 4000 Düsseldorf 30 (T. 4 54 71-0); priv.: Köhlstr. 5 - Geb. 12. Mai 1936 Köln (Vater: Georg U., Kaufm.; Mutter: Anna, geb. Waldmann), ev., verh. s. 1965 m. Dr. med. Irmgard, geb. Schultze - Univ. Freiburg, Bonn, Köln. Ass.ex. 1966.

ULMER, Peter

Dr. jur., Prof. f. Handels- u. Wirtsch.-recht, Bürgerl. Recht u. Rechtsvergleichung Univ. Heidelberg (s. 1975), Rektor d. Univ. (1991-95) - Albert-Überle-Str. 21, 6900 Heidelberg (T. 06221 - 4 61 91) - Geb. 2. Jan. 1933 Heidelberg (Vater: Prof. Dr. jur. Dr. h. c. Eugen U. (s. dort); Mutter: Elisabeth, geb. Linser), ev., verh. s. 1959 m. Jorinde, geb. Heygster, 4 Kd. (Hansgeorg, Marianne, Sibylle, Almut) - Stud. Rechtswiss. Univ. Tübingen, Genf u. Heidelberg, 1. u. 2. Jur. Staatsex. 1956 u. 1960, Master of Comparative Law 1959 Ann Arbor/USA, Promot. 1959 u. Habil. 1968 Heidelberg - 1961-64 Wirtschaftsprüfungsges.; 1964-65 EWG-Kommiss.; 1966-69 Univ. Heidelberg; 1969-75 o. Prof. Univ. Hamburg - BV: D. Unternehmensbegriff im Vertrag d. Europ. Gemeinschaft f. Kohle u. Stahl, 1960; D. Vertragshändler - Tatsachen u. Rechtsfragen kaufm. Geschäftsbesorgung, 1969; Großkomm. z. HGB, 4. A. ab 1983; Hachenburg, Komm. z. GmbHG, 8. A. ab 1989; U.-Brandner-Hensen, AGBG, 6. A. 1989; D. Ges. bürgerl. Rechts, 2. A. 1986; Hanau/U., Kommentar z. Mitbestimm.-gesetz, 1980 - Liebh.: Kammermusik - Spr.: Engl., Franz.

ULMER, Roland

Verleger - Parasolstr. 3, 7000 Stuttgart 70 (T. 0711-47 40 62) - Geb. 26. April 1937 Heidelberg (Vater: Eugen U., Prof.; Mutter: Elisabeth, geb. Linser), ev., verh. s. 1961 m. Ingeborg, geb. Baur, 3 Kd. (Constanze, Christoph, Matthias) - Gymn. Heidelberg (Abit. 1956), s. 1957 Buchhandelslehre Carl Hanser-Verlag, München - S. 1960 Gf. Gesellsch. Verlag Eugen Ulmer, Stuttgart - Spez. Arbeitsgeb.: Biol. u. landw. Fachbücher u. -ztschr. - 1979 Ehrensenator Univ. Hohenheim - Liebh.: Mod. Kunst, Münzen, Fotografie, Garten - Spr.: Engl.

ULMER, Wolfgang T.

Dr. med., Dr. med. h.c., Prof., ehem. Direktor d. Mediz. Universitätsklinik u. Polikl. d. Berufsgenossenschaftl. Krankenanst. „Bergmannsheil Bochum" (s. 1978) - Gilsingstr. 14, 4630 Bochum 1 (T. 0234 - 3 02-64 47) - Geb. 7. Sept. 1924 Dinkelsbühl (Vater: Professor D. Dr. phil. Friedrich U., Ordinarius f. Praktische Theologie Univ. Erlangen; Mutter: Margarete, geb. Kappes), ev., verh. s. 1952 m. Eva, geb. Specht, 3 Kd. (Albrecht, Ursula, Dietrich) - Gymn.; Stud. Med. Studienreisen Holl., Schweden, USA - S. 1958 (Habil.) Privatdoz. u. apl. Prof. (1964) Univ. Münster (Inn. Med.) - BV: D. Lungenfunktion b. Kehlkopflosen, 1958 (m. W. Schwab u. W. Ey); Cor pulmonale (m. K. Matthes u. D. Wittekind), in: Handb. d. Inn. Med., 1960; D. obstruktiven Atemwegerkrankungen, 1966 (m. E. Reif u. W. Weller); D. Lungenfunktion, 1991 (m. G. Reichel u. D. Nolte); Pneumokoniosen (m. G. Reichel; i. Handb. d. Inn. Med.), 1976; Bronchitis, Emphysem u. obstruktive Atemwegserkr., Handb. d. Inn. Med., Bd. IV/2, 1979; D. Atemwegsobstruktion (übers. in 12 Sprachen); D. Bäckerasthma (m. H. Thiel), 1982; D. Bronchialkarzinom im Stadt/Landfaktor, 1982; Husten, 1987. Üb. 600 Einzelarb. - Ehrenmitgl. d. poln. Ges. f. Pneumologie, d. Bad Reichenhaller Forsch.Anst., d. Österr. Ges. f. Pneumologie u. Tuberkulose, d. Dt. Ges. f. Innere Medizin, d. Hungarian Medical Assoc. for Tuberculosis and Pulmonary Diseases; Ehrendoktor d. Med. Univ. Lublin/Polen. - Spr.: Engl.

ULMSCHNEIDER, Peter

Dr., Prof. f. Astrophysik - Turnerstr. 3, 6900 Heidelberg (T. 06221 - 37 37 76) - Geb. 2. Sept. 1938 Mannheim (Vater: Dr. Walter U., Geschäftsf.; Mutter: Hilde, geb. Dostmann), kath., verh. s. 1967 m. Dr. Helgard, geb. Schättler, 3 Kd. (Katharina, Jakob, Martin) - Stud. Univ. Göttingen u. München, Promot. Yale Univ. New Haven, Conn. (USA), Habil. Univ. Würzburg - 1966-67 Wiss. Assist. Univ. Tübingen; 1967-74 Wiss. Assist., 1974-79 Doz., 1979/80 apl. Prof. Univ. Würzburg, s. 1980 Prof. Univ. Heidelberg - Ca. 90 Aufs. in intern. Ztschr. - Liebh.: Gesch., Relig., Naturwiss. - Spr.: Engl., Franz.

ULRICH, Bernhard

Dr. agr., em. o. Prof. am Inst. f. Bodenkunde u. Waldernährung Univ. Göttingen (Forstl. Fak.), gf. Leit. Forsch.-zentrum Waldökosysteme Univ. Göttingen - Am Hirtenberg 16, 3401 Bösinghausen (T. 05507 - 8 56) - Geb. 17. März 1926 Herrenberg/Württ. (Vater: Alfred U., Ingenieur; Mutter: Eugenie, geb. Schiler), ev., verh. s. 1950 m. Dr. Margarete, geb. Merkle, 3 Kd. (Wolfgang, Heide, Bärbel) - LH Hohenheim (Dipl.-Landw. 1950) - Promot. 1953; Habil. 1960 - S. 1960 Lehrtätigk. Univ. Göttingen (1966 Ord.). Emerit. 1991 - BV: Biologie, Chemie u. Dynamik d. Humus, 1960 (m. F. Scheffer): D. Wechselbeziehungen v. Boden u. Pflanze in physikal.-chem. Betrachtung, 1961; Deposition von Luftverunreinigungen u. ihre Auswirkungen in Waldökosystemen im Solling, 1979. Zahlr. Einzelarb. - Fellow of the American Soil Science Soc.; 1987 Dr. h. c. ETH Zürich; 1988 Markus-Wallenberg-Preis - Spr.: Engl.

ULRICH, Bernward

Dr. med., Prof., Chefarzt Chirurgische Kliniken d. Landeshauptstadt Düsseldorf - Rotthäuser Weg 7, 4000 Düsseldorf 12 (T. 0211 - 28 83 85) - Geb. 16. Dez. 1940 Düsseldorf, verh. s. 1967 m. Helga, geb. Kölsch, 2 Kd. (Katja, Alexis) - 1961-67 Stud. Univ. Köln u. Düsseldorf; Ex. u. Promot. 1967 Düsseldorf, Habil. 1976 - S. 1979 apl. Prof., Chefarzt Chir. Klinik Juliusspital, 1984-86 Akad. Lehrkrkhs. Univ. Würzburg - BV: D. peptische Oesophagus-Stenose, 1984; Chir. d. Zwerchfells, 1986; Klammernaht in Thorax u. Abdomen, 1986; Drainagen in d. Bauchchir., 1986 - Liebh.: Jagd, Surfen - Spr.: Engl., Franz.

ULRICH, Ferdinand

Dr. phil., o. Prof. f. Philosophie - Brittingstr. 32, 8400 Regensburg - Geb. 23. Febr. 1931 Odrau/Mähren - Habil. 1959 Salzburg - S. 1960 Päd. Hochsch. Regensburg/Univ. München (1961 ao., 1967 o. Prof.) u. Univ. Regensburg (1972 o. Prof.). Wiss. Veröff. z. Phil. Anthropol., Sozialontol., Sprachphil. u. phil.-theol. Grenzfragen u. a.

ULRICH, Martin

Filmregisseur - Moselstr. 74, 2800 Bremen 1 (0421 - 59 45 05) - Geb. 22. Okt. 1948 Nienburg/Weser, verh. s. 1984 m. Monika Glomski, 2 Söhne (Fabian, Lennart).

ULRICH, Peter

Senator a. D. - Buggestr. 4, 1000 Berlin 41 (T. 822 43 34) - Geb. 13. Juli 1928 Stuttgart - Stud. Berlin (Dipl.-Polit.) - Langj. Verwaltungstätigk. Berlin (1968 Stellv. v. Innensenator Neubauer, 1976 Senatsdir. Bau- u. Wohnungswesen), 1977-81 Senator f. Inneres; 1981ff. Senator f. Bau- u. Wohnungswesen. SPD s. 1949 (1983ff. Fraktionsvors. Abg.haus) b. 1985 MdA Berlin u. SPD-Landesvors.

ULRICH, Peter

Vorstand Bausparkasse Mainz AG - Zu erreichen üb. Bausparkasse Mainz AG, Kantstr. 1, 6500 Mainz (T. 06131 - 30 30) - Geb. 30. April 1951, ev., verh. - AR-Mitgl. Mainzer Haus Vertriebs-GmbH, Mainz.

ULRICHS, Timm

Prof. Kunstakademie Münster, Künstler - Sodenstr. 6, Postf. 6043, 3000 Hannover 1 (T. 0511 - 31 28 23) - Geb. 31. März 1940 Berlin (Vater: Carl R. U., Kaufm. †; Mutter: Anneliese, geb. Goerze †), ledig - 1959-66 Arch.-Stud. TH Hannover (ohne Abschl.) - S. 1972 Prof. Inst. f. Kunsterzieher Münster d. Staatl. Kunstakad. Münster - Total-künstler, Panartistik (alle Medien) - 1977 Kritikerpreis f. Bild. Kunst, 1985 Karl-Ernst-Osthaus-Preis Stadt Hagen; Will-Grohmann-Preis Akad. d. Künste Berlin; 1988 Konrad-von-Soest-Preis, Münster - Spr.: Engl., Franz., Span. - Lit.: Total-kunst, Kat. Mus. Haus Lange, Krefeld, 1970; T.U., Stil d. Stillosigk., Kat. Kunstverein Celle, 1973; T.U. Retrospektive 1960-1975, Kat. Kunstverein Braunschweig, 1975; Totalkunst, Kat. Städt. Galerie Lüdenscheid, 1980; Karl Riha, T.U. in: Krit. Lex. z. dt.spr. Gegenw.lit., 1982; Bernhard Holeczek, T.U., 1982; T.U., Kat. Nord/LB, 1984; T.U., Totalkunst: Angesammelte Werke, Kat. Wilhelm-Hack-Museum, Ludwigshafen/Rh. 1984; T. U., Kat. Deutsches Kulturinst. Madrid, 1991.

ULRICI, Rolf

s. Stitz-Ulrici, Rolf

ULSAMER, Gerhard

Dr. jur., Richter am BGH (1. Strafsenat, Anwaltssenat) - Herrenstr. 45a, 7500 Karlsruhe 1 - Geb. 24. Juli 1935 Freiburg i. Br. (Vater: Pirmin U., Lehrer; Mutter: Elisabeth, geb. Braun, Lehrerin), kath., verh. s. 1962 m. Christa, geb. Würthner, 2 Kd. (Andrea, Georg) - Humanist. Gymn. Tauberbischofsheim, Donaueschingen, Konstanz; Abit. 1954 Konstanz; 1954-58 Univ. Freiburg, Bonn u. Berlin (Jura); 1. Jur. Staatsex. 1958 Freiburg; 2. Jur. Staatsex. 1962 Stuttgart; Promot. 1962 Freiburg - 1962-66 Richter AG u. LG (Südbaden u. Berlin), 1966-69 Landgerichtsrat u. wiss. Mitarb. Bundesverfassungsgericht, 1969-71 als Landgerichtsrat, Erster Staatsanwalt (1970) u. Regierungsdir. (1971) wiss. Mitarb. d. Präs. d. Bundesverfassungsgerichts, ab 1970 zugl. Präsidialrat 1. Senat, 1972-78 Ministerialrat Bundesverfassungsgericht, Präsidialrat 2. Senat. S. 1978 Richter am BGH - Mitautor Kommentar z. Bundesverfassungsgesetz v. Maunz, Schmidt-Bleibtreu, Klein, U. Herausg.: Lexikon d. Rechts/Strafrecht. Mithrsg. Europäische Grundrechte Ztschr. u. Human Rights Law Journal.

ULSAMER, Julius

Dr.-Ing., Direktor i. R. - RKB Sen.-Ruhesitz Westpark, App. 2001, Westendstr. 174, 8000 München 21 - Geb. 17. Febr. 1904 München (Vater: Georg U., Mathematiker; Mutter: Julie, geb. Krafft), kath., verh. s. 1934 m. Elisabeth, geb. Müller, 2 Töcht. (Helga, Sybille) - Gymn. u. TH München (Maschinenbau) - 1928-31 Assist. TH München u. Mitarb. Notgem. d. Dt. Wiss., 1932-37 Entwicklungsing. Friedrich Deckel, München, 1938-45 Abt.s-, Hauptabt.sleit., Leit. Konzernaußendst. Bayer. Motoren Werke AG., ebd., Dir. BMW-Flugmotorenwerke Brandenburg, Vorstandsbevollm. u. Oberleit. Berliner BMW-Werke, 1945-50 Dir. Verkehrsbetriebe München, 1950-60 Techn. Dir. u. Vorstandsmitgl. Vereinigte Westd. Waggonfabriken AG., Köln, 1961-69 Dir. Klöckner-Humboldt-Deutz AG. ebd. 1963 ff. Präs. DNA. Div. Fachveröff. - Liebh.: Alpinistik, Fotogr., Musik.

ULSHÖFER, Robert

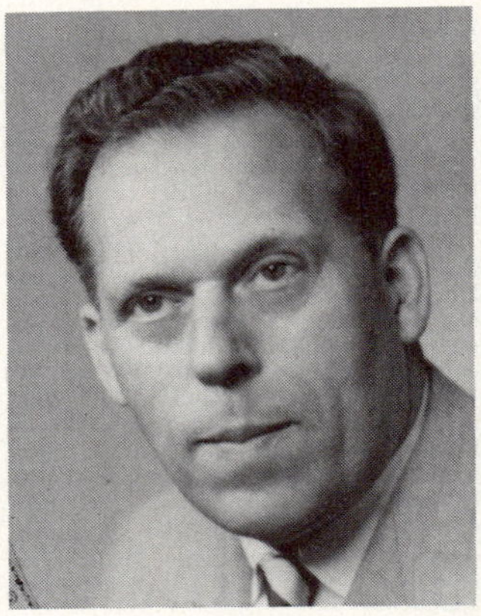

Dr. phil., Prof., Direktor a.D. Seminar f. Studienrefer., Autor u. Herausg. - Raichbergstr. 11, 7408 Kusterdingen-Wankheim (T. 07071 - 3 79 61) - Geb. 29. April 1910 Bad Mergentheim-Edelfingen (Vater: Georg U., Bauer; Mutter: Sophie U.), ev., verh. m. Ingrid, geb. Matthes, 2 Töcht. (Christine, Ulrike) - 1929-33 Univ. München u. Tübingen; Promot. 1934 Tübingen, Studienass. 1934 Stuttgart - 1934-38 Lektor Hochsch. Ankara; 1941-44 Hilfsoffz. Militärattaché Ankara; 1948-75 Dir. Sem. f. Studienrefer. Tübingen; Mitbegr. u. 2. Vors. Dt. Germanistenverb., Begr. u. Herausg.: D. Deutschunterr. (1948-80) - BV: Methodik d. Deutschunterr., 3 Bde., 1952, 11. A. 1982; Theorie u. Praxis d. kooperativen Unterr., 1972ff.; Polit. Bild. im Deutschunterr., 1976; D. päd. Ausb. d. Lehrer an Gymn., 1958; M. Deutschunterr. D. Gesch. e. didaktischen Modells, 1991. Herausg.: Arbeitsb. Deutsch (1972ff.); Arbeit m. Texten (3 Bde. 1979ff.); u.a. - 1944 Kriegsverdienstkreuz I. Kl., 1978 BVK I. Kl. - Liebh.: Sport - Spr.: Engl., Franz., Türk. - Lit.: Harro Müller-Michaels, Posit. d. Deutschdidaktik s. 1949, 1980.

UMBACH, Hans

Dr.-Ing., Direktor - Narzissenweg 23, 4010 Hilden/Rhld. - S. 1930 Henkel u. Thompson-Siegel GmbH., Düsseldorf (Geschäftsf.).

UMBACH, Wilfried

Dr., Dipl.-Chem., Mitglied d. Direktoriums d. Henkel KGaA, Düsseldorf - Henkel KGaA, Henkelstr. 67, 4000 Düsseldorf 13 (T. 0211 - 7 97-22 44) - Geb. 1936 - Chemiestud. Univ. Marburg; Promot. 1962 - Leit. d. Ressorts Forsch.; Vorst. Dt. Ges. f. Fettwiss. e.V. (DGF); Vorst. u. Kurat. Dt. Wollforsch.inst. TH Aachen e.V. (DWI) - BV: Kosmetik - Entwicklung, Herstellung u. Anwendung kosmetischer Mittel, 1988; Blaue Liste - Inhaltsstoffe Kosmetischer Mittel, 1989; Cosmetics and Toiletries - Development, Production and Use (1991).

UNBEHAUEN, Heinz

Dr.-Ing., Dipl.-Ing., o. Prof. f. Regelungstechnik Univ. Bochum (s. 1975) - Girondelle 27, 4630 Bochum (T. 38 28 34) - Geb. 7. Okt. 1935 Stuttgart (Vater: Leonhard U., Kaufm.; Mutter: Margarete, geb. Scheerer), ev., verh. s. 1967 m. Elke, geb. Erbele, 3 Kd. (Andreas, Regine, Manfred) - Stud. Univ. Stuttgart; Promot. 1964; Habil. 1969 - 1961-1969 wiss. Mitarb. u. Assist., 1970 Doz., 1971 Wiss. Rat u. Prof., 1974 apl. Prof. Univ. Stuttgart; 1978/79 Dekan d. Fak. Elektrotechn. d. Univ. Bochum. Gastprof. in USA, Japan, Indien, China. Berat. d. UNIDO - Üb. 230 Fachveröff., dar. Bücher - Liebh.: Musik - Spr.: Engl., Franz.

UNBEHAUEN, Rolf

Dr.-Ing., o. Prof. , Lehrstuhl f. Allg. u. Theoret. Elektrotechnik Univ. Erlangen-Nürnberg/Techn. Fak. (s. 1966) - Würzburger Ring 8, 8520 Erlangen (T. 4 38 74) - Geb. 23. April 1930 Stuttgart (Vater: Leonhard U., Kaufm.; Mutter: Margarete, geb. Scheerer), verh. s. 1960 m. Johanna, geb. Schmidt, 3 Kd. - Gymn. u. Univ. Stuttgart (Math., Phys.; Dipl.-Math. 1954). Promot. (1957) u. Habil. (1964) Stuttgart - Wiss. Assist. u. Rat Univ. Stuttgart. Mitgl. IEEE (USA), VDE, ITG, URSI, Comm. C. - BV: Systemtheorie, 5. A. 1990; Synthese elektr. Netzwerke, 3. A. 1988; Elektr. Netzwerke, 3. A. 1987; Elektrodynamik, 2. A. 1990; MOS Switched-Capacitor and Continuous-Time Integrated Circuits and Systems, 1989. Etwa 180 Einzelarb. - 1959 Preis NTG, 1991 Fellow IEEE - Spr.: Engl.

UNDERBERG, Christiane

Sozialarbeiterin, Aufsichtsrat Semper idem-Underberg AG - Kalkarer Str. 2, 4232 Xanten 2 - Geb. 10. Dez. 1939 Frankfurt/O., kath., verh. s. 1962, 4 Kd. (Hubertine, Emil, Christiane, Juliane) - Ausb. Sozialarb. Westf. Wohlfahrtssch. Dortmund - Geschäftsf. Underberg KG; VR Underberg AG, Zürich; Mitgl. Diözesanpastoralrat Münster; Vorst.-Mitgl. v. STUDIA (Stud.gruppe f. Intern. Analysen, Laxenburg/Österr.) - Spr.: Engl., Franz.

UNDEUTSCH, Udo

Dr. rer. nat., Dipl.-Psych., o. Prof. f. Psychologie - Farnweg 1, 5020 Frechen (T. 02234 - 6 18 28) - Geb. 22. Dez. 1917 Weimar/Thür. (Vater: Paul U., Architekt; Mutter: Maria, geb. Niggemeyer), kath., verh. s. 1946 m. Hanna, geb. Bierfreund, 5 Kd. - Univ. Jena (Promot.) - S. 1946 Lehrtätigk. Univ. Mainz u. Köln (1951 ao., 1962 o. Prof.) - BV: u. a. Entwicklung u. Wachstum, D. Verhältnis v. körperl. u. seel. Entwicklung, in: Handb. d. Psych., Bd. III 1959; Ergebnisse psych. Unters. am Unfallort, 1962; Sicherheit im Betrieb, 1970; Psychologische Impulse f. d. Verkehrssicherh., 1977. Zahlr. Einzelarb. Herausg.: Handb. Psych./Bd. XI: Forens. Psych. (1967) - 1983 BVK I. Kl.; 1984 Gold. Diesel-Ring; 1984 Ernenn. Offizier d. Ordens Leopold II.

UNGAR, Thomas

Prof. Musikhochsch. Stuttgart, Generalmusikdir., Dirig. - Leibnizstr. 22, 7000 Stuttgart 1 (T. 0711 - 63 49 57) - Geb. 16. Mai 1931 Budapest (Vater: Gyula U., Kaufm.; Mutter: Erzsebet, geb. Friedmann), kath., verh. s. 1958 m. Barbara, geb. Fritz (Künstlername Fry), 2 T. (Elisabeth, Daniela) - Musikhochsch. Budapest (Dipl. 1956); Conservatorio G. Verdi Milano, Musikhochsch. Wien (Dipl. 1959) - 1957 Dirig. Philharmonia Hungarica; 1959 Chefdirig. Siegerland-Orch.; 1961 Städt. Musikdir. Remscheid; 1966 GMD Regensburg; 1969 GMD Freiburg; 1973 Prof. Musikhochsch. Stuttgart. Gastdirig. Europa u. USA, Rundf.-, Fernseh- u. Schallpl.aufn. - Spr.: Ung., Engl., Ital., Franz.

UNGEHEUER, Edgar

Dr. med., Prof., ehem. Direktor Chirurg. Klinik/Krankenhaus Nordwest, Frankfurt (s. 1963) - Steinbacher Hohl 28, 6000 Frankfurt/M. (T. 069 - 76 21 36) - Geb. 6. Jan. 1920 Rimbach/Odenw. (Vater: Dr. med. Heinrich U., Landarzt; Mutter: Amalie, geb. Schmitt), kath., verh. s. 1953 m. Rosemarie, geb. Kallenbach, 4 Söhne (Jörg, Hanno, Steffen, Andreas) - Abit. 1938; Promot. 1944; Habil. 1953 - Chir. Univ.-Kliniken Heidelberg (Assist.) u. Frankfurt (1950 Oberarzt; 1953 Privatdoz., 1958 apl. Prof.), 1979/80 Präs. Dt. Ges. f. Chir. Spez. Arb.sgeb.: Abdominal-, Thorax-, Herz- u. Gefäßchir. Handbuch- u. Zeitschr.beitr. - 1965 Visneskij-Med. Moskau; 1969 Ernst-v.-Bergmann-Plak. Bundesärztekammer; Marianer Dt. Orden; Commodore Ritterorden v. Hl. Grabe zu Jerusalem; 1980 Ehrenplak. Stadt Frankfurt/M.; 1981 BVK I. Kl., 1990 Gr. BVK; Ehrenmitgl. in- u. ausl. wiss. Fachges.; s. 1988 Generalsekr. Dt. Ges. f. Chirurgie - Liebh.: Wandern, Lesen, klass. Musik - Rotarier.

UNGER, Gerhard

s. Unger, Gert F.

UNGER, Gert F.

Romanschriftsteller - Eichendorffweg 8, 6290 Weilburg/L. (T. 06471 - 74 04) - Geb. 23. März 1921 Breslau, ev., verh. s. 1947 m. Adeline, geb. Frimuth, 2 Kd. (Klaus, Jürgen) - Realsch.; Kunstschlosserlehre; Maschinenbau- u. Marinesch. - Kriegsdst. (U-Bootwaffe); 1946-50 Bauwesen (Bauleit. Weltfa.); 1. Pr. Kriminalhörsp. Fortsetzung folgt, Nordd. Rundf. 1949. 1950 fr. Schriftst. Mehr als 500 R. (zahlr. Übers.; GA. üb. 170 Mill.), dar. D. Tombstone-Legende, D. Chisholm-Leg., Union Pacific, Sycamore, Fort Phil Kearny, D. Canons. G. F. Unger-Taschenb. (bish. üb. 400 Tabu-Bde.) - Liebh.: Angeln, Autosport, Ski, Schwimmen (1938 Jugend, 1943 Marinemeister 100 m Kraul) - Spr.: Engl.

UNGER, Hanns-Hellmuth

Dr. med., Prof., Augenarzt - Schumannstr. 14, 7800 Freiburg/Br. (T. 5 35 43) - Geb. 23. Aug. 1919 Leipzig - S. 1957 (Habil.) Privatdoz. u. apl. Prof. (1962) Univ. Freiburg (zeitw. Oberarzt Augenklinik) - BV: Z. Morphol. u. Pathol. d. Kammerbucht d. Auges (m. J. Rohen), 1959; Sehorgan, in: Benninghoff-Goerttler, Anatomie III, 1967. Mitarb.: Kirschner IV: Mackensen-Neubauer, Augenärztl. Oper, 1988.

UNGER, Hans-Georg

Dr.-Ing., Prof. f. Hochfrequenztechnik - Wöhlerstr. 10, 3300 Braunschweig (T. 5 19 46) - Geb. 14. Sept. 1926 Braunschweig (Vater: Ludwig U., Kaufm.; Mutter: Emma, geb. Ewald), verh. s. 1955 m. Gunda, geb. Schneider, 2 Kd. (Barbara, Klaus) - 1951-55 Entwicklungssing. u. Labor.-Leit. Siemens & Halske AG (Zentrallabor.); 1956-60 Mitgl. Techn. Stab u. Abt.leit. Bell Telephone Laboratories Inc. (USA); s. 1960 Ord. u. Inst.-Dir. TU Braunschweig, 1964/65 Gastprof. Univ. of Wisconsin (USA). 18 Lehrb. u. Monogr. Üb. 120 Fachaufs. (Elektronik, Hochfrequenz- u. opt. Nachrichtentechnik) - Fellow IEEE, Dr.-Ing. E.h. TU München, Heinrich Hertz Medal IEEE; Mitgl. d. Poln. Akad. d. Wiss. - Spr.: Engl.

UNGER, von, Hanskarl

Dipl.-Ing., MdL Nordrh.-Westf. (s. 1980), Geschäftsführer Krupp Stahltechnik GmbH Friedrich-Ebert-Str. 134, 4100 Duisburg-Rheinhausen (T. Büro: 79 21 00) - Geb. 5. Dez. 1930 Wunstorf (Vater: Dipl.-Ing. Karl v. U., Oberst i. G. d. R.; Mutter: Lore, geb. v. Wick), ev., verh. s. 1961 m. Karin-Friederike, geb. v. Kretschmann, 4 Kd. (Jobst, Max, Hans-Ulrich, Asta) - Stud. allg. Maschinenbau TH Hannover - CDU - Spr.: Engl. - Lions-Club.

UNGER, Heinz

Dr.-Ing., em. o. Prof. f. Angew. Mathematik - Falkenweg 6, 5300 Bonn 1 (T. 25 14 17) - Geb. 10. Juni 1914 Nordhausen/Harz (Vater: Max U., Direktor; Mutter: geb. Bornemann), verh. s. 1944 m. Gisela, geb. Weber - TH Darmstadt. Promot. (1944) u. Habil. (1948) Darmstadt - S. 1948 Lehrtätigk. TH Darmstadt (1954 apl. Prof.), TH Hannover (1955 Ord.), Univ. Bonn (1958 Ord.), emerit. 1979. 1958-68 Leit. Rhein-Westf. Inst. f. instrumentelle Math., Bonn. Zahlr. Fachveröff.

UNGER, Hermann

Dr.-Ing., Prof., Lehrstuhl f. Nukleare u. Neue Energiesysteme, FB Maschinenbau Univ. Bochum (s. 1987) - Universitätsstr. 150, 4630 Bochum 1 - Geb. 8. Mai 1934 Beilstein (Vater: Ernst U., Wirtschaftsprüf.; Mutter: Rosa, geb. Zillhardt), ev., verh. s. 1970 m. Hilma, geb. Schleehauf, 2 Kd. (Hiie-Mai, Jaan) - Dipl.-Phys. 1961, Promot. 1967, Habil. - B. 1987 Hochschullehrer f. Energietechnik, Vorst. Inst. f. Energietechnik, RUB.

UNGER, Ulrich

Dr. phil., o. Prof. f. Sinologie u. Direktor Ostasiat. Seminat Univ. Münster (s. 1966) - Lohöfenerweg Nr. 11, 4400 Münster/W. (T. 7 24 86) - Geb. 1930 Leipzig - 1948-52 Univ. Leipzig (Oriental.). Promot. Leipzig; Habil. Freiburg - 1962-66 Univ. Freiburg. Facharb.

UNGERECHT, Kurt

Dr. med., Prof., Hals-Nase-Ohrenarzt - Schulangerweg 4, 8033 Planegg/Obb. (T. München 859 54 04) - Geb. 4. Okt. 1911 Mannheim - Habil. 1954, apl. Prof. 1961. Facharb. - 1966 Ludwig-Haymann-Preis.

UNGERER, Werner

Dr. rer. pol., Botschafter a. D., Rektor Europa-College - Oberreiterweg 2 a, 8172 Lenggries - Geb. 22. April 1927 Stuttgart (Vater: Max U., Kaufm.; Mutter: Elisabeth, geb. Mezger), ev., verh. s. 1959 m. Irmgard, geb. Drenckhahn, 3 Kd. (Bettina, Patricia, Wolfgang) - Dipl. rer. pol. 1949 TH Stuttgart; 1950-52 Europa-Kolleg Brügge; Promot. 1952 Tübingen - 1952-54 Attaché Ausw. Amt; 1954-56 Vizekonsul Boston, 1956-58 Konsul Bombay, 1958-64 Euratom-Kommiss., 1964-70 AA, 1970-75 Ständ. Vertr. d. Bundesrep. Dtschl. b. d. Intern. Org. Wien; 1975-79 Generalkonsul New York; 1979-85 Ministerialdir. AA; 1985-89 Ständ. Vertr. d. Bundesrep. Deutschl. b. d. EG Brüssel; s. 1990 Rektor Europa-College Brügge (B) - 1981 BVK I. Kl.; Verdienstmed. d. Europa-Union; Großkreuz Leopolds-Orden - Liebh.: Musik (Pianist, Komponist), Polit. Wiss. - Spr.: Engl, Franz.

UNGERN-STERNBERG, Freiherr von, Axel Hermann

Dr. med., Prof., Internist, Chefarzt Weserbergland-Klinik Höxter - Bödexer Weg 17, 3470 Höxter - Geb. 30. Sept. 1937 Reval (Vater: Bernd, Frhr. v. U.-St., Landwirt; Mutter: Helga, geb. v. U.-St., adopt.), ev., verh. s. 1962 m. Sybille, geb. v. Steegen, 3 Kd. (Cathrin, Andreas, Jan) - 1949-58 Gymn.; 1958-64 Univ. Köln u. Marburg, 1967-78 Wiss. Assist. Univ.-Klin. Mainz, Promot. 1968, Internist 1975, Habil. 1977 - S. 1978 Oberarzt II. Med. Univ.-Klinik Mainz, s. 1981 Chefarzt II. Inn. Abt. Weserbergl.-Klinik Höxter - 1978 Max-Bürger-Preis - Liebh.: Lit., Musik, Pferdesport - Spr.: Engl. - Bek. Vorf.: Alexander v. U.-St., Roman v. U.-St.

UNGERN-STERNBERG, von, Sven

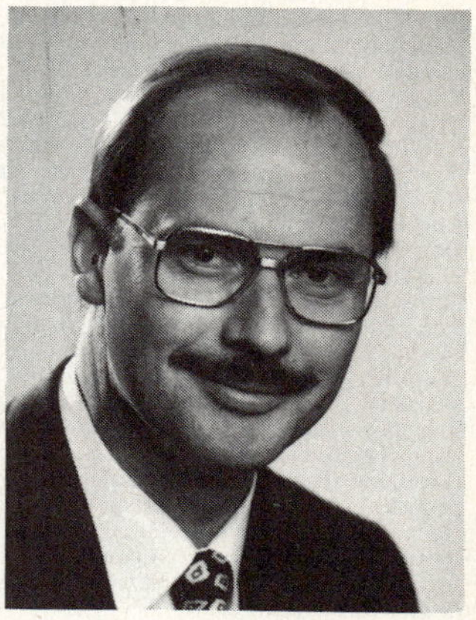

Dr. jur., Dipl.-Volksw., Erster Bürgermeister Stadt Freiburg - Im Rebstall 2, 7800 Freiburg - Geb. 7. Febr. 1942 Berlin, ev., verh. s. 1973 m. Dr. Birgit, geb. Möller, 8 Kd. (Antje, Kai, Jan, Heike, Silke, Achim, Handirk, Kirsten) - Stud. Volksw. u. Rechtswiss.; Promot. 1971 Freiburg - S. 1978 Vors. Abwasserzweckverb. Breisgauer Bucht; s. 1982 Vors. Regionalverb. Südl. Oberrhein; s. 1986 Vors. Arbeitsgem. d. Regionalverb. in Baden-Württ.; s. 1987 Vors. Bad. Gemeindeverw.schulen. CDU (1973-78 Fraktionsvors. Freiburg); s. 1978 Bürgerm., s. 1982 Erster Bürgerm., s. 1985 Mitgl. Bezirksvorst. CDU-Südbaden.

UNGERS, Oswald M.

Dipl.-Ing., Prof., Architekt - Belvederestr. 60, 5000 Köln 41 (T. 0221 - 49 23 43) - Geb. 12. Juli 1926, verh. m. Liselotte, 3 Kd. (Simon, Sibylle, Sophia) - Arch.-Stud. TH Karlsruhe, Dipl. 1950 - Prof. TU Berlin; Dekan Fak. f. Arch. TU Berlin; Chairman Department of Arch. Cornell Univ., Ithaca New York; Prof. of Arch. Cornell Univ.; Visiting Prof. Univ. of Southern California Los Angeles (UCLA); Prof. Staatl. Kunstakad. Düsseldorf. Arch.-Büros in Köln, Frankfurt, Berlin und New York - BV: Optimale Wohngeb.-Plan. (m. Prof. Albach); Kommunen in d. Neuen Welt (m. Liselotte Ungers); Arch. as Theme; The Urban block; The Urban villa; The Urban garden; O. M. Ungers 1951-84 Bauten u. Projekte; O. M. Ungers - Architetture 1951-90 - Bauwerke: Oberhausener Inst. z. Erlang. d. Hochschulreife, Messehaus 9 Frankfurt, Galleria u. Torhaus Frankfurt, Alfred-Wegener-Inst. f. Polar- u. Meeresforsch. Bremerhaven, Dt. Arch.-Mus. Frankfurt, Bad. Landesbibl. Karlsruhe, Museumsinsel Hamburg, Bayer. Hypotheken- u. Wechselbank AG Düsseldorf, Thermenmuseum Trier, Dt. Botschaft Washington, Familiengericht Berlin-Kreuzberg, Bundesgerichtshof Karlsruhe, zahlr. Wohn.-Brauten in Köln u. Berlin - Mitgl. Acad. di San Luca, Rom, Mitgl. Akad. d. Wiss. zu Berlin; Gr. BDA-Preis.

UNGETHÜM, Michael

Dr. med. habil., Dr.-Ing., Prof., Vorstandsvorsitzender Aesculap AG, Tuttlingen - Hattinger Weg 7, 7200 Tuttlingen; Aesculap AG, Postfach 40, 7200 Tuttlingen - Geb. 8. Sept. 1943 München - Spez. Arbeitsgeb.: Med.-Technik - BV: Technol. u. biomech. Aspekte d. Hüft- u. Kniealloarthroplastik, Monogr., 1978; Metall. Werkstoffe in d. Orthopädie u. Unfallchir., 1984 - Heine-Preis Dt. Ges. f. Orthopädie u. Traumatologie; 1988 Wirtschaftsmed. Baden-Württ.; 1991 Ehrensenator d. Univ. Ulm.

UNGEWITTER, Inge

Akademische Malerin - Grillparzerstr. 53, 8000 München 80 (T. 470 37 39) - Geb. München (Vater: Max-Josef U., Oberst a. D.; Mutter: Eugenie, geb.

Bogner, Pianistin), kath., ledig - 1942-51 Kunsthochsch. Berlin u. -akad. München (1944) - Menschen- u. Tierporträts, insb. Pferdeporträts, Jagdbilder, Rennpferde, Rennbahnszenen, figürl. Kompos.; Buchillustr. Werke in priv. u. öfftl. Besitz. Zeichentrickfilm (üb. 24 000 Einstellungen): Doppelter Saldo (UA. 1962 Kulturfilmfestsp. Mannheim). Fernsehfilm: Zwischen Staffelei u. Koppel im Bayer. Rundf.; Ausstell. in Deutschl., England, Italien, Schweiz u. USA - BV: Darf ich mal Ihr Pferd halten?, 1969 (m. 17 Farbreproduktionen eig. Bilder, zugl. Fernsehfilm) - Kunstpreis Freunde d. bild. Kunst München; 1983 Pygmalion Med., Kunstpreis Dt. Kunststiftg. d. Wirtsch., 1984 Gold. Ehrennadel f. Verdienste ums Pferd Verein f. Reit- u. Fahrsport München, 1985 Hausorden Landwirtsch.min. Dr. H. Eisenmann (Freistaat Bayern), Ehrenmitgl. Cappenberger Schleppjagdverein, Mitgl. Reitakad. München - Liebh.: Leistungssport/Reiten (Springen, Gelände, Dressur) - Spr.: Engl., Franz., Span. - Gilt als d. dt. Pferdemalerin.

UNGLAUB, Walter

Dr. jur., Bankdirektor - Kardinal-Faulhaber-Str. Nr. 10, 8000 München 2 (T. 23 66 -1); - Geb. 16. Juli 1925 Würzburg - Jurist. Staatsprüf. 1952 u. 55; Promot. 1955 - S. 1955 Bayer. Hypotheken- u. Wechsel-Bank AG. (1968 stv., 1977 o. Vorstandsmitgl.). Versch. Mandate.

UNGUREIT, Heinz

Journalist, Hauptredaktionsleiter Fernsehspiel u. Film ZDF (s. 1976), 1985ff. zugl. stv. Programmdir. (ZDF) - Raimundstr. 100, 6000 Frankfurt/M. (T. 56 54 95) - Geb. 24. Aug. 1931 Bockum-Hövel (Vater: Heinrich U.; Mutter: Johanna, geb. Unger), verh. s. 1960, 2 Kd. (Dagmar, David) - Stud. d. Publizistik, German., Gesch. - 1957-59 Redakt. Westf. Anzeiger u. Kurier; 1959-66 Feuillet.redakt. Frankf. Rundschau; 1966-76 Redakt. ARD (Film; zul. Leit.).

UNLAND, Hermann Josef

Dr. jur., Dipl.-Volkswirt, MdB (1969-90), Vorsitzender Wirtschaftsaussch. (1983-90), Ehrenmitgl. Parlamentar. Vers. d. Europarates u. d. Westeurop. Union - Up de Welle 12, 4290 Bocholt (T. 02871 - 3 22 00) - Geb. 5. Juni 1929 Bocholt (Vater: Heinr. U., Feintäschnermeister; Mutter: Luise, geb. Schröer), kath., verh. s. 1959 m. Dr. med. Hildegard, geb. Pirlet, 6 Kd. (Matthias, Georg, Susanne, Robert, Barbara, Beate) - Obersch. Bocholt; Univ. Köln (Rechts-, Wirtschafts-, Politikwiss.); Promot. 1955, Dipl.-Volksw. 1957) - 1954-1958 Wiss. Assist. Univ. Köln (Reichskanzler a. D. Prof. Dr. phil. Heinrich Brüning), dann Wirtschaftstätigk., 1962-66 Leit. Abt. Polit. Sachreferate u. stv. Bundesgf. CDU (1966), 1967-78 Hauptgf. Bundesverb. Bekleidungsind. CDU s. 1946. AR-Mitgl. d. BERLIN-KÖLNISCHEN Lebensversich. VaG, d. Krankenversich. VaG, d. Sachversich. AG - Komtur d. Ordens v. Oranien-Nasau; Gr. BVK - Liebh.: Foto, Film.

UNRUH, von, Georg-Christoph

Dr. jur., em. Prof. f. Öfftl. Recht Univ. Kiel (s. 1967) u. Richter am OVG (s. 1968) - Steenkamp 2, 2305 Kiel-Kitzeberg (T. 23 14 59) - Geb. 28. Sept. 1913 Posen - Habil. 1964 Münster - Vors. Kurat. Inst. f. Regionalforsch. Flensburg, korr. Mitgl. L. v. Stein-Inst. f. Verw.-Wiss. - BV: D. Dorf einst u. jetzt, 2. A. 1964; D. Kreis, 1964; D. Landrat, 1966; Führ. u. Org. d. Streitkr. im demokr.-parlam. Staat, 1968; Subj. Rechtschutz u. polit. Freiheit in d. vorkonstitutionellen Staatslehre Dtschl., 1969; Richteramt u. polit. Mandat, 1971; Öffentliches Recht, 4. A. 1991; Gemeinderecht, 6. A. 1981 (in Bes. Verw.recht; Hrsg.: I. v. Münch); Eidsvoll, 1977; D. goldene Ring (D. Deich als Sinnbild d. Staates), 1981; Verwaltungsgerichtsbarkeit im Verfassungsstaat, 1984; D. Staat, 1985; Rechtsstaatl. Verw. durch Gesetzgebung, 1987. Zahlr. Einzelarb. Herausg.: Dt. Verw.-Gesch. (DVA) (6 Bde. 1982ff). Mithrsg.: D. Verw. - BVK; Ritter d. Johanniter-Ord.; Gr. Verdienstkreuz Land Steiermark - Lit.: Festschr. z. 70. Geb.: Selbstverwaltung im Staat d. Industrieges. (1983, Hg. A. v. Mutius).

UNRUH, Hartmut

Dipl.-Ing., Geschäftsführer Unruh-Sicherheitsplanungs-GmbH - Schulstr. 3, 6791 Dittweiler - Geb. 21. Sept. 1943 Königsberg (Vater: Ernst U., Drogist; Mutter: Charlotte, geb. Wolff), ev., verh. s. 1971 m. Marianne, geb. Paetschke, 3 S. (Volker, Carsten, Rainer) - Ausb. z. Radio- u. Fernsehtechniker (Abschl. 1964) u. Stud. d. Nachrichtentechnik Köln (Dipl.-Ing. 1967) - 1967 Feuerwehr Bonn; 1970 Verb. d. Sachversich. Köln; s. 1978 eig. Fa. (s. o.). Patente: Ladegerät f. mehrere Akkumulatoren, Ortungseinricht. f. unbefugt mitgeführte Objekte, Einricht. z. Ermittl. unbefugt mitgeführter Gegenstände.

UNRUH, Trude

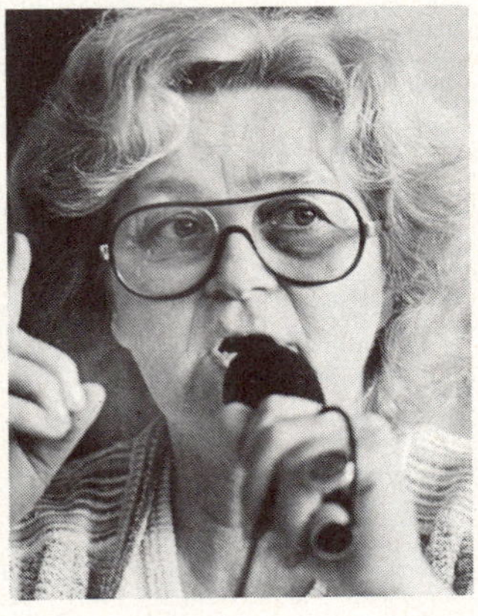

Gründerin u. Bundesvorsitzende Graue Panther (s. 1975), ehem. MdB - Rathenaustr. 2, 5600 Wuppertal 2 (T. 0202 - 66 55 43) - Geb. 7. März 1925, verh. s. 1944 m. Helmut U., 2 Söhne (Helmut, Ingbert) - Betriebswirtschafterin u. Chefsekr.; 1983 Gründ. Graue Panther-Ztschr.; 1984 Gründ. Graue Panther Bundesakad. f. Selbstverw. - BV: Aufruf z. Rebellion, 1984; Trümmerfrauen, 1987; Tatort Pflegeheim, 1989; Grau kommt, das ist die Zukunft, 1990; Schluß mit d. Terror gegen Alte, 1991.

UNSCHULD, Paul U.

Dr. phil., Dr. med. habil., Dr. phil. habil., M.P.H., o. Prof. - Lessingstr. 2, 8000 München 2 (T. 089 - 51 60-27 51) - Geb. 19. Aug. 1943 Lauban/Schles., verh. s. 1968 m. Dr. Ulrike, geb. Huhn, 3 Kd. (Gerson, Janna, Magdalene) - Stud. Pharmazie, Sinologie, Polit. Wiss., Public Health Univ. Hannover, Marburg u. München; Pharm. Staatsex. 1968 München; Promot. 1971 München; Baltimore (J.H.U.; M.P.H. 1973) - S. 1976 Prof. School of Hygiene & Public Health, Johns Hopkins Univ. Baltimore; s. 1986 Dir. Inst. f. Geschichte d. Medizin Univ. München - BV: Medizin in China. E. Ideengeschichte, 1980 (engl. 1985); Nan-ching. The Classic of Difficult Issues, 1986; Medicine in China. A History of Pharmaceutics, 1986; Forgotten Traditions of Ancient Chinese Medicine, 1990 - Spr.: Engl., Franz., Chin., Jap., Russ.

UNSELD, Joachim

Dr. phil., Verleger, geschäftsf. Gesellsch. Suhrkamp Verlag, Insel Verlag, Dt. Klassiker Verlag - Zu erreichen üb. Suhrkamp Haus, Lindenstr. 29-35, 6000 Frankfurt 1 (T. 069 - 7 56 01-0) - Geb. 20. Sept. 1953 - BV: Franz Kafka, 1982; Franz Kafkas Brief an d. Vater, 1986 - Spr.: Engl., Franz., Span.

UNSELD, Siegfried

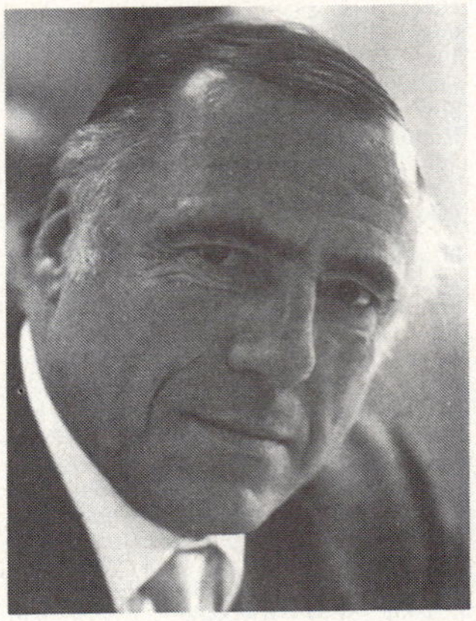

Dr. phil., Dr. h. c. mult., Verleger, gf. Gesellsch. Suhrkamp Verlag KG u. Insel Verlag KG - Lindenstr. 29, 6000 Frankfurt/M. (T. 75 60 10) - Geb. 28. Sept. 1924 Ulm/D., S. Joachim - Univ. Tübingen (German., Phil., Völkerrecht, Sinol.) u. Harvard Univ. Cambridge (USA) - S. 1952 Suhrkamp (1958 Gesellsch., 1959 Inh.) - BV: D. Werk v. Hermann Hesse, 1952, erw. A. 1973 u. 1985; Begegnungen m. Hermann Hesse, 1975; Peter Suhrkamp, Z. Biogr. e. Verlegers, 1975; D. Marienbader Korb. Üb. d. Buchgest. im S.-V. Willy Fleckhaus z. e., 1976; D. Autor u. s. Verleger, 1978; D. Tagebuch Goethes u. Rilkes Sieben Gedichte, 1978. Herausg.: Schröder, Fülle d. Daseins (1958); Brecht, Schriften z. Theater (1957); Bertolt Brechts Dreigroschenb. (1960); Peter Suhrkamp, Briefe an d. Autoren (1961); Walter Benjamin, Illuminationen (1961); Bloch zu Ehren - Beitr. zu s. Werk (1965); Weerth, Fragment e. Romans (1965); Aus aufgegebenen Werken (1968); Hermann Hesse - Peter Suhrkamp Briefwechsel (1969); Hermann Hesse. Polit. Betrachtungen (1970); Hermann Hesse. Mein Glaube (1971); Hermann Hesse. Eigensinn (1972); Wie, warum u. zu welchem Ende wurde ich Literaturhistoriker? (1972); Dt. Mosaik (1972); Günter Eich z. Gedächtnis (1973); Hermann Hesse, Werk u. Wirkungsgesch. (1973, rev. u. erw. 1985); Goethe u. seine Verleger (1991) - 1961 Mitgl. PEN-Zentrum BRD (1968 Mitgl. Präsid.); 1967 Hermann-Hesse-Med.; 1973 BVK I. Kl.; 1975 Johann-Heinrich-Merck-Ehrung; 1977 Goethe-Plakette Stadt Frankfurt; 1978 L'Ordre du Merite Culturel Volksrep. Polen; 1979 Gr. BVK; 1980 Ehrendoktor Washington Univ. St. Louis/USA; Wilhelm Leuschner-Med. Ld. Hessen; 1984 Ricarda-Huch-Preis; Ehrendoktor J. W. Goethe-Univ. Frankfurt - Spr.: Engl., Franz. - Rotarier.

UNSHELM, Jürgen

Dr. med. vet., o. Univ.-Prof. - Soxhletstr. 6, 8000 München 40 (T. 089 - 361 70 68) - Geb. 1. Nov. 1933 Dortmund (Vater: Dr. Erich U., Syndikus; Mutter: Margarete, geb. Schmachtenberg), ev., verh. s. 1961 m. Leena-Liisa, geb. Lehtinen, 2 Kd. (Anja, Peter) - Human. Gymn. Dortmund (Abit. 1954); 1954-59 Stud. Tiermed. München (Promot. 1959), Habil. 1970 Göttingen, apl. Prof. Göttingen 1973, o. Prof. Kiel 1982 - 1959/60 Inst. f. Konstitutionsforsch. Grub b. München; 1961-74 Max-Planck-Inst. f. Tierzucht u. Tierernähr.; 1974-81 Inst. f. Tierzucht u. Tierverhalten FAL; 1982-85 Lehrstuhl f. Tierhaltung Univ. Kiel; s. 1985 Lehrst. f. Tierhygiene u. Verhaltenskunde Univ. München.

UNSÖLD, Albrecht

Dr. phil., Drs. h. c., o. Prof. f. Theoret. Physik - Sternwartenweg 17, 2300 Kiel (T. 8 42 05) - Geb. 20. April 1905 Bolheim/Württ. (Vater: Johannes U., Pfarrer; Mutter: Clara geb. Müller), ev., verh. s. 1934 m. Dr. Liselotte, geb. Kühnert †1990, 4 Kd. (Hans-Jürgen, Eberhard, Wolfgang, Annelotte) - Realgymn. Heidenheim; Univ. Tübingen u. München (Physik) - 1929 Privatdoz. Univ. München, 1930 Univ. Hamburg, 1932 Ord. Univ. Kiel - BV: Physik d. Sternatmosphären, 1938, 2. A. 1955; D. neue Kosmos, 1966; 3. A. 1981 u. 4. A. 1988 (m. B. Baschek); Sterne u. Menschen, Aufs. u. Vortr., 1972; Evolution kosm., biolog. u. geist. Strukturen, 1981, 2. A. 1983. Herausg.: Ztschr. f. Astrophysik (b. 1968) - 1943 Kopernikus-Preis Univ. Königsberg, 1956 Bruce-Goldmedaille Astronomical Soc. of the Pacific, 1957 Goldmed. Royal Astron. Soc. London, 1969 Med. Univ. Liège, 1973 Cothenius-Med. Dt. Akad. d. Naturforscher/Leopoldina, Halle/S., Ehrendoktor Universität Utrecht (1961, Dr. rer. nat.), Edinburgh (1970, D. Sc.), München (1972, Dr. rer. nat.); 1956 Ehrenmitgl. Astronomical Soc. of Canada, 1968 American Assoc. for the Advancement of Science Washington; 1946 Mitgl. Braunschweig. Wiss. Ges., 1951 Akad. d. Wiss. München, 1953 Assoc. Royal Astron. Soc., 1955 Akad. d. Wiss. Göttingen, 1961 Dt. Akad. d. Naturforscher/Leopoldina, Halle/Saale, 1965 Kungl. Fysiografiska Sällskapet Lund; 1982 Ehrensenator Univ. Kiel; 1989 1. Ehrenmitgl. d. Astronomischen Ges. - Spr.: Engl., Franz. - Biogr., in: Encyclopedia of Science and Technology (McGraw-Hill/USA).

UNTERBERGER, Richard

Dr. techn., Ing., em. Prof. u. Direktor Inst. f. Feingerätebau u. Getriebelehre TH bzw. TU München (1955 b. 79), Beratg. f. Diamod Turning Machinery - Gellertstr. 20, 8000 München 81 (T. 98 00 53) - Geb. 4. Nov. 1905 Linz/D. (Vater: Hans U., Oberst; Mutter: Maria, geb. Wagner), verh. s. 1936 m. Gertraud, geb. Holter, 2 Kd. (Hans, Ingrid) - 1926-30 TH Graz (Dipl.-Ing.). Promot. 1934 Graz - 1936-45 Carl Zeiss, Jena; 1945-53 Carl Zeiss, Oberkochen; 1953-55 Anschütz & Co. GmbH., Kiel (Konstruktionschef). Üb. 57 Fachveröff.

UNTERHALT, Bernard

Dr. phil., Prof. f. Pharmazeut. Chemie - Feldbergstr. 48, 3550 Marburg 7 - Geb. 10. Dez. 1933 Düsseldorf (Vater: Bernard U., Apotheker †; Mutter: Hildegard, geb. Krall †), kath., verh. s. 1966 m. Dr. rer. nat. Ingeburg, geb. Schüler (Apothekerin), 2 Kd. - Gymn. Wesel u. Bad Salzuflen; Apothekerprakt. Herford; 1956-60 Univ. Marburg. Staatsex. Pharmaz. u. Lebensmittelchem.; Dipl.-Chem.; Promot. 1963; Habil. 1968 (alles Marburg) - 1968-82 Lehrtätigk. Univ. Marburg. 1970 Carl Mannich-Forsch.stip. S. 1982 Univ. Münster (Inst.-Dir.). 1989 Vors. Fachgr. Chemie d. DPhG; 1991 Vors. d. Verb. d. Professoren an Pharmaz. Hochschulinst. in d. Bundesrep. Deutschl. e.V. Arbeitsgeb.: Ungesätt. Oxime, Nitramine, künstl. Süßstoffe, Analytik - BV: Organ.-Chem. Praktikum f. Pharmazeuten, 1986. Buchbeitr. u. Ztschr.aufs.

UNTERHITZENBERGER, Konrad

Diözesan-Caritasdirektor - Steinweg 8, 8390 Passau - Geb. 20. April 1938 Wissersdorf, kath., ledig - Stud. Theol. in Passau.

UNTERMANN, Jürgen

Dr. phil., o. Prof. f. Vergl. Sprachwissenschaft - Pfalzgrafenstr. 11, 5024 Pulheim-2, Erftkreis (T. 02234 - 8 22 74) - Geb. 24. Okt. 1928 Rheinfelden - Promot. (1954) u. Habil. (1959) Tübingen - 1960 Privatdoz. Univ. Tübingen; 1965 Ord. Univ. Köln - BV: Sprachräume u. -bewegungen im vorröm. Hispanien, 1961 (portugies. 1962, span. 1963); D. venet. Personennamen, 1961; Elementos de un Atlas antroponimico de la Hisp. antigua, 1965; Monumenta Linguarum Hispanicarum I., 1975; II., 1980; III., 1990; Einf. in d. Sprache Homers, 1987 - 1977 o. Mitgl. Rhein.-Westfäl. Akad. d. Wiss.; 1978 Premio Javier Conde Garriga Asoc. Numismática Española; 1979 o. Mitgl. Dt. Archäol. Inst.; 1982 Socio straniero dell' Istituto di Studi Etruschi, Firenze, 1992 Dr. h.c. Univ. de Salamance.

UNTERSEH, Hans

Vorstandsmitglied Manufaktur Koechlin, Baumgartner & Cie. AG. (Stoffdruckerei), Lörrach - Lettenweg 23, 7850 Lörrach/Baden - Geb. 15. Aug. 1930 Eimeldingen/Baden (Vater: Josef U.), verh. m. Lore, geb. Stoll.

UNTERSTE, Herbert

Dr. theol., Lic. phil., Seelsorger, Psychotherapeut, Lehrbeauftr. TH Aachen - Augustinergasse 2, 5100 Aachen (T. 0241 - 3 64 24) - Geb. 22. Nov. 1933 Dortmund (Vater: Norbert U., Beamter; Mutter: Maria, geb. Schmidts), kath. - Stud. Phil. u. Theol., Psych. u. Psychotherapie (phil. u. theol. Ex. 1961 Rio de Janeiro, Promot. 1972 Univ. München, Dipl.-Analytiker 1973 C.G.Jung-Inst. Zürich, Lic. phil. 1981 [Psych.] Univ. Zürich) - 1962-64 Seelsorge in Brasilien; 1964-65 Lehr- u. Vortragstätigk. in Belgien u. Dtschl.; 1965-67 Doz. f. Phil. Kath. Univ. Curitiba/Brasil., 1975-79 Leit. Telefonseelsorge Aachen; s. 1973 psychotherap. Praxis Aachen; s. 1977 Lehrbeauftr. f. Religionspsych. PH/TH Aachen - BV: Theol. Aspekte d. Tiefenpsych. v. C. G. Jung, 1977; Telefonseelsorge. D. Motivation ihrer Mitarb., 1982; zahlr. Art. in in- u. ausl. Büchern u. Ztschr. - Interessen: Religionswiss. u. -psych., Tiefenpsych., Phil., ostasiat. Kunst u. Symbolik, südamerik. Mythol. - Spr.: Portugies., Span., Engl., Franz., (Latein, Griech.).

UNTERSTENHÖFER, Günter

Dr., Prof., Prokurist u. Institutsleit. i. R. Bayer AG - Leichlinger Str. 13, 5090 Leverkusen (T. 26 03; dstl.: Leverkusen 3 19 61) - Geb. 8. Juli 1914 Wipperfürth - Gymn.; Univ. Bonn u. Jena. Promot. 1940; Habil. 1949; S. 1949 Privatdoz. u. apl. Prof. (1955) Univ. Bonn (Pflanzenkrankh.). Üb. 100 Fachveröff. - Liebh.: Malerei d. 17. Jh.s.

UNTIEDT, Jürgen

Dr. rer. nat., Prof. f. Geophysik - Corrensstr. 24, 4400 Münster/W. (T. 83 35 91); priv.: Gustav-Freytag-Str. 19, 4400 Münster-Nienberge (T. 02533/ 15 02) - S. 1968 (Habil.) Lehrtätigk. TU Braunschweig, Univ. Göttingen (Abt.s-vorst. u. Prof.), Münster (1970 Ord. u. Inst.sdir.). Facharb.

UPHOFF, Nicole

Dressurreiterin, Mannschaftseuropameisterin u. Vizeeuropameisterin (1991) - Geb. 25. Jan. 1967 Duisburg - 1988 Einzel- u. Mannschaftsolympiasiegerin, Deutsche Meisterin; 1989 Einzel- u. Mannschaftseuropameisterin, Dt. Meisterin; 1990 Einzel- u. Mannschaftsweltmeisterin; 1992 3. Platz Dt. Meisterschaft (Rembrandt Borbet), 4. Platz Dt. Meisterschaft (Grand Gilbert).

URBACH, Reinhard

Dr. phil., Schriftsteller, Direktor Theater d. Jugend Wien - Wallrißstr. 80, A-1180 Wien - Geb. 12. Nov. 1939 Weimar (Vater: Ottomar U., Prok.; Mutter: Alma, geb. Schröter), ev., verh. s. 1975 in 2. Ehe m. Katharina v. Eicke u. Polwitz, Sohn Ferdinand - Univ. Köln, Bonn u. Wien (German., Gesch., Theaterwiss.) - S. 1977 Mitgl., 1979-86 Leit. Dramat. Burgtheater; s. 1988 Dir. d. Theaters d. Jugend, Wien - BV: Arthur Schnitzler, 1968 (engl. 1973); D. Wiener Kom. u. ihr Publikum, 1973; Schnitzler-Komment., 1974. Herausg.: Arthur Schnitzler. S. Leben - s. Werk - s. Zeit (m. H. Schnitzler u. Ch. Brandstätter, 1981); Österr. z. Beisp. (m. O. Breicha, 1982); Burgtheater Wien (m. Achim Benning, 1986) - Spr.: Engl.

URBAN, Anna-Magdalena

Dr. phil., o. Prof. f. Englisch (entpfl.) - Adalgerstr. Nr. 6, 6551 Norheim (T. 0671 - 3 03 74) - Zul. Päd. Hochsch. Berlin. Facharb.

URBAN, Georg

Angestellter, Mitgl. Brem. Bürgerschaft (s. 1971) - Mittelwiese 14, 2800 Bremen 1 - Geb. 1. Jan. 1925 Bremen, kath., verh., 2 Kd. - Volkssch.; 1939-42 Schiffsmaklerlehre. 1953 9mon. USA-Aufenth. (Stud. d. Gewerksch.) - 1943-46 Wehrdst. (Kriegsmarine) u. Gefangensch., dann versch. Tätigk. (Arbeiter), ab 1949 Schiffsmakler, 1960-70 Bezirksvors. Kath. Arbeiterbeweg. Bremen-Unterweser. S. 1954 Sozial- u. Landessozialrichter (1963). CDU s. 1949.

URBAN, Hans-Georg

Dr., Senatsdirektor i. R. - Clayallee 254, 1000 Berlin 37 (T. 811 39 55) - Geb. 31. Dez. 1910 Berlin (Vater: Dipl.-Ing. Georg U., Dir. Berufsgenoss.), ev. - Stud. Rechtswiss. u. Volksw. Gr. jurist. Staatsprüf. 1936 - 1936-40 jurist. Mitarb. Markenschutzverb. (Verb. d. Fabrikanten v. Markenart.); 1948-59 Polizeivizepräs. Berlin; 1959-71 Senatsdir. Senatsverw. f. Verkehr u. Betriebe u. 1971-77 Protokollchef Berliner Senat - 1977 Gr. BVK - Liebh.: Bergsteigen, Schwimmen, Musik (Verdi-Opern) - Spr.: Engl., Franz. - Rotarier - Parteilos.

URBAN, Horst W.

Vorstandsvorsitzender Continental AG (s. 1987) - Wietzendiek 20, 3000 Hannover 51 - Geb. 1. Juni 1936 Lauban/Schles., verh. m. Dorothea, geb. Kiffer - S. 1956 IBM, s. 1962 Ford, dann BMW (1971-74 Generalbevollm.); 1974-87 Vorst.-Mitgl. Continental-Gummiwerke AG (Finanz- u. Beteiligungen).

URBAN, Martin

Dr. phil., Prof., Museumsdirektor - Nolde-Museum, 2268 Seebüll Kr. Südtondern (T. 04664 - 3 64) - Geb. 16. Dez. 1913 Liebemühl (Vater: Julius U., Lehrer), ev., verh. s. 1942 m. Ruth, geb. Henneberg, 4 Töcht. (Agnes, Dagmar, Petra, Gabriele) - Univ. Königsberg, Bonn, Kiel (Kunstgesch.; Promot. 1950) - 1950-62 Assist. u. Kustos Schlesw.-Holst. Landesmuseum, Schleswig (Schloß Gottorf); s. 1963 Dir. Stiftg. Ada u. Emil Nolde, Seebüll - BV: Veröff. z. Kunst d. Mittelalters u. dtsch., Expressionismus, u. a.: Emil Nolde - Landschaften / Aquarelle u. Zeichnungen, 1969 (New York/Washington, 1970); Emil Nolde - Blumen u. Tiere / Aquar. u. Zeichn. 1972 (New York u. London, 1966); Emil Nolde - Südseeskizzen, 1980; Emil Nolde. Werkverz. d. Gemälde. London/München, Bd. I 1987, II 1990. Herausg.: Welt u. Heimat (1971); Emil Nolde - Mein Leben (1976); Reisen, Ächtung, Befreiung (1978). Zahlr. Ausstellungskataloge.

URBAN, Martin

Dipl.-Phys., Journalist, Verantw. Redakteur Südd. Zeitung, München, Ress. Umwelt, Wiss., Technik - 1972 Theodor-Wolff-Preis (Gebiet: Wissenschaft).

URBAN, Norbert

Dr. med., Prof., Facharzt f. Kinderkrankheiten - Sauerbruchstr. 10, 4040 Neuß/Rh. - Geb. 22. April 1914 Bielschowitz/OS. (Vater: Hermann U., Lehrer; Mutter: Martha, geb. Stiller), kath., verh. s. 1949 m. Dr. med. Irmgard, geb. Greber - Gymn.; Univ. Köln (Promot.) - 1938-42 Assist. Univ.s-Kinderklinik Köln, 1942-45 Wehrdst., 1946 internist. Tätigk., dann Assist. u. Oberarzt (1955) Kinderklinik Med. Akad. (1966 Univ.) Düsseldorf (1953 Privatdoz., 1959 apl. Prof.). S. 1961 Chefarzt Kinderklinik Neuss. Zahlr. Fachveröff. Zahlr. Vorträge u. Referate In- u. Ausl.

URBAN, Philipp

Hauptgeschäftsführer Hauptverb. d. Dt. Schuhindustrie - Waldstr. 44, 6050 Offenbach/M. (T. 069 - 81 62 72; Telex: 4 152 695 hds; Telefax: 069 - 81 28 10).

URBAN, Ralf

Dr., Prof. f. Alte Geschichte Univ. Trier - Peter-Wust-Str. 15, 5500 Trier - Geb. 6. Okt. 1943 Wegscheid (Vater: Hans U., Kaufm.; Mutter: Anneliese, geb. Sahm), ev., verh. s. 1969 m. Inès, geb. Michard, 2 Kd. (Rainer, Eva) - Burggymn. Essen; Univ. Bochum u. München (Promot. 1971, Habil. 1977) - 1978ff. Prof. Univ. Trier - BV: Hist. Unters. z. Domitianbild d. Tacitus; Wachstum u. Krise d. Achäischen Bundes; D. "Bataveraufstand" u. d. Erhebung d. Iulius Classicus; D. Königsfrieden v. 387/86 v. Chr.

URBAN, Thomas

s. Köhler, Oskar

URBAN, Wolfgang

Redakteur, Ressortleit. Politik Tagesztg. D. Glocke - Lortzingstr. 25a, 4740 Oelde - Geb. 6. Okt. 1942 Chemnitz (Vater: Walter U., Presseref.; Mutter: Erika, geb. Jacob), ev., verh. m. Beatrix, geb. Söhnchen, 2 Kd. (Annette, Christian) - 1. jurist. Staatsex. - Spr.: Engl., Franz.

URBANEK, Axel

Verleger, Journalist, Energieberater Sonnenenergie Verlags-GmbH - Hindenburgallee 1, 8017 Ebersberg (T. 08092-2 29 39) - Geb. 15. April 1944 Prag/CSR (Vater: Dr. Walter U., Stud.-Prof., Germanist, Publizist; Mutter: Elisabeth, geb. Jaschke †1986), verh. s. 1969 m. Christine, geb. Scheinost, 2 Kd. (Markus, Susanne) - Oberrealsch. Landshut u. Wasserburg/Inn; Hochsch. f. polit. Wiss. München - B. 1972 Redakt. Tagesztg. Regensburg; 1972 Ltd. Redakt. Fachztschr. Gräfelfing; Hrsg. u. Chefredakt. Fachztschr. Sonnenenergie & Wärmepumpe, 1975 Initiator, Mitbegr./Geschäftsf. u. Vorst.-Mitgl. Dt. Ges. f. Sonnenenergie (DGS) München, 1979 Dt. Energie-Ges. (DEG) München, u. 1987 Dt. Fachverb. Solarenergie (DFS) Ebersberg - BV: Verkehrsplanung, Städtebau u. Raumordnung als Gesellschaftspolitik, 1974; Fünfzig dt. Sonnenhäuser, 1979 - Spr.: Engl., Franz.

URBANEK, Ferdinand

Ph.D., Dr. habil., Dr. phil., apl. Prof. - Überanger 14, 4000 Düsseldorf 31 (T. 0203 - 74 04 94) - Geb. 21. Dez. 1926 Oppeln, kath., gesch., T. Julia - Stud. German., Angl., Phil.; Promot. (Dr. phil.) 1952 Bonn; Ph.D. 1955 London; Staatsex. 1957 Hildesheim; Habil. 1977 Duisburg - 10 J. im Höh. Schuldst.; 10 J. Doz. bzw. Assoc. Prof. Univ. London, Bombay, New Orleans; s. 1974 Hochschullehrer Univ. Duisburg f. germanist. Mediävistik - BV: Indien hinter d. Fassade, 1969; Kaiser, Grafen u. Mäzene im König Rother, 1976. Ztschr.publ. z. lit. Rhetorik u. z. sozial- u. zeitgeschichtl. Lit.wiss. d. Mittelalters - Liebh.: Reisen, fremde Kulturen, Mittelalter, Sport, Photogr. - Spr.: Engl., Franz.

URBANEK, Helmut

Dr., Generalkonsul d. Bundesrep. Deutschl. in d. Türkei - Atatürk PK 156 Caddesi 260, 35220 Izmir/Türkei - Zul. Generalkonsul in Recife/Brasilien.

URBANEK, Johann W.

Fabrikant, Geschäftsf. u. Mitinh. Fa. Joh. Urbanek GmbH & Co., KG., Frankfurt/Nürnberg/Wien (s. 1945) - Eysseneckstr. Nr. 11, 6000 Frankfurt/M. (T. 55 18 88) - Geb. 27. Jan. 1918 Frankfurt (Vater: Johann Carl U., Fabrik. (†); Mutter: Lucie, geb. Clermont †), kath., verh. s. 1952 m. Marianne, geb. Erfemeier, S. Christian - Abit. 1936 - Vors. Fachabt. Hartmetalle, Hartmetallwerkzeuge u. Diamantwerkzeuge im Fachverb. Werkzeugind., alle Remscheid; Vors. Commiss. V Europ. Schleifmittelverb., Paris; Beirat Normenausch. Werkz. u. Spannzeuge im DIN (Dt. Inst. f. Norm.) - DIN-Ehrennadel, BVK a. Bde. - Spr.: Engl., Franz.

URBANIAK, Hans-Eberhard

Gewerkschaftssekretär, MdB (s. 1972; Wahlkr. 115/Dortmund II) - Alfred-Nobel-Str. 10, 4600 Dortmund-Dorstfeld (T. 17 18 58) - Geb. 9. April 1929 Dorstfeld, verh., 1 Kd. - Volkssch.; Bergbaulehre; n. DGB-Lehrg. 1955-56 Sozialakad. - U. a. Hauer (Betriebsratsvors.); s. 1961 Sekr. IG Bergbau u. Energie Bochum; AR-Mitgl. Orenstein & Koppel, Berlin/Lübeck/Dortmund; s. 1984 AR-Mitgl. Hoesch, Rothe Erde Schmiedag AG, Dortmund. 1964-70 Ratsmitgl. Dortmund. SPD s. 1951.

URBANUS

s. Luft, Friedrich

URBANUS, Martin

Landrat a. D., Geschäftsf. Nürburgring GmbH. - Zur Sternwarte 19, 5569 Schalkenmehren - 1950-53 Rechtsanwalt, 1953-56 Leit. Abt. Wirtsch. u. Techn. Bez.sreg., 1956-73 Landrat Kr. Daun. ARs- u. Beiratsmand.; Verb.stätigk. dar. Vorst.smitgl. kommunaler Spitzenverb. - Spr.: Franz.

URBÓN, Héctor

Opern- u. Konzertdirigent - Arminiusstr. 5, 8000 München 90 - Geb. 24. Jan. 1940 Buenos Aires -1950-58 Hochsch. f. Musik Buenos Aires (Klavier u. Kompos., Staatsex.); 1959-62 Kunstinst. Colon Theater B. A. (Hauptf. Dirig.); 1963-66 Staatl. Hochsch. f Musik München (Dirig., Staatsex.) - 1966-68 Kapellmeister Stadttheater St. Gallen (Schweiz), 1968-70 Städt. Bühnen Freiburg/Br.; 1970-71 Künstler. Dir. Theater-Auditor. Palma de Mallorca; ab 1972 Gastdirig. Opernh. Graz, Stuttgart, Teheran, Frankfurt, Zürich, Düsseldorf, Duisburg, Staatsoper München, Wien u. Hamburg, Dt. Oper Berlin; 1975-77 1. Kapellm. u. Musikal. Oberleit. (1976/77) Bad. Staatstheater Karlsruhe; 1977-79 Ständ. Dirig. Dt. Oper Berlin; 1979-87 GMD d. Schleswig-Holst. Landestheaters u. Sinfonieorch. - Sinf.konz. in Buenos Aires, Mar del Plata, Teheran; Abonnement u. Sonderkonz. m. Bad. Staatskap., Philharmonia Hungarica, Schlesw.-Holst. Sinf.orch. (Chefdirig.). Außerdem Konz. in Augsburg, Wuppertal, Tours, Heidelberg, Varna, Stockholm, Stavanger, u.a. FS: Aufz. Don Pasquale (Wiener Staatsoper, ORF). Rundf.: Orpheus u. Eurydike Steir. Herbst, Graz (ORF); m. d. Sønderjyllands Symfoniorkester, Dänemark; m. d. Sinf.orch. NDR, Hamburg, u. d. Bulg. Rundf. Sofia - 1966 Richard-Strauss-Preis Stadt München - Spr.: Deutsch, Engl., Franz., Ital., Span.

URICH, Klaus

Dr. rer. nat., Dipl.-Biol., em. Univ.-Prof. f. Zoologie - Niklas-Vogt-Str. 25, 6500 Mainz (T. 8 24 50) - Geb. 30. März 1926 Berlin, ev., verh. m. Dr. Charlotte, geb. Perschmann, 3 Kd. - Univ. Marburg u. Berlin (Humboldt- u. Freie) - S. 1958 (Habil.) Privatdoz., ao. (1960) u. o. Prof. (1966) Freie Univ. Berlin - BV: Vergl. Physiologie d. Tiere, 3. A. 1976; Chem. Arbeitsb. f. Biologen (m. W. Maurer), 1980; Vergleichende Biochemie d. Tiere, 1990. Etwa 60 Einzelarb.

USCHKOREIT, Klaus R.

Dipl.-Kfm., Vorsitzender d. Vorstandes Provinzial Versicherungsgr., Kiel - Sophienblatt 33, 2300 Kiel 1; priv.: Bahnhofstr. 13, 2303 Neuwittenbek (T. 6 03 - 20 01) - Geb. 15. Juni 1935 Gumbinnen/Ostpr. (Vater: Wilhelm U., Kaufmann; Mutter: Gretel, geb. Filz), ev., verh. s. 1961 m. Kirsten, geb. Reichardt, T. Kyra - 1973-75 Hauptbevollm. Gerling-Konzern, Wien.

USLAR, von, Rafael

Dr. phil., em. o. Prof. f. Vor- u. Frühgeschichte - Georg-Büchner-Str. 27, 6500 Mainz 42 (T. 5 96 15) - Geb. 15. Nov. 1908 Kyritz/Ostprignitz (Vater: Adolf v. U., Landrat † 1960; Mutter: Emmy, geb. v. Wilke † 1978), ev., verh. s. 1936 m. Gerda, geb. Engelmann, 2 Kd. (Gesine, Werner) - Gymn.; Univ. Kiel, Göttingen, München, Wien, Marburg. Promot. 1932 Marburg - 1935-60 Rhein. Landesmuseum, Bonn (zul. -obermuseumsrat); s. 1960 Univ. Mainz (b. 1962 ao., dann o. Prof. u. Inst.dir.). Emerit. 1975 - BV: Westgerman. Bodenfunde d. 1.-3. Jh. n. Chr. aus Mittel- u. Westdtschl., 1938; D. vor- u. frühgeschichtl. Besiedlung d. Berg. Landes, 1954 (m. A. Marschall u. K. J. Narr); Eiszeitmenschen am Rhein, 1957; Studien z. frühgeschichtl. Befestigungen zwischen Nordsee u. Alpen, 1964; Germ. Sachkultur i. d. ersten Jahrh. n. Chr., 1975; D. Germanen, in: Handb. d. Europ. Wirtschafts- u. Sozialgesch., Bd. I (1990); Vorgeschichtliche Fundkarten d. Alpen (1991). Zahlr. Fachaufs. - 1961 Ehrenmitgl. Verein v. Altertumsfreunden im Rhld.; o. Mitgl. Dt. Archäol. Inst.

UTHEMANN, Wolfgang

Dipl.-Ing., Geschäftsführer Rosenkaimer GmbH, Leichlingen - Im Rottfeld 13, 5672 Leichlingen/Rhld. (T. 42 64) - Geb. 20. Juni 1919 Herford - Spr.: Engl. - Rotarier.

UTHMANN, von, Jörg

Dr. jur., Diplomat u. Journalist - 333 East 56 Street, New York, N. Y. 10022 USA (T. 838 - 36 75) - Geb. 18. Juli 1936 Düsseldorf (Vater: Hans-Friedrich v. U., Exportkfm.; Mutter: Helga, geb. Loytved) - Stud. d. Rechtswiss. Univ. Berlin (Freie), Frankfurt, Wien, München - S. 1962 Ausw. Amt (Auslandsposten: 1965-69 Tel Aviv; 1971-73 Saigon; 1973-76 Uno-Vertret. New York). 1979-84 Kulturattaché Dt. Botsch. Paris; s. 1985 Korresp. FAZ in New York - BV: D. Ring d. Nibelungen im Lichte d. dt. Strafrechts, 1968; Doppelgänger, du bleicher Geselle - Z. Pathol. d. dt.-jüd. Verhältnisses, 1976; Es steht ein Wirtshaus an d. Lahn - E. Deutschlandführer f. Neugierige, 1979; Paris f. Fortgeschrittene, 1981; Le Diable est-il allemand?, 1984; D. Diplomaten, 1985; D. Sehnsucht n. d. Paradies - Zeitgemäße Anmerkungen z. dt. Neurose, 1986; Volk ohne Eigenschaften - Amerika u. s. Widersprüche, 1988; Pontius Pilatus - Briefwechsel, 1991 - Liebh.: Musik, Gesch., Theater, Lit. - Spr.: Engl., Franz.

UTHOFF, Detlef

Dr. med., Ärztlicher Direktor - Lindenallee 21, 2300 Kiel 1 - Geb. 7. Mai 1942 Mülheim/Ruhr, verh. m. Anke, geb. Thormählen, 4 Söhne (Philipp, Nicolas, Daniel, Moritz) - Stud. Med.; Staatsex. 1967 u. Promot. 1971 Kiel - AR-Mitgl. versch. wiss. u. wirtschaftl. Inst. Entd.: Neue Operationstechniken in d. Katarakt-Chir. - BV: Immunologie d. Auges (in Druck); Therapie in d. Augenheilkd. (in Druck) - F.S.E.S., New York Acad. Ocular Surgeons - Liebh.: Musik, Tennis, Ski - Spr.: Engl., Franz., Russ. - Bek. Vorf.: Prof. Uthoff, Ord. f. Augenheilkd. in Breslau (Großonkel).

UTSCH, Wolf-Rüdiger

Dipl.-Kfm., Geschäftsführer Bundesverb. Dt. Rohstoffwirtsch., (DSV), Köln, Bundesverb. Baustoff-Aufbereiter, Köln, Reseg-Recycling-Service-Ges. mbH, Köln, Deutscher-Schrott-Recycling - Entsorgungsverb. (m. d. FAR-Fachgruppe Autorückmontage), im Bundesverb. d. Dt. Rohstoffwirtschaft (m. d. Landesverb. Bayern, Hessen, Nordrh.-Westf., Rheinl.-Rheinhessen u. d. Fachverb. Glasrecycling) - Zu erreichen üb. Dt. Schrottverb., 5000 Köln - Abit.; Bundeswehr (Lt. d. Res.); Berufspraktika; Stud. Univ. Köln - Liebh.: Musik, Malerei, Antiquitäten, Sport.

UTTER, Werner

Flugkapitän a. D., Vorstandsmitgl. Dt. Lufthansa AG (1972-85; Ressort Verkehr) - Amselweg 2, 6368 Bad Vilbel - Geb. 14. Febr. 1921 Crailsheim (Vater: Willy U., Notar; Mutter: Elsa, geb. Kuhn), verh. s. 1945 m. Margret, geb.- Weik, 3 S. (Tilman, Thomas, Tobias) - Gymn. Kirchheim/Teck, Abit. - S. 1954 Lufthansa, 1960 Flottenchef B 707, 1971 Chefpilot, 1. Landung in Nepal mit B 707, 1967 - BV: Sonne, Wolken, Staatsvisite, 1968; ... und wünsche einen guten Flug, 1969 - 1967 hoher nepal. Orden, 1968 BVK I. Kl., 1977 Gr. BVK - Liebh.: Kiwifrucht-Anbau, Imkerei, Wandern, Musik - Spr.: Engl. - Lions.

UTZ, Arthur-Fridolin

Dr. theol., Dr. phil. h. c., Prof. em., Direktor Union de Fribourg Intern. Inst. f. Sozial- u. Politikwiss., Präs. Inst. f. Gesellschaftswiss. Walberberg, Präs. Intern. Stiftung Humanum, Präs. Scientia Humana Inst. Bonn, Ehren-Präs. Intern. Vereinig. f. Rechts- u. Sozialphilos. - CH-1783 Pensier/Fribourg (Schweiz) (T. 037 - 34 22 94) - Geb. 15. April 1908 Basel (Vater: August U.; Mutter: Elisabeth, geb. Fitz), kath. - Gymn.; Stud. Phil. u. Theol., Promot. 1937 - 1937-46 Prof. Albertus-Magnus-Akad., Walberberg; s. 1946 ao. u. o. Prof. (1952) Univ. Fribourg - BV (Hauptwerke): Recht u. Gerechtigkeit, 1953; Formen u. Grenzen d. Subsidiaritätsprinzips, 1956; Sozialethik, 3 Bde. (I: Prinzipien d. Gesellschaftslehre, II: Rechtsphil., D. soziale Ordnung) 1958/1963/87 (auch franz. u. span.); Ethik, 1970 (auch franz. u. span.); Bibliogr. d. Sozialethik Bd. I-XI (1960-80); Zw. Neoliberalismus u. Neomarxismus, 1975 (auch franz., span., portug., japan., chines.); D. marxistische Wirtschaftsphilosophie, 1982; Weder Streik noch Aussperrung, 1987; Thomas v. Aquin, Recht u. Gerechtigkeit, 1987 - Liebh.: Skilaufen, Schwimmen, Windsurf - Spr.: Franz., Engl., Span., Ital.

UTZERATH, Hansjörg

Schauspieldirektor Städt. Bühnen Nürnberg (s. 1977) - Zu erreichen üb. Städt Bühnen Schausp., Richard-Wagner-Platz 2-10, 8500 Nürnberg 1 - Geb. 20. März 1926 Schorndorf, verh. s. 1957 m. Renate, geb. Ziegfeld, 3 Kd. (Gabriele, Benjamin, Anna) - Abit. 1944 - U. a. Int. Freie Volksbühne Berlin (1967-73) Düsseldorfer Kammersp. (Dir.) u. Schiller-Theater Berlin (Regiss.). Div. Insz., Rose Bernd (Hauptmann), Straßenecke (Jahnn), Wilhelm Tell (Schiller) u. a. Fernsehen: Viele heißen Kain; Jud Süss (Paul Kornfeld); Hitlerjunge Quex - Mythos e. Jugend (Utzerath/Missbach).

V

VAATZ, Arnold

Staatsminister d. Sächsischen Staatsmin. f. Umwelt u. Landesentwicklung - Ostraallee 23, O-8010 Dresden (T. 051 - 486 22 00) - Geb. 9. Aug. 1955 Weida/Kr. Gera, ev., verh., 3 Kd. (Johannes, Ulrike, Albrecht) - Abit.; Stud. Math., Dipl.; Fern.stud. ev. Theol. - Wiss. Mitarb./Gruppenleit. f. Computertechnik b. KCA (Kompl. Chemieanlagen, Dresden); Leit. d. Koordinierungsaussch. z. Bildung d. Landes Sachsen - Liebh.: Gesch., Lit., Kunst - Spr.: Engl., Russ.

VACANO, von, Johannes (Hans)

Botschafter Bundesrep. Deutschl. in Peru (s. 1986) - Zu erreichen üb. Dt. Botschaft, Apartado 18-0504, Av. Arequipa 4202-4210, Lima 18 (Peru) - Geb. 26. März 1926 Köln (Vater: Franz Johannes v. V., LGpräs. †; Mutter: Margarethe, geb. Freiin v. Feilitzsch †), kath., verh. s. 1959 m. Francesca, geb. Gräfin Pietromarchi, 2 Kd. (Paul Lucas, Stefanie Gabriella) - Jurastud. Univ. Tübingen; Diplomatensch. Speyer - Auslandsposten in Baghdad, Moskau, Madrid, Rom (Nato-Defense-College); wiederh. Tätigk. im AA Bonn (zul. 1971-73 stv. Chef Protok.), 1973-79 Botsch. Buenos Aires (Gesandter); 1979-82 Botschafter in La Paz/Bolivien, 1982-86 in Kenya u. den Seychellen. Ständ. Vertr. b. UNEP u. HABITAT (Nairobi) - Spr.: Engl., Franz., Span., Ital.

VACANO, von, Otto-Wilhelm

Dr. habil., Akad. Oberrat i. R., Archäologe - Bei den Rosswiesen 16, 7400 Tübingen 1 (T. 07071 - 2 62 18) - Geb. 5. Mai 1910 Erstein (Vater: Franz-Johannes, Landgerichtspräs.; Mutter: Gretchen Rosalie, Freiin v. Feilitzsch), verh. I) 1936-50 m. Erna, geb. Bohlmann, 6 Kd.; II) s. 1951 m. Juliane, geb. Engelhardt, 1 Sohn - Abit. Köln; Stud. Klass. Archäol., Altphilol., Alte Gesch. Univ. Köln u. Wien; Promot. 1936 Köln; Habil. 1944 Graz; 1951-61 Heimleit. u. Leit. Mitarb. i. Intern. Bund f. Kultur u. Sozialarb.; 1958-75 Lehrbeauftr. f. etrusk. Archäol. Archäol. Inst. Univ. Tübingen; 1962-75 Kustos d. Archäol. Samml. d. Archäol. Inst. Univ. Tübingen - BV: D. Problem d. alten Zeustempels v. Olympia, 1937; Im Zeichen d. Sphinx - Griechenland i. VII. Jh., 1952; D. Etrusker, Werden u. geistige Welt, 1955; D. Etrusker in d. Welt d. Antike, 1957; Italien, 3. A. 1982; Talamone - Il mito dei Sette a Tebe, 1982; Gli Etruschi a Talamone - La Baia di Talamone dalla preistoria ai giorni nostri, 1985; D. Talamonazzio, Alte u. Neue Probleme, 1988; J. Renard, Le site neolithique et helladique ancien de Kouphovouno (Laconie) - Fouilles de O.-W. v. Vacano, Aegaeum 4, Lüttich 1989; Osservazioni riguardanti lastoria edilizia del tempio di Talamonaccio, in: Atti del XVI Convegno di Studi Etrusche Italia, Orbetello, 25.-29.4.88, 1992 - 1973 Membro straniero dell'Ist. Naz. di Studi Etruschi ed Italici; 1976 Membro corrispondente dell'Accademia dei Sepolti, Volterra.

VAERST, Wolfgang

Dr. jur., Rechtsanwalt, ehem. Präs. Deutsche Bundesbahn (1972-82) - Oskar-Sommer-Str. 15, 6000 Frankfurt/M. (T. 631 23 63) - Geb. 1. Aug. 1931 Essen, verh., 3 Kd. (Andreas, Markus, Susanne) - Stud. Rechtswiss. Promot. 1961 - 1960-65 Finanzverw. Nordrh.-Westf. (zul. Regierungsrat), dann Bundesverb. Werksverkehr (Geschäftsf.), 1968-72 Bundesverkehrsmin. (Leit. Abt. Eisenbahnen; 1969 Min.dir.) - 1981 Großkr. d. zivilen VO d. span. Königreichs; 1982 BVK I. Kl.; 1983 Gr. Gold. Ehrenz. m. Stern f. Verdienste um d. Rep. Österr. - Liebh.: Zeitgesch., Tennis, Radfahren.

VÄTH, Werner

Dr. rer. soc., Prof. f. Politikwiss. FU Berlin, Dekan (s. 1989) - Zu erreichen üb. FU Berlin, FB Polit. Wiss., Ihnestr. 21, 1000 Berlin 33 (T. 030 - 838 37 39) - Geb. 9. Sept. 1945 Mittelsinn/Ufr. (Vater: Karl V., Bb.-Beamter; Mutter: Dora, geb. Sachs), verh. s. 1971 m. Dr. Roswith, geb. Szusdziara, Dipl.-Psych., 2 Kd. - 1964-69 Univ. Wien u. Berlin (Dipl.-Polit. 1969), Promot. 1976 Konstanz - 1970 Projektmitarb.; 1973 Wiss. Mitarb., 1976 Wiss. Assist., s. 1981 Prof., s. 1990 1. Vizepräs. FU - BV: Ges.plan., 1972; Polit. Plan., 1973; Raumplan., 1980; Krisenregulierung, 1983; Pol. Regulation in the Great Crisis, 1989 - Liebh.: Klass. Musik.

VAHLBERG, Jürgen

Dipl.-Soz., Bundestagsabgeordneter a. D. (Landesliste Bayern), Geschäftsführer DEFA Dresden GmbH (s. 1992) - Teutonenstr. 1, 8011 Kirchheim b. München (T. 089 - 903 80 70) - Geb. 12. Febr. 1939 Braunschweig, verh., 1 Kd. - Volkssch.; Schriftsetzerlehre; 1961-62 Bundeswehrdst.; n. Ableg. Abit. (1967 Bayer. Kultusmin.) Univ. München (Soziol., Volksw.) - 10 J. Schrifts. versch. Druckereien u. Ztg.betriebe; s. 1977 sozialwiss. Tätigk. TU München; s. 1979 Geschäftsf. Softing GmbH. SPD s. 1966 (Schatzmeister d. Bayer. SPD), Bundesvors. Arbeitsgem. Selbständige in d. SPD). 1972-76 u. 83-90 MdB.

VAHLBRUCH, Günther

Dr. jur., Bankdirektor i. R. - Waldheimstr. 7a, 3000 Hannover 81 - Geb. 20. Juni 1912 Bockenem Kr. Hildesheim (Vater: Dr. Paul V.), verh. m. Doris, geb. Thieße - Fr. Vorst.smitgl. Nieders. Landesbank, Hannover, bzw. Nordd. Landesbank, Hannover/Braunschweig (b. 1974).

VAHLDIECK, Heino

Oberregierungsrat, Mitgl. d. Hamburg. Bürgerschaft (s. 1986) - Schrötteringksweg 11, 2000 Hamburg 76 (T. 040 - 220 70 83) - Geb. 17. Febr. 1955 Hamburg, ev., verh. s. 1986 m. Susanne, geb. Rahardt, MdHB, T. Harriet - Volljurist. CDU - Spr.: Engl., Franz.

VAHLEFELD, Hans-Wilhelm

Dr. phil., Journalist i. R. - Holztwiete 8 D, 2000 Hamburg 52 (T. 040 - 82 64 42) - Geb. 1928 Lüdenscheid/W. - Univ. Freiburg, Hamburg, München (Phil., Rechtswiss.) - 1960-68 Fernostkorresp. f. Funk u. Fernsehen Tokio u. Hongkong (1964), spät. Intern. Korresp. D. Welt, b. 1982 stv. Chefredakt. NDR-Fernsehen, dann ARD-Korresp. Tokio; NDR Korresp. Rundf. Washington - BV: 100 Millionen Außenseiter - D. neue Weltmacht Japan, 1968; Weltrevolution aus Fernost - D. neue China, 1970; Fernost fordert heraus - E. Auslandskorr. erlebt Indien, China u. Japan; Länder d. Hoffnung - E. Auslandskorr. erlebt Südamerika, d. Südsee u. Australien; Amerikas langer Abschied v. Europa/Japan: Herausforderung ohne Ende.

VAHLENSIECK, Winfried

Dr. med., o. Prof. f. Urologie - Auf d. Freibogen 2b, 5300 Bonn-Lengsdorf (T. 27 37 10) - Geb. 16. April 1929 Salzkotten (Vater: Dr. med. Karl V.; Mutter: Elisabeth, geb. Kohler), kath., verh. s. 1956 m. Marianne, geb. Pöppinghaus, 3 Kd. (Winfried, Martin, Ute) - S. 1965 (Habil.) Lehrtätigk. Bonn (1969 apl. Prof., 1970 Abt.svorst., 1971 Ord. u. Klinikdir., 1975/76 Dekan Med. Fak.) - BV: Exper. Beitrag zu Fragen d. Nierentransplantation, 1965; Pathogenese u. Klinik d. Harnsteine II, III, IV, 1974/75 (m. G. Gasser). Etwa 200 Einzelarb. - Spr.: Engl., Franz., Ital.

VAHRENHOLT, Fritz

Dr. rer. nat., Umweltsenator d. Fr. u. Hansestadt Hamburg (s. 1991) - Steindamm 22, 2000 Hamburg 1 (T. 040 - 248 25 32 02) - Geb. 8. Mai 1949 Gelsenkirchen-Buer, verh. s. 1976 m. Maria Müller-Vahrenholt, 2 Söhne (Volker, Oliver) - Stud. Chemie u. Sozialwiss.; Dipl.-Chem. 1971, Promot. 1974 Univ. Münster - 1976-81 Ref. f. Chem. Ind. Umweltbundesamt Berlin; 1981-84 Ltd. Ministerialrat Hess. Umweltmin. Wiesbaden; 1984-90 Staatsrat d. Hamburger Umweltbehörde - BV: Seveso ist überall, 1978; Im Ernstfall hilflos, 1980; D. Lage d. Nation (m. E. R. Koch), 1983; Tempo 100 - Soforthilfe f. d. Wald, 1984; Formaldehyd - e. Nation wird geleimt (m. R. Grieshammer), 1984; Vernunft riskieren (m. Peter Glotz), 1988 - Liebh.: Pflege u. Vermehrung subtrop. Pflanzen - Spr.: Engl.

VAHS, Wilfried

Dr. phil., Prof., Zoolog. Inst. Univ. Köln - Weyertal 119, 5000 Köln 41 (T. 470-31 16) - Geb. 13. Dez. 1924 Essen (Vater: Hans V., Feinmechanikerm.; Mutter: Änne, geb. Regeniter), ev., verh. s. 1953 m. Erika, geb. Klingner, 2 Töcht. (Brigitte, Elke) - Univ. Köln (Biol., Chemie). Promot. (1953) u. Habil. (1960) Köln - S. 1960 Lehrtätigk. Köln (1966 Wiss. Rat u. Prof.). Spez. Arbeitsgeb.: Entwicklungs- u. Zellphysiol. d. Wirbeltiere. Facharb. - Liebh.: Floristik (bes. Orchideen) - Spr.: Engl.

VAJDA, Ladislaus

Dr. phil., Prof., Inst. f. Völkerkunde Univ. München - Clemensstr. 28, 8000 München 40 (T. 3 11 13) - Geb. 3. Febr. 1923 Budapest - S. 1962 (Habil.) Lehrtätigk. München (1969 Wiss. Rat u. Prof., 1978 Prof.). Völkerkundl. Veröff.

VAJEN, Kurt

Landwirt, MdL Nieders. (s. 1978, Wahlkr. 60/Rotenburg) - Wensebrock 5, 2135 Brockel - Geb. 15. Mai 1936 Ahausen, verh. - Volkssch.; landw. Ausbild. Meisterprüf. 1960 - S. 1960 selbst Wensebrock. Ehrenämter u. a. 1974 ff. Bürgerm. Brockel u. Bothel;

1972 ff. MdK; 1975-77 Landrat. CDU (1966 ff. Ortsvors.).

VALENCAK, Hannelore

(eigtl. Hannelore Mayer) Dr. phil., Schriftstellerin - Schwarzspanierstr. 15, A-1090 Wien - Geb. 23. Jan. 1929 Donawitz - BV: Morgen werden wir es wissen, Erz. 1961; D. Höhlen Noahs, R. 1961; E. fremder Garten, R. 1964; Nur dieses e. Leben, Lyrik, 1966 - Zuflucht hinter d. Zeit, R. 1967 (NA. 1977 unt. d. Titel: D. Fenster z. Sommer); Montagfrüh ist nicht d. Leben, R. 1970; Vorhof d. Wirklichk., R. 1972; Ich bin Barbara, R. 1974; Meine schwererziehb. Tante, R. 1975; D. mag. Tageb., R. 1981; Mein Tag - mein Jahr, Lyrikbd. m. eigenen Fotos 1983; Meine unbezahlbare Schwester, Mädchenr. 1984; Bettina u. d. eiserne Versprechen, Kinderb. 1989. Lyrik; Jugendb. - Außer Ehrengaben u. Förderungspreisen Steir. Peter-Rosegger-Lit.preis (1966), Wiener Jugendb.pr. (1975), Österr. u. Wr. Kinderb.pr. (1977); Mitgl. PEN.

VALENTE, Caterina

Sängerin, Tänzerin u. Schauspielerin - CH-6816 Bissone - Geb. 14. Jan. 1931 Paris (Eltern: Giuseppe u. Maria Valente, Artisten), kath., verh. I) 1952 m. Eric van Aro (eigtl. Gerd Scholz; Jongleur; gesch. 1971), S. Eric, II) 1972 Roy Budd (Komponist; brit. Staatsbürger; gesch. 1979), S. Alessandro - Filme: Große Starparade, Ball im Savoy, Liebe, Tanz und 1000 Schlager, Bonjour - Katrin!, Du bist Musik, Das einfache Mädchen, Casino de Paris, ...und abends in d. Scala, Hier bin ich, hier bleib ich, Du bist wunderbar, Schneewittchen u. d. 7 Gaukler. Fernsehen (zahlr. Shows USA); Schallpl. - 3 x Gold. Bildschirm (zul. 1961), 1964 Europremio (Fernsehpreis Venedig), 1965 Fame Award (Amerik. Fernseh-Oscar) u. Gold. Kamera; 1968 BVK I. Kl., 1985 Gr. BVK - Liebh.: Kochen, Stricken, Fotogr. - Beherrscht 6 Sprachen.

VALENTIEN, Christoph Christian

Dipl.-Ing., Prof. f. Landschaftsarchitektur - Fischerweg 7, 8031 Wessling b. München - Geb. 4. Aug. 1939 Stuttgart (Vater: Dr. phil. Fritz V., Kunsthändler; Mutter: Alwine, geb. Beck), verh. s. 1971 m. Donata, geb. Seifert - Fr. Walddorfschule Stuttgart (Abit. 1958); 1958-60 Lehre Landsch.gartenbau, 1960-64 TU München (Gartenarchit.), Dipl. 1964; 1965-67 Städtebaul. Aufbaustud. TU Aachen - 1967-72 wiss. Assist. TU Stuttgart, freiberufl. Landsch.arch., ab 1980 o. Prof. f. Landsch.arch. u. Entwerfen TU München - Architektur: Rosenthal-Park Selb/Ofr., Strandbad Bad Waldsee, Fußgängerzone Gaggenau - Planungen: u.a. Landsch.entwickl.plan Vier- u. Marschlande, Hamburg, Landsch.pläne Oberstdorf, Würzburg, Pforzheim - Mitgl. Dt. Werkbund, Dt. Akad. f. Städtebau u. Landesplanung, Gründungsmitgl. Fr. Akad. d. Künste Mannheim - Liebh.: Mod. Kunst.

VALENTIN, Erich

Dr. phil., Prof., Musikwissenschaftler - Maillingerstr. 12, 8202 Bad Aibling (T. 08061 - 55 88) - Geb. 27. Nov. 1906 Straßburg/Els. (Vater: Karl V., Postbeamter; Mutter: Claire, geb. Diedrich), ev., verh. s. 1937 m. Edith, geb. Dettmeyer †1988, 4 Kd. (Kläreliese, Hannedore, Hans-Erich, Michael) - Univ. München (Musikwiss., German., Päd.) - Lehrtätigk. u. a. Mozarteum, Salzburg, Nordwestd. Musik-Akad., Detmold, u. Staatl. Hochsch. f. Musik, München (1953; Prof., 1964 Dir.). Begr. u. Präs. Dt. Mozart-Ges.; Präs. Beethoven-Ges. - BV (1952-75): Georg Philipp Telemann; Kl. Bilder gr. Meister (auch türk.); Mozart - Wesen u. Wandlung; Handb. d. Chormusik; Handb. d. Instrumentenkd. (auch engl. u. franz.); Cello u. Hoelscher; Mozart (Bildbiogr.; auch engl., schwed., franz.); Beethoven (Bildbd.; auch engl., franz., span., dän., schwed.); Telemann in s. Zeit; Goethes Musikanschauung; Musica Domestica; Handb. d. Schulmusik; Mozart - Sinnbild d. Mitte; Handb. ev. Kirchenmusik; Zeitgenosse Mozart; D. schönsten Mozart-Briefe; D. schönsten Beethoven-Briefe; D. schönsten Schubert-Briefe; Neues Handb. d. Schulmusik; E. Freund Mozarts: J. Chr. v. Zabuesnig; D. Wittelsbacher u. ihre Künstler; Mozart. Weg u. Welt; Leopold Mozart. Herausg.: Lübbes Mozart-Lexikon (1983); Don Juan-Reflexionen (1988, auch span. 1988); Madame Mutter (Mozart), 1991. Fernsehreihe: Welt d. Musik - 1956 Silb. Mozart-Med. Salzburg; 1971 Bayer. VO.; 1987 goldenes Ehrenz. Land Salzburg; BVK I. Kl.; 1987 Kulturpreis Donauwörth; 1992 Telemann-Preis Magdeburg; Ehrenmitgl. Hochsch. f. Musik München, Bayer. Sängerbund, Intern. Stiftg. Mozarteum Salzburg, Mozartges. Schwetzingen u. München - Liebh.: Reisen, Wandern. Lesen - Lit.: Festschr. z. 70. Geburtstag (hg. v. G. Weiß).

VALENTIN, Franz

Dr.-Ing., Univ.-Prof. f. Hydraulik u. Gewässerkunde TU München - Kerschensteinerstr. 246, 8034 Germering (T. 089 - 841 61 09) - Geb. 16. Dez. 1938 Ochsenfurt, kath., verh. s. 1968 m. Ulrike, geb. Schwab, 2 Kd. (Birgit, Bernhard) - TH München (Dipl.-Ing. Bau 1963, Promot. 1968), Habil. 1972 TU München - 1978 Extraord.; 1981-86 Sprecher Sonderforschungsber. 81 TU München; 1987 Ord. f. Hydraulik u. Gewässerkd.

VALENTIN, Hans E.

Dipl. Bibliothekar, Leitung Stadtbibliothek Heidenheim - Hauptstr. 83, 7920 Heidenheim (T. 07321 - 2 32 21) - Geb. 4. Aug. 1942 Salzburg, ev., verh. s. 1969 m. Karin, geb. Kastner, 3 Kd. (Annette, Ulrike, Tobias) - Waldorfsch.; Buchhandelslehre; FH f. Bibliothekswesen Stuttgart - BV: Klöster u. Stifte im bayer. Oberland, 1978; Brezen, Kletzen, Dampedei. Brot im süddt. u. österr. Volksbrauchtum, 1978. Herausg.: Bayernbuch (1975). Co-Autor: D. Wittelsbacher u. ihre Künstler in 8 Jh. (1980); Verfasser zahlr. kulturhist. Aufs.

VALENTIN, Helmut

Dr. med. (habil.), em. o. Prof., Direktor Inst. f. Arbeits- u. Sozialmed. d. Poliklinik f. Berufskrankheiten Univ. Erlangen-Nürnberg (1965-89), Facharzt f. Inn. Med. u. Arbeitsmed. - Schillerstr. 29, 8520 Erlangen (T. 85 61 17 u. 5 23 82) - Geb. 1. Nov. 1919 Bochum.

VALÉRIEN, Harry

Journalist, TV-Reporter u. Moderator - 8137 Berg 2 - Geb. 4. Nov. 1923 München (Vater: Pressefotograf), verh., 2 Töcht. - Mechanikerlehre; Kriegsdst.; Journalistensch. München - 1947-51 Redakt. b. Münchener Merkur; 1951-62 Bayerischer Rundf., 1962-89 Fernsehen ZDF, 1963-88 Moderator d. Aktuellen Sport-Studios, 1977-86 Moderator u. Leit. d. Sendung Telemotor, Interviewer d. Reihe Sonntagsgespräch, Gastgeber d. Talkshow Live (bde. ZDF); Golfkommentator b. SAT 1. S. 1990 Kolumnist u. Berater b. SPORTS. Div. Sportb.: Olympia v. 1966-92; Fußball-WM 1970-90; Golf - Faszination e. Weltsports, 1989 - 1965, 76 u. 88 Gold. Kamera Hör Zu; 1972, 79 u. 90 Gold. Bambi - Liebh.: Golf, Ski, Schwimmen, Radfahren, Bergwandern.

VALET, Günter

Dr. med., Prof., Leiter Mildred-Scheel Labor f. Krebszellenforschung (s. 1981) - Max-Planck-Inst. f. Biochemie, 8033 Martinsried - Geb. 25. April 1941 München, ev., verh. m. Annie, geb. Saramite, 3 Kd. (Michael, Christoph, Veronique) - 1961-68 Medizinstud. Univ. München, Freiburg, Montpellier; Promot. 1968 München; Habil. (exper. Med.) 1974 München - 1981 apl. Prof. München; 1972/73 Scripps Clinic and Res. Foundation, La Jolla, USA - Versch. Pat., Reagentien f. Durchflußcytometrie. 110 wiss. Veröff. in 34 intern. Ztschr. - Spr.: Engl., Franz.

VALETON, Ida,

geb. Meggendorfer

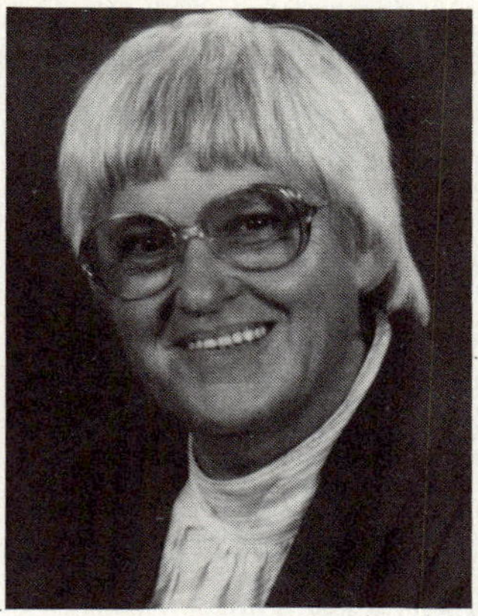

Dr. rer. nat., Prof., Leiterin Sedimentpetrogr. Labor. Geolog. Paläontol. Inst. Hamburg i. R. - Auf dem Heinberg 56, 2094 Brackel (T. Marxen 41 77) - Geb. 26. Mai 1922 Hamburg (Vater: Prof. Dr. med. Friedrich Meggendorfer, Ord. f. Psychiatrie (s. X. Ausg.); Mutter: Jakobine, geb. Krebs), verh. s. 1952 m. Dr. med. Johannes V., 2 Kd. (Barbara, Bernard) - Promot. 1944; Habil. 1957 - S. 1957 Lehrtätigk. Univ. Hamburg (1964 apl. Prof. f. Mineral. u. Petrogr.; 1966 Wiss. Rätin u. Prof.; 1970 Abt.Dir. u. Prof.). 1963/64 Austauschprof. Bordeaux. 1979 Gastprof. (Lagerstätten) Ben Gurion Univ. of the Negev, Beer Sheva, Israel; 1983 Gastprof. (Lagerstätten) Univ. Ife, Nigeria, u. 1988 Univ. Dar es Salam, Tanzania - BV: Bauxitlagerstätten (engl.), Sedimentpetrogr. Einzelarb.; Lateritische Lagerstätten, Tonmineralogie, Pleistozänpetrographie, Umweltschutz Alster, Elbe. Co-Autor v. Hans Füchtbauer (ed.): Sedimente u. Sedimentgesteine, Lehrb. 1988 - 1977 Gold. Sportabz.; Partnership research projects with the Univ. of Porto Alegre and São Paulo, Brazil; 1986 Verleihung d. Portugaleser in Gold (40. Dienstjubiläum) durch d. Stadt Hamburg - Spr.: Engl., Franz.

VALLENTHIN, Wilhelm

Dr. jur., Vorstandsmitglied Deutsche Bank AG, i. R.; - Elbchaussee 474, 2000 Hamburg 55 - Geb. 24. Juli 1909 Hamburg, verh. m. Friedel, geb. Festersen, 3 Kd. - Univ. Hamburg, München, Freiburg (Rechts- u. Staatswiss.). Ass.ex. - Staatsdst. (Landgericht Hamburg; Reichsarbeitsmin.); n. 1945 Bankwesen - Liebh.: Musik, Golf.

VALMY, Marcel

Freier Schriftsteller u. Regiss. - Schmiedweg 2, 8031 Seefeld/Hechendorf (T. 08152 - 76 42) - Geb. 13. Nov. 1922 Berlin, ev., verh. s. 1950 m. Lore, geb. Hager, T. Beatrix - Abit. 1941; Stud. 2 Sem. Jura - B. 1945 Wehrdienst; seith. fr. Autor f. Film, Funk, FS, Verlage. Liedertextdichter, Romanautor, Drehbuchautor (D. grüne Bogenschütze, D. Bande d. Schreckens u.a.) - BV: D. Mann, d. d. Geld nachlief; D. wundersamen Nächte; D. verzauberte Tag; D. lieben Draculas; D. Freimaurer (auch ital.: I Massoni); Aus d. Memoiren e. Ladykillers, 1990. Musicals: Dreimal dürfen Sie raten (Graz 1959, Wien 1963, Parchim 1974); Heuchlerserenade (Staatsoperette Dresden 1970); Candide (Rostock 1974). Üb. 500 Dialogfassungen amerik., franz. u. ital. Filme. FS-Serien: Verdi, D. seidene Schuh, D. Sklavin Isaura, D. Unsichtbare, Carson u. Carson u.a. 300 Feuill. in d. europ. Presse - 1964 Kulturfilmprämie f. d. Bethel-Film Leben m. d. Leiden (Buch, Musik, Regie) - Liebh.: Hist. Studien - Spr.: Engl., Franz., Ital., Span. - Lit.: Glenzdorfs Intern. Filmlex.; Kürschner Dt. Lit.-Kalender; Who's Who in Europa?; Who is Who in Lit.?.

VALTIN, Renate

Dr. phil., Prof. f. Erziehungswiss. Humboldt-Univ. Berlin - Winkler Str. 22, 1000 Berlin 33 (T. 030 - 826 46 65) - Geb. 20. Sept. 1943 Winterberg (Vater: Karl V., Elektrokaufm.; Mutter: Emmy, geb. Biederbeck), verh. s. 1973 m. W. E. Braun - Univ. Hamburg (Ex. f. d. Lehramt an Volks- u. Realsch. 1966, Promot. 1969) - 1969-75 wiss. Assist. Univ. Hamburg; 1975-81 Prof. PH Berlin; 1981-91 Prof. FU Berlin. S. 1984 Vors. Arbeitskreis Grundschule - BV: Legasthenie - Theorien u. Unters., 1970, 3. A. 1974; Empir. Unters. z. Legasthenie, 1972; Legasthenie in Wiss. u. Unterr. (m. and.), 1981; Mit d. Augen d. Kinder, 1991. Herausg.: Einf. in d. Legasthenieforsch. (1973); Förd. legasthen. Kinder in d. Schule (m. Malmquist, 1975); Language awareness and learning to read (m. Downing), 1984; Frauen machen Schule (m. Warm, 1985); LRS in den Kl. 1-10. Handb. d. Lese-Rechtschreibschwierigkeiten (m. Naegele, 1989) - 1974 Reading Res. Award Intern. Reading Assoc.

VÀMOS, Youri

Tänzer, Choreograph, Ballettdirektor Basel - Zu erreichen üb. Theater Basel - Geb. 21. Nov. 1946 Budapest - Solotänzer Budapester Staatsoper, Solotänzer u. Choreograph Bayer. Staatsoper; ab 1986 Ballettdir. in Dortmund, anschl. Bonn - Abendfüllende Ballette u.a. Lucidor, Spartakus, Schwanensee, Coppelia, Nußknacker, Julien Sorel - Spr.: Deutsch, Franz., Engl., Ungar.

VANDENBERG, Philipp

Autor - 8157 Baiernrain/Obb. - Geb. 20. Sept. 1941 Breslau, gesch., S. Sascha - Abit. Humanist. Gymn. Burghausen/Salzach, Stud. Kunst u. German. München; Zeitungsvolontär Passau - B. 1973 Zeitungs- u. Zeitschriftenredakt. München, dann Schriftst. - BV (Gesamtaufl. üb. 10 Mill., Übers. in 26 Spr.): u. a. D. Fluch d. Pharaonen, Nofretete, Ramses d. Gr., D. vergessene Pharao, D. Geheimnis d. Orakel (1979), Nero - Kaiser u. Gott, Künstler u. Narr, 1981, D. versunkene Hellas, 1984; Cäsar u. Kleopatra, 1986; D. Pompejaner, 1986; Sixtinische Verschwörung, 1988; D. Pharao - Komplott, 1990; D. Heimlichen Herrscher, 1991 - Liebh.: Alte Autos.

VARAIN, Heinz-Josef

Dr. phil. (habil.), o. Prof. f. Wissenschaft v. d. Politik Univ. Gießen - Gartenstr. 11, 6300 Gießen (T. 3 49 33) - S. 1966 Ord. - Facharb.

VARGA, Gilbert

Dirigent - Schweiz - Geb. 17. Jan. 1952 London (Vater: Tibor V., Geiger; Mutter: Judith, geb. Száva), verh. s. 1979 m. Delia, geb. Bogătilă - Nordwestd. Musikakad. Detmold (Reifeprüf. 1970 Violine); Dirig.-Stud. Rom, Siena, Venedig, USA - 1980-85 Chefdirig. Hofer Symph.; 1985-90 Chefdirig. Philharmonia Hungarica - Spr.: Engl., Franz., Ital., Ung.

VARGA, Tibor

Violinvirtuose, em. Prof. Nordwestd. Musik-Akad. (1949-1986) - Zu erreichen üb. DKO, Postfach 14 04, 4930 Detmold - Geb. 4. Juli 1921 Györ/Ung. - Gymn., Univ. (Phil.) u. Musikakad. Budapest (J. Hubay, C. Flesch) - S. 1931 Konzerttätigk. Gründ. Kammerorch. Tibor Varga (1954, Künstlerischer Leit. b. 1988) u. Festival Tibor Varga (Wettbewerb u. Meisterkurse) Sion/Schweiz (1964); s. 1989 Künstlerischer Leit. d. Orchestre des Pays de Savoie in Frankr.; Päd. Leit. d. Departement Superieur d. Archets du Conservatoire de Sion in d. Schweiz. Rege Tätigk. als Dirigent Symphonischer Orch.

VARJÚ, Dezsö

Dr. rer. nat., o. Prof. f. Biokybernetik Univ. Tübingen (s. 1968) - Weißdornweg 4, 7400 Tübingen (T. 6 14 25) - Geb. 22. Mai 1932 Gasztony (Ung.), verh. s. 1962 - Dipl.-Phys. 1956 Budapest; Promot. 1958 Göttingen; Habil. 1967 Tübingen -

Zul. Wiss. Assist. Max-Planck-Inst. f. Biol. Tübingen (1959/60 postdoctoral fellow Caltech, Pasadena/USA - BV: Systemtheorie f. Biol. u. Mediziner, 1977. Fachveröff. - Spr.: Ung., Engl.

VARNAY, Astrid

Kammersängerin (Sopranistin) - Portiastr. 8, 8000 München 90 - Langj. Gast Bayer. Staatsoper u. Bayreuther Festsp. - 1967 Bayer. VO.; 1968 Ehrenring Stadt Bayreuth; 1982 Bayer. Maximiliansorden f. Kunst.

VARNHOLT, Theo

Dr. rer. pol., Dipl.-Kfm., Vorstandsmitglied Bonnfinanz AG, Bonn - Auf dem Essig 23, 5300 Bonn 1 (T. 0228 - 28 28 64) - Geb. 18. Dez. 1940 Duisburg (Vater: Theo V., Bauleit.; Martha, geb. Linkenbach), kath., verh. s. 1965 m. Karin, geb. Markwart, Sohn Markus - Betriebswirtschaftslehre; 1960-64 Univ. Köln (Dipl.-Kfm.), Promot. 1970 - B. 1978 Vertriebsleit.; b. 1980 Geschäftsf., s. 1980 Vorst.-Mitgl. - Liebh.: Musik, Politik, Bergwandern - Spr.: Engl., Franz.

VASATA, Vilim

Prof. f. Kommunikationsdesign Univ.-GH Essen, Chairman d. BBDO-Gruppe Deutschland u. BBDO Europe, Mitbegr. d. Agentur, Mitgl. d. Board of Directors, BBDO Worldwide Inc., New York - Königsallee 92, 4000 Düsseldorf.

VASKOVICS, A. Laszlo

Dr. phil., o. Prof. f. Soziologie Univ. Bamberg - Feldkirchenstr. 21, 8600 Bamberg (T. 0951 - 86 38-3 22) - Geb. 19. Juni 1936, kath., verh. s. 1962 m. Jutta, geb. Wittmann, 3 Kd. (Veronika, Matthias, Stefan) - Stud. Soziol., Phil. u. Psych. Univ. Wien; Promot. 1962; Habil. 1970 Wirtschaftsuniv. Linz/Österr. - 1970/71 Privatdoz. Wirtschaftsuniv. Linz; 1971-76 Prof. f. Soziol. Univ. Trier; s. 1976 o. Prof. f. Soziol. Univ. Bamberg (1980-83 Vizepräs. d. Univ.) - BV: Familie u. relig. Sozialisation, 1970; Segregierte Armut, 1976; Stand d. Forschung üb. Obdachlose u. Hilfen f. Obdachlose, 1979; Umweltbedingungen familialer Sozialisation, 1982; Raumbezogenheit soz. Probl., 1982 (m. K.D. Keim); Wandel d. Familie - Zukunft d. Familie, 1982 (m. V. Eid); Randgruppenbildung im ländl. Raum/Armut u. Obdachlosigkeit, 1983 (m. W. Weins); Wege z. Sozialplanung, 1985; Soziale Lage v. Verwitweten, 1988. Mithrsg. d. Buchreihe D. Mensch als soziales u. personales Wesen (m. K.A. Schneewind, G. Wurzbacher). S. 1989 Gf. Herausg. d. Ztschr. Soziologische Revue.

VASOVEC, Ernst

Prof., Schriftsteller - Alfred-Nobel-Str. 47, A-1210 Wien - Geb. 21. Sept. 1917 Müglitz/Mähren - Geb. D. Weg hinab, N. 1949; D. Unbegreifliche, N. 1953; Heimweg zu Agathe, Erz. 1953; D. verwunschene Weiher, Erz. 1953; D. silb. Leuchter, Ged. 1954; D. Fahnenflucht, N. 1956; D. Göttliche Gelegenheit, N. 1966; D. Stein d. Sisyphus, R. 1969; Sodom od. D. Vorbestimmte u. d. Zugefügte, R. 1978; Vom Ende d. Welt, R. 1981; Über den Rand hinaus, N. 1982; D. Turm u. and. Erz., 1990; Vor d. Fenster d. Nacht, R. 1991 - Neben Förderungspreisen Sudetend. Kulturpreis (1977) u. Andreas Gryphius-Preis/Ostd. Lit.pr. (1981); Mitgl. PEN.

VASSEL, Giovanni

s. Lehmann, Hans M.

VATER, Eberhard

Geschäftsführer DRK-Landesverb. Hamburg - Behrmannpl. 3, 2000 Hamburg 54 (T. 5 54 20-0).

VATER, Heinz

Dr. phil., Prof. f. Dt. Sprachwissenschaft - Gymnicher Str. 6, 5000 Köln 41 - Geb. 29. Juli 1932 Frankfurt/Oder - Promot. 1962 Univ. Hamburg, Habil. 1969 ebd.; 1969-72 Assoc. Prof. Indiana Univ.; s. 1972 o. Prof. Univ. Köln - BV: D. System d. Artikelformen im gegenw. Dt., 2. A. 1979; Dän. Subj.- u. Obj.sätze, 1973; Z. aktuellen dt. Wortschatz, 1974 (m. Gertr. Harlass); Aspekte d. Modalität, 1975 (m. J. Calbert); Strukturalismus u. generative Transformationsgrammatik, 1982; Einf. in d. Nominalphrasensyntax d. Dt., 1985; Einf. in d. Raum-Linguistik, 1991; Einf. in d. Zeit-Ling., 1991; Einf. in d. Textling., 1992. Herausg.: KLAGE (= Kölner Linguist. Arbeiten, Germanistik). Mithrsg. d. Periodika Germanistik/Ling. Arbeiten u. Fokus.

VATER, Maria

Hausfrau, MdL Hessen (s. 1970) - Mörikestr. 25a, 3500 Kassel (T. 8 55 54) - Geb. 10. Okt. 1924 Thalwenden, verh., 2 Kd. - Volkssch.; Handelssch.; Verwaltungsausbild.; Abendgymn. (Mittl. Reife); REFA-Unterweis. - Verw.sangest.; s. 1965 Leit. Verbraucherberat. Kassel. SPD - 1978 BVK.

VEELKEN, Ludger

Dr. paed., Dipl. theol., Prof. f. Soziale Gerontologie u. Sozialgeragogik Univ. Dortmund - Fröbelstr. 1, 5810 Witten (T. 02302 - 69 00 29) - Geb. 3. Sept. 1938, kath., ledig - 1957-64 Stud. Rechtswiss., Phil., Theol. Univ. Münster, Würzburg, München; 1972-76 Stud. Erziehungswiss., Soziol., Sozialpäd. Univ. Dortmund; Dipl. 1964; Promot. (Soziol., Erziehungswiss. d. Jugendalters) 1976; Habil. (Geront./Sozialgeragog.) 1982 - Vors. Sektion Altenhilfe/Altenarb. Dt. Ges. f. Gerontol.; Vors. Akad. Rat Dt. Aslanges. - BV: Einf. in d. Identitätstherapie, 1978; Soz. Geragogik, 1981. Herausg.: Seniorenstudium (1985).

VEEN, Hans-Joachim

Dr. phil., M.A., Institutsleiter Forschungsinstitut d. Konrad-Adenauer-Stiftung - Zu erreichen üb. Forschungsinst. d. Konrad-Adenauer-Stiftg., Rathausallee 12, 5202 St. Augustin 1 - Geb. 29. Aug. 1944 Straßburg/Elsaß, ev., verh. m. Marliese, geb. Schmidt, 2 Söhne (Stephan, Ulrich) - Abit.; Soldat auf Zeit; Stud. Polit. Wiss., Öfftl. Recht, Gesch. Univ. Hamburg u. Freiburg, M.A. 1971, Promot. 1976; b. 1976 Wiss. Ass. Univ. Freiburg; 1978 stv. Institutsleit.; s. 1983 Leit. s.o.; Lehrbeauftr. an d. Univ. Mainz; Oberst d. Reserve - BV: Opposition im Bundestag, 1976; Wandel im Kommunismus?, 1979. Herausg.: Christl.-Demokr. u. Konserv. Parteien in Westeuropa, 3 Bde. (1984, 1991); Gewerkschaften in d. Demokr. Westeuropas (1983); Wohin entw. sich d. Sowjetunion? (1984); From Brezhnev to Gorbachev. Doministic Affairs and Soviet Foreign Policy (1987); Bilanz d. Jugendforsch. (1989); Wählerverhalten im Wandel (m. E. Noelle-Neumann, 1991); in letzten Jahren empir. Beitr. zu Parteienentwicklungen, öfftl. Meinung, zu Grünen u. Republikanern u. polit. Kultur Jugendl. - Liebh.: Lesen, Wandern, Gartenarbeit.

VEENKER, Gerd

Dr. rer. nat., Prof. f. Informatik Univ. Bonn - Wülscheider Str. 15, 5330 Königswinter 21 (T. 02244 - 31 38) - Geb. 9. Dez. 1936 Lüneburg (Vater: Franz V., Schneiderm.; Mutter: Erna, geb. Köster), verh. s. 1970 m. Ulrike, geb. Lemke) - Univ. Tübingen (Dipl.-Math. 1963, Promot. 1967, Habil. 1971) - S. 1972 Prof. Univ. Bonn. Fachveröff.

VEENKER, Wolfgang

Dr. phil., Prof. f. Uralistik - Lindenstr. 12, 2120 Lüneburg (T. 04131-4 43 42) - Geb. 4. Jan. 1940 Lüneburg (Vater: Franz V., Schneiderm.; Mutter: Erna, geb. Köster), ev., verh. s. 1965 m. Hildegard, geb. Stubbe, T. Sandra - Johanneum Lüneburg (Abit. 1959), 1959-66 Univ. Hamburg, Promot. 1966 (Finnougristik, Slavistik, Phonetik) - 1966-69 wiss. Assist., 1969-77 Doz., 1977ff. Prof Univ. Hamburg (Dir. Finn.-Ugr. Sem.), 1979ff. gf. Präs. Societas Uralo-Altaica - BV: D. Frage d. fiugr. Substrats in d. russ. Sprache, 1967; Materialien zu e. onomasiolog.-semasiolog. Vergleich, Wörterb. d. ural. Sprachen, 1975; Dialectologia Uralica, 1985 - Üb. 100 wiss. Publ. in Ztschr., Sammelbänden u.ä. - 1971 korr. Mitgl. Société Finno-ougrienne Helsinki; 1980, korr. Mitgl. Baltiska Inst., Stockholm; 1985 Perman. Mitgl. Inten. Finnougristenkomitee; 1986 Exekutivkomitee d. Intern. Ges. f. Ung. Philologie; 1986 korr. Mitgl. Finn. Literaturges.; 1987 Kalevala-Jubiläums-Med. - Spr.: Engl., uralische u. slavische Sprachen.

VEHAR, Max

Speditionskaufmann - Maxstr. 38, 4330 Mülheim/Ruhr (T. 42 47 79) - Geb. 1. Okt. 1910 Wien (Vater: Johann V., Gerber), kath., verh. s. 1938 m. Johanna, geb. Schrumpf, 2 Töcht. (Hannelore, Monika) - Mittelsch.; kaufm. Lehre (Großhandel) - 1929-35 kaufm. Angest., s. 1936 Speditions- u. Transportunternehmer. Mitgl. Verkehrsaussch. IHK Essen. 1952-75 Ratsmitgl. Mülheim (1956 Fraktionsvors.); 1957-61 u. 1969-76 MdB. Mitbegr. u. Vors. CDU Mülheim (1945 Stadt, 1960 Kreis) - 1973 Gr. BVK - Spr.: Engl., Franz.

VEHLING, Werner

Dipl.-Volksw., Hauptgeschäftsführer Industrie- u. Handelskammer Braunschweig - Brabandtstr. 11, 3300 Braunschweig.

VEIGEL, Günter

Dr., Vorstandsmitglied Pfalzwerke AG. (s. 1972) - Schillerstr. 33, 6901 Leutershausen - Geb. 24. Juli 1930.

VEIGEL, Werner

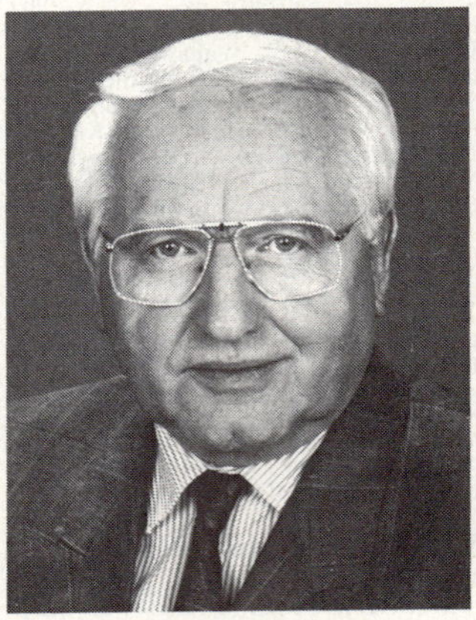

Chefsprecher Tagesschau ARD - Rehwinkel 3, 2084 Rellingen (T. 04101 - 3 16 46; Fax 04101 - 3 68 87) - Geb. 9. Nov. 1928 Den Haag, ev., ledig - Abit. - Liebh.: Reisen, Gastronomie - Spr.: Engl., Franz., Niederl., Neugriech.

VEIT, Wolfgang

Dr. iur., Vorstandsmitglied d. Allianz Versicherungs-AG (s. 1987) - Königinstr. 28, 8000 München 44 (T. 089 - 38 00 23 56) - Geb. 11. Jan. 1940 Fildlerstadt Bonladen, ev., verh., 3 Kd. (Sonja-Beate, Lars-Uwe, Anya-Susanne) - Abit. 1959; Jurastud. Tübingen, München, Hamburg; 1. Staatsex. 1964 Tübingen; 2. Staatsex. 1969 Stuttgart; Promot. 1970 Giessen - 1966-70 Wiss. Assist. Tübingen/Giessen; 1970 Eintritt Allianz Stuttgart; Sprecher d. Vorst. Kraft Versich.-AG; AR Rechtsschutz Versich.-AG; AR Mercur Assistance AG Holding - BV: D. Rechtsstellung d. Untersuchungsgefangenen, 1971 - Spr.: Engl.

VEITER, Theodor

Dr. jur., Honorarprof. f. Allg. Staatslehre, Flüchtlings- u. Volksgruppenrecht Univ. Innsbruck (s. 1976) - Schillerstr. 7/28, A-6800 Feldkirch/Vorarlberg (Österr.) (T. 2 20 43) - Geb. 22. Sept. 1907 München (Vater: Prof. August V.; Mutter: Angela, geb. Pesl), kath., verh. s. 1935 m. Annie, geb. Stecher (Wien), S. Wolfgang - Volkssch. Klagenfurt; Gymn. Feldkirch, Univ. München, Wien, Grenoble (Rechtswiss.). Promot. Wien - 1929-34 Sekr. Österr. Bundesrat, Wien; 1933-38 Redakt Amtl. Nachrichtenstelle, Wien; 1940-45 Jurist Wr. Lokomotivfabrik AG, Wien; 1945-47 Prok. S. Pümpel & Söhne, Feldkirch; 1947-49 Sachbearb. Österr. Forschungsinst. f. Wirtschaft u. Politik, Salzburg; 1949-81 RA Feldkirch. 1986ff. Vizepräs. Wiss. Beirat AWR (Forschungsges. f. d. Weltflüchtlingsproblem), Vaduz ÖVP s. 1945 - BV: D. Slowenen in Kärnten, 1936 (Wien); Nationale Autonomie, 1938 (Wien); Gesetz als Unrecht, 1949 (Wien); D. Recht d. fremden, insb. dt. Privateigentums in Österr., 1958 (Wien); D. Italiener in d. österr.-ungar. Monarchie, 1965; Asylrecht als Menschenrecht, 1969; D. Recht d. Volksgruppen u. Sprachminderh. in Österr., 1970; System d. intern. Volksgruppenrechts I-III, 1970-76; Nationalitätenkonflikt u. Volksgruppenrecht im 20. Jh., 2. A. 1984; D. österr. Volksgruppenrecht s. d. Volksgruppengesetz v. 1976, 1979; Volksgruppenrecht 1918-1938, 1980; D. Kärntner Ortstafelkommiss., 1980; Bibliogr. z. Südtirolfrage, 1984; D. 1934er J., 1984; D. Identität Vorarlbergs u. d. Vorarlberger, 1985; D. Entw. e. mod. Volksgruppenrechts 1947-1987 als Sicherung d. Friedens zw. d. Völkern, 1987; D. Autonomie Grönlands, 1990; Liechtenstein als Region, 1991; Geschichte d. Flüchtlingsforsch., 1991. Herausg.: Festschr. Guy Héraud, Fédéralisme, Régionalisme, et Droit des Groupes Ethniques en Europe (1989) - 1937 Ritterkr. päpstl. St.-Gregor-Ord.; 1961 Th.-Körnerpr. Wien; 1972 Gr. Ehrenz. Österr.; 1983 Liechtenst. Komturkreuz; 1986 Preis d. österr. Volksgruppen - Liebh.: Alpinism. - Spr.: Franz. (Gerichtsdolm.), Ital., Engl., Serbokroat. - Lit.: Humanitas Ethnica (Festschr. z. 60. Geburtstag); Volk, Volksgruppe, Region (Festgabe z. 75. Geburtstag).

VEITH, Werner Heinrich

Dr. phil., Prof. f. Deskript. Sprachwissenschaft Univ. Mainz (s. 1975) - Am Taubertsberg 4, 6500 Mainz (T. 38 71 77); dstl.: Postf. 3980, 6500 Mainz (T. 39 27 61) - Geb. 28. Aug. 1940 Neuwied - Stud. Univ. Marburg (German., Geogr., Volkskde.). Promot. 1966 Marburg; Habil. 1971 - 1966-68 Assist.-Prof. Georgetown-Univ., 1968-69 Lecturer Howard-Univ., bde. Washington/USA, 1969-72 Assist. u. Projektleit. Dt. Sprachatlas Univ. Marburg; 1972-75 Prof. f. Linguistik d. Dt. ebd.; 1973/74 Univ. München - BV: D. lexikal. Stellung d. Nordschlesischen, 1971; Intersystemare Phonol., 1972; Materialien z. Rechtschreibung u. ihrer Reform, 1973; D. Kl. Dt. Sprachatlas als Arbeitsmittel, 1982; Kl. Dt. Sprachatlas (Mitbearb.) Bd. 1.1, 1.2 1984/87; Kartenthemen d. Lautatlanten (Mitautor), 1989. Mithrsg.: Ztschr. f. Dialektologie u. Linguistik (1972-79). Mitautor u. Mithrsg.: Spr.-Atlanten d. Deutschen (1989); Dialektgeogr. u. Dialektologie (1989); Autor in vielen Festschriften: z. B. Sprache in Gegenwart u. Geschichte f. H. N. Heinrichs, (1978); Linguistic Method f. H. Penzl (1979); Sprache, Literatur, Kultur f. W. Kleiber (1989); Ergebnisse u. Aufgaben d. Germanistik f. L. E. Schmitt (1989); u.a. - Spr.: Engl., Franz., Ital., Span., Niederl.

VEITHEN, Irma

Schauspielerin, Theater, Film, Fernsehen - Hansjacobstr. 80, 8000 München 80 - Geb. 28. April 1943 Bonn (Vater: Otto, Musiklehrer; Mutter: Antonie (Schwedin), kath., verh. s. 1965 m. Christian V., Konzertsänger, gesch., 2 S. (Michael, Christopherus) - Mittl. Reife, Ausb. Schausp., Musical u. Pantomime (Schule v. Marcel Marceau, Paris) - Bühnenrollen: Thekla in Wallenstein (Schiller), Ingeborg (K. Goetz), D. Nacht d. Mörder (J. Triana), Ehekarussell (L. Stevens), E. Rose z. Frühstück (Barilett u. Gredy), Il Bondoir del Marchese de Sarde (v. Roberto Lerici, Companie

Antonio Salines, im Teatro Belli, Rom). Fernsehen: Ehen vor Gericht, Tatort, D. lebenslängliche Frau, D. Monddiamant. Film: La Vita continua (Regie Dino Risi), Amici mieei (Regie Nanny Loy), Il Croce delle 7 Pietre (Regie Antonio Andolfi, Rom) - Liebh.: Wassersport, Tanz (Step), Pantomime - 1983 Premio Capo Circeo u. Premio Turisme Sport; 1984 Dt. Filmclub; 1985 Regiore Lazio-Latina - Spr.: Engl., Ital. - Bek. Vorf.: Schauspielerin Louise Breuer (Großm.).

VEIZER, Jan

Prof., Lehrstuhl d. Sediment u. Isotopen Geologie Univ. Bochum (s. 1988) - Zu erreichen üb. Ruhr Univ.-Bochum (T. 0234 - 700 32 50); u. Univ. of Ottawa, Kanada - Geb. 22. Juni 1941 Pobedim, ČSFR, kath., verh. s. 1966 m. Elena Ondrus, 2 Kd. (Robert, Andrew) - Promot. 1964 Univ. Bratislava; RNDr 1968 Univ. Bratislava; Kand. Geol. Wiss. 1968 slowak. Akad. d. Wiss.; PhD 1971 Australian National Univ. - 1973 Prof. Univ. of Ottawa (Kanada), s. 1988 Prof. Univ. Bochum - Ca. 80 wiss. Art. u. Kapitel in Büchern - 1986 Killam Award, Canada; 1986 Fellow Royal Soc. Canada; 1987 Past-President Medal, Geological Assoc. Canada; 1991 W.G. Miller Medal, Royal Soc. Canada; 1992 G. W. Leibniz Preis, Deutsche Forschungsgem. - Liebh.: Sport, Geschichte - Spr.: Engl., Franz., Russ., Tschech., Slowak.

VELDTRUP, Dirk

Richter am Amtsgericht (Vormundschafts- u. Familienrichter) - Luth. Kirchenamt, Rich.-Wagner-Str. 26, 3000 Hannover 51; u. Sonnenweg 33, 3000 Hannover 1 (T. 0511 -6 26 11) - Geb. 24. April 1948 Hannover, ev., verh. s. 1973, 2 Kd. - 1967-73 Stud. Univ. Göttingen (Rechtswiss.); 1. Ex. 1973 Oldenburg, 2. Ex. 1975 Hannover - S. 1973 Mitgl. Generalsynode d. Vereinigten Ev.-Luth. Kirche Deutschl. (VELKD) u. deren Finanzaussch.; 1979-85 2. Vizepräs., s. 1985 Präs. Generalsynode u. Mitgl. Kirchenltg.

VELLMANN, Karlheinz

Dr., Dipl.-Kfm., Management Consultant, vorm. Mitglied d. Geschäftsleitung d. Henkel KGaA, Düsseldorf - Im Sonnenschein 2, 4006 Erkrath (Hochdahl) (T. 02104 - 4 25 98) - Geb. 8. Mai 1926 Düsseldorf.

VELSINGER, Paul

Dr. rer. pol., o. Prof. f. Volkswirtsch.lehre insbes. Raumwirtsch.politik Univ. Dortmund - Postf. 50 05 00, 4600 Dortmund 50 (T. 0231 - 7 55-22 52) - Geb. 17. Sept. 1939 Haldern/Ndrh., kath., verh. s. 1968 m. Elke, geb. Nottenkämper, T. Judith - Abit. 1959; Stud. Wirtschaftswiss. u. Math. Univ. Münster; Dipl. 1966; Promot. 1969 (Ausz. d. Diss. m. d. Preis d. Univ. Münster) - 1966-70 Wiss. Assist. b. Prof. H.K. Schneider; 1970/71 Lehrbeauftr. Univ. Bielefeld; 1971/72 Lehrstuhlvertr. Univ. Dortmund; 1972 o. Prof. (Volkswirtsch.lehre insbes. Raumwirtsch.politik) Univ. Dortmund, 1978-90 Rektor Univ. Dortmund. Zahlr. Veröff. - Spr.: Engl., Niederl.

VELTE, Joachim

Sprecher Geschäftsfg. Angermann-Gruppe - Zu erreichen üb. Horst F. G. Angermann GmbH, Bleichenbrücke 9, 2000 Hamburg 36 - Geb. 7. Aug. 1930 Bad Oeynhausen, ev., verh., 3 Kd.

VELTEN, Bernhard

Arbeitsdirektor, Vorstandsmitglied VEBA-Glas AG., Essen, stv. ARsvors. VEBA-Wohnungsbau gemeinn. Ges. mbH., Gladbeck - Westring 47, 4250 Bottrop/W. - Zul. Steinkohlenbergwerke Mathias Stinnes AG., Essen. (Arbeitsdir. u. Vorstandsmitgl.).

VELTEN, Werner

Dr. rer. pol., Dipl.-Kfm., Vorstandsmitglied i. R., Inhaber VUB-Unternehmens-Beratung - Weinbergsweg 7, 6380 Bad Homburg v.d.H. (T. 4 15 28 u. 4 30 28) - Geb. 17. Febr. 1931 Burgbrohl (Vater: Josef V., Bankvorst. i. R. †; Mutter: Else, geb. Terheggen †), kath., verh. s. 1961 m. Renate, geb. Stürzebecher-Werf, 2 Kd. (Uschi, Michael) - Abitur; Bankausbild.; Stud. Jura u. Betriebswirtsch.; Dipl.Ex. 1954 Univ. Köln; Promot. 1959 ebd. 9 J. Wirtschaftsprüfung, Konzern-Revision u. - Organisation, 25 J. Vorst.- u. AR-Mitgl. - BV: D. Anteilshaftung b. Genossenschaften, 1960 - Spr.: Engl., Franz.

VELTINS, Rosemarie

Brauereibesitzerin - Arpestr. 36, 5778 Meschede-Grevenstein (T. 02934 - 7 10) - Geb. 14. Febr. 1938 Essen (Vater: Carl V., Brauereibes.; Mutter: Paula, geb. Hendrix), kath., verh. s. 1977 m. Theodor A. Kramer-Veltins, 3 Kd. (Susanne, Frauke, Carl Clemens) - Spr.: Engl.

VELZ, Wilhelm

Dr. jur., Ltd. Regierungsdirektor, Finanzamtsvorsteher Aachen - Lousbergstr. 8, 5100 Aachen (T. 0241 - 2 67 26) - Geb. 6. Febr. 1922 Aachen.

van de VENN, Herbert

Dipl.-Ing. (F.H.), Geschäftsf. Papierfabrik Meldorf GmbH., Meldorf - Grenzweg 32, 2223 Meldorf/Holst. - Geb. 26. April 1926 Süchteln (Vater: Johannes v. d. V., Kaufm.), verh. m. Maria, geb. Knopf.

VENNEMANN (gen. Nierfeld), Theo

Ph.D., o. Prof. f. Germanist. u. Theoret. Linguistik Univ. München (s. 1974) - Tannenstr. 28, 8901 Ried - Geb. 27. Mai 1937 Oberhausen-Sterkrade (Vater: Theodor V.; Mutter: Therese Josephine, geb. Eykeln), 1 Kd. - Stud. d. Math., Physik, Phil., German. Univ. Göttingen, Marburg u. Los Angeles (Kalif.); Promot. 1968 Los Angeles - 1964-65 Forschungsassist. University of Texas, Austin; 1968-74 Assist., Assoc. (1972) u. Full Prof. (1973) Univ. von Kalifornien, Irvine, u. Los Angeles (1969) - BV: D. Anredeformen in d. Dramen d. Andreas Gryphius, 1970 (m. H. Wagener); Semantic Structures, 2. A. 1973 (m. Renate Bartsch); Schuchardt, the Neogrammarians and the Transformational Theory of Phonological Change, 1972 (m. Terence H. Wilbur); Linguistik u. Nachbarwiss., 1973 (m. R. Bartsch; engl. 1975); Grundzüge d. Sprachtheorie, 1982 (m. R. Bartsch); Spr. u. Grammatik, 1982 (m. Joachim Jacobs); Neuere Entw. in d. Phonologie, 1986; Preference Laws for Syllable Structure and the Explanation of Sound Change, 1988. Herausg.: Silben, Segmente, Akzente, 1982; The New Sound of Indo-European, 1989.

VENSKE, Regula

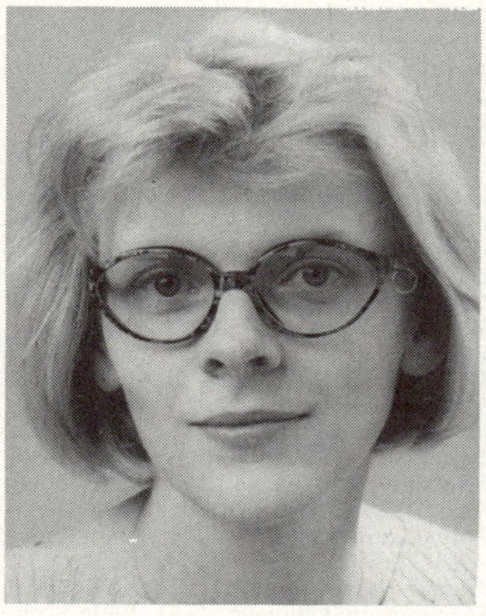

Dr. phil., Publizistin - Hofweg 20, 2000 Hamburg 76 - Geb. 12. Juni 1955 - Stud. Jura, engl. u. dt. Philol. Heidelberg u. Hamburg; 1. Staatsex. 1981, Promot. 1987 - 1984/85 Lehrbeauftr. Lit.wiss. Sem. Univ. Hamburg u. John F. Kennedy-Inst. f. Nordamerikastud. FU Berlin; 1985/86 Lektorin Queen Mary Coll., Univ. of London; 1989/90 Ref. f. berufl. Bildung im Medienbereich, Bertelsmann Stiftg., Gütersloh - BV: Frauenlit. ohne Tradition (m. I. Stephan u. S. Weigel), 1987; Ach Fanny! V. jüd. Mädchen z. preußischen Schriftstellerin: Fanny Lewald, 1988; Mannsbilder - Männerbilder. Konstruktion u. Kritik d. Männl. in zeitgenöss. deutschspr. Lit. v. Frauen, 1988; D. Verschwinden d. Mannes in d. weibl. Schreibmaschine, 1991; Schief gewickelt, Hamburg-Krimi 1991 - 1987 Oldenburger Jugendbuchpreis.

VENZLAFF, Helga,

geb. Schröder

Dr. phil., Prof. f. Islamkunde u. Islam. Philologie Univ. Mainz - Tucholskyweg 13, 6500 Mainz 31 (T. 7 18 76) - Geb. 27. April 1935 Jacobshagen, ev., verh. 2) m. Dr. Volkmar V., 5 Kd. (aus 1. E.: Christine, Ditte (Uplegger); aus 2. E.: Jan, Frank, Kim) - Stud. Ethnol., Oriental., Afrikanis; Promot. 1960; Habil. 1973 Mainz.

VENZLAFF, Ulrich

Dr. med., Prof., Ltd. Medizinaldirektor i.R., Dir. Nieders. Landeskrkhs., Göttingen (1969-86) - Tuckermannweg 3, 3400 Göttingen - Geb. 8. Dez. 1921 Luckenwalde (Vater: Dr. Wilhelm V., Studienrat; Mutter: Elise, geb. Stein), ev., verh. s. 1945 m. Ingeborg, geb. Specht - Promot. 1945; Habil. 1956 - 1951-68 Assist. u. Oberarzt (1958) Univ.-Nervenklinik Göttingen (1956 Privatdoz., 1962 apl. Prof.). Gastvorles. Wayne State Univ. Detroit, State Univ., Columbia Univ. u. Albert Einstein Univ. New York - BV: D. psychoreaktiven Störungen nach entschädigungspflicht. Ereignissen - D. sog. Unfallneurosen, 1958; Erlebnishintergrund u. Dynamik seel. Verfolgungsschäden, in: Paul/Herberg, Psych. Spätschäden u. polit. Verfolgung, 1963 (Basel/New York); Neurol. Erkrankungen, in: Südhof/Tischendorf/Klostermann, D. diagnost. Blick, 1964; D. Wirbelsäule als Projektionsfeld psych. Krankheiten, in: Trostdorf/Stender, Wirbelsäule u. Nervensystem, 1970; Psychiatr. Krankheiten, D. unruh. Kranke, Psychopharmaka, in: Südhoff, Therapie - E. kurzes Handb., 2. A. 1978; Mitarb. Psychiatrie d. Gegenw. Bd. III, 2. A. 1975; Psychiatr. Begutacht., 1986; Ca. 80 Fachaufs. - 1970 korr. Mitgl. Australian Acad. of Forensic Sciences; 1987 BVK; 1987 Ehrenplak. d. Ärztekammer Nieders.; 1989 Ehrenpräs. d. 92. Dt. Ärztetages Berlin - Spr.: Engl. - Lit.: Forensische Psych.; Festschr. z. 65. Geb. (1986).

VERBEEK, Paul

Dr. jur., Botschafter d. Bundesrep. Deutschl. b. Heiligen Stuhl, Rom - Via di Villa Sacchetti 4-6, Rom - Geb. 1. Juni 1925 Köln (Vater: Heinrich V., Baurat; Mutter: Paula, geb. Heidermanns), kath., verh. s. 1966 m. Gisela, geb. Lehmann, 2 Töcht. (Gabriele, Christina) - Dreikönigsgymn. (Abit. 1943) Köln; Jurist. Refer. 1951, Ass. 1955 Köln - 1957 Eintritt Ausw. Dienst; 1960-65 Botschaft Paris; 1966 Forsch.auftr. Harvard-Univ.; 1968-70 Bundeskanzleramt Bonn; 1970-72 Presse- u. Informationsamt; 1972-76 Botsch. Elfenbeinküste; 1976-80 stv. Leiter Rechtsabt. Ausw. Amt; 1980-84 Botsch. in Argentinien; 1984-87 Chefinspekteur d. Ausw. Amts - Offz.kreuz d. franz. VO.; Kommandeur Orden v. Oranien u. Nassau; Kommandeur VO. d. Elfenbeinküste; Kommandeur VO. v. Brasilien; Kommandeur Orden d. arg. Rep. (Libertador); BVK I. Kl. - Liebh.: Alte Gesch., Golf, Tennis - Spr.: Engl., Franz., Span.

VERGAU, Hans-Joachim

Dr. jur., M. A., Botschafter UNO-Vertretung New York (s. 1988) - Zu erreichen üb. Ausw. Amt, Adenauerallee 99-103, 5300 Bonn - Geb. 3. Jan. 1935 Liegnitz, kath., verh. m. Gesa, geb. Altenburg, 2 Töcht. (Jutta, Christine) - Jura, Volksw. Bonn, Fletscher School of Law and Diplomacy (Harvard) - 1964-65 Vizekonsul in Boston (USA), 1967-70 Legationsrat in Budapest, 1970-73 pers. Ref. d. Staatssekr.s AA; 1974-76 Botschafter in Obervolta; 1976-80 Deleg. UNO; 1981-85 zuständig. f. Afrikapolitik im AA; 1985-87 Gesandter Botschaft Paris - Liebh.: Reitsport, Samml. bibliophil. Werke 16./17. Jh. - Spr.: Franz., Engl.

VERHEUGEN, Günter

Bundestagsabgeordneter (s. 1983; Landesliste Bayern) - Bundeshaus, 5300 Bonn 1 - Geb. 28. April 1944 Bad Kreuznach (Vater: Leo V.; Mutter: Leni, geb. Holzhäuser), ev., verh. m. Gabriele, geb. Schäfer - B. Ende 1982 (Rücktr., 1977-78 Bundesgeschäftsf., 1978-82 Generalsekr.) FDP, Wechsel z. SPD; Vors. d. Unterbez. Kulmbach d. SPD, Mitgl. Präsid. d. SPD Bayern; Mitgl. Komm. f. intern. Bezieh. d. SPD-Parteivorst.; Mitgl. d. Parteirates; 1986/87 SPD-Vorst.-Sprecher; 1987-89 Chefredakteur Vorwärts; Vors. d. Rundfunkrat d. Dt. Welle; stv. außenpolit. Sprecher d. SPD; Vors. d. dt.-afrik. Parlamentariergruppe d. Bundestages; Mitgl. d. Gem. Verfassungskommiss. - BV: E. Zukunft f. Dtschl., 1980; D. Programm d. Liberalen Baden-Baden, 1980; D. Ausverkauf-Macht u. Verfall d. FDP, 1984; Apartheid - Südafrika u. d. dt. Interessen am Kap, 1986. Herausg.: D. Liberale Gewissen (1982; m. Helga Schuchardt); Halbzeit in Bonn (1985; m. K. Schröder) - 1982 Komturkreuz VO d. Ital. Rep.

VERHOEVEN, Heinrich

Dr. jur., Dipl.-Kfm., Bankdirektor - Morsdorfer Hof 7, 5000 Köln 41 (T. 49 46 52) - Geb. 5. Mai 1920 Dortmund, kath., verh. s. 1941 m. Lore, geb. Kramer, 2 S. (Andreas, Thomas) - Gymn. Dortmund; Univ. Berlin (Rechts- u. Staatswiss.) u. Köln (Betriebsw.). Jurist. Staatsprüf. 1941 u. 47 Berlin; Promot. 1945 Berlin; Dipl.-Kfm. 1956 Köln - B. 1956 Anwalts- dann Banktätigk. (u. a. Vorstandsmitgl. Dt. Hypothekenbank (AG.), Berlin/Hannover, 1968 ff. Dir. u. Mitleit. Dresdner Bank AG., Köln) - Liebh.: Kunst, Theater, Sport, Reisen - Spr.: Engl., Franz. - Rotarier.

VERHOEVEN, Lis

Regisseurin, Schauspielerin, Schauspielpädagogin - Zu erreichen üb. Doris Mattes, Merzstr. 14, 8000 München 80 - Geb. 11. März 1931 Frankfurt/M. (Vater: Paul Verhoeven; Mutter: Doris, geb. Kiesow), T. Stella Adorf - Abit.; Otto Falkenberg-Schauspielsch. - Schausp. an ersten dt. Bühnen; derz. Münchner Volkstheater. Schauspielpäd. Üb. 60 Fernsehrollen; 17 Insz. u.a.: Krankheit d. Jugend, Vatermord, Hexenjagd, Extremeties, Weibsteufel, Sommer (v. Bond), Kirschgarten, Michael Kramer - Preis f. d. beste Regie d. Münchener Theaterztg. (f. d. Insz.: Krankheit d. Jugend) - Spr.: Engl., Ital.

VERHOEVEN, Michael

Dr. med., Filmregisseur - Robert-Koch-Str. 10, 8022 Grünwald/Obb. - Geb. 1938 (Vater: Paul V., Schausp. u. Regiss. †1975 (s. XVII. Ausg.)); Mutter: Doris, geb. Kiesow †1973), verh. s. 1966 m. Senta, geb. Berger (Schausp.), S. Simon (geb. 1972), S. Luca (geb. 1979) - Filme (1968ff.): Paarungen, o. k. (Bundesfilmpr.), Wer im Glashaus liebt, Tische (1971 Gold. Ähre XVI. Intern. Filmwoche d. relig. Films Valladolid), E. unheimlich starker Abgang, Mitgift (1975), Gefundenes Fressen (1976), Sonntagskd. (Quinzaine d. les Réalisateurs Cannes 1980, Kritikerpreis Álès), D. weiße Rose (Scholl-Widerstand, 1983 Bundesfilmpreis/Filmband in Silber). Kinofilme: Killing Cars (1986); D. schreckliche Mädchen (1990 Berlinale, Silberner Bär, Beste Regie, Publikumspreis Bester Film Internat. Preis d. Ev. Kirche, 1991 Kritikerpreis New York Oscar-Nomination British Acad. Award). Fernsehs.: Krempoli (1973), Rest d. Lebens (1975 Gold. Kamera), D. Ursache (1980), D. Mutprobe (1982, 1983 DAG-Fernsehpreis), Liebe Melanie (1983), Gundas Vater (1986), Semmelweis (1987), D.

schnelle Gerdi (Film in 6 Teilen, 1988), Schlaraffenland (1990), Lilli Lottofee (Film in 6 Teilen 1991).

VERHÜLSDONK, Roswitha, geb. Woll

Hausfrau, Parlam. Staatssekretärin b. Bundesmin. f. Familie u. Senioren (s. 1991), MdB (s. 1972) - Kurfürstenstr. 91, 5400 Koblenz (T. 1 46 65) - Geb. 26. April 1927 Spay Kr. St. Goar (Vater: Rudolf W.; Mutter: Josefine, geb. Henkel), kath., verh. s. 1949 m. Eduard V., Journalist (s. dort), 2 Kd. (leb.: Rolf-Michael) - Gymn. (Abit. 1947); 1947-49 (Eheschließ.) Univ. Mainz (German., Angl., Roman.) - S. 1966 Tätigk. Jugend- u. Erwachsenenbild. 1972ff. Diözesanvors. Kath. Frauengem. Bistum Trier. 1969-91 Mitgl. Stadtrat Koblenz. CDU s. 1964 (1969 Landes-, s. 1977 stellv. Bundesvors. d. Frauen-Union) - Gr. BVK - Liebh.: Musik, Lit. - Spr.: Engl., Franz.

VERJANS, Heinz G.

Geschäftsführer Scana Rheinfrucht GmbH. (s. 1971) - Elsener Haus 5, 4048 Grevenbroich - Geb. 19. April 1931 Mönchengladbach - Zul. 1969-71 Gf. Grönland GmbH., Grevenbroich.

VERMANDER, Eduard

Dr. iur., Präsident d. Landesamts f. Verfassungsschutz Baden-Württ. - Taubenheimstr. 85 A, 7000 Stuttgart 50 (T. 0711 - 56 61 01) - Geb. 26. Juni 1937 Berlin, ev., verh., 2 Kd. - 1956-60 Stud. Rechtswiss. Berlin u. Tübingen; 1. u. 2 jurist. Staatsprüf. 1960 Berlin u. 1964 Stuttgart, Promot. 1967 Tübingen - 1962-67 wiss. Assist. Univ. Tübingen; 1967-68 Richter LG Hechingen; 1968-70 Staatsanw. Stuttgart; 1970-77 Abteilungsleit. Landeskriminalamt Baden-Württ.; 1977-80 Polizeipräs. Karlsruhe; 1980-87 Polizeipräs. Stuttgart; 1987/88 Rektor d. FH f. Polizei, Villingen-Schwenningen, s. 1988 Präs. Landesamt f. Verfassungsschutz Baden-Württ. - BV: Unfallsituation u. Hilfspflicht im Rahmen d. §330c StGB, 1969 - Spr.: Engl., Franz., Niederl. (flämisch).

VERMEER, Hans Josef

Dr. phil., Dipl.-Dolm., Prof. f. Allg. Übersetzungs- u. Dolmetschwiss. m. Schwerpunkt Portugiesisch Univ. Heidelberg - Bothestr. 138, 6900 Heidelberg - Geb. 24. Sept. 1930 - Stud. Univ. Heidelberg; Promot. 1962, Habil. 1968 ebd. - BV: Allg. Sprachwiss., ind. Sprachen, Kreol.-Portug., Translationstheorie, MA. Fachlit.

VERMEHREN, Michael

Auslandskorrespondent (Madrid) - Zu erreichen üb. ZDF, Postf. 4040, 6500 Mainz 1.

VERNON(-HOFFMANN), Konstanze, geb. Herzfeld

Prof., Tänzerin u. Ballett-Pädagogin - Ballettzentrum, Wilhelmstr. 19b, 8000 München 40 (T. 089 - 33 77 63) - Geb. 2. Jan. 1939 Berlin (Vater: Friedrich H., Musikschriftst. †1967 (s. XV. Ausg.); Mutter: Thea Eckstein/-Vernon), ev., verh. s. 1968 m. Fred G. Hoffmann - Tanzausbild. Berlin (Tatjana Gsovsky) u. Paris (Nora Kiss) - 1963-81 Primaballerina Bayer. Staatsoper München; gegenw. Dir. Ballett-Akad. ebd. 1978 Gründ. Heinz-Bosl-Stiftg. z. Förd. jg. Ballett-Talente - Berliner Kunstpreis; 1982 Bayer. VO; 1989 v. d. Bayer. Staatsregierung als Dir. m. d. Aufbau f. Bayer. Staatsballetts beauftragt; 1990 Kulturpreis d. Landeshauptstadt München; 1991 Dt. Tanzpreis d. Dt. Berufsverb. f. Tanzpäd. - Liebh.: Malerei, Musik, Skifahren - Spr.: Engl., Franz.

VERNUNFT, Verena, geb. Lippe

Kunstmalerin - Rothestr. 26 a, 2000 Hamburg 50 (T. 040 - 390 09 67) - Geb. 13. März 1945 Rehhorst (Vater: Hermann L., Ing.; Mutter: Lottemaria, geb. Meinschien), verh. 1967-90 m. Burkhard V., 2 Söhne (Sebastian, Daniel) - Abit. 1964; 1964-69 Staatl. Hochsch. f. Bild. Künste Hamburg, Staatsex. f. künstler. Lehramt (Kunstgesch.) - 1972 Stud.refer. (Abbruch), s. 1972 freiberufl. Malerin; s. 1987 Prof. FSH Hannover; s. 1989 2. Vors., s. 1990 1. Vors. d. Dt. Künstlerbundes - BV: Werkverzeichnis d. Radierungen b. 1978, 1978; V.V.-Kunstverein Celle, 1984; Malerei, Zeichnung, Radierung 1984-89, 1990 - 1976 Förderpreis Erdwin-Amsinck-Stiftg., Hamburg, 1978/79 Villa Massimo, Rom, 1978 1. Preis f. Malerei Corciano (Italien); 1983 Barkenhoff-Stip. Worpswede, 3. Preis art-Wettbew. Dt. Landschaft heute, 1985/86 Arbeitsstip. d. Kunstfonds Bonn - Liebh.: Klavier - Spr.: Engl., Ital., Franz.

VERREET, Elisabeth, geb. Declercq

Fabrikantin, gf. Gesellsch. Drahtseilwerk Saar GmbH., Limbach, u. Geschäftsf. (Gerante) Soc. Casar France, Forbach - Forsthausweg 1, 4005 Meerbusch 1 - Geb. 22. März 1925 Izegem (Belg.), verw. (Ehem.: Konsul Dr.-Ing. Joseph V., Fabrikant; s. XIV. Ausg.), Kd.

VERSÉ, Horst

Dr. med. (habil.), Prof., Kinderarzt - Abeggstr. 60, 6200 Wiesbaden (T. 52 16 91) - Geb. 13. März 1919 Krefeld - B. 1967 Privatdoz., dann apl. Prof. Univ. Köln (Kinderheilkd.).

VERSMOLD, Hans T.

Dr. med., Prof. f. Kinderheilkunde u. Leit. Abt. f. Kinderheilkunde, Klinikum Steglitz FU Berlin - Klingsorstr. 97, 1000 Berlin 45 (T. 030 - 836 29 34) - Geb. 18. Mai 1937 Gotha (Vater: Dr. med. Heinrich V., Arzt; Mutter: Dorothea, geb. Tolsdorff), verh. s. 1966 m. Christa, geb. Tenschert, 2 T. (Maren, Julia) - Med. Staatsex. 1962 Univ. München, Habil. 1975 Univ.-Kinderklinik München - 1965-67 Forsch.stip. DFG Biochemie; 1967-80 Wiss. Assist., Facharzt (1971) u. Oberarzt Univ.-Kinderklinik München; 1977-78 Gastprof. Cardiovascular Res. Inst., San Francisco; 1980-90 Leit. Neugeborenenabt. Klinikum Großhadern Univ. München; s. 1990 Lehrst. Kinderheilkunde Univ.-Klinikum Steglitz, Berlin. 1984 Präsidium Dt. Ges. Perinatalmedizin; 1985-89 Vors. Dt. Österr. Ges. Neonatolog. u. Pädiatr. Intensivmed. - BV: Perinatal Physiol., 1978 - 1979 Council Europ. Soc. of Pediatric Res., 1977 Neonatal Soc. of U.K. - 1991 Maternité-Preis - Spr.: Engl., Franz.

VERSMOLD, Heinrich

Dr. rer. nat., Univ.-Prof. f. Physikal. Chemie RWTH Aachen (s. 1986) - Soerser Weg 15a, 5100 Aachen - Promot. 1970 Karlsruhe; Habil. 1977 ebd. - 1977 Univ.-Doz. Würzburg; 1980 Prof. Univ. Dortmund.

VERSTEGEN, Margarete

Verwaltungsangestellte, MdL Nordrh.-Westf. (s. 1969) - Spinlingscherweg 18, 4240 Emmerich/Rhld. (T. 5 15 38) - Geb. 12. Juni 1929 Emmerich, led. - Obersch. - S. 1948 Stadtverw. Emmerich (Sozialamt). CDU s. 1956 (1964ff. Mitgl. Landesparteivorst. Rhld.).

VERWEYEN, Hansjürgen

Dr. theol., Dr. phil. habil., Univ.-Prof. f. Fundamentaltheologie Univ. Freiburg - Zu erreichen üb. Universität, 7800 Freiburg - Geb. 15. Febr. 1936 Bonn - Promot. 1967, Habil. 1974 - 1967-70 u. 1972-75 Assist.-Prof. Univ. Notre Dame, Ind./USA; 1975-84 o. Prof. Univ./GH Essen, s. 1984 Univ. Freiburg - BV: Ontol. Voraussetz. d. Glaubensaktes, 1969; Recht u. Sittlichk. in J.G.Fichtes Gesellschaftslehre, 1975; Christol. Brennpunkte, 1977, 2. A. 1985; Nach Gott fragen, 1978; Ehe heute, 1981; Anselm v. C.: Wahrheit u. Freiheit, 1982, Gottes letztes Wort. Grundriß d. Fundamentaltheol., 1991.

VERWEYEN, Theodor

Dr. phil., o. Prof. f. Neuere dt. Literaturwiss. Univ. Erlangen-Nürnberg - Rathenaustr. 9, 8520 Erlangen (T. 09131 - 1 64 30) - Geb. 13. Nov. 1937 Ahaus/W., verh. - 1958-64 Phil.-Stud. Univ. Bonn u. Münster (Wiss. Staatsprüf. 1964), Promot. 1967 Münster, Päd. Staatsprüf. 1969 Hamm, Habil. 1974 Univ. Konstanz - 1964-67 Verw. e. Assist.-Stelle Münster; 1967-69 Studienrefer.; 1969-74 Wiss. Assist. Univ. Konstanz; 1975-77 Univ.-Doz.; s. 1977 apl. u. o. Prof. (1981) Univ. Erlangen. Vorst. Dt. Sem. - BV: Apophthegma u. Scherzrede, 1970; E. Theorie d. Parodie, 1973; J. W. Zincgref: Facetiae Pennalium (m. D. Mertens), 1978; Dicht. u. Wahrheit, 1979; D. Parodie in d. neueren dt. Lit. (m. G. Witting), 1979; Dt. Lyrik-Parodien aus drei Jh. (m. G. Witting), 1983; D. Kontrafaktur in Lit., bildender Kunst u. pol. Plakat (m. G. Witting), 1987; Walpurga, d. taufrische Amme - Parodien u. Travestien v. Homer b. Handke (m. G. Witting), 1989.

VESELY, Sergio

Schriftsteller, Liedermacher, Graphiker - Jakobstr. 51/1, 7300 Esslingen (T. 0711 - 345 03 45) - Geb. 13. Nov. 1952 Santiago/Chile, gesch., 3 Kd. (Manuel, Mara, Pablo) - Gymn. Chile; Abit. - Freischaff. Künstler - BV: an-klagen, 1977; Puchuncavi, 1978; Jenseits d. Mauern, 1979; Auch wenn es Tage wie Nächte gibt, 1980; Gesang f. América, 1985; Erwachen in d. Neuen Welt, 1988; Traigo un cantar, 1990. Musikautor in versch. Theater- u. Filmproduktionen: Paris 1980, Ulm 1981, Berlin 1983 - Liebh.: Musik, Malen, Reisen - Spr.: Engl., Franz., Span.

VESENMAYER, Hans

Dr. agr., Dipl.-Brauing., AR Brauereigruppe Thurn u. Taxis Regensburg GmbH., Regensburg (b.1981) - Regerstr. 4, 8400 Regensburg - Geb. 11. Okt. 1917 - Vors. Dt. Brauereimus., München, Vorstandsvors. Dt. Ges. f. Hopfenforsch., Wolnzach, VR Essenzenfabrik Dr. Pieper-Flemming GmbH. & Co. KG., Wallenstein/Nördlingen.

VESPER, Ekkehart

Dr. phil., Generaldirektor Staatsbibliothek Preuß. Kulturbesitz a.D. - Hanstedter Weg 6, 1000 Berlin 41 - Geb. 26. Febr. 1924 Leipzig - Oberrealgymn. u. Univ. Leipzig (Dt., Gesch., Altnord., Slav.) - 1951-1957 Dt. Bibl. Leipzig u. Univ.bibl. ebd., 1958-65 Univ.bibl. Saarbrücken (Bibl.oberrat), 1965-72 Bibl. TH bzw. TU u. Techn. Informationsbibl. Hannover (Dir.), 1972-87 Staatsbibl. Berlin.

VESPER, Guntram

Schriftsteller, Privatgelehrter - Herzberger Landstr. 34 A, 3400 Göttingen - Geb. 28. Mai 1941 Frohburg/Sa. (Vater: Dr. med. Wolfram V., Arzt; Mutter: Erika, geb. Kreil), verh. s. 1970 m. Heidrun, geb. Aulenbach, S. Börries Friedrich Wolfram - Stud. German. u. Med. - 1957-59 Ind.-, Land- u. Bauarb. - BV: Polit. Flugschrift, Ged. 1964; Fahrplan, Ged. 1965; Gedichte, 1966; Kriegerdenkmal ganz hinten, Prosa 1970 (Buch d. Monats), erw. Neuausg. TB 1985; Nördlich d. Liebe u. südlich des Hasses, R. 1979 (Weinpr. f. Lit. Ztschr. text + kritik), TB 1981, schwed. Übers. 1982; D. Illusion d. Unglücks, Ged. 1980, TB 1982; Nordwestpassage, E. Poem, 1980, erw. Neuausg. 1986; D. Inseln im Landmeer, Ged. 1982, TB erw. 1984; Landeinwärts, Texte 1984; Frohburg, Ged. 1985; Laterna magica, Erz. 1985; Dunkelkammer, Erz. 1988; Leuchtfeuer auf d. Festland, Ged. 1989; Ich hörte d. Namen Jessenin, Ged. 1990, TB 1992; Hölderlin in Tübingen, Ged. 1991; Sächsisches Land, Bildbd. u. Fernsehfilm, 1991; Lichtversuche Dunkelkammer, Ess. 1992; Oblomowtag, Prosa 1992 - Zahlr. Hörsp. (Hörsp. d. Mon.), Radioess. u. Forsch.-Arb. zur Soz.- u. Kriminalgesch. d. 19. Jh. - 1968 Förd.preis d. Nieders. Kunstpr.; 1970 Kurt-Magnus-Preis ARD (f. Hörfunkarb.); 1973 PEN-Zentr. BRD; 1983 Märkischer Kulturpr.; 1984 Förderpr. Lit. d. Berliner Kunstpr.; 1985 Mitgl. Dt. Akad. f. Sprache u. Dichtung; Peter-Huchel-Preis; Niedersachsenpreis; 1986 Poetikdoz. d. Akad. d. Wiss. u. d. Lit. in Mainz; 1986/87 Gastprof. Univ. Essen; 1987 intern. Hörspielpreis Prix Italia; 1990 Mitgl. Akad. d. Wiss. u. d. Lit. u. Literaturpr. Hess. Landbote Gießen - Liebh.: Antiquariate, Bibliophilie, Kalligraphie, Malerei - Spr.: Engl., Russ. - Bek. Vorf.: Dr. Ernst J. V. (1866-1956), Tierarzt u. Erf. d. Bornaischen Krankh. b. Pferd (Großv.).

VESPER, Michael

Dr. rer. soc., Parlam. Geschäftsführer d. GRÜNEN Landtagsfrakt. in NRW - Brandenburger Str. 21, 4800 Bielefeld 1 (T. 0521 - 17 87 62; Fax 0521 - 17 87 72) - Geb. 6. April 1952 Köln, kath., ledig, S. Daniel Bennholdt-Thomsen - Stud. Math. u. Soziol. Univ. Köln u. Bielefeld; Dipl.-Soziologe 1976, Promot. 1982, bde. Bielefeld - 1977-83 wiss. Mitarbeiter an d. Fak. f. Soziologie d. Univ. Bielefeld; 1983-90 Fraktionsgeschäftf. d. Bundestagsfrakt. d. GRÜNEN in Bonn - BV: Misereor u. d. Dritte Welt, 1977; Überleben in Namibia - Homelands u. kapitalistisches Weltsystem, 1983 - Liebh.: Kochen - Spr.: Engl.

VESPERMANN, Gerd

Schauspieler, Regisseur - Uhlandstr. 135a, 1000 Berlin 31 (T. 87 53 35) - Geb. 24. Juli 1926 Berlin (Vater: Kurt V., Schausp. †; Mutter: Lia Eibenschütz, Schausp. †), ev., verh. - 1942-45 Musikhochsch. Weimar (Klavier).

VESTER, Frederic

Dr. rer. nat., Prof., Biochemiker, Publizist - Weltistr. 13b, 8000 München 71 - Geb. 23. Nov. 1925 Saarbrücken - Promot. 1953; Habil. 1969 - Forschungstätigk. In- u. Ausl. (USA); Geschäftsf. Studiengruppe f. Biologie u. Umwelt (1970 selbstbegr.); s. 1982 Lehrstuhlinh. u. Ordinarius f. Interdependenz v. techn. u. soz. Wandel, Univ. d. Bundeswehr, München. Präs. Bayer. VHS-Verb. (1974-78) - BV: u.a. (1968-85), z.T. in 11 Spr. übers.: Bausteine d. Zukunft, Überlebensprogramm, Krebs-fehlgesteuertes Leben, Denken Lernen Vergessen, Phänomen Stress, Neuland d. Denkens, D. Ei d. Kolumbus, D. Wert e. Vogels, E. Baum ist mehr als e. Baum, Januskopf Landwirtsch., Unsere Welt, - ein vernetztes System (mit gleichnam. internat. Wanderausst. - s. 1978), Wasser = Leben; Leitmotiv vernetztes Denken, Ausfahrt Zukunft. Spiel: Ökolopoly - e. Umweltsimulationsspiel. Zahlr. Fernsehfilme u. Rundfunksend. - Adolf-Grimme-Preis, Philip Morris Forschungspr. u.a.

VESTNER, Hans

Prof. (emerit.), Hochschullehrer - Am Sportplatz 2 C, 8502 Zirndorf (T. 60 39 99) - Gegenw. em. Prof. f. Allg. Didaktik u. Schulpäd. Päd. Hochsch. Westf.-Lippe/Abt. Bielefeld.

VESTRING, Alfred B.

Botschafter, Ständ. Vertreter d. Bundesrep. Dtschl. bei d. UNESCO (s. 1981) - 13/15, Ab.v.D.Roosevelt, F-75008 Paris - Geb. 2. Jan. 1930 Castrop, verh. s. 1961 m. Ulrike, geb. Weber, 3 Kd. - 1950-56 Univ. Münster, Bonn, Paris (Rechtswiss. u. Volkswirtsch.), 1957 Ausw. Dienst, 1969-71 Botschafter in Nordjemen, 1971-75 Botschafter in Madagaskar u. Mauritius, 1975-79 AA (Polit. Abt.), 1979-81 Botsch. in Saudi-Arabien.

VETTEN, Horst

Journalist, Schriftsteller - 8101 Unterammergau/Obb. - Geb. 19. Okt. 1933 Düsseldorf - BV: Rekorde u. noch ein bißchen, Kalle, Fitz u. Do, Deutschland deine Deutschen, Über d. Klo, Mann-o-Mann, Deutsches Gelächter, D. Buch v. Volkswagen - 1972 Theodor-Wolff-Preis, 5 x Gr. Preis d. Dt. Sportpresse, 1976 Österr. Olympiamed. - Preis d. Dt.

Fußballbundes; 1985 Herwig Weber-Preis; 1988 Intern. Sport-Oscar.

VETTER, Eberhard

Dr. jur., Rechtsanwalt - Gr. Bäckerstr. 3 I, 2000 Hamburg 1 (T. 040 - 36 69 55/56; priv.: Pikartenkamp 28, 55 (T. 86 46 46) - Geb. 12. Mai 1915 Breslau, ev. - Schulpforta; Univ. Breslau, Freiburg/Br., Berlin, Hamburg (Rechts- u. Staatswiss.; Promot. 1948). Ass.ex. - 1949-80 versch. Tätigk. Mineralölw., 1980-87 Geschäftsf. Bundesverb. priv. Alten- u. Pflegeheime (BPA).

VETTER, Ernst Günter

Dr., Geschäftsführer d. Fazit-Stiftung Gemeinn. Verlagsges. mbH - Hellerhofstr. 2-4, 6000 Frankfurt/M. 1 - 1982 Ludwig-Erhard-Preis f. Wirtsch.-Publiz.

VETTER, Erwin

Dr., Staatsminister Baden-Württ. - Kernerplatz 9, 7000 Stuttgart 1 - Geb. 23. Jan. 1937 Mannheim (Vater: Karl V., Bahnbeamter; Mutter: Else, geb. Tresch), kath., verh. s. 1962 m. Rosmarie, geb. Fischer, 2 Kd. (Sigrid, Winfried) - 1956-60 Jurastud. Univ. Heidelberg u. Würzburg (1. Staatsex. 1960), 2. Staatsex. 1964 Heidelberg; 1962 Stud. Hochsch. f. Verw.wiss. Speyer (Promot. 1965) - 1964-72 höh. Verw.dienst Land Baden-Württ. (zul. Regierungsdir.), 1972-74 Erster Beigeordn. Ettlingen, 1974-87 Oberbürgerm. Stadt Ettlingen; 1987-92 Min. f. Umwelt Baden-Württ.; 1984 stv. Vors. d. Kommission Neue Strukturen in d. öfftl. Verw. - BV: Nachbarrecht in Baden-Württ. (Mitverf.).

VETTER, Heinz

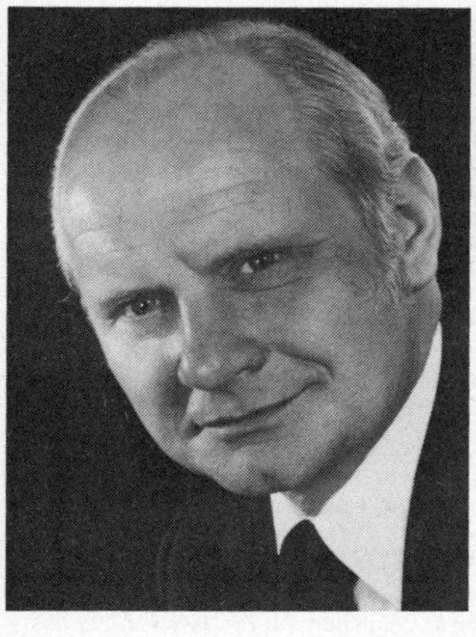

Dr. agr., Prof. - Fliednerstr. 32, 2900 Oldenburg/O. (T. 3 95 84), evang. - Geb. 24. Dez. 1924 Mothalen/Ostpr. (Vater: Wilhelm V., Landw.; Mutter: Lydia, geb. Utich), ev., verh. s. 1952 m. Edith, geb. Meyer, 3 Kd. (Klaus, Gundula, Diemut) - Obersch. Riesenburg; 1945-47 landw. Lehre Wesermarsch; Univ. Kiel (Dipl.-Landw. 1950). Promot. (1952) u. Habil. (1958) - Apl. Prof. (1964). 1967-89 Dir. Landw. Untersuchungs- u. Forschungsanst. Landwirtschaftskammer Weser-Ems, 1976-88 Präs. Verb. Dt. Landwirtschaftl. Untersuchungs- u. Forschungsanst. - BV: Ernterückstände u. Wurzelbild., 1953 (m. J. Köhnlein); Strohverwert. u. Humusversorg., 1958; Leistungsfähige Fruchtfolgen trotz Rationalisierung?, 1967; Mist u. Gülle, 1973; Wieviel düngen?, 1977; Umwelt u. Nahrungsqualität, 1980; Bewirtschaftung u. Düng. v. Sandmischkulturen, 1981; Wirtschaftseigene Düngung, 1986. Zahlr. Fachaufs. - 1983 Mitgl. d. Königl. Schwed. Akad. f. Land- u. Forstw.; 1986 Max-Eyth-Denkmünze DLG; BVK am Bde.; 1988 BVK u. Gold. Sprengel Liebig Med. d. VDLUFA.

VETTER, Horst

Kaufmann, Senator a.D. - Maarerstr. 10, 1000 Berlin 26 - Geb. 28. Aug. 1927 Berlin - Schule Berlin (Mittl. Reife); n. Arbeits- u. Wehrdst. kaufm. Volontär - B. 1952 Handelsvertr., dann Großhandelskfm. (Vetter & Huffert, Horst Vetter, Berliner Glückwunschkarten-Vertrieb, Horst Vetter Papier u. Bürobedarf). 1965-71 Bezirksverordn. Reinickendorf; 1971-83 (Mandatsniederleg.) MdA, 1983-86 Senator f. Stadtentw. u. Umweltschutz Berlin. FDP s. 1961 (1965 Bezirksvors. Reinickendorf, 1973-75 stellv. Landesvors.; 1975-83 Fraktionsvors. d. FDP im Abgeordnetenh. v. Berlin; s. 1987 Mitgl. d. Landesvorst. d. FDP Berlin) - Gr. BVK.

VETTER, Horst

Journalist, Vors. Bremer Journalistenvereinig. - Zu erreichen üb.: Schnoor 27/28, 2800 Bremen.

VETTER, Lothar

Journalist - Nonnenpfad 30, 6000 Frankfurt/M. 70 (T. 65 25 84) - Geb. 6. Juni 1931 Sonneberg/Thür. (Vater: Robert V., Angest.; Mutter: Martha, geb. Lenk), kath., verh. s. 1956 m. Irene, geb. Schuller, 2 Kd. (Ute, Tilbert) - Oberrealsch.; Stud. German., Dt., Gesch., Erdkd. - 1957-59 Fränkisches Volksblatt (b. 1959 Volontär Würzburg, dann Redakt. Aschaffenburg); s. 1959 Frankfurter Rundschau (Lokalredakt. u. stv. Ressortleit.) - 1969 Theodor-Wolff- u. Wilhelmine-Lübke-Preis - Spr.: Engl.

VETTER, Roland

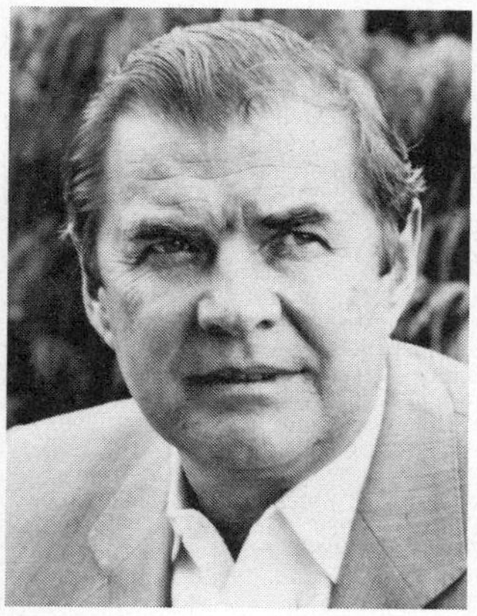

Dr., Publizist, freier Schriftsteller, Lyriker - An der alten Synagoge 1, 6200 Wiesbaden (T. 06121 - 52 76 31) - Geb. 24. Juni 1928 Tscherwenka/Batschka, ev. - Promot. 1955 Erlangen - Landesvors. Künstlergilde in Hessen; 1. Vors. Fr. Dt. Autorenverb. in Hessen; Redakt. Quartalsschrift D. Bote; fr. Mitarb. versch. Ztschr. - BV: Herz d. Batschka, 1976; D. pannonische Mensch, 1978; Unser Tscherwenka, 1980, 2. A. 1983; Donauschwaben in Brasilien, 1982; D. Zwischenreim, Gedichtsamml. 1982, 2. A. 1984; Unvergängliche Pannonien, 1987. Herausg.: Mit siebzehn Stimmen (Lyrik-Anthol. 1986); Autorendrehscheibe Hessen (Anthol. 1989); Keine bleibende Stadt (1990), D. donauschwäbische Beitrag z. Vetreibungsliteratur (1991); "...als wär's ein Stück v. mir", Anthol. (1991) - 1983 Georg-Dehio-Preis d. Künstlergilde Esslingen - Spr.: Serbokroat., Ungar.

VETTER, Udo

Dr. rer. nat., Prof. f. Mathematik Univ. Osnabrück - Bussardstr. 21, 2842 Lohne - Geb. 6. Okt. 1938 Braunschweig - 1957-63 Math.-Stud. Univ. Münster (Promot. 1963); Habil. 1968 Univ. Hannover - 1963-68 wiss. Assist.; 1969-71 Doz.; 1971-77 wiss. Rat u. Prof.; s. 1977 o. Prof. - BV: Algebra (m. and.), 1969; Determinantal Rings (m. and.), 1988. Veröff. in Ztschr.

VETTERLEIN, Pascal

Dr.-Ing., Prof. f. Geophysik Univ. Hannover - Am Hechtgraben 6, 2890 Nordenham (T. 04731 - 10 75) - Geb. 27. Juli 1910 Darmstadt (Vater: Prof. Ernst V., Arch.; Mutter: Milla, geb. David), kath., verh. s. 1938 m. Hildegard, geb. Hermann, 3 Kd. (Gisela, Ingrid, Friedrich) - TH Hannover (Dipl. 1936, Promot. 1939, Habil. 1941) - S. 1938 Hochsch.-Tätigk.; 1942 während d. Krieges Elektro-Ind.; 1954 geophysik. Forsch. u. Lehre TU Clausthal u. TH Hannover; 1970 apl. Prof. Clausthal; s. 1972 Hon.-Prof. Univ. Hannover. Div. Pat. in Elektronik u. Geophysik - Liebh.: Musik (Klavier u. Orgel), Aquarellmalerei - Spr.: Engl.

VETTERMANN, Günther

Dipl.-Ing., Dipl.-Volksw., stv. Hauptgeschäftsführer VDMA (Bereich Techn. u. Forsch.) - Lyoner Str. 18, 6000 Frankfurt/M.-Niederrad 71 (T. 6 60 30) - 1982 Ehrenbürger Univ. Hannover; 1990 Ehrensenator TH Darmstadt.

VEY, Anno

Oberbürgermeister d. Stadt Ingelheim (s. 1976) - Postfach 16 60, 6507 Ingelheim am Rhein (T. 06132 - 78 22 15) - Geb. 17. Nov. 1934 Remagen, kath., verh., 2 Kd. - Rechtsrat Kreisverw. Cochem; 1969-76 Bürgerm. v. Cochem. Vorst.-Mitgl. Freundschaftskr. Rhld.-Pfalz/Burgund; AR-Vors. Rhh. Energie- u. Wasservers. GmbH.

VEY, Horst

Dr. phil., Prof., Direktor Staatl. Kunsthalle Karlsruhe (s. 1973), Prof. Staatl. Akad. d. bild. Künste, Stuttgart - Hans-Thoma-Str. 2, 7500 Karlsruhe - Geb. 1930 - Zul. Hauptkustos Wallraf-Richartz-Museum Köln.

VĚŽNIK, Václav

Opernregisseur I. Staatstheater Braunschweig - Břenkova 3, 61300 BRNO/ČSSR (T. 67 66 54); u. I. Staatstheater, Am Theater, 3300 Braunschweig - Geb. 1. Aug. 1930 Brünn/Tschech. (Vater: František V., Beamter; Mutter: Marie, geb. Kořinková), kath., verh. s. 1957 m. Helena, geb. Rozsypalová, 2 Kd. (Milada, Michal) - 2 Sem. Phil.-Stud. Brünn; 1950-54 Regie-Stud. u. Hohe Schule f. Musik ebd. (Ex. 1954) - S. 1954 Staatsoper Brünn (Assist., s. 1955 Regiss.). Gastsp. im In- u. Ausl. 120 Insz. - Hohe Ausz. - Liebh.: Sammelt Schallpl. - Spr.: Deutsch, Ital.

VIALON, Friedrich-Karl

Dr. jur., Prof., Staatssekretär a. D. - Am Buchenhang 15, 5300 Bonn - Geb. 10. Juli 1905 Frankfurt/M. - Ab 1927 bad. Justizdst. (Staatsanw.), 1933-35 Bad. Landesjustizmin. (Reg.srat), anschl. OLG Karlsruhe (LGsrat), ab 1937 Reichsfinanzmin., im Kriege Wehr- u. Zivildst. Inl. u. besetzte Gebiete, 1950-58 Bundesfinanzmin. (zul. Min.dir./Haushalt), 1958-62 Bundeskanzleramt (Wirtsch., Finanz- u. Sozialpolitik), 1962-66 Bundesmin. f. wirtschaftl. Zusammenarb. (Staatssekr.). S. 1959 Lehrbeauftr. u. Honorarprof. (1961) Univ. Saarbrücken (Haushaltsrecht). Versch. Bücher (u. a. Kommentar z. Haushaltsrecht, Öfftl. Finanzw.); zahlr. Fachaufs.

VIBRANS, Gerwig

Dr.-Ing., Prof. i. R. Inst. f. Werkstoffkunde u. Herstellungsverfahren TH bzw. TU Braunschweig (s. 1965) - 3307 Vahlberg.

VICKERS, Catherine

Pianistin, Prof. Folkwang Hochschule Essen - Waldsaum 72, 4300 Essen 1 - Geb. 24. Juli 1952 Regina Saskatchewan (Kanada) - Stud. b. H. Brauss, Kanada, H. Leygraf u. B. Ebert Hannover - 1979 Busoni-Preis; 1981 Preisträgerin Sydney Intern. Piano Comp.

VIDAL, Helmut

Dr. rer. nat., Prof. - Germeringer Str. Nr. 5, 8035 Gauting 1 (T. München 850 15 05) - Geb. 21. Jan. 1919 München (Vater: Adalbert V., Oberingenieur; Mutter: Maria, geb. Hochholzer), kath., led. - Realgymn. München (Abit. 1938); 1946-53 Univ. München (Allg. Naturwiss., Geologie, Geophysik; Dipl.-Geol. 1951, Promot. 1953) - 1954-62 Bayer. Landesanstalt f. Landkultur u. Moorwirtsch., München (1959 Abt.sdir., 1962 Dir.); 1963-66 Bayer. Landesanst. f. Bodenkultur, Pflanzenbau u. -schutz ebd. (Dir.), 1966-84 Bayer. Geolog. Landesamt München (Präs.), 1976 Honorarprof. Univ. München - 1984 BVK I. Kl.; 1983 Ehrenmitgl. d. Dt. Geol. Ges. - Spr.: Engl., Franz. (b. beiden Sprachmittlerdiplom), Ital.

VIEBAHN, von, Dietrich

Dipl.-Volksw., Verbandsdirektor a. D. - Alsterkehre 6, 2000 Hamburg 65.

VIEBAHN, Fred

Schriftsteller - 1757 Lambs Rd., Charlottesville, Virginia 22901, USA u. Alte Burgstr. 3, 5270 Gummersbach - Geb. 16. April 1947 Gummersbach, verh. s. 1979 m. Rita Dove, T. Aviva - Abit., 1966-71 Stud. Psych., German., Phil., Theaterwiss. Univ. Köln (kein Abschluß); 1974-76 Bundesvorst. Verb. dt. Schriftst.; 1977 Writer-in-Residence, Univ. of Texas at Austin; 1977-79 Visiting Assoc. Prof. of German, Oberlin College, Ohio/USA; 1981-89 Adjunct Prof., Arizona State Univ., Tempe, Arizona/USA; s. 1989 Scholar-in-Residence, Univ. of Virginia, Charlottesville, Virginia. S. 1986 USA-Korresp. d. Zeitschr. TRIBÜNE - BV: D. schwarzen Tauben, R. 1969; D. Haus Che, R. 1973; Larissa, R. 1976/82; D. Fesseln d. Freiheit, R. 1979/81; The Stain, R. 1988; Blutschwestern, Theaterst. (Uraufführung 1976, Regie Veit Relin) - 1973 Förderpreis f. Lit. Stadt Köln; 1976 Villa Massimo Stip.; 1976 Honorary Fellow in Writing, Univ. of Iowa; 1979 Mishkenot Sha'anim-Gast d. Stadt Jerusalem, Israel, 1980 Förderstip. d. Landes Berlin, s. 1981 Mitgl. PEN-Club - Lit.: Krit. Lex. z. dt. Spr. Gegenwartslit. (KLG).

VIEBIG, Hasso

Brigadegeneral a. D. - Prielstr. 35, 7776 Owingen - Geb. 21. Mai 1914 Mecklenburg (Vater: Landwirt) - Abitur - Ab 1934 Berufssoldat (Artl., zul. Major i. G.); 1944-46 engl. Gefangensch.; freiberufl. Tätigk. (Militär- u. Kriegswiss.); 1957-66 Bundesverteidigungsmin. (1963 Oberst i. G. u. Pressechef); 1966-1967 Kommandeur Panzergrenadier-Brigade 13 (Wetzlar), 1967-70 stv. Kdr. 10. Panzergrenadier-Division (Sigmaringen). 1971ff. fr. Mitarb. Südkurier, Konstanz, 1972ff. Geschf. Vorst. d. Ges. f. Wehrkd. - 1984 Gr. BVK - Liebh.: Bücher (bes. angels. Romane), Reit- u. Wassersport.

VIEBIG, Johannes

Oberkirchenrat, Pfarrer, Kreisdekan Nürnberg - Pirckheimer Str. 10, 8500 Nürnberg 10 (T. 0911 - 35 87 38) - Geb. 26. Dez. 1919 (Vater: Paul V.; Mutter: Anny, geb. Buchwald), ev., verh. s. 1950 m. Elisabeth, geb. Kluftinger, 3 Kd. - Univ. Zürich, Erlangen, Breslau, Berlin (Theol., Phil.) - Pfarrer, Studentenpf., Prodekan, Akad.-Dir. Tutzing, Rundfunkprediger, Vizepräs. Bay. Landessynode (b. 1976) - BV: Fruchtbare Einsamkeit; Wir brauchen einander; Gestalteter Glaube; D. Lorenzkirche Nürnberg - 1980 Bayer. VO.

VIEBROCK, Helmut

Dr. phil. (habil.), Dr. h.c., FRSA, em. o. Prof. f. Engl. Philologie - Hinter den Rahmen 3, 6380 Bad Homburg (T. 2 56 29) - Geb. 1. Aug. 1912 Hameln/Weser (Vater: Johann V., Mittelsch.lehrer; Mutter: Marie, geb. Möller), ev., verh. s. 1948 m. Rosi, geb. v. Ferenczy, 3 Kd. (Anna, Jan, Katharina) - Univ. Marburg u. München (Engl., roman. u. klass. Philol.) - S. 1955 Ord. u. Dir. Engl. Sem. u. Amerika-Inst. Univ. Frankfurt (1958/59 Rektor) - BV: D. Anschauungen v. John Keats üb. Dichter u. Dichtung, 1946; John Keats, 1977; Theorie u. Praxis d. Stilanalyse, 1977; Arb. üb. Shakespeare, die engl. rom. Dichtung, T.S. Eliot (Hrsg. d. dt. Essays), Studien z. polit. Rhetorik um 1900 (Hg. u. Mitautor); engl. Lit. u. Kunst um 1910, u.v.a.

VIEDEBANTT, Klaus

Dr., Journalist, Ressortleiter Frankfurter Allgemeine Zeitung (s. 1986) - Zu erreichen üb. Frankfurter Allgemeine Zeitung, Hellerhofstr. 2-4, 6000 Frankfurt/M. 1 (T. 069 - 75 91-17 68) - Geb. 12. Jan. 1943 Krefeld (Vater: Joachim V., Rechtsanw.), verh. m. Pamela, geb. Auden - Promot. 1973 Univ. Frankfurt - 1967 Sprecher Univ. Frankfurt; 1970 fr. Journ.; 1974 Redakt. FAZ; 1977 Ressortleit. D. ZEIT; s. 1986 Ressortleit. FAZ - BV: Unsere kleinen Städte, 1987; Hamburg, 1987; Frankfurt, 1988; Irland, 1988; Neuseeland, 1989; Florida, 1990; Australien, 1990; Hongkong, 1991; Hawaii, 1992.

VIEFHUES, Herbert

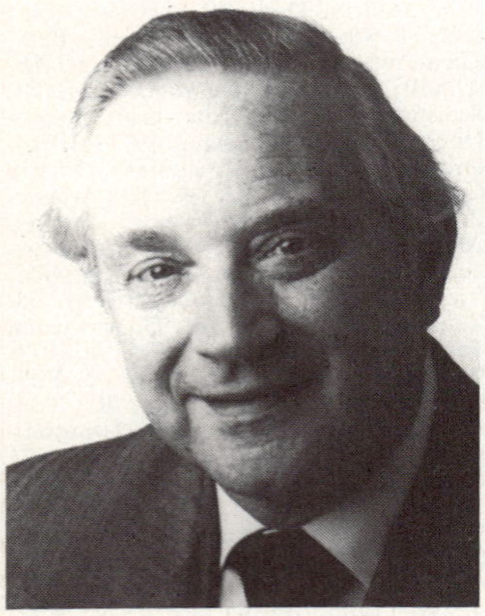

Dr. med., D.M.S.A. (Edin.), Sozialmediziner u. Medizinsoziologe, Neurologe, Psychiater u. Psychotherapeut, Medizinethiker, em. Prof. f. Sozialmed. Ruhr-Univ. Bochum (1973-85), Vorst. Inst. f. soz.med. Forschung BOSOFO, Dir. Zentrum f. Medizin. Ethik, Bochum - Surkenstr. 35, 4630 Bochum-Stiepel (T. 0234 - 79 79 17) - Geb. 26. Jan. 1920 Dorsten/W., verh. s. 1960 m. Dr. Margot, geb. Peusquens, 2 Söhne (Gereon, Ludger) - Hum. Gymn., Stud. Med. u. Sozialwiss. In- u. Ausl. (Schottland, USA), 1946-59 Tätigk. als Kliniker, 1961-70 Dir. Krankenanstalten Köln, Präs. d. Internat. Kurat. f. Fortbildung in d. Psychiatrie (s. 1976), Vorstandsmitgl. d. Dt. Ges. f. Sozialmed. (s. 1978), Vors. d. Dt. Ges. f. Sozialarbeit i. Krankenhaus (1963-71), Vorstandsmitgl. (s. 1973). Sachverst. b. Inst. f. med. Prüfungen Mainz (1974-80); Präs. Dt. Ges. f. Sozialmed. (1981-90); Mitgl. Verbandsaussch. dt. Sozialrechtsverb. (s. 1980); Vorst.-Mitgl. Akad. f. Ethik in d. Medizin; Ehrenmitgl. Österr. Wiss. Ges. f. Sozialmed. u. Dt. Verein f. Sozialdienst im Krankenhaus - BV: Medizinsoziologie, 1978; Medizin - Gesellschaft - Revolution, 1978; Sozialmedizin, 1979; D. ärztl. Gutachten, 1984; Primary Health Care in the Making, 1985; Medical Manpower in The European Community, 1988 - BVK I. Kl. - Lit.: Festschr. z. 65. Geb., Deneke u. a., Aktuelle Fragen d. Sozialmed.

VIEHBACHER, Friedrich

Oberbürgermeister - Rathauspl. 1, 8400 Regensburg - Geb. 30. Aug. 1933 Regenstauf - Zul. Abteilungsdir. Reg. d. Oberpfalz. CSU.

VIEHE, Heinz-Günter

Dr. rer. nat., o. Prof. f. Organ. Chemie Univ. Löwen (s. 1969) - B-1348 Louvain-La-Neuve/Belgien (T. 010 - 47 27 83) - Geb. 17. Juni 1929 Bielefeld, protest., verh. s. 1956 (USA) m. Helga, geb. Ebeling, 3 Kd. (Johannes, Axel, Carola) - Stud. Bundesrep., Frankr., USA. Promot. 1955; Habil. 1965 - 1956-57 Assist. Harvard Univ., Cambridge; 1958-69 Forschungstätigk. Union Carbid, Brüssel. 1965-69 Privatdoz. Univ. Erlangen-Nürnberg. Versch. Fachmitgliedsch. Entd.: Chemie d. Nitroacetylene, Fluoracetylene u. Inamine, Phosgenimoniumsalze - BV: Chemistry of Acetylenes, 1969; Iminium Salts in Organic Chemistry, Vol. I 1976, Vol. II 1979; Substituent Effects in Radical Chemistry (H. G. Viehe, Z. Janusek and R. Merényi, Reidel, Dordrecht), 1986 - Mitgl. Akad. d. Naturforscher Leopoldina, Halle - Spr.: Engl., Franz.

VIEHWEBER, Günter

Dr. med. (habil.), Prof., Röntgenologe - Am Mühlenhang 10, 8702 Lengfeld (T. 5 97 66) - B. 1964 Privatdoz., dann apl. Prof. Univ. Würzburg (Vorsteher Röntgenol. Abt./Chir. Klinik). Facharb.

VIELLIEBER, Hermann

Metzgermeister, Präsident Dt. Fleischer-Verb., Landesinnungsm. Baden-Württ., Vorstandsmitgl. Fleischerei - Berufsgenoss., Präsidiumsmitgl. Zentralverb. Dt. Handwerk - Eichhornstr. 46, 7750 Konstanz (T. 6 29 92) - Geb. 9. Jan. 1917 Konstanz, kath., verh., 6 Kd. - Gymn. Konstanz (Obersekundareife); Metzgerlehre - 1937-45 Arbeitsdst. u. Wehrmacht (zul. Hptm.); 1948 Übern. e. elterl. Geschäfts. CDU s. 1946 (Gründungsmitgl. Konstanz) - 1970 BVK I. Kl.; 1976 Gr. BVK.

VIELMETTER, Joachim

Honorarkonsul von Portugal, Geschäftsführer Martellus, Ges. f. ind. Zusammenarbeit mbH & Co. KG, Dt.-Afrikanische Handelsges. mbH - Thomas-Wimmer-Ring 9, 8000 München 22 - Geb. 4. Aug. 1919, verh. m. Rita-Maria, geb. Kirschbaum-Springer - Abit.; Hauptges. JHR Vielmetter GmbH & Co. KG Berlin - Gr. BVK; Bayer. VO; Rechtsritter Johanniterorden Ordem do Infante Dom Henrique f. Verd. um d. Rep. Portugal; Isabel la Católica f. Verd. u. d. Königr. Spanien; Gr. silb. Ehrenz. f. Verd. u. d. Rep. Österr.; Ordem de Merito do Estado da Bahia f. Verd. um Bahia/Brasilien - Rechnungsprüfer d. Bundesverb. Dt. Ind., Köln; Ehrensenator TH Karlsruhe; Vorst.-Mitgl. Dt. weltwirtschaftl. Ges., Berlin; Mitgl. Kurat. Inst. Finanzen u. Steuern, Bonn; Mitgl. Verwaltungsrat offiziellen Dt.-Franz. HK, Paris; Senior Council Dt.-Südafrik. HK Johannesburg; Schatzmeister d. Ges. Freunde v. Bayreuth, Bayreuth.

VIELMETTER, Walter

Dr. rer. nat., o. Prof. f. Genetik u. Mikrobiologie Univ. Köln (s. 1967) - Beuthener Str. 26, 5000 Köln 80 (T. 69 67 28).

VIELSTICH, Wolf

Dr. rer. nat., Prof., Direktor Physikal.-Chem. Inst. Univ. Bonn (s. 1972) - Wegelerstr. 12, 5300 Bonn - Geb. 18. Juni 1923 München -S. 1962 (Habil.) Lehrtätigk. Univ. Bonn (1965 apl. Prof.). Fachmitgliedsch. - BV: Brennstoffelemente, 1964; Elektrochemie I, 1975; Kinetik elektrochem. Systeme, 1975; Elektrochemie II, 1981. Zahlr. Fachveröff.

VIERA, Joe

Dipl.-Ing., Prof., Musiker, Komponist, Dozent, Autor - Klementinenstr. 17, 8000 München 40 - Geb. 4. Sept. 1932 München (Vater: Josef V., Schriftst.; Mutter: Rose, geb. Zimmermann), ev., verh. s. 1973 m. Therese, geb. Kopp, Tochter Christine - Stud. Techn. Physik TH München, priv. Musikstud.; s. 1955 zahlr. Konzerte; 1978 Tournee durch 9 afrikan. Länder; s. 1963 Doz. d. Sommerkurse f. Jazz Akad. Remscheid; 1969-80 Leit. Education Center d. Int. Jazzföderation; s. 1970 künstl. Leit. d. Int. Jazz-Woche Burghausen, s. 1972 Leit. Studienzentrum f. zeitgenöss. Musik Burghausen; Lehrbeauftr. Univ. Duisburg u. Hochsch. f. Musik Hannover; s. 1975 Gastdoz. Stiftg. Alte Kirche (Boswil/Schweiz); s. 1989 Lehrbeauftr. d. Univ. München - BV: Grundl. d. Jazzrhythmik, 1970; Grundl. d. Jazzharmonik, 1970; Arrangement u. Improvisat., 1971; Neue Formen - Freies Spiel, 1971; Der Free Jazz, 1974; D. Saxophon im Jazz, 1977; 20 J. Jazz in Burghausen, 1989. Schallplatten: Essay in Jazz, 1973; Kontraste, 1978. Kompos.: Segmente 1-6, 1973; Segmente 7-16, 1979 - 1974 silb. Ehrennadel Stadt Burghausen; 1990 Kulturförderpreis Ostbayern; 1991 Bezirksmed. in Gold d. Reg.bezirks Oberbayern - Liebh.: Karl Valentin, Denkspiele - Spr.: Engl.

VIERECK, Hans-Joachim

Dr. med., Prof., Chirurg - Nikolaus-Fey-Str. 38, 8700 Würzburg-Heidingsfeld (T. 0931 - 6 54 33) - Geb. 27. Dez. 1920 Wächtersbach, ev., verh. s. 1949 m. Hedwig, geb. Orlik, 3 Kd. (Achim, Thomas, Doris) - Univ. Berlin u. Würzburg. Promot. (1944) u. Habil. (1956) Würzburg; Facharzt f. Lungenkrankh. (1952), Anaesthesie (1954), Chir. (1958); Privatdoz. (1956); apl. Prof. (1962) - BV: Traumatologie in d. chir. Praxis, 1965 (Mitautor). Zahlr. Einzelarb. - Spr.: Engl.

VIERECK, Wolfgang

Dr. phil. habil., Dr. phil. h.c., o. Univ.-Prof. f. Englische Sprachwiss. u. Mediävistik Univ. Bamberg (s. 1978) - Obere Dorotheenstr. 5a, 8600 Bamberg (T. 0951 - 5 82 88) - Geb. 4. Sept. 1937 Berlin, verh. s. 1973 m. Dr. Karin, geb. Ditschuneit, T. Nina - Stud. Univ. Marburg, Newcastle/Tyne (Engl.), Montpellier (Frankr.); Staatsex. 1963 Marburg; Promot. 1966 Hamburg; Habil. 1970 Mainz - 1971 apl. Prof. Univ. Mainz; 1973-78 o. Univ.-Prof. Graz; s. 1978 Univ. Bamberg (1984-86 Dekan). 1980 Gastprof. Univ. Haifa, Israel; 1987 Gastprof. Univ. Poznań, Polen; 1991 Gastprof. Univ. Budapest; s. 1988 Fachgutachter d. DFG f. sprachwiss. Angl. u. Amerikanistik - BV: 10 Bücher; 130 weit. Fachveröff; üb. 100 Buchbesprechungen, bes. z. historischen, regionalen u. sozialen Dimension d. engl. Sprache. Herausg. e. Buchreihe u. e. intern. Ztschr. - Vizepräs. d. Intern. Ges. f. Dialektologie u. Geolinguistik; 1965/66 American Council of Learned Soc. Fellow, New York; 1985 Med. Univ. Budapest; 1987 Med. d. Rektors d. Univ. Poznań; 1988 Med. Univ. Helsinki, Finnland; 1989 Ehrendoktor Univ. Budapest, Ungarn; 1992 Verdienstmed. Univ. Poznań.

VIEREGG, Hildegard Katharina

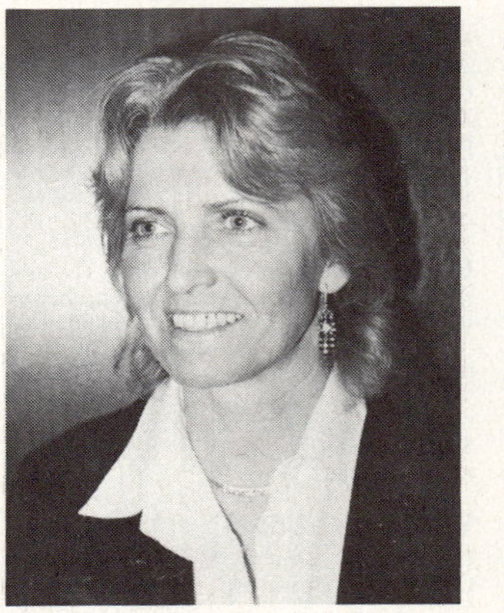

Dr. phil., Museologin, Historikerin - Geranienstr. 7, 8012 Ottobrunn - Geb. 3. Sept. 1939, kath., verh. s. 1961 m. Paul Wattari, 3 Kd. (Rainer, Judith, Ulrich) - Abit. 1958; Stud. Päd., Gesch., Phil., Didaktik d. Gesch., Engl.; Staatsexamina; Promot. München u. Tübingen - Ref. f. Musuempäd.; Lehrauftrag an d. Päd. Hochsch. Ludwigsburg. 1987-90 Wiss. Beauftr. d. Weiße-Rose-Stiftg. - BV: Willi Graf - e. Jugend im Nationalsozialismus im Spiegel v. Briefen, 1984; Pater Rupert Mayer SJ - e. Dokumentation, 1987; Vorgesch. d. Museumspäd.: gezeigt a.d. Museumsentwicklung in d. Städten Berlin, Dresden, München, Hamburg, 1991; Jugend im Widerstand gegen d. Nationalsozialismus (in Vorber.). Herausg.: Museumspäd. - Grundlagen u. Praxisberichte (1990); Museumskompaß Bayern (1991) - Liebh.: Reisen, Klavierspielen, Museen - Spr.: Engl.

VIEREGGE, von, Henning

Dr. phil., Geschäftsführer (Kommunikation, Presse) Vereinigung d. hess. Unternehmerverb. (VHU), u. Arbeitgeberverb. Hessen Metall - Fuchstanzweg 10, 6236 Eschborn 2 (T. 06173 - 6 89 21) - Geb. 28. Dez. 1946 Lübeck, ev., verh. m. Karla, geb. Gattinger, 4 Kd. (Amelie, Viktoria, Constantin, Antonia) - M.A. 1972; Promot. 1975 Bonn - BV: Parteistiftungen, 1977.

VIERHAUS, Rudolf

Dr. phil., Prof., Direktor Max-Planck-Inst. f. Geschichte - Hermann-Föge-Weg 11, 3400 Göttingen (T. 5 89 53); priv.: Zur Akelei 35 - Geb. 29. Okt. 1922 Wanne-Eickel - S. 1961 (Habil.) Lehrtätigk. Univ. Münster, Bochum u. Göttingen (1964 Ord., gegenw. Honorarprof.; Neuere Gesch.), 1966/67 Gastprof. Oxford, 1972-76 Mitgl. d. Wissenschaftsrats. Vors. Ges. f. d. Erforsch. d. 18 Jh., Wolfenbüttel - BV: Ranke u. d. soziale Welt; Deutschland i. Zeitalter d. Absolutismus; Sozial-, Verfassungs- u. Geistesgesch. d. 18. b. 20. Jh.; D. Tageb. d. Baronin Spitzemberg (3 A.). Herausg.: Eigentum u. Verfass.

VIERNEISEL, Klaus

Dr. phil., Direktor d. Staatl. Antikensammlungen u. Glyptothek München (s. 1978) - Ainmillerstr. 20, 8000 München 40 - Geb. 23. Juli 1929 Heidelberg - Univ. München - 1956-63 Dt. Archäol. Inst. Athen; 1963-71 Staatl. Antikensamml. u. Glyptothek München (zul. Oberkonservator); 1971-78 Direktor Antikenmus. Berlin Stiftung Preuß. Kulturbesitz. Div. Ausgrab., dar. Samos u. Athen-Kerameikos.

VIERNSTEIN, Karl

Dr. med. (habil.), Prof., Oberarzt Orthopäd. Klinik München-Harlaching - Dr.-Max-Str. 72, 8022 Grünwald/Obb. (T. München 64 96 22) - Geb.23. Febr. 1920 Straubing, verh. (Ehefr.: Ute), 4 Kd. - B. 1966 Privatdoz., dann apl. Prof. Univ. München (Orthop.). Facharb.

VIEROCK, Frithjof

Schauspieler - Wilhelm-Riehl-Str. 28, 8000 München 21 (T. 089 - 57 19 85) - Geb. 28. Aug. 1943 Eisenach (Vater: Henry V., Maler; Mutter: Franziska, geb. Pistorius), verh. s. 1974 m. Branka, geb. Pesusic - Schauspielabschl.-Prüf. 1962 München - Theater-Gastvertr. Stuttgart, Berlin u. München; Theatertourneen; 10 Spielfilme; üb. 100 Fernsehspiele - Bek. Vorf.: Jessie Vihrog, Schausp. (Großtante).

VIERTLER, Günther

Verlagsleiter - Waldtruderinger Str. 48, 8000 München 82 (T. 430 49 78) - S. 1971 Geschäftsf. Südd. Verlag GmbH., München.

VIESER, Dolores

s. Aichbichler, Dolores

VIESER-AICHBICHLER, Dolores

Schriftstellerin (Ps. Dolores Vieser) - Krassniggstr. 36, A-9020 Klagenfurt (Österr.) (T. 0463 - 51 44 50) - Geb. 18. Sept. 1904 Hüttenberg/Kärnten, kath., verh. s. 1934 m. Otto A. (Landw. u. Schriftst.), 3 Kd. - BV: u. a. D. Singerlein, histor. R. 1928; der Gurnitzer, hist. R. 1931; Der Märtyrer u. Lilotte, R. 1934; Hemma v. Gurk, hist. R. 1938; An d. Eisenwurzen, ges. Erz. 1948; Aelia, e. Frau aus Rom, hist. R. 1952; Licht im

Fenster, Bauernr. 1953; D. Trauermesse, R. 1961; Kl. Bruder, R. 1964; Nachtquartier, R. 1973; Katzen in Venedig, N. 1975 - 1955 Handel-Mazetti-Preis, Ad. Stifterpreis, 1975 Gr. Kulturpreis d. Landes Kärnten; 1984 Gold. Ehrenkreuz f. Kunst u. Wiss. d. Rep. Österr. - Liebh.: Musik.

VIESSMANN, Hans

Dr. h. c., Ing., Fabrikant, Inh. Viessmann Werke GmbH + Co., Allendorf - Im Hain, 3559 Battenberg/Eder (T. 06452 - 4 48) - Geb. 15. Nov. 1917 Hof/S. (Vater: Johann V., Handwerksm.; Mutter: Auguste, geb. Doss), ev., verh. s. 1946 m. Martha, geb. Laute, 5 Kd. (Annegret, Ulrich, Karl-Johann, Martin, Thomas) - Gymn.; Metallhandw.; Stud. Maschinenbau - N. Stud. Familienuntern. Zweigw.: Battenberg, Hof-Unterkotzau, Oberkotzau, Faulquemont/Frankr., Berlin, Waterloo/Kanada, Schwandorf/Bay. u. Homberg/Efze (gegenw. 6900 Beschäftigte). Mehr als 300 dt. u. intern. Patente (haupts. Heizungstechnik). Präs. Dt. Stahlheizkessel-Verb. (1957-69), Europ. Verb. d. Hersteller v. Stahlheizkesseln (1967-1969), Vereinig. v. Verb. d. Dt. Zentralheizungswirtsch. (1967-69). Mitgl. VDI, American Soc. of Heating, Refrigerating and Air Conditioning Engineers (New York). 1974-79 Vizepräs. IHK Kassel - 1967 BVK I. Kl.; 1968 Philipps-Med. Univ. Marburg; 1979 Bayer. VO; 1983 Ehrendoktor Univ. Marburg; 1987 Gr. BVK m. Stern - Liebh.: Literatur, Alte Kunst, Fliegen, Wasserski, Schwimmen - Spr.: Engl. - Rotarier.

VIET, Ursula

Prof., Lehrstuhlinh. f. Didaktik d. Mathematik Univ. Osnabrück - Universität, 4500 Osnabrück - Geb. 23. Juli 1926 Bremen - 1978 u. 86 Dekan d. FB Math. - BV: Lehrprogramme f. Schulen (8 Titel), 1965-72; Leist.differenzier. im Mathematikunterr. d. Sekundarstufe I, 1981 (mit N. Sommer); Mathematikunterr. 5-10, 1982; Elementargeometrie vom höheren Standpunkt, 1988.

VIETEN, Rolf

Dipl.-Kfm., Oberstadtdirektor Göttingen - Neues Rathaus, 3400 Göttingen - Geb. 4. Sept. 1940 St. Tönis - Dipl.-Kfm. 1969 TU Berlin.

VIETH, Jürgen

Dr., Prof., Leit. Abt. f. exper. Neuropsychiatrie Neurol. Univ.-Klinik Erlangen - Schwabachanlage 6, 8520 Erlangen; priv.: Kellerstr. 3, 8551 Schlammersdorf (T. 09545 - 18 03).

VIETH, Thomas

Verleger, geschäftf. Gesellschafter Urban-Verlag Hamburg/Wien GmbH. Herausg. u. Chefredakt. Ztschr. Erdöl Erdgas Kohle, Oil-Gas Europ. Magazine u. ANEP-Jahrb. Europ. Erdölind. - Im Wiesengrund 7, 2000 Hamburg 73 (T. 645 10 07) - Geb. 16. Febr. 1946.

VIETINGHOFF, von, Eckhart

Dr. jur., Präsident Landeskirchenamt. Mitgl. Rat d. EKD, Hannover (1984ff.) - Zu erreichen üb. Landeskirchenamt, Rote Reihe 6, 3000 Hannover - Geb. 7. Okt. 1944 Göttingen - Stud. Rechtswiss. - Ab 1980 Oberstadtdir. Hildesheim; Vorst.-Vors. d. Gemeinschaftswerks d. Ev. Publizistik, Frankfurt.

VIGENER, Gerhard

Dr. jur., Ltd. Verwaltungsdirektor, stv. Verbandsdirektor d. Landeswohlfahrtsverbandes Baden - Ernst-Frey-Str. 9, 7500 Karlsruhe (T. 0721 - 81 07 - 2 79) - Geb. 27. Okt. 1946 Attendorn, kath., verh. m. Geraldine Joubert-V., 2 Söhne - Abit. 1966; Univ. Tübingen Rechtswiss.; 1972 1. jurist. Staatsex.; 1975 2. jurist. Staatsex.; Promot. 1979 Tübingen - 1978-81 Sozialmin. Baden-Württ. u. Landesvertr. in Bonn; 1981-85 Leit. Landesjugendamt Baden; s. 1986 Leit. Landessoz.amt Baden; Vors. d. BAG d. überörtl. Träger Sozialhilfe - Fachveröff. - Spr.: Engl., Franz.

VIKTOR, Herbert

Filmregisseur - Königsweg 80, 1000 Berlin 37 (T. 030 - 802 55 28) - Geb. 16. April 1921 Berlin, ev., verh. s. 1966 - Liebig-Oberrealsch. Berlin; kaufm. Ausbild. ebd. (Ind.) - S. 1945 Rundfunk- u. Fernsehreporter, Filmautor u. -regiss. Bek. Dokumentarfilme: Hongkong - Insel im roten Meer (1958), Paradies im Feuerofen - Israel (1959), Zwei Sonnen üb. Japan (1960), Jenseits v. Oder u. Neiße - heute (1965). Preise: Dt. Fernsehpreis (1957), Bundesfilmpreis/Filmband in Silber (1958; Hongkong) u. Gold (1959; Paradies u. Feuerofen), Gold. Feder Österr., Jugendfilmpreis Stadt Berlin, Filmpreis Office Catholique Intern. du Cinema, Goldmed. Venedig (1974; Forschen f. d. Leben), Kurzfilmpries HDF (1976; Zw. Gestern u. Morgen), Kurzfilmpr. HDF (1981; ... sicherer sein u. schneller).

VILAR, Esther

Dr. med., Ärztin, Schriftst. - Zu erreichen üb.: Herbig-Verlag, Hubertusstr. 4, 8000 München 19 - Geb. 16. Sept. 1935 Buenos Aires (Argent.) - BV/R.: Mann u. Puppe, 1969; Ess.: D. dressierte Mann, 1971; D. polygame Geschlecht, 1975; D. Ende d. Dressur, 1977; 5 Std. Gesellschaft, 1978; Alt-Manifest geg. d. Herrschaft d. Jungen, 1980; D. Antrittsrede d. amerik. Päpstin, 1982.

VILLIGER, Heinrich

Zigarrenfabrikant (Villiger Söhne GmbH., Waldshut-Tiengen/Br.), Vorstandsmitgl. Bundesverb. d. Zigarrenind., Bonn - CH-4354 Full-Reuenthal (Schweiz).

VILLINGER, Claus

Regisseur - Löwenstr. 81, 7000 Stuttgart 70 - Geb. 1941 Breslau, verh. s. 1965 - Stud. Essen, Theater Mannheim; Funk Frankfurt, s. 1968 Stuttgart. - Insz. u.a.: Straßenbahn, 1972; Anschlag, 1973; Mein Großvater u. d. Weltgesch., 1980; Wie man Wünsche b. Schwanz packt, 1980; Mengeles Kiefer, Klarsfelds Küche, 1988 - 1971 Kurt-Magnus-Preis - Liebh.: Mod. Kunst.

VILLWOCK, Wolfgang

Dr. rer. nat., Prof. f. Zoologie - An d. Schulkoppel Nr. 21, 2000 Norderstedt 1 - Geb. 15. Nov. 1930 Cottbus, verh. m. Dr. Ingeborg, geb. Augstein - S. 1964 (Habil.) Lehrtätigk. Univ. Hamburg (1969 Prof.; 1970-76 gf. Dir. Zool. Inst. u. Zool. Museum). Etwa 80 Fachaufs.

VILMAR, Fritz

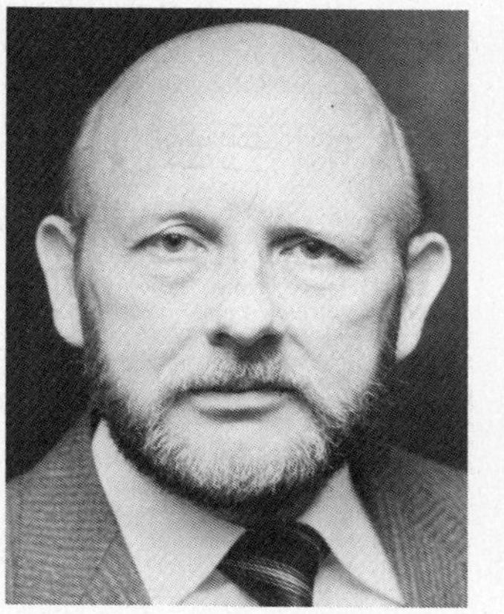

Dr., Prof. f. Politikwiss. FU Berlin (s. 1975) - Bülowstr. 4, 1000 Berlin 30 (T. 216 87 50) - Geb. 28. Juli 1929 Insterburg (Vater: Fritz V., AG-Dir.; Mutter: Minna, geb. Andresen), verh. s. 1967 m. Johanne, geb. Bührmann, 2 Kd. (Christian, Florian) - Stud. Rechtswiss. u Soziol. - 1960-70 Ref. Vorst. IG Metall; s. 1977 Mitgl. d. Grundwerte-Komm. b. Vorst. d. SPD - BV u. a.: Rüstung u. Abrüstung im Spätkapitalismus, 6. A. 1972; Mitbestimm. a. Arb.pl., 1971; Strategien d. Demokratisierung, 2 Bde. 1973; Ind. Demokr. in Westeuropa, 1975 (auch Herausg.); Wirtschaftsdemokratrie u. Humanisierung der Arbeit, 1978; Arbeitswelt: Grundriß e. Soziol. d. Arbeit, 1982 (m. L. Kißler); Arbeitszeitverkürzung - e. Weg z. Vollbeschäftigung? (m. Th. Kutsch; auch Herausg.), 1983; Ökosozialismus (m. K.-J. Scherer, auch Herausg.), 1985; Handb. Selbsthilfe (m. B. Runge), 1988; D. rettende Kraft d. Utopie. Dt. Juden gründen d. Kibbuz Hasorea (m. W. Godenschweger, auch Herausg.), 1990; E. polit. Heilslehre auf d. Prüfstand. Marktwirtschaft u. soziale Demokratie (Ost-) Berlin, 1991 - Liebh.: Jugendstil - Spr.: Engl., Franz.

VILMAR, Karsten

Dr. med., Chirurg (Oberarzt), Präs. d. Bundesärztekammer/Arbeitsgem. d. Westd. Ärztekammern, Köln (s. 1978; vorh. (1975) Vizepräs.), u. d. Dt. Ärztetages, Vors. Marburger Bund/Verb. d. angest. u. beamt. Ärzte Dtschl. ebd. (1975-79) - Zentralkrankenhaus St. Jürgen (Unfallchir. Klinik), 2800 Bremen - Geb. 1930 Bremen (Vater: Arzt) - Bek. Vorf.: Prof. August V., Theologe u. Literaturhistoriker (u. a. Geschichte d. dt. Nationallit.), 1800-68.

VILSMEIER, Franz

Dr. phil., Prof., Hochschuldir. a. D., Honorarprof. f. Päd. Univ. München (s. 1959) - Alpspitzstr. 8c, 8104 Grainau (T. 08821 - 85 37) - BV: Gesamtunterricht, 1967. Ztschr.aufs. z. geschichtl. Wandel u. gegenw. Stand d. Lehrerbildung. Mitherausg. Ztschr. f. Päd. (1958-68).

VINCENZ, de, A.

Docteur ès Lettres, em. Prof. f. Slavistik, Univ. Göttingen - Landfriedstr. 3, 6900 Heidelberg (T. 2 75 22) - Geb. 13. März 1922 Lemberg/Galizien (Vater: Stanislaw V., Schriftst.; Mutter: Irena, geb. Eisenmann), kath., verh. m. Silvia, geb. Solari, 2 Kd. - Univ. Paris-Sorbonne - 1967-73 o. Prof. Univ. Heidelberg. 1979 AR-Mitgl. Fondation Kościelski, Genf - BV: Traité d'anthroponymie houtzoule, 1970; Disparition et survivances du franco-provençal, 1974; Probeheft z. Wörterb. d. dt. Lehnwörter im Polnischen, 1985. Herausg. m. A. Pohl: Deutsch-Polnische Sprachkontakte. Göttinger Tagung 10.-13. April 1984, 1987. Herausg.: Göttinger Studien zu Wortschatz u. Bildung im Polnischen, 1991 - 1974 assoz. Mitgl. Acad. Delphinale, Grenoble; 1979 akt. Mitgl. Soc. Historique Polonaise, Paris.

VINKE, Hermann

Redakteur, Schriftst. - Zu erreichen üb. NDR, Rothenbaumchaussee 132-34, 2000 Hamburg 13 - BV/Herausg.: u. a. Als d. erste Atombombe fiel - Kinder aus Hiroshima berichten, 1982 - 1981 Dt. Jugendbuchpreis d. Buxtehuder Bulle (f. d. Biogr.: D. kurze Leben d. Sophie Scholl).

VISSE, Rainer

Bürgermeister a. D. Stadt Lauterbach (s. 1981), Verwaltungsdirektor Krankenhaus Eichhof, Lauterbach - Rathaus, 6420 Lauterbach 1 (T. 06641 - 8 22 45 + 2 46) - Geb. 5. Aug. 1946 Münchweiler (Vater: Heinz V., Buchhalter; Mutter: Marianne, geb. Burger), kath., verh. s. 1970 m. Hannelore, geb. Rauch, 2 Töcht. (Kerstin, Katrin) - Verw.-Prüf. I u. II, Kommunal-Dipl. VWA 1972 - 1975-80 Prüfer Rechnungshof Rheinl.-Pfalz; 1980-81 Werkleit. Verb.-Gde. Bad Bergzabern.

VITALI, Christoph Johannes

Lic. iur., Rechtsanwalt - Geb. 28. Sept. 1940 Zürich, verh., 3 Kd. - Jura-Stud. Univ. Zürich; Stud.jahre in Granada/Spanien u. Princeton/USA; Promot. 1968 (Lic. iur.) u. Anwaltsex. - 1966-68 Rechtsanw.; 1969 Mitarb., ab 1971 Leit. Kulturamt Stadt Zürich; 1979-84 Verw.-dir. Bühnen Frankfurt am Main; s. 1985 Dir. Theater am Turm u. Schirn-Kunsthalle Frankfurt am Main.

VITT, Walter

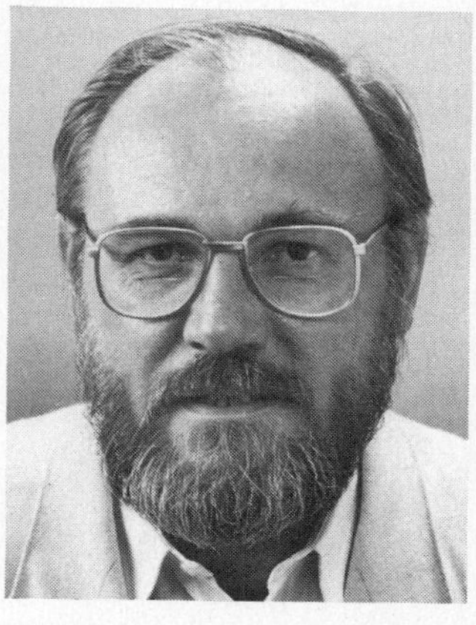

Rundfunkjournalist, Kunstschriftsteller, stv. Nachrichtenchef WDR Hörfunk (s. 1989) - Maternusstr. 29, 5000 Köln 1 (T. 0221 - 31 46 41) - Geb. 2. Okt. 1936 Gera/Thür. (Vater: Rudolf V., Dipl.-Ing.; Mutter: Grete, geb. Buchmeyer), kath., verh. s. 1962 m. Luiza, geb. Aschenbrenner, 3 Kd. (Andrea, Alexandra, Christian), Abit. 1957 Braunschweiger Wilhelm-Gymnas. - 1957-63 Univ. Münster (German., Publiz., Gesch., Phil.) - 1958-61 verantw. Redakt. Studentenztg. Semesterspiegel, Münster; s. 1961 freier Mitarb., s. 1963 Redakt. WDR Köln, 1972-79 Kölner Korresp. Kunstztschr. Magazin Kunst, Mainz, s. 1978 Lehrauftr. f. Rundfunkkd. Inst. f. Publiz. Univ. Münster. Lehrauftr.: 1981 Inst. f. Publiz. Univ. Bochum, 1984-88 Studieng. Journalist. Univ. Dortmund, 1985/86 Inst. f. German. Univ. Siegen. 1981-84 Ausb.beauftr. WDR f. Programmber. Hörf. u. FS; 1983-87 Mitgl. d. Personalrates im WDR; 1986-89 Sekr., s. 1989 Präs. d. Sektion BRD d. Intern. Kunst-Kritikerverb. AICA - BV: Oskar - d. Meckerbuch e. Durchschnittsschülers, Jugendb. 1961; Werkverz. d. Druckgrafik v. Walter Dexel, 1971; Hoerle u. Seiwert - D. Progressiven, 1975; Walter Dexel, D. Bauhausstil - ein Mythos (Hrsg.), 1976; Auf d. Suche nach d. Biogr. d. Kölner Dadaisten Johannes Theodor Baargeld, Monogr. 1977; Walter Dexels Köpfe, 1979; Hommage à Dexel, Festschr. 1980; Michael Ennepers Landschafts-Eingriffe, Monogr. 1981; V. strengen Gestaltern, Ess. z. konstr. Kunst, 1982; Bagage de Baargeld, Neues üb. d. Kölner Zentrodada, 1985; D. Maler Bruno Erdmann, 1986; Jean Leppien, 1986. Herausg.: Joh. Th. Baargeld, Texte v. Zentrodada (1987; 2. A. 1990); Schöne Tage im Hause Dexel (1990, m. Ruprecht Stolz); Nachrichten im WDR - E. Ausbildungsbrevier, 1992. Fernsehfilm: Auf d. Suche n. Baargeld, 1983, Neufass. 1989 (Regie: Claus-Ferdinand Siegfried), Westd. Fernsehen, Köln - 1982 Publikationsstip. d. Dt. Kunstfonds Bonn - Liebh.: Lesen (Lyrik, Biogr., theol. Lit.) - Spr.: Engl.

VITTING, Wilhelm

Konsul, Kaufmann - Altenhagener Str. 89-91, 5800 Hagen/W. (T. 2 88 36) - Geb. 25. Jan. 1922 - Vors. Fachverein. Spedition u. Lagerei im Verb. f. Verkehrsgewerbe Westf./Lippe, Bochum. Peruan. Konsul f. Teile Westfalens.

VITTINGHOFF, Friedrich

Dr. phil., em. o. Prof. f. Alte Geschichte Univ. Köln - Krähenhüttenweg 2, 5064 Rösrath-Hoffnungsthal (T. 02205 - 40 36) - Geb. 19. Mai 1910 Essen (Vater: Bergmann), ev., verh. s. 1940 m. Gertrud, geb. Schulz, 3 Kd. (Dirk-Rainald, Helmolt, Swantje) - Univ. Bonn (Promot. 1935) u. Berlin (Gesch., Klass. Philol., Theol.) - S. 1940 (Habil.) Lehrtätigkeit. Univ. Kiel, Posen (1943 ao. Prof.), Marburg (1950), Kiel (1955 o.

Prof.), Erlangen-Nürnberg (1962), Köln (1966); emerit. (1978) - BV: D. Staatsfeind in d. röm. Kaiserzeit, 1936; Röm. Kolonisation u. Bürgerrechtspolitik, 1951; Kaiser Augustus, 3. A. 1991 (auch niederl.). Herausg.: Stadt u. Herrschaft. Röm. Kaiserzeit u. Hohes Mittelalter. Hist. Ztschr. (Beih. 7, 1982); Europ. Wirtsch.- u. Sozialgesch. (1, 1990). Div. Einzelarb. - Mitgl. Dt. Archäol. Inst. - Lit.: Festschr.: Stud. z. Antiken Sozialgesch. (1980); Religion u. Ges. in d. Röm. Kaiserzeit (1989).

VITTINGHOFF, Kurt

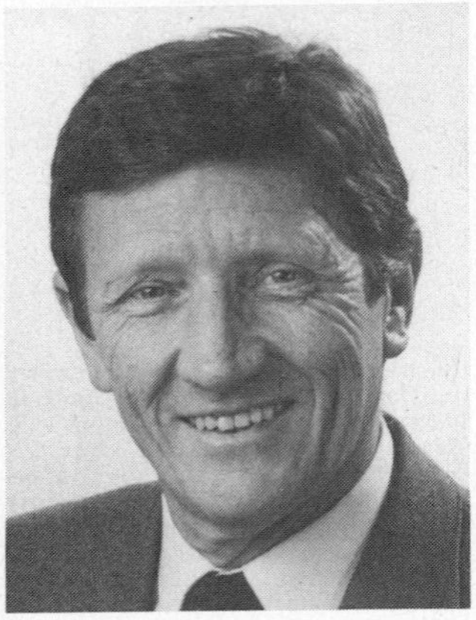

Mitglied d. Europa-Parlaments (s. 1984) - Zu erreichen üb. Europabüro, Salinenstr. 37, 6550 Bad Kreuznach (T. 0671 - 4 22 90) - Arbeitsschwerp.: Umweltpolitik bes. Luftverschmutzung aus Kraftfahrzeugen, Gesundheitspolitik, Sozialpolitik, Sicherh. u. Gesundheitsschutz am Arbeitsplatz, Arbeitnehmerrechte, Ökolog. Kinderrechte.

VITTINGHOFF-SCHELL, Freiherr von, Felix

Dr. jur., Land- u. Forstwirt - Haus Kalbeck, 4180 Goch/Rhld. (T. 02823 - 60 14) - Geb. 3. Okt. 1910 Weeze, kath., verh. - Univ. München, Fribourg (Schweiz), Köln (Rechtswiss., Sprachen). Promot. 1933; 1939-41 u. 1944-45 Wehrdst.; 1941-44 Ref. AA; s. 1945 Verw. Familienbesitz, 1947-69 Bürgerm. Weeze; 1953-61 Mitgl. Landschaftsvers. Rhld.; 1961-69 MdB; 1965-69 Mitgl. Berat. Vers. Europarat u. Vers. Westeurop. Union; 1966-72 Präs. Dt. Gemeindetag; 1972-76 Präs. Rhein.-Westf. Malteser-Genossenschaft; 1972-82 Konsul d. Niederl., Kleve; 1976-86 Vors. Dombauverein Xanten; Mitbegr. CDU Geldern - Spr.: Engl., Franz. - Rotarier.

VITZTHUM, Otto G.

Dr. rer. nat., Dipl.-Chemiker, Leiter d. Chem. Forsch. d. Jacobs Suchard Manufacturing GmbH & Co., Bremen - Upper Borg 170, 2800 Bremen 33 (T. 0421 - 27 05 59) - Geb. 27. Sept. 1934 Nürnberg, ev., verh. s. 1965 m. Doris, geb. Griesel, 3 Kd. (Michael, Matthias, Anabel) - Stud. Erlangen u. Madrid; Promot. 1964 Erlangen - S. 1968 Ltd. Position in Kaffeeforsch. u. -entw. S. 1980 Wiss. Sekr. d. intern. Kaffeevereinig. ASIC (Association Scientifique Intern. du Café), Vizepräs. Verb. d. Europ. Entcoffeinierer. 23 Patente u. zahlr. Veröff. Hon.-Prof. TU Braunschweig - Liebh.: Sport (Faustball), Musik (Kontrabaß) - Spr.: Engl., Franz., Span.

VLADAR, Horst

Opernregisseur u. -sänger Neuburger Kammeroper, Ingolstadt - Heiligengeiststr. 27, 2120 Lüneburg (T. 04131 - 4 76 96) - Geb. 28. Dez. 1941, verh. s. 1969 m. Annette, geb. van Gent - Künstlerreifeprüfung am Leopold Mozart-Konservat., Augsburg; Opernregiss. u. -sänger u.a. in Wien, Ulm, Dortmund, Coburg, Pforzheim; 1978-82 Oberspielleit. in Trier; s. 1986 Regiss., Sänger u. Schausp. am Stadttheater Lüneburg; s. 1969 Mitbegründ. u. künst. Leit. Neuburger Kammeroper (m. Anton Sprenzel u. Heinrich Wladarsch); s. 1969 m. Annette Vladar Übers., Bearbeit. u. Insz. vergessener Opern, u.a.: v. Mehul, Halevy, Cimarosa, Martin y Soler, Himmel, Salieri, Galuppi, Logroscino, Morlacchi.

VLASMAN, Robert

Aufsichtsratsmitglied Bols Strothmann Brennereien GmbH & Co. KG, Dir. Business Development, N. V. Koninklijke Distilleerderijen, Erven Lucas Bols, Bols Royal Distilleries - Zu erreichen üb. Heerdter Landstr. 191, 4000 Düsseldorf 11; u. Sollingweg 41, 4950 Minden (T. 0571 - 40 40-1 11 o. 40 40-0) - Geb. 22. Jan. 1931 Amsterdam - 1982 Ausz. Offizier Orde Oranje Nassau - Liebh.: Rudern, Segeln, Photographie, Musik, Malen - Spr.: Dt., Engl., Franz. (Holl. Muttersprache).

VLODROP, van, Peter

Vorstandsvors. Sparkasse Krefeld, Vorst. Gemeinn. Wohnungsges. f. d. Kreis Viersen AG., Krefeld - An der Bleiche 22, 4060 Viersen 12 (T. priv.: 02162 - 63 27; dstl.: 02151 - 630 20 11) - Geb. 9. Juli 1928 Süchteln.

VOCKE, Curt Claus

Kaufmann, Pers. haft. Gesellsch. Wilh. Ranck, Sulingen - Hindenburgstr. 17, 2838 Sulingen (T. 04271 - 8 03-16) - Geb. 3. Juni 1932 Plauen/Vogtl., ev., verh. s. 1955 m. Gertrud, geb. Ranck, 3 Söhne (Claus Wilhelm, Thomas, Stephan) - 1941-45 Wirtschaftsobersch., 1945-48 Wirtschaftssch. Plauen; 1948-50 Fachsch. f. Wirtsch. u. Verw.; Kaufmannsgehilfenprüf. 1951; 1951-52 Eisenwarensch. Wuppertal - S. 1968 AR Nürnberger Bd. Großeinkauf eG; s. 1975 AR-Vors. Nürnberger Bd. eG; s. 1965 Vollvers. IHK Hannover-Hildesheim; s. 1981 Präsid.-Mitgl. Bundesarbeitsgem. d. Mittel- u. Großbetriebe d. Einzelhandels u. Vorst.-Vors. Landesverb. d. Mittel- u. Großbetriebe d. Einzelhandels Nieders.; zahlr. weit. Ehrenstell. CDU (s. 1958 Mitgl. Kreisverb.) - BVK - Rotarier.

VOCKERODT, Karl-Joachim

Hauptgeschäftsführer Verb. Dt. Rundfunk- u. Fernseh-Fachgroßhändler - Luxemburger Str. 124, 5000 Köln 41.

VODOSEK, Peter

Dr. et. Mag. phil., Dipl.-Bibl., Prof. - Seestr. 89, 7000 Stuttgart 1 (T. 0711 - 2 26 57 33) - Geb. 20. Okt. 1939 Linz (Vater: Alfons V., Geiger), kath., verh. s. 1964 m. Irmgard, geb. Juchasch, 2 Kd. (Markus, Christina) - Staatsex. 1963 Graz; Promot. 1963 ebd.; Dipl.-Bibl. 1965 Stuttgart - 1965-69 stv. Bibl.-Dir. Linz; 1969 Doz. Stuttgart; 1975 Prof. FH f. Bibl.wesen Stuttgart (Fachbereichsleit., Prorektor, 1990-94 Rektor); Vors. Wolfenbütteler Arbeitskreis f. Bibliotheksgesch.; Korr. Mitgl. Histor. Kommiss. d. Börsenvereins d. Dt. Buchhandels; DFG-Unterausschuß. Erschließ. bibl. gesch. Quellen; IFLA Section Education and Training Standing Committee; Dansk Bibliotekshistorisk Selskab - BV: Arbeiterbibl. u. Öffentl. Bibl., 1975; Eduard Reyer, 1976; Vorformen d. Öffentl. Bibl., 1978; Auf d. Weg z. öffentl. Literaturversorgung, 1985; Gesch. d. öffentl. Bücherei in Deutschl. (m. W. Thauer), 2. A. 1990. Herausg. u. Autor: Bibliotheksgesch. als wiss. Disziplin (1979); Bibliotheken u. Aufklärung (1988); Bibliotheken während d. Nationalsozialismus (Bd. 1 1989, Bd. 2 1991); D. Buch in Praxis u. Wiss. (1989); Buch- u. Bibliothekswiss. im Informationszeitalter (1990) - Liebh.: Musik, bildende Kunst - Spr.: Engl., Latein, Dän.

VODRAZKA, Karl

Dr. rer. comm., Dipl.-Kfm., Prof. f. Betriebswirtschaftslehre - Bachlbergweg 73, A-4040 Linz/Österr. (T. 233 40 02) - Geb. 29. Aug. 1931 Wien (Vater: Franz V., Ministerialrat; Mutter: Emma, geb. Falb), kath., verh. s. 1960 m. Hertha, geb. Vodarek, T. Johanna - Realgymn. u. Hochsch. f. Welthandel Wien. Dipl.-Kfm. 1952, Promot. (Handelswiss.) 1954, Habil. 1964 (alles Wien) - 1956-66 Treuhandwesen Wien; 1955-65 HfW Wien, TH Aachen (1965 beamt. Dozent), Univ. Regensburg (1967 Ord.). 1956-57 Studienaufenth. USA; s. 1971 Univ. Linz - BV: D. Besteuerung d. Werbung als betriebsw. Problem, 1965 (Wien); Betriebsvergleich, 1967 (Stuttgart); D. Vergütungsfähigkeit v. Abgaben n. d. Bestimm. d. GATT, d. EWG- u. d. EFTA-Vertrages unt. bes. Ber. d. Realsteuern, 1972 (Wien); Genoss. u. Schachtelbegünstig., 1974 (Wien). Div. Herausg. - 1964 Kardinal-Innitzer-Preis Wien - Spr.: Engl.

VÖBEL, Friedrich Wilhelm

Rechtsanwalt, Vorstandssprecher BSV Bank Frankfurt - Baseler Str. 27-31, 6000 Frankfurt 1 (T. 069 - 25610-100) - Geb. 20. Juni 1936 Siegen (Eltern: Wilhelm u. Marie V.), ev., verh. s. 1962 m. Ingrid, geb. Kreutz, T. Carola - Ausb. Großhandelskfm.; 1959-64 Jurastud. (1. Staatsex.); 1965-68 Refer. (2. jurist. Staatsprüf.) - 1968-69 Richter AG Offenbach; 1970 Rechtsanw.; 1969 Bank f. Gemeinwirtsch., 1970 Prok., 1973 Dir., 1974 Prok. BSV Bank, 1975 Generalsekr BGAG; s. 1977 Vorst. BSV Bank; s. 1979 ehrenamtl. Vorst. Stiftg. f. d. behinderte Kind; AR Saarbergwerke AG, Saarbrücken, BSW Beamten-Selbsthilfewerk GmbH, Bayreuth, BG Immobilienges. mbH, Hamburg; Beirat acon Ges. f. Werb. u. Kommunikation mbH, Köln - Liebh.: Film, Lit. - Spr.: Engl., Franz.

VÖGELE, Josef

Dipl.-Ing. FH, Gesellschafter u. VR-Vors. Hebel-Gruppe (Porenbetonwerke u. Bauges.) - Emmering-Fürstenfeldbruck (T. 98-1) - Geb. 19. Mai 1919.

VÖGTLE, Anton

Dr. theol., o. Prof. f. Neutestamentl. Literatur - Johann-v.-Weerth-Str. 12, 7800 Freiburg/Br. (T. 40 34 20) - Geb. 17. Dez. 1910 Vilsingen/Hoh., kath. - Univ. Freiburg, Bonn, Berlin, Tübingen, Rom. Habil. 1949 Freiburg - Seelsorge; s. 1951 Ord. Univ. Freiburg (1958/59 Rektor) - BV: D. Neue Testament u. d. Zukunft d. Kosmos, 1969; D. Evangelium u. d. Evangelien, 1971; Messias u. Gottessohn, 1971; Wie kam es z. Osterglauben?, 1975; D. Buch m. d. sieben Siegeln, 1981; Was ist Frieden? Orientierungshilfen aus d. NT, 1983; Offenbarungsgeschehen u. Wirkungsgesch., 1985; D. Dynamik d. Anfangs. Leben u. Fragen d. jungen Kirche, 1988. Herausg.: Herders Theol. Kommentar zum NT - Mitgl. Heidelberger Akad. d. Wiss.

VÖGTLE, Fritz

Dr. rer. nat., Prof. f. organ. Chemie Univ. Bonn - In der Asbach 10, 5305 Alfter-Impekoven (T. 0228 - 64 39 19) - Geb. 8. März 1939 Ehingen, kath., verh. s. 1970 m. Dr. med. Ute Dietlind, geb. Junkert - Ab 1959 Stud. Chemie Univ. Freiburg; Promot. 1965 Univ. Heidelberg, Habil. 1969 ebd. - Wiss. Assist., Privatdoz., s. 1970 Prof. (C4 1975); Dir. Inst. f. Organ. Chemie u. Biochemie Bonn. 24 Pat./Gebrauchsmuster auf versch. Geb. (Chemie, Technik); zahlr. Veröff. z. Stereochemie, Komplexchemie, Pyrolyse, Organische Chemie, Grundl. d. Organischen Chemie, Supramolekulare Chemie - BV: Edison, 1982; Nobel, 1983; Stereochemie in Stereobildern, 1987; Topics in Current Chemistry, (Hrsg.) Bde. 99, 101, 113, 121; Zeichenschablone Stereochemie, 1975; Zeichenschablone 3D, 1983; Zeichenschablone Geräte u. Apparate, 1984; Stereoskope, 1983 - Dozentenpreis u. Lit.preis Fonds d. Chem. Ind.; Gastprof. Barcelona - Liebh.: Bild. Kunst, Fotogr. - Spr.: Engl., Franz.

VÖHRINGER, Otmar

Dr. rer. nat., Dipl.-Phys., Prof. Univ. Karlsruhe (Werkstoffkunde) - Nordring 16a, 7552 Durmersheim (T. 07245 - 51 41) - Geb. 26. März 1938 Stuttgart (Vater: Otto V., Mechaniker; Mutter: Maria, geb. Meiswinkel), ev., verh. s. 1966 m. Eva, geb. Dignus, 2 Söhne (Achim, Micha) - Stud. (Phys.) TH Stuttgart; Dipl. 1963 u. Promot. 1966 ebd.; Habil. 1972 Karlsruhe - Vorst.-Mitgl. DGM; Mitgl. Kollegial. Leitg. Inst. Werkstoffkd. I sowie Inst. Keramik im Maschinenbau Univ. Karlsruhe - B. 1991 etwa 135 Fachveröff. - 1976 Tammann-Gedenkmünze Dt. Ges. f. Materialkd. (DGM) - Liebh.: Musik, Sport - Spr.: Engl.

VÖLCKER, Hans Eberhard

Dr. med., Prof. f. Augenheilkunde, Lehrstuhlinhaber u. Direktor Univ.-Augenklinik Heidelberg - Im Neuenheimer Feld 400, 6900 Heidelberg - Geb. 5. Okt. 1943 Königsberg/Pr. (Vater: Alfons V., Kaufm.; Mutter: Anna-Maria, geb. Splanemann), kath., verh. s. 1971 m. Dr. med. Christine, geb. Kimmig, 3 Kd. - Univ. Hamburg (Promot. 1971), Habil. Univ. Tübingen 1979 - 1980 a. o. Prof. Univ. Erlangen-Nürnberg; 1986 o. Prof. Univ. Heidelberg - BV: Mitarb. in G.O.H. Naumann: Pathol. d. Auges, 1980.

VÖLCKER, Helmut

Dr. rer. nat., Dipl.-Phys., Vorstandsmitglied STEAG AG (s. 1974), AR-Mitgl. Walsum Energie- u. Bergwerksges. AG - Bismarckstr. 54, 4300 Essen - Geb. 30. März 1934 Halle/S. (Vater: Fritz V., Landw.; Mutter: Dora, geb. Stoye), ev., verh. s. 1960 m. Helga, geb. Wilde, 3 Kd. (Almuth, Beate, Christian) - Stud. Univ. Göttingen, Hamburg, Kiel; Dipl.ex. 1958; Promot. 1960 - B. 1962 wiss. Mitarb. Univ. Kiel u. gleichz. GKSS Hamburg; 1962-67 Abt.sleit. Reaktortechnik GHH Sterkrade; s. 1967 Steag, s. 1974 Vorst. Technik - BV: Brennelemente f. Kernreaktoren, 1969. Übers.: Glasstone-Lovberg, Thermonukleare Reaktionen, 1964 - Liebh.: Tennis, Jagd - Spr.: Engl.

VÖLGER, Gisela

Dr., Prof., Direktorin Rautenstrauch-Joest-Museum (Mus. f. Völkerkd.) - Ubierring 45, 5000 Köln 1 - Geb. 28. April 1937 - BV: Rausch u. Realität-Drogen im Kulturvergleich (Hg. m. K. v. Welck), Materialienbd. zu e. Ausstellung, 1981, 2. A. 1982; D. Braut - geliebt, verkauft, getauscht, geraubt; Z. Rolle d. Frau im Kulturvergl. (Hg. m. K. v. Welck), Materialienbd. zu e. Ausstellung, 1985; Auf d. and. Seite d. Erde. Geschichte u. Geschichten d. Südsee. Illustrat. v. Gabriele Hafermaas. E. ethnol. Kinderb., 1987; Pracht u. Geheimnis. Kleid. u. Schmuck aus Palästina u. Jordanien (Hg. m. Karin v. Welck u. Katharina Hackstein), 1987; Männerbünde-Männerbande. Z. Rolle d. Mannes im Kulturvergleich (Hg. m. K. v. Welck), 1990.

VOELKER, Alexander

Direktor i. R., MdA Berlin (1951-78), 1958 Vors. SPD-Fraktion) - Grethe-Weiser-Weg 9c, 1000 Berlin 19 - Geb. 1. Aug. 1913 Berlin (Vater: Kurt V.; Mutter: Martha, geb. Rathenow), verh. s. 1939 (Ehefr.: Ilse), T. Gisela - Volkssch.; kaufm. Lehre; Staatl. Fachsch. f. Wirtsch. u. Verw. Berlin (1932) - Industrietätigk.; s. 1950 Bewag (b. 1963 stv., dann o. Vorstandsmitgl.). 1971ff. Vors. Landeskurat. Unteilb. Dtschl. 1946-50 Bezirks- (T'hof) u. Stadtverordn. (1948). SPD s. 1931 - Ernst Reuter Plakette, Stadtältester v. Berlin.

VÖLKER, Günter

Dipl.-Volksw., Generaldirektor, Vorst.-Vors. Barmenia Allg. Versich.-AG, Barmenia Krankenversich. a.G., Barmenia Lebensversich. a.G., AR-Vors. Barmenia Rückversich.-AG, alle Wuppertal, AR-Mitgl. Frankona Rückversich.-AG, München - Kronprinzenallee 12-18, 5600 Wuppertal 1 - Geb. 6. Okt. 1935.

VÖLKER, Helmut

Dr. rer. pol., Diplom-Kaufmann, Vorstandsvors. Vedag AG. Vereinigte Bauchemische Werke, Frankfurt/M. u. A. F.

Malchow AG., München, Geschäftsf. Bauges. Malchow mbH., Frankfurt, u. Banit Straßenbaustoffe GmbH., Köln - Lerchesbergring 42, 6000 Frankfurt/M.-S (T. 61 66 88) - Geb. 21. April 1917 Worms/Th., verh. m. Dr. Hildegard, geb. Fuchs, 3 Kd. - S. 1948 Vedag (1952 Vorstandsmitgl., 1963 -vors.). Div. Ehrenstell., dar. zeitw. Vors. Verb. d. Bautenschutzmittel-Ind. u. gegenw. Vizepräs. Assoc. Intern. de l'Etanchéité.

VÖLKER, Klaus

Dramaturg u. Autor - Innsbrucker Str. 56, 1000 Berlin 62 - Geb. 27. Sept. 1938 Frankfurt - Stud. German., Phil. u. Kunstgesch. - S. 1969 Dramat. (Schauspielhs. Zürich, Theater am Neumarkt, Zürich, Basler Theater, Bremer Theater, Schiller-Theater Berlin); Autor, Herausg., Übers. - BV: Frank Wedekind, 1965; Irisches Theater I/II, 1967-68; Brecht-Chronik, 1971 (engl. u. span.); Faust - E. dt. Mann. Leseb., 1975; Bertolt Brecht - E. Biogr., 1976 (engl., franz., ital., chin., holl.); Päpstin Johanna. Leseb., 1977; Brecht-Komment., 1983; Beckett in Berlin, 1986; Fritz Kortner, 1987; Edition d. Werke v. Max Herrmann-Neiße in 10 Bd., 1986-88; Boris Vian, 1989; Elisabeth Bergner, 1990; Max Herrmann-Neiße, 1991; Übers. v. Jarry, Roussel, Sartre, Roché, Vian, Genet, Copi - Spr.: Engl., Franz.

VÖLKER, Klaus

Rechtsanwalt, Geschäftsf. Landesverb. Großhandel Rheinland-Pfalz, Arbeitgeberverb. ebd. u. a. - Josef-Görres-Platz 11, 5400 Koblenz - Geb. 21. Mai 1932 - Vors. FDP-Stadtratsfrakt.

VÖLKER, Kurt

I. Bürgermeister Stadt Gemünden/Main - Rathaus, 8780 Gemünden/Ufr. - Geb. 17. Mai 1921 Gemünden - Zul. Postbetriebsinsp. CSU.

VÖLKER, Rudolf

Dr. med., Prof. - Soegerstr. 10, 4970 Bad Oeynhausen - Geb. 1. Juli 1913 (Vater: Heinrich V., Lehrer; Mutter: Lina, geb. Windus), verh. 1936 - Stud. Theol. u. Med. - S. 1949 (Habil.) Privatdoz. u. apl. Prof. (1956) Univ. Göttingen (Innere Med.) - BV: Kreislaufwirkungen d. Insulins, 1950; Herz- u. Gefäßerkrankungen - Neue Wege e. Funktionellen Differentialdiagnose, 1957; Cardiac a. Vascular Disorders, 1965; Therapie angiolog. Erkrankungen, 1971; D. Herz im arteriellen Kreislauf, 1975; Menschen - Briefe Aidsinfizierter, Aidsinform. 1988 - 1963 Mitgl. New York Acad. of Sciences, F. C. S., Coll. intern. Angiologiae u. a.; s. 1986 - Präs. d. Human Life Foundation.

VÖLKERT-MARTEN, Jürgen

Schriftsteller, Leiter DV-Produktion Lion GmbH - Im Busche 58, 4650 Gelsenkirchen - Geb. 23. Mai 1949, verh., Tochter Michelle - Diploma di Merito 1982 Univ. delle Arti, Salsomaggiore Terme/Italien - Betreiben d. edition prima vista - BV: insges. 12, u. a. Keine Zeit f. Träumer, 1974; Hoffnung wie Schnee, 1978 - 1976 Künstlerstip. Stadt Gelsenkirchen; 1978 Arbeitsstip. Land NRW; 1979 Förderpreis z. Joseph-Dietzgen-Preis; 1980 Auslandsreisestip. Ausw. Amt; 1987 Kogge-Förderpreis d. Stadt Minden - Liebh.: Zeitgen. Lyrik, Schach - Spr.: Engl.

VÖLKL, Carl

Journalist, Redaktionsleiter Rieser Nachrichten Nördlingen (Lokalausg. d. Augsburger Allg.) - Oskar-Mayer-Str. 5, 8860 Nördlingen (T. 09081 - 8 65 17) - Geb. 14. Dez. 1949 München, kath., verh. m. Dr. Claudia, geb. Lazar, 2 S. (Christian, Sebastian) - Volontariat; Ausb. z. Redakt. - Mitgl. Projektteam Lokaljournalisten in Verb. m. d. Bundeszentr. f. polit. Bildung Bonn; Seminarleitg.; Vorträge - BV: D. dunklen Jahre - d. Dritte Reich im Ries, 1984; Rieser Leben, 1984; ABC d. Lokaljournalismus (ständige Reihe) - 1977 Wächterpreis; 1981 Lokaljournalisten-Preis d. Konrad-Adenauer-Stiftg.; 1984 Lebenshilfe-Preis - Liebh.: Dt. Gesch.

VÖLKL, Gerhard

Dr. phil., Prof. Hochsch. f. Musik München, Diözesanmusikdirektor - Germersheimer Str. 18, 8900 Augsburg - Geb. 29. Dez. 1939 Krumbach/Schw., kath., verh. s. 1967 m. Stephanie, geb. Englmann - Reifeprüf. Kath. Kirchenmusik 1961, Orgel-Prüf. 1962, Promot. 1969 Univ. München - 1961-71 Chordir. St. Thaddäus Augsburg; 1966-76 Lehrbeauftr. f. Klavier u. Orgel Univ. Augsburg; s. 1970 Diözesanmusikdir. Augsburg, s. 1973 Lehrbeauftr. f. Orgelbaukd. u. Orgellit.kd. Hochsch. f. Musik München, s. 1982 Prof.

VÖLKL, Richard

Dr. theol., em. o. Prof. u. Direktor Inst. f. Caritaswissenschaft u. Christl. Sozialarb. Univ. Freiburg (s. 1964) - Hermannstr. 5, 7800 Freiburg/Br. (T. 3 55 56) - Geb. 4. Dez. 1921 Weiden/Opf. (Vater: Peter V., Buchdruckmeister; Mutter: Rosa, geb. Kapfelsperger), kath. - Gymn. Metten u. Weiden; 1946-51 Phil.-Theol. Hochschule Regensburg (Phil., Theol.), 1952-55 Univ. München - 1959-61 Privatdoz. Univ. München; emerit. 1987 - BV: D. Selbstliebe in d. Hl. Schrift u. b. Thomas v. Aquin, 1956 (Diss.); Christ u. Welt n. d. Neuen Testament, 1961 (Habil.schr.); Frühchristl. Zeugnisse zu Wesen u. Gestalt d. christl. Liebe, 1963; Botschaft u. Gebot d. Liebe n. d. Bibel, 1964; Dienende Kirche - Kirche d. Liebe, 1969; Caritas d. Gemeinde, 1976; Caritative Diakonie der Kirche, 1976; Diakonie u. Caritas in d. Dokumenten d. dt.spr. Synoden, 1977; Diaconia e carità, Bologna 1978; (m. R. Pesch) Diaconia e carità nelle comunità del Nuovo Testamento, Bologna 1979; Nächstenliebe - D. Summe d. christl. Religion?, 1987 - 1984 Päpstl. Ehrenprälat.

VÖLLING, Johannes

Dr. jur., Bankdirektor a. D. - Friedrichstr. 56, 4000 Düsseldorf (T. 826 40 01); priv.: Am Litzgraben 30, 4000 Düsseldorf 31 (T. 0203 - 74 60 15) - Geb. 27. Juli 1922 Duisburg, kath., verh. m. Dorothee, geb. Dannbeck - Steinbart-Gymn. Duisburg; Univ. Köln (Promot. 1949). Gr. jurist. Staatsprüf. 1950 - 1955-81 Vorstandsmitgl. Städt. Sparkasse, Bremerhaven, Stadtsparkasse, Duisburg (1957), Rhein. Girozentrale u. Provinzialbank, Düsseldorf (1965), Westd. Landesbank/Girozentrale, Düsseldorf/Münster (1969; Vorst.-Vors. 1978-81). AR-Mandate - Spr.: Engl., Franz. - Rotarier.

VOELTER, Wolfgang

Dr. rer. nat., Dr. h. c., Dipl.-Chem., cand. med., Prof. f. Organ. Chemie u. Biochemie - Panoramostr. 71, 7400 Tübingen-Hageloch - Geb. 20. Okt. 1936 Ludwigsburg (Eltern: Theodor (Kaufm.) u. Henriette V.), ev., verh. s. 1966 m. Dr. Heide, geb. Schiedlich, 2 Söhne (Joachim, Rolf) - Friedrich-Schiller-Gymn. Ludwigsburg (Abit. 1956); Univ. Tübingen (Dipl.-Chem. 1963) u. Erlangen-Nürnberg. Promot. (1966) u. Habil. (1969) Tübingen - 1966-67 Research Associate Univ. Stanford/Cal. (USA); s. 1970 Lehrtätigk. Univ. Karachi, Pakistan (Leit. Aufbau d. Postagaduate Inst., 1975) u. Univ. Tübingen (1973 Prof.; 1976 stv. Dir. Chem. Zentralinst.) 1979 Leit. Abt. f. Physik Biochemie); 1985 Vorst.-Vors. Inst. f. wiss. Zus.arb. in Entw.ländern. Div. Mitgliedsch. Fach- u. Kunstges. - BV (Mitverf.): Organ. Experimentalchem., 1960/73 (m. H. Schiedlich); 13 C NMR Spectroscopy, 1974/86; Atlas of Carbon-13 NMR Data, 1975/1978; Hypothalamic Hormones, 2 Bde. 1975/78; O-(ß-Hydroxyehtlyl)rutoside, 2 Bde. 1978/83; German Institutions Dealing with Problems in the Third World, 1979; Structure and Activity of Natural Peptides. Selected Topics, 1980; Chemistry of Peptides and Proteins, 4 Bde. 1982/84/86/89; Peptides, 6 Bde. 1983; Zwanzig J. Biochemiestud. an d. Univ. Tübingen, 1983; Biologically Active Principles of Natural Products, 1984; High Performance Liquid Chromatography in Biochemistry, 1984; Carbon-13 NMR Spectroscopy, 3. A. 1986; D. Naturwiss. in Pakistan, Dt.-Pakist. Forum, 1986. 600 wiss. Publ., dar. Handbuchbeitr. üb. Bestimmungsmeth. f. Tryptophan durch MCD, Entwickl. e. Zuckeranalysators, Aminosäureschutzgruppen, neue chromogene Substrate, Kohlenhydratsynthesen - Mitgl. Kurat. Inst. f. wiss. Zusammenarb.; Kurat. Kunststiftg. Baden-Württ.; Kurat. Dt.-Pakistan. Forum; 1983 Kneipp-Preis; 1983 Ehrenmitgl. Pakistan. Akad. d. Wiss.; 1984 Erich-Krieg-Preis; 1986 Special Award and Gold Medal d. pakist. Staatspräs. u. Japan Soc. f. the Promotion of Science Fellowship; 1990 Dr. h. c. - Liebh.: Mod. Kunst, Lit., Theater, Musik, Sport - Spr.: Engl., Franz. - Bek. Vorf.: Gerd Gaiser; verwandt m. d. Familien Hallwachs, Zeller u. Sigwarth.

VÖTH, Reinhold

Staatssekretär a. D., Intendant Bayer. Rundfunk (s. 1972; 1965-72 Rundfunkratsvors.) - Rundfunkplatz 1, 8000 München 2 (T. 59 00-1) - Geb. 23. März 1930 Würzburg, kath. - Neues Gymn. u. Univ. Würzburg (Rechts- u. Staatswiss.). Gr. jurist. Staatsprüf. 1957 - 1957-59 Rechtsanwalt u. Justitiar (Fränk. Wohnungsgenoss. St.-Bruno-Werk, Würzburg), dann Staats- bzw. Kommunaldst. (Versorgungsamt Würzburg; zul. Regierungsdir.); 1970-72 Bayer. Min. f. Arbeit u. Sozialordnung (Staatssekr.) 1958-72 MdL Bayern (Vors. Aussch. f. kulturelle Fragen). CSU s. 1950 (1967 Bezirksvors. Unterfranken) - 1968 Bayer. VO.; 1979 DRK-Ehrenz.; 1980 Ehrenmitgl. Presse; 1983 Med. Bene Merenti Univ. Würzburg; 1984 Bayer. Verfassungsmed. in Silb.

VOETMANN, Heinz

Studiendirektor a. D., MdL Nordrh.-Westf. (s. 1975) - Kenkhauser Str. 5c, 5678 Wermelskirchen (T. 02196 - 45 78) - Geb. 2. Aug. 1928 - CDU.

VOETZ, Lothar

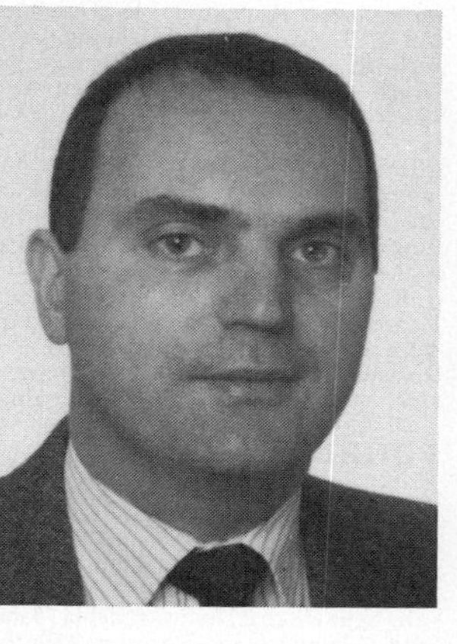

Dr. phil., Prof. f. Ältere Deutsche Philologie m. besonderer Berücksichtigung d. germanistischen Handschriftenkunde Univ. Heidelberg (s. 1992) - Eichendorffstr. 38, 6800 Mannheim 1 (T. 0621 - 3 54 17) - Geb. 12. Dez. 1945 Kempen/Niederrh., kath. - Stud. Univ. Bonn u. Münster; Staatsex. M.A. 1971 u. Promot. 1975 Münster; Habil. 1982 ebd. - 1973-82 Lehrtätigk. Univ. Münster; 1982-89 Univ. Heidelberg, 1989/90 Univ. Münster, 1990-92 Univ. Wien/Gastprof. - BV: Karl Simrocks Bonner Idioticon, 1973; Komposita auf -man im Althochd., Altsächsischen u. Altniederfränkischen, 1977; D. St. Pauler Lukasglossen, 1985. Div. Einzelbeitr. u. Rezensionen (üb. 30) in Sammelwerken, Ztschr. usw. Mithrsg.: Althochd. (2 Bde., 1987).

VOGEL, Alois

Prof., Schriftsteller - Bahnstr. 17, A-3741 Pulkau - Geb. 1. Jan. 1922 Wien - BV: 25 Bücher, u. a. Schlagschatten, R. 1977 u. 88; Totale Verdunkel., R. 1980; D. Fischgericht, Erz. 1982; Beobachtungen am Manhartsberg, Ged. 1985; Pulkauer Aufz., Prosa 1986; Erosionsspuren, Ged. 1987; Thaya, d. Rauschende, Ged. 1988; Im Zeitstaub, Ged. 1990; Nordöstliches Triptychon, Ged. 1991; D. veilchenblaue Haus, R. 1992; Übers. in 12 Spr. - Versch. Preise, u. a. 1977 Kulturpreis Land Niederösterr. u. 1982 Kogge-Ehrenring d. Stadt Minden.

VOGEL, Anton

I. Bürgermeister Stadt Miltenberg - Rathaus, 8760 Miltenberg/Ufr. - Geb. 26. April 1924 Biberehren - Zul. Regierungsdir.

VOGEL, Axel

Dipl.-Ökonom, Bundesschatzmeister d. Partei DIE GRÜNEN (s. 1989) - Colmantstr. 36, 5300 Bonn 1 - Geb. 3. Juni 1956 Bochum, ev., ledig - 1975 Fachhochschulreife Traunstein; 1975-79 Bundeswehr - 1981-83 Tätigk. Landesgeschäftsst. Partei D. Grünen - Mitgl. Bd. Naturschutz Bayern; D. Grünen s. 1979; 1985-87 MdB (stv. Vors. Finanzaussch., parlament. Geschäftsf.).

VOGEL, Bernhard

Dr. phil., Ministerpräsident v. Thüringen (s. 1992), Vors. Adenauer-Stiftung (s. 1989) - Landauer Warte 16, 6720 Speyer/Rh. - Geb. 19. Dez. 1932 Göttingen (Vater: Prof. Dr. rer. techn. Dipl.-Landw. Hermann V., emerit. Ord. f. Tierzucht u. Milchw. Univ. Gießen; Mutter: Caroline, geb. Brinz), kath., led. - Gymn. Gießen u. München; Univ. München u. Heidelberg (Polit. Wiss., Gesch., Soziol., Volksw.). Promot. 1960 - 1961-64 Lehrbeauftr. Univ. Heidelberg (Inst. f. Polit. Wiss.); 1965-67 MdB (Wahlkr. 160/Neustadt/Speyer); 1967-76 Kultusmin. Rhld.-Pfalz; 1976-88 Min.-präs. Rhld.-Pfalz. 1970 Präs. Ständ. Konfz. d. Kultusmin. d. Länder; s. 1976 Vors. Rundf.kommiss. d. Ministerpräs.; 1976-77 Präs. d. Bundesrates; s. 1979 VR-Vors. ZDF; 1981-82 Vors. d. Minsterpräs.konf.; Präs. Zentralkomittee d. dt. Katholiken (1972-76); 1980-84 Präs. Schutzgem. Dt. Wald; 1984ff. Präs. Maximilian-Kolbe-Werk. CDU (s. 1971 MdL; s. 1974 Landesvors.; s. 1975 Mitgl. Bundesvorst.); s. 1984 Vorst.-Vors. Stiftg. Wald in Not - Gemeinsch.werk z. Rettung d. Waldes - BV: Wahlen u. Wahlsysteme, 1961; Kontrolliert d. Bundestag d. Regierung?, 1964; Wahlkampf u. Wählertradition - E. Studie z. Bundestagswahl v. 1961, 1965. Zahlr. Aufs. u. Besprech. Herausg.: Wie wir leben wollen, Grundsätze e. Politik v. morgen (1986). Schriftl.: Civitas/Wiss. Jahrb. f. Christl. Gesellschaftsordnung u. a. - 1970 BVK a. Bd.; 1974 BVK I. Kl.; 1976 Gr. BVK; 1975 Großkreuz St. Gregorius-Orden; 1980 Gr. BVK m. Stern u. Schulterbd.; 1982 Straßburg-Goldmed.; 1983 Orden wider d. tier. Ernst Aachen; 1984 Großkreuz d. VO. d. BRD - Liebh.: Schwimmen, Bergsteigen - Spr.: Engl. - Bruder: Hans-Jochen V., MdB/Vertr. Berlins (s. dort).

VOGEL, Carl

Dr. phil., Prof., Präsident Hochsch. f. bild. Künste Hamburg (s. 1976), Vors. Konferenz d. Präs. d. Kunsthochsch. (s. 1983) - Zu erreichen üb. Hochsch. f. bild. Künste Hamburg, 2000 Hamburg 76 (T. 040 - 291883750/51); priv.: Werderstr. 52, 2000 Hamburg 13 - Vertr. d. Kunsthochsch. im Senat d. Westd. Rektoren-Konfz. (WRK) - BV: Werkverz. (H. Janssen, F. E. Walther, S. Polke, G. Richter); Lexikon d. zeitgenöss. Druckgrafik, 1982.

VOGEL, Christian

Dr. rer. nat., o. Prof. f. Anthropologie Univ. Göttingen - Jendelstr. 45, 3407 Gleichen (T. 05508 - 82 30) - Geb. 16. Sept. 1933 Berlin (Vater: Prof. Dr. Klaus-Anton V., Arzt; Mutter: Bianca, geb. Strebel), verh. s. 1972 in 2. Ehe m. Ellen, geb. Koltze, 5 Kd. (Ulrike, Andreas, Marius, Sebastian, Anna-Carolina) - 1954-60 Biol.-Stud. Univ. Kiel u. Basel; Promot. 1960 u. Habil. 1964 Kiel -

1960-72 wiss. Assist., Doz. u. apl. Prof. Univ. Kiel; s. 1972 o. Prof. f. Anthropol. Univ. Göttingen (1978 Gastprof. Kyoto Univ., Inuyama, Japan). 1980-81 gf. Vors. Ges. f. Anthropol. u. Humangenetik - BV: Beitr. z. menschl. Typenkd. (m. H.W. Jürgens), 1965; Morphol. Stud. am Gesichtsschädel catarrhiner Primaten, 1966; Biol. in Stichworten, Bd. V: Humanbiol., menschl. Stammesgesch., Populationsdifferenz., 1974; Ökol., Lebensweise u. Sozialverh. d. Grauen Languren in versch. Biotopen Indiens, 1976; Vom Töten z. Mord, 1989. Mitgl. Wiss. Team u. Autor d. Funkkollegs Psychobiologie, 1986/87. Herausg.: Sociobiology of Sexual and Reproductive Strategies (1989, m. A. O. Rasa u. E. Voland); Z. Morph. Anthropol.; zahlr. weit. wiss. Publ. u. Vortr. - 1978 o. Mitgl. Dt. Akad. d. Naturforscher Leopoldina; 1981 o. Mitgl. Akad. d. Wiss. Göttingen; 1988/89 Fellow am Wiss.kolleg Berlin - Liebh.: Musik, Skilaufen - Spr.: Engl., Latein.

VOGEL, Claus

Dr. phil., o. Prof. Univ. Bonn, Hon.-Prof. Univ. Göttingen - Regina-Pacis-Weg 7, 5300 Bonn (T. 73 74 63) - Geb. 6. Juli 1933 Saarbrücken (Vater: Ernst-August V., Realschullehrer; Mutter: Annelise, geb. Lührs), ev., verh. s. 1960 m. Dr. Anneliese, geb. Brauer, S. Bernhard - Stud. Klass. u. ind. Philol. Univ. Marburg; Promot. 1956; Habil. 1964 - 1964-69 Doz. Univ. Marburg, 1969-71 apl. Prof., 1971-76 Prof., s. 1976 o. Prof. Univ. Bonn; s. 1989 Hon.-Prof. Univ. Göttingen; s. 1991 o. Mitgl. Rhein.-Westf. Akad. d. Wiss. Mitgl. Dt. Morgenländ. Ges. u. Royal Asiatic Soc. - BV: Vagbhata's Astangahrdayasamhita, 1965; The Teachings of the 6 Heretics, 1970; Indian Lexicography, 1979 - Spr.: Engl.

VOGEL, Dieter

Dr., Ministerialdirektor im Innenmin. Baden-Württ. - Dorotheenstr. 6, 7000 Stuttgart 1.

VOGEL, Dieter H.

Dr.-Ing., Vorstandsvorsitzer Thyssen Handelsunion AG, Düsseldorf, stv. Vorst.-Vors. Thyssen AG, Düsseldorf - August-Thyssen-Str. 1, 4000 Düsseldorf 1 (T. 0211 - 824-3 66 46) - Geb. 14. Nov. 1941 Eger/CSFR, kath., verh. s. 1970 m. Ursula, geb. Groß - Gagern-Gymn. Frankfurt/M.; 1961-66 TU Darmstadt (Masch.bau); Promot. München - 1970-74 Bertelsmann AG, Gütersloh (zul. GF Technik), 1975-85 Pegulan-Werke AG, Frankenthal (Vorst.-Vors.) i. PU, 1981-86 Vorst.-Mitgl. Batig Ges. f. Beteiligungen mbH, Hamburg (zul. stv. Vorst.-Vors.). S. 1987 AR-Mitgl. s. 1991 AR-Vors. Bertelsmann AG - Liebh.: Ski.

VOGEL, Emanuel

Dr. rer. nat. (habil.), o. Prof. f. Organ. Chemie - Raschdorffstr. 7, 5000 Köln 41 (T. 49 47 26) - Geb. 2. Dez. 1927 Ettlingen/Baden - 1957 Privatdoz. TH Karlsruhe; 1961 Ord. u. Inst.sdir. Univ. Köln. Fachveröff. - 1970 Mitgl. Rhein. Akad. d. Wissensch., 1975 Emil-Fischer-Med.; 1984 Mitgl. Dt. Akad. d. Naturforscher/Leopoldina, Halle/S.

VOGEL, Friedrich

Dr. med., Dr. h.c., o. Prof. f. Anthropologie u. Humangenetik - Im Bubenwingert 19, 6906 Leimen/Baden (T. 06224 - 7 27 11) - Geb. 6. März 1925 Berlin (Vater: Reinhold V.), verh. m. Adelheid, geb. Kurth - S. 1957 (Habil.) Lehrtätigk. FU Berlin u. Univ. Heidelberg (1962 Ord. u. Inst.-Dir.) - BV: Lehrb. d. Allg. Humangenetik, 1961; Genet. Familienberatung, 1968, 1975, 1981 (m. W. Fuhrmann; auch engl., span., jap., ital., port. poln.); Chemical mutagenesis in mannuals and man, 1970 (m. G. Röhnborn); Human Genetics. Problems and approaches, 1979, 1982, 1986 (m. A. G. Motulsky; auch ital., russ., jap.); Ist unser Schicksal mitgeboren?, 1981 (m. P. Propping); Humangenetik in d. Welt v. heute, 1989. Zahlr. Einzelarb. - 1971 Gastprof. Delhi Univ.; 1974 Mitgl. dt. Akad. d. Naturforscher/Leopoldina, Halle/S.; 1976/77 Fellow Center for Advanced Studies in the Behavioral Sciences, Stanford; 1983/84 Fellow Wiss.kolleg Berlin; 1985 BVK I. Kl.; 1989 Mitgl. Heidelberger Akad. d. Wiss.

VOGEL, Friedrich

Staatsminister a.D., MdB - Allensteiner Str. 37, 4410 Warendorf/W. (T. 27 26) - Geb. 2. Juni 1929 Hahnenknoop Kr. Wesermünde (Vater: Friedrich V., Landwirt; Mutter: Elfriede, geb. Wagner), ev., verh. s. 1953 m. Erika, geb. Schmittdiel, 5 Kd. (Adelheid, Burghild, Friedhelm, Christian, Martin) - Gymn. Laurentianum Warendorf; Univ. Münster (Rechts- u. Staatswiss.). Jurist. Staatsprüf. 1952 u. 56 - S. 1956 Justizdst. (1960 LGrat Münster, s. 1977 Rechtsanw., s. 1980 Notar); Okt.-Dez. 1966 Justizmin. Nordrh.-Westf. (Kabinett Meyers). 1956-1972 Ratsmitgl. Warendorf (Fraktionsvors., Vors. Bauaussch.); 1965-66 (Mandatsniederleg.) u. s. 1969 MdB (1971-77 Vors. Arbeitskr. I/Innen- u. Rechtspolitik CDU/CSU-Fraktion; s. 1977 Vors. d. Vermittlungsaussch. Bundestag u. Bundesrat); 1982-87 Staatsmin. f. Bundesratsangelegenh. b. Bundeskanzler; s. 1987 Vors. Unteraussch. Menschenrechte u. humanitäre Hilfe d. Ausw. Aussch.; Mitgl. d. Parlam. Vers. d. Europarates u. d. WEU - 1963-67 stv. Bundesvors. Jg. Union. CDU s. 1953 (u. a. Mitgl. Bundes- u. Landesvorst., Vors. Bundesarbeitskr. Christl.-Demokr. Juristen, Vors. Europ. Arbeitskreis Christl.-Demokr. Juristen, stv. Vors. Evang. Arbeitskr. d. CDU/CSU; Ehrenvors. CDU-Bezirk Ruhrgebiet - Liebh.: Bücher, Skat, Wein - Spr.: Engl., Franz. - Rotarier.

VOGEL, Gisbert

Dr. agr., Prof., Ministerialdirigent a. D., Vors. d. Arb. Gemeinsch. f. Landtechnik u. ländl. Bauwesen NRW e.V. - Goethestr. 20, 4005 Meerbusch 2 (T. 24 33) - Geb. 21. Nov. 1926 Weimar/Thür. (Vater: Paul V., Beamter, Offz.; Mutter: Elisabeth, geb. Elster), ev., verh. s. 1952 m. Dr. med. Anneliese, geb. Buschmann †1975, 3 Kd. (Ulrich, Henning, Anja): verh. s. 1989 in 2. Ehe m. Brigitte, geb. Grage - Univ. Halle (Landw.; Dipl.-Landw. 1951). Promot. (1952) u. Habil. (1957) Kiel - 1958 Ref. LK Kiel, 1966 MfELuF NW Düsseldorf. S. 1957 Lehrtätigk. Univ. Kiel u. Bonn (1966; apl. Prof. f. Landw. Betriebslehre u. -beratung). SPD s. 1967 - BV: Arbeitsleistung u. -kalkulation, 2. A. 1956 (m. G. Blohm u. K. Riebe); E. Beitrag z. Ermittlung d. Rentabilität in d. Landw., 1957; Grundsätze d. landw. Betriebsführung - Betriebsw. Grenzen u. Gleichgewichte, 1958 - 1978 BVK am Bde. - Spr.: Engl.

VOGEL, Günter

Dr. rer. nat. habil., Prof. f. Biochemie Bergische Univ. GH Wuppertal (s. 1982) - Kronprinzenallee 98, 5600 Wuppertal 1 (T. 0202 - 42 73 32) - Geb. 27. Okt. 1942 Breslau, verh. s. 1967 m. Monika, geb. Schneller, 2 Töcht. (Nicola, Jana) - Stud. Chemie Univ. Berlin u. München; Dipl. 1968 u. Promot. 1971 München; Habil. (Mikrobiol.) 1980 Tübingen - 1969-73 wiss. Assist. Univ. München; 1973-80 wiss. Assist. Max-Planck-Inst. f. Biol., Tübingen; 1981/82 Leit. e. Nachwuchsgruppe Max-Planck-Inst. f. Biochemie, Martinsried - 1980 Doz.-Stip. Winnacker-Stiftg.

VOGEL, Günther

Dr. med. (habil.), Prof., Facharzt f. Pharmakologie, Leiter Ref. wiss. Sonderaufg. Firma Dr. Madaus & Co. i. R. - Kempershäuschen 26, 5060 Bensberg-Refrath (T. 02204 - 6 56 55) - Geb. 20. Jan. 1922 Gautzsch/Sa. - S. 1953 Lehrtätigk. Univ. Berlin (1956 Prof. m. Lehrstuhl f. Veterinärphysiol.) u. Köln (1960 apl. Prof. f. Physiol.) - Mitgl. e. Zulass.- u. Aufbereit.kommiss. b. Bundesgesundheitsamt; Leit. d. Kooperation Phytopharmaka, e. Arb.gemeinsch. v. Phytopharmaka prod. Arzneimittelherstellern - BV: Beitr. z. Kenntnis d. Nierenphysiol. einiger Haustiere, 1962. Handbuchbeitr.: Harnbildung u. Harn (Lenkeit/Breirem, Hb. d. Tierernährung, Bd. I); The Parmacology of the Lymph a. the Lymphatic System (Altmann et al., Handb. allg. Pathol.); Nierenfunktion (Spörri/Stünzi, Pathophysiol. d. Haustiere); Physiol. d. Niere (Scheunert/Trautmann, Lehrb. d. Vet.-Physiol.). Aufs. z. Physiol. d. Niere u. d. Darms sow. Pharmak. von Naturstoffen.

VOGEL, H. Gerhard

Dr. med., Prof. f. Pharmakologie u. Toxikologie Univ. Marburg u. Frankfurt - Mainzer Str. 40, 6238 Hofheim/Ts. - Geb. 9. Sept. 1927 Bukarest/Rumän., ev. - Promot. 1955 Univ. Tübingen, Habil. 1967 Univ. Marburg - S. 1952 Apotheker in München; s. 1956 Arzt in Stuttgart; s. 1967 Doz. f. Pharmakol. u. Toxikol. Univ. Marburg; s. 1972 Hon.-Prof. ebd.; s. 1978 Hon.-Prof. Univ. Frankfurt. Leit. Präklinische Auswertung u. Entw. Pharma-Forschung Hoechst AG, Frankfurt/M.; s. 1990 Consultant f. Arzneimittelentwicklung. Arb. üb. Pharmakol. v. Peptid- u. Steroidhormonen, Biomechanik u. Biochemie d. Binde- u. Stützgewebes, insbes. unter d. Einfluß v. Reifung u. Alterung sowie v. Therapeutika.

VOGEL, Hanns

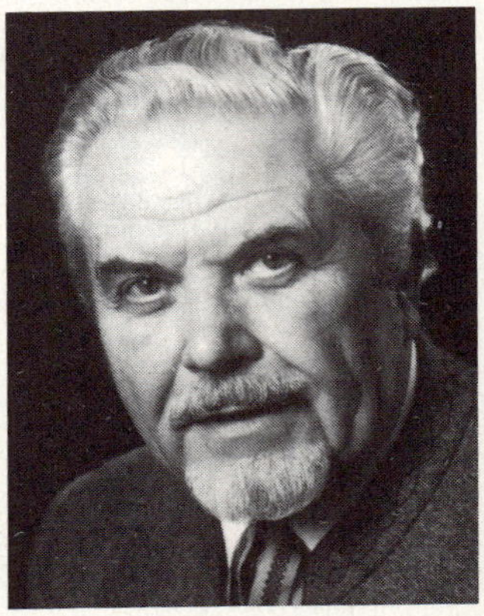

Spielleiter, Schriftsteller - Friedenheimer Str. 43/0, 8000 München 21 (T. 089 - 57 59 48) - Geb. 13. Aug. 1912 München, kath., verh., S. Hans-Jörg - 1931-33 Stud. Theaterwiss. - 1931-35 Regie-Assist. Bayer. Staatsschausp.; s. 1935 Regie-Tätigk.; 1939-75 künstler.-wiss. Angest. Stadt München. Gründ. u. Ehrenvors. Münchner Autorenvereinig. D. Turmschreiber - BV: Bayer. Gesch. u. Ged.: Zeit lassn, Leut, 1960; Net auslassn, Leut, 1972; Lebn u. lebn lassn, 1978; V. Niklo b. Dreikini, 1982; Herent u. Drent, 1983; O Heiliger Sankt Kastulus, 1984; Weihnachten m. Hanns Vogel, 1985; E. wenig staad, e. wenig lustig, 1986. Herausg.: Wias Euch gfallt, Anthol. m. Vitas (1989); 12 Münchner Stadtteil-Brosch. Zahlr. Insz.: u. a. Kleist, Goldoni, Holberg, Thoma u. eig. Stücke (Mysterien-Spiele u. Sketche). Rezitator: Vortr. (Alpenländ. Dicht.) b. VHS u. Bildungsw. - 1979 Bayer. VO; 1962 Bayer. Poetentaler; 1979 Münchner Krug Ges. Alt-Monachia; 1982 Med. München leuchtet; 1984 Dachauer Lit.-Med.; u. a.

VOGEL, Hans

Präsident i. R. Finanzgericht Baden-Württ. (1974-88) - Am Hagmättle 9, 7800 Freiburg - Geb. 27. Dez. 1923 - Mitgl. d. Steuerjurist. Ges. u. d. Dt. Juristentages. - Gr. BVK.

VOGEL, Hans-Jochen

Dr. jur., Bundesminister a.D., MdB/Vertr. Berlins (s. 1983; Fraktionsvors. SPD) - Erich-Ollenhauer-Haus, 5300 Bonn 1 - Geb. 3. Febr. 1926 Göttingen (Eltern: s. Bernhard V., Bruder), kath., verh. I) 1951 m. Ilse, geb. Leisnering, ev. (gesch. 1972), 3 Kd. (Bernd, Sabine, Bärbel), II) 1972 Liselotte Sonnenholzer, geb. Biersack - Gymn.; n. 1945 Stud. Rechtswiss. München u. Marburg. Jurist. Staatsprüf. 1948 u. 51; Promot. 1950 (magna cum laude; Diss.: Strafrechtl. Probleme d. Widerstandes gegen d. Staatsgewalt) - 1943-45 Wehrdst. (zul. Uffz.); 1952-54 Ass. u. Regierungsrat Bayer. Justizmin.; 1954-55 Amtsgerichtsrat Traunstein; 1955-58 Tätigk. Bayer. Staatskanzlei (Leit. Arbeitskr. f. d. Samml. d. Bayer. Landesrechts); 1958-60 berufsm. Stadtrat (Leit. Rechtsref.), 1960-72 Oberbürgerm. München; 1972-81 Bundesmin. f. Raumordnung, Bauwesen, Städtebau u. Justiz (1974); 1981ff. MdA Berlin (u. a. Vors. Petitionsaussch.) u. kurzfrist. Reg. Bürgerm.; 1983 Kanzlerkandidat d. SPD. 1971-72 Präs. Dt. Städtetag; Vizepräs. Organisationskomitee f. d. Olymp. Spiele 1972 München u. a. SPD s. 1950 (1967 stv., 1972-77 Landesvors. Bayern, 1971-72 Vors. Unterbez. München, 1970 Mitgl. Bundesvorst., 1972 Bundespräsid., 1984 stv., 1987 Parteivors.); Beiratsmitgl. Karlsruher Lebensversich. - Ehrenbürger München (1972) - BV: Städte im Wandel, 1971; D. Amtskette - M. 12 Münchner Jahre, 1972; Reale Reformen - Beitr. zu e. Gesellschaftspolitik d. Neuen Mitte, 1973 - Liebh.: Bergwanderungen, Geschichte - Spr.: Engl. - Bruder: Bernhard V., Min.präs. Rhld.-Pfalz (s. dort).

VOGEL, Hans-Rüdiger

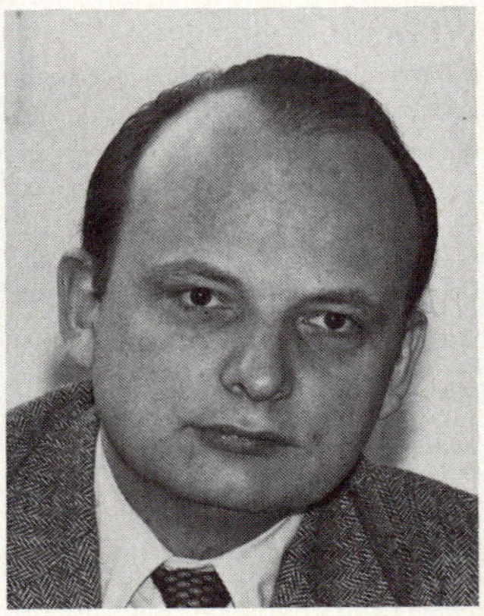

Dr. med., Prof., Ministerialdirigent a. D., Hauptgeschäftsf. Bundesverb. d. Pharmaz. Ind. e. V., Frankfurt/M. (s. 1981) - Weidmannstr. 17, 6500 Mainz 1 (T. 06131 - 8 21 81) - Geb. 15. Mai 1935 Worms/Rh. (Vater: Dr. med. dent. Hans V., Zahnarzt; Mutter: Gerda, geb. Niebergall), ev., verh.s. 1962 m. Ruth, geb. Müller, 3 Töcht. (Petra, Kristin, Katja) - Altsprachl. Gymn. Worms; Univ. Freiburg u. Mainz (Med. Staatsex. 1960). Promot. (1964) u. Habil. (1968) Mainz - Klin. Tätigk. Mainz, Überlingen, Lübeck; s. 1963 Assist. (b. 1968 Physiol. Inst.) u. Privatdoz. (1968ff.) Univ. Mainz; s. 1968 Leit. Sportphysiol. Abt. Staatl. Hochschulinst. f. Leibeserzieh., Mainz; 1970 Leit. Gesundheitsabt. Min. f. Soziales, Gesundheit u. Sport Rhld.-Pfalz (Ern. z. Min.-Dirig.); 1975 Hauptgf. Med. Pharmaz. Stud.-Ges. u. Paul-Martini-Ges. Frankfurt. 1967-70 Ärztl. Gf. d. Landesärztekammer Rhld.-Pfalz. Spez. Arbeitsgeb.: Sauerstoffversorg. menschl. Organe - 1969 Boehringer-Ingelheim-Preis; 1971 Ernst-v.-Bergmann-Plak.; 1983 Gold. Ehrenplak. Bund Diabetischer Kinder u. Jugendl. (BDKJ); 1983 Leibniz-Med. Akad. d. Wiss. u. d. Lit. Mainz; 1984 Samuel-Thomas-v.-Soemmering-Med. d. Landesärztekammer Rhld.-Pfalz; 1990 BVK am Bde. - Liebh.: Literatur, Klass. Musik - Spr.: Engl., Franz. - Bek. Vorf.: Ernst Elias Niebergall, hess. Mundartdichter (u. a. Lustsp.: D. tolle Hund, Datterich), 1815-43 (ms.).

VOGEL, Heinrich

Dr. oec. publ., Prof., Direktor Bundesinstitut f. ostwiss. u. intern. Studien - Lindenbornstr. 22, 5000 Köln 30 (T. 0221 - 5 74 70) - Geb. 2. Sept. 1937 Lindenberg/Allg., verh. m. Renate, geb. Dreher, 3 Kd. - Stud. Sozialwiss. Hochsch. f. Sozialwiss. Wilhelmshaven u. Wirtsch.wiss. Univ. München - 1966-69 Wiss. Mitarb., 1970-75 stv. Dir. Osteuropa-Inst. München.

VOGEL, Helmut

Prof. Musikhochsch. Heidelberg-Mannheim, Komponist u. Pianist - Mollstr. 36, 6800 Mannheim 1 - Geb. 4. Febr. 1925 Aachen (Vater: Wilhelm V.; Mutter: Gertrud, geb. Dohmen), verh. s. 1973 in 2. Ehe m. Julia V., 2 Söhne (Berndt, Frédéric) - Abit.; Musikhochsch. Heidelberg u. Mannheim - Ab 1945 Konz.-Tätigk.; 1946-47 Leit. Musica Nova Mannheim; 1951 Doz. Städt. Musikhochsch. Mannheim; 1966/67 Prof. San José State Univ./USA; 1972 Prof. Mannheim. Pianist. Tätigk., Rundf., Fernsehen - Kompos.: Solo u. Kammermusikw., Opern, Ballette, Orchestermusiken, Kompos. f. Synthesizer, u.a. Mephisto, Ballett 1955; Nachtwege, Ballett 1964; Concerto grosse f. Hr. Trp. Pos. u. Orch., 1966; Sieben Black outs f. gr. Orch., 1982; Robby, Ballett f. Synthesizer, 1974; Prisma, Klavierzyklus 1982; Rhapsodia Iberica f. Streichorch. u. Perc., 1984; Quatre Caractéres f. Saxophonquartett, 1989; Traffic Rockjazz-Classical (f. Symph.-Orch.); Misterium fidei, Oratorium f. Knaben- u. Männerchor, Tenor u. Orchester; Pelagos f. Schlagzeug-Sextett - Freinsheimer Klavierbüchlein, Europa 92 Klavierzyklus, 5 Dialoge f. 2 Violinen, u.v.m. - 1966 Fulbright-Preis, Washington; 1983 Mitgl. Comité d' Honneur intern. Assoc. des Arts et de la Culture, Paris; Gründ.mitgl. d. Freien Akad. d. Künste Mannheim - Spr.: Engl., Franz., Lat.

VOGEL, Helmut

I. Bürgermeister Stadt Wassertrüdingen - Rathaus, 8822 Wassertrüdingen/Mfr. - Geb. 1. Okt. 1945 Volkersgau - Zul. Stadtoberinsp. SPD.

VOGEL, Helmut

Dr. rer. nat., Prof. f. Physik, Biophysik, Molekularbiologie - Wippenhauser Str. 8, 8050 Freising (T. 08161-72 27) - Geb. 5. April 1929 Stargard/Pomm. (Vater: Heinrich V., Lehrer; Mutter: Johanna, geb. Neumann), verh. s. 1953 m. Carla, geb. Ristow, 2 S. (Wolfgang, Stephan) - Obersch. Neustrelitz/Meckl., Univ. Berlin (Dipl.-Phys. 1955), TU München (Promot. 1960, Habil. 1964) - 1955-57 Dt. Akad. d. Wiss. Berlin, 1958-66 TU München, 1966-68 Univ. of Southern Calif., 1968-78 Centre Nat. de la Rech. Scient., s. 1978 wieder TU München - Entd.: Automat. Bestimm. d. Schmutzanteils an Feldfrüchten (Pat. angem. 1980), Zellseparation nach spektroskop. Kriterien (Pat. angem. 1976), Frischwasserversorg. arider Gebiete durch Eisbergtransport mit Polfluchtkraft - BV: Physik-Aufg., 1985; Physik, Lehrb. 1989 (übers. Span.); Probl. aus d. Physik, 1989; Skriptum Physik, 1987; 53 wiss. Veröff. - Liebh.: Naturwiss., Musik, Wandern, Bergsteigen, Zeitsatiren, Ged. - Spr.: Engl., Franz., Russ. (passiv: Span., Ital., Holl.) - Bek. Vorf: Hermann Vogel (wiss. Fotograf, Großonkel).

VOGEL, Helmut

Dipl.-Kfm., Fabrikant, gf. Gesellsch. BEW-Umformtechnik Westheim GmbH - Flurstr. 15, 7172 Rosengarten-Westheim - Geb. 15. Nov. 1930 - Vorst.-Mitgl. in div. Fachverb., Gemeinderat - BVK am Bde.

VOGEL, Johann Peter

Dr. jur., Rechtsanwalt, Hon.-Prof. Univ. Marburg, Geschäftsf. Arbeitsgem. Fr. Schulen/Verb. gemeinn. Schulen in fr. Trägerschaft, Berlin, Geschäftsf. Vereinig. Dt. Landerziehungsheime ebd., Doz. Univ. Marburg - Am Schlachtensee 2, 1000 Berlin 37 (T. 030 - 801 20 79) - Geb. 13. Okt. 1932 Heidelberg (Vater: Prof. Dr. med. Paul V., Ord. f. Neurol. Univ. Heidelberg †1979 (s. XX. Ausg.); Mutter: Annemarie, geb. Trautmann), ev., verh., 2 Kd. - Univ. Heidelberg u. München (Rechtswiss.). Beide jurist. Staatsex.; Promot. 1961 - U.a. Geschäftsf. u. Vors. v. Privatschulverb. - BV: Bildung u. Erzieh. in fr. Trägersch., 1984, 2. A. 1991; Hans Pfitzner, 1989.

VOGEL, Karl Theodor

Verleger, Mitinhaber u. Komplementär Vogel Verlag u. Druck KG, Würzburg - Judenbühlweg 17, 8700 Würzburg (T. 0931 - 7 72 77) - Geb. 22. Nov. 1914 Pößneck/Thür. (Vater: Arthur Gustav V., Verleger; Mutter: Elly, geb. Böhner), ev., verh. s. 1940 m. Gisela, geb. Bormann, 3 Töcht. (Kathrin, Gabriele, Jutta) - Stud. Cornell University u. Empire State School of Printing, beide Ithaca, N. Y. (USA) - Liebh.: Reiten, Fischen, Fotografieren - Spr.: Engl.

VOGEL, Karlheinz

Sportjournalist - Zu erreichen üb.: Frankfurter Allgemeine Zeitung, Hellerhofstr. 2-4, 6000 Frankfurt/M. 1 (T. 75 91-1) - Geb. 22. März 1913 Hannover - S. 1950 FAZ (Sportchef). Reportagen v. 10 Olymp. Sommer- u. Winterspielen.

VOGEL, Klaus

Dr. jur., Univ.-Prof., Leiter d. Forschungsstelle f. ausländ. u. intern. Finanz- u. Steuerrecht Univ. München - Prof.-Huber-Platz 2, 8000 München 22 (T. 089 - 21 80 27 18) - Geb. 9. Dez. 1930 Hamburg, verh. s. 1955, 5 Kd. - Promot. 1955; Habil. 1963; gr. jurist. Staatsex. 1957, alles Hamburg - 1964-66 o. Prof. Nürnberg, 1966-77 Heidelberg, s. 1977 München. 1970-77 Richter im Nebenamt am Verwaltungsgerichtshof Baden-Württ.; s. 1974 Permanent Scientific Committ. Intern. Fiscal Assoc.; 1990/91 Vors. d. Vereinigung d. Dt. Staatsrechtslehrer - BV: Öffentl. Wirtschaftseinheiten in priv. Hand, 1959; D. Verwaltungsrechtsfall, 1960, 8. A. 1980; Verfassungsentsch. d. Grundgesetzes f. e. intern. Zusammenarb., 1964; D. räuml. Anwendungsbereich d. Verwaltungsrechtsnorm, 1965; Gefahrenabwehr (vorm. v. Drews u. Wacke, m. W. Martens), 8. A. 1975, 9. A. 1985; Doppelbesteuerungsabkommen, Komment. 1983, 2. A. 1990; Double Taxation Conventions, 1991; United States Income Tax Treaties (m. H. A. Shannon, R. L. Doernberg u. K. van Raad), 1989ff. Loseblattwerk - Spr.: Engl., Franz.

VOGEL, Klaus-Peter

Dr. rer. nat., o. Prof. f. Paläontologie - Helbighainer Weg 1a, 6240 Königstein 2 - Geb. 2. Juli 1931 Berlin (Vater: Prof. Dr. med. Klaus V., Hals-, Nasen-, Ohrenarzt (s. dort); Mutter: Blanka, geb. Strebel), verh. m. Hildegard, geb. Rendtorff - Univ. Tübingen, Promot. (1957) u. Habil. (1962) Tübingen - S. 1962 Lehrtätigk. Univ. Tübingen u. Frankfurt/M. (1963; 1968 apl., 1969 o. Prof.). Zeitw. Partnerschafts-Doz. Univ. Kabul (Afghanistan). 1971/72 u. 1982/83 Dekan, 1973 o. Mitgl. Wiss. Ges. an d. J. W. Goethe-Univ., 1980-82 Vors. Paläont. Ges. - BV: Lebensweise u. Umwelt fossiler Tiere, 1984; Constructional Morphology and Evolution, 1991. Fachaufs. - Liebh.: Musik (Cellist).

VOGEL, Martin

Dr. phil., Prof. f. Musikwissenschaft - Eduard-Otto-Str. 41, 5300 Bonn 1 (T. 21 49 81) - Geb. 23. März 1923 Frankfurt/O. (Vater: Dr. Walter V., Kaufm.; Mutter: Margarete, geb. Maess), ev., verh. s. 1960 m. Dr. Hannelore, geb. Schlemmer, 4 Kd. (Markus, Peter, Bettina, Robert) - Univ. Bonn (Musikwiss.), Promot. 1954, Habil. 1959 - Bau v. enharmon. Hörnern, Tuben u. Trompeten, v. Tasteninstr. u. Gitarren in reiner Stimmung - BV: Zahlr. Veröff. u.a. Bücher: D. Intonation d. Blechbläser, 1961; D. Enharmonik d. Griechen, 1963; Apollinisch u. Dionysisch, 1966; D. Zukunft d. Musik, 1968; Onos Lyras. D. Esel m. d. Leier, 1973; D. Lehre v. d. Tonbez., 1975; Chiron, d. Kentaur m. d. Kithara, 1978; Musiktheater, T. 1: D. Krise d. Theaters u. ihre Überwindung; T. 2: Lehrst., 1980/81; Anleitung z. harmonischen Analyse. Schönberg u. d. Folgen, 1982; Nietzsche u. Wagner, 1984; Musiktheater III: Vier weit. Lehrstücke, 1985; D. enharmon. Gitarre, 1985; Musiktheater IV: Mozarts Aufstieg u. Fall, 1987; Musiktheater V: Stücke f. Salzburg, 1988 - Musiktheater: D. Jahr d. Frau Müller, 1978; Fanny, d. Braut v. Schwabing, 1978; Cyranos Nase, 1978; David Triumphans, 1980. Sprechtheater: Molière, Tragödie e. Spaßmachers, 1979; Klytaimestra, 1981; Doria Manfredi, 1984; Christine v. Schweden, 1986; Konstanze, 1987; D. Zauberflöte II. Teil, 1988; Figaro u. sein Tartuffe.

VOGEL, Martin

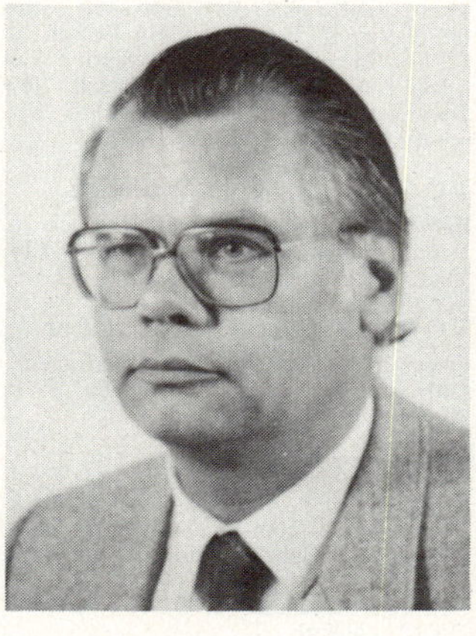

Dr. med., Prof. f. Allg. u. Spez. Pathologie, Paidopathol. u. Placentol. FU Berlin - Spanische Allee 38, 1000 Berlin 38 (T. 030 - 30 35 25 07 u. 801 25 14) - Geb. 13. Sept. 1938 Berlin (Vater: Heinrich V., Theol.-Prof.; Mutter: Irmgard V.), ev., verh. s. 1964 m. Heide, geb. Steenbock, 5 Kd. (Martina, Christoph, Claudia, Heidrun, Markus) - Univ. d. Saarl. u. FU Berlin (Staatsex. u. Promot. 1964, Habil. 1975) - 1972-75 städt. Oberarzt; s. 1976 Prof. FU Berlin (1977 Abt.leit.) - BV: Pathol. d. Perinatalperiode, Monogr. 1974 (auch Span.); Mißbild. u. Anomalien d. Lunge, 1982; Pathol. d. Schwangersch., Buchbeitr. 1984; Mehrlingsplacenta, Buchbeitr. 1984; Klin. Pathol. d. Embryonal-Fetal-u. Perinatalperiode, Buchbeitr., 1984 u. 87; Beurteilung makroskopischer Plazentaveränderungen, 1987; Atlas d. morphologischen Plazentadiagnostik, 1992 - Bek. Vorf.: Prof. Dr. theol. Heinrich V. (Vater).

VOGEL, Martin-Rudolf

Dr. phil., em. Prof. f. Soziologie d. Erziehung Univ. Frankfurt/M. / Fachbereich Gesellschaftswiss. (s. 1965) - Kolbenbergweg 2, 6370 Oberursel/Ts. (T. 2 57 48) - Geb. 30. Aug. 1922 Hohndorf/Sa. (Vater: Martin V., Reichsbahnoberinsp.; Mutter: Martha, geb. Jäckel), verh. s. 1951 m. Gisela, geb. Schmidt, 2 Kd. (Alexandra, Adrian) - Fürstl.-Schönburg. Obersch. Lichtenstein-Callnberg, Reform-Realgymn. Chemnitz; Univ. Frankfurt/M. (Phil., Soziol., Päd., Musikwiss.; Promot. 1958) - 1958-65 Empir. Sozialforschung. 1970-71 Austausch-Prof. USA - BV: Volksbild im ausgeh. 19. Jahrhundert (Institutionen- u. Theoriengesch.), 1959; D. Jugendamt im gesellschaftl. Wirkungszusammenhang (Empir.-soziol. Behördenanalyse), 1960; D. kommunale Apparatur d. öfftl. Hilfe (Organisationssoziol. Untersuchung), 1966; Gemeinde u. Gemeinschaftshandeln (Sozialwiss. Analyse d. amerik. community-Begriffs, m. P. Oel), 1966; Erziehung im Gesellschaftssystem, 2. A. 1974; Kindeswohl (Interdisziplinär-empir. Unters. gerichtl. Praxis, m. S. Simitis u. a.) 1979; Gesellschaftl. Subjektivitätsformen (Problemgesch. u. Kategoriale Analyse), 1983; Leben als Subjekt u. Prozeß (allg. u. individuelle Reproduktion b. Hegel u. Marx), 1987.

VOGEL, Paul-Otto

Journalist, gf. Vorstandsmitglied d. Herbert u. Elsbeth Weichmann Stiftg. Hamburg - Düpenautal 6d, 2000 Hamburg 55 (T. 040 - 87 78 35) - Geb. 3. Sept. 1923 Baden b. Wien (Vater: Julius V., Dir. Hoesch AG), ev, verh. s. 1955 m. Grete, geb. Sackmann, T. Carola - Abit.; Dt. Journalistensch. Aachen; Volont. Hoesch AG u. Westf. Rundschau - Journalist Dortmund, Ressortleit. Politik, stv. Chefredakt.; 1964-78 Dir. Staatl. Pressestelle Hamburg, 1978-79 Leit. Büro Hamburg-Werbung, 1979-82 stv. Leit. Abt. III (Inland), Presse- u. Informationsamt d. Bundesreg., s. 1983 Beauftr. z. Pflege u. Förderung d. Medienwirtschaft in Hamburg; 1989 Senatsbeauftr. f. d. 800. Hafengeburtstag. Präs. d. Kurat. d. Akad. f. Publizistik Hamburg - BV: 50 J. Miebach, 1955; Israel - E. Volk will leben, 1959; V. Freiheit u. Pflicht, 1969; Hamburg - d. Freie u. Hansestadt, 1972, 1976 - Spr.: Engl., Franz.

VOGEL, Peter

Dr. paed., Dozent f. Erziehungswiss. am Fortbildungsinst. f. Berufe im Sozial- u. Gesundheitswesen Duisburg (s. 1991) - Trakehnenstr. 15, 4130 Moers 1 - Geb. 31. Aug. 1947 Berlin, ev., verh. s. 1969 m. Karin, geb. Klier, T. Katharina - 1968-75 Stud. Erziehungswiss., Soziol. u. Phil. Univ. Erlangen-Nürnberg u. Duisburg; Staatsprüf. f. d. Lehramt an Volkssch. 1971; Promot. 1975; Habil. 1983 - 1975-84 wiss. Assist. Univ. Duisburg; 1984-89 Univ.-Prof. Univ. Duisburg - BV: D. bürokratische Schule, 1977; Bibliograph. Handb. z. Philosophieunterr. (m. I. Stiegler), 1980; D. Phil. im Rahmen d. Bildungsaufg. d. Sekundarstufe II (m. W. Fischer); Kausalität u. Freiheit in d. Päd., 1990.

VOGEL, Rudolf

s. Vogel, Martin-Rudolf

VOGEL, Walter

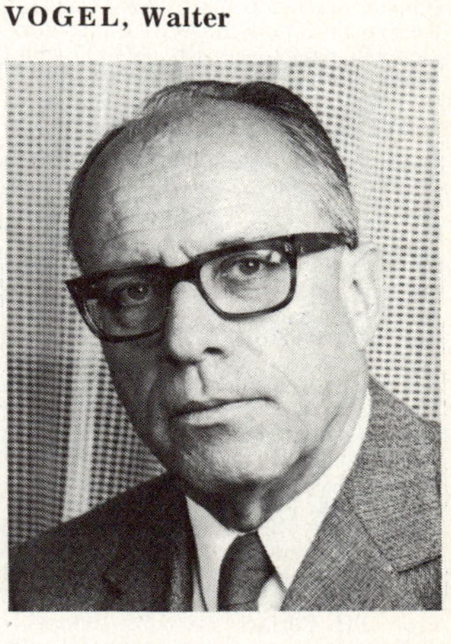

Dr. jur., Ehren-Präs. Dt. Reisebüro-Verb., Frankfurt - Lochhamastr. 76, 8032 Gräfelfing/Obb. (T. München 8 54 23 98) - Geb. 2. Juni 1911 Mannheim (Vater: Carl V., Kaufm.; Mutter: Else, geb. Marsteller), kath., verh. s. 1938 m. Ingeborg, geb. van Venrooy, T. Renate - Univ. Frankfurt/M. u. München (Rechtswiss.). Promot. 1935 Gießen - Gerichtsass. Frankfurt/M.; 1938-61 Reichs- bzw. Bundesbahndst. (zul. Min.-rat Hauptverw.); Vorst. Touristik Union Intern. Hannover (b. 1974), Handelsrichter - BV: D. Staats- u. beamtenrechtl. Stellung d. Generaldir. d. Dt. Reichsbahn-Ges., 1935. Zahlr. verkehrswiss. Veröff. - Komturkreuz m. Stern span. Orden Isabel la Católica, Komturkreuz d.ital. VO.; Gr. Silb. Ehrenz. d. Rep. Österr.; Ritter d. päpstl. Ordens St. Gregor d. Gr.; span. Orden f.

VOGEL, Walter
Dr. rer. nat., o. Prof. f. Angew. Mathematik - Lutfridstr. 8, 5300 Bonn - Geb. 22. Juni 1923 Krefeld - Stud. Math. - S. 1962 (Habil.) Lehrtätig. Univ. Tübingen u. Bonn (1964 Ord.). Zahlr. Fachveröff.

VOGEL, Werner
Bürgermeister u. Kurdirektor Bad Endbach - Berliner Str. 24, 3551 Bad Endbach (T. 02776 - 8 01 10) - Geb. 25. Juli 1939 Fronhausen/L. (Vater: Johann V., Bundesbahnbeamter; Mutter: Margarete, geb. Hormel), ev., verh. s. 1965 m. Sigrid, geb. Bodenbender, 2 Kd. (Martina, Frank Peter) - Höh. Schule, Finanzakad.

VOGEL, Werner
Dr. phil., Direktor Geheimes Staatsarchiv Preuß. Kulturbesitz (s. 1990) - Elsenpfuhlstr. 46, 1000 Berlin 26 (T. 030 - 414 12 05) - Geb. 28. Nov. 1930 Berlin, verh. s. 1952 m. Inge, geb. Fähling, 2 Kd. (Dagmar, Harald) - Stud. FU Berlin; Promot. 1957; 1960/61 Archivsch. Marburg - 1960-65 Landesarchiv Berlin; s. 1976 1. Vors. Landesgesch. Vgg f. d. Mark Brandenburg - BV: Verbleib d. wendischen Bevölkerung in d. Mark Brandenburg, 1960; Führer durch d. Gesch. Berlins, 1966, 3. A. 1985; Prignitz-Kataster 1686/87, 1986; Berlin u. seine Wappen, 1987 - Liebh.: Amateurfunk - Spr.: Engl., Franz., Latein.

VOGEL, Wolfdietrich
Botschafter d. Bundesrep. Dtschl. in Ghana (1984ff.) - POB 1757, Accra - Geb. 1936 - Div. Auslandsposten, dar. Monrovia, Warschau, Bujumbura.

VOGEL, Wolfgang Ernst
Dipl.-Volkswirt, Vorstandsvorsitzender Erste Allgemeine Versich.-AG - Dahlienstr. 20a, 8000 München 45 - Geb. 19. Mai 1937 Karlsruhe, neuapost., verh. s. 1968 m. Ingeborg, geb. Voss, 3 Kd. (Oliver, Sascha, Tobias) - AR-Mitgl. EA Rechtsschutz-Versich.-AG; AR-Vors. Generali Krankenversich. AG - Liebh.: Klass. Musik - Spr.: Engl., Franz.

VOGEL-ARNOLDI, Dieter
Kanzler d. Univ. Mainz - Zu erreichen üb.: Universitätsverwaltung, Saarstr. 21, 6500 Mainz.

VOGELBACHER, Alfred
Dr. rer. nat., Univ.-Prof., Dipl.-Meteorologe - Engelmatte 9, 7801 Wittnau (T. 0761 - 40 88 30) - Geb. 7. Jan. 1922 Freiburg (Vater: Otto V.; Mutter: Wilhelmine, geb. Schumacher), ev., verh. s. 1944 m. Ursula, geb. Villwock †1988, 2 Söhne (Rainer, Dipl.-Ing. Michael, RA) - Realgymn. Freiburg (Abit. 1939), TH Breslau u. Univ. Berlin (Dipl.-Meteorol. 1943), Stud. Math. u. 1. u. 2. Lehrerprüf. 1951 u. 1952, Realschullehrerprüf. 1956 Freiburg, Promot. 1971 TU Karlsruhe) - 1949-58 Lehrer, 1958-64 Doz. PH Karlsruhe, 1964-66 Saarbrücken, 1966-76 Prof. PH Lörrach (1969-76 Rektor) - 1971-1976 Vors. Landesrektorenkonfz. Bad.-Württ., 1976-1980 Prof. PH Berlin, s. 1980 FU Berlin - BV: Unser Kopfrechenb., 1966; D. Abhängigk. d. Windstruktur v. d. Wetterlage, 1971 (Diss.) - Liebh.: Schiffahrt - Spr.: Franz.

VOGELBACHER, Michael O.
Rechtsanwalt, Gründer u. Hauptgesellsch. Rosche Finanz GmbH (Investitionsberatung f. U.S.-Immob.), Freiburg, Special Counsel f. div. U.S.-Ges., Repräsentant Europa Corpus Christi Area Economic Development Corp. - Kaiser-Joseph-Str. 15, 7800 Freiburg (T. 0761 - 3 50 40) - Geb. 31. Aug. 1949 Freiburg, ev., led. - Stud. Rechtswiss. Univ. Basel, München u. Freiburg; 1. jurist. Staatsex. 1974 Freiburg; 2. jurist. Staatsex. 1978 Stuttgart - Tätig. als Rechtsanw. (spezialisiert auf U.S. Immobilienrecht) -

Ehrenbürger Stadt Corpus Christi, Texas, USA - Liebh.: Oper, Tennis - Spr.: Engl., Franz.

VOGELE, Karl
Dr. phil., Landrat d. Landkreises Augsburg (s. 1988) - Pfälzerstr. 8, 8930 Schwabmünchen (T. 08232 - 48 79) - Geb. 1940 - CSU.

VOGELER, Wilfried
Botschafter d. Bundesrep. Deutschl. in Malayisa (s. 1988) - POB 10023, 50700 Kuala Lumpur/Malaysia - Geb. 18. Febr. 1930 - Stud. Rechts- u. Staatswiss. Univ. Göttingen, Heidelberg, Bonn, Paris u. Columbus (USA). Bachelor of Art 1952; 1. jurist. Staatsprüf. - S. 1955 im Ausw. Dienst; Legationssekr. 1958; Konsul 1961, Legationsrat I. Kl. 1966, Botschaftsrat 1969; 1958 Vizekonsul in Kalkutta; 1967 Botsch. Bankok (st. Vertr. d. Botsch.); 1971 Botschaft Kairo (st. Vertr. d. Botsch.); 1974 Botsch. in Port-of-Spain; 1978 Vortragender Leg.Rat I. Kl. AA.; b. 1988 Botsch. New Delhi (st. Vertr. d. Botsch.); 1988 Botschafter in Kuala Lumpur.

VOGELEY, Hans-Wilhelm
Fabrikant, Vors. Fachverb. d. Back- u. Puddingpulverind. - Zu erreichen üb.: V.-d.-Heydt-Str. 9, 5300 Bonn 1.

VOGELGSANG, Alexander
Oberbürgermeister d. Stadt Esslingen - Galgenbergstr. 32, 7300 Esslingen - Geb. 30. Okt. 1944, verh.

VOGELL, Wolrad
Dr. phil., o. Prof. f. Biophysik u. Elektronenmikr. - Hans-Sachs-Weg 21, 4006 Erkrath 2 - Geb. 11. Juli 1922 - Habil. 1964 Marburg - S. 1967 Ord. Univ. Marburg, Konstanz (1969) u. Düsseldorf (1976). Facharb.

VOGELLEHNER, Dieter
Dr. rer. nat., Prof. f. Botanik u. Direktor Botan. Garten Univ. Freiburg - Alte Lindenstr. 17, 7801 Ehrenkirchen - Geb. 31. Dez. 1937 Ellwangen/Jagst (Vater: Eugen V., Rektor; Mutter: Mathilde, geb. Gobs), kath., verh. s. 1969 m. Liane, geb. Arendt, T. Daniela - Promot. 1964 Univ. Tübingen, Habil. 1968 Freiburg - 1968 Privatdoz.; 1975 apl. Prof.; 1978 Prof. 1969 Dir. Botan. Garten Univ. Freiburg - BV: Botan. Terminol. u. Nomenklatur, 1972, 2. A. 1983; Paläontol., 1972, 6. A. 1981; Baupläne d. Pflanzen, 1981; Lexikon d. Vorzeit (Herausg.), 1981; Telekolleg I, Biol., 2 Bde., 1983/84 (Coautor); Pflanzendarstell. in Wiss. u. Kunst, 1984.

VOGELPOHL, Alfons
Dr.-Ing., Dipl.-Ing., Prof. f. Therm. Verfahrenstechn. TU Clausthal (s. 1978) - Am Kunstgraben 8, 3392 Clausthal-Zellerfeld (T. 05323 - 8 13 57) - Geb. 7. Mai 1932 Osnabrück (Vater: Heinrich V., Holzkfm.; Mutter: Theresia, geb. Tellkamp), verh. s. 1959 m. Anneliese, geb. Pfestorf, 3 Kd. (Jens, Jörg, Anja) - Stud. TH Hannover; Dipl.ex. 1959; Promot. 1964; Habil. 1968 - 1965-70 Forschungsing. DuPont/USA, 1970-78 Univ. Karlsruhe - Liebh.: Hochseesegeln - Spr.: Engl.

VOGELS, Elmar
Dr., RA, Oberbürgermeister a. D. Stadt Mayen - Nachtigallenweg 21, 5440 Mayen (T. 23 33) - Spr.: Engl., Franz. - Rotarier.

VOGELSANG, Günter
Diplom-Kaufmann - Kaiser-Friedrich-Ring 84, 4000 Düsseldorf-Oberkassel - Geb. 20. Jan. 1920 Krefeld (Vater: Robert V.), verh. m. Ingelinde, geb. Halbach - B. 1960 Vorst.-Mitgl. Bochumer Verein f. Gußstahlfabrikation AG, dann Mannesmann AG, 1967-72 Vors. d. Geschäftsfg. Fried. Krupp GmbH. Funktionen: AR-Vors. Gerling-Konzern Versicherungs-Beteiligungs-AG, Köln; Gerling-Konzern Allgemeine Versicherungs-AG, Köln; Thyssen AG, Duisburg;

VEBA AG, Düsseldorf; AR-Mitgl. Deutsche Bank AG, Frankfurt, Frankona Rückversich.-AG, München, Hapag-Lloyd AG, Hamburg; stv. VR-Vors. Kommanditges. Diehl, Nürnberg.

VOGELSANG, Irmgard
Mitglied d. Landtages Niedersachsen (CDU) - Wellhügel 9, 4512 Wallenhorst (T. 05407 - 95 24) - Geb. 1. Nov. 1946 Hilter-Borgloh, kath., verh. s. 1970 m. Klemens, 3 Kd. (Dirk, Kerstin, Holger) - Bankkauffr. - Landesvors. d. Frauenunion d. CDU in Niedersachsen.

VOGELSANG, Kurt
Werkzeugmacher, MdB (1972-87) - An der Wesebreede 28, 4800 Bielefeld 18 - Geb. 4. August 1925 Gadderbaum/W., verh., 2 Söhne - Volkssch.; Werkzeugmacherlehre - 1943-50 Kriegsdst. u. -gefangensch.; s. 1952 IG Metall (b. 1963 Sekr., dann I. Bevollm. Bielefeld. b. 1980); Vors. Bundestagsaussch. f. Bild. u. Wiss. SPD s. 1950.

VOGELSANG, Roland
Dr. rer. nat., Prof. f. Regionale Geographie Kanadas, Univ. Augsburg (Inst. f. Kanada-Stud.) - Engernweg 26, 4790 Paderborn (T. 05251-5 53 47) - Geb. 10. Okt. 1939 Gießen (Vater: Erich V., o. Prof. f. Kirchengesch.; Mutter: Gertrud, geb. Bodenstein), ev., verh. s. 1970 m. Petra, geb. Rosenfeld, 2 Kd. (Ingo, Felix) - 1960-62 Wehrdienst i. d. Marine, Ltn. z. See. 1962-68 Stud. Geogr. u. German. Univ. Freiburg, München, Münster; 1968-71 Stud. Geogr., Soziol., Geol. Univ. Münster; Promot. 1972 Münster; Wiss. Ass. u. Habil. 1980 Paderborn; 1982 Prof. a. Z. 1983 Gastprof. in Regina, Kanada; 1986 apl. Prof.; Gastprof. in Salt Lake City, USA. Präs. d. Ges. f. Kanada-Studien in deutschspr. Ländern - BV: Stadtlandsch. u. Verstädterte Zone, 1972; Nichtagrar. Pioniersiedl. in Kanada, 1980; Kanada in d. Geogr. Forsch. d. 80er Jahre, 1989; Kanada im Spannungsfeld regionaler Gegensätze, 1990; Kanada - Geographische Strukturen, Daten, Entwicklungen, 1992 - Mithrsg. d. Reihe Kanada-Studien; Beiträge z. Kanadistik. Wiss. Beitr. üb. Siedlungs- u. Bevölkerungsprobleme, Kanada, USA, ethn. Minoritäten, regionale Wirtsch.entwicklungen - Liebh.: Klass. Musik - Spr.: Engl.

VOGELWIESCHE, Heinz
Kaufmann, gf. Gesellsch. Teppichhaus Steffensmeyer Essen, Vors. Fachverb. d. Dt. Teppich- u. Gardinenhandels, Köln (s. 1978) - 4300 Essen - Geb. 1918 (?).

VOGL, Josef
Dr., Ministerialdirigent Bayer. Staatsmin. f. Landesentwicklung u. Umweltfragen - 8000 München.

VOGLER, Karl-Michael

Schauspieler - Villa Seehof, 8110 Seehausen/Staffelsee (T. Murnau 95 12) - Geb. 28. Aug. 1928 Remscheid (Vater: Schlosser- u. Schmiedemeister), kath., verh. s. 1953 - Stud. Germanistik, Psy-

chol. Innsbruck - Bühne (u. a. Max Piccolomini, Posa, Hamlet), Film (Bekenntnisse e. möblierten Herrn, Those magnificent men in their flying machines, The blue Max, Paarungen, How I won the war u. a.), Fernsehen (u.a. Zeit d. halben Herzen, Affäre Dreyfus, Feldw. Schmidt, Schach von Wuthenow, Don Carlos, Umbruch München 1945, Trauer muß Elektra tragen, D. Heirat, Christoph Columbus od. D. Entdeckung Amerikas, Alpha - Alpha (Serie), Tapetenwechsel - 1962/63 Preis d. Dt. Filmkritik.

VOGLER, Michael
Prof., Musiker in d. Komischen Oper Berlin - Diedenhofer Str. 6, O-1055 Berlin (T. 032 - 449 20 61) - Geb. 14. Mai 1941, verh. s. 1964 m. Christine, geb. Meyer, 3 Kd. (Tim, Nick, Julia) - Stud. Leipzig - Lehrauftr. f. Violine Hochsch. f. Musik Hanns Eisler Berlin.

VOGLER, Reinfried
Rechtsanwalt, Hauptgeschäftsf. Arbeitsgem. Keram. Industrie - Friedrich-Ebert-Anlage 38, 6000 Frankfurt/M. - Geb. 2. Juli 1931 - Alternierender Vorst.-Vors. d. Berufsgenoss. d. keramischen u. Glas-Ind.; Alternierender Vors. d. Haushaltsaussch. d. Hauptverb. d. Gewerblichen Berufsgenoss.; stv. Mitgl. d. Vertreterverss. d. Bundesversich.anstalt f. Angestellte.

VOGLER, Theo
Dr. jur., Prof. f. Straf- u. Strafprozeßrecht u. Intern. Strafrecht, Strafrechtsvergleich. Univ. Gießen (s. 1974) - Am Schloßpark 1, 7801 Stegen (T. 07661 - 6 13 84) - Geb. 23. April 1929 Gladbeck (Vater: Anton V., Beamter; Mutter: Anna, geb. Emmerich), kath., verh. m. Agathe, geb. Fecht - Stud. d. Rechtswiss. Univ. Münster u. Freiburg/Br.; Promot. 1959; Staatsanwalt 1962; Habil. 1968; Univ.doz. Wiss. Rat u. Prof. (1969) Univ. Freiburg/Br.; 1971-74 o. Prof. FU Berlin. Ausw. wissenschaftl. Mitgl. Max-Planck-Inst. f. ausl. u. intern. Strafrecht Freiburg/Br.; Vorst.-Mitgl. Ges. f. Rechtsvergl.; stv. Vors. d. Landesgr. I. Assoc. Intern. de Droit pénal; Mitgl. d. Strafrechtskomit. d. Intern. Law Assoc., d. dt. Sektion d. Intern. Juristenkomiss. u. d. Advisory Council of Interights - BV: D. Rechtskraft d. Strafbefehls, 1959; Auslieferungsrecht u. Grundgesetz, 1970; Leipziger Kommentar z. StGB, 10. A., §§ 52-55 (1978), 234-238 (1979), 22-24 (1983); Kommentar z. Ges üb. Intern. Rechtshilfe in Strafsachen (Loseblattausg. 1983); Intern. Kommentar z. Europ. Menschenrechtskonvention (Loseblattausg. 1986). Div. Einzelarb. - Spr.: Engl., Franz.

VOGLER, Toni
Kurdirektor u. 1. Bürgermeister Gemeinde Fischen i. Allgäu - Hauptstr. 2, 8975 Fischen (T. 08326 - 78 33) - Geb. 25. Jan. 1940 Fischen, kath., verh.

VOGLSAMER, Günter

Maler u. Grafiker, em. Prof. - Liebigstr.

41, 8000 München 22 - Geb. 13. Nov. 1918 Kirchen/Sieg (Vater: Peter V., Kaufm.; Mutter: Hulda, geb. Helmert), verh. m. Irene, geb. Gailling (Malerin), T. Ninon - Fachsch. f. Foto u. Chemigraphen Kunstakad. München - 1951-67 freiberufl.; 1967 Berufung an Akad. d. Bild. Künste Nürnberg; 1975-84 Präs. d. Akad. Gründungsmitgl. d. Freien Münchner u. Dt. Künstlerschaft, u. Herbstsalon Haus d. Kunst (1961-76 Präs.). Div. Wettbewerbspreise - Bay. VO., Oskar-v.-Müller-Med., Offizierskreuz Alfonso 14, El Sabio, BVK I. Kl.

VOGT, Alfred H.

s. Voigt, Alfred

VOGT, Andreas

Dr. rer. pol., Konsul - Edvard-Grieg-Str. 2, 7032 Sindelfingen/Württ. - Geb. 11. Febr. 1922 Berlichingen/Württ. - N. Kriegsdst. (1940-45 Luftw.) Univ. Tübingen (Promot. 1949) - 1962ff. Geschäftsf., 1965-86 Vors. d. Gfg. Kohlenscheidungs-GmbH, Stuttgart (1970 umfirmiert in EVT). 1970-90 Honorarkonsul d. Rep. Südafrika f. Baden-Württ.

VOGT, Armin

Werbekaufmann, geschäftsf. Gesellsch. Adressen-Archiv Otto Conrad GmbH & Co., KG vorm. Robert Tessmer AG, Frankfurt, ad-con Adressen GmbH & Co. Direktwerbe KG, Essen - Postfach 90 01 21, 6000 Frankfurt 90 - Geb. 1. Jan. 1921 Berlin (Vater: Alfred V., akadem. Maler; Mutter: Maria, geb. Griepentrog), ev., verh. I) m. Elisabeth, geb. Tölle († 1963), II) s. 1964 m. Jutta, geb. Herrmann, S. Klaus Armin (aus 1. Ehe) - Höh. Handelssch., Abit., Reichswerbesch. Berlin (Lehrausweis) - Gastdoz. an versch. Werbefachsch. Mitgl. ZAW Bonn f. werbefachl. Bildung - Veröff. in Werbefachztschr. - Liebh.: Klass. Musik - Bek. Vorf.: Richard Vogt, 1. Konzertm. Königl. Oper Dresden (Großv.).

VOGT, Dieter

Maler u. Grafiker, Freiberuflich (Ps. Dieter Tyspe) - Schützenstr. 21, 1000 Berlin 41 (T. 030 - 792 11 34) - Geb. 11. Juni 1937 Berlin, verh. s. 1985 m. Edelgard, geb. Braun, S. Philipp - Lithograph; 1956-64 Stud. Grafik u. Malerei Hochsch. d. Künste Berlin - Doz. VHS.

VOGT, Ernst

Dr. phil., o. Prof. f. Klass. Philologie - Montsalvatstr. 1, 8000 München 40 (T. 36 49 85) - Geb. 6. Nov. 1930 Duisburg - S. 1960 (Habil.) Lehrtätigk. Univ. Bonn, Mannheim (1967 Ord.) u. München (s. 1975). Ord. Mitgl. Bayer. Akad. d. Wiss. (s. 1977); korr. Mitgl. Dt. Archäol. Inst. (s. 1979). Wiss. Veröff.

VOGT, Franz

Kaufmann, Geschäftsltg. VOKO - Franz Vogt & Co. KG (Büromöbel), Pohlheim b. Gießen - Postf. 20 00, 6301 Pohlheim - Geb. 23. Sept. 1920 Gießen - Präs. IHK Gießen; Vors. Verb. Dt. Büromöbelind. Wiesbaden; Ehrenpräs. Verb. d. europ. Büromöbelhersteller (FEMB).

VOGT, Fritz

Dr. jur., Rechtsanwalt u. Notar, Landtagsvizepräs. - Nachtigallenweg 37, 5880 Lüdenscheid (T. 2 36 66) - Geb. 5. Juli 1916 Hagen-Vorhalle, verw., 1 Kd. - Realgymn.; Stud. Rechtswiss. Promot. 1949 - S. 1950 RA u. Nt. (1956) Lüdenscheid. 1961ff. Ratsmitgl. Lüdenscheid (stv. Fraktionsf.); 1969ff. MdK ebd. (stv. Fraktionsvors.); 1970ff. MdL Nordrh.-Westf. (1970 Vizepräs.). FDP s. 1960 (1969 Schatzm. Bezirksverb. Westf.-West, 1961-70 Ratsmitgl. Lüd., 1969-70 MdK, 1970 stv. Bez.-Vors., 1970-80 MdL alle Ämter in d. FDP b. 1980, 1971 Kreisvors., 1972 Mitgl. Landesvorst.) - 1973 BVK I. Kl.; 1979 Gr. BVK.

VOGT, Gerd (Gerhard)

I. Bürgermeister Stadt Erding - Rathaus, 8058 Erding/Obb.; priv.: Almfeldstr. 2 - Geb. 1. Okt. 1929 Dürnkrut (Österr.) - Zul. Regierungsamtm. CSU.

VOGT, Gert

Dr., Vorstandsmitglied Kreditanstalt f. Wiederaufbau, Frankfurt - Palmengartenstr. 5-9, 6000 Frankfurt/M. (T. 069 - 7 43 10) - Geb. 29. Febr. 1932 - VR: Landwirtschaftl. Rentenbank, Frankfurt; Beirat GESAT, München; AR: BIB Berliner Industriebank AG, Berlin, Linke-Hofmann-Busch GmbH, Salzgitter., Dt. Kreditbank AG, Berlin, Dt. Außenhandelsbank AG, Berlin; VR Staatsbank Berlin.

VOGT, Guntram

Dr. phil., Prof. f. Didaktik d. Deutschunterrichts Univ. Marburg - Am Glaskopf 40, 3550 Marburg - Geb. 9. Mai 1937.

VOGT, Hannah

Dr. rer. pol., Schriftstellerin - Hainholzweg 25, 3400 Göttingen (T. 5 90 89) - Geb. 3. März 1910 Berlin (Vater: Wilhelm V., Bibliotheksrat; Mutter: Emma, geb. Puwelle), ev., led. - Oberlyz.; Univ. Göttingen u. Marburg (Volksw.). Dipl.-Volksw. 1944 Marburg; Promot. 1945 Göttingen; 1945-54 fr. Journ.; 1954-65 Ref. Hess. Landeszentrale f. polit. Bildung (Wiesbaden); s. 1965 fr. Schriftst. 1948-54 u. s. 1968 Ratsherrin Göttingen. Vors. Intern. Ges. f. Heimerzieh. (1962-69) u. Dt. Vereinig. f. polit. Bildung/ Landesgr. Nieders. (1969-74); Vorst.-Mitgl. Dt. Frauenring (1952-56) u. Deutscher Koordinierungsrat der Ges. f. christl.-jüd. Zusammenarb. (1965ff.). 1948-1961 FDP; s. 1962 SPD - BV: Der Arbeiter - Wesen u. Probleme b. Friedrich Naumann, August Winnig u. Ernst Jünger, 1945 (Diss.); D. Zweite Reiter, Ged. 1947; D. Regenbogen, Ged. 1948; D. Fibel d. Staatsbürgerin, 1952 (hg. v. Büro f. Frauenfragen); Wer die Wahl hat ..., 1957; Gerechtigkeit erhöhet e. Volk, 1959; Schuld oder Verhängnis?, 1961 (engl. (Oxford) 1964); Joch u. Krone, 1963 (engl. (New York) 1967); Nationalismus gestern u. heute, 1966; Verachtet - gehetzt - verstoßen - 1968; Demokratie = Mitdenken + mitentscheiden, 1969; Parlamentar. u. außerparlam. Opposition, 1972; Georg Diederichs, 1978. Herausg.: Friedrich Naumann - Ausgew. Schriften (1949); Heinz Rosenberg, Jahre d. Schreckens (1985) - 1978 BVK I. Kl.; 1987 Ehrenbürgerin d. Stadt Göttingen - Liebh.: Theater - Spr.: Engl., Franz.

VOGT, Hans

Dr. rer. nat., em. o. Prof. f. Pharmaz. Verfahrenstechnik - Heckenrosenweg 10, 7500 Karlsruhe 31 (T. 75 36 89) - Geb. 11. Sept. 1913 Striegau/Schles., verh. m. Ursula, geb. Jöhnke - S. 1947 (Habil.) Lehrtätigk. Univ. Kiel (1954 apl. Prof.). u. TH bzw. Univ. Karlsruhe (1958; Leit. Abt. f. Pharmazeut. Verfahrenstechnik/ Pharmaz.-chem. Inst.; 1963 ao., 1967 o. Prof.); s. 1974 Leit. Inst. f. Pharmaz. Technol. Univ. Heidelberg; emerit. 1978 - BV: Kl. Einf. in d. pharmaz. u. med. Chemie, 1947 (m. Rosenmund); Grundzüge d. pharmaz. u. med. Chemie, 1953ff. (bish. 4 Bde.). Fachaufs.

VOGT, Hartmut

Dr. phil., Prof. f. allg. u. vergleichende Erziehungswiss. Univ. Dortmund - Otterbach 80, 5358 Bad Münstereifel - Geb. 18. Okt. 1923 Berlin (Vater: Alfred V., Wirtschaftsprüf.; Mutter: Luise, geb. Thiele), ev., verh. s. 1952 m. Helga, geb. Hellebrand - Stud. German., Slavist., Päd. u. Psych.; Staatsex. 1952, Promot. 1956 Berlin - 1945-52 Lehrer; s. 1952 Lehrtätigk. Univ. Berlin, Tübingen, Marburg u. Dortmund. Üb. 350 Veröff. (49 Bücher) - 1941-45 Kriegsausz. - Hat dt., südafrik. u. amerik. Privatpilotenschein - Spr.: Engl., Russ.

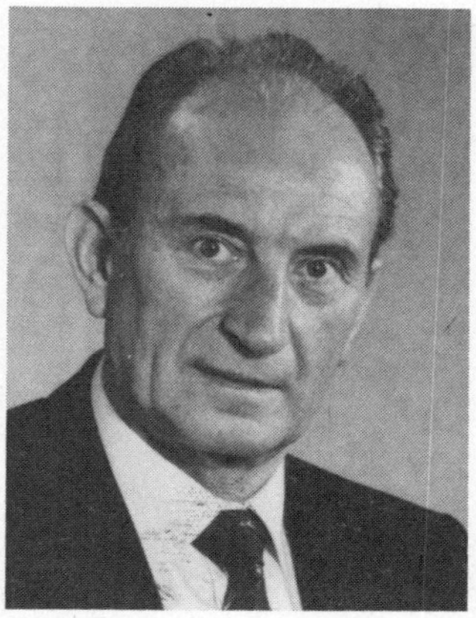

VOGT, Heinrich

Dr. phil., em. Prof. f. Anglistik, Didaktik der Englischen Sprache u. Lit. Univ. Oldenburg - Jürgen-Christian-Findorff-Str. 32, 2804 Lilienthal-Butendiek (T. 86 96) - Geb. 31. Juli 1920.

VOGT, Heinz-Josef

Oberstadtdirektor Stadt Krefeld (s. 1989) - Rathaus, 4150 Krefeld - Geb. 17. Febr. 1937 Krefeld, kath., verh. - Jurist - S. 1966 Landes- u. Kommunalverw., 1984-89 Oberkreisdir. Kr. Viersen - Spr.: Engl.

VOGT, Helmut

Direktor d. Nieders. Staats- u. Universitätsbibliothek Göttingen - Prinzenstr. 1, 3400 Göttingen (T. 0551 - 39 52 10); priv. Schlözerweg 1 (T. 0551 - 5 71 56) - Bibliotheksrat 1962, Bibliotheksoberrat 1968, Bibliotheksdir. 1969, Ltd. Bibliotheksdir. 1974, Direktor 1975.

VOGT, Helmut

Dr. med. (habil.), Prof., Chefarzt - Liliencronweg 6, 2390 Flensburg: (T. 5 11 61) - Geb. 2. Mai 1909 Wehlau/ Ostpr., ev., verh. s. 1948 m. Ursula, geb. Heigl, 4 Kd. (Gabriele, Hans-Heinz, Daniela, Arne) - Univ. Königsberg, Bonn, Innsbruck, München, Wien - 1934-41 Assist. Med. Univ.sklinik Königsberg (1940 Doz.), 1947-48 Oberarzt Med. Univ.sklinik Kiel (1948 apl. Prof.), sd. ltd. Arzt Innere Abt. Diakonissen-Krkhs. Flensburg, 1941 Klärung d. Krankheitsbildes d. Haffkrankh. u. Aufdeckung d. Natur d. dabei ausgeschiedenen Farbstoffes - BV: Blutdrucksteigernde Stoffe im Blut u. deren Herkunft, 1938; Grundzüge d. pathol. Physiol., 1953; D. inkretor. Regulationen u. ihre Störungen, 1956; Med. Karikaturen v. 1800 b. z. Gegenw., 1960, 3. A. 1968; D. Bild d. Kranken - D. Abbildungen innerer Leiden v. d. Renaissance b. z. Jetztzeit, 1968; Grenzarzt (Autobiogr.) 1978 - 1938 I. Preis Königsberger Gelehrten-Ges.; 1964 E. v. Bergmann-Plak. - Liebh.: Bergsport, Fotogr.

VOGT, Karl Ernst

Dr. med., Internist, Chefarzt a. D., Ehrenvors. Naturwiss.-Med. Ges., Kassel (s. 1966; Gründ.) - Stahlbergstr. 7, 3500 Kassel (T. 6 63 99) - Geb. 30 Nov. 1910 Kassel (Vater: Heinrich V., Obering., techn. Lehrer u. Erfinder; Mutter: Maria, geb. Klute), ev., verh. s. 1944 m. Magdalene, geb. Heyng, 3 Kd. (Brigitte, Jürgen, Hans-Georg) - Realgymn. Kassel; Univ. Göttingen, Rostock, Leipzig (Promot. 1937) - 1936-38 Assist. Med. Abt. Hess. Diakonissenhaus Kassel, 1938-39 Pathol. Univ.-Inst. Leipzig, 1939-41 Med. Univ.klinik Marburg, 1941 Konitzki-Stift Bad Nauheim, 1941-45 Truppenarzt (zul. Chef Sanitätskomp.), 1946-48 Assist. Strahlenabt. Univ.-Frauenklinik Marburg, anschl. ärztl. Praxis Kassel, s. 1950 Chefarzt Med. Klin. u. Ärztl. Dir. (1962) Rot-Kreuz-Krkhs. ebd., emer. 1978. Förd. Mitgl. MPG. Div. Fachveröff. - KVK I. Kl., EK II, Med. Winterschlacht im Osten 1941-42, Verwundetenabz. in Schwarz; 1975 BVK I. Kl. u. Richard-Hammer-Med.; Stadtmed. Kassel; Ehrenz. DRK - Liebh.: Musik, Jagd, Fischerei - Spr.: Engl.

VOGT, Paul

Dr. phil., Prof., Direktor Museen d. Stadt Essen u. Folkwang-Museum a. D., gf. Vorst.-Mitgl. Kulturstiftg. Ruhr - Hügel 15, 4300 Essen 1 (T. 42 25 59); priv.: Küppersheide 9 - Geb. 29. Mai 1926 - BV: Geschichte d. dt. Malerei im 20. Jh., 1972. Zahlr. Veröff. z. Kunst d. 19. u. 20 Jh. (dar. 18 Bücher) - 1976 BVK; Orden f. Verdienste um d. poln. Kultur.

VOGT, Siegfried H.

Ministerialrat - Laufenbergstr. 9, 5300 Bonn 2 - Geb. 17. Dez. 1943 Schmallenberg, kath., verh. s. 1971, 3 Kd. (Christina, Carolin, Andreas) - Stud. Rechtswiss. - 1971-82 Bundeswirtschaftsmin.; 1982-87 Pressespr. Bundesverkehrsmin.; heute zust. f. Fragen d. Öffentl. Personennahverkehrs u. Gemeindeverkehrsfinanz.gesetz - Liebh.: Aquarellmalerei - Spr.: Engl., Franz.

VOGT, Walther

Dr. med., em. Prof., Pharmakologe - Holundersteg 18, 3400 Göttingen (T. 2 38 18) - Geb. 5. Juli 1918 Dessau (Vater: Dr. phil. Wolfram V., Chemiker; Mutter: Adelheid, geb. Külz), ev., verh. s. 1946 m. Erika, geb. Pfersdorff, 2 Söhne (Dr. med. Albrecht, Dr. Ing. Reinhard) - Univ. München u. Marburg. Promot. 1942 München; Habil. 1954 Göttingen - 1945-53 Assist. Univ. Frankfurt/M.; s. 1953 Assist. u. Wiss. Mitgl. (1965) Max-Planck-Inst. f. Exper. Med. Göttingen (1968 Dir. Abt. Biochem. Pharmak.). S. 1954 Privatdoz., apl. Prof. (1960), Hon.-Prof. (1969) Univ. ebd., emerit. 1986. Mitgl. Dt. Pharmak. Ges., Ges. f. Biol. Chemie, Ges. Dt. Naturforscher u. Ärzte. Arbeiten auf d. Gebiet d. körpereig. Wirkstoffe - Liebh.: Pflanzenfotogr. - Spr.: Engl., Franz.

VOGT, Winfried

Dr. sc. pol., o. Prof. f. Wirtschaftl. Staatswissenschaften - Sonnenstr. 13, 8411 Nittendorf - Geb. 1935 München (Vater: Josef V., Eisenbahnbediensteter), verh. s. 1961 m. Waltraut, geb. Strack, 2 Kd. - Univ. München u. Kiel (Wirtschaftswiss., Rechtswiss., Math.). Promot. (1960) u. Habil. (1964) Kiel - S. 1964 Ord. Univ. Kiel u. Regensburg (1967). Facharb.

VOGT, Wolfgang

Dr. oec., Hauptgeschäftsführer IHK Pforzheim (s. 1956) - Friedrich-Naumann-Weg 38, 7530 Pforzheim (T. 8 87 90; Büro: 3 60 11) - Geb. 25. April 1913 Waldesch b. Koblenz (Vater: Förster), verh. - Stud. Rechts- u. Staatswiss. Refer.ex. - Ab 1937 Ausw. Amt, 1942-45 Kriegsdst. (zul. Offz. Panzerwaffe), spät. Rechts- u. Sozialberat. Intern. Flüchtlingsorg. (UN) u. Rechtsref. IHK Eßlingen, 1964-72 MdL Baden-Württ. (u. a. stv. Fraktionsvors. FDP/DVP - Spr.: Engl., Franz. - Rotarier.

VOGT, Wolfgang

Dipl.-Volksw., Chefredakteur a.D., Parlam. Staatssekr. Bundesmin. f. Arbeit u. Sozialordn. (1983-91), MdB (b. 1990; Wahlkr. 56/Düren) - Oststr. 93, 5160 Düren/Rhld. (T. 7 38 27) - Geb. 1. Dez. 1929 Schirgiswalde/Sa. (Vater: Josef V., Schuhmachermeister; Mutter: Hedwig, geb. Löbmann), kath., verh. s. 1967 m. Gabriele, geb. Geyer, T. Isabelle - Obersch. Bautzen (Abit. 1949); 1950-56 Univ. Köln (Wirtschafts- u. Sozialwiss.; Dipl.-Volksw.) - S. 1959 Chefredakt. KAB-Ztg. (früher Ketteler Wacht, jetzt Gemeins. Ztg.). 1972 ff. Ratsmitgl. Düren. CDU s. 1946 (erst Ost, dann West) - BV: D. Staat in d. Soziallehre d. Kirche, 1967 - Spr.: Engl.

VOGTMANN, Hartmut
Dr. sc. techn., Dipl.-Ing. Agr. ETH, Prof. f. ökologischen Landbau Univ.-GH Kassel - An der Wegelänge 17, 3430 Witzenhausen 1 (T. 05542 - 51 00) - Geb. 16. Okt. 1942 Essen - 1963-67 Stud. Landwirtsch. ETH Zürich; Dipl. (Lebensmittelwiss.) 1967, Promot. 1970 - 1967-71 wiss. Mitarb. Inst. f. Tierernähr. ETH Zürich; 1971-74 Doz. Univ. Alberta, Edmonton/Kanada; 1974-81 Leit. Forsch.inst. f. Biol. Anbau, Oberwil/Schweiz; 1981 ff. Prof. GH Kassel (FB Landwirtsch. Witzenhausen) - BV: Oekol. Landbau -Landwirtsch. m. Zukunft, 1985; Oekol. Landbau - eine weltweite Notwendigkeit, 1986; The Importance of Biol. Agriculture in a world of Diminishing Resources, 1986; Bioabfallkompostierung, 1989; Oekol. Landwirtschaft, 1990; Oekol. Gartenbau, 1990 - Liebh.: Sport, Theater - Spr.: Engl.

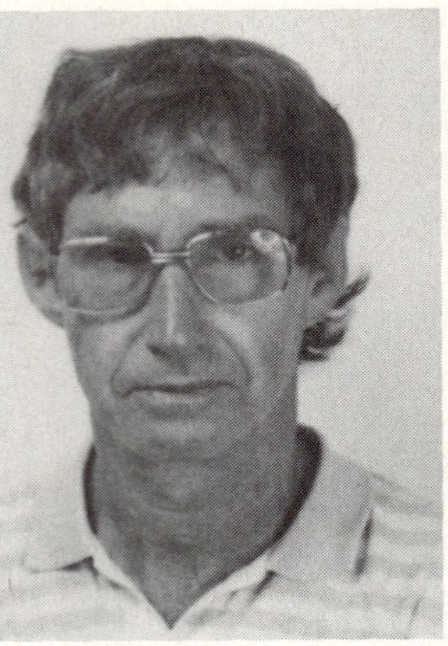

VOGTS, Berti
Trainer d. Fußballnationalmannschaft (ab Saison 1990/91), Juniorentrainer Dt. Fußball-Bund (1979-90) - Otto-Fleck-Schneise 6, 6000 Frankfurt/M. 71 - Geb. 1946 (Eltern früh verst.; Vater Schuhmacher), verh. (Ehefr.: Monika) - Volkssch.; Handwerkslehre - S. d. 18. Lebensj. Borussia Mönchengladbach (b. 1979 Mannschaftskapt.; 5 x Dt. Meister, 1 x DFB- 2 x UEFA-Pokalgewinner). 96 Ländersp. (1974 Weltm.) - 1971 u. 79 Fußballer d. Jahres; 1980 DFB-Ehrenschild; 1982 Gold. Ehrennadel VfR Büttgen.

VOHLER, Otto
Dr. rer. nat., Aufsichtsratsmitglied SIGRI GmbH, Meitingen - Kornfeldstr. 6, 8851 Nordendorf (T. 08273 - 24 73) - Geb. 3. März 1929.

VOIGDT, Klaus
Journalist - Friedensstr. 44, 5205 St. Augustin 1 - Geb. 7. März 1925 Berlin (Vater: Walter V., Kaufm.; Mutter: Maria, geb. Jonas), ev., verh. s. 1946 m. Alma, geb. Benker, T. Eva-Maria - Kaiserin-Augusta-Gymn. Berlin (Abit. 1943); Redaktionsvolontär Berlin - 1946-48 fr. Journ. Oberfranken, dann Redakt. regionaler Zeitungen Kulmbach u. Hof, 1951-57 Parteigeschäftsf. Aschaffenburg u. Bielefeld (1955), anschl. polit. Redakt. Fr. Presse, Bielefeld, 1961 Presseref. Büro Willy Brandt, Berlin, 1962-66 Polit. Redakt. Deutschlandfunk, Köln, 1966-73 stv. Chefredakt. Vorwärts, Bad Godesberg, 1974-89 stv. Studioleit. Bonn d. Deutschlandfunk, seitd. fr, Journalist. SPD s. 1947. Redaktion Willy-Brandt-Buch: Plädoyer f. d. Zukunft (1961) - 1985 BVK am Bde.

VOIGT, Alfred
Schriftsteller (Ps.: Alfred H. Vogt) - Karl-Schurz-Str. 24, 5040 Brühl, Bez. Köln (T. 4 82 24) - Geb. 8. Mai 1914 Stargard/Pom. (Vater: Gustav V., Kommunalbeamter; Mutter: Emmy, geb. Hackbarth), ev., verh. s. 1939 m. Lieselotte, geb. Berg, 2 Töcht. (Johanna, Christiane) - Oberrealsch. Stargard (Abitur 1934); Univ. Köln (Gasthörer German.) - 1934-68 Verkehrsw.; dazw. 1943-45 Kriegsdst. - BV: D. verborgene Johannes, R. 1968; Licht im Schatten, Ged. 1972; Der Widerruf, Ged. 1979 - Liebh.: Theologie, bild. Kunst.

VOIGT, Bernd W.
Dipl.-Kfm., Geschäftsführer Firmengruppe Robert Kraemer, Bremen - Mozartstr. 13, 2875 Ganderkesee 1 - Geb. 14. Nov. 1937 Dresden (Vater: Heinz L., Kaufm./Fabrikant), verh. m. Ingrid, geb. Großkord, 1 S. - Betriebsw. Stud. Hamburg 1959-64.

VOIGT, Dieter
Dr. phil., Prof. f. Soziologie Ruhr-Univ. Bochum - Am Birkfeld 6, 6301 Biebertal 6 (T. 06409 - 75 83) - Geb. 29. Juni 1936 Tsingtan/China (Vater: Dr. phil. Erich V., Dozent; Mutter: Henny), gesch. - 1954-58 Univ. Leipzig u. Dresden (Psych., Sport, Soziol.), 3 J. Elektrikerlehre; s. 1969 in d. BRD (Promot. 1971, Prof. f. Soziol. 1973 Univ. Gießen) - B. 1962 Doz. Ing.sch. Weißenfels/Saale, s. 1962 wiss. Assist. Inst. f. Psych. Dt. Hochsch. f. Körperkultur Leipzig, s. 1975 Prof. (C 3) Univ. Bochum - 1974-78 Mitgl. Arbeitskr. f. vgl. Dtschl.forsch. b. Bundesmin. f. innerdt. Beziehungen; Wiss. Beirat u. Vors. Dt. Ges. f. Gesundheitsforsch. - Herausg. (m. M. Messing) Sportsoziol. Arbeiten - BV: Abtreibung (m. H. Pross), 1971; Montagearbeiter in d. DDR, 1973; Soziol. in d. DDR, 1975; Gesundheitsverhalten, 1978; Soz. Schichtung im Sport , 1978; Beiträge z. Dtschl.-Forsch. (m. M. Messing), 1982; D. Ges. d. DDR, 1984; Leistungsprinzip u. Gesellschaftssystem (m. S. Meck), 1984; Schichtarb. u. Sozialsystem, 1986; Z. Bildungsniveau d. Eltern v. Promovierten (m. H. Belitz), 1986; Sozialstruktur d. DDR (m. W. Voß u. S. Meck), 1987; Soziale Schichtung - Arbeitswelt - Hist. Bewußtsein (m. L. Mertens), 1987; Kindesmißhandlung in Deutschl. (m. S. Gries), 1988; Sozialstruktur d. promovierten Intelligenz in Dtschl. 1950 b. 1982, 2 Bde. (m. H. Belitz u. S. Meck), 1990; Innerdt. Wanderung u. Vereinigungsprozeß (m. H. Belitz u. S. Meck), 1990; Soziologie d. Sports, Sportsoziologie. E. Lehrbuch 1992. Herausg.: Elite in Wiss. u. Politik (1987); Qualifikationsprozesse u. Arbeitssituation v. Frauen in Dtschl. (1989); Minderheiten in u. Übersiedler aus der DDR (1991). Üb. 100 Beitr. in wiss. Ztschr. (auch Ausl.) - Liebh.: Sport, Gartenbau.

VOIGT, Ehrhard
Dr. sc. nat., Dr. h. c., Prof. f. Geologie u. Paläontologie (emerit. 1970) - Parkallee 7, 2000 Hamburg 13 (T. 45 32 60) - Geb. 28. Juli 1905 Schönebeck/Elbe (Vater: Adolf V., Chemiker; Mutter: Mira, geb. Stadelmann), verh. s. 1947 m. Ellinor, geb. Bucerius, 3 Kd. (Werner, Wolfgang, Irmgard) - Gymn. Dessau; Univ. Halle (Promot. 1929), Greifswald, München - B. 1939 Assist. u. Privatdoz. (1936) Univ. Halle, dann E.-Ord., 1942 Ord. Univ. Hamburg (Dir. Geol. Staatsinst.), dazw. Wehrdst. Zahlr. Arbeiten üb. Kreide u. Tertiär, pleistozäne Geschiebe, fossile Oktokorallen, Bryozoen, Phoronidea u. Fische, Paläohistolog. Untersuchungen an Weichteilen fossiler Tiere aus Braunkohle, Entwickl. d. Lackfilmmeth. u. Konservierung geol. u. bodenkundl. Profile, Bergung paläontol. Objekte, frühdiagenetische Gesteinsdeformation, Feuerstein, Randtröge vor Schollenrändern, Temperaturkurve d. Oberkreide, fossile Lebensspuren, Bioimmuration nicht erhaltungsfähiger Organismen, u. a. - 1939 Mitgl. Dt. Akad. d. Naturforscher (Leopoldina); 1960 Hans-Stille-Med.; 1961 Ehrendoktor Univ. Bordeaux; 1966 o. Mitgl. Göttinger Akad. d. Wiss.; 1969 Ehrenmitgl. Soc. Geogr. de Lima u. 1973 Paläontologische Ges.; 1969 Associé d. Soc. Gèol. de France; 1972 ausw. Mitgl. Kgl.-Dän. Akad. d. Wiss.; 1975 Ehrenmitgl. Naturwiss. Verein Hamburg; 1982 Mitgl. Accad. mediterranea delle science in Catania, 1984 Kungl. Fysiografisk Sällskapet in Lund, 1984 Joachim Jungius-Ges. d. Wiss. in Hamburg; 1985 Ehrenmitgl. d. Ges. f. Geschiebekunde - Spr.: Engl., Franz. - Lit.: G. Hillmer: D. Forscher u. Lehrer E. Voigt, Festbd. E. V., Mitt. Geol. Paläontol. Inst. Univ. Hamburg H. 44, 1975.

VOIGT, Ekkehard
Oberstleutnant a. D., MdB (Bayern, Landesliste) - Jahnstr. 5, 8972 Sonthofen - Geb. 5. Nov. 1939 Hälse/O., kath., verh., 4 Kd. - Abit. 1961 Oberstdorf; Bundeswehr - Kompanie-Offz., Hörsaalleit., Dienstkomm.-Führer/Feldjägertruppe, Insp.-Chef U.-Offz.lehrinsp., Kompanie-Chef, Stabsoffz. f. Org.fragen. CSU 1964-83 (Austr.; u. a. Kreisvors. JU Oberallg., Bez.-Vors. wehrpolit. Arbeitskr. Schwaben, Schatzm. desselb. Bayern, Ortsvors. Sonthofen, Mitgl. Bez.-Vorst. Schwaben, s. 1979 Landesvors. Wehrpolit. Arbeitskr., 1982/83 Mitgl. Landesvorst.). S. 1972 Stadtrat Sonthofen (Jugendref.), Mitgl. Bundeswehrverb. u. Bundessozialwerk; 1978-80 u. ab Mai 1982 MdB; 1983 Parteiaustr. CSU, sd. fraktionslos.

VOIGT, Erwin
Direktor Pädagogisches Zentrum Berlin - Geb. 4. Jan. 1931 Berlin (Vater: Gustav V., Schlosser; Mutter: Else, geb. Kalisch), verh. m. Jutta, geb. Lauer - 2 Kd. (Clemens, Annette) - 2 Staatsprüf. f. Lehramt - Assist. d. Didaktikers Paul Heimann; Lehrer; Doz. f. Grundschuldidaktik PH Berlin; Leit. Fritz-Karsen-Gesamtsch. Neukölln; Oberschulrat f. Lehrplanfragen b. Senator f. Schulwesen Berlin; Vors. AG Modellversuche d. BLK; s. 1974 Dir. PZ Berlin - BV: Darstellung d. Arbeitswelt in Leseb. d. Nachkriegszeit, 1959; D. Mutterspr. als Medium u. Gegenstand d. Unterr., 1963; Üb. d. Notwendigkeit d. wiss. Stud. d. Grundschullehrer, 1969; Unbemerkte Ungleichheit - D. Darstellung v. Frauen u. Mädchen in Grundschulb., 1986.

VOIGT, Fritz
Dr. rer. pol., Dr. jur., Drs. h. c., o. Prof. f. Wirtschaftliche Staatswissenschaften - Zum kl. Ölberg Nr. 44, 5330 Königswinter 41 (T. 02244 - 22 13) - Geb. 16. Jan. 1910 Cranzahl/Erzgeb. (Vater: Max V., Kantor; Mutter: geb. Otto), ev., verh. s. 1957 m. Dr. oec. Rotraut, geb. Ruscher, 2 Kd. (Norbert, Dimut) - Ab 1941 Privatdoz. Univ. Leipzig, 1947 Univ. Erlangen, 1948 Lehrstuhlvertr. TH Braunschweig, s. 1949 o. Prof. Wilhelmshaven, TH Braunschweig, Nürnberg (1954), Univ. Hamburg (1957) u. Bonn (1964; wiss. Leit. Ges. f. wirtsch.s- u. verkehrswiss. Forsch. - BV (z. T. in Übers.); u. a. Verkehr (4 Bde.), Unters. z. Finanzsystem d. dt. gemeindl. Selbstverw., D. Selbstverw. als Rechtsbegriff u. jurist. Erschein., Wandl. d. Marktord.verb., D. volkswirtschl. Sparprozeß, D. gestalt. Kraft d. Verkehrsm. in wirtschl. Wachstumsprozessen, D. volksw. Bedeutung d. Verkehrssystems, D. Mitbestimmung d. Arbeitnehmer, Beitr. z. Finanzwiss. u. Geldtheorie, D. öfftl. Haush. i. Wirtsch.krl., D. Einw. d. Verkehrsm. a. d. wirtschl. Struktur e. Raumes, Wirtschaftsverfassung u. -entwicklung d. BRD, Unternehmenszusammenschlüsse, The German Experience with Cartels and their Control during the Pre-War and Post-War Periods (Amsterdam), D. Eingliederung d. Rohrleitung als Ferntransportmittel in d. dt. Verkehrssystem, Theorie d. regionalen Verkehrsplanung, Theorie d. Wirtsch.politik, D. Formung d. staatl. Wirtsch.politik, Grenzen d. staatl. Wirtsch.politik. Herausg.: Unters. üb. d. Spar-, Giro- u. Kreditwesen (1956ff.) D. industrielle Entwicklung (1958ff.), Verkehrswiss. Forschungen (1960ff.), Schriftenreihe z. Industrie- u. Entwicklungspolitik (1970ff.).

VOIGT, Gerhard E.
Dr. med., M. D. h. c., Prof., Gerichtsmediziner - Weibulls väg 8, Lund (Schweden) (T. 12 22 46) - Geb. 7. März 1922 Auerbach/Vogtl. (Vater: Dr. phil. Erich V.), ev., verh. s. 1958 m. Dr. Ann-Britt, geb. Grönlund, 2 Kd. (Christina, Henrik) - Univ. Freiburg/Br., Breslau, Erlangen. Med. Staatsex. 1945 Berlin - 1951-54 Doz. u. Prof. m. vollem Lehrauftr. (1953) Univ. Jena (Dir. Inst. f. Gerichtl. Med. u. Kriminalistik), 1954-55 Leit. Serol. Abt. Blutspendedienst DRK Düsseldorf, s. 1956 Doz. u. o. Prof. (1965) Med. Univ. Lund (Vorst. Inst. f. Gerichtl. Med.).

VOIGT, Gerhart
Rechtsanwalt, Direktor a. D. Feuerversicherungsanst. d. Fr. Hansestadt Bremen - Barbarossastr. 2B, 2800 Bremen - Geb. 14. Okt. 1930 Bremen, verh. m. Karin, geb. Winkler, 3 Kd.

VOIGT, Hans-Heinrich
Dr. rer. nat., em. o. Prof. f. Astronomie - Geismarlandstr. 11, 3400 Göttingen (T. 39 50 42); priv.: Nikolausberger Weg 74 (T. 5 58 79) - Geb. 18. April 1921 Eitzendorf (Vater: Wilhelm V., Pastor; Mutter: Thea, geb. Zietz), ev., verh. s. 1949 m. Margarete, geb. Moericke (†1979), 2 Töcht. (Barbara, Christiane) - Ernestinum Celle; Univ. Göttingen (Math., Physik, Astronomie). Promot. (1949) u. Habil. (1956) Göttingen - 1949-51 Stip. Dt. Forschungsgem.; 1951-52 Research Associate Lick Observatory (USA); 1953-58 Assist. Univ.-Sternwarte Göttingen (1956 Privatdoz.); 1958-63 Observator u. Hauptobserv. (1962) Sternw. Hamburg (1959 Wiss. Rat); 1963-86 Ord. u. Dir. Univ.-Sternw. Göttingen (1969/70 Rektor). Mitgl. Intern. Astronomical Union, Astronom. Ges., Gauß-Ges. - BV: Landolt-Börnstein, Zahlenwerte u. Funktionen aus Naturwiss. u. Technik/Neue Serie, Gruppe VI, Bd. I (Astronomie) 1965, Bd. IIa, IIb 1981, Bd. IIc 1982 (Astronomy and Astrophysics); Abriß d. Astronomie, 2 Bde. 1969, 5. A. 1991; Outline of Astronomy, 2. Bd. 1974. Zahlr. Fachveröff. - 1967 o. Mitgl. Akad. d. Wiss. Göttingen (1976 Vizepräs., 1978 Präs.); 1974 Mitgl. Dt. Akad. d. Naturforscher Leopoldina, Halle - Spr.: Engl. - Rotarier.

VOIGT, Hans-Peter
Dr., Apotheker, MdB (s. 1983, Landesliste Nieders.) - Falkenstr. 4, 3410 Northeim - Geb. 12. Nov. 1936 Winsen/Luhe, ev.-luth., verh., 3 Kd. - Abit. 1958 Northeim; Univ. Tübingen u. Göttingen (Staatsex. Pharmazie 1963, Promot. Biochemie 1967) - S. 1968 selbst. Apotheker; s. 1981 Landrat Landkr. Northeim. 1976-81 Ratsmitgl. Stadt Northeim, s. 1977 MdK. CDU s. 1970.

VOIGT, Heinz
Dr. jur., Botschafter d. Bundesrep. Deutschl. a. D., zul. Schweden - Deutschherrenstr. 73, 5300 Bonn 2 - Geb. 11. Sept. 1913 Hamburg (Vater: Hans F. W. V., Kaufm.; Mutter: Frieda, geb. Vockerodt), ev., verh. s. 1948 m. Helga, geb. Schroeder - Gymn. Hamburg, Rendsburg Meldorf (Abit. 1930); Univ. Marburg, Bonn, Göttingen, Hamburg (Rechtswiss., Promot. 1934), Jurist. Staatsprüf. 1933 u. 37 Hamburg. Ab 1937 Amts- u. Landgericht Hamburg; 1939-45 Wehr- u. Kriegsdst.; s. 1951 Ausw. Amt Bonn (1953 Leit. Ref. Staats- u. Verw.srecht), 1955 Vortr. Legationsrat, 1955 NATO-Tätigkeit Paris, 1957 stv. Exekutivsekr. ebd., 1960 AA Bonn (stv. Leit. Polit. Abt. West I, 1963 Unterabt. I A (Europa) 1963 Ministerialdirig.); 1965 Botschafter Rabat, 1970 Canberra, 1974 Bagdad, 1976 Stockholm. Mitgl. Dt. Ges. f. Ausw. Politik. 1978 i. R. - Div. Orden - Spr.: Engl., Franz., Span., Schwed.

VOIGT, Helmut
Generalbevollmächtigter u. Mitglied d. Geschäftsleitung Bankhaus Merck, Finck & Co., München-Düsseldorf-Frankfurt a. M. (s. 1977), AR-Mitgl. Augsburger Aktienbank AG, Augsburg, Universal-Leasing-GmbH, Augsburg, Beirat P. Dussmann Unternehmensgr., München - Geb. 1939.

VOIGT, Johannes H.

Dr. phil., D. Phil. (Oxon), Prof. f. Neuere Geschichte Univ. Stuttgart - Schwabstr. 113, 7142 Marbach/N. (T. 07144 - 1 42 90) - Geb. 13. Okt. 1929 Groß-Wittensee/Kr. Eckernförde, ev.-luth., verh. s. 1966 m. Ingrid, geb. Schneider, 3 Kd. (Carmen, Rebecca, Sebastian) - Abit. 1950 Eckernförde; Stud. Univ. Kiel, Marburg, London u. Oxford; Promot. u. Staatsex. 1959 Kiel, Promot. 1968 Oxford; 1972-73 Habil.-Stip. DFG, Habil. 1973 Stuttgart - 1959-61 Lektor in Deutsch u. Gesch. Benares Hindu Univ., Benares; 1961/62 Lektor f. Gesch. Panjab Univ., Chandigarh, Indien; 1968-71 Res. Fellow Australian National Univ., Canberra; s. 1977 apl. Prof., 1979 Prof.; 1987 Leit. Abt. Überseegesch., Histor. Inst. Gastprof. N.S.W. Univ. Sydney (1981 u. 1990) - BV: Indien im Zweiten Weltkrieg, 1978 (engl. 1987); Festschrift z. 150j. Bestehen d. Univ. Stuttgart, 1979 (Hrsg.); Univ. Stuttgart, 1981; New Beginnings. Germans in New South Wales and Queensland, 1983 (Hrsg.); Australien u. Dtschl. - 200 J. Begegnungen, Beziehungen, Verbindungen, 1988 (engl. 1987); Gesch. Australiens, 1988.

VOIGT, Jürgen

Autor u. Regisseur - Langer Kamp 122a, 2000 Norderstedt - Geb. 22. Juli 1926, verh. s. 1957 m. Esther, geb. Jackowski, 2 S. (Holger, Harald) - Abit.; Werkkunstsch.; Verlagsbuchhandel - 1953-60 Werbeleit. in Fachverlagen; s. 1960 Autor u. Dokumentarfilmregiss. - BV: D. Große Gleichgewicht, 1969; D. Sprache d. Zeichen, 1974; V. Urkrümel z. Atompilz, 1984; Neues Denken Alte Geister (Mitverf.), 1987; D. Rätsel d. Gefühle, 1989; Aus d. Logbuch d. Raumschiffs Erde, 1991 - Liebh.: Wiss.-geschichte, Ökologie, Journalismus - Spr.: Engl. - Bek. Vorf.: F.W. Voigt, Gen. Musikdirektor/Komp. (Urgroßv.).

VOIGT, Karsten

Dr. med., Prof. f. Neuroradiologie, Ärztl. Direktor - Bohnenbergerstr. 28, 7400 Tübingen (T. 07071-6 52 79) - Geb. 9. März 1941 Königsberg/Ostpr. (Vater: Christian V., Architekt; Mutter: Karin, geb. Derlath), ev., verh. s. 1966 m. Edna, geb. Schulze-Eckardt, 4 Kd. (Maja-Caroline, Hubertus-Christopher, Felix-Constantin, Eva-Charlotte) - Ratsgymn. Wolfsburg, Univ. Kiel u. München (Promot. 1966), Univ. Freiburg (Habil. 1974), - 1975 wiss. Rat u. Prof. Freiburg, 1977 ärztl. Dir. Univ. Tübingen, 1980/81 Prodekan Fak. Klin. Med. u. 1981/82 Dekan Fak. Klin. Med. ebd. - 1980/81 Vors. dt. Ges. f. Neuroradiologie - BV: Neuroradiologie d. embryonalen Hirnentw. (m. P. Stoeter), 1980 - S. 1980 Ehrenritter Johanniterorden - Spr.: Engl.

VOIGT, Karsten

Volkshochschuldirektor, MdB (s. 1976; Wahlkr. 138) - Eysseneckstr. 40, 6000 Frankfurt/M. 1 (T. 59 24 57) - Geb. 11. April 1941 Elmshorn (Vater: Theodor V., Kunstverleger; Mutter: Margarethe, geb. Diedrichsen, Ärztin), verh. s. 1974 m. Inge, geb. Krebs (Stadtplanerin) - Stud. d. Gesch., German., Skandinavistik Univ. Hamburg, Kopenhagen, Frankfurt - SPD Frankfurt; 1969-72 Bundesvors. Jungsozialisten; 1972/73 stv., 1971-73 Vizepräs. u. 1973-75 Vors. Kontrollkommiss. Intern. Union of Soc. Youth. Obmann d. SPD im Ausw. Aussch. d. Bundestages; Mitgl. d. Bundesvorstandes d. SPD; Vorst.-Mitgl. der SPD-Bundestagsfraktion; s. 1989 Vors. d. Aussch. f. Verteidigung u. Sicherheit d. Nordatlantischen Vers.; s. 1991 Vors. d. Studiengruppe Sicherheit d. Dt. Ges. f. Ausw. Pol.; Mitgl. d. Trilatwahn Kommiss. - BV: Wege z. Abrüst., 1981; Nuclear Weapons in Europe, 1983 - Spr.: Engl., Dän., Franz.

VOIGT, Klaus-Dieter

Dr. med., o. Prof. f. Klin. Chemie - Horstlooge 22a, 2000 Hamburg 67 (T. 603 44 33) - Geb. 18. Nov. 1921 Dahlhausen/Rhld. (Vater: Adalbert V., Direktor; Mutter: Hendrika, geb. van Wahden), verh. s. 1960 m. Inge, geb. Beckmann - Univ. Kiel u. Hamburg (Med. Staatsex. 1948). Promot. (1948) u. Habil. (1955) Hamburg - S. 1955 Privatdoz., apl. (1962) u. o. Prof. (1973) Univ. Hamburg (1965 Dir. Abt. f. Klin. Chemie/Med. Kliniken). Fachmitgliedsch. - BV: D. Gonadotropine, 1964 (m. Apostolakis). Üb. 100 Einzelarb.

VOIGT, Peter

Prof., Maler, Kunsterzieher - Karl-Steinacker-Str. Nr. 17, 3300 Braunschweig (T. 37 39 13) - Geb. 19. Febr. 1925 Braunschweig, ev., verh. s. 1954 m. Brigitte, geb. Liebold, 2 Kd. (Annette, Jessica) - Kunsthochsch. Hamburg (1946-48; Fr. Graphik) u. Berlin (1948-52; Malerei, Kunstpäd.; Staatsex. - S. 1963 o. Prof. f. Fr. Malerei Kunsthochsch. Braunschweig (1967-72 Rektor; 1972 ff. Prorektor). Mitgl. Dt. Künstlerbd.

VOIGT, Rüdiger

Dr. jur., o. Prof. f. Verwaltungswissenschaft u. Öffentliches Recht Univ. d. Bundeswehr München - Hilchenbacher Str. 90, 5902 Netphen 1-Herzhausen (T. 02733 - 21 19) - Geb. 7. April 1941 Flensburg (Vater Kurt V., Marineoffz.; Mutter: Erika, geb. Berg), verh. s. 1968 m. Konstanze, geb. Berner, 3 Kd. (Karsten, Marten, Eike) - 1965-71 Stud. Univ. Kiel u. Tübingen; jurist. Staatsex. 1969, Promot. 1973 Kiel - 1963-65 Bundesmarine; 1971/72 Rechtsrefer. Kiel; 1972-81 Wiss. Mitarb. Siegen u. Berlin; 1981-90 Prof. f. Politikwiss. in Siegen, 1991 Gastprof. an d. Jurist. Fak. d. Univ. Sydney/Australien, s. 1990 o. Prof. in München - BV: D. Auswirk. d. Finanzausgl., Monogr. 1975; Kommunale Partizipation am staatl. Entscheidungsproz., Monogr. 1976; D. System d. kommunalen Finanzausgl., Monogr. 1984; Verrechtlich., Sammelb. 1980; Handwörterb. z. Kommunalpolitik, wiss. Lex. 1984; Gegentendenz z. Verrechtlich., Sammelb. 1983; Abschied v. Recht?, Sammelb. 1983; Rechtspolitol., Monogr. (m. A. Görlitz) 1985; Recht als Instrument d. Politik, Sammelbd. 1986; Neue Wege z. Recht, Sammelbd. 1986; Krise ländl. Lebenswelten (m. K. M. Schmals), Sammelbd. 1986; Implementation v. Gerichtsentscheidungen (m. E. Blankenburg), Sammelbd. 1987; Gastarbeiter zw. Integration u. Remigration, Sammelbd. 1988; Limits of legal Regulation, Sammelbd. 1989; Symbole d. Politik - Politik d. Symbole, Sammelbd. 1989; Politik u. Recht. Beitr. z. Rechtspolitologie, Monogr. 1990; Kommunalpolitik in Stadt u. Land (m. F. Braschos), Sammelb. 1991; Föderalismus in d. Bewährungsprobe (m. A. B. Cunlicks), Sammelb. 1991. Herausg. Schriftenreihe: Beitr. z. Kommunalwiss.; Innenpolitik in Theorie u. Praxis (m. L.-R. Reuter); Rechtspolitologische Texte (m. A. Görlitz); Jahresschr. f. Rechtspolitologie (m. A. Görlitz); Mobilität u. Normenwandel (m. R.S. Elkar, J. Reulecke, U. J. Zinnecker) - Spr.: Engl. - Bek. Vorf.: Friedr. Wilh. V., Generalmusikinspizient (Urgroßv.).

VOIGT, Wilfried

Dr. Ing., Dipl.-Phys., Wirtschaftsberater - Im Fasanengarten 11c, 6240 Königstein (T. 06174 - 40 29) - Geb. 19. März 1928 Kassel, ev., verh. s. 1955 m. Margot, geb. Franke, 2 T. (Kirsten, Karen) - Dipl.-Phys. 1952 Univ. Mainz, Betriebswirt 1955 Freiburg, Promot. 1966 Aachen - 1957-67 Geschäftsf. chem. u. Maschinenbau-Ind.; 1967-71 Geschäftsf. Papierveredl.; s. 1972 selbst. Wirtschaftsberat.; 1974 Gf. Gesellsch. Tradass GmbH, Präs. Globass Inc., USA. VR-Vors. Rational Versich. Kontor GmbH & Co., Mitgl. American Inst. of Management, Repräs. Inst. de Desenvolvimento (IDEG), Rio de Janeiro - Liebh.: Bergtouren, Skilauf, Tennis, Segeln - Spr.: Engl.

VOIGTLÄNDER, Gerhard

Dr. agr., Dr. agr. h. c., o. Prof. f. Grünlandlehre - Prandtlstr. 27, 8050 Freising/Obb. (T. 9 16 05) - Geb. 25. Nov. 1912 Ströbeck (Vater: Oskar V., Landw.; Mutter: Frida, geb. Klietz), ev., verh. s. 1941 m. Ilse, geb. Schiller, 3 Kd. (Volker, Wolfram, Susanne) - Domgymn. Halberstadt (Abit. 1932); 1932-34 Landw.lehre; 1934-37 TH München u. Univ. Halle (Dipl.-Landw.), 1948-50 LH Hohenheim (Promot.) - 1950-1957 Industrieberater; 1958-63 Wiss. Assist. u. Doz. (1962) LH Hohenheim; s. 1963 ao. u. o. Prof. TH bzw. TU München (Inst.-dir.). Spez. Arbeitsgeb.: Futterqualität Landw. Ökologie - BV: Futterwerb. u. -konservier., 1971; Methoden d. Grünlandunters. u. -bewert., 1979. Herausg.: Grünlandwirtschaft u. Futterbau (1987) - 1984 BVK - Spr.: Engl.

VOITEL, Gottfried

Volkswirt, MdL Hessen (1966-75; 1970-73 Vizepräs.) - Habsburger Allee 16, 6000 Frankfurt/M. (T. 44 83 06) - Geb. 12. Mai 1926 Dresden - Obersch. Dresden; TH Dresden (b. 1948, Flucht), Univ. Frankfurt (1954-58; Dipl.-Volksw.) - U. a. 1960-68 Ref. Seminar f. Politik u. Doz. Verwaltungssem. Frankfurt. 1956 ff. Stadtverordn. Frankfurt; 1973 ff. stv. Landrat. Hochtaunuskr. B. 1948 LPD, dann FDP.

VOITH von VOITHENBERG, Freiherr Günter

Photograph (freischaffend) - Denninger Str. 110, 8000 München 81 (T. 089 - 91 37 70) - Geb. 21. April 1936 München, kath., verh. s. 1965 m. Eva, geb. Stumpf, freischaff. Photogr., 2 Kd. (Alexandra, Stephan) - Human. Gymn.; Stud. Bayer. Staatslehranst. f. Photogr. München - BV: Burgen, Schlösser u. Ansitze in Südtirol, 1978; Irische Häuser, 1982; Passionsspiele Oberammergau, 1980 u. 1984. Zahlr. Veröff. üb Kunst, Arch., Päd. u. techn. Photogr.

VOITL, Herbert

Dr. phil., o. Prof. f. Engl. Philologie Univ. Erlangen-Nürnberg (s. 1965) - Wolfsäckerweg 11, 8520 Erlangen (T. 5 80 52) - Geb. 11. Juli 1925 Saaz/Böhmen, verh. m. Evelyn, geb. Brunner.

VOITLÄNDER, Jürgen

Dr. rer. nat., o. Prof., Vorstand am Inst. f. Physikal. Chemie Univ. München - Pienzenauer Str. 154, 8000 München 81 (T. 98 61 30) - Geb. 16. Febr. 1930 Erlangen, verh. - Promot. 1954 München - S. 1964 Lehrtätigk. Univ. München (1964 Privatdoz., Habil. in Physik, 1969 apl. Prof.), 1969 o. Prof. Univ. Marburg, 1973 o. Prof. Univ. München - 1977 o. Mitgl. Bayer. Akad. d. Wiss.

VOLK, Eberhard

Dr. rer. pol., Dipl.-Soz., Direktor Verwaltungsakademie Berlin - Kurfürstendamm 207/208, 1000 Berlin 15 (T. 31 83 - 450) - Geb. 3. Febr. 1938 Frankfurt/O. - Lehrbeauftr. FU Berlin f. Verwaltungswissensch., 1965 wissenschaftl. Assist. Inst. f. Soziologie, FU Berlin; 1968 Deutscher Bildungsrat; Mitgl. Dt. Sektion intern. Inst. f. Verwaltungswissensch. Verwaltungswissenschaftl. Veröffentl.

VOLK, Klaus Wolfgang

Dirigent, Direktor d. Musikakad. Augsburg - Maximilianstr. 59, 8900 Augsburg - Geb. 21. Mai 1934, verh. s. 1963 m. d. franz. Cellistin Marcelle Vérignon (Casals-Preis 1961), 4 Kd. (Claudia, Ilia, Celia, Saskia) - Human. Gymnasium (Abit. 1952 Karlsruhe), Univ. Heidelberg u. Göttingen. Musikakad. Wien, Accad. Chigiana Siena - 1962 Kapellm. Bayer. Staatstheater München; 1963-66 K. Hess. Staatstheater Kassel; 1970-72 stv. Generalmusikdir. Lübeck; 1973 Lehrauftr. f. Dirig. a. d. Staatl. Musikhochsch.; GMD d. Hofer Symphoniker, gleichz. Dir. Stift. Dr. Hoch's Konservat. Frankfurt (1973-77) - BV: Joseph Hoch z. 100. Geburtstag, 1974 - 1955 Kulturpreis Stadt Karlsruhe; 1956 Ausz. b. intern. Musikwettb. ARD München - Jugendmeister Abfahrtslauf (Ski) Nordbaden - Liebh.: Reisen, Sport - Spr.: Franz., Ital. - Bek. Vorf.: Jos. Friedr. Enderlin (gest. 1806), markgräfl.-bad. Hof- u. Kammerrat, Reformer d. Weinbaus am Oberrhein; Balthasar Merklin, 1529-1531 Bischof von Konstanz, 1519 Vizekanzler Karl V.

VOLK, Otto Heinrich

Dr. phil. nat., o. Prof. f. Pharmakognosie (emerit.) - Friedrich-Ebert-Ring 16, 8700 Würzburg - Geb. 6. Dez. 1903 Richen/Baden, verh. s. 1950 m. Irene, geb. Rubow - Univ. München, Wien, Heidelberg (Promot. 1930) - S. 1936 (Habil.) Lehrtätigk. Univ. Würzburg (1949 apl., 1957 ao., 1967 o. Prof.; Inst.svorst.). Gastprof. Univ. Kabul. Reisen Südwestafrika u. Afghanistan - BV: u. a. Ökologie d. Heilpflanzen; Vegetation u. Flora v. Afghanistan u. Südwestafrika, Gräser d. Farmgebietes von SWAfr; Hepaticae d. südl. Afrika.

VOLK, Thomas

Dirigent, 1. Kapellmeister Staatsoperette Dresden - Zwinglistr. 13, O-8020 Dresden - Geb. 28. Juli 1953 Philadelphia/USA, verh. s. 1978 - Bachelor of Music State Univ. of New York at Fredonia, USA; Master of Music Cleveland Inst. of Music; American Inst. of Musical Studies Graz - Chordir., Dirigent an d. Opernhäusern Graz, Flensburg, Hannover, Nizza; Musikdir. Nieders. Kammperoper Hannover - Mitwirkung an Urauff. in Deutschl.; Chordir. Guillaume Tell f. ausgezeichnete Pariser Inszenierung; Tourneen m. . Poln. Kammerphilharmonie Danzig in Frankreich; Lehrauftr. an AIMS in Graz - Spr.: Engl., Franz., Deutsch.

VOLKART, Karlheinz

Dipl.-Ing., Verbandsdirektor i.R., Geschäftsf. Güteschutzgem. f. Gips u. Gipsbauelemente - Mittermayerweg 33, 6100 Darmstadt (T. 7 68 22) - Geb. 26. April 1924 Hannover (Vater: Alfred V., Postamtm.; Mutter: geb. Haasemann), ev., verh. s. 1954 m. Elisabeth, geb. Garleff, 3 Kd. (Bettina, Mathias, Asmus) - TH Hannover.

VOLKER, Gisela

s. Sivkovich, Gisela

VOLKERT, Heinz Peter

Dr. jur., Rechtsanwalt, Ltd. Regierungsdir. a. D., Landtagsvizepräs. Rhld.-Pfalz a.D., MdL (s. 1975) - Zu erreichen üb. Landtag, Deutschhauspl. 12, 6500 Mainz (T. 06131 - 20 82 09); priv.: Weimarer Str. 56, 5400 Koblenz (T. 0261 - 5 41 41) - Geb. 22. Okt. 1933 Koblenz (Vater: Heinz V.; Mutter: Karin, geb. Altmeier), kath., verh. s. 1960 m. Irmgard, geb. Alken, 1 Kd. (Frank Adrian) - Human. Gymn.; Stud. Rechtswiss., Gesch., Franz. Univ. Bonn, Freiburg, Mainz, Aix en Provence, Speyer, Luxemburg; 1. u. 2. jur. Staatsex.; Promot. 1963 Mainz - Ref. Bundesamt f. Wehrtechn. u. Beschaff. (b. 1979); 1969-85 Mitgl. d. Rates d. Stadt Koblenz; 1972-79 stv. Vors. CDU-Stadtratsfrakt.; 1979-85 stv. Vors. CDU-Landtagsfrakt.; 1985-91 Präs. d. Landtags Rhld.-Pfalz, s. 1991 Landtagsvizepräs. CDU (div. Parteiämter). Präs. TuS Rot-Weiß Koblenz, Vors. d. Bildungsw. d. Landessportb. Rhld.-Pfalz (b. 1989), Präsid.-Mitgl. Sportbund Rhld., Präs. Freundschaftskreis Rhld.-Pfalz/Burgund, Vors. Kuratorium Unteilbares Dtschl. Rhld.-Pfalz (b. 1991), Vors. Volksbund Dt. Kriegsgräberfürsorge Rheinl.-Pfalz - Goldn. Ehrennadel Sportbund Rhld.; goldn. Ehrennadel Landessportbd. Rhld.-Pfalz; Sportplakette Land Rhld.-Pfalz; Gr. BVK; Offizier de l'ordre Palmesacadémiques - Liebh.: Gesch., heimatl. Brauchtum, Sport - 1952 2. Dt. Jun.Meister 3 x 100 m-Staffel - Spr.: Engl., Franz.

VOLKERT, Wilhelm

Dr. phil., Prof. f. Geschichte (Bayer. Landesgesch.) Univ. Regensburg - Universitätsstr. 31, 8400 Regensburg - Geb. 26. Febr. 1928 München - BV: Regesten d. Bischöfe u. d. Domkapitels v. Augsburg, I 1985; Adel bis Zunft. E. Sachlexikon d. Mittelalters, 1991; Handb. d.

bayer. Ämter, Gemeinden u. Gerichte, 1983. Herausg.: Ludwig Thomas Beiträge im Miesbacher Anzeiger (1989). Mithrsg.: Regensb. Histor. Forsch.

VOLKHEIMER, Gerhard

Dr. med. habil., Prof. f. Gastroenterologie Univ. Berlin - Bayerischer Platz 9, 1000 Berlin 62 (T. 030-781 53 53) - Geb. 11. Juli 1921 Kempten/Allg. - BV: Persorption, Monogr., 1972.

VOLKHOLZ, Sybille

Senatorin a. D., MdA (s. 1991) - Bredtschneider Str. 5, 1000 Berlin 19 - Geb. 17. März 1944 Dramburg/Pommern, gesch. - Dipl.-Soziol. 1967 Münster; 1. Staatsex. als Lehrerin 1972; 2. Staatsex. 1974 - 1972 Lehrerin an e. Hauptsch.; 1979 Lehrerin an d. Berufsfachsch./Fachsch. f. Erzieher Charlottenburg. 1979-89 stv. Vors. Gewerkschaft Erziehung u. Wiss. Berlin; 1989/90 Senatorin f. Schule, Berufsbildung u. Sport in Berlin.

VOLKMANN, Bodo

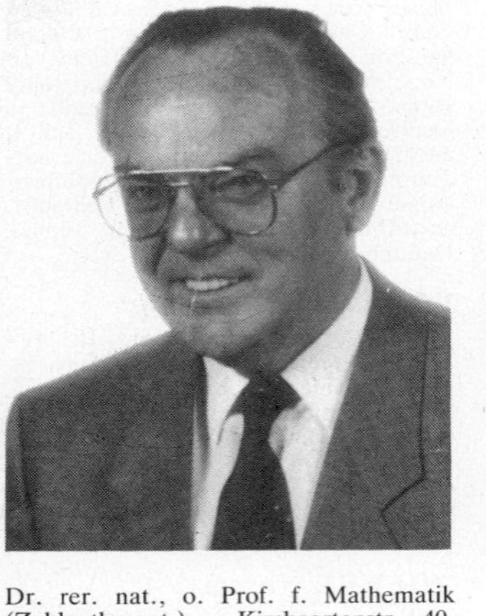

Dr. rer. nat., o. Prof. f. Mathematik (Zahlentheoret.) - Kirchgartenstr. 40, 7141 Möglingen/Württ. - Geb. 16. April 1929 Berlin (Vater: Walter V., Beamter; Mutter: Hedwig, geb. Heyer), verh. s. 1956 m. Waltraut, geb. Rohrbach, 4 Töcht. (Angelika, Cordula, Evelina, Gesina) - 1946-50 Univ. Göttingen (Math., Physik, Phil.). Promot. (1951) u. Habil. (1955) Mainz - S. 1955 Lehrtätigk. Univ. Mainz (1960 apl. Prof.) u. Univ. Stuttgart (1964 ao., 1966 o. Prof.). Wiederh. Gastprof. USA. Vortragsreisen, Naher, Mittlerer u. Ferner Osten, Afrika; Präsid.-Mitgl. Christl. Jugenddorfwerk Dtschl. (dort aktiv f. Förderung v. Spitzenbegabten); Baden-Württ. Landesvors. Hochschulverb. (1978-83). Zahlr. math. Fachveröff.; Bücher u. Aufs. üb. christl. Themen.

VOLKMANN, Hans-Erich

Dr., Prof. Univ. Freiburg, Leitender Wiss. Direktor Militärgeschichtl. Forschungsamt Freiburg - Wiesneckstr. 15, 7801 Buchenbach (T. 07661 - 31 24) - Geb. 15. März 1938 Montabaur, ev. - Stud. Gesch., German.; Promot. (Osteurop. Gesch.) 1963 Mainz; Habil. (Neuere u. Neueste Gesch.) 1971 - BV: D. russische Emigration in Deutschl. 1919-29, 1966; Deutsche Baltikumpolitik zw. Brest-Litovsk u. Compiègne, 1970; Wirtschaft im Dritten Reich, Bibliogr., 2 Bde., 1980/84. Mitautor: Ursachen u. Voraussetzungen d. Zweiten Weltkrieges, 1989; Anfänge westdeutscher Sicherheitspolitik, Bd. 2, 1990. Mithrsg.: Wirtschaft u. Rüstung am Vorabend d. II. Weltkrieges (1975); Kriegswirtsch. u. Rüstung 1939-1945 (1977); D. Europ. Verteidigungsgemeinsch. (1985); Zw. Kaltem Krieg u. Entspannung (1988).

VOLKMANN, Harald

Dr. phil., Prof., Physiker - Zeppelinstr. 23, 7920 Heidenheim/Brenz (T. 4 34 39) - Geb. 25. Sept. 1905 Baldenburg Kr. Schlochau (Eltern: Albert (Lehrer, zul. Konrektor) u. Selma V.), verh. s. 1942 m. Ursula, geb. Schuchardt (Wien), S. Dietmar - Univ. Göttingen, Heidelberg, Jena, Königsberg (Physik, Math., Chemie, Mineral.). Promot. (1930) u. Habil. (1935) Königsberg - Univ. Königsberg (1930 Assist., 1935 Privatdoz.) u. TH Karlsruhe (1938 Doz., 1943 apl. Prof.); 1948-71 Zeiss-Werke (1955 Leit. Elektronenopt. Abt., 1956 Leit. Physikal. Labor., 1963 Techn.-Wiss. Zentralst., 1969 Leit. Techn.-Wiss. Informationszentrale, wiss. Leit. Opt. Mus. Oberkochen. Fachfunktionen u. -mitgliedsch. Üb. 100 Handbuch- u. Ztschr.beitr. - 1977 Siegfried-Hartmann-Med. in Gold d. Techn. Literar. Ges. - Liebh.: Kulturgesch., Reiten, Schwimmen, Wandern - Spr.: Engl., Franz. - 1922 Mitteld. Jugendmeistersch. Olymp. Staffel.

VOLKMANN, Karl Heinz

Dipl.-Ing., freischaffender Architekt, Präs. Bundesarchitektenkammer, Bonn, Vizepräs. Architektenkammer Nordrh.-Westf., Ehrenpräs. Vereinig. Freischaff. Architekten Dtschl.s ebd. - Marktpl. 9, 4000 Düsseldorf 1 - Geb. 17. Febr. 1925 - Gr. BVK.

VOLKMAR, Günter

Gewerkschaftssekretär, Vorsitzender Gewerksch. Handel, Banken u. Versicherungen (1980-88) - Mörsenbroicher Weg 173, 4000 Düsseldorf 30 - Geb. 28. Febr. 1923 Essen, ev., verh. s. 1946 m. Erna, geb. Grabow, 2 S. (Heinz, Peter) - Abit., Univ. Marburg (Jura) - Arbeits- u. Kriegsdst., Rechtsschutzsekr. DGB Essen (1949 v. Vors. Hans Böckler zur HBV deleg.), Sachbearb. f. Arbeitsrecht u. f. Banken u. Versich. b. HBV-Hpt.-vorst., s. 1955 Gf. Hpt.vorst. (verantw. auch f. Tarifpolitik), s. 1976 stv. Vors. HBV, 1980 Vors.

VOLL, Gerhard

Dr. rer. pol., Prof., Wiss. Rat Inst. f. Mineralogie Univ. Münster (s. 1969) - Lipschitzstr. 4, 5300 Bonn - Zul. Oberassist. Vorles. üb. Petrographie u. Lagerstättenkd. - 1969 Viktor-Moritz-Goldschmidt-Preis.

VOLL, Otto

Dr. jur., Vorstandsmitglied Europäische Reisevers. AG, München - Lamontstr. 11, 8000 München 80 - Geb. 19. Febr. 1920 Gefäll b. Bad Kissingen.

VOLLAND, Hans

Dr. rer. nat., Dipl.-Geophys., Prof., Radioastron. Inst. Univ. Bonn (s. 1969) - Auf dem Hügel 71, 5300 Bonn - Geb. 8. Dez. 1925 Harzgerode - S. 1963 (Habil.) Lehrtätigk. TU Berlin, Univ. Bonn, Univ. Köln u. Univ. of Kyoto - BV: D. Ausbreitung langer Wellen, 1968. Handb. of Atmospherics, 1982; Atmospheric Electrodynamics, 1984; Atmospheric Tidal and Planetary Waves, 1988. Zahlr. Fachveröff.

VOLLBRECHT, Fritz

Uhrmachermeister, Präsident Handwerkskammer Hildesheim - Braunschweiger Str. 53, 3200 Hildesheim; priv.: Breite Str. 65, 3410 Northeim (T. 05551 - 6 12 77) - Geb. 21. Mai 1921 Northeim.

VOLLE, Hans

Landrat Kr. Tuttlingen - Zeisigweg 9, 7204 Wurmlingen - Geb. 8. Juli 1939 Pforzheim (Vater: Hermann V., Landwirt; Mutter: Anna, geb. Bossert), ev., verh. s. 1961 m. Adelheid, geb. Leske, 3 Kd. (Jochen, Steffen, Christoph) - Ausb. gehob. Verw.dienst, Staatsex. 1961 - B. 1967 Verw.-Beamter; 1967-74 Bürgerm. Alpirsbach; 1974-79 Vors. Regionalverb. Schwarzwald-Baar-Heuberg; ab 1979 Landrat Kr. Tuttlingen.

VOLLE, Klaus

Dr. jur., Universitätskanzler - Wilhelmsplatz 1, 3400 Göttingen; priv.: Tegelheide 51, 4505 Bad Iburg - Geb. 16. Okt. 1935 Bochum (Vater: Karl V.; Mutter: Hedwig, geb. Bucker), ev., verh. m. Ingeborg, geb. Rosenbaum, 2 Kd. (Peter, Uta) - Abit. 1956; jurist. Staatsex. 1960 u. 64; Promot. 1966 - 1964 Wiss. Assist., 1967 Stellv. d. Kanzlers Univ. Regensburg, 1970 ltd. Verwaltungsbeamter Univ. Kaiserslautern, 1974 Kanzler Univ. Osnabrück, 1988 Kanzler Georg-August-Univ. Göttingen - Spr.: Engl., Franz.

VOLLENSCHIER, Fritz Walter

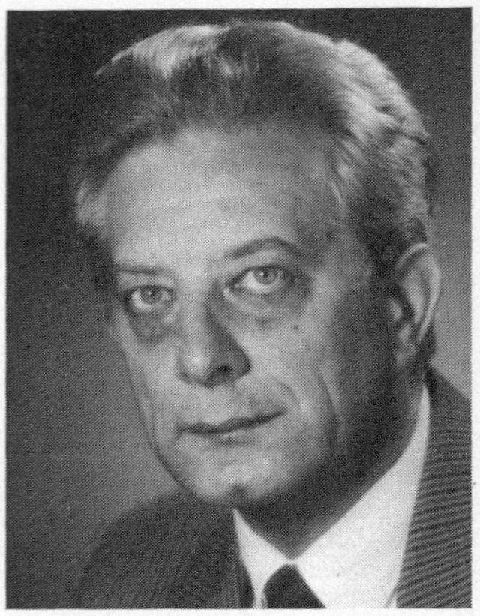

Direktor i. R., Obering., Leiter Standard Elektrik Lorenz (SEL) AG, Geschäftsstellenbereich Berlin-Hamburg-Kiel - Siegrunweg 43, 2000 Hamburg 56 (T. 81 48 88) - Geb. 21. Jan. 1920 Rathenow, ev., verh. m. Gisela, geb. Holm - b. 1945 Kriegsmarine, Berufsschullehrer, Berufsschuldir., Entwickl.-Ing. Fernmeldetechnik SEL Stuttgart, Vertriebsleit. SEL Essen, Geschäftsf. SEL Hannover. SEL-Bereich Nord. 25 Patente. Fachveröff.

VOLLER, Hellmut

Dr. jur., Rechtsanwalt - Limburger Str. 33, 6242 Königstein (T. 33 34) - Geb. 17. März 1921 Frankfurt/M. - Stud. Rechtswiss. Gr. jurist. Staatsprüf. - B. 1966 stv., dann o. Vorstandsmitgl. Hartmann & Braun AG., Frankfurt (b. 1977).

VOLLERS, Claus

Dr., Botschafter d. Bundesrepublik Deutschland in Albanien - Deutsche Botschaft Tirana, Postfach 15 00, 5300 Bonn 1 - Geb. 22. Juni 1935 Neustrelitz/Mecklenburg, ev., ledig - Dr. jur. Freiburg i.B. - 1975-77 Botschafter in Laos; 1981-84 Botschafter in Vietnam - Spr.: Engl., Franz.

VOLLES, Erwin

Dr. med., Prof. Univ. Göttingen, Ltd. Arzt f. Neurol. u. Neuropsychiatrie - Klinik Schildautal, Karl-Herold-Str. 1, 3370 Seesen am Harz.

VOLLHARDT, Jürgen-J.

Rechtsanwalt, Bankier a.D. - Tillmannsweg 7a, 1000 Berlin 39 - Geb. 13. Aug. 1928, verh., 2 Kd. - VR-Mitgl. Schamoni Medien GmbH, Berlin; ehem. Vorst.-Sprecher Dt. Kredit- u. Handelsbank AG; stv. AR-Vors. EVH Einkaufsstätten Verwaltungs- u. Handels Aktienges., Hamburg, u. d. DeGeWo; AR-Vors. INTECH Bau-Union GmbH, O-Berlin, tb Berliner Tief- u. Verkehrsbau GmbH, O-Berlin; AR-Mitgl. Dt. Kredit- u. Handelsbank AG, Wohnungsbauges. Berlin-Mitte mbH, O-Berlin, KapHag AG, Berlin; AR-Vors. Berlin Brandenburgische Treuhandstelle GmbH, WWBau Wohn- u. Werkbau GmbH, O-Berlin, REHOT GmbH, O-Berlin, BFW Berliner Fertigteilwerke GmbH, O-Berlin; stv. Vorst.-Vors. Verein Freunde d. antiken Kunst im Pergamonmuseum Berlin e.V.; Aussch.-Mitgl. f. struktur. Anpassung u. wirtschaftl. Integration d. Ind.- u. Handelskammer zu Berlin; Mitgl. Verein Berliner Kaufl. u. Industrieller, Berlin, d. Freundeskreises d. Aspen Inst. Berlin, Lions Club Berlin, Potsdamer Yacht Club; Vorst.-Mitgl. Karl Hofer Ges. Freundeskr. d. Hochsch. d. Künste Berlin, Theodor Wiegand Ges., Ges. d. Freunde d. Dt. Archäol. Inst., Bonn; Schatzm. Förderkr. Ferdinand Sauerbruch, Berlin; Mitgl. Verein f. d. Gesch. Berlins, Berlin - BVK I. Kl.

VOLLKOMMER, Max

Dr. jur., Prof. f. Bürgerl. Recht, Zivilprozeßrecht u. Arbeitsrecht Univ. Erlangen-Nürnberg (s. 1980) - Lindenweg 2, 8525 Weiher Post Uttenreuth - Geb. 23. Sept. 1931 Kaiserslautern (Vater: Leo V., Studienprof.; Mutter: Helene, geb. Jacob), kath., verh. s. 1967 m. Ingeborg, geb. Mantel, S. Gregor Anselm - Abit. 1951, Univ. München u. Oxford (Rechtswiss.); I. jur. Staatsprüf. 1956, II. jur. Staatsprüf. 1961; Prom. 1960; Habil. 1971, alle München - 1963-73 Richter in München (zul. LG-Dir.), 1973-80 Prof. Univ. Marburg - BV: Formenstrenge u. prozessuale Billigkeit, 1973; D. Stellung d. Anwalts im Zivilprozeß, 1984; Anwaltshaftungsrecht, 1989. Mitautor: Zöller, Zivilprozeßordn., 17. A. 1991; Jauernig, BGB, 6. A. 1991. Herausg.: Datenverarbeitung u. Persönlichkeitsschutz (1986) - Spr.: Engl., Latein - Rotarier.

VOLLKOMMER, Philipp

Kaufmann, MdL Bayern (s. 1970) - Bahnhofstr. 1, 8608 Memmelsdorf/Ofr. (T. 0951 - 4 30 78) - Geb. 1928 - Mitgl. Haushalt- u. Finanzaussch. Bayer. Landtag u. Altestenrat. CSU - 1980 Bayer. VO, 1984 Bayer. Verfassungsmed. in Silb.

VOLLMAR, Jörg-Friedrich

Dr. med., Prof. em., Chirurg, ehem. Ärztlicher Direktor Abteilung f. Gefäß-, Thorax- u. Herzchirurgie Universität Ulm - Zu erreichen üb.: Klinikum d. Univ. Ulm, Steinhövelstr. 9, 7900 Ulm/Donau (T. 0731 - 179 22 11) - Geb. 22. Sept. 1923 Plüderhausen/Württ., ev., ledig - Staatsex. u. Promot. 1948; 1948-70 Chir. Ausb. an d. Chirurg. Univ.-Klinik Heidelberg, 1957/58 St. Mary's u. Brompton-Hospital London, 1965 in USA (Prof. DeBakey, Houston/Texas); 1970 Lehrstuhl f. Chir. Univ. Ulm; 1974 Vors. Dt. Ges. f. Angiol.; 1977-84 Leit. Sektion Gefäßchir. in d. Dt. Ges. f. Chir.; 1986-88 Präs. European Soc. f. Cardiovascular Surgery - BV: Stadieneinteilung d. zerebro-vaskulären Durchblutungsinsuffizienz (Stadium I-IV), 1967; Optimierte Technik d. halbgeschlossenen Thrombendarteriektomie (spiralförmige Ringdesobliteration), 1959; Entwicklung d. Gefäßendoskopie, 1959; Skelettierungsoperation als Behandlungsprinzip b. kongenitalen a. v. Fisteln, Typ II, 1963; Rekonstruktive Chirurgie d. Arterien (2. A. 1975, 3. A. 1982) Thieme Stuttgart, 1967 (ital. A. 1970, span. A. 1977, engl. A. 1980); Arterio-Venose Fisteln-Dilatierende Arteriopathien (Aneurysmen), 1976 (m. F. P. Nobbe) - 385 Veröff., 450 wiss. Vorträge - 1972 Ehrenmitgl. d. Kolumbianischen Ges. f. Angiologie, 1974 d. Peruanischen Ges. f. Angiologie, 1972 Korresp. Mitgl. Brasilian. Ges. f. Angiologie, 1976 Kardiovaskular. Ges. Honduras, 1974 d. Ehrenmitgl. d. Kardiovaskulären Ges. Chile, 1970 Union Intern. d'Angiologie, 1971 d. Langobard. Chirurgenges. Milano, 1979 Erich-Lexer-Preis Dt. Ges. f. Chir. München, 1983 Orden do Merito Angiologica Bras. Ges. f. Angiol. - Liebh.: Archäol., Kunstgesch., Spr.: Engl., Span., Franz.

VOLLMAR, Karl Emil

Direktor, ehrenamtl. Präsident DLRG Landesverb. Baden (1965-71 u. s. 1977) - Königsberger Str. 2, 7512 Rheinstetten 3 (T. 07242 - 62 67) - Geb. 17. Juli 1928 Marburg/Lahn, ev., verh. s. 1955 m. Hedwig, geb. Kutterer, 3 S. (Rüdiger, Thomas, Jürgen) - Prüfungen z. mittl. u. gehob. berufsgenoss. Verwaltungsdst.; Verw.-Dipl. Verw.- u. Wirtsch.-Akad. Karlsruhe - BV: Eigenunfallversich. d. öfftl. Dienstes, 1965; Unfallversich. f. Schüler u. Studenten sow. Kinder in Kindergärten, 1971; Fragen u. Antworten z. Schülerunfallversich., 1980, 2. A. 1985 - 1970 DLRG-Verdienstz. in Gold; 1980 BVK am Bde.; 1985 Citation of Merit d. World Life Saving; 1986 Dt. Verkehrssicherheitspreis in Silber - Liebh.: Schwimmen, Tennis, Briefmarken, Graphol. - Spr.: Engl.

VOLLMAR, Roland

Dr.-Ing., Dipl.-Math., o. Prof. f. Informatik Univ. Karlsruhe (s. 1989) - Wendtstr. 10, 7500 Karlsruhe - Geb. 1. Nov. 1939 Braubach/Rh., verh. s. 1964 m. Ute, geb. Heil, S. Jens - Stud. d. Math. Univ. Heidelberg u. Saarbrücken - 1965-69 TU Hannover u. Univ. Erlangen-Nürnberg (u. wied. 1972-74); 1970/71 Buderus'sche Eisenwerke Wetzlar; 1974-89 Prof. TU Braunschweig; 1981-87 Vors. d. Fak.tages Informatik; 1987-89 Präsid.-Mitgl. Ges. f. Informatik (GI), 1990-91 Vizepräs., s. 1992 Präs. S. 1986 Mitgl. Braunschweig. Wiss. Ges. - BV: Algorithmen i. Zellularautomaten, 1979 (Übers. Ungar., 1982).

VOLLMER, Gerhard

Dr. rer. nat., Dr. phil., Prof. f. Philosophie TU Braunschweig - Zaunkönigweg 5, Schloß-Ricklingen, 3008 Garbsen 1 (T. 05031 - 7 15 64) - Geb. 17. Nov. 1943 Speyer (Vater: Hermann V., VG-Rat; Mutter: Helen, geb. Jaeger), verh. s. 1969 m. Ulrike, geb. Rusche, 4 Kd. (Urs, Sirka, Timo, Florian) - Human. Gymn. Speyer (Abit. 1963); 1963-73 Stud. Jura, Math., Physik, Chemie, allg. Sprachwiss. u. Phil. Univ. München, Berlin, Hamburg (DESY), Freiburg u. Montreal (Dipl.-Phys. 1968, Promot. Phys. 1971, Promot. Phil. 1974, alles Freiburg) - 1971-74 Wiss. Assist. Physik Freiburg; 1975-81 Akad. Rat/Oberrat Phil. Hannover; 1981-91 Prof. f. Phil. (insbes. Grundl. d. Biowiss.) Gießen; 1991ff. Prof. f. Phil. Braunschweig - BV: Evolutionäre Erkenntnistheorie, 5. A. 1990; Was können wir wissen? Bd. 1: D. Natur d. Erkenntnis - Beitr. z. Ev. Erkenntnistheorie, 1985, 2. A. 1988; Bd. 2: D. Erkenntnis d. Natur - Beitr. z. mod. Naturphil., 1986, 2. A. 1988 - Liebh.: Sport - S. 1977 Erste Plätze in leichtathlet. Disz. b. Stadtmeistersch. - Spr.: Altgriech., Latein, Engl., Franz., Russ., Ital., Neugr., Türk., Neupersisch.

VOLLMER, Günter

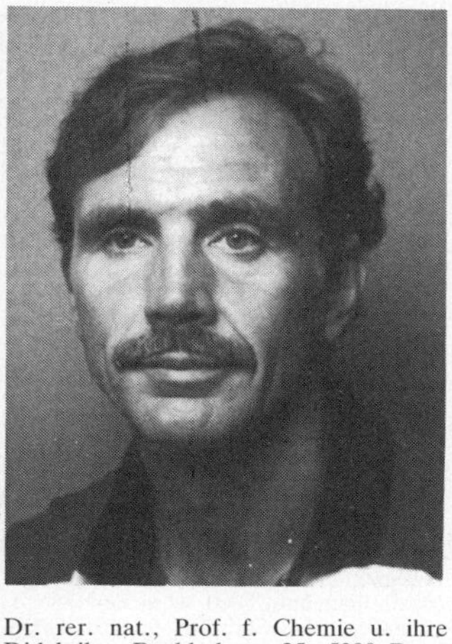

Dr. rer. nat., Prof. f. Chemie u. ihre Didaktik - Buchholzstr. 25, 5300 Bonn (T. 0228-28 10 25) - Geb. 10. März 1940 Engelskirchen (Vater: Paul V., Redakt.; Mutter: Helene V.), kath., verh. s. 1973 m. Renate, geb. Goertz - Univ. Bonn (Chemie), Dipl. 1965, Promot. 1969, Habil. 1978, alles Bonn - Prof. f. Chemie u. ihre Didaktik Univ. Düsseldorf. Spez. Arbeitsgeb.: Lernmedien, Populärwiss. u.a. Experimentiersets: D. Geheimnis d. weißen Pulvers (Chemie), Alarm im Kratermoor (Physik), Markus mit d. drei Augen (Fotografie), 1980 - BV: erfahren u. erforschen, 1977 (m. G. Klemmer); erfahren u. erforschen, Lehrerbd. (m. dems.), 1977; Pillen, Pflanzen u. Patienten, 1980; Sprache u. Begriffsbild. im Chemieunterr., 1980; aufgeweckt, (m. G. Hoberg), 1983; Lernwege, (m. dems.), 1985; Chem. Produkte im Alltag, (m. M. Franz), 1985; Lern- u. Arbeitsstrategien (m. G. Hoberg), 1986; D. Stress-Paket (m. dems.), 1987; Stress unter Kontrolle (m. dems.), 1988; 9 Medienpakete Führen u. Verantworten (m. dems.), 1989; Lebensmittelführer Obst, Gemüse (m. Josst e.a.), 1990; Lebensmittelführer Fleisch, Fisch (m. dems.), 1990; La Chimica di Tutti i Giorni (m. K. Franz), 1990; Lebensmittelüberwachung transparent, 1990; Ihre persönliche Gesundheitsakte (m. U. Wagner), 1991; Lebensmittelreport 91 (Hrsg.), 1991; Chemie in Bad u. Küche (m. M. Franz), 1991; Chemie in Hobby u. Beruf (m. dems.), 1991. Herausg. d. Buchreihen: Praxis u. Wissen, Wiss. f. d. Alltag, Springer Lebensmittelreport. Konzeption, Drehbuch u. Moderation zahlr. Fernseh- u. Videofilme.

VOLLMER, Lothar

Dr. jur., Prof. f. Bürgerl. Recht, Arbeits-, Wirtschafts- u. Zivilprozeßrecht Univ. Stuttgart-Hohenheim - Ingwerweg 14, 7000 Stuttgart 75 - Geb. 8. Aug. 1936 Detmold (Vater: Ernst V., Realschuldir.; Mutter: Fridel V.), ev., verh. s. 1969 m. Wiebke, geb. Dünnebier, 2 Kd. - Univ. Münster (Promot. 1969, Habil. 1976). Veröff. z. Verb.recht u. a. satzungsmäßige Schiedsklauseln, zugl. e. Beitr. z. Rechtsschutz in inn. Verb.angel., 1969; z. Energiewirtschaftsrecht, z. B. Grundprobl. d. atomrechtl. Genehmigungsverf., 1974; u. z. Arbeits-, Ges.- u. Unternehmensrecht, wie D. Entw. partnersch. Untern.verfass., 1976.

VOLLMER, Rainer

Bonner Korresp. u. fr. Fachjourn. f. Gesundheit, Soziales u. Versich., Herausgeber der gelbe dienst - Rheinweg 31, 5300 Bonn (T. 0228 - 23 90 48-49), priv.: Senefelder Str. 4a, 5060 Bergisch Gladbach 2 (T. 02202 - 3 85 99) - Geb. 1. Okt. 1940 Lüdenscheid - Mittl. Reife, Schriftsetzer-Lehre, Ztgs.-Volont. - Redakt. b. versch. Tagesztg.; b. 1972 Recklingh. Ztg. (Ressort-Leit. Nachr., dann stv. Leit. Politik); b. 1983 Leit. Ref. Öfftl.-Arbeit Bundesverb. Innungskrankenk., Verb. d. priv. Krankenvers., Doz. - Publ. üb. PR-Aktionen, Sozialmarket. u. -plan.

VOLLMER, Wilfried

Dr. rer. nat., Direktor - Kurpfalzring 41, 6830 Schwetzingen (T. 06202 - 47 05) - Geb. 14. Jan. 1923 Bremen - Stud. Physik (Dipl.-Phys.) - Spr.: Engl. - Rotarier.

VOLLMERHAUS, Bernd

Dr. med. vet. (habil.), o. Prof. u. Vorst. Inst. f. Makroskop. Anatomie d. Tiere Univ. München (s. 1967) - Greimelstr. 22, 8045 Ismaning - Zul. Doz. Univ. Gießen.

VOLLMERT, Bruno

Dr. rer. nat., o. Prof. f. Makromolekulare Chemie - Käthe-Kollwitz-Str. 14, 7500 Karlsruhe-Durlach - Geb. 12. Dez. 1920 Rönkhausen, kath., verh., 2 Kd. - Gymn. Attendorn; Univ. Bonn, Freiburg, TH Karlsruhe (Dipl.-Chem. 1944). Promot. (1946) u. Habil. (1950) Karlsruhe - 1951-65 Industrietätigk.; s. 1950 Privatdoz., apl. (1961) u. o. Prof. (1965) TH bzw. Univ. Karlsruhe (Dir. Polymer-Inst.). Div. Patente - BV: Grundriß d. Makromolek. Chemie, Lehrb. 1962 (auch ung., tschech., engl.). Üb. 50 Einzelveröff.

VOLLRATH, Hans-Joachim

Dr. rer. nat., o. Prof. f. Didaktik d. Math. Univ. Würzburg (s. 1970) - Lissabonner Str. 15, 8700 Würzburg - Geb. 24. Nov. 1934 Berlin (Vater: Hermann V., Pred.; Mutter: Rita, geb. Brügmann), Adv., verh. s. 1960 m. Ruth, geb. Steudel, 2 Kd. (Mark, Jörg) - Stud. d. Math. u. Phys. FU Berlin; Promot. 1963 Darmstadt; Habil. 1969 ebd. - BV: Didakt. u. Algebra, 1974; Meth. d. Begriffslehrens im Mathematikunterr., 1984. Beiträge in Fachzeitschr.

VOLLRATH, Heinrich

Dr. rer. nat., Prof. u. Leiter Inst. f. Grünlandsoziol. d. Hess. Lehr- u. Forschungsanst. Eichhof, Bad Hersfeld - Ligusterweg 16, 6430 Bad Hersfeld (T. 06621 - 6 25 65) - Geb. 11. Juli 1929 Wunsiedel (Vater: Georg V., Rektor; Mutter: Rosa, geb. Hohenner), luth., verh. s. 1964 m. Ella, geb. Sommer, 3 Kd. (Hendrik, Birgit, Sibylle) - Oberrealsch. Wunsiedel; Univ. Erlangen (Naturwiss.: Botanik, Zool., Geol., Chemie). Promot. 1957 (Geobotanik); Habil. 1975 - 1957 Bundesanstalt f. Vegetationskartierung, Stolzenau; 1958 Bayer. Landesst. f. Gewässerkunde, München; 1964 TH bzw. TU München (Lehrst. Grünlandlehre u. Landschaftsökolog.); 1977 Forschungsanst. Eichhof; 1982 Hon.-Prof. GH Kassel; 1985 Lehrbeauftr. Univ. Gießen. Spez. Arbeitsgeb.: Geobotanik, Grünlandsoziologie, Floristik, Flußmorphologie in Bayern u. Hessen - BV: Erosionsformen d. Granits in Nordostbayern, 1984 - 1968 Ludwig-Gebhard-Pr. Bayreuth - Liebh.: Granitverwitterungsformen, Klimatologie.

VOLLRATH, Horst

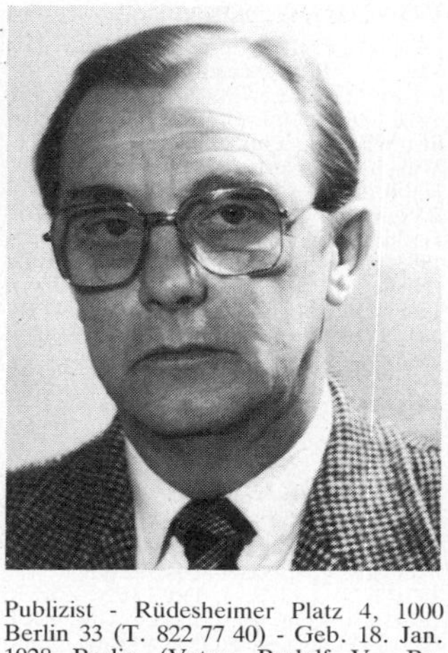

Publizist - Rüdesheimer Platz 4, 1000 Berlin 33 (T. 822 77 40) - Geb. 18. Jan. 1928 Berlin (Vater: Rudolf V., Betriebsleit.; Mutter: Erna, geb. Bauer), ev., verh. s. 1958 m. Helga, geb. Kniehase, T. Stefanie - Gymn.; Redakt.ausbild. - 1948-49 Redakt. Tagesztg. Sozialdemokrat, Berlin; 1949-57 polit. Haft in d. DDR; 1957-58 Redakt. Sender Freies Berlin; 1959-64 wiss. Angest. Landesbildstelle B.; 1964-70 Presseref. SPD-Landesverb. B.; 1970-73 Presseref. Bundesmin. f. innerdt. Bezieh., Abt. Berlin; 1973-91 Leit. Pressestelle, Abt. Innerdt. Beziehungen b. Bevollm. d. Bundesreg. in Berlin - BV: Entscheidung in Berlin - Chronik -, 1966; Wiedersehen am Strand der Spree - E. Fluß u. s. Geschichte, 1990 - 1982 BVK; 1990 Mérite Européen - Spr.: Engl.

VOLLRATH, Lutz

Dr. med., o. Prof. f. Anatomie Univ. Mainz (s. 1974) - Draiser Str. 136, 6500 Mainz (T. 3 51 25) - Geb. 2. Sept. 1936 Berlin (Eltern s. u. Bruder Hans-Joachim), Adv., verh. s. 1963 m. Gisela, geb. Dialer, 3 Kd. (Anja, Ilka, Edna) - Stud. FU Berlin, Kiel, Tübingen - 1971-74 Reader u. Prof. King's College, London. - BV: The Pineal Organ, 1981. Hrsg.: Cell and Tissue Research; Hdb. d. mikrosk. Anatomie d. Menschen, ab 1978. Mithrsg.: Neurosecretion (1974) - Spr.: Engl., Franz.

VOLMER, Carl-Alex

Dr. rer. pol. h. c., Vorstandsmitglied i. R. Rhein. Braunkohlenwerke AG., Köln - Hahnwaldweg 23, 5000 Köln 50 (T. 02236 - 6 46 56) - Geb. 19. Aug. 1912 Köln (Vater: Dr. M. J. V., Gerichtspräs.; Mutter: Marcelle, geb. Schwartz), verh. s. 1939 m. Barbara, geb. Seippel, Kd. - N. Abitur Banklehre - S. 1932 RB (1947 Kaufm. Vorstandsmitgl.). Div. Ehrenstellungen, Ehrenmitgl. IHK, Köln, Vizepräs. Debelux-Handelsk. - Ehrensenator Univ. Köln; 1973 Gr. BVK; Ehrendoktor - Liebh.: Jagd - Spr.: Franz. - Rotarier.

VOLMER, Günter

Dipl.-Ing., stv. Vorsitzender Innenaussch. MdB (1969-83) - Im Rosenhag 18, 4650 Gelsenkirchen (T. 14 16 78) - Geb. 17. Juli 1922 Gelsenkirchen (Vater: Peter V., Vorarbeiter; Mutter: Gertrud, geb. Kwasnitza), kath., verh. s. 1950 m. Maria-Theresia, geb. Saager, 4 Kd. (Ludger, Wolfgang, Hildegard, Gabriele) - Volkssch. Gelsenkirchen; Industrielehre (Laborant) Fachhochsch. Essen - S. 1949 Ing. Chem. Unters.amt, Essen, 1973-86 Bundesvors. Christl. Gewerkschaftsbd., s. 1986 Ehrenvors.; 1959-69 Redakt. Kreuz u. Hammer an d. Ruhr (KAB-Organ Bistum Essen). 1952-89 Ratsmitgl. Gelsenkirchen (1963-89 Fraktionsvors.); 1966-1969 MdL NRW. CDU s. 1950 (1968-83 Kreisvors. Gelsenkirchen, s. 1983 Ehrenvors., 1976-86 CDA-Bundesvorst.) - 1962 Ehrenring Stadt Gelsenkirchen; 1973 BVK I. Kl., 1982 Gr. BVK, 1988 Stern dazu; 1974 Ritterkreuz d. Gregoriusordens; 1986 Ritter d. Ordens v. Heiligen Grab - Liebh.: Musik, Schmalfilm, Foto - 1966 Vizepräs. 81. Dt. Katholikentag Bamberg.

VOLMER, Ludger

Dipl.-Sozialwissenschaftler, MdB Die Grünen (s. 1985; Landesliste NRW) - Zu erreichen üb. Werdstr. 4a, 5300 Bonn 3 - Geb. 17. Febr. 1952, ledig - Kriegsdienstverweigerer; Zivildst. im Krkhs., Obdachlosenarb.; Jugendzentrumsbewegung, Hochschulpolitik, u.a. Asta Univ. Bochum. Tätigk. f. Wohnumfeldplanung (anschl. Langzeitarbeitslosigk. b. z. Bundestagswahl 1983). Als Nachrücker ab. 1985 MdB (Fraktion D. Grünen) - 1986 Fraktionsvors. (erstes Halbj.) - ÖTV-Mitgl.; Gründungsmitgl. D. Grünen; Zuständigk.: 3. Welt-, Außen- u. Außenwirtsch.politik.

VOLP, Rainer

Dr. theol., Prof., Theologe - Saarstr. 21 FB 02, 6500 Mainz (T. 06131-39 26 53 priv. 06138-64 92) - Geb. 11. Okt. 1931 Worms (Vater: Carlo V., Pfarrer; Mutter: Anna, geb. Storck), ev., verh. s. 1964 m. Hildegard, geb. Starke, 3 Kd. (Annette, Hans-Henrich, Clemens-Ulrich) - Gymn. Worms; Stud. Theol. u. Phil. Bethel, Heidelberg, Marburg, Mainz, Paris. Promot. 1964; Habil. 1970 - 1960-68 Pfr. Dillenburg u. Mainz; s. 1970 Doz. u. Prof. (1971) Univ. Marburg (Prakt. Theol.), zugl. Dir. EKD-Inst. Kirchenbau; 1975 o. Prof. Kirchl. Hochsch. Berlin; 1979 o. Prof. Univ. Mainz. Vors. Dt. Ev. Kirchbautag (1971 ff.) u. a. - BV: D. Kunstwerk als Symbol - Theol. Beitrag z. Interpretation d. bild. Kunst, 1966; Sichtbare Kirche, 1973; Ökumen. planen, 1973; renovation - nicht restauration, 1974; Chancen d. Religion, 1975; Gemeinden im Bildungsprozeß, 1976; Zeichen im Gottesdienst, 1976; D. Schrift d. öffentl. Bilder, 1978; Zeichen. Semiotik in Theol. u. Gottesdienst, 1982; D. Kunst u. d. Kirchen (m. R. Beck u. a. hrsg.), 1984; Kirche im Abseits? Z. Verhältnis v. Religion u. Kultur (zus. m. R. Bürgel u.a.); Liturgie - D. Kunst, Gott zu feiern, 2 Bde., 1992. Festschr. R. Volp: Anstösse - Theologie im Schnittpunkt v. Kunst, Kultur u. Kommunikation (hg. v. I. Möller, 1991). Schriftl. Kunst u. Kirche 1971ff. Versch. Herausg. - 1975 Gr. Preis BDA - Liebh.: Bild. Kunst - Spr.: Hebr., Lat., Altgriech., Engl., Franz.

VOLPERT, Walter

Dr., Dipl.-Psych., Prof. f. Arbeitspsych. u. Arbeitspäd. TU Berlin (s. 1975) - Krügerstr. 18, 1000 Berlin 49 (T. 744 45 40) - Geb. 27. Aug. 1942 München - Dipl.ex. 1966 München; Promot. 1969 Berlin - 1972-75 Prof. PH Berlin - BV: u. a. Sensumotorisches Lernen, 1971; Lohnarbeitspsychologie, 1975 (auch ital. u. dän.); Beiträge zur Psych. Handlungstheorie, 1980; Zauberlehrlinge, 1985.

VOLXEM, Van, Otto
Staatsminister a. D., Weingutsbesitzer - 5503 Konz-Oberemmel (T. 1 53 93) - Geb. 18. Aug. 1913 Hamm/W., kath., verh. s. 1948 m. Maria, geb. Reiter, 4 Kd. - 1957-59 Innen- u. Sozialmin. Rhld.-Pfalz, 1951-71 MdL Rhld.-Pfalz (1959-1971 Landtagspräs.). CDU s. 1946 - 1963 Großkreuz VO. BRD.

VOLZ, Eckart
Fabrikant, pers. haft. Gesellsch. Heinr. Jung & Sohn, Halver, Vizepräs. Wirtschaftsverb. Stahlverformung, Hagen, Vors. Industrieverb. Dt. Schmieden ebd. - Herpiner Weg 11, 5884 Halver/W. - Geb. 17. Aug. 1919.

VOLZ, Eugen
Dr. jur., Staatssekretär Finanzministerium Baden-Württ. (1990-92), MdL (s. 1972) - Kottenwiesen 18, 7090 Ellwangen/Jagst (T. 73 22) - Geb. 2. März 1932 Tübingen, kath. - Gymn. Bad Mergentheim; Univ. Würzburg, München, Tübingen. Jurist. Staatsprüf. 1956 u. 60; Promot. 1958 - 1965-69 Pers. Ref. Wehrbeauftr. Heye u. Hoogen (1967 Regierungsdir.); 1969-72 Tätigk. Parlam. Beratungsdst. Landtag BW (zul. Min.-rat). CDU s. 1954.

VOLZ, Friedrich
Geschäftsführer CDU Nordwürtt., MdL Bad.-Württ. (s. 1980), Sicherheitspolitischer Sprecher CDU-Fraktion - Kirchstr. 19/3, 7441 Grafenberg (T. 07123 - 3 12 89) - Geb. 27. April 1944 Metzingen (Vater: Gottlieb V., Glaser; Mutter: Gertrud, geb. Fischer), ev., verh. s. 1977 m. Veronika Tschofen-V., 2 Kd. (Martina, Matthias) - Höh. Handelssch. (Mittl. Reife), Ausb. z. gehob. Verw.-dienst, Staatsex. - 1968-79 Pressesprecher d. bad.-württ. Finanzmin.

VOLZ, Heinrich Jakob
Dr., Dipl.-Chem., Prof. f. Organische Chemie Univ. Karlsruhe - Rolandstr. 52a, 7500 Karlsruhe (T. 86 36 57) - Geb. 25. Juli 1928 Frankfurt/M. (Vater: Karl August V.; Mutter: Katharina, geb. Frasch), kath., verh. s. 1958 m. Dr. Maria, geb. de Lecea, 2 Kd. (Margarita, Henriette) - Stud. d. Chemie u. Biol. Univ. Frankfurt/M.; Dipl.ex. 1956; Promot. 1957; Habil. 1965 Karlsruhe - 1957-58 Assist. Univ. Frankfurt/M., 1958/59 Res. Fellow Harvard Univ./ USA, s. 1965 Doz. (1971 apl. u. 1973 Wiss. Rat u. Prof.). s. 1987 Prof. VIS. EHICS Strasbourg. Spez. Arb.sgeb.: Klass. u. Nichtklass. Carbeniumionen, Aromatischer Charakter nichtbenzoider Heterocyclen, Heterocyclische Ferrocene, Reaktionsmechanismen, Mechanismus d. biolog. Aminoxidation, Porphyrine u. Alkaloide - Mitgl. Ges. Dt. Chem. u. Americ. Chem. Soc. - Liebh.: Musik, Kunst, Gesch., Völkerkd., Ski - Spr.: Engl., Span., Franz.

VOLZE, Harald
Dr. jur., Rechtsanwalt, Fachautor - Büro: Börsenplatz 1, 6000 Frankfurt 1 (T. 28 78 50); priv.: Am Weidenwörth 1, 6000 Frankfurt 71 (T. 35 89 93) - Geb. 21. Sept. 1946 Frankfurt (Vater: Hans V., berat. Bauing.; Mutter: Ilse, geb. Haak), ev., verh. s. 1972 m. Christin, geb. Kubisch, Sohn Maximilian - Univ. Frankfurt (2 jurist. Staatsex. 1972 u. 75, Promot. 1975) - S. 1975 Rechtsanw., überw. im Wirtsch.- u. Baurecht. 1981 Vorst.-Mitgl. DRK, Bez.verb. Frankfurt; Mitgl. Redaktionsbeir. Ztschr. D. Sachverst. (1980), d. Zulassungsaussch. d. Ingenieurkammer Hessen - BV: u. a. D. Fautfrachtsystem u. d. Klauseln d. Seefrachtvertrages, 1975; D. Abfass. v. Verträgen, d. Auftragsbestätig. u. d. Einwirk. d. Gesetzes z. Regel. d. Allg. Geschäftsbeding. auf Ing.- u. Arch.verträge, 1978; Sachverständigenfragen, 1986; zahlr. Aufs. in: D. Sachverständige, Transportrecht - Spr.: Engl., Franz.

VONDANO, Theodor
Oberbürgermeister a. D. Kaiserslautern - Ludwig-Erhard-Str. 9, 6750 Kaiserslautern (T. 2 79 99) - Geb. 14. Nov. 1926 Kaiserslautern, kath., verh., Tochter - Volkssch.; Elektromechanikerlehre; Fachsch. f. Maschinenbau u. Elektrotechnik (alles Kaiserslautern) - Wehrdst. u. Kriegsgefangensch. (b. 1948); Bundesbahn (Ausbesserungswerk Kaiserslautern). S. 1952 Stadtratsmitgl. Kaiserslautern (1962 Fraktionsvors.); 1963-75 MdL Rhld.-Pfalz (Parlamentar. Gf. 1971-75); 1975-79 Beigeordn. Kaiserslautern.

VONDRAN, Ruprecht
Dr. jur., Präsident Wirtschaftsvereinig. Stahl (s. 1988), MdB (s. 1987) - Geb. 31. Dez. 1935 Göttingen (Vater: Rudolf V., Abt.präs.; Mutter: Anneliese, geb. Unterberg), ev., verh. s. 1970 m. Jutta, geb. Paul, 4 Kd. (Nikolaus Akira, Caroline Barbara, Rudolf Florian, Anne Friederike) - Abit. 1955; Stud. d. Rechts- u. Staatswiss. 1955-57 Univ. Göttingen. 1957-58 Bonn, 1958-60 Würzburg - 1966 Ass. München; 1967 Direkt.assist., 1969 Leit. Büro Brüssel, Leit. Büro Tokio. 1973 Dir. Abt. Wirtsch.politik, alles Wirtsch.vereinig. Stahl. CDU - Liebh.: Moderne Grafik, jap. Porzellan - Spr.: Engl., Franz., Ital., Japan.

VONDUNG, Klaus
Dr. phil., Prof. f. Germanistik Univ.-GH Siegen - Rosa-Achenbach-Str. 9, 5900 Siegen (T. 0271 - 7 89 20) - Geb. 16. Juli 1941 Ulm - Stud. German., Gesch., Polit. Wiss. u. Phil. Univ. Tübingen u. München (Staatsex. 1965, Promot. 1969, Habil. 1988) - S. 1976 Prof. in Siegen - BV: Magie u. Manipulation, 1971; Völkischnat. u. nat.sozialist. Lit.theorie, 1973; D. wilhelmin. Bildungsbürgertum (Hrsg.), 1976; Kriegserlebnis (Hrsg.), 1980; Dt. Lit.gesch. 19. Jh. (m. K. Riha), 1980; D. Apokalypse in Deutschl., 1988.

VONESSEN, Alexander
s. Essen, von, Alexander

VONTOBEL, Hans
Dr., Bankier, Ehrenpräsident Vontobel Holding, Bank J. Vontobel & Co. AG - Voltastr. 31, CH-8044 Zürich (T. 252 42 75) - Geb. 4. Dez. 1916 Zürich, verh. s. 1943 m. Margrit, geb. Gut, 3 Kd. (Hans-Dieter, Regula, Kathrin) - Inh. versch. Ausz.; Gr. BVK; Verdienstmed. Land Baden-Württ.; Bayer. VO.; Ehrenpräs. Handelskammer Dtschl.-Schweiz.

VOPPEL, Götz
Dr. rer. pol., Dipl.-Volksw., Univ.-Prof. Univ. Köln (s. 1976) - Neckarstr. 58, 5000 Köln 90 (T. 02203 - 1 23 59) - Geb. 1930 Leipzig, verh., 2 Kd. - Dipl.-Volksw. 1955; Promot. 1958; Habil. 1963 Köln - 1963-67 Privatdoz. Köln; 1964-66 Doz. Kabul; 1965 apl. Prof. Univ. Köln; 1967 Prof. Hannover; 1970-76 o. Prof. Univ. Hannover; s. 1976 Univ. Köln (Dir. Wirtsch.- u. Sozialgeogr. Inst.); s. 1981 1. Vors. Ges. f. Erdkunde, Köln - BV: Aktiv- u. Passivräume, 1961; Wirtschaftsgeogr., 1970, 2. A. 1975; Verkehrsgeogr., 1980; Wandel industr. Strukturen in NW-Europa, 1980; Industrialisierung d. Erde, 1990. Mithrsg./ Mitautor: Bundesrep. Dtschl. (1990).

VORBACH, Walter
Dr. jur., Dipl. sc. pol., Syndikus, Geschäftsf. Ind.verb. d. Füllhalter u. Kugelschreiber (s. 1950) - Sofienstr. 7a, 6900 Heidelberg (T. 2 20 57) - Geb. 19. Juni 1911 Gablonz/Neisse (Eltern: Emil u. Auguste V.), kath., verh. s. 1943 m. Helene, geb. Henek - Univ. u. Fr. Schule d. polit. Wiss. - 1935-39 Anwaltspraxis; 1939-45 Staatsdst.; 1946-49 Steuerberat. - Liebh.: Bergsteigen, Wassersport, Briefmarken - Spr.: Franz., Engl.

VORBECK, Dorothee,
geb. Wiebel
Staatssekretärin a. D. - Kurzröderstr. 27, 6000 Frankfurt/M. 50 (T. 54 54 52) - Geb. 13. April 1936 Gerolstein (Eifel), verw. - Schule Düsseldorf; Stud. Gesch., Politik, Latein Univ. Göttingen, Freiburg, Frankfurt/M.; Staatsex. 1962 u. 1964 - 1970-78 MdL Hessen, SPD; 1970-84 Vors. Landesjugendwohlfahrtaussch. Hessen; 1979-84 Leit. Abendgymn. Frankfurt/M.; 1981-84 ehrenamtl. Stadträtin Magistrat Frankfurt/M.; 1984-87 Staatsekr. im Hess. Kultusmin.; stv. Leit. d. SPD-Parteischule Bonn, Stiftungsvorst. Feminist. Archiv Köln; s. 1991 Vorst. Jugendberatung/Jugendhilfe Ffm.

VORDEMFELDE, Friedrich-Wilhelm

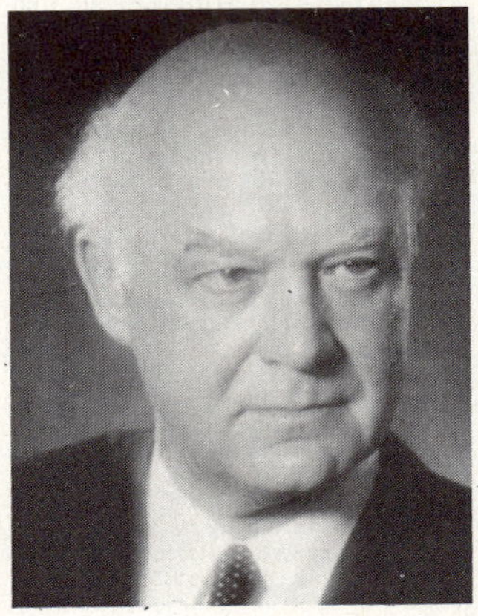

Fabrikant, Alt-Bürgermeister, Inhaber Herrenkleiderfabrik Wilhelm Vordemfelde KG, Northeim, Geschäftsf. Wilvorst Herrenmoden GmbH, Vors. Landesverb. d. Bekleidungsind. Nieders. u. Bremen, Hannover; Vorst.-Mitgl. Verb. d. Herren- u. Knabenbekleidungsind., Köln, Vorst. Univ.-Bund Göttingen - Wieterallee 22, 3410 Northeim (T. 05551 - 26 83) - Geb. 2. Juli 1923 Westerhausen (Vater: Karl V., Innenarchit.; Mutter: Emma, geb. Geisler), ev., verh. m. Elisabeth, geb. Lübker-Suhre, 3 Kd. (Karin, Karl-Wilhelm, Astrid) - Liebh.: Antiquitäten - 1967ff. Gold. Sportabz., Bundes-VO.; Ehrenbürger Stadt Northeim - Spr.: Engl., Franz., Span. - Mitgl. Lions-Club.

VORDERWÜLBECKE, Manfred
Sportjournalist - Geranienstr. 8, 8022 Grünwald/Obb. - Geb. 3. Jan. 1940 Jüterbog, verh. (Ehefr.: Heidi. Lehrerin), 2 Kd. (Florian, Nina) - Domgymn. Regensburg, Karls-Gymn. Pasing (Abit.); Univ. München (German., Sport, Zeitungswiss.). Staatl. gepr. Skilehrer - Schuldst. (Studienrat); s. 1966 Bayer. Rundfunk/Fernsehen. Viele Reportagen Alpiner Konkurrenzen In- u. Ausl. - Liebh.: Sport (Ski, Kajak, Tennis).

VORLÄNDER, Herwart
Dr. phil. habil., Hochschul-Prof. - Stettiner Str. 40, 7144 Asperg/Württ. (T. 07141 - 6 25 47) - Geb. 4. April 1931 Hagen (Vater: Wilhelm V.; Mutter: Elisabeth, geb. Thurmann), ev., verh. s. 1960 m. Erika, geb. Fülling, 3 Kd. (Gerald, Burkhard, Wiltrud) - Stud. Wuppertal, Göttingen, Bonn, Köln: Gesch., Theol. (Kirchengesch.), Musikwiss.; Promot. 1963 Köln; Habil. 1967 Bonn - 1971 Prof. f. Gesch. PH Ludwigsburg - Bücher, Art. u. Aufs. z. Gesch., Zeitgesch. u. Gesch.didaktik.

VORLAENDER, Karl-Otto
Dr. med., Prof., Immunpathologische Laboratorien (s. 1973) - Karlsbader Str. 1, 1000 Berlin 33 - Geb. 13. Juni 1919 Leopoldshöhe/W. (Vater: Dr. med. Karl V., Arzt; Mutter: Helene, geb. Stein), verh. s. 1951 m. Dr. med. Sigrid, geb. Hofmann - Promot. 1943; Habil. 1953 - S. 1953 Lehrtätigk. Univ. Bonn (1958 ff. apl. Prof.; b. 1968 Oberarzt Med. Klinik) u. Berlin/Freie (1970 ff. apl. Prof.). 1970-73 Dir. Inn. Abt. Schloßpark-Klinik Berlin, s. 1973 Leit. Immunol. Labor., Berlin - BV: Immunopathol. in Klinik u. Forschung, 2. A. 1960 (m. P. Miescher); D. Serumeiweißbild d. entzündl. Nierenerkrankungen, 1962; Diagnostik unt. Verwend. immunolog. Methoden, 1980. Etwa 200 Einzelarb. Herausg.: Praxis d. Immunol. (1976); Immunol., Grundl.-Klinik-Praxis, (2. A. 1983).

VORLAUFER, Karl
Dr. phil. nat., Prof. f. Geographie, Geogr. Inst. Univ. Düsseldorf, Lehrst. Kulturgeogr. u. Entwicklungsforsch. (s. 1987) - Heidenfeldstr. 11, 6232 Bad Soden 3 - Geb. 15. Sept. 1937 Bremen (Vater: Karl V., Schlachterm.; Mutter: Hilde, geb. Warnke), kath., verh. s. 1984 m. Renate, geb. Görlich, 2 Kd. (Miriam, Tobias) - Stud. Geogr., Gesch., Pol. Frankfurt a. M., Kampala/Uganda; Promot. 1967; Habil. 1972 - 1972-87 Prof. Univ. Frankfurt/M.; 1978-80 Dekan Fachber. 18 d. Univ. Frankfurt a. M. - Herausg.: Ztschr. f. Wirtschaftsgeogr. (s. 1983). Fachveröff.

VORMBAUM, Herbert
Dr. rer. pol., Dr. oec. h. c., em. o. Prof. f. Betriebswirtschaftslehre u. Direktor Inst. f. Wirtschaftswiss. TH Aachen (s. 1961), Gründungsdekan d. Fak. f. Wirtschaftswiss. TH Köthen - Zur Scheidmühle 310, 5100 Aachen (T. 02405 - 45 02) - Geb. 28. März 1925 Borgholzhausen/W. (Vater: Wilhelm V., Elektrom.; Mutter: Wilhelmine, geb. Hammersmeier), verh. s. 1972 m. Karla, geb. Meister - Univ. Hamburg. Dipl.-Kaufm. (1950), Promot. (1951) u. Habil. (1958) Hamburg - 1945-50 Tätigk. Industrie u. Handelsmühle; 1951-61 Assist. u. Privatdoz. (1959) Univ. Hamburg. AR-Vors. Aachener Bank eG - BV: Außenhandelskalkulation, 1955; Differenzierte Preise, 1960; Finanzierung d. Betriebe, 8. A. 1990; Kalkulationsarten u. -verfahren, 1966, 4. A. 1977; Grundlagen d. betriebl. Rechnungswesens, 1977.

VORMWEG, Heinrich
Dr. phil., Journalist, Literatur- u. Theaterkritiker - Johann-Dech-Str. 20, 5000 Köln 60 (T. 599 23 07) - Geb. 20. März 1928 Geisweid (Vater: Friedrich V., Werkmeister; Mutter: Maria, geb. Stening), kath., verh. s. 1956 m. Edith, geb. Bockisch, 2 Söhne (Thomas, Christoph) - Gymn. Weidenau/Sieg; Univ. Bonn (German., Phil., Psych.; Promot.) - 1955-58 Dramat. u. Regiss. Theater Contra-Kr. Bonn; 1958-59 Feuilletonredakt. General-Anz. ebd.; 1959-64 Feuill.redakt. u. -chef Dt. Ztg., Köln; s. 1964 freiberufl. Tätigk. - BV: D. Wörter u. d. Welt - Ess. üb. neue Lit., 1968; Briefw. üb. Lit., 1969 (m. Helmut Heissenbüttel; auch ital.); E. andere Lesart - Üb. neue Lit., Ess. 1971; D. Lit. d. BRD (Abschn.: Prosa), 1973; Peter Weiss, Monogr. 1981; D. Elend d. Aufklärung, Ess. 1984; Weil d. Stadt so fremd geworden ist. Gespräche m. Heinrich Böll, 1985; Günter Grass, Monogr. 1986 - Honory Prof. Univ. of Warwick, Coventry, o. Mitgl. Akad. d. Wiss. u. Lit. Mainz; 1970 Mitgl. PEN-Zentrum BRD; 1986 Merck-Preis f. Essay u. Kritik d. Dt. Akad. f. Sprache u. Dichtung Darmstadt - Spr.: Engl.

VORNDRAN, Wilhelm
Dr. jur., Präsident d. Bayer. Landtags - Maximilianeum, 8000 München 85 (T. 41 26-0); priv.: Saranstr. 9, 8520 Erlangen - Geb. 7. Aug. 1924 Sondernau b. Bad Neustadt/Saale, kath., verh. s. 1959 m. Marlene, geb. Rauh, 3 Söhne (Martin, Thomas, Stefan) - Gymn. Würzburg (b. z. Einberuf.; Abit. nachgeh. 1950 Ansbach); Univ. Würzburg, Köln, Erlangen (Rechts- u. Staatswiss.). Promot. 1956; Ass.ex. 1957; 1942-49 Wehrm. u. sowjet. Gefangensch. (1945); jahrel. Postdst. (zul. Oberpostrat). S. 1958 MdL Bayern, Vors. Kreisverb. Erlangen d. CSU, 1972-78 Staatssekr. Bayer. Staatsminist. f. Arbeit u. Sozialordn., 1978-88 Staatssekr im Bayer. Staatsminist. d. Justiz; 1988-90 Staatssekr. u. Leit. d. Bayer. Staatskanzlei - Bayer. Verfassungsmed. in Gold; Gr. BVK m. Stern u. Schulterbd.; 1984 Bayer.

VORNDRAN, Wolfram

Dr. rer. pol., Dipl.-Volksw., Gf. Gesellschafter Philipp Vorndran Holzwerke GmbH & Co KG, Bad Brückenau - Bahnhofstr. 36, 8788 Bad Brückenau 1 (T. 09741 - 7 67) - Geb. 25. Dez. 1925 Zeitlofs (Vater: Philipp V.; Mutter: Frieda, geb. Roth), ev., verh. s 1960 m. Heidrun, geb. Gerhäuser, 4 Kd. (Philipp, Walter, Peter, Wolfram) - 1947-52 Stud. Volkswirtsch. Univ. Würzburg. S. 1965 Gastmitgl. Vollversamml. d. Ind.- u. Handelskammer Würzburg-Schweinfurt; 1968-91 Mitgl. d. Vollversamml. IHK Würzburg-Schweinfurt, 1975-91 Präsid.-Mitgl. IHK; 1986-91 Vizepräs. IHK; s. 1968 Mitgl. Holzmarktaussch. d. Fachverb. bayer. Säge- u. Holzverarbeitungsind.; s. 1973 Beiratsmitgl. Fachverband bayer. Säge- u. Holzbearbeitungsind.; s. 1981 Mitgl. Laub-Holzmarktaussch. d. Vereinig. Dt. Sägewerksverb. Wiesbaden; s. 1984 VR-Mitgl. Kreissparkasse Bad Kissingen; 1956-60 u. 1964-90 Stadtrat Bad Brückenau; 1966-72 MdK Landkr. Bad Brückenau, Mitgl. d. Kreisaussch.; s. 1972 MdK Landkr. Bad Kissingen Mitgl. d. Kreisaussch. - 1972 Verdienstmed. Landkr. Bad Brückenau; 1967 Gold. Verdienstplakette d. ADAC Gau Nordbayern; 1976 Gold. ADAC Gau-Nadel m. Kranz; 1969 silb. Ehrenzeichen d. Bayer. Fußball-Verb.; 1980 Gold. Ehrenring Stadt Bad Brückenau; 1983 BVK I. Kl.; 1985 Gold. Stadtplakette Stadt Bad Brückenau; 1990 Gold. Ehrennadel Stadt Bad Brückenau; 1990 Med. f. bes. Verdienste um d. komm. Selbstverw. d. bayer. Staatsmin. d. Inneren; 1991 Gold. Ehrenring d. IHK Würzburg-Schweinfurt; 1991 Bayer. VO., 1991 Gr. Ehrenmed. d. Ind.- u. Handelskammer Würzburg-Schweinfurt; u.a. - Liebh.: Politik, Sport - Spr.: Engl., Franz.

VORSATZ, Karl-Heinz

Vorsitzender d. DVU-Fraktion in d. Bremischen Bürgersch., Sprecher d. staatl. u. städt. Kulturdeputation, Fr. Publizist - Neustadtscontrescarpe 62, 2800 Bremen 1 (T. 0241 - 50 05 09) - Geb. 27. Dez. 1927 Leipzig, ev., ledig - Gelernter Handw.; Stud. Päd. - 1967-71 MdBB; b. 1991 Chefredakt. DEUTSCHE STIMME; z. Zt. Präsid.-Mitgl. d. Staatsmed. f. soz. Verdienste; Bayer. VO.

NPD, NPD-Bundespressesprecher - Liebh.: Musik d. Barock.

VORSMANN, Norbert

Dr. phil., o. Prof. f. Pädagogik Univ. Dortmund - Hohenfriedberger Str. 17 A, 4600 Dortmund 1 (T. 0231 - 41 65 47) - Geb. 27. April 1936 Dortmund - 1957-59 Lehramtsstud. Dortmund; 1. u. 2. Lehrerprüf. (Volkssch.); 1963-67 Zweitstud. Univ. Münster; Promot. 1967, Habil. 1971 - 1959-64 Lehrer; 1964-67 Förderassist. PH Dortmund; 1967-69 wiss. Assist.; 1969-71 Doz. PH Westf.-Lippe (Münster); 1971-73 Wiss. Rat u. Prof. PH Ruhr (Essen, 1973-76 o. Prof. GH Duisburg; ab 1976 o. Prof. Univ. Dortmund. Veröff. z. Bild.- u. Schulgesch., Unterrichtsforsch. u. Unterrichtsmeth.

VOSBERG, Henning Richard

Dr. med., Prof. f. Klinische Nuklearmedizin - Volmerswertherstr. 7, 4040 Neuss 1 - Geb. 6. Febr. 1938 Stettin (Vater: Dr. med. Joachim V., Reg.-Med.-Dir. a. D., Beigeordn. i. R.; Mutter: Eva-Maria, geb. Kasten), ev., verh. s 1965 m. Dr. med. Helga, geb. Jagemann, 3 Kd. (Volker, Eva, Heiko) - 1958-1963 Univ. Münster, Mainz u. Graz, Staatsex. 1964, Promot. 1965, Habil. 1975, alles Münster - 1966-71 Med. Klinik Münster; s 1971 Facharzt f. inn. Med., 1972 Inst. f. Med. d. Kernforschungsanlage Jülich; 1973-78 Oberarzt Med. Klinik Münster, s 1979 Arzt f. Nuklearmed., s 1979 Prof. Nuklearmed. Klinik Univ. Düsseldorf. Ca. 200 Vortr. u. Aufs. üb. nuklearmed. Meßtechnik u. d. diagnost. Nutzung radioimmunol. Meßwerte - Spr.: Engl.

VOSCHERAU, Henning

Dr., Jurist, Erster Bürgermeister Fr. u. Hansestadt Hamburg (s. 1988), Bürgerschaftsabg. (s. 1974) u. Vors. SPD-Fraktion (b. 1987) - Schauenburger Str. 44, 2000 Hamburg 1.

VOSEN, Josef

Volksw., Ing. (grad.), Bundestagsabgeordneter (Landesliste NRW) - Irisweg 3, 5160 Düren (T. 02421 - 8 24 56 u. 4 30 26) - SPD.

VOSGERAU, Hans-Jürgen

Dr. rer. pol., o. Prof. Univ. Konstanz (s. 1969) - Rainwiesenweg 1, 7750 Konstanz (T. 4 42 62) - Geb. 13. Mai 1931 Neunkirchen/Saar (Vater: Dr. Hans-Hero V., s. XVI. Ausg.; Mutter: Marianne, geb. Langguth), ev., verh. s 1959 m. Marina, geb. Proussianou, 3 Kd. (Irina, Monika, Jan) - Stud. d. Wirtsch.wiss. Univ. Bonn, München, Paris, Heidelberg; Promot. 1956, Habil. 1964 - 1956 Volont. Commerzbank AG.; 1957-64 Univ. Heidelberg (wiss. Assist.; Privatdozent),1964-65 USA (Visiting Scholar am MIT), 1965-69 Univ. Tübingen (LSt-Vertr.), o. Prof. Tübingen (1966). Gastprof. in England, Schweiz, USA, Australien. S. 1986 Sprecher d. Sonderforsch.bereichs Internationalisierung d. Wirtschaft. In- u. ausl. Fachmitgl.sch. - BV: Üb. optimales wirtschaftliches Wachstum, 1965. Herausg.: Studies in Internat. Economics and Institutions - Spr.: Engl., Franz.

VOSS, Dieter

Dr. med., Chefarzt/Internist (Marienkrkhs. Kassel), Honorarprof. f. Inn. Med. Univ. Marburg - Kurhausstr. 20, 3500 Kassel.

VOSS, E. Theodor

Dr. phil., Prof. f. Neuere Dt. Literatur Univ. Marburg (s. 1975) - Gisselberger Str. 15, 3550 Marburg/L. - Geb. 25. Dez. 1928 Hilden/Rhld. (Vater: Oskar V., Lehrer; Mutter: Johanna, geb. Altenburg), verh. s 1958 m. Priv.-Doz. Dr. Lieselotte, geb. Hauser, T. Andrea - Univ. Bonn (Promot. 1958) - 1958-59 Wiss. Mitarb. Schiller-Nationalmuseum, Marbach; 1959-65 Lektor J. B. Metzlersche Verlagsbuchh., Stuttgart (Mitbegr. u. -hrsg. Samml. Metzler); 1965-75 Assist. bzw. Assoc. Prof. f. Deutsch Univ. Wisconsin (1965), Minnesota (1967) u. Columbia/New York (1969); Gastprof. Univ. Budapest (1991) - BV: Erzählprobleme d. Briefromans, 1960 (Diss.). Herausg.: Johann Jakob Engel, Üb. Handlung, Gespräch u. Erz. (1965), Johann Heinrich Voss, Idyllen (1968), Salomon Geßner, Idyllen (1973, 3. A. 1988). Fachaufs. (Winckelmann, Klopstock, Geßner, Voss, Kleist, Büchner). Mitarb.: Lit.-Lex. (hg. v. W. Killy, 1989-91) - Liebh.: Bibliophilie - Bek. Vorf.: Johann Heinrich V., Dichter, 1751-1826 (Ururur-); Theodor Hildebrandt, Maler, 1804-74 (Ururgroßv.).

VOSS, Friedrich

Komponist - Eicherstr. 3, 7260 Calw/Schwarzw. (T. 5 83 22) - Geb. 12. Dez. 1930 Halberstadt (Vater: Walter V., Baumeister; Mutter: Elise, geb. Gelbke), ev., verh. s 1965 m. Erna, geb. Lewann, S. Marc - Gymn. Halberstadt; 1949-54 Musikhochsch. Berlin - Üb. 60 musikal. Werke (zahlr. Auff. In- u. Ausl., u. a. durch d. Berliner Philharmoniker unt. Herbert v. Karajan), dar. 4 Symphonien, Trag. Ouvertüre (In Memoriam Dag Hammarskjöld), Hamlet-Ouv. (Berliner UA. unt. Lorin Maazel), Dithyrambus üb. ein Motiv v. Beethoven (Auftrag d. Stadt Bonn z. Beethovenjahr), Metamorphose (Tokioter UA. unt. J. Loughran), 2 Violinkonzerte, Cello-Konzert. Cello-Concertino, Orgel-Concertino. Ballett D. Nachtigall u. d. Rose (n. Oscar Wilde), Chorzyklus Noch aber rauchen d. Ruinen d. Tage, Psalm 100, Psalm-Kantate, 4 Streichquartette, Oper Leonce u. Lena (n. Georg Büchner) - 1955 I. Preis Komponistenwettb. Münchner Kammerorch., 1960 Stuttgarter Musikpreis, 1961 Berliner Kunstpreis (Jg. Generation), 1962 Robert-Schumann-Preis Düsseldorf, 1964 Rom-Preis d. Bundesreg. (Villa Massimo), 1985 Johann-Wenzel-Stamitz-Preis Künstlergilde Esslingen - Liebh.: Fotogr.

VOSS, Friedrich

Dr., Staatssekretär a. D., MdB (1976-90), Vorstand Kreditanstalt f. Wiederaufbau - Palmengartenstr. 5-9, Postf. 11 11 41, 6000 Frankfurt 11; Buschstr. 57, 5300 Bonn 1 - Geb. 1. Febr. 1931 Düsseldorf - Gymn.; Stud. Rechts- u. Staatswiss. - 1961-68 Finanzverw. NRW (zul. Richter Finanzgericht Düsseldorf); 1968/69 Bundesfinanzmin. (Ref. v. Min. Strauß); 1969-76 Pers. Ref. u. Leit. Bonner Büro v. Strauß; Schatzmeister CSU; Mitgl. Präsid. u. Vorst. CSU. AR-Mitgl. Salzgitter Stahl GmbH - Bayer. VO; Gr. BVK.

VOSS, Frithjof

Dr. rer. nat., o. Prof. f. Geographie TU Berlin - Budapester Str. 44-46, 1000 Berlin 30 (T. 030 - 314-2 21 48/2 21 51) - Geb. 13. Febr. 1936 Gelting (Vater: Heinrich V., Lehrer; Mutter: Anna, geb. Jensen), ev. - 1956-63 Stud. Geogr., Geol. u. Nebenf. Univ. Kiel, Bonn, Oxford u. Hamburg (Promot. 1965, Habil. 1971) - 1963-65 Wiss. Assist. Univ. Hamburg; 1966-68 u. 1973-76 Prof. Univ. d. Philippinen in Quezon City; dazw. (1969-73) u. 1976-80 Prof. Univ. Hamburg; s 1980 o. Prof. f. Geogr. TU Berlin u. Dir. of Techn. Operations and Res. Dt. Air-Survey, Hamburg; 1985/87 Dekan, Geowiss. TU Berlin. Üb. 50 wiss. Bücher u. Publ. in dt. u. in fremden Spr. (Arb. in folg. Ländern: Angola, Australien, Argentinien, Brasilien, Indien, Hongkong, Indonesien, Kambodscha, Japan, Neuseel., Nigeria, Süd-Afrika, Sudan, Taiwan, Thail., Philippinen, Singapore, Ägypten, USA) - 1974 Ehrenmitgl. Philippine Soc. of Photogrammetry - Spr.: Engl., Franz., Span.

VOSS (ß), Gerhard Julius

Dipl.-Ing., Univ.-Prof. u. Institutsdirektor Univ. Hannover - Leineweg 5, 3008 Garbsen 1 (T. 05137 - 7 61 73) - Geb. 19. Mai 1931 Schleswig, ev., verh. s. 1964 m. Edith, geb. Schelm, S. Jens - 1952-58 Stud. Maschinenbau TH Hannover - 1960-64 wiss. Assist. Inst. f. Schienenfahrzeuge TU Hannover; 1958-60 u. 1965-69 versch. Tätigk. Fried. Krupp Maschinenfabrik Essen, zul. Leit. Abt. Berechnung u. Versuch; 1970 o. Prof. u. Inst. f. Schienenfahrz. Univ. Hannover; 1971-80 Sprecher d. Beirates Studienges. Leichtbau d. Verkehrsfahrzeuge; 1972 Mitgl. wiss. Aussch. f. Bau u. Betrieb d. DB; 1978-82 Dekan FB Maschinenbau Univ. Hannover; 1985 Mitgl. wiss. Beirat Bundesmin. f. Verkehr, 1991/92 dessen Vors. - BV: Lexikon d. Technik (Mitarb.), 1986 - Liebh.: Gesch., Fotogr. - Spr.: Engl.

VOSS (ß), Heinz

Prof., Dipl.-Ing., Präsident Bundesanstalt f. Flugsicherung a. D. (s. 1969) - Opernpl. 14, 6000 Frankfurt/M. (T. 2 10 81); priv.: Sperberstr. 57, 6232 Bad Soden/Ts. (T. 06196 - 2 32 29) - Geb. 6. Sept. 1920 Berlin (Vater: Wilhelm V.; Mutter: Martha, geb. Pallmann), verh. m. Gertrud, geb. Friemel - TU Berlin; Lehrauftr. Techn. Hochsch. Darmstadt (Vorl. üb. Verfahren u. Mittel d. Flugsicherung) - Industrietätigk.

VOSS, von, Hubertus

Dr. med., Prof., o. Univ.-Prof. Inst. f. Soz. Pädiatrie u. Jugendmed. Univ. München (s. 1990), Ärztl. Direktor d. Kinderzentrum München - Heiglhofstr. 63, 8000 München 70 (T. 089 - 7 10 09-0) - Geb. 17. Jan. 1943, verh., 2 Söhne (Alexander, Sebastian) - Stud. Humanmed. Freiburg u. München; Arzt f. Kinderheilkd.; 1980 Chefarzt Kinderklinik d. Diakoniewerkes Kaiserswerth Düsseldorf; 1989/90 Prof. München s.o. - BV: Thrombozytenfunktionsdiagnostik, 1980; Chancen f. d. Ungeborene Leben, 1988; Verständ. f. Schwerkranke u. sterbende Kinder, 1988; Stillen u. Muttermilchererährung, 1985; Sozialpädiatrie, 1990 - Spr.: Engl., Franz.

VOSS, Jürgen

Dr. rer. nat., Prof. f. Organische Chemie - Hochstieg 34a, 2000 Hamburg 65 (T. 536 54 92) - Geb. 19. Febr. 1936 Hamburg, ev., verh. s 1965, 2 Kd. - Univ. Hamburg, Promot. 1965, Habil. 1973 - Liebh.: Naturschutz.

VOSS, Lieselotte, geb. Hauser
Dr. phil., Privatdozentin f. Neuere dt. Literatur Univ. Marburg - Gisselberger Str. 15, 3550 Marburg - Geb. 23. Juni 1936 Hannover (Vater: Heinrich H., Dipl.-Hdlslehrer; Mutter: Lina, geb. Zimmermann), ev., verh. s. 1958 m. Prof. E. Theodor V., T. Andrea - Univ. Göttingen, Freiburg, Bonn u. Tübingen (Promot. 1970), Habil. 1981 Freiburg, Umhabil. 1989 Marburg - 1972 Wiss. Assist.; 1981 Privatdoz. Univ. Freiburg; 1989 Univ. Marburg; 1991 Gastdoz. Univ. Budapest - BV: D. Entst. v. Thomas Manns Roman Doktor Faustus, 1975; Lit. Präfiguration dargestellter Wirklichk. b. Fontane, 1985. Herausg.: Th. Fontane, Graf Petöfy (1989). Mitarb.: Lit.-Lex. (hg. v. W. Killy, 1989-91); Rezensionen - Spr.: Engl., Franz.

VOSS, Nikolaus
Landesgeschäftsführer d. SPD im Landesverband Mecklenburg-Vorpommern (s. 1991) - Hamburger Allee 120, O-2794 Schwerin - Dipl. Theol.

VOSS, Peter

Journalist, Leiter Hauptredaktion Aktuelles (umfaßt Sende-Redaktionen heute, heute-journal, länderjournal, ZDF-Mittagsmagazin, stv. Chefredakt. (s. 1990) - Postfach 4040 (ZDF), 6500 Mainz 31 - Geb. 28. Jan. 1941 Hamburg, verh. s. 1967 m. Margarete, geb. Bornemann, 3 Söhne (Jan Peter, Jens Uwe, Jörg Michael) - Abit. 1961 Lübeck, 1961-63 Stud. Dt. u. Engl., 1963-67 Stud. Soziopl., Jura, Ethnol. in Göttingen, M.A. 1967 Univ. Göttingen; 1968-71 Göttinger Tageblatt; 1971-77 Nachrichtenred. ZDF; 1977/78 Korresp. ZDF Studio Berlin, 1978-81 ARD; stv. Leit. Report München; s. 1981 ZDF heute-journal (zun. stv. Leit.), s. 1983 Redaktionsleit. heute-journal, s. 1985 Hauptredaktionsleit. Aktuelles - Liebh.: mod. Lyrik, Bergwandern, Skilaufen, Kanufahren - Spr.: Engl., Franz.

VOSS (ß), Reimer
Präsident d. Finanzgerichts - Oberstr. 18d, 2000 Hamburg 13 - Geb. 27. Juni 1927.

VOSS (ß), Rudolf
Dr. med. dent., em. o. Prof. f. Zahnärztl. Prothetik - Raschdorffstr. 4a, 5000 Köln 41 (T. 49 23 00) - Geb. 21. Febr. 1926 Köln (Vater: Fritz V., Direktor; Mutter: geb. Berneisen), verh. m. Helga, geb. Scheyer, 2 Söhne (Axel, Rainer) - S. 1960 (Habil.) Lehrtätig. Univ. Köln (1966 apl., 1970 o. Prof.) - 1979/80 Dekan. 1985-89 Präs. Dt. Ges. f. Zahn-, Mund- u. Kieferheilkunde - Üb. 89 Fachaufs. - 1974 Hermann-Euler-Med.; 1990 Gold. Ehrennadel d. Dt. Ges. f. Zahn-, Mund- u. Kieferheilkunde; 1991 Ehrennadel d. dt. Zahärzte in Gold.

VOSS (ß), Rudolf
Dr. phil., Prof. f. ältere dt. Philologie Univ. Mainz (s. 1978) - Alicestr. 19, 6501 Budenheim b. Mainz (T. 06139 - 86 54) - Geb. 9. Jan. 1941 Mainz, kath., verh. s. 1968 m. Eleonora, geb. Beinhauer, T. Beatrice - Stud. Dt. Philol., Gesch., Phil.; Staatsex. 1966; Promot. 1968; Habil. 1978 Mainz. Publ., z. dt. Roman d. Mittelalters, insbes. z. Artusepik, z. Prosa-Lancelot (1970), z. d. Artusromanen Hartmanns v. Aue (1983); z. Ulrich Füetrer (1988-90) - Spr.: Engl., Franz.

VOSS, von, Rüdiger
Rechtsanwalt, Bundesgeschäftsführer CDU - Fritz-Schäffer-Str. 28, 5300 Bonn 1 - Geb. 14. Okt. 1939 Potsdam, ev., verh. - Stud. Rechtswiss. Univ. München, Grenoble (Frankr.) u. Göttingen - 1970-74 wiss. Mitarb. Wirtschaftsrat CDU; 1974-76 Abt.-Leit. Büro d. Generalsekr. d. CDU, Prof. Biedenkopf; 1976-78 Leit. Abt. Verb., Gewerksch., Parteien Bundesgeschäftsst. d. CDU; 1978-83 Referatsleit. b. d. Hauptgeschäftsfg. Bundesvereinig. d. dt. Arbeitgeberverb., Köln; Vors. Forschungsgemeinsch. 20. Juli - Rechtsritter Johanniterorden; BVK I. Kl.

VOSSBEIN, Reinhard
Dr. sc. pol., Dipl.-Kfm., Prof. f. Betriebswirtschaft Univ. Essen, Dipl.-Kfm. - Moltkestr. 19, 5600 Wuppertal 1 (T. 0202 - 31 12 62) - Geb. 1. Okt. 1934 Wuppertal (Vater: Carl V.; Mutter: Else, geb. Brinken), ev., verh. s. 1958 m. Ehrentraut, geb. Klaucke, 2 Söhne (Marc Arne, Jörn Carsten) - Abit. 1953; 1953-57 Univ. Köln (Wirtschaftswiss.), Promot. Kiel - B. 1972 Marketing-Dir. Rank Xerox Dtschl., s. 1972 Prof., Vorst. Ges. Datenschutz u. -sicherung (GDD), Vorstand Marketing-Club Essen - BV: Unternehmensplanung, 1974; Führungssystem u. Unternehmensorganisation, 1979; Organisation 3. A. 1989; Org. u. Datenverarbeit., 1989; Management d. Bürokommunikation, 1990 - Spr.: Engl., Franz., Ital.

VOSSCHULTE (ß), Alfred
Dr. jur., gf. Gesellschafter A & P Voßschulte, Dortmund/Bochum, Appelrath Cüpper, Bonn, Erwin Huchtemeier, Dortmund, Präs. Bundesverb. Papierrohstoffe, Köln, Präs. IHK Dortmund (1984ff.; vorher Vizepräs.) - Schwerter Str. 388, 4600 Dortmund 41- Geb. 1. Nov. 1925.

VOSSIUS, Gerhard
Dr. med., o. Prof. u. Leiter Inst. f. Biokybernetik u. Biomed. Technik Univ. Karlsruhe (s. 1970) - Sebastian-Kneipp-Str. 18, 7517 Waldbronn - Geb. 30. Jan. 1926 Darmstadt - 1962 Privatdoz., 1967 apl. Prof., 1969 Wiss. Rat u. Prof. Univ. Frankfurt.

VOSSLOH, Hans
Dr., Fabrikant, gf. Gesellsch. Vossloh-Werke GmbH., Werdohl - Nordstr. 11, 5980 Werdohl/W.

VOSSMEIER (ß), Reinhard
Hauptbrandmeister, Bundesgeschäftsf. Deutscher Feuerwehrverb. (DFV) - Koblenzer Str. 133, 5300 Bonn 2 (T. 0228 - 33 10 93; Fax 0228 - 33 17 03).

VOSSMERBÄUMER, Herbert
Dr., Prof. f. Geologie Univ. Würzburg (s. 1980) - Pleicherwall 1, 8700 Würzburg - Geb. 20. April 1940 Kiel (Vater: Hugo V., Berufsoffz.; Mutter: Edith, geb. Hahn) - BV: Allgem. Geologie, 1976; Geol. Karten, 1983, 1991.

VOSSSCHULTE, Christa
Oberstudiendir., Schulleiterin Theodor-Heuss-Gymn. Esslingen, Mitglied d. Landtags v. Baden-Württ. (s. 1989) - Esslinger Str. 33/1, 7300 Esslingen (T. 0711 - 37 23 42) - Geb. 23. Juni 1944 Bayrischzell (Vater: Karl V., Prof. Dr. med., z. Zt. Prof. Dr. med. h.c.; Mutter: Dr. med. Lissy, geb. Stein), kath., ledig - Philol. Stud. (Anglist., German.) Marburg Freiburg, London, München; 1. Staatsex. 1970 München; 2. Staatsex. 1972.

VOSSSCHULTE (ß), Karl
Dr. med., Dr. med. h. c., em. Prof. f. Chirurgie Univ. Gießen, Präs. Dt. Ges. f. Chirurgie (1969) - Wartweg 5, 6300 Gießen (T. 7 23 91) - Geb. 1. Juni 1907 Beckum/W. (Vater: Dr. med. Alfred V.; Mutter: geb. Schulze-Lohoff), kath., verh. s. 1940 m. Lissy Stein, 2 Töcht. (Vera, Christa) - Med.stud. Düsseldorf, München, Freiburg/Br., Wien. Habil. 1941 D'dorf - 1941-51 Lehrtätig. Med. Akad. Düsseldorf (Doz.) u. Univ. München (1948 apl. Prof.). Spez. Arbeitsgeb.: Thorax-, Herz-, Pankreaschir. Emerit. 1976 - BV: Grundl. d. Schmerzbekämpf. durch Sympathikusausschalt., 1949 (span. 1956); Lehrb. d. Chir., 2.-7. A. 1958-82 (m. a.; auch span. u. serbokroat.); Chir. Differentialgnostik, 1972 (m. Zukschwerdt); Lehrb. d. Inn. Med. u. Chir. 1979, 2. A. 1982 (m. H.G. Lasch u. Fr. Heinrich); Handb. d. Gerontologie, Bd. 4/1: Anästhesie, Chir., Neurochir. (m. D. Platt u. R. Fahlbusch). Zahlr. Einzelarb. u. Handb.beitr. - 1958 Mitgl. Dt. Akad. d. Naturforscher (Leopoldina); Ehrenmitgl. Soc. Hellenique de Chirurgie, Athen, Soc. de Chir., Lyon u. Tschechosl. Med. Ges. J. E. Purkyne, Ehrenmitgl. Assoc. Franc. de Chirurgie, Dt. Ges. f. Chir., Dt. Ges. f. Thorax, Herz- u. Gefäßchir. Ulusal Cerrahi Derneği (Türk. Chir. Ges.), Vereinigung d. Bayer. Chirurgen, Vereinigung d. Mittelrhein. Chirurgen u. d. Akad. f. Ärztl. Fortbildg. u. Weiterbildg. d. Landesärztekammer Hessen - Spr.: Engl. - Rotarier.

VOSTEEN, Karl-Heinz
Dr. med., Arzt, Prof. f. Hals-, Nasen- u. Ohrenheilkunde, em. Direktor Univ.-HNO-Klinik Düsseldorf - Grube 2, 2000 Hamburg-Blankenese (T. 040 - 86 53 53) - Geb. 25. Jan. 1925 Hamburg, ev., verh. - Präs. Arbeitsgemeinsch. d. Wiss. Med. Fachges.

VOSWINCKEL, Klaus
Dr. phil., Schriftsteller u. Filmemacher - Siegfriedstr. 10, 8000 München 40 - Geb. 23. Mai 1943 Hamburg (Vater: Dr. Hans-Ulrich V.; Mutter: Ingeborg, geb. Cornelsen), verh. m. Ulrike, geb. Müller, T. Esther - Stud. German. u. Phil., Promot. 1972 München; s. 1977 Klaus Voswinckel Filmprod., München - BV: Paul Celan. Verweigerte Poetisierung d. Welt, 1974; Lapidu. D. Geschichte e. Reise, 1979; D. Buch aus d. Ebene, 1981; Sonntag, Paris 1985; Stein u. Meer, 1989. Fernsehfilme u.a.: Landpartie, 1977; Drei Tage im Sommer, 1978; Bootleute, 1979; Piazza, 1981; Sonne, Mond (zus. m. Ulrike V.), 1984; D. Leben jenseits d. Salzsees, 1985; La Banda, 1987; Ragazzi od. D. Erfindung d. Komödie, 1990; Jerusalem - e. Reise in d. Schrift, 1991 - Literaturpr. Stadt München, 1980.

VOTH, Helmut
Dr. med., Prof., Radiologe (Internist). ehem. Chefarzt d. Radiologischen Zentralinst. Ev. Krankenhaus, Oldenburg (1964) - Hoyersgang 52, 2900 Oldenburg/O. - Geb. 21. Febr. 1921 Salzwedel/Altm. (Vater: Dr. jur. Walther V., Amtsgerichtsrat; Mutter: Elise, geb. Tammen), ev., verh. s. 1949 m. Dr. med. Hiltrud, geb. Hemmer, 2 Kd. (Eberhard, Bettina) - Gymn. Stendal (Abit. 1939). Univ. Göttingen (Med. Staatsex. 1947). Promot. (1947) u. Habil. (1960) Göttingen - S. 1960 Lehrtätig. Univ. Göttingen (1965 apl. Prof. f. Röntgenol. u. Strahlenheilk.). Div. Mitgliedsch. Üb. 40 Fachveröff.

VRIES, de, Jost
Dipl.-Volksw., Geschäftsführer Verb. Hamburg u. Schlesw.-Holst. d. Holzindustrie u. Kunstverarb., u. Industrieverb. Techn. Gebäudeausrüstung Schleswig-Holstein - Andreas-Gayk-Str. 13, 2300 Kiel 1 (T. 9 62 11).

VRING, von der, Thomas
Dr. phil., Prof., Institutsdirektor Univ. Bremen - Meißener Str. 7, 2800 Bremen (T. Büro: 2 18-1) - Geb. 27. Mai 1937 Stuttgart (Vater: Georg v. d. V., Schriftsteller u. Maler †1968; s. XIV. Ausg.), verh. s. 1968 (Ehefr.: Erika; T. Johanna - Gymn. Calw (Abit. 1957); Univ. München u. Frankfurt/M. (Gesch., Soziol., Politikwiss.; Promot. 1964); 1963-1970 Assist. u. Doz. (1968) TH bzw. TU Hannover; s. 1970 Prof. Univ. Bremen. Zeitw. stv. Bundesvors. Jungsozialisten. B. 1961 (Austr.) u. s. 1967 SPD - BV: D. Verb. d. Dt. Buchdrucker im I. Weltkr., in d. Revolution u. Inflation - 1914-24, 1965 (Diss.); Reform oder Manipulation? - Z. Diskussion e. neuen Wahlrechts, 1968. Div. Einzelarb. - 1979 Mitgl. Europ. Parlament.

WAAS, Anna-Luise, geb. Caesar

Künstlerin - 4970 Bad Oeynhausen-Südstadt - Geb. 12. Febr. 1916 Allmannsdorf (Vater: Prof. Ing. Gustavo O., Esperanza/Argent.) - Linolschnitt, Wandbehang, Glasmalerei, Puppen, Collagen, Porträts (u. a. Papst Pius XII./Vatikan, Archiv; Ausz. durch Papst Paul VI.). Div. Ausstell., dar. 1982 Klosterpromenade Bad Oeynhausen (Collagen) u. Gr. Fossilien-Dauer-Ausst. Bad Oeynhausen - BV: Steinbrüche... d. Gesch.buch d. Erde, Begleitschr. z. Ausst. - Liebh.: Mineralogie (Fossiliensamml.) - Entd.: Manganknollen Wiehengebirge - Bek. Vorf.: Juan C., Ministerpräs. Prov. Santa Fé/Argent. (Onkel).

WAAS, Johannes Baptist

Schriftsteller - Albert-Rusch-Str. 14, 4970 Bad Oeynhausen - Geb. 1. April 1904

München, kath., verh. I) m. Edith, geb. Rank (†1935), II) Anna-Luise, geb. Caesar - BV: D. ewige Werden, Ged. 1929; Davoser Elegien, Ged. 1931; Gesänge v. d. Tiefen d. Seele, Ged. 1932; Ecce Homo, Ged. 1933; D. wandernde Seele, Ged. 1933; Jahrmarkt d. Lebens, Ged. 1933; Musik d. Dinge u. d. Kräfte, Ged. 1934; Requiem f. e. Frühvollendete, Ged. 1936; Sinnbild d. Landschaft, Ged. 1937, NA. 1955; Johannes u. Michael, Dr. 1938; Dt. Requiem, Ged. 1942; Gesänge v. Himmel u. Erde - dem Unendlichen u. All-Einen, Ged. 1953; D. kosm. Psalter, Ged. 1954; Valbella V. - Davos-Elegien, Ged. 1958; Im Hain d. tönenden Tafeln, Prosa 1961; Requiem f. John F. Kennedy, 1963 (D. Manuskript (Jacqueline Kennedy zu eigen) ließ d. Reg. Bürgermeister Willy Brandt d. Witwe d. ermordeten Präsidenten im Namen Berlins als Weihnachtsgabe überreichen).; Am Fenster d. gr. Promenade, Ged. 1980; D. drei Bücher d. Jahrtausendwende, Ged. Bd. I 1989; Tödliches Spiel - Dramatische Dichtung in vier Akten. Kugelfischer-Herausg.: D. Einsamkeit d. Alters, Gold gegen Krebs - Vortrag: Jugend u. Staat im elektronischen Zeitalter. Herausg.: Schaefer-Kugellager A. G., Schweinfurt, f. d. internat. Krebsforsch.-Zentren - Ausst.: 1982 Klosterpromenade Bad Oeynhausen (Spachtelmalerei u. Oelgemälde), Vier Bilder v. J. B. Waas in d. Neuen Pinakothek München, D. Abgründige/Erinnerungen, Stilleben m. Maske/Korallen/ Blüten - 1932 Fastenrath-Preis Stadt Köln; 1935 Ehrengabe Dichterakad. - Liebh.: Landschafts- u. Blumenmalerei (Entwickl. d. reinen Spachtelmalerei; Ausstell. Staatsbäder Oeynhausen (1964) u. Salzuflen (1966) u. 5 gr. Kollektivausst. J. B. Waas-Werke d. reinen Spachtelmalerei, 1978, sow. Galerie d. Lipp. Landes Lemgo (1969).

WABBEL, Gustav
Präsident a. D. Landesverwaltungsgericht Düsseldorf (1970-74) - Margaretenweg 3, 4000 Düsseldorf 31-Wittlaer - Geb. 29. Okt. 1908 Düsseldorf - Zul. VGsdir. Düsseldorf.

WABNER, Dietrich
Dr. rer. nat., Prof. f. Chemie TU München - Lichtenbergstr. 4, 8046 Garching - Geb. 30. Sept. 1935 Breslau, gesch. - Leit. Arbeitsgr. Angew. Elektrochemie TU München (techn. Umweltschutz; el. chem. Ozonprod., Wasserreinig., elektrochem. Kinetik). Sprecher amnesty intern. München u. Oberbayern (1978 u. 79) - Entd./Erf.: Reinig. v. Wasser u. Abwasser m. elektrolyt. Oxidation, Prod. v. hochkonzentr. Ozon d. Elektrolyse, glasförmiges Bleidioxid, Uvox-Verfahren z. Trinkwasser-Reinigung - Ehrenmitgl. Intern. Federation of Aromatherapists IFA.

WABRO, Gustav
Staatssekretär Vertretung des Landes Baden-Württ. b. Bund (s. 1992) - Hauptstätterstr. 67, 7000 Stuttgart 1 - Geb. 14. Mai 1933 Neudorf, kath., verh. s. 1959 m. Mechthild, geb. Zeifang, 2 Kd. (Markus, Birgit) - Abit. 1954; 1954-58 Stud. Rechtswiss. Univ. München u. Tübingen; 1. jurist. Staatsex. 1958; 2. jurist. Staatsex. 1962; 1962-64 Regierungsass. Landratsamt Biberach; 1964 Verwaltungsger. Sigmaringen; danach b. 1967 Bundesinnenmin.; 1967-70 b. d. Vertretung d. Landes Baden-Württ. b. Bund in Bonn, pers. Ref. v. Min. Dr. Dr. h.c. Adalbert Seifriz; 1965 Regierungsrat; 1968 Oberregierungsrat; 1970-80 Landrat (Landkr. Aalen, dann Ostalbkr.); 1980-84 Ministerialdir. u. Amtschef im Staatsmin. Baden-Württ. - 1981 BVK - Liebh.: Musik, Bildende Kunst - Spr.: Engl.

WACHENDORFF, Rolf
Inhaber d. Fa. Wachendorff Prozeßtechnik KG - Industriestr. 7, 6222 Geisenheim (T. 06722 - 60 58) - Geb. 27. Febr. 1925 Wiesbaden (Vater: Alfred W., b. 1965 Vorstands-, dann AR-Mitgl. Koepp (s. XIV. Ausg.); Mutter: Lene, geb. Martius), ev., verh. m. Claudia, geb. Hoffmann, 4 Kd. - B. 1975 Vorst.-Mitgl. R. Koepp & Co. Chem. Fabrik AG. bzw. Koepp AG. Div. Ehrenstell., Vorst.-Mitgl. Lebenshilfe f. Geistigbehinderte ebd. - 1986 BVK am Bde. - Bek. Vorf. (Großv.): Kommerzienrat Hermann W. (pers. haft. Gesellsch. Rudolph Koepp & Co.; s. X. A.).

WACHINGER, Burghart
Dr. phil., Prof. Univ. Tübingen - Engelfriedshalde 15, 7400 Tübingen 1 - Geb. 10. Juni 1932 München - S. 1969 Prof. in Tübingen - BV: Studien z. Nibelungenlied, 1960; Oswald v. Wolkenstein, 1964; Sängerkrieg, 1973; Repertorium d. Sangsprüche u. Meisterlieder (zus. m. F. Schanze), Bd. 3, 1986, Bd. 4, 1988, Bd. 5, 1991; D. Mönch v. Salzburg, 1989.

WACHSMANN, Felix
Dr.-Ing., Prof., Röntgenphysiker - Pienzenauerstr. 11, 8000 München 80 (T. 98 78 32) - Geb. 20. Dez. 1904 Banjaluka/Bosnien (Vater: Wilhelm W., Offizier; Mutter: geb. Kollmann), verh. s. 1932 m. Eugenie, geb. Besold - Industrie-, Krankenhaus- u. Hochschultätigk. (1951 Privatdoz. Univ. Erlangen, 1957 apl. Prof. ebd., 1965-75 TU München); zul. 1964-73 Leit. Inst. f. Strahlenschutz a.D. Ges. f. Strahlen- u. Umweltforsch. mbH., Neuherberg. Div. Fachmitgliedsch. - BV: Kurven u. Tabellen f. d. Radiologie (m. Drexler); Strahlenschutz geht alle an, Strahlenschutz-Belehrungen. Üb. 300 Einzelveröff. - Ehrenmitgl. zahlr. Ges.; 1973 Gr. BVK u. a. - Spr.: Engl., Franz., Ital., Span., Ung., Rumän.

WACHTER, Emil
Prof., Maler u. Bildhauer - Pillauer Str. 9, 7500 Karlsruhe - Geb. 29. April 1921 Neuburgweier (Vater: Gottfried W., Landw.; Mutter: Anna, geb. Schindele), kath., verh. s. 1956 m. Pia, geb. Ruf, 4 Kd. (Felix, Angela, verehel. Theinert, Dorothee, verehel. Bode, Simone) - 1941-42 u. 1946-48 Univ. Freiburg; 1948-52 Kunstakad. München u. Karlsruhe (u.a. b. K. Hubbuch u. Erich Heckel) - 1958-62 Leit. e. Malklasse Kunstakad. Karlsruhe - BV: Genesis, 101 Lithogr., 1970; E. schöne Welt, 1976; Höri, Porträt e. Landsch., 1977; Betonbildwerk Schloßbergsteg Freiburg, 1979; Autobahnkirche B.-Baden, 1980; Essen Dom, Adveniatkrypta, 1981-83; 1983-86 Verglasung u. Ausmalung Kath. Kirche Rickenbach; 1985-90 Verglasung Marienkirche Neuss; 1987/88 Deckenmalerei in St. Martin, Ettlingen; 1989/90 A.-Delp-Fenster im A.Delp-Zentr. Hemsbach/Bergstr. Bibl. Porträts, 1982 u.a. Mehrere FS-Filme u. Rundf.send. v. Arb. - Betonbildwerk St. Kilian Osterburken (1971-74); Betonbildwerk Autobahnkirche B.-Baden (1976-78) u.a.; Einzelausst. In- u. Ausl., Malerei in Öl, Graf. Zyklen u. Mappenwerke - 1966 Hans Thoma-Staatspreis Baden-Württ.; 1975 u. 77 Staatspr. Kunst am Bau Rhld.-Pfalz u.a. - Lit.: H. Schade, in: Geist u. Leben (1978); Stimmen d. Zeit (1979); Chr. Schneider u. Fr. Weinreb, in: Bibl. Porträts (1982); Alf. Deissler, O. Knoch, Hub. Morgenthaler in: Singener Trilogie (1982); Ang. Kästner, Mag.arb. üb. apokalypt. Motive b. E. W. (1986); Erika Rödiger-Diruf, in: Katalog Glasfenster (1986); G. Presler, in: Katalog E. Wachter: Malerei (1986); Helmut Büchler in: Freiburger Almanach (1987); Gerd Presler u. Heinr. Spaemann in: Heilsgesch. in Bildern, Katalog zu Rickenbach (1987); Bernh. Rupprecht u. Jörg Dantscher in: Saul u. David, Katalog Pirckheimerhaus Nürnberg (1987); H.-G. Gadamer u. Bernh. Rupprecht in: Landtagsbilder, Katalog Stuttgart (1988); H. Morgenthaler u. J. Glocker in: E. Wachter, Malerei, Katalog Bonndorf (1988); Christian Schneider in: E. Wachter, Tuschezeichnungen, Stuttgart (1988); Hanno Hafner in: E. Wachter, SOS, Ettlingen (1989); Bernh. Rupprecht in: E. Wachter, Aquarelle u. Tuschen, Stadler, Konstanz (1990); Eberh. Kluckert u. Helmut Knirim in: Ausst. Katalog B-W-Bank, Stuttgart (1991).

WACHTER, Winfried
Vereidigter Buchprüfer, Steuerberater, Rechtsbeistand, MdL Bayern (1962-66 u. 1970-78) - Sandstr. 6, 8940 Memmingen (T. 08331 - 25 70) - Geb. 1921 - FDP.

WACKER, Ali
Dr. phil., Prof. f. Psychologie Univ. Hannover - Lärchenstr. 14, 3000 Hannover 1 (T. 0511 - 34 42 21) - Geb. 7. Mai 1942 Ratingen (Vater: Willi W., Papierarbeiter; Mutter: Maria, geb. Ortner), verh. s. 1968 m. Gertraud, geb. Hein, 2 Kd. (Daniel, Meike) - Univ. Köln, Berlin u. Bochum, Dipl.-Psych. 1969, Promot. 1976, Habil. 1977 - 1982 Vertr.-Prof. Univ. Bremen; s. 1983 Prof. f. Sozialpsych. Hannover - BV: Entw. d. Gesellschaftsverständn. v. Kindern, 1976; V. Schock z. Fatalismus, 1981; Arbeitslosigk., 1983; Individuelle u. gesellschaftl. Kosten d. Massenarbeitslosigk. (zus. m. Th. Kieselbach), 2. A. 1987; Familienleben in d. Arbeitslosigkeit (zus. m. Schindler & Wetzels), 1990.

WACKER, Hans
I. Bürgermeister Stadt Hofheim - Rathaus, 8729 Hofheim/Ufr. - Geb. 26. März 1917 Altershausen - Kinobes.

WACKER, Heinz
Journalist, Präs. Bund Deutscher Karneval, Köln - Röntgenweg 16, 5102 Würselen (T. 02405 - 9 28 09) - Geb. 21. Okt. 1919 Kellersberg, kath., verw., 2 Kd. (Roswitha, Wilfried) - 1937-40 Verw.-Volont.; Journ.-Ausb. - S. 1948 Journ.; b. 1983 ltd. Redakt. (Tagesztg.). S. üb. 25 J. Gf. Präsid.-Mitgl. Bund Dt. Karneval, s. 1975 Präs.; Vors. Kurat. Dt. Fastnachtsmus., Kitzingen/M. - 1979 BVK - Liebh.: Brauchtumspflege (Karneval, Fasnet, Folklore), Heimatpflege.

WACKER, Karl-Heinz
Dr. rer. oec., Prof., Rechtsanwalt, Wirtschaftsberater - Sonnenstr. 15/VI, 8000 München 2 (T. 59 23 45) - Geb. 30. Okt. 1918 München - Beide jurist. Staatsprüf. - B. 1971 Geschäftsf. Wacker-Chemie GmbH., München. S. 1964 Lehrbeauftr., dann Honorarprof. Univ. München (Chemiewirtsch. u. Betriebswirtsch.). Beiratsmandate u. VR-Mandate im In- u. Ausland - Ehrensenator Univ. München.

WACKER, Richard
Dipl.-Ing., Abteilungspräsident Dt. Bundesbahn, Köln, Vors. Vereinig. d. Beamten d. höh. Dienstes d. DB ebd. - Belfortstr. 12, 5000 Köln 1 - Geb. 22. Febr. 1932 Heidelberg (Vater: Jakob W., Lokführer; Mutter: Rosina, geb. Lukan), ev., verh. s. 1957 m. Gerharda, geb. Hoon, 3 Kd. (Bettina, Susanne, Hendrik) - 1952-57 TH Karlsruhe (Dampfmaschinenbau). 1959 Bauass. Eisenbahnwesen - Spr.: Franz., Engl., Niederl.

WACKER, Wilhelm Hermann
Dr. rer. pol., Dipl.-Kfm., Prof. f. Betriebswirtschaftslehre Univ. Göttingen (s. 1971), Leit. d. Inst. f. dt. u. intern. Besteuerung - Platz der Göttinger Sieben 3, 3400 Göttingen (T. 39 73 08); priv.: Am Winterberg 52 (T. 9 56 96) - Geb. 15. März 1931 Bad Herrenalb-Neusatz (Vater: August W., Bürgerm. †1973), ev., verh. s. 1961 mit Helga, geb. Reinus, 3 Kd. (Joachim Dierk, Ascan René, Sven Gerald) - Stud. d. Wirtsch.- u. Sozialwiss. Univ. Stuttgart, Heidelberg, Erlangen-Nürnberg; Dipl.ex. 1961; Promot. 1963; Habil. 1969 Erlangen - 1952-58 Revisions- u. Treuhandtätigk.; 1969 Priv.- u. Univ.doz.; 1969 Lehrstuhlvertr. Univ. Göttingen u. 1970 München; s. 1973 Prüfer f. Wirtsch.prüferex. 1979-81 Dekan Fachbereich Wirtschaftswiss. Univ. Göttingen; s. 1981 Aussch. Intern. Steuerrecht d. Bundessteuerberaterkammer; 1990-92 Vors. d. Kommiss. Intern. Man. im Verb. d. Hochsch. f. Betriebswirtsch. - BV: Üb. Entwicklung, Prinzipien u. Erfordernisse e. europ. Kontenrahmens, 1963; D. Studium d. Betriebswirtschaftslehre, 1967; Weiterbildung von Management-Doz. in Skandinavien, 1969; Betriebswirtschaftliche Informationstheorie, 1971; Steuerplanung im nationalen u. transnationalen Unternehmen, 1979. Herausg.: Schriftenr. Steuerberatg. - Betriebsprüfg. - Unternehmensbesteuerg., Schriften zur betriebsw. Steuerlehre, s. 1974, 20 Bde.; Lexikon d. dt. u. intern. Besteuerung (2. A. 1982); Internationale Management-Beratung, 1991. Mitherausg.: Intern. Unternehmensführ., Managementprobleme intern. tätiger Unternehmen (Festschr. E. H. Sieber, 1981) - Spr.: Engl., Franz.

WACKERBECK, Wilhelm
Vorstandsvorsitzender WertGarantie Technische Versicherung AG, Hannover - Reiherstieg 1 B, 3167 Burgdorf 2 - Geb. 8. Juni 1946 Ahaus (Vater: Dr. jur. Wilhelm W., Dipl.-Kfm.; Mutter: Ursula, geb. Bonk, Dipl.-Volksw.), kath., verh. s. 1976 m. Ursula, geb. Manstein, 2 S. (Nicolas, Philipp) - Ausb. als Versicherungsfachwirt - Gf. Gesellsch. Generalagentur Kurt Jodexnis GmbH, Berlin; Geschäftsf. WertGarantie Grundstücksges. GmbH, microCapital Beteiligungs GmbH; Beirat Grundig Leasing GmbH, finex Leasing GmbH.

WACKERMANN, Peter
Generalsekretär Dt. Keglerbund - Wilhelmsaue Nr. 23, 1000 Berlin 31 - Sekr. Nine Pin Assoc. in d. Fédération Intern. d. Quilleurs (FIQ); Geschäftsf. DKB-Sport- u. Freizeit-GmbH.

WACKWITZ, Peter
Prof., Kirchenmusiker - Dernburgstr. 17, 1000 Berlin 19 (T. 3 06 65 73) - Geb. 26. März 1930 Anhalt Kr. Pless, verh. m. Rita, geb. Dietrich, 2 Töcht. (Ulrike, Henriette) - Musikhochsch. u. FU Berlin - S. 1958 Lehrtätigk. Musikhochsch. Berlin (1966 o. Prof. f. Orgelspiel).

WADLE, Hans
Fabrikant, gf. Gesellsch. Westland-Schuhfabrik Josef Wadle KG - Fabrikstr. 4, 6785 Münchweiler/Rodalb - Geb. 22. Okt. 1914.

WÄCHTER, Erich
Generalmusikdirektor d. Hansestadt Lübeck (s. 1989) - Fischergrube 5, 2400 Lübeck 1 - Geb. 3. Juli Niederjöllenbeck/ Bielefeld, ev. - Abit. 1966 Bielefeld; Stud. Dirig., Klavier, Liedbegleit. Staatl. Hochsch. f. Musik, Berlin - 1969-74 Dirig. Pfalztheater Kaiserslautern; 1974-77 Staatstheater Saarbrücken; 1977-85 Staatstheater Karlsruhe; 1985-87 1. Kapellm. Hess. Staatstheater Darmstadt; 1987-90 1. Kapellm. Nationaltheater Mannheim; Gast: Deutsche Oper Berlin, Komische Oper Berlin, Semperoper Dresden, Staatsoper Hamburg, Opernhaus Leipzig, Nationaltheater München, Den Norske Opera Oslo, Staatstheater Saarbrücken, Königliche Oper Stockholm, Volksoper Wien, Staatstheater Wiesbaden, Opernhaus Zürich, Berliner Symphon. Orchester, Rundfunkorch. Berlin, Rundfunkorch. München, Königlich Philharm. Orchester Antwerpen. S. 1980 Lehrtätigk. (Dirig.) Staatl. Hochsch. f. Musik, Karlsruhe - Spr.: Engl., Franz.

WAECHTER, Friedrich Karl
Graphiker, Schriftsteller - Oberlindau 83, 6000 Frankfurt/M. 1 (T. 72 12 88) - Geb. 3. Nov. 1937 Danzig (Vater: Hans-Georg W., Lehrer; Mutter: Herta, geb. Schwirtz), gesch., 3 Söhne (Moritz, Robert, Philip) - Kunstsch. Alsterdamm Hamburg - Mitarb. v. Pardon, Twen, Konkret (s. 1963), Zeit-Magazin (s. 1975), Titanic u. div. Verlage - BV/Cartoons u. Satiren: Ich bin d. Größte (1966), D. Wahrheit üb. Arnold Hau (1966), D. kl. Zweckermann (1969), So dumm waren d. Hebräer (1973), Wahrscheinl. guckt wieder k. Schwein (1978), Es lebe d. Freiheit (1981); D. Grundgesetz (1982), Männer auf verlorenem Posten (1983), Nur d. Kopf nicht hängen lassen (1983), Glückliche Stunde (1986), Mich wundert, daß ich fröhlich bin (1991); D. letzten Dinge (1992); Kinderb.: Der Anti-Struwwelpeter (1970),

Tischlein deck dich (1972), D. Kronenklauer (1972), Brülle ich zum Fenster raus (1973), Wir können noch viel zusammen machen (1973), 3 Wandgeschichten (1974), D. Ungeheuerspiel (1975), Opa Huckes Mitmachkabinett (1977), D. Bauern im Brunnen (1978), Spiele (1979), D. Reise (1980), Wer kommt m. auf d. Lofoten (1981); D. Mondtücher (1988). Theaterst.: Pustekuchen (1974), Schule mit Clowns (1975), Kiebich u. Dutz (1979), Nach Aschenfeld (1984), D. Teufel m. d. drei gold. Haaren (1986), D. Schweinehirtentraum (1989), Ixypsilonzett (1990), Luzi (1991); D. letzten Dinge - 77 Theaterstücke (1992); Film: Kurzfilme (1968-80), D. Hau-Schau (1976), D. Casanova-Projekt (1981), Kiebich u. Dutz (1987) - 1975 Dt. Jugendbuchpreis; 1983 Brüder-Grimm-Preis.

WÄCHTER, Klaus

Dipl.-Kaufmann, Sprecher d. Vorstandes d. Frankfurter Sparkasse (s. 1989) - Neue Mainzer Str. 47-53, 6000 Frankfurt (T. 069 - 2 64 10) - Geb. 30. Sept. 1941 - S. 1990 1. stv. Verbandsvorsteher Verb. d. Dt. Freien Öffentl. Sparkassen.

WÄDEKIN, Karl-Eugen

Dr. phil., Prof. i. R. Universität Gießen - Bahnhofstr. 29, 7245 Starzach 1 (T. 07483 - 2 35) - Geb. 21. Mai 1921 Bad Wörishofen (Vater: Carl A. F. W., Kaufm.; Mutter: Ilse Heilwig, geb. v. Harder), verh. s. 1945 m. Irmingard, geb. Haugg, 3 Kd. (Bernhard, Martina, Till Sebastian) - Oberrealsch.; 1940 Stud. Heidelberg u. 1946-50 Leipzig; Staatsex. 1949 Leipzig, Promot. 1950, Habil. 1968 Aachen - 1949-52 Assist., zul. Doz. Univ. Leipzig; 1953-65 Assist. Stuttgart (b. Klaus Mehnert) u. TH Aachen; 1969-71 Privatdoz., seitd. Prof. Univ. Gießen (b. 1986); 1987 Gastprof. Univ. of California at Berkeley/USA. 1987ff. zeitweilige consultancies f. OECD, Weltbank, FAO, WFC. Co-Redakt. Monatsschr. Osteuropa - BV: 5 Bücher (2 auch in engl.-amerik. Ausg.) u. zahlr. wiss. Art. z. Agrarpolitik, Landwirtsch. u. Landbevölkerung Osteuropas u. d. Sowjetunion. Herausg. v. Sammelbd., u.a. Communist Agriculture, 2 Bde., London and New York 1990 - Liebh.: Reisen, Garten - Spr.: Engl., Russ., Franz.

WÄFFLER, Hermann

Dr. rer. nat., em. Prof., Direktor Kernphysikal. Abt. Max-Planck-Inst. f. Chemie (Otto-Hahn-Inst.), Honorarprof. f. Atomphysik Univ. Mainz - Zu erreichen üb. Otto-Hahn-Inst. f. Atomphysik, Mülligerstr. 16, CH-5200 Windisch - Geb. 9. Febr. 1910 St. Petersburg/Leningrad (Vater: Hermann W., Bankdir.; Mutter: Hermine, geb. Wäffler), ev., verh. m. Constanze, geb. v. Monakow, 4 Kd. (Andreas, Rudi, Ruth, Miriam) - TH Zürich (Physik; Promot.) - 1949-50 Privatdoz. TH Zürich; 1950-57 ao. Prof. Univ. ebd. Wiss. Mitgl. MPG (s. 1957). Üb. 50 Fachveröff. - Liebh.: Bergwanderungen - Spr.: Dt., Franz., Engl.

WÄGER, Gerd

Vorstandsvorsitzender a.D. u. Aufsichtsratsvors. NOVA Krankenversicherung a. G., NOVA Unfallversich. AG., NOVA Lebensversich. AG, d. Iduna Vereinigte Lebensversich. aG f. Handwerk, Handel u. Gewerbe u. der Iduna Allgem Vers. AG, alle Hamburg - Schloßgarten 72, 2000 Hamburg 70 (T. 68 64 54) - Geb. 29. Dez. 1919 Hamburg.

WÄLDELE, Walther

Erster Bürgermeister a. D., Senator E. h. - Liebigstr. 11, 7500 Karlsruhe - Geb. 3. April 1921 Dortmund, ev., verh., 2 Kd. - Volks- u. Handelssch., Lehre, Vers.-Kfm. 1939 RAD; 1939-46 Wehrdienst u. Kriegsgef. als Art.Offz. - 1947 Umschul. im Baugewerbe m. Ges.-Prüfg., 1951-64 Gewerksch.-Sekr. - Geschäftsf. u. Vors. d. ÖTV Karlsruhe; 1956 Stadtrat; 1961-66 MdL. (Vors. Wirtschaftsaussch. Landtag Baden-Württ.). SPD; 1964 Bürgermstr., 1966 Erster Bürgermstr. in Karlsruhe; 1966

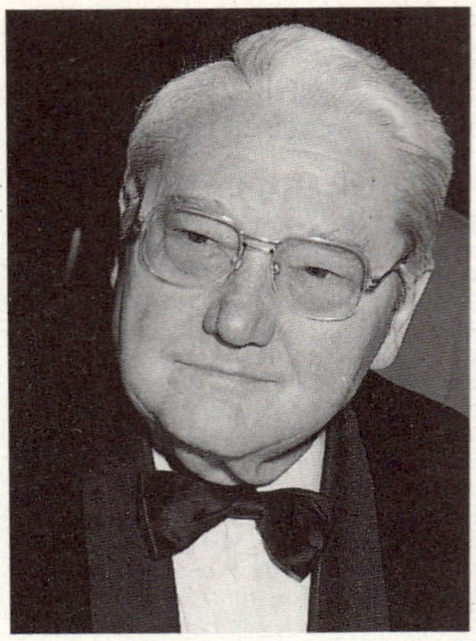

Präs. Kurat. d. Jugendfreizeit- u. Bildungsstätte Baerenthal Dep. Moselle, Frankreich; 1991 Pres. National Assoc. of Local Government Officers Nottingham - 1961 Ehrenzeichen d. Dt. Verkehrswacht; 1973 BVK I. Kl.; 1976 Ehrenzeichen d. DRK; 1978 Dt. Feuerwehr-Ehrenkreuz; 1979 Chevalier d. Palmes Academiques; 1982 Verdienst-Med. Land Baden-Württ.; 1983 Ehrenmed. Stadt Karlsruhe; 1989 Med. d'Honneur de la Commune Baerenthal; 1991 Gold. Sportabzeichen m. d. Zahl 25.

WÄLTER, Fritz

Dipl.-Kfm., Vorst.mitgl. Thyssen AG, Vorst.sprecher Thyssen Handelsunion AG, Düsseldorf - Ruhrland 16, 4300 Essen 16 - Geb. 23. März 1923 Meschede.

WÄLZHOLZ-JUNIUS, Hans-Martin

Fabrikant, Mitinh. C. D. Wälzholz, Kaltwalzwerke, Hohenlimburg, Vors. Wirtschaftsvereinig. Ziehereien u. Kaltwalzwerke (1966ff.) u.a. - Mühlenteichstr. 38, 5800 Hagen 5 - Geb. 20. April 1922 (Vater: Dr. jur. Hans J., Fabr. †1968 (s. XV. Ausg.); Mutter: Margret, geb. Wälzholz † 1983), ev. - Mitgl. d. Präsid. u. Vors. Mittelstandsaussch. BDI.

WÄNKE, Heinrich

Dr. phil., Prof., Wiss. Mitglied u. Direktor Max-Planck-Inst. f. Chemie Otto-Hahn-Inst. Mainz (Leit. Abt. Kosmochemie) - Saarstr. 23, 6500 Mainz - Geb. 5. Sept. 1928 Linz/D. (Österr.) - S. 1961 (Habil.) Lehrtätigk. Univ. Mainz (apl. Prof.). Präs. IAGC (Intern. Assoc. of Geochemistry and Cosmochemistry); PI (Principal Investigator) b. versch. Programmen d. USA, UdSSR, ESA u. Japan z. Erforschung d. Planeten Mars - 200 Fachveröff. Leonard Medal Meteoritical Soc.; Friedrich-Becke-Med. d. Österr. Mineralogischen Ges.

WÄSSLE, Heinz

Dr. rer. nat., Prof., Direktor Max-Planck-Inst. f. Hirnforsch. - Deutschordenstr. 46, 6000 Frankfurt 71 (T. 069 - 670 42 11) - Geb. 11. Okt. 1943 Salzburg - Stud. Physik Univ. München; Dipl. 1968; Promot. 1972; Habil. 1978 Konstanz - 1982 Hon.-Prof. f. Biol. Univ. Mainz.

WAETZOLDT, Hartmut

Dr. phil., Prof. f. Assyriologie Univ. Heidelberg - Batzenhäuselweg 11, 6903 Neckargemünd (T. 06223 - 7 18 77) - Geb. 17. März 1941 Berlin (Vater: Dr. med. Gustav-Adolf W., Ärztl. Dir.; Mutter: Dr. med. Toni, geb. Oehler, Ärztin), ev., verh. s. 1982 in 2. Ehe m. Anneke, geb. Ziegler, 4 Kd. (Andreas, Gesa, Hanno, Ilka) - Univ. Heidelberg (Promot. 1970, Habil. 1975) - 1971-73 Assist. Univ. Torino/Italien; 1973-75 Lehrbeauftr. Univ. Heidelberg; 1977 Doz. u. apl. Prof., ab 1979 Univ.-Prof. - BV: Unters. z. neusumer. Textilind., 1972; Materiali per il Vocabolario Neosumerico I, 1974, VI 1977, VII 1978, VIII 1979, XIV 1988, Studi per il Vocabolario Sumerico, Vol. I/1 Testi, I/3 Glossario, Roma 1986 - Liebh.: Alte Techniken u. Werkzeuge - Spr.: Engl., Ital.

WAETZOLDT, Stephan

Dr. phil., Prof., Generaldirektor i.R. Staatl. Museen Berlin / Stiftg. Preuß. Kulturbesitz (1965-83) - Wasgenstr. 37, 1000 Berlin 38 (T. 8 01 86 59) - Geb. 18. Jan. 1920 Halle/S. (Vater: Geheimrat Prof. Dr. phil. Wilhelm W., 1927-33 Generaldir. Staatl. Museen Berlin (s. X. Ausg.); Mutter: Margarete, geb. Noack), ev., verh. s. 1948 m. Ingeborg, geb. Lübcke, 3 Töcht. (Susanne, Dorothea, Stephanie) - Univ. Marburg u. Hamburg (Kunstgesch., Archäol., Neuere Gesch.; Promot. 1951). Staatsex. f. d. höh. Dienst an wiss. Bibl.en 1958 München - 1951-53 Stip. Zentralinst. f. Kunstgesch. München; 1953 Assist. Univ. Hamburg; 1954-56 Assist. Bibliotheca Hertziana (Max-Planck-Inst.) Rom; 1956-61 Leit. Bibl. German. National-Museum Nürnberg; 1961-1973 Dir. Kunstbibl. Staatl. Museen Berlin. S. 1969 Honorarprof. FU Berlin (Kunstgesch.) - BV: D. Kopien d. 17. Jh.s nach Mosaiken u. Wandmalereien in Rom, 1964; Meisterwerke dt. Malerei d. 19. Jh., 1981 (Hrsg. u. Verf.). Mithrsg.: Neue Propyläen-Kunstgesch. (18 Bde. 1966 ff.) - 1967 Luther-Med. in Gold, 1973 BVK I. Kl.; 1978 Gr. BVK; 1983 Stern dazu; 1975 Korr. Mitgl. Akad. d. Wiss. Mainz; Dt. Archäol. Inst. Berlin - Spr.: Ital., Engl., Franz.

WAFFENSCHMIDT, Horst

Dr. jur., Stadtdirektor a.D., Parlam. Staatssekr. Bundesinnenmin. (s. 1982). MdB (seit 1972; Wahlkr. 66/Oberberg. Kreis), 1. Vizepräs. Dt. Städte- u. Gemeindebund, Mitgl. Ev. Landessynode Rhld. (s. 1972) - Weidenfeld 2, 5220 Waldbröl Bez. Köln (T. 22 47) - Geb. 10. Mai 1933 Düsseldorf (Vater: Johannes W., Oberregierungsrat; Mutter: Elisabeth, geb. Jacobs), ev., verh. s. 1958 m. Ilse, geb. Reitmeister, 4 Kd. (Ute, Elke, Susanne, Christoph) - Hollenberg-Gymn. Waldbröl, Univ. Bonn u. Köln (Rechts- u. Staatswiss.). Promot. 1962 - 1963-64 Leit. Abt. Verwaltung u. Recht Landesstraßenbauamt Köln; 1964-1971 Gemeindedir. Gde. bzw. Großgde. (1969) Wiehl; 1971-72 Stadtdir. Stadt Wiehl. 1962-72 MdL Nordrh.-Westf. (1970 stv. Fraktionsvors.). 1973-79 Vizepräs. Städte- u. Gemeindebund, Düsseldorf, zul. Präs. Dt. Städte- u. Gemeindebund. Zeitw. Vorst.-Mitgl. Jg. Union Rhld. CDU s. 1954 (1967 stv. Landesvors. Rhld.) - BV: D. äußere Trennung u. innere Selbständigkeit d. Bundesexekutive u. -legislative in d. BRD, 1962 (Diss.) - Liebh.: Neue Lit., Gartenbau, Schwimmen - Spr.: Engl., Franz. - Rotarier.

WAGENBACH, Klaus

Dr. phil., Verlagsbuchhändler - Ahornstr. 4, 1000 Berlin 30 (T. 211 50 69)- Geb. 11. Juli 1930 Berlin (Vater: Dr. phil. Joseph W., Landrat a. D. (s. XV. Ausg.); Mutter: Margarete, geb. Weißbäcker), verh. v. 1954-83 m. Katharina, geb. Wolff, 3 Töcht. (Tatiana, Yvonne, Nina), s. 1987 m. Barbara, geb. Herzbruch - Abitur 1949; Buchhändlerex. 1951; Promot. 1957 - 1958-59 Lektor Mod. Buch-Club, Darmstadt, dann f. Dt. Literatur S. Fischer Verlag, Frankfurt/M., s. 1964 Inh. Verlag Klaus Wagenbach GmbH, Berlin - BV: Franz Kafka - E. Biogr. s. Jugend, 1958 (Bern); Franz Kafka in Selbstzeugnissen u. Bilddokumenten, 1964; Tintenfisch/Jahrb. f. Lit., 1968ff.; Dt. Lit. d. 60er Jahre, 1968/72; Dt. Lit. zw. 1945 u. 59, 1980; Eintritt frei - Beitr. z. öfftl. Meinung, 1982; Franz Kafka. Bilder a. seinem Leben, 1983 - S. 1969 Mitgl. PEN-Zentrum BRD; 1980 Kritikerpreis f. Lit.; 1985 Montecchio-Preis f. Verd. um ital. Kultur; 1986 Cavaliere al merito della republica italiana; 1990 Il Premio Nazionale per la Traduzione - Spr.: Engl., Franz., Ital.

WAGENER, Gerhard

Fabrikant, Inhaber Fa. Heinmöller & Dieckershoff, Wuppertal-B., Vors. Fachverb. Hosenträger- u. Gürtelind., Wuppertal-Elberfeld, Vors. Indstrieverb. Bekleidung Berglisch-Land - Hinsbergstr. 23, 5600 Wuppertal-Barmen - Geb. 11. Nov. 1930 - Handelsrichter Landgericht Wuppertal.

WAGENER, Hans-Henrich

Dr. med., Prof. f. Pharmakologie u. Toxikologie - Breslauer Str. 76, 5309 Meckenheim (T. 02225-49 74) - Geb. 17. Sept. 1926 Göttingen (Vater: Prof. Dr. med. Oskar W.; Mutter: Gustava, geb. Focke), ev., verh. s. 1955 m. Barbara, geb. Koebe, 2 Kd. (Christoph, Karin) - Gymn. Göttingen, Univ. Göttingen (Med.; Staatsex. 1951) - B. 1956 klin. Tätigk., s. 1956 pharmaz. Ind. (Schweiz u. BRD), Leiter Gesch.-Ber. Wiss. Fa. Dolorgiet, St. Augustin b. Bonn.

WAGENER, Raimond

Gewerkschaftsangestellter, Mitgl. Hbg. Bürgerschaft (s. 1966) - Haanbalken 5, 2000 Hamburg 90 (T. 7 60 47 45) - Geb. 25. Sept. 1932 Hamburg, verh., 1 Kd. - Volkssch.; Elektromechanikerlehre - S. 1958 Gewerksch. ÖTV. SPD s. 1953.

WAGENHÄUSER, Ludwig

Dipl.-Ing., Vorstand Innwerk AG, München-Töging - Hauptstr. 60, 8266 Töging/Inn - Geb. 29. Juli 1928.

WAGENHÖFER, Carl

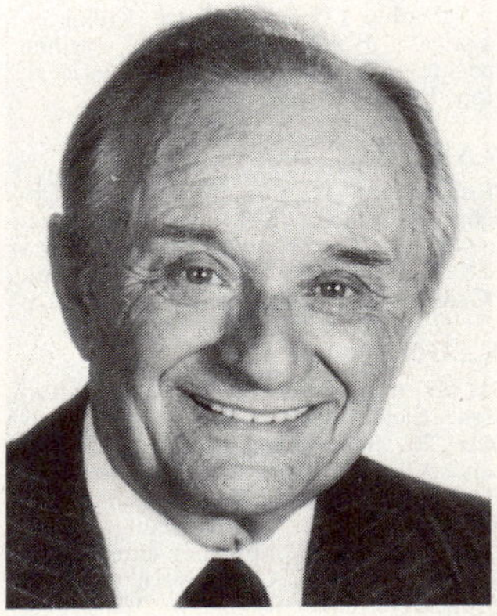

Bankpräsident i.R. - Hermine-Bland-Str. 1, 8000 München 90 (T. 64 89 64) - Geb. 24. Febr. 1910 Nürnberg (Vater: Karl W., Staatsbankamtm.; Mutter: geb. Bauer), ev., verh. s. 1937 m. Gretl, geb. Hofmann, 2 Kd. (Erika, Gert) - Altes Gymn. Nürnberg; Univ. Erlangen, Wien, Kiel, München (Rechts-, Staats-, Wirtschaftswissensch., Phil.). Diplom-Volkswirt (1932) und Gr. jurist. Staatsprüfung (1936) München - Assessor Regierung Ansbach (Wirtschaftsreferat) und Landratsamt Lichtenfels, ab 1937 Reg.ass. u. -rat (1939) Bayer. Finanzmin., 1939-45 Wehrdst. (Einsatz Westen u. Osten, Geschütz-, Batterief. u. Regt.adjudant (Oblt. d. R.)), ab 1947 Ref. Bayer. Finanzmin., Finanzexperte Stuttgarter, Frankfurter Länder- u. Bundesrat (8 1/2 J. f. Finanzmin.konfz. d. Länder tätig) 1950 Min.rat, 1952-56 Staatsrat Hamburg (Finanzbehörde), b. 1977 Präsident Landeszentralbank in Bayern, München, u. Mitgl. Zentralbankrat Dt. Bundesbank, Frankfurt/M. Mitgl. im Vorst. bzw. Kurat. zahlr. kultureller Inst., insbes. Ehrenvors. Ges. z. Förd. d. Münchner Opernfestsp. u. stv. Vors. Fördererkreis Germ. Nationalmuseum Nürnberg - BV: D. Föderalismus u. d. Notenbankverfass., 1957 - Sport- u. Kriegsausz. (EK 1); 1962 Bayer. VO., 1970 Gr. BVK, 1973 Stern u. 1976 Schulterbd. dazu; 1987 Gold. Ehrennadel Bayer. Staatsoper; Medaille München leuchtet in Gold - Liebh.: Phil.-theol. u. kunstgeschichtl. Literatur, Fotogr. - Spr.: Engl. - Rotarier.

WAGENITZ, Gerhard

Dr. rer. nat., o. Prof. f. Botanik (Pflanzensystematik) - Ewaldstr. 73, 3400 Göttingen (T. 4 22 53) - Geb. 31. Mai 1927 Potsdam - S. 1962 (Habil.) Lehrtätigk. FU Berlin (1966 apl. Prof.) u. Univ. Göttingen (1969 Ord.). Mitgl. Akad. Wiss. Göttingen (1982). Fachveröff.

WAGENLEHNER, Günther

Dr. phil., Publizist, Präs. Vereinig. Europ. Journalisten, dt. Gruppe - Kastanienweg 26, 5300 Bonn 2 (T. 0228 - 32 17 12) - Geb. 19. Nov. 1923 Oederan (Vater: Walter W., Industriekfm.; Mutter: Gertraude, geb. Heinert), ev.-luth., verh. s. 1980 in 2. Ehe m. Anna-Luise, geb. Schluck - 1956-61 Stud. Polit. Wiss. Univ. Hamburg, Promot. 1961 - Publizist, Journ. S. 1962 Präs. Vereinig. Europ. Journ., dt. Gruppe; intern. Ehrenpräs. - BV: D. sowjet. Wirtschaftssyst. u. Karl Marx, 1960; Kommunismus ohne Zukunft, Text u. Parteiprogramm d. KPdSU, 1962; Eskalation im Nahen Osten, 1968; Staat od. Kommunismus, 1970; Abschied v. Kommunismus, 1987; D. dt. Frage u. d. intern. Sicherheit, 1988 - Europ. Ehrenkreuz; Europ. Journ.preis - Liebh.: Reisen, Filmen - Spr.: Engl., Russ.

WAGENSEIL, Kurt L.

Lektor u. Übersetzer - Heinrich-Vogl-Str. 12, 8132 Tutzing/Starnberger See (T. 4 46) - Geb. 26. April 1904 München, kath., verh. m. Ellen, geb. Neumann, 2 Kd. (Dr. med. Andreas, Christian, Verlagsbuchhändl.) - Übers.: Prinzessin Paley (Erinnerungen aus Rußland), Henry Miller, Virginia Woolf, V. Sackville-West, George Orwell (1984) Irwin Shaw u.a.

WAGNER, Adolf

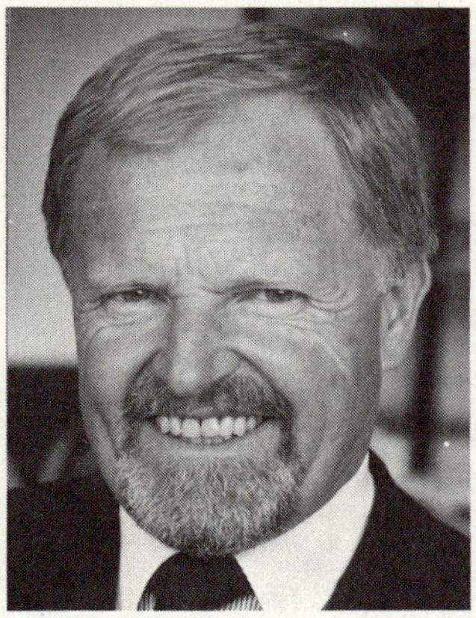

Dr. rer. pol., Dipl.-Volksw., o. Prof. f. Volkswirtschaftslehre - Burglehenweg 7, 7407 Rottenburg 1 (T. 07472 - 2 22 17) - Geb. 25. Febr. 1939 Falkenau (CSFR) (Vater: Josef W., kfm. Angest.; Mutter: Marie, geb. Stock), kath., verh. s. 1965 m. Ursula, geb. Schönecker, 2 Söhne (Alexander, Stefan) - 1958-61 Lehre Bankkfm., Abit. Münchenkolleg 1964, Dipl.-Volksw. Univ. München 1968, Promot. Univ. Tübingen 1972, Habil. 1976 - 1958-68 Kreditgeschäft, Revision, 1968-75 Forsch.assist., 1975-78 Prof. FH Reutlingen, 1979 Prof. f. Statistik Univ. Marburg, 1980 o. Prof. f. Wirtschaftstheorie, ebd., s. 1986 o. Prof. Univ. Tübingen, Dir. d. Inst. f. Angew. Wirtschaftsforsch. (IAW) Tübingen - BV: D. Wachtumszyklen in d. BRD, 1972; D. Wicksell-Effekt, 1978; Mikroökonomik, 2. A. 1989; Makroökonomik, 1990; Mitverf. b. 12 weit. wirtsch.wiss. Büchern; 68 Aufs. in Fachztschr. Mithrsg. Jahrbücher f. Nationalökonomie u. Statistik, Journal of Evolutionary Economics - Liebh.: Tennis, mod. Literatur - Spr.: Engl., Franz.

WAGNER, Angelika C.

Ph. D., M.A., Prof. f. Erziehungswiss. Univ. Hamburg - Auf der Koppel 43, 2055 Aumühle - Geb. 15. Juli Radeburg - Stud. Math., Psychol. u. Päd.; Staatsex. 1967 Hamburg; M.A. (Psychol.) 1968 Southern Illinois Univ./USA; Promot. 1971 Univ. of Michigan, Ann Arbor/USA - 1971-75 Doz. PH Reutlingen; 1975-85 Prof. f. Päd. Psychol. PH Reutlingen; s. 1985 Univ.-Prof. Univ. Hamburg; s. 1988 Vizepräs. Univ. Hamburg - BV u.a.: Schülerzentrierter Unterr., 1976; Mann - Frau - Rollenklischees im Unterr., 1978; Unterrichtspsychogramme, 1981; Bewußtseinskonflikte im Schulalltag, 1984.

WAGNER, Arno

Dr. jur., Geschäftsführer Fachverb. d. Reprografie-Betriebe u. Lichtpausereien - Richard-Wagner-Str. 11, 5600 Wuppertal-E. (T. 30 62 83) - Geb. 17. Nov. 1906 München, ev., verh. I) m. Margret, geb. Diergarten †, II) 1952 Anna-Elisabeth, geb. Stunz, S. Siegfried - Univ. Göttingen u. München (Rechtswiss.). Promot. 1937 Köln - 1937-45 Versich.sjurist; 1946-52 Rechtsbeistand; s. 1953 Verbandsgeschäftsf.

WAGNER, August

Dr. jur., Präsident Bundesakad. f. Wehrverw. u. Wehrtechnik Düsseldorf - Gräulinger Str. 76, 4000 Düsseldorf 30 (T. 0211 - 28 52 55) - Geb. 15. Okt. 1919 Landshut, kath., verh. s. 1956 m. Herta, geb. Meyer, 2 Kd. (Reiner, Brunhilde) - Abit. 1937; Jura-Stud. (1. jurist. Staatsprüf. 1950, Promot. 1951, 2. jurist. Staatsprüf. 1957) - 1958 Personaldez. WBV III, Düsseldorf; 1974 Vizepräs. u. ab 1981 Präs. Bundesakad. f. Wehrverw. - EK II u. EK I; 1969 BVK u. 1975 BVK I. Kl. - Liebh.: Bergsteigen, Skifahren - Spr.: Engl., Franz.

WAGNER, Carl-Ludwig

Dr. jur., Ministerpräsident Rheinl.-Pfalz a. D. - Hermeskeiler Str. 24, 5500 Trier (T. 5 24 89) - Geb. 9. Jan. 1930 Düsseldorf (Vater: Georg W., Verlagsleiter †1956; Mutter: Käthe, geb. Weiskirchen), kath., verh. s. 1958 m. Lore, geb. Kretschmer, 3 Kd. - Abit. 1949 Trier; Univ. Mainz (Rechtswiss.). Jurist. Staatsex. 1953 u. 57; Promot. 1960 - 1959-69 Beamter Europ. Parlament, Luxemburg. CDU s. 1951; 1969-76 MdB, 1976-79 Oberbürgermeister Trier, 1979-81 Min. d. Justiz, 1981-88 Finanzmin., 1989-91 Ministerpräsident Rhld.-Pfalz - Liebh.: Bücher (bes. Gesch.), Tennis - Spr.: Franz., Engl., Ital., Span.

WAGNER, Christean

s. Wagner, Günther Christean.

WAGNER, Christian

Verwaltungsdirektor u. Justitiar RIAS Berlin - Elvirasteig 9, 1000 Berlin 37 (T. 802 87 09) - Geb. 6. Nov. 1932 Dresden, verh. m. Dr. Lucie Schauer-W., Kunstpublizistin - Stud. Rechtswiss., Betriebsw., Germ., Theaterwiss. - Spr.: Engl.

WAGNER, Erich

Dr. med., Prof., Chirurg. Chefarzt Ev. Krankenhaus Gießen (s. 1969) - Finkenweg 26, 6307 Linden-Leihgestern (T. 06403 - 6 10 26) - Geb. 27. April 1926 Lang-Göns (Vater: Heinrich W., Landw.; Mutter: Ottilie, geb. Schmidt), ev., verh. s. 1962 m. Jutta, geb. Bobsien, 2 Kd. (Annette, Stefan) - Stud. d. Med. Univ. Marburg, Mainz, Gießen, Staatsex. 1953; Promot. 1955 Gießen; Habil. 1967, Hon.Prof. 1975 - 1960-61 Stud.aufenth. USA. Mitgl. Dt. Ges. f. Chir., Dt. Ges. f. Verdauungs- u. Stoffwechselkrankh., Colleg. Intern. Chirurgia Digestivae - Üb. 80 wiss. Veröff. z. Herz-, Abdominal- u. Unfallchir. - Liebh.: Golf, Schwimmen, Musik, mod. Lit. - Spr.: Engl.

WAGNER, Erika

Dr. phil., em. o. Prof. - Neue Str. 5, 6577 Weitersborn (T. 06754 - 6 18) - Geb. 10. Jan. 1920, ev. - S. 1947 Päd. Akad. Lüdenscheid (Doz.), Päd. Hochsch. Kettwig (Prof.), PH Ruhr/Abt. Duisburg (o. Prof.), Univ. Duisburg-GH (o. Prof.). Vorles. üb. Geographie u. ihre Didaktik. Fachveröff. bes. Westaustralien - Spr.: Engl., Franz. - Soroptimistin.

WAGNER, Erika

Hausfrau, MdL Hessen (s. 1978, Wahlkr. 7/Hersfeld-Rotenburg-Nordost/Werra-Meißner-Kr. Süd) - Westring 64, 3440 Eschwege - Geb. 13. Aug. 1933 Wanfried, verh., Sohn - Realsch. - 1950-1958 Facharb. Druckind.; 1962-67 Verkäuferin Einzelhdl. 1960 ff. MdK Eschwege (stv. Vors.); 1974 ff. MdK Werra-Meißner-Kr. (Fraktionsvors.). SPD s. 1959 (1970 ff. Mitgl. Bezirksvorst. Hessen Nord, s. 1973 Ortsvors. Eschwege), s. 1979 Mitgl. Bundesvorst.

WAGNER, Ernst-Ludwig

Maschinenbautechniker, Abgeordneter Hess. Landtag - Bottenhorner Str. 10, 6347 Angelburg-Frechenhausen - Geb. 20. Juli 1950, ev., verh. s. 1973, 3 Töcht. - 1965-68 Maschinenschlosserlehre; 1973-75 Maschinenbautechnikerausb. - S. 1985 Parlamentsvors. Angelburg; s. 1987 Landtagsabgeordn. SPD-Frakt. - Liebh.: Astronomie.

WAGNER, Eugen

Senator d. Baubehörde Fr. u. Hansestadt Hamburg (s. 1983) - Hamburg-Finkenwerder - Geb. 4. Febr. 1942 Hamburg (Vater: Eugen W., techn. Angest.; Mutter: Annagrethe, geb. Fock), verh. s. 1979 m. Cornelia, geb. Meusel - N. Mittl. Reife 3j. kaufm. Lehre Reederei - S. 1965 Angest. BASF Farben + Fasern AG., Hamburg (Verteilungsleit. Werk Hamburg II). 1978 Mitgl. Hbg. Bürgerschaft (Frakt.-Vorst.) SPD (stv. Kreisvors. Hbg.-Mitte, Vors. Ortsausschußfraktion Finkenwerder 1970-78 Mitgl. Bezirksvers. Hamburg-Mitte).

WAGNER, Ewald

Dr. phil., Prof. f. Semitistik u. Islamkunde - Eichendorffring 2, 6300 Gießen (T. 4 11 93) - Geb. 8. Aug. 1927 Hamburg (Vater: Karl W., Oberschulrat a.D.; Mutter: Leni, geb. Ewald), ev., verh. s. 1974 m. Ida, geb. Patilla, 3 Kd. (Georg, Elisabeth, Angelica) - Univ. Hamburg (Semitistik, Islamkunde, Phonetik). Promot. Hamburg; Habil. Mainz - 1955-64 Bibl.sass. u. -rat (1960) Univ.sbibl. Mainz; 1959-63 Lehrbeauftr. (Islamsprachen) Univ. Würzburg; 1960-64 Lehrbeauftr. (Arab. Lit.) u. Privatdoz. (1962; Semit. u. Islamkd.) Univ. Mainz; s. 1964 Prof. Univ. Gießen. Fachmitgliedsch. - BV: u. a. Syntax d. Mehrisprache, 1953; D. Diwan d. Abú Nuwás, 3 Bde. 1958-88 (Kairo u. Beirut); Abú Nuwás - E. Studie z. Lit. d. frühen Abbasidenzeit, 1965; Arab. Handschriften, 1, 1976; Legende u. Gesch., 1978; Harari-Texte in arab. Schrift, 1983; Grundzüge d. klass. arab. Dichtung, 2 Bde. 1987-88. Herausg.: Ztschr. d. Dt. Morgenländ. Ges. (1972-91).

WAGNER, Falk

Dr. theol., o. Univ.-Prof. f. Systematische Theologie Univ. Wien - Kaiserstr. 32, A-1070 Wien - Geb. 25. Febr. 1939 Wien (Vater: Robert W., Geschäftsf.; Mutter: Friedel, geb. Gerke), ev. - 1960-68 Stud. ev. Theol., Phil. u. Soziol. Univ. Frankfurt u. Mainz; 1. theol. Ex. 1968, Promot. 1969 Univ. München, Habil. 1972 ebd. - 1968/69 Wiss. Mitarb. f. Erwachsenenbild. u. Wirtschaftsethik; 1969-72 Wiss. fr. Mitarb. b. DIPF Frankfurt/M.; s. 1970 Univ. München (wiss. Assist., Rat u. Prof. s. 1978) - BV: Üb. d. Legitimität d. Mission, 1968; D. Gedanke d. Persönlichkeit Gottes b. Fichte u. Hegel, 1971; Schleiermachers Dialektik, 1974; Friedenserzieh. als Problem v. Theol. u. Religionspäd. (m. Ch. Bäumler u. a.), 1981; D. Flucht in d. Begriff, (Hg. m. F. W. Graf) 1982; Geld od. Gott?, 1985; Was ist Religion?, 1986, 2. A. 1991; D. vergessene spekulative Theologie, 1987; Was ist Theologie?, 1989.

WAGNER, Franz W.

Dr. oec. publ., Dr. rer. pol. habil., Prof. f. Betriebswirtschaftslehre - Univ. Tübingen, Mohlstr. 36, 7400 Tübingen - Geb. 21. Mai 1944, verh. s. 1971, 2 Kd. - Dipl.-Kfm. 1969, Promot. 1971, Habil. 1976 - BV: Kapitalerhaltung, Geldentwertung u. Gewinnbesteuerung, 1978; D. Steuerplanung d. Unternehmung, 1980; Zero-Bonds, 1986.

WAGNER, Friedrich

Dr. agr., Geschäftsf. Vorstandsmitgl. Bäuerl. Bezugs- u. Absatzgenoss. e. G., Minden, Vors. Bundesverb. d. Mischfutterhersteller, Bonn - Hundegrund 8, 4950 Minden - Geb. 16. April 1929.

WAGNER, Friedrich

Dr. med., Prof., ehem. Chefarzt Augenheilanst. Wiesbaden - Herzogsweg 4, 6200 Wiesbaden (T. 52 99 37) - Geb. 14. Febr. 1910 Alfeld/Leine - Habil. 1944 Leipzig - S. 1947 Privatdoz. u. apl. Prof. (1952) Univ. Mainz. Zahlr. Fachveröff.

WAGNER, Friedrich A.

Dr. phil., Journalist, Reiseschriftsteller - Waldschmidtstr. 6, 6000 Frankfurt/M. (T. 4 05 85-3 90) - Geb. 24. Jan. 1914 Breslau (Vater: Paul W., Oberstadtinsp.; Mutter: Emmi, geb. Hönisch), kath., verh. s. 1939 m. Dr. phil. Eva-Maria, geb. Zenker (Kunsthistorikerin) †1985 - Friedrichs-Gymn. Breslau; Univ. Wien u. Breslau (German., Kunstgesch., Volkskd., Musik, Phil.). Promot. 1938 - 1939-45 Wehrdst.; 1945-50 Mitarb. Hess. Rundfunk; s. 1950 Feuill.redakt. Fuldaer Volksztg. u. Frankfurter Allg. Ztg. (1953-79) - BV: D. Urlaubswelt v. morgen - Erfahrungen u. Prognosen, 1970. Herausg./Anthol.: Liebe, gute Mutter, 3. A. 1960, Lob d. Freundschaft, 1957; Lob d. Berge, 1959; Bildbde.: Sizilien, 1958; Costa Brava, 1959; Ferienliebh., 1975; D. Maler Ferd. Lammeyer, 1979; Ferienarch.-D. gebaute Urlaubswelt, 1984 - 1966 Cavaliere ufficiale ital. Verdienstorden, 1971 Al merito turistico span. Verdienstmed., 1976 Ehrenplakette d. Dt. Fremdenverk.-Verb. 1980 BVK; Päpst. St. Gregorius-Orden - Spr.: Engl.

WAGNER, Friedrich-Ludwig

Landrat a. D. - Morlauterer Str. 71, 6750 Kaiserslautern (T. 7 03 07) - Geb. 12. April 1910 Bacharach, ev., verh. in 2. Ehe s. 1974 m. Ruth, geb. Radke, 3 Kd. (Wolf-Manfred, Gislint, Gunhilt †) - Realgymn. Koblenz; Univ. Bonn, Graz, Berlin (Rechts- u. Staatswiss.). Ass.ex. 1937 - Regierungsrat Landratsamt Tilsit, Bezirksreg. Stettin, Polizeiamt Remscheid, Landratsamt Simmern, 1941-45 Kriegseins., 1953-59 Oberreg.srat Bezirksreg. Koblenz u. Trier, 1959-75 Landrat Kaiserslautern. Div. Ehrenstell., dar. 1968 ff. Präs. Pfälz. Ges. z. Förd. d. Wiss. Landgeschichtl. u. kulturpolit. Abh. - BV: Stadt Bacharach u. Samtgde. d. Viertäler, 1966 - 1975 BVK I. Kl. - Spr.: Engl., Franz. - Würdigung z. 60. Geburtstag (K. Baumann, in: Pfälzer Heimat 1970, S. 77 ff.; K. Becker, in: Rhein. Heimatpflege 1970, S. 190 ff.). - Rotarier.

WAGNER, Fritz

Dr. phil., o. Prof. f. Mittellat. Philol., Mediäristik, Bildungs- u. Unterrichtswesen d. Mittelalters Zentralinst. f. Unterrichtswiss. u. Curriculumentwickl. FU Berlin (s. 1970) u. Direktor Mittellat. Seminar (s. 1970) Joh.-Sigismund-Str. Nr. 8, 1000 Berlin 31 (T. 891 55 28) - Geb. 14. Juli 1934 Aachen (Vater: August W., Polizeibeamt.; Mutter: Anne-Alwyne, geb. Surmeier), ev., verh. s. 1965 m. Helga, geb. Franken (Malerin) - Stud. Klass. Philol., Mittellat., German., Gesch., Phil., Päd.; Promot. 1960; Habil. 1967 (alle Köln) - 1967 Privatdoz. u. 1970 apl. Prof. Univ. Köln; 1966-70 Lehrauftr. f. Kodikologie u. Paläographie Bibl.-lehrinst. Nordrh.-Westf., Köln. O. Mitgl. Berliner Wiss. Ges. Mediaeval Acad. of America, Accad. Tiberina, Goethe-Ges., Connecticut Acad. of Arts and Sciences (Yale) u. a. - BV: J. G. Herders Homerbild, 1960; Caesarius v. Heisterbach, Libri VIII Miraculorum 1962, Festschr. f. Karl Langosch (m. P. Klopsch) 1965; Lit. u. Sprache im europ. Mittelalter (m. A.

Önnerfors u. J. Rathofer), 1973. Mithrsg.: Mittellateinisches Jahrb. (s. 1973); Mitarb.: Enzyklopädie d. Märchens. Üb. 200 Aufs., Miszellen u. Art. z. Mittellat. Philol., German. u. Erzählforsch. - Liebh.: Pferdesport - Spr.: Engl.

WAGNER, Fritz

Dr. phil., emerit. o. Prof. f. Neuere Geschichte - Seniorenheim Haus Bruneck, 8185 Kreuth b. Tegernsee (T. 08029 - 86 75) - Geb. 5. Dez. 1908 Ludwigsburg/Württ. (Vater: Dr. med. Theodor W., Arzt; Mutter: geb. Bickel), ev., verh. s. 1931 m. Auguste, geb. Würz, 2 Söhne (Klaus, Hermann) - Univ. Tübingen, Paris, Berlin, München. Promot. (1932) u. Habil. (1939) München - S. 1939 Lehrtätigk. Univ. München, Innsbruck, Marburg (1947 o. Prof.; 1956-58 Rektor) u. München (1966). 1969-82 Sekr. Histor. Kommiss. Bayer. Akad. d. Wiss., München - BV: Kaiser Karl VII. u. d. gr. Mächte, 1938; Cavour u. d. Aufstieg Italiens, 2. A. 1942; USA - Geburt u. Aufstieg d. Neuen Welt, 1947; Europa im Zeitalter d. Absolutismus, 2 A. 1959; Geschichtswiss., 1951 (span. (Mexiko) 1958); Moderne Geschichtsschreibung, 1960; D. Historiker u. d. Weltgesch., 1965; Schieders Handb. d. Europ. Gesch. Bd. IV, 1969; J. Newton im Zwielicht von Mythos u. Forschung, 1976. Herausg.: Orbis Academicus (1951ff.), Archiv. f. Kulturgesch. (1949-81), Neue Deutsche Biographie (1970-87) - 1967 o. Mitgl. d. Bayer. Akad. d. Wiss.; 1978 Gr. BVK.

WAGNER, Gábor

Dipl.-Ing., Fernseh-Regisseur ARD (BR) - Osterwaldstr. 73, 8000 München 40 (T. 089-36 94 87) - Geb. 7. Mai 1937, kath., led. - Stud. TU (Dipl.-Ing. 1964); Hochsch. f. Fernsehen u. Film - FS-Regiss. 1970.

WAGNER, Günter

Lehrer a.D., Schriftsteller - Schiffweiler Str. 12, 3300 Braunschweig - Geb. 27. Dez. 1925, ev., verh. s. 1968 m. Wally, geb. Jacobs, 2 Töcht. (Julia, Sophie) - 1950-52 Päd. Hochsch. Hannover, 1. Ex. 1952, 2. Ex. 1956, s. 1986 Lehrer a. D. - BV: u.a. D. Fahne ist mehr als d. Tod, R. 1959; Wolle wird Chefred., 1979; Drei jagen d. Phantom, 1980; Verdammte Rasselbande, 1980; Mit Oma in Indien, 1981; Mohrchen soll leben, 1982; Vier gegen e. ganze Bande, 1984; Flucht aus d. Hölle v. Vietnam, 1984; Pferde ... Pferde ..., 1985; Extrablatt! Extrablatt!, 1985 (alles Jugendb.); Old Barney u. s. Siebte, 1986; Fatma u. Franzi, 1986; Empfänger unbekannt verzogen, Erz.; Aussaat, 1989; Spiele im Freien, 1989. Erz. u. Hörspiele - Spr.: Engl.

WAGNER, Günther-Christean

Dr. jur., Hess. Kultusminister (1987-91), MdL Hessen (s. 1991) - Geb. 12. März 1943 Königsberg/Pr. (Vater: Hans-Günther W., kfm. Angest.; Mutter: Ursula, geb. Meyer), ev., verh. s. 1970 m. Roswitha, geb. Grychtolik, 3 Kd. (Cosima, Friederike, Hans-Christian) - Univ. Marburg u. Heidelberg (Rechtswiss.). Jurist. Staatsprüf. 1966 u. 71; Promot. 1972 - 1972-75 Stadtdir. Holzminden; 1975-81 I. Kreisbeigeordn. Marburg-Biedenkopf; 1981-85 Landrat Kr. Marburg-Biedenkopf; 1986-87 Staatssekr. d. Bundesmin. f. Umwelt, Naturschutz u. Reaktorsicherheit. CDU (Vors. Kommunalpolit. Vereinig. Hessen u. stv. Bundesvors. Kommunalpolit. Vereinig. CDU/CSU Dtschl.).

WAGNER, Gustav

Dr. med., Dermatologe, Prof. f. Med. Dokumentation u. Statistik Univ. Heidelberg (s. 1964), ehem. Direktor Inst. f. Dokumentation, Information u. Statistik Dt. Krebsforschungszentrum ebd. - Blütenweg 64, 6905 Schriesheim - Geb. 10. Jan. 1918 Hannover, ev., verh. s. 1941 m. Inge, geb. Winiarz, S. Klaus-Dieter - Realgymn. Hannover; Univ. Leipzig u. Berlin (Promot. 1945) - 1946-51 Assist. Städt. Hautklinik Hannover-Linden; 1951-64 Assist., Oberarzt (1955), Wiss. Rat u. Prof. (1963) Univ.-Hautklinik Kiel (1954 Privatdoz., 1959 apl. Prof.). 1965-73 Vors. Dt. Ges. f. Med. Dokumentation u. Stat. - BV: (s. XXIII. Ausg.); Dokumentation, Datenverarb. u. Statistik in d. Med., 1975 (m. R. Thome), 2. A. 1983; Handb. d. med. Dokumentation u. Datenverarb. (m. S. Koller); Interakt. Datenverarb. in d. Med. (m. C. O. Köhler), 1976; Dokumentation u. Information im Dienste d. Gesundheitspfl. (m O. Nacke), 1976; Directory of On-going Research in Cancer Epidemiology (jährl. m. C. S. Muir), 1976ff.; Laboratory Information Syst. - Hospital Pharm. Syst., 1978, Tumor-Lokalisationsschlüssel, 4. A. 1991; Krebsatlas d. BRD (m. R. Frentzel-Beyme, R. Leutner u. H. Wiebelt), 1979; Med. Ökol. (m. M. Blohmke u. H. Schipperges), 1979; Basisdokumentation f. Tumorkranke, 1979; Krebsnachsorge (m. O. Scheibe u. D. Bockelmann), 1980; Effektivität u. Effizienz in d. Med., 1981 (m. H. Schipperges); TNM-Atlas (m. B. Spießl u. O. Scheibe), 1982 (3. A. 1990); Basisdokument. f. Tumorkranke (m. E. Grundmann), 1983; D. Beitrag d. Informationsverarb. z. Fortschr. d. Med. (m. C. O. Köhler u. P. Tautu), 1984; Gesundheitspolitik (m. H. Schaefer, H. Schipperges), 1984; Krebsatlas f. d. Bundesrep. Dtschl., 2. A. (m. N. Becker u. R. Frentzel-Beyme), 1985; Spielräume (m. H. J. Bochnik), 1985; Cancer of the Liver, Esophagus, and Larynx (m. Zhang, You-Hui), 1987; Präventive Med. (m. H. Schaefer, H. Schipperges), 1987; Krebsforschung in Deutschland (m. A. Mauerberger), 1989; weit. Handb.beitr.: Die Epilationsbestrahlung (Handbuch der Haut- und Geschlechtskrankh., Ergänzungsbd. V), Altersveränderungen d. Haut, -dermatosen (Gottron/Schönfeld, Dermatol. u. Venerol., Bd. IV), Tuberkulose d. Haut, Sarkoidose, Lepra (Bode/Korting, Lehrb. d. Haut- u. Geschlechtskrankh.), Statistik d. Geschlechtskrankh. (Gottron/Schönfeld, Dermatol. u. Venerol., Bd. V/2). Üb. 300 Ztschr.beitr. Herausg.: Schriftenreihe d. Nwd. Dermatol. Ges. (1951ff.), Methods of Information in Medicine/Intern. Ztschr. f. d. Methodenlehre d. med. Forsch. (1962ff.) - 1968 korr. Mitgl. Finn. u. Dän. Dermatol. Ges. - Philatelist - Spr.: Engl., Franz.

WAGNER, Gustav Friedrich

Dr. rer. nat., Senator E. h., Geschäftsführer i. R. Robert Bosch GmbH, Stuttgart - Grünewaldstr. 4, 7000 Stuttgart 1 (T. 85 95 95) - Geb. 18. Okt. 1916 - AR-Mand.

WAGNER, Hans

Dr. phil., o. Prof. f. Philosophie - Flemingstr. 12, 5300 Bonn 1 (T. 62 31 64) - Geb. 10. Jan. 1917 Plattling/Ndb., kath., verh. s. 1947 m. Alexa, geb. Schnoes, S. Hans-Rainer - Stud. Regensburg, Tübingen, Würzburg. Promot. (1946) u. Habil. (1948) Würzburg - S. 1949 Lehrtätigk. Univ. Würzburg (1955 ao. Prof.) u. Bonn (1961 o. Prof. u. Dir. Phil. Sem./Abt. A). 1968 Gastprof. Yale Univ. Emerit. 1982 - BV: Existenz, Analogie u. Dialektik, 1953; Phil. u. Reflexion, 3. A. 1980; Aristoteles, Physikvorlesung (übers., eingel. u. komment.), 3. A. 1979; Krit. Phil., 1980 - Spr.: Engl., Franz., Ital.

WAGNER, Hans

Sozialarbeiter, MdL Nordrh.-Westf. (s. 1970) - Droste-Hülshoff-Str. 22, 4200 Oberhausen (T. 6 42 08) - Geb. 24. April 1934 Osterfeld/Oberhausen, verh., 3 Kd. - Volkssch.; Schlosserlehre; 1959-62 Höh. Fachsch. f. Sozialarb. - S. 1963 Sozialarb. 1961 ff. Ratsmitgl. Oberhausen (1969 Fraktionsf.). CDU.

WAGNER, Hans

Dr. phil., Ltd. Regierungsdirektor a. D., MdL Hessen (1950-82; 1958-66 stv., 1966-70 u. 1972 Fraktionsvors. CDU, 1970-72 I. Vizepräs., 1974-82 Präs.) - Walther-Rathenau-Str. 27, 6148 Heppenheim/Bergstr. (T. 22 38) - Geb. 5. Mai 1915 Nieder-Liebersbach/Hessen (Vater: Nikolaus W., Volksschullehrer; Mutter: Katharina, geb. Arnold), kath., verh. s. 1945 m. Maria, geb. Schulz, 5 Kd. (Klaus, Thomas, Angelika, Andreas, Clemens) - Gymn.; Univ. Heidelberg u. Berlin (Alte Spr., Gesch., Archäol.). Promot. 1938 - 1945-66 Schuldst. B. 1933 Windt orstbd. u. Kolpingfamilie; n. 1945 CDU (u. a. 1966 stv. Landesvors. u. Mitgl. Bundesparteiaussch.). Mitbegr. Jg. Union (mehrere Jahre stv. Landesvors.) - 1975 Wilhelm-Leuschner-Med.; 1982 Europa-Union-Med.; 1982 Großkreuz d. VO. d. Bundesrep. Deutschl. - Liebh.: Mod. Kirchenbau, klass. Musik - Spr.: Franz.

WAGNER, Hans

Dr. jur., Landrat Kr. Amberg-Sulzbach - Heldmannstr. 3, 8450 Amberg/Opf. - Geb. 1935 - Vors. Regional. Planungsverb. Oberpfalz-Nord. CSU.

WAGNER, Hans-Georg

Regierungsbauamtmann, MdL Saarland (s. 1975) - Zum Mühlenberg 8, 6689 Eppelborn-Dirmingen - Geb. 26. Nov. 1938 Niederlinxweiler - SPD.

WAGNER, Hans-Joachim

Dr. med., o. Prof. f. Gerichtl. Medizin (Rechtsmedizin) - Kraepelinstr. 8, 6650 Homburg/Saar (T. 42 22) - Geb. 9. März 1924 Gera/Thür. (Vater: Armin W., Prokurist; Mutter: Margarete, geb. Bergner), verh. m. Hildegard, geb. Staschick - Univ. Frankfurt/M. u. Mainz. Promot. (1951) u. Habil. (1960) Mainz - S. 1960 Lehrtätigk. Univ. Mainz u. Saarbrücken (1968 Ord. u. Inst.dir.). Vors. Dt. Ges. f. Verkehrsmed. e. V. - Etwa 150 Fachveröff. Herausg. Handb. u. Lehrb. d. Verkehrsmed. bzw. d. Verkehrswiss.

WAGNER, Hans-Jürgen

Dipl.-Physiker, Dr. rer. nat., Mitglied d. Landtags Thüringen (s. 1990) - Felix-Auerbach-Str. 20, O-6902 Jena (T. 3 37 43) - Geb. 1. Dez. 1941 Sommerfeld, verh. s. 1969 m. Hannelore, geb. Stein, 2 Kd. (Volker, Elke) - Stud. Jena, Promot. 1971 (ebd.) - Univ. Jena, Forsch.zentrum Carl Zeiss.

WAGNER, Harald

Dr.-Ing., Prof., Inst. f. Unterirdisches Bauen Univ. Hannover (s. 1967) - Schubertstr. 30, 3100 Celle (T. 5 32 83).

WAGNER, Hardy

Dr. rer. pol., Prof. f. Controlling u. Führung FH Rheinland-Pfalz, Abt. Ludwigshafen/Worms - Dudenhofer Str. 46, 6720 Speyer - Geb. 1932 Opladen/Rhld., verh. m. Ingrid, geb. Poetschki, 4 Kd. - Lehre als Industrie-Kaufm.; Ext. Abit.; Stud. Wirtschaftspäd., Sozialpolitik u. Betriebswirtschaft Univ. Köln u. Bonn; Dipl.-Hdl. 1958 Köln; Dipl.-Kfm. 1959 Köln; Promot. 1966 Köln - Wiss. Assist.; Forschungsbeauftr.; 1958-61 Untersuchungsleit.; Direkt.-Assist.; 1961-70 Geschäftsf.; s. 1970 Doz. bzw. Prof. Geschäftsf. Dir. Forschungsinst. f. Angew. Betriebswirtsch. FH d. Landes Rhld.-Pfalz; 1982-87 Projektleit. BLK-Modellversuch Praxisverbundenes Stud. - Gründungsmitgl. u. s. 1976 Vorst.-Vors. gemeinn. Ges. z. Förd. Anwendungsorientierter Betriebswirtsch. u. Aktiver Lehrmeth. in FH u. Praxis, Speyer - BV: Erfahrungen m. d. Betriebsverfassungsgesetz, 1960; Praxisverbundenes Stud., 1983; Persönliche Arbeitstechniken, 1984, 4. A. 1992; Struktogramm-Analyse, 1984, 5. A. 1991. Ca. 50 Ztschr.-Aufs., insb. zu d. Themen Selbst-Management u. Erfolgs-Verursachung, Unternehmensführung; mehrere Monogr. Gf. Herausg.: Gabal-Schriftenr. Speyer (s. 1978).

WAGNER, Heinz

Dr. jur. (habil.), Univ.-Prof. f. Staats- u. Verwaltungsrecht - Tietzenweg 54, 1000 Berlin 45 (T. 833 21 67) - Geb. 25. Mai 1926 Mainz - Stud. Mod. Sprachen u. Rechtswiss. - 1957 Wirtschaftsvereinig. Eisen- u. Stahlind., Düsseldorf; 1958 Univ. Köln (Assist., 1963 Privatdoz.); 1966 Univ. Saarbrücken (Ord.); 1970 FU Berlin (Ord.) - BV: D. Grundbegriffe d. Beschlußrechts d. Europ. Gemeinschaften, 1965; D. Vorstellung d. Eigenständigkeit in d. Rechtswiss., 1967; D. mod. Logik d. Rechtswiss., 1970 (m. Haag); D. arab.-israel. Konflikt im Völkerrecht, 1971; Recht als Widerspiegelung u. Handlungsinstrument, 1976; Normenbegründ., 1982; Polizeirecht, 1985; D. Polit. Pandektistik, 1985; Komm. z. PolG v. NW, 1987 - Spr.: Engl., Franz.

WAGNER, Heinz

Dr. med. (habil.), Prof., Chefarzt Orthopäd. Klinik Wichernhaus, Altdorf (s. 1969) - Wichernhaus, 8503 Altdorf/Mfr. - S. 1965 Privatdoz. u. apl. Prof. (1970) Univ. Erlangen-Nürnberg (Orthop.). Facharb.

WAGNER, Heinz-Georg

Dr. rer. nat., Dr. h. c., o. Prof. f. Physikal. Chemie - Senderstr. Nr. 51, 3400 Göttingen-Nikolausberg - Geb. 20. Sept. 1928 Hof/S. - 1939-48 Obersch. Hof (dazw. 1944-45 Kriegsdst.); 1948-53 TH Darmstadt (Physik, Chemie, Math.). Promot. 1956; Habil. 1960 - 1962 Doz. Univ. Göttingen; 1964 Ord. Univ. Bochum; 1970 Ord. Univ. Göttingen; 1970 Dir. am Max-Planck-Inst. f. Strömungsforsch. in Göttingen. 1961 Stip. National Foundation USA. 1970 Mitgl. MPG, Mitgl. Intern. Acad. of Astronautics, Leopoldina Halle, Akad. d. Wiss. Heidelberg u. Akad. d. Wiss. Göttingen, 1983-89 Vizepräs. DFG, Sekr. Akad. d. Wiss. Göttingen, Dir. u. Vors. Dt. Sektion d. Intern. Combustion Institute - Fachveröff. - 1963 Fritz-Haber-Preis; 1972 Bernard-Lewis-Med. in Gold; 1982 Achema-Plak.; 1987 Numa Manson Med.; 1991 Dionizy Smoleński Med.; BVK.

WAGNER, Hellmut

Dr. jur., stv. Vorsitzer d. Vorstands Kernforschungszentrum Karlsruhe GmbH - Graf-Eberstein-Str. 49, 7500 Karlsruhe 51 - Geb. 9. Jan. 1933 - 1952-56 Stud. Rechtswiss. u. Volkswirtsch. Würzburg u. München; Promot. Dr. iur. utr. 1959; 2. jurist. Staatsex. 1960. Tätigk. im Bayer. Staatsmin. d. Finanzen u. im Bundesmin. f. Forsch. u. Technologie; s. 1974 Vorst.-Mitgl. d. Kernforsch.-zentrums Karlsruhe - Hon.-Prof. Hochsch. f. Verwalt.wiss. Speyer.

WAGNER, Helmut

Bankkaufmann, Mitgl. d. Geschäftsleitg. Bankhaus Gebr. Bethmann - Bethmannstr. 7, 6000 Frankfurt/M. - Geb. 11. Dez. 1923.

WAGNER, Herbert

Dr.-Ing., Oberbürgermeister d. Landeshauptstadt Dresden (s. 1990) - Hartigstr. 8, O-8023 Dresden - Geb. 21. Sept. 1948 Neustrelitz/Mecklenburg, kath., verh. s. 1973 m. Pia, geb. Arends, 2 Kd. (Christiane, Daniel) - 1967 Abit.; Facharb. Heizungsinstallat.; Stud. Informat.elektr. 1969-73 TU Dresden; Promot. 1985 - 1973-90 Entw.ing. in d. Industrie; 1988-90 Sprecher d. oppositon. Gruppe d. 20; Präs. d. Sächs. Städte- u. Gemeindetages; Präsid.-Mitgl. d. Dt. Städtetages - Wiss. Aufs. z. Fernsehtechnik in Fachztschr. - Liebh.: Sport, Schwimmen, Langlauf, Gesch. - Spr.: Engl.

WAGNER, Hildebert

Dr. rer. nat., o. Prof. f. Phytochemie - Nelkenweg 9, 8211 Breitbrunn/Chiemsee (T. 4 41) - Geb. 28. Aug. 1929 Laufen (Eltern: Dr. jur. Karl (Regierungsdir.) u. Kreszenz W.), verh. (Ehefr.: Ursula), 3 Kd. (Christine, Thomas, Michael) - Promot. 1956; Habil. 1960 - S. 1960 Lehrtätigk. Univ. München (1965 Ord. u. Direktor Inst. f. Pharmaz. Biologie). 1971/72 Gastprof. Ohio Univ. Columbus (USA). Etwa 500 Fachveröff.; Lehrb.: Drogen u. Drogeninhaltsstoffe - Liebh.: Musik (klass.), Lit., Malen.

WAGNER, Ingeborg

Dr. phil., Prof. f. Psychologie (Spez. Aufmerksamkeitsforschung, Berat.) - Andreasweg 14, 4830 Gütersloh (T.

05241 - 7 80 36) - Geb. 4. Mai 1934 Kohlfurt (Vater: Hans W., Stadtrevierförster; Mutter: Ella, geb. Held) - Gymn. Gütersloh, Univ. Münster (Dipl. Psych. 1961 b. W. Metzger), Promot. Bochum 1969 - 1963-70 wiss. Assist. Münster u. Bochum, 1970-75 Akad. Rätin Bochum, 1975 o. Prof. f. Psych. Bonn, s. 1986 Bielefeld - BV: Aufmerksamkeitstraining mit impulsiven Kindern (Monogr.), 1976, 81 u. 89; Psych. E. Einf. (Monogr.), 1983 u. 1990; Aufmerksamkeitsförd. im Unterr. Hilfen durch Lehrertraining (Monogr.), 1984 - Liebh.: Musik, Geige, Lit., Golf - Spr.: Engl., Franz.

WAGNER, Joachim

Dr., stv. Chefredakteur NDR Fernsehen u. Panorama-Leiter - Zu erreichen üb. NDR, Gazellenkamp 57, 2000 Hamburg 54.

WAGNER, Josef

Dr. iur., Oberregierungsrat a. D., Reeder, Mitinh. Reederei Schulte & Bruns, Emden/Bremen/Hamburg, Schiffswerft Schulte & Bruns, Emden, W. Bruns, Leer/Bremen, Geschäftsf. Schulte & Bruns Schiffahrtsges. mbH., Emden/Dortmund/Duisburg-Ruhrort (3), Dollart-Reederei GmbH., Emden, Mundy Schiffahrtsagentur GmbH., Emden - Bollwerkstr. 35, 2790 Emden (T. 2 28 50) - Geb. 18. Jan. 1911 Dillingen/Saar (Vater: Carl W., Bürgermeister; Mutter: Constanze, geb. Böminghaus), verh. s. 1941 m. Ursula, geb. Schulte, 3 Kd. (Ursula, Carola, Hermann) - Univ. Bonn u. Berlin - B. 1949 Justitiar Wasserstraßendir. Magdeburg; s. 1955 Reeder. Vorst.smitgl. Dt. Arb.-geberverb., Köln, Landesverein. nieders. Arb.geberverb., Hann., Bundesverb. Dt. Binnenschiff., Duisburg; Mitgl. Vertr.-vers. See-Berufs-Genn., Hamburg, EG, Brüssel (ber. Aussch. f. soz. Fragen d. Binnenschiff.). Div. Ehrenst., dar. Vors. Arb.geberverb. Dt. Binnenschiff., Tarifkomm. u. Vertr.versl. Dt. Binnenschiff., sämtl. Duisburg, Arb.geberverb. f. Ostfriesl. u. Papenburg, Vertr.versl. AOK, bde. Emden, Klub z. guten Endzweck, ARsmandate - Spr.: Franz. - Rotarier.

WAGNER, Jürgen

Verwaltungsleiter d. Bundeslehr- u. Forschungsstätte d. DLRG-Berlin - Arnulfstr. 93, 1000 Berlin 42 (T. 030 - 753 21 80) - Geb. 19. Sept. 1934 Bromberg/Westpr., ev., verh. s. 1980 m. Doris, geb. Rochow, T. Jeanine - Abit.; Staatl. gepr. Fototechn.; Stud. Wirtsch.-Wiss., German., Publiz. Univ. Berlin u. München - AR-Mitgl. Berliner Bau- u. Wohnungsgenossenschaft v. 1892. 1967-85 Mitgl. Bezirksverordn.-Vers. Berlin-Tempelhof (1975-85 stv. Vorst.). 1985-91 MdA (Wiss.polit. Sprecher d. SPD-Frakt.) - 1984 BVK am Bde. - Liebh.: Sporttauchen, Hochseesegeln, Skilauf - Spr.: Engl., Franz. u. Russ. (Grundkenntnisse).

WAGNER, Karl-Heinz

Dr. med., em. Prof. f. Ernährungswissenschaften - Thaerstr. 20, 6300 Gießen (T. 2 13 30) - Geb. 26. Febr. 1911 Groß-Deuben/Sa. (Vater: Karl W., Techniker; Mutter: Elsa, geb. Hauschild), ev., verh. s. 1939 m. Dr. med. Erika, geb. Hering, 2 Kd. (Barbara, Klaus) - Univ. Leipzig (Med. Staatsex. 1935). Promot. 1936; Habil. 1939 - Reichsanstalt f. Vitaminprüf. u. -forsch. (1942 Abt.sleit. u. Prof.), Univ. Frankfurt (1946 Lehrbeauftr.) u. Gießen (1951 komm. Leit. Inst. f. Ernährungswiss., 1967 Dir. Inst. f. Ernährungsw. II; 1963 ao., 1971 Prof.). Entd.: Bildungsmechanismus d. Vitamin A im tier. Organismus, Umwandlung d. ß-Carotin in Vitamin A, Bestimmung d. Tagesbedarfs v. Vitamin A b. Menschen - BV: D. Vorkommen v. Vitamin A u. ß-Carotin b. Finn-, Blau- u. Spermwal, 1939; D. Pathophysiol. d. Cyclamatverbindungen d. Saccharins u. a. Süßstoffe, 1972; D. tox. Inhaltsstoffe in Siedlungsabfällen u. der. Aufbereitungsprodukten - Müll, Müllkompost, Müllklärschlammkompost u. Klärschlamm; Nachweis v. polyzyklischen aromatischen Kohlenwasserstoffen, Cadmium u. Blei im Krebsgewebe d. Menschen. Funktion d. links- u. rechtsdrehenden Milchsäure im Stoffwechsel d. Menschen - Spr.: Engl., Franz.

WAGNER, Klaus

Dr. phil., Prof., Mathematiker - Wodanstr. 57, 5000 Köln-Rath (T. 86 34 58) - Geb. 31. März 1910 Köln - S. 1949 (Habil.) Lehrtätigk. Univ. Köln (1956 apl. Prof., 1971 Honorarprof.; 1960 Wiss. Rat Math. Inst.) u. Gesamthochsch. Duisburg (1970 o. Prof.) - BV: Graphentheorie, 1970, Mitverf.: Differential- u. Integralrechnung, 1948. Zahlr. Einzelarb.

WAGNER, Klaus

Rechtsanwalt, Geschäftsführer Süddeutscher Verlag GmbH., München - Seitnerstr. 51, 8023 Pullach/Isartal (T. München 7 93 15 34) - Geb. 8. Okt. 1929 Berlin (Vater: Dr.-Ing. Georg W., Techn. Direktor Siemens; Mutter: Anna, geb. Kuhn), ev., verh. in 2. Ehe (1966) m. Dorothee, geb. Schaar, 4 Kd. (Gabriele, Reiner-Mathias (aus 1. E.), Sebastian, Susanne) - 1952-60 Justitiar Verlag Th. Martens & Co. GmbH. (Quick); s. 1958 Rechtsanw.; 1960-65 stv. Verlagsleit. Kindler & Schiermeyer AG.; s. 1965 Verlagsdir. u. Geschäftsf. (1971) Südd. Verlag (Südd. Ztg.) - Liebh.: Landw., Jagd - Spr.: Engl.

WAGNER, Klaus

Intendant u. Regisseur - Turmstr. 16, 7100 Heilbronn (T. 07131 - 6 93 98) - Geb. 5. Mai 1930 (Vater: Karl Johann W., Kaufm.; Mutter: Martha, geb. Harslem), kath., verh. s. 1975 m. Madeleine, geb. Lienhard - Stud. Theaterwiss. - Freiberufl. Regiss. f. Theater u. Fernsehen; Int. Stadttheater Heilbronn - Rd. 300 Theaterinsz. u. 30 Fernseh-Insz. - Adolf-Grimme-Preis f. FS-Spiel: Das Betriebsfest.

WAGNER, Klaus F.

Zeitungsverleger, Herausg. u. Chefredakt. Heimatztg. Usinger Anzeiger - Zu erreichen üb. Usinger Anzeiger, Postf., 6390 Usingen - Geb. 2. Dez. 1921 (Vater: Verleger), verh., 2 S. (Hans, Klaus) - Lehre Bankkaufm. - Ab 1945 väterl. Verlags- u. Druckereiuntern., ab 1949 Ausbau d. Familienuntern. zus. m. Bruder Reinhold; 1963 Gründ. Camberger Anzeiger, 1969 Gründ. Kronberger Ztg. AR-Vors. Standortpresse GmbH, Bonn; Vors. Verein pro lokalzeitung, ebd; Vizepräs. IHK.

WAGNER, Kurt-Dieter

Dr., Ministerialdirektor, Leit. Abt. I (Grundsatzfragen d. Finanzpol.) Bundesfinanzmin. - Graurheindorferstr. 108, 5300 Bonn.

WAGNER, Manfred

Gewerkschaftsangestellter, MdL Saarl. (1970; stv. Fraktionsvors.) - Finkenweg 30, 6604 Brebach-Fechingen (T. 06893 - 27 86) - Geb. 14. Jan. 1934 Hassel/Saar, verh., 1 Kd. - Volkssch.; Handelssch.; kaufm. Lehre Ind.; Akad. d. Arbeit - B. 1972 Betriebsratsvors. Halberger Hütte GmbH., dann Vors. DGB-Landesbez. Saar. 1968 ff. MdK Saarbrücken-Land, 1979 Mitgl. Europ. Parlament. SPD.

WAGNER, Marita

Krankengymnastin, MdB (s. 1985; Landesliste NRW) - Bonhoeffer Ring 4, 4432 Gronau - Geb. 31. März 1952 Gronau, ledig - Mittl. Reife; Arzthelferin; selbst. Krankengymn. - S. 1976 Frauenbewegung; 1978 Mitgl. Bürgerinitiative geg. d. Urananreicherungsanlage Gronau; 1979 Gründungsmitgl. Frauengruppe Gronau u. Kreisverb. Borken. Partei D. Grünen (b. 1982 Kreisvorst.).

WAGNER, Max

I. Bürgermeister - Rathaus, 8383 Eichendorf/Ndb. - Geb. 2. Okt. 1941 Eichendorf - Bundesbahnbeamter. SPD.

WAGNER, Max

Dr. rer. nat., o. Prof. f. Theoretische Physik Univ. Stuttgart - Schwenninger Str. 13, 7032 Sindelfingen 6 (T. 07031 - 3 43 45) - Geb. 21. Mai 1931 Sekitsch/Jugosl. (Vater: Nikolaus W., Schneiderm.; Mutter: Katharina, geb. Niedan), ev., verh. s. 1962 m. Ingeborg, geb. Michaelis, 2 Kd. (Tanja, Thomas) - 1952-59 Stud. Physik Stuttgart u. München; Dipl.-Phys. 1959, Promot. 1960, Habil. 1965 - 1959-62 wiss. Assist. Stuttgart; 1962-63 Cornell Univ./USA; 1963-64 IBM-Forschungszentr. Yorktown Heights/USA; 1965-69 Wiss. Rat Stuttgart; s. 1969 Ord. Univ. Stuttgart - BV z.T. Hrsg. u. m.a.: Cooperative Phenomena; Elemente d. Theoret. Physik, 2 Bde. 2. A. 1980; The Dynamical Jahn-Teller Effect for Localized Systems, 1984; Unitary Transformations in Solid State Physics, 1986; 120 Fachveröff. - Liebh.: Musik, Wandern - Spr.: Engl., Franz., Ital.

WAGNER, Norbert

Direktor, Vorsitzender d. Geschäftsfg. Varta-Plastic, Wächtersbach (s. 1974) - von-Dalberg-Str. 58, 6482 Bad Orb (T. 06052 - 35 76) - Geb. 8. Juni 1927 Offenbach/Main (Vater: Albert W., Geschäftsf.; Mutter: Emilie, geb. Crönlein), verh. m. Ilse, geb. Klement, 2 Kd. (Bettina, Nadja) - Gymn. (Abit.) - 1948-56 Verkaufsleit. Varta-Plastic; 1957-59 Verkaufsleit. Dr. Herberts, Wuppertal; 1959-74 Verkaufsdir. Resart-Ihm AG., Mainz; s. 1978 AR-Mitgl. Volksbank Wächtersbach; s. 1986 Vors. Fachverb. Techn. Teile im GKV u. Vorst.-Mitgl. im GKV; s. 1986 Vors. Fachbeir. FH Darmstadt - Liebh.: Klass. Musik, Mikroskop., Kochen - Spr.: Engl., Latein.

WAGNER, Norbert

Dr. phil., Prof. f. Germanische Philologie u. Altertumskunde - Uhlandstr. 6, 8700 Würzburg (T. 7 42 87) - Geb. 12. Febr. 1929 Straubing (Vater: Josef W., Buchdruckereibesitzer; Mutter: Maria, geb. Ecklreiter), kath. - Stud., Promot. 1955, Habil. 1965 - Univ.-Prof. Würzburg.

WAGNER, Otto

Ing., Geschäftsführer O. & K. Geißler GmbH., München - Prinzeneiche 2, 8135 Söcking/Starnberger See (T. Starnberg 62 70) - Geb. 30. Sept. 1919.

WAGNER, Paul-Robert

Dr. rer. pol., Dipl.-Kfm., Vorstandsmitglied Gerling-Konzern Versich.-Beteilig.-AG u. in allen weit. Ges. d. Konzerns - Am Gleueler Bach 13, 5000 Köln 41 (T. 43 53 58) - Geb. 11. Jan. 1929 Straßburg, verh. m. Gisela, geb. Pelz - Univ. Köln - B. 1963 Klöckner-Humboldt-Deutz AG, dann Gerling; Vorst.-Sprecher Gerling-Konzern Lebensversich.-AG, Gerling Konzern Spezielle Kreditversich.-AG, bde. Köln; stv. AR-Vors.: Firmen-Lebensversich.-AG d. Deutschen Bank, Wiesbaden; AR: Gerling-Konzern Rechtsschutz Versich.-AG, Köln, GERLING INVESTMENT Kapitalanlageges. mbH, Köln, Carl Spaeter GmbH, Düsseldorf, Deutsche Centralbodenkredit-AG, Köln.

WAGNER, René

Journalist, Auslandskorresp. Tokio - Zu erreichen üb.: FAZ, Postf. 2901, 6000 Frankfurt/M. 1.

WAGNER, Richard

Dr. rer. nat., Prof., Wiss. Rat Math. Inst. Univ. Würzburg - Schneewittchenweg 22, 8700 Würzburg - Geb. 21. Juli 1927 Chemnitz - S. 1960 (Habil.) Lehrtätigk. TH Karlsruhe u. Univ. Würzburg (1966 apl. Prof.). Fachveröff.

WAGNER, Ruth

Studiendirektorin a. D., MdL Hessen (1978-82 u. s. 1983) - Martinstr. 64, 6100 Darmstadt - Geb. 18. Okt. 1940 Wolfskehlen - Realsch. Goddelau, Abit. 1960 Gernsheim am Rh.; Stud. German., Gesch. u. Politikwiss. Frankfurt/M. - 1968-76 Gymnasiallehrerin Darmstadt, s. 1976 Hess. Inst. f. Bildungsplanung u. Schulentw., 1969-75 stv. Vors. Hess. Philologenverb. u. Dt. Lehrerverb. Hessen, 1970-76 Mitgl. Hauptpersonalrat d. Lehrer b. Hess. Kultusmin. S. 1971 Mitgl. FDP, s. 1977 Kreisvors. Darmstadt, stv. Landesvors. d. Hess. FDP. Mitgl. in zahlr. kulturfördernden Vereinig. u. Verb., 1978 Stadtverordn. Darmstadt, 1978-82 als Landtagsabgeordn. bildungspolit. Sprecherin FDP-Fraktion, 1978-82 u. s. 1983 MdL Hessen, Mitgl. d. Präsid. d. FDP.

WAGNER, Siegfried

Dr.-Ing., o. Prof. f. Aerodynamik und Gasdynamik Univ. Stuttgart - Sandrockweg 11, 7000 Stuttgart 80 - Geb. 6. Mai 1937 Mißlitz (Vater: Richard W; Mutter: Wilhelmine W.), kath., verh. s. 1963 m. Elfriede, geb. Jopp, 2 Kd. (Astrid, Birgit) - 1956-60 Stud. Maschinenbau TU München, Dipl. 1961; Promot. 1967 TU München; 1967-70 Postdoctoral Res. Assoc., NASA Ames; 1970-75 Abteilungsleit.; s. 1975 Univ.-Prof.; 1975-91 Prof. f. Luftfahrttechn. Univ. d. Bundeswehr München; 1981/82 Dekan Fak. f. Luft- u. Raumfahrttechnik, 1983/84 Prodekan; s. 1991 o. Prof. Univ. Stuttgart; Mitgl. d. Sudetendt. Akad. d. Wiss. - Üb. 60 Facharb. - Spr.: Engl.

WAGNER, Stephan

Heilpraktiker, Präsident Bund Deutscher Heilpraktiker - Peukinger Weg 37, 4750 Unna - Geb. 16. Juni 1919 Euskirchen, verh., 2 Töcht. (Gundel, Dagmar) - Verwaltungsleit., Personalleit., Geschäftsf. Heilpraktiker Berufs-Ausb. Unna.

WAGNER, Ulrich

Dipl.-Volksw., Unternehmer (DEWA-Kraftfutterwerk Georg Wagner GmbH & Co. KG), Vors. Fachverb. d. Futtermittelind., Bonn - Am Bahnhof 10, 8535 Emskirchen/Mfr. - Geb. 8. Febr. 1930.

WAGNER, Werner

Dr. rer. nat., Geschäftsführer J. H. Benecke GmbH. (s. 1968) - Harrenhorststr. 25, 3052 Bad Nenndorf - Geb. 5. Nov. 1928.

WAGNER, Wilfried

Dr. phil., Prof. f. Politik Univ. Bremen - Vagtstr. 43, 2800 Bremen 1 (T. 0421 - 7 44 50) - Geb. 10. Sept. 1935 Tarutung (Sumatra/Indonesien) (Vater: Heintz W., Pfarrer; Mutter: Erna, geb. Michel), ev., verh. s. 1968 m. Sigrun, geb. Fischer - 1957-59 u. 1960-64 Univ. Frankfurt; 1959 Univ. Oxford/Engl. (Promot. 1968) - 1968-71 Wiss. Assist. Frankfurt/M.; 1971-74 Akad. Rat PH Ruhr, Dortmund; s. 1974 Prof. Univ. Bremen (1981-82 FB-Sprecher); s. 1974 regelm. längere Forschungsaufenth. u. Gastdozenturen in Südost Asien - BV: Belgien in d. dt. Politik während d. Zweiten Weltkrieges, 1974; Strukturwandel im Pazifischen Raum, 1988; Mentawai - Identität im Wandel auf indonesischen Außeninseln, 1989; Social Change and Macroplaning, 1987. Herausg.: Bremer Asien-Pazifik Studien - Liebh.: Wandern, Gärtnern - Spr.: Engl., Niederl., Indones.

WAGNER, Wolfgang

Opernregisseur u. Festspielleiter - Festspielhügel 3, 8580 Bayreuth (T. 2 02 21) - Geb. 30. Aug. 1919 Bayreuth (Vater: Siegfried W., Komponist; Mutter: Winifred, geb. Williams), verh. - S. 1951 Gesamtltg. Bayreuther Festsp. (b. 1966 (†) m. Bruder Wieland; s. XIV. Ausg.). Insz. Bayreuth (u. a. 1955 D. flieg. Holländer, 1957 Tristan, 1960 u. 70 D. Ring d. Nibelungen, 1953, 1967 u. 71 Lohengrin, 1968 u. 81 D. Meistersinger, 1975 u. 89 Parsifal, 1985 Tannhäuser). Gastinsz. Venedig, Rom, Palermo, Bologna, Dresden, auch Bühnenbildner - Zahlr. Ehrungen - Bek. Vorf.: Richard W., Komp. (Großv.) u. Cosima Liszt, Tocht. Franz Liszts (Großm.).

WAGNER, Wolfgang

Dr. jur., Dr. med. h. c., Universitätskurator a.D., Vorst.-Mitgl. Verein d. Freunde u. Förderer d. Univ. Köln, Kurat.-Mitgl. Max-Frhr.-v.-Oppenheim-Stiftg. - Beckenkampstr. 7, 5000 Köln 41 - Geb. 3. Febr. 1921 Stuttgart, ev., verh. s. 1944 m. Ingeburg, geb. Fröhlich, 2 Kd. (Eberhard, Christiane) - Dillmann-Realgymn. Stuttgart; 1939-45 akt. Offz.; 1945-48 Univ. Tübingen (Rechtswiss.). Ass.ex. 1951 - 1952-58 Univ.-Rat Tübingen; 1958-86 Kanzler Univ. Köln - 1985 Gr. BVK, 1986 Ehrensenator Univ. Köln - Rotarier.

WAGNER, Wolfgang

Dr. phil., Publizist - Brabeckstr. 125A, 3000 Hannover 72 (T. 518 19 50) - Geb. 23. Aug. 1925 Aachen (Vater: Georg W., Kaufmann; Mutter: Änne, geb. Cames), verh. s. 1947 m. Marianne, geb. Wieczorek, 3 Kd. (Ute, Axel, Astrid) - Kaiser-Karls-Gymn. Aachen; Univ. Frankfurt/M. u. Bonn. Promot. (Gesch.) 1953 - 1946-48 Redakt. DENA, dann fr. Journ. in Bonn, 1971-88 Chefredakt. Hannoversche Allg. Ztg. AR-Vors. Mecklenburg. Leben; AR-Mitgl. Verlagsges. Madsack, Mecklenburg, Versich. - BV: Die Entstehung der Oder-Neiße-Linie, 1953, 3. A. 1964 (auch engl., franz. span.); D. Teilung Europas, 1959, 2. A. 1960 (auch engl.); Europa zw. Aufbruch u. Restauration, 1968; D. Bundespräsidentenwahl 1959, 1972. Herausg.: Europa-Archiv - Gr. BVK - Spr.: Engl. - Rotarier.

WAGNER, Wolfgang

Dr.-Ing., Prof. f. Thermodynamik Ruhr-Univ. Bochum - Virchowstr. 7, 4630 Bochum 1 (T. 0234 - 70 12 80) - Geb. 4. Juni 1940 Berlin, ev., verh., 1 Tocht. - 1959-66 Stud. allg. Maschinenbau (Fachricht. Verfahrenstechnik) TU Berlin; Dipl.-Ing. 1966; Promot. 1970 TU Braunschweig, Habil. 1974 ebd. - s. 1975 Prof. Ruhr-Univ. Bochum - BV: Int. Tables of the Fluid State - Oxygen, 1987 (m. A.). Üb. 60 Fachaufs. in nat. u. intern. Ztschr., 4 Monogr. 1974, 84, 90 u. 92 - Liebh.: Fußball u. Radsport, Fotogr., Politik - Spr.: Engl.

WAGNER-BÜSCH, Ursula

Verwaltungsangestellte, MdL Saarl. (VII. Wahlp.) - Zur Baumschule 28, 6692 Oberthal/Saar - Geb. 26. Febr. 1942 Oberthal, kath., 2 Kd. - Volkssch. Oberthal, Kreishandelssch. St. Wendel - SPD (1974 Mitgl. Landesvorst. Saar).

WAGNER-PÄTZHOLD, Daniela

MdL Hessen (s. 1987) - Heinrich-Fuhr-Str. 51, 6100 Darmstadt - Geb. 4. April 1957 Darmstadt, T. Caroline - B. 1987 Stud. Politik-, Rechts- u. Wirtschaftswiss. Univ. Oldenburg, Mainz u. TH Darmstadt - Fraktionsgeschäftsf. d. Grünen im Kreistag Darmstadt-Dieburg währ. d. Stud.; 1985-87 Stadtverordn. Darmstadt.

WAGNER-PASQUIER, Eva

Direktorin Royal Opera House London - Floralstreet, London W.C. 2 (T. 0041-240 12 00) - Geb. 14. April Oberwarmensteinach, ev., verh. s. 1977 m. Yves Pasquier, Sohn Antoine Amadeus - Mus. Gymn. - 1967 Künstleragentur Robert Schulz; Assist. v. Wolfgang Wagner f. Bayreuther Festspiele; 1970 Assist. in Covent Garden (Salome-Insz. v. Georg Soli);Assist. Wiener Staatsoper (Don Carlos, D. Besuch d. alten Dame, insz. v. Otto Schenk); 1972 Wiener Staatsoper; s. 1973 Leit. Künstler. Abt. Unitel Film und Television Prod. München - Opernfilme, Konzertfilme u. a. Salome, Elektra, D. fliegende Holländer, Arabella, Hänsel u. Gretel, Falstaff, Orfeo, Rigoletto, Tannhäuser-Bayreuther Festspiele - Spr.: Engl., Ital., Franz. - Bek. Vorf.: Richard Wagner, Komp. (Urgroßv.), Franz Liszt, Komp. (Urgroßv.).

WAGNERBERGER, Fritz

Diplomkaufmann, Vizepräs. NOK, Vorstandsmitgl. Intern. Skiverband (FIS) - Zu erreichen üb. Dt. Skiverband, Postfach 20 18 27, 8000 München 2 - Sportl. Erfolge: 7facher Studenten-Weltmeister 1956/58/61, Dt. Meister i. Abfahrtslauf, 1962 u. 64 im Riesenslalom.

WAGNEROVA-KÖHLER, Alena

Schriftstellerin - Neugrabenweg 44, 6600 Saarbrücken - Geb. 18. Mai 1936 Brno (CSSR), verh. - Prom. Biol. u. Päd. - BV: D. Doppelkapelle; Scheiden aus d. Ehe; Mutter, Kind, Beruf, Frau im Sozialismus; Wir adoptieren e. Kind; 1945 waren sie Kinder; Milena Jesenská; E. Landärztin.

WAHL, Arvid

Journalist u. Redakteur - Am Großen Wannsee 51a, 1000 Berlin 39 (T. 805 10 56) - Geb. 22. Dez. 1936 - Leiter d. Berliner Abendschau SFB-Fernsehen; spez. Arbeitsgebiet: Wiss., Technik, Medizin.

WAHL, Ernst

Ltd. Akad. Direktor, Leiter Sportzentrum (1968-90) u. Lehrbeauftr. f. Sporttheorie (s. 1957) Univ. Erlangen-Nürnberg - Sophienstr. 99a, 8520 Erlangen - Geb. 9. Jan. 1925.

Wahl, Gerhard

Bereichsvorstandsmitglied d. Siemens Verkehrstechnik - Ackerstr. 22, 3300 Braunschweig - Geb. 8. Okt. 1941 Schwäbisch Gmünd, verh. m. Renate, geb. Gasser, 1 Kd. - Dipl.-Ing. - Kurat.-Mitgl. d. Fraunhofer-Inst. f. Materialfluß u. Logistik, Dortmund.

WAHL, Manfred P.

Dr. rer. pol., Unternehmensberater - 7032 Sindelfingen/Württ. - Geb. 20. Dez. 1925 Stuttgart - 1946-1950 TH Stuttgart, Promot. 1952 Univ. Tübingen - S. 1952 IBM-Bereich (Paris, Genf, New York, Sindelfingen), 1964 Geschäftsf. IBM Dtschl. GmbH., 1972 Vizepräs. IBM Europa. S. 1975 selbst. - BV: Grundlagen e. Informationssystems, 1969 - Spr.: Engl., Franz.

WAHL, Otto

Dr. theol., Prof. f. atl. Exegese, Rektor Phil.-Theol. Hochschule d. Salesianer Don Boscos - Don-Bosco-Str. 1, 8174 Benediktbeuern/Obb. - Geb. 16. Mai 1932, kath.

WAHL, Rainer

Dr. jur., Prof. f. Öffentl. Recht - Sundgauallee 68, 7800 Freiburg (T. 0761-8 58 71) - Geb. 4. Juli 1941 Heilbronn - Univ. Heidelberg u. Bonn, Promot. 1969 Heidelberg, Habil. 1976 Bielefeld - 1977 Prof. Univ. Bonn, 1978 Prof. Univ. Freiburg - BV: Stellvertretung im Verfass.recht, 1971; Rechtsfragen d. Landesplanung u. Landesentw., 2 Bd., 1978.

WAHL, von, Siegfried

Dr.-Ing., Dipl.-Berging., Prof. f. Bergwirtschaftslehre TU Clausthal (1972/73 Dekan) - Berliner Str. 58, 3392 Clausthal-Zellerfeld (T. 05323 - 7 89 84) - Geb. 18. Dez. 1928 Berlin (Vater: Ernest. v. W., Offz. u. Landw.; Mutter: Elfriede, geb. Grupe), verh. s. 1951 m. Irmgard, geb. Runne. S. Thure - BV: D. Bewertung von Bergwerksunternehmungen auf d. Grundlage d. Investitionsrechnung, 1966; D. optimale Betriebsgröße, 1970; Fakten u. Tendenzen d. Rohstoff- u. Energiewirtsch., 1975; Investment Appraisal and Economic Evaluation of Mining Enterprise, 1983 - Spr.: Engl.

WAHL, Volker

Dr. phil. habil., Direktor d. Thüringischen Hauptstaatsarchivs Weimar - Helmholtzstr. 22, O-5300 Weimar (T. 6 44 80) - Geb. 10. Juni 1943 Steinbach-Hallenberg/Thüringen, ev., verh. s. 1978 m. Eike, geb. Kraft, S. Christian - Stud. German./Anglist.; Staatsex. als Lehrer 1966; Archivwiss.; Dipl. 1974; Promot. 1976 u. Habil. 1987 Jena - 1976-86 Univ.archivar Jena; 1986-91 Dir. Goethe- u. Schiller-Archiv Weimar - BV: Ricarda Hoch - Jahre in Jena, 1982; Jena als Kunststadt, 1988; D. Rettung d. Dichtersärge, 1991 - Spr.: Engl.

WAHL, Willi

Oberbürgermeister d. Stadt Krefeld (s. 1989) - Zu erreichen üb. Rathaus, Von-der-Leyen-Platz 1, 4150 Krefeld (T. 02151 - 86 20 01) - Geb. 23. Okt. 1927 Duisburg, verh., 5 Kd.

WAHL, von, Wolf

Dr. rer. nat., Dipl.-Math., o. Prof. f. Angew. Mathematik Univ. Bayreuth - Sterntalerring 13, 8580 Bayreuth - Zul. Ord. Univ. Bochum.

WAHL, Wolfgang

Dipl.-Volksw., Vorstandsmglied Goetze AG, Burscheid, ARsvors. Goetze Friedberg GmbH. - 8904 Friedberg b. Augsburg.

WAHLEN, Heinrich

MdL Saarl. (1970-75) - Mörikestr. 7, 6620 Völklingen-Ludweiler (T. 06898 - 73 48) - Geb. 9. Juni 1930 Ludweiler-Warndt, verh., 3 Kd. - Volkssch.; Dreherlehre - Tätigk. Lehrfa. Röchling. S. 1956 Mitgl. Gemeinderat u. ehrenamtl. Bürgerm. (1964-74) Ludweiler; 1964 ff. MdK Saarbrücken; s. 1974 hauptamtl. Stadtverb.sbeig. SPD.

WAHLERS, Wilhelm

Dr., Kanzler Univ. Bonn - Regina-Pacis-Weg 3, 5300 Bonn 1.

WAHMANN, Ernst

Vorstandsmitglied Nürnberger Allg. Versicherungs AG., Nürnberg (1970-83) - Geb. 30. Juni 1919 Witten/Ruhr (Vater: Ernst W.), verh. m. Marianne, geb. Müller - S. 1965 Vorstandsmitgl. Nürnberger Lebensversich.s-AG.

WAHN, Winfried H.

Industrie-Kaufmann, Unternehmensberater - Christian Westphalstr. 20, 2433 Grömitz (T. 04562 - 78 77, Fax 04562 - 78 74) - Geb. 15. April 1931 Hamburg (Vater: Karl W., Kaufm.; Mutter: Charlotte, geb. Poppe), verh. s. 1957 m. Ingeborg, geb. Below, 2 Kd. (Michael, Sylvia) - Obersch.; Staatl. Handelssch. Hamburg; Lehre Ind.-Kfm. - 1965-75 Gf. Byk-Mallinckrodt, 1975-81 Gf. Gerrit van Delden, 1981-84 Vorst. Grefrath Velour AG, Grefrath, 1984-86 Geschäftsf. Adoros Teppichwerke, Berlin, 1986-89 Vorst.-Vors. Westf. Kupfer- u. Messingwerke AG, Lüdenscheid, 1990-92 Geschf. Gesellsch. ANCO Elektrogeräte GmbH - Liebh.: Reiten, Tennis, Schießen - Spr.: Engl.

WAHREN, Karl Heinz

Komponist - Jenaer Str. 12, 1000 Berlin 31 (T. 854 42 60) - Geb. 28. April 1933 Bonn (Vater: Waldemar W., Gastronom; Mutter: Martha, geb. Dix), ev., verh. in 2. Ehe m. Jutta, geb. Diez, 3 Kd. (Benjamin, Lucie Helen, Sophie Charlotte) - Stud. Städt. Konservat. Berlin (Klavier- u. Kompositionsex. 1961, Weiterstud. bei Josef Rufer u. Karl Amadeus Hartmann) - 1965 Mitbegründer Gruppe Neue Musik Berlin. 1980 AR-Mitgl. GEMA, 1990 Präs. d. Dt. Komponisten-Verb. - Werke: Du sollst nicht töten, Kantate (UA 1974 Berliner Philharmoniker); At this moment, Circulus virtuosus, Orchesterkonz. (UA Radio Smphonie Orch. Berlin 1976); Fettklößchen, Oper (UA 1976 Dt. Oper Berlin); Der Unterhaltungskünstler, Satir. Musikszene (UA Festwochen Berlin 1978); Auf d. Suche n. d. verlorenen Tango (UA Radio Symphonie Orch. Berlin 1979); Brandenburgische Revue (UA Festwochen Berlin 1981); Magnificat mundus pacem Wacht auf, Ihr Menschen f. 4 Solisten, gr. Chor u. Orchester (UA 1984 Berliner Philh.); Byebye, Bayreuth, Sinf.Dicht. (UA SFB 1985); Goldelse, Satir. Oper (UA 750 Jahrfeier Berlin 1987); Ricordandi a Verdi, 3. Streichqua. (UA Offenbach 1989); Les Fleurs du mal (UA Rias 1990). Zahlr. Solisten- u. Orchesterkonzerte, Kammer- u. Filmmusiken - 1969/70 Rom-Preis Villa Massimo, 1974 Gold. Sportabz. 1978 Förderungspreis Akad. d. Künste Berlin - Liebh.: Gesch., Lit. - Spr.: Engl. - Bek. Vorf. (ms.) Prof. Otto Dix, Maler †1969 (s. XV. Ausg.).

WAHRLICH, Helga

Schauspielerin, Regisseurin, Dramaturgin Fränk. Schwäb. Städtetheater Dinkelsbühl - Zu erreichen üb. Fränk. Schwäb. Städtetheater, 8804 Dinkelsbühl - Verh. m. Klaus Troemer, Int., T. Barbara - Üb. 100 Rollen an versch. Theatern.

WAHRLICH, Horst

Kaufmann, Geschäftsführer u. Gesellschafter d. Fa. R. H. J. Wahrlich & Sohn (GmbH & Co.) - Borchlingweg 38, 2000 Hamburg 52 (T. 880 51 76) - Geb. 31. Jan. 1925 Hamburg (Vater: Robert W., Kfm.; Mutter: Flora, geb. Schwartau), verh. s. 1956 m. Renate, geb. Ritz, 3 Kd. (Andrea, Corinna, Alexander) - Gymn., Kfm. Lehre, Jura-Stud. - Vorst.-Mitgl. Landesvereinig. d. Arbeitgeberverb. in Hamburg; Präsid.-Mitgl. AGA; Vorst.-Beirat UNITI - Liebh.: Sport, Fotografie.

WAHSNER, Roderich

Dr. jur., Prof. f. Arbeits- u. Sozialrecht Univ. Bremen (s. 1974) - Delbrückstr. 2, 2800 Bremen (T. 347 95 20) - Geb. 24. Febr. 1938 Freiburg/Schl. (Eltern: Erich u. Marta W.), S. Stefan, T. Lena - Stud. Göttingen, Freiburg; Promot. 1971 Gießen; 1972 Doz. Gießen - BV: Erfassung u. Integration, 1972; D. Kampf um d. Grundgesetz (Abendroth u. a.), 1977; Streikfreiheit u. Aussperrungsverbot (Bieback u. a.), 1979; Bildungsurlaub in Bremen (Geil), 1979; Der Unrechtsstaat (Blanke u. a.), 1979; Datenschutz u. Betriebsratsarb. (Borgaes Poppen), 1980; D. Recht d. Unrechtsstaates (Reifner u.a.), 1981; D. folgenlose Rechtsbruch (Borgaes), 1982; Widerstand b. hin z. Generalstreik (Bayh), 1983; Heuern u. Feuern - Arb.recht n. d. Wende, 1985; D. Arbeitnehmerweiterbildungsgesetz v. NRW (Wichert), 1987; Kommunalverwaltung in d. neuen Bundesländern - (Osterland), 1992.

WAIDELICH, Jürgen-Dieter

Dr. phil., Generalintendant der Bühnen d. Stadt Essen a. D., Prof. f. Theaterwiss. u. Vorstand d. Inst. f. Theater-, Film- u. Fernsehwiss. Ruhr-Univ. Bochum (s. 1990) - Grüne Harfe 3, 4300 Essen 16 - Geb. 23. Mai 1931 Berlin (Vater: Richard W., Bankkfm.; Mutter: Hildegard, geb. Kersten), ev., verh. s. 1960 m. Marianne, geb. Gerstlauer, 4 Kd. (Frauke-Ruth, Till-Gerrit, Heike-Myriam, Binke-Ariane) - Stud. (Theaterwiss., dt. Philol. u. Volkskde., Publizist.) - Assist. Univ. München, Dramat., Regiss. bzw. Int. Württ. Staatstheater, Stadttheater Bremerhaven. S. 1979 Bundesgeschäftsf. Bundesverb. d. dt. Volksbühnenvereine. Mitgl. Dt. UNESCO-Kommiss.; Jury-Mitgl. Nordd. Theatertreffen; Sprecher Sekt. Darst. Künste im Dt. Kulturrat Bonn (s. 1982) u. d. Dt. Kulturrates Bonn (s. 1983); 1983 Vors. Landesverb. d. dt. Volksbühnenvereine Nordrh.-Westf. u. Mitgl. Kurat. d. Kulturforums (1983); Präs. d. Intern. Arbeitsgem. d. Theaterbesucherorg. (IATO) (1985); Vors. d. Fonds Darstellende Künste (1985) - BV: 1000 Jahre baierisches Volkstheater, 1955; Vom Stuttgarter Hoftheater z. Württ. Staatstheater, 1957; D. Württ. Staatsorch. 1908-65, 1967; 100 J. Stadttheater Bremerhaven, 1967; 100 J. Oper a. Stadttheater Bremerhv., 1972; Durch Volksbühne u. Theater z. kulturellen Demokr., 1981; Künstler. Freiheit - für wen?, 1982; Fritz Wisten, e. jüdischer Charakterspieler im liberalen Württemberg, 1990; Theaterorganisation/Theatermanagement: Geschichte, Grundprobl. u. Tendenzen, 1991; Essen spielt Theater 1000 u. einhundert Jahre, 1992; u. a. Fachveröff. - Spr.: Engl.- Lit.: Herbert Hauck, Theater in Essen - e. Dok., 1978.

WAIDELICH, Wilhelm

Dr. rer. nat., o. Prof. f. Med. Optik

Univ. München (s. 1976) - Barbarastr. 16, 8000 München 40 - Geb. 13. Juni 1922 Stuttgart (Vater: Dr. Ernst W., Rechtsanw.; Mutter: Johanna, geb. Keppler), verh. s. 1960 m. Gerda, geb. v. Linde, S. Ludwig-Marco - 1940-41 TH Stuttgart (Chemie), 1946-50 TH München (Physik). Promot. (1954) u. Habil. (1958) München - S. 1958 Lehrtätigk. TH München (Privatdoz.) u. Darmstadt (1963 Ord. u. Dir. I. Physikal. Inst.). Üb. 40 Fachveröff. z. Festkörperphysik m. wiss. Photogr. Mithrsg.: Ztschr. f. Angew. Physik (1952ff.) - Liebh.: Segeln.

WAIDER, Franz

Bürgermeister, MdL Nordrh.-Westf. (1970-75) Rehmannsweg 8, 5620 Velbert (T. 5 19 97) - Geb. 9. Jan. 1931 Velbert, verh., 2 Kd. - Volkssch.; Werkzeugmacherlehre - B. 1962 Werkzeugm., dann Geschäftsf. (Bau- u. Siedlungsgenoss. Niederberg). 1956 ff. Ratsmitgl. Velbert (1961 stv. Bürgerm., 1963 Fraktionsf., 1964 stv., 1967 Bürgerm., 1969 Fraktionsf.). SDP s. 1953 (1968 Mitgl. Unterbezirksvorst.).

WAIDER, Josef

Dipl.-Kaufm., Vorstandsvorsitzender Val. Mehler AG., Fulda - Petersberger Str. 184, 6400 Fulda (T. Büro: Fulda 30 31) - Geb. 18. Febr. 1919 Fulda, kath., verh. - Div. Ehrenstell., dar. Vors. Landesvereinig. Hessen d. dt. Textilind., Mitgl. Hauptaussch. Gesamttextil; Vors. d. Vorst. AOK Fulda; Mitgl. Vollversamml. IHK Fulda; Mitgl. Präsid. Vereinig. Hess. Arbeitgeber- u. Wirtschaftsverb.

WAIGEL, Theodor

Dr. jur., Bundesminister d. Finanzen (s. 1989), Vorsitzender d. CSU (s. Nov. 1988), MdB (s. 1972) - Graurheindorfer Str. 108, 5300 Bonn 1 - Geb. 22. April 1939 Oberrohr (Vater: August W., Landwirt; Mutter: Genoveva, geb. Konrad), kath., verh. s. 1966 m. Karin, geb. Hönig, 2 Kd. (Christian, Birgit) - Schule Krumbach (Abit. 1959); Univ. München u. Würzburg (Rechts- u. Staatswiss.). Jurist. Staatsprüf. 1963 u. 67; Promot. 1967 - 1969-72 Bayer. Min. d. Finanzen (Pers. Ref. Staatssekr.) u. f. Wirtschaft u. Verkehr (1970). 1966-72 MdK Krumbach. 1971-75 Landesvors. Jg. Union Bayern (CSU s. 1960, Mitgl. Landesvorst.); 1980-82 wirtschaftspolit. Sprecher CDU/CSU Bundestagsfraktion; 1982-89 Vors. CSU-Landesgruppe im Dt. Bundestag u. 1. stv. Vors. d. CDU/CSU-Bundestagsfrakt., Mitgl. Präsid. u. Landesvorst. CSU; 1987/88 CSU-Bezirksvors. Schwaben - BV: D. verfassungsmäß. Ordnung d. dt., insb. d. bayer. Landw., 1967 (Diss.) - 1984 Bayer. VO - Liebh.: Bergwandern, Theater - Spr.: Engl.

WAIS, Kurt

Dr. phil., o. Prof. f. Roman. Philologie u. Vergl. Literaturwiss. - Melanchthonstr. 38, 7400 Tübingen (T. 2 42 51) - Geb. 9. Jan. 1907 Stuttgart (Vater: Prof. Gustav W., Verlagsdirektor; Mutter: Elisabeth, geb. Witte), ev., verh. I) 1932 m. Dr. Martha, geb. Holl (†1959), II) 1960 Dr. Karin, geb. Bergeder, 5 Kd. (Silvia, Roland, Ulrich †1987, Wolfgang, Rotraut) - Univ. Tübingen, Berlin, München. Promot. (1930) u. Habil. (1933) Tübingen - S. 1933 Lehrtätigk. Univ. Tübingen (1939 ao. Prof.), Halle, Straßburg (1941 o. Prof.), Tübingen (1946 Gast-, 1954 o. Prof.). 1952-60 stv. Vors. Intern. Federation for Modern Language and Literature (UNESCO) - BV: u. a. Mallarmé, 1952; Zwei Dichter Südamerikas, 1956; Franz. Marksteine v. Racine b. St. John Perse, 1958; An d. Grenzen d. Nationalliteraturen, 1958; Doppelfassungen franz. Lyrik, 1964; D. arthur. Roman, 1970; Europ. Romantik, 1973; Stendhals Lucien Leuwen, 1979; Europ. Literatur im Vergleich, 1982; D. Iren u. Europa im früheren Mittelalter, 1982. Zahlr. Einzelarb. Div. Herausg.

WAIZENHÖFER, Udo

Kaufmann, Präs. Dt. Metaphysische Akademie (Ps. Peter van Dyke) - Postf. 2911, 8070 Ingolstadt (T. 0841 - 3 50 86) - Geb. 16. April 1955 Treuchtlingen (Vater: Otto W., Kaufm.; Mutter: Hedwig, geb. Sterr), kath., verh. s. 1976 m. Marie, geb. Kiss, S. Marcus - S. 1979 Privatdoz.; s. 1981 Präs. Dt. Metaphys. Akad. - Interessen: Ausl.- Handels- Investment- u. Wirtschaftsanalysen - Spr.: Engl.

WAKENHUT, Roland

Dr. phil., Dr. rer. pol. habil., o. Prof. f. Wirtschafts- u. Sozialpsychologie Kath. Univ. Eichstätt (s. 1987) - Straßberger Str. 95, 8000 München 40 - (T.089 - 351 84 17) - Geb. 16. April 1944 Burghausen, verh. s. 1970 m. Sabine, geb. Pfeifer, 2 Kd. (Godehard, Ruth) - Stud. Psych. u. Biometrie Univ. Freiburg/Br. (Dipl. 1971, Promot. 1972), Habil. 1977 Univ. Augsburg - 1973-75 Doz. Univ. Gießen; 1975-80 Wiss. Dir. Sozialwiss. Inst. München; 1980-87 Prof. Univ. Augsburg, Dir. Inst. f. Sozioökonomie. Zahlr. Fachveröff. z. Polit. Psych. u. z. Sozialisationsforsch.

WALBRÖL, Werner

Hauptgeschäftsführer Deutsch-Amerikanische Handelskammer/German American Chamber of Commerce, Inc. - 666 Fifth Avenue, New York N. Y. 10103 (USA) (T. 212 974.8830).

WALCHER, Wilhelm

Dr.-Ing., Dr. rer. nat. h. c., Univ.-Prof. - Landgraf-Philipp-Str. 3, 3550 Marburg (T. 2 32 14) - Geb. 7. Juli 1910 Kaufbeuren/Allgäu (Vater: Jacob W., Betriebsleiter; Mutter: geb. Grees), ev., verh. s. 1940 m. Erika, geb. Büchner †, 2 Söhne (Thomas, Stephan) - TH München u. Berlin (Diplomprüf. 1933). Promot. 1937 Berlin; Habil. 1942 Kiel - Doz. Univ. Kiel u. Göttingen; s. 1947 o. Prof. u. Inst.dir. Univ. Marburg. Zeitw. Vizepräs. Dt. Forschungsgem. (1961ff.), s. 1978 emerit. Spez. Arbeitsgeb.: Atom- u. Kernphysik - BV: Kerntechnik, 1958; Electromagnetic Separation of Isotopes, 1958 (m. a.); Praktikum d. Physik, 7. A. 1992; Physik f. Med. u. Biologen (m. D. Kamke), 1982; Theorie u. Praxis d. Vakuumtechnik (m. H. Adam), 5. A. 1992. Zahlr. Einzelarb. - 1974 Gr.BVK; 1989 Ehrenmitgl. Dt. Physikal. Ges. - Spr.: Engl., Franz. - Rotarier.

WALCHSHÖFER, Alfred

Dr. jur., Prof., Richter am Bundesgerichtshof (s. 1982) - Hubstr. 3, 7500 Karlsruhe 41 (T. 0721 - 49 34 86) - Geb. 28. Jan. 1936 Nürnberg, ev., verh. s. 1963 m. Margarete, geb. Biesinger, 2 Kd. (Karin, Eckart) - Stud. Rechtswiss. Univ. München, Freiburg, Erlangen; Promot. 1962; 2. jurist. Staatsprüf. 1964 - B. 1967 wiss. Assist. Univ. Erlangen-Nürnberg; dann höh. Justizdst. (zul. Ministerialrat Bayer. Justizmin.) - 1984 Honorarprof. f. Bürgerl. Recht, Zivilprozeßrecht u. Freiwill. Gerichtsbarkeit Univ. Erlangen-Nürnberg - BV: Neuregelung d. Zwangsvollstreckungsrechts, 1979; Mitarb. Münchener Kommentar z. BGB, 2. A. 1985.

WALCHSHÖFER, Jürgen Dietrich

Dr. rer. pol., Prof., 1. Bürgermeister Stadt Dinkelsbühl - Matthäus-Krafft-Str. 6, 8804 Dinkelsbühl (T. 09851-28 01) - Geb. 25. April 1942 Marburg/Drau (Vater: Rudolf W., Zollbeamter; Mutter: Else, geb. Wirthwein), ev.-luth., verh. s. 1968 m. Gundula, geb. Schröter, 2 T. (Jutta, Annette) - Abit. 1961 Forchheim, Univ. Erlangen-Nürnberg (Dipl.-Volksw. 1966, Promot. 1974), Prof. 1976 Univ. Bamberg - S. 1979 1. Bürgerm. Stadt Dinkelsbühl - BV: Gebietsreform u. bürgerschaftl. Partizipation, 1974; D. häßliche Beamte (zus. m. Udo Rödel u. Franz Ronneberger), 1975; Politik u. Kommunikation (hrsg. m. Manfred Rühl), 1978 - Liebh.: Musik, Bergwandern - Spr.: Engl., Franz.

WALD, Hans

s. Riha, Karl

WALDBURG-ZEIL, Graf von, Alois

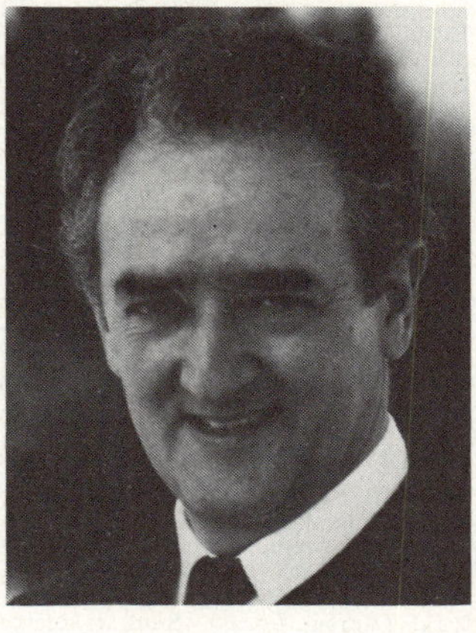

Land- u. Forstwirt, MdB - 7989 Argenbühl/Ratzenried (T. 07522 - 2 11 01; dstl. 0228 - 16 32 12) - Geb. 20. Sept. 1933 Schloß Zeil (Vater: Erich, Fürst v. W.-Z., Land- u. Forstw.; Mutter: Monika, Prinzessin z. Löwenstein-Wertheim-Rosenberg), kath., verh. s. 1956 m. Clarissa, geb. Gräfin v. Schönborn-Wiesenteid, 5 Kd. (Monika, Clemens, Georg †, Theresa, Franz-Anton †), 8 Enkel - Human. Gymn. Salvatorkolleg Bad Wurzach u. Jesuitenkolleg St. Blasien (Abit. 1953), Univ. Rom, München u. Bonn (Volkswirtsch. u. polit. Wiss. b. 1960), polit. Prakt. Bonn (Bundesratsmin.) - 1964 Gründ. Weltforum-Verlag München (1964-80 Geschäftsf.), Chefred. Intern. Afrika-Forum, Mithrsg. Intern. Asien-Forum, Hrsg. entw.polit. Buchreihen, 1970-75 Tätigk. im kirchl. Bereich (Gemeinde-, Dekanats- u. Diözesanrat), 1972-81 Vors. Landeselternbeirat Bad.-Württ., 1977-81 Vors. Bundeselternrat - CDU s. 1962 (u.a. Kreis-, Bezirks- u. Landesvorst.), MdB (s. 1980; Direktmand. Wahlkr. Biberach; Aussch. Bild. u. Wiss. u. wirtsch. Zus.arb.); s. Okt. 1990 bildungspolit. Sprecher d. CDU/CSU-Bundestagsfraktion - Liebh.: Jagd.

WALDBURG zu ZEIL und TRAUCHBURG, Fürst von, Georg

Dipl.-Volksw., Gutsbesitzer u. Unternehmer - Schloß, 7971 Zeil üb. Leutkirch/Württ. - Geb. 5. Juni 1928 Würzburg (Vater: Erich Fürst v. W. zu Z. u. T.; Mutter: Monika, geb. Prinzessin zu Löwenstein-Wertheim-Rosenberg), kath., verh. s. 1957 m. Gabriele, geb. Prinzessin v. Bayern, 6 Kd. (dar. Sohn) - S. 1953 Chef d. Hauses Waldburg (Linie Zeil). Zeitw. Präs. Dt. Aero-Club u. a.

WALDE, Eberhard Matthias

Bundesgeschäftsführer Partei Die Grünen (1982-91) - Colmantstr. 36, 5300 Bonn 1 (T. 0228 - 726 13 26) - Geb. 27. März 1949, ledig, T. Lea - Kfz-Handwerker - 1979 Gründ.-Mitgl. D. Grünen Nieders.; 1980-82 Vorst. Inst. f. Ökol. Forsch. u. Bild. Hannover; 1981/82 Vorst. Bundesverb. Bürgerinitiativen Umweltschutz.

WALDE, Thomas

dr. rer. pol., Dipl.-Pol., Stv. Programmdirektor - Curslacker Deich 288, 2050 Hamburg 80 (T. 040 - 723 22 48) - Geb. 23. Jan. 1941 Hirschberg/Schlesien, verh., 3 Kd. - Abit. 1961 Uelzen; Redaktionsvolont.; Stud. Politol. 1964-70 Hamburg - Stern, Ufa, Radio Hamburg - Oberstleutnant d. R. - BV: ND-Report, 1971.

WALDEGG, Michael

s. Scheibenpflug, Heinz

WALDENBERGER, Herbert

Geschäftsführer, MdL Rhld.-Pfalz (1970-90), stv. Vors. d. Bundesarb.Gemeinsch. d. Werkst. f. Behinderte - Im Vogelsang 32, 6740 Landau-Queichheim (T. 06341 - 5 04 50) - Geb. 27. Febr. 1935 Ludwigshafen (Vater: Franz W., kfm. Angest.; Mutter: Margarete, geb. Brauner), kath., verh. s. 1960 m. Gertrud, geb. Lelle, 6 Kd. (Franz, Beate, Ingrid, Ursula, Monika, Eva) - Altspr. Gymn. (mittl. Reife 1952); kfm. Lehre; Kaufm.-gehilfenbr. 1955 als Ind.kfm. - 1955-75 Lohn- u. Bilanzbuchh. (1969 Prokura), dann Geschäftsf. Südpfalzwerkst. f. Behinderte Offenbach/Queich. 1964-84 Stadtrat Landau. 1956 CDU (div. Funktionen a. Kreis-, Bezirks- u. Landesebene) - 1977 BVK; 1983 BVK I. Kl.

WALDENFELS, Bernhard

Dr. phil., Prof. f. Philosophie - Isabellastr. 23, 8000 München 40 (T. 089 - 271 77 46) - Geb. 17. März 1934 Essen (Vater: Bernhard W., Beamter; Mutter: Therese, geb. Schröder), kath., verh. s. 1961 m. Christin, geb. Goes, 2 S. (Titus, Aurel) - Univ. Bonn, Innsbruck, München, Paris (Promot. Phil. 1959, Staatsex. Griech., Lat., Gesch. 1960/61, Habil. Phil. 1967), alles München - S. 1968 Doz. u. apl. Prof. Univ. München, s. 1976 o. Prof. Univ. Bochum - Gastprofessuren in Debrecen, Louvain-la-Neuve, New York, Paris, Rom, Rottderdam - BV: D. sokratische Fragen, 1961; D. Zwischenreich d. Dialogs, 1971; D. Spielraum d. Verhaltens, 1980 (auch jap.); Phänomenologie in Frankreich, 1983; In d. Netzen d. Lebenswelt, 1985; Ordnung im Zwielicht, 1987; D. Stachel d. Fremden, 1990. Herausg.: Phänomenologie u. Marxismus 1 - 4 (1977-79) (auch engl., jap.). Mithrsg. Phil. Rundschau (s. 1975) - Spr.: Engl., Franz., Ital.

WALDENFELS, Freiherr von, Georg

Dr., Rechtsanwalt, Bayer. Staatsminister d. Finanzen (s. 1990), MdL Bayern (s. 1974) - Odeonsplatz 4, 8000 München 22 - Geb. 1944 - CSU. 1978-87 Staatssekr. Bayer. Staatsmin. f. Wirtsch. u. Verkehr 1987-90 f. Bundes- u. Europaangelegenh.; 1983ff. Präs. Bayer. Tennis-Verb.

WALDENFELS, Hans

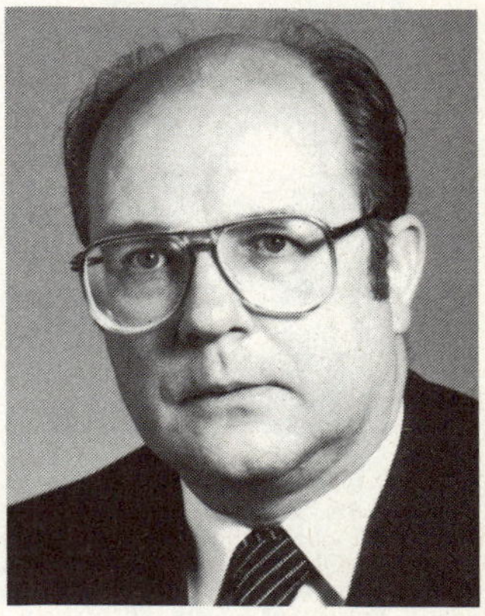

Lic. phil., Dr. theol., Dr. habil., Prof. f. Fundamentaltheologie - Univ. Bonn, Kath.-theol. Fak., 5300 Bonn (T. 0228 - 73 77 09); priv.: Grenzweg 2, 4000 Düsseldorf 31 (T. 0211 - 40 70 77) - Geb. 20. Okt. 1931 Essen (Vater: Bernhard W., Stadtinsp.; Mutter: Therese, geb. Schröder), kath. - 1953-56 Phil. Hochsch. Pullach, 1957-64 Univ. Tokio, 1964/65 Univ. Kyoto (Rel.-Phil.), 1965-68 PUG Gregoriana Rom, Univ. Münster (Theol.), Habil. 1976 Univ. Würzburg - 1977 oö. Univ.Prof. Univ. Bonn - BV: Offenbarung, 1969; Glauben hat Zukunft, 1970; Meditation, Ost u. West, 1975 (franz., ital., poln.); Absolutes Nichts, 1976, 3. A. 1980 (engl., jap.); Offenbarung (m. L. Scheffczyk), 1977; Faszination d. Buddhismus, 1982; D. Gekreuzigte u. d. Weltrelig., 1983 (poln., ital.); Kontextuelle Fundamentaltheol., 1985, 2. A. 1988 (ital., franz.); Fernöstl. Weisheit u. christl. Glaube (m. T. Immoos), 1985; An d. Grenze d. Denkbaren, 1988. Herausg.: . . . denn Ich bin bei Euch (1978); Theol. - Grund u. Grenzen (1982); Lexikon d. Religionen (2. A. 1988); Begegnung d. Religionen (1990) - Spr.: Engl., Japan., Ital. - Rotarier.

WALDENFELS, Freiherr von, Wilhelm

Dr. rer. nat., o. Prof. f. Angew. Mathematik - Im Neuenheimer Feld 294, 6900 Heidelberg (T. 56 27 73) - Geb. 22. Febr. 1932 - S. 1966 (Habil.) Lehrtätigk. Univ. Saarbrücken (1968 apl. Prof.) u. Heidelberg (1969 o. Prof.). Fachaufs.

WALDHERR, Rüdiger

Dr. med., Prof. f. Pathologie Univ. Heidelberg - Friedrich-Weinbrenner-Str. 16, 6900 Heidelberg (T. 06221 - 30 22 30) - Geb. 24. Febr. 1949 Frankenthal, kath., verh. s. 1980 m. Maike, geb. Hehl, 2 Kd. (Sina Katharina, Philipp) - Stud. Humanmed. Univ. Heidelberg; Staatsex. 1974; Promot. 1975; Facharztausb. in Paris u. Heidelberg; Habil. 1981 - Ltd. Oberassist. Pathol. Inst. Univ. Heidelberg. Wiss. Hauptarbeitsgeb.: Pathol. d. Niere u. d. ableitenden Harnwege sow. d. Verdauungstraktes, Immunhistochemie, Elektronenmikroskopie - 1982 Rudolf-Virchow-Preis Dt. Ges. f. Pathol. - Spr.: Engl., Franz.

WALDHÜTER, Werner

Ing., Geschäftsführer Glacier GmbH-Deva Werke - Memelstr. 4, 3570 Stadt Allendorf 1 - Geb. 1. Okt. 1928 Hannover, verh. m. Renate, geb. Fuchs - 1980 Verdienstmed. Stadt Allendorf; 1981 Ehrenbrief Land Hessen; 1982 BVK a. Bde.

WALDMANN, Bernt Gregor

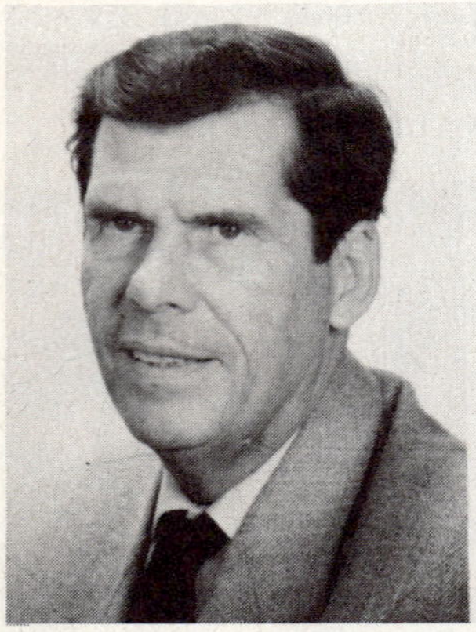

Dr. jur., Rechtsanwalt, Stadtrat, Vorst.-Mitgl. d. Dt.-Sowjet. Ges., Ehrenkreisvors. DRK - Basler Str. 4, 7800 Freiburg - Geb. 19. Okt. 1930 Berlin (Vater: Dr. Kurt W., Rechtsanw.; Mutter: Elisabeth, geb. v. Prusinowski), verh., T. Myriam - Abit. 1948 Hof; 1. jurist. Staatsprüf. 1951, 2. jurist. Staatsprüf. Stuttgart 1955, Promot. 1952 - S. 1957 Rechtsanw.; s. 1968 Stadtrat. Fraktionsvors. im Regionalverb. Südl. Oberrhein - Liebh.: Lit., Sprechtheater - Spr.: Engl.

WALDMANN, Günter

Dr. phil., Prof. PH Freiburg (s. 1987) - Schwarzwaldstr. 14, 7806 March-Hugstetten (T. 07665 - 14 02) - Geb. 26. Okt. 1926 Oberhausen/Rhld., ev., verh. s. 1953 m. Hildegard, geb. Lis, T. Gisa - 1947-53 Stud. Univ. Heidelberg; Staatsex. (Deutsch, Phil., Gesch.) 1952; Promot. (Phil. b. Karl Löwith) 1954 - 1953-71 Schuldst. Gymn. Moers; s. 1971 Prof. f. dt. Sprache u. Lit. u. ihre Didaktik PH Reutlingen - BV: Christl. Glauben u. christl. Glaubenslosigkeit, 1968; Theorie u. Didaktik d. Triviallit., 1973, 2. A. 1977; Kommunikationsästhetik 1: D. Ideologie d. Erzählform, 1976; Lit. z. Unterhaltung, 2 Bde., 1980; Produktiver Umgang m. Lyrik, 1987, 2. A. 1992; Erzählen - Eine Einf. in kreatives Schreiben u. produktives Verstehen v. traditionellen und mod. Erzählformen, 1992.

WALDMANN, Jochen

Journalist, Leiter d. Abt. Politik u. Report Südwestfunk - Südwestfunk, 7570 Baden-Baden - Geb. 22. Juni 1937 Arnstadt/Thür., verh. 2 Kd. - Abit.; Zeitungsvolont. Frankische Presse Bayreuth - S. 1978 ARD-Korresp. in Buenos Aires, Mexico, Genf - 1972 Bambi; 1978 Christopheruspreis - Spr.: Engl., Spen., Franz.

WALDMANN, Peter Klaus

Dr. jur., Prof. f. Soziologie u. Sozialkunde Univ. Augsburg (s. 1975) - Leustr. 15c, 8900 Augsburg 21 (T. 81 39 68) - Geb. 22. März 1937 Meiningen, ev., verh. s. 1963 m. Monique, geb. Delacre, 2 Kd. (Adrian, Lucas) - Stud. d. Rechte u. Soz.wiss. München u. Paris - BV: Zielkonflikte in e. Strafanst., 1968; D. Peronismus 1943-55, 1974; Strategien politischer Gewalt, 1977; Ethnischer Radikalismus, 1989; Militanter Nationalismus im Baskenland, 1990. Herausg.: Politisches Lexikon Lateinamerika (3. A. 1992); Pipers Wörterb. z. Politik Dritte Welt, Bd. 6 (1987) - Spr.: Engl., Franz., Span.

WALDNER, Heinz A.

Vortragender Legationsrat 1. Kl., Leiter d. Referate Bibliothek u. Archiv im Auswärtigen Amt, Bonn - Geb. 21. Febr. 1931 Bochum, verw. s. 1983, 3 Kd. (Witold, Wolfgang, Ada) - 1950-56 Stud. Univ. Göttingen u. Paris, Rechts- u. Staatswiss.; 1. jurist. Staatsprüf. 1956; gr. Staatsprüf. 1961 - 1961-63 fr. Rechtsgutachter; 1963-71 niedersächs. Bibl.dienst; 1971-75 Ref.leit. BM Justiz, Bonn; 1975-83 Dir. d. Völkerbundarchivs u. UNO-Bibliothek, Genf - Mitgl. im Verein HEROLD, Berlin - BV: D. ältesten Wappenbilder, 1992 - Liebh.: Gesch., Phil., Staatssymbolik, Kunstreisen - Spr.: Engl., Franz.

WALDNER, Wolfgang Friedrich

Dr.-Ing., Bergassessor, Präsident Bayer. Oberbergamt - Waldhornstr. 94, 8034 Germering (T. 089 - 84 37 35; Büro: 21 62 25 34) - Geb. 11. Dez. 1928 Brünn/CSR (Vater: Friedrich W., Bankkfm.; Mutter: Josefine, geb. Svanda), kath., verh. s. 1954 m. Lisa, geb. Bross, 2 Kd. (Lisette, Yvonne) - Stud. Bergakad. Clausthal; Dipl.ex. 1954; Promot. 1959 - 1958-67 Ref., 1968-73 Bergamtsleit., s. 1973 Präs. Div. Mand., u. a. Vors. Arbeitskr. Personal- u. Ausbild.-fragen Länderaussch. Bergbau, Beirat Dt. Wiss. Ges. f. Erdöl, Erdgas u. Kohle, Mitgl. Dt. National-Komit. (DNK) d. Welt-Energie-Konfz. - 1981 BVK am Bde. - Liebh.: Mineralien, Bergbaugesch. - Spr.: Engl., Franz., Tschech.

WALDRICH, Otto

Fabrikant, Vors. d. Geschäftsfg. Werkzeugmaschinenfabrik Adolf Waldrich, Coburg (s. 1950) - Löbelsteiner Str. 2, 8630 Coburg (T. 09561 - 1 08 70) - Geb. 11. Sept. 1923 Coburg (Vater: Adolf W., Fabrikant; Mutter: Cläre, geb. Weyel), ev., verh. s. 1955 m. Margret, geb. Sauermann, 3 Kd. (Christiane, Joachim, Ulrike) - Vorst. Verein Bayer. Metallind. - 1980 Gold. Ehrenring Stadt Coburg; 1980 Bayer. Staatsmed. (f. Verdienste um Gewerbl. Wirtsch. in Bayern); 1984 BVK I. Kl. - Liebh.: Mod. Glas u. Keramik - Spr.: Engl., Franz., Ital.

WALDSCHMIDT, Ernst Helmut

Dr. rer. nat., Dipl.-Math., Prof. f. Systemprogrammierung TH Darmstadt (s. 1973) - Frankensr. 47, 6057 Dietzenbach 2 (T. 06074 - 2 30 57) - Geb. 5. März 1938 Duisburg (Vater: Ernst W., Ing.; Mutter: Erna, geb. Keim), ev., verh. m. Barbara, geb. Glöckler, 1 T. - Dipl.ex. 1965; Promot. 1969; Habil. 1971 (alle Darmstadt) - 1965-1971 Wiss. Mitarb. u. Betriebsleit. (1969) Rechenzentrum u. s. 1971 Prof. f. Angew. Math. TH Darmstadt, s. 1973 Prof. f. Betriebssysteme (Systemprogrammierung) i. FB Informatik d. TH Darmstadt - BV: Optimierungsfragen im Compilerbau, 1974; Einführ. in d. Informatik f. Ing., 1980; Koautor v. Grundzüge d. Informatik I, 1984, II, 1986 - Spr.: Engl., Franz.

WALDSCHMIDT, Klaus

Dr.-Ing., Prof. f. Technische Informatik Univ. Frankfurt - Zu erreichen üb. Johann-Wolfgang-Goethe-Univ., Robert-Mayer-Str. 11-15, 6000 Frankfurt (T. 069 - 798 82 48) - Geb. 29. Dez. 1939 Leipzig, ev., verh. s. 1966 m. Heidemarie, geb. Rodrian, 2 Töcht. (Sabine, Annika) - Dipl. Nachrichtentechnik, 1967 TU Berlin, Promot. 1970 ebd. - 1970-73 stv. Abt.leit.; 1973-82 Prof. Univ. Dortmund; s. 1982 Prof. f. Techn. Informatik in Frankfurt - BV: Schalt. d. Datenverarb., Lehrb. 1978; zahlr. wiss. Veröff. - Liebh.: Radsport - Spr.: Engl., Franz.

WALDTHAUSEN, von, Wolfgang

Bankier, pers. haft. Gesellsch. Trinkaus & Burkhardt, Düsseldorf/Essen (s. 1972) - Ulenbroich 18, 4030 Ratingen 4 - Geb. 12. Mai 1930 - Zul. p. h. Gesellsch. Bankhaus Waldthausen & Co. KG., Essen.

WALENTA, Albert H.

Dr., Prof. f. Physik Univ.-GH Siegen - Ludwigstr. 34, 5900 Siegen (T. 0271 - 7 23 01) - Geb. 2. Okt. 1943 Naugard (Vater: Helmut W., Richter; Mutter: Käthe, geb. Genz), verh. s. 1968 m. Nicole, geb. Julien, 2 Kd. (Frank, Katrin) - Ab 1963 FU-Berlin (Physik); ab 1967 Univ. Heidelberg (Dipl. 1969); Promot. 1972, Habil. 1975 - B. 1976 Assist. in Heidelberg; 1976-81 Brookhaven National Labor./USA; s. 1981 Prof. in Siegen. Erf.: Vieldraht Driftkammer - 1973 Physikpreis Dt. Physikal. Ges.; 1986 Förderpreis im Gottfried Wilhelm Leibniz-Prog. - Spr.: Engl., Franz.

WALK, Ansgar

Dr. rer. nat., Dipl.-Chem., Apotheker, gf. Vorst. Ges. Gesundheit u. Forsch., Frankfurt (s. 1988) - Cranachstr. 12, 4800 Bielefeld 1 (T. Bielefeld 88 01 77) - Geb. 20. Aug. 1929 Stuttgart (Vater: Oskar W., Dipl.-Ing.; Mutter: Hildegard, geb. Goetz), kath., verh. s. 1983 m. Dr. med. Ulrike, geb. Günther - Abit. 1949 Böblingen, Univ. Tübingen (Pharm. Staatsex. 1955), TH Karlsruhe (Chemiedipl. 1958, Promot. 1961) - 1955-62 Hochsch.assist., 1963 wiss. Mitarb. Degussa, Frankfurt, 1968 Abt.Leit., 1975 Personaldir. ebd., 1978 Vorst.-Mitgl. ASTA-Werke AG, Bielefeld, 1987 Generalbevollm. ASTA Pharma AG, Frankfurt/M. - BV: Div. wiss. Publ. - Liebh.: Lit., bild. Kunst - Spr.: Engl., Franz.

WALK, Harro

Dr. rer. nat., Dipl.-Math., Prof. f. Mathematik Univ. Stuttgart - Sombartstr. 14, 7000 Stuttgart 80 (T. 0711 - 74 25 60) - Geb. 4. Juni 1939 Stuttgart (Vater: Oskar W., Dipl.-Ing.; Mutter: Hildegard, geb. Goetz), kath. - Abit. 1958 Stuttgart; Dipl. 1964, Promot. 1966, Habil. 1970 Univ. Stuttgart - 1964 Hochschulassist.; 1971 Wiss. Rat u. Prof. Univ. Stuttgart; 1975 o. Prof. Univ. Essen; 1979 Prof. Univ. Gießen; s. 1982 Ord. Univ. Stuttgart. Fachaufs. - Spr.: Engl.

WALK, Lorenz

I. Bürgermeister - Rathaus, 8431 Berg/Opf. - Geb. 10. Aug. 1931 Berg - Zul. Angest. CSU.

WALKHOFF, Karl-Heinz

Oberstudienrat, Politiker - Calle del Cerro, 33, Urbanizacion Santo Domingo, Algete/Madrid, Spanien (T. 00341 - 622 13 98) - Geb. 26. Febr. 1936 Habighorst b. Celle (Vater: Horst W., Kaufm.; Mutter: Hildegard, geb. Domes), ev., verh. s. 1964 m. Emmi, geb. Hintelmann - Obersch. (Abit.), Univ. u. FU Berlin, Münster (Gesch., German., Slav.) - Wiss. Staatsex. 1964, Assessorex. 1967 - 1969-76 u. 1978ff. MdB; 1973-77 MdEP. 1969-72 Ratsmitgl. Münster, SPD s. 1965 (1971-75 Vors. Stadtverb. Münster) - Spr.: Russ., Engl.

WALL, Fritz

Dr. rer. pol., Wirtschaftsprüfer, apl. Prof. f. Betriebswirtschaftslehre Univ. Hamburg (s. 1956) - Schülperbaum 23, 2300 Kiel (T. 66 30 60) - Geb. 25. Juni 1911 Stralsund - Habil. 1944 Greifswald - BV: Grundsätzl. Erwägungen z. Handels- u. Steuerbilanz, 1952. Zahlr. Fachaufs.

WALL, von der, Heinz

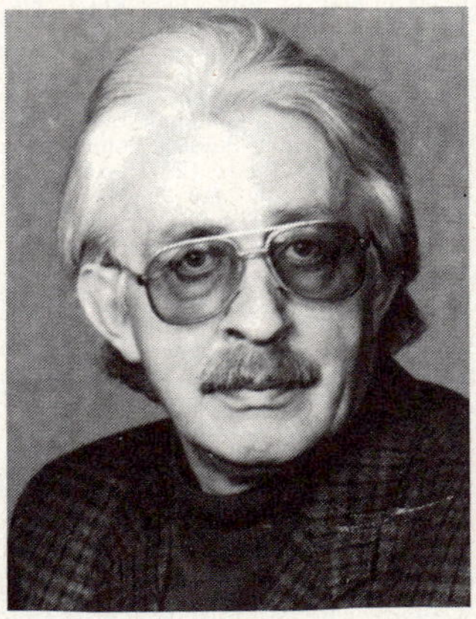

Pädagoge, Schriftst. - Druchhorner Str. 18, 4554 Ankum Kr. Bersenbrück (T. 7 92) - Geb. 12. Mai 1923 Oldenburg/O. (Vater: Heinrich v. d. W., Postschaffn.; Mutter: Gesine, geb. Grote), kath., verh. s. 1960 m. Elsbeth, geb. Mählmeyer, 3 Kd. (Monika, Ursula, Thomas) - Gymn. Cloppenburg (Abit.), Univ. Münster; 1959 Inst. f. d. Ausbild. v. Mittelschullehr. Göttingen (Ex.). 1982-91 Vors. d. Schrieverkrings - BV: De Straten geiht liekut, Vertellsel, 1971; Blaumen för Kottmann, 1972; Hemmelte u. sein Sportverein, 1973; ... dann kunnst du di fragen, Beller un Blöer, 1976; De Wartesaal, 1980; Dat Spill van den Jungen, den Clown un de Deerte in'n Wald, 1980; Noch schmetterten Siegesfanfaren, Tageb. Aufzeichn., 1981; D. Projekt-D. Historie e. Literaten-Wochenendes, 1982; Dat Schrieverkring-Book (hg. m. Hermann Lüdken), 1983; Avend ahne Krimi, 1983; Dor was mal een Hüürmann in Vahren, 1985; Öllernschnackdag, Wiehnachtslüe, De Deefsbank, 1985; Dat Leßde, Pingstossen, Ut de Provinz, Ümtuuschen, 1986; Hey Enrico - Hoch- u. plattdt. Lyrik u. Prosa 1988; Auch außer d. Vaterlande ist e. schöne Welt - H. A. Rattermann, dt.-amerik. Hist. u. Autor, 1989; KZ-Häftlingsnummer 29373 - P. A. Benninghaus. Herausg.: Talglicht - Revolutschoon: Texte ut en över de DDR (1990). Hörsp.: Van den Avend un van de Nacht, 1969; De Frau an 'n Tuun, 1977; Dat stille Kind, 1978; In 't Deepenholt, 1978 (nur gedr.); Judenskaat, 1979; Dat Zimmer (m. Susanne M. Neuhoff), 1980; De Freestunn', 1980; De Stadtrat un de Stadtsuldat (n. Heinrich v. Kleist), 1981; So een Dag, 1982 - 1976 Freudenthal-Literaturpreis f. niederd. Dicht., 1977 Hans-Böttcher-Preis FVS-Stiftg. Hamburg; 1979 Wappenteller d. Landkreises Cloppenburg; 1980 Preis im Wettbewerb niederd. Kindertheaterst. Oldenbg.-Stiftg., Oldenbg.; 1981 Stadtschreiber in Soltau; 1982 6. Preis im Wettbewerb Plattdt. Theater d. Schlesw.-Holst. Heimatbundes; 1984 2. u. 3. Preis im Autorenwettbew. d. Ostfries. Landschaft Plattdt. Theater - alle Spielformen;

1984 2. u. 3. Preis im Autoren-Preisausschreiben d. Spieker (Heimatbund f. niederdt. Kultur) Plattdt. Kortjans; 1991 Spieker-Ehrennadel in Silber - Lit.: Willi Eggers: En Dichter van uns Tiet, 1976; Friedrich W. Michelsen: H.v.d.W., Erzähler, Hörspielautor u. Lyriker, 1978; Rüdiger Herbst/Margret Schmidt: D. Auseinandersetzung m. d. NS-Zeit, in: H.v.d.W. Hörsp. Judenskaat, 1979; Heinrich Schmidt-Barrien: Laudatio z. Verleih. d. Hans-Böttcher-Pr., 1979; Edeltraud Tüting: Interview m. H.v.d.W., 1983; Cornelia Ficker: D. Hörsp. H.v.d.W., 1985; Bernd Rachuth: H.v.d.W. u. d. Wartesaal als poetische Welt, 1986.

WALLAT, Hans

Generalmusikdirektor d. Dt. Oper am Rhein Düsseldorf - Haydnstr. 7, 4010 Hilden - Geb. 18. Okt. 1929 (Vater: Eduard W.; Mutter: Klara, geb. Haffner), verh. m. Beatrix, geb. Frick, 2 Kd. (Andreas, Franziska) - 1945-50 Dirig.-Ausb.; 1965-70 Generalmusikdir. Bremen, 1970-80 GMD Mannheim, ab 1979 Dortmund - Schallplatten - Spr.: Engl., Ital.

WALLBERG, Heinz

Prof., Generalmusikdirektor - Theaterpl. 11, 4300 Essen - Geb. 1923 - Kapellm. (z. T. I.) München, Trier, Flensburg, Hagen, Wuppertal, Augsburg, Bremen (Chefdirig. Staatsorch.), GMD Wiesbaden (1961-74). Mitwirk. Salzbg. Festsp. Gastdirig. aller bek. Opernhäuser (Europa, Nord-, Südamerika, Japan, Südafrika) - 1965 Prof.-Titel f. Verd. um d. österr. Musikleben; 1969 BVK I. Kl.

WALLBRECHT, Ferdinand

Dipl.-Volksw., Direktor, - Prinzenstr. 10, 3000 Hannover (T. 32 43 58) - Geb. 9. März 1916 Hannover, ev., verh., 3 Kd. (2 Töcht., Sohn) - Rats- u. Realgymn. Hannover; TH Hannover u. Univ. Göttingen - Arbeits-, Militär- u. Wehrdst. (b. Kriegsbeginn Uffz., 1942 Oblt.; 80 Proz. kriegsbesch.); AR-Vors. Fr. Mehmel GmbH; AR-Mitgl. Lindner Gilde AG; AR Friedrich Mehmel AG. Langj. MdL Nieders. u. Brauergilde Hannover AG - Gr. BVK; Gr. Verdienstkreuz z. nieders. Verdienstkreuz.

WALLENFELS, Kurt

Dr. phil., o. Prof. f. Biochemie - Vordere Steige 7, 7800 Freiburg/Br. (T. 5 34 15) - Geb. 30. Juni 1910 Marburg/L., verh., 4 Kd. - Habil. 1943 Heidelberg - S. 1953 ao. u. o. Prof. (1961) Univ. Freiburg. Facharb. Mithrsg.: Biochem. Ztschr.

WALLER, Hans Dierck

Dr. med., o. Prof. f. Innere Medizin Univ. Tübingen - Waldhäuser Str. 31, 7400 Tübingen - Geb. 29. Mai 1926 Kiel - Promot. 1951 Kiel; Habil. 1960 Marburg - 1960-62 Lehrtätigk. Marburg, s. 1963 Tübingen (1966 apl., 1970 o. Prof.). Spez. Arb.sgeb. Hämatol. u. Onkol. Dir. Univ.-Klinik II. Zahlr. Fachveröff. - 1959 Oehlecker-, 1960 Frerichs-, 1964 Homburg-, 1965 Hufeland-Preis, Dr. med. h.c. Univ. Freiburg, Mitgl. Dt. Akad. Naturforscher Leopoldina, Korr. Mitgl. Österr. Akad. d. Wiss. Math. Naturwiss. Klasse.

WALLER, Peter Paul

Dr. oec. publ., Prof. f. Geographie, Geschäftsführer - Akazienallee 52, 1000 Berlin 19 (T. 030-304 76 36) - Geb. 12. April 1935 Neuburg/Do. (Vater: Ferdinand W., O.stud.dir.; Mutter: Elisabeth, geb. Schlosser), kath., verh. s. 1967 m. Brigitte, 2 S. (Christof, Stefan) - Abit. 1953, Univ. München (Dipl.-Kfm.), Univ. of Brit. Columbia, Habil. FU Berlin (Geogr.) - 1972-80 Dt. Inst. f. Entw.-politik (Abt.ltr. Afrika), stv. Gesch.f., 1979-81 MdA Berlin, President Society for International Development (SID) Berlin-Chapter - BV: Action Griented Approaches to Regional Development Planning (m. a.), 1975; Periodic Markets, Urbanisation and Regional Planning, Greenwood Press (m. a.), 1976; Grundbedürfnisorientierte Regionalentwickl., 1984 - Spr.: Engl., Franz.

WALLERANG, Elmar

Dipl.-Ing., Redakteur VDI-Nachrichten - Oberkasseler Str. 57, 4000 Düsseldorf 11 (T. 57 95 41) - Geb. 1. Mai 1939 Düsseldorf (Vater: Bernhard W., Bauing.; Mutter: Marianne, geb. Hoppe), verh. s. 1963 m. Helga, geb. Starbatty, 2 S. (Falk, Lars) - Bauing.-Ex. 1963 Köln - Ab 1963 Leit. v. Baustellen in Dtschl. u. d. Schweiz; ab 1966 Redakt. VDI-Nachrichten - BV: Wo Wohnen, wie Bauen?, Sachb. 1978 - 1980 3. Preis Baufachjourn.-Wettbew. München - Liebh.: Klass. Musik (Schwerp. Bach u. Wagner) - Spr.: Engl.

WALLHÄUSSER, Hermann

Dr.-Ing., Hon.-Prof. TH Darmstadt, Betriebsstättenleiter Hoechst AG - Seelbacher Weg 3, 6204 Taunusstein 4 (T. 06128 - 82 09) - Geb. 30. Jan. 1928 Waldböckelheim (Vater: Philipp Jakob W., Schmiedemeist.; Mutter: Ottilie, geb. Karsch), ev., verh. s. 1955 m. Dr. med. Helga, geb. Meyer, 3 Kd. (Elisabeth, Ulrike, Wolfgang) - 1949-50 Ing.-Schule Bingen; 1950-55 TH Darmstadt (Dipl.-Ing. Masch.Bau); Promot. 1960, Habil. 1965 - 1955-61 MPA Darmstadt; 1962-64 H. Römmler GmbH; Abt.-Leit. 1965-66 MPA Darmstadt, 1967-74 Chem. Werke Albert, Wiesbaden, 1975-82 Hoechst AG; 1982ff. Betriebsstättenleit. Hoechst AG. 8 Patente üb. Duropl. Kunstst. - BV: Kunststoffprüf., 1966 (auch holländ.); Bewert. v. Formteilen, 1967; Konstruieren m. Kunststoffen, 1972 (m.a.) - 1967 VDI-Ehrenring; 1972 DIN-Ehrennadel - Spr.: Engl., Franz.

WALLIS, Hedwig

Dr. med. (habil.), Prof., Abteilungsvorsteherin Univ.s-Kinderklinik Hamburg, Mitgl. Hbg. Bürgerschaft (s. 1970, CDU) - Parkstr. 22, 2000 Hamburg 52 (T. 82 88 77) - Geb. 20. Mai 1921 Hamburg (Vater: Heinrich v. Häfen, Juwelier) - B. 1965 Privatdoz., dann apl. Prof. Hamburg (Kinderheilkd.). Facharb.

WALLIS, von, Hugo

Dr. jur., Präsident Bundesfinanzhof a. D., München, Honorarprof. f. Finanz- u. Steuerrecht TH Aachen (s. 1958), - Gebelestr. 26a, 8000 München 80 (T. 98 56 90) - Geb. 12. April 1910 Köln (Vater: Hugo. v. W., Postbediensteter; Mutter: Sofia, geb. Körfgen), verh. s. 1938 m. Magda, geb. Hitze - Promot. (1933) u. Habil. (1952) Köln - U. a. Regierungsdir.; s. 1957 Bundesrichter, u. Präs. BFH - BV (z. T. mehrere A.): Steuerbilanz d. Kaufmanns, D. Umsatzsteuer, Vermögenssteuer u. Bewertungsgesetz, D. Steuern d. Kaufm., Verkehrssteuern, Einspruch u. Beschwerde, D. Arbeitsgemeinschaft, Besteuerung d. Unternehmenszusammenfassungen, Besteuerung d. Gesellschaften; m. a.: Kommentar z. Reichsabgabenordnung, Abgabenordnung u. Finanzgerichtsordnung u. Umsatzsteuergesetz, Grundzüge d. steuerl. Gewinnermittlung - Rotarier - Ruf Univ. Köln (Lehrstuhl f. Steuerrecht) 1965 abgelehnt.

WALLISER, Otto H.

Dr. rer. nat., Diplom-Geologe, o. Prof. f. Paläontologie u. Direktor Geolog.-Paläontolog. Inst. u. Museum Univ. Göttingen (s. 1965) - Thomas-Dehler-Weg 7, 3400 Göttingen (T. 2 24 12) - Geb. 3. März 1928 Krettenbach/Württ. (Vater: Wilhelm W., Lehrer; Mutter: Martha, geb. Fahr), verh. s. 1954 m. Edith, geb. Grill, 2 Kd. - Promot. (1954) Tübingen, Habil. (1961) Marburg - Zeitw. Vors. Paläontol. Ges., Gen.Sekr. Intern. Palaeontol. Assoc., Leit. div. Intern. Forsch.Progr. - Zahlr. Fachveröff. z. Evolution u. z. Geol., Stratigr. u. Paläontol., insb. d. Paläozoikums - 1982 Mitgl. Akad. d. Wiss. Göttingen, u. 1988 USSR.

WALLMANN, Johannes Christian

Dr. theol., Dr. h.c., Prof. f. Kirchengeschichte - Buchenweg 2, 5810 Witten-Buchholz (T. 02324 - 3 13 19) - Geb. 21. Mai 1930 Erfurt/Thür. (Vater: Erich W., Sort.buchh.; Mutter: Maria, geb. Plath), ev., verh. s. 1964 m. Dr. Ingeborg, geb. Posselt, 2. Kd. (Georg, Ursula) - Promot. Zürich 1961, Habil. Bochum 1968, o. Prof. f. Kirchengesch. (Reformat.-gesch. u. neuere Kirchengesch.) Bochum 1971 - Hrsg. Beitr. z. Hist. Theol., Ztschr. f. Theol. u. Kirche, Jahrb. z. Gesch. d. neueren Protestantismus - BV: D. Theol.begriff b. Johann Gerhard u. Georg Calixt, 1961; Philipp Jakob Spener u. d. Anf. d. Pietismus, 1970, 2. A. 1986; Kirchengesch. Dtschl. s. d. Reformation, 3. A. 1988 - 1984 o. Mitgl. Rh.-Westf. Akad. d. Wiss.; 1990 theol. Ehrendoktor (Helsinki).

WALLMANN, Jürgen P.

Publizist u. Literaturkritiker - Eugen-Müller-Str. 20, 4400 Münster - Geb. 15. Juli 1939 Essen, ev., gesch., S. Johannes - Stud. German., Phil. u. ev. Theol. - BV: Gottfried Benn, Biogr.; Else Lasker-Schüler, Biogr.; Argumente, Aufs. u. Kritiken; Z. Beispiel, Ess. u. Rezens.; D. Autor ist immer noch versteckt, Gespräch m. Heinrich Böll - Lit.: F. Lennartz: Dt. Schriftst. d. Gegenwart.

WALLMANN, Walter

Dr. jur., Ministerpräsident Land Hessen a. D. (1987-91) - Geb. 24. Sept. 1932 Uelzen (Vater: Walter W., Realschullehrer; Mutter: Anni, geb. Riebesehl), ev., verh. s. 1960 m. Margarethe, geb. Höhle, S. Walter - Univ. Marburg (Rechts- u. Staatswiss.; Promot.). I. u. II., jurist. Staatsprüf. Frankfurt/M. - Richtertätigk. Kassel (LG), Rotenburg/F. (AG), Gießen (LG). 1966-72 MdL Hessen (zul. stv. Fraktionsvors.); 1972-77 MdB (s. 1973 Mitgl. Vorst. CDU/CSU-Fraktion, 1974-75 Vors. Guillaume-Untersuchungsaussch.); 1977-86 Oberbürgerm. Frankfurt/M.; 1986-87 Bundesmin. f. Umwelt, Naturschutz u. Reaktorsicherheit; 1984-86 Präs. Dt. Städtetag; Präs. d. Dt. Bühnenvereins; Präs. Dt. Turnerbund. B. 1974 Bezirksvors. Junge Union Mittelhessen. CDU s. 1960 (1966 Kreisvors. Marburg-Stadt, 1967 Bezirksvors. Mittelhessen, 1982 Landesvors. Hessen, 1985 stv. Bundesvors.) - BV: D. Preis d. Fortschritts - Beitr. z. polit. Kultur, 1983 - 1982 Frhr.- v.-Stein-Preis; Gr. BVK m. Stern u. Schulterband - Liebh.: Klass. Musik - Spr.: Engl.

WALLNER, Christian

Autor, Kabarettist - Alpenstr. 159, A-5020 Salzburg (T. 0662-2 41 16) - Geb. 30. März 1948 Gmunden (Oberösterr.), verh. s. 1974 m. Dr. med. Mag. rer. nat. Annemarie W. - Stud. Gesch., Päd., Publiz. Univ. Salzburg; 1975 Dramat., Landestheater Salzburg; 1976 Writer in residence Univ. Texas, Austin; 1984 Lehrbeauftr. German. Univ. Klagenfurt; Künstl. Ltg. d. Mozart-Woche (Int. Kabarett-Festival, Salzburg 1983 ff) - BV: Freund u. Feind, 1978/79; Motzart-Kabarett-Texte, 1980; Schatten üb. Herrenstein, 1984; D. Nacht d. Schicksals. 1984 (Parodien); D. Glück ist e. Suchen (Parodie), 1985 (2 Bde.); Schweigen ist Blei (Parodie), 1987 (5 Bde.). Kabarettprogr. - Texte u. Darsteller (Gr. Motzart u. Solo). Ca. 400 Gastsp. in Österr., BRD, Schweiz. Hörfunk u. FS-Aufnahmen; Hörspielserien u. FS-Filme - Liebh.: Kochen, Ski, Malerei - Spr.: Engl. - Lit.: Christine Falkensammer, Chr. W. - e. Monogr. (1980).

WALLNER, Ernst M.

Dr. phil., Prof. - Maria-Theresia-Str. 16, 7815 Kirchzarten/Br. (T. 55 53) - Geb. 12. März 1912 Mettersdorf (Vater: Johann W., Pfarrer; Mutter: Getrud, geb. Falk), ev., verh. s. 1941 m. Else, geb. Zotz, S. Emeran - Gymn. Bistritz; Univ. Klausenburg, Halle, Berlin, Bonn (German., Phil., Soziol., Volkskd., Gesch., Theol.). Promot. 1935 Bonn; Ass.ex. f. d. höh. Lehramt 1937 Klausenburg - 1937-40 Schulratsref., dann Lektor, 1943-45 Univ.assist., anschl. Privatgelehrter, 1947-1962 Studien- u. Oberstudienrat, seither Prof. Päd. Hochsch. Heidelberg (Soziologie u. Politik), 1986 Erneuerung d. Dr.-Dipl. durch Univ. Bonn - BV: D. Herkunft d. Nordsiebenbürger Deutschen im Lichte d. Flurnamengeogr., 1936 (Diss.); Zastler, e. Holzhauergemeinde im Schwarzw., 1953; D. Reichs- u. Bundestagswahlen im Landkr. Freiburg s. d. Jh.wende (1903-61), 1965; V. d. Herberge z. Grandhotel - Wirtshäuser u. Gastlichkeit / Gesch. - Namen - Schilder, 2. A. 1970; Soziologie - Einf. in Grundbegriffe u. Probleme, 6. A. 1979; Sociologia. Conceptos y problemas, 2. A. 1980; Vorurteil u. Völkerverständig., 1970; D. Entwicklungsländer, 1974; (m. M. Pohler-Funke) Soziolog. Hauptströmungen d. Gegenwart, 1977; Soziologie d., Familie, 1977; Soz. d. Kindheit, 1978; Soz. d. Freizeit, 1978; Soz. d. Erziehung, 1979; Soz. Schicht. u. soz. Mobilität, 1980; Polit. Soziol., 1980; Fischereiwesen u. Fischerbevölker. in Sizilien. Bestand - Besonderheiten - Bedeut. heute, 1981; D. Fischerpopulation Siziliens. Interethn. Gemeinsamkeiten - Sizilianität, 1982; Hochrhein-Fibel, 1984; Dreieckland-Fibel, 1985; Zastler. E. Schwarzwalddorf im Wandel, 1991. Übers. aus d. Rumän.: Ew. Acker, N. 1943; M. Sadoveanu, D. Nächte um Johanni, R. 1944. Ztschr.-Beitr. - Spr.: Rumän., Franz., Ital. - Lit.: I. Tzschaschel, E. Mitbegr. d. Heidelberger PH, z. 65. Geb., 1977; H. Bergel, Abbau v. Vorurteilen. D. Pädag. u. Wissensch. E.M.W., 1977.

WALLNER, Franz

Dr.-Ing., Geschäftsführer BMT Meßtechnik GmbH Berlin (s. 1975) - Argentinische Allee 32 a, 1000 Berlin 37 (Zehlendorf) - Geb. 24. März 1937 Berlin (Vater: Dr. phil. Franz W.-Basté, Musik- u. Theaterwiss.; Mutter: Kundry Siewert, Schauspielerin), ev. - Human. Arndt-Gymn. Berlin, Casimirianum Coburg, Max-Gymn. München; TU Berlin (Theor. Maschinenbau), Dipl. 1964, Promot. 1970 TU Berlin - 1964-69 wiss. Assist. TU Berlin, 1969-75 Forsch.leit., Chir. Univ.-Klinik FU Berlin, 1974 Ruf Inst. f. Kfz TU Berlin (nicht gefolgt) - Liebh.: Reiten (Dressur), Musik - Spr.: Engl. - Bek. Vorf.: Franz W. (Wallner-Theater, Berlin, Urgroßv.).

WALLNÖFER, Heinrich

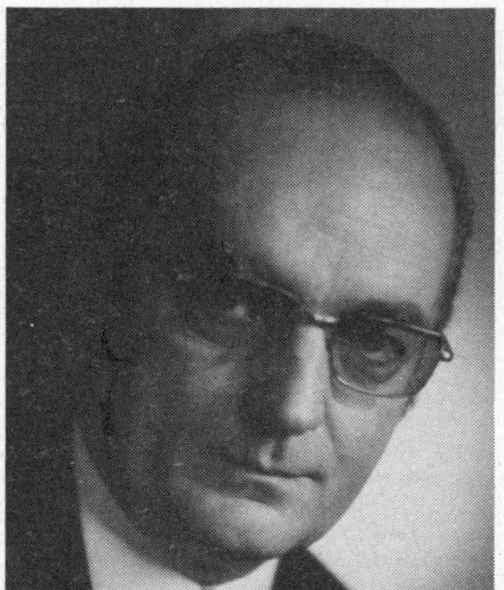

Dr. med., Arzt, Obermed. Rat, Univ.-Lektor, Visiting Prof. Carrier Foundation, Arzt f. Psychotherapie, Psychosomatik u. psychosoziale Medizin, Schriftst., Gründer österr. College f. Autogenes Training u. allg. Psychotherapie, Gründer u. Ehrenpräs. österr. Ges. f. ärztl. Hypnose u. autogenes Training, Lehrbeauftr. Univ. Fribourg, Innsbruck u. Wien - Pyrkergasse 23, A-1190 Wien (T. 36 23 66) - Geb. 27. Juni 1920 Klagenfurt/Kärnten (Vater: Franz W., Korvettenkapitän; Mutter: Auguste, geb. Scherrl), altkath., verh. seit 1943 (Ehefr.: Dr. Lorenza), 3 Kd. (Dr. Peter, Dr. Anton, Dr. Maria-Donata) - Stud.

Med. u. Psych. Promot. 1948 - BV: Von ungefähr, 1948 (Ged.); Bunte Scherben, 1949 (Ged.); Deine Gesundheit, 1951 (1,5 Mio.); Ehe - Familie - Heim, 1952 (m. Heinz Scheibenpflug); Hallo, Dein Körper, 1955 (m. Scheibenpflug); 1x1 d. Gesundheit, 1958 (m. Scheibenpflug); D. kl. Babybuch, 1958; Autofahren m. Herz. u. Verstand, 1959; D. Kräuterbuch, 1959; D. goldene Schatz d. chines. Med., 1959 (auch engl., franz., schwed.); Ihm zuliebe, 1962 (100 Ts.); Helfen u. Heilen, 1962; Heilendes Wasser - Kneipp-Lexikon, 1963; E. Arzt spricht z. Frau, 1964; Heilkräuter schützen d. Gesundheit, 1964; Gesundheit f. alle Tage, 1965; Ihre Nerven - Ihre Seele, 1965; Besser als tausend Pillen, 1992 u. 88; Zauberdrogen - Ärzte - Menschenopfer, 1967; Gesund m. autogenem Training, 1991; D. Arzt in d. Ind. Kultur, 1990; Seele ohne Angst, 1992 (ital. 1988); Auf d. Suche nach d. Ich, 1992. Üb. 90 wiss. Arb. Zahlr. Beitr. Frauenztschr. Für Sie - Liebh.: Chines. Kultur, Musik, Dichtung - Spr.: Engl., Franz., Ital.

WALLOW, Hans

Regierungsdirektor, MdB - Bonner Str. 62, 5480 Remagen-Rolandseck - Geb. 25. Dez. 1939 Göttingen, S. Alexander - BV: Bitte einsteigen, Ber. aus d. polit. Alltag, 1982.

WALLRAFF, Dieter

Mitglied des Landtages Niedersachsen (s. 1986) - Bussenstr. 2a, 3008 Garbsen 4 (T. priv.: 05131 - 9 12 38, dstl.: 0511 - 3 03 00) - Geb. 22. Mai 1942, ev., verh., 2 Töcht. (Susanne, Corinne) - Stud. f. d. Lehramt Grund- u. Hauptschulen; Stud. z. Dipl.Päd. 1962-65 Hannover u. 1970-73 Braunschweig - 1973-78 Schulleit. an e. Grund- u. Hauptschule, 1978-86 an e. Orient.stufe - S. 1974 Vors. d. Ratsfraktion in Garbsen, s. 1983 d. SPD in Garbsen; stv. Vors. im Unterbezirk d. SPD Hannover-Land, bildungspolit. Sprecher d. SPD-Landtagsfraktion in Niedersachsen - Liebh.: Marathonläufer, 100-km-Läufer, Gebirgswanderer - Spr.: Engl., Lat.

WALLRAFF, H. Günter

Schriftsteller - Thebäerstr. 20, 5000 Köln 30 - Geb. 1. Okt. 1942 Burscheid (Vater: Josef, W., Angest.; Mutter: Johanna, geb. Pannier), verh. s. 1966 m. Birgit, geb. Böll, 2 Töcht. (Ruth, Ines) - Gymn.; Buchhändlerlehre - 1957-61 Buchhändler; 1963-66 Fabrikarb.; 1966-67 Redakt. - BV: Wir brauchen Dich - Fabrikreportagen, 1966 (auch ung.); Nachspiele, Theaterst. 1968; 13 unerwünschte Reportagen, 1969; Von einem, d. auszog u. d. Fürchten lernte, 1970; Neue Reportagen, Unters. u. Lehrbeisp., 1972; Was wollt ihr denn, ihr lebt ja noch, 1973; Ihr da oben - wir da unten, 1973 (m. B. Engelmann); Unser Faschismus nebenan - Griechenland gestern, ein Lehrstück für morgen, 1975 (m. E. Spoo); 13 unerwünschte Reportagen, 1975; Aufdeckung e. Verschwörung, 1976; Berichte z. Gesinnungslage d. Staatsschutzes (m. H. Böll), 1977; D. Aufmacher - D. Mann, d. bei 'Bild' Hans Esser war, 1977; Zeugen d. Anklage - D. Bild-Beschreib. wird fortgesetzt, 1979; D. BILD-Handb., b. z. Bildausfall, 1981; Mein Lesebuch, 1984; Bericht v. Mittelpunkt d. Welt, 1984; Befehlsverweig., 1984; Enthüllungen, 1985; Ganz unten, 1985; Reportagen 1963-1974, 1987; V. Ende d. Eiszeit u. wie man Feuer macht - Aufs., Kritiken, Reden (m. e. Vorwort v. Prof. Dr. Mayer), 1987; Akteneinsicht, 1987; U. macht euch d. Erde untertan - E. Widerrede, 1987; Ganz unten. M. e. Dokumentation d. Folgen, 1988; Wallraff war da. E. Leseb. v. Günter Wallraff, 1989 - Fernsehf.: Flucht vor d. Heimen (1971), Ermittlung gegen Unbekannt (1974). Hörsp.: D. Kraftwerk (m. Jens Hagen), Hess. Rundf. - 1968 Förderungspreis f. Literatur d. Ld. Nordrh.-Westf. (zurückgegeben); 1970 Mitgl. PEN-Zentrum Bundesrep. Dtschl.; 1979 Gerrit-Engelke-Literaturpreis Hannover; 1984 Carl-v.-Ossietzky-Med. u. Preis Monismanien-Stiftg. Uppsala (Schweden); 1987 franz. Fernsehpr. Prix Jean d'Arcy f. Film Ganz unten; 1988 Pr. f. beste ausl. Fernsehprod. d. Brit. Acad. of film and television arts f. Ganz unten - Lit.: R. Dithmar, G. Wallraffs Industriereportagen, 1973; Ch. Linder (Hrsg.), In Sachen Wallraff, 1975; U. Hahn/M. Töteberg, G. W., 1979.

WALLRAFF, Hermann-Josef S.J.

Dr. rer. pol., Lic. theol., o. Prof. f. Wirtschafts- u. Gesellschaftsethik Phil.-Theol. Hochsch. St. Georgen, Mitgl. Wiss. Beirat Bundesmin. f. Wirtschaft - Offenbacher Landstr. 224, 6000 Frankfurt/M. 70 (T. 0611 - 60 61 -1) - Geb. 13. Okt. 1913 Frauwüllesheim/Rhld., kath. - 1940-52 Stud. Phil., Theol., Nationalök. Univ. München, Bonn, Köln u. Jesuiten-Hochsch. - BV: Z. Kartellproblem, 1954; Kirche u. Wirtschaft, 1959, Eigentumsbildung, 1965; Eigentumspolitik, Arbeit u. Mitbestimmung, 1968; Sozialethik im Wandel d. Ges., 1974. Div. Einzelarb.

WALPER, Karl Heinz

Dr. rer. pol., Gf. Vorstandsmitglied Dt. Straßenliga - Bergstr. 29, 5330 Königswinter 1; dstl.: Kaiserplatz 14, 5300 Bonn 1 (T. 0228 - 63 57 92) - Geb. 23. Juni 1934 Kassel (Vater: Heinrich W., Regierungsamtmann; Mutter: Anne Marie, geb. Braun), freikirchl. ev., verh. m. Monika, geb. Winder, 2 Kd. (Roland, Sonja) - Bauing. 1955; Dipl.-Polit. 1960; Promot. 1963 - 1963-66 Wiss. Ref. Dt. Bundestag; 1967-70 Wiss. Ref. d. 1. Vors. IG Bau, Steine Erden; 1971-78 Bundesgeschäftsf. Bundesarch.kammer; s. 1979 gf. Vorst.-Mitgl. Dt. Straßenliga; Ref. IVCG u. VCK (Verb. christl. Kaufleute) in deutschspr. Staaten. 17 Bücher u. Brosch. üb. Staatsrecht, Baurecht, Raumordn., Wirtschaftspolitik, Verkehrspolitik, Management u. Evangelium; rd. 150 Art. - Liebh.: Bibel, Theol., Predigt, Phil., Malen, Entwerfen - Spr.: Engl., Latein - Bek. Vorf.: Prof. Walper, Mitgründ. Univ. Marburg.

WALSER, Martin

Dr. phil., Dr. phil. h. c., Schriftsteller - Zum Hecht 36, 7770 Überlingen/Bodensee - Geb. 24. März 1927 Wasserburg/B. (Vater: Martin W., Gastwirt; Mutter: geb. Schmid), kath., verh. s. 1950 m. Käthe, geb. Jehle, 4 Töcht. (Franziska, Katharina-Johanna, Alissa, Theresia) - Obersch. Lindau/B.; 1944-45 Wehrdst. 1948-51 Univ. Tübingen (Lit.wiss., Phil., Gesch.) - BV: Ein Flugzeug über d. Haus, Erz. 1955; Ehen in Philippsburg, R. 1957; Halbzeit, R. 1960; Beschreibung e. Form, Ess. 1961; D. Einhorn, R. 1966; Heimatkunde - Aufs. u. Reden, 1968; Theater! Theater!, 1968 (m. Chargesheimer); D. Gallistl'sche Krankheit, R. 1972; D. Sturz, R. 1973; Jenseits d. Liebe, R. 1976; E. fliehendes Pferd, R. 1978; Seelenarbeit, R. 1979; D. Schwanenhaus, R. 1980; Brief an Lord Liszt, R. 1982; Meßmers Gedanken, Erz. 1985; Brandung, R. 1985; Dorle u. Wolf, R. 1987; Jagd, R. 1988. Bühnenst.: D. Abstecher (1961), Eiche u. Angora (1962), Überlebensgroß Herr Krott! (1963), D. schwarze Schwan (1964), D. Zimmerschlacht (1967; UA. durch Fritz Kortner), E. Kinderspiel (1970), D. Sauspiel (1975), In Goethes Hand (1982), D. Ohrfeige (1986). Herausg.: Vorzeichen (1963) - 1955 Preis Gruppe 47, 1957 Hermann-Hesse-Preis, 1962 Gerhard-Hauptmann-Preis, 1965 Schiller-Förderpreis Baden-Württ., 1967 Bodensee-Lit.preis, 1980 Heinrich-Heine-Plak. Düsseldorf, 1980 Schiller-Gedächtnispreis Baden-Württ.; 1981 Georg-Büchner-Preis Dt. Akad. f. Spr. u. Dicht. - 1973 Gastdoz. Middlebury College Vermont u. Univ. Austin (USA), 1976 Gastdoz. West-Virginia, Morgantown; Ehrendoktor Univ. Konstanz - Lit.: Antony Waine, M. W., 1980; Klaus Siblewski, üb. M.W., 1981.

WALTEMATHE, Ernst

Oberregierungsrat i. e. R., MdB (s. 1972; Wahlkr. 50/Bremen-Ost) Hützelstr. 53, 2800 Bremen 41 (T. 46 37 61) - Geb. 2. Febr. 1935 Bremen, verh., 4 Kd. - 1941-48 Schulen Amsterdam (1947 Gymn.; weg. nationalsozialist. Verfolgung ab 1938 Holland), 1949-54 Obersch. (in Aufbauform) Bremen (Abit.); 1954-55 Univ. Hamburg (3 Sem.; Stud. aus finanz. Gründen aufgegeben); 1956-59 Verwaltungssch. Bremen. II. Verw.prüf. 1959 - 1959-72 Stadtverw. Bremen (1971 Leit. Liegenschaftsamt). SPD s. 1956 (u. a. Mitgl. Kommiss. f. Bodenrechtsreform Parteivorst.).

WALTENBAUER, Klaus-J.

Dipl.-Ing., Architekt, Geschäftsführer Baumeister-Haus GmbH, Frankfurt - Lyoner Str. 44-48, 6000 Frankfurt 71; priv.: Schinkelstr. 39, 8000 München 40 (T. 089 - 361 79 05) - Geb. 7. Mai 1939, verh. s. 1967, 2 Kd. (Jan, Sandra) - Architekturstud. Univ. München; Dipl. 1967 - 1969-80 fr. Architekt München; Projektleit. IWS-Bauträger; Ressortleit. Technik Baumeister-Haus GmbH - Erf.: Fertigteil Bausystem (Patent) - Liebh.: Hochseesegeln - Spr.: Engl., Ital.

WALTER, Adolf

Dr., Vorstandsmitglied Wirtschaftl. Vereinig. dt. Versorgungsunternehmen AG., Frankfurt/M. - Fasanenstr. 19, 6223 Kelkheim/Ts. - Geb. 29. Okt. 1913 Obernitz (Vater: Adolf W.), verh. m. Irmentraut, geb. Runge - U. a. Geschäftsf. Isermann & Meyer GmbH., Hamburg, u. Wilhelm Worm GmbH., Frankfurt.

WALTER, Alfred

Generalmusikdirektor, Chefdirig. Radio-Symphonieorchester d. belg. Rundf. (s. 1984) - Friesenring 64, 4400 Münster/W. - Geb. 1929 Böhmen - B. 1970 Reykjavik (Chefdirig. Isländ. Radio-Symphonie-orch.), bis 1985 Münster (GMD Städt. Orch.). 1961ff. Studienleit. Bayreuther Festsp., b. 1965 Opernhaus Graz, b. 1969 Chefdirig. Symphonieorch. Durban/ Südafrika, Festival Seoul, Festival Montreux, Hamburger Staatsoper, Wiener Staatsoper, Konzerte Wien, Brüssel, Kopenhagen, Stuttgart, Johannesburg, Dublin u. a. 1981 Goldene Gustav-Mahler-Med. - Spr.: Engl., Ital. - Rotarier.

WALTER, Arno

Dr., Justizminister d. Saarlands - Zu erreichen üb. Zähringer Str. 12, 6600 Saarbrücken (T. 50 51).

WALTER, Franz Josef

Dr., Dipl.-Kfm., Unternehmensberater - Klosterweg 131, 8500 Nürnberg 60 (T. 0911 - 88 32 31) - Geb. 7. Aug. 1930 Haßfurt/M., kath. - 1954-60 Stud. Wirtschaftswiss. Univ. Innsbruck, München u. Frankfurt/M. (Dipl.); Promot. Hochsch. f. Welthandel Wien - 1960-65 Unilever; 1965-70 Dunlop, Hanau; b. 1973 Finanzdir. Fichtel & Sachs; 1979 kfm. Geschäftsf. Hercules-Werke Nürnberg; 1981 kfm. Geschäftsf. Deprag Amberg; zul. Mitgl. Geschäftsltg. Grundig AG, Fürth, dann selbständig.

WALTER, Fried

Komponist, Kapellm. a. D. RIAS Berlin (1947-72) - Kuckucksweg 6a, 1000 Berlin 33 - Geb. 19. Dez. 1907 Ottendorf/Sa., ev., verh., 2 Kd. - Orchesterschule Sächsische Staatsoper und Pr. Akad. d. Künste - Opern: Königin Elisabeth (UA. 1939 Stockholm), Andreas Wolfius (UA. 1940 Berlin), Singsp.: Dorfmusik (UA. 1940 Wiesbaden), Ballett: Kleopatra (UA. 1943 Prag), Sinfonien, Suiten, Konzerte, Kammer-, Unterhaltungs-, Blas-, Schulmusik.

WALTER, Friedrich

s. Birnbaum, Walter

WALTER, Fritz

Kaufmann, Fußballer (Mitgl. 1. FC Kaiserslautern, Dt. Meister 1951 u. 53) - Leinigerstr. 104, 6753 Enkenbach-Alsenborn/Pfalz - Geb. 31. Okt. 1920 Kaiserslautern, ev., verh. m. Italia, geb. Bortoluzzi - Banklehre - 1940-58 61 Ländersp. (33x Torschütze); Mannschaftskapitän u. a. Weltmeisterschaft 1954 Bern, Teiln. Fußball-Weltmeistersch. 1958 Schweden - BV: 3:2 - Die Spiele der Weltmeisterschaft, 1954 (erfolgr. Sportband der Welt); Spiele, die ich nicht vergesse, 1955; So war es - Fußballweltmeisterschaft in Schweden, 1958; 11 rote Jäger, 1959; D. Spiele in Chile - Fußball-Weltmeisterschaft 1962, 1962; So hab' ich's gemacht, 1962; D. Chef, 1966; Wie ich sie sah - Spiele d. Weltmeistersch. 1966 in England, 1967; SV Alsenborn - Aufstieg e. Dorfmannschaft, 1963 - 1953 Gold. Ehrennadel DFB, 1954 Sportplak. Stadt München, Silb. Lorbeerbl. Bundespräs., Ehrenspielführer DFB (Ehrenschild), 1962 Gold. Band Sportpresse Berlin. DFB-Ehrennadel m. gold. Kranz u. a. - 1970 Gr. BVK; 1970 Gold. Plak. Stadt Kaiserslautern; 1974 Gold. Rat d. Osnabrücker Sportpresse - Liebh.: Malerei, Musik.

WALTER, Gerd

Dipl.-Polit., Dozent, Mitgl. Europ. Parlament (I. Wahlp.), SPD-Landesvors. Schlesw.-Holst. (s. 1987) - SPD.

WALTER, Hans-Albert

Literaturkritiker, Schriftst. - Kreuzweg 9, 6238 Hofheim/Ts (T. 06192 - 62 83) - Geb. 3. Juni 1935 Hofheim - Kaufm. Ausbild. - BV: Dt. Exillit. 1933-50, Bd. I u. II 1972, Bd. 7 1974. Herausg.: Oskar Maria Graf, Reise in d. Sowjet-Union 1934 (1974); Dt. Exilliteratur 1933/50, 2 Bde. - Mitgl. PEN-Zentrum BRD.

WALTER, Harry

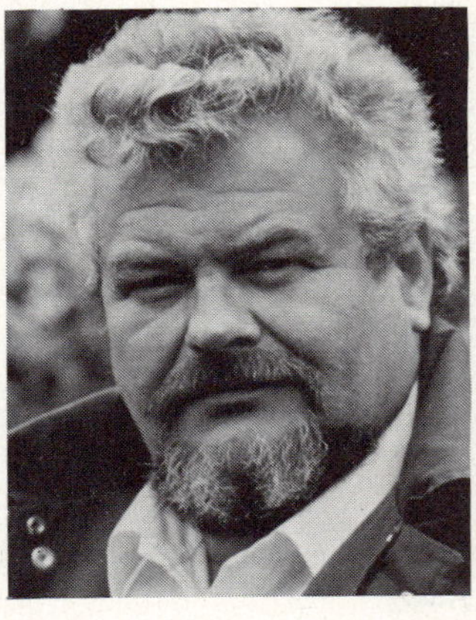

Konsul a.D. v. Costa Rica, Geschäftsführender Gesellschafter ISAP, Inst. f. Strategie, Analyse u. Planung GmbH, d. filmmakers Produktions- u. Vertr. GmbH, Krefeld, Polit. Berat. (IAPC) - Uerdinger Str. 449, 4150 Krefeld 1 (T. 02151 - 59 02 76) - Geb. 20. März 1929 Berlin (Vater: Alfred W., Dir. d. Verkehrsreklame Berlin) - Gymn. Berlin; Lehre grafisches Gewerbe; 1950-57 Journalist, TELEGRAF/Berlin; 1957-59 Stud. Kommunikation Berlin; s. 1959 Werbeagenturen Troost, R.W. Eggert (1963 Mitgl. Geschäftsltg., Leit. Abt. Gestaltung), 1969 Gesellsch. u. Geschäftsf. ARE; beauftr. m. Wahlkampfkampagne f. Willy Brandt SPD 1969 u. 1972, Bruno Kreisky 1970 u. 1972 SPÖ, Helmut Schmidt 1976 u. 1980; s. 1976 Intern. Beratung Latein-Amerika; 1982 Präsid.schaftswahl Costa Rica f. Luis Alberto Monge, 1986 Präsid.schaftswahl Portugal f. Mario Soares; 1983 Weltpräs. IAPC (Intern. Assoc. of Political Consultants) - SPD s. 1946 - Liebh.: Jagd.

WALTER, Helmut

Dr. rer. pol., Dipl. rer. pol., Vorsitzer Badenia Verlag u. Druckerei GmbH., Karlsruhe (s. 1963) - Johann-Peter-Hebel-Str. 9, 7745 Schonach/Schwarzw. (T. 07722 - 53 81) - Geb. 16. März 1934 Triberg/Schwarzw. (Vater: Franz W., Werkm.; Mutter: Paula, geb. Hettich), kath., verh. s. 1962 m. Ursula, geb. Schwalling, 2 Kd. (Michaela, Christoph)

- Gymn. Triberg (Abit.); Banklehre; Stud. d. Rechts-, Staats- u. Wirtsch.s-wiss. Univ. Freiburg/Br. - 1971 ff. ARs-vors. Konpress-Anzeigen eG, Frankfurt/Recklinghausen - BV: Machtzusammenballung u. Vermögensbildung durch Investmentges., 1962 - Liebh.: Bergsteigen, Ski, Bob- u. Rodelsport, klass. Musik - Spr.: Engl., Franz. - Bek. Vorf.: Nikolaus Hettich, Erfinder (Großv.).

WALTER, Helmut

Dr. rer. pol., Prof. f. Volkswirtschaftslehre (Lehrstuhl f. Wirtschaftstheorie) Univ. Hohenheim - Franziskaweg 25, 7000 Stuttgart 70 (T. 457 90 83) - Geb. 6. Febr. 1926 Magdeburg - Promot. 1962; Habil. 1968 - 1970 Wiss. Rat u. Prof. Univ. Köln; 1970/71 o. Prof., 1974-77 Dekan Wirtsch. u. Soz.wiss. Fak., 1983-88 Vizepräs. Univ. Hohenheim. Spez. Arbeitsgeb.: Ökonom. Theorie, Wachstum u. techn. Fortschr. - Spr.: Engl., Franz.

WALTER, Hubert

Dr. rer. nat., Prof., Anthropologe - Wilde Rodung Nr. 14, 2820 Bremen-Schönebeck - Geb. 14. April. 1930 Berlin (Vater: Helmut W., Maler; Mutter: Mathilde, geb. Prill), verh. s. 1954 m. Heide, geb. Krueger, 4 Kd. (Erk, Kai, Jörn, Vibeke) - Promot. 1953; Habil. 1959 - S. 1959 Lehrtätigk. Univ. Mainz. 1974 o. Prof. f. Humanbiologie/Anthropol. Univ. Bremen - BV: Grundriß d. Anthropologie, 1970; Sexual- u. Entwicklungsbiol. d. Menschen, 1978 (japan. 1981, ital. 1982); Anthropologie Indiens (m. H. Danker-Hopfe u. M. K. Bhasin), 1991 - Foreign Fellowship d. Indian Anthropological Assoc.; Lajos Bartusz-Plak. d. Univ. Szeged (Ungarn) - Spr.: Engl.

WALTER, Josef

Dr. med., Prof. Univ. Würzburg, Internist, Kardiologe - Gieshügler Str. 38a, 8708 Gerbrunn - Geb. 24. Febr. 1937 Prag - Staatsex. 1964, Promot. 1966, Habil. 1974 - Chefarzt Med. Klinik, Kardiologie, Juliushospital, Würzburg. Publ. z. klin. Kardiol. (einschl. 3 Monogr.).

WALTER, Karlheinz

1. Bürgermeister Stadt Abenberg - Zu erreichen üb. 8549 Abenberg/Mfr. - Geb. 28. Aug. 1941 - Zul. Techn. Postbeamter FA Nbg.; Kreisrat Landkreis Roth - 1972-84 Fraktionssprecher; 1969-77 Dirig. Blaskapelle Abenberg; Vors. Obst- u. Gartenbauverein Abenberg; Vorst.-Mitgl. BRK-Kreisverb. Roth-Schwabach; 1. Vors. Förderkr. Hist. Burg Abenberg; stv. Vors. Zweckverb. Burg Abenberg. SPD.

WALTER, Kurt

Dr. phil., Prof., Astronom - Hausserstr. 90, 7400 Tübingen - Geb. 22. Sept. 1905 Reutlingen (Vater: Lehrer), verh. s. 1934 m. Gerda, geb. Kolitz - TH Stuttgart, Univ. Königsberg; Promot. (1928) u. Habil. (1932) Königsberg - S. 1932 Lehrtätigk. Univ. Königsberg, Berlin (1941 apl. Prof.), Tübingen (1962; gegenw. Wiss. Rat i. R.) - Zahlr. Fachveröff.

WALTER, Maja,
geb. Angstenberger

Kunsthändlerin Kunsthandel Art Advice - Hauptmannsreute 91, 7000 Stuttgart 1 (T. 4 97 11 u. 22 02 46) - Geb. 19. Juni 1935, kath., verh. s. 1960 m. Prof. Dr. K. B. Walter, 2 Kd. (Nicola Theresia Alice, Alexander Anthony Albert) - 1951-54 kaufm. Ausb. in e. Maschinenfabrik - 1954-62 Abt.leit. Export in e. Maschinenfabrik; s. 1974 Tätigk. als Art Consultant, hauptsächl. in d. USA. Kauf u. Verkauf v. Kunstwerken (insbes. im gehobenen Genre) im Auftrag e. intern. Klientel (treuhänd.) u. im eigenen Namen; Beratungen in Fragen d. profess. Kunsthandels sow. d. Expertisenerstellung, Finanzierung u. Möglichkeiten e. Wertschöpfung. Gründ.-Mitgl. World Research Foundation in Europa - BV: Mithrsg.: Martin Knoller, seine Ölskizzen in d. Kuppeln d. Abteikirch Neresheim; Bildnerische Botschaft aus Baden-Württ. 14 herausragender Künstler: Georg Karl Pfahler, Leonhard Schmidt, Walter Wörn, Anton Stankowski, Kurt R. H. Sonderborg, Günter Schöllkopf, Hans Schreiner, Moritz Baumgartl, Ben Willikens, Ursula Stock, Franz Sequenz, Renate Bienzle, Rolf Altena, Hermann Schenkel - Liebh.: D. Malerei d. franz. Impressionismus - Spr.: Engl., Franz. - Bek. Vorf.: Zwei Jugendstilarch. Angstenberger.

WALTER, Michael

Dr. jur., o. Prof. f. Kriminologie u. Strafrecht Univ. Köln - Albertus-Magnus-Platz, 5000 Köln 41 (T. 0221 - 470 42 81) - Geb. 18. April 1944 Lübeck - Univ. München u. Hamburg (1963-67 Stud. Rechtswiss., Promot. 1970, Habil. 1980) - 1971 Ass. u. wiss. Assist. B. 1984 Prof. Univ. Hamburg.

WALTER, Norbert

Dipl.-Kfm., Vorstandsvorsitzender Saartal-Linien AG, Dir. Stadtwerke Saarbrücken AG - Im Kasental 27, 6600 Saarbrücken 6 - Geb. 19. Okt. 1946 Saarbrücken, verh. m. Marianne, geb. Raphael, T. Sabine - Stud. Betriebsw., Volksw., Öfftl. Recht u. Marketing; Dipl. f. Kaufleute 1973 Univ. Saarbrücken - 1973-75 Inst. f. Sozialforsch. u. -wirtsch., Saarbrücken; 1976-82 Kreisspark. Saarbrücken; Vorst.-Sekr. Marketing; s. 1982 Dir. Stadtwerke Saarbrücken AG.

WALTER, Norbert

Dr., Prof., Wirtschaftswissenschaftler, Chefvolkswirt d. Deutschen Bank Gruppe - Bismarckstr. 28, 6232 Bad Soden (T. 06196 - 2 64 39) - Geb. 23. Sept. 1944 Weckbach/Unterfranken, kath., verh. s. 1967 m. Christa, geb. Bayer, 2 Kd. (Christine, Jeanette) - 1963-68 Stud. Johann-Wolfgang-Goethe-Univ. Frankfurt a.M.; 1968-71 Angest. Inst. f. Kapitalmarktforschung ebd.; Promot. 1971; 1971-73 Doz. Christian-Albrechts-Univ. Kiel; 1971-86 Inst. für Weltwirtsch. Kiel; 1975-85 Leit. Konjunkturabt., s. 1978 Prof. u. Dir., 1986 Leit. Abt. Ressourcenökonomik; 1986/87 John J. McCloy Res. Fellow am Americ. Inst. f. Contemporary German Studies, Johns Hopkins Univ. Washington - Spr.: Engl., Franz.

WALTER, Otto F.

Schriftsteller - Alte Bernstr. 41, CH-4500 Solothurn - Geb. 5. Juni 1928 Rickenbach (Schweiz), 3 Söhne (Daniel, Kuno, Otto) - U. a. 1967-73 Geschäftsf. Verlagsleiter Luchterhand-Verlag, Neuwied/Darmstadt - BV: Der Stumme, R. 1959 (Übers.: Frankr., Engl., USA, Dänem., Schweden, Polen, u. a.); Herr Tourel, R. 1962 (Übers.: Frankr., Ung., u. a.); D. ersten Unruhen, R. 1972; D. Verwilderung, R. 1977; Wie wird Beton zu Gras, R. 1979; D. Staunen d. Schlafwandler am Ende d. Nacht, R. 1983; Zeit d. Fasans, R. 1988; Gegenwort, Aufs. u. Reden 1988; Auf d. Suche nach d. Anderen Schweiz, Aufs. 1991. Bühnenstücke: Elio oder Eine fröhliche Gesellschaft (UA. 1965 Zürich), D. Katze (UA. 1967 Zürich) - Intern. Charles-Veillon-Preis (f.: D. Stumme), 1980 SFW-Literaturpreis (f.: Lesung aus e. Manuskript); Mitgl. PEN-Zentrum BRD - Spr.: Engl., Franz.

WALTER, Paul J.

Dr. med., Thorax-, Herz- u. Gefäßchirurg, o. Prof. Univ. Antwerpen, Belgien (s. 1983) - Wilrijkstraat 10, B-2650 Antwerpen (T. 00323 - 829 11 11; Fax 00323 - 830 20 99) - Geb. 30. Sept. 1935 Hamm/W., verh. m. Dr. med. dent. Sigrid Seeger-W., T. Liora - 1953-55 Kürschnerlehre u. Gesellenprüf. Dortmund; Stud. Med., Psychol. u. Phil.; Staatsex. 1965 Berlin; Promot. 1967 München; Habil. 1971 Hannover - 1967/68 wiss. Assist. Physiol. Lehrst. Univ. München (Prof. Dr. K. Kramer); 1968-73 wiss. Assist. chir. Klinik M. H. Hannover (Prof. Dr. H. G. Borst); 1973-83 Prof. Thorax-Herz-Gefäßchir. Univ. Gießen; s. 1983 o. Prof. Univ. Antwerpen u. Dir. Klinik f. Herz- u. Gefäßchir. Univ.-Klinikum Antwerpen. 169 Publ. in nat. u. intern. Ztschr., 20 Buchbeiträge - Mitgliedschaft in folgenden wiss. Ges.: Belgian Soc. of Cardiology, Council on Cardiovascular Surgery of the American Heart Assoc., Dt. Ges. f. Thorax-, Herz- u. Gefäßchir., Dt. Ges. f. Herz- u. Kreislaufforsch., The European Assoc. for Cardiothoracic Surgery, The Soc. of Thoracic Surgeons USA, Ehrenmitgl. Assoc. of Thoracic and Cardiovascular Surgeons of Asia, Fellowship American College of Surgeons u. European Soc. of Cardiology; Council Member Cardiac Rehabilitation Intern. Soc. and Federation of Cardiology, American Heart Assoc.; 1970 Hermann-Kümmel Preis (f. d. Arbeit Behandlung d. akuten Herzinfarktes durch transmurale Blutzufuhr aus d. Herzhöhle) - Liebh.: Malerei - Spr.: Engl., Franz., Holländ.

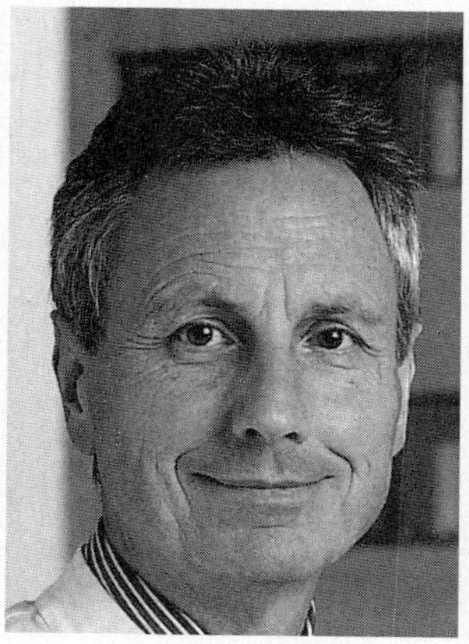

WALTER, Peter

Bürgermeister Stadt Geesthacht (s. 1988) - Rathaus, Postf. 13 20, 2054 Geesthacht (T. 04152 - 1 30) - Geb. 7. Dez. 1943 Klein-Satspe/Pomm., ev.-luth., verh. s. 1982 m. Margrit, geb. Weigt, Sohn Sebastian - 1964-68 Verwaltungsausb. z. Regierungsinsp. - 1971-73 stv. Landesvors. Bund Dt. Kommunalbeamten Hamburg; 1973-79 Mitarb. u. Pers. Ref. Bundeskanzler Helmut Schmidt; zul. ltd. Landesgeschäftsf. SPD Hamburg.

WALTER, Rolf

Dr. rer. nat., Prof. f. Mathematik Univ. Dortmund - Paul-Sattler-Weg 24, 4600 Dortmund 50 - Geb. 1. Febr. 1937 Karlsruhe - Dipl.-Math. 1960 TH Karlsruhe, Promot. 1963 Univ. Freiburg, Habil. 1968 ebd. - 1962-70 Assist. TH Karlsruhe u. Univ. Freiburg; 1968-72 Privatdoz. u. apl. Prof. Freiburg; s. 1972 o. Prof. Univ. Dortmund - BV: Differentialgeometrie, 1978; Einf. in d. lineare Algebra, 1982; Lineare Algebra u. analyt. Geometrie, 1985. 20 Aufs. in wiss. Ztschr. z. Differentialgeometrie - Spr.: Engl.

WALTER, Rudolf

s. Leonhardt, Rudolf Walter

WALTER, Rudolf

Dr. phil., em. o. Prof., Hon.-Prof. Univ. Mainz, Lehrbeauftr. Univ. Heidelberg - Lessingstr. 3, 6904 Heidelberg-Eppelheim - Geb. 24. Jan. 1918 Groß-Wierau (Vater: Heinrich W., Lehrer u. Kantor; Mutter: Cäcilie, geb. Jakobowsky), kath., verh. s. 1946 m. Marianne, geb. Marx, 3 Töcht. (Barbara, Mechthild, Brigitte) - Univ. Breslau u. Mainz (Phil., German., Musikwiss.; Promot. 1949) - 1942-43 Chorleit. u. Organist Breslau, 1945-48 Organist Weiden, Lehrer u. Konzertorg. Regensburger Domspatzen, 1948 Kirchenmusikdir. Bad Kissingen (Gründer d. Kissinger Kantorei), 1961 Heidelberg (Gründer d. Cappella Palatina), 1967 o. Prof. u. Abt.-Leit. Musikhochsch. Stuttgart. 1971 Honorarprof. Univ. Mainz., 1981 o. Mitgl. J. G. Herder-Forschungsrat. Schallpl. m. Orgel- u. Chorwerken. Fachaufs. Herausg.: Klavier-, Orgel- u. Chorw. (u.a. v. schles. Komp.). Vortragsreihe: Kirchenmus. e. geist.-geistl. Disziplin; Vespermusik u. Lit. J.C.F. Fischers in: Erbe dt. Musik; Vespermusik F.X.A. Murschhausers in: Denkmäler d. Tonkunst in Bayern; Konzertante Offertorien in: Gesamtausg. (GA) J.J. Fux - 1987 Interpretenpreis z. J.W. Stamitz-Preis d. Künstlergilde.

WALTER, Wilhelm

Dr. phil., Prof., Hochschullehrer - Goethestr. 22, 7141 Beilstein/Württ. (T. 56 14) - Geb. 16. Juli 1926 - S. 1962 Doz. u. Prof. (1968) Päd. Hochsch. Ludwigsburg (Soziologie u. Politik) - BV: D. sozialeth. Definition d. Demokratie, 1962.

WALTER, Wolfgang

Dr. rer. nat., o. Prof. f. Theoret.-organ. Chemie - Elbchaussee 478, 2000 Hamburg 55 (T. 86 51 38) - Geb. 19. Nov. 1919 Hamburg (Vater: Dr. Friedrich W., Chemiker; Mutter: Lizzie, geb. Thiele-bar), verh. s. 1951 m. Ingeborg, geb. Scheidt, 3 Kd. (Renata, Felix, Ulrich) - Kirchenpauer-Realgymn. (Abit. 1938) u. Univ. Hamburg (1945-50 Chemie; Dipl.-Chem. 1950). Promot. (1953) u. Habil. (1959) Hamburg - S. 1951 Assist., Privatdoz. (1959), ao. (1964) u. o. Prof (1966) Univ. Hamburg (Dir. Abt. f. Theoret.-organ. Chemie). Associate Editor Ztschr. Phosphorus, Sulfur and Silicon - BV: Lehrb. d. Organ. Chemie (m. Beyer), 22. A. Fachveröff. - Liebh.: Chemiegesch. - Spr.: Engl.

WALTER, Wolfgang

Dr. rer. nat., o. Prof. f. Mathematik - Breslauer Str. Nr. 66g, 7500 Karlsruhe-Waldstadt (T. 68 18 39) - Geb. 2. Mai 1927 Schwäb. Gmünd (Vater: Eugen W., Direktor Landeswaisenhaus; Mutter: Hildegard, geb. Reich), kath., verh. s. 1957 m. Irmgard, geb. Scheu, 3 Kd. (Wolfgang, Susanne, Katrin) - Gymn. Schwäb. Gmünd (Parler); 1947-52 Univ. Tübingen (Math., Physik). Promot. 1956 Tübingen; Habil. 1960 Karlsruhe - 1953-55 Schuldst., dann Stip. Dt. Forschungsgem., s. 1957 TH bzw. Univ. Karlsruhe (1960 Doz., 1961 Wiss. Rat, 1963 Ord. u. Institutsdir.). Wiederh. Gastprof. USA, 1986 Präs. Ges. f. Angew. Math. u. Mechanik - BV: Differential- u. Integral-Ungleichungen u. ihre Anwendung b. Abschätzungs- u. Eindeutigkeitsproblemen, 1964; Differential and Integral Inequalitics. 1970; Einf. in d. Theorie d. Distributionen, 2. A. 1974; Einf. in d. Potentialtheorie, 1971; Gewöhnl. Differentialgleichungen, 4. A. 1990; Analysis I, 3. A. 1992; Analysis II, 2. A. 1991. Zahlr. Fachaufs. - 1960 Dozentenpreis Karl-Freudenberg-Stiftg. - Liebh.: Musik (insb. Grenzgebiet zw. Math., Akustik u. Musik) - Spr.: Engl.

WALTERS, Ralph M.

s. Ilmer, Walter.

WALTERSHAUSEN, Freiherr von, Wolfgang

Geschäftsführer Dt. Auslandsdienst f. Rundfunk u. Fernsehen Frhr. v. Waltershausen KG. - Heerstr. 59, 5300 Bonn-Bad Godesberg.

WALTERSPIEL, Karl-Theodor

Hotelier, Vorstandsmitglied Kempinski AG, Berlin (s. 1968) - An d. Alster 73, 2000 Hamburg 1 (T. 040 - 28 88-0) - Geb. 5. Mai 1933 München 1957-68 - Intercontinental-Manager Caracas, Beirut, London, Frankfurt/M. - Spr.: Engl., Franz., Span. - Rotarier.

WALTERT, Bruno

Chefredakteur Berliner Morgenpost - Kochstr. 50, 1000 Berlin 61 (T. 030 - 25 91-36 60) - Geb. 18. Juli 1937 - Jura-Stud.; Ex. 1963.

WALTHER, Alois

Dr. jur., Rechtsanwalt, AR-Vors. Sanatorium St. Blasien GmbH, St. Blasien - Wintererstr. 11, 7800 Freiburg/Br.; u.

Seebachstr. 50, 7820 Titisee-Neustadt - Geb. 2. Aug. 1911 Rauenberg/Baden.

WALTHER, Christian

Dr. theol., em. Univ.-Prof. - Herkenkrug 35, 2000 Hamburg 67 (T. 040 - 603 05 35) - Geb. 21. Febr. 1927 Insterburg/Ostpr., verh., 4 Söhne (Christoph, Matthias, Jörg-Tilmann, Marc-Anré) - Stud. Univ. Heidelberg, Kiel; Promot. 1956 Kiel; Habil. 1966 Zürich - Wiss. Assist.; Sozialpfarrer d. Ev. Kirche im Rheinl.; Exekutivsekr. im Luth. Weltbund in Genf; Oberkirchenrat im Luth. Kirchenamt Hannover; apl. Prof. Göttingen - BV: Typen d. Reich-Gottes-Verständnisses, 1961; Theol. u. Ges., 1967; Verantwortung z. Freiheit, 1985, 2. A. 1989; Eschatologie als Theorie d. Freiheit, 1991; Ethik u. Technik, 1992 - Spr.: Engl.

WALTHER, Franz Erhard

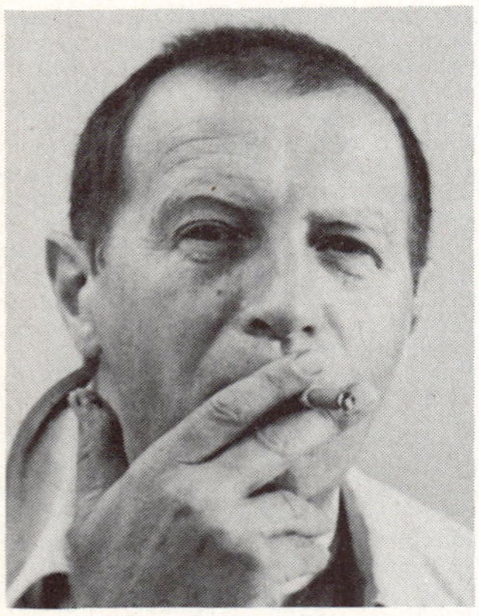

Prof. f. Kunst Hochsch. f. Bild. Künste Hamburg - Am Bahndamm 30, 2083 Halstenbek (T. 04101 - 4 48 11) - Geb. 22. Juli 1939 Fulda (Vater: Ludwig W.; Mutter: Maria, geb. Schädel), gesch., 2 Kd. (Moritz, Lehmann) - Kunststud. in Offenbach, Frankfurt u. Düsseldorf - S. 1970 Prof. f. Kunst an d. Hochsch. f. Bild. Künste Hamburg - BV: Objekte benutzen, 1968; Werkmonogr., 1972; Arbeiten 1969-76, 1977; Arbeiten 1959-63, 1980; Handlung Werk, 1981; Werkzeichn., 1982; 40 Sockel, 1982; Organon, 1983; Zw. Kern u. Mantel, 1985; Ort u. Richtung angeben, 1985; Noch immer bin ich d. Skulptur, 1985; D. Schlußsteine, 1986; Wortwerke, 1987; Gelenke im Raum, 1987; Organon, 1987; Works, 1988; Zeichnungen - Werkzeichnungen, 1989; D. Haus in d. ich wohne, 1990; Sieben Orte f. Hamburg, 1991; Innenmodellierung. Schritte seitlich, 1992 - Plast. Arbeiten, Bilder, Zeichn., Handl. - Spr.: Engl.

WALTHER, Fritz

s. Bischoff, Friedrich

WALTHER, Gerhard

Dr. phil., Prof., Hochschullehrer - Franzensbader Str. 33, 1000 Berlin 33 (T. 8 26 18 74) - Geb. 18. Juni 1923 Berlin (Vater: Rudolf W., Lehrer; Mutter: Erna, geb. Koselowski), verh. s. 1952 m. Hildegard, geb. Hitzemann, S. Andreas - Obersch. (Abit. 1942) u. FU Berlin (Theaterwiss., Publizistik, Kunstgesch., German.; Promot. 1953) - Wehrdst. u. jugosl. Kriegsgefangensch. (b. Dez. 1948); Stud.; fr. Journ.; Rundfunktätigk. (RIAS Berlin). 1958-63 u. s. 1967 Bezirksverordn. Wilmersdorf (1976 ff. Vorsteher); 1963-67 MdA Berlin. Reisen: Asien, Afrika, Südamerika. SPD - BV: Rundfunk in d. SBZ (Studie); B. Berliner Theater in d. Berliner Presse (1968) - 1970 BVK II. Kl.

WALTHER, Gert-Ulrich

Dr.-Ing., Generaldirektor BBC Brown Boveri AG, Baden/Schweiz, AR-Präs. Österr. Brown Boveri-Werke AG, Wien - Längernblick 2, CH-5300 Turgi - Geb. 12. Juni 1929 Berlin - Vorm. stv. Vors. d. Geschäftsfg. Alfred Teves GmbH. u. Vorst.smitgl. Dt. Babcock u. Wilcox AG, Oberhausen.

WALTHER, Gotfried Friedrich

Dr. med., Prof. - Hinter den Wiesen 12, 6500 Mainz 32 (T. 06131 - 3 43 30) - Geb. 1. Dez. 1933 Görlitz/Schles., verh. s. 1958 m. Helga, geb. Kretschmer, 2 Kd. (Udo, Sonnwill) - Stud. Leipzig, Dresden; Promot. 1959 ebd.; Habil. 1972 Mainz - S. 1973 Wiss. Rat u. Prof. (Rechtsmed.) Univ. Mainz. Fachmitgl.sch. Fachveröff. - Spr.: Engl., Russ.

WALTHER, Helmut

Dr. med., Bundesvorsitzender Dt. Kassenarztverb., Leit. d. Kongreßdienstes Dt. Kassenarztverb., Geschäftsf. d. Ges. f. ärztliche Pressearbeit u. Fortbildung, Präs.-Mitgl. d. Dt. Ärztetages - Mainzer Str. 112, 6087 Büttelborn (T. 06152 - 5 45 00 od. 5 46 48, Fax 06152 - 5 21 31) - Geb. 27. Febr. 1914 - DRK-Ehrenzeich. in Silber; BVK I. Kl.

WALTHER, Helmut G.

Dr. phil., Prof. f. Mittlere u. Neuere Geschichte Univ. Kiel - Hiddenseer Weg 32, 2300 Kiel - Geb. 4. Juli 1944 Bayreuth - Promot. 1970, Habil. 1978 - 1978 Privatdoz. in Konstanz; s. 1981 Prof. in Kiel - BV: Herrschaft u. Staat im Mittelalter/Imperium u. Sacerdotium, 1972; Imperiales Königtum, Konziliarismus u. Volkssouveränität, 1976; Hus in Konstanz, 1978; Im Mittelalter, 1978; Grundriß d. Gesch., 1984, 3. A. 1992; Bündnissysteme u. Außenpolitik im späteren Mittelalter, 1988 - Spr.: Engl., Franz., Ital., Span.

WALTHER, Herbert

Dr. rer. nat., Prof., Ordinarius f. Experimentalphysik Univ. München, Dir. Max-Planck-Inst. f. Quantenoptik, 8046 Garching/Obb., s. 1991 Vizepräs. d. Max-Planck-Ges. - Geb. 19. Jan. 1935 Ludwigshafen/Rh., verh. s. 1962 m. Margot, geb. Gröschel, 2 Kd. (Thomas, Ulrike) - Stud. Physik. Promot. 1962 Heidelberg; Habil. 1968 Hannover - S. 1971 o. Prof. Köln u. München (1975). Zahlr. Fachveröff., dar. 4 Bücher - 1978 Max-Born-Preis Dt. Physikal Ges. u. Inst. of Physics London; 1983 Mitgl. Bayer. Akad. d. Wiss. München; 1986 Mitgl. Akad. d. Naturforscher Leopoldina; 1988 Ehrenmitgl. Ung. Physikal. Ges.; 1988 Einstein-Preis; 1989 Carl-Friedrich-Gauß-Med. Braunschweig. Wiss. Ges.; 1990 Charles Hard Townes Award d. Optical Soc. of America; 1992 Ehrendoktor d. Lomonossov-Univ. Moskau.

WALTHER, Karl-Heinz

Schauspieler, Intendant d. Grenzlandtheaters Aachen (s. 1965) - Hamicherweg 23, 5190 Stolberg/Rhld. (T. 02409 - 4 75) - Geb. 22. Jan. 1929 Darmstadt, kath., verh. s. 1953 m. Sabine, geb. Hillmann, 3 Kd. (Andreas-Utz, Andrea-Cora, Christopher-Till) - Gymn.; Höh. Handessch.; Schauspielsch. in Heidelberg - 1950 Gründg. d. Heidelberger Zimmertheaters; Engagem. in Wuppertal, Düsseldorf, 1961 Thalia Theater Hamburg; 1965 Int. Aachen s.o. - Außer wichtigen Rollen u. Insz. Tätigk. b. Film u. FS, Hauptrollen u. Serien - Liebh.: Numismatik - Spr.: Engl.

WALTHER, René

Dr.-Ing., Bauingenieur, o. Prof. Ecole Polytechn. Féd. de Lausanne, Honorarprof. Univ. Stuttgart (Abt. Bauingenieur- u. Vermessungswesen) - Aeschenvorstadt 21, Basel (Schweiz) - Vorles. üb. Gestaltung v. Brücken u. Spannbeton.

WALTHER, Rudi

Bürgermeister, MdB (s. 1972; Wahlkr. 124/Waldeck) - Dörnbergstr. 12, 3501 Zierenberg (T. 05606 - 2 85) - Geb. 22. Okt. 1928 Kassel, ev., verh., 2 Kd. - Volks- u. Städt. Handelssch. Kassel; 1944-45 Arbeits- u. Wehrdst. (Panzergren.); Verwaltungssem. Kassel. Beide Verw.prüf. - S. 1946 (Lehre) Stadtverw. Kassel (zul. Stadtinsp.) u. Zierenberg (1957 Bürgerm.). MdK Kassel. Mitgl. Postverw.rat. SPD s. 1946 (1972 Schatzm. Bez. Hessen-Nord. Mitgl. Fraktionsvorst. u. Vors. Haushaltaussch. d. Bundestages).

WALTHER, Wilhelm-Dietrich

Dr. med., Prof., Chefarzt Pathol. Inst. St. Markus-Krankenhaus Frankfurt/M. (s. 1971) - Rebgärten 11, 6000 Frankfurt/M. (T. 53 12 88) - Geb. 20. Aug. 1930 Naumburg/S. (Vater: Dipl.-Landw. Dr. Dr. Georg W.; Mutter: Margarete, geb. Pasie), ev., verh. s. 1957 m. Karin, geb. Braudorn, T. Iris - Domgymn. Naumburg, Klostersch. Roßleben, Alte Landessch. Korbach (Abit. 1951); Stud. Med. Univ. Marburg, Frankfurt, Gießen; Promot. 1956 ebd.; Habil. 1966 - 1966-71 Oberarzt Pathol. Inst. Univ. Frankfurt/M., s. 1971 Prof. ebd. Mitgl. Dt. Ges. f. Pathol., Dt. Ges. f. Cytol. u. Ges. f. Nephrol. - BV: Tierexperimentelle intravitale u. postmortale Untersuchung d. normalen Niere, d. postischämischen Nephrose u. d. Crushniere, 1968 (in: Allg. Pathol. u. patholog. Anatomie) - 1969 Senckenberg-Preis - Liebh.: Jagd - Spr.: Engl.

WALTON, Robert Cutler

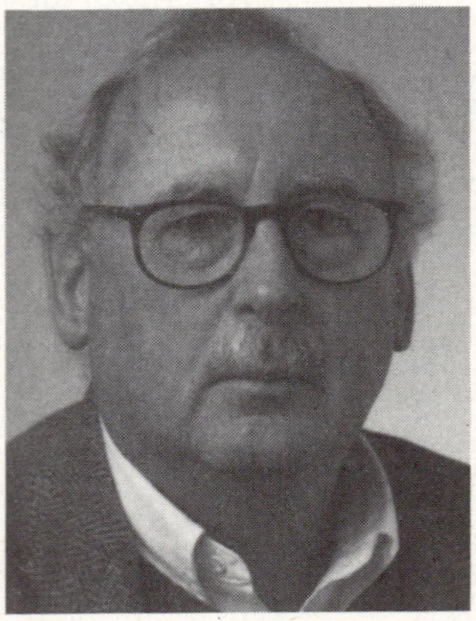

Prof., Dr. phil. f. Kirchengeschichte Univ. Münster - Kapellenkamp 3, 4412 Ostbevern (T. 02532 - 55 25) - Geb. 18. Dez. 1932 New Jersey/USA (Vater: Dr. h. c. Donald J. W., Pfarrer; Mutter: Elizabeth, geb. Reed), ev., verh. s. 1966 m. Charlotte, geb. Kollegger, 3 Kd. (Alexander, Deborah, Christina) - 1950 Mt Hermon School; 1954 B. A. Swarthmore College; 1956-57 Univ. Göttingen; 1958 B. D. Harvard Univ.; A.M. 1961 Yale Univ. (Promot. 1964) - 1961-64 Tätigk. Duke Univ.; 1964-71 Univ. of British Columbia; 1971-78 Wayne State Univ.; 1978ff. Univ. Münster - BV: D. Theokratie Zwinglis, 1967; D. europ. Ansichten üb. d. Amerikaner 1914-1918, 1972. Herausg.: Studies in the Reformation (1977-78) - Mitgl. Detroit Committee on Foreign Relations-Council on Foreign Relations; Johanniter-Orden; Kiwanis Club; Harvard Club New York City; Harvard Club Rhein-Ruhr; 1. Vors. d. Vereins f. d. Erforsch. d. Kirchen- u. Theologiegesch. d. Dt. Freikirchen - Liebh.: Wandern, Schießen, Lesen (Röm. u. Militärgesch.), Antike Möbel - Spr.: Deutsch, Franz., Latein, Griech. (Engl. Mutterspr.) - Bek. Vorf.: Brigadegeneral Charles G. Dawes, Botsch. am Hof von St. James, Vize-Präs. d. USA.

WALTZINGER, Karl

Dr. jur. utr., Präsident i. R. Rechnungshof d. Saarl. (1968-73) - Eduard-Mörike-Weg 1a, 6601 Saarbrücken-Scheidt (T. 0681 - 81 27 60) - Geb. 11 Nov. 1908 Ottweiler/Saar, ev., verh. s. 1938 m. Margret, geb. Hengst, 2 Söhne (Peter, Jochen) - Univ. Würzburg u. Frankfurt/M. (Rechtswiss.). Promot. 1933; Ass.ex. 1936 - Reichsfinanzverw.; Wehrdst. u. sowjet. Kriegsgefangensch. (b. Dez. 1949); 1950-56 Ref. saarl. Finanzmin., 1956-68 Bevollm. d. Saarl. b. Bund - Kriegsausz.; 1969 Gr. BVK.

WALZ, Alfred

Dr.-Ing., o. Prof. f. Überschalltechn. (emerit. 1975) - Müller-Breslau-Str. 12, 1000 Berlin 12; priv.: Am Kurzarm 7, 7830 Emmendingen/Baden - Geb. 11. Mai 1907 Mülhausen/Els., verh. m. Elfriede, geb. Reiss, T. Gabriele - S. 1957 (Habil.) Lehrtätigk. TH bzw. Univ. Karlsruhe (1962 apl. Prof.; 1968 Honorarprof.) u. TU Berlin (1967 o. Prof.) - BV: Strömungs- u. Temperatur-Grenzschichten, 1966. Div. Einzelarb. - 1987 Dr. Ing. E.h. Univ. Siegen - Liebh.: Malen, Porträtieren, Musik (spielt Klavier).

WALZ, Hanna,

geb. Kegel

Dr. jur., Hausfrau, MdB (1969-80), Mitgl. Europ. Parlament (1972-84), Vors. Aussch. Energie u. Forschung EP (1977-84) - Magdeburger Str. 72, 6400 Fulda (T. 60 32 91) - Geb. 28. Nov. 1918 Templin/Uckermark (Vater: D. Dr. Martin K.; Mutter: Wilhelmine, geb. Schönbach), ev., verh. s. 1941 m. D. Dr. theol. Hans Hermann W., 3 Kd. (Rainer, Sibylle, Stefan) - Gymn.; Univ. Tübingen u. Berlin (Rechtswiss.). Staatsex. 1940 - Assist. Univ. Berlin; n. Kriegsende Redakt. Sonntagsblatt (Bischof Lilje); Promot. 1948 Tübingen; 1951-54 Bibliothekarin Weltrat d. Kirchen, Genf. S. 1956 Stadtverordn. Fulda; 1958-69 MdL Hessen. CDU s. 1955 (1958 Mitgl. Landesvorst., 1967-79 stv. Landesvors.) - BV: Protestant. Kulturpolitik, 1964. Mitarb.: Weltkirchen-Lexikon (1960), Protestant. Positionen (1972) - 1973 BVK I. Kl.; 1974 Goldmed. Dt. Fernlehrwesen; 1978 Gr. BVK, 1984 Stern dazu; 1983 Wilhelm-Leuschner-Med. Land Hessen - Liebh.: Mod. Lyrik, Literatur, Musik - Spr.: Engl., Franz. - Bek. Vorf.: Philipp Kegel (Luther's Tischgespräche).

WALZ, Hans-Hermann

D. Dr. theol., Generalsekretär i. R. Dt. Ev. Kirchentag - Magdeburger Str. 72, 6400 Fulda (T. 60 32 91) - Geb. 3. Aug. 1914 Essingen (Vater: Hermann W., Pastor; Mutter: geb. Keeser), verh. s. 1941 m. Dr. jur. Johanna, geb. Kegel, Bundestagsabg. (s. unt. Hanna W.), 3 Kd. (Rainer, Sibylle, Stefan) - Stud. Theol., Phil., Jura - U. a. württ. Pfarrdst., n. 1945 Ev. Akad. Bad Boll, Weltkirchenrat Genf (1949), Ökumen. Inst. Bossey/Schweiz (1952), 1954ff. Dt. Ev. Kirchentag - BV: Mod. Phil. u. Christentum, Gerechte Ordnung, D. polit. Auftrag d. Protestantismus in Europa, Gerechtigkeit in bibl. Sicht (Mitverf.), D. protest. Wagnis (1958) u. a. Mithrsg.: Weltkirchen-Lexikon (1960), Entwicklungspolitik/Handb. u. Lex. (1966), D. Mitarbeit/Ztschr. f. Gesellschafts- u. Kulturpolitik - Spr.: Engl., Franz. - Rotarier.

WALZ, Herbert

Dr. phil., apl. Prof. f. Germanistik TH Darmstadt - Zu erreichen üb. TH Darmstadt, Hochschulstr. 1, 6100 Darmstadt (T. 06151 - 16 29 64) - Geb. 21. April 1934 Pegnitz/Ofr. - Stud. German., Gesch., Hispanistik, Geogr.; Promot. 1965 Erlangen; Habil. 1983 Darmstadt - BV: D. dt. Lit. im Mittelalter, 1976; Kirchen- u. Theologiegesch. in Quellen, Bd. MA (m. R. Mokrosch), 1980; D. Moralist im Dienste d. Hofes, 1984; Dt. Lit. d. Reformationszeit, 1988. Herausg.: Europ. Lehrdichtung (1981).

WALZ, Ingrid

Mitglied d. Bundestages (s. 1989), Entwicklungspolit. Sprecherin d. FDP-Bundestagsfraktion - Marquardtstr. 42, 7000 Stuttgart 1 - Geb. 11. Juni 1936 Stuttgart, verh., 1 Kd. - Kaufm. Lehre Industrie - 1976-84 MdL Baden-Württ.; 1984-89 Mitgl. d. Gemeinderats d. Stadt Stuttgart, Fraktionsvors. FDP.

WALZ, W. Rainer

Dr., o. Prof. f. Handels- u. Wirtschaftsrecht, Bürgerliches Recht, Steuerrecht Univ. Hamburg - Susettestr. 4, 2000 Hamburg 50 - Geb. 23. Juni 1942 Berlin, ev., ledig - L.L.M. 1969 in Berkeley USA; Promot. 1972 Tübingen - BV: D. Schutzinhalt d. Patentrechts im Recht d. Wettbewerbsbeschränkungen, 1972; Steuergerechtigk. u. Rechtsanwendung, 1980. Herausg.: Sozialwiss. im Zivilrecht, 1983. Gf. Mithrsg.schaft d. kritischen Vierteljahresschr. f. Gesetzgebung u. Rechtswiss. (s. 1990).

WALZER, Gottfried
Vizepräsident Bezirkregierung Weser-Ems/Oldenburg, Osnabrück - Geb. 1934 Berlin - Stud. Rechtswiss. Heidelbg., Berlin, Göttingen - Ass. ex. 1963 - 1964-81 nieders. Landesdst., Leit. Abt. III Bezirksreg. Braunschweig (1979), Polizeipräs. v. Hannover (1981-83).

WAMBACH, Paul
Geschäftsführer Champion Zündkerzen Deutschland GmbH, Bad Homburg v. d. H. - Ludwigstr. 42a, 8752 Kleinostheim - Geb. 29. Nov. 1950 Lohr (Main), kath., verh. s. 1980 m. Astrid, geb. Welzenbach, 2 Kd. (Katrin, Philipp) - Dipl.-Betriebsw. FH - Liebh.: Sport, Reisen - Spr.: Engl.

WAMBECK, Roland
Generalmusikdirektor, musikal. Oberleiter Bühnen d. Stadt Magdeburg, Chefdirigent Magdeburgische Philharmonie - Zackelbergstr. 25, O-3031 Magdeburg (T. 09137 - 39 19 41) - Geb. 26. Juni 1926 Eisenberg/Thür., ev., verh. s. 1952 m. Christa, geb. Dröge, S. Christoph - Musisches Gymn.; Hochsch. f. Musik Weimar - 1950-68 I. Kapellmeister Dessau; s. 1968 Generalmusikdir. - 1988-90 R. Wagner: Ring d. Nibelungen, Magdeburg - Verdienstmed.; Kunstpreis (zweimal) - Spr.: Franz.

WAMHOFF, Heinrich
Dr. rer. nat., Dipl.-Chem., Univ.-Prof. f. Organische Chemie - Brahmsstr. 9, 5205 St. Augustin 2 (T. 02241 - 20 44 43; Fax 0228 - 73 56 83) - Geb. 3. März 1937 Bonn (Vater: Ferdinand W., Kaufm.; Mutter: Elisabeth, geb. Schink), kath., verh. s. 1970 m. Ingrid, geb. Nalbach - Aloisiuskolleg, Univ. Bonn, Dipl. 1961, Promot. 1963, Habil. 1971 - 1972 apl. Prof., 1974 Prof. - Spez. Arbeitsgeb.: Synth. organ. Chemie, unter bes. Berücks. v. Heterocyclen. Photochemie; Photoabbau heterocyclischer Wirkstoffe (Pharma u. Pflanzenschutz) - BV: Üb. 180 wiss. Veröff. in Fachzftschr. u. Art. in Handbüchern - Komtur d. Ordens v. hl. Grabe zu Jerusalem - Liebh.: Musik, Philatelie, Oenologie - Spr.: Engl., Franz. (Schrift), klass. Sprachen - Bek. Vorf.: Heinrich Koppers (Essen), Onkel 2. Gr. - Lit.: Kürschners Gelehrten-Kal. - Rotarier.

WAMSLER, Karl
Dr., Vorstandsvorsitzer Süd-Chemie AG, München i.R., AR-Vors. Wamsler Herde & Öfen GmbH ebd. u. a. - Schulweg 8, 8134 Pöcking/Obb. - Geb. 7. Mai 1928 München, verh. m. Bertha, geb. Thorne - Univ. München u. Chikago (Chemie) - 1962-92 Süd-Chemie b. 1983 Vorst.-Mitgl., dann -Vors.); 1983ff. Vors. Bayer. Chemieverb.

WAND, Karl
Dr. phil., Botschafter a.D., zul. Luanda (Angola) - Rodderbergstr. 41, 5300 Bonn 2 - 1956/57 Presseref. Bundeskanzler Dr. Adenauer. 1957ff. Ausw. Dienst 1957-60 Stockholm, 1960-65 Lagos); 1965-70 AA Bonn (Kulturabt.); 1971-75 Dt. Botsch. Cotonou/Benin; 1975-79 Botsch. Oslo; 1979-82 Botsch. in Lilongwe (Malawi); 1982-85 Botsch. in Luanda (Angola), Sao Tomé u. Principe - BV: Albrecht Roscher, e. Afrika-Expedition in d. Tod, 1986; Auf Zehenspitzen durch Afrika. D. Diplomat u. d. Tänzerin, 1989.

WAND, Uwe
Oberspielleiter d. Oper Leipzig - Geb. 2. Dez. 1940 Klingenthal/Vogtland - 1963 Staatsex. Franz-Liszt-Hochsch. Weimar - Violinist u. Musikdramaturg; 1970-76 Assist. v. Operndir. Prof. Herz an d. Oper Leipzig; s. 1976 selbst. Regisseur; s. 1985 Operndir. Opernhaus Leipzig; s. 1990 stv. Int. - Üb. 30 Insz. im gesamten Repertoire d. Opernkunst (u.a. Tannhäuser, Tristan u. Isolde, Parsifal, D. Rosenkavalier, e. Mozart-Zyklus, zeitgenöss. Werke) an vielen Bühnen d. In- u. Auslandes - Kunstpreis d. Stadt Leipzig - Neffe d. bedeutenden Dirig. Günter Wand.

WANDER, Fabian E.
Schauspieler, Regisseur - Bebelallee 55 c. 2000 Hamburg 60 (T. 040 - 51 20 40) - Geb. 13. Jan. 1927 Berlin (Vater: Eugen W., Konzertmeister; Mutter: Margarete, geb. Schmidt), ev., verh. s. 1957 m. Manon, geb. Damann, T. Saskia - Hochsch. f. Musik u. Theater Dresden - Tätig bei ARD (Nordd. Rundf.) u. f. Klassik-Radio/Hbg. Rd. 50 Fernsehspiele; Hörfunkregie - Spr.: Engl., Franz. - Lit.: Friedr. Luft, 25 J. Theater in Berlin.

WANDREY, Uwe
Dr. phil., Schiffbaukonstrukteur, Lektor, Schriftsteller, Journalist - Lastropsweg 30, 2000 Hamburg 20 - Geb. 10. Mai 1939, gesch., 2 Kd. (Bork Henrik, Claas Inger) - Schiffbauerlehre, Maschinenbaupr akt., Abendgymn., Stud. German., Phil., Gesch., Biol., Promot. Univ. Hamburg; 1966-73 eigener literar. Verlag (Quer-Verlag); 1971-81 Herausg. Kinder- u. Jugendbuchreihe rororo-rotfuchs; 1979-81 Taschenbuchreihe rororo panther - BV: Reizreime, 1966; Kampfreime, 1968; Lehrzeitgesch., 1973; Auffällig ist immer d. Stille, R. 1979; Alles gelogen, Kinderb. 1975; D. Zauberbäcker Balthasar, Kinderb. 1982; Pariser Nummern, 1986; E. Gummibär hat's schwer, Kinderb. 1989; Tageb. e. Überläufers. Aus d. Labyrinth d. Rohre in durchlässiges Land, 1990; Gummibärs Glück, Kinderr. 1992; Liebesfluchten. Was Frauen in d. Süden zieht, 1992. Herausg. zahlr. Anthologien (1971-89). Erzählungen im Funk - Liebh.: Überlebenstechn. - Spr.: Engl., Franz., Ital., Neugriech.

WANDRUSZKA, Adam
Dr. phil., o. Prof. f. Mittlere u. neuere Geschichte - Universität, Wien (Österr.) - Geb. 6. Aug. 1914 Lemberg (Vater: Alois W. k. u. k. Major, gef. 1916; Mutter: Ninette, geb. v. Steindl), kath., verh. s. 1949 m. Lina, geb. Fessia, 3 Kd. (Maria Luisa, Marina, Alexander) - Promot. (1936) u. Habil. (1955) Wien - 1939-44 Wiss. Angest. Dt. Histor. Inst. Rom; 1946-59 Journ. u. außenpolit. Redakt. Wien (ab 1955 zugl. Univ.s-doz.); s. 1959 Ord. Univ. Köln u. Wien. - BV: Nuntiarberichte aus Dtschl., 1953; Österr.s polit. Struktur, 1954; Reichspatriotismus u. -politik z. Z. d. Prager Friedens v. 1635, 1955; D. Haus Habsburg, 2. A. 1959 (engl. u. amerik. 1964); Gesch. e. Zeitung, 1958; Österr. u. Italien im 18. Jh., 1963; Leopold II., 2 Bde. 1963/65 (ital. 1968); Schicksalsjahr 1866, 1966. Herausg.: Oskar Frhr. v. Mitis, D. Leben d. Kronprinzen Rudolf (1971) - Spr.: Engl., Franz., Ital. - Bruder: Mario W.

WANGENHEIM, Freiherr von, Adolf
Land- u. Forstwirt, MdL Nieders. (s. 1975, CDU) - Burgstr. 2, 3401 Waake - Geb. 8. Febr. 1927 Waake, ev., verh., 2 Töcht. - Gymn. Göttingen; n. Arbeits- u. Kriegsdst. Ausbild. Land- u. Forstw.; Höh. Landbausch. Witzenhausen (staatl. gepr. Landw.) - S. 1950 an väterl. Besitz selbst. 1955 ff. Gemeinderatsmitgl. Waake u. 1973-76 Radolfshausen. Ehrenämter u. a.

WANGENHEIM, Freiherr von, Hans Wilhelm
Dipl.-Ing., Verbandsdirektor, gf. Vorst.-Mitgl. Bundesvereinig. Dt. Heimstätten (s. 1979) - Poppelsdorfer Allee 28, 5300 Bonn - Geb. 22. März 1931 - Zul. Stadtbaurat (Beigeordn.) Offenbach/M.

WANGENHEIM, Volker

Prof., Generalmusikdirektor - Hasenweg 7, 5205 St. Augustin 1 (T. 02241 - 33 83 11) - Geb. 1. Juli 1928 Berlin (Vater: Herbert W., Kaufm.), T. Andrea - Oberrealsch. u. Musikhochsch. Berlin (Oboe, Violine, Klavier, Kompos., Dirigieren) - 1950-59 Chefdirig. Berliner Mozart-Orch., 1951-52 Kapellm. Meckl. Staatstheater, Schwerin, 1954-57 Dirig. Akad. Orch. Berlin, 1954-60 Leit. Dirigentenkurse Lindau/B., Mozarteum Salzburg, Valencia und Mexico-City, 1957-78 städtischer Musik- bzw. Generalmusikdir. Bonn, 1969-84 Mitbegründ. u. künstler. Leit. Bundes-Jugendorch., s. 1972 Prof. Musikhochsch. Köln (Leit. Dirigentenkl. u. Hochschulorch.), Gastdirig. In- u. Ausl., Schallplattenaufn. f. EMI. Kompos.: u. a. Sonatina per orchestra, Sinfonietta concertante, Sinfonia notturna, Concerto per archi, Stabat mater, Hymnus choralis, Sinfonie 1966, Messe f. gemischten Chor a capella, Nicodemus Iesum nocte visitat, Klangspiel I u. II, Psalm 70, 123 u. 130, Dt. Volkslieder in Bearb. f. gem. Chor - 1944 I. Preis Mus. Wettbewerb f. Kompos., 1954 Kunstpreis Berlin; 1972 BVK; 1978 Staatl. Verdienstorden f. poln. Kultur - Liebh.: Astronomie, Aquaristik, Gartenbau - Spr.: Engl., Franz., Span.

WANK, Rolf
Dr. jur., Prof., Lehrstuhl f. Bürgerliches Recht, Handels-, Wirtschafts- u. Arbeitsrecht Univ. Bochum (s. 1985) - Dabringhauser Str. 129, 5000 Köln 80 (T. 0221 - 68 85 95) - Geb. 16. April 1943 Kettwig, ev., verh. s. 1969 m. Christel, 1 Tocht. - Stud. Univ. Marburg, Köln; jurist. Staatsprüf. 1968 Köln u. 1974 Düsseldorf; Promot. 1977 Köln; Habil. 1983 ebd. - 1983 Prof. Univ. Münster - BV: Grenzen richterl. Rechtsfortbildung. 1978; D. Recht auf Arbeit, 1980; D. jurist. Begriffsbildung, 1985; Arbeitnehmer u. Selbständige, 1988 - Spr.: Engl., Franz.

WANKA, Richard
Dr. jur. utr., Präsident Landesarbeitsamt Nordbayern - Regensburger Str. 100, 8500 Nürnberg 30 (T. 0911 - 1 79-41 31) - Geb. 3. Juli 1936, kath., verh., 2 Kd.

WANKE, Gunther
Dr. theol., Prof., Alttestamentler, Vizepräs. Univ. Erlangen-Nürnberg (1979-86) Am Röthelheim 58, 8520 Erlangen - Geb. 9. Aug. 1939 Salzburg/Österr. (Vater: Adalbert W., Arzt; Mutter Ilse, geb. Lehn), ev., verh. s. 1962 m. Ulrike, geb. Fliegenschnee, 3 Kd. (Michael, Daniel, Susanna) - 1957-62 Univ. Wien u. Bonn. Promot. 1964 Wien; Habil. 1970 Erlangen - S. 1970 Lehrtätig. Erlangen (1972 Doz.), 1976 apl. Prof., 1978 Extraord.) - BV: Unters. u. sog. Baruch-Schrift, 1971; Exegese d. Alten Testaments, 5. A. 1989 (Mitautor). Mithrsg.: Ztschr. f. alttestamentl. Wiss.

WANKE, Klaus

Dr. med., Univ.-Prof., Psychiater, Psychotherapeut u. Neurol., Univ.-Nervenklinik - 6650 Homburg/Saar (T. 06841 - 16 42 01-02) - Geb. 18. Nov. 1933 Kiel (Vater: Claus W., Oberstud.dir.; Mutter: Ella, geb. Heuer), ev., verh. s. 1985 m. Sieghild, geb. Kootz, T. Miriam - Stud. Heidelberg, Hamburg - 1961-67 Assist. b. Prof. Bürger-Prinz, 1967-78 Klinikum Univ. Frankfurt a. M., zul. Geschäftsf. Dir. Zentrum d. Psychiatrie. s. 1978 Dir. Univ.-Nervenklinik Homburg/Saar u. o. Prof. Univ. d. Saarl. (1990-92 Dekan d. Med. Fak.). Mitgl. Dt. Ges. f. Psychiatrie u. Nervenheilkde., Dt. Ges. f. Neurologie, AGNP, Vizepräs. Dt. Ges. f. Suchtforsch. u. Suchttherapie, Wiss. Kuratorium Dt. Hauptstelle gegen d. Suchtgefahren - BV: Alkoholismus b. Frauen, 1970 (m. Battegay, Bochnik u. a.); Soziale Dienste f. Suchtkranke u. delinquente Kinder u. Jugendl., 1976; Rauschmittel: Drogen-Medikamente-Alkohol, 1985; Z. Psychologie d. Sucht, In: Psychiatrie d. Gegenwart, Bd. 3 1987; D. Persönlichkeit d. Süchtigen. In: Neuropsychiatrie, Bd. 3 1989. Zahlr. Veröff. in wiss. Handb. u. Ztschr. - Liebh.: Gesch., Zinnfiguren - Spr.: Engl., Franz.

WANNAGAT, Georg

Dr. jur., Präsident Bundessozialgericht a. D. (1969-84), Honorarprof. f. Sozialversich.recht Univ. Tübingen (s. 1965) u. Univ. Frankfurt/M. (s. 1967) - Firnsbachstr. 12, 3500 Kassel-W'höhe (T. 3 78 83) - Geb. 26. Juni 1916 Wartheland (Vater: Pfarrer) 1952-54 Württ. Oberversich.amt (Kammervors.); 1954-57 Ref. Baden-Württ. Arbeitsmin., 1957 Senatspräs. am LSG Stuttgart u. Hess. LSG (1962 Präs.), Vors. Dt. Sozialrechtsverb. (1965-87) u. Ehrenvors. (s. 1987), Wiss. Mitgl. Sozialbeirat (1979-91), Vors. d. b. BMA gebildeten Beraterkommiss. z. Neuordnung d. Krankenhausfinanz. (1983), Vors. Kurat. u. Fachbeirat Inst. f. Ausländ. u. Intern. Sozialrecht d. Max-Planck-Gesellschaft

(1980-90), u. Ehrenvors. Kurat. (s. 1990); Landessynodaler (1980-92); Vors. Ev. Akad. Hofgeismar (1978-1988); Synodaler - BV: Lehrb. d. Sozialversicherungsrechts, 1965; D. vernachlässigte Sozialrecht in d. jurist. Ausb., 1980. Schriftleit. u. Mithrsg.: Ztschr. D. Sozialgerichtsbarkeit, Jahrb. D. Sozialrecht d. Gegenw., 14 Bde. Herausg.: Kommentar z. Sozialgesetzbuch; Kassel als Stadt d. Juristen (Juristinnen) u. d. Gerichte in ihrer 1000jährigen Geschichte (1990). Rd. 170 Veröff. - Gr. Gold. Ehrenz. m. Stern d. österr. Bundesrep.; Gr. BVK m. Stern u. Schulterband; Wappenring d. Stadt Kassel; gold. Ehrenmed. d. Bundes d. Kriegsblinden Dt.; gold. Ehrennadel d. VDK Dt.; Ehrenschild d. Reichsbundes - Spr.: Poln., Russ., Engl. - Lit.: Festschr. z. 65. Geb. f. G. W. - Rotarier.

WANNAGAT, Leo

Dr. med., Prof., Internist, Honorarprof. f. Innere Medizin Univ. Erlangen-Nürnberg (s. 1971) - Bismarckstr. Nr. 31, 6990 Bad Mergentheim - Geb. 25. März 1912 Lodz (Vater: Pastor) - Med.-Stud. Warschau; Promot.; Habil. - 1945 Arzt in Schönebeck (b. Magdeburg); 1951 Flucht in d. Westen, 1962 Arzt in neueingericht. Stoffwechselklinik Bad Mergentheim (b. 1977 Chefarzt), 1978 ltd. Arzt u. Gründer Bad Mergentheimer Leberklinik (einzige d. BRD); s. 1959 Begründer Lebertagungen ebd. - BV: Milzsegmentautonomie. Üb. 80 Fachaufs. - 1971 Ernst-v.-Bergmann-Plak.

WANNAGAT, Ulrich

Dr. rer. nat., Dr. techn. h.c., em. o. Prof. f. Anorgan. Chemie - Waldweg 12, 3340 Wolfenbüttel (T. 7 32 27) - Geb. 31. Mai 1923 Königsberg/Pr. (Vater: Richard W., Lehrer, Mutter: Helene, geb. Riemann), ev., verh. s. 1952 m. Inge, geb. Carduck, 4 Kd. (Antje, Elke, Ute, Gernot) - 1939-41 u. 1947-49 Stud. Chemie (Königsberg, Berlin, Frankfurt). Dipl.-Chem. 1948; Promot. 1949; Habil. 1952 - 1941-46 Wehrdst. u. Kriegsgefangensch.; s. 1952 Hochschullehrer (Privatdoz., 1958 apl. 1959 ao. Prof. TH Aachen, 1961 o. Prof. TH Graz, 1966 o. Prof. TH, jetzt TU Braunschweig Inst. f. Anorgan. Chemie - Herausg.: Fischer-Lexikon Chemie. 300 wiss. Veröff. - 1958 Chemiedozentenpreis Verb. Chem. Industrie; 1968 Frederic-Stanley-Kipping-Preis American Chemical Soc.; 1972 Prechtl-Med. TH Wien; 1979 Alfred-Stock-Gedächtnispreis Ges. Dt. Chemiker; 1980 Ehrendoktor TU Graz; korr. Mitgl. Österr. Akad. d. Wiss. u. Rhein.-Westf. Akad. d. Wiss., o. Mitgl. Braunschweig. Wiss. Ges., Akad. d. Wiss. Göttingen, Dt. Akad. Naturforscher Leopoldina (Halle/S.), Acad. of Sciences New York - Spr.: Engl., Franz. - Rotarier.

WANNENWETSCH, Eugen

Dr. med., Chirurg, Honorarprof. f. med. Rehabilitation TU München - Thanelerstr. 5, 8900 Augsburg - Geb. 9. Okt. 1919 Gingen/Fils (Vater: Wilhelm W., Schreinermeister.; Mutter: Katharina, geb. Mindler), ev., verh. s. 1954 m. Elvira, geb. Tresenreiter, 3 Kd. (Axel, Bernd, Jörg) - Vors. Aussch. f. präventive Med. u. Rehabilitation Dt. Bäderverb., Mitgl. Forchungsbeirat Unesco, Fachmitgl.sch. Üb. 200 Fachveröff. - 1977 Preis d. Stadt Bad Kissingen; 1984 Kneipp-Preis; Ehrenmitgl. d. Österr. Kurärzte.

WANNER, Herbert

Dr. oec. publ., Dipl.-Kaufm., Vorstandsmitgl. i. R., Unternehmensberat. - Eichenstr. 23, 8134 Pöcking/Starnberger See (T. 08157 - 85 21) - Geb. 30. Juni 1925.

WANNER, Otto

I. Bürgermeister Stadt Füssen - Rathaus, 8958 Füssen/Allg. - Geb. 26. Juni 1919 Kempten/Allg. - Zul. Kreiskämmerer. Präs. Dt. Eishockeybd. (s. 1964); AR-Vors. Füssener Textil AG (s. 1978).

WANNER, Reiner

Kanzler Erziehungswiss. Hochschule Rheinland-Pfalz in Mainz - Alicestr. 21, 6501 Budenheim.

WANNINGER, Karl

Journalist, ehem. Chefredakteur tz München - Connollystr. 29, 8000 München 40 - Geb. 11. Juli 1922 München (Vater: Karl W., Vertreter; Mutter: Therese, geb. Franz), kath., verh. s. 1954 m. Elisabeth, geb. Haberstock, 2 S. (Anton, Florian) - Facharb.lehre, Sprachensch., Redakt.volont. - 1947 Übers. u. Hrsg., 1959 Reporter, 1951 Redakt., 1972 Chefred. - BV: Münchner Bummelbuch, 1968; Munich Life, 1972; A la Carte, 1976; Küchenbayrisch, 1976; E. Münchner Paradies, 1987, u. weit. Bücher - Liebh.: Samml. kulinar. Bücher u. alte Menükarten - Spr.: Engl.

WAPNEWSKI, Peter

Dr. phil., Prof. f. Dt. Philologie - Wallotstr. 19, 1000 Berlin 33 - Geb. 7. Sept. 1922 Kiel (Vater: Harald W., Offizier; Mutter: geb. Hennings), ev. - Univ. Berlin, Freiburg/Br., Jena, Hamburg (German., Archäol.). Promot. 1949 Hamburg; Habil. 1954 Heidelberg - S. 1959 o. Prof. Heidelberg, Berlin/FU (1966), Karlsruhe (1969); 1981-86 Rektor Wissenschaftskolleg Berlin (Gründungsrektor), jetzt Ständ. Wiss. Mitgl. ebd. Gastprof. USA, Engl., Dänem., Neuseel. - BV: Wolframs Parzival - Studien z. Religiosität u. Form, 1955; Dt. Lit. d. Mittelalters, 3. A. 1975; Walther v. d. Vogelweide, 8. A. 1972; Hartmann v. Aue, 6. A. 1976; Waz ist minne, Stud. z. M Mittelhochdt. Lyrik, 2. A. 1979; Richard Wagner - D. Szene u. ihr Meister, 1978; D. Traurige Gott. Richard Wagner in s. Helden, 2. A. 1980; Zumutungen. Ess. z. Lit. d. 20. Jh., 1979; Tristan d. Held Richard Wagners, 1981. Zahlr. Einzelarb. Herausg.: D. Lyrik Wolframs v. Eschenbach (1972), Peter Huchel, Ausgew. Ged. (1973). Mithrsg.: Euphorion (1962 ff.) - 1971 Mitgl. PEN-Zentrum BRD (1976 Präs.mitgl.); Vizepräs. Dt. Akad. Austauschdienst (DAAD; s. 1972). 1977 Vizepräs. Goethe-Inst.; 1977-80 Mitgl. Wiss.rat; 1982 Mitgl. Medieval Acad. of Amerika; 1986 Mitgl. Dt. Akad. f. Sprache u. Dichtung Darmstadt; 1986 Gr. BVK.

WAPPLER, Wolfgang

Musikalischer Oberleiter u. Chefdirigent Bühnen d. Stadt Gera (s. 1984) - Zu erreichen üb. Küchengartenallee, O-6500 Gera (T. 69 40) - Geb. 1940 Dresden - Stud. Musikhochsch. Dresden u. Leipzig Klavier, Violine, Klarinette, Schlagzeug, Dirigieren; Staatsex.; Aspirantur Leipzig - Als Pianist Kozertreisen, Rundfunkaufnahmen; 1968 Opernhaus Leipzig; Gastdirig. in Karl-Marx-Stadt, Berlin, Dessau, Polen, Kuba, Spanien, Portugal; 1982-84 Musikal. Oberleit. Dessau - 1964 2. Preis Intern. J.-S.-Bach-Wettbew. Leipzig; 1965 Dipl. Intern. Klavierwettbew. Montreal/Kanada; 2-jähr. Mendelssohn-Stip.

WARBURG, Justus R. G.

Dr. jur., Rechtsanwalt - Rothenbaumchaussee 60, 2000 Hamburg 13 (T. 040 - 44 87 10, Telefax 040 - 44 22 21) - Geb. 21. Nov. 1924 Hamburg (Vater: Dr. Ferdinand W., Richter u. Industr.), ev., verh. s. 1962 m. Maria-Luisa, geb. Glöckle, 2 Töcht. (Alexandra, Josefa) - 1946-51 Stud. Univ. Hamburg (Rechts- u. Staatswiss.); 1. jurist. Ex. 1952; 2. jurist. Ex. 1955 Hamburg; Promot. 1966 - 1956-58 Geschäftsf. Hochschulverb. Univ. Hamburg; s. 1959 Einz.-Anwalt; 1969-85 Vorst.-Mitgl. Hanseat. Rechtsanw. Kammer Hamburg; 1969-71 Mitgl. d. Reformkommiss. Juristenausbildg. b. d. Oberl.Ger.; s. 1970 Vors. Gutachteraussch. b. d. Ärztekammer Hamburg; Mitgl. Kommiss. f. Refer.angeleg. b. OLG; s. 1971 Mitgl. Ausbildungs- u. Prüfungsaussch. f. Hamburg; 1974-88 Mitgl. Kommiss. f. Aus. u. Fortbildungsfragen d. Bundesrechtsanwaltskammer u. d. Dt. Anwaltsvereins; mehrere Ehrenämter - BV: Buch- u. sonst. Publ. u. Vortr. - 1986 Ehrenmitgl. Vereinig. d. Wirtschaftskonsulen in Hamburg - Liebh.: Reisen, Lit., Kunst, Musik, Theater - Spr.: Engl. - Bek. Vorf.: Prof. Otto Warburg, Nobelpreisträger.

WARBURG, Max A.

Bankier, pers. haft. Gesellsch. M. M. Warburg-Brinckmann, Wirtz & Co., Hamburg - Ferdinandstr. 75, 2000 Hamburg 1 (T. 3 28 21) - Geb. 11. März 1948 New York (Vater: Eric M. W., Bankier; Mutter: Dorothea, geb. Thorsch) - 1966-75 Stud. Volksw. u. Jura Univ. Hamburg, Freiburg, Heidelberg. 1976-78 Bankausb. in USA u. Dtschl. - 1978 Dir., 1979 Generalbevollm., 1982 Pers. haft. Gesellsch. M. M. Warburg-Brinckmann, Wirtz & Co. Hamburg. VR Bank M. M. Warburg-Brinckmann, Wirtz Intern. S.A., Luxemburg, AR DWS-Dt. Ges f. Wertpapiersparen mbH, Frankfurt, Hansabel Corp., New York, USA, Petroleum Heat & Power INC., Stamford, USA., Atalanta Ltd., British Vergin Islands.

WARDA, Heinz Günter

Dr. jur., em. o. Prof. f. Straf- u. -prozeßrecht - Im Brauke 17, 4630 Bochum (T. 38 11 40) - Geb. 22. Febr. 1926 Gr. Rominten/Ostpr., ev., verh. s. 1955 m. Wera, geb. Schürholz, S. Axel - 1946-49 Univ. Marburg (Rechtswiss.). Promot. (1954) u. Habil. (1961) Köln - 1956-61 Landgerichtsrat Düsseldorf, 1961-62 Privatdoz. Univ. Köln, seither Ord. Univ. Erlangen-Nürnberg u. Bochum (1965), Mitgl. d. Gründungsaussch. f. Jurist. Fak. d. Univ. Potsdam (1991) - BV: D. Abgrenzung v. Tatbestands- u. Verbotsirrtum b. Blankettstrafgesetzen, 1955; Dogmat. Grundl. d. richterl. Ermessens im Strafrecht, 1962.

WARECKA, Krystyna

Dr. med., Prof., Neurologin, Medizin. Univ. zu Lübeck - Ratzeburger Allee 160, 2400 Lübeck 1 - Geb. 5. Okt. 1925 Warschau (Vater: Apotheker), verh. s. 1950 m. RA Josef W. †1982, T. Alexandra, Ärztin - Med.stud.; Promot. Warschau; Habil. 1969 Kiel - 1959-64 Oberärztin Neurolog. Univ.klinik Warschau; dann wiss. Tätigk. Amsterdam, Newcastle, Paris, Göttingen; 1973ff. apl. Prof. Kiel - Spez. Arbeitsgeb.: Degenerat. Erkrank. d. zentr. Nervensyst., insb. Multiple Sklerose, Neuroimmunologie - In- u. ausl. Fachmitgl.sch. - Zahlr. Einzelarb. u. Buchbeitr.

WARK, Karl Hermann

Dipl.-Ing., Industrieberatungen - Oberneulander Landstr. 183, 2800 Bremen-Oberneuland (T. 0421-25 18 36) - Geb. 9. Febr. 1926 Bremen (Vater: Karl W., Untern.; Mutter: Anna, geb. Hogrefe), verh. s. 1955 m. Margarete W., 2 S. (Eric, Sven) - Hochsch. f. Technik Bremen, Dipl.-Ing. - Pers. Mitgl. Landeskurat. Bremen d. Stifterverb. f. d. Dt. Wiss. - Div. Pat. auf d. Geb. d. Elektromasch.baus - BV: Mitverf. techn. Bücher - Liebh.: Kunst- u. Antiquitäten - Spr.: Engl.

WARLICH, Manfred

Dipl.-Ing., Direktor, Geschäftsführer Zenker Hausbau GmbH + Co., Michelstadt, Zenker-Hausbau Ges.m.b.H. & Co., Veitsch, (Steiermark) - Relystr. 20, Postf. 33 20, 6120 Michelstadt/Odenw. (T. 06061 - 75-0) - Geb. 12. Mai 1935 Glogau - Stud. Hochsch. f. Arch. u. Bauwesen Weimar (Dipl.-Ing. 1959).

WARNACH, Walter

Dr. phil., Prof. f. Philosophie - Sigmaringer Str. 13, 5000 Köln 41 - Geb. 14.Sept. 1910 Metz (Vater: Paul W.; Mutter: Elise, geb. Schoppmann), verh. m. Elisabeth, geb. Hahn, 4 Kd. - Univ. Bonn, München, Köln (Phil., German., Roman.) - Hochschul- u. Verlagslektor; fr. Schriftst.; s. 1960 Doz. u. Prof. Kunstakad. Düsseldorf - BV: u. a. Welt d. Schmerzes, 1952; D. Morgen - Weltl. Sequenz, 1954; Wege im Labyrinth, Schr. z. Zeit, 1982. Übers.: Pascal. u. a.; Herausg.: Eugen-Gottlob Winkler - Ehrengabe BDI - Liebh.: Bild. Kunst.

WARNATZ, Hermut

Dr. med. (habil.), Ltd. Arzt Innere Abteilung (Schwerpunkt Rheumatol. u. Klin. Immunol.) Kath. Krankenhaus Essen-Werden, apl. Prof. f. Inn. Med. Univ. Erlangen-Nürnberg (s. 1973) - Hildegrimstr. 81, 4300 Essen 16 - 1992 BVK.

WARNECKE, Hans-Jürgen

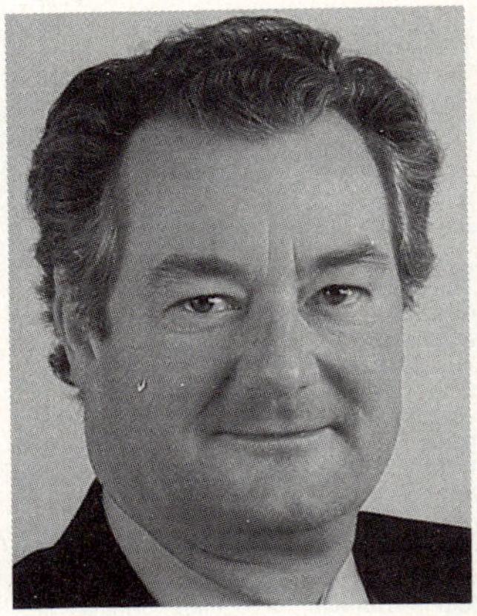

Dr.-Ing., Dr. h.c., Dr.-Ing. E.h., Prof. Univ. Stuttgart (s. 1970), Leit. Fraunhofer-Inst. f. Produktionstechn. u. Automatisierung, Stuttgart u. Dir. Fraunhofer-Inst. f. Arbeitsw. u. Org., Stuttgart - Max-Caspar-Str. 77, 7252 Weil der Stadt (T. 07033 - 73 04) - Geb. 2. April 1934 Braunschweig - Stud. Maschinenbau TH Braunschweig - 1959-65 Assist. u. Oberassist. TH Braunschweig; 1965-70 Hauptabt.Leit. Rollei-Werke; AR Mahle GmbH, Stuttgart; Brose, Coburg; Südrad, Ebersbach; MAN Roland, Offenbach - BV: Industrieroboter, 1979; Montagetechnik, 1976. Herausg.: Produktionstechnik, Instandhalt. (Buchreihen) - 1965 Taylor-Med.; 1973 VDI-Ehrenring; 1982 Joe F. Engelberger-Med.; 1983 Alb. M. Sargent-Med., SME; 1985 BVK; 1989 Dr. h. c., Dr.-Ing. E. h. - Liebh.: Schiffbau, Segeln - Spr.: Engl., Franz.

WARNECKE, Heinrich

Landwirt, Ehrenlandrat Krs. Gifhorn, Vizepräs. Nieders. Landtag a. D., Ehrenvors. Nieders. Landkreistag - Hankensbütteler Str. 7, 3101 Sprakensehl-Masel - Geb. 24. April 1923, verh. s. 1955 m. Waltraut, geb. Niemann, 4 Kd. (Dorothea, Christine, Freya, Heinrich) - CDU.

WARNECKE, Klaus

Rechtsanwalt, MdL Bayern (s. 1974) - Plinganserstr. 24, 8000 München 70 (T. 77 24 94) - Geb. 1943 - SPD.

WARNER, Alfred

Dr.-Ing., Honorarprof., Leiter d. VDE-Prüf- u. Zertifizierungsinst. u. Geschäftsf. Verb. Dt. Elektrotechniker - Carl-Ulrich-Str. 56, 6100 Darmstadt-Eberst. (T. 06151 - 5 21 69) - Geb. 5. Juli 1931 Bromberg, ev., verh. m. Heiderun, geb. Sack, 2 Kd. (Torsten, Imke) - Dipl.-Ing. 1957 Hannover; Dr.-Ing. 1966 Berlin - 1974-83 Vors. Normenaussch. Terminologie im DIN; 1975-86 Vors. Komit. Zertifizierungsstellen (CCB) d. IEC (Intern. Elektrotechn. Kommiss.). S. 1977 stv. Vors. Ges. f. dt. Sprache, s. 1991 Vors. CISPR (Intern. Sonderaussch. f. Funkstörungen) - BV: Tb. Funk-Entstörung, 1965; Einf. VDE-Vorschriftenwerk, 1983; Lex. d. Elektrotechnik, 1984; Tabellen u. Diagramme f. d. Elektrotechnik, 1987; Jahrb. z. VDE-Vorschriftenwerk (s. 1984); Kurzzeichen an elektrischen Betriebsmitteln, 4. A. 1992 - 1975 DIN-Ehrennadel; 1986 Hon.-Prof. TH Darmstadt - Liebh.: Gesch. - Spr.: Engl., Franz., Ital., Esperanto.

WARNER, Jürgen F.
Journalist - Gotenstr. 15, 6507 Ingelheim/Rh. (T. 29 23) - Geb. 16. Okt. 1913 Berlin (Vater: Wilhelm W., Reichsbeamter; Mutter: Elisabeth, geb. Wessel), ev., verh. in 2. Ehe (1955) m. Trude, geb. Friedrichs, 2 Söhne (Michael, Thomas) - 1933-35 Univ. Berlin u. Paris (Ztg.skunde, Rechtswiss.) - Journ.; 1935-48 Sachverst. f. Engl. Recht u. Vermögensverwaltungen; 1948-49 Redakt. Vorwärts (Ressortchef Innen- u. Kulturpolitik); 1949-62 Ref. Funk/Film/Fernsehen SPD-Vorst.; 1962-71 stv. Chefredakt./Leit. Hauptabt. Dokumentation; 1971-75 Ständ. Vertr. d. Chefredakt. u. Leit. Koordination ZDF Mainz - Liebh.: Briefm., Talleyrand-Forsch. - Spr.: Engl., Franz., Niederl.

WARNICKE, Sigrid
Fraktionsgeschäftsführerin, MdL Schlesw.-Holst. (Wahlkr. 35/Lübeck Ost) - Goerdelerstr. 5b, 2400 Lübeck 1 - Geb. 27. März 1937 Namslau/Schles. - SPD.

WARNING, Wolf-Elmar
Kaufmann, gf. Gesellschafter Hamburger Außenhandelskontor Warning + Partner GmbH & Co. KG, Hamburg (s. 1986) - Geb. 20. April 1935 Berlin, ev., verh. m. Christiane, geb. Baronesse v. Brockdorff, 2 Kd. - B. 1985 Sprecher d. Vorst. Coutinho, Caro & Co. AG, Hamburg (davor persönl. haftender Gesellsch.) - Spr.: Engl.

WARNKE, Detlef Andreas
Ph. D., Prof. f. Geologie - Zu erreichen üb. Calif. State Univ. Hayward, Hayward/Calif. 94542, USA - Geb. 29. Jan. 1928 Berlin (Vater: Aloysius W., Ing.; Mutter: Martha, geb. Konetzky), verh. s. 1964 m. Holly, geb. Menkel, 2 S. (Erik, Detlef Christian) - Lauenburg. Landessch. Ratzeburg (Abit. 1947); Dipl.-Geol. 1953 Univ. Freiburg/Br., Promot. (Ph. D.) 1964, Univ. of Southern California, Los Angeles - 1963-71 Res. Assist. u. Assist. - Prof. Florida State Univ.; 1971ff. Assist.-Prof. u. Prof. California State Univ. Hayward, dazw. Prof., Inst. f. Geol. FU Berlin, 1987-88 Fulbright Prof. FU Berlin. Veröff. in Fachztschr. z. Erdwiss. - Forsch.stip. National Science Foundation - Spr.: Engl. - Lit.: Who's Who in the West u. and. Nachschlagew.

WARNKE, Herbert
Dipl.-Volksw., Hauptgeschäftsführer Dt. Verkehrssicherheitsrat - Obere Wilhelmstr. 32, 5300 Bonn 3; priv.: Am Domstein 9, 5330 Königswinter - Geb. 28. Aug. 1930 Mogilno/Posen.

WARNKE, Jürgen
Dr. jur., Bundesminister f. wirtschaftl. Zusammenarbeit (1989-91), MdB (s. 1969, CDU/CSU-Fraktion) - Karl-Marx-Str. 4-6, 5300 Bonn - Geb. 20. März 1932 Berlin (Vater: Dr. jur. Franz W., zul. Hauptgeschäftsf. Verband d. Keram. Ind.; Mutter: Marianne, geb. Gensel), ev., verh. (Ehefr. Elke), 6 Kd. - Jean-Paul-Gymn. Hof (Abit. 1950); Stud. Rechtswiss. u. Volksw. München, Würzburg u. Genf. Gr. jurist. Staatsprüf. 1959 - 1959-62 wiss. Mitarb. CSU-Landesgr. im Dt. Bundestag; 1962-64 Geschäftsf. Verb. d. Chem. Ind./Landesverb. Bayern, München; 1964-82 Hauptgeschäftsf. Verb. d. Keram. Ind., Selb. 1962-69 MdL Bayern. CSU s. 1958 (1987 stv. Landesvors., 1982-87 Bundesmin. f. wirtschaftl. Zusammenarb., 1987-89 Bundesmin. f. Verkehr) - 1971 Bayer. VO.; 1980 BVK; 1986 Gr. BVK - Spr.: Engl., Franz. - Rotarier.

WARNKE, Martin
Dr. phil., Prof. f. Kunstgeschichte Univ. Hamburg (s. 1978) - Mittelweg 26, 2000 Hamburg 13 - Geb. 12. Okt. 1937 Ijui/Brasil. (Vater: Kurt W., Pfarrer; Mutter: Hilka, geb. Schomerus), ev., verh. s. 1963 m. Freya, geb. Grolle - Stud. München u. Berlin. Promot. 1964 Berlin (FU); Habil. 1970 Münster - Volontär Berliner Museen; Stip. Florenz; 1971-78 Wiss. Rat u. Prof. Univ. Marburg - BV: Kommentare zu Rubens, 1965; Bau u. Überbau, 1976; Peter Paul Rubens, 1977; Polit. Architektur in Europa, 1984; Hofkünstler - Vorgesch. d. mod. Künstlers, 1985. Herausg.: D. Kunstw. zw. Wissenschaft u. Weltanschauung (1970), Bildersturm (1973).

WARNKE, Rudolf
Dipl.-Psych., Publizist, Herausgeber Bonn intern - Im Herrengarten 5, 5330 Königswinter 21 (T. 02223 - 2 36 20) - Geb. 1. Jan. 1927 Hannover (Vater: Rudolf W., Arbeiter; Mutter: Agnes, geb. Göbhard), kath., verh. s. 1954 m. Rosemarie, geb. Neuwerth, 3 S. (Thomas, Martin, Stefan) - Lehre Ind.-Kaufm.; 1950-53 Univ. Münster (Psych.); Dipl. 1954 Göttingen - 1954-58 Hauptabt.leit.; 1958-62 Finanzdir.; 1962-75 Berater Verteidig.min.; s. 1973 Herausg. Bonn intern - BV: Dt. Firmen v. d. Röntgenschirm, 1969 - Interessen: Politik, Wirtschaft - Spr.: Engl., Franz. - Lit.: 100 Köpfe.

WARNS, Karl H.
Geschäftsführer Rank Xerox GmbH., Düsseldorf - Zu erreichen üb. Rank Xerox GmbH, Emanuell-Leutze-Str. 20, 4000 Düsseldorf 11.

WARNSTORFF, Herbert
Direktor - Haiderfeldstr. 31, 4050 Mönchengladbach (T. 3 32 17) - Geb. 17. März 1913 Allenstein/Ostpr. (Eltern: Otto u. Dora W.), ev., verh. s. 1949 m. Thea, geb. Peltzer, 3 Kd. - Kaufm. Ausbild. - B. 1968 stv. dann o. Vorstandsmitgl. Kühn, Vierhaus & Cie. AG., Rheydt.

WARRIKOFF, Alexander
Dr., Geschäftsführer, MdB (s. 1983; Wahlkr. 144/Hessen) - Erbacher Str. 49, 6120 Michelstadt - Geb. 14. Mai 1934 Lodz/Polen, ev., verh., 2 Kd. - Gymn. (Abit.); Stud. Rechts- u. Staatswiss. Univ. Marburg u. Frankfurt; 1963 gr. jurist. Staatsprüf. - Geschäftsf. d. GKD Ges. f. Kommunikations- u. Datentechnik mbH, Offenbach/M.; gf. Vorst.-Mitgl. Wirtschaftsverb. Kernbrennstoff-Kreislauf, Bonn u. VR-Vors. NVD-Nuklear Versicherungsdst., Hanau; Vors. Landesverb. Hessen d. Wirtschaftsrats d. CDU; Mitgl. d. Bundespräsid.

WARSINSKY, Werner
Schriftsteller - Coerdestr. 51, 4400 Münster - Geb. 6. Aug. 1910 Barlo/W. (Vater: Max W.; Mutter: Margarethe, geb. Bornemann), o. B., verh. I) 1940 m. Helene, geb. Pillhofer (gesch.), 2 Kd. (Dagmar, Holger), II) 1965 Irmgard, geb. Capelle - Oberrealsch. Dortmund; Buchhändlerlehre ebd. - Buchhändler, kaufm. Angest., Reisender, Opernsänger, n. Kriegsdst. Hilfsarb. Hoch-, Tief- u. Gleisbau, Ofenhausarb. Aluminiumfabrik, Bibliothekar - BV: Kimmerische Fahrt, R. 1953 (auch franz. u. jap.); Lunatique, Lyrik 1958; Legende vom Salz d. Tränen, 1970 - 1953 Europ. Lit.-preis.

WARTENBERG, Arnold
Dr. rer. nat., Prof., Botaniker, Mikrobiologe - Lessingstr. 56, 6600 Saarbrücken - Geb. 21. Dez. 1931 Berlin - Promot. Jena; Habil. Jena - S. 1961 Lehrtätigk. Univ. Saarbrücken (1968 apl. Prof., 1971 Wiss. Rat, gegenw. Univ.-Prof.). Fachaufs., Lehrb.: System. d. Niederen Pflanzen, 2. A. 1979; Einf. in d. Biotechnologie, 1989.

WARTENBERG, Gerd
Redakteur, MdB/Vertr. Berlins - Muskauer Str. 5, 1000 Berlin 36 (T. 030 - 618 33 37) - SPD.

WARTENBERG, Hubert
Dr. med., o. Prof. f. Anatomie Univ. Bonn - Nußallee 10, 5300 Bonn - Geb. 28. Juli 1930 Stade (Vater: Prof. Hans W.; Mutter: Elfriede, geb. Jacobi), ev., verh. s. 1959 m. Hannelore, geb. Herzog, 2 Kd. - Promot. 1955 Jena; Habil. 1961 Hamburg - S. 1961 Lehrtätigk. Hamburg (1968 Prof.), Basel (1969 ao. Prof.) u. Bonn (1972 o. Prof.). Fachaufs.

WARTENBERG, von, Ludolf-Georg
Dr. rer. pol., Hauptgeschäftsführer u. Präsid.-Mitgl. Bundesverb. d. Dt. Ind. e.V., Köln, MdL Nieders. (1970-76), Parlamentarischer Staatssekr. b. Bundesmin. f. Wirtschaft (b. 1989), MdB (1976-90) - Gustav-Heinemann-Ufer 84-88, Postf. 51 05 48, 5000 Köln 51 - Geb. 22. Sept. 1941 Fürstenwalde/Spree - Vorst. Ges. z. Förderung d. Schutzes v. Auslandsinvestitionen Hanns-Martin-Schleyer Stiftg., Dt. Inst. f. Wirtschaftsforsch., Berlin, Ges. z. Förderung finanzwiss. Forsch., Wiss. Hochsch. f. Unternehmensführung, Koblenz, Kulturkr. im Bundesverb. d. Dt. Ind. e.V., RKW, Ges. z. Förd. d. Untern.nachwuchses; Vorst.-Mitgl. Dt. Rat d. Europ. Bewegung; stv. Vors. Carl-Duisbung-Ges., Köln, Forsch.-Inst. f. Wirtschaftsverfassung u. Wettbewerb, Köln; Beirat Bundesakad. f. öfftl. Verwaltung, Bonn; Mitgl. Präs. Inst. d. dt. Wirtschaft.

WARYNSKI, Stanislaw
s. Kofler, Leo

WASEM, Erich
Dr. phil., em. o. Prof. f. Pädagogik - Gündinger Str. 6, 8000 München 60 (T. 864 11 30) - Geb. 30. Sept. 1923 Puttenhausen (Vater: Peter W., Unternehmer; Mutter: Marie, geb. Schmidbauer), kath., verh. s. 1951 m. Erika, geb. Weigert, T. Eva-Maria - Promot. (1951) u. Habil. (1958) München - Seit 1960 Prof., Fak. Psychol. u. Päd., Univ. München - BV: Jugend u. Filmerleben, 1957; Presse, Rundfunk, Fernsehen, Reklame - päd. gesehen, 1959; Jugend u. Bildschirm, 3. A. 1964; D. audiovisuelle Wohlstand, 1968; Medien d. Öffentlichkeit, 1969; Berufskunde im Schulfernsehen, 1971 (m. Kopp); Medien d. Schule, 1971; Medien in d. Schulpraxis, 1974; Helft Kindern leben, 1975; Herausg.: V. d. Theorie zum Schulalltag (1978); Päd. im Grundstud. (1980); Sammeln v. Serienbildchen (1981); Studienfach Päd. (1986); D. Serienbild - Medium d. Werbung u. Alltagskultur (1988).

WASILJEFF, Alexander
Dr. rer. nat., o. Prof. FB Physik-Elektrotechnik (Fachgeb. Nachrichtentechnik) Univ. Bremen - Ortelsburger Str. 3, 2800 Bremen 41 (T. 0421 - 49 47 42) - Geb. 28. April 1936 Posen (Vater: Prof. Gregor W.; Mutter: Anna, geb. Rutzewitz), kath., verh. s. 1962 m. Dr. med. Marianne, geb. Huckert, Ärztin f. Arbeitsmed., 2 Söhne (Peter, Johannes) - Gymn. Hann. Münden; Abit. 1956; 1956-59 Stud. Physik Göttingen; 1959 Stud. Elektrotechnik Darmstadt; 1959-62 Stud. Angew. Physik u. Elektrotechnik Univ. Saarbrücken (Dipl.-Phys. 1962, Promot. 1966) - 1966-71 Gruppenleit. u. Scientific Advisor to the Dir., Forschungsinst. f. Hochfrequenzphysik Werthhoven; 1971-75 Senior Scientist SACLANTCEN La Spezia; ab 1975 Univ. Bremen. Zahlr. Aufs. in wiss. Ztschr. u. Vortr. auf intern. Fachtag. - S. 1970 Mitgl. d. westdt. URSI-Landesaussch. (Union Radio Scientific Intern.) - Spr.: Engl., Ital.

WASMER, Otmar
Dr., Prof., Senator, Generaldirektor, Vorstandsvors. BayWa AG, München (s. 1972) - Zu erreichen üb. BayWa AG, 8000 München - 1984 Ehrensenator Univ. Hohenheim.

WASMUND, Reinhard
Dr.-Ing., em. o. Prof. f. Anlagen- u. Verfahrenstechnik/Fachbereich Lebensmittel- u. Biotechnologie TU Berlin (s. 1969) - Angerburger Allee 5, 1000 Berlin 19 (T. 305 49 08) - Geb. 4. März 1913 Fürstenberg/Oder (Vater: Dr. jur. Waldemar W., Amtsgerichtsrat; Mutter: Frida, geb. Schiemann), ev., verh. s. 1959 m. Irene, geb. Beythien - Realgymn. Zoppot u. Frankfurt/O.; 1931-36 TH München u. Berlin (Allg. Maschi-

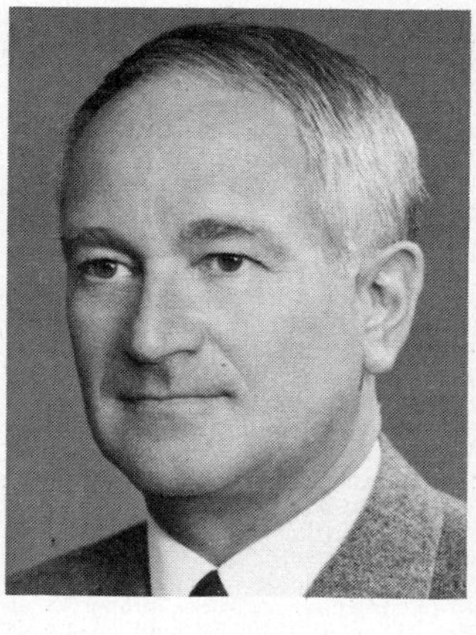

nenbau; Dipl.-Ing.). Promot. 1938 Berlin - 1938-56 Techn. Angest. Pintsch Bamag AG, Berlin; 1956-64 Abt.leit. Borsig AG, Berlin; 1964-66 Geschäftsf. Ruhrstahl Apparatebau GmbH, Hattingen; 1966-68 Gf. Alois Lauer Stahl- u. Rohrleitungsbau GmbH, Dillingen. Üb. 100 Fachveröff. u. üb. 700 Fachreferate.

WASMUND-BODENSTEDT, Ute
Dr. rer. nat., Prof. f. Sportwissenschaft Univ. Gießen - Hopfenacker 35, 6305 Alten-Buseck - Geb. 2. Febr. 1935 Kiel (Vater: Prof. Dr. Erich W.; Mutter: Herta-Lotte, geb. Türcke), verh. s. 1980 m. Prof. Dr. A. Andreas B. - Univ. Köln, Innsbruck u. Kiel, Dt. Sporthochsch. Köln (Dipl.) - Vorst.-Mitgl. Intern. Assoc. of Physical Education and Sport for Girls and Women (IAPESGW)

WASMUTH, Lutz-Pieter
Kaufmann, gf. Gesellschafter Kahle, Wasmuth, Partner 1 Unternehmensberat. Marketing, Verkauf, Kommunikation GmbH - Falckweg 18, 2000 Hamburg 52 (T. dstl.: 040 - 34 45 00; priv.: 040 - 8 80 55 21) - Geb. 23. Okt. 1935 Hamburg (Vater: Dr. Ludwig Ferdinand W., Fabrikant; Mutter: Ursula, geb. Paschen), ev., verh. s. 1962 m. Eva, geb. Balg, 3 Söhne (Stefan, Pieter, Felix) - Oberprimareife; Kaufm. Lehre - 1958-73 Werbeagentur H. K. Mc.Cann (s. 1969 Geschäftsf.); 1973-82 Geschäftsf. Wasa GmbH Celle; 1982-86 Geschäftsf. Marketing/Verkauf Kraft GmbH, Eschborn - Liebh.: Sport, Kunst - Spr.: Engl., Franz.

WASSENER, Albert
Referatsleiter Wissenschaft u. Literatur Goethe-Inst. Zentralverwaltung - Balanstr. 57, 8000 München 90 (T. 089 - 4 18 68-3 08) - Geb. 25. April 1936 Essen (Vater: Albert W., Lehrer; Mutter: Gertrud, geb. Forstbauer), verh. s. 1962 m. Renate, geb. Schäfer, 2 Kd. (Dietmar, Bettina) - 1955/56 Stud. German., Gesch., Lat. Univ. Bonn; 1956-61 München; Staatsex. - 1963-64 Doz. Goethe-Inst. Tripolis/Libyen; 1964-66 Leit. G.I. Tripolis; 1966-74 Programmref. G.I. Rom; 1974-78 Ref.-Leit. G.I. München; 1978-84 Leit. G.I. Tel Aviv; 1984-89 Leit. G.I. Kopenhagen; 1989/90 Leit. G. I. Istanbul - Spr.: Engl., Franz., Ital.

WASSERMANN, Eberhard
Dr. rer. nat., Univ.-Prof. Univ. Duisburg - Beckstadtstr. 33, 4330 Mülheim/R. - Geb. 8. Juli 1937 Frankfurt/M. (Vater: Prof. Dr. phil. Dr.-Ing. E. h. Günter W. †), verh. - Physikstud. Univ. Göttingen; Promot. 1965 Göttingen; Habil. 1970 Aachen - 1965-67 Res. Assist. Northwestern Univ., Evanston Ill., USA; 1970-76 Prof. RWTH Aachen; s. 1976 Prof. f. Experimentalphysik Univ. Duisburg; 1975-79 Sprecher d. Sonderforsch.-Bereich 125 Aachen-Jülich Köln; s. 1984 Sprecher d. Sonderforsch.-Bereich 166 Duisburg-Bochum. 110 Einzelveröff.

WASSERMANN, Heinrich
Dr. agr., Diplom-Volkswirt, Hauptgeschäftsführer IHK Friedberg - Goethepl. 3, 6360 Friedberg/Hessen; priv.: Steinkopfweg 20, 6364 Florstadt - Geb. 9. März 1942.

WASSERMANN, Ludwig
Dr. rer. nat., Prof., Lebensmitteltechnologe, Leit. Forsch. u. Entw. Fa. Ulmer Spatz, Neu-Ulm - Am Bahndamm 6, 7910 Neu-Ulm-Gerlenhofen (T. 07307-56 52) - Geb. 11. März 1929 Althirschstein, verh. s. 1958 m. Irmgard, geb. Salomon, 2 Kd. (Andreas, Christine) - Ing.-Schule Altenburg, Univ. Tübingen; Promot. 1959 - 1959 Wiss. Mitarb.; 1969 Prok. Ulmer Spatz, Neu-Ulm; 1963 Lehrbeauftr. Univ. Tübingen, 1970 Univ. Hohenheim, 1978 Hon.-Prof. (Getreidetechnol.) ebd. - BV: Hülsenfrüchte, 1967; Getreide u. Getreideprodukte, 1976; Structure and rheol. properties of Bread crumb, 1979; Technol. d. Leguminosenverarb., 1983 - 1991 M. P. Neumann-Med. d. Arbeitsgemeinsch. Getreideforsch., Detmold - Liebh.: Gesch. d. Naturwiss. u. Technol. - Spr.: Engl.

WASSERMANN, Martin
Dr. rer. nat., Präsident u. Delegierter d. Verwaltungsrates d. Reichhold Chemie AG, Hausen/Schweiz - Theodor-Storm-Str. 33, 6380 Bad Homburg - Geb. 29. Sept. 1940.

WASSERMANN, Rudolf

Dr. jur. h.c., Oberlandesgerichtspräsident a. D. - Dr.-Wachler-Weg 25, 3380 Goslar - Geb. 5. Jan. 1925 Letzlingen/Altm., ev., verh. s. 1953 m. Ursula, geb. Praast, 2 Kd. (Susanne, Jan Hendrik) - 1946-50 Univ. Halle u. Berlin (Rechtswiss., Phil., Soziol.). Jurist. Staatsprüf. 1950 u. 55 - 1956-67 Richter Land- u. Kammergericht Berlin (1963 KGsrat); 1967-68 Sprecher d. Bundesjustizmin. Bonn (Min.rat); 1968-71 Präs. LG Frankfurt; s. 1971 Präs. OLG Braunschweig. 1965-67 Vorsitz-Mitgl. Dt. Richterbd.; 1969 stv., 1974-80 Vors. Arbeitsgem. sozialdemokr. Juristen; 1975-90 zugl. Präs. Landesjustizprüfungsamt. Mitgl. Nieders. Staatsgerichtshof. SPD - BV u.a.: Erziehung z. Establishment, 1969; Richter - Reform - Gesellschaft, 1970; Justizreform, 1970; D. polit. Richter, 1972; Justiz im soz. Rechtsstaat, 1974; Terrorismus contra Rechtsstaat, 1976; D. soz. Zivilprozeß, 1978; Menschen vor Gericht, 1979; Justiz u. Medien 1980; Justiz f. d. Bürger 1981; Ist Bonn doch Weimar?, 1983; D. richterl. Gewalt, 1985; Recht, Gewalt, Widerstand, 1985; D. Zuschauerdemokr., 1986; Rechtsstaat ohne Rechtsbewußtsein?, 1988; Politisch motivierte Gewalt - Herausforderung u. Antworten, 1989; Auch d. Justiz kann aus d. Geschichte nicht aussteigen, 1990. Herausg. d. Reihe Alternativkomment. u. d. Ztschr. Recht u. Politik - 1984 Gr. Silb. Ehrenz. m. Stern f. Verdienste um d. Rep. Österr.; 1985 Ehrendoktor Univ. Hannover - Lit.: E. Kininger, R. W. als Richter, Rechtssoziologie u. Rechtsreformer, ÖAnwBl. 1980; Chr. Broda u.a. (Hrsg.), Festschr. f. R. W., 1985.

WASSERMEYER, Franz
Dr. jur., Prof., Richter am Bundesfinanzhof München - Zur erreichen üb. Bundesfinanzhof, 8000 München - Verh. - BV: Kommentar z. Außensteuerrecht (m. Flick u. Becker), 1973/85; Kommentar z. DBA Deutschl.-Schweiz (m. Flick, Wingert u. Kempermann), 1981/86.

WASSERTHAL, Lutz Thilo
Dr. rer. nat., o. Prof., Vorstand Zoologisches Inst. 1 Univ. Erlangen (s. 1986) - Staudtstr. 5, 8520 Erlangen (T. 09131-85 80 61) - Geb. 22. Aug. 1940 Stettin (Vater: Dipl.-Ing. Eberhard W.; Mutter: Dr. med. Frieda Meta), verh. s. 1968 m. Dr. rer. nat. Wiltrud, geb. Bräcker, S. Lennard - Stud. Univ. Marburg, Gießen (Biol., Geol., Kunstgesch.); Promot. 1969 Gießen; Habil. 1979 Bochum - 1983-86 Prof. Univ. Düsseldorf. Arbeitsgeb.: Funktionsmorphologie b. Insekten; Biol. d. Schmetterlinge; Koordination v. pendelndem Kreislauf u. Tracheenventilation b. Insekten - Wichtige Fachveröff. in: Z. vergl. Physiol., B 139, 145, 147; Verh. Dtsch. Zool. Ges., 1982 - Liebh.: Naturfilmen, -fotografie, Malen, Design - Spr.: Engl., Franz.

WASSERTHEURER, Grete
Autorin - Jahnstr. 22, Postfach 22 27, 7056 Weinstadt (T. 07151 - 6 11 14) - Geb. 1939 Graz/Steiermark, verh. Weber, 2 Kd. (Marisa, Frank) - Initiatorin d. Bücherschau Autorentage - Veröff. v. 13 Büchern (Kinderb., Jugendb., Gedichtbd.) u.a.: Stille Stunde lang; Baumlandschaften, 1987; Gugi u. d. Bewohner d. Waldwiese; Krimireihe; Verhängnisvolle Reise. Herausg. v. Anthol. u. Lyrikztschr. D. BOOT.

WASSMANN, Günther
Dipl.-Volksw., Mitglied d. Hauptgeschäftsführung Hauptgemeinsch. d. Dt. Einzelhandels - Sachsenring 89, 5000 Köln 1 (T. 0221 - 3 39 80) - Geb. 1. Mai 1940 Bevensen (Vater: Hans W., Oberförster; Mutter: Maria), kath., verh. s. 1968 m. Hella, geb. Franke - Wirtsch.gymn.; 1961-67 Univ. Bonn (Volksw. u. Wirtsch.gesch.).

WASSMER, Gernold
Bürgermeister Gemeinde Vogt - Birkenwies 14, 7981 Vogt (T. 07529-15 15) - Geb. 17. Dez. 1948 Bad Waldsee (Vater: Anton W., Gärtnerm.; Mutter: Marianne, geb. Hartmann), kath., verh. s. 1975 m. Christa, geb. Kaiser, 2 Kd. (Claus, Beate) - Ausb. Gehob. Verw.dst. (Prüf. 1971) - S. 1978 Bürgerm.

WASSMUTH, Dietmar
Geschäftsführender Gesellschafter d. B.G.W.-Consulting-Group - Rennsteigweg 15, 5800 Hagen 1 - Geb. 23. März 1952 Hagen, verh. m. Susanne, geb. Granzow - Ehem. Beamter d. Bundesamtes f. Verfassungsschutz; techn. Betriebsw. bzw. Beamter b. d. DB; Wirtsch.- u. Untern.berat. führender Persönlichk. aus Großind. u. Wirtsch.; Sachverst. im Bundesverb. BVFS.

WASSMUTH (ß), Heinz-Werner
Dr. rer. nat, Prof. f. Experimentalphysik Univ. Marburg (Angewandte Festkörperphysik, Angew. Oberflächenphysik; aktuelle Forsch.geb.: Einzelschritte katalyt. Reaktionen am Festkörperoberflächen, Oberflächendiffusion, Anwendungen v. Oberflächenprozessen in d. Kernphysik) - Frhr.-v.-Stein-Str. 61, 3550 Marburg/Lahn 6 (T. 06421 - 8-21-17) - Geb. 19. Juli 1935 Kassel.

WASSMUTH (ß), Rudolf
Dr. agr., Prof. f. Tierzucht u. Haustiergenetik - Nelkenweg 73, 6300 Gießen (T. 3 53 73) - Geb. 9. März 1928 Belgard/Pom. - S. 1962 (Habil.) Lehrtätigk. Univ. Gießen (1968 apl. Prof.), Kiel (1968 Wiss. Rat u. Prof.), Gießen (1969 o. Prof. u. Inst.dir.). 1963 Gastdoz. Univ. Izmir. Fachveröff.

WASSNER, Hermann
Dr., Prof., Rektor Fachhochschule f. Bibliothekswesen Stuttgart - Lenzhalde 96, 7000 Stuttgart 1 - Geb. 2. Sept. 1922 Ludwigshafen (Vater: Philipp W.; Mutter: Johanna, geb. Sauter), kath., verh. s. 1957 m. Inge, geb. Knab, 2 Kd. (Bettina, Arnold) - Stud. German., Phil. u. Musikwiss.; Promot. 1953 Univ. Heidelberg, Dipl.-Bibl. 1954, Prof. 1967 - 1961-71 Dir. Südd. Bibl. Lehrinst.; s. 1971 Rektor FHS f. Bibl.wesen, 1976-82 Präs. Intern. Vereinig. d. Musikbibl. (IVMB) Gr. Bundesrep. Dtschl. - BV: Musikleben u. Musikbibl., (Hrsg.) 1979; Bibl. Arbeit zw. Theorie u. Praxis, (Hrsg.) 1976; Blätter z. Berufskd.: Dipl.-Bibliothekar b. d. Dienst an Öffentl. Bibl., 1976 (7. A.) - Spr.: Engl.

WATERKOTT, Heinz
Vorstandsmitglied Warenhaus-Liegenschaften AG., Düsseldorf - Leuchtenberger Kirchweg 8, 4000 Düsseldorf - Geb. 24. Jan. 1922.

WATERMANN, Friedrich
Dr., Hauptgeschäftsführer a. D. d. Hauptverb. d. gewerbl. Berufsgenossenschaften, Bonn - Behringstr. 9, 5300 Bonn 2 - Geb. 16. Febr. 1921.

WATRIN, Christian
Dr. rer. pol., o. Prof. f. Wirtschaftl. Staatswissenschaften - Arndtstr. 9, 5000 Köln 50 (Rodenkirchen) (T. Köln 39 12 69) - Geb. 29. Juli 1930 Köln - Schule u. Univ. Köln (Volksw.- u. Betriebsw.). Promot. (1957) u. Habil. (1963) Köln - 1963 Privatdoz. Köln; 1965 Ord. Univ. Bochum; gegenw. Ord. Univ. Köln. Vors. Wiss. Beirat Bundesminist. f. Wirtschaft. List-Ges., Verein f. Sozialpolitik - BV: Z. Entwicklungspolitik in Südostasien, 1960; Macht u. ökonomisches Gesetz, 2 Bde. 1973. Herausg.: Z. Theorie marktwirtschaftl. Ordnungen (1981), m. E. Streissler. Zahlr. Einzelarb.

WATZINGER, Carl Hans

Prof., Schriftsteller - Tungassingerstr. 38, A-4020 Linz/Donau (Österr.) - Geb. 7. Sept. 1908 Steyr (Vater: Johann W., Polizeiinsp.), ev. A. B., verh. s. 1947 m. Ulrika, geb. v. Benkiser, 3 Kd. (Daniela, Ulrike, Ernst-Christian) - Realsch., Bundesgewerbesch. f. Elektrotechnik, Sem. f. Dramat. Univ. Jena - 1938-45 Rundfunkref. (Landfunk) u. Hauptschriftl. e. landw. Fachbl.; 1947-48 Filmdramat. u. Lehrer f. Lit.wiss., Theatergesch. u. Dramat. - BV: u. a. Spiel in St. Agathen, R. 1937; D. Pfandherrschaft, Erz. 1938; Mensch aus Gottes Hand, Luther-R. 1938 u. 83 (auch schwed., holl.); D. Heimkehr aus d. Stadt, Erz., 1940; D. Bauernhochzeit, R. 1941; Kaiser, Kurfürst, Herr u. Bauer, R. 1952; D. Chronik d. Vincent van Gogh, Erz. 1953; Ich bleibe in d. Eisen- stadt, Blümhuber-Monogr. 1965; D. Glanz v. innen, Erz. 1967; Erdseele, Ged. 1973; Hanns Wallner - Papierschnitte, Künstler-Monogr., 1974; D. Nikolospiel, Erz. 1978; Steyr, Porträt e. 1000jähr. Stadt, 1979; Ihre Heimat ist Steyr, 32 Ess.; E. Leben lang geliebte Kunst (Prof. H. Gerstmayr), Monogr. 1982; Mein Freund, d. Feuerwehrhauptmann v. Schwaz; Hermann Kuprian, Monogr. 1988. Bühnenw. (Martin, Elefanten sind gutmüt. Menschen, Wanderung zu Gott, D. zweite Arche Noah, D. Lauen u. d. Ohnmächtigen, D. unhl. Turm, D. Ennser Chronik, D. unbekannte Meister v. Kefermarkt, e. Spiel in d. Kirche u. a.) u. Hörsp. - Prof. h. c. (Österr. Bundesreg.), Österr. Ehrenkreuz f. Wissenschaft u. Kunst; Ehrenmed. Stadt Steyr; Kulturmed. Stadt Linz; Gold. Verdienstz. Land Oberösterr., Ehrenmitgliedschaften - Liebh.: Kunstgeschichte - Lit.: H. Kindermann, Wegweiser durch d. mod. Lit. in Österr. (1954); A. Schmidt, Dichtung u. Dichter im 19. u. 20. Jh. (1964); Jahrb. d. Innviertler Künstlergilde (1987/88).

WATZKA, Max
Dr. med., o. Prof. f. Histologie u. Entwicklungsgeschichte (emerit.) - Liegnitzer Str. 7, 6500 Mainz (T. 8 66 94) - Geb. 30. April 1905 Martnau/Böhmen (Vater: Josef W., Landwirt; Mutter: geb. Fischbach), kath., verh. s. 1937 m. Friederike, geb. Schneider, 4 Kd. (Anneliese,Ursula, Ulrike, Max) - Promot. u. Habil. Prag. S. 1937 Lehrtätigk. Dt. Univ. Prag (1940 ao. Prof. u. Dir. Histol. Inst.) u. Univ. Mainz (1946 o. Prof. u. Dir. Anat. Inst.) - BV: D. Ovarium, 1957; Kurzlehrb. d. Histol. u. mikroskop. Anat. d. Menschen, 1957, 5. A. 1974. Etwa 80 Einzelarb. - 1952 Mitgl. Dt. Akad. d. Naturforscher (Leopoldina), Halle/S.; Ehrenmitgl. Jugosl. Anatom. Ges. u. Anatom. Soc. of Great Britain a. Ireld. - Liebh.: Jagd.

WATZKE, Hans
Bauingenieur, MdL Nordrh.-Westf. (s. 1975) - Auf der Wallmai 2, 3539 Marsberg-Erlinghausen - Geb. 4. März 1932 - CDU.

WAUER, Hans-Günther

Domorganist, Kirchenmusikdirektor - König-Heinrich-Str. 13, O-4200 Merseburg (T. 21 02 12) - Geb. 12. Dez. 1935 Strahwalde, ev., gesch., 2 Töcht. (Maria, Ulrike) - Hochsch. f. Musik Leipzig - Domorganist in Merseburg; Organist d. Konzerthalle am Boulevard, Halle; Doz. an d. Kirchenmusiksch. Halle - Konzertreisen in ganz Europa, auch gemeinsam m. Partnern aus d. Jazzmusik. Künstl. Leit. d. Merseburger Orgeltage - 1985 Händelpreis.

WAWRZIK, Kurt
Former, MdB (1969-80), Mitgl. Europäisches Parlament (s. 1977) - Am Wildpark 9, 6800 Mannheim (T. 74 16 00) - Geb. 15. Febr. 1929 Meiningen/Thür. (Vater: Josef W., Braumeister; Mutter: Elli, geb. Heyder), kath., verh. s. 1956

m. Marianne, geb. Hoger, 2 Kd. (Eva-Maria, Stephan) - Schule (Mittl. Reife) u. Formerlehre Meiningen - U. a. Daimler-Benz AG., Mannheim (1951 ff. Betriebsrat). 1955-1969 Mitgl. Gemeinderat Mannheim. CDU s. 1951 - Spr.: Engl.

WAWRZYN, Lienhard

Dr. phil., M.A., Filmregisseur - Bogotastr. 27, 1000 Berlin 37 (T. 030 - 802 52 66) - Geb. 2. April 1941 Berlin - Stud. Phil., German., Psych., Kunstgesch. (Berlin, Kiel, Hamburg, Heidelberg) u. Film (DFFB) - Fr. Autor u. Regiss. Drehbuchautor. Doz. Kunsthochsch. Berlin (Film, Video). U.a. Menschen wie aus Glas (1982), Leichter als Luft (1984), German Dreams, Spielfilm (1985). Spielfilm-Drehb., u.a. Albatros (1986); Schwarze Sonne (1989); Der Blaue (1991) - BV: Walter Benjamins Kunsttheorie, 1973; Methodenkritik d. Literaturunterr., 1975; D. Automaten-Mensch, 1977; D. Blaue. D. Spitzelsystem d. DDR, 1990 - 1982 Intern. Kritikerpreis Fipresci; 1983 Bundesfilmpreis.

WAXLAX, Lorne R.

Aufsichtsratsvorsitzender Braun AG, Kronberg - Zu ereichen üb. Braun AG, Frankfurter Str. 145, 6242 Kronberg - Geb. 15. Sept. 1933 Two Harbors (Vater: Rudolph W.; Mutter: Ebba W.), verh. m. Jacqueline, 3 Kd. (John, Carol, Paul) - High School Grad. 1951; Univ. Minnesota u. Northwest. Univ. (Master of Business Admin. 1967) - S. 1971 Braun AG (1980 Vorst.-Vors.) - Liebh.: Golf, Schwimmen, Lesen - Spr.: Span., Deutsch, Engl. (Mutterspr.).

WAZELT, Friedrich

Diplom-Ingenieur, o. Prof. f. Flugantriebe TH Darmstadt (s. 1966) - Am Herrenberg 10c, 6114 Groß-Umstadt.

WEBER, Adolf

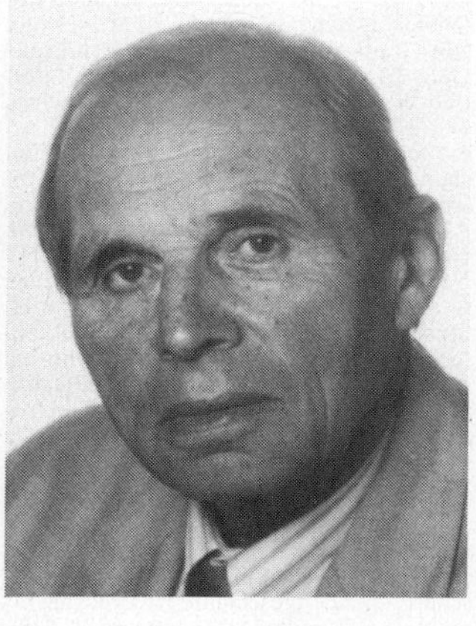

Dr. sc. agr., Univ.-Prof. i. R. - Kopenhagener Allee 4, 2300 Kiel 1 (T. 52 16 26) - Geb. 17. Juli 1922 Bucha Kr. Eckartsberga (Vater: Alfred W., Landw.; Mutter: Gertrud, geb. Hille), ev., verh. s. 1949 m. Gisela, geb. Steiling, 2 Töcht. (Reglindis, Ruthild) - 1932-37 Reform-Realgymn.; 1954-59 Univ. Göttingen (Landw.). Promot. (1960) u. Habil. (1965) Göttingen - 1945-53 landw. Betriebsleit.; 1959-65 Wiss. Assist.; 1965-68 Privatdoz., 1968 Prof. Univ. Kiel; 1970/71 u. 1986 Gastprof. USA; 1974-76 u. 1980/81 Prof. Univ. Nairobi/Kenia - BV: Struktur u. Dynamik d. Fleischverbrauchs in d. EWG, 1961; Absatzwerbung f. landw. Erzeugnisse, 1965; Langfristige Energiebilanz in d. Landwirtsch., 1979; Instability in World Food Production, 1985; Assessing Food Production Potentials, 1988. Mithrsg.: Quarterly Journal of Intern. Agriculture - 1962 Henneberg-Lehmann-Preis - Spr.: Engl., Franz., Ital.

WEBER, Albert E.

Dipl.-Kfm., Geschäftsführer Alcan Aluminiumwerke GmbH., Frankfurt (s. 1980) - Teutonenstr. 82c, 5880 Lüdenscheid - Geb. 14. Sept. 1927 Nürnberg (Vater: Karl W., Bankkfm.; Mutter: Ida, geb. Herzig), ev., verh. s. 1957 m. Ursula, geb. Berringer, 2 Kd. (Michael, Gabriele) - Stud. Betriebsw. Nürnberg. Spez. Arbeitsgeb.: Finanz- u. Rechnungswesen - Spr.: Engl.

WEBER, Albrecht

Dr. phil., em. Univ.-Prof. f. Didaktik d. Dt. Sprache u. Literatur - Am Nervenheil 3, 8901 Stadtbergen - Geb. 28. Febr. 1922 Bayreuth (Vater: Gustav W., Amtsrat; Mutter: Aline, geb. Schultheiß), ev., verh. s. 1944 m. Marianne, geb. Genzer, 2 Söhne (Albrecht, Rainer) - Gymn. Bayreuth, Augsburg, München; 1943-44 u. 1948-52 Univ. München (Rechtswiss., Dt., Gesch., Geogr.; Promot. 1952) - 1953-63 Studienass., -rat u. -prof. München; s. 1963 ao., s. 1970 o. Prof. Univ. Frankfurt u. Augsburg (1971 o.). 1969/70 Gastprof. USA - BV: Wege zu Goethes Faust, 1958; Stefan Andres - Wir sind Utopia, 1960; D. Problem d. Aufsatzbeurteilung, 1971; Weltgesch., 1966 (Reclam), 2. A. 1980 (Droemer); Joseph Roth, D. falsche Gewicht, 1968; Siegfried Lenz, Deutschstunde, 1971; Dialektik d. Aufsatzbeurteilung, 1973; Dt. Nov. d. Realismus; Grundl. d. Lit.-didaktik, 1975; D. Phänomen Simmel, 1977; Dt. Literatur in ihrer Zeit, Bd. I 750-1880, 1978; Bd. II 1880 - Gegenw., 1979. Herausg.: Dt. Lyrik (m. R. Hirschenauer, 4 Bde., 1955); Wege z. Ged. (2 Bde., 1956/63); Dt. Balladen (1962); Reihe Interpr. z. DLL (1960-75); Lit. did. Analysen (m. W. Seifert, 1980); Sprachdid. Analysen (m. H. Melzer, 1981); E. Roman in d. HS, Andersch Sansibar (1974); Lit. in Bayern (1987). Zahlr. Aufs., Lexikonart., Interpretationen. Div. Herausg. - Spr.: Engl.

WEBER, Albrecht

Dr. phil. - Drosselweg 4, 5307 Wachtberg-Niederbachem (T. Bonn 34 78 74) - Geb. 26. Juli 1922 Neuhof b. Fulda, kath., verh. s. 1950 m. Angela, geb. Jaeger, S. Thomas - Winfried-Sch. Fulda; Univ. Breslau (Gasthörer), Göttingen (1945-47), Marburg (1947-49) - 1950-56 Redakt. f. Politik u. Wirtsch. Ruhrgeb. u. Bonn (1952); zul. Presseref. Bundesmin. f. wiss. Forsch. Mithrsg.: Taschenb. f. Atomfragen - Spr.: Franz., Engl.

WEBER, Angelika

M.A., Autorin u. Regisseurin - Kaiserpl. 7, 8000 München 40 - Aufgew. Regensburg - Stud. Univ. München (Gesch., Angl., Theaterwiss.) - Geschäftsf. d. Hermes Film GmbH, München - Spielfilm: Maria Ward. Div. Kurzfilme u. Dokument., u.a. TV-Serie: Kunst d. Heilens - Kunst d. Lebens. Produzentin v. Kinofilmen: D. Ministranten u. intern. TV-Serien: D. Verlobten.

WEBER, Antonius

Hauptgeschäftsführer Dt. Bäderverband e.V.- Postfach 19 01 47, 5300 Bonn 1 (T. 0228 - 26 20 30) - Geb. 19. Mai 1930 Köln - 1972-91 Bürgermeister d. Stadt Königstein im Taunus. CDU - Liebh.: Garten, Lesen, Wandern - Spr.: Engl.

WEBER, Axel

Stv. Vorstandsvorsitzender Bremer Landesbank Kreditanstalt Oldenburg - Domshof 26, 2800 Bremen 1 - Zul. Sparkasse der Stadt Berlin W.

WEBER, Beate

Lehrerin, Oberbürgermeisterin d. Stadt Heidelberg - Rathaus, 6900 Heidelberg - Geb. 12. Dez. 1943 Reichenberg - 1963-68 Stud. Dolmetscher-Inst. Univ. Heidelberg u. PH Heidelberg - 1968-79 Lehrerin Grundschule u. Intern. Gesamtschule) - 1975 stv. Vors. Parteirat d. SPD; 1975-85 Ratsmitgl. Heidelberg; 1979-90 MdEP (1984-89 Vors. Aussch. f. Umweltfragen, Volksgesundh. u. Verbraucherschutz im Europ. Parlament) - Spez. Arbeitsgeb.: Umweltpolitik.

WEBER, Carlo

Landesgeschäftsführer SPD-Landesverb. Saar - Hohenzollernstr. 45, 6600 Saarbrücken (T. 0681 - 5 10 33-34) - Geb. 8. Mai 1950, verh. s. 1972 m. Christel, geb. Strauch, 2 Kd. (Dteffen David, Marion) - Jura-Stud. - 1986-88 wiss. Ref. Landtagsfrakt.; 1988-90 stv. Landesgeschäftsf. d. SPD-Saar.

WEBER, Christoph

Dr. phil., Prof. f. neuere Geschichte Univ. Düsseldorf - Florastr. 52, 4000 Düsseldorf (T. 33 31 07) - Geb. 7. Juni 1943 Graz - 1982 Prof. (C2) Düsseldorf - BV: 11 Bücher z. Kultur- u. Kirchengesch., u. a.: Kirchengesch., Zensur u. Selbstzensur, 1984; D. ältesten päpstlichen Staatshandbücher, 1991 - Spr.: Ital.

WEBER, Clemens

Dipl.-Ing., Ministerialdirigent a. D., Honorarprof. f. Baukunst TU München (s. 1964) - Sophie-Stehle-Str. 10, 8000 München 19 (T. 57 07 22) - Zul. Oberste Baubehörde, München.

WEBER, Dierk

Dipl.-Ing., geschäftsf. Gesellschafter Dipl.-Ing. H. Weber GmbH & Co., Rohrleitungsbau u. Industrieanlagen, Köln, Gesellsch. Dipl.-Ing. H. Weber GmbH, Hattersheim, Cöln-Optik Brillenmode GmbH, Senscheid, Dipl.-Ing. Paul Mertens GmbH, Köln, IEC Rohrleitungsbau GmbH, Köln u. Maschinen- u. Apparatebau A. J. Köllemann GmbH, Adenau - Ährenweg 15, 5000 Köln 41 - Geb. 28. Febr. 1943.

WEBER, Dietrich

Dr. phil., Prof. f. Allg. Literaturwiss. Univ.-GH Wuppertal - Kerpener Str. 2, 5000 Köln 41 - Geb. 26. Juli 1935 Rathenow/Havel - Promot. 1963 Hamburg, Habil. 1974 Köln - S. 1975 o. Prof. f. Allg. Lit.wiss., einschl. neuerer dt. Lit.-Gesch. in Wuppertal - BV: Heimito v. Doderer - Stud. z. s. Romanwerk, 1963; Theorie d. analyt. Erz., 1975; Heimito v. Doderer-Autorenbuch, 1987; D. Geschichtenerzählspieler, 1989. Herausg.: Dt. Lit. d. Gegenw. in Einzeldarst. (1968ff.); Gespenstergesch. (1989).

WEBER, Doris

Dr. med., Prof. f. Kinder- u. Jugendpsychiatrie - Hans-Sachs-Str. 8, 3550 Marburg/L.; priv.: Am Schützenpl. 2a - Geb. 16. Juli 1916 Siegen/W. (Vater: Dipl.-Ing. Otto W.; Mutter: Elfriede, geb. Klauke), ev. - Med. Staatsex. u. Promot. 1947, fachärztl. Prüf. Psychiatrie u. Neurol. 1952, Kinder- u. Jugendpsych. 1970 (zusätzl. Psychotherapie 1974); Habil. 1970 (alles Marburg) - S. 1970 Prof. Univ. Marburg (ehem. Leit. Inst. f. ärztl.-päd. Jugendhilfe Univ. u. Erziehungsberatungsstelle Verein f. Erziehungshilfe) - BV: D. frühkindl. Autismus unt. d. Aspekt d. Entwickl., 1970. E. Monogr. Üb. 40 Fachaufs., Lehr- u. Handbuchbeitr.

WEBER, Eckhard

Dr., Dipl.-Volksw., Direktor M + A International GmbH, Königstein/Ts., gf. Gesellschafter Dr. Weber + Gratzfeld OTC-Consulting GmbH, Königstein/Ts. - Friedrich-Stoltze-Str. 8b, 6240 Königstein/Ts. (T. 06174 - 2 33 24) - Geb. 18. Okt. 1941, ev., verh. s. 1966 m. Marlis, geb. Heumann, 3 Kd. (Timm, Antje, Lars) - Stud. Volkswirtsch. Univ. Freiburg, Berlin u. Münster; Dipl. 1966 Univ. Münster; Promot. 1970 ebd. - 1984-88 Vorst. Prof. Dr. med. Much AG, Bad Soden; 1989/90 Geschäftsf. Bristol Arzneimittel, Neu-Isenburg - BV: Stadien d. Außenhandelsverflechtung Ostmittel- u. Südosteuropa, 1971; D. Transitverkehr d. Comecon-Länder üb. Hamburg nach Übersee, 1972 - Preis d. Südeuropa-Ges. München (f. Diss.) - Liebh.: Gesch., Barockmusik, Schwimmen, Skilanglauf - Spr.: Engl., Franz., Niederl.

WEBER, Ellen

Dr. med., Prof. f. Klinische Pharmakologie - Hausackerweg 21, 6900 Heidelberg (T. 06221-2 62 96) - Geb. 14. Juli 1929 Freiburg/Br. (Vater: Otto W., Kfm.; Mutter: Mathilde, geb. Gérard), kath. - Realgymn. Heidelberg (Abit. 1949), 1949-55 Univ. Löwen, Heidelberg u. Innsbruck (Med.), Ex. u. Promot. 1955 Heidelberg, Habil. (Pharmakol. u. Toxikol.) 1965 ebd., Ärztin f. Pharmakol. 1970 - 1956-68 wiss. Assist. Univ. Heidelberg, s. 1968 Leit. Abt. klin. Pharmakol. Med. Univ.Klin. Heidelberg (Dekan 1974-77), 1975-79 Leit. Sekt. Klin. Pharmakol. Dt. Pharmakol. Ges. (stv. 1979-81), Mitgl. Arzneimittelkommiss. Dt. Ärzteschaft u.a. Fachvereinig. - BV: Zahlr. Veröff. in wiss. Ztschr. u. Büchern - Spr.: Franz., Engl.

WEBER, Erich

Dr. phil., Dipl.-Psychol., o. Prof. f. Pädagogik - Bergstr. 8, 8901 Diedorf-Hausen (T. 08238 - 22 58) - Geb. 25. März 1927 Dingolfing, ev., verh. seit 1951 mit Edeltraut, geb. Wolff, 2 Kd. (Thomas, Marianne) - 1952-56 Univ. München (Päd., Psych., Anthropol.); Dipl.-Psych. 1956; Promot. 1956 u. Habil. 1963 München - S. 1963 ao. u. o. Prof. (1967) Päd. Hochsch. bzw. II. Erziehungswiss. Fak./Univ. Erlangen-Nürnberg (1964-66 Vorst.), s. 1973 Phil. Fachber. I Univ. Augsburg - BV: D. Freizeitproblem, 1963 (auch span.); D. Freizeitgesellschaft u. d. Buch, 1967; D. Verbrauchererziehung in d. Konsumges., 2. A. 1969; Erziehungsstile, 8. A. 1986; Wirtschaftspäd. Aspekte, 4. A. 1974; D. Erziehungs- u. Bildungsbegriff im 20. Jh., 3. A. 1976; Päd. Grundfragen u. -begriffe, 7. A. 1975; Z. moral. Erziehung im Unterr. u. Schule, 2. A. 1974; Kl. soz. wiss. Wörterb. f. Päd., 2. A. 1976 (m. H. Domke u. S. Gehlert); Autorität im Wandel. Autorit., antiaurit., emanzipator. Erz., 1974. Mithrsg.: D. Aspekt d. Emotionalen in Unterr. u. Erz. (2. A. 1975); Erziehungsprobleme in d. mod. Ges. (Päd. IV. Bd./Teil 1), 3. A. 1982; D. Erziehungsauftrag d. Schule, 1978 (Mithrsg.); D. Schulleben u. seine erzieher. Bedeutung, 1979; Generationenkonflikte u. Jugendprobl. aus erwachsenen-päd. Sicht, 1987. Zahlr. Beitr. f. Fachztschr.

WEBER, Ernst

Oberbürgermeister - Rathaus, 4500 Osnabrück - B. 1972 Beigeordn., dann Oberbürgerm. Osnabrück. SPD.

WEBER, Ernst

Dipl.-Ing., Geschäftsführer Frankiphal Bauges. mbH., Düsseldorf - Achenbachstr. 36, 4000 Düsseldorf - Geb. 10. Aug. 1908 - S. 1933 Frankiphal.

WEBER, Franz

Dr. rer. pol., Dipl.-Kfm., Vorstand Jute-Spinnerei u. Weberei Bremen AG - Hölderlinstr. 27, 2085 Quickborn (T. 04106-6 85 80) - Geb. 29. Juli 1935, kath., verh. s. 1972 m. Evelyn, geb. Wellach - Abit., kfm. Lehre, Stud. Betriebsw., Ex. 1961, Promot. 1963 - Tätigk. Metallind., s. 1966 selbst. Untern.-berater, s. 1972 Vorst. Jute-Spinnerei (s.o.).

WEBER, Friedrich

Dr. jur., o. Prof. f. Bürgerl. Recht u. Zivilprozeß (emerit. 1973) - Neuenheimer Landstr. 44, 6900 Heidelberg (T. 41 32 38) - Geb. 19. Mai 1905 München - Gymn., Univ. Erlangen u. München (Promot. 1932) - 1934 Amts-, 1937 Landgers.rat München, 1941 Privatdoz. Univ. Gießen, 1942 a.o., 1947 o. Prof. Univ. Heidelberg. Spez. Arbeitsgeb.: Konkursrecht - BV: u. a. Sachaufklärung u. Offenbarungseid in d. Zwangsvollstreckung, 1939. Bearb.: E. Jaeger, Kommentar z. Konkursordnung, Bd. II, 8. A. 1973. Mithrsg.: Konkurs-, Treuhand- u. Schiedsgerichtswesen (1955 ff.).

WEBER, Fritz

Fabrikant, Inhaber Miltenberger Industriewerk P. & B. Weber, Geschäftsführer Mikro-Technik GmbH - Postf. 1640, 8760 Miltenberg - 1971 Gr. BVK.

WEBER, Georg

Dr. theol., Dr. phil. h.c., S.T.M., Univ.-

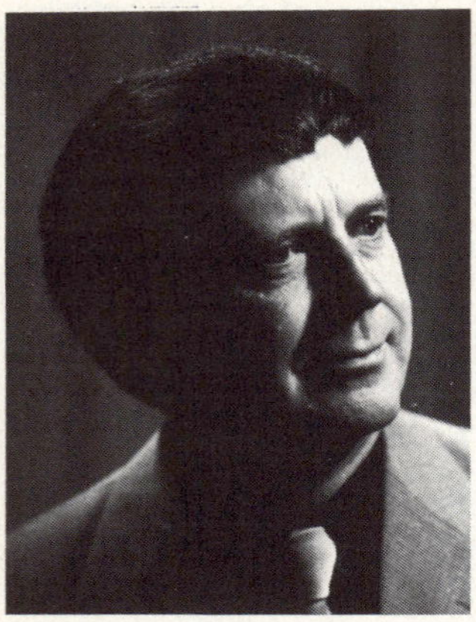

Prof. f. Soziologie u. Sozialpädagogik Univ. Münster - Coesfeldweg 39, 4400 Münster (T. 0251 - 86 29 57) - Geb. 22. Okt. 1931 Zendersch/Siebenbürgen (Vater: Georg W., Landwirt; Mutter: Sara, geb. Bürger), ev., verh. s. 1962 m. Renate, geb. Schlenther, 3 Kd. (Cornelius, Marcus, Ricarda) - Abit. 1952 Uffenheim/Mfr.; 1952-57 Stud. ev. Theol. u. Phil. Neuendettelsau, Heidelberg, Basel, Göttingen u. Erlangen (1. theol. Ex. 1957); 1957-58 Stud. in Springfield/Ohio (Stip., Abschl. S.T.M. 1958); 2. theol. Ex. 1962, Promot. 1965 Univ. Münster; 1965-70 Zweitstud. Soziol., Päd. u. Phil. Univ. Münster, Habil. 1971 - S. 1961/62 Forsch.-Tätigk. (auch stv. Dir. Comenius-Inst. Münster); 1964ff. Relig.-Lehrer; 1970ff. wiss. Assist., Doz., Lehrbeauftr.; s. 1973 o. Prof. PH, s. 1980 Univ. Münster - BV: Beharr. u. Einfüg. - e. empir.-soziol. Analyse, 1968; Devianztheorien u. Strafgefangene - e. empir.-soziol. Studie (m. F.-W. Meyer), 1981; Zendersch - e. siebenbürg. Gemeinde im Wandel (m. R. Weber), 1985; Luther u. Siebenbürgen (Hg. m. R. Weber); Tod, Modernität u. Ges. - Entwurf e. Theorie d. Todesverdrängung (m. A. Nassehi), 1989; Z. Identitätswandel d. Siebenbürger Sachsen-Identität, Ethnizität u. Ges. (m. M. McArthur u. A. Nassehi), 1990. Wiss. Aufsätze in Sammelbänden u. Ztschr. zu: Theorie d. Ges., Strukturwandel d. Ges., Minderh. u. Nationalität, Migration u. Integration, Soz. Randgruppen, Devianz u. Normalität, Religion u. Kirche, Nachbarschaft u. Kirche, Professionalisierung d. Sozialarbeit, Gemeindesoziol., Theorie biograph. Identität, Soziol. in Rumänien - Spr.: Engl., Griech., Latein, Hebr., Rumän.

WEBER, Gerd

Dr.-Ing., Vorsitzender d. Geschäftsführung Krupp Maschinentechnik GmbH, Essen - Hohe Buchen 7, 4300 Essen 1 - Geb. 22. Juli 1935 Wuppertal - Abit. 1955; ab 1960 Stud. Maschinenbau RWTH Aachen (Promot. 1965).

WEBER, Gerd Wolfgang

Dr. phil., Prof. f. Skandinavistik Univ. Frankfurt - Oranienstr. 41, 6232 Bad Soden (T. 06196 - 2 56 98) - Geb. 19. März 1942 Offenbach (Vater: Helmut W., Ing.; Mutter: Felicitas, geb. Schwimmbeck, Lehrerin), verh. s. 1965 m. Gudrun, geb. Goering - Stud. Frankfurt (Promot. 1968), Salamanca, Oxford - 1966 wiss. Assist.; 1968 Lektor Uppsala; s. 1972 Prof. Frankfurt. Gastprof. 1978 Stanford/USA, 1979 Saarbrücken, 1983 Berkeley/USA, 1985ff. Marburg, 1990 Köln.

WEBER, Gerhard Walter

Geschäftsführer CVJM-Hamburg Reisedienst GmbH, Mitgl. Hbg. Bürgerschaft (b. 1978) - Schäferkampsallee 39, 2000 Hamburg 6 (T. 4 10 31 76; CVJM: 24 13 91) - FDP. Vizepräs. Arbeitsgem. Ges. BRD/UdSSR f. Hbg., Vors. Ges. BRD/UdSSR, Hamburg.

WEBER, Günther

Dr. rer. nat., Prof. f. Techn. Physik - Kleiststr. 40, 6100 Darmstadt (T. 3 52 02) - Geb. 14. Sept. 1929 Zschopau/Sa. - S. 1964 Lehrtätigk. TH Darmstadt (1967 Prof.). Zahlr. Fachaufs.

WEBER, Gustav

Dr. rer. nat., o. Prof. f. Elementarteilchenphysik II. Inst. f. Experimentalphysik Univ. Hamburg (s. 1967) - Tinsdaler Kirchenweg 273a, 2000 Hamburg 56 (T. 81 64 45) - Geb. 7. Dez. 1925 Wolfersheim/Saar - Mitgl. Direkt. Dt. Elektronen-Synchroton, Hamburg, Fachveröff.

WEBER, Hans

Dr. med., Prof., Kinderarzt - Am Rotbusch 4, 5205 St. Augustin - Geb. 19. Aug. 1914 Basel - S. 1957 (Habil.) Lehrtätigk. Univ. Gießen u. Bonn (1963 apl. Prof., 1971 Wiss. Rat u. Prof.); Ärztl. Dir. Kinderkrhs. Siegkr. Buchbeitr. u. üb. 50 Fachaufs.

WEBER, Hans

Dr. rer. nat., em. o. Prof. f. Botanik u. Pharmakognosie - Oechsnerstr. 10, 6500 Mainz - Geb. 6. Okt. 1911 Delitzsch/S.-Anh. (Vater: Friedrich W.; Mutter: Margarete, geb. Biehl), verh. m. Gerda, geb. Boettcher, 2 Kd. - Oberrealsch. Delitzsch; Univ. Halle (Promot. 1936). Habil. 1939 Königsberg/Pr. -S. 1946 Prof. Univ. Mainz, Dir. Inst. f. Spez. Botanik u. Bot. Garten. Forschungsreisen Süd- u. Mittelamerika - BV: Gestalt. u. Org. d. höheren Pflanzen, 1949; D. Bewurzelungsverhältnisse d. Pflanzen, 1953; D. Páramos v. Costa Rica, 1958 (span. 1959). Zahlr. Einzelarb.

WEBER, Hans-Günther

Dr. h. c., Oberstadtdirektor i. R., Ehrenpräs. Dt. Ges. f. d. Badewesen, Ehrenbürger v. Bandung (Indonesien) - Margaretenhöhe 9, 3300 Braunschweig (T. 35 11 85) - Geb. 27. Juni 1916 Merseburg (Vater: Dr. Hans B. W.; Mutter: Else, geb. Günther), ev., verh. s. 1955 m. Lore, geb. Küster, 2 Kd. (Sybille, Hans-Wilhelm) - Univ. Mainz, Frankfurt/M., Bandung - 1952 Oberregierungsrat im Hess. Innenmin.; 1954-60 Landrat Wetzlar; 1960-80 Oberstadtdir. Braunschweig - Herausg. Nachrichtenmagazin Europabrücke - Vorst.vors. Ludwig-Frank-Stiftg. f. e. freiheitl. Europa e. V. München; Vizepräs. Dt. Indones. Ges. - Ehrendoktor Univ. Bandung; 1980 Gr. BVK - 1967 Gold. Sportabz. - SPD b. 1976 (Austritt wegen Ostpolitik) - Spr.: Engl., Franz.

WEBER, Hans-Oskar

Dr. theol., Ltd. Bibliotheksdirektor a. D. - Pommerneck 12, 3400 Göttingen - Geb. 2. Dez. 1919 Kassel (Vater: Bruno W., Oberinsp.; Mutter: Henny, geb. Merle), ev., verh. s. 1958 m. Hannelore, geb. Schönborn, 2 Töcht. (Elisabeth, Susanne) - Stud. Theol. Göttingen; 1952 1. Theol. Ex.; Promot. 1952 - 1952 Bibl.rat Univ.-Bibl. Göttingen, 1965 Bibl.oberrat Nieders. Landesbibl., Hannover, 1971-84 Dir. Univ.-Bibl. TU Clausthal - Liebh.: Musik - Rotarier.

WEBER, Hans-Otto

Ministerialdirigent a. D. - Kleiststr. 23, 6436 Schenklengsfeld 1 (T. 06629 - 62 78) - Geb. 14. Juni 1926 - S. 1987 Präs. d. Volksbundes Dt. Kriegsgräberfürsorge.

WEBER, Hanspeter

Staatssekretär, Bevollmächtigter d. Saarlandes b. Bund - Kurt-Schumacher-Str. 9, 5300 Bonn 1 (T. 0228 - 267 93-11).

WEBER, Harm

Angestellter, MdL Nieders. (s. 1974) - Königstr. 6, 2956 Moormerland-Warsingfehn (T. Neermoor 47 08) - SPD.

WEBER, Hartwig

Dr. theol., Prof. f. Theologie u. Religionspädagogik PH Heidelberg - Am Kastanienhain 8, 6741 Gleisweiler - Geb. 13. Juni 1944, verh. s. 1981 m. Carmenza, geb. Herrera, 4 Kd. (Mirjam, Tobias, Jonas, Gabriel) - Stud. Ev. Theol.; Promot. 1972 Heidelberg - BV: Schalom - Schalom, 1972; Projektgruppen im Rel.unterr., 1973; Schülerinitiative groß geschrieben, 1973; Sprechen v. Gott in sprachloser Zeit, 1974; Relig. Erziehung, 1978; Mut z. Phantasie, 1979; Kinder in Lateinamerika, 1979; D. Opfer d. Kolumbus, 1982; Jugendlexikon Religion, 1986; Kinderhexenprozesse, 1991; Religion. Lexikon d. Grundbegriffe in Christentum u. anderen Religionen, 1992.

WEBER, Heinrich

Dr. phil. habil., Privatdozent, Akademischer Oberrat Dt. Seminar Univ. Tübingen (Linguistische Abt.) - Paulinenstr. 23, 7402 Kirchentellinsfurt (T. 07121 - 6 84 56) - Geb. 10. Dez. 1940 Kaiserslautern, verh. s. 1972 m. Friederike, geb. Fischle, S. Ulrich - Stud. German., Gesch. u. polit. Wiss. Univ. Saarbrücken, Wien u. Heidelberg; 1. Staatsex. 1966; 2. Staatsex. 1969; Promot. 1968 Heidelberg; Habil. (Fachgeb. Dt. Philol. Sprachwiss.) 1989 Tübingen - BV: D. erweiterte Adjektiv- u. Partizipialattribut im Deutschen, 1971; Kl. generative Syntax d. Deutschen I., 1977. Bearb. u. Herausg.: Eugenio Coseriu: Sprachkompetenz (1988). Mithrsg.: Akten d. 10. u. d. 22. Ling. Koll. (1976 u. 88).

WEBER, Heinrich E.

Dr. rer. nat., Dr. phil., Prof. f. Biologie (Botanik) Univ. Osnabrück, Abt. Vechta - Zu erreichen üb. Univ., Driverstr. 22, 2848 Vechta - Geb. 1932 Osnabrück, verh. s. 1969 m. Elisabeth, geb. Dreyer, 2 Kd. - Staatsex. f. Höheres Lehramt 1960, Promotion (Dr. phil.) 1961 Univ. Hamburg, Promot. (Dr. rer. nat.) 1966 Univ. Kiel - S. 1974 o. Prof. Univ. Osnabrück, Abt. Vechta - BV: D. Gattung Rubus (Rosaceae) im nordwestl. Europa (Botan. Systematik), 1972; u. üb. 100 weitere Buch- u. a. wiss. Publ. - Präs. d. Naturwiss. Vereinigung Osnabrück u. a. Ehrenämter; Ehrenmitgl. d. Tschechosl. Bot. Ges.

WEBER, Heinz C.

Werbeberater BDW, Inh. wbr-STUDIO f. Werbefotogr. u. -gestaltung - Allersdorf 19 a, 8589 Bindlach (T. 09208 - 7 33) - Geb. 29. Jan. 1926 Blankenhain (Vater: Ernst W., Bankbeamter; Mutter: Anne, geb. Petersen), verh. s. 1956 m. Valerie, geb. Hesse, 3 Kd. (Jörg, Kirsten, Haike) - Obersch., Werbefachsch. Hamburg - S. 1948 Ind.tätigk., s. 1970 CONTURA, s. 1978 wbr-STUDIO - Liebh.: Fotogr., Schallplatten, Schwimmen.

WEBER, Heinz (Heinrich)

Dipl.-Kfm., Geschäftsführer i.R. Thompson-Siegel GmbH., Düsseldorf - Paul-Finger-Str. 24, 5000 Köln 40 - Geb. 10. Juli 1917 - Zul. Gf. Coca-Cola GmbH., Essen; Handelsrichter u. Arbeitsrichter Köln.

WEBER, Helmut

Dr.-Ing., Dr. h. c., Prof., Architekt - Postfach 21 05 60, 3000 Hannover 21 (T. 79 60 88) - Univ. Hannover; Ecole des Beaux-Arts Sorbonne Paris - S. 1955 Assist., Privatdoz. (1961), Prof. (1965) Univ. Hannover (Industrialisierung d. Bauens), Vorst.-Vors. d. Stud.gemeinsch. f. Fertigbau u. Beirat RG-Bau im RKW. Neckermann-Eigenheime u. OKAL-Häuser. Solar-Häuser, Solar-Tankstellen - BV: Wechselwirkung v. Konstruktion u. Formung, 1957; Walter Gropius u. d. Fagus-Werk, 1961; G. F. L. Laves als Bau-Ing., 1964; Ausbauhandb., 1976; Dach u. Wand, 1982; Energiebewußt planen, 1984; Systembau international, 1985 (auch russ. u. engl.); Porenbeton-Handbuch, 1991; Rationelle Energie-Verwendung im Bauwesen, 1992 - 1973 Ehrendoktor Univ. Cordoba.

WEBER, Helmut

Dr. theol., o. Prof. f. Moraltheologie - Jesuitenstr. 13, 5500 Trier - Geb. 27. Aug. 1930 Oberwinter (Vater: Josef Weber; Mutter: Maria, geb. Weiler), kath. - 1951-60 Theol. Fak. Trier u. Gregoriana Rom (1951; Theol.). Promot. 1960 Rom; Habil. 1965 Würzburg - 1960-61 Kaplan; 1962-65 Assist. Univ. Würzburg (Moraltheol. Sem); s. 1965 Doz. u. Ord. (1966) Theol. Fak. Trier (1979-87 Rektor), s. 1985 Domkapitular - BV: Sakrament u. Sittlichkeit, 1966. Herausg.: Anspruch d. Wirklichkeit u. christl. Glaube, 1980 (m. D. Mieth); Allgemeine Moraltheologie, 1991.

WEBER, Helmut Kurt

Dr. rer. pol., Dipl.-Kfm., o. Prof. f. Betriebswirtschaftsl. Univ. Göttingen (s. 1969) - Ludwig-Beck-Str. 5, 3400 Göttingen (T. 2 28 22) - Geb. 22. Nov. 1933 Roth (Vater: Josef W., kfm. Angest.; Mutter: Wilhelmine, geb. Haas), kath., verh. s. 1962 m. Ulrike, geb. Schmidt - Obersch. Weißenburg (Abit. 1953); Stud. d. Betriebswirtsch.lehre Florida South. Coll., Lakeland/Flor./USA, Univ. München, Hochsch. f. Wirtsch.- u. Soz.wiss. Nürnberg, Dipl.-Kfm. (1958); Promot. (1962) u. Habil. (1967) Nürnberg - 1967-69 Doz. Univ. Erlangen-Nürnberg - BV: D. Planung in d. Unternehmung, 1963; D. Absatzmarkt d. ind. Unternehmung. 1969; Betriebswirtsch. Rechnungswesen, 2. A. 1978, Wertschöpfungsrechn., 1980; Rentabilität, Produktivität, Liquidität d. Unternehmung, 1983; Ind.betriebslehre, 1985; Betriebswirtsch. Rechnungswesen, Bd. 1: Bilanz u. Erfolgsrechnung, 3. A. 1988; Betriebswirtschaftl. Rechnungswesen, Bd. 2: Kosten- u. Leistungsrechnung, 3. A. 1991 - Spr.: Engl.

WEBER, Herbert

Vorstandsvorsitzender Landesbank Saar Girozentrale, Saarbrücken i.R. - Am Klosterhang 9, 6670 St. Ingbert (T. 06894 - 85 38) - Geb. 13. Nov. 1925 St. Ingbert - Rotarier.

WEBER, Herbert

Dr.-Ing., Dipl.-Ing., Geschäftsführer Robert Bosch GmbH, Stuttgart - Fritz-von-Graevenitz-Str. 35, 7016 Gerlingen - Geb. 13. März 1933 Regensburg (Vater: Leo W.; Mutter: Gertrud, geb. Hanche), ev., 2 Töcht. (Claudia, Monika) - Oberrealsch. (Abit. 1952); Stud. TH München; Promot. 1963 - S. 1962 AEG-Telefunken - 1982-89 Vors. d. Geschäftsfg. AEG-Telefunken Nachrichtentechnik GmbH (s. Umfirmierung 1983 ANT Nachrichtentechnik GmbH); s. 1989 Geschäftsf. Robert Bosch GmbH, Stuttgart; AR-Vors. ANT Nachrichtentechnik GmbH, Backnang, Telenorma GmbH, Frankfurt; Vorst. u. Präsid.-Mitgl. ZVEI - Zentralverb. Elektrotechnik- u. Elektronikind., Frankfurt - Liebh.: Segeln, Bergsteigen - Spr.: Engl., Span. - Lions-Club.

WEBER, Hermann

Dr. phil., o. Prof. f. politische Wissenschaft u. Zeitgeschichte - Neckarpromenade 2, 6800 Mannheim 1 (T. 37 74 76) - Geb. 23. Aug. 1928 Mannheim (Vater: Hermann W., Former; Mutter: Maria, geb. Rutz), verh. s. 1951 m. Gerda, geb. Röder - 1947-49 SED-Parteihochsch., 1964-68 Univ. Marburg u. Mannheim (Polit. Wiss., Soziol., osteurop. Gesch.), 1968 Promot., 1970 Habil. - 1954-64 Publizist, 1970 Univ.-Doz., 1973 apl. Prof., 1975 o. Prof. - Leit. d. Arbeitsbereichs DDR-Geschichte Univ. Mannheim - O. Mitgl. d. Historischen Kommiss. zu Berlin, Mitgl. Wiss. Beir. Inst. f. Zeitgesch., Sachverst. d. Enquete-Kommiss. Aufarbeitung SED d. Bundestages - BV: V. R. Luxemburg z. W. Ulbricht, 1961 (4. A. 1970); Konflikte im Weltkommunismus, 1964; V. d. SBZ z. DDR, 1968; D. Wandlung d. dt. Kommunismus; D. Stalinisierung d. KPD in d. Weimarer Rep., 2 Bde., 1969 (ital. 1979); Demokr. Kommunismus? Z. Theorie, Gesch. u. Politik d. kommunist. Bewegung, 1969 (2. A. 1979); Lenin, 1970 (13. A. 1989); Ansätze e. Politikwiss. in d. DDR, 1971; D. SED 1946-71, 1971; D. SED nach Ulbricht, 1974; Lenin-Chronik (m. Gerda Weber), 1974 (span. 1974, engl. 1981); DDR. Grundriß

d. Gesch. 1976; Kl. Gesch. d. DDR, 1980, 2. A. 1988; Hauptfeind Sozialdemokr. Strategie u. Taktik d. KPD 1929-1933, 1982; Kommunismus in Dtschl. 1918-45, 1983; Gesch. d. DDR, 1985, 3. A. 1989; D. DDR 1945-86, 1988; Weiße Flecken in d. Gesch. D. KPD-Opfer d. Stalinschen Säuberungen u. ihre Rehabilitierung, 1989, 3. A. 1990; Aufbau u. Fall e. Diktatur. Kritische Beiträge z. Geschichte d. DDR, 1991; DDR-Grundriß d. Geschichte 1945-1990, 1991 u. a. Herausg.: D. dt. Kommunismus. (3. A. 1973); Lenin, Ausgew. Schriften (1963); D. Kommunist. Internationale (1966); Lenin. Aus d. Schriften (2. A. 1980); D. Gründ.parteitag d. KPD (1969); Unabhängige Kommunisten (1981); D. Generallinie. Rundschreiben d. ZK d. KPD an d. Bezirke 1929-1933 (1981); Parteiensystem zw. Demokr. u. Volksdemokr. (1982); Widerstand gegen d. Nationalsozialismus in Mannheim (1984); DDR. Dok. z. Gesch. d. Deutschen Demokr. Rep. 1945-1985 (1986, 3. A. 1987); D. Prinzip links, 1991; u. a.

WEBER, Hermann

Dr. phil., em. o. Prof. f. Mittlere u. Neuere Geschichte - Weidmannstr. 16, 6500 Mainz (T. 8 21 24) - Geb. 17. Febr. 1922 Bad Kreuznach/Nahe, kath., verh. s. 1954 m. Ursula, geb. Ploenes, 4 Kd. (Martin, Christoph, Anne, Catherine) - Promot. 1954 Bonn; Habil. 1966 Saarbrücken - 1954-55 Assist. Univ. Bonn (Histor. Sem.); 1958-68 Assist. u. stv. Leit. Dt. Histor. Inst. Paris; 1968-87 Ord. Univ. Mainz - BV: D. Politik d. Kurfürsten Karl Theodor v. d. Pfalz währ. d. Österr. Erbfolgekrieges, 1956; Frankreich, Kurtrier, d. Rhein u. d. Reich, 1969; Avers. Aus Gesch. u. Leben e. Bündner Hochtals, 1985 - Spr.: Franz., Engl.

WEBER, Hermann

Dr. jur., Prof., Rechtsanwalt - Palmengartenstr. 14, 6000 Frankfurt 1 (T. 069 - 75 60 91-0) - Geb. 10. Nov. 1936 Münster (Vater: Hermann W., Zoologe), ev., verh. m. Edith, geb. Hummel, 2 Söhne (Michael, Christian) - Abit. Tübingen; 1955-59 Stud. Rechtswiss. Univ. Tübingen, Frankfurt, Hamburg; 1. u. 2. jurist. Staatsprüf. 1959 u. 1964 Tübingen bzw. Stuttgart; Promot. 1965 Tübingen - S. 1965 verantwortl. Schriftleit. Juristische Schulung; s. 1974 zusätzl. Leit. Frankfurter Ndrl. C.H. Beck'sche Verlagsbuchhandl. u. verantwortl. Schriftleit. Neue Juristische Wochenschrift; 1973-75 Lehrbeauftr. Univ. Marburg; s. 1975 Lehrbeauftr. u. s. 1984 Hon.-Prof. Univ. Frankfurt. 1972-89 Mitgl. Stadtverordnetenvers. Stadt Bad Vilbel (FDP); s. 1977 dort Vors. d. FDP-Frakt.; 1977-81 zugl. Mitgl. Verbandstag d. Umlandverb. Frankfurt; s. 1975 Mitgl. Justizprüfungsamt b. Hess. Min. d. Justiz - BV: D. Religionsgemeinschaften als Körperschaften d. öfftl. Rechts im System d. Grundgesetzes, 1966; Grundprobleme d. Staatskirchenrechts, 1970; Rechtsprechung z. Verfassungsrecht, 2 Bde. 1977; D. rechtsgeschichtl. Exegese (m. H. Schlosser u. F. Sturm), 2. A. 1992. Herausg.: Staat u. Kirchen in d. Bundesrepublik (m. H. Queritsch), 1967; Staatskirchenverträge, 1967; Einf. in d. bes. Steuerrecht, 3 Bde. (1975-77); Neue Ztschr. f. Verwaltungsrecht (auch Schriftl., s. 1982) - Spr.: Engl., Franz., Griech., Latein.

WEBER, Hubert

Dr. jur. Rechtsanwalt, MdB (s. 1969; Wahlkr. 61/Köln III) - An der Ling 44, 5000 Köln 60 (T. 21 24 96) - Geb. 10. Mai 1929 Bad Kissingen, kath., verh., 5 Kd. (Michael, Christian, Susanne, Hans, Max) - Gymn.; Univ. Würzburg u. Köln (Rechtsswiss.). Jurist. Staatsprüf. 1953 u. 57; Promot. 1963 (alles Köln) - 1960-69 Richter Verwaltungsgerichtshof Nordrh.-Westf. 1956-61 Stadtratsmitgl. Köln. SPD.

WEBER, Josef

Polizeiobermeister a. D., MdL Hessen (s. 1970) - Augezder Str. 2, 6419 Burghaun (T. 06652 - 26 71) - Geb. 5. Aug. 1935 Burghaun, verh., 3 Kd. - Volksschule; Tischlerhandwerk - Bis 1955 Tischler, dann Polizist. 1964 ff. Gemeindevertr. Burghaun (1968 I. Beigeordn.); 1968ff. MdK Hünfeld (stv. Fraktionsf.); s. 1972 Vors d. CDU-Kreistagsfraktion. CDU s. 1962.

WEBER, Jürgen

Prof., Bildhauer - Syltweg 11a, 3300 Braunschweig (T. 35 13 38) - Geb. 14. Jan. 1928 Münster/W. (Vater: Prof. Dr. med., Drs. h. c. Hans-Hermann W., Physiologe (s. dort); Mutter: Marga, geb. Oltmanns), ev., wiederverh. m. Renate Heidersberger, geb. Krüger, 3 Kd. (Doina-Esther, Saskia-Rahel, Constantin) - Gymn.; Lehre als Bronzegießer (Gesellenprüf.); Stud. Med. (3), Kunstgesch. (5), Bildhauerei (8 Sem.; Kunstakad. Stuttgart) - S. 1961 ao. u. o. Prof. TH bzw. TU Braunschweig (Lehrstuhl f. Elementares Formen). Zahlr. Plastiken in Stein u. Bronze (Hauptw.: Portal St. Jacobi-Kirche Hamburg, Krieg oder Frieden u. America/Kennedy-Center Washington, Ringerbrunnen Braunschweig), Rathausportal Göttingen, Ehebrunnen Nürnberg, Narrenschiff Hameln u. Nürnberg, Kruzifix Bugenhagenkirche Braunschweig u. Magdeburger Dom - BV: Gestalt, Bewegung, Farbe - Kritik d. reinen Anschauung, 3. A. 1984; Entmündigung d. Künstler, 3. A. 1987; Das Ehekarussell, 2. A. 1988 - 1956 I. Preis Kunstpreis d. Jugend v. Baden-Württ.; 1960 Rom-Preis (Villa Massimo).

WEBER, Jürgen

Dipl.-Ing., Vorstandsvorsitzender Deutsche Lufthansa AG (s. 1991) - Zu erreichen üb. Deutsche Lufthansa AG, Flughafen - Bereich West, 6000 Frankfurt/M. 75 - Geb. 17. Okt. 1941 Lahr (Schwarzwald) - Abit. 1960; Stud. Luftfahrttechnik TH Stuttgart; Dipl. 1965 - Wiss. Mitarb. f. Statik u. Dynamik TH Stuttgart; 1967 Lufthansa Hamburg Ing.-Direktion; 1974 Frankfurt Hauptabt.leit. Wartungsstationen; 1978 Hamburg Hauptabt.leit. Fluggerät; 1980 Teiln. Senior-Management-Training am Massachusetts Inst. of Technology; 1987 Generalbevollm. Technik; 1989 stv. Mitgl. Lufthansa-Vorst.; 1990 stv. Vorst.-Vors.

WEBER, Karl

Dr. oec. publ., M. S., Prof. f. Betriebswirtschaftsl. Univ. Gießen (s. 1968) - Licher Str. 74, 6300 Gießen - Geb. 2. Mai 1926 Zug/Schweiz - Promot. 1955 Zürich - 1956-63 Wiss. Mitarb. ETH, 1964-69 Assist. u. Assoc. Prof. Univ. of Ill., Urbana/USA - BV: Dividendenpolitik, 1955; Amerik. Standardkostenrechnung, 1960; Planung u. Planungsrechnung in Schweizer Unternehmen, 1965; The Evolution of Direct Costing, 1970; Planspiel Elektrizitätswirtsch., 1975 (m. F. Steiger); BASIC, 3 Bde., 2. A., 1981/83; FOSBIC, 1977 (bde. m. C. W. Türschmann); Elektron. Datenverarbeitung, 1978; Simulation m. GPSS, 1983 (m. R. Trzebiner u. H. Tempelmeier); Wirtschaftsprognostik, 1990 - 1966 Fellow of Accountancy Univ. of. Ill. - Spr.: Engl., Franz., Ital.

WEBER, Karl

Oberpostrat, MdL (s. 1980) - Fichtestr. 14, 6900 Heidelberg (T. 3 35 00) - Geb. 26. Febr. 1936 Heidelberg (Vater: Karl W., Postbetriebsinsp.; Mutter: Käthe, geb. Hummel), kath., verh. s. 1970 m. Hildegard, geb. Redweik, 2 S. (Thomas, Michael) - Studium Rechtswissensch. u. Neuere Gesch. Refer.- u. Ass.ex. - S. 1967 Post- u. Oberpostrat OPD Karlsruhe. S. 1965 Stadtrat Heidelberg. Zeitw. Landesvors. Jg. Union Nordbaden (1965ff.) u. stv. Vors. JU Baden-Württ. (1966ff.). CDU s. 1956 (1965 Mitgl. Bezirksvorst. Nordbaden; 1969-80 MdB) Verw.ratsmitgl. Bezirksspark. Heidelberg - Liebh.: Bücher (bes. Gesch.), Sport (viele J. akt. Fußballer), Wandern - Spr.: Engl.

WEBER, Karlheinz

Dr.-Ing. habil., Univ.-Prof. FB Maschinenbau, Fachgeb. Umformtechnik Univ.-GH Duisburg (s. 1985) - Am Geldermannshof 103, 4130 Moers 1 (T. 02841 - 5 43 15) - Geb. 10. Mai 1928 Prösen, ev., verh. s. 1955 m. Ursula, geb. Thomas - Ing. f. Maschinenbau 1953, Dipl.-Ing. f. Umformtechnik 1958, Dr.-Ing. 1962, Dr.-Ing. habil. 1968, alles Bergakad. Freiberg - B. 1983 Fachabt.-Leit. Umformtechnik Bergakad. Freiberg; s. 1985 Univ.-Prof. FB Maschinenbau, Fachgeb. Umformtechnik, Univ.-GH Duisburg - BV: Grundlagen d. Bandwalzens, 1973. Mehr als 100 wiss.-technol. Veröff. (Broschüren, Forschungshefte, Artikel f. Fachztschr.) im In- u. Ausl. - Liebh.: Schwimmen, Wandern - Spr.: Engl.

WEBER, Klaus

Dr., Prof., Wiss. Mitgl. Max-Planck-Inst. f. Biophysikal. Chemie (Dir.), Göttingen - Am Faßberg 11, 3400 Göttingen-Nikolausberg - 1984 Ernst-Jung-Preis f. Med.

WEBER, Klaus Dieter

Präsident Landesarbeitsgericht Düsseldorf - Zu erreichen üb. Landesarbeitsgericht, Ludwig-Erhard-Allee 21, Postf. 51 08, 4000 Düsseldorf 1.

WEBER, Klaus Karl

Dr. rer. nat., Dipl.-Geol., Prof. f. Strukturgeologie - Thomas Dehler Weg 18, 3400 Göttingen - Geb. 4. Dez. 1936 Finsterwalde (Vater: Kurt W., Ing.; Mutter: Elfriede, geb. Wiegand), ev., verh. s. 1962 m. Helga, geb. Foerster, 3 Kd. - 1957-63 FU Berlin (Geol.), Promot. 1966, Habil. 1973 Ruhr-Univ. Bochum - 1973 Credner-Preis Dt. Geol. Ges.

WEBER, Kurt

Dr. phil., M.A., Prof., Fachberater Min. f. Kultus u. Sport, Baden-Württ. - Insterburger Weg 4, 6900 Heidelberg 1 (T. 06221 - 7 12 41) - Geb. 1. Jan. 1934 Mannheim (Vater: Konrad W., Fabrikant; Mutter: Marie, geb. Stengel), ev., verh. s. 1970 m. Hedi, geb. Dammaschke - Univ. Heidelberg (Stud. Lehramt an Gymn.: 1963 Franz. u. Engl., 1968 Span., 1973 Päd./Erziehungswiss., 1974 Phil., 1975 Psych., 1976 German., 1979 Ital., 1980 Hebr., 1983 Ev. Theol.); Ass.-Ex. 1964 - S. 1974 Gymnasial-Prof., Fachberat. Min. f. Kultus u. Sport, Stuttgart u. Oberschulamt Karlsruhe. 1971-74 1. Vors. Neuphilologenverb. Nordbaden - Liebh.: Segeln, Tennis, Schwimmen - Spr.: Latein, Altgriech., Portugies., Arab., Neugriech.

WEBER, Ludwig

Handwerksmeister, Präs. HK Trier - Im Reutersweg, 5500 Trier/Mosel - Geb. 14. Mai 1920.

WEBER, Maria

Gewerkschafterin i.R. - Zu erreichen üb. DGB, Hans-Böckler-Str. 39, 4000 Düsseldorf (T. 4 30 12 86) - Geb. 27. Dez. 1919 Gelsenkirchen-Horst, kath. - Lyceum; Schneiderlehre - Telefonistin, Werkstoffprüf. Gelsenberg-Benzin (n. 1945 stv. Betriebsratsvors.); 1947/48 Akademie d. Arbeit; s. 1950 Gewerkschaftssekr. DGB-Bundesvorst., s. 1956 Mitgl. gf. Bundesvorst., Ressorts Bild., Beruf. Bild. u. Tarifpolitik; 1972-83 stv. Vors. DGB; s. 1979 VR CEDEFOP, Vors. Arbeitsgem. Christl.-Demokr. DGB-Gewerkschafter (s. 1973) - 1975 BVK I. Kl.

WEBER, Michael

Städt. Verkehrsdirektor Nürnberg - Zu erreichen üb. Congress- und Tourismus-Zentrale, 8500 Nürnberg (T. 0911 - 2 33 60) - Geb. 31. Mai 1945 Rothenburg o.d.T. - Stud. Univ. Erlangen (Roman., Angl.); Staatsex. 1970 - 1967/68 Ausld.-Aufenth. Frankr., 1969 Engl.; 1981-86 Verb.-dir. Fremdenverkehrsverb. Franken; 1986-92 Präs. Verb. Dt. Kur- u. Tourismusfachleute - Liebh.: Fotografie, Zaubern - Spr.: Engl., Franz.

WEBER, Norbert

Landwirt, Vors. Bund d. Dt. Landjugend/Dt. Bauernverb., Bergstr. 23, 7801 Bischoffingen/Br.

WEBER, Norbert

Dipl.-Kfm., Steuerberater - Frankfurter Str. 223, 3300 Braunschweig - Geb. 17. Jan 1932 Saarbrücken (Vater: Friedrich W.; Mutter: Klara, geb. Hauth), gesch., verh. in 2. Ehe m. Margrit, 3 Kd. (Sabine, Agnes, Marion) - Stud. Betriebsw. Univ. Göttingen, Hamburg - 1960-67 Vorstandsassist.; 1967-74 Prokurist; 1974-82 Kaufm. Vorstandsmitgl. Peiner AG - Liebh.: Musik, Fotogr., Tennis - Spr.: Engl.

WEBER, Norbert H.

Dr. phil., Prof. f. Erziehungswiss. u. Allg. Didaktik TU Berlin - Zu erreichen üb. TU, Inst. f. Erz., Unterr. u. Ausb., Franklinstr. 28/29, 1000 Berlin 10 (T. 030 - 31 47 32 17) - Geb. 1. Aug. 1941 Odrau/CSFR, ev. - 1961-65 Stud. PH Wuppertal u. Berlin; 1. Staatsex. 1965, 2. Staatsex. 1967; 1968-72 Stud. FU Berlin (Erzieh.wiss., Soziol. u. Gesch.); Promot. 1974 - 1972-75 wiss. Assist. PH Berlin; 1975-80 Prof. ebd.; s. 1980 Prof. f. Erzieh.wiss. u. Allg. Didaktik TU Berlin - Leit. Arbeitsst. zu Suchtprobl. in päd. Feldern TU Berlin; Vors. Notdienst f. Suchtmittelgefährdete u. abhängige Berlin - BV: Medien z. Drogenprobl. (m. S. Kretschmer u. a.), 1980; Unterrichtswerk z. Drogenprobl. (m. K.-A. Noack u. a.), 1980; Frieden, (Hrsg.) 1982; Unterr. im Dienste d. Friedens (m. B. Reich), 1984; D. drogengefährdete Schüler (m. K. Kollehn), 1985 (2. erw. A. 1991); Auschwitz - mehr als e. Ort in Polen (m. H.-F. Rathenow), 1986; Alkohol u. Erziehung (m. K. Kollehn), 1988; Erziehung n. Auschwitz (m. H.-F. Rathenow), 1989.

WEBER, Oskar

Schriftsteller - Zul. Lindwurmstr. 68, 8000 München 15 - Geb. 17. Febr. 1913 - S. 1955 Autor Bayer. Rundfunk (vierzehntäg. Ausstrahlung/I. Programm: D. bair. Herz) - BV: u. a. Grüß Gott - Herr Nachbar, Erz. u. Ged.1973; Herausg.: Bayer. Blütenlesen; Neubearb.: Nestroy-Stücke. Div. Bühnenw., dar.: Fahr'm ma-Euer Gnaden (üb. 2000 Auff.) - 1970 Bayer. Poetentaler.

WEBER, Paul

Dr. Ing., Vorstand Krupp Polysius AG. Neubeckum - Stromberger Str. 72, 4740 Oelde (T. 02522-41 17) - Geb. 12. Nov. 1927 Osnabrück (Vater: Albert W., Ing.; Mutter: Marga, geb. Lauth), ev. - TH Clausthal, Dipl.Ing., Promot. Fachricht. Steine u. Erden - BV: Wärmeübertrag. im Drehofen, 1960 (auch Engl., Japan., Franz., Span., Ital.) - Spr.: Engl.

WEBER, Paul

Dr. rer. oec., Dipl.-Kfm., Brauereibesitzer, pers. haft. Gesellsch. Karlsberg-Brauerei KG. Weber, Homburg - Karlsbergstr., 6650 Homburg/Saar (T. 10 51); priv.: Karlsberger Hof, 6650 Homburg-Sanddorf - Geb. 16. Dez. 1915 Homburg (Vater: Richard W.), verh. m. Liselotte, geb. Korn - 1977 Gr. BVK; 1980 Ehrenbürger Kr.- u. Univ.-Stadt Homburg (Saar).

WEBER, Reinhold

Dr. jur., Vors. Richter am BGH a. D. - Herrenstr. 45a, 7500 Karlsruhe - Geb. 13. Nov. 1914 Krefeld, ev., verh. s. 1952 - Gymn.; Stud. Rechtswiss. - 1943 Land-, 1956 Oberlandesgerichtsrat Düsseldorf, 1961 Bundesrichter Karlsruhe, 1972-82 Senatspräs. am BGH.

WEBER, Richard

Dr. rer. oec., gf. Gesellschafter Karlsberg Brauerei KG Weber, Vors. Verb. d. Brauereien d. Saarlandes, Saarbrücken, Vorstandsmitgl. Dt. Brauer-Bund, Bonn-Bad Godesberg - Karlsbergstr. 62, 6650 Homburg/Saar (T. 06841 - 10 50) - Geb. 27. März 1944 Zweibrücken - Dipl.-Volksw. 1969 u. Promot. 1972 Innsbruck - S. 1974 Karlsberg; 1982ff. Präs. Saarl.

Fremdenverkehrsverb. Saarbrücken; Vizepräs. d. Ind.- u. Handelskammer d. Saarlandes in Saarbrücken; Delegationsleit. d. dt. Brauer bei d. CBMC in Brüssel - Spr.: Engl., Franz., Ital.

WEBER, Rolf

Assessor, Vorstandsvors. Bundesarbeitsgem. f. Rehabilitation - Dachsweg 12, 5204 Lohmar 21 (T. 02206 - 14 85) - Geb. 2 Juni 1919 Duisburg, verh. s. 1955, 5 Kd. - Stud. Rechtswiss. Univ. Wien u. Köln - 1955-81 Geschäftsf. Bundesvereinig. Dt. Arbeitgeberverb. - BV: Komment. z.: Arbeitsförderungsges., 1971; Berufsbildungsges., 1971; Schwerbehindertenges., 1973 - Gold. Sportabz. (20 mal).

WEBER, Rudolf

Komplementär Rudolf Weber KG, Gebäudereinigung u. Gebäudedienste, Essen, u. Hygienic Service, Gebäudereinigung u. Gebäudedienste KG, Wuppertal - Severinstr. 42/44, 4300 Essen 1 (T. 0201 - 23 72 61); u. Am Diek 52, 5600 Wuppertal 2 (T. 0202 - 6 47 77-0) - Geb. 26. Juni 1935.

WEBER, Rüdiger

Dr. jur., Bankdirektor Deutsche Bank AG, Düsseldorf - Sachsenstr. 23, 4030 Ratingen 6 - Hösel (T. 02102 - 6 81 88) - Geb. 8. April 1932 Marburg (Vater: Prof. Dr. Hans W., Oberstud.rat; Mutter: Anna, geb. Melde), ev., verh. s. 1957 m. Dr. med. Heide, geb. Eikermann, 3 Kd. (Sebastian, Matthias, Bettina) - Ass.ex. 1960 - Ab 1960 Tätigk. Dt. Bank AG, jetzt Düsseldorf.

WEBER, Rüdiger

Dr. Ing., Prof. f. Kraftfahrwesen Univ. Hannover - Zu erreichen üb.: Univ., Nienburger Str. 1, 3000 Hannover 1 - Geb. 31. Juli 1938 Lübeck.

WEBER, Sigurd

Gymnastiklehrer, Leit. u. Schulträger staatl. gen. Berufsfachschule f. Gymnastik Frankfurt, Bielefeld, Düsseldorf u. Pinneberg b. Hamburg - Bilkerstr. 29, 4000 Düsseldorf 1 - Geb. 5. Sept. 1940, verh. s. 1971 m. Barbara, geb. Wießmeier, 4 Kd. (Abigail, Linus, Simon, Lasse) - Staatl. geprüft. Gymnastiklehrer; Stud. Univ. Münster, Wien, Bochum, Düsseldorf - 1981-85 Vors. VDSG; 1979-85 Vors. Dt. Gymnastikbund.

WEBER, Ulrich

Dr. jur., Prof. f. Straf- u. Strafprozeßrecht Univ. Tübingen - Im Zeughausgarten 4, 7400 Tübingen-Bebenhausen (T. 07071 - 6 17 76) - Geb. 18. Sept. 1934 Stuttgart (Vater: Karl W., Arch.; Mutter: Paula, geb. Widmaier), ev., verh. s. 1960 m. Isolde, geb. Sinn, 3 S. (Friedrich Karl, Stefan, Wolfram) - Gymn. Stuttgart (Abit. 1954); 1954-58 Univ. München u. Tübingen (Rechtswiss.); Promot. 1962, 2. jurist. Staatsex. 1963, Habil. 1975 - 1960-63 Wiss.-Assist. Univ. Tübingen; 1963-75 Schriftleit. Juristenztg. Tübingen; 1976-80 Prof. FU Berlin; 1980-89 Prof. in Würzburg; s. 1989 in Tübingen - BV: D. strafrechtl. Schutz d. Urheberrechts, 1976; Strafrechtsfälle u. Lös. (m. Arzt u. Baumann), 6. A. 1986; Strafrecht, Bes. Teil (m. Arzt), 1980ff.; Strafrecht, Allg. Teil (m. Baumann), 9. A. 1985; Alternativentw. e. StGB, Straftaten gegen d. Wirtsch. (m. Lampe u. a.), 1977; Strafrechtl. Verantwortlichkeit v. Bürgermeistern u. leitenden Verwaltungsbeamten im Umweltrecht, 1988. Mithrsg.: Juristenztg.; Würzburger Vorträge z. Rechtsphil., Rechtstheorie u. Rechtssoziol.

WEBER, Ursula

s. Scholz, Eva-Ingeborg

WEBER, Ursula

Prof., Klavierpädagogin - St.-Benedict-Str. 7, 2000 Hamburg (T. 48 91 15) - Lehrtätigk. Musikhochsch. Hamburg (Prof.).

WEBER, Werner

Architekt, Prof. Hochsch. f. bild. Künste Berlin - Hammersteinstr. 9, 1000 Berlin 33 (T. 8 23 26 88) - Geb. 1. Juni 1912 (Vater: Rudolf W., Kaufm.), ev. verh. s. 1940 m. Charlotte, geb. Reche, 2 S. (Winfried, Frank) - Kunsthochsch. Berlin. U. a. Siedlungen Britz, Tegel, Charlottenburg. Versch. Wettbewerbserfolge.

WEBER, Werner

Dr. phil., o. Prof. f. Literaturkritik Univ. Zürich (s. 1973) - Neptunstr. 31, CH-8032 Zürich (Schweiz) (T. 32 26 97) - Geb. 13. Nov. 1919 Huttwil/Emmental, protest., verh. s. 1948 m. Marie-Louise, geb. Bachem, 3 Kd. (Beate, Christoph, Barbara) - Gymn. Winterthur; Univ. Zürich (German., Gesch., Päd., Phil.; Promot. 1945) - 1945-46 Lehrer Gymn. Winterthur; 1946-73 Redaktor Neue Zürcher Ztg. (1951 Chef d. Feuill.) - BV: Unter Dach u. Himmel, Ged. 1942; Im Hof. d. Herbstes, Ged. 1944; D. Terminologie d. Weinbaues in d. Ostschweiz, Abh. 1945; Freundschaften Gottfried Kellers, Ess. 1952; Auf d. Höhe d. Menschen, Ess. 1956; Figuren u. Fahrten, Ess. 1956; Augenblicke, Ess. 1957; Zeit ohne Zeit, Ess. 1959; Wissenschaft u. Gestaltung, Ess. 1959; Kultur als Gerücht, Ess. 1960; D. Reise n. Sancheville, Prosa 1960; D. Rest ist Dank - Rede auf Friedrich Dürrenmatt u. s. Antwort, 1961; Tageb. e. Lesers - Bemerk. u. Aufs. z. Lit., 1965; Forderungen - Bemerk. u. Aufs., 1970. Herausg.: Claudius, D. Wandsbeker Bote, 1947; Hebel, Schatzkästlein d. Rhein. Hausfreundes, 1950; Fontane, Schriften u. Glossen z. europ. Lit., 1965-67 - 1956 Conrad-Ferdinand-Meyer-Preis, 1967 Johann-Heinrich-Merck-Preis f. lit. Kritik Dt. Akad. f. Sprache u. Dichtung, 1980 Züricher Goethe-Preis; 1960 korr. Mitgl. Dt. Akad. f. Spr. u. Dicht., 1964 Mainz. Akad. d. Wiss. u. d. Lit. u. 1967 Bayer. Akad. d. Schönen Künste; Mitgl. PEN-Club - Spr.: Engl., Franz., Ital.

WEBER, Werner

Ministerialdirigent - Dahlmannstr. 2, 5300 Bonn - Geb. 16. Aug. 1929 - Stv. Min. f. Bundesangelegenh. v. Nordrh.-Westf.

WEBER, Werner

Fabrikant, gf. Gesellsch. Philipp Weber GmbH & Co. KG (Uhrenfabrik), u. A. Steudler GmbH & Co. KG (Feinwerktechn.), Pforzheim, Präsident IHK Nordschwarzwald ebd. - Durlacher Str. 35, 7530 Pforzheim (T. 3 50 35) - Geb. 7. Juli 1929.

WEBER, Wilhelm

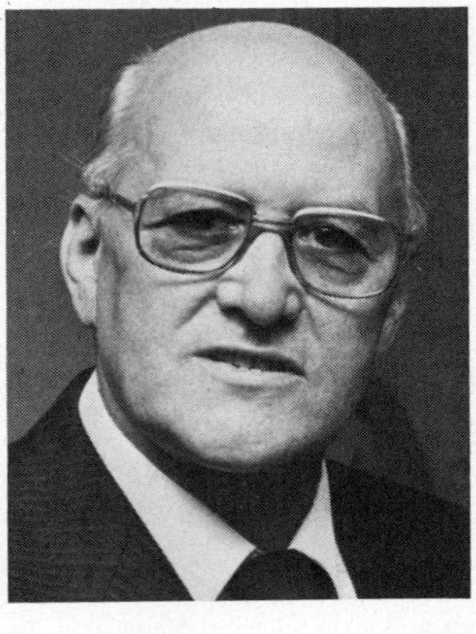

Direktor i.R. Mittelrhein. Landesmuseum (1978-83) - 6500 Mainz - Geb. 1918, verh. m. Ursula, geb. Karius, 3 Kd. - Zul. Leit. Pfalzgalerie Kaiserslautern u. Landesmuseum Mainz - Honorarprof. Univ. Kaiserlautern; Vors. Beirat d. Intern. Senefelder Stiftg. - Zahlr. kunstgeschichtl. Veröff., u. a. Gesch. d. Lithografie (auch engl. u. franz. Übers.), sowie Schloß Karlsberg; Werksverz. d. Gemälde A. Weisgerber u. d. Druckgraphik H. Purrmann; Biogr. u. Monogr. Chr. Voll, M. Bergmann, D. Wohlgemuth, O. Dill. Texte üb. Ingres, Picasso, M. Beckmann, Chagall, M. Slevogt u. a.; Lutherdenkmäler d. 19. Jh.; Auswirkungen d. Franz. Revolution auf d. Herzogtum Pfalz-Zweibrücken. Herausg.: D. H. Kahnweiler: D. Gegenstand d. Ästhetik. Beiträge zu Kindlers Lexikon d. Malerei u. zu Festschr. Mitarb. b. Ztg. u. Ztschr. - J. Chr. Frhr. v. Hohenfels-Med. München; silb. Verdienstmed. Stadt Kaiserslautern; Max-Slevogt-Med. Land Rhld.-Pfalz.

WEBER, Wolfgang

Dr. med., Prof., Chirurg u. Urologe, Leiter d. Urolog. Abteilg. d. Univ. Kliniken, Frankfurt (s. 1958) - Holzhecke 19, 6000 Frankfurt/M. - Geb. 19. Juli 1919 Kamelow/Pom., ev., verh. s. 1961 m. Maria, geb. Matschke - Univ. Berlin (Med.). Promot. 1944 Berlin; Habil. 1960 Frankfurt (Chir., Urologie).

WEBER, Wolfgang Hans

Dr.-Ing., Dr. phil. h.c., Dipl.-Ing., Prof. f. Datenverarbtg. Univ. Bochum (s. 1973; 1974ff. Dekan, 1977-1979 Prorektor) - Am Gebrannten 3, 4630 Bochum 1 (T. 0234 - 79 70 59) - Geb. 12. Dez. 1937 Berlin (Vater: Hans W., Hauptschriftl.; Mutter: Luise, geb. Heckmann), ev., verh. s. 1961 m. Liz, geb. Aumüller, 3 Kd. (Ralf, Dirk, Lars) - Stud. d. Elektrotechn. TH Darmstadt; Promot. 1966 Karlsruhe; Habil. 1969 ebd. - 1961-66 Entwicklungsing. (1964 Gruppenleit.) Inst. f. Automation AEG, Frankfurt/M.; 1966-70 wiss. Assist., Akad. Rat Univ. Karlsruhe; 1970-73 o. Prof. f. Nachrichtentechn. Univ. Trier-Kaiserslautern (1971/72 Dekan). 1974 Mitgl. Gründungsaussch. Fernuniv. Hagen. Lehrtätigk. Telekolleg II (SWF; 13 Send.), Digitaltechn. (WDR; 13 Send.), Mikrocomputer (SWF/ZDF, 13 Send.). Mehrfacher Patentinh. - BV: Methoden d. Schaltalgebra. 1967 (m. O. Föllinger); Einf. in d. Methoden d. Digitaltechn., 5. A. 1979 (auch ungar., span.); Digitaltechn. I, 1968 (m. H. Groh); Adaptive Regelungssysteme I u. II, 1971; Programmierte Propädeutik d. Digitaltechn., 1972 (m. H. Jacob); Informatik I, 16 Studienbriefe f. d. Fernunterr. (m. a.); Automatisierung in d. Stahlind., 1976 (m. P. Schiefer); Keine Angst v. d. Mikrocomputer, 1986 (m. L. Graf u. a.). Herausg.: VDI-TB Digitaltechn. (b. 1976 10 Bde.). Mithrsg.: Taschenb. d. Informatik (1973; m. K. Steinbuch). Zahlr. Ztschr.aufs., Ferns.-Drehb. - 1982 Theodor Vogelmed.; 1985 Albert-Einstein-Med.; 1985 Dr. phil. h.c., USA; Hon.-prof. Mapua Inst. of Technology, Manila, Philippinen u. Cebu Central Colleges, Cebu City, Philippinen - Spr.: Engl., Franz.

WEBER, Wolfhard

Dr. phil., Prof. f. Wirtschafts- u. Technikgeschichte Univ. Bochum (s. 1976) - Zu erreichen üb. Univ. Bochum, Universitätsstr. 150, 4630 Bochum - Geb. 1940, verh. s. 1965, 2 Kd. - Promot. 1966, Staatsex. 1966, Habil. 1974 - 1966 Refer.; 1967 Wiss. Assist. - BV: Erdölhandel u. Erdölverarbeit. 1860-90, 1968; Innovationen im frühind. Bergbau, 1976; Fabrik, Familie, Feierabend, 1978; D. Technik, 3. A. 1989; Industrialisier. - d. Ruhrgeb., 1982; Arbeitssicherheit, 1988; Überwindung v. Zeit u. Raum (1840-80), 1990; Festschr. Ruhr-Univ. Bochum Bd. I, 1990; D. Ruhrgebiet im Industriezeitalter, 2 Bde. 1990.

WEBER-DIEFENBACH, Klaus

Dr. rer. nat., Prof. f. Geochem., Inst. f. Allg. u. Angew. Geologie Univ. München - Kreittmayrstr. 33, 8000 München 2 (T. 18 59 29) - Geb. 27. Okt. 1941 München (Vater: J. N. W., Bibl.; Mutter: Gertrud, geb. Diefenbach), verh. s. 1981 in 2. Ehe m. Gabriele, geb. Graßmann, S. Philipp Boris - Dipl.-Geol. 1968, Promot. 1970, Habil. 1976 - 1976 Privatdoz.; 1980 Prof.; ab 1982 Mitgl. d. Leitg. Inst. f. Allg. u. Angew. Geol. - BV: Röntgenfluoreszenzanalyse, Lehrb. (m. and.) 1983 - Spr.: Engl., Ital., Franz. - Bek. Vorf.: Karl Wilhelm D. (Urgroßv.), Lucidus D. (Großv.).

WEBER-FAS, Rudolf

Dr. jur., Master of Laws (Harvard), o. Prof. f. Öfftl. Recht, Bundesrichter a. D. - Titurelstr. 2, 8000 München 81 - Geb. 15. April 1933 Trier - Human. Gymn. Trier; Stud. Rechts- u. Wirtschaftswiss. Univ. Bonn, Köln, Hamburg, Berlin, Princeton, Harvard; Promot. 1956 Bonn, LL.M. 1967 Harvard - S. 1960 Rechtsanw. Hamburg; anschl. Staatsdst. in Verw. (OFD Hamburg u. Bundesfinanzmin. Bonn, zul. Reg.-Dir.) u. Justiz (zul. Richter an oberstem Bundesgericht/BFH München); s. 1975 Ord. Univ. Mannheim (o. Lehrst. f. Öfftl. Recht u. Staatslehre sow. Dt. u. Internat. Steuerrecht), 1979/80 Dekan jur. Fak.; Ehrenmitgl. ausl. wiss. Inst. - BV: Corporate Residence Rules for Internat. Tax Jurisdiction. A Study of American and German Law, 1968 (Harvard); Internat. Steuerrechtssprechung, 1970; Verfassungsrechtsprechung z. Steuerrecht, 4 Bde. 1971-82; Goethe als Jurist u. Staatsmann, 1974; Freiheitl. Verfassung u. sozialer Rechtsstaat, 1976; D. Staat. Dokumente d. Staatsdenkens v. d. Antike b. z. Gegenwart, 2 Bde. 1977; Rechtsstaat u. Grundgesetz, 1977; Höchstrichterl. Rechtsprech. zu internat. Doppelbesteuerungsabkommen, 2 Bde. 1978; Jurisprudenz. D. Rechtsdisziplinen in Einzeldarstellungen (Hg.), 1978; Institutionen d. Finanzgerichtsbark. im dt. u. amerik. Recht, 1979; Grundzüge d. allg. Steuerrechts d. Bundesrep. Deutschl., 1979; Staatsverträge im internat. Steuerrecht, 1982; D. Grundgesetz. Einf. in d. Verfassungsrecht d. Bundesrep. Deutschl., 1983 - Liebh.: Klass. u. mod. Lit., Kunst, Golf - Spr.: Lat., Griech., Franz., Engl. - Lit.: Kürschners Dt. Gelehrten-Kalender: Who's Who in Europe, Who's Who in the World.

WEBER-KELLERMANN, Ingeborg

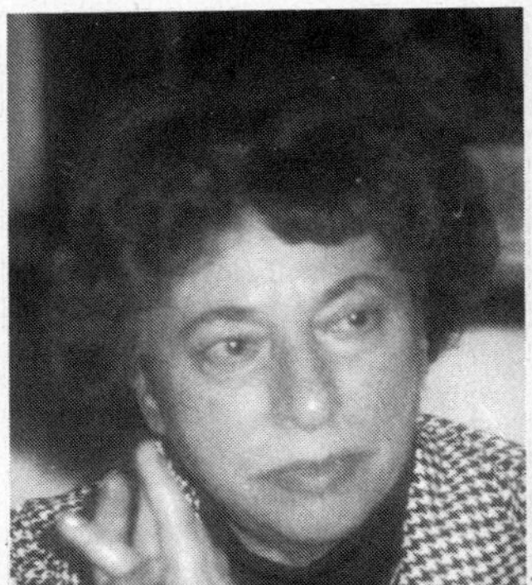

Dr. phil., Prof. f. Europ. Ethnologie - Wilhelmstr. 19, 3550 Marburg (T. 2 61 54) - Geb. 26. Juni 1918 Berlin (Vater: Friedrich-Carl Kellermann, Oberpostinsp. u. Schriftst.; Mutter: Gustel, geb. Polte), gesch., S. Heinrich (geb. 1948) - Obersch. Berlin; Stud. Volkskd., Gesch., Anthropol. Promot. 1940 Berlin; Habil. 1963 Marburg - B. 1960 wiss. Mitarb. Dt. Akad. d. Wiss. Berlin; s. 1963 Doz. Univ. Marburg (1968 Prof.) - BV: Erntebrauch in d. ländl. Arbeitswelt d. 19. Jh., 1965; Dt. Volkskd. zw. German. u. Sozialwiss., 1969, 2. A. 1985; Volksleben in Hessen, 1971; D. dt. Familie, 1974, 10. A. 1989; Die Familie, 1977, 2. Neuaufl. 1990; D. Weihnachtsfest, 1978; 2. A. 1987; Zur Interethnik, 1978; Kindheit, 1979, Neuaufl. 1989; Was wir gespielt haben, 1981, Tb. 1992; Frauenleben im 19. Jh., 1983, 3. A. 1991; D. Kinder neue Kleider, 1985; Saure Wochen, Frohe Feste, 1985;

Landleben im 19. Jh., 1987, 2. A. 1988. Fernsehserie: Dt. Volkskunde (1968-69, 13 Folgen), Tradition u. Ges. in Hessen (1970-71, 13 F.) u. weitere Filme z. Europäischen Ethnologie - 1967 Premio intern. di Folklore Guiseppe Pitré (f.: Erntebrauch . . .); 1985 Wilhelm-Leuschner-Med. - Pro Cultura Hungarica, Budapest 1992 - Liebh.: Volkstüml. Spielzeug (Samml.) - Spr.: Franz., Engl.

WEBER-SCHÄFER, Peter

Dr. phil., o. Prof. f. Polit. Wissenschaft unt. bes. Berücks. d. Politik Ostasiens Univ. Bochum - Äskulapweg 24, 4630 Bochum (T. 70 17 06) - Geb. 28. April 1935 Bernburg/S. (Vater: Albert W.-S., Patenting.; Mutter: Lotte, geb. Wolff), verh. s. 1962 m. Myrto, geb. Akrita, 2 Kd. (Alexis, Miriam) - Stud. Phil., Sinol., Jap., Ethnol. Promot. 1958; Habil. 1966 - 1958-68 Assist., Privatdoz. (1966) u. Wiss. Rat. (1967) Univ. München. 1964 Research Associate Harvard Univ. Cambridge (USA) - BV: Ono no Komachi - Gestalt u. Legende im No-Spiel, 1960; 24 Nó-Spiele, 1961; Der Edle u. d. Weise, 1963; Zen, 1964; Altchines. Hymne, 1967; Oikumene u. Imperium, 1968; D. polit. Denken d. Griechen, 1969; Einf. in d. antike polit. Theorie, 2 Bde. 1976 - Liebh.: Kybernetik, Sprachphil., Kochen - Spr.: Engl., Franz., Span., Ital., Neugriech., Jap., Chines. - Bek. Vorf.: Max u. Alfred Weber (Großonkel).

WEBER-STETTNER, Christel

Stellv. Chefredakteurin b. Das Beste Reader's Digest - Suttnerstr. 38, 7000 Stuttgart 40 - Geb. 12. März 1943 Remscheid - Gymn. - Lehre Verlagskauffr. Konradin-Verlag Stuttgart; Sprachstudien Großbritannien, Frankr., USA.

WEBERLING, Focko

Dr. rer. nat., Botaniker, o. Prof. Univ. Ulm (s. 1975) - Buchenstr. 3, 7904 Erbach - Geb. 6. März 1926 Goslar/Harz (Vater: Ernst W., Kaufm.), verh. in 1. Ehe m. Dorothea, geb. Bauer († 1988), in 2. Ehe m. Hannelore, geb. Henrichs, 3 Kd. - S. 1961 (Habil.) Lehrtätig. Univ. Mainz, 1963 Univ. Gießen (1966 apl. Prof.), 1969 Wiss. Rat, 1971 Prof. f. Morphologie u. Systemat. Botanik, 1973-75 Vizepräs.) - BV: Pflanzensystematik, 5. A. 1987 (auch span., portug.) (m. H. O. Schwantes); Morphologie d. Blüten u. d. Blütenstände, 1981 (auch engl. 1989); Infloreszenzuntersuchungen an monotelen Familien (m. W. Troll †), Üb. 100 Fachveröff. - 1964 Preis d. Akad. d. Wiss. u. Lit. Mainz; 1978 korr. Mitgl. Akad. d. Wiss. u. Lit. Mainz; korr. Mitgl. Koninkl. Nederl. Botan. Veren. - Spr.: Engl., Span., Niederl.

WECH, Ursula, geb. Bohner

Redakteurin - Scheidtbachstr. 23-31, 5060 Bergisch-Gladbach - Geb. 22. Juni Karlsruhe (Vater: Bertold Bohner, Geschäftsmann; Mutter: Irmgard, geb. Möller), ev., verh. 1970-73 m. Hans Wech, Dir., verw. - 1964 Ztschr. Quick Bonn (b. Mainhard Graf Nayhauss u. Paul Limbach); s. 1970 Redakt. Ztschr. D. Gold. Blatt - Interviews: u. a. Kaiserin Farah, Madame Sadat, m. intern. Stars wie Lilli Palmer, Modeschöpfer Karl Lagerfeld od. Rudolf Nurejew - Liebh.: Sport (Skilaufen, Golf), Biogr., Archäol. - Spr.: Franz., Engl.

WECHMAR, Freiherr von, Rüdiger

MdEP, Botschafter a. D., Deutschland-Repräsent. d. World USO - Amalienstr. 45, 8000 München 40 - Geb. 15. Nov. 1923 Berlin (Vater: Irnfried v. W., Berufsoffizier, zuletzt Oberst; Mutter: Ilse, geb. v. Binzer), ev., verh. seit 1961 mit Dina-Susanne (Susi), geb. Woldenga, 3 Kd. (Stephanie, Alexander aus 1., Yvonne-Katrin aus 2. Ehe) - Oberrealsch. Berlin - Wehrdst. (zul. Ltn. Afrika-Korps) u. Kriegsgefangensch., 1946-47 Reporter dpa Hamburg, Nürnberg,

Frankfurt/M., 1947-48 Redakt. UP Frankfurt, 1949-58 Leit. Bonner Büro UP, 1958-63 Presseattaché Generalkonsulat New York, 1963-68 Leit. Studio Wien/Osteuropa ZDF, 1969 Leit. German Inform. Center New York, s. 1969 stv. (1970 Ministerialdir.) u. Leit. Presseu. Informationsamt d. Bundesreg. (1972-74 Staatssekr.); 1974-81 Botsch. u. Ständ. Vertr. d. BRD b. d. Vereinten Nationen (1977/78 Präs. Weltsicherheitsrat, 1980/81 Präs. d. 35. Generalvers.), 1981-83 Botsch. in Italien, 1983-88 Botsch. in Großbritannien, Mitgl. u. Präsid. u. d. Bundesvorst. d. FDP - BV: Rumänien, 1967 - Gr. BVK; Hohe Orden (Schweden, Norwegen, Japan, Niederl., Ägypten, Mexiko, Italien, Rumänien, Großbrit.); 1973 Paul-Klinger-Preis DAG; 1980 UN-Friedensmed. in Gold - Spr.: Engl., Franz.

WECHSEL, Hans

Vorstandsmitglied i. R. Deutsche Bank Berlin AG., Berlin 10 - Wolzogenstr. 16, 1000 Berlin 37 (T. 8 01 63 39) - Geb. 23. April 1913 Hamburg - S. 1933 (Lehre) Dt. Bank, Dt.-Asiat. Bank (u. a. Shanghai u. Peking), Dt. Bank Berlin AG (1962 Vorst.) - Spr.: Engl., Rotarier.

WECHSELBERG, Klaus

Dr. med., Prof., ehem. Leiter Abt. f. Kinderklin. Ambulanz u. Soziale Pädiatrie Univ.s.-Kinderklinik Köln - Südallee 5, 5000 Köln 40 (T. Köln 48 60 83) - Geb. 24. Sept. 1920 Berlin - S. 1957 (Habil.) Lehrtätig. Köln (1963 apl. Prof.; 1968 Wiss. Rat u. Prof.; 1980 C4-Prof.; s. 1985 im Ruhestand). Buchbeitr. u. Fachaufs.

WECHSLER, Ulrich

Dr. rer. pol., Vorstandsmitglied Bertelsmann AG, Gütersloh, u. Leit. Verlagsgruppe Bertelsmann, München - Neumarkter Str. 18, 8000 München 80 - Geb. 13. Nov. 1935, kath., verh. - 1954-57 Stud. Wirtschaftswiss. Univ. München; Promot. 1966 - S. 1975 Vorst. Bertelsmann AG - Spr.: Engl., Franz., Span.

WECK, Manfred

Dr.-Ing., Dipl.-Ing., Prof. TH Aachen, Geschäftsf. Direktor d. Laboratoriums f. Werkzeugmasch. u. Betriebslehre TH Aachen u. Mitdir. Fraunhofer-Inst. f. Prod.technol., Aachen - Im Weingarten 16, 5100 Aachen (T. 1 45 64) - Geb. 20. Nov. 1937 Solingen, verh. s. 1962 m. Waltraud, geb. Hagenkötter, 2 Kd. (Stephan, Sabine) - Lehre; Höh. Handelssch.; Ing.sch.; Stud. Maschinenbau TH; Dipl.ex. 1966; Promot. 1969; Habil. 1972 - In- u. ausl. Fachmitgl.sch. (dar. Aussch.vors. u. Chairman) - 1974 Taylor-Med. (Intern. Inst. for Production Engeneering Res.) - Spr.: Engl.

WECK, Peter

Prof., Schauspieler, Regisseur, Generalintendant d. Vereinigten Bühnen Wien - Zu erreichen üb. Agentur Baumbauer, Keplerstr. 2, 8000 München 80; priv.:

Lehargasse 6, A-1060 Wien - Geb. 1930 Wien, verh. (Ehefr.: Ingrid), 2 Kd. (Barbara, Philipp) - Bühne, Film (u. a. Regie: Hauptsache Ferien), Fernsehen; (zul. Darstell. u. Regie Ich heirate e. Familie) - 3 Gold. Kameras, 1 Bambi, 1988 Telestar - Liebh.: Jagd.

WECKER, Christoph

Dr., Leiter Goethe House New York i. R. - Tulpenstr. 8, 8035 Gauting - Geb. 9. Dez. 1921 Heilbronn (Vater: Martin W., Fabrikant; Mutter: Maria, geb. Bartelmäs), ev., verh. s. 1951 m. Inke, geb. Paschmann, Sohn Thomas - 1949-54 Stud. Rechts- u. Wirtsch.wiss. Univ. Tübingen, Dipl. 1953, Promot. 1954; 1957-60 Leit. Goethe Inst. Damaskus (Syrien); 1961-75 Abt.-Leit., stv. Generalsekr., Vorstandsmitgl. Goethe Inst. München; s. 1975 New York - BVK - Liebh.: Photogr. - Spr.: Engl., Franz.

WECKER, Eberhard

Dr. med., em. Prof. f. Virologie u. Immunbiologie - Holzbühlweg 4, 8700 Würzburg (T. 7 55 35) - Geb. 4. Juni 1923 Heilbronn/N. (Vater: Martin W., Fabrikant; Mutter: Maria, geb. Bartelmäs), ev., verh. s. 1952 m. Ilse, geb. Drucker, 3 Kd. (Claudia, Andreas, Karin) - Promot. 1952 Tübingen - 1953-54 Assist. Max-Planck-Inst. f. Biochemie Tübingen, Inst. f. Mikrobiol. u. Hyg. Düsseldorf (1954; Gast), MPI f. Virusforsch. Tübingen (1955); 1958-64 Associate Prof. Wistar Inst. f. Anat. u. Biol. Philadelphia, s. 1964 Ord. u. Inst.vorst. Univ. Würzburg. Emerit. 1989. 1956-57 Stip. DFG (USA) - BV: Infektiöse Virusnukleinsäuren, in: Haas/Vivell, Virus- u. Rickettsieninfektionen d. Menschen, 1965. Fachaufs. - Mitgl. New York Acad. of Sciences; 1980 Aronson-Preis; 1984 Mitgl. Dt. Akad. d. Naturforscher/Leopoldina, Halle/S.; 1988 Mitgl. Bayer. Akad. d. Wiss. - Liebh.: Musik, Kochen - Spr.: Engl.

WECKER, Fritz

Dr. jur., Direktor i. R. - Geb. 22. Mai 1906 Brüssel (Vater: Alfred W., Kaufm.; Mutter: geb. Müser), verh. s. 1940 m. Margot Fudickar - Univ. München u. Bonn. Dr. jur. Staatsprüf. - S. 1938 Vereinigte Stahlwerke AG., August-Thyssen-Hütte (1952), Thyssen AG. (1955) bzw. Thyssen Vermögensverw. GmbH. (Geschäftsf. b. 1974).

WECKER, Konstantin

Liedersänger, Schriftst., Komponist - Bergstr. 5, 8000 München 90 - Geb. 1. Juni 1947 München, gesch. - BV (1978ff.): Ich will noch e. ganze Menge leben, Man muß d. Flüssen trauen, Und d. Seele n. außen kehren - Ketzerbriefe e. Süchtigen, Lieder u. Gedichte; Im Namen d. Wahnsinns, 1983; Jetzt e. Insel finden; Das macht mir Mut (DDR); Stilles Glück - Trautes Heim, 1990; Uferlos, 1992. Filmmusik u. Rolle in: Schwestern od. d. Balance d. Glücks (1979, v. Marg. von Trotta), Peppermint Frieden (1983, v. Marianne Rosenbaum), Lilien in d. Bank (1992, v. Marianne Rosenbaum). Titelsong u. Filmrolle im Tatort (1990), Filmmusik zu Helmut Dietls Film „Schtonk" (1992). Theatermusik f. Liebeskonzil (1989, Schillertheater Berlin), Schillers Räuber (1991, Schauspielhs. Köln). Ca. 25 LP's. Tourneen im In- u. Ausland - 1977 Dt. Kleinkunstpreis; 1978 Stern d Jahres f. kulturelle Leistungen (d. Abendztg. München); 1985 Südwestfunk-Liederpreis (f. Chanson: Renn lieber, renn); 1990 (f. Sturmbandführer Meier); 1992 Kritikerpreis (f. Classics).

WECKERLE, Konrad

Dr. jur., Ass., Dipl.-Kfm., Vorstandsmitglied RHEIN-MAIN-DONAU AG - Hofgartenweg 1a, 8400 Regensburg - Geb. 28. Nov. 1941 Stuttgart - 1961-65 Stud. Betriebsw. Univ. Stuttgart u. Mannheim (Dipl.-Kfm.); 1966-72 Stud. Rechtswiss. Univ. Mannheim u. Heidelberg (Staatsex., Ass.; Promot. 1971) - 1972-77 versch. ltd. Pos.; 1977-87 Vorst.-Mitgl. Bayer. Lloyd AG, Regensburg; 1987ff. Vorst.-Mitgl. Rhein-Main-Donau AG, Obere Donau Kraftwerke AG, Donau-Wasserkraft AG, Mittlere Donau Kraftwerke AG, alle München; AR-Vors. Donaukraftwerk Jochenstein AG, Passau, Mainkraftwerk Schweinfurt GmbH, München; AR-Mitgl. DLM Donau-Lloyd-Mat GmbH, Passau; Mitgl. d. Bez.-Vorst. d. CSU Oberpfalz; Präsid.-Mitgl. Wirtschaftsbeirat d. Union Bayern; Präs. Vereinig. d. AG-Verbände in Bayern, Bez. Niederbay./Oberpfalz; Beirat Bayer. Vereinsbk., München, Dresdner Bank, Landesbeirat Bayern, Frankfurt, Bayer. Versicherungsbank AG, München; Mitgl. d. Verkehrsaussch. IHK f. München u. Oberbayern, München; Vorst.-Mitgl. Dt. Kanal u. Schiffahrtsverein Rhein-Main-Donau, Nürnberg - BV: D. Rechte d. Treuegebers im Konkurs d. Treuhänders, 1971 - Gr. Ehrenz. f. Verdienste um d. Rep. Österr.; BVK am Bde.

WECKESSER, August

Dr. rer. nat., Dipl.-Ing., Geschäftsführer Kernkraftwerk RWE-Bayernwerk GmbH., Gundremmingen - Max-Planck-Str. 12, 8871 Gundremmingen üb. Günzburg (T. 08224 - 3 19) - Geb. 1. Juni 1909 Mannheim - 1974 Otto-Hahn-Preis - Spr.: Engl. - Rotarier.

WECKESSER, Ernst

Geschäftsführer VAW Industriebau GmbH., VAW Elbewerk GmbH., Aluminium Oxid Stade GmbH - 2161 Stade-Bützfleth - Zul. Gf. Aluminium Norf GmbH., Norf-Stüttgen.

WECKESSER, Jürgen

Dr. rer. nat., Prof. f. Mikrobiologie Univ. Freiburg - Zu erreichen üb. Inst. f. Mikrobiologie, Schänzlestr. 1, 7800 Freiburg/Br. - Geb. 10. April 1941 Oberkirch, verh. s. 1972 m. Barbara, geb. Schmid, 2 Töcht. (Anke, Steffi) - Stud. Biol. u. Chemie Univ. Freiburg (Promot. 1970, Habil. 1977) - S. 1980 Prof. Univ. Freiburg - Üb. 100 Veröff. in

Fachztschr. - Ehrenmitgl. Chilen. Ges. f. Mikrobiol.

WECZERKA, Hugo
Dr. phil., Historiker, Direktor d. Johann Gottfried Herder-Inst., Marburg/Lahn (s. 1990) - Lahnbergstr. 12, 3550 Marburg 23 (T. 06421 - 8 56 40) - Geb. 25. März 1930 Vama/Bukowina (Rumän.), kath., verh. s. 1967 m. Elisabeth, geb. Dernedde, 2 Kd. (Klaus, Margrit) - Abit. 1950 Hamburg; Stud. Univ. Hamburg (Gesch., Volkskunde, Romanistik); Promot. 1956 Hamburg - 1956/57 Bundesanstalt f. Landeskunde Remagen/Rh.; 1959-67 Univ. Hamburg (Assist.); s. 1967 J. G. Herder-Inst. Marburg/Lahn (1981 stv. Dir, 1990 Dir.) - BV: D. mittelalterliche u. frühneuzeitliche Deutschtum im Fürstentum Moldau, 1960; Hansische Handelsstraßen (Atlas, Text-, Registerband) (m. F. Bruns), 1962-68. Herausg.: Handb. d. historischen Stätten: Schlesien (1977).

WEDEGÄRTNER, Karl
Dr. phil., o. Prof. d. Physik u. d. Didakt. d. Phys. - Auf d. Egge 44, 4800 Bielefeld 1 - Geb. 14. Dez. 1926 Ehrentrup/Lippe, ev., verh. s. 1958 m. Dr. Marianne, geb. Pierchalla, 2 Töcht. (Marianne, Carla) - Schule Detmold; Stud. Physik, Math., Chemie. Promot. 1950 (Köln); Staatsex. 1951 u. 53 - S. 1966 o. Prof. Münster, s. 1980 Univ. Bielefeld. Zahlr. Fachveröff.

WEDEKIND, Beate

Chefredakteurin ELLE, ELLE-Decoration, Ambiente, BUNTE (s. Juni 1992) - Burda Verlag, Arabellastr. 23, 8000 München 81 (T. 089 - 92 50-25 90) - Geb. 13. April 1951 Duisburg, ledig - Mittl. Reife; Bankkfm.; Sprachausb. (Engl., Franz.) - Flugbegleiterin b. CONDOR, Entw.helferin Addis Abeba/Äthiopien; Sekr. u. Übers. FU Berlin; 1980 Volont. b. d. Berliner Tageszg. D. ABEND; dan. 1 J. BILD, Berlin; Redakt. im Unterhalt.-Ressort BUNTE, Burda-Verlag Offenburg/München; Kolumnistin Mein Rendezvous; Geschäftsf. Redakt. BUNTE; s. 1985 verantw. f. d. Org. d. BAMBI-Verleihung - 1990-91 56× Moderation wöchentl. Live-TV-Talkshow Zeil um Zehn im Hess. Rundfunk (3. Ferns.-Progr.); an März 1992 Moderation d. MDR-Club-Talkshow in Halle; Gastdoz. am Inst. f. Kommunik.wiss. FU Berlin - Liebh.: Lesen, Reisen - Spr.: Engl., Franz.

WEDEKIND, Benno
Dr. rer. nat., Fabrikant, Komplementär Denso-Chemie Wedekind KG., Geschäftsf. Denso-Chemie GmbH, Denso-Export GmbH., Dekoba Denso Korrosions- u. Bautenschutz GmbH., alle Leverkusen - Karl-Huschens-Str. 21, 5653 Leichlingen 1 - Geb. 10. Nov. 1928 Berlin.

WEDEKIND, Frank
Vorstandssprecher Dortmunder Union-Schultheiss Brauerei AG Berlin u. Dortmund i.e.R. (aus gesundh. Gründen) - Württembergallee 12, 1000 Berlin

19 - Geb. 10. Febr. 1928 Magdeburg, ev., verh. - AR-Mitgl. Aktien-Verein Zoolog. Garten zu Berlin.

WEDEKIND, Hermann
Prof., Generalintendant - Kulturscheune, 5511 Kirf-Beuren (T. 06 58 33 76) - Geb. 18. Nov. 1910 Coesfeld/W., kath., verh. m. Margarete, geb. Schaun (Schausp.), 3 Kd. (Michael, Oberspiell. Heidelberg; Claudia, Schausp. München; Andreas, Tierarzt) - Gymn. Witten/Ruhr; Volontär Stadttheat. Hagen - ASb. 1932 Schausp. Hagen, Bielefeld, Berlin (Regieassist. v. Hilpert), Königsberg, Tenor Staatsopern Danzig (1943) u. Dresden (1944), Oberspiell. d. Oper u. Leit. Schauspielsch. Bonn (1946), 1951-54 Int. Städt. Bühnen Münster/W., 1954-60 Dir. Stadttheater Basel, s. 1960 Generalint., 1960-76 Generalint. Staatstheater Saarbrücken; Intern. Theatertage: Kunst kennt keine Grenzen. Gründ. d. 1. dtsch-sowj. Städtepartnersch. Tiflis-Saarbrücken (jährl. Freundsch.begegn.). Gastregiss. Amerika, Frankr., Schweiz, Österr., Polen, Rumän., Jugosl., Span., Persien, Georgien (UdSSR), Niederl. Insz. in Georgien: Paliaschwili, Oper (1973), Lohengrin (1975), D. Zauberflöte (1976, EA), D. flieg. Holländer (1977), Margarethe (1979), Draußen vor d. Tür (W. Borchert, EA 1981), Kathrina v. Georgien (Andreas Gryphius, dtsch. u. georgisch); Austauschgastsp. Nathan d. Weise, Besuch d. alten Dame; Georg. Opern: Daissi, Mindia; Pensionär s. 1976. Aufbau Kulturscheune, Georgisches Museum. Gastregiss. Theater: D. Insel, Karlsruhe (Int. Werner Wedekind). 1968 Russische Theatertage-Saarbrücken. Insz. BRD: Aachen, Bielefeld, Fulda, Dortmund, Gelsenkirchen, Oberhausen, Gandersheim, Balve, Bonn, Münster, Hannover, Köln, Wiesbaden, Karlsruhe, Mainz, Saarbrücken, Oldenburg; Ausl.: Basel, Zürich, Wien, Mörbisch, Linz, Nancy, Bukarest, Graiova, Constanza, Pittsbourgh, Barcelona, Teheran, Enschede, Danzig, Tbilissi, Kutaissi, Telawi, Moskau. Gastsp.: D. Fliegende Holländer, Zürich; UA: D. Reichtagsbrand v. F. Gerk, 1983; Kabale u. Liebe, Telawi; D. Physiker v. Dürrenmatt, Kutaissi. 1984 künstl. Leit. d. Höhlenfestspiele im Balver Felsendom. Insz.: Katharina v. Georgien v. A. Gryphius, Neue Bearb. v. Hermann Wedekind. UA: Tbilissi (UdSSR), 1982. Schauspielerinsz.: Melchtal, Rudenz; Don Manuel/Philipp, Schiller; Ruprecht, Kleist; Othello, Zettel, Shakesp.; Mauler, Brecht; Negerpfarrer, Weill. Gesangsrollen: Bajazzo, Ganio, Tonio, Romeo, Alvaro, Des Grieux; Staatsoper Danzig, Dresden, Bonn, Münster, Basel, Saarbrücken. Film: Richter v. Zalamea - Puppenspieler. Konzerte: Joseph Haydn, Arien u. Lieder - 1970 Prof.-Titel; 1983 Albert-Schweitzer-Friedens-Preis; 1984 BVK I. Kl.

WEDEKIND, Rudolf

Dr. h. c., Schriftsteller (Ps.: Felix Unbürger), MdL Nieders. (1974-82), Mitgl. Europ. Parlam. (s. 1981) - Acapulco III 315 Apt. 308, E-38400 Pto Cruz TENERIFA (T. 003422 - 34 08 18) - Geb. 4. Aug. 1938 Hannover (Vater: Alois W., Kaufm.; Mutter: Franziska, geb. Böhme), kath., led. - Volkssch.; Textilgroßhandelslehre; Übersetzerausb. - S. 1964 Ratsherr Hannover. CDU - BV: Kl. Wahrheiten, 1968; Rosenblätter, 1972; Plädoyer f. e. Europ. Fernsehen, 1983; D. Türk. Verfassung, 1984. Übers. aus d. Franz. u. Engl. - 1974 Ehrenring Stadt Hannover; 1990 BVK I. Kl.; 1981 Mitgl. Europ. Parlament; 1987 Ehrendoktor Hacettepe Univ. Ankara, Türkei - Spr.: Engl., Franz., Span., Ital., Portugies., Niederl.

WEDEKIND, Werner
Opernsänger, Schauspieler, Intendant u. Dir. Bad. Schauspielschule, Doz. Staatl. Musikhochsch. Karlsruhe - Luisenstr. 4-6, 7500 Karlsruhe 1 (T. 0721 - 3 69 42) - Geb. 29. Okt. 1924 Witten/Ruhr, kath., verh. s. 1970 m. Brigitte, geb. Fortenbacher, S. Thomas - Gymn.; Stud. Hochsch. f. Bühnenkunst Bonn u. Hochsch. Essen - Ltn. d. Res.; Engagements Bonn u. Karlsruhe - 1970 Friedlandpreis; 1980 Verdienstmed. Baden-Württ. - Spr.: Engl.

WEDEL, Dieter
Dr. phil., Regisseur, Schriftsteller, Produzent Thalia Theater Hamburg - Tonndorfer Stand 2, 2000 Hamburg 70 - Geb. 12. Nov. 1942 Frankfurt/M., ledig, Sohn Dominik - Stud. Theaterwiss., Gesch., Publiz. FU Berlin, Promot. 1965; 1968-74 NDR-Fernsehspiele-Redakt.; s. 1977 Inh. active-film, Regisseur, Insz. Thalia Theater Hamburg; Fernsehfilme f. ARD u. ZDF - Filme: Einmal im Leben, Mittags auf d. Roten Platz, D. Komplott, Kampf d. Tiger, Schwarz-Rot-Gold, Wer d. Schaden hat, Alles inclusive. Insz.: Freund Horney, Macbeth, Frau d. Bäckers - Adolph Grimme-Preis; DAG-Preis; Gold. Kamera; Gold. Bildschirm; Goldener Gong - Spr.: Engl., Franz.

WEDEL, Erwin
Dr. phil., o. Prof. f. Slav. Philologie Univ. Regensburg (s. 1968) - Weiherweg 26, 8400 Regensburg - Geb. 9. April 1926 Neuliebenthal (Vater: Reinhold W., Fuhrunternehmer; Mutter: Hilda, geb. Prieb), ev., verh. s. 1952 m. Hanna, geb. Riedel, 3 Kd. (Michael, Gabriele, Bettina) - Univ. Leipzig (Phil., Slav., Angl., Roman.; Staatsex. 1952). Promot. (1957) u. Habil. (1968) München, 1956-68 Assist. u. Lektor Univ. München - BV: D. Entstehungsgesch. v. L. N. Tolstojs 'Krieg und Frieden', 1961. Herausg.: Russ.-engl. Taschenwörterb. (1964, 2. A. 1969; Langenscheidt), P. Kovalevsky Bildatlas d. Kultur u. Gesch. d. slav. Welt (dt. A. 1964), B. Unbegaun, Russ. Grammatik (1969) - Liebh.: Bücher, Sport - Spr.: Russ., Ukrain., Poln., Tschech., Serbokroat., Engl., Franz., Span., Ital.

WEDEL, Graf, Wedigo
Generalkonsul d. Bundesrepublik Deutschland in Antwerpen/Belgien - Zu erreichen üb. De Keyserlei 5 bus 26, B-2018 Antwerpen.

WEDEMEIER, Klaus
Präsident d. Senats u. Bürgermeister d. Fr. Hansestadt Bremen (s. 1985) - 2800 Bremen - Geb. 12. Jan. 1944 Hof/S., ev., verh., 1 Kd. - Volkssch.; 1958-61 kaufm. Lehre; Kaufm. Angest. (Elektro-Großhandel, Wohnungsbauges. u. Einzelhandel), Handlungsbevollm. u. Prokurist. Mitgl. Gewerkschaft Handel, Banken u. Versich. - SPD s. 1964, 1970-76 Landesvors. Jusos, 1971-80 Unterbezirksvors. SPD, 1978/79 Vors. Haushaltsaussch. u. Sprecher Finanzdeputation Bremen 1971-85 MdBB, 1979-85 Vors. SPD-Bürgersch.-Frakt.; s. 1985 Bürgerm. u. Präs. d. Senats d. Fr. Han-

sestadt Bremen, 1987 u. 1991 Wiederwahl - Spr.: Engl.

WEDEMEYER, von, Inge
Schriftstellerin - Martinstr. 75, 6100 Darmstadt - Geb. 1921 Eldagsen b. Hannover - Meditationsseminare u. Schriftstellerei - BV: D. sausende Weltmaschine, 1968; Am Ufer d. Rio Rimac, 1969; Sonnengott u. Sonnenmenschen, Kunst u. Kult, Mythos u. Magie im alten Peru, 1970; Noch immer ist sein Poncho bunt, 1975; D. Pfad d. Meditation in d. Spiegel e. universalen Kunst, 1977; E. Buch üb. Bücher, 1978; Gesundh. u. Meditat., Reihe s. 1982; D. Gold. Verse d. Pythagoras, 1983; ... nie verweht d. Duft d. Rose, 1983; Konfuzius, Meister d. Güte u. Mitmenschlichk., 1986; Friedr. Rückert, Weltbürger, Dichter u. Gelehrter, 1989; Weltformel "Liebe", 1990; Schicksal d. Menschheit: D. Heimkehr d. Sohnes, d. verloren war, 1990; D. Herzton stimmen, 1991; Unterwegs zur Harmonie d. Religionen, 1992; Im Rosengarten zu singen (i. V.), 1992; Sri Krishna u. Jesus Christus (i. V.), 1993. Herausg.: Pythagoras - Weisheitslehrer d. Abendlandes (1988); D. Goldene Mitte, Reihe s. 1983. Übers. u. Herausg.: Idries Shah: D. Geheimnis d. Derwische (1982); Idries Shah: D. fabelhaften Heldentaten d. vollendeten Narren u. Meisters Mulla Nasrudin (1984); Sufi Hazrat Inayat Khan: Musik u. kosm. Harmonie (1984); Sufi Hazrat Inayat Khan: D. Lied in allen Dingen (1985); Dt.: Irdisches Glück u. Himmlische Glückseligkeit (1986); Friedensgebet (1987); Perlen aus d. Unsichtbaren Ozean (1990); Cecil Gibbings: Gott heilt! (1987) - Spr.: Engl., Span.

WEDEMEYER, Manfred
Dr. rer. oec., Diplom-Volkswirt, Schriftst. - Haus Utlucht, 2281 Morsum auf Sylt (T. 04654 - 5 61) - Geb. 2. Juli 1931 Nortorf (Vater: Heinrich W., Kaufm.; Mutter: Martha, geb. Marten), ev., verh. s. 1965 m. Hanna, geb. Heckel - Stud. d. Volkswirtsch. Univ. Kiel u. Innsbruck; Promot. 1957 ebd. - S. 1971 Leit. Volkshochsch. Klappholttal - BV: Sylter Lit.gesch. in 1 Stunde, 1972; D. Vogelkoje Kampen, 1974; Westerland in alten Ansichten, 1976; Grüße von Sylt, 1977; Sylt, Abenteuer e. Insel, 1980; Westerland, Bad u. Stadt im Wandel d. Zeit, 1980; C. P. Hansen d. Lehrer v. Sylt, 1982; D. schönsten Sagen d. Insel Sylt, 1984; Fidus u. Magnus Weidemann, 1984; Käuze, Künstler, Kenner - ein gekanntes Sylt, 1986; Grüße aus Helgoland, 1988; Exlibris v. Magnus Weidemann, 1990; Sylter Schmökerlexikon, 1991. Herausg.: Sylter Beiträge (1971/72), Henry Koehn, Sylt (5. A. 1975), Julius Rodenberg, Stilleben Sylt (1972) u. Verschollene Inseln (1974), Jens Booysen, Beschreib. d. Insel Sylt in geogr., statist. u. histor. Sicht (1976), Heimreich, Nordfries. Chronik (1982).

WEDER, Hans
Dr. theol., Prof. f. Neues Testament Univ. Zürich - Zürichbergstr. 102, CH-8044 Zürich (s. 1989) - Geb. 27. Dez.

1946 Diepoldsau, ev., verh. s. 1969 m. Veronika, geb. Altherr, 2 Töcht. (Christine, Katharine) - Gymn. St. Gallen; Stud. Univ. Zürich u. St. Andrews (Scotland); B. Phil.; Promot. 1977 Zürich; Habil. 1979 Zürich - Ord. Univ. Zürich. Mitgl. d. S.N.T.S. (1987-89 Editorial Board); s. 1989 Mitgl. Theol. Kammer d. EKD - BV: Gleichnisse Jesu, 1978, 4. A. 1990; Taschen-Tutor NT, 1980, 3. A. 1989; Kreuz Jesu b. Paulus, 1981; Rede d. Reden, 1985, 2. A. 1987; Neutestamentliche Hermeneutik, 1986, 2. A. 1989; D. Sprache d. Bilder, 1989 - Liebh.: Elektronik, Computerprogrammierung.

WEDEWER, Rolf

Direktor Städt. Museum Leverkusen - Schloß Morsbroich, 5090 Leverkusen/Rhld. (T. 7 07 70); priv.: -Schlebusch, Gregor-Mendel-Str. 1 (T. 5 37 87) - B. 1970 Sekr. Dt. Sektion/Assoc. Intern. des Critiques d'Art (AILA) - BV: Üb. Beuys, 1972 (m. Lothar Romain - Spr.: Engl., Franz., Ital. - Rotarier.

WEDLER, Gerd

Dr. rer. nat., o. Prof. f. Physikal. Chemie - Zanderstr. 6, 8520 Erlangen (T. 5 52 29) - Geb. 19. Aug. 1929 Braunschweig (Vater: Ernst W., Rektor; Mutter: Martha, geb. Zellmann), ev., verh. s. 1956 m. Gerhild, geb. Feldner, 3 Kd. (Hartmut, Gunhild, Harald) - Martino-Katharineum (Abit. 1949) u. TH Braunschweig (Studienstift. d. Dt. Volkes), (Dipl.-Chem. 1954). Promot. 1955 Braunschweig; Habil. 1960 Hannover - S. 1960 Lehrtätigk. TH Hannover (1964 Abt.vorsteher u. Prof.) u. Univ. Erlangen-Nürnberg (1966 Ord.). Spez. Arbeitsgeb.: Physik u. Chemie d. Grenzflächen, Adsorption, heterogene Katalyse, dünne Metallfilme. Mitgl. Ges. Dt. Chem., Dt. Bunsen-Ges., Dechema, Royal Society of Chemistry, Faraday Div., Dt. Physikal. Ges., Intern. Soc. for Solid-State Ionics - BV: Adsorption, 1970 (engl. 1976); Lehrbuch d. Physikal. Chemie, 1982, 1985, 1987. Etwa 170 Einzelveröff. - Liebh.: Bibliophilie, Philatelie - Spr.: Engl., Franz.

WEDLER, Wilfried

Dr. iur., Wirtschaftsjurist (Ass.), Vorstandsmitgl. Barmenia Allg. Versich.-AG, Barmenia Krankenversich. a. G., Barmenia Lebensversich. a. G., Barmenia Rückversich.-AG, alle Wuppertal - Kronprinzenallee 12-18, 5600 Wuppertal 1 - Geb. 18. Dez. 1937 Suhl/Thür.

WEEGEN, Lorenz

Dipl.-Ing., Vorstandsvorsitzender A. Friedr. Flender AG, Bocholt - Hessenspoor 54, 4280 Borken 1 - Geb. 14. Okt. 1928.

WEERDA, Albert

Oberdeich- u. Obersielrichter, Vors. Landesverb. d. Niedersachsen, d. Wasser- u. Bodenverb. u. Vors. Arbeitsgemeinsch. d. Landes- u. Bezirksverb. d. Wasser- u. Bodenverb. - Leeraner Str. 85, 2970 Emden.

WEERS, Gerd E.

Generaldirektor, Chefberater United Technologies Corp., Hartford, Conn., USA, Geschäftsf. ITCO Intern. Business Consult GmbH - Poppenreuther Str. 3, 8510 Fürth/Bayern; priv.: Langenbergweg 16, 8506 Langenzenn (T. 09102 - 12 07) - Geb. 4. Sept. 1927 Friesland, ev., verh. s. 1966 m. Ellen, geb. Dodel - Asien- u. USA-Erfahrung - 1976 Staatsmed. f. bes. Verdienste um d. bayer. Wirtsch.

WEFELSCHEID, Heinrich

Dr. rer. nat., Prof. f. Mathematik Univ.-GH Duisburg - Wolfsbachweg 8, 4300 Essen 1 - Geb. 16. April 1941 (Vater: Dr. Heinrich W., Oberstud.dir.) - Promot. 1966 Univ. Hamburg, Habil. 1972 ebd. - 1968-75 Wiss. Rat Hamburg; s. 1975 Prof. Univ. Duisburg. 1972-76 Vors. Math. Ges. Hamburg. Veröff. üb. Fastkörper, Permutationsgr. u. Minkowski-Geometrien. Gründer u. Herausg. Ztschr. Results in Mathematics (m. H. J. Arnold). Herausg. d. Gesammelten Werke v. Edmund Landau (10 Bde., Thales-Verlag).

WEFERS, Dieter

Dr., Direktor Deutsche Bank AG., Hannover, Vorst. Nieders. Börse - Süßeroder Str. 15, 3001 Anderten - Geb. 19. Juni 1927 ARsmand.

WEFERS, Wilhelm

Dipl.-Kfm., Ltd. Ministerialrat a. D., Hauptgeschäftsf. Niederrhein. Industrie- u. Handelskammer zu Duisburg i. R. - Wildfängerweg 15, 4100 Duisburg (T. 76 53 00) - Geb. 1. Okt. 1915 Kettwig/Ruhr, ev., verh. s. 1940 m. Hertha, geb. Prieß, 2 Söhne (Timm, Dirk) - Max-Planck-Gymn. Duisburg-Meiderich; Univ. Köln, TH u. Univ. München (Wirtschaftswiss.; Dipl.-Kfm. 1945) - 1947-65 Bayer. Wirtschaftsmin. u. Min. f. Wirtschaft, Mittelstand u. Verkehr NRW (1952) - Spr.: Engl., Franz. - Rotarier.

WEGE, Joachim

Dr. jur., Landrat d. Kreises Plön (s. 1988) - Breitenaustr. 4, 2320 Plön (T. 04522 - 50 82 00) - Geb. 30. Juni 1949, verh. s. 1977 m. Hanna, geb. Schlitt, 3 Kd. (Verena, Katharina, Vincent) - Stud. Rechtswiss., 1. jurist. Staatsprüf. 1972 Kiel, Promot. 1976 Kiel, Gr. jurist. Staatsprüf. 1977 Hamburg - 1972/73 u. 1977/78 Assist. b. Prof. Dr. Kewenig, Kiel; s. 1978 Höhere Verwaltungsdienst Hamburg - BV: Positives Recht u. sozialer Wandel, 1977 - Spr.: Engl., Franz.

WEGELEBEN, Gottfried

Autor, Produzent - Grafstr. 13, 8137 Berg 1/Obb. (T. 08151 - 5 15 89) - Geb. 14. Jan. 1928 Erfurt - Univ. Berlin u. Göttingen (Rechtswiss.) - Tätigk. Filmaufbau Göttingen, Bavaria-Filmkunst München, Schorcht-Film, ebd. - Filme, TV-Serien, Theaterst. - Liebh.: Golf, Segeln.

WEGELER, Hanns-Christof

Fabrikant, pers. haft. Gesellsch. Deinhard & Co. KG a. A., Sektkellerei, Koblenz, Geschäftsf. Epikur GmbH, Koblenz - Rheinhöhe 20, 5417 Urbar/b. Koblenz - Geb. 25. Dez. 1934 - Präs. Verb. Dt. Sektkellereien, AR-Mitgl. Deutscher Weinfonds, Mitgl. EG-Weinkomitee, stv. Vors. Arbeitgeberverb. Nahrung u. Genuß ebd. 1973ff. Dir. Deinhard & Co., London, Ehrenpräs. FIVS, Paris - Spr.: Engl., Franz., Span.

WEGELER, Rolf

Fabrikant, pers. haft. Gesellsch. Deinhard & Co. KG. a. A., Sektkellerei, Koblenz, Geschäftsf. Epikur GmbH., Koblenz, Schloßkellerei Lichtenthäler GmbH., Koblenz - Simrockstr. 7, 5400 Koblenz (T. 3 13 16) - Geb. 2. Okt. 1934 Koblenz (Vater: Gerhard W.), verh. m. Helga, geb. Schniewind - Spr.: Engl., Franz. - Rotarier.

WEGELT, Hermann

Rechtsanwalt, Hauptgeschäftsf. Verb. d. Dt. Parkettind. u. Fachverb. Holzpflaster, Gf. Fachverb. Grubenholz - Füllenbachstr. 6, 4000 Düsseldorf 30.

WEGENAST, Klaus

Dr. theol., o. Prof. f. Prakt. Theologie - Hohstalenweg 30, CH-3047 Bremgarten (T. 031 - 24 03 95) - Geb. 8. Dez. 1929 - 1962-72 Prof. Päd. Hochsch. Lüneburg, s. 1972 Prof. Univ. Bern (Prakt. Theol. - Religionspäd.), 1987/88 Rektor - BV: D. Verständnis d. Tradition b. Paulus u. in d. Deuteropaulinen, 1962; Jesus u. d. Evangelien, 5. A. 1972; D. biblische Unterr., 3. A. 1969; Glaube - Schule - Wirklichk., 1970; Curriculumtheorie u. Rel.sunterr., 1972; Orientierungsrahmen Religion, 1979; Religionsunterricht in d. Sekundarstufe I, 1980; Religionsdidaktik Grundsch., 1983; Jugend, Zukunft, Glaube, 1987. Herausg. mehr. Sammelbde. u. Mitarb. an mehr. theol. u. päd. Lexika. 340 Aufs. in vielen wichtigen theol., päd. u. kirchl. Publ.organen.

WEGENER, Angelica

Dr. med., Ärztin, Vors. Verein d. Versicherungsgeschädigten u. Verein Therapeutisches Reiten, bde. Bonn - Am Herrengarten 66, 5300 Bonn 3 (T. 0228 - 43 04 56 u. 43 03 39) - Geb. 22. Jan 1953, Sohn Jörg - Med.-Stud.; Ex. 1979, Promot. 1981 - 1979/80 Tätigk. Univ. Köln (Inst. f. Arbeits- u. Sozialmed.); 1980-83 Reha-Zentrum Godeshöhe; 1981-83 Univ. Bonn; 1983 Niederlass. als prakt. Ärztin (Duchführung v. Hippotherapie); Ärztin f. Arbeits- u. Sozialmed. - Liebh.: Med.-therap. Reitsport - Spr.: Engl., Franz.

WEGENER, Charlotte,

geb. Schubert

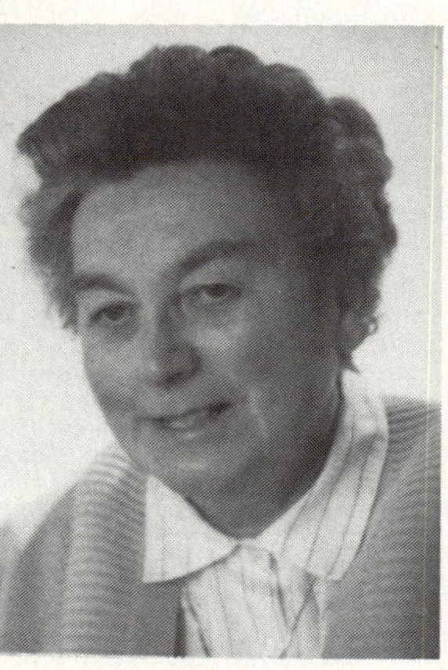

Mitglied d. Abgeordnetenhauses v. Berlin (s. 1991) - Osianderweg 37, 1000 Berlin 27 (T. 030 - 433 22 49) - Geb. 19. Jan. 1929 Berlin, ev., verh. s. 1954 m. Herbert W., 3 Kd. (Sigrun, Waltraud, Brigitte) - Abit. 1947; engl. Dolmetscherex. 1948; Verw.lehrg. Steuer 1951 - 1949-55 Verw.-Angest. Finanzverw.; 1964-79 Elternvertret. Berliner Sch.; 1974-79 Vors. d. Gesamtelternvertr. Humboldt-Gymn. Tegel; 1976-79 Vors. d. Bez.elternaussch. Reinickendorf; Mitgl. Landeselternaussch.; Landesch.-beir. u. Bundeselternrat; 1972-80 stv. Vors. d. Vereinig. d. Freunde d. Humboldt-Obersch. Tegel e.V. (dFHT); 1979-81 Bürgerdeputierte Schulaussch. Reinickendorf; s. 1981 Vors. d. Berliner Elternvereins e.V.; 1983 Gründ.- u. langj. Vorst.-Mitgl. d. Vereins d. Steg e.V. (Verein z. Wiedereinglied. psych.-kranker Kinder u. Jugendl.); s. 1988 Mitgl. im Landesvorst. d. Europa-Union Berlin e.V.; 1981-91 Bezirksverordn.; zul. stv. Fraktionsvors. d. CDU-Frakt. BVV Bezirksverordn. - 1979 Ehrenabit. d. Humboldt-Gymn.; 1983 Ehrenmitgl. d. Vereinig. d. Freunde Humboldt-Oberschule Tegel e.V.; 1989 BVK am Bde. - Liebh.: Lesen guter Bücher, Musik (insbes. Opern), Gartenarb., Enkelkinder (5) - Spr.: Engl., Franz., Lat.

WEGENER, Gerhard

Dr., Prof. u. Abteilungsvorsteher Univ. Mainz (s. 1975) - Kerschensteiner Str. 3, 6500 Mainz (T. 38 77 17) - Geb. 13. Juni 1941 Lindau (Vater: Wilhelm W., Ang.; Mutter: Elfriede, geb. Simoleit), kath., verh. s. 1967 m. Monika, geb. Lutynski, 2 Kd. (Britta, Claudia) - Stud. d. Biol., Math., Physiol. Chemie Univ. Münster; Promot. 1969 ebd. - 1969 Assist. Münster; 1970/71 Stip. DFG, dann Assist., Akad. Rat u. Lehrbeauftr. Univ. Heidelberg. Fachmitgl.sch. Wiss. Ztschr.aufs. - 1969 Fakultätenpreis Univ. Münster - Spr.: Engl.

WEGENER, Hans Th.

Dipl.-Kfm., Geschäftsführer R + M Wegener GmbH + Co Hut- + Mützenfabrik - Vogelsbergstr. 172, 6420 Lauterbach 1 - Geb. 21. Juni 1949.

WEGENER, Hans-Joachim

Studiendirektor a. D., Erster Bürgermeister (s. 1968), MdL Nieders. (s. 1970) - Neue Reihe 16, 2190 Cuxhaven (T. 3 77 56) - Geb. 18. Mai 1911 Vessin

WEGENER, Heinz

Lehrer, Landrat, MdL Nordrh.-Westf. (s. 1966) - Am Vietberg 24, 4931 Detmold 1 (T. 6 88 89) - Geb. 15. Sept. 1920 Hiddesen/Lippe, verh., 2 Kd. - Aufbausch. (Abit.); Stud. Lehrerprüf. 1947 u. 50 - 1938-45 Militär- u. Wehrdst. (schwerkriegsbeschädigt); s. 1947 Lehrer. S. 1970 Landrat. S. 1950 Ratsmitgl. Heidenoldendorf u. MdK Detmold (Fraktionsvors.); 1957-65 MdB. SPD s. 1946.

WEGENER, Hermann

Dr. phil., Dr. med., em. o. Prof. f. Psychologie u. Pädagogik am Inst. f. Psychol. Univ. Kiel (s. 1963) - Wiesenweg 4, 2300 Kiel-Wik (T. 33 18 23) - Geb. 6. Juni 1921 Kiel (Vater: Heinrich W., Marineoffz. (Ing.); Mutter: Wally, geb. Dorau), verh. s. 1949 m. Dr. med. Gisela, geb. Wiedemann, 2 Kd. (Horst-Detlef, Rosemarie) - Stud. Psych. u. Med. Promot. (1949 phil., 51 med.) u. Habil. (1957) Kiel - 1954-63 Doz. u. Prof. f. heilpäd. Psych. (1960). 5 Buchbeitr. u. etwa 50 Fachaufs. - Spr.: Engl., Franz.

WEGENER, Horst

Dr. phil. nat., o. Prof. f. Physik - Dompfaffstr. 84, 8520 Erlangen (T. 4 14 92) - Geb. 16. Aug. 1926 Altkloster (Vater: Hans W., Kaufm.; Mutter: Frida, geb. Klinger), ev., verh. s. 1952 m . Heide-Barbara, geb. Prahl, 3 Kd. (Susanne, Jens, Dirk) - Univ. Hamburg u. Erlangen (Physik). Promot. (1954) u. Habil. (1959) Erlangen - S. 1954 Assist., Privatdoz. (1959), ao. (1961) u. o. Prof. (1966) Univ. Erlangen bzw. Nürnberg, dazw. 1959-61 u. 1966-67 Wiss.ler USA - BV: D. Mößbauer-Effekt u. s. Anwendung in Physik u. Chemie, 1965. Div. Einzelarb. - 1963 Ehrenbürger Staat Tennessee - Spr.: Engl.

WEGENER, Ingo

Dr. math., Prof. f. Informatik Univ. Dortmund - Lessingstr. 58 a, 4800 Bielefeld 1 (T. 0521 - 6 02 82), u. FB Informatik, Univ. Dortmund, Postf. 50 05 00, 4600 Dortmund 50 - Geb. 4. Dez. 1950 Bremen (Vater: Werner W., Speditionskaufm.; Mutter: Gisa, geb. Lübsin), verh. s. 1975 m. Christa Wegener-Mürbe - Univ. Bielefeld (Dipl.-Math. 1976, Promot. 1978, Habil. 1981) - 1976-80 Wiss. Assist. Bielefeld; 1980-82 Gastprof., Vertr. e. Prof. in Frankfurt; 1982-87 C3-Prof. f. Informatik Univ. Frankfurt; s. 1987 C4-Prof. f. Informatik Univ. Dortmund - BV: Suchprobleme (m. R. Ahlswede), 1979 (russ. Übers. 1982, engl. Übers. 1987); The complexity of Boolean functions, 1987; Effiziente Algorithmen f. grundlegende Funktionen, 1989 - Spez. Interessen: Forsch.geb. Schaltkreistheorie, Effiziente Algorithmen, Optimierung.

WEGENER, Wilhelm

Dr. jur., Dipl.-Volksw., em. o. Prof. f. Dt. u. vergl. Rechtsgeschichte, Handels- u. Arbeitsrecht - Kiesseestr. 35 b, 3400 Göttingen - Geb. 2. Nov. 1911 Bad Lippspringe/W. (Vater: Paul W., Dr. med., Facharzt f. Lungenkrankh.; Mutter: Luise, geb. Juckenack), ev., verh. seit 1942 mit Marta, geb. Grimm †1991 - Gymn. Paderborn; Univ. Marburg, Göttingen, München, Bonn (Rechts- u. Staatswiss.). Dipl.-Volksw. 1935 Bonn; jurist. Staatsprüf. 1937; Promot. (1939) u. Habil. (1954) Göttingen - 1940-45 Wirtschaftsjurist Berlin, 1945-55 wiss. Assist. Univ. Göttingen, s. 1956 ao. u. o. Prof. (1958) Univ. Saarbrücken - BV: D. neuen dt. Verfass., 1947; D. intern. Donau, 1951 (Gött. Rechtswiss. Stud. 2); Böhmen, Mähren u. d. Reich im Hochmittelalter, 1959 (Ostmitteleuropa in Gesch. u. Gegenw. 5). Herausg.: Festschr. Karl G. Hugelmann (2 Bde. 1959), Genealog. Tafeln z. mitteleurop. Gesch. (1962-69). Mithrsg.: Unters. z.

dt. Staats- u. Rechtsgesch. N.F. (1962ff.) - Mitgl. Histor. Kommiss. d. Sudetenländer (1956 korr., 1970 o.) u. d. Saarl. (1960 o., 68 korr., 1970-75 o. u. stv. Vors.); 1976 Silb. Johann Christoph Gatterer Med.; 1986 Med. de mérite d. Confédération Intern. de Généalogie et d'Heraldique.

WEGENER, Wolf
Dr. jur., Rechtsanwalt u. Notar, Generalsyndikus d. ADAC (s. 1987) - Bundesallee 25, 1000 Berlin 31 (T. 030-86 86-2 14) - Geb. 20. März 1933 Berlin, ev., verh. s 1971 m. Ilse, geb. Niemeyer - Stud. Rechtswiss. Univ. Berlin, Freiburg, Genf, Paris - S. 1978 Vorst.-Vors. ADAC Berlin-Brandenburg; stv. AR-Vors. ADAC Verlag GmbH; AR-Mitgl. ADAC Rechtsschutz AG; AR Berliner Dienstleistungs-AG; Beirat Dt. Bank Berlin AG, Volkswagen AG - BVK I. Kl. - Liebh.: Golf, Ski - Spr.: Engl., Franz.

WEGENER, Wolfgang

Dr. rer. nat., Dipl.-Chemiker, Berater u. Sachverst. f. Baustoffkunde u. Bauchemie, Schiedsrichter - Kittlerstr. 25, 6100 Darmstadt (T. 06151 - 7 76 36) - Geb. 25. Okt. 1926 Lage/Lippe b. Detmold (Vater: Dr.-Ing. Walther W., Prof.; Mutter: Ilse, geb. Cordes), ev., verh. s. 1954 m. Eva-Marie, geb. Croseck, 2 Kd. (Petra, Andreas) - Schulen Krefeld, Hamburg, Seesen u. Osterode (Abit. 1946); nach Militärdienst Praktikanten-Tätigk.; ab 1946 TH Braunschweig (Chemie u. Botanik), Univ. Cambridge (Chemie u. Engl.); Dipl.-Chem. 1953 TH Braunschweig, Promot. 1955 - 1952-56 wiss. Assist. TH Braunschweig u. Leit. Abt. Baustoffchemie Nieders. Materialprüfamt; 1956-71 Ind.tätigk. (Leit. Entw.- u. Betriebslab. Organa-Bautenschutz GmbH Bochum, ab 1961 Leit. wiss. u. Dok.-Abt. ebd., ab 1964 Prok. u. Techn. Leit. L.H. Bauchemie, Lügde. ab 1968 Techn. Dir. Woermann GmbH. Chem. Baustoffe, Darmstadt); ab 1971 selbst. als Gutachter, Schiedsrichter u. Berater f. Baustoffkd., Bauchemie, Bautenschutz usw.; Sachverst. IHK Darmstadt, Dt. Beton-Verein e.V., Wiesbaden u. Dt. Ges. f. Baurecht e.V., Frankf., u. a. Fachmitgl.sch., Patente. Veröff. in Fachpresse, Forsch.ber. - Liebh.: Wassersport, Fotografie - Spr.: Engl. - Bek. Vorf.: Prof. Walther W. (Vater) - Lit.: Kürschners Dt. Gelehrten-Kal.

WEGENSTEIN, Willy
Dipl.-Ing., Unternehmensberater - Springsiedelgasse 16, A-1190 Wien (T. 0222 - 37 22 55) - Geb. 31. Dez. 1914 (Vater: Otto W., Kaufm.; Mutter: Marguerite, geb. Staehlin), prot., verh. s. 1957 m. Elisabeth, geb. Habietineck, 8 Kd. (Annelies, Martin, Monika, Angelina, Johannes, Joachim, Florian, Bernadette) - Dipl. 1937 ETH Zürich - S. 1947 selbst. Untern.berater, teilw. m. Führungsaufg. (Tätigk. in rd. 600 Firmen auf intern. Basis); Management Konsulent z. d. Univ. Wien - Oberstltn. Schweizer Armee - BV: Management-

Taschenb. - Liebh.: Sportfliegen, Wasserski, Reiten - Spr.: Engl., Franz., Ital.

WEGER, Hans-Dieter
Dr. rer. pol., Gesellschafter u. Geschäftsführer d. Dr. H.-D. Weger GmbH Ges. f. Stiftungs- u. Sponsoringberat. (s. 1990) - Möweneweg 20, 4837 Verl - Geb. 17. April 1942 Kirchen/Sieg, kath., verh. s. 1972 m. Magda, geb. Jahn, 3 Kd. - Stud. Volksw. sozialwiss. Richtung Univ. Köln; Dipl.-Volksw.; Promot. 1972 - 1970-74 wiss. Assist. Univ. Köln; 1974-78 Abt.-Leit. Gesamtverb. Dt. Versich.-Wirtsch.; 1979-90 Geschäftsf. d. Bertelsmann Stiftg. - Liebh.: Klass. Musik - Spr.: Engl. - Rotarier.

WEGER, Karl-Heinz
Dr. theol., Prof., Priester d. Gesellschaft Jesu - Kaulbachstr. 33, 8000 München 22 (T. 089 - 238 63 26) - Geb. 17. Juli 1932 Schweinfurt, kath. - Promot. Theol. Fak. Maastricht, Niederl. - Prof. f. Grundlegung d. Theol. und Phil. Anthropol.; Leit. Inst. f. Fragen d. Religionskritik - BV: Theologie d. Erbsünde, 1970; Karl Rahner. E. Einf. in s. theol. Denken, 1978 (übers. in versch. Spr.); Was sollen wir noch glauben?, 1979 (m. K. Rahner, übers. in versch. Spr.); Religionskritik. Proj. f. Religionsunterr. u. Erwachsenenbildung, 1979 (m. Bieger u. Marlet); Vom Elend d. krit. Rationalismus, 1981; D. Mensch v. d. Anspruch Gottes, 1981; Gott hat sich offenbart, 1982; Wege z. theol. Denken. Wie kann man Glaubensaussagen aus Erfahrung klären?, 1984; Wozu sind wir auf Erden?, 1989. Herausg.: Religionskritik v. d. Aufklärung b. z. Gegenwart (1979, 4. A. 1988, übers. in versch. Spr.); Argumente f. Gott (1987). Zahlr. Art. in Ztschr.

WEGERDT, Christian

Dr. rer. nat., Prof., Dipl.-Ing., Geschäftsführer u. Dir. d. Inst. f. Materialforsch. u. Anwendungstechnik GmbH - Maxim-Gorki-Str. 4, O-9200 Freiberg (T. 6 92 96) - Geb. 8. Aug. 1935 Dresden, ev., verh. s. 1962 m. Stefanie, geb.

Günther, 2 Kd. (Lutz, Antje) - Stud. Eisenhüttenkunde Humboldt-Univ. Berlin u. Bergakad. Freiberg; Dipl. 1959; Promot. 1964 - 1986 Hochsch.doz.; 1990 Hon.-Prof. f. Werkstoffwiss. - AR-Mitgl. metallerz. Werke; b. 1989 Leit. d. Gruppe Werkstoffe b. Forsch.rat; b. 1987 verantwortl. f. wiss.-techn. Arbeit im Vorst. Bergbau u. Hüttenbetrieb Freiberg - Arb. auf d. Gebiet d. Metallrecyclings (Pat.) u. d. Oberflächentechn. d. Metalle - BV: Erzeug. u. Eigensch. d. Sonderwerkstoffe, 1985. Versch. Arb. z. Gewinnung u. Anwendung v. Edelmetallen - Nationalpreis f. Wiss. u. Techn. - Liebh.: Lit., Wirtsch.

WEGHMANN, Jürgen Th.
Direktor (Stahl) Klöckner & Co. AG Duisburg - Forsbacherstr. 29, 5000 Köln 91 (T. 0221 - 86 28 15 u. 86 70 44) - Geb. 28. Jan. 1945 Bisperode, kath., verh. s. 1986 m. Martine Soubie, S. Philipp - Abit. 1964 Opladen; Industrie-Kfm. 1966 Klöckner Werke Osnabrück; Dipl.-Kfm. 1970 Univ. Köln - Versch. Beiräte, AR u. Ehrenämter - Golf, 1960-66: 28 Ländersp. Junioren; 1967-73: 27 Ländersp. Herren; 1968 Nationaler Offener Dt. Meister; 1969 Dt. Meister; 1968 Ehrennadel d. Dt. Golfverb. - Liebh.: Sport, Reisen, Lit., Kunst, Klass. Musik - Spr.: Engl., Franz.

WEGLER, Richard
Dr. ing., Direktor i. R., Honorarprof. f. Org. Chemie TH Aachen (s. 1969) - Auf dem Forst 2, 5090 Leverkusen 1 (T. 0214 - 5 64 56) - Geb. 8. Juli 1906 Beilstein (Eltern: Robert W., Volksschullehrer; Mutter: Berta W.), ev., verh. I) s. 1938 m. Annelotte, geb. Pompe († 1962), 3 Kd. (Günter, Dieter, Monika); II) s. 1963 m. Gerda, geb. Möller - TH Stuttgart (Dipl.-Chem.; Promot.). Habil. 1931 - 1938 IG Farbenind. Werk Leverkusen (1959 Leit. chem. Pflanzenschutzforsch.). Div. Mitgliedsch. - BV: Mitarb. am Houben-Weyl. Herausg.: Chemie d. Pflanzenschutz u. Schädlingsbekämpfungsmittel (8 Bde. m. a.). Zahlr. Publ. - Spr.: Engl.

WEGMANN, Klaus
Dr. rer. nat., Univ.-Prof. - Waldhäuserstr. 37, 7400 Tübingen - Geb. 27. Juli 1932 Annweiler am Trifels, kath., verh. s. 1957 m. Gertrud, geb. Gäng, 4 Kd. (Michael, Regina Maria, Ulrike, Martina) - Stud. Chemie TH Karlsruhe u. Biol. Univ. Tübingen; Promot. 1967, Habil. 1971, bde. Tübingen - 1968 Wiss. Assist.; 1975 Univ.-Doz.; 1980 Univ.-Prof. Tübingen - Herausg.: Meyers Kleines Lexikon Ökologie (1987). Unterrichtsfilm Gaschromatographie (1980). Zahlr. Fachpubl. z. Streßbiochemie b. Pflanzen, ökologische Biochemie.

WEGMANN, Rudolf
Dr. phil., Dr. med, Oberstudiendirektor a. D., Honorarprof. Univ. München (Allg. Didaktik, Erziehungswiss.) - Klosterweg 32, 8137 Berg 3 (T. 08151 - 5 05 98) - Geb. 31. Mai 1905 München (Vater: Josef W.; Mutter: Maria, geb. Duna), verh. s. 1937 m. Erna, geb. Miller - Stud. Päd., Psych., Theaterwiss. Med. München u. Berlin 1926-29 u. 1936-40 Volksschullehrer, 1929-35 u. 1948-70 Lehrerbildner, 1940-43 Heerespsychologe (Reg.srat); 1943-45 Feldunterarzt - BV: u. a. Unterricht in der Menschenkunde, 1952; Urfeind der Erziehung, 1962 (spanisch 1964); Theorie d. Unterrichts, 1964; D. gesunde Schule, 1966; Gesundheitserzieh. in d. Schule, 1968; Spiel als Lebenshilfe, 1980; Päd. Ketzereien, 1984 - 1962 Ehrenz. Johanniter-Unfallhilfe; Gold. Sportab.; 1976 B.-Chr.-Faust-Med.; 1977 Tholuck-Plakette u. BVK; 1983 Bayer. VO; 1985 Hildeg.-v.-Bingen-Med. - Liebh.: Pilzkunde - Spr.: Engl.

WEGMANN, Wolfgang
Dr. rer. pol., Dipl.-Kfm., Geschäftsführer Wila Verlag GmbH Wilhelm Lampl KG, Geschäftsf. Bertelsmann InformationsService GmbH - Landsberger Str. 191a, 8000 München 21 - Geb. 25. Dez. 1937 Bielefeld-Brackwede - Univ. Köln

(Wirtschafts- u. Sozialwiss.) - Tätigk. Bertelsmann AG, Gütersloh u. Ariola Eurodisc GmbH, München (10J.); AMK Berlin Ausstellungs-, Mess-, Kongreß GmbH, Berlin.

WEGMANN, Wolfgang J.
Dr. rer. pol., Management Consulting - Am Markt 7, 2251 Süderstapel - Geb. 22. Aug. 1928 Köln (Vater: Dr. med. Hans W.; Mutter: Ernestine, geb. Rübhausen), verh. s 1955 m. Elke, geb. Weseloh, 4 Kd. (Joachim, Roger, Cathlen, Francesca) - 1955-62 Revisor u. Com. Mgr. Dt. Lufthansa - 1963-76 Geschäftsf. Glaswerk Schuller, Wertheim; 1977-81 Gf. Gesellsch. G. Kuntze GmbH & Co. Röhrenwerk, Behältertau, Sauerstoffwerk, Süssen. S. 1982 Management Consultant.

WEGNER, Elmar
Dr. jur., Dipl.-Kfm., Geschäftsführer Fränk. Gesellschaftsdruckerei u. Echter-Verlag GmbH., beide Würzburg - Winterhauser Str. Nr. 20a, 8700 Würzburg (T. Echterhaus: 5 02 58) - Geb. 7. Dez. 1930 Würzburg (Vater: Franz W.; b. 1967 Geschäftsf. ob. Untern.; s. XV. Ausg.), kath., verh. s. 1960 m. Rose-Marie, geb. Schmitz, 2 Söhne (Bertram, Markus) - Stud. Betriebsw. u. Rechtswiss.

WEGNER, Gerhard
Dr., Prof., Direktor Max-Planck-Institut f. Polymerforschung - Zu erreichen üb. Max-Planck-Inst. f. Polymerforsch. - Ackermannweg 10, Postf. 31 48, 6500 Mainz - Geb. 3. Jan. 1940 Berlin - 1959 Stud. Chemie Univ. Mainz, Promot. 1965; 1965-67 Mitarb. Yale Univ.; 1968 Ass. am Inst. f. Physikal. Chemie Univ. Mainz; 1969 Gründungsmitgl. Sonderforschungsber. (SFB) 41; 1971 Doz.; 1972 apl. Prof. Univ. Mainz; 1974 o. Prof. f. Makromolekulare Chemie Univ. Freiburg, Dir. Inst. f. Makromol. Chemie ebd.; 1983 Prof. MPI f. Polymerforsch., s. 1984 Dir.; Mitgl. d. Inst. f. Physikal. Chemie d. Univ. Mainz - 1979 Preis d. Amherst Univ., Mass.; 1984 Otto-Bayer-Preis (1. Preistr.); 1989 Philip-Morris-Preis; 1990 Hermann-Staudinger-Preis der GDCh.

WEGNER, Klaus
Dr. rer. pol., Prof., Diplom-Psychologe - Ludwig-Beck-Str. 21, 3400 Göttingen (T. 5 58 88) - U. a. Prof. Päd. Hochsch. Göttingen.

WEGNER, Konstanze,
geb. Overhoff
Dr., Mitglied d. Deutschen Bundestages SPD (s. 1988) - Medicusstr. 6, 6800 Mannheim 24 (T. 0621 - 41 14 77) - Geb. 27. Febr. 1938 Frankfurt/M. - Vater: Dr. Julius O. †1978, Kfm. u. Schriftst.), verh. m. Michael W., 2 Kd. - Stud. 1957-64 alte u. neue Gesch., Phil., Anglistik; Promot. 1964 im Fach Neue Geschichte - 1965-70 Hausfrau u. fr. Mitarb. b. Rundfunk; 1975-80 Bezirksbeirätin in Mannheim; 1980-88 Stadträtin in Mannheim - BV: Theodor Barth u. d. Freisinnige Vereinigung. Studien zur Geschichte d. Linksliberalismus im wilhelminischen Deutschland (1893-1910), 1968; Linksliberalismus in d. Weimarer Republik. D. Führungsgremien d. Deutschen Demokratischen Partei u. d. Deutschan Staatspartei (1918-1933), 1980 - Liebh.: Lesen, Musik - Spr.: Engl., Franz.

WEGNER, Max
Dr. phil., o. Prof. f. Klass. Archäologie (emerit. 1970) - Fliednerstr. 7, 4400 Münster/W. (T. 8 26 14) - Geb. 8. Aug. 1902 Wozinkel/Meckl. (Vater: Paul W., Landwirt; Mutter: Elisabeth, geb. Hagemeister), ev., verh. s 1936 m. Lotte, geb. Brunk, 3 Kd. (Clemens, Leonore, Christiane) - Realgymn. (Gymn.) Lübeck; Univ. Freiburg/Br., Leipzig, München, Berlin (Archäol., Kunstwiss., Sinol., Phil., Dt.). Promot. (1928) u. Habil. (1939) Berlin - Ref. u. Assist. Dt. Archäol. Inst., Berlin (auch Ausl.), 1939 Privatdoz. Univ. ebd., 1942 Ord. Univ.

Münster (Dir. Archäol. Sem. u. Mus.) - BV: D. röm. Herrscherbild in antonin. Zeit, 1939; D. Land d. Griechen, 1941; Goethes Anschauung antiker Kunst, 1943; D. Musikleben d. Griechen, 1949; D. Musikinstrumente d. alten Orients, 1949; Altertumskd. 1951; Meisterw. d. Griechen, 1954; Hadrian, Plotina, Marciana, Matidia Sabina, 1956; Ornamente kaiserzeitl. Bauten Roms - Soffitten, 1957; Griechenl., 1963; Sizilien - Charakterstudie e. Weltinsel, 1963; Musensarkophage, 1964; D. Herrscherbild in flav. Zeit, 1964; Schmuckwaren d. antiken Rom, 1965; Archaeologia Homerica - Tanz u. Musik, 1968; Duris - E. künstlermonogr. Versuch, 1968; Musikgesch. in Bildern - Griechenl., 1969; Röm. Herrscherbild - V. Marcrinus b. Balbinus, 1971; D. Brygosmaler, 1973; Röm. Herrscherbild. Traianus Decius b. Carinus, 1979; Euthymides u. Euphronios, 1979; Frauen d. Tetrarchen, d. Constantinus u. dessen Familie. Iulianus. 1984; Gebälkfriese römerzeitlicher Bauten. Zeiten. Lebensalter. Zeitalter, 1992. Herausg.: Orbis Antiquus (1950ff.). Zahlr. Veröff. in Festschriften u. Ztschr. - 1992 BVK am Bde.

WEGNER, Michael

Dr. phil., Vorstandsmitglied Bibliographisches Institut & F. A. Brockhaus AG - Dudenstr. 6, 6800 Mannheim 1; priv.: Medicusstr. 6.

WEGNER, Rose-Marie

Dr. agr., Prof., Dir. u. Prof., Leiterin i. R. Inst. f. Kleintierzucht Celle/Bundesforschungsanst. f. Landwirtschaft Braunschweig-Völkenrode, Haltung u. Verhalten v. Geflügel u. Kleintieren - Dörnbergstr. 25/27, 3100 Celle (T. 05141 - 3 10 31/32) - Geb. 16. März 1924 Ragnit/Ostpr. (Vater: Kurt W., Obering.; Mutter: Lisbeth, geb. Faulbaum), ev. - Stud. Landw. Univ. Halle u. Bonn (Diplom 1950, Promot. 1952). Habil. 1961 Bonn - S. 1966 apl. Prof. Bonn, Wiss. Rat; 1976-89 Leiterin Inst. f. Kleintierz. Celle, weiterh. apl. Prof. Univ. Bonn u. Vorlesung i. SS - S. 1972 Secretary Dt. Gruppe d. WPSA; 1984 Secretary WPSA (World's Poultry Science Assoc.).

WEGNER, Wilhelm

Dr. vet. med., Prof. Tierärztl. Hochsch. Hannover, Tierarzt, Tierzüchter - Institut f. Tierzucht, Bünteweg 17p, 3000 Hannover 71 (T. 0511 - 953 88 74) - Geb. 3. Sept. 1932 Hamburg - Stud. Tiermed.; Promot. u. Habil. - BV: Kl. Kynol., 1986; Vererb. u. Krankh. b. Haustieren, 1972; Defekte u. Disposit., 1986.

WEH, Herbert

Dr.-Ing., o. Prof. u. Direktor Inst. f. Elektr. Maschinen, Antriebe u. Bahnen TH bzw. TU Braunschweig (s. 1961) - Wöhlerstr. 20, 3300 Braunschweig (T. 51 14 83) - Geb. 1. März 1928 Lindau/B. - Zul. TH Karlsruhe. Fachveröff.

WEHDEKING, Thomas Pieter

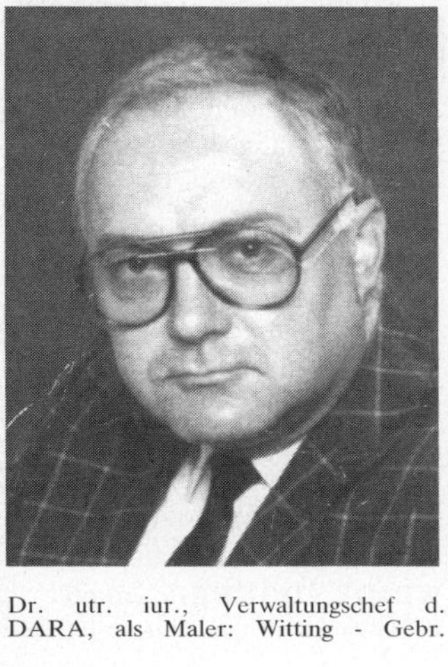

Dr. utr. iur., Verwaltungschef d. DARA, als Maler: Witting - Gebr. Grimm-Str. 17, 5342 Rheinbreitbach (T. 02224 - 42 81) - Geb. 26. Jan. 1938 Worpswede b. Bremen, verh. s. 1966 m. Ute, geb. Lehrmann, 2 Söhne (Tom, Tim) - Lehre Außenhdl.kfm. Bremen; Stud. Jura, Phil., Psychol. Saarbrücken; Promot. 1970 - Lehrstuhlassist., Wiss. Assist. im Staats-Verwalt.recht Saarbrücken; 1970-72 Leit. d. Rechtsabt. e. Thyssen-Untern.; Ref. im BMFT, verantw. f. d. ges. Vertragswesen; 3 1/2 J. Kaufm. Leit. d. Projektträgers Humanisierung d. Arbeitslebens; s. 1989 Leit. d. Dt. Agentur f. Raumfahrtangelegenh. DARA GmbH - BV: Kirchengutsgarantie u. Staatsleistungen, 1970; Lyrik u. Kurzgesch., Autodidakt, Maler, Schriftst.; Ausstell. u.a. in Bonn, Schloß Dätzingen, Bad Honnef (mehrfach), Vinxel - Liebh.: Musik, Golf, gr. Hunde - Spr.: Engl., Franz., Ital., Span., Altgriech., Lat. - Bek. Vorf.: Väterl.- wie mütterlicherseits bedeutende Patrizier v. Bremen; Agnes Sander-Phump, Worpswede, Deutschl. bedeutendste Kinderporträtistin 1888-1982 (Großmutter).

WEHDEKING, Volker

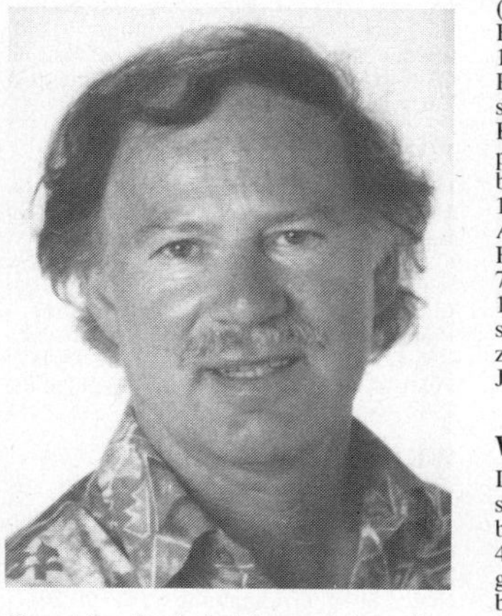

Dr. phil., Prof. f. Literaturwiss., Germanistik u. Anglistik FHB Stuttgart - Gustav-Mahler-Str. 6a, 7000 Stuttgart 1 (T. 0711 - 69 09 62) - Geb. 23. Okt. 1941 Garmisch-Partenkirchen (Vater: Hermann W., Kaufm.; Mutter: Christa, geb. Müller), ev., verh. s. 1980 m. Roswitha, geb. Schrapp - Univ. München Hofstra (USA); B.A. Yale Univ. (USA), M.A. 1965, Ph.D. 1970 - 1970 Assist.-Prof. f. German. Univ. of Kansas, Lawrence; 1973 Forsch.-Assist. Univ. Konstanz; 1976 Bibl.-Rat, Doz. f. Angl. Univ. Augsburg; 1984 Prof. f. Literaturwiss. Stuttgart - BV: D. Nullpunkt, dt. Nachkriegslit., 1971; Alfred Andersch, 1983; Zu Alfred Andersch, Interpret. 1983; Anfänge westdt. Nachkriegslit., 1989; Erzähllit. d. frühen Nachkriegszeit, 1990. Übers.: Bibl. v. Babel, Bd. 26, herausg. v. Borges, n. R. Burton (1984) - 1960 Jugendaufsatzpreis Europ. Schultag; 1960 Vorschlag f. Maximilianeum; Stip. Univ. Nelson u. Fulbright - Liebh.: Tennis, Klavier, Filmstudien - Spr.: Engl., Franz., Latein, Span. - Lit.: Neues Handb. d. Literaturwiss. Bd. 21 (1979); Kulturpolit. Wörterb. (1983); Arbitrium, 1 (1986), 3 (1991); Germanistik (1988), StZ, 5.7.1991, IASdL, 2 (1992).

WEHEFRITZ, Valentin

Dr. rer. nat., Dipl.-Physiker, Ltd. Bibliotheksdirektor Univ.-Bibl. Dortmund (s. 1970) - Heunerstr. 34, 4600 Dortmund - Geb. 2. Jan. 1933 Göttingen, ev., verh. s. 1966 m. Karin, geb. Meister - Stud. d. Physik Univ. Göttingen; Dipl.ex. 1957; Promot. 1960; Bibl.ex. 1962 Köln - Zun. Bibl. Staats- u. Univ.-Bibl. Hamburg, dann stv. Dir. Univ.-Bibl. Bochum - BV: Naturwiss. - Med. - Techn. Wissenschaftskd., 1967; Physikal. Fachlit., 1969. Herausg.: Intern. Loan Services a. Union Catalogues (1974, 2. A. 1980), 10 J. Univ.bibl. Dortmund (1975); D. Univ.-bibl. als Planungsaufgabe (1990).

WEHKING, Heinrich

Landwirt, Mitgl. Synode d. Ev. Kirche d. Union (s. 1965) - 4951 Friedewalde-Wegholm b. Minden/W. (T. 2 50) - Geb. 2. Febr. 1899 Friedewald-Wegholm (Vater: Friedrich W., Landw.; Mutter: Karoline, geb. Kruse), ev., verh. s. 1934 m. Marie, geb. Stelze, 4 Kd. (Heinrich, Annemarie, Friedrich, Wilhelm) - Volks- u. Landw.ssch. - S. 1913 elterl. Hof (Saatbauw.), Geschäftsf. Zuchtgenoss. Friedewalde u. Westf. Prov.-Feuersozietät (1922), Gutachter u. Sachverst. f. d. dt. Kartoffelw. (1932), n. Kriegsende MdK Minden, 1946-48 u. 1952-56 Landrat, 1947-54 MdL Nordrh.-Westf., 1953-65 MdB. 1961-67 Mitgl. Syn. d. Ev. Kirche in Dtschl. CDU - 1965 Gr. BVK.

WEHLE, Gerhard

Dr. phil., em. Univ.-Prof. f. Erziehungswiss. - Bislicher Str. 7, 4230 Wesel-Flüren (T. 7 00 74) - Geb. 8. Sept. 1924 Reichenberg/Böhmen, kath., verh. s. 1957 m. Ruth, geb. Eikeln, 1 S. (Klaus) - Pädagogischer Ausbildungslehrgang Kassel; Studium Päd., Psych., Dt. Philol. Göttingen. Promot. 1955 - 1946 Volksschullehrer; 1955 Assist. Univ. Göttingen (Päd. Sem.); 1957 Doz. Päd. Hochsch. Braunschweig; 1961 Prof. PH Neuss, 1974 Univ. Düsseldorf - BV: Theorie und Praxis im Lebenswerk Georg Kerschensteiners, 1956, 2. Aufl. 1964; Georg Kerschensteiner - Impulse d. Reformpädagog. f. d. Schule v. heute, 1986; Bibliographie Georg Kerschensteiner, Bd. 1 1987. Herausg.: Gg. Kerschensteiner, Ausgew. päd. Schriften (2 Bde. 1966/68); Handb. päd. Grundbegriffe (2 Bde. 1969/70, m. Josef Speck); Päd. aktuell (3 Bde. 1973); Kerschensteiner. Wege d. Forschung. (Bd. 199, 1979) - Lit.: Festschr. z. 65. Geb.: Wandlungen d. Päd. in 30 Jahren, 12 Abh., Bibl. (1989).

WEHLE, Winfried

Dr., o. Prof. f. Roman. Literaturwissenschaft Kath. Univ. Eichstätt - Schneebeerenweg 7, 8078 Eichstätt (T. 08421 - 41 76) - Geb. 14. Febr. 1940 Sindelfingen - Stud. Univ. Tübingen, Paris, Urbino; Promot. 1971; Habil. 1978 Bonn - S. 1978 o. Prof. Univ. Eichstätt - BV: Franz. Roman d. Gegenw., 1972; Nov. erzählen, 1981, 2. A. 1984; Nouveau Roman, 1980; Lyrik u. Malerei d. Avantgarde (m. R. Warning), 1982; Dichtung üb. Dichtung, 1986; Romantik-Aufbruch zur Moderne (m. K. Maurer), 1991 - 1972 Straßburg-Preis - Fachgutachter d. DFG.

WEHLER, Hans-Ulrich

Dr., Prof. f. Geschichtswiss. Univ. Bielefeld (s. 1971) - An der Krebskuhle 15, 4800 Bielefeld - Geb. 11. Sept. 1931 Freudenberg (Vater: Theodor W., Kaufm.; Mutter: Elisabeth, geb. Siebel), ev., verh. s. 1958 m. Renate, geb. Pflitsch, 3 S. (Markus, Fabian, Dominik) - Gymn.; 1952-1958 Univ. Köln, Bonn, Athens, Ohio - 1970-71 o. Prof. FU Berlin - BV: Sozialdemokratie u. Nationalstaat. Nationalitätenfragen in Dtschl., 1840-1914, 1962, 2. A. 1971; Bismarck u. d. Imperialismus, 1969, 5. A. 1984; Krisenherde d. Kaiserreichs, 1871-1918. Studien z. dt. Sozial- u. Verfass.sgesch., 1970, 2. A. 1979; Gesch. als Histor. Sozialwiss., 3. A. 1980; D. Dt. Kaiserreich 1871-1918, 1973, 7. A. 1988; D. Aufstieg d. amerik. Imperialismus. Stud. z. Entwickl. d. Imperium Americanum 1865-1900, 2. A. 1987; Modernisierungstheorie u. Gesch., 1975; Nationalitätenpolitik in Jugoslawien 1918-78, 1980; Histor. Sozialwiss. u. Geschichtsschreib., 1980; Grundzüge d. amerik. Außenpolitik, 2. A. 1984; Preußen ist wieder chic, 1983; Dt. Gesellschaftsgeschichte I: 1700-1815, II: 1815-49, 1987, 2. A. 1989 (III u. IV demn.); Entsorgung d. deutschen Vergangenheit? E. polemisches Essay z. "Historikerstreit", 4. A. 1988; Aus d. Gesch. lernen?, 1988. Herausg.: Mod. Dt. Sozialgesch. (1966, 7. A. 1986), Dt. Historiker (9 Bde. 1971-82) u. zahlr. andere - Spr.: Engl., Franz., Span., Poln., Lat.

WEHLING, Hans-Georg

Dr. phil., Prof. f. Politikwissenschaft - Vochezenholzstr. 62/1, 7410 Reutlingen (T. 07121-24 04 24) - Geb. 4. Jan. 1938 Essen (Vater: Aloys W., Kaufm.; Mutter: Ida, geb. Schneegans), kath., verh. s. 1965 m. Rosemarie, geb. Müller, T. Susanne - Univ. Münster, Freiburg, Heidelberg u. Tübingen (Politikwiss., Soziol., Gesch., German.) - S. 1969 Referatsleit. Landeszentr. f. polit. Bild., s. 1969 Schriftl. Ztschr. D. Bürger im Staat, s. 1970 Lehrbeauftr. f. Politikwiss. Univ. Tübingen, s. 1979 Hon.Prof. Univ. Tübingen - BV: D. polit. Willensbild. auf d. Gebiet d. Weinw., 1971; Unterrichtsprakt. Handb. z. polit. Bild., 1971; Jugend zw. Auflehnung u. Anpassung, 1973; Kommunalpolitik, 1975; Dorfpolitik, 1978; Zw. Persönlichkeitswahl u. Parteientscheidung (Mitverf.), 1978; Politik. E. einführendes Studienb. (Mitverf.), 1980; D. Bürgermeister in Baden-Württ., 1984; Kommunalpolitik in Baden-Württ., 1985; Kommunalpolitik in der Bundesrep., 1986 - Liebh.: Wandern - Spr.: Engl., Franz.

WEHLING, Heinz

Bankdirektor, Vorstandsmitglied Braunschweig-Hannoversche Hypothekenbank AG Hannover - Im Rothen 7, 3004 Isernhagen 4 - Geb. 25. April 1936.

WEHMEYER, Otto

Fabrikant (WECO Wehmeyer & Co., WECONA Wehmeyer & Co. GmbH., beide Werther) - Schloßstr. 16, 4806 Werther b. Bielefeld/W. - Geb. 30. Nov. 1909 - S. 1932 Firmenchef.

WEHNELT, Christoph

Leiter Wirtschaftsfunk Hessischer Rundfunk (s. 1986) - Zu erreichen üb. Bertramstr. 8, 6000 Frankfurt (T. 069 - 155 25 86); priv.: Am Ritterhof 6, 6236 Eschborn (T. 06196 - 4 15 22) - Geb. 11. Febr. 1938 Köln - Verlagskaufm. 1959; Dipl. Politol. 1963 München - 1963-67 Presseref. Wirtschaftspolit. Abt. Telefunken AG, Berlin/Ulm (Assist. d. Marketing-Vorst.); 1968-70 Redakt. Vereinigter Wirtschaftsdienst u. Agence Economique & Financière, Frankfurt, 1971-79 Frankfurter Rundschau u. D. Spiegel, 1980-86 D. Wirtschaftswoche - 1988 Quandt-Preis.

WEHNER, Christian -

Landrat d. Kreises Chemnitz (Sachsen) - Dr.-Goerdeler-Str. 2a, O-9102 Limbach-Oberfrohna - Geb. 8. Jan. 1956 Karl-Marx-Stadt (jetzt Chemnitz), ev., verh. s. 1991 m. Gudrun, geb. Sladek - Abit. 1974; Dipl. 1981 TU Dresden; Dipl.-Physiker - Spr.: Engl., Russ.

WEHNER, Friedrich

Dr. jur., Präsident a. D. - Marbachweg 53E, 6000 Frankfurt/M. (T. 54 31 26) - Geb. 13. Sept. 1909 Marienheide (Vater: Friedrich W., Landw. u. Handw.), ev., verh. s. 1939 m. Gertrud, geb. Dorow, 5 Kd. (Klaus, Marita, Friedrich, Ulrich, Sabine) - Univ. Berlin u. Frankfurt (Rechtswisss.). Promot. 1935; Ass.ex. 1937 - B. 1939 Reg.sass., 1940-48 Reg.rat, Ref., Arbeitsamtsdir. Landesarbeitsämter Sudentenl. u. Nordrh.-Westf. 1949-52 Abt.sleit. LAA NRW, 1952-54 Vizepräs. LAA Hamburg, 1954-57 Oberdir. Bundesanst. f. Arbeit, Nürnberg, 1957-74 Präs. Landesarbeitsamt Hessen, Beiratsmitgl. d. Fusionierten Frankfurter Sparkasse - 1973 Gr. BVK, 1979 Stern dazu, 1974 Ehrenplak. d. St. Frankf. u. Ehrenbrief Land Hessen - Spr.: Engl., Franz.

WEHNER, Karl-Heinz

Dipl.-Berging., Geschäftsführer Klöckner-Becorit GmbH, Castrop-Rauxel (s. 1957) - Victorstr. 130, 4620 Castrop-Rauxel - Geb. 8. Juli 1922 (Vater: Christian W., Angest.; Mutter: Emilie, geb. Lang), ev., verh. s. 1967 m. Josefine, geb. Overmeyer, 2 Kd. (Eckhart, Marie-Luise) aus. 1. Ehe - Bergakad. Clausthal (Diplom-Hauptprüf. 1951) - 1952-57 Salzgitter Maschinen AG. (Leitg. Techn. Kundendienst u. Verkauf Bergbauma-

WEHNER, Martin
Dipl.-Verwaltungswirt, Bürgermeister d. Stadt Einbeck (s. 1991), Geschäftsf. d. Einbecker Wohnungsbaues. mbH - Carl-Maria-von-Weber-Str. 24, 3352 Einbeck - Geb. 3. Okt. 1945 Einbeck, ev.-luth., verh., 2 Töchter - Gymn. Einbeck (Abit. 1965); 1971-1978 u. 1983-88 Beamter Stadt Hannover u. Gde. Katlenburg-Lindau; 1978-82 MdL Nieders.; s. 1989 VR-Vors. d. Spark. Einbeck.

WEHNES, Franz-Josef
Dr. phil., Prof., Hochschullehrer - Theodor-Fontane-Weg 34, 4300 Essen 18 (T. 42 43) - Geb. 22. Juli 1926 Recklinghausen (Vater: Josef W., Pensionär; Mutter: Auguste, geb. Middeldorf). kath., verh. s. 1954 m. Renate, geb. Lentz, 4 Kd. (Hartmut, Birgit, Bärbel, Mechthild) - 1949-53 Univ. Freiburg/Br. u. Bonn (Päd., Phil., Psych.); 1953-54 Päd. Akad. Bonn - 1954-58 Volksschullehrer Urfeld Kr. Bonn; 1958-60 Assist. PA Bonn; s. 1960 ao. Prof. Päd. Hochsch. Essen bzw. Ruhr/Abt. Essen (allg. Päd.), s. 1972 o. Prof. Univ. Gesamthochsch. Essen - BV: Pestalozzis Elementarmethode im Urteil d. mod. Kinderpsych., 1955; Schule u. Technik in Ost u. West - Polytechn. Bildung oder techn. Elementarerzieh., Schule u. Arbeitswelt - Aufgaben, Probleme, Lösungsversuche, 1964; D. Erzieh. z. Arbeit als Grundl. kommunist. Päd., 1967; Mensch u. Arbeit, 1969; Schule in freier Trägerschaft, 1969; D. Mensch u. d. schul. Mitbestimmung, 1972; Mitbestimmung im Schulwesen, 1973; Erzieh. v. heute - Erzieh. f. morgen, 1980; Anthroposophie u. Waldorfpäd., Information/Kritik (m. Krämer u. Scherer), 1987.

WEHR, Wolfhorst
Dipl.-Holzw., Geschäftsführer Bundesverb. d. Dt. Bürsten- u. Pinselindustrie, Verb. d. Dt. Büromöbelind., Verb. d. Sitzmöbel- u. Tischind., Verbändegemeinsch. Wiesbaden, Adelheidstr. 23 (T. 06121 - 30 02 92) - Rudolf-Vogt-Str. 9a, 6200 Wiesbaden - Geb. 16. Nov. 1930.

WEHRENALP, von, Erwin Barth
Verleger - A-5026 Salzburg-Aigen - Geb. 25. Sept. 1911 Dresden (Vater: Dr. med. Burkhard B. v. W., Arzt, Präs. Österr. Alpenverein; Mutter: Elisabeth, geb. Schaale), ev. - 1927-28 Herausg. Ztschr. Der neuen Jugend, Wien, 1930-32 Lektor u. Dramat. Dt. Volkstheater Wien, 1932-33 Dramat. Dt. Theater, Berlin (Berufsverbot); 1935-45 Tätigk. Wirtschaftsgruppe Chem. Industrie, Berlin, fr. Mitarb. Ztschr. u. Ztg., 1949-81 Mithersg. Ztschr. Chem. Ind. u. Verlagsleit. Ztschr. D. Atom, D. Absatzw., 1950-82 Inhaber u. Geschäftsf. Econ-Verlag GmbH., D'dorf/Wien, Claassen- u. Marion-v.-Schröder-Vlg., bde. D'dorf - BV: Farbe aus Kohle, 1937; Lebensfragen d. Mittelbetriebes, 1937; Europa blickt n. Afrika, 1939 - Ehrenkreuz f. Wiss. u. Kunst I. Kl. Rep. Österr., Gr. Ehrenzeichen f. Verd. um d. Rep. Österr., Gr. BVK, 1982 Siegfried-Hartmann-Med. in Gold Techn.-Lit.-Ges. (TELI) - Liebh.: Mod. Kunst, bibliophile Drucke, Briefmarken - Spr.: Engl., Franz. - Rotarier.

WEHRHAHN, Erich
Dr.-Ing. habil., Prof. f. Rechnergestützt. Entwurf in d. Elektrotechnik - Anna-Goes-Str. 9b, 8520 Erlangen - Geb. 15. Juli 1939 Viña del Mar/Chile (Vater: Dr. Cesar W., Arzt; Mutter: Ursula, geb. Renz), kath., verh. s. 1964 m. Liliana, geb. Zbinden, 3 Kd. (Karin, Alexander, Alfred) - Dt. Schule Valparaiso (Abit. 1957), Univ. T. F. Santa Maria (Dipl. 1963, Promot. 1969), Habil. Univ. Erlangen-Nürnberg 1978 - 1965-70 Doz. Univ. T. F. Santa Maria, 1971-72 Univ. Catolica de Chile u. Dir. Esc. Ing. Electrica, 1972 Stip. Alexander v. Humboldt-

Stift., s. 1972 Prof. Univ. Erlangen-Nürnberg - Spr.: Span., Engl.

WEHRL, Hans-Lothar
Richter am BVerwG - Strahlenfelserstr. 3, 8000 München 60 - Geb. 4. April 1930 München (Vater: Heinrich W., Senatspräs. i. R.; Mutter: Anna, geb. Schuegraf), kath., verh. s. 1961 m. Marianne, geb. Hein, 2 Kd. (Monika, Martin) - Gymn. u. Univ. München (Rechtswiss.). Jurist. Staatsex. 1953 u. 57 - 1958 Eintr. Höh. Verw.dst., zul. Präs. Verwaltungsgericht München. 1970-77 Richter Bayer. VerfGH. Mithrsg. NVwZ - Liebh.: Jagd, Sport.

WEHRLE, Paul

Gymnasialprofessor a.D. - Sonnenbergstr. 20, 7500 Karlsruhe 41 (T. 47 26 47) - Geb. 14. Aug. 1923, verh. m. Ute, geb. Schweitzer, S. Peter - Stud. Univ. Freiburg u. Heidelberg, Musikhochsch. Karlsruhe - Chorleit. Karlsruher Kammerchor/Philharm. Chor Karlsruhe; Mitgl. Dt. Musikrat; Aufbau Dt. Chorwettbewerb; langj. Präs. Landesmusikrat Baden-Württ.; Initiator u. Vizepräs. Europ. Föderation Junger Chöre (Europa Cantat); Initiator u. Spezial Advisor Intern. Federation f. Choral Music; Beauftr. d. IFCM f. d. Weltjugendchor; Vizepräs. d. Conference Européenne de la Musique; langj. Vors. Arbeitskreis Musik in d. Jugend (AMJ) - BVK am Bde.; BVK I. Kl.; Verdienstmed. Land Baden-Württ.

WEHRLE, Paul
Dr. theol., Prof., Weihbischof in Freiburg (1981 ff.) - Herrenstr. 35, 7800 Freiburg/Br. - Zul. Prof. Kath. Univ. Eichstätt (Pastoraltheol.).

WEHRMANN, Jürgen
Dr. agr., o. Prof. f. Pflanzenernährung - Am Bergfeld 60, 3001 Everloh (T. Gehrden 28 96) - Habil. München - S. 1965 Prof. Univ. München (apl.) u. TU Hannover (1967 o.; 1970-72 Rektor). Facharb.

WEHRMEYER, Werner
Dr. rer. nat., Prof. f. Botanik - Auf d. Eichhänzchen 1, 3575 Kirchhain (T. 06422 - 21 56) - Geb. 10. März 1931 Rheine/W. - S. 1967 (Habil.) TH Hannover u. Univ. Marburg (1968 ff. Prof., C3 1971, C4 1981). Facharb.

WEICHARDT, Heinz
Dr. med., em. o. Prof. f. Arbeitsmedizin Univ. Tübingen (seit 1965) - Enno-Littmann-Str. 15, 7400 Tübingen (T. 6 13 87) - Geb. 14. Nov. 1915 Erlangen (Vater: Prof. Dr. med. Wolfgang W., Hygieniker (s. X. Ausg.); Mutter: Gertraude, geb. Haaszengier), ev., verh. s. 1951 m. Erika, geb. Gürten, 3 Kd. (Gertraude, Ulrike, Helmut) - Univ. Frankfurt/M., Hamburg, Rom, München (Med.). Promot. 1942 Heidelberg - 1941-51 Fachausbild. (Hygiene u. Dermatol.); 1951-64 Industrietätig. (Gewerbehygieniker Hoechst AG Frankf./M.-Hoechst).

Zahlr. Veröff. z. Arbeitsmed. u. Berufsdermatol. - Spr.: Engl., Franz., Ital.

WEICHERT, Lothar
Dr.-Ing., Prof. f. elektr. Meßtechnik Univ. d. Bundeswehr München - Struwelpeterstr. 18A, 8000 München 83 (T. 089-60 51 52) - Geb. 20. Juni 1930 Trebnitz, ev., verh. s. 1958 m. Uta, geb. Rohloff, 3 Kd. (Joachim, Eva, Martin) - 1949-52 Stud. Theol. Erlangen, 1953-58 Stud. Techn. Physik TU München, Dipl. 1958; 1958-63 wiss. Mitarb. Inst. f. Holzforschung LMU-München; Promot. TU München 1963; 1977/78 Prodekan FB Elektrotechnik Hochsch. d. Bundeswehr; 1983/84 Vizepräs. ebd. - BV: Temperaturmess. in d. Technik, 5. A. 1992 - Spr.: Engl., Span.

WEICHERT, Thilo
Dr. jur., Jurist u. Politologe, ehem. MdL Baden-Württ. (Wahlkr. 47, Freiburg II) - Günterstalstr. 33, 7800 Freiburg (T. 0761 - 70 21 02) - Geb. 30. Okt. 1955 Marbach - Vorst. Dt. Vereinig. f. Datenschutz. Die Grünen.

WEICHERT, Willibald
Dr. phil., Prof. f. Erziehungswissenschaft u. Sportdidaktik Univ. Hamburg - Billwerder Billdeich 241, 2050 Hamburg 80 (T. 040 - 730 20 23) - Geb. 28. Juni 1944 Tarnowitz.

WEICHMANN, Jürgen
Dr. agr., Dr. agr. habil., Univ.-Prof. (s. 1988) - Geb. 22 Sept. 1941 Weissenburg/Bay., ev., verh. s. 1966 m. Jutta, 3 Kd. (Nanette, Karoline, Max) - Gärtnerlehre; Abit.; Stud. d. Gartenbauwiss.; Dipl. Ing. agr.; Dr. agr. TU München; Habil.; Präs. d. Dt. Ges. f. Qualitätsforsch. (DGQ) e.V. (pfl. Nahrungsmittel) - BV: Postaarvest Physiology of Vegetables, 1987 - Spr.: Engl.

WEICHNER, Mathilde
s. Berghofer-Weichner, Mathilde

WEICHSELBERGER, Kurt
Dr. phil., o. Prof. f. Statistik - Neu-Dichau, 8018 Grafing/Obb. (T. 98 20) - Geb. 13. April 1929 Wien - Promot. 1953 - S. 1962 (Habil.) Lehrtätig. Univ. Köln (Privatdoz.), TU Berlin (1963 Ord., Dir. Inst. f. Statistik u. Wirtschaftsmath. u. Inst. f. Wirtschaftswiss.; 1967/68 Rektor (wegen Studentenunruhen zurückgetr., anschl. Wiederwahl), Univ. München (1969 Ord.). 1968 ff. Mitgl. Intern. Stat. Inst. - BV: Preisindices u. nichtkommerzielle Forschung in d. BRD 1968-77 (m. A. R. Wulsten), 1978. Div. Einzelarb.

WEICKER, Helmut
Dr. med., Prof., Vorsteher Abt. f. Stoffwechselforsch. med. Univ.s-Poliklinik Heidelberg - Humboldtstr. 26a, 6900 Heidelberg - Geb. 6. März 1920 Mombach (Mainz) - S. 1957 (Habil.) Privatdoz. u. apl. Prof. (1962) Univ. Heidelberg (b. 1966 Wiss. Rat, dann Abt.svorst.). Zahlr. Fachveröff.

WEIDELENER, Helmut
Dr., Regierungspräsident v. Dresden - Regierungspräsidium Dresden, August-Bebel-Str. 19, O-8020 Dresden (T. 0351 - 471 56 00) - Geb. 8. Dez. 1937 Biberach a.d. Riß, verh., 3 Kd. - Stud. Rechtswiss. 1957-61 Tübingen, München; Refer. 1961-65 München; Promot. - 1965 Eintr. Staatsdienst Freistaat Bayern; zul. 1985-90 Regierungsvizepräs. Oberfranken. S. 1989 Präs. d. Bundesverb. d. Dt. Standesbeamten - BV: Deutsches Staatsangehörigkeitsrecht (m. Hemmberger); Veröff. in Fachztschr. - Liebh.: Musik, Theater, Radfahren, Wandern, Skifahren.

WEIDEMANN, Ehrenfried
Steuerrat a.D., Steuerberater, MdL Schlesw.-Holst. (b. 1979) - Danziger Str. 44, 2400 Lübeck - Geb. 2. Febr. 1914 Schwetz/Westpr., ev., verh., 2 Kd. - Hermann-Löns-Gymn. Dt.-Krone; 1933-35 Landw.ssch. ebd.; Lehre elterl. Betrieb; 1935-37 Wehrpfl. Stargard; Fi-

nanzsch. Wöllershof u. Bodenbach-Tetschen. Inspektorprüf. 1939 - Ab 1938 Reichsfinanzverw.; 1941-50 Kriegsdst. u. -gefangensch.; ab 1950 Finanzamt Lübeck/Betriebsprüf. (durch Übern. d. Landtagsmand. i. R.) 1957 ff. ARsmitgl. Schlesw.-Holst. Baugenoss. eG., Lübeck. Div. Ehrenämter, u. a. Landesschatzm. Dt.-Israel. Ges. SH. CDU s. 1950 (20 J. Vors.mitbegr. Ortsverb. Marli-Brandenbaum-Eichholz) - 1970 Frhr.-v.-Stein-Med.; Gold. Ehrennadel Dt. Jagdverb. (f. 50jähr. Zugehörigk.); 1976 Senatsplak, Hansestadt Lübeck; 1981 BVK am Bde.

WEIDEMANN, Volker
Dr. rer. nat., o. Prof. f. Astrophysik u. Astronomie - Poeler Weg 3, 2300 Kiel 1 (T. 31 16 23) - Geb. 3. Okt. 1924 Kiel (Vater: Dr. Carl W., Oberstudienrat; Mutter: Carla, geb. Clausen), ev., verh. s. 1954 m. Helga, geb. Kindt, 2 Kd. (Karen, Martin) - 1947-52 Univ. Kiel u. Freiburg. Dipl.-Math. 1952 Kiel; Promot. (Theoret. Astrophysik) 1954 ebd.; Habil. 1963 Braunschweig - 1954-65 Wiss. Angest. u. Beamt. Physikal.-Techn. Bundesanstalt, Braunschweig (zul. Oberreg.srat); 1960-65 Lehrbeauftr. u. Privatdoz. (1963) TH Braunschweig; 1965 Ord. Univ. Kiel. 1957/58, 1961/62, 1971/72 u. 1981/82 Forschungstätig. California Inst. of Technology, Pasadena (USA). Mitgl. Astronom. Ges. Dt. Physikal. Ges., Astron. Soc. of Pacific, Braunschw. Kreis. Div. Fachveröff. Schriftl.: Physikal. Berichte (1963-77) - Mitgl. Dt. Akad. Naturf. Leopoldina, Jungius Ges. d. Wiss. Hamburg - Spr.: Engl.

WEIDEMANN, Willi H.
Dr. rer. pol., Dipl.-Kfm., Geschäftsführer AUGUST REINERS BAU GmbH & Co, DETLEF HEGEMANN GmbH & Co., DETLEF HEGEMANN Rolandwerft GmbH, AUGUST REINERS Bauunternehmung GmbH u. Dt. Ind.-Werke GmbH, Berlin - Deliusweg 14c, 2800 Bremen - Geb. 7. Febr. 1933 Bottrop.

WEIDENBACH, Hans-Otto

Journalist, Mitglied d. Bremischen Bürgerschaft (Landtag), DVU (s. 1991) - Zu erreichen üb. Haus d. Bürgerschaft, 2800 Bremen 1 - Geb. 25. Juli 1952 Bremen, verh., 1 Kd. - Masch.-Schlosser; Polizeivollzugsbeamter; Journalist - 1987 Gründ.-Mitgl. d. DEUTSCHEN VOLKSUNION (DVU) München; s. 1987 NPD-Landesvors. Bremen - Liebh.: Dt. Gesch., Klass. Musik, Spezialethik - Spr.: Engl.

WEIDENBACH, Heinrich
Dr. rer. pol., Vorstandsmitglied Haller-Meurer-Werke AG., Hamburg, Geschäftsf. Hermann Wuppermann GmbH., Pinneberg - Voßmoorweg 27, 2084 Rellingen/Holst. - Geb. 6. Jan. 1914.

WEIDENDORFER, Jakob
Caritasdirektor f. d. Diözese Eichstätt

e.V. - Residenzplatz 14, 8078 Eichstätt (T. 08421-5 02 60).

WEIDENFELD, Werner

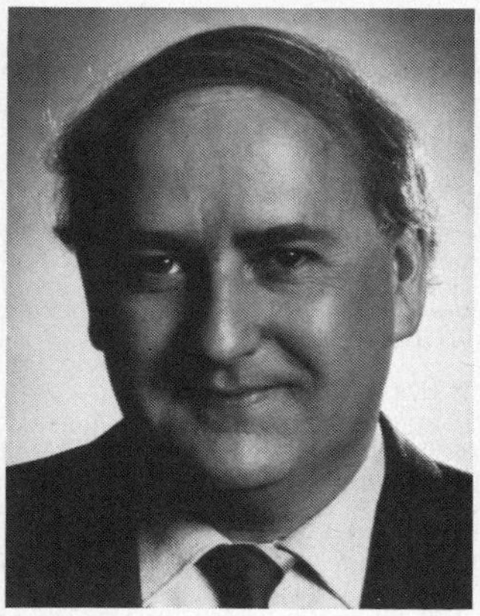

Dr. phil., Prof. f. Politikwissensch. Univ. Mainz (s. 1975), Koordinator d. Bundesregierung f. d. dt.-amerik. Zusammenarbeit - Saarstr. 21, 6500 Mainz 1 - Geb. 2. Juli 1947 Cochem, kath. - Stud. d. Politikwiss., Gesch., Phil. Univ. Bonn; Promot. 1971 ebd.; Habil. 1975 Mainz - BV: Jalta u. d. Teilung Dtschls., 1969; D. Englandpol. Gustav Stresemanns, 1972; Europa - Bilanz u. Perspektive, 1973; Adenauer u. Europa, 1976; Europa 2000, 1980; Die Frage n. d. Einheit d. Nation, 1981; Jahrb. d. Europ. Integration, 1981ff.; Europ. Zeitzeichen, 1982; D. Idendität d. Deutschen, 1983; D. Bilanz d. Europ. Integration; Ratl. Normalität, 1984; D. Identität Europas, 1984; Nachdenken üb. Deutschland, 1985; Wege z. Europ. Union, 1986; 30 J. EG, 1987; Geschichtsbewußtsein d. Deutschen, 1987; Europ. Defizite, europ. Perspektiven, 1988; Polit. Kultur u. dt. Frage, 1989; Deutschl.-Handb., 1989; D. deutsche Weg, 1990.

WEIDENHAUPT, Hugo

Dr. phil., Prof., Direktor Stadtarchiv Düsseldorf i. R. - Markgrafenstr. 6, 4000 Düsseldorf 11 (T. 57 57 48) - Geb. 15. Juni 1923 Düsseldorf - S. 1958 Dir. Stadtarchiv D'dorf - BV: Kl. Gesch. d. Stadt Düsseldorf, 1962, 9. A. 1983; Aus Düsseldorfs Vergangenheit. Aufs. aus vier Jahrzehnten, 1988. Herausg.: Gerresheim 870-1970. Beitr. z. Orts- u. Kunstgeschichte (1970, 2. A. 1971); E. nichtarischer Deutscher. D. Tageb. d. Alb. Herzfeld 1935-1939 (1982); Düsseldorf. Gesch. v. d. Ursprüngen b. ins 20. Jh., 4 Bde. 1988-90.

WEIDENMÜLLER, Hans A.

Dr. rer. nat., Prof., gf. Direktor Max-Planck-Inst. f. Kernphysik in Heidelberg - Karl-Christ-Str. 30, 6900 Heidelberg-Ziegelhausen/N. - Geb. 26. Juli 1933 Dresden - Promot. 1957 - S. 1963 o. Prof. f. Kernphysik Univ. Heidelberg - BV: Mithrsg.: Ztschr. f. Physik (1973 ff.) - 1974 Mitgl. Heidelbg. Akad. d. Wiss.

WEIDER, Wolfgang

Weihbischof d. Bischofs v. Berlin - Hinter der Kath. Kirche 3, O-1086 Berlin - Geb. 29. Okt. 1932 Berlin (Vater: Johannes W., Dipl.-Ing.; Mutter: Katharina, geb. Klammt), kath., ledig - Theol.-Stud. 1951-53 Fulda, 1953-56 Erfurt, 1956-57 Neuzelle - 1958-66 Kaplan in Berlin; 1966-76 Pfarrer; s. 1976 Ordinariatsrat; s. 1982 Weihbischof; s. 1984 Bischofsvikar - Spr.: Engl.

WEIDHAAS, Peter

Geschäftsführer Ausstellungs- u. Messe-GmbH. d. Börsenvereins d. Dt. Buchhandels u. Direktor Frankfurter Buchmesse - Reineckstr. 3, 6000 Frankfurt/M. 1.

WEIDLE, Richard Gottlob

Dipl.-Ing., Vorsitzender d. Geschäftsfg. Weidleplan Consulting GmbH - Maybachstr. 33, 7000 Stuttgart 30 (T. 0711 - 8 10 70) - Geb. 10. Aug. 1922 Gerlingen (Vater: Gottlob W., Bauuntern.; Mutter: Maria W.), verh. s. 1948 m. Susanne, geb. Meuser, 2 Kd. (Bettina, Stefan) - 1945 Univ. Stuttgart (Dipl.-Bauing.) - 1948 Gründ. e. Ing.büros; 1967 Umwandl. in Weidleplan GmbH (Vors. d. Geschäftsfg.). 1964-78 Vors. VUBI Bonn; Chairman of the Board: Urbahn Assoc. Inc. New York/USA; Mitgl. d. Außenwirtsch.-Beirat b. Bundeswirtschaftsmin. Fachpubl. in deutsch u. engl. - Bauwerke: alle olympischen Anlagen Athen - Liebh.: Golf, Mod. Kunst - Spr.: Engl.

WEIDLICH, Wolfgang

Dr. rer. nat., Dr. h. c., o. Prof. f. Theoret. Physik - Stitzenburgstr. 7, 7000 Stuttgart (T. 23 32 74) - Geb. 14. April 1931 Dresden (Vater: Walther W., Lehrer; Mutter: Margarete, geb. Otto), ev., verh. s. 1958 m. Evelyn, geb. Sievers, 2 Töcht. (Sophia, Irene) - Stud. Physik FU Berlin (Dipl.-Phys. u. Promot.) S. 1963 (Habil.) Lehrtätigk. TH bzw. Univ. Stuttgart. Facharb. (Quantenstatistik offener Systeme u. a.) - BV: Thermodynamik u. statistische Mechanik, 1975; Quantitative Sociology (with G. Haag), 1983; Interregional Migration (with G. Haag), 1988; Physics and Social Science - The Approach of Synergetics Physics Reports 204, 1991 - 1985 Ehrendoktor Univ. Umea - Liebh.: Musik, Phil. - Spr.: Engl.

WEIDMANN, Walter

Dr. jur., Landgerichtsdirektor, Vors. Bundesakad. Trossingen (s. 1980) - Hauptstr. 12a, 8901 Gablingen/Schwaben (T. 08230 - 77 40) - Geb. 12. Okt. 1921 Zusmarshausen/Schwaben (Eltern: Karl u. Maria W.), verh. s. 1953 m. Berta, geb. Kühn - Univ. München (Promot. 1949) - S. 1951 I. Staats-, Oberstaatsanw., Landgerichtsdir. Augsburg - Spr.: Engl. - Rotarier.

WEIDNER, Herbert

Dr. sc. nat., Prof., Entomologe - Uhlandstr. 6, 2000 Hamburg 76 (T. 220 66 74) - Geb. 9. Mai 1911 Hof/S. (Vater: Albrecht W., Beamter; Mutter: Marie, geb. Klug), verh. s. 1938 m. Dr. Erna, geb. Rauh - Promot. 1933; Habil. 1950 - S. 1934 Kustos, Hauptkustos (1955), Abt.svorsteher (1965) u. -dir. (1967) Zool. Inst. u. Museum Univ. Hamburg. 1950-76 Privatdoz. u. apl. Prof. (1955) Univ. Hamburg (Zool., insb. angew. Entomol.) - BV: Bestimmungstabellen d. Vorratsschädlinge u. d. Hausungeziefers Mitteleuropas, 1937, 4. A. 1982; Vorrats- u. Materialschädl. in d. Insektenwelt m. bes. Berücks. d. Holzschädl., 1940; D. Wanderheuschrecken, 1953; Gesch. d. Entomol., 1967; Grundriß d. Insektenkd., 1974 (m. H. Weber); Morphol., Anat., Histol. d. Insekten, 1982; D. nutzbaren Insekten in Nordostoberfranken, 1990. Viele Einzelarb. - 1970 korr. Mitgl. Acad. Nat. Science, Belles-Lettres et Arts, Bordeaux, Ehrenmitgl. Dt. Ges. angew. Entomol., Dt. Schädlingsbekämpfungsverb., Intern. entomol. Verein u. naturwiss. Verein Hamburg; 1978 Karl-Escherich-Medaille; 1983 Ehrenring Dt. Schädlingsbekämpferverb.; 1985 Fabricius-Medaille.

WEIDNER, Lutz E.

Hauptgeschäftsführer Dt. Kommunikationsverb. BDW e. V., Dt. Kommunikationstag e. V., Dt. Werbewissenschaftl. Ges. e. V., BDW Service- u. Verlagsges. Kommunikation mbH - Königswinterer Str. 552, 5300 Bonn 3.

WEIDNER, Viktor

Dr. jur., em. o. Prof. f. Bürgerl. Recht, Handels-, Wirtschafts- u. Arbeitsrecht, Recht d. Sozialen Sicherheit - Langenbergsweg 96, 5300 Bonn-Bad Godesberg - Geb. 3. April 1913 - S. 1956 (Habil.) Lehrtätigk. Univ. Marburg, Frankfurt u. Bonn (1962 Ord.). Facharb. - 1967 Ehrenz. Dt. Ärzteschaft.

WEIDNER-WEIDEN, Heidi

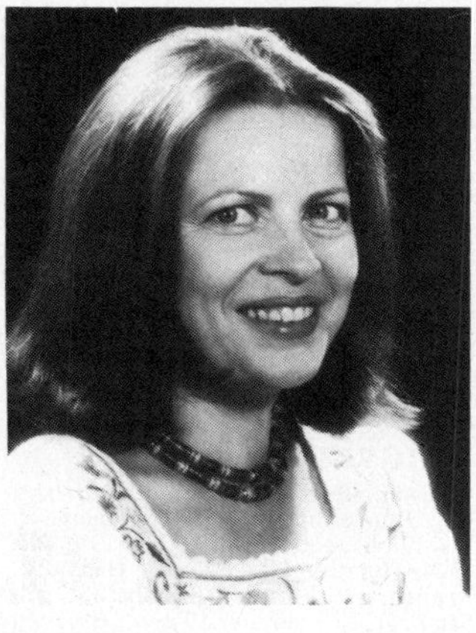

Freie Autorin u. Fotografin - Hompeschstr. 4, 8000 München 80 (T. 089 - 98 71 56) - Veröff. in dt. u. ital. Illustr. u. Tagesztg. (Brauchtum u. Folklore, hist. Themen, Gastronomie m. Schwerp. Bayern, Italien, Österr., Spanien) - Liebh.: Musik, Lit., Reisen. Sammelt Antiquitäten - Spr.: Engl., Ital., Span.

WEIER, Reinhold

Dr. theol., Dr. phil., o. Prof. f. Dogmatik u. Dogmengeschichte Theol. Fakultät Trier (s. 1968) - Kleine Eulenpfütz 10, 5500 Trier/Mosel (T. 7 22 64) - Geb. 6. Febr. 1928, kath. - Zul. Univ.-Doz. Univ. Mainz - BV: D. Thema v. verborg. Gott v. Nikolaus von Kues zu Martin Luther, 1967; D. Theologieverständnis Martin Luthers, 1976; Nähe Gottes u. Gottfremde (Fr. Rotter/R. Weier), 1980; V. Wege d. Christen, 1983.

WEIER, Winfried

Dr. phil., Prof. f. Philosophie Univ. Würzburg u. Salzburg - Unterer Weinberg 66, 8701 Reichenberg - Geb. 26. April 1934 Fulda (Vater: Ferdinand W., Stud.Rat; Mutter: Eva), kath., verh. s. 1971 m. Ingrid, geb. Meier, 2 Kd. (Ursula, Michael) - Promot., Staatsex., Habil. - S. 1962 Hochschull. - BV: D. Stellung d. J. Chauberg in d. Phil., 1960; Sinn u. Teilhabe. D. Grundthema d. abendl. Geistesentw., Salzburger Stud. z. Phil., Bd. 8, 1970; Strukturen menschl. Existenz. Grenzen heutigen Phil., 1977; Nihilismus. Gesch., System, Kritik, 1980; Geistesgesch. im Systemvergl. Z. Problematik d. histor. Denkens, Salzburger Stud. z. Phil., Bd. 14, 1984; Phänomene u. Bilder d. Menschseins. Grundlegung e. Dimensionalen Anthropol., Elementa, Bd. 44, 1986; D. Grundlegung d. Neuzeit. Typologie d. Phil.gesch., 1988; Religion als Selbstfindung. Grundlegung e. Existenzanalytischen Religionsphil., Abh. z. Phil., Psychol., Soziol. d. Religion u. Ökomenik, Bd. 45, 1991; Brennpunkte d. Gegenwartsphilosophie. Zentralthemen u. Tendenzen im Zeitalter d. Nihilismus, 1992; 50 Art. in wiss. Ztschr. - 1979 Titel ao. Prof. durch österr. Bundespräs. - Liebh.: Orgel.

WEIERS, Michael

Dr. phil., Prof. f. Zentralasienforschung u. Linguistik - Hasendriesch 18, 5330 Königswinter 41 (T. 02244-20 91) - Geb. 26. Dez. 1937 Bernried (Vater: Ernst W., Kunstmaler u. Bildhauer; Mutter: Lore, geb. Lange), kath., verh. s. 1975 m. Ursula, geb. Thurau, 2 S. (Daniel, David) - Human. Gymn., Univ. München, Rom, Neapel, Bonn (Mongolist., Turkol., Semitist., Islamwiss., Sinol., Tibetol., vgl. Religionswiss.), Promot. 1965, Habil. 1971 - 1966-71 wiss. Assist., s. 1972 Prof. Univ. Bonn - BV: Unters. z. e. hist. Grammatik d. präklass. Schriftmongolisch, 1969; D. Sprache d. Moghol d. Prov. Herat in Afghanistan, 1972; Schriftl. Quellen in Mogholi, T. 2 u. 3, 1975/1977; Linguist. Feldforsch., 1980; D. Verträge zw. Russl. u. China, 1979 - 1966 Preis f. bes. Promot. Univ. Bonn - Liebh.: Liturgiewiss. - Spr.: Arab., Pers., Mongol., Russ., Engl., Ital.

WEIGAND, Jörg Ernst

Dr. phil., Redakteur - Mehlemer Str. 13a, 5307 Wachtberg-Niederbachem (T. 34 76 76) - Geb. 21. Dez. 1940 Kelheim/Donau (Vater: Dr. Hans W., Chemiker; Mutter: Leopoldine, geb. Liedermann), ev., verh. s. 1970 m. Wilfriede, geb. Benkert, 2 Kd. (Manfred, Armin) - Stud. d. Sinol., Japanol., Politik Univ. Würzburg; Promot. 1969 ebd. - S. 1973 Redakt. Studio Bonn ZDF. Mitgl. Bundespressekonfz. - BV: D. Stimme d. Wolfs, 1976; D. triviale Phantasie, 1976; Lo mejor de la Ciencia Ficcion alemana, 1976; Fensterblumen. Papierschnitt-Kunst aus China, 1977; Vorbildl. Morgen, 1978; Demain l'Allemagne, Bd. I 1978; Quasar I, 1979; Staat u. Militär im Alten China, 1979; Sie sind Träume, 1980; Demain l'Allgemagne, Bd. II 1980; D. andere Seite d. Zukunft, 1980; Vorgriff auf Morgen, 1981; Gefangene d. Alls, 1982; D. Träume d. Saturn, 1982; Lebensweisheit aus d. Reich d. Mitte, 1982; Lao-Tse, Spruchweisheiten, 1982; D. Lächeln am Abgrund, 1982; Konfuzius - Sinnsprüche u. Spruchweisheiten, 1983; D. Traum d. Astronauten, 1983; Chines. Scherenschnitte, 1983; D. Herr d. Bäume, 1983; Vergiß nicht d. Wind, 1983; D. Nacht d. Lichtblitze, 1984; Sterbegenehmigung, 1984; In Jahrtausenden, 1985; Deutschl. Utopia, 1986; Blick ins Morgen, 1986; Rettet uns!, 1988; Schneevogel, 1988; D. Störfaktor, 1988; Bellinda Superstar, 1988; D. Anderen sind wir, 1989; Pseudonyme. E. Lexikon, 1991 - Spr.: Engl., Franz., Chines., Japan.

WEIGAND, Karl

Dr. phil., em. o. Prof. u. Privatdozent - Jahnstr. 2, 2390 Flensburg (T. 3 41 56) - S. 1957 Doz. u. Prof. (1962), Päd. Hochsch. Flensburg u. Univ. Kiel (Geogr.) - Fachveröff., auch Bücher - Spr.: Engl.

WEIGAND, Rudolf

Dr. theol., Lic. iur. can., o. Prof. f. Kirchenrecht u. -gesch. Univ. Würzburg (s. 1968) - Ottostr. 16, 8700 Würzburg - Geb. 16. Febr. 1929 Rannungen/Ufr. (Vater: Hermann W., Landw.; Mutter: Franziska, geb. Erhard), kath. - Stud. Univ. Würzburg u. München; Promot. 1961 Würzburg u. 1963 München; Habil. 1966 Würzburg - 1969-76 Regens Priestersem. Würzburg, 1977-79 Dekan d. Theol. Fak. Würzburg. Seit 1963 korr. Mitgl. Inst. of Medieval Canon Law, Berkeley/Cal. S. 1983 Mitgl. d. Stiftungsrates d. Kath. Univ. Eichstätt; 1989 Päpstl. Ehrenprälat - BV: D. bedingte Eheschl. im kanonischen Recht I u. II, 1963 u. 1980; D. Naturrechtslehre d. Legisten u. Dekretisten, 1967; D. Glossen z. Dekret Gratians I u. II, 1991. Mithrsg.: Forsch. z. Kirchenrechtswiss. (1986ff.).

WEIGEL, Hanns-Jürgen

Dr., Vorstandsvorsitzender d. Alten Lebensversicherungsges. auf Gegenseitigkeit - Alte Leipziger Platz 1, 6370 Oberusel 1 (T. 06171 - 66-00) - Geb. 13. Sept. 1943, verh. m. Ingeborg, geb. Händler, 2 Kd. - Jura-Stud.; Promot. 1971 Frankfurt/M. - AR-Funktionen; Mitgl. in versch. Gremien d. Versicherungswirtschaft; Vorst.-Vors. Alte Leipziger Versich. AG, Zenith Versich. AG, Alte Leipziger Rückversich. AG u. d. Hallesche-Nationalen Krankenversich. auf Gegenseitgk. - Liebh.: Musik, Literatur - Spr.: Engl., Franz.

WEIGEL, Harald

Kapellmeister, Musikal. Oberleiter Stadttheater Döbeln - Fronstr. 10, O-7300 Döbeln - Geb. 24. Sept. 1951 Zschocken, ev., verh. s. 1982 m. Gabriella, geb. Imre - S. Harald - Stud. Orchesterdirigieren 1981-85 Hochsch. f. Musik Carl Maria v. Weber, Dresden (b. Prof. GMD R. Neuhaus); Staatsex. 1985 - Spr.: Ung. - Vorfahren mütterlicher-

seits stammen aus d. bürgerl. Zweig d. Adelsgeschlechts derer v. Oertzen.

WEIGEL, Helmut

Dirigent, Komponist, Musikchef d. aus Eigeninitiative kreierten Rothenburger Meisterkonzerte (s. 1988) - Gottfried-Keller-Str. 7, 8803 Rothenburg o.d.-Tauber (T. 09861 - 83 03) - Geb. 3. Febr. 1917 Schrobenhausen, ev., verh. s. 1956 m. Jolanthe, geb. Hielscher - 1934-38 u. 1943/44 Stud. Musikhochsch. Würzbg. u. Berlin; Musiklehrerex. 1935, Kapellmeister-Abschlußprüfung 1944; 1946-48 1. Kapellmeister d. Theaters Komödie München; b. 1958 Künstl. Leit. Rothenburger Sinfonieorch. u. Städt. Kapellmeister; 1958-63 Städt. Musikdir. Radolfzell; s. 1961 Jurymitgl. u. Doz. b. Bund Dt. Volksmusikverb.; 1964-82 Musikdir. Städt. Orch. Heidenheim u. Chefdirig. des Schwäb.-Fränk. Sinfonieorch.; 1964-84 Initiator u. musik. Leit. Heidenheimer Musiktheater-Schloßserenade; s. 1985 freischaff. Künstler u. Gastdirig. Üb. 70 Kompos. d. E-U- u. Blasmusiklit. Eig. Opernprod. - 1977 BVK; 1958 Gold. Bundes-Ehrennadel d. Fränk. Musikbundes; 1969 Gold. Dirig.-Ehrennadel - Liebh.: Wandern - Spr.: Franz.

WEIGEL, Horst

Dipl.-Ing., Vorstandsmitglied KHD Humboldt Wedag AG, Köln - Hermelinweg 6, 5000 Köln 91 - Geb. 22. Nov. 1928 Unna, ev., verh. s. 1959 m. Marlies, geb. Jasper, 2 Söhne (Ulrich, Thilo) - Abit., Stud. Mathematik, Physik Univ. Marburg, Metallhüttenkunde Bergakad. Clausthal, Dipl. 1955 - S. 1977 Vorst.-Mitgl. KHD Südafrika Pty. Ltd.; s. 1981 Beiratsmitgl. Kettenfabrik Unna GmbH & Co KG, Unna - Liebh.: Kunst, Musik, Wandern - Spr.: Engl., Franz., Span.

WEIGEL, Manfred

Kaufmann, Aufsichtsratsvorsitzender Weigel GmbH, Stuttgart (1986ff.) - Max-Planckstr. 4, 7447 Aichtal-Rudolfshöhe (T. 07127 - 5 79 70) - Geb. 17. April 1926, ev., verh. I) 1955 m. Veronika, geb. v. Borries; II) s. 1971 m. Heidi, geb. Ringhardtz, 4 Kd. (Dr. Ursula, Dipl.-Ing. Albrecht, Oberstabsarzt Dr. med. Michael, Dr. Martin) - Stud. Staatswiss., kaufm. Lehre - 1946 Kaufmann; 1957-70 Geschäftsf. Hugo Weigel GmbH, Stuttgart; 1971-85 Gf. Weigel GmbH, Stuttgart; 1960-87 Präs. Bundesverb. d. Dt. Handschuhind., Stuttg.; 1966-76 Präs. Fédération Europ. de la Ganterie de Peau, Brüssel; 1973-78 Vors. Gesamtelternbeirat Stuttgart; 1984-87 Vors. Bürgerverein Stuttg.-Dachswald - 1976 BVK; 1985 BVK I. Kl.; 1987 Verdienstmed. Land Baden-Württ. - Liebh.: Malerei, Musik, Lit., Reiten - Spr.: Engl., Franz., Lat.

WEIGELDT, Christian

Ministerialdirektor, Leiter d. Sozialabtl. im Bundesmin. d. Verteidigung - Hardthöhe, 5300 Bonn 1 - Geb. 19. Okt. 1924, Bautzen/Sa. (Vater: Hans W., Studienrat, Mutter: Elisabeth, geb. Schütze), ev., verh. s. 1956 m. Elisabeth geb. Calsow, 4 S. - Gymn. Bautzen, Univ. Göttingen (Rechtswiss.).

WEIGELIN, Erich

Dr. med., o. Prof. f. Experimentelle Ophthalmologie - Dahlienweg 12, 5307 Wachtberg-Pech - Geb. 18. Dez. 1916 Tübingen (Vater: Dr. med. Siegfried W., Augenarzt; Mutter: Gertrude, geb. Andrassy), verh. s. 1947 m. Bertie, geb. Auer, 4 Kd. (Rüdiger, Gertrud, Hans-Günther, Susanne) - Univ. Tübingen, Rostock, Lausanne, München - S. 1950 (Habil.) Privatdoz., apl. (1956), ao. (1964) u. o. Prof. (1967) Univ. Bonn (Dir. Klin. Inst. f. exper. Ophthalmol.), em. s. 1982. Facharb.

WEIGELT, Horst

Dr. theol., Prof. f. Ev. Theologie (Histor. Theol.) Univ. Bamberg (s. 1975), Lehrbeauftr. f. Bayer. Kirchengesch. Univ. Erlangen-Nürnberg - Henneberger Str. 7, 8600 Bamberg (T. 0951 - 5 58 46) - Geb. 27. April 1934 Liegnitz/Schles. (Vater: Erich W., Uhrmacherm.; Mutter: Margarete, geb. Müller), ev., verh. s. 1961 m. Eva-Elisabeth, geb. Begrich, 2 Kd. (Dorothea, Michael) - Univ. Erlangen u. Tübingen. Beide Theol.ex. Promot. 1961; Habil. 1969 - Zul. Doz. Univ. Erlangen. 1978ff. stv. Vors. Verein f. bayer. Kirchengesch. Div. Mitgliedsch., dar. Histor. Kommiss. z. Erforsch. d. Pietismus (1960 ff.), Wiss. Ges. f. Theol. - BV: Pietismus-Studien, T. I (D. spenerhall. Piet.) 1965; Erweckungsbeweg. u. konfess. Luthertum im 19. Jh., 1968; Sebastian Franck u. d. luth. Reformation, 1971; Spiritualist. Tradition im Protestantismus - D. Gesch. d. Schwenckfeldertums in Schlesien, 1973; Castell u. Zinzendorf. Gesch. d. Herrnh. Pietismus, 1984; The Schwenkfelders in Silesia, 1985; Lavater u. d. Stillen im Lande - Distanz u. Nähe, 1988; Johann Kaspar Lavater - Leben, Werk u. Wirkung. Festschr.: G. Pfeiffer (1975), W. Zeller (1976) u. A. Lindt (1985). Gedenkschr.: G. H. Schubert (1980) Fachaufs. (dt. engl.) Herausg. Ztschr. f. bayer. Kirchengesch. - Spr.: Engl., Franz.

WEIGELT, Horst

Dr.-Ing. E. h., Präsident Bundesbahndirektion Nürnberg - Altdorfer Str. 29, 8500 Nürnberg 30 (T. 0911 - 54 21 10) - Geb. 7. April 1928 Landeshut (Schles.) (Vater: Robert W., Bundesbahnamtmann; Mutter: Helene, geb. Warkus), ev., verh. s. 1960 m. Jutta, geb. Manthey, 2 Kd. (Cora, Mark) - 1948-54 TU Darmstadt - 1957 wiss. Assist. TU Berlin; 1960-63 Bundesbahndir. Hbg. (Bau u. Betrieb); 1963-65 Planungsauftr. b. City-S-Bahn, Hbg.; 1965-70 Hamburger Verkehrsverbund; 1971-74 Mitgl. Inst.ltg. b. Inst. z. Erforsch. technol. Entwicklungslinien (ITE); 1974 Leit. S-Bahn-Neubauabt. Hamburg; s. 1979 Präs. Bundesbahndir. Nürnberg - BV: Stadtverkehr d. Zukunft (m. Götz u. Weiss), 1973; City Traffic, 1977; Bayer. Eisenbahnen, 1982; D. Auto-Mobil, 1988; 40. J. Deutsche Bundesbahn (m. Langner), 1989; Vorträge in Pittsburgh, Bangkok, Detroit, Taipeh - 1957 Schinkel-Preis; BVK a. Bde.; s. 1992 Präs. d. Dt. Verkehrswissenschftl. Ges. (DVWG) - Liebh.: Gesch., Segeln - Spr.: Engl.

WEIGELT, Klaus

Dipl.-Volksw., Leiter des Europa-Büros d. Konrad-Adenauer-Stiftg. in Brüssel - Av. de l'Yser 11, B-1040 Bruxelles (T. 0032/2 - 733 55 94) - Geb. 14. Mai 1941 Königsberg/Pr., verh. s. 1967 m. Gerlind, geb. Hinrichs, Malerin, 3 Kd. (Andrea, Klaus Martin, Hans Peter) - Abit. 1961; 3 J. Wehrdst. (Olt. d. R.); Stud. Ev. Theol., Päd., Soziol. u. Volkswirtsch. Univ. Hamburg, Tübingen u. Freiburg; Dipl. 1971 Freiburg - S. 1971 wiss. Mitarb. Konrad-Adenauer-Stiftg., zun. im Ber. Polit. Bild., 1975-81 Landesbeauftr. in Venezuela, 1981-91 Leit. Polit. Akad. d. KAS, s. 1992 in Brüssel - BV: Christl. Verantwortung f. e. humane Weltentw. (m. W. Münch), 1981 Herausg.: D. soz. Marktwirtschaft erneuern (2 Bde., 1983-86); Patriotismus in Europa (1988); D. Tagesordnung d. Zukunft (2 Bde., 1986-88); Soziale Marktwirtsch. im Aufwind (1989) - Liebh.: Ostpreuß. Gesch. u. Lit. - Spr.: Engl., Span., Franz.

WEIGELT, Werner

Dr. rer. nat., Honorarprof. f. Kunststoffe im Maschinenbau TH bzw. TU Hannover (s. 1963) - Bischofsweiherstr. 29, 8520 Erlangen (T. 88 13) - Geb. 10. Sept. 1922 Hamburg - Tätigk. Siemens AG, Erlangen.

WEIGELT, Willi

Dr. rer. pol., Oberbürgermeister a. D. - Halleystr. 12, 7530 Pforzheim - Geb. 19. Sept. 1920 Karlsruhe - SPD. Ehrenbürger d. Stadt Pforzheim.

WEIGERT, Alfred

Dr. rer. nat., o. Prof. f. Astronomie - Sander Markt 18, 2050 Hamburg 80 (T. 721 21 53) - Geb. 13. Nov. 1927 Labes/Pom. - Mehrj. Tätigk. MPI f. Physik u. Astrophysik München; s. 1966 (habil.) Lehrtätigk. Univ. Göttingen u. Hamburg (1969 Ord.). Fachaufs.; Lehrb.

WEIGERT, Ludwig J.

Dr. rer. nat., Prof. f. Theoret. Physik TU Braunschweig - Springkamp 3, 3300 Braunschweig (T. 37 18 60) - Geb. 2. Mai 1930 Karlsbad - S. 1966 (Habil.) Lehrtätigk. Braunschweig. Facharb. - Mitgl. Sudetendt. Akad. d. Wiss. u. Künste.

WEIGERT, Manfred

Dr. med., Prof., Orthopäde - Cimbernstr. 22, 1000 Berlin 38 (T. 8 03 47 55) - Geb. 3. Nov. 1929 München, verh. m. Brigitte, geb. Grothum (Schausp.), 2 Kd. (Debora, Tobias) - Lehrtätigk. FU Berlin.

WEIGHARDT, Annemarie

Vorsitzende Dt. Sekretärinnenverb. - Christian-August-Weg 2, 2000 Hamburg 55 (T. 040 - 86 72 62) - Geb. 17. Juli 1930 Neunkirchen/S. (Vater: Kurt W., Ing.; Mutter: Auguste, geb. Philipp), ev., ledig - Kaufm. Lehre; Handelssch.; Sekr.-Ausb.; Auslandskorresp. - 1955-90 Dir.- u. Vorst.-Sekr. in versch. Untern. S. 1969 Vorst. Dt. Sekr.-Verb. (1977 Vors.). Fachautorin - Liebh.: versch. Sammelgebiete, bild. Kunst, Theater - Spr.: Engl.

WEIGL, Franz

Landrat a.D. - Am Lüßl 6, 8000 München 82 - Geb. 31. Okt. 1932 Tirschenreuth, kath., verh., 4 Kd. - Oberrealsch.; kaufm. Lehre - U. a. Landessekr. Kolpingfamilie f. Bayern (1955 ff.); 1969-72 Vors. Christl. Gewerkschaftsbd. Dtschl.s (CGB). 1961-72 MdB.

WEIGL, Hans Jürgen

Oberbürgermeister (s. 1984) - Rathaus, 8880 Dillingen/Donau - Geb. 20. April 1943 - Dipl.-Rechtspfleger (FH). SPD.

WEIGMANN, Gerd

Dr. rer. nat., Prof. f. Zoologie FU Berlin (s. 1976), Inst. f. Zool. - Quantzstr. 15, 1000 Berlin 38 - Geb. 10. Jan. 1942 - Promot. 1970 Kiel - Fachgeb.: Bodenzool. u. Ökol. - Mitgl. Beirat f. Naturschutz BMU.

WEIGMANN, Rudolph

Dr. phil., Dr. med., o. Prof. f. Pharmakologie (emerit.) - Leisewitzstr. 5, 3300 Braunschweig (T. 7 18 12) - Geb. 12. April 1900 Lauf/Mfr. (Vater: Richard W., Kaufm.; Mutter: Julie, geb. Barth), ev., verh. s. 1928 m. Dr. phil. Valentine, geb. Beck, 4 Kd. (Elisabeth, Ursula, Wolfgang, Marianne) - Univ. Würzburg (Naturwiss., spez. Zool.) u. Göttingen (Med.) - Ab 1927 Assist. Univ. Würzburg (Zool. Inst.) u. Göttingen (1935 Physiol., 1940 Pharmak. Inst.); 1944-68 Lehrtätigk. Univ. Göttingen (1949 apl. Prof.) u. TH bzw. TU Baunschweig (1957 ao., 1964 o. Prof.; Dir. Pharmak. Inst. Fachveröff.

WEIGT, Ernst

Dr. phil., em. o. Prof. f. Wirtschaftsgeogr. - Lohengrinstr. 23, 8500 Nürnberg (T. 46 81 08) - Geb. 12. Aug. 1907 Marburg/L. (Eltern: Max (Chemiker) u. Else W.), verh. s. 1938 m. Irene, geb. Bräuer, 2 Töcht. (Gerhilde, Ute) - Nicolai-Gymn. (Reform) u. Univ. Leipzig (Geogr., Geophysik. Anglistik; Promot. (Geogr.) I) - 1932-1936 Schuldst. Leipzig; 1937-40 Leit. Dt. Schule Lushoto (Ostafrika); 1945-49 Assist. Geogr. Inst.) u. München. (1948) Univ. Hamburg; 1949-55 Privatdoz. (Diätendoz.) u. apl. Prof. (1955) Univ. Köln; s. 1955 ao. u. o. Prof. (1958) Hochsch. f. Wirtschafts- u. Sozialwiss. Nürnberg bzw. Univ. Erlangen-Nürnberg (Dir. Wirtschaftsgeogr. Inst.) - BV: D. Kolonisation Kenias, 1932 (Diss.); Europäer in Ostafrika, 1955; D. Geogr., 1957, 5. A. 1979; Kenya u. Uganda, 1958; Beitr. z. Entwicklungspolitik in Afrika, 1964; Angew. Geogr., 1966; D. Integration Europas, 1968; Entwicklungsland Indien, 1970, 6. A. 1980 - 1972 Ehrenmitgl. Österr. Geogr. Ges.; 1970 korr. Mitgl. Ital. Geogr. Ges. - Spr.: Engl. - Festschr. z. 60., 65. u. 74. Geb.

WEIHE, von, Konrad

Dr. rer. nat., Prof., Botaniker - Marseiller Str. 7, 2000 Hamburg 36 (T. 41 23 23 34) - Geb. 9. März 1923 Bremen (Vater: Karl v. W., Architekt), verh. m. Erika, geb. Abfalter - Univ. Jena u. Kiel - S. 1955 (Habil.) Lehrtätigk. TH Hannover u. Univ. Hamburg (1963 apl. Prof.); 1965 Wiss. Rat u. Prof.; 1971 Prof. d. Univ., Inst. f. Angew. Botanik). Facharb.

WEIHER, Eckhard

Dr. phil., M.A., o. Prof. f. Slavistik Univ. Freiburg - Burgunder Str. 32, 7800 Freiburg/Br. (T. 0761 - 2 21 53) - Geb. 29. Dez. 1939 Königsberg/Pr. (Vater: Kurt W., Steuerbevollm.; Mutter: Ursula, geb. Witkowski), ev., verh. s. 1964 m. Ursula, geb. Kieffer, 3 Kd. (Christine, Matthias, Daniel) - Univ. d. Saarl.

(M.A. 1963, Promot. 1965); Habil. 1970 Würzburg - 1964-67 wiss. Assist. Univ. Tübingen; 1967-76 wiss. Assist., Oberassist., Univ.-Doz., apl. Prof. Univ. Würzburg; s. 1977 o. Prof. Univ. Freiburg. S. 1983 Mitgl. Beirat Acla-Werke GmbH, Köln - BV: D. Dialektik d. Johannes v. Damaskus in kirchenslav. Übers., 1969; D. negative Vergleich in d. russ. Volkspoesie, 1972; D. Dogmatik d. Johannes v. Damaskus in d. kirchenslav. Übers. d. 14.-18. Jh., 4 Bde. 1987ff.

WEIHER, Peter

Betriebswirt (grad.), Vorstandsvorsitzer Ford-Werke AG., Köln (1976-80), 1981 Vorst. VW of America - Drosselstr. 15, 5000 Köln 40 (T. 48 71 68) - Geb. 2. Juli 1937 Stettin (Vater: Hermann W., Syndikus; Mutter: Hedwig, geb. Kuschy), verh. s. 1964 m. Margaretha, geb. Bernhard, 2 Kd. (Alexandra, Marcel) - Realsch. 1955-57 Lehre Ind.-Kfm. Ford; Außenhandelsfachsch., bde. Köln - 1957-72 Ford-Werke (Sachbearb. Export, 1960 Zonenleit. Ford/Österr., 1965 Leit. u. 1968 Hauptabt.sleit. Marketing-Planung); 1972-73 Export-Ltg. Afrika VW-Werke, Wolfsburg; 1973-75 Marketing-Leit. BMW, München; s. 1975 wd. Ford AG., stv. Vorst.smitgl. (Bereich Marketing, Export, Vertrieb) - Liebh.: Wandern, Bergsteigen, Ski - Spr.: Engl., Franz., Span.

WEIHRAUCH, Georg

Fabrikant (Coronet-Gruppe) - Am Bug 8, 6948 Waldmichelbach 11/Odenwald - Geb. 24.Sept. 1928.

WEIHRAUCH, Helmut

Dr., Dipl.-Kaufm., Mitgl. d. Geschäftsleitung Starkstrom-Anlagen GmbH., Frankfurt - Neuenhainer Weg 6, 6231 Sulzbach - Geb. 17. Dez. 1929.

WEIHRAUCH, Thomas Robert

Dr. med., Prof., Direktor d. Fachbereichs Medizin u. Entwicklung, Pharma Forschungszentrum, Bayer AG Wuppertal - Dellestr. 52, 4000 Düsseldorf-Unterbach (T. 0211 - 20 34 55) - Geb. 23. Nov. 1942 München, ev., verh. s. 1969 m. Dr. med. Birgit, geb. Eggers, 2 Kd. (Martin, Julia) - 1962/63 Grundwehrdienst; Stud. Univ. Freiburg, München; Physikum 1965 Freiburg; Staatsex. 1969 München; Promot. 1970 ebd., Habil. (Innere Med.) 1979 Mainz; Anerkennung als Intern. 1975; Teilgebietsbez. Gastroenterologie 1977; Prof. 1979 - 1970/71 Klinikausb. in Phoenix/USA; 1971-81 I. Med. Klinik u. Poliklinik Univ. Mainz; 1979 Oberarzt; 1981 Berufung als Prof. auf Lebensz. (Innere Med. m. Schwerp. Gastroenterol.), Klinikum Steglitz FU Berlin, Umhabil. u. Ern. z. apl. Prof. Univ. Düsseldorf 1989; 1982-85 Leit. d. Klin. Pathophysiol. u. Klin. Forschung I, Pharma-Forschungszentrum Bayer AG Wuppertal; s. 1985 Leit. d. Fachbereichs Medizin; 1986 Direktor, s. 1991 Mitgl. d. Geschäftsleitg. - BV: Internistische Therapie 1975-92 (9. Aufl., ital. 1978); Festschr. H. P. Wolff, 1980; Esophageal Manometry-Methods and Clinical Practice, 1981; Roche Lexikon d. Med., 1986; zahlr. Beitr. in dtspr. u. int. Schrifttum zur Antibiotika-Therapie, Diagnostik u. Therapie gastroint. Motilitätsstörungen u. Ulkuskrankh. - 1970 Preis d. TH München f. Dissertation; 1979 Boehringer-Ingelheim-Preis Univ. Mainz; Mitgl. in zahlr. wiss. Ges.; 1987 Fellow d. Royal Soc. of Medicine.

WEIHRAUCH, Wilfried

Dr., Präsident d. Landesarbeitsgerichts Hamburg i. R. (b. 1992) - Osterbekstr. 96, 2000 Hamburg 76 - Geb. 18. April 1927.

WEIKAR, Helmut

Bauführer, MdL Nordrh.-Westf. (s. 1970) - Seidenspinnerweg 1, 4600 Dortmund-Berghofen (T. 48 15 68) - Geb. 25. April 1917 Bremen, verh., 2 Kd. - Volkssch. Bremen; 1936-45 Marine (Obersteuerm.); Maurerhandw. (Meisterprüf. 1953); 1957-59 Staatl. Technikersch. Hagen (Abendlehrg.); 1969-70 Handwerkskammer Dortmund (Baumeisterlehrg.) - B. 1957 Maurer, dann Bautechniker, s. 1964 -führer. SPD s. 1950 (1963 Ortsvors. Dortmund-Berghofen).

WEIL, Bernd A.

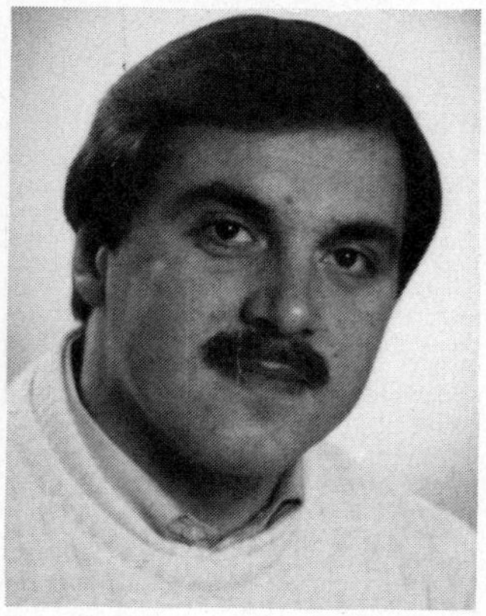

Dr. phil., M.A., Studienrat, Diplompsych., Schriftsteller - Hohlweg 1a, 6251 Selters-Eisenbach/Ts. - Geb. 28. Nov. 1953 Selters-Eisenbach/Ts. (Vater: Alfons W., Maurerpolier; Mutter: Marianne, geb. Schwan), kath., verh. m. Jutta, geb. Reichwein - 1973-78 Stud. German., Politikwiss., Gesch. u. Päd. Univ. Frankfurt/M.; 1. Staatsex. 1978; 2. Staatsex. 1981; Promot. 1991; Sozialpäd. 1981; Psychotherap. 1982; Diplomgraphologe 1984 - 1979 u. 1981 Assist. Bild-Redakt. d. Verlages F. A. Brockhaus Wiesbaden; s. 1981 Studienrat an d. Gewerbl.-techn. Schulen Offenbach/M.; Schulb.-Gutachter d. Hess. Kultusmin. Wiesbaden; Rezensent d. Bundeszentr. f. pol. Bildung Bonn; Mitarb. d. Ges. f. dt. Spr. Wiesbaden - BV: Fabeln, 1982; Klaus Mann, 1983; Heimatb.: 750 Jahre Eisenbach, 1984; Faschismustheorien, 1984; General Dr. v. Staat, 1985; D. Falkenlied d. Kürenbergers, 1985; D. Rezeption d. dt. Minnesangs, 1991 Gedichte in: Anthologie Buchwelt '92 - Rekord im Zwillings-Bumerangwerfen - Mitgl. d. Acc. Italia; Familienwappen - Liebh.: Lit., Reisen, Gitarre, Reiten, Schach, Bumerang-Werfen, DLRG, Lehrer f. Yoga u. Aut. Training - Spr.: Engl., Lat., Franz. - Lit.: Div. Aufs. in Ztg. u. Ztschr.; Who is Who in d. Bundesrep. Deutschl. (1988/89); Who's Who in West-Deutschl. (1989); Who's Who in Germany (1991).

WEIL, Bruno

Dirigent, Generalmusikdir. Städt. Bühnen Augsburg - Schwammerlweg 2, 8900 Augsburg - Geb. 24. Nov. 1949 Hahnstätten, kath., verh. s. 1977 m. Mechthild, geb. Koch, 2 S. (Adrian, Roman) - 1979 2. Preis Karajan-Dirig.-Wettb.

WEIL, Ernö

Regisseur, Int. Landestheater Coburg (ab 1988) - Nordlehne 1, 8630 Coburg (T. 09561 - 9 08 04) - Geb. 27. März 1947 München, verh. m. Mechthild, geb. Gessendorf - Stud. Theaterwiss. u. Kunstgesch. Univ. München u. Hochsch. f. Musik München - Spielleit. an Theatern in Augsburg u. Bielefeld, Assist. Bayreuther Festsp., zul. Oberspielleit. Stadttheater Pforzheim; Insz. Theater Aachen, Augsburg, Bonn, Kaiserslautern, Hagen, Osnabrück, Salzburg (Musik- u. Schauspielregie), u.a. - Insz.: u.a. Lucia di Lammermoor, Traviata, Maskenball, Rigoletto, Fliegender Holländer, Tiefland, Figaros Hochzeit, Revisor, Rake's progress, Tosca; ferner Schausp.insz. u.a. Aus d. Traum (UA), Reise d. alten Männer (Muhl), Katharina Knie.

WEIL, G. M.

Dipl.-Ing., Vorstandsmitglied Nordd. Lederwerke AG., Hamburg 60 - Rathenaustr. 43, 2000 Hamburg (T. 51 31 34) - Geb. 15. Okt. 1913 Heidelberg.

WEIL, Grete,

geb. Dispeker

Schriftstellerin - Herzog-Sigmund-Str. 3, 8022 Grünwald - Geb. 18. Juli 1906 Rottach-Egern/Obb. (Vater: Siegfried Dispeker, Rechtsanw.; Mutter: Isabella, geb. Goldschmidt), verw. I) 1941 (Dr. Edgar Weil, KZ Mauthausen), II) 1970 (Walter Jockisch, Regiss.; s. XVI. Ausg. u. Nachtr.) - Stud. German. - BV: Ans Ende d. Welt, N. 1949 (auch holl.); Tramhalte Beethovenstraat, R. 1963 (auch holl., dän., norw.), Neuherausg. 1992; Happy, sagte d. Onkel, 3 Erz. 1968; Meine Schwester Antigone, R. 1980; Generationen, R. 1983; D. Brautpreis (auch holl., ital., amerik.), R. 1988. Libretto: Boulevard Solitude (Musik: Hans Werner Henze) - 1981 Wilhelmine-Lübke-Preis; 1983 Tukan-Preis Stadt München; 1988 Geschwister Schollpreis (f. Der Brautpreis); Mitgl. PEN-Zentrum - Liebh.: Garten, Hunde, Berge - Spr.: Holl., Engl., Franz., Ital.

WEILAND, Gerd G.

Dr. jur., Rechtsanwalt, Mitgl. Hbg. Bürgerschaft (s. 1970, Mitgl. SPD-Fraktionsvorst., Vors. Haushaltsaussch.), Geschäftsf. Hamburger Stahlwerke GmbH, AR-Mitgl. Schichau Seebeck AG - Neuer Wall 86, 2000 Hamburg (T. 36 13 070); priv. Rabenhorst 36 (T. 536 26 61).

WEILER, Anton

Vorstandsmitglied Gerling-Konzern Versicherungsgesellschaften, Köln, u. a. - Walhallstr. 30a, 5000 Köln-Königsforst - Geb. 3. Aug. 1925 Köln (Vater: Anton W.) - S. 1946 GK.

WEILER, Eberhardt

Dr. rer. nat., o. Prof. Univ. Konstanz (Fachbereich Biologie) - Jakobstr. 45, 7750 Konstanz/B. (T. 3 15 80).

WEILER, Wilhelm Friedrich

Dipl.-Ing., Architekt u. Bauunternehmer, Geschäftsf. K & S Kabelverlegung u. Straßenbau GmbH - Philipp Schnell Str. 40, 6000 Frankfurt/M. 56 (T. dstl. 06101 - 4 04 01; priv.: 06101 - 40 41 02) - Geb. 29. März 1929 Frankfurt (Vater: Heinrich Adam W., Kaufm.; Mutter: Margarethe, geb. Kohr), kath., verw., verh. s. 1975 in 2. Ehe m. Waltraud, geb. Seidl, 3 Kd. (Marion, Lutz, Thomas) - 1950 FHS Frankfurt/M. (Dipl.-Ing. u. Arch.) 1953-62 Stadtbauinsp. Frankfurt/M.; 1958 Hess. Verw. Schulverb.; ab 1962 selbst. Bauunternehmer. Gesellsch. Bauunternehmen Weiler GmbH, Weiler'sche Grundstücksverwalt. b. R., Wilhelm Kressmann Tief- u. Straßenbau GmbH; Geschäftsf. Weiler'sche Betriebsges. mbH (Hotel Harheimer Hof); Einzelprok. Wilhelm Kressmann Tief- u. Straßenbau GmbH; VR-Beirat Herbert Gomoll & Co. GmbH; VR Weiler Tief- u. Rohrleitungsbau GmbH, Wilhelm Kressmann Tief- u. Straßenbau GmbH, Kressmann Rohrleitungsbau GmbH, Herbert Gomoll & Co. GmbH - Mitgl. Lions-Club Ffm.-Mainmetropole; davor LC Bad Vilbel (1976 Gründungsmitgl.; 1980/81 Präs.).

WEILING, Franz

Dr. rer. nat., em. Univ.-Prof., Botaniker u. Biometriker - Zur Marterkapelle 65, 5300 Bonn-Lengsdorf (T. 25 37 54) - Geb. 20. Sept. 1909 Dülmen/W. (Vater: Bernard W., Postbeamter; Mutter: Franziska, geb. Wewers), kath., verh. s. 1945 m. Elisabeth, geb. Jungewelter († 1985), 4 Kd. (Irmgard, Margret, Jürgen, Günter) - Promot. 1940 Münster; Habil. 1949 Bonn - S. 1949 Lehrtätigk. Univ. Bonn, (1957 apl. Prof.; 1963 Wiss. Rat Inst. f. Landw. Botanik). Mitgl. Dt. Botan. Ges., Intern. Biometric Soc., Ges. f. Wissenschaftsgeschichte u. a.; 1986 Dr. hum. lett. Villanova-Univ. Pensylvania, USA - BV: Kommentar d. Versuche J. G. Mendels, 1970. 240 Fachveröff. (Botanik, Genetik, Pflanzenzüchtung, Biometrie, Wiss.gesch.) - Spr.: Lat., Engl., Franz., Griech., Portug.

WEIMANN, Benno

Dr. jur., Ass., Aufsichtsratsmitglied Gelsenwasser AG, Gelsenkirchen (s. 1989) - Am Rosengarten 13, 4350 Recklinghausen - Geb. 15. April 1926 Köln, verh., 2 Kd. - 1962-69 Vorst.-Mitgl. Steinkohlenbergwerk Heinrich Robert AG, Hamm; 1969-89 Vorst.-Mitgl./Vorst.-Vors. Gelsenwasser AG. 1966-85 MdL Nordrh.-Westf.; 1971-90 Präs. Vereinigung Dt. Gewässerschutz; 1972-91 Vors. Arbeitsgem. f. Umweltfragen u. Umweltforum.

WEIMAR, Evelyn

Dr., Prof. f. Mathematische Physik - Winklerstr. 16b, 1000 Berlin 33 - Prof. Fachber. Math. FU Berlin - BV: Math. f. Physiker I, 1979 (m. Berendt).

WEIMAR, Karlheinz

Rechtsanwalt, Hess. Minister f. Umwelt u. Reaktorsicherheit (1987-91), MdL Hessen (s. 1978) - Im Strüthchen 3, 6290 Weilburg-Odersbach - Geb. 30. Jan. 1950 Kirberg, verh. - Gymn. Limburg; Univ. Gießen (Rechtswiss.). Gr. jurist. Staatsprüf. 1977 - S. 1977 RA Limburg. Bundeswehrdst. 1974 ff. Gemeindevertr. u. MdK Limburg-Weilburg. Kreisvors. u. Landesvorstandsmitgl. (1973) Jg. Union CDU (u. a. Mitgl. Bezirksvorst.).

WEIMAR, Robert

Dr. jur., Dr. phil., Univ.-Prof. f. Bürgerl. Recht, Handels- u. Wirtschaftsrecht Univ. Siegen (s. 1974), Management-Consultant - Lagemannstr. 30, 5905 Freudenberg - Geb. 13. Mai 1932 Köln (Vater: Prof. Dr. jur. Wilhelm W., Rechtsanw.; Mutter: Agnes, geb. Over), verh. s. 1974 m. Eva, geb. Zydek - Abit. 1952 Köln, Univ. Köln, Bonn, Innsbruck, Basel (Rechts-, Wirtsch.- u. Sozialwiss., Psych.), 1. jurist. Staatspr. Köln 1956, 2. jurist. Staatsprüf. Düsseldorf 1960, Lic. jur. utr., Promot. Dr. jur. utr. 1965, Dr. phil. 1967 Basel - 1960/61 wiss. Assist. Univ. Köln, 1961-63 Richter LG Köln, 1964-68 wiss. Mitarb. BGH Karlsruhe, 1968/69 Richter OLG Düsseldorf, 1970-72 wiss. Mitarb. BVerfG Karlsruhe, 1973-74 Richter OLG Düsseldorf, s. 1974 Prof. Univ. Siegen, Dir. Inst. f. Wirtschaftsrecht u. Wirtschaftsgesetzgeb., s. 1981 zugl. Vizepräs. d. Faculté Européenne des Sciences du Foncier (Straßburg) - 1978 u. 80 Gastprof. Wien, 1988/89 Lehrauftr. Univ. Düsseldorf, 1977-90 Vorst.-Mitgl. Josef-Humar-Inst. (Düsseldorf), Vizepräs. d. Europ. Akad. d. Wiss. u. Phil. d. Rechts. Herausg.: Wirtschaftsrecht u. Wirtschaftsverfassung (Schriftenreihe des Siegener Inst. f. Wirtschaftsrecht u. Wirtschaftsgesetzgeb.); Mithrsg.: Forschungen d. Europ. Fak. f. Bodenordnung; Beitr. z. allg. Rechts- u. Staatslehre; Salzburger Schriften z. Rechts-, Staats- u. Sozialphil. - BV: Unters. z. Probl. d. Produktenhaftung, 1967; Psych. Strukturen richterl. Entscheidung, 1969; Versorgung u. materiale Gleichheit, 1977; Z. Funktional. d. Umweltgesetzgeb. im ind. Wachstumsproz., 1978; Eigentum, Umweltrecht u. Wirtsch.system, 1979; Standortplanung b. Kernkraftw., 1981; Umweltpolitik u. Umweltgesetzgeb., 1981; Explikative o. normative Rechtstheorie?, 1981; Bürgerl. Recht, 3. A. 1990; D. Bedeutungswandel d. Gesetzes, 1982; Wirtschaftsrecht, 2. A. 1991; Rechtserkenntnis u. erkenntniskrit. Rechtswiss., 1984; Z. Theoriebild. in d. Rechtswiss., 1984; V. d. Gesetzesanwend. z. Rechtsfortschreib., 1984; Technokratie u. Rechtssystem, 1984; Reine Rechtslehre u. Theoriefortschritt, 1984; Rechtsgefühl u. Ordnungsbedürfnis, 1985; D. Stiftung & Co. KG als Rechtsform d. Unternehmung, 1986; Ansätze zu e. Rechtsberatungslehre, 1986; D. GmbH & Still im Fortschritt d. Gesellschaftsrechts, 1987; D. GmbH & Co. KG v. d. Toren d. GmbH-Rechts, 1987; Rechtswiss. als Weltbild, 1987; Eigenkapital u. Eigenkapitalersatz im Untern., 1987; Rechtsfragen d. ges.integrierten Stiftg., 1988; D. typische Be-

WEIMAR, Wolfgang
Dr. phil., Ministerialdirigent a.D. - Struckdamm 7, 2390 Flensburg (T. 5 15 65) - Geb. 28. Juni 1922 Flensburg. ev., verh. 3 Kd. - Gymn. Flensburg; 1942 u. 1945-48 Univ. Kiel (Philol., Gesch., Erdkd., Lat.). Promot. 1948 (Diss.: D. Aufbau d. Pfarrorg. im Bistum Lübeck währ. d. Mittelalters); Staatsex. 1949 u. 50 - S. 1950 höh. Schuldst. Schlesw.-Holst. (1953 Studien-, 1963 Oberstudienrat, 1972 Oberstudiendir. Altes Gymn. Flensburg, 1980-84 Leit. Abt. Gymn. Schlesw.-Holst. Kultusmin.) 1959-62 Ratsherr Flensburg, 1963-72 MdL SH (1967-72 parlam. Vertr. d. Kultusmin.). 1959-61 Landesvors. Jg. Union SH. CDU 1954-72 (Vors. Landes-, Mitgl. Bundeskulturaussch.).

WEIMER, Gerhard
Oberstudienrat, MdL Baden-Württ. (Wahlkr. 62, Tübingen) - Schenweg 21, 7400 Tübingen (T. 07071 - 6 30 63) - Geb. 2. Sept. 1948 Tübingen - SPD.

WEIMER, Jürgen
Prof., Rektor Staatl. Hochschule f. Musik Trossingen - Schultheiß-Koch-Pl. 5, 7218 Trossingen 1.

WEIN, Hermann
Dr. phil., Prof., Philosoph - Karl-Marx-Ring 62, 8000 München 83 - Geb. 20. Mai 1912 München (Vater: Hermann W., Bankier; Mutter: Helene, geb. Deiglmayr), kath., verh. m. Dorothea, geb. Bär, 1 Kd. - Promot. (1936) u. Habil. (1942) Univ. Berlin - 1943-71 (Ruhest.) Lehrtätig. Univ. Berlin u. Göttingen (1947; 1950 apl. Prof.). 1950 Sekr. Dt. Phil. Kongreß; 1951-52 Research Fellow Rockefeller Foundation u. Harvard Univ., Cambridge; 1964/65 Staatsprof. Queen's Univ. Kingston, 1969 Pennsylvania State Univ. - BV: Unters. üb. d. Problembewußtsein, 1937; D. Problem d. Relativismus, 1950; Zugang zu phil. Kosmologie - Überlegungen üb. d. phil. Thema d. Ordnung in nachkant. Sicht, 1954; Realdidaktik - V. Hegelscher Dialektik z. dialekt. Anthropol., 2. A. 1964; Positives Antichristentum - Nietzsches Christusbild, 2. A. 1964; Sprachphil. d. Gegenw., 2. A. 1967; Phil. als Erfahrungswiss., 1965; Phil. Anthropol., Metapolitik u. Polit. Bildung, 1965; Kentaur. Phil., 1981; Nietzsche sin Zarathustra, 1972 (span.); Dok. u. Nationen z. späten Hartmann aus d. Sicht v. heute, 1982.

WEIN, Norbert
Dr. phil., Prof. f. Geographie (Sowjetunion, China, Geoökologie) - Salmweg 2, 4044 Kaarst 2 (T. 02131 - 60 32 85) - Geb. 5. April 1939 Breslau (Vater: Gerhard W., Versich.angest.; Mutter: Charlotte, geb. Matthes), verh. 1964 m. Erika, geb. Nehring, 2 Töcht. (Ute, Anke) - PH Bielefeld (Staatsex. 1963), Univ. Münster (Promot. 1969) - 1969-71 wiss. Assist., 1971-75 Doz. s 1975 o. Prof. (s. 1980 Univ. Düsseldorf) - BV: Geoökologie u. Umweltprobl., 4. A. 1989; D. Sowjetunion, 2. A. 1985;

triebsaufspaltung - e. Unterordnungskonzern?, 1988; D. Europ. wirtschaftliche Interessenvereinig. (EWIV), 1989; D. Einsatz d. eigenen Arbeitskraft im Schadensersatzrecht, 1990; D. Rechtsgespräch, 1990; Treuhandanstalt u. Treuhandgesetz, 1990; D. Privatisierung d. Aktiengesellschaften in d. neuen Bundesländern, 1991; Kommentar z. Treuhandgesetz, 1992 - Liebh.: Tennis. Segeln - Spr.: Engl. - Lit.: Rechtstheorie u. Gesetzgebung, Festschr. f. R. W. z. 50. Geb. (1986).

DAAD-Gutachter, 1989ff. - Liebh.: Fotografie - Spr.: Engl., Franz., Russ.

WEINACHT, Paul-Ludwig
Dr. phil., Univ.-Prof. - Universität Inst. f. Polit. Wissenschaft - Wittelsbacherplatz 1, 8700 Würzburg (T. 0931 - 888 48 02) - Geb. 28. Mai 1938 Freiburg/Br. (Vater: Dr. phil. Paul Weinacht; Mutter: Hildegard, geb. Geier), verh. m. Annette, geb. Hübner, 4 Kd. - BV: Staat - Stud. z. Bedeutungsgesch., 1968; Bildungsplanung, 1970 u. 1972. Herausg.: Leo Wohleb, 1975; D. CDU in Baden-Württ., 1978; Ursprung u. Entfaltung christl. Demokratie in Südbaden, 1982; Gelb-rot-gelbe Regierungsjahre, Badische Politik nach 1945, 1988.

WEINBERG, Peter
Dr. phil., Univ.-Prof. f. Sportwiss. Univ. Hamburg - Lisbeth-Bruhn-Str. 32, 2050 Hamburg 80 (T. 040 - 735 33 40) - Geb. 4. April 1946 Jever, verh. s 1970 m. Margot, geb. Peters - 1968-74 Stud. Univ. Hamburg u. Bremen; 1. Staatsex. Höh. Lehramt 1974 Bremen; Promot. 1977; Habil. 1985 - 1970-73 Gründungssenat Univ. Bremen; 1977-85 wiss. Assist. Univ. Hamburg; 1985 Prof. - BV: Handlungstheorie u. Sportwiss., 1978; Bewegung, Handlung, Sport, 1985 - Liebh.: Schach, Kriminalromane - Spr.: Engl., Franz.

WEINBERGER, Bruno
Dr. jur., gf. Präsidialmitglied Dt. Städtetag (1968-86) - Belvederestr. 30 A, 5000 Köln 41 (T. 497 12 47) - Geb. 13. Febr. 1920 - Bayern - U.a. Landkreisverb. Bayern u. Dt. Städtetag, 1960 -Div. Mandate - 1972 Bayer. VO.; 1982 Gr. BVK, 1987 Stern dazu - Spr.: Engl. - Rotarier.

WEINBRENNER, Peter
Dr. rer. pol., Prof. Univ. Bielefeld - Brockhagener Str. 164, 4803 Steinhagen - Geb. 8. März 1936 Heidenheim (Vater: Rudolf W., Kaufm.; Mutter: Friedl, geb. Schwarz), verh. s. 1970 m. Erna Maria, geb. Löbner, 4 Kd. - Dipl.-Hdl. 1962, Promot. 1968 - 1962-70 Univ. Bielefeld; 1971-75 Univ. Bielefeld, Laborschule, 1975-80 Prof. Päd. Hochschule Bielefeld; s. 1980 Prof. Univ. Bielefeld - Herausg.: Z. Theorie u. Praxis d. polit. Bildung an beruf. Schulen. Ergebn. d. Hochschultage Berufliche Bildung 1986 (1987); Politische Bildung zw. Kammerprüfung u. eigenständigem Bildungsauftrag. Ergebn. d. Hochschultage Berufliche Bildung 1988 (1989); Schlüsselqualifikationen f. d. polit. Bildung an beruf. Schulen. Ergebn. d. Hochschultage Berufliche Bildung 1990 (1991).

WEINDEL, Elmar
Vortragender Legationsrat I. Klasse - Adenauerallee 99-103, 5300 Bonn - Geb. 19. Mai 1929 Kaiserslautern, verh., 3 Kd. - Stud. d. Rechtswiss. Univ. Würzburg u. Erlangen - S. 1960 Ausw. Amt (1964 LegR; 1968 LegR I. Kl.; 1971 BotschR), Auslposten: 1963-68 Lissabon, 1968-71 Teheran, 1976-82 Maputa/Mosambik;

1982-84 Botsch. Abu Dhabi (Vereinigte Arab. Emirate)

WEINDL, Georg
I. Bürgermeister Stadt Pfarrkirchen - Rathaus, 8340 Pfarrkirchen/Ndb. - Geb. 17. April 1931 Pfarrkirchen - Postbeamter. CSU.

WEINER, Richard
Dr., Prof. f. Theoret. Physik Univ. Marburg - Wieselacker 8, 3550 Marburg/L. - Geb. 6. Febr. 1930 Czernowitz/Buk. (Vater: Max W., Rechtsanw.; Mutter: Pepi, geb. Haber), verh. s 1969 (Ehefr.: Nina), T. Diana - Univ. Bukarest, Promot. 1958 - Tätigk. Univ. Bukarest, Indiana, Imperial College London, CERN, DESY - Voraussage d. Isomerieverschiebung u. and. physik. Effekte in Atom-, Kern- u. Teilchenphysik - Mitgl. Akad. d. Wiss. v. New York.

WEINERT, Ansfried B.
Dr./UCB (Ph.D.), Univ.-Prof. Univ. d. Bundeswehr (s. 1982) - Holstenhofweg 85, 2000 Hamburg 70 (T. 040 - 65 41-24 70) - Geb. 22. Mai 1941 Gumbinnenlau/Schles., verh. s. 1977 m. Akiko, geb. Nakayama - Industriebetriebslehre; Stud. Psych., Betriebswirtschaft u. Arbeitswiss. TU Berlin u. Univ. of California, Berkeley/USA; M.A. 1971; Ph.D. 1976 - B. 1967 industr. Tätigk. in Süd-Afrika; 1971-76 Forschungstätig. Univ. of California, Berkeley; b. 1982 Lektor u. Assist.-Prof. Univ. San Francisco, Bielefeld, Gießen, Köln - BV: Lehrb. d. Organisationspsych., 1981, 2. A. 1987 (span.: Manual de Psicologia de la Organizacion, 1985) - 1969 Fulbright Stip.; 1971-73 Stip. DAAD Berkeley/USA - Interessen: Erforschung d. Früherkennung v. Talenten; Jap. Kultur - Spr.: Engl., Franz., Afrikaans.

WEINERT, Franz Emanuel
Dr. phil., Prof. f. Psychologie - Grasmeierstr. 20, 8000 München (T. 089 - 323 10 31) - Geb. 9. Sept. 1930 Komotau, kath., verh. s 1955 m. Anne, 2 Töcht. (Barbara, Sabine) - Beide Staatsex. als Lehrer; Promot., Habil. 1967 o. Prof. Päd. Hochsch. Bamberg; 1968 o. Prof. u. Inst.dir. Univ. Heidelberg; 1980 Wiss. Mitgl. u. Dir. MPI f. psychol. Forsch., München - 1990 Vizepräs. d. Max-Planck-Ges. - BV: Schreiblehrmethode u. -entwickl., 1967; Päd. Psychologie, 1968; Funkkolleg Päd. Psychologie, Bd. 1 u. 2 1974; Lehr-Lern-Forsch., 1981; Metakognition, Motivation und Lernen, 1983; Psych. f. d. Schulpraxis, 1984; Gute Schulleistungen f. alle?, 1985; Memory development: Universal changes and individual differences, 1988 - Mitgl. Bayer. Akad. d. Wiss.; Mitgl. Academia Europaea.

WEINERT, Hanns Joachim
Dr. phil., Dr. rer. nat. habil., o. Prof. f. Mathematik TU Clausthal - Glückaufweg 6, 3392 Clausthal-Zellerfeld (T. 24 59) - Zul. Prof. Univ. Mainz. Fachbücher u. Facharb. - Mitgl. Braunschweigische Wiss. Ges.

WEINERT, Lothar Christian
Dr., Prof. f. Wirtschaftstheorie u. Außenwirtschaft an d. FH Aachen - Geb. 8. Dez. 1938 Essen - Stud. Univ. Bonn; Promot. Dr. rer. pol. 1968 - 1968-72 Thyssen AG u. KFA Karlsruhe; 1974 Prof. FH Aachen; 1984 Dekan FB Wirtsch.; 1986-88 Prorektor FH Aachen; Vors. Aussch. f. Europ. Stud.gänge; 1989 Gastprof. Univ. VIII Paris. Mithrsg. d. Ztschr. Economia. Büro f. Unternehmensberatung, Spezialgeb.: Betriebsorg. u. Datenverarb. in mittel-

ständischen Betrieben - Spr.: Engl., Franz.

WEINERT, Peter Paul
Landrat d. Westerwaldkreises (s. 1985) - Peter-Altmeier-Pl. 1, 5430 Montabaur (T. 02602 - 12 43 20) - Geb. 2. Mai 1948 Heidenheim, kath., verh. s 1975 m. Angela, geb. Pelz, 3 Kd. (Michaela, Nikola, Franziska) - Stud. Jura, Volkswirtsch., Franz. Univ. Mainz u. Lausanne; 2. jurist. Staatsprüf. 1975 Mainz - Landesbank Rhld.-Pfalz; Landgericht Koblenz; Staatskanzlei Rhld.-Pfalz.

WEINERTH, Hans V.

Dr.-Ing., Prof., Geschäftsführer d. SI-CAN GmbH - Garbsener Landstr. 10, 3000 Hannover 21 - Geb. 10. Aug. 1935, verh., 2 Kd. - Physikstud. Univ. Marburg; Dipl. Marburg; Promot. Aachen - AR-Mitgl. VDI/VDE Technol. Zentrum Inform.technik GmbH, Berlin; AR-Mitgl. PTC-electronic AG, Erfurt; stv. AR-Vors. Mikroelektronik-Anwendungszentr. (MAZ), Hamburg; Präsid.-Mitgl. Dt. Inst. f. Normung (DIN); Vors. d. Kommiss. f. Ingenieurausbildung (DKI), Düsseldorf - Mithrsg.: Buchr. Mikroelektronik (Springer) - 1987 Ehrenvors. VDE/VDI-Ges. Mikroelektronik (GME) - Liebh.: Hochseesegeln - Spr.: Engl., Holl.

WEINFURTER, Stefan
Dr. phil., Univ.-Prof. f. Mittelalterliche Geschichte u. Histor. Hilfswiss. Univ. Mainz - Oranienstr. 5, 6500 Mainz - Geb. 24. Juni 1945 Prachatitz (Vater: Julius W.; Mutter: Renata, geb. Lumbe v. Mallonitz), kath., verh. s. 1970 m. Brigitte, geb. Brandenburg, 3 Töcht. (Julia, Sandra, Sonia) - 1966-71 Univ. München; 1972-73 Univ. Köln (Gesch., German., Päd.); Staatsex. 1970 München, Promot. 1973, Habil. 1980, beide Köln 1973-74 wiss. Assist.; 1974-81 Akad. Rat bzw. ORat Univ. Köln; 1981/82 Lehrstuhlvertr. Heidelberg; 1982 Prof. Eichstätt; s. 1987 Lehrst. Mainz - BV: Salzburger Bistumsreform u. Bischofspolitik, 1975;

Consuetudines canonicorum regularium Springirsbacenses-Rodenses, 1978; Series episcoporum, 1982ff.; D. Gesch. d. Eichstätter Bischöfe d. Anonymus Haserensis, 1987; Reich u. Herrschaft d. Salier, 1991, 2. A. 1992. Herausg.: D. Salier u. d. Reich, 1991; Reformidee u. Reformpolitik im spätsalischen u. frühstaufischen Reich, 1992.

WEINGÄRTNER, Karl

Dr., Prof., MdL Baden-Württ. (Wahlkr. 60, Reutlingen), Kulturpolitischer Sprecher d. SPD-Landtagsfrakt. - Hohenbergstr. 2, 7410 Reutlingen (T. 07121 - 62 09 00) - Geb. 12. Jan. 1932 Heilbronn - Prof. f. Geschichte an d. Päd. Hochsch. Ludwigsburg. SPD.

WEINGARDT, Carl-Arend

Dipl.-Volksw., Aufsichtsratsvorsitzender Federal Express GmbH, Hamburg, Otto Reichelt GmbH, Berlin - Hoisdorfer Landstr. 127, 2070 Großhansdorf - Geb. 17. April 1919 Bremen, verh. m. Gertrud, geb. Bomhoff - Spr.: Engl.

WEINGARTNER, Egon

Dr., Geschäftsführer Landeswohnungs- u. Städtebauges. Bayern mbH. - Herzog-Heinrich-Str. 13, 8000 München 2.

WEINGES, Klaus

Dr. rer. nat., Prof. Organ.-Chem. Institut Univ. Heidelberg - Langgewann 41, 6900 Heidelberg (T. 4 18 94) - Geb. 5. Dez. 1926 Dortmund - S. 1961 (Habil.) Lehrtätigk. Heidelberg (1968 apl. Prof. f. Organ. Chemie). Fachveröff.

WEINGES, Kurt F.

Dr. med., Prof., Ltd. Direktor Univ.s- u. Poliklinik - Innere Med. II Homburg - Wohnhaus 16, 6650 Homburg-Bruchhof (T. 16 23 61) - Geb. 16. März 1925 Dortmund (Vater: Dipl.-Ing. Franz W.), verh. m. Dr. med. Gabriele, geb. Evers - S. 1963 (Habil.) Lehrtätigk. Univ. Saarbrücken (1968 apl., 1975 o. Prof. f. Inn. Med.) - BV: Glucagon, 1968. Div. Einzelarb.

WEINGRABER, von, Herbert

Dr.-Ing., o. Prof. f. Meßtechnik u. Austauschbau (emerit.) - St.-Ingbert-Str. 35, 3300 Braunschweig (T. 5 23 33) - Geb. 10. Okt. 1901 Theresienstadt (Vater: Stephan v. W., k. u. k. Generalmajor; Mutter: Franziska, geb. Thume), ev., verh. in 2. Ehe (1929) m. Irmgard, geb. Lange, 3 Kd. (Renate, Rüdiger, Volker) - TH Graz u. Dt. TH Prag (Dipl.-Ing. 1925). Promot. 1943 - 1925-35 Berliner Industrie, dann Heereswaffenamt u. Physikal.-Techn. Reichs- bzw. Bundesanstalt (Laborleit., zul. Oberreg.rat), 1963-70 TH bzw. TU Braunschweig (Ord. u. Inst.dir.). Erf.: Härtemeßgerät, Zweitaster-Oberflächenmeßgerät. Em. Mitgl. Intern. Forschungsgem. f. mech. Produktionstechnik (CIRP) - BV: Techn. Härtemessung, 1952; Fachb. Techn. Oberflächen, 1989. Mitarb.: P. Leinweber, Taschenb. d. Längenmeßtechnik (Abschn.: Feingestalt., Pneumat. Meßgeräte, Oberflächenprüfung). Üb. 80 Fachaufs. - 1971 Gold. Ehrenmünze VDI - Liebh.: Literatur, Mineralogie, Musik, Briefmarken, Gartengestaltung - Spr.: Engl.

WEINHART, Christoph

Komponist, Dozent Musikhochschule Würzburg - Engelsweg 17, 8700 Würzburg (T. 0931 - 6 94 84) - Geb. 11. Nov. 1958, ledig - Stud. Musiktheorie, Kompos., Klavier, Orgel, Cembalo in Würzburg u. Paris - Werke: Ophelia, Musiktheater, 1988; Lookin for Praetorius, Musiktheater, 1989; Auf d. Suche n. d. verlorenen Stimme, Radiophonie 1986-88; Exposit. f. gr. Orch., 1988; Variationen üb. e. Punkt f. Klavier u. Kammerorch., 1986; Sinfonietta, 1986; Gambenkonzert, 1987/88; Sterntagebuch f. Horn u. Orgel, 1991.

WEINHOFER, Karl

Oberstudienrat a. D., MdB (Landesliste Bayern) - Am Wald 24, 8078 Eichstätt (T. 08421 - 14 47) - SPD.

WEINHOLD, Ernst-Eberhard

Dr. med., Prof., Arzt f. Allgemeinmedizin - Dorfstr. 140, 2859 Nordholz/Landkr. Cuxhaven - Geb. 26. Mai 1920, ev., verh. s. 1948 m. Doris Elisabeth, geb. Jappen, 3 Kd. - Stud. Med. Univ. München u. Breslau; Promot. 1947 Hamburg - Approb. 1944; Hon.-Prof. Med. Hochsch. Hannover. Ehrenvors. Kassenärztl. Vereinig. Nieders. u. Hartmannbund Nieders.; Mitgl. Sachverst.-Rat f. d. Konzertierte Aktion im Gesundheitswesen, Bonn - Mitautor d. Gesundheits- u. Sozialpolit. Vorstellungen d. Dt. Ärzteschaft, 1974, 80, 86; Programme, Forderungen u. Thesen z. Gesundheitspolitik, Beisp. sozialistischer Evolution, 1979 - Paracelsusmed. d. Dt. Ärzteschaft; Hartmann-Thiedung-Plak.; Ehrenz. Marburger Bund; 1975 BVK am Bde.; 1980 BVK I. Kl.; 1989 Gr. BVK - Liebh.: Gesch., Sozialökonomie, Krankenversich.-Recht - Lit.: Dt. Ärzteblatt, Nieders. Ärzteblatt, D. Dt. Arzt (Redakt.-Veröff.).

WEINHOLD, Georg

Dr.-Ing., Dipl.-Ing., Geschäftsführer Steag Kernenergie, Essen (s. 1975) - Altmeyerstr. 58, 4300 Essen (T. 58 65 05) - Geb. 22. Dez. 1932 Brand-Erbisdorf (Vater: Eugen W., Fabrikant; Mutter: Elly, geb. Günther), verh. s. 1964 m. Roswitha, geb. Pribilla, 2 Kd. (Susanne, Constanze) - Stud. TU Berlin.

WEINHOLD, Josef

Dr. techn., em. o. Prof. f. Baustoffkunde (emerit.) - Soltauer Str. 27, 3000 Hannover (T. 55 21 84) - Geb. 1. Mai 1906 Müglitz/Mähren, kath., verh. m. Dr. phil. Eleonore, geb. Würfel, 3 Kd. - Dt. TH Brünn - 1928-38 Assist. Dt. TH Brünn, 1939-40 Ref. Prüfstele f. Luftfahrzeuge Berlin, 1940-45 Privatdoz., ao. Prof. (1942) Dt. TH Brünn (Dir. Inst. f. Festigkeitslehre u. -prüf.), 1947-55 Doz. Staatl. Ing.schule Eßlingen/N., s. 1955 ao., 1958 o. Prof. TH Hannover (Dir. Inst. f. Baustoffkunde u. Materialprüfwesen), 1974 emerit. Sondergeb.: Konstruktiver Straßenbau.

WEINHUBER, Simon

Bauer, Landrat Kr. Erding (s. 1964) - 8059 Holztrogn/Obb. - Geb. 26. März 1918 München, kath., verh. s. 1945, 9 Kd. - Ackerbausch. Landsberg/Lech (Ing. grad.), 1952-64 stv., 1964-78 Landrat Kr. Erding; 1963 ff. Bez.Präs. Bay. Raiffeisenverb. Obb.; 1976 ff. Beiratsvors. d. Milchunion Oberbayern - 1963 Bayer. VO., 1975 BVK I. Kl., 1978 Komm. Verdienstmed. in Silber.

WEINKAUF, Arno

Gewerkschaftssekretär, Mitgl. Brem. Bürgerschaft (s. 1975) - Langwedeler Str. 82, 2800 Bremen 44 - Geb. 25. März 1927 Kreuz/Pom., ev., verh., 1 Kd. - Volkssch.; 1941-44 Flugzeugbauerlehre. REFA-Lehrerprüf. 1965 - N. Kriegsdst. u. -gefangensch. landw. Tätigk., 1948-56 Schlosser (Borgward), anschl. Flugzeugb. u. techn. Angest., s. 1964 Gewerkschaftssekr. (IG Metall; 1968 I. Bevollm. Verwaltungsst. Bremen). SPD s. 1966 (Vors. Ortsverein Osterholz-Ost).

WEINLAND, Helene

Dr. rer. nat., Dr. med., apl. Prof. - Pappelgasse 6, 8520 Erlangen - Geb. 5. Juni 1914 Erlangen - Promot. u. Habil. Erlangen - S. 1956 Privatdoz. u. apl. Prof. (1966) Univ. Erlangen bzw. Nürnberg/Med. Fak. (Physiol. Chemie). Facharb.

WEINMANN, Hans-Martin

Dr. med., Univ.-Prof. f. Neuropädiatrie - Kinderklinik TU München, Kölner Platz 1, 8000 München 40 (T. 306 85 91) - Geb. 1928 - Promot. 1953, Habil. 1969 München - 1976 Extraord. 1985 Präs. Dt. EEG-Ges., 1988 Präs. Ges. f. Neuropäd. - Zahlr. Veröff. u. Buchbeitr. z. neuropädiatr. Probl. - BVK.

WEINMANN, Klaus

Sozialversicherungsfachangestellter, Stadtbürgermeister v. Traben-Trarbach - Allwies 3, 5580 Traben-Trarbach - Geb. 10. Mai 1931 - SPD.

WEINMANN, Kurt

Dr. rer. nat., Prof., Dipl.-Chemiker, Gf. Gesellschafter Loba-Holmenkol-Chemie Dr. Fischer u. Dr. Weinmann KG - Obere Burghalde 47, 7250 Leonberg - Geb. 5. Dez. 1922 Oehringen, verh. s. 1951 m. Hella, geb. Ostertag, 2 Kd. (Claudia, Michael) - Abit.; Stud. Chemie, danach Physik u. Math. Univ. Tübingen u. Stuttgart; Promot. 1952 - S. 1965 Lehrgangsleit. u. Doz. TAE, Inst. Kontaktstud. Univ. Stuttgart; s. 1967 pers. haft. u. gf. Gesellsch. Loba-Holmenkol-Chemie Dr. Fischer u. Dr. Weinmann KG. 1975 Handelsrichter LG Stuttgart; 1980 Lehrbeauftr. FHS Stuttgart, FB Farbe, Lack, Kunststoff; Kurat.-Mitgl. u. Kurat.-Vors. wiss.licher Forschungsinst., z.B. Fraunhofer-Ges., Forsch.inst. f. Pigmente u. Lacke; Hon.-Prof.; stv. Vors. d. Prüfungskommiss. f. Sachverständige d. IHK. Zahlr. Pat. u. mehr als 150 wiss. Publ. - BV: Beschicht. m. Lacken u. Kunstst., 1967; Lacke, Lackfarben ..., 1970; Mod. Bautenschutz, 1976; Energiebilanz, 1981 - BVK am Bde. - Liebh.: Sport, Sammeln v. Münzen u. Briefmarken, Musik, Schreiben, Politik, Gesch. - Spr.: Engl. - Lit.: Ltd. Männer d. Wirtsch.

WEINMANN, Manfred

Dr. rer. pol., Oberbürgermeister Stadt Heilbronn - Von-Witzleben-Str. 12, 7100 Heilbronn (T. 07131-56 20 00) - Geb. 17. Juli 1934 Heilbronn-Neckargartach, kath., verh. m. Arlyn, geb. Reinhart, 3 Kd. (Marc, Luc, Nico) - Abit. 1956, Stud. Univ. Tübingen (Dipl.-Volksw.), College d'Europe, Brügge. Stud. Kommunalw., Promot. 1966 Univ. Tübingen - 1964-76 Wirtschaftsmin. Baden-Württ. (u.a. Pers. Ref. v. Wirtschaftsmin. Dr. Eberle - zul. Min.-Rat); 1976-83 Erster Bürgerm. Stadt Heilbronn, s. 1983 Oberbürgerm. Heilbronn - S. 1984 AR-Vors. ZEAG Zementwerk Lauffen-Elektrizitätswerk Heilbronn AG, u. Südwestd. Salzwerke AG, Heilbronn - Spr.: Engl., Franz.

WEINMANN, Werner

Druckereibesitzer, Minister f. Arbeit, Gesundheit u. Sozialordnung Baden-Württ. (s. 1992), MdL Baden-Württ. (s. 1968) - Raiffeisenstr. 15, 7024 Filderstadt 4 (T. Stuttgart 77 12 11) - Geb. 18. Dez. 1935 Bonlanden, ev., verh., 2 Kd. - Volkssch. Bonlanden; Schriftsetzerlehre Stuttgart; Abendgymn.; Meistersch. f. d. graph. Gewerbe ebd. Meisterprüf. 1963 - U. a. techn. Betriebsleit. Druckereiwesen Stuttgart; s. 1964 selbst. MdK Eßlingen, Vorstandsmitgl. Württ. Landessportbund, Kuratoriumsmitgl. Akad. d. Handwerks. SPD. Mitgl. Regionalverb. Mittl. Neckar.

WEINMILLER, Lothar

Dipl.-Kaufm., Geschäftsführer Bundesverb. d. Dt. Möbelhandels, Verein Fachschule d. Möbelhandels, u. Führungsakad. Möbel GmbH, alle Köln - Am Bergerhof 31, 5024 Pulheim/Rhld. - Geb. 2. Jan. 1937.

WEINREBE, Helmut

Prof. f. Musik Staatl. Hochsch. f. Musik Rhld. Köln (s. 1973), Pianist, Organist - Ilexweg 59, 5000 Köln 71 (0221 - 70 43 05) - Geb. 22. Sept. 1939 Rostock, ev., verh. m. Astrid, geb. Hass, 2 T. (Antje, Verena) - S. 1973 Prof. s.o.; Doz. Akad. f. Erwachsenenbild., Köln - BV: D. Entw. d. Polyphonie b. L. v. Beethoven, 1967 - Spr.: Engl.

WEINRICH, Harald

Dr. phil., Dr. phil. h. c., o. Prof. f. Deutsch als Fremdsprache - Gedonstr. 6, 8000 München 40 - Geb. 24. Sept. 1927 Wismar/Mecklenburg (Vater: Wilhelm W., Realschullehrer; Mutter: Elisabeth, geb. Leibinger), kath., verh. s. 1960 m. Doris, geb. Heithoff - 1957-59 Privatdoz. Univ. Münster/W.; s. 1959 Ord. Univ. Kiel, Köln (1965), Bielefeld (1969), München (1978); 1972-74 Direktor Zentrum für interdiszipl. Forschung, Bielefeld; 1989/90 Prof. Collège de France - BV: D. Ingenium Don Quijotes, 1956; Phonol. Studien z. roman. Sprachgesch., 1958; Tempus - Besprochene u. erzählte Welt, 1964; Linguistik d. Lüge, 1966; Literatur f. Leser, 1972; Sprache in Texten, 1976; Textgrammatik d. franz. Sprache, 1982; Wege d. Sprachkultur, 1985; Textgrammatik d. dt. Sprache, 1992 - Herausg.: Franz. Lyrik im 20. Jh., 1964; Positionen d. Negativität, 1975 - Mitgl. Dt. Akad. f. Sprache u. Dichtung, Rhein.-Westf. Akad. d. Wiss., Accademia della Crusca, Bayer. Akad. d. Schönen Künste, Akad. d. Wiss. in Göttingen, Acad. Europaea, PEN-Zentrum BRD - 1977 Sigmund-Freud-Preis f. wiss. Prosa, 1985 Konrad-Duden-Preis, 1990 Friedrich-Märker-Preis f. Essayisten.

WEINRICH, Michael

Dr. theol., Prof. f. Ev. Theologie - Kilianstr. 78c, 4790 Paderborn - Geb. 13. Jan. 1950 Bielefeld, verh. m. Rosemarie, geb. Weidauer, 4 Kd. (Nils, Jörn, Imke, Sören) - Stud. Theol., Päd. u. Musik Univ. Bethel, Mainz u. Göttingen; 1. theol. Ex. 1973 Göttingen; Promot. 1978 Göttingen; Habil. 1982 Siegen - S. 1986 Mitgl. im Moderamen d. Reform. Bundes - BV: D. Wirklichk. begegnen, 1980; Religionskritik in d. Neuzeit, 1985; D. gute Widerspruch (m. P. Eicher), 1986; Grenzgänger (üb. Martin Buber), 1987; Theologiekritik in d. Neuzeit, 1988; D. Kirche im Wort (m. E. Mechels), 1992. Mitbegr. u. Herausg.: d. Reihe: Einwürfe (s. 1983 6 Bde.); d. Reihe: Wege d. Lernens (s. 1983 8 Bde.). Zahlr. wiss. Aufsätze.

WEINRICH, Rosemarie

Oberin, Hauptgeschäftsführerin Dt. Berufsverb. f. Krankenpflege - Arndtstr. 15, 6000 Frankfurt 1 (T. 069 - 74 05 66) - Abit.; dt. u. engl. Krankenpflegeausb. - Mitgl. d. Rates d. Ländervertr. Intern. Council of Nurses; Mitgl. Gesamtvorst. DPWV; Vors. Berat. Aussch. f. d. Krankenpflege b. d. EG; 1. Vicepres. of the European Nursing Group - Soroptimistin - Spr.: Engl.

WEINRICH, Werner

Gewerkschaftssekretär, Mitgl. Hbg. Bürgerschaft (s. 1978, SPD) - Fischbeker Heideweg 3, 2104 Hamburg 92 - Geb. 12. Juni 1938 Worbis/Thür. - Volkssch.; Zimmererhandw.; 1964-65 Sozialakad. - S. 1956 (Flucht) BRD (1963 ff. IG Bau-Steine-Erden Hamburg; b. 1967 Angest., dann Bezirkssekr.). 1970-78 Mitgl. Bezirksvers. Harburg (1972 Fraktionsvors.).

WEINSTEIN, Adelbert

Journalist (Militär- u. Außenpolitik) - Walluferstr. Nr. 65/Villa Hagedorn, 6228 Eltville/Rh. (T. 23 26) - Geb. 17. Mai 1916 Halle (Vater: Dr. Albert W., Chemiker, Kfm.; Mutter: Martha, geb. Schweidler), ev., verh. s. 1956 m. Hedi, geb. Schmaltz - Reform-Realgymn. u. Realsch.; Kriegsakad.; ab 1947 Univ. Mainz (6 Sem. Gesch., Roman., Volksw. (o. akad. Abschluß), neb. Redaktionstätigk.) - 1938-45 Akt. Offz. (zuletzt Major im Generastab u. Ia e. Division), n. engl. Gefangenschaft Mitarb. Allg. Ztg. Mainz, s. 1949 Redaktionsmitgl. Frankfurter Allg. Ztg. S. 1962 Oberstlt. u. Oberst d. R. (1966) Bundeswehr - BV: Armee ohne Pathos, 1951; Ja - aber . . . - E. krit. Unters. d. Europ. Verteidigungsgem., 1953; Keiner kann d. Krieg gewinnen - Strategie oder Sicherheit? (Krit. Stellungnahme z. dt. Wiederbewaffnung), 1955; D. neue Mekka - Aufbruch u. Umbruch im Nahen Osten, 1958; Aloha Hawaii, 1959; Das ist de Gaulle - Ansprüche u. Wirklichkeit, 1963 - Gr. BVK - Liebh.: Weltreisen, Golf - Spr.: Engl., Franz. - Rotarier.

WEINSTOCK, Horst

Dr. phil., Prof. für Anglistik TH Aachen

(s. 1970) - Kardinalstr. 7, 5100 Aachen (T. 0241 - 15 83 22) - Geb. 25. Juni 1931 Lindenberg/Allg. (Vater: Adolf W., Techn. Kaufm., †; Mutter: Elly, geb. Käppler), verh. s. 1962 m. Dr. Carola, geb. Ringel, 2 Kd. (Alexander, Constanze) - Staatl. Realsch. Lindenberg/Allg.; Stud. d. Angl., Roman., Philos. Univ. Mainz u. München; Promot. 1957 ebd.; Habil. 1970 Saarbrücken - Zun. Assist. Univ. München u. Höh. Schuldst. ebd.; 1961-70 Univ. Saarbrücken (Assist.; 1963 Akad. Rat u. 1967 Oberrat) - BV: D. Funktion elisabethanischer Sprichwörter u. Pseudosprichw. b. Shakespeare, 1966 (Annales Univ. Saraviensis; Reihe Phil. Fakultät Bd. 6); Mittelengl. Elementarbuch, 1968 (Sammlung Göschen Bd. 1226); D. engl. Literatur in Text u. Darstell. Bd. 2: D. 16. Jahrhundert, 1984. Herausg.: English and American Studies in German 1983 (1984). Mithrsg.: English and American Studies in German 1982 (1983); Medieval Studies Conference Aachen 1983 (1984). Fachaufs. u. Buchbesprechungen - Spr.: Engl., Franz.

WEINZIERL, Hubert

Diplom-Forstwirt, Vors. Bund f. Umwelt- u. Naturschutz Deutschl. (BUND) (s. 1983) - Postf. 40, 8441 Wiesenfelden - Geb. 3. Dez. 1935 Ingolstadt (Vater: Paul W., Untern.; Mutter: Thekla, geb. Waldherr) - Human. Gymn. Ingolstadt; Stud. Forstwiss. Univ. München; Dipl.-Forstwirt 1958; Referendarzeit b. d. Bayer. Staatsforstverwalt. u. Stud. praktischer Landwirtsch. Dan. freiberufl. Untern. u. ausübender Land- u. Forstwirt - S. 1953 aktive Tätigk. in d. Naturschutzbewegung (1964 Berufung in d. Präsid. Dt. Naturschutzring, 1965-72 ehrenamtl. Reg.beauftr. f. Naturschutz in Niederbayern); 1964-68 div. Weltreisen (z. umfassenden Stud. d. Naturschutzprobleme); 1969 Präs. Bund Naturschutz in Bayern; 1970 Sonderbeauftr. Dt. Naturschutzring f. d. Europ. Naturschutzjahr; Vorst. Aktion Saubere Landschaft; Mitbegr. Gr. Ökologie. Div. Mitgl.schaften in Beiräten u. a. Rundfunkrat in Bayern, Energiebeirat in München, Bayer. Landesplanungs- u. Oberster Naturschutzbeirat; Präsid.-Mitgl. Bayer. Naturschutzakad.; sow. Verbandsvertr. Arbeitsgem. f. Umweltfragen in Bonn u. im Dt. Umweltforum. 1960-85 umfangr. publ. Tätigk. - BV: 35 Bücher z. Thema Naturschutz - Landschaftspflege - Umweltvorsorge u. Nationalparke u. a.: Kiesgrube u. Landschaft, Teile I-V (mehrere A.), 1958-65; Natur in Not, 1966; Reviergestaltung, 1968; Dt. Nationalpark im Bayer. Wald, 1969; D. große Wende im Naturschutz, 1970; E. besinnliches Kalendarium, 1971; D. große Sterben, 1971; Nationalpark Bayer. Wald, 1972; Wo alle Wege enden, 1973; Projekt Biber, 1973; ... doch sie änderten sich nicht, 1974; Natur in Not, 2. Teil, 1975; Zerrissene Fäden, 1975; D. große Unbehagen, 1976; D. Hofnarr, 1977; Hoffnungen, 1978; D. Kröten, 1978; Tageb. e. Naturfreundes, 1979; Wilde Birnen, 1979; Kiesgrube u. Landschaft, 1981; Gnade f. d. Schöpfung, 1981; Nachklänge, 1984; Passiert ist gar nichts, 1985; Wendezeichen, 1985. Üb. 800 Fachaufs. u. zahlr. Rundf.- u. Fernsehsend. - Zahlr. Ehrungen u. Preise.

WEIRAUCH, Lothar

Ministerialdirektor, Leit. Abt. I (Verw./Förderungsmaßn.) Bundesmin. f. gesamtd. Fragen, Bonn - Meisenweg 11, 5300 Bonn-Ippendorf (T. 28 17 41) - Geb. 25. Nov. 1908 Laurahütte/OS., verh.

WEIRICH, Dieter

Oberregierungsrat a. D., Journalist, Intendant d. Dt. Welle (DW) (s. 1989), Köln - Trierer Str. 86, 5300 Bonn 1 (T. 0228 - 21 73 08) - Geb. 31. Dez. 1944 Sülzbach/Neckar (Vater: Heinrich W., Polizist; Mutter: Margarete, geb. Hanninger), ev. - Aufbaugymn. Weinsberg; Ztg.volont. - 1969-71 pers. Ref. CDU-Landesvors. Hessen; 1972-1980 Pressespr. CDU-Landtagsfraktion u. CDU Hessen; 1974-80 MdL Hessen; 1980-89

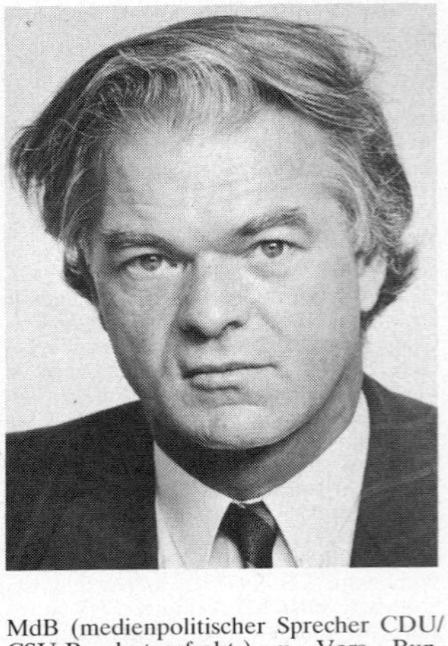

MdB (medienpolitischer Sprecher CDU/CSU-Bundestagsfrakt.), u. Vors. Bundesfachaussch. Medienpolitik d. Union; Vors. Medienkomm. d. hess. CDU, Mitgl. Fernsehrat d. ZDF, Mitgl. d. Bundesfilmkommiss. Chefredakt. Hessen Kurier - BV: Pressearbeit u. Politik; D. flimmernde Rathaus (Neue Medientechnol. u. Kommunalpolitik), in: D. Mediengesetz-Entwurf d. Hessen-CDU; Mitverf.: Schaffen wir das Jahr 2000?, D. Zukunft d. Informationsges.; Bauern - d. grüne Gefahr? u. D. Grünen auf d. Prüfstand; D. modernen Massenmedien d. Gegenwart. Herausg.: Zw. Kabel u. Konsum; Europas Medienmärkte v. morgen; Alfred Dregger - Streiter f. Deutschl. - Liebh.: Sport, Lit. - Spr.: Engl.

WEIS, August

Fabrikdirektor i. R. - Bergseestr. 38, 7880 Bad Säckingen (T. 07761 - 18 43) - Geb. 18. April 1905 Lörrach, kath., verh. I) m. Olga, geb. Drexlin (†1969), II) m. Anni, geb. Schötz, 2 Kd. (Hans-Dieter †, Otto-Jörg) - Humanistisches Gymnasium und Höhere Handelsschule Hamburg; Außenhandelssch. ebd. - Jahrz. Vorst. div. AG's u. Komplimentär bedeut. Firmen, selbst. Fabrikant, später Ind.- u. Vertriebsberat. - Meist Markenart.ind. Zahlr. Fachveröff. - Liebh.: Bibliophilie, Schöngeistige Lit. u. Künste - Mitgl. Dt. Goethe-Ges. u. weiterer Kulturclubs - Spr.: Franz.

WEIS, Dierk Joachim

Dr. phil., Physiker - Märchenstr. 9, 5000 Köln 80 (T. 0221 - 68 27 26) - Geb. 19. Okt. 1925 Köln-Kalk (Vater: Adolf W., Postamtm.; Mutter: Else, geb. Bamann), kath., led. - Obersch., Univ. Köln (Phys., Promot. 1951 m. Präd. magna cum laude) - Mitgl. Kurat. Dr.-Eugen-Wolfrich-Kersting-Stift., Wipperfürth, Lichttechn. Ges. - Erf.: Wendelwickelmasch. (Pat.) - Liebh.: Funktechnik, Gesch. d. ind. Techn., Spr.: Engl.

WEIS, Eberhard

Dr. phil., o. Prof. f. Neuere Gesch. Univ. München - Herzogstr. 60, 8000 München 40 - Geb. 31. Okt. 1925 Schmalkalden - Wiss. Staatsex. f. Lehramt an höh. Schulen 1950; Promot. 1952; Ass.ex. 1956 (Archivwesen); Habil. 1969 (sämtl. München) - 1953-69 Archivar Staatl. Archive Bay., Stud.- u. Forsch.aufenth. Frankr., 1969-74 o. Prof. FU Berlin u. Univ. Münster, s. 1974 Univ. München - BV: Gesch.schreibung u. Staatsauffassung in d. franz. Enzyklopädie, 1956; Montgelas 1759-99 - zw. Revolution u. Reform, 1971, 2. A. 1988; D. Ges. in Dtschl. I, 1976 (m. Karl Bosl.); Propyläen Geschichte Europas, Bd. 4: D. Durchbruch d. Bürgertums, 1776-1847, 1978; Deutschland u. Frankreich um 1800, 1990. Mitarb. Handb. d. europ. Gesch. (Herausg. Th. Schieder), Bd. IV 1968, u. Handb. d. bay. Gesch. (Herausg. M. Spindler), Bde. IV/1, IV/2 1974 u. 1975. Herausg.: Reformen im rheinbünd. Dtschl. (1984). Zahlr. Fachveröff. - S. 1974 Mitgl., 1982 Sekr., s. 1987 Präs. Hist. Kommiss. München; s. 1979 Bayer. Akad. d. Wiss.; 1979 Mitgl. Kommiss. f. bayer. Landesgesch.; 1984 Vors. d. wiss. Beirats Dt. Histor. Inst. Paris; Mitgl. weiterer Beiräte u. Kurat.

WEIS, Heidelinde

(Eigtl. Heidelinde Duna), Schauspielerin - Dröschitz 37, A-9231 Köstenberg - Geb. 17. Sept. 1940 Villach/Österr., verh. s. 1960 m. Hellmuth Duna (Theaterdir.) - 1957-59 Max Reinhardt-Sem. Wien; Tanzausb. Mod. Jazz Marga Rues, München; Gesangsausb. Anneliese Hofmann, München - 1958-60 Theater in d. Josefstadt Wien; viele Gastsp., u.a. Berlin, München, Hamburg, Wien, Salzburger Festsp.; Fernsehspiele, Filme, Schallpl. (So sing ich, 1975; So e. Narr bin ich, 1977; Aber Träume hatt' ich viel, 1978). Rollen: Theater: u.a. Desdemona, Antigone, Eurydike, Colombe, Alkmene; Boulevard: Nächstes Jahr - gleiche Zeit; Warte, bis es dunkel ist, Gaslicht, Nie wieder Mary, Helden, u.v.a. 1988 Theater-Tournee: Alte Zeiten, Harold Pinter (Kate). Filme: D. Tote v. Beverly Hills, D. Lügner u. d. Nonne, Lausbubengesch., D. Festung, Something for everyone, Mädchen hinter Gittern, u.a. Fernsehen: Mary Rose, Meine Frau Susanne (Serie 1966), D. Marquise v. Brenvillies, D. Frau in Weiss, D. Erbin, D. Fräulein, Quadrille, D. Pakt, D. selige Edwina Black, Heidelinde Weis Special's; Musikal. Special ZDF: E. Frau zieht ein, 1976. Münchner Lach- & Schießges.: Heidelinde Weis rosa u. schwarze Lieder (Kleinkunst), 1983; Rosa u. schwarze Lieder, 1985. Musical/Theater an d. Wien: E. Glas Wasser, (Königin) 1977/78. Drehbuchautorin: Umwege nach Venedig, 1988 (FS-Film) - 1972 Gold. Bildschirm; 1976 Dt. Schallplattenpr. Phonoakad. Berlin; 1977 Gold. Kamera; 1982 Gr. Gold. Ehrenzeichen Land Kärnten; u.v.a. - Spr.: Engl.

WEIS, Karl Heinz

Dr. rer. pol., Präsident Statist. Landesamt u. Landeswahlleiter Rheinland-Pfalz - Mainzer Str. 14-16, 5427 Bad Ems.

WEIS, Konrad M.

Dr. rer. nat., Präsident u. Chief Executive Officer Bayer USA Inc. (1986-91), Ehrenvors. (s. 1991) - One Mellon Center, 500 Grant Street, Pittsburgh PA 15219-2502 (T. 412 - 3 94-55 44) - Geb. 10. Okt. 1928 Leipzig (Vater: Alfred W., Prof.; Mutter: Margarete, geb. Leipoldt), ev., verh. s. 1956 m. Gisela Lueg, 2 Kd. (Alfred, Bettina) - 1953 Univ. Bonn (Dipl.-Chem.), Promot. 1955 - Ab 1955 Bayer AG - Forsch., Prod., Stab; ab 1971 in USA f. Bayer in ltd. Posit. tätig. Div. Mandate - Liebh.: Tennis, Skilaufen, Kunst, Segeln.

WEIS, Kurt

Dr. iur., Univ.-Prof., f. Soziologie (s. 1980) Instit. f. Sozialwiss. TU München - Lothstr. 17, 8000 München 2 (T. 089-21 05 86 63 u. 21 05 86 77); priv.: Kunigundenstr. 41a, 8000 München 40 (T. 089-361 36 56) - Geb. 20. Okt. 1940 - Stud. Rechts- u. Sozialwiss., 1. jur. Staatsex. 1964, Promot. Harvard Univ. 1968, 2. jur. Staatsex. 1970, Habil. f. Soziol. Univ. d. Saarl. 1979, 1971-73 Forsch.stip. Chicago u. Berkeley/Calif., 1980-82 stv. Vors. Dt. Ges. f. Selbstmordverhütung, s. 1984 Herausg. d. Intern. Review for the Sociology of Sport; s. 1987 Gründungsmitgl. u. 1. Vors. Aktion u. Freizeit, Fan-Projekt München, z. sozialarb. u. erlebnispäd. Betreuung v. auffälligen Sportfans - BV: Veröff. z. Kriminol., empir. Sozialforsch., Devianz-, Rechts- u. Sportsoziol., Selbstmordforsch. u. Viktimol. - Gold. Sportabz. (Zahl 25).

WEISBECKER, Walter

Schriftsteller - Raimundstr. 35, 6000 Frankfurt/M. (T. 069 - 52 41 01) - Geb. 24. Nov. 1915, kath., verw. - Oberrealsch.; Kaufm. Lehre; Großhandelskaufm. - S. 15 J. fr. Mitarb. FAZ - BV: Goethe zw. Frankfurt u. Weimar, 1991; 3 Mundartbde.: Äppelwein un Äppelcher;

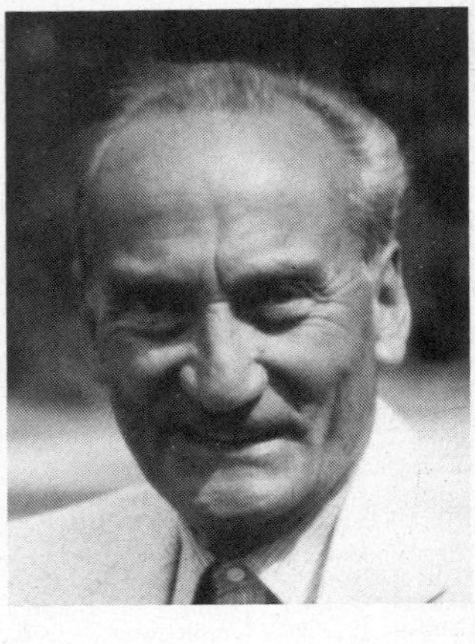

Frisch aus de Kelter; Unvergesse Goethekenner (insges. 21 000 Aufl.); 2 Lyrikbde.: O Pendelschlag d. ewig Wechselnden, Triebe-Treue-Träume. 3 Glossenbde.: Hallo, u. andere Glossen; Kleine Lebensbetrachtungen; Pikante frische Hörnchen. Mitautor Merian-Frankfurt. Schallplatte m. eigen. Mundartged. Zahlr. Rezitationsvortr. im Hess. Rundf.; allein 11 Matineen im Fritz Rémond-Theater, Frankfurt - Liebh.: Reiten, Wandern, Autographen sammeln - Spr.: Schwed.

WEISCHENBERG, Siegfried

Dr. phil., Prof. Univ. Münster, Journalist - St. Benedictstr. 13, 2000 Hamburg 13 - Geb. 24. März 1948 Wuppertal (Vater: Artur W., Kaufm.; Mutter: Agnes, geb. Schmidt), verh. s. 1978 m. Sibylle, geb. Struve, T. Laura - Gymn. Wuppertal (1966 Abit.); ab 1966 Stud. Soz.- u. Kommunikat.wiss. Univ. Bochum (Promot. 1976); 1968/69 Volont. Tageszt. - S. 1967 Journ. (Presse, Rundf., Agentur); 1979-82 Prof. Univ. Dortmund; s. 1982 Prof. Univ. Münster; 1984 Gastprof. Indiana Univ. (USA); 1985 Gastprof. Univ. München - BV: D. Außenseiter d. Redakt., 1976; D. elektron. Redakt., 1978; Journalismus in d. Computerges., 1982; Handb. d. Bildschirmjourn. (m. P. Herrig), 1985; Nachrichtenschreiben, 2. A. 1990. Herausg.: Journalismus & Kompetenz (1990); Journalistik, 2 Bde. (1992). Mithrsg.: Medien u. Kommunikation (1992) - Spr.: Engl., Franz.

WEISCHET, Wolfgang

Dr. rer. nat., Dipl.-Meteorologe, em. Prof. d. Geographie - Kastelbergstr. 14, 7812 Bad Krozingen/Br. (T. 37 85) - Geb. 12. Jan. 1921 Ohligs - S. 1954 (Habil.) Lehrtätigk. Univ. München (1961 apl. Prof.) u. Freiburg (1961 Ord. u. Inst.dir.), 1959-61 Prof. Univ. Valdivia (Chile); 1963 Gastprof. Univ. Santiago de Chile - BV: u. a. Länderkunde v. Chile; Einf. Allgem. Klimatologie, 1977, 1980; Ökolog. Benachteilig. d. Tropen, 1977, 1981; Lehrb. Allg. Klimageographie, 1979; Grüne Revolution, 1978, 1982. Üb. 100 Fachaufs. - Mitgl. Dt. Akad. d. Naturforsch. u. Ärzte Leopoldina - Spr.: Engl., Span. - Rotarier.

WEISE, Günter

Sportjournalist, Vors. Verein Dt. Sportpresse Berlin (s. 1971) - Delpzeile 5, 1000 Berlin 13 (T. 3 81 50 74) - Geb. 21. Dez. 1925 Berlin - U. a. D. Kurier u. Berliner Morgenpost; 1976 ff. Präs. Verb. Dt. Sportpresse.

WEISE, Hans

Geschäftsführer Wilhelm Fette GmbH, Schwarzenbek - Brombeerstrauch 1, 2059 Klein Pampau - Geb. 16. Jan. 1933 - Kaufm. Werdegang.

WEISE, Horst Günther

Dr., M.A., Fernsehredakt., Leiter d. Redakt. Sprachen, stv. Leiter d. Programmber. Bildung u. Ges. Bayer. Rundfunk i. R., z. Zt. freiber. Journalist, Autor sprachpäd. Fernsehsendungen, Fachberater - Beckmesserstr. 25, 8000 München 81 (T. 91 57 73) - Geb. 24. Nov. 1923, ev., verh. s. 1964 m. Dr. Ilaria Furno, 2 Kd. (Isabel, Lorenzo) - Abit.; 1. u. 2. Lehrerprüf. DDR; Stud. FU Berlin, Univ. of Minnesota, USA, Univ. München; Promot. 1962 Harvard - 1957-61 Teaching Fellow Harvard Univ., USA; 1962-64 Assist. Prof. Smith College, USA; 1964-88 Bayer. Rundf., verantw. Prod. zahlr. sprachdidakt. Fernsehsend. - 1959 Kennedy Fellowship; 1965 u. 1985 Adolf-Grimme-Preis; 1972 Ehrenbürger Stadt Minneapolis/Minn., USA - Liebh.: Sprachen, Reisen, Außenpolitik, Lit., Architektur, Musik, Kunst - Spr.: Engl., Franz., Ital.

WEISE, Karl

Dr. med. vet., Tierarzt, Sächs. Staatsminister f. Umwelt u. Landesentwicklung (1990-92) - Eulauer Str. 18, O-7220 Pegau (T. Groitzsch 65 50) - Geb. 6. Sept. 1926 Pegau, ev., verh. s. 1955 m. Susanne, 3 Kd. (Tobias, Isa, Rena) - 1950-55 Stud. Vet.-Med. Justus-Liebig-Hochsch. Gießen; Promot. 1955 - S. 1955 Tierarztpraxis in Pegau; s. 1974 Gemeinsch.praxis; 1990 MDL Sachsen; s. 1981 Mitgl. d. christl. Umweltseminars Rötha - BV: Unters. üb. Beziehungen d. seitenverschiedenen Ovulationen z. Schwangerschaft, 1955 - Liebh.: Ökologie, Gartenarb. - Spr.: Engl.

WEISE, Karl-Heinrich

Dr. phil. nat (habil.), o. Prof. f. Mathematik - Reventlou-Allee 15a, 2300 Kiel (T. 56 79 21) - Geb. 24. Mai 1909 Gera - 1938 Privatdoz. Univ. Jena; 1942 ao., 1945 o. Prof. Univ. Kiel, 1964 Mitgl. Wiss.srat; 1955 Vors. Dt. Mathematiker-Vereinig. - BV: Gewöhnl. Differentialgleichungen, 1949; Math. Grundl. d. höh. Geodäsie, 1951 (m. R. König; auch russ.). Fachaufs.

WEISE, Klaus

Prof., Directeur musical d. Oper Nizza (Frankr.) (s. 1990) - Zu erreichen üb. Théâtre de l'Opéra de Nice 4-6, Rue Saint-François-de-Paule, F-06300 Nice - Geb. 30. Jan. 1937 (Eltern: Fritz u. Helene W.) - I. Kapellmeister Essener Oper, 1972-74 Leit. Orchester Folkwangschule ebd.; 1975 Chefdirig. Stadttheater Bern; 1978-81 GMD Freiburg; 1981-85 GMD Kiel; 1985-90 GMD Dortmund. Gastdirigate in USA, Frankreich, Italien, Dänemark, Schweden, Japan.

WEISE, Klaus

Regisseur - Sophienstr. 162, 7500 Karlsruhe - Geb. 9. Dez. 1951 Gera/Thür., ev., verh. s. 1984 m. Johanna Hess, Bildhauerin - 1970-73 Stud. Hochsch. f. Fernsehen m. Film München - Insz. in München, Mannheim, Karlsruhe, Düsseldorf, Bonn; Drehb. u. Regie f. Fernsehfilme - 1985 Förderpreis Dr. Otto-Kasten-Stiftg., Essen.

WEISE, Walter

Dr. med. dent., o. Prof. f. Zahn-, Mund- u. Kieferheilkunde - Himmelgeister Str. 110, 4000 Düsseldorf (T. dstl.: 3 11 82 85) - Geb. 12. Febr. 1931 Greußen/Thür. - S. 1959 (Habil.) Privatdoz., apl. (1965) u. o. Prof. (1972) Med. Akad. bzw. Univ. Düsseldorf; Klinikdir. Üb. 80 Fachveröff.

WEISENSEE, Klaus

I. Bürgermeister Stadt Uffenheim (s. 1984) - Rathaus, 8704 Uffenheim/Mfr. - Geb. 1. Aug. 1944 Würzburg - Zul. Oberstudienrat.

WEISER, Gerhard

Dr. h. c., Minister f. Ländlichen Raum, Ernährung, Landwirtsch. u. Forsten Baden-Württ. (s. 1976), stv. Ministerpräs. (s. 1980), MdL (s. 1968) - Weinbergstr. 7, 6901 Mauer/Baden (T. 06226 - 13 84 u. 0711 - 6 47-21 93) - Geb. 11. Jan. 1931 Heidelberg (Vater: Landw.), ev., verh., 3 Kd. - Volkssch.; landw. Lehre; Landw. Fachsch. Meisterprüf. 1956 - 1962-76 Bürgerm. Gde. Mauer. Bezirksvors. CDU Nordbaden, Präsid.-Mitgl. CDU Baden-Württ.; Präs. Blasmusikverb. Baden-Württ. u. d. Bundesvereinig. Dt. Volks- u. Blasmusikverb., Vors. Diak. Werk d. ev. Landeskirche Baden.

WEISER, Gerhard

Dr. rer. nat., Prof. f. Experimentalphysik Univ. Marburg - Goethestr. 29, 3554 Cappel.

WEISER, Hans-Jürgen

Dipl.-Kfm., Vorsitzender d. Geschäftsfg. Kabelwerke Reinshagen GmbH - Reinshagenstr. 1, 5600 Wuppertal 21 - Geb. 19. April 1938 - Präs. VR Unicables S.A., Pamplona; Mitgl. Board of Dir. Packard Electric Ireland Ltd., Dublin, u. Cablesa Lda., Lissabon; Geschäftsf. Packard Electric Burgenland GmbH, Austria.

WEISER, Klaus

Dr. jur., Rechtsanwalt, Vorstandsmitgl. i.R. - Mainstr. 38, 5000 Köln 50 (T. 0221 - 35 21 72) - Geb. 6. März 1925 Waldenburg/Schles. (Vater: Bruno W., Bankdir.; Mutter: Elisabeth, geb. Kinne), verh. s. 1953 m. Ute, geb. Hoffmann, 4 Söhne (Christian, Michael, Thomas, Stephan) - BVK I. Kl.; Raiffeisen/Schulze-Delitzsch-Med. in Gold.

WEISER, Paul

Dr. med., apl. Prof., ehem. Chefarzt am Krankenh. St. Johannes-Stift, Gynäkol. Abt., Duisburg-Homberg - Am Grabenacker 8, 4100 Duisburg 17 - Geb. 12. Juli 1925 Münster/W. (Vater: Paul W., Apotheker; Mutter: Adelheid, geb. Borchard), kath., verh. s. 1957 m. Dr. med. Hildegard, geb. Stuckmann, 4 Kd. - H.-Löns-Obersch. Münster; Stud.; Habil. 1966 - 1969-88 ltd. Arzt, s. 1971 Prof.

WEISGERBER, Antje

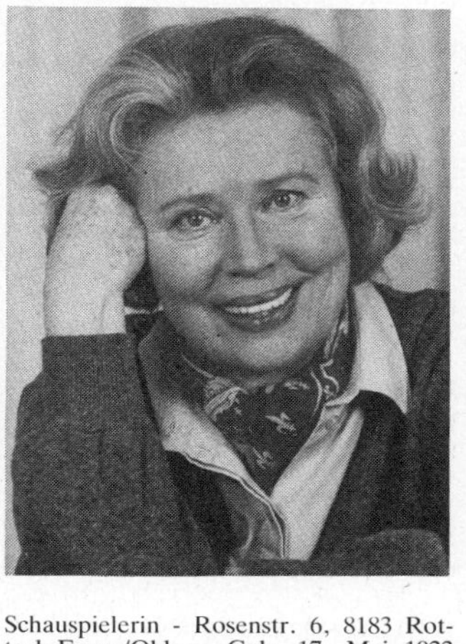

Schauspielerin - Rosenstr. 6, 8183 Rottach-Egern/Obb. - Geb. 17. Mai 1922 Königsberg/Pr. (Vater: Dr. med. vet. Friedrich W., gef. 1945; Mutter: Elisabeth, geb. Abt), ev., verh. I) m. Horst Caspar, Schausp. († 1952), 2 Kd. (Frank † 1953, Renate), II) 1958 Reinhard Schilling, Kaufm. (gesch.) - Lyz. Königsberg; Schauspielsch. Preuß. Staatstheater Berlin - S. 1941 Staatstheater Berlin (Gründgens), Kammersp. München (Falckenberg, Schweikart), Burgtheater Wien (Müthel), Hebbel-Theater Berlin (Martin), Schiller- u. Schloßpark-Theater ebd. (Barlog), Schauspielhaus Düsseldorf u. Hamburg (beide Gründgens). Gastsp. New York, Edinburgh, Salzburg, Recklinghausen, Hauptrollen d. klass. u. mod. Theaterlit., dar. Gretchen (Faust I, Urfaust), Helena (Faust II), Jungfrau v. Orleans, Julia (Shakespeare), Minna v. Barnhelm (auch Welttournee 1968), Maria Stuart, Alkmene (Giraudoux, Kleist), Film: u. a. Zwei Welten (Gründgens), D. doppelte Lottchen, D. Stärkere, Rittmeister Wronski, Vor Gott u. d. Menschen, Du bist d. Richtige, Oberarzt Dr. Solm, San Salvatore, D. Mann, d. sich verkaufte, Lampenfieber; Fernsehen: Mariamne (Herodes u. Mariamne), Rhodope (Gyges u. s. Ring), Kriemhild (D. Nibelungen), Lucretia (Um Lucretia) u.a. Fernsehserie: D. Landarzt. Synchronsprecherin - 1965 Hersfeld-Preis (f. Dona Proeza/D. seidene Schuh); 1990 Filmband in Gold - Liebh.: Musik, Malerei - Spr.: Engl.

WEISGERBER, Bernhard

Dr. phil., o. Prof. f. Germanistik, Didaktik d. Dt. Sprache u. Literatur - Vulkanstr. 35a, 5300 Bonn-Bad Godesberg (T. 34 40 79) - Geb. 21. Nov. 1929 Rostock (Vater: Prof. Dr. phil., Dr. h. c. Leo W., Sprachwiss.ler (s. dort); Mutter: Lamberta, geb. von den Driesch), kath., verh. s. 1963 m. Anna, geb. Niehage, 3 Kd. (Katharina, Lambert, Martin) - Abit. Philippinum Marburg; Promot. Univ. Bonn (Päd., German.) - 1953 Volksschullehrer; 1956 Schulleit.; 1963 Doz.; 1968 o. Prof. Päd. Hochsch. Rhld./Abt. Wuppertal, gegenw. Univ. Wuppertal - BV: Beitr. z. Neubegründung d. Sprachdidaktik, 1964; Unsere Sprache, 1968; Aspekte d. Sprachunterrichts, 1970; Elemente e. emanzipatorischen Sprachunterr., 1972; Theorie d. Sprachdidaktik, 1974; Handb. z. Sprachunterricht, 1983; Vom Sinn u. Unsinn d. Grammatik, 1985; Hallo Peter - wir lernen Deutsch, 2 Bde. 1989/90.

WEISHAAR, Julius

Dr. med., Prof., ehem. Leit. Abt. f. Gynäkol. Radiologie Univ.-Frauenklinik Erlangen (s. 1957) - Am Ruhstein 17, 8520 Buckenhof - Univ. Erlangen, Würzburg, München - S. 1960 (Habil.) Lehrtätig. Univ. Erlangen (1966 apl. Prof. f. Röntgenol. u. Strahlenheilkd., 1970 Extraord.).

WEISKIRCH, Willi

Journalist - Theresienweg 15, 5300 Bonn 1 (T. 0228 - 25 17 97) - Geb. 1. Jan. 1923 Welschen-Ennest/Sauerl., kath., verh., 2 Töcht. - Stud. Gesch., Phil., Ztg.wiss. - 1951-69 Chefredakt. D. Wacht u. Mann in d. Zeit (1961) bzw. Weltbild. CDU s. 1946 (1970-76 Sprecher); 1976-85 MdB (Wahlkr. 121/Olpe-Siegen II); Mitgl. Verteidigungsaussch.; Sprecher d. Arbeitsgr. Verteidigung d. CDU/CSU-Bundestagsfrakt.; 1985-90 Wehrbeauftr. Dt. Bundestag - BV: Als d. goldene Abendsonne, Erz. 1960; Taschenbuch f. kath. Soldaten, 1966; Brosch.: Nie wieder Kommiß, 1955 (1958 Journalistenpreis d. Nato f. Ztg.serie ü. d. Nato); 25 Fernsehdokumentarfilme, u. a.: Zw. Feldern u. Fabriken, Malteserhilfsdienst, Romant. Rebellion, D. Priester d. 70er Jahre - Gr. BVK m. Stern - Liebh.: Wandern, Skat - Schwere Kriegsverwundung.

WEISNER, Ulrich

Dr. phil., Ltd. Stadtmuseumsdirektor, Leit. Kunsthalle Bielefeld - Zu erreichen üb. Kunsthalle Bielefeld, Artur-Ladebeck-Str. 5, 4800 Bielefeld 1 (T. 0521 - 51 24 73) - Geb. 25. Juni 1936 Meseritz, verh., 2 Kd. - Stud. Kunstgesch., Klass. Archäol., Neuere Lit.-Wiss.; Promot. 1963 Univ. Kiel, Volont. Bayer. Staatsgemäldesamml. München - Mus. f. Kunst u. Kulturgesch. Lübeck; Assist. Kunsthaus u. Kunsthalle Bielefeld; s. 1974 Leit. Kunsthalle Bielefeld.

WEISS, Alarich

Dr. rer. nat., o. Prof. f. Physikal. Chemie - Martinstr. 149, 6100 Darmstadt (T. 6 36 19) - Geb. 21. Febr. 1925 Regenpeilstein/Opf., kath., verh. s. 1955 m. Elisabeth, geb. Kräuter - Habil. 1962 Darmstadt (TH) - 1967 Ord. Univ. Münster, s. 1972 TH Darmstadt. 1982-87 Mitgl. d. Wissenschaftsrates; 1981-88 Vorst.-Mitgl. Ges. Dt. Chemiker; 1987/88 1. Vors. Dt. Bunsenges. f. Physikal. Chemie - BV: Magnetochemie, 1973 (jap. übers. 1980); Landolt-Börnstein, Teil III/7a, 1973; T. III/7g, 1974; T. III/7b1, 1975 T. III/7e, 1976; T. III/7f, 1977; T. III/7c, 1978f.; T. III/7b2, 1980; T. III, 7d2, 1980; T. III, 7d1, 1985; Kristallstruktur u. chem. Bind., 1983 - Zahlr. Fachveröff.

WEISS (ß), Armin

Dr. rer. nat. (habil.), o. Prof. f. Anorgan. Chemie, MdL Bayern (s. 1986) - Meiserstr. 1, 8000 München 2 (T. 811 26 40) - Geb. 5. Nov. 1927 Stefling/Opf. (Vater: Michael W., Volksschullehrer; Mutter: Therese, geb. König, Volksschullehrerin), verh. s. 1955 m. Angela, geb. Rauh, 4 Kd. (Michael, Eva, Doris, Ulrich) - 1956 Privatdoz. TH Darmstadt; 1961 ao., 1964 o. Prof. Univ. Heidelberg; 1965 o. Prof. Univ. München (Inst.-Vorst.). 1967-87 Präs. Kolloidges. Mehrere Mitgliedsch. Entd.: Faserig. Siliciumdioxid, Intercalationsverbind. v. Kaolinit-, Metallsulfiden u. a., Phasenumwandlungen i. Membranmodellen, Nachweis d. Replikation i. anorg. Systemen. Herausg.: Colloid and Polymer Science (1966-86); Progress in Colloid and Polymer Science. Etwa 340 Fachveröff. Üb. 25 Fernsehsend. z. Chemie, dar. Telekolleg - 1981 Liebig Denkmünze d. Ges. Deutsch. Chem.; 1984 Preis f. Verfahrenstechnik d. Textilveredelung; 1985 Dr. rer. nat. h.c. Univ. Budapest; 1987 Ehrenmitgl. Sociedad Espanola de Arcillas.

WEISS, Arnold

Dr. med., Prof., Chefarzt a. D. Innere Abt. Krankenh. Elim, Hamburg 19 - Loehrsweg 2, 2000 Hamburg 20 (T. 47 55 08) - Geb. 15. Febr. 1909 (Vater: Arzt), verh. m. Amalie, geb. Callsen - Univ. Freiburg/Br., Königsberg/Pr., Hamburg - S. 1943 (Habil.) Lehrtätigk. Univ. Hamburg (1953 apl. Prof. f. Inn. Med.). Fachveröff. - 1944 Martini-Preis.

WEISS (ß), Bruno

I. Bürgermeister - Rathaus, 8602 Strullendorf/Ofr. - Geb. 4. April 1941 Schafbrücke - Zul. Verwaltungsobersekr.

WEISS, Carl Emmerich

Freier Journalist - Agnesstr. 4, 8000 München 40 - Geb. 28. Sept. 1925 Zuckmantel/CSR (Vater: Karl W., Beamter; Mutter: Elfriede, geb. Hein), kath., verh. s. 1957 m. Ruth, geb. v. Vultejus - Realgymn.: Univ. Prag u. Erlangen (German.) - 1948-58 Redakt. D. Neue Ztg., München/Frankfurt, Südd. Ztg., Kölner Stadtanzeiger, 1959-62 Presse-Attaché Dt. Botschaft, Neu Dehli u. Djakarta; 1963-78 ZDF-Fernseh-Korresp. Hongkong, Saigon, London, Washington; 1978-82 Koordinator f. Politik, Gesellschaft u. Kultur, Programmdirektion Dt. Fernsehen-ARD, München; dann Korresp. EG u. NATO - BV: Sukarnos tausend Inseln, 1963 (auch holl.) - Fernseh-Grimme-Preis, Marl - Liebh.: Pflege alter Häuser - Spr.: Engl.

WEISS, Christoph

Dr. med., Ph. D., o. Prof. f. Physiologie - Bavernsee 3, 2401 Groß Sarau - Geb. 24. April 1926 - S. 1962 (Habil.) Lehrtätigk. Hamburg (1967 Abt.-Vorst. u. Prof.; 1969 apl. Prof.) u. Kiel (1969 o. Prof.); s. 1978 Dir. Inst. f. Physiol. Med. Univ. Lübeck. 1975 Mitgl. Wiss.rat. Facharb.

WEISS (ß), Claus-Erich

Dozent, Mitgl. Hbg. Bürgerschaft (s. 1978, SPD) - Stüffelring 47, 2000 Hamburg 67 - Geb. 27. März 1933 Hamburg (Vater: Lehrer), verh., 3 Söhne - Stud. Rechtswiss. (Hamburg) u. Polit. Wiss. (Amherst/USA). I. jurist. Staatsprüf. 1958 - S. 1963 freiberufl. Tätigk. (vorwieg. polit. Erwachsenenbild.). Div. Auslandsreisen. Bücher u. Aufs.

WEISS, Daniel

Dr. phil., Prof. f. Slavische Philologie Univ. München - Philipp-Foltz-Str. 15, 8000 München 83 - Geb. 11. Juni 1949 Zürich (Vater: Dr. phil. Erich W., Gymnasiallehrer; Mutter: Dr. iur. Irma, geb. Bertschinger, Staatsanwältin), ev., verh. s. 1973 m. Magdalena, geb. Makowiecka - 1968-75 Stud. Slavistik, Osteurop. Geschichte, Indogermanistik in Zürich; 1971-72 Warschau; Promot. 1975; 1976 Moskau; 1974-80 Ass. Univ. Zürich; 1982-88 Prof. f. Slav. Philol. Univ. Hamburg; s. 1988 Prof. f. Slav.

Philol. u. Balkanphilol. Univ. München; 1990/91 Gastprof. Univ. Innsbruck - BV: Syntax u. Semantik poln. Partizipialkonstruktionen, 1977. Üb. 50 Fachveröff. - Liebh.: Musik - Spr.: Engl., Franz., Ital., Poln., Russ., Serbokroat., Rumän., Mazedon.

WEISS, Dieter

Dr. rer. pol., Dipl.-Ing., Prof. f. Volkswirtschaft d. Vord. Orients FU Berlin - Goethestr. 80, 1000 Berlin 12 (T. 312 93 80) - Geb. 2. Dez. 1935 Berlin - Dipl.-Ing. 1960, Promot. 1962 Berlin - 1962-65 Tätigk. im Bundesmin. f. wirtsch. Zusammenarb.; 1965-80 Dt. Inst. f. Entw.politik; s. 1980 Prof. in Berlin. Mitgl. d. Wiss. Beirats b. Bundesmin. f. wirtschaftl. Zusammenarbeit - BV: Wirtsch. Entw.plan. in d. Verein. Arab. Rep., 1964; Infrastrukturplan., 1971; Planning Regional Development Programs, 1973; The World Textile Arrangement, 1974; Economic Evaluation of Projects, 1976; Vorschläge z. Lösung d. wichtigsten struktur., ök. u. finanzw. Probleme Ägyptens, 1980; Sonnenenergie - Herausforderungen f. Forschung, Entwicklung u. intern. Zusammenarbeit, 1991. Mithrsg.: Ztschr. Economics Tübingen - 1979 Orden 1. Kl. d. Arab. Rep. Ägypten.

WEISS (ß), Erich

Fabrikant, Mitinh. Sektkellerei G. C. Keßler & Co. (älteste Deutschlands) - Marktpl. 21, 7300 Eßlingen/N. - Geb. 26. Mai 1909 - Küferlehre; Bankausbild.; Sprachstud. - S. 1936 Teilh. väterl. Fa. - Spr.: Franz.

WEISS (ß), Ernst

Senator - Bredenbekhörn 36, 2000 Hamburg 66 (T. 6 05 22 47) - Geb. 14. Sept. 1911 Hamburg (Vater: Hans W.; Mutter: geb. Reinhold), verh. s. 1938 m. Jutta, geb. Below, 2 Söhne (Dirk, Hanno) - Volkssch. Hamburg; Malerlehre; Landeskunstsch. ebd. Meisterprüf. 1934 - S. 1935 selbst.; 1941-46 Wehrdst. (schwer verwundet) u. Gefangensch. (Frankr.); s. 1957 Präses Sozial- u. Arbeitsbehörde Hamburg. 1948-70 Mitgl. Hbg. Bürgerschaft. SPD s. 1930 - Liebh.: Aquarellmalerei.

WEISS (ß), Erwin

Dr. rer. nat., o. Prof. - Waldstr. 12, 2057 Reinbek (T. 7 22 22 47) - Geb. 9. Juli 1926 Arzberg/Ofr., verh. m. Ursula, geb. Kruse - TH München - 1957-64 Industrietätigk. (Forschungsinst.); s. 1965 ao. u. o. Prof. (1966) Univ. Hamburg. Ztschr.beitr. - Spr.: Engl., Franz.

WEISS (ß), Eugen

Dr. med. vet., o. Prof. u. Direktor Veterinär-Patholog. Inst. Univ. Gießen (s. 1968) - Dietrich-Bonhoeffer-Str. 9, 6300 Gießen (T. 8 21 74) - Geb. 24. Febr. 1930 - Habil. 1961 München - Zul. Wiss. Rat Univ. München - BV: Grundriß d. spez. pathol. Anatomie d. Haustiere, 4. A. 1988 (m. E. Dahme); Allg. Pathol., 8. A. 1990 (m. H. Stünzi). Üb. 100 Einzelarb. - Dr. h. c. Univ. München; Mitgl. Dt. Akad. d. Naturforscher Leopoldina Halle.

WEISS (ß), Friedrich

Dr. jur., Hofrat, Schriftsteller (Ps.: Fritz Wöss, Dr. Friedrich Wisse) - Kupelwiesergasse 47, Wien XIII. (T. 82 16 85) - Geb. 19. Febr. 1920 Wien (Vater: Karl W., Beamter; Mutter: Agnes, geb. Friedrich), kath., verh. s. 1951 m. Erna, geb. v. Mayr, 2 Kd. (Friederike, Michael) - Gymn. u. Univ. Wien (Promot. 1955) - 1951-60 Dienst Stadtschulrat Wien; s. 1960 Univ.sdir. Univ. f. Bodenkultur ebd. Präs. Union für Direkte Demokratie; Obm. Österr. Umweltschutzbeweg. Koordination d. Partei Die Grünen f. d. Nationalratswahlen - BV (unt. Fritz Wöss): Hunde, wollt ihr ewig leben?, 1958 (GA. üb. 1. Mill.; auch ital., holl., russ., span.; verfilmt 1959); D. Fisch beginnt am Kopf zu stinken, 1960; D. Deutschen an d. Front, 1963; Der Freiheit e. Gasse, 1968. Fachb. (unt.: Dr. Friedrich Wisse): Einkommensteuer, 1961; Prakt. Lohnverrechnung, 27. A. 1979; Prakt. Lohnabrechn. s. 1982 in d. BRD. Herausg. versch. Provinz-Ztg. u. Ztschr. D. Manifest. Wiederherausg. Ztg. D. Volksbegehren - Initiator u. Organisator WBU (Wahlgemeinsch. f. Bürgerinitiative u. Umweltschutz). Wiedergründung UDD (Union f. direkte Demokratie) - Kriegsausz. Mitgl. Österr. P.E.N.-Club - Liebh.: Politik, Schreiben - Spr.: Russ., Engl.

WEISS (ß), Georg

Präsident Rechnungshof Rheinland-Pfalz, Speyer - An der Volksschule 1, 6728 Germersheim/Rh, (T. 06347 - 23 18; Büro: 06232 - 20 21) - Geb. 19. Dez. 1913 Kaiserslautern - Zul. Landrat Kr. Germersheim - Spr.: Engl. - Rotarier.

WEISS (ß), Gerald

Dipl.-Hdl., Staatssekretär b. Hess. Sozialminister (1987-91), MdL Hessen (1974-87 u. s. 1991) - Am Sommerdamm 7, 6090 Rüsselsheim (T. 4 11 78) - Geb. 12. Juli 1945 - CDU.

WEISS, Günther

Dr. d. Staatsw., Dipl.-Volksw., Kaufmann, Mitinh. G. C. Kessler GmbH & Co. (älteste Sektkellerei Deutschlands) - 7300 Eßlingen/N. - Geb. 12. Aug. 1902 - Univ. München u. Königsberg (Rechtswiss., Volksw.). Promot. 1930 Tübingen (Diss.: D. dt. Sektindustrie) - s. 1921 (Küferlehre) väterl. Unternehmen (1936 Teilh.).

WEISS, Günther

Dr. phil., o. Prof. f. Musikpädagogik u. Vizepräs. Hochsch. f. Musik München - Wörschhauser Str. 6, 8195 Egling (T. 08176 - 2 00) - Geb. 24. April 1933 Coburg (Vater: Rudolf W., Lehrer; Mutter: Erna, geb. Schüller), ev., verh. s. 1969 m. Monika, geb. Krausser, 4 Kd. (Christian, Martin, Katja, Nora) - 1950-55 Stud. Schulmusik Chicago Musical College u. Hochsch. f. Musik München, Musikwiss. Univ. München u. Erlangen (Promot. 1963) - 1960-70 Leit. Musikabt. Univ. Bayreuth; 1970-74 PH Freiburg; s. 1974 o. Prof. f. Musikpäd. u. Vizepräs. (1978) München. Künstler. Leit. Haus Marteau, Lichtenberg/Ofr. - BV: Monumenta Monodica Medii Acvi. D. Introitustropen d. Südfranz. HSS, 1970; Schriftenreihe Hochsch. f. Musik München (Hg.), 1983ff.; Mitteil. d. Hauses Marteau (Hg.) 1982ff. Schallpl. (Dirig.) - 1983 BVK - Spr.: Engl.

WEISS (ß), Hans

Dr. jur., Präs. Bayer. Senat (s. 1982) - Maximilianeum, 8000 München 85, (T. 41 26 288), priv.: Edelweißstr. 15, 8183 Rottach/Egern (T. 2 64 96) - Geb. 12. Dez. 1919 München (Vater: Karl W., Regierungsrat; Mutter: Anna, geb. Schegger), verh. m. Anny, geb. Mittermaier - Gymn.; Stud. Rechtswiss. (durch Kriegsdst. unterbr.). Promot. 1950 - Staatsanw.; 1952-84 Oberbürgerm. Bad Kissingen. 1954-66 Mitgl. Bezirkstag Unterfranken (Präs.); 1966-70 MdL Bayern; s. 1972 Mitgl. Bayer. Senat; 1972-84 I. Vors. Bayer. Gemeindetag; 1984ff. Ehrenvors. Bayer. Gemeindetag. CSU (1957-67 Bezirksvors.) - 1964 Bayer. VO; 1981 Gr. BVK, 1984 Stern u. Schulterbd. dazu; 1984 Bayer. Verfassungsmed. in Gold; 1985 Gr. Silb. Ehrenz. d. Rep. Österr.

WEISS (ß), Hans-Dietrich

Dr. iur., Hon.-Prof. TU Berlin, Oberstaatsanwalt b. Bundesverwaltungsgericht - Rätikonweg 15, 1000 Berlin 42 (T. 030 - 741 38 60) - Geb. 30. April 1942 Potsdam, ev., verh. s. 1967 m. Doris, geb. Freybe, 4 Kd. (Berit-Kristina, Anja Katarina, Cirsten Sabina, Andrea Dorothee) - 1963-65 Stud. FU Berlin (Rechtswiss.); 1. u. 2. jurist. Staatsex. Berlin - BV u.a.: Disziplinarrecht d. Bundes u. d. Länder, 4 Bde. Loseblatt, s. 1972, in: Fürst, Gesamtkommentar Öffentliches Dienstrecht, Band 2 (GKÖD II).

WEISS, Hans Georg

Landrat a. D., Druckereibesitzer u. Verleger, MdL Nordrh.-Westf. (1970-90) - Haagweg 8, 5108 Monschau (T. 02472 - 8 21 13) - Geb. 9. Okt. 1927 Monschau, verh., 2 Kd. (Dorit, Georg) - Gymn.; n. Arbeits- u. Wehrdst. Schriftsetzerlehre, Meisterprüf. - 1964-72 Landrat Kr. Monschau, 1961ff. Ratsmitgl. Stadt Monschau, 1961-75 Kreistagsmitgl. CDU (Kreisvors. Monschau, Vors. Stadtverb., 1976-80 Vors. Wirtschaftsaussch. Landtag NRW, CDU-Landtagsfraktion, 1985-90 Vors. Haushalts- u. Finanzaussch.). Präs. Bundesverb. Dt. Anzeigenblätter, Bonn.

WEISS, Harald

Hörfunkkorrespondent u. Studioleiter d. ARD f. d. Türkei, Griechenland u. Zypern (Dienstsitz Athen, s. 1990) - Zu erreichen üb. Südwestfunk-HF, Chefredaktion Politik, Postf. 8 20, 7570 Baden-Baden 1 - Geb. 25. Sept. 1955 Freiburg, kath., verh. s. 1981 m. Almuth Baron-W. - Stud. 1975-83 Phil., vergl. Religionswiss. u. Gesellsch.lehre Würzburg u. Freiburg - 1977-83 Fr. Journ. b. Ztg. u. Rundfunk; Redakt. Hautabt. Politik u. Zeitgeschehen d. Südwestf.; 1983-90 zeitw. Lehrbeauftr. f. Politik Univ. Heidelberg - BV: D. kurdische Tragödie, 1991. Herausg.: D. Kurden in d. Türkei, in: Bahmand Nirumand - 1989 Kurt-Magnus-Journ.-Preis - Spr.: Engl., Franz., Neugriech.

WEISS, Heinrich

Dipl.-Ing., Vorstandsvorsitzender SMS AG, Düsseldorf, Präs. Bundesverb. d. Dt. Ind., Vors. Arbeitskr. China im Ost-Aussch. d. Dt. Wirtschaft - Eduard-Schloemann-Str. 4, Postf. 23 02 29, 4000 Düsseldorf 1 (T. 0211 - 88 10) - Geb. 5. Juni 1942 Berlin - TU München (Dipl.-Ing. Elektrotechnik 1968) - Versch. AR-Mand. - Spr.: Engl. - Lit.: Veröff. in Ztg. u. Ztschr.

WEISS (ß), Heinrich Bardo

Dr. theol., Prof. f. Kath. Dogmatik Univ. Mainz - Augustinerstr. 34, 6500 Mainz (T. 2 25 79) - Geb. 20. Mai 1934 Weißenthurm (Vater: Dr. med. Georg W.; Mutter: Margarete, geb. Schmidt), kath. - Stud. kath. Theol. u. Phil. Univ. Mainz; Promot. 1965; Habil. 1970 - 1959-70 Seelsorge, s. 1970 Lehrtätigk., s. 1973 Spiritual Priestersem. Mainz - BV: D. Heilsgesch. b. Meister Eckhart, 1965 - Spr.: Lat., Griech., Hebr., Franz.

WEISS, Heinz-Jürgen

Dipl.-Wirtschaftsing., Wirtschaftsprüfer u. Steuerberater - Geb. 27. Nov. 1946 Wiesbaden - Geschäftsf. Arthur Andersen & Co. GmbH, Frankfurt, WPG + STGB, Partner Arthur Andersen & Co., S.C., Genf; Lehrauftr. Univ. d. Saarl. - Präs. Golfclub Liebenstein.

WEISS (ß), Herbert

s. Weisz, Herbert

WEISS (ß), Ingo

Landrat Bayern - Eichenstr. 28, 8304 Mallersdorf-Pfaffenberg/Ndb. (T. 08772 - 51 46) - Geb. 1937 - CSU.

WEISS, Joachim-Wolfgang

Dr. med., Prof. Univ. Göttingen, Facharzt f. Orthopädie - Hermann-Föge-Weg 18, 3400 Göttingen (T. 0551 - 5 82 20) - Geb. 28. Juni 1926 Guhrau (Vater: Bruno W., Landw.; Mutter: Else, geb. Butte), ev., verh. s. 1948 m. Anne-Rose, geb. Binnewies, 2 Kd. (Petra-Constance, Patrick-Michael) - Ex. u. Promot. 1952, Facharzt 1958, Habil. 1963 - S. 1968 Prof. - 1959-79 Leit. Orth. Abt. Univ. Göttingen. 1970-72 Präs. d. Nordwestdt. Orth.vereinig.; 1962 Landesarzt f. Behinderte Südnieders.; 1980 Leit. Rheumatol. Abt. - BV: D. Arthrographie d. Luxationshüfte, 1963; D. Arthrographie d. Hüftgelenkes (in: Handb. d. med. Radiol.), 1973; D. Diagnost. Blick, 1964 (auch Engl., Franz., Span. u. Russ.).

WEISS, Johannes C.

B. Phil., Dipl.-Theol., Leiter Hauptabteilung Zentrale Programmkoordination Fernsehen Bayer. Rundf., Programmdir. SAT. 1 (1990) - Geb. 26. März 1953 Stuttgart (Vater: Dr. med. dent. Robert W., Dipl.-Ing., Zahnarzt; Mutter: Hildegard, geb. Stehle), kath., verh. s. 1978 m. Elisabeth, geb. Haindl, 4 Kd. (Johannes, Anna-Maria, Veronika, Elisabeth) - Altspr. human. Gymn. Ehingen/Donau (Abit. 1972); 1972-78 Stud. Phil., Theol., polit. Wiss. - 1978-81 pers. Ref. Präs. Univ. München (Prof. Lobkowicz) - BV: Ehe d. Hahn zweimal kräht ..., Theaterst. 1978, Hörsp. 1979 - Liebh.: Musik, Lit. - Spr.: Engl.

WEISS, Karl Georg

Ing. (grad.), Fabrikant - Asternweg 29, 6300 Gießen - Geb. 4. Jan. 1918 Greiz-Irchwitz/Thür., verh. m. Brigitte, geb. Pfeifer - Pers. haft. Gesellsch. Karl Weiss-Gießen, Werk Lindenstruth (Umwelt-, Klima-, Meßtechnik); gf. Gesellsch. Karl Weiss Ges. mbH., Werk Grünbach; Präs. VR Karl Weiss AG., Zürich; Geschäftsf. Karl Weiss B. V., Tilburg (Niederl.) - VO. I. Kl. d. VO. BRD.

WEISS, Karl Heinz

Kaufmann, Geschäftsführer Leuchten Weiss GmbH & Co. KG - Moselstr. 23, 6090 Rüsselsheim (T. 06142 - 6 30 17) - Geb. 15. Dez. 1922 Rüsselsheim - Mitgl. IHK-Vollvers.; AOK Vertretervers.

WEISS (ß), Lothar H.

Dipl.-Betriebsw., Vorstand Otto Ficker AG, Kirchheim/Teck, Geschäftsf. Georg Steib GmbH, München - Zu erreichen üb. Otto Ficker AG, Postfach 12 51, 7312 Kirchheim/Teck - Geb. 11. Dez. 1941 Jena.

WEISS, Manfred

Dr. jur., Prof. f. Bürgerl. Recht u. Arbeitsrecht Univ. Frankfurt/M. - Lerchesbergring 12, 6000 Frankfurt/M. 70 (T. 0611 - 68 18 12) - Geb. 1. Juni 1940 Tuttlingen - 1974-76 Prof. f. Bürgerl. Recht u. Arbeitsrecht Univ. Hamburg; s. 1977 Prof. Univ. Frankfurt. Gastprof. Leuven/Belg., Straßburg u. Nanterre/Frankr., Gainesville/Florida u. Philadelphia/Pennsylvania. Ständ. Berat. d. Intern. Labour Org. in Genf u. d. Kommiss. d. Europ. Gemeinsch. in Brüssel; Mitgl. d. Exekutivaussch. d. Intern. Industrial Relations Assoc. u. d. Ständ. Deputation d. Dt. Juristentages - BV: Z. Theorie richterl. Entscheid.tätigk. in d. USA, 1971; Gewerksch. Vertrauensleute, 1977; Komment. z. Betriebsverf.gesetz, 2. A. 1980; Warnstreiks u. vorbeugender Rechtsschutz gegen Streiks (m. E. Dorndorf), 1983; Labour Law and Industrial Relations in the Federal Republic of Germany, 1987; Current Issues in Labour Relations: An International Perspective (m. A. Gladstone, R. Lansbury, J. Stieber u. T. Treu), 1989; Arbeitsbeziehungen in d. Bundesrep. Deutschl. - Ein Glossar (m. H. Krieger), 1991.

WEISS (ß), Paul

Dr.-Ing., Prof., Vizepräsident Univ. Kaiserslautern (1982-85 u. 1985-88) - Geb. 28. Nov. 1943 Rosenheim (Vater: Hans Max W., Bankbeamter; Mutter: Elisabeth, geb. Fiechtner), kath. - Abit. 1963 Rosenheim; Dipl.-Ing. 1968 TU München, Promot. 1972 ebd. - 1968-74 Wiss. Mitarb. TU München; 1974-78 Fa. BBC Mannheim (zul. Projektleit.); s. 1978 Prof. f. Hochspannungstechnik u. Grundl. Elektrotechnik Univ. Kaiserslautern (1982-85 u. 1985-88 Vizepräs.) - Entd.: Dt. Pat. Stromleiter.

WEISS (ß), Peter

Dr. med., Dr. med. dent., Mund-, Kiefer- u. Gesichtschirurg, apl. Prof. f. Zahn-, Mund- u. Kieferheilkd. Univ. Erlangen-Nürnberg (s. 1970) - Marienpl. 10, 8500 Nürnberg - Geb. 10. April 1928 Bremen - Univ. Heidelberg (Zahnheilkd., Med.) Promot. 1953 (m. d.) u. 54 (m.) Heidelberg; Habil. 1964 Erlangen - S. 1969 Praxis Nürnberg (m. Belegmöglichk.) - BV:Transplantation in d. Mundhöhle, 1966 - Spr.: Engl.

WEISS, Ulrich

Dr. rer. pol., Dipl.-Kfm., Vorstandsmitglied Dt. Bank AG - Taunusanlage 12, 6000 Frankfurt - Geb. 3. Juni 1936 - Vors. d. Aufsichtsrats, stv. Vors. d. Aufsichtsrats einer Reihe größerer Gesellsch.

WEISS (ß), Werner

Oberlehrer i. R., MdB (Landesliste Rhld.-Pfalz - Otterstr. 17, 6751 Otterbach/Pf. (T. 7 40) - Geb. 19. Okt. 1926 Zweibrücken, kath., verh., 7 Kd. - Volks- u. Aufbausch. (durch Arbeits- u. Wehrdst. unterbr.); 1948-49 Päd. Akad. Kusel, Lehrerprüf. 1949 u. 52 - S. 1952 Lehrer Otterbach. Mitgl. Gemeinderat Otterbach (1956 ff.); MdK Kaiserslautern; 1971 MdL. CDU s. 1949 (Kreisvors.).

WEISS (ß), Wilhelm

I. Bürgermeister - Rathaus, 8355 Hengersberg/Ndb. - Geb. 5. Dez. 1916 Ingolstadt - Malerhandw. (Meister). CSU.

WEISS-THIELE, Günther

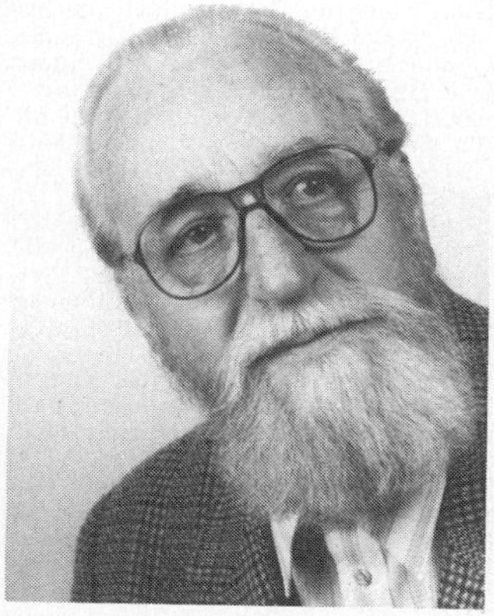

Psychologe, Autor, Geschäftsf., künstler. Leiter u. Regiss. WE-THE-Film - Postfach 23 34, 8228 Freilassing (T. 08654 - 6 28 87) - Geb. 14. Sept. 1915 Kassel, verh. m. Maria, geb. Smolnik - Stud. Theaterkunst, -wiss., Phil., Psych. - Psychologe Kassel, Berlin, Weimar, Eisenach; Regiss. u. Dramat. (n. 1945 Burgstädt, Chemnitz, Wittenberg, Eisenach); 1947 Schausp. Tübingen; 1958 Int. Bad Kreuznach; 1960 Regiss. SFB Berlin; Filmprod. Berlin u. Hannover; 1970 Theatertourneeleit. Dtschl./Österr.; 1985/86 Prof. f. Theaterkunst, Psych.-Phil., Salzburg - Kurzgesch., Gedichtbd.: Gott hat abgesagt u. d. Teufel kommt nicht. Insz.: Maria Stuart, Was ihr wollt, D. Fliegen, Lustsp. - Liebh.: Sport, Politik, Natur - Spr.: Engl., Franz.

WEISSBARTH, Friedrich

Dipl.-Kfm., Vorstandsmitglied i. R. - Viktor-v.-Scheffel-Str. 27, 8600 Bamberg (T. 5 42 36) - Geb. 28. Juni 1924 Lauf/Pegnitz - B. 1976 Vorst.smitgl. Fränk. Licht- u. Kraftversorgung AG., Bamberg.

WEISSENBACH (ß), Anton

Dr.-Ing., Univ.-Prof. Dortmund, FB Bauwesen, Lehrstuhl Baugrund-Grundbau - Am Gehölz 14, 2000 Norderstedt (T. 040 - 522 33 21) - Geb. 24. Jan. 1929 Ottobeuren, verh., 2 T. - Zimmerergesellenbrief 1949; Dipl. 1954 TH München; Promot. 1961 TH Hannover; Habil. 1970 ebd. - Obmann AK Baugruben d. DGEG u. d. AA DIN 4123, DIN 4124, DIN 1055 T.2 - BV: Baugruben, T. 1, 1975, T. 2, 1975, T. 3, 1977.

WEISSENBERGER, Franz

1. Stadtrat Eltville (Baudezernat, Sport- u. Soziales) - Hauptstr. 81, 6228 Eltville/Rh. 4 (Martinsthal) - Geb. 3. März 1938 Mainz-Kastel, kath., verh. s. 1964 m. Hiltrud, geb. Ziegler, 2 Kd. (Clemens, Christine) - 1967-76 Bürgerm. Martinsthal, s. 1977 1. Stadtrat Stadt Eltville - 1976 Ehrenbürger Gemeinde Martinsthal, 1977 VO d. BRD.

WEISSENBERGER, Otto

Bürgermeister u. Kurdir. i. R., Präs. Heilbäderverb. Baden-Württ. - Postf. 1427, 7737 Bad Dürrheim/Schwarzw. - Geb. 31. Mai 1911 - AR-Vors. Kur- u. Bäder GmbH, Bad Dürrheim; Senator Fachhochsch. Heilbronn.

WEISSENBORN (ß), Theodor

Schriftsteller - Hof Raskop, 5561 Landscheid (T. 06567 - 2 30) - Geb. 22. Juli 1933 Düsseldorf (Vater: Karl W., akad. Maler; Mutter: Antonie, geb. Brungs, Kunsterzieherin), verh. s. 1961 m. Hildegard, geb. Siepmann, 3 Kd. (Sylvia, Gregor. Regine) - Stud. Kunstpäd., German., Roman., Phil., Psych., Psychiatrie Düsseldorf, Lausanne, Bonn, Würzburg, Köln. Ex. 1956 Lausanne - BV: Beinahe d. Himmelreich, Erz. 1963; Außer Rufweite, R. 1964; E. befleckte Empfängnis, Erz. 1969; D. Stimme d. Herrn Gasenzer, Erz. 1970; Theodor Weißenborns Handb. f. dt. Redner, Parodien 1971; Brief einer Unpolitischen, Prosatext, 1971; D. Liebe-Haß-Spiel, Erz. 1973; Krankheit als Protest, Pathogr. 1973; Eingabe an d. Herrn Minister, Prosatext 1974; Heimkehr in d. Stille, Erz. 1975; Sprache als Waffe, polit. Leseb. 1975; D. Wächter d. Wales, Gesch. u. Grot. 1976; Blaue Bohnen - scharfe Messer, Jugendb. 1976; Geistl. Nachlaß, Ged. 1977; Gesang zu zweien in d. Nacht, Ess. 1977; D. Killer, R. 1978; Als wie e. Rauch i. Wind, R. 1979; Das Haus der Hänflinge, Erz. 1980; Polyglott, Ged. 1979. Hörspiele: Patienten, Korsakow, Der Schneider von Ulm, Menschenkuchen, Ein heroisches Beispiel, D. Papi, Kulturpflege, Quecksilbermine C, E-Schock & Neuroleptika, Cerebroexstirpation u. Amputatio capitis - e. neuer Aspekt d. Neurochir. o. D. Amput. d. Kopfes als Endlös. d. Psychotikerfr., Goldstaub u. Nuggets, Thanatos, E. hero. Beispiel, Saison in Lausanne, E. Liebe u. 800 Lire, D. Tod d. Patienten löst alle Probleme, Mr. Pokers Geheimwaffe u. a. - 1967 Förderpreis f. Lit. Stadt Köln, 1969 Hörspielpreis Ostd. Kulturrat/Sozialmin. NRW, 1971 Georg-Mackensen-Lit.preis; 1971 Mitgl. PEN-Zentrum BRD, 1973 Erzpreis Ostd. Kulturrat/Sozialmin. NRW - Liebh.: Soziol., Psych., Lit. - Spr.: Franz., Engl.

WEISSENFELS, Norbert

Dr., Prof., Vorsteher Abt. f. Entwicklungsgeschichte Zool. Inst. Univ. Bonn - Hüllenweg 17, 5330 Königswinter 1 (T. 2 39 41) - Geb. 30. Dez. 1926 Knapsack (Vater: Joseph W., Schulrat; Mutter: Maria, geb. Hartmann), verh. s. 1955 m. Margarete, geb. Koch, 2 T. (Annette, Beate) - 1948-53 Stud. Zool., Botanik, Chemie, Physik, Dipl.-Biol. 1952. Promot. 1953, Habil. 1959 - S. 1959 Lehrtätigk. Bonn (1964 apl. Prof., 1980 C4-Prof. f. Zool.). BV: Biologie u. mikroskopische Anatomie d. Süßwasserschwämme (Spongillidae), 1989. Üb. 70 Fachveröff., dar. D. Herkunft d. Melanoblasten in d. Haaren d. Menschen u. ihr Verbleib b. Haarwechsel (1953), Licht-, phasenkontrast- u. elektronenmikroskop. Unters. üb. d. Entsteh. d. Propigmentgranule in Melanoblastkulturen (1956), Beob. z. Vermehr. u. Funktion nukleolärer Strukturen (1966), Beitr. z. Klär. d. Amitose-Probl. (1967), Nachweis v. saurer Phosphatase in gezücht. Hühnerherzmyoblasten (1967), D. Einfluß d. Gewebezücht. auf d. Differenzierungsform d. endoplasmat. Retikulums v. Analyse d. Interphaseablaufs gezüchteter Zellen (1968), Gewebezücht. im Dienste d. exper. Zellforsch. (1968), Lyosomen (Lehrbuchbeitrag, 1969), Bau, Funktion u. Entw. d. Süßwasserschwämme (1972-92).

WEISSER (ß), Konrad

Dipl.-Volksw., Verleger, zeitw. Vorst.-Mitgl. Börsenverein d. Dt. Buchhandels (1971-77) - Nonnenstieg 7, 3400 Göttingen (T. 4 67 63) - Geb. 9. Juli 1926 Magdeburg (Vater: Professor Dr. rer. pol. Gerhard W., Staatsekretär a. D. (siehe dort); Mutter: Dr. rer. pol. Gerda, geb. v. Dresler u. Scharfenstein, zeitw. Verlegerin), ev., verh. s. 1960 m. Dr. med. Ulrike, geb. Horneffer, 6 Kd. (Gertrud, Herta, Richard, Almut, Harald, Tillmann) - Stud. Braunschweig, Hamburg, Göttingen - Mitinh. Verlag Otto Schwartz & Co., Göttingen. Zeitw. Vors. Landesverb. d. Buchhändler u. Verleger in Nieders. (1967 ff.). AR- u. VR-Mand. - BVK am Bde.

WEISSER, Ursula

Dr. phil. nat., Dr. med. habil., Univ.-Prof. f. Geschichte d. Medizin, Geschäftsf. Direktorin Inst. f. Geschichte d. Medizin Univ. Hamburg (s. 1987) - Grandweg 3, 2000 Hamburg 54 - Geb. 12. Jan. 1948 Schwäb. Hall (Vater: Eberhard W., Frauenarzt; Mutter: Hannelore, geb. Hübner, Ärztin), ev. - Stud. Gesch. d. Naturwiss., Orientalistik, Indogerman. Univ. Frankfurt; Promot. 1974; Habil. 1981 Erlangen - 1981 Priv.-Doz. - Heisenberg-Stip. 1982 Univ. Erlangen-Nürnberg; 1984 Univ. Mainz - BV: D. Buch üb. d. Geheimnis d. Schöpfung v. Pseudo-Apollonios v. Tyana, 1980; Zeugung, Vererbung u. pränatale Entwicklung in d. Med. d. arabisch-islamischen Mittelalters, 1983.

WEISSERMEL, Klaus

Dr. rer. nat., Dr. h.c., Prof. f. Chemie TU Braunschweig, ehem. Vorst.-Mitgl. Hoechst AG - Zu erreichen üb. Hoechst AG, Postf. 800320, 6230 Frankfurt/M. 80 - Geb. 14. Juni 1922 - Mitgl. in Kurat. AR u.a. Zahlr. Patente. Versch. Publ. z. Ind. Organ. Chemie - Carl-Duisberg-Plak.; Ehrendoktor.

WEISSFLOG (ß), Jens

Ind.-Kfm., Leistungssportler, Skispringer - Karl-Liebknecht-Str. 1, O-9312 Oberwiesenthal (T. 0076598 - 2 06) - Geb. 21. Juli 1964 Erlabrunn/Steinheidel, verh. s. 1988 m. Nicola, gab. Möckel, S. Daniel - 1985 Ausb. Elektroinstallat. VEB OPEW Annaberg; Ausb. Industriekfm. - 1984 Olympiasieger u. Silbermed.gewinner; 1985 u. 89 Weltmeister u. Vizeweltm.; 3maliger Gesamtsieger d. Vierschanzentournee - Spr.: Engl.

WEISSGERBER, Hans Hermann

Dr. theol., Beauftragter f. kirchl. Öffentlichkeitsarbeit in Südstarkenburg - Flachsbachweg 13, 6100 Darmstadt - Geb. 11. März 1929 Darmstadt, ev., verh. s. 1954 m. Rosemarie, geb. Klepp, 3 Söhne (Wolfgang, Peter, Christoph) - Stud. German., Theol., Kunstgesch., Frankfurt/M., Heidelberg, Marburg, Neuendettelsau. Promot. 1954 Erlangen - 1954-55 Pfarrvikar Frankfurt/M.; 1955-58 Tätigk. Luth. Weltbd., Genf; 1958-63 Pfr. Allendorf/L.; 1963-70 stv. Dir. Ev. Akad. Loccum. 1959-63 Lehrbeauftr. Univ. Göttingen. 1971-82 Informationsbeauftr. Leit. Referat Öffentlichkeitsarb. Ev. Kirche in Hessen u. Nassau. 1982-87 Chefredakt. Lutherische Monatshefte - BV: D. Frage n. d. wahren Kirche, 1963. Mithrsg.: D. Bekenntnis im Leben d. Kirche (1963), Was ist d. Kirche? (1968), Ev. Soziallehre (1969), Kirche im Vorfeld (1971), D. Mensch in d. Freizeit (1972), Auf d. Suche n. d. Glück (1972) - 1957 Ehrenbürger Minneapolis (USA) - Liebh.: Musik - Spr.: Engl., Franz.

WEISSHUHN (ß), Gernot

Dr. rer. pol., Diplom-Volkswirt, Prof. Techn. Univ. Berlin (s. 1975) - Hortensienstr. 59, 1000 Berlin 45 (T. 8 34 42 42) - Geb. 7. März 1943 Berlin (Vater: Gerhard W., BBamtm.; Mutter: Hertha, geb. Bieneck), ev., verh. m. Ehefr. Karin - Stud.; Promot. 1969 - 1967-75 Wiss. Mitarb. Dt. Inst. f. Wirtsch.sforschung (DIW). Zahlr. Veröff. in Fachztschr. - Spr.: Engl., Franz.

WEISSKIRCHEN, Gerd

Fachhochschullehrer, MdB (VIII. Wahlp./SPD-Landesl. BW) - Akazienweg 5, 6903 Wiesloch-Baiertal - Geb. 16. Mai 1944 Heidelberg, ev., verh., Tochter - 1966-69 Stud. PH Heidelberg (üb. 2. Bildungsweg); 1971-72 Zusatzstud. Univ. Heidelberg (Erziehungswiss., Polit. Wiss., Wirtschafts- u. Sozialgesch.). Realschullehrerprüf. u. M. A. - B. 1976 PH Heidelberg, dann Fachhochsch. Wiesbaden.

WEISSLEDER (ß), Wolfgang M.

Dr., Rechtsanwalt, Geschäftsführer Landhandelsverb. Schlesw.-Holst. u. Verb. d. schlesw.-holst. Fleischwarenind.- Holstenstr. 100-102, 2300 Kiel 1.

WEISSLER, Ernst-Peter

Dipl.-Phys., Öfftl. bestellter u. vereid. Sachverst. f. Kunststoffverarbeit. - Spez. Arbeitsgeb.: Kunststoff-Herstellung, -Verarbeitung und -Prüfung - Hofrat-Steinerweg 4, 6114 Groß-Umstadt - Geb. 28. Juni 1921 Kaiserslautern (Vater: Georg W., Reg.rat; Mutter: Berta, geb. Graber), kath., verh. s. 1945 m. Margarete, geb. Weiß, 4 Kd. (Georg, Gerhard, Sabine, Monika) - Human. Gymn. Kaiserslautern, Univ. Heidelberg u. Mainz, Dipl. 1953 Mainz - Entd.: Berat. f. Duroplast-Verarb., Consulting Engineer f. Dekorative Schichtstoffe u. Möbeloberflächenmaterialien, Entw. spez. Prüfverf. f. Kunststoffe - BV: 18 Veröff. in Fachztschr. d. Kunststofftechnik - Spr.: Engl.

WEISSMAN, Arnold

Dr. rer. pol., Prof. f. Marketing u. Management FH Regensburg (s. 1988) - Reichswaldstr. 52, 8501 Schwaig (T. 0911 - 50 87 30) - Geb. 29. Juni 1955, verh., 2 Söhne (Benjamin, Moritz) - Stud. 1974-79 Betriebswirtsch.lehre Nürnberg; Promot. 1983 - AR-Vors. b. versch. Unternehmen - BV: Marketingstrategie: 10 Stufen zum Erfolg; Managementstrategien: 5 Faktoren f. d. Erfolg.

WEISSMANN (ß), Karlheinz

Dr. phil., Studienrat, Historiker - - Uhlandstr. 34, 3406 Bovenden (T. 0551 - 8 35 98) - Geb. 13. Jan. 1959 Northeim, ev., verh. s. 1989 m. Sabine - Stud. Gesch., Ev. Religionslehre; beide Staatsex.; Promot. 1989 Univ. Braunschweig - BV: Zeichen d. Reiches - Symbole d. Deutschen, 1989; Schwarze Fahnen - Runenzeichen, 1991; Druden - Goden - Weise Frauen, 1991.

WEIST, Reinhold

Mitglied d. Landtages (s. 1989), Parlamentarischer Geschäftsführer Grüne Fraktion Hessen - Königstor 14, 5300 Kassel - Geb. 23. Dez. 1953, ledig, 1 Kd. - 2. Staatsex. Lehramt Gymn. Math. u. Politik.

WEISWEILER, Werner K.

Dr. rer. nat., Dipl.-Ing., Prof. f. Chem. Technik Univ. Karlsruhe - Goethering 107, 7537 Remchingen 2 (T. 07232 - 7 21 51) - Geb. 18. Febr. 1938 Karlsruhe (Vater: Josef W., Gärtner; Mutter: Elsa, geb. Schiel), verh. s. 1965 m. Christa, geb. Leibrecht, 2 Kd. (Heike-Ines, Kai-Ingo) - 1958-62 Stud. Verfahrenstechnik Univ. Karlsruhe; Diplom-Ing. 1962, Promot. 1967 (Physik), Habil. 1973 (Techn. Chemie). S. 1979 Prof. Univ. Karlsruhe. Üb. 250 Publ. in wiss. Ztschr. u. Buchbeitr. sow. Patente üb. Umwelt-Technol. (insbes. Schadgasabsorption, Festkörper/Heterogen-Reaktionen, Katalyse, Schwermetalle, Beschichtung v. Fasern) - Zahlr. Mitgl.schaften in wiss. Ges. - Spr.: Engl., Franz.

WEISZ, Herbert

Dr. techn., o. Prof. f. Analyt. Chemie i. R. - Heuweilerweg 34, 7803 Gundelfingen/Wildtal (T. Freiburg 5 35 05) - Geb. 25. April 1922 Wieselburg (Vater: Wilhelm W., Kaufm.; Mutter: Paula, geb. Ludwig), kath., verh. s. 1949 m. Eva, geb. Swoboda - Dipl.-Chem. 1944

TH Brünn; Promot. 1947 TH Wien; 1949-60 Assist., Doz. (1955) u. apl. Prof. (1960) TH Wien; s. 1960 ao. u. o. Prof. (1966) Univ. Freiburg - BV: Microanalysis by the Ring Oven Technique, 1961, 2. A. 1970. Zahlr. Einzelveröff. - Fritz-Feigl- (1955) u. Fritz-Pregl-Preis (1967); 1959 Österr. Ehrenkreuz f. Wiss. u. Kunst - Liebh.: Lit. - Spr.: Engl.

WEITKEMPER, Franz-Josef

Dr. jur., Rechtsanwalt, Vorstandsmitglied i. R. Bayer AG, Horten AG - Im Jücherfeld 25, 5090 Leverkusen-Steinbüchel (T. 0214 - 9 17 19) - Geb. 15. Juni 1924 Papenburg (Vater: Hermann W., Bankdir.; Mutter: Lilly, geb. Freericks), kath., verh. s. 1954 m. Hildegard, geb. Schroeder, 4 Kd. (Norbert, Wolfgang, Udo, Elisabeth) - Stud. Rechts- u. Staatswiss. 1. u. 2. Jurist. Staatsprüf.

WEITLAUFF, Manfred

Dr. theol. habil., Prof. f. Bayer. Kirchengeschichte Univ. München - Geschw.-Scholl-Pl. 1, 8000 München (T. 089 - 2180 3467); Hermann-Löns-Str. 9, 8900 Augsburg (T. 0821 - 55 16 28) - Geb. 31. Juli 1936 Augsburg (Vater: Heinrich W., Dipl.-Ing.; Mutter: Elisabeth, geb. Maiß), kath. - Realgymn. Augsburg (Abit. 1957); 1957-63 Stud. Phil. u. Theol. Univ. München; Promot. 1970, Habil. (Kirchengesch.) 1977, alles München - S. 1963 seelsorg. Tätigk. im Bistum Augsburg; 1967 Wiss. Assist. Inst. f. Kirchengesch. Kath.-Theol. Fak. Univ. München; 1977 Privatdoz. u. Univ.-Doz. ebd.; 1980 Prof. f. Kirchengesch. ebd.; 1981 o. Prof. Theol. Fak. Luzern (Schweiz); s. 1986 o. Prof. f. Bayer. Kirchengesch., Kath.-Theol. Fak. Univ. München - BV: Kardinal Johann Theodor v. Bayern (1703-1763), Fürstbischof v. Regensburg, Freising u. Lüttich. E. Bischofsleben im Schatten d. kurbayer. Reichskirchenpolitik, 1970; D. Reichskirchenpolitik d. Hauses Bayern unter Kurfürst Max Emanuel (1679-1726). V. Regierungsantr. Max Emanuels b. z. Spanischen Erbfolgekrieg (1679-1701), 1985; Papsttum u. Kirchenreform. Historische Beiträge. Festschr. f. Georg Schwaiger (m. K. Hausberger), 1990; Kath. Kirche u. Theologie in d. ersten Hälfte d. 19. Jh., 1990; Joseph Bernhart. Tragik im Weltlauf, 1990; Joseph Bernhart. Erinnerungen 1881-1930. Textbd. u. Kommentarbd., 1992; Bischof Ulrich von Augsburg (890-973). Seine Zeit - sein Leben - seine Verehrung, 1992; zahlr. Aufs. z. Reichskirchenpolitik d. Wittelsbacher in d. Neuzeit, z. Kirchen- u. Theol.gesch. d. Mittelalters u. d. Neuzeit, z. Bayer. u. Schwäb. Kirchengesch.

WEITMANN, Walter

Präsident Hauptvereinig. d. Ambulanten Gewerbes u. d. Schausteller in Deutschl. - Königstr. 51, 7000 Stuttgart 1 - Geb. 20. Dez. 1926.

WEITNAUER, Hermann

Dr. jur., em. o. Prof. f. Bürgerl. Recht, Arbeits- u. Intern. Privatrecht Univ. Heidelberg - Bergstr. 152, 6900 Heidelberg (T. 40 17 62) - Geb. 18. Juli 1910 München (Vater: Dr. phil. Karl W., Oberstudienrat; Mutter: Maria, geb. Rehm), ev., verh. s. 1940 m. Charlotte, geb. Priester, 3 Kd. - Univ. Würzburg u. München (Rechts- u. Staatswiss.) - Justizdst.; 1950-65 Bundesjustizmin. (zul. Min.rat) - BV: Wohnungseigentum, 7. A. 1988; Bergbau u. öfftl. Verkehrsanstalten, 1971 - Liebh.: Musik - Spr.: Engl., Franz.

WEITPERT, Hans

Prof., Senator, Verleger, Belser Incorporated New York - Im Betzengaiern 7, 7000 Stuttgart-Sonnenberg - Geb. 15. Aug. 1905 München, kath., verh. m. Hilde, geb. Vogt - Schriftsetzerlehre München; Akad. für d. graph. Gewerbe ebd. (Dipl. d. Meistersch.). Meisterprüf. - S. 1932 Union Dt. Verlagsges. W. Kohlhammer Verlag, Zentraldruckerei (eig. Gründ.), Chr. Belser KG; 1986 Prof. B. 1966 Präs., dann Ehrenpräs. Bundesverband Druck; 1970ff. Vizepräs. u. Präs. (1972) Intern. Master Printers Assoc (IMPA), Vors. Stiftg. Buchkunst, Frankfurt - Ehrensenator Intern. Gutenberg-Ges.; 1965 BVK; 1967 Rudolf-Ullstein-Ring; Konsul d. Rep. Togo f. Baden-Württ.; 1985 Commandante Silvester Orden, Rom.

WEITZ, Hans-Joachim

Dr. phil. h. c., Prof. E. h. - Im Pflänzer 5, 6140 Bensheim 3 (T. 06251 - 7 33 40) - Geb. 7. Nov. 1904 Berlin (Vater: Dr. Philipp W., Syndikus; Mutter: Ida, geb. Neumann), ev., verh. s. 1935 m. Marie, geb. Flöring († 1987) - Univ. Berlin u. Heidelberg - 1927-34 Dramat. Darmstadt u. Düsseldorf (1928), 1945-46 Schauspieldir. Darmstadt, 1946-50 Mitarb. Insel-Verlag, 1951-53 Dramat. Basel, 1952-61 Chefdramat. Köln, 1961-64 Darmstadt, 1965-69 künstler. Beirat Schauspielhaus Zürich; 1971-74 Vorst. Dramaturg. Ges.; 1968-75 Dozent Univ. Zürich (Theaterwiss.) - Herausg.: Goethe üb. d. Deutschen (1949, 4. A. 1982); Goethe: Westöstl. Divan (1949, 2. A. 1972); Goethe: D. Göttl. Wunder (1950); Briefw. Goethe-Willemer (1965, 2. A. 1986); Goethe: Westöstl. Divan (komment.) 1974, 10. A. 1991; S. Boisserée, Tagebücher I. (1978), II. (1981), III. (1983), IV. (1985). Mithrsg.: Goethes W. (Volks-Goethe, 6 Bde. 1949ff.; Insel-Goethe, 1965), Festschr. Leop. Lindtberg (1972), Hans Bauer, Regiss. (1974). Übers.: Verlaine, Fêtes Galantes (1949, 2. A. 1986); Giraudoux, Pour Lucrèce (1955, m. R. Schnorr); Audiberti, Quoat-Ouoat (1957, m. H. M. Enzensberger); Flaubert, Le Candidat (1957, m. G. F. Hering) - 1967 Ehrendoktor Universität Freiburg/Breisgau; 1957 Mitgl. PEN-Zentrum BRD, 1960 Intern. Theater-Inst. (ITI); 1964 Johann-Heinrich-Merck-Ehrung Stadt Darmstadt; 1976 o. Mitgl. Dt. Akad. f. Sprache u. Dichtung, 1978 Ehrenvors. Dramaturg. Gesellsch.; 1979 Kantonale Ehr. Zürich; 1985 Rheinlandtaler Landschaftsverb. Rhld.; Prof. e. h. Reg. Nordrh.-Westf.; 1986 Ehrenmitgl. Bühnen Köln; 1988 Mitgl. Dt. Akad. d. Darst. Künste.

WEITZ, Heinz

Choreograph, Ballettmeister - Kirchgangsredder 10, 2319 Wittenberger-Passau - Geb. 18. Okt. Wien, led. - Wiener Staatsoper - Ballettsch. - Tänzer Wiener Staatsoper u. Nieders. Staatstheater Hannover; Ballettm., Bremen; Ballettdir., Opernhaus Kiel - Choreogr. vieler Repertoire- u. mod. Ballette u.a. Romeo u. Julia, Dorian, Peer Gynt, Undine.

WEITZEL, Hans Karl

Dr. med., Prof. f. Gynäkologie u. Geburtshilfe - Limonenstr. 20, 1000 Berlin 45 (T. 030 - 831 43 98) - Geb. 25. Okt. 1936 Sieburg (Vater: Albert W., Molkereidir.; Mutter: Anna-Elisabeth, geb. Valentin), ev., verh. m. Dr. Eva, geb. Steinberg - Gymn. Waldbröl, Habil. Univ. Bonn 1975 - 1976 Ltd. Oberarzt, s. 1978 apl. Prof. Univ. Hannover, 1982 Dir. Univ.-Frauenklinik Berlin, Klinikum Steglitz - Liebh.: Sport - Spr.: Engl., Franz.

WEITZEL, Hermann

Ehrenpräsident Verb. Dt. Badebetriebe, Berufsverb. nichtärztl. Heilberufe, Bonn - Schwabacherstr. 40, 8510 Fürth/Bay. - Geb. 10. Juni 1920 Nürnberg - Inh. Luisenbad; Kurat.-Mitgl. Dt. Ges. f. d. Badewesen; Mitgl. Betriebswirtschaftl. Aussch. d. DGfdB; Mitredakt. d. Baurichtlinien f. Med. Bäder - 1972 Gold. Ehrenring d. VDB; 1973 Ehrenplak. d. DGfdB; 1981 BVK am Bde.

WEIXLER, Kurt

Dipl.-Kfm., Aufsichtsrat Metzeler Gimetall AG, Breuberg, Metzeler Automotive Profiles GmbH, Lindau - Landrat-Ackermann-Str., 6120 Michelstadt/ Odenw. (T. 38 60) - Geb. 20. März 1931 - 1956-58 Motorenwerke Mannheim AG; 1958-64 Portland Zementwerke Heidelberg AG; ab 1965 Pirelli Gruppe (Vorst. Veith Pirelli AG), 1970-91 Pirelli Deutschland AG, 1986-90 Gf. Metzeler GmbH - 1990 Joh. Chr. Eberle-Med.; 1991 Offizierskreuz d. VO. d. Ital. Rep.

WEIZEL, Rainer

Dr. rer. nat., Dipl. Phys., Prof. f. Mathematik - Robert-Schumann-Str. 46, 5000 Köln 91 (T. 0221-89 46 29) - Geb. 18. Sept. 1936 Bonn - BV: Gewöhnl. Differentialgleich., Bd. 1, 1974.

WEIZSÄCKER, Freiherr von, Carl-Christian

Dr. phil., Prof. f. Wirtschaftl. Staatswiss. Univ. Köln, Direktor Energiewirtsch. Inst. Univ. Köln - Zu erreichen üb. Staatswiss. Sem. d. Univ., Albertus-Magnus-Pl., 5000 Köln 41 - Geb. 28. Jan. 1938 Berlin (Vater: Prof. Dr. phil. Carl-Friedrich v. W., Physiker u. Philosoph (s. dort); Mutter: Gundalena, geb. Wille), ev., verh. m. Elisabeth, geb. v. Korff, 3 Kd. (Elisabeth, Inez, Johannes) - Univ. Zürich, Göttingen, Hamburg, Freiburg, Basel (Volksw., Soziol.). Promot. (1961) u. Habil. (1965) Basel - 1965-72 Ord. Univ. Heidelberg, 1972-74 Inst. f. mathemat. Wirtschaftsforschung Univ. Bielefeld, 1974-82 Ord. Univ. Bonn, 1982-86 Ord. Univ. Bern - BV: Wachstum, Zins u. optimale Investitionsquote; Z. ökonom. Theorie d. techn. Fortschritts; Steady State Capital Theory; Barriers to Entry, 1980; D. Rolle d. Wettbewerbs im Fernmeldebereich, 1981; D. wirtschaftliche Bedeutung v. Mehrwertdiensten, 1987 - 1969 Fellow Econometric Society; 1977 Mitgl. Wiss. Beirat Bundeswirtschaftsmin.; 1979 American Acad. of Arts and Sciences; 1986 Mitgl. u. 1989 Vors. Monopolkommiss.; 1991 Economic Advisory Council European Bank for Reconstruction and Development - Spr.: Engl. - Bek. Vorf.: Staatssekr. Ernst v. W. (Großv.). Bruder: Ernst Ulrich Frhr. v. W.

WEIZSÄCKER, Freiherr von, Carl-Friedrich

Dr. phil., Prof., Physiker u. Philosoph - Alpenstr. 15, 8135 Söcking/Obb. - Geb. 28. Juni 1912 Kiel (Vater: Ernst v. W., Diplomat, 1936-45 Staatssekr. Ausw. Amt Berlin; Mutter: Marianne, geb. v. Graevenitz), ev., verh. s. 1937 m. Gundalena, geb. Wille, 4 Kd. - Univ. Leipzig (Promot. 1933), Berlin, Göttingen (Pysik, Math.). Habil. 1936 Leipzig - Ab 1934 Assist. Univ. Leipzig (Inst. f. Theoret. Physik), 1936 wiss. Mitarb. Kaiser-Wilhelm-Inst. f. Chemie Berlin, anschl. Assist. KWI f. Physik, ab 1937 Privatdoz. Univ. ebd., 1942-1945 ao. Prof. f. Theoret. Physik Univ. Straßburg, ab 1946 Abt.leit. MPI f. Physik u. Honorarprof. Univ. Göttingen, 1957-69 o. Prof. u. Dir. Phil. Sem. Univ. Hamburg, 1970-80 Dir. MPI z. Erforsch. d. Lebensbeding. in d. techn.-wiss. Welt, Starnberg, u. Honorarprof. Univ. München - BV (größtent. übers.): Die Atomkerne, 1937; Zum Weltbild der Physik, 10. Auflage 1963; D. Geschichte d. Natur, 5. A. 1962; Physik d. Gegenw., m. J. Juilfs 2. A. 1958; D. Verantw. d. Wiss. im Atomzeitalter, 4. A. 1963; Bedingungen des Friedens, 1963; D. Tragweite d. Wiss., Bd. I (Schöpfung u. Weltentsteh.) 2. A. 1966; Gedanken üb. unsere Zukunft, 3 Reden 3. A. 1968; D. ungesicherte Friede, 1969; D. Einheit d. Natur, 1971; Kriegsfolgen u. -verhütung, 1971; Fragen z. Weltpolitik, 1975; Wege in d. Gefahr, 1976; D. Garten d. Menschlichen, 1977; Deutlichkeit, 1978; Diagnosen z. Aktualität, 1979; D. bedrohte Friede, 1981; Wahrnehmung d. Neuzeit, 1983; Aufbau d. Physik, 1985; D. Zeit drängt, 1986; Bewußtseinswandel, 1988 - Dr. h. c. mult.; Mitgliedschaften in wiss. Akad.

WEIZSÄCKER, Freiherr von, Ernst Ulrich

Dr. rer. nat., Dipl.-Phys., Prof., Präsident Inst. f. Klima, Umwelt u. Energie, im Wissenschaftszentrum NRW - Döppersberg 19, 5600 Wuppertal - Geb. 25. Juni 1939 Zürich (Vater: Prof. Car.-F. Frhr. v. W. (s. d.); Mutter: Gundalena, geb. Wille), ev., verh. s. 1969 m. Christine, geb. Radtke, 5 Kd. (Jakob, Paula, Adam, Franz, Maria) - Stud. (Phys., Biol.); Promot. 1969 Freiburg - 1972-75 o. Prof. f. Interdisziplinäre Biol. Univ. Essen, 1975-80 Präs. GH Kassel, 1981-84 Dir. am Zentrum f. Wiss. u. Techn. f. Entw. d. Vereint. Nationen, New York, 1984-91 Dir., Inst. f. Europ. Umweltpolitik, Bonn, s. 1991 Wuppertal. 1969-72 Ev. Studiengem. Heidelberg; 1968-72 Mitgl. SPD-Landesvorst. Bad.-Württ.; 1988-91 Vors. d. Vereinig. Dt. Wiss. (VDW), Mitgl. d. Club of Rome - BV: BC-Waffen u. Friedenspolitik, 1970; Baukasten gegen Systemzwänge, 1970; Humanökol. u. Umweltschutz, 1972; Offene Systeme I, 1974; Erdpolitik, 3. A. 1992; Ecological Tax Reform, 1992. Herausg.: New Frontiers in Technology Application (1983) - 1977 Pfaff-Preis; 1989 Premio de Natura - Brüder: Carl-Christian Frhr. v. W., Heinrich Frhr. v. W.

WEIZSÄCKER, Freiherr von, Richard

Dr. jur., Dr. phil. h.c., Bundespräsident (s. 1984) - Villa Hammerschmidt, 5300 Bonn 1 (T. 0228 - 20 01) - Geb. 15. April 1920 Stuttgart, ev., verh. s. 1953 m. Marianne, geb. v. Kretschmann, 4 Kd. (Robert, Andreas, Beatrice, Fritz) - Bismarck-Gymn. Berlin; Stud. Rechtswiss. u. Gesch. Univ. Oxford, Grenoble, Göttingen - 1938-45 Militär- u. Wehrdst. (zul. Hptm. d. R.); 1950-66 Industrietätigk. (zul. gf. Gesellsch. C. H. Boehringer Sohn, Ingelheim); 1969-81 MdB (1973-79 stv. Vors. CDU/CSU Bundestagsfraktion, 1979-81 Vizepräs. Dt. Bundestag); 1981-84 Reg. Bürgermeister Berlin u. Mitgl. Bundesrat. B. 1984 Mitglied Synode u. Rat EKD; b. 1983 Präs. Dt. Ev. Kirchentag; 1984 Schirmherr Stiftg. Dt. Sporthilfe. CDU s. 1956 - BV: D. dt. Gesch. geht weiter, 1983; V. Deutschland aus, 1985; D. polit. Kraft d. Kultur, 1987; Von Deutschland nach Europa, 1991 - 1982 Ehrenpreis Stadt Solingen (handgeschliff. Degen); 1983 Theodor-Heuss-Preis (20. Träger); 1984 Sonderstufe d. Gr. BVK; Ehrensenator MPG - Spr.: Engl., Franz. - Eltern s. Carl Friedrich v. W. (Bruder) - Lit.: Werner Filmer/Heribert Schwan, R. v. W. - Profile e. Mannes (1984); Helmut R. Schulze/Bernhard Wördehoff, R. v. W. Eine Biogr. (1987); Martin Wein, D. Weizsäckers (1988); u.a.

WELBERGEN, Johannes C.

Dipl.-Ing. Chem., Aufsichtsratsvorsitzender Phoenix AG Hamburg-Harburg (s. 1979), AR-Vors. Gasanlagen AG, O-Mittenwalde/Mark u. Tochterges. (s. 1990) - Theresienstieg 19, 2000 Hamburg 76 - Geb. 29. Mai 1919 s'Gravenhage/ Niederlande (Vater: Hermann G. W.), verh. (Ehefr.: Traute) - 1944/45 Gebrüder Sulzer Winterthur; 1945ff. Royal Dutch/Shell Gruppe; 1959-65 Geschäftsf. Dt. Shell Chemie GmbH, Frankfurt/M.; 1965-70 Vorst.-Mitgl. u. 1970-79 -Vors. Dt. Shell AG, Hamburg; 1977-79 Vors. Mineralölwirtsch.verb. Hamburg; 1977-79 Mitgl. Präsid. Bundesverb. d. Dt. Ind.; 1979/80 Präs. The Conference Board in Europe, Brüssel; 1980/86 Präs. Europ. Foundation for Management Dev., Brüssel; 1979-88 AR-Vors. Standard Elektrik Lorenz AG, Stuttgart; 1979-89 AR-Mitgl. Dt. Shell AG, Hamburg; s. 1988 Beirat Management Partner GmbH Untern.berater Stuttgart - Ridder in de Orde van de Nederlandse Leeuw; 1979 Gr. BVK.

WELBRINK, Friedhelm

Geschäftsführer Bundesverb. Schwimmbad-, Sauna- u. Wassertechnik - Barckhausstr. 18, 6000 Frankfurt/M. 1; priv.: Wingertstr. 9, 6470 Büdingen - Geb. 26. Sept. 1934.

WELDIGE-CREMER, de, Wessel

Dr. jur., Assessor, Hauptgeschäftsf. IHK Mittl. Niederrhein Krefeld-Mönchengladbach-Neuss (s. 1977) - Nordwall 39, 4150 Krefeld (T. 02151 - 63 51 00) -

Geb. 21. Juli 1933 Essen, verh. s. 1961 m. Ingeburg, geb. Heners, 3 Kd. (Wennemar, Eggert, Imeke) - Univ. Tübingen u. Münster - Tätigk. Unternehmensverb. Ruhrbergbau, Essen, Landesreg. Nordrh.-Westf., Düsseldorf. Gr. Erftverb., Bergheim, IHK Mönchengladbach.

WELFERT, Hartmut
s. Friedenberg, Christian Jürgen

WELGE, Martin K.

Dr. rer. pol., o. Univ.-Prof. f. Betriebswirtschaftslehre Univ. Dortmund (s. 1987) - Haus Mallinckrodt, 5804 Herdecke 1 (T. 02335 - 57 75) - Geb. 22. Sept. 1943 Detmold, verh. s. 1983 m. Hannelore, geb. Offenbacher - 1963-65 Wehrdst.; 1965-69 Stud. Univ. Köln (Dipl.-Kfm. 1969); 1969-70 Postgraduate Stud. Stanford Univ. (USA); Promot. 1973, Habil. 1978 Univ. Köln - 1971-78 Wiss. Assist. Univ. Köln; 1980-84 o. Prof. Fernuniv. Hagen; 1984-87 o. Prof. Univ. Essen; 1980-81 Visit. Prof., European Inst. for Advanced Studies in Management, Brüssel - BV: Profit-Center-Org., 1975; Management in dt. multinationalen Untern., 1980; Beyond Theory Z, 1984; Unternehmensfg. Bd. 1 Plan., 1985, Bd. 2 Org., 1987, Bd. 3 Controlling, 1988; Handwörterb. Export u. Intern. Unternehmung, 1989; Globales Management, 1990 - 1969 DAAD Stip.; 1975-77 Fritz-Thyssen Stip.; 1989 Czipin-Preis d. Wirtsch.-Univ. Wien - Liebh.: Sport (Tennis, Ski) - Spr.: Engl., Franz. - Lit.: Kürschners Dt. Gelehrtenkalender, Marquis Who is Who in the World, Men of Achievement.

WELGE-LÜSSEN (ß), Lutz
Dr. med., Prof. f. Augenheilkunde Univ. Marburg (s. 1972) - Mecklenburger Str. 9, 3551 Wehrda - Geb. 24. Mai 1934 Aurich, verh. m. Dr. med. Ursula, geb. Reiß, 4 Kd. - Promot. 1960; Habil. 1971 - 1977 Abt.-Leit. f. Strabologie Univ. Augenklinik Marburg; 1980 Chef d. Augenklinik d. St. Marienkrkhs. Frankf./M.

WELKE, Heinrich
Dipl.-Kfm., Mitglied Bremische Bürgerschaft, Fraktionsvors. - Am Vorfeld 44, 2800 Bremen 66 (T. 0421 - 51 07 66) - Geb. 2. Sept. 1943, verh. s. 1968 m. Monika, geb. Rederscheid, 2 S. (Jan, Nils) - Abit. 1963; 1963-68 Stud. Betriebsw. FU Berlin - S. 1979 MBB. FDP (Mitgl. Landesvorst. s. 1976).

WELKER, Michael
Dr. theol., Dr. phil., Prof. f. Systemat. Theol., Theol. Fak. Univ. Heidelberg (s. 1991) - Wiss.-Theol. Seminar, Kisselgasse 1, 6900 Heidelberg - Geb. 20. Nov. 1947, verh. - Stud. Univ. Heidelberg u. Tübingen; Promot. Dr. theol. 1973; Dr. phil. 1978; Habil. 1980 - 1983 Prof. f. Systemat. Theol., Ev.-theol. Fak. Univ. Tübingen; 1987 Prof. f. Reformierte Theol., Ev.-theol. Fak. Univ. Münster.; 1991 Prof. f. Systematische Theologie, Theol. Fak. Univ. Heidelberg. Gastprof.

McMaster Univ. u. Princeton Theological Seminary - BV: D. Vorgang Autonomie, 1975; Universalität Gottes u. Relativität d. Welt, 2. A. 1988; Kirche ohne Kurs?, 1987; Creation and Reality, 1992; Gottes Geist. Theologie d. Heiligen Geistes, 1992. Herausg.: Theol. u. funktionale Systemtheorie (1985); Kritik d. Theorie Sozialer Systeme (1992); u.a. - 1984/85 Honorary Res. Fellow Inst. for the Advanced Study of Religion Univ. of Chicago; 1991 Warfield Lectures, Princeton.

WELLANO, Werner
Verwaltungsdirektor Staatstheater am Gärtnerplatz - Toni-Schmid-Str. 25, 8000 München 82.

WELLENDORF, Franz
Dr. phil., Psychoanalytiker, Prof. f. Psychol. Univ. Hannover (s. 1974) - Alleestr. 6, 3000 Hannover 1 (T. 701 08 16) - Geb. 23. Mai 1935 Hamburg (Vater: Franz W., Lehrer; Mutter: Maria, geb. Grewe), verh. s. 1962 m. Elisabeth, geb. Lehrmann, 2 Kd. (Marcus, Veronika) - Stud. d. Päd., Soziol., Phil., Lit.wiss. Univ. Hamburg - 1962-66 Lehrer; 1966-74 Wiss. Rat u. Wiss. Dir. (1971) Päd. Zentr. Berlin - BV: Schulische Sozialisation u. Identität, 1973 - Spr.: Engl., Ital.

WELLENREUTHER, Hermann
Dr. phil., o. Univ.-Prof. f. mittl. u. neuere Geschichte Univ. Göttingen - Merkelstr. 33, 3400 Göttingen (T. 0551 - 4 20 24) - Geb. 23. Juni 1941 Freiburg, ev., verh. m. Dr. M.-L. Frings-Wellenreuther, T. Susanne - Univ. Köln (Promot. 1968, Habil. 1978) - BV: u.a. Glaube u. Politik in Pennsylvania 1681-1776, 1972; Repräsentation u. Großgrundbesitz in England 1730-1770, 1978; D. Aufstieg d. ersten Britischen Weltreiches, 1987. Herausg.: Geschichtswiss. in Göttingen (m. Hartmut Boockmann, 1987); Göttingen 1690-1755. Stud. z. Sozialgesch. e. Stadt (1988); German and American Constitutional Thought. Contexts, Interaction and Historical Realities (with assistance of Claudia Schnurmann, Thomas Krueger, 1990) - Spr.: Engl., Franz.

WELLENSIEK, Hans-Jobst
Dr. med., o. Prof. f. Med. Mikrobiologie - Haydnstr. 8, 6307 Linden-Leihgestern - B. 1970 Privatdoz. Univ. Mainz, dann Ord. Univ. Gießen. Facharb.

WELLENSTEIN, Gustav
Dr. rer. nat., Dr. forest., em. o. Prof. f. Forstzoologie u. -schutz - Peter-Sprung-Str. 11, 7800 Freiburg/Br. (T. 70 66 92) - Geb. 27. Juli 1906 Trier/Mosel (Vater: Dr. Karl-Adolf W., Chemiker; Mutter: Auguste, geb. Moser), kath., jetzt ev., verh. s. 1952 m. Ingeborg, geb. Schmidt, 4 Kd. (Gerhard, Michael, Astrid, Gudrun) - Stud. Biol. u. Forstwiss. München, Hann. Münden, Eberswalde 1933-36 Leit. Waldstation f. Schädlingsbekämpf. Forstl. Hochsch. Hann. Münden; 1937-45 Leit. Forstamt Breitenheide/Ostpr. u. Forstschutzstelle Ost; 1943-45 Doz. Univ. Königsberg; 1946-57 Begr. u. Leit. Forstschutzst. Südwest; s. 1957 Doz., ao. (1954) u. o. Prof. (1960) Univ. Freiburg (Dir. Forstzool. Inst.) - BV: D. Nonne in Ostpreußen (1933-1937), 1942 (auch engl.); D. gr. Borkenkäfer-Kalamität in Südwestdtschl. (1944-51), 1952; Studien an Waldameisen (1928-92); 1968; üb. d. bienenwirtschaftl. Nutzung d. Wälder (1956-88); Verwendung v. Stadtmüll in Forsten, 1973; Krit. Rück- u. Ausblick auf d. chem. Pflanzenschutz, 1976. Üb. 250 Einzelarb. Kultur- u. Lehrfilm: Europas Fichtenwälder in Gefahr (1948) - Liebh.: Musik - Spr.: Franz.

WELLER, Albert
Dr. rer. nat., Prof., Direktor Max-Planck-Inst. f. biophysikal. Chemie (s. 1965) - Am Weinberg 18a, 3406 Bovenden (T. 0551 - 8 27 41) - Geb. 5. April 1922 Welzheim/Württ. (Vater: Albert W., Kaufm.; Mutter: Elisabeth, geb.

Scharwächter), ev., verh. s. 1951 m. Brigitte, geb. v. d. Chevallerie, 3 Kd. (Christine, Dietrich, Barbara) - Gymn. Stuttgart-Bad Cannst. (Kepler); Univ. Leipzig u. Tübingen (Chemie; Dipl.-Chem. 1947). Promot. 1950; Habil. 1957 - Ab 1950 Assist. MPI f. Physikal. Chemie, Göttingen, Univ. of Minnesota (USA), TH Stuttgart (1957 Doz.); 1962-65 o. Prof. Fr. Univ. Amsterdam. S. 1968 Honorarprof. Univ. Göttingen; 1983 Dr. Sc. h. c. Univ. Leuven (Belgien); s. 1974 Mitgl. Akad. d. Wiss. Göttingen, s. 1984 Finnische Akad. d. Wiss. Helsinki, u. s. 1985 Dt. Akad. d. Naturforscher Leopoldina Halle, s. 1991 New York Acad. Sci. u. Acad. Europ. Sci. Arts Lettres, 1987 Dr. rer. nat. h. c. Univ. Bayreuth. Zahlr. Fachaufs. - 1962 Bodenstein-Preis - Spr.: Engl., Holl.

WELLER, B. Uwe
Dr. phil., Prof. f. Politikwissenschaft FH Düsseldorf - Gaswerkstr. 23, 5138 Heinsberg - Geb. 23. Febr. 1942 - Stud. Univ. Münster u. Berlin; Promot. 1969 Münster - 1969-71 Sachbuchlektor in Würzburg; 1971-75 Doz. in Freiburg; s. 1976 Prof. in Düsseldorf - BV: Maximilian Harden u. d. Zukunft, 1970; D. große Augenblick in d. Zeitgesch., 1976; Gott hat viele Namen, 1983; Schlüssel z. Politik, 1987 - Interessen: Sammlung moderner Grafik, insbes. Wiener Schule - Spr.: Engl., Franz., Span.

WELLER, Hans
Dr. phil., Honorarprof. f. Raffination v. Mineralölerzeugnissen TH bzw. TU Hannover (s. 1965) - Mars-la-Tour-Str. 14, 3000 Hannover (T. 81 65 08) - Tätigk. DEURAG-NERAG.

WELLER, Otto
Dr. med., Prof., Chefarzt Innere Abt. Ev. Stift St. Martin - Kurfürstenstr. 72-74, 5400 Koblenz (T. 23 21) - Geb. 26. Okt. 1921 - S. 1959 (Habil.) Lehrtätig. Univ. Gießen (1966 apl. Prof. f. Inn. Med.). Üb. 50 Fachveröff.

WELLER, Robert
Gf. Gesellsch. Verwaltungsges. Robert Weller, Aschaffenburg - Mörswiesenstr. 7, 8750 Aschaffenburg (T. 2 12 20) - Geb. 12. April 1914 - B. 1975 gf. Gesellsch. Tuchfabrik Robert Weller - Spr.: Engl. - Rotarier.

WELLER, Siegfried
Dr. med., Prof., Chirurg - Engelfriedshalde 47, 7400 Tübingen (T. 6 26 34) - Habil. 1963 Freiburg - S. 1969 apl. Prof. Univ. Freiburg u. Tübingen, Facharb.

WELLER, Walter
Generalmusikdirektor - Chefdirigent d. Royal Philharmonic Orchestra London (s. 1980) - Döblinger Hauptstr. 40, Wien 1190/Öster. - Geb. 1939 - S. 1956 Wr. Philharmon. (b. 1969 Konzert-, dann Kapellm.); 1971-72 GMD Stadt Duisburg. Gründ. Weller-Quartett (1958). Gastdirig. in allen Musikhauptstädten Europas u. d. Welt; unt. Vertrag b. Decca. 1975-78 Chefdir. Wr. Tonkünstler

Orch.; 1977-80 Chefdirig. Royal Liverpool Philharmonic Orch.; 1980-85 Chefdirig. Royal Philharmonic Orch. London, s. 1985 chief guest conductor ebd. 1980 Ehrendirig. Royal Liverpool Philharmonic Orch.

WELLERSHOFF, Dieter

Admiral a.D., Präsident d. Bundesakademie f. Sicherheitspolitik - Rosenburg, 5300 Bonn 1 (T. 0228 - 23 90 11) - Geb. 16. März 1933 Dortmund (Vater: Kurt W., Betriebsinsp. u. Obering. Bergbau; Mutter: Maria, geb. Schultenjohann), ev., verh. s. 1958 m. Emma Johanna, geb. Wefer, 3 Kd. (Ilse Maria, Matthias Dieter, Klaus Wilhelm) - 1957-59 Ausb. Marineoffz., 1960-61 Wachoffz. Minensuchboot Vegesack, 1964-65 Dezernent Marineamt, 1966 Operationsoffz. Zerstörer Hamburg, 1967-68 Ausb. Admiralstabsoffz., 1969-70 BMVg Führungsstab Streitkr., BMVg Planungsstab, 1971-72 Kommand. Zerstörer Hessen, 1973-74 Flottenkdo. Operationsoffz. (A3), 1975-76 Kommandeur Flottille d. Minenstreitkräfte, 1977-80 BMVg FÜ M Stabsabt.- Leit. Rüstung, 1981-83 Kommandeur Führungsakad. d. Bundeswehr, 1984 BMVg stv. Inspekteur Marine u. Chef Stab FüM, 1985-86 BMVg Inspekteur d. Marine; 1986-91 Generalinspekteur d. Bundeswehr, ab 1992 s.o.; 1979-81 Vors. NATO-Marinerüstungsgr. - Heusinger-Preis; BVK I. Kl.; 1989 Gr. BVK m. Stern; Kommandeurskreuz d. Legion of Merit, Kommandeur légion d'honneur - Spr.: Engl., Franz.

WELLERSHOFF, Dieter
Dr. phil., Schriftsteller - Mainzer Str. 45, 5000 Köln 1 (T. 38 85 65) - Geb. 3. Nov. 1925 Neuss/Rhein (Vater: Walter W., Baurat; Mutter: Kläre, geb. Weber), ev., verh. s. 1952 m. Dr. Maria, geb. v. Thadden, 3 Kd. (Irene, Gerald, Marianne) - Gymn. Grevenbroich; Univ. Bonn (German., Phil., Kunstgesch.). Promot. 1952 Bonn - B. 1955 Redakt., dann fr. Schriftst., 1959-81 Lektor Kiepenheuer & Witsch Verlag, Köln - BV: Gottfried Benn, Phänotyp dieser Stunde, 1958; Am ungenauen Ort, 2 Hörsp. 1960; D. Gleichgültige - Versuche üb. Hemingway, Camus, Benn, Beckett, 1963; Bau e. Laube, Hörsp. 1965; E. schöner Tag, R. 1966; D. Schattengrenze, R. 1969; Literatur u. Veränderung, Ess. 1969; D. Schreien d. Katze im Sack, 6 Hörsp. 1970; Einladung an alle, R. 1972; Literatur u. Lustprinzip, 1973; Doppelt belichtetes Seestück u. and. Texte, 1974; D. Schönheit d. Schimpansen, R. 1977; Glücksucher, Fernsehsp. 1979. D. Sirene, Nov. 1980; D. Verschwinden im Bild, Ess. 1980; D. Wahrheit d. Literatur, Gespr. 1980; D. Sieger nimmt alles, R. 1983. D. Arbeit d. Lebens, Autobiograph. Texte, 1985; D. Körper u. d. Träume, Erz. 1986; Flüchtige Bekanntschaften, 3 Drehb. u. begleitende Texte, 1987; D. Roman u. d. Erfahrbarkeit d. Welt, Ess. 1988; Pan u. d. Engel, Ansichten v. Köln, 1990; Blick auf e. fernen Berg, 1991. Herausg.: Gottfried Benn, Gesammelte Werke, 4 Bde. (1958ff.). Bühnenst.: Anni Nabels Boxschau (Sch.

1963; UA. Darmstadt) - 1961 Hörspielpreis d. Kriegsblinden f. 1960, 1970 Literaturpreis f. 1969 Verb. d. dt. Kritiker; 1988 Heinrich-Böll-Preis; 1968 o. Mitgl. Akad. d. Wiss. u. d. Lit., Mainz; PEN.

WELLHÖNER, Hans-Herbert

Dr. med., Dipl.-Phys., Prof. Med. Hochsch. Hannover (s. 1977) - Lothringer Str. 40D, 3000 Hannover - Geb. 7. Juni 1932 Berlin (Vater: Wilhelm K., Kaufmann; Mutter: Margarete, geb. Götschke), ev., verh. mit Franziska, geb. Lehmann, 3 Kd. (Lucie, Jens-Peter, Eva-Maria) - Stud. d. Med. u. Phys. Univ. Leipzig; Promot. 1956 ebd. - 1958-64 Pharmakol. Inst. Univ. Leipzig; 1964-69 Max-Planck-Inst. f. experiment. Med. Göttingen. In- u. ausl. Fachmitgl.sch. - BV: Allg. Pharmakologie u. Toxikologie, 2. A. 1976 - Liebh.: Gesch., Phil., Sportfischer - Spr.: Engl.

WELLIÉ, Wilhelm

Volksw., Verleger - Waldsweiter Str. 6, 4444 Bad Bentheim - Geb. 29. Juli 1920 Schöppingen (Vater: Ferdinand W., Rektor; Mutter: Anna, geb. Hendrix), kath., verh. s. 1950 m. Margret, geb. Einenkel, 2 Kd. (Gudrun, Bernhard) - Abit.; Univ. Münster - S. 1966 Präs. Dt. Bäderdienst e.V., u.a. Ämter - Spez. Arbeitsgeb.: Tourismus u. Bäderwesen - BV: Hrsg. d. Ztschr.: Reise- u. Bädermagazin Dtschl., Kur- u. Reisemagazin KONTINENT - 1939-45 Kriegsausz. - Liebh.: Orgelspiel.

WELLING, Herbert

Dr. rer. nat., o. Prof., Direktor Inst. f. Quantenoptik Univ. Hannover (s. 1967) - Nogatweg 13, 3004 Isernhagen (T. Hannover 73 57 07) - Vorst.-Sprecher Laser Zentrum Hannover e.V.; Direktoriumsmitgl. d. Gravitationswellenexperiments; AR-Mitgl. Berliner Elektro AG.

WELLMANN-SCHARPENBERG, Margot

s. Scharpenberg, Margot

WELLMER, Friedrich-Wilhelm

Dr.-Ing., Prof., Direktor Bundesanstalt f. Geowiss. u. Rohstoffe Hannover - Stilleweg 2, 3000 Hannover 51 - Geb. 23. Juni 1940 Lübeck, verh. m. Helgard, geb. Freiin v. Maltzahn, 1 S. - Stud. Geol., Bergbau Berlin, Clausthal; Dipl.-Geol. 1966; Promot. 1970 - Hon.-Prof. TU Berlin - BV: Rechnen f. Lagerstättenkundler u. Rohstoffwirtschaftler; Rohstoffe im Wandel (m. C.W. Sames u. H. Lechner); Economic Evaluations in Exploration.

WELLNITZ, Karl

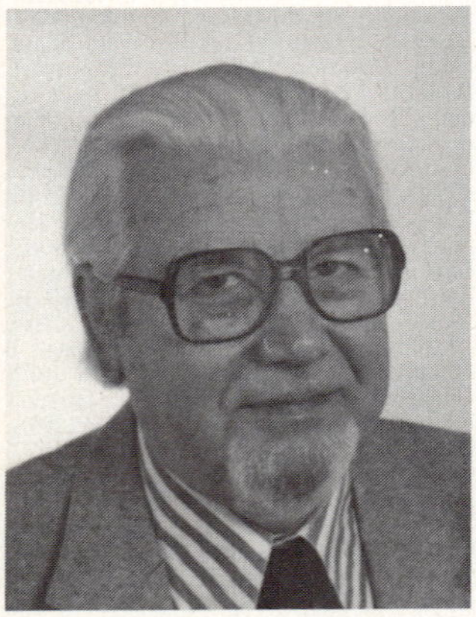

Dr. rer. nat., o. Prof. f. Didaktik d. Physik. u. Chemie - Dudenstr. 11, 1000 Berlin 61 (T. 030 - 785 82 15) - Geb. 20. Mai 1913 Arnswalde/Neum. (Vater: Paul W., Lehrer; Mutter: Olga, geb. Haupt), ev., verh. in 2. Ehe (1947) m. Ursula, geb. Macht, 5 Kd. (Andreas, Reinhard, Christian, Wolfgang, Christiane) - Reform-Realgymn. Arnswalde; Stud. (Mathematik, Physik, Chemie, Musik) Univ. Köln u. Greifswald; Wiss. Staatsex. 1936 Greifswald u. 1939 Berlin ; Promot. 1939 - 1936-62 Schuldst., dar. 12 J. stv. Leit. d. Ev. Gymnasium z. Grauen Kloster in Berlin (1944 Studien-, 56 Oberstudienrat); 1939-45 Wehrmacht; s. 1962 Päd. Hochsch. Berlin (Prof.; 1964-67 Prorektor), 1967-82 AR Berliner Volksbank, 1975-77 AR-Vors. - BV: Geometrie d. Ebene I, 14. A. 1978, Neuausg. 1981, 3. A. 1992; Kombinatonik, 6. A. 1973; Wahrscheinlichkeitsrechnung, 1954; Klass. Wahrscheinlichkeitsrechnung, 6. A. 1971; Mod. Wahrscheinlichkeitsrechnung, 3. A. 1971. Mitverf. v. Hütte-Mathematik, 2. A. 1974. Zahlr. Artikel in d. Ztschr. Naturwiss. im Unterr. (NiU), u.a. Über d. Umgang m. gemessenen Größen (Heft 12/1970).

WELP, Jürgen

Dr. jur., o. Prof., Gf. Direktor d. Rechtswiss. Sem. u. Dir. Inst. f. Kriminalwiss. Univ. Münster (s. 1973) - Am Hagen 14, 4400 Münster (T. 02501 - 61 96) - Geb. 15. März 1936 Osnabrück (Vater: Arthur W., Direktor; Mutter: Helene, geb. Hildebrand), verh. s. 1967 m. Renate, geb. Leisten, 2 Kd. (Henryk, Kai) - Stud. Univ. Heidelberg u. München; Promot. 1967 Heidelberg; Habil. 1971 ebd.; nebenberufl. Tätigk. als Richter u. Strafverteidiger - BV: Vorangegangenes Tun als Grundl. e. Handlungsäquivalenz d. Unterlassung, 1968; D. strafprozessuale Überwachung d. Post- u. Fernmeldeverkehrs, 1974; div. Publ. zu Problemen d. Strafrechts u. d. Strafprozeßrechts, 1975-91; u. a. - Spr.: Engl., Franz.

WELSH, Renate

Schriftstellerin - Zieglergasse 32, A-1070 Wien (T. 0043 - 2 22-963 85 45) - Geb. 22. Dez. 1937 Wien, kath., gesch., 3 Söhne (Georg, Martin, Christopher) - Stud. Dolmetsch. u. Staatswiss. (abgebr.) - BV: Johanna, 1979; E. Hand z. Anfassen, 1985; Drachenflügel, 1988 - 1978 Friedrich Bödecker Preis; 1980 Dt. Jugendlit.pr.; mehrmals Österr. Staatspr.; Pr. d. Stadt Wien; 1989 Silb. Feder - Spr.: Engl.

WELTE, Dieter

Vorsitzender Verband d. Techn. Händler VTH, Düsseldorf - Zu erreichen üb. VTH, Sternstr. 68, 4000 Düsseldorf 30 (T. 0211 - 44 44 07).

WELTE, Erwin

Dr. rer. nat., Dipl.-Landw., em. Prof. f. Agrikulturchemie - Keplerstr. 28e, 3400 Göttingen - Geb. 6. Mai 1913 Dortmund (Vater: Wilhelm W., Grubenbeamt.; Mutter: Hedwig, geb. Heckroth), ev., verh. m. Ursula, geb. Eitmann, 2 Kd. (Erwin, Claudia) - Oberrealsch.; 2 J. Landw. Praxis; Stud. Landw. u. Naturwiss. Promot. 1941; Habil. 1950 - 1941-46 Wehrdst. u. Gefangensch. (1943); s. 1946 m. Unterbr. Assist., Privatdoz., apl. u. o. Prof. Univ. Göttingen (1966 Dir. Inst. f. Agrikulturchemie); 1956-58 Leit. Inst. f. Landw. Chemie Biol. Bundesanstalt f. land- u. Forstw. Berlin; 1958-66 Dir. Landw. Forschungsanst. Büntehof/Hann. 1969ff. Vizepräs. Centre Intern. des Engrais Chimiques (CIEC), Genf. U. a. Granulierung v. Thomasphosphaten - BV: Pflanzenernährung, Lehrb. 1955. Üb. 100 Einzelveröff. - Liebh.: Angelsport, Klass. Musik - Spr.: Engl., Franz.

WELTE, Werner

Dr. phil., M. A., Prof. Univ. Hamburg - Hauptstr. 21, 2217 Rosdorf (T. 04822 - 45 90) - Geb. 2. Febr. 1948 München (Vater: Emil W., Lufttechniker; Mutter: Rosa, geb. Eberhart) - 1967-73 Stud. Angl. u. Roman.; Magisterprüf. u. Staatsex. 1973 Univ. München - 1974-79 wiss. Assist. Köln; ab 1979 Prof. f. Engl. Sprachwiss. Univ. Hamburg. 1978 Gründ.mitgl. Dt. Ges. f. Sprachwiss.; ab 1985 Herausg. Reihe Stud. z. engl. Grammatik; ab 1988 Hamburger Englische Linguistik Praktika - BV: Mod. Linguistik: Terminol./Bibl. (Wörterb. d. linguist. Fachspr.), 2 Bde. 1974 (auch span.); Linguist. Repetitorium f. Anglisten, 1975; Negationslinguistik (Diss.), 1978; Sprachtheorie u. angew. Linguistik, Festschr. 1982; Die engl. Gebrauchsgrammatik, Teil 1: Geschichte u. Grundannahmen, 1985; A Basic Bibliography on Negation in Natural Language (m. S. Seifert), 1987; Engl. Morphologie u. Wortbildung. E. Arbeitsb., 1988; Alltagssprachl. Metakommunikation im Englischen u. Deutschen (m. P. Rosemann), 1990; Engl. Phraseologie u. Idiomatik, 1990; Practice and Problems in English Grammar and Usage, 1991. Aufs. in Anglia, Arbeiten aus Anglistik u. Amerikanistik, u. Indogerm. Forschungen - Spr.: Engl., Franz., Lat., Schwed.

WELTEKE, Ernst

Hess. Minister f. Wirtschaft, Verkehr u. Technologie (s. 1991) - Kaiser-Friedrich-Ring 75, 6200 Wiesbaden - Geb. 21. Aug. 1942 Korbach, verh., 3 Kd. - Realsch., Lehre als Landmasch.mechaniker, Abit., Stud. Volkswirtsch. Marburg u. Frankfurt/M., Dipl.-Vw. - Mitarb. im persönl. Büro Hess. Min.Präs.; 1977-85 Stadtverordneter in Oberursel; 1968-89 Mitgl. d. Hess. Landtags; 1984-87 u. Febr. 1988 - April 1991 Vors. d. SPD-Landtagsfraktion.

WELTEKE, Günter

Dr. jur., Rechtsanwalt, Landrat a. D. Landkrs. Waldeck-Frankenberg (s. 1984) - Rosenweg 2, 3548 Arolsen - Geb. 8. Juli 1933 Arolsen (Vater: Karl W., Versuchstechn.; Mutter: Elisabeth, geb. Preising), ev., verh. s. 1963 m. Gisela, geb. Stein, 3 Kd. (Birgit, Martin, Ulrich) - Univ. Marburg u. Frankfurt (Rechts- u. Staatswiss.), 1. Staatsex. Marburg 1958, 2. Kassel 1963 - 1963-66 Verw.beamter b. Reg.präs. Kassel, 1966-84 Bürgerm. Stadt Arolsen - BV: Rechtsformen landw. Masch.-Gemeinsch. (Diss.).

WELTEN, Peter

Dr. theol., Prof. f. Altes Testament Kirchl. Hochsch. Berlin (s. 1982) - Teltower Damm 120-122, 1000 Berlin 37 - Geb. 26. April 1936 Boltigen/Schweiz (Vater: Max W., Prof. f. Botanik; Mutter: Marie, geb. Arn), ev., verh. s. 1963 m. Rosmarie, geb. Schild, 3 Kd. - Städt. Gymn. Bern, Univ. Bern, Basel u. Göttingen (Theol.) - Zul. Prof. Univ. Tübingen - BV: D. Königs-Stempel, 1969; Gesch. u. Geschichtsdarst. in d. Chronikbüchern, 1973.

WELTER, Angelika

Direktorin Europ. Schauspieler Institut - Verh. m. Lew Bogdan (Generalintendant Nürnberg) - Schausp.akad. Zürich - Schauspielerin am Dt. Schauspielhaus Hamburg u. Bochum; Direkt. d. intern. Agent. art promotion; Company Manager Starlight Express Bochum - Spr.: Engl., Franz., Ital., Poln.

WELTERS, Hans H.

Intern. Unternehmensberatung Betreuung IUBB, Viersen (s. 1987) - Gladbacher Str. 623, 4060 Viersen-Wolfskuhl - Geb. 22. Nov. 1929, verh. m. Léonie, geb. Groterath, 3 Kd. (Dr. med. Hanspeter, cand. jur. Hiltrud, stud. med. Kurt H.) - Stv. Vorst.-Vors. Fachverb. Kunststoff-Konsumwaren (FV KK) im GKV, Frankfurt/M.; Vors. Fachgr. Haushaltsgeräte im FVKK, Frankfurt/M.; Mitgl. AR CCG mbH, Centrale f. Coorganisation GmbH, (EAN-Europ. Artikelnumerierung, Strichcode), Köln; stv. Vors. Gebrauchtgüteraussch. Markenverb., Wiesbaden; Mitgl. Außenwirtschaftsaussch. IHK Mittlerer Niederrhein, Krefeld-Mönchengladbach-Neuss; Mitgl. Großhandelsaussch. IHK Mittlerer Niederrhein; Mitgl. Aussch. f. Verkehr u. Fernmeldewesen IHK Mittlerer Niederrhein - BVK.

WELTNER, Klaus

Dr. rer. nat., o. Prof. f. Didaktik der Physik Univ. Frankfurt/Fachbereich Physik (s. 1970) - Graefstr. 39, 6000 Frankfurt; priv.: Schumannstr. 57, 6000 Frankfurt (T. 74 69 88) - Geb. 1. Aug. 1927 Rinteln/Weser (Vater: Ernst W., Sonderschullehrer, 1949-65 sozialdemokr. Bundestagsabg. (s. XV. Ausg.); Mutter: Elfriede, geb. Bülow), ev., verh. s. 1955 m. Almuth, geb. Eichhorn, 4 Kd. (Bettina, Juliane, Konstanze, Martin) - TH Hannover (Physik; Dipl.-Phys. 1953). Promot. 1956 Hannover; Habil. 1970 Linz - 1961-70 Prof. PH Osnabrück u. Berlin (1970). Mitgl. Dt. Physikal. Ges.; Ges. f. Päd. u. Information (1970-72 Präs); Dt. Ges. f. Kybernetik (Präs. 1977-80); Ges. f. Didaktik d. Physik u. Chemie (Präs. 1976-80); Arbeitsgemeinsch. Fachdidaktik d. Naturwiss. u. Mathematik (Vors. 1983ff.), Entwicklung e. informationspsych. Verfahrens z. Messung d. subjektiven Information v. Schriftsprache u. z. Bestimmung d. Lehrerfolgs v. Lehrprogrammen oder Unterricht - BV: Lehrprogramme (D. Kompressorkühlschrank, 1964; D. Viertaktmotor, 1969; Bildentstehung b. Fernsehen, 1970); Informationstheorie u. Erziehungswiss., 1970 (engl. 1973). Bildungstechnol. u. naturwiss. Unterr., 1972; Math. f. Physiker - Basiswissen f. d. Grundstud. d. Experimentalphysik, 2 Bde. Lehrb. u. 3 Bde. Leitprogramm, 1975; Autonomes Lernen, 1978; Mathematics for Engineers and Scientists, Textbook and Study Guide 1986 - Spr.: Engl.

WELTRICH, Herbert

Oberlandesgerichtspräsident i. R. - Pigage-Allee 20, 4000 Düsseldorf 13 (T. 71 47 46) - Geb. 30. Dez. 1918. 1978-84 Präs. OLG Köln - Rotarier.

WELTZIEN, Heinrich-Carl

Dr. agr., o. Prof. f. Pflanzenkrankheiten (Pflanzenpathologie u. -schutz) - Nußallee 9, 5300 Bonn (T. 73 24 43) - Geb. 7. März 1928 - S. 1961 (Habil.) Lehrtätigk. LH Hohenheim u. Univ. Bonn (1965 o. Prof.). Gastprof. American Univ. Beirut (Libanon), 1979 Forschungsdirektor Intern. Center for Agricultural Research in the Dry Areas - ICARDA, Alleppo/Syrien - BV: Lehrb. d. Phytomed., 1976 u. 85.

WELZ, Bertram

Landwirtschafts-Assessor, Geschäftsf. Bundesverband Lohnunternehmen e.V., Abt.-Leit. Dt. Bauernverband - Zu erreichen üb. Godesberger Allee 142-148, 5300 Bonn-Bad Godesberg - Geb. 9. Sept. 1934 Berlin, kath., verh., 2 Kd. - Human. Gymn. (Abit.); Univ. Bonn (Land- u. Forstw.; Dipl.-Landw.) - Vorst.-Mitgl. Waldbauernverb. NRW; Mitgl. Aussch. Verkehrsinteressenten Ständ. Tarifkommiss. Dt. Eisenbahnen, Verladeaussch. Tarifkommiss. gewerbl. Güterfernverkehr, Tarifkommiss. Nahverkehr u. Frachtenaussch. f. d. Rhein, Dt. Forstw.-Rat; VR-Mitgl. Bundesanst. f. d. Güterfernverkehr u. Kurat. f. Technik u. Bauwesen in d. Landw.

WELZEL, Gotthard

Dr. phil., Hauptgeschäftsführer Bund d. Theatergemeinden Bonn (s. 1954), Geschäftsführer d. Theatergemeinden Bonn/Köln (1954-92), Verlagsleit. Theater-Rundschau (s. 1955), Mitgl. Exekutivkomit. Intern. Assoc. of Theatreaudience Org. (IATO, s. 1968) - Von-Eichendorff-Str. 16, 5205 Sankt Augustin (T. Sankt Augustin 2 15 44) - Geb. 29. Jan. 1927 Rosenberg/Schles., kath., verh. s. 1955 m. Johanna, geb. Sabel, 5 Söhne (Burkhard, Gerhard, Manfred, Dieter, Jürgen) - Univ. Köln (Phil., Päd., Naturwiss.; Promot. 1952) - 1952-54 wiss. Mitarb. Theatergemeinde Köln. Mithrsg.: Im Dienste d. Erwachsenenbild. (1961), D. Theater in kleineren Städten (1962), Theater in d. Großstadt (1963), Theaterstädte ohne Ensemble (1965), Paul Claudel auf deutschsprach. Bühnen (1968) - 1978 BVK; 1987 Päpstl. Ausz. - Spr.: Engl.

WEMBER, Franz B.

Dr. päd., Prof. f. Pädagogik d. Lernbehinderten, Univ. Dortmund - Drusenbergstr. 23, 4630 Bochum 1 - Geb. 30. Sept. 1953, kath., verh. s. 1984 m. Gabriele Semerak-W. - Stud. Univ. Köln u. Univ. of Washington (Seattle, USA); M. Ed. Dogree 1979, 1. u. 2. Staatsprüf. f. d. Lehramt an Sondersch. (1980-82); Promot. 1985 Köln - BV: Piagets Bedeutug f. d. Lernbehindertenpädagogik, 1986 - Spr.: Engl.

WEMMER, Ulrich

Dr. med., Prof., Direktor Städtische Kinderklinik Darmstadt (s. 1982) - Heidelberger Landstr. 379, 6100 Darmstadt 13 (T. 06151 - 50 13 01) - Geb. 12. März 1936 Wesel, verh. m. Dr. med. Gudrun, geb. Schilling - Med.-Stud. Univ. Münster, Freiburg, Heidelberg; Promot. 1964 Heidelberg; Habil. 1974 Mannheim - 1970 Oberarzt Kinderklinik Mannheim.

WENCK, Günther

Dr. phil., Prof. i. R. Seminar f. Sprache u. Kultur Japans Univ. Hamburg - Alter Kirchenweg 22, 2000 Norderstedt - Geb. 24. Okt. 1916 Döbeln/Sa. - Univ. Leipzig; Auslandshochsch. Berlin - S. 1945 Assist., Privatdoz. (1950), apl. Prof. (1957), ao. Prof. (1973) Universität Hamburg, dazwischen 1954-56 Lektor Universität Tokio, 1964/65 Gastprof. Univ. of Michigan (USA) - BV: Jap. Phonetik, 4 Bde. 1954/59; On the Use of Punchcards for the Structural Analysis of Japanese Texts, 1964; The Phonemics of Japanese, 1966; Systematische Syntax d. Jap., 3 Bde., 1974; Linguist. Textkritik d. Izumi-Shikibu-Nikki, 1979; Japanische Parodie im 17. Jh., 1985; Pratum Japanisticum, 1987; Textkritische Studien z. Soga-monogatari, 1991.

WENDE, Manfred

Journalist, MdB (1969-76; Wahlkr. 177/ Waiblingen) - Feuerbacher Weg 110, 7000 Stuttgart 1 - Geb. 23. Dez. 1927 Breslau (Vater: Herbert W., gef. 1942; Mutter: Elisabeth, geb. Koch †1958), ev., verh. in 1. Ehe m. Hannelore, geb. Hampel, 2 Kd. (Gregor, Andrea), in 2. Ehe s. 1979 m. Kristina, geb. Müller-Schober (Schausp.), S. Peter - Gymn. (Abit. 1947 Stuttgart) - S. 1948 Südd. Rundfunk (Programmlt. Hörfunk-Rundfunkwerbung Stuttg.). 1965-69 Stadtrat Reutlingen, 1971-78 Kreistag Rems-Murr. SPD s. 1962 - Liebh.: Sport (Leichtathletik, Fußball), Wandern - Spr.: Engl. - Bek. Vorf.: Buchhändler Johann Philipp Palm, Freiheitskämpfer (ms.).

WENDE, Peter

Dr. phil., Prof. Univ. Frankfurt/M. - Turiner Str. 8, 6000 Frankfurt 70 - Geb. 17. März 1936 Athen - 1955-62 Stud. Univ. Hamburg, Leicester u. Frankfurt. Staatsex. 1962, Promot. 1965, Habil. 1972 - BV: Radikalismus im Vormärz. 1975; Probl. d. engl. Revolution, 1980; Gesch. Englands, 1985 - 1965 Walter Kolb-Preis Stadt Frankfurt; 1988 Fellow Royal Historical Soc. London.

WENDE, Wilhelm

Dipl.-Ing., Fabrikant, Seniorchef Wende & Malter GmbH., Witten - Hamburgstr. 13, 5810 Witten-Annen/Ruhr - Geb. 10. März 1905 - Firmengründer.

WENDEBOURG, Dorothea

Dr. theol., Prof. f. Kirchengeschichte Univ. Göttingen (s. 1987) - Nikolausberger Weg 5b, 3400 Göttingen - Geb. 6. Juli 1952 Langenberg/Rhld., ev. - Stud. Univ. München, Heidelberg, London, Rom, Studienstiftg. d. dt. Volkes; Promot. 1978 München; Habil. 1983 ebd. - 1983 Gastdoz. Hongkong; 1986-87 Prof. Univ. Erlangen - BV: Geist od. Energie. Z. Frage d. innergöttl. Verankerung d. christl. Lebens in d. byzant. Theol., 1980; Reformation u. Orthodoxie. D. ökum. Briefw. zw. d. Leitg. d. Württ. Kirche u. Patriarch Jeremias II. v. Konstantinopel in d. Jahren 1573-81, 1986.

WENDEHORST, Alfred

Dr. phil., o. Prof. f. Landesgeschichte - Kochstr. 4, 8520 Erlangen - Geb. 29. März 1927 Breyell/Ndrh., kath., verh. s. 1964 m. Christa, geb. Wehner, S. Stephan - Univ. Würzburg u. Köln (Gesch., Klass. Philol., Phil.). Promot. 1951 Würzburg; 1964 Habil. Erlangen - 1957-64 Archivrat; 1964-65 Privatdoz. Univ. Erlangen-Nürnberg; 1965-72 ao. Prof. Univ. Würzburg; s. 1972 o. Prof. Univ. Erlangen-Nürnberg - BV: u. a. Tabula formarum curie episcopi, 1957; Germania Sacra: Würzburg I, II, III u. IV, Bamberg II, 1962, 66, 69, 78, 89; D. Würzburger Landkapitel Coburg z. Z. d. Reformation, 1965; D. Bistum Würzburg 1803-1957, 1964 - Spr.: Ital.

WENDEL, Brunhild

Bürgermeisterin Schacht-Audorf (dienstälteste Bürgerm. d. Bundesrep. Dtschl.), MdK Rendsburg-Eck (s. 1966), MdL Schlesw.-Holst. (1971-83) - Am Urnenfriedhof 2, 2373 Schacht-Audorf (T. 04331 - 90 17 u. 9 12 55) - Geb. 24. Nov. 1923 Dresden, ev., verh., 2 Kd. - Obersch.; Höh. Handelssch.; kfm. Ausbild. - Arbeitsdst. u. Kriegsgefangensch. (b. 1946), ab 1947 Tätigk. Kieler Anwaltsbüro u. Großbank, 1959-63 Leit. DRK-Alters- u. Pflegeheim Schacht-Audorf, 1963-65 Verwaltungsangest., s. 1966 Gemeindebürgerm. ebd. 1965 Gründ. d. 1. Sozialstation in Schleswig-Holst. Landesvorst. Arbeiterwohlfahrt, DRK, Schlesw.-Holst. Gemeindetag. SPD s. 1962 - BVK I. Kl.; Frhr.-v.-Stein-Med.; 1984 Schlesw.-Holst.-Med.

WENDOLIN

s. Durben, Wolfgang (Ps. steht f. Grafik, Malerei, Kleinplastik)

WENDER, Karl F.

Dr. phil., Dipl.-Psychologe., Univ.-Prof. Univ. Trier - Zum Jungenwald 2, 5501 Gutweiler (T. 06588 - 24 62) - Geb. 21. Mai 1939 Reval (Vater: Otto W., Arzt; Mutter: Anita, geb. Blauberg), verh. s. 1986 m. Monika Wagener-Wender, 4 Kd. (Jan, Katharina, Julia, Paul) - Dipl.ex. 1965 Hamburg; Promot. 1969 Darmstadt.

WENDERLEIN, J. Matthias

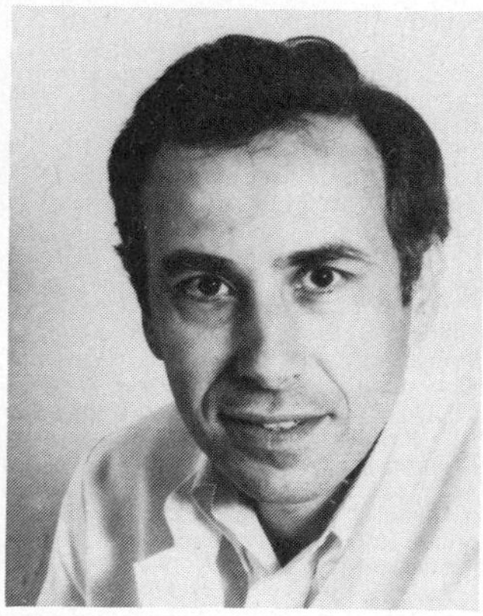

Dr. med., Dr. med. habil., Prof., Dipl.-Psych., Frauenarzt, geschäftsf. Oberarzt - Universitäts-Frauenklinik, Prittwitzstr. 43, 7900 Ulm (T. 0731 - 1 79 41 40) - Geb. Nürnberg, ev., verh., 2 Kd. - Med.- u. Psychologiestud. m. Abschl. Univ. Erlangen; Facharzt-Weiterb. Gynäkol./ Geburtsh. Erlangen; Fach-Psychol. f. klin. Psychol.; Psychotherapieausb. - Gf. Oberarzt Univ.-Frauenklinik Ulm; klin. Oberarzt f. Geburtsh./Kreißsaal u. operat. Gynäkol. b. jährl. OA-Rotation - BV: Psychosomatik in d. Gynäkol. u. Geburtsh., 1981; Handbuchbeitr. in: Gerontologie in d. Gynäkol., 1987; Psycho Onkol., 1987; Lehrbuchbeitr.: Kinder- u. Jugend-Gynäkol., 1987.

WENDEROTH, Erich

Dr. jur., Rechtsanwalt, Zeitungsherausgeber - Schäferstr. 16, 4000 Düsseldorf 30 (T. 4 91 19 46) - Geb. 1. Okt. 1896 Altenkirchen (Vater: Conrad W.; Mutter: Maria, geb. Krautz), ev., verw., T. Irene - TH u. Univ. - Gesellsch. u. Mithrsg. v. Ztg. Rhein.-Berg.Druckerei u. Verlags-GmbH Düsseldorf - Gr. BVK - Liebh.: Musik, Kunst, Lit., Theater - Spr.: Engl., Franz., Ital.

WENDEROTH, Hans G.

Dr.-Ing., Vorstandsmitgl. (Ressort Produktion) Continental Gummi-Werke AG., Hannover (1974-81) - Münder Heerstr. 2, 3015 Wennigsen/Deister (T. 05103 - 6 05) - Geb. 23. Juni 1925 Berlin (Vater: Christoph W., Kaufm.; Mutter: Rosa, geb. Hofmann), ev., verh. s. 1953 m. Anna Maria, geb. Fahrbach, 2 Söhne (Frank, Mark) - 1946-51 Stud. Maschinenbau Berlin-Charlottenb. Dipl.-Ing. 1951; Promot. 1961 - 1951-55 Dt. Shell, Hamburg; 1956-60 Wiss. Assist. TU Berlin; 1961 Versuchsleit. NSU, Neckarsulm; 1966 Dir. u. stv. Techn. Leit. ebd.; 1969 stv. Vorstandsmitgl.; nach Fusion Audi/NSU Versetz. n. Wolfsburg, Übernahme Entwickl.abtl. - Liebh.: Tennis, Reiten, Ski, Bücher - Spr.: Engl.

WENDEROTH, Heinz

Dr. med., Prof., Internist - Haubachstr. 10, 4600 Dortmund 50 (T. 73 02 48) - Geb. 11. Jan. 1911 Frankfurt/M. (Vater: Dr. phil. Oskar W.; Mutter: Johanna, geb. Decker), ev., verh. s. 1941 m. Hannelore, geb. Rösler, 3 Kd. - Univ. Freiburg, Erlangen, München. (Promot. 1934). S. 1936 Med. Univ.klinik Hamburg (1946 Oberarzt; 1946 Doz., 1949/50 Forschungsstip. Univ. Glasgow, 1951 apl. Prof.) u. Städt. Kliniken Dortmund (1956 Chefarzt, b. 1976 Dir. Med. Klinik). Arbeiten üb. Krankh. d. Stoffwechsels, d. Verdauungsorgane u. d. Blutes - 1948 Preis Dr.-Martini-Stiftg. - Liebh.: Elektronenmikroskopie, Fotogr., Musik, engl. u. franz. Lit.

WENDERS, Wim

Dr. h. c., Filmemacher, Vorsitzender d. European Film Acad. (s. 1991) - Zu erreichen üb. Road Movies Filmprod. GmbH, Potsdamer Str. 199, 1000 Berlin 30 (T. 030 - 216 80 11) - Geb. 1945 (Vater: Chirurg) - Stud. Med., Phil., Malerei, Filmkunst - 1968-71 Mitarb. Südd. Ztg., Filmkritik, Twen-Filme (1968ff.): u.a. Hammet, Nick's Film - Lightning over Water, D. Amerik. Freund, Tokyo-Ga - E. Reisetagebuch, Alice in den Städten (1974), Falsche Bewegung (1975), Im Lauf der Zeit (1976), Der Stand der Dinge (1982), Paris, Texas (1984), D. Himmel über Berlin, 1987, Aufzeichnungen zu Kleidern u. Städten, 1989, B. ans Ende d. Welt, 1990 - BV: Emotion Pictures, 1986; Written in the West, 1987; D. Logik d. Bilder, 1988; The Act of Seeing, 1992 - 1982 Gold. Löwe Biennale Venedig (f. D. Stand d. Dinge), 1984 Gold. Palme (höchste europ. Ausz.) 37. Filmfestsp. Cannes u. Preis d. Intern. Filmkritik (f. Paris-Texas), 40. Filmfestsp. Cannes (Preis f. d. beste Regie), Bundesfilmpreis in Gold, Bayer. Filmpreis f. d. beste Regie, Preis d. Gilde in Silber, Belg. Kritikerpreis, Dän. Kritikerpreis, Franz. Kritikerpreis, Europ. Filmpreis f. d. beste Regie (f. D. Himmel üb. Berlin), Los Angeles Kritiker Preis (f. D. Himmel üb. Berlin), s. 1984 Mitgl. Akad. d. Künste; Dr. h.c. Sorbonne, Paris.

WENDIG, Friedrich

Dr. jur., Regierungsvizepräsident a. D., MdB (s. 1972) - Heinr.-Heine-Str. 52, 3000 Hannover (T. 88 08 40) - Geb. 29. Mai 1921 Sorau/Lausitz (Vater: Adolf W., Finanzbeamter; Mutter: Charlotte, geb. Fest), ev., verh. s. 1950 m. Marga, geb. Pengel, T. Jutta - 1940-42 Univ. Berlin, Jena, Leipzig, 1948-49 Hamburg (Rechts- u. Staatswiss.). Jurist. Staatsex. 1942 u. 50; Promot. 1950 - 1950-54 Justizdst. (Richter), dann Nieders. Kultusmin. u. Min. f. Wirtschaft u. Verkehr (1960; zul. Ltd. Min.rat), 1970-72 Reg.svizepräs. Osnabrück. FDP s. 1958. 1942-46 Wehrdst. u. Kriegsgefangensch. - BV: 700 Jahre Sorau - Chronik e. ostd. Stadt, 1960 - Liebh.: Kunstgesch., Sozialwiss. - Spr.: Franz., Ital.

WENDLAND, Gerhard

Sänger - Adlerstr. 56, 8000 München 59 - Geb. 1920, verh. I) s. 1952 m. Ehefr. Josephine, II) s. 1977 m. Ehefrau Katharina, 3 Kd. (Sascha, Pascal, Renate) - Musikhochsch. - Üb. 12 Mill. Schallpl. - Liebh.: Golf, Tennis.

WENDLAND, Heinz

s. Donnepp, Bert

WENDLAND, Heinz-Dietrich

Dr. theol., D., o. Prof. f. Christl. Gesellschaftswissenschaft (emerit.) - Immenschnur 17c, 2000 Hamburg 67 - Geb. 22. Juni 1900 Berlin (Vater: Traugott W., Pfarrer; Mutter: Margarete, geb. Gühne), ev., verh. s. 1927 m. Käthe, geb. Dreyer, 3 Kd. (Christa-Brigitte, Wolfhard, Ruthard) - Gymn. Berlin (-Steglitz); Univ. ebd. u. Heidelberg. Promot. (1924) u. Habil. (1929) Heidelberg - 1929-68 Lehrtätigk. Univ. Heidelberg, Kiel (1937 Ord.), Münster (1955; 1964-65 Rektor). S. 1961 Mitgl. Nordrh-westf. Akad. d. Wiss. - BV: u. a. Eschatologie d. Reiches Gottes bei Jesus, 1931; D. Korintherbriefe d. Paulus, 14. A. 1978 (jap. 1974); Geschichtsanschauung u. -bewußtsein im Neuen Testament, 1938; Die Kirche in der modernen Gesellschaft, 2. A. 1958; Botschaft an d. soziale Welt, 1959; D. Begriff Christlichsozial, 1962; Einf. in d. Sozialethik, 1963; Person u. Ges. in ev. Sicht, 1965; D. Kirche in d. revolutionären Ges., 2. A. 1968; D. ökumen. Bewegung u. d. II. Vatikan. Konzil, 1968; Ethik d. Neuen Testaments, 2. A. 1975; Wege u. Umwege: 50 Jahre erlebter Theol., 1919-70, 1977 - 1951 Ehrendoktor Univ. Heidelberg.

WENDLAND, Jens

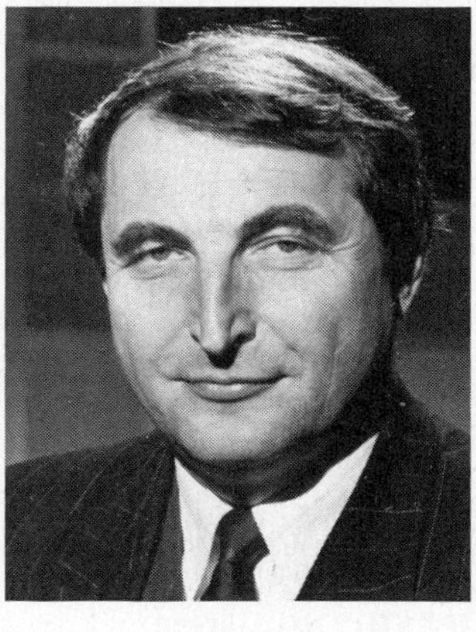

Kulturchef d. Sender Freies Berlin - Zu erreichen üb. Haus d. Rundfunks, Masurenallee 8-14, 1000 Berlin 19 (T. 030 - 3 03 10) - Geb. 8. April 1944, verh. m. Barbara W., S. Ulrich - Stud. Rechtswiss., Soziol. Univ. Münster, Bonn u. Köln - Hess. Rundfunk, zul. Leiter Öffentlichk.-Arbeit u. Programmgestaltung, Chefred. Tele F.A.Z., Chefredakt. u. zul. Programmchef TELE WEST, Fachbeirat Theater, Fernsehen, Presse, Goethe-Inst., Theater-Kritiker - Mithrsg. Ballett-Jahrb. - Liebh.: Klass. Musik, Langstreckenlauf, Architektur alter Häuser - Spr.: Engl.

WENDLAND, Karl

Kaufmann, Präsident Bundesverb. d. Dt. Lederwaren-Einzelhandels - Hahnenstr. 29-31, 5000 Köln 1 - Geb. 9. Juni 1928.

WENDLAND, Wolfgang L.

Dr.-Ing., o. Prof. f. Mathematik Univ. Stuttgart (s. 1986) - Im Himmel 62 a, 7000 Stuttgart 80 (T. 0711 - 68 17 12) - Geb. 20. Sept. 1936 Poznán/Polen, ev., verh. s. 1964 m. Gisela, geb. Born, 2 Kd. (David, Katrin) - Stud. Masch.bau u. Math. TU Berlin, Dipl.-Ing. 1961; Promot. Dr.-Ing. 1965, Habil. 1969 TU Berlin - 1970-86 o. Prof. TH Darmstadt; 1973-74 Unidel-chair guest professor Univ. of Delaware, Newark Del. USA - BV: Vorlesungen üb. Partielle u. Pfaffsche Differentialgleichungen (m. W. Haack), 1969 (engl. 1971); Beweismethoden d. Differentialgeom. im Großen (m. Huck, Roitzsch, Simon, Vortisch, Walden, Wegner), 1973; Elliptic Systems in the Plane , 1979; Mathem. Grundl. d. finiten Element-Methode (m. E. Stephan), 1982; Mathematical Theory of Finite and Boundary Element Methods (m. A. Schatz u. V. Thomée), 1990 - Spr.: Engl., Russ.

WENDLER, Gernot

Dr. rer. nat., o. Prof. f. Tierphysiologie, Direktor Zool. Inst. Univ. Köln - Heddinghovener Str. 41, 5042 Erftstadt - Geb. 7. Juni 1933 Berlin (Vater: Wilhelm W., Gymnasiallehrer; Mutter: Käte, geb. Schnabel), ev., verh. s. 1959 m. Dr. Lotte, geb. Hahn, 3 Kd. (Jörg, Olaf, Susanne) - Stud. Biol., Physik u. Chemie Univ. Berlin, Tübingen, München (Promot. 1964) - S. 1974 Dir. Zool. Inst. Köln; 1981/82 Dekan Math.-Naturwiss. Fak. Entd.: Kontrollmechanismen bei Insektenlauf u. -flug.

WENDLER, Michael H.

Geschäftsführender Gesellsch. Emil Adolff Verw.ges. mbH & Co., Geschäftsf. EA Ind.werk Hofen GmbH, Weitnau u. Emil Adolff Plastic GmbH, Reutlingen - Panoramastr. 49, 7410 Reutlingen/Württ. (T. 07121 - 31 94 40) - Geb. 30. Okt. 1936.

WENDLER-KALSCH, Elsbeth

Dr. rer. nat., Dr.-Ing. habil., Univ.-Prof. - Gabelsbergerstr. 16, 8520 Erlangen (T. 09131 - 2 33 51) - Geb. 9. Jan. 1936 Bad Dürkheim, ev., verh. m. Dr. Friedrich W. - Abit. Ludwigshafen; Dipl.-Phys. 1963; Promot. 1968 Erlangen; Habil. 1980 ebd. - 1968-69 wiss. Assist. Lehrstuhl f. Metalle Univ. Erlangen-Nürnberg; 1969-71 MPI f. Metallkd. Stuttgart; 1971-82 Obering. Lehrst. Korrosion u. Oberflächentechn., s. 1982 Univ.-Prof. Inst. f. Werkstoffwiss. Univ. Erlangen-Nürnberg. Mitgl. im Fachbeirat VDI-Werkstofftechnik, Arbeitsgem. Korrosion, Europ. Föderation Korrosion - 56 Buchbeitr. u. Publ. in Fachztschr. - 1981 Habil.preis Erlangen.

WENDLIK, Herbert A.

Dipl.-Volksw., Direktor - Hollenbergerstr. 14, 5250 Wahlscheid (T. 02263 - 69 72) - Geb. 18. Jan. 1933 Mähr. Trübau - kath., verh., 3 Kd. - Höh. Schule. Banklehre; Univ. Freiburg (Rechts- u. Staatswiss.) - 1957 Dt. Lufthansa AG (Marktforsch.), 1963/64 Gf. Condor Flugdienst GmbH, 1978 Dir. Dt. Lufthansa AG (Marketing u. Kundendienst).

WENDLING, Jürgen

Musiker, Arrangeur, Komponist, Solo-Trompeter - Auf der Schanz 16A, 6670 St. Ingbert-Hassel (T. 06894 - 5 25 55) - Geb. 23. Aug. 1955 Neunkirchen/Saar. kath. - Musikstud. Saarbrücken, Mannheim - Trompetenduo m. Schwester Charlotte; Engagements: Öfftl. Galas im In- u. Ausland; Schallpl., Funk u. FS - 1965, 1967, 1969 u. 1971 Bundessieger Jugend musiziert; Carl-Orff-Preisträger.

WENDLING-PARDON, Charlotte

Musikerin, Trompetensolistin - Steinkopfweg 10, 6670 St. Ingbert-Sengscheid (T. 06894 - 82 33) - Geb. 20. Juni 1953, kath., verh. s. 1982 m. Manfred Pardon, Kaufm., T. Michelle - Stud. Päd.; Staatsex.; Musikstud. Saarbrücken - Trompetenduo m. Bruder Jürgen Wendling; Engagements: Öfftl. Galas im In- u. Ausland; Schallpl., Funk u. FS - 1965, 1967, 1969 u. 1971 Bundessieger Jugend musiziert; Carl-Orff-Preisträger.

WENDORF, Heinz-Dieter

Leiter Vorstandsbereich Vertrieb d. Siemens Nixdorf Informationssysteme AG - Priv.: Fürstenallee 7, 4790 Paderborn (T. 05251 - 8-0); dstl.: Otto-Hahn-Ring 8, 8000 München 83 (T. 089 - 6 36-01) - Geb. 1938 Berlin.

WENDORFF, Rudolf

Verlagsdirektor i. R. (1975) - Amtenbrinksweg 84, 4830 Gütersloh u. Krenner Weg 12, 8000 München 71 - Geb. 29. März 1915 Berlin, verh. seit 1948 m. Gertrud, geb. Steinmeyer, 2 Kd. (Ursula, Reinhard) - 1933-39 Univ. Berlin - Geschäftsf. Verlagsgruppe Bertelsmann GmbH. u. Vorstandsmitgl. Bertelsmann AG. (Bereich: Verlage), beide Gütersloh - BV: Zeit u. Kultur, 1980, 3. A. 1985; Dritte Welt u. Westl. Zivilisation, 1984; D. Mensch u. d. Zeit, 1988; Im Netz d. Zeit, 1989; D. Zeit, mit d. wir leben, 1991 - Mitgl. Intern. Soc. for the Study of Time- Spr.: Engl., Franz. - Rotarier.

WENDT, Dirk

Dr. phil., Prof. f. Psychologie Univ. Kiel - Am See 12, 2381 Havetoft - Geb. 18. März 1935 Harburg-Wilhelmsburg (Vater: Heinrich W., Dipl.-Volksw.; Mutter: Aenne, geb. Meyer), verh. 1961-89 m. Chrilla, geb. Gerlach, 2 Kd. (Katharina, Johannes) - 1954-59 Stud. Univ. Hamburg; Dipl.-Psych. 1959, Promot. 1966 - 1973ff. Prof. in Kiel - BV: Quantitative Meth. d. Psych., (m. P. R. Hofstätter) Lehrb., 1974; Utility, Probability and Human Decision Making, (m. C. Vlek) 1975; Allg. Psychologie, 1989.

WENDT, Ernst

Dr. rer. nat., Prof. f. Physiologie u. Strahlenbiologie - Blumenaustr. 2, 5300 Bonn - Geb. 1. Dez. 1928 Waldniel (Vater: Friedrich W.; Mutter: Josefine, geb. Jansen), kath., verh. s. 1960 m. Dr. Gertrud, Wagener - 1951-57 Stud. Univ. Köln u. Bonn (Zool., Botanik, Chemie, Physik), Promot. Bonn 1957, Habil. 1965 - 1957-62 Stip. Min. f. Atomkernenergie, 1962-66 wiss. Mitarb. Kernforsch.anl. Jülich, 1966 Diätendoz. u. apl. Prof., 1971 Dir. Physiol. Abt. Univ. Bonn.

WENDT, Günther

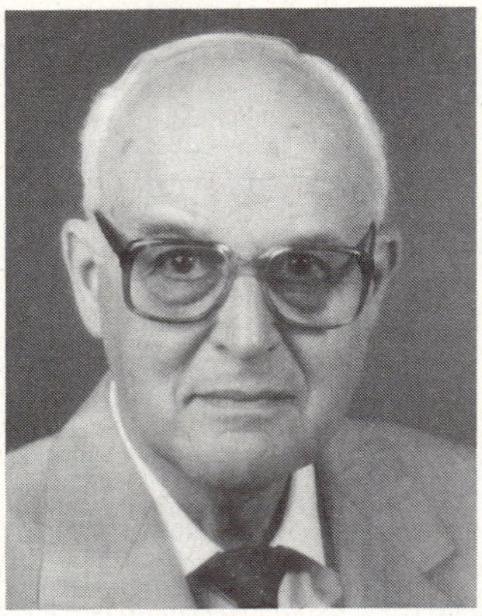

Dr. jur., Prof., Oberkirchenrat (Justitiar Ev. Landeskirche in Baden 1953-85), Lehrbeauftr. Univ. Heidelberg (Kirchenrecht) (1959-85) - Hauffstr. 1, 7500 Karlsruhe-Rüppurr - Geb. 23. Sept. 1919 Herborn/Dill, verh. s. 1945 m. Dorothea v. Gontard, s. 1975 m. Wilhelmine v. Steinau-Steinrück, 5 Kd. - S. 1951 (Habil.) Privatdoz. u. apl. Prof. (1957) Univ. Freiburg/Br. (Straf-, -prozeß-, Kirchenrecht).

WENDT, Gustav

Kaufmann - Pfahlerstr. 44, 6200 Wiesbaden-Sonnenberg - Geb. 11. Jan. 1910 Berlin - S. Mitte d. 20er Jahre Rheinhütte vorm. Ludwig Beck & Co., Wiesbaden-Biebrich (1949 Prok., 1958 Dir., 1971 gf. Gesellsch.). Div. Mandate - 1975 BVK a. Bd.

WENDT, Hans W.

Dr. rer. nat., Prof. f. Psychologie Macalester College, St. Paul (s. 1968), u. Inst. f. Arbeitsphysiol. u. Rehabilitationsforsch. Univ. Marburg - Robert-Koch-Str. 7a, 3550 Marburg/Lahn; priv.: 2180 Lower Saint Dennis Road, Saint Paul, Minnesota 55116 (USA) - Geb. 25. Juli 1923 Berlin/Charl. (Vater: Dr.-Ing. Hans O. W., Ing. u. Schriftst.; Mutter: Alice, geb. Creutzburg), protest., verh. 1956-80 m. Martha, geb. Linger, gesch., 3 Kd. (Alexander, Christopher, Sandra), verh. s. 1988 in 2. Ehe m. Judith A. Vermeland, geb. Hammer - Univ. Hamburg, Cambridge, Wesleyan, Harvard. Dipl.-Psych. 1949 Hamburg; Promot. 1952 Marburg - U. a. 1961-67 Assoc. Prof. Valparaiso Univ. Indiana. Wiss. Berater Flug- u. Raumfahrtind. (1963-68). Gastprof. Kanada u. BRD; 1971-81 Hon.-Prof. f. Psych. Univ. Marburg. Üb. 50 Facharb. - 1976 Alexander-v.-Humboldt-Preis (US-Sonderprogramm f. Naturwiss.ler) - Liebh.: Musik, Reisen, - Spr.: Engl. - Bek. Vorf.: Prof. Dr. Gustav W., Wiss.ler, Reichstagsabg., akt. Emanzipationsbeweg. (Großv.).

WENDT, Heinz

Dr. jur., Prof. f. Bürgerl. Recht u. Zivilprozeßrecht FHSVR Berlin (s. 1973) - Geb. 14. Dez. 1941 Göttingen, ev., verh. s. 1966 m. Roswitha, geb. Glasow, 2 Kd. (Susanne, Christian) - 1961-66 Stud. Univ. Berlin (Rechtswiss.); 1966-69 jurist. Vorb.dst. Berlin; Promot. 1971 - S. 1990 Gastprof. an TU Magdeburg, s. 1982 versch. ehrenamtl. Tätigk. f. d. ev. Landeskirche Berlin (Provinzialsynode, Kreissynode, Kreiskirchenrat, Gemeindekirchenrat) - Div. Veröff. u. Schr. insb. z. Erbrecht, Verwaltungsprivatrecht, Ausbildungs- u. Haftungsrecht - Liebh.: Förderung d. intern. Studienaustausches - Spr.: Engl., Franz.

WENDT, Hilmar

Dr. sc. nat., Prof. f. Prakt. Mathematik Univ. Bonn/Landw. Fak. (s. 1948, emerit. 1981) - Auf d. Steinchen 28, 5300 Bonn-Ippendorf (T. Bonn 28 34 93) - Geb. 7. Jan. 1913 Dresden (Vater: Emil W.; Mutter: geb. Zschalig), verh. s. 1944 m. Hildegard, geb. Sauer - Fachveröff.

WENDT, Martin

Techn. Bundesbahnoberinspektor, MdB (s. 1965) - Finkenweg, 5780 Velmede/Sauerl. (T. 02904 - 22 83) - Geb. 24. März 1935 Velmede/Sauerl., kath., verh., 4 Kd. - Gymn.; Zimmererlehre; Ingenieursch. (Ing. f. Tiefbau) - Dt. Bundesbahn (Bahnmeisterei Bestwig). S. 1964 Gemeinde- u. Amtsvertr. Bestwig (1964-69 stv. Amtsbürgerm.). SPD s. 1955 (u. a. Mitgl. Unterbezirksvorst. Sauerl.).

WENDT, Michael

Dr. phil., Prof. f. Didaktik d. franz. Sprache u. Literatur Univ. Gießen - Hubertusstr. 38, 6301 Pohlheim 1 - Geb. 21. Dez. 1940 Berlin (Vater: Dr. Walter W., Zahnarzt; Mutter: Liselotte, geb. Kühnreich-Peters), ev., verh. s. 1966 m. Jutta, geb. v. Mohnsdorff, 4 Kd. (Christian, Erik, Joachim, Nicola) - 1. Staatsprüf. Roman. u. German. 1966, 2. Staatsprüf. u. Promot. 1968 - 1962-67 Lehrer u. Assist. d. Schulltg. Schele-Schule Berlin; 1968-73 Lehrer an Gymn. Stuttgart u. Ludwigsburg; s. 1973 Prof. in Gießen. Vizepräs. d. Dt.-Franz. Ges. Gießen; Vorst.-Mitgl. d. Dt. Ges. f. Fremdsprachenforsch. - BV: D. Oxforder Roland. Heilsgeschehen u. Teilidentität im 12. Jh., Diss. 1970. Üb. 100 Veröff. z. Fremdsprachendidaktik - Interessen: Fremdsprachenlernforsch., Textdidaktik.

WENDZINSKI, Gerd

Physikingenieur, MdL Nordrh.-Westf. (s. 1970) - Kaffsackweg 4, 4600 Dortmund-Nette (T. 35 02 51; dstl.: 0211 - 884 22 68) - Geb. 31. Mai 1935 Dortmund, verh., 2 Kd. - Volkssch.; Elektroinst.lehre; Abendsch. (Fachsch.reife); Ingenieursch. (Physiking. 1964) - 1964-70 Ratsherr Dortmund (1969 stv. Fraktionsf.); 1967-70 Mitgl. Landschaftsvers. West.-Lippe; SPD s. 1955 (1966-76 Vors. Stadtbez. Dortmund-Mengede, 1978-90 stv. Vors. SPD-Landtagsfraktion; 1990-91 parlam. Geschäftsf. d. SPD-Landtagsfraktion. Mitgl. Verbandsvers. d. Vereinigten ev. Kirchenkreise, Dortmund-Lünen; LfR-NRW, Mitgl. d.

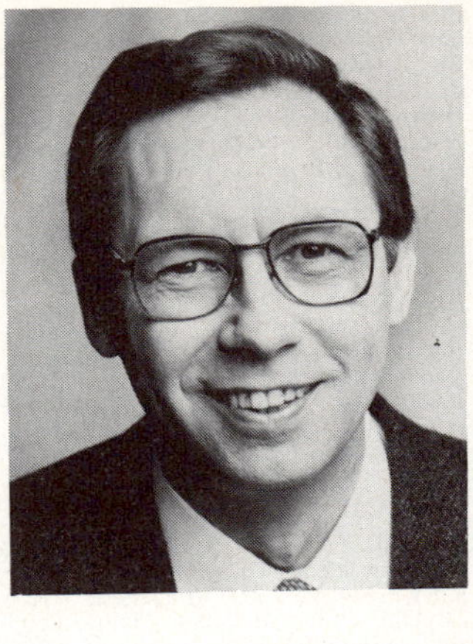

Landesrundfunkkommiss.; stv. Vors. d. Aussch. f. landesweiten priv. Rundf.

WENG, Gerhard (Gerd)

Dr. jur., Staatssekretär a. D. Landtagsvizepräsident Baden-Württ., MdL (s. 1964) - Montfortweg 7, 7400 Tübingen - Geb. 25. Mai 1916 Schömberg/Württ. (Vater: Friedrich W., Hptm.; Mutter: Emma, geb. Sekler), kath., verh. m. Ilse, geb. Springer, 3 Kd. (Michael, Felicitas, Thomas) - Gymn. Tübingen; Univ. ebd. u. Berlin (Rechtswiss., Volksw.). Promot. 1947; Ass.ex. 1948 - 1936-38 Wehr-, 1940-45 Kriegsdst. (zul. Ltn. d. R.); 1949-60 Rechts- u. Steuerref. Diözese Rottenburg; 1961-64 Ref. Ministerpräs. Baden-Württ. (1962 Min.rat). 1953ff. Kreisverordn. Tübingen; 1955ff. Stadtrat ebd. Div. Ehrenämter. CDU (stv. Landesvors. Württ.-Hoh.) - Brosch.: Wozu Bildungsplanung? 1967. Herausg.: Festschr. f. Kurt Georg Kiesinger (dva, 1964) - 1972 BVK I. Kl.; 1976 Gr. BVK, 1986 m. Stern; Ehrenphilister KV (1965) u. CV (1967) - Liebh.: Schwimmen, Wandern (1967 Gold Sportabzeichen) - Spr.: Engl., Franz., Ital.

WENG, Wolfgang

Dr., Bundestagsabgeordneter (s. 1983; Landesliste Baden-Württ.), stv. Vors. FDP-Bundestagsfrakt. - Bundeshaus, 5300 Bonn 1 - FDP.

WENGELER, Fritz

Dr.-Ing., Dipl.-Ing., gf. Gesellschafter Heinrich Puth KG., Hattingen-Blankenstein u. R.S.I.-Verw.-GmbH & Co. Beteiligungskommanditges. (s. 1980) - Sprockhöveler Str. 27, 4324 Hattingen-Blankenstein (T. 03224 - 63 55) - Geb. 3. Dez. 1939 Dortmund (Vater: Fritz W. sen. (s. d.), Fabrikant; Mutter: Elisabeth, geb. Cramer), ev., verh. s. 1968 m. Beatrix, geb. Hoevels, 2 Kd. (Bettina, Fritz) - Math.-naturwiss. Gymn. Hattingen; Stud. d. Hüttenkunde u. Betriebswirtsch. TU Clausthal u. Berlin; Dipl.ex. u. Promot. TU Berlin - 1966-69 Prokurist Heinr. Puth KG., 1970-73 Geschäftsf. Georg Heckel, s. 1974 gf. Ges. Heinr. Puth KG. - Liebh.: Jagd, Golf - Spr.: Engl., Franz.

WENGENMEIER, Richard

Kürschnermeister, MdL Bayern (s. 1962) - Salzstr. 19, 8952 Marktoberdorf/Allgäu (T. 24 34) - Geb. 9. Febr. 1928 Marktoberdorf, kath., verh., 4 Kd. - Volkssch.; Kürschnerhandw. - S. 1948 elterl. Geschäft (s. 1793 Familienbesitz) selbst. MdK Marktoberdorf; Mitgl. Stadtrat ebd. (1968 Bürgerm.). CDU s. 1954 (1957 Kreisvors.) - 1971 Bayer. VO; 1983 Ehrenring d. bayer. Handwerks.

WENGLER, Wilhelm

Dr. jur., Dr. rer. pol., Drs. jur. h. c., o. Prof f. Intern. Recht, Rechtsvergleichung, Allg. Rechtslehre - Werderstr. 15, 1000 Berlin 37 (T. 801 65 35) - Geb. 12. Juni 1907 Wiesbaden, verh. m. Käte, geb. Göring † - Ab 1935 Wiss. Ref. Kaiser-Wilhelm-Inst. f. ausl. u. intern. Recht, Berlin, im Krieg völkerrecht!.

Berat. OKW, 1944 mehrere Mon. Unters.haft (Angehöriger Moltke-Kr.). 1945-48 stv. Leit. Rechtsabt. Zentralverw. f. Verkehr, Berlin, dann Prof. m. Lehrauftr. Humboldt-Univ., s. 1950 o. Prof. FU Berlin (Begründer Inst. f. Intern. Recht u. Rechtsvergleichung); gutachterl. u. schiedsrichterl. Tätigk.; 1973-75 Präs. Inst. de Droit Intern. - BV: Völkerrecht, 1964; Gutachten z. intern. u. ausl. Recht, 1971; D. Mitbestimm. u. d. Völkerrecht, 1975; Intern. Privatrecht, 1981; Schriften z. dt. Frage, 1987 - Ehrendoktor 1972 Thessaloniki, 1978 Louvain, 1981 Coimbra; 1978 BVK abgelehnt - Lit.: Multitudo legum, jus unum (Festschr. z. 65. Geburtstag, 1973); Berichte u. Studien d. Hanns-Seidel-Stiftg., Bd. 47, 1990 (enthält Beiträge e. Veranstalt. z. 80. Geb.).

WENGST, Klaus

Dr., Prof. f. Neues Testament Ruhr-Univ. Bochum - Claus-Groth-Str. 2a, 4630 Bochum 1 - Geb. 14. Mai 1942 Remsfeld - Promot. 1967, Habil. 1970 - BV: Christol. Formeln u. Lieder d. Urchristentums, 1972; D. erste, zweite u. dritte Brief d. Johannes, 1978; Bedrängte Gemeinde u. verherrlichter Christus. D. hist. Ort d. Johannesevangeliums als Schlüssel z. s. Interpretation, 1981, 3. umgearb. u. erw. A. 1990, 4. A. 1992; Schriften d. Urchristentums II. Didache (Apostellehre), Barnabasbrief, Zweiter Klemensbrief, Schrift an Diognet, 1984; Pax Romana. Anspruch u. Wirklichkeit. Erfahrungen u. Wahrnehmungen d. Friedens b. Jesus u. im Urchristentum, 1986; Demut - Solidarität d. Gedemütigten. Wandlungen e. Begriffs u. seines soz. Bezugs in griech.-röm., alttestamentl.-jüd. u. urchristl. Tradition, 1987; Ostern - e. wirkliches Gleichnis, e. wahre Geschichte. Z. neutestamentlichen Zeugnis v. d. Auferweckung Jesu, 1991.

WENIG, Helmut

F.I.L. (London), Gerichtsdolmetscher, Dozent Verwaltungsakad. Berlin (b. 1984) - Hohenzollerndamm 6, 1000 Berlin 31 (T. 881 47 20) - Geb. 3. Dez. 1916 Berlin (Vater: Eduard W., Reichsbahnbeamter; Mutter: Lina, geb. Schlüfter), ev., verh. s. 1963 m. Barbara, geb. Abendroth †, S. Jörg Helmut - Abit. 1936 Berlin; 1936-39 kaufm. Ausb. in chem. Großind.; 1937-45 Univ. Berlin (akad. Übers.prüf.; dazw. 1940-45 Dolmetscher im Kriegsdst.); 1945-47 brit. Gefangensch. - Doz. Zentr. Sprachenst. f. d. Berliner Verw. (Senator f. Inneres (b. 1983); 1963-78 Doz. Hochsch.-Inst. f. Wirtschkd. bzw. FHS f. Wirtsch. Berlin; b. 1982 Doz. Aus- u. Weiterbild.zentr. AEG-Telefunken Berlin; Ref. Aus- u. Fortbild.zentr. Bewag; Prüf. Staatl. Prüfungsamt f. Dolm. u. Übers.; b. 1986 Beeidigter Gerichtsdolmetscher. Veröff. in Fachztschr. - 1973 Gold. Ehrennadel BDÜ - Liebh.: Vergl. landeskundl. Stud. BRD-GB - Spr.: Engl., Franz.

WENIGER, Joachim-Hans

Dr. agr., o. Prof. f. Tierzüchtung u. Haustiergenetik - Hubertusallee 74, 1000 Berlin 33 - Geb. 22. Febr. 1925 Plauen/V. (Vater: Dr. jur. Erich W.; Mutter: Elisabeth, geb. Grosse), verh. s. 1953 m. Brigitte, geb. Geyer, 4 Kd. (Adelheid, Ulrike, Tilman, Bettina) - Promot. 1952; Habil. 1956 - S. 1956 Lehrtätigk. Univ. Halle, Göttingen (1958; 1962 apl. Prof. f. Tierzuchtlehre), TU Berlin (1969 o. Prof.). Präs. d. Deutsch-Japan. Ges. f. Tierproduktion, Mitgl. Franz. Akad. d. Landwirtsch.wiss., Dt. Ges. f. Züchtungskd., Brit. Soc. of Animal Production, Ehrenmitgl. Zootechn. Ges. Ital. - BV: Muskeltopographie d. Schlachtkörper, 1963 (m. Steinhauf u. Pahl). Div. Buchbeitr., dar. Tierzüchtungslehre (1971) u. Handb. f. Tierernährung (1972). Etwa 310 Einzelarb. - Hermann-v.-Nathusius-Med. d. Dt. Ges. f. Züchtungskunde; 1989 Theodor-Brinkmann-Preis d. Univ. Bonn - Spr.: Engl.

WENIGMANN, Hans

Geschäftsführer Schwäbisch Gmünder Ersatzkasse, Schwäb. Gmünd, Vors. Verb. d. Arbeiter-Ersatzkassen, Siegburg - Im Rosengärtchen 32, 6370 Oberursel/Ts.

WENING, Ludwig K. F.

Geschäftsführer i. R. Deumu Dt. Erz- u. Metall-Union GmbH., Hannover (s. 1955) - Am Jungfernplan 2, 3000 Hannover - Geb. 31. Mai 1913 - S. 1938 Salzgitter-Gruppe.

WENK, Klaus

Dr. jur., Dr. phil., Dr. of Letters h.c., Prof. d. Sprachen u. Kulturen Südostasiens Univ. Hamburg (s. 1967) - Eichenhorst 2, 2080 Pinneberg - Geb. 24. März 1927 Hamburg, verh. s. 1959 m. Marianne, geb. Hoppe, 3 Kd. (Johannes, Andreas, Irene) - Stud. Jura u. Orientalistik Hamburg u. Bangkok. Promot. 1956 u. 61; Habil. 1965 - Rechtsanw. - BV (üb. 30)/Auswahl: Wandmalerei in Thailand, 3 Bde. 1975 (auch engl.); Murals in Burma, Bd. I 1977; Phali lehrt d. Jüngeren, 1977 (auch engl.); D. buddhist. Kunst Thawan Datchanis, 1979 (auch engl.). Rd. 50 Aufs. üb. Südostasien - 1963 Orden d. thailänd. Krone (Offz.-Kl.); 1979 Orden d. thailänd. Krone (Kommturskl.); 1983 Orden d. weißen Elefanten (Kommturskl.) - Spr.: Engl., Franz., Thai., Laot.

WENKE, Klaus

Dipl.-Math., Unternehmensberater - Am Eichenhof 13, 2807 Achim - Geb. 18. Dez. 1926 Berlin (Vater: Dr. Karl W., LGrat; Mutter: Hanna, geb. Seeger), ev., verh. s. 1954 m. Hella, geb. Eilemann, S. Klaus - 1949-53 Univ. Köln (Math., Phys., Meteorol.) - S. 1953 Aufbau Rechenzentr. BASF, s. 1960 Normenaussch. Informat.verarb. (Vors. UA Betriebssysteme), 1969 Fides Zürich Unternehmensberat., 1971-85 Martin Brinkmann AG Bremen, 1986 Wenke Informatik; 1976-78 AR GMD - 1958 Einf. Berufsbild Math. Techn. Assist., 1955ff. innerbetriebl. Input/Output-Analyse, 1968 Patent Verf. u. Anordnung zur Verschlüsselung, 1977 ff. neue Kommunikationstechniken (Bildschirmtext) - BV: Automatis.-Stand u. Auswirk. in d. Bundesrep., 1957; Anwend. d. Matrizenrechnung auf wirtsch. u. statist. Probl., 1959; Hrsg. 21 Bde. Ökonometrie u. Untern.forsch., s. 1962; m. A. Jaeger: Lineare Wirtsch.algebra, 1969 (übers. Slowak. 1978) - Spr.: Engl.

WENKOFF, Spas

Österr. Kammersänger, Opernsänger - Traunkai 12b, A-4820 Bad Ischl (T. 06132 - 55 21) - Geb. Veliko Tarnovo/Bulg., verh. s. 1967 m. Hannelore, geb. Voß, S. Christian - Jurastud.; Dipl. 1954 - Ab 1975 schwerer Wagnerheldentenor an allen gr. Opernhäusern d. Welt (u. a. Wiener Staatsoper, Metropolitan Opera New York, Scala di Milano, Covent Garden London, Teatro Colon Buenos Aires, Dt. Oper Berlin, Bayer. Staatsoper München, Hamburg. Staatsoper, Dt. Staatsoper Berlin, Staatsoper Dresden, Opernhäuser Köln, Stuttgart, Frankfurt, Leipzig) - Spr.: Engl., Ital., Russ.

WENNEMER, Karl

Dr. theol., Lic. bibl., o. Prof. f. Exegese d. Neuen Testaments Theol. Fak. S. J./Phil.-Theol. Hochsch. St. Georgen (s. 1950) - Offenbacher Landstr. 224, 6000 Frankfurt/M (T. 65 10 47) - Geb. 12. Juni 1900 Saerbeck/W., kath.

WENNER, Heinz

Dipl.-Volksw., Hauptgeschäftsführer DIÄTVERBAND Bundesverb. d. Hersteller v. Lebensmitteln f. bes. Ernährungszwecke, Geschäftsf. Kaugummi-Verband - Kelkheimer Str. 10, 6380 Bad Homburg v.d.H. (T. 06172 - 330 14/15/16) - Geb. 2. Febr. 1941, rk., verh. s. 1966, 2 Kd.

WENNING, Wilhelm

Mitglied des Bayerischen Landtages (s. 1990) - Kutzerstr. 61, 8510 Fürth (T. 0911 - 79 19 09) - Geb. 18. Okt. 1950 Nürnberg (Vater: Theo W. Vors. d. Bayer. Holzind.), verh. s. 1976 m. Christiane, geb. Mann, 2 Kd. (Christian, Ulrike) - Abit.; 1. u. 2. jurist. Staatsex. - Verw.richter, Verw.beamter.

WENNMACHER, Richard

Fabrikant (R. Wannenmacher/Flurförderungsmittel) - Postf. 1107, 4720 Beckum/W. - Geb. 26. Jan. 1901 - Mehrj. Vors. Industrieverb. Eisen- u. Stahlwaren.

WENO, Joachim

Dr. phil., Dozent Goethe-Inst. z. Pflege d. dt. Sprache im Ausland u. z. Förd. d. intern. kulturellen Zus.arbeit - Seidlstr. 17, 8110 Murnau/Obb. (T. 08841 - 87 62) - Geb. 10. Dez. 1927 Striegau/Schles. (Vater: Franz W., Rektor; Mutter: Elisabeth, geb. Langnickel), kath., verh. m. Gitta Engl, geb. Schranz - Univ. Leipzig u. FU Berlin (German., Theaterwiss., Kunstgesch., Phil.; Promot. 1951) - 1952-55 Redakt. Filmblätter, Berlin, 1955-57 Pressechef Gloria-Film, 1957-58 Feuilletonchef BZ ebd., dann fr. Journ., 1960-61 Doz. Goethe-Inst., Brilon/W., 1961-69 Leit. Dt. Kulturinst. Bagdad/Irak u. Boston/USA (1965), 1969-74 Beauftr. f. Inspektion u. Geschäftsf. Goethe-Inst., München, 1975-81 Leit. Goethe-Inst. Murnau, s. 1980 Mitgl. Präs. Goethe-Inst., s. 1985 i.R. - BV: Lilli Palmer, Biogr. 1957 - Liebh.: Jagd - Spr.: Engl., Span.

WENSKUS, Reinhard

Dr. phil., o. Prof. f. Mittlere u. Neuere Geschichte - Kastanienweg 2, 3406 Bovenden (T. 86 08) - Geb. 10. März 1916 Saugen/Ostpr. (Vater: Rudolf W., Berufssoldat (zul. Ltn. d. L.); Mutter: Helene, geb. Wallukat), ev., verh. s. 1951 m. Hella, geb. Moss, 2 Kd. (Otta, Rupert) - Herzog-Albrecht-Sch. Tilsit; kaufm. Lehre ebd. (Lebensmittelgroßhandel); Städt. Abendobersch. Hannover; Univ. Wien u. Marburg (Gesch., Vorgesch., German., Völkerkd.). Promot. u. Habil. Marburg - 1937-45 Arbeits- u. Wehrdst.; Dolmetscher brit. Besatzungsmacht (b. 1949); Stud.; Assist. (Prof. Büttner) u. Privatdoz. (1959) Univ. Marburg; s. 1963 Ord. u. Seminardir. Univ. Göttingen. Mitgl. Histor. Kommiss. f. ost- u. westpr. Landesforsch. u. f. Hessen u. Waldeck, Johann-Gottfried-Herder-Forschungsrat u. a. - BV: Studien z. histor.-polit. Gedankenwelt Bruns v. Querfurt, 1956; Stammesbild. u. Verfass. - D. Werden d. frühmittelalterl. gentes, 1961 - Liebh.: Wandern.

WENTZEL, von, Bogislav

Dipl.-Politologe, Galerist, Sprecher Dt. Kunstrat (s. 1984), u. Mitgl. Sprechergremium Dt. Kulturrat (s. 1985) - St. Apern-Str. 26, 5000 Köln 1 - Geb. 14. Aug. 1936 München, verh. s. 1966 m. Elizabeth, geb. Cabot, 3 Kd. (John Alvo, Constantin, Severa) - Otto Suhr Inst. Berlin; Dipl.-Polit. 1961 - 1977-84 Vors. Bundesverb. Dt. Galerien. Div. Aufsätze - Liebh.: Segeln - Spr.: Engl.

WENTZLAFF-EGGEBERT, Friedrich Wilhelm

Dr. phil., Dr. jur. h. c. emerit., o. Prof. f. Dt. Philologie - Hauptstr. 40, 8992 Wasserburg - Geb. 16. Juni 1905 Freist/Pom. (Vater: Johann W., Pastor; Mutter: geb. Hentschel), ev., verh. m. Dr. phil. Erika, geb. Wiehe, 4 Kd. Promot. (1931) u. Habil. (1938) Berlin - 1934-41 Wiss. Hilfsarb., Beamt. u. Prof. Preuß. Akad. d. Wiss. Berlin, ab 1938 Privatdoz. Univ. ebd., 1941-44 o. prof. Straßburg/Els., 1950-55 apl. Prof. Univ. München, s. 1955 o. Prof. Univ. Mainz - BV: u. a. D. Problem d. Todes in d. dt. Lyrik d. 17. Jh.s, 1931; Andreas Gryphius lat. u. dt. Jugenddichtung, 1938; Dichtung u. Sprache d. jg. Gryphius, 2. A. 1966; Dt. Mystik zw. Mittelalter u. Neuzeit, 3. A. 1968; Schillers Weg zu Goethe, 2. A. 1963; Kreuzzugsdicht. d. Mittelalters, 1960; Dt. Literatur im späten Mittelalter, 3 Bde. 1971 ff. (m. Ehefrau); D. triumphierende u. d. besiegte Tod in Wort u. Bild - Kunst d. Barock, 1975; Gesammelte Aufs. in 'Belehrung u. Verkündigung', Berlin 1975 - 1961 Ehrendoktor Middlebury College, Vermont (USA). Zahlr. Einzelarb.

WENZ, Werner

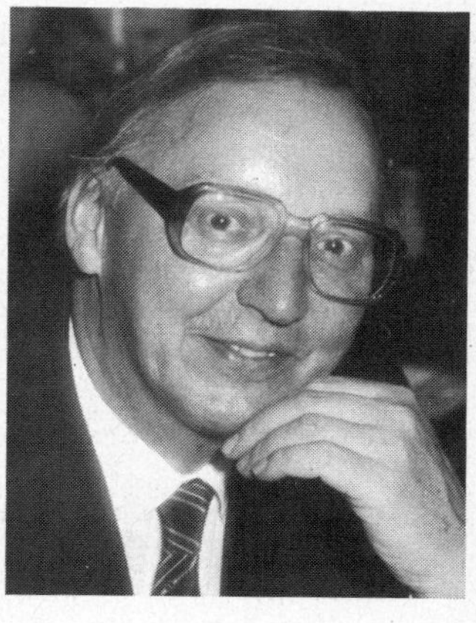

Dr. med., Prof. f. Radiologie Univ. Freiburg - Riedbergstr. 6, 7800 Freiburg (T. 0761 - 2 94 57) - Geb. 18. März 1926 Limburg (Vater: Peter W., Hotelier; Mutter: Anna-Maria, geb. Schmidt), kath., verh. s. 1956 m. Hannelore, geb. Prötz, 7 Kd. (Peter, Eva, Gabriele, Beate, Annette, Marie-Luise, Ulrike) - Med.-Stud. Gießen u. Mainz 1951; Staatsex. u. Promot. 1951, Habil. 1963 Univ. Heidelberg - S. 1969 Prof. Univ. Heidelberg; s. 1972 o. Prof. Univ. Freiburg (1976/77 Dekan Med. Fak., 1983-85 Prorektor d. Univ.), 1987 Dir. Radiolog. Univ.-Klinik - BV: Abdominale Angiogr., 1972 (Engl. 1974, Span. 1976); Extremitätenangiogr., 1976; Röntgenol. Differentialdiagnostik, 1978; Radiologie am Oberrhein, 1987; Checkliste Radiol. Abdomen, 1988; Checkliste Radiol. Thorax, 1991; u. a. - 1972 Holthusenring Dt. Röntgenges.; 1990 H.-R. Schinz-Med. Schweiz. Röntgenges.; Ehrenmitgl. franz., belg., griech., japan., schweiz. Röntgenges.; 1988 Präs. dt. Röntgenkongr.; 1984-91 Chairman Germ.-Jap. Rad.affiliation; 1986 BVK - Spr. Engl., Franz.

WENZEL, Erich Kurt

Unternehmensberater, Berater d. Geschäftsltg. Lingner + Fischer GmbH., Bühl/Baden - Hebelweg 7, 7570 Baden-Baden (T. 07221 - 2 36 59) - Geb. 29. Sept. 1913 Damme/Kr. Rawitsch (Vater: Hermann W.; Mutter: Ida, geb. Ziebahl), ev., verh. s. 1970 in 2. Ehe. m. Gabriele, geb. Martin, 2 Kd. (Axel, Dagmar) - Abit.; Stud. Ztgs.wiss. - Wirtsch.journ., 1949 Werbedir., 1956 Vertriebs- u. Marketing-Dir., 1959 Geschäftsf. - Liebh.: Baukunst, klass. Lit., Golf, Wandern, Ski-Langlauf - Spr.: Engl., Franz.

WENZEL, Fritz

Dr.-Ing., o. Prof. f. Tragkonstruktion Univ. Karlsruhe (s. 1967) - Reinhold-Schneider-Str. 100, 7500 Karlsruhe-Rüppurr (T. 3 47 07).

WENZEL, Gerhard

Dr. rer. nat., Prof., Direktor Biol. Bundesanstalt f. Land- u. Forstw./Inst. f. Resistenzgenetik (Grünbach) - Graf-Steinsheim-Str. 23, 8059 Bockhorn/Obb. - Geb. 16. Febr. 1943.

WENZEL, Hans Gerd

Dr. med., em. Prof. - Kühnstr. 8, 4600 Dortmund 50 - Geb. 19. Aug. 1922 Dortmund (Vater: Dr. med. dent. Hans W.; Mutter: Elsa, geb. Sträter), ev., verh. s. 1960 m. Mechthild, geb. Encke, 2 Kd. (Christoph, Markus) - Hum. Gymn.; Stud.; Promot. 1949 Münster; Habil. 1967 Düsseldorf - 1957-1959 Senior Scientist Appl. Physiol. Labor. Honorary Lect. Witwatersrand Univ. Johannesburg/South Afr., 1971-87 o. Prof. u. Dir. Inst. f. Arb.physiol. Univ.

Dortmund; s. 1973 Honorarprof. Univ. D'dorf - 1975 Fellow Royal Soc. of Med., London - BV: Klima u. Arbeit, 1980, 4. A. 1985. Beitr. in Handb. u. Lehrb. - Spr.: Engl., Franz.

WENZEL, Heinz

Dr. phil., Philosoph, Honorarprof. f. Phil. (Ästhetik) Hochschule d. Künste Berlin (s. 1966), Verlagsdir. (f. d. Geisteswiss.) Verlag W. de Gruyter, Berlin, New York - Harnackstr. 16, 1000 Berlin 33 (T. 8 31 33 87) - Geb. 2. Sept. 1923 Detmold - S. 1960 Lehrtätigk. HdK - BV: D. Problem d. Scheins in d. Ästhetik, 1958. Mithrsg.: Nietzsche-Studien/ Intern. Jb. f. d. N.-Forsch. (1970; m. E. Behler, E. Heftrich u. W. Müller-Lauter).

WENZEL, Hermann

Dr. phil., Prof. f. Allg. Pädagogik PH Ludwigsburg (1978-87 Rektor PH Reutlingen) - Dottinger Str. 15, 7420 Münsingen - Geb. 4. Sept. 1938 Parchim/ Meckl. (Vater: Fritz W., Bezirksförster; Mutter: Frida, geb. Mieth), ev., verh. s. 1962 m. Christl, geb. Koch, 2 Kd. (Christine, Ulrich) - Stud. Päd., Phil., Kunstgesch.; I. Prüf. f. d. Lehramt an Volksschulen 1961; Höh. Prüf. f. d. Volksschuldst. 1968; Promot. 1968 - 1961-64 Lehrer; s. 1970 Doz. u. Prof. (1973) Reutlingen; s. 1987 Prof. Ludwigsburg - BV: Fürsorgeheime in päd. Kritik, 1970, 2. A. 1973.

WENZEL, Holger

Dipl.-Volksw., Geschäftsführer Bundesverb. d. Glas-, Porzellan- u. Keramik- u. d. Beleuchtungs- u. Elektro-Einzelhandels, Gf. Dt. Radio- u. Fernsehfachverb. - Sachsenring 89, 5000 Köln 1 (T. 0221 - 33 98-115/118; Telefax: 0221 - 33 98-119).

WENZEL, Otto

Dr. phil., Lehrbeauftragter f. Politik Techn. Fachhochschule Berlin (s. 1986), Vors. Landesverb. Berlin Volksbund Dt. Kriegsgräberfürsorge (s. 1988) - Bohm-Schuch-Weg 13, 1000 Berlin 47 (T. 604 60 60) - Geb. 3. Febr. 1929 Prag - 1948-51 Univ. Leipzig (Gesellschaftswiss., Gesch., German.), n. Flucht FU Berlin (Promot. 1955). Lehrerprüf. 1956 u. 58 - B. 1960 Schuldst., dann Senatsverw. (Ref. Schulsenator), s. 1964 wied. Schuldst. (1966 Oberstudiendir. Neukölln); 1970-85 Bezirksstadtrat f. Volksbildung Bezirksamt Wedding. 1963-67 Bezirksverordn. Wilmersdorf. 1946-51 (Ausschl.) SED; 1952-87 SPD.

WENZEL, Paul

Dr. theol., Prof. f. Fundamentaltheologie u. Philosophie - Gerichtstr. 17, 6240 Königstein/Ts. (T. 38 39) - Geb. 15. März 1915 Breslau, kath. - S. 1957 Doz. u. Prof. (1962) Phil.-Theol. Hochsch. Königstein (162/63 Rektor) - BV: D. Ausgrabungen unt. d. Peterskirche in Rom, 1952; D. wiss. Anliegen d. Güntherianismus, 1961; D. Gründung Beurons im Jahre 1863, 1964.

WENZEL, Werner

Generalsekretär Bund Dt. Radfahrer - Otto-Fleck-Schneise 4, 6000 Frankfurt/ M. 71 - Geb. 4. Aug. 1937 - Ehem. Weltm. im Radball (1968 Silberlorbeer).

WENZL, Helmut Franz

Dr. rer. nat., Prof. f. Exp. Physik RWTH Aachen, Direktor Inst. f. Materialentw. u. Inst. f. Festkörperforsch. KFA Jülich - KFA, Postfach 1913, 5170 Jülich (T. 02461 - 61 66 64) - Geb. 27. März 1934 Marienbad (Vater: Franz W.; Mutter: Margarete, geb. Wenisch), kath., verh. s. 1962 m. Beate, geb. Niegel, 2 Kd. (Bettina, Tobias) - TU München (Dipl.-Ing. 1959, Promot. 1962, Habil. 1966) - 1959 wiss. Angest. TU München; 1963 wiss. Assist. ebd.; 1964 Leit. Tieftemperaturbestrahlungsanlage Forschungsreaktor München; 1969 Leit. Kristall-Labor KFA Jülich; 1974 Dir. Inst. Materialentw.; Inst. f. Festkörperforsch. KFA Jülich; 1975 o. Prof. Exp. Physik RWTH Aachen. Vors. Dt. Ges. f. Kristallwachstum u. f. Kristallzüchtung e.V. - BV: Phase Diagrams Metal Hydrides, (in: Hydrogen in Metals II) 1978 - Mitgl. Sudetendt. Akad. d. Wiss. u. Künste - Liebh.: Sport, Malerei - Spr.: Engl., Franz.

WEPLER, Wilhelm

Dr. med., Prof., Leit. Patholog. Inst. Stadtkrankenhaus Kassel (s. 1954) - Eichelgarten 1, 3500 Kassel (T. 3 68 39) - Geb. 5. Mai 1910 Sontra/Hessen (Vater: Hermann W., Pfarrer; Mutter: Agnes, geb. Denecke), verh. s. 1938 m. Annerose, geb. Meinerts - Univ. Marburg, München, Berlin, Göttingen - S. 1942 (Habil.) Hochschuldoz. (b. 1969 apl. Prof. f. Pathol. Univ. Göttingen, dann Univ. Marburg) - BV: Atlas d. klin. Histopathol. d. Leber, 1968 (m. Egmont Wildhirt). Etwa 100 Einzelarb., dar. Lehrbuchbeitr. - Spr.: Engl. - Rotarier.

WEPPER, Elmar

Schauspieler - Pater-Rupert-Mayer-Str. 9, 8023 Pullach/Obb. - Geb. 16. April 1944 Augsburg (Vater: Fritz W., Jurist; Mutter: Wilhelmine, geb. Brodbeck) - Stud. Theaterwiss. u. German. - U.a. Fernsehen (div. Serienhauptrollen).

WEPPER, Fritz

Schauspieler - Zu erreichen üb.: Agentur Alex Lamontstr.9, 8000 München 80 - Bühne, Film, Fernsehen, u. a. Derrick (1974 ff.).

WERBICK, Jürgen

Dr. theol., Prof. f. Theologie Univ.-GH Siegen - Goethestr. 17, 5902 Netphen 2 - Dreis-Tiefenbach (T. 0271 - 7 18 92) - Geb. 26. Mai 1946 Aschaffenburg (Vater: Hans W., Bankkaufm.; Mutter: Katharina, geb. Kiefer), kath., verh. s. 1976 m. Barbara, geb. Wagner, 3 T. (Cornelia, Lucia, Regina) - Dipl. kath. Theol. 1970 München; Promot. 1973 ebd.; Habil. (Fundamentaltheol.) 1981 - 1973-75 Pastoralassist.; 1975-81 Wiss. Assist.; s. 1981 Prof. Univ. Siegen - BV: D. Aporetik d. Eth. u. d. christl. Glaube, 1976; System u. Subjekt (in: Enzykl. Christl. Glaube in mod. Ges., Bd. 24), 1981; Glaube im Kontext, 1983; Schulderfahrung u. Bußsakrament, 1985; Sühne u. Versöhnung (zus. m. J. Blank), 1986; Auf Hoffnung hin sind wir erlöst (zus. m. I. Broer), 1987; D. Herr ist wahrhaft auferstanden (zus. m. I. Broer), 1988; Glaubenlernen aus Erfahrung, 1989; Soteriologie, 1990; Offenbarungsanspruch u. fundamentalistische Versuchung, 1991; Scheitern u. Glauben (zus. m. G. Fuchs), 1991; Vom entscheidend u. unterscheidend Christlichen, 1992. Mithrsg.: Prediger u. Katechet (s. 1982) - Interessen: Theol.-humanwiss. Grenzfragen.

WERBIK, Hans

Dr. phil., o. Prof. f. Allg. u. Angew. Psychologie Univ. Erlangen-Nürnberg - Großgeschaidt 306, 8501 Heroldsberg (T. 09126-1577) - Geb. 27. Febr. 1941 Hollabrunn (Vater: Viktor W., Hofrat i. R.; Mutter: Adolfine, geb. Seiberl), verh., 3 Kd. (Regina, Angela, Fabian) - Promot. 1963 Wien; Habil. 1969 Tübingen - BV: Informationsgehalt u. emotionale Wirkung von Musik, 1971; Theorie d. Gewalt, 1974; Handlungstheorien, 1978; Krit. Stichwörter z. Sozialpsych. (Hrsg.), 1981.

WERBKE, Hans Joachim

Freier Journalist - 9D Wetherby Gardens, London SW5 OJW - Geb. 26. Aug. 1925 Königsberg/Pr., ev., verh. s. 1965 m. Merle, geb. Marx - Zeitungsvolont., Rundfunksch. - Redakt. Kulturelles Wort; Redakt. Politik; Zeitfunk-Leit.; London-Korresp. f. SFB/SWF/RB u. Christ u. Welt; ARD-Korresp. (Hörf. u. Ferns.) f. Südasien m. Sitz in New Delhi;

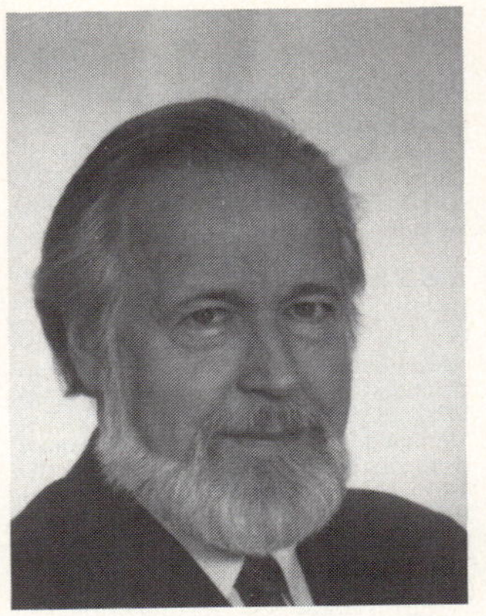

1980-89 Leit. Studio Berlin NDR - Liebh.: Lit., Kunst - Spr.: Engl., Franz.

WERCKSHAGEN, Carl

Regierungsdirektor a. D., Schriftsteller - Glockenschäferweg 1a, 3280 Bad Pyrmont - Geb. 17. April 1903 Berlin (Vater: Carl W., Pastor, Herausg. Protestantismus am Ende d. 19. Jh., 1863-1908; Mutter: Lina, geb. Stahlke, Opern- u. Konzertsängerin, 1860-1941), konfessionslos, verh. s. 1936 m. Grete, geb. Kalweit - Gymn. z. Grauen Kloster Berlin; Univ. ebd. u. München (Phil., Päd., Gesch., German.). Übersetzerprüf. f. Franz. 1944 - 1927-52 Dramat. Landestheater Oldenburg u. Darmstadt. Neues Dt. Theater Prag, Dt. Schauspielhaus Hamburg, Städt. Bühnen Magdeburg (1932-33 auch Verw.dir.) u. Essen, Staatsoper Hamburg, Städt. Bühnen Kiel u. Hannover, Staatstheater Braunschweig u. Städt. Bühnen Köln, 1952-64 Leit. Referat Darstell. Kunst Senator f. Volksbild. bzw. Wiss. u. Kunst Berlin. Insz.: Goethe, Romain Rolland, Paul Raynal, Max Mell, Gerhard Menzel, Paul Kornfeld, J. B. Priestley u. a. - BV: u. a. Früher u. später, Ged. 1974; E. bunter Schmetterling, Memoiren 1923-33, 1978; Vergilbte Blätter/Briefe, Bücher, Bildnisse, 1983. Lesefrüchte-Lebensfrüchte, Ess. 1984; Danksagungen. Ansprachen e. Dramat., 1985; V. Übersetzen u. v. Übersetzern, 1986; Streit m. Schott (Erinnerungen an Gottfried Benn), 1987; Theaterleute handschriftlich (graphologische Dokumentation), 1988; An d. Rand geschrieben (Dramaturgische Notizen), 1988; Sprechen wir miteinander (E. Dramaturg im Köln d. Mittwochsgespräche), 1989. Übers.: André Beaucour, Antoine Goléa, Gabriel Marcel, Thierry Maulnier, Herbert Le Porrier, André Roussin, Armand Salacrou, Paul Willems, Albert Husson, André Malraux u. a. - 1964 Officier Ordre des Arts et des Lettres (Frankr.); 1978 Ehrenmitgl. Freie Volksbühne Berlin - Liebh.: Altertumskd. (bes. Griechenl.).

WERDICH, Helmut J.

Dipl.-Kfm., Schuhkaufmann, Geschäftsführer Schuhhaus Werdich GmbH & Co., Wangen/Allg. - Zu erreichen üb. Schuhhaus Werdich, 7988 Wangen/Allg. - Geb. 1. Febr. 1934 - Vorst.-Mitgl. Bundesverb. dt. Schuhhandel; Mitgl. Vollvers. IHK Bodensee-Oberschwaben, Ravensburg - BVK am Bde.

WERDIN, Ernst Rupprecht

Dipl.-Ing., techn. Vorstand Friedr. Schoedel AG. - Kulmbacher Str. 137, 8660 Münchberg/Ofr.

WERHAHN, Hermann-Josef

Kaufmann, Vorstandsvors. Wicküler-Brauerei AG., Wuppertal, Gesenberg-Brauerei AG. ebd., Bodden AG., Duisburg - Grimlinghauser Brücke Nr. 52, 4040 Neuß/Rh. - Geb. 7. April 1923, kath., verh. m. Libeth, geb. Adenauer (jüngste Tochter d. ehem. Bundeskanzlers), 5 Kd. - Zul. Veltrup-Werke KG., Aachen. ARsmandate.

WERHAHN, Jürgen Wolfgang

Dr. iur., Honorarprofessor Univ. Hohenheim f. Bankrecht, Rechtsanwalt u. Fachanwalt f. Steuerrecht - Feuerreiterweg 18, 7000 Stuttgart 70 (T. 0711 - 765 57 57) - Geb. 3. Okt. 1924 Berlin, ev., verh. s. 1951 m. Isolde, geb. Baisch, 3 Kd. (Iris, Ina, Peter) - Stud. Meteorol. TH Danzig u. Rechtswiss. Humboldt-Univ. Berlin, FU Berlin, Univ. of Chicago; Promot. 1949; Gr. jurist. Staatsex. 1952 - 1953-57 Bankjustitiar; 1957-88 Chefsyndikus d. Württ. Genoss.-Verb. Stuttgart; s. 1972 Chefjustitiar Geno-Zentralbank Stuttgart. 1962-68 Vorst.-Mitgl. Bankakad. u. 1962-71 Inst. f. Film- u. FS-Recht; 1982-87 Kurat.-Präs. Philharmonischer Chor Stuttgart; s. 1984 Vorst.-Vors. Ges. d. Freunde d. Stuttg. Philharmoniker - BV: D. Schöpfer d. Filmwerks, 1951; Brieflex. f. Kreditsachbearb., 1962; D. notleidende Kredit, 1965; D. Generalvers./Vertretervers. d. Genoss. (m. Metz), 1976; D. neuen Bankbedingungen (m. Schebesta), 1980; Genoss. (m. Hoppert in Münchner Vertragshandb.), 1981; Kredit-Texthandb. (m. Schebesta), 1985; D. Satzung d. Genoss. (m. Gräser u. Hoppert), 1987; AGB u. Sonderbedingungen d. Banken (m. Schebesta), 1988 - 1988 Gold. Ehrennadel d. Dt. Genoss.- u. Raiffeisenverb. - Liebh.: Klass. Musik, Oper - Spr.: Engl., Franz., Ital. - Lit.: Film u. Recht, S. 612ff. (1974).

WERKMÜLLER, Dieter

Dr. jur., Prof. f. Rechtsgeschichte u. Bürgerl. Recht Univ. Marburg (s. 1972) - Tannenweg 7, 3575 Kirchhain-Schönbach - Geb. 11. Juli 1937 Wiesbaden, ev., verh. s. 1966 m. Ursula, geb. v. Seydewitz, 2 Kd. (Maximilian, Constanze) - Gymn.; 1957-62 Univ. München u. Frankfurt/M. (Rechtswiss.). Gr. jurist. Staatsprüf. 1966; Promot. 1970 - BV: Üb. Aufkommen u. Verbreit. d. Weistümer, 1972. Div. Einzelarb. Herausg.: Handwörterb. z. dt. Rechtsgesch.

WERKSTETTER, Franz Xaver

Oberstudiendirektor, a.D., MdL Bayern (s. 1977) - Waginger Str. 20, 8228 Freilassing/Obb. - Geb. 28. April 1933 Mehring/Burghausen, verh. s. 1958, 2 Söhne - Gymn. Burghausen; 1956-60 Univ. München/Staatsw. Fak. (Dipl.-Hdl. 1960). Staatsex. 1962; Zusatzprüf. f. d. höh. Lehramt 1972 (Gesch., Sozialkd.) - S. 1961 Berufsschuldst. Pfaffenhofen/Ilm, Freilassing (1962; 1974 Studiendir.), Bad Reichenhall/Außenst. Kreisberufssch. Berchtesgadener Land (1976; Leit.). 1966ff. Stadtratsmitgl. Freilassing; Kreisrat Laufen u. Berchtesg. Land, 1969ff. Bezirksvors. Verkehrswacht Oberbay.; 1984ff. Vors. Bayer. Skibobverb. CSU (1972 Kreisvors. Berchtesg. Land).

WERLE, Hans

Dr. iur. utr., Dr. phil., hauptamtl. Prof., Inst. f. Rechts- u. Verfassungsgeschichte Univ. Mainz - Bebelstr. Nr. 67, 6500 Mainz-Bretzenheim (T. 3 54 78) - Habil. Mainz - Vorles. u. Veröff. üb. Dt. Rechts-, Verfassungsgesch. u. Kirchenrecht. Mitgl. Pfälz. Ges. z. Förderung d. Wiss.

WERLE, Karl-Heinz

Hauptlehrer MdL Rhld.-Pfalz (s. 1975) - Neustr. 13, 6751 Mackenbach - Geb. 8. Aug. 1925 - SPD.

WERMUTH, Manfred

Dr. rer. nat., Prof. f. Stadtbauwesen u. Stadtverkehr, Direktor d. Inst. f. Stadtbauwesen TU Braunschweig u. geschäftsf. Gesellsch. d. IVV - Verkehrsforsch. u. Infrastrukturplanung GmbH, Braunschweig - Am Papenholz 8, 3300 Braunschweig - Geb. 1. Febr. 1941 München (Vater: Jakob W.; Mutter: Gertraud, geb. Lechner), kath., verh. s. 1974 m. Rosemarie, geb. Papak, 2 S. (Tobias, Sebastian) - Abit. 1960 Realgymn. München; Dipl.-Math. 1967 TU München, Promot. 1978 ebd. - 1967-78 Wiss. Mitarb. Inst. f. Verkehrsplan. TU München; 1978-81 Akad. Rat Lehrst. f. Verkehrs- u. Stadtplan. ebd.; 1981-89 Prof. f. Stadt- u. Regionalplan. Inst. f. Stadtbauwesen TU Braunschweig - BV: VPS 3 - Konzept u. Programmsystem e. analyt. Gesamtverkehrsmodells, 1973; Struktur u. Effekte v. Faktoren d. individuellen Aktivitätennachfrage als Determinanten d. Personenverkehrs, 1978; Hütte, D. Grundlagen d. Ing.wiss. (Co-Autor) - 1975 August-Lösch-Preis (Regionalwiss.); 1980 Feuchtinger-Wehner-Preis (Straßenplan., Verkehrswiss.) - Spr.: Engl., Franz.

WERMUTH, Nanny,
geb. Rudy

Ph. D., Prof. f. Psychologische Methodenlehre (Spez. Statistik) Univ. Mainz - Joh.-Gutenberg Univ., Saarstr. 21, 6500 Mainz 1 (T. 06131-391) - Geb. 4. Dez. 1943 Frankfurt, verh. s. 1967 m. Dieter W., 4 Kd. (Jochen, Martin, Peter, Ulli) - Dipl.-Volksw. München 1967, Promot. (Ph. D.) Harvard Univ. Cambridge 1972, Habil. Mainz 1977 - S. 1978 Prof. - BV: Zusammenhangsanalysen med. Daten, 1978 - 1982 Mitgl. Intern. Statistisches Inst.; 1988 Mitgl. Royal Statistical Soc.

WERN, Karl-Günther

Dr., Ministerialdirektor Saarl. Min. f. Arbeit, Gesundheit u. Sozialordnung (Vertr. d. Min.) - Hindenburgstr. 21, 6600 Saarbrücken.

WERNER, Adelheid,
geb. Huber

Oberstaatsanwältin LG Frankfurt - Zu erreichen üb. Staatsanwaltschaft Frankfurt/M., Konrad-Adenauer-Str. (T. 069 - 13 67-1) - Geb. 20. Nov. 1934 Czernowitz/Rumänien (Vater: Ludwig H., Bundesbahnbeamter; Mutter: Josefine, geb. Neumann), ev., verh. s. 1974 m. Horst W. (s. dort) - Jurastud.; 1. u. 2. Staatsex. - 1965-69 Staatsanwältin; 1970-72 Reg.dir. Hess. Justizmin. - Ausz.: Bullenorden d. Bund. dt. Kriminalbeamten.

WERNER, Anneliese

Dr. phil., Prof. Univ.-GH Wuppertal - Frauenstein 137 c, 4300 Essen 15 - Geb. 19. Dez. 1920 Wuppertal - Stud. Univ. Göttingen, Freiburg u. Bonn (German., Gesch., Päd. u. Phil.); Promot. u. Staatsex. 1952 in Bonn - 1953-61 Schuldienst (zul. Stud.rätin); 1961 Doz.; 1970 Wiss. Rat u. Prof.; 1980 Prof. - B Texte z. Nachdenken, Leseb. f. S I (Mithrsg.) 1975; Acht Stunden tägl., Jugend-Sachb., (Herausg. u. Mitverf.) 1978; Es müssen nicht Engel m. Flügeln sein. Relig. u. Christentum im Kinder- u. Jugendb., (Herausg. u. Mitverf.) 1982.

WERNER, Dietrich

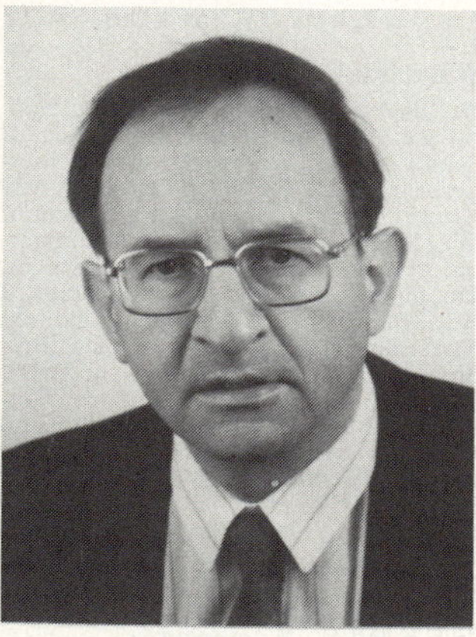

Dr. rer. nat., Prof. f. Botanik, Allg. Biol. u. Pflanzenphysiol. Univ. Marburg (s. 1971) - Feldbergstr. 51, 3550 Marburg-Cappel - Geb. 10. Juni 1938 Greifswald, verh. m. Traute, geb. Blömker, 2 Kd. (Katja, Gesche) - Promot. 1965; Habil. 1970 - 1972/73 Gastprof. USA, 1983/84 Gastprof. Canberra Australien; 1984 Ruf Lehrstuhl TiHo Hannover - BV: The Biology of Diatoms (Mitverf.); Biolog. Versuchsobjekte; Pflanzl. u. mikrobielle Symbiosen; Fast growing trees and nitrogen fixing trees, 1990. Üb. 150 Einzelarb. - 1992 Human Frontiers Science Forsch.preis; Mitgl. d. Forsch.Progr.Aussch. f. Energie u. Landwirtsch. EG u. f. Agrarforsch. OECD.

WERNER, Egon

Dr. med., Prof., Ärztl. Direktor i.R. Kinderklinik Rudolf-Virchow-Krkhs. Berlin 65 (s. 1965) - Niklasstr. Nr. 17, 1000 Berlin 37 (T. 8 01 20 29) - Geb. 14. April 1921 - S. 1957 (Habil.) Privatdoz. u. apl. Prof. (1963) FU Berlin (Kinderheilkd.). Üb. 100 Fachveröff.

WERNER, Ernst

Dr. rer. nat., o. Prof. f. Theoret. Physik TU Hannover (s. 1966) - Am Mühlenberg 9, 3011 Bemerode (T. Hannover 52 39 44) - Geb. 28. April 1930 Biberach/Riß - Habil. 1963 Saarbrücken - Lehrtätgk. Univ. Saarbrücken u. Heidelberg. Facharb.

WERNER, Gerd Peter

Heilpraktiker, MdB (s. 1985; Landesliste Schlesw.-Holst.) - Gorch-Fock-Str. 4, 2280 Westerland - Geb. 16. Sept. 1938 Wernigerode/Harz, verh., 1 Kd. - Abit. 1958 Hamburg-Altona; b. 1963 Stud. Lit.- u. Sozialwiss.; Ausb. z. Heilpraktiker, München; s. 1969 Westerland - 1971 Initiator d. erfolgr. Bürgerinitiative Sylt gegen d. geplante Atlantis-Hochhaus in Westerland; 1972 Gründungsmitgl. Bundesverb. Bürgerinitiativen Umweltschutz (BBU); 1975-81 Einsatz f. e. selbstverw. Jugendzentr. auf Sylt; 1974-78 Stadtvertr. d. Westerländer Wählergemeinsch.; 1978-82 MdK Nordfriesl.; Gründungsmitgl. Grüne Liste Schlesw.-Holst. u. Landesverb. d. Partei D. Grünen.

WERNER, Gerhard

Leitender Ministerialrat, früher Vorsitzender Richter am Landgericht - Am Loh 4, 2810 Verden - Geb. 5. Juni 1932 Stettin, verh. m. Karin, geb. Thilo, 2 Kd. (Fritz, Ingrid) - Mitgl. intern. wiss. Vereinig. - Jurist., hist., heimatgeschichtl. u. entwicklungspolit. Veröff. - Spr.: Engl., Franz., Span.

WERNER, Gottfried

Dr. rer. nat., Dr. h. c., Dipl.-Chem., Prof. - Stettiner Str. 105, 6056 Heusenstamm (T. 6 17 41) - Geb. 26. Aug. 1919 Oberpreschkau (Vater: Josef W., Schulleit.; Mutter: Elfriede, geb. Kleinpeter), kath., verh. s. 1963 m. Helga, geb. Borchers, 2 Söhne (Jens-Ingo, Björn-Marko) - Stud. d. Biol., Chem.; Promot. 1950 Würzburg - Honorarprof. Univ. Marburg, Frankfurt u. Sao Leopoldo (Brasilien), Leit. e. Forschungsabt. Max-Planck-Inst. f. Hirnforschung. Fachmitgl.sch. 15 Patentanmeld. 250 wiss. Publ. - BV: Autoradiographie, 1971 (auch Engl.) - Mitgl. Acad. Cosmologica Nova - 1949 Univ.-Pr. Würzburg; Ritter-von-Gerstner-Med. - Liebh.: Akt. Musiker - Spr.: Engl., Tschech., Span.

WERNER, Günter

Industriekaufmann, Vorstand Baumwollspinnerei Gronau AG - Losserstr. 12, 4432 Gronau/W. - Vizepräs. Bremer Baumwollbörse; Geschäftsf. Flockenbastwerk Gronau GmbH, Gronau, AGN Weberei u. Ausrüstung GmbH u. Co. KG, Gronau; Beiratsvors. Neuenkirchener Textilwerke Hecking GmbH & Co. KG, Neuenkirchen; AR Wohnungsges. Ahaus-Gronau GmbH, Ahaus; Beiratsmitgl. Forschungsstelle f. allg. u. textile Marktwirtsch. Univ. Münster; Vors. Verwaltungsaussch. Arbeitsamt Coesfeld; Hauptaussch.-Mitgl. Verb. Nord.-Westdt. Textilind., Münster; Aussch.-Mitgl. f. Unternehmerfragen b. Gesamttextil, Frankfurt; Handelsrichter LG Münster.

WERNER, Hans Joachim

Dr. phil., Prof. f. Philosophie PH Karlsruhe (s. 1976; 1978-82 Rektor), Privatdoz. Univ. Freiburg/Br. (s. 1972) - Ahornweg 1, 7517 Waldbronn 2/Baden - Geb. 24. April 1940 Düsseldorf (Vater: Hans W., Bankdir.; Mutter: Cäcilie, geb. Becker), kath., verh. s. 1968 m. Stella, geb. Wolf, 2 S. (Christian, Claudius) - Görres-Gymn. Düsseldorf; Univ. Freiburg (Phil., Päd., Dt.). Promot. (1967) u. Habil. (1972) Freiburg - 1967-722 Wiss. Assist. Univ. Freiburg - BV: D. Ermöglichung d. endl. Seins n. Johannes Duns Scotus, 1974; Eins m. d. Natur - Mensch u. Natur b. Franz v. Assisi, Jakob Böhme, Albert Schweitzer, Teilhard de Chardin, 1986 - Spr.: Griech., Lat., Engl., Franz.

WERNER, Heinrich

Dr.-Ing., Prof. f. elektron. Rechnen im konstruktiven Ingenieurbau TU München - Eisenbahnstr. 69, 8034 Germering - Geb. 27. Okt. 1931 Birkungen, kath., verh. s. 1959 m. Bärbel, geb. Brenner, 4 Kd. (Thomas, Georg, Beate, Ulrich) - Dipl. 1958 TH Dresden; Promot. 1965 TU Hannover; Habil. 1969 TU München - 1958-65 Wiss. Assist.; 1965-70 Wiss. Mitarb. (Bauind.); 1971-77 Univ.doz., Wiss. Rat; s. 1977 Univ.-Prof. TU München - Div. Veröff.; Softwareentw.: WALLS-Baugrubenwände, SET-Entwurfsberechn. im konstrukt. Ing.bau.

WERNER, Helmut

Landwirtschaftsmeister, MdB (s. 1985; Landesliste Nieders.) - Am Schulberg 6a, 2114 Dierstorf/Wenzendorf - Geb. 13. Febr. 1930 Schlewecke, verh., 3 Kd. - Landwirtschaftsl. Fachsch.; Landwirtschaftsgehilfenprüf. - 1955 selbst. Landw., landwirtsch. Lehrmeister; 1976 Betriebsumstell. auf ökol. Landbau - 1976 Gründungsmitgl. Bürgerinitiative Umweltschutz Tostedt. D. Grünen s. 1980.

WERNER, Helmut

Dipl.-Kfm., stv. Vorstandsvorsitzender Mercedes-Benz AG, Vorstandsmitgl. Daimler-Benz AG - Postf. 60 02 02, 7000 Stuttgart 60 - Geb. 2. Sept. 1936 Köln - Stud. Betriebswirtsch. - AR IBM Deutschland GmbH, Gerling Konzern Versich.-Beteiligungs AG, Deutsche Messe AG, Hannover; Beirat Deutsche Bank AG, Mannheim, M. Koyemann Werkzeug GmbH & Co.; Mitgl. in Aufsichtsgremien v. versch. Beteiligungsges. d. Mercedes-Benz AG.

WERNER, Herbert

Dr. theol., o. Prof. f. Ev. Theologie u. Didaktik d. Glaubenslehre Univ. Frankfurt/M./Abt. f. Erziehungswiss. (s. 1964) - Am kühlen Grund 10, 6231 Niederhofheim-Heide (T. 06196 - 2 42 41).

WERNER, Herbert

Dr. med., Prof. f. Med. Mikrobiologie - Röttgener Str. 212, 5300 Bonn-Röttgen (T. Bonn 28 28 83) - Geb. 21. April 1934 Wattenscheid - S. 1966 (Habil.) Lehrtätigk. Univ. Bonn (1970 apl. Prof.; 1971 Wiss. Rat u. Prof.) - BV: D. gramnegativen anaeroben sporenlosen Stäbchen d. Menschen, 1968; Med. Mikrobiologie u. Chemotherapie, 1972. Zahlr. Einzelarb.

WERNER, Herbert

Oberstudienrat, MdB (s. 1972; Wahlkr. 173/Ulm) - Ludwig-Beck-Str. 62, 7900 Ulm/Donau (T. 26 48 83) - Geb. 20. März 1941 Teplitz/Böhmen, kath., led. - Kepler-Gymn. Ulm (Abit. 1960); Stud. Geschichte u. Engl. Univ. Tübingen u. College of North Wales (Engl.). Staatsex. Tübingen u. Eßlingen - S. 1971 Studien- u. Oberstudienrat Ulm. Bundeswehrdst. (Luftw.). CDU s. 1969 (1970 Orts-, 1971 stv. Kreisvors. Ulm) - Spr.: Engl.

WERNER, Horst

Staatssekretär a. D., Rechtsanwalt - Dahlienweg 1, 6238 Hofheim-Diedenbergen - Geb. 20. April 1929 Berlin (Vater: Max W., Kaufm.; Mutter: Agnes, geb. Helm), ev., verh. s. 1974 m. Adelheid, geb. Huber (s. dort), 3 Kd. (Susanne, Matthias, Bettina) - Jurastud. Univ. Frankfurt/M., Heidelberg, Erlangen; 2. Staatsex. 1961 Kassel - S. 1961 Kommunalverw. (zun. Kassel, 1964 Bürgerm. Stadt Baunatal); 1971-77 (Rücktr.) Staatssekr. Hess. Justizmin. - Spr.: Engl., Franz.

WERNER, Ilse

Schauspielerin - Zu erreichen üb. Frau Dahse, Olewischtwiet 38B, 2000 Hamburg 71 - Geb. 11. Juli 1921 Batavia/heute Djakarta, Java, verh. in 2. Ehe 1954-66 m. Josef Niessen (Komp.) - Volkssch. Batavia u. Realgymn. Frankfurt/M.; 1936-37 Reinhardt-Sem. Wien-Schönbrunn - Filme 1938ff.: u. a. D. unruhigen Mädchen, Fräulein, Bel ami, 3 Väter um Anna, Bal pare, D. schwed. Nachtigall, Ihr erstes Erlebnis, Wunschkonzert, Hochzeit auf Bärenhof, Wir machen Musik, Münchhausen, Gr. Freiheit Nr. 7, E. toller Tag, D. gestörte Hochzeitsnacht, . . . Mutter sein dagegen sehr, Königin e. Nacht, D. Vogelhändler, Ännchen von Tharau, Griff n. d. Sternen, D. Herrin v. Sölderhof, In meinem Herzen, Schatz, 1989; D. Hallo-Sisters, 1991 (daf. Bundesfilmpreis 1991). Rundfunk u. Fernsehen (ARD 1964: E. kleine Melodie; ZDF 1965: D. Bräute meiner Söhne, Reihe; 1967: E. Frau m. Pfiff, FS-Show; ZDF 1989: Rivalen d. Rennbahn, Serie; 1992: Frau m. Pfiff (D. Hebamme), FS Spiel; Bühne 1970 Musical (D. König u. ich); 1973 weibl. Hptr. in Thornton Wilder Wir sind noch einmal davongekommen, anschl. Dtschl.-Tournee. Schallpl. Eig. Talkshows. Fernsehauftr. im In- u. Ausland. S. 1978 Moderation u. Hörfunkreihen in WDR, Deutschlandfunk, Südd. Rundf. - BV: Ich üb. mich, 1941; So wird's nie wieder sein, 1981 - 1981 BVK I. Kl.; 1986 Dt. Filmband in Gold - Liebh.: Musik (2000 Schallpl.), Lesen, Autofahren, Katzen - Spr.: Holl., Engl., Franz.

WERNER, Joachim

Dr. phil., Dr. phil. h. c., em. o. Prof. f. Vor- und Frühgeschichte Univ. München (s. 1949) - Königinstr. 69, 8000 München 22 (T. 33 34 12) - Geb. 23. Dez. 1909 Berlin (Vater: Max W., Architekt; Mutter: Adrienne, geb. Hübner), verh. s. 1940 m. Traut-Christa, geb. Hasselbach - Univ Berlin, Wien, Marburg. Promot. 1932; Habil. 1939 - Dt. Archäol. Inst. u. Röm.-German. Kommiss.; Lehrtätigk. Univ. Frankfurt/M. (1939-41 Privatdoz.) u. Straßburg (1942-44 ao. Prof.) - BV: u. a. Münzdatierte austras. Grabfunde, 1935; D. beiden Zierscheiben d. Thorsberger Moorfundes, 1941; D. langobard. Fibeln aus Italien, 1950; Waage u. Geld in d. Merowingerzeit, 1954; Beitr. z. Archäol. d. Attila-Reiches, 1956; D. Langobarden in Pannonien, 1962; Spät. Keltentum zw. Rom u. Germanien, 1979. Zahlr. Einzelveröff. (b. 1992) - 1953 o. Mitgl., 1966-82 Sekr. Phil.-Hist. Kl. Bayer. Akad. d. Wiss.; 1972 Wirkl. Mitgl. Österr. Archäol. Inst.; 1972 Hon. Fellow Soc. Antiquaries London; 1973 Hon. Memb. Royal Irish Acad.; 1975 Korr. Mitgl. Österr. Akad. d. Wiss.; 1977 korr. Mitgl. Koninkl. Acad. van België; 1984 korr. Mitgl. Bulgar. Akad. d. Wiss.; 1988 korr. Mitgl. Serb. Akad. d. Wiss.; 1990 ausw. Mitgl. Accad. Nazionale dei Lincei; 1973 Bayer. VO. - Lit.: Festschr. z. 65. Geb. (1974).

WERNER, Jürgen

Dr. phil. habil., o. Prof. f. Klassische Philologie Univ. Leipzig - Kurt-Eisner-Str. 5, O-7030 Leipzig (T. 31 56 85) - Geb. 14. Juli 1931 Dresden, ev., verh. s. 1982 m. Dr. Gabriele, geb. Hitscher, 2 Tócht. aus 1. Ehe (Kerstin, Silke) - Stud. Klassische Philol. 1949-53, Promot. 1957, Habil. 1965 (alles Leipzig) - O. Mitgl. d. Sächs. Akad. d. Wiss.- BV: Aristophanes, Komödie in 2 Bde. 1963; Aristophanes, D. Wolken, 1978; Lukian,

Werke in 3 Bde., 2. A. 1981; Franz Dornseiff in memoriam, 1986; Antike Komödien, 3. A. 1987; Griechenl., Ägäis, Zypern, 1987; Mod. Griechenl., mod. Zypern, 1989; Zum Umgang m. fremden Sprachen in d. griech.-röm. Antike (m. C. W. Müller), 1992. Herausg.: Franz Dornseiff, Sprache u. Sprechender (1964); Erz. d. Antike (4. A. 1990) - 1984 Dshawachischwili-Med. d. Univ. Tbilisi - Liebh.: Musik (bes. Bach), Schach, Wandern - Spr.: Engl., Franz., Neugriech.

WERNER, Jürgen

Hauptgeschäftsführer Dt. Fremdenverkehrsverb. (1984ff.) - Niebuhrstr. 16b, 5300 Bonn 1 - Geb. 19. Juli 1934 - Zul. Verkehrsdir. Bremen.

WERNER, Jürgen

Dr.-Ing., Prof. f. Physiologie - Untermarkstr. 74, 4600 Dortmund 30 - Geb. 5. Aug. 1940 Dortmund - TH Darmstadt (Dipl. 1965, Promot. 1970), Habil. Ruhr-Univ. Bochum 1974 - S. 1975 Prof. f. Elektrophysiol. Bochum -BV: Medizinische Statistik, 1984; Regelung d. menschl. Körpertemperatur, 1984. Üb. 100 Publ. üb. Regelungssysteme in Mensch u. Masch., Elektro- u. Umweltphysiol.

WERNER, Karl Ferdinand

Dr. Dr. h. c., Prof. Univ. Mannheim, Direktor Dt. Hist. Inst. Paris (1968-89) - Karl-Theodor-Str. 30, 8183 Rottach-Egern - Geb. 21. Febr. 1924 Neunkirchen/Saar (Vater: Karl W., Kaufm.; Mutter: Johanna, geb. Klöpfer), ev., verh. s. 1950 m. Brigitte, geb. Hermann, T. Dorothee - 1943-50 Univ. Heidelberg (Promot. 1950); 1950-53 Univ. Paris; Habil. 1961 Heidelberg - S. 1954 Lehrtätigk. Univ. Heidelberg u. Mannheim (1965 o. Prof., 1968 Honorarprof. f. Mittlere Gesch.) - BV: Frühzeit d. franz. Fürstentums 9.-10. Jh., 1960; D. NS-Geschichtsbild u. d. dt. Geschichtswiss., 1967; Westfranken u. Frankreich 888-1060 (Handb. Europ. Gesch. Bd. I, hg. T. Schieder); Structures politiques du monde franc, 6.-12. siècles, 1979; V. Frankenreich z. Entfaltung Dtschl. u. Frankr. Ursprünge, Strukturen, Bezieh., 1984; Les Origines (Histoire de France, Bd. 1), 1984, 4. A. 1989 (dt. Ausg. 1989: D. Ursprünge Frankr.); Hludovicus Augustus. Gouverner l'Empire chrétien (120 S., in: Godman/Collins, Charlemagne's Heir, Oxford 1990). Herausg.: Dtschl. u. Frankr. 1936-39 (1981); L'Histoire médiévale et les ordinateurs (1981); Hof, Kultur u. Politik im 19. Jh. (1985) - Zahlr. Mitgliedsch. u. Ehrenmitgliedsch. in in- u. ausl. Ges.; 1986 Corr. de l'Inst. de France (Acad. d. Inscriptions et Belles-Lettres); 1984 Commandeur dans l'Ordre des Arts et des Lettres; Korr. Mitgl. Bayer. Akad. d. Wiss. u. d. Monumenta Germaniae Historica, München; 1989 Dr. hon. causa d. Sorbonne; Silb. Med. d. Centre nat. de la Recherche Scientifique, Paris; Gr. BVK.

WERNER, Karl-Heinz

Dipl.-Volksw., Senator, Verbandsdirektor - Auenstr. 12, 8021 Höhenschäftlarn - Geb. 19. März 1911 - U. a. Geschäftsf. Verb. bayer. Wohnungsuntern., München. Mitgl. Bayer. Senat, München.

WERNER, Klaus

Dipl.-Ing., Präsident Oberpostdirektion Berlin (s. 1983) - Dernburgstr. 50, 1000 Berlin 19 (T. 3 28-0) - Geb. 24. Jan. 1934 Dresden (Vater: Dr. Hermann W., Vizepräs.; Mutter: Paula, geb. Weber), kath., verh. s. 1964 m. Margareta, geb. Wüst, Tocht. Christiane - Abit. 1953 Nürnberg; Dipl.hauptprüf. 1958 TH München. S. 1959 Postdst. Nürnberg, Koblenz, Trier, Düsseldorf (Ref.-Leit., Abt.-Leit., Vizepräs.) - Spr.: Engl.

WERNER, Margot

Sängerin, Schauspielerin - Geiselgasteigstr. 54, 8000 München 90 - Geb. 8. Dez. 1937 Salzburg (Vater: Exportkfm.; Mutter: Konzertpianistin, beide †) - Verh. in 2. Ehe s. 1978 m. Jochen Litt (Hotelier) - Human. Gymn. (Ursulinen) Salzburg - 1954 1. Engagement Salzb. Landestheater, s. 1955 Bayer. Staatsoper München (1959 Vortänzerin, 1961 Solotänzerin, 1963 Primaballerina). 1973 Umstieg z. Entertainerin üb. Münchner Lach- u. Schießges., 1974 Staatsschausp. München Dreigroschenoper (Jenny), dann regelm. Deutschlandtourneen - 8 LP-Prod., 4 eigene TV-Shows: Margot-Werner-Show (ARD), Margot b. Montag (ZDF, Deutscher Beitr. f. Montreux), Chez Margot (ARD), Musik m. Margot (ARD). Gast in allen gr. TV-Shows. Filme: Bomber u. Paganini, Lieb' Vaterland magst ruhig sein, Insel d. Krebse, Im Weißen Rössel, Collin (Partner Curd Jürgens). FS-Reihe: Liebt diese Erde (ZDF, 6 Teile). Come Back als Sängerin an d. Bayer. Staatsoper. Ballettfestwochen: Gaetaine Parisienne, Offenbach m. Manuel Rosenthal - Konz. u. Galas in fast allen europ. Ländern u. zweimal Metropolitan-Opera Ball New York, Los Angeles, Canada, Spanien, TV-live Konz. 1989 Moskau. Intern. LP-Prod. in engl., franz. u. dt. m. Engelbert Humperdinck. Dt.-sowjet. Filmprod., Neuverfilmung: Alib Baba - BV: Traumflügel, Biogr. 2. A. - Schwabinger Kunstpreis; Trude-Hesterberg-Ring; Gold. Europa; Gold. Mikrophon; Showstar d. Jahres; 1987 Liederpfennig.

WERNER, Michael

Dipl.-Kfm., Ing., Fabrikant, pers. haft. Gesellsch. Werner & Pfleiderer KG (Maschinenfabrik), Stuttgart-Feuerbach.

WERNER, Monika Dorothee

Schauspielerin - Babendiekstr. 1, 2000 Hamburg 55 (T. 040 - 86 03 81) - Geb. 20. Dez. 1950 Freiburg/Breisgau, ledig - Schauspielstud. Folkwang-Hochsch. Essen - Erfolge im Fernsehen: Achtung Zoll; Schülerrevolte; Axel auf Achse. Theater: Hexenjagd v. Arthur Miller; Was ihr wollt v. Shakespeare. Moderation f. WDR - Liebh.: Reiten, Schreiben.

WERNER, Nikolaus

Dr. jur., Ass., Geschäftsführer TURBON TUNZINI Klimatechnik GmbH - Hubertusstr. 14, 5060 Bergisch Gladbach 2 - Geb. 23. Febr. 1933 Wuppertal (Vater: Theo W., Dipl.-Kfm.; Mutter: Hilde, geb. Grote), kath., verh. m. Marie-Theres, geb. Pieger, 2 Söhne (Andreas, Christoph) - Human. Gymn., Univ. Bonn u. München (Rechts- u. Staatswiss.), Refer. 1957, Ass. 1961 - Spr.: Engl., Franz.

WERNER, Norbert

Dr. phil., Prof. Univ. Gießen (s. 1972; 1974/75, 1986/87 Dekan Fachber. Gesch.wiss.) - Wartweg 18, 6300 Gießen (T. 0641 - 2 51 90) - Geb. 11. Febr. 1937 Offenbach/M. (Vater: Karl W. †; Mutter: Juliane, geb. Huth), kath., verh. s. 1963 m. Karin, geb. Helfenbein, 3 Kd. (Michael, Matthias, Gabriela) - Stud. d. Kunstgesch., Gesch., Archäol., German., Phil. Univ. Gießen, Frankfurt/M., München; Promot. 1965 - BV: E. Beitrag z. Struktur u. Entwickl. d. Glasmalerei im 1. Drittel d. 15. Jh., 1965. Herausg. (zugl. Schriftl.): Gießener Beiträge z. Kunstgesch., Bd. 1-8 (1970-89); Katalog d. Ausstell. 375 Jahre Univ. Gießen. Gesch. u. Gegenwart, Gießen 1982; Oskar Kokoschka. Leben u. Werk in Daten u. Bildern, 1989; Peter Behrens. D. Kunst d. Könnens u. d. Kunst d. Schönen; in: Peter Behrens, Düsseldorf 1990, S. 24ff. - Liebh.: Musik, Lit., Phil. - Spr.: Engl., Franz., Ital.

WERNER, Olaf

Dr. jur., Prof. f. Zivilprozeß-, Bürgerl. Handels- u. Wirtschaftsrecht Univ. Marburg - Höhenweg 14, 3550 Marburg-Marbach (T. 06421 - 3 23 17) - Geb. 18. Aug. 1939 Köln, ev., verh. m. Hilde, geb. Fingeling, 2 T. (Almuth-Desiree, Juliane-Nadine) - Abit. 1960 Staatl. Apostelgymn. Köln (Altsprachl. Abt.); ab 1960 Jura-Stud. Univ. Köln; 1. jurist. Staatsex. 1964 OLG Köln, Refer. OLG Köln, 2. jurist. Staatsprüf. 1968, Promot. 1967 Univ. Köln, Habil. 1981 Univ. Göttingen - Ab 1968 wiss. Assist., ab 1975 Akad. Oberrat Univ. Göttingen; ab SS 1982 Prof. f. Privatrecht Univ. Münster; ab WS 1982 Prof. Univ. Marburg; ab Juni 1991 Gründungsdekan d. Jurist. Fak. d. Friedrich Schiller Univ. Jena; Kurat. d. Hans Meinecke Stiftg. u. ev. Akad. Thüringen - BV: Grenzen u. Zulässigkeit d. objektiven vergl. Werbung, 1971; D. Aufnahmepflicht privatrechtl. Vereine u. Verb., 1982; Münchener Rechtslexikon, Erbrecht, Agrarrecht, Handb. d. öfftl. Verwaltung; Mitarb. an: Erman, Handkommentar (Maklerrecht, Sachenrecht, AGBG); Staudinger BGB-Komment. (12. Aufl. 1979/80), Gastwirtshaftung, gesetzl. Erbfolge, Miterbengemeinsch. Allg. u. Bes. Schuldrecht, Hand-Studienlit. - Spr.: Engl., Franz., Griech., Latein.

WERNER, Otmar

Dr., Prof. f. vgl. german., insb. deutsche u. nordische Philologie (Linguistik) Univ. Freiburg (s. 1975) - Wittentalstr. 12, 7801 Stegen (T. 6 11 53) - Geb. 9. Sept. 1932 Bamberg - 1968-75 o. Prof. f. Dt. Philol. Univ. Tübingen - Facharb.

WERNER, Otto

Oberstadtdirektor - Rathaus, 8550 Forchheim/Ofr. - Geb. 21. Jan. 1922 Poxdorf.

WERNER, Paul

Generaldirektor i.R. - Mühlbachweg 21, 8183 Rottach-Egern - Geb. 23. Juli 1913 Kassel (Vater: Carl W., Studienrat; Mutter: Maria, geb. Nagel), ev., verh. s. 1942 m. Hildegard, geb. Happ, T. Heidrun - 1932-36 Univ. Göttingen u. Kiel (Rechtswiss.). Refer.ex. Kiel - 1936-46 Wehrmacht u. Kriegsgefangensch., 1948-52 Staatl. Erfassungsges. f. öfftl. Gut mbH, München (Abt.leit.), 1952-1958 Bayer. Finanzverw. u. Bayer. Prüfungsverb. öfftl. Kassen (Prüfungs- u. Beratungstätigk.), 1958-78 Bayern-Versicherung/Öfftl. Lebensversicherungsanstalt ebd. (stv., 1963 o. Vorst.-Mitgl., 1964 - vors.); s. 1978 VR-Mitgl. Bayern-Versich. 1967-78 Vors. Verb. öfftl. Lebens- u. Haftpflichtversicherer, Düsseldorf, 1974-76 Vorst.-Vors. Verb. d. Lebensversicherungsuntern., Bonn, 1978-84 Vors. Verein Dt. Lebensversicherer. Div. Mandate - BV: D. Umsatzsteuer im Bankgewerbe, 1956 - Gr. BVK; Bayer. VO.

WERNER, Peter

Dr. rer. nat., o. Prof. f. Mathematik - Im Asemwald 32/8, 7000 Stuttgart 70 (T. 728 64 22) - Geb. 15. Okt. 1932 Berlin (Vater: Friedrich W., Jurist; Mutter: Käthe, geb. Rütters), ev., verh. s. 1975 m. Heide, geb. Hertzberg - Promot. 1959 Aachen; Habil. 1963 Karlsruhe - S. 1963 Lehrtätigk. TH Karlsruhe u. Univ. Stuttgart (1966 Ord.). 1961/62, 1965/66, 1968/69 Mitarb. Univ. of Wisconsin/USA (Mathematics Research Center). Zahlr. Fachaufs. - Spr.: Engl.

WERNER, Robert

Dr. phil., em. o. Prof. f. Alte Geschichte - Danziger Str. Nr. 10, 8035 Gauting/Obb. (T. München 8 50 81 81) - Geb. 16. Febr. 1924 Schönbach (Vater: Franz W., Kaufm.; Mutter: Gertrud, geb. Kohl), kath., verh. s. 1949 m. Gertrud, geb. Schmid - 1937-42 Gymn.; 1946-50 Univ. Promot. (1950) u. Habil. (1960) München - S. 1957 Lehrtätigk. Univ. München (1960 Priv.-Doz., 1962 Univ.-Doz.), Berlin/Freie (1966 Ord.), Erlangen-Nürnberg (1968 Ord.). Emerit. 1989 - BV: Cicero u. P. Cornelius Scipio Aemilianus, 1950 (Diss.); Gesch. d. Donau-Schwarzmeerraumes im Altertum, in: Abriß d. Gesch. antiker Randkulturen, 1961; D. Beginn d. röm. Republik, 1963; D. Staatsverträge d. frühröm. Republik b. 338 v. Chr. (in H. Bengtson, D. Staatsverträge d. Altertums), 2. erw. A. 1975; D. Hochkulturen d. Alt. Orient (in Holle Universalgesch. I, 1976); D. Frühzeit Osteuropas (in Handb. d. Gesch. Rußlands I, 1981). Zahlr. Fachveröffentlichungen In- und Ausland, dar. Lexikabeitr. z. Gesch. d. röm. Republik, antiken Chronologie, älteren griech. Gesch. u. d. Randkulturen d. Altert. - Mitgl.schaften: Korr. Mitgl. Dt. Archäolog. Inst., Berlin; Assoc. degli storici europei, Rom; Assoc. Int. d'épigraphie grecque et latine, Paris; Assoc. Int. d'histoire pré-et protohistorique, Paris - Liebh.: Bergsteigen, Schwimmen, Fotogr. - Spr.: Engl., Franz., Lat., Griech., Tschech.

WERNER, Rudolf August

Kaufmann, Vorst. Interagna Atlantica, Madrid, Inh. C. Aug. Schmidt, Hannover, u. Rudolf Werner Ind.-Projekte - Flöthwiesen 2, 3000 Hannover 51 (T. 0511 - 6 54 63 u. 6 54 64) - Geb. 31. März 1920 Hannover (Vater: Dr.-Ing. Franz W.; Mutter: Gertrud, geb. Hugo), kath., verh. I) s. 1947 m. Maria Renate, geb. Löbbecke, II) m. Dr. Edith, geb. Hagenguth, 6 Kd. (Sebastian, Susanne, Martin, Christoph, Dorothee, Sophie) - 1930-39 Realgymn.; kaufm. Lehre; City of London College - 1939-46 Reserveoffz.; 1965-69 Beirat Thyssen Intern.; 1970-88 Advisor Lonrho Ltd., London; b. heute Vorst. Steuben-Schurz-Ges., Carl-Duisberg-Ges. Nieders. u. Mitgl. Konrad-Adenauer-Stiftg.; Beirat Carl-Duisberg-Ges. CDU (1968-74 Vors. Hannover; 1959-72 MdB, ehem. Mitgl. Europa-Parlam. [Sprecher f. Entw.hilfefragen, Mitgl. Ausw. Aussch., stv. Vors. Aussch. f. wirtsch. Zus.arbeit]) - BVK; Kommand. Orden al Merito, Chile - Liebh.: Kunst, Lit., Golf, Tennis, Segeln - Spr.: Engl., Franz., Span., Russ.

WERNER, Rüdiger

Verlagsinhaber Spiel gut - Lern gut Verlag R. Werner, Mainz - Adam-Karillon-Str. 14, 6500 Mainz (T. 06131 - 61 39 33) - Geb. 13. April 1941 - Lehre, Stud. Medienpäd. - Verleger; Autor; Softwarekritiker; Ausbilder f. Bürokaufl.; Doz. u. Lehrbeauftr. Schule u. Computer Univ. Mainz u. European Business School (FH) (Deutsch f. Ausl.). Gründer u. Vorst.-Vors. Dt. Medienges. e. unabhängigen u. non-profit-Vereinig. z. Förderung d. Informations- u. Kommunikationstechnologien - BV: Zehnteiliges Lehrw. Deutsch - Blatt f. Blatt; Lernsoftware-Führer; Unterr.materialien D. Supermarkt; Leseb. z. Supermarkt; EDV-Berufe-aktuell - Liebh.: Mineralien, Fossilien, Reisen, Computerkunst - Spr.: Engl., Franz. - Bek. Vorf.: Dr. Hermann Stöhr, 1. dt. Kriegsdienstverweigerer gg. Hitler, hinger. 21. Juni 1940 (Onkel).

WERNER, Ulrich

Dr. jur., Rechtsanwalt, Geschäftsf. Verb. d. dt. Hefegroßhandels - Am Gleueler Bach 12, 5000 Köln 41 (T. 43 42 11).

WERNER, Walter L.

Dipl.-Volksw., Hauptgeschäftsführer IHK Ostwürttemberg, Geschäftsf. Industrieverein, Heidenheim - Ludwig-Erhard-Str. 1, 7920 Heidenheim/Brenz (T. 324-111, Telefax: 07321/324-169).

WERNER, Wolfgang

Dr. med., Facharzt f. Psychiatrie, Neurologie, Psychotherapie, Prof. Univ. d. Saarl. - Landeskrankenhaus, 6640 Merzig/Saar (T. 70 80) - Geb. 24. Okt. 1939 Niederkirchen (Vater: Kurt Valentin. W., Stadtkämmerer; Mutter: Margaretha, geb. Schaack), ev., verh. s. 1966 m. Dr. med. Hannelore, geb. Reichrath, 3 Kd. (Bernd Valentin, Anna Katharina, Maximilian) - Stud. Univ. Freiburg, Berlin (Freie), Zürich, Saarbrücken; Habil. 1974 - S. 1978 Ärztl. Direktor Landeskrhs. Merzig/S. - BV: Verläufe d. funikulären Myelose, 1977; Psych. Störungen d. alternden Menschen, 1983; Leben in d. Landschaft, 1985; Forum Sar-Lor-Lux, 1986; Märchen u. Mythen, 1987 - Liebh.: Malen - Spr.: Engl., Franz.

WERNER, Wolfgang

Ltd. Regierungsdirektor a.D., Vorstandsvors. Münchener Verein Kranken- u. Lebensversicherung aG sow. Allg. Versich-AG (3) - Pettenkofer Str. 19,

8000 München 2 (T. 089 - 515 23 95); priv.: Merzstr. 1, 8000 München 80 - Geb. 13. April 1932 Müllrose/Mark - 1951-54 Univ. Göttingen (Rechtswiss.). Staatsprüf. 1955 u. 59 - 1959-61 Bezirksreg. Hildesheim; 1961-80 Bundesaufsichtsamt f. d. Versich.wesen, Berlin; AR Hansainvest Hanseat. Investment-Ges. mbH, Hamburg.

WERNHER, Hellmut

Parlamentsjournalist, Vors. Landespressekonfz. Rhld.-Pfalz (1976-81) - Zu erreichen üb.: Bischoff-Verlag, 6000 Frankfurt/Main, Postf. 11 02 42 - Geb. 30. Aug. 1932 Karlsruhe - 1952-56 German.stud. Univ. München u. Mainz - 1969-82 Ressortchef Landespolitik Ztg.gr. Rhein-Main-Nahe; s. 1983 Chefred. d. Ztschr. Unsere Familie. Mitgl. SWF-Rundfunkrat - BV: Oppenheim - Gesch. aus e. alten Stadt, 1980; D. Rheinhessen-Winzer Christians, 1982 - 1980 BVK a. Bde.; 1981 Gold. Jogu Univ. Mainz - Bek.Vorf.: Joh. Schwebel, Reformator d. Pfalz (1490-1540).

WERNIG, Anton

Dr. med., Prof. f. Physiologie Univ. Bonn - Physiol. Inst. Univ. Bonn, Wilhelmstr. 31, 5300 Bonn 1 - Geb. 14. Okt. 1944 Klagenfurt (Österr.) (Vater: Anton W., Beamter; Mutter: Anna, geb. Jäger), 3 Kd. (Markus, Marius, Antonia) - 1954-62 Gymn. Klagenfurt; 1962-68 Med.-Stud. Univ. Wien u. Innsbruck (Promot. 1968); 1970-72 Stud.aufenth. Univ. Colorado/USA; Habil. 1978 TU München - 1969-73 Wiss. Assist. Pharmakol. Inst. Univ. Innsbruck; 1970-72 Univ. Colorado; 1973-80 Max-Planck-Inst. f. Psychiatrie München; s. 1980 Prof. f. Sinnes- u. Neurophysiol. Univ. Bonn. Vors. d. Forsch.beirats d. Dt. Stiftg. Querschnittlähmung. Buchherausg.; wiss. Arbeiten in Fachztschr.

WERNIG, Dieter

B. Sc. (Soc. Sci), Rundfunkjournalist - Heidemannstr. 143, 5000 Köln 30 - Geb. 25. April 1941, verh. m. Kirsten, geb. Serup, T. Caroline Susannah - 1960-64 Jurastud., 1965-68 Southampton Univ., Engl. (Polit. u. Intern. Bez.) - Leiter Aktuelle Sendungen/Engl. Programm/ Dt. Welle Köln - Spr.: Engl., Franz., Niederl., Lat.

WERNING, Claus

Dr. med., Prof., Chefarzt Med. Klinik St.-Katharinen-Hospital, Frechen/Köln (s. 1974) - Starenweg Nr. 9, 5020 Frechen-Königsdorf (T. 02234 - 6 35 20) - Geb. 6. Mai 1938 Gescher/Westf. (Vater: Stephan W., Zahnarzt; Mutter: Hildegard, geb. Stecken), kath., verh. s. 1967 m. Marita, geb. Wirtz, 3 Kd. (Christian, Peter, Claus) - Stud. d. Med. Univ. Freiburg/Br., München, Würzburg, Wien, Münster; Facharztausb. Düsseldorf u. Zürich - 1965-68 Wiss. Assist. 1. Med. Univ.klinik D'dorf u. 1968-69 Univ.-Poliklinik Zürich; 1969-74 Oberarzt Univ.-Poliklinik Bonn. Mitgl. Dt. Ges. f. Innere Med. Cheflektor Dt. Ärzteverlag - BV: D. Renin-Angiotensin-Aldosteron-System, 1972; Kurzes Lehrb. d. Hochdruckkrankheiten, 1975; Hypertonie, 1978; Verhüt. u. Behandl. v. Herz- u. Kreislaufkrankheiten, 1981; Taschenb. d. Inneren Med., 1983.

WERNITZ, Axel

Dr. rer. pol., Dipl.-Kfm., Akad. Rat. a. D., MdB (s. 1972) - Birkenweg 3, 8860 Nördlingen/Schwaben (T. 09081 - 33 57) - Geb. 17. April 1937 Königsberg/ Ostpr., ev., verh., 2 Kd. - Realgymn. Nördlingen (Abit.); Univ. Erlangen/ Nürnberg (Wirtschaftswiss., Gesch., Publiz.; Dipl.-Kfm., Promot.) - 1967-70 Akad. Rat Univ. Regensburg. 1970-72 MdL Bayern. SPD s. 1958; Vors. Bundestagsinnenaussch., 8. u. 9. u. 10. Leg.-Periode - 1982 Bayer. VO; 1986 Gr. BVK.

WERNSDÖRFER, Robert

Dr. med., Prof., Ltd. Oberarzt Univ.sklinik f. Haut- u. Geschlechtskrankheiten Erlangen - Wilhelmstr. 7, 8520 Erlangen (T. 2 12 13) - Geb. 5. April 1908 Erlangen (Vater: Franz W., Lehrer) - S. 1955 (Habil.), Lehrtägigk. Univ. Erlangen bzw. -Nürnberg (1961 apl. Prof.; Haut- u. Geschlechtskrankh. sow. Dermatol. Strahlenheilkd.). Fachveröff.

WERNSTEDT, Rolf

Nieders. Kultusminister (s. 1990), Akad. Oberrat f. Polit. Wiss. u. ihre Didaktik Pädagog. Hochschule Niedersachsen, Abt. Braunschweig (s. 1974), MdL Niedersachsen (SPD) s. 1974, stv. Vors. SPD-Landtagsfraktion Nieders. (s. 1983) - Entenfangweg 20F, 3000 Hannover 21 (T. 0511 - 79 39 84) - Geb. 6. Mai 1940 Hamburg (Vater: Wilhelm Gericke, Frieseurmeister; Mutter: Elisabeth Fröschke, geb. W.), ev., verh. s. 1963 m. Marianne, geb. Winter, 2 Tòcht. (Bilke, Thela) - Abit. (1958) in d. DDR, Sonderreifeprüf. (1959) in d. BRD; Stud. Göttingen, Heidelberg (Gesch., Lat.). Staatsex. f. d. Höh. Schuldst. 1966 - 1966-68 Stud.refer., 1968-72 Stud.ass., -rat, 1972-74 Akad. Rat PH Nieders., Abt. Braunschweig. S. 1989 Hon.-Prof. Univ. Hannover - BV: Einf. in d. Marxsche Theorie, in: Handreichungen z. Reform d. Sekundarbereichs II, 1972; D. Bonner Grundgesetz 1949/73. Versch. Aufs. z. Bildungspolitik, Curriculum-Reform u. Didaktik - Parlamentarische Demokratie u. geschichtl. Realität, 1973 (Mitarb.); D. Projekt Orientierungsstufe (m. G.-B. Oschatz), 1989 - Spr.: Engl., Russ., Latein.

WERREMEIER, Friedhelm

Schriftsteller - Lindenstr. 3a, 3118 Bad Bevensen - Geb. 30. Jan. 1930 Witten/ Ruhr, verw. - Volont. NRZ Essen - Reporter u. Redakt. b. versch. Ztg. u. Illustr., Gerichtsberichterstatter; s. 1970 fr. Schriftst. - Mitbegr. d. Neuen Dt. Kriminalromans - BV: D. Fall Jürgen Bartsch, Sachb. 1968; Ich verkaufe mich exclusiv, Kriminalr. 1968; 14 weit. Krimis, u.a. D. Richter in Weiß, Platzverweis f. Trimmel, Trimmel u. Isolde, Trimmel u. d. Finanzamt; Kriminalgesch.; Drehb. f. FS; Fernsehsp. (u.a. Tatort, Peter Strohm, Alles paletti); Hörspiele; Übers. (zus. m. Ehefrau).

WERRINGLOER, H. W. Jürgen

Dr. med., Prof. f. Toxikologie Univ. Tübingen - Holunderstr. 14, 7033 Herrenberg (T. 07071 - 29 44 07) - Geb. 23. Febr. 1938 Bünde/Westf., ev., verh. s. 1969 m. Dr. med. Margarete, geb. Bickert, 3 Kd. - B. 1967 Stud. Univ. Freiburg u. Basel; Promot. 1969 - 1970 Doz. Univ. Montreal/Kanada; 1972 Assist.-Prof. Univ. Dallas/Texas (USA); ab 1981 Prof. in Tübingen. Zahlr. Veröff. in Fachztschr. u. -büchern - Mitgl. New York Acad. of Sciences.

WERRLEIN, Ferdinand

Dr. oec., Geschäftsführer Deutsche Vereinigte Schuhmaschinen GmbH., Frankfurt/M. - Am Sand 25, 6367 Karben 1 - Geb. 1. März 1925 - Vors. Fachgem. Masch. f. d. Schuh- u. Lederind./ VDMA, Frankfurt/M.

WERSCHE, Dietrich

Dr. jur., Eisenbahndirektor, Vorstandsvors. Osthannoversche Eisenbahnen AG., Celle (s. 1957) - Teichmühlenstr. 2, 3100 Celle (T. 5 27 53) - Geb. 19. Sept. 1909 Berlin (Charl.), ev., verh. m. Gertrud, geb. Prechtl (†1985), 2 Töcht. (Gisela, Claudia) - Gymn.; Univ. Jena u. Berlin (Rechtswiss., Volksw.; Promot. 1931). Ass.ex. 1934 - 1934-35 Staatsanwaltsch.; 1935-36 Reichsverb. d. Automobilind.; 1936-57 Dt. Reichs- bzw. Bundesbahn (zul. Ministerialdirig.). Div. Ehrenstell., dar. Präs. Bundesverb. Dt. Eisenbahnen (1965) u. Vizepräs. IHK Lüneburg (1968) - 1975 Gr. BVK.

WERSDÖRFER, Heinrich

Dr. jur., Botschafter d. Bundesrep. Deutschl. in Togo (s. 1986) - B.P. 1175, Marina Route d'Aflao, Lomé/Togo - Geb. 6. März 1925 Köln, verh., 3 Kd. - Abit. 1943; 1943-47 Wehrdst. u. Kriegsgefangensch.; dan. Stud. Rechtswiss. Univ. Köln u. Duke Univ. North Carolina, USA; Ref. 1951; Promot. 1952 Köln; 2. jurist. Staatsprüf. 1955 - Dan. Tätigk. in d. Rechtsabt. e. Ind.untern.; 1957 Eintritt in d. ausw. Dienst; 1958 Abschlußprüf.; 1959-62 Konsul Generalkonsulat Osaka-Kobe/Japan; 1962 Leit. Konsulat Kampala/Uganda (n. d. Unabhängigk. ständ. Vertr. d. Botsch. b. 1965); 1965-67 Konsul Generalkonsulat Kalkutta; 1968-71 stv. Ref.-Leit. Rechtsabt. d. AA; 1971-74 ständ. Vertr. d. Botsch. Addis Abeba/Äthiopien; 1974-78 ständ. Vertr. Botsch. Jakarta/ Indonesien; anschl. Ref.-Leit. Rechtsabt. AA; 1982-86 Botsch. f. Kuwait u. Bahrain.

WERSHOVEN, Theodor

Rechtsanwalt, Hauptgeschäftsf. Dt. Fleischer-Verband (s. 1972) - Buchenbusch 114, 6078 Neu-Isenburg - Geb. 4. Mai 1934.

WERSIG, Gernot

Dr. phil., M.A., Prof. f. Informations-Wiss. FU Berlin - Berner Str. 7, 1000 Berlin 45 - Geb. 20. Dez. 1942 Berlin (Vater: Kurt W., Ing.; Mutter: Henny, geb. Schmidtke), ev., verh. m. Inf.wiss. Dr. Petra Schuck-W. - FU Berlin (M.A. 1968, Promot. 1971, Habil. 1972) - 1968-77 Assist. u. Assist.-Prof. Inst. f. med. Statistik u. Dokument. FU Berlin; s. 1977 Prof. in Berlin; 1981-83 Gastprof. Inst. f. prakt. Informatik TU Wien - BV: Informat.-Kommunikat.-Dokumentat., (Monogr.) 1971; D. Krankenhaus-Informat.system, (Monogr.) 1972; Informat.soziol., (Monogr.) 1973; Thesaurus-Leitfaden, (Monogr.) 1978 u. 85; Informatisier. u. Gesellschaft (Sammelb.), 1983; D. kommunikative Revolution (Monogr.), 1985; Akzeptanz neuer Kommunikationsformen (Sammelb., m. Petra Schuck-Wersig), 1985; D. Lust am Schauen (Monogr., m. Petra Schuck-Wersig), 1986; Organisations-Kommunik. (Monogr.), 1989 - Liebh.: Wohnen, Lesen, Garten - Spr.: Engl.

WERTHEBACH, Eckart

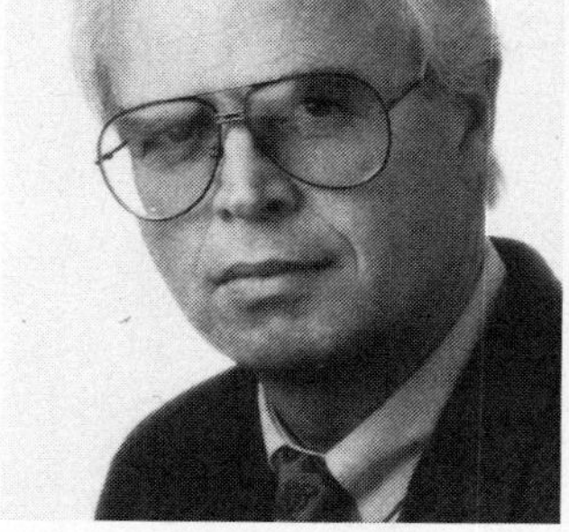

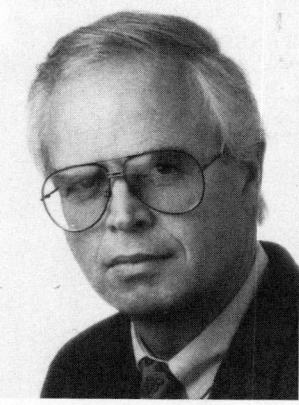

Dr. jur., Präsident Bundesamt f. Verfassungsschutz - Zu erreichen üb. Merianstr. 100, 5000 Köln 71 - Geb. 17. Febr. 1940 Essen, verh., 1 T. - Stud.; Promot. 1969 z. Dr. jur. utr.

WERTHERN, Freiherr von, Hans Wolf

Dr. rer. pol., Geschäftsführer Gesellsch. z. Förderung d. High-Fidelity mbH, Frankfurt, u. Dt. High Fidelity Inst. - Mainzer Str. 37, 6238 Hofheim/Ts. - Geb. 3. März 1925 München (Vater: Hans v. W., Rechtsanwalt; Mutter: Johanna, geb. Hauff), ev., verh. s. 1952 m. Jutta, geb. Gräfin Castell-Castell, 5 Kd. (Hans Carl, Gertrud, Philipp, Anna Maria, Wilhelm) - 1947-51 Univ. Tübingen - Liebh.: Musik, Lit., Fotogr. - Spr.: Engl.

WERTHERN, Freiherr von, Hans-Henning

Dipl.-Kfm., Generalbevollmächtigter Salzgitter AG., Salzgitter - Hagedornweg 7, 4700 Hamm 1 - Geb. 6. Sept. 1916 Windhuk (Südwestafrika) - Zul. Vorst.-Mitgl. Märkische Steinkohlengewerkschaft Heessen. AR-Mandate.

WERTHERN-BEICHLINGEN, Gräfin von, Elisabeth,

geb. Gräfin von Wedel

Ehem. Geschäftsführerin d. Dt. Parlam. Gesellschaft, Bonn - Am Büchel 81, 5300 Bonn 2 - T. Louisa, verehel. Gräfin Seilern u. Aspang (gesch.) - Kunstsch. (Innenarch.) - BV: Von Weimar n. Bonn, 1985 - BVK I. Kl. 1971 - Spr.: Engl., Franz.

WERTHERN-BEICHLINGEN, Gräfin von, Elisabeth

s., Werthern, Gräfin, Elisabeth

WERTHMANN, Hans-Volker

Dr., Dipl.-Psychologe, Prof. f. Psychoanalyse Univ. Frankfurt (s. 1975) - Theodorenstr. 12a, 6200 Wiesbaden (T. 37 12 10) - Geb. 22. Juli 1938 Tilsit (Vater: Herbert W., Landw.; Mutter: Erika, geb. Kuhrke), ev., verh. s. 1963 m. Dipl.-Psych. Annelore, geb. Paris, 3 Töcht. (Katja, Anne, Lisa) - Stv. Vors. Dt. Ges. f. Psychoanalyse, Psychotherapie, Psychosomatik u. Tiefenpsych.

WERTZ, Hans

Staatsminister a. D., Präsident Landeszentralbank Nordrh.-Westf. (s. 1976) - Postfach 1148, 4000 Düsseldorf 1 - Geb. 4. Juli 1922 Aachen, verh. - 1957-66 Stadtkämmerer Aachen, 1966-75 Finanzmin. Nordrh.-Westf.; 1948-54 Stadtverordneter Aachen (1950 Fraktionsvors.); 1954-66 u. 1967-75 MdL NRW. SPD s. 1946 - 1969 Gr. BVK, 1976 Stern u. Schulterbd. dazu.

WERWINSKI, Joachim Michael

Bürgermeister a.D. - Kirschenallee 1, 2418 Ratzeburg (T. 04541 - 77 66) - Geb. 17. Aug. 1927 Frankfurt/O., verh. s. 1951 m. Sonja, geb. Bierschenk, 2 Söhne (Stefan, Jürgen) - 1960-69 Stadtkämmerer, 1969-87 Bürgerm., Verb.vorst. v. Schulverb., s. 1991 Erster Beigeordneter d. Stadt Schönberg/Meckl. 1985 Vors. DRK-Kreisverb. Herzogtum Lauenburg.

WERZ, Günther Wolfram

Dr. phil., em. o. Prof. Freie Univ. Berlin - Fabeckstr. 5a, 1000 Berlin 33 - Geb. 26. März 1927 Ravensburg (Vater: Stefan W., Reg.samtm.; Mutter: Klara, geb. Eisele), kath., verh. s. 1958 m. Gudrun, geb. Schillemeit, 3 Kd. (Christian-Stefan, Matthias-Curt, Stefanie-Sybille) - Stud. Univ. Tübingen, Köln; Promot. 1955 ebd. - Zun. Labor.leit. Max-Planck-Inst. f. Zellbiol. Wilhelmshaven. Fachmitgl.sch. - Liebh.: Malerei - Spr.: Engl., Franz.

WESCHE, Karlhans

Dr.-Ing., em. o. Prof. f. Baustoffkunde - Direktor Inst. f. Bauforschung TH Aachen (1961-85), Gründungsdir. Materialforsch. u. Prüfanstalt Weimar (s. 1992) - Lohmühlenstr. 5a, 5100 Aachen (T. 7 29 27) - Geb. 9. April 1920 Brand b. Aachen, verh. s. 1949, 3 Kd. - S. 1949 TH Aachen, 1970-71 Dekan - BV: Baustoffe f. tragende Bauteile, 4 Bde., 2. A. 1977ff., Mitarb. Hütte, Bautechnik Bd. 1 u. VDI-Lexikon Bauing.wesen. Zahlr. Einzelarb. u. Veröff. - 1982 Ehrenmitgl. RILEM; 1966 Gold. Sportabz. - Spr.: Engl., Franz.

WESEL, Uwe

Dr. jur., o. Prof. f. Röm. u. Bürgerl. Recht sow. Zivilprozeßrecht - Koenigsallee 41, 1000 Berlin 33 (T. 8 26 31 60) - Geb. 2. Febr. 1933 Hamburg (Vater:

Alfons W., Maschinenschlosser; Mutter: Rotraut, geb. Garbsch), verh. s. 1990 m. Beate, geb. Stasiak, S. Thomas - Stud. Klass. Philol. (1953-56) u. Rechtswiss. (1956-61). Promot. 1965 Saarbrücken; Habil. 1968 München - S. 1968 Lehrtätigk. Univ. München u. Berlin/Freie (1969-73 Vizepräs.). B. 1974 (Ausschl.) SPD; Mitgl. d. 4. intern. Russell-Tribunals 1978/79 - BV: Rhetor. Statuslehre u. Gesetzausleg. d. röm. Juristen, 1967; D. Mythos v. Matriarchat, 1980; Aufklär. üb. Recht, 1981; Jurist. Weltkd., 1984; Frühformen d. Rechts in vorstaatl. Gesellschaften, 1985; Recht u. Gewalt, 1989; Fast alles was Recht ist, 1992 - Mitgl. Intern. PEN Club.

WESEMANN, Wolfgang
Dr. rer. nat., Dipl.-Chemiker, Prof. f. Physiolog. Chemie Univ. Marburg (Bereich Humanmed.) - Friedhofstr. 25a, 3550 Cappel - Geb. 1. April 1931 - Promot. 1962; Habil. 1968 - 3j. Tätigk. Nijmegen/Ndl. Üb. 100 Fachveröff.

WESENIGK, Fritz
Prof. d. Musik - Sensburger Allee 16, 1000 Berlin 19 - Lehrtätigk. Staatl. Hochsch. f. Musik u. darstell. Kunst Berlin (Trompete).

WESS, Julius
Dr. phil., o. Prof. u. Direktor Max-Planck-Institut f. Physik, u. Ludwig Maximilians Univ. München, Sektion Physik - Föhringer Ring 6, 8000 München 40; Theresienstr. 37A, 8000 München 40; Laplacestr. 29, 8000 München 80.

WESSEL, Gerhard
Generalleutnant a. D., Präs. Bundesnachrichtendienst a. D. (1968-78) 8023 Pullach/Obb. - Geb. 24. Dez. 1913 Neumünster (Vater: Pfarrer), ev., verh., 2 Kd. - Abitur 1932 - 1934-45 akt. Offz. (1940 Hauptm. Inf., 1943 Major i. G., 1944 Oberstlt. s. G.), spät. Industrietätigk. 1952-68 Dienstst. Blank bzw. Bundeswehr (1955 Oberst., 1958 Brigadegeneral, 1963 Generalmajor, 1965 -lt., 1962 ff. dt. Vertr. Ständ. Militärausch. NATO Washington bzw. Brüssel).

WESSEL, Horst
Dr. sc. phil., o. Prof. f. Logik, Inst. f. Philosophie d. Humboldt-Univ. zu Berlin (s. 1976) - Charlottenburger Str. 3, O-1120 Berlin (T. 030 - 966 10 05) - Geb. 16. Aug. 1936 Wuppertal-Elberfeld, verh. s. 1964 m. Ingrid, geb. Wöller, 2 Söhne (Jens, Nils) - Abit. 1955; Dr. Phil. 1959 Berlin; Dr. phil. 1967 Moskau; Dr. sc. phil. 1974 Berlin; 1990/91 Gastprof. Univ. Trier - BV: Quantoren, Modalitäten, Paradoxien, 1972; Logische Sprachregeln (m. A. Sinowjew), 1975; Logik u. Philosophie, 1976; Logik u. empirische Wissenschaften, 1977; Logik 1984, 1986, 1989; Übers.: A.A.Sinowjew, über mehrwertige Logik, 1968; A.A. Sinowjew, Komplexe Logik, 1970; J.A. Petrow, Logische Probleme d. Realisierbarkeits- u. Unendlichkeitsbegriffe, 1971; A.A. Iwin, Grundlagen d. Logik v. Wertungen, 1975; A.A. Sinowjew, Logik u. Sprache d. Physik, 1975 - Spr.: Engl., Russ.

WESSEL, Horst A.
Dr. phil., Leiter Mannesmann-Archiv. Düsseldorf - Mannesmannufer 2, 4000 Düsseldorf (T. 0211 - 820 22 00) - Geb. 12. April 1943 Bonn, kath., verh. s. 1972 m. Margret, geb. Jocksch, 2 Söhne (Christian, Martin) - Stud. Univ. Bonn (German., Gesch.): Staatsex. 1972; Promot. 1979 - 1976-83 Gründungsgeschäftsf. Ges. f. Untern.-Gesch.; s. 1986 Vors. Vereinig. dt. Wirtsch.-Archivare. Lehrbeauftr. d. Univ. Düsseldorf - BV: Hundert Thaler preuß. Courant, 1981; D. Entw. d. elektr. Nachrichtenwesens, 1983; D. Maschinenbauer u. i. Messen, 1987; Kontinuität im Wandel. 100 Jahre Mannesmann, 1990. Herausg. d. Kolloquien z. Wirtsch.- u. Geschichte d. Elektrotechnik (s. 1986) - Liebh.: Theol., Verkehrsgesch. - Spr.: Engl., Franz.

WESSEL, Karl-Heinz
Dr. jur., Mitinhaber Bankhaus Sal Oppenheim, Köln - Osterriethweg 20, 5000 Köln 50 - Geb. 2. Jan. 1927 - AR-Vors. Schwäb. Zellstoff AG Ehingen, Rhein.-Westf. Boden-Credit-Bank AG, Köln, Pirelli Dtschl. AG, Hoechst; stv. AR-Vors. Claar OHG, Harsewinkel. Div. Mandate in AR, VR u. Beiräten.

WESSEL-THERHORN, Michael
Konzertpianist - Von-Holte-Str. 20, 4400 Münster - Geb. 11. Juli 1955, verh. s. 1981 m. Ulrike, geb. Bernhardi-Grisson (s. dort) - Stud. NWD Musikakad. Detmold, Folkwanghochsch. Essen, HdK Berlin, Conservatoire National Supérieur de Musique Paris; Schüler v. Klaus Schilde, Lucette Descaves, Paul Badura-Skoda u. Stefan Askenase - Div. Konzertreisen nach Deutschl., Südafrika, Namibia, Großbritannien u. Israel; s. 1979 Doz. Staatl. Hochsch. f. Musik Westf.-Lippe, Inst. Dortmund (s. 1981 Lehrtätigk. im künstler. Hauptfach); s. 1982 Leit. d. Klavier-Studios Neue Musik; fr. Mitarb. WDR, NDR, SDR, RB u.a. (mehrere hundert Rundfunksend. in 18 Rundfunkanst. auf 3 Kontinenten); Juror Int. Wettbew.; Gründg. e. eig. priv. Musikinst.

WESSEL-THERHORN, Ulrike,
geb. Bernhardi-Grisson

Pianistin, Musikpädagogin - Von-Holte-Str. 20, 4400 Münster - Geb. 13. Juni 1957, verh. s. 1981 m. Michael W.-T., Konzertpianist (s. dort) - Stud. German., Gesch., Päd. Univ. Bielefeld; Schulmusikstud. f. d Lehramt an Gymn., Sekstufe I u. II, NWD Musikakad. Detmold; pianist. Ausb.; staatl. gepr. Klavierpäd. - S. 1982 freie Mitarb. WDR Köln; Doz. (Klavierkurse), Lehrtätigk. im eig. Musikinst.; Jurorentätigk.

WESSELKOCK, Klemens
Dipl.-Kfm., Ministerialdirektor a.D., 1985 Vorstandsvors. Hamb.-Mannheimer Versich. AG - Geb. 10. April 1935 - Univ. Köln (Dipl.-Kfm.) - B. 1984 Ministerialdir. Bundesfinanzmin.; ab 1984 Vorst.-Mitgl. Hamburg-Mannheimer.

WESSELMANN, Hilde
Prof., Dozentin f. Solo-Gesang Folkwang-Hochschule - Bellenbergsteig 2, 4300 Essen-Werden.

WESSELS, Bernd-Artin

Kaufmann - Hüchtingstr. 10, 2805 Stuhr 1 (T. 0421 89 38 84) - Geb. 22. Juni 1941 Großenhain/Sachs., ev., verh. s. 1969 m. Elke, geb. Seevers, 2 Töcht. (Ulrike, Sabine) - Lehre Groß- u. Außenhandel; Ex. Betriebswirt 1967 an d. DAV Bremen - Gf. Gesellsch. Scipio GmbH & Co.; Vorst.-Vors. Atlanta AG, Bremen; Mitgl. Penum HK Bremen, Zulassungsstelle Wertpapierbörse, u.a.; Beirat Deutsche Bank. Konsul a. h. von Ecuador - Liebh.: Münzen, Blechspielz. - Spr.: Engl., Franz.

WESSELS, Herbert
Regierungssprecher d. Schleswig-Holst. Landesreg. a.D. - Parksee 17, 2000 Schenefeld - Geb. 25. April 1945, verh. s. 1982 m. Vera, geb. Pototschnig - Abit. - Journ., zul. Hamburger Abendblatt als Norddeutschl.-Korresp. - BV: E. polit. Fall (Uwe Barschel - D. Hintergründe d. Affäre), 1988.

WESSELS, Johannes

Dr. jur., em. o. Prof. f. Straf- u. Prozeßrecht - Goerderlerstr. 33, 4400 Münster/W. (T. 7 44 57) - Geb. 20. Juni 1923 Overberge/W. (Vater: Johannes W., Schießmeister; Mutter: Henriette, geb. Köhling), kath., verh. s. 1952 m. Magdalena, geb. Hilwerling, S. Hans Ulrich - Gymn. Hamm; 1943-47 Univ. Münster u. Berlin (Rechtswiss.) - S. 1952 Justizdst. (1953 LG-Rat Dortmund, 58 OLGrat Hamm), Justizmin. NRW (1961 Leit. Gruppe IIb), Univ. Münster (1965 Ord., Dir. Rechtswiss. Sem. u. Inst. f. Kriminalwiss.). 1970-88 stv. Mitgl. LVerfGH NRW; 1973-88 stv. Vors. Justizprüf.amt OLG Hamm - BV: Strafrecht, AT, 22. A. 1992; BT-1, 16. A. 1992; BT-2, 15. A. 1992. Fachveröff. - 1989 Gr. BVK - Spr.: Engl., Franz.

WESSELS, Rolf B.

Chefdramaturg u. Leit. d. Schauspielschule am Ernst-Waldau Theater Bremen - Waller-Heerstr. 165, 2800 Bremen 1 (T. 0421 - 38 30 31) - Geb. 19. Mai 1943 Bremen, ev., verh. s. 1982 m. Christine v. Salis, 6 Kd. (Bernhard, Katharina, Sebastian, Astrid, Wladimir, Mareike) - 1962-66 Schauspielausb. Bremen; 1967 Tumblingausb. London; Artistenausb. (Arbeit m. Schlangen) Berlin - 1972-85 Schausp. Bad Hersfeld, Kassel, Münster, Saarbrücken, Stuttgart, Bremen; 1976/77 Oberspielleit. Hof; 1983-85 Künstler. Leit. Stuttgart (Theater im Westen) - BV/Übers.: Tag f. Tag (v. A. Wesker); Jugendstück: Max u. Moritz - e. Mitspielstück nach W. Busch; Play Demokratie; Charleys Tante - Rollen: Wladimir (Godot), Peachum (Dreigroschenoper), Izquierdo (Montserrat), Hustengustav (Feuerwerk), Bleichenwang (Was ihr wollt), Ellä, Regenmacher, u.v.a. Insz.: Tageb. d. Anne Frank (Paderborn), Lysistrata (Musical, Stuttgart), Biedermann u. d. Brandstifter, Arsen u. Spitzenhäubchen (Bremen), insges. üb. 100 Insz. - Liebh.: Sport, Reptilien; ist Pilz-Kenner - Spr.: Engl., Span., Niederdt.

WESSELY, Paula
Schauspielerin - Himmelstr. 24, Wien XIX (T. 42 66 83) - Geb. 20. Jan. 1907 Wien (Vater: Metzgerm.), verh. m. Prof. Attila Hörbiger, Schausp. †1987, 3 Töcht. (Elisabeth, Christiane, Maresa) - Akad. f. Musik u. darstellende Kunst Wien - U. a. Volkstheater Wien, Landestheater Prag, Reinhardt-Bühnen Wien u. Berlin, Burgtheater u. Theater in d. Josefstadt Wien. Bühne: Gretchen, hl. Johanna, Dorothea Angermann, Rose Bernd, Katharina, Eliza Doolittle, Minna v. Barnhelm, Barbara Blomberg, Candida, Gabriele, Genia, Ella Rentheim, Emilia, Nora Melody, Amanda, Agnes u. a.; Film: Maskerade, So endete e. Liebe, Episode, Julika, D. ganz gr. Torheiten, Spiegel d. Lebens, Maria Ilona, Ein Leben lang, Späte Liebe, D. kluge Marianne, D. Herz muß schweigen, Ernte, D. Engel m. d. Posaune, Vagabunden d. Liebe, Cordula, Maria Theresia, Ich u. meine Frau, D. Licht d. Liebe, Weg in d. Vergangenheit, D. Wirtin z. Goldenen Krone, Anders als du, ich (Paragr. 175), Noch minderjährig, D. unvollk. Ehe; Fernsehen: Rumpelstilz (1969) - 1935 Volpi-Preis Biennale Venedig (Episode); 3x hintereinander Sascha-Kolowrat-Preis Österr. Bundesmin. f. Unterr. (zul. 1954: Ich u. m. Frau); 1949 Max-Reinhardt-Ring; 1957 Österr. Kammerschausp.; 1960 Josef-Kainz-Med. Wien; 1962 Bambi f. Verd. um d. Dt. Film; 1963 Österr. Ehrenkreuz f. Wiss. u. Kunst I. Kl.; 1967 Ehrenmed. in Gold Stadt Wien; 1967 Ehrenmitgl. Akad. f. Musik u. darstell. Kunst u. Burgtheater Wien; ao. Mitgl. Akad. d. Künste Berlin 1975 Maximilian-Kolbe/Rheinhold-Schneider-Gedenkpreis d. R.-Schneider-Stiftg., Hamburg; 1976 Gr. silb. Ehrenz. f. Verdienste um d. Rep. Österr.; 1978 Kollegenring Burgtheater u. 1. Trägerin Alma-Seidler-Ring (Kollegenschaft Burgtheater); 1984 Bundesfilmpreis/ Filmband in Gold; 1984 Gold. Ehrenz. Land Salzburg; 1987 Raimund-Ring - Lit.: O. M. Fontana, P. W.; Franz Horch, Weg e. Wienerin; Alfred Ibach, D. Wessely - Skizze ihres Werdens. Herbert Jhering, v. Josef Kainz b. P. W.

WESSING, Armin
Dr. rer. nat., o. Prof. f. Zoologie - Waldstr. 76, 6307 Linden-Mühlberg (T. Großen-Linden 6 22 66) - Geb. 10. Okt. 1924 Essen (Vater: Dr. med. Franz-Joseph W., Arzt; Mutter: Carola, geb. van Ham), kath., verh. s. 1958 m. Ingeborg, geb. Lübbert, 2 Söhne (Roland, Gundo) - Obersch.; Stud. Zool., Botanik, Chemie, Geogr., Phil. Promot. 1952; Habil. 1960 - S. 1960 Lehrtätigk. Univ. Bonn (1965 apl. Prof.; 1962 Leit. Physiol. Abt./ Zool. Inst.) u. Gießen (1967 o. Prof. u. Dir. I. Zool. Inst.) - BV: Excretion, 1975 - Spr.: Engl.

WESSING, Egon
Dipl.-Ing., Aufsichtsratsvorsitzender Wickmann-Werke GmbH, Witten-Annen - Werseinkel 20, 4400 Münster - Geb. 8. Mai 1927 Herten.

WESSINGHAGE, Dieter
Dr. med., Prof., Chirurg u. Orthopäde - Zu erreichen üb. Orthopäd. Klinik d. Rheumazentrums, 8403 Bad Abbach (T. 09405 - 1 84 01) - Geb. 16. Aug. 1933 Hagen.- Stud. Univ. Marburg, Freiburg, Würzburg - BV: Entzündl. Rheumatismus, 1976 (m. K. Miehlke); Taschenatlas d. Rheumatol., 1984 (auch engl.); Rheuma, welke diagnose stellt u?, 1984; D. Hohe Schule z. Herborn u. ihre Med. Fak., 1984; Diasamml. u. Monogr.

Rheumakolleg, 1986; Reihe Reprints Med.hist. Schr. Bd. 1 N. Andry: Orthopädie, od. d. Kunst, Bey d. Kd. d. Ungestaltheit d. Leibes zu verhüten u. zu verbessern, Bd. 2 J. Mathaeus: Natürl. wolerfahrne Beschreib. d. Marggräfischen Bades, 1987; sow. zahlr. Beitr. in med. Lehrb. u. Fachztschr.

WESSLING, Berndt W.
Schriftsteller u. Publizist - Osdorfer Landstr. 6a, 2000 Hamburg 52 - Geb. 25. Juli 1935 Bremen (Vater: Carl W.; Mutter: Anni Julie, geb. Meyer), ev. - Studierte Klavier b. Gertrud Wehl-Rosenfeld, Gesang b. Rudolf Bockelmann u. Henny Wolff. Redaktionsvolontär in Hamburg - 1963-65 Redakt. in d. Europa-Redaktion d. dpa, b. 1969 ltd. Redakt. b. NDR-Fernsehen. Seitd. freier Autor. Biogr.-Autor: Astrid Varnay. Wolfgang Windgassen, Hans Hotter. Leopold Ludwig, Lotte Lehmann, Max Brod, Franz Liszt, Gustav Mahler. Beethoven, Alma Mahler-Werfel. Furtwängler, Giacomo Meyerbeer, Kurt Tucholsky, Carl v. Ossietzky. Spatzen im Kanonenrohr, R.; D. Töchter Zions, R.; Bayreuth mon amour, Tageb.; D. Bahnhofstauben sind meine grauen Schwester, Ged.; div. Theaterst., darunter Wo du hingehst, da will ich auch ... (Hamburg 1973), Mathilde (Braunschweig 1981). Herausg. d. Werke Julie Schraders - S. 1960 Ehrenmitgl. d. Jeunesses Musicales.

WESSLING, Martin
Kaufmann, Vors. Zentralverb. d. Dt. Darmimporteure - Zu erreichen üb.: Gotenstr. 21, 2000 Hamburg 1.

WESSNER, Kurt
Dipl.-Ing. (FH), I. Bürgermeister Stadt Penzberg - Rathaus, 8122 Penzberg/Obb., priv.: Ruhe am Bach 15 - Geb. 27. Sept. 1930 Bad Tölz - Zul. Stadtbaum. SPD - BVK: Kommunale Verdienstmed.

WESTE, Hans-Joachim
Oberst i.G. (Lw) d.R., Unternehmensberater, Geschäftsführender Gesellschafter Weste Consulting GmbH - Weiherstr. 25, 5357 Miel (T. 02226 - 1 45 93, Fax 1 45 97) Geb. 24. Juni 1936 Hamburg, ev., verh. s. 1968 m. Dagmar, geb. Mertel (Art Consultant), 4 Kd. (Florian, Julian, Vivian, Lilian) - Abit.; Generalstabs-, Attaché- u. Managementausbildung - B. 1974 Verbands- u. Referatstätigk. im Bundesmin.; 1975 Verteidigungs-Attaché in Vietnam; 1983-86 Luftwaffen-Attaché a. d. Botschaft Paris; s. 1988 Leit. Büro Bonn v. M2iSTRATORG (intern. Management-Beratung frz. Ursprungs) - Div. militärpolit. Fachart. - 1975 BVK; 1988 Commandeur de l'Ordre National du Merite - Liebh.: Fliegen, Reisen - Spr.: Engl., Franz.

WESTE, Jürgen
Dr. rer. pol., Dipl.-Kfm., Industrieberater - Thurn- u.-Taxis-Str. 7b, 8133 Feldafing (T. 08157 - 14 64) - Geb. 14. Mai 1913 Köln (Vater: Gustav W., Kaufm.; Mutter: geb. Schwaneke), verh. s. 1940 m. Lissy, geb. Geylenberg, Kd. - 1939-68 Mannesmann-Bereich (1951-68 Vorstandsmitgl. Essener Steinkohlenbergwerke AG., Essen); 1968-73 Vorst.smitgl. Fried. Krupp GmbH., Essen (Finanzressort) - Rotarier.

WESTEN, Ingo
Dr. jur., Vors. Geschäftsführung Stadtwerke Gelsenkirchen GmbH, kfm. Leiter RWE-Stromversorg. Emscher-Lippe, Gelsenkirchen - Ebertstr. 30, 4650 Gelsenkirchen (T. 165-22 02).

WESTENBERGER, Rolf
Dipl.-Ing. F. H., Geschäftsf. Gesellschafter J. E. Reinecker Maschinenbau GmbH & Co. KG, Einsinger Verwaltungsges. - Schloßhalde 18, 7904 Erbach/Württ. - Geb. 9. Juni 1929 (Vater: Rudolf W. †; Mutter: Doris, geb. Eckert †).

WESTENBURGER, Carl-Heinz

Kunstmaler, Grafiker - Dorfstr. 94, O-9318 Tannenberg (T. 34 36 Amt Annaberg) - Geb. 4. Sept. 1924 Tannenberg/Erzgeb., ev., verh. s. 1947 m. Margot, geb. Härtel, 2 Töcht. (Eva-Maria, Roswitha) - Dekorationsmaler, Meistersch., 1951-57 Hochsch. f. bild. u. angew. Kunst Berlin, Dipl. - Archit.bezogene Arb., Wandmalerei, Mosaik, Betonglas u. a., Glasgestalt. in Verb. m. Werkstätten, Tafelbildmalerei Landschaft-Mensch-Umwelt; freie Grafik; Ausb. v. Laienschaffenden, Nachwuchskünstl. (Lehrg.) - S. 1965 Wandmalerei, Mosaik, Glasgestalt. in Erholungseinricht., Ferienzentr., Hotels, Gastst., Kulturzentr., Sportericht., Chemnitz, Berlin, Vogtland u. Erzgebirge - Mitgl. im Chemnitzer Künstlerbd. e.V. u. BBK, u. Annaberger Atelier - 1969 Kulturpreis Bezirk Karl-Marx-Stadt; 1988 Hans-Grundig-Med.; 1989 Max-Pechstein-Förderpr. (Zwickau); 1987 Gold. Naturschutz-Ehrenmedl - Liebh.: Naturschutz-Umwelt, Denkmalspflege, Botanik - Bek. Vorf.: Carl-Westenburger: Porträtmaler, Restaurator (alte Niederl.) Onkel, 1873-1943) - Lit.: Presseveröff., Kunstkataloge, Bibliogr. v. Kunstwissenschaftlern.

WESTENDORF, Wolfhart
Dr., o. Prof. u. Direktor Ägyptol. Seminar Univ. Göttingen (1967-89) - Über den Höfen 15, 3400 Göttingen - Geb. 18. Sept. 1924 Schwiebus (Vater: Otto W., Bankkfm.; Mutter: Charlotte, geb. Mechler), ev., verh. s. 1952 m. Marianne, geb. Harder, 2 Kd. (Beate, Andreas) - Stud. Berlin; Promot. 1951; Habil. 1961 ebd. - 1951-61 Wiss. Mitarb. Dt. Akad. d. Wiss., Berlin, 1962-67 Priv.doz. u. apl. Prof. (1965) Univ. München - BV: D. Gebrauch d. Passivs, Berlin 1953; Grammatik d. med. Texte, 1962; Altägypt. Darstellungen d. Sonnenlaufs, 1962; Papyrus Edwin Smith, 1966; D. alte Ägypten, 1968 (auch engl., franz., ital., niederl., serbokroat.); Koptisches Handwörterb., 1965-77; D. Aufkommen d. Gottesvorstell. im Alten Ägypten, 1985; Erwachen d. Heikunst. D. Medizin im Alten Ägypten, 1992. Mithrsg.: Göttinger Orientforsch.; Reihe Ägypten (1973ff.); Lex. d. Ägyptol. (1975ff.) - 1976 o. Mitgl. Akad. d. Wiss. Göttingen, 1977 o. Mitgl. Dt. Archäol. Inst., 1985 Korr. Mitgl. Rhein.-Westf. Akad.; 1959 Dt. Nationalpreis (II. Kl.) - Festschr.: Stud. zu Sprache u. Religion Ägyptens, Bd. 1: Sprache, Bd. 2: Religion (1984).

WESTERFELHAUS, Herwarth
Dr. oec., Wirtschaftsprüfer u. Steuerberater - Herforder Str. 46, 4800 Bielefeld 1 (T. 0521 - 6 05 56) - Geb. 13. April 1922 Bielefeld (Vater: August W., Zigarrenfabrikant; Mutter: Luise, geb. Voss), ev., led. - Hochsch. f. Wirtsch.- u. Sozialwiss. Nürnberg (Dipl.-Kfm. 1950, Promot. 1951) - Seniorpartner Wirtschaftsprüfer- u. Steuerberatersozietät Dr. Westerfelhaus, Müller, Sandleben u. Partner, Bielefeld. Alleingesellsch. Fa. Schmidt GmbH & Cie. Textilhandel, Paderborn; Lehrbeauftr. Univ. Bielefeld (Fak. f. Wirtsch.wiss.) - Mitgl. Prüfungsausss. f. Wirtschaftsprüfer Wirtsch.-Min. NRW; AR Katag AG, ASTA Medica AG; Beirat Dresdner Bank AG Westf., Industriekreditbank AG Dt. Industriebank; Beiratsmitgl. Inst. f. dt., europ. u. intern. Wirtschaftsrecht d. Univ. Bielefeld (IWB); VR Bodelschwinghsche Anst. - BV: Verdeckte Gewinnausschütt. als steuerl. u. betriebswirtsch. Problem, 2. A. 1961 - Liebh.: Golf, klass. Musik. Skilaufen - Spr.: Engl., Span. - Bek. Vorf.: Meierhof Westerfelhaus zu Avenwedde.

WESTERHOLT, Graf von, Ignaz
Generalbevollmächtigter Denso-Chemie Wedekind KG, Leverkusen, Geschäftsf. Denso-Export GmbH, Leverkusen u. Imbema-Denso B.V., Haarlem/Holland - Annaberger Str. 324, 5300 Bonn-Bad Godesberg - Geb. 19. März 1930 Bad Godesberg.

WESTERMANN, Claus
Dr. theol., o. Prof. f. Altes Testament - Augustinum, Jasperstr. 2, 6900 Heidelberg 1 - Geb. 7. Okt. 1909 Berlin (Vater: Prof. Dr. Dr. h. c. Diedrich W., Afrikanist (s. XII. Ausg.); Mutter: Katharina, geb. Claus), ev., verh. s. 1937 m. Anna, geb. Kellner, T. Anke - Univ. Tübingen, Marburg, Berlin - Pfarrer Berlin - Wehrdst.; s. 1949 Lehrtätigk. Kirchl. Hochsch. Berlin u. Univ. Heidelberg (1958) - BV (1953-60): D. Loben Gottes in d. Psalmen, D. Aufbau d. Buches Hiob, Tausend Jahre und ein Tag, Umstrittene Bibel, Grundformen prophet. Rede, Forschung am Alten Testam., D. Buch Jesaja (Kap. 40-66), Genesis - Neukirchener Kommentar; Theologie d. Alten Testaments in Grundzügen, 1978; Ausgewählte Psalmen, 1984; Prophet. Heilsworte im AT, 1987; D. Klagelieder, 1990; Wurzeln d. Weisheit 1990; Forschungsgeschichte z. Weisheitsliteratur 1950-1990, 1991 - Ehrenmitgl. Soc. of Bibl. Lit. u. Soc. for Old Testament Study.

WESTERMANN, Harm Peter
Dr. jur., Prof. d. Rechte Univ. Tübingen - Nebinger Str. 4, 1000 Berlin 33 - Geb. 8. Jan. 1938 Göttingen (Vater: Harry W., Univ.-Prof.; Mutter: Pauline, geb. Schilt), ev., verh. s. 1965 m. Hannelore, geb. Kerschke, 2 T. (Susanne, Kathrin) - 1957-61 Stud. Univ. Münster, Paris u. Wien; Promot. 1964 Köln, 2. Staatsex. 1965, Habil. 1969 Köln - 1970ff. o. Prof. d. Rechte Univ. Tübingen (1972-74 Dekan Fak. f. Rechtswiss.), dann Berlin u. Tübingen. S. 1978 Vorst.-Mitgl. Dt. Zivilrechtslehrervereinig. - BV: D. causa im frz. u. dt. Zivilrecht, Monogr. 1967; Vertragsfreiheit u. Typengesetzlichk. im Recht d. Personenges., Monogr. 1970; D. Verbandsstraftgewalt u. d. allg. Recht, Monogr. 1972; §§ 328-432, 812-822 BGB (in: Erman, Komment. z. BGB), 1972-89; D. GmbH & Co. KG im Lichte d. Wirtschaftsverfass., Monogr. 1973; Schwerp. BGB-Schuldrecht - Allg. Teil, Lehrb. 1974-81; §§ 158-163, 433-515, 607-610, 1094-1104 BGB, AbzG (in: Münchener Komment. z. BGB), 1978-89; Üb. Unbeliebth. u. Beliebth. v. Juristen, Monogr. 1986 - Spr.: Engl., Franz., Holländ. - Bek. Vorf.: Prof. Dr. jur. Harry Westermann (Vater).

WESTERMANN, Herbert
Prof. f. Betriebswirtschaftslehre, insbes. Marketing u. Beschaffung - Dasselstr. 5, 4600 Dortmund-Kirchlinde (T. 0231 - 67 10 10) - Geb. 29. Mai 1929 Dortmund (Vater: Albert W., Mutter: Ottilie, geb. Brocke gen. Funke, verh. s. 1962 m. Gisela Helene, geb. Sievers, 2 Söhne (Gerald Wigbert u. Eike Christian) - Abendgymn., Kfm. Lehre; Stud. Betriebswirtsch. Univ. Münster - 17-j. Industriepraxis - BV: Marktnah entwickeln, 1971; Marketing Management, 1972; Marketing 2000, 1979; D. informierte Käufer, 1980; Gewinnorientierter Einkauf, 1982; Unsere Vorfahren

Westf. Bauernfamilien, 1985; Westf. Reformator Johannes Westermann, 1987; Untreue in Beschaffung u. Lagerwirtschaft, 1989; weitere rd. 50 betriebswirtsch. Fachveröff. bes. zu Marketing u. industr. Materialwirtsch. - Liebh.: Lit., Sport - Spr.: Lat., Engl., Franz.

WESTERMANN, Jens

Schriftsteller - Alter Achterkamp 80, 2070 Großhansdorf - Geb. 8. Juli 1926, verh. s. 1950 m. Ingeborg, geb. Mancke, 2 Kd. - Kaufm. Groß- u. Außenhandel in Hamburg - 37 J. b. Unilever im PR-Bereich - BV: Totentanz, 1980; ...mit Behinderungen muß gerechnet werden, 1984; Spurensuche, 1986; Klavier zu vier Händen, 1989 - Liebh.: Klass. Musik, Radfahren, Wandern, Fotografie - Spr.: Engl., Niederl., Plattdeutsch.

WESTERMANN, Wilhelm
Fabrikant, Geschäftsf. Bruno Kirches Herrenkleiderwerke GmbH. & Co. - Bleckeder Landstr. 29, 3140 Lüneburg - ARvors. Mech. Seidenweberei Viersen AG., Viersen, u. Rheintuch Schwartz & Klein AG., Möchengladbach.

WESTERNACHER, Richard
Landwirt, Präs. Raiffeisenverb. Frankfurt/M., u. a. - Düdelsheimer Str. 12, 6471 Lindheim Kr. Büdingen (T. Altenstadt 4 01) - Geb. 30. Dez. 1919 Lindheim - Abitur 1938 - Wehrdst. u. Gefangensch. - 1958-70 MdL Hessen. CDU - 1971 BVK I. Kl.

WESTERNHAGEN, v., T.-B.
Dr. med., apl. Prof. Univ. Göttingen, Chefarzt, Arzt f. Hals-Nasen-Ohren-Heilkd., Phoniatrie u. Pädaudiologie. Plast. Operationen Ev. Krkhs. Oldenburg - Zu erreichen üb. Ev. Krkhs. Oldenburg, Auguststr. 12, 2900 Oldenburg (T. 0441 - 23 63 05) - Geb. 12. Mai 1934, ev., verh. s. 1965 m. Uta-Maria, geb. v. Pape, 3 Kd. (Friderike, Tilo, Thyra) - Med.-Stud. Univ. Göttingen, München; Staatsex. 1958; Promot. 1958

Göttingen - Chefarzt Hals-Nasen-Ohren Abt. - Liebh.: Darst. Kunst, Musik, Pferde - Spr.: Engl., Russ.

WESTERWELLE, Guido

Rechtsanwalt, Mitglied d. Bundesvorstandes d. FDP, Mitgl. d. Perspektiv-Kommiss. d. FDP - Heerstr. 85, 5300 Bonn 1 (T. 0228 - 63 15 40) - Geb. 27. Dez. 1961 Bad Honnef, ledig - 1987 1. jurist. Staatsex., 1991 2. jurist. Staatsex., 1983-88 Bundesvors. d. Jungen Liberalen - Spr.: Engl.

WESTHOFF, Lothar

Rechtsanwalt, Geschäftsf. Unternehmensverb. d. Nieders. Steinkohlenbergbaus - Osnabrücker Str. Nr. 112, 4530 Ibbenbüren.

WESTHUES, Melchior

Dr. med., Prof., Hals-Nasen-Ohrenarzt - Prinzenweg 1, 8130 Starnberg/Obb.; priv.: 8137 Berg/Leoni - Geb. 10. Mai 1933, verh., Sohn - B. 1975 Privatdoz., dann apl. Prof. TU München (HNO-Heilkd.). Spez. Kehlkopfkrebschir., Mikrochir. d. Ohres, Nebenhöhlenchir. - Liebh.: Mod. Kunst.

WESTMEYER, Hans

Dr. phil., Dipl.-Psych., Prof. f. Psychologie FU Berlin - Osthofener Weg 25, 1000 Berlin 38 - Geb. 26. Juli 1946 Vlotho - Stud. Psych., Humangenetik u. Math. Logik Univ. Münster; Dipl.-Psych. 1970, Promot. 1971, Habil. 1975 - 1972-76 Assist.-Prof.; s. 1976 Prof. Inst. f. Psych. FU; 1982-83 Sprecher FB Erzieh.- u. Unterrichtswiss.; 1983-85 1. Vizepräs. FU - BV: Logik d. Diagnostik, 1972; Kritik d. psych. Unvernunft, 1973; Wiss.theorie auf Abwegen?, 1973; Kriterien psych. Forsch., 2. A. 1982; Verhaltenstherapie, 1977; Beobachtungsverfahren in d. Verhaltensdiagnostik, 1987; Psychological theories from a structuralist point of view, 1989.

WESTPFAHL, Konradin

Dr. rer. nat., Prof. f. Theoret. Physik - Maria-Theresia-Str. 9, 7800 Freiburg/Br. (T. 7 25 36) - Geb. 28. Juni 1926 Stettin - S. 1957 (Habil.) Lehrtätigk. Univ. Freiburg (1967 apl. Prof.).

WESTPHAL, Frank

Dr. rer. nat., Prof. Inst. f. Geologie u. Paläontologie Univ. Tübingen (s. 1967) - Eichenweg 1, 7400 Tübingen 1 (T. 6 25 57) - Geb. 27. Juni 1930 Berlin (Vater: Prof. Dr. phil. Wilhelm H. W., Physiker (s. dort); Mutter: Irmgard, geb. Henze), ev., verh. s. 1961 m. Isolde, geb. Köpf, 4 Kd. (Heinrich, Frank, Hildegard, Brigitte) - Stud. Geol. Promot. 1956; Habil. 1961 - S. 1961 Lehrtätigk. Tübingen (gegenw. Prof. f. Geol. u. Paläontol.). Fachveröff. (bes. Wirbeltiere) - Spr.: Engl.

WESTPHAL, Gert

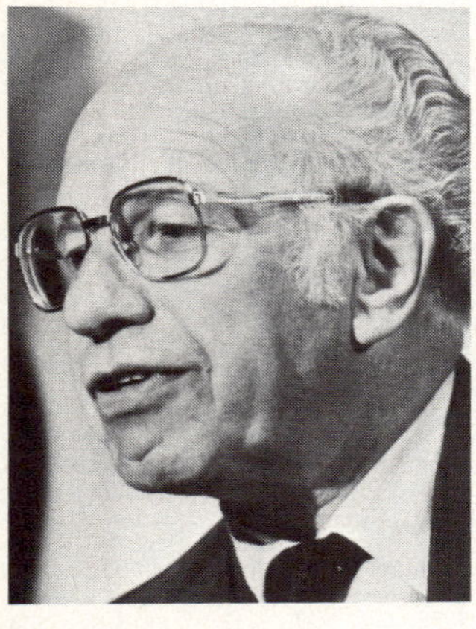

Schauspieler, Rezitator, Regisseur - Seestr. 83, CH-8800 Thalwil/ZH - Geb. 5. Okt. 1920 Dresden, verh. s. 1957 m. Gisela, geb. Zoch, Schausp. u. Journ., 2 Töcht. (Deborah Stefani, Jessica Johanna) - N. Abit. Schauspielausbild.; Kriegsdst. (4x verw.) - 1948ff. Oberspiell. Radio Bremen; 1953-59 Leit. Hörspielabt. u. Regiss. f. Rundf. u. Fernsehen Südwestfunk Baden-Baden; 1959-80 Mitgl. Schauspielhs. Zürich, s. 1980 Arbeit f. Tournée-Theater Greve; s. 1984 Gastdozentur Hochschule St. Gallen. Div. Operninsz. Vortragsabende v. Goethe b. Heine. Zahlr. Schallpl. - 1975 Literaturpreis Kanton Zürich; 1982 BVK I. Kl.; 1988 Dt. Schallpl.preis; 1990 Gold. Verdienstzeichen Land Salzburg u. Gold. Ehrenzeichen Land Niederösterr.; 1991 Ehrenurkunde d. Dt. Schallplattenkritik - Liebh.: Bücher, Meissner Porzellan, Zinnfiguren - Lit.: Petra Kipphoff, D. König d. Vorleser, in: D. Zeit; Frank Schirrmacher: E. Mensch, d. Stimme wurde, FAZ; Des Dichters oberster Mund. Buch d. Freunde z. 70. Geb. v. G. W. (Hrsg. Bernd M. Kraske).

WESTPHAL, Heinz

Bundesminister a.D., Bundestagsvizepräs. a. D., MdB (1965-90; Wahlkr. 112/ Herne; 1974-82 Mitgl. Fraktionsvorst.) - Droste-Hülshoff-Str. 2, 5300 Bonn 1 (T. 23 16 94) - Geb. 4. Juni 1924 Berlin (Vater: Max W., b. 1928 Vors. SAJ, 1927-33 Mitgl. SPD-Parteivorst. † 1942 n. KZ), konfessionsl., verh. s. 1950 m. Ingeborg, geb. Riemann, T. Sigrid - Obersch. (Mittlere Reife); 1939-42 Lehre Flugmotorenschlosser; 2 Sem. Ing.stud. (abgebr.) - 1943-45 Luftwaffe (Bordfunker, zul. Uffz.), 1946-1947 Jugendsekr. Berliner SPD, 1948-50 Vors. Sozialist. Jugend Berlin, dann Verbandssekr. u. 1953-57 Vors. Sozialist. Jugend Dtschl. / D. Falken, 1954-65 stv. Vors. u. Vors. (1955) sow. Hauptgeschäftsf. (1958-65) Dt. Bundesjugendring. 1964-74 Fernsehratsmitgl. ZDF; 1969-74 Parlam. Staatssekr. Bundesmin. f. Jugend, Familie u. Gesundheit; 1972-74 Vors. Kurat. Europ. Jugendwerk; 1970-77 Präs. Dt.-Israel. Ges. (Bonn); 1974-82 VR-Vors. Dt. Entwickl.dienst.; 1976-82 Vors. Arbeitskr. Öfftl. Finanzw.; 1982 (b. Okt.) Bundesmin. f. Arbeit u. Sozialordn. SPD s. 1945. Mithrsg.: Ztschr. Dt. Jugend (1953-75) - Spr.: Engl.

WESTPHAL, Jürgen

Dr. jur., Rechtsanwalt, Landesminister a. D. - Esplanade 41, 2000 Hamburg 36 (T. 040 - 35 17 96); priv.: Klosterstieg 8, 2000 Hamburg 13 (T. 040 - 44 67 59) - Geb. 1. Dez. 1927 Hamburg (Vater: Heinrich W., Kaufm.; Mutter: Margarethe, geb. Semler), ev., verh. s. 1956 m. Daniela, geb. Reichow, 4 Kd. (Cornelia, Ulrike, Juliane, Florian) - Univ. Hamburg, Nancy, Köln; gr. jurist. Staatsprüf. 1956 - 1956-58 wiss. Assist. Inst. f. Luft- u. Weltraumrecht Univ. Köln; 1958-70 Chefsynd. Blohm + Voss AG, Hamburg; 1970-73 Vorst.-Mitgl. u. Vorst.-Sprecher HADAG Seetouristik u. Fährdienst AG, Hamburg, 1966-73 (Mandatsniederleg.) Mitgl. Hbg. Bürgerschaft (zul. stv. Fraktionsvors.), 1973-85 Min. f. Wirtsch. u. Verkehr d. Landes Schlesw.-Holst.; Ehrenvors. CDU-Kreis Pinneberg; AR-Vors. Dt. Pfandbrief- u. Hypothekenbank AG, Wiesbaden; AR-Mitgl. Salzgitter AG, Salzgitter, SPAR-Handels AG, Hamburg; HABA AG, Hamburg, Ernst Jacob GmbH, Flensburg; VR-Mitgl. Berenberg-Bank, Hamburg; Präsid.-Mitgl. Wirtschaftsrat, Bonn - Liebh.: Musik (Klavier ausübend), Literatur - Spr.: Engl., Franz. - Bek. Vorf.: Bürgerm. Dr. Mönckeberg (Urgroßv.), Senator Westphal (Großv.), Reichstagsabg. Dr. Semler (Großv.).

WESTPHAL, Michael

Senator h.c., Vorstandsmitglied Philipp Holzmann AG - Taunusanlage 1, 6000 Frankfurt/M. 1 - Geb. 19. Dez. 1932 - AR-Mitgl. u. Beirat v. div. Ges. - Ehrensenator d. Fachhochsch. Biberach.

WESTPHAL, Otto

Dr. rer. nat., Dr. med. h. c., Prof., Direktor Max-Planck-Inst. f. Immunbiologie, Freiburg (s. 1962) - Tannenweg 31, 7808 Waldkirch - Geb. 1. Febr. 1913 Berlin, verh. mit Ursula, geb. Hägele - Seit 1941 (Habil.) Lehrtätigk. Univ. Göttingen u. Freiburg (1952 apl. Prof. f. Chemie); 1947-62 Leit. A.-Wander-Forschungsinst. Säckingen bzw. Freiburg. Üb. 250 Fachveröff. Mithrsg.: Biochem. Ztschr. (1955 ff.) - 1967 Ehrendoktor Univ. Gießen; 1956 Claude-Bernard-, 1959 Louis-Pasteur-, 1962 Emil-Fischer-Med., 1964 Aronson-Preis, 1963 Emil-v.-Behring-Plak. u. -Preis, 1965 Carus-Med., 1968 Paul Ehrlich-Ludwig Darmstädter-Preis; 1960 Ehrenmitgl. New York Acad. of Natural Sciences; 1961 Mitgl. Dt. Akad. D. Naturforscher (Leopoldina), Halle/S.; 1971 dt. Vertr. Advis. Com. f. Med. Research Weltgesundh.sorg., Genf; 1974 Mitgl. Harvey Soc., New York; 1975 Ehrenmitgl. Americ. Acad. d. Künste u. Wiss. - Liebh.: Musik.

WESTRUM, Hans

s. Baumann, Hans

WETEKAM, Heiko

Stadtdirektor Iserlohn (s. 1984) - Zu erreichen üb. Rathaus, 5860 Iserlohn (T. 2 17-20 20); priv.: Weilkeweg 27, 4600 Dortmund - Geb. 14. Febr. 1944 Winterberg, ev., verh., 1 Kd. - Univ. Köln (Rechts- u. Wirtschaftswiss.); 2. jurist. Staatsprüf. 1974 - Personaldez. Univ. Dortmund; wiss. Ref. Landtagsfraktion NRW; I. Beigeordn. Stadt Dormagen. Hauptmann d. Res. - Spr.: Engl., Franz. - Rotarier.

WETH, Georg A.

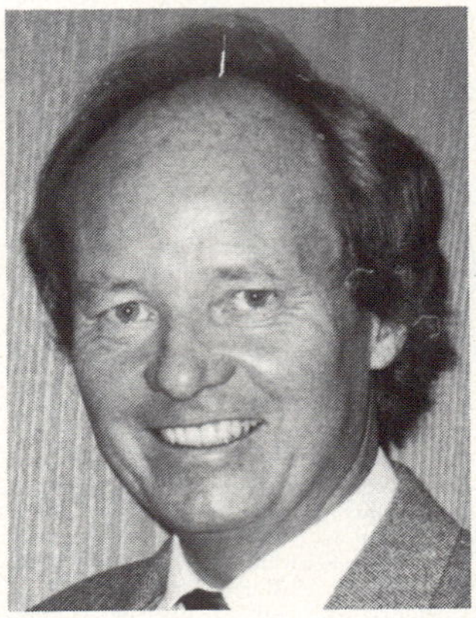

Autor, künstlerischer Direktor Badische Kammerschauspiele - 7830 Emmendingen (T. 07641 - 40 71, Fax 07641 - 4 35 19) - Geb. 24. April 1936 Fürth, verh., 4 Kd. (Alexander, Stephanie, Nicola, Gabriela) - Kunstsch. u. Schauspielsch. - 1959-62 Leit. Salzburger Mysteriensp.; 1963 Gründ. u. Leit. Kammerschausp. St. Blasien; 1967 Gründ. u. Leit. Bad. Kammerschausp. - BV: Dasein wie nie zuvor; Märchentraum d. Balearen; Märchentraum Ibiza u. Formentera; Märchentraum d. Karibik; Bruce Low - Es hängt e. Pferdehalfter an d. Wand; E. Preußenprinz zu sein; Wie e. leuchtender Spiegel - Mallorca; Hotelmärchen aus Märchenhotels; ... als wär's mein Zuhause; Meine süße Marilyn liebe mich im Paradies. Hörsp.: Martin Luther King; Bühnenst.: Barbara liebt, Nici Dünnfaden greift ein; 17 Märchenbearbeitungen - 1984 Lit.preis Radio Balear Intern.

WETTER, Friedrich

Dr. theol., Prof., Kardinal, Erzbischof v. München u. Freising - Postfach 10 05 51, 8000 München 1 (T. 089 - 29 69 55; Telefax: 089/22 98 71)) - Geb. 20. Febr. 1928 Landau/Pf. (Vater: Peter W., Lokführer; Mutter: Hedwig, geb. Böttinger), kath. - Gymn. Landau; Univ. Gregoriana Rom (Phil., Theol.) Promot. 1956 Rom; Habil. 1965 München, Priesterweihe 1953 Rom - 1956-58 Kaplan Speyer; 1958-60 Assist. u. Doz. Priestersem. Speyer; 1962-1967 Doz. u. ao. Prof. (1964) Phil.-Theol. Hochsch. Eichstätt (Fundamentaltheol.); s. 1967 o. Prof. bzw. Honorarprof. (1968) Univ. Mainz (Dogmatik); 1968-82 Bischof v. Speyer, s. 1982 Erzbischof v. München u. Freising; 1985 Kardinal - BV: D. Lehre Benedicts XII. v. intensiven Wachstum d. Gottesschau, 1958 (Rom); D. Trinitätslehre d. Johannes Duns Scotus, 1967; Geheimnis d. Glaubens, 1968 (m. Volk) - 1982 Gr. BVK m. Stern, 1983 VO Rhld.-Pf; 1985 Bayer. VO.

WETTERN, von der, Georg

Geschäftsführer Gebr. v. d. Wettern GmbH., u. deren verbundenen Unternehmen, Köln-Deutz - Am Rehwechsel 5, 5000 Köln-Brück - Vorstandsmitgl. Wirtschafts-Vereinig. Bauind. Nordrh.-Westf., Vors. Landesfachabt. Straßenbau Nordrh.-Westf., Vors. Aktionsgemeinschaft Straße, alle Düsseldorf.

WETTERN, von der, Walter

Dipl.-Ing., Geschäftsführer Gebr. v. d. Wettern GmbH., Köln-Deutz - Heiligenstock 55, 5070 Bergisch-Gladbach.

WETTIG, Klaus

Wissenschaftler, Mitgl. Europ. Parlament Wirtschafts- u. Währungs-Aussch. (s. 1979) - Rohnsterrassen 6, 3400 Göttingen (T. 5 81 50) - Geb. 15. Aug. 1940 - 1. Vizepräs. Delegation EP/Schwed. Reichstag; Lehrbeauftr. Univ. Göttingen. SPD - Großoffizier d. portug. VO.

WETTIG, Klaus

Dr. sc. nat., Prof., Fachchemiker d. Medizin, Honorarprof. f. Allgemeine u. Kommun. Hygiene an d. Humboldt-Univ. Berlin (s. 1988) - Hauptstr. 23, O-1272 Neuenhagen - Geb. 15. April 1939 Erfurt, 3 Kd. - Chemiestud., Dipl. 1962, Promot. A 1969, Promot. B 1978, alles Humboldt-Univ. Berlin - 1962-82 Assist., Oberassist. u. Doz. am Hyg.-Inst. d. Humboldt-Univ.; 1983-91 Forsch.stelle Berlin-Buch; s. 1991 wiss. Ang. im BGA (Chemikalienbewertung). Entd.: Endogene Nitratsynthese b. infektiösen Patienten - Mitarb. an mehr. Lehrbüchern, 80 wiss. Veröff. - 1979 Carl-Flügge-Preis d. Ges. Allg. u. Komm. Hyg. d. DDR - Liebh.: Biogr. - Spr. Engl., Russ., Latein.

WETTIG, Rainer

Rechtsanwalt, Geschäftsf. Verb. d. Dt. Backmittel- u. Backgrundstoffhersteller e.V. u. Bundesverb. Dt. Talg- u. Schmalzind., gf. stv. Vors. d. Backmittelinst. - Markt 9, 5300 Bonn 1 (T. 0228 - 63 32 81) - Geb. 30. Jan. 1935.

WETTIG-DANIELMEIER, Inge

Diplom-Sozialw., Mitglied d. Bundestages, Mitgl. SPD-Parteivorst. u. -Präsidium, Schatzmeisterin (s. 1991) - Rohnsterrassen 6, 3400 Göttingen (T. 5 81 50) - SPD - 1972-90 MdL Nieders.; 1981-92 Bundesvors. Arbeitsgem. sozialdemokr. Frauen.

WETTSTEIN, Horst

Dr., Prof. f. Informatik Univ. Karlsruhe - Ernst-Barlach-Str. 50, 7500 Karlsruhe 41 (T. 0721 - 40 33 92) - Geb. 15. Sept. 1933 Pforzheim (Vater: Otto W., Goldschmied; Mutter: Erna, geb. Böhringer), verh. s. 1961 m. Ute, geb. Brunner, 3 Kd. (Matthias, Annette, Christine) - 1945-54 Gymn. Pforzheim; 1954-59 Stud. Elektrotechnik Univ. Karlsruhe (Dipl. 1959, Promot. 1966) - S. 1972 Prof. f. Informatik; s. 1980 Industrieberat. u. -ausbilder - BV: Aufbau u. Struktur v. Betriebssyst., Sachb. 1978; Assemblierer u. Binder, Sachb. 1979; Systemprogrammier., Sachb., 2. A. 1980; Arch. v. Betriebssyst., Sachb., 3. A. 1987; Systemarchitektur, Sachb. 1991 - Spr.: Engl.

WETTSTEIN, Karl-Peter

Oberstudienrat, MdL Baden-Württ. (s. 1972) - Kantstr. 17, 6831 Plankstadt/Baden (T. Schwetzingen 2 57 04) - Geb. 29. April 1940 Freiburg/Br., ev., verh., 2

Kd. - Hebel-Gymn. Schwetzingen (Abit. 1959); Univ. Heidelberg u. Bonn (Wirtschaftswiss., Politik, Gesch., Dt., Leibesüb.). Staatsex. 1966 u. 67 - S. 1966 Gymn. Heidelberg (Bunsen-), Philippsburg (1967), Hockenheim (1971). SPD s. 1962 (s. 1972 Mitgl. d. Landtags v. Baden-Württ.).

WETZEL, Günter

Dr. jur., Staatssekretär a. D. - Lossenweg 4, 6100 Darmstadt - Geb. 27. Juni 1922 Kassel (Vater: Karl W., Kaufm.), ev., verh. s. 1953 m. Charlotte, geb. Oppermann, 3 Kd. (Heike, Birgit, Frank) - 1945-49 Univ. Göttingen (Rechtswiss.). Jurist. Staatsprüf. 1949 u. 53; Promot. 1950 - 1953-55 Ass. u. Reg.srat Reg.spräsid. Kassel, 1955-60 Polizeipräs. Kassel, 1960-66 Reg.svize- u. Präs. (1962) Darmstadt, 1967-68 (Rücktr.) Staatssekr. Hess. Innenmin., 1968-72 (Rücktr.) Staatssekr. Bundesmin. f. gesamt- bzw. innerd. Fragen u. d. Verteidigung (1971); 1978-83 Staatssekr. Min. d. Justiz Schlesw.-Holst. 1945-72 (Austr.) SPD; s. 1972 CDU - Spr.: Engl. (Dolmetscherprüf.) - Liebh.: Jagd.

WETZEL, Klaus

Bundesrichter - Oldenburgallee 61, 1000 Berlin 19 - Geb. 18. Juni 1921 Oranienburg/Ndb. (Vater: Hugo W., Beamter; Mutter: Käthe, geb. Kuhn), ev., verh. s. 1950 m. Hella, geb. Schleussing, 2 Söhne (Christian, Martin) - Schule Berlin (Abitur 1939); 1946-49 Univ. Hamburg (Rechtswiss.). Gr. jurist. Staatsprüf. 1953 Berlin - S. 1950 Land-, Kammer- (1960 KGsrat, 1967 Senatspräs. u. 1967-72 Präs. Justizprüfungsamt Berlin) u. Bundesverwaltungsgericht Berlin (1972 Bundesrichter) - Liebh.: Lit., Musik - Spr.: Franz., Engl.

WETZEL, Peter

Rechtsanwalt - Ellinghauser Str. 5, 3030 Walsrode - B. 1972 stv. Vorst.-Mitgl. Nordd. Landesbank, b. 1981 o. Vorst.-Mitgl. Nordd. Kundenkreditbank AG.

WETZEL, Rolf

Dr. med., Prof., Internist - Oberer Rebberg 14, 7880 Bad Säckingen (T. 07761 - 85 81) - Geb. 9. Okt. 1903 Düren/Rhld. (Vater: Albert W., Ingenieur; Mutter: Anna, geb. Binz), verw. - Langj. Chefarzt Innere Abt. Stadt- u. Kreiskrkhs. Säckingen. S. 1942 (Habil.) Privatdoz. u. apl. Prof. (1955) Univ. Freiburg (Inn. Med.). Zahlr. Fachveröff. - Liebh.: Musik, Astronomie.

WETZEL, Willi-Eckhard

Dr. med. dent., Univ.-Prof., Leiter d. Abt. Kinderzahnheilkd. u. gf. Dir. d. Zentr. f. Zahn-, Mund- u. Kieferheilkunde d. Univ. Gießen - Tulpenstr. 14, 3550 Marburg 7 - Geb. 11. Juni 1943 Stolp/Pommern, verh. s. 1968 m. Elke, geb. Blankenstein, 3 Kd. (Mischa, Karen, Malte) - Gärtnerlehre; 4 J. Gärtnergeselle; Stud. Zahnheilkd. Univ. Marburg; Promot. 1973, Habil. 1980 Gießen - BV: D. Angst d. Kinder v. d. Zahnarzt, 1982 - 1978 Otto-Loos-Preis d. Landeszahnärztekammer Hessen - Liebh.: Botanik.

WETZEL, Wolfgang

Dr. rer. pol., Dipl.-Kfm., o. prof. f. Statistik u. Ökonometrie - Esmarchstr. 64, 2300 Kiel (T. 80 22 28) - Geb. 12. Okt. 1921 - Habil. 1958 Berlin (FU) - S. 1960 Ord. Univ. Kiel, Berlin (FU), Kiel. Fachveröff.

WETZELS, Egon

Dr. med., Prof., Chefarzt - Schörging 11, 8214 Bernau-Hittenkirchen (T. 48 75) - Geb. 17. Jan. 1928, verh. m. Dr. med. Alice Wetzels, geb. Grüber, 5 Kd. - S. 1963 (Habil.) Lehrtätigk. Univ. Düsseldorf (1968 apl. Prof.), s. 1982 Univ. München; Chefarzt Med. Klin. I Städt. Krkhs. Rosenheim; Vizepräs. Berufsverb. Dt. Internisten; 1988/89 Vors. Dt. Ges. f. Inn. Med. - BV: Einzelfunktionen d. Niere b. akutem Versagen, 1964. Herausg.: Hämodialyse u. Peritonealdialyse (1969/70). Mitherausg.: Rationelle Diagnostik in d. Inneren Med. (1973, 1976, 1982; auch span.), Rationelle Therapie in d. Inneren Med. (1975, 1980), Grundbegriffe d. Inneren Med. (1984), Hämodialyse, Peritonealdialyse, Membranplasmapherese (1986). Üb. 140 Einzelarb. - 1987 Ernst-v.-Bergmann-Plak. - Spr.: Engl.

WETZGER, Joachim

Dr.-Ing., Prof., Direktor Continental Elektroindustrie AG., Askania-Werke, Berlin 42 - Schöneberger Ufer 67a, 1000 Berlin 30 (T. 13 25 67) - Geb. 6. Okt. 1922 - B. 1969 Lehrbeauftr., dann Honorarprof. TU Berlin (Regelung industrieller Prozesse) - Gold. VDI-Ehrenring.

WETZSTEIN, Rudolf

Dr. med., o. Prof. f. Anatomie - Hochkalterstr. 6, 8000 München 90 (T. 692 25 63) - Geb. 24. Juli 1916 Augsburg - S. 1956 (Habil.) Lehrtätigk. Univ. München, Anatom. Anst. (1963 apl.), 1972 o. Prof. Veröff. z. Anat. u. Histol., insb. Elektronenmikroskopie. Neuroendokrinologie.

WEULE, Hartmut

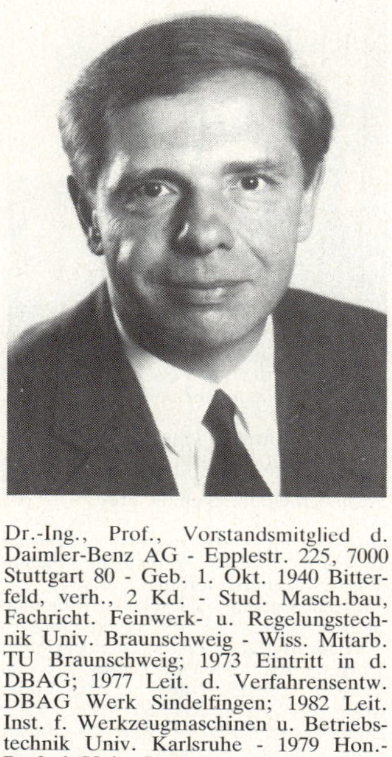

Dr.-Ing., Prof., Vorstandsmitglied d. Daimler-Benz AG - Epplestr. 225, 7000 Stuttgart 80 - Geb. 1. Okt. 1940 Bitterfeld, verh., 2 Kd. - Stud. Masch.bau, Fachricht. Feinwerk- u. Regelungstechnik Univ. Braunschweig - Wiss. Mitarb. TU Braunschweig; 1973 Eintritt in d. DBAG; 1977 Leit. d. Verfahrensentw. DBAG Werk Sindelfingen; 1982 Leit. Inst. f. Werkzeugmaschinen u. Betriebstechnik Univ. Karlsruhe - 1979 Hon.-Prof. d. Univ. Stuttgart.

WEVER, Hans

Dr. rer. nat., o. Prof. f. Metallphysik - Holbeinstr. 62, 1000 Berlin 45 (T. 8 33 50 08) - Geb. 19. März 1922 Holzminden/Weser (Vater: Hans-Adolf W., Reichsbankdir.; Mutter: Auguste, geb. Becker), kath. - Univ. Münster/W. (Chemie; Dipl.-Chem. 1950), Promot. 1953 Münster; Habil. 1958 Berlin - S. 1959 Lehrtätigk. TU Berlin (1962 Wiss. Rat, 1963 apl. Prof., 1964 Ord. u. Inst.-dir.; 1968/70 Rektor). Fachmitgliedsch. - BV: Elektro- u. Thermotransport in Metallen, 1973. Rd. 90 Fachveröff. z. Materietransp. u. Fehlordn. in Metallen - 1958 Masing-Gedächtnispreis Dt. Ges. f. Metallkd.; 1983 Ehrenmitgl. Dt. Ges. f. Metallkd.; 1989 Ehrenmitgl. TU Berlin - Spr.: Engl., Franz. - Rotarier - 1973 Ruf TU Clausthal.

WEWER, Hubert

Hotelier (Detmolder Hof), Vizepräs. IHK Lippe zu Detmold - Lange Str. 19, 4930 Detmold (T. 27 31).

WEWERKA, Michael J.

Galerist, Autor, Verleger - Pariser Str. 63, 1000 Berlin 15 (T. 881 14 99); Wewerka Galerie, Pariser Str. 63, 1000 Berlin 15; Wewerka Galerie, Theodor-Lessing-Pl. 3, 3000 Hannover 1 (T. 0511 - 32 48 03); u. Wewerka Galeria Malpartida 26, Carretera, Malpartida de Caceres, Espana (T. 27 54 53) - Geb. 22. Sept. 1936 Berlin (Vater: Johannes W., Grafiker; Mutter: Hildegard, geb. Wischnevski), gesch., 2 S. (Michael, Christian) - Stud. Publiz. - Galerist, Filmprod., Autor, Veranst., Verleger, Vors. Interessengemeinsch. Berliner Kunsthändler (IBK). Herausg. Kunstblatt - BV: Gefährliche Töne, Ged. 1982; Tropfen auf d. heißen Stein, Ged. 1982 - Regie: Werwölfe, Spielfilm (m.a.); Fünf Kurzfilme (Regie u. Prod.), u.a. Puppen, Pötte u. Moneten - Spr.: Engl., Span.

WEXLBERGER, Adolf

I. Bürgermeister, Kreisrat Starnberg (1984ff.) - Schönbichlstr. 53, 8036 Herrsching/Ammersee (T. 08152 - 14 39) - Geb. 12. Okt. 1935 Schweinfurt/Ufr. (Vater: Josef W. Landw. (1948-66 ehrenamtl. I. Bürgerm.); Mutter: Margarete, geb. Linz), ev., verh. s. 1976 m. Elfriede (Elfi), geb. Vogler, T. Andrea - Realgymn. Wiesentheid; Ausbild. gehob. nichttechn. Verwaltungsdst. Bayer. Verw.sch. (Dipl.-Verw.w.) - 1954-62 Landratsamt Gerolzhofen; 1962-65 geschäftsl. Beamter Gde. Herrsching; 1965-74 I. Bgm. Markt Weiler-Simmerberg/Allg.; 1974-79 Bayer. Innenmin. (zul. Oberamtsrat); 1979-84 Leit. Bayer. Selbstverw.kolleg/KdÖR, Fürstenfeldbruck, seith. I. Bgm. Herrsching (776 n. Chr. erstm. urkundl. erwähnt). Kreisrat Lindau. Langj. CSU (div. Funkt.) - Spr.: Latein, Engl., Franz.

WEYDT, Günther

Dr. phil., em. o. Prof. f. Neuere dt. Literaturgeschichte - Am Berg Fidel 70, 4400 Münster/W. (T. 0251 - 788 82 71) - Geb. 2. Mai 1906 Frankfurt/M. (Vater: Dr. med. Georg W., Arzt; Mutter: geb. Loretz), verh. s. 1936 m. Margarethe, geb. Fricke - Realgymn. Musterschule Frankfurt/M.; Univ. Zürich, München, Florenz, Berlin, Paris, Frankfurt (Deutsch, Engl., Franz., Gesch., Kunstgesch.). Promot. 1929 Frankfurt; Habil. 1935 Bonn - B. 1931 Assistant Lecturer Univ. Aberdeen (Schottl.), dann Assist., Privatdoz. (1935), apl. Prof. (1943). Wiss. Rat (1959) Univ. Bonn (dazw. Wehrdst., Dt. Akad. Brüssel), s. 1960 ao. (pers. Ord.) u. o. Prof. (1964) Univ. Münster (Dir. Germanist. Inst.). 1970 Gastprof. Johns Hopkins Univ. Baltimore u. Univ. Maryland (USA), Vorst. Annette-v.-Droste-Ges., Münster (1965), Präs. Grimmelshausen-Ges. (1977-86), Ehrenpräs. d. Grimmelshausen-Ges. (s. 1986) - BV: u. a. Naturschilderung b. Annette v. Droste-Hülshoff u. Adalbert Stifter, Herbst d. Minnesangs (m. H. Naumann), Friedrich d. Gr. u. Justus Möser, D. Einwirkung Englands auf d. dt. Lit. d. 18. Jh., Wilhelm Meisters theatral. Sendung, D. dt. Roman v. d. Renaissance b. zu Goethes Tod, Nachahmung u. Schöpfung im Barock, Lit. Biedermeier, Christ. von Grimmelshausen. Herausg.: Grimmelshausen, G. Keller u. v. Droste (sämtl. Werke) u. Simpliciana; Odyssea dt. 1537 - Mehrere Ehrenmed. u. Festschriften.

WEYDT, Harald

Dr. habil., Prof. f. germanist. Linguistik FU Berlin - Schützallee 81, 1000 Berlin 37 (T. 811 27 96) - Geb. 28. März 1938 Bonn (Vater: Günther W., Prof.; Mutter: Margarete, geb. Fricke), verh. s. 1967 m. Sigrun, geb. Wörtz, 3 Kd. (Patrick, Ralf, Jana) - Abit. 1958, Stud. Univ. Tübingen (1. u. 2. Staatsex. 1967 u. 1969), Promot. 1969, Habil. 1975, alles Tübingen - 1969-71 Gastprof. Montreal, s. 1975 Prof. FU Berlin; 1976 u. 1983 Gastprof. Univ. of Wisconsin, Madison; Veranstalter v. 4 internat. Kolloquien z. d. dt. Partikeln (1977, 1979, 1982, 1987). Arbeitsgebiete: Pragmatik, dt. Grammatik, Kontrastivik, Deutsch in Osteuropa - BV: Noam Chomskys Werk, 1976; Abtönungspartikel, 1969; Kl. dt. Partikellehre (m. a.); Handb. d. dt. Grammatik (m. E. Hentschel); 6 Buch-Hrsg. - Liebh.: Rudern - Spr.: Franz., Engl., Span. Portug.

WEYEL, Gudrun Mechthilde

Oberstudienrätin a. D., MdB (Landesliste Rhld.-Pfalz) - Auf der Wacht 29, 6252 Diez - SPD.

WEYEL, Herman-Hartmut

Oberbürgermeister Stadt Mainz (s. 1987) - Zu erreichen üb. Rathaus, 6500 Mainz (T. 06131 - 1 21) - Geb. 1933 - Jura-Stud. - SPD.

WEYEN, Gustav

Kaufmann (Gustav Weyen KG., Bremerhaven) - Bremerhavener Str. Nr. 2, 2850 Bremerhaven 3 (T. 4 31 87; priv. 5 27 07) - Spr.: Engl.

WEYER, Adam

Dr. theol., Prof., Ordinarius f. Theologie/Systematische Theologie Univ./GH Duisburg (Gründungsrektor 1979-86) - Schwalbenstr. 21, 4133 Neukirchen-Vluyn.

WEYER, Carl

Rechtsanwalt, Vorstandsmitgl. Agfa-Gevaert-Gruppe, Leverkusen - Bayenthalgürtel 22, 5000 Köln 51 - Geb. 25. Sept. 1910 (Vater: Max W., Amtsgerichtsdir.; Mutter: Änne, geb. Elshorst), kath., verh. - Stud. Rechts-, Staatswiss., Volksw. Wien, Paris, Bonn - S. 1937 IG Farbenind. bzw. Agfa (1939 Berlin, 1945 Leverkusen; 1964 Vorst.). Mitgl. Präsid. Dt.-Franz. Handelskammer, Paris, Div. Mandate.

WEYER, Fritz

Dr. rer. nat., (habil.), Prof., Abteilungsdirektor (Bernhard-Nocht-Inst. f. Schiffs- u. Tropenkrankh., Hamburg) a. D. - Behrkampsweg 34, 2000 Hamburg 54 (T. 56 25 69) - Geb. 31. Juli 1904 Czarnikau/Posen - S. 1947 Lehrtätigk. Univ. Hamburg (1950 apl. Prof. f. Zool., insb. med. Entomol.). Hauptarbeitsgeb.: Med. Entomol., Fleckfieber u. a. Rickettsiosen, Ornithose (Papageienkrankh.) - BV: D. Malariaüberträger, 1949; Grundriß d. med. Entomol., 4. A. 1966 (m. F. Zumpt); Leitf. z. Unters. d. tier. Parasiten d. Menschen u. d. Haustiere, 4. A. 1969 (m. E. Reichenow u. H. Vogel); Lehrb. d. Tropenkrankh., 4. A. 1975 (Herausg. m. W. Mohr u. H.-H. Schuhmacher) - 1964 Bernhard-Nocht-Med.; 1966 Membre Associé Soc. Belge de Médicine Tropicale; 1968 korr. Mitgl. Soc. de Pathol. Exotique; 1981 Ehrenz. d. Dt. Ärztesch.

WEYER, Hans-Jürgen

Dipl.-Geologe, Geschäftsführer Bundesverb. Dt. Geologen, Bonn - Nordstr. 113, 5120 Herzogenrath (T. 02407 - 78 19) - Geb. 6. April 1953 - Stud. Geol. u. Mineral. RWTH Aachen; Dipl. 1982 - Explorationsgeologe Kanada (Uranges. Canada Ltd. Toronto); wiss. Mitarb. an e. Forschungsvorhaben im Rahmen d. Kontinentalen Tiefbohrprogramms (KTB) an d. TH Aachen; s. 1986 Geschäftsf. Bundesverb. Dt. Geologen, Bonn - Ca. 12 Abhandl. wiss. u. allg. Aufs. u. Publ. üb. Lagerstättengeol., Forsch.projekt Forsch.bohrung Konzen u. regional- bzw. lokalgeol. Art.

WEYER, Martin

Dr. phil., Universitätsmusikdirektor, Prof. f. Musiktheorie u. Musizierpraxis Univ. Marburg (s. 1972) - Am Hasenknüppel 11, 3550 Marbach/L. - Geb. 16. Nov. 1938 Cammin/Pom. - Promot. 1969 - BV: D. Orgelwerke v. Josef Rheinberger, 1966; D. dt. Orgelsonate v. Mendelssohn b. Reger, 1969.

WEYER, Reinhold

Dr., Prof. Univ. Bamberg - Hauptstr. 1, 8602 Pettstadt (T. 09502 - 17 55) - Geb. 12. März 1940 Harsewinkel (Vater: Karl W., Lehrer; Mutter: Elisabeth, geb. Hülsmann), kath., verh. s. 1964 m. Hanne, geb. Macke, 4 Kd. (Benedikt, Georg, Peter, Christoph) - Abit. 1960; Staatsex. f. d. Künstl. Lehramt an Gymn. 1963, 1. u. 2. Staatsprüf. f. d. Lehramt an Volkssch., 1965 u. 1968, Promot. 1971 Univ. Köln - 1965-70 Leh-

WEYERS, Willy
Bankier, Geschäftsinh. KKB Kundenkreditbank - Dt. Haushaltsbank KGaA, Düsseldorf - 4150 Krefeld-Fischeln - Geb. 2. Juli 1935.

WEYERSBERG, Hermann
Fabrikant, Teilh. u. kaufm. Leit. Friedr. Herder Abr. Sohn (Gesenkschmiede u. Stahlwarenfabrik) - Grünewalder Str. 29, 5650 Solingen - Geb. 30. Nov. 1902 - S. jg. Jahren Familienuntern. (vor üb. 240 J. gegr.).

WEYGOLDT, Peter J. H.
Dr. rer. nat., Prof. f. Zoologie - Etzenbachweg 2, 7816 Münstertal - Geb. 24. April 1933 Wilhelmshaven, verh. s. 1967 m. Sylvia, geb. Moehring, 4 Kd. - 1952-58 Stud. Univ. Kiel, Freiburg; Promot. 1958 Kiel; Habil. 1965 Berlin - BV: The Biology of Pseudoscorpions, 1969.

WEYH, Kurt
Mitglied d. Landtages Thüringen - Hermstedter Str. 105, O-5320 Apolda/Thüringen - Geb. 29. Sept. 1952 Tannroda/Ilm, verh. s. 1982 m. Sonja, geb. Klink, 2 Kd. (Steffi, Volker) - Facharb. Masch.bauer u. Qualitätskontrolleur; Ing. f. Holztechn.

WEYL, Brigitte
Dr., Gf. Gesellschafterin Südverlag GmbH u. Universitätsverlag Konstanz GmbH - Tägermoosstr. 1, 7750 Konstanz - Div. Mand., dar. Mitgl. Vollzugsaussch. Dt. UNESCO-Kommiss. - Offizier d. franz. Nationalen VO, BVK I. Kl.

WEYMANN, Ansgar
Dr. phil., Prof., Soziologe Univ. Bremen - Kapitän-König-Weg 11, 2800 Bremen 33 (T. 0421 - 25 70 96) - Geb. 25. Okt. 1945 Ahlen (Vater: Dr. Walter W.; Mutter: Christl, geb. Wagler), verh. s. 1971 m. Verena Bauhuis, Tocht. Nina - 1965 Univ. Saarbrücken, München u. Münster, Promot. 1971 Münster - 1971 Wiss. Assist. Univ. Bielefeld; s. 1976 o. Prof. Univ. Bremen; 1984, 85 u. 87 Netherlands Inst. for Advanced Study (NIAS) - BV: u.a. Ges.wiss. u. Marxismus, 1972; Alltagswissen, Interaktion u. ges. Wirklichk., 5. A. 1981; Lernen u. Sprache, 1977; D. nachträgl. Hauptschulabschl.; Handb. Soziol. d. Weiterbild., 3. A. 1982; Bildung u. Beschäftigung, 1987; Handlungsspielräume, 1989; 80 Aufs. - Spr.: Lat., Griech., Engl.

WEYMANN, Gert
Schriftsteller, Regiss. - Karlsruher Str. 7, 1000 Berlin 31 (T. 8 91 18 61) - Geb. 31. März 1919 Berlin - 1943-44 Univ. Berlin (Theaterwiss., German.) - Regieassist. (Staatstheater u. Schloßpark-Theater Berlin); s. 1947 fr. Regiss. Berlin, Halle/S., Bamberg, Nürnberg, New York (1963 ff.) u. s. 1963 Gastprof. USA (Theaterwiss.). Bühnenw. (1955 ff.): Generationen (UA. Berlin, auch franz.). Eh d. Brücken verbrennen, D. Ehrentag (beide UA. Nürnberg). Hör- u. Fernsehspiele. S. 1958 Fr. Mitarb. SFB; 1963 u. 66 Gastdoz. Univ. USA. S. 1970 Dozent Goethe-Inst. Berlin - 1954 Gerhart-Hauptmann-Preis Freie Volksbühne Berlin - Spr.: Engl., Franz.

WEYMAR, Ernst
Dr. phil., Prof., Historiker - Wittkopstr. 1B, 4500 Osnabrück (T. 6 44 95) - Geb. 18. Mai 1920 Waldlaubersheim, ev., verh. s. 1947 m. Dorothea, geb. Blunck, S. Wolfgang - Kraftfahrzeughandw. (Gesellenbrief 1949); Abit. 1951; Univ. Kiel (Gesch., German., Päd., Phil.); Promot. 1958 - 1959 Assist. Univ. Kiel; 1960 Prof. Päd. Hochsch. u. 1973 o. Prof. Univ. Osnabrück. Mitgl. Kurat. u. Wiss. Assist. Georg-Eckert-Inst. f. Intern. Schulbuchforsch. - BV: D. Neuere Gesch. in d. Schulbüchern europ. Länder, 1956; D. Selbstverständnis in Deutschen, 1961; Gesch. u. polit. Bildung, 1967. Herausg.: Toleranz u. Intoleranz im Zeitalter d. Glaubenskämpfe. Ausgewählte Quellentexte (1977); Babylon. Glanz u. Untergang, Ausgrabung u. Wiederherstell. (1979). Mitherausg.: D. Funktion d. Gesch. in uns. Zeit, (1975, m. E. Jäckel).

WEYNEN, Wolfgang
Dr. jur., Dipl.-Kfm., Generaldirektor, Vors. d. Geschäftsfg. Dt. Presse-Agentur GmbH. (dpa), Hamburg (s. 1979 i. R.) - Gaedechensweg 4, 2000 Hamburg 20 (T. 47 58 99) - Geb. 5. Juli 1913 Nilvingen/Els. (Vater: Wilhelm W., Dir.; Mutter: geb. Bremer), kath., verh. I) 1940 m. Viktoria, geb. v. Leuthold, Tocht. Barbara †1989, II) 1964 Liselotte, geb. Hoffmann - Oberrealsch. Riesa; Lehre Mitteld. Stahlwerke AG., Riesa, u. Eisengroßhandl. Otto Wolf, Leipzig; Univ. Bonn, Paris, Königsberg, Leipzig (Rechtswiss.), HH ebd. (Betriebsw.); Promot. 1937; Dipl.-Kfm. 1938 - 1939 Direktionsassist. Junkers Flugzeug- u. Motoren-Werke AG., Dessau, 1939-45 Wehrdst. u. Gefangenschaft, Justitiar u. Hauptgeschäftsf. (1950) IHK Wiesbaden. Div. Ehrenstell., dar. Präs. Intern. Press Telecommunications Committee (1968-72) u. 1965 Vizepräs., s. 1973 Präs. Alliance Européenne des Agences de Press. Präs.-Mitgl. Dt.-Korean. Ges. AR-Vors. e-te-s GmbH., Köln - BV: Arbeitszeitregelung in kontinuierl. Betrieben, 1937 - 1968 Ritterkreuz Ehrenlegion (Frankr.); 1969 Gr. Silb. Ehrenz. Rep. Österr.; 1970 Komturkreuz d. VO. d. Ital. Rep.; 1971 BVK I. Kl.; 1974 Offz.skreuz d. Kgl. Schwed. Vasa-Ord., 1978 Command. de l'Ordre de la Couronne Belge, 1979 Bu BVK; 1979 Kommandeurkreuz d. Ordens v. Oranje-Nasau (Niederl.); 1979 Komtur-Kreuz d. Ordens d. Finn. Löwens; Ehrenmitgl. d. Intern. Presse-Rates (IPTC) in London auf Lebenszeit - Spr.: Engl., Franz. - Rotarier.

WEYREUTHER, Felix
Dr. jur., Prof., Vors. Richter am Bundesverwaltungsgericht Berlin 12 - Wilhelm-Hauff-Str. 3, 1000 Berlin 41 (T. 8 52 97 10) - Geb. 6. Aug. 1928 Hamburg - Schule u. Univ. Hamburg (Rechtswiss.). Gr. jurist. Staatsprüf. 1956 - B. 1961 Landgerichtsrat, dann Oberverwaltungsgerichtsrat Lüneburg, 1966 Bundesrichter Berlin. S. 1968 Lehrbeauftr. u. Honorarprof. (1971) TU Berlin (Staats- u. Verw.recht) - BV: Empfiehlt es sich, d. Folgen rechtswidr. hoheitl. Verw.handelns gesetzl. zu regeln? - Gutachten B. z. 47. Dt. Juristentag, 1968; Revisionszulassung u. Nichtzul.beschwerde in d. Rechtsprechung d. obersten Bundesgerichts, 1971; Verw.-kontrolle durch Verb.? Argumente gegen d. verw.gerichtl. Verb.klage im Umweltschutz, 1975; Bauen im Außenbereich, 1979; Üb. d. Verfassungswidrigkeit salvator. Entschädigungsregel. im Enteignungsrecht, 1980; D. Situationsgebundenheit d. Grundeigent., 1983.

WEYRICH, Claus
Dr. phil., Prof., Hauptabteilungsleiter Siemens AG (ZFE BT) - Otto-Hahn-Ring 6, 8000 München 83 (T. 089 - 636-44 362) - Geb. 6. Jan. 1944 Brünn (CSFR), verh. s. 1969 m. Brigitte, geb. Worda, 3 Kd. (Christine, Cornelia, Peter) - Stud. d. Physik Univ. Innsbruck; Promot. 1969; Eintritt in d. Forschungslaborat. d. Siemens AG (1978 Fachabt.leit., 1983 Abt.leit.; s. 1987 Leit. d. Hauptabt. Basistechnologien) - Honorarprof. TU München - BV: Optoelektronik I, 1979; Optoelektronik II, 1986 (bde gem. m. G. H. Winstel) - Spr.: Engl., Franz., Türkisch - Bek. Vorf.: Prof. Dr. Rudolf Weyrich, Mathematiker.

WEYRICH, Karl-Heinz
Dr. jur., Justizrat, Rechtsanwalt, MdL Rhld.-Pfalz (s. 1975) - Am Horren 22, 6701 Altrip - Geb. 24. Dez. 1925 - Vizepräs. Pfälz. Rechtsanwaltskammer; Mitgl. d. Verfassungsgerichtshof v. Rheinl-Pfalz. SPD.

WEYRICH, Willy
Patentrichter a.D., Rechtsanwalt, Präs. Dt. Liga f. Menschenrechte (s. 1984) - Cherubinistr. 1, 8000 München 40 - Geb. 26. Febr. 1917, gesch., 2 Kd. (Karl-Heinz, Brigitte) - Jurastud., 1949 2. Staatsex., Staatsanw., 1954 Richter Mainz u. Baden-Baden, b. 1984 Richter Bundespatentgericht; Präs. Deutsch-Franz. Freundeskreis Bayern - Spr.: Franz., Engl., Russ.

WEYROSTA, Claus

Freier Architekt BDA, MdL Baden-Württ. (s. 1967) - Felsenkellerweg 10, 7120 Bietigheim-Bissingen - Geb. 15. März 1925 Breslau - Notreifepr. 1942; 1942-45 Wehrdst., Leutnant d. R. (Gebirgstruppe); 1945-48 Bauarb.: Facharbeiterpr. Maurer; Staatsex. 1954 Fachhochsch. f. Technik Stuttgart - Fr. Arch., öffentl. best. u. vereid. Sachverst.; Mitgl. d. Architektenkammer Baden-Württ.; Dt. Werkbund; Baden-Württ. Baumeisterbund e.V., Dt. Wohnungswesen, Städtebau, Raumplanung e.V.; Beirat Kurat. Fachhochsch. f. Technik Stuttgart, IG Bau-Steine-Erden; Vorst.-Mitgl. Dt.-Poln. Ges.; Vors. Landesgr. Baden-Württ. - 1962 Mitgl. SPD; 1970-75 u. 1977-89 Mitgl. SPD-Landesvorst.; 1962-68 Stadtrat Bietigheim; 1965-68 Kreisrat Kreistag Ludwigsburg; 1972-76, 1980-84 stv. Vors. 1976-80 Parlam. Geschäftsf. SPD-Landtagsfrakt. Mitgl. Europa-Union, Deutsche Schiller-Ges., amnesty intern., Arbeiterwohlfahrt, Touristenverein D. Naturfreunde, Bund f. Umwelt u. Naturschutz (s. 1989 Bundesvors. Naturfreunde Deutschl.), Deutscher Tierschutzbund. S. 1984 Vors. Wirtsch.ausssch.

WHIGHAM, Jiggs
Prof. Musikhochsch. Köln, Jazz-Musiker, Big-Band-Leader, Solo-Posaunist (eigtl. Oliver Haydn W.) - Im Hag 12, 5300 Bonn-Bad Godesberg 2 (T. 0228 - 34 39 86) - Geb. 20. Aug. 1943 Cleveland/Ohio (Vater: Oliver Haydn W., Polizist; Mutter: Jean, geb. Laude), ev., verh. s. 1963 m. Diane, geb. Bodge, 2 T. (Emily Clare, Jennifer Jean) - Mit 7 J. Unterr. in Klavier u. Musiktheorie Cleveland Inst. of Music; m. 11 Jahren Erlern. Posaune; Stud. Kompos. - Zus.arb. m. Glenn Miller, Stan Kenton, Maynard Ferguson, Johnny Richards, Larry Elgard, Chris Swansen u.a. (1961-65); 1965 WDR (Kurt Edelhagen-Orch.) u. Zus.arb. m. Thad Jones-Mel Lewis, Count Basie, Peter Herbolzheimer, Bert Kämpfert, George Gruntz, Werner Müller. Studio-Musiker. Gastdoz. an zahlr. Schulen, Gast-Prof. Univ. Siegen; stv. Leit. Landesjugend-Jazz-Orch. Baden-Württ. u. Euro-Jazz (London). Hunderte v. Schallpl., FS-Auftr. u. Radio-Send. Zahlr. Kompos. Gema-Mitgl. - 1966 1. Preis Intern. Compet. f. Mod. Jazz, Wien; Gold. Posaune (Polydor) u.v.a. Jury-Mitgl. Dt. Schallpl.-Preis - Liebh.: Segeln, Tennis, Gastronomie - Spr.: Deutsch, Engl.

WIBBING, Siegfried
Dr. theol., Prof., Hochschullehrer - Backhaushohl Nr. 19, 6500 Mainz-Bretzenheim (T. 3 54 85) - Geb. 10. Febr. 1926 Bielefeld - S. 1962 Doz. u. Prof. f. Ev. Theologie u. Didaktik Päd. Hochsch. Worms (zeitw. Rektor) bzw. Erziehungswiss. Hochsch. Rheinland-Pfalz/ Abt. Worms (1969-72 Rektor). Wiss. Veröff. z. Theol. d. Paulus u. d. Synoptikern.

WICH, Josef
I. Bürgermeister - Rathaus, 8644 Pressig/Ofr. - Geb. 4. Nov. 1922 Pressig - Schuldst. (zul. Rektor). CSU.

WICHARZ, Wilhelm
Dipl.-Volks., Geschäftsführer Verein Dt. Schleifmittelwerke u. Forschungsgemeinsch. Schleifscheiben - Oxfordstr. 8, 5300 Bonn 1.

WICHELHAUS, Hans
Rektor a. D., MdL Nordrh.-Westf. (s. 1975) - Berketstr. 8, 5270 Gummersbach 1 (T. 2 22 42) - Geb. 14. Sept. 1918 - CDU.

WICHELHOVEN, Gertrud,
geb. Rickes

Zeitungsverlegerin Zeitungsverlag Iserlohn, Iserlohner Kreisanzeiger u. Zeitung, Wichelhoven Verlags-GmbH & Co. KG, Gf. Reisebüro Wichelhovenhaus Iserlohn u. Hemer - Th.-Heuss-Ring 4-6, 5860 Iserlohn (T. 02371-2 90 45).

WICHERT, Günter
Dr. phil., Staatssekretär a. D. Nieders., Leiter Landeszentrale f. Polit. Bild. NRW, Düsseldorf - Neanderstr. 6, 4000 Düsseldorf - Geb. 20. Mai 1935 Steinen/Ostpr., verh. m. Dr. Ingrid W., 3 Kd. - Mittelsch. u. Gymn. (Abit.); Univ. Göttingen und Berlin (Gesch., Phil., German.); Promot. Göttingen - U. a. wiss. Mitarb. SPD-Landtagsfraktion Nieders.; 1974-76 Staatssekr. Nieders. Min. f. Wiss. u. Kunst. 1969-74 MdB (Wahlkr. 49/Göttingen). SPD s. 1960.

WICHMANN, Hans

Dr., Kunsthistoriker, ehem. Leiter d. Neuen Sammlung. Staatl. Museum f. angew. Kunst München - Mühlbergstr. 20, 8130 Starnberg - Geb. 1925 - Stud. Kunstwiss., Archäol. u. Volksk. München, handwerkl. Ausb., Promot. 1955 - S. 1955 Leit. e. Forsch.gruppe Akad. d. Wiss., Forsch.auftr. Dt. Forsch.gemeinsch., Museumspraxis Bayer. Staatsgemäldesamml., u.a. Mitarb. a. d. Wiedereinricht. d. Alten Pinakothek, München, Europatsausst.: Rokoko (München), Europatsausst.: Romantik

(London), s. 1960 tätig f. Handwerk u. Ind., b. 1979 Leit. Dt. Werkbund Bayern, 1980-90 Leit. d. Staatl. Museums f. angew. Kunst, München - Zahlr. Ausstell. - BV: u.a. Toni Stadler, 1955; August Macke, 1959; Max Beckmann, 1960; Ursprung u. Wandlung d. Schachfigur in 12 Jh., 1960 (New York u. London 1964); Bibliogr. d. Kunst in Bayern, Bd. 1-4 u. Sonderbd., 1960-74; D. Wohnung, Bd. 1-6, 1961-66; Produktform – Made in Germany, Bd. 1-2, 1966-70; Kultur ist unteilbar, 1973; Ohne Vergangenheit keine Zukunft, 1976; Wohnen im ländl. Raum, 1977; Aufbruch z. neuen Wohnen, 1978; Der Sport formt sein Gerät, 1980; Industrial-Design, Unikate, Serienerzeugnisse. D. Neue Sammlung. E. neuer Museumstyp d. 20. Jh., 1985. Herausg.: Drehpunkt 1930. Aspekte (1979); Architektur d. Vergänglichkeit (1983); System-Design. Bahnbrecher: Hans Gugelot (1984); Festschrift Aloys Goergen (1985); Sep Ruf. Bauten u. Projekte (1986); Design-Process-Auto (1987); Reiz u. Hülle. Gestaltete Warenverpackungen (1987); Italien: Design 1945 bis heute (1988); Jap. Plakate (1988); System-Design: Fritz Haller (1989); Armin Hofmann. His Work, Quest and Philosophy (1989); V. Morris b. Memphis. Textilien d. Neuen Samml. (1990); Bayern u. Ereignisse d. Welt. Karikaturen v. Ernst Maria Lang (1990); Künstlerplakate aus d. USA u. Frankr. (1990); Künstlerplakate (1991); Deutsche Werkstätten (1992); Design contra Art Déco (1992/93).

WICHMANN, Rolf

Dr.-Ing., Chemiker, o. Prof. f. Bioverfahrenstechnik Univ. Dortmund (s. 1989) - Ortsmühle 32, 4600 Dortmund 50 - 4. Jan. 1953 Hamburg, ev., verh. s. 1985 m. Daniela, geb. Holthausen, 2 Söhne (Moritz, Christoph) - Abit. 1972 Gehrden; 1972-77 Stud. Chemie Univ. Hannover; Dipl.-Chem. 1977; Promot. 1981 Clausthal - 1978/79 wiss. Assist. TU Clausthal; 1979-89 wiss. Mitarb. u. Gruppenleit. KFA Jülich GmbH Inst. f. Biotechnologie; s. 1989 Prof. f. Bioverfahrenstechnik. Mitarb. auf d. Geb. d. Enzymtechnologie: Entwicklung d. kontin. Coenzymregerierung - Liebh.: Musik, Kunst, EDV, Reisen - Spr.: Engl.

WICHMANN, Siegfried

Dr. phil., Prof., Direktor Bayer. Nationalmuseum München (b. 1983) - Bismarckstr. 28, 8130 Starnberg/Obb. (T. 08151 - 32 58) - Geb. 10. Febr. 1921 Bärndorf/Schles. (Vater: Georg W., Porträt- u. Landsch.maler; Mutter: Helene, geb. Scheder), ev., verh. s. 1950 m. Elionore, geb. Limburg-Schaffgotsch, 2 Söhne (Matthias, Christian) - Univ. Breslau u. München - 1957-67 Konservator u. Oberkonserv. (1960) Bayer. Staatsgemäldesamml. München (Neue Pinakothek); 1967-83 Prof. f. Kunstgesch. Staatl. Akad. bild. Künste Karlsruhe. S. 1973 Präs. Intern. Kalligraphenverb. Tokyo - BV: Eduard Schleich d. Ält., 1950; Realismus u. Impressionismus, 1962; Wilhelm v. Kobell, 1970; Lenbach u. s. Zeit, 1973; Jugendstil, 1977 (übers. in 4 Spr.); Japonismus, 1980 (übers. in 5 Spr.); Meister-Schüler-Themen, 1983; Carl Spitzweg, 1983. Zahlr. Fachveröff. u. Vortr. Ausst.: Aufbruch z. mod. Kunst (1958), Secession, Europ. Kunst um d. Jh.wende (1964), Weltkulturen u. mod. Kunst (1972), Jugendstil-floral, funktional (1984, übers. in 3 Spr.) - 1982/83 Jap. Nationalpreis; 1983 Special-price of Japan - Liebh.: Islam. Keramik 8.-15. Jh., Malerei d. 19. Jh. - Bek. Vorf.: Ludwig Wilhelm W., Bildhauer (1788-1859).

WICHMANN, Walter

Dr., Dipl.-Volksw., stv. Hauptgeschäftsführer Bundesverb. d. Filialbetriebe u. Selbstbedienungs-Warenhäuser (BFS), Bonn - Büchelstr. 50, 5300 Bonn 3 - Geb. 23. April 1929, verh., 2 Kd. - Stud. Univ. Bonn u. Köln (1950-56) - 1956-57 Presse- u. Inf.amt Bundesreg., 1958-1969 Geschäftsf. Centralvereinig. Dt. Handelsvertreter- u. -makler, Köln; 1970-88 Geschäftsf. Bundesverb. d. Selbstbedienungs-Warenhäuser (BdSW) - BV: Selektiver Vertrieb u. SB-Warenhäuser, 1982 (m. a.). Mitarb. Handb. f. Handelsvertr., Handlexikon f. Hdl. u. Absatz, Ladenschluß kontovers, ständ. Mitarb. b. zahlr. Fachztschr. d. Handels - Spr.: Engl., Franz.

WICHTER, Sigurd

Dr. phil., Prof. f. Dt. Sprache Univ. Münster - Kerkheideweg 10, 4400 Münster (T. 0251 - 71 70 17) - Geb. 5. Juni 1944 Freiburg (Vater: Hans W., Bundesbahnhauptsekr.; Mutter: Elfriede, geb. Bauder), verh. s. 1982 m. Taeko, geb. Takayama, S. Dan - Habil. 1980 - Lehrtätigk. Univ. Bochum, Braunschweig u. Münster (s. 1981).

WICHTL, Max

Dr. phil., Mag. pharm., Prof. f. Pharmazeut. Biologie Univ. Marburg (Institutsdir.) - Schlehdornweg 7, 3550 Marburg/L. - Geb. 6. Okt. 1925 Wien - Univ. Wien (Chemie, Botanik, Pharmazie). Promot. 1951, Mag. pharm. 1956 (beides Wien) - Zul. Doz. Univ. Wien - BV: D. pharmakognost.-chem. Analyse, 1971; Teedrogen, Handb. f. Apoth. u. Ärzte, 2. A. 1989 - 1971 Dr.-Wilmar-Schwabe-Preis - Spr.: Engl.

WICK, von, Georg Ernst

Dr. jur., Rechtsanwalt Oberlandesgericht Köln - Riehler Str. 28 a, 5000 Köln 1 (T. 0221 - 72 08 71/72; Fax 0221 - 73 03 69) - Geb. 18. Aug. 1931 Essen (Vater: Gustav v. W., Major a.D.; Mutter: Ilse, geb. Koch), verh. s. 1955 m. Marilene, geb. Francken, 4 Kd. - Stud.; 1. u. 2. jur. Staatsex. 1954 u. 59; Promot. 1956 - 1959-60 Ref. Ruhrverb./Ruhrtalsperrenverein, Essen; 1960-63 wiss. Mitarb. Unternehmensverb. Ruhrbergbau, ebd.; 1963-85 Girmes-Werke AG (Justitiar); 1970-84 Vorst.-Mitgl. Johs. Girmes & Co. AG - BV: Kompetenzwahrnehmung im Bereich d. Bundesregierung, 1957 - Spr.: Engl., Franz.

WICK, Klaus

Dr. rer. nat., Prof. f. Physik Univ. Hamburg - Bansgraben 8, 2000 Hamburg 61 - Geb. 21. Sept. 1940 Frankfurt/M. - Stud. Univ. Göttingen, Berlin, Karlsruhe (Promot. 1970, Habil. 1983).

WICK, Rainer K.

Dr. phil., Prof. f. Kunst- u. Kulturpädagogik - Tränkerhofstr. 43, 5303 Bornheim 4 (T. 02227 - 17 35) - Geb. 18. Juni 1944 Mechernich (Vater: Kurt W., Stud.dir.; Mutter: Martha, geb. Fischer), ev., verh. s. 1971 m. Dr. Astrid, geb. Kmoch, 2 Töcht. (Saskia, Nadja) - Gymn. Bonn (Abit. 1963), 1963-65 Lehre, 1963-69 Univ. Bonn u. Köln (Päd., Soziol., Kunstgesch., Kunsterzieh.), 1. Staatspr. 1969, 2. 1971, Promot. 1975 - 1969-79 Schuldienst, zul. Fachleit. u. Stud.dir., 1979 Prof. f. Gestaltungstechnik Univ. Essen, 1985 Habil. f. Kunstpäd., 1986 Lehrstuhl f. Kunst- u. Kulturpäd. Bergische Univ. Wuppertal - BV: Z. Soziol. intermediärer Kunstpraxis, 1975; Kunstsoziol., 1979 (m. Astrid Wick-Kmoch); Bauhaus-Päd., 1982; Farbe u. Architektur, 1983; Zw. Kunst u. Design, 1983; Ist d. Bauhauspäd. aktuell?, 1985; Johannes Itten, Bildanalysen 1988; D. Neue Sehen, 1991; Fotografie u. Ästhetische Erziehung, 1992 - Liebh.: Kunst (bes. d. 20. Jh.), Reisen - Spr.: Engl., Franz.

WICKE, Ewald

Dr. rer. nat., Prof. f. Physikal. Chemie - Schlüterstr. 7, 4400 Münster/W. (T. 8 16 52) - Geb. 17. Aug. 1914 Elberfeld (Vater: Gustav W., Handw.; Mutter: Elisabeth, geb. Rau), verh. s. 1941 m. Elisabeth, geb. Günther (1982†) - Univ. Köln u. Göttingen - S. 1944 Lehrtätigk. Göttingen, Hamburg (1954 Ord. u. Inst.-dir.), Münster (1959) - BV: Grundriß d. Physikal. Chemie, m. A. Eucken (gest.) 10. A. 1959, Zahlr. Einzelarb.; div. Herausg. - 1954 Haber-Preis Dt. Bunsenges.; 1962 Arnold-Eucken-Med. VDI; 1972 Dt. Akad. d. Naturforscher (Leopoldina); 1975 Rhein.-Westf. Akad. d. Wiss. D'dorf; 1975 Ehrendoktor TU München; 1976 Dechema-Med.; 1980 korr. Mitgl. Akad. d. Wiss. Göttingen; 1981 Bunsen-Denkmünze d. Dt. Bunsen-Ges.; 1983 Foreign Ass. Nat. Acad. Engng., USA; 1990 Ehrenmitgl. d. Dt. Bunsen-Ges.; 1991 Dr.-Ing. e. h. Univ. Karlsruhe.

WICKE, Lutz

Dr. rer. pol., Dipl.-Ing., Prof., Staatssekretär (Umweltschutz) Senatsverwaltung Stadtentwickl. u. Umweltschutz, Berlin - Grimmelshausenstr. 54, 1000 Berlin 22 (T. 030 - 365 23 07) - Geb. 23. April 1943 Herrnhut/Sa., ev., verh. s. 1968 m. Angelika, geb. Schmidt, 3 Kd. (Axel, Inga, Martin) - Dipl.-Ing. (Wirtschaftsing.) 1971; Promot. 1975; Habil. (Volkswirtschaftslehre, insb. Wirtschaftspolitik) 1979 TU Berlin; apl. Prof. 1983 TU Berlin - Wiss. Assist., wiss. Dir. Umweltbundesamt Berlin; Vors. Fachaussch. d. Stadtentwicklung u. Umweltschutz CDU Berlin; Mitgl. d. Landesvorst. d. CDU Berlin - BV: D. personelle Vermögensverteilung, 1978; Lehrb. Umweltökonomie, 1982, 3. A. 1991; D. Öko-Plan, 1984; D. ökologischen Milliarden, 1986; D. ökolog. Marshallplan, 1988; Öko-soziale Machtwirtsch. f. Ost u. West, 1990; Lehrb. Betriebl. Umweltökonomie, 1991 - 1976 Pieroth-Preis z. Förd. d. Vermögensbildung; 1985 Buchpreis Stadt Hürth z. Förd. d. Umweltschutzgedankens; 1987 Theodor-Heuss-Preis f. jahrel. erfolgr. Bemühungen um d. Versöhnung v. Ökologie u. Ökonomie - Liebh.: Marathon-Lauf, Tennis, Reisen - Spr.: Engl.

WICKERT, Erwin

Dr. phil., Schriftsteller, Botschafter a. D. - Rheinhöhenweg 22, Oberwinter, 5480 Remagen 2 - Geb. 7. Jan. 1915 Bralitz/Mark, ev., verh. s. 1939 m. Ingeborg, geb. Weides, 3 Kd. (Wolfram, Ulrich, Barbara) - Gymn.; Dickinson College/USA (Bachelor of Arts 1936), Univ. Berlin u. Heidelberg (Promot. 1939) - 1939-45 u. 1955-80 Ausw. Dienst (Schanghai u. Tokio, 1955 Paris, 1960 Ausw. Amt Bonn, 1968 Gesandter London, 1971 Botschafter Bukarest, 1976-80 Botsch. Peking) - BV: Fata Morgana üb. den Straßen, Erz. 1938; D. Paradies im Westen, R. 1939; Die Adamowa, Erz. 1941; Du mußt dein Leben ändern, R. 1949; Dramat. Tage in Hitlers Reich, 1952; D. Frage d. Tigers, R. 1955; Caesar u. d. Phönix, 1956; D. Klassenaufs./Alkestis, 1960; D. Auftrag, R. 1961; D. Purpur, R. 1965; D. Auftrag d. Himmels, R. 1979; China v. innen gesehen, 1982, D. verlassene Tempel, R. 1985, D. Kaiser u. d. Großhistoriker, Hörspielsmlg., 1987; D. fremde Osten, 1988; Mut u. Übermut, 1991. Hörspiele: u. a. Lot u. Lots Weib, D. kühne Operation, Alkestis, Darfst du d. Stunde rufen?, D. Klassenaufsatz, Cäsar u. d. Phönix, D. Buch u. d. Pfiff. Hiroshima, Robinson u. s. Gäste, D. Kaiser u. d. Großhistoriker - 1952 I. Hörspielpreis d. Kriegsblinden; 1963 Mitgl. Dt. PEN-Zentrum BRD; 1979 Gr. BVK; 1980 Mitgl. Akad. d. Wiss. u. d. Lit. Mainz; 1987 Vizepräs. d. Dt. Autorenrates, u. 1991 d. Freien Dt. Autorenverb.; 1990 Vors. d. Dt. Ges. f. Ostasiatische Kunst.

WICKERT, Günter

Markt- u. Meinungsforscher, Dozent Werbewiss. Inst. München u. Fachhochsch. Kempten - Wilhelmstr. 102, 7400 Tübingen (T. 2 23 18) - Geb. 14. Nov. 1928 Erfurt (Vater: Paul W., Ing., Fabrikant; Mutter: Käthe, geb. Rinck), verh. s. 1951 m. Gerlinde, geb. Borde, 3 Kd. (Thomas, Andrea, Manuela) - Univ. Göttingen, Leipzig, Jena, Tübingen, Heidelberg, Basel - S. 1951 Markt- u. Meinungsforscher (Begr. Forschungsst. f. Dt. Markt- u. Meinungsf. u. Wickert-Inst. f. Markt- u. Meinungsf. im In- u. Ausl.) - BV: Deutsche Praxis d. Marktu. Meinungsforsch., 1953; Möglichkeiten mod. Markt- u. Meinungsforsch. in Werbung u. Wirtsch., 1955, 24. A. 1990; Markt- u. Meinungsforsch. im Europamarkt, 1960; Markt- u. Meinungsforsch. in Europa, 1960. Übers. aus d. Engl.: Markt- u. Meinungsforscher in d. USA. Zahlr. Beitr. in Fachztschr., Wirtschaftsfunk u. a. Herausg.: Ztschr. f. Markt-, Meinungs- u. Zukunftsforsch. (auch Schriftsl.), Intern. Beitr. f. Markt- u. Meinungsf. - Mitgl. American Marketing Assoc.; Vice-Gov. Lions Clubs Intern. - Spr.: Engl.

WICKERT, Johannes Manfred

Dr. Prof., Maler, Psychologe, Physiker - Rolandstr. 97 A, 5000 Köln 1 - Geb. 17. Mai 1944 Leingarten (Vater: Hans W.; Mutter: Else, geb. Wenzel) - 1962 Abit. als Ext., Stud. d. Malerei Stuttgart, s. 1966 Stud. Psych. u. Physik Univ. Frankfurt u. Basel, Promot. 1971, Habil. (Psych.) Univ. Tübingen b. Prof. R.. Bergius 1976 - S. 1972 Lehrtätigk. Univ. Tübingen, Basel u. Köln - Spez.: Arbeitsgeb.: Psych. Gerontologie, Gesch. d. Physik (Newton, Einstein) - BV: u.a. A. Einstein, 1971; (übers. in mehr. Spr.); Isaac Newton, 1981; Z. Psych. d. Nichtseßhaften, 1975 ff.; Psych. Gerontologie (Habil-Schrift), 1976; Partnerbindung im Alter, 1981 - Werke: Porträtmalerei (u.a. Hoffmann, D. Beter, Karoline, Eros, Vertreibung ins Paradies, D. Habilitation d. N. Cusanus, D. Liebe zu Gott) - Spr.: Engl.

WICKERT, Konrad

Dr. phil., Ltd. Bibliotheksdirektor Univ.-Bibl. Erlangen-Nürnberg (s. 1987) - Universitätsstr. 4, 8520 Erlangen - Geb. 21. Mai 1938 Königsberg/Pr. (Vater: Lothar W., Univ.-Prof.; Mutter: Maria, geb. Weber) - Stud. Gesch., Lat., Griech. Univ. Wien, Köln, Erlangen, Promot. 1961, Staatsex. 1962 - 1965-74 Univ.-Bibl. Erlangen, 1974-87 Leit. Univ.-Bibl. Bayreuth.

WICKERT, Ulrich

Dr. theol., Prof. f. Kirchengeschichte - Teutonenstr. 9, 1000 Berlin 38 (T. 803 92 90) - Geb. 4. Febr. 1927 Berlin (Vater: Prof. Dr. Lothar W. †; Mutter: Barbara, geb. Lancelle), ev., verh. s. 1954 m. Hiltrud, geb. Weissmantel, 2 Töcht. (Cornelia, Cäcilia) - Stud. Staatl. Hochschule f. Musik Frankfurt/M. (Violine), Univ. Frankfurt/M. (Klass. Philol.) u. Univ. Marburg (Theolog.) - S. 1957 Univ. Tübingen (1964 Doz., 1967 o. Prof.) u. Kirchl. Hochsch. Berlin (1973); 1978-80 Rektor; 1987 Gastprof. Kath.-Theol. Fak. Eichstätt - BV: Studien zu d. Pauluskommentaren Theodors v. Mopsuestia, 1962; Sacramentum Unitatis, 1971. Div. Einzelarb. z. NT, Patristik, Hagiographie, Mariologie.

WICKERT, Ulrich

1. Moderator d. ARD-Nachrichtensendung Tagesthemen (s. 1991) - NDR, Postfach, 2000 Hamburg - Geb. 2. Dez. 1942 Tokio (Vater: Erwin W., Botschafter; Mutter: Ingeborg, geb. Weides), verh. s. 1969 m. Sylvie, geb. Frankenberg u. Ludwigsdorff, T. Adrienne - Univ. Bonn, Wesleyan Univ., Connecticut (USA); jur. Staatsex. 1968 - 1968-77 Redakt. WDR-Fernsehmagazin Monitor, 1977 Auslandskorresp. in USA; 1978-81 in Paris; 1981-84 in New York; b. 1991 Auslandskorresp. u. ARD-Studioleit. in Paris - BV: Freiheit, d. ich fürchte. Polit. Analyse d. BRD, 1981; New York - Tokio - Paris - Tageb. e. Weltreise, 1986; Paris, 1989; Frankreich - wunderbare Illusion, 1989. Herausg.: Angst vor Deutschland (1990) - S. 1983 Mitgl. PEN-Zentrum d. BRD; 1990 Dt.-Franz. Fernsehpreis; 1991 Preis d. Stiftg. Lesen - Spr.: Engl., Franz.

WICKERT-MICKNAT, Gisela

Dr. phil. - Landgrafenstr. 98, 5000 Köln 41 (0221 - 406 04 24) - Geb. 9. April 1920 Trier (Vater: Friedrich M.; Mutter: Irene, geb. Mauelshagen), ev., verh. s. 1961 m. Prof. Dr. Lothar W. - Stud. Univ. Köln u. Heidelberg; Promot. 1943, 1. Staatsex. 1944, 2. Staatsex. 1950 - B. 1966 Studienrätin Kaiserin-Augusta-Schule Köln, Arbeitsgebiete: Altertumswiss. u. Germanistik - BV: D. Symbol Traum u. Erwachen i. d. dt.

Romantik, Diss. (masch.) 1943; Stud. zu Kriegsgefangensch. u. Sklaverei in d. griech. Gesch., I. Homer, 1954; D. Frau (Archäol. Homerica III R), 1982; Unfreiheit im Zeitalter d. homer. Epen (Forsch. z. ant. Sklaverei XVI), 1983 - 1988 korr. Mitgl. d. Dt. Archäologischen Inst.

WICKI, Bernhard

Schauspieler u. Regisseur - Zürich/Schweiz (T. Zürich: 26 37 45) - Geb. 28. Okt. 1919 St. Pölten/Österr. (Vater: Bernhard W., Ingenieur; Mutter: Melanie, geb. Kleinhapl), kath., verh. s. 1945 m. Agnes, geb. Fink, Schausp. (s. dort) - Gymn. (Abit.); Schauspielausbild. Berlin u. Wien - S. 1940 Bühnen Bremen, München (Staatstheater, 1943-1945 u. ab 1950), Zürich u. Basel. Filme: u. a. D. letzte Brücke (Partisanenführer Boro), Rummelplatz d. Liebe, D. zweite Leben, D. Mücke, Gefangene d. Liebe, Kinder, Mütter u. e. General, Es geschah am 20. Juli (Stauffenberg), Ewiger Walzer (Johann Strauß), Du, mein stilles Tal, Rosen im Herbst, Weil du arm bist, mußt du früher sterben, Skandal um Dr. Vlimmen, Königin Luise, Flucht in d. Tropennacht, D. Zürcher Verlobung, Es wird alles wieder gut, Madeleine u. d. Legionär, D. Katze, D. Frau im besten Mannesalter, Frauensee, Lampenfieber, Erotica, 11 Jahre u. 1 Tag; Regie: Warum sind sie gegen uns? (1959 Bundesfilmpreis/Filmband in Silber, Dt. Jugendfilmpreis), D. Brücke (1960) Preis d. Dt. Filmkritik, Dt. Jugendfilmpreis, Preis d. Senats v. Berlin u. a.), D. Wunder d. Malachias (1961 Silb. Bär Berliner Filmfestsp.), The Visit (n. Dürrenmatt), Morituri; Teilregie: The Longest Day (1963 Blaues Band Amerik. Nationaler Filmrat); Fernsehen: Karps Karriere (1971), Das falsche Gewicht (1972 Gold. Kamera u. Bundesfilmpreis/Filmband in Gold; 1976 Bundesfilmpreis (f. Eroberung d. Zitadelle) - 1982 BVK - Liebh.: Fliegen, Fotogr. (Buchherausg.).

WICKLER, Wolfgang

Dr., Prof., Zoologe, Direktor Max-Planck-Inst. f. Verhaltensphysiol., Seewiesen - Am Laichholz 4a, 8130 Starnberg-Perchting (T. 08157 - 2 92 77) - Geb. 18. Nov. 1931 Berlin, verh. s. 1956 m. Agnes, geb. Oehm, 4 Kd. (Martin, Andreas, Rita, Christiane) - Promot. 1956, Habil. 1969 - Prof. Univ. München 1976; s. 1973 wiss. Mitgl. Max-Planck-Ges.; s. 1974 Dir. am Max-Planck-Inst. f. Verhaltensphysiol. - BV: Biologie d. zehn Gebote, 1971; Vergleichende Verhaltensforschung (m. Uta Seibt), 1973; D. Prinzip Eigennutz - Ursachen u. Konsequenzen sozial Verhaltens, 1991; Männlich - Weiblich. D. große Untersch. u. seine Folgen, 1990.

WIDDER, Gerhard

Dipl.-Ing. (FH), Oberbürgermeister Stadt Mannheim - Rathaus E 5, 6800 Mannheim (T. 0621 - 2 93-22 41) - Geb. 26. Juni 1940 Mannheim, ev., verh. s. 1963 m. Karin, geb. Heinrich, 3 S. (Thomas, Christian, Oliver).

WIDDERICH, Heiner

Direktor des Sportamtes Hamburg - Kuhkoppel 1, 2000 Hamburg 72 (T. 6 44 63 30) - Geb. 6. Aug. 1935 Hamburg.

WIDERA, Joachim

Dr. phil., Journalist, Leiter d. Pressestelle u. Pressesprecher d. Bistums Aachen - Jakobstr. 9, 5100 Aachen (T. 0241 - 45 22 43) - Geb. 12. Dez. 1929 Hindenburg, kath., verh. s. 1961 m. Hildegard, geb. Thoma, S. Martin - Obersch. Cosel, Abit. Gymn. Antonianum Vechta; Philol.-Stud. Univ. Freiburg, Heidelberg u. Göttingen - 1956-79 Polit. Redakt. u. Ressortchef an Tageszig., Chefredakt. in d. Ind.; s. 1979 Pressespr. Bist. Aachen (Generalvikariat) - BV: Herausg.: Erbe u. Auftrag, Ludwigsgymn. Saarbrücken 1604-1979, 1979; Katholikentage in Aachen, 1986; Hausinschriften-Forsch., 1990; zahlr. Veröff. in dt. u. ausl. Ztg. u. Ztschr. - 1977 Ehrenbürger Huntsville/Ala; 1989 BVK.

WIDMAIER, Hans Peter

Dr. phil., o. Prof. f. Volkswirtschaftslehre Univ. Regensburg (s. 1968) - Heinrich-v.-Kleist-Str. 7, 8417 Lappersdorf (T. 0941 - 8 08 79) - Geb. 6. März 1934 Lörrach/Baden (Vater: Carl W.; Mutter: Marga, geb. Sacher), verh. s. 1961 m. Elsbeth, geb. Wildi, 2 Töcht. (Maya, Vicky) - Buchdruckerlehre; Stud. Volksw., Soziol., Psych. Promot. (1961) u. Habil. (1966) Basel - 1952-57 Buchdrucker, 1957-61 Stud. Basel, 1961-64 Berat. OECD Paris, 1964 Leit., 1966 Dir. u. Privatdoz. Forschungsgruppe Basler Forsch.-Zentr. f. Finanzfragen Univ. Basel, s. 1968 o. Prof. Univ. Regensburg, 1973/74 Fachbereichssprecher, 1974/75 Dekan, Gastprof.: 1972 Edinburg, 1974 Klagenfurt, 1975 FU Berlin, 1979 Wien, 1984/89/91 Stanford - BV: Währungs- u. Finanzpolitik d. Ära Luther, 1964; Bildung u. Wirtschaftswachstum, 1966; Bildungsplanung, 1966; Strategie d. Bildungspolitik, 1968; Analysen z. Gesamthochschule, 1969; Begabungs- u. Bildungschancen, 1967, Pol. Ökonomie d. Wohlfahrtsstaates - eine krit. Präsentation d. Neuen Pol. Ökonomie, 1974; Machtverteilung im Sozialstaat, 1976; Sozialpolitik im Wohlfahrtsstaat, 1976; Z. Neuen Soz. Frage, 1978; Was ist Sozialpolitik? Geschichtl. Herkunft u. gegenw. Positionen, 1978 u. 1980; Informationstechnol. u. Beschäftig., 1980; Ziele u. Entw.tendenzen d. Sozialpolitik in Polen s. Gierek, Forsch.projekt, 1983; D. Arbeitskräfteangebot zw. Markt u. Plan, 1983; Allokation v. Arbeit - jenseits v. Markt u. Plan, 1988; Gesellschaftl. Allokation polit. Güter - Zur Theorie u. Praxis polit. Institutionen, 1990; Z. Theorie sozialpolit. Institutionen - Bürokratie im Wohlfahrtsstaat, 1989; Marktwirtsch. u. soziales Netz, 1991; Wirtschaftl. Logik polit. Handelns - E. Kritik ökon. Positionen, 1992; Z. Logik sozialer Politik, 1992; Demokr. Sozialpolitik - Dialogik sozialer Politik (in Vorber.) - Liebh.: Kunst u. Antiquitäten - Spr.: Engl., Franz., Lat., Schweizerdt.

WIDMAIER, Wolfgang

Prof. f. Musiktheorie Staatl. Hochsch. f. Musik Karlsruhe - Str. d. Roten Kreuzes 64, 7500 Karlsruhe 41 (T. 0721 - 47 21 87) - Geb. 2. Nov. 1926 Sigmaringen (Vater: Dr. Karl W., Studienrat; Mutter: Elisabeth, geb. Buchholz), verh. 1955-85 m. Brigitte, geb. Schipke, Musikschriftstellerin († 1985), s. 1990 m. Elisabeth, geb. Hurler, MTA, 3 S. (Sebastian † 1985, Matthias, Martin) - 1946-53 Stud. Musikhochsch. u. Univ. Freiburg; Staatsex. Künstl. Lehramt an Gymn. 1950, Staatsex. Musikwiss. 1953 - 1954-68 Doz. Musikakad. Darmstadt, Leit. Sem. f. Musikerzieh., s. 1967 Staatl. Hochsch. f. Musik Karlsruhe, 1967-85 Leit. Abt. Schulmusik; 1974 Prof., 1972-80 Prorektor, 1980-84 Rektor, s. 1985 Leit. Abt. Kath. Kirch. Musik. Veröff. in Anthol., Fachztschr. u. Tageszig.; Leit. bzw. Ref. v. Musikwochen; Rundf.- u. Fernsehsend., Jurytätigk. - 1985 VO d. BRD - Liebh.: Lesen, Skifahren, Bienenzucht, Garten.

WIDMAN

Bundesrichter - Postf. 860240, 8000 München 86 - B. 1981 Ministerialrat Bayer. Finanzmin., dann Richter Bundesfinanzhof.

WIDMANN, Peter Friedrich

Studiendirektor, MdL Bayern (s. 1970) - Kirchbergstr. 26, 8121 Wildsteig/Obb. (T. 08867 - 3 76) - Geb. 1930 - CSU - 1980 Bayer. VO.

WIDMANN, Rudolf

Dr. jur., Landrat Kr. Starnberg (s. 1969) - Max-Emanuel-Str. 4, 8130 Starnberg/Obb. - Geb. 17. Sept. 1929 Starnberg, kath., verh. (Ehefr.: Renate), 2 Söhne (Michael, Christian) - Oberrealsch. Starnberg, Phil.-Theol. Hochsch. Bamberg, Univ. München, Mainz, Würzburg. Jurist. Staatsprüf. 1952 u. 56; Promot. 1961 - 1960-69 I. Bürgerm. Starnberg. 1962-66 MdL Bayern. FDP s. 1951. 1985ff. Vors. BRK-Kreisverb. Starnberg.

WIDMAYER, Peter

Baukaufmann, Wirtschaftsjurist, Geschäftsf. Firmengruppe Erich Thor, Hamburg, Wohnungsuntern. - Hamburger Str. 131, 2000 Hamburg 76 - Geb. 25. Dez. 1939 - Vorst. Bundesverb. Fr. Wohnungsuntern., Bonn; AR-Mitgl. GWG Gemeinnützige Wohnungsges. mbH, Hamburg; VR-Mitgl. Hbg. Spark.

WIDMER, Pius

Bürgermeister Inzigkofen - Kreuzäcker 2, 7483 Inzigkofen 1 (T. 07571-5 10 10) - Geb. 7. Juni 1943 Sigmaringen (Vater: August W., Kraftfahrer; Mutter: Maria, geb. Greinacher), kath., verh. s. 1966 m. Ilse, geb. Wolfsturm, 2 Kd. (Annette, Christoph) - Mittl. Reife; Verw.sch. (FHS f. öfftl. Verw.) - 1966-73 Landratsamt Sigmaringen, Sachgebietsleit., zul. Reg.amtmann, s. 1973 Bürgerm. - Liebh.: Sport, Musik - Spr.: Engl., Franz.

WIDMER, Urs

Dr. phil., Schriftsteller - Myliusstr. 48, 6000 Frankfurt/M. - Geb. 21. Mai 1938 Basel (Vater: Walter W., Gymn.Lehrer; Mutter: Anita, geb. Mascioni) - Stud. d. Germanistik, Romanistik u. Gesch.; Promot. - BV: Alois, Erz. 1968; D. Amsel im Regen im Garten, Erz. 1970; D. Normale u. d. Sehnsucht, Ges. u. Ess. 1972; D. lange Nacht d. Detektive, 1973; D. Forschungsreise, ein Abenteuerr. 1974; Schweizer Geschichten, 1975; D. gelben Männer, R. 1976; Nepal, Bühnenst. 1976; V. Fenster meines Hauses aus, Prosa, 1977; Shakespeares Geschichten, Erz. 1978; Hand u. Fuß, e. Buch, R. 1978; Züst od. d. Aufschneider, 1980; D. enge Land, R. 1981; Liebesnacht, Erz. 1982.

WIEACKER, Franz

Dr. jur., Dr. phil. h. c., Dres. jur. h. c., LL. D., em. o. Prof. für Römisches Recht, Bürgerliches Recht, Neuere Privatrechtsgeschichte - Otfried-Müller-Weg 10, 3400 Göttingen - Geb. 5. Aug. 1908 Stargard/Pom. (Vater: Franz W., Landgerichtspräs.; Mutter: geb. Ostendorf), ev. - Gymn. Weilburg, Stade, Celle; Univ. Tübingen, München, Göttingen, Palermo, Rom. Promot. (1930) u. Habil. (1933) Freiburg/Br. - 1936/37 Privatdoz. Univ. Freiburg, Frankfurt (1934), Kiel (1935), 1937-44 ao. u. o. Prof. (1939) Univ. Leipzig, s. 1948 o. Prof. Univ. Freiburg/Br. u. Göttingen (1953). 1970 Honorarprof. Univ. Freiburg; entpfl. 1973 - BV: u. a. Societas, Hausgemeinschaft u. Erwerbsges. d. röm. Rechts, 1936; V. röm. Recht, 1945, 2. A. 1961; Privatrechtsgesch. d. Neuzeit, 2. A. 1967; Gründer u. Bewahrer - Rechtslehrer d. neueren dt. Privatrechtsgesch., 1959; Textstufen klass. Juristen, 1960; Recht u. Gesellschaft in d. Spätantike, 1964; Handb. d. Röm. Rechtsgesch. I, 1988 - Ehrendoktor Univ. Freiburg/Br., Glasgow, Uppsala, Florenz, Rom u. Barcelona, 1969 Mitgl. Orden Pour le Mérite f. Wiss.; o. Mitgl. Akad. d. Wiss. Leipzig (1941) u. Göttingen (1954); korr. Mitgl. Akad. d. Wiss. Heidelberg (1952), Accad. dei Lincei Rom (1967) u. Ist. Lombardo Mailand (1970); Uppsala (1972) u. München (1973); 1972 Gr. BVK m. Stern; 1986 Premio Feltrinelli - Liebh.: Hausmusik, Astronomie - Bek. Vorf.: Joachim Watt (Vadianus) St. Gallen u. Wien (16. Jh.).

WIEANDT, Paul

Dr. jur., Vorstandsvorsitzender BfG:Bank, Frankfurt/M. - Theaterplatz 2, 6000 Frankfurt/M. 1 (T. 069 - 25 80) - AR-Vors. Deutsche Handelsbank AG, Berlin, BfG:Hypothekenbank AG, Frankfurt/M.; VR-Präs. BfG:Luxembourg S.A., Luxemburg, BfG:Bank (Schweiz) AG INGEBA, Basel; Mitgl. d. Zentralen Kapitalmarktaussch., Köln; stv. Vors. d. Kurat. Stiftg. Wissenschaftl. Hochsch. f. Unternehmensführung Koblenz, Vallendar, d. Kurat. Ferdinand-Lentjes-Stiftg., Düsseldorf-Oberkassel.

WIEBE, Gerhard

Dr. rer. pol., Dipl.-Kfm., Druckereibesitzer, pers. haft. Gesellsch. August Faller KG., Waldkirch - Beethovenstr. 3, 7808 Waldkirch/Br. (T. 205 50) - Geb. 22. März 1915 Berlin (Vater: Emil W., Kaufm.; Mutter: Bertha, geb. Hintze), ev., verh. s. 1945 m. Ursula, geb. Schmidt, 4 Kd. (Sibylle-Cornelia, Katharina, Corinna, Jan) - Realgymn. WH u. Univ. Berlin (Dipl.-Kfm. 1938, Promot. 1940); Lehre Gebr. Fried & Alsberg ebd. - Verbands- u. Industrietätigk. (1945-50 Prok. Rhein-Chemie GmbH., Mannheim; 1950-52 Verkaufsleit. Melangit Kunststoff-Fabrik GmbH., Heidelberg). 1966-69 u. 1972-78 Präs. Bundesvereinig. d. dt. graph. Verbände bzw. Bundesverb. Druck, Wiesbaden, s. 1978 Ehrenpräs.; 1980 Rudolf-Ullstein-Preis; 1984 Gr. BVK - Spr.: Engl. - Mitgl. Lions Club (1955ff.).

WIEBECKE, Claus

Dr. forest., o. Prof. f. Forst- u. Holzwirtschaftspolitik - Reinbeker Weg 58a, 2050 Hamburg 80 (T. 7 21 58 77) - Geb. 29. Okt. 1921 Eberswalde (Vater: Prof. Ernst W.; Mutter: geb. Schultz), verh. s. 1956 m. Anne-Marie, geb. Reich - N. Kriegsdst. Stud. Forstw. - S. 1957 (Habil.) Lehrtätigk. Univ. Hamburg (1963 apl. 1965 o. Prof.); Dir. Inst. f. Weltforstw., Bundes-Forschungsanstalt f. Forst- u. Holzw., Hamburg-Reinbek, Präs. Dt. Verb. Forstliche Forschungsanstalten - BV: Die Buchführung im Forstbetrieb, 1957; Weltforstwirtschaft u. Dtschl. Forst- u. Holzw., 1961 (m. J. Weck†); Inhalt, Systematik, Darstell. u. Quellen d. Statistik üb. Forst- u. Holzw. in d. Bundesrep. Dtschl., 1961 (m. R. Hesch); D. Grubenholzmarkt in d. BRD, 1968 (m. H. Ollmann u. B. Keller). Zahlr. Einzelarb. Mithrsg.: Weltforstatlas (1965ff.), Forstarchiv (1966ff.) - 1966 korr. Mitgl. Forstwiss. Ges. Finnlands, 1974 Soc. of Americ. Foresters.

WIEBECKE, Dieter

Dr. med., Prof. f. Transfusionsmed. u. Immunhämatologie Univ. Würzburg - Am Hölzlein 30, 8700 Würzburg (T. 0931 - 27 26 80) - Geb. 9. April 1933 Bardenberg/Aachen (Vater: Dr.-Ing. Walter W.; Mutter: Martha, geb. Schröder), ev., verw., 2 Söhne (Ortwin, Gernot) - Abit. 1952; 1952-58 Med.stud. Univ. Göttingen u. Erlangen (Staatsex. 1958); Promot. 1958 Göttingen - 1958-60 Mediz.assist. Kreiskrkhs., Nabburg/Opf. u. Wertingen/Augsburg; 1960/61 Assist.arzt Städt. Krkhs. Bamberg; 1961 wiss. Assist. Chir. Univ.-Klinik Würzburg; 1965 Facharzt f. Anästhesie; 1970 Privatdoz. f. Immunhämatol. u. Transfusionskd.; 1975 Facharzt f. Labormed.; 1976 apl. Prof.; 1976 Leit. Abt. f. Transfusionsmed. u. Immunhämatol. Univ.-Kliniken Würzburg; 1980 Extraord.; 1991/92 Präs. d. Dt. Ges. f. Transfusionsmedizin u. Immunhämatologie. S. 1965 Reserveoffz. Bundeswehr (s. 1981 Oberstarzt d. R.) - 1981 Bayer. Sportabz. in Gold; Dt. Sportabz. in Gold - Liebh.: Bergsteigen, Skifahren, Hochseesegeln - Spr.: Engl.

WIEBEL, Bernhard

Dr. phil., Kanzler Univ. Bochum (s. 1981) - Universitätsstr. 150, 4630 Bochum - Geb. 22. Dez. 1935, ev., verh., 3 Kd. - Stud. Univ. Göttingen, Paris, Hamburg u. Münster (Rechtswiss., Soziol., Gesch.); Jurist. Staatsprüf. 1960 Hamburg u. 1966 Düsseldorf; Promot. (Soziol.) 1968 Münster - 1966 Univ.-Verwaltung Bonn; 1971 Kanzler FH Wiesbaden; 1973 Kanzler PH Dortmund; 1980 Min.-Rat Min. f. Wiss. u. Forsch. - Spr.: Engl., Franz.

WIEBEL, Martin W.

WDR-Dramaturg, stv. Leiter Fernsehspiel-Abteilung - Appellhofplatz 1, 5000 Köln 1; priv.: 41, Sülzgürtel 69 - Geb. 28. Jan 1943 Berlin, verh. m. Dorothea, geb. Neukirchen, T. Katharina - Abit. 1962 Berlin; 1962-68 Stud. Theaterwiss., German., Publiz. FU Berlin - Chefdramaturg Theater Fr. Volksbühne Berlin; s. 1970 WDR Fernsehen Köln; 1988/89 Dir. Dt. Film- u. Fernsehakad. Berlin - Mitgl. Akad. d. darst. Künste, Dramat. Ges.; Jury-Mitgl. DAAD-Künstlerprogramm Berlin u. Dt. Kamerapreis Köln; 1991 A. Grimme-Preis.

WIECHATZEK, Gabriele
Lehrerin, MdB (s. Dez. 1990) - 1000 Berlin 28 - Geb. 23. Juli 1948 Berlin, verh., 1 Kd. - Gymn. Berlin (Abit. 1968); 1968-71 PH ebd. Staatsprüf. 1971 u. 73 - Lehrerin Peter-Witte-Grundsch. Reinickendorf. CDU s. 1970 - 1975-91 Mitgl. d. Abgeordnetenhauses v. Berlin (1983-89 Vizepräs.; s. 1987 Vors. SFB Rundfunkrat u. Mitgl. d. ARD-Hauptvers.; s. 1983 AR Mitgl. d. SFB-Werbung; s. 1987 stv. Vors. d. CDU-Bundesfachaussch. Medienpolitik.

WIECHERT, Karl
Bezirksschornsteinfegermeister - Wörthstr. 15, 4813 Gadderbaum/W. (T. Bielefeld 6 02 34) - Geb. 19. Jan. 1904 Essen-Kray, ev., verh. s. 1941 m. Gerda. geb. Hottenroth, 2 Kd. - 1948-58 Oberm. Schornsteinfeger-Innung Bielefeld; 1954-57 Kreishandwerksm.; 1957-74 Präs. Handwerkskammer, Bielefeld. ARsmand., dar. -vors. Handwerksbau AG. Dortmund.

WIECHERT, Rudolf
Dr. rer. nat., Prof., Chemiker - Petzower Str. 8a, 1000 Berlin 39 - Geb. 3. März 1928 Stendal/Altm. - Promot. 1956; Habil. 1968 - S. 1956 Chemiker Schering AG., Berlin (Leit. Arzneimittelchemie). 1971ff. apl. Prof. TU Berlin (Organ. Chemie), 1980 Honorarprof. FU Berlin. Üb. 100 Facharb. – 1977 Adolf-Windaus-Med. Univ. Göttingen - 1978 Adolf-v.-Baeyer-Gedenkmünze Ges. Dt. Chemiker (f. bes. Leistungen auf d. Gebiet d. Hormonchemie); 1988 Dr. rer. nat. h.c. TU Berlin; 1991 Ausw. Mitgl. Akad. gemeinnütziger Wissenschaften zu Erfurt; 1992 Grand Prix de la maison de la chimie, Paris.

WIECK, Hans-Georg
Dr. phil., Botschafter d. Bundesrep. Deutschl. in New Delhi/Indien (s. 1990) - Heilmannstr. 30, 8023 Pullach - Geb. 28. März 1928 Hamburg (Vater: John W., Prok.; Mutter: Elisabeth, geb. Hall), ev., verh. s. 1958 m. Annelise, geb. Dietz †1977, 4 Kd. (Ascan, Oliver, Jessica, Jasper) - Stud. Geschichte, Phil. u. öfftl. Recht; Promot. 1953 Hamburg - S. 1954 Ausw. Dienst d. BRD, AA, New York u. Washington; 1967-74 im Bundesmin. f. Verteidigung, zul. Min.dir. u. Leit. Planungsstab; 1974-77 Botsch. Iran; 1977-80 Botsch. Moskau; 1980-85 Botsch. u. Ständ. Vertreter d. BRD im Nord-Atlantikrat (NATO), Brüssel; 1985-90 Präs. Bundesnachrichtendienst (BND) Pullach - BV: D. Entsteh. d. CDU u. d. Wiedergründ. d. Zentrumspartei, 1953; D. Christl. Demokr. u. d. Liberalen, 1958 - Liebh.: Gesch., Sport, Jagd - Spr.: Engl., Franz., Russ.

WIECZOREK, Helmut
Direktor, MdB (Wahlkr. 84 Duisburg I) - Mecklenburger Str. 33, 4100 Duisburg 11 (T. 0203 - 59 84 00) - Geb. 24. Febr. 1934, kath., verh. 2 Kd. - Dreherlehre, Ingenieurqualif. (2. Bildungsweg). 1958-60 Betriebsassist. Krupp Bochumer Verein; 1960-69 Sicherheitsing. Phoenix-Rheinrohr AG, Duisburg, 1965-73 Betriebsleit.; 1973-75 Betriebschef; s. 1975 Obering. Thyssen AG; AR-Vors. Duisburg-Ruhrorter Häfen AG, Hallesche Baumasch. AG; 1984 Vorst. Thyssen Engineering GmbH, Essen; s. 1949 Mitgl. IG-Metall; s. 1957 Mitgl. SPD. 1975-80 l. Bürgerm. Stadt Duisburg. S. 1980 MdB; s. 1982 Haushaltspolit. Sprecher d. SPD Bundestagsfraktion - 1989 BVK I. Kl.

WIECZOREK, Norbert
Dr. rer. pol., MdB (1980-83 u. s. 1984) - Keplerring 22, 6090 Rüsselsheim (T. 06142 - 56 23 58) - Geb. 12. Dez. 1940 Kassel (Vater: Walter W.; Mutter: Luise, geb. Schweinebraten), verh. - Wirtsch.oberschl.; Univ. Frankfurt u. Göttingen, Dipl.Kfm. 1966, Promot. 1979 - 1966-68 Rohstoffmarktforsch., Ind., 1968-71 Forsch.tätigk. (Marktforsch. u. Analyse), 1971/72 Planungs- u. Verw.tätigk. Univ. Bremen, 1972-76 wiss. Assist. RWTH Aachen, 1976-91 BfG, 1972-81 Stadtverordn. Stadt Rüsselsheim, s. 1976 MdK Groß-Gerau, 1980-83 MdB u. s. 1984 MdB. SPD, Mitgl. Fraktionsvorst. SPD Bundestagsfraktion, Sprecher d. SPD Fraktion f. Weltwirtsch., Währung, Geld, Kredit, Mitgl. SPD-Bezirksvorst. Hessen-Süd (Schatzmeister) - BV: Wirtsch.planung in Großbrit. 1945-1970, 1980 - Spr.: Engl.

WIECZOREK-ZEUL, Heidemarie

Lehrerin, Mitgl. Dt. Bundestag (s. 1987) - Walkmühlstr. 39, 6200 Wiesbaden - Geb. 21. Nov. 1942 Frankfurt/M. - SPD s. 1965; 1974-77 Bundesvors. d. Jungsozialisten; 1977-79 Vors. d. Europ. Koordinierungsbüros d. intern. Jugendverb.; 1979-87 Mitgl. Europ. Parlament; s. 1984 Mitgl. d. SPD-Parteivorst.; s. 1986 Präsid.-Mitgl.; s. 1988 Bezirksvors. SPD Hessen-Süd - Spr.: Engl., Franz., Ital., Span.

WIED, Thekla Carola
Schauspielerin - Amsterdamer Str. 3, 8000 München 40; u. A-6167 Neustift im Stubai/Tirol; Agentur ZBF München, Frau Sybille Flöter (T. 089 - 38 17 07 10) - Geb. 5. Febr. Breslau - Abit. Gymn. z. Grauen Kloster, Berlin; Folkwang-Hochsch. Essen. Theaterarbeit: Städt. Bühnen Essen, Staatsth. Saarbrücken, Braunschweig, Wiesbaden, Schauspielhs. Bochum, Festspiele Gandersheim, Feuchtwangen, Wunsiedel; Tourneen BRD, Schweiz, Österreich - TV-Serien u.a.: Ich heirate e. Familie; Wie gut, daß es Maria gibt. Fernsehsp. u.a.: Kabale u. Liebe, Amphytrion, Kunstfehler, Colin. Mehrere ZDF-Specials, Hauptrollen jeweils in Der Alte u. Derrick - 1968 Bundesfilmpreis in Gold (Spur e. Mädchens); 1984 Bambi-Preis (als beliebteste Schausp.); 1984 Silberne Kamera; 1985 Bambi-Preis (f. d. Serie: Ich heirate e. Familie); 1985 Goldene Kamera; 1985 Bambi-Preis (als beliebteste Serien-Darstellerin); 1986 Goldene Cleo (als beliebteste Serien-Schausp. Österr.); 1990 Bambi-Preis (in Leipzig); 1991 Gold. Romy (österr. TV-Preis); 1991 Telestar (TV-Preis v. ZDF u. ARD). Botschafterin SOS-Kinderdorf Intern., Innsbruck-München.

WIEDEKIND, Friedrich
Fabrikant, Geschäftsf. Bekleidungswerke Wiedekind GmbH. - Goethestr. 20, 6078 Neu-Isenburg - Geb. 15. Juni 1910, verh. m Ilse, geb. Backhaus († 1982) - 1976 BVK a. Bd.

WIEDEMANN, Conrad
Dr., Prof. f. Dt. Lit. Techn. Univ. Berlin (s. 1989) - Hektorstr. 2, 1000 Berlin 31 - Geb. 10. April 1937 Karlsbad (Vater: Walther W., Bankbeamter; Mutter: Gertrude, geb. v. Powolny), ev., verh. s. 1965 m. Ingrid, geb. Schrimpf, T. Katharina - Stud. d. German., Kunstgesch. Univ. Erlangen u. Frankfurt/M. - 1972-75 Prof. Frankfurt/M., 1976-89 Prof. Univ. Gießen; 1975/76 Gastprof. Wien, 1981 Gastprof. Jerusalem - BV: Johann Klaj u. s. Redeoratorien, 1966; Theorien d. Romans, 1970. Herausg.: Johann Klaj, Werke (1965-68), Galanter Stil (1970); Rom-Paris-London. Dt. Schriftsteller in den fremden Metropolen (1988). Hauptnrsg. d. German.-roman. Monatsschr. u. d. Dt. Neudrucke, Reihe Barock - Fellow Wiss.kolleg zu Berlin.

WIEDEMANN, Elisabeth
Schauspielerin - 8215 Marquartstein/Obb. (T. 08641 - 81 24) - Geb. 8. April 1926 Bassum (Vater: Dr. jur. Heinrich W.; Mutter: Magda, geb. Robertson), ev., verh. s. 1969 m. Richard Lauffen (Schausp.) - N. Abitur Ballettsch. Berlin (Eduardowa u. Gsovsky) - 1944-47 Tänzerin (b. 1945 Stadttheater Göttingen, dann Staatsoper Berlin; s. 1947 Schausp. (1947-52 u. 1953-55 Städt. Bühnen bzw. Schauspielhaus Düsseldorf unt. Gustaf Gründgens; 1952-53 u. 1955-60 Städt. Bühnen Frankfurt/M.). S. 1960 Gastsp., dar. 5x Ruhrfestsp. Bek. Rollen: Stieftochter (6 Personen suchen e. Autor), Rosalinde (Wie es Euch gefällt), Minna v. Barnhelm, Cherubin (E. toller Tag), Bianca (Kiss me Kate), Selma Knobbe (D. Ratten), Undine, Hör- u. Fernsehsp. (Fernsehserie Alfred) - 1966 Gold. Kamera Ztschr. Hör Zu (Fernsehsp.: Spätere Heirat erwünscht) - Gold. Kamera - Liebh.: Meissner Porzellan, Expression. Malerei - Spr.: Engl., Franz.

WIEDEMANN, Gerhard
Dr.-Ing., Prof., Ministerialdirigent i. R. - Germanenstr. 30, 5300 Bonn 2 (T. 0228 - 37 34 30) - Geb. 4. Jan. 1909 Berlin (Vater: Otto W., Kunstmaler; Mutter: Gertrud, geb. Arndt), ev., verh. s. 1947 m. Johanna, geb. Erich, 3 Kd. (Christiane, Johannes, Stephan) - Dipl.-Ing. 1932 TH Berlin, 2. Staatsex. 1936 (Reg.-Baumeist.), Promot. 1958 TH Stuttgart - 1932-74 Wasser- u. Schiffahrtsverw.; 1949 Ref. im Bundes-Verkehrsmin.; Leit. Schiffahrtszeichendst. d. Bundes Unterabt.leit. f. techn. Aufg. d. Wasser- u. Schiff.-Verw. (Min.dirig.) 1963-77 Vorles. TH Hannover - BV: Verkehrszeichen u. Signale, 1958; Sicher. d. See- u. Binnenwasserstr. in USA, 1958; 115 Veröff. in dt. u. intern. Fachztschr. - Bau v. üb. 100 Leuchttürmen u. d. Radarketten an Elbe, Weser, Ems; Bau d. Seezeichenversuchsfeldes, Bezeichnungssyst. - 1971 Officier de l'Ordre du Mérite Maritime; 1974 Med. Merenkuulkuhallitus (Finnl.), Cammandeur in de Ordre v. Oranje-Nassau; 1981 Ehrenmitgl. Intern. Association of Lighthouse Authorities; 1982 Distinguished Public Service award (US Coast Guard); 1989 Ehrenmitgl. Commiss. Int. Permanent (CIP) d. Permanent Int. Ass. of Navigation Congr. (PIANC/AIPCN).

WIEDEMANN, Hans-Rudolf

Dr. med., em. o. Prof. f. Kinderheilkunde - Caprivistr. 26, 2300 Kiel (T. 8 47 16) - Geb. 16. Febr. 1915 Bremen (Vater: Dr. med. Otto W., Arzt; Mutter: Helene, geb. Wilmanns), verh. s. 1942 m. Gisela, geb. v. Sybel, 6 Kd. - Univ. Freiburg/Br., München, Hamburg, Lausanne, Jena. Promot. (1941) u. Habil. (1944) Jena - S. 1944 Lehrtätigk. Univ. Jena, Bonn (1946; 1950 apl. Prof.), Münster, Kiel (1961 Ord. u. Klinikdir.). - BV: D. konstitutionelle, familiäre, hämolyt. Ikterus im Kindesalter, 1946; D. großen Konstitutionskrankh. d. Skeletts, 1960; D. charakterist. Syndrom, 1976, 82 u. 89 (auch engl., ital., portug., span. Ausg.); Dt. Ged. in Handschr., 1982; Kinder, 1983; Altersbriefe bedeut. Menschen, 1984; 250 Ged. aus 3 Jh. in Handschriften, 1987; Briefe im Hitlerreich, 1988; Briefe bedeut. Naturwissenschaftler u. Ärzte, 1989; Briefe in Albumblättern großer Komponisten u. Interpreten, 1990. Etwa 350 Einzelarb. u. 25 Buchbeitr.; s. 1976 Hrsg. d. European Journal of Pediatrics - Ehrenmitgl. Med. Fak. Santiago de Chile u. Chilen., Dtsch., Österr., Ungar., US-amerik. Pädiatr. Ges.; korr. Mitgl. Schweizer, Franz. u. Ital. Ges. f. Pädiatrie.; Heubner-Med.; E. v. Bergmann-Med.; Theresian. Med.; Drs. med. h.c. Palermo u. Pécs; s. 1969 Mitgl. Leopoldina - Bek. Vorf.: Wilhelm Wilmanns, o. Prof. f. Germ., Bonn; Karl Wilmanns, o. Prof. f. Psych., Heidelberg.

WIEDEMANN, Heinz
Kaufmann - Sauerbruchstr. 42, 4330 Mülheim/Ruhr - B 1969 stv., dann o. Vorstandsmitgl. Stinnes AG., Geschäftsf. Hamburger Hof GmbH., smtl. Mülheim/Ruhr.

WIEDEMANN, Herbert
Dr. jur. (habil.), o. Prof. f. Bürgerl. Recht, Handelsrecht, Arbeits-, u. Wirtschaftsrecht - Am Lehnshof 15, 5063 Overath-Immekeppel (T. 02204 - 7 36 20) - Geb. 21. Okt. 1932 Berlin (Vater: Dr. Wilhelm W., Ministerialrat; Mutter: Ilse, geb. Glauning), ev., verh. s. 1959 m. Dr. Claudia, geb. Bücklers, 3 Kd. (Andreas, Rainer, Margarethe) - Gymn. u. Univ. München (1951-55; Rechtswiss., Musik). Promot. u. Habil. München - S. 1963 Lehrtätigk. Univ. München, Hamburg (1964), Berlin/Freie (1965 Ord.), Köln (1967 Dir. Inst. f. Arb.- u. Wirtsch.recht, 1978 Dekan, 1979-81 Rektor d. Univ.). 1966 u. 78 Gastprof. Univ. Berkeley (USA), 1981 Mitgl. Rhein.-Westf. Akad. d. Wiss., 1986 Richter am OLG Düsseldorf - BV: D. Übertragung u. Vererbung v. Mitgliedschaftsrechten bei Handelsges., 1965; D. Arbeitsverhältnis als Austausch- u. Gemeinschaftsverhältnis, 1966; Minderheitenschutz u. Aktienhandel, 1968; Gesellschaftsrecht, 1980; D. Unternehmensgruppe im Privatrecht, 1988; Organverantwortung u. Gesellschafterklagen im Aktienrecht, 1989. Mitverf.: Großkommentar z. Aktienrecht (m. Hopt); Kommentar z. Tarifvertragsgesetz, 1976 (m. H. Stumpf); Soergel, Komm. z. BGB, 12. A.; Mithrsg.: Ztschr. Recht d. Arbeit (RdA), Ztschr. f. Untern.- u. Gesellschaftsrecht (ZGR).

WIEDEMANN, Josef

Dipl.-Ing., em. Prof. f. Entwerfen, Denkmalpflege u. Sakralbau - Im Eichgehölz 11, 8000 München 50 (T. 811 41 53) - Geb. 15. Okt. 1910 München (Vater: Thomas W., Bankangest.; Mutter: Maria, geb. Anwald), kath., verh. s. 1939 m. Hilma, geb. Bittorf, T. Brigitta - TH München (Arch.; Dipl.-Ing. 1935) - S. 1946 fr. Arch.; s. 1955 Ord. TU München. Neben Wiederauf- (u. a. Hofgarten-Arkaden, Odeon, Alte Akad., Siegestor, Glyptothek) zahlr. Neubauten: Allianz Gen.dir. München, Portland Zementwerke Dir. Heidelberg, Landesbausparkasse, Kaufhof, 2 Schulen, Bayer. Rundf. (m. Prof. Eichberg), Studio Werner Egk, Kloster u. Kirche d. Engl. Frl., Gedenkstätte ehem. KZ u. Kloster Hl. Blut Dachau, 10 kath. Kirchen (z. T. m. Gde.-Zentrum) wie St. Ignatius, München, u. Maria am Wege, Windach, Anlage St. Stephan Diessen/Ammersee - BV: D. Friedhof, 1963 (m. Otto Valentien); Ornament - heute, 1972; Antoni Gaudi-Inspiration in Arch. u. Handw., 1974. Fachaufs. - 1956 o. Mitgl. Bayer. Akad. d. Schönen Künste; Korr. Mitgl. Acad. d'Architecture, Paris; 1961 Komturkreuz St.-Sylvester-Orden; 1975 BDA-Preis - Liebh.: Bildhauerei - Spr.: Engl., Franz., Ital.

WIEDEMANN, Karl-Eduard

Geschäftsführer Barmenia Versicherungs-Vermittlungs-Ges. mbH., Wuppertal - Kronprinzenallee 119a, 5600 Wuppertal 1 - Geb. 12. Aug. 1925.

WIEDEMANN, Otto

Dr., Chemiker, Vors. d. Gelschäftsfg. Chem. Fabrik v. Heyden GmbH., München, i. R., Geschäftsf. PSA-Lizenzverwertungsges. von Heyden-Wacker - Nördl. Münchener Str. 10a, 8022 Geiselgasteig/Obb. (T. München 64 91 68) - Geb. 22. Mai 1910 Bischoffingen - Zeitw. Vizepräs. Fraunhofer-Ges. z. Förd. d. angew. Forschung (e. V.), München.

WIEDENHAUPT, Helmut

Dipl.-Ing., Kaufmann, pers. haftender Gesellsch. Mode Schuhe - Wiedenhaupt KG, Vizepräs. Bundesverband d. Dt. Schuheinzelhandels - Angerburger Allee 49, 1000 Berlin 19 (T. 030 - 305 64 00) - Geb. 22. Aug. 1926 Lebus, ev., verh. s. 1957 m. Else, geb. Luckau, 2 Kd. (Rolf, Frank) - Dipl. 1953 TU Berlin; s. 1960 Vorst.-Vors. Verb. Berliner Schuheinzelhdl.; Mitgl. Vollvers. IHK Berlin - 1986 BVK am Bde.

WIEDENHOFEN, Gert

Schauspieler - Pettenkofer Str. 48, 8000 München 2 - Geb. 16. Dez. 1927 Düsseldorf (Vater: Dr. jur. Karl-August W., Rechtsanw.; Mutter: Clara, geb. Kevelaer) - Univ. Köln; Staatl. Schauspielsch. Hamburg; Max-Reinhardt-Sem. Wien - Schausp.; Theateruntern. Hunderte v. Rollen (Charakterkom.) - Liebh.: Zahlenprognosen (Computer) - Spr.: Engl., Franz. - Bek. Vorf.: Peter Cornelius, Maler u. Komponist (2); Carl Duisberg, Chemiker/Industrieller (Begr. IG Farben).

WIEDENMANN, Frank Maria

Präsident THINK TANK Corporation N.Y., The Entrepreneurs World, gf. Gesellsch. MADE IN QUALITY - Scheinerstr. 7, 8000 München 81 - Geb. 24. Juni 1946 Augsburg (Vater: Hubert W., Kaufm.; Mutter: Gertraud, geb. Hartmann), verh. s. 1976 m. Dr. Evelyn, geb. Merk, 3 Kd. (Gloria, Lionel, Grazia) - Wirtschaftsgymn.; Prädikatsex., Werbewiss. Inst. - BV: Systematic Training; Managemade Germany, Marketingkolleg. Div. Fachart. - Liebh.: Politik, Wandern - Spr.: Engl., Franz., Schwyzerdütsch.

WIEDER, Joachim

Dr. phil., Ltd. Bibliotheksdir. i. R., Ehrenpräs. (s. 1983; 1976-81 Präs.) Dt.-Franz. Gesellsch. München - Reithenweg 14, 8919 Riederau (T. 08807 - 15 82) - Geb. 13. März 1912 Marklissa/Schles. (Vater: Johannes W., Pfarrer; Mutter: Friederike, geb. Franke), ev., verh. s. 1941 m. Luzie, geb. Kossack, T. Leonore - Gymn. Glogau; Stud. Gesch., Roman., Engl., Philol., Kunstgesch. München, Paris, Breslau, Pisa. Promot.1938; Bibliothekar. Fachprüf. 1952 - 1939-50 Wehrdst. u. sowjet. Kriegsgefangensch.; Bibl.rat Bayer. Staatsbibl.; s. 1960 Leit. u. Dir. (1962) Bibl. TH München. 1958-63 Sekr. u. 1966-72 Vizepräs. Intern. Verb. d. Bibl.vereine (IFLA); 1963-75 Vors. Bibliothekar. Auslandsst. Dt. Bibliothekskonf.; 1971-85 Vorst.-Mitgl. Intern. Ges. f. Bibliophilie - BV: Jacques Bainville - Nationalismus u. Klassizismus in Frankr., 1939; D. Tragödie v. Stalingrad - Erinn. e. Überlebenden, 1955; Stalingrad u. d. Verantw. d. Soldaten, 3. A. 1963 (auch ital., span., russ., estn., poln., ung., franz.); Frankreich u. Goethe, D. Goethebild d. Franz., 1976. Herausg.: Wilhelm Hausenstein, Rokoko - Franz. u. dt. Illustratoren d. 18. Jh.s., 1958; Mitarb.: Europ. Rokoko - Kunst u. Kultur d. 18. Jh.s., 1958. Mithrsg.: Bibliothekspraxis; IFLA's First Fifty Years. Achievement and challenge in international librarianship, 1977. Zahlr. Arbeiten z. Buchkunst, z. Bibl.wesen u. z. europ. Geistesgesch. - 1968 Ritterkreuz ital. VO; 1973 Goldmed. IFLA; 1977 Hon. Fellow of IFLA; 1981 Officier de l'Ordre National du Mérite - Liebh.: Musik, Bücher - Spr.: Engl., Franz., Ital., Span. - Lit.: Bibl.welt u. Kulturgesch., Intern. Festschr. f. J. W. m. Bibliogr.), 1977.

WIEDERER, Maria

Landfrau, MdL Bayern (s. 1967) u. a. - 8721 Lindach/Ufr. (T. 09385 - 26) - Geb. 9. Jan. 1922 Neuhausen/Schwarzw. (Vater: Landw.), kath., verh. s. 1946, 4 Kd. - Volkssch.; Ausbild. als Land- u. Hauswirtschaftslehrerin (Abschlußprüf.) - S. 1946 eig. Landw. m. Sonderkulturen (Obst- u. Gemüsebau). S. 1952 MdK Gerolzhofen. CSU (Kreisvors. Arbeitsgem. d. Frauen).

WIEDERHOLD, Karl August

Dr. phil., Univ.-Prof. f. Erziehungswissenschaft (Allg. Didaktik/Schulpäd.) Univ. Dortmund - Fahrenbecke 40a, 5800 Hagen 1 (T. 02331 - 8 24 66) - Geb. 13. Nov. 1939 Oberhausen (Vater: Franz W., Rektor; Mutter: Johanna, geb. Lampey), verh. s. 1962 m. Edith, geb. Schnieders, 3 Töcht. (Karlina, Odila, Johanna) - 1959-62 Lehramtsstud. PH Ruhr (Abt. Essen); 1962-71 Päd.-Stud. Univ. Köln (Promot. 1971) - 1962-68 Volksschullehrer; 1971-78 Wiss. Rat u. Prof. PH Ruhr (Abt. Hagen); s. 1978 Prof. Dortmund - BV: Kinderspr. u. Sozialstatus, 1971; Pannenhilfe f. Schulprobl. Wie Eltern m. Schulschwierigk. fertig werden, 1980; Übergänge n. d. Grundschule, 1989; Computer im Grundschulunterr. Möglichk. u. päd. Perspektiven, 1990. Herausg.: Differenz. in Schule u. Unterr. (1975); Soz. Lernen in d. Grundsch. (1976). Zahlr. Aufs. z. schulpäd., medienpäd. u. didakt. Themen.

WIEDERHOLD, Reinhard

Stadtdirektor d. Stadt Witten - Kranenbergstr. 96, 5810 Witten (T. 02302 - 3 09 40) - Geb. 10. Dez. 1928 Witten, verh. s. 1953 m. Doris Trachte, 4 Kd. (Rainer, Marita, Sigrid, Volker) - Verw.-lehre; Einheitslaufb.; Kommunal-Dipl. Verw.- u. Wirtsch.akad. 1958 Bochum - Stv. Vorst.-Vors. Westf.-Lipp. Sparkassen u. Giroverb.; mehr. Fachaussch. d. Städtetages; Geschäftsf. d. Freizeitzentrum Kemnade GmbH; VR-Vors. d. Stadtsparkasse Witten; AR-Vors. d. Siedlungsges. Witten GmbH; Beirat d. VEW u. AVU - 1990 45-jähr. Dienstjubiläum b. d. Stadt Witten - Liebh.: Wandern in allen dt. Wandergebieten - Spr.: Engl.

WIEDERHOLT, Erwin J.

Dr. phil. nat., Dipl.-Chem., Prof. f. Didaktik d. Chemie Berg. Univ.-GH Wuppertal - Hardtstr. 28, 5600 Wuppertal 1 (T. 0202 - 45 16 40) - Geb. 10. Mai 1934 Frankfurt - Stud. Chemie, Physik, Leibeserzieh. f. höh. Lehramt (Staatsex. 1960, Dipl.-Chem. 1962, Ass.ex. 1963, Promot. 1965) - S. 1969 o. Prof. f. Didaktik d. Chemie - BV: Differenzthermoanalyse im Chemieunterr., 1981; Gas-Flüssig-Chromatographie im Chemieunterr. (m. Engler), 2. A. 1983.

WIEDIG, Hans-Dieter

Dr. rer. oec., Dipl.-Kfm., Vorsitzender d. Vorstandes d. Siemens Nixdorf Informationssysteme AG - Otto-Hahn-Ring 6, 8000 München 83 (T. 089 - 6 36-01); Fürstenallee 7, 4790 Paderborn (T. 05251 - 8-0) - Geb. 27. Juni 1936 München.

WIEDMAN, Alfred

Geschäftsführer Kulturgemeinschaft d. DGB Stuttgart e. V. (s. 1946), Vors. Landesverb. Baden-Württ. u. Vorstandsmitgl. Verb. d. dt. Volksbühnen-Vereine (s. 1952), Vors. dabei-GmbH. (Studien- u. Ferienreisen d. Stuttgarter Gewerkschaften). Herausg. Ztschr. Dabei (Blätter d. Kulturgem. d. DGB Stuttgart) u. a. - Schenkendorfstr. 7, 7000 Stuttgart-W. (T. 65 33 34) - Geb. 27. Febr. 1911 Stuttgart, ev., verh. s. 1947 m. Anne, geb. Fiand - Schriftsetzerlehre; Graph. Fachsch. - SPD s. 1925 Liebh.: Theater, Lit.

WIEDMANN, Franz

Dr. phil., o. Prof. f. Philosophie - Residenzplatz 2, 8700 Würzburg (T. 3 18 56) - Geb. 10. Febr. 1927 Stuttgart - Univ. Tübingen u. München. Promot. (1958) u. Habil. (1965) München - 1958-66 Assist. u. Privatdoz. (1965) Univ. München; 1966-69 ao. Prof. Phil.-Theol. Hochsch. Dillingen; s. 1969 o. Prof. Univ. Würzburg, 1960-62 Geschäftsf. Allg. Ges. f. Phil. in Dtschl., 1973/74 u. 1978/80 Dekan - BV: Theorie d. realen Denkens nach J. H. Newman, 1960; G. W. F. Hegel, 1965, 13. A. 1986 (engl. 1968, jap. 1970, holländ. 1976, korean. 1980, griech. 1985); D. Problem d. Gewißheit - E. erkenntnismetaphys. Studie, 1966; D. Ästhetik Martin Deutingers, 1966 (auch ital.); M. Deutinger - Wegbereiter heut. Theol., 1971; Phil. Strömungen d. Gegenw., 1972; D. mißverstandene Geschichtlichkeit, 1972; Baruch de Spinoza, 1982; Religion u. Philosophie, 1985; Anschauliche Wirklichkeit, 1988; Anstössige Denker, 1988; 2. A. 1990 (ital. 1991).

WIEDMANN, Jost

Dr., Prof. f. Geologie Univ. Tübingen - Sigwartstr. 10, 7400 Tübingen 1 - Geb. 31. März 1931 Breslau - 1950-52 FU Berlin, 1952-56 Univ. Tübingen; Promot. 1960, Habil. 1965 Tübingen - 1952 u. 1955-57 prakt. Tätigk.; 1960-62 wiss. Mitarb.; 1962-65 Assist.; 1965-71 Doz.; 1971ff. Prof., stv. Vors. Paläontol. Ges., Vors. Stratigraph. Komm. Kreide - BV: Aspekte d. Kreide Europas, 1979; Festband Schindewolf, (m. J. Kullmann) 1966; Subsidenz-Entw., (m. a.) 1982; Cephalopods - Present and Past, 1988; Cretaceous of the Western Tethys, 1989 - Liebh.: Kunstgesch., Musik - Spr.: Engl., Franz., Span.

WIEFEL, Bruno

Direktor, MdB (s. 1965; Wahlkr. 67/Leverkusen-Opladen) - Saarstr. 32, 5670 Opladen (T. 02171 - 24 80) - Geb. 2. Dez. 1924 Betzdorf/Sieg, ev., verh. - Volkssch.; 1939-43 fliegertechn. Ausbild.; 1953-54 Sozialakad. Dortmund; 1956 Stip. Harvard Univ. Cambridge (USA) - Kriegsdst. u. Gefangensch.; ab 1947 Eisenbahnausbesserungswerk Opladen; 1951-56 Gewerksch. d. Eisenbahner Dtschl.s ebd. (I. Bevollm.); 1956-62 Aufg. Bonn (parlam. Verbindungssekr.); s. 1962 Gemeinn. Bauverein Opladen (gf. Vorstandsmitgl.). S. 1952 Ratsmitgl. u. Bürgerm. (1958) Opladen; 1961-62 MdL NRW. SPD s. 1949 (1959-70 Vors. Unterbez. Rhein-Wupper).

WIEGAND, Bernd

Präsident Hess. Landessozialgericht, Darmstadt - Neuenweg 9, 6300 Gießen - Geb. 26. April 1938 Gießen (Vater: Wilhelm W., Dipl.-Volksw.; Mutter: Else, geb. Mangelsdorff), verh. m. Sigrun, geb. Zück - Abit. 1960 Gießen; Univ. Marburg (1. jurist. Staatsprüf. 1964, 2. Staatsprüf. 1968) - S. 1971 Richter am Hess. LSG.

WIEGAND, Günther

Dr. phil., Ltd. Bibliotheksdirektor, Leit. Universitätsbibl. Kiel (s. 1975), Lehrbeauftr. f. Buch- u. Bibl.swesen ebd. - Olshausenstr. 29, 2300 Kiel; priv.: Lindenkamp 6, 2300 Flemhude b. Kiel - Geb. 25. Juni 1938 Brehme/Eichsfeld, verh. s. 1964 m. Anneliese, geb. Zinnitz, S. Alexander - 1956-66 Univ. Jena u. Kiel (Gesch., German.). Promot. 1966 Kiel - 1968-75 Univ.sbibl. Konstanz - BV: Zum dt. Rußlandinteresse im 19. Jh., 1967; D. Bibl. d. Univ. Konstanz, 1975 (Mitverfass.). Herausg.: Bibliogr. d. Eichsfeldes, Teil III (1980).

WIEGAND, Hans-Gerd

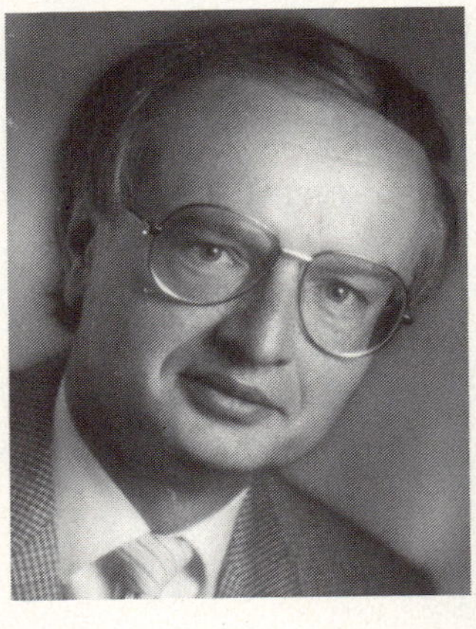

Dr. Ing., Prof., Geschäftsführer Braas - Weinheimer Str. 102, 6940 Weinheim (T. 06201 - 5 65 53) - Geb. 14. Aug. 1944 Winterberg, ev., verh. s. 1971 m. Madalena, geb. Zenger, 3 Kd. (Niklas, Britta, Susanne) - Abit. Max-Planck-Gymn. Dortmund; Stud. RWTH Aachen; Dipl. 1971; Promot. 1975; Habil. 1980 - 1986 apl. Prof. RWTH Aachen. Beiratsmitgl. Inst. f. Kunststoffverarb. - Div. Patente in d. Kunststoffanwendung - BV: Prozeßautomatisierung b. Extrudieren u. Spritzgießen v. Kunststoffen, 1979 - 1975 Borchers Med. - Liebh.: Sport, Reisen - Spr.: Engl.

WIEGAND, Otmar Karl

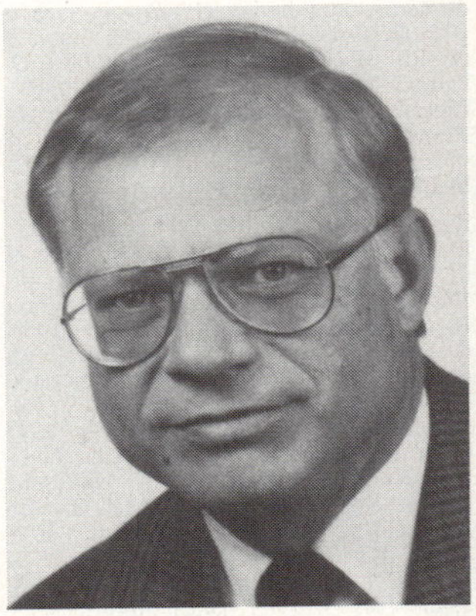

Ind.Kfm., Bürgermeister Ebsdorfergrund - Zum Friedhof 1, 3557 Ebsdorfergrund 1, OT Dreihausen - Geb. 21. Sept. 1940 Fulda (Vater: Karl W., Fernmeldeamtmann; Mutter: Marianne, geb. Werner), ev., verh. s. 1977 m. Helga, geb. Meyer, 2 Kd. (Katja, Kai) - Mittl. Reife, Lehre Ind.kfm., Ausb. Reg.Insp. - S. 1975 Mitgl. Hauptaussch. Hess. Städte- u. Gde.bund; s. 1977 MdK; s. 1981 Mitgl. Planungsvers. b. Regierungspräsidenten Gießen; s. 1985 Mitgl. Hauptaussch. Dt. Städte- u. Gemeindebd., s. 1985 VR-

Mitgl. KSK Marburg; s. 1989 Mitgl. im Verbandsvorst. KGRZ Gießen.

WIEGAND, Ronald

Dr. rer. pol., Prof. f. Soziologie FU Berlin - Am Volkspark 39, 1000 Berlin 31 (T. 853 86 51) - Geb. 17. März 1937 Berlin - Dipl.-Soziol. 1963, Promot. 1967, Habil. 1971 - S. 1972 Prof. FU. 1980 Mitgl. Dt. Ges. f. Individualpsych.; 1983 Intern. Ges. f. Individualpsych. - BV: Ges. u. Charakter, 1973; D. Mitmensch als Ärgernis, 1977; Sinndeut. als Wiss. 1981; Gemeinschaft gegen Gesellschaft, 1986; Alfred Adler u. danach, 1990; zahlr. Aufs.

WIEGAND, Thomas

Kaufmann, Geschäftsführer Contilack Oberhausen, Vorstandsmitglied Arbeitgeberverband d. Chem. Industrie, Essen - Steinknappen 40c, 4330 Mülheim (T. 0208-37 33 44) - Geb. 16. April 1944 Mülheim, ev., verh., 2 Kd. - Lehre z. Ind.-Kaufm. - Vorstandsmitgl. Unternehmerverb. Ruhr-Niederrhein, Duisburg; Arbeitsrichter, Arbeitsgericht Oberhausen - Spr.: Engl.

WIEGAND-SONNTAG, Ursula

Schriftstellerin, Naturheilprakt. Psychologin, Dipl.-Lehrmeisterin f. Ikebana - Buschweg 12, 5788 Winterberg 5 - Geb. 27. März 1930 Beuthen, kath., verh. s. 1949, 5 Kd. (Hans-Wolfgang, Horst-Werner, Angelika, Karlheinz, Martina) - Arb. als Journalistin u. fr. Mitarbeit. an versch. Ztg. u. Blättern - BV: u.a. Was bleibt ist d. Liebe - Tagträume; Zw. Alpha u. Omega; Wie Mondsicheln im All; Mein Sohn - (k)ein Allerweltskerl; Schles. Sonntag's Mosaik (Reihe); Schles. Dorfgeschichten, 1985; Wie Blätter im Wind, 1984/85; Wie Rohrdommeln im Schilf, Fabeln - 1978/79/80 Dipl. Sogetsu-Accad. Tokio/Japan; 1981 Lit.preis d. AWMM (überreicht in Luxemburg); 1982 Ehrendipl. Delle Arti; 1983 Accademico delle Nazioni - Liebh.: Schreiben, Lesen, Musik, Malen, Ikebana - Vorf.: Prof. Dr. C. Lorenz; Dr. C. Sonntag (Chem.).

WIEGARTZ, Hans

Dr. phil., Prof. f. Klassische Archäologie - Nottulner Landweg 48, 4400 Münster - Geb. 23. Jan. 1936 Pirschütz/Polen - 1956-62 Univ. Marburg (Alte Sprachen u. Archäol.; Promot. 1962, Habil. 1974) - S. 1975 Prof. f. klass. Archäol. TU Berlin, s. 1978 Univ. Münster.

WIEGELMANN, Günter

Dr. rer. nat., Dr. h. c., o. Prof. f. Volkskunde - Frauenburgstr. 39, 4400 Münster/W. (T. 31 52 47) - Geb. 31. Jan. 1928 Essen (Vater: Josef W., Maurerpolier; Mutter: Elisabeth, geb. Busch), kath., verh. s. 1959 m. Anita, geb. Hillesheim, 3 Kd. (Edith, Herbert, Juliane) - Gymn. Essen (Humboldt); Univ. Köln (Geogr., German., Volkskd.; Staatsex. 1954). Promot. 1959; Habil. 1966 - 1955 Assist. Atlas d. dt. Volkskd.; 1966 Doz. Univ. Bonn; 1968 Wiss. Rat u. Prof. Univ. Mainz; 1971 o. Prof. u. Seminar-Dir. Univ. Münster. Emerit. 1993. 1971-93 Vors. Volkskdl. Kommiss. Westf.; 1969-77 Vors. Dt. Ges. f. Volkskd.; 1971 Hersg. Rhein.-westf. Ztschr. f. Volkskunde; 1971-83 Managing Editor d. Ztschr. Ethnologia Europaea. Spez. Arbeitsgeb.: Volkskultur Mittel- u. Nordeuropas - BV: Natürl. Gunst und Ungunst im Wandel rhein. Agrarlandschaften, 1958; Alltags- u. Festspeisen, 1967; Der Wandel d. Nahrungsgewohnheiten unt. d. Einfluß d. Industrialisierung, 1972 (m. H. J. Teuteberg); Volkskunde. E. Einf., 1977 (m. M. Zender u. G. Heilfurth); Unsere tägl. Kost, 1986 (m. H. J. Teuteberg); Theoretische Konzepte d. Europ. Ethnologie, 1990. Herausg.: Kultureller Wandel im 19. Jh. (1973); Kulturelle Stadt-Land-Beziehungen in d. Neuzeit (1978); Gemeinde i. Wandel. Volkskundl. Gemeindestud. in Europa (1979); Gesch. d. Alltagskultur (1980); Sozialer u. kultureller Wandel in d. ländl. Welt d. 18. Jh. (1982, m. E. Hinrichs); Alte Tagebücher u. Anschreibebücher (1982, m. H. Ottenjann); Volkskundl. Kulturraumforsch. heute (1984, m. H. L. Cox); Nord-Süd-Unterschiede in d. städt. u. ländl. Kultur Mitteleuropas (1985); Volksmedizin heute (1987); Wandel d. Alltagskultur s. d. Mittelalter (1987); Beitr. z. städt. Bauen u. Wohnen i. Nordwestdtschl. (1988, m. F. Kaspar) - 1970 ausw. Mitgl. Vetenskaps-Societet, Lund (Schweden) u. 1975 Königl. Gust. Adolfs Akad., Uppsala; 1987 Dr. phil. h. c. Univ. Lund - Spr.: Engl. - Lit.: Festschr. Wandel d. Volkskultur in Europa, m. Bibliographie (1988, hg. v. N. A. Bringéus u.a.).

WIEGENSTEIN, Roland H.

Journalist, Kritiker - Wittelsbacherstr. 26, 1000 Berlin 31 - Geb. 15. Juni 1926 Bochum (Vater: Josef W., Kaufm.; Mutter: Helene, geb. Geis), verh. I) 1951 m. Eva W., geb. Schäf, 4 Kd. (Susanne, Daniel, Christoph, Anatole), II) 1972 Sigrid, geb. Laumeyer - Obersch. Köln u. Limburg; 1946-52 Stud. Regensburg u. Frankfurt/M. - 1952 Michael (polit. Redakt.), dann Südwestfunk (Vertragsautor u. Regiss.), s. 1956 WDR (Leit. Kirchenfunk, 1962 Redakt., 1965 Leit. Abt. Kulturelles Wort, 1966-91 Kulturkorresp. Berlin). Zahlr. Veröff. Neue Rundschau, Frankfurter Hefte, Merkur, Frankfurter Rundschau; Theater- u. Buchkritik, Ess., BV: Christl. Dichter d. Gegenw., 1963; Über Theater, 1987. Herausg.: Interview m. d. Presse (1964) - Spr.: Engl., Ital.

WIEGENSTEIN, Sigrid,

geb. Laumeyer

Journalistin, Dramaturgin - Wittelsbacherstr. 26, 1000 Berlin 31 - Geb. 14. Juni 1937 Nürnberg (Vater: Georg L., Versicherungsdir.; Mutter: Marga, geb. Woltz), verh. s. 1972 m. Roland H. W. - Gymn. Nürnberg, 1957 Schauspielsch. München; 1972-85 Stud. Berlin - 1958-70 Agentin; fr. Dramat., Fotofilme f. FS, 1983 Regie Heidelberg; 1985-87 Künstler. Betriebsdir. Staatl. Schauspielbühnen Berlin, 1986 Regie Schloßparktheater Berlin - Spr.: Engl., Ital., Franz., Span.

WIEGHARDT, Karl

Dr. rer. nat., o. Prof. f. Angew. Mechanik (insb. Strömungslehre) - Sierichstr. 132, 2000 Hamburg 60 - Geb. 20. Nov. 1913 Wien (Vater: Prof. Dr. phil. Karl W.; Mutter: Dora, geb. Forner), ev., verh. s. 1941 m. Elisabeth, geb. Klinkenborg, 3 Kd. (Karl, Dorothea, Maria) - König-Georg-Gymn. Dresden; TH ebd., Univ. Göttingen. Promot. (1938) u. Habil. (1945) Göttingen - 1938-49 Assist. Kaiser-Wilhelm- bzw. Max-Planck-Inst. f. Strömungsforsch. Göttingen; 1949-52 wiss. Berat. Admiralty Research Laboratory, Teddington (Engl.); s. 1952 Privatdoz., apl. (1955) u. o. Prof. (1960) Univ. Hamburg (Inst. f. Schiffbau), Honorarprof. TU Hannover (1962). Mitgl. Ges. f. Angew. Math. u. Mech. (1967-70 Vors.) u. Schiffbautechn. Ges. - BV: Strömungslehre, 1964. Fachaufs. - 1987 Dr.-Ing. E. h. TU Stuttgart; 1988 Prandtl-Ring (DGLR) - Spr.: Engl.

WIEGHARDT, Karl Ernst

Dr. rer. nat., Chemiker, Prof. Univ. Bochum - Laarmannstr. 5 A, 4630 Bochum-Linden (T. 0234 - 49 57 87) - Geb. 25. Juli 1942 Göttingen, verh. s. 1967 m. Gertraud Willfahrt, S. Jan - Chemiestud. Hamburg u. Heidelberg; Promot. 1969 Heidelberg - 1974-75 Univ.-Doz. Univ. Heidelberg; 1975-81 Wiss. Rat u. Prof. Univ. Hannover; s. 1981 C4-Prof. Univ. Bochum.

WIEGMANN, Hildegard

Dr. rer. pol., Prof. f. Polit. Wissenschaft Univ. Osnabrück, Abt. Vechta - Immentun 15, 2848 Vechta/Oldbg. (T. 52 40) - Geb. 14. Febr. 1932.

WIEGMANN, Klaus Werner

Dr. rer. nat., Prof. - Fernewaldstr. 316, 4250 Bottrop (T. 5 33 64) - Geb. 18. Okt. 1938 Bochum (Vater: Heinrich W.; Mutter: Dorothea, geb. Schäfers), kath., verh. s. 1965 m. Renate, geb. Fischer, 2 Kd. (Andreas, Elisabeth) - Stud. Univ. Bonn, München; Promot. 1965; Habil. 1971 - 1972 Wiss. Rat u. Prof. Univ. München, s. 1974 o. Prof. f. Math. Gesamthochsch. Duisburg.

WIEGMINK, Georg

Bankdirektor i. R. - Springloh 36, 4300 Essen-Heisingen (T. 46 03 36) - U. a. Dt. Bank AG., Fil. Essen. Zahlr. ARsmandat (z. T. Vors.) - Rotarier.

WIEGRÄBE, Winfried

Dr., Chemiker - Lüderitzstr. 12, 6730 Neustadt/Weinstr. (T. 06321 - 8 01 04) - Geb. 28. Dez. 1933 Bremen (Vater: Paul W., Pfarrer; Mutter: Elisabeth, geb. Spieß), ev., verh. s. 1960 m. Elisabeth, geb. Sartorius, 3 Söhne (Winfried, Eckart, Henning) - Stud. Chemie Univ. Mainz u. München; Promot. 1964 - S. 1965 Chemiker BASF Ludwigshafen; Abt.-Dir. Wirtschaftlichkeitsrechnung; 1980-83 Vors. VAA, Verb. d. Führungskräfte d. chem. Ind.; 1983-87 Vors. d. Sprecheraussch. d. Ltd. Angest. d. BASF AG; AR-Mitgl. BASF AG; s. 1991 1. Vors. Ev. Akademikerschaft i. D. Veröff. zu: Leitende Angestellte, Gehaltspolitik u. a.

WIEGREBE, Wolfgang

Dr. rer. nat., o. Prof. f. Pharm. Chem. Univ. Regensburg (s. 1975) - Eichenstr. 9, 8411 Zeitlarn - Geb. 14. Juli 1932 Barntrup (Vater: Dr. Lutz W.; Mutter: Elisabeth, geb. Winter), ev., verh. s. 1958 m. Lilli, geb. Bentmann, 3 Kd. (Eckard, Jens, Lutz) - Stud. TU Braunschweig; Promot. 1961; Habil. 1966 - 1970 Prof. Univ. Frankfurt u. 1971 Bern. Fachmitgl.sch. - Spr.: Engl.

WIEHL, Peter

Dr. phil., Prof. f. German. Philologie/ Mediävistik Univ. Bochum - Zu erreichen üb. Univ. Bochum (T. 0234 - 700 28 80; priv. 04467 - 4 30) - Geb. 15. April 1938 Rudolstadt/Thür. (Vater: Dipl.Ing. Otto W., Oberpostdir.; Mutter: Anni, geb. Hirt), 3 Kd. (Christopher, Gunnar, Carolyn) - 1944-58 Schule Rudolstadt, Frankfurt/M., Karlsruhe; 1958-66: Stud. German., Angl., Phil. Univ. Freiburg, Heidelberg, Saarbrücken, London u. Bochum (Promot. 1966, Habil. 1976) - 1967-72 Wiss. Assist. Univ. Bochum; 1972-81 Akad. Rat, Oberrat, Stud.-Prof.; s. 1981 Prof. Univ. Bochum - BV: Redeszene als episches Strukturelement in d. Erec- u. Iwein-Dicht. Hartmanns v. Aue u. Chrestiens de Troyes, 1974, Mhd. Grammatik - Spr.: Engl., Franz.

WIEHL, Reiner

Dr. phil., o. Prof. f. Philosophie Univ. Heidelberg - Zu erreichen üb. Phil. Seminar, Universität, Augustinergasse 15, 6900 Heidelberg - Geb. 14. Nov. 1929 Frankfurt - Promot. 1959 Univ. Frankfurt; Habil. 1966 Univ. Heidelberg; 1969 Lehrtätigk. Univ. Hamburg; s. 1976 Heidelberg.

WIEHN, Erhard R.

Dr. rer. soc., Univ.-Prof. - Mainaustr. 4, 7750 Konstanz (T. 07531 - 5 04 43) - Geb. 1. Aug. 1937 Saarbrücken, verh. m. Heide M. - Stud. Soziol., Phil., Psych.; M.A. 1965; Promot. 1967; Habil. 1971 - Vors. Dt.-Israel. Ges./Bodenseeregion, Beauftr. d. Univ. Konstanz f. d. Univ. Tel Aviv u. Kiew, u. a. - BV: Kaiserslautern, 1982; Kaddisch, 1984; Dajenu I/ II, 1986/88; Ges. Schriften I/II, 1986 u. 1987; Novemberpogrom 1938, 1988; Oktoberdeportation 1940, 1990; Septembermassaker 1941, 1991; u. a.

WIEHN, Helmut

Dipl.-Ing., Dr.-Ing. E. h. - Keltenstr. 21, 4200 Oberhausen 1 - Geb. 10. Aug. 1930 - Mitgl. d. Beirates Investitions-Bank NRW, Düsseldorf.

WIELAND, Dieter

Kaufmann, gf. Gesellsch. Klafs-Saunabau GmbH u. Co., Schwäb. Hall, Vors. Bundesfachverb. Saunabau, Wiesbaden - Goethestr. 34, 7170 Schwäbisch Hall - Geb. 14. Juli 1934.

WIELAND, Heinrich

Dr. med., Univ.-Prof. Univ. Freiburg - In der Wiehre 13, 7811 St. Peter (T. 07660 - 15 91) - Geb. 4. Jan. 1947 Heidelberg (Vater: Theodor W.), verh. s. 1971 m. Judith, geb. Horn, 2 Kd. (Lena, Nikolaus) - 1966-72 Stud. Univ. Mainz, Genf, Heidelberg; Staatsex. 1972; Promot. 1973 - 1973-75 postdoc. fellow Oklahoma Medical Res. Found. Oklahoma-City, USA; 1978-83 Oberarzt Abt. Klin. Chemie Göttingen; s. 1984 Zentrallabor Freiburg - Erf. d. Quant. Lipoproteinelektrophorese, Extrakorp. LDL-Präszipitation - 1972 Frerichs-Preis; 1974 Ludolf-Krehl-Preis; 1976 Pfrimmer-Med.; 1983 Instand-Preis - Liebh.: Witze, Wein, Wandern - Spr.: Franz., Engl. - Vorf.: Heinrich Wieland, Chemiker (Großv.).

WIELAND, Leo

Journalist, 1984ff. USA-Korresp. in Washington - Zu erreichen üb.: FAZ, Postf. 2901, 6000 Frankfurt/M. 1 - Geb. 12. März 1950.

WIELAND, Otto Heinrich

Dr. med., Prof., Leit. Forschergruppe Diabetes Städt. Krkhs. München-Schwabing - Alpenstr. 11, 8130 Starnberg (T. 46 15)- Geb. 21. Mai 1920 München (Vater: Geheimrat Prof. Dr. phil. Dr. h. c. Heinrich W., Chemiker; 1927 Nobel-Preis (s. XII. Ausg.); Mutter: Josefine, geb. Bartmann), verh. s. 1944 m. Rosemarie, geb. Quilling, 3 Kd. (Doris, Felix, Isabella) - Univ. München. Promot. (1944) u. Habil. (1951) München - S. 1951 Lehrtätigk. Univ. München (1958 apl. Prof. Innere Med.). Mitgl. Dt. Ges. f. Innere Med., Ges. Dt. Naturforscher u. Ärzte, Dt. Ges. f. Biol. Chemie, Dt. Ges. f. Klin. Chemie, N.Y. Acad., Sci., USA, Biochem. Soc. (Lond.). Etwa 280 Fachveröff. - Spr.: Engl. - Bruder: Theodor W.

WIELAND, Theodor

Dr. phil., em. Prof., Direktor am Max-Planck-Inst. f. med. Forschung, Heidelberg (b. 1981) - In d. Unt. Rombach 16, 6900 Heidelberg (T. MPI: 48 62 16) - Geb. 5. Juni 1913 München, verh. s. 1940 m. Dr. Irmgard, geb. Porcher, 3 Kd. (Sibylle, Heinrich, Eberhard) - Gymn. Freiburg u. München; Univ. München u. Freiburg (Chemie) - 1937-47 Assist. Kaiser-Wilhelm- bzw. Max-Planck-Inst. f. med. Forsch. Heidelberg, ab 1942 Privatdoz. Univ. ebd. 1947-51 ao. Prof. Univ. Mainz, 1951-68 o. Prof. u. Inst.dir. Univ. Frankfurt. Arbeitsgebiete: Unters. üb. Pantothensäure, Chemie d. Aminosäuren, Papierelektrophorese, Synthese v. Peptiden, Chemie d. Indolkörper, Isoenzyme, Giftstoffe v. Pilzen, Antamanid - BV: Gattermann-Wieland, D. Praxis d. organ. Chemikers, 43. A. 1982; Amanita Toxins and Poisoning, 1980; Perspectives in Peptide Chemistry, 1981; Peptides of Poisonous Amanita Mushrooms, 1986; The World of Peptides (m. M. Bodanszky), 1991 Fachaufs. - 1969 Emil-Fischer-Med. Ges. Dt. Chemiker; 1964 Mitgl. Dt. Akad. d. Naturforscher (Leopoldina), Halle/S.; 1973 Heidelberger Akad. d. Wiss.; 1959 korr. Mitgl. Akad. d. Wiss. u. d. Lit., Mainz; 1975 korr. Mitgl. Wiss. Ges. Univ. Frankfurt; 1979 Ausw. Mitgl. American Philosophical Soc.; 1986 Ausw. Ehrenmitgl. Amer. Acad. Arts and Sciences, u. Dt. Ges. f. Mykologie; Dr. phil. h.c. d. Univ. Breslau.

WIELAND, Wolfgang

Dr. phil., Prof. f. Philosophie Univ. Heidelberg - Marsiliusplatz 1, 6900 Heidelberg 1 - Geb. 9. Juni 1933 Heidenheim/Brenz - Universitäten Göttingen, München, Heidelberg. Promot. 1955; Habil. 1960. Med. Staatsex. 1970 - Ärztl. Approb. 1973 - 1960 Privatdoz. Univ. Heidelberg; 1961 Prof. Univ. Hamburg; 1964 Univ. Marburg, 1968 Univ. Göttingen, 1979 Univ. Freiburg, 1983 Univ.

Heidelberg - BV: Schellings Lehre v. d. Zeit, 1956; D. Aristotel. Physik, 2. A. 1970; Diagnose, 1975; Platon u. d. Formen d. Wissens, 1982; Strukturwandel d. Medizin u. ärztl. Ethik, 1986; Aporien d. prakt. Vernunft, 1989. Div. Einzelveröff. - 1982 Mitgl. Heidelberger Akad. d. Wiss.

WIELEBINSKI, Richard

Dr., Prof., Direktor Max-Planck-Inst. f. Radioastronomie (s. 1969) - Auf dem Hügel 69, 5300 Bonn (T. 52 51) - Geb. 12. Febr. 1936 Pleszow/Polen (Vater: Zdzislaw W., Lehrer; Mutter: Zofia, geb. Nunberg), verh. s. 1963 m. Erika, geb. Buchmann, 2 Söhne (Martin, Stefan) - Stud. Physik Univ. Tasmania u. Cambridge - 1957 Ing. Austral. Post; 1963 Lecturer Univ. Sydney. Mitentd.: 29 Pulsare Polarisation d. galakt. Strahlung - Spr.: Poln., Dt., Engl.

WIELEK, Han

Senator, Publizist, Leiter Sozial-Kulturelles Amt (b. 1978) - Singel 214, Amsterdam - Geb. 13. März 1912 Köln. verh. in 2. Ehe (Ehefr.: geb. Berg. Übersetzerin u. Filmredaktr.)., 2 Kd. (Erik, Ruth) - Gymn. Rezensent dt. Lit. Holl. - BV: Verse d. Emigration, 1935 (Anthol.); De oorlog die Hitler won (So wurden die Juden währ. d. Krieges in Holland verfolg), 1947; De stem van Europa (Anthol.), 1948. Publ. üb. Erwachsenenbild.; u.a. Publ. Dürfen wir noch anti-deutsch sein?, 1965; Deutschland - Vorbild oder Warnung?, 1977. Vors. demokrat. Stiftung J'Accuse; Vorst.smitgl. Holl. PEN-Zentrum.

WIELEN, Roland

Dr. rer. nat., o. Prof. f. Astronomie Univ. Heidelberg u. Direktor Astronomisches Rechen-Inst. (s. 1985) - Zu erreichen üb. Astronomisches Rechen-Inst., Mönchhofstr.12-14, 6900 Heidelberg (T. 06221 - 40 51 22) - Geb. 28. Okt. 1938 Berlin (Vater: Hans W., Schulrat; Mutter: Hildegard, geb. Andretzy), kath., verh. s. 1963 m. Ute, geb. Bachmann - Dipl.-Phys. 1962 FU Berlin; Promot. 1966 u. Habil. 1969 Univ. Heidelberg - 1963-78 Astron. Rechen-Inst. Heidelberg (Oberastronomierat, 1974 Prof.); 1978-85 TU Berlin (o. Prof. f. Astron. u. Astrophys., gf. Inst.-Dir.).

WIELENS, Hans

Dr., Prof., Vorstandsvorsitzender Deutsche Bank Bauspar AG - Niddagaustr. 42, 6000 Frankfurt 90 - Geb. 8. Dez. 1939 - Hon.-Prof. Westf. Wilhelms-Univ. Münster.

WIELING, Hans

Dr. jur., Prof. Univ. Trier, Richter am Oberlandesgericht Koblenz - Am Butzerberg 9, 5501 Kordel - Geb. 31. Dez. 1935 Essen - 1. jurist. Staatsex. 1961 Hamm, 2. Ex. 1966 Düsseldorf, Promot. 1967 Münster, Habil. 1971 München - 1971-77 Univ.-Doz. München; 1977ff. o. Prof. Univ. Trier - BV: Interesse u. Privatstrafe v. Mittelalter b. z. Bürgerl. Gesetzb., 1970; Testamentsausleg. im röm. Recht, 1972; Sachenrecht I, 1990.

WIEMANN, Günter

Dr. h. c., Präsident i. R., o. Prof. f. Sozialpäd. TU Hannover - Gerhart-Hauptmann-Str. 5, 3340 Wolfenbüttel (T. 05331 - 47 97) - Geb. 15. Mai 1922 Oker/Harz, ev., verh., 2 Kd. (Annette, Jürgen) - Mittelsch.; Tischler; Werkkunstsch.; Reifeprüf.; Stud. Gewerbelehramt - Gewerbelehrer Wolfenbüttel; Oberstud.-Dir. Berufsbild. Schule Salzgitter; Ministerialdirig. Kultusmin. Hannover; Präs. f. Lehrerfortbild. Nieders. Landesinst. Hildesheim; Vors. Intern. Arbeitskr. Sonnenberg. Ca. 180 Publ. z. Arbeitslehre, Berufs- u. Sozialpäd., Dritte-Welt-Päd. - 1976 Hon.-Prof. Univ. Hannover; 1987 Dr. h. c. Univ. Hannover; 1988 Dr. h. c. GH Kassel - Liebh.: Tätigk. in d. Dritten Welt - Lit.: Berufsbildungsreform als polit. u. päd. Verpflichtung. Festschr. z. 60. Geb. (1982).

WIEMANN, Kurt

Dr. phil., Prof., Hochschullehrer - Neissestr. 2, 7070 Schwäbisch Gmünd - Geb. 24. März 1910 Pulsnitz - S. 1952 Prof. f. Leibeserziehung m. Didaktik u. Methodik Päd. Hochsch. Schwäb. Gmünd. Div. Veröff.

WIEMER, Rudolf Otto

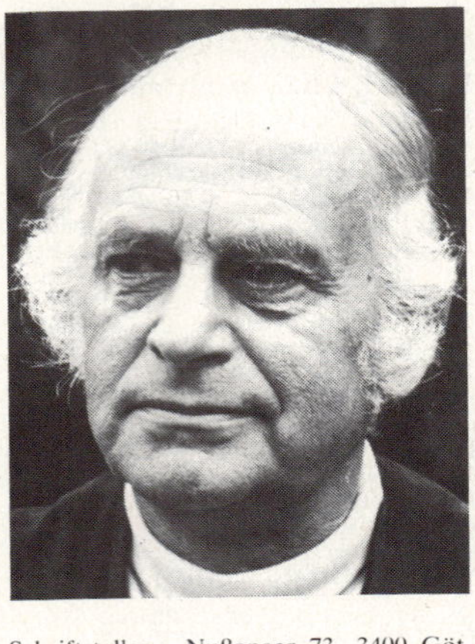

Schriftsteller - Nußanger 73, 3400 Göttingen - Geb. 24. März 1905 Friedrichroda (Vater: Fritz W., Lehrer; Mutter: Elisabeth, geb. Kretzschmar), ev., verh. s. 1932 m. Elisabeth, geb. Peinemann, 3 Kd. (Prof. Wolfgang (s. dort), Reinhart, Uta) - Int. Schnepfenthal, Gymn. Erfurt u. Gotha; Lehrersem. Gotha - 1925-67 Schuldst. (zul. Realschullehrer) - BV: u. a. Nicht Stunde noch Tag, 1961; Fremde Zimmer oder D. Aussicht zu leben, 1962; Nele geht n. Bethlehem, 1963; Ernstfall, 1963; Kalle Schneemann, 1964; Stier u. Taube, 1964; D. Weisen aus d. Abendl., 1965; D. gute Räuber Willibald, 1965; Helldunkel, 1967; Zweimal dreizehn Zinken, 1963; D. Pferd, d. in d. Schule kam, 1970; Unsereiner, 1971; Beispiele z. dt. Grammatik, 1971; D. Kaiser u. d. kl. Mann, 1971; Wortwechsel, 1973; Selten wie Sommerschnee, 1974; E. Weihnachtsbaum f. Ludmilla Winzig; 1974; Zwischenfälle, 1975; Micha möchte gern, 1974; D. Angst vor d. Ofensetzer, 1975; D. Engel b. Bolt a. d. Ecke, 1976; D. Schlagzeile, 1977; Er schrieb auf d. Erde, 1979; Auf u. davon u. zurück, 1979; Reizklima, 1979; Bethlehem ist überall, 1979; Mahnke. D. Gesch. e. Lückenbüßers, 1979; Chance d. Bärenraupe, Ged. 1980; Lob d. kl. Schritte, 1981; Schnee fällt auf d. Arche, 1981; D. Nacht d. Tiere, Weihnachtslegenden 1983; Meine Kinderschuhe, Fotos u. Verse, 1984; Häuser, aus denen ich kam, 1985; Jesusgesch. - Kindern erzählt, 1985; Wolke u. Schnee, Ged. 1985; Sehnsucht d. Krokodile, Fabeln 1985; Pit u. d. Krippenmänner, 1985; Warum d. Bär sich wecken ließ, 1985; D. Mann am Feuer, 1986; Fingerhut u. Hexenkraut, 1986; Ausflug ins Grüne, 1986; Es müssen nicht Männer m. Flügeln sein, Weihnachtsb. 1986; Schilfwasser, Ged. 1987; D. dreifältige Baum, Waldgesch. 1987; Thomas u. d. Taube, 1987; Ungewaschene Gebete, Ged. 1987; D. Kaiser u. d. Kleine Mann, 1987; D. Erzbahn, Erz. d. Landmessers 1988; D. Schlagzeile, R. 1988; Die Reise mit d. Großvater, 1989; Weil keiner nicht sieht, was an manchen Orten geschieht, 1990; D. gute Räuber Willibald, 1990; Brenn Feuerchen, brenn doch, R. 1992. Übers. ins Engl., Holl., Franz., Dän., Finn., Jap. Bühnenst.: Im Namen d. Kaisers, D. Mauer; Hörsp.: Einer v. Zehn, D. Prozeß geht weiter, D. Krähenfeder - 1948 Lyrikpreis; 1976 Burgschreiber zu Plesse; 1980 Buchpreis Dt. Verb. EV. Büchereien; 1980 Adolf-Georg-Bartels-Ehrung; 1981 Nieders. Künstlerstip. Lit.; 1981 Mitgl. Intern. PEN; 1985 Ehrenmed. d. Stadt Göttingen; 1985 Kogge-Ehrenring - Liebh.: Puppensp. - Festgabe z. 60. Geburtstag (Dt. Theater-Verlag, Weinheim), Freundesgabe z. 70. Geb. (Arb.kr. f. Dt. Dichtung), Herder, Literaturlexikon, Krit. Lexikon d. deutschspr. Lit.; 1985 Stimmen zum 80. Geb.; Dokumentation z. 85. Geb. (C. H. Kurz); Ztschr.- u. Rundfunkbesprechungen.

WIEMER, Wolfgang

Dr. med, o. Prof., Direktor Inst. f. Physiologie Klinikum Univ. u. Gesamthochsch. Essen - Hufelandstr. 55, 4300 Essen (T. 7 23 46 01) - Geb. 21. Aug. 1933 - Habil. 1966 - Fachaufs. üb. Atmungs-, Kreislauf- u. Neurophysiol., Med. Informatik u. Kunstgesch.

WIEMERS, Eckhard

Journalist - Sprüsselbach 4, 5307 Wachtberg-Züllighoven(T. 0228 - 34 39 55) - Geb. 5. Juli 1933 Wenden (Vater: Friedrich W., Amtsbürgerm.; Mutter: Agnes, geb. Voss, Lehrerin), kath., verh. s. 1972 m. Gabriele, geb. Müller - Stud. Rechts- u. Staatswiss. Univ. Bonn, Köln, München - 1964-77 Redakt. SPD-Wochenztg. Vorwärts; Mitarb. u. a. b. Wochenztg. Europa-Union, Deutschl.-Funk u. Dt. Welle; 1977-86 Welt d. Arbeit, DGB-Wochenztg. - Liebh.: Musik, Malerei, Lit., Naturwiss. - Spr.: Engl., Franz. (Übersetzer), Latein.

WIEMERS, Kurt

Dr. med., em. o. Prof. f. Anaesthesiologie - Mauracher Str. 19, 7819 Denzlingen/Br. (T. 07666 - 35 75) - Geb. 6. Juni 1920 - S. 1957 (Habil.) Lehrtätigk. Freiburg (1963 apl., 1966 ao., 1969 o. Prof.). 1963-64 Präs. Dt. Ges. f. Anaesthesie u. Wiederbelebung - BV (1957) ff.): D. postoperativen Frühkomplikationen (m. E. Kern, M. Günther, H. Burchardi); Chir. Pathophysiol. u. Klinik d. Temperaturregulation (m. E. Kern); Intensivtherapie b. Kreislaufversagen (m. S. Effert); Intensivbehandlung u. ihre Grenzen (m. K. Hutschenreuter); Lungenveränderungen b. Langzeitbeatmung (m. K. L. Scholler) - 1980 Mitgl. Europ. Akad f. Anästhesiologie; Ehrenmitgl. d. Rumän. Anästhesie-Ges.

WIEN, Peter

Redakteur, stv. Dir. u. Leit. Programmbereich Fernsehen Nordd. Rundf., Landesfunkhaus Hannover (s. 1983) - Rudolf-v.-Bennigsen-Ufer 22, 3000 Hannover (T. 0511 - 8 86 21) - Zuvor Chefredakt. Radio Bremen/Hörfunk.

WIENDAHL, Hans-Peter

Dr.-Ing., Univ.-Prof., Leiter Inst. f. Fabrikanlagen Univ. Hannover - Am Winkelberge 6, 3008 Garbsen Osterwald - Geb. 11. Febr. 1938 Wickede-Ruhr - TH Aachen (Dipl. 1966, Promot. 1970, Habil. 1972) - 1972 Leit. Plan. in e. Ind.-untern.; 1975 Techn. Leit., 1979 Institutsleit. Univ. Hannover; 1988 Vizepräs. Univ. Hannover - BV: Betriebsorg. f. Ing., 3. A. 1989; Belastungsorientierte Fertigungssteuerung, 1987. Herausg.: Anwendung d. Belastungsor. Fertigungssteuerung (1992). Analyse u. Neuordnung d. Fabrik (1991) - 1971 Borchers-Plak. TH Aachen; 1980 Ehrenplak. VDI; 1991 Dr.-Ing. E. h. TU Magdeburg.

WIENECKE, Günter

Dr. phil., Prof. f. Theorie u. Didaktik d. ästhetischen Erziehung Hochsch. d. Künste Berlin - Nassauische Str. 43, 1000 Berlin 31 - Geb. 16. April 1931 Berlin (Vater: Friedrich W., Lehrer; Mutter: Else, geb. Wesemann), verh. s. 1972 m. Franziska, geb. Sandeck - 1950-54 PH Berlin; Montessori-Dipl. 1955 - 1954-66 Lehrtätigk. Berliner Sch. (auch nach Montessori); 1966 Wiss. Mitarb. Lehrst. f. Kunst- u. Werkdidaktik PH Berlin; 1971 Prof. f. Kunstdidaktik PH, 1980 HdK Berlin - BV: Kunstunterr. - Planung bildner. Denkproz. (m. H. Breyer u. G. Otto), 1970, 2. A. 1973; Lernorg. im Kunstunterr., 1975; Einf. in kunstpäd. Methodenlehren, 1976; Kunstpäd. als Erkenntnis (Diss.) 1986; zahlr. Aufs. z. Kunst- u. Werkpäd. in Handb. u. Fachztschr.

WIENECKE, Rudolf

Dr. rer. nat., Prof. Univ. Stuttgart (s. 1981) - 8014 Neubiberg - Geb. 5. Mai 1925 Burgsteinfurt, ev., verh. s. 1952 m. Eugenie, geb. Kolb, 3 Söhne (Klaus, Peter, Ulrich) - Gymn. (Abit. 1943); TH Breslau u. Univ. Münster (Physik; Dipl.-Phys. 1950). Promot. 1952; Habil. 1957 - 1953-57 Physiker Siemens-Schuckertwerke AG, Erlangen (Forschungslabor.); 1957-60 Oberassist. u. Privatdoz. Univ. Kiel; 1960-1969 Abt.leit. u. Dir. Inst. f. Plasmaphysik, Garching; 1961-69 Privatdoz. u. apl. Prof. (1964) Univ. München; 1969-73 o. Prof. Univ. Stuttgart; 1973-81 Wiss. Dir. MPI f. Plasmaphys. Garching; 1982-87 Präs. Univ. d. Bundeswehr; 1987 o. Prof. Univ. Stuttgart. 1964 Gast Stanfort Univ. (1/2 J.). Fachveröff. - 1985 Bayer. VO; 1986 BVK I. Kl. - Spr.: Engl.

WIENEKE, Franz

Dr.-Ing., o. Prof. u. Direktor Inst. f. Agrartechn. Univ. Göttingen/Landw. Fak. (s. 1965) - August-Lange-Str. 14, 3406 Bovenden (T. 86 45) - Geb. 29. März 1927 - Zul. Dir. Inst. f. Landmaschinenforsch. Bundesforschungsanstalt f. Landw., Braunschweig. - BV: Agratechn. i. d. Tropen, DLG-Verlag 1982; Fachveröff.

WIENEKE, Gerd

Dipl.-Volksw., Hauptgeschäftsführer Handwerkskammer Düsseldorf - Breite Str. 7-11, 4000 Düsseldorf (T. 87 95-130) - Zul. Geschäftsf. Rhein.-Westf. Handwerkerbund.

WIENERS, Barbara

s. Noack, Barbara

WIENHAUSEN, Hanns

Prof. Univ. Münster - Paula-Wilken-Stiege 5, 4400 Münster (T. 21 13 44) - Geb. 9. Juni 1913 Münster - U. a. o. Prof. f. Kunsterzieh. Päd. Hochsch. Westf.-Lippe/Abt. Münster I. Künstler. Tätigk.: Glasfenster, Bühnengestalt., fr. Malerei

WIENHOLD, Klaus

Landesgeschäftsführer Berliner CDU (s. 1984), MdA Berlin - Lietzenburger Str. 46, 1000 Berlin 30 (T. 030 - 211 60 11) - Geb. 27. Dez. 1949 Berlin, verh., 1 Kd. - Realsch.; höh. Wirtschaftssch. - 1968-73 Beamter Bereitschaftspolizei; 1973-81 Kriminalbeamter; 1981-84 pers. Ref. Berliner Senator f. Arbeit u. Betriebe.

WIENHOLT, Helmut

Dr. jur., Hauptgeschäftsführer Außenhandelsvereinig. d. Dt. Einzelhandels (AVE), Generaldeleg. Foreign Trade Assoc. (FTA) - Mauritiussteinweg 1, 5000 Köln 1; priv. Im Meisengrund 9, 5000 Köln 50 - Geb. 15. Okt. 1927.

WIENKE, Werner

Dipl.-Ing., Direktor, Geschäftsf. Stadtwerke Langen GmbH - Dieselstr. 8, 6070 Langen (T. 06103-20 61 51) - Geb. 28. Febr. 1922 Eggersdorf b. Berlin, ev., verh. s. 1951 m. Marianne, geb. Desch, 3 Kd. (Ute, Jörg, Dirk) - Abit. 1941 Berlin; FH Gießen; Dipl. 1950; div. Mandate u.a. Verbandsvors. Wasserzweckverb. Stadt u. Kreis Offenbach, Kreistagsabg.

WIENOLD, Götz

Dr. phil., o. Prof. f. Sprachwiss., Germanistik Dokkyo Universität Soka, Japan - Gakuencho, Soka-shi Saitama-Ken 340, Japan - Geb. 15. Juli 1938 Großpostwitz/Sachsen - Stud. d. Angl., German., Allg. u. Vergl. Sprachwiss., Phil. Univ. München, Göttingen, Berlin (FU), Münster, St. Andrews; Promot. 1964 Münster; Habil. 1969 ebd. - 1964-66 Instructor u. Assist. Prof. Univ. of Illinois, Urbana/Ill.; 1966-70 Wiss. Assist. u. Doz. (1970) Univ. Münster; 1970-92 Prof. f. Sprachwiss. Univ. Konstanz. Hauptarbeitsgeb.: Spracherwerbsforsch., Fremdsprachendidaktik, Textlinguistik, Japanisch, Koreanisch, Thai, Typologische Semantik - BV: Genus u. Semantik,

1967; Formulierungstheorie, 1971; Semiotik d. Lit. 1972; D. Erlernbarkeit d. Sprachen, 1973; Ital. Übers. Come imparare le lingue, 1978; Üb. d. Arbeiten an e. Theorie d. Zweitsprachenerwerbs, 1974; Lehren u. Lernen im Fremdsprachenunterr., Bd. 1 u. 2 1975; Lehrerverh. u. Lernmat. in institutionalisierten Lehr-Lern-Prozessen - am Beisp. d. Engl.anfangsunterr., Seminar f. Wirtschaftspäd. Univ. Göttingen, Berichte Bd. 9, 1985; Lexical Structure and the Description of Motion Events in Japanese, Korean, Italian and French, 1989; Lexikalische u. Syntaktische Struktur japanischer u. koreanischer Bewegungsverben I/II 1991/92. Herausg.: Hermann Broch, Zur Univ.reform (1969); Mithrsg.: Festschr. P. Hartmann (1983).

WIENS, Wolfgang

Dramaturg - Moorkamp 19, 2000 Hamburg 6 (T. 491 88 09) - Geb. 3. April 1941 Stettin - 1960-64 Stud. German. u. Theaterwiss. Univ. Frankfurt/M., Berlin u. Wien - 1965 Dramat. u. Regiss., ab 1971 Direktionsmitgl. Theater am Turm, Frankfurt; ab 1969 Geschäftsf. Verlag d. Autoren, Frankfurt; ab 1974 Dramat. Dt. Schauspielhs. Hamburg, 1977 Schausp. Frankfurt, ab 1978 Bremer Theater, ab 1981 Schausp. Köln, ab 1985 Thalia Theater Hamburg, ab 1989 Schaubühne Berlin. Div. Übers. v. Stücken aus d. Engl.; Kinderst.

WIENSTEIN, Eberhard

Geschäftsführer Nordsee Dt. Hochseefischerei GmbH Bremerhaven - Heiderosenweg 4b, 2000 Hamburg 67 - Geb. 27. April 1928 Berlin (Vater: Richard W., Ministerialdir. Reichskanzlei, †1937 [s. X. Ausg.]; Mutter: Annemarie, geb. Rauschning), ev., verh. s. 1959 m. Brigitte, geb. Jung, 2 Kd. (Carsten, Astrid) - Abitur.

WIENSTEIN, Richard

Vorstandsmitglied Victoria Versicherung AG, Berlin, stv. AR-Vors. Victoria Rückversich. AG, Berlin u. Victoria International AG f. Beteiligungen, Düsseldorf - Victoriapl. 1, 4000 Düsseldorf 1.

WIENTGES, Heinz

Industriekaufmann, Geschäftsführer Baustoffindustrie - Im Wiesengrund 7, 4182 Uedem - Geb. 27. März 1930 - B. 1953 kaufm. betriebswirtsch. Ausbildung; 1954-66 Geschäftsf. Bauind.; Geschäftsführer Baustoffindustrie.

WIESAND, Andreas Joh.

Dr. phil., Prof. Hochschule f. Musik u. darstellende Kunst, Hamburg, Kulturwissenschaftler, Publizist, Dir. Zentrum f. Kulturforsch., Bonn, u. Generalsekr. Dt. Kulturrat (s. 1982), Leit. Archiv f. Kulturpolitik - Am Hofgarten 17, 5300 Bonn 1 (T. 0228 - 21 10 58) - Geb. 9. Okt. 1945 Eutin - Stud. Politik, Publiz., Erz.-Wiss., Promot. 1976 Hamburg - Rundfunkvolont.; Presseref. Rowohlt-Verlag, anschl. Mitarb. DER SPIEGEL (b. 1972) - BV: Autorenreport, 1972; Künstler-Report, 1975; Journalisten-Bericht, 1977; Literaturförderung, 1980; Handbook of cult. affairs in Europe, 1985; Kunst ohne Grenzen?, 1987; Von d. Industrie- zur Kulturges., 1989; u. a. - Liebh.: Beruf - Spr.: Engl., Franz.

WIESCHE, von der, Eugen

Gewerkschaftssekretär, MdB (Wahlkr. 109/Ennepe-Ruhr-Kr. I) - Birkenstr. 9, 5820 Gevelsberg (T. 02332 - 28 40) - SPD.

WIESE, Günther

Dr. jur., Univ.-Prof. f. Bürgerl. Recht, Arbeits- u. Handelsrecht - Klosterhofstr. 18, 6940 Weinheim (T. 5 40 18) - Geb. 12. März 1928 Lohe/Holst. (Vater: Hermann W., Oberamtsrichter; Mutter: Elsa, geb. Schuck), ev., verh. s. 1964 m. Elisabeth, geb. Momsen, 3 Söhne (Kay, Burkhard, Christian) - Obersch. Heide; 1948-52 Univ. Kiel u. Freiburg (Rechtswiss.). Jurist. Staatsprüf. 1952 (Schleswig) u. 56 (Hamburg). Promot. 1954 Kiel; Habil. 1963 Köln - Ab 1957 Bundesarbeitsgericht, Kassel (1958 Reg.-, 62 Oberreg.rat); 1960-65 Univ. Köln (Assist. Prof. Nipperdey, 1963 Privatdoz.); s. 1965 WH bzw. Univ. Mannheim (Ord.) - BV: D. Ersatz d. immateriellen Schadens, 1964; Komment. z. Betriebsverf.-gesetz (m. Fabricius, Kraft, Thiele, Kreutz), 4. A. 1987/90/91 (3 Bde.); D. Initiativrecht nach d. Betriebsverfassungsgesetz, 1977; Buchautoren als arbeitnehmerähnliche Personen, 1980 - Liebh.: Musik, Kunst - Spr.: Engl.

WIESE, Hans-Ulrich

Dr. rer. pol., Dipl.-Ing. (Wirtschaftsing.), Vorstandsmitglied Fraunhofer-Ges. - Alois-Johannes-Lippl-Str. 16, 8000 München - Geb. 6. Aug. 1937 Neustrelitz/Meckl., verh. s. 1971 m. Helga, geb. Ritgen, 2 S. (Jens, Jörg) - Dipl.-Ing. u. Promot. TU Berlin.

WIESE, Martin

Hauptgeschäftsführer Dt. Jagdschutz-Verb./Vereinig. d. dt. Landesjagdverb. Bonn - Johannes-Henry-Str. 26, 5300 Bonn - Geb. 29. April 1929.

WIESE, von, Peter

Dr. phil., Regisseur, Schauspieler - Hösslinswarter Weg, 7064 Remshalden - Geb. 26. Juni 1932 Erlangen (Vater: Prof. Dr. phil. Dr. h. c. Benno v. Wiese u. Kaiserswaldau, Ord. f. Dt. Philol. Univ. Bonn (s. dort); Mutter: Ilse, geb. v. Gavel), ev., verh. s. 1980 m. Erika, geb. Ussat, S. Philipp - Gymn. Münster u. Recklinghausen; Univ. Münster u. Köln (German., Anglistik, Kunstgesch.); Schauspielausbild. Promot. 1955 Köln - Regieassist. G. R. Sellner Landestheater Darmstadt, 1957-59 Oberspiell. Stadttheater Pforzheim, 1959-62 Spiell. Bühnen d. Landeshauptstadt Kiel u. Städt. Bühnen Oberhausen (1960), 1962-63 Oberspiell. Landestheater Oldenburg, dann Oberspiell. Städt. Bühnen Bielefeld u. Spiell. Schauspielhaus Hamburg, s. 1973 Oberspiell. Städt. Bühnen Münster. Üb. 100 Insz., dar. Siegfried, Figaro läßt sich scheiden, Anatol., Lit. - BV: Georg Kaiser u. d. Problem d. dramat. Form, 1955 - Liebh.: Zauberei - Spr.: Engl. - Bek. Vorf. (Großv.): Prof. Dr. phil. Dr. h. c. Leopold v. W. u. K., Ord. f. Wirtschaftl. Staatswiss. u. Soziol. Univ. Köln †1969 (s. XV. Ausg.).

WIESE, Rainer

Dr., Chefredakteur u. Geschäftsführer Tageblatt-Zeitung f. Vorpommern - Arndtstr. 2, O-2200 Greifswald (T. 03834 - 50 78) - Geb. 28. Nov. 1948 Oberhausen, ev., verh. s. 1991 m. Beate, geb. König, 2 Söhne (John-Malte, Jasper-Martin) - Stud. Univ. Marburg, German., Polit., Päd.; Staatsex. u. Promot. - B. 1988 Chefredakt. Göttinger Tageblatt; b. 1991 Geschäftsf. Initiative Tageszeitung - Liebh.: Musik - Spr.: Engl.

WIESEBACH, Horst Paul

Dr. rer. pol., Ministerialrat, Bundesmin. f. wirtschaftl. Zusammenarbeit - Friedrich-Ebert-Allee 114-118, 5300 Bonn 1 - Geb. 1. April 1934 Groschowitz (Vater: Wilhelm W., Postbeamter; Mutter: Gertrud, geb. Arbeiter), verh. s. 1973 m. Dr. Ruth, geb. Becker, T. Katja - Univ. Marburg (Dipl.-Volksw. 1959, Promot. 1964) - 1956-57 Marktforsch.; 1965-72 Lehrbeauftr. Univ. Marburg; 1969-71 Ind.berat. Afrika; 1971-77 Leit. Plan.-/Grundsatzref. BMZ; 1978-80 Dir. Dt. Inst. f. Entwicklungspolitik, Berlin; 1980-86 Beigeordn. Generalsekr. Vereinte Nationen; 1986-92 stv. Generaldir. Ind. Entwicklungsorg. (UNIDO) Vereinte Nationen in Wien - BV: Schleichende Inflation u. Vermögensbild. (Diss.), 1966; Mobilization of Development Finance, 1979 - Liebh.: Segeln - Spr.: Engl., Franz., Span.

WIESEMANN, Klaus Heinrich

Dr. rer. nat., Prof. f. Experimentalphysik - Augustastr. 30, 4320 Hattingen - Geb. 10. Juni 1937 Berlin (Vater: Heinrich W., Seminarlehrer; Mutter: Käthe, geb. Ostermoor), vd., 2 Kd. (Jan, Betina) - Gymn. Dillenburg (Abit. 1957), b. 1962 Univ. Marburg (Physik, Dipl. 1962, Promot. 1968, Habil. 1970) - 1962-70 wiss. Assist., 1970-74 Prof. Univ. Marburg, s. 1974 Prof. Univ. Bochum. 1976 Forschungsaufenth. in USA u. 1984 in Japan - Wiss. Arb. üb. Atom- u. Plasmaphysik in europ. u. amerik. wiss. Ztschr. - BV: Einführung in d. Gaselektronik, Studienb. 1976 - Spr.: Engl.

WIESEMEYER, Kurt

Dr. jur., Präsident a. D. - Virchowstr. 25, 8500 Nürnberg (T. 51 48 50) - Geb. 19. März 1906 Goslar/Harz (Vater: August W., Oberpostinsp.; Mutter: Luise, geb. Tegtmeyer), ev., verh. s. 1934 m. Hildegard, geb. Fellmann († 1986), 4 Kd. (Marie-Luise, Wolfram, Friederike, Christine) - Ratsgymn. Goslar; Univ. Göttingen, München, Bonn (Rechtswiss.). Promot. 1929 - B. 1933 Justiz-, dann Postdst. (u. a. Präs. OPD Bremen u. 1961-71 Nürnberg) - BV: D. Personalverhältnisse d. dt. Post, 1954; Grundriß d. Bundesbeamtenrechts, 2. A. 1960 (m. Distel) - Gr. BVK - Rotarier.

WIESEN, Hans

Agraringenieur, Minister f. Ernährung, Landwirtsch. u. Forsten Schlesw.-Holst. (s. 1988), MdL Schlesw.-Holst. (VIII./IX. Wahlp., SPD) - Haidbergstr. 12, 2352 Bordesholm - Geb. 7. Mai 1936 Braunschweig, ev., verh., 1 Kd. - Abit.; staatl. gepr. Landw.; Agraring. (grad.) - Verwalter landw. Großbetriebe; Ref. LK Schlesw.-Holst. 1970-75 Gemeindevertr. Bordesholm; 1974 ff. MdK Rendsburg-Eckernförde. Div. Parteiämter.

WIESEN, Heinrich

Dr. jur., Oberlandesgerichtspräsident - Cecilienallee 3, 4000 Düsseldorf 30 (T. 4971-322); priv.: Poststr. 18, 5040 Brühl - Geb. 16. Sept. 1928 Gönnersdorf (Eifel), kath., verh. s. 1960 m. Brunhilde, geb. Lenz, 2 S. (Guido, Rolf) - Univ. Bonn, Köln u. Paris (Rechts- u. Staatswiss.) - 1963 Landesgerichtsrat Köln, 1969 Ministerialrat, 1970 ltd. Ministerialrat Justizmin. NRW, 1976 Präs. LG Duisburg, 1978 Präs. OLG Düsseldorf. Vizepräs. Verf.gerichtshof NRW; Vors. Insider-Prüf.kommiss. d. Rhein.-Westf. Börse Düsseldorf; Vorst.-Vors. Rechts- u. Staatswiss.liche Vereinigung.

WIESENBERGER, Alfred

Apotheker Taunusstein, Vorsitzender Komittee Qualitätssicherung d. EG-Fruchtsaftindustrie, 1. Vorst.-Vors. Schutzgemeinsch. d. Dt. Fruchtsaftind., Mitgl. Wiss.-Techn. Komm. d. Intern. Fruchtsaftunion, Vors. Aussch. Fruchtsaft d. Dt. Inst. f. Normung (DIN), Mitgl. Aussch. Analysenmeth. d. Europ. Kommitt. f. Normung (CEN), Mitgl. Techn. Kommittee d. Europ. Fruchtsaftind. (AIJN) - Haideweg 29, 6200 Wiesbaden-Sonnenberg - Geb. 21. März 1927.

WIESEND, Martin

Dr. h. c., Weihbischof a. D. - Domplatz 3, 8600 Bamberg (T. 2 47 91) - Geb. 28. April 1910 Kulmain/Mfr., kath. - 1986 Ruhest.; weiterhin Dompropst - 1967 Ehrenbürger Kulmain; Dompropst; 1971 Bayer. VO.

WIESENTHAL, Fritz

Dr. jur., Landrat a. D., Rechtsanwalt - Gartenstr. 4, 8906 Gersthofen üb. Augsburg (T. A. 49 12 82) - Geb. 15. Sept. 1920 Augsburg (Vater: Fritz W., kaufm. Angest.; Mutter: Käthe, geb. Gleich), kath., verh. s. 1950 m. Ludwiga, geb. Höckmair, 2 Kd. (Margarete, Fritz) - Gymn. Augusburg (St. Stephan); Stud. Phil. Theol., Rechtswiss. Univ. München (Promot. 1949) u. Wien, Phil.-Theol. Hochsch. Dillingen. Gr. jurist. Staatsprüf. 1950 - S. 1950 Gerichtsass., Landsgerichtsrat (1951), I. Staatsanw., (1960), Landrat (1962), Rechtsanw. (1972) Augsburg. Mitgl. Landesvorst. CSU (Landesvors. kommunalpolit. Vereinig.). ARs- u. VRsmandate - Komtur-Ritter m. Stern Orden v. Hl. Grabe zu Jerusalem - Spr.: Engl., Franz. - Rotarier.

WIESHEU, Otto

Dr. jur. utr., Rechtsanwalt, Staatssekretär im Bay. Staatsmin. f. Unterricht, Kultus, Wiss. u. Kunst f. d. Bereich Wiss. u. Kunst (s. Okt. 1990), MdL Bayern (s. 1974) - Heilmeierstr. 26, 8051 Zolling (T. 08167 - 16 83) - Geb. 1944, verh. - Bundeswehrdst. (Ltn. Fallschirmjäger); 1984-90 Geschäftsf. Hanns-Seidel-Stiftg., München - 1983 CSU-Generalsekr.

WIESINGER, Johannes Ernst

Dr.-Ing., Prof. f. Hochspannungstechnik u. Elektr. Anlagen (Spez. Blitzforschung) - Univ. d. Bundeswehr München, Werner-Heisenberg-Weg 39, 8014 Neubiberg (T. 089 - 60 04-37 21) - Geb. 30. Juni 1936 Zwiesel (Vater: Hans W., Pfarrer; Mutter: Gertrud, geb. Keeser), ev., verh. s. 1974 m. Ingeburg Reich-W., geb. Caspary, 3 Kd. (Markus, Boris, Cara) - Hum. Gymn. Nördlingen, TU München (Dipl.-Ing., Promot., Habil.) - 1961-63 Siemens AG, 1963-67 Assist. TU München, 1967-70 Obering. 1970-75 Wiss. Rat, s. 1975 Prof. Univ. d. Bundeswehr München - BV: Handb. f. Blitzschutz u. Erdung (m. Hasse), 1977, 82 u. 89 - Spr.: Engl.

WIESMETH, Hans

Dr. rer. pol., Prof. f. Volkswirtschaftslehre Univ. Bonn - Weimarstr. 6, 5205 St. Augustin 2 - Geb. 11. Febr. 1950 Vilseck (Vater: Hans W.; Mutter: Berta, geb. Erras), kath., verh. s. 1977 m. Monika, geb. Posser - Dipl.-Math. 1975 Univ. Erlangen-Nürnberg, Promot. 1979 Univ. Hamburg, Habil. 1980 ebd. - S. 1981 Prof. in Bonn - Spr.: Engl.

WIESNER, Henning

Dr. med. vet., Prof., Direktor Tierpark Hellabrunn (1981ff.) - Siebenbrunner Str. 6, 8000 München 90 - Geb. 1944 Schlesien - Zul. Tierarzt Hellabrunn.

WIESNER, Herbert

Literaturkritiker, Journalist, Fernsehautor, Leit. Literaturhaus Berlin (s. 1985) - Fasanenstr. 29, 1000 Berlin 15 - Geb. 19. März 1937 Marsberg - Stud. German., Kunstgesch., Phil. Univ. München; Mitarb. Südd. Ztg., Hess. Rundf. Kulturredaktion Fernsehen - Mithrsg.: Lesezeichen. Ztschr. f. neue Literatur u. Kunst 1980ff. Herausg. u. Mitverf.: Lexikon d. deutschsprachigen Gegenwartslit. (1981 u. 87); Texte aus d. Lit.haus Berlin (1988ff.) - Liebh.: Lit., Kunst, Reisen - Spr.: Engl., Franz.

WIESNER, Knut Arno

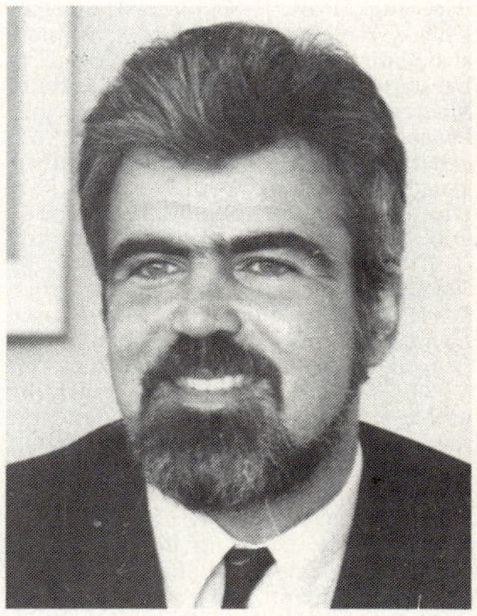

Dipl.-Volkswirt, Hauptgeschäftsführer Verband Dt. Heimtextilien-Ind. - Hans-Böckler-Str. 205, 5600 Wuppertal 1 (T. 0202 - 7 59 70); priv.: Westfalenweg 236, 5600 Wuppertal 1 - Geb. 5. Aug. 1954 Bonn (Vater: Reg.-Dir. a. D. Rudolf W.; Mutter: Dipl.-Hdl. Christel, geb. Peterson), verh. m. Inge, geb. Niemeyer, S. Sven - Stud. Univ. Bonn; Dipl.-Volksw.; derz. Promot. Bochum -

1979-84 kommunalpolit. Tätigk.; 1980/81 Ref., dann 1981-89 Geschäftsf. Bundesverb. Dt. Süßwarenind., Bonn; 1980/81 Geschäftsf., 1981-89 gf. Vorst.-Mitgl. Verein zur Förderung d. Süßwarenexport, Bonn; s. 1989 Geschäftsf. d. Europ. Teppichgemeinsch. (ETG); s. 1990 Beirat FATM, Univ. Münster; s. 1991 Geschäftsf. Intern. Verb. d. Teppich- u. Möbelstoff-Fabrikanten u. d. Gemeinschaft umweltfreundlicher Teppichboden (GUT).

WIESSNER (ß), Gernot

Dr. phil., Dr. theol., o. Prof. f. Allg. Religionsgeschichte - Im Kleinen Feld 3, 3433 Neu Eichenberg - Geb. 2. Febr. 1933 Stettin (Vater: Dr. Hermann W., Studienrat; Mutter: Hildegard, geb. Klibor), ev., verh. s. 1962 m. Irina, geb. Dommnich, 2 Kd. (Gunnar, Tanja) - Stud. Ev. Theol., Geschichtswiss., Oriental. Halle, Marburg, Würzburg. Theol.ex. 1956 u. 63. Promot. 1962 (Würzburg) u. 1965 (Göttingen); Habil. 1968 (Göttingen) - S. 1968 Lehrtätigk. Univ. Göttingen (1971 Ord.). Spez. Arbeitsgeb.: Gesch. d. Alten Kirche, Syr. Kirchengesch., Gesch. d. Christen Irans, Rel.phänomenol., Christl. Archäol. - BV: Unters. z. Syr. Literaturgesch., 1967; Nordmesopotam. Ruinenstätten, 1980; Christl. Kultbauten im Tur 'Abdin I, II, 1981/82. Herausg.: Festschr. f. Prof. Dr. Wilhelm Eilers (1967); Studia Manichaica (1992, zus. m. H.-J. Klimkeit).

WIESSNER, Hans-Jürgen

Journalist, ZDF-Korresp. u. Studioleit. Südost-Europa, Wien - Gunoldstr. 14, A-1190 Wien (T. 0043 - 222 - 36 35 58) - Geb. 30. Dez. 1922 Berlin (Stiefvater: Max W.; Mutter: Flora Rothenbücher), ev., verh. s. 1973 m. Barbara, geb. Thieme, Tocht. Nataly - Abit. 1940 Berlin; 1950-54 Stud. Rechtswiss. FU Berlin - 1950-63 Journ. Telegraf, Kurier, D. Tagesspiegel, BZ; s. 1963 ZDF (1974 erster FS-Korresp. in Ost-Berlin u. DDR; b. 1979 Büroleit. ebd., s. 1979 Leit. Studio Südost-Europa Wien) - 1979 BVK - Liebh.: Segeln - Spr.: Engl., Span.

WIEST, Eugen

Dipl.-Ing., pers. haft. Gesellschafter Vereinigte Ziegelwerke Altenstadt-Bellenberg Wiest & Co. - Illertisser Str. 50, 7919 Altenstadt - Geb. 28. Febr. 1914 Altenstadt, kath. - Ehrenvors. Forsch.-stelle Bundesverb. Dt. Ziegelind. Bonn, Bayer. Ziegelind.verb. München; Ehrenmitgl. Präsid. Bundesverb. d. Dt. Ziegelind. Bonn; BVK I. Kl.; Bayer. VO.

WIETASCH, Klaus W.

Dipl.-Ing., Prof. f. Schiffsmasch.anlagen Univ.-GH Duisburg, Vors. Prüfungsausschuß Schiffstechnik (s. 1976), Leit. Duisburger Kolloquim Schiffstechnik/Meerestechnik (s. 1980), Vertr. d. Univ. Duisburg in WEGEMT (s. 1989) - Zu erreichen üb. Univ. Duisburg, Studiengang Schiffstechnik, Lotharstr. 1-21, 4100 Duisburg 1 - Geb. 16. Nov. 1933 Berlin - Dipl.-Ing. 1962 TU Berlin - S. 1973 Prof. - BV: Forschungsber. Verbesser. d. Wasserqualität, 1978; Forschungsber. Schiffspropellerdaten im Luft-Wasser-Gemisch, 1982. Herausg.: Längs- od. Querspantbauweise b. Binnenschiffen (1980); Aktive Steuerorgane in Schiffahrt u. Meerestechnik (1981); D. manövrierende Schiff (1982); Zukünftige Umsetz. u. Ausnutz. d. Hauptmaschinenleist. (1983); Schiffsschwingungen, Anreg.-Ausw.-Bekämpf. (1984); D. Schiff im Hafen (1985); D. Schiff in d. Fertigung (1986); D. Schiff im flachen Wasser (1987); D. Schiff mit Steuerautomatik (1988); D. Schiff f. d. Passagier (1989); D. Schiff u. d. Umwelt (1990); D. Schiff beim Laden u. Löschen (1991) - Mitgl. Lions-Club - Spr.: Engl.

WIETEK, Heinrich

Dr. med., Arzt f. Naturheilverf., Kurarzt (Prophyl. u. Behandl. v. Alterskrankh.) - Hauptstr. 22, 8939 Bad Wörishofen (T. 08247 - 51 67) - Geb. 30. Juli 1918 Grenzeck (Vater: Franz W., Kaufm.; Mutter: Amalie, geb. Teuber), kath., verh. s. 1943 m. Anni, geb. Drost, 2 Kd. (Hanns-Martin, Marianne) - Gymn., Univ. Breslau (Med., Psych., Pädagogik), Med. Staatsex. u. Promot. 1947 u. 48 Erlangen - 1950-72 Leit. Tätigk. i. d. Biolog.-Med. Forschung, 1961-72 Vorstandsmitgl. Helfenberg AG - Mehrere Veröff. üb. gerontolog. Probleme; Arteriosklerose, Krebs, Asthma, Goldbehandlg., Zelltherapie - Liebh.: Seefahrt - Spr.: Engl., Franz. - Rotarier.

WIETHEGE, Friedrich Wilhelm

Dr. rer. pol., Vorstandsmitglied Dt. Bank Berlin AG - Otto-Suhr-Allee 6-16, 1000 Berlin 10 - Stud. Betriebswirtsch.

WIETHÖLTER, Rudolf

Dr. jur. (habil.), o. Prof. f. Bürgerl. Recht, Handels- u. Wirtschaftsrecht - Am Bergschlag 9, 6240 Königstein-Falkenstein - Geb. 17. Juni 1929 Solingen - 1960 Privatdoz. Univ. Köln; 1963 Ord. u. Dir. Inst. f. Wirtschaftsrecht Univ. Frankfurt/M. - BV: u. a. Interessen u. Org. d. AG. in amerik. u. dt. Recht, 1961.

WIETHOFF, Paul

Gf. Gesellschafter Veltins, Wiethoff GmbH & Co KG Textilwerke, Schmallenberg, Mode Centrum Hannover GmbH & Co KG, Langenhagen 7 - Haus am Aberg, 5948 Schmallenberg 1 (T. 02972 - 50 42) - Geb. 26. Dez. 1919 Schmallenberg - Vorst.-Mitgl. Schüchtermann-Schiller'sche Familienstift. zu Dortmund, AR-Vors. Rothenfelder Solbad u. Saline GmbH, Bad Rothenfelde, stv. AR-Mitgl. Honsel-Leichtmetallwerk AG, Meschede, AR Darlehnskasse im Erzbistum Paderborn EG, Paderborn, Beiratsvors. RZA-Rechenzentrum Sauerland GmbH, Attendorn u. G+I-Ges. f. Marketing GmbH, Nürnberg-München, Minipreis GmbH, Salzkotten; Beiratsmitgl. Dresdner Bank AG, Düsseldorf, IHK f. d. südöstl. Westfalen, Arnsberg, DGPI-Dt. Ges. Produktinformation, Berlin; Ehrenpräs. u. Pastpräs. GfK-Nürnberg - Ges. f. Konsum-, Markt- u. Absatzforsch., Nürnberg, Pastpräs. ZAW - Zentralaussch. d. Werbewirtschaft, Bonn-Bad Godesberg, Deutscher Werberat, Bonn, DIN-Präsidium, Berlin; Mitgl. BDI, DIHT, BKU - Ehrenamtl. Finanzrichter Finanzdirektion Westf.; Leit. Komtur m. Stern d. Rhein.-Westf. Ordensprovinz d. Ritterordens v. Hl. Grab zu Jerusalem.

WIETHÜCHTER, Horst

Dr. rer. pol., Kaufmann, ehem. Vors. d. Geschäftsfg. Reemtsma Cigarettenfabriken GmbH, Hamburg - Kreetkamp 13, 2000 Hamburg 52 - Geb. 5. Juli 1928 - VR-Präs. Bentley Pipe Corp. S.A., BRU-BU-Werke AG, bde. Kleinlützel (Schweiz). Div. AR- u. Beirats-Mand.

WIGAND, Gerd

Dr. rer. pol., Dipl.-Kfm., Vorstandvorsitzender MVT Mittelstands-Vereinigung Telefon, Frankfurt - Sachsenhäuser Landwehrweg 246, 6000 Frankfurt 70 - Geb. 16. Okt. 1922 Frankfurt/M.

WIGGER, Stefan

Schauspieler - Waltharistr. 4b, 1000 Berlin 39 (T. 8 03 20 72) - Geb. 26. März 1932 Leipzig (Vater: Dr. med. Clemens W., Arzt; Mutter: Elisabeth, geb. Burlage), kath., verh. in 2. Ehe (1965) m. Uta, geb. Halseband (Schausp. unt. Hallant), 3 Kd. (Maximilian aus 1., Friederike u. Florian aus 2. E.) - Thomaner-Schüler Leipzig; Hochsch. f. Musik u. Theater Hannover - S. 1953 Bühnen Lüneburg, Kiel (1954), Baden-Baden (1956), Berlin (1958; Schiller-Theater). S. 1963 Dozent Max-Reinhardt-Sch. bzw. Staatl. Hochsch. f. Musik u. darstell. Kunst Berlin. U. a. Bleichenwang (Was Ihr wollt), Ausrufer (Marat), Estragon (Warten auf Godot), Victor (Victor), Tartuffe. Eig. Vortragsabende (Kitsch, Polit. Kitsch). Fernsehen: D. Regenmacher (Titelrolle), Othello (Jago), Spaßmacher (Titelrolle); Fernsehregie: Viel, viel Geld (1971) - 1965 Theaterpreis Verb. Dt. Kritiker - Philatelist - Spr.: Engl.

WIGGERSHAUS, Renate

Schriftstellerin, Funkautorin, Kritikerin - BV: Gesch. d. Frauen u. d. Frauenbewegung n. 1945 in d. BRD u. DDR, 1979; George Sand, (Monogr.), 1982; D. Frau auf d. Flucht, 1982; Frauen unterm Nationalsozialismus, 1984; Virginia Woolf - Leben u. Werk in Texten u. Bildern, 1987; Joseph Conrad - Leben u. Werk in Texten u. Bildern, 1989. Herausg.: George Sand - Geschichte meines Lebens (1987); Malwida v. Meysenbug - Memoiren e. Idealistin (1988).

WILBERT, Karl-Jürgen

Assessor, Hauptgeschäftsf. Handwerkskammer Koblenz - Friedrich-Ebert-Ring 33, 5400 Koblenz (T. 0261 - 39 81) - Geb. 12. Sept. 1941 - Beiratsvors. Untern.führ. im Handwerk. Versch. Publ. - Gold. Ehrenkreuz d. Bundeswehr; BVK am Bde.

WILCKE, Henning

Generalmajor a. D. - Columbusring 1, 5300 Bonn-Bad Godesberg (T. 37 31 71) - Geb. 19. Sept. 1907 Magdeburg (Vater: Ernst W., Offz., 1918 in Frankr. gef.; Mutter: Hertha, geb. v. Schoenermarck), ev., verh. s. 1948 m. Ingeborg, geb. Schach, 2 Söhne (Rainer, Axel) - Gymn. Magdeburg (Abit. 1926); Infanteriesch. Dresden; Luftkriegsakad. Berlin (Gatow) - 1926-45 Reichswehr bzw. Wehrmacht (1930 Ltn. Inf., 1934 Übertritt z. Luftw., im Krieg Staffelkapt. Fernaufklärer, I. Generalstabsoffz. b. Fliegerführer Atlantik u. Chef d. Stabes X. Fliegerkorps), 1945-47 engl. Gefangensch., dann Industrietätigk., 1956-67 Bundeswehr (Chef d. Stabes Wehrbereichsko. II, 1958 Leit. Unterabt. Innere Führung/Führungsstab Bundeswehr, 1961 Chef d. Stabes Kdo. Territoriale Verteidig., 1964 Befehlshaber Wehrbereich II) - Kriegsausz. (EK I u. Dt. Kreuz in Gold); 1967 Gr. BVK - Liebh.: Musik (klass.), Sport, Jagd - Spr.: Engl., Franz. - Rotarier - Bek. Vorf.: Gottlieb Graf v. Haeseler, Generalfeldmarschall (ms.).

WILCKENS, Ulrich

Dr. theol., Prof., em. Bischof Sprengel Holstein-Lübeck/Nordelb. Ev.-Luth. Kirche - Alte Schmiede, 2440 Weißenhaus/Ostsee - Geb. 5. Aug. 1928 Hamburg - Promot. 1956; Habil. 1958 - S. 1958 Lehrtätigk. Heidelberg, Marburg (1959), Berlin (Prof. KH; 1961), Hamburg (1968). 1981-91 Bischof f. Holstein-Lübeck. Div. Fachveröff., auch Bücher.

WILCZEK, Gerhard

Schriftsteller - Streiterstr. 38, 8070 Ingolstadt (T. 0841 - 8 27 58) - Geb. 11. Juli 1930 Gera, verh. s. 1961 m. Barbara, geb. Ernst, 3 Kd. (Elvira, Gisela, Wolfram) - Stud. Phil., kath. Theol., Philol. Paderborn, Freiburg i.Br., Erfurt u. München - Doz. in München u. Ingolstadt - BV: histor. u. phil. Abh., u.a.: Materialismus u. Idealismus im 20. Jh., 1990; Grundfragen d. Phil., 1991; D. Frage nach d. Transzendenz, 1992. Untersuchung üb. Johannes Eck u. Martin Luther, in: Sammelblatt d. Histor. Vereins Ingolstadt.

WILD, Albert

I. Bürgermeister i. R. Stadt Ludwigshafen (1958-73), Kreisvors. DRK - Berthold-Schwarz-Str. 10, 6700 Ludwigshafen/Rh. (T. 69 78 80) - Geb. 18. Dez. 1912 Freiburg/Br. (Vater: Albert W., Bürgerm.; Mutter: Frieda, geb. Schnitzer), kath., verh. s. 1941 m. Anneliese, geb. Mäurer, 7 Kd. (Jürgen, Monika, Jochen, Michael, Christoph, Andreas, Thomas) - Gymn. Feldkirch/Vorarlberg; Univ. Bonn u. Freiburg (Rechts- u. Staatswiss.). Staatsprüf. 1938 u. 1948 - 1948-58 Innere Verw. Südbaden, Verw. Erzdiözese Freiburg (1949) u. Stadtverw. ebd. (1950 Leit. Rechtsamt); s. 1964 nebenamtl. Doz. Verw.- u. Wirtschaftsakad. Rhein-Neckar - Spr.: Engl.

WILD, Aloysius

Dr., Prof. f. Biologie (Botanik) Univ. Mainz - Neuwiesenstr. 36, 6000 Frankfurt/M. 71 (T. 069 - 67 68 74) - Geb. 15. Mai 1929 Lützenhardt (Vater: Christian W., Landwirt; Mutter: Anna, geb. Gaiser), kath., verh. s. 1960 m. Maria, geb. Bechler, 4 Kd. (Lucia, Raphael, Felicitas, Beate) - Stud. Naturwiss. Univ. Tübingen u. Freiburg; Promot. 1959 Univ. Mainz, Habil. 1969 Frankfurt - 1959-64 Assist. Genet. Inst. Univ. Mainz; 1964-71 Assist. Botan. Inst. Univ. Frankfurt; 1971-73 Prof. Univ. Frankfurt; s. 1973 Prof. Univ. Mainz (s. 1978 gf. Leit. Inst. f. Allg. Botanik, 1981-85 u. ab 1989 Dekan FB Biol.) - Üb. 160 Publ. auf d. Geb. d. Photosynthese, Stoffwechselphysiol. u. biochem. Ökol. d. Pflanzen - 1969 Senckenberg-Preis Stadt Frankfurt - Liebh.: Gesch., Politik, Relig. - Spr.: Engl., Franz.

WILD, Franz Josef

Regisseur - Ainmillerstr. 27 A, 8000 München 40 - Geb. 4. Juni 1922 Riedenburg/Opf., verh. s. 1947 m. Dorothea, geb. Siersetzki, 2 Tocht. (Anna-Monica, Barbara) - Wilhelms-Gymn. (Abit.) u. Otto-Falckenberg-Sch. München - Schausp., Regieassist., Dramat., Regiss., gegenw. fr. Regiss. 30 J. Bayer. Rundfunk/Fernsehen, zul. Chef d. Fernsehspiels. Üb. 100 Fernseh- u. div. Theaterinsz. (dar. 5 Opern); Film: Frau Cheneys Ende.

WILD, Hans

Dr. med., Prof., Internist, Chefarzt i. R. - Kirchbachstr. 23, 4330 Mülheim 11 (T. 40 03 70) - Geb. 9. Dez. 1913 Düsseldorf, 1954-78 Chefarzt Innere Klinik Ev. Krkhs. Oberhausen (Rhld.).

WILD, Hans Walter

Oberbürgermeister (b. 1988), Vorstandsmitgl. Bayer. Städtetag, 3. Präs. d. Bayer. Sparkassen- u. Giroverb., VR-Vors. Anst. f. kommunale Datenverarbeitung in Bayern, u. a. - Gut Grunau 31, 8580 Bayreuth/Ofr. (T. 25-1) - Geb. 27. Nov. 1919 Würzburg (Vater: Hans W., Obersekr.; Mutter: Frieda, geb. Bauer), ev., verh. s. 1948 m. Gerda, geb. May, 3 Kd. (Angelika, Alexander, Petra) - Univ. Würzburg u. München (Rechtswiss.). Gr. jurist. Staatsprüf. 1953 - Wehrdst. u. engl. Kriegsgefangensch. (1943-48 am Suezkanal); s. 1953 Stadtverw. Bayreuth (1954 Rechtsrat, 1958 Oberbürgerm.). SPD - 1943 EK I; 1959 Gr. Silbermed. Paris; 1974 BVK 1. Kl.; 1975 Gold. Ehrenring Stadt Bayreuth; 1977 Ehrenmed. d. Ungar. Franz-Liszt-Ges.; 1980 Bayer. VO.; 1981 Ehrensenator Univ. Bayreuth; 1983 Bayreuth-Med. in Gold; 1985 Bayer. Med. f. bes. Verdienste um d. kommunale Selbstverwaltung in Gold; 1986 Gr. Ehrenzeichen d. Landes Burgenland/Österr.; 1986 Bayer. Verfassungsmed. in Silber; 1988 Ritter d. franz. Ordens f. Kunst u. Wiss. - Spr.: Engl., Franz., Ital.

WILD, Josef

Bäckermeister, b. 1979 Präs. Handwerkskammer f. Oberbayern, München (1954 ff.), Mitgl. Bayer. Senat - Auf dem Kyberg 16, 8024 Oberhaching (T. 089 - 6 13 28 24) - Geb. 2. Sept. 1901 Mühltal/Obb. (Vater: Josef W., Gastwirt; Mutter: geb. Sappl), kath., verh. s. 1931 m. Anna, geb. Keiler, 5 Kd. (Anna Elisabeth, Josef, Gertrud, Bernhard, Werner) - Volkssch.; Bäckerlehre - Langj. Aufenthalt USA; s. 1931 selbst. ARsmandate (Vors. Münchener Verein u. 1962-74 Vorst. Ausstellungs- u. Messe-Aussch. dt. Wirtsch. - AUMA) - Kommandeur Verdienstorden des Franz. Handwerks, Offizierskreuz französischer Orden National du Mérite, Cavaliere Ufficiale Orden f. Verdienste um d. Rep. Österr., Offz. Nationaler Orden d. Eichenlaubkrone Luxemburg; 1961 Gr. BVK m. Stern, 1966 Schulterbd. dazu, Bayer. VO.; 1974 Gold. AUMA-Med.; 1985 Gold. Ferdinand-v.-Miller-Med. - Liebh.: Kunstgesch., Gemädesamml. - Spr.: Engl.

WILD, von, Klaus R.H.
Dr. med. habil., Prof., Chefarzt Neurochir. Abt. Clemenshospital, Akad. Lehrkrkhs. Univ. Münster - Frauenburgstr. 32, 4400 Münster (T. 0251 - 31 19 93) - Geb. 4. Mai 1939 Frankfurt/M., ev., verh. s. 1969 m. Christa Monika, geb. Koch, 2 Kd. (Daniel, Tobias) - Med. Staatsex. 1966 Frankfurt/M.; Promot. u. Approb. 1968; Neurochirurg 1975; Habil. (Neurochir.) 1977 Frankfurt/M.; Umhabil. 1979 Med. Hochsch. Hannover - 1977-82 Ltd. Oberarzt b. Prof. Dr. M. Samii, Nordstadtkrkhs. Hannover; 1984 apl. Prof. Univ. Münster; 2. Vors. d. Berufsverb. Dt. Neurochirurgen; Vorst.-Mitgl. d. Dt. Ges. f. Neurochirurgie u. d. Dt. Ges. f. Neurotraumatologie u. klinische Neuropsychol.; Schriftl. Arbeitsgem. Neurotraumatologie.

WILD, Lothar
Dipl.-Kfm., Ltd. Verwaltungsdirektor a.D., Vorst.-Mitgl. Akad. f. Absatzw. e.V. Nürnberg, Mitgl. d. Kurat. d. FhG-Patentstelle f. d. dt. Forsch., u. a. - (T. 0911 - 63 61 26) - Geb. 8. April 1925 Regensburg, kath., verh. s. 1956, 2 Kd. - Univ. Würzburg u. Erlangen/Nürnberg (Betriebsw.; Dipl. 1955) - Zahlr. Facharb. - Spr.: Franz.

WILD, Wolfgang
Dr. rer. nat., Prof., Bayer. Staatsminister a.D. - Am Kapellenweg 18, 8011 Zorneding - B. 1960 Privatdoz. Univ. Heidelberg, dann ao. Prof. FU Berlin, s. 1961 o. Prof. f. Theoret. Physik TU München (Dir. Physik-Department); 1980-86 Präs. TU München. S. 1983 Stiftungsrat Carl-Friedr.-v.-Siemens-Stiftg. Fachveröff.

WILDE, Hans
Dr.-Ing. (habil), Prof. f. Elektr. Meßtechnik Univ. Stuttgart (apl.) - Bubenhalde 92, 7000 Stuttgart (T. 8 38 85) - Geb. 23. Juli 1913 Heilbronn/N.

WILDE, Johannes
Ministerialrat, MdL Nordrh.-Westf. (1972-90) - In der Asbach 7, 5305 Alfter (T. 0228 - 64 26 08) - Geb. 12. Mai 1936 - Mitgl. Bundeshauptvorst. Dt. Beamtenbund (DBB). CDU - 1986 BVK I. Kl.

WILDEMANN, Horst
Dr. rer. pol., Ing. (grad.), Dipl.-Kfm., Prof. Univ. Passau - Jakob-Endl-Str. 13, 8390 Passau (T. 0851 - 5 84 42) - Geb. 4. Jan. 1942 Lodz (Vater: Arno W.; Mutter: Grete, geb. Walz), ev., verh. s. 1968 m. Lieselott, geb. Pelzer, 2 T. (Daniela, Ricarda) - Univ. Köln (Ing. 1967, Dipl.-Kfm. 1971, Promot. 1974, Habil. 1980) - S. 1981 o. Prof. - BV: Investitionsentscheidungsproz. f. numerisch gesteuerte Fertigungssyst., 1977; Plan. u. Steuer. d. Prod. (m. Th. Ellinger), 1978; Prakt. Fälle z. Prod.steuer. (m. Th. Ellinger), 1978; Kostenprognosen b. Großprojekten, 1982 - Spr.: Engl.

WILDENMANN, Rudolf
Dr. phil., Drs. h. c., Dipl. rer. pol., Prof. f. Polit. Wissenschaft Univ. Mannheim - Univ. (Schloß), 6800 Mannheim - Geb. 15. Jan. 1921 Stuttgart (Vater: Ernst W., Arbeiter; Mutter: Luise, geb. Möck), verh. s. 1973 in 2. Ehe m. Rosmarie, geb. Thon, 5 Kd. (Silke, Beryl, Boris, Valerie, Rebecca) - Kaufm. Lehre; Abit. 1945 Kanada; 1947-50 Stud. Soziol., Volksw., Gesch. u. Staatsrecht Univ. Tübingen u. Heidelberg (Dipl. 1950, Promot. 1952); Habil. 1962 Univ. Köln - 5 J. kaufm. Angest. (b. 1940); 1940-46 Soldat u. Gefangensch.; 1952-56 Redakt. Dt. Ztg. u. Wirtsch.ztg. Bonn; 1956-59 Stud.leit. Ostkolleg d. Bundeszentr. f. Polit. Bild.; 1959-63 Wiss. Assist. u. Privatdoz. Univ. Köln; s. 1964 o. Prof. f. Polit. Wiss. Mannheim (1965/66 u. 1985/86 Dir. Inst. f. Soz.-Wiss., 1966/67 Dekan Fak. f. Volksw. u. Soz.-Wiss., 1973/74 Dekan Fak. f. Sozialwiss., 1967-69 u. 1976-79 Univ.-Rektor). 1963 Lehrst.-Vertr. TH Aachen, 1964/65 Univ. Freiburg; s. 1969 Gastprof. in New York, Cambridge (Harvard), Buffalo, Stony Brook u. Dubrovnik; 1980-83 Prof. Europ. Univ.-Inst. Florenz. 1968-74 Senator DFG; 1970 Gründ.-Mitgl. Europ. Consort. f. Polit. Forsch. (1980-88 Vors.); s. 1974 Direktorium Zentr. f. Umfragen. Meth. u. Analysen (ZUMA, 1974-80 Vors.); s. 1987 Leit. Forsch.stelle f. gesell. Entwicklungen (FGE); 1963-69 Mitarb. wiss. Berat. Bundeskanzleramt; 1964-74 Wahlberichterst. ZDF; ständ. Mitarb. Ztschr. Capital; Mitgl. div. wiss. Vereinig. - BV: u. a. Partei u. Fraktion. e. Beitr. z. Analyse d. polit. Willensbild. in d. Bundesrep., 1954, 2. A. 1957; Grundfr. d. Wählens (m. H. Unkelbach). 1961; Macht u. Konsens als Probl. d. Innen- u. Außenpolitik; E. Unters. d. Regierungssyst. d. Bundesrep. u. s. intern. Verflecht., 1963; Funktionen d. Massenmedien (m. Werner Kaltefleiter); Wähler, Parteien, Parlament (m. H. Unkelbach u. Uwe Schleth), 1965; Z. Soziol. d. Wahl (m. E. K. Scheuch, 1965); Gutachten z. Frage d. Subventionier. polit. Parteien, 1968; Herausg. d. Reihe Future of Party Government, 1985ff.; d. Reihe Schriftenreihe z. gesellschaftl. Entwicklung, 1988ff.; Volksparteien - ratlose Riesen, 1989; Fachaufs., empir. Ausarb., Buchbespr., Herausg. v. Sammelw., Übers. v. wiss. Werken - Spr.: Engl., Franz., Ital.

WILDERER, Heinz
Vorstandsvorsitzender Landesbausparkasse Württemberg - Kronenstr. 25, 7000 Stuttgart 1 (T. 0711 - 20 30-23 70) - Geb. 7. Juli 1936 Stuttgart, ev., T. Sandra.

WILDERMUTH, Burkhard
Dr., Rechtsanwalt - Untere Rombach 13. 6900 Heidelberg (T. 2 49 28) - Geb. 20. Jan. 1928 Berlin - B. 1967 stv., dann o. Vorstandsmitgl. Rhein. Hypothekenbank, Mannheim. AR u. Beir.smand. - Spr.: Engl., Franz. - Rotarier.

WILDERMUTH, Karl
Dr. rer. nat., Dr. h.c., o. Prof. f. Theoret. Atom- u. Kernphysik. - Wolfgang-Stock-Str. 27, 7400 Tübingen (T. 2 30 60) - Geb. 25. Juli 1921 Bad Cannstatt/Stuttgart (Vater: Karl W., Oberstudiendir.; Mutter: Gertrud, geb. Hole), verh. s. 1947 m. Erika, geb. Stahnke, 3 Kd. (Anette, Stephan, Eberhard) - Promot. 1949 Göttingen; Habil. 1954 München - 1954 Privatdoz. Univ. München; 1959 Prof. Florida State Univ. Tallahassee; 1964 Ord. u. Dir. Inst. f. Theoret. Physik Univ. Tübingen. 1960 Consultant Oak Ridge National Labor. Tennessee; 1968/69 Visiting Prof. Rice Univ. Houston u. 1973 Univ. Minnesota - BV: Cluster Representations of Nuclei, 1966 (m. W. McClure); A Unified Theory of the Nucleus (m. Y. C. Tang). Übers. Russ. u. Chines. Zahlr. Fachaufs. in Engl. - 1990 Ehrendoktor Univ. Graz - Spr.: Engl.

WILDGEN, Wolfgang
Dr. phil., Prof. Univ. Bremen - Waiblinger Weg 16, 2800 Bremen 1 (T. 0421 - 37 36 76) - Geb. 1. Jan. 1944 Fürth (Vater: Andreas W., Realschullehrer; Mutter: Luzie, geb. Schmalzl), kath., verh. s. 1970 m. Heidemarie, geb. Welsch, 3 Kd. (Gregor, Ivo, Quirin) - Univ. Regensburg (Prüf. f. d. höh. Lehramt an Gymn. 1971, Promot. 1976, Habil. 1981) - 1974 Wiss. Mitarb. Univ. Heidelberg; 1977 DFG-Habilitand; 1979 wiss. Mitarb. Univ. Regensburg, 1981 Prof. Univ. Bremen - BV: Different. Linguistik, 1977; Kommunikat. Stil u. Sozialisat., 1977; Catastrophe Theoretic Semantics, 1982; Archetypensemantik, 1985; Dynamische Sprach- u. Weltauffassungen, 1985; Dynamische Sprachtheorie, 1987; Einführung in d. Sprachkontaktforsch. (gem. m. J. Bechert), 1991. Herausg.: Process Linguistics (1987) - 1963 Straßburg-Preis (Stiftg. F. v. S.); 1976 Ausz.im Rahmen d. Ostbayer. Kulturpr.- Spr.: Franz., Engl.

WILDHIRT, Egmont

Dr. med., Prof., Chefarzt a.D. Med. Klinik I Städt. Kliniken Kassel (1964-89) - Elbeweg 9, 3500 Kassel-W'höhe (T. 3 49 82) - Geb. 26. März 1924 Stuttgart, ev. - 1969 apl. Prof. f. Inn. Med., 1974 Honorarprof. Univ. Marburg, 1982 Gast-Prof. Tokai-Univ. Tokyo/Japan. Wiss. Tätigkeit auf d. Gebiet Gastroenterologie, Hepatologie, Endoskopie - Üb. 360 wiss. Publ. 5 Monographien - 1966 Vesalius-Plak., 1974 E.-v.-Bergmann-Plak.; 1989 BVK I. Kl.; Ehrenmitgl. Dominikan., Peruan. u. Argent. Ges. f. Gastroenterologie; Mitgl. Intern. Assoc. for the Study of the Liver, New York - Spr.: Engl. - Rotarier.

WILDING, Ludwig

Prof. Hochsch. f. Bild. Künste Hamburg, Künstler - Schlehenweg 32, 2110 Buchholz 5 (T. 04187 - 64 13) - Geb. 19. Mai 1927 Grünstadt (Vater: Jakob W., Kaufm.; Mutter: Luise, geb. Schumann), verh. m. Ingeborg, geb. König, 2 Kd. (Eva, Michael) - 1948 Stud. Kunstgesch. Univ. Mainz; 1950 Stud. b. Willi Baumeister, Kunstakad. Stuttgart - 1967 Lehrtätigk. Hochsch. f. bild. Künste Hamburg, s. 1969 Prof. ebd. - Erf.: Stereoskop. Interferenzverf.; 1990 Fraktalgeometr. Strukturbilder - BV: Sehen u. Wahrnehmen, I 1975, II 1977; Bilder f. zwei Augen, 1982 - Werke in Op-Art, Konkrete Kunst; 3-Dimensionale Wandobjekte u. Raum-Körper - Liebh.: Musik - Spr.: Engl. - Lit.: George Rickey, Constructivism, New York u. London 1968; Cyril Barrett, Op Art, London, 1971.

WILDMANN, Georg
Lic. phil., Dr. theol., Oberstudienrat, Gymnasialprof. i.R. - Blütenstr. 21, A-4040 Linz/D. (T. 0732 - 235 30 04) - Geb. 29. Mai 1929 Backi Gracac/Filipowa (Jugosl.), kath., verh. s. 1975 m. Erika, geb. Wendtner, 2 Kd. (Markus, Elisabeth) - Stud. Phil. u. Theol. Gregoriana, Rom; Lic. phil. 1953; Dr. theol. 1959 - Relig.- u. Phil.-Lehrer an Höh. Schulen; 1971-74 o. Prof. f. Phil. Phil.-theol. Hochsch. d. Diözese Linz; Vortr. in d. Erwachsenenbildung; Mitarb. donauschwäb. Landsmannschaft - BV: Personalismus, Solidarismus u. Ges., 1961; Entw. u. Erbe d. donauschw. Volksstammes, 1982; Filipowa - Bild e. donauschw. Gde. (m. P. Mesli u. F. Schreiber), 7 Bde. 1978-92 - 1987 Prinz-Eugen-Med. Wien; 1989 BVK I. Kl.; 1989 Donauschw. Kulturpreis d. Landes Baden-Württ. - Liebh.: Gesch. u. Kultur d. Donauschwaben - Spr.: Engl., Ital., Ung., Latein.

WILDNER, Horstdieter
Präsident Konsistorium d. Ev. Kirche in Berlin-Brandenburg (Berlin West) - Minheimer Str. 29, 1000 Berlin 28 (T. 030 - 401 58 40) - Geb. 11. Nov. 1933 Berlin, ev., verh. s. 1962 m. Gisela, geb. Müller, 3 S. (Justus Henning, Johannes, Jürg Albrecht) - Abit. 1953 Berlin; Stud. Rechtswiss. Univ. Berlin u. Freiburg; 1. jurist. Staatsprüf. 1957, 2. jurist. Staatsprüf. 1961 Berlin - Mitgl. Kirchenleitg. d. Ev. Kirche in Berlin-Brandenburg (Berlin West), u. d. Rates d. Ev. Kirche d. Union; Vorst.-Mitgl. Gemeinschaftswerk d. Ev. Publiz.; Vorst.-Vors. Jerusalemsverein, u. Verein z. Errichtung ev. Krkhs. - Herausg.: Rechtsquellensamml. D. Recht d. Ev. Kirche in Berlin-Brandenburg (Berlin West).

WILDUNG, Dietrich
Dr. phil., Prof., Ägyptologe, Direktor Ägyptisches Museum u. Papyrussammlung, Staatliche Museen zu Berlin (s. 1989), Honorarprof. FU Berlin (s. 1990), Präs. d. Intern. Assoc. of Egyptologists (s. 1991) - Schloßstr. 70, 1000 Berlin 19 (T. 32 09 12 61) - Geb. 17. Juni 1941 Kaufbeuren (Vater: Eduard W., Kunstmaler; Mutter: Julie, geb. Hertneck), ev., gesch., 2 Kd. (Annegret, Hans) - Stud. München, Paris; Promot. 1967; Habil. 1973 - 1968-73 wiss. Assist., s. 1973 Privatdoz.; 1975-88 Ltd. Dir. Staatl. Sammlung Ägypt. Kunst München - BV: D. Rolle ägypt. Könige im Bewußtsein d. Nachwelt, 1969; Imhotep u. Amenhotep, 1976; Egyptian Saints, 1976; Sesostris u. Amenemhet, 1984; Die Kunst Ägyptens, 1988 - 1988 BVK; korr. Mitgl. Dt. Archäolog. Inst., Mitgl. Soc. Franc. d'Egyptol. u. Intern. Assoc. of Egyptologists - Spr.: Engl., Franz.

WILHELM, Friedrich
Dr., Landrat a. D. (1949-78), Präs. Dt. Landkreistag (1970-1978), 1966-1970 Vizepräs.), Vors. Landkreisverb. Bayern (1967-78), Mitgl. Bayer. Landtag (1962-70), Mitgl. Bayr. Senat (1971-81) - Meyer-Olbersleben-Str. 7a, 8700 Würzburg - Geb. 16. April 1916 Würzburg-Rottenbauer, ev., verh., 4 Kd. - 1939-45 Wehrdt. 1949-78 Landrat Kr. Würzburg - Gr. BVK; Bayer. VO.

WILHELM, Friedrich
Dr. phil., Prof., Indologe u. Tibetologe - Schuchstr. 17, 8000 München 71 (T. 79 92 17) - Geb. 12. April 1932 Leipzig - S. 1963 (Habil.) Privatdoz. u. Prof. (1969) Univ. München (Indol., Tibetol.). 1965/66 Gastprof. Columbia Univ. New York u. 1976 Coll. de France, Paris u. 1980/81 Wolfson Coll., Oxford - BV: Po-

WILHELM, Günter
Prof., emerit., f. Baukonstruktion II u. Entwerfen - Ramsbachstr. 82, 7000 Stuttgart 70 (T. 76 25 97) - Geb. 8. April 1908 Neckartenzlingen/Württ. - Architekt; s. 1948 ao. u. o. Prof. (1953) TH bzw. Univ. Stuttgart, s. 1973 emerit.

WILHELM, Günter
Dr. med. (habil.), Prof., Kinderarzt - Ludwig-Rehn-Str. 14, 6000 Frankfurt/M. (T. 61 00 11) - B. 1964 Privatdoz., seit 1968 apl. Prof. u. Wiss. Rat u. Prof. (1966) Univ. Frankfurt (Abt.svorsteher Kinderklinik). Facharb.

WILHELM, Günter
Vorsitzender Bereichsvorst. Automatisierungstechnik SIEMENS AG - Zu erreichen üb. Gleiwitzer Str. 555, 8500 Nürnberg-Moorenbrunn - Geb. 17. Nov. 1935, verh. s. 1959 m. Christa, geb. Hartmann, T. Annegret - Spr.: Engl.

WILHELM, Hans Adolf

Dr. rer. nat., Prof. RWTH Aachen, Dipl.-Chemiker, Leit. u. Inh. Inst. f. Polymerberatung, Bad Rappenau - Nachtigallenweg 25, 6927 Bad Rappenau-Heinsheim (T. 07264 - 53 72) - Geb. 14. Juni 1919 Heilbronn (Oberltn. u. Batteriechef, Eis. Kreuz I. Kl. u. weit. Ausz.); Univ. Heidelberg; Dipl.-Chem. 1949; Promot. 1951; 1951/51 Stip. Intern. Wool Secr. London - 1952-55 Chemiker BASF; 1956-67 Leit. mehr. Forschungsgr.; ab 1962 Prok.; 1971 selbst. (Inst. f. Polymerberat.). 1969 Lehrauftr.; 1975 Honorarprof. RWTH Aachen. Fast 1.200 Patente im Bereich Farben, Lacke, Klebst., Kunststoffe - BV: Ullmanns Encyklopädie d. techn. Chemie, Bd. 14, 3. A. 1963; Polyacrylester u. Polyacrylsäure, Polymerisate ungesätt. Carbonsäureamide: Schriftenr. Dt. Wollforschungsinst.: D. Situat. d. erfinder. Menschen - Voraussetz. d. erfinder. Tätigk., 1982-89 - 1975 Med. f. Verd. Fachverb. Schaumkunststoffe im GKI, 1986 BVK am Bde. - Liebh.: Gesch. - Spr.: Engl., Franz. - Lit.: Festschr. z. 60. Geb.; Schriftenreihe Firmenarchiv BASF, Bd. 10.

WILHELM, Hans-Otto
Staatsminister a.D., Vorsitzender d. CDU-Landtagsfraktion - In den Gärten 20, 6500 Mainz, PA: Deutschhausplatz 3. 6500 Mainz - Geb. 5. Juni 1940 Mainz, kath., verh., 2 Kd. - Realsch.; Verw.-ausbild. bei e. Träger d. Sozialversich.; Verw.angestellter, zul. b. ZDF. in Mainz. Nov. 1988-Jan. 1992 Landesvors. d. CDU. Mitgl. d. Rundfunkrats d. Südwestfunks s. 1974 MdL, 1981-87 u. s. 1988 Vors. d. CDU-Landtagsfraktion, 1987/88 Min. f. Umwelt u. Gesundheit.

WILHELM, Heinz
Prof., Hochschullehrer - Teutonenstr. 36,

5880 Lüdenscheid (T. 2 00 01) - Gegenw. o. Prof. f. Musikerzieh. Päd. Hochsch. Ruhr/Abt. Hagen (zul. ao. Prof.).

WILHELM, Herbert
Dr. oec., o. Prof. f. Volkswirtschaftslehre u. Direktor Inst. f. Wirtschaftswiss. TH bzw. TU Braunschweig (s. 1958; 1968-70 Rektor) - Hirschbergstr. 16, 3000 Braunschweig (T. 60 14 42) - Geb. 8. Juni 1922 Berka/Werra (Vater: Karl W., kaufm.; Mutter: Elisabeth, geb. Schneider), kath., verh. s. 1950 m. Dr. Elisabeth, geb Staas - Obersch. Gerstungen; kaufm. Lehre Industrie; Hochsch. f. Wirtschafts- u. Sozialwiss. Nürnberg (Dipl.-Kfm. 1947, Promot. 1949) u. Univ. Göttingen. Habil. 1952 Nürnberg - BV: D. Marktautomatismus als Modell u. prakt. Ziel, 1954; D. Verw.skosten d. gesetzl. Sozialleistungsträger, 1957; Werbung als wirtschaftstheoret. Problem, 1960; Preisbildung f. Markenartikel, 1960; Preisbindung u. Wettbewerbsordnung, 1962; Niederlassung, Zweigebetriebe u. Beteiligung im Ausland, 1963 (m. Sedler u. Bartholdy); Arbeitsmarkt- u. Industrieanalyse d. Stadt Braunschweig, 3 Bde. 1973 ff.; Volkswirtschaftslehre f. Ingenieure (1979). Übers.: Adolph Lowe, Polit. Ökonomik (1968) - Liebh.: Lit. - Spr.: Engl., Franz. - Rotarier.

WILHELM, Horst
Dipl.-Kfm., Stv. Vorstandsvorsitzender d. Deutschen Pfandbrief- u. Hypothekenbank AG (b. 1991) - Paulinenstr. 15, 6200 Wiesbaden (T. 06121 - 34 82 03) - Geb. 19. Mai 1927 Rotenburg/Fulda.

WILHELM, Joseph
Dr., Generalmajor, Befehlsh. Wehrbereichskdo. V - Nürnberger Str. 184, 7000 Stuttgart 50.

WILHELM, Jürgen
Dr. jur., Vorsitzender Landschaftsvers. u. Landschaftsaussch. b. Landschaftsverb. Rhld. - Zu erreichen üb. Landeshaus, Kennedy-Ufer 2, 5000 Köln 21 (T. 0221 - 82 83-32 59) - Geb. 12. Jan. 1949 Köln, verh. m. Brigitte, 3 Söhne (Roman, Julian, Fabian) - Stud. Rechtswiss. Univ. Köln; Promot. (b. Prof. Ulrich Klug) - Min.beamter. VR Kreissparkasse Köln, Gewährträgervers. WestLB; Vorst. Kölnische Ges. f. christl.-jüd. Zusammenarbeit; AR-Mitgl. RWE Energie AG - BV: Kommunalrecht, 1975; Gefahrenabwehr - Lehrb. f. Polizei- u. Ordnungsrecht, 1982, 2. A. 1990 - Spr.: Engl., Franz., Span.

WILHELM, Kurt

Regisseur u. Autor - Frundsbergstr. 31, 8021 Straßlach/Obb. (T. 08170 - 4 60) - Geb. 8. März 1923 München (Vater: Karl W., Offz. (zul. Oberst); Mutter: Hildegard, geb. Edle v. Mecenseffy), verh. s. 1944 m. Rita, geb. Kocurek - Realgymn. München; Reinhard-Sem. Wien (1943) - B. 1944 Dramat. Schauspielhaus Stuttgart, dann Regiss. u. Abt.leit. Bayer. Rundfunk, München. Büh-

neninsz.: u. a. D. schwarze Spinne (Oper; UA. 1966 Wien), D. Vogelhändler (Neufass.; 1968 Dortmund), D. Brandner Kaspar (1975); Intermezzo (Oper; 1988 München); Filme: Paprika (1959), D. Zigeunerbaron (1961), D. schwed. Jungfrau (1965); etwa 300 Rundfunk- (erfolgreichstes Hörsp.: Ich denke oft an Piroschka (m. üb. 150 Ausstrahlungen); Sendereihen: Brummlg'schichten, Fleckerlteppich, Musikaleum) u. 70 Fernsehsendungen (dar. Entführung aus d. Serail, Figaros Hochzeit, Don Giovanni, D. verkaufte Braut, D. Fledermaus, Zu viele Köche (Kriminalserie), Don Juan kommt aus d. Krieg, Come back - little Sheba, Leuchtfeuer, D. Weiberfeind, Herbst, D. Kommode, Duett im Zwielicht, Ludwig-Thoma-Insz.; Sendereihen: 1954-56 Charivari, 1956-69 Musikaleum, 1969-70 Klage gegen Ungenannt, 1970 Dtsch. - deine Schwaben, Vater Seidl (1978), Cockpit (1981/82) - BV: Alle sagen Dickerchen, R. 1956; Fernsehen - Abenteuer im Neuland, Sachb. 1965; D. Brandner Kaspar u. d. ewig Leben, Theaterst. Urauff. München 1975, R. 1987; O Maria hilf u. zwar sofort, damit's ein (r)echter Bayer wird (Essays), 1978, Luise u. d. Könige, 1980; Paradies-Paradies, 1981, R. 1984; Richard Strauss persönl. (Sachb.), 1984; Mumtaz, R. 1984; Wolf im Nerz (Theaterst.): Urauff. München 1984, Narren d. Glücks (Theaterst.), Lob d. Frauen (Erz.); Wo Gott auf Erden wohnen würde, Ess. 1987; Weihnachten, Erz. 1990 - 3x Gold. Bildschirm, 1 Dt. Fernsehpreis, 11 Kritikerpreise; 1976 Poetentaler; 1979 Gr. Preis d. bayer. Volksstiftg.; 1979 Ludwig-Thoma-Med.; 1980 Bayer. VO.; 1984 Sigi-Sommer-Lit.preis, 1984 Oberbayer. Kulturpreis - Liebh.: Musikgesch. - Bek. Vorf.: Franz v. Kobell, Bernhard Bolzano.

WILHELM, Paul

Dr. jur., Staatssekretär im Bayer. Staatsmin. f. Bundes- u. Europaangelegenheiten, MdL Bayern (s. 1970) - Guardinistr. 89/VII, 8000 München 70 (T. 700 33 44) - Geb. 1935 - CSU - 1980 Bayer. VO.

WILHELM, Rolf
Komponist u. Dirigent - Hubertusstr. 64, 8022 Grünwald - Geb. 23. Juni 1927 München, verh. m. Helga, geb. Neuner, 2 Kd. (Catharina, Alexander) - Gymn. Wien; Musikhochsch. Wien u. München; Staatsex. 1948 Komposition (Meisterkl. Dirigieren Prof. Hans Rosbaud) - S. 1946 fr. Komponist. Gastdirig. b. div. Orch. - BV: Musik v. Kaiserslautern, in: Doktor Faustus (G. Seitz), 1982; Div. Schallplatten m. Film- u. Fernsehmusiken (Nibelungen, Via Mala, Doktor Faustus, Tarabas, Hiob). S. 1946 Rundf.-Auftr. (üb. 200 Hörsp.). S. 1954 üb. 100 Spielfilmmusiken: 08/15-Trilogie (Paul May); 1949 U. ewig singen d. Wälder; D. Erbe v. Björndal (G. Ucicky); Lausbubengesch. (Helmuth Käutner); 1962 Julia du bist zauberhaft (A. Weidemann); 1964 Tonio Kröger (Rolf Thiele); 1966 D. Nibelungen (H. Reinl); 1973 D. flie-

gende Klassenzimmer (W. Jacobs); 1976 D. Schlangenei (Ingmar Bergman); 1981 Doktor Faustus (Franz Seitz); 1988 Ödipussi (Loriot); 1991 Pappa ante portas (Loriot), u.v.a. Ab 1955 üb. 300 Musiken zu Fernsehfilmen (Joseph Roth: Radetzkymarsch, Hiob, Tarabas), Werbemusiken. Bühnenmusiken f.: Residenztheater München (D. Brandner Kaspar), Schauspielhaus Zürich, Theater an d. Josefstadt Wien, Burgtheater Wien (1986 Lumpazivagabundus). 1983 Concertino for Tuba and WindInstruments (UA: Washington 1983); Kammermusik, Lieder f. Sopran u. Orch. - Liebh.: Malerei - Lit.: Riemann: Musiklex.

WILHELM, Rudolf
Dr., Vorstandsmitglied Bayernwerk AG, München (Arbeitsdir., s. 1983), AR-Mitgl. Energieversorgung Oberfranken AG, Bayreuth (s. 1984) - Blutenburgstr. 6, 8000 München 19 (T. 12 54-1) - 1981-83 Vorst. Überlandw. Oberfranken AG, Bamberg.

WILHELM, Theodor
Dr. phil., Dr. jur., em. o. Prof. f. Päd. - Forstweg 46, 2300 Kiel (T. 8 51 39) - Geb. 16. Mai 1906 Neckartenzlingen - 1937-42 Doz. Hochsch. f. Lehrerbild. Oldenburg; 1951-59 Prof. Päd. Hochsch. Flensburg; 1957-59 Privatdoz., 1959-72 o. Prof. Univ. Kiel - BV: U. a., Wendepunkt d. polit. Erzieh. (Ps. Fr. Oetinger), 1951; Partnerschaft, 1953; Päd. d. Gegenwart, 1961 (5. A. 1978); Theorie d. Schule, 1967 (2. A. 1969); Traktat üb. d. Kompromiß, 1973; Jenseits d. Emanzipation, 1975; Sittliche Erziehung durch polit. Bildung, 1979; Pflegefall Staatssch., 1982; Aufbruch ins europ. Zeitalter, 1990.

WILHELM, Werner
Stadtoberinspektor, MdB (s. 1958, SPD) - Baumschulenweg 4, 6680 Neunkirchen/Saar (T. 8 84 44) - Geb. 23. Dez. 1919 Neunkirchen, verh., 2 Kd. - Volks- u. Handelssch. (Abendkurs); Lehre Anwaltsbüro (nicht abgeschl.) - 1935-46 Emigration Frankr. (Hilfsarb., Eisenbinder, Kranführer), dann Stadtverw. Neunkirchen. MdK Ottweiler (1956-60 Fraktionsvors.). S. 1928 SAJ u. SPD (währ. d. Emigr. Beitr. z. Auslandsorg.). Div. Parteifunktionen.

WILHELMI, Dieter
Orchesterdirektor u. Direktor d. Aaltotheaters, Essen (s. Aug. 1992) - Kleiner Schirnkamp 26, 4300 Essen 14 - Geb. 3. Aug. 1942 München (Vater: Fritz W., Prof. Staatl. Hochsch. f. Musik München; Mutter: Christine, geb. Staffel), verh. s. 1963 m. Brigitte, geb. Neuhaus, 2 S. (Dirk, Nico) - Stud. Staatl. Hochsch. f. Musik München (Klavier, Pauke u. Schlagzeug) - 1961-62 Solo-Pauker Musikkolleg. Winterthur/Schweiz, 1963-65 Nieders. Sinf.orch. Hannover, 1965-80 Phil. Orch. Stadt Essen. 1978-80 stv. Gesamtvorst.Vors. Dt. Orch.vereinig. DGB, 1979-80 Ges.vertr. DOV Ges. f. Leistungsschutzrecht (GVL) Hamburg - Sammelt antike Taschenuhren - Bek. Vorf.: August W., Konzertm. v. Richard Wagner in Bayreuth.

WILHELMI, Hans
Dipl.-Volksw., Verleger (Gießener Anzeiger) - Am Urnenfeld 12, 6300 Gießen-Wieseck - Handelsrichter.

WILHELMI, Hans-Ulrich
Rechtsanwalt, Geschäftsf. Dt. Großhändlerverb. f. Heizungs-, Lüftungs- u. Klimabedarf - Kurze Mühren 2, 2000 Hamburg 1 (T. 33 15 13). - BV: D. Netto-Umsatzsteuer ihre Auswirk. auf d. betriebl. Praxis d. Handels, 1967.

WILHELMS, J. Henry
Kaufmann, Mitgl. Brem. Bürgerschaft (s. 1975, CDU) - Kämmerweg 19, 2850 Bremerhaven - Geb. 6. Jan. 1940 Bremerhaven, ev. - Schule Bremen (neusprachl. Abit.); 1961-63 Lehre Dt. Bank ebd. - S. 1963 väterl. Untern. J. Hinrich Wilhelms-Gruppe/Fischmehl-, Tranfabriken, Kraftfahrzeugreparaturbetr.,

Bremerhaven (1966 gf. Gesellsch.); AR-Vors. Volksbank Bremerhaven e. G.

WILHELMY, Herbert

Dr. phil., em. o. Prof. f. Geographie - Bohnenbergerstr. 6, 7400 Tübingen (T. 6 12 15) - Geb. 4. Febr. 1910 Sonderhausen/Thür. (Vater: Hugo W., Hochschullehrer; Mutter: Else, geb. Friedel), verh. s. 1939 m. Renate, geb. Wolf, 3 Kd. (Lothar, Uta, Maren) - Univ. Gießen, Bonn, Wien, Leipzig. Promot. Leipzig; Habil. Kiel - S. 1954 Ord. u. Inst.dir. TH Stuttgart u. Univ. Tübingen (1958). 1955-57 Vors. Zentralverb. d. Dt. Geographen u. Verb. Dt. Hochschullehrer d. Geogr.; 1958/59 Vors. Dt. Humboldt-Komitee; 1964-69 Vors. Nationalkomitee BRD Intern. Geogr. Union - BV: Hochbulgarien, Ackerbausiedlungen im südamerik. Grasland, D. faschist. Kolonisation in Nordafrika, D. dt. Siedlungen in Mittelparaguay, Siedlungen im südamerik. Urwald, Südamerika im Spiegel s. Städte, Klimamorphologie d. Massengesteine, D. La Plata-Länder, Kartogr. in Stichworten, Geomorphol. in Stichw., Reisanbau u. Nahrungsspielraum in Südostasien, Welt u. Umwelt d. Maya, Geograph. Forsch. in Südamerika; D. Städte Südamerikas, 2 Bde. 1984 - 1985 Silb. Karl-Ritter-, 1965 Karl-Sapper-Med.; 1984 Gold. A. v. Humboldt-Med.; o. Mitgl. Akad. Dt. Naturforscher/Leopoldina, Halle/S.; Ausw. Mitgl. Accad. Nazionale dei Lincei, Rom; korr. Mitgl. Akad. d. Wiss. Wien u. Bogotá.

WILHELMY, Lothar

Dr.-Ing., Vorstand Hübner Elektromaschinen AG, Berlin - Eppingerstr. 14, 1000 Berlin 33 (T. 030 - 832 43 40) - Geb. 6. Juni 1940 Kiel (Vater: Prof. Dr. Herbert W., Geograph; Mutter: Renate, geb. Wolf), ev., verh. s. 1970 m. Gabriele, geb. Melchart, 2 S. (Stefan, Jochen) - TH Stuttgart (Elektrotechnik); Dipl. 1967, Promot. 1972 - 1973-77 Techn. Leit., 1978-82 Geschäftsf., 1983ff. Vorst. Hübner Elektromasch. AG - Mitgl. Rotary Club Berlin-Süd.

WILITZKI, Günter

Dr. rer. pol., Dipl.-Kfm., Geschäftsführer Berliner Absatz-Organisation Berlin 12 - Hammersteinstr. 4, 1000 Berlin 33 (T. 823 74 45; BAO: 318 02 33) - Geb. 31. Juli 1925 Berlin, ev., verh., 2 Söhne (Bernd, Jörg) - Hoh. Schulen Berlin (bis 1943); 1949-54 FU ebd. (1953 Diplomprüf. f. Betriebsw., Promot. 1963) - S. 1953 Tätgk. BAO (Leit. Geschäftsst. London (b. 1955), 1960 stv., 1965 Geschäftsf. Zentrale Berlin). 1971ff. Beiratsvors. AMK Berlin. Lehrbeauftr. FU Berlin (1955-74); Doz. Hochschulinst. f. Wirtschaftskd. bzw. Wirtschaftsakad. Berlin (1961-74); VR-Vors. SFB (1980-88); stv. AR-Vors. SFB Werbung GmbH (1977-88) - 1972 hohe österr., franz. u. brit. Ausz. - Spr.: Engl., Franz.

WILK, Hans

Caritasdirektor, Geschäftsf. Caritas-Verb. f. d. Erzbistum Paderborn - Dompl. 26, 4790 Paderborn/W., kath.

WILK, Manfred

Dr. rer. nat., prof. f. Organ. Chemie - Teplitz-Schönauer-Str. 5, 6000 Frankfurt/M. (T. 63 50 40) - Geb. 4. Mai 1922 Darmstadt - S. 1960 (Habil.) Lehrtätigk. Univ. Frankfurt (1967 apl. Prof.). Facharb.

WILKE , Günther

Dr. rer. nat., Drs. rer. nat., h. c., Hon. D. Sc., Prof., Direktor Max-Planck-Inst. f. Kohlenforschung, Mülheim - Leonhard-Stinnes-Str. Nr. 44, 4330 Mülheim/Ruhr (T. 3 54 92) - Geb. 23. Febr. 1925 Heidelberg (Vater: Ernst W., Univ.-prof.; Mutter: Margarethe, geb. Walach), ev., verh. s. 1955 m. Dagmar, geb. Kind, 3 Kd. (Petra. Nikola, Berto) - Gymn. Heidelberg (Abit. 1943); TH Karlsruhe u. Univ. Heidelberg (Dipl.-Chem. 1950) Promot. 1951 Heidelberg; Habil. 1960 Aachen - 1951 Wiss. Assist. Max-Planck-Inst. f. Kohlenforsch. (1963 Mitgl.); 1960 Privatdoz. TH Aachen (1963 Gastprof.); 1963 Ord. Univ. Bochum; 1967 wie oben; s. 1978 Vizepräs. MPG. Verf. z. Herstell. v. Cyclododecatrien. Fachveröff. - 1965 Ruhr-Preis f. Kunst u. Wiss. Stadt Mülheim; 1970 Emil-Fischer-Med. Ges. Dt. Chem.; 1974 o. Mitgl. d. Rhein.-Westf. Akad. d. Wiss.; 1975 La Méd. de la Chaire Francqui (U. Louvain); 1976 Centennial Foreign Fellow Americ. Chem. Soc.; 1976 Dt. Akad. d. Naturforscher Halle; 1977 Ausl. Mitgl. d. Königl. Niederl. Akad. d. Wiss.; 1978 Karl-Ziegler-Preis GDCh; 1979 Korr. Mitgl. Akad. d. Wiss., Göttingen; 1980 Wilhelm-Exner-Med.; 1980/81 Präs. GDCh; 1981 Ehrenmitgl. AAAS; 1983 Korr. Mitgl. Österr. Akad. d. Wiss., Wien; 1985 Beirat Krupp-Stiftg., Essen; 1987 Gr. BVK - Liebh.: Malerei - Spr.: Engl. - Rotarier.

WILKE, Jürgen

Niederlassungsleiter Dresdner Bank AG, Hannover - Rathenaustr. 4, 3000 Hannover 1 - Geb. 7. Dez. 1938 Neuss, kath., verh., 2 Kd.

WILKE, Jürgen

Dr. phil., o. Prof. f. Publizistik Univ. Mainz - Am Wald 8, 8079 Sappenfeld (T. 08421 - 87 95) - Geb. 19. Dez. 1943 Goldap/Ostpr., kath., verh. s. 1973 m. Ulrike, geb. Brenner, S. Tobias - 1963-71 Stud. Univ. Mainz, Münster; Promot. (German.) 1971 Mainz; Habil. (Publiz.) 1983 ebd. - 1984 Lehrst. f. Journalistik I Kath. Univ. Eichstätt; 1988 Lehrst. f. Publizistik Univ. Mainz; 1986/89 Vors. Dt. Ges. f. Publiz. u. Kommunikationswiss. - BV: D. Zeitged., 1974; Lit. Ztschr. des 18. Jh., 1978; Nachrichtenausw. u. Medienrealität in 4 Jh., 1984 - Liebh.: Lit., Kunst, Reisen - Spr.: Engl., Franz.

WILKE, Kurt Wilhelm

Prof., Dipl.-Sportlehrer, Rektoratsbeauftragter f. int. Angel. Sporthochsch. - Carl-Diem-Str. 12, 5010 Bergheim (T. 02238 - 4 22 49) - Geb. 7. Jan. 1936 Düsseldorf (Vater: Kurt W., Bankdir. †; Mutter: Josi, geb. Schür), ev., verh. s. 1963 m. Elke, geb. Füssenich, 3 Kd. (Norman, Jörg, Kai) - Stud. German., Sport, Psych. (Dipl.-Sportlehrer 1959, Staatsex. 1962) - 1960 Assist. b. Carl Diem; 1967 Doz. Sporthochsch. Köln; 1973 Reg.-Dir. Sportausbild. Bundeswehr; 1976 Stud.-Prof., 1983 Univ.-Prof. Dt. Sporthochsch.; 1968 Schwimmwart Dt. Schwimm-Verb. - BV: Anfängerschwimmen; Lit.dok., 1976; Schwimmen - Sport in d. Sekundarstufe II, 1990, 7. A. 1988; Anfängerschwimmen - Training, Technik, Taktik, 1979, 6. A. 1990 (portug. 1982, russ. 1992); D. Training d. Jugendl. Schwimmers, 2. A. 1988 (engl. 1986, span. 1990); Schwimmsport-Praxis, 1988. Lehrfilme z. Schwimmsport - Mehrf. Dt. Hochschulmeistersch. - Spr.: Engl., Franz.

WILKE, Manfred

Dr., Prof. f. Soziologie FH f. Wirtsch. Berlin - Rothenburgstr. 27 a, 1000 Berlin 41 - Geb. 2. Aug. 1941 Kassel (Vater: Heinrich W., Fleischerm.; Mutter: Anna, geb. Schneider), verh. s. 1970 m. Karin, geb. Helms, 5 Kd. (Sabine, Stephan, Andreas, Julia, Cornelia) - Gymn. (abgebr.); Lehre Einzelhandelskfm., Hochsch. f. Wirtsch. u. Politik Hamburg (Sozialwirt grad.) - Verkäufer; 1960-66 Auslief.fahrer; 1974-76 wiss. Angest.; 1976-80 Assist. TU Berlin; 1980/81 GEW; Habil. 1981 FU Berlin; 1982-85 wiss. Angest. u. Publizist; 1985 Prof. - BV: Div. Veröff., u. a. D. Funktionäre, 1979; D. Marsch d. DKP durch d. Institutionen (m. and.); Einheitsgewerksch. u. Berufspolitik, 1981; Einheitsgewerksch. zw. Demokr. u. antifasch. Bündnis, 1985.

WILKE , Otto

Elektromeister, MdL Hessen (s. 1970) - Bredelarer Str. 1, 3543 Adorf/Waldeck (T. 05633 - 2 10) - Geb. 13. April 1937 Korbach - Volkssch.; 1952-55 Installateurlehre; 1962-63 Bundesfachanst. f. Elektrotechnik Oldenburg. Meisterprüf. 1963 - S. 1967 selbst. (Übern. elterl. Installateurgeschäft Adorf). 1965ff. Mitgl. Gemeindevorst. Adorf, Staatsbäderbeirat; Vorst. d. Karl-Hermann-Flach-Stiftg.; stv. Vors. Förderkreis Hessenpark; Vorst.-Vors. d. Naturschutzzentr. Herzen in Wetzlar. 1955-63 Bezirksvors. Dt. Jungdemokr. Hessen-Nord. FDP s. 1955 (1968 Kreisvors. Waldeck-Frankenberg u. Mitgl. Landesvorst. Hessen, s. 1974 stv. FDP-Fraktionsvors. im Landtag, s. 1977 stv. Landesvors. FDP-Hessen u. s. 1977 Vors. FDP-Landtagsfrakt., s. 1989 Vors. d. FDP Kreistagsfrakt. Waldeck-Frankenberg); Mitgl. Gewährträgervers. Hess. Landesbank.

WILKENING, Friedrich

Dr. rer. nat., o. Prof. f. Psychologie Univ. Frankfurt - Georg-Voigt-Str. 8, 6000 Frankfurt/M. 11 (T. 069 - 798 25 79) - Geb. 16. Okt. 1946 Helpsen (Vater: Ernst W., Lehrer; Mutter: Frieda, geb. Wilkening), ev., verh. s. 1972 m. Dr. Karin, geb. Pohl v. Elbwehr, 3 Kd. (Hendrik †, Anke, Jan) - Dipl.-Psych. 1972 Univ. Tübingen; Promot. 1974 Univ. Düsseldorf - 1974-78 Wiss. Assist. Univ. Frankfurt; 1978-79 Forschungsstip. Univ. of Minnesota u. Univ. of California, San Diego; 1979-84 Prof. TU Braunschweig; 1984ff. Prof. Univ. Frankfurt; 1988 Gastprof. Univ. Oxford - BV: Information Integration by Children (m. J. Becker u. T. Trabasso), 1980 - 1979 Heinz-Maier-Leibnitz-Preis f. Entw.psych.

WILKENING,
Werner Friedrich Julius

Dipl.-Soz., B. A. (Wis.), Prof. f. Soziologie (Fachber. Sozialarbeit) FHS Frankfurt (s. 1982), Direktor a. D. Bundeszentrale f. gesundheitl. Aufklärung (Ps. Hans Freienfeld) - Priv.: Nachtigallenweg 5, 6240 Königstein-Johanniswald (T. 06174 - 58 08); dstl.: Limescorso 5, 6000 Frankfurt (T. 1 53 38-24) - Geb. 27. Aug. 1928 Hannover (Vater: Friedrich W., Prokurist; Mutter: Erna, geb. Wedler), verh. s. 1958 m. Marga, geb. Sommer, S. Stefan David Benjamin - Prüf. a. Werbeberat. BDW 1964, UN. Lewis & Clark College, Portland, Ore, Univ. of Wisconsin Madison, Univ. Göttingen, Köln, Frankfurt (Soziol.) - 1956-58 Werbeassist. u. Werbeleit. Verlagswesen. 1959-65 Texter, Textgruppen- u. Abt.leit. b. J. Walter Thompson, Masius u. Young & Rubicam, 1965-67 Prok. u. stv. Geschäftsf. Team Düsseldorf, 1967-69 Geschäftsf. Organisation, Finanzen u. allg. Verw. Werbeagentur Doyle Dane Bernbach, Düsseldorf, s. 1969 Soziol.Doz. Sozialarb. FHS Frankfurt, s. 1973 Prof., 1977-82 Dir. BzgA, Köln, T.O. Hochtaunuskreis - S. 1977 MdK, SPD.

WILKENS, Enno Harald

Dr. jur., Bürgermeister i. R. Stadt Heide - Adolf-Stein-Str. 14, 2240 Heide (T. 0481 - 35 14) - Geb. 19. Dez. 1921 Dammfleth (Vater: Klaus Heinrich W., Bauer; Mutter: Paula Anna, geb. Sierk), ev., verh. s. 1955 m. Ingeborg, geb. Lindhorst, 3 Kd. (Frauke, Margitta, Heike) - 1938-41 Gymn. Itzehoe; 1948-55 Stud. Rechtswiss. Univ. Hamburg (1. jurist. Staatsprüf. 1951, 2. jurist. Prüf. 1955) - 1955-56 Ass.; 1956-57 selbst. Rechtsanw.; 1957-62 Bürgerm. Gde. Bargteheide, s. 1962 Bürgerm. Heide. Zahlr. Ehren- u. nebenamtl. Tätigk. u.a. 1966-78 AR-Vors. Gemeinn. Wohnungsbauges. Dithmarschen; 1966-70 Richter Arbeitsgericht; 1973-86 Vorst.-Mitgl. Verb. Kommunaler Untern., Landesgr. SH; s. 1986 Bürgerm. i. R. Stadt Heide - 1969 Feuerwehrehrenkreuz in Silber; 1974 Frhr.-v.-Stein-Gedenkmed.; 1982 BVK; 1986 Feuerwehrenkreuz in Gold; 1986 Ehrenkreuz d. Bundeswehr in Gold; 1986 Ernst Moritz Arndt Med.; 1986 Verdienstmed. d. Stadt Heide - Liebh.: Jagd, Klass. Musik.

WILKENS, Erwin

Dr. h. c., Vizepräsident i. R. - Fichtenweg 2, 3003 Ronnenberg 2 (Benthe) (T. 05108 - 36 56) - Geb. 11. Juli 1914 - Zeitw. Öffentlichkeitsref. EKD (OKR); zul. 1964-80 Kirchenkanzlei EKD (b. 1974 Öffentlichkeitsref., dann Vizepräs.). Zahlr. Schriften.

WILKENS, Helmut

Dr. med. vet., o. Prof. f. Anatomie, Histologie u. Embryologie - Berliner Str. 46, 3005 Hemmingen (T. Hannover 42 31 63) - Geb. 25. Mai 1926 Hannover - S. 1963 (Habil.) Lehrtätigk. Tierärztl. Hochsch. Hannover (1965 Ord. u. Dir. Anat. Inst., s. 1982 Vorst.-Vors., 1983-85 Rektor) - BV: Atlas d. Röntgenanat. v. Hund u. Katze sowie vom Pferd, 1986 (m. H. Schebitz; zweispr.); Lehrb. d. Anat. d. Haustiere (m. R. Nickel, A. Schummer u. E. Seiferle), Bd. I-III. Div. Einzelarb.

WILKENS, Helmut

Mitglied des Vorstandes Wilkens Bremer Silberwaren AG., Bremen - An der Silberpräge 5, 2800 Bremen-Hemelingen - Zul. Vorst. M. H. Wilkens & Söhne AG., Bremen (vor Fusion).

WILKER, Erich

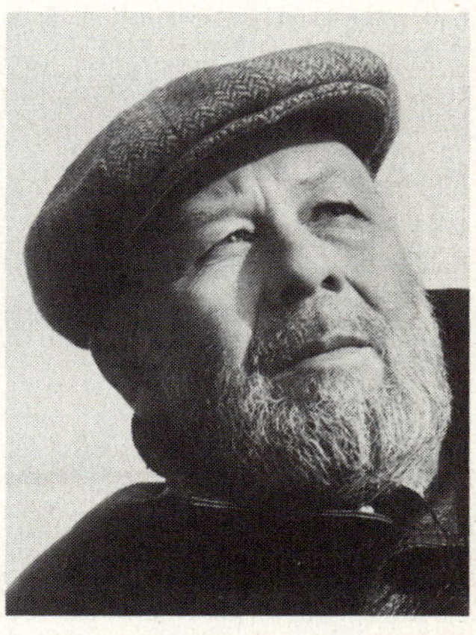

Schriftsteller u. Künstler - Balsaminenweg 17, 5000 Köln 71 (T. 0221 - 79 19 51) - Geb. 12. Juni 1929 Bielefeld (Vater: Wilhelm W., Textilkaufmann; Mutter: Henriette geb. Mahlmann), verh. m. Gisela, geb. Grimm - Aktives Berufsleben, Dichtung u. Kunst in Grenzbereichen, Zeichnungen. Radierungen, seit d. frühen 70er Jahren Aktionen, Performances, no-revoluschen, newcomerThron, Doppelkopfhut, Deutschgaben, Wegwerfkunst, neusyntaxe Lyrik, Mauerdurchbruch m. Lesung v. d. ehem. Führerbunker in Berlin - BV: 100 plus 1 Texte, 1988; das & das, 1989; So wie So, 1989; besessener als ich, 1991 - Spr.: Engl., Span. - Lit.: NRZ, H. Stachelhaus: Links schlafen; Tagesspiegel, H. Ohff: Satire gegen d. Opportunisten v. heute, (1973); pardon, G. Winkler: E. Bewußtseinslücke kann geschlossen werden, (1974); Kunstforum Kassel: W. Kausch: E. Stratege d. zeitgeschichtl. Kritik, (1976); Köln. Rundschau, J. Arlt: E. W. e. Avantgardist (1989); Kunstforum, J. Rapp: Foltergedichte (1990).

WILKING, Siegfried

Dr. rer. nat., o. Prof. f. Physik - Im Dol 5a, 1000 Berlin 33 (T. 8 31 27 19) - Geb. 24. April 1923 Kaiserslautern - S. 1962 (Habil.) Lehrtätigk. TH karlsruhe (Privatdoz.) u. FU Berlin (1965 Ord. u. Dir. III. Physikal. Inst.). Facharb. - 1962 Physikpreis Göttinger Akad. d. Wiss. u. Preis Dt. Physikal. Ges.

WILKINSON, Frank

s. Leegaard, Alf

WILKOMIRSKA, Wanda

Geigerin, Prof. Hochsch. f. Musik Heidelberg - Mannheim- Augustaanlage 53, 6800 Mannheim - Geb. 11. Jan. 1929 Warschau (Vater: Alfred W., Geiger; Mutter: Dorota, geb. Temkin), kath., verh. s. 1952 m. Mieczystaw Rakowski,

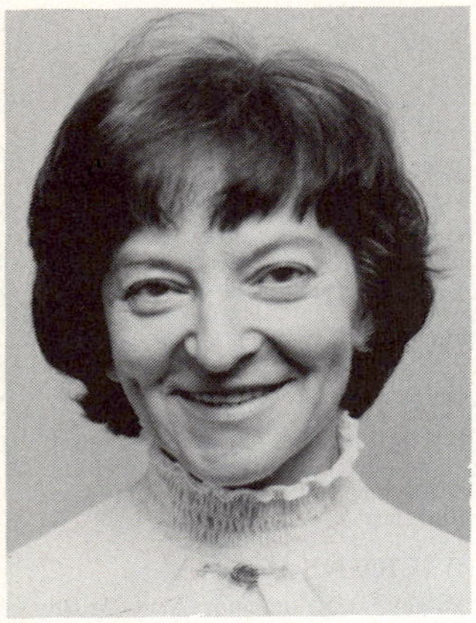

gesch., 2 Söhne (Wtodzimierz, Artur) - 1945-47 Akad. f. Musik, Lodz (Dipl.); 1947-50 Akad. v. Musik Budapest (Dipl.); Privatunterr. b. Henryk Szeryng, Paris - S. 1983 Prof. - Konz.reisen in 50 Länder; Schallpl. In- u. Ausl. (f. 3 Pl. Ausz.). Preise b. intern. Wettb.: 1946 Genf, 1949 Budapest, 1950 Leipzig, 1952 Posen u.a. 1953 u. 64 Poln. Staatspreis; hohe poln. Ausz. - Liebh.: Natur, Lit., Film - Spr.: Deutsch, Engl., Russ., Ungar., Poln. (Mutterspr.).

WILL, Christian

Kalkulator, MdL Bayern (s. 1975) - An der Linde, 8702 Estenfeld (T. 09305 - 3 82) - Geb. 1927 - CSU - 1980 Bayer VO; 1984 Bayer. Verfassungsmed. in Silber.

WILL, Heinrich

I. Bürgermeister - Rathaus, 8031 Gilching/Obb. - Geb. 18. Dez. 1935 Gilching - Zul. Angest. CDU.

WILL, Oswald

Altbürgermeister - Torgasse 17, 8756 Kahl/M. - Geb. 29. Okt. 1920 Kahl - Bezirksrat, 1. Vors. d. Arbeitsgemeinsch. d. Kommunalen Energieversorgung Untertranken. SPD.

WILL, Wolfgang

Chefredakteur Spandauer Volksblatt Berlin Wochenzeitung - Gänsemarkt 24, 2000 Hamburg 36 - Geb. 21. April 1931, ev., verh. s. 1961 m. Petra, geb. Nutz - Stud. Gesch., Journ. FU Berlin.

WILL-FELD, Waltrud,

geb. Feld

Steuerberaterin MdB (s. 1972) - Im Viertheil 13, 5550 Bernkastel-Kues/Mosel (T. 06531 - 7 27) - Geb. 11. Juni 1921 Bernkastel-Kues, ev., verh. 1941-45 m. Dr. phil. Wilhelm W., Germanist (gef.), 2 Söhne (ältester Rechtsanw.) - Gymn. Traben-Trarbach (Abit. 1939); Univ. Marburg (Math., Phys.; Stud. nicht beendet) - S. 1950 Steuerbevollm. u. -berat. (1960). 1969 ff. MdK Bernkastel-Wittlich. CDU s. 1968.

WILLAMOWSKI, Gerd

Dr. iur., Stadtdirektor Ahlen - Am Webstuhl 16, 4730 Ahlen (T. 02382 - 14 06) - Geb. 21. Jan. 1944 Grundensee/Ostpr., verh. s. 1971 m. Marianne, geb. Teschner, 3 Kd. (Verena, Christoph, Matthias) - Abit. Gelsenkirchen; 1964-68 Stud. Rechtswiss. Münster u. Köln; 1. jurist. Prüf. 1968 Köln; 2. jurist. Prüf. 1973 Düsseldorf; Promot. Bochum - 1973-78 Verw.-Richter Nordrh.-Westf., 1978-85 Stadtkämmerer Dorsten, s. 1985 Stadtdir. Ahlen - BV: Z. Vert. d. innergemeindl. Org.gewalt, 1983 - Spr.: Engl., Franz.

WILLAND, Hartmut

Dr. phil., o. Prof. f. Erziehung u. Rehabilitation Univ. Köln - Thüringer Str. 49, 3508 Melsungen - Geb. 16. Okt. 1941 Babenhausen, verh. m. Gudrun, geb. Willinger, T. Ilka - Univ. Gießen, PH Kiel, Univ. Köln - BV: Problemlösungsverh. b. Lernbeh., 1974; Didakt. Grundleg. d. Erzieh. u. Bildung Lernbeh., 1977; Päd. d. Lernbeh., 1983; Didaktik u. Methodik d. Lernbeh.unterr., 1986. Herausg.: Sonderpädagogik im Umbruch (1987); zahlr. wiss. Beitr. u. Vortr.

WILLASCHEK, Wolfgang

Dramaturg Hamburg. Staatsoper (s. 1982) - Hans-Henny-Jahnn-Weg 42, 2000 Hamburg 76 - Geb. 26. Jan. 1958, kath., verh. - Stud. Musiktheaterregie Musikhochsch. Hamburg - Regieassist. u. Mitarb. v. Gilbert Deflo Theatre de la Monnai (Opera National), Brüssel; s. 1982 Dramat. Hamburg, s. 1987 d. Salzburger Festspiele. S. 1986 Lehrauftr. im Fach Musiktheaterregie Hochsch. f. Musik u. darst. Kunst Hamburg - BV: Libretto zu: Weiße Rose, Kammeroper v. Udo Zimmermann.

WILLE, Eberhard

Dr. rer. pol., Prof. f. Volkswirtschaftslehre u. Finanzwiss. - Josef-Braun-Ufer 23, 6800 Mannheim - Geb. 15. April 1942 (Vater: Kurt W., Bibliothekar; Mutter: Anna-Maria, geb. Knopp), kath., verh. s. 1970 m. Monika, geb. Krecht, 2 Töcht. (Anna-Isabelle, Julia-Sophia) - Human. Gymn., Abit., Univ. Bonn (Volksw.), Dipl. 1966 - 1966-68 Assist. TU Berlin, 1969-72 Assist. Univ. Mainz, 1972-75 Assist. Prof. Univ. Mainz, 1975ff. Ord. Univ. Mannheim - BV: Planung u. Information, 1970; D. mehrjährige Finanzplanung. Wunsch u. Wirklichkeit, 1970 (m. Kurt Schmidt) - 1971 Fakultätspreis f. Diss.: Planung u. Information; Mitgl. Wiss. Beirat b. Bundesmin. f. Wirtsch.; Wiss. Beirat Ges. f. öfftl. Wirtschaft - Liebh.: Reisen, Gesch., Opernmusik - Spr.: Engl., Franz., Latein, Griech., Holl.

WILLE, Friedrich

Dr. rer. nat., Prof. f. Mathematik GH Kassel - In den Steinern 41, 3500 Kassel (T. 0561 - 40 41 95) - Geb. 5. Jan. 1935 Bremen (Vater: Hans-Oskar W., Rechtsanwalt; Mutter: Maria W., geb. Wettstein), ev., verh. s. 1965 m. Meike, geb. Schmacke, 4 Kd. (Roland, Wolfram, Bernhard, Annika) - 1955-61 Stud. Mathematik, Physik Univ. Marburg, FU Berlin, Univ. Göttingen; Dipl.-Math. 1961 Göttingen; Promot. 1965 Göttingen; Habil. 1972 Düsseldorf - 1963-68 Wiss. Mitarb. u. Leit. Rechenzentrum d. Aerodynam. Versuchsanst. (DFVLR) Göttingen, 1968-70 Wiss. Ass. Univ. Freiburg; 1970-72 Privat-Doz. u. Prof. Univ. Düsseldorf; s. 1972 Prof. GH Kassel - BV: Analysis, e. anwendungsbezogene Einführung, 1976; Humor in d. Mathematik, 1982; E. math. Reise, 1984; Höhere Mathematik f. Ing., 5 Bde. (zus. m. K. Burg, H. Haf), 1985-91; Mathematische Modellierung (zus. m. A. M. Kempf), 1986 - Spr.: Engl., Franz., Lat. - Bek. Vorf.: Johann Rudolf Wettstein, 1594-1666, Bürgermeister von Basel (Vorfahre in 12. Generation).

WILLE, Günter

Vorstandsvorsitzender d. Axel Springer Verlag AG - Kochstr. 50, 1000 Berlin 61 (T. 030 - 25 91-0); Axel Springer Platz 1, 2000 Hamburg 36 (T. 040 - 3 47 00) - Geb. 27 April 1943, verh. T. Claudia - Staatl. Ing.akad. Beuth, Berlin (grad. Ing. 1967) - 1967 Eintr. b. Reemtsma; 1980 Werkleit. Reemtsma Hamburg; 1982 Eintr. b. Philip Morris GmbH; 1984 Vors. d. Geschäftsfg.; 1987 Vors. d. Verb. d. Cigarettenind.; 1990 Eintr. in d. Axel Springer Verlag AG - Liebh.: Sammeln alter Uhren - Spr.: Engl., Span.

WILLE, Günther

Dr. phil., o. Univ.-Prof. f. Klass. Philologie - Im Schönblick 18/2, 7400 Tübingen (T. 6 18 87) - Geb. 2. Okt. 1925 Stuttgart (Vater: Otto W., Prokurist; Mutter: Klara, geb. Huth), ev., verh. s. 1953 m. Ingeborg, geb. Bauser, 2 Söhne (Wolf-Dieter, Michael) - Eberhard-Ludwigs-Gymn. Stuttgart (Abit. 1944); 1946-1951 Univ. Tübingen (Klass. Philol. u. Gesch.). Promot. (1951) u. Habil. (1959) Tübingen - 1943-56 Organist Stg.-Feuerbach; 1945-46 Lehrer Obersch. Korntal; s. 1951 Wiss. Hilfskraft, Assist. (1956), Privatdoz. (1959), Ord. (1965) u. Dir. Philol. Sem. (1965-72, 1977-79 u. 1986-88) Univ. Tübingen - BV: Musica Romana - D. Bedeut. d. Musik im Leben d. Römer, 1967; D. Aufbau d. Livianischen Geschichtswerks, 1973; Einführung in d. röm. Musikleben, 1977; D. Aufbau d. Werke d. Tacitus, 1983; Horaz-Verton. v. MA b. zur Gegenwart (m. Joachim Draheim), 1985. Herausg.: Ausgew. Schriften Otto Weinreichs I-IV, 1969-79. Heuremata. Stud. z. Lit., Spr. u. Kultur d. Antike 1-11 (1973-89). Mitarb.: Goethe-Wörterb. (1953-56) - Liebh.: Musik (Pianist, Organist) - Spr.: Engl., Franz. - Lit.: Otto Weinreich, Attempto 17/18, Tübingen 1965, 97.

WILLECKE, Raimund

Dr. jur., o. Prof. d. Rechte (emerit.) u. Direktor Inst. f. Berg- u. Energierecht Bergakad. (TH) bzw. TU Clausthal (s. 1963; 1968-70 Rektor) - Schieferweg 31, 3380 Goslar (T. 05321 - 4 01 48) - Geb. 2. Mai 1905 - BV: Grundriß d. Bergrechts, (2. Aufl. 1970 m. Prof. Turner); D. dt. Berggesetzgebung. Von d. Anfängen b. z. Gegenwart, 1977. Fachaufs. - 1985 Ehrensenator d. TU Clausthal.

WILLEKE, Bernward H.

Dr. phil., em. o. Prof. f. Missionswissenschaft Univ. Würzburg (1962-82) - Bramscher Str. 158, 4500 Osnabrück - Geb. 26. Sept. 1913 Münster/W. - Kath. Priester im Franziskanerorden - U. a. Lehrtätigk. USA, Tokio, Bangalore. Vors. Intern. Inst f. missionswiss. Forsch (1970-78) u. China-Kommiss. im Dt. kath. Missonsrat (1978-87). Üb. 120 Fachveröff.

WILLEKE, Franz-Ulrich

Dr. rer. pol., o. Prof. f. Volkswirtschaftslehre - Richard-Lenel-Weg 4, 6903 Neckargemünd (T. 06223 - 7 32 54) - Geb. 13. Juli 1928 Münster/W. (Vater: Prof. Dr. rer. pol. Eduard W., Ord. f. Volksw.lehre Univ. Mannheim; Mutter: Elisabeth, geb. Breil), ev., verh. s. 1955 m. Otti, geb. Schroeder, 2 Kd. (Margot, Werner) - Univ. Freiburg u. Tübingen (Wirtschaftswiss., Jura, Phil.; Dipl.-Volksw. 1951); Promot. 1953 Univ. Tübingen - 1951-53 kaufm. Angest.; 1954-60 Wiss. Assist.; s. 1960 (Habil.) Lehrtätigk. Univ. Tübingen u. Heidelberg (1963 Prof. u. Mitdir. Alfred-Weber-Inst. f. Sozial- u. Staatswiss., 1968/69 Dekan Phil. Fak., 1980/81 Dekan Wirtschaftswiss. Fak.) - BV: Entwickl. d. Markttheorie - V. d. Scholastik b. z. Klassik, 1961; Grundsätze wettbewerbspolit. Konzeptionen, 1973; Preisdisziplin i. Konjunkturaufschwung, Recht u. Staat, H. 4 76/77, 1977; Wettbewerbspolitik, 1980; Allg. Familienlastenausgleich in d. Bundesrep. Dtschl. E. empirische Analyse zu drei Jahrzehnten monetärer Familienpolitik (m. Ralph Onken), 1990 - Mitgl. d. Wissensch. Beirats f. Familienfragen beim BMJFFG, Vors. 1984-89 - Spr.: Engl., Franz.

WILLEKE, Rainer

Dr. rer. pol., o. Prof. u. Direktor Inst. f. Verkehrswissenschaft Univ. Köln (s. 1963; 1968-70 Dekan, 1977-79 Rektor) - Wüllnerstr. 140, 5000 Köln 41 (T. 40 88 11) - Geb. 23. Mai 1924 Recklinghausen (Vater: Dr. rer. pol. Friedrich-Wilhelm W., zul. Generalsekr. Kommunalpolit. Vereinig. d. CDU/CSU Dtschl.s u. Bundestagsabg. †1965 (s. XIV. Ausg.)); Mutter: Anna (Änne), geb. Drux), kath., verh. s. 1962 m. Marlene, geb. Unkelbach, Tocht. Carolina - Gymn. Dorsten; Univ. Münster (Wirtschaftswiss.; Dipl.-Volksw. 1948). Promot. 1950 Münster; Habil. 1958 Freiburg - 1958-62 Privatdoz. Univ. Freiburg. Fachveröff.

WILLEKE, Rolf

Dipl.-Kfm., Hauptgeschäftsführer Bundesverb. d. Dt. Schrottwirtsch. - Graf-Adolf-Str. 12, 4000 Düsseldorf 1; priv. Graf-Recke-Str. 17 - Geb. 3. Aug. 1941.

WILLENBOCKEL, Ulrich

Dr. med., Prof. f. Kinderheilkunde Univ. Marburg (s. 1971) - Rosenstr. 4, 3556 Niederweimar - Geb. 22. Aug. 1930 Meinholz/Hann. (Vater: Heinrich W., Landw.; Mutter: Gertrud, geb. Kruse), ev., verh. s. 1959 m. Gudrun, geb. Pappe, 3 Kd. (Christoph, Dirk, Dörte) - Gymn. Soltau; Univ. Marburg, Innsbruck, Freiburg, Kiel (Med.). Staatsex. u. Promot. 1956 Marburg; Habil. 1967 ebd. - S. 1958 Univ.-Kinderklinik Marburg (1967 Oberarzt, 1975 gf. Dir.) - BV: Z. Physiol. u. Pathol. d. Phosphatstoffw., 1969 Handbuchbeitr.: Phosphorus Compounds in Blood of Premature and Full Term Infants and their Significance in the Metabolism of Red Blood Cells in early Life (in: Current Aspects of Perinatdogy and Physiology of Children, 1973), Seltene Defekte d. Aminosäurenstoffw. (in: Hb. d. Inn. Med., Bd. VII 1974), Erbl. Störungen d. Kohlenhydrat- u. Aminosäurenstoffw. (in: Hb. d. Ernährungslehre u. Diätetik, 1978) - Spr.: Engl.

WILLENBRINK, Johannes

Dr., o. Prof., Botaniker (Pflanzenphysiologie) - Hauptstr. 5a, 5340 Bad Honnef - Geb. 1930 Berlin - Promot. 1956 Bonn, 1964 Habil., Lehrtätigk. Univ. Bonn; 1971 o. Prof. Univ. Köln. 63 Fachveröff.; Editor d. PLANTA.

WILLER, Jörg

Dr., M.A., Prof. f. Didaktik d. Physik TU Berlin - Franzstr. 17 B, 1000 Berlin 46 - Geb. 2. April 1936 Stettin (Vater: Dr. med. habil. Hannes W., Prosektor; Mutter: Dr. Lydia, geb. Beck) - 1. u. 2. Lehramtsprüf. 1961 u. 1964; M.A. 1965 Univ. Würzburg, Promot. 1971 ebd. - 1961-66 Lehrer; 1966-74 Assist./Doz. PH Würzburg; s. 1974 Prof. PH/TU Berlin - BV: Relativität u. Eindeutigk., 1973; Repetitorium Fachdidaktik Physik, 1977; Schule zw. Kaiserreich u. Faschismus (m. R. Dithmar), 1981; Physik u. menschl. Bildung, 1990 - Spr.: Engl., Latein, Altgriech.

WILLERDING, Ulrich

Dr. rer. nat., Prof. f. Botanik (Paläo-Ethnobotanik) - Calsowstr. 60, 3400 Göttingen (T. 0551 - 4 19 52) - Geb. 8. Juli 1932 Querfurt (Vater: Dr. med. Hans-Joachim W., Arzt; Mutter: Hildegard, geb. Müller), ev., verh. s. 1962 m. Hilde, geb. Große-Brauckmann, 4 Kd. (Ulrike, Dorothea, Andreas, Christian) - Latina Halle/S., Staatl. Human. Gymn. Köln-Mülheim, Univ. Göttingen (Botanik, Zool., Geogr., Chemie), Promot. 1959 Göttingen (b. F. Firbas), Habil. 1971 - S. 1962 Gymnasiallehrer (OStR), s. 1971 auch Hochschullehrer (apl. Prof. f. Botanik) - Veröff.: u.a. Vor- u. frühgesch. Kulturpflanzenfunde in Mitteleuropa, 1970; D. Paläo-Ethnobotanik u. ihre Stellung im System d. Wiss., 1978; Beitr. z. Paläo-Ethnobotanik v. Europa, 1978; Paläo-ethnobotan. Unters. üb. d. Entw. v. Pflanzenges., 1979; Anbaufrüchte d. Eisenzeit u. d. frühen Mittelalters, ihre Anbauformen, Standortverhältnisse u. Erntemethoden, 1980; Paläoethnobotan. Befunde u. schriftl. sowie ikonograph. Zeugnisse in Zentraleuropa, 1984; Z. Gesch. d. Unkräuter Mitteleuropas, 1986; Aussagen von Pollenanalyse u. Makrorestanalyse zu Fragen d. frühen Landnutzung, 1986; Z. Rekonstruktion d. Vegetation im Umkreis früher Siedlungen, 1990; Präsenz, Erhaltung u. Repräsentanz v. Pflanzenresten in archäologischem Fundgut, 1991 - Archäologische Kommiss. f. Nieders.; 1985 o. Mitgl. Braunschweig. Wiss. Ges. - Liebh.: Ur- u. Frühgeschichte, Archäol. - Spr.: Engl.

WILLERSINN, Herbert

Dr. rer. nat., Prof., Aufsichtsratsmitglied BASF AG, Ludwigshafen/Rhein, u. d. Dt.-Südamerik. Bank AG, Hamburg - Marbacher Str. 21, 6700 Ludwigshafen - Geb. 1926 Ludwigshafen - Kurat.-Mitgl. d. Univ. Kaisersl. u. Mainz.

WILLGERODT, Hans

Dr. rer. pol., o. Prof. f. Wirtschaftl.

Staatswissenschaften - Hubertushöhe 7, 5060 Bergisch Gladbach 1 - Geb. 4. Febr. 1924 Hildesheim - S., 1959 (Habil.) Lehrtätigk. Univ. Bonn u. Köln (1963 Ord.) - BV: u. a. Handelsschranken im Dienste d. Währungspolitik, Vermögen für alle. Herausg.: Wege u. Irrwege z. europ. Währungsunion (1972).

WILLHÖFT, Jürgen

Reedereidirektor - G.-Gröning-Str. 31, 2800 Bremen - Geb. 10. April 1927 Kl.-Kummerfeld - B. 1968 stv. dann o. Vorstandsmitgl. Sloman Neptun Schiffahrts AG.; Honorarkonsul Volksrep. Benin.

WILLHÖFT, Walter

Bankvorstand a. D., Finanz- u. Wirtschaftsdienste, Treuhänder u. Vermögensverwalter (s. 1981) - Spechtweg 36a (Forst Hagen), 2070 Ahrensburg (T. 04102-5 81 99); Büro Hamburg (T. 040 - 45 92 00 Mo-Do) - Geb. 24. Juli 1929 Kiel (Vater: Hans W., Kfm.; Mutter: Anna, geb. Dobrzykowski), verh. s. 1958 m. Marianne, geb. Leppin - Mittl. Reife - 1971-77 Geschäftsf. Hanseatic Bank Hamburg, 1978-80 Vorst. Allg. Beamtenbank - Liebh.: Sport, Heim, Haus u. Garten - Spr.: Engl.

WILLIAMS, Ron (Ronald)

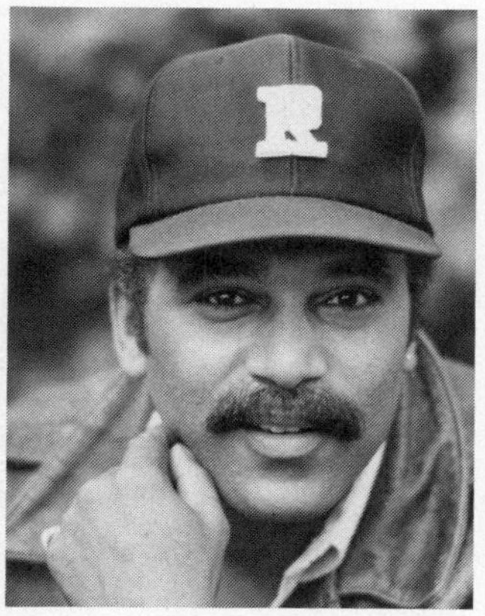

Entertainer - Zu erreichen üb. Sigrid Grizi, Künstlermanagement, Neuturmstr. 3A, 8000 München 2 (T. 089 - 22 68 46/7) - Geb. 2. Febr. Oakland, Calif., USA, S. Julian - High-School-Abschluß; US-Armee-Ausbildung: Militär. Polizeischule - Militär-Polizist; AFN-Sprecher; Zeitungsreporter; Schauspieler; Sänger; polit. Kabarettist; Synchron-Sprecher; Autor; Entertainer; FS-Moderator - Auftritte: Bühne, Funk, Fernsehen, Film - Liebh.: Musik, Politik, Reisen, Kochen - Bek. Vorf.: Alexander Hamilton, 1. Schatzmeister d. Vereinigten Staaten (1776) s. 10-Dollar-Schein (Ur-Ur-Ur-Ur-Großv. ms.).

WILLIBALD, Graf

s. Durben, Wolfgang

WILLICH, Jürgen

Dr. jur., Rechtsanwalt, Hauptgeschäftsf. Arbeitgeberverb. d. Versicherungsunternehmen (s. 1979) - Arabellastr. 29, 8000 München 81; priv.: Am Jägerstern 22, 8027 Neuried - Geb. 19. Jan. 1929.

WILLICH, Martin

Dr. jur., Vorsitzender d. Geschäftsfg. Studio Hamburg Atelier GmbH - Bekwisch 6, 2000 Hamburg 65 - Geb. 24. April 1945 Erfurt/Thür., ev., verh., 2 Kd. - Stv. Vors. CDU-Fraktion Hamburg. Bürgerschaft.

WILLIG, Friedrich

Dr. med., apl. Prof. Univ. Heidelberg, Ärztl. Direktor Krankenhaus Speyererhof-Klinik f. Inn. Krankheiten, Heidelberg, Leit. staatl. anerk. Schule f. Diätassist. Heidelberg - Zu erreichen üb. Krankenhaus Speyererhof, 6900 Heidelberg - Geb. 6. Sept. 1931 Ludwigshafen - Med.-Stud. Heidelberg u. Innsbruck; Promot. 1958 Heidelberg, Habil. (Inn. Med.) 1968 Heidelberg-Mannheim; Klin. Chemiker 1966 - S. 1973 apl. Prof., s. 1974 Ärztl. Dir. s.o. Herausg. u. Redakt. Zentralbl. Inn. Med.; Wiss. Beirat Verb. Dt. Diätassist. u. Arbeitskr. d. Pankreatektomierten (Pat. Selbsthilfeorg.). Fachveröff. - 1991 BVK am Bde. - Rotarier.

WILLIG, Hans

Dipl.-Ing., Prof., Leiter Fachbereich Maschinenbau u. Doz. f. Verbrennungskraftmaschinen an d. Fachhochschule f. Technik Mannheim, Lehrbeauftr. f. Physikal. Technologie Univ. Mannheim - Richard-Wagner-Str. 93, 6800 Mannheim 1 (T. 44 45 84) - Geb. 3. Juli 1920 Oberneubrunn (Vater: Albert W., Kaufm.; Mutter: Berta, geb. Edelmann), ev., verh. s. 1949 m. Hannelore, geb. Neunzerling, T. Susanne - Realgymn. Erfurt; TH Berlin u. Stuttgart (Dipl.-Ing. 1942) - S. 1948 Ing.sch. u. FHT Mannheim. Mitarb. zahlr. techn.-wiss. Bücher (u. a. Rechen-Duden, Handb. d. Technik, D. Gr. Duden-Lexikon, Wie funktioniert das?, D. Auto) - Liebh.: Musik (spielt Klavier) - 1960 Prof.-Titel.

WILLIKENS, Ben

Prof. Hochsch. f. Bild. Künste Braunschweig - Hohenstaufenstr. 13, 7000 Stuttgart 1 (T. 0711 - 60 82 38) - Geb. 21. Juni 1939 Leipzig (Vater: Günther W., Maler; Mutter: Ilse Maria, geb. Bößner), verh. s. 1975 m. Esther, geb. Nemèth, T. Lena Caterina - Stud. Malerei Akad. Bild. Künste Stuttgart (b. Prof. Heinz Trökes); Studienabschl. London - Einzelausst. 1975 Kunsthalle Tübingen, 1980 Staatsgalerie Stuttgart, 1982 Pinacotheca di Brera, Mailand. Vorst.-Mitgl. d. Dt. Künstlerbd.; Mitgl. Kunstankaufskommiss. d. Bundesreg. - Kunstricht.: Malerei, Zeichnung, Malerei als Installation - 1970 Villa Romana-Preis; 1972 Villa Massimo-Preis u. 1. Preis d. BRD Biennale Florenz; 1983 Hans Molfenter-Preis, Stuttgart - Lit.: Karin v. Maur, Katalog: Abendmahl, Staatsgalerie Stuttgart, 1980; Brera, Mailand/Ital., 1982; Heinrich Klotz, Monogr. Ben Willikens, 1985.

WILLINK, Joachim

Präsident Hamburger Renn-Club e. V. - Pilzgrube 25, 2000 Hamburg - Geb. 16. Nov. 1914.

WILLISCH, Ruth Claire

Dozentin u. freisch. Malerin - Iltisweg 9, 5205 St. Augustin 1 - Geb. 21. Mai 1924 Oberröblingen a. See (Vater Hermann, Fabrikant; Mutter: Cläre Ruth, geb. Petzold), ev., gesch., T. Kerstin - Staatl. Porzellanfachsch. Selb; Hochschulinst. f. Bild. Künste Prag (b. Prof. Hönig, Eric, Vitze) - S. 1975 Dozentin VHS Bonn u. Siegburg - Malerin v. Aquarellen u. and. Techniken, Bildhauerin - BV: Bilder zu d. Büchern v. Dr. Gabriel Busch: Im Spiegel d. Sieg, 1979; Seligenthal, 1981; Geschenkmappe: Romantik in u. um Bonn, 1981; Schönes Land an Rhein u. Sieg, 1979/81; Siegburger Bilderbogen, 1979/81; Liebenswertes rings um d. Bundeshauptstadt, 1983; Kapellenkranz um d. Michaelsberg v. Dr. G. Busch OSB m. 112 Aquarellen u. Zeichnungen, 1985 - 1982/83 Künstler d. Jahres Rhein-Sieg-Kreis; 1984 Sonderausz. durch d. Federeuropa (Europ. Presseverb. Brüssel) - Liebh.: Klass. Musik.

WILLKE, Ingeborg Elisabeth

Dr. phil., Fil.dr., Prof. f. Vergleichende Erziehungswiss. - Hustadtring 81/906, 4630 Bochum (T. 0234 - 70 47 91) - Geb. 19. Aug. 1927 Berlin, ev., led. - Univ. Stockholm (Habil.), Promot. Univ. Mainz - 1966-73 Dozent Univ. Uppsala, Vis. Prof. London u. Münster, s. 1973 Prof. Univ. Bochum, s. 1975 Mitgl. Stud.reformkommiss. - BV: ABC-Bücher in Schweden, ihre Entw. b. Ende d. 19. Jh. u. ihre Bez. z. Dtschl., 1965; Lärostolar i ped. vid europ. univ. (Dt. Summary), 1975; Schwerpunkt: Minoritäten (bes. jüd.), Zweisprachigkeit - Spr.: Schwed., Engl.

WILLMS, Günther

Dr. jur., Prof., Bundesrichter a. D., Schriftsteller (Ps. Caspar Reiserecht) - 7505 Ettlingen-Spessart (T. 2 94 76) - Geb. 25. Febr. 1912 Duisburg (Vater: Studienrat), verh., 3 Kd. (dar. S.) - Gymn. Fulda; Univ. München, Bonn, Frankfurt, Marburg - Justizdst. Kassel, Fulda, Hanau, Aschaffenburg, n. 1945 Arnstein u. Bamberg, s. 1951 Bundesverfassungsgericht (Präsidialrat, Presseref.) u. -gerichtshof Karlsruhe (1953 Richter). 1971-78 Vors. Strafrechtskommiss. Dt. Richterbd. 1939-45 Wehrdst. (Artl., zul. Hptm. d. R.) - BV: u. a. Aufgabe u. Verantw. d. polit. Parteien, 1958; Staatsschutz im Geiste d. Verfass., 1962; Geträumte Republik, 1985 - 1972 Prof.-Titel baden-württ. Landesreg.; 1982 Kulturpreis Rhön.

WILLMS, Johannes

Dr. phil., Leiter Kulturmagazin aspekte, ZDF - Zu erreichen üb. ZDF, Postfach 40 40, 6500 Mainz (T. 06131 - 70 22 45-46) - Geb. 25. Mai 1948 - BV: Bücherfreunde, Büchernarren, 1978; Nationalismus ohne Nation - Dt. Gesch. 1789-1914, 1983; Paris, Hauptstadt Europas 1789-1914, 1988; Rivarol, Polit. Journal e. Royalisten, 1989 - Mitgl. PEN-Club Liechtenstein.

WILLMS, Karl

Oberbürgermeister d. Stadt Bremerhaven - Hinrich-Schmalfeldt-Str. 15, 2850 Bremerhaven - Geb. 27. Mai 1934 Bremerhaven, verh. m. Ingrid, geb. Hellmann, 2 Kd. (Antje, Kai) - Gymn.; Stud. d. Rechte Hamburg - Leit. Amt f. Wirtsch.förderung Bremerhaven; 1971 Senator f. Bundesangel. Bremen, b. 1983 Senator f. Wirtsch. u. Außenhdl. u. f. Arbeit Fr. Hansestadt Bremen. 1960 SPD.

WILLMS, Manfred

Dr. rer. pol., Prof. f. Wirtschaftspolitik Univ. Kiel - Olshausenstr. 40, 2300 Kiel (T. 0431 - 880 21 63) - Geb. 27. Juni 1934 Lüneburg, verh. s. 1961 m. Elke, geb. Gutbrod, 2 Kd. (Olaf, Britta) - Stud. Hamburg, Bonn u. London - S. 1971 Dir. Inst. f. Wirtsch.politik Univ. Kiel.

WILLNER, Horst

Dr. jur., Aufsichtsratsmitglied Beilken Gas-Lloyd AG, Lloyd-Werft, Minerva-Versich.-AG - Kapitän-König-Weg 37, 2800 Bremen 33 - Geb. 13. Okt. 1919 - Berufsoffz. (Marine); n. 1945 Vorst.-Mitgl. a.D. Hapag-Lloyd AG; Antepräses d. Handelskammer Bremen. Vors. Dt. Schulschiff-Verein u. Stiftg. f. Ausb.-schiffe.

WILLNER, Max

Vorsitzender Landesverb. d. Jüd. Gemeinden in Hessen (1983), Dir. Landesverb. (1954-83), Geschäftsf. Jüd. Gemeindefonds Hessen/Württ./Hohenzollern, Baden (1963ff.), stv. Vors. Zentralrat d. Juden in Dtschl. (s. 1980ff.) - Hebelstr. 6, 6000 Frankfurt/M. 1 (T. 44 40 49) - Geb. 24. Juli 1906 - 1972 Gr. BVK, 1987 Stern dazu; 1977 Honorary Fellowship Univ. Tel-Aviv.

WILLOWEIT, Dietmar

Dr. jur., o. Prof. Univ. Würzburg (s. 1984) - Domerschulstr. 16, 8700 Würzburg (T. 3 13 63) - Geb. 17. Juli 1936 Memel/Ostpr. (Vater: Ernst W., Prokurist; Mutter: Elsa, geb. Linkowski), kath., verh. s. 1961 m. Hildegard, 3 Kd. (Ansgar, Claudia, Henrik) - Stud. d. Rechtswiss., Gesch., Phil.; Promot. u. Habil. Heidelberg - 1971-74 Privatdoz. u. apl. Prof. (1973) Univ. Heidelberg, o. Prof. (1974) FU Berlin, 1979 Univ. Tübingen, 1984 Univ. Würzburg - BV: Rechtsgrundlagen d. Territorialgewalt, 1975; Meinungsfreiheit (m. J. Schwartländer), 1986; Liechtenstein (m. V. Press), 1987; Deutsche Verfassungsgesch., 2. A. 1992 - Mitgl. d. Bayer. Akad. d. Wiss. - Spr.: Engl.

WILLS, Jörg Michael

Dr. rer. nat., Prof. - Eichlingsborn 6, 5900 Siegen - Geb. 5. März 1937 Berlin (Vater: Franz W., Grafiker u. Schriftst.; Mutter: Helene, geb. Osthoff), ev., verh. s. 1971 m. Barbara, geb. Piecha, 3 Töcht. (Nina, Julia, Anna) - Stud. TU u. FU Berlin (Dipl.-Math. 1962, Promot. 1965, Habil. 1969) - 1970/71 Prof. Univ. Marburg, s. 1974 o. Prof. Univ.-GH Siegen (1975/76 Prorektor). Leit. v. 9 intern. Tagungen. Vortrags- u. Tagungsreisen in ca. 20 Länder Europas, Amerikas u. Asiens. Rd. 100 wiss. Fachpubl.; Mithrsg. d. Sammelw. Contributions to Geometry (1979), Convexity and its applications (1983).

WILLUDT, Hans-Werner

Unterehmer, Vors. Fachverb. Reprographie, Düsseldorf - Braillestr. 1, 1000 Berlin 41 - Geb. 3. Okt. 1916.

WILLUHN, Dietrich

Kaufmann, Direktor Geschäftsinhaber WILDUR Handels- u. Beteiligungsges. mbH - Sachsenwaldstr. 7, 2055 Hamburg-Aumühle - Geb. 3. Febr. 1922 Berlin (Vater: Dr. Franz W., Reichskabinettsrat a. D.; Mutter: Charlotte, geb. Wirth), ev., verh. s. 1960 m. Ingeborg, geb. Kaibel, 2 Kd. (Regina, Uta) - Stud. TU Berlin - 1948-56 Gesellsch.tätigk.; 1956-87 Klöckner-Werke AG u. Klöckner-Stahl GmbH; Ehrenmitgl. Verein f. Binnenschiffahrt u. Wasserstr.

WILLUMEIT, Hans-Peter

Dr.-Ing., Dipl.-Ing., Prof. f. Kraftfahrwesen TU Berlin (s. 1973) - Str. d. 17. Juni 135, 1000 Berlin 17 - Geb. 31. Dez. 1937 Berlin (Vater: Hans W., Arch.; Mutter: Hertha, geb. Klein), ev., verh. s. 1968 m. Irmhild, geb. Masslow, 2 Kd. (Kerstin, Jan) - Stud. Maschinenbau TU Berlin; Promot. 1969 ebd. - 1964-70 Wiss. Assist. TU Berlin; 1970-73 ltd. Mitarb. Forschung VW AG., Wolfsburg - Spr.: Engl., Franz.

WILMANNS, Ottilie

Dr. rer. nat., Prof., Lehrstuhl f. Geobotanik Univ. Freiburg - Im Mattenbühl 1, 7819 Denzlingen/B. - Geb. 24. Okt. 1928 - Habil. 1961 Tübingen - S. 1961 Lehrtätigk. Freiburg (1967 apl. Prof., 1975 o. Prof.). Fachaufs. u. Bücher.

WILMBUSSE, Reinhard

Rechtspfleger, MdL Nordrh.-Westf. (s. 1975) - Henckelstr. 9, 4920 Lemgo (T. 05261 - 23 09) - Geb. 1. Okt. 1932 - SPD.

WILMERS, Frank William

Hauptgesellschafter Nürnberger Lederfabriken Kromwell KG, Geschäftsf. Lederwerke Kromwell GmbH, Kromwell Technik GmbH, Kromwell Pelart GmbH, Norimex Handelskontor GmbH, alle Nürnberg - Thumenberger Weg 26, 8500 Nürnberg 25 (T. 0911 - 59 50 45) - Geb. 12. Dez. 1925 Nürnberg (Vater: Joseph W., Ledertechniker; Mutter: Elsbeth, geb. Kromwell), kath., verh. s. 1951 m. Liane, geb. Schuster - Bachelor of Arts Tufts Univ. Medford, Mass./USA - Briefmarkensammler - Spr.: Engl., Franz., Fläm.

WILMS, Dorothee

Dr. rer. pol., Dipl.-Volksw., Bundesminister a. D., MdB (VIII.-XII.) - Bundeshaus, 5300 Bonn 1 (T. 1 61) - Geb. 11. Okt. 1929 Grevenbroich, kath., ledig - Abit. 1950. 1950-54 Stud. Volkswirtsch., Sozialpolitik u. Soziol. Univ. Köln; Dipl.-Volksw. 1954, Dr. rer. pol. 1956 - 1955-73 Dt. Industrieinst. Köln, Mitgl. Geschäftsfg. 1960/67 nebenamtl. Doz. e. Höh. Fachsch. f. Sozialpäd. Mitgl. in wiss. Beiräten, 1974/76 stv. Bundesgeschäftsf. d. CDU Deutschlands, Bonn u. 1974/75 zusätzl. Leit. Hauptabt. Politik. 1977-82 Leit. e. Forschungsst. b. Inst. d. Dt. Wirtschaft, Köln; 1980-82 Parlam. Geschäftsf. CDU/CSU-Bundestagsfrakt.; 1982-87 Bundesmin. f. Bildung u. Wiss.; 1987-1991 Bundesmin. f. innerdt. Beziehungen. Mitgl. Zentralkomitee d. Dt. Katholiken. 1961 CDU,

1973-86 Landesvors. Frauenvereinig. CDU Rhld.; s. 1987 Mitgl. Landesvorst. CDU-Frauen Union NRW; 1975-90 Mitgl. Bundesvorst. CDU-Frauen Union; 1977-86 Landesvors. CDU-Rheinl.; 1986-91 Landesvorst. CDU-NRW. 1968-73 Mitgl. Rat Stadt Grevenbroich - Spr.: Engl., Franz.

WILP, Charles Paul

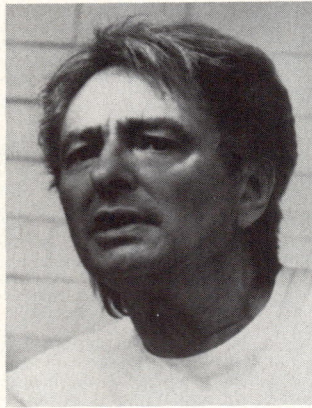

Medienkünstler - Nid.Rheinstr. 268, 4000 Düsseldorf 31 (T. 0211 - 40 45 25, Fax 0211 - 45 06 81) - Geb. 15. Sept. 1932 Witten, kath., ledig - Stud. Publiz. Univ. Aachen; Wirkungspsych. b. Bolten; Schüler v. Jung u. Lerch - S. 1970 Gastdoz. Univ. Nairobi - Zahlr. nationale u. intern. Ausst., u. a. Documenta V 1972 Kassel, 1974 Kunsthalle Düsseldorf, Documenta VI 1977 Kassel, Biennale 1977 Venedig, Documenta VII 1982 Kassel, Computer Portraits of Intern. Financial Tycoons 1983 Harvard Univ. USA, Documenta 8 Europ. Kommiss. Bonn 17 gr. Europ., An Bord d. europ. TV-Satelliten, TDF 1, D. ersten Imagesculpturen in d. Weltraum 1977 Kassel; 1990 intern. Raumfahrt Design f. Satellitenprogramme incl. Giotto - 2. Encounter Cosi - Zahlr. nationale u. intern. Ausz. u. Preise, u. a. Gold- u. Silbermed. d. Intern. Advertising Assoc. USA: Rizzoli-Preis.

WILPERT, Bernhard

Dr. phil., Dipl.-Psych., Prof. TU Berlin - Douglasstr. 11, 1000 Berlin 33 (T. 030 - 826 21 33) - Geb. 1. März 1936 Breslau (Vater: Johannes W., Dipl.-Volksw.; Mutter: Emma, geb. Breitkopf), kath., verh. s. 1964 m. Czarina, geb. Huerta, 2 Kd. (Gregory, Karin) - Univ. Tübingen (Dipl.-Psych. 1961, Promot. 1965) - 1965-68 Mitarb. u. Abt.leit. Dt. Entw.dienst; 1968-69 Doz. Dt. Inst. f. Entw.politik; 1969-77 Mitarb. Wiss.Zentrum Berlin; s. 1978 o. Prof. Berlin - BV: Führ. in d. Untern., 1977; Competence and Power in Managerial Decision Making, 1981; Ind. Democracy in Europe, 1981; European Ind. Relations, 1981; Anspruch u. Wirklichkeit d. Mitbestimm., 1983; Intern. Perspectives on Organizational Democracy, 1984; The Meaning of Working, 1987. Herausg.: Applied Psychology; Intern. Handb. of Participation - 1980 Assoc. Prof. Inst. d'Etudes Politiques de Paris; 1983 Gastprof. Univ. Osaka, Japan, 1988 Gastprof. Univ. de Paris; 1989 Dr. e. h. Univ. Gent, Belgien - Spr.: Engl., Franz.

WILPS, Helmut

Vorstand THYSSEN STAHL AG (Beschaffung u. Verkehr) - Kaiser-Wilhelm-Str. 100, Postfach 11 05 61, 4100 Duisburg 11 - Geb. 3. Febr. 1928.

WILSCH, Manfred

Dr. rer. oec., Dipl.-Kfm., Fabrikant, AR-Vors. Rohstoffverein d. Kannenbäcker zu Grenzhsn. eG, Inhaber Wicap Holdings Ltd. - Schweizerstr. 3, 5410 Höhr-Grenzhausen/Westerwald (T. Büro: 02624 - 58 55) - Geb. 10. Juli 1926 Grenzhausen (Vater: Paul W.).

WILSS, Wolfram

Dr. phil., Prof. f. Angew. Sprachwissenschaft Univ. d. Saarlandes - Im Scheidter Eck 5, D-6602 Saarbrücken-Dudweiler - Geb. 25. Juli 1925 Ravensburg (Vater: Dr. phil. Ludwig W., Studiendir.; Mutter: Bertha, geb. Frech), verh. s. 1956 m. Ingrid, geb. Niessen, 3 Kd. (Cornelia, Hartmut, Sybille) - 1945-51 Stud. Univ. Tübingen (Promot. 1950); 1951-52 British Council Scholar, Univ. Sheffield; 1952-54 Refer. - 1954-65 Lektor f. dt. Sprache u. Lit. Univ. Reading; 1955-65 Sprachendienstleit. Bonn; 1966ff. Univ. Saarbrücken (1968 o. Prof.). 1978-84 Präs. wiss. Kommiss. Übers. im Weltverb. f. Angew. Linguistik (AILA) - BV: Übers.-wiss. Probl. u. Methoden, 1977; The Science of Translation. Probl. Methods, 1982; Wortbildungstendenzen in d. dt. Gegenwartssprache. 1986; Kognition u. Übersetzen, 1988; Anspielungen. Zur Manifestation v. Kreativität u. Routine in d. Sprachverwendung, 1989. Herausg.: Semiotika u. Übers. (1980); Übers.-wiss. Ein Reader (1981) - Ehrendoktor d. Wirtsch.-Univ. Arhùs/DK - Liebh.: Musik, Sport, Wandern, Sozialwiss. - Spr.: Engl., Latein, Franz., Griech.

WILTFANG, Gerd

Springreiter - Holtorfer Dorfstr. 9, 2819 Thedinghausen (T. 04204 - 75 09) - Geb. 27. April 1946 (Vater: Bäckermeister) - N. Schule Bäcker- u. Konditorlehre - Zahlr. reitsportl. Erfolge (1972 Olympiasieger, 1978 Weltmeister, 1979 Europameister, 3 x Deutscher Meister) - Schüler v. Alwin Schockemöhle.

WILZ, Bernd

Parlamentarischer Staatssekretär b. Bundesmin. d. Verteidigung, Rechtsanwalt, Präsident Bund d. Mitteldeutschen (s. 1986), MdB (Wahlkr. 71/Solingen-Remscheid), Verteidigungspolit. Sprecher d. CDU/CSU-Bundestagsfrakt. (1989-92) - Zu erreichen üb. Bundeshaus u. BMVg, 5300 Bonn 1 - Geb. 13. Dez. 1942, ev., verh., 1 T. - Abit.; Stud. Rechts- u. Staatswiss. Univ. Münster u. Köln - Rechtsanw. - CDU s. 1965 (Vors. Kreisverb. Solingen b. 1983; Rat Solingen 1979-83) - Oberst d. Res.; 1978-83 Präs. Zweitbundesligafußballverein SG Union Solingen 1897; 1975-83 MdL Nordrh.-Westf. - 1983 BVK, 1990 BVK I. Kl. - Liebh.: Tennis, Reisen.

WIMBERGER, Gerhard

Prof., Komponist u. Dirigent - Wallmannweg 13, Salzburg (Österr.) (T. 2 02 12) - Geb. 30. Aug. 1923 Wien, verh. s. 1954 (Ehefr.: Eva), 2 Kd. - Mozarteum Salzburg - 1947-48 Korrepetitor Volksoper Wien, 1948-51 Kapellm. Landestheat. Salzburg, s. 1952 Doz., ao. (1959) u. o. Prof. (1969) Mozarteum ebd. 1971-91 Direktoriumsmitgl. Salzbg. Festsp.; 1990 Präs. AKM Österr. - W: Schaubudengeschichte (heitere Oper), La Battaglia oder D. rote Federbusch (Opernkomödie), Dame Kobold (Musikal. Komödie), Lebensregeln (Katechismus m. Musik), D. Opfer Helena (Kammermusical f. Schauspieler), Paradou (Oper), Fürst v. Salzburg - Wolf Dietrich (Szen. Chronik f. Musik), Hero u. Leander (Tanzdrama), D. Handschuh (Ballett), Heiratspost-Kantate, Konzert f. Klavier u. Kammerorch., Figuren u. Fantasien f. Orch., Loga-Rhythmen f. gr. Orch., 3 lyr. Chansons n. Gd. v. Jacques Prévert, Stories f. Bläser u. Schlagzeug, Risonanze f. 3 Orch.gruppen, Chronique f. Orch., Multiplay f. 23 Spieler, Short stories f. 11 Bläser, Plays f. 12 Vlc. soli, Bläser u. Schlagzeug, Motus f. gr. Orch., Concerto a dodici, Programm f. gr. Orch., Ausstrahl. W. A. Mozartscher Themen f. Orch., Streichquartett (1978), Sonetti in vita e in morte de Madonna Laura v. Petrarca f. Chor a cappella, 2. Klavierkonzert, Concertino per orchestra, Nachtmusik Trauermusik Finalmusik f. Orchester, Vagabondage f. Bigband, Konzert f. Synthesizer u. Orch., Memento vivere - Gesänge vom Tod (Oratorium), Ars amatoria n. Ovid (Kantate), Tagebuch 1942 - Jochen Klepper, u. a. - 1967 Österr. Staatspreis, 1977 Würdigungspreis f. Musik, 1977 korr. Mitgl. Bayer. Akad. d. Schönen Künste - Spr.: Engl., Ital.

WIMMEL, Walter

Dr. phil., o. Prof. f. Klass. Philologie - Renthof 39, 3550 Marburg/L. (T. 6 60 82; Seminar: 28 47 56) - Geb. 27. Sept. 1922 Krofdorf-Gleiberg (Vater: Wilhelm W., Gymnasialprof.; Mutter: Else, geb. Hoffmann), verh. s. 1953 m. Johanna, geb. Haefele, 2 Kd. (Conrad, Elsa) - Realgymn. Mosbach, Gymn. Mannheim u. Lahr; Univ. Freiburg u. Basel. Promot. (1950) u. Habil. (1957) Freiburg - 1957-63 Privatdoz. u. apl. Prof. (1962) Univ. Freiburg; s. 1963 o. Prof. u. Seminardir. Univ. Marburg. Mitgl. Marbg. Gelehrte Ges. - BV: Kallimachos in Rom, 1960; Z. Form d. horaz. Diatribensatire, 1962; D. frühe Tibull, 1968; Hirtenkrieg u. arkad. Rom - Reduktionsmedien in Vergils Aeneis, 1972; D. techn. Seite v. Caesars Unternehmen g. Avaricum, 1977; Tibull u. Delia Bd. I, 1976; D. trag. Dichter L. Varius Rufus (Z. Frage s. Augusteertums), 1981; D. Kultur holt uns ein (Textualität u. geschichtl. Werden). 1981; Tibull u. Delia Bd. II, 1983; Collectanea: Augusteertum u. späte Republik, 1987. Zahlr. Fachaufs.

WIMMENAUER, Karl

Dipl.-Ing., Prof., Architekt (BDA) - Schupprstr. 51, 6200 Wiesbaden-Sonnenberg (T. 0611 - 54 32 50) - Geb. 24. März 1914 Mannheim (Vater: Medizinalrat Dr. med. Karl W.; Mutter: Lilie, geb. Muth), ev., verh. s. 1948 m. Adelheid, geb. Schneider, 2 Töcht. (Christina, Eva) - Gymn. Offenbach; Maurer-, Schreiner-, Schlosserausbild.; 1933-39 TH Darmstadt (Arch.) - 1939-47 Wehrdst. u. sowjet. Gefangensch.; 1947-57 Mitarb. Prof. Dr.-Ing. Rudolf Schwarz, Frankfurt/M.; 1957-62 Assist. u. fr. Mitarb. Prof. Dr.-Ing. Hans Schwippert, Aachen/Düsseldorf; s. 1962 fr. Arch.; 1963-79 Prof. Kunstakad. Düsseldorf (Neue Baugesch. u. Entwerfen). U. a. Kirchen, darunt Ev. Epiphaniask. Frankfurt/M. (1956), Ev. Friedensk. Harheim (1965), Ev. Petrusk. Gladbeck (1966), Ev. Adventsk. Niederweimar (1974/75) - BV: u. a. Kirchenbau, 1972. Redaktion: D. Neue Stadt (1949-53). Zahlr. Fachveröff. - Liebh.: Theater - Mitgl. Intern. Lions-Club.

WIMMENAUER, Wolfhard

Dr. rer. nat., em. o. Prof. f. Mineralogie u. Gesteinskunde - Rehhagweg 21, 7800 Freiburg/Br. (T. 29 05 11) - Geb. 8. Mai 1922 Leverkusen (Vater: Dr. Karl W., Chemiker; Mutter: Elisabeth, geb. Neuenhaus), verh. s. 1956 m. Rosemarie, geb. Plutte - Promot. 1948; Habil. 1953 - S. 1953 Privatdoz., apl. (1959) u. o. Prof. (1967) Univ. Freiburg. Emerit. 1988. B. 1967 Oberlandesgeologe Geol. Landesamt Baden-Württ. ebd. - BV: Petrographie d. magmatischen u. metamorphen Gesteine. Fachveröff. Zeitw. Mithrsg.: Zentralbl. f. Mineral. - 1978 o. Mitgl. Heidelberger Akad. d. Wiss.; 1980-82 Vors. Dt. Mineralog. Ges.

WIMMER, Brigitte

Schriftsetzerin, MdL Baden-Württ. (Wahlkr. 28, Karlsruhe II) - Frauenalber Str. 7, 7500 Karlsruhe 51 (T. 0721 - 2 93 04) - Geb. 22. Mai 1946 Bad Mergentheim - SPD.

WIMMER, Frank

Dr. rer. pol., Univ.-Prof. f. Betriebswirtschaftslehre, insbes. Absatzwirtschaft, Univ. Bamberg - Kiefernsteig 9, 8501 Rückersdorf (T. Nürnberg 5 70 66 72) - Geb. 9. Febr. 1944 Lauf/Mfr. - Gymn. Nürnberg; Univ. Erlangen-Nürnberg (Promot. 1975, Habil. 1983) - Priv.-Doz. Univ. Erlangen-Nürnberg; 1983-85 Lehrstuhlvertr. Univ. Hannover (Markt u. Konsum); s. 1985 Univ.-Prof. Bamberg.

WIMMER, Franz

Dr., Dipl.-Kfm., Geschäftsführer Verb. d. Dt. Holzwolle-Industrie, Verb. d. Dt. Holzmehl-Ind., Arbeitsgem. Wäscheklammer-Ind. - Ernst-Ludwig-Str. 32, 6140 Bensheim/Bergstr. (T. 25 55) - Geb. 23. Mai 1922.

WIMMER, Fritz

I. Bürgermeister Stadt Freyung - Rathaus, 8393 Freyung/Ndb. - Geb. 6. Okt. 1941 Freyung - Zul. Stadtoberinsp. CSU.

WIMMER, Hans

Prof., Bildhauer - Kunigundenstr. 42, 8000 München 40 - Geb. 19. März 1907 Pfarrkirchen/Ndb. - Gymn. Landshut; TH u. Kunstakad. München - S. 1949 Prof. Akad. d. bild. Künste Nürnberg. Mitgl. Dt. Kunstrat. Werke in u. ausl. Museen; Bronzecruzifixus Schloß Heiligenberg/Bodensee, Denkmal Dankspende d. dt. Volkes an d. Schweiz Bern (1954), Richard-Strauss-Brunnen (1961) München, Gr. Stehende (1. Fass. Kunsth. Mannheim, 2. Fassg. Middelheim/Belg.), Bronzenes Reiterstandbild Kaiser Ludwig d. Bayer (1966) ebd., D. Gr. Pferd (überlebensgr. Bronze, 1967) Kunsthalle Bremen, Gr. Gesatteltes Pferd (2. Fassg., Utrecht), Bronzefigur Desdemona (1976), Reichsstadtbrunnen Donauwörth, Große Sitzende Passau (1983), Aufstellung Figur Desdemona v. 1976 im Innenhof Neue Pinakothek (1984), Aufstellung Trojanisches Pferd Südseite Alte Pinakothek; Wagenlenkerin (1986); Biga (Wagenlenkerin + 2 lebensgrose Pferde) Schloß Gottorf/Schleswig (1991); Porträtbüsten: Knappertsbusch, Curtius, Carossa, Furtwängler, Heidegger, Heisenberg, Kokoschka u. a.; Soldatenfriedhöfe: Catania, Cannock/Engl., Costermano/Gardasee; Ehrenmal d. Dt. Heeres Ehrenbreitstein. 1987 Eröffn. Hans Wimmer-Museum auf d. Veste Oberhaus Passau - BV: D. Kunst, 3. A. 1952; Furtwängler, 1954; Bildnisse unserer Zeit, 1958; Üb. d. Bildhauerei, 1961; Aus d. span. Reitschule, Handzeichn. 1974 - 1939 Rom-Preis, 1957 Gr. Kunstpreis Nordrh.-Westf., 1966 Ritter Orden Pour le Mérite

Friedenskl.; 1966 Ehrenbürger Pfarrkirchen (Geburtsort); 1963 Ehrenmitgl. Akad. d. bild. Künste München; 1967 Gr. BVK m. Stern; 1984 Maximiliansorden; 1984 Orden S. Gregorii Magni; o. Mitgl. Bayer. Akad. d. Schönen Künste, Akad. d. Künste Berlin, Acad. Royal de Belgique - Liebh.: Reiten - Lit.: H. K. Röthel u. M. Huggler, H. W., Biogr., 2 Bde. 1964, Trojanisches Pferd (überlebensgr. Bronze) 1982, Handzeichnungenband (Piper) 1982.

WIMMER, Heinrich

Dr. phil., Ltd. Bibliotheksdirektor, Leit. Universitätsbibl. Passau (s. 1976/Neugründ.) - Innstr. 29, 8390 Passau (T. 0851 - 50 95 70); priv. Adolf-Vaeltl-Str. 20, 8399 Neuburg/Inn, - Geb. 12. Okt. 1938 Niederbaierbach (Vater: Heinrich W., Gastwirt; Mutter: Franziska, geb. Oberbauer), kath., verh. s. 1968 m. Marianne, geb. Dworzak, T. Elisabeth . Gymn. Traunstein; Univ. München (Griech., Lat., Gesch.). Staatsex. 1962; Promot. 1966 - 1965-76 Univ.bibl. Regensburg.

WIMMER, Helmut

I. Bürgermeister - Rathaus, 8351 Wallersdorf/Ndb. - Geb. 13. Okt. 1944 Plattling - Zul. Schriftsetzer.

WIMMER, Hermann

Maschinenschlosser, MdB (VIII., IX u. X. Wahlp./Landesl. Bay.) - Pollaufstr. 8, 8262 Neuötting/Obb. - Geb. 18. Juli 1936 Neuötting, kath., verh., 2 Kd. - Realsch.; 1950-54 Maschinenschlosserlehre - 1954-76 Maschinenschl. Maschinenfabr. Esterer AG, Altötting (Betriebsratsvors. u. AR-Mitgl.). 1966ff. Mitgl. Stadtrat Neuötting u. Kreistag Altötting. SPD s. 1955.

WIMMER, Johann

s. Wimmer, Hans

WIMMER, Maria

Schauspielerin - Osserstr. 16, 8000 München 80 (T. 98 17 73) - Geb. 27. Jan. Dresden (Vater: Max W., Baurat; Mutter: Helene, geb. Friedrich), verh. s. 1950 m. Dr. jur. Otto Seemüller - Bühnen Stettin, Frankfurt/M., Hamburg (Dt. Schauspielhaus), München (Kammersp.), Düsseldorf (Schauspielhs.). Gast Schiller-Th. Berlin, Schausph. Zürich, Burgtheater Wien. Bühne: Gretchen, Maria Stuart, Iphigenie, Königin, Minna v. Barnhelm, Laura, Elisabeth v. Engl., Gräfin Orsina, Penthesilea, Frau Mannon, Medea, Laura (D. Vater; Insz. Fritz Kortner 1967 Hamburg), Gespr. im Hause Stein üb. d. abwesenden Herrn v. Goethe, Kirschgarten u. a. Film: D. fallende Stern, D. gr. Zapfenstreich, Sauerbruch, E. Engel m. d. Flammenschwert; Fernsehen: Glückl. Tage, Im Schlaraffenland, D. Zimmerwirtin, D. 4. Platz, Dämonen, Richelieu - 1961 Louise-Dumont-Goldtopas (Gegenstück z. Iffland-Ring), 1967 Tilla-Durieux-Schmuck (f. d. beste Schausp.); 1970 DGB-Kulturpreis 1971; 1973 Mitgl. Orden Pour le Mérite f. Wiss. u. Künste; o. Mitgl. Akad. d. Künste, Berlin, u. d. Schönen Künste, München; 1974 Gr. BVK m. Stern; 1984 Bayer. Maximiliansorden - Spr.: Engl., Franz., Ital. - Lit.: M. W. - Porträt e. Schausp.

WIMMER, Paul

Dr. phil., Prof. h. c., Schriftsteller u. Literaturhistoriker - Krongasse 3, A-1050 Wien (T. 0222 - 562 95 34) - Geb. 18. April 1929 Wien (Vater: Franz W., Schneiderm.; Mutter: Therese, geb. Bamberger), ledig - Univ. Wien - 1963-74 Generalsekr. Österr. Schriftst.verb. - BV: Üb. 40 Buchveröff., u. a. Unterwegs, Ged. 1963; Fläm. Lyrik, 1970; Franz Werfels dramat. Send., 1973; Wegweiser durch d. Lit. Tirols s. 1945, 1978; Neuer Romanführer, 1980; D. Dramatiker Franz Theodor Csokor, 1981; Hubert Lampo: Gelöbnis an Rachel, 1976 (aus d. Fläm.); D. Dramatiker Harald Zusanek, 1989 - 1958 Dr. Theodor Körner-Preis; 1963 Preis d. Kunstfonds Stadt Wien; 1970 Förderungspreis Stadt Wien f. Lit.; 1987 Übersetzer-Prämie d. Bundesmin. f. Kunst, Unterricht u. Sport; 1990 Ehrenmitgl. d. Belg. Königl. Akad. f. Niederl. Sprache u. Literatur; 1990 Ehrenkreuz f. Wiss. u. Kunst. PEN-Club - Interessen: Reisen, Malerei, Kunstgesch. - Spr.: Engl., Fläm. (Niederl.), Latein - Lit.: Jan Aler, Wagnis u. Glück d. Nachdicht.

WIMMER, Raimund

Dr. jur., Dr. phil., Prof., Rechtsanwalt, Fachanwalt f. Verwaltungsrecht, Partner v. Rechtsanw. Busse u. Miessen - Oxfordstr. 21, 5300 Bonn (T. 0228 - 65 80 33) - Geb. 8. Nov. 1935 Dortmund (Vater: Dr. jur. Dr. phil. August W., Senatspräs. a. D.; s. dort), kath., verh. s. 1960 m. Christel, geb. Neudenberger, 4 Kd. (Ulrich, Almut, Dominik, Ansgar) - Abit. 1955 Bonn; Promot. 1959 u. 1977, Jurist. Staatsprüf. 1959 (Köln) u. 1962 (Düsseldorf) - 1962-65 Stadtverw. Bonn, 1965 Stadtkämmerer u. Schuldezern., 1972-82 Oberstadtdir. Osnabrück, Habil. Univ. Osnabrück 1978, apl. Prof. a. d. Univ. Osnabrück. Veröff. verfassungs-, bildungsrechtl. u. pol. Art. Mitherausg. Dt. Verwaltungsblatt u. Recht d. Jugend u. d. Bildungswesens.

WIMMER, Rainer

Dr., Prof., Direktor Inst. f. dt. Sprache - Friedrich-Karl-Str. 12, 6800 Mannheim 1 - Geb. 28. Febr. 1944 Wernigerode - Habil. (German. Linguistik) Heidelberg - BV: D. Eigenname im Deutschen, 1973; Referenzsemantik, 1979.

WIMMER, Ruprecht

Dr. phil., Prof. f. Neuere dt. Literaturwiss. Kath. Univ. Eichstätt - Schimmelleite 42, 8078 Eichstätt (T. 08421 - 52 09) - Geb. 18. Sept. 1942 München (Vater: Wilhelm W., Bibl.-Oberamtsrat; Mutter: Eleonore, geb. Rittinger), kath., verh. s. 1977 m. Francoise, geb. Fraimont, 2 S. (Roland, Philippe) - 1962-68 Univ. München (German., klass. Philol.; Promot. 1971, Habil. 1980 - 1971-80 Assist. München u. Münster; 1980-82 Gastprof. St.-Etienne/Frankr.; ab 1982 Prof. Eichstätt - BV: Deutsch u. Latein im Osterspiel, 1974; Jesuitentheater, 1982 - Spr.: Engl., Franz.

WIMMER, Wilhelm

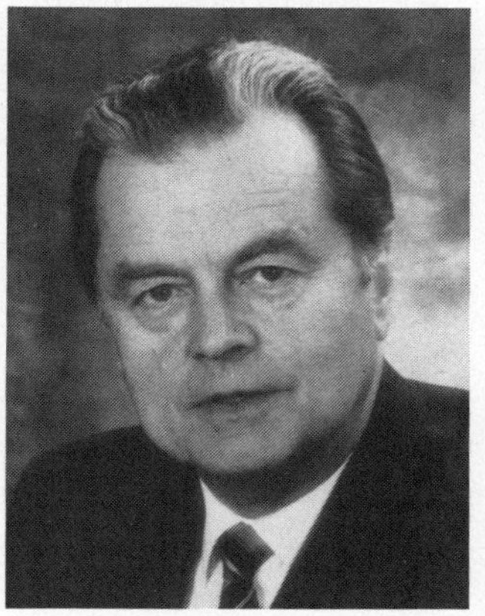

Dr. jur., Dipl.-Volksw., Hauptgeschäftsführer IHK f. München u. Oberbayern, München (s. 1980) - Max-Joseph-Str. 2, 8000 München 2 - Geb. 15. Sept. 1931 Rottenburg (Ndb.) - Zul. Ministerialdirig. Bayer. Staatsmin. f. Wirtsch. u. Verkehr. Stv. AR-Vors. Münchener Messe- u. Ausstellungsges. mbH; Mitgl. Rundfunkrat BR; VR-Mitgl. Bayer. Landesanst. f. Aufbaufinanzierung (LfA); AR-Mitgl. Münchner Ges. f. Kabelkommunikation mbH (MGK); Honorarprof. an d. FH München - 1983 BVK I. Kl.; 1986 Bayer. VO.

WIMMER, Willy

Rechtsanwalt, Parlam. Staatssekretär Bundesmin. d. Verteidigung (1988-92), MdB (s. 1976; Wahlkr. 77/Neuss II) - Postf. 13 28, 5300 Bonn - Geb. 18. Mai 1943 Mönchengladbach, kath., verh., 1 Sohn - Univ. Köln u. Bonn. Gr. jurist. Staatsprüf. - S. 1977 RA. 1969ff. Mitgl. Stadtrat Mönchengladbach; s. 1976 MdB; 1975/76 Mitgl. Landschaftsvers. Rheinl. CDU s. 1959.

WINAU, Rolf

Dr. phil., Dr. med., Prof. - Klingsorstr. 119, 1000 Berlin 45 (T. 83 00 92 30) - Geb. 25. Febr. 1937 Düsseldorf (Vater: Joseph W., Kaufm.; Mutter: Else, geb. Hey) - Habil. 1972, Prof. f. Gesch. d. Med. Univ. Mainz, s. 1976 o. Prof. f. Gesch. d. Med. FU Berlin.

WINCKEL, Fritz

Dr.-Ing., Prof., Akustiker - Höhmannstr. 9, 1000 Berlin 33 (T. 826 14 06)- Geb. 20. Juni 1907 Bregenz/Bodensee (Vater: Max W., Chemiker), ev., led. - Realgymn. u. TH Berlin (Nachrichtentechnik; Physik; Dipl.-Ing. 1932). Promot. 1950 TU Berlin - 1932-34 Heinrich-Hertz-Inst. Berlin (Forsch.: Elektr. Musik m. eig. Patenten), Assist. b. Walter Nernst (Nobelpreisträger), 1934-37 Dt. Versuchsanst. f. Luftfahrt (Entwickl. v. Meßgeräten u. automat. Steuerungen), 1937-45 Siemens Pilot u. Entw. Gruppe Autopilot. TU Berlin ab 1950 HHI, TU ebd. (Einricht. neuer Lehrgebiete: 1) Naturwiss. Grundl. v. Spr. u. Musik, 2) Studiotechnik, 3) Kommunikationswiss. u. Kybernetik; 1951 Privatdoz., 1957 apl. Prof., 1961 Wiss. Rat); s. 1954 Lehrauftr. Med. Fak. FU HNO. Gastprof. USA (1961 Cleveland, 1967 Cambridge). Begr. Berliner Intern. Wochen f. exper. Musik (1964); Elektroakustik u. Exper. Musik Dt. Pavillon Weltausstell. 1970 Osaka - BV u. a.: Herausg.: Fernsehen (1953 m. Leithäuser), Impulstechnik (1956), Technik d. Magnetspeicher (1958), Exper. Musik (1970), Disorders of Human Communication, 7 Bde. (1980ff. m. B. Wyke); Tiefenstruktur d. Musik (1982). Etwa 300 wiss. Beitr. in Ztschr. Kulturfilm: Wunder d. Klangs (Ufa 1944). Elektronik zu Blachers Oper Zwischenfälle b. e. Notlandung (UA. 1966 Hamburg) - Ehrenmitgl. Assoc. francaise pour l'Etude de la Phonation et du Langage/Sorbonne, Paris, Ges. f. Neue Musik, Caracas (Venez.) u. Ges. HNO-Ärzte Bln - Spr.: Engl., Franz. - Großv. ms.: Prof. Dr. h. c. C. Hartwich, Pharmakologe, Zürich (†1917) - Lit.: Festschr. f. F. W. (75), Herausg. TU/ Akad. d. Künste Berlin (1982, 2. Bd. 1987).

WINCKELMANN, Hans

Dr. oec. (habil.), Diplom-Kaufmann, Präsident a. D. Wirtschaftsprüfer, Honorarprof. f. Betriebsw.lehre FU Berlin (s. 1961) - Berliner Str. 83, 1000 Berlin 37 (T. 8 11 41 14) - Geb. 2. Mai 1903 Eisenach/Thür., ev., verh. s. 1937 m. Irmgard, geb. Freyer - Dipl.-Kfm. (1928) u. Promot. (1930) Berlin - Assist. HH Berlin u. Schriftl. Handwörterb. d. Betriebswirtsch. (b. 1933), ab 1936 Wirtschaftsprüfer u. Steuerberater (1942), 1942-58 Vorst.-Mitgl. Wirtschaftsberatung AG, Berlin/Düsseldorf, 1958-68 Präs. Rechnungshof v. Berlin - BV: Kameralist. u. kaufm. Rechnungslegung in öfftl. Verwaltungen u. Betrieben, 1950; Gemeindl. Vermögensrechnung, 1959. Div. Einzelarb. - Spr.: Engl., Franz.

WINCKLER, Lutz

Dr. phil. habil., apl. Prof. Univ. Tübingen, Gastprof. Univ. Besançon, Paris VIII - Vogelsangstr. 26, 7404 Ofterdingen - Geb. 23. Jan. 1941 Potsdam, verh. m. Anke, geb. Otto, T. Julia - Staatsex. 1966, Promot. 1968, Habil. 1975 - 1978/79 Mitgl. Bundesvorst. Bund demokr. Wissensch.; 1979-81 Leit. d. Hamburger Arbeitsstelle f. dt. Exillit. - BV: Z. gesellsch. Funktion faschistischer Sprache, 1970, 4. A. 1985 (übers. portug., span.); Kulturwarenprod., 1973 (auch dän.); Hg. Antifasch. Lit. 1-3, 1977 u. 1979; Faschismuskritik u. Dtldbild. im Exilroman, 1981; Autor, Markt, Publikum, 1986. Mithrsg.: Exilforschung.

WIND, Heinrich

Dr. rer. pol., Direktor, stv. Vorstandsvors. BayWa AG., München - Böhlaustr. 23a, 8000 München 60 - Geb. 5. Dez. 1911 - 1976 i. Ruhestand, Alternierender Vorstandsvor.s Großhandels- u. Lagerei-Berufsgenoss., Mannheim (b. 1980).

WINDELEN, Heinrich

Dr. rer. pol. h.c., Bundesminister f. innerdeutsche Beziehungen (1983-87), VR-Mitgl. WDR (1971-85), VR Dt. Bundespost (1968-69, 1977-83), Vors. (1987), AR-Mitgl. (1989), Vors. Haushaltsaussch. Deutscher Bundestag (1977-81) - Hermannstr. 1, 4410 Warendorf/W. (T. 35 22) - Geb. 25. Juni 1921 Bolkenhain/Schles. (Vater: Engelbert W., Lederfabr.; Mutter: Anna, geb. von den Driesch), kath., verh. s. 1954 m. Ingeborg, geb. Kreutzer, 4 Kd. (Andrea, Sabine, Susanne, Markus) - Mittelsch. Bolkenhain u. Obersch. Striegau; 1940-41 Univ. Breslau (Physik u. Chemie); 1945-48 kaufm. Ausbild. Telgte u. Warendorf - 1939-40 Reichsarbeits- u. Kriegshilfs- (Polen), 1941-45 Wehrdst. (Heer; Ost- u. Westfront, zul. Feldwebel) u. amerik. Gefangensch.; s. 1949 selbst. (Elektrohandel), 1969 Bundesvertriebenenmin. 1946-48 u. 1964-66 MdK ebd.; 1948-64 Mitgl. Stadtrat; s. 1957 MdB, 1981-83 Vizepräs. Dt. Bundestag. CDU s. 1946 (1953 kreisvors.; 1969 Mitgl. Bundesvorst.; 1970-77 Vors. Landesverb. Westf.-Lippe; 1971-77 stv. Vors. Landespräsid. NRW); 1987 Ehrenvors. CDU NRW - BV: SOS f. Europa, 1972 - 1969 Gr. BVK, 1977 m. Stern, 1985 Schulterbd. dazu; Gr. Gold. Ehrenz. m. Stern d. Rep. Österr.; Dr. rer. pol. h.c. Hanyang-Univ. Seoul; 1969 Gold. Sportabz.; 1991 Ehrenbürger d. Stadt Warendorf - Spr.: Engl., Franz. (Schulk.).

WINDEN, Kurt

Dr. jur., Landgerichtsdirektor a. D., Bankdirektor - Niederräder Landstr. 10, 6000 Frankfurt/M. - Geb. 24. Dez. 1907 Düsseldorf - S. 1952 Südd. bzw. Dt. Bank (1957; Leit. Rechtsabt.). Fachveröff. Mithrsg.: Enzyklopäd. Lexikon f. d. Geld-, Bank- u. Börsenwesen (3. A.).

WINDFUHR, Manfred

Dr. phil., Prof. - Frankfurter Weg 6, 4044 Kaarst (T. 436 02 72) - Geb. 24. Okt. 1930 Remscheid (Vater: Emil Ernst W.; Mutter: Karla, geb. Kranz), kath., verh. s. 1957 m. Dr. phil. Erika, geb. Schmohl, 3 Kd. (Claudia, Ulrich, Alfred) - Stud. d. German., Gesch. Univ. Köln, Heidelberg, Marburg; Promot. ebd.; Habil. 1965 Heidelberg - 1967-69 o. Prof. f. Neuere German. Bonn, s. 1969 Univ. Düsseldorf - BV: Heinrich Heine, 2. A. 1976; D. unzulängl. Ges., 1971. Herausg. Düsseldorfer Heine-Ausg. (1973ff.); Erfahrung u. Erfindung (1992) - Liebh.: Sport, Gärtnerei - Spr.: Engl.

WINDFUHR, Wolfgang

Studiendirektor a. D., MdL Hessen (s. 1974, Stadtverordneter Kassel (s. 1968) - Niederwaldstr. 12, 3500 Kassel (T. 3 63 34) - Geb. 28. Juni 1936 Lüdenscheid, ev., verh. s. 1962 m. Waltraud, geb. Hesse, 2 Töcht. (Astrid Donata, Sandra Dorothee) - Volkssch. u. Gymn. Lüdenscheid; Stud. Germanistik, Gesch., Phil. u. Päd. Univ. Marburg u. Bonn; 1. u. 2. Staatsprüf. - Z. Zt. Hochschulpolit. Sprecher CDU-Landtagsfraktion; Vors. d. Aussch. f. Wiss. u. Kunst d. Hess. Landtages.

WINDGASSEN, Peter

Regisseur u. Szenograph b. Bühne u. Fernsehen - Buowaldstr. 48, 7000 Stuttgart 75 - Geb. 21. April 1947 Stuttgart (Vater: Kammers. Wolfgang W.†, Heldentenor, s. XVII. Ausg.; Mutter: Charlotte, geb. Schweikher), led. - Gymn., Stud. Phil. - Regieassist. b. Günther Rennert; 1975-76 Oberspielleit. Lübeck u. 1977-79 Staatstheater Kassel. Fernsehproduktionen. Gastinsz. im In- u. Ausland - Bek. Vorf.: Kammers. Prof. Fritz W. (Großv.); Kammers. Vali von d.

Osten (Großm.); Kammers. Eva von d. Osten (Großtante).

WINDHOFF, Bernd

Dr. rer. pol., Vorstandsvorsitzender Windhoff AG, Rheine - Franz-Darpe-Weg 7, 4440 Rheine (T. 5 83 26) - Geb. 19. Dez. 1939 Berlin (Vater: Dipl.-Ing. Hermann W. (s. d.); Mutter: Ingeborg, geb. Richter), verh. s. 1967 m. Adrienne, geb. Héritier - Gymn. Dionysianum Rheine; Stud. Univ. Berlin, Köln, Basel; Promot. 1970 - B. 1981 Rheiner Masch.-fabrik Windhoff AG (Vorst.-Vors.) - BV: Darstellung u. Kritik d. Konvergenztheorie - 1963 Plak. f. hervorrag. sportl. Leistungen - Spr.: Engl., Franz. - Bek. Vorf.: Dr. Max Richter, Unterstaatssekr. unt. kaiser Wilhelm II. (Großv.).

WINDISCH, Rupert

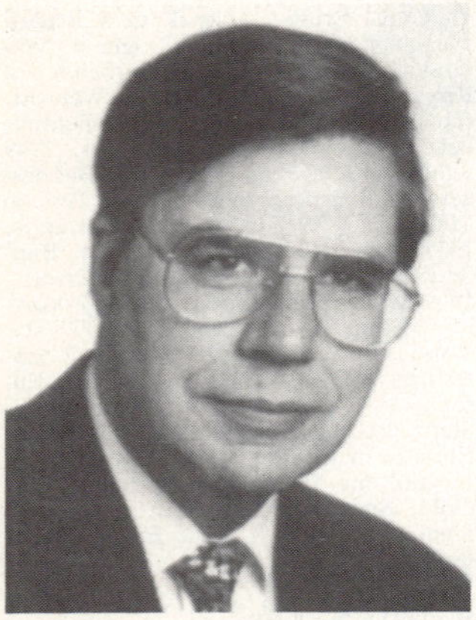

Dr. jur., Prof. f. Ökonomie d. öfftl. Wirtschaft Univ. Jena - Fürstengraben 11, O-6900 Jena (T. 03641 - 8 20) - Geb. 3. Dez. 1943 Gütersloh (Vater: Georg W., Dipl. Ing.; Mutter: Felizitas, geb. Schüssler), ev., verh. s. 1972 m. Johanna, geb. Utz, 2 S. (Christoph, Bernhard) - Realgymn. Linz/Donau, Univ. Wien (Promot. 1965, Habil. 1973) - S. 1975 o. Prof. Univ. Göttingen - BV: Ökon. u. institut. Gesichtspunkte rationaler Haushaltsplanung, 1970; Handb. d. österr. Finanzpolitik, 1986; Privatisierung natürl. Monopole, 1987; Finanzwiss. (m. H. S. Rosen), 1992. Aufsätze z. Umweltökonomie, staatl. Umverteilung, Theorie d. öfftl. Regulierung - Liebh.: Klass. Musik - Spr.: Engl.

WINDISCH, Siegfried

Dr. phil. nat., em. Prof. f. Mikrobiologie - Hamsterweg 3, 6208 Bad Schwalbach 3 (T. 06124 - 13 11) - Geb. 13. Aug. 1913 Leipzig (Vater: Dr. jur. Hermann W., Magistratsass., gef. 1914; Mutter: Paula, geb. Geering †1928), ev., verh. s. 1938 m. Lotte, geb. Venitz, S. Ernst-Richard - 1932-37 Univ. Frankfurt/M. (Botanik, Bakt., Chemie). Promot. 1937 Frankfurt; Habil. 1949 München (TH) - S. 1952 ao. Prof., pers. Ord. (1961) u. o. Prof. (1965) TU Berlin. Zahlr. Fachveröff. - 1971 Wilhelm Henneberg-Plak.; 1977 gold. Delbrück-Gedenkmünze - Spr.: Engl. - Bek. Vorf.: Prof. Ernst W. (Sanskrit, Kelt. Spr.), 1844-1918).

WINDSCHILD, Günther

Redakteur, Polit. Korresp. d. WDR in Bonn - Am Börschsgarten 20, 5000 Köln 90 (T. 02203 - 6 50 81) - Geb. 15. April 1930 Köthen (Vater: Karl W., Superintendent; Mutter: Christine, geb. Vollschwitz), ev., verh. s. 1955 m. Ingrid, geb. Schön, 3 Söhne (Andreas, Tom, Jens) - Abit.; Landwirtsch.lehre; Verlagsausb.; Stud. Theol. u. Politik - B. 1951 Landwirtsch.; b. 1955 Verlagsbuchhandel; b. 1961 Redakt. Ztschr. D. Mitarbeit (Ev. Monatshefte); b. 1979 Redakt. WDR Köln; s. 1980 WDR-Korresp. Bonn - BV: Tips f. Arbeitn. - Überblick üb. d. soz. Sicher. (Reihe: Bürger-Service d. Bundesreg.) - Interesse f. Grundfragen d. soz. Sicher. u. Sozialpolitik - Spr.: Engl.

WINDSINGER, Josef

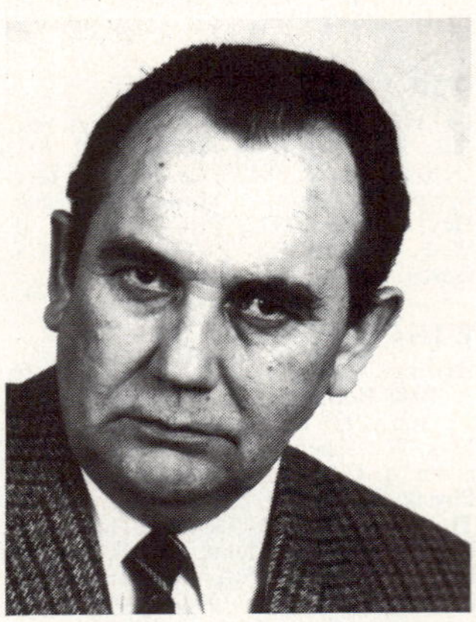

Dipl.-Ing. (FH), Bundesbahndirektor, Vors. Verb. Dt. Eisenbahn-Ing. - VDEI, Generalssekretär Union Européischer Eisenbahn-Ingenieur-Verbände (UEEIV) - Kaiserstr. 61, 6000 Frankfurt a.M. (T. 069 - 23 61 71, Fax 069 - 23 12 19); Ligusterweg 8a, 6236 Eschborn/Ts. - Geb. 25. April 1929 Wolnzach/Obb. - Techn. FH (früher Akademie f. angew. Technik) München; Ing.ex. 1950 - 1950-65 Bundesbahndirekt. Augsburg; 1965-68 DB-Zentralamt München; s. 1968 DB Frankfurt. Fachveröff. z. Brücken- u. Ing.bau d. DB. Herausg. u. Mithrsg. v. mehr. VDI-Reports - VDEI-Ehrenring u. VDEI-Verbandsabz. in Gold; 1986 BVK - Liebh.: Lesen, Reisen, Vorträge - Spr.: Engl., Span.

WINDTHORST, Elmar

Dr. rer. nat., Regional Director SRI International - Ulmenstr. 23-25, Frankfurt; priv.: Hermann-Kurz-Str. 52, 7000 Stuttgart 1 (T. 22 37 27) - Geb. 1. Jan. 1930 Buer-Erle, ev., verh. s. 1958 m. Hannelore, geb. Burkhardt, 2 Kd. (Kay, Anja) - Univ. München (Physik; Promot. (Atomphysik) 1958) - 1963-71 Gebietsleit. (Funktechnik), Generalbevollm. (1967; Kabel u. Leitungen) u. stv. Vorst.-Mitgl. (1969; Marketing) - Standard Elektrik Lorenz AG. (SEL), Stuttgart. 1971-78 Vorst.-Mitgl. AEG-Tfk; AR Hertie GmbH, Hewlett Packard GmbH; AR-Vors. Bauknecht Hausgeräte GmbH (s. 1983); VR-Vors. Brauerei Becker, St. Ingbert; Beirat Stinnes Trefz. AG - Spr.: Engl., Franz. - Rotarier.

WINGEN, Max

Dr. rer. pol., Diplom-Volkswirt, Ministerialdirektor im Bundesmin. f. Familie u. Senioren, Bonn, Honorarprof. Univ. Bochum (s. 1973) u. Univ. Konstanz (s. 1981) f. Bevölkerungswiss. u. Familienpol. - An den Buchen 12, 5300 Bonn 1 (T. 25 22 38) - Geb. 13. März 1930 Oberkassel/Rh. (Vater: Eduard W., Drogist; Mutter: Anna, geb. Thiesen), kath., verh. s. 1957 m. Maria, geb. Nübel, 2 Söhne (Klaus-Eduard, Markus-Johannes) - Stud. d. Wirtsch.- u. Sozialwiss. Univ. Bonn; Promot. 1956 - Zun. sozialpolit. Spitzenverb., 1959-80 Ref. Bundesmin. f. Jugend, Familie u. Gesundh.; 1981-91 Präs. d. Statist. Landesamtes Baden-Württ. (familienwiss. Forsch.stelle); Vorst.-Mitgl. Ges. f. Sozialen Fortschritt - BV: Familienpolitik, Ziele, Wege u. Wirkungen, 2. A. 1965; Grundfragen d. Bevölkerungspolitik, 1975; Bevölkerungsentwickl. - E. polit. Herausford., 1980; Kinder in d. Ind.ges. - wozu? Analysen - Perspektiven - Kurskorrekturen, 2. A. 1987; Nichtehel. Lebensgemeinsch. (Formen-Motive-Folgen), 1984. Herausg.: Familie im Wandel - Situation, Bewertung, Schlußfolgerungen (1989). Div. Lexikonart. u. Zeitschriftenaufs.

WINGENDORF, Paul

Bürgermeister a. D., MdL Rhld.-Pfalz (1951-86) - Eisenweg 76, 5240 Betzdorf/Sieg - Geb. 12. Juli 1914 Alsdorf b. Betzdorf, kath., verh., 4 Kd. - Volks- u. Handelssch.; kaufm. Lehre - Arbeits-, Militär-, 1939-46 Wehrdst. (schwerbeschädigt) u. .Gefangensch., dann Industrieangest., s. 1958 Amts- u. Verbandsbgm. Kirchen u. in Personalunion Hpt. Bürgermeister Gemeinde Kirchen; Mitbegr. d. CDU Kreisverb. Altenkirchen (30 J. Kreisvors.) - Gr. BVK m. Stern.

WINGUTH, G. E.

Diplom-Volkswirt, Vorsitzender Landesverb. Hamburg. Haus-, Wohnunbsg-u. Grundeigentümner-Vereine - Paulstr. 10, 2000 Hamburg 1.

WINJE, Dietmar

Dr. rer. pol., Dipl.-Ing., Prof., Vorstandsmitglied d. Berliner Kraft- u. Licht (Bewag)-Aktiengesellschaft, Berlin - Stauffenbergstr. 26, 1000 Berlin 30 (T. 030 - 267 32 09) - Geb. 20. Juli 1944 Glatz, kath., verh. s. 1973 m. Edith, geb. Klinger, T. Christiane - Lehre; Dipl.-Ing. 1972; Promot. 1977; Habil. 1982 TU Berlin - 1978-82 Assist. Prof. TU Berlin; 1982-84 Assoc. Prof. Massachusetts Inst. of Technology, USA; 1984-90 o. Prof. f. Energie- u. Rohstoffwirtsch. TU Berlin - Mitgl. div. Fachaussch. u. wissenschaftl. Vereinigungen - BV: Wachstums- u. Anpassungsprozesse in d. Energiewirtsch., 1977; Handbuchreihe Energieberat./Energiemanagement, 6 Bde. 1986-90; weitere Veröff. - Spr.: Engl., Latein.

WINK, Michael

Dr. rer. nat., o. Univ.-Prof. f. Pharmazeutische Biologie Univ. Heidelberg (s. 1989) - Inst. f. Pharmaz. Biologie, Im Neuenheimer Feld 364, 6900 Heidelberg (T. 06221 - 56 28 80) - Geb. 10. April 1951 Esch-Bad Münstereifel, verh. s. 1978 m. Dr. Charlotte, geb. Oberhoffer, 4 Kd. (Leonie, Charlotte, Lucie, Adrian) - Abit. 1970; Univ. Bonn Zool., Botanik, Chemie; Dipl.-Biol. 1977; Promot. 1980 TU Braunschweig; Habil. 1985 TU Braunschweig - 1985 Priv.-Doz. TU Braunschweig; 1986-88 Univ. München; 1988/89 Prof. f. Pharmaz. Biologie Univ. Mainz; s. 1989 Inst.dir. Univ. Heidelberg; s. 1991 Dekan Univ. Heidelberg - BV: D. Vögel d. Rheinlandes, Bd. 3 1987, Bd. 4 1990; üb. 160 wiss. Publ. üb. Ornithol.; Pharmaz. Biologie, Biochemie (Alkaloide), Chem. Ökol. - 1988 Rheinlandtaler (Landschaftsverb. Rheinland).

WINKEL, Gerhard

Bankier, pers. haft. Gesellsch. Bankhaus Trinkaus & Burkhardt (1981ff.) - Königsallee 21, 4000 Düsseldorf 1 - Geb. 5. Jan. 1929 - Dipl.-Volksw. 1956 - AR Trinkaus & Burkhardt (Intern.) S.A., Luxemburg, Trinkaus & Burkhardt (Schweiz) AG, Zürich.

WINKEL, Harald

Dr. rer. pol. (habil.), o. Prof. f. Wirtschafts- u. Sozialgeschichte Univ. Hohenheim (s. 1977) - Postf. 70 05 62, 7000 Stuttgart 70; priv.: Am Roten Berg 5-9, 6551 St. Katharinen - Geb. 30. Mai 1931 Bad Kreuznach/N. - 1968 Privatdoz. Univ. Mainz, 1969 o. Prof. TH Aachen. Zahl. Fachveröff. u. a. D. Wirtsch. im geteilten Dtschl., 1974; D. dt. Nationalökol. im 19. Jh., 1977; Gesch. d. württ. IHK, 1981. Herausg. d. ZAA u. d. Scripta Mercaturae.

WINKELHEIDE, Joseph

Bundesgeschäftsführer d. Kath. Arbeitnehmer-Bewegung Deutschlands (KAB) - Marienstr. 6, 5000 Köln 40 (Widdersdorf) (T. 0221 - 50 84 02) - Geb. 22. Aug. 1929 Recklinghausen, kath., verh. s. 1961 m. Christa, geb. Hoffmann, 2 Kd. (Eva-Maria, Martin) - Mittl. Reife; Ausb. Verlagskaufm. u. Redakt. - 1953-81 Tätigk. b. d. dt.-franz. Ges. f. übernationale Zusammenarbeit als Generalsekr. u. Chefredakt. d. Publik. DOKUMENTE - Ztschr. f. übernationale Zusammenarb. - Veröff.: Beitr. Arbeiterbewegung u. Wissenschaft in Alois Schifferle Verantwortung u. Freiheit - Vocation spirituelle de l'Université, 1990 - Spr.: Franz.

WINKELMANN, Günter

Dr. rer. pol., Diplom-Kaufmann, Vorstandsvorsitzender i. R. Stinnes AG, Mülheim-Ruhr, u. Veba AG, Düsseldorf, Inhaber d. Galerie Winkelmann, Düsseldorf - Zu erreichen üb. Neubrückstr. 10-12, 4000 Düsseldorf (T. 0211 - 32 93 01, 32 43 87).

WINKELMANN, Günther

Dr. rer. nat., Prof. f. Mikrobiologie Univ. Tübingen - Märchenseestr. 5, 7407 Rottenburg 4 - Geb. 19. Aug. 1939 Oberstdorf (Vater: Werner, OStR.; Mutter: Helene, geb. Abel), ev., verh. s. 1967 m. Isa, geb. Henke, 3 Kd. (Julia, Sabine, Frank) - Promot. 1969 Hamburg, Habil. 1976 Tübingen - S. 1980 Prof. f. Mikrobiol. Univ. Tübingen - BV: Iron Transport in Microbes, Plants and Animals, 1987; Handbook of Microbial Iron Chelates, 1991; Microbial Degradation of Natural Products, 1992; sowie zahlr. Fachveröff. üb. mikrobiol. Eisenstoffwechsel u. Antibiotika. Herausg.: BioMetals.

WINKELMANN, Heinrich

Gesellschafter u. Geschäftsf. Winkelmann + Pannhoff GmbH, Ahlen - Auf dem Westkamp 26, 4730 Ahlen (T. 02382-23 60) - Geb. 12. April 1932 Ahlen, kath., verh. s. 1960 m. Regine, geb. Holtermann, 3 Kd. (Heinrich, Kathrin, Ute) - Stud. Staatl. Ingenieursch. Iserlohn (Fertigungsing.), Oskar v. Miller-Polytechnikum München (Wirtschaftsing.).

WINKELMANN, Kurt

Landessuperintendent in Neustrelitz (s. 1978) - Seestr. 19, O-2080 Neustrelitz (T. 36 70) - Geb. 9. Juni 1932 Grammentin, ev., verh. s. 1959 m. Gisela, geb. Hentschel, 5 Kd. (Jörg, Annette, Marit, Christiane, Gunnar) - 1946-50 KZ-Haft in Sachsenhausen - 1951-54 Katechet. Ausb. in Schwerin; 1954-57 Theol. Ausb. in Wittenberg - 1957-67 Dorfpastor in Warlin; 1967-71 Stadtpastor in Teterow; 1972-78 Landespastor f. Volksmission in Güstrow.

WINKELMEYER, Gregor

Dr. rer. pol., Direktor - Moltkestr. 136, 4300 Essen (T. 28 18 18; Büro: 23 79 51) - Geb. 22. Jan. 1922 Essen (Vater: Wilhelm W., Kaufm.; Mutter: Christine, geb. Fuhrmann), verh. s. 1950 m. Maria, geb. Maßmann, 2 Söhne (Detlev, Cornel) - Gymn. Essen; Univ. Köln (Volksw.) - S. 1944 Rhein.-Westf. Inst. f. Wirtschaftsforsch., Essen (1955 Geschäftsf.). Publ.: Standortfragen d. Kohlenind. d. Ruhrgebiets (1947), D. Wiederaufstieg d. westd. Automobilw. (1950), Wandlungen d. Unternehmertyps (1951) - Liebh.: Numismatik, Fotogr. - Mitgl. Lions Intern.

WINKELMEYER, Manfred

Dr. med., Arzt f. Allgemeinmedizin - Moltkestr. Nr. 138, 4300 Essen (T. 28 29 01) - Geb. 23. Juni 1919 Essen (Vater: Wilhelm W., Kaufm.; Mutter: Christine, geb. Fuhrmann), kath., verh. s. 1950 m. Anna-Maria, geb. Elbers, 2 Kd. (Manfred, Christiane) - Humboldt-Obersch. (Abit. 1939) Essen; Univ. Göttingen, Köln (Med.). Staatsex. 1945; Promot. 1946 Köln (Üb. d. Bezieh. d. drei bakteriol. Diphtherie-Erregertypen z. klin. Krankh.sbild). Wiss. Vortr. u. Veröff.: Üb. d. örtl. Penicillin-Anwend. b. akut. Infekt. d. Hand (1949; erste Veröff. üb. d. in Dtschl. erstm. erhältl. P.) - Liebh.: Lit., griech. Mythol., Musik - Spr.: Engl., Franz.

WINKELS, Richard

Journalist, MdL Nordrh.-Westf. (s. 1968), Vizepräsident d. Landtages (1980-85) u. d. Dt. Lebens-Rettungs-Ges. (s. 1983), Präs. LSB Nordrh.-Westf. (s. 1987) - Düsternstr. 79, 4410 Warendorf/W. (T. 23 22) - Geb. 21. Juli 1920 Beelen/W., verw., 4 Kd. - Abitur - B. 1945 Seeoffz.; n. journalist. Ausbild. 1949-68 Redakt. Warendorf (Westf. Rundschau); s. 1968 Leit. Amt f. Sport, Verkehr, Presse u. Öffentlichkeitsarb. Stadtverw. Warendorf. 1952-68 Ratsmitgl. Warendorf (zeitw. Fraktionsvors.); 1960-61 u. 1964-68 MdK Warendorf; 1961-62 MdL NW; 1975-85 Vors. Sportaussch. Landtag NW. SPD s. 1950, 1968 Vors. Unterbez. Münster) - 1973 BVK I. Kl.; 1983 Gr. BVK.

WINKHAUS, Hans-Dietrich

Dr., Dipl.-Kfm., Mitglied d. Geschäftsführung Henkel KGaA - Zu erreichen üb. Henkel KGaA, 4000 Düsseldorf - Geb. 16. Juli 1937 - Dipl.-Kfm.; Promot. (Dr. oec. publ.) - Vizepräs. Ges. f. Konsum-, Markt- u. Absatzforsch. e. V. (GfK), Nürnberg; AR Victoria Holding AG, Düsseldorf; VR Trinkaus & Burkhardt, Düsseldorf; Mitgl. d. Board Clorox Comp., Oakland/USA; Kurat.-Mitgl. Nürnberger Akad. d. Absatzwirtsch. e. V., Nürnberg - Spr.: Engl., Franz.

WINKLER, Adolf

Kapellmeister, Musikschuldir. - Donaustr. 107/1, A-2346 Südstadt (T. 02236-8 86 81) - Geb. 10. April 1938 Graz, ev., verh. I) 1961-72 m. Helge Junk; II) 1972-80 m. Johanna Harrer; III) s. 1981 m. Ulrike Stadtherr; 3 Kd. (Gudrun, Christiane, Bernhard) - Steiermärk. Landeskonservat. Graz (Violoncello, Klavier, Dirig., Akkordeon; Abschlußprüf. 1956), ab 1961 Akad. f. Musik u. darst. Kunst Wien (Prof. Kühne: Cello, Prof. Th. Chr. David: Partiturspiel; Staatsprüf. Violoncello, Klavierbegleit. u. Musiktheorie 1964) - Leitg. zahlr. Chor- u. Orch.-Konz. Graz, Steiermark, Burgenland; s. 1972 Stadtkapellm. Graz, Grazer Neujahrskonz., Unterhalt.-, Opern- u. Schulkonz., Serenaden; Erstauff. v. Darius Milhaud Trois Operas minutes; Dirig. Vereinig. Bühnen Graz; 1976/77/78 Dirig. Grazer Opernhaus; 1971-81 Musikschuldir. Frohnleiten; Leit. Frohnleitener Schweizerorch. u. Kirchenchor; 1979-81 1. Kapellm. Wiener Raimundtheater; 1981-83 Studienleit. u. 1. Kapellm. Wiener Kammeroper; s. 1982 Dir. Musiksch. Perchtoldsdorf; ab 1983 Mitbegr. u. musikal. Leitg. Amstettner Sommeroperette. 2 Deutschl.-Tourneen; Konz. m. d. Niederösterr. Tonkünstlern; Konzerte m. d. Perchtoldsdorfer Kammerorchester, Streichquartett. 1985 Fernsehaufz. Gala: Rettet d. Wienerwald; Begleit. v. Johannes Heesters, Peter Minich, Bruce Low, Waltraud Haas, Rosina Bacher, u.a. - Insz.: Trois Operas minutes, v. Darius Milhaud (Erstauff.); D. Rosen d. Madonna, Oper v. Robert Stolz (UA 1975). Regie: D. Zarewitsch, 1981 - Liebh.: Lesen, Bergsteigen - Lit.: Steir. Musiklexikon, Oper u. Operette in Graz, Musik u. Gegenwart/III.

WINKLER, Annette

Dr., Dipl.-Kfm., Geschäftsführerin - Mainzer Str. 155, 6200 Wiesbaden-Biebrich (T. 0611 - 6 70 25) - Geb. 27. Sept. 1959 Wiesbaden, ledig - Ausb. Industriekauffr. Rheinhütte, Wiesb.-Biebrich; Stud. 1980-84 Johann-Wolfgang-Goethe-Univ. Frankfurt/M.; Kaufm. Dipl.prüf.; Promot. 1986 Frankfurt/M. - 1989/90 Landesvors. d. Wirtschaftsjunioren Hessen; 1990/91 stv. Bundesvors. d. WJ Deutschland, 1991/92 Bundesvors. d. WJ Deutschland - 1991 Unternehmerin d. Jahres - Liebh.: Klavier (aktiv u. passiv), Oper u. Konzert, Reisen - Spr.: Engl., Franz.

WINKLER, Claus

Dipl.-Braumeister, Geschäftsführer Braugerstengemeinschaft/Arbeitsgem. z. Förd. d. Qualitätsgerstenbaus im Bundesgeb. - Habichtstr. 7, 8031 Eichenau.

WINKLER, Cuno G.

Dr. med., Dr. rer. nat. h. c., Prof. Univ. Bonn - Triererstr. 55, 5300 Bonn (T. 21 61 90) - Geb. 30. Sept. 1929 - Stud. Univ. Königsberg, Würzburg, München (Med., Phys.) - Zun. Max-Planck-Inst. f. Biophys., Frankfurt/M., dann Stip. Fulbright-Comm. Oak Ridge Inst. f. Kernstud. - B. 1967 Privatdoz., dann apl. u. 1971 o. Prof. Univ. Bonn (Nuklearmed.), 1975 Hon.-Prof. Univ. of St. Thomas, Manila; 1975-85 Vors. Rhein.-Westf. Ges. f. Nuklearmed. - 1985 Gr. BVK, 1986 v. Hevesy-Medaille.

WINKLER, Eberhard

Bankdirektor i. R. (b. 1986) - Vionvillestr. 8, 1000 Berlin 41 (T. 7 71 63 03; Büro: 31 09 27 30) - Geb. 22. Aug. 1925 Berlin, verh., 2 Töcht. - Obersch. u. FU Berlin (Rechtswiss.). Gr. jurist. Staatsprüf. - Rechtsanw.; s. 1959 Berliner Bank AG (1968 Vorst.-Mitgl.).

WINKLER, Erich

Konzertpianist - Zu err. üb.: Deutsche Welle, 5000 Köln - Geb. 22. April 1905 Pirna/Sa. (Vater: Otto W., Beamter Bauwesen; Mutter: Melanie, geb. Georgie), ev., verh. s. 1944 m. Gesa, geb. Behn - Gymn. Dresden; Musikstud. (Paul Aron, Prof. Robert Teichmüller, Prof. Egon Petri, Claudio Arrau) - 1932-45 Leit. Klavierkl. Musikhochsch. Dresden; 1947-50 Leit. Konzert- u. Theaterabt. Verlag Schott's Söhne, Mainz; 1951-53 Leit. Konzerte Neue Musik Westd. Rundfunk, Köln; 1953-69 Leit. Abt. Musik Dt. Welle, seitdem f.r Mitarb. ebd. Zahlr. Tourneen In- u. Ausl.

WINKLER, Gabriele

Dr. phil., Univ.-Prof. f. Liturgiewiss. Univ. Tübingen (s. 1992) - Kath.-theol. Fak. Univ. Tübingen, Lehrstuhl f. Lit.-wissenschaft - Hölderlinstr. 19, 7400 Tübingen - Geb. 9. März 1940 - M.A. Gregoriana 1971 Summa cum laude, Rom; Lic. Oriental. Inst. 1971 Summa cum laude, Rom; Dr. phil. (Sprachen d. chr. Orients) 1977 summa cum laude, München - 1977-92 St. John's Univ., USA; 1987 Gasprof. (Armenisch) Oriental. Inst., Rom; 1990/91 Fellow d. Wiss.kollegs zu Berlin - BV: D. armenische Initiationsrituale, 1982; Koriwns Biographie d. Mesrop Maštoč, 1992; zahlr. Art. in: Oriens Christianus, Le Muséon, Revue des Etudes Arméniemes, Orientalia Chr. Periodica etc. - Spr.: Engl., Franz., Ital.

WINKLER, Georg

I. Bürgermeister Stadt Krumbach - Rathaus, 8908 Krumbach/Schwaben - Geb. 16. Febr. 1937 Augsburg - Zul. Regierungsrat.

WINKLER, Hans Günter

Industriekaufmann, Springreiter, Ausbildungsleit. DOKR, Vorstandsmitgl. Dt. Reiter- u. Fahrverb. (s. 1958) u. Dt. Olympia-Komitee f. Reiterei (s. 1981) - Dr.-Rau-Allee 48, 4410 Warendorf/W. (T. 23 61) - Geb. 24. Juli 1926 Barmen (Vater: Paul W., Reitlehrer; Mutter: geb. Timm), ev., verh. I) 1957 m. Inge, geb. Fellgiebel (1960 schuldlos gesch.), II) 1962 Marianne, geb. Comtesse Moltke, 2 Kd. (Jörn, Jytte), III) 1976 m. Astrid, geb. Nunez (Venezuela) - BV: Meine Pferde u. ich, 1956; Pferde u. Reiter in aller Welt, 1957 (Bildbd.); Halla - D. Gesch. ihrer Laufbahn, 1961; Olympiareiter in Warendorf, 1964; Halla . . ., 1961 (†1979, 34j.); Springreiter, 1979; Halla d. Olympia-Diva, 1981 - Etwa 1000 Siege, dar. üb. 500 intern. Turniererfolge, 5 Gold-, 1 Silber- u. 1 Broncemed. Olymp. Reiterwettbew. 1956-76, 106 Nationenpr., 1954 u. 55 Welt-, 1957 Europam., 1965 u. 68 King Georg Cup - 1950 Reiterabz. in Gold, 1954 Ehrennadel Senat v. Berlin, 1954, 57, 60, 64 Silb. Lorbeerbl. Bundespräs., 1956 Gold. Band Verein Dt. Sportpresse, 1964 Gold. Ehrennadel Intern. Reiterl. Vereinig. (f. 53 Nationenpreise); 1955 u. 56 Sportler d. Jahres, 1960 Bester Sportler d. Jahrzehnts; Ehrenbürger Warendorf; Ehrenmitgl. Reit- u. Fahrvereine Warendorf, Ludwigsburg, Herborn, Darmstadt, Bayreuth, Salzburg, Frankfurt/M., Kassel, Hünfeld, 1975 Gr. BVK, 1976 FN-Ehrenz. in Gold m. Olymp. Ringen, Lorbeer u. Brillanten - Liebh.: Skilauf, Tennis, Jagd - Spr.: Engl. - Erfolgreichster Springreiter d. Welt b. Olympischen Spielen.

WINKLER, Heinrich August

Dr. phil., Prof. f. neuere und neueste Geschichte - Beskidenstr. 20, 1000 Berlin 38 (T. 030 - 803 57 69) - Geb. 19. Dez. 1938 Königsberg/Pr. (Vater: Dr. Theodor W., Wiss. Assist.; Mutter: Dr. Brigitte, geb. Seraphim), ev., verh. s. 1974 m. Dr. Dörte, geb. Schnurr - Gymn. Ulm, 1957-63 Univ. Münster, Heidelberg, Tübingen (Gesch., Phil., Öfftl. Recht, Promot. 1963 Tübingen, Habil. 1970 FU Berlin) - 1964-70 wiss. Assist. FU Berlin, 1970-72 Prof. FU, 1972-91 o. Prof. Univ. Freiburg, s. 1991 Humboldt-Univ. zu Berlin, 1972-80 Mitgl. Aussch. d. Verb. d. Histor. Dtschl. - BV: Preuß. Liberalismus u. dt. Nationalstaat, 1964; Mittelstand, Demokratie u. Nationalsozialismus, 1972; Revolution, Staat, Faschismus, 1978; Liberalismus u. Antiliberalismus, 1979; D. Sozialdemokr. u. d. Revolution v. 1918/19, 1979 u. 1980; V. d. Revolution z. Stabilisierung. Arbeiter u. Arbeiterbeweg. in d. Weimarer Rep. 1918-24, 1984 u. 1985; D. Schein d. Normalität. Arbeiter u. Arbeiterbeweg. in d. Weimarer Rep. 1924-30, 1985 u. 88; D. Weg in d. Katastrophe. Arbeiter u. Arbeiterbeweg. in d. Weimarer Rep. 1930-33, 1987 u. 90; Zw. Marx u. Monopolen. D. dt. Mittelstand v. Kaiserreich z. Bundesrep. Deutschl., 1991. Herausg.: D. gr. Krise in Amerika (1973); Organ. Kapitalismus - Voraussetzungen u. Anfänge (1974); Nationalismus (1978); Polit. Weichenstellungen im Nachkriegsdtschl. 1945-1953 (1979); Nationalismus in d. Welt v. heute (1982); Wendepunkte dt. Gesch. 1848-1945 (1979, 7. A. 1986, m. Carola Stern); Bibliogr. z. Nationalismus (1979, m. Thomas Schnabel); D. deutsche Staatskrise 1930-33. Handlungsspielräume u. Alternativen (1992) - 1967/68 u. 1970/71: German Kennedy Memorial Fellow, Harvard Univ. Cambridge/Mass. (USA); 1977/78 Visiting Scholar am Woodrow Wilson Intern. Center f. Scholars, Washington, D. C.; 1977 Chester Penn Higby Prize des Journal of Modern History; 1985/86 Fellow am Wissenschaftskolleg Berlin; 1988 Gast d. Maison d. Sciences de l'Homme, Paris; 1990/91 Förderpreisträger u. Stipendiat d. Histor. Kollegs, München - Spr.: Engl., Franz.

WINKLER, Heinz

Dr. phil., Prof., Hochschullehrer - Konrad-Adenauer-Str. 26, 6450 Hanau/M. (T. 2 25 67) - Geb. 26. Juli 1921 Hanau, verh. m. Lucia, geb. Schlegel - Gegenw. Prof. f. Wiss. Politik/Gemeinschaftskd. Päd. Hochsch. Heidelberg.

WINKLER, Hermann

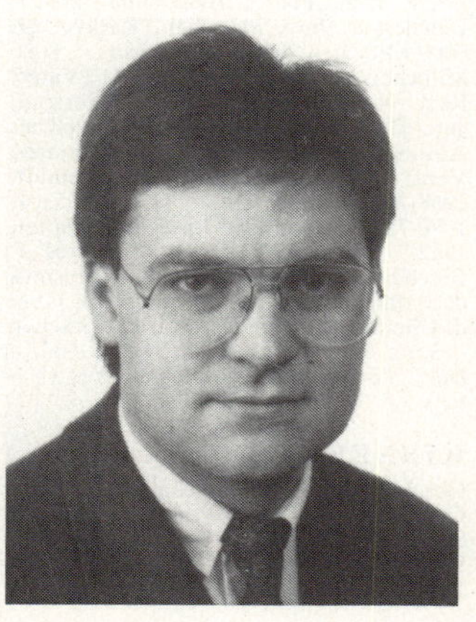

Dipl.-Ing., Mitglied d. Landtages Sachsen (s. 1991), 1. stv. Bürgermeister in Grimma (s. 1990) - Westring 48, O-7240 Grimma (T. 03437 - 39 55) - Geb. 22. April 1963 Grimma, ev., verh. s. 1986 m. Heike, geb. Ullrich, 2 Töcht. (Katherina, Annegret) - Abit. 1981 Grimma; Stud. 1983-88 TU Magdeburg; Dipl.-Ing. Masch.bau 1988 Magdeburg - 1988-90 Entw.ing. im Chemieanl.bau Leipzig/Grimma; 1990/91 Stadtdir. Grimma - Spr.: Engl., Russ.

WINKLER, Jörg

Dr. rer. nat., Prof. f. Mathematik TU Berlin - Schulzendorfer Str. 32g, 1000 Berlin 28 (T. 030 - 404 15 50) - Geb. 7. Febr 1936 Berlin (Vater: Herbert W., Fleischerm.; Mutter: Käte, geb. Werner), ev., verh. s. 1961 m. Gisela, geb. Voigt, 3 Kd. (Johanna, Barbara, Wolfgang) - 1955-61 Stud. Math. FU Berlin (Promot. 1964, Habil. 1969) - 1961/62 Wiss. Mitarb. KFA Jülich; 1962-68 wiss. Assist./Oberassist. Hahn-Meitner-Inst. f. Kernforsch.; s. 1969 TU Berlin (1970 Prof. f. Math., 1971, 1977/78 u. 80 Vors. u. Sprecher FB Math.); 1979-83 Sprecher Konfz. Math. FB; 1981-83 Vors. Math.-Nat. Fakt.tag. Versch. Veröff. üb. Funktionentheorie.

WINKLER, Klaus

Prof., Hochschullehrer Päd. Hochschule - Zu erreichen üb. Bismarckstr. 10, 7500 Karlsruhe 1 - Prof. PH Karlsruhe.

WINKLER, Klaus

Dr. theol., Prof. f. Prakt. Theol., Psychoanalytiker, Hon.-Prof. Univ. Hannover, FB Psychologie innerhalb d. Fak. f. Geistes- u. Sozialwiss. - Brabeckstr. 78, 3000 Hannover 71 (T. 0511 - 52 33 78) - Geb. 16. Mai 1934 Chemnitz, ev., verh. s. 1962 m. Elsbeth, geb. Vink, 4 Kd. (Jan-Jakob, Karoline, Adrian, Anne-Elisabeth) - 1952-57 Stud. Theol. Univ. Leipzig u. Berlin; Promot. 1960 Humboldt-Univ. Berlin - Lehrst. f. Prakt. Theol. Kirchl. Hochsch. Bethel (Bielefeld); Lehranalytiker in Hannover (DGPPT); Dir. d. Seelsorge-Inst. Kirchl. Hochsch. Bethel - BV: u.a. Emanzipation in d. Familie, 1976; D. Zumutung im Konfliktfall, 1984; Werden wie Kinder? Christlicher Glaube u. Regression, 1992 - Liebh.: Reisen.

WINKLER, Konrad

Schriftsteller - Heidelberger Str. 15, 6929 Angelbachtal-Eichtersheim - Geb. 25. Aug. 1918 Meerane/Sa. - Studium Theater- und Literaturwiss. - W.: Johann Joachim Eschenburg u. d. dt. Lit. 1948; Begegnung, N. 1950; D. Feuer fällt, N. 1950; Der Träumer, R. 1952; Licht aus Savoyen, Sch. 1953; Musica Viva, Ged. 1953; Der Richter v. Charleston, Sch. 1954; Gedichte, 1954; El Alamein, Tageb. R. 1955; D. Wasser ist viel zu tief, R. 1956; Friedenstag in Theben, Sch. 1958; Und d. Verantw. ist dein, Drehb. 1958; Windstille in Aulis, Sch. 1959; Kranichfedern, Erz. 1960; Sommertag m. Daniele, N. 1961; Maskenfest m. Don Juan, R. 1962; D. schwarze Licht, R. 1963; D. Uhr, Erz. 1964; Requiem f. Abel, Erz. 1964; D. Lampiongarten, Ged. 1966; Heidelberg - Geschichte, Glanz u. Größe e. Stadt, 1967; Walldorf - Stadt zw. d. Wädern, 1968; D. Protokolle d. Ikarus, R. 1968; Hölderlin - Abschied v. e. Klischee, Ess. 1970; D. Dichterische in ds. Zeit - Bertolt Brecht, Ess. 1971; Robinson zw. d. Kriegen - D. Autor d. Simplicissimus-Romans, Ess. 1972; Welt-Geist - Geist-Welt / Alfred Mombert, e. Beispiel, Ess. 1973; Lamento, Ged. 1973; Wein-Wanderungen, Skizzen 1975; Frau u. Lit., Skizzen, 1975; Kurpfälzer Skizzen, 1976; Don Juan, Hidalgo o. Sonnenmythos, Ess. 1976; Mein anderes Leben, autobiogr. Sk., 1978; Requiem f. Abel, Erz. 1979; Undine, Erz. 1979; Heidekraut, Erz. 1981; Orpheus '81, Erz. 1981; Goethes Vollendung, Ess. 1981; D. Schatulle, Erz. 1982; Entscheidung, Erz. 1982; Spuren, Ged. 1984; Spiegelungen, Prosa-Skizzen 1985; Hinter d. Zeit-Grenze, Ged. 1987; D. Uhr, Erz. 1988; Masken, Prosa - Skizzen 1992 - 1964 Schubart-Literaturpreis; Mitgl. Intern. PEN-Club.

WINKLER, Konrad

Dipl.-Sportlehrer, Trainer, Bundestrainer Nordische Kombination (s. 1990) - Schroffenbergallee 3, 8240 Berchtesgaden (T. 08652 - 6 48 33) - Geb. 17. Febr. 1955 Neuhausen/Erzgeb., ev., verh. s. 1980 m. Heike, geb. Richter, 2 Kd.

(Christian, Stefanie) - Abit. Sportstud. DHfk Leipzig - S. 1982 Trainer OSV Oberwiesenthal; 1984-87 CO-Nat.-Trainer DDR, s. 1990 Bundestrainer - 1976 u. 80 3 Pl. OWS; 1978 Weltmeister, 1982 Vizeweltmeister d. DDR; Vaterl. VO. - Liebh.: Sport, Photograph., Familie - Spr.: Engl., Russ.

WINKLER, Peter

Prof., Hochschule f. Musik u. Theater, Hannover - Emmichplatz 1, 3000 Hannover 1 (T. 05139 - 65 75) - Geb. 2. Aug. 1936 Kändler/Krs. Chemnitz, verh. s. 1986 m. Constanze, geb. Kayser - 1955-60 Hochschulstud. Univ. Berlin; Staatsex. in d. Hauptfächern Dirigieren u. Klavier - Liebh.: Phil., Zeichnen - Bek. Vorf.: Otto Lohse, Dirigent u. Komponist (Ururgroßv. ms.).

WINKLER, Rainer

Dr. med., Prof. f. Chirurgie, Chefarzt Martin-Luther-Krankenhaus Schleswig - Lutherstr. 22, 2380 Schleswig (T. 04621 - 81 22 11) - Geb. 25. Juli 1940 Stolp (Vater: Dr. Hans W., Chir.; Mutter: Gerda, geb. Nagelschmidt), ev., verh. s. 1971 m. Dr. Monika, geb. Scharpe, 2 Kd. (Anna Christina, Nils Alexander) - 1960-65 Univ. Freiburg, Berlin u. Hamburg; Promot. 1967 - S. 1968 Chir. Univ.-Klinik Hamburg. Entd.: Stomakarzinom - BV: Proktolog. Indikationen u. Therapie, 1982; Stomatherapie, 1983; Anorektale Kontinenz, 1984. 370 wiss. Beitr. u. Vortr. - 1976 Jürgen- u. Margarethe-Voß-Preis f. Krebsforsch. - Liebh.: Kunstgesch., Norddt. Landesgesch., Lit., Sport - Spr.: Engl.

WINKLER, Ulrich

Dr. phil., o. Prof. f. Mikrobiologie Ruhr-Univ. Bochum, Fak. f. Biologie - 4630 Bochum (T. 700 31 00) - Geb. 16. Juli 1929 Berlin - 1950-52 Univ. Rostock u. 1952-57 Frankfurt/M.; Promot. (Mikrobiol., Botanik, Pharmak.) 1957 Frankfurt; Habil. 1966 ebd. - S. 1966 Lehrtätigk. Univ. Frankfurt u. Bochum (1968 Wiss. Rat u. Prof.; 1969 Ord., mehrf. Dekan); 1981-83 Präs. Verb. Dt. Biol. Forschungsaufg. CIT Pasadena/USA (1960/61), Univ. Genf (1965/66) u. Univ. Calif San Diego (1974, 78, 85). 8 Fachmitgliedsch. - BV: Praktikum d. Genetik, Hrsg. v. Bd. I-III (1972, 82, 83); Herausg.: Trends d. mod. Biologie (1986, 2. A. 1989); Physiol. u. Genetik d. Mikroorganismen - Spr.: Engl.

WINKLER, Willi

M. A., Journalist u. Übersetzer, Ressortleiter Kultur b. Spiegel - Helene-Lange-Str. 9, 2000 Hamburg 13 - Geb. 1. März 1957, ledig - Stud. Altphilol., German., Angl., Linguistik Univ. München u. St. Louis (USA); M. A. 1982 - BV: D. Filme v. François Truffaut, 1984; Humphrey Bogart u. d. schwarze Serie Hollywoods, 1985. Übers. in Buchform: Saul Bellow, Julian Barnes, Anthony Burgess, John Updike, Woody Allen, Jonathan Raban, Sam Shephard, William Styron, u. a. (alle aus d. Engl. u. Amerik.) - Hobby: Arbeitet an einem auf 12 Teile angelegten Metropolenroman u. d. Arbeitstitel: D. Frankf. Schirmmacher.

WINKLER, Wolfgang

Regierungspräsident v. Oberfranken a. D. (1973-89), Aufsichtsrat Baur-Versand, u. Gasversorgung Thüringer Wald GmbH, Suhl, VR Fränkische Gasliefe-rungsges. Bayreuth (FGL) - Maintalstr. 111 b, 8582 Bad Berneck (T. 09273 - 78 71) - Geb. 24. Febr. 1924 - Bayer. VO.; Gr. BVK.

WINKLER-SÖLM, Oly,

geb. Mosel

Schriftstellerin - Hugo-Fischer-Weg 9a, 7580 Bühl/Baden (T. 2 23 90) - Geb. 25. März 1909 Chemnitz/Sa. (Vater: Johannes M., Kaufm.; Mutter: Ellen Leiber, geb. Erkert, verw. Mosel, Schriftst. unt. Ps.: Ellen Ellen), 2 Kd. (Sölm-Johannes Brahms aus 1., Ellen-marie W. aus 2. Ehe) - Schulen Hamburg u. Rastatt; Abit.; Univ. Heidelberg u. Leipzig (Ztg.wiss.) - S. 1934 fr. Rundfunkmitarb.

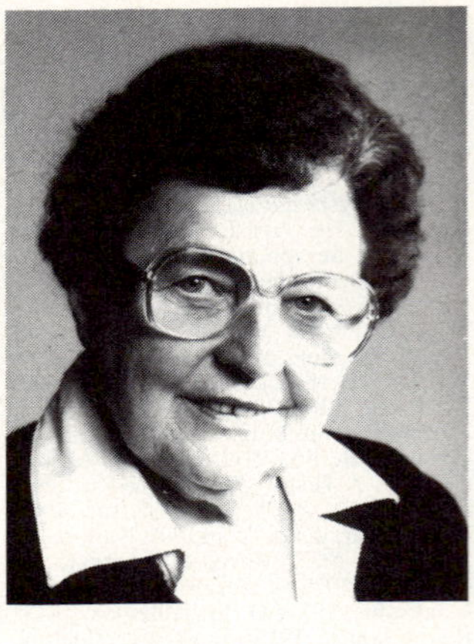

- BV: Frau am Kreuzweg, R. 1937; Unruhig Herz, Scheffel-R. 1938; Rainer Maria Rilke, Biogr. 1949; D. Kunst aber ist ewig, Feuerbach-R. 1950; R. M. Rilke u. s. Freundeskreis, 1950; Und alles kam anders, R. 1952; D. vergessene Herz, R. 1953; Es bleibt uns nicht viel Zeit, R. 1953; E. Stern verblich, R. 1954; Wen d. Glück liebt, R. 1955; Seit jenem Tag in Rom, R. 1956; Schicksalsreise n. Paris, R. 1956; D. Mädchen aus Lugano, R. 1957; E. Mädchen namens Marion, R. 1965; Arzt in d. Bergen, R. 1966; Lichter, R. 1967; Und wissen für wen, R. 1974; D. neue Gesicht, R. 1975; D. Nacht, in der das Wunder geschah, R. 1979; Geheimn. einer Liebe, R. 1981; D. Geschenk d. Nachbarin, R. 1982; D. Liebe d. kleinen Bärin, R. 1982; Annagrets Seifenkisten-Rennen, Jugendb.; D. Dreidrittel-Ferienkind, Jugendb. Zahlr. Unterh.r. (z. T. unt. Ps.: Ly Carol), Üb. 200 große Rundfunksend.

WINNACKER, Albrecht

Dr. rer. nat., o. Prof. u. Vortsand Institut f. Werkstoffwissenschaften (Lehrstuhl Werkstoffe d. Elektrotechnik) Univ. Erlangen-Nürnberg - Martensstr. 7, 8520 Erlangen - Geb. 31. Aug. 1942 Frankfurt/M. (Vater: Karl W., Chemiker; Mutter: Gertrud, geb. Deitenbeck), ev., verh. s. 1978 m. Eva, geb. Hübner, 3 Kd. (Malte, Maren, Marlis) - Promot. 1970, Univ. Kalif. Berkeley 1970-72 - S. 1980 Prof. f. Physik Univ. Heidelberg; 1984/85 Gastwiss. IBM Forschungslabor. San Jose, 1986-91 Siemens Zentrale Forschungslaboratorien Erlangen - BV: Physik v. Maser u. Laser, 1984.

WINNACKER, Ernst-L.

Dr. sc. tech., Prof. f. Biochemie - Inst. f. Biochemie Univ. München, Karlstr. 23, 8000 München 2; priv.: Elvirastr. 4, 8000 München 19 - Geb. 26. Juli 1941 (Vater: Karl W., Chemiker; Mutter: Gertrud, geb. Deitenbeck), ev., verh. s. 1968 m. Antonet, geb. Niederer, 2 Kd. (Thomas, Vera) - 1960-68 ETH Zürich (Chemie), 1968-70 UC Berkeley (b. H.A. Barker), 1970-72 Karolinska Inst. Stockholm, 1972-77 Univ. Köln - S. 1980 o. Prof. f. Biochemie - Erf.: Beitr. z. Mechanismus d. Synthese v. DNS - Dozentenstip. Fond d. Chem. Ind. - Liebh.: Musik, Sprachen - Spr.: Engl., Franz., Schwed., Ital. - Bek. Vorf.: Prof. Karl Winnacker (Vater).

WINNEKNECHT, Dieter

Geschäftsführer Gottschalk & Co. GmbH., Kassel, Vors. Fachverb. Schwerweberei ebd. - Fuldaaue 11, 3611 Spiekershausen/Hessen - Geb. 22. Juli 1934.

WINNER, Christian

Dr. sc. agr., Prof. f. Pflanzenpathologie Univ. Göttingen - Michaelisweg 10, 3400 Göttingen - Geb. 3. Febr. 1927 Stassfurt (Vater: Gustav W., Konsistorialrat; Mutter: Marianne, geb. Lüdecke), ev., verh. s. 1956 m. Sonka, geb. Herlyn, 4 Kd. (Christiane, Bettina, Barbara, Johann-Henrik) - Gymn. Stettin, s. 1948 Univ. Göttingen (Landwirtsch. u. Biol.), 1951-52 Purdue-Univ. USA, Promot. 1956, 1965/66 Forsch.stip. Michigan State Univ. (Pflanzenpathol.) - S. 1965 Priv.-Doz. u. apl. Prof. (1971) Univ. Göttingen, 1966-91 Dir. Inst. f. Zuckerrübenforsch. Göttingen, Lehrbeauftr. Univ. Braunschweig, Beratungstätigk. im Ausl. (Chile, Uruguay) - BV: Zuckerrübenbau, 1981; u.a. - Spr.: Engl., Franz.

WINNER, Matthias

Dr., Prof., Kunsthistoriker, Direktor Bibliotheca Hertziana MPI, Rom (s. 1977) - 28 Via Gregoriana, 00187 Roma/Ital. (T. 679 73 52) - Geb. 11. März 1931 Stettin-Hökendorf, ev., verh. s. 1960 m. Renate, geb. Adam, 2 Söhne (Bogislav, Jonas) - Landwirtsch.lehre; Stud. Kunstgesch. Univ. Köln, Bonn, München, London; Promot. 1957 Köln; Habil. 1977 Berlin - Volontär Schnütgen-Museum Köln; Assist. FU Berlin; Assist. Kunsthistor. Inst. Florenz; 1965 Kustos, 1968 Dir. Kupferstichkabinett Preuss. Kulturbesitz Berlin - BV: Zeichner sehen d. Antike, Katalog 1966; Pieter Breugel als Zeichner, Katalog 1975; Raffaello a Roma, 1986.

WINSCHERMANN, Helmut

Prof., Musiker - Zu erreichen üb. Musikhochsch. Westf.-Lippe, Allee 22, 4930 Detmold - Geb. 22. März 1920 Mülheim/Ruhr, ev., verh., 4 Kd. (Monika, Rainer, Elena, Raphael-Toshi) - Musikstud. Essen (Folkwangsch.) u. Paris - 1945 Solo-Oboer Symphonie-Orch. Hess. Rundfunk, Frankfurt/M.; 1948 Prof. Nordwestd. Musikakad./Staatl. Musikhochsch., Detmold. Mitbegr. Ulmer Bachkonzerte; 1960 künstler. Leit. Frankfurter Bachkonz. u. Kammerorch. Dt. Bachsolisten. Konzerte Europa, USA, Asien, 2 Edison-Schallplattenpreise; Gustav-Mahler-Plak., Goldmed. f. Kunst u. Wiss. Iran; 1970 BVK I. Kl. - Spr.: Engl., Franz., Jap.

WINSEL, August

Dr. rer. nat., Prof., Physiker, Direktor, VARTA Batterie AG, Kelkheim/Ts. - Fasanenstr. 8a, 6233 Kelkheim/Ts. (T. 06195 - 6 34 07) - Geb. 23. Aug. 1928 Badbergen, ev., verh. seit 1956, 2 Kd. - Studium Physik - S. 1961 (Habil.) Lehrtätigk. TH bzw. TU Braunschweig (1967 apl. Prof. f. Physik u. Chem. Physik); Hon.-Prof. GH Kassel. Zahlr. Erf. auf d. Gebiet d. elektrochem. Energieumwandlung - BV: Hochbelastbare Wasserstoff-Diffusions-Elektroden f. Betrieb bei Umgebungstemperatur u. Niederdruck, 1959 (m. Justi, Pilkuhn, Scheibe; auch russ.); Kalte Verbrennung, 1962 (m. Justi; auch russ.). Einzelarb. - 1964 Preis Akad. d. Wiss. u. d. Lit., Mainz - Spr.: Engl.

WINTER, Detlef

Dr. rer. pol., Vorstandsmitglied Flughafen Frankfurt Main AG (s. 1989) - 6000 Frankfurt am Main 75 - Geb. 25. Juli 1938 Bremen, ev., verh. s. 1962 m. Christine, geb. Schmitz, 2 Kd. (Iris, Dominik) - Kaufm. Lehre; Stud. Nationalökon. Univ. Freiburg u. Bonn; Dipl.-Volksw.; J. F. Kennedy School of Public Administration; Promot. 1970 Bonn - S. 1963 Bundesverkehrsmin.; 1978 Leit. Unterabt. Verkehrsw. u. Verkehrsordnungspolitik; 1982 Leit. Abt. Luftfahrt. Beiratsmitgl. Hessen d. Dresdner Bank u. d. Frankfurter Sparkasse, stv. VR-Mitgl. d. Hess. Landesbank Girozentrale; AR-Mitgl. Media Frankfurt - Liebh.: Musik, Lit. - Spr.: Engl., Franz.

WINTER, Erich

Dr. phil., Prof. f. Ägyptol. Univ. Trier (s. 1977) - In der Olk 35, 5501 Gusterath - Geb. 14. Juli 1928 Wien (Vater: Viktor W.; Mutter: Paula, geb. Sperk), kath., verh. s. 1959 m. Dr. Ute, geb. Freisinger, 3 Kd. (Carol, Ira, Emanuel) - Stud. Wien; Promot. 1952 - n. Habil. Doz. Univ. Wien; Prof. f. Ägyptol. Univ. Mainz 1971-77. Fachmitgliedsch. - BV: D. Geb.shaus d. Tempels d. Isis in Philae, 1965 (m. H. Junker); Unters. zu d. ägypt. Tempelreliefs d. griech.-röm. Zeit, 1968 - 1965 u. 1969 Kardinal-Innitzer-Pr.

WINTER, Franz

Journalist - Löhe 6, 5060 Bergisch Gladbach 1 - Geb. 21. Jan. 1914 Oberhausen-Sterkrade, kath., verh. s. 1947 m. Edeltrud, geb. Schulten, 2 Kd. (Stefan, Karola) - 1942-45 Stud. Zeitungswiss., Gesch., Phil., Rundfunkkd. Univ. Berlin - Rundfunkredakt.; 1943-45 Reichsrundfunkges.-Reichsender Berlin; 1945 Rundfunkredakt. NWDR Hamburg; 1945-79 WDR Abt.-Leit. aktuelles Wort, Kirchenfunk, Landfunk; s. 1979 fr. Journalist - BV: Landbau u. Ernährung, 1983 (dt. u. engl.); zahlr. Veröff. z. Agrarpol., Agrarwirtsch., Strukturpol., Genossenschaften, Handel, Gartenbau u. Forstwirtsch. - BVK; Gold. Verdienstplak. d. Landwirtschaftskammern Bonn u. Münster; Merite Agricol d. Rep. Franzaise; Gold. Ehrenn. d. Dt. Raiffeisenverb.; Andreas-Hermes-Med. d. Dt. Bauernverb. - Spr.: Engl.

WINTER, Gerd

Dr. jur., Lic. rer. soc., Prof. Univ. Bremen - Elsa-Brändström-Str. 8, 2800 Bremen - Geb. 2. März 1943 Diepholz (Vater: Wendelin W., Oberstudienrat; Mutter: Irmela, geb. Heintze), ev., verh. s. 1969 m. Witha, geb. v. Gregory, 2 Kd. (Christian, Caroline) - 1962-66 Stud. Rechtswiss., 1966-68 Soz.; Promot. 1967, 2. jurist. Staatsex. 1971.

WINTER, Gerrit

Dr. jur., Prof. f. Zivilrecht u. dt. u. ausl. Wirtschaftsrecht - Ernst-August-Str. 17, 2000 Hamburg 52 - Geb. 22. Febr. 1935 Gotha (Vater: Dr. Julius W.; Mutter: Anna-Marianne, geb. Schleiermacher), ev., verh. s. 1968 m. Christiane, geb. Büchner, 2 Kd. (Frederik, Christine) - Univ. Würzburg, Oxford/Engl., Göttingen - Dir. Sem. f. Versich.wiss., Univ. Hamburg, Vorst.-Vors. Versich.wiss. Verein Hamburg, Chairman Oxford Soc. German Branch - BV: Konkrete u. abstr. Bedarfsdeckung in d. Sachversich., 1962; Z. Versich.vertragsrechtsharmonis. im Rahmen d. EWG, 1973; Grundriß d. Individualversich. (m. Büchner), 9. A. 1986; Werber-Winter, Grundzüge d. Versicherungsvertragsrechts, 1986; Bruck-Möller-Winter, Komment. z. Versich.vertr.gesetz, Bd. V: Lebensversicherung, 1988 - Liebh.: Bild. Kunst - Spr.: Engl.

WINTER, Hanns

Staatssekretär Min. f. Landes- u. Stadtentw. Nordrh.-Westf. - Breitestr. 31, 4000 Düsseldorf (T. 3 88 01).

WINTER, Helmut

Studiendirektor, 1. Bürgermeister Karlstein/M. - Zu erreichen üb. Rathaus, 8757 Karlstein/M. - Geb. 3. April 1939 Dettingen - CSU.

WINTER, Horst

Dr. med., Prof., Chefarzt (Innere Klinik) - Städt. Krankenhaus, 7700 Singen/Hohentw. (T. 07731 - 89-237) - Geb. 9. Dez. 1919 Beckum - S. 1959 (Habil.) Privatdoz. u. apl. Prof. (1964) Univ. Gießen, Fachveröff.

WINTER, Ingelore Marie

Publizistin - Auf dem Brand 16, 5300 Bonn-Bad Godesberg (T. 0228 - 31 31 16) - Geb. 22. Sept. Trappenfelde/Danzig (Vater: Walter W., Landwirt; Mutter: Frida, geb. Mekelburger), ev., led. - Univ. Marburg u. Frankfurt (Soziol., Phil., Gesch.; Lehrer: Theodor W. Adorno) - Spez. Arbeitsgeb.: Gesellsch. u. Politik - BV: Bonn in Frack u. Schärpe, 1969; Ihre bürgerl. Hoheit, 1971; D. unbek. Adenauer, 1976 (übers. Franz.); D. Adel, Ein Deutsches Gruppenporträt, Verlag Molden, 1981; Theodor Heuss, E. Porträt, 1983; Friedrich d. Grosse u. d. Frauen, 1985; Unsere Bundespräs. v. Theodor Heuss b. Richard v. Weizsäcker, 1987 (übers. Chin.); M. geliebter Bismarck. D. Reichskanzler u. d. Fürstin Johanna, 1988; Katharina v. Bora. E. Leben m.

Luther, 1990; Hans-Dietrich Genscher. E. Lebensbild in Anekdoten, 1990 - Liebh.: Theater, Gesch., mod. Malerei - Spr.: Engl.

WINTER, Jürgen Christoph

Dr. iur., B. Litt. (oxon.), Prof. f. Ethnologie u. Sozioanthropologie Univ. Bayreuth - Universität, Postf. 3008, 8580 Bayreuth - Geb. 17. Mai 1938 Insterburg/Ostpr. (Vater: Horst W., Dipl.-Ing.; Mutter: Helga, geb. Dost), ev., verh. s. 1969 m. Kazuko, geb. Futamata, 2 Kd. (Naomi, Bruno) - 1958 Stud. Rechtswiss. Univ. Köln u. Genf, 1. jurist. Staatsprüf. 1963 Köln; gleichz. Stud. Afrikanistik in Köln u. ab 1963 Stud. Swahili (DAAD-Stip.), Senior Civil Service Swahili Ex. 1964 Dares Salaam; ab 1966 Stud. Sozioanthropol. Univ. Oxford (Bachelor of Letters 1969); jurist. Promot. 1970 Köln; 1973-75 Habil.-Stip. Köln - Habil. (Afrikanistik) 1978 DFG - 1964-65 Jurist. Feldforsch. Tansania (DAAD- u. Thyssen-Stip.); 1968-71 Swahili-Lehrer DSE Bad Honnef; 1971-73 sozioanthropol. Forsch. Tansania (DFG-Stip.); 1975-79 wiss. Mitarb. Inst. f. Afrikanistik Univ. Köln; 1979 Prof. Univ. Bayreuth - BV: D. deliktsrechtl. Haftungstatbetsände im Recht d. Hehe (Tansania), 1971; D. Bantuwander.: Drei Kulturkr. H. Baumanns im Lichte neuester Erkenntnisse d. hist.-vgl. Bantuistik u. d. zentral- u. ostafrik. Archäol., 1978; Bruno Gutmann 1876-1966: A German Approach to Social Anthropol. (Oxford), 1979 - Spr.: Engl., Franz., Span., Swahili, Chagga - Bek. Vorf.: Prof. Dr. med. Friedrich Hartmut Dost (Onkel).

WINTER, Martin

Geschäftsführer AG Song - Mailänder Str. 14/92, 6000 Frankfurt 70 (T. 069 - 68 62 69) - Geb. 12. Nov. 1934 Neisse/OS - Ausb. z. Journ. - S. 1974 Sekr. AG Song, Arbeitsgem. d. Liedermacher aus d. Bundesrep. u. West-Berlin. Zahlr. Veröff. aus d. Bereich d. Song-Szene. Herausg. AG-Songbriefe u. Dok. d. AG-Song-Treffen.

WINTER, Werner

Dr. phil., Dr. h.c., em. o. Prof. f. Indogermanistik Univ. Kiel (1964-92) - v.-Liliencron-Str. 2, 2308 Preetz/Holst. (T. 44 55) - Geb. 25. Okt. 1923 Haselau Kr. Pinneberg - Univ. Hamburg (Indogerman., Afrikanistik, Klass. Philol.) u. Bern (Indogerman., Griech., Slav.). Promot. 1949 Bern - 1949-65 Forschungs- u. Lehrtätigk. USA (1953 Assistant Prof. Univ. Kansas, 1961 Full Prof. Univ. Austin). Mitgl. dt., amerik., ind. u. franz. Fachges. Zahlr. wiss. Veröff.

WINTER, Wolfgang

Ballettmeister Stadttheater Würzburg - Am Hölzlein 116, 8700 Würzburg - Geb. 19. Febr. 1935 Blankenhain (Vater: Wilhelm W., Lehrer), verh. s. 1956 (Ehefr.: geb. Fuchs), 2 Söhne (Detlev, Gabor) - Tänzer. Ausbild. Berlin u. Essen - S. 1952 Bühnen Gera, Dessau (1953), Essen (1955), Frankfurt/M. (1956), Hannover (1959; I. Solotänzer), Krefeld (1969; Ballettm.) - Spr.: Engl. - Sammelt Reproduktionen van Goghs u. Gauguins.

WINTERFELD, von, Dethard

Dr. phil., Prof. f. Kunstgeschichte Univ. Mainz - Kunstgeschichtl. Inst., Binger Str. 26, 6500 Mainz - Geb. 21. Aug. 1938 Stettin (Vater: Richard v. W., Landrat; Mutter: Gunda, geb. Freiin v. Freytag Loringboven), ev., verh., 3 Kd. - Promot. 1969 Univ. Bonn; Habil. 1980 Univ. Heidelberg - 1970 wiss. Assist., 1974 Akad. Rat Univ. Heidelberg; 1980-84 Prof. Univ. Kiel; s. 1984 Prof. Univ. Mainz. S. 1988 1. Vors. Verb. Dt. Kunsthistoriker - BV: D. Dom in Bamberg, 2 Bde., 1979; D. Dom z. Worms, 1984; A Raster u. Modul, 1984; Baugesch. d. Limburger Doms, 1985; u. a.

WINTERFELD, Klaus

Ehem. Vorstandsmitglied Vereinigte Rumpuswerke AG., Mönchengladbach - von-Eichendorff-Str. 14a, 8918 Dießen a.A. (T. 08807 - 69 02) - Geb. 23. Mai 1919.

WINTERFELDT, Ekkehard

Dr. rer. nat., Dr. h.c., o. Prof., Direktor Inst. f. Organ. Chemie Univ. Hannover - Sieversdamm 34, 3004 Isernhagen 2 - Geb. 13. Mai 1932 Danzig (Vater: Herbert W., Lehrer; Mutter: Herta, geb. Krischen), ev., verh. s. 1959 m. Marianne, geb. Heinemann, 2 Kd. (Thomas, Susanne) - Domsch. Schleswig; TH Braunschweig (Chemie). Promot. 1958; Habil. 1962 - S. 1963 Lehrtätigk. TU Berlin (1967 apl. Prof.). 1969 Ruf Univ. Marburg, 1976 Ruf Univ. Stuttgart. Fachveröff. (Organ. u. makromolekulare Chemie). Mitarb.: Viehe, Acetylenic Compounds, 1969 (Kap.: Ionic Additions) - Mitgl. d. Braunschweigischen Wissenschaftl. Ges. u. d. Akad. d. Wiss. zu Göttingen; Ehrendoktor Univ. de Liège/Belgien - Spr.: Engl.

WINTERGERST, Erich

Dr. d. techn. Wiss., Prof., Vorstand i. R. - Leitenhöhe 29, 8036 Herrsching (T. 08152 - 62 33) - Geb. 6. Juli 1905 München (Vater: Hans W., Oberregierungsrat; Mutter: Mathilde, geb. Weber), kath., verh. s. 1943 m. Hildegard, geb. Rietz, 2 Töcht. (Monika, Beate) - TH München (Techn. Physik). 1930-35 TH München (Assist.); 1935-38 Heereswaffenamt, Berlin; 1938-45 Preschona Armaturen-Apparate-Fabrik M. Meyer ebd. (Techn. Leit.); s. 1945 TH bzw. TU München (1955 apl. Prof.); s. 1952 J. C. Eckardt AG, Stuttgart (Vorst.-, 1971 Beiratsmitgl.) - BV: D. Techn. Physik d. Kraftwagens - Rotarier.

WINTERHAGER, Eberhard

Dr. phil., Journalist, Chefredakteur Siegener Ztg. - Giersbergstr. 110, 5900 Siegen (T. 0271 - 4 14 28) - Geb. 3. Aug. 1943 Schwarza/Thür., verh. s. 1971 m. Ulrike, geb. Schütz, 2 Kd. (Henrik, Kirsten) - Stud. Phil., Soziol., öfftl. Recht; Promot. 1974 Bonn - BV: Selbstbewußtsein - E. Theorie zw. Kant u. Hegel, 1979 - Spr.: Engl.

WINTERHAGER, Helmut

Dr.-Ing., Dr. h. c., em. o. Prof. Inst. f. Metallhüttenkunde u. Elektrometallurgie TH Aachen (s. 1952; 1959-61 Rektor) - Gut Steeg 24, 5100 Aachen (T. 7 32 54) - Geb. 14. Juni 1911 Elberfeld - Zeitw. Industrietätigk. 1966-70 Präs. Intern. Council for Electrodeposition and Metal Finishing. Zahlr. Fachveröff. - 1971 Ehrendoktor Meyo Hakase Keio Univ. Tokio; 1986 Ehrensenator RWTH Aachen.

WINTERHAGER, Peter

Dr.-Ing., Vorstandsmitglied Alexanderwerk AG - Kippdorfstr. 6-24, 5630 Remscheid - U.a. Vorstandsmitgl. Wupperverb. Körpersch. d. öfftl. Rechts; Ehrenamtlicher Richter Finanzgericht Düsseldorf; Handelsrichter LG Wuppertal.

WINTERHAGER, W. Dietrich

Dr. rer. pol., Dipl.-Kfm., Prof. f. Volkswirtschaft u. Wirtschaftspolitik FU Berlin - Carmerstr. 1, 1000 Berlin 12 (T. 030 - 31 61 75) - Geb. 25. Mai 1941 Tarnowitz/OS (Vater: Rudolf W.; Mutter: Eva, geb. Deiters), gesch., 2 T. (Eva-Antonia, Penelope) - Dipl.-Kfm. 1965 Univ. Köln; Promot. 1968 TU Berlin - 1966-71 wiss. Mitarb. Max-Planck-Ges.; 1971-74 Tätigk. im Bundesmin. f. Arbeit u. Bild.; s. 1975 Prof. - Versch. Bücher üb. Bild.wesen u. Arbeitsmarktfragen - Spr.: Engl., Franz.

WINTERLE, Alfons

Bankdirektor, Vorstandsmitgl. Zentralkasse Saarl. Genossenschaften - Ursulinenstr. 8-16, 6600 Saarbrücken 3 (T. 3 50 35) - Stud. Rechtswiss. Gr. jurist. Staatsprüf.

WINTERMANTEL, Erich

Dipl.-Volksw. - Jahnallee 41, 5300 Bonn 2 - Geb. 21. April 1925 Donaueschingen, kath., verh. s. 1957 m. Ursula, geb. Korn, Sohn Martin Fabian - 1948-54 Stud. Volksw. Univ. Freiburg/Br. - Maßgeblich beteiligt an Powell & Co. GmbH in Bonn - Deutschlandbüro führend. brit. Luftfahrtuntern. u. an PKT Hartrohrnetz GmbH - Liebh.: Wandern, Skilaufen, Technik, Lit.

WINTERS, Karl-Peter

Rechtsanwalt, Hauptgeschäftsf. Dt. Anwaltverein (1981ff.), Ministerialrat a. D. - Adenauer-Allee 106, 5300 Bonn 1 - Geb. 7. Sept. 1944 - Zul. Bundesinnenmin. (Ref. Öffentlichkeitsarb.) - BV: D. Beitrag steuerlicher Maßnahmen z. Lösung d. Bodenfrage, Schriftenr. städtbauliche Forschung BM Bau, 1978; Atom- u. Strahlenschutzrecht, 1978; D. neue Abwasserabgabengesetz (m. Berendes), 2. A. 1989.

WINTERS, Peter Jochen

Dr. phil., Dipl.-Volksw., Journalist - Zu erreichen üb.: Frankfurter Allgemeine Zeitung, Hellerhofstr. 2, 6000 Frankfurt/M. (T. 7 59 11) - Geb. 14. Dez. 1934 Bremen (Vater: Kapitän), verh., 2 Kd. - Univ. Hamburg u. Freiburg/Br. (Wirtschaftswiss., Soziol., Politikwiss., Rechts- u. Staatsphil.). Dipl.-Volksw., 1957; Promot. 1959 - 1960-67 Mitgl. Polit. Redaktion Wochenztg. Christ u. Welt. 1968 FAZ, s. 1972 Berliner Redaktion, s. 1977 in d. DDR ständ. akkreditiert. - BV: D. „Politik" d. Johannes Althusius u. ihre zeitgenöss. Quellen, 1963. Ztschr., Lexika- u. Buchbeitr. (Politik, Rechtswiss., Gesch. Berlin u. DDR) - 1965 Dt. Journalistenpreis.

WINTERSBERGER, Lambert Maria

Kunstmaler - Gare de Walbourg, 67360 Walbourg Elsass/France - Geb. 23. April 1941 München (Vater: Lambert W., Kaufm.; Mutter: Zenta, geb. Volkl), verh. s. 1986 m. Dolores, geb. Wyss, Malerin u. Bildhauerin - 1961-64 Kunstakad. Florenz - 1974-77 Lehrauftr. Staatl. Kunstakad. Düsseldorf - 1970 6. Biennale Paris (1. Preis f. Malerei).

WINTERSTEIN, Helmut

Dr. rer. pol., Dipl.-Volksw., Prof. - Friedrich-Wittmann-Str. 27, 8505 Röthenbach (T. 0911 - 57 74 05; dstl.: 09131 - 85 23 76) - Geb. 23. Nov. 1929 Nürnberg (Vater: Kaspar W., Beamter; Mutter: Babette, geb. Steinmetz), ev., verh. s. 1961 m. Barbara, gb. Algner, S. Joachim-Frank - Stud. Hochsch. f. Wirtsch.- u. Sozialwiss. Nürnberg; Promot. 1960 ebd.; Habil. 1967 Univ. Erlangen-Nürnberg - S. 1968 Univ. Erlangen-Nürnberg (Doz.; 1972 apl. u. 1974 o. Prof.; Vors. VR Studentenwerk Erlangen-Nürnberg u. Stud.leit. Verw.- u. Wirtsch.akad. Nürnberg). Fachmitgl.sch. - BVK am Bde. - Zahlr. Fachveröff.; Gutachtertätigk. - Spr.: Engl.

WINTERSTEIN, Horst

Dr., Minister a. D., MdL Hessen (s. 1976) - Bergstr. 36, 6234 Hattersheim - Geb. 3. Okt. 1934, verh., 2 Kd. - 1984-87 Hess. Innenmin. - SPD.

WINTERSTEINER, Marianne, geb. Portisch

Sportlehrerin, Schriftstellerin - Hochleiten 9, 8372 Lindberg-Zwiesel - Geb. 20. Febr. 1920 Mähr. Schönberg, verh. s. 1957 m. G. Wintersteiner, Studiendirektor, T. Annemone - Pensionat; Ascher Turnsch.; Reichssporthochsch.; Ausb. z. Rot-Kreuz-Schwester; Sem. f. Gesch., Berlin; Erzieherin auf Schloß Gaibach; Förd. durch Hans Fallada; Schriftleit. e. gr. Mädelztschr.; während d. Krieges Rot-Kreuz-Schwester; Schriftleit. Turnztg. - BV: Annemone; Sabine, 1981 (Serie); U. freundlich lächelt d. Morgen (Trilogie); Verena u. d. Kardinal, 1978-80; D. gold. Brücke, 1979; Helenenhof, 1982; Luthers Frau, 1983; Wen d. Stürme fassen, R.; Maries Seidenschuhe, 1984; E. Schloß in Mähren, R.; Biogr.: Willst du dein Herz mir

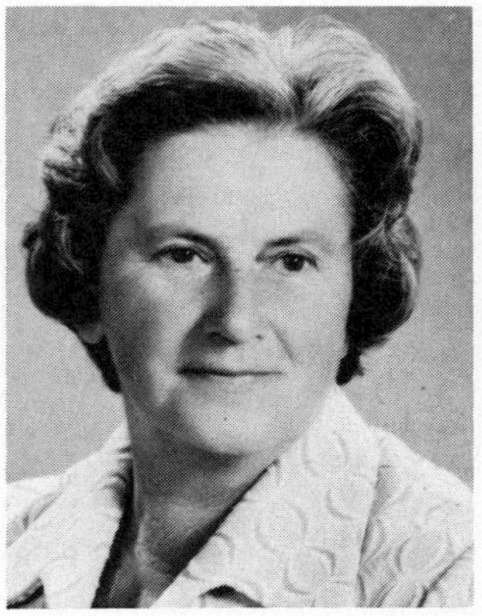

schenken (Anna-Magdalena Bach); Gott hat sie mir gegeben (Erzherzog Johanns Frau), 1985; Lach a bißl... (Kurzgesch.); D. Tal d. Hexen, 1985; Rabenzeit, 1985; D. Baronin Bertha v. Suttner, 1985; Katzengold, 1985; Prinzessin Courage, 1986; Vierhändig zu dritt, 1986; D. Schwabenbraut, R. 1986; D. Liebe festes Band, Erz. 1987; Meine Schwester in Bayreuth. Markgräfin Wilhelmine, 1987; D. Amme d. Zaren, 1987; Lou von Salomé, 1988; D. Glanzlicht, R. 1988; D. helle Himmel üb. mir, Ged. 1989; Romanbiogr. üb. Marie v. Ebener-Eschenbach: E. kleines Lied..., 1989; D. Schnitzer v. Einödhof, 1989; Lola Montez, 1990; D. Leute v. Buchenau, 1990; Anna Maria u. Nannerl Mozart, 1991; D. Magd Valerie, 1991; D. Erbe d. Dornleitenhofs, Bezaubernde Felicitas, 1992; in Vorber. Heimatlos, hist. Romanbiogr., 13. Jh. üb. Guta von Habsburg, Böhmens Königin - 1979 Kulturpreis d. SL durch d. Bayer. Staatsreg.; Ehrenbrief Stadt Mähr. Schönberg; 1983 Luxemburg-Lyrikpreis; 1990 Adalbert-Stifter-Med.

WINTZEK, Bernhard C.

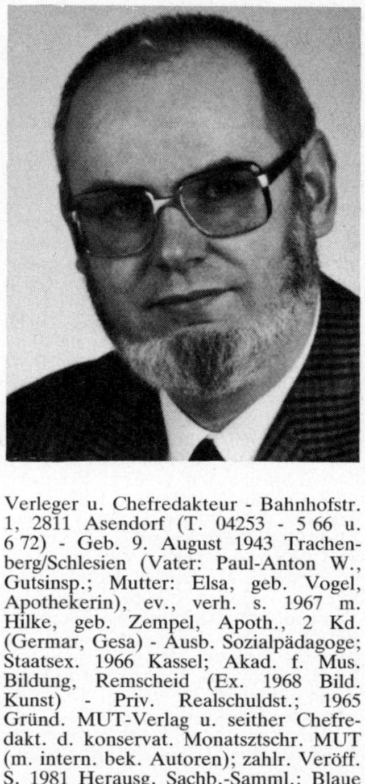

Verleger u. Chefredakteur - Bahnhofstr. 1, 2811 Asendorf (T. 04253 - 5 66 u. 6 72) - Geb. 9. August 1943 Trachenberg/Schlesien (Vater: Paul-Anton W., Gutsinsp.; Mutter: Elsa, geb. Vogel, Apothekerin), ev., verh. s. 1967 m. Hilke, geb. Zempel, Apoth., 2 Kd. (Germar, Gesa) - Ausb. Sozialpädagoge; Staatsex. 1966 Kassel; Akad. f. Mus. Bildung, Remscheid (Ex. 1968 Bild. Kunst) - Priv. Realschuldst.; 1965 Gründ. MUT-Verlag u. seither Chefredakt. d. konservat. Monatsztschr. MUT (m. intern. bek. Autoren); zahlr. Veröff. S. 1981 Herausg. Sachb.-Samml.: Blaue Aktuelle Reihe. Herausg. Sammelbd.: Otto Heuschele - Ess. aus 60 J., 1986 - Spr.: Engl., Franz.

WINTZER, Friedrich

Dr. theol., Prof. f. Prakt. Theologie

Univ. Bonn (s. 1978) - Stettiner Weg 12, 5309 Meckenheim/Bonn (T. 1 03 13) - Geb. 27. Juli 1933 Ottrau/Hessen (Vater: Manfred W., Dekan; Mutter: Hildegard, geb. Hoffmann), ev., verh. s. 1966 m. Dr. med. Hildegard, geb. Sauter, 2 Kd. (Joachim, Bernhard) - Stud. d. Theol. Univ. Marburg, Basel, Göttingen; Promot. 1963; Habil. 1968; Rektor Studiensem. Göttingen d. Ev.-Luth. Landeskirche Hannover (1972-78) - BV: Claus Harms, Predigt u. Theol., 1965; D. Homiletik s. Schleiermacher b. in d. Anfänge d. dialekt. Theol., 1969. Herausg.: Theol. u. Wirklichk. (1974); Seelsorge (1978).

WINTZER, Hanns-Jürgen

Dr. med. vet., o. Prof. f. Veterinärchirurgie u. Pferdekrankheiten Freie Univ. Berlin (s. 1969) - Wildpfad 18, 1000 Berlin 33 - Geb. 5. Okt. 1926 (Vater: Paul W., Ing.; Mutter: Irma, geb. Wege), ev., verh. s. 1952 m. Ilse-Marie, geb. Kisseberth, 2 S. (Jörg, Hanns-Olof) - Gymn.; Stud. Veterinärmed. Promot. 1952 Leipzig; Habil. 1964 Utrecht. Div. Fachmitgliedsch. - BV: Krankheiten d. Pferdes, 1982. Wiss. Veröff. - Spr.: Holl., Engl.

WINZ, Karl

Techn. Direktor, Geschäftsf. Elektrotechn. Werkstätten GmbH., Kaiserslautern - Pfaffenbergstr. Nr. 68, 6750 Kaiserslautern/Pfalz - Geb. 23. Sept. 1919.

WIORA, Walter

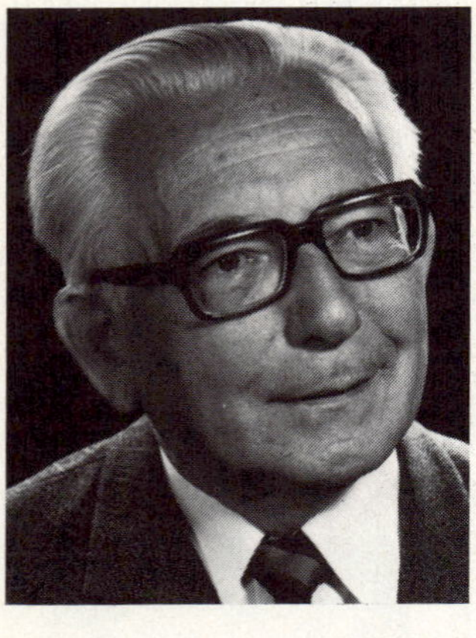

Dr. phil. (habil.), em. o. Prof. f. Musikwissenschaft - Oberes Vocherl 1, 8132 Tutzing (T. 83 57) - Geb. 30. Dez. 1906 Kattowitz/OS. (Vater: Johannes W., Kriminalkommissar; Mutter: Hedwig, geb. Gross), kath., verh. m. Christa, geb. v. Hertzberg - Univ. Berlin (auch Musikhochsch.) u. Freiburg/Br. (Musikwiss., Phil., Volkskd., Soziol.) - 1936-42 u. 1946-58 Dt. Volksliedarchiv Freiburg (zul. Leit. Musikabt.); s. 1941 Lehrtätigk. Univ. ebd. (Privatdoz.), Kiel (1958 Ord. u. Inst.dir.) u. Saarbrücken (1964 das.). Mitgl. Herder-Forschungsrat (s. 1953), Dt. Musikrat (1960-65 stv. Vors.), Dt. Unesco-Kommiss. (1960-63), Ges. f. Musikforsch. (1962-65 Vizepräs., 1986 Ehrenmitgl.), Intern. Folk Music Council (1971-80 Vizepräs.), Bayer. Akad. d. Schönen Künste (s. 1978, 1979-86 Dir. d. Musikabt.) - BV: u. a. Z. Frühgesch. d. Musik in d. Alpenländern, D. echte Volkslied, Europ. Volksgesang, D. rhein.-berg. Melodien bei Zuccalmaglio u. Brahms, Europ.Volksmusik u. Abendl. Tonkunst, D. 4. Weltalter d. Musik (auch engl., franz., jap.), Komponist u. Mitwelt, D. dt. Lied, Histor. u. systemat. Musikwiss., Ergebn. u. Aufgaben vergl. Musikforsch., Ideen z. Gesch. d. Mus., D. musikal. Kunstwerk.

WIPPERMANN, Friedrich

Dr. rer. nat., em. o. Prof. f. Meteorologie - In d. Röde 15, 6109 Mühltal 4 (T. Darmstadt 14 54 12) - Geb. 21. April 1922 Stotzheim/Eifel - S. 1957 (Habil.) Lehrtätigk. Univ. Mainz u. TH Darmstadt (1958; 1963 apl., 1964 o. Prof. u. Inst.dir.). Fachveröff.

WIRICHS, Jochen P.

Diplom-Braumeister, Mitinh. u. Geschäftsf. Brauerei Rhenania Robert Wirichs KG., Krefeld - Obergath 68-112, 4150 Krefeld-Königshof.

WIRSCHING, Johannes Richard

Dr. theol., S. T. M. (USA), Prof. f. Systemat. Theol. - Ahrenshooper Zeile 59, 1000 Berlin 38 (T. 030 - 801 49 32) - Geb. 20. Nov. 1929 Gumbinnen/Ostpr. (Vater: Ernst W., Kreissekr. †; Mutter: Johanna, geb. Hoffmann), ev., verh. s. 1957 m. Rosemarie, geb. Huhn, S. Andreas - Univ. Göttingen, Heidelberg, Harvard (USA); Mag. d. Theol. 1956; Promot. 1960 - 1969-73 Lehrtätigk. PH Freiburg/Br. (1971; Prof.) u. KH Berlin (s. 1973; Ord. f. Systemat. Theol.); 1982-84 Rektor KH Berlin - BV: Gott in d. Gesch., 1963; Was ist schriftgemäß?, 1971; Lernziel Glauben, 1976; Glaube im Widerstreit, 1988; Kirche u. Pseudokirche. Konturen d. Häresie, 1990. Herausg.: Kontexte. Neue Beiträge z. Historischen u. Systematischen Theol., 1983ff. Div. Fachveröff.

WIRSCHING, Michael Hilmar

Dr. med., Prof., f. Psychosomatik u. Psychotherapie - Sonnhalde 17, 7800 Freiburg (T. 55 21 86) - Geb. 26. Mai 1947 Berlin (Vater: Dr. Arnold W., Arzt; Mutter: Helene, geb. Waldhecker), verh. s. 1972 m. Dr. Barbara, geb. Single, 2 Söhne (Max, Hans-Georg) - Schule Berlin-Tiergarten (Abit. 1966); FU Berlin (Med. Staatsex. u. Promot. 1972), Psychoanalyt. Abschlußprüf. u. Habil. Univ. Heidelberg 1978 - 1981-89 Zentrum f. Psychosomat. Med. Univ. Gießen; s. 1987 Leit. d. Psychosomat. Klinik; 1990 Lehrst. f. Psychosomatik u. Psychotherapie an d. Albert-Ludwigs-Univ. Freiburg; 1989 1. Vors. Dt. Arb.-gem. f. Familientherapie - BV: D. erste Familiengespräch, 1977 (m. Stierlin u. a.; übers. Engl., Franz., Span. u. Finn.); Krankheit u. Familie, 1982 (m. Stierlin); Psychosocial Intervention in Schizophrenia, 1983 (m. Stierlin u. Wynne); Psychosomat. Einstell.fragebogen - PEF, 1983 (m. Hehl); Krebs im Kontext, 1988; Krebsbewältigung u. Verlauf, 1990; Neues Denken in d. Psychosomatik (m. Richter), 1991 - Spr.: Engl., Franz.

WIRSCHINGER, Karl-Heinrich

Rechtsanwalt, Mitgl. Bayer. Senat (s. 1959), Ehrenpräs. Verb. Freier Berufe in Bayern u. a. - Villenstr.-Süd 21, 8082 Grafrath/Obb. (T. 08144 - 2 77) - Geb. 15. Okt. 1911 München (Vater: Dr. Dr. h. c. Heinrich W., Regierungspräs.; Mutter: Maria, geb. Dühmig) - Gymn. München; Univ. München, Wien, Kiel (Rechts- u. Staatswiss.) - 1939-45 Wehrdst. - Bek. Vorf.: Dr. Ludwig v. W., Bayer. Finanzmin., Mitbegr. Dt. Zollverein (Urgroßv.).

WIRSING, Eduard

Dr. rer. nat., o. Prof. f. Mathematik Univ. Ulm (s. 1974) - Mozartstr. 5, 7909 Dornstadt - Geb. 28. Juni 1931 Berlin (Vater: Dr. med. Georg W., Arzt; Mutter: Maria, geb. Quaglio), verh. s. 1957 m. Walborg, geb. Hamel - 1950-54 Univ. Berlin u. Göttingen. Promot. Berlin; Habil. Braunschweig - S. 1962 Lehrtätigk. Univ. Marburg (1965-74 Prof.), s. 1974 Univ. Ulm. Fachveröff.

WIRTH, Eugen

Dr. phil., em. o. Prof. f. Geographie - Membacher Weg 41, 8520 Erlangen (T. 85 26 33) - Geb. 12. Mai 1925 Würzburg (Vater: Eugen W., Stadtrechtsrat; Mutter: Anna, geb. Dienstbier), ev., verh. s. 1958 m. Ingeborg, geb. Holland, 4 Kd. (Gisela, Volkmar, Ulrike, Raimund) - Gymn. Würzburg (Abit. 1943); Univ. Erlangen u. Göttingen (Staatsex. (Geogr., Gesch.) 1949). Promot. (Soziol., Phil.) 1952 Freiburg; Habil. (Geogr.) 1959 Hamburg - 1943-45 Wehrdst. (zul. Ltn. d. R. u. Führer schwerer Haubitz-Batterie); 1959-64 Privatdoz. Univ. Hamburg; 1964-91 Ord. u. Vorst. Geogr. Inst. Univ. Erlangen-Nürnberg. Stip. Maximilianeum München. 1975-1977 erster Vors. Zentralverb. d. Dt. Geographen. 1984-88 Präs. d. Nationalkomm. d. Bundesrep. in d. Intern. Geogr. Union - BV: Agrargeogr. d. Irak, 1962; Syrien - e. geogr. Landeskd., 1971; Nordafrika u. Vorderasien, 1973; D. Orientteppich und Europa, 1976; D. Bazar v. Isfahan, 1978; Theoret. Geographie, 1979; Deutsche geogr. Forsch. im Orient, 1983; Aleppo., 1984; Dubai 1988; Sana'a 1990 - 1969 Ehrenmitgl. Geogr. Ges. München, 1975 dito Frankfurt; o. Mitgl. Dt. Archäol. Inst. Berlin u. Acad. Europaea; korr. Mitgl. Österr. Akad. Wiss, Wien; EK, Bayer. VO. - Spr.: Engl., Franz., Ital. - Bek. Vorf.: Moser (Johann Jacob), Osiander, Melanchthon, Reuchlin.

WIRTH, Franz Peter

Regisseur - Zu erreichen üb.: 8137 Berg (T. 08151 - 5 04 74) - Geb. 22. Sept. 1919 München (Vater: Josef W.; Mutter: Anna, geb. Meissner), kath., verh. s. 1968 m. Wega, geb. Jahnke (Schausp.) - Gymn. - 1951-53 Oberspiell. u. Int.stellv. Stadttheater Pforzheim; 1954-1960 Oberspiell. Südd. Rundfunk (Fernsehen); s. 1960 Oberspiell. Bavaria-Atelier, München. Film: u.a. Helden, Bis zum Ende aller Tage, Bekenntnisse e. möblierten Herrn, E. Mann im schönsten Alter, Oh Jonathan . . .; Fernsehen: Unruhige Nacht, D. Lerche, D. kaukas. Kreidekreis, Bernarda Albas Haus, Hamlet, D. Gesch. d. Joel Brand, D. arme Mann Luther, Wallenstein, Don Carlos, D. Biberpelz, Rote Kapelle (7 F.), Flucht ohne Ausweg, D. Schlacht v. Lobositz, Schmutzige Hände, Operation alküre, Alexander zwo (6 Folgen), Change, Vor dem Sturm/Fontane (6 F.), Buddenbrocks (11 F.), Ein Stück Himmel (8 F.), Tiefe Wasser, Die Wächter (6 F.), Eureka (6 F.), Dornberger, u. a. Theater: u. a. Der Hausmeister (Kammersp. München 1961) - 1958 Dt. Fernsehpreis f. Regie, 1958 u. 70 Bambi in Gold, 1964 Filmpreis Verb. d. dt. Kritiker, 1964 u. 1983 Adolf-Grimme-Preis in Gold, 1972 Gold. Kamera, 1990 Bayer. Fernsehpreis; o. Mitgl. Dt. Akad. d. darstell. Künste.

WIRTH, Fritz

Dr., Prof., Direktor, Leit. Inst. f. Technologie/Bundesanstalt f. Fleischforsch. - E.C.-Baumann-Str. 20, 8650 Kulmbach/Ofr.

WIRTH, Gabriele,

geb. Zimmermann

Dr. med., Zahnärztin, Mitglied d. Landtages Sachsen - H.-Zille-Str. 10, O-8500 Bischofswerda (T. 03594 - 61 45) - Geb. 2. Juni 1943 Bautzen, ev., verh. s. 1976 m. Dr. med. Ernst W., 2 Kd. (Miranka, Matthäus) - 1962-64 Zahntechnikerin; 1964-69 Zahnmed.stud.; Ex. 1969 Leipzig; Promot. 1972 Leipzig - 1970-72 Fachzahnärztin f. Allg. Stomatologie Halle, 1972-75 Leipzig, 1975-77 Radibor, s. 1978 Bischofswerda Betriebsgesundheitswesen - Liebh.: Musik, Lit., Natur - Spr.: Sorb., Russ.

WIRTH, Gerhard

Dr. phil., o. Prof. f. Alte Geschichte Univ. Bonn - Am Hof 1 e, 5300 Bonn 1 - Prof. s. 1968.

WIRTH, Günter

Dr. med., Prof. Univ. Heidelberg, Ärztl. Direktor d. Abt. f. Stimm- u. Sprachstörungen sowie Pädaudiol. Univ.-HNO-Klinik Heidelberg - Erwin-Rohde-Str. 11, 6900 Heidelberg - Geb. 16. Jan. 1933 Heidelberg (Vater: Erich W., Prof.), ev., verh. m. Dr. med. Bärbel, geb. Brunner, Fachärztin f. HNO u. f. Kinderkrankh. - Staatsex. u. Promot. 1958, Habil. f. HNO-Heilkd. 1968 - 1964 Fach-, 1969 Oberarzt Univ.-HNO-Klinik Heidelberg; s. 1973 apl. Prof., 1975 ärztl. Dir. - BV: Lehrb. d. Sprech- u. Sprachstör., 1990; Lehrb. d. Stimmstör., 1991.

WIRTH, Günther

Rechtsanwalt, MdL Bayern (s. 1970) - Immenstädter Str. 32, 8960 Kempten/Allgäu (T. 2 72 55) - Geb. 1940 - SPD - 1980 Bayer. VO.

WIRTH, Hans

I. Bürgermeister Stadt Bad Berneck - Rathaus, 8582 Bad Berneck/Fichtelgeb. - Geb. 1. Mai 1926 Kirchenpingarten - Zul. Stadtoberinsp., Dipl.-Verwaltungswirt (FH).

WIRTH, Harry

Dr. rer. pol., Dipl.-Volkswirt, Hauptabteilungsleiter Siemens AG - Wittelsbacherplatz 2, 8000 München 2 (T. 089 - 234 33 33) - Geb. 12. Jan. 1928 Wiesbaden.

WIRTH, Heinz

Ehrenvorsitzender Bundesverb. d. Lohnsteuerhilfevereine, Honorargeneralkonsul Rep. Mali - Zu erreichen üb. Honorargeneralkonsulat d. Rep. Mali, Blumenstr. 1, 8011 Baldham - Geb. 2. Febr. 1926.

WIRTH, Helmut

Bauingenieur, MdL Baden-Württ. (s. 1976, Wahlkr. 30/Bretten; CDU), 1. stv. OB d. Gr. Kreisstadt Bretten (1984ff.), Vorst.-Mitgl. Melanchthonverein Bretten, stv. Vors. Finanzaussch. im Landtag v. Baden-Württ. - Erasmusweg 17, 7518 Bretten/Baden - Geb. 18. Juli 1933 Bretten, ev., verh., 2 Kd. - 1953-57 Stud. Bauing.wesen Karlsruhe - S. 1958 selbst. (Büro f. Bauwesen). 1965 ff. Stadtratsmitgl. Bretten (stv. Fraktionsf.); 1971 ff. Kreisrat Karlsruhe. Sportämter u. a. - 1971 Gau-Ehrennadel (Karlsruher Turngau); 1971 Ehrennadel Dt. Turnerbd.; 1980 BVK a. Bde. - 1975 2. Dt. Meister 1975 im Faustball M III u. 1. Süddt. Meister.

WIRTH, Irmgard

Dr. phil., Prof., Museumsdirektorin a. D. - Knesebeckstr. 68/69, 1000 Berlin 12 - Geb. 14. Nov. 1915 Berlin (Vater: Max W., Kaufm.; Mutter: Hermandine, geb. Bodenstein), ev., led. - Stud. Kunstgesch., Klass. Archäol., Roman. Berlin u. Paris. Promot. 1951 Kiel - 1952-66 Amt f. Denkmalpflege Berlin (Inventarisation d. Bauwerke u. Kunstdenkmäler); 1967-80 Berlin-Museum (Leitg.). Fachmitgliedsch. - BV: Berlin - Maler sehen e. Stadt, 1963; Selbstzeugnisse Berliner Maler, 1964; Mit Adolph Menzel in Berlin, 1965; Berliner Biedermeier, 1972; Mit Menzel in Bayern u. Österreich, 1974; Berlin - 1650-1914, 1979; Eduard Gaertner. D. Berliner Architekturmaler, 1979. Herausg.: Berlin - Gestalt u. Geist (Sachbuchreihe) - 1980 BVK I. Kl. - Liebh.: Bücher, Musik, Theater, Fotogr. - Spr.: Engl., Franz., Span., etwas Ital.

WIRTH, H. Willi

Prof., Ord. f. Bild. Kunst u. -erziehung - Friedr.-Wilhelm-von-Steuben-Str. 90AI, 6000 Frankfurt - S. 1965 Prof. Univ. Frankfurt/M., Fachber. Klass. Philologie u. Kunstwiss.

WIRTHLE, Werner

Verleger, Kurator u. Gesellsch. d. FAZIT-Stiftg. Gemeinn. Verlagsges. mbH, stv. Vors. Gesellschafterversamml. Frankf. Allg. Zeitung GmbH, 1974-87 Präs., s. 1987 Ehrenmitgl. Frankf. Ges. f. Handel, Ind. u. Wiss., Frankfurt - Frankenallee 71-81, 6000 Frankfurt/M. - Geb. 23. Aug. 1908 Blaubeuren/Württ. (Vater: Wilhelm W., Präs. Oberpostdir. Tübingen), ev., verh. - 1928-45 Ullstein-Verlag, Berlin, dazw. 1940-45 Wehrdienst (Luftwaffe) - 1959 Gr. BVK, 1968 Stern, 1978 Schulterbd. dazu; 1968 Ehrenplak. Stadt Frankfurt; 1976 Komtur Ital. VO.; 1977 Wilhelm-Leuschner-Med.; 1990 Hess. VO.; 1990 Friedrich Stoltze-Preis.

WIRTHMANN, Alfred
Dr. rer. nat., o. Prof. u. Leiter Inst. f. Geograph. u. Geoökol Univ. Karlsruhe (s. 1968) - Gartenstr. 14a, 6729 Maximiliansau (T. 07271 - 4 19 64) - Geb. 30. Dez. 1927 - Habil. 1962 Würzburg - Geomorphologie, Tropen.

WIRTHS, Willi
Dr. agr., Prof. - Lindenallee 86a, 5000 Köln 51 (T. 376 19 92) - Geb. 9. Juni 1923 Frankfurt/M., ev., verh. m. Dr. Karola, geb. Simons, 2 Söhne (Eckhard, Axel) - 1949 MPI f. Arbeitsphys., 1956 MPI f. Ernährungsphys. Dortmund - Promot. (1952) u. Habil. (1961) Bonn - S. 1961 Lehrtätig. Univ. Bonn (1967 apl. Prof. f. Ernährungslehre u. Ernährungswirtschaft, 1971 o. Prof. f. Ernährungsphysiol. u. Hauswirtsch.wiss.). Kommiss. Nutrition Int. Assoc. Rural Medicine; Wiss. Leiter d. Wiss.-Techn. Ernährungsforen - BV: Lebensmittellehre, 6. A. 1976; Lebensmittel in ernährungsphysiol. Bedeutung, 3. A. UTB Nr. 117; Ernährungssituation 1 u. 2, UTB Nr. 664 u. 665; Einführung in d. Ernährungslehre (m. E. Kofrányi), 10. A. 1987. Herausg.: Leitfaden d. Gemeinschaftsverpflegung (1981). Zahlr. Einzelarb. - Ehrenmitgl. d. Schweizer Verb. f. Gemeinschaftsverpflegung; Purkyne-Med. f. Physiologie in Gold d. Akad. d. Wiss. Prag, CSSR.

WIRTZ, Eduard
Dr.-Ing., Berat. Ingenieur - Wildenbruchstr. 38c, 4000 Düsseldorf 11 (T. 55 46 59) - Geb. 11. Aug. 1913 (Vater: Eduard W.; Mutter: Anna, geb. Beetz), verh. m. Katy, geb. Radermacher, S. Jochen - Realgymn.; TH Aachen; Dipl.-hauptprüf. 1936; Promot. 1975 - 1938-71 Beton- u. Monierbau AG, Düsseldorf, 1961-71 Vorst.-Mitgl. der BuM AG, 1956-66 u. 1975-79 Vorst.-Mitgl. Wirtschaftsvereinig. Bauind. NRW, 1962-66 Vors. - BV: Ingenieurpraxis in d. Bauunternehm., Fachb. 1982 - 1979 BVK 1. Kl.

WIRTZ, Franz A.
Dr. rer. nat., geschäftsf. Gesellschafter Grünenthal GmbH, Mitgl. d. gf. Vorst. u. Schatzm. Bundesverb. d. Pharmazeutischen Ind. - Steinfeldstr. 2, 5190 Stolberg/Rhld.

WIRTZ, Fritz
Gewerkschaftsangestellter, MdL Nordrh.-Westf. (s. 1970) - Uhlandstr. 92, 4630 Bochum (T. 1 32 60) - Geb. 24. Juni 1921 Gelsenkirchen, verh., 2 Kd. - Volkssch.; Werkzeugmacherlehre; Ausbild. Techn. Zeichner; 1947-48 Akad. d. Arbeit - S. 1954 Vors. DGB Kr. Neuss-Grevenbroich u. Bochum-Wattenscheid (1960), I. Bevollm. u. Geschäftsf. IG Metall/Verw.sst. Bochum (1966) 1969 ff. Stadtverordn. Bochum. SPD s. 1946.

WIRTZ, Karl
Dr. phil., em. o. Prof. Univ. Karlsruhe, Phys. Grundl. d. Reaktortechn. - Siebenmannstr. 10, 7500 Karlsruhe 41 (T. Karlsruhe 47 44 50) - Geb. 24. April 1910 Köln (Vater: Carl W., Senatspräs. OLG Köln; Mutter: Hildegard, geb. Krebs), kath., verh. s. 1941 m. Ottonie, geb. v. Ziegner, T. Christiane - Friedrich-Wilhelm-Gymn. Köln; Univ. Bonn, Freiburg/Br., Breslau (Physik, Math., Chemie). Promot. 1934 Breslau; Habil. 1938 Berlin - 1937-57 Mitarb. Kaiser-Wilhelm- bzw. Max-Planck-Inst. f. Physik, Berlin bzw. Göttingen (Leit. Experimentelle Abt.), ab 1941 Doz. Univ. Berlin, 1948-57 apl. Prof. Univ. Göttingen, s. 1957 o. Prof. TH Karlsruhe, außerd. em. Dir. Inst. für Neutronen-Physik u. Reaktortechnik Kernforschungszentrum Karlsruhe-Leopoldshafen - BV (Mitautor): Kosm. Strahlung, 2. A. 1953 (Heisenberg); Elementare Neutronenphysik, 1958 (Beckurts); Neutron Physics, 1964 (m. Beckurts); D. unverstandene Wunder - Kernenergie in Dtschl., 1975 (m. K. Winnacker) - 1975 Gr. BVK - Ausw. wiss. Mitgl. Max-Planck-Ges.

WIRTZ, Michael
Dipl.-Kfm., Geschäftsführer Chemie Grünenthal GmbH., Stolberg - Am Forsthaus 8, 5103 Brand Kr. Aachen - Geb. 3. Jan. 1939 - AR-Mand.

WIRTZ, Tiny
Prof., Konzertpianistin, Leiterin Meisterkl. f. Klavier Staatl. Hochsch. f. Musik Köln - Belvederestr. 34, 5000 Köln 41 (T. 0221 - 497 18 26) - Konzerttätigk. m. namh. Orch. u. Dirig.; Solo- u. Kammermusikabende, Rundfunkaufn., Konzertreisen in Europa, Amerika u. Asien, intern. Meisterkurse. Schallpl. - Liebh.: Mod. Malerei, Lit. - Lit.: Wilfried Brennecke, Komp. u. Interpret, e. Brief v. B.A. Zimmermann an Tiny Wirtz (in: Musica, Jahrg. 38, Heft 4, 1984).

WIRTZ, Waltfried F.
Hauptgeschäftsführer GHM Ges. mbH Schöninger, Luhe-Wildenau, E. Hellenthal & Cie., Aachener Spiegelmanufaktur GmbH & Co. KG, Aachen u. Hannover, Sanica, Luhe-Wildenau - Fasanenweg 4, 8481 Schirmitz (T. 0961 - 4 43 72) - Geb. 22. Aug. 1924 Ratzeburg, ev., verh. s. 1953 m. Margarete, geb. Brückmann, S. Peter - Abit. 1942; Stud. Maschinenbau TH München - 1958 Verkaufsleit., 1962 Verkaufsdir., 1970 Geschäftsf. s. o. Zahlr. Ehrenstell. - 1975 BVK; 1987 BVK I. Kl. - Liebh.: Wirtschaftspolitik, Lit. - Spr.: Engl., Franz. - Bek. Vorf.: Hermann Löns (Onkel).

WISBECK, Jörg
Graphiker, Bühnenbildner - Schleißheimer Str. Nr. 118, 8000 München 13 (T. 18 86 12) - Geb. 30. Jan. 1913 München (Eltern: August (Schriftst. †1953) u. Herta W.), kath., led. - Realgymn. u. Kunstakad. München (Bildhauerei: Prof. Wackerle, Zeichnen: Prof. Gulbransson) - Karikaturist (1946 ff.), Bühnenbildner Bayer. Fernsehen u. fr. Filmarch. (1955 ff.). Zahlr. Bildw. - 1968 Schwabinger Kunstpreis f. Malerei - Spr.: Engl., Franz. - Bek. Vorf.: Hans v. W., Staatsrat bayer. Kultusmin. (Großv.).

WISCHER, Robert
Dipl.-Ing., Prof., Architekt (Sozietät Heinle, Wischer u. Partner), Gesellsch. Heinle, Wischer & Partner Planungsges. mbH - Rotenbergstr. 8, 7000 Stuttgart 1 (T. 28 02 91); priv.: Schorlemerallee 21a, 1000 Berlin 33 - Geb. 7. Juli 1930 Wilhelmshaven (Vater: Herbert W., Schiffsbauer, zul. Ministerialrat; Mutter: Frieda, geb. Radtke), ev. 1949-55 TH Stuttgart (Dipl.-Ing.) - S. 1962 fr. Arch. Stuttgart. 1976ff. o. Prof. TU Berlin (Fachgeb. Entwerfen, Bauten d. Gesundheitswesens, Inst. f. Krankenhausbau; Forsch.schwerpunkt: regionale Gesundheitsversorgung) - Bauten: Univ.-Klinik Köln, Göttingen, Operatives Zentrum Essen, Univ. Regensburg u. Kaiserslautern, Kreiskrkhs. Leonberg, Freudenstadt, Säckingen, Bundeswehrkrkhs. Ulm, Rhein. Landesklin. Bonn, Funktionsneubau Städt. Katharinenhospital, Stuttgart, Krkhs. Berlin-Spandau, Klinikum d. Stadt Ludwigshafen; Hochsch. d. Bundeswehr Hamburg; Datenzentrale Schlesw.-Holst. Kiel, Rechenzentrum Bremen - BV: Ein- oder Mehrbettzimmer im Akut-Krkhs. - Analysen ihrer Tauglichkeit; D. Friesen-Konzept f. d. Krkhs. u. d. Gesundheitswesen v. morgen. Herausg. d. Reihe: Bauten d. Gesundheitswesens am Inst. f. Krankenhausbau TU Berlin. Fachaufs. - Liebh.: Segeln, Ski - Spr.: Engl.

WISCHERMANN, Heinfried
Dr., Prof., Kunsthistoriker - Urbanstr. 1, 7800 Freiburg (T. 0761 - 3 40 01) - Geb. 25. Mai 1943 Oberhausen/Rhld., verh. m. Kristin E., geb. Frank, 3 Kd. (Frank H., Mirjam E., Katharina S.) - Stud. Univ. Bonn, Paris, Freiburg; Promot. 1971; Habil. 1977 - S. 1980 apl. Prof. Univ. Freiburg - BV: Schloß Richelieu, 1971; Fonthill Abbey, 1977; London, 1986; Romanische Kunst in Baden-Württ., 1987; Kunstdenkmäler in Südfrankreich, 1989; Kunstdenkmäler in Burgund, 1991. Herausg.: Berichte u. Forschungen z. Kunstgesch. 1 (1979ff.).

WISCHMANN, Berno
Dr. phil., Prof., ehem. Dekan F. B. Sport Johannes-Gutenberg-Univ. Mainz - Teichweg 30, 6570 Kirn/Nahe (T. 83 11; dstl.: Mainz 22 10 32) - Geb. 26. Dez. 1910 Tønder/Dänemark (Vater: M. W., Rektor; Mutter: Bothilde, geb. Wrang), ev., verh. s. 1937 m. Vera, geb. Benkelberg, 4 Kd. (Berno, Antje, Haia, Inga) - Sporthochsch. Berlin; Univ. Kiel, Berlin, Mainz (Päd., Psych., Sport, Kunstgesch.). Diplom-Sportlehrer 1936 Berlin; Promot. 1954 Mainz - 1936-39 Sportlehrer München u. Hamburg (1938); 1939-44 Wehrdst. (u. a. Begleitoffz. Rommels in Afrika); 1949-56 Leit. Sportamt Univ. Mainz. S. 1938 Trainer Dt. Leichtathletik-Nationalmannsch. b. Europameisterschaften u. d. Olymp. Spielen Melbourne, Rom, Tokio, Mexico-City, München; Betreuer Europamannsch. b. Erdteilkampf Amerika-Europa. Vors. Bundesfachauss. d. F.D.P. - BV: D. moderne Sport, 1955; Z. Problem d. Mutes in d. körperl. Erziehung, 1959; D. Methodik d. Leichtathletik, 2. A. 1965 (jap. 1962); D. Fairneß, 1962; Wert, Bedeutung u. Auftrag sportl. Hochleistungsstrebens, 1967; Sport nach 35, Leibesübungen u. Sport d. Germanen, D. Weg z. Erfolg in d. Leichtathletik. Viele Fachabh. - 1965 Prof.-Titel; Hans-Braun-Preis, Philip-Noel-Balzer-Preis d. UNESCO; 1979 Hanns-Heinrich-Sievers-Preis; Recherche de la qualité des Ordre de St. Fortunat; Gr. BVK - Liebh.: Sammelt Holzplastiken u. Sportzeichnungen aus aller Welt.

WISCHMEYER, Helmut
Geschäftsführer Heimstätten Gesellsch. mbH, Sanierungsges. Lübecker Wohnungsuntern. mbH, u. LUBECA Verwaltung GmbH, alle Lübeck - Junoring 8, 2400 Lübeck (T. 160 05 71) - Geb. 15. Okt. 1935 Berlin (Vater: Richard W., Geschäftsf.; Mutter: Hildegard, geb. Dibbert), ev., verh. s. 1961 m. Helga, geb. Hein, 2 Töcht. (Stefanie, Christine) - Realschule - Vorst.-Mitgl. Haus- u. Grundbes.verein Lübeck u. Verb. Schl.-Holst. Haus-, Wohnungs- u. Grundeigent. e.V. (Landesverb. Kiel), Possehlstiftg. Lübeck u. Ges. z. Beförd. gemeinn. Tätigk., Lübeck; VR Provinzial Kiel, u. Sparkasse Lübeck - BV: Aufs. in Fachztschr. - Liebh.: Musik, Sport - Spr.: Engl. - Rotarier.

WISCHNER, Claus
Staatssekretär Senatsverw. f. Gesundheit u. Soziales (1985), MdA Berlin (s. 1971) - Säntisstr. 56, 1000 Berlin 48 (T. 741 56 34) - Geb. 28. März 1935 Berlin, verh., 4 Kd. - 1953-56 Maurerlehre; 1957-60 Helene-Weber-Akad. (Staatsex.) - S. 1961 Tätigk. Jugendamt Steglitz (Amtsleitung Familienfürsorge). 1967-71 Bezirksverordn. Tempelhof. CDU s. 1959 - 1985 DRK-Ehrenz.

WISCHNEWSKI, Klaus
Dramaturg, Filmautor, Kritiker (Peter Ahrens), Programmdir. Dok.-Festival Leipzig - Binzstr. 65, O-1100 Berlin - Geb. 11. Dez. 1928 Kolberg, verh. s. 1954 m. Christa Vetter-W., 2 Kd. (Ralf-Peter, Katja) - Univ. Leipzig 1949/50 Kulturpolitik; 1950-53 Theaterinst. Weimar; Dipl. Theaterwiss. 1953 - 1960-65 Chefdramat. DEFA-Spielfilmstudio; 1976-84 Chefdramat. Deutsches Theater Berlin - BV: Brüche - Krisen - Wendepunkte (m. a.), 1990; Kahlschlag (m. a.), 1991. Herausg.: Konrad Wolf (1985) - Dramat.: FAUST, 1968; Dok.-Film-(Autor): D. Jahr 1945; Spanien im Herzen; E. Deutsche Karriere - Jeder konnte es sehen - 1988 Heinrich Greif Preis; 1986 PEN.-Mitgl. - Liebh.: Zeitgesch., Film, Medien - Spr.: Engl., Franz.

WISÉN, Lars
Dipl.-Ing., Vorstandsvorsitzender Tarkett Pegulan AG, u. Generaldirektor Tarkett AB - Zu erreichen üb. Tarkett Pegulan AG, Foltzring 35, 6710 Frankenthal (T. 06233 - 8 12 13) - Geb. 21. Juni 1944 Stockholm/Schweden, verh., 1 Sohn - Stud. Maschinenbau, Hoch- u. Tiefbau in Stockholm u. Gothenburg - Liebh.: Golf - Spr.: Deutsch, Engl., Franz., Schwed.

WISKEMANN, Arthur
Dr. med., Univ.-Prof. i. R. - Gottorpstr. 5, 2000 Hamburg 52 (T. 880 23 11) - Geb. 28. April 1922 Hamburg - Habil. 1959 - 1966 apl. Prof. f. Haut- u. Geschlechtskrankh. Spezialgeb. Dermatol. Radiologie - Viele Fachveröff.

WISMER, K. H.
Dipl.-Volksw., Dipl.-Kfm. Geschäftsführer Düsseldorfer Messegesellschaft mbH./NOWEA - Messegelände, 4000 Düsseldorf 30.

WISNIEWSKI, Roswitha
Dr. phil., Prof. f. Dt. Philologie, MdB (1976ff.) - Klingenweg 17/1, 6900 Heidelberg (T. 06221 - 80 27 97) - Geb. 23. Sept. 1926 Stolp/Pommern (Vater: Bruno W., Architekt; Mutter: Edith, geb. Berndt) - Lessing-Sch. Stolp; Univ. Berlin (Humboldt u. Freie), Marburg, Bonn (German., Klass. Philol., Theol.) - S. 1960 (Habil.) Lehrtätigk. Univ. Berlin/Freie (1965 apl. Prof.), Kairo, Heidelberg (1967 Ord.). 1982ff. Präs. Dt.-Ägypt. Ges. - BV: Mittelhochdt. Grammatik, 1956, 9. A. 1984 (m. Helmut de Boor; Samml. Göschen); D. Darstell. d. Niflungenuntergangs in d. Thidrekssaga, 1961; Kudrun, 2. A. 1969; Deutsche Grammatik, 1978; Kreuzzugsdichtung, 1984; Dietrichdichtung, 1986; Handb. f. Frauenfragen (m. Bischof Hermann Kunst), 1988.

WISOTZKI, Karl Heinz
Dr. phil., Univ.-Prof., Direktor d. Forschungsstelle f. neue Rehabilitationstechnologien (FNR) Univ. Köln - Auguste-Viktoria-Str. 37, 5040 Brühl - Geb. 17. Sept. 1936 Bochum, verh. m. Marianne, geb. Struschka - Stud. German., Klass. Philol., Psych., Sonderpäd. Univ. Münster, Bochum, Köln; Promot. 1978 Bochum; Habil. 1985 Köln; 1. u. 2. Staatsprüf. 1965 u. 68 Münster - Dir. Seminar f. Hörgeschädigtenpäd. Univ. Köln; Dekan d. Heilpäd. Fak. d. Univ. zu Köln - BV: Aspekte d. Sprachererwerbs, 1980; Didaktik e. computerunterstützten Sprachaufbaus, 1988.

WISSE, Friedrich
s. Weiß, Friedrich

WISSEL, Christian
Dr. rer. nat., Prof. f. Theoret. Physik Univ. Marburg (s. 1972), u. Privatdoz. f. Theoret. Biologie - Im Gang 4a, 3550 Marburg (T. 4 76 65) - Geb. 15. Juli 1943 Königsberg/Ostpr. (Vater: Prof. Hans W., Bildhauer †; Mutter: Annelise, geb. Schmidt), verh. m. Andrea, geb. Harnier, 2 Kd. (Juliane, Mathias) - Werdenfels-Gymn. Garmisch-Partenkirchen; TH München u. Univ. Marburg (Dipl.-Phys. 1969). Promot. Marburg; Habil. Frankfurt - Stipendiat Garching/Obb. (1 1/2 J., insb. Vierteilchenphysik) u. Wiss. Asist. Marburg (2 1/2 J.). Arbeitsgeb.: Theoret. Ökologie - Liebh.: Blockflöte, Skilaufen - Spr.: Engl.

WISSEMANN, Heinz
Dr. phil., o. Prof. f. Slavistik - Kettelerstr. 43, 6500 Mainz-Finthen - Geb. 12. März 1912 Kulm/W. (Vater: Dr. Walther W., Studienrat; Mutter: Anna, geb. Otto), kath., verh. s. 1951 m. Marianne, geb. Fiebig - Gymn. Soest/W.; Univ. Besancon u. Berlin (Slav. Philol., Indogerman. Sprachwiss., Psych.). Promot. 1938 Berlin; Habil. 1951 Münster - S. 1952 Lehrtätigk. Univ. Tübingen (1958 apl. Prof.), Gießen (1962 o. Prof.). Mainz (1969) - BV: Unters. z. Onomatopoiie, 1954. Zahlr. Einzelarb.

WISSER, Richard
Dr. phil., Univ.-Prof. - Lutherring 29, 6520 Worms/Rh. (T. 2 48 03); dstl.: Saarstr. 21, Phil. Seminar I, Univ., 6500 Mainz - Geb. 5. Jan. 1927 Worms (Va-

ter: Robert W., Facharzt; Mutter: Charlotte, geb. Fürst), kath., verh. s. 1957 m. Gisela, geb. Depker, 2 Söhne (Gregor, Andreas) - Altspr. human. Gymn. Worms; Stud. Mainz, Cordoba (Argentinien). Promot. 1954; Habil. 1966 Mainz - 1953 Wiss. Assist. Univ., s. 1966 Privatdoz., s. 1971 Prof.; 1957-67 Fachref. f. Philosophica Frankfurter Allgemeine Ztg.; 1963-69 Lehrtätigk. Ausbild.stätte AA, Bonn; 1963-77 Beratertätigk. ZDF; 1952-58 Vorst.-Mitgl. Allg. Ges. f. Phil. in Dtschl.; s. 1979 Dir. intern. Phil.-Kurse am Inter Univ. Centre Dubrovnik/Jugoslawien; 1979-85 Dekan u. Prodekan Mainz; Org. Intern. Jaspers conference b. Weltkongreß f. Phil. Montréal (1983) u. Brigthon (1988); Gastprof. Waseda-Univ. Tokyo (1988) - BV: u.a. V. Tanz als Leitfaden leibhaften Kunst- u. Weltverständnisses, 1983 (Distanz u. Nähe); Sicherheit - Möglichkeit od. Unmöglichkeit menschl. Existenz?, 1984 (Quo vadis Ind.ges.?); Fritz Heinemann - lebendig oder tot? (ZRGG), 1985 (span. 1986); Sinnfindung d. Lebens unter Einfluß d. Behandlung u. Annahme v. Krankheiten (Gesundh. - d. Menschen höchstes Gut?), 1986 (span. 1986); Nietzsche: Übermensch in Sicht? (Perspektiven, Durban), 1986; Albertus Magnus. E. Mensch a. d. Weg durch d. Wirklichk. (ZRGG), 1986; Die Fraglichk. d. Frage nach d. Menschen (Nietzsche Kontrovers 6), 1987; Martin Heidegger: Unterwegs im Denken, 1987; Anthropol.: Disziplin d. Phil. od. Kriterium f. Phil.? (Kant-Stud.), 1987; Hegel u. Heidegger, od. d. Wende v. Denken d. Denkens z. Seinsdenken, Zagreb 1987; Filosofia - Ciencia - Pensamiento (La Ciencia y la Técnica), Barcelona 1988; Karl Jaspers today: Philosophy at the Threshold of the Future (with L. H. Ehrlich), 1988; Martin Buber. Dialogik d. anthropol.-ontol. Zwischen (D. Phil. in d. mod. Welt), 1988; Anthropol. Grundl. d. Verantwort. (Wirtschaftspäd. im Spektrum ihrer Problemstellung), 1988; D. Fernseh-Interview m. Heidegger u. Nachdenkl. Dankbark. (Antwort. Martin Heidegger im Gespräch), 1988 (engl. in Martin Heidegger and Nationalsocialism. Questions and Answers, New York 1990); Ver-antwortlich Mensch sein (1948-88. 40 J. Peter Wust-Gymnasium, Wittlich), 1988; Mutmaßungen üb. Schmerz, Krankheit u. Mensch-Sein (ZRGG), 1988; Bildwerdung d. Welt - Weltwerd. d. Bildes (Medienpäd. Beitr.), 1989; Nietzsche (Tetsugaku-Sekai, Tokyo), 1989; V. d. Entdeckung d. wahren Vico: Geschichtsmächtigkeit u. Verstehbarkeit v. Gesch. (ZRGG), 1989; La naturaleza y la comprensión de la naturaleza como problema filosófico (Fol. Humanistica, Barcelona), 1990; Von d. Unumgänglichk. d. Nicht-Anderen f. alle Arten d. Anderen (in: L'Homme et l'Autre, Nancy 1990); Appropriazione e Discernimento: Jaspers-Heidegger (in: Heidegger, Brescia 1990); Martin Heidegger, Was ist Metaphysik; Metafizik Nedir? - Richard Wisser, Martin Heideggers vierfältiges Fragen, in Dörtlü Sorgulamasi Metafizik nedir? le Öncü-Olana, Bakmak, Ankara 1991; Natur liebt es sich zu verbergen (Heraklit). Natur u. Naturverständnis als phil. Problem (ZRGG), 1992; El mundo se hace imagen - La imagen se hace mundo (Fol. Humanistica), 1992; Wiss. Film üb. Nicolaus Cusanus (1964 ZDF); Wiss. Film z. 80. Geb. Martin Heidegger (1969 ZDF); Martin Heidegger, Im Denken unterwegs (1975 ARD); Erinnerungen an Martin Heidegger, Neske (1977 Fernseh-Interview). S. 1977 Mithrsg. Folia Humanistica - Liebh.: Kunst (Porzellan, Graphik u.a.) - Lit.: Ricardo Maliandi, El filosofo R. W. y su 'responsabilidad', in Fol. Human. VIII, 93, Barcelona 1970; José A. Soto, Responsabilidad y cambio histórico en Richard Wisser, in Fol. Human. X, 109/110, 1972.

WISSMANN, Johannes

Dr.-Ing., o. Prof. f. Leichtbau TH Darmstadt (s. 1967) - Ostpreußenstr. 36, 6100 Darmstadt-Eberstadt (T. 5 18 12) - Geb. 25. Dez. 1928 - 1957-67 Forschungstätigk. USA. Facharb.

WISSMANN, Matthias

Rechtsanwalt, MdB (s. 1976; Wahlkr. 169/Ludwigsburg), Bundesvorstandsmitgl. CDU (s. 1975) - Zuckerberg 79, 7140 Ludwigsburg - Geb. 15. April 1949 Ludwigsburg (Vater: Paul W., selbst. Kaufm.; Mutter: Margarete, geb. Kalcker), kath., led. - Friedr.-Schiller-Gymn. Ludwigsburg (Abit.), Stud. Rechtswiss., Volkswirtsch. u. Politik Tübingen u. Bonn. 1974 u. 1978 jurist. Staatsex. - Rechtsanwalt - 1970-71 polit. Assist. im Dt. Bundestag, s. 1971 Mitgl. Bundesvorst. Junge Union (Schülerreferat, Schülerunion gegr.), 1973-83 Bundesvors.; 1975 CDU-Bundesvorst., 1976-82 Präs. Europ. Union Junger Christl. Demokraten (EUJCD); 1981-83 Vors. Enquete-Kommiss. Dt. Bundestag: Jugendprotest im Demokratischen Staat; s. 1983 Wirtschaftspolit. Sprecher CDU/CSU-Bundestagsfraktion; s. 1985 Vors. CDU Nordwürtt. - BV/Hg.: F. e. humane Ges. - z. Programmdenken d. jungen Generation, 1976; Zukunftschancen d. Jugend, 1979; Einsteigen statt Aussteigen, 1983; Marktwirtsch. 2000, 1983; u. a. - Liebh.: Klavierspielen, Lit., Hockey (b. 1973 Bundesligaspieler, mehrf. württ. Hockeymeister m. HC Luwigsb.), Tennis, Ski - Spr.: Engl., Franz.

WISSMANN (ß), Peter

Dr. rer. nat., Wiss. Rat u. Prof. Inst. f. Physikal. u. Theoret. Chemie sow. apl. Prof. f. Physikal. Chemie Univ. Erlangen-Nürnberg (s. 1978) - Esperstr. 43, 8521 Uttenreuth/Mfr. - Geb. 6. Dez. 1936 Göttingen (Vater: Walter W., Regierungsbaudir.; Mutter: Lotte, geb. Mantzel), ev., verh. s. 1971 m. Ruth, geb. Schüßler - TU Hannover (Dipl.-Phys. 1965) u. Univ. München (Math., Phys.) - B. 1967 TU Hannover, dann Univ. Erlangen (1972 Doz.) - BV: The electrical resistivity of pure and gas covered metal films, in: Springer Tracts in Modern Physics 77 (1975); Herausg.: Thin Metal Films and Gas Chemisorption, Elsevier Amsterdam (1987) - Liebh.: Kirchenmusik - Spr.: Engl., Franz., Span.

WITASEK, Lisa

Dr., Schriftstellerin - Bernardgasse 28/7. A-1070 Wien (T. 0222 - 961 07 04); u. Traunstr. 14, A-5026 Salzburg (T. 0662 - 2 32 60) - Geb. 8. März 1956 Salzburg/Österr., ledig - Stud. Musik, German. u. Sprachwiss. Univ. Salzburg, München, Wien; Promot. - 1981-86 Presseref. Hochsch. Mozarteum Salzburg; s. 1986 Presseref. Hochsch. f. Musik u. darst. Kunst Wien - BV: D. Umarmung od. d. weiße Zimmer, 1983; Friedas Freund, 1984. Theaterst. Leibspeise, Tragikkomödie (UA 1987 Städt. Bühnen Münster), Früher Vogel (1989), Baum u. Bank (1991) - Spr.: Engl., Franz., Isländ. - Bek. Vorf.: Stefan W., Philosoph aus d. Grazer Kreis.

WITFELD, Hartmut

Dr.-Ing., Prof. f. Mechanik u. Schwingungslehre Univ. d. Bundeswehr Hamburg - Fichtenweg 3, 2075 Ammersbek - Geb. 7. Aug. 1936 Berlin, verh. s. 1962 m. Karin, geb. Ruhrmann - 1956-62 Maschinenbau-Stud. Hannover; Promot. 1969 - 1966-69 wiss. Assist.; 1969-74 Obering.; s. 1975 Prof. Hamburg.

WITH, de, Hans

Dr. jur., Landgerichtsrat a. D., Parlam. Staatssekr. a.D. (1974-82), MdB (s. 1969) - Frutolfstr. 26b, 8600 Bamberg/Ofr. (T. 6 27 88) - Geb. 21. Mai 1932 Gera/Thür., verh., 2 Kd. - Gymn. Coburg (Abit. 1951); Univ. Erlangen u. Cornell/USA (Rechtswiss., Volksw.). Jurist. Staatsprüf. 1955 u. 1960; Promot. 1959 - S. 1960 bayer. Justizdst. (1962 Staatssanw., 1966 LGrat; 1983 Rechtsanw.). 1966-69 Mitgl. Stadtrat Bamberg. SPD s. 1962 (Bezirksvorst.-Mitgl. Oberfranken).

WITHOF, Georg C. K.

Geschäftsführer Georg C. K. Withof GmbH., Kassel-Bettenhausen - Elsterweg 5, 3500 Kassel-Harleshausen - Geb. 12. Okt. 1924 (Vater: Georg C. K. W. †1973, Firmengründer; Mutter: Margarethe, geb. Glasmacher), verh. m. Hildburg, geb. Ferke.

WITHOIT, Norbert

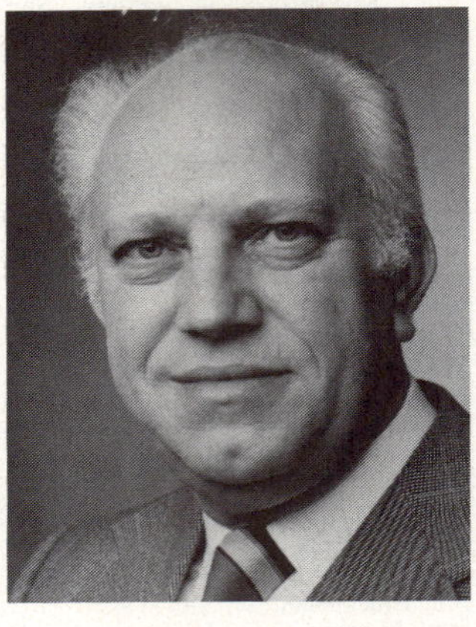

Alt-Bürgermeister Stadt Bochum (s. 1989) - Wielandstr. 64, 4630 Bochum 1 (T. 0234 - 51 37 37) - Geb. 12. Aug. 1926 Bochum, kath., verh. s. 1986 m. Ellen, geb. Caspari - Human. Gymn. Bochum u. Augsburg - AR-Mitgl. d. VBW u. d. WMR - Ehrenring d. Stadt Bochum - Spr.: Griech., Latein.

WITSCHEL, Günter

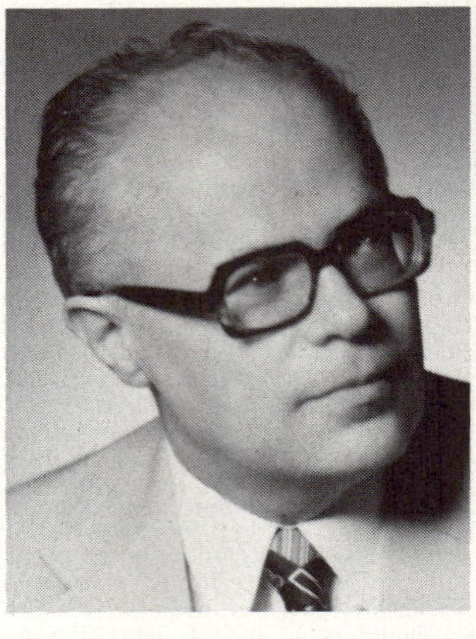

Dr. phil. habil., Univ.-Prof. f. Lit. u. Phil. Hohenheim (s. 1987) - Alte Dorfstr. 48, 7000 Stuttgart 70 (T. 0711 - 45 28 76) - Geb. 8. Sept. 1927 Görlitz, ev., verh. m. Rosa Maria, geb. Ostrowitzki - Staatsex. f. d. Gewerbelehramt 1952 Solingen-Ohligs; Staatsex. f. Deutsch 1966 Köln; Promot. (Phil.) 1961 Bonn; Habil. (Phil.) 1977 Stuttgart. Emerit. 1989 - BV: u. a. Ethik auf realistischer Grundlage, 1981; Aus d. Schule geplaudert. Konstruktive Literatur, 1986; Kleine Schriften zu Ethik, Ontologie u. Literaturwiss., 1988; D. Tod d. Epikur, 1992.

WITSCHEL, Heinrich

Dr. med., Prof. f. Augenheilkunde Univ. Freiburg im Br. (s. 1988) - Univ.-Augenklinik Freiburg, Killianstr. 5, 7800 Freiburg im Br. - Geb. 12. Juli 1937 Nürnberg (Vater: Friedrich W., Arzt; Mutter: Käthe W.), ev., verh. s. 1966 m. Marianne, geb. Boesenecker, 3 Kd. - Med. Staatsex. 1964 Erlangen, Promot. 1965, Habil. 1977 Freiburg - 1977-84 Oberarzt Univ.-Augenklinik Freiburg; 1984-88 Dir. Augenklinik Univ.-Klinikum Steglitz; s. 1988 Dir. Univ.-Augenklinik Freiburg. Wiss. Veröff. in in- u. ausl. Fachztschr., Buchbeiträge.

WITT, Alfred N.

Dr. med., o. Prof. u. Direktor Orthopäd. Univ.sklinik München (s. 1968) - Harlachinger Str. 51, 8000 München 90 (T. 2 60 91); priv.: Lengmoostr. 5 - Geb. 9. Febr. 1914 Strößendorf/Ofr. (Vater: Karl W., Beamter; Mutter: geb. Schlund), ev., verh. s. 1941 m. Eleonore, geb. Schuchart, 3 Kd. - 1933-38 Stud. Habil. 1950 München - 1939-45 Lazarettätigk., dann Oberarzt u. Oberreg.smed.rat (1950) Staatl. Versehrtenkrkhs. Bad Tölz/Obb., 1954-68 o. Prof. u. Dir. Orthop. Klinik (Oskar-Helene-Heim) FU Berlin. Präs. Dt. Orthop. Ges. (1959/60) u. Dt. Ges. f. Unfallheilkd., Versicherungs-, Versorgungs- u. Verkehrsmed. (1963/64); Ehrenmitgl. Dt. Orthop. Ges.; Mitgl. Kommiss. f. Traumatol. u. Verbrennungen Hohe Behörde d. Montanunion; berat. Landesarzt f. d. Durchf. d. Körperbehindertenfürsorge - BV: D. Behandlung d. Pseudarthrosen; Sehnenverletzungen u. Sehnen-Muskeltransplantationen, Handbuchbeitr. u. Fachaufs. Mithrsg.: Ztschr. f. Orthop., Archiv f. orthop. u. Unfall-Chir., Monatsschr. f. Unfallheilkd. u. a. - Ehrenmitgl. Vereinig. d. Orthopäden Österr. s. (1959) u. Türk. Ges. f. Orthop. u. Traumatol. (1970); 1964 Mitgl., 1969 Senator Dt. Akad. d. Naturforscher (Leopoldina); korr. Mitgl. Span., Österr., Schweizer., Franz., Amerik. u. Ecuador. Ges. f. Orthop. u. Traumatol.

WITT, Claus Peter

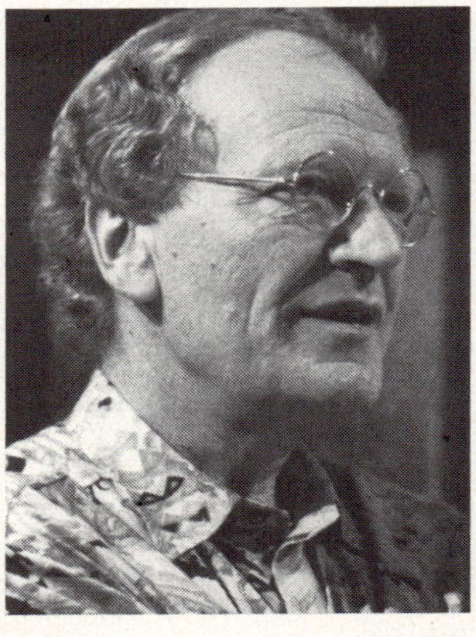

Regisseur - Loogestieg 10, 2000 Hamburg 20 (T. 040 - 48 85 22) - Geb. 24. März 1932 Berlin (Vater: Dr. Claus W., Zahnarzt; Mutter: Dr. Helle, geb. Paetzold), verh. m. Lilly, geb. Scherdin - 1951-54 Stud. Frankfurt u. Berlin - 1954-55 Regieassist. in Darmstadt; Regiss. in Wiesbaden, Konstanz, Braunschweig. Div. Arbeiten f. d. Fernsehen, u. a. Mathilde Möhring, D. Dämonen, Väter u. Söhne, Oblomov, Kudenow, Tod e. Schülers, Fremdes Land, Diese Drombuschs, D. Wilsheimer, Lorentz u. Söhne, Hotel Paradies, D. Auge Gottes - 1966 Gold. Kamera; 1983 Teleconfronto.

WITT, Dieter

Dr. rer. pol., Univ.-Prof. Inst. f. Sozialökonomik d. Haushalts TU München (s. 1986) - Rudliebstr. 58, 8000 München 81 (T. 089 - 98 14 24) - Geb. 25. März 1941 Landshut, kath., verh. s. 1970 m. Irmtraut, geb. Wehner, 3 Kd. (Katharina, Theresa, Maximilian) - 1961-63 Wehrdst.; 1963-68 Stud. Betriebswirsch.-Lehre Univ. München; Dipl.-Kfm.; Promot. 1972 - 1975-86 stv. Vorst. Inst. f. Verkehrswirtsch. u. öfftl. Wirtsch. Ludwig-Max.-Univ. München. Veröff. in Sammelwerken u. Fachztschr. - 1991 Vors. d. Fachaussch. Großhaushalt d. Dt. Ges. f. Hauswirtschaft; Mitgl. wiss. Beirat f. Rationale Verkehrspolitik.

WITT, Hans-Joachim

Kaufmann - Zu erreichen üb.: BASF Aktiengesellschaft - 6700 Ludwigshafen/Rh. - Geb. 1927 Frankf./Oder - Abit. 1946 - 1947-49 kaufm. Lehre, s. 1950 BASF; 12 J. Indien u. Japan; 1968 Dir.; 1973 stv. u. 1975 o. Vorst.-Mitgl. BASF AG, Ludwigshafen - Liebh.: Ostasiat. Kunst, Theater, Musik.

WITT, Hans-Jürgen

Dr. med., Prof. Chefazt Frauenklinik Diakonissenanstalt, Flensburg - Knuthstr. 1, 2390 Flensburg - Geb. 12. Juli 1926 Kiel, ev. - S. 1961 (Habil.) Privatdoz. u. apl. Prof. Univ. Göttingen (Geburtshilfe u. Frauenheilkd.). Fachveröff.

WITT, Horst Tobias

Dr. rer. nat. (habil.), o. Prof. f. Physikal. Chemie - Sophie-Charlotte-Str. 11, 1000 Berlin 37 (T. 8 13 81 71) - Geb. 1. März 1922 Bremen, ev., verh., 3 Kd. (Roland, Carola, Ingrid) - Promot. 1950 Univ. Göttingen - 1952 MPI Göttingen; 1958 Privatdoz. Univ. Marburg; 1962 Ord. u. Dir. Max-Volmer-Inst./I. Inst. Physikal. Chemie TU Berlin. Entd.: Primärvorgänge d. Photosynthese. Fachveröff. - 1940 Lilienthal-Preis; 1959 Bodenstein-Preis; 1970 Feldberg-Preis; 1976 Charles-F.-Kettering-Preis; 1990 Otto-Warburg-Med.; 1965 Mitgl. EMBO; 1970 Dt. Akad. d. Naturforscher/Leopoldina Halle/S.; 1976 korr. Mitgl. Österr. Akad. d. Wiss.; 1986 korr. Mitgl. Akad. d. Wiss. Göttingen; 1988 Mitgl. Akad. d. Wiss. Berlin.

WITT, Matthias

Dipl.-Kfm., vereidigter Buchprüfer u. Steuerberater, Mitglied Hamburger Bürgerschaft (s. 1978) - Haselknick 2, 2000 Hamburg 65 - Geb. 14. Sept. 1951 Hamburg - Johanneum Hamburg (Abit. 1971); Bankpraktikum; Univ. Hamburg (Betriebsw. u. Rechtswiss.; Dipl.-Kfm. 1977) - 1977-82 Berater in e. Wirtschaftsprüfer- u. Steuerberaterpraxis; s. 1983 selbst. Steuerberat., s. 1988 vereid. Buchprüfer (in Sozietät m. Roggelin, Witt, v. Beust, Dr. Wülfing, Wirtschaftspr., Steuerber., RA). 1974-78 Mitgl. Bezirksvers. Hamburg-Nord u. Deput. Finanz- u. Justizbeh. (zeitw. Deput. Beh. f. Vermögen u. öfftl. Untern.). 1977-79 stv. Landesvors. u. Schatzm. Jg. Union; Fraktionssprecher f. öfftl. Unternehmen d. CDU-Bürgerschaftsfraktion; Mitgl. Dt.-franz. Ges.

WITT, Peter

Dipl.-Kfm., Steuerberater, Aachen - Branderhofer Weg 124, 5100 Aachen (T. 0241 - 6 71 44) - Geb. 11. Dez. 1938 Kiel, verh. s. 1978 in 2. Ehe m. Mikaela, 3 Kd. (Katrin, Anke, Nicolas) - Abit., Univ. Köln (Betriebsw.), Dipl.-Kfm.

WITT, Peter-Uwe

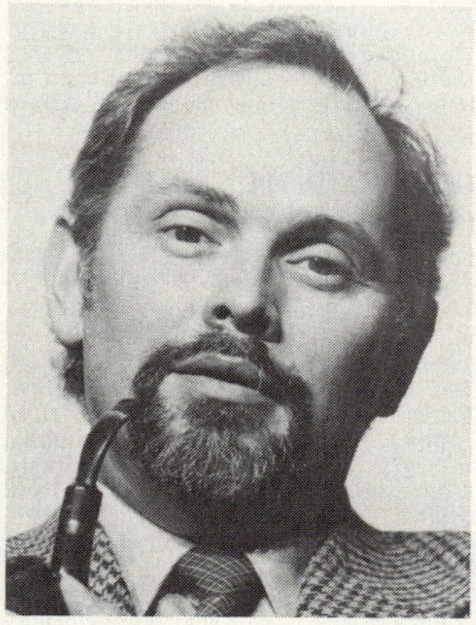

Schauspieler, Spielleiter, Chefdisponent am Landestheater Detmold - Marienstr. 54, 4930 Detmold (T. 05231 - 2 06 32) - Geb. 6. Juni 1942 (Mutter: Greta Paetow, Schausp. †1984), verh. s. 1977 m. Reinhild Friedlein (Solotänzerin), 2 Söhne (Sebastian, Thomas) - Schauspielausb. Max-Reinhardt-Sch. Berlin - Hörf., Synchrontätigk., Mitwirk. in 20 Spielfilmen, 25 Fernsehprod. u. Theaterengagem. (Schiller-, Schloßpark- u. Renaissance-Theater, Berlin; Theater am Goethepl. Bremen, Bad Gandersheimer Domfestsp., Städt. Bühnen Freiburg, Stadttheater Lüneburg [Ref. d. Int.], Kreuzgangsp. Feuchtwangen, Landestheater Detmold, Eutiner Sommerspiele); 1986 u. 87 Künstl. Leit. d. Freilichtspiele Bentheim; 1989-91 Spielleit. auf d. Goethe-Freilichtbühne Porta Westfalica; s. 1991 fr. Mitarb. v. RADIO LIPPE - Spr.: Engl., Franz.

WITT, Reimer

Dr. phil., Ltd. Archivdirektor, Leit. Landesarchiv Schlesw.-Holst. - Kolonnenweg 97, 2380 Schleswig (T. 04621 - 86 18 35 dienstl.; 3 41 09 priv.) - Geb. 1. Aug. 1941 Heide, ev., verh. s. 1968 m. Christa, geb. Tette, 2 Kd. (Ole Marten, Sötje) - 1952-61 Gymn. Heide; Stud. Lat. u. Gesch. Univ. Kiel u. Freiburg; Staatsex. 1968 Kiel, Promot. 1971 ebd. - 1970-71 Inst. f. Archivwiss. Marburg; s. 1970 Landesarchiv Schlesw.-Holst. (1984 Dir.). 1975 Leit. Arbeitsgem. f. Landesforsch., Schloß Gottorf; 1977-84 Lehrbeauftr. f. Gesch. PH Kiel; 1979-88 Schriftf. Ges. f. Schlesw.-Holst. Gesch. 1981 Mitgl. Lions-Club; 1986 Programmbeirat Radio Schlesw.-Holst.; 1989 Vorst.-Mitgl. Verein dt. Archivare - BV: Privilegien d. Landsch. Norderdithmarschen in gottorfischer Zeit (1554-1773), 1976; D. Geschichtl. Entw. d. Stadt Heide, 1980; D. Verwaltungsglieder. d. Kr. Flensburg (1867-1914), 1981; D. Anfänge v. Kartographie u. Topographie Schlesw.-Holst. (1475-1652), 1982 - Spr.: Engl., Franz.

WITTE, Barthold

Dr. phil., Ministerialdirektor Auswärtiges Amt - Adenauerallee 99-103, 5300 Bonn - Geb. 19. Mai 1928 Kirchberg/Hunsr. (Vater: Paul W., Pfarrer i. R.; Mutter: Dr. Cornelie, geb. Rathgen), ev., verh. s. 1952 m. Ursula, geb. Heinze, S. Frank - Schule Solingen, Dresden, Sobernheim/N. (Abitur 1946); 1947-51 Univ. Mainz u. Zürich (Gesch.) Promot. 1957 Mainz - 1952-64 Journ. Saarbrücken, Detmold, Bonn. 1964-71 Geschäftsf. Friedrich-Naumann-Stiftg., sd. ausw. Dienst. Vors. Öffentlichkeitsaussch. Ev. Kirche im Rhld., Mitgl. EKD-Synode, stv. Vors. Friedrich-Naumann-Stiftg., Ehrenmitgl. Liberale Internationale. FDP - BV: Herrschaft u. Land im Rheingau, 1958; Grundsätze lib. Gesellschaftsordnung, in: Menschenwürd. Ges., 1963; Was ist des Deutschen Vaterland?, 1967; D. preuß. Tacitus, 1979; Davids Sohn. D. Flucht nach Ägypten, 1985; Dialog üb. Grenzen, 1988 - BVK I. Kl.; Kommandeur Ehrenlegion - Spr.: Engl., Franz., Span. - Bek. Vorf.: Barthold Georg Niebuhr, Historiker, 1816 preuß. Gesandter Rom, 1776-1831 (ms.).

WITTE, Bernd

Dr. phil., Prof. f. Neuere dt. Literaturgesch. RWTH Aachen - Kupferstr. 13, 5100 Aachen (T. 0241 - 15 63 26) - Geb. 20. März 1942 Idar-Oberstein (Vater: Ferdinand W., Lehrer; Mutter: Katharina, geb. Tholey), kath., verh. s. 1970 m. Maria Rosanna, geb. Boyer, 2 Töcht. (Sara, Julia) - 1961-66 Univ. Münster, Tübingen u. Paris; Promot. 1966, Habil. 1976 - 1967-72 Assist. Sorbonne, Paris; 1972-79 wiss. Assist. u. Doz. RWTH Aachen; 1980 Univ.-Prof. Aachen - BV: D. Wiss. v. Guten u. Bösen, 1970; Abriß e. Gesch. d. dt. Arbeiterlit., 1973; Walter Benjamin - D. Intellektuelle als Kritiker, 1976; Walter Benjamin, Monogr. 1985. Herausg.: Dt. Lit. - E. Sozialgesch., Bd. 6 (1980); Franz Hessel: Alter Mann (1987); Datum u. Zitat bei Paul Celan (1987); C. F. Gellert: Schriften, 6 Bde. (1988ff.); Leben u. Werk C. F. Gellerts (1990) - Spr.: Engl., Franz.

WITTE, Eberhard

Dr. rer. pol., Dipl.-Kfm., o. Prof. f. Betriebswirtschaftslehre - Harthauser Str. 42b, 8000 München 90 - Geb. 3. Jan. 1928 Beelitz - Dipl.-Kfm. 1951 Berlin, Promot. 1955 ebd. (FU), Habil. 1962 Hamburg - S. 1962 Ord. WH bzw. Univ. Mannheim u. Univ. München (1970). Spez. Arbeitsgeb.: Führungsorg., Finanzwirtschaft d. Unternehmung, Empir. Entscheidungsforsch., Telekommunikation - BV: D. Liquiditätspolitik d. Unternehmung, 1963; D. Informtionsverhalten in Entscheidungsprozessen, 1972; Telekommunikationsbericht, 1976; Führungskräfte d. Wirtsch., 1981; Neue Fernsehnetze im Medienmarkt, 1984; Neuordnung d. Telekommunikation, 1987.

WITTE, Erich H.

Dr. phil. habil., Univ.-Prof. f. Psychologie - Detlev-v.-Liliencronstr. 11, 2000 Norderstedt 2 (T. 040 - 524 43 77) - Geb. 14. Mai 1946 Berlin, verh. s. 1970 m. Hannelore W., 2 Kd. (Nele, Daniel) - Abit. Berlin 1965, Dipl. Psych. 1970, Promot. 1973, Habil. 1977, alles Hamburg - BV: Psych. als empir. Sozialwiss., 1977; D. Verhalten in Gruppensituationen. E. theoret. Konzept, 1979; Signifikanztest u. statist. Inferenz, 1980; Sozialpsychologie, E. Lehrbuch 1989; Trennungs- u. Scheidungsberatung, 1991. Herausg.: Beitr. z. Sozialpsychol. (1980); Sozialpsychol. u. Systemtheorie (1990); Angewandte Sozialpsychol. (1991); üb. 60 Art. in wiss. Ztschr. - Spr.: Engl.

WITTE, Helmut

Dr. phil., o. Prof. f. Physikal. Chemie - Am Elfengrund 11, 6100 Darmstadt-Eberstadt (T. 5 15 21) - Geb. 18. Juli 1909 Braunschweig (Vater: Albert W.; Mutter: Clara, geb. Salge), verh. m. Gisela, geb. Struve, 2 Kd. - Gymn. Helmstedt; TH Braunschweig, Univ. München u. Göttingen (Naturwiss., Physik, Chemie; Promot. 1933) - Assist., 1939 Doz. Univ. Göttingen, 1948 apl., 1949 ao., 1954 o. Prof. TH Darmstadt (1960-62 Rektor, 1976 emerit.). 1965 ff. Senatsmitgl. DFG. Forschungsarb. auf d. Gebiet d. Röntgen-Strukturunters. u. d. Metallphysik. Zahlr. Fachveröff. - 1978 Ehrenmitgl. Dt. Bunsen-Ges.

WITTE, Peter A.

Kaufmann, Präs. Intern. Forum Burg Liebenzell, Vors. Gustav-Adolf-Gedat-Stiftg., stv. Vors. Arbeitskr. Dt. Bildungsstätten, Bonn - Postf. 1228, 7263 Bad Liebenzell/Württ. (T. 07052 - 20 66) - Geb. 1. April 1936 Stettin (Vater: Heinz W.; Mutter: Erika, geb. Schaffer), ev. - CDU (s. 1956; Vorst.-Mitgl. Kreisverb. Calw) - Spr.: Engl., Franz.

WITTE, Siegfried

Dr. med., Prof., Chefarzt i. R. Med. Abt./Diakonissenkrkhs. Karlsruhe (1968-90) - Hegaustr. 11, 7500 Karlsruhe 51 (T. 3 31 08) - Geb. 22. Sept. 1922 Garlitz (Vater: Helmut W., Pfarrer; Mutter: Hertha, geb. Rahmel), ev., verh. s. 1949 m. Elisabeth, geb. Beck, 3 Kd. (Ilsabe, Helmut, Reinhard) - S. 1958 (Habil.) Lehrtätigk. Univ. Erlangen bzw. Erlangen-Nürnberg (1963ff. apl. Prof.; 1966-68 Ltd. Oberarzt Med. Klinik) u. Freiburg/Br. (1970ff. apl. Prof.). Spez. Arbeitsgeb.: Hämatologie, Cytologie, Mikrozirkulation, Tumorforsch. - BV: Atlas d. gastroenterol. Cytodiagnostik(m. Henning), 2. A. 1968; Technik d. wicht. Eingriffe in d. Behandl. innerer Krankh. (m. H. Stursberg), 7. A. 1961; Knochenmarktransfusion, 1963; Magenzytologie, 1978; Mikroskop. Technik (m. F. Ruch), 2. A. 1979; New Frontiers in Cytology (m. K. Goerttler, G. E. Feichter), 1987. Zahlr. Einzelarb. - 1981 Gustav von Bergmann Plak; 1984 BVK I. Kl.

WITTEKIND, Christian

Dr., Univ.-Prof. f. Pathologie FAU Erlangen - Maximiliansplatz, 8520 Erlangen - Geb. 25. Juli 1951 Frankfurt/M., ev., verh. m. Dr. med. Reingard, geb. Häcker, 4 Kd. (Anette, Brigitte, Charlotte, Dirk) - Stud. Humanmed. Freiburg u. München; Staatsex. 1976 Freiburg; Promot. 1976 Freiburg - Leit. Abt. f. Pathologie in d. Chirurg. Klinik.

WITTEKIND, Dietrich

Dr. med. (habil.) o. Prof. u. Mitdirektor Anatom. Inst. Univ. Freiburg (s. 1967) - v.-Pfirt-Weg 8, 7812 Bad Krozingen/Br. (T. 07633 - 42 69) - Geb. 8. April 1921 Dillenburg, verh. m. Dr. med. Ingeborg, geb. Rumbaur - Zul. Dir. Med.-Wiss. Abt. Dt. Hoffmann-La Roche AG., Grenzach, u. apl. Prof. Univ. Heidelberg (Innere Med.). Facharb.

WITTEN, Horst

Dipl.-Kfm., Dr. rer. pol., Wirtschaftsprüfer - Spaldingstr. 100 B, 2000 Hamburg 1 (T. 040 - 23 02 25) - Geb. 14. Sept. 1922 Hamburg, ev., verh. s. 1953 m. Charlotte, geb. Loos, 2 Söhne (Klaus, Volker) - Stud. Betr.wirtsch., Dipl.-Kfm. u. Promot.; Dr. rer. pol. 1949 u. 1951 Hamburg - Wirtsch.prüfer; Vorst.-Vors. in zwei gemeinn. Stiftg. - Liebh.: Lit. - Spr.: Engl.

WITTEN, Wilhelm

Dr. med., prakt. Arzt, Mitgl. Hbg. Bürgerschaft (s. 1953; 1962-70 Vors. CDU-Fraktion), Vors. Rundfunkrat NDR (s. 1965) u. a. - Schimmelmannstr. 49, 2000 Hamburg 70 (T. 68 78 02) - Geb. 19. Mai 1920 Hamburg, ev., verh. m. Frauke, geb. Albert, 3 Kd. - Matthias-Claudius-Reform- u. Realgymn. Wandsbek; Univ. Frankfurt u. Hamburg (Promot. 1945) - 1941-45 Wehrdst.; n. Krankenhaustätigk. s. 1948 eig. Praxis - Liebh.: Mod. Malerei, Musik.

WITTENBRUCH, Wilhelm

Dr. phil., Prof. f. Pädagogik Univ. Münster - Mersmanns Stiege 3, 4417 Altenberge (T. 02505 - 22 47) - Geb. 18. Aug. 1936 Solingen, kath., verh. s. 1963 m. Ingrid, geb. Schaberg, 3 Kd. - 10 J. Lehrer an allg.-bild. Schulen; nach Zweitstud. Förderungsassist.; 1974 Wiss. Rat u. Prof., 1976 o. Prof. PH Westf.-Lippe; jetzt Univ. Münster. 1980-85 Mitgl. u. Wiss. Berater Grundschulkommiss. NRW; s. 1991 Vorst. d. Münsterschen Gesprächskreises f. wissenschaftl. Päd. - BV: D. Päd. Wilhelm Reins, 1972; Unterrichtsmedien im Gespräch, 1975, 2. A. 1976; In d. Schule leben. Theorie u. Praxis d. Schullebens, 1980; Wege des Lehrens im Fach Musik, 1983; D. päd. Profil d. Grundsch., 1984, 2. A. 1989; Schulpraktikum, 1985; Soz. Erzieh. 1986, 6 Komment. zu d. Lehrplänen f. d. Grundsch. in NRW, 1986ff.; Erziehen in d. Grundschule, 1989; Allgemeinbildung u. Grundschule (m. Sorger), 1990, 2. A. 1991; Innenansichten v. Grundschulen (m. Werres), 1991, 2. A. 1992; Ausgewählte Schriften Adolf Reichweins (m. Klafki u.a.), 1992; Primarstufen-Lehrerbildung an Universitäten (m. Möller), 1992; Herausg. d. Reihe Stud. z. Pädagogik d. Schule (20 Bde. 1981ff., m. Biermann).

WITTER, Ben

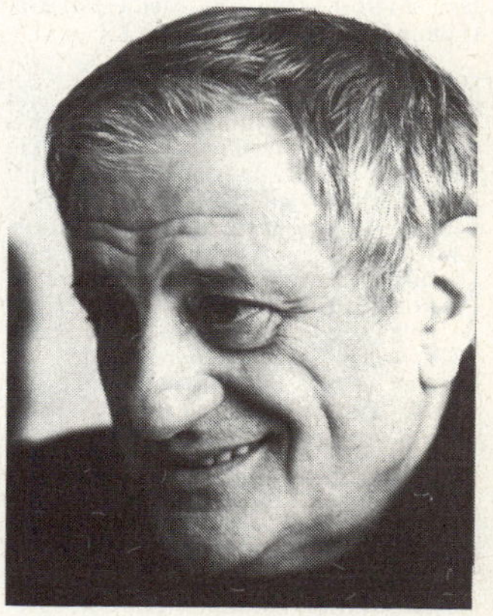

Journalist u. Schriftsteller, Kolumnist Wochenzeitung D. ZEIT - Bismarckstr. 38, 2000 Hamburg 20 - Geb. 24. Jan. 1920 Hamburg - 25 Buchveröff., 4 Langspielpl. - Kurzgesch.preis Ztg. New York Herald Tribune; Theodor-Wolff-Preis; Stip. Verb. Dt. Schriftsteller; Mitgl. PEN-Zentrum u. Fr. Akad. d. Künste, Hamburg; Med. f. Kunst u. Wiss. d. Freien Hansestadt Hamburg - Spr.: Engl.

WITTERN, Renate

Dr. phil., Dr. med. habil., o. Prof., Direktorin Inst. f. Gesch. d. Medizin Univ. Erlangen - Reuthlehenstr. 39, 8520 Erlangen (T. 09131 - 4 78 48) - Geb. 30. Nov. 1943 Bautzen/Sachsen - Stud. Klass. Phil. u. Med.-Gesch.; Promot. 1972 Univ. Kiel; Habil. 1978 Univ. München - 1979-85 Privatdoz. Univ. München; 1980-85 Dir. Inst. f. Gesch. d. Med. Robert-Bosch-Stiftg. Stuttgart; s. 1985 s.o. - BV: D. hippokrat. Schrift De morbis I. Ausg. 1974; Frühzeit d. Homöopathie, 1984.

WITTGEN, Hans-Henning

Dr. rer. pol., Geschäftsführer Dt. Musikverleger Verb., Gesamtverb. Dt. Musikfachgeschäfte (s. 1962), u. Fachverb. Dt. Klavierind. (s 1989) - An den Eichen 13, 5300 Bonn-Röttgen (T. 0228 - 25 11 35) - Geb. 19. April 1932, ev., verh. s. 1961 m. Ursula, geb. Schlemmer, 2 Töcht. (Susanne, Katrin) - Stud.; Dipl.-Volksw. 1956; Promot. 1958.

WITTGENSTEIN-BERLEBURG, Prinz zu Sayn, Casimir Johannes

Industrieller, Aufsichtsratsvorsitzender Mitteldeutsche Industrieanlagen- u. Stahlbau GmbH, Leipzig (s. 1990) - Haubenmühle, 6478 Nidda 18 Unterschmitten (T. Frankfurt/M. 74 86 60) - Geb. 22. Jan. 1917 Frankfurt/M. - B. 1961 Vorst.-Mitgl., dann stv. -vors. (b. 1982) Metallges. AG. Div. Ehrenstell., u.a. Ehrenvors. d. AR Albingia AG. Zahlr. AR-Mandate (Albingia Versich. AG); AR-Mitgl. Jurid-Werke, Glinde; Geschäftsf. Inst. f. Gemeinwohl GmbH, Frankfurt; Vorst.-Vors. Inst. f. Sozialarbeit e.V. Centrale f. private Fürsorge - 1981-87 Wahl Board of Directors Guardian Royal Exchange Assurance Ltd. London.

WITTHÖFT, Harald

Dr. phil., Prof. f. Wirtschafts- u. Sozialgesch. Univ.-GH Siegen - Am Rex 14, 5901 Wilnsdorf 5 (Obersdorf) - Geb. 6. Juli 1931 Lüneburg - 1951-53 Stud. Päd. (Lüneburg), 1953-60 Alte, Mittl. u. Neuere Gesch., Geogr. u. Sport (Göttingen); Promot. 1959; Staatsex. f. Lehrämter 1953 u. 60 - 1962-63 Res. Assist. u. Doz. Univ. Melbourne/Australien; 1965-70 apl. Doz. PH Lüneburg; 1970 o. Prof. f. Wirtsch.- u. Sozialgesch. Westf. Landesgesch. u. Didaktik d. Gesch. PH Siegerl./Univ. Siegen. Präs. Intern. Komit. f. hist. Metrologie; Vizepräs. Intern. Kommiss. f. Gesch. d. Salzes. Veröff. z. Wirtsch.- u. Sozialgesch. (insbes. Handelsgesch., Salinenwesen, hist. Metrol.) sow. z. Mediendidaktik (Film u. Gesch., Medienprod.).

WITTICH, Hans

Dr. phil., em. o. Prof. f. Mathematik - Hansjakobstr. 14, 7500 Karlsruhe (T. 69 70 21) - Geb. 4. Mai 1911 Lendorf/Kassel (Eltern: Konrad u. Elisabeth W.), verh. 1939 m. Margret, geb. Deike - Univ. Marburg u. Göttingen - S. 1939 (Habil.) Lehrtätigk. Univ. Göttingen (1946 apl. Prof.) u. TH Karlsruhe (1947 ao., 1952 o. Prof. u. Dir. Math. Inst.); 1979 emerit. - BV: Neuere Unters. üb. eindeut. analyt. Funktionen, 1955; Gewöhnl. Differentialgleich., 1960. Fachaufs.

WITTIG, Friedrich

Verleger - Im Weingarten 10, 7813 Staufen (T. 07633 - 71 31) - Geb. 17. Febr. 1906 Berlin (Vater: Gustav W., Polizeibeamter; Mutter: Lisbeth, geb. Körber), ev., verh. m. Elisabeth, geb. Schneider, 3 Töcht. (Annette, Bettina, Sibylle) - Siemens-Oberrealsch. Berlin (Abit. 1924); Lehre Scherl-Verlag - Hersteller S. Fischer Verlag; 1930-1937 Leit. Wichern-Verlag; 1938-39 Lektor K. Thienemann Verlag; 1940-45 Wehrdst.; s. 1945 Inh. Friedrich Wittig Verlag Hamburg. 1962-65 Vorsteher Börsenverein d. Dt. Buchhandels. Ev. Jugendbew.; unt. Hitler Bekenn. Kirche. Mitbegründer Friedenspreis d. Dt. Buchhandels - Friedrich-Perthes-Med., Bugenhagen-Med., BVK am Bde.; Ehrenmitgl. d. Vereinigung Ev. Buchhändler.

WITTIG, Horst E.

Dr. phil., Dipl.-Politologe, o. Prof. f. Erziehungswiss. Oldenburg, s. 1986 Kyoto-Univ., VR-Mitgl. Inst. f. Auslandsbezieh., Stuttgart - 632 Tenri-shi, Nara, Somanouchi-chō 1050, Japan - Geb. 20. Nov. 1922 Halle/Saale, ev., verh. s. 1950 m. Hildegard, geb. Bruns, Ikebana-Prof. Ikenobo u. Ohara, 1 Kd. (Hildja-Yukino) - 1952-58 Univ. Münster, Hamburg, Frankfurt (Pädagogik, Politische Wiss., Slavistik, Japanol.). Staatsex. f. d. Lehramt 1956 u. 59; Promot. 1962 - 1959-60 Hochsch. f. Intern. Päd. Forsch. Frankfurt, 1960-1963 Dt. Schule Tokyo, 1963-67 Päd. Hochsch. Bremen u. Heidelberg, 1967-68 u. 1971-75 Dokkyo-Univ. Tokyo (Ord. f. Vergl. Erziehungswiss. u. Allg. Päd.), 1978-82 Gast-Prof. Phil. Fak. Staatl. Univ. Matsumoto. S. 1985 Tenri u. Kyoto-Univ., Kyoto/Japan - BV: A. S. Makarenko - Ausgew. Päd. Schriften, 2. A. 1968; D. Marxsche Bildungskonzeption u. d. Sowjetpäd., 1964; Schule u. Freizeit, 2. A. 1965; Karl Marx - Bildung u. Erzieh. (Studientexte z. Marxschen Bildungskonzeption), 1968; P. P. Blonskij, D. Arb.schule, 1972; Bildungswelt Ostasien, 1972; Menschenbildung in Japan, 1973; A. S. Makarenko, Päd. Texte, 1976; Päd. u. Bild.spolitik Japans, 1976; A. Reichwein, Ausgew. Päd. Schriften, 1976; Ikebana (m. Hildegard Wittig), 1983. Herausg.: Studien z. Päd. Tolstojs (m. U. Klemm, 1988). Mithrsg.: Päd. u. Schule in Ost u. West (1966-87), Bunka to kyoiku (Ztschr. f. Kultur u. Erzieh.), Tokio - 1962 Hermine-Albers-Preis z. Förd. d. Jugendwohlfahrt; 1981 Gr. Stadtsiegel Stadt Oldenburg; 1982 Gold. Ehrenmed. Stadt Tokyo-Meguro; 1986 BVK; 1988 Paul Harris Fellow; Oberstleutn. d. Res. - Rotarier.

WITTIG, Peter

Regisseur, Oberspielleiter Theater Greifswald (s. 1990) - Simon-Dach-Str. 21, O-1035 Berlin u. Wolgaster Str. 51, O-2200 Greifswald - Geb. 29. März 1950 Dresden, ev., verh. s. 1986 m. Margareth Steinhäuser-W., geb. Ilse - Stud. Gesang 1971-76 Hochsch. f. Musik Dresden (b. Prof. Johannes Kemter); Meisterschüler Opernregie 1988-91 d. Akademie d. Künste zu Berlin (b. Prof. Joachim Herz) - B. 1978 Musikkritiker; b. 1985 Dramaturg; s. 1982 Regie; 1988/89 Regieassist. Staatsoper Dresden; s. 1990 Oberspielleit. s.o. - Opernübers.: Cosi Fan Tutte, Peters; Lucia v. Lammermoor, Ricordi; Macbeth, Ricordi (m. Prof. J. Herz) - Insz.: Fidelio (1989 Greifswald), Freischütz (1990 Bautzen), Maskenball (1990 Greifswald), Anatevka, Carmen, Zauberflöte, Lächeln e. Sommernacht, Idomeneo (1991/92 ebd.).

WITTIG, Siegfried

Intendant a. D., Mitglied d. Deutschen Bühnenvereins (DBV) - Appenzeller Str. 107/IV, 8000 München 71 (T. 089 - 75 69 39) - Geb. 7. Febr. 1926 Greiz (Vater: Robert W., Kaufm.; Mutter: Meta, geb. Hänsel), ev., verh. s. 1955 m. Maria, geb. Quasigroch - Stud. Gesang, Operndarst. u. Schausp. München - 1953 Opernsänger; 1964 Spielleit./Oberspielleit.; 1971 Werbeleit.; 1976 Chefdisponent; 1981-88 Int.; s. 1988/89 Gastspieltätigkeit - Insz.: üb. 25 insges., Opern, Operetten, Musicals. Rollen als Spielbaß u. Charakterkomiker - Spr.: Engl., Franz.

WITTIG, Sigmar

Dr.-Ing., o. Prof., Inst.-Leiter Univ. Karlsruhe (TH) - Heinrich-Weitz-Str. 27, 7500 Karlsruhe 41 (T. 0721 - 47 24 62) - Geb. 25. Febr. 1940 Nimptsch (Vater: Konrad W., Gewerbeoberlehrer; Mutter: Hildegard, geb. Rathmann), kath., verh. s. 1970 m. Dr. Elisabeth, geb. Greive, 2 Kd. (Alexander, Caroline) - Abit. 1959 Osnabrück; Dipl.-Ing. 1964 RWTH Aachen, Promot. 1967 ebd. - 1967 Assist.-Prof.; 1971 Assoc.-Prof. Purdue-Univ. (USA); 1971 Westinghouse Electric Corp., Pittsburgh; s. 1976 Ord.; Leit. Inst. f. Therm. Strömungsmasch. Univ. Karlsruhe (TH); s. 1984 Sprecher d. Sonderforschungsber. 167; s. 1989 Prorektor Univ. Karlsruhe; s. 1990 Vizepräs. d. DFG. Ca. 120 Einzelarb. - Spr.: Engl., Franz.

WITTIG-TERHARDT, Margret

Finanzdirektorin u. Justitiarin Südd. Rundfunk, Vors. Jurist. Kommiss. v. ARD/ZDF - SDR, Neckarstr. 230, 7000 Stuttgart 1 - Geb. 17. Sept. 1934 Rhede - Abit.; Stud. Rechtswiss., Gesch., Lit.. Kunst u. Polit. Wiss. Bonn u. Freiburg; 2. jurist. Staatsex. - 1962 Rechtsanwältin Freiburg; 1962-72 Ref. SDR; 1972 Justitiarin SDR; 1990 Finanzdir. u. Justitiarin SDR.

WITTING, Christian

Dr. med., Prof. f. Allg. Pathologie u. pathol. Anatomie Univ. Münster, ltd. Arzt Inst. f. Pathol. Clemenshospital ebd. (s. 1983) - Melchersstr. 30, 4400 Münster - Geb. 26. Febr. 1943 Dresden (Vater: Siegfried W., Dipl.-Ing.; Mutter: Ruth-Ingeborg, geb. Fuchs), ev., verh. s. 1969 m. Prof. Dr. Ute, geb. Möllenbrock (s. dort) - 1963-68 Med.-Stud. Univ. Münster u. Würzburg; Promot. 1968, Habil. 1977 - 1970-82 Pathol. Inst. Univ. Münster; s. 1980 apl. Prof.; ab 1983 Inst. f. Pathol. Clemenshospital Münster.

WITTING, Gunther

Dr. phil., Prof. f. Literaturwiss. Univ. Erlangen - Dompfaffstr. 95, 8520 Erlangen (T. 09131 - 4 27 02) - Geb. 12. Aug. 1940 Friedberg/Hessen, verh. m. Nao, geb. Kiribuchi - Stud. Univ. Münster, Konstanz (Literaturwiss., Phil., Kunstgesch.); Promot. 1975 Konstanz; Habil. (Allg. Literaturwiss. u. Poetik) 1983 - BV: D. Parodie in d. neueren dt. Lit., 1979; D. Kontrafaktur. Vorlage u. Verarbeitung in Lit., bildender Kunst, Werbung u. polit. Plakat, 1987. Aufs. z. Literaturtheorie u. mod. Lit.

WITTING, Hermann

Dr. rer. nat., o. Prof., Math. Statistik - Anemonenweg 3, 7800 Freiburg/Br. - Geb. 29. Mai 1927 Braunschweig, verh., 2 Kd. - 1957-62 Privatdoz. Univ. Freiburg, 1962 ao. Prof. (pers. Ord.) Karlsruhe, 1962 o. Prof. Univ. Münster, 1972 o. Prof. Univ. Freiburg, 1978/79 Vors. Dt. Mathemat.-Vereinig., 1969 Fellow Inst. of Math. Stat., 1975 Member Intern. Stat. Institute, 1981 o. Mitgl. Heidelberger Akad. d. Wiss. - BV: Witting/Nölle: Angewandte Math. Statistik; Math. Statistik I, 1985.

WITTING, Ute,

geb. Möllenbrock

Dr. med., Prof. f. Arbeitsmedizin, Direktor Inst. f. Arbeitsmed. Univ. Münster - Melchersstr. 30, 4400 Münster - Geb. 19. Febr. 1943 Gelsenkirchen (Vater: Dr. phil. K. Möllenbrock; Mutter: Johanna, geb. Thomas), verh. s. 1969 m. Prof. Dr. Christian W. (s. dort) - 1962-68 Med.-Stud. Univ. Münster, Innsbruck, Wien u. Marburg; Promot. 1971, Habil. 1979 - S. 1982 Prof., s. 1984 Dir. Inst. f. Arbeitsmed. Univ. Münster.

WITTKÄMPER, Gerhard W.

Dr. jur., o. Prof., Direktor Inst. f. Politikwiss., Univ. Münster - Kielsberg 53, 5063 Overath 6 - Geb. 5. April 1933 Solingen, ev., verh., 6 Kd. - Abit.; Lehre als Stahlexportkaufm.; Stud. Rechts-, Wirtschafts- u. Sozialwiss. - S. 1971 o. Prof. f. Politikwiss. Köln. Mitgl. zahlr. wiss. Vereinig. im In- u. Ausl., Honorarprof. Univ. Köln, vormals Vors. Landesstudienreformkommiss. Sozialwiss. in Nordrh.-Westf. Üb. 350 Veröff. üb. Probl. d. öfftl. Recht- u. Wirtschaftsrecht, d. Org.wiss. u. Verw.wiss.

WITTKE, Günter

Dr. med. vet., em. o. Prof. f. Veterinärphysiologie - Elsenpfuhlstr. 11, 1000 Berlin 26 (T. 414 13 14) - Geb. 12. Mai 1923 Königsberg/Pr. (Vater: Fritz W., Finanzbeamter; Mutter: Frida, geb. Findeklee), ev., verh. s. 1946 m. Dr. med. Ingeborg, geb. Kirchner, 2 Töcht. (Christiane, Maria) - Realgymn. (Abit. 1941); 1946-1951 Humboldt-Univ. Berlin (Veterinärmed.). Staatsex. (1951). Promot. (1953), Habil. (1957), alles Freie Univ. Berlin - S. 1952 Assist., Privatdoz. (1957), Ord. u. Inst.dir. (1962) FU Berlin. Emerit. 1988 - BV: Physiologie d. Haustiere, 1972 (ital. 1976, span. 1978). Mitverf.: Pathophysiol. d. Haustiere, 1969 (span. 1977, jap. 1980); Lehrb. d. Veterinär-Physiologie, 1976. Herausg.: Lehrb. d. Veterinär-Physiologie (7. A. 1987, Scheunert-Trautmann). Div. Einzelarb. - Spr.: Engl., Franz., Span., Ital.

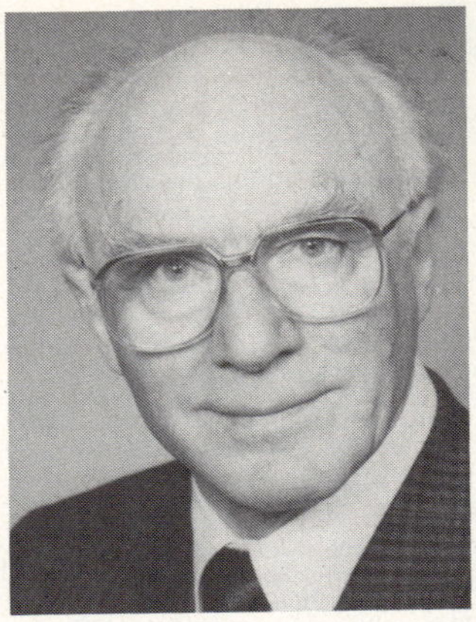

WITTKE, Günter

Generalstaatsanwalt Hanseat. Oberlandesgericht Hamburg - Sievekingpl. 3, 2000 Hamburg 36 - Geb. 10. Juni 1926 Hamburg, verh., 2 T. (Christiane, Dorothee).

WITTKE, Walter

Dr.-Ing., Dr.-Ing. habil., Univ.-Prof., Direktor Inst. f. Grundbau, Bodenmechanik, Felsmechanik u. Verkehrswasserbau TH Aachen (s. 1974), Geschäftsführer d. Prof. Dr.-Ing. Wittke, Berat. Ing. f. Grundbau u. Felsbau GmbH (s. 1980) - Königstr. 73b, 5100 Aachen (T. 81023); Muffeter Weg 37a, 5100 Aachen (T. 8 44 02) - Geb. 28. März 1934 Hamburg (Vater: Walter W., Bundesbahninsp., †; Mutter: Ella, geb. Jürgensen), ev., verh. m. Lilian, geb. Siquet, 4 Kd. - Vors. d. Dt. Ges. f. Erd- u. Grundbau e.V., Essen - Autor: Felsmechanik, Grundl. f. wirtschaftl. Bauen im Fels - AIME Rock Mechanics Award 1977.

WITTKOP-MÉNARDEAU, Gabrielle, geb. Ménardeau

Schriftstellerin - Stalburgstr. 15, 6000 Frankfurt/M. 1 (T. 596 33 51) - Geb. 27. Mai 1920 Nantes (Frankr.), verh. s. 1947 m. Justus-Franz Wittkop, Schriftst. († 1986) - BV: V. Puppen u. Marionetten, 1963 (Zürich); E. T. A. Hoffmann, 1966; E. T. A. Hoffmanns Leben u. Werk in Daten u. Bildern, 1968; Le Nécrophile, R. 1972 (Paris); Mme Tussaud, Biogr. 1973 (franz. 1976); Fotoalbum, 1975 (m. Fred Mayer); La Mort de C., R. 1976 (Paris); Nouvelles, 1977 (Paris); Paris, Prisma e. Stadt, 1978 (Zürich, m. J.-F. Wittkop); Unsere Kleidung, 1985; Les Rajahs Blancs, R. 1986 (Paris); Hemlock, R. 1988 (Paris) - Spr.: Franz., Engl., Ital.

WITTKOWSKY, Alexander

Dr.-Ing., Prof. f. Technikgestalt./Technol.entw. - Bibliothekstr., 2800 Bremen 33 - Geb. 4. Sept. 1936 Berlin - Goethe-Gymn. u. TU Berlin (Schiffbau, Verfahrenstechnik) - 1962-70 Assist. TU Berlin (Inst. f. Brennstofftechnik), 1970-77 Präs. TU Berlin, 1977-82 Rektor Univ. Bremen. S. 1982 Prof. Schirmherr Aktion z. Befrei. d. polit. Gefangenen in Chile (s. 1979). Mitgl. Verein z. Förder. d. wiss. Forsch. in d. Fr. Hansestadt

Bremen (s. 1981), Mitgl. Beirat Inst. z. Erforsch. soz. Chancen, Köln; Abt.-Leit. Dt. Ges. f. Techn. Zusammenarb., Eschborn.

WITTKOWSKY, Wolfgang

Studiendirektor, MdL Rheinland-Pfalz (s. 1979) - Wildbadstr. 171, 5580 Traben-Trarbach - Geb. 15. Juli 1938 - CDU.

WITTLICH, Bernhard

Dr. phil., Studienrat a. D., Lehrbeauftr. f. Graphologie Univ. Kiel (1957 ff.) - Drosselhörn 4, 2300 Kitzeberg b. Kiel (T. Kiel 2 32 87) - Geb. 12. Sept. 1902 Reval/Estl. (Vater: Michael W., Univ.s-prof.; Mutter: Ebba, geb. Sprengel), ev., verh. s. 1927 m. Grace, geb. Trautmann, 4 Kd. - Abitur Dorpat; Mag.geophys. 1927 ebd.; Promot. 1941 Berlin - 1927-45 Lehrer Baltenschule Misdroy/Pom., dann Berufsgraphologe u. gerichtl. Schriftsachverst., s. 1950 Studienrat Oberschule Preetz/Holst. u. Gelehrtensch. Kiel (1955) - BV: Wörterb. d. Charakterkd., 3. A. 1950; Handschr. u. Erzieh., 1940; Angew. Graphol., 2. A. 1951; Wert u. Grenzen d. Graphol., 1952; Graphol. Charakterdiagramme, 1956; Graphol. Praxis, 1961; Symbole u. Zeichen, 1965; Neurose u. Handschr. - Konfliktzeichen in d. Handsch., 1968 - Bek. Vorf.: Christian-Konrad Sprengel, Botaniker, 1750-1816 (ms).

WITTLING, Henner

Staatssekretär u. Amtschef im saarländ. Finanzmin. (s. 1991) - Min. d. Finanzen, Am Stadtgraben 6-8, 6600 Saarbrücken (T. 0681 - 30 00-6 24) - Geb. 8. Nov. 1946, verh., 2 Kd. - 1968-72 Stud. Rechtswiss. Univ. Saarbrücken u. Göttingen - 1975-85 Richter in d. Verw.gerichtsbarkeit; Ref. im Bundesmin. d. Justiz; Wiss. Mitarb. Dt. Bundestag; 1985-91 Staatssekr. u. Ständ. Vertr. d. saarl. Innenmin.

WITTMANN, Bernd

Dipl.-Kfm., Vorstandsvors. Westerwald AG, Wirges - Siegstr. 19, 5430 Montabaur - Geb. 24. April 1939 Schwabach.

WITTMANN, Fritz

Dr. jur., Ministerialrat a. D., Rechtsanwalt, MdB (s. 1971, CDU/CSU-Fraktion), Oberst d. R., Landesvors. Bund d. Vertriebenen in Bayern, stv. Bundesvorsitzender Sudetend. Landsmannschaft, Vorstandsvors. Suentend. Stiftg. in Bayern u. a. - Hainbuchenstr. 2, 8000 München 45 (T.351 75 42) - Geb. 21. März 1933 Plan/Sudetenl. (Vater: Josef W., Arzt; Mutter: Marie-Luise, geb. Reinelt), kath., verh. s. 1963 m. Irmengard, geb. Schrezenmaier, 3 Kd. (Johannes, Mechthilde, Susanne) - Oberrealsch. Plan, Gymnasium Ingolstadt (Abitur 1952); Univ. München, Jurist. Staatsprüfung 1956 u. 60; Promot. 1964 - 1961-63 LG I München (Richter); Bundesjustizmin. (u. a. Pers. Ref. Min. Dr. Jaeger); 1967-71 Bayer. Min f. Arbeit u. Sozialordnung (zul. Min.rat). 1956-59 Landessekr. Jg. Union Bayern. CSU s. 1952 - BV: Warum verschweigt man d. Sudeten-Problem?, 1957 Bayer. VO; Rudolf-Lodgeman-Med.; 1984 Gold. Ehrenkreuz d. Bundeswehr - Liebh.: Wandern - Spr.: Engl., Franz.

WITTMANN, Günther

Dr. med. vet., Prof., Präsident Bundesforschungsanstalt f. Viruskrankh. d. Tiere - Paul-Ehrlich-Str. 28, 7400 Tübingen (T. 07071 - 60 31) - Geb. 16. Dez. 1926 Vilshofen - Univ. München (Tiermed.; Promot. 1952) - S. 1955 BFAV (1953 Leit. Abt. f. Mikrobiol., 1967 Leit. Inst. f. Immunol. (Ltd. Dir. u. Prof.), 1977 Leit. Inst. f. Impfst., 1982 Präs.) - BV/Mitautor: Virolog. Arbeitsmethoden, 4 Bde. 1974-82. Herausg.: Aujeszky's Disease (1982), Latent Herpesvirus Infection (1983). Üb. 120 Einzelarb.

WITTMANN, Hans

Dipl.-Ing., Vorstandsmitglied Bilfinger + Berger Bauaktiengesellschaft - Gustav-Nachtigal-Str. 3, 6200 Wiesbaden (T. 06121 - 70 83 03) - Ev., verh. m. Christine, geb. Reifenberger, 2 Kd. (Sabine, Christoph) - Stud. Bau-Ing.-Wesen TH Darmstadt; Dipl. 1962 - Vice-Chairman Julius Berger Nigeria Ltd., Nigeria; Director d. Birse Group plc, Barton on-Humber, UK, u. d. B+B Asia, Hongkong; AR-Mitgl. Condor Flugdienst GmbH, Frankfurt, Beijing Lufthansa Center J.V., Peking/China, Lufthansa German Center GmbH, Köln; Beiratsvors. GKW Consult Mannheim; VR-Mitgl. BHF-Bank, Ffm. - Spr.: Engl.

WITTMANN, Reinhard

Dr. phil., Prof., Leiter Abt. Literatur/Hörfunk Bayer. Rundfunk - Oberachau 1, 8165 Fischbachau (T. 08028 - 4 49) - Geb. 1. Nov. 1945 München, kath., verh., 2 Kd. - Promot. 1971 Univ. München - 1986 Hon.-Prof. Univ. München. Mithrsg.: Archiv f. Gesch. d. Buchwesens - BV: Buchmarkt u. Lektüre im 18. u. 19. Jh., 1982; E. Verlag u. s. Gesch., 1982; Quellen z. Gesch. d. Buchwesens, 21 Bde. ab 1981 (Hrsg.); Bücherkataloge als buchgesch. Quellen in d. frühen Neuzeit, 1984 (Hrsg.); Geschichte d. deutschen Buchhandels, 1991.

WITTMANN, Simon Georg

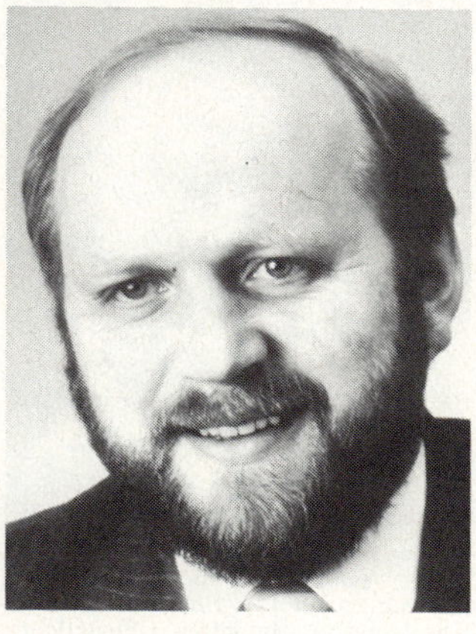

Studienrat a. D., MdB (1984-87 u. s. 1990), stv. Vors. d. Bundestagsaussch. f. Fremdenverkehr u. d. Landrates im Landkreis Neustadt a. d. Waldnaab - Tiefe Gasse 10, 8481 Tännesberg (T. 09655 - 4 77) - Geb. 14. Dez. 1947, kath., verh. m. Elisabeth, geb. Maier, 2 Kd. (Stephanie, Johannes) - Abit. Augustinusgymn. Weiden; Stud. Gesch., Franz., Phil. u. Sozialkd. Univ. Regensburg - Spr.: Engl., Franz., Latein.

WITTMEYER, Dietrich

Diplom-Volkswirt, Geschäftsführer Fachverb. Essigsäureind. e. V., Fachvereinig. Gelatine u. Fachvereinig. Lebensmittelzusatzstoffe/Verb. d. Chem. Ind. - Karlstr. 21, 6000 Frankfurt/M.1.

WITTMOSER, Adalbert

Dr.-Ing. habil., Prof., Generalbevollmächtigter Vereinigung Vollformgießen u. Gf. Gesellsch. FMI Fullmold Intern. GmbH, Düsseldorf - Matthias-Grünewald-Str. 8, 6840 Lampertheim/Hessen (T. 06206 - 24 37) - Geb. 6. April 1918 Wirballen - Industrietätigk. S. 1953 Privatdoz. u. apl. Prof. (1959) TH Aachen (Gießereiwesen, insb. Eisengußwerkstoffe). 1964ff. Hon.-Prof. TH Darmstadt (Technol. d. Gießverfahren) - BV: Gewalztes Gußeisen, 1949 (m. E. Piwowarsky). Üb. 150 Einzelarb. - 1991 BVK am Bde.

WITTMÜTZ, Volkmar

Dr. phil., apl. Prof. f. Geschichte Bergische Univ.-GH Wuppertal - Hopscheider Weg 46, 5620 Velbert 11 - Geb. 30. April 1940 Bremen (Eltern: Harald u. Frieda, geb. Dehne), ev., verh. s. 1967 m. Inge, geb. Grothe, 2 Töcht. (Frauke, Annette) - 1960-65 Stud. Gesch., Roman. u. Angl.; Promot. 1970, Habil. 1980 - BV: Schule d. Bürger, 1981; Gesch. d. Stadt Wuppertal, 1977; D. Gravamina d. Bayer. Landstände, 1970; Chronik Marienheide, 1986 - Spr.: Engl., Franz., Latein, Span., Dän.

WITTROCK, Herbert

M.A., Geschäftsführer i. R. - Max-Beckmann-Str. 47, 6000 Frankfurt 70 - Geb. 11. Juli 1913 - 1953-77 Geschäftsf. Messe Frankfurt GmbH - 1963 Gr. Silb. Ehrenz. Österr.; 1968 Ehrenplak. Stadt Frankfurt/M.; 1973 BVK I. Kl.; Ehrenmitgl. d. VKD (Verb. d. Köche Dtschl.); 1975 Verdienstmed. Handelskammer Valencia; 1975-77 Vorst.-Mitgl. dt.-span. Handelskammer, Madrid, dt.-ital. Handelskammer, Mailand; 1965-78 Mitgl. d. Hauptaussch. d. dt. Landwirtschaftsges. (DLG); 1976 Gold. Ehrenring d. ZVSH (Zentralverb. Sanitär, Heizung, Klima); Gold. Auma-Plak.; 1979 Achema-Max-Buchner-Plak. in Titan - Lions.

WITTROCK, Karl

Dr. phil. h.c., Präsident i. R. Bundesrechnungshof - Fliednerstr. 44, 6200 Wiesbaden-Bierstadt - Geb. 29. Sept. 1917 Kassel (Vater: Karl W., Ministerialdir.; Mutter: Ottilie, geb. Bornemann), ev., verh. m. Irmgard, geb. Mätz, Sohn - Realgymn. Kassel; 1946-49 Univ. Frankfurt/M. Ass.ex. 1953 - 1938-46 Soldat u. Kriegsgefangensch. (1944), 1947-48 Vors. Soz. dt. Studentenbd., 1948-53 Angest. DGB-Bundesschule, Oberursel/Ts., US-Hochkommiss. (1950) u. Hess. Innenmin., Wiesbaden (1953), dann Rechtsanw., 1963-67 Regierungspräs. Wiesbaden, 1967-1974 Staatssekr. Bundesverkehrsmin., 1977-85 Präs. Bundesrechnungshof. 1968-74 AR Lufthansa AA, u. 1968-77 Flughafen Frankfurt AG (FAG); 1974-78 AR-Vors. Intern. Moselgesellschaft, 1978-85 Wirtschaftsprüf.-Ges. Treuarbeit AG. 1953-63 (Mandatsniederleg.) MdB; 1956-62 ehrenamtl. Magistratsmitgl. Wiesbaden. B. 1933 SAJ; s. 1946 SPD (1954 Vorst. Unterbez. Wiesbaden) - 1984 Gr. BVK m. Stern u. Schulterbd.; 1988 Ehrendoktor FU Berlin.

WITTSCHIER, Heinz Willi

Dr. phil. habil., Prof. f. Romanistik - Hochallee 121, 2000 Hamburg 13 - Geb. 5. Mai 1942 Köln - Promot. 1967 Univ. Köln; Habil. 1972 Univ. Hamburg - 1977 Prof. in Hamburg, 1986 Gastprof. Saarbrücken, 1991 Salzburg - BV: Giannozzo Manetti, 1968; D. Lyrik d. Pléiade, 1971; António Vieiras Pestpredigt, 1973; D. Ital. Lit., 1977, 1979, 1985; Sonett, 1979; Gesch. d. span. Lit. v. Kuba-Krieg b. z. Tod Francos (1898-1975), 1982; Brasilien u. sein Roman im 20. Jh., 1984; D. Franz. Lit., 1988; D. Span. Lit., 1992 - Spr.: alle roman. Spr.

WITTSTADT, Klaus

Dr. theol., Dr. phil., o. Prof. f. Hist. Theologie Univ. Würzburg, Hon.-Prof. Univ. Frankfurt - Buhlleite 19b, 8701 Randersacker - Geb. 17. April 1936 Fulda (Vater: Alois W., Bankkfm.; Mutter: Elisabeth, geb. Spahn), kath., verh. s. 1966 m. Brigitte, geb. Effmert, S. Thomas - Human. Gymn.; Stud. Univ. Frankfurt, Münster (Phil., Gesch., Theol.); I. u. II. Staatsex. f. d. Höhere Lehramt; Habil. 1972 Münster - 1962-64 Wiss. Assist., 1964-65 Forschungsauftr. Rom, 1966-67 Stud.refer., 1967-71 Wiss. Assist., 1972 Wiss. Rat u. Prof. Univ. Münster, s. 1973 Prof. Würzburg, 1982 Hon.-Prof. Univ. Frankfurt/M. - BV u. a.: Geistl. Absolutismus, 1963; Atilo Amalteo, 1971; Nuntiaturberichte aus Dtschl., 1975. Herausg.: Verwirklichung d. Christl. im Wandel d. Gesch. (1975); D. Kirchl. Lage in Bayern 1933-43 (1981); Sankt Kilian (1984); Erneuerung d. Kirche aus d. Pfingstereignis (1984); Evangelium Jesu Christi in d. Gesch. d. Kirche (1985).

WITTWER, Georg

Dipl.-Ing., Senator a. D., Partner im Büro Bartels + Wittwer, Architekten u. Ingenieure - Kurfürstendamm 103, 1000 Berlin 31 - Geb. 8. April 1932 Waldshut - Abit.; Maurerlehre; Stud. Arch. TU Berlin (Dipl. 1960) - Arch.-Büro Düsseldorf; 4 J. Assist. f. Städtebau TU Berlin; 1967ff. Geschäftsf. e. Ges. f. Stadtentw.; 1981-86 Senatsdir. bzw. Staatssekr. f. Stadtentw. u. Umweltschutz Berlin; 1986-89 Senator f. Bau- u. Wohnungswesen Berlin.

WITZEL, Ernst

M. A., Regisseur, Filmprod., Drehbuchautor - Westermühlstr. 41, 8000 München 5 (T. 089 - 201 34 08) - Geb. 1. Dez. 1947 Neustadt, kath., verh. s. 1978 m. Etta Gumpelmayr, T. Marian - Abit.; Stud. Filmhochsch. Wien; M. A. in Filmregie - Kurzfilme (Regie u. Buch): Joe Berger, D. Klingel, D. wunderbare Fred, D. Buchhalter. Langfilme: D. Kollektion (Regie), Deutschlandlied (Regie, Buch, Prod.), Torferden u. Co. (Regie, Buch). Theaterinsz.: Babal, D. Torffahrer - Spr.: Engl., Franz., Span.

WITZEL, Herbert

Dr. med., Dr. phil., em. Prof. f. Biochemie - Inst. f. Biochem., Wilhelm-Klemm-Str. 2, 4400 Münster (T. 83 30 42); priv.: Kapuzinerstr. 38 (T. 29 34 25) - Geb. 8. Febr. 1924 Niedermörlen, verh. m. Ingrid, geb. Erdmann - Gymn. Friedberg; Univ. Marburg; Promot. 1954 u. 57, Habil. 1960; 1961/62 Research Assoc. Berkeley/USA - Lehrtätigk. Univ. Marburg (1966 apl. Prof.; 1970 Wiss. Rat u. Prof.) u. Münster (1970 o. Prof.) - Üb. 90 Fachaufs.

WITZEL, Horst

Dr.-Ing., Chemiker, Aufsichtsratsmitglied Schering AG, Berlin/Bergkamen, u. Brau u. Brunnen AG, Dortmund, Beiratsmitgl. Berliner Commerzbank AG - Schützallee 48, 1000 Berlin 37 (T. 811 20 11) - Geb. 12. April 1927 Evingsen, verh. m. Annelie, geb. Conradt - Spr.: Engl., Span. - Rotarier.

WITZEL, Lothar

Dr. med., Prof. f. Innere Medizin, Gastroenterologie - Wilsbergzeile 7, 1000 Berlin 28 (T. 49 07-332) - Geb. 27. Juli 1939 Mannheim (Vater: Gustav W., Chemiker; Mutter: Martha, geb. Pilger), ev. - Univ. Heidelberg, Kiel, Freiburg (Med.) Promot. 1965, Habil. 1977 Bern - 1965-73 Assistenzarzt Nordenham, 1973-78 Oberarzt Med. Univ.klinik Bern, s. 1978 Chefarzt DRK-Krkhs. Mark Brandenburg Berlin - Mehrere Entwickl. z. Gastroenterol. - BV: Üb. 90 wiss. Arb., Vortr. u. Buchart. z. Inn. Med., Gastroenterol., Sterbeforsch. - 1978 Preis d. Schweiz. Ges. f. Gastroenterol. - 1981 Ehrenmitgl. d. Society of Gastro-intestinal Endoscopy of India - Liebh.: Musik - Spr.: Engl., Franz.

WITZEMANN, Herta-Maria

Prof., Innenarchitektin - 7000 Stuttgart - Geb. Dornbirn (Vater: Johann W., Kaufm.; Mutter: Klara, geb. Rhomberg) - 1952-85 Lehrtätigk. Kunstakad. Stuttgart (Lehrstuhl f. Innenarch., Möbelbau u. Entwerfen) - Ehrenpräs. BDIA; Verdienstmed. Baden-Württ.; BVK.

WITZENMANN, Walter

Dr. phil., Fabrikant, Gf. Gesellschafter Witzenmann GmbH Metallschlauch-Fabrik Pforzheim - Oestliche 134, 7530 Pforzheim (T. 07231 - 581-0) - Geb. 23. Mai 1908 Pforzheim - Geschäftsf. Resistoflex GmbH, Pforzheim, Vors. Vereinig. d. Metall- u. Eisenwarenind. Baden-Württ., Verb. Dt. Metallschlauch- u. Kompensatoren Ind., Vorst. Landesverb. d. Baden-Württ. Ind., Stuttgart, Wirtschaftsverb. d. Eisen-, Blech- u. Metall verarb. Ind., Düsseldorf, Verb. d. Metallind. Baden-Württ., Bezirksgr. Karlsruhe; Reuchlin-Ges., Pforzheim; Vors. Dt. Alpenverein, Sekt. Pforzheim. Handelsrichter - BV: Polit. Aktivismus u. soz. Mythos, 1935; Giambattista Vico u. René Descartes, 1935; Anmerkungen z. Marktwirtsch., 1986; Anmerkungen z. Kommunalpolitik, 1987; Anmerkungen zu Kultur u. Ges., 1987 - Ehrenpräs. IHK Nordschwarzwald, Pforzheim; Eh-

rensenator Fachhochsch. f. Wirtschaft, Pforzheim.

WITZGALL, Hans
Dr. med., Prof., ehem. Chefarzt Innere Abt. Martin-Luther-Krankenhaus - Caspar-Theyß-Str. 27-31, 1000 Berlin 33 (T. 82 01-1); priv. Selchowstr. 7a, 1000 Berlin 33 (T. 8 23 67 47) - Geb. 15. Sept. 1915 Nürnberg, ev., verh. m. Dr. Christiane, geb. Ruprecht, 3 Kd. - S. 1951 (Habil.) Privatdoz. u. apl. Prof. (1961) FU Berlin (Inn. Med.) Facharb. - Spr.: Engl., Franz. - Rotarier.

WITZIGMANN, Eckart

Küchenchef - Maximiliansplatz 5, 8000 München 2 (T. 089 - 59 81 71; Telefax 089 - 523 67 53) - Geb. 4. Juli 1941 Bad Gastein/Österr., ev., verh. m. Monika, 2 Kd. (Veronique, Maximilian) - Kochlehre in Österr.; Küchenpositionen b. Paul Bocuse, Paul Haeberlin, Roger Verger, Paul Simon, Gebr. Troisgros, Jockey Club in Washington, etc. - Versch. Rezepturen d. Nouvelle Cuisine - Kulinarische Besonderheiten: Tantris Rezepte, Kulinarische Kreationen, Hundert Hausrezepte, Olympiadiät - BV: Kochen m. d. Mikrowelle; D. Witzigmann - Gründ.-Mitgl. u. dt. Präs. d. EUROTOQUE, d. europ. Vereinig. d. Köche - Höchste Ausz. in allen bekannten Restaurantführern.

WITZLEB, Erich
Dr. med., Univ.-Prof. f. Angew. Physiologie u. med. Klimatol. - Arp-Schnitger-Weg 27, 2301 Strande b. Kiel (T. 04349 - 85 45) - Geb. 5. April 1924 Bad Gandersheim (Vater: Otto W.), verh. s. 1971 m. Sigrid, geb. Rieckmann - Humboldt-Sch. Erfurt (Abit.); Univ. Tübingen, Straßburg, Hamburg (Med. Staatsex. 1949). Promot. Hamburg; Habil. Münster - S. 1950 Univ. Hamburg (Inst. f. Exper. Pathol. u. Balneol.); Münster (1955 Gollwitzer-Meier-Inst. Bad. Oeynhausen, 1959 Leit. Physiol. Abt.); 1958 Privatdoz., 1964 apl. Prof. f. Angew. Physiol.), Kiel (1970 o. Prof. u.

Inst.dir.). Ca. 150 Fachveröff.; mehr. Lehrb.beitr. u. Herausg. v. zahlr. Monographien.

WLOKA, Josef
Dr. rer. nat., (habil.), o. Prof. f. Mathematik Univ. Kiel (s. 1968) - Eidergrund 3, 2300 Kiel-Schulensee - Geb. 4. März 1929 Sosnitza, verh. m. Brigitte, geb. Raczek, 3 Kd. (Markus, Eva, Matthias) - Habil. Heidelberg - Zul. Wiss. Rat u. Prof. Heidelberg - BV: Funktionsanalysis.

WLOSOK, Antonie
Dr. phil., (habil.), o. Prof. f. Klass. Philologie Univ. Mainz (s. 1973) - Elsa-Brändström-Str. 19, 6500 Mainz (T. 68 15 84) - Geb. 17. Nov. 1930 Rokietnica/Polen (Vater: Vinzenz W.; Mutter: Elisabeth, geb. Meister) - Privatdoz. Univ. Heidelberg, 1968-73 o. Prof. Kiel, 1972/73 Member Inst. f. Advanced Study Princeton N. J. - BV: Laktanz u. d. phil. Gnosis, 1960; D. Göttin Venus in Vergils Aeneis, 1967; Rom u. d. Christen, 1972; Römischer Kaiserkult, 1978. Div. Einzelarb. - 1985 Mitgl. Heidelb. Akad. d. Wiss. - Lit.: Res humanae - res divinae. Kleine Schriften (hg. v. E. Heck u. E. A. Schmidt, Heidelberg 1990).

WLOTZKE, Otfried
Dr., Prof., Ministerialdirektor, Leit. Abt. III (Arbeitsrecht u. -schutz) Bundesmin. f. Arbeit u. Sozialordnung - Rochusstr. 1, 5300 Bonn-Duisdorf.

WODE, Henning
Dr. phil., Prof. f. Engl. Philologie Univ. Kiel - Am Reff 2, 2305 Heikendorf (T. 0431 - 24 20 73) - Geb. 19. Febr. 1937 Elmshorn (Vater: Dr. Heinrich W., Landwirtschaftsrat; Mutter: Johanne, geb. Erhorn), verh. s. 1965 m. Barbara, geb. Fuchs, 4 Kd. - Abit. 1957; Stud. Univ. Hamburg, Freiburg u. Edinburgh; Staatsex. 1962; Promot. 1965; Habil. 1968 - S. 1969 Ord. f. Engl. Philol. Engl. Sem. Univ. Kiel - BV: Linguistische Unters. z. Parkinsonismus (Habil.-Schr.), 1968; Learning a second language, 1981; Papers on Language Acquisition, Language Learning, and Language Teaching, 1983; Einführung in d. Psycholinguistik: Theorien, Methoden, Ergebnisse, 1988. Ca. 70 Fachveröff., bes. z. engl. Phonetik u. Intonation, Erst- u. Zweitsprachenerwerb, Psycholinguistik, Fremdsprachenunterr. (Bilinguale Unterricht), Patholinguistik - Spr.: Engl., Franz., Latein, Siamesisch.

WODICK, Reinhard
Dr. med., Dr. rer. nat., Prof. f. Physiologie Univ. Ulm, Sportarzt u. Physiker Franz-Wiedemaier-Str. 95, 7900 Ulm (T. 0731 - 38 54 40) - Geb. 6. Juli 1936 Hamburg (Vater: Edmund W., Studienrat; Mutter: Gretchen, geb. Meissner), ev., verh. s. 1964 m. Christa, geb. Arnold, 2 Kd. (Markus, Julia) - Stud. Physik u. Math. Univ. Hamburg u Marburg; Dipl. (Theoret. Physik) 1963; Promot. 1968; Zweitstud. Med. Univ. Marburg u. Münster; Staatsex. 1970; Promot. 1971 in Marburg - Klinisch-ärztl. Tätigk. Bethanien-Krkhs. u. Knappsch.krkhs. Dortmund. Wiss. Assist. Marburg; wiss. Mitarb. Max-Planck-Inst. f. Arbeitsphysiol. Dortmund; Prof. f. Physiol. Ulm, Leit. Sportmed. ebd. Entd. Queranalyse v. Reflektionsspektren, Lokale Wasserstoffclearance - BV: Möglichk. u. Grenzen d. Bestimm. d. Blutversorg. m. Hilfe d. lokalen Wasserstoffclearance, 1976; Photometr. Methoden in d. Biol., 1976 - 1969 Fak.preis Univ. Marburg - Liebh.: Sport (Leichtathletik, Triathlon, Skifahren) - Mehrf. Landesmeister b. Jugendkl. b. Alterskl. im Speerwurf (Hamburg u. Baden-Württ.); in Alterskl. Europam. im Ultratriathlon u. Triathlonärzteweltm. - Spr.: Engl., Latein.

WODRICH, Wolf-Wilhelm
Dr. jur., Rechtsanwalt - Am Ruhrstein 1, 4300 Essen 1 - Geb. 5. Sept. 1939 - Beirat Grundstücksges. in Westend mbH & Co. Stahlbeton-Fertigteile KG, Berlin 61 - Rotarier.

WÖBCKE, Hans-Otto
Vorstandsvorsitzender Beiersdorf AG, Hamburg (s. 1989), Vorst.-Mitgl. Markenverb. Wiesbaden - Hemmingstedter Weg 159, 2000 Hamburg 52 - Geb. 8. Aug. 1930.

WÖCKEL, Heribert
Dr. jur., Dr. rer. pol., Botschafter d. Bundesrep. Deutschl. in Kolumbien (s. 1990) - Zu erreichen üb. Dt. Botschaft, AA 91808, Bogotá 8, Kolumbien - Geb. 25. Febr. 1932 Lüderitz, verh., 2 Kd. - Stud. Rechts- u. Wirtschaftsw. Univ. München, Würzburg, Tübingen u. Graz - Zun. Bay. Inn. Verw. (RAss. u. RR); s. 1961 Ausw. Amt (Ausl.posten: 1963-65 Legationssekr. u. -rat Leopoldville; 1965-1969 ständ. Vertr. Generalkonsul bzw. Botsch. Singapur; 1969-72 Konsul bzw. Generalkonsul Recife), 1972ff. Bonn (1973 Ref.leit.; 1974 Vortr. Legationsrat I. Kl.); 1977-82 Botschafter Sri Lanka u. Rep. Malediven; 1982-86 Botschafter in Syrien; 1986-90 Botschafter in Senegal, Gambia, Guinea-Bissau, Malediven.

WÖHE, Günter

Dr. rer. pol., Dr. rer. oec. h.c., Dr. rer. pol. h.c., o. Prof. f. Betriebswirtschaftslehre, insb. Betriebsw. Steuerlehre, Univ. Saarbrücken (s. 1960) - Finkenstr. 20, 6602 Dudweiler/Saar (T. Sulzbach 7 32 57) - Geb. 2. Mai 1924 Zeitz/Elster (Vater: Dr. phil. Kurt W.; Mutter: Erika, geb. Saft), verh. m. Dipl.-Vw. Hildegard, geb. Englert, 2 Kd. (Dipl.-Kfm. Tatjana, Stb. Dipl.-Kfm. Peter) - Univ. Halle u. Würzburg. Promot. 1954, Habil. 1958 Würzburg - 1958-60 Privatdoz. Univ. Würzburg - BV: Methodolog. Grundprobleme d. Betriebsw.lehre, 1959; Einf. in d. Allg. Betriebsw.lehre, 17. A. 1990; Betriebsw. Steuerlehre, 2 Bde. 1962/63, Bd. I 1. Halbbd., 6. A. 1988, 2. Halbbd., 6. A. 1986, Bd. II 1. Halbbd. 5. A. 1990, 2. Halbb. 3. A. 1982; Bilanzierung u. Bilanzpolitik, 8. A. 1992; D. Steuern d. Unternehmens, 6. A. 1991; Die Handels- u. Steuerbilanz, 2. A. 1990; Grundzüge d. Betriebsw. Steuerlehre, 3. A. 1991 (m. H. Bieg); Grundzüge d. Unternehmensfinanzierung, 6. A. 1991, (m. J. Bilstein); Übungsb. z. Allg. Betriebsw.lehre, 6. A. 1990 (m. U. Döring u. H. Kaiser); Betriebswirtschaftslehre u. Unternehmensbesteuerung, 1984; Das betriebl. Rechnungswesen, 1990; Grundzüge d. Buchführung u. Bilanztechnik (m. H. Kußmaul), 1991; ca. 100 Einzelveröff.

WÖHLBIER, Herbert
Dr.-Ing., Prof. f. Bergbaukunde (emerit.), Verleger - Adolf-Ey-Str. 5, 3392 Clausthal-Zellerfeld 1 (T. 35 06) - Geb. 21. Aug. 1902 Bergzow/Mark (Vater: Friedrich W., Rektor; Mutter: Elvira, geb. Maise), ev., verh. S. 1931 m. Hildegard, geb. Seiler, 2 Söhne (Reinhard, Friedrich) - Luther-Gymn. Eisleben; TH München, Bergakad. Clausthal, TH Breslau (Bergbau; Dipl.-Ing. 1929). Promot. 1931; Habil. 1938 - S. 1941 Ord. Bergakad. Freiberg/Sa. u. BA bzw. TU Clausthal (1948; 1962-64 Rektor). Üb.

100 Fachveröff. Herausg.: Trans Tech Publications (wiss. B. u. Ztschr.) - Ehrenbürger TU Clausthal; BVK - Bruder: Werner W.

WÖHLER, Horst
Dipl.-Volksw., Verbandsdirektor, Geschäftsf. Verb. württ. Wohnungsunternehmen, Baugenoss. u. -ges. - Herdweg 52, 7000 Stuttgart 1.

WÖHLERT, Wolfgang
Dr. phil., Chefdramaturg Theater d. Freundschaft Berlin - Immanuelkirchstr. 12, O-1055 Berlin - Geb. 4. Aug. 1932 - Stud. Theaterwiss., Publiz., German. FU Berlin.

WÖHLKE, Wilhelm
Dr. phil., o. Prof. f. Geographie unt. bes. Berücks. d. Landeskunde Osteuropas - Heimat 61a, 1000 Berlin 37 (T. 815 16 28) - Geb. 5. Jan. 1925 Berlin (Vater: Wilhelm W., Justizsekr.; Mutter: Frieda, geb. Müller), ev., verh. s. 1950 m. Anneliese, geb. Simon, 2 Kd. (Ursula, Christian) - 1946-52 Univ. Göttingen (Geogr., Gesch., Ur- u. Frühgesch.) - Promot. Göttingen; Habil. Berlin - 1952-55 Assist. Univ. Göttingen (Geogr. Inst.); 1955-58 Stip. Dt. Forschungsgem.; s. 1958 Assist., Privatdoz. (1961), Ord. (1962) FU Berlin (Dir. Abt. f. Osteurop. Landeskd./Osteuropa-Inst.). Vorst.-Mitgl. Herder-Forschungsrat; Mitgl. Ges. f. Osteuropakd., Staatswiss. Ges. zu Berlin. Mithrsg.: Berl. Geogr. Abhdl.; Wirtsch. u. soz. Wiss. Ostmitteleuropa Studien. Buchbeitr. u. Fachaufs. - Spr.: Engl., Poln., Russ.

WÖHR, Ulrich
Dr. rer. pol., Vorstandsvorsitzender VDO Adolf Schindling AG, Frankfurt (s. 1976) - Köhlerweg 24, 6370 Oberursel - Geb. 12. April 1934 Korntal/Württ. (Vater: Otto W.), verh. (Ehefr.: Wiltraut) - Univ. München - Zul. SEL, Stuttgart, u. Schiess AG, Düsseldorf.

WÖHRER, Werner

Maler (WWW) - Haslingergasse 14, A-1170 Wien (T. 0222 - 408 36 46 u. 02665 - 3 25) - Geb. 4. März 1944, verh. m. Elfriede, geb. v. Allgeyer - Autodidakt - Surrealist. Ölgemälde in d. Technik alter Meister. Kunstobjekte: Theatervorhang-Kurtheater Reichenau; Weltneuheit: D. handbemalte Kunst-Ski, D. Opernballbrille, Wöhrer-Schirm, Handbemalter Swakara. Weinetikette f. Chardonnay. Erste Maxi-Single: Only you, and me (1990); 2. Schallpl. Viennese Painter (1992) - Liebh.: Schach, Billard, Boxen, Ski, Bergtouren, Tischtennis, Soul, Blues.

WÖHRLE, Dieter
Dr., Prof. f. Organische u. Makromolekulare Chemie Univ. Bremen - priv.: Lothringer Str. 29, 2800 Bremen 1; dstl.: Universität, Bibliotheksstr. NW 2, 2800 Bremen 33 - Geb. 18. Aug. 1939 Berlin, verh. s. 1979 in 2. Ehe m. Monika, geb. Hartmann, 3 S. (Tim, Hendrik, Tobias) - FU Berlin (Promot. 1968, Habil. 1972)

1975 o. Prof. Arbeitsgeb.: Polyreaktionen, Polychelate, Halbleiter, Katalysatoren, Lichtenergieumwandl., BDG kl. Moleküle, Elektrochemie, Chem. Waffen. Zahlr. Art. z. Makromolekul. Chemie; einige Übersichtsarb. in Advances in Polymer Science.

WÖLBERT, Günter

Freier Journalist, Fernsehproduzent - Pelikanstr. 35, 7000 Stuttgart 50 (T. 0711 - 53 78 02) - Geb. 9. Mai 1925 Frankfurt/M. (Vater: Anton W., Bäckerm.; Mutter: Christine, geb. Friedhofen), kath., verh. s. 1960 m. Renate, geb. Antesberger - 1945-51 Univ. Frankfurt (Med., German., Politik, Gesch.) - 1948-61 Fr. Journ.; 1962-63 Chefredakt. Sport-Illustrierte; 1963-88 Fernsehen Südd. Rundf.; 1984 Programmchef ARD Olymp. Spiele Los Angeles - Liebh.: Musik, Lesen, Malerei - Spr.: Engl., Span.

WÖLFEL, Eberhard

Dr. theol., o. Prof. f. Systemat. Theologie - 2313 Raisdorf (T. 04307 - 56 71) - Geb. 16. April 1927, ev., - S. 1963 (Habil.) Lehrtätigk. Univ. Erlangen, Bochum (1966; Ord.), Kiel (Ord.) - BV: Luther u. d. Skepsis, 1958; Seinsstruktur u. Trinitätsproblem, 1965; Welt als Schöpfung, 1981. Div. Einzelarb. - Lit.: Festschr.: Unsere Welt - Gottes Schöpfung. E. Wölfel zum 65. Geb. (hg. v. W. Härle, M. Marquardt, W. Nethöfel), 1992.

WÖLFEL, Erich

Dr. rer. nat., o. Prof. f. Strukturforschung - Karlstr. 8, 6146 Alsbach/Bergstr. (T. 06257 - 38 42) - Geb. 13. Juni 1922 - S. 1957 (Habil.) Privatdoz., ao. (1960) u. o. Prof. (1964) TH Darmstadt. Üb. 30 Veröff. z. Physikal. Chemie (Acta cryst. u. a.).

WÖLFEL, Kurt

Dr. phil., Prof. f. Neuere dt. Literaturgeschichte - Humboldtstr. 21, 8520 Erlangen (T. 2 72 36) - Geb. 22. Mai 1927 Würzburg, verh. s. 1954 m. Barbara, geb. Schmidt, S. Stefan - 1945-51 Univ. Würzburg. Promot. (1951) u. Habil. (1963) Würzburg - 1955-58 Dozenturen England; 1959-63 Assist. Univ. Würzburg; 1963-64 Privatdoz. Univ. Göttingen; 1964-82 Ord. Univ. Erlangen-Nürnberg. 1969 Gastprof. Riverside (Univ. of California); 1982 Gastprof. Ann Arbor (Univ. of Michigan). S. 1982 ord. Prof. Univ. Bonn. S. 1966 Präs. Jean-Paul-Ges. (Sitz Bayreuth) - BV: Bertolt Brecht - Selected Poems, 1965 (Oxford); Jean Paul-Studien (1989). Herausg.: Lessings Werke (1967); Garve, Popularphil. Schr. (1974); Jahrbuch Jean-Paul-Ges. Jhrg. I-XXV 1966-90. Übers. a. d. Engl.

WÖLFEL, Ursula,
geb. Koethke

Schriftstellerin - Neunkirchen 22, 6101 Modautal (T. 06254 - 71 47) - Geb. 16. Sept. 1922 Hamborn/Duisburg, verw. (Ehem. gef.) - Zeitw. Stud. German. - Lehrerin, Vornehml. Jugend- u. Kinderbücher - 1962 Dt. Kinderbuchpreis, 1972 Österr. Förderungspreis f. Jugendlit., 1964, 1972 u. 1978 Ehrenliste zum Hans-Christian-Andersen-Preis; 1991 Sonderpreis d. dt. Jugendliteraturpreises f. d. Gesamtwerk; Mitgl. PEN-Zentrum BRD.

WÖLFER, Hans-Jochen

Dr. rer. nat., Landrat d. Kreises Angermünde (s. 1990) - Zu erreichen üb.: Kreisverw., Berliner Str. 72, O-1320 Angermünde (T. 0037 - 372 - 26 48) - Geb. 23. Mai 1930 Merseburg (Vater: Gerhard W., Ing.; Mutter: Margarete, geb. Seidemann), verh. s. 1957 m. Karin, geb. Ehlert, 2 Kd. (Thomas, Barbara) - Stud. Univ. Halle Chemie, Dipl. 1956; Promot. 1960 Halle; postgr. Patenting. 1963 Berlin - Forsch.-, Pat.- u. Verw.-chemiker (b. 1965 Leuna-Werke, 1965-90 PCK Schwedt AG) - E. d. 3 Gründer d. SDP (später SPD), Angermünde; Mitbegr. d. Sozialdemokr. Gemeinsch. f. Kommunalpol. (SGK) Brandenburg e.V. (s. 1990 Landesvors. - Liebh.: Belletr., Barockmusik.

WÖLFFLE, Erich

Bankdirektor i. R. - P.-Lincke-Str. 30, 7000 Stuttgart 1 - Geb. 14. Okt. 1910 - 1960-74 Vorst.-Mitgl. Landeskreditbank Bad.-Württ., Stuttgart: AR-Vors. Stuttg. Lebensversich. a. G. u. Stuttg. Allg. Versich. AG, Stuttgart.

WÖLFL, Heinrich

1. Bürgermeister Stadt Regen (berufl., s. 1983) - Rathaus, Stadtplatz 2, 8370 Regen/Bay. Wald - Geb. 9. März 1953 Bodenmais, kath., verh. m. Maria, geb. Pfeiffer, 3 Kd. (Stefanie, Martin, Barbara) - Gymn. Zwiesel; Stud. Rechtswiss. Univ. Regensburg - Früher Reg.-Rat (Landratsamt Regen); Kreisrat (CSU).

WÖLFLE, Maximilian

Bankkaufmann, Vorstandsmitgl. Schwäb. Bank AG, Stuttgart - Breitlingstr. 4, 7000 Stuttgart 1 (T. 0711-24 62 46) - Geb. 14. März 1940 Lindau, kath., verh. s. 1964 m. Gerlinde, geb. Neudert, 4 Kd. (Andreas, Barbara, Christian, Monika) - 1956-58 Banklehre Bayer. Staatsbank Lindau (Bankgehilfenprüf. 1958) - 7 J. Ind.; 1968-72 Zweigstellenleit. Bayer. Vereinsbank Lindau; 1972-82 Filialleit. Bayer. Vereinsbank Friedrichshafen u. Stuttgart; s. 1982 Vorst. Schwäb. Bank - Liebh.: Kunst, Musik - Spr.: Engl., Franz.

WÖLFLE, Peter

Dr. rer. nat., Prof. f. Physik Univ. Karlsruhe - Erasmusstr. 1, 7500 Karlsruhe-Waldstadt - Geb. 24. März 1942 München (Vater: Luitpold W., Holzkaufm.; Mutter: Hildegunde, geb. Wirth), kath., verh. s. 1969 m. Ursula, geb. Gergler, 3 Töcht. (Andrea, Stephanie, Rebecca) - TH München (Dipl.-Phys. 1966, Promot. 1969, Habil. 1974) - 1968-71 Max-Planck-Inst. f. Physik; 1971-73 Cornell-Univ./USA; 1975-86 Prof. TU München; 1986-88 Prof. Univ. of Florida, Gainesville, FL, USA; s. 1988 o. Prof. Univ. Karlsruhe - Zwei Fachb. in engl. Spr., 1978 u. 79 - 1975 Physikpreis Akad. d. Wiss. Göttingen - Spr.: Engl.

WOELLER, Helmut

Kaufmann, Ehrenpräs. Hauptverb. Dt. Filmtheater, Wiesbaden, Ehrenvors. Wirtschaftsverb. d. Filmtheater, Hessen-Rhld.-Pfalz, Frankfurt a.M. - Kiefernweg 2, 6330 Wetzlar (T. 06441 - 2 78 67) - Geb. 15. Okt. 1910 Buchschlag/Hessen, ev. - 1986 BVK.

WÖNNE, Jürgen

M.A., Regisseur u. Dramaturg, Bühnenautor, Künstl. Leiter v. Studio-Theater Saarbrücken - Nauwieser Str. 13, 6600 Saarbrücken (T. 0681 - 390 46 02) - Geb. 5. Juli 1951 Braunschweig, verh., 2 Söhne (Tobias, Florian) - Fachschulreife Elektrotechnik; Kolleg-Abschl.; 1977-81 Regieschule u. Pantomine an d. Univ. Erlangen; 1983 Magister in Theaterwiss. u. German. an d. FU Berlin - 1982-86 Leit. d. Berliner Theaterschmiede; 1981 Theaterleit. Sommerakad. Wadgassen. Gründer u. Organisator d. Dt. Literatur-Theater Wochen; Mithrsg. u. Redakt. d. Saarländ. Kulturjournals - BV: D. letzten Tage d. Marie Antoinette, 1989; Goethes Wilhelm Meister, 1991; Rousseaus Bekenntnisse, 1991; Beschausamkeiten I-III, 1992. UA Regie: Rousseaus Bekenntnisse; Plädoyer e. Irren; Caleidoscopia; D. letzten Tage d. Marie Antoinette; D. Kellnerin Anni (v. Herbert Rosendorfer); Goethes Wilhelm Meister; Top Secret - Liebh.: Reisen, Sport, Kleinkunst - Spr.: Engl., Franz. - Lit.: Theaterprogrammhefte, Feuilletons.

WÖPKEMEIER, Helmut

Dr.-Ing. Vorstandsmitglied Klöckner-Humboldt-Deutz AG., Köln (s. 1971) - Kardinal-Schulte-Str. Nr. 28, 5060 Berg.-Gladbach 1 - Geb. 15. Juni 1930 Dehme/W.

WÖRDEHOFF, Ludwig W.

Kuratoriumsvorsitzender Landesmusikakad. Nordrh.-Westf., MdL NW (1975-85) - Ackerstr. 97, 4300 Essen-Borbeck (T. 0201 - 69 78 00) - Geb. 14. Mai 1923 - BV: Borbecker Straßennamen, 1966 u. 87; Arbeiten z. Lokalgeschichte.

WÖRL, Volker

Dipl.-Volksw., Redakteur, Leitender Wirtschaftsredakteur Süddeutsche Zeitung - Beethovenstr. 23, 8011 Vaterstetten (T. 08106 - 12 33) - Geb. 26. März 1930 Eger (Vater: Josef W., Dipl.-Ing.; Mutter: Klara, geb. Mark), kath., verh. s. 1959 m. Barbara, geb. Trautloff, 3 Söhne (Michael, Peter, Matthias) - Dipl. 1957 Univ. München - S. 1958 Redakt.-mitgl. Südd. Ztg.; s. 1976 Leit. Wirtsch.redakt - Mehrf. Gold. Sportabz., zul. 1990 - Spr.: Engl.

WOERNER, Gert

Verlagsleiter - Hofenfelsstr. 17, 8000 München 19 (T. 15 68 00) - Geb. 7. Mai 1932 Berlin (Vater: Dipl.-Ing. Waldemar W.; Mutter: Käte, geb. Brust) - Univ. Göttingen u. Wien (German., Roman., Theaterwiss.) - 1956-60 Lektor Piper-Verlag, München; 1960-64 Cheflektor Econ-Verlag, Düsseldorf; 1964-67 Chefredakt. Kindler-Verlag, München; s. 1969 lit. Verlagsleit. Scherz-Verlagsgruppe, München, Lehrbeauftragter f. Verlagskd. an d., Univ. München. Mithrsg.: Kindlers Literatur-Lexikon. Prosa u. Lyrik in Anthol. Übers. aus d. Engl. u. Franz. - Spr.: Engl., Franz.

WOERNER, Lothar

Dr. jur., Bundesrichter (Vors. Richter am Bundesfinanzhof) - Wimmerstr. 13, 8000 München 81 - Geb. 5. Okt. 1930 Stuttgart, verh. s. 1958 m. Christa, geb. Frank - Eberhard-Ludwigs-Gymn. Stuttgart; Univ. Tübingen u. München (Rechtswiss.) - 1958-1962 Finanzverw. BW, 1962-66 BFH (Wiss. Mitarb.), 1966-71 FG Stuttgart u. BW (Richter), s. 1971 BFH (Richter), s. 1986 Vors. Richter. Beiratsmitgl. Dt. Steuerjurist. Ges. - BV: d. Zurücknahme u. Änderung v. Steuerverwaltungsakten, 1965, 4. A. 1974; Finanzgerichtsordnung (m. Barske). 1966; D. Aufheb. u Änd. v. Steuerverw.akten (m. Grube), 5.-8. A. 1977/83/88. Herausg.: Umsatzsteuer in nationaler u. europ. Sicht (1990). Zahlr. Einzelarb.

WÖRNER, Manfred

Dr. jur., NATO-Generalsekretär (s. 1988), Bundesminister d. Verteidigung (1982-88), MdB (1965-88; Wahlkr. 172/Göppingen - Postf. 14 44, 7320 Göppingen/Württ. - Geb. 24. Sept. 1934 Stuttgart (Vater: Carl W., Textilkfm.), ev., verh. in 2. Ehe s. 1982 m. Elfriede, geb. Reinsch (Sohn aus d. gesch. 1. Ehe) - Schule Stuttgart; Univ. Heidelberg, Paris, München (Rechtswiss., bes. Völkerrecht; Promot.). Jurist. Staatsex. 1957 (München) u. 61 (Stuttgart) - Baden-Württ. Innenverw. - Oberstleutn. d. R. Bundeswehr - 1978 Gold. Sportabz.

WOERNLE, Hans-Theo

Dr.-Ing., Dipl.-Ing., Prof. TH Darmstadt (s. 1972) - Mittermayerweg 49, 6100 Darmstadt (T. 7 77 53) - Geb. 17. März 1927 Bielefeld (Vater: Richard W., Arch.; Mutter: Margarete, geb. Schaefer), ev., verh. s. 1958 m. Renate, geb. Orth, 4 Kd. (Peter, Thomas, Susanne, Matthias) - Obersch.; Maurerlehre; Stud. Bauing.wesen TH Darmstadt; Promot. 1960 - 1954-60 wiss. Assist.; 1960-63 Ind.-tätigk. (IBM); s. 1963 wied. Hochsch.tätigk. (Wiss. u. Akad. Rat, Oberrat) - BV: Elastic Plates, 1969 (m. K. Marguerre; dt. 1975) - Liebh.: Musik - Spr.: Engl.

WÖRZ, Johannes

Dr. sc. agr., Prof. f. Agrarpolitik Univ.-GH Kassel - Zu erreichen üb. GH Kassel, Univ., FB Intern. Agrarwirtsch., Steinstr. 19, 3430 Witzenhausen - Geb. 16. Febr. 1933 Stuttgart - 1954-57 u. 1965-66 Univ. Hohenheim; 1958-59 Univ. Pretoria - 1959-61 Forschungsbeamter Min. of Agric. Econ. and Marketing, Pretoria; 1962-66 wiss. Assist. Südasien-Inst. Univ. Heidelberg u. Forschungsst. f. Agrarstruktur u. Agrargenoss. d. Entwicklungsländer; 1966-73 Doz. Ing.sch. f. Landbau u. Dt. Ing.sch. f. Tropenlandwirtsch. Witzenhausen; s. 1973 Prof. GH Kassel; 1975-78 Projektleit. UNDP/FAO Expanded Assist. to the Agrarian Reform Programme, Philippinen - BV: Genoss. u. partnerschaftl. Produktionsförd. in d. sudanes. Landwirtsch., Sonderh. 4 Ztschr. f. ausl. Landwirtsch., 1966; D. genoss. Produktionsförd. in Ägypten als Folgeerschein. d. Agrarreform u. als neues Element d. genoss. Entw. (Diss.), 1967; Ziele u. Maßn. d. Libyschen Agrarpolitik, 1972; D. dt. Beitrag z. Entw. e. ländl. Genossenschaftswesens in d. Dritten Welt, 1974; D. Rolle v. Kooperationen b. d. Durchführ. v. Agrarreformen u. Siedlungsmaßn. in d. Dritten Welt, 1981; Studie f. e. soz. Entw.programm d. Kokosnußind. auf d. Philippinen, 1981; Cooperative Promotion of Production in Egypt: The Failure of Unified Crop Rotation within Agrarian Reform Programmes for Old Lands (Mitautor Kirsch, o. c.), 1985; Probleme d. Produktivitätssteiger. im Agrarsektor Nigerias, 1986; D. Realisierung d. Genossenschaftsidee Raiffeisens in d. Dritten Welt, 1987; u. a. - Spr.: Engl., Franz., Afrikaans.

WOESLER, Emmi

Senatspräsidentin a. D., Vors. Richterin am Bundespatentgericht a. D. - Kaulbachstr. 35, 8000 München 22 (T. 28 97 39) - Geb. 16. Sept. 1911 Reigersfeld/OS. (Vater: Richard W., Konrektor; Mutter: Maria, geb. Schneyingk), kath., led. - Oberlyz. Oppeln/OS.; Stud. Rechts- u. Staatswiss. Gr. jurist. Staatsprüf. 1940 München - 1940-51 IHK Würzburg (1943 stv., 1948 Geschäftsf.); 1951-61 Dt. Patentamt, München (Regierungs-, 1956 Senatsrätin); s. 1961 Bundespatentgericht ebd. (Senatsrätin, 1966 -präs.). Spez. Arbeitsgeb.: Warenzeichenrecht - Mithrsg. des Busse WZG Komm., 5. A. - Spr.: Franz., Engl.

WOESLER, Winfried

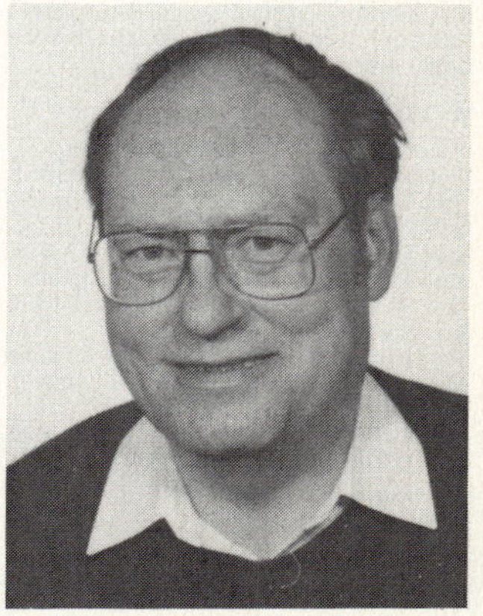

Dr. phil., Prof. f. Literaturwissenschaft Univ. Osnabrück, Leit. Editionswiss. Forschungsst. d. Univ. Osnabrück - A.-Schlüter-Str. 39, 4408 Dülmen (T. 02594 - 8 49 44) - Geb. 14. April 1939 Breslau (Vater: Dr. phil. Richard W., Stud.-Ass. † 1941; Mutter: Hildegard, geb. Vornefeld), kath., verh. s. 1966 m. Dr. Dietlinde, geb. Rosarius, 4 S. (Burkhard, Richard, Martin, Wolfgang) - Stud. Deutsch, Latein u. Biol.; Promot. 1968, Habil. 1978 - 1981 Prof. f. Lit.wiss. (Schwerp. Neue dt. Lit.). Herausg.: Intern. Jahrb. f. Editionswiss. Geschäftsf. Droste-Ges.; Vors. d. Möser-Ges. Verf. u. Herausg. mehr. Bücher z. dt. Lit. d. 19. u. 20. Jhs. - Spr.: Latein, Griech., Hebr., Engl., Franz.

WOESNER, Horst

Dr. jur., Bundesrichter Bundesgerichtshof (s. 1968) - Herrenstr. 45a, 7500 Karlsruhe - Geb. 10. Jan. 1914.

WÖSS, Fritz
s. Weiß, Friedrich

WÖSSNER, Günter
Bürgermeister Stadt Dornhan (s. 1973) - Paul-Gerhardt-Str. 23, 7242 Dornhan 1 - Geb. 29. Nov. 1941 Sulz/N. (Vater: Friedrich W., Landwirt; Mutter: Emilie, geb. Niebel), ev., verh. s. 1971 m. Ingrid, geb. Lehmann, 2 Kd. (Annette, Heiko) - Staatl. Fachhochsch. f. Verwalt.

WÖSSNER, Mark
Dr.-Ing., Vorstandsvorsitzender Bertelsmann AG - Carl-Bertelsmann-Str. 270, 4830 Gütersloh 1 - Geb. 14. Okt. 1938 - 1974 Geschäftsf. Mohndruck Reinh. Mohn oHG, Gütersloh, 1976 Vorst. Bertelsmann AG, 1981 stv. Vorst.-Vors., 1983 Vorst.-Vors. Bertelsmann AG, AR-Vors. Gruner + Jahr.

WÖSTENBERG, Dieter
Dr. med., Ärztlicher Direktor Klinikum Schwerin - Am Tannenhof 29, O-2786 Schwerin (T. 86 20 33) - Geb. 23. Febr. 1943 Lüblow, verh. s. 1965 m. Sabine, geb. Jäger, 2 Töcht. (Birgit, Katrin) - Abit. 1961 Schwerin; Medizinstud. 1962-64 Sofia, 1965-1968 Rostock, Staatsex. - 1968 Tätigk. im Klinikum (früher Bezirkskrkhs.) Schwerin; Mitgründer d. F.D.P. in d. DDR; März-Dez. 1990 Volkskammerabg. u. MdB.

WOGAU, von, Karl
Dr. jur., Rechtsanwalt, Mitgl. Europ. Parlament - Leo-Wohleb-Str. 6, 7800 Freiburg.

WOHLERS, Rüdiger
Kammersänger, Opern- u. Konzertsänger - Schützenhausstr. 26, CH-8707 Uetikon am See - Geb. 4. Mai 1943 Hamburg, verh. s. 1968 m. Barbara, geb. Schulze, 2 Kd. (Octavio, Florian) - 1964-68 Musikstud. u. Opernkl. Hochsch. f. Musik Hamburg - Hauptrollen: Lyrischer Tenor bes. f. Mozart: Tamino, Ferrando, Don Ottavio, Belmonte, Idomeneo. M. wichtigen Regiss.: Rennert, G. Friedrich, J. P. Ponnell, H. Kupfer. M. Dirig.: Karajan, Solti, Muti, Böhm u.a. - 1981 Kammersänger (Staatstheater Stuttgart) - Liebh.: Malerei, Musik, Tennis - Spr.: Engl., Ital.

WOHLFAHRT, Adam
Vorstandsmitglied Dt. Effecten- u. Wechsel-Beteiligungs-AG., Frankfurt/M. - Bäckerweg 15, 6083 Walldorf/Hessen - Geb. 3. Sept. 1910 - 1926-74 Dt. Effecten- u. Wechsel-Bank (langj. Vorstandsmitgl.) bzw. n. Fusion Effectenbank Warburg. Schatzm. Volksbund Dt. Kriegsgräberfürsorge, Kassel. Div. Mandate, dar. ARsvors. Appel & Zahn AG., Rhein.-Main. AG. f. Siedlungs- u. Wohnungsbau, alle Frankfurt.

WOHLFAHRT, Hedwig
Assessorin, Geschäftsf. Rhein. Warenbörse zu Köln u. Krefeld - Unter Sachsenhausen 10-26, 5000 Köln.

WOHLFAHRT, Theodor A.
Dr. phil., Prof., Zoologe - Kardinal-Döpfner-Platz Nr. 1, 8700 Würzburg (T. 1 39 31) - Geb. 19. Sept. 1907 Ludwigshafen/Rh. 1942 (Habil.) - 72 (Ruhest.) Lehrtätigk. Univ. Würzburg (1951 apl. Prof. f. Zool. u. Vergl. Anat.; 1970 ao. Prof.). Spez. Arbeitsgeb.: Physiol. Ökologie (Biol. Rhythmen), naturwiss. Handzeichnung - BV: D. Schmetterlinge Mitteleuropas, 5 Bde. 1952/81 (m. Forster). Etwa 60 Fachaufs.

WOHLFART, Hans
Dipl.-Ing., Vorstandsvorsitzender Dt. Wollforsch.inst. RWTH Aachen, Vors. Geschäftsf. Zwickauer Kammgarn GmbH - Schoellerstr. 24, 5208 Eitorf (T. Amt Wildenfels 52 52 00) - Verh. - Vors. Forschungskurat. Gesamttextil u. Techn. Aussch. d. Kammgarnspinner Industrieverb. Garne; Vizepräs. AIF; stv. Vors. Stiftg. Industrieforsch.; AR-Mand. - Liebh.: Sport, Reisen, Lesen - Spr.: Engl.

WOHLFARTH, Friedrich
I. Bürgermeister Stadt Königsbrunn - Rathaus, 8901 Königsbrunn/Schw. - Geb. 13. Dez. 1922 Königsbrunn - Kaufm. CSU.

WOHLFARTH, Gert
Verleger - Laubecksweg 16, 4330 Mülheim/R. - Geb. 18. Jan. 1923 Halle/S. (Vater: Hermann W., Beamter; Mutter: Hanna Schützendübel), ev., verh. s. 1949 m. Ursula, geb. Opderbecke, 3 Söhne (Frank, Thomas, Gert) - Verlagsbuchhändlerausbild. - 1949-66 Zeitungsverleger; s. 1953 Fachverl. (Herausg. div. Fachztschr., zugleich Chefredakt. baustoff-markt); s. 1989 Verlag Puppen u. Spielzeug.

WOHLFARTH-BOTTERMANN, Karl-Ernst
Dr. rer. nat., Dr. h.c., o. Prof. f. Cytologie u. Mikromorphologie - Lotharstr. 113, 5300 Bonn (T. 21 31 17) - Geb. 22. Mai 1923 Witten/Ruhr, ev., verh. s. 1964 m. Gertrud, geb. Gronak, 2 Kd. (Martin, Annette) - Univ. Köln u. Münster (Naturwiss., Med.). Promot. 1951 Münster; Habil. 1956 Bonn - S. 1956 Privatdoz., apl. Prof. (1962), Wiss. Rat (1963), o. Prof. u. Inst.-Dir. (1965) Univ. Bonn. Spez. Arbeitsgeb.: Cytologie, Zelluläre Bewegungsvorgänge. Etwa 250 Fachveröff. Herausg. d. Zeitschr. European Journ. Cell Biology. Mithrsg. d. Zeitschr. Cell Biol. Internat. Reports - Mitgl. Dt. Akad. d. Naturforscher (Leopoldina); Schleiden-Med. f. Verdienste auf d. Gebiet d. Zellforschung.

WOHLFEIL, Rainer
Dr. phil., em. Prof. (Spez. Frühe Neuzeit) - Haynstr. 8, 2000 Hamburg 20 (T. 040-47 78 68) - Geb. 27. April 1927 Königsberg/Pr. (Vater: Prof. Dr. phil. et med. Traugott W.; Mutter: Dr. med. Magdalene, geb. Lieder), kath., verh. s. 1956 m. Trudl, geb. Nothaass, 3 Kd. (Marie, Stefan, Isabel) - Univ. Göttingen u. Mainz (Promot. 1955, Habil. Mainz 1964), 1966 Priv.doz. Freiburg, 1970 o. Prof. Hamburg 1970 - 1956-70 Militärgesch. Forsch.amt Freiburg, zul. ltd. Reg.dir. Freiburg - BV: Spanien u. d. dt. Erhebung, 1965; Reformation o. frühbürgerl. Revolution?, 1972; D. Bauernkrieg 1524-26, 1975; Einf. in d. Gesch. d. dt. Reformation, 1982; zahlr. Veröff. z. Gesch. (Reformation, 19./20. Jh., Militärgesch., Hist. Bildkd.).

WOHLGEMUTH, Michael
Dr. oec. publ., Dipl.-Kfm., Prof. f. Betriebswirtschaftslehre Univ.-GH Duisburg, Steuerberater - Sonnenacker 3, 4000 Düsseldorf 31 - Geb. 7. Juni 1939 Berlin (Vater: Dr. Manfred W., Hüttendir.; Mutter: Erika, geb. Seck), ev., verh. s. 1966 m. Marlies, geb. Baur, 2 S. (Frank, Jörg) - Abit. 1959 Essen; Univ. München (Dipl.-Kfm. 1965, Promot. 1968, Habil. 1973) - S. 1974 o. Prof. Univ. Duisburg - BV: D. Planherstellkosten als Bewertungsmaßstab d. Halbu. Fertigfabrikate, 1969; Aufbau u. Einsatzmöglichk. e. Planerfolgsrechn. als operationales Lenk.- u. Kontrollinstr. d. Untern., 1975; Konzernrechnungsleg., 3. A. 1986; zahlr. Beiträge in Kommentaren z. Jahresabschluß n. Handels- u. Steuerrecht - Spr.: Engl., Franz.

WOHLGEMUTH, Richard
Dr., Direktor u. Prof., Leit. Inst. f. Vorratsschutz/Biol. Bundesanstalt f. Land- u. Forstw. - Königin-Luise-Str. 19, 1000 Berlin 33.

WOHLLEBEN, Reinhard
Präsident Landesarbeitsamt Berlin (1985), Berlin-Brandenburg (1991) - Friedrichstr. 34, 1000 Berlin 61 - Geb. 9. Febr. 1932 Hof - Stud. Rechtswiss. - 1960-85 Bundesanst. f. Arb. Nürnberg (1978 Leit. Abt. f. berufl. Bildung).

WOHLLEBEN, Verena Ingeburg,
geb. Schneiderheinze

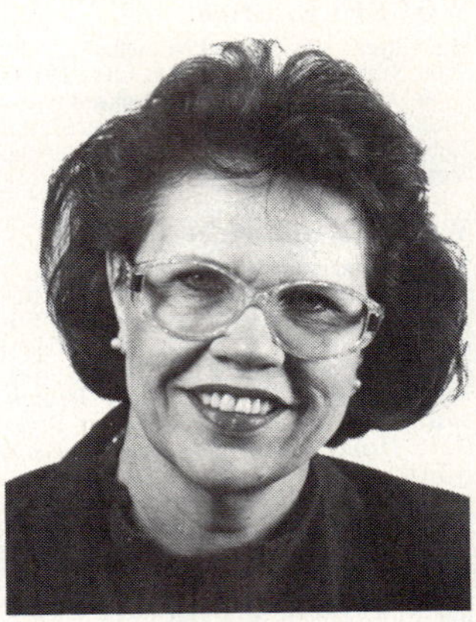

Bürokauffrau, Mitglied d. Deutschen Bundestages - Waldenburger Str. 10, 8560 Lauf (T. 0228 - 16 72 52) - Geb. 8. Juni 1944 Königsberg/Ostpreußen, ev., gesch., 2 Töcht. (Alexandra, Christiane) - Handelssch., Mittl. Reife; Bürokauffr.; 2. Bildungsweg - prakt. Betriebsw. - Disponentin im Großversandhaus Quelle (freigestellt); s. 1978 Stadträtin Lauf a.d. Pegnitz.

WOHLMUTH, Karl
Dr., Dipl.-Kfm., Prof. Univ. Bremen (s. 1971) - Am Lehester Deich 54, 2800 Bremen (T. 0421 - 2 75 54) - Geb. 8. Dez. 1942 Wien (Vater: Karl W., Postinsp.; Mutter: Maria, geb. Kolar), kath., verh. s. 1973 m. Ingeborg, geb. Klindt, T. Nina - Zahlr. Beitr. in Ztschr. u. Sammelwerken. Herausg.: Employment Creation in Developing Societies (1973), Transnationale Konzerne u. Weltwirtschaftsordnung (1978) - Spr.: Engl., Franz.

WOHLRABE, Jürgen
Kaufmann, Präsident d. Abgeordnetenhauses (1989-91), MdA -Reichstr. 15, 1000 Berlin 19 (T. 030 - 300 69 70) - Geb. 12. Aug. 1936 Hanau/M. (Vater: Dr. med. Hermann W., Arzt †1973; Mutter: Waldtraut, geb. Runge), ev., verh. s. 1971 m. Irmgard, geb. Blömer - Obersch. Altmark u. Berlin; 1957ff. Freie Univ. Berlin (Rechtswiss.). S. 1962 Inh. Werbeagentur u. Verlag. S. 1978 Alleinig. Geschäftsf. u. Mitinh. Jugendfilm-Verleih GmbH (1960/61 1. AStA-Vors.). 1967ff. Landesvors. Jg. Union Berlin; 1963-67 Bezirksverordn. Charlottenburg; 1967-69 u. s. 1979 wieder MdA Berlin. CDU s. 1958 (1965 Mitgl. Landesvorst. Berlin; 1969 stv. Landesvors.; s. 1972 Spr. Berliner CDU-Bundestagsabg., 1969 b. Sept. 1979 MdB (Mandat niedergel., s. 1983 Schatzm. CDU Berlin) - Liebh.: Ornithologie, Fallschirmspringen - Spr.: Engl.

WOHMANN, Gabriele,
geb. Guyot

Schriftstellerin - Ludwig-Engel-Weg 11, Park Rosenhöhe, 6100 Darmstadt (T. 7 44 79) - Geb. 21. Mai 1932 Darmstadt (Vater: Paul Guyot, Pfarrer; Mutter: Luise, geb. Lettermann), ev., verh. s. 1953 m. Reiner W. - 1951-53 Univ. Frankfurt/M. (Neuere Spr., Phil., Musik) - 1953-56 Lehrtätigk. Nordsee-Pädagogium Langeoog, VHS (Spr.) u. priv. Handelssch. Darmstadt - BV: Mit e. Messer, Erz. 1958; Jetzt u. nie, R. 1958; Sieg üb. d. Dämmerung, Erz. 1960; Trinken ist d. Herrlichste, Erz. 1963; Abschied f. länger, R. 1965; Erzählungen, 1966; Theater v. innen - Protokoll e. Inszenierung, 1966; Die Bütows, Erz. 1967; In Darmstadt leben d. Künste, 1967; Ländl. Fest, Erz. 1968; Sonntag b. d. Kreisands, Erz. 1969; V. guten Eltern, Prosa, 1969; Treibjagd, Erz. 1970; Ernste Absicht, R. 1970; Selbstverteidigung, Prosa 1971; Gegenangriff, Erz. 1972; Übersinnlich, Prosa 1972; Habgier, Erz. 1973; Paulinchen war allein zu Haus, R. 1974; So ist d. Lage, Ged. 1974; Schönes Gehege, R. 1975; Dorothea Wörth, Erz. 1975; E. Fall v. Chemie, Erz. 1975; Alles zu seiner Zeit, Erz. 1976; Endlich allein - endlich zu zwein, Erz. 1976; Ausflug mit d. Mutter, R. 1976; Grund z. Aufreg., Ged. 1978; Frühherbst in Badenweiler, R. 1978; Streit, Erz. 1978; Paarlauf, Erz. 1979; Ausgewählte Erz. aus zwanzig Jahren, 1979; Wir sind e. Familie, Erz. 1980; Ach wie gut, daß niemand weiß, R. 1980; Meine Lektüre, Aufs. 1980; Komm lieber Mai, Ged. 1981; Stolze Zeiten, Erz. 1981; D. Glücksspiel, R. 1981; E. günstiger Tag, Erz. 1981; Einsamkeit, Erz. 1982; D. kürzeste Tag d. Jahres, Erz. 1983; D. Kirschbaum, Erz. 1984, Passau-Gleis 3, Ged. 1984; D. Irrgast, Erz. 1985; Ges. Erz. aus 30 Jahren, 3 Bde. 1986; D. Flötenton, R. 1987; E. russ. Sommer, Erz. 1988; Kassensturz, Erz. 1989; Das könnte ich sein, Ged. 1989; Er saß in d. Bus, d. seine Frau überfuhr, Erz. 1991; Das Salz, bitte!, Erz. 1992. Hörsp.: Komm Donnerstag (HR, 1964); D. Gäste (SDR, 1965, gdr. 1971); Norwegian Wood (SWF, 1967); D. Fall Rufus (WDR, 1969, gdr. 1971); Kurerfolg (WDR/HR 1970); D. Geburtstag (WDR/RIAS, 1971); Tod in Basel (WDR, 1972); Mehr o. weniger kurz vor d. Tode (WDR, 1974); D. Nachtigall fällt auch nichts Neues ein (WDR/RB, 1977); Wanda Lords Gespenster (WDR, 1978); Hilfe kommt mir von den Bergen (WDR/RB/SFB, 1980); Hebräer 11,1 (WDR, 1981); E. gehorsamer Diener (WDR, 1987); Es geht mir gut, ihr Kinder (WDR, 1988); Drück mir d. Daumen (WDR, 1991); In Odessa nämlich... (SWF/BR, 1992). Fernsehsp.: D. Rendezvous (ZDF, 1965); Gr. Liebe (SFB, 1966, gdr. 1971); D. Witwen (SFB, 1972, gdr. 1972); Entziehung (ZDF, 1973, gdr. 1974); Heiratskandidaten (SFB, 1975); Nachkommenschaften (SFB, 1977); Paulinchen war allein zu Haus (ZDF, 1981); Unterwegs (ZDF, 1985, gedr. 1986); Schreiben müssen (ZDF, 1990; gedr. 1991). 1965 Georg-Mackensen-Literaturpreis u. Preis SDR, 1969 Preis f. Kurzgesch. Stadt Neheim-Hüsten (erster Träger), 1971 Bremer Lit.preis; 1984 Lit.preis ZDF/Stadt Mainz (als Stadtschreiberin im Gutenberg-Museum); 1980 BVK I. Kl.; 1981 Dt. Schallplattenpreis; 1982 Joh.-Heinr.-Merck Ehrung Stadt Darmstadt; 1988 Hess. Kulturpreis. 1967 Villa Massimo-Stip.; Mitgl. Gruppe 47 u. PEN-Zentrum BRD (1960-88); s. 1975 o. Mitgl. Berliner Akad. d. Künste, Dt. Akad. f. Sprache u. Dicht., Darmstadt - Spr.: Engl., Franz. - Lit.: Klaus Wellner, D. Leiden a. d. Familie im Werk v. G. W. (1976); Irene Ferchl, D. Rolle d. Alltäglichen in d. Kurzprosa von G. W. (1980); Gerhard u. Mona Knapp, G. W. (1981); Günter Häntzschel u. a., G. W. (1982); Hans Wagener, G. W. (1986).

WOHN, Georg
Dipl.-Brauerei-Ing./Dipl.-Wirtschafts-Ing., Direktor - Zu erreichen üb.: Bayerische Staatsbrauerei, Weihenstephan 1, 8050 Freising (T. 08161 - 30 22) - Geb. 10. Sept. 1934 Hof/Saale, ev., verh., 2 Kd.

WOHNHAAS, Theodor
Dr. phil., Akad. Direktor i. R. Inst. f. Musikwiss. Univ. Erlangen-Nürnberg - Hermannstädter Str. 20, 8500 Nürnberg 30 - Geb. 4. Juli 1922 Kirchheimbolanden/Rhpf. - Promot. 1958 - Zul. Konservator - BV: Südd. Orgeln aus d. Zeit vor 1900, 1973; G. F. Steinmeyer (1819-1901) u. s. Werk, 1978; Hist. Orgeln in Unterfranken, 1981; Hist. Orgeln in Schwaben, 1982; Hist. Orgeln in Oberfranken, 1986; D. Orgeln im Speyerer Dom, 1987; D. Augsburger Domorgeln, 1992. Üb. 200 Einzelarb. - 1963 Preis Stadt Nürnberg; 1975 Schwäb. Forsch.-gem. d. Komm. f. Bayer. Landesgesch.

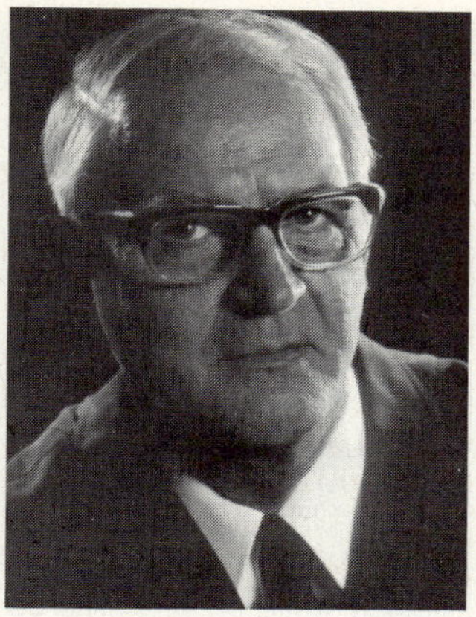

d. Bayer. Akad. d. Wiss.; 1984 Bayer. Benediktiner-Akad.

WOISIN, Matthias

Dr. phil., M.A., Pressesprecher d. Finanzbehörde Hamburg - Gänsemarkt 36, 2000 Hamburg 36 (T. 040 - 359 86 62) - Geb. 27. Mai 1955 Hamburg, ev.

WOLANDT, Gerd

Dr. phil., Prof., Philosoph - Fuchserde 24, 5100 Aachen (T. 6 14 86) - Geb. 10. Febr. 1928 Heiligenhaus (Vater: Emil. W., Berufsschuldir.; Mutter: Hertha, geb. Bohnsack), ev., 3 Kd. (Barbara, Kirsten, Holger) - 1947-54 Stud. Phil., Päd., Kunstgesch., Phil. Promot. (1954) u. Habil. (1962) Würzburg - S. 1962 Lehrtätigk. Univ. Bonn (1967 apl. Prof., 1969 Wiss. Rat u. Prof., 1971 Abt.-Leit. f. Ästhetik), RWTH Aachen (1977 o. Prof.). - 1974 o. Mitgl. Intern. Komit. f. Ästhetik, Wiss. Beir. Humboldt-Ges., A. Paul Weber-Ges.; Ostdt. Kulturrat; Kulturstiftg. d. dt. Vertriebenen; Vorst. Dehio-Ges. - BV: Gegenständlichkeit u. Gliederung - Unters. z. Prinzipientheorie Hönigswalds, 1964; Phil. d. Dichtung, 1965; Idealismus u. Faktizität, 1971; Bild u. Wort, 1977; Letztbegründung u. Tatsachenbezug, 1983; A. Paul Weber, 1983; D. Ästhetik u. d. Künste, 1984; Grundfragen d. Phil., 1989 - Spr.: Engl., Schwed.

WOLANY, Josef

Dr. jur., o. Prof. f. Bürgerl. Recht, Handels- u. Wirtschaftsrecht Univ. Saarbrücken (s. 1956) - Hermann-Löns-Str. 2c, 6602 Dudweiler/Saar (T. Sulzbach 7 12 75) - Geb. 24. Juli 1907 Kaltwasser - Habil. 1952, Bonn - Zul. Bundesrichter BGH Karlsruhe.

WOLBERT, Erich

Dipl.-Volksw., Vorstandsvorsitzender Grevener Baumwollspinnerei AG., Greven - Aldruper Weg 35, 4402 Greven/W. 1 - Geb. 12. Aug. 1925 Münster/W.

WOLF, Alois

Dr. phil. (habil.), o. Prof. f. Dt. Philologie - Goethestr. 69, 7800 Freiburg/Br. (T. 7 51 62) - Geb. 12. Sept. 1929 Micheldorf (Österr.), kath., verh. s. 1966, 2 Kd. - Schule Linz; Univ. Innsbruck u. Wien (German., Angl.). Promot. 1953 Innsbruck - S. 1955 Hochschultätigk. Hull, Straßburg, Innsbruck, Salzburg, Münster, Kiel (1966 Ord.), 1973 Freiburg (Ord.). Spez. Arbeitsgeb.: Lit. d. Mittelalters - BV: Gregorius bei Hartmann v. Aue u. Thomas Mann, 1964; Gestaltungskerne u. -weisen in d. german. Heldendicht., 1965; Variation u. Integration. Beobacht. zu hochmittelalterl. Tageliedern, Darmstadt 1979 (Impulse d. Forschung); Dt. Kultur im Hochmittelalter, 1986 (Hb. d. Kulturgesch.); D. Mythe v. Tristan u. Isolde, 1989 - 1961 Theodor-Körner-Preis Stadt Wien.

WOLF, Anton

Fabrikant, I. Bürgerm. Stadt Geisenfeld - Am Hochacker 12, 8069 Geisenfeld/Obb - Geb. 22. Okt. 1920 Geisenfeld - Teilh. Wolf Stahlbau KG. u. Geschäftsf. Wolf & Co. GmbH., beide Geisenfeld.

WOLF, Bernhard Anton

Dr. phil., Prof. f. Chemie Univ. Mainz - Fontanestr. 84, 6500 Mainz 31 (T. 06131 - 7 23 92) - Geb. 8. Aug. 1936 Linz/Österr. (Vater: Karl W., VS-Dir.; Mutter: Frida, geb. Panhuber), kath., verh. s. 1960 m. Gerda, geb. Zach, 3 Kd. (Wilfried, Rupert, Dagmar) - Promot. 1965 Wien, Habil. 1972 Mainz - Mitherausg. Ztschr.: D. Makromolekulare Chemie, J. Supercrit. Fluids. Rd. 140 Beitr. in intern. Ztschr. (meist in engl. Spr.).

WOLF, Dieter

Dipl.-Volksw., Inhaber Wolf-Geräte GmbH, Betzdorf u. Niederlass. im In- u. Ausland sowie Wolf-Geräte GmbH St. Wendel/Saar - Postfach 8 60, 5240 Betzdorf/Sieg - Geb. 15. Febr. 1934 Siegen (Vater: Gregor W., Fabr. †1967, s. XV. Ausg.; Mutter: Margarete, geb. Thelen), kath., verh. s. 1960 m. Helga, geb. Wendel, 3 Kd. (Michaela, Gregor, Patricia) - Stud. Univ. Bonn, Köln, Wien (Volksw.) - Zun. Auslandstätigk., 1960 Eintr. in väterl. Fa. Vizepräs. IHK Koblenz, Präs. Kurat. Nürnberger Akad. f. Absatzwirtsch., Beirat Deutsche Bank AG, Mand. - 1980 BVK am Bde. - Liebh.: Segeln, Schwimmen - Spr.: Engl., Franz.

WOLF, Ernst

Dr. jur., Prof. f. Bürgerl. Recht, Arbeitsrecht, Rechtsphilosophie - An d. Haustatt 7, 3550 Marburg/L. (T. 6 79 74) - Geb. 26. Okt. 1914 Meiningen/Thür. (Vater: Paul W., Staatsbankdir.; Mutter: Frieda, geb. Moeller), verh. s. 1947 m. Roda, geb. Hartmann, 3 Kd. (Joachim, Gerhard, Daniela) - Univ. Frankfurt/M. u. Berlin (Rechtswiss.). Promot. (1940) u. Habil. (1946) Frankfurt - 1947-48 Hochschulref. Hess. Kultusmin.; 1946-55 Privatdoz., apl. (1948) u. ao. Prof. (1951) Univ. Frankfurt; s. 1955 o. Prof. Univ. Marburg (Dir. Inst. f. Arbeitsrecht) - BV: Anfang u. Ende d. Rechtsfähigkeit d. Menschen, 1955 (m. Naujoks); Scheidung u. -srecht, 1959 (m. Lüke u. Hax); D. Arbeitsverhältnis, 1970; Lehrb. d. Allg. Teils d. Bürgerl. Rechts, 3. A. 1981; Lehrb. d. Schuldrechts, 1. Bd. Allg. Teil, 1978; Lehrb. d. Schulrechts, 2. Bd. Bes. Teil, 1978; Lehrb. d. Sachenrechts, 2. A. 1979; Gibt es e. marxist. Wiss.? - Kritik d. Grundl. d. dialekt. Marxismus, 1980; D. Recht z. Aussperrung, 1981; D. freie Raum d. Wiss. u. s. Grenzen, 1974; D. Unhaltbarkeit d. Rechtsprechung d. Bundesgerichtshofs z. Schadensersatz b. Totalschäden an Kraftfahrzeugen, 1984. Beitr.: Archiv f. d. zivilist. Praxis (Bd. 153, 1954: Rücktritt, Vertretenmüssen u. Verschulden; Bd. 170, 1970: D. Lehre v. d. Handlung; Bd. 173, 1973: Grundl. d. Gemeinschaftsrechts); Festgabe f. Heinrich Herrfahrdt (1961; Z. Begriff d. Schuldverhältnisses), Festschr. f. Fritz v. Hippel (1967; D. Recht am eingerichteten u. ausgeübten Gewerbebetrieb); Festschr. f. d. Bundesarbeitsgericht (1979, D. Begriff Arbeitsrecht); Festschr. f. Gerhard Müller (1981; D. Kampf gegen d. BGB); Festschr. f. Max Keller (1989; Vertragsfreiheit - e. Illusion?); Festschr. f. Ulrich v. Lübtow (1991; D. Erbrecht d. noch nicht geborenen Kindes); Ev. Staatslexikon (1987, Eherecht, weltliches); Hochschullehrer z. Hochschulreform, Teil I 1969; Begegnungen m. Kurt Georg Kiesinger (1984, Rechtslehrer u. Helfer). Zahlr. Fachveröff. in einschl. Ztschr. - Lit.: Recht u. Rechtserkenntnis, Festschr. z. 70. Geb.

WOLF, Friedrich

Dr. med., o. Prof. u. Vorst. Inst. u. Poliklinik f. Nuklearmed. Univ. Erlangen-Nürnberg (s. 1973) - Gräfenberger Str. 53, 8520 Bruckenhof.

WOLF, Gerald

Dr. rer. nat., Prof. f. Neurobiologie u. Biologie f. Mediziner, Inst.dir. Med. Akad. Magdeburg (s. 1981) - Schrotebogen 12/153, O-3034 Magdeburg (T.

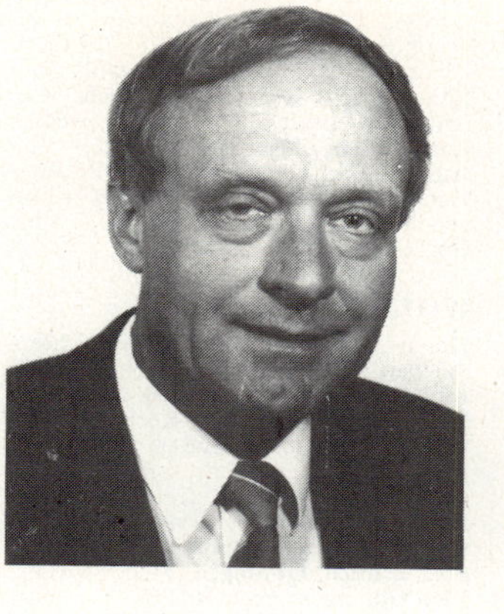

0391 - 22 53 29) - Geb. 22. Febr. 1943 Limbach/Sachsen (Vater: Herbert W.; Mutter: Hedwig, geb. Müller †1990), verh. m. Hella, geb. Körner, 2 Kd. (Ronald, Antje) - Abit. 1961 Limbach; Univ. Leipzig 1967 (Dipl.-Biol. Med. Teilstud.); Promot. 1970 Leipzig; Habil. 1979 Leipzig - 1967-78 Univ. Leipzig, 1979 Hochsch.-Doz. Med. Akad. Magdeburg - BV: Neurobiologie, 1974, 1976 (1976 span.); Kleine Enzyklopädie Natur, Edit. 1979-89 (1983, 1987 ungar.); Seele od. Programm?, 1982, 1985 (1986 dän.); Fachlexikon Neurobiologie, 1988, 1989; D. Gehirn. Wege zum Begreifen, 1992; ca. 130 wiss. Veröff. üb. Neuroendokrinologie, Aminosäure-Transmitter, Neurodegeneration, Neuro- u. Verhaltensbiologie - 1979 Johannes-Müller-Preis - Liebh.: Faunistik, Floristik, Klavier - Spr.: Engl.

WOLF, Gerd-Peter

Diplomverwaltungswirt, MdL Nordrh.-Westf. (s. 1985, Wahlkr. Essen 3) - Tiefenbruchstr. 29, 4300 Essen 12 - Geb. 16. Nov. 1951, ev., verh. s. 1975 m. Monika, geb. Ruck - Abit. 1972 Leibniz-Gymn.; 1974-77 Ausb. b. d. Stadt Essen z. Dipl. Verw.wirt; 1972-74 Zeitsoldat, z.Zt. Oberleutnant d. Reserve; Dezernatsbeauftr. im Planungsdezernat, dann im Baudezernat Stadt Essen; s. 1990 AR-Vors. d. Bauhütte Zollverein Schacht XII GmbH; Mitgl. d. Wohnungsbauaussch. d. WFA in d. WestLB; s. 1991 Wohnungspolit. Sprecher d. SPD-Landtagsfraktion.

WOLF, Gerhard

Schrifsteller, Verleger - Amalienpark 7, O-1100 Berlin (T. 030 - 489 00 48) - Geb. 16. Okt. 1928, verh. s. 1951 m. Christ, geb. Ihlenfeld, 2 Töcht. (Annette, Katrin) - German.stud. Jena u. Berlin; Dipl. 1956 - S. 1952 Lit.redakt. Mitteldt. Rundfunk Leipzig; b. 1956 Leit. d. Lit.redakt. Deutschlandsender, dan. freischaff. als Lektor, Herausg., Schriftst. - BV: Beschreibung e. Zimmers (Joh. Bobrowski), 1967; D. arme Hölderlin, 1972; Albert Ebert-Monogr., 1974; Im deutschen Dichtergarten, Ess. 1985; Ins Ungebundene gehet e. Sehnsucht, Ess. 1985; Wortlaut Wortbruch Wortlust, Ess. 1988; Sprachblätter Wortwechsel, Ess. 1992 - 1974 Heinrich-Mann-Preis d. Akad. d. Künste Berlin.

WOLF, Gotthard

Dr.-Ing., Prof., Direktor Institut f. d. Wiss. Film, Göttingen (1953-76) (Gründer) - Grotefendstr. 2, 3400 Göttingen (T. 4 81 38) - Geb. 27. Dez. 1910 Breslau (Vater: Armin W.; Mutter: Martha, geb. Grellert), ev., verh. s. 1945 m. Marianne, geb. Krämer, 2 Kd. (Barbara, Michael) - Oberrealsch. u. TH Breslau (Elektrotechnik) - Ab 1936 Reichsanstalt f. Film u. Bild (Ref., spät. Abt.sleiter); n. 1945 Inst. f. Film u. Bild. (Dir. Abt. Hochsch. u. Forsch.). 1966 Honorarprof. Univ. Göttingen u. Univ. Hannover - BV: D. wiss. Dokumentationsfilm u. d. Encyclopaedia Cinematographica, 1967; D. wiss. Film in d. BRD, 1975 - 1973 Kulturpr. Dt. Ges. f. Photographie (DGPh); Gr. BVK - Herausg.: Encyclopaedia Cinematographica (eig. Gründ.) - Spr.: Engl. - Rotarier.

WOLF, Gusti

Burgschauspielerin - Salztorgasse 6/4/27, A-1010 Wien I (Österr.) (T. 533 23 19) - Geb. 11. April Wien, kath. - B. 1940 Kammersp. München (Falckenberg; 4 J.), dann Volksbühne Berlin (Klöpfer), s. 1946 Burgtheater Wien (1968 Welttournee). Festsp. Salzburg, Berlin, Recklinghausen u. a. Wichtigste Filmrollen: Austernlilli, D. unentschuldigte Stunde, Falstaff in Wien, Fasching, D. Regimentstochter, D. schweigende Mund, Melodie d. Herzens, Rosen-Resli; Fernsehen: u. a. Urfaust, D. Gr. Ohr, 13 bei Tisch, Cigalon, Christinas Heimreise, Heiratsschwindler heiratet, D. alte Richter, Kottan ermittelt, Rosa v. Rosalinde, Was werden d. Nachbarn sagen - 1966 Kammerschausp.; 1972 Burgtheaterring (f. 25j. Mitgliedsch.; 1977 Österr. Ehrenkreuz f. Wiss. u. Kunst I. Klasse; 1986 Gr. Ehrenzeichen Rep. Österr.; 1987 Ehrenmed. in Gold d. Stadt Wien; 1987 Ehrenmitgl. Burgtheater.

WOLF, Hans Joachim

Dr. med. habil., Dr. rer. nat., Univ.-Prof. f. Med. Mikrobiologie u. Hygiene, Direktor d. Inst. f. Med. Mikrobiologie u. Hygiene d. Univ. Regensburg - Jos.-Jägerhuber-Str. 9, 8130 Starnberg (T. 08151 - 1 64 51) - Geb. 9. März 1945 Kronach (Vater: Franz W., Kaufm.; Mutter: Lina, geb. Dietlmeier), kath., verh. s. 1969 m. Anita, geb. Rickert, 3 S. (Dominik, Sebastian, Maximilian) - Univ. Würzburg (Staatsex. 1970, Promot. 1974, Habil. 1979) - 1974-77 Forsch.-Assist. Chicago; 1979-81 Privatdoz. Univ. München; 1981ff. Prof. ebd.; 1982 Gastprof. Kuala Lumpur; 1983 Gastprof. d. WHO in Guangzhou u. Beijing, China. Hauptarbeitsgeb.: Molekulare u. Tumorvirologie. Beitr. z. 23 Sammelw., 155 Publ. in intern. Fachztschr. (meist engl.) - 1986 Hon.-Prof. Chinese Acad. for Preventive Med., Beijing (China) - Liebh.: Segelfliegen, klass. Musik - Spr.: Engl.

WOLF, Hans U.

Dipl.-Ing., Chairman and Chief Executive Officer Transit America Inc., Philadelphia/USA (Thyssen-Tochter) Dstl.: 1 Red Lion Road Philadelphia, Pa 19115 - 1484 Hunter Road, Rydal, PA. 19046/USA (T. 215-934-3485) - Geb. 5. März 1929 Kiel, verh. s. 1957 m. Joan, geb. Bochmann, 2 Töcht. (Marion, Heidi) - Pres. German-American Business Assoc. of Philadelphia, Inc.; Board Member VDAK (Vereinigtes Deutsch-Amerik. Komitee USA).

WOLF, Hans-Christoph

Dr. rer. nat., o. Prof. f. Experimentalphysik - Umgelterweg 19a, 7000 Stuttgart 1 (T. 69 21 77) - Geb. 16. Juli 1929 Karlsruhe (Vater: Prof. Dr. Lothar W.; Mutter: Anneliese, geb. Michel), 3 Kd. (Peter, Caroline, Ulrich) - Stud. Physik, Chemie, Math. Univ. Freiburg u. Tübingen (Dipl.-Phys. 1950). Promot. 1952; Habil. 1958 - S. 1958 Privatdoz., apl. (1964) u. o. Prof. (1965) TH bzw. Univ. Stuttgart (Dir. III. Physikal. Inst.) - BV: Atom- u. Quantenphysik (m. H. Haken), 4. A. 1990, engl. A. 2. A. 1987; Molekülphysik u. Quantenchemie (m. H. Haken), 1992, Edit. Board versch. intern. Fachztschr.; etwa 350 Fachveröff. - Liebh.: Reiten, Ski.

WOLF, Hans-Peter

Dr., Biochemiker, Prof., Leiter Biol. Forschung E. Merck, Darmstadt - Brückenweg 6, 6146 Alsbach (T. 06257 - 25 35) - Geb. 24. Juni 1929 Karlsruhe (Vater: Kurt W., Rektor; Mutter: Martha, geb. Weisser), verh. s. 1955 m. Heide, geb. Erkel, 3 Kd. (Daniela, Sybille, Christian Mathias) - Goethe-Gymn. Karlsruhe (Abit. 1947); Promot. 1957 Zürich; Habil. 1964 Gießen - 1958-65 Leit. Physiol.-chem. Abt. Dt. Laevosan Ges. Böhringer, Mannheim; apl. Prof. Univ. Gießen, Spez. Arbeitsgeb.: Intermediärstoffwechsel, Biochemische

Pharmakologie; Entd.: hereditäre Fructoseintoleranz. Mitgl. Royal Soc. of Med.; Ges. d. Naturforscher u. Ärzte Dtschl., Ges. f. Klin. Chemie, Ges. f. Biol. Chemie, Dt. Ges. f. Pharmakol. u. Toxikol. u. a. - Spr.: Engl., Franz. - Rotarier.

WOLF, Hellmuth

Dr.-Ing., o. Prof. u. Direktor Inst. f. Nachrichtensysteme Univ. Karlsruhe (s. 1968) - Reinhold-Schneider-Str. 96, 7500 Karlsruhe-Rüppurr (T. 3 45 55) - Geb. 21. Sept. 1926 - Habil. 1966 Stuttgart - Üb. 30 Fachveröff. - 1956 Borchers-Plak. TH Aachen, 1957 Preis NTG.

WOLF, Helmut

Dr.-Ing., Dr. sc. techn. h. c., Dr. phil. h. c., Dr. h. c. em. o. Prof. u. ehem. Direktor Institut für Theoretische Geodäsie Univ. Bonn (s. 1955) - Nußallee 17, 5300 Bonn (T. 73 26 26) - Geb. 2. Mai 1910 Werdau/Sa. (Vater: Kurt W., Verw.sdir.; Mutter: Fanny, geb. Ackermann), verh. s. 1938 m. Magdalene, geb. Taube - TH Dresden, Univ. Göttingen - U. a. Oberreg.svermessungsrat - BV: Ausgleichsrechnung nach d. Methode d. Kleinsten Quadrate, 1968; Formelsamml. z. Ausgl.-Rechn., 1975; Aufg. u. Beisp. z. Ausgl.-Rechn., 1978 - Üb. 200 Einzelarb. - 1970 Ehrendoktor ETH Zürich; 1976 Ehrendoktor Univ. Uppsala; 1981 Ehrendoktor Univ. Zagreb; 1975 Helmert-Gedenkmünze, 1968 korr. Mitgl. Bayer. Akad. d. Wiss., München, 1977 korr. Mitgl. Braunschw. Wiss. Ges., 1978 korr. Mitgl. Österr. Akad. d. Wiss., Wien.

WOLF, Helmut

Dr. med., Prof., Ltd. Arzt Städt. Kinderklinik Kassel (1970-77), Prof. f. Allg. Pädiatrie Univ. Gießen (s. 1978), gf. Direkt. d. Zentrums f. Kinderheilkd. (1978-90), komm. Leit. Abt. Neonatologie - Tannenweg 18, 6300 Gießen (T. 0641 - 4 87 34) - Geb. 13. Okt. 1925 Freiburg/Br. - S. 1961 (Habil.) Privatdoz. u. apl. Prof. (1965) Univ. Göttingen (Kinderheilkd.; zul. Oberarzt Kinderklinik). Emerit. 1992. Fachveröff. - 1964 Czerny-Preis Dt. Ges. Kinderheilk., 1987 Ehrenmitgl. d. Purkinje Ges., Sektion Pädiatrie/ČSFR, s. 1989 Vors. d. Arbeitsgemeinsch. Tropenpädiatrie in d. Dt. Ges. Kinderheilkd.; Mitgl. u. Advisor Int. Soc. Trop. Pediatrics, wissenschaftl. Beirat versch. Fachges. u. Ztschr.; Vorst.-Mitgl. v. PLAN-Intern. Dtschld.

WOLF, Herbert

Dr. phil., Prof. f. Dt. Philologie Univ. Marburg (s. 1971) - Mehrdrusch 4, 3551 Lahntal - Geb. 10. Nov. 1930 Dresden (Vater: Johannes W., Feinmechaniker; Mutter: Elsa, geb. Heeger), ev., verh. s. 1960 m. Ursula, geb. Finndorf, 2 Kd. (Gisela, Hartmut) - Kreuz-Gymn. Dresden; Univ. Leipzig u. Marburg. Staatsex. 1953; Promot. 1957; Habil. 1966 - 1960 Kustos; 1966 Privatdoz. - BV: Studien z. dt. Bergmannssprache, 1958; D. Sprache d. Johannes Mathesius, 1969; Martin Luther, 1980 (NA 1983); Germanist. Luther-Bibliogr., 1985. Herausg.: Johannes Rothes Ratsged. (1971); Mithrsg.: Bergreihen - E. Liedersamml. d. 16. Jh.s (1959). Zahlr. Einzelarb.

WOLF, Horst

Journalist - Hermann-Löns-Weg 15, 6382 Friedrichsdorf II - Geb. 6. Mai 1928 Oberursel/Ts. (Vater: August W., Glaserm.; Mutter: Frieda, geb. Uhl), verh. m. Margit, geb. Wolff, Schauspielerin, 3 Söhne (Gregor, Alexander, Tony) - Univ.stud. - B. 1968 Nachrichtenchef Frankfurter Rundschau, 1969-71 Chefredakt. Ztschr. DM, seith. Mitgl. Redaktionsltg. FR - Liebh.: Ballett - Spr.: Engl.

WOLF, Inge

Kinder- u. Jugendbuch-Autorin - Karlstr. 10, 8033 Planegg b. München (T. 089 - 85 95 33 5) - Geb. in München, kath., verh. s. 1951 m. Dr. med. Rudolf W., 2 Töcht. (Susanne, Patricia) - Stud. Phil. Fak. Univ. München (German., Theaterwiss., Phonetik) - BV/Kinder- u. Jugendb.: So fing es an, 1978; D. dicke Helena, 1979; 13 ist e. Glückszahl, 1980; Mutsprünge, 1981; Hans macht Geschichten, 1982; D. Nacht d. weißen Katze, 1990; Flügel zum Fliegen, 1991 - Auswahlliste Jugendbuchpreis; 2. Preis Hans im Glück; 1991 Dt. Akad. f. Jugendliteratur: Buch d. Monats - Spr.: Engl., Franz.

WOLF, Jörn Henning

Dr. med., Prof. f. Medizingeschichte - An den Eichen 67, 2312 Mönkeberg b. Kiel (T. 23 11 55) - Geb. 26. Sept. 1937 Hannover (Vater: Dr. Kurt W., Arbeitsrechtler †1978; Mutter: Ellen, geb. Fricke †1984), ev., verh. s. 1969 m. Telse, geb. Timm, 3 Kd. (Friederike, Mareike, Friedemann) - Gymn. Goslar u. Hannover, Univ. Freiburg, Basel, München, Zürich, Göttingen (Med. Staatsex. 1966 Göttingen; Promot. 1970 München, Habil. 1974 München) - 1970-82 Lehrtätigk. Univ. München, 1978-83 Dir. Dt. Med.histor. Mus. Ingolstadt (ehrenamtl.). S. 1982 Lehrst. f. Medizingesch., Dir. Inst. f. Gesch. d. Med. u. Pharmazie Univ. Kiel - BV: Albrecht v. Hallers Abhandlung üb. d. Wirkung d. Opiums auf d. menschl. Körper (m. E. Hintzsche), 1962; D. Begriff Organ in d. Medizin, 1971; Kompendium d. med. Terminol., 1974, Nachdr. 1982; Herausg.: Aussatz, Lepra, Hansen-Krankheit. E. Menschheitsprobl. im Wandel. II, 1986; 100 J. Hygiene-Inst. d. Univ. Kiel in Bildern u. Dokumenten, 1988. Mithrsg.: Melemata (1967); Med. Diagnostik in Geschichte u. Gegenwart (1978) - Liebh.: Musikausüb., Bergsteigen - Spr.: Engl., Franz., Lat., Griech. - Bek. Vorf.: Dichterin Ricarda Huch.

WOLF, Joseph Georg

Dr. jur., o. Prof. f. Röm. Recht u. Direktor Inst. f. Rechtsgeschichte Univ. Freiburg (s. 1964) - Goethestr. 6, 7800 Freiburg (T. 0761 - 7 19 07) - Geb. 6. Juli 1930 Düsseldorf, 2 Kd. (Sebastian, Christiane) - Leibniz-Gymn. Düsseldorf; Stud. Rechts- u. Staatswiss. Freiburg u. Neapel. Promot. (1959) u. Habil. (1964) Göttingen - BV: Error im röm. Vertragsrecht, 1961; D. Normzweck im Deliktsrecht, 1962; Die litis contestatio im röm. Zivilprozeß, 1968; Causa stipulationis, 1969; Politik u. Gerechtigk. b. Traian, 1978; D. Senatusconsultum Silanianum (m. J. A. Crook), 1988; Rechtsurkunden in Vulgärlatein, 1989. Aufsätze, Rezensionen - 1981 Korr. Mitgl. Akad. d. Wiss. Göttingen; 1982 Mitgl. Heidelbg. Akad. d. Wiss.

WOLF, Jürgen

Geschäftsführer Weinbrennerei Dujardin GmbH & Co. vorm. Gebr. Melcher, Krefeld (1973-83) - An der Kalvey 7, 4000 Düsseldorf 31 - Geb. 31. Okt. 1919 Bremen - 1960-69 Vorst.-Mitgl. Schwabenbräu AG, D'dorf; 1970-72 Vorst.-Mitgl. Dortmunder Union-Brauerei AG, Dortmund, u. 1973 Dortmunder Union-Schultheiss Brauerei AG, ebd.; AR-Vors. Brauhaus Amberg AG u. Krefelder Hotel AG.

WOLF, Karl-Jürgen

Dr. med., Prof. an d. Klinik f. Radiologie, Leit. d. Abt. Röntgendiagnostik, Klinikum Steglitz d. FU Berlin - Hindenburgdamm 30, 1000 Berlin 45 (T. 030 - 798 30 41/42) - Geb. 29. Juni 1943, ev., verh. s. 1975 m. Margrit, geb. Pfeiffer, 2 Kd. (Kathrin Saskia, Marius Karl) - Stud. Univ. d. Saarlandes, Med. Akad. Lübeck, Zentrum f. Innere Med. d. Univ. Ulm, Med. Strahleninst. d. Univ. Tübingen; Promot. 1969 Med. Akad. Lübeck; Habil. 1978 - S. 1984 Univ.-Prof. FU Berlin; Leit. d. Abt. Röntgendiagnostik an d. Klinik f. Radiologie, Univ.-Klinikum Steglitz; 1988-91 stv. Ärztl. Dir. d. Klinikum Steglitz; s. 1990 Adjunct Prof. Abt. f. Radiologie, School of Medicine, Univ. of California in San Francisco; versch. Beiratsmitgliedsch. - Herausg. Ztschr. Fortschritte auf d. Gebiet d. Röntgenstrahlen. Zahlr. Fachpubl. u. versch. Buchbeitr. - Liebh.: Skifahren, Tennis, Segeln - Spr.: Engl.

WOLF, Klaus

Dipl.-Ing., Verbandsgeschäftsführer - Blumenstr. 6; 8500 Nürnberg; priv.: Ewaldstr. 6 - Geb. 6. Jan. 1936 Dresden - Gf. Fachverb. Bauelemente d. Elektronik u. Empfangsantennen (2).

WOLF, Klaus

Dr. phil., Prof. f. Kulturgeogr., Stadt- u. Regionalforsch. Univ. Frankfurt (s. 1972) - Senckenberganlage 36, 6000 Frankfurt (T. 7 98 24 03) - Promot. 1963; Habil. 1970 - Fachveröff.

WOLF, Klaus-Peter

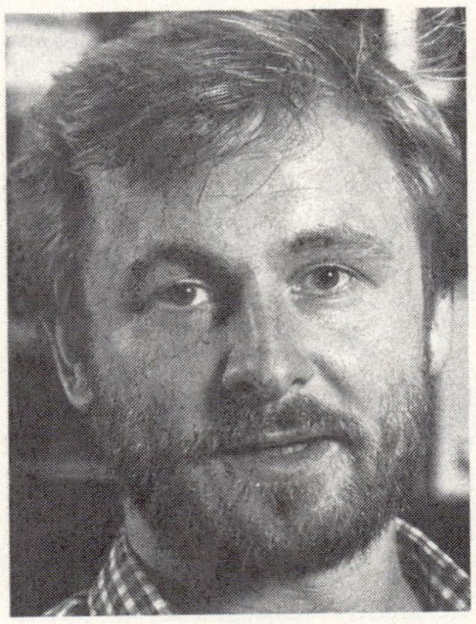

Schriftsteller - Auf der Weide 5, 5788 Winterberg (T. 02981-28 29) - Geb. 12. Jan. 1954 Gelsenkirchen, verh. s. 1980 m. Barbara, geb. Heiligert, 2 Kd. (Mona, Maxi) - BV: Dosenbier u. Frikadellen, R. 1979; Vielleicht gibt's d. Biscaya gar nicht, R. 1981; D. Abschiebung, R. 1984 (auch als Spielfilm im ZDF 1985); U. dann kamst du! (85 Gesch.); Traumfrau, R. 1989; Kapuzenmann, R. 1991; Jugendbuchserien: Drei tolle Nullen, Mickys Möglichkeitenmaschine. FS-Serien: Kollier, Alpha Albatros. Zahlr. Hörsp. f. WDR u. SWF u.a. Ich will nicht sterben wie d. Seevögel, WDR 1985 - Förderpreis f. Lit. d. Stadt Gelsenkirchen u. d. Landes NRW; Anne Frank Literaturpr. d. Schweiz - Liebh.: Lateinamerika - Spr.: Engl., Schwed.

WOLF, Lothar

Dr. phil., Prof. f. roman. Sprachwiss. Univ. Augsburg - Am Mühlfeld 18, 8902 Neusäß-Westheim (T. 48 82 01) - Geb. 2. Dez. 1938 Walldürn - Promot. 1966 Heidelberg; Habil. 1971 ebd. - BV: Sprachgeogr. Untersuchungen zu d. Bezeichnungen f. Haustiere im Massif Central. Versuch e. Interpretation v. Sprachkarten, 1968; Aspekte d. Dialektologie, 1975; Terminolog. Unters. z. Einführung d. Buchdrucks im franz. Sprachgeb., 1979; Altfranz. Entsteh. u. Charakteristik, 1981 (m. W. Hupka); La lexicografia, 1982 (m. G. Haensch, S. Ettinger, R. Werner); Le français régional d'Alsace, 1982; Franz. Sprache in Kanada, 1987 (m. F. Abel, J.-D. Gendron, E. Vogt, N. Weinhold). Herausg.: Texte u. Dokumente z. franz. Spr.gesch. 16. Jahrh. (1969); Texte u. Dok. z. franz. Spr.gesch. 17. Jahrh. (1972). Mithrsg.: Festschr. Kurt Baldinger (2 Bde. 1979); Canadiana romanica (Reihe 1987ff.); Kanada-Studien (Reihe 1989ff.) - 1972 Straßburg-Pr. Stiftg. F.V.S., Hamburg.

WOLF, Ludwig

Kanzler d. Univ. Gießen (s. 1970) - Silcherstr. 1, 6301 Pohlheim 1 - Geb. 4. Sept. 1929 Mainz (Vater: Ludwig W., Bundesbahnamtm.; Mutter: Viktoria, geb. Gottfried), kath., verh. s. 1955 m. Elisabeth, geb. Gabel, 3 S. (Matthias, Christoph, Bardo) - 1951-54 Univ. Mainz u. München (Rechtswiss.). Jurist. Staatsex. 1954 u. 58 Mainz - 1959 Regierungsass.; 1961-62 stv. Polizeipräs. v. Mainz; 1964 ff. Ständ. Vertr. d. Kanzlers d. Univ. Mainz - Spr.: Engl., Franz.

WOLF, Lutz

Dr. jur., Vorstandsmitglied MINOL Mineralölhandel AG - Lea-Grundig-Str. 18, O-1142 Berlin - Geb. 22. Sept. 1951 Plauen/Vogtl., verh. s. 1972 m. Dr. phil. Birgit, geb. Rogge, 2 Kd. (Patricia, Frederik) - Lehre Spitzendreher; Stud. Martin-Luther-Univ. Halle-Wittenberg; Dipl.-Jur. 1974; Promot. 1988 Humboldt-Univ. Berlin - Liebh.: Geograph. Kulturgesch. - Spr.: Engl., Russ.

WOLF, Manfred

Dr. iur., Prof. Univ. Frankfurt, Richter OLG Frankfurt (s. 1977) - Senckenberganlage 31, 6000 Frankfurt - Geb. 5. Jan. 1939 Ulm, verh. m. Monika, geb. Bischoff, 3 Töcht. (Christina, Claudia, Katharina) - Stud. 1958-62 Univ. Tübingen, München; 1. jurist. Staatsex. 1962; 2. jurist. Staatsex. 1966; Promot. 1965 Tübingen - BV: Sachenrecht, 1.-8. A. 1976-89; Gerichtliches Verfahrensrecht, 1978; Kommentar z. AGB-Gesetz, 1984, 2. A. 1989; Gerichtsverfassungsrecht aller Verfahrenszweige, 6. A. 1987. Mithrsg. zu Soergel, Kommentar z. BGB (s. 1984) - 1978 u. 1986 Gastprof. Univ. Kobe, Japan.

WOLF, Norbert

Generalsekretär Dt. Sportbund (s. 1990) - Otto-Fleck-Schneise 12, 6000 Frankfurt/M. 71 (T. 069 - 670 02 15) - Geb. 4. Sept. 1933 Husum/Nordsee, verh. s. 1960 m. Christiane, geb. Drobnitzky, 4 Kd. (Ulrike, Jan-Hendrik, Michael, Christian) - 1954-61 Univ. Marburg (Deutsch, Sport). Staatsex. 1961 (Marburg) u. 64 (Bielefeld) - 1964-65 Lehramt Gymn. Detmold; 1965-82 Leit. Abt. Wiss. u. Bild. Dt. Sportbund, 1982-90 Generalsekr. Dt. Tischtennis-Bund - BV: Dokumente z. Schulsport, 1974 - Liebh.: Sport, Belletristik, Spielfilme - 1967ff. Gold. Sportabz. (bish. 21 ×).

WOLF, Norbert Richard

Dr. phil., Prof. f. Germanistische Linguistik - Stauffenbergstr. 15, 8707 Veitshöchheim - Geb. 19. Febr. 1943 Salzburg (Vater: Norbert W., Lehrer; Mutter: Gertrud, geb. Sudhof), kath., verh. s. 1968 m. Waltraud, geb. Scharrer, 2 Kd. (Norbert Christian, Monika) - Gymn. Salzburg, Univ. Innsbruck (Promot. 1966) - BV: Bücher u. Aufs.

WOLF, Richard

Schriftsteller, Direktor Goethe-Inst. i.R. - Rupertihof, 8183 Rottach-Egern - Geb. 14. Juli 1900 Bad Landeck/Schles. (Vater: Richard W., Ing.; Mutter: Anna, geb. Bortenreuter), ev., verh. s. 1928 m. Elsbeth, geb. Büttner - Stud. Musik (Orgel, Musikgesch.), Psych., Päd. - Lehrer; Doz.; b. 1964 Dir. Goethe-Inst. München - BV: u. a. Umgang m. Chinesen, 2. A. 1949; Dalmatin. Divertimento, Erz. 1945; Land d. Liebe - E. Kindheit in Schlesien, 3. A. 1949; D. Reise n. Minahassa, N. 1950; Goldene Tage umfingen mich, R. 5. A. 1950; Bis ans äußerste Meer, R. 5. A. 1955; Pilgerheimerweg 51, Erz. 1966; V. Glück d. Reisens, Reisebeschreib. 1967; D. Brunnenkammer, R. 1968; Des Menschen Herz, Tageb. 1970; D. Welt d. Netsuke, Erz. 1970; Als Polly wiederkam, Erz. 1971; Damals in d. Schneegebirge, Erz. 1973; D. Schweidnitzer Lehrj., Erz. 1974; D. Reise in d. Abend, Tageb. 1976; D. Tage, d. du uns geschenkt, Andachtsb. 1977; V. Gottes Freundlichkeit, 1978; So wird mein Herz nicht alt, 1980 - 1937 Goethe-Med. in Silber; 1961 BVK I. Kl.; 1965 Goethe-Med. in Gold; 1988 Eichendorff-Lit.-Preis - Liebh.: Musik, Gesch., Lit., Mineralien - Spr.: Engl., Franz., Bulgar., Serbo-Kroat.

WOLF, Ror

Schriftsteller - Kupferbergterrasse 21, 6500 Mainz - Geb. 29. Juni 1932 Saalfeld/S. - N. Abitur 2 J. Bauarb. DDR; 1954-61 Stud. Literaturwiss. u. Soziol. Frankfurt u. Hamburg; Rundfunkredakt. - BV: Fortsetzung d. Berichts, 1964 (R.); Pilzer u. Pelzer, 1967; Danke schön - Nichts zu danken, 1969; Mein Familie, Ged. 1968; Punkt ist Punkt - Fußballspiele, 2., st. erw. A. 1973; Auf d. Suche nach Doktor Q., 1975; D. Gefährlichkeit d. großen Ebene, 1976; D. heiße Luft d. Spiele, 1980; D. nächste Spiel ist immer d. schwerste, 1982; Tranchirers Ratschläger f. alle Fälle d. Welt, 1983. Drehbücher f. Film u. Fernsehen. Übers. ins Franz., Engl., Ital., Dän. u. Norw. Hörsp. - 1965 Nieders. Förderungspreis; Mitgl. PEN-Zentrum BRD; 1976 Writer in Residence Univ. of Warwick/Engl.; Hess. Kulturpr.; 1983 Förderpr. - Lit.: Lothar Baier, Üb. R. W. (1972).

WOLF, Rudolf

Dr. rer. nat., Diplom-Physiker, Prof. - Fichtenstr. Nr. 3, 6201 Hünstetten-Oberlibbach (T. 06128 - 7 15 16) - Geb. 30. Aug. 1929 Frankfurt/M. (Vater: Dr. Ernst August W., Vers.math.; Mutter: Katharina, geb. Staat), kath., verh. s. 1960 m. Margit, geb. Fuhr - Promot. 1960; Habil. 1966. - S. 1971 apl. Prof. u. s. 1974 Wiss. Rat u. Prof. Univ. Mainz (1973-79 Dekan Klinische Inst.), 1973-78 Vors. Concilium medicinale, ebd.; s. 1991 Dekan d. Fachber. Medizin. 1969-73 Vors. Dt. Ges. f. Med. Phys., 1969-74 Mitgl. Beirat Ges. f. Nukl.med., in- u. ausl. Fachmitgl.sch., u. a. Dt. Röntgen-Ges. - Liebh.: Klass. Musik, Gesch., Kunstgesch., Genealogie, Reisen.

WOLF, Rudolf

Dr.-Ing., Chemiker - Friedrich-Kenkel-Str. 2, 2848 Vechta 1 (T. 04441 - 8 39 27) - Geb. 21. März 1905 Stuttgart (Vater: Immanuel W., Lehrer; Mutter: geb. Lust), ev., verh. s. 1934 m. Gertrud, geb. Dietrich, 4 Kd. (Gerhard, Erika, Rosel, Hellmut) - TH Stuttgart (Dipl.-Chem. 1927, Promot. 1929) - 1928-29 Vorlesungsassist. Prof. W. Küster TH Stuttgart, 1929-31 Lehr- u. Verw.assist. Höh. Preuß. Fachsch. f. Textilind., Wuppertal-B., 1931-1943 Industriepraxis Textilveredl. (Färberei, Appretur), 1943-71 Hauptgeschäftsf. u. Vorst.-Mitgl. Verein bzw. Ges. Dt. Chemiker, 1971-75 Geschäftsf. Arb.gem. Chemie-Dokumentation, bde. Frankfurt - Liebh.: Fotogr. - Spr.: Engl.

WOLF, Stefan P.

s. Engelmeier, Peter W.

WOLF, Stephan

Verleger, Berat. Verleger d. Wirtschaftsmagazins „Convention International" - Hadermannsweg 21, 2000 Hamburg 61 (T. 5 51 62 17) - Geb. 20. Aug. 1924 Göllnitz, ev., verh. s. 1967 m. Ulrike, geb. Jentsch, 3 Kd. (Michael, Katharina, Martin) - Stud. Univ. Köln, Innsbruck (Wirtsch.sdipl.) - Mitbegründer Ztschr. Twen, Capital, Student im Bild. Div. Herausg. (Taschenb. d. Wirtsch. u. d. Politik, Verlagskunde, Bibliogr. d. Wirtschaftspresse) - Spr.: Span., Engl.

WOLF, Ulrike

Chefredakteurin NDR-Fernsehen (1987-92), jetzt Mitteldeutscher Rundfunk, Dresden - Zu erreichen üb. MDR, Döbelner Str. 128-130, O-8023 Dresden - Geb. 1944, 3 Kd. (Michael, Katarina, Martin) - 1985-87 Moderatorin Tagesthemen ARD-Fernsehen.

WOLF, Viktor

Dr. rer. nat., Prof., Chemiker (Leiter Unilever-Forschungslabor., Hamburg 50) - Manteuffelstr. Nr. 3a, 2000 Hamburg 55 (T. 86 72 06) - Geb. 10. Dez. 1914 Winsen/Luhe (Vater: Julius W., Apotheker; Mutter: Jenny, geb. Bolomey), verh. s. 1957 m. Renate, geb. v. Busekist - Univ. München u. Hamburg - S. 1955 (Habil.) Privatdoz. u. apl. Prof. (1961) Univ. Hamburg (Organ. Chemie). Fachveröff. - Liebh.: Mod. Malerei u. Graphik.

WOLF, Werner

Dr. phil., Direktor Hess. Landeszentrale f. polit. Bildung - Rheinbahnstr. 2, 6200 Wiesbaden 1 (T. 06121 - 368-26 40/1) - Geb. 3. Jan. 1945.

WOLF, Wilhelm

Dr. phil., o. Prof. f. Erziehungswissenschaft Univ. Marburg - Borngasse 13, 3576 Rauschenberg/Hessen.

WOLF, Willi

Gewerkschaftssekretär, MdB (1963-76) - Horkelstr. 6, 4450 Lingen/Ems (T. 0591-5 19 19) - Geb. 24. Febr. 1924 Essen, verh., 3 Kd. - Volkssch.; Dreherlehre; Abendsch.; Sozialakad. Dortmund (1950) - 1943-45 Kriegsdst. (Marine); 1946-52 Bergmann (Hauer); 1952-56 Jugendsekr. Hannover; s. 1956 Leit. Geschäftsst. Lingen IG Bergbau u. Energie. S. 1961 Ratsmitgl. Lingen (b. 1968 Fraktionsvors.). SPD s. 1955 (b. 1969 Kreis-, dann Unterbezirksvors.).

WOLF, Xaver

Ingenieur, MdL Bayern (s. 1974) - Gartenstr. 28, 8411 Hainsacker (T. 0941 - 8 17 75) - Geb. 1937 - SPD (stv. Fraktionsvors., Energiepolitischer Sprecher).

WOLFART, Wilhelm

Dr. med., Prof., Ärztl. Direktor a. D. Univ. Freiburg (Spez.geb.: Pneumologie, Lungenchirurgie) - Winzerstr. 9, 7800 Freiburg (T. 0761 - 44 13 24) - Geb. 3. Okt. 1919 Allendorf/Eder - Med.stud., Promot., Habil. - Vorstandsmitgl. Bundesverb. d. Pneumologen - BV: Handb. d. Tuberkulose: Pleuraempyem, 1975; Operationslehre, Eingriffe an d. Lungen, 1980; zahlr. wiss. Publ. - Ehrenmitgl. d. Dt. Ges. f. Pneumologie u. d. Südd. Ges. f. Pneumologie - Spr.: Engl., Franz.

WOLFARTH, Günther

Dr. rer. pol., Vorstandsvorsitzender i. R. Bürgschaftsbank GmbH - Bopserwaldstr.94, 7000 Stuttgart 1 (T. 0711-210271; priv. 240261) - Geb. 17. Juli 1922 Stuttgart, ev., verh. s. 1953 m. Annemarie, geb. Fröhlich, 2 Kd. (Götz, Katrin) - Stud. Volksw., Dipl.-Volksw., Univ. Stuttgart, Promot. Univ. Tübingen - Tätigk. b. Kreditinst. u. in d. Gewerbeförd.; stv. AR-Vors. Bankhaus Bauer AG, Stutgart; Geschäftsf. Bundeskreditgarantiegemeinsch. Handwerk - Zahlr. Beiträge in Fachztschr. - 1982 BVK; 1987 Verdienstmed. d. Landes Baden-Württ.; 1988 silb. Ehrennadel d. Handwerks - Liebh.: Wandern, Reisen, Antiquitäten - Spr.: Engl.

WOLFBAUER, Günther

Journalist, Moderator b. tv weiß-blau - Osterwaldstr. 73, 8000 München 40 (T. 089 - 361 48 37) - Geb. 1. Jan. 1926 München (Vater: Josef W., Finanzpräs.; Mutter: Tascha, geb. Loder), kath., verh. s. 1961 in 2. Ehe m. Doris, geb. Holzer, 3 Kd. (Daniela, Harald, Markus) - 1949 Sportreporter Bayer. Rundf., 1955-85 Mitarb. Bayer. Fernsehen. 1947-63 Redakt. Münchner Merkur; 1963-78 Ressortleit. Sport u. Kommunalpolitik Abendztg.; 1978-91 Pressesprecher Landeshauptstadt München; s. 1986 Sportmitarb. Radio Gong.

WOLFERMANN, Erwin

Dipl.-Kfm., Vorstandsmitglied Colonia Bausparkasse AG - Viktoriastr. 34-36, 4600 Dortmund 1 (T. 0231-54 18-103) - Geb. 23. Febr. 1941.

WOLFF, Arnold

Dr.-Ing., Prof., Architekt, Dombaumeister, Verleger, Lehrbeauftr. TH Aachen - Dombauverwaltung, Roncalliplatz 2, 5000 Köln 1 - Geb. 26. Juli 1932 - TH Aachen (Dipl.-Ing. u. Arch. 1961, Promot. 1968) - 1972 Dombaumeister Köln; 1974 Gründ. Verlag Kölner Dom - BV: D. Kölner Dom, 5. A. 1988 (3. engl. A. 1989); Dombau in Köln (Photo-Dokumente), 1980; Chronol. d. ersten Bauzeit d. Kölner Domes, 1968; D. gotische Dom in Köln (Bildbd.), 1986; zahlr. Aufs. - 1962ff. Erhalt. u. Restaurier. d. Kölner Domes im Kölner Domblatt - Spr.: Engl.

WOLFF, Christian

Schauspieler - Parkstr. 2, 8025 Unterhaching (T. 089 - 6 11 37 00) - Geb. 11. März 1938 Berlin, verh. s. 1975 m. Marina, geb. Handloser, 2 S. (Sascha, Patrick) - N. Mittl. Reife 1955-57 Max-Reinhardt-Sch. Berlin - Zahlr. dt. Bühnen, dar. Berlin, Hamburg, München, Düsseldorf. Üb. 20 Filme; etwa 50 Fernsehrollen (ARD/ZDF). Zahlr. Hörsp. Filmkommentare; Synchronisation.

WOLFF, Christof

Dr. rer. publ., Jurist, Oberbürgermeister Landau - Madenburgstr. 16, 6740 Landau 13 (T. 06341 - 1 32 00) - Geb. 11. Dez. 1941 Brückenau, ev., verh. s. 1972 m. Karla, geb. Winterhoff, 3 S. (Matthias, Jan-Michael, Philip) - Abit.; Jurastud.; 1. u. 2. jurist. Staatsprüf.; Promot. 1974 Speyer - Dezern. Kreisverw. Bad Dürkheim; Stadtrat Neustadt; 1975-80 pers. Ref. v. Min. Dr. Geissler u. Min. Dr. Gölter, Mainz; 1980-84 Kreisbeigeordn. Kr. Bergstr. - BV: Zentr. Orte u. Kommun. Selbstverw. - 1986 Ehrenb. Ribeauville - Liebh.: Bergsteigen, Ski, Jogging, Musik, Briefm. - Spr.: Engl.

WOLFF, Dietmar

Dr. rer. pol., Dipl.-Kfm., Hauptgeschäftsführer Handwerkskammer Wiesbaden - Bahnhofstr. 63, 6200 Wiesbaden (T. 06121 - 13 61 11); Büro: Wiesbaden (1 36-0) - S. 1965 Handwerksorg. (gleichz. Gf. Arbeitsgem. Hess. Handwerkskammern u. Hess. Handwerkstag).

WOLFF, Ernst Amadeus

Dr. jur., Prof. f. Straf-, -prozeßrecht u. Rechtsphilosophie Univ. Frankfurt - Händelstr. 7, 6100 Darmstadt - Geb. 1. Okt. 1928 Trostdorf/Schles. - S. 1963 (Habil.) Privatdoz. u. apl. Prof. Univ. Heidelberg - BV: D. Handlungsbegriff in d. Lehre v. Verbrechen, 1964; Kausalität von Tun u. Unterlassen, 1965.

WOLFF, Erwin

Dr. phil., o. Prof. f. Anglistik u. Vorst. Sem. f. Engl. Philol. Univ. Erlangen-Nürnberg (s. 1963) - Dompfaffstr. 72, 8520 Erlangen (T. 4 11 85) - Geb. 30. Jan. 1924 Gemünd/Eifel (Vater: Bernhard W., Rektor; Mutter: Ruth, geb. Herbrand), kath., verh. s. 1957 m. Elke, geb. Mackenbach, 2 Töcht. (Veronika, Ruth) - 1934-42 Gymn. Schleiden/Eifel Abit.); 1945-50 Univ. Bonn. Promot. (1950) u. Habil. (1957) Bonn - 1950-51 Dt. Lektor Univ. Durham (Engl.); 1951-59 Assist. u. Oberassist. Engl. Sem. Univ. Bonn (1957 Privatdoz.); 1959-63 ao. u. o. Prof. (1962) Univ. Göttingen - BV: Shaftesbury u. s. Bedeut. f. d. engl. Lit. d. 18. Jh.s., 1960; D. engl. Roman im 18. Jh., 1964. Fachaufs.

WOLFF, Gerhart

Dr. phil., Prof. f. Sprachwissenschaft/ Sprachdidaktik Univ. Köln - Reinekeweg 9, 5204 Lohmar 1 Birk - Geb. 3. Juli 1931 Karlsruhe (Vater: Dr. med. Oskar W., prakt Arzt; Mutter: Sophia, geb. Glock), ev., verh. s. 1959 m. Ursula, geb. Winterhoff, 5 Kd. (Martin, Ulrike, Barbara, Monika, Susanne) - Abit. 1951 Neuwied; 1951/52-1958/59 Stud. Gesch., German., Latein Univ. Bonn (Promot. 1958, Staatsex. 1959); Habil. 1978 PH Rheinland - 1959-73 Schuldienst (Gymn., 2. Bild.weg); 1973-81 Oberstud.rat PH, ab 1981 Prof. Univ. Köln - BV: D. Gesch. u. ihre künstler. Bewältig. im Werk v. Stefan Zweig, 1958; Sprachmanipulation, 1978; Sprechen u. Handeln. Pragmatik im Deutschunterr., 1981; Arbeitsb. Deutsch (m. Robert Ulshöfer u. a.), 1979/80; Analysen z. Alltagssprache, 1983; Dt. Sprachgesch., 1986, 2. A. 1990. Herausg.: Metaphor. Sprachgebrauch (1982); Dt. Sprachgesch. (1984); Theorie u. Praxis d. Erzählens (1988).

WOLFF, Günter

Dr. agr., Dipl.-agr., Werbeberater, Journalist, Ausbilder - Barkenkoppel 31, 2000 Hamburg 65 (T. 040 - 536 55 55) - Geb. 1. Okt. 1907 Berlin - Dipl.-Landw. 1931 Berlin. Promot. 1933 ebd. - 1935-42

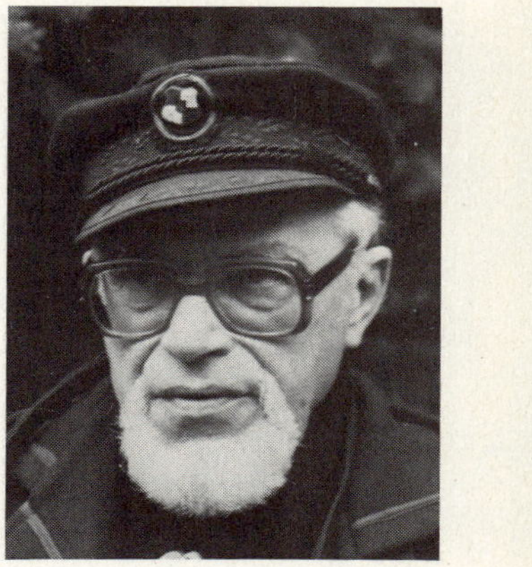

Ref. Dt. Forschungsgem. Berlin, Reichsforschungsrat, Kolonialwiss. Abt., spez. Afrika; 1942ff. Kriegsberichter (spez. Osten); 1951ff. Exportwerber, Journ. u. Ausb. Mitgl. BDW, DJV u. KAH. Zahlr. Veröff., u. a. z. Ausb. in d. Werbung, s. 1951; Text-Bild-Report. z. Kooperation Ost-West, s. 1975. Autor DIE WAH, ab 1985 DIE KAH, 4 Jahrz. Werbe-Ausb. in Hamburg, m. 300 Fotos u. 600 Dok. Gründungs-Dir. WAH; Ehrenpräs. KAH, vorm. WAH - Goldmed. Hamburg, Hannover u. München f. Verdienste um d. Werb., BVK - Spr.: Engl., Franz., Schwed.

WOLFF, Hans

Dr. rer. nat., Prof., Abteilungsvorsteher Physikal.-Chem. Inst. Univ. Heidelberg - Landhausstr. 19, 6900 Heidelberg (T. Inst. 56 24 66) - Geb. 21. Mai 1913 - S. 1953 (Habil.) Privatdoz. u. apl. Prof. Heidelberg (Physikal. Chemie). Fachveröff.

WOLFF, Hans

Dipl.-Kfm., Handelsrichter - Lerchesbergring 104, 6000 Frankfurt/M. (T. 68 59 91) - Geb. 11. Juli 1908 Taucha/ Sa. (Vater: Johann W., Malzfabr.; Mutter: Luise, geb. Kirchhoff), verh. s. 1940 m. Barbara, geb. Eckhardt - Dipl-Steuersachverst.; Dipl.-Bücherrevisor - S. 1931 Leipziger Vers.sgruppe, zul. Vorst.smitgl. bzw. AR-mitgl.

WOLFF, Hans Walter

D. Dr. DD., em. Prof. f. Altes Testament - Rolloßweg 19, 6900 Heidelberg (T. 40 91 99) - Geb. 17. Dez. 1911 Barmen (Vater: Wilhelm W., Kaufm.; Mutter: Erna, geb. Koch), ev., verh. I) 1938-79 m. Annemarie, geb. Halstenbach, 7 Kd. (Christoph, Michael, Angelika, Elisabeth, Anneruth, Matthias, Ulrich); II) s. 1982 m. Hilderuth, geb. Halstenbach - Realgymn. Barmen; Theol. Schule Bethel, Univ. Göttingen u. Bonn. Lic. theol. 1941 Halle/S. - Vikar Münster/W. u. Solingen, 1937-49 Pastor Solingen-Wald, 1947-59 Doz. u. Prof. (1951) Kirchl. Hochsch. Wuppertal, s. 1959 o. Prof. Univ. Mainz, Heidelberg (1967), emerit. 1978 - BV: u. a. D. Zitat im Prophetenspruch, 1937; Jesaja 53 im Urchristentum, 4. A. 1984; Neue Liebe z. Kirche, 1947; Haggai, 1951; E. Handbreit Erde (Palästina-Tageb.), 2. A. 1956; Alttestamentl. Predigten m. hermeneut. Erwägungen, 1956; Dodekapropheton (Bibl. Komm. XIV) Bd. 1: Hosea, 3. A. 1985, (engl. 1974); Bd. 2: Joel-Amos, 3. A. 1975 (engl. 1977); Bd. 3: Obadja-Jona, 1977; Bd. 4: Micha, 1982; Bd. 6: Haggai, 1986; Ges. Studien z. Alten Testam., 2. A. 1973; Amos geistige Heimat, 1964 (engl. 1973, franz. 1974); Studien z. Jonabuch, 2. A. 1975; Wegweisung, 1965; D. Stunde d. Amos, 6. A. 1986; Bibel - D. alte Testam. - E. Einf. in s. Schriften u. in d. Methoden ihrer Erforsch., 4. A. 1984 (engl. u. franz. 1973, ital. 1974, katalan. 1973); Anthropol. d. AT, 5. A. 1990 (engl. 1973, franz. 1974, jap. 1983); Mit Micha reden, 1978; D. Hochzeit d. Hure (Hosea heute) 1979; . . . wie e. Fackel,

Predigten aus drei Jahrzehnten - m. Thesen z. christl. Predigt alttestamentl. Texte, 1980; Old Testament and Christian Preaching, 1986; Studien z. Prophetie (Theol. Bücherei Bd. 76), 1987. Herausg.: Bibl. Komm., Altes Testam.; Martin Noth, Aufs. z. bibl. Landes- u. Altertumskd. (2 Bde. 1971) - 1960 Theol. Ehrendoktor Univ. Göttingen - 1978 Honorary Membership Soc. for Old Testament Study; 1983 Doctor of Divinity Univ. Aberdeen; 1984 DD. h.c. St. Olaf-College USA.

WOLFF, Hans-Peter

Dr. med. (habil.), em. o., Prof. u. Direktor der I. Med. Univ.-Klinik Mainz (s. 1967) - Langenbeckstr. 1, 6500 Mainz (T.06131 - 19-22 75) - Geb. 28. Aug. 1914 Tsingtao/China (Vater: Dr. Hans, Marinegeneraloberarzt; Mutter: Hildegard, geb. Bogač), verh. s. 1952 m. Hildegard, geb. v. Schmidmann, 3 Kd. - 1954-61 Privatdoz. u. apl. Prof. Univ. München (zul. Oberarzt I. Med. Klinik): 1961-67 Dir. II. Med. Klinik/Klinikum Homburg/Saar, 1962 Mitbegr. Europ. Soc. Clin. Investigation, 1964 Korr. Mitgl. Royal Soc. of Medicine London. 1964 u. 75 Vors. Ges. f. Nephrologie. 1964 New York Acad. Science; 1968-80 Dir. I. Med. Klinik Univ. Mainz. 1974 Vors. Dt. Ges. f. Innere Med., 1975-78 Scientific Council Internat. Soc. of Hypertension, Vorst. Dt. Hochdruckliga, s. 1978 Vors. d. Wiss. Beirates d. Bundesärztekammer; emerit. s. 1980 - BV: Wolff-Weihrauch, Internistische Therapie, 1976/78/80/82/84/86 (ital. 1978): Bluthochdruck, 1976/78/82/86 (dt., engl., span., holl., ital., dän., portug., serbokroat.); Beta-Rezeptorenblocker in der Praxis, 1980 - 1983 Ehrenmitgl. Dt. Ges. f. Innere Med.; 1985 Ehrenmitgl. Ges. f. Nephrol.

WOLFF, Hartmut

Dr., Prof. f. Alte Geschichte Univ. Passau - Universität, Lehrst. f. Alte Gesch., Postf. 2540, 8390 Passau (T. 0851 - 50 92 66) - Geb. 6. Nov. 1941 Oldenburg (Vater: Emil W., Kunsterzieher; Mutter: Ilse, geb. Bohlmann), kath. - Promot. 1972, Habil. 1977 Univ. Köln - 1978 Wiss. Rat u. Prof. Univ. Köln; 1980 Ord. Univ. Passau - BV: D. Constitutio Antoniniana u. Papyrus Gissensis 40 I, 1972 u. 76; Civitas Romana. D. röm. Bürgerrechtspolitik ... (im Druck). Mithersg. v. A. Alföldi, Caesar in 44 v. Chr. Bd. 1 (Bonn 1985); Heer u. Integrationspolitik: D. röm. Militärdiplome als hist. Quelle (Köln 1986); Ostbairische Grenzmarken, u. a.; zahlr. Aufsätze.

WOLFF, Heinrich

Senator, MdL Schlesw.-Holst. (s. 1962) - Wakenitzstr. 46, 2400 Lübeck (T. 59 60 18) - Geb. 10. Jan. 1909 Schleswig, ev., verh., 5 Kd. - Gymn. Schleswig (Domsch.); Univ. Genf, München, Berlin, Kiel (Rechtswiss.). Jurist. Staatsprüf. 1930 (Kiel) u. 34 (Berlin) - Justizdst. SH, ab 1937 Lübeck (u. a. Staatsanw.); im Krieg Soldat, zul. Oblt. (Flak); s. 1947 Stadtverw. Lübeck. CDU s. 1952 (1962-68 Kreisvors.) - 1973 BVK I. Kl.

WOLFF, Henning

Dipl.-Ing., Gesellschafter-Geschäftsführer Henning Wolff GmbH & Co. KG, Pädagogium Godesberg GmbH, Otto-Kühne-Schule Godesberg GmbH - Oskar-Wolffstr. 1a, 3030 Walsrode/Nieders., Otto-Kühne-Platz 1, 5300 Bonn 2 - Geb. 9. Jan. 1928 Berlin.

WOLFF, Joachim Rudolf

Dr. med., Prof. f. Anatomie (Neuroanatomie u. Entwicklungsneurobiologie) - Otto-Wallach-Weg 8, 3400 Göttingen - Geb. 25. März 1935 Berlin (Vater: Erich W., Bankkfm.; Mutter: Margot, geb. Theiss), verh. m. Annelies, geb. Moritz - FU Berlin (Med., Promot. 1960, Habil. Anatomie 1968) - 1969 Prof. f. Anatomie, s. 1980 Prof. f. Anatomie Univ. Göttingen, 1971-80 Gruppenleit. MPI f. biophys. Chemie, Abt. Neurobiol. - 1978 Ehrendoktor Univ. Göteborg/Schwed., u. 1987 Univ. Szeged/Ungarn - Spr.: Engl.

WOLFF, Jochem

Leitender Dramaturg u. Persönl. Ref. d. Intendanten Musiktheater Bremen, Musikpubliz. - Haselweg 7, 2083 Halstenbek - Geb. 16. April 1945 Oker/Harz, verh. s. 1978 m. Lea, geb. Hämäläinen, 2 Töcht. (Anja, Noora) - Stud. Musikwiss., Soziol. u. Betriebswirtsch. - 1978-82 Dramat. Hamburgische Staatsoper - Veröff. Rowohlt-Monogr. üb. Sibelius (erscheint 1992) sow. div. Aufs. u. Ess. z. Opernästhetik u. Musiksoziol. - 1985 Kalevala-Med. d. finn. Kulturmin. - Liebh.: Landaufenthalte m. eigener Waldwirtsch. in Finnl. - Spr.: Engl., Franz.

WOLFF, Josef

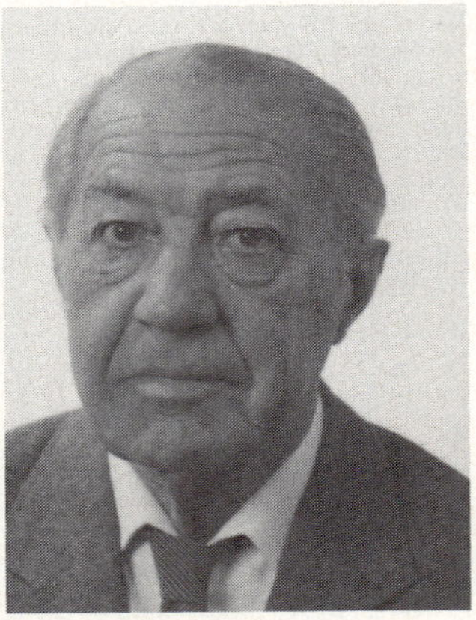

Dr.-Ing., Dipl.-Ing., Direktor i. R. - Athener Str. 46, 8000 München 90 (T. 089 - 64 46 56) - Geb. 7. April 1911 München (Vater: Josef W., Kaufm.; Mutter: Elise, geb. Schumacher), kath., verh. s. 1938 m. Martha, geb. Engelländer †1984, 2 Söhne (Peter, Klaus) - Abit. 1930; 1934 Dipl.-Ing. Masch.-Bau, 1935 Elektro TU München; Promot. 1958 TU Stuttgart - 1936 Landeslastverteiler; 1937-40 Ing.; 1940-47 Leit. Eigenüberw. Linz; 1948-78 Leit. TÜV. Erf.: Kriechdehnungsmesser. 1979-90 Vorst.-Vors. FIW, Prés. honoraire de Oitaf, Mitgl. Bewilligungsaussch. d. VG Wort. Zahlr. Aufs. in techn. Fachztschr. - BVK; Bayer. VO - Liebh.: Segeln, Skilauf, Golf - Gold. Sportabz.; Gold. Leistungssportabz. Bayern; Gold. DSV-Leistungsabz. - Spr.: Engl., Franz., Ital.

WOLFF, Klaus Dieter

Dr. jur., Präsident d. Univ. Bayreuth - Opernstr. 22, 8580 Bayreuth - S. 1986 AR Puma AG Rudolf Dassler Sport, Herzogenaurach.

WOLFF, Max Richard

Dr. med., Dr. phil., Prof., Facharzt f. Neurologie u. Psychiatrie - Hebbelstr. 7, 4000 Düsseldorf (T. 68 59 49) u. Seeweg 30, 7753 Allensbach/Bodensee (T. 07533 - 58 48) - Geb. 16. Dez. 1908 Köln (Vater: Hugo W., Kaufm.; Mutter: Emmy, geb. Lueg), ev., verh. s. 1954 m. Ursula, geb. Benrath - 1. Stud.: Physik, Chemie, Math., 2.: Med. - 1933-39 Physiker u. Abt.leit. Osram, 1939-43 Physiker u. Abt.sleit. Luftfahrtgerätewerk Hakenfelde, 1943-45 Laborleit. Forschungsinst. f. Physik, 1945/46 Wiss. in Amerika, 1946-49 eig. med.-physikal. Inst., s. 1959 Kliniktätigk. 1967 ff. Honorarprof. Univ. Düsseldorf (Physikal. Medizin u. Technik). Spez. Arbeitsgeb.: Neurologie u. Psychiatrie, Schlafstörungen, Elektromed. Erf.: Zielgerät f. sterotakt. Operationen (m. T. Riechert) - BV: Unters. üb. d. Schlafverlauf b. Gesunden u. psych. Kranken, 1965 - Liebh.: Segeln (Mitgl. Düsseldorfer Yacht-Club), Fotogr. - Spr.: Engl., Franz.

WOLFF, Michael Johannes

Dr. phil., Prof. f. Philosophie Univ. Bielefeld - Kollwitzstr. 55, 4800 Bielefeld 1 (T. 0521 - 88 26 59) - Geb. 13. Sept. 1942 Solingen (Vater: Hans Walter W., Prof.; Mutter: Annemarie, geb. Halstenbach), verh. s. 1978 m. Dr. jur. Gertrude, geb. Lübbe, L.L.M., 4 Kd. (Johanna, Tilman, Max, Antonia) - Altsprachl. Gymn. Wuppertal u. Mainz; Stud. Phil. u. Klass. Philol. Univ. Hamburg u. Marburg; Promot. 1968, Habil. 1978 Bielefeld - 1976-78 Assist.; 1978-82 Doz.; s. 1982 Prof. Bielefeld - BV: Fallgesetz u. Massebegriff, 1971; Gesch. d. Impetustheorie, 1978; D. Begriff d. Widerspruchs, 1981 (jap. Übers. 1984, ital. Übers. 1985, korean. Übers. 1987) - Kinderbuchillustrat.

WOLFF, Otto

s. Wolff v. Amerongen, Otto

WOLFF, Paul

Geschäftsführer Röchling-Burbach Stahl- u. Waggonbau GmbH., Saarbrücken - Fliederstr. 36, 6600 Saarbrücken - Geb. 2. März 1923 - Kaufm. Ausbild. - Zul. Gf. Waggonbfabrik Gebr. Lüttgens GmbH., Saarbrücken.

WOLFF, Reinhold

Dr. phil., M.A., Univ.-Prof. f. Literaturwiss. Univ. Bielefeld - Post Bissendorf, 4516 Grambergen (T. 05402 - 89 90) - Geb. 6. Mai 1941 München (Vater: Prof. Dr. Adolf W., Tierarzt; Mutter: Annemarie, geb. Schenk), verh. s. 1980 m. Gertraud, geb. Birke, 2 S. (Georg, Daniel) - 1960-70 Univ. München u. Bordeaux (M.A. 1969 München, Promot. 1970 ebd.); Habil. 1980 Regensburg - 1970-80 wiss. Assist. Univ. Regensburg; 1980-82 Akad. Rat Mainz; s. 1982 Lehrst. Univ. Bielefeld - BV: D. Ästhetisier. aufklärer. Tabukritik, 1972; Psychoanalyt. Lit.kritik, 1975; Strukturalismus u. Assoziationspsych., 1978; Psychoanalytische Lit.wiss. u. Lit.soziol., 1982.

WOLFF, Rudolf

Schriftsteller (freiberufl.) - Stockelsdorfer Weg 37, 2407 Bad Schwartau (T. 0451 - 2 22 58) - Geb. 19. Mai 1949 Bad Schwartau, ev., verh. s. 1984 m. Katja, geb. Siebert - 1969-73 Stud. Univ. Kiel, München (German., Theaterwiss., Soziol.) - 1973-79 Verleger; 1979-81 freiberufl. Lektor, u.a. f. Fischer Taschenb. Verlag; dan. Autor + Herausg. v. Büchern u. Samml.; 1988 Gründg. e. Computerfirma f. Software-Entw. im Finanzmanagement, Verlags- u. Agenturwesen; 1990 Kauf e. Werbeagentur; 1991 Aufbau eines Schulungszentr. - BV: Buchreihen: Lit. Tradit.; Samml. Profile; Kielland-Werkausg. in 4 Bde.; Goethes Nov. m. dokument. Anhang; Aufsatzsamml. u.a. üb. Thomas Mann, Heinrich Mann, Reiner Kunze, Erich Kästner, Jakob Wassermann; Prosa: Adel d. Herzens. Vier Gesch. a. d. Alltag; Computerbücher; Sachbuch: Einführung in d. Finanzbuchhaltung; D. Finanzmanagement in Klein- u. Mittelbetrieben - Liebh.: Klass. Musik, Lit. d. 19. u. früh. 20. Jh. - Spr.: Engl., Franz.

WOLFF von AMERONGEN, Otto

Dr. h.c., Kaufmann, Geschäftsführer Otto Wolff Industrieberatung u. Beteiligungen GmbH, Vorst.-Vors. Otto Wolff von Amerongenstiftg., Köln - Marienburger Str. 19, 5000 Köln 51 (T. 0221 - 37 10 26) - Geb. 6. Aug. 1918 Köln (Vater: Otto W., Kaufm.; Mutter: Else v. Amerongen, geb. Pieper), ev., verh. m. Winnie geb. v. Greger, 3 Töcht. (Claudia, Regine, Jeanne) - Gymn., kaufm. Lehre - B. 1986 Vorst.-Vors. Otto Wolff AG, Köln, b. 1990 AR-Vors. ebd., , s. 1990 Ehrenpräs. IHK Köln, Vors. Ost-Aussch. d. Dt. Wirtschaft, Köln - AR-Mandate b. versch. in- u. ausl. Ges. - Officier de la Légion d'Honneur de la Rep. Francaise; Gr. Gold. Ehrenz. m. Stern f. Verd. um die Rep. Österr.; 1978 Dr. jur. h.c. Univ. Köln; 1979 Gr. BVK, 1990 Stern dazu; 1985 Ehrendoktor f. Wirtschaftswiss. Univ. Jena (DDR); Ehrenpräs. Dt. Ind.- u. Handelstag Bonn - Liebh.: Reisen, Sport (ausüb. Tennis) - Spr.: Engl., Franz.

WOLFF von NATTERMOELLER, Hans Jürgen

Dr. h. c., D. A. (Hon.), MGS Intern. Univ. Fdt., Delaware USA, Accademico d'Italia, Filmregisseur, Drehbuchautor, Produktionsleiter ZDF (Ps. Hans Jürgen Wolff) - Tiergartenstr. 32, 4000 Düsseldorf (T. 0211-66 07 63) - Geb. 23. Juni 1921 Dresden (Vater: Dr. phil. Hans Conrad W. v. N., Kunsthist.; Mutter: Maria, geb. Weber), ev., verh. s. 1960 in 4. Ehe m. Ingeborg, geb. Bruhn †1989 (T. v. General Hans Bruhn), 2 Kd. aus gesch. Ehen (Daniela, Mario) - Human. Gymn. Berlin - 1941-45 Kriegsdienst (zul. Oberltn. z. See), 1946 Presse- u. Rundf.tätigk. Wiesbaden u. Frankfurt (Hess., Bayer. Rundf.), 1948 Curt Oertel Film-Stud.ges. Wiesbaden, 1953-62 Regiss. u. Drehb.autor UFA Universum-Film AG., 1963 Prod.leit. u. Erster Regiss. ZDF, 1966 Leit. IFU Intern. Film-Union Remagen, 1969 Prod.leit. ZDF Mainz, 1972-85 Leit. Prod.stäbe d. ZDF - Mitgl. Akad. d. Künste Italiens, Marquis Giuseppe Scicluna Intern. Univ. Fdt. USA - BV: 37 Drehbücher, div. Rundf.-Hörsp. u. journ. Presse-Veröff., 43 Filme - 1956 Bundesfilmpreis, Grand Prix Intern. Filmfestspiele Brüssel; 1957 Award Intern. Filmfestsp. Harrogate (Engl.), Kulturfilmprämie Bundesrep. Deutschl.; 1964 Award Intern. Film-Messe Hollywood (USA); 1979 Award of the VIP Encyclopedia Corp. USA; 1980 Goldmed. Akad. d. Künste Italiens; 1980 Accademico d'Italia con Medalgia d'Oro; 1981 Verdiensturk. f. Tätigk. im Ber. d. schönen Künste; 1982 Ernenn. z. Maestro di Pittura h.c., Italien, Gold. Zentaur Accad. d'Italia; 1983 Goldmed. (Aurea) f. künstl. Verd. Intern. Parlament (USA), Gr. Preis d. Nationen f. künstl. Verd., Italien u. Ehrendipl. Intern. Orden f. d. Frieden (USA); 1984 Siegesstatue Weltpr. d. Kultur u. Vessilo Europeo delle Arti d'Accad. Europea; 1985 Oscar d'Italia; Ritter d. Künste (Accademia Bedriacense) - Liebh.: Antiquitäten, Interior, Design, Bild. Kunst, Bücher, Weinkeller - Spr.: Engl., Franz. - Bek. Vorf.: Großv.: Karl Friedrich Moritz, Conrad v. Nattermoeller - Lit.: Div. Presseveröff. u. Nachschlagew. Union Diplomatique Mondiale (UDN), mehrere Enzyklop., u. a. Europ. Who is Who Enzyklop., Intern. Who's Who of Intellectuals, Men of Achievement, Who's Who in the world (USA).

WOLFFERSDORFF-MELLIN-MAYDELL, Freiherr von, Joachim

Land- u. Forstwirt, Altbürgermeister - 8053 Schloß Wolfersdorf üb. Freising (T. 08168 - 13 66); 8372 Schloß Oberzwieselau üb. Zwiesel (T. 09922 - 23 67) - Geb. 20. März 1933 Radibor (Vater: Albert Frhr. v. W., Landwirt, Landrat; Mutter: Hilda, geb. Weyland), kath., verh. s. 1960 m. Barbara, Gräfin v. Mellin († 1975), 3 Töcht. (Katharina, Benedikta, Juliana) - Stud. Theol., Kunst, Landw., Forstw. u. Sport - S. 1960 Ltg. d. Land- u. Forstgutes Oberzwieselau, Ehrenpräs. Verb. d. Reit- u. Fahrvereine Ndb./Opf., 1972-90 1. Bürgerm. Gemeinde Lindberg, Techn. Deleg. Intern. Skiverb. (FIS), Richter u. Parcourschef f. Pferdeleistungsprüf. (FN) - Bayer. Verdienstmed. f. besondere kommunale Leistungen; zahlr. Ehrungen f. sportl. Leist. - Liebh.: Sakrale Kunst, Jagdhunde - Intern. u. nation. Erfolge a. Skirennläufer u. Reiter - Spr.: Engl. - Bek. Vorf.: Ernst v. W., Kriegsmann Herzog Bertholds v. Bayern u. Kaiser Heinrichs (Ungarnschlacht a. d. Unstrut 933); Arnold v. Massenhausen (1300-1364), Marschall Kaiser Ludwigs d. Bayern; Johann Reichard, Frhr. v. W. (1708-1773) Feldherr Maria-Theresias. Carl Friedr. Frhr. v. W. (1716-1781), Generalltn., Amtshptm. z. Ziesar, Droste z. Altena u. Iserlohn (Freund Friedrichs II) - Lit.: Günther W. v. W., Torgau: Wolffersdorff 933-1965; Jagdhunde, Hamburg 1975; Hans H. Klein, Karl Friedrich v. W., Osnabrück 1984.

WOLFFSOHN, Michael

Dr. phil., Prof. f. Neuere Geschichte Univ. d. Bundeswehr München - 8014 Neubiberg (T. 089 - 60 04-30 43) - Geb. 17. Mai 1947 Tel-Aviv (Vater: Max W., Kaufm.; Mutter: Thea, geb. Saalheimer), jüd. - Promot. 1975 FU Berlin, Habil. 1980 Saarbrücken - 1975-80 wiss. Mitarb. Univ. d. Saarl.; 1980/81 Lehrstuhlvertr. Hochsch. d. Bundesw. Hamburg; 1981ff. Prof. Univ. d. Bundesw. München. 1980-82 Mitgl. Präsid. Hochschulverb. - BV: Ind. u. Handw. im Konflikt m. staatl. Wirtschaftspolitik? Stud. z. Pol. d. Arbeitsbeschaff. in Dtschl. 1930-34, 1977; D. Debatte üb. d. Kalten Krieg, 1982; Politik in Israel, 1983; Israel: Politik, Gesellschaft, Wirtschaft, 3. A. 1991; Spanien, Deutschland u. d. Jüdische Weltmacht (1991); Politik als Investitionsmotor? Dt. Multis in Lateinam., 1985; German-Saudi Arabian Arms Deals, 1985; Dt.-israel. Bezieh., 1986; West Germany's Foreign Policy, 1986; Israel: Polity, Society, Economy, 1987; Ewige Schuld? 40 J. Dtsch.-Jüdisch-Israelische Beziehungen, 4. A. 1991; Nahost (m. Friedrich Schreiber), 3. A. 1989; Keine Angst vor Deutschland, 2. A. 1990; Wem gehört das Heilige Land?, (1992); Juden in Deutschland (m. U. Puschal), 1992 - 1988 BVK am Bde.; 1992 Konrad-Adenauer-Preis f. Wissenschaft; 1992 Med. Pro Humanitate - Spr.: Engl., Franz., Hebräisch.

WOLFGRAMM, Torsten

Geschäftsführer, Parlam. Staatssekretär b. Bundesmin. f. Bildung u. Wissenschaft (s. 1991), MdB (s. 1974; 1978ff. Fraktionsgf.), Lehrbeauftr. Univ. Hannover (s. 1979) - Bundeshaus, 5300 Bonn - Geb. 30. Aug. 1936 Berlin (Vater: Rechtsanw.), verh. (Ehefr.: Apothekerin), 3 Kd. - Stud. Rechts- u. Staatswiss. Göttingen, Freiburg, Berlin - S. 1965 Gf. Studentwohnheimsiedl. Akad. Burse, Göttingen. 1968-79 Ratsherr Göttingen; 1982 stv. Vors. Friedr.-Naumann-Stiftg; Mitgl. Fernsehrat ZDF; AR-Mitgl. ZDF-Fernsehstudios, München. FDP s. 1967 (stv. Kreisvors. u. Landesvorstandsmitgl.).

WOLFINGER, Bernd

Dr. rer. nat., Prof. f. Informatik Univ. Hamburg - Ahornweg 98, 2083 Halstenbek - Geb. 5. Febr. 1951 Pforzheim (Vater: Emil W.; Mutter: Lore, geb. Waibel), ev., verh. s. 1974 m. Gabriele, geb. Bodamer, 2 Kd. (Sascha, Susanne) - 1970-75 Stud. Math. u. Informatik Univ. Karlsruhe, Lyon (Maîtrise 1974, Dipl.-Math. 1975, Promot. 1979) - 1975-80 wiss. Mitarb. KfK Karlsruhe; 1981 Hochschulassist. Univ. Karlsruhe; s. 1981 Professor (Rechnerorg.) Univ. Hamburg. Zahlr. Fachveröff. - Spr.: Engl., Franz., Latein.

WOLFRAM, Günter

Diplom-Wirtsch., Bürgermeister, MdL Rhld.-Pfalz (1963-75) - Am Sonnenborn 2, 5244 Daaden (T. 20 82) - Geb. 12. Jan. 1930 Halle/S., ev., verh., 2 Kd. - Univ. Halle u. Leipzig (Volksw.). Staatsex. 1951 - 1953-65 Siegerl. Erzbergbau (zul. Direktionsassist. f. Sozialwesen); 1964-73 Ingenieurbüro (Geschäftsf.). 1958 ff. Mitgl. Stadtrat Betzdorf; 1960 ff. MdK Altenkirchen; s. 1973 Bürgerm. Daaden. SPD s. 1955.

WOLFRUM, Dieter

Dr. oec. publ., Dipl.-Kfm., Mitinhaber Wolfrum & Gerbeth, München, u. Heckel & Hagen, Naila, Vors. Verb. dt. Schuhgroßhändler, Frankfurt/M. - Leienfelsstr. 24, 8000 München-Neuaubing - Geb. 1. April 1928.

WOLFRUM, Ludwig

I. Bürgermeister Stadt Tirschenreuth - Rathaus, 8593 Tirschenreuth/Opf. - Geb. 3. März 1925 Tirschenreuth - Zul. Amtsinsp. CSU.

WOLFRUM, Rüdiger

Dr. jur., Univ.-Prof. f. öffentliches Recht (einschl. Völkerrecht), Direktor Institut f. Intern. Recht Univ. Kiel - Lindenallee 13, 2300 Kiel-Altenholz (T. 0431 - 32 18 44) - Geb. 13. Dez. 1941 Berlin, ev., verh. s. 1969 m. Hildegard, geb. Hörner, 2 Söhne (Christian, Bernhard) - Jura-Stud. Univ. Bonn u. Tübingen; Staatsex.; Promot. 1973; Habil. 1981 Bonn - B. 1982 Prof. Univ. Mainz; s. 1982 Univ. Kiel; s. 1990 Prorektor; Richter am OVG Lüneburg, s. 1991 am OVG Schleswig-Holst.; Mitgl. d. dt. Delegation z. 3. UN Seerechtskonferenz u. zu d. Verhandl. üb. mineral. Ressourcen d. Antarktis; Mitgl. UN-Aussch. gegen Rassendiskriminierung - BV: D. innerparteil. demokr. Ordnung n. d. Parteiengesetz, 1974; D. Internationalisierung staatsfreier Räume, 1984; Völkerrecht, Bd. 1, 1989 2. A. d. v. Dahm begr. Lehrb. (zus. m. Delbrück). Herausg.: Handb. Vereinte Nationen (2. A. 1991). Mithrsg.: Kommentar UN-Charta (1992); E. The Convention on the Regulation of Antarctic Mineral Resources (1991). Veröff. auf d. Geb. d. Staatsrechts, Verwaltungsrechts u. Völkerrechts - Spr.: Engl., Franz.

WOLFSLAST, Jürgen

Dr. rer. pol., Dipl.-Volksw., Geschäftsführer, Mitgl. Hauptgeschäftsf. Unternehmerverb. Niedersachsen - Freihorstfeld 8, 3000 Hannover 71 (T. 52 36 91) - Geb. 3. März 1939 Berlin (Vater: Dr. Werner W., Arzt; Mutter: Dora, geb. Biehl-Lenz), ev., verh. s. 1959 m. Sonja, geb. Piontek, 2 Kd. (Peter-Christian, Alexandra) - Dipl. 1962, Promot. 1967 - BV: Cost - benefit-analysis im Gesundheitswesen, 1966 - Spr.: Engl.

WOLFSTETTER, Elmar G.

Dr., Prof. f. Volkswirtschaftslehre FU Berlin - Boltzmannstr. 20, 1000 Berlin 33 (T. 838 36 74) - Geb. 16. Nov. 1945 Stuttgart - 1970-74 wiss. Assist. Univ. Heidelberg u. Univ. Dortmund; 1974-78 Assist.-Prof. State Univ. New York; 1978-79 Assoc.-Prof. ebd.; s. 1979 Berlin; 1981 Univ. Kassel; 1987 Rijksuniv. Groningen; 1988 Univ. Bern - BV: zu Themen d. Kapitaltheorie, 1974 u. 1977. Zahlr. Aufs. in intern. Fachztschr. zu Themen d. Mikroökonomie, Kontrakttheorie, Konjunkturtheorie, Kapitaltheorie, u. a. in: Economic Journal, 1973 u. 1976; Ztschr. f. Nationalökonomie, 1982 u. 1985; Metroeconomica, 1982 u. 1985; Economics Letters, 1984 u. 1986; Ztschr. f. d. ges. Staatswiss., 1984; Rand Journal of Economics, 1989; Oxford Economic Papers, 1991; etc. - 1979 Summer Fellow King's College, Cambridge; 1983 Charles E. Culpepper Fellow of Economics, Oberlin College.

WOLFZETTEL, Friedrich

Dr. phil., Prof. f. Romanische Philologie (Literaturwiss.) - Burgstr. 23, 6301 Wettenberg 1 (T. 0641 - 8 45 25) - Geb. 18. Aug. 1941 Beuthen/Oberschl. (Vater: Erich W., Dipl.Ing.; Mutter: Elfriede, geb. Gampe), kath., verh. s. 1970 m. Gisela, geb. Deutsch, 3 Kd. (Thomas Erich, Carola, Annika Christiane) - Abit. Mannheim 1960, Staatsex. Univ. Heidelberg 1967 (Roman., Angl.), Promot. 1969, Habil. Univ. Gießen 1973 - 1968-72 wiss. Assist. Gießen, 1972ff. Hochschullehrer, s. 1988 Univ. Frankf./M. S. 1982 Präs. (zuvor 1972-82 Sekr.) dt. Sektion Intern. Artusges., s. 1982 Vors. Dt.-Franz. Ges. Gießen, s. 1990 Präs. d. Intern. Artusges. - BV: Michel Butor u. d. Kollektivroman (Diss.), 1969; (m. U. Mölk): Répertoire métrique de la poésie lyrique française des origines à 1350, 1972; Einf. in d. franz. Lit.geschichtsschreib., 1982. Mitarb. an: Lyrik d. Mittelalters (hg. Heinz Bergner), 2 Bde., 1983; Ce désir de vagabondage cosmopolite. Wege u. Entw. d. franz. Reiseberichts im 19. Jh., 1986; Jules Verne, 1988. Herausg.: D. franz. Sozialroman d. 19. Jh. (1981); Flora Tristan: Meine Reise nach Peru (Übers. u. Einl. 1983); Artusrittertum im späten MA (1984); Franz. Schicksalsnovellen d. 13. Jh. (Übers. u. Einl. 1986); Manfred Bambeck: Wiesel u. Werwolf. Typologische Streifzüge durch d. romanische Mittelalter u. d. Renaissance (1990, m. H.-J. Lotz); Artusroman u. Intertextualität (1990); Literar. Tradition u. nationale Identität. Literaturgeschichtsschreibung in ital. Risorgimento (1991, m. P. Ihring); Span. Wanderungen 1830-1930 (1991) - Spr.: Engl., Franz., Ital., Port., Span., Russ.

WOLGAST, Eike

Dr. phil., Prof. f. Neuere Geschichte - Frauenpfad 15, 6915 Dossenheim (T. 86 21 22) - Geb. 8. Sept. 1936 Ludwigslust, ev. - Univ. Göttingen u. Heidelberg (Promot. 1964 Göttingen) - 1973 Dozent Göttingen, 1976 o. Prof. Univ. Heidelberg - BV: D. Wittenberger Luther-Ausgabe, 1971; Wittenberger Theologie u. Politik d. ev. Stände, 1977; Religionsfrage als Problem d. Widerstandsrechts im 16. Jh., 1980; Thomas Müntzer, 1981; D. Univ. Heidelberg 1386-1986, 1986 - O. Mitgl. Hist. Kommiss. d. bayer. Akad. d. Wiss., Kommiss. f. geschichtl. Landeskd. Baden-Württ.

WOLKEN, Alfred

s. Wolken, Karl Alfred

WOLKEN, Elisabeth,

geb. Gericke

Dottore in Lettere, Direktorin Dt. Akademie, Rom/Villa Massimo (s. 1965) - Largo di Villa Massimo 1-2, Rom (Italien) (T. 42 33 92) - Geb. 11. Aug. 1936 München (Vater: Prof. Herbert Gericke, 1929-39 u. 1957-65 Dir. Dt. Akad., Rom (s. dort); Mutter: Erika, geb. Kunheim), ev., verh. s. 1963 m. Karl-Alfred W., Schriftst. (s. dort), 4 Kd. (Lavinia, Eduard-Patick, Michael, Clemens) - Dott. in Lett. Univ. Rom - Spr.: Ital., Franz.

WOLKEN, Karl-Alfred

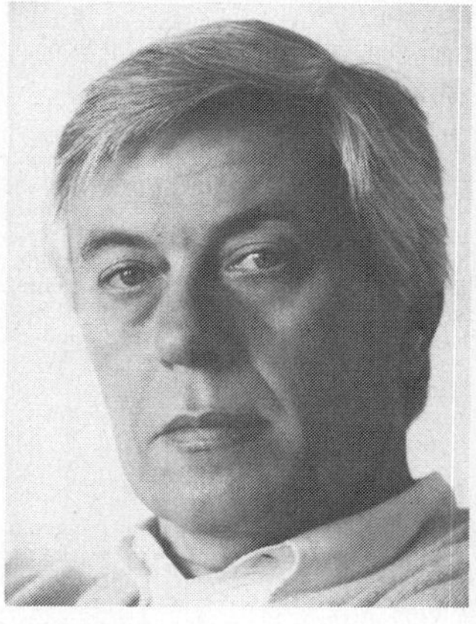

Schriftsteller - Largo di Villa Massimo 1-2, 00161 Rom/Italien (T. 42 33 92) - Geb. 26. Aug. 1929 Wangerooge/Nordsee (Vater: Heinrich W., Schmied; Mutter: Johanna, geb. Burgemeister), ev., verh. s. 1963 m. Elisabeth, geb. Gericke (Dir. Dt. Akad., Rom), 4 Kd. (Lavinia, Eduard-Patrick, Michael, Clemens) - Abitur - 1949-59 Tischler; 1962-64 Lektor - BV: Halblaute Einfahrt, Ged. 1960; Schnapsinsel, R. 1961 (auch ital.); Zahltag, R. 1964; Wortwechsel, Ged. 1964; Klare Verhältnisse, Ged. 1968; Außer Landes, Ged. 1979; D. richtige Zeit z. Gehen, Ged. 1982; Eigenleben, Ged. aus d. Villa Massimo 1987 - 1961 Förderpreis Kulturkr. Bundesverb. d. Dt. Industrie, 1962 Rom-Preis Villa Massimo, 1963 Förderpreis Bayer. Akad. d. Schönen Künste, 1975 Georg-Mackensen-Preis, Mitgl. PEN-Zentrum BRD - Liebh.: Schwimmen - Spr.: Engl., Ital.

WOLL, Artur

Dr. rer. pol. (habil), o. Prof. f. Volkswirtschaftslehre - Am Höchsten 1, 5912 Hilchenbach 4 - Geb. 30. Okt. 1923 Duisburg (Vater: Peter W., Bergmann; Mutter: Veronika, geb. Schinkowsky), verh. I) 1945 m. Magdalene, geb. Hübner, S. Walter, II) 1972 Dr. Irene, geb. Schumacher, 2 Töcht. (Bettina, Cornelia) - Abendgymn. Duisburg; Univ. Köln, Bonn, Freiburg (Volksw.) - B. 1954 Dt. Bundesbahn; s. 1958 Univ. Freiburg (Assist., 1964 Privatdoz.), Gießen (1964 o. Prof. u. Dir. Wirtschaftswiss. Sem.), Siegen (1972 o. Prof. u. Gründungsrektor b. 1980). Mitgl. Ges. f. Wirtschafts- u. Sozialwiss., American Economic Assoc., Royal Economic Soc. - BV: Wechselkursvariationen u. Beschäftigungsniveau, 1958; D. Wettbewerb im Einzelhandel - Z. Dynamik d. mod. Vertriebsformen, 1964; Grundprobleme d. Wirtschaft, 1964; Allg. Volksw.lehre, 10. A. 1990; Wirtschaftspolitik, 1984 - Spr.: Engl.

WOLL, Dieter

Dr. phil., Prof. f. Roman. Philologie (Sprachwiss. m. bes. Berücksicht. d. Portugies.), Univ. Marburg (s. 1982) - Zu erreichen üb. Univ., Inst. f. Roman. Philol., Wilh.-Röpke-Str. 6D, 3550 Marburg (T. 06421 - 28 47 78); priv.: Am Richtsberg 1/IV (T. 4 69 57) - Geb. 27. April 1933 Aachen (Vater: Julius W., Steuerinsp.; Mutter: Katharina, geb. Reinartz) - Gymn. Boppard u. Aachen (Abit. 1952), Univ. Bonn, Freiburg u. Coimbra (b. 1958) - 1958-59 Lektor Univ. Coimbra, 1959-61 wiss. Mitarb. Roman. Etym. Wörterb., 1961-70 wiss. Assist. Univ. Bonn, 1970/71 Akad. Rat, 1971-77 Akad. Ob.rat, 1971-77 apl. Prof., 1977-82 Prof. Univ. Heidelberg - BV: Idealität u. Wirklichk. in d. Lyrik Mário de Sá-Carneiros, 1960; Realidade e idealidade na lírica de Sá-Carneiro, Lisboa 1968; Machado de Assis. D. Entw. s. erz. Werkes, 1972; Portugies. Märchen, 1975 - Spr.: Engl., Franz., Ital., Portugies., Rumän., Span.

WOLL, Erna

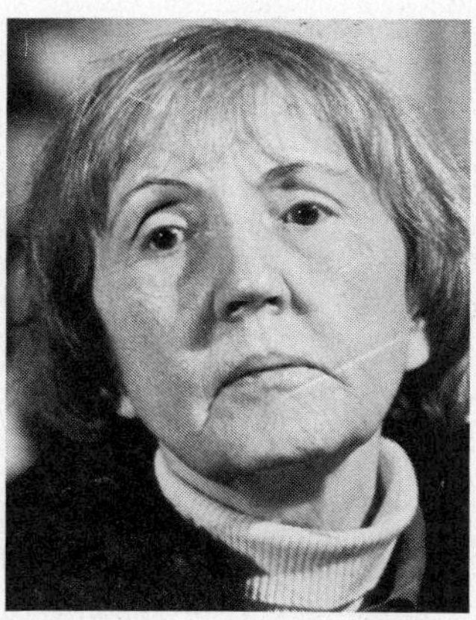

Honorarprof. Univ. Augsburg, Komponistin - E.-M.-Arndt-Str. 32 1/2, 8900 Augsburg 41 (T. 0821 - 70 52 92) - Geb. 23. März 1917 St. Ingbert/S. (Vater: Karl W., Hüttenbeamt.; Mutter: Anna, geb. Illig) - 1936-38 Stud. Kirchenmusik Heidelberg (Dipl. 1938); 1940-44 Stud. Schulmusik u. Kompos. Musikhochsch. München (Staatsex. 1944); 1946-48 Kompos. u. Chorltg. Köln (Staatsex. 1948); Stud. German. Univ. München, Würzburg, Heidelberg (Staatsex. 1950) - 1950-72 Lehrtätigk. Entd.: Buchprogrammiertes Musiklernen u. Notenhören - BV: 6 Bücher - Zahlr. Musikw. - Kompos.: Lieder d. Liebe, Da ist wieder d. Flügelschlag, Zeit o. Verkündig., Requiem f. Lebende, le Fort-Motetten, Canticum f. Liebende, Augsburger Kyrie, Martin Luther: Ich glaube, daß mich Gott geschaffen hat, Süßes Saitenspiel, Sola gratia, Frauen um Jesus - Zyklus f. Bariton u. kl. Orch., Texte: Kurt Marti, Üb. d. Schmerzgrenze, Texte: Marie Luise Kaschnitz, Auch ich bin gut - Choraphorismen, Texte: Hildegard Wohlgemuth, Wie spricht man mit dir (Ökumen. Marienlieder), Suchen-Hören-Loben: Orgeltriptychon, Nachsinnen auf Flöte u. Orgel, u. a. - 1965 u. 69 Valentin Becker-Preis; 1978 Dt. Allg. Sängerbd., u.a.

WOLL, Ludwig J.
Technischer Beamter, Landesvors. Deutscher Motorsport-Verb. Saar - Franzstr. 18, 6689 Wemmetsweiler - Geb. 20. Sept. 1938 Wemmetsweiler, kath., verh. s. 1968 m. Ursula, geb. Dörr, 2 T. (Patrice, Alexandra) - Ausb. z. Sport- u. techn. Kommissar in Frankfurt, Karlsruhe, Stuttgart - Aussch.-Vors. Dt. Motorsport-Verb. f. Technik u. Rallyesport; Landesvors. DMV-Saarl.; Vors. Renngemeinsch. AMC Wemmetsweiler; Rennleit., Fahrtleit., Sportkommissar u. techn. Kommissar ONS u. OMK Int. Sporting Stuart - Sportabzeichen in Gold - Liebh.: Motorsport - Spr.: Engl., Franz.

WOLLEMANN, Horst
Rechtsanwalt, Hauptgeschf. Bundesverb. Garten-, Landschafts- u. Sportplatzbau - Alexander-von-Humboldt-Str. 4, 5340 Bad Honnef 1 (T. 02224 - 77 07-0, Telefax 02224 - 77 07 77) - Geb. 18. Dez. 1948 Göttingen, verh. s. 1972 m. Ursula, geb. Schaare, 2 Töcht. (Tina Vanessa, Ewa Janina) - Jurastud. München u. Göttingen; Staatsex. 1978 - 1978-81 Zentralaussch. d. Werbewirtsch.; 1981-86 Pers. Ref. v. Hans A. Engelhard (s. 1982 Bundesmin. d. Justiz); s. 1986 Bundesverb. Garten-, Landschafts- u. Sportplatzbau; s. 1990 Europ. Landscape Contractors Assoc.

WOLLENSAK, Josef
Dr. med., o. Prof. f. Augenheilkunde - Wildentensteig 4, 1000 Berlin 33 (T. 8 26 44 99) - Geb. 8. März 1928 Tattnang - Gymn.; Univ. Tübingen, Paris, Montpellier. Promot. 1953 Tübingen; Habil. 1963 Erlangen s. 1963 Lehrtätigk. Univ. Erlangen-Nürnberg u. FU Berlin (1969 Ord. u. Dir. Augenklinik/Klinikum Charlottenburg). Spez. Arbeitsgeb.: Biochemie, klin. Virologie u. Histopathol. d. Auges. Facharb. - Spr.: Engl., Franz.

WOLLENSCHLÄGER, Harry

Schausteller, MdA Berlin (1971-75), Präs. Europ. Schausteller-Union, Luxemburg (s. 1983), Vors. Kultur u. Bildungswerk d. Dt. Schausteller (s. 1988), Konsul v. Madagaskar f. d. Länder Berlin, Brandenburg, Sachsen u. Sachsen-Anhalt (s. 1992) - Preußenallee 14, 1000 Berlin 19 (T. 305 82 11) - Geb. 3. Juni 1927 Berlin, verh. (Ehefrau: Rita), 2 Kd. (Peggy, Thilo) - S. 1948 selbst. S. 1957 gf. Vorst.-Mitgl. u. Vors. (1970) Berliner Schausteller-Verb., 1975 Präs. Dt. Schaustellerbd., Bonn-Bad Godesberg. 1967-71 Bezirksverordn. Charlottenburg. 1978-83 Vizepräs. Europ. Schausteller-Union. Bürgerdeputierter Wirtschaftsaussch. Charlottenburg, stv. Vors. Beir. VDK; Beiratsmitgl. Grundkreditbank Berlin (Volksbank). CDU s. 1957 - 1974 BVK; 1980 BVK I. Kl.; 1985 Gr. BVK; 1987 Ritter d. franz. VO; 1990 Amerik. VO.

WOLLENWEBER, Eckhard
Dr. rer. nat., Prof. f. Botanik TH Darmstadt - Nieder-Ramstädter-Str. 233, 6100 Darmstadt - Geb. 9. Nov. 1941 Kaiserslautern - 1962-68 Stud. Univ. Heidelberg (Biol., Chemie, Pharmakol.); Promot. 1970; Habil. 1975 - S. 1980 Prof. Rd. 190 wiss. Publ. - Spr.: Engl., Franz., Span.

WOLLER, Rudolf
Chefredakteur a. D., fr. Journalist u. Filmmacher - Comp. 24, 108 Mile Ranch, 100 Mile House, B.C., VOK 2EO, Kanada - Geb. 19. Juni 1922 Singen/Hohentw., kath., verh. s. 1954 m. Ingeborg, geb. Stahlschmidt - S. 1945 journalist. Tätigk., u. a. Bonner Korrespo. D. Tag, Berlin (1951-52), Quick, München (1951-62), Schwäb. Ztg., Leutkirch (1951-62), Weser-Kurier, Bremen (1956-62), Bad. Neueste Nachr., Karlsruhe (1956-62), Studioleit. (1962), Chefredakt. ZDF. Präs. (1969-78), seith. Ehrenpräs. Verb. d. Reserv. u. Reservisten d. dt. Bundesw. (s. 1972 Oberst d. R.) - BV: D. unwahrscheinl. Krieg - E. realist. Wehrkonzeption, 1970; 6 x Kanada (Panoramen d. Welt), 1985 - 1973 BVK I. Kl.; 1982 Gr. BVK - Liebh.: Lesen, Fliegen, Reiten, Ski.

WOLLERT, Arthur
Vorstandsmitglied Hertie Waren- u. Kaufhaus GmbH, Frankfurt - Zu erreichen üb. Hertie GmbH, Zentralverw.. Herriotstr. 4, 6000 Frankfurt/M. 71 - Geb. 1935 - Zuständ. f. Personalwesen im Hertie-Vorst.

WOLLERT, Erich
Geschäftsführer, Vermögensverwaltungs- u. Treuhand-Ges. d. Dt. Gewerkschaftsbundes mbH. - Hans-Böckler-Str. 39, 4000 Düsseldorf 30.

WOLLIN, Gunter
Dr., Hauptgeschäftsführer Bundesverb. d. Groß- u. Außenhandels m. Molkereiprodukten - Buschstr. 2, 5300 Bonn 1.

WOLLMANN, Alfred
Dr. phil., em. o. Prof. f. Angew. Sprachwiss. u. Direktor Engl. Seminar Univ. Köln - Troppauer Str. 2, 8058 Erding - Geb. 30. Juni 1922 Aicha - Stud. Univ. Prag, München; Promot. 1955 München - Fr. Mitarb. Bayer. Rundf.; 1955-64 Gymnasialdst.; 1964-75 Univ. München (Dir.); 1975 o. Prof. Univ. Köln - BV: Engl. Phonetik u. Phonol., 3. A. 1986 (m. G. Scherer) - Lit.: W. Welte (Hrsg.), Sprachtheorie u. Angew. Linguistik, Festschr. f. A. W., 1982 - Spr.: Engl., Franz., Ital., Tschech.

WOLLMANN, Hellmut
Dr. jur., Prof. f. Verwaltungswissenschaft - Bamberger Str. 39, 1000 Berlin 30 - Geb. 12. April 1936 Kreibitz (Vater: Rudolf W.; Mutter: Anna, geb. Wollmann) - Wesleyan Univ./USA, Univ. Heidelberg, FU Berlin (Rechtswiss., Politikwiss.), bde. jur. Staatsex. (1962, 1967), Promot. 1967 - S. 1974 Hochschullehrer FU Berlin; Gesellsch. Inst. f. Stadtforsch. u. Strukturpolitik, Berlin - BV: D. Stellung d. Parlamentsminderheiten in Engl., d. BRD u. Italien, 1970; Evaluierungsforsch. Ansätze u. Meth. (m. Hellstern), 1983. Herausg.: Politik im Dickicht d. Bürokratie, Sonderh. 9/1979, Leviathan. Mitherausg.: Evaluation Research and Practice (1981), Applied Urban Research (1982), Experimentelle Politik (1983), Kommunale Wohnungspolitik (1983), Stadtpolitik in d. 80er J. (1983), Evaluierung u. Erfolgskontrolle in Kommunalpolitik u. -verw. (1984), Handb. z. Evaluierungsforsch. (1985), Kommunale Beschäftigt. politik (1986), Schriftenr. Evaluierungs- aktuell u. Policy-Forsch. - Korr. Mitgl. Akad. f. Raumforsch. u. Landesplanung.

WOLLMER, Axel
Dr. rer. nat., Univ.-Prof. TH Aachen (s. 1974) - Hans-Böckler-Allee 31, 5100 Aachen (T. 8 16 12) - Geb. 13. Aug. 1935 Stade (Vater: Adolf W., Tiefbau-Ing.; Mutter: Toni, geb. Meyer), ev., verh. s. 1967 m. Bärbel, geb. Krüger, 2 Kd. (Marc Axel, Cosima) - Stud. d. Chemie Univ. Kiel; Dipl.ex. 1963; Promot. 1964; Habil. 1972 Aachen - 1964-66 Wiss. Mitarb. DFG Kiel, 1962-65 Forschungsaufenth. Inst. Pasteur, Paris; s 1966 TH Aachen (Wiss. Assist. u. 1972 Oberassist.), 1976 Visiting Scientist, Oxford Univ. Mithrsg.: Insulin - Chemistry, Structure and Function of Insulin and Related Hormones (1980). Üb. 80 Fachveröff. dt., europ. u. amerikan. Ztschr. - Spr.: Engl., Franz.

WOLLNER, Gerhard
Schauspieler - 1000 Berlin 19 (T. 030-321 47 08) - Geb. 28. Juli 1917 Berlin (Vater: Hugo W., Kaufm.; Mutter: Maria, geb. Zindler), ev., verh. s. 1951 m. Ilse, 1 Kd. - Realgymn.

WOLLRAB, Adalbert

Dr., C. Sc., Prof., Chemiker, Fachdidaktiker - Am Steinacker 4, 6301 Pohlheim 1 (T. 06403 - 6 18 21) - Geb. 9. Juni 1928 Saaz (Vater: Norbert W., Kaufm.; Mutter: Elfriede, geb. Jülka-Hrdonka), kath., verh. s. 1956 m. Maja, geb. Lechner, T. Monika - Chemiestud. Promot. 1958, Titel C. Sc. tschech. Akad. d. Wiss. 1962 - 1958-68 Chemiker Inst. f. Organ. Chemie u. Biochemie Tschech. Akad. d. Wiss.; s 1971 Prof. Univ. Gießen; 1983-87 Vorst. Ges. f. Didaktik d. Chemie u. Physik - BV: Lehrb. z. Gaschromatographie, 50 Fachveröff. - 1988 Med. d. Univ. Lodz f. Verd. um Wiss. u. Ges. - Spr.: Tschech., Engl., Russ.

WOLLRAD, Rolf
Kammersänger, Operndirektor d. Sächsischen Staatsoper Dresden - Mittlere Bergstr. 44, 8122 Radebeul (T. Dresden 7 36 12) - Geb. 6. Febr. 1938 Döbeln, verh., 3 Kd. - Bass-Buffo u. seriöser Baß an d. Staatsoper Dresden. Hauptpartien: Rocco, Leporello, Daland, van Bett, Don Pasquale Bartolo etc.

WOLLSCHEID, Günther
Schulrat, MdL Rhld.-Pfalz (s. 1975) - Wilhelm-Schmelzer-Weg 14, 5569 Gillenfeld - Geb. 17. Okt. 1926 - CDU.

WOLLSCHLÄGER, A. E. Johann
Schriftsteller (Ps.: A. E. Johann) - Oerreler Dorfstr. 46, 3122 Dedelstorf-Oerrel (T. 05832 - 15 51) - Geb. 3. Sept. 1901 Bromberg (Vater: Ernst W., Postrat; Mutter: Marie, geb. Fischer), luth., verh. I. s. 1934 m. Ludwiga, geb. Schramm († 1978), T. Ruth, II. m. Dr. Ingeborg, geb. Weihrauch - Realgymn. Bormberg; Lehre Pr. Staatsbank, Berlin; Univ. Berlin (Theol., Geogr., Soziol.) - 1927-38 Auslandskorresp. u. Chefredakt. Ullstein-Verlag, Berlin - BV (GA. üb. 10 Mill., dazu Übers.): Mit 20 Dollar, Reiseb. 1928; D. innere Kühle, R. 1929; 40 000 Kilomneter, Reiseb. 1930; D. unvollk. Abenteurer, R. 1931; Untergang am Überfluß - Wirtschaftsstudie, 1932; Kängurus, Kopra u. Korallen, Reiseb. 1935; Geishas, Generale, Gedichte, Reiseb. 1936; Präsidenten, Prämien u. Pelzjäger, Reiseb. 1936; Kulis, Kapitäne,

Kopfjäger, Reiseb. 1937; Groß ist Afrika, Reiseb. 2 T. 1939/55; D. Tod im Busch, Erz. 1939; Im Strom, R. 1939; Zw. Westwall u. Maginot, Kriegsb. 1940; Land ohne Herz, Kriegsb. 1941; D. Ahornblatt, R. 1944; NA. 1970; D. Wildnis, R. 1950; Ferne Ufer, Erz. 1951; Schneesturm, R. 1952; Weiße Sonne, R. 1953; Heimat d. Regenbogen, Reiseb. 1954; Steppenwind, R. 1956; Große Weltreise, Reiseb. 1956; Sohn d. Sterne u. Ströme, R. 1957; D. Mann, d. s. Wort gab, N. 1957; Wohin die Erde rollt, Reiseb. 1958; Wo ich d. Erde am schönsten fand, Reiseb. 1960; à la Indonesia, Reiseb. 1961; D. wunderbare Welt d. Malaien, Reiseb. 1962; Afrika gestern u. heute- Europas dunkle Schwester, 1963; Gewinn u. Verlust, R. 1964; Amerika ist e. Reise wert, Reiseb. 1967; D. große Buch v. d. Erde, 1969; Weltreise auf d. Spuren d. Unruhe, 1970; Nach Kanada sollte man reisen, Reiseb. 1970; E. Traumland - British Columbia, 1971; Aus d. Dornbusch, R. 1972; Menschen an meinen Wegen, Erz. 1973; An dunkle Ufer, R. 1973; Wälder jenseits d. Wälder, R. 1974; Farbige Weltreise, Reiseb. 1976; D. Bergwelt Kanadas, Reiseb. 1976; D. letzten - Elefanten, Sachb. 1974; Am Ende e. Anfang, R. 1978; Hinter d. Bergen d. Meer, R. 1979; Irland, Reiseb. 1979; V. Yukon z. Rio Grande, Reiseb. 1980; D. Leute v. Babentin, R. 1981; D. Glück d. Reisens, Sachb. 1981; D. Haus am Huronensee, R. 1982; Kanadas Ferner Osten, Reiseb. 1982; Eva's Wildnis, R. 1984; Südwest, R. 1984 - E. afrikan. Traum, R. 1984; Hinter amerikan. Gardinen, R. 1985; Trans-Canada, Reiseber. 1986; Du kannst dir nicht entfliehen, R. 1987; D. Wind d. Freiheit, R. 1987; Sehnsucht nach d. Dobrinka, R. 1988; Dies wilde Jh., Sachb. 1989; D. Erde, wie sie noch sah, Sachb. 1990; Canadas Nordroute, Sachb. 1990; Schön war d. Welt, Sachb. 1992 - 1969 Marienburg-Preis Landsmannschaft Westpreußen - Spr.: Engl., Franz., Russ.

WOLMAN, Walter
Dr.-Ing., o. Prof. f. Fernmeldeanlagen (emerit. 1966) - Gluckstr. 19, 7000 Stuttgart 1 (T. 69 23 53) - Geb. 20. Jan. 1901 Elberfeld (Vater: Dr. Ludwig W., Chemiker), Christengem., verh. s. 1929 m. Lisbet, geb. Hoffmann, 4 Kd. (Marei, Georg, Christof, Friedgart) - Stud. Elektrotechnik, Dipl.-Ing. 1925 Darmstadt - 1925 Assist. TH Aachen, 1927 Siemens & Halske, 1938 ao. Prof. TH Dresden, 1948 o. Prof. u. Inst.sdir. TH Stuttgart. Zahlr. Fachveröff.

WOLOWICZ, Ladislaus Alexander
I. Bürgermeister - Rathaus, 8027 Neuried/Obb. - Geb. 2. Juni 1931 Pressburg - Zul. Redakt. (Technik). Vors. Zweckverb. Staatl. Gymn. im Würmtal. CSU

WOLPERS, Theodor
Dr. phil., o. Prof. f. Engl. Philologie - Guldenhagen Nr. 11, 3400 Göttingen (T. 7 24 24) - Geb. 9. März 1925 Essen - S. 1960 (Habil.) Lehrtätigk. Univ. Durham,

Bonn, Köln, Erlangen-Nürnberg (1962 Ord.), Göttingen (1966 Ord.) - BV: Engl. Heiligenlegende d. Mittelalters, 1964; Bürgerl. bei Chaucer, 1980. Div. Einzelarb. Mithrsg.: Ztschr. Anglia (1965ff.), Hrsg. Motive u. Themen i. Erzähl. d. spät. 19. Jh., 1982, Motive u. Themen Romant. Naturdichtung, 1984 - 1971 Ruf Univ. München (1972 abgelehnt) - 1971 Mitgl. d. Akad. d. Wiss. Göttingen.

WOLTER, Frank

s. Breucker, Oscar Herbert

WOLTER, Hans-Joachim

s. Chollet, Hans-Joachim

WOLTER, Hans-Jürgen

Rechtsanwalt, MdL Schlesw.-Holst. (VIII./IX. Wahlp.) - Meesenring 2, 2400 Lübeck 1 (T. 6 60 44) - Geb. 26. Febr. 1941 Lübeck, ev. - Realsch. (Abschl. 1957); 1957-58 Acklaborantenausbild.; ab 1959 Verw.lehre; 1965-67 Hochsch. f. Wirtschaft u. Politik (Dipl. Volksw.); n. Zulass. z. Univ. ohne Reifezeugnis 1968-1973 Stud. Rechtswiss. (Hamburg). Beide jurist. Staatsprüf. - Journ. (1970-71 Redakt. Nordwoche) Lübeck. 1970-1975 Mitgl. Lübecker Bürgerschaft. SPD.

WOLTER, Jürgen

Dr. jur., o. Prof. f. Strafrecht u. Strafprozeßrecht Univ. Regensburg - Zu erreichen üb. Univ. Regensburg, Lehrst. f. Strafrecht, Strafprozeßrecht, Universitätsstr. 31, 8400 Regensburg - Geb. 7. Sept. 1943 Hahnenklee/Harz, ev. - 1963-68 Stud. Rechtswiss. Univ. Göttingen u. München; 1. jurist. Staatsprüf. 1969 Celle, Strafrechtl. Promot. 1971 Göttingen, 2. jurist. Staatsprüf. 1974 Hannover, Habil. 1979 Univ. Bonn - 1974 Staatsanwalt LG Hannover; 1974-79 Wiss. Assist. Univ. Bonn; s. 1980 Prof. f. Strafrecht Univ. Hamburg; s. 1981 Prof. f. Strafrecht u. Strafprozeßrecht Univ. Heidelberg; s. 1985 Prof. f. Strafrecht u. Strafprozeßrecht Univ. Bonn; s. 1988 Prof. f. Strafrecht u. Strafprozeßrecht Univ. Regensburg - BV: Altern. u. eindeutige Verurteil. auf mehrdeutiger Tatsachengrundl. im Strafrecht. Zugleich e. Beitr. z. Abgrenz. v. Vorsatz u. Fahrlässigk. (Diss.), 1972; Objektive u. personale Zurechn. v. Verhalten, Gefahr u. Verletz. in e. funktionalen Straftatsystem (Habil.schr.), 1981; Wahlfeststell. u. in dubio pro reo, 1987; Aspekte e. Strafprozeßreform bis 2007, 1991.

WOLTER, Jürgen

Dr. phil., Prof. f. Anglistik u. Amerikanistik Univ.-GH Wuppertal - Windhornstr. 31, 5600 Wuppertal 2 - Geb. 31. Aug. 1947 Neustadt/Holst. (Vater: Prof. Dr. Hans W., Hochschull.; Mutter: Edith, geb. Spieckermann), ev., verh. s. 1972 m. Sigrid, geb. Rüger, 2 S. (Christian, Stephan) - 1966-72 Univ. Marburg (Promot. 1974) - S. 1981 Prof. f. Angl./Amerik. in Wuppertal - BV: Th. Deloney, 1976; D. Suche n. nationaler Identität, 1983.

WOLTERECK, Richard

Dr., Vorstandssprecher Gerling-Konzern Globale Rückversicherungs-AG. (1981 ff.) - Gereonshof, 5000 Köln 1 - S. 1966 GK.

WOLTERS, Gottfried

Dr. jur., Geschäftsführer Germania-Brauerei F. Dieninghoff AG., Münster - Friesenring 70, 4400 Münster/W. - Geb. 15. Mai 1913 Rheine/W. - Gr. jurist. Staatsprüf.

WOLTERS, Hans-Georg

Dr. med., Prof., Staatssekretär a. D. - Geb. 23. Aug. 1934 Danzig, verh., 2 Kd. - 1953-57 Humboldt-Univ. Berlin. Promot. 1960 FU Berlin - Studienaufenth. USA; Krankenhaus- u. Lehrtätigk. Berlin (1970 Prof. u. Ärztl. Dir. Klinikum Steglitz/FU); 1971-73 Senator f. Gesundheit u. Umweltschutz Berlin; 1973-80 Staatssekr. Bundesmin. f. Jugend, Familie u. Gesundheit; 1981-88 Dir. Hoechst AG, Frankfurt. SPD s. 1965 - Dt. u. engl. Fachveröff. üb. Hämatologie, Ztschr.beitr. z. Bildungs-, Gesundheitspol. u. Umweltschutz.

WOLTERS, Heinz

Speditionskaufmann, Vors. Fachvereinig. Spedition Nordrhein, Düsseldorf (s. 1946) - Claudiusstr. Nr. 46, 4000 Düsseldorf (T. 43 15 41) - Geb. 18. Aug. 1909 Schönebeck (Vater: Gustav W., Kaufm.; Mutter: Margarete, geb. Ewald), ev., verh. s. 1936 m. Ellen, geb. Gottschalk, S. Jochen - Abitur - Geschäftsf. C. J. Jonen Wwe., Düsseldorf (1934), Sammelladestelle Düsseldorf GmbH. & Co. KG., Düsseldorf (1935), Schürmann & Co., Düsseldorf (1950), Westmünsterland-Spedition GmbH., Bocholt (1951). 1967-74 Präs. Bundesverb. Spedition u. Lagerei, Bonn - Liebh.: Mod. Kunst, Rudern - Spr.: Engl.

WOLTERS, Jürgen

Dr. rer. pol., Dipl.-Kfm., Sprecher d. Geschäftsfhg. Robert Kraemer & Co. GmbH. (Im- u. Export), Bremen (s. 1973) - Riensberger Str. 75 b, 2800 Bremen 1 - Geb. 23. Mai 1928 Beckum (Vater: Karl W., Korvettenkapt. a. D.; Mutter: Hildegard, geb. Schneider), kath., verh. s. 1962 m. Barbara, geb. Schaller, 3 Kd. (Johannes, Friedrike, Florian) - Gymn. Paulinum Münster; Univ. Köln (Dipl.-Kfm. 1951). Promot. 1957 Münster.

WOLTERS, Jürgen-Detlef

Direktor, gf. Gesellsch. Linova Treuhand AG, Böblingen - Peter-Cornelius-Str. 16, 7032 Sindelfingen (T. 3 27 33) - Geb. 21. Febr. 1930 Köln (Vater: Paul W., Verkaufsdir.), ev., verh. s. 1954 m. Rita, geb. Pfeiffer - Humanist. Gymn.; Banklehre u. Fachhochsch. Dolmetscherdiplom - S. 1960 Gf. Röhren- u. Stahlgroßhandel, Berlin, Vorstandsassist. Mannesmann, Düsseldorf (1964), Leit. Niederlass. Stuttgart/Mannesmann (1966) - Liebh.: Musik, Sport - Spr.: Engl., Franz.

WOLTERS, Wolfgang

Dr. phil., Prof. f. Kunstgeschichte TU Berlin - Brixplatz 4, 1000 Berlin 19 (T. 305 33 52) - Geb. 11. Okt. 1935 Frankfurt/M. (Vater: Alfred W., Mus.dir.), verh. s. 1963 m. Brigitte, geb. Schäfer - Stud. Univ. Frankfurt, Freiburg u. München; Promot. 1962 Frankfurt - 1963-65 Stip. DFG Venedig; 1966-70 Ass. Kunsthist. Inst. Florenz; 1971-74 Dir. Dt. Studienzentr. Venedig; 1974-76 Ref. Bayer. Landesamt f. Denkmalpflege; s. 1979 Prof. f. Mittl. u. Neuere Kunstgesch. TU Berlin - BV: Plast. Deckendekorationen d. Cinquecento in Venedig u. im Veneto, 1968; La scultura veneziana gotica (1300-1460), 1976; D. Bilderschmuck d. Dogenpalastes, 1983; (zus. m. N. Huse): Venedig, D. Kunst d. Renaissance, 1986.

WOLTMANN, Albrecht

Dr. oec., Prof. f. betriebl. Steuerlehre Univ. Erlangen-Nürnberg, Rechtsanwalt, Steuerberat. u. Wirtschaftsprüf. - 8581 Schlammersdorf Haus Nr. 1 - Geb. 8. Mai 1930 Nürnberg - Stud. Jura, Volksw., Betriebsw. 1949-56 Univ. Erlangen-Nürnberg; Dipl.-Kfm.; Ass. - 1957-68 Finanzverw., 1969-79 Generalbevollm. Firma Diehl; s. 1980 eigene Kanzlei; s. 1983 Hon.-Prof. d. Univ. Erlangen-Nürnberg.

WOLZ, Ivo

Dipl.-Volksw., Geschäftsführer Verb. d. Dt. Bahnindustrie e.V., Frankfurt/M., Vorstandsmitgl. d. Wirtschaftsverb. Stahlbau u. Energietechnik, Köln - Brentanostr. 35, 6200 Wiesbaden - Geb. 8. Mai 1934 - Bürgermed. in Gold d. Landeshauptstadt Wiesbaden.

WOMELSDORF, Horst

Forstrat, Geschäftsführer Dt. Forstwirtschaftsrat - Münstereifeler Str. 19, 5308 Rheinbach b. Bonn - Geb. 24. März 1957.

WONDRATSCHEK, Hans

Dr. rer. nat., em. o. Prof. f. Kristallographie - Pfaffstr. 18, 7500 Karlsruhe 41 - Geb. 7. März 1925 Bonn - S. 1961 (Habil.) Lehrtätigk. Univ. Freiburg (1962 Doz.), TH bzw. Univ. Karlsruhe (1964 Ord.). Emerit. 1991. Mitautor zu Brown, Bülow, Neubüser, Wondratschek, Zassenhaus; Crystallographic groups of fourdimensional space; Monogr. 1978 u. Fachveröff. - 1961 Goldschmidt-Preis Dt. Mineral. Ges.; 1987 Fr.-Becke-Med. österr. Mineralog. Ges.; 1989 Mitgl. Dt. Akad. d. Naturforscher Leopoldina.

WONDRATSCHEK, Wolf

Schriftsteller - Zu erreichen üb.: Hanser Verlag, 8000 München - Geb. 1943 Thüringen - BV: Früher begann d. Tag m. e. Schußwunde, 1968; E. Bauer zeugt mit e. Bäuerin e. Bauernjungen, d. unbedingt Knecht werden will, 1970; Omnibus, 1972; Maschine Nr. 9, 1973; Chucks Zimmer, Ged. 1974; D. leise Lachen am Ohr eines andern, Ged. 1976; Männer u. Frauen, Ged. 1978; D. Einsamkeit d. Männer - Mexikan. Sonette (Lowry-Lieder), 1984 - 1969 Hörspielpreis d. Kriegsblinden (f.: Paul oder D. Zerstörung e. Hörbeispiels).

WONTORRA, Kurt

Geschäftsführender Gesellschafter UHU Holding GmbH, Bühl/Baden, Prés. Dir.Gen. UHU France S.a.r.l., Courbevoie/Frankr., Director UHU (UK) Ltd., Isleworth/Engl., Administrador CPD UHU S.A., Valencia/Spanien - Zu erreichen üb. UHU Holding GmbH, Hermannstr. 7, 7580 Bühl/Baden.

WOOCK, Fritz

Ltd. Redakteur Münchner Merkur - Pressehaus Bayerstr., 8000 München 2 - Zahlr. Porträts u. Interviews.

WOODS, John David

Dr., Dr. h.c., Prof. f. Ozeanographie - 30 Feilden Grove, Oxford/Engl. (T. 0865 - 6 93 42) - Geb. 26. Okt. 1939 Brighton/Engl. (Ronald W., Bankbeamter; Mutter: Marjorie, geb. Wood), anglik., verh. s. 1971 m. Irina, geb. v. Arnim, 2 Kd. (Alexander, Virginia) - Imperial College, London Univ. (Phys.), B. Sc. 1961, ARCS 1961, D.I.C. 1965, Promot. 1965 - 1966-72 Res. Assist. Meteorol. Office, 1972-77 o. Prof. f. Physikal. Ozeanographie Univ. Southampton/Engl., 1977-86 o. Prof. f. Ozeanographie Univ. Kiel, Dir. Inst. f. Meereskunde Kiel; Dir. Marine u. Atmospheric Sciences, N.E.R.C. Swindon, Engl. (1986ff.) - Entd.: 1965 Laminar flow in the Ocean - BV: Meereswiss., 1971; Meeres-Forsch., 1976 - 1980 Ehrendoktor Univ. Lüttich/Belg.; 1982 Medal of Univ. Helsinki, Finnland; 1988 Mitgl. Acad. Europaea - Spr.: Engl., Franz.

WOOGE, Franz-Alfred

Kaufmann, Geschäftsführer Albrecht & Dill GmbH, Parfaro Import GmbH, WINGA Handelsges. mbH, Vors. Wirtschaftsvereinigung Groß- u. Außenhandel (WGA), Verein d. am Rohkakaohandel beteiligten Firmen, Hamburg.

WORATZ, Gerhard

Dr. jur., Ministerialdirektor a. D., Bundesbeauftr. f. d. Steinkohlenbergbau u. d. -gebiete (s. 1968) - Eifelweg 49, 5480 Remagen-Oberwinter (T. 7 67 61; T. Bonn 37 67 61) - Geb. 3. Aug. 1908 Königsberg/Ostpr., ev., verh. s. 1940 m. Charlotte, geb. Prüfer - Promot. 1936 (Erlangen); Ass.ex. 1937 - B. 1968 Leit. Abt. III (Bergbau-, Energie- u. Wasserwirtschaft, Eisen u. Stahl, Mineralöl, Europ. Gemeinschaften f. Kohle u. Stahl) Bundeswirtschaftsmin. ARsmandate - 1971 Gr. BVK u. a. - Spr.: Engl.

WORCH, Lutz Erich

Dipl.-Kfm., Geschäftsführer u. Wiss. Leit. Dt. Zentralinst. f. Soz. Fragen (DZI), Berlin - Pücklerstr. 35, 1000 Berlin 33 - Geb. 28. Nov. 1938 Duisburg, ev., verh. - Stud. Betriebswirtsch. TU Berlin - BV: Stichwort Spendenwesen, 1982 (m.a.). Herausg.: Sozialstadt Berlin.

WORDTMANN, Jürgen E.

Dipl.-Ing., Vorstandsmitglied J. A. Henckels Zwillingswerk AG - Grünewalder Str. 14-22, 5650 Solingen; priv.: Vogtlandstr. 17(T. 4 25 09) - Geb. 5. März 1936 Hamburg (Vater: Friedrich W., Exportkaufm.; Mutter: Charlotte, geb. Schnabel), verh. m. Rosemarie, geb. Hebgen - Lehre als Mechaniker; Stud. Physikal. Technik Lübeck; Staatsex. 1961; Intern. Management Development Inst. (IMEDE) Lausanne, Harvard Business School - 1961-65 Telefunken Ulm; 1965-74 Wilkinson Sword GmbH, Solingen (Techn. Dir. 1971); Scripto Ind. Shannon Ltd. Irland (General Manager); 1974-80 Wilkinson Match Ltd. London (1974-80 Techn. Dir. Wilkinson Sword GmbH, 1976 Projekt Manager Wilkinson Sword Inc. Berkeley Heights N.J. USA, 1977-78 Techn. Advior Wilkinson Sword, Western Europ GmbH Div., 1978-80 Manufacturing Dir. Shaving Worldwide Wilkinson Match Ltd. London); s. 1980 s.o. - Patentanmeld. - Liebh.: Segeln - Spr.: Engl., Franz.

WORMIT, Hans-Georg

Staatssekretär a. D. - Thielallee 109, 1000 Berlin 33 - Geb. 13. Juni 1912 Bögen/Ostpr., ev., verh., 5 Kd. - Juratstud., 2. Staatsex. - Verw.Dienst in Schlesw.-Holst., Dinslaken, Belzig, Görlitz; Kriegsdienst; 1945-56 Landesreg. Schlesw.-Holst. (zul. Staatssekr. Kult. u. Innenmin.); 1956-62 Hauptgeschäftsf. Dt. Landkreistag Bonn; 1962-77 Präs. Stiftg. Preuß. Kulturbes. - 1972 Gr. BVK; 1977 Ernst-Reuter-Plak.; 1979 Hansischer Goethe-Preis; 1982 Goldmed. Pro Humanitate - Rotarier.

WORMS, Bernhard

Dr. rer. pol., Dipl.-Kfm., Staatssekretär im Bundesmin. f. Arbeit u. Sozialordnung (s. 1991) - Am Römerpfad 3, 5024 Pulheim/Rhld. - Geb. 14. März 1930 Stommeln/Rhld. (Vater: Josef W., Postbeamter; Mutter: Anna, geb. Havermann), kath., verh. m. Hildegard, geb. Becker), 3 Kd. (Raphaela, Bernhard-Peter, Gregor) - Gymn. (Abit.); kaufm. Lehre (Eisenhütte); Stud. Betriebs- u. Volksw. Köln u. Graz; Ex. u. Promot. - 1960-63 Wirtsch.ref., Postass.; 1964ff. Mitgl. Gemeinde- bzw. Stadtrat Pulheim u. 1964-83 Kreistag Köln (in beiden Fraktionsf.); 1975-83 Landrat Erftkreis; 1982-84 VR-Mitgl. WDR; s. 1981 VR-Mitgl. 1. FC. Köln. CDU s. 1946 (1968 Mitgl., 1980 Landesvorst. NRW, 1981 Mitgl. Bundesvorst. CDU Dtschl., 1983-90 Vors. Landtagsfraktion Nordrh.-Westf.

WORMS, Viktor

Fernseh-Moderator - Zu erreichen üb. Antenne Bayern, Münchner Str. 20, 8043 Unterföhring - Geb. 30. Aug. 1959 Düsseldorf, verh. s. 1987 m. Astrid, geb. Schulte, 2 Kd. (Julian, Robin) - Abit.; ab 1979 Rundf.-Ausb. b. Radio Luxemburg (Lehrer: Carlheinz Hollmann, Thomas Gottschalk u.a.) - Tätigk. b. Radio Luxemburg; Moderator Send. Guten Morgen, Deutschland; 1984-89 Moderator ZDF-Hitparade; 1985 Moderator ZDF-Send. E. Herz f. Kinder; 1985-88 Redakt. in d. Frank-Elstner-Prod., Luxemburg; s. 1988 Unterhaltungschef u. Moderator d. größten dt. Privatsenders Antenne Bayern; s. 1990 tägl. Spielshow bei Tele 5: Stadt, Land, Fluß.

WORSTBROCK, Franz-Josef

Dr., Prof. f. Dt. Philologie Univ. Münster (s. 1983) - Univ. München, Inst. f. dt. Philol., Schellingstr. 3, 8000 München 40 - Geb. 20. Jan. 1935 Dülmen/Westf. (Vater: Franz Philipp W., Rendant u. Organist; Mutter: Maria, geb. Alsdorf), kath., verh. s. 1962, 2 Kd. (Gero, Lucia) - 1954-60 Univ. Münster, Freiburg (German., Klass. Philol.). Promot. 1961; Habil. 1970 - 1971 Wiss. Rat u. Prof. Univ. Hamburg, 1973 o. Prof. TU Berlin, 1983 Univ. Münster, 1988 Univ. München - BV: Elemente e. Poetik d.

Aeneis, 1963; Dt. Antikerezeption 1450-1550, I. 1976; Apologia poetarum, 1987. Herausg.: Ztschr. f. dt. Altertum u. dt. Lit. - Spr.: Engl., Lat.

WORTBERG, Manfred

Dr. rer. pol., Dipl.-Kfm., Generalsekr. Intern. Vereinig. d. Tapetenhandels - Sachsenring 89, 5000 Köln (T. 31 60 48) - Geb. 6. Juni 1929, verh., 2 Kd. - Univ. Bonn u. Köln. Dipl.-Kfm. 1954 (Köln); Promot. 1970 (Erlangen).

WORTMANN, Wilhelm

Dr.-Ing. E. h., em. Prof., Architekt (BDA) - Morgensternweg 10, 3000 Hannover (T. 79 55 27) - Geb. 15. März 1897 Bremen (Vater: Gustav W., Kaufm.; Mutter: Charlotte, geb. Focke), ev., verh. s. 1925 m. Emmy, geb. Koch, 7 Kd. - Gymn. Bremen; TH München u. Dresden (Dipl.-Ing.) - 1934-45 Stadt- u. Landesplanung Bremen (Baudir.); 1949-56 fr. Arch. ebd.; 1956-67 o. Prof. f. Städtebau u. Landesplanung TH Hannover (1960/61 Rektor); 1965-73 Leit. Arbeitsgr. Standortforsch. TU Hannover - BV: Städtebau, 1973 (m. Tamms) - 1969 Ehrendoktor TH Aachen; 1969 Fritz-Schumacher-Preis F.V.S.-Stiftg., 1972 Cornelius-Gurlitt-Med. Dt. Akad. f. Städtebau u. Landesplanung u. Akad. f. Raumforsch. u. Landesplanung; Ehrenmitgl. BDA Bremen; Ehrenmitgl. Dt. Akad. f. Städtebau u. Landesplanung u. 1988 Akad. f. Raumforsch. u. Landesplanung; 1972 Gr. BVK - Spr.: Engl., Franz. - Bek. Vorf. ms.: Dr. Wilhelm Olbers, Astronom, Bremen (1758-1840); Dr. Johann Focke, Bergr. Focke-Museum Bremen (1848-1922).

WOTSCHKE, Detlef

Dr., Prof. f. Informatik Univ. Frankfurt - FB Informatik, Universität, 6000 Frankfurt/M. - Geb. 14. April 1944 Treuenbrietzen (Vater: Rudolf W., Dipl.-Ing.; Mutter: Brunhilde, geb. Drewes), ev., verh. s. 1979 m. Jean, geb. Townsend, T. Sharon Elizabeth - Dipl. Math. 1969 TU Braunschweig; Ph.D. 1974 Univ. of Calif., Los Angeles/USA - 1971-74 Assist. Univ. of Calif., Los Angeles; 1974-80 Assist. u. Assoc. Prof. Pennsylvania State Univ./USA (1977-79 Chairman Grad. Studies); 1976 Örtl. Tagungsleit. ACM - Sigact Symposium Hershey, Pennsylvania/USA; s. 1980 o. Prof. Univ. Frankfurt (1980/81 u. 1987/88 Dekan FB Informatik). Gastprof. Kaiserslautern (1977/78) u. Paris (1979/80). Gastwissenschaftler Pennsylvania State Univ. (1983/84), Pennsylvania State Univ. u. Bell Laboratories (1986); Gastwiss.ler Clarkson Univ. (1987), Pennsylvania State Univ. (1989/90), Cornell Univ. (1989/90), State Univ. of New York/Albany (1989/90), u. Univ. of Rochester (1989/90); Akad.-Stip. Stiftg. Volkswagenwerk (1986). S. 1984 Mitgl. New York Acad. of Sciences; zahlr. wiss. Veröff. - Liebh.: Klass. Musik, Skifahren - Spr.: Engl., Ital., Franz. - Bek. Vorf.: D. Dr. Theodor W. (Großv.).

WOYDT, Justus

Dr., Kanzler d. Techn. Universität Hamburg-Harburg - Schloßmühlendamm 32, 2100 Hamburg 90.

WRANGEL, Freiherr von, Joost

Dipl.-Ing., Mitglied d. Präsidiums Christl. Jugenddorfwerk Deutschlands (s. 1983) - Hugo-Eckener-Str. 7, 7000 Stuttgart 1 (T. 0711 - 46 80 46) - Geb. 24. Aug. 1916 Bregenz, verh. - B. 1983 Vorstandsmitgl. AEG-Telefunken u. AR-Mitgl. Berliner Bank AG.

WRANGEL, Baron von, Olaf

Journalist, Programmdirektor Hörfunk d. NDR (s. 1982) - Berliner Platz 3, 2055 Aumühle (T. 04104 - 30 77) - Geb. 20. Juli 1928 Reval/Estl. (Vater: Woldemar Baron v. Wrangel zu Ludenhof, Jurist u. Landw.; Mutter: Annemarie, geb. Thomson), ev., verh. m. Brigitta, geb. Lewens - 1948-65 NWDR bzw. NDR (Parlamentskorresp. Bonn, 1956 Leit. Studio Bonn, 1961 Chefredakt. Hamburg; 1962 zugl. stv. Programmdir.); 1965-82 MdB (1973-76 Vors. Aussch. f. innerd. Bezieh., s. 1977 stv. Vors. ebd.). CDU s. 1953; 1969-73 Parlam. Geschäftsf. CDU/CSU-Fraktion - BV: Chancen f. Deutschland, 1965 (m. Dietrich Schwarzkopf); Liebeserklärung an d. Bundesrepublik, 1971 - Liebh.: Jagd - Spr.: Engl. - Rotarier - Bek. Vorf.: Hermann v. W., schwed. Feldmarschall; Peter v. W., russ. General (weißruss. Armee I. Weltkr.).

WRBA, Heinrich

Dr. med., Dr. rer. nat., Prof., Krebsforscher - Heckenrosenweg 3, A-3411 Weidling (Österr.) (T. 58 33) - Geb. 14. Febr. 1922 Holleischen/Böhmen (Vater: Johannes W., Lehrer; Mutter: Adolfine, geb. Deridiaux), kath., verh. s. 1947 m. Ingeburg, geb. Löhndorf, 4 Kd. (Petra, Hannes, Sari, Uta) - Univ. Prag, Hamburg, Heidelberg. Promot. 1951 u. 54 Heidelberg; Habil. 1956 München - S. 1956 Lehrtätigk. Univ. München (1963 apl. Prof.; Leit. Abt. f. Krebsforschung/Pathol. Inst.), Heidelberg (1964 apl. Prof.; Dir. Inst. f. Exper. Krebsforschung/Dt. Krebsforschungszentrum), Wien (1967 o. Prof.; Vorst. Inst. f. Angew. u. Experimentelle Onkol. Univ. Wien). Zahlr. Fachveröff. - Liebh.: Jagd - Spr.: Tschech., Engl., Franz., Russ., Span.

WREDE, Ernst

Dr. rer. techn., Dipl.-Kfm., Geschäftsführer i. R. u. stv. AR-Vors. Friedrich Merk Telefonbau GmbH, München, Ehrenvors. Verein d. Bayer. Metallindustrie, Ehrenpräs. Vereinig. d. Arbeitgeberverbände in Bayern, Vizepräs. Bayer. Senat - Auf der Eierwiese 3 a, 8022 Grünwald (T. München 641 10 17) - Geb. 27. Juni 1914 Bremen, ev., verh. s. 1941 m. Dr. Alice, geb. Maeser, 2 Kd. (Alice, Michael) - Realgymn. Gelsenkirchen; Univ. Göttingen (1933-35), TH München (1935-38) - S. 1939 Direktionsassist. u. Vorst.-Mitgl. bzw. Geschäftsf. (1954). Div. Ehrenstell.; s. 1976 Mitgl. Bayer. Senat (Präsid.-Mitgl., Vors. Wirtschaftsaussch.); Vizepräs. bayer. Rat d. Europ. Beweg. (Europa Union Bayern); VR-Mitgl. u. Vors. Techn. Aussch. BR - 1971 Bayer. VO; 1980 Gr. BVK, 1984 Stern dazu; Gold. Staatsmed. f. Soz. Verdienste u. f. Verd. um d. Bayer. Wirtsch.; Gold. Sportabz. u. Ehrenurk. Dt. Leichtathletik-Verb.; 1987 Gold. Verfassungsmed. d. Freistaates Bayern; Gr. Silb. Ehrenzeichen m. Stern f. Verd. um die Rep. Österreich - Spr.: Engl., Franz.

WREDE, Henning

Dr. phil., Prof. f. Archäologie - Büsdorfer Str. 24, 5000 Köln 41 (T. 48 88 69) - Geb. 8. Nov. 1939 Frankfurt/O. (Vater: Dr. Heinz W., Dipl.landw.; Mutter: Elfriede, geb. Sommer), verh. s. 1973 m. Dr. Christa, geb. Acht, 3 Kd. (Nikolaus, Peter, Constanze) - Univ. Frankfurt u. Göttingen (Promot. 1968, Habil. 1975 München) - S. 1971 Assist. u. Priv.doz. Univ. München, s. 1978 Prof. Univ. Köln - BV: D. spätantike Hermengalerie v. Welschbillig, 1972; Consecratio in formam deorum, 1981; D. Antikengarten d. del Bufalo bei d. Fontana Trevi, 1982; D. antike Herme, 1985; D. Codex Cobugensis - d. erste systematische Archäologiebuch (m. R. Harprath), 1986; zwei Buch-Herausg., 50 Aufs. u. Rezensionen - 1969/70 Stip. dt. Archäol. Inst., 1980 korresp. Mitgl.

WREDE, Kraft-Eike

M.A., Dramaturg, Autor u. Kritiker - Ilmenauer Str. 3, 1000 Berlin 33 - Geb. 19. Aug. 1943 Kassel - 1965-67 Verlagsbuchhändler-Lehre Braunschweig; 1967-74 Schauspielausbildg. u. Stud. Theaterwiss., Kunstgesch. u. German. FU Berlin (Magister-Ex. 1974) - S. 1974 wechs. Tätigk. als Verlagslektor, Redakteur, Publizist, Univ.-Lehrbeauftr., sowie Engagements als Dramaturg f. Schauspiel, Musiktheater, Konzert, Th.-Pädagogik u. Öffentl.-Arb. Braun-

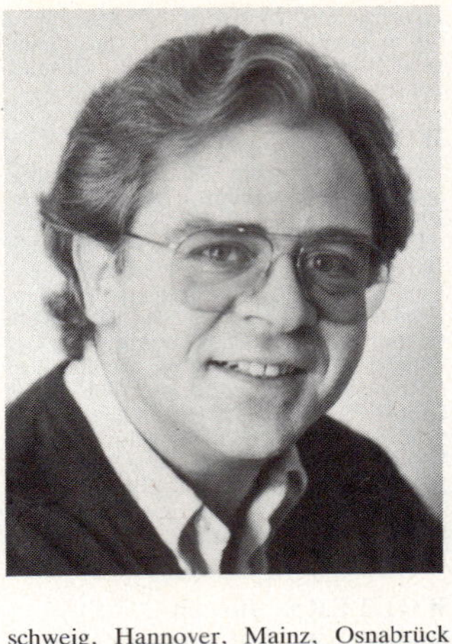

schweig, Hannover, Mainz, Osnabrück u. Berlin - Spr.: Engl., Franz., Latein, Neugriech.

WREDE, Lothar

Oberbürgermeister, Parlam. Staatssekr. u. MdB a.D. - Geranienweg 5, 5800 Hagen/W. (T. 5 14 45) - Geb. 12. Nov. 1930 Hagen, verh., 1 Kd. - Volkssch.; Elektrikerlehre - B. 1954 Betriebselektriker, dann kaufm. Tätigk., 1960-64 Geschäftsf. SPD Unterbez. Hagen-Ennepe/Ruhr, 1964-71 Oberbürgerm. Hagen. 1956 ff. Ratsherr Hagen (b. 1964 Fraktionsvors.); 1962-69 MdL Nordrh.-Westf.; 1969-83 MdB (1976-82 Parlam. Staatssekr. b. Bundesmin. f. Verkehr u. f. d. Post- u. Fernmeldewesen). AR-Mandate. SPD s. 1950.

WRICKE, Günter

Dr. agr., o. Prof. f. Angew. Genetik - Erlenweg 4, 3007 Gehrden 1 (T. 27 46) - Geb. 3. Juni 1928, ev., verh. - Promot. 1953 TU Berlin; Habil. 1965 TU Hannover. 1967 Wiss. Rat u. Prof., 1970 o. Prof. u. Dir. Inst. f. Angew. Genetik TU Hannover - BV: Populationsgenetik, 1972; Quantitative Genetics and Selection in Plant Breeding, 1986; Herausg. d. Ztschr. Plant Breeding. Zahlr. Fachveröff.

WRIEDE, Paul

Dr. jur. utr., Vors. Richter a.D. Oberlandesgericht - Deefkamp 6, 2070 Großhansdorf (T. 04102 - 6 34 34) - Geb. 4. Dez. 1913 Hamburg, ev., verh. s. 1942 m. Ragnhild, geb. Keller, 2 Kd. - Bde. jurist. Staatsex., Promot. 1949 - 1939 Dipl.-Versich.-Verständiger; 1949-80 Richter; 1956-86 (stv.) Vors. Bundesoberseeamt - BV: Bruck-Möller, Kommentar z. Versich.vertragsges., Bd. VI, 2: Krankenversich., 8. Aufl.

WRIEDT, Helmut

Bankdirektor - Ost/West-Str. 81, 2000 Hamburg 11, (T. 3 61 48-1); priv.: Bernhard-Ihnen-Str. 40, 2057 Reinbek b. Hambg. - Geb. 19. Febr. 1931 - S. 1971 stv. u. o. Vorstandsmitgl. (1973) Dt. Genossenschafts-Hypothekenbank AG.

WRIEDT, Klaus

Dr. phil., Univ.-Prof. f. Geschichte d. Mittelalters Univ. Osnabrück - Alfred-Delp-Str. 30a, 4500 Osnabrück (T. 0541 - 4 67 13) - Geb. 21. April 1935 Kiel (Vater: Dr. Georg W., Arzt; Mutter: Anna-Marie, geb. Kipp), ev., verh. m. Dr. Barbara, geb. Syrbe, 2 Kd. (Christina, Oliver) - Stud. Univ. Göttingen u. Kiel (Promot. 1962, Wiss. Prüf. f. Lehramt an höh. Sch. 1964, Habil. 1972) - 1962 Wiss. Assist. Univ. Kiel; 1976 Doz. u. apl. Prof. ebd.; s. 1978 o. Prof. Univ. Osnabrück - BV: D. kanon. Proz. um d. Ansprüche Mecklenburgs u. Pommerns auf d. Rügische Erbe 1326-1348, Monogr. 1963; D. dt. Univ. in d. Auseinanders. d. Schismas u. d. Reformkonzile, T. 1 (Habil.schr.), 1972; Fachwiss. Veröff. in Ztschr., Sammelb. u. Lexika.

WRIEDT, Renate

Chefredakteurin Das Beste - Mühlrain 76 B, 7000 Stuttgart 1 - Geb. 24. Jan. 1947 Rottweil, kath., verh. - Abit.; Sprachenstud.; Ausb. z. Journ.

WRIESKE, Udo-Achim

Selbst. Unternehmensberater, Managementtrainer, Autor u. Regisseur - Büro: Rahlstedter Bahnhofstr. 12, 2000 Hamburg 73 (T. 677 20 09); priv.: Waldweg 88, 2000 Hamburg 65 (T. 601 00 77); Kfz-Fu. 0161 - 241 50 95 - Geb. 4. März 1939 Stettin (Vater: Konrad W., Steueramtm.; Mutter: Margarete, geb. Kunde), ev., verh. s. 1968 m. Karin, geb. Jonuscheit, T. Sonja - S. 1972 Inh. d. Fa. Udo-Achim Wrieske Unternehmensberatung u. Managementschulung; Gastvortr. an Univ. u. Hochsch. S. 1985 ehrenamtl. Vorst.-Mitgl. Hamburger Tierschutzverein v. 1841 - Div. Veröff. in Tagesztg. u. Fachpubl.; s. 1986 zusätzl. Drehbuchautor u. Regieführung - Liebh.: Unterstützung v. Hilfsorg. (DRK, Kurat. ZNS, SOS-Kinderdörfer, Dt. Tierschutzbd. u.a.); Musik (Schlagzeug), Tanzen, Reisen, Politik. - Spr. Engl.

WRIGGE, Friedrich-Wilhelm

Dr.-Ing., Direktor i. R. - Am Stadtwald 43, 5300 Bonn 2, Bad Godesberg - Geb. 22. Dez. 1906 Hannover, ev., verh. - TH Hannover (Chemie; Dipl.-Ing. 1929, Promot. 1932) - B. 1973 Vorstandssprecher Vereinigte Aluminiumwerke AG., Berlin/Bonn.

WROBEL, Robert

Dr. phil., em. o. Prof. f. Physik u. ihre Didaktik, Univ. Köln - Brücker Mauspfad 441, 5000 Köln 91.

WROCHEM, von, Johann Gottlob

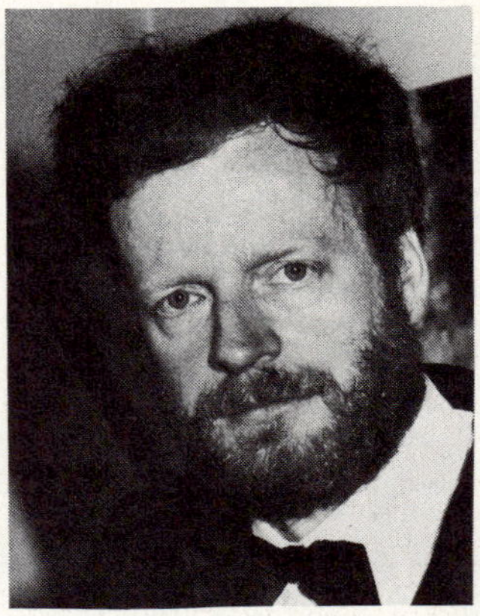

Pianist u. Komponist - Knesebeckstr. 4a, 1000 Berlin 37 - Geb. 17. Juni 1938 Greifenberg/Pommern (Vater: Hans Werner v. W., Dipl.-Landw.; Mutter: Anne Marie, geb. Herrmann), verh. s. 1964 m. Renate, geb. Gabler, 2 Söhne (Claudius Sebastian, Johannes Rainer) - Musik- u. Klavierunterr. ab 8 J., Abit. 1957 Berlin; 1957-63 Musikstud. Musikhochsch. Berlin, Detmold, Hamburg (Prof. C. Hansen u.a.; Konzertex. 1963 Musikhochsch. Berlin-West) - Freiberufl. Pianist u. Komp.; Lehrer PH Berlin (1978) u. Hochsch. d. Künste f. Klavier u. Musiktheorie (1978-82). 450 Konz. in Europa, Amerika, Asien u. Afrika (1962-87); ständ. UA neuer Werke, seltene Kammermusikkombinat., unbek. Meisterw. d. Vergangenh. Musikw.: f. Klavier solo, Klavierlieder, Kammermusik f. Streicher u. Bläser, Kammermusik f. Klavier m. and. Instrumenten, Kirchenmusik u. Orgelmusik, Chor- u. Orch.musik. S. 1963 zahlr. Rundf.aufn. B. 1991 ca. 500 öfftl. Verpflichtungen als Pianist u. Komponist im In- u. Ausl. u. etwa 35 veröfftl. Eigenkompos. 1975-89 vier Konzerttourneen nach Japan. Mitwirk. an Festsp. in Berlin, Osaka u. Athen. 1988 Gastprof. am Athener Deree College üb. d. Thema: Symphony - 1992 Interpretenpreis d. Künstlergilde Esslingen - Liebh.: Sprachen, Phil., Recht u.a. - Spr.: Engl., Franz., Ital., Jap.

WROCKLAGE, Hartmuth

Staatsrat Finanzbehörde Fr. u. Hansestadt Hamburg - Zu erreichen üb. Gänsemarkt 36, 2000 Hamburg 36 (040 - 35 98-1) - Geb. 15. Sept. 1939.

WRONSKI, Edmund

Oberingenieur, Senator f. Verkehr u. Betriebe v. Berlin (1985-89), MdA Berlin (1959-63 u. 1967-81) - Volkssch. Berlin; Lehre techn. Zeichner; n. Abendsch. Gauß-Sch. ebd. (Ing.) - Wehrdst. (1943-1945, Luftw.); Siemens. 1948-1958 Bezirksverordn. Reinickendorf (zul. Fraktionsf.); 1981-85 Sen. f. Arb. u. Betriebe v. Berlin - 1984 Gr. BVK. CDU s. 1946.

WRUCK, Ekkehard

Dr. jur., Rechtsanwalt, Mitgl. Abgeordnetenhaus v. Berlin (VII. u. VIII. Wahlp.) - Niebuhrstr. 78, 1000 Berlin 12 (T. 881 58 82) - Geb. 12. Okt. 1942 Berlin-Wilmersdorf (Vater: Dr. phil. Waldemar W., Numismatiker; Mutter: Irmgard, geb. Krumrey), ev. - Univ. Berlin (West), Tübingen, Frankfurt/M. u. Hamburg (Gesch., Rechtswiss.). 1. Jur. Staatsprüf. 1968 Hamburg; Promot. 1970 Hamburg; 2. Jur. Staatsprüf. 1973 Berlin - S. 1979 Kreisvors. CDU Berlin-Wilmersdorf - BV: D. Erwerb d. Mitgl.sch. v. Todes wegen b. d. Offenen Handelsges. u. d. Ges. d. Bürgerl. Rechts, 1970 - Spr.: Engl., Franz.

WRZECIONKO, Paul

Dr. theol., Dr. phil., Prof. - Ernst-Wiechert-Str. 3, 4400 Münster/W. (T. 02533 - 22 86) - Geb. 18. Nov. 1916 Teschen/Schles. (Vater: Dr. Rudolf W., Pfarrer; Mutter: Eugenie, geb. Klapsia), ev., verh. s. 1950 m. Ingrid, geb. Hartmann, 3 Töcht. (Brigitte, Susanne, Ingeborg) - Gymn. Bielitz; Stud. Theol. u. Phil. Warschau (1935-39), Leipzig (1939-42), Münster (1950-53). Promot. Leipzig (1942 phil.) u. Münster (1953 theol.); Habil. Münster (1957) - U. a. 1948-1950 Studieninsp. Theologenkonvikt Münster u. 1958-60 Leit. Ev. Akad. Iserlohn; s. 1950 Assist., Privatdoz. (1958) u. apl. Prof. (1965) Univ. Münster (Systemat. Theol.) - BV: D. phil. Wurzeln d. Theol. Ritschls - Arbeiten z. Geistesgesch. Osteuropas, 1964 - Vorf. s. 4 Generationen Pfarrer Gnadenkirche Teschen.

WUCHERPFENNIG, Karl

Dr. rer. nat., Prof., Lehrauftr. Univ. Gießen (Lebensmitteltechnologie), gf. Vorst.-Mitgl. d. Baumann-Gonser-Stiftg., Geisenheim - Riederbergstr. 81, 6200 Wiesbaden (T. 52 92 15; Telefax 59 75 95) - Geb. 9. Sept. 1925 Kalkar (Vater: Dr. rer. pol. Heinrich W.), kath., verh. s. 1973 m. Dipl.-Volksw. Hilde M. W., geb. Coesfeld - Hohenzollern-Gymnasium Düsseldorf (Abitur 1943); Univ. Bonn (Chemie; Dipl.-Chem. 1952). Promot. 1959 TH Karlsruhe, Habil. 1978 Univ. Gießen - 1950-58 Betriebsleit. Schwarzer Früchteverwertung, Rastatt; 1958-60 Mitarb. Prof. Heimann, Karlsruhe; 1960-88 Leit. Inst. f. Weinchemie u. Getränkeforsch. (Technol. d. Getränke), Forsch.anstalt Geisenheim - BV: Alkoholfreie Getränke, Fachb. 1982; Ullmanns Enzyklopädie d. Techn. Chemie Stichwort Wein, Fachb. 1983; Alkoholische Getränke, Fachb. 1984 - Spr.: Engl.

WÜHR, Paul

Schriftsteller - Campagna 19, I-06065 Passignano - Geb. 10. Juli 1927 München - Lyrik, Prosa u.a. - 1972 Hörspielpreis d. Kriegsblinden; 1976 Ludwig Thoma-Med.; 1977 Lit.preis Stadt München; 1984 Bremer Lit.preis (f. R.: D. falsche Buch); 1989 Kritikerpreis d. SWF; 1990 Petrarca-Preis; Ernst-Meister-Preis; Mitgl. PEN-Zentrum BRD.

WÜHRER, Friedrich

Prof. Musikhochsch. Lübeck, Konzertmeister - Eilbektal 3b, 2000 Hamburg 76 (T. 040 - 200 66 74) - Geb. 22. Jan. 1925 Wien (Vater: Friedrich W., Pianist; Mutter: Hilda, geb. Duchoslav), verh. s. 1954 m. Welta-Michaela, geb. Wipulis - Abit. 1943 Wien; Künstler. Reifeprüf. 1945 ebd.; Staatsakad. f. Musik (Prof. Wolfgang Schneiderhan) - 1945 Orch. Wiener Staatsoper; 1950 Symphonieorch. Bayer. Rundf.; 1952 Konzertmeist. Philharmon. Staatsorch. Hamburg. 1954 Wührer-Quartett; 1960 Wührer-Kammerorch., 1965 Wührer-Streichsextett. S. 1956 Doz. Musikhochsch. Lübeck, s. 1976 Prof. Konz. in Europa, Nord- u. Südamerika, Kanada. Rundf.aufn., Fernsehen, Schallpl. - Liebh.: Wassersport, 5 Katzen - Spr.: Engl.

WÜLBERS, Hermann

Vorstandsmitglied Nordd. Finanzierungs-AG., Bremen - Hackfeldstr. 23, 2800 Bremen - Geb. 28. Febr. 1927 Bremen - S. 1946 NF.

WÜLKER, Gabriele,

geb. Weymann

Dr. phil., et nat., em. Prof., Staatssekretärin a. D. - Erftweg 36, 5300 Bonn (T. 23 25 53) - Geb. 16. Juli 1911 Frankfurt/O. (Vater: Gottfried Weymann, Pfarrer; Mutter: Maria, geb. Franke), ev., verw. (Ehem.: Dr. rer. nat. (habil.) Heinz W., gef. 1943), 3 Kd. (dar. S.) - Getrauden-Lyz., Auguste-Viktoria-Sch. u. Univ. Berlin. Promot. 1939 Berlin; Habil. 1968 Bochum - 1949-51 German Consultant Omgus u. Hicog. 1951-52 wiss. Ref. Inst. z. Förd. öfftl. Angelegenh., Frankfurt/M., 1952-57 wiss. Ref. Dt. Landesausch. Intern. Konfz. f. Sozialarbeit, Köln u. Frankfurt/M., 1957-59 Staatssekr. Bundesmin. f. Familien- u. Jugendfragen. 1968-78 Privatdoz. u. apl. Prof. (1970) Univ. Bochum (Gesellschaftskd. d. Entwicklungsländer u. Entwicklungshilfe), 1978 emerit.; 1978-86 Vors. Dt. Komit. f. Unicef - BV: Wirtschaftswandlungen am Rande d. Großstadt Hannover, 1941 (Diss.); Europa u. d. dt. Flüchtlinge, 1952 (auch engl.); Wirtschaftl. u. soziale Eingliederung fremder ethn. Gruppen in d. Bundesrepublik, 1953 (auch engl.); Industrialisierung u. Sozialarbeit, 1956 (auch engl. u. franz.); In Asien u. Afrika - Soziale u. soziol. Wandlungen, 1963; Togo - Tradition u. Entwickl., 1966; Strukturprobleme asiat. u. afrikan. Entwicklungsländer, 1971. Herausg.: Ztschr. Ausl. Sozialprobleme (1951-55). Zahlr. Art. in wiss. Ztschr. - 1973 Gr. BVK, 1981 Stern dazu - Liebh.: Kunst, Musik - Spr.: Engl., Franz.

WÜLKER, Hans-Detlef

Dr., Vorstandsmitglied d. Dt. Genossenschafts- u. Raiffeisenverb. e.V. - Adenauerallee 127, 5300 Bonn 1.

WÜLKER, Wolfgang

Dr. rer. nat., Prof., Inst. f. Biologie (Zoologie) Univ. Freiburg (s. 1964) - Kandelstr. 7, 7801 Heuweiler/Br. (T. 07666 - 36 43) - Geb. 20. Sept. 1925 Frankfurt/M. (Vater: Prof. Dr. Gerhard W.; Mutter: Klara, geb. Hafkesbring), ev., verh. s. 1954 m. Dorothee, geb. Säuberlich, 3 Söhne (Michael, Nikolaus, Cornelius) - Gymn. Frankfurt/M. (Lessing); Univ. Marburg, Heidelberg, Frankfurt (Biol., Chemie, Physik) - S. 1960 (Habil.) Lehrtätig. Freiburg (apl. Prof. f. Zool. u. Limnol.). Üb. 100 Fachaufs. - Liebh.: Musik, Sport - 1967 Gold. Sportabz. - Spr.: Engl.

WÜLLENWEBER, Rolf

Dr. phil., Dr. med., o. Prof. f. Neurochirurgie, Dir. Neurochir. Univ.Klinik Bonn (s. 1978) - Sigmund-Freud-Str. 25, 5300 Bonn 1 - S. 1963 (Habil.) Lehrtätigk. Univ. Bonn (1968 apl. Prof.; 1971 Wiss. Rat u. Prof.) u. Berlin/Freie Univ. (1973 o. Prof.). Facharb.

WÜLLNER, Heinrich

Opernsänger - Lohbeckstieg 11, 2000 Hamburg 54 (T. 560 56 57) - Geb. 24. Juli 1910 Bochum, verh. m. Anita, geb. Kaiser - Gesangsstud. Bochum (Bachenheimer) u. Dortmund (Erlenwein) - Opernsänger, 1938-47 Mitgl. Staatsoper Hamburg. 1951-1972 Präs. Genoss. Dt. Bühnen-Angeh. (jetzt Ehrenmitgl.) - 1956 BVK I. Kl.

WÜNNENBERG, Wolf

Dr. med., o. Prof. f. Zoologie Univ. Kiel - Joh.-Gutenberg-Str. 11, 2308 Preetz (T. 04342 - 8 33 87) - Geb. 21. April 1938 Essen, kath., verh. s. 1963 m. Barbara, geb. Malkomes, 2 Kd. (Stefanie, Jörg) - Med.-Stud. Univ. Münster, Innsbruck u. Marburg; Staatsex. 1963 Marburg, Promot. 1964, Habil. 1970 - 1971 C3-Prof. Giessen, 1976 o. Prof. Kiel. Beitr. z. versch. Büchern üb.: Stoffwechsel, Temperaturregulation, Winterschlaf, u. a. - Liebh.: Lesen, Sport, Archäol. - Spr.: Engl.

WÜNSCH, Dieter

Dr.-Ing., Dipl.-Ing., Univ.-Prof. f. Konstruktionslehre u. Fördertechnik Univ.-GH Duisburg (s. 1977) - Hannemannstr. 24, 1000 Berlin 47, u. Lenaustr. 23, 4100 Duisburg 1 - Geb. 27. Juli 1935 Berlin (Vater: Georg W., LGrat; Mutter: Senta, geb. Lichtenfelt), ev., verh. s. 1975 m. Gisela, geb. Bansemer - Stud. TH Hannover u. TU Berlin; Dipl.ex. 1964; Promot. 1971.

WÜNSCH, Erich

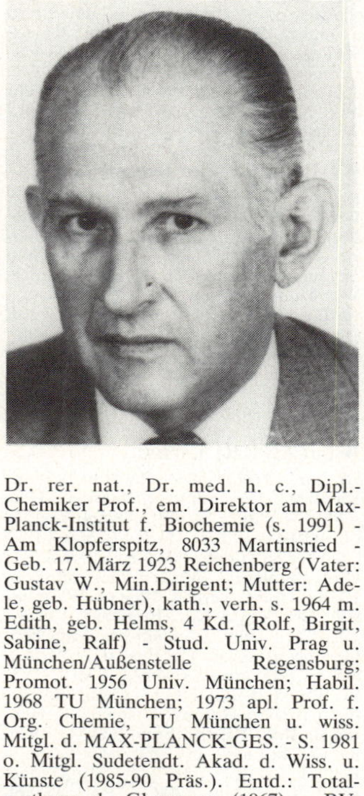

Dr. rer. nat., Dr. med. h. c., Dipl.-Chemiker Prof., em. Direktor am Max-Planck-Institut f. Biochemie (s. 1991) - Am Klopferspitz, 8033 Martinsried - Geb. 17. März 1923 Reichenberg (Vater: Gustav W., Min.Dirigent; Mutter: Adele, geb. Hübner), kath., verh. s. 1964 m. Edith, geb. Helms, 4 Kd. (Rolf, Birgit, Sabine, Ralf) - Stud. Univ. Prag u. München/Außenstelle Regensburg; Promot. 1956 Univ. München; Habil. 1968 TU München; 1973 apl. Prof. f. Org. Chemie, TU München u. wiss. Mitgl. d. MAX-PLANCK-GES. - S. 1981 o. Mitgl. Sudetendt. Akad. d. Wiss. u. Künste (1985-90 Präs.). Entd.: Totalsynthese d. Glucagons (1967) - BV: Synthese von Peptiden in: Houben-Weyl XV/1 u. XV/2, 1975. Ca. 450 Veröff. - 1968 Jahrespreis Bayer. Akad. d. Wiss.; 1975 Ehrendoktorwürde Univ. Erlangen; 1984 Ritter-v.-Gerstner Med.; 1987 Gr. Sudetendt. Kulturpreis; 1988 J. Rudinger Lecturer; 1991 Max-Bergmann-Med., Gold. Plak. d. Slowak. Akad. d. Wiss. u. J. Heyrovsky Gold Medal d. Czechoslov. Akad. d. Wiss. - Spr.: Engl.

WÜNSCH, Hermann

Dr., Direktor i. R. - Frankenstr. 3, 7022 Leinfelden-Echterdingen - Geb. 25. Okt. 1921 Freudenstadt, verh. s. 1955 m. Rosemarie, geb. Hillenmaier, 2 Kd. (Ulrike, Matthias) - 1946-48 Stud. Rechtswiss. Univ. Freiburg; 1. jurist. Ex. 1949, Promot. 1950, Ass. 1951 - 1951-52 Richter LG Stuttgart; 1952-62 Württ. Landeskreditanst. Stuttgart; 1962-68 Innenmin. Baden-Württ. (Ref. f. Sparkassenwesen); 1968-72 Vorst.-Mitgl. Württ. Landeskreditanst., 1972-85 Landeskreditbank Baden-Württ.; AR-Vors. Bad. Stahlw. AG, Kehl - Liebh.: Lit., Gesch. - Spr.: Engl., Franz.

WÜNSCHE, Günther

Dr. rer. techn., Prof., Regierungsrat a. D. - Kurfürstendamm 112/113, 1000 Berlin 31 (T. 8 96 01-0) - Geb. 11. Sept. 1909 Dresden - S. 1961 Honorarprof. FU Berlin (Mathematik) - Zahlr. Fachveröff. - Mitgl. div. Ges.

WÜNSCHE, Konrad

Prof., Schriftsteller - Reichsstr. 78, 1000 Berlin - Geb. 25. Febr. 1928 Zwickau/Sa. (Vater: Dr. Kurt W.), kath., verh., 4 Kd. - Univ. Leipzig, Tübingen, Bonn (Päd., Kunstgesch., Ägyptologie, Phil.) - Zahntechniker; Museumsvolontär; Lehrer - BV: Schemenentsprechend, Lyrik 1963; D. Wirklichkeit d. Hauptschülers, Ess. 1972 (schwed. 1981); D. Volksschullehrer Ludwig Wittgenstein, 1985; Bauhaus: Versuche d. Leben zu ordnen, Ess. 1989. Bühnenst.: Über d. Gartenzaun (1962), Vor d. Klagemauer (1962), Der Unbelehrbare (1964), Jerusalem Jerusalem (1966), Dramaturg. Kommandos (1971). Funktext: Gegendemonstration (1967).

WÜNSCHMANN, Arnfrid

Dr. rer. nat., Geschäftsführer Umweltstiftung WWF-Deutschland - Hedderichstr. 110, 6000 Frankfurt 70 (T. 069 - 605 00 30) - Geb. 1935 Dresden, verh., 3 Töchter - Univ. Münster u. Zürich (Zoologie, Botanik, Chemie, Geographie). Promot. 1962 (Diss.: Neugierverhalten b. Wirbeltieren) - S. 1963 Zool. Garten Berlin (zul. Wiss. Oberassist. u. stv. Dir.) u. Tierpark Hellabrunn (1972 Dir.) - BV: D. Plumpbeutler, 1970. Zahlr. Fachveröff.

WÜRDEMANN, Walter

Geschäftsführer, Mitgl. Brem. Bürgerschaft (s. 1967) - Steinstr. 4, 2850 Bremerhaven (T. 4 38 68) - Geb. 4. März 1912 Geestemünde, ev., verh., 2 Kd. - Schule (Mittl. Reife 1927); 1927-30 kaufm. Lehre; 1931-32 Höh. Handelssch. - B. 1931 Lehrfa. (Schiffsausrüst.), dann ZdA Bremerhaven, s. 1933 Gemeinn. Wohnungsfürsorge GmbH. (1953 Geschäftsf.). Ausschußmitgl. Verb. nieders. Wohnungsuntern.; Vorstandsmitgl. Dt. Mieterbd./Landesverb. Nieders.-Bremen. SPD s. 1946.

WUERMELING, Hans-Bernhard

Dr. med., o. Prof. u. Vorst. Inst. f. Rechtsmedizin Univ. Erlangen-Nürnberg (s. 1973) - Fichtestr. 5, 8520 Erlangen - Geb. 6. Febr. 1927 - Promot. 1953; Habil. 1966 - 1972 Prof.

WÜRTENBERGER, Franzsepp

Dr. phil., Prof., Kunsthistoriker - Schirmerstr. 2c, 7500 Karlsruhe (T. 2 74 70) - Geb. 9. Sept. 1909 Zürich (Vater: Prof. Ernst W., Maler; Mutter: Karolina (Lina), geb. Schönenberger), kath. - Univ. Freiburg/Br. (Promot. 1935), Wien, München, Hamburg, TH Karlsruhe (Kunstgesch., Gesch., Archäol.). Habil. 1939 Graz - Lehrtätigk. Univ. Graz (1943/44), Kunstakad. Freiburg (1949-1951), TH bzw. Univ. Karlsruhe (1951ff.; 1957 apl. Prof.) - BV: D. holl. Gesellschaftsbild, 1937; Pieter Bruegel d. Ä. u. d. dt. Kunst, 1957; Weltbild u. Bilderwelt - V. d. Spätantike b. z. Moderne, 1958; D. Manierismus, 1962; Meine akrobatischen Unterschriften, 1976; Malerei u. Musik. D. Gesch. d. Verhaltens zweier Künste zueinander, 1979; Das Ich als Mittelpunkt d. Welt. E. Äonische Biogr., 1986; D. Architektur d. Lebewesen, 1989 - Bruder: Thomas W.

WÜRTENBERGER, Thomas

Dr. jur., Prof. f. Staats- u. Verwaltungsrecht Univ. Freiburg - Beethovenstr. 9, 7800 Freiburg - Geb. 27. Jan. 1943 Erlangen (Vater: Dr. Thomas W., Prof.; Mutter: Ingrid, geb. Berg), ev., verh. s. 1970 m. Margrit, geb. Zimmermann, 2 Kd. (Laura, Thomas) - Jurist. Staatsex. 1966 u. 1969, Promot. 1971 Freiburg, Habil. 1977 Erlangen. 1970/71 Stud.Aufenth. a. d. ENA/Paris - 1978 Doz. in Erlangen; 1979-81 Prof. in Augsburg; 1981-88 Prof. Univ. Trier; s. 1988 Prof. Univ. Freiburg - BV: D. Legitimität staatl. Herrsch., 1973; Staatsrechtl. Probl. polit. Plan., 1979; Zeitgeist u. Recht, 1987, 2. A. 1991.

WÜRTH, Edgar

Landwirt, MdL Bayern (s. 1975) - Hauptstr. 37, 8851 Buchdorf (T. 09009 - 3 20) - Geb. 1931 - CSU.

WÜRTHWEIN, Ernst

Dr. theol., D., o. Prof. f. Altes Testament - Gottfried-Keller-Str. 23, 3550 Marburg/L. (T. 2 35 16) - Geb. 20. Sept. 1909 Mannheim (Vater: Jakob W., Kaufm.; Mutter: geb. Raufelder), ev., verh. s. 1947 m. Elisabeth, geb. Fechtig, 3 Kd. (Dr. rer. nat. habil. Ernst-Ulrich, Dr. jur. Martin, Susanne) - Univ. Heidelberg u. Marburg (Theol., Semitistik). Promot. 1934 Heidelberg; Habil. 1938 Tübingen - S. 1954 Ord. Univ. Marburg (1958/59 Rektor, 1977 emerit.) - BV: Der ʽamm haʼarez im Alten Testam., 1936; D. Text d. Alten Testam., 4. A. 1973 (engl. 1957, jap. 1979, amerik. 1979); Kommentar zu Ruth, Hohelied, Esther i. Handb. z. Alten Testament, 18, 1969; Wort u. Existenz - Studien z. Alten Testam. 1970; D. Erzählung von d. Thronfolge Davids - theol. o. polit. Geschichtsschreibung?, 1974; D. Bücher d. Könige I (1. Kön. 1-16) übers. u. erklärt, 2. A. 1985, II (1. Kön. 17 - 2. Kön. 25) 1984; Verantwortung i. Alten Testam. i. Bibl. Konfrontationen 1009. 1982.

WÜRTHWEIN, Ernst-Ulrich

Dr. rer. nat., Univ.-Prof. f. Organische Chemie, Inst. f. Organische Chemie Univ. Münster - Orléansring 23, 4400 Münster (T. 0251 - 83 32 61) - Geb. 7. April 1948 Tübingen (Vater: Dr. D. Ernst W., Prof. f. Altes Testament; Mutter: Elisabeth, geb. Fechtig), ev., verh. s. 1986 m. Gudrun, geb. Bayha, 2 Kd. (Johanna, Thomas) - Stud. Univ. Marburg (Chemie); Dipl. Chem. 1973 Marburg; Promot. 1975 ebd.; Habil. 1983 Erlangen - 1976-77 Post-doc. fellow Univ. of East Anglia, Norwich, Großbrit.; 1980 Akad. Rat, 1983 Priv.-Doz., 1986 Akad. Oberrat Univ. Erlangen-Nürnberg; 1986 Univ.-Prof. Univ. Münster - Zahlr. Fachveröff.

WÜRTZ, Peter

Offizier, MdB (s. 1969; Wahlkr. 28/Diepholz) - Am Fuchsberg 45, 2805 Stuhr 3 (Heiligenrode) (T. 04206 - 6 70) - Geb. 6. Sept. 1939 Berlin (Vater: Hellmut W., Polizeioberm.; Mutter: Käthe, geb. Würtz), ev., verh. s. 1966 m. Elke, geb. Dehnert, 3 Kd. (Susana, Jens-Peter, Mark-Oliver) - Schule Berlin (Mittl. Reife); 1956-59 Maschinenschlosserlehre; 1959-61 Vorbereitungskursus z. Stud. Dt. Hochsch. f. Politik Berlin; 1959-61 Offz.sausbild. Bundeswehr (Luftwaffe) - S. 1961 Luftwaffenoffz. (1974 Oberstlt., 1977 a. D.) SPD s. 1957 - Liebh.: Briefmarken, Sport - Spr.: Engl.

WÜRTZ, Wolfgang

Dr. jur., Rechtsanwalt, Hauptgeschäftsf. Industrieverb. Steine u. Erden Baden-Württ. e. V. - Gammertinger Str. 4, 7000 Stuttgart 80; priv. Felix-Dahn-Str. 63a, 7000 Stuttgart 70 - Geb. 7. Okt. 1921.

WÜRZ, Roland

Dr. jur., Landrat Landkreis Heidenheim (s. 1973) - Felsenstr. 36, 7920 Heidenheim (T. 07321 - 32 12 00) - Geb. 12. Jan. 1939, ev., verh. m. Ursula, geb. Meister, 2 Söhne (Carsten, Axel) - 1958-63 Stud. Rechtswiss. Univ. München u. Tübingen; Promot. 1970; 1. u. 2. jurist. Staatsex. 1963 u. 1966 - Vizepräs. Landkreistag Baden-Württ., u. d. Landesverb. Baden-Württ. d. DRK - 1983 BVK - Spr.: Engl.

WÜRZBACH, Natascha

Dr. phil., Prof. f. Engl. Philologie Univ. Köln - Asbergplatz 13/II, 5000 Köln 41 (T. 0221 - 46 48 47) - Geb. 1. Dez. 1933 München (Vater: Friedrich W., Schriftst.; Mutter: Dolly, geb. Freiin v. Gemmingen Massenbach) - Staatsex. f. d. höh. Lehramt 1960, Promot. 1964. Habil. 1974 - 1965-75 wiss. Assist. Univ. München; s. 1975 o. Prof. in Köln - BV: The Novel in Letters, 1969; Anfänge u. gattungstyp. Ausform. d. engl. Straßenballade 1550-1650, 1981; The Rise of the English Street Ballad 1550-1650, 1990. Herausg.: British Theatre: Eighteenth-Century Drama (1969); Krankheit als Lebenserfahrung. Berichte v. Frauen (1988). Zahlr. Art. u. Rezens. - Liebh.: Kunst, Musik.

WÜRZBACH, Peter Kurt

Dipl.-Päd., Oberstlt. a. D., Parlam. Staatssekr. Bundesmin. d. Verteidigung (1982-88), MdB (s. 1976, Wahlkr. 8/Segeberg-Stormarn-N) - Traveredder 2. 2360 Klein Rönnau - Geb. 15. Dez. 1937 Göttingen, ev., verh., 2 Kd. - Abit. 1957 Hamuburg; Bundeswehr; Stud. Päd., Soziol., Psych. Univ. Kiel (Dipl.-Päd. 1976). Lehrbeauftr. f. Soziol. Fachhochsch. f. Sozialw. Kiel - S. 1970 Ehrenamtl. Bürgerm. v. Klein Rönnau. Verteidigungspolit. Sprecher CDU/CSU-Bundestagsfraktion u. Vors. Arbeitsgruppe Verteidig. - BV: D. Atomschwelle heben. Div. Fachart. zu sicherheitspolit. Problemen in nationalen u. intern. Publ. - Mitgl. Intern. Inst. f. Strateg. Stud. London; Gesprächsleit. Hermann-Ehlers-Akad. Gründer u. Schirmherr d. Aktion D. Bundeswehr hilft Kindern in d. 3. Welt - Liebh.: Windsurfen.

WÜRZEN, von, Dieter

Dr. jur., Staatssekretär Bundesmin. f. Wirtschaft, Bonn - Zu erreichen üb. Bundesministerium f. Wirtschaft, Villemombler Str. 76, 5300 Bonn 1 - Geb. 24. Juni 1930 Hamburg (Vater: Wilh. v. W.; Mutter: Anna, geb. Peschau), ev., verh. s. 1962 m. Ingrid, geb. Korff, 3 Kd. (Jürgen, Barbara, Susanne) - Stud. Rechts- u. Staatswiss. Univ. Marburg. Promot. Göttingen; jurist. Staatsex. 1953 u. 1958 - 1958 Assist. Univ. Göttingen; s. 1959 Bundesmin. f. Wirtsch., Bonn.

WÜRZNER, Ulrich

Dr. jur., Rechtsanwalt, Personalberater, Kienbaum-Personalberat. GmbH, Düsseldorf - Wupperstr. 19, 4006 Erkrath 2 (T. 02104-4 19 83) - Geb. 9. März 1933 Freiberg/Sa. (Vater: Dr.-Ing. Erich W., Dipl.-Berging. †; Mutter: Gertrud, geb. Helbig †), ev., verh. s. 1958 m. Waltraut, geb. Brandes, 3 Kd. (Reinhard, Eckart, Ulrike) - Univ. Heidelberg, München, Göttingen u. Kiel (Rechts- u. Volksw.), Ass.ex. Hannover, Promot. Kiel - 1966-71 Verw.leit. ICI Dtschl. GmbH Frankfurt, 1971-75 RA u. Personalleit. Henninger Bräu KGaA, Frankfurt/M., 1975-80 Rechtsanw. GF Dr. Carl Hahn GmbH, D'dorf, 1980-85 Mitgl. Geschäftsltg. Claas oHG, Harsewinkel, 1985ff. Kienbaum-Personalberat. als Personalberat. - Liebh.: Basteln, Skifahren, Segeln - Spr.: Engl.

WÜST, Gerhard

Dr. med., Prof., Internist u. Onkologe - Nienborgweg 31, 4400 Münster/W. - Geb. 4. April 1922 Leipzig, ev., verh. m. Siglinde, geb. Weller - Promot. u. Habil. Leipzig - S. 1959 Lehrtätigk. Univ. Leipzig u. Münster (1965 apl. Prof.; 1971 Wiss. Rat u. Prof. Med. Klinik). 1966 Gastprof. John Hopkins Univ. (USA) - BV: Aktuelle Probleme d. Therapie maligener Tumoren, 1973; Symposium Münster, W. Nov. 1985; Tumormarker, aktuelle Aspekte u. klinische Relevanz. Symposion als Buch erschienen. 250 Einzelarb. u. Buchbeitr. üb. internist., bes. üb. diagnost. u. therapeut. onkol. Probl. - Liebh.: Ski, Tennis, Musik.

WÜST, Gottfried

Stv. Vorsitzender d. Geschäftsfg. Friedrich-Naumann-Stiftung, 5330 Königswinter - Austr. 15, 5300 Bonn 2 - Geb. 25. April 1930.

WÜST, Günther

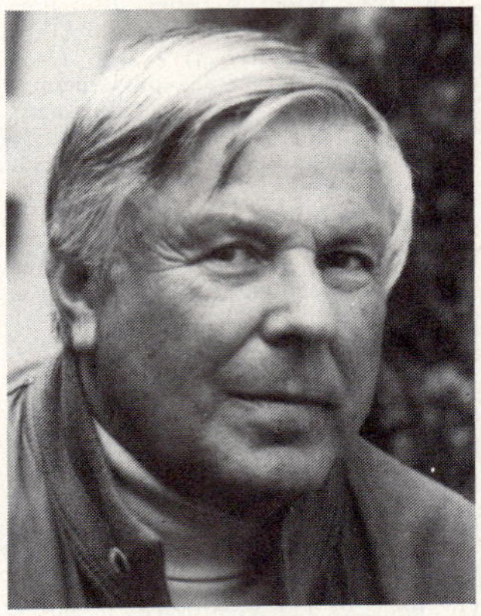

Dr. jur., em. o. Prof. f. Bürgerl. Recht, Handels-, Wirtschafts- u. Arbeitsrecht sowie Recht d. Freiwill. Gerichtsbarkeit - Paul-Martin-Ufer 27, 6800 Mannheim 1 - Geb. 21. Mai 1923 Landstuhl/Pfalz (Vater: Albert W., Notar; Mutter: Berta, geb. Micheler), ev., verh. - Univ. Freiburg/Br. (Rechtswiss.). Jurist. Staatsprüf. (1949 u. 52) Freiburg u. Mainz; Promot. (1950) u. Habil. (1954) Freiburg - 1954 Privatdoz. Univ. Freiburg; 1961 o. Prof. WH, jetzt Univ. Mannheim - BV: D. Recht d. Handwerksges. 1950; D. Gemeinschaftsteilung als method. Problem, 1956; D. Interessengemeinschaft e. Ordnungsprinzip d. Privatrechts, 1958; Prakt. u. theoret. Probl. d. Gruppenakkords, 1960; Gläubigerschutz b. d. GmbH, 1966; Gesellschafts- u. Verbandsrecht, in: Wörterb. d. Jurisprudenz, Disziplinen d. Rechts (hg. v. Weber-Fas), 1978; Z. Probl. d. Gefährdungshaft. in d. Binnenschiffahrt in: Probl. d. Binnenschiffahrtsrechtes IV, 1985; D. große Haverei auf Hoher See u. in d. Binnenschiffahrt in: Rechtswiss. Abh. Univ. Mannheim, Bd. 5, 1988; Gegenwärtige u. künftige Haftungsregeln f. d. Binnenschiffahrt in: Rechtswiss. Abh. Univ. Mannheim, Bd. 9, 1991; V. Praejudiz z. Prinzipienbildung b. d. Publikums-KG, ZHR 88 u. 15 Abh. in IZ 60 - 92 u. DSIR 91. Beitr. in d. Festschr. f. W. Wilburg (1965), Konrad Duden (1977) u. W. Mönch (1986) - Spr.: Engl., Franz.

WÜST, Günther

Dipl.-Kfm., Hauptgeschäftsführer Industrieverb. Papier- u. Plastikverpackung - Ludwigstr. 33, 6360 Friedberg/Hessen.

WÜST, Ottokar

Kaufmann, Präsident d. VfL Bochum (s. 1963) - Brückstr. 27-29, 4630 Bochum 1 (T. 1 51 96) - Geb. 22. Dez. 1925 Bochum (Vater: Otto W., Kaufm.; Mutter: Josefa, geb. Köhler), kath., verh. m. Ingrid, geb. Heinrich, 3 S. (Peter, Michael, Thomas) - Gymn., Volont. in versch. süddt. Kleiderfabriken, Textil-Kfm. - S. 1963 Präs. VfL Bochum - Liebh.: Mode, Sport, Musik (Oper), klass. Lit. - Spr.: Griech., Lat.

WÜST, Walter

Dr. phil., Gymnasialprofessor i. R., Lehrbeauftr. f. Allg. Ornithologie u. Feldornithol. Univ. München (1952-74), Ehrenvors. Ornithol. Ges. in Bayern (s. 1977) u. a. - Hohenlohestr. 61, 8000 München 19 (T. 15 53 32) - Geb. 3. Sept. 1906 München (Vater: Prof. Dr. phil. Ernst W.; Mutter: Anna, geb. Grüb), verh. s. 1940 m. Irmgard, geb. Haug, 4 Kd. (Heide, Rainer, Brigitte, Ursula) - Gymn. Erlangen u. München; Univ. München (Chemie, Biol., Geogr.; Promot. 1930 m. summa cum laude) - Höh. Schuldst. Tölz, Augsburg, München (1952-68 Wilhelms-Gymn.). 1937 Mitbegr. Tiergarten Augsburg (erster Leit.). Erstnachweise neuer Vogelarten oder Brutvögel in Dtschl. oder Bayern; Entd. Ismaninger Teichgebiet als Vogelparadies (Begr. d. ersten bayer. Europa-Reservats) - BV: Tierkunde, T. I (Säugetiere) 1957, 9. A. 1970, II (Vögel, Kriechtiere, Lurche, Fische) 1959, 9. A. 1972; D. Brutvögel Mitteleuropas, 1970; Avifauna Bavariae, Bd. I 1981, Bd. II 1986. Einzelarb. Mitarb.: Handb. d. Vögel Mitteleuropas (1956ff.), Grzimeks Tierleben (1967ff.) - Ehrenmitgl. Naturwiss. Verein f. Schwaben; Mitgl. Cornell Laboratory of Ornithol (USA); korr. Mitgl. Österr. Ges. f. Vogelkd.; 1969 Med. bene merenti in Silber Bayer. Akad. d. Wiss.; 1981 Ehrenpr. Bayer. Akad. d. Wiss.; 1985 Rieser Kulturpreis.

WUEST, Walter

Dr. rer. nat., Prof. f. Physik - Ortelsburger Str. 32, 3400 Göttingen - Geb. 3. Aug. 1916 Colmar (Elsass), verh. s. 1944 m. Rosemarie, geb. Arnold, 2 Kd. - Promot. 1941 Göttingen, Habil. 1961 Hannover - Ind. (Meß- u. Hochdrucktechnik); Aerodynam. Versuchsanst. (Leit. Abt. Raumfahrtaerodyn.); Dt. Forsch.- u. Versuchsanst. f. Luft- u. Raumfahrt (1978-81 Dir. Inst. f. Experiment. Strömungsmechanik). 1979-86 Generalsekr. European Low Gravity Research Assoc. (Strömungsversuche b. Schwerelosigk. m. Raketen u. im Spacelab). 5 Patente (Meßgeräte) - BV: Strömungsmeßtechnik, 1969; Flight Test Manual, 1979; Sie zähmten d. Sturm, 1982, 2. erweit. A. 1991; Review of German Reentry Technology Work, 1984; 180 wiss. Veröff. Mithrsg: Progress in Aerospace Sciences (Oxford), Ztschr. f. Flugwiss. u. Raumfahrt (Köln), Ind. Meßtechnik (Essen).

WÜSTEFELD, Franz

Prälat, Geschäftsführer Bonifatiuswerk d. dt. Katholiken - Kamp 22, 4790 Paderborn/W.

WÜSTENFELD, Ewald

Dr. med., o. Prof. f. Anatomie a.D. - Friesenstr. 15, 4930 Detmold - Geb. 19. Febr. 1921 Detmold/Lippe (Vater: Simon W., Beamter; Mutter: Henriette, geb. Klarholz), ev., verh. s. 1949 m. Anneliese, geb. Paatz, T. Ursula - Stud. Päd., Naturwiss., Med. Dortmund, Marburg, Rostock. Promot. 1950 Marburg; Habil. 1957 Würzburg - S. 1957 Lehrtätigk. Univ. Würzburg (1963 apl. Prof.; 1966 Abt.svorsteher Anat. Inst.) u. Berlin/Freie (1973 Ord.). Üb. 60 Fachveröff.

WÜSTENHÖFER, Arno

Prof., Generalintendant a. D. Theater d. Fr. Hansestadt Bremen (1978-85) - Violenstr. 22, 2800 Bremen - Geb. 9. Okt. 1920 Karlsruhe (Vater: Paul W., Bergwerksdir.; Mutter: Gertrud, geb. Kraus), ev., verh. s. 1960 m. Margarethe, geb. Schlipköter, 2 Töcht. (Claudia, Katja) - Stud. Rechtswiss. u. German. (5 Sem.); Schauspielausbild. - 1946-59 Schausp. u. Regiss.; 1959-64 Int. Bühnen d. Hansestadt Lübeck; 1964-75 Generalint. Wuppertaler Bühnen. Mitgl. Intern. Theater-Inst. Tätigk. z. Zt. als Schausp. u. Regiss. Zahlr. Insz., u. a. Shakespeare, Hauptmann, Ibsen, Wedekind, Hacks; dt. Erstauff.: D. Verhör (Boland) u. Jenseits v. Horizont (O'Neill) - 1973 Silb. Blatt Dramatiker-Union Berlin; BVK I. Kl.; Senatsmed. d. fr. Hansestadt Bremen - Liebh.: Reiten - Spr.: Franz. - Rotarier - Bruder: Egon W.

WÜSTER, Kurt

Betriebsingenieur (DWU), MdB (s. 1969; Wahlkr. 68/Remscheid) - Karl-Dowidat-Str. 32, 5630 Remscheid-Lüttringhausen (T. 02191 - 5 55 55) - Geb. 29. Juni 1925 Remscheid (Vater: Ernst W., Bandwirkermstr.; Mutter: Martha, geb. Hilger), ev., verh. s. 1951 m. Ruth, geb. Spiecker, 3 Kd. (Hartmut, Christa, Michael) - Kaufmannsgehilfen- (1942) u. Technikerprüf. (1948) - SPD (Vorstandsmitgl. Unterbez. Remscheid); Mitgl. Sozial-Ethischer Aussch. Ev. Kirche Rhld. - Gold. Ehrennadel DSB - Liebh.: Segel- u. Motorflug - Spr.: Engl.

WULF, Christoph

Dr., Prof. f. Erziehungswissenschaft u. Forsch.zentrum f. Historische Anthropol. FU Berlin - Sophie-Charlotte-Str. 35, 1000 Berlin 37 (T. 813 21 94) - Geb. 4. Aug. 1944 Berlin (Vater: Johannes W., Pfarrer; Mutter: Tabea, geb. Heinricht), ev., verh. s. 1982 m. Rosemarie W., geb. Piltz - Univ. Berlin, Paris, Marburg, Stanford, Promot. 1973, Habil. 1975 Marburg - 1971-74 Generalsekr. Peace Education Commiss. d. IPRA, 1970-76 Dir. of ICET, 1974-80 Kurat. d. DGfK, s. 1975 Berater d. UNESCO in Bild.fragen, Peace Education Commiss. Intern. Peace Res. Assoc., Dir. Intern. Council on Teacher Education, Präs. Network Educational Science, Amsterdam - BV: Handbook on Peace Education, 1974; Theorien u. Konzepte d. Erziehungswiss., 3. A. 1983; Wörterb. d. Erziehung, 7. A. 1989; Lust u. Liebe. Wandlungen d. Sexualität, 1985; Im Schatten d. Fortschritts. Gemeins. Probl. im Bildungsbereich in Industrienationen u. Ländern d. Dritten Welt, 1985; D. Kamper: D. Wiederkehr d. Körpers, 2. A. 1986; D. Schwinden d. Sinne, 1984; D. Andere Körper, 1984; Lachen-Gelächter-Lächeln, 1986; D. Heilige - Seine Spur in d. Moderne, 1987; D. sterbende Zeit, 1987; D. Schicksal d. Liebe, 1988; D. erloschene Seele, 1988; D. Schein d. Schönen, 1989; Rückblick auf d. Ende d. Welt, 1990; Mimes (m. G. Gebauer), 1992; D. Seele, 1991 - Spr.: Engl., Franz., Span.

WULF, Detlev

Komponist (Utopia Music Berlin) - Hallesche Str. 23, 1000 Berlin 61 (T. 030 - 251 97 97) - Geb. 23. Sept. 1952 Ratingen/Rhld. (Vater: Fritz W., Schrifts.; Mutter: Ruth, geb. Zels), ev., led. - N. ext. Abit. (Abendsch.) Musikhochsch. Düsseldorf - Filmmusiken u.a. - Liebh.: Elektronik, Karate, Tennis - Spr.: Engl., Franz., Span. - Erf.: Erstes hochkompatibles Computer-Sequencersystem (1983).

WULF, Helmut

Ministerialdirigent a. D., Beauftragter d. Bundesmin. f. Verkehr b. Vorst. d. Dt. Reichsbahn - Zu erreichen üb. Bundesmin. f. Verkehr, Außenstelle Berlin, Krausenstr. 17-20, O-1086 Berlin - Geb. 14. Nov. 1928 Halle, ev., verh. m. Dagmar, geb. Opdenberg, 3 Töcht. - Abit. 1948; Stud. Rechtswiss.; 1. Staatsex. 1952, 2. Staatsex. 1956 - Staatsanw., Richter; Bundesmin. d. Justiz (Strafrechtsreform), Bundesmin. f. Verkehr (Transit- u. Verkehrskommiss./DDR, Straßenverkehr) - Spr.: Engl., Latein.

WULF, Horst-Dieter

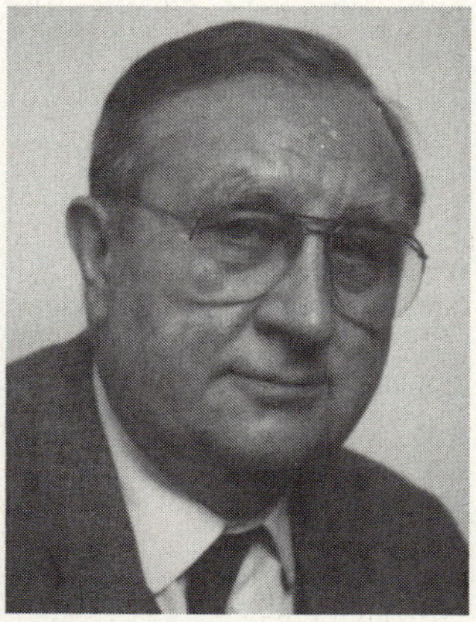

Dr. rer. nat., Dipl.-Chem., Vorstandsmitglied Chemische Werke Hüls (1976-83) - Guido-Heiland-Str. 1a, 4370 Marl/Westf. (T. 1 33 15) - Geb. 13. Okt. 1922 Weilrode/Harz - Stud. d. Chem. u. Phys. Univ. Halle/S. - Liebh.: Jagd, Naturbeobachtungen - Spr.: Engl., Franz.

WULF, Karl Christian

Dr. med., Prof., Chefarzt Hautklinik Stadtkrankenhaus Kassel a. D. - Heideweg 15, 3500 Kassel (T. 3 99 88) - Geb. 9. Febr. 1916 Ehlerstorf/Holst. (Vater: Heinrich W., Landwirt; Mutter: Dora, geb. Möller), ev., verh. s. 1942 m. Dr. med. Renate, geb. Heuschkel, 4 Söhne (Klaus-Detlef, Christian, Matthias, Thomas) - Hebbel-Sch. Kiel; Univ. ebd., Leipzig, Rostock, Hamburg (Promot. 1942 m. Summa cum laude). Facharzt f. Hautkrankh. 1948 - 1942-45 Truppenarzt Luftw.; 1945-60 Assistenz- u. Oberarzt Univ.s-Hautklin. Hamburg (1953 Privatdoz., 1959 apl. Prof.). Mitarb.: Gottron-Schönfeld, Handb. d. Haut- u. Geschlechtskrankh. (Kap.: Lichtdermatosen), Jadassohn, Hb. d. Haut- u. Geschlechtsk. (Vitamine). Etwa 100 Fachveröff. (Haut- u. Geschlechtskrankh., med. Grundlagenforsch.) - Spr.: Engl., Franz.

WULF, Peter

Dr., Prof. Univ. Kiel u. PH Flensburg - Nierott 46, 2303 Gettorf - Geb. 28. Juni 1938 Lütjenburg - Promot. 1967, Habil. 1978; Stud. Univ. Kiel u. Tübingen - 1968-72 Edition Akten d. Reichskanzlei b. Bundesarchiv Koblenz - BV: D. polit. Halt. d. schlesw.-holst. Handw. 1928-1932, 1969; D. Kabinett Fehrenbach, 1972; Hugo Stinnes 1918-1924, 1979; Dt. Geschichte 1945-82, in: Rassow, Dt. Geschichte, 1987; Aufs.

WULF, Volkmar

Geschäftsführer CITPA - Confédération Intern. d. Transformateurs de Papier et Carton dans la CE, Leit. Außenhandelsabt. HPV - Hauptverb. d. Papier, Pappe u. Kunststoffe verarb. Ind. - Arndtstr. 47, 6000 Frankfurt/M. (T.069 - 74 60 70; Telex: 411925 hpv; Telefax: 069 747714).

WULF-MATHIES, Monika,

geb. Baier

Dr. phil., Vorsitzende Gewerkschaft ÖTV (s. 1982), Präs. Intern. d. Öfftl. Dienste (IÖD, s. 1989) - Zu erreichen üb. Hauptverw. d. ÖTV, Theodor-Heuss-Str. 2, 7000 Stuttgart 1 - Geb. 17. März 1942 Wernigerode (Vater: Karl-Hermann Baier, Kaufm.; Mutter: Margot, geb. Meißer), verh. s. 1968 m. Dr. Carsten Wulf-Mathies - Abit. 1961; 1961-68 Stud. Gesch., German. u. Volksw. Univ. Hamburg u. Freiburg; Promot. 1968 Hamburg - 1968-71 BMW; 1971-76 Bundeskanzleramt (zul. Leit. Ref. Sozial- u. Ges.politik); 1976 im gf. Hauptvorst. ÖTV; s. Sept. 1982 Vors. d. ÖTV - Liebh.: Gartenarbeit, Langlauf - Spr.: Engl., Franz.

WULFES, Siglinde,

geb. Kunert

Dr. phil., Dipl.-Psych. Klin. Psychol. BDP, Sonderschulrektorin a.D., Prof. f. Sondererzieh. u. Rehabilitation Körperbehinderter u. Krampfkranker Univ. Köln - Zu erreichen üb. Univ. zu Köln, Albertus-Magnus-Pl., 5000 Köln 41 - Verh., 3 Kd. (Magdalena, Christoph †, Johannes) - S. 1952 in Praxis, Forsch. u. Lehre in Fragen d. Psychol. u. Pädagogik f. Körperbehinderte tätig.

WULFF, Gerd

Pressechef - Am Lehesterdeich 72, 2800 Bremen 33 - Geb. 31. Okt. 1924, ev., verh., 2 Kd. - Oberrealsch.; Univ. Hamburg (German., Anglistik, Phil., Kunstgesch.) - 1948-52 Korresp. u. Redakt. Nordwestd. Allgemeine; s. 1952 Nachrichtenredakt. u. Pressechef Radio Bremen; s. 1976 Journ. u. Buchautor.

WULFF, Hans-Colin

Dr. rer. pol., Dipl.-Volksw., Geschäftsführer Gesamtverb. d. Dt. Brennstoff- u. Mineralölhandels e.V., Bonn, Ceto-Verlag GmbH, gdb info-service f. wirtschaftl. Energieverwend. GmbH, Chefredakteur - Goethestr. 34, 3500 Kassel (T. 1 53 03 u. 1 42 10 u. 77 45 17; Fax 77 25 62) - Geb. 10. Sept. 1931 Berlin.

WULFF, Hinrich H.

Dipl.-Kfm., Geschäftsführer Hirsch, Kupfer- u. Messingwerke GmbH - Fritz-Rahmen-Str. 9, 4050 Mönchengladbach 2 - Geb. 6. Nov. 1931 Berlin, verh. s. 1967 - Abit., Univ. Göttingen, Hamburg, TU Berlin (Betriebswirtsch.) - Spr.: Engl.

WULFF, Manfred

Dr. rer. pol., Prof. f. Volkswirtschaftslehre (insb. Wirtschaftspolitik) Univ. Tübingen - Am Hirtenhäusle 10, 7400 Tübingen 2 - Geb. 8. April 1933 Pasewalk (Vater: Hermann W., Oberzollsekr.; Mutter: Maria, geb. Lange), ev., verh. s. 1961 m. Anneliese, geb. Mayer, 2 Kd. (Andrea, Jürgen) - Prüf. f. d. gehob. Verw.dienst 1956 Stuttgart; Dipl.-Volksw. 1964, Promot. 1968, Habil. 1974, alles Tübingen - BV: Ungelöste Probl. d. Außenwirtsch.theorie - Versuch e. Synthese versch. Theoriekreise; D. neoliberale Wirtschaftsordn. - Versuch e. dynam. Analyse d. Konzeption u. d. Realität; Theorien u. Dogmen als Ursachen wirtschaftspolitischer Probleme - Liebh.: Mineral., Filmen, Bergwandern - Spr.: Engl., Franz.

WULFF, Otto

Dr. jur., Bankdirektor, Hon.-Prof. Ruhr-Univ. Bochum, MdB (s. 1969), MdEP (s. 1983) - Agnes-Miegel-Str. 42, 5840 Schwerte/R. (T. 1 79 10) - Geb. 5. Jan. 1933 Hennen/W. (Vater: Heinz W., Kaufm.; Mutter: Clara, geb. Kirchhoff), ev., verh. s. 1964 m. Edith, geb. Kafsack, 2 Söhne (Matthias, Christian) - Gymn. Schwerte; Stud. Rechtswiss. Bonn, Berlin, Paris. Gr. jurist. Staatsprüf. - S. Jahren Dt. Bank (gegenw. Dir. Fil. Dortmund). 1966-69 stv. Landrat Kr. Iserlohn. 1964-69 MdK. CDU s. 1953 (1967 Kreisvors., 1968 Landesschatzm. Westf.). Vors. dt.-österr. Parlamentarierges., Präs. Dt. Parlam. Ges., Präs. Dt. Pakist. Forum - BV: Konkurrenzen u. Kollisionen zw. d. Gesetz gegen Wettbewerbsbeschränkungen u. d. Preisrecht, 1962 (Diss.). Zahlr. Veröff. üb. europ. Währungssystem, intern. Währungsfonds u. völkerrechtl. Aspekte d. Nord-Süd-Beziehung - Liebh.: Numismatik - Spr.: Engl., Franz.

WULFFEN, Bernd

Dr., Botschafter und Leiter d. Bundesrep. Deutschl. in Kuwait u. Bahrain (s. 1986) - P.O. Box 10306, Manama/Bahrain - Zul. Vortragender Legationsrat u. stv. Referatsleit. AA.

WUNBERG, Gotthart

Dr. phil., Prof. f. Neuere Dt. Literaturwissenschaft Univ. Tübingen, Univ.-Vizepräs. - Wilhelmstr. 50, 7400 Tübingen 1 - Geb. 25. Dez. 1930.

WUND, Josef

Architekt, Geschäftsf. Intern. Bodenseemesse, Leit. Architekturbüro Wund & Partner - Hochstr. 1, 7990 Friedrichshafen (T. 07541 - 2 10 13) - Geb. 11. Dez. 1938, kath., verh. s. 1963 m. Ingrid, geb. Bauer, 2 Kd. (Jörg, Petra) - Lehre; Stud. Univ. Stuttgart - Erf.: weitgespannte, verfahrbare Spezialdachkonstruktion.

WUNDER, Dieter

Vorsitzender Gewerksch. Erzieh. u. Wiss./GEW (1981ff.) - Reifenberger Str. 21, 6000 Frankfurt/M. 90 - Geb. 1936 Düsseldorf - Zul. Leit. Hbg. Gesamtsch. (10 J.).

WUNDER, Hans

Domkapitular, Vors. Caritasverb. f. d. Erzdiözese Bamberg - Geyerswörthstr. 2, 8600 Bamberg - Kath.

WUNDER, Heide,

geb. Hübler

Dr. phil., Prof. f. Sozial- u. Verfassungsgesch. Univ.-GH Kassel - Franz-Groedel-Str. 5, 6350 Bad Nauheim - Geb. 27. Aug. 1939 Rieneck, verh. s. 1964 m. Dieter W., 1 T. - Promot. 1964 - 1970-77 wiss. Assist. Univ. Hamburg; s. 1977 Prof. f. Sozial- u. Verfassungsgesch. Frühe Neuzeit - BV: Siedl.- u. Bevölkerungsgesch. d. Komturei Christburg (13.-16. Jh.), 1968; Feudalismus, 1974; D. bäuerliche Gemeinde in Dtschl., 1986. Herausg.: Wandel d. Geschlechterbeziehungen zu Beginn d. Neuzeit (m. Vanja, 1991); Er ist d. Sonn, sie d. Mond Frauen in d. Frühen Neuzeit (1992).

WUNDER, Wilhelm

A.O. Univ.-Prof. i. R. - Ebrardstr. 13, 8520 Erlangen - Geb. 23. Mai 1898 Alsenborn/Rheinpf., ev - Abit. 1916; 1918-21 Stud. Univ. München; Physikum; Promot. Dr. phil. - 1921-23 Assist. Zool. Inst. Rostock; 1923-25 Assist. Zool. Inst. Breslau; 1925 Priv.-Doz.; 1930 ao. Prof.; 1949-65 apl. u. ao. Prof. Univ. Erlangen; Vors. Fischzuchtaussch. DLG (1953-59); Spezialist f. Fischzucht, Teichwirtsch. u. Fischkrankh. bes. f. Karpfen. Unters. in Rom, Jugoslaw., Ägypten u. Syrien - BV: Physiologie d. Süßwasserfische, 1936; Fortschrittliche Karpfenteichwirtschaft, 1950; rd. 250 Veröff. in wiss. Ztschr. u.a., Wirbelsäulenverkürzung (Osteosklerose) b. Laichfischen d. Regenbogenforelle (m. H. Bühringer), 1977; D. Wirkung v. Zink auf d. Muskulatur d. Gangfisches im Bodensee (m. F. Henschke, H.-J. Pesch), 1984; Arch Fisch Wiss. (m. H. Bühringer, K.-R. Sperling), 1990 - 1987 BVK - Spr.: Engl., Franz.

WUNDER, Wolfgang

Dr. jur., Bankier i.R. Bankhaus H. Aufhäuser - Löwengrube 18, 8000 München 2 (T. 23 93-1) - Geb. 11. Mai 1926 Berlin (Vater: Dr. Friedrich W.; Mutter: Rose, geb. Leibfried), ev., verh. s. 1972 m. Brigitte, geb. Fauner, T. Sybille - Banklehre; Stud. Rechtswiss. Beide Staatsprüf.; Promot. 1953 (Erlangen) - Liebh.: Tennis, Segelsport - Spr.: Engl., Franz., Ital. - Mitgl. Lions-Club München-Bavaria.

WUNDERER, Rolf

Dr. oec. publ., Dipl.-Kfm., Ordinarius f. Allg. Betriebswirtschaftslehre, insb. Führung u. Personalmanagement Hochsch. St. Gallen/Schweiz, Dir. d. Inst. f. Führung u. Personalmanagement - Hardungstr. 22, CH-9011 St. Gallen - Geb. 21. Okt. 1937 Meiningen (Vater: Erwin W., Apotheker; Mutter: Ursula, geb. Löhe), ev., verh. s. 1962 m. Barbara, geb. Kind, 3 Kd. (Jörg, Ulrike, Felix) - Abit. 1957; Dipl.-Kfm., Promot. 1967 - S. 1974 o. Prof. in Essen (f. Allg. BWL, insb. Personalwesen u. Untern.fg.); 1983 Prof. Hochsch. St. Gallen - BV (z.T. m. Autoren): Systembild. Betrachtungsweisen d. Allg. Betriebsw.lehre, 1967; Beurteil. wiss.-techn. Leist., 1973; Personalarbeit u. Personalleit. in Großuntern., 1979. Herausg.: Humane Personal- u. Org.entw. (1979); Führungslehre (2 Bde. 1980); Führungsgrunds. in Wirtsch. u. Verw. (1983); BWL als Management- u. Führungslehre (2. A. 1988); Führungsleitbilder (1991); Mittleres Management Leitend od. Leitend (1989); Kooperation in sozialen Systemen (1990); Zukunftstrends in d. Personalarbeit - Schweiz. Personalmanagement u. Personalwesen 2000 (1992). Mithrsg.: Handwörterbuch d. Führung (1987). - Spr. Engl., Franz.

WUNDERER, Rolf

Fabrikant i. R. (BGB-Ges. Wunderer), Ehrenvors. Fachverb. Plasticwaren-Ind., München - 8852 Rain/Lech - Geb. 4. Jan. 1910 Rain - Ehem. Mitgl. Kreisrat u. Stadtrat - Bundesverdienstmed.; 1978 Olympiamed. 1936.

WUNDERLI, Peter

Dr. phil., Prof. f. Allg. u. Romanist. Sprachwiss. Univ. Düsseldorf - Feuerbachstr. 38, 4000 Düsseldorf - Geb. 30. Mai 1938 Zürich (Vater: Hans Karl W., Obstbautechniker; Mutter: Berta, geb. Funk), verh. 1963-77 m. Susanna, geb. Amberg, 2 Kd. (Martin, Monica) - Kantonale Oberrealschule Zürich; 1957-63 Stud. Univ. Zürich, Rom, Aix-en-Provence, Oxford; Habil. 1967 Zürich - 1963-67 Assist. Univ. Zürich; 1967-70 Gymnasiallehrer Winterthur; 1968-70

WUNDERLICH, Dieter
Dr. phil., Prof. f. Allg. Sprachwissenschaft Univ. Düsseldorf - Chamissostr. 8, 4000 Düsseldorf (T. 0211 - 68 20 24) - Geb. 14. Juni 1937 Rostock, ev., verh. s. 1964 m. Leonore, geb. Voss (Pianistin), 2 T. (Bettina, Verona) - Dipl.-Phys. 1964 Univ. Hamburg, Promot. 1969 TU Berlin - 1970 Prof. f. Germanistik FU Berlin; s. 1973 Prof. f. Allg. Sprachwiss. Düsseldorf - BV: Linguist. Pragmatik, 1972; Grundl. d. Linguistik, 1974; Stud. z. Sprachakttheorie, 1976; Arbeitsb. Semantik, 1980; Ztschr. Stud. Linguistik: Sprachb. f. Dtsch; u. a.

WUNDERLICH, Gerhard
Dr. jur., Rechtsanwalt, Geschäftsf. d. Zentralverb. Dt. Kraftfahrzeuggewerbe - Franz-Lohe-Str. 21, 5300 Bonn 1 - Verh., 2 Kd.

WUNDERLICH, Hans-Joachim
Prof. h. c., Musikdirektor, Dirigent u. Komponist - Eichendorffweg 4, 7583 Ottersweier/Baden (T. 07223 - 2 19 84) - Geb. 6. Dez. 1918 Kassel, ev., verh. s. 1964 m. Lotte, geb. Uhlemann, 2 Söhne (Peter, Matthias) - Musikhochsch. Berlin - 1945-1951 Kapellm. Staatstheater Kassel; ab 1952 Chefdirig. Berliner Orch.; 1957-58 zugl. Generalmusikdir. Isl. Rundfunk, zugl. 1959-62 Dir. Dt. Gastspieloper; Musikdir. Baden-Baden; Leit. Ortenau-Orch. Offenburg. Gastdirig. In- u. Ausl. - Mitgl. Rundfunkrat d. SDR; 1982 Stamitz-Preis; 1986 Kulturpreis Renaissance-Française.

WUNDERLICH, Heinz
Prof., Kirchenmusikdirektor, Konzertorganist u. -cembalist - Erlenring 15, 2070 Großhansdorf - Geb. 25. April 1919 Leipzig (Vater: Arthur W., Kircheninsp. (Pianist aus Passion); Mutter: Frieda, geb. Sixtus), ev. - Lessingymn. in 1935-40 Musikhochsch. Leipzig (Orgel: Thomaskantor Prof. Karl Straube, Kompos.: Prof. Johann Nepomuk David). Prüf. f. hauptamtl. Kantoren u. Organisten (A) 1940 (m. Ausz.) - S. 1936 Peterskirche Leipzig (2. Organist); Markus-Kirche ebd. (1940; Kirchenmusiker); Moritz-Kirche Halle/S. (1943; 1950 Kirchenmusikdir.), Hauptkirche St. Jacobi Hamburg (1958-82). Lehrtätigk. Ev. Kirchenmusiksch. Halle (1943-58; Doz. f. Orgel u. Improvisation), Musikhochsch. ebd. (1948-55; Doz. f. Orgel u. Cembalo) u. Hamburg (s. 1959; s. 1974 o. Prof. f. Orgel) Konzertauftr. Europa u. Übersee. Rundfunksend.; Schallplatten. Kompositionen: Szen. Orat., Kantaten, Orgel- u. Klavierwerke, Chorsätze, Motetten - 1963 Professoren-Titel.

WUNDERLICH, Werner
Dr. phil., Prof. Hochsch. f. Wirtschafts-, Rechts- u. Sozialwiss. St. Gallen (s. 1986) - Fichtestr. 11, 3000 Hannover 61 (T. 0511 - 55 09 05) u. Hochschule St. Gallen, Gatterstr. 1, CH-9010 St. Gallen (T. 004171 - 30 25 52) - Geb. 4. Aug. 1944 Hof/Bay., verh. s. 1971 m. Carla, geb. Kern, Rektorin - 1966-71 Stud. Univ. Heidelberg (German., Gesch., Polit. Wiss.); Promot. 1974 Heidelberg; Habil. 1979 Hannover - Prof. f. Dt. Sprache u. Lit. sow. Literaturkritiker u. fr. Journ.; 1983 apl. Prof. Univ. Hannover; 1984 Gastprof. Univ. of Wisconsin-Madison/USA - BV: D. ritterl. Kaufm., Lit.soz. Stud. z. Rudolfs v. Ems D. guote Gêrhart, 1975; D. Schatz d. Drachentödters: Wirkungsgesch. d. Nibelungenliedes, 1977; D. dt. Bauernkrieg in d. Lit., 1978; Eulenspiegel-Interpretationen, 1979; D. Lalebuch, 1982; Hermen Bote: Mittelalterliche Lyrik, 1983; Till Eulenspiegel, 1984; D. Radbuch, 1985; Hermen Bote: Braunschweiger Autor zw. Mittelalter u. Neuzeit, 1987; Eulenspiegel heute, 1988; D.

Haymonskinder, 1989; Literarische Symbolfiguren, 1989; D. lit. Homo oeconomicus, 1989; Von Ulenspiegel, 1990; Deutsche Schwankliteratur, 1992; Fragen nach d. Autor, 1992; O sancta Justitia, 1992; American-German Studies on the Nibelungenlied, 1992; Johann II. von Simmern: Fierrabras, 1992; Eulenspiegel-Jb. s. 1982; Facetten deutscher Literatur. St. Gallen Studien s. 1989; Kulturgeschichtliche Skizzen s. 1991; Kollegium s. 1992 - Liebh.: Klass. Musik, mod. Kunst, Eishockey - Spr.: Engl., Franz.

WUNDRAM, Manfred
Dr. phil., Prof. f. Ital. Kunstgeschichte - Blumenstr. 7, 7054 Korb (T. 07151 - 3 13 13) - Geb. 20. Aug. 1925 Göttingen (Vater: Karl W., Stud.Rat; Mutter: Erna, geb. Fuldner), ev., verh. s. 1954 m. Maria, geb. Sauermost, 3 Töcht. (Gabriela, Andrea, Rikarda) - Gymn., Univ. Göttingen (Promot. 1952), Habil. Univ. Bochum 1967 - 1957-62 Assist. TH Stuttgart, 1962-67 Lektor Verlag Reclam, 1967/68 Stip. Harvard-Univ. - BV: Donatello u. Nanni di Banco, 1969; Frührenaissance, 1970 (franz. 1975); Renaissance, 1970 (engl. 1972, japan. 1978); Raffael, 1977; Malerei d. Frührenaissance; Malerei d. Renaissance, 2 Bde., 1984; Andrea Palladio (m. Thomas Pape), 1988 - Liebh.: Musik, Lit. - Spr.: Ital., Franz., Engl.

WUNDT, Wilhelm
Dr. med., o. Prof. f. Hygiene u. Med. Mikrobiologie - Am oberen Luisenpark 16a, 6800 Mannheim (T. 44 92 21) - Geb. 29. Sept. 1919 Marburg/L. (Vater: Prof. Dr. phil. Max W., 1920-45 Ord. f. Phil. Univ. Jena u. Tübingen †1963 (s. XIV. Ausg.); Mutter: Senta, geb. Sartorius v. Walterhausen), ev., verh. s. 1945 m. Dr. med. Ruth, geb. Näser, 2 Söhne (Stefan, Hans-Peter) - Schule Jena u. Tübingen; Univ. Wien u. Tübingen (Med. Staatsex. 1946). Promot. (1946) u. Habil. (1957) Tübingen - 1957-66 Dozent u. apl. Prof. (1963) Univ. Tübingen; s. 1966 Ord. Univ. Heidelberg (Dir. Hyg.-Inst. Klinikum Mannheim). 1973-75 Vors. Dt. Ges. f. Hygiene u. Mikrobiologie. Fachmitgliedsch., darunter Affiliate Royal Soc. of Med. (London) u. Americ. Soc. of Microbiology. Buchbeitr. u. Ztschr.aufs. - Bek. Vorf.: Geheimrat Prof. Dr. med. Dr. phil. Wilhelm W., Philosoph u. Psychologe, 1832-1920 (Großv.).

WUNNER, Sven E.
Dr. jur., o. Prof. f. Röm. u. Bürgerl. Recht - Universität, 2300 Kiel (T. 68 42 42) - Geb. 19. Jan. 1932 Kropp/Schlesw. (Vater: Dr. med. Wilhelm W., Arzt) - Univ. Marburg, Hamburg, Heidelberg. Promot. 1957; Habil. 1963 - 1963 Privatdoz. Univ. München; 1964 Ord. Univ. Bochum, 1970 Ruf an Univ. Heidelberg u. Kiel (gegenw. Ord. ebd.) - BV: Contractus, s. Wortgebrauch u. Willensgehalt im röm. Recht, 1964 - Beherrscht mehrere Sprachen.

WUNSCHEL, Fritz
Hauptgeschäftsführer IHK Nürnberg (1981ff.) - Hauptmarkt 25-27, 8500 Nürnberg 1.

WUPPERMANN, G. Theodor
Dr. Ing., geschäftsf. Gesellsch. Wuppermann GmbH, Leverkusen - Ottostr. 5, 5090 Leverkusen 3 (T. 02171 - 50 00 13) - Geb. 6. März 1929 - Div. Ehrenstell. - Spr.: Engl., Franz. - Rotarier.

WUPPERMANN, Hans Joachim
Fabrikant, Geschäftsführer i. R. (Wuppermann GmbH.) - Scheibenstr. 37, 4000 Düsseldorf 30 - Geb. 1. Mai 1911 Berlin, verh. m. Dr. med. Marta, geb. Jansen, 4 Kd. - Mitinh. WHI Wuppermann Handel & Ind. GmbH, Stud. Rechtswiss. Freiburg, Königsberg, Bonn, Rechtsanwalt (OLG Düsseldorf), Fachanwalt f. Steuerrecht, Wehrd. zul. Hptm. d. Res. u. Abt.kdr. Kriegsausz. - Ehrenmitgl. Arbeitsgem. Selbst. Unternehmer (ASU), Ehrenvors. Bildungswerk d. Nordrhein-Westf. Wirtschaft, VR-Mitgl. Gerling-Konzern - 1973 Gr. BVK, 1976 Kgl. Schwed. Nordsternorden.

WURBS, Richard
Bauunternehmer, Präs. Handwerkskammer Kassel (s. 1964), Vizepräs. Zentralverb. d. Dt. Handwerks (s. 1973), MdB (1965-84; Mandat niedergel.), Vizepräs. d. Dt. Bundestages (1979-84) - Grüner Waldweg 25, 3500 Kassel (T. 0561 - 3 46 40) - Geb. 26. Aug. 1920 Kassel (Vater: Ludwig W., Bauing.; Mutter: Emmy, geb. Becker), ev., verh. s. 1947 m. Friedel, geb. Steinbach, 2 Söhne (Manfred, Richard) - Höh. Schule Kassel (Abit. 1939); Maurerhandw. (Meisterprüf. 1949); Staatsbausch. ebd. (Hochbau; Ing.ex. 1949) - 1939-45 Wehrdst. (zul. Oblt.); s. 1949 elterl. Baugeschäft. 1960-68 Stadtverordn. Kassel. FDP s. 1959 (1963-71 Kreisvors. Kassel; b. 1984 Bundesschatzm.) - 1980 Gr. BVK m. Stern u. Schulterbd.

WURCHE, Gottfried

Bezirksbürgermeister Berlin-Tiergarten (1975-79) - Elberfelder Str. 22, 1000 Berlin 21 (T. 3 91 81 48) - Geb. 24. Sept. 1929 Essen, verh., 2 Kd. - Volkssch.; techn. Ausbild. - B. 1948 Reichsbahn; 1949-72 Bezirksamt Tiergarten (Techn. Angest. Hochbauamt; 1965 Bezirksstadtrat u. Leit. Abt. Bauwesen, 1971 zugl. stv. Bürgerm.). 1963-65 MdA Berlin; 1972-75 MdB. SPD. s. 1946 (1962-82 Kreisvors. Tiergarten, 1971-82 Beis. Landesvorst. Berlin, 1979-86 MdA.

WURDACK, Ernst Michael
Dr. phil., Ing. grad., Prof. Univ. Frankfurt/M. (s. 1974) - Mertonstr. 17-25, 6000 Frankfurt/M. (T. 069 - 798 23 12) - Geb. 30. Okt. 1926 Petrlan (Vater: Andreas W., Berufsschuldir.; Mutter: Marie, geb. Eckert), kath., verh. s. 1966 m. Elke, geb. Gerlach, S. Alexander - Realgymn. Plan, Obersch. Leitmeritz; Höh. Fachsch. Triesdorf, Staatsinst. München; Obersch. Ingolstadt (Abit. 1954); Stud. d. Päd., Phil., Psychol., Volks- u. betriebswirtschl.lehre Univ. München - Mitgl. Dt. Ges. f. Erziehungswiss., Studiendirekt. Wirtsch.- u. Berufspäd. - BV: Erziehungswissenschaft u. Hochschulreform, 1973; Zum Selbstverständnis d. Wirtschaftswiss., 1980; Wirtschaftspädagogik, 1982 - Spr.: Engl.

WURM, Franz
M. A., Schriftsteller, Lyriker - Flühgasse 35, CH-8008 Zürich (T. 382 26 88) - Geb. 16. März 1926 Prag (Vater: Josef W., Ing.; Mutter: Regina, geb. Klatscher) - Franz. Gymn. Prag, Cheltenham College, The Queen's College Oxford (M. A.), Dipl. A.T.M. Feldenkrais - 1966-69 Leit. Kulturprogramm Radio DRS - BV: Anmeldung, 1959; Vorgang, 1961; Anker u. Unruh, 1964; Acht Gedichte, 1975; Břehy v zádech, 1974; Hundstage, 1986; In diesem Fall, 1989; Dirzulande, 1990; Unter Anderen (Spiel), 1992; div. Übers. aus versch. Sprachen - 1967 u. 87 Ehrengabe Zürich; 1989 Werkjahr Zürich - Liebh.: Musik, Schwimmen - Spr.: Engl., Franz., Tschech., Ital.

WURM, Grete
Schauspielerin - Zu erreichen üb.: Städt. Bühnen, 5000 Köln - 1968 Preis f. Darstell. Kunst 1967 Verb. d. dt. Kritiker (f. d. Rolle in: Celestina); 1976 Roswitha-Ring Stadt Bad Gandersheim.

WURM, Karl
Dr. med., Prof., Chefarzt (Priv. Kuranstalten) - 7821 Höchenschwand/Schwarzw. (T. 07672 - 48 90) - Geb. 13. Nov. 1906 Bergheim (Vater: Johann W., Sattlerm.; Mutter: Josepha, geb. Häusler), kath., verh. s. 1940 m. Johanna, geb. Krickl, 2 Kd. (Christine, Hellmuth) - Gymn. Dillingen; Univ. Freiburg u. München (Med. Staatsex. 1932) Promot. 1933 München; Habil. 1940 Prag - S. 1951 Privatdoz., apl. Prof. f. Innere Med. (1955) Univ. Freiburg. Spez. Arbeitsgeb.: Sarcoidose (Morbus Boeck), Tuberkulose, Infektionskrankh. - BV: Morbus Boeck im Röntgenbild, 1958; Lungen-Boeck im Röntgenbild, 1959; Infektionskrankh. in: L. Heilmeyer, Lehrb. f. Innere Med., 1969; Sarkoidose (Hrsg.), 1982. Einzelarb. - Spr.: Engl.

WURM, Martin
Direktor, Schriftl. Ztg. D. Beamte in Baden-Württ. (s. 1954) u. a. - Am Hohengeren 10, 7000 Stuttgart (T. 46 40 04) - Geb. 11. Nov. 1918 Göppingen, ev., verh., 1 Kd. - Realgymn. Göppingen (Abit. 1939); 1939-45 Arbeits- u. Wehrdst.; Ausbild. württ. Verw.sdst. Staatsex. 1949 - B. 1952 Stadtverw. Göppingen, dann Beamtenbd. Baden-Württ. Stuttgart (1952 Landesgeschäftsf., 1963 Vors.). 1962-68 Mitgl. Gemeinderat Stuttgart (1965 Fraktionsvors.); 1968-72 MdL Baden-Württ. - CDU - 1988 Gr. BVK.

WURM, Wilhelm
1. Bürgermeister Stadt Neuötting - Rathaus; 8262 Neuötting/Obb.; priv.: Fadingerstr. 5 - Geb. 19. Mai 1930 Neuötting - Zul. Stadtmechr.

WURMB, von, Lothar
Dipl.-Ing., Gartenarchitekt, Geschäftsf. Osbahr GmbH - Neuer Weg 4, 2083 Halstenbek (T. 04101 - 4 63 84) - Geb. 9. April 1931 Ranis/Thür., ev., verh. s. 1960 m. Gundula, geb. v. Pawel, 3 Kd. (Lutze, Anne, Alexe) - Dipl.-Ing. Landespflege 1957 Weihenstephan - Präs. Europeanlandscape Contractors Assoc., Bad Honnef.

WURSTER, Fritz
Bürgermeister Stadt Pforzheim (s. 1969) - Genossenschaftsstr. 40, 7530 Pforzheim (T. 84 10) - Geb. 12. Febr. 1922 Pforzheim, ev., verh., 3 Kd. - Volkssch.; Verw.slehre (Arbeitsamt); Abitur nachgemacht - 1942-45 Wehrdst., ab 1946 Parteigeschäftf. Pforzheim. In versch. Schmuckwarenfabr. Bundestagsabg. Gottfried Leonhard (1949), s. 1954 Ge-

schäftsf. Außenstelle Pforzheim Handwerkskammer Karlsruhe. 1951-69 Mitgl. Gemeinderat Pforzheim; 1960-72 MdL Baden-Württ. CDU s. 1946 - 1972 BVK I. Kl.

WURSTER, Hans-Emil
Dipl.-Ing., Vorsitzender d. Verbandes d. Südwestdeutschen Bekleidungsindustrie - Buckenbühlstr. 48, 7430 Metzingen - Geb. 3. Mai 1935, ev., verh. m. Ingeborg, geb. Rau, 3 Kd. (Gabriele, Matthias, Barbara) - Abit.; Kaufmannslehre; FH f. Bekleidungstechnik Mönchengladbach; Dipl.; Mitgl. d. gf. Präsid. d. Dt. Bekleidungsind., Vorst.-Mitgl. Fachverb. Berufs- u. Sportbekleidungsind. (bespo-Verb.); AR-Mitgl. Volksbank Metzingen - Liebh.: Sport, Musik - Spr.: Franz., Engl.

WURSTER, Ingeborg
Journalistin, Sendereihe Sonntagsgespräch (1984-89), Außenpolitik (s. 1990) - ZDF, 6500 Mainz-Lerchenberg - Geb. 1931 - 1953-57 Radio Bremen; 1957-60 WDR Köln; 1960-62 SFB Berlin; 1962-66 ZDF (Sender.: Z. Person m. Günter Gaus). ZDF-Studio: 1966-70 Washington, 1970-75 New York, 1975-79 Brüssel, 1979-84 Moderat. ZDF-Heute-Journal.

WURSTER, Paul
Dr. rer. nat. Prof. f. Geologie - Nußallee 8, 5300 Bonn - Geb. 13. April 1926 Pfullingen - 1964 Privatdoz. Univ. Hamburg; 1966 Wiss. Rat Univ. München; 1968 Ord. Univ. Bonn u. Direktor Geol. Inst. Facharb. - 1964 Credner-Preis; 1988 Hans-Stille-Med. D.G.G.

WURSTER, Traugott
Dipl.-Kaufm., Geschäftsführer Deutsche Städte-Reklame GmbH, Frankfurt - Eschenheimer Anlage 33-34, 6000 Frankfurt/M. 1 (T. 069 - 15 43-0) - Geb. 20. Jan. 1929 Mannheim, ev., verh. m. Margret, geb. Schwarz, 2 Töcht. (Dorothee, Ulrike) - Abit. 1949; Stud. Betriebswirtsch.; Dipl.-Kfm.; 1953 Wirtsch.hochsch. Mannheim - Geschäftsf. Deutsche Städte-Reklame GmbH, Frankfurt/M., Nordwestdt. Ges. f. Außenwerbung mbH, Bünde, DSR Außenwerbung GmbH, Halle (Saale); AR-Vors. Hamburger Außenwerbung GmbH, Hamburg, Hamburger Verkehrsmittel-Werbung GmbH, Hamburg.

WURZBACHER, Gerhard
Dr. phil., em. o. Prof. f. Soziologie u. Sozialanthropologie - Am Heckacker 24, 8501 Kalchreuth/Mfr. (T. Nürnberg 56 05 16) - Geb. 31. Juli 1912 Zwickau/Sa. (Vater: Paul W., städt. Beamter; Mutter: geb. Kuntze), ev., verh. s. 1939 m. Annelore, geb. Bock, verw. 1992, 4 Kd. (Frank, Heike, Wulf-Gerhard, Hartmut) - Univ. Leipzig u. Berlin (Päd., Gesch., Volkskd., Promot. 1939). Habil. Soziol. 1952 Hamburg - 1939-47 überwiegend Wehrdst. u. Gefangensch., 1948-52 Assist. Akad. f. Gemeinwirtsch., Hamburg, 1952-54 Forschungsleit. UNESCO-Inst. f. Sozialwiss., Köln, 1954-56 Prof. Päd. Hochsch. Hannover, 1956-65 o. Prof. u. Dir. Soziol. Sem. Univ. Kiel, 1965-79 o. Prof. u. Vorst. Inst. f. Soziol. u. Sozialanthropol. Univ. Erlangen-Nürnberg, 1979 emerit.; 1956 Gastprof. Univ. of South Carolina, Columbia - BV: Leitbilder gegenw. dt. Familienlebens, 1951, 4. A. 1968; Gesellungsformen d. Jugend, 1965, 3. A. 1968. Herausg. u. Mitverf.: D. Dorf im Spannungsfeld industrieller Entwickl., 1954 (m.a.), 2. A. 1960; D. jg. Arbeiterin (m.a.), 3. A. 1960; D. Pfarrer in d. mod. Ges. (m.a.), 1960; Gruppe - Führung - Ges. (m.a.), 1961; D. Mensch als soziales u. personales Wesen - Beitr. zu Begriff u. Theorie d. Sozialisation, 3. A. 1974; D. Familie als Sozialisationsfaktor (m.a.), 2. A. 1977; Soziologie f. Erzieher (m.a.), 8. erw. A. 1985; Störfaktoren d. Entwicklungspolitik (m.a.), 1975; Hilfen f. Zigeuner u. Landfahrer (m.a.), 1980; Städt. Integration ausländ. Minderheiten (m.a.), 1981. Mitgl. mehr. wiss. Vereinig., wiss. Beiräte u. Sozialwiss. Forschungszentr. Univ. Erlangen-Nürnberg - 1982 BVK 1. Kl. - Spr.: Engl., Schr.: Franz.

WURZIGER, Johannes
Dr.-Ing., Prof., Chemiker (Lebensmitteluntersuchungsanstalt d. Gesundheitsbehörde Hamburg, b. 1978) - Bredkamp 43a, 2000 Hamburg 55 (T. 8 70 24 20) - Geb. 22. April 1913 Seesen/Harz - S. 1957 (Habil.) Lehrtätigk. TH Braunschweig u. Univ. Hamburg (1964 apl. Prof. f. Lebensmittelchemie). Etwa 300 Fachaufs.

WUSSOW, Klausjürgen
Prof., Kammerschauspieler - Zu erreichen üb. Agentur Palz, Ortlindestr. 6/VII, 8000 München 81 (T. 089 - 91 20 10) - Geb. 30. April 1929 Cammink/Pom., ev., 3 Kd. (Konstanze, Bärbel, Alexander) - Nach Debüt an Städtbundtheater Waren (Schwerin) 1947 Theatersch. d. Hebbel-Theaters Berlin - Bühnen Berlin (Hebbel-Theater, Theater am Schiffbauerdamm), Frankfurt/M., Düsseldorf, Köln, Zürich, München, Wien, div. Festsp. S. 1964 Ensemble-Mitgl. Burgtheater. Rollen: u. a. Moor, Carlos u. Posa, Egmont, Fiesko, Ferdinand u. v. a. Film u. Fernsehen (u. a. ZDF-Serien: Kurier d. Kaiserin (Rittm. v. Rotteck) u. D. Schwarzwaldklinik (Chefarzt Dr. Brinkmann)), div. Fernsehsp. Eigene Ausstellungen (Bilder), Gedichtbde., Zwei autobiogr. Bücher, div. Schallplatten (Peter u. d. Wolf, Egmont, Manfred) - 1985 Bambi v. Burda; 1986 Gold. Kamera Ztschr. Hörzu.

WUTHE, Gerhard
Dr. phil., Univ.-Prof. f. Politikwissenschaft Univ. Dortmund - Büddenberg 1, 4750 Unna-Massen (T. 02303 - 5 12 74) - Geb. 19. Okt. 1927 Berlin (Vater: Max W., Arbeiter), ev., verh. s. 1958 m. Hildegard, geb. Schmidt, S. Thomas - 1948-51 Univ. Berlin; 1951-55 Dt. Hochsch. f. Politik Berlin; 1956-58 FU Berlin; Dipl.-Polit. 1955, Promot. 1959 - 1959-63 Studienleiter Heimvolkshochschule Bergneustadt, Friedr.-Ebert-Stiftg.; 1963-68 Wiss. Assist. SPD-Fraktion Landtag NRW; 1968-80 Prof. PH Ruhr, Dortmund; 1980ff. Prof. Univ. Dortmund - BV: Gewerksch. u. Polit. Bildung, 1962; Harmonie u. Konflikt, 1972; Probleme d. nat. Identität, in: Polit. Kultur in Dtschl., PVS-SH 18, 1987. Mitarb.: Politikwiss. als Erziehungswiss.?, 1974; Demokrat. Ges. Konsensus u. Konflikt, 2. A. 1978; D. Lehre v. d. Polit. Syst., 2. A. 1981; Theorieansätze z. Arbeiterbildung u. d. ihr verbundenen Akad., 1989.

WUTHENAU, von, Rut
Fernsehjournalistin, Redakt. heute-Send. (s. 1978) - 6500 Mainz-Lerchenberg, (T. 06131 - 70 30 04) - Geb. 24. Febr. 1936 Hamburg (Vater: Max Käfer; Mutter: Käthe, geb. Schmidt), gesch., wiederverh. s. 1985 m. v. Wuthenau - 1957-60 Stud. Psych. u. Phil. - ZDF: 1964-75 Moderat. Send. drehscheibe; 1975-79 Report. Hauptredakt. Aktuelles. Ab 1987 Hauptred. Innenpolitik - Liebh.: Reisen, Musik, Ski, Kochen - Spr.: Engl., Franz.

WUTHENOW, Ralph-Rainer
Dr. phil. (habil), Prof. f. Dt. Philologie (Lehrstuhl IV) - Gräfestr. 76, 6000 Frankfurt/M. (Dt. Seminar) - Geb. 24. Febr. 1928 Rendsburg/Holst. - B. 1969 Doz. Univ. Göttingen, dann Ord. Univ. Fankfurt. Zeitw. Lehrtätigk. Tokyo - BV: Forschung u. Fragmente, 1958; D. Erzähler Jean Paul, 1965; D. fremde Kunstwerk - Aspekte d. literarischen Übersetzung, 1968; Vernunft u. Republik - Studien zu Georg Forsters Schriften, 1970; D. erinnerte Ich. Europ. Autobiogr. u. Selbstdarstell. im 18. Jh., 1974; Muse, Maske, Meduse. Europ. Ästhetizismus, 1978; D. erfahrene Welt. Europ. Reiselit. im Zeitalter d. Aufklär., 1980; Im Buch d. Bücher oder d. Held als Leser, 1980; D. Bild u. d. Spiegel - Europ. Lit. im 18. Jh., 1984; D. Europ. Tageb., 1990; Einzelarb., Übersetzungen (Chamfort, Bashô, Valéry).

WUTTKE, Dieter

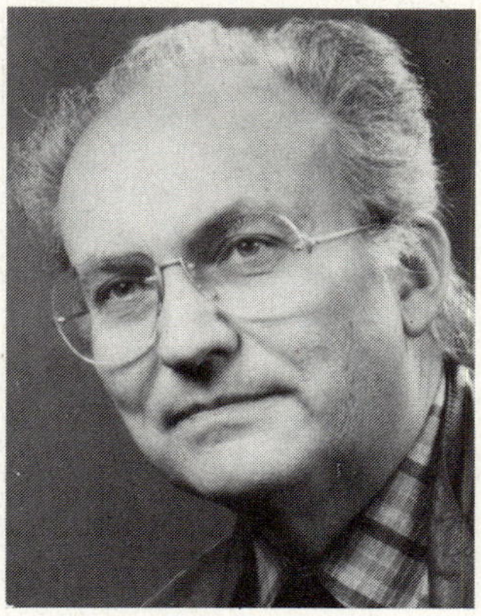

Dr. phil., o. Univ.-Prof. Univ. Bamberg - Postf. 15 49, 8600 Bamberg (T. 0951 - 40 26-2 85) - Geb. 12. Okt. 1929, ev., verh. s. 1965 m. Helga, geb. Geller, 2 Töcht. (Carolin, Henrike) - Stud. Univ. Hamburg, Saarbrücken, Tübingen (German., Lat., Gesch.), Studienstiftg. d. Dt. Volkes; 1. u. 2. Staatsex. f. d. Höh. Schuldst. 1956 Tübingen u. 1958 Bremen; Promot. 1958 Tübingen; Habil. 1971 Göttingen - 1957-62 Höh. Schuldst. Bremen; 1962-66 Stip. d. DFG u. Lehrbeauftr. Univ. Bonn; 1966-71 Oberstudienrat i. H. Univ. Göttingen; 1968 Lehrbeauftr. Univ. Hannover; 1971-79 Prof. Univ. Göttingen, 1972-79 Dir. d. Sem. f. Dt. Philol. ebd.; 1979ff. Lehrst. f. Dt. Philol. d. Mittelalters u. d. Frühen Neuzeit Univ. Bamberg; 1975/76 Gastprof. Univ. Hamburg, 1976 Warburg Inst. Univ. London, 1978 Akad. d. Wiss. Prag, 1986 Member Inst. f. Advanced Study Princeton, 1986 Fellow Westfield College Univ. London, 1988/89 Center for Advanced Study in the Visual Arts, National Gallery, Washington D.C. - BV: D. Histori Herculis, 1964; Dt. German. u. Renaissanceforsch., 1968; Fastnachtspiele d. 15./16. Jh., 4. A. 1990; Aby M. Warburgs Methode, 4. A. 1990; Aby M. Warburg, Ausgew. Schr. u. Würdigungen, 3. A. 1992; Commedia dell'arte. Harlekin auf d. Bühnen Europas, 2. A. 1983; V. d. Geschichtlichk. d. Lit., 1984; Humanismus als integr. Kraft, 1985; Nuremberg: Focal Point of Germ. Culture a. History, 2. A. 1988; Kosmopolis d. Wiss. - E. R. Curtius u. d. Warburg Inst., 1989; W. Pirckheimers Briefw. Bd. III, 1989; Humanismus u. Entdeckungsgesch., 1989; Sebastian-Brant-Bibliogr. 1990. Herausg.: Gratia Bamberger Schr. z. Renaissanceforsch (1977ff.); Saecula Spiritalia (1979ff.) - 1965-78 Mitgl. Humanist. Arbeitskr. u. Senatskommiss. f. Humanismusforsch. d. DFG - Liebh.: Wandern, Volleyball, Tennis - Spr.: Engl., Lat., Franz. - Lit.: Poesis et Pictura. Festschr. f. D. Wuttke, Schriftenverz. (1989).

WUTTKE, Günther
Techn. Angestellter, MdB (s. 1969) - Gallener-Str. 3, 6400 Fulda (T. 8 92 08) - Geb. 7. Dez. 1923 Breslau, verh., 2 Kd. - Volkssch.; Maschinenbauerlehre; REFA-Ausbild. - Kriegsdst. (1941-45); Bundespost (langj. Personalratsvors. Fernmeldeamt Fulda). Stadtverordn. Fulda (Fraktionsf.). SPD (1971 ff. Vors. Unterbez. Fulda).

WUTTKE, Hans A.
Dr. jur., Präsident a. D. International Finance Corporation (World Bank Group), Washington D. C. (1981-84) - 77, Cadogan Square, London SWI; Office: 6, Edith Grove, London SWIOONW - Geb. 23. Okt. 1923 Hamburg, verh., 4 Kd. - 1949-54 Dresdner Bank AG; 1954-60 Daimler-Benz AG; 1961-75 pers. haft. Gesellsch. M. M. Warburg-Brinckmann, Wirtz & Co., Hamburg, 1975-81 Vorst.-Mitgl. Dresdner Bank AG, Inh. zahlr. öfftl. Ehrenämter. AR- u. Beiratsmand.

WUTTKE, Harri
Bezirksstadtrat, Leit. Abt. Sozialwesen Bezirksamt Wilmersdorf - Am Volkspark 55, 1000 Berlin 31 (T. 8 53 86 97) - Geb. 19. April 1927 Berlin - Realgymn. Beide Verwaltungsprüf. - S. 1952 BA W'dorf. 1959-71 Bezirksverordn. W'dorf (1967 Fraktionsf.). SPD s. 1948.

WUTZ, Maximilian
Dr. rer. nat., Prof., Physiker - Dr.-Georg-Schierghofer-Weg 2, 8203 Oberaudorf - Geb. 12. Okt. 1926, verh., S. Max - Promot. 1955; Habil. 1968 - BV: Theorie u. Praxis d. Vakuumtechnik, 1967; Wärmeabfuhr in d. Elektronik.

WUWER, Hans
s. Wuwer, Johann

WUWER, Johann
Dipl.-Volksw., Direktor, MdB (s. 1965; Wahlkr. 101/Bottrop-Gladbeck) - Backchusweg 3, 4390 Gladbeck/W. (T. 5 11 25) - Geb. 23. Juli 1922 Gladbeck, kath., gesch. - Franziskaner-Missionskolleg St. Antonius Bardel, Gymn. Gelsenkirchen (Abit. 1940); 1940-45 Arbeits- u. Wehrdst.; 1946-50 Univ. Köln (Wirtschafts- u. Sozialwiss.). Dipl.-Volksw. 1949 - 1950-52 Mathias Stinnes AG., dann Rheinstahl Bergbau AG. (1967 Arbeitsdir. u. Vorstandsmitgl.), s. 1970 Rheinstahl Energie GmbH bzw. Thyssen Engineering GmbH (Geschäftsf.). Zeitw. Ratsherr u. Oberbürgerm. Gladbeck. SPD s. 1950.

WYDER, Peter
Dr., Prof., Direktor Max-Planck-Inst. f. Festkörperforsch., Hochfeld-Magnetlabor - Zu erreichen üb. BP 166X, F-38042 Grenoble-Cedex/France - Geb. 26. Febr. 1934 Schweiz - Festkörperphysik.

WYNANDS, Alexander J.
Dr. rer. nat., Prof. - Marienstr. 22a, 5330 Königswinter 1 - Geb. 27. März 1942 Waldenrath, kath., verh. s. 1968 m. Ursula M., geb. Stell, 3 Kd. (Ute, Kai, Jan) - Abit.; 1. Staatsex. f. Höh. Lehramt 1968 RWTH Aachen; Promot. 1971 ebd.; Habil. (Math. u. i. Didakt.) PH Rhld. - BV: Boolesche Algebra u. Informatik, 1977; El. Taschenrechner in d. Schule, 2. A. 1980; Computer Arbeitsb., 1986. Herausg. u. Autor d. Schulbuches D. Welt d. Zahl (HS) - Spr.: Engl.

WYRSCH, Peter Beat
Opernregisseur, Künstl. Leiter Pocket Opera Company m. Sitz in Nürnberg - Voltastr. 63, 8500 Nürnberg 40 (T. 0911 - 44 60 62) - Geb. 13. April 1946 Stans (Eltern: Oskar u. Margrit W., geb. Bächtold) - Stud. Musikwiss. Univ. Basel u. Erlangen - Regieassist. Basel, Trier, Nürnberg; s. 1974 Leit. (Gründ.) Opernstudio Nürnberg; s. 1979 fr. Regiss. an Städt. Bühnen Freiburg, Mannheim, Kaiserslautern; 1985-88 Oberspielleiter am Ulmer Theater; 1992 Leitg. d. intern. Theaterfestivals SPEKTAKEL '92 in Nürnberg - Gastsp.: London, Lissabon, Barcelona, Wellington, Warschau, Wiener u. Berliner Festwochen, Festivals im In- u. Ausl. - 1977 Förderungspreis Stadt Nürnberg.

WYSOCKI, v., Klaus
Dr. rer. pol., o. Prof. f. Allg. Betriebswirtschaftslehre unt. bes. Berücks. d. Wirtschaftsberatungs- u. Revisionsw., Wirtsch.prüf. u. Steuerber. - Am Rupenhorn 6a, 1000 Berlin 19 (T. 030 - 3 05 80 08) - Geb. 12. Aug. 1925 Solingen, kath., verh. s. 1957 m. Ursula, geb. Schulte - Univ. Münster/W. Promot. (1955) u. Habil. (1960) Münster - 1960-61 Privatdoz. Univ. Münster, 1961-62 ao. Prof. WH Mannheim, s. 1962 o. Prof. FU Berlin, WH bzw. Univ. Mannheim (1967), Univ. München (1972) - BV: Öfftl. Finanzierungshilfen, 1961; D. Postulat d. Finanzkongruenz als Spielregel, 1963; Kameralist. Rechnungswesen, 1965; Grundl. d. betriebsw. Prüfungswesens, 1967; Konzernrechnungslegung in Dtschl., 1970; Einf. in d. betriebswirtschl. Prüfungswesen, 1972; Konzernrechnungslegung, 1976. Zahlr. Ein-

zelarb. - BVK am Bde. - Spr.: Engl. - Rotarier.

WYSS, Urs

Dr. rer. hort., Prof. f. Phytopathologie Univ. Kiel, Direktor - Moltkestr. 76, 2300 Kiel 1 - Geb. 13. April 1939 Solothurn/Schweiz (Vater: Hans W., Kaufm.: Mutter: Jilly, geb. Krause), kath., verh. s. 1965 m. Valerie, geb. Rance, 2 Kd. (Daniel, Georgia) - Stud. Gartenbauwiss. Univ. Reading (Engl.); Promot. 1969, Habil. 1975 Univ. Hannover - 1970-75 wiss. Assist.; 1975-77 Oberassist.; 1977-78 Univ.-Doz.; 1978 apl. Prof.; s. 1982 o. Prof. u. Dir. Üb. 90 Fachveröff. - Liebh.: Theater, Film - Spr.: Engl., Franz.

Y

YALDIZ, Marianne

Dr. phil., Prof., Direktorin d. Museums f. Indische Kunst Berlin - Takustr. 40, 1000 Berlin 33 (T. 030 - 83 01-362) - Geb. 5. Okt. 1944 Berlin, verh., 2 Kd. - Stud. Univ. Berlin (Ind. Philol., Ind. Kunstgesch., Tibetologie); Promot. 1974 - Spr.: Engl., Franz., Lat., Sanskrit, Tibetisch, Mundari, Pali.

YELIN, Rudolf

Prof., Maler, Mitgl. Denkmalrat Nord- u. Südwürtt. - Umgelterweg 15c, 7000 Stuttgart-Botnang - Geb. 6. März 1902 Stuttgart (Vater: Rudolf Y., Kunstmaler; Mutter: geb. Degen), verh. s. 1935 m. Lisl, geb. Schütz, 3 Kd. (Renate, Angelika, Gottfried) - Gymn.; Glasmalerlehre; Kunstakad. - 1946-67 Lehrtätigk. Kunstakad. Stuttgart (Prof. f. Glasmalerei u. Mosaik; 1957-60 Rektor). Wand-, Glasmalerei, Graphik. Werke in zahlr. Kirchen Süddtschl. - 1980 Verdienstmed. Land Baden-Württ.; 1987 BVK I. Kl. - Sammelt alte Skulpturen - Mitgl. Lions-Club Stuttgart.

YORCK von WARTENBURG, Paul, Graf

Vortr. Legationsrat I. Kl. i. R. - 8391 Neureichenau/Ndb. - Geb. 26. Jan. 1902 Klein-Oels/Schles. (Vater: Heinrich Graf Y. v. W.; Mutter: Sophie, geb. Freiin v. Berlichingen), ev., verh. s. 1940 m. Else, geb. Eckersberg, Schauspielerin ehem. Berliner Bühnen Max Reinhardts - Gymn.; Univ. Bonn, Göttingen, Genf, Berlin (Landw., Rechtswiss., Phil.) - Land- u. Forstwirt, b. Kriegsende Majoratsherr Kl.-Oels, dann Leit. Ev. Hilfswerk f. d. franz. Besatzungszone u. Ref. f. Westeuropa Flüchtlingsabt. Weltrat d. Kirchen, Genf, 1953-66 AA, Bonn (1954 Konsul I. Kl. Lyon, 1963 als Vortr. Legationsrat I. Kl. Leit. Handelsvertr. Bukarest) - BV: Besinnung u. Entscheidung, 1971.

YORK, Eugen

Filmregisseur - Zähringerstr. 24, 1000 Berlin 31 (T. 8 81 31 09) - Geb. 26. Nov. 1912 Rybinsk - Franz. Gymn. Berlin - Filme: Heidesommer, Morituri, D. letzte Nacht, Schatten d. Nacht, Export in Blond, Im Schatten d. Herrn Monitor, Lockende Gefahr, D. Fräulein v. Scuderi, E. Herz kehrt heim, D. Herz v. St. Pauli, D. Greifer, D. Mann im Strom, D. Mädchen m. d. Katzenaugen, Nebelmörder. Serien: Alle Hunde lieben Theobald, Gr. Ring m. Außenschleife, Spätsommer. Fernsehinsz., dar. Reihe: Großer Mann - was nun? (1967ff.). Bish. 177 Kino- u. Fernsehfilme.

YORKE, Harold W.

Dr., Prof., Astrophysiker, Univ.-Prof. Univ. Würzburg - Matthias-Ehrenfried-Str. 39, 8700 Würzburg; u. Schildweg 28h, 3400 Göttingen (T. 0551 - 39 50 42) - Geb. 24. Aug. 1948 Riverside, Kalif., USA, verh. s. 1969 m. Barbara, geb. Roßbach, 2 Kd. (Colleen Olivia, Vanessa Alexandra) - 1966-68 u. 1969-70 Stud. Univ. Los Angeles; 1970 Bachelor of Science; 1970/71 Cal Tech (Pasadena); 1968-69, 1971-74 Stud. Univ. Göttingen; Physik-Dipl. 1972; Promot. 1974; Habil. 1979 - 1970/71 Forschungs-Assist. Cal Tech, Pasadena; 1971/72 Fulbright-Scholar Univ. Göttingen; 1972/73 Fulbright-Fellow Univ. Göttingen; 1974/75 wiss. Assist. Univ. Göttingen; 1974-78 wiss. Mitarb. MPI Astrophys. München; 1978/79 Akad. Rat Univ. Göttingen; 1979-88 Akad. Oberrat; 1983 apl. Prof.; 1988ff. Univ.-Prof. (C3) Univ. Würzburg - Ca. 70 Fachpubl. z. Thema Interstellare Materie.

YUN, Isang

Prof., Dr. phil. h.c., Komponist - Sakrower Kirchweg 47, 1000 Berlin 22 - Geb. 17. Sept. 1917 Tong/Südkorea (Vater: Ki Hyun; Mutter: Pu Gu), verh. s. 1950 m. Soo Ya, geb. Lee, 2 Kd. (Djong, Ugiong) - Musikhochsch. Berlin (Kompos.) - B. 1956 Musiklehrer Südkorea; s. 1970 Hochschullehrer f. Kompos. Berlin. Zahlr. Orchester- u. Kammermusikw. sow. 4 Opern - 1970 Kulturpreis Stadt Kiel; 1978 Musikpr. Stadt Mönchengladbach; 1985 Ehrendoktor Univ. Tübingen; 1988 Gr. BVK - Liebh.: Angeln - Spr.: Jap., Dt., Engl., Franz. - Lit.: Christian Martin Schmidt, Brennpunkte d. Neuen Musik (Musikverlag Hans Gerig, Köln); Luise Rinser, D. verwundete Drache (S. Fischer Verlag, Frankfurt/M.); Heister, Sparrer, D. Komponist Isang Yun (Edition Text + Kritik, München).

YZER, Cornelia

Rechtsanwältin, Parlam. Staatssekretärin im Bundesmin. f. Frauen und Jugend (s. 1992), MdB (s. 1990) - Im Bürgergarten 4, 5860 Iserlohn - Geb. 28. Juli 1961 Lüdenscheid, ledig - Stud. Rechtswiss. u. Wirtsch.wiss. Bochum u. Münster; 1. u. 2. Jurist. Staatsex. - Rechtsanwältin; Leitende Mitarb. Bayern AG Leverkusen.

Z

ZABECK, Jürgen

Dr. rer. pol., Dipl.-Kfm., Dipl.-Hdl., o. Prof. f. Erziehungswissenschaft - Schloß, 6800 Mannheim; priv.: Robert-Bosch-Str. 13, 6944 Hemsbach (T. 06201 - 7 31 36) - Geb. 14. Okt. 1931 - Lehrtätigk. Univ. Hamburg (Doz.), FU Berlin (1969 o. Prof.), Univ. Mannheim (1972 o. Prof.). Fachveröff.

ZABEL, Günter

Rektor a. D., MdL Hessen (s. 1974) - Breslauer Str. 5, 6120 Michelstadt (T. 38 88) - Geb. 11. Dez. 1926 Weißenfels/Saale (Vater: Otto Z., Lehrer; Mutter: Elly, geb. Göbel), ev., verh. s. 1950 m. Erika, geb. Plenz, S. Karl-Heinz - Oberrealsch.; Päd. Hochsch. Halle u. Weilburg - S. 1964 Mitgl. Kreistag Odenwaldkr. (1977 Vors.). SPD s. 1962 (1975 Unterbezirksvors., 1980-87 stv. Vors. Landtagsfraktion), s. 1984 Vors. d. Haushaltsaussch., s. 1984 stv. Vors. Unteraussch. z. Nachprüfung d. Staatshaushaltsrechnung - Liebh.: Modelleisenbahnen, Angeln - 1968 Gold. Sportabz.; BVK.

ZACHARIAS, Helmut

Violinvirtuose, Dirigent u. Komponist - Casa La Campanella, CH-6612 Ascona (Schweiz) (T. 35 11 84) - Geb. 27. Jan. 1920 Berlin (Vater: Karl Z., Violinist u. Komp.; Mutter: geb. Jünger), ev., verh. s. 1943 m. Hildegard, geb. Konradat, 3 Kd. (Sylvia, Thomas (1968 dt. Hochsprungmeister; 1970 DLV-Rekord 2,20, 1971 (Halle) 2,22 m), Stephan) - Musikhochsch. Berlin (Prof. Havemann) - B. 1941 Konzertreisen m. d. Kammerorch. Hans v. Benda, dann Wehrdst., n. Kriegsende eig. Ensemble, Schallpl. (Brunswick, Polydor, EMI). Zahlr. Kompos., zul. Concerto for Twens u. Fantasie üb. 3 eig. Themen; Filmmusik. Tokyo- u. Mexico-Melody f. d. BBC-Sportübertrag. - BV: D. Jazz-Violine, Lehrb. 1950. Film- u. TV-Auftritte intern.: E. Leben voll Musik z. 70. Geb. (ZDF, 1990) - Fritz-Kreisler- u. Molique-Preis, Grand Prix du Disque Académie Charles Gros, Paris, Maschera d'argento Italien, Gold. Hahn Rio de Janeiro, 1972 Popularity-Price Caracas, 1985 Gr. BVK, gold. Sportabz. - Liebh.: Segeln, Golf - Gold. Sportabz. - Spr.: Engl.

ZACHARIAS, Thomas

Dr. phil., Prof., Ord. f. Kunsterziehung Akad. d. bild. Künste München - 8130 Leutstetten/Obb. (T. 08151 - 84 88) - Geb. 21. Juni 1930 Planegg/Obb. (Vater: Alfred Z., Gymnasialprof. i. R., Schriftst. u. Graph.; Mutter: Irmgard, geb. Fischel), kath., verh. s. 1959 (Ehefr.: Wanda), T. Claudia - Kunstakad. (1949-54; Malerei u. Graphik) u. Univ. München (1954-60; Kunstgesch., Phil., Archäol.) - 1956-66 Kunsterzieher Klenze-Gymn. München; s. 1966 Prof. f. Kunsterz. u. Leit. e. Klasse an d. Akad. d. Bild. Künste München. 1975-78 Jurymitgl. dt. Jugendb.preis - BV: Joseph Emanuel Fischer v. Erlach, 1960; Kl. Kunstgesch. d. antiken Welt, 3. A. 1971; Spielen - Sehen - Denken, Bd. I-VIII 1969-72 (a. engl., franz., holl., norw., finn., schwed.); Ich hinten im Auto, 1974; Blick d. Moderne - Einführung in ihre Kunst, 1984; Biotop Akad.-Vorträge und Texte, 1991. Herausg.: Tradition u. Widerspruch - 175 J. Kunstakad. München (1985); Offene Künstler-Werkstatt - Jugendprojekt d. Kunstakad. (1986); (Art)reine Kunst (1987). Fernsehen: Bildergesch. f. Kinder. Allerhand an d. Wand (Malspiele m. Kindern); Filme: Blütenträume u. Umweltplanung, Wien 1900, Kulturen d. Welt u. Europ. Kunst, D. Orient, D. Abenteuer d. Ägineten, Farbholzschnitte z. Bibel (Mappenwerk 1966), Aufsätze zur Kunstpädagogik, Bilderbücher - Lit.: Doedens-Lange, Farbholzschn. z. Bibel v. T. Z., 1973; G. Lange, Bilder d. Glaubens, 1977; Bulletin Jugend + Literatur, 1, 1975; Konzept BILD-CHRONIK (Collagen): Ausst. 1988/89 in Landau, Feldkirch, Regensburg, Köln, München. Zahlr. Ausst.

ZACHAU, Hans Georg

Dr. rer. nat., Prof. u. Vorstand Inst. f. Physiolog. Chemie Univ. München (s. 1967) - Pfingstrosenstr. 5a, 8000 München 70 (T. 714 75 75) - Geb. 16. Mai 1930 Berlin (Vater: Dr. E. Z.; Mutter: Dr. G., geb. Mengers), ev., verh. s. 1960 m. Elisabeth, geb. Vorster, 3 Söhne (Martin, Ulrich, Thomas) - Univ. Frankfurt u. Tübingen (Chemie) - 1955/56 u. 1959-1961 Max-Planck-Inst. f. Biochemie, Tübingen; 1956/57 MIT, Cambridge, Mass.; 1957/58 Rockefeller Inst., New York; 1961-66 Univ. Köln (Inst. f. Genetik). Fachmitgliedsch. Wiss. Arb. üb. Immunglobulingene - 1968 Richard-Kuhn-Med. (f. Unters. z. Struktur u. Wirkungsweise d. an d. Eiweißbiosynthese beteiligten Transfer-Ribonukleinsäuren); 1967 Mitgl. Dt. Akad. d. Naturforscher (Leopoldina), Halle/S., 1976 Bayer. Akad. d. Wiss.; 1981 Mitgl. Orden Pour le Mérite f. Wiss. u. Künste, 1992 Kanzler d. Ordens; 1983 Gr. BVK m. Stern; 1985 korr. Mitgl. Österr. Akad. d. Wiss.; 1989 Bayer. VO.; 1989 Otto-Warburg-Med.; 1991 Bayer. Maximiliansorden f. Wiss. u. Kunst - Spr.: Engl.

ZACHER, Hans F.

Dr. jur., Dr. h. c., o. Prof. f. Öfftl. Recht, insb. dt. u. bayer. Staats- u. Verwaltungsrecht, Präs. Max-Planck-Ges. - Starnberger Weg 7, 8134 Pöcking/Obb. (T. 08157 - 13 84) - Geb. 22. Juni 1928 Erlach - Stud. Bamberg, Erlangen, München. Promot. u. Habil. München - O. Prof. Univ. Saarbrücken (1963-71) u. München (s. 1971); Dir. MPI f. ausländ. u. intern. Sozialrecht (1980-92); Präs. d. Max-Planck-Ges. (s. 1990); Mitgl. Bayer. Akad. d. Wiss., Acad. Europaea, Acad. Scientiarum et Artium Europaea; Beir. Bundeswirtschaftsmin. - BV: Freiheit u. Gleichheit in d. Wohlfahrtspflege, 1964; Freiheitl. Demokratie, 1969; Hochschulrecht u. Verfass., 1973; Materialien z. Sozialgesetzb., 1974., Intern. u. Europ. Sozialrecht, 1976; Staat u. Gewerkschaften, 1977; Sozialpolitik u. Verfass. im ersten Jahrzehnt d. BRD, 1980; Einführung in d. Sozialrecht d. Bundesrep. Deutschl., 3. A. 1985; etc.

ZACHERT, Hans-Ludwig

Präsident d. Bundeskriminalamtes - Thaerstr. 11, 6200 Wiesbaden - Geb. 12. April 1937 Matsumoto/Japan (Vater: Ordinarius f. Japanologie d. Univ. Bonn), ev., verh. s. 1961 m. Christel, geb. Fournes, 3 Kd. (Christian, Matthias, Isabell †) - Stud. Rechtswiss. Univ. Bonn; Staatsex. 1963 - 1965 Laufbahnbeginn im öfftl. Dienst; ab 1968 versch. Referentenstellen im BKA, 1975 Gruppenleit. Staatsgefährdung, 1976 Fachbereichsleit. Kriminalistik/Kriminologie an d. Polizeiführungsakad., 1982 Abt.leit. d. Sicher.gruppe, 1985 Hauptabt.leit., 1987 Vizepräs. d. Bundeskriminalamt, s. 1990 Präs. - Interessen: Barockmusik, Stahlstich-Sammlung - Spr.: Engl., Jap.

ZACHMANN, Hans Gerhard

Dr. rer. nat., Prof. f. Physik u. Chemie d. Polymeren - Gutzkowstr. 14, 2000 Hamburg 52 (T. 040 - 89 35 44) - Geb. 21. Juli 1931 Solka (Vater: Johann Z., Rechtsanw.; Mutter: Adelheid, geb. Schulz), ev., verh. s. 1957 m. Edith, geb. Spindler, 2 Söhne (Thomas, Harald) - Univ. Graz, Erlangen, Kiel u. Mainz (Physik), Dipl. 1956 Kiel, Promot. 1960, Habil. 1965 - S. 1977 Lehrst. f. Analytik u. Physik d. Polymeren Univ. Hamburg - BV: Mathematik f. Chemiker; Übungen z. Mathematik f. Chemiker; Spektrum d. Naturwiss.; Naturwiss. u. Technik - 1989 A. v. Humboldt-J. C. Mutis Preis - Spr.: Engl., Franz.

ZADEK, Hilde

Prof., Kammersängerin - Gustav-Tschermak-Gasse 34, Wien XIX - Geb. 15. Dez. Bromberg - Schule Stettin; Gesangsausbild. R. Pauly, R. Ginster, E. Höngen - S. 1947 Mitgl. Staatsoper Wien; Prof. f. Gesang Konservat. ebd. Partien: u. a. Tosca, Aida, Ariadne, Salome, Marschallin, Elsa, Elisabeth, Sieglinde, Senta - Salzburger u. Edinburgher Festsp. Zahlr. Operngastsp., darunt. Covent Garden Opera, London, u. Metropolitan Opera, New York - Österr. Ehrenkreuz f. Wiss. u. Kunst I. Kl., Ehrenmitgl. d. Staatsoper Wien.

ZADEK, Peter

Intendant Dt. Schauspielhaus Hamburg (ab Spielz. 1985/86) - Zu erreichen üb. Dt. Schauspielhaus, Kirchenallee 39, 2000 Hamburg 1 - Geb. 19. Mai 1926 Berlin (Vater: Paul Z., Kaufm.; Mutter: Susanne, geb. Behr), gesch., 2 Kd. (Michele, Simon) - St. John Baptist College, Oxford; Old Vic Theatre School, London - 1933 m. d. Eltern n. England emigriert. B. 1967 Schauspieldir. Theater d. Fr. Hansestadt Bremen; 1972-75 Int. Schauspielhaus Bochum. Bühne/Urauff.: Le Balcon (London); Dt. Erstauff.: D. Geisel, D. Spaßvogel, Held Henry, Frühlingserwachen, Maß f. Maß, Gerettet, King Lear, Hamlet, Kleiner Mann was nun, Eiszeit, Prof. Unrat, Wildente, Othello, Wintermärchen, Menschenfeind, Bumbury, Jeder stirbt für sich allein, D. Widerspenstigen Zähmung, D. Hochzeit d. Figaro, Yerma, Ghetto, Verlorene Zeit, D. Herzogin v. Malfi, Wie es euch gefällt, Andi, Lulu. Film: Simon, Ich bin ein Elefant - Madame, Piggies, D. wilden Fünfziger (1983); Fernsehen: Dame in d. Schwarzen Robe, D. Kurve, D. Stühle, D. Nebbich, D. Kirschgarten, Rotmord, D. Pott, Van der Valk u. d. Mädchen (1972) - 1969 Bundesfilmpreis/Filmband in Gold u. Berliner Filmpreis (f.: Ich bin e. Elefant - Madame); 1970 Adolf-Grimme-Preis in Gold u. Preis Stadt Florenz (f.: Rotmord), 1972 Adolf-Grimme-Preis in Silber (D. Pott); 1984 Regisseur d. J. 1983 (Leserwahl Münchener Theaterztg.: Baumeister Solness); 1988 Kortner-Preis; 1989 Piscator-Preis.

ZÄHNER, Hans

Dr. sc. techn., o. Prof. u. Direktor Inst. f. Mikrobiologie Univ. Tübingen (s. 1964) - Im Hopfengarten Nr. 13, 7400 Tübingen (T. 6 57 01) - Geb. 7. Juni 1929 Zürich (Vater: August Z., Beamter), reform., verh. s. 1954 m. Hedwig, geb. Gfeller, 4 Kd. (Christoph, Regula, Dorothea, Peter) - ETH Zürich (Dipl. als Ing. agr.). Promot. (1954) u. Habil. (1960) Zürich - 1960-64 Privatdoz. ETH Zürich. 1964 Gastdoz. Univ. München - BV: Biologie d. Antibiotica, 1965; Biology of Antibiotics, 1972 (m. W. K. Maas). Üb. 100 Fachaufs. Mithrsg.: Archiv f. Mikrobiol. u. Journal of Antibiotics.

ZAGROSEK, Lothar

Generalmusikdirektor d. Oper Leipzig (s. 1990) - Zu erreichen üb. Oper Leipzig, Augustusplatz 12, 7010 Leipzig - Geb. 13. Nov. 1942 Waging/Obb. (Vater: Hans Z., Musiker; Mutter: Maria, geb. Pitzelbacher), kath., verh. s. 1972 m. Margret, geb. Kähler, 3 Kd. (Anja, Kathrin, Nikolaus) - 1962-67 Musikhochsch. München, Essen, Salzburg u. Wien - 1967-69 Kapellmeister Salzburg, 1969-72 KM Opernhaus Kiel, 1972-73 Staatsth. Darmstadt, 1973-77 GMD Städt. Bühnen Solingen, 1977-82 GMD Vereinigte Städt. Bühnen Krefeld-Mönchengl.; 1982-86 Chefdirigent ORF-Orchester Wien; 1986-89 Directeur musicale d. Grand Opera Paris; 1988-92 Chief guest conductor d. BBC-Symphonieorch. London - Liebh.: Gesch. - Spr.: Engl., Ital., Franz.

ZAHA, Max

Dr. jur., Regierungsvizepräsident a. D. - Rilkestr. 27, 8400 Regensburg (T. 2 22 80) - Geb. 25. Okt. 1913 - B. 1968 Bayer. Verwaltungsgerichtshof, München (OVGsrat), dann Regierung d. Oberpfalz, Regensburg - S. 1978 Präs. Oberpfälzer Kulturbd.

ZAHL, Peter-Paul

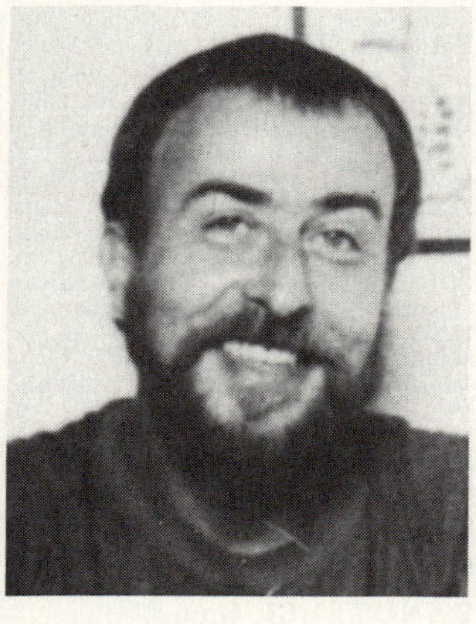

Schriftsteller, Regiss. - Long Bay P. O. (Portland), Jamaica, W. I. - Geb. 14. März 1944, 5 Kd. - Mittl. Reife; Kleinoffsetdrucker; Regievolont. - Zahlr. Veröff. u.a.: D. Glücklichen, R. 1979; Aber nein, sagte Bakunin u. lachte laut, Ged. 1983; Johann Georg Elser, Drama 1982; Liebesstreik! (nach Aristophanes' Lysistrata), Kom. 1984; D. Erpresser, Kom. 1990; D. schöne Mann, R. 1992. Hörsp.: Pobladores, SDR Stuttgart 1981; D. Rote Rollberg, SFB 1983. Zahlr. Übers. u. div. Kassetten, Schallpl. u.a. Lyrik u. Jazz, 1980; Sumpf, 1982. Insz.: Johann Georg Elser, 1983; Liebesstreik!, 1984; The Trials of Brother Jero, 1990 - 1979/80 Förderpreis f. Lit. Bremen - Lit.: Am Beisp. Peter-Paul Z., (1976ff.); Schreiben ist e. monol. Medium (hg. v. Ralf Schnell, 1979).

ZAHM, Herwig

Geschäftsführer u. Gesellsch. MONDI-Gruppe München - Nawiaskystr. 11, 8000 München 83 (T. 089 - 678 32 12) - Geb. 22. Mai 1929, verh., 4 Kd.

ZAHN, Anton

Ministerialdirektor Bundesmin. f. wirtschaftl. Zusammenarbeit Bonn (s. 1963) - Auf dem Reeg 29, 5307 Wachtberg - Geb. 26. Sept. 1933 Röllfeld, verh., 3 Kd. - Stud. Rechtswiss. Univ. Würzburg u. Hochsch. f. Verw.wiss. Speyer - 1961 Bayer. Innere Verw.

ZAHN, Christian

Fabrikant - Am Bülten 40, 3300 Braunschweig (T. 0531 - 38 00 50) - Geb. 25. Dez. 1926 Braunschweig, ev., gesch., Sohn Christian-Alexander - Ausb.: Hermann-Lietz-Schule, Kaufm. Berufssch.; Lehre Dt. Bank AG - Geschäftsf. Schuberth Helme GmbH, Braunschweig, Schuberth Sarl, Collegien/Frankr., Schuberth Corporation, Flowery Branch, GA./USA; AR-Vors. Brauerei Feldschlößchen AG, Braunschweig - Spr.: Engl. - Bek. Vorf.: Werner Zahn, Bob-Weltm. (Vater).

ZAHN, Eberhard

Dr. rer. oec. - A-5360 St. Wolfgang-Ried Nr. 3 (Österreich) - Geb. 2. Jan. 1910 Barmen (Vater: Hans Z., Rechtsanw.; Mutter: Käthe, geb. v. Cossel), ev., verh. I) m. Ruth, geb. Poensgen †, 6 Kd.; II) m. Martha, geb. Bacher - Gymn. Barmen; Univ. Frankfurt/M. u. Köln, HH Berlin u. Leipzig. Dipl.-Kfm. u. - Steuersachverst. 1931; Promot. 1933 - 1929-35 IG Farbenind. AG., Frankfurt/M., 1936-38 Thür. Gasges., Leipzig, 1938-45 Fendel Schiffahrts-AG., Mannheim (Vorstandsmitgl.), 1946-56 Zellstoffabrik Waldhof, Wiesbaden (Vorstandsmitgl.), 1957-73 Ruhr-Stickstoff AG., Bochum (Vorstandsvors.). Div. Fachämter u. Mandate - 1943 Eichenlaub z. Ritterkr. d. EK - Spr.: Engl., Franz. - Rotarier - Brüder: Joachim, Johannes u. Michael Z. †.

ZAHN, Helmut

Dr.-Ing., Drs. h. c., em. Prof. f. Textilchemie u. Makromolekulare Chemie - Siegelallee 19, 5100 Aachen (T. 6 11 05) - Geb. 13. Juni 1916 Erlangen (Vater: Dr. med. Hermann Z., Nervenarzt; Mutter: Irma, geb. Brand), ev., verh. I) 1945 m. Roswitha, geb. Schmidt-Lorenzen, 3 Söhne (Thomas, Manuel, Leopold), II) 1961 Ingrid, geb. Fricke, 2 Kd. (Alexandra, Roland) - Gymn. Baden-Baden; TH Karlsruhe (Dipl.-Ing. 1939, Promot. 1940). Habil. 1948 Heidelberg - 1940-49 Privat- u. wiss. Assist. (1946) Inst. f. Textilchemie, Badenweiler (Prof. Elöd), 1949-57 Assist., Diätendoz. u. apl. Prof. (1953) Univ. Heidelberg (Prof. Freudenberg), 1952-85 Dir. Dt. Wollforschungsinst., ao. (1957) u. o. Prof. (1960) TH Aachen. Ca. 700 Fachveröff. - 1972 Ehrendoktor Univ. Leeds (Science) 1975 Univ. Belfast (Science), Univ. Düsseldorf (med.), 1976 Univ. Bradford, 1979 Univ. Barcelona, 1980 Univ. Lüttich; 1966 Warner Memorial Award (Engl.); 1971 Otto-N.-Witt-Med. Verein d. Textilchemiker u. Coloristen; 1978 Richard-Kuhn-Med.; 1988 Wilhelm-Exner Med. Österr. Gewerbeverein; 1968 Komturkreuz Ziviler VO. (Span.); 1972 Chevalier Orden Palmes Académiques (Frankr.); 1979 Österr. Ehrenz. f. Wissensch. u. Kunst; 1965 Ehrenmitgl. American Soc. of Biological Chemists, 1970 Soc. of Dyers and Colourists; o. Mitgl. Rhein.-Westf. Akad. d. Wiss.; korr. Mitgl. Dän. Akad. d. Techn. Wiss. u. Österr. Akad. d. Wiss., Real Acad. de Cienci as y Artes de Barcelona; Ausl. Mitgl. Akad. d. Wiss. d. UdSSR; 1971 BVK I. Kl. - Spr.: Engl., Franz.

ZAHN, Joachim

Dr. jur., Prof., Generaldirektor i. R. - Gerokstr. 13b, 7000 Stuttgart 1 - Geb. 24. Jan. 1914 Wuppertal, ev. - 1947-55 Deutsche Treuhand-Ges. AG. (Vorstandsmitgl.); 1955-58 Aschaffenburger Zellstoffwerke AG. (Vorstandsmitgl.); 1958-79 Daimler-Benz AG. (Vorstandsmitgl., 1966 -sprecher, 1971 -vors.). Div. Ehrenstell., dar. u. a. Vizepräs. Bundesverb. d. Dt. Industrie (Schatzm.). Zahlr. ARsmandate (z. T. Vors.) - 1969 Gr. BVK, 1979 Stern dazu.

ZAHN, Johannes C. D.

Dr. jur., Prof., Konsul a.D., Bankier, Verwaltungsratsmitgl. Bankhaus Trinkaus & Burkhardt, Düsseldorf/Essen (s. 1972, Fusion) - Malkastenstr. 3, 4000 Düsseldorf (T. 35 98 37) - Geb. 21. Jan. 1907 Aachen, ev., verh. s. 1938 m. Viktoria, geb. Brandeis, 4 Kd. (Monica, Victoria, Charlotte, Philipp) - Univ. Tübingen, München, Bonn (Promot. 1929), Harvard Law School/USA (S. J. D. 1931). Gr. jurist. Staatsprüf. - 1935-37 Geschäftsf. Dt. Inst. f. Bankwiss. u. -wesen, anschl. Prokurist u. Abt.dir. Reichskredit-Ges. AG. ebd., 1939-45 Wehrmacht (dabei 1940-43 Verwalter f. engl. u. amerik. Banken Belgien), s. 1946 Bankier Düsseldorf (b. 1972 pers. haft. Gesellsch. Bankhaus C. G. Trinkaus). Versch. Ehrenstell., dar. Präs. Rhein.-Westf. Börse zu Düsseldorf (1966-76). Erster dt. Executive-Dir. d. Weltbank. Zahlr. Mandate - BV: Banktechnik d. Außenhandels, 1956, 8. A. 1987; Zahlung u. Zahlungssicherung im Außenhandel, 1957, 6. A. 1985; D. Privatbankier, 1963, 3. A. 1972 - 1972 Prof.-Titel Landesreg. Nordrh.-Westf.; Kgl. norw. Konsul a. D.; 1965 Commandeur belg. Leopold II-Orden u. Orden de Mérite du Grand-Duché de Luxembourg, 1967 Commendador span. Orden del Mérito Civil; 1968 Gr. BVK; 1978 Kommand. norw. Olaf-Orden - Liebh.: Musik (ausüb. Violine), Golf - Spr.: Engl., Franz. - Eltern s. Eberhard Z. (Bruder).

ZAHN, Martin

Vorsitzender Arbeiterwohlfahrt/Bezirksverb. Hessen-Süd - Am Aufstieg 11, 6242 Kronberg/Ts.

ZAHN, von, Peter

Dr. phil., Journalist, gf. Gesellsch. Anatol AV- u. Filmprod. - Harvestehuder Weg 96, 2000 Hamburg 13 (T. 040 - 44 76 23, Fax 040 - 44 53 98) - Geb. 29. Jan. 1913 Chemnitz (Vater: Friedrich Paul v. Z., akt. Offz.), ev., verh. s. 1939 m. Christa, geb. Ayscough, 5 Töcht. (Sabine, Dominica, Irene, Camilla, Virginia) - Schulen Dresden; Verlagsvolontär (Langen-Müller, München); Univ. Wien, Jena (Promot. 1939), Freiburg/Br. (Rechtswiss., Gesch., Phil.) - Angest. Dt. Verlag, Berlin, im Krieg Soldat (zul. Ltn. d. R.), ab. 1945 Leit. Abteilung Wort u. Kommentator NWDR, Hamburg, 1951-60 Amerika-Korresp. NWDR, Köln, bzw. NDR, Hamburg, s. 1960 Fernsehprod. (u. a. Sendereihe: D. Reporter d. Windrose berichten), u. Kolumnist D. Welt, 1967-68 Moderator Fernsehsend. Report (SWF). Üb. 1000 Fernsehf. 1969 ff.Lehrbeauftr. Univ. Mainz (Grundsätze d. Programmgestalt. im Fernsehen) - BV: Schwarze Sphinx - Bericht v. Rhein u. Ruhr, 1949; Fremde Freunde, 1953; An d. Grenzen d. Neuen Welt, 1955; Bericht aus d. farb. Welt, 1961; Windrose d. Zeit, 1963; Hinter d. Sternen - Gesch. d. Show-business, 1967; Forsch. hat viele Gesichter, 1978; Zweijahrtausende Kindheit, 1979; Verläßt uns Amerika?, 1987; Stimme d. ersten Stunde, 1991. Mithrsg.: Nordwestd. Hefte (1946-47) - 1965 Adolf-Grimme-Preis, 1970 DAG-Fernsehpreis in Silber (f.: D. Kuba-Krise 1962), 1974 DAG-Fernsehpreis in Gold (f.: D. geheimen Papiere d. Pentagons), 1985 Gold. Kamera Hör zu; 1990 Bayer. Fernsehpreis - Liebh.: Tennis.

ZAHN, Peter

Dipl.-Volksw., Abteilungsgeschäftsführer Gewerksch. ÖTV, Bez. Nordwest MdL Schlesw.-Holst. (Landesliste) - Bruhnstr. 68, 2407 Seeretz - Geb. 4. Dez. 1944 Litzmannstadt - SPD (Kreisvors. Ostholstein s. 1981).

ZAHN, Rudolf-Karl

Dr. med., Dr. h. c., o. Prof. u. Direktor Inst. f. Physiol. Chemie, Co-Chief Intern. Lab. Marine Molecular Biology, Rovinj/Istrien (Jugosl.), Wiss. Rat Inst. Rudjer Boskovic, Zagreb, Jugoslawien, Prof. of Medical Biochemistry Univ. of Kurume-Fukuoka, Japan - Oderstr. 12, 6200 Wiesbaden-Schierstein (T. 2 29 84) - Geb. 6. Febr. 1920 Bad Orb - S. 1956 (Habil.) Lehrtätigk. Univ. Frankfurt (1961 apl. Prof.) u. Mainz (1966 Ord. u. Dir. Physiol.-Chem. Inst.). Emerit. 1988. Leit. d. Arbeitskreises f. umweltbedingte Gentoxizität, Gebäude f. Forsch. u. Entwickl. d. Univ. Mainz. Div. Herausg. Etwa 400 Fachveröff. - Mitgl. New York Acad. of Sciences u. Mainzer Akad. d. Wiss. u. d. Lit. (Vors. Kommiss. f. Molekularbiol.).

ZAHORKA, Hans-Jürgen

Rechtsanwalt - Kanzlei: Hintere Gasse 35/1, 7032 Sindelfingen, sowie Brüssel, Luxemburg u. Trento/Italien - Geb. 14. Jan. 1952 - S. 1990 Leit. d. Libertas-Denkfabrik (Libertas European + Intern. Economy) f. Analysen, Prognostik, Govt. Consulting; 1984-89 Mitgl. im Europ. Parlament (Mitgl. Außenwirtschaftsaussch., BE f. GATT-Fragen, Leit. d. EP-Delegation b. GATT-Min.-konfz. in Montreal, EG- Deleg. b. UNCTAD VII; stv. Mitgl. Verkehrs- u. Petitionsaussch.; Vors. Interfraktionelle Arbeitsgruppe Europ. Raumfahrt; s. 1991 Leit. d. Ital. Handelskammer (Infostelle Baden-Württ.). CDU (1979-86 Mitgl. Kreistag Böblingen). Herausg.: Libertas - Europ. Ztschr., Ztschr. f. EWIV-Betriebs- u Rechtspraxis, Autor: Unternehmungsstrategien im Europ. Wirtschaftsraum; EG-Binnenmarkt - Lehrb. f. Klein- u. Mittelunternehmen (auch in tschech. Fassung); Beitreibung v. Forderungen u. Zwangsvollstreckung in Italien, u.a.

ZAHRADNICZEK, Karl

s. Randolf, Karl

ZAHRNT, Heinz

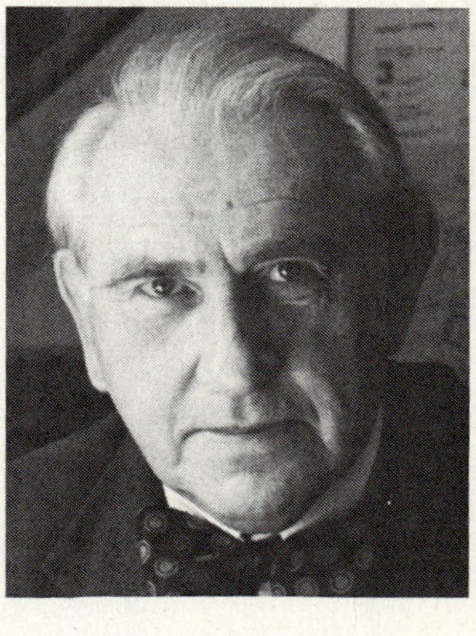

Dr. theol., Theologe, Schriftsteller - Coesterweg 6, 4770 Soest (T. 7 73 88) - Geb. 31. Mai 1915 Kiel (Vater: Julius Z., Bankdirektor), ev., verh. s. 1939 m. Ursula, geb. Pirscher († 1983), 4 Söhne (Michael, Christoph, Thomas, Sebastian), verh. s. 1985 m. Dorothee, geb. Meyer - Univ. Kiel, Marburg, Tübingen (Theol., Philos., Gesch.). Theol.ex. 1938 u. 39 Kiel; Promot. 1949 Heidelberg - 1940 Assist. Univ. Wien, 1941 Wehrdst., 1945 Pfr. Rosenheim, 1946 Studentenpfr. Kiel, 1950-75 Theol. Chefredakt. Dt. Allg. Sonntagsbl. Hamburg, s. 1960 i. Präs. d. Dt. Ev. Kirchentags (1971-73 amtier. Präs.) - BV: D. Mensch an d. Grenze, 1948; Luther deutet Gesch., 1951; Probleme d. Elitebildung, 1954; D. Mensch zw. Vergangenh. u. Zukunft, 1956; Es begann m. Jesus v. Nazareth - D. Frage n. d. histor. Jesus, 1960; Warten auf Gott - Kirche vor d. Reformation, 1961; Phil. u. Offenbarungsglaube - E. Gespräch m. Karl Jaspers, 1963; Ich frage Sie - E. Briefw. üb. mod. Theol., 1964; D. Sache m. Gott - D. protestant. Theol. im 20. Jh., 1966; Gespräch üb. Gott - E. Textb., 1968; Gott kann nicht sterben - Wider d. falschen Alternativen in Theol. u. Ges., 1970; Wozu ist d. Christentum gut?, 1972; Jesus u. Freud, 1972; Warum ich glaube - Meine Sache mit Gott, 1977; Stammt Gott vom Menschen ab?, 1979; Aufklär. durch Religion

- D. dritte Weg, 1980; Westl. v. Eden - Zwölf Reden an d. Verehrer u. d. Verächter d. christl. Religion, 1981; Martin Luther. In seiner Zeit - für unsere Zeit, 1982; Wie kann Gott das zulassen? Hiob - Der Mensch im Leid, 1985; Martin Luther - Reformator wider Willen, 1986; Jesus aus Nazareth - E. Leben, 1987; Gotteswende - Christsein zw. Atheismus u. Neuer Religiosität, 1989; Geistes Gegenwart - D. Wiederkehr d. heiligen Geistes, 1991; Leben - als ob es Gott gibt. Statt eines Katechismus, 1992; (von allen BV zahlr. Übers.) - 1988 BVK I. Kl.; 1971 Mitgl. PEN-Zentrum BRD.

ZAIKA, Siegfried
Dr. phil., M. A., Ltd. Polizeidirektor a.D. - Pfitznerstr. 2, 4400 Münster/W. - Geb. 15. April 1928 Königsberg/Pr. (Vater: Adolf Z., Beamter; Mutter: Hildegard, geb. Budnick), verh. m. Regina, geb. Ewers, 2 Kd. (Adalbert, Hildegard) - N. Abit. Polizeiausbild.; Stud. Gesch. u. Phil. Univ. Münster (Prof. Dörner, Gollwitzer, Hahlweg, Hauck, Most, Stade). Magisterdipl. (1968) u. Promot. (1979) Münster - S. 1947 Polizei (Streifendst., Zugf., Sachgebietsleit, Doz., Dezern., Leit. Schutzpol.) - BV: Mit d. Schutzmannschaft fing es an, in: Polizei, Technik u. Verkehr, Sonderausg. I 1971; Preuß. Polizeiformation b. 1933 - E. Beitrag z. histor. Konfliktforsch., in: Militärgesch., -wiss. u. Konfliktforsch., 1977; D. Exekutive im Lichte d. histor. Konfliktforsch. - Unters. üb. d. Theorie u. Praxis d. pr. Schutzpol. in d. Weimarer Rep. z. Verhind. u. Bekämpf. inn. Unruhen, 1979; Beitr. z. Polizeigesch. d. Kr. Paderborn, 1984; Von d. preuß. Polizei z. Polizei d. Gegenw., 1985. Zeitschriftenaufs. - 1986 BVK am Bde.

ZAKOSEK, Heinrich Michael
Dr. agr., Dipl.-Landw., Geologe, Reg.-Dir. a. D., em. o. Prof. Math.-Nat. u. Landw. Fak. Univ. Bonn - Sertürnerstr. 4, 5300 Bonn 1 (T. 0228 - 28 27 45) - Geb. 14. Mai 1925 Duisburg - Apl. Prof. Univ. Mainz; Prof. h.c. Acad. Sinica Nanking. Üb. 160 Publ. in Ztschr., Sammelw., Handb. üb. Bodengenetik, -systematik, -kartierung u. Nitrate.

ZAKY, Renate

Autorin, Liedermacherin - Hildachstr. 7b, 8000 München 60 (T. 089 - 834 54 63 od. 09651 - 31 11; Fax 09651 - 31 22) - Geb. 2. Juni 1944, verh. m. Dr. M. Zaky, Chefarzt - Päd. Hochsch., Lehrerin - 15 Bücher, 21 Anthol. - Freie Mitarb. b. Rundfunk, Fernsehen, Presse - Literaturpreise; Präs. Münchner Autorenvereinigung LITTERA.

ZAMBO, Helmut
Dr. jur., Geschäftsführender Gesellschafter d. ZAMBO & WEIG GMBH, Unternehmensberatung - Achenbachstr. 15, 4000 Düsseldorf 1 - Geb. 3. Dez. 1939 Meiningen.

ZANDER, Ernst
Dr. rer. pol., Prof. - Farmsener Landstr. 135a, 2000 Hamburg 67 (T. 603 80 06) - Geb. 1. Mai 1927 Buchholz - B. 1975 Vorst. Hamburg. Electricitäts-Werke AG; 1975-87 Vorst.-Mitgl. Reemtsma Cigarettenfabr. GmbH, Hamburg; Ehrenvors. Arbeitg.verb. Cigarettenind.; AR-Vors. Securitas-Gilde Vers., Bremen; AR Hydrierwerk Zeitz GmbH; Lehrbeauftr. Univ. Hamburg - BV: u.a. Handb. d. Gehaltsfestsetz., 5. A. 1990; Arbeiter - Angest., 2 A. 1981; Taschenb. f. Führungstechnik, 7. A. 1989; Lohn- u. Gehaltsfestsetzung, 9. A. 1989.

ZANDER, Fred
Kraftfahrzeughandwerker, Parlam. Staatssekr. a.D., MdB (s. 1969; Wahlkr. 139 Frankfurt II) - An der Lühe 32, 6000 Frankfurt/M.-Hausen (T. dstl.: Bonn 16 36 59) - Geb. 23. Jan. 1935 Köln, verh. m. Dorothea, geb. Heitzer, T. Ruth - Volkssch. Köln; 1950-53 Lehre Kraftfahrzeughandw. ebd.; 1958-59 Akad. d. Arbeit, Frankfurt - 1953-58 Kraftfahrzeughandw.; 1960-61 Assist. Akad. d. Arbeit; 1961-63 Leit. Abt. Wirtschaftspolitik DGB/Landesbez. Hessen; 1963-72 Presseref. u. pers. Ref. Otto Brenners (1966) IG Metall; 1972-74 Parlam. Staatssekr. Bundesmin. f. Bildung u. Wiss., 1974-82 Bundesmin. f. Jugend, Familie u. Gesundheit. SPD.

ZANDER, Helmut
Ministerialrat, Leit. Stabsabt. EXPO 2000 Deutsche Messe AG Hannover - Pirmasenser Str. 13, 3000 Hannover (T. 0511 - 52 65 40) - Geb. 25. Juni 1942 ev., verh. s. 1966 m. Irmgard, geb. Kiock, 2 Söhne (Bernd, Thomas) - Dipl.-Verw.wirt; anschl. Stud. f. d. höh. Verwaltungsdst.; Führungsakad. d. Bundeswehr, Ausb. Presse- u. Öffentlichkeitsarb. - 1984-86 Leit. Presse- u. Öffentlichkeitsarb. Bundesratsmin. Hannover u. Landesvertretung Nieders. in Bonn, 1986-90 Nieders. Fin. Min.

ZANDER, Hilmar
Dipl.-Ing., Direktor AEG AG, Sprecher Geschäftsltg. Industrietechnik - Dubrowpl. 1, 1000 Berlin 38 - Geb. 11. Febr. 1936, ev., verh. m. Uta, geb. Piper, 2 Kd. - Abit. Mannheim; Stud. TH Darmstadt (Elektrotechnik) - Liebh.: Musik, Malerei - Spr.: Engl., Franz.

ZANDER, Josef

Dr. med., Dr. med. h. c., em. Prof. f. Gynäkologie u. Geburtshilfe - Maistr. 11, 8000 München 2 (T. 539 72 03) - Geb. 19. Juni 1918 Jülich - Studium d. Medizin - S. 1955 (Habil.) Lehrtätig. Univ. Köln (1961 apl. Prof.), Heidelberg (1964 Ord. u. Dir. Frauenklinik), München (1970-87 Ord. u. Dir. I. Frauenklinik). Fachveröff. Mithrsg.: Gynäk. u. Geburtsh. (1967ff. 1. u. 2. Ä.); Gynäkol. Operationslehre (1991). Schriftl.: Geburtshilfe u. Frauenheilkd. - Fellow American College of Surgeons (FACS); Hon. Fellow American College of Obstetritians and Gynecologists (FACOG hon.); Hon. Fellow American Gynecological Soc.; Ehrenmitgl. dt., ital., österr., bayer. u. ung. Ges. f. Gynäkol. u. Geburtshilfe; Mitgl. Bayer. Akad. d. Wiss. u. d. Dt. Akad. d. Naturforscher Leopoldina, Halle; Bayer. VO.; Laqueur Med.; Carl Kaufmann Med.

ZANDER, Karl
Dr.-Ing., em. o. Prof. f. Elektronik TU Berlin - Von-Luck-Str. 46, 1000 Berlin 38 (T. 030 - 803 69 40) - Geb. 10. April 1923 Schwerin/Meckl., verh. m. Lore, Stud. Elektrotechnik; Dipl.-Ing. 1951, Promot. 1957, Habil. 1964, alles TU Berlin - S. 1969 o. Prof. - Ltd. Wissensch. Hahn-Meitner-Inst. Berlin GmbH, Bereich Datenverarb. u. Elektronik, s. 1986 auch Ges. f. Mathematik u. Datenverarbeitung mbH - 1985 BVK I. Kl. - Liebh.: Segeln - Spr.: Engl.

ZANDER, Karl Fred
s. Zander, Fred

ZANDER-PHILIPP, Monika

Journalistin, Schriftstellerin - Mecklenburgring 47, 6600 Saarbrücken (T. 0681 - 81 88 73) - Geb. 1. Jan. 1945, verh., 1 T. - Ausbildung als Fachlehrerin; Zusatzausbildung in Kinderpsychol. - Mitgl. d. VS; 3 J. stv. Vors. d. VS-Saar; Mitgl. d. Tarifkommiss. d. VS - 1982-87 Kindergesch. u. Märchen f. Kinder f. d. Saarländischen Rundfunk - BV: Und d. Alltag ist nicht ..., Lyrik u. Prosa 1982; ... und dennoch, Lyrik 1988. Beiträge in Anthol., u.a. rororo-Elternlexikon, Saarbrücken zu Fuß und Am Kap der guten Hoffnung. Toncass.: Und wäre nicht das bißchen Liebe ..., Lyrik - Literaturpreis d. Bistums Trier - Spr.: Franz.

ZANDERS, Hans Wolfgang
Vicepresident Intern. Paper (Europe) S.A. Brüssel, Belgien - Schreibersheide 38, 5060 Berg. Gladbach 2 - Geb. 9. Okt. 1937 Köln (Vater: Dr. rer. pol. Johann W. Z., Fabr. †1978 (s. XIX. Ausg.); Mutter: Renate, geb. v. Hake), ev., verh. s. 1969 m. Sylvia, geb. v. Graevenitz, 4 Kd. (Tatjana, Karl-Richard, Hans-Christian, Marina) - Stud. Betriebsw. Berlin u. Köln; fachl. Ausbild. amerik. Papierind. - AR-Vors. Gemeinn. Gartensiedlungsges. Gronauerwald mbH., Berg. Gladbach - Liebh.: Ski, Tennis, Segeln, Reiten, Golf, mod. Kunst - Spr.: Engl., Franz.

ZANG, Klaus D.
Dr. med., Prof. f. Humangenetik Univ. d. Saarlandes - Am Edelhaus 11, 6650 Homburg-Schwarzenacker - Geb. 23. Juli 1935 Ludwigshafen (Vater: Dr. Karl Z.; Mutter: Maria, geb. Stahl), verh. s. 1959 m. Dr. Odila, geb. Buchholz, 2 Töcht. (Birgit, Dagmar) - Stud. Med. u. Biol. Univ. München (Promot. 1961, Habil. f. Med. Genetik 1971) -1959-63 Stip. Max-Planck-Inst. f. Biochemie (Prof. Butenandt) München; 1963-73 Assist. (s. 1967 Leit. Arb.gruppe f. Med. Genetik) Max-Planck-Inst. f. Psychiatrie München; s. 1973 o. Prof. Univ. Saarbrücken (1979-82 Vizepräs. d. Univ.) - BV: Jan (m. DeVries), 1973; D. XYY-Mann (m. Leyking), 1981. Herausg.: Klinische Genetik d. Alkoholismus. Mithrsg. mehrerer intern. Fachztschr. - Spr.: Engl., Franz., Span.

ZANGER, Volker-Bodo
Journalist, Chefredakteur - Traubenstr. 26, 7570 Baden-Baden (T. 07221 - 13 43) - Geb. 7. Dez. 1941 Neustadt/Schw., kath., verh. s. 1987 m. Eveline, geb. Beier, 3 Kd. (Kai, Mark, Yanna) - Gymn.; Volont.; Stud. FU Berlin, FB Kommunikationswiss. - Lokalredakt.; Politikredakt.; s. 1991 Mitgl. Chefredaktion Badisches Tagblatt, Baden-Baden - Liebh.: Lit., Skifahren, Wandern - Spr.: Engl., Franz.

ZANKER, Paul
Dr. phil., Prof. f. Klass. Archäologie Univ. München - Meiserstr. 10, 8000 München 2 - Geb. 7. Febr. 1937 Konstanz - Promot. 1962 u. Habil. 1967 Univ. Freiburg/Br. - S. 1972 o. Prof. Univ. Göttingen; 1976 Prof. in München - BV: Wandel d. Hermesgestalt, 1965; Forum Augustum, 1968; Forum Romanum, 1972; Klassizist. Statuen, 1974; Augustusporträts, 1973; Hellenismus in Mittelitalien, (Hrsg.) 1976; Provinzielle Kaiserporträts, 1983; Augustus u. d. Macht d. Bilder, 1987; D. Trunkene Alte. D. Lachen d. Verhöhnten, 1988.

ZANKER, Valentin
Dr. rer. nat., Prof. f. Physikal. Chemie - Agnes-Bernauer-Str. 234. 8000 München 60 (T. 83 03 69) - Geb. 1. Okt. 1915 Vöhringen/Iller (Eltern: Valentin (Malerm.) u. Maria Z.), verh. s. 1946 m. Katharina, geb. Teller - Ohm-Polytechnikum Nürnberg; TH München. Promot. (1948) u. Habil. (1955) München - S. 1955 Lehrtätig. TU München (1961 Prof.). Üb. 100 Veröff. - Liebh.: Malerei.

ZANKL, Heinrich
Dr. rer. nat., Prof. f. Geologie u. Sedimentologie Univ. Marburg - Triftweg 7, 3553 Cölbe-Schönstadt - Geb. 16. April 1933 - Hauptschriftleiter Geol. Rundschau

ZANKL, Heinrich
Dr. med. vet., Dr. rer. nat., Prof. f. Humanbiologie u. Humangenetik Univ. Kaiserslautern, Vizepräs. d. Univ. Kaiserslautern (s. 1987) - Büchnerstr. 6, 6650 Homburg (T. 06848 - 61 60) - Geb. 21. Febr. 1941 Nürnberg (Vater: Hans-Ludwig Z., Verkehrsdir.; Mutter: Lisa, geb. Fischer), ev., verh. s. 1967 m. Merve, geb. Wagner, 2 S. (Andreas, Oliver) - 1960-67 Stud. Veterinärmed. Univ. München; Promot. 1967 u. 74, Habil. 1977 - 1967-74 wiss. Assist. Univ. München; 1969-74 MPI f. Psychiatrie; 1974-77 akad. Rat/Oberrat Univ. d. Saarl.; s 1979 Prof. in Kaiserslautern - BV: Humanbiol., Lehrb. 1980; D. Karyotyp d. Meningeoms, 1980; Humangenetik, Lehrb. 1981; Gesundheitslehre, Lehrb. 1987 - 1978 Bechhold-Med. (Umschau-Preis).

ZANOTELLI, Hans
Prof., Generalmusikdirektor - Oberwiesenstr. 31, 7000 Stuttgart 70 - Geb. 23. Aug. 1927 Wuppertal, ev., verh. s. 1960 m. Ingeborg, geb. Schlösser, 2 Söhne (Peter, Mario) - 1942-44 Musikhochsch. Köln; im wesentl. Autodidakt - 1951 Kapellm. Düsseldorf, 1954 I. Kapellm. Bonn, 1955 Kapellm. Hamburg (Berufung durch Günther Rennert), 1957 Generalmusikdir. Darmstadt (Beruf. d. Gustav Rudolf Sellner), 1963 GMD Augsburg, zugl. Dirig. Dt. Oper Berlin u. Bayer. Staatsoper München, 1971 Chefdirig. Stuttgarter Philharmoniker u. d. Philharmonia-Vocalensembles (m. Verpflicht. Württ. Staatsoper). Gastdirig. In- u. Ausl. (u. a. Japan). Bearb.: Pfitzners Palestrina f. reduziertes Orch. (1969). 1977 Ernennung z. Prof.; 1984 BVK. S. 1985/86 GMD (Oper u. Konzert), Kiel.

ZAPF, Gerhard
Dr. phil. nat., Prof. f. Werkstoffkunde Univ. Karlsruhe, Präs. Codirp, Paris - 5608 Krebsöge/Rhld. (T. 02123

6 56 18) - Geb. 12. Nov. 1909 Schkölen/Thür. (Eltern: Heinrich u. Helene Z.), verh. s. 1953 (Ehefr.: Ingegerd), 3 Kd. (Joachim, Eva, Thomas) - Univ. Jena - Fabrikant. Vors. d. Gesellschaftervers. d. Sintermetallwerk Krebsöge GmbH, Metallwerk Unterfranken GmbH, Sintermetallwerk Lübeck GmbH, Sintermetallwerk Schwelm GmbH u. Preßmetall Krebsöge GmbH - BV: D. System Molybdän-Stickstoff, 1935; Handb. d. Fertigungstechnik (Abschn. Pulvermetallurgie) - Gr. BVK; Pioneer Awards d. American Metal Powder Ind. Fed. - Spr.: Engl., Franz., Schwed. - Rotarier - Gilt als Begründer d. heute in d. Pulvermetallurgie verwendeten Techniken.

ZAPF, Hermann

Prof., Designer (Buch- u. Schriftgraphik) - Seitersweg 35, 6100 Darmstadt (T. 7 68 25) - Geb. 8. Nov. 1918 Nürnberg (Vater: Hermann Z., Werkmeister; Mutter: Magdalena, geb. Schlampp), ev., verh. s. 1951 m. Gudrun, geb. v. Hesse, S. Christian Ludwig - Lehre Positiv-Retusch.; Selbststud. Schrift - 1947-56 künstl. Leit. Schriftgieß. D. Stempel AG, Frankfurt; 1948-50 Lehrer f. Schrift Werkkunstsch. Offenbach; 1960 Prof. of Graphic Design, Carnegie Inst. of Technology, Pittsburgh/Pennsylvania (Carn. Mellon University); 1972-81 Lehrbeauftr. f. Typographie TH Darmstadt, 1976-87 Prof. for Typographic Computer Programs, Rochester Inst. of Technology, Rochester/New York, 1976 Vice Pres. Design Processing Intern. Inc., New York - BV: Über Alphabete, 1960; Typogr. Variationen, 1963 (engl. 1964, franz. 1965); Hunt Roman. Birth of a Type, 1962; Manuale Typographicum, 1954 (in 16 Sprachen, Querformat) u. 1968 in 18 Spr.; About Alphabets, 1970; Orbis Typographicus, 1980; Hora fugit - Carpe diem. E. Arbeitsber., 1984; Hermann Zapf and his design philosophy, STA Chicago u. Yale Univ. Press, 1987; ABC-XY Zapf, Wynkyn de Worde Soc., 1989 - 1962 Médaille d'argent, Ministère de l'instruction Publique Belgique, Brüssel; 1966 1. Preis f. Typogr. d. Biennale Brno, Brünn; 1967 1. Goldmed. Type Directors Club of New York; 1969 Frederic W. Coudy Award for Typogr., Rochester Inst. of Technology, Rochester/New York; 1987 Robert H. Middleton Award, Chicago; 1970 Honorary Citizen, State of Texas, Austin; 1971 Silbermed. Intern. Buchkunst-Ausstell. Leipzig; 1974 Gutenberg-Preis, Mainz; 1975 Gold Medal, Museo Bodoniano, Parma; 1985 Honorary Royal Designer for Industry; 1990 Honorary Curator Computer Museum, Boston - Liebh.: Alte Drucke - Spr.: Engl. - The Art of Hermann Zapf (Farbfilm Hallmark Prod., Kansas City 1967).

ZAPF, Uta

Mitglied d. Deutschen Bundestages - Immanuel-Kant-Str. 22, 6072 Dreieich (T. 06103 - 6 31 69) - Geb. 14. Aug. 1941 Liegnitz, verh. s. 1967 m. Michael Z., 1 S. - Stud. Anglistik, German. - 1989-91 Stadtverordnetenvorsteherin Dreieich.

ZAPF, Wolfgang

Dr. phil., Prof. f. Soziologie, Präs. Wissenschaftszentrum Berlin f. Sozialforschung (s. 1987) - Reichpietschufer 50, 1000 Berlin 30 (T. 030 - 25 49 15 03) - Geb. 25. April 1937 Frankfurt/M., kath., verh. s. 1966 m. Dr. Katrin, geb. Raschig, 2 Kd. (Peter, Johanna) - Univ. Frankfurt, Hamburg, Köln, Tübingen - S. 1967 (Habil.) Lehrtätigk. Univ. Konstanz (Privatdoz.), Univ. Frankfurt (1968 o. Prof.), Mannheim (1972 o. Prof.), Stanford (1980, 1986), FU Berlin (s. 1988) - BV: Wandlungen d. deutschen Elite, 1965; Kommunikation im Industriebetrieb (m. J. Bergmann), 1965; Theorien d. sozialen Wandels, 1969, 4. A. 1979 (Hg., Mitautor); Soziale Indikatoren I-IV, 1974-76 (Hg., Mitautor); Sozialberichterstattung, 1976; Modernisierungspolitik 1976 (Hg., Mitautor); Sozialpolitik u. Sozialberichterstattung (m. H. J. Krupp), 1977; Lebensbedingungen in d. Bundesrepublik (m.a., 1977; Lebensqualität in d. Bundesrepublik (m. W. Glatzer), 1984; German Social Report (m.a.) 1987; Individualisierung u. Sicherheit (m. a.), 1987; Alltagsmaschinen (m.a.), 1991; D. Modernisierung moderner Gesellsch. (Hg., Mitautor), 1991.

ZAPFE, Udo-Wolfgang

Dipl.-Kfm., Vorstandsmitglied Personal- u. Rechnungswesen Albingia Lebensversich. AG, u. Albingia Versich. AG - Vogtskamp 23, 2000 Hamburg 65 (T. 536 38 25) - Geb. 10. Febr. 1939 Berlin (Vater: Lothar Z., Versich.dir.; Mutter: Hildegard, geb. Klein), ev., verh. s. 1976 in 2. Ehe m. Karin, geb. Schneider, 3 Kd. (Britta, Svenja, Christoph) - Stud. Betriebsw. Univ. Göttingen u. Hamburg (Ex. 1965).

ZAPINSKI, Jan

s. Orth, Hans-Joachim

ZAPP, Carl-August

Dr. jur., Botschafter a. D. - Ten Eicken, 4030 Ratingen/Rhld. - Geb. 5. April 1904 Düsseldorf - Stud. Rechtswiss. - 1933-69 (m. zeitbed. Unterbrech.) Ausw. Dienst (Stockholm, Den Haag, Ankara, Bern, 1960 Botsch. Venezuela, 1964 Algerien, 1966 Mexiko) - Orden u. a.

ZAPP, Erich

Dr. med., Prof., Chefarzt Kinderabt. St.-Elisabeth-Klinik, Saarlouis - Gartenreihe 9, 6630 Saarlouis (T. Klinik 31 91) - Geb. 26. Mai 1920 Lebach/Saar - Zul. Chefarzt Kinderabt. St.-Johannes-Hospital, Duisburg-Hamborn. S. 1958 (Habil.) Privatdoz. u. apl. Prof. (1965) Univ. Saarbrücken (Kinderheilkd.) - BV: Neue pädiatr. Urologie, 1960. Üb. 40 Einzelarb.

ZAPP, Herbert

Dr., Vorstandsmitglied Deutsche Bank AG - Taunusanlage 12, 6000 Frankfurt - Geb. 15. März 1928 - Vors., stv. Vors. d. AR u. Mitgl. d. AR einer Reihe größ. Ges.

ZAPPE, Karl-Heinz

Inhaber Druckerei Kunze u. Partner - Friedrich-Schneider-Str. 9, 6500 Mainz (T. 06131 - 5 10 14) - Geb. 20. Okt. 1925 Frankenberg/Eder, verh. m. Bianca, geb. Brennecke, 2 Kd. (Frank, Ina) - 1950-1953 Werbeassist. Blendax-Werke, 1953-54 Werbeleit. Margaret Astor, 1954-57 Blendax-Werke, 1957-86 Dir. Asbach u. Co. - BV: V. Stil d. Werbung - Gesch. u. Gestalt d. Werbung f. e. Markenartikel, 1974; Werbepolitik - Beiträge z. Werbelehre aus Theorie u. Praxis, 1974 (Mitverf.) - 1974 Silb. Ehrenmed. d. Hochsch. f. Welthandel, Wien; 1975 BVK; 1982 Dr.-Kurt-Neven-DuMont-Med.

ZARGES, Helmut

Dipl.-Ing. agr., Hauptgeschäftsführer Verband Dt. Landwirtsch. Untersuchungs- u. Forschungsanst. - Bismarckstr. 41A, 6100 Darmstadt (T. 06151-2 64 85).

ZATTLER, Friedrich

Dr. phil., Prof., Institutsdirektor i. R. - Hohenzollernstr. 46, 8000 München 40 - Geb. 1. Okt. 1900 Landshut/Bay. (Vater: Urban Z., Hoffotogr.; Mutter: Auguste, geb. Hofreiter), kath., verh. s. 1927 m. Johanna, geb. Hilz †1983, S. Richard - Univ. Würzburg u. München (Botanik). Promot. 1924 - 1924-26 Botan. Inst. TH Stuttgart (I. Assist.), dann Bayer. Landesanstalt f. Pflanzenbau u. -schutz, München (Leit. Abt. Hopfenbau u. -forsch.), ab 1944 zugl. Hopfenversuchsgut Hüll Dt. Ges. f. Hopfenforsch. (wiss. Leit.), zul. Hans-Pfülf-Inst. f. Hopfenforsch. Hüll. S. 1956 Honorarprof. TH bzw. TU München (Hopfenkd.). Forsch. üb. Hopfen (Kultur, Düngung, Krankh. u. Schädlinge, Züchtung, Sorten u. Qualität) - BV: u. a. Züchtung neuer Hopfensorten, in: D. Braugewerbe in Wiss., Technik u. Wirtsch., 1953; Düngg. Handb. f. Pflanzenernährung, Bd. III 1966. Üb. 50 Einzelarb. - 1958 Hopfenorden Prag; 1962 Silb. bayer. Staatsmed.; 1966 BVK I. Kl.; 1973 Offizier d. Hopfenordens; Ehrenmitgl. Verb. Dt. Hopfenpflanzer - Spr.: Engl., Franz., Ital.

ZAUNER, Friedrich Ch.

Dr. phil., Schriftsteller - A-4791 Rainbach (T. 07716 - 80 28) - Geb. 19. Sept. 1936 Rainbach/Oberösterr., verh. s. 1961 m. Roswitha, 4 Kd. (Jakob, Anne, Agnes, Christa) - Stud. Theaterwiss. u. German. Univ. Wien; Promot. 1961 - Verf. v. Theaterstücken, FS-Spielen, Hörsp. sow. Romanen. Präs. Österr. P.E.N.-Club - BV: Dort oben im Wald bei diesen Leuten, 1981; Archaische Trilogie, 1982; Scharade, 1985; Lieben u. Irren d. Martin Kummanz, 1986; Bulle, 1986 - 1985 Kulturpreis Ld. Oberösterr. - Lit.: Emmerich Schierhuber: Friedrich Ch. Z., Diss. Univ. Wien (1984).

ZAUNER, Siegfried

I. Bürgermeister Kochel am See - Rathaus, 8113 Kochel/Obb.; priv.: Rothenberg Nord 14 - Geb. 1. Aug. 1932 Kochel - Geschäftsinh.

ZAUZICH, Karl-Theodor

Dr., Prof., Vorstand Inst. f. Ägyptologie Univ. Würzburg - Ölspielstr. 41, 8701 Sommerhausen - Geb. 8. Juni 1939 Plauen - Stud. Ägyptologie, Griech., Latein Univ. Leipzig, Mainz; Promot. 1966 Mainz; Habil. 1980 FU Berlin - 1980 Prof. Univ. Mainz; 1981 o. Prof. Univ. Würzburg. Gründungsmitgl. Intern. Committee for the Publication of the Carlsberg Papyri - BV: D. ägypt. Schreibertradition, 1968; Ägypt. Handschriften, Teil 2, 1971; Demotische Papyri aus d. Staatl. Museen zu Berlin, Lief. 1, 1978; Hieroglyphen ohne Geheimnis, 1980. Rd. 100 Aufs. Herausg.: Demotische Studien (s. 1988). Mithrsg.: Enchoria, Ztschr. f. Demotistik u. Koptologie (s. 1971); Koptische Studien (s. 1983).

ZAVELBERG, Heinz Günter

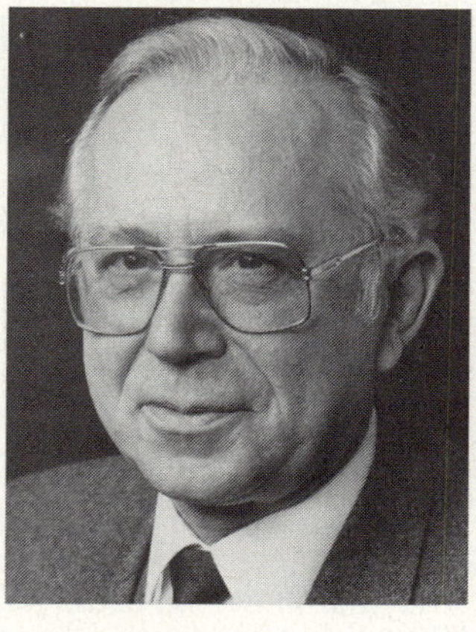

Dr. jur., Präsident Bundesrechnungshof (s. 1985) - Zu erreichen üb. Bundesrechnungshof, Berliner Str. 51, 6000 Frankfurt/M. 1 (T. 21 76-10 01) - Geb. 16. Okt. 1928 Brühl/Rhld., kath., verh. m. Karin Konrath-Z., 6 Kd. - Stud. Univ. Bonn u. Köln; Jurist. Staatsprüf. 1951 u. 1956; Promot. 1955 - 1956-62 Richter, zul. Amtsger.rat Köln; 1962-70 Bundesfinanzmin. (Haushaltsabt.); 1966 Leit. Ref. f. Finanzplanung u. konjunkturpolit. Steuerung d. Haushalts, Ministerialrat; 1970-82 Finanzpolit. Berater d. CDU/CSU-Bundestagsfrakt.; 1982-83 Unterabt.-Leit. BMF (Verteidigung, Entw.hilfe), Ministerialdirigent; 1983-85 Vizepräs. Bundesrechnungshof; Bundesbeauftr. f. Wirtschaftlichkeit in d. Verwaltung; Vors. Bundespersonalaussch. u. Bundesschuldenaussch.; Vorst.-Mitgl. Dt. Sektion d. Intern. Inst. f. Verw.wiss.; Mitgl. (b. Herbst 1993 Vors.) d. Präsid. d. Intern. Org. d. Obersten Rechnungskontrollbehörden (INTOSAI); 1989-92 Mitgl. d. UN-Board of Auditors; CDU-Mitgl. s. 1970; 1978-83 Vors. CDU-Mittelstandsvereinig., Erftkreis; Mitgl. Landesvorst. Mittelstandsvereinig. u. Kreisvorst. CDU, Erftkreis; 1979-83 Ratsherr in Brühl - Fachveröff. - Gr. BVK.

ZAZOFF, Peter

Dr., Prof. f. Klass. Archäologie Univ. Hamburg - Philipp-Reis-Weg 7, 2000 Hamburg 67 - Geb. 4. April 1922 Sofia - Promot. 1949 (m. Amazonenstudien), Habil. (m. Etrusk. Skarabäen) - BV: Etrusk. Skarabäen, 1968; Antike Gemmen in dt. Samml. III, 1970; IV 1975; Handb. d. Archäol. D. antiken Gemmen, 1983; Gemmensammler u. Gemmenforscher. V. e. noblen Passion z. Wiss., 1983; Z. thrakischen Kunst im Frühhellenismus, 1985; D. neue thrakische Silberschatz v. Rogozen in Bulgarien, 1987; Z. Bildsprache d. thrako-getischen Silberbechers v. Rogozen, 1989.

ZDUNOWSKI, von, Dieter

Dirigent Pfalztheater Kaiserslautern - Dr.-R.-Breitscheid-Str. 26, 6750 Kaiserslautern (T. 0631 - 2 32 90) - Geb. 25. Okt. 1936 Berlin, ev., verh. s. 1967 m. Ingeborg, geb. Neidel, 2 S. (Michael, Stefan) - 1958-62 Hochsch. f. Musik, Hamburg (b. Schmidt-Isserstedt, Brückner-Rüggeberg) - Dirig. Staatstheater Oldenburg, Musiktheater im Revier, Gelsenkirchen; 1. Kapellm. d. Oper u. stv. GMD Staatstheater Saarbrücken - Liebh.: Lit., Wandern.

ZEBE, Ernst

Dr. rer. nat., o. Prof. f. Zoologie, insb. Zoophysiol., u. Mitdirektor Zool. Inst. Univ. Münster (s. 1968) - Potstiege 8, 4400 Münster/W. (T. 5 59 17) - Habil. Heidelberg - B. 1968 Privatdoz. Univ. Heidelberg. Fachveröff.

ZECH, Gerhard

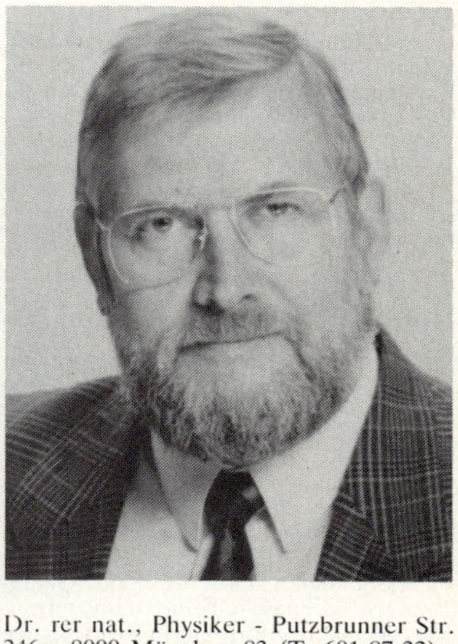

Dr. rer nat., Physiker - Putzbrunner Str. 246a, 8000 München 83 (T. 601 87 32) - Geb. 19. Juni 1937 Darmstadt - Stud. Physik (Dipl. u. Promot.) - 1974-82 u. s. 1990 MdL Bayern, finanzpolit. Sprecher d. FDP-Fraktion.

ZECH, Jürgen

Dr. rer. pol., Dipl.-Kfm., Dipl. INSEAD, Vorstandsvorsitzender Kölnische Rückversich.-Ges. AG - Donauweg 7, 5000 Köln 40 (T. 48 65 24) - Geb. 24. Juli 1939 Mönchengladbach.

ZECH, Sabine

Prof., Oberbürgermeisterin Stadt Hamm - Nikolaus-Ehlen-Str. 20, 4700 Hamm 1 - Geb. 17. Sept. 1940 Berlin, ev., verh. m. Harald Z., 2 Kd. (Till, Nicola) - Stud. Univ. Berlin u. Tübingen; 1. u. 2. Staatsex. Rechtswiss. - Fachhochschullehrerin. S. 1969 Rat Stadt Hamm, 1979-84 2. Bürgerm., s. 1984 OB - Liebh.: Musik (Geige, Bratsche), Joggen - Spr.: Engl.

ZECHBAUER, Peter Max

Fabrikant - Residenzstr. 10, 8000 München 2 (T. 29 01 300) - Geb. 10. Febr. 1933 München (Vater: Curt Z. †1981; Mutter: Emilie Mathilde, geb. Seidl †1979), kath., verh. s. 1960 m. Edith, geb. Köpp, 3 Kd. (Angelika, Monika, Michael) - Schweizer. Alpine Mittelsch. - Spr.: Engl., Ital. - Rotarier.

ZECHMANN, Bernd

1. Bürgermeister Stadt Hauzenberg - Rathaus, 8395 Hauzenberg/Ndb. - Geb. 17. März 1947 Hauzenberg - Zul. Dipl.-Verw.-Wirt (FH).

ZEDDIES, Jürgen-Friedrich

Dr. sc. agr., Prof. f. landw. Betriebslehre Univ. Hohenheim/Stuttgart - Höfer Steige 30, 7022 Leinfelden-Echterdingen 3 (T. 0711 - 79 28 25) - Versch. Kosten-Nutzen-Analysen (Angebotskontingentierung, Leistungsprüfungen, Produktivitätsentw., Flächenstillegung, Rinderwachstumshormon, Nachwachsende Rohstoffe); Mitgl. im Wiss. Beirat b. Bundesmin. f. Ernährung, Landwirtschaft u. Forsten - Spr.: Engl.

ZEDELMAIER, Helmut

Dr. med. dent., Zahnarzt, Vors. Kassenzahnärztl. Bundesvereinigung, Köln (b. 1986 gew.), Mitgl. Bayer. Senat, München - Lindenpl. 7, 8920 Schongau/Obb. - Geb. 11. Juli 1927 - 1984 Bayer. VO.

ZEDLER, Peter

Dr., Univ.-Prof. f. Erziehungswissenschaft Pädagogische Hochschule Erfurt (s. 1991 Gründungsprof.; Leit. d. Inst. f. Allgem. Erziehungswiss. u. Empirische Bildungsforsch.) - Kampfstiege 1, 4417 Altenberge - Geb. 2. Aug. 1945 Burgellern, verh. s. 1973 m. Margrit, geb. Horstmann, 2 Kd. (Marc Alexander, Maren Christien) - Stud. Erlangen-Nürnberg u. Münster; Staatsex. 1969; Promot. 1974; Habil. 1983 - 1990 Vorst.-Mitgl. d. Dt. Ges. f. Erziehungswiss. - B. 1991 Prof. Fernuniv. Hagen - BV: Einf. in d. Bildungsplanung, 1979; Einf. in d. Wiss.theorie, 1983; Erz.wiss. Forsch. Probleme, Prioritäten, Perspektiven, 1981; Aspekte qualitativer Sozialforsch., 1983; Rekonstrukt. päd. Wiss.gesch., 1989; Rezeption u. Verwendung erz.wiss. Wissens in päd. Handlungs- u. Entscheidungsfeldern, 1989 - Inter.: Segeln - Spr.: Engl.

ZEDTWITZ von ARNIM, Georg-Volkmar, Graf

PR-Fachmann, Journalist, Inh. communication & image - Seeweg 6, 6365 Rodheim v.d.H. (Fax 06007 - 78 50) - Geb. 25. Juni 1925 Berlin (Vater: Volkmar v. Arnim, Chef d. Verkehrsltg. Dt. Lufthansa AG †1927; Stiefv.: Amadeo Graf. v. Zedtwitz, Industrieberater (†1981); Mutter: Alice, geb. v. Arnim †1985), ev., verh. s. 1950 m. Gisela, geb. Fahlberg, Sohn Dr. rer. pol. Georg-Amadeo - Landschulheim Neubeuern u. Lyz. Alpinum, Zuoz; Univ. Kiel (Rechts- u. Staatswiss., Psych.) - 1952-56 Pressechef Air France Mittel- u. Osteuropa, 1956-59 Public-Relations-Chef Telefunken GmbH., 1960-62 Geschäftsltg. Dt. Julius Klein Public Relations u. Interpublic Ges. f. Öffentlichkeitsarbeit mbH., 1963-77 Dir. Stabsabt. Information Fried. Krupp bzw. Fried. Krupp GmbH., jetzt Lt. Abt. Information d. Vereinig. d. Dt. Elektrizitätswerke (VDEW); gegenw. Gesamtvorstandsmitgl. Dt. Journalistenverb., Rhein.-Westf. Journalistenverb., Ehrenmitgl. u. Hauptaussch. Dt. Public Relationsges., Ehrenpräs. CERP/Confédération Europ. des Relations Publiques, Kurator Dt. Politologen-Verb., Fellow Institute of Public Relations, London, Ehrenmitgl. Agrupacion Espanola de Relaciones Publicas - BV: Tu Gutes u. rede darüber - Public Relations f. d. Wirtschaft, 1961, 3. A. 1978 (Handb.); ...ein Ruf wie Donnerhall - Deutschenspiegel, 1978; Degen gegen Maschinenpistole? od. Voltaire gegen d. mißverstandenen Rousseau, 2. A. 1983 (engl. Übers. 1984); Public Relations als Passion - Aufs. u. Reden (hg. v. Heinz Flieger), Festschr. zum 65. Geb., 1990 - 1977 BVK; 1983 gr. europ. PR-Preis; 1986 BVK I. Kl. - Spr.: Engl., Franz. - Bek. Vorf.: Mark Twain/Samuel Clemens (Urgroßneffe).

ZEECK, Axel

Dr. rer. nat., Prof. f. Organische Chemie - Brüder-Grimm-Allee 22, 3400 Göttingen (T. 0551-4 22 71) - Geb. 31. März 1939 Rummelsburg/Pom., verh. s. 1964 m. Gisela, geb. Ruppenthal, 2 Kd. - Gymn. Schloß Plön (Abit. 1958), Univ. Göttingen, Dipl.-Chem. 1963, Promot. 1966, Habil. 1974 - S. 1980 Prof. 1981-83 Dekan Fachber. Chemie, 1983-85 Vizepräs. Univ. Göttingen - Entd.: Neue Antibiotica aus Mikroorganismen - BV: Organ. Chemie, Lehrb., 1980; Chemie f. Mediz., Lehrb. 1990 - 1979 Preis Carl-Duisberg-Stift.

ZEEDEN, Ernst Walter

Dr. phil., em. o. Prof. f. Mittlere u. Neuere Geschichte - Im Schönblick 54, 7400 Tübingen (T. 6 14 15) - Geb. 14. Mai 1916 Berlin (Vater: Dr. jur. Konrad Z., Landgerichtsdir. †1925; Mutter: Marianne, geb. Müller †1934), kath., verh. 1948 m. Pauline, geb. Dubbert †1987, 5 Kd. (Heinrich, Irmgard, Wolfgang, Gerhard, Theresia) - Bismarck-Gymn. Berlin; Univ. Leipzig, Heidelberg, München, Freiburg (Gesch., Dt., Lat.). Promot. (1939) u. Habil. (1947) Freiburg - S. 1957 ao. u. o. Prof. (1963) Univ. Tübingen - BV: Luther u. d. Reformation im Urteil d. dt. Luthertums, 2 Bde. 1950/52 (auch engl.); D. Entsteh. d. Konfessionen, 1965; D. Zeitalter d. Gegenreformation, 1967; Dt. Kultur in d. frühen Neuzeit, 1968; D. Zeitalter d. Glaubenskämpfe, 7. A. 1986. Herausg.: Gegenreformation (1973); Hegemonialkriege u. Glaubenskämpfe 1556-1648 (1977); Konfessionsbildung (1985).

ZEH, Erich

Dr. med., Prof., ehem. Direktor II. Med. Klinik Städt. Klinikum Karlsruhe - Strählerweg 30, 7500 Karlsruhe-Durlach - Geb. 21. Juli 1920 Schwendi/Württ. (Vater: Dr. med. A. Z., Arzt; Mutter: Klara, geb. Mayer), verh. s. 1953 m. Ruth, geb. Mauser - Promot. (1945) u. Habil. (1958) Tübingen - S. 1958 Lehrtätigk. Univ. Tübingen (1964 apl. Prof. f. Innere Med.). Hauptarbeitsgebiet: Herzkrankh. Fachveröff.

ZEH, H.-Dieter

Dr. rer. nat., Prof. f. theor. Physik Univ. Heidelberg - Gaiberger Str. 38, 6903 Waldhilsbach - Geb. 8. Mai 1932 Braunschweig, verh. s. 1974 m. Sigrid, geb. Besch - Spez. Arbeitsgeb.: Quanten-Theorie, Element-Synthese - BV: D. Physik d. Zeitrichtung, 1984; The Physical Basis of the Direction of Time, 1989.

ZEH, Klaus

Dipl.-Ing., Dr., Finanzminister d. Landes Thüringen - Van der Foehrdamm 14, O-5500 Nordhausen (T. 03631 - 41 51 12) - Geb. 16. Nov. 1952 Leipzig, kath., verh. s. 1977 m. Gisela, geb. Stanske, 2 Kd. (Johannes, Hannelore) - Abit.; Stud. Informatik; Dipl. 1976; Promot. 1989 TU Dresden - 1976-90 VEB Funkwerk Erfurt, Entwicklung; 1990 Hauptaussch. DA, stv. Vors. DA, Landesvors. Thüringen DA; stv. Landesvors. CDU.

ZEHENDNER, Gerhard

Dr. jur., Präsident Finanzgericht Baden-Württemberg - Grenadierstr. 5, 7500 Karlsruhe 1 (T. 0721 - 135 36 93) - Geb. 8. April 1928 Schweinfurt.

ZEHETMAIR, Johann (Hans)

Gymnasialprof. a. D., Bayer. Staatsminister f. Unterricht, Kultus, Wiss. u. Kunst (s. 1990), MdL Bayern (1974-78 u. s. 1990) - Zu erreichen üb. Salvatorstr. 2, 8000 München 2 (T. 21 86-01); priv.: Dall'Armistr. 6, 8058 Erding - Geb. 1936, kath., verh., 3 Kd. - 10 J. Gymnasiallehrer f. Deutsch, Latein u. Griechisch Domgymn. Freising; 1978-86 Landrat Kr. Erding. CSU; 1986-90 Bayer. Staatsminister f. Unterricht u. Kultus, s. 1989 auch f. Wiss. u. Kunst; Vizepräs. d. Dt. Nationalkomitees f. Denkmalschutz. S. 1990 Vors. d. Rundfunkrats d. Deutschlandfunks - 1985 BVK; 1988 Bayer. VO.; 1990 Kantor d. päpstl. Gregoriusordens.

ZEHETMEIER, Winfried

Dr. phil., Bürgermeister a. D. - Rathaus, 8000 München 2 - Geb. 30. Mai 1933 München - Gymnasialdienst (zul. Oberstudiendir.). B. 1978 CSU-Fraktionsvors. Stadtparlam., b. 1990 2. Bürgerm. Als Maler Ausst. im In- u. Ausl. - BV: Gegenzauber, Ged. 1979; Taubenjagd, Erz. 1984; Richtig sprechen, Lehr- u. Übungsb. z. dt. Hochlautung, 1986; Nun malt mal d. Welt, Bilder- u. Vorleseb. f. Erwachsene, 1986; Nun malt mal Spanien, 1990 - 1988 BVK.

ZEHM, Wolfgang

Dipl.-Ing., Vorstand Flender-Werft AG., Lübeck - Scheteligstr. 8, 2400 Lübeck-Travemünde 1 - Geb. 22. Febr. 1933.

ZEHNER, Günter

Dr. jur., Vizepräsident Bundesverwaltungsgericht - Hardenbergstr. 31, 1000 Berlin 12 (T. 3 19 71) - Geb. 29. Aug. 1923 Darmstadt - Gr. jurist. Staatsprüf. 1955 Frankfurt/M. - Hess. Justizmin. (Ref.) u. -dst. (Richter LGbez. Darmstadt); s. 1960 Bundesverfassungsgericht (b. 1963 Oberreg.rat, dann Reg.dir., pers. Ref. d. Präs.), 1966ff. Bundesrichter.

ZEIDLER, Hans

Dr. rer. nat., Prof. i. R. f. Vegetationskunde - Hans-Löffler-Str. 28, 8700 Würzburg - Geb. 4. April 1915 Würzburg, ev., verh., 4 Kd. - S. 1949 (Habil.) Lehrtätigk. Univ. Würzburg (1955 apl. Prof.), TH Braunschweig (1963 beamt. apl. Prof.), Univ. Hannover (1966 Ord. Fak. f. Gartenbau u. Landeskultur, 1980 Fachber. Biologie). Fachgeb.: Geobotanik. Wiss. Veröff.

ZEIDLER, Hans-Wilhelm

Dr., Direktor u. Vorstandsmitglied - Bühlstr. 26, 3400 Göttingen (T. 0551 - 4 51 65) u. Forsythienweg 1, 5000 Köln 71 (T. 0221 - 700 32 68) - Geb. 12. April 1948, 3 Kd. (Arne, Thilo, Laura) - Stud. BWL u. Jura; Dipl.-Kfm. 1974, Promot. 1979, bde. Göttingen; Lehrbeauftr. d. Univ. Göttingen - Mitgl. d. Vollvers. d. IHK Hannover; Mitgl. d. Prüfungsaussch. d. IHK f. Versich.-Fachwirte u. Versich.-Betriebsw. - BV: Unternehmensrisiko b. Wechselkursvariationen, 1979 - 1973 3. Preis d. großen Kriminalistenpreises in Bremen - Interessen: Bildende Künste, Chansons, Dichterlesungen - Spr.: Engl., Span.

ZEIEN, Alfred M.

Aufsichtsratsmitglied Braun AG. - Frankfurter Str. 145, Postf. 1120, 6242 Kronberg/Ts. (T. 06173 - 30-0).

ZEIL, Werner

Dr. rer. nat., Prof. f. Geologie u. Paläontologie - Bergstr. 7, 8035 Gauting - Geb. 19. Nov. 1919 Darmstadt (Vater: Karl Z., Architekt; Mutter: Margret, geb. Rathgeber), verh. s. 1948 m. Ursula, geb. Sommer, 3 Söhne (Jochen, Peter, Martin) - Univ. Göttingen u. München (Phil., Geol.; Dipl.-Geol. 1948, Promot. 1951). Habil. 1954 München - 1954-60 Privatdoz. u. apl. Prof. (1960) Univ. München; 1956 Gastforscher Univ. Santiago de Chile; 1957/58 Lehrstuhlvertr. Univ. Heidelberg; s. 1960 Ord. u. Inst.dir. TU Berlin. Vors. Geol. Vereinig. (1982-85). Schriftl. Geol. Rundschau (1965-81) - BV: Geologie von Chile, 1964; Brinkmanns Abriß d. Geol., 14. A. 1990; The Andes. A geological review, 1979; Südamerika, Geol. d. Erde, Bd. 1 1986. Herausg.: Geotekton. Forsch. (1971ff.). Üb. 70 Fachveröff.

ZEINER, Manfred

Bürgermeister, MdL Saarl. (1960-75) - Feldstr. 11, 6607 Quierschied-Göttelborn (T. 06825-75 76) - Geb. 26. Febr. 1921 Göttelborn - Realgymn. Neunkirchen - Ab 1936 Handelsmarine (Hapag), bei Kriegsausbr. in Ostasien interniert, 1942-46 Lager Kanada, n. Rückkehr landw. Tätigk., 1947-63 Bergmann (1957 Betriebsratsmitgl. Grube Göttelborn). S. 1958 Mitgl. Gemeinderat u. Bürgerm. (1963) Göttelborn. SPD s. 1952 (1955 Ortsvors.) - 1974 BVK a. Bde.; 1975 Saarl. VO.

ZEISEL, Hans

Dr. med., Prof., Wiss. Koordinator Fa. Alete, München - Sudetenstr. 16, 8700 Würzburg - Geb. 21. Dez. 1918 Deutsch-Proben (ČSSR), kath., verh. s. 1943, 2 Söhne (Hans-Joachim, Udo-Emanuel) - Realgymn.; Dt. Karls-Univ. Prag. Promot. 1943 Prag; Habil. 1956 Würzburg - S. 1956 Lehrtätigk. Univ. Würzburg (1962 apl. Prof. f. Kinderheilkd.) - BV: Unters. z. Nebennierenfunktion im Säuglingsalter, 1956; Pädiatr. Fortbild., 1962 (m. Josef Ströder). Fachaufs.

ZEISS (ß), Arnold

Dr. rer. nat., Dipl.-Geol., ao. Prof. f. Paläontologie Univ. Erlangen-Nürnberg (s. 1974) - Albert-Schweitzer-Str. 19, 8525 Uttenreuth/Mfr. - Geb. 23. Okt. 1928 München, ev., verh. s. 1963, 2 Kd. - Promot. 1956 München; Habil. 1967 Erlangen - Facharb.

ZEISS, Walter

Dr. jur., o. Prof. f. Prozeß-, Arbeitsrecht u. Bürgerl. Recht Univ. Bochum (s. 1967), Richter OLG Hamm (s. 1969) - Danklin 4, 5974 Herscheid (T. 20 63) - Geb. 31. Mai 1933 Ulm/D., ev., verh. s. 1958 m. Herta, geb. Krusius, 2 Kd. (Wolfgang, Charlotte) - 1954-58 Stud. Rechtswiss. Ass.ex.; Promot., Habil. 1962-67 Assist. u. Privatdoz. (1967) Univ. Mainz - BV: D. arglist. Prozeßpartei, 1967; Zivilprozeßrecht, 6. A. 1985.

ZEISSNER, Walter

Landwirt, MdL Bayern (s. 1966) - Talstr. 25, 8781 Gambach/M. (T. 09362 - 6 20) - Geb. 22. Juni 1928 Wülfershausen/Ufr., kath., verh. s. 1957 - Gymn. Weiden (b. Einberuf. Arbeitsdst.); Landw.ssch. Arnstein; Bauernsch. Herrsching. Landw. Lehrmeisterbrief 1960 - S. 1960 auf schwiegerelterl. Hof selbst. Gemeinderat Gambach; Kreisrat Karlstadt. CSU s. 1956.

ZEITLER, Eberhard

Dr. med., Prof., Chefarzt Abt. Diagnostik Radiol. Zentrum Klinikum Nürnberg (s. 1976) - Zu erreichen üb. Klinikum Nürnberg, Flurstr. 17, 8500 Nürnberg (T. 0911 - 398-2540) - Geb. 9. März 1930 Mylau/Vogtland, verh. s. 1952 m. Christine, geb. Götz, 3 Kd. (Andreas, Gabriele, Katrin) - 1950-55 Stud. Univ. Berlin (Ost); Approb. u. Promot. 1956; 1957-61 Facharztausb. Halle/S.; Habil. 1967 Mainz - 1967-76 Chefarzt Radiol. Abt. Aggertalklinik, Engelskirchen (1971 apl. Prof.) - BV: Kernspintomographie, 1984. Mitherausg.: Percutaneous Vascular Recanalization (1978); Varicocele and Male Infertility (1982); Percutaneous Transluminal Angioplasty (1984) - Spr.: Engl.

ZEITLER, Erich-Hans

Rechtsanwalt, I. Bürgermeister Ismaning (1952-90), MdL Bayern (1962-78) - An der Fähre 1, 8045 Ismaning/Obb. (T. München 96 91 51) - Geb. 20. Febr. 1921 Roding/Opf. (Vater: Josef Z., Justizinsp.; Mutter: Katharina, geb. Federhofer), kath., verh. s. 1948 m. Hedi, geb. Eisenreich † 1987, 4 Kd. (Jutta, Inge, Michael, Erich) - Univ. Erlangen u. München (Rechtswiss.). Jurist. Staatsprüf. 1948 u. 51 - S. 1951 RA Ismaning. 1940-42 Wehrdst. (1941 verwundet). 1954-62 Abg. Bezirkstag Oberbayern; 1956 MdK München-Land. 1952ff. Bürgerm. Ismaning. SPD - Ehrenamtl. Gf. Bauges. München-Land, AR-Vors. Volksbank Ismaning - 1971 Bayer. VO., 1978 Gr. BVK - Spr.: Engl.

ZEITLER, Herbert

Dr. rer. nat., o. Prof. f. Mathematik u. ihre Didaktik Univ. Bayreuth - Ahornweg 5, 8593 Tirschenreuth/Opf. - Geb. 26. Juli 1923.

ZEITLER, Karl

Landrat d. Kreises Coburg - Lauterer Str. 60, 8630 Coburg (T. 09561 - 5 14-1 00) - Geb. 14. Nov. 1943 Bischofsgrün - SPD.

ZEITLER, Klaus

Dr. jur., Oberbürgermeister a.D. - Hackstetterstr. 11, 8700 Würzburg (T. 3 72 18) - Geb. 27. Sept. 1929 Würzburg (Vater: Dr. jur. Max Z., zul. Oberbürgerm.; Mutter: Paula, geb. Friedrich), ev., verh. s. 1957 (Ehefr.: Ingeborg), 3 Kd. (Michael (†1982), Anne-Christin, Wolf-Dieter) - Gymn. Potsdam; Stud. Rechts-, Staatswiss., Volksw. Promot. Würzburg; Ass.ex. München - U. a. Stadtverw. Bielefeld (Rechtsrat), München (1961; Rechts-, 1964 Oberrechtsrat), Würzburg (1968 Oberbürgerm.). S. 1981 Mitgl. Bayer. Senat. SPD s. 1950 - BV: D. Behandlung jg. Rechtsbrecher in Frankreich, 1953 - Liebh.: Bergsteigen - Spr.: Engl., Franz.

ZEITLER, Otto

Bauunternehmer, Staatssekretär im Bayer. Staatsmin. f. Landesentwickl. u. Umweltfragen (s. 1990), MdL Bayern (s. 1978) - Schlörstr. 5, 8470 Nabburg/Opf. - Geb. 10. Okt. 1944 Görnitz/Vogtl., verh., 4 Kd. - Volks- u. Wirtschaftssch. (Mittl. Reife); Maurerlehre; 6 Sem. Fachhochsch. (Dipl.-Ing.) - 2 J. Angest. Statikbüro; 3 J. verantw. Bauleit. S. 1971 selbst. Bauunternehmer. Entd.: Elefant-Boden. 1972 Gemeinde-, 74 Stadt-, 78 Kreisrat. CSU. S. 1987 CSU-Kreisvors. im Landkreis Schwandorf.

ZEITLER, Rudolf

Dr. phil., em. Prof. f. Kunstgeschichte - Regngatan 16, S-75431 Uppsala - Geb. 28. April 1912 Köln (Vater: Eugen Z., Dipl.-Ing.; Mutter: Elsa, geb. Kühn), prot., verh. s. 1947 m. Hannelore, geb. Günthert, 2 Söhne (Sven-Georg, Andreas) - Abit. 1930 human. Gymn. Kaiserslautern; Univ. München, Marburg u. Berlin (b. 1933); 1933-37 Prag (Promot. Alte Gesch. 1936); 1939-54 Uppsala; Fil. Lic. 1947, Fil. dr. 1954, Habil. 1954 - 1954 Doz. Kunstgesch. Uppsala; 1964 Prof. f. Kunstgesch. Uppsala; 1977 emerit. - BV: Klassizismus u. Utopia, 1954; D. Kunst d. 19. Jh., 1966; Aufs. z. Kunstwiss., 1977; Dän. Malerei 1800-1850, Leipzig 1979; Reclams Kunstführer Dänemark, 1978; Reclams Kunstführer Schweden, 1985; Reclams Kunstführer Finnland (m. H. Lilius), 1985; Skandinavische Kunst um 1900, 1990 - Spr.: Schwed.

ZEITLMANN, Wolfgang

Rechtsanwalt, MdB (s. 1987) - 8214 Bernau/Chiemsee; priv.: Mitterweg 16, 8214 Bernau - Geb. 5. Juli 1941 Prien/Chiemsee - CSU.

ZELFEL, Rudolf C.

Dipl.-Psych., Bundesgeschäftsführer Bundesverb. z. Förderung Lernbehinderter - Zu erreichen üb. LERNEN FÖRDERN-Bundesverb. z. Förderung Lernbehinderter, Rolandstr. 61, 5000 Köln 1 (T. 0221 - 38 06 66, Fax 0221 - 38 59 54) - Geb. 3. Juni 1948 - Verantw. Herausg. Ztschr. LERNEN FÖRDERN.

ZELINKA, Fritz-Felix

Dr. soc. wiss., Dipl.-Soz., Prof., Wiss. Direktor Sozialwiss. Inst d. Bundeswehr, München (s. 1977) - Wallerdorferstr. 19, 8852 Bayerdilling - Geb. 17. Okt. 1939 Karlsbad, verh. s. 1983 m. Kveta, geb. Hyrkova - Abit. 1960 Tegernsee; 1963-68 Stud. Soziol., Volksw., Psych. u. Statistik Univ. München; Dipl. 1968, Promot. 1973 Univ. Bielefeld - 1962-69 Flugsich.-Berater Bundesanst. f. Flugsicherung, EUROCONTROL; 1969-75 stv. Abteilungsleit. Unfallforschung-Effizienzkontrolle Bundesanst. f. Straßenwesen; s. 1981 Mitgl. Research Commiss. Logic a. Methodology Intern. Sociol. Assoc.; 1981-82 Vizepräs. DG Liberal Intern., 1982-91 Generalsekr. ebd. FDP (mehrere Ehrenämter) - Entd.: Reliabilitäts-Paarkoeffizient PZ, 1983 - BV: Führerscheinbesitz, Lebensalter u. Unfallgeschehen, 1974; Präferenzen sozialwiss. Militärforschung, 1979; Erziehung z. Wehrpflicht? (m. Anker), 1980; Konflikt u. Herrschaft im Luftverkehr, 1981; Qualifikation z. Offizier (m. Welcker), 1982; Bundeswehr u. Umweltschutz, Analyse e. vermeintlichen Widerspruchs (m. Ertl/Anker), 1988; Markt- u. Medienanalyse Bundeswehrztschr. (m. Anker), 1991 - 1974 Honorarprof. f. Verkehrs-Soziol. Univ. Wuppertal - Spr.: Engl., Franz. - Bek. Vorf.: Dr. jur. Andreas Zelinka, 1. liberaler Bürgerm. Stadt Wien, 1861-68 (Urgroßv.).

ZELKOWSKI, Jacek

Dr.-Ing., Dr. hab. n. t. (PL), Univ.-Prof., Leiter Abt. Brennstofftechnik/Inst. f. Chem. Technol. u. Brennstofftechnik TU Clausthal - Erzstr. 18, 3392 Clausthal-Zellerfeld - Geb. 20. Aug. 1934 Czarny Dunajec/Polen, kath., verh. s. 1959 m. Irena Hanna, geb. Spotowska, T. Agata - Stud. Polytechnikum Gliwice; Habil. - Polytechnikum Warschau; s. 1982 in Deutschl.; s. 1987 Univ.-Prof.

ZELLER, Alfons

Bankkaufmann, MdL Bayern (s. 1978), Staatssekretär Bayer. Staatsministerium f. Wirtschaft u. Verkehr (s. 1987) - HäuserNr. 29, 8971 Burgberg/Allg. - Geb. 19. April 1945 Häuser Nr. 4/Gde. Burgberg (Vater: Josef Z., Landwirt; Mutter: Kreszentia, geb. Hefele) - Volkssch. Burgberg; 1959-62 landw. Ausbild. elterl. Anwesen u. Landw. Berufssch. Immenstadt; 1962-65 kaufm. Lehre Raiffeisen-Zentralbank Kempten; 1971-74 Verwaltungs- u. Wirtschaftsakad. ebd./Abendvorles. (Dipl. als Betriebsw.) - B. 1968 Angest. Lehrfa., dann Filialleit. (Burgberg) Raiffeisenbank Oberstdorf-Sonthofen. 1972ff. Gemeinderat; 1978ff. Kreisrat Oberallgäu. CSU.

ZELLER, Anton

Dr., Dipl.-Br.-Ing., Unternehmensberater - Am Daiacker 9, 8022 Grünwald - Geb. 19. Okt. 1928 - Zul. Vorst.-Mitgl. Dinkelacker Brauerei AG, Stuttgart - BV: Bierlieferungsrecht, 1992.

ZELLER, Bernhard

Dr. phil., Dr. phil. h. c., Litt. D., Prof., Direktor i. R. Schiller-Nationalmuseum u. Dt. Literaturarchiv, Marbach (s. 1955) - Kernerstr. 45, 7142 Marbach/N. (T. 76 45; dstl.: 60 61) - Geb. 19. Sept. 1919 Dettenhausen (Vater: Wolfgang Z., Pfarrer; Mutter: Martha, geb. Zimmermann), ev., verh. s. 1948 m. Margrit, geb. Stolze, 4 Kd. (Christoph, Regine, Cathrin, Barbara) - Eberhard-Ludwigs-Gymn. Stuttgart; Univ. Tübingen (Geschichte, German., Lat.). Promot. 1949; Staatsex. 1950 - 1951-53 höh. Schul- u. Archivdst.; 1955-85 Dir. Schillernationalmus., d. Dt. Lit.archivs, u. Geschäftsf. Dt. Schillerges. Zeitw. Vorst.-Vors. Theodor-Heuss-Archiv, Stuttgart (1964ff.). Mitgl. Kommiss. f. geschichtl. Landeskunde Baden-Württ.; Beiratsmitgl. Württ. Geschichts- u. Altertumsverein, u. Borchardt-Ges.; Vorst.-Mitgl. d. Hölderlin- u. d. Kleistges.; zeitw. Vors. Arbeitskr. selbst. Kulturinst.; Kurat.-Vors. Stiftg. d. Württ. Hypothekenbank f. Kunst u. Wiss.; Vorst.-Vors. Calwer Hermann-Hesse-Stiftg.; 1979 Hon.-Prof. Univ. Tübingen - BV (Auswahl): D. Hl. Geist-Spital zu Lindau/B., 1952; Grundherren, Gerichte u. Pfarreien im Tübinger Raum zu Beginn d. Neuzeit, 1954 (m. Otto Herding); Schiller, 1958; D. Geisterseher - Erzählungen u. histor. Charakteristiken, 1958; Hermann Hesse, 1963; Reichsstädt. Bürgertum am Bodensee, 1964. Herausg.: Hermann Hesse - E. Chronik in Bildern (1960), Schillers Leben u. Werk in Daten u. Bildern (1966), Marbacher Schr. (1968-85), Archive f. Literatur (1974), Harry Graf Kessler (1989). Kataloge d. Sonderausst. im Schiller-Nationalmus. Nr. 1-40 (1956-85), Hauff, Wilhelm: Werke. Bd. 1.2. (1969), Mann, Thomas: Schwere Stunde (Faksimile-Ausg., 1975), Hermann Hesse: D. Zauberer (Faks.-Ausg., 1977), Eduard Mörike: Ged. (1977), Autor, Nachlaß, Erben (1981), Schiller: D. Graf v. Habspurg (Faks.-Ausg., 1981), Schwäbischer Parnaß (1983). Mithrsg.: Jahrbuch d. Dt. Schiller-Ges. (1957-87), Kurt Wolff - Briefw. e. Verlegers (1966), Eduard Mörike - Werke u. Briefe (1967ff.), Bauer, Ludwig Amandus: Briefe an Eduard Mörike (1976), Marbacher Magazin, Nr. 1-35 (1976-85), Karl Otten - Werk u. Leben (1982), Schwäbische Erzähler (1987), Lit. im dt. Südwesten (1987), Harry Graf Kessler. Zeuge u. Chronist seiner Epoche (1989), Städte in Alter Zeit (1990) - O. Mitgl. Akad. d. Wiss. u. d. Lit., Mainz; Bayer. Akad. d. Schönen Künste u. Dt. Akad. f. Sprache u. Dichtung, Darmstadt; Mitgl. Stefan-George-Stiftg. u. Hermann-Hesse-Stiftg.; 1978 Ehrensenator Univ. Tübingen; Mitgl. d. PEN; 1979 Verdienstmed. d. Landes Baden-Württ.; 1985 Gr. BVK; 1985 Eberhard-Ludwig-Med. Landkreis Ludwigsburg; 1985 Ehrenbürger Stadt Marbach; 1985 Ehrenmitgl. Dt. Schillerges.; 1986 Goldene Schiller-Med. d. Stiftg. FVS - Rotarier - Bek. Vorf.: Eduard Z., Philosoph (1814-1908).

ZELLER, Dieter

Dr. theol., Prof. f. Religionswissenschaft Univ. Mainz - Schillerweg 4, 6228 Eltville 2 - Geb. 24. Juni 1939 Freiburg/Br. (Vater: Wilhelm Z., Straßenbahnschaffner; Mutter: Elisabeth, geb. Mußler), kath., verh. - lic. theol. 1965, lic. bibl. 1967, Promot. 1972, Habil. 1976 - 1980-82 Prof. Luzern; 1982ff. Prof. in Mainz; 1989ff. Hon.-Prof. in Heidelberg - BV: Juden u. Heiden in d. Mission d. Paulus, 2. A. 1976; D. weisheitl. Mahnsprüche Jesu b. d. Synoptikern, 2. A. 1983; Kommentar z. Logienquelle, 2. A. 1986; D. Brief an d. Römer, 1985. Herausg.: Menschwerdung Gottes - Vergöttlichung v. Menschen (1988); Charis b. Philon u. Paulus (1990) - Liebh.: Musik, Malerei - Spr.: Engl., Franz., Latein, Ital., Span.. Hebr., Griech.

ZELLER, Friedrich J.

Dr. agr., Univ.-Prof., Abteilungsleiter Cytogenetik TU München - Eckerstr. 35, 8050 Freising - Geb. 28. März 1939 Gießen (Vater: Dr. med. Fritz Z., Arzt; Mutter: Maria, geb. Stenger), verh. m. Susanne, geb. Zirwas, 4 Kd. (Boris, Julia, Raphael, Miriam) - 1961-65 Stud. Landwirtsch. Univ. Bonn (Promot. 1968); Habil. 1973 TU München.

ZELLER, Helmut

Dr.-Ing., Prof. f. Strömungslehre, insbes. nichtstationäre Gasdynamik TH Aachen (s. 1967) - Erlenweg 5, 5100 Aachen (T. 8 24 18) - Geb. 12. Okt. 1918 Langenhof/Schlesien - Stud. Maschinenbau TH Breslau, Aachen; 1954 Promot., s. 1965 (Habil.) Lehrtätigk. u. Forschung Nichtstat. Gasdyn., Strömungsfrg. d. Medizin.

ZELLER, Karl

Dr. rer. nat., o. Prof. f. Mathematik - Sonnenstr. 11, 7400 Tübingen (T. 6 26 47) - Geb. 28. Dez. 1924 Schaulen (Lit.) - Promot. (1950) u. Habil. (1953) Tübingen - S. 1953 Privatdoz., apl. u. o. Prof. Univ. Tübingen. Gastprof. USA (1953, 57, 63, 68, 73) u. Japan (1975) - BV: Theorie d. Limitierungsverfahren, 1958, 2. A. 1970 (m. W. Beekmann). Zahlr. Einzelveröff.

ZELLER, Kuno

Dr., Hauptgeschäftsführer Handwerkskammer Freiburg - Bismarckallee 6, 7800 Freiburg/Br.

ZELLER, Manfred Heinz

Dr.-Ing., Prof. f. Klimatechnik RWTH Aachen (s. 1982) - Scherbstr. 26a, 5100 Aachen (T. 02407 - 66 90) - Geb. 6. Dez. 1939 Deizisau/Kr. Esslingen, kath., verh. s. 1967 m. Elisabeth, geb. Schnitzler, T. Tanya - 1958-64 Stud. Maschinenb. (Verfahrenstechn.) RWTH Aachen; Dipl. 1964; Promot. 1973 - 1964-69 wiss. Mitarbeiter am Lehrst. f. Wärmeübertragung u. Klimatechnik RWTH Aachen; 1969-75 Obering., 1975-82 Akad. Oberrat - Spr.: Engl.

ZELLER, Michael

Dr. phil. habil., Schriftsteller (s. 1982) - Schweppermannstr. 5, 8500 Nürnberg 10 (T. 0911 - 35 72 45) - Geb. 29. Okt. 1944 Breslau - 1965-74 Stud. Lit. an d. Univ. Marburg u. Bonn; Promot. - S. 1974 Lit.kritiker f. Ztg., Ztschr., Rundfunk u. Fernsehen; 1975-82 Doz. f. dt. Lit. Univ. Erlangen; Habil. - BV: Romane: Fehlstart-Training, 1978; Follens Erbe - E. dt. Gesch., 1986; Sonne! Früchte. E. Tod, 1987 (1989 f. d. Nürnberger Theater im Altstadthof v. W. B. Heinz dramatisiert); D. Wiedergänger, 1990; Mikado, Erz. 1991. Ged.: Aus meinen Provinzen, 1981; Lust auf Blau u. Beine, 1988. Ess.: Lieben Sie DALLAS?, 1984; Mein Traum vom Dulden, 1991; Weimar. Deutscher Musenort, 1991. Habil.schrift: Gedichte haben Zeit, 1982.

ZELLER, Rudolf

Dr. med. vet., Prof. Tierarzt, Vorsteher Klinik f. Pferde Tierärztl. Hochschule Hannover - Heymesstr. 29, 3000 Hannover (T. 0511 - 51 44 85) - Geb. 16. März 1922 Langenhof, Kr. Oels/Schles., verh. (Ehefr.: Irene), 5 Kd. (Wolfgang, Christian, Susanne, Martin, Renate) - Stud. Univ. Breslau, Leipzig, Berlin (Promot.); Habil 1950 Univ. Berlin - 1969-71 Prof. f. Pferdekrankheiten FU Berlin; s. 1971 Tierärztl. Hochsch., Klinik f. Pferde. Leit. Fachgr. Pferdekrankh. Dt. Veterinärmed. Ges.; Präs. Weltges. d. Pferdetierärzte V.E.V.A.

ZELLER, Werner

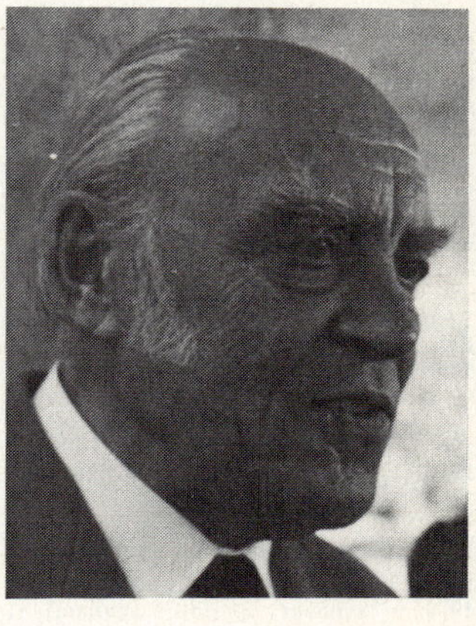

Dr.-Ing. (habil.), Dr. rer. techn., Prof., Inhaber u. Leit. Inst. f. Schall- u. Wärmeschutz, Essen/Leonberg (b. 1986), Mitgl. Ing.gemeinsch. Zeller + Partner, Essen - Untere Burghalde 50, 7250 Leonberg (T. 07152 - 2 14 70) - Geb. 25. Juni 1906 Ulm/D., ev., verh. I) 1937 m. Gertrud, geb. Oestereich †, T. Christel, II) 1969 Dr. med. Lisa, geb. Lotzin † - Dipl.-Ing. Stuttgart; Promot. Hannover u. Braunschweig; Habil. 1943 Dresden (TH) - S. 1950 Privatdoz. u. apl. Prof. (1963) TH bzw. Univ. Stuttgart. 1950-66 Präs. Verb. Berat. Ing. (VBI); Initiator W-Z-Stiftg. f. Ingenieure. Div. Fachb.; üb. 100 Aufs. Herausg.: Ztschr. Lärmbekämpf. (1956-73) - 1960 Ehrenmitgl., dann Ehrenpräs. VBI; 1982 L. Sievers Med.; 1986 Staufermed. Land Baden-Württ. u. Wilhelm von Humboldt Plak. (Freie Berufe); 1981 Ehrenmitgl. Martinszeller Verb. (Familienforsch.); 1988 W-Z-Stiftg. f. angew. Familienforsch.

ZELLERMAYER, Heinz

Hotelier, MdA Berlin (1959-79, CDU) Ehren-Oberm. Gastwirte-Innung Berlin (s. 1951), Vorst.-Mitgl. Dt. Hotel- u. Gaststättenverb., Intern. Hotelier-Verb. u. a. - Gadebuscher Weg 4-6, 1000 Berlin 33 (T. Büro: 030 - 312 20 03 u. 31 70 71) - Geb. 9. Okt. 1915 Berlin

(Vater: Max Z.; Mutter: Erna, geb. Heydorn), ev., verh. - Schiller-Realgymn. Berlin (Abit.), Pädagogium Bad Godesberg; Hotelfachsch. Lausanne/Schweiz, Frankreich, England; dann elterl. Betrieb Berlin (Hotel Steinplatz); 1937-45 Wehrmacht, anschl. Leitg. Hotel Steinplatz, dann Hotelier Parkhotel Zellermayer, jetzt Kaufmann, Berlin - 1953 BVK am Bde., 1968 BVK I. Kl., 1985 Gr. BVK, 1969 Sportabz., 1973 Brillat Savarin Plakette - Liebh.: Literatur, Kunst, Musik, Golf, Garten - Spr.: Engl., Franz., Ital.

ZELLNER, Alois
Geschäftsführer SPD/Bez. Niederbayern-Oberpfalz - Richard-Wagner-Str. 4/0, 8400 Regensburg.

ZELTNER-NEUKOMM, Gerda
Dr. phil., Schriftstellerin - Rütistr. 11, CH-8032 Zürich (Schweiz) (T. 251 66 32) - Geb. 27. Jan. 1915 Zürich (Vater: Hans Neukomm, Ingenieur; Mutter: Johanna, geb. Schnider), protest., verh. s. 1945 m. Peter Zeltner, 2 Töcht. (Marina, Claudia) - Univ. Zürich, Rom, Paris (Romanistik) - 1942-51 Redakt. Trivium; s. 1952 Mitarb. Neue Zürcher Ztg. u. a. - BV: Formwerdung u. -zerfall im Werke Pierre Corneilles, 1941; D. Wagnis d. franz. Gegenwartsromans, 1959; D. eigenmächt. Sprache, 1965; D. Ich u. d. Dinge, 1968; Beim Wort genommen, 1973; Im Augenblick d. Gegenw., 1974; D. Ich ohne Gewähr, 1980; Vom Schwizer Hüsli z. Arche Noah, 1984; D. Roman in d. Seitenstraßen, 1991 - VR Schauspielhaus Zürich; Mitgl. PEN-Club, Akad. d. Wiss. u. d. Lit. Mainz; Schriftsteller-Gruppe Olten; 1970 Preis d. Akad. d. Wiss. u. d. Lit. Mainz - Spr.: Franz., Ital., Span.

ZELZNER, Johann
I. Bürgermeister - Rathaus, 8413 Regenstauf/Opf. - Geb. 6. Okt. 1925 Regenstauf - Zul. Schreinerm.

ZEMLA, Günter
Rektor, MdA Berlin (s. 1967) - Borsigwalder Weg Nr. 2a, 1000 Berlin 27 (T. 43 51 83) - Geb. 18. Mai 1921 Groschowitz/OS., verh., 1 Kd. - B. 1938 Schule; 1946 Neulehrerkursus Berlin. Lehrerprüf. 1948 u. 1953 - S. 1946 Schuldst. Berlin (1967 ff. Rektor 5. Grundsch./Kolumbus Reinickendorf); 1960-63 Bezirksverordn. Reinickendorf; 1963-67 Bürgerdeputierter ebd. CDU s. 1956 (1960-65 u. 1973 ff. Ortsvors. Borsigwalde).

ZEMPEL, Udo
Realschulrektor a. D., MdL Nieders. (s. 1974) - Schulstr. 3, 2883 Stadland 1. Rodenkirchen (T. 12 44) - Geb. 27. März 1925 - Abit., Hochsch. - Vors. Aussch. f. Häfen u. Schiffahrt Nieders. Landtag. SPD.

ZEMPELIN, Hans Günther
Dr., Aufsichtsratsmitglied Akzo nv, Arnheim/NL - Wettinerstr. 49a, 5600 Wuppertal 2 - Sprecher d. Vorst. Walter Raymond Stiftg., Köln; AR-Vors. Dahlbusch Verwaltungs AG, Gelsenkirchen, Flachglas AG, Fürth, u. Pilkington Deutschl. GmbH, Essen; AR-Mitgl. Strabag Bau-AG, Köln; Beiratsvors. Colonia Versich. AG, Köln; Präsid.: Bundesvereinig. d. Dt. Arbeitgeberverb., Köln.

ZENDER, Matthias
Dr. phil., o. Prof. f. Dt. Volkskunde (emerit.) - Kollegienweg 43, 5300 Bonn (T. 62 27 82) - Geb. 20. April 1907 Niederweis b. Bitburg/Rh. (Vater: Peter Z., Landwirt; Mutter: Maria, geb. Thielen), kath., verh. s. 1939 m. Cläre, geb. Neyses †1992, 2 Kd. (Adelheid, Wolfgang) - Friedrich-Wilhelms-Gymn. Trier; 1926-31 Univ. Bonn, Innsbruck, Wien. Habil. 1954 Bonn - Assist. Rhein. Wörterb. u. Inst. f. geschichtl. Landesk., beide Bonn, 1954-60 Landesverw.srat Landschaftsverb. Rhld., Köln, s. 1960 ao. u. o. Prof. (1963) Univ. Bonn. - BV: Atlas d. dt. Volkskd., Neue Folge 1959ff.; Sagen u. Gesch. aus d. Westeifel, 3. A. 1986; J. Mangold, Schriftenverz., M. Z. 1925-87; Volksmärchen u. Schwänke aus Eifel u. Ardennen, 1984; D. Verehrung d. hl. Quirinus in Kirche u. Volk, 1967; Räume u. Schichten mittelalterl. Heiligenverehrung in ihrer Bedeut. f. d. Volkskd., 2. A. 1973; D. Termine d. Jahresfeuer in Europa, 1980 - Ehrenmitgl. Section de Linguist. Inst. Grand Ducal Luxemb. u. Kgl. Gustaf-Adolfs-Akad., Uppsala; korr. Mitgl. Akad. d. Wiss. Göttingen; Gr. BVK; Comtur d. päpstl. Gregorius-Ord.; Artur Hazelius-Med. - Nordiska-Müseet, Stockholm - Lit. üb. M. Z.: E. Ennen/G. Wiegelmann, M. Z. - Studien z. Volkskultur, Sprache u. Landesgesch./Festschr. z. 65. Geburtstag (2 Bde. 1972); M. Z., Gestalt u. Wandel (hrsg. v. H. L. Cox u. G. Wiegelmann, 1977) - Spr.: Franz.

ZENGEL, Hans-G.
Dr.-Ing., Direktor Akzo Forschungsinst. Obernburg, Dir. Akzo Forsch./Entw. & Technologie, Arnheim, Geschäftsf. Akzo Intern. Res. GmbH, Wuppertal - Postfach, 8753 Obernburg - Geb. 26. Dez. 1935 - Mitgl. d. Engeren Kurat. d. Fonds d. Chem. Ind., Frankfurt.

ZENK, Meinhart H.
Dr. rer. nat., o. Prof. f. Pflanzenphysiologie - Pfeivestlstr. 17, 8000 München 60 - Geb. 4. Febr. 1933 Donauwörth - S. 1968 o. Prof. Univ. Bochum u. München. Arbeitsgeb.: Pflanzl. Zellkulturen, Biosynthesen - 1975 Mitgl. Rhein.-Westf. Akad. d. Wiss., Düsseldorf; 1977 Mitgl. Senat Dt. Forschungsgemeinsch. Fachveröff.; 1984 Mitgl. Dt. Akad. d. Naturforscher/Leopoldina, Halle; 1987 Mitgl. Bayer. Akad. d. Wiss., München; 1989 Mitgl. Academia Europaea.

ZENKER, Erich

Gedächtniswunder (in ZDF-Send. Wetten daß...?, 1982), Entertainer - Wiesengrund 15, 2300 Kiel 17 (Altenholz) (T. 0431 - 32 13 89; Fax 0431 - 32 43 63) - Geb. 23. Juni 1929 Kiel (Vater: Erich Z., Kapitän u. Seelotse, †1944; Mutter: Anni, geb. Henk †1975), ev., verh. s. 1960 m. Gerda, geb. Rohwer, 4 Kd. (Silvia, Christine, Maren. Ralph-Erich) - 22 J. Schiffahrt (in ltd. Posit.), 12 J. Privat-Flugzeugf. - Div. Auftr. In- u. Ausland, Spitzenkand. aller Wetten, daß ...?-Send. 7-facher Weltmeister d. Gedächtniskunst, Guinness-Buch d. Rekorde 1986/87/88/89/90/91/92. Bekannt. d. Presse, Funk, FS. Moderator, Entertainer, Spitzenkandidat Hörzu-Umfrage - 14 x Gold. Sportabz.; Commandeur-Confederation of Chivalry; Meister vom Stuhl d. Freimaurer-Loge Frithjof zum Nesselblatt, Kiel - Liebh.: Lesen, Sport, Musik (Orgel, Akkordeon, Trompete, Gesang, eig. Tanzkapelle).

ZENKER, Herbert
Dr. med., Prof., Oberarzt, Orthop. Univ.-Klinik München - Harlachingerstr. 51, 8000 München 90 (T. 089 - 62 11-308) - Geb. 19. Mai 1937 Heidelberg (Vater: Prof. Dr. med. Dr. med. h. c. mult. Rudolf Z., Chirurg), ev., 2 Kd. (Tom, Bettina) - Med. Stud. Univ. Freiburg; Staatsex. 1962 München; Promot. 1963; Habil. 1974 München; Facharzt f. Orthop. 1969; apl. Prof. 1980 - 1965-68 Assist. Orthop. Univ.-Klinik Berlin; 1968-73 Orthop. München; dann Oberarzt; 1980-82 Leit. Orthop. Poliklinik Klinikum Großhadern München; s. 1982 Oberarzt Orthop. Klinik Univ. München, München-Harlaching. Viele wiss. Veröff. auf d. Geb. d. Orthop. u. Unfallchir. - Liebh.: Musik, Theater, Malerei - Bek. Vorf.: Prof. Dr. med. Friedrich Albert v. Zenker, Pathologe Erlangen (Urgroßv.); Geheimrat Prof. Dr. med. Carl Ritter v. Heß, Ord. f. Augenheilkunde München (Großv. ms.).

ZENKER, Silvia

Pianistin (im Klavierduo), Diplom-Klavierpädagogin u. Dipl.-Kulturmanagerin - Geb. in Kiel (Vater: Erich Z., Gedächtniswunder, s. dort; Mutter: Gerda, geb. Rohwer) - Stud. Engl. u. Musik London; Stud. Lübeck: 1.) Schulmusik. 2.) Musikerziehung, 3.) allg. künstl. Ausb. b. Prof. Evelinde Trenkner, 4.) Kulturmanagement in Hamburg - 1984 Konzerttätigk. im Klavierduo; s. 1985 Konz. im In- u. Ausland; Rundf.- u. Fernsehaufn. div. CD's. 1986 1. Schallplatteneinspielung; s. 1989 Klavierduo-Partnerin Evelinde Trenkner; 1991/92 Konzerttournee UdSSR - 1984 1. Musikpreis Possehlstiftg. Lübeck; 1987 Hanse-Kulturpreis Stadt Lübeck; 1988 1. Preis d. Carlo Soliva-Musikwettbew., Ital. - Liebh.: Fremdspr., Reisen, Sport.

ZENNER, Hans-Peter

Dr. med., o. Prof., Ärztl. Direktor Univ. Tübingen, HNO-Klinik - Silcherstr., 7400 Tübingen (T. 07071 - 29 39 68) - Geb. 13. Nov. 1947 Essen, verh. s. 1977 m. Dr. Birgit, 3 Kd. - Stud. Medizin Würzburg, Paris, Mainz; Med. Staatsex. 1972; Promot. 1974; Habil. 1981 - 1985 Sen. Scient. Univ. Ann Arbor/USA; 1986 Prof. Univ. Würzburg; 1987 Washington Univ. St. Louis/USA. Arbeitsgeb.: Pathophys. u. Operationen d. Gehörorgans. Ethik in d. Medizin. Div. wiss. Bücher u. Buchbeitr. - 1982 Tröltsch-Preis; 1986 Leibniz-Preis; 1988 Heymann-Preis - Spr.: Engl., Franz. - Rotarier.

ZENNER, Maria
Dr. phil., o. Univ.-Prof. f. Neuere Geschichte u. Didaktik d. Geschichte PH Saarbrücken - Weinweg 47/II, 8400 Regenburg - Geb. 21. Okt. 1922 Eppelborn/S. - S. 1959 Doz. u. Prof. (1966) PH Saarbrücken - BV: Parteien u. Politik im Saargebiet unt. d. Völkerbundsregime 1920-35, 1966; D. Nation im Denken Ernest Renans (Pol. Ideolog. u. nationalstaatl. Ordnung - Festschr. f. Th. Schieder), 1968; D. Saargebiet 1920-35 u. 1945-57. Handb. d. europ. Gesch., Bd. 7, 1979; Gesch.bilder u. Gesch.bewußtsein in d. Imagepflege v. Grenzstädten (dt.-franz.-luxemb.-belg. Grenzraum) (Anmerkungen u. Argumente, Bd. 23), 1979; Gesch.unterr. u. Gesch.bewußtsein (Dortm. Abr. z. Schulgesch. u. z. Hist. Didaktik), 1983; Jean-Jacques Rousseau. Z. Bedeutung v. Gesch. u. Politik f. Mensch u. Ges. (Gesch. u. polit. Handeln), 1985; Ztschr.: D. Begriff d. Nation in d. polit. Theorien Benjamin Constants (HZ 213/1, 1971); Region u. Nation in Europa - Hist.pol. Argumentation: J. Hoffmann (Revue d'Allemagne).

ZENS, Hans

Städt. Obervermessungsrat a.D., Bürgermeister Gemeinde Kreuzau - Heribertstr. 53, 5166 Kreuzau (T. 02422 - 72 74) - Geb. 20. Sept. 1925 Kreuzau (Vater: Josef Z., Isolierer; Mutter: Maria, geb. Olligschläger), kath., verh. s. 1949 m. Kathi, geb. Küpper, 2 Kd. (Dieter, Claudia) - Vermessungstechnikerlehre, s. 1948 Staatl. Ing.- u. Kunstschule Mainz, Vermessungsing. (grad.) - S. 1969 ehrenamtl. Bürgerm. Kreuzau, 1972-84 Leit. Vermessungsamt Stadt Düren, 1961-88 Organisator d. rhein. Volksfestes Dürener Annakirmes (ca. 1 Mio. Besucher) - 1978 BVK, 1986 BVK I. Kl.

ZENTES, Joachim
Dr. rer. oec., Univ.-Prof. f. Betriebswirtschaftslehre, insb. Marketing Univ.-GH Essen - Haldystr. 4, 6600 Saarbrücken (T. 0681 - 37 52 22) - Geb. 22. Juni 1947 Saarbrücken (Vater: Rolf Z., Kaufm.; Mutter: Gertrud, geb. Paulus), ev., verh. s. 1973 m. Gabriele, geb. Altendorf, S. Marcus - Univ. Saarbrücken (Dipl.-Kfm. 1971, Promot. 1975, Habil. 1979) - 1971-80 wiss. Mitarb. Univ. d. Saarl., zugl. Lehrbeauftr. Univ. Regensburg u. Metz; s. 1981 Prof. f. Allg. Betriebsw. Univ. Frankfurt; s. 1984 Prof. f. Marketing Essen; 1985-90 Leit. FET Univ. Essen; 1988-90 Gastprof. Univ. Fribourg/Schweiz - BV: D. Optimalkomplexion v. Entscheidungsmod., (Diss.) 1976; Außendienststeuer., (Habil.schr.) 1980; D. Werb. d. Untern., Lehrb. 1980; Neue Informations- u.

Kommunikationstechnol. in d. Marktforsch., 1984; Mod. Warenwirtschaftssysteme im Handel, 1985; EDV-Gest. Marketing, 1987; Grundbegriffe d. Marketing, 2. A. 1988; Mod. Distributionskonz. in d. Konsumgüterwirtsch., 1991 - 1976 Dr. Eduard Martin-Preis (f. Diss.) - Liebh.: Offshore-Racing, Wasserski - Spr.: Engl., Franz.

ZENTGRAF, Karl-Martin

Dr.-Ing., Vorstandsmitglied d. ORSTA-Hydraulik AG, Leipzig (s. 1991) - Am Varenholt 95, 4630 Bochum 1 (T. 0234 - 79 36 78) - Geb. 31. Aug. 1937 Bochum, ev., verh. s. 1960 m. Bärbel, geb. Humperdinck, 3 Kd. (Martin, Christian, Anja) - Stud. Allg. Maschinenbau TH Darmstadt; Dipl.-Ing. 1962, Promot. 1967 TH Stuttgart - 1962-63 Konstrukteur DEMAG, Duisburg; 1963-68 Entw.-Ing. Steinkohlen Elektrizität AG, Essen; 1969-89 Gewerksch. Eisenhütte Westfalia GmbH, Lünen; b. 1979 Assist. Grubenvorstandsvors. (ab 1973 Prok.), ab 1980 zusätzl. Leit d. Einkaufs, ab 1983 zusätzl. Leit. d. Materialwirtsch., 1986-89 Techn. Geschäftsf. 1989/90 Vors. d. Geschäftsfg. d. Gottfried Bischoff GmbH & Co. KG. Essen - Erf. auf d. Geb. d. Rauchgasentschwefel. - Spr.: Engl.

ZENZ, Emil

Dr. phil., Bürgermeister, Kulturdezern. Stadt Trier (s. 1957) - Kurfürstenstr. 70, 5500 Trier/Mosel (T. 7 18/4 40) - Geb. 24. Juli 1912 Trier, verh. s. 1948 m. Erika, geb. Relles, 2 Kd. - Univ. Freiburg/Br., London, Köln (German., Gesch.; Promot.) - 1938-1957 höh. Schuldst. (1951 Oberstudiendir.). Vors. Denkmalrat Rheinl.-Pfalz, Kulturaussch. Dt. Städtetag, Mitgl. Filmselbstkontrolle u. wissenschaftl. Ges. - Verf. bzw. Herausg.: D. Trierer Univ., 1949; Trier. Zeitungen, 1952; D. Taten d. Trierer, 8 Bde. 1955-/65 (Übers. Gesta Trev); D. kommunale Selbstverw. d. Stadt Trier, 1959; Gesch. d. Stadt Trier 1900-45, 3 Bde. 1967-73 - 1973 Orden Palmes Acad. (Frankr.); 1972 BVK I. Kl.; Ehrenmitgl. Großherzogl. Luxemb. Akad.

ZENZ, Hermann

Geschäftsführer, MdL Bayern (s. 1966) - Heubergstr. 5, 8201 Schloßberg/Obb. (T. 08031 - 8 91 24) - Geb. 22. Aug. 1926 Haag/Obb., kath., verh. - Volkssch.; Feinmechanikerlehre (Physikal. Inst. Univ. München) - 1944-45 Wehrdst.; 1948-1952 Physikal. Hochschulinst. Regensburg (Techniker); 1952-56 Intern. Kolpingwerk, Köln (Zentralsekr.); 1956-61 Jg. Union Dtschl.s/Landesverb. Rhld. (Landesjugendsekr.); s. 1961 CSU (Bezirksgeschäftsf. Obb.). CSU s. 1950.

ZEPF, Emil

Fabrikdirektor, Vorstandsmitgl. Spinnerei Kolbermoor AG, Kolbermoor/Obb., Spinnerei u. Weberei Pfersee AG, Augsburg - Stettenstr. 3, 8901 Aystetten (T. 0821-48 18 31) - Geb. 21. Nov. 1928 Kaufbeuren - Obersch., Finanzsch. - Mitgl. Sozialaussch. Verein d. Südbayer. Textilind.

ZEPTER, Karl Heinz

Dipl.-Berging., Geschäftsführer i. R. - Klein Goldberg 31, 4020 Mettmann (T. 2 48 60) - Geb. 15. April 1921 Dortmund (Vater: Robert Z., Dir. i. R.; Mutter: Lisel, geb. Kliffmüller), ev., verh. s. 1951 m. Ursel, geb. Schauenburg, S. Achim - Gymn. (Abitur 1939); Bergakad. Clausthal; Dipl.ex. 1950 - 1950-54 Rohstoffind.; 1956-58 Consult Serv.; 1959-62 Betriebsdir. Barbara Erz.; 1962-67 Generaldir. Bong Mining Comp. Monrovia/Liberia; 1967-73 Geschäftsf. Ertsoverslagbedrijf Europort, 1973-84 Geschäftsf. Rhein. Kalkstein- u. Dolomitwerke, Wülfrath - Reden-Plak.; Cdr. Star of Africa; Grd. Cdr. Order of the Afric. Redemption - Liebh.: Kunst, Musik - Spr.: Engl. - Rotarier.

ZERBE, Edwin

Landrat a D., Rechtsanwalt u. Notar - Am Wendeberg 35, 6430 Bad Hersfeld - Geb. 22. Aug. 1916 Wiesbaden-Rambach, ev., verh., 2 Kd. - Stud. Rechtswiss. (durch Wehrdst. unterbr.). Gr. jurist. Staatsprüf. - 1937-45 Soldat, Justizdst. Wiesbaden u. Frankfurt/M., Hochschulref. Hess. Ministerium f. Erziehung u. Volksbildung; 1955-70 Landrat u. Landkr. Hersfeld, 1948-55 Stadtverordn. Wiesbaden, 1958-65 u. 1970-78 MdL Hessen, 1965-67 MdB. SPD s. 1945, s. 1972 Kreistagsvors. Hersfeld-Rotenburg - 1972 BVK I. Kl., 1978 Gr. BVK.

ZERBIN-RÜDIN, Edith

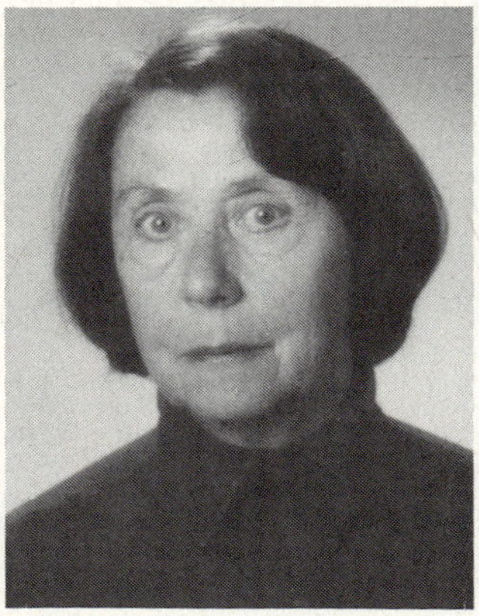

Dr. med., Univ.-Prof. - Besselstr. 1A, 8000 München 80 - Geb. 2. Mai 1921 München, kath., verh. s. 1956 m. Adolf Zerbin - Med.-Stud.; Staatsex.; Promot.; Habil. München - Wiss. Mitarb. Max-Planck-Inst. f. Psychiatrie München; Lehrauftr. f. Med. Genetik Univ. München; a.o. Prof. Univ. München. Genetische Beratung - BV: Etwa 130 Publ. in med. Fachjourn. u. Kap. in Hand-, Text-u. Lehrb. z. Thema psychiatrische Genetik; u. a.: Endogene Psychosen u. idiopathischer Schwachsinn, in: Handb. d. Humangenetik, Bd. V/2 (hg. v. P.E. Becker), 1967; Psychiatrische Genetik, in: Psychiatrie d. Gegenwart, Bd. 1/2 (hg. v. In Kisker et al), 1980; Vererbung u. Umwelt bei d. Entstehung psychiatrischer Störungen, 1985; Adoptionsstudien, psychiatrische Genetik, Zwillingsforsch., in: Lexikon d. Psychiatrie (hg. v. C. Müller), 1986; Schizoaffective and other atypical psychoses, in: Schizoaffective psychoses (hg. v. Marneros u. Tsuang), 1986; Genetische Aspekte psychischer Eigenschaften u. Störungen, in: Med. Psychol. (hg. v. Pöppel u. Bullinger), 1990. Übers. aus d. Engl.: D. Mensch in d. Evolution (1969) - Liebh.: Bergsteigen, Gärtnern, Theater, Gesch. - Spr.: Engl., Franz.

ZERBST, Ekkehard

Dr. med., Univ.-Prof. FU Berlin, Arzt - Garystr. 70, 1000 Berlin 33 - Geb. 19. Jan. 1926 Insterburg (Vater: Erich Z., Stud.rat; Mutter: Lucie, geb. Padags), ev., verh. s. 1970 m. Prof. Dr. Irene, geb. Boroffka (s. dort), 2 Kd. - Promot. 1956, Habil. 1966 - 1966 Priv.doz.; 1969 Wiss. Rat u. Prof.; 1970 Prof. u. Abt.-leit.; s. 1970 gf. Dir. Inst. f. Physiol. FU Berlin. S. 1988 i. R. Beginn Stud. German. u. Lit.Wiss. - Entd./Erf.: Neuronen- u. Receptoranalog rückgekoppelte Nervenschrittmachersyst. Patente. BV: Bionik, 1987. Rd. 130 Publ. in nat. u. internat. Fachztschr. - Mitgl. New York Acad. of Sciences; 1986 Joachim-Ringelnatz-Preis f. Lyrik (Lit.-Preis d. Stadt Cuxhaven).

ZERBST, Irene,
geb. Boroffka

Dr. rer. nat., Prof. FU Berlin - Garystr. 70, 1000 Berlin 33 - Geb. 15. Aug. 1938 Potsdam (Vater: Erwin B.), ev., verh. s. 1970 m. Prof. Dr. Ekkehard Z. (s. dort), 2 Kd. - Promot. 1965 München, Habil. 1974 Berlin - S. 1975 Prof. in Berlin. Art. in nat. u. intern. wiss. Ztschr.

ZERCHE, Jürgen

Dr. rer. pol., Dipl.-Volksw., Prof. f. Volkswirtschaftslehre, Dir. Seminar f. Sozialpolitik u. Seminar f. Genoss.wesen Univ. Köln - Kentenichstr. 3, 5040 Brühl (T. 4 56 78) - Geb. 11. Febr. 1938 Dortmund (Vater: Oskar Z., Kfm. Angest.; Mutter: Antonie, geb. Bonnekoh), kath., verh. s. 1964 m. Gabriele, geb. Crefeld, 2 Kd. - Gymn. Dortmund, FU Berlin u. Univ. Köln (Volksw.), Dipl.-Volksw. 1964, Promot. 1968, Habil. 1971 FU Berlin - 1964-71 wiss. Assist., s. 1971 Hochschull., 1973-74 Akad. Senat FU, 1975-76 Schatzmeister Berliner Wiss. Ges. e.V. - BV: Lohnfindung durch Tarifverhandl., 1970; Arbeitsökonomik, 1979. Hrsg.: Aspekte Genossenschaftl. Forsch. u. Praxis (1981); Sozialpolitik (1982) - Liebh.: Gesch., Briefmarken - Spr.: Engl., Franz.

ZERFASS (ß), Rolf

Dr. theol., o. Prof. f. Pastoraltheol. - Merowingerstr. 42, 8702 Eisingen (T. 09306 - 23 85) - Geb. 27. April 1934 Simmern (Vater: Peter Z., Bankdir.; Mutter: Klara, geb. Blanckart), kath. - Promot. 1963, Habil. 1972 - 1972 o. Prof. - BV: Lektorendienst, 1965; D. Schriftlesung im Kathedralofficium Jerusalems, 1968; D. Streit um die Laienpredigt, 1974; Einf. in d. Prakt. Theol., 1976 (m. N. Greinacher, Hg.); Menschliche Seelsorge, 1985; Grundkurs Predigt, 1987; Erzählter Glaube - Erzählende Kirche, 1988; D. vergessene Wurzel, 1990 (m. H. Poensgen, Hg.); Lebensnerv Caritas, 1992; Für uns Menschen, 1992.

ZERNA, Wolfgang

Dr.-Ing., Dr.-Ing. E. h. Univ. Stuttgart (1974), o. Prof. f. Konstruktiven Ingenieurbau - Ruhr-Universität, 4630 Bochum-Querenburg (T. 70 01); priv.: Am Wittenstein 3, 4320 Hattingen (T. 6 07 35) - Geb. 11. Okt. 1916 Berlin (Vater: Paul Z., Arch.; Mutter: Olga, geb. Pomrenke), ev., verh. s. 1953 m. Margit, geb. Kirski - Realgymn. u. TH Berlin (Bauing.wesen; Dipl.-Ing. 1940). Promot. (1947) u. Habil. (1948) Hannover - 1946-47 Assist. TH Hannover, 1948-49 Doz. Univ. of Durham (Engl.), 1950-52 Konstrukteur Polensky & Zöllner, Köln, 1953-56 Konstrukteur Philipp Holzmann AG., Frankfurt/M., s. 1956 o. Prof. TH bzw. TU Hannover (Dir. Inst. f. Massivbau) u. Univ. Bochum (1967; Lehrst. f. konstrukt. Ing.bau I). Erf. Spannbetonverf. (Systeme Polensky & Zöllner u. Philipp Holzmann) - BV: Spannbeton, 1953; Theoretical Elasticity, 1954, 2. A. 1967 (Oxford; m. A. E. Green); Engl. Spannbetonträger, 1988.

ZERNACK, Klaus

Dr. phil., Dr. h. c., o. Prof. f. Geschichte a. d. FU Berlin - Habelschwerdter Allee 45, 1000 Berlin 33 (T. 030 - 838 58 71) - Geb. 14. Juni 1931 Berlin - S. 1964 (Habil.) Lehrtätigk. Univ. Gießen (1966 Wiss. Rat u. Prof.), Frankfurt (1966 Ord. u. Seminardir.), Gießen (1978) u. Berlin (1984). Fachveröff.

ZERR, Herbert

Dr., Landrat d. Landkreises Calw - Vogteistr. 44, 7260 Calw (T. 07051 - 1 60-2 70), verh. - Dr. jur.

ZERRIES, Otto

Dr. phil., Prof., Ethnologe - Geigelsteinstr. 1, 8214 Bernau (T. 08051 - 78 04) - Geb. 22. Juli 1914 Pforzheim (Vater: Otto Z., Architekt), ev., verh. s. 1950 m. Annelise, geb. Allwohn, 2 Töcht. (Cornelia, Charlotte) - Gymn. Pforzheim; Univ. Frankfurt/M. Promot. Frankfurt; Habil. München - 1936-39 Wiss. Hilfskraft Städt. Museum f. Völkerkd., Frankfurt/M.; 1947-56 Wiss. Assist. Frobenius-Inst. ebd.; s. 1956 Konservator, Ober (1960) u. Landeskonserv. (b. 1979) Staatl. Museum f. Völkerkd. München (Leit. Amerika-Abt.). S. 1961 Privatdoz. u. apl. Prof. (1967) Univ. München (Völkerkd.). 1967-75 Fachgutachter DFG. Teiln. 12. Dt. Inner-Afrikan. Forschungsexped. Nordafrika (1935); Leit. Frobenius-Exped. Südvenezuela (1954-55; erstmals ethnol. Erforsch. v. Indianergruppen am oberen Orinoko). Mitgl. in- u. ausl. Fachges. - BV: D. Schwirrholz, 1942; Wild- u. Buschgeister in Südamerika, 1954; Waika, 1964; Mahekodotedi - Monogr. e. Dorfes d. Waika-Indianer, 1974 (m. M. Schuster); D. Erben d. Inkareiches u. d. Indianer d. Wälder - Völkerkd. d. Gegenwart, Südamerika, 1974 (m. H. D. Disselhoff); Unt. Indianern Brasiliens, 1980. Zahlr. Fachaufs. - 1981 BVK 1. Kl. - Spr.: Engl., Franz., Span. - Festschr. z. 60. Geburtstag: O. Z., Ethnolog. Zeitschr. Zürich.

ZERSSEN, von, Gerd Detlev

Dr. med., Dipl.-Psych., Prof., Leiter Psychiatrische Evaluationsforschung Max-Planck-Inst. f. Psychiatrie (s. 1986) - Kraepelinstr. 2, 8000 München 40 - Geb. 30. Okt. 1926 Hamburg-Altona, ev., verh. s. 1973 m. Takako, geb. Kojima, S. Clemens - Gymn. Altona, Hamburg; Stud. Med. u. Psych. Univ. Hamburg u. Tübingen; Dipl.-Psych. 1952; Med. Staatsex. 1953; Promot. 1954, alles Hamburg; Habil. 1966 Heidelberg; Umhabil. 1968 München - Nervenfacharzt, Arzt an Kliniken in Hamburg, Zürich u. Heidelberg; 1966-85 Leit. d. Psychiatrischen Abt. Max-Planck-Inst. f. Psychiatrie München; 1973 apl. Prof. Univ. München - BV: Klinische Selbstbeurteilung-Skalen, 1976; D. Verlauf schizophrener Psychosen (m. H.-J. Möller), 1986; D. Verlauf depr. u. Angststörungen (m. H.-U. Wittchen), 1988 - Anna-Monika-Preis f. biol. Depressionsforsch. (m. M. Berger u. P. Doerr) - Liebh.: Photogr. - Spr.: Engl.

ZESCHICK, Johannes

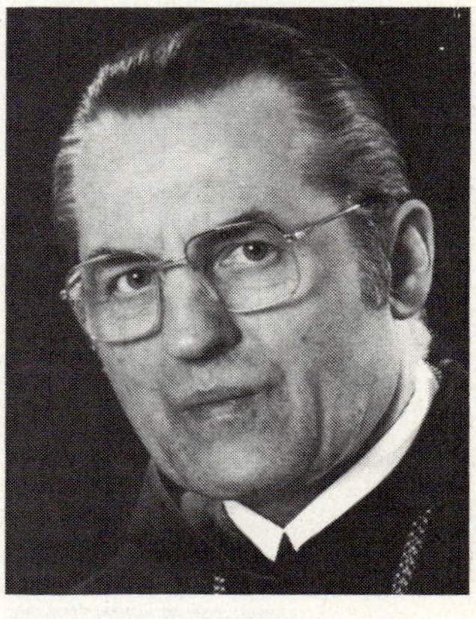

Dr. phil., Abt Benediktinerabtei Braunau/Böhmen in Rohr (s. 1988) - 8428 Rohr i. NB - Geb. 10. März 1932 Weseritz/Böhmen, kath. - 1954/55 Stud. Königstein/Ts. u. 1956-60 München (Theol.), 1960/61 Wien u. 1961-66 Würzburg (Engl., Gesch.); Promot. 1969 - S. 1966 Höh. Schuldst.; 1974-88 Prior. S. 1989 Vors. Inst. f. Kirchengesch. v. Böhmen-Mähren-Schles. - BV: D. Augustinerchorherrenstift Rohr u. d. Reformen in bairischen Stiften v. 15. b. z. 17. Jh., 1969; Abt Wolfgang Selender v. Prossowitz OSB. E. Leben f. d. kath. Erneuerung in Bay. u. Böhmen, 1972; D. Benediktiner in Böhmen u. Mähren, 1982. Herausg.: Bayerns Assunta (1973); Heute aus d. Ursprung leben (1981); Kloster in Rohr. Gesch. u. Gegenwart (1986) - S. 1970 o. Mitgl. Bay. Benediktinerakad.; s. 1974 korresp. Mitgl. d. Hist. Kommiss. d. Sudetenländer - Ehrenbürger Heimatkr. Plan-Weseritz u. Norcia/Ital. - Lit.: Egerländer Biogr. Lex., Bd. 2 (1987); Volksbote (25.03.1988).

ZESSIN, Wolfgang

Dipl.-Physiker, Dr. rer. nat., Mitglied d. Landtages Mecklenburg-Vorpommern (s. 1990) - Lübecker Str. 30, O-2754 Schwe-

rin - Geb. 14. März 1948 Klinken, ev., verh. s. 1976 m. Sigrid, geb. Kuntz, S. Jan - Maurerlehre; 1966 Facharbeiter; Physikstud. Univ. Rostock; Dipl. 1971; außerplanmäßige Promot. 1986 auf d. Gebiet Zoologie Univ. Berlin - 1983-88 Laborleit.; 1988-90 Wiss. Mitarb. Zoo Schwerin; s. 1990 MdL - Entd. v. div. neuen Insektenarten - Liebh.: Entomologie, Paläontologie - Spr.: Engl., Russ.

ZETLER, Gerhard
Dr. med. (habil.), o. Prof. u. Direktor Pharmakolog. Inst. Med. Univ. Lübeck (1964-88) - Im Brandenbaumer Feld 20, 2400 Lübeck (T. 60 16 75) - Geb. 17. Mai 1921 - 1954-64 Privatdoz. u. apl. Prof. (1959) Univ. Kiel (Pharmak.) - Fachveröff. - 1962 Mitgl. New York Acad. of Sciences - Spr.: Engl. - Rotarier.

ZETTEL, Michael Horst
Dr. phil., Akad. Direktor, Lehrbeauftr. f. Übungen z. mittelalterl. Gesch. Univ. Erlangen-Nürnberg - Kochstr. 4, 8520 Erlangen.

ZETTEL, Waldemar
Dr.-Ing., Geophysiker - Schulstr. 27, 3032 Fallingbostel 2 - Geb. 25. Juli 1903 Hannover, verh. s. 1985 m. Anneliese, geb. Meinecke - TH Hannover - 1934-36 Seismos, dann Nachrichtenmittel-Versuchsanstalt d. Marine, 1939-68 Prakla (zul. Vors. d. Geschäftsführung); zul. AR-Mitgl. Prakla Seismos GmbH u. Seismos Geomechanik GmbH, beide Hannover - 1963 Ehrensenator TH Hannover, 1968 Ehrenmitgl. Dt. Geophys. Ges.

ZEUMER, Brigitta

Malerin, Autorin - Große Telegraphenstr. 14, 5000 Köln 1 (T. 0221 - 21 34 26; Telefax 0221 - 21 60 85) - Geb. 31. Mai 1939, 3 Söhne (Arwed, Armin, Achim) - Stil: Konzentriert sich in ihren Arb. auf d. Darstellung v. Landschaftsaquarellen u. abstrakten Arb. auf Papier, d. in Technik, Ausdruck u. Farbgebung ganz eigenständig sind. Erste Einzelausst. 1971 in Köln; dan. üb. 200 Ausst. in Westeuropa, USA, Kanada, Hongkong u. Japan; 1991 auf Einladung d. Kulturmin. d. VR China Einzelausst. im Kaiserpalast in Peking, im Kunstmuseum Nanking u. in d. Kongreßhalle Shanghai. Vertr. auf d. intern. Kunstmessen Basel, Frankfurt, New York, Tokyo, Chicago u. a. - Mehrere Bildbände; regelm. Veröff. v. Aquarell-Kunstkalendern (s. 1984); Gestaltung v. Künstlerteppichen - Ausz. im In- u. Ausl. - Liebh.: Musik - Lit.: Zahlr. Kommentare, Kritiken usw. in Büchern, Katalogen, Ztschr. u. Ztg. im In- u. Ausl.

ZEUNER, Albrecht
Dr. jur., o. Prof. f. Zivilprozeßrecht, Bürgerl. Recht u. Arbeitsrecht - Bernadottestr. 218a, 2000 Hamburg 52 (T. 880 12 86) - Geb. 3. Dez. 1924 Gera - Habil. 1957 Hamburg - S. 1958 Ord. Univ. Saarbrücken u. Hamburg (1961) - BV: D. objektiven Grenzen d. Rechtskraft im Rahmen rechtl. Sinnzusammenhänge, 1959; Rechtl. Gehör, materielles Recht u. Urteilswirkungen, 1974. Div. Einzelarb. - Rufe Univ. Göttingen (1961), Köln (1964), München (1968).

ZEUTZSCHEL, Günter

Journalist, Chefredakt. AGZ Presseagentur, Verleger Rheinverlag, Karlsruhe, Schriftst. - Zu erreichen üb. Rheinverlag, Hirschstr. 83, 7500 Karlsruhe 1 (T. 0721 - 81 34 79) - Geb. 8. März 1924 Ing.-Stud. Berlin u. Karlsruhe. Kriegsteiln. u. Gefangensch. - Fr. Journ. Karlsruhe (einer d. ersten Fernsehkritiker); 1950-53 Redakt. u. Geschäftsf. AVA Allg. Verlagsagentur/IPA Intern. Presseagentur, Karlsruhe; 1954 Gründ. AGZ Presseagentur; 1970 Gründ. Rheinverlag Günter Zeutzchel; 1972-76 Pressechef Intertel Fernsehprod. München-Basel; s. 1976 PR-Chef Münchner Lach- u. Schießges. (Tourneen); 1980-91 Pressesprecher d. Schloß-Festsp. Ettlingen; s. 1981 auch d. Tiroler Volksschausp. Innsbruck; Theater- u. Pressemanager; 1986 Künstler. Leit. Burgspiele in Hall/Tirol. Programm- u. Fachberat. f. Film- u. FS-Prod. - Autor f. Rundf. u. FS; Verf. u. Hrsg. d. Fernsehspiel-Archiv, D. Hörspiel-Archiv, Biographien (insges. 30 Bde. d. dt.- sprachigen Medien-Nachschlagewerkes); Lexikon d. Festsp.; Freilicht-Sommer-Theater (s. 1984); gf. Gesellsch. d. Schloß-Festsp. Ettlingen Tournee GmbH.

ZEVELS, Franz Josef
Dr. med., Arzt - Hauptstr. 69, 4060 Viersen/Rhld. - Langj. Oberbürgerm., gegenw. Ratsherr Viersen.

ZEYER, Werner
Saarl. Ministerpräsident (1979-85), MdL u. CDU-Landesvors., stv. Bundesratspräs. (1984) - Josef-Bruch-Str. 1, 6690 St. Wendel (T. 0681 - 59 47) - Geb. 25. Mai 1929 Oberthal (Vater: Josef Z.; Mutter: Anna, geb. Peifer), kath., verh. s. 1955 m. Edith, geb. Latz, 3 Kd. (Monika, Wolfgang, Christoph) - Stud. Rechtswiss. Gr. jurist. Staatsprüf. 1956 - Richter LG Saarbrücken, AG Neunkirchen u. Ottweiler; 1961-72 Landrat Kr. St. Wendel. CDU s. 1955 (1961ff. stv. Landesvors. Saar, 1978ff. Vors.), 1972-79 MdB (Wahlkr. 247/St. Wendel), 1976-78 MdEP - 1983 Gr. BVK - Liebh.: Bücher, Sport - Spr.: Franz.

ZICK, Rolf
Journalist, Ehrenvors. Pressekonfz. Nieders. - Zu erreichen üb. Nord-Report, Heinrichstr. 26, 3000 Hannover (T. 0511 - 34 25 55) - Geb. 16. April 1921 Hannover - Chefredakt.

ZICKENDRAHT, Werner
Dr. phil., Dipl.-Phys., Prof. f. Theoret. Kernphysik Univ. Marburg - Kellerwaldstr. 9, 3550 Marburg/L. - Geb. 10. Jan. 1931 Melsungen (Vater: August Z., Versicherungskfm.; Mutter: Else, geb. Grebenstein), ev., verh. s. 1959 m. Ruth, geb. Bollmus, 3 Kd. (Christoph, Beate, Mandira) - 1951-57 Univ. Marburg, 1958-61 Yale Univ. New Haven (USA), 1961-65 Univ. Karlsruhe, s. 1965 Univ. Marburg. Forsch.aufenthalte: 1968/69 Houston, Texas; 1978/79 Storrs, Connecticut; 1989 R.P.I., Troy, New York - Tätig. Lehre u. Forsch. - Liebh.: Klass. Musik, Wandern - Spr.: Engl.

ZICKGRAF, Hermann
Dr. med., Prof., Ärztlicher Direktor u. Chefarzt Innere Abt. Rotkreuz-Krankenhaus I, München (1963-82) a. D. - Merzstr. 8, 8000 München 80 (T. 98 12 05) - Geb. 3. Okt. 1914 München - S. 1951 (Habil.) Privatdoz. u. apl. Prof. (1957) Univ. München (u. a. Oberassist. II. Med. Klinik). Fachveröff.

ZIEBART, Erwin
Dr.-Ing., Honorarprof. TU München (s. 1964) - Walhallastr. 38 a, 8000 München 19 - Geb. 4. Juni 1921 Arcis/Rumän. (Vater: Alfred Z., Lehrer; Mutter: Pauline, geb. Schalo), protest., verh. s. 1947 m. Dr. med. Livia, geb. Unterseher, 2 Söhne (Wolfgang, Ulrich) - Gymn. Schaessburg/Siebenb.; 1946-50 TH Hannover (Allg. Maschinenbau; Dipl.-Ing. 1950; Promot. 1953) - 1950-53 TH Hannover (Assist. Lehrstuhl f. Maschinenelemente u. Hydraul. Strömungsmaschinen); 1953-66 Krauss-Maffei AG, München-Allach (1959 Prok., 1962 stv.); 1964 o. Vorstandsmitgl.); 1967-87 Zahnradfabrik Friedrichshafen AG, Friedrichshafen - Rotarier.

ZIEBURA, Gilbert
Dr. phil., o. Prof. f. Wissenschaft v. d. Politik m. bes. Berücks. d. Außenpolitik - Steintorwall 12, 3300 Braunschweig - Geb. 18. März 1924 Hannover (Vater: Ludwig Z., Amtmann; Mutter: Margarete, geb. Herrmann), kath., verh. s. 1954 m. Eva, geb. Kegler, 5 Kd. (Katharina, Nicola, Hans-Joachim, Christoph, Gregor) - Oberrealsch. (Schadow), Humboldt- (1946-48) u. Freie Univ. Berlin (1948-1953), Sorbonne Paris (1950-52). Studienfächer: Gesch., Roman., Phil. Promot. (1953) u. Habil. (1962) Berlin - S. 1962 Privatdoz. u. Ord. (1964) FU Berlin, Ord. Univ. Konstanz (1974), Ord. TU Braunschweig (1978). 1964/65 Vors. Dt. Vereinig. f. Polit. Wiss. - BV: D. dt. Frage in d. öfftl. Meinung Frankreichs 1911-14, 1955; D. franz. Regierungssystem, 1957; D. V. Republik Frankr.s neues Reg.ssystem, 1960; Léon Blum - Theorie u. Praxis e. sozialist. Politik 1872-1934, 1963 (franz. 1968); D. dt.-franz. Beziehungen s. 1945, 1971; Frankreich 1789-1870. Entsth. e. bürgerl. Gesellschaftsformation, 1979; Weltwirtsch. u. Weltpolitik 1922/24-31. Zw. Rekonstruktion u. Zusammenbruch, 1984 (jap. 1989, engl. 1990); Zw. Entspannung u. weltwirtschaftl. Rezession. D. intern. Bezieh. d. BRD 1862-1974/75, 1988; Deutschland in einer Neuen Weltära (m. M. Bonder u. B. Röttger), 1992. Herausg.: Nationale Souveränität oder übernat. Integration? (1966), Studienb. z. ausw. u. intern. Politik (Reihe, 1971ff.). Grundfragen d. dt. Außenpolitik s. 1871 (1975), Wirtsch. u. Ges. in Frankr. s. 1789 (1975); Mithrsg.: Faktoren der polit. Entscheidung - Festschr. f. Ernst Fraenkel (1963), Beitr. z. ausw. u. intern. Politik (Reihe, 1966ff.), Beitr. z. allg. Parteienlehre - Z. Theorie, Typologie u. Vergleich. polit. Parteien (1969) - 1965 Straßburg-Preis (f. d. Blum-Buch) - Spr.: Franz. - Lit.: H. Elsenhans et al. (Herausg.), Frankreich, Europa, Weltpolitik, Festschr. f. G. Z. z. 65. Geb. 1989.

ZIECHMANN, Jürgen
Dr. phil., Prof. f. Lernpsychologie u. Curriculumforsch. - Marschweg 149C, 2900 Oldenburg - Geb. 13. Febr. 1941 Berlin - Promot. 1969 FU Berlin, Habil. 1973 Abt. Duisburg d. PH Ruhr - 1971-73 Priv.-Doz. PH Ruhr, Abt. Duisburg; 1973-75 Prof. f. Schulpäd. in Heidelberg; s. 1975 Prof. Univ. Bremen - BV: Erzieh. b. Leonard Nelson, 1970; Curriculumforsch. in d. BRD, 1973; Schülerorient. Sachunterr., 1979; Curriculum-Diskuss. u. Unterr.praxis, 1979; Erziehung z. Selbständigk. im Sachunterr. auf d. Primarstufe, 1988. Herausg.: Sachunterr. in d. Diskuss. (1980); Konkrete Didaktik d. Sachunterr. (1985); Friedrich d. Große: D. Palladion (1985); Panorama d. Fridericianischen Zeit (1985); Fridericianische Miniaturen 1 (1988); Fridericianische Miniaturen 2 (1991). Zahlr. Beitr. in Fachztschr.

ZIECHMANN, Wolfgang
Diplom-Chemiker, Prof. Leit. Interfakulatives Lehrgebiet Chemie/Univ. Göttingen - Kiefernweg Nr. 2, 3400 Göttingen-Geismar (T. 7 19 85) - Geb. 10. Juni 1923 Oppeln/OS. - S. 1959 Lehrtätigk. Göttingen - BV: Chemie f. Naturwiss.ler, Lehrb. 1971; Chemie, Fachb. 1971; Huminstoffe, Fachb. 1980. Zahlr. Fachaufs.

ZIEGELMAYER, Gerfried
Dr. med., Dr. rer. nat., Prof. Inst. f. Anthropologie u. Humangenetik Univ. München - Kuckucksweg 3, 8033 Krailling/Obb. (T. München 857 11 52) - Geb. 4. Juni 1925 Saarbrücken, kath., verh. m. Eva-Marie, geb. Saller, 5 Kd. (Sebastian, Dr. Sabine Klösser, Stephan, Christoph, Cordula) - Stud. Med. Anthropol., Humangen. Promot. med. 1949, rer. nat. 1952, Habil. 1957 - S. 1957 Lehrtätig. München; 1963 apl. Prof.; 1970 Extraordinarius; 1983 Dir. Anthropol. Staatssammlung München - Beitr. in Lehr- u. Handb., zahlr. Veröff. in Fachzeitschr.

ZIEGENAUS, Anton
Dr. phil., Dr. theol., o. Prof. f. Dogmatik - Heidelberger Str. 18, 8903 Bobingen/Schw. - Geb. 15. März 1936 Schiltberg/Schw. (Vater: Johann Z., Müller; Mutter: Katharina, geb. Schweiger), kath. - Gymn. St. Ottilien; Univ. München. Promot. 1962 u. 71; Habil. 1974 - 1963-66 Seelsorger; 1968-75 Wiss. Assist. u. Privatdoz. (1974) Univ. München; s. 1975 Wiss. Rat u. Prof. u. Ord. (1977) Univ. Augsburg - BV: D. trinitar. Ausprägung d. göttl. Seinsfülle nach Marius Victorinus, 1972; Umkehr - Versöhnung - Friede, 1975; Kanon. V. d. Väterzeit b. z. Gegenwart, 1990. Üb. 150 Einzelarb. Mithrsg.: Theol. im Übergang; Forum Kath. Theologie - Spr.: Alt-, Neugriech., Lat., Engl., Franz., Ital., Span.

ZIEGENFUSS (ß), Hans
Hauptgeschäftsführer IHK Passau (s. 1964) - Nibelungenstr. 15, 8390 Passau 2 (T. 80 74) - priv.: Anzengruberstr. 15 (T. 80 77) - Geb. 13. Dez. 1934 - Stud. Rechtswiss., Gr. jurist. Staatsprüf. - Spr.: Tschech., Engl. - Rotarier.

ZIEGENFUSS (ß), Wilhelm
Landwirt, MdL Nordrh.-Westf. (1966-70 u. 1972-75) - Haumannshof, 4232 Xanten II (T. 02804 - 3 53) - Geb. 24. März 1913 Castrop-Rauxel, verh., 4 Kd. - Selbst. Landw. Didersdorf/Lothr. u. Mörmter (1945 ff.). 1964 ff. Gemeindevertr. Wardt (Fraktionsvors.) u. MdK Moers.

SPD (u. a. Mitgl. Bezirksaussch. Niederrhein).

ZIEGENHAIN, Horst

Dipl.-Kfm., Molkereibesitzer, Vors. Export-Union f. Milchprodukte u. Käseexport-Union, beide Bonn, u. a. - Münchener Str. 24, 8202 Bad Aibling/Obb. - Geb. 9. Juni 1929. 1980 Bayer. VO.

ZIEGENRÜCKER, Joachim

Pastor, Direktor Ev. Akademie Hamburg (1963-80) - Flemingstr. 11, 2000 Hamburg 60 (T. 040 - 48 63 17) - Geb. 27. Jan. 1912 Kiel (Vater: Dr. phil. Emil Z., Oberstudiendir.; Mutter: Helene, geb. Finnern), ev., verh. s. 1941 m. Dr. phil. Hildegard, geb. Gorgas, 4 Kd. (Eva-Maria, Ruth, Hans-Christoph, Wulf) - Luisen-Gymn. Berlin; Univ. Königsberg, Berlin, Erlangen (Rechtswiss., Gesch., Theol.). Beide theol. Prüf. Berlin (1939 u. 42) - 1940-45 Assist. Univ. Berlin (Theol. Sem.), 1941-44 Wiss. Hilfsarb. AA ebd., 1945-51 Gemeindepastor Norderkirchspiel/F., 1951-63 Studentenpfarrer Univ. Kiel. Vors. Zuflucht Hamburg, gemeinn. Bürgerhilfe, Vorst. Freunde d. Hebr. Univ. Jerusalem; Beirat d. Ges. f. bedrohte Völker e.V., u. Gustav Heinemann-Initiative e.V. - 1989 Ehrenurkunde Hebr. Univ. Jerusalem - Liebh.: Musik, Theater, Malerei - Spr.: Engl. - Lit.: H. Albertz, J. Thomsen: Christen in d. Demokratie (1978); W. Jochmann u. a. in: Orientierung (Ber. u. Analysen) I. (1980); Rudolf Wassermann: Bürgertugend heute (1987).

ZIEGLER, Bernhard

Dr. rer. nat., Prof., Direktor Staatl. Museum f. Naturkunde, Stuttgart/Schloß Rosenstein - Wolzogenstr. 4, 7000 Stuttgart 31 (T. 83 13 57) - Geb. 4. Sept. 1929 Stuttgart - Stud. Geologie (Dipl.-Geol.) - S. 1962 (Habil.) Lehrtätigk. Univ. Zürich TU Berlin (1966 apl. Prof.; Wiss. Rat Lehrstuhl f. Geologie u. Paläontologie), Univ. Stuttgart (gegenw. o. Prof. f. Geol. u. Paläontol.). Fachaufs.

ZIEGLER, Bernhard

Graphiker u. Kunstmaler - Schlüterstr. 64, 2000 Hamburg 13 (T. 040 - 44 89 79) - Verh. - 1947-49 Stud. Hochsch. f. angew. Kunst Berlin - S. 1949 fr. Maler u. Graphiker - Graph. Gestaltung: Unser blauer Planet, 1965; D. Mond, 1969; D. Rußlandkrieg - fotogr. v. Soldaten, 1968. Fernsehsend. m. Prof. Dr. Heinz Haber im ZDF - Liebh.: Gesch., Reisen.

ZIEGLER, Daniela

Schauspielerin - Amselweg 5, 2070 Ahrensburg - Geb. 5. Sept. 1948 Offenbach/M. - Stud. Theaterwiss., German.; Schauspielausb. an d. Westf. Schauspielsch. Bochum; Dipl. 1972 - Engagements Trier, Dt. Theater Göttingen, Staatstheater Hannover, Schauspielhaus Hamburg; s. 1979 freischaffend b. Theater, FS; 1979 u. 81 Musicalausb. in New York; als Gast an Theatern in Wien, Frankf., Basel, Zürich, Berlin, Hamburg u. Festspiele in Bad Hersfeld, Jagsthausen, Schwäbisch-Hall, Wunsiedel. TV-Hauptrollen: E. Fall f. Zwei, Peter Strohm, Tatort, Schwarzwaldklinik, D. Alte, Insel d. Träume. FS-Spiele: Maria Stuart (Elisabeth), D. Gerechten, Orchester, Haus im Nebel, D. Deal, Grand m. drei Damen. Hauptrollen in Musicals: Chicago, Mann v. La Mancha, Evita (Dt. Erstauff.: Wien, Berlin, München), Mahagonny, Ich steig aus u. mach ne eigne Show, Dreigroschenoper, Happyend, Anatevka, Follies. Chansons in eig. Abenden u. im Rundfunk, Weill-Konzert b. d. Wiener Festwochen - 1978 u. 79 Hersfeldpreis

ZIEGLER, Dieter

Winzermeister, Staatsminister a. D., Bürgermeister von Maikammer (s. 1974) - Weinstr. - Nord 41, 6735 Maikammer (T. 06321 - 50 01; Fax 06321 - 52 17) - Geb. 2. Mai 1937 Maikammer, kath., verh., 2 Söhne - Realgymn.; Handelssch.; Weinbausch., Winzermeisterprüf. 1960 - S. 1964 Mitgl. Gemeinderat Maikammer; 1962-65 Vors. Pfälzer Landjugend; 1985-90 Minister f. Landwirtsch., Weinbau u. Forsten Rhld.-Pfalz; 1967-81 MdL Rhld.-Pfalz; 1973-85 Vizepräs. Weinbauverb. Pfalz - 1959 2. Bundessieger Berufswettkampf Weinbau.

ZIEGLER, Heide

Dr. phil. habil., o. Prof., Hochschullehrer - Relenbergstr. 57, 7000 Stuttgart 1 (T. 0711 - 29 20 34) - Geb. 5. April 1943 Sagan/Schles., ledig - Stud. Angl. u. Altphilol.; Wiss. Prüf. f. d. Lehramt an Gymnasien 1969; Promot. 1976 Würzburg; Habil. 1982 ebd. - 1976-82 wiss. Assist. Univ. Würzburg; 1982-84 Visiting Prof. Univ. of Texas at Austin/USA; s. 1984 Prof. f. Amerikan. u. Neuere Engl. Lit. Univ. Stuttgart - BV: Existentielles Erleben u. kurzes Erzählen: Faulkners Short Stories, 1977; The Radical Imagination and the Liberal Tradition: Interviews with English and American Novelists, 1982; John Barth, 1987; Facing Texts, 1988 - Spr.: Engl., Latein, Griech.

ZIEGLER, Hubert

Dr. rer. nat., Dr. rer. nat. h. c., Prof. f. Botanik - Richildenstr. 74, 8000 München 19 (T. 21 05 26 30) - Geb. 28. Sept. 1924 Regensburg (Vater: Dr.-Ing. Max Z., Oberbaurat a. D.; Mutter: Laura, geb. Sohler), verh. s. 1955 m. Dr. Irmgard, geb. Günder, Sohn Dr. med. Lothar - Univ. München (Promot. 1950). Habil. 1956 - S. 1956 Lehrtätigk. Univ. München, TH Darmstadt (1959 ao., 1962 o. Prof.) u. München (o. Prof.). 1968ff. Präs. Dt. Botan. Ges; Präs. Intern. Assoc. Plant Physiol.; Senator Dt. Forschungsgem. 320 Fachveröff. - Herausg.: Czihak, Langer, Ziegler: Biologie (4. A. 1990); Hoppe, Lohmann, Markl, Ziegler: Biophysik (2. A. 1982, engl.); Ehrendorfer, Bresinsky, Sitte, Ziegler: Lehrbuch d. Botanik (Strasburger), 33. A. 1991 (engl., ital., poln., span., serbokroat).; Planta, Fortschritte d. Botanik, Oecologia, Biochemie u. Physiologie d. Pflanzen, Naturwiss., Trees, Agricoltura Mediterranea - 1972 Mitgl. Dt. Akad. d. Naturforscher (Leopoldina), Halle/S.; 1973 o. Mitgl. Bayer. Akad. d. Wiss.; 1989 Mitgl. Acad. Europea.

ZIEGLER, Josef-Georg

Dr. theol., Dr. h. c., Prof. f. Moraltheologie - Waldthausenstr. 52A, 6500 Mainz-Finthen (T. 4 06 03) - Geb. 24. April 1918 Ammerthal/Opf. (Vater: Josef Z., Oberlehrer; Mutter: Anna, geb. Gradl), kath. - Gymn.; Theol.-Phil. Hochsch. Bamberg (1938-39) u. Regensburg (1945-49), Univ. Würzburg (1952-55) . Promot. (1955) u. Habil. (1959) Würzburg - 1949-52 Seelsorger; 1956-61 Assist. u. Doz. Univ. Würzburg; s. 1961 o. Prof. Univ. Mainz - BV: D. Ehelehre d. Poenitentialsummen v. 1200-1350 - E. Unters. z. Gesch. d. Moral- u. Pastoraltheol., 1956 (Diss.); V. Gesetz z. Gewissen - D. Verhältnis v. Gewissen u. Gesetz u. d. Erneuerung d. Kirche, 1968. Herausg.: Organverpflanzung (1977); In Christus. Beitr. z. ökumenischen Gespräch (1987); D. Oberammergauer Passionsspiel. Erbe u. Auftrag (1990); Verantwortete Elternschaft. E. theologie- u. zeitgeschichtliche Untersuchung (1990) - 1979 Päpstl. Ehrenprälat - Lit.: J. Piegsa/H. Zeimentz (Hrsg.), Person im Kontext d. Sittl., Beiträge z. Moraltheol., Festschr. z. 60. Geb. (1979); K. H. Kleber/J. Piegsa (Hrsg.), Sein u. Handeln in Christus, Perspektiven e. Gnadenmoral, Festschr. z. 70. Geb. (1988).

ZIEGLER, Klaus

Industriekaufm., Vorsitzender d. Bereichsvorstandes Siemens AG, Bereich Passive Bauelemente u. Röhren, Siemens AG - Balanstr. 73, 8000 München 80 - Geb. 31. Dez. 1934 Köln-Lindenthal (Vater: Wilhelm Z., Kaufm.; Mutter: Julie, geb. Blasberg), ev., verh. s. 1957 m. Emmi, geb. Müller, 4 Kd. (Helga, Hans-Peter, Isabel, Daniela) - Oberschule f. Jungen; kfm. Lehre b. Siemens - S. 1951 Siemens AG (b. 1958 Zweigniederl. Nürnberg, b. 1967 Vertriebsleit. Spanien, b. 1973 gf. Dir. Siemens India, b. 1978 gf. Dir. Siemens Madrid, s. 1978 Vertriebsleit. Unternehmensber. Bauelemente München, s. 1988 Vors. d. Geschäftsfg. Bereich Passive Bauelemente u. Röhren, München, 1989 Vors. Bereichsvorst. Passive Bauelemente u. Röhren, gleichz. Vors. d. Geschäftsfg. Siemens Matsushita Components GmbH & Co. KG, München - Spr.: Engl., Span.

ZIEGLER, Klaus

Dipl.-Kaufm., Geschäftsf. Gesellschafter Haseco-Gruppe - Nernstr. 6, 2800 Bremen 33 (T. 0421 - 25 68 10) - Geb. 13. Dez. 1953 Bremen, ev., verh. s. 1984 m. Elisabeth, geb. Schreiber - Stud. Freiburg u. Köln, Dipl.-Kaufm. 1978 Köln - Mitgl. d. Bremischen Bürgerschaft. Fraktion d. FDP, Wirtsch.polit. Sprecher - Spr.: Engl.

ZIEGLER, Reinhard

Dr. med., o. Prof. f. Innere Medizin (Endokrinologie, Calciumstoffwechsel) Abt. Innere Medizin I Med. Klinik Univ. Heidelberg - Bergheimer Str. 58, 6900 Heidelberg (T. 06221 - 56 86 01) - Geb. 8. Dez. 1935 Leipzig (Vater: F. Karl Z. selbst. Kaufm.; Mutter: Irene, geb. Heynig), ev., verh. s. 1959 m. Uta, geb. Volckamer v. Kirchensittenbach, 3 Kd. (Richard, Julia, Isabella) - Human. Gymn., Med. Stud. Frankfurt, München, Düsseldorf, Wien, Habil. 1972 Univ. Ulm, Facharzt f. inn. Med. 1972, Teilg. Endokrinol. 1977 - 1974-79 Oberarzt Ulm, s. 1979 ärztl. Dir. Abt. Inn. Med. VI-Endokrinol.; 1986 ärztl. Dir. Abt. Inn. Med. I Endokrinol. u. Stoffw. - BV: Calcitonin, Monogr. 1974; Endokrinol., Monogr. 1976; EHDP, Monogr. 1982; Hormon- u. stoffwechselbed. Erkrankungen in d. Praxis, 1987. 200 Publ. in wiss. Ztschr., Kongreßber., Sammelw. - 1977 Wissenschaftspreis Stadt Ulm; 1988 Ehrenprof. d. Tongji Med. Univ. Wuhan/VR China - Liebh.: Musik, Uhren - Spr.: Engl., Franz.

ZIEGLER, Rolf

Dr. rer. nat., Prof. f. Zoologie FU Berlin - Berliner Str. 23, 1000 Berlin 37 - Geb. 11. Dez. 1940 Göppingen (Vater: Friedrich Z., Schreiner; Mutter: Klara Maria, geb. Lang - Univ. Tübingen, Hamburg u. Köln (Promot. 1971) - Zahlr. Fachveröff.

ZIEGLER, Walter

Dr., Prof. f. bayer. Geschichte Univ. München - Dechbettenerstr. 17 a, 8400 Regensburg - Geb. 16. Juli 1937 Reichenberg (Vater: Raymund Z., kaufm. Angest.; Mutter: Maria, geb. Roscher), kath., verh. s. 1970 m. Sieglinde, geb. Schmidt - Stud. Gesch., Latein u. kath. Theol. (Staatsex. 1964, Promot. 1969, Habil. 1976) - 1966 Stud.rat; 1967 wiss. Assist.; 1977 Priv.doz.; 1980 Prof. Univ. Würzburg, 1989 Univ. München - BV: D. Bursfelder Kongregation in d. Reformationszeit, 1968; D. kirchl. Lage in Bayern 1933/45, 1973; D. Staatshaush. Niederbayerns in d. zweiten Hälfte d. 15. Jh., 1981.

ZIEGLER, Willi

Dr. phil. (habil.), Dipl.-Geol., Prof. f. Geologie u. Paläontol. Univ. Marburg (s. 1968), Dir. Forsch.inst. u. Naturmuseum Senckenberg, Frankfurt/M. (s. 1980) - Palisadenweg 6, 6303 Hungen (T. 06402 - 14 21) - Geb. 13. März 1929 Villingen/Hessen - 1958-68 Geologe Geol. Landesamt Nordrh.-Westf., Krefeld; 1962-68 Privatdoz. u. apl. Prof. Univ. Bonn. 1978-85 Vors. Senatskomm. DFG f. Geowiss. Gemeinschaftsforsch.; Chairman IGCP Nat. Comm. Ca. 200 Fachveröff. Herausg.: Catalogue of Conodonts, Natur u. Museum, Courier u. Abh. Forsch. Inst. Senckenberg, Gürich's Leitfossilien - 1974 Alexandre-H.-Dumont-Med. d. belg. geolog. Ges.; 1985 Coke-Med. d. geol. Soc. London; 1988 Med. d. int. Pander-Soc.

ZIEGLER-STEGE, Erika

Schriftstellerin, Tierbuch- u. Jugendbuchautorin - Wohnh. in Bonn u. im Kr. Koblenz - Üb. 60 Bücher (Romane, Erz., Nov., zahlr. Tiergesch., u.a. D. fremde

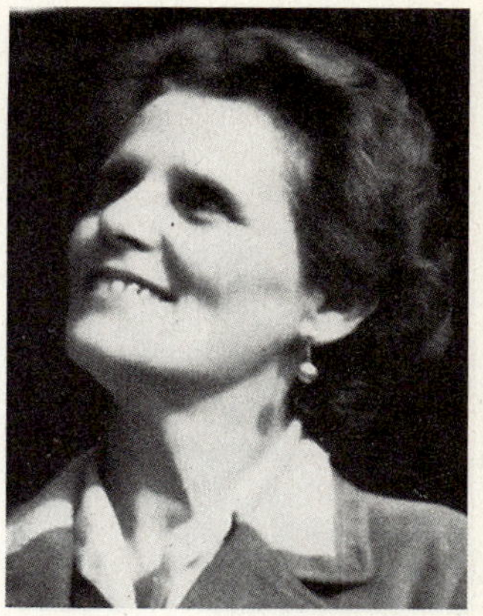

Reiter; Ich wär so gern; In Freundschaft Deine; Jenny, Uwe; Komm mit zu d. Pferden; Lieb bist du; Maja auf d. Reiterhof; Mein Traum Vip; Nora; Wind um Minkas Ohren; Ich kenn d. Welt v. ihrer schönen Seite; Geliebte, gehaßte Pferde; Auch zahme Tiere haben Zähne; Pferde sind doch sooo verschwiegen; Fünf langhaarige Großhunderassen, Fachb.), auch Übers. in a. Spr. - 1985 Ehrenurkunde u. Nadel Dt. Tierschutzbund, Bonn - Liebh./Interessen: Pferde u. Hunde, gute Lit.

ZIEHL, Heinz

Fabrikant, gf. Gesellsch. Ziehl-Abegg GmbH & Co. KG (Elektromotoren), Geschäftsf. Fa. ebm Elektrobau Mulfingen GmbH & Co., Mulfingen - Zepelinstr. 28, 7118 Künzelsau/Württ. - 1981ff. Präs. IHK Heilbronn - Ehrensenator FH Heilbronn.

ZIEHR, Wilhelm

Dr. phil., Kulturhistoriker, Schriftsteller - Haus Sonnmatt, CH-6044 Udligenswil (T. 0041 - 41-81 38 38) - Geb. 21. Nov. 1938 Berlin (Vater: Hermann Z., Theol.; Mutter: Else, geb. Baum), ev., verh. s. 1967 m. Dr. Antje Heißmeyer, T. Karoline - 1958-61 Stud. Univ. Tübingen, 1962/63 Sorbonne, Paris, 1963-66 wieder Tübingen; Promot. 1969 - 1968/69 Redakt. F. A. Brockhaus; 1970-75 Chefredakt. Enzyklopädie Weltreise Luzern; s. 1987 Chefredakt. Schweizer Lexikon 91 - BV: Weltreise Enzykl., 15 Bde. 1970-75; Zauber vergangener Reiche, 1975 (span. 1977); Wortwechsel, Lyrik 1973; Reise in d. Alte Welt, 1977 (span. 1978, engl. 1982); Schwarze Königreiche (m. E. Beuchelt) 1979; Hölle im Paradies, 1980 (slowak. 1984); Morgenröte d. Abendlandes, 1981; Euro Guide, 1981ff.; D. Brot, 1984 (gleichz. franz. u. niederl.); Maria Muttergottes, (m. L. Cunningham) 1984; Frankreich, 1984; Sizilien., 1987; Schach (m. R. Finkenzeller), 1989 (span., niederl., engl., franz.); Seidenstraße d. Meere (m. Einl. v. L. de Rosa), 1990 (gleichz. ital., 1992 span.) - Liebh.: Antiquitäten - Spr.: Franz., Span., Ital., Engl., Russ. - Bek. Vorf.: Walter Ziehr, Konsul, Ehrensenator Univ. Stuttgart (Onkel).

ZIEL, Alwin

Minister d. Innern d. Landes Brandenburg (s. 1990) - Henning-von Tresckow-Str. 9-13, O-1561 Potsdam (T. 40 26 00) - Geb. 2. April 1941 Quernau (Westpreußen), ev., verh., 2 Söhne - Päd. Hochsch. Güstrow; Dipl.-Lehrer; Erweiterungsstud. Humboldt-Univ. Berlin; Fachricht. Logopädie m. Abschl. Dipl.-Päd.; Zweitstud. Jura Humboldt-Univ. m. Abschl. Dipl.-Jurist - Lehrer, Logopäde, Wiss. Assist. Humboldt-Univ. Berlin - S. Dez. 1989 Mitgl. d. SPD; s. März 1990 Mitgl. d. Volkskammer; s. 1990 Parlam. Staatssekr. im DDR-Min.

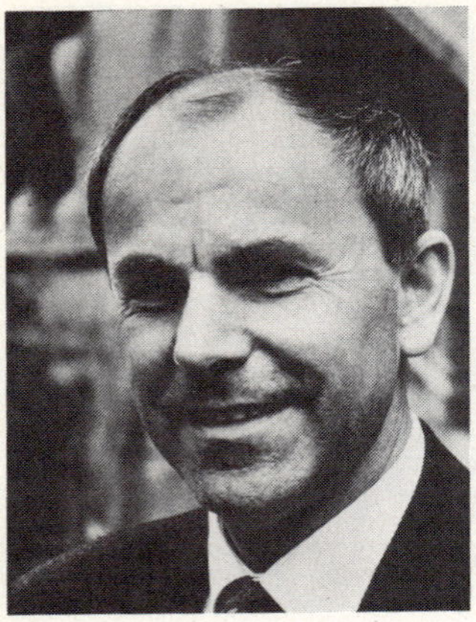

f. Arbeit u. Soz. - Liebh.: Angeln, Fahrradfahren, Lesen, Wandern.

ZIELASKO, Werner

Kaufmann, Präs. Bundesverb. d. Dt. Bier- u. Getränkefachgroßhandels, C.E.G.R.O.B.B., Zusammenschl. d. besteh. Getränkefachgroßhandelsverb. in d. EG; Vors. Verein z. Bekämpf. u. Vermind. v. Einwegverpack., alle Düsseldorf; Geschäftsf. Getränkefachgroßhandl. Werner Zielasko GmbH, Duisburg - Humboldtstr. 7, 4000 Düsseldorf 1 (T. 0211 - 67 87 40) - Geb. 10. Juli 1920.

ZIELINSKI, Diethart

Dr. jur., Hochschullehrer, Prof. f. Strafrecht Univ. Hannover (s. 1976) - Oskar-Winter-Str. 8, 3000 Hannover 1 (T. 0511 - 62 27 41) - Geb. 30. Aug. 1941 - Stud. Univ. Erlangen, Bonn (Rechtswiss.); 1. u. 2. Staatsex. 1964 u. 1969; Promot. 1972 Bonn - Wiss. Assist. Bonn, Kiel, Bielefeld; 1979-89 Vorst. Ges. f. Rechts- u. Verwaltungsinformatik - BV: Handlungs- u. Erfolgsunwert im strafrechtl. Unrechtsbegriff, 1973 (Span. Übers. 1990); Mitautor Alternativkommentar Strafgesetzbuch (1986ff.) - Liebh.: EDV u. Recht, insbes. Computer-Kriminalität.

ZIELINSKI, Johannes

Dr. phil., em. o. Prof. f. Pädagogik - Merianstr. 8a, 8900 Augsburg (T. 0821 - 8 53 93) - Geb. 22. Juni 1914 Hohensalza/Posen (Vater: Michael Z., Pastor; Mutter: Johanna, geb. Schepat), ev., verh. 1948 m. Dr. med. Gerharda, geb. Klose (gesch.), 2 Kd. (Gerda, Johannes) - Reform-Realgymn. Elbing u. Tilsit; Univ. Königsberg (1932-34) u. München (1946-50; Päd., Psych., Soziol., Psychiatrie); Berufspäd. Inst. München (1950-52) - 1948-51 Dir. Schwererziehbarenheim; 1951-56 Berufsschullehrer; 1956-61 wiss. Assist.; 1961-79 Ord. u. Dir. Inst. f. Erziehungswiss. TH Aachen. Erf.: Probiton, e. apparative Lernhilfe (m. Mitarb.) - BV: Freizeit u. Erziehung, 1954; Mensch u. Welt im Zeitalter d. Automation, 1958 (brosch.); D. Spielfilm im Schulunterricht, 1959; D. Handbücherei d. Berufsschullehrers, 1960; Pater Familias, 1961; Humanisierung d. Berufssch., 1963; Üb. d. rechten Gebrauch d. Macht, 1963; Prakt. Berufsausbild., 4. A. 1976; Päd. Grundl. d. Programmierten Unterweis. unt. empir. Aspekt, 1964 (m. Walter Schöler); Methodik d. Programmierten Unterrichts - Z. Problem d. Mikrostrukturen v. Lehren u. Lernen, 1965 (m. dems.); D. Gewerbelehrer - Bild u. Wirklichk. e. Erzieherberufes, 1965; Lehren u. Lernen in d. Industriekultur, 1968; Aspekte d. programm. Unterr., 1970; Ausbildung d. Ausbildenden - Päd. Grundl. d. Erwachsenenbild., 1972ff. (5 Bde., 3 Anhangbde.); Wissenschaftl. Arbeiten - Theoret. Grundl. u. prakt. Einüb., 1973 (m. W. Böttcher); Diskussionstechnik, 1974 (m. W. Böttcher); Gedanken üb. Ethik d. Werb., 1976; Kl. Anleit. z. Erstell. v. Programmsequenzen f. d. eig. Unterr., 1978; Allg. Grundlagen d. Textverarbeitung, 1982 (m. J. Zielinski jr.); Textverarbeitung m. Wordstar/Mailmerge, 1986. Herausg.: Lernen nach Programmen, Probition-Unterrichtsprogramme (beide m. Schöler), Mod. Berufserzieh. (m. Friede u. Rurik) - 1963 Ehrenbürger Boys Town Nebraska (USA); 1965 Ehrenmitgl. Intern. Advisory Board Brooks Foundation, Communications and Cultural Center, Santa Barbara; ausw. Mitgl. National Assoc. of Educational Broadcasters, Dt. Ges. f. Erzieh.wiss. u. Intern. Vereinig. f. erzieh.wiss. Forsch.; Ehrenmitgl. Österr. Ges. f. Historische Päd. u. Schulgesch.; 1976 Dr.-Kurt-Neven-DuMont-Med.; 1979 Ausz. Pro Infante DKSB; 1979 Ehrenz. DRK; 1979 Ehrenplak. Handwerkskammer Aachen; Gr. BVK; 1980 Ehrenplak. f. kulturelle Verdienste Provinz Asti (Ital.); 1990 Comenius-Preis Intern. Scheidegger-Inst. f. Aus- u. Weiterbildung; 1991 VO. d. Landes Nordrh.-Westf. - Spr.: Engl., Franz. - Lit.: R. Ommerborn, 18. J. erzieh.wiss. Arbeit am Lehrstuhl Päd. I, Dir. Prof.Dr. J. Z.; H. Levenig u. W. Schöler (Hrsg.): Kommunikation u. Begegnung. Festschr. z. 75. Geb. v. J. Z. (1989).

ZIELKE, Roland

Dr. med., Dr. rer. nat., Prof. f. Mathematik Univ. Osnabrück - Herderstr. 7, 4500 Osnabrück - Geb. 30. Juli 1946 Opladen (Vater: Dr. Edmund Z., Richter; Mutter: Lieselotte, geb. Wittke) - 1964-71 Stud. Univ. Köln, Columbus u. Konstanz; Master of Science 1969, Promot. 1971; 1977-83 Stud. Med. Univ. Münster, Approbation 1983, Promot. 1988 (Dr. med.) - 1971-75 wiss. Assist. Univ. Tübingen; s. 1975 Prof. Univ. Osnabrück - BV: Discontinuous Čebyšev Systems, 1979 - Spr.: Engl., Span.

ZIELONKA, Michael

Magister theol., Pfarrer Kath. Militärseelsorge d. Dt. Bundeswehr, Schriftsteller - Tenholter Str. 22, 5140 Erkelenz (T. 02431 - 58 55) - Geb. 9. März 1942 Nordhausen/Harz (Vater: Richard Z., Kaufm.; Mutter: Elisabeth, geb. Klose), kath. - Ab 1960 DB-Beamtenanwärter Duisburg; Abit. 1964 Neuss; Magister theol. 1971 Innsbruck, Dipl. Ital. Sprache 1972 Urbino - 1973-76 Kaplan Viersen; 1976-79 Gymnasiallehrer Krefeld; 1979-81 Dt. Schule Rom; 1981-87 Hochschulpfarrer Paris. S. 1969 8 Buchveröff. (Belletristik, theol. Sachb.); Übers. aus d. Friaulischen (m. G. Faggin); div. Essays - 1971 Ritter v. Juste; 1981 Förd.-preis Oberschles. Kulturpreis - Liebh.: Blumen- u. Kräutergarten, Heraldik, Klass. Musik - Spr.: Ital., Franz., Friaulisch - Lit.: Bruno Stephan Scherer, Christl. Lit. (1970); Inge Meidinger-Geise, Perspektiven dt. Dicht. (1971/72); Wilhelm Bortenschlager, Dt. Lit.gesch. (1978).

ZIELSKE, Harald

Dr. phil., Prof. f. Theaterwiss. FU Berlin - Angerburger Allee 47, 1000 Berlin 19 (T. 030 - 304 23 81) - Geb. 3. April 1936 Leipzig, ev. - 1956-65 Stud. Univ. Göttingen, Köln u. Berlin; Promot. 1965 - 1971 Prof. FU Berlin; 1982-88 Präs. Soc. Intern. Bibliothèques/Musées des Arts du Spectacle (SIBMAS), 1990 Ehrenpräs. d. SIBMAS - BV: Dt. Theaterbauten b. z. 2. Weltkrieg, 1971 - Spr.: Engl., Franz., Ital.

ZIEM, Helmut

Senatsrat a. D. - Nassauische Str. 60, 1000 Berlin 31 (T. 87 49 11) - Geb. 24. Okt. 1914 Magdeburg, ev., verh. s. 1944 m. Margarete, geb. Affeldt, 2 Kd. (Peter, Dörte) - Univ. Rostock, München, Würzburg, Berlin (Rechts- u. Staatswiss.), Gr. jurist. Staatsprüf. - 1964-76 Leit. Abt. Sozialversich. u. Kriegsopferversorg. Senator f. Arbeit u. Soziale Angelegenheiten bzw. Arbeit, Gesundheit u. Soziales v. Berlin. Vorst.-Mitgl. d. ältesten Stiftg. Berlins: Hospitäler zum Heiligen Geist u. St. Georg - BV: D.

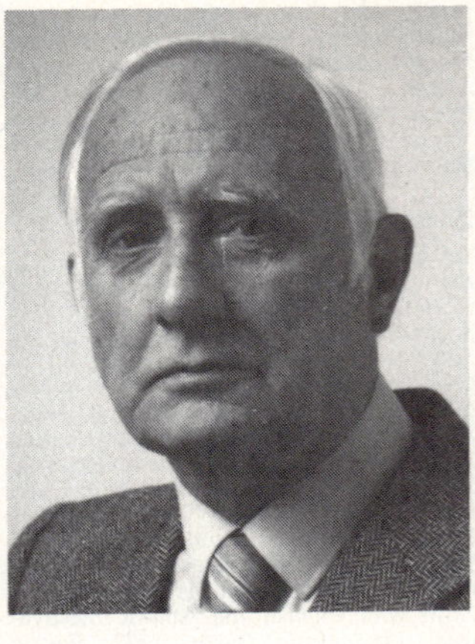

Beschädigte u. Körperbehinderte im Daseinskampf einst u. jetzt, 1956.

ZIEM, Joachim

s. Ziem, Jochen

ZIEM, Jochen

Schriftsteller - Am Volkspark 39, 1000 Berlin 31 (T. 853 18 28) - Geb. 5. April 1932 Magdeburg - BV: Zahltage, Erz. 1968; D. Klassefrau, Erz. 1974; D. Junge, Erz. 1980; Boris, Kreuzberg, 12 J., R. 1988. Bühnenw.: D. Einladung (Sch.; UA. 1967 Berlin); Nachrichten aus d. Provinz (Sch.; UA. 1967 Berlin); D. Versöhnung (Sch.; UA. 1971 Nürnberg); Fernsehsp.: D. Rückkehr (WDR 1969), Unternehmer (WDR 1971), Federlesen (ZDF 1973), Männergeschichten - Frauengeschichten (WDR 1976), Linda (ZDF 1980), D. Klassefrau (ZDF 1982), Was soll bloß aus dir werden? (ZDF 1984), Reise n. Deutschland (ZDF 1987), Prinz (ZDF 1987, gem. m. Sven Severin); Man kann nicht alles haben (nach Erich Loest Zwiebelmuster; ZDF 1989). Div. Hörsp. - G. Hauptmann-Förderpreis; Th. Dehler-Pr.; Olevano-Stip. d. Akad. d. Künste, Berlin; Stip. d. Senators f. Kult. Angelegenh., Berlin; 1988 Stipendium d. Stiftg. Preußische Seehandlung, Berlin.

ZIEMANN, Sonja

Schauspielerin - St. Moritz (Schweiz) - Geb. 8. Febr. 1926 Eichwalde b. Berlin (Vater: Otto Z.; Mutter: Alice, geb. Hoffmann), ev., verh. in 2. Ehe (1961) m. Marek Hlasko, Schriftst. (†1969), S. Pierre aus 1. E. (†1970) - Tanzausbild. Tatjana Gsovsky - Bühne: u. a. Eliza Doolittle (My Fair Lady, München), Baby Doe (Aufstieg u. Fall d. Horace A. W. Tabor, Zürich), Maggie (N. d. Sündenfall, Zürich), Gräfin Coefeld (Cean, Berlin). Üb. 50 Filme, dar. Schwarzwaldmädel, D. lust. Weiber f. Windsor, D. Frauen d. Herrn S., D. Privatsekretärin, Am Brunnen vor d. Tore, D. Zarewitsch, Ich war e. häßl. Mädchen, Mädchen o. Grenzen, D. Bad auf d. Tenne, Opernball, Ärger m. d. Liebe, Frühling in Berlin, D. 8. Wochentag, Abschied v. d. Wolken, The secret Ways, A Matter of Who, D. Tod fährt mit, Axel Munthe - D. Arzt v. San Michele, Frühstück m. d. Tod. Fernsehen: Fröhl. Weihnachten (1970), D. Messer (1971) - 1984 Bundesfilmpreis/Filmband in Gold - Liebh.: Antiquitäten.

ZIENER, Georg, O. M. I.

Dr. theol., Dr. in re bibl., o. Prof. f. Neutestamentl. Exegese Phil.-Theol. Hochschule Fulda - Klosterstr. 5, 6418 Hünfeld (T. 06652 - 20 25) - Geb. 25. Dez. 1917 Ober-Abtsteinach/Bergstr. - S. 1955 Ord. Wiss. Veröff.

ZIENER, Gerhard

Dr. oec., Dipl.-Kaufm., Aufsichtsratsvorsitzender Röhm GmbH, Chem. Fabrik, Darmstadt - Zu erreichen üb.: Röhm GmbH, Kirschenallee, 6100 Darmstadt - Geb. 5. Mai 1929 Nürnberg.

ZIER, O. P.

Schriftsteller - Sparkassenstr. 19/2, A-5600 Johann/PG (T. 06412 - 6 59 02) - Geb. 20. Okt. 1954 Schwarzach/St. Veit, kath., verh. s. 1979 m. Mag. Phil. Annemarie, geb. Neuhauser, S. Rainer - Fr. Schriftsteller; Arbeiten f. Hörfunk u. Fernsehen (auch Regie) - BV: Traumlos, 1977; Menschen am Land, 1981; D. rettende Sprung auf d. sinkende Schiff, 1988. Div. Fernsehfilme, Hörsp., Features, Funkess. u. -erz., etc. - 1976 Theodor Körner Preis; 1976 ORF-Fernsehpreis; 1987 Georg Rendl Preis; u. a.

ZIERENBERG, Dirk

Schirmfabrikant (Müller KG./Gartenschirme, Solingen), Vors. Verb. d. Dt. Schirmind., Mönchengladbach - Felderstr. 67, 5650 Solingen 1 - Geb. 15. Jan. 1934.

ZIEREP, Jürgen

Dr.-Ing., Dr. techn. E.h. TU Wien, o. Prof. f. Strömungslehre - Straße d. Roten Kreuzes 90, 7500 Karlsruhe 41 (T. 47 22 17) - Geb. 21. Jan. 1929 Berlin (Vater: Ludwig Z., Studienrat; Mutter: Elisabeth, geb. Wolff), verh. 1954 m. Elisabeth, geb. Koschmieder, 3 Kd. (Dorothea, Christoph, Martin) - 1947-51 TU Berlin. Promot. (1951) u. Habil. (1956) Berlin - S. 1956 Lehrtätigk. TU Berlin, TH Aachen (1957) u. TH bzw. Univ. Karlsruhe (1961 ao., 1963 o. Prof.) - BV: Vorles. üb. theoret. Gasdynamik, 1963; Theorie d. schallnahen u. d. Hyperschallströmungen, 1966; Similarity Laws and Modelling, 1971; Ähnlichkeitsgesetze u. Modellregeln d. Strömungslehre, 3. A. 1991; Theoret. Gasdynamik, 2 Bde., 3. A. 1976; Strömungen m. Energiezufuhr, 1975, 2. A. 1990; Grundzüge d. Strömungslehre, 4. A. 1990; Würdigung in: Recent Developments in Theoretical and Experimental Fluid Mechanics, 1979; Strömungsmech. u. Strömungsmasch., 1989. 125 Einzelarb. Mithrsg.: Acta Mechanica (1965ff.) - 1983-86 Präs. d. Ges. f. Angew. Math. u. Mechanik; Ehrenmitgl. jugosl. Ges. f. Mechanik; Hon.-Prof. BUAA (Beijing Univ. Aeronautics and Astronautics) - Spr.: Engl. - Rotarier.

ZIERER, Benno

Leiter d. Städt. Fuhrparks, MdB (Wahlkr. 219/Regensburg) - 8407 Obertraubling - Geb. 24. März 1934 - CSU (1970-82 Mitgl. Bezirkstag Oberpf., s. 1972 Mitgl. Kreistag, s. 1981 stv. Bez.-Vors. CSU-Oberpfalz). S. 1985 Mitgl. Parlament. Vers. d. Europarates u. d. WEU.

ZIERER, Dietmar

Rechtsanwalt, MdL Bayern (s. 1978), stv. Landrat (Landkreis Schwandorf) - Parkstr. 2, 8412 Burglengenfeld/Opf. - Geb. 22. Mai 1943 Burglengenfeld (Vater: Johann Z.; Mutter: Betty, geb. Baumann), verh. m. Doris, geb. Meyer, 2 Kd. - Gymn. Neumarkt/Opf. (Abit.); 2 J. Bundeswehrdst. (Oberstltn. d. R.); Univ. München u. Regensburg (Rechtswiss.); Hochsch. f. Verwaltungswiss. Speyer. Beide jurist. Staatsex. - S. 1975 Anwaltspraxis Burglengenfeld. Mitgl. Stadtrat Burglengenfeld; MdK Schwandorf (stf. Fraktionsvors.). SPD (Vors. Unterbez. Schwandorf-Cham u. stv. Vors. d. Bezirks Niederbay./Oberpfalz). Vorst.-Mitgl. SPD-Landtagsfraktion - BV: Niedergang u. Zusammenbruch d. Weimarer Parteien 1930-33; Radioaktiver Zerfall d. Freiheit - WAA Wackersdorf.

ZIERITZ, von, Grete

Prof., Komponistin - Marburger Str. 16/III, 1000 Berlin 30 (T. 24 29 54) - Geb. 10. März 1899 Wien (Vater: Karl Ferdinand v. Z., General; Mutter: Vera Henrica, geb. Neumann), ev., gesch., T. Hedi Gigler Dongas - 1912-17 Konservat. Graz; künstler. Reifeprüf. Kompos. 1917; 1926-31 Stud. Kompos. b. Franz Schreker, Berlin; 1928 Schubert-Stip. Columbia Phonograph Company, New York. 1958 Prof. - 1990 Diss. üb. G. v. Z.: Leben u. Werk, Wien. Musikw.: 4 a cappella Chorwerke u. a. Chöre, 140 Lieder, 24 Gesänge m. Orch., 59 Kammermusiken, 13 Orch.werke, 4 Solistenkonz. m. gr. Orch. u.a. Zigeunerkonzert, Concertino (UA. 1984, Berliner Festwochen); dan. Auff. in Moskau, Dresden u.a.; Kassandra-Rufe (UA. 1986) - 1928 Mendelssohn-Staatspreis; 1978 Österr. Ehrenkreuz f. Wiss. u. Kunst I. Kl.; 1979 BVK - Liebh.: Kristalle, Alraunen.

ZIERLEIN, Karl-Georg
Dr. jur., Direktor beim Bundesverfassungsgericht - Zu erreichen üb. Schloßbezirk 3, 7500 Karlsruhe (T. 0721 - 14 92 14); priv.: Bismarckstr. 19, 7500 Karlsruhe 1 (T. 0721 - 2 87 09) - Geb. 13. Sept. 1933 Würzburg (Vater: Georg Z., Bäckerm.; Mutter: Martha, geb. Poignée), verh. s. 1960 m. Lieselotte, geb. Seyfert, 2 Kd. - 1953 Abit. Bamberg, Univ. Erlangen u. München (Rechtswiss.), 1. Staatsprüf. 1957, 2. Staatsprüf. 1963 - 1963 wiss. Mitarb. Bundesmin. f. Arbeit u. Sozialordn., 1965 wiss. Mitarb. BSG Kassel, 1965/66 Gerichtsass. OLG-Bezirk Bamberg, 1966 AG-Rat Bamberg, 1969 wiss. Mitarb. Bundesverfass.gericht Karlsruhe, 1970 Reg.dir., 1971 Min.rat, 1973 Dir. Bundesverfass.gericht.; s. 1983 Ehrenmitgl. Intern. Acad. of Trial Judges, San Angelo/Texas, USA; s. 1985 Ehrenmitgl. Acad. Intern. de Jurisprudencia e Direito Comparado, Rio de Janeiro/Brasil.; s. 1986 Vizepräs. Dt. Koreanische Jur. Ges. - BV: Einzelprobl. aus d. Bereich d. landwirtsch. Arbeitsrechts (Diss.); Sozialer u. techn. Arbeitsschutz b. d. alliierten Stationierungsstreitkräften; Erfahrungen m. d. Sondervotum b. BVG, DÖV 1981; Entwicklg. u. Möglichkeiten e. Union: D. Konferenz d. Europ. Verfass.gerichte, Festschr. f. Wolfgang Zeidler, Walter de Gruyter, 1987; D. Bedeutung d. Verf. Rechtspr. f. d. Bewahrung u. Durchsetzung d. Staatsverf. in EuGRZ 1991, S. 301ff. - 1975 Komturkreuz d. VO d. Rep. Italien; 1981 World Outstanding National Chairman Award d. World Peace Through Law Center, Washington/USA - Liebh.: Klass. Musik, Sport (Tennis, Schach) - Bek. Vorf.: Franz. General Poignée.

ZIERMANN, Arnold
Dr.-Ing., Univ.-Prof. f. Hoch- u. Höchstfrequenztechnik Univ.-GH Duisburg - Erzberger Allee 28, 5100 Aachen (T. 0241 - 6 41 94) - Geb. 11. Juni 1932 Herford (Vater: Arno Z., Ing.; Mutter: Emmy, geb. Keilhau), ev., verh. s. 1964 m. Ursula, geb. Fischer, 2 Kd. (Karl-Oliver, Viola) - 1957-62 RWTH Aachen (Allg. Elektrotechnik, Promot. 1969) - 1962-71 Wiss. Assist. Aachen; 1971-74 Obering. Aachen; 1974ff. Prof. Duisburg - 1963 Springorum Denkmünze; 1969 Borchers-Plak.

ZIEROW, Klaus-Jürgen

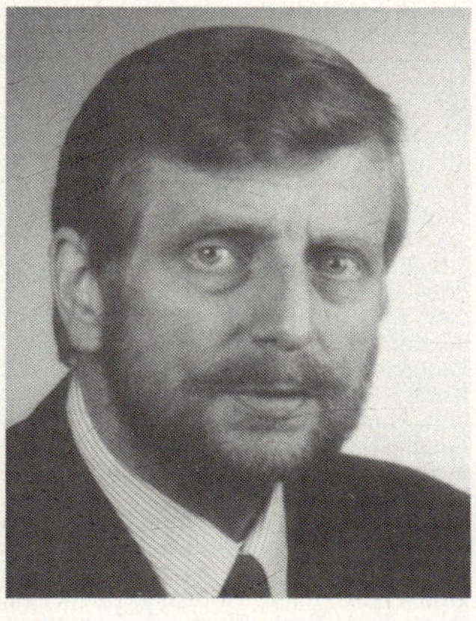

Chefredakteur, Pressereferent u. Gastdozent f. Publizistik d. FU Berlin, Redaktionsleit. Eckernförder Zeitung, Lokalchef Konstanzer Zeitung - Lützowweg 8, 2330 Eckernförde (T. priv.: 04531 - 28 60, dstl.: 04351 - 9 00 80, Fax 04351 - 90 08 91) - Geb. 5. Aug. 1940 Norderstedt (Vater: Heinz Z., Stud. Ing., † 1945; Mutter: Julia, geb. Petersen), verh. s. 1964 m. Maren, geb. Denker, 3 Kd. (Angela, Björn, Arne) - Ausb. gehob. Verw.dienst; Trainerlizenz - Verw.-, Vollzugs- u. Kommunaldienst; Redaktionsausb. Lübecker Nachrichten, Kreisredakt., Bezirksredakt. Nordwest Ztg.; 1971 Bezirksredakt. Segeberger Ztg., 1974 Chefredakt.; 1988 Presseref. Pforzheim, 1990 Lokalchef Konstanzer Zeitung; 1992 Redaktionsleit. Eckernförder Zeitung; Gründ. u. s. 1975 Vors. Presseclub Bad Segeberg; Sprecher AG Kavalier d. Straße, Verleihungsaussch. Schlesw.-Holst./Hamburg; Mitgründ. d. Weißen Ringes (WR) in Holst. u. 10 J. Resident d. WR - Liebh.: Sport, Bücher, Umwelt, Fotogr. - Mehrere Leichtathletikmeistersch., Sportausz. - Spr.: Engl., Franz. - Bek. Vorf.: H. Zierow, Heimatdichter in Mecklenburg, Gut von Zierow.

ZIESCHE, Norbert
Geschäftsführer Vorwerk & Co. Thermomix GmbH - Mühlenweg 17-37, 5600 Wuppertal 2 (T. 0202 - 5 64-0) - Geb. 3. Febr. 1940.

ZIESSOW, Dieter
Dr. rer. nat., Dipl.-Chem., Prof. (Arbeitsgeb.: Physikal. Chemie, Molekülspektroskopie, Computerintegrierende Chemie) - Carmerstr. 18, 1000 Berlin 12 - Geb. 27. März 1940 München (Vater: Walter Z., Fernmeldetechn.; Mutter: Erika, geb. Wirth), ev., gesch. s. 1982, 2 Kd. (Viola, Carola) - Promot. 1969 TU Berlin - BV: On-line-Rechner in d. Chem., 1973 - Spr.: Engl.

ZIEZOLD, Herbert
Dr. rer. nat., Prof. f. Mathematik GH Kassel - Meißnerstr. 4, 3501 Habichtswald 1 - Geb. 10. Sept. 1942 Berlin (Vater: Bernhard Z., Dipl.-Math.; Mutter: Dorothea, geb. Haase), verh. s. 1975 m. Gabriele Kuhn, 3 Kd. (Nadia Geraldine, Hendrik Sebastian, Björn Frederik) - Dipl. Math. 1968 Univ. Gießen, Promot. 1970 Univ. Heidelberg - 1970/71 wiss. Assist. Heidelberg; 1971-74 wiss. Assist. Bielefeld, 1974-77 Akad. Rat ebd., 1977-78 Akad. Oberrat ebd., s. 1978 Prof. in Kassel - BV: Stochast. Meth., 1977 (franz. Übers.: Méthodes stochastiques, 1980) (m. Klaus Krickeberg) - Liebh.: Schach, Schwimmen, Surfen, Skilaufen - Spr.: Engl., Franz.

ZIFREUND, Walther
Dr. phil., Dipl.-Psych., o. Prof., Direktor Inst. f. Erziehungswissenschaft II Univ. Tübingen - Zentr. f. Neue Lernverfahren Münzgasse 11, 7400 Tübingen 1 (T. 07071 - 29 20 75) - Geb. 18. Okt. 1928 Wettern (Vater: Dr. Viktor Z., Bibliotheksrat, Doz.; Mutter: Hedwig, geb. Tomandl), ev. - Promot. 1951; Dipl.-Psych. 1953; 1. u. 2. Lehrerprüf. 1953 u. 55; 1985 Psychotherapeut; 1989 Dipl. Kunsttherapeut; 1989 Verhaltenstherapeut (KV) - Vorst.-Mitgl. Europ. Berufsverb. f. Kunst-, Musik- u. Tanztherapie, Dachverb. f. künstlerische Therapien e.V. - BV: Konzept f. e. Training d. Lehrverhaltens..., 1966. Herausg.: Training d. Lehrverhaltens u. Interaktionsanalyse. Mithrsg.: Zs. Unterrichtswiss. u. Musik-, Tanz- u. Kunsttherapie. Festschr.: Konkrete Pädagogik (1988) - Acad. Fellow Lesley College, Graduate School, Cambridge, MA, 1989/90.

ZILCH, Ernst H.
Chefredakteur - Mackensenstr. 7, 1000 Berlin 30 (T. 261 39 88) - Geb. 29. Mai 1908 Posen (Eltern: Johannes u. Paula Z.), ev., verh. s. 1940 m. Emmy, geb. Poser, 2 Kd. (Christel, Volker) - Volksw. u. techn. Studien; Volontär Verlag f. Politik u. Wirtschaft, Berlin - 1931 Korresp. Industrie- u. Handelsztg. b. Völkerbund u. Intern. Arbeitsamt, Genf, anschl. Auslandskorresp. f. Tages- u. Fachpresse europ. Großstädte, n. 1933 Verleger f. techn. Nachrichtenblätter, 1948-50 Ressortleit. D. Welt, spät. Chefredakt. bzw. Verlagsleit. D. Elektrofachmann, City-Presse, Baubild, Kfz-Bild - BV: Potemkin in Westberlin Baukritik, 1956. Div. Herausg. (u. a. Jb. Europa-Verkehrswesen u. Berliner Handelsvertr. f. Elektrotechnik u. Rundfunk) - Spr.: Engl., Franz.

ZILCH, Hans
Dr. med., Prof., Chefarzt Krankenhaus Goslar - Kösliner Str. 12, 3380 Goslar - Geb. 15. Okt. 1938, ev., verh., 3 Kd. - Stud. Univ. Frankfurt, Marburg (Med.); Promot. 1967; Habil. 1981 - Chefarzt Klinik f. Unfall-, Wiederherstellungs- u. Handchir.; 1992 Präs. Dt. Ges. f. Plast. u. Wiederherstellungschir. - BV: Osteotomien an d. oberen Extremität (m. Burri), 1981; Lehrb. Chirurgie (m. Häring), 1986; Defektüberbrückung an Knochen u. Weichteilen, 1987; Lehrb. Orthopädie, 1988; Diagnose u. Differentialdiagnose in d. Chirurgie, 1990 - Spr.: Engl., Franz.

ZILCHER, Eva
Kammerschauspielerin, Schausp. Burgtheater Wien - Taubstummengasse 13/10, A-1040 Wien (T. 0222 - 65 56 30) - Geb. 25. Nov. 1920 Würzburg (Vater: Hermann Z., Pianist, Komp., Dirig., Leit Konservat. f. Musik, Würzburg, Gründ. Mozartfeste, † 1948), ledig - Gymn. München; Pensionat Genf; Schauspielsch. Ilka Grüning - Lucie Höflich, Berlin - Engagem. in Köln, Graz, Wien, Zürich, Berlin, Bonn, Bern - Rollen: Seltsames Zwischenspiel (O'Neill); Gefangene 91 (F. Langer); Ehe d. Herrn Mississippi (Dürrenmatt); Cocktailparty (Eliot); Chryssothemis (Ritsos) - 1970 Kammerschausp.; 1979 Ehrenkreuz 1. Kl. f. Kunst u. Wissensch.; 1985 Gr. Ehrenz. f. Verd. um d. Rep. Österr.; 1986 Ehrenmed. d. Bundeshauptstadt Wien in Gold - Liebh.: Sprachen, Musik, Kochen, Blumen, Modellieren - Spr.: Engl., Franz., Ital.

ZILIUS, Wilhelm
Dr. phil., Programmdir. a. D. Hörfunk Saarl. Rundfunk - Klüsenerskamp 14, 4600 Dortmund 50 (T. 0231 - 71 04 35) - Geb. 25. Aug. 1913 Berlin (Vater: Bruno Z.), verh. m. Waltraut, geb. Falkenberg - Stud. German., Philol., Phil., Publiz.

ZILK, Otmar
Dr., Dipl.-Kfm., Oberstudiendirektor a. D., Bürgermeister a. D. Stadt Passau - Langfeldstr. 14, 8351 Schönberg Ndb. - Geb. 25. April 1904 - CSU.

ZILL, Carl
Dr., Staatssekretär a. D. - An der Bismarckschule Nr. 8c, 3000 Hannover (T. 0511 - 88 44 48).

ZILLER, Gebhard
Dr. jur., Staatssekretär im Bundesmin. f. Forschung u. Technologie (s. 1987) - Heinemannstr. 2, 5300 Bonn 2 (T. 59 30 20) - Geb. 17. März 1932 Konstanz (Vater: Johannes Z., Beamter; Mutter: Maria, geb. Brugger), kath., verh. s. 1965 m. Ingeborg, geb. Diekhoff, 2 Kd. (Dominik, Gereon) - Stud. d. Rechts- u. Staatswiss. Univ. Tübingen; 1. u. 2. Staatsex. 1957 u. 1961 - 1961-71 Ref. Bundesrat Bonn, 1971-76 Leit. Zentralabt. Sozialmin. Rheinl.-Pfalz, 1976-78 Staatssekr. Sozialminist. Nieders., 1978-87 Dir. d. Bundesrates, s. 1985 Lehrbeauftr. Jurist. Fak. Univ. Bochum. CDU - BV: D. Bundesrat, 8. A. 1989 - Gr. BVK - Spr.: Engl., Franz.

ZILLESSEN, Dietrich
Dr. phil., Prof. f. Religionspädagogik u. Systemat. Theologie - Weidenbuscher Weg 52, Bergisch Gladbach 2 - Geb. 16. Febr. 1937 Jüchen - Abit. 1957, 1957-65 Stud. Aachen, Köln, Bonn (Ev. Theol., Phil., Math., Psych.), 1. u. 2. Staatsex. f. Lehramt an Realsch. 1961 u. 1963 (Ev. Relig. u. Math.), Promot. Univ. Köln (Phil.) 1965 - 1961-66 Lehrer Realsch., 1967-70 Doz. Päd.theol. Inst. EkiRh, 1970-80 o. Prof. Ev. Theol. u. ihre Didaktik PH Rheinl., Abt. Köln, s. 1980 Univ. Köln (Erz.wiss. Fak.) - BV: Thema Zukunft. Studienb., 1978; Emanzipation u. Relig., 1982; Religion 9/10, 1982; Thema Gott. Arbeitsmaterial Sek. II u. Lehrerhandb. (m. M. Wichelhaus), 1989; Grundlinien Religion, Bd. I (m. U. Gerber, H. Kemler, H. Schröer), 1990, Bd. II (m. U. Gerber, H. Kemler, H. Schröer, H. Zirker), 1992. Herausg.: Religionsunterr. u. Ges. (1970); Religionspäd. Werkb. (1972); Religionspäd. Praktikum (1976); Thema Weltrelig. (1977, m. U. Tworuschka); Klassiker d. Religionspädagogik (1989, m. H. Schröer); Praktisch-theologische Hermeneutik (1991, m. S. Alkier, R. Koerrens, H. Schroeter).

ZILLICH, Clemens Heinrich
Dr. agr., Dipl.-Brauing., Vorsitzender d. Geschäftsleitg. Medopharm Arzneimittelwerk Dr. Zillich GmbH & Co., Dr. Ivo Deiglmayr, Chem. Fabrik Nachf. GmbH & Co., Komplementär Pharmasal, Chem.-pharm. Fabrik H. Franzke KG - Postf. 1380, 8032 Gräfelfing - Geb. 25. Aug. 1931 Kronstadt (Vater: Dr. Dr. Heinrich Z., s. XVIII. Ausg.; Mutter: Maria, geb. Tittes), ev., verh. s. 1958 m. Gussy, geb. Wöhler, 2 Kd. (Marcus, Isabell) - Realgymn. (Abit.); Brauerlehre (Facharb.); Stud.; Dipl.-Braum. 1953; Dipl.-Ing. 1955; Promot. 1958 (alle München) - 1958-64 Gf. Grünsiegel-Lederwarenfabr. Wuppertal u. Laufen/Obb.; 1964-65 u. wieder 1970-76 Oetker Zentralverw. Bielefeld, dazw. 1965-70 Vorst. Prinz Bräu AG., Ferentino/Ital.; 1976-78 Vorstandsmitgl. Löwenbräu, München - Spr.: Engl., Ital.

ZILLIG, Wolfram
Dr. rer. nat., Prof., Wiss. Mitglied u. Direktor Max-Planck-Inst. f. Biochemie Martinsried/Obb. - Wessobrunner Str. 9, 8035 Gauting/Obb. (T. MPI: München 59 42 61) - Geb. 31. Mai 1925 Trier/Mosel, verh. m. Erika, geb. Hahn - Univ. Bonn u. Tübingen (Dipl.-Chem. 1949, Promot. 1952) - S. 1956 MPI f. Biochemie (1966 Wiss. Mitgl.). S. 1963 (Habil.) Lehrtätigk. Univ. München (1969 apl. Prof. f. Biochemie). Fachveröff. - Spr.: Engl. (2j. USA-Aufenth.).

ZILLIKEN, Friedrich
Dr. rer. nat., o. Prof. f. Physiolog. Chemie - Universität, 5300 Bonn - Geb. 28. Okt. 1920 Bonn - Tätigk. USA u. Niederl.; 1965 Ord. Univ. Marburg u. Bonn (1969). Wiss. Veröff.

ZIMA, Hans
Dr. phil., o. Univ.-Prof. f. Informatik Univ. Wien - Loudonstr. 38/9, A-1140 Wien - Geb. 12. Mai 1941 Wien (Vater: Johann Z., Schriftsetzer; Mutter: Maria, geb. Horehled), verh. s. 1964 m. Christine, geb. Seeger, 3 Kd. (Renate, Monika, Wolfgang) - Promot. 1964 Univ. Wien. 1978/79 Gastprof. TU Wien, 1983/84 IBM San Jose Research Lab., San Jose, Calif., 1988/89 Visiting Prof. Rice Univ., Houston, Texas - BV: Betriebssyst.: Parallele Prozesse, 3. A. 1986; Compilerbau I: Analyse, 2. A. 1989; Compilerbau II: Synthese u. Optimierung, 1983; Supercompilers for parallel and vector computers, 1990. Herausg.: Intern. Computer Bibliothek.

ZIMEN, Karl-Erik
Dr. phil., em. o. Prof. f. Kernchemie TU Berlin, Honorarprof. FU Berlin - Katharinenstr. 23 A, 1000 Berlin 31 - Geb. 5. Febr. 1912 Berlin/schwedische Staatsangehörigkeit (Vater: Sven Olof Z.; Mutter: Ella, geb. Otto), verh. s. 1938 m. Eva, geb. Haberlandt, 3 Kd. (Erik, Ralf, Monica) - Univ. Berlin (Dipl.-Chem. 1935, Promot. 1937) - 1939-56 Doz. u. Prof. (1954) TH Göteborg (Leit. Inst. f. Kernchemie); 1957-73 Dir. Bereich Kernchemie/Hahn-Meitner-Inst. f. Kernforsch., Berlin; Schwed. u. dt. Fachmitgliedsch. - BV: Radioaktivitet och kärnreaktioner, 1951 (Stockholm; m. E. Berne); Kompendium i kärnkemi och isotopteknik, 1952 (Stockholm); Angew. Radioaktivität, 1952; Radioactividad Aplicada, 1955 (Madrid); Strukturen d. Natur, 1970 (München), 2. A. 1973 (Frankfurt/M.); Strahlende Materie;

Radioaktivität - e. Stück Zeitgesch., 1987 - Spr.: Schwed., Engl., Franz.

ZIMMER, Alf

Dr. phil., o. Prof. f. Psychologie Univ. Regensburg - Zu erreichen üb. Univ. Regensburg, Universitätsstr. 31, 8400 Regensburg (T. 0941 - 943 38 17) - Geb. 2. Febr. 1943 Bevensen (Vater: Adolf Z., Dipl.-Ing.; Mutter: Margarete, geb. Kleybolte), verh. - Dipl.-Psych. 1971 Münster; Promot. 1973 ebd., Habil. 1982 - 1971 wiss. Assist. Tübingen; 1973/74 Regensburg; 1976 Prof. Univ. Oldenburg; 1980-83 Visiting Scholar Stanford Univ.; 1980-84 Prof. f. Angew. Psych. Univ. Münster; s. 1992 Prorektor d. Univ. Regensburg - BV: Multivariate Verfahren, 1981; Festschr. z. 100. Geb. v. W. Köhler, 1987 - Spr.: Engl., Latein, Franz., Ital.

ZIMMER, Dieter

Redaktionsleiter Dokumentationen u. Reportagen Innenpolitik ZDF - Essenheimer Landstr., 6500 Mainz (T. 06131 - 70 45 35) - Geb. 19. Dez. 1939 Leipzig - BV: Für'n Groschen Brause, 1980; Alles in Butter, 1982; D. Mädchen v. Alex, 1989 - Auferstanden aus Ruinen, 1989; D. Tor, 1991; D. Hochzeitsfoto, 1992 - 1984 Jakob-Kaiser-Preis; 1988 Adolf-Grimme-Pr.

ZIMMER, Egon-Maria

s. Bergius, C. C.

ZIMMER, Ernst-Günther

Dr. jur., Kaufmann - Ruffinallee 23, 8033 Planegg/Obb. (T. München 859 62 26) - Geb. 29. Okt. 1911 Thiemendorf/Schles. (Vater: Gerhard Z.; Mutter: geb. Pyrkosch), ev., wiederverh. s. 1962 m. Uta, geb. Rixner - Gymn.; Stud. Rechtswiss. - 1935-45 Allianz; s. 1952 Vorst. u. Geschäftsf. versch. Unternehmen. 1940-43 Finn. Konsul Dresden - Liebh.: Golf.

ZIMMER, Fritz

Dr. med., Prof., Chefarzt a. D. Kreiskrkhs. München-Pasing - Ludwig-Werder-Weg 17, 8000 München 71 (T. 79 52 00; Krkhs. 889 23 25) - Geb. 4. Jan. 1926 - S. 1963 (Habil.) Lehrtätigk. Univ. München (1969 apl. Prof. f. Frauenheilkunde u. Geburtshilfe; 1970-73 Ltd. Oberarzt I. Univ.-Frauenklinik); 1972-91 Chefarzt am Kreiskrankenhaus München-Pasing. Etwa 50 Fachveröff. - Spr.: Engl. - Rotarier.

ZIMMER, Gerhard

Dr. jur., Prof. f. Staats-, Verwaltungs- u. Völkerrecht - Bamberger Str. 22, 1000 Berlin 30 - Geb. 4. Jan. 1941 Trier - Univ. d. Saarlandes (1. jur. Staatsprüf. 1966), Univ. Berlin (2. jur. Staatsprüf. 1973), Diplomé de L'Institut d-Etudes. Promot. (Völkerrecht) 1971 Univ. Köln. habil. 1978 Berlin - BV: Gewaltsame territoriale Veränd. u. ihre völkerrechtl. Legitimation, 1970; Funktion-Kompetenz-Legitimation, Gewaltenteilung in d. Ordnung d. Grundges., 1979 - Spr.: Franz., Engl., Span.

ZIMMER, Grete,

Schauspielerin - Messerschmidtgasse 27. A-1180 Wien (T. 0222-47 14 18) - Geb. 9. Dez. - Kath., verw. (Ehem.: Prof. Dr. Hellmuth B., Schriftst., † 1966), T. Gabriela - Gymn. (Matura) u. Reinhardtsem. - Ständ. Engagement Theater in d. Josefstadt; Gastsp. Berlin, Frankfurt, Bern; Tourneen durch Deutschl. u. Schweiz; Rollen im österr. u. dt. Fernsehen.

ZIMMER, Günther

s. Zimmer, Ernst-Günther

ZIMMER, Hans

Dr.-Ing., Prof., Chemiker - 2910 Scioto Street, Cincinnati, Ohio 45219 (USA) - Geb. 5. Febr. 1921 Berlin (Vater: Wilhelm Z., Golflehrer; Mutter: Martha, geb. Schindler), ev., verh. s. 1946 m. Marlies, geb. Wünsch, S. Hans-Martin - TU Berlin (Chemie; Dipl.-Ing. 1949. Promot. 1950) - 1950-53 Assist. TU Berlin, 1953-54 Research Associate Univ. of Illinois, seither Prof. Univ. of Cincinnati. Mitgl. Ges. Dt. Chemiker u. American Chemical Soc. Üb. 150 Fachveröff. Herausg.: Methodicum Chimicum Bd. VII u. VIII, Annual Reports in Inorganic and General Chemistry (1972). Mitautor: Vocabulary of Organic Chemistry; Editorial Board Phosphorus and Sulfur - 1990 Gr. BVK - Liebh.: Philatelie, Golf - Spr.: Engl., Franz.

ZIMMER, Hardy

Dr.-Ing. - Schloßufer 57, 4000 Düsseldorf-Benrath (T. 71 19 79) - Geb. 3. Sept. 1906 Düsseldorf (Vater: Reinhard Z., Dir.; Mutter: Käte, geb. Bois), ev., verh. s. 1938 m. Dr. med. Marieluise, geb. Lahm - TH Danzig u. München (Maschinenbau) - Kgl. nepal. Generalkonsul a. D.

ZIMMER, Horst Günter

Dr. rer. nat., Prof. f. Mathematik - Dr.-Ehrhardt-Str. 47, 6670 St. Ingbert (T. 06894-3 44 98) - Geb. 30. Juni 1937 Lübeck (Vater: Erich Z., Lehrer a. D.; Mutter: Magdalene, geb. Wilcken), ev., verh. s. 1968 m. Irmgard, 3 Kd. (Frank, Kathrin, Kirsten) - Katharineum Lübeck, Abit. 1957, Univ. Hamburg, Staatsex. 1963, Stud. Math. u. Physik, Promot. 1966, Prof. 1974 - 1963-67 wiss. Assist. Univ. Tübingen; 1967-70 USA, s. 1974 Univ. Saarbrücken. Mitgl. Edit. Board Journal of Symbolic Computation. Mithrsg. d. Séminaire de Théorie des Nombres, Bordeaux; Mitbegründ. d. Fachgr. Computer-Algebra d. Ges. f. Informatik (GI) - BV: Computational Problems, Methods, and Results in Algebraic Number Theory, 1972. Herausg.: H. Hasse, Number Theory (1980). Mithrsg.: Computational Number Theory (1991) - Spr.: Engl., Russ., Franz.

ZIMMER, Jochen

Dr. phil., Prof. f. Jugend u. Freizeit Univ. Duisburg - Schreiberstr. 22, 4100 Duisburg 1 - Geb. 17. März 1947, verh., 3 Kd. - Stud. Univ. Frankfurt, Tübingen, Marburg (Volkskunde, Kunstgesch., Soziol.) - Dir. Baunataler Inst. u. Studienarchiv Arbeiterkultur u. Ökol. - BV: Rocksoziol., 1981; D. Naturfreunde, 1984; D. Zukunft d. Freizeit (m. B. Engholm), 1987; Frankfurt zu Fuß (Koautor), 1987; Hundert Jahre Kampf um d. freie Natur, 1991 - Spr.: Franz., Latein.

ZIMMER, Jürgen Gerhard

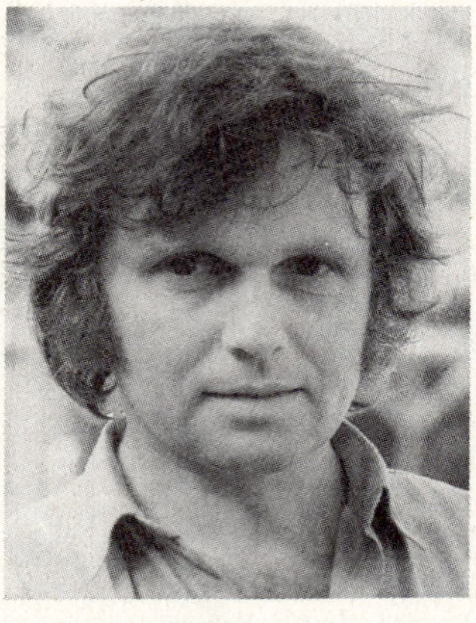

Dr. phil., Dipl.-Psych., Prof. f. Erziehungswissenschaft FU Berlin - Malergarten 12, 1000 Berlin 39 (T. 030 - 805 57 05) - Geb. 19. Febr. 1938 Gadderbaum, ev. - Schulen Schloß Salem (Abit. 1959), Univ. Hamburg, Freiburg, München (Dipl. Psych. 1965), Promot. 1975 FU Berlin - 1965-71 wiss. Mitarb. Max-Planck-Inst. f. Bildungsforsch. Berlin, 1971-78 Leit. Arbeitsber. Vorschulerz. Dt. Jugendinst. München, s. 1978 o. Prof. FU Berlin. Dir. Inst. f. Interkulturelle Erzieh. u. Bild.; Vizepräs. Intern. Community Education Assoc.; Mitgl. Kurat. d. Fördervereins Dt. Kinderfilm, u. d. Hermann-Lietz-Schule Spiekeroog; Board d. Assoc. for Productive Community Schools (Philippinen); 1983-85 Leit. Bildungsressort d. Hamburger Wochenztg. Die Zeit. 1988 Gastprof. Kath. Univ. São Paulo/Brasilien - BV: Vorschulkinder (m. Nancy Hoenisch u. Elisabeth Niggemeyer), 1969; Curriculum Soziales Lernen (m. Arbeitsgr. Vorschulerz.), 1980/81. Herausg.: Päd. d. Befreiung - Lernen in Nicaragua (1983); Von wo kommst'n du? Interkulturelle Erzieh. im Kindergarten (4 Bde. 1984, m. Ü. Akpinar); Erzieh. in früher Kindheit (1985, Enzyklopädie Erziehungswiss., Bd. 6); D. vermauerte Kindh. (1986); Macht d. Schule auf, laßt d. Leben rein (1986, m. E. Niggemeyer).

ZIMMER, Siegfried

Dipl.-Politologe, MdA Berlin (s. 1971) - Wartburgstr. 26, 1000 Berlin 62 (T. 854 27 26) - Geb. 13. Sept. 1930 Plauen/Vogtl., verh. - Stud. Politik, Sozial- u. Wirtschaftswiss. - S. 1956 Tätigk. Senatsverw. f. Inneres Bezirksamt Steglitz (1962 ff. Politikpädagoge) u. Schöneberg (1978-81 Stadtrat f. Gesundheitswesen). 1959-71 Bezirksverordn. Schöneberg. CDU 1951-84.

ZIMMER, Uwe

Dr. phil., Chefredakteur Abendzeitung (s. 1987) - Sendlinger Str. 79, 8000 München 2 - Geb. 15. Sept. 1944 Siegen, ev., verh., 2 Töcht. - Stud. Frankfurt, München, Marburg; Promot. 1971 Marburg (German./Mittelhochdt.) - Redakt. Tagesspiegel, Spiegel; Büroleit. Stern Bonn, Washington; Ressortleit. Ausland; stv. Chefredakt. Springer in d. Entw.redakt. v. Günter Prinz.

ZIMMER, Werner

Stellv. Programmdirektor Fernsehen Saarl. Rundfunk, Hauptabteilungsleit. Sport u. Gesellschaft - Rosenstr. 17, 6670 St. Ingbert - Geb. 19. Okt. 1936 Schaffhausen/Saar (Vater: Wilhelm Z., Regierungsinsp. †; Mutter: Eugenie, geb. Christ), kath. - Gymn. St. Blasien/Schwarzw. - Kurat.-Mitgl. d. Dt. Gesellsch. z. Bekämpfung v. Muskelkrankh.; Präs. Presseclub Saar - Spr.: Franz. - Bek. Leichtathlet (mehrere Saarlandmeisterschaften u. -rekorde).

ZIMMERER, Franz

Kaufmann, Geschäftsf. FZ-Beteiligungs GmbH, Nittenau, Franz Zimmerer GmbH & Co., Nittenau, Nittenauer Tannhof Frischei GmbH & Co. KG, Kaspeltshub, Geflügelmastges. Nittenau GmbH, Erzeugergemeinschafts KG, Nittenau; Vorst. Zentralverb. Dt. Geflügelwirtsch. u. Bundesverb. Geflügelschlachtereien, bde. Bonn - Walderbacher Str. 26, 8415 Nittenau - Geb. 5. Jan. 1934 Nittenau, kath., verh. s. 1958 m. Renate, geb. Bauer, 3 Kd. (Franz, Alexandra, Christian).

ZIMMERMANN, Andreas

Dr. oec., Dipl.-Kaufm., Generalbevollm. Direktor Siemens AG München (Untern.planung- u. entwicklung) - Wittelsbacherpl. 2, 8000 München 2 - Geb. 29. Jan. 1926 Fürth/Bay. - Stud. Wirtschaftswissensch.

ZIMMERMANN, Dieter

Dr. rer. nat., Prof. f. Experimentalphysik TU Berlin - Hardenbergstr. 36, 1000 Berlin 12 - Geb. 23. Juli 1939 Stuttgart, verh. - Stud. Univ. Tübingen, FU u. TU Berlin; Dipl.-Phys. 1963, Promot. 1968, Habil. 1969 - Arbeitsgeb.: Hochauflösende Laserspektroskopie an Atomen u. Molekülen.

ZIMMERMANN, Eduard

Journalist - Postf. 1147, 8043 Unterföhring (T. 089/95 02 31) - Geb. 4. Febr. 1929 München, verh. (Ehefr.: Rosmarie) - Mitinitiator u. s. 1977 Vors. d. Weissen Ringes. Fernsehsendungen: Vorsicht Falle (Febr. 91 125. Folge), Aktenzeichen XY ungelöst (Okt. 1987 200. Folge) - 1969 Ehrenmitgl. Bund dt. Kriminalbeamter - BV: D. unsichtbare Netz, 1969.

ZIMMERMANN, Ekkart

Dr. rer. pol., o. Prof. f. Soziologie Univ. d. Bundeswehr München - Melchiorstr. 55, 8000 München 71 (T. 089 - 791 58 17) - Geb. 8. Aug. 1946 Ebersdorf/Schleiz (Vater: Kurt Z., Kaufm.; Mutter: Johanne, geb. Kleifeld), ev., verh. s. 1971 m. Gisela, geb. Amberger, 2 S. (Moritz, Matthias) - 1966-70 Stud. Univ. Köln u. Berlin; Dipl.-Volksw. 1970 Köln, Habil. 1979 Univ. Wuppertal - 1973/74 Univ. of Essex; 1975 Promot. Köln - 1970-74 Wiss. Assist. Univ. Köln; 1975-81 Akad. Oberrat Univ. Wuppertal; ab 1981 o. Prof. Univ. d. Bundeswehr München - BV: D. Experiment in den Sozialwiss., 1972; Soziol. d. polit. Gewalt, 1977; Krisen, Staatsstreiche u. Revolutionen, 1981; Political Violence, Crises, and Revolutions, 1983; Massenmobilisierung: Protest als polit. Gewalt, 1983.

ZIMMERMANN, Erich

Dr. phil., Bibliotheksdirektor i. R. - Karl-Marx-Str. 4, 6100 Darmstadt/Eberstadt (T. 5 31 15) - Geb. 6. April 1912 Hamburg (Vater: Carl Z., Senatsrat; Mutter: Sophie, geb. Michaelis), ev., verh. s. 1941 m. Hilde, geb. Dieckmann, S. Michael - Univ. Hamburg u. Marburg (Gesch., Theol., Lat.). Promot. 1937; Staatsex. 1938 - S. 1938 Bibl.dst. Leipzig (-rat), Hamburg (b. 1961 Bibl.-, dann Oberbibl.rat), Darmstadt (1964-77 Dir. Hess. Landes- u. Hochschulbibl.) - BV: Darmstadt im Buch, 1975; Buchkunst d. Mittelalters, 1980; G. Büchner: Dantons Tod, 1981; Für Freiheit u. Recht!, 1987 - 1977 J. H. Merck-Ehrung, Darmstadt - Spr.: Engl., Franz.

ZIMMERMANN, Ernst

Generalsekretär Intern. Schützenunion - Berta-von-Suttner-Str. 15, 6200 Wiesbaden (T. 37 78 33).

ZIMMERMANN, Eugen

Dr. rer. pol., Dipl.-Kfm., Bankdirektor i. R. - Pienzenauerstr. 97, 8000 München 81 (T. 98 39 63) - Geb. 21. März 1905 Pfullendorf (Eltern: Eugen u. Anna Z.), verh. s. 1940 m. Hedwig, geb. Leiner - Textil- u. Banklehre; Stud. Volksw. - 1928-72 Bayer. Hypotheken- u. Wechsel-Bank, München (1964 stv., 1967 o. Vorstandsmitgl.) - Päpstl. Sylvester-Orden; 1971 Bayer. VO.

ZIMMERMANN, Felix

Oberbürgermeister Stadt Trier a.D., gf. Präsidialmitglied Verb. Kommunaler Unternehmen e.V. - Olewiger Str. 23, 5500 Trier (T. 0651 - 4 45 83) - Geb. 25. Aug. 1933 München (Vater: Walther Z., Gen.dir.; Mutter: Isolde, geb. Graumann), kath., verh. s. 1957 m. Eugenia, geb. Leitl, 2 Kd. (Andrea, Stefan) - Abit. 1952; 1952-58 Jurastud. Univ. München u. Köln (1. u. 2. jurist. Staatsprüf. 1958 u. 1962) - 1962-64 Rechtsanw. Rheydt; 1964-67 Leit. Rechtsabt. Stadtw. Mönchengladbach; 1967-68 pers. Ref. d. Oberbürgerm. Trier; 1968-76 Dir. Stadtw. Trier; 1976-80 Stadtrat in Augsburg, Leit. d. Stadtw. ebd.; s. 1980 OB Stadt Trier. Zahlr. Ehrenstell., u. a. Präs. Dt. Ges. f. d. Badewesen e.V., d. Ges. f. Öfftl. Wirtsch., Berlin, u. d. Dt. Sektion d. CEEP, Berlin; AR-Vors. Paulinus-Druckerei GmbH, VR-, Beir.-, Kurat.- u. Verb.-Mitgl.sch. - Liebh.: bild. Kunst, Philatelie, Bibliophilie, Ski-Langlauf, Pilzesuchen, Wandern. Sammelt mod. Graphik - Spr.: Engl., Franz. - Bek. Vorf.: Walter Z., Gen.dir. Glaspalast München (Vater); Prof. Ernst Karl Georg Z., Maler d. Münchner Schule d. 19. Jh. (Großv.); Reinhard Sebastian Z., großherzogl. bad. Hofmaler d. 19. Jh. (Urgroßv.); Ernst Reinhard Z., Impressionist (Onkel); Alfred Z., Maler (Großonkel); Karl Graumann, Staatsschausp. (Großv.); Elisabeth Graumann (Marchesi), Sängerin u. Gesangspäd. 19. Jh. (Urgroßtante).

ZIMMERMANN, Friedrich
Dr. jur., Rechtsanwalt, MdB (1957-90 CDU/CSU, Wahlkr. 214 Landshut; 1965-72 Vors. Verteidigungsaussch.), stv. Vors. d. CDU/CSU-Fraktion, Mitgl. d. Fernsehrat ZDF (b. Febr. 1991), zeitweilig stv. Vors. Mitgl. d. VR d. ZDF (s. März 1991), Präs. VR Dt. Reichsbahn, AR Deutsche Lufthansa - Briennerstr. 28, 8000 München 2 - Geb. 18. Juli 1925 München (Vater: Josef Z., Prokurist; Mutter: Luise, geb. Wenger), kath., verh. I) 1950 m. Erika, geb. Mangge (gesch.), Tocht. Andrea, II) 1970 Christel, geb. Pratzat, Tocht. Barbara (gesch.), III) 1988 m. Birgit, geb. Kemmler - Gymn. u. Univ. München (Rechts- u. Staatswiss., Promot. 1950). Ass.ex. 1951 - 1943-45 Wehrdst. (zul. Ltn.), n. Kriegsende Volontär Dt. Bank (München), spät. Stud., 1951-52 Anwalts- u. Gerichtsass., 1952-53 pers. Ref. d. Bayer. Justizmin., 1953-54 Staatsanw., 1954-55 Reg.-Rat Bayer. Staatskanzlei u. Stellv. d. Bayer. Bevollm. b. Bund, 1955-65 Hauptgeschäftsf. u. Generalsekr. (1956) CSU; 1972 stv. u. 1976ff. Vors. CSU-Landesgr. AR-Mandate. CSU s. 1948 (1982-89 Bundesmin. d. Innern, 1989-91 Bundesmin. f. Verkehr) - Bayer. VO.; 1976 Gr. BVK, 1980 Stern dazu, 1985 Schulterbd.; 1984 Gold. Ehrenring Stadt Landshut; 1984 Gr. Gold. Ehrenz. Rep. Österr.; 1986 Preußenschild Landsmannsch. Ostpreußen - Liebh.: Ski, Tennis, Jagd - Spr.: Engl.

ZIMMERMANN, Friedrich K.
Dr. rer. nat., Prof. f. Genetik TH Darmstadt - Zu erreichen üb. TH Darmstadt, Schnittspahnstr. 10, 6100 Darmstadt - Geb. 17. Sept. 1934 Freiburg/Br. (Vater: Johannes Georg Z., Reg.-Biol., Dir.; Mutter: Luise Elisabeth, geb. Mugler), verh. s. 1965 m. Gunild Gerda, geb. Cirsovius, 2 Kd. (Barbara, Ulrich) - Promot. 1960 Univ. Freiburg, Habil. 1968 - 1960-62 Stip. USA; 1962-64 wiss. Mitarb.; 1964-70 wiss. Assist.; 1970-73 Assoc. Prof. New York; 1973ff. Prof. - 130 Art. in wiss. Ztschr. z. Genetik - Spr.: Engl., Franz., Span., Dän., Afrikaans.

ZIMMERMANN, Geert Otto
Dr. rer. nat., Prof. f. Fluiddynamik - Kirchstr. 18, 6539 Waldalgesheim (T. 06721 - 3 51 76) - Geb. 23. Sept. 1936 Halle/S. - 1957-63 Stud. Physik Univ. Göttingen, Habil. 1975, apl. Prof. 1980, versch. Ausl.aufenth. - 1965ff. Mitarb. Max-Planck-Inst. f. Strömungsforsch.; s. 1983 Prof. Inst. f. Phys. d. Atmosph. Univ. Mainz.

ZIMMERMANN, Günther

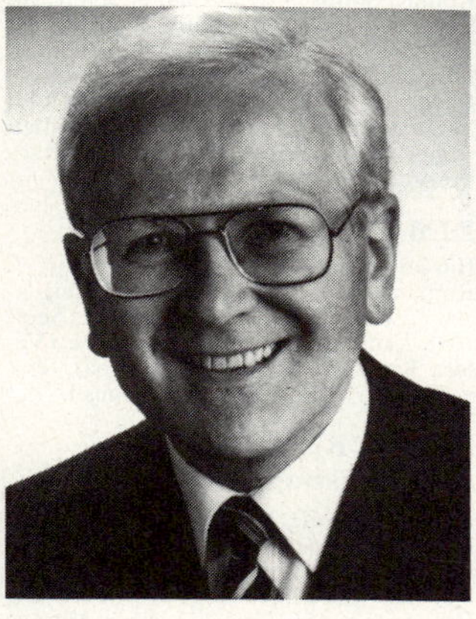

Dr. phil., Prof. f. Didaktik d. franz. Sprache TU Braunschweig - Im Lehmkamp 12 A, 3300 Braunschweig (T. 05307 - 75 77) - Geb. 24. Mai 1935 Kassel (Vater: Arno Z. †; Mutter: Anny, geb. Jäger †), ev., verh. s. 1960 m. Edith, geb. Clörs, 2 Töcht. (Cordelia, Ariane) - Abit. 1954 Kassel; 1954-62 Stud. Univ. Marburg (Roman., Angl., Linguist., Erzieh.-Wiss., Psych., Phil.; Promot. 1960, 1. u. 2. Ex. 1962 u. 1964) - 1964-68 Stud.rat Marburg; 1969 Prof. f. Didaktik d. franz. Spr. PH Braunschw.; 1973 o. Prof. Univ. Gießen, s. 1978 TU Braunschw. - BV: Plan. u. Analyse v. Fremdspr.-Unterr. in d. VHS, 1976; Grammatik im Fremdsprachenunterr., 1977; Erkundungen z. Praxis d. Grammatikunterr., 1984; Grammatik: lehren - lernen - selbstlernen, 1985; Grammatik im Fremdsprachenunterr. d. Erwachsenenbildung; Ergebnisse empir. Untersuchungen, 1991; ca. 35 Aufs. in wiss. Fachztschr. - 1989 Beirat Dt. Ges. f. Fremdsprachenforsch. - Liebh.: Musik - Spr.: Engl., Franz., Span.

ZIMMERMANN, Hans
Dr. jur., Prof. - Eichenweg 5, 7535 Königsbach-Stein 1 - Geb. 15. Okt. 1925 - B. 1969 Vorstandsmitgl. NSU Motorenwerke AG., Neckarsulm, dann Audi NSU Auto Union AG ebd.; 1971 Vorst.-Mitgl. KHD AG, Köln, Magirus Deutz, Ulm. Doz. f. Marketing FH Heilbronn.

ZIMMERMANN, Hans Dieter
Dr. phil., Prof., Literaturwissenschaftler - Zehntwerderweg 147a, 1000 Berlin 28 (T. 030 - 402 91 18) - Geb. 29. Juli 1940 Bad Kreuznach (Vater: Franz Z., Amtsr.; Mutter: Hilde, geb. Lippe), verh. s. 1976 m. Helena, geb. Beckova, 4 Kd. (Teresa, Johannes, David, Lukas) - Stud. Univ. Mainz, FU u. TU Berlin - 1969-75 Sekr. Abt. Lit. Akad. d. Künste, Berlin; 1975-87 Prof. Univ. Frankfurt; s. 1987 Prof. TU Berlin - BV: D. polit. Rede, 3. A. 1975; Vom Nutzen d. Lit., 1977; Schema-Literatur, 1979; Zu Franz Kafka u. Robert Walser, 1985; H. v. Kleist, 1989/91; D. Wahnsinn d. Jahrhunderts, 1992.

ZIMMERMANN, Hans-Joachim
Justizamtmann, MdL Schlesw.-Holst. (s. 1971) - Zul.: Möhlenberg 8, 2000 Norderstedt 3 (T. Hamburg 523 15 13) - Geb. 4. Juli 1925 Wormditt/Ostpr., kath., verh., 2 Kd. - Obersch. (Abit.); n. 1945 Maurer- u. Stukkateurlehre - Kriegsdst. (zul. Ltn.); s. 1952 Justizverw. SH (u. a. Rechtspfleger AG Norderstedt). Stadtrat Norderstedt; Kreisrat Segeberg. CDU (Orts- u. stv. Kreisvors.).

ZIMMERMANN, Hans-Jürgen

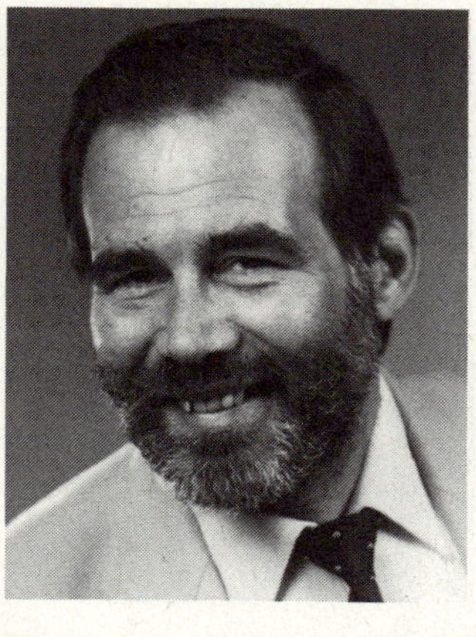

Dr., Dr. h. c., Prof., Hochschullehrer (Unternehmensforsch., Anwend. auf Management u. Technik, unscharfe Entscheidungen) - Korneliusstr. 5, 5100 Aachen (T. 02408 - 44 66) - Geb. 10. Mai 1934 Berlin (Vater: Paul Oswald Z., Bewährungsh.; Mutter: Katharina, geb. Heissig), ev., verh. s. 1977 m. Brigitte, geb. Achthaler, 3 Kd. (Katrin, Philipp, Randi Kristin) - Kaufm. Lehre, Dipl.-Ing. 1959, Dr. rer. pol. 1962 Berlin, Stud. Darmstadt, Frankfurt, Berlin, Luxembourg, Oxford - 1952/53 Korfix GmbH, Frankfurt/M., 1956/57 Dortmund-Hörder Hütten Union, 1958/59 Siemens Elektrogeräte Berlin, 1962/64 Standard-Elektrik Lorenz AG, 1964-67 Associate Prof. Univ. of Illinois, 1969 Adjunct Prof. Monterey, Calif. USA, 1968-70 Präs. Dt. Ges. f. Untern.forsch., 1971-75 Vors. Dt. Ges. f. Operations Research, 1975-78 Pres. European Assoc. of Operational Research Soc., 1980-83 Vizepres. Intern. Federation of Operational Research Soc., 1984ff. Pres. Intern. Fuzzy Systems Ass. (IFSA), s. 1989 1. Vors. Verb. Wirtschaftsing. (VWI); s. 1991 Präs. d. European Engineering and Management Assoc. (EEMA); s. 1991 Wissenschaftl. Leit. d. Europ. Stiftg. ELITE (European Laboratory for Intelligent Techniques Engineering) - 18 Bücher u. ca. 120 Aufs. u. Veröff. auf d. Gebiet d. Betriebswirtsch.lehre, d. künstl. Intelligenz u. d. Operations Research (Unternehmensforsch.) in dt. u. engl. Herausg.: European Journal of Operational Research u. Journal f. Fuzzy Sets and Systems - 1985 EURO Gold Medal; 1985 K. S. Fu Cert. of Appr. (USA); 1986 Dr. h. c. Freie Univ. Brüssel - Spr.: Engl., Franz.

ZIMMERMANN, Harald
Mag., Dr. theol., Dr. phil. (habil.), Dr. h.c., o. Prof. f. Geschichte d. Mittelalters u. Hist. Hilfswiss. Univ. Tübingen (s. 1978) - Am Apfelberg 1, 7400 Tübingen (T. 6 29 73) - Geb. 12. Sept. 1926 Budapest (Vater: Dr. jur. Rudolf Z., Beamter; Mutter: Aline, geb. Teutsch), ev., verh. s. 1958 m. Gerlinde, geb. Wegscheidler, 3 Töcht. (Andrea, Barbara, Ute) - Gymn. u. Univ. Wien (Ev. Theol., Gesch., Rechtswiss.). Promot. 1950 u. 52; Habil. 1961 (alles Wien) - 1955-62 Wiss. Assist. Inst. f. Geschichtsforsch., Wien. 1962-68 Wiss. Beamt. Österr. Akad. d. Wiss., Wien. 1961-68 Doz. Univ. Wien; 1968-78 o. Prof. Univ. Saarbrücken. 1962 Mitgl. Arbeitskr. f. siebenbürg. Landeskunde (Heidelberg), 1968 Mitgl. Regestenkommiss. (Marburg), 1969 o. Mitgl. Südostd. Histor. Kommiss. (München), 1971 korr. Mitgl. Österr. Akad. d. Wiss. (Wien), 1972 o. Mitgl. Akad. d. Wiss. u. d. Lit. (Mainz), 1973 Mitgl. Zentraldir. Monumenta Germaniae Historica (München), 1978 Arbeitskr. f. mittelalterl. Gesch. (Konstanz), 1987 Deputazione di storia patria (Reggio-Emilia) - BV: Thomas Ebendorfers Schismentraktat, 1954; Ecclesia als Objekt d. Historiographie, 1960; D. Ev. Kirche A. u. H. B. in Österr., 1968; Papstabsetzungen d. Mittelalters, 1968; Regesta Imperii - Papstregesten 911-1024, 1969; D. dunkle Jahrh., 1971 (rum. 1983); D. Canossagang, 1975 (ital. 1977); D. Mittelalter, 2 Bde. 1975-79, 2. A. 1986-88; D. Papsttum im Mittelalter, 1981; Papsturk. 896-1046, 3 Bde. 1984-89; Im Bann d. Mittelalters, 1986.

ZIMMERMANN, Heinrich
Ass., Geschäftsführer Dt.-Australische Industrie- u. Handelskammer - Level 2, 464 Kent Street, Sydney Square, Sydney NSW 2000, Australien - Geb. 19. Aug. 1942 Oldenburg - 1973-80 Dt.-Kanad. IHK, Toronto/Kanada; 1981-85 Delegierter d. dt. Wirtschaft in Lagos/Nigeria; 1985 Ref. Dt. Ind.- u. Handelstag, Bonn; 1986-91 Geschäftsf. Dt.-Irische Ind.- u. Handelskammer in Irland.

ZIMMERMANN, Heinz
Regisseur, Oberspielleiter d. Musiktheaters Stendal - Seestr. 10, O-3500 Stendal (T. 0921 - 21 44 76) - Geb. 29. Jan. 1931 Greiz/Thür., ev., verh. - Priv. Gesangsstud. b. L. Schulz (Greiz), H. Siebers (Dessau), H. Mitsch-Röder (Erfurt) - S. 1948 Sänger (Baß-Bariton); s. 1957 Regisseur im Musiktheater; Stationen: Arastadt, Staßfurt, Erfurt, Meißen, Stendal - Bisher 120 Insz. v. Opern, Operetten, Musicals u. Sprechstücken.

ZIMMERMANN, Heinz Werner
Dr. h. c., Prof. f. Komposition Musikhochschule Frankfurt/M. (s. 1975) - Eschersheimer Landstr. 33, 6000 Frankfurt/M.; priv.: Ursemerstr. 3a, 6370 Oberursel 6 - Geb. 11. Aug. 1930 Freiburg/Br. (Vater: Dr. Karl Albrecht Z.; Mutter: Allis, geb. Durling), ev., verh. s. 1958 m. Renate, geb. Marx, T. Christiane - Kompositionsstud. (Lehrer: J. Weismann, Wolfgang Fortner, Th. Georgiades) - 1954-63 Lehrer f. Komp. Kirchenmusikal. Inst. Heidelberg, 1963-76 Dir. Kirchenmusiksch. Berlin - W.: Psalmkonzert f. Solo, Chor u. 5 Instr. (1957), Vesper f. Chor u. 3 Instr. (1962), Chor-Variat. üb. e. Thema v. Distler (1964), 3 Spirit. f. 8-12stimm. Chor (1968), 4 Collagen (1972), Missa Profana f. Soli, Chor u. Orch. (1973), Psalmen f. Chor u. Instr. (1970-76), Bratschenkonzert (1981), Streichquartett (1983), Symphonische Kantaten The Hebrew Chillen's Hallelu (1986) u. The Prince of Peace (1987), Oboenkonzert (1988) - 1967 Dr. of Music h. c. d. Wittenberg Univ. Springfield/Ohio, 1978 Direktoriumsmitgl. Intern. Neue Bach-Gesellsch. - Div. Kompos.preise u.a. 1982 Johann-Sebastian-Bach-Preis Intern. Bach-Akad. (f.: Sankt-Thomas-Kantate - Liebh.: Lit., Phil., Theol. - Spr.: Engl., Franz., Schwed.

ZIMMERMANN, Herbert
Dr. rer. nat., o. Prof. f. Physikal. Chemie - Herrenstr. 14, 7801 Ehrenkirchen (T. 8 17 39) - Geb. 7. März 1928 Leipzig (Vater: Dr. jur. Dr. rer. pol. Johann Z.; Mutter: Mathilde, geb. Hanika), kath. - TH München (Chemie; Dipl.-Chem. 1956). Promot. (1958) u. Habil. (1962) TH München - 1963 ao. Prof. Univ. München; 1967 o. Prof. Univ. Freiburg. Div. Fachmitgliedsch. Zahlr. wiss. Veröff. - Liebh.: Musik (Cembalo, Querflöte), Mineralogie.

ZIMMERMANN, Horst
Dr. phil., Dipl.-Politologe, Bibliothekar - Königsteiner Str. 1b, 6232 Bad Soden am Taunus (T. 06196-2 11 89; od. Bundesarchiv: 0611-212-52 15) - Geb. 2. Nov. 1936 Riesa/Elbe (Vater: Wilhelm Z., Friseurm.; Mutter: Lina, geb. Schneider), verh. s. 1979 m. Rita, geb. Knopke - Büchereilehre Riesa, Büchereiklasse Dt. Buchhändler-Lehranst. Leipzig, Bibliothekarschule Leipzig-Leutzsch (FHS), Dt. Hochsch. f. Politik Berlin-Schöneberg, FU Berlin, Kantonale Univ. Bern/Schweiz, Univ. Graz/Österr. (Neuere Gesch. u. Politol.), Promot. Bern - 1957 Bibliothekar Gera/Th., 1965 Redakt. Glarner Nachrichten, 1968 Berner Tagblatt, 1968 Neue Presse Zürich, 1969 Forsch.assist. Univ. Bern (b. Prof. Hans v. Greyerz, Schweizer. Nationalfonds), 1971 Hilfsref. Bundesstelle f. Entwicklungshilfe Frankfurt/M., 1972 Ref. f. Soziol. Univ.bibliothek Bielefeld u. Leit. Soziol. Fak.bibliothek, 1973 Dokumentar Inst. f. Bild.planung u. Stud.inform. Stuttgart (Kultusmin.), 1979 Bundesarchiv, Außenst. Frankfurt/M. - BV: D. Schweiz u. Österreichs Anschluß an d. Weimarer Rep., 1967; D. Schweiz u. Österr. während d. Zwischenkriegszeit, 1973; D. Schweiz u. Großdtschl., 1980; Handbuchbeitr.: D. Nebenfrage Schweiz in d. Außenpolitik d. Dritten Reiches, Bd. 12 Bonner Schriften z. Politik u. Zeitgesch., 1976 u. 1978 - Liebh.: Theater.

ZIMMERMANN, Horst
Journalist - Postf. 31 01 41, 5300 Bonn 3 - Geb. 24. Jan. 1938 Magdeburg (Vater: Hugo Z., Kaufm.; Mutter: Elfriede, geb. Baumgart), ev., verh. s. 1961 m. Renate, geb. Mazny, 2 Kd. (Karin, Andres) - Leibniz-Gymn. Essen; Stud. d. Gesch. u. Politik Univ. Bonn - S. 1958 Journal. Bonn, 1970-89 Bonner Korresp. Abendpost/Nachtausgabe, Frankfurt/M.; derz. Korresp. u. ständiger Mitarb. v. 18 Ztg. - BV: Leben, besser leben, überleben - Forschung sichert uns. Welt von morgen, 1978 - Liebh.: Lit. - Spr.: Engl., Franz.

ZIMMERMANN, Horst
Dr. rer. pol., Dipl.-Kfm., Prof. f. Volkswirtschaftslehre Univ. Marburg (s. 1969) - Königsberger Str. 17, 3550 Marburg-Cappel - Geb. 11. März 1934 Krefeld (Vater: Arthur Z., Kaufm.; Mutter: Elfriede, geb. Ludewigs), ev., verh. s. 1967 m. Amrei, geb. Möhl, 3 Kd. -

Neusprachl. Gymn. Uerdingen; Stud. Köln, München, Evanston (USA), Köln. Dipl.-Kfm. 1961; Promot. 1963; Habil. 1968 - BV: Öfftl. Finanzhilfen an Entwicklungsländer, 1963; Öffentl. Ausgaben u. regionale Wirtschaftsentwickl., 1970; Regionale Präferenzen, 1973; Finanzwiss. (m. Klaus D. Henke), 1975, 6. A. 1990; Regionale Inzidenz öffentl. Finanzströme, 1981; Local Business Taxes in Britain and Germany (m. R. J. Bennett), 1986; Bestimmungsgründe d. kommunalen Finanzsituation (m. U. Hardt, R.-D. Postlep, A. Wagenführer), 1987. Herausg.: D. Zukunft d. Staatsfinanzierung, 1988 - 1974 August-Lösch-Preis Stadt Heidenheim f. Regionalwiss. (f. Buch Nr. 3); Wissenschaftl. Beirat Globale Umweltveränderung; Wiss. Beirat b. Bundesfinanzmin.; Akad. f. Raumforsch. u. Landesplanung - Spr.: Engl., Franz.

ZIMMERMANN, Ingo

Dr. theol., Schriftsteller, Mitglied d. sächs. Landtags (s. 1990) - Tzschimmerstr. 36, O-8019 Dresden (T. 051 - 3 58 60) - Geb. 17. Dez. 1940 Dresden, ev., verh. s. 1979 m. Erika, geb. Abit. 1959; Theologiestud. Leipzig; Staatsex. 1964; Promot. Dr. theol. 1965 Leipzig - 1972-73 stv. Cheflektor in Berlin; 1974-89 Schriftst. in Dresden; 1990 Ressortleit. Kultur d. Bezirksverw. in Dresden; Vors. Förderkr. f. Lit. in Sachsen e.V. - BV: Reinhold Schneider, Biogr. 1982; Hoffmann in Dresden, Erz. 1985; Sachsens Markgrafen, Kurfürsten u. Könige, 1990 - Libretti zu d. Opern Levins Mühle (1973); Amphitryon (1985); D. Goldene Topf (1989), u.a. - 1985 Andersen-Nexö-Kunstpreis d. Stadt Dresden.

ZIMMERMANN, Karl August

Dr.-Ing., Dr.-Ing. E.h., Vorstandsmitglied Thyssen AG, Duisburg, Vors. Verein Dt. Eisenhüttenleute, Düsseldorf, u.a. - August-Thyssen-Str. 1, 4000 Düsseldorf 1 - Geb. 17. Sept. 1927 - Versch. AR-Mandate.

ZIMMERMANN, Klaus

Dr. jur., Unternehmensberater, gf. Gesellsch. Dr. Zimmermann Consult Mainz - Gr. Bleiche 39, 6500 Mainz (T. 06131-23 25 97/8) - Geb. 12. Jan. 1941 Berlin, ev., verh. s. 1975 m. Christine, geb. Heizmann, Sohn Paul-Alexander - 1. u. 2. jurist. Staatsex.; Promot. 1972 Univ. Mainz - Bankwesen (m. Kreditdir. b. Großbank) u. Leasinggeschäftsf.; s. 1980 Industrieberat. (mergers & acquisitions). Beiratsmand. - BV: D. Sparkasse in d. EWG, 1973 - Liebh.: Segeln, Tennis, Schach - Spr.: Engl., Franz.

ZIMMERMANN, Klaus

Dr. phil., Prof. f. Philosophie Päd. Hochsch. Göttingen, Lehrbeauftr. f. Phil. TU Clausthal - Hölleweg 1, 3400 Göttingen-Nikolausberg (T. 3 15 71).

ZIMMERMANN, Lothar

Vorsitzender DGB/Landesbez. Baden-Württ. (1978ff.), Mitgl. gf. DGB-Bundesvorst. (s. 1982) - Hans-Böckler-Str. 39, 4000 Düsseldorf 1 - Geb. 1929 Baden-Württ. - Maschinenschlosser; m. 26 J. Funktionär IG Metall, AR-Mitgl., AR Mannesmann AG, Düsseldorf. SPD.

ZIMMERMANN, Mac

Prof., Maler u. Grafiker - Gundelindenstr. 6, 8000 München 40 (T. 36 71 62) u. 8091 Hart, Post Ramerberg (T. 08039 - 19 41) - Geb. 22. Aug. 1912 Stettin, verh. s. 1960 m. Renate, geb. Bruhn - Schule u. Ausbild. Stettin - 1956-64 Prof. Kunsthochsch. Berlin, 1964-78 - akad. München. Werke in öffentl. Besitz (u. a. Berlin, Hamburg, München) - BV: Aus meinem Skizzenb., 1955; Träume, 1960; Patrick Waldberg, M. Z. Grafik-Œuvre; Zeichnungen, 1973-76; Knapp u. Petersen, Œuvre 1931-82 - 1950 Berliner Kunstpreis, 1956 Kunstpreis Graphik-Biennale Lugano; 1981 Lovis-Corinth-Preis; 1972 Mitgl. Bayer. Akad. d. Schönen Künste - Liebh.: Bücher, Schallpl. - Spr.: Engl. - Lit.: Patrick Waldberg, M. Z. - Grafik-OEuvre, 1970 - Surrealist (Phantast. Realismus).

ZIMMERMANN, Manfred

Dr.-Ing., Prof. f. Physiologie Univ. Heidelberg - Branichstr. 17, 6905 Schriesheim - Geb. 5. Nov. 1933 Herxheim (Vater: Heinrich Z.; Mutter: Margarete, geb. Ullrich), kath., verh. I) 1959-86 m. Herta, geb. Lages, gesch., II) s. 1987 m. Dr. Dagmar, geb. Drüll, 2 Söhne (Christoph, Frank) - Stud. Physik TH Karlsruhe (Dipl. 1959, Promot. 1965); Habil. 1969 Med. Fak. Univ. Heidelberg - 1969 Univ.-Doz. Univ. Heidelberg; 1971 Abt.-Leit. ebd.; 1973 Prof. ebd.; 1973/74 Gastprof. Monash-Univ. Australien, Med. Hochsch. Wuhan, China, 1985 Univ. Siena, Italien. S. 1974 Editor-in-Chief v. Neuroscience Letters; s. 1985 Schriftleit. Schmerztherapeut. Kolloquium; s. 1985 Präs. Ges. z. Stud. d. Schmerzes f. Deutschl., Österr. u. d. Schweiz; s. 1987 Schriftleit. v. D. Schmerz; s. 1987 Nat. Beauftr. WHO f. Fragen d. Tumorschmerzes - BV: Phantom and Stump Pain (m. J. Siegfried), 1981; Pain in the Cancer Patient (m. P. Drings u. G. Wagner), 1984; Schmerz-Konzepte, ärztl. Handeln (m. H.O. Handwerker, m. Übers. ins Ital.), 1984; D. Schmerz - E. vernachlässigtes Gebiet d. Med.? (m. H. Seemann), 1986; Manual Schmerztherapie (m. B. Kossmann, F.W. Ahnefeld u. I. Bowdler), 1986; Nervenschmerz (m. C. H. Lücking u. U. Thoden), 1987. Mithrsg. D. Anaesthesist, Clinical Journal of Pain. Rd. 165 Fachveröff. u. Übersichtsarb., u.a. z. Neurophysiol. d. Hautsinne u. d. Schmerzes. Beitr. zu Lehrbüchern d. Physiol. (m. Übers. ins Engl., Ital., Portug., Span., Russ., Jap., Chin.); Lehrfilme f. Physiol.-Unterr.: Dehnungsreflex; D. Schmerz, e. Geißel d. Menschheit? Beitr. f. Rundf. u. Fernsehen - 1985 René-Leriche-Preis; 1988 Ehrenpreis d. Schmerztherapeut. Kolloquiums - Spr.: Engl., Franz., Latein.

ZIMMERMANN, Maria,

geb. Bosten

Journalistin, Regierungssprecherin d. Saarlandes (s. 1985) - Zu erreichen üb. Staatskanzlei, Am Ludwigsplatz 14, 6600 Saarbrücken (T. 0681 - 50 06 01) - Geb. 29. Okt. 1941 Berlin - Abit. 1961 Koblenz - Zeitungsvolontariat; Fachsem. Zeitungswiss. München - S. 1966 Journalistin in Saarbrücken.

ZIMMERMANN, Rainer

Dr. phil., Kunsthistoriker, Publizist - In der Eiche 4, 3552 Wetter-Oberrosphe (T. 06423 - 66 20) - Geb. 6. Aug. 1920 Schluckenau/Nordböhmen (Vater: Benno Z., Verleger; Mutter: Johanna, geb. Gabler), verh. s. 1948 m. Emmy, geb. Balcke - Realgymn. Rumburg, Univ. Marburg (Kunstgesch., Phil.) - 1950-68 Feuilleton-Redakt., 1969-79 Vorst.-Mitgl. Versich.-Wirtsch. - Spez. Arbeitsgeb.: Malerei d. 20. Jh.; Gründ.-Mitgl. u. Vors. (1953-58) Marburger Kunstverein; Vorstandsmitgl. Otto-Pankok-Ges., Drevenack, W. Oltmanns-Stiftg, Delmenhorst; Vors. im Freundeskreis Bildende Kunst e.V., München; Mitgl. Lions-Club Marburg/L. - BV: Auf d. Spuren d. Bildes, V. d. Höhlenmalerei z. Elektronenfoto, 1961; Otto Pankok. D. Werk d. Malers, Holzschneiders u. Bildhauers, Monogr. 1964; Franz Frank. Leben u. Werk d. Malers, Monogr. 1964; Wilhelm Geyer. Leben u. Werk d. Malers, Monogr. 1971; D. Kunst d. verschollenen Generation. Dt. Malerei d. Expressiven Realismus v. 1925-1975, 1980; Alfred Wais. Malerei u. Graphik, Monogr. 1980; Alois Dorn. E. Leben f. Figur u. Raum, Monogr. 1984; Otto Pankok, D. Holzschnitte, Werkverz. Bd. I 1985; Franz Frank, Leben u. Werk d. Malers, Monogr. II 1985; Holmead, Werk u. Leben d. Malers, Monogr. 1987 - Spr.: Franz., Engl.

ZIMMERMANN, Reinhard

Dr. iur., o. Prof. f. Bürgerliches Recht, Römisches Recht, Histor. Rechtsvergleichung, Univ. Regensburg - Zu erreichen üb. Univ. Regensburg, Postfach 10 10 42, 8400 Regensburg - Geb. 10. Okt. 1952, ev., led. - Stud. (1. Staatsex. 1976); Promot. 1978; Refer. (2. Staatsex. 1979) Hamburg - 1980 Hochschulassist. Köln; 1981-88 Lehrst. f. Röm. Recht u. Rechtsvergl. Univ. of Cape Town; 1986-87 Dekan; 1984-85 Vizepräs., 1985-86 Präs. Society of South African Teachers of Law - BV: Richterl. Moderationsrecht od. Totalnichtigkeit?, 1979; D. Verjährung (gem. m. F. Peters, 1981); D. röm.-holl. Recht in Südafrika, 1983; The Law of Obligations, Roman Foundations of the Civilian Tradit., 1990 - Liebh.: Sport (Tennis, Hockey), Musik (Klavier).

ZIMMERMANN, Roland

Botschafter d. Bundesrepublik Deutschland, Abidjan (Elfenbeinküste) - Zu erreichen üb. Postf. 1500, 5300 Bonn - Zul. Botsch. in Havanna (Kuba) - 1969 BVK.

ZIMMERMANN, Roland A.

Pr. Eng., Dr. rer. nat., Dipl.-Ing., Unternehmensberater, Partner Kienbaum Intern. Unternehmens- u. Pers.beratung in Südafrika - 24 Second Road, Hyde Park, 2196 Sandton/Transvaal, Rep. Südafrika (T. 0027-11-447-3406, Fax - 12 25) - Geb. 25. Okt. 1930 Plauen/Vogtl. (Vater: Dr. Otto Z., Zahnarzt; Mutter: Gertrud, geb. Wolter), ev., verh. s. 1951 m. Helga, geb. Goebel, S. Dr. Joachim, Zahnarzt (Augsburg) - Dipl.-Ing. 1956 Bergakad. Clausthal; Promot. 1959 Univ. Hamburg - 1975 Geschäftsf. Cremer-Gruppe; b. 1981 Vorst. Otavi Mining Comp., Johannesburg; ab 1982 Inhaber Fa. Ceramics and Technology; 1991 Chairman South African Ceramic Soc.; s. 1978 Mitgl. Dt. Komit. South Africa Foundation - Interessen: Wirtschaftspolitik, Bezieh. zw. Deutschl. u. Südafrika, Ski, Tennis, Motorrad-Touring - Sportabz. in Gold; Bayer. Leistungssportabz. in Gold; Dreikampfnadel in Gold; DLRG-Leistungsschein - Spr.: Engl., Portug., Ital., Franz.

ZIMMERMANN, Roland

Bürgermeister Obrigheim - Hauptstr. 7, Rathaus, 6951 Obrigheim; Am Steigeneck 2, 6951 Obrigheim - Geb. 21. Sept. 1948 Laufen, jetzt Albstadt-Laufen (Vater: Konrad Z.; Mutter: Emma), ev., verh. s. 1979 m. Edith, geb. Stingel.

ZIMMERMANN, Rolf Christian

Dr. phil. habil., Prof. f. Neuere dt. Literatur a. D. - Schönblick 24, 5350 Euskirchen 27 (Stotzheim) (T. 02251 - 6 43 11) - Geb. 11. Aug. 1930 Freiburg/Br. (Vater: Dr. Karl Z., Arzt; Mutter: Allis, geb. Durling), ev., verh. s. 1965 m. Christa, geb. Höfer, T. Susanne - Gymn. Konstanz, Univ. Freiburg u. Heidelberg (Dtsch., Franz., Engl. Philol.), Promot. 1958 Heidelberg, Habil. 1968 Köln 1957-59 Refer., 1959-68 wiss. Assist., 1968-70 Privatdoz., 1970 Wiss. Rat u. 1980 Univ.-Prof. Univ. Köln - BV: D. Weltbild d. jungen Goethe, 2 Bde., 1969/ 1979; Epochen d. Naturmystik (hg. m.

A. Faivre), 1979 - 1963/64 Engl.Stip. v. British Council - Liebh.: Wandern, Musikhören - Spr.: Franz., Engl.

ZIMMERMANN, Rüdiger
Dr. phil., Prof. f. Engl. Sprachwiss. Univ. Marburg (s. 1973) - Geb. 27. Sept. 1940 Stolp/Pom. - Promot. 1968 Kiel - BV: Unters. z. frühmittelengl. Tempussystem, 1968. Fachaufs.

ZIMMERMANN, Udo

Prof., Komponist, Dirigent, Intendant Oper Leipzig (s. 1990) - Schillerstr. 4g, O-8054 Dresden - Geb. 6. Okt. 1943 Dresden, ev., verh. s 1970 m. Elzbieta, geb. Holtorp, 2 Söhne (Robert, Alexander) - Dipl. f. Kompos. Akad. d. Künste Berlin; Dipl. Stud. Hochsch. f. Musik Carl Maria von Weber Dresden In Kompos., Dirigieren, Gesang - S. 1986 Dir. d. Dresdner Zentrums f. zeitgenöss. Musik; s. 1988 Leit. d. musica-viva-ensembles dresden; 1985-90 Leit. Werkstattbühne f. zeitgenöss. Musiktheater Oper d. Stadt Bonn; 1983 o. Prof. f. experiment. Musiktheater u. Komposition, Hochsch. f. Musik Carl Maria von Weber Dresden; s. 1990 Kurat.-Präs. 300 J. Leipziger Oper; s. 1991 Kurat.-Vors. Deutsche Kulturstiftg. - Werke: zahlr. Orch.werke, Opern, Kammermusik, u.a.: Konzert f. Viola u. Orchester (1986); Gib Licht meinen Augen, oder ich entschlafe d. Todes f. Sopran, Bariton u. Orch. (1987); Nouveaux divertissements - d'après Rameau pur cor et orchestre de chambre (1988); D. Schuhu u. d. fliegende Prinzessin (1976); D. wundersame Schusterfrau (1981); Borchert-Lieder f. Bariton u. Klavier (1981); Hymne an d. Sonne n. Kleist f. Sopran, Altflöte u. Cembalo (1981); Wenn ich an Hiroshima denke n. Sadako Kulihala f. Sopran, Flöte u. Klavier (1982) - Zahlr. Dirigate u.a. mit: Philharmonisches Orch. d. Stadt Nürnberg; Staatsorch. Braunschweig; Philharmon. Orch. Bielefeld; Saarländ. Rundfunk; Orch. Osnabrück; Radio Philharmon. Leipzig - Mehrf. Preisträger d. Komponisten-Tribüne d. UNESCO in Paris; Hanns-Eisler-Preis d. DDR-Rundfunks; versch. Kompositionspreis in Ost- u. Westeuropa - Liebh.: Bildende Kunst, Lit. - Spr.: Engl., Franz. - Lit. Hennenberg Fritz: Udo Zimmermann - F. Sie porträtiert; Nicolai, Felicitas: D. vokalen u. instrumentalen Werke Udo Zimmermanns unter besonderer Berücksichtigung d. Verhältnisses v. Sprache u. Musik; Komponisten in d. DDR - Sturzbächer im Gespräch m. Udo Zimmermann; Sammelbde. z. Musikgesch. d. DDR, Bd. 5; Schneider, Frank: Momentaufnahmen u. unzählige Abhandl., Beiträge, Interviews in Fachztschr., Ztg., Progr.-heften (Angaben z. Person auch in div. Lexika).

ZIMMERMANN, Ulrich
Geschäftsführender Gesellschafter d. Z-TEAM Verlags- u. Redaktionsberat. Ulrich Zimmermann GmbH Passau, Chefberater Tageszeitungen d. Heinrich-Bauer-Verlages, Hamburg - Säumerweg 18, 8390 Passau (T. 0851 - 7 04 89) -

Geb. 27. Mai 1936 Berlin, kath., verh. in 2. Ehe s. 1976 m. Ursula, geb. Marx, 4 Kd. (Markus, Florian, Stefanie, Nina) - 1955-59 Stud. Univ. München (Gesch., Kunstgesch., German.) - 1959-61 Redakt.-Volont. Münchner Merkur u. Axel-Springer-Verlag Hamburg; 1961-68 Redakt., Chef v. Dst. u. Produkt.-Chef BILD-Ztg. Hamburg; 1968-70 Chef v. Dst. u. Lokal-Chef Münchner Abendztg.; 1970-75 Redaktionsleit. Redakt. d. WELT; 1977-80 stv. Chefredakt. WELT am SONNTAG; 1980-86 stv. Chefredakt. BILD am SONNTAG; 1986-91 Redakt.-Dir. u. Alleingeschäftsf. Neue Presse Verlags-GmbH Passau u. Chefred. Passauer Neue Presse - BV: D. letzten 50 Tage des Dritten Reiches, 1965; Geliebt, verkannt u. doch geachtet - Franz Josef Strauß v. A-Z, 1980; Unvergessen - Franz-Josef Strauß: Das war sein Leben, 1988; Quo vadis Afrika? Rep. aus d. Süden d. Schwarzen Kontinents, 1989 - 1989 BVK am Bde. - Liebh.: Gesch., Golf, Tennis, alte Hollywood-Filme - Spr.: Engl., Franz. - 1986 Lions-Club.

ZIMMERMANN, Uwe
Bürgerschaftsabgeordneter (s. 1974) - Wählingsweg 28, 2000 Hamburg 61 - SPD.

ZIMMERMANN, Werner
Grafiker, Fachschriftst. - Kirschenweg 38a, 8900 Augsburg (T. 0821-70 97 73) - Geb. 11. Mai 1943 Velky-Ujezd/CSSR, verh. m. Brunhilde, geb. Rößler, S. Ingo-Thorsten - Schriftsetzerlehre; Stud. Werkkunstsch. Augsburg (b. Eugen Nerdinger u. Lisa Beck) - Forsch. üb. vorgeschichtl. u. mittelalterl. Schiffbau Nordeuropas; Rekonstrukt. hist. Schiffe f. d. Dt. Mus. München - BV: Nef der Cinque Ports, (Dok. d. engl. Segelschiffe d. 13. Jh.) 1982; Fulmen in hostes, (Rekonstrukt. d. Furttenbach-Galeere v. 1629) 1985 - Liebh.: Klass. Musik, Aquarellmalerei, Yachtsegeln, Astrophysik - Spr.: Engl.

ZIMMERMANN, Wolf-Dieter
Pastor - Waldmannstr. 4, 1000 Berlin 46 (T. 771 47 40) - Geb. 7. Nov. 1911 Barmen (Vater: Richard R., Superintendent u. Präses Berliner Stadtsynode; Mutter: Martha, geb. Heyde), verh. s. 1939 m. Friederike, geb. Körte, 3 Kd. (Angela, Claudia, Christian) - Gymn. u. Univ. Berlin (Theol.) Theol.ex. 1934 u. 38 (beide illegal Bekenn. Kirche) - 1935-38 Vikariat BK Brandenburg, dann Hilfspred. Gustav-Adolf-Verein ebd. u. Jugendarb. Werder/H., 1941-45 Zivilangest. OKH, spät. Pfarrer Berlin, Verlagslektor (Haus u. Schule) u. Hauptschriftl. Unterwegs (1947-54), 1950-54 pers. Ref. Bischof Dibelius, b. 1976 Rundfunk- u. Fernsehbeauftr. Ev. Kirche Berlin-Brdbg. u. Leit. Ev. Rundfunkdienst Berlin. Danach freier Journalist in Berlin - BV: D. Welt soll unser Himmel sein, 1963; Begegnungen m. Dietrich Bonhoeffer, 1964; Anekdoten um Bischof Dibelius, 1967; Markus üb. Jesus, 1970; Kurt Scharf - Brücken u. Breschen, 1977; Zuwiderhandelnde werden getauft, 1977; So habe ich es erlebt (Otto Dibelius Selbstzeugnisse), 1980; Bitte wildern Sie nicht in d. Kathedrale, 1980; Glauben ist nicht überflüssig, 1981; Gerechtigkeit f. d. Väter, 1983; Bitte Ehemänner mitbringen, 1986. Übers. aus d. Amerik.: Gemeinde in East Harlem - E. Experiment in d. Großstadt (1963) - Liebh.: Soziol. - Spr.: Lat., Griech., Hebr., Engl.

ZIMMERMANN, Wolfgang
Dr. jur., Vorstandsmitglied Heidelberger Druckmaschinen AG, Heidelberg, Vizepräs. IHK Rhein-Neckar, Mannheim, Vors. d. Fachgem. Druck- u. Papiermaschinen/VDMA, Frankfurt/M., u. a. - Am Bächenbuckel 21, 6900 Heidelberg-Ziegelhausen - Geb. 14. April 1929 - L.L.M. Yale Univ. (USA); Ehrensenator Univ. Heidelberg.

ZIMMERMANN, Wolfgang
Dr. phil., Prof. f. Experimentalphysik Univ. Marburg - Stresemannstr. 36, 3550 Marburg/L. - Geb. 10. Febr. 1927 Duisburg - Sprecher der Arbeitsgr. Kernphysik; Vors. Konventsvorst. Univ. Marburg; Vorst.-Mitgl. Dt. Hochschulverb. Philipps-Univ. Marburg u. Marburger Gelehrte Ges.

ZIMMERMANN, Wolfgang
Dramaturg - Grillparzerstr. 51, 8000 München 80 (T. 470 34 52) - Geb. 4. Mai 1925 Stettin, ev., verh. s. 1968, 2 Kd. - Univ. Hamburg (Phil., Dt. Literaturgesch., Psych., German.) - S. 1946 Dramat. Dt. Schauspielhaus Hamburg u. Kammerspiele München (1955) - Sp.: Engl., Franz., Ital., Span.

ZIMMERMANN-BAUM, Achim
Fabrikant, 2. Vorsitzender Verb. d. Fachverb. Hut u. Mütze, Köln - In d. Krim 30-34, 5600 Wuppertal-Ronsdorf.

ZIMMERSCHIED, Dieter

Dr. phil., o. Prof. f. Musikpädagogik Hochsch. f. Musik u. Darst. Kunst Stuttgart - Weidmannstr. 43, 6500 Mainz 1 (T. 06131 - 8 28 42) - Geb. 1. Juli 1934 Danzig (Vater: Dr. Karl Z., wiss. Bibl.; Mutter: Ilse, geb. Dietrich), ev., verh. s. 1960 m. Christa, geb. Brauch, Tocht. Anja - 1954-58 u. 63-67 Stud. Musikwiss., Schulmusik, German., Volkskd. u. Psych. Univ. Mainz; 1. u. 2. Staatsex. f. d. höh. Schuldst. 1958 u. 60; Promot. 1967 - 1976 Prof., 1977 Leit. Studiengang Schulmusik Staatl. Hochsch. f. Musik u. Darst. Kunst Stuttgart. 1980 Mitgl. Bundeshauptaussch. Jugend musiziert. 1981 stv. Bundesvors., 1990 Bundesvors. Verb. Dt. Schulmusikerzieher - BV: D. Kammermusik J.N. Hummels, 1967; Sämtl. Kompos. J.N. Hummels, Themat. Verz., 1972; Beat-Background-Beethoven, 1971; Perspektiven Neuer Musik, (m.a., Hrsg.) 1974; Funkkolleg Musik, (m.a., Mithrsg.) 1981; Operette-Phänomen u. Entwicklg., 1988; Kinder sin-

gen überall. Kinderlieder aus aller Welt, 1992.

ZIMMERSTÄDT, Günther
Sportlehrer, Referent f. Breiten- u. Freizeitsport Landessportbund Rheinl.-Pfalz - Rheinallee 1, 6500 Mainz 1 - Geb. 16. Nov. 1938 Mayen - 1956-59 Lehre Schaufenstergestalter; 1972-74 Univ. Trier; staatl. geprüfter Sportlehrer - Liebh.: Sport, Musik, Fotogr.

ZIMMERT, Gerhard
Dr.-Ing. habil., Prof., stv. Leiter Zentralstelle Elektrotechnik d. Deutschen Reichsbahn, Halle (s. 1990) - Ernestusstr. 5, O-4020 Halle (T. 0046 - 2 28 12) - Geb. 1. März 1949 Gröden, verh. s. 1971 m. Ilva, geb. Rietscher, 2 Kd. (Jana, Nico) - Dipl. 1972 Hochsch. f. Verkehrswesen, Promot. A 1975, Promot. B 1981 (alles Dresden) - S. 1989 Hon.-Prof. f. Energieversorg. elektrischer Bahnen, Hochsch. f. Verkehrswesen Dresden.

ZIMPEL, Heinz-Gerhard
Dr. rer. nat., Prof. f. Geographie Univ. München - Marthastr. 22, 8035 Gauting - Geb. 2. April 1925 Berlin, kath. - Promot. 1958, Habil. 1971 - 1965 Konservat.; 1970 Akad. Dir.; s. 1974 Prof. - Schriftleit. 1. Mitteil. u. 2. Lds.kdl. Forschungen d. Geogr. Ges. München - BV: Verkehr als Gestalter d. Kulturlandsch., 1958; Allg. Bevölkerungsgeogr. u. Ökumene, 1980; div. Beitr. in Lexika (Gr. Knaur, Brockhaus, Westerm., Lex. d. Geogr.) u. Festschr., Aufs., in dt., österr. u. schweiz. Ztschr.; Übers. in Span., Arab., Japan.

ZIMPELMANN, Uwe
Dipl.-Kfm., Vorstandsmitglied Landwirtschaftl. Rentenbank, Frankfurt/M. - Hochstr. 2, 6000 Frankfurt/M. - Geb. 25. Sept. 1943 - Reserveoffz.; Dipl.-Kfm., Steuerberater; Wirtschaftsprüfer - Stv. Vorst.-Vors. Absatzfonds, Bonn; Vorst.-Mitgl. Verbindungsstelle Landwirtsch.-Ind. Essen e.V., Essen; AR-Vors. Lohmann & Co. AG, Cuxhafen; AR Hamburger Getreide-Lagerhaus AG, Hamburg, Südwestbank AG, Stuttgart, Norddeutsche Fleischzentrale GmbH, Hamburg; VR Dt. Genossenschaftsbank, Frankfurt/M., DG BANK Luxembourg S.A., Luxembourg; Vors. Kurat. Edmund Rehwinkel-Stiftg., Frankfurt/M.; Kurat. Dt. Ges. f. Agrar- u. Umweltpolitik e.V., Bonn, Förderverein Dt. Landwirtschaftsmuseum e.V., Stuttgart, Forschungsges. f. Agrarpolitik u. Agrarsoziol., Bonn, Stiftg. Dt. Sporthilfe e.V., Frankfurt/Main.

ZINDLER, Martin

Dr. med., o. Prof. f. Anaesthesiologie - Himmelgeister Landstr. 171, 4000 Düsseldorf 13 (T. 75 49 68) - Geb. 28. April 1922 Strausberg (Vater: Hugo Z.; Mutter: geb. Goertz), verh. 1957 m. Dr. phil. Karin, geb. Bartsch, S. Markus - Univ. Breslau u. München - S. 1958 (Habil.) Lehrtätigk. Univ. Düsseldorf (1962 ao., 1966 o. Prof.; Dir. Inst. f. Anaesthesiol.). O. Mitgl. Europ. Acad. Anaesthesiology, 1984 Vizepräs. Dt. Akad. f. Anästhesiol. Fortbild. Wiss. Tätigk. Engl. u. USA. 1956-59 Präs. Dt. Ges. f. Anaesthesie. Veröff. üb. Narkose, künstl. Unterkühlung u. Herz-Lungen-Maschine. Mitherausg.: D. Anaesthesist - 1960 Preis Vereinig. Niederrhein-Westf. Chirurgen; 1985 Weyer Med. nordrhein. Ärzte - Liebh.: Segeln, Skilaufen, Windsurfen, Filmen - Spr.: Engl., Franz.

ZINGEN, Robert

Betriebsinspektor, Landtagsabg. - Kapellenstr. Nr. 27, 5500 Trier/Mosel - Geb. 4. Mai 1928 Ehrang, Kath., verh., 2 Kd. - Volkssch.; Schlosserlehre - S. Lehre Bundesbahnausbesserungswerk Trier (1962 Vors. Personalrat). 1969 ff. Mitgl. Stadtrat Trier (Fraktionsf.); 1970-71 u. 1974 ff. MdL Rhld.-Pfalz. CDU s. 1966 (div. Funkt.).

ZINK, Achim

Dr. rer. pol., Prof., Vorstandsvorsitzender BADENIA Bausparkasse AG, Karlsruhe (1968ff. Vorst.) - Schielberger Str. 25, 7506 Bad Herrenalb-Rotensol (T. 07083 - 14 41) - Geb. 15. Febr. 1931 Hamburg (Vater: Carl Z., Polizeisekr. †; Mutter: Gretchen, geb. Bartels †), verh. s. 1956 m. Ingeborg, geb. Diederich, 2 Söhne (Axel, Armin) - Gymn. u. Univ. Hamburg (Med., Volksw.; Dipl.-Volksw., 1956). Promot. 1965 Hamburg - Zul. Vorst.-Mitgl. Vereinigte Bausparkassen AG, Bielefeld. S. 1980 stv. Vors. (1976ff. Vorst.) Verb. Priv. Bauspark., Bonn. AR-Vors. Domus-Verlag, Bonn; AR-Mitgl. Allg. Vermögensberatung AG, Kompaß GmbH, bde. Frankfurt, Cosmos Lebensversich.-AG, Saarbrücken, Karlsruher Versich. AG, Karlsruhe; Vors. Dt. Sparerschutzgemeinsch., Bonn; stv. Vors. Karlsruher Hochsch.-vereinig., Karlsruhe. Mitgl. Kurat. Städtebauinst. Bonn u. Council Weltbausparvereinig. (JUBSSA); Mitgl. Beirat Dt. Bank AG, Frankfurt, u. Karlsruher Rendite; s. 1980 Lehrbeauftr. Univ. Karlsruhe - BV: D. Absatzpolitik in d. dt. Lebensversicherung, 1965; Beitr. z. Fragen d. Vermögensbild. u. d. Realkredits, 1981; D. Bausparvertrag, 1981; Bausparen im Spannungsfeld zw. Konjunktur u. Kapitalmarkt 1982; D. Bauspar-ABC, 1985 - 1983 BVK - Spr.: Engl.

ZINK, Jörg

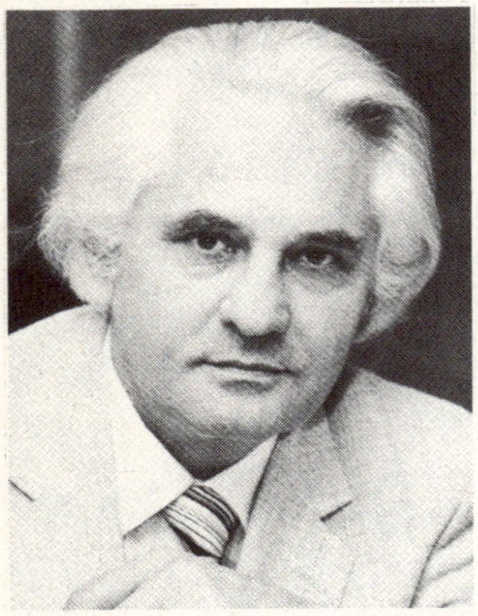

Dr. theol., Fernseh-Pfarrer u. Publizist - Fleischhauerstr. 9, 7000 Stuttgart 80 (T. 0711 - 71 17 87) - Geb. 22. Nov. 1922 Elm (Vater: Max Z., Buchhändler; Mutter: Maria, geb. Geiger), ev., verh. s. 1950 m. Heidi, geb. Daur, 4 Kd. (Dr. Christoph, Dr. Angela, Monika, Cordula) - Univ. Tübingen (Phil. u. Theol.); Promot. 1955 - Gemeindepfarrer, Gestalter kirchl. Rundf.- u. FS-Send. (u.a. Wort z. Sonntag); s. 1980 fr. Publizist - BV: Theol. studieren?, 1955; Würde u. Freiheit, 1956; Seid klug wie d. Schlangen, 1957; D. gr. Gott u. unsere kl. Dinge, 1958; In Gottes Spur, D. bibl. Gespräch, bde. 1959; Du bist getauft, 1960; Singen - Spielen - Werken, Deine Konfirmat., bde. 1961; Womit wir leben können, 1963; Deine Zeit u. alle Zeit, Drei Könige unter d. Kreuz, bde. 1964; Neues Testament, Zwölf Nächte, Himml. Musik, alle 1965; Altes Testament, 1966; Psalmen, 1967; D. Mitte d. Nacht ist d. Anfang d. Tages, D. muß man v. Jesus Christus wissen; E. Traum u. d. Weltgericht, Was Christen glauben, bde. 1969; Genesis Erklärungsbibl, So erzählt d. Alte Testament, Wie wir beten können, alle 1970; Peter Pelikan-Briefe, Bibel heute, D. Wahrheit läßt sich finden, alle 1971; Kriegt e. Hund im Himmel Flügel?, Worauf man sich verlassen kann, bde. 1972; D. Welt hat noch e. Zukunft, Was bleibt zw. Eltern u. Kindern, bde. 1972; Erfahrung m. Gott, 1974; Was wird aus diesem Land?, 1975; Lichter u. Geheimnisse, 1976; Sag mir wohin?, 1977; Licht üb. d. Wassern, D. bibl. Gespräch, bde. 1978; E. Handvoll Hoffnung, Was bleibt, stiften d. Liebenden, bde. 1979; Wie Sonne u. Mond einander rufen, 1980; Kostbare Erde, D. Morgen weiß mehr als d. Abend, Widerschein s. Lichts, alle 1981; Wie übt man Frieden, Gott schauen, Wenn d. Abend kommt, Mehr als drei Wünsche, Am Ufer d. Stille, Alles Lebendige singt v. Gott, Was d. Nacht hell macht, alle 1982; Gespräche m. d. dunklen Gott, Brot u. Wein f. alle Menschen, Und nimmt an e. Knechts Gestalt, Vielleicht ist es noch nicht zu spät, alle 1983; Wir werden alle auferstehen, Vielfarbiger Dank, Meine Gedanken sind b. Dir, Wie d. schöne Lau d. Lachen lernte, alle 1984; D. Himmel erhört d. Erde, Liebe ist e. Wort aus Licht, Trauer hat heilende Kraft, alle 1985; Wer im Schutz d. Höchsten wohnt, Wie d. Farben im Regenbogen, Erde - Wasser- Luft u. Feuer, Geschichten v. Jesus, Nebellandschaften, Leben unt. Gottes Segen, alle 1986; Dein Tod ist unser Leben, Dein Geb. sei e. Fest, Liebesbrief an e. Mutter, Heimkehren, alle 1987; Stern üb. dunklem Land, Tief ist d. Brunnen d. Vergangenh., bde. 1988; Bildw. z. Bibel, 6 Bde.; Diabücherei Christl. Kunst, 24 Bde. (m. Diapositiven); Lebenserinnerugen: Sieh nach d. Sternen, hab acht auf d. Gassen - 1984 Bundesnaturschutzpreis.

ZINK, Karl Friedrich

Dr., Landrat Kr. Weißenburg-Gunzenhausen (s. 1969) - Landratsamt, 8832 Weißenburg/Bay. - Geb. 1. Sept. 1933 Roth - Zul. Oberregierungsrat. CSU.

ZINK, Otto

Techn. Angestellter, MdB (s. 1965) - Wartburgweg Nr. 1, 6090 Rüsselsheim/Hessen (T. 5 55 80) - Geb. 31. Okt. 1925 Rüsselsheim (Vater: Otto Z., Kaufm.; Mutter: Christine, geb. Sieben), kath., verh. s. 1949 m. Lieselotte, geb. Knopp, 3 Kd. (Wilfried, Christa, Claudia) - Volkssch.; Werkzeugmacherlehre - S. Lehre Adam Opel AG. (1951 Betriebsratsmitgl.; 1961 techn. Angest.; 1965 ARsmitgl.); 1943-47 Arbeits-, Wehrdst., Gefangensch. 1956 ff. Stadtverordn. Rüsselsheim; 1962-65 MdL Hessen. CDU s. 1953 (1967 stv. Landesvors. Hessen).

ZINK, Ulrich

Redakteur Allg. Zeitung Mainz - Senefelderstr. 25, 6500 Mainz - Geb. 25. Aug. 1939 Kaiserslautern (Vater: Richard Z., Verw.-Angest.; Mutter: Änne, geb. Müller), ev., verh. s. 1968 m. Bärbel, geb. Scharper, 2 S. (Joachim, Peter) - Abit. Univ. Heidelberg (Gesch., Polit. Wiss.) - 1963-66 Öfftl. Anzeiger Bad Kreuznach; 1966-70 Rheinpfalz Pirmasens; 1970-79 Rheinpfalz Ludwigshafen; ab 1979 Allg. Ztg. Mainz - Spr.: Engl., Franz. - Bek. Vorf.: Theodor Z., Pfälz. Landeskonservator (Großv.).

ZINKANN, Peter-Christian

Dr. rer. pol., Dipl.-Ing., Mitinhaber u. Geschäftsf. Miele & Cie. KG u. Mielewerke GmbH, Gütersloh, AR-Mitgl. Fried. Krupp Stahl AG, Mannesmann-Kienzle GmbH, Villingen-Schwenningen, DÜRR Beteiligungs AG, Stuttgart, stv. VR-Vors. Technischer Überwachungsverein Rheinland, Köln, Vors. Landesbeir. Westf. Dresdner Bank, D'dorf - Thesings Allee 11a, 4830 Gütersloh (T. priv.: 05241 - 89 0; Büro: 89 11 53) - Geb. 17. Sept. 1928 Bremen (Vater: Kurt-Christian Z., Fabr. †1985; Mutter: Edith, geb. Birkholz †1981), ev., verh. s. 1958 m. Dr. phil. Karin, geb. Rohe, S. Reinhard - Liebh.: Musik - Spr.: Engl. - Rotarier.

ZINKE, Otto

Dr.-Ing., habil., Dr.-Ing. E. h., o. Prof. f. Hochfrequenztechnik (emerit) - Richard-Wagner-Weg 69, 6100 Darmstadt (T. 7 62 39) - Geb. 25. Febr. 1908 Hannover (Vater: Max Z., Reichsbankbuchh.; Mutter: Anna Z., geb. Kramer), ev., verh. s. 1959 m. Dr. med. Ruth, geb. Zehme, 2 Töcht. (Marianne, Annette) - TH Berlin (Fernmeldetechnik; Dipl.-Ing. 1932). Promot. (1936) u. Habil. (1940) Berlin - Lehr- (1940 Privatdoz., 1942 ao. Prof. TH Berlin; 1955 o. Prof. u. Inst.dir. TH Darmstadt) u. Industrietätigk. (1951-55) Zentrallabor. Siemens & Halske AG., München - BV: Hochfrequenz-Meßtechnik, 3. A. 1959; Hochfrequenz-Meßgeräte, 1959 (m. H. Brunswig); Lehrb. d. Hochfrequenztechnik, 1965, 2. A. 1973/74, 3. A. 1986 (m. dems.), 4. A. Bd. 1, 1990; Widerstände, Kondensatoren, Spulen u. ihre Werkstoffe, 1965, 2. A. 1982 (m. H. Seither). Üb. 60 Fachaufs.

ZINKEL, Heinz Michael

Dr. rer. oec., Dipl.-Kfm., Gf. Vorstandsmitglied Bayer. Ziegelind.-Verband - Tölzer Str. 29, 8184 Gmund - Geb. 16. Okt. 1929 Wilhermsdorf, ev., verh. s. 1972 m. Monika, geb. Köster, S. Marc - Dipl.-Kfm. 1956; Promot. 1961 Univ. Erlangen-Nürnberg - S. 1962 Geschäftsf. u. gf. Vorst.-Mitgl. Bayer. Ziegelind.-Verb., Ziegel-Forum, Ausb.-förder.werk Ziegelind. - BVK.

ZINN, Karl Georg

Dr. rer. pol., Dipl.-Volksw., o. Prof. TH Aachen - Vaalser Str. 55, 5100 Aachen - Geb. 22. Sept. 1939 Kassel (Vater: Georg August Z., s. XVIII. Ausg.; Mutter: Meta, geb. Sturm), verh. s. 1966 - Stud. d. Wirtsch.s- u. Sozialwiss. Univ. Frankfurt/M., Freiburg, Mainz; Habil. 1969 Mainz - BV: Basistheorie d. ökonomischen Wohlstandes in d. Demokratie, 1970; Sozialistische Planwirtschaftstheorie, 1971; Arbeitswerttheorie, 1972; Wohlstand u. Wirtschaftsordnung, 1972; Allg. Wirtschaftspolitik, 2. A. 1974; Wirtschaftszusammenhänge verständlich lehren, 1976; Wirtsch. u. Wissenschaftstheorie, 1976; Konjunkturlehre f. Praktiker, 4. A. 1977; Preissystem u. Staatsinterventionismus, 1978; Niedergang d. Profits, 1978; D. Selbstzerstör. d. Wachstumsges., 1980; D. neue Wohlstand (m. W. Meissner), 1984; Grundwortschatz wirtschaftswiss. Begriffe (m. U. P. Ritter), 5. A. 1991; Arbeit, Konsum, Akkumulation, 1986; Politische Ökonomie, 1987; Kanonen u. Pest, 1989; Soziale Marktwirtschaft, 1992. Herausg.: Strategien gegen d. Arbeitslosigkeit (1977), Keynes aus nachkeynesscher Sicht (1988). Mithrsg.: Probleme d. wirtschaftspolit. Praxis in histor. u. theoret. Sicht (1979). Ca. 125 Fachaufs. - Spr.: Engl., Franz.

ZINN, Werner

Dr. rer. nat., Prof. f. Physik Univ. Köln u. Direktor Inst. f. Festkörperforsch. KFA Jülich (s. 1971) - Linnicher Str. 63, 5170 Jülich (T. 02461 - 5 41 39) - Geb. 6. April 1929 Ostheim/Rhön, ev., verh. s. 1956 m. Inge, geb. Kochinki, 3 Kd. (Ursula, Rainer, Johanna) - Abit. 1949; 1949-55 Stud. Univ. Würzburg (Physik); Promot. 1958 Würzburg - 1958-60 wiss. Assist. Phys. Inst. Univ. Würzburg; 1960-71 wiss. Mitarb./Laborleit. Forsch.-Laboratorium München Siemens AG - 1962-72 zahlr. Erf. üb. mag. Schichten - BV: Berichte d. Arbeitsgem. Magnetismus, 1976-86; Tagungsberichte, 12 Bde.: Mag. Halbleiter, 1975; ICM, 3 Bde., 1979. Handb.-Art. - Liebh.: Musik, Aquarellieren, Tennis, Ski - Spr.: Engl., Franz., etwas Span. u. Russ.

ZINNECKER, Jürgen

Dr. phil., Prof. f. Erziehungswiss. Univ.-GH Siegen (s. 1986) - Brüderweg 221, 5900 Siegen (T. 0271 - 6 16 83) - Geb. 10. Juni 1941 Trautenau/Tschechosl., verh. s. 1966 m. Gisela, geb. Koch - Ausb. Volksschullehrer Hamburg; Stud. Erziehungswiss. u. Soziol. FU Berlin; Promot. - 1981-86 Prof. f. Erziehungswiss. Univ. Marburg, s. 1986 Prof. f. Erziehungswiss. u. Sozialpäd. Univ.-GH-Siegen - Forschungsprojekte DFG; Stiftg. VW; Jugendwerk Dt. Shell zu Kindheit u. Jugend - BV: Emanzipation d. Frau u. Schulausbildung, 1972; D. heimliche Lehrplan, 1975; D. Lebenswelt v. Hauptschülern, 1975; Schüler im Schulbetrieb, 1978; Jugend, 1981; Jugendliche u. Erwachsene, 1985; Jugendkultur 1940-80, 1987; Stadtgeschichte als Kindheitsgesch., 1989 - Liebh.: Schach, Bücher.

ZINNER, Gerwalt

Dr. phil., o. Univ.-Prof. f. Pharmaz. Chemie - Am Papenholz 14, 3300 Braunschweig - Geb. 30. Sept. 1924 Schalkau, verh. s. 1956 m. Margarete, geb. Winterfeld - Approb. Apoth., Apoth. f. pharm. Analytik, Apoth. f. Toxikologie u. Ökologie; Dipl.-Chem.; Lebensm.chem. - S. 1958 (Habil.) Lehrtätigk. Univ. Marburg, Münster (1963 ao. Prof.), TH bzw. TU Braunschweig (1965 o. Prof. u. Inst.dir.). Emerit. 1991. Fachveröff. - 1971 Mitgl. Braunschw. Wiss. Ges.; 1972 Mitgl. Dt. Akad. d. Naturforscher (Leopoldina), Halle/S.; 1991 Carl-Mannich-Med. d. Dt. Pharm. Ges.

ZINNKANN, Willi

Bürgermeister - Brunostr. 13, 6470 Büdingen (T. 6 93) - Geb. 27. Okt. 1915 Worms/Rh. (Vater: Heinrich Z., hess. Staatsminister †1973 (s. XVI. Ausg.); Mutter: Johanna, geb. Olbert) - Abit. 1935 - 1935-45 Arbeits-, Militär- (1936) u. Wehrdst., ab 1946 Grenzkommissar f. d. Flüchtlingswesen f. Hessen-Nassau u. Flüchtlingskommissar Büdingen, Leit. Flüchtlings- u. Wohnungsamt Landratsamt ebd., s. 1948 MdK (Fraktionsvors. SPD). 1950-70 MdL Hessen (1955 Fraktionsgeschäftsf., 1960 -vors.), s. 1952 Stadtverordn. u. Bürgerm. (1962) Büdingen. 1929-33 SAJ (zul. Vors. Darmstadt); s. 1945 SPD - 1971 BVK I. Kl.

ZINSER, Gerhard

Generaldirektor Süßwarenbereich Jacobs Suchard - Gruppe, Jacobs Suchard Management & Consulting AG - Klausstr. 4-6, CH-8034 Zürich (T. 01-385 11 11).

ZINSER, Hartmut

Dr. phil., Prof. f. Religionswiss. FU Berlin - Milowstr. 6, 1000 Berlin 33 - Geb. 1. Nov. 1944 Tübingen, ev., verh. m. Dr. med. H. E. Alten, 2 Töcht. (Jenny, Charlotte) - Stud. FU Berlin u. Univ. of Pennsylvania (USA) - Vorst.-Mitgl. d. DVRG - BV: Mythos u. Arbeit, 1977; D. Mythos d. Mutterrechts, 1981; Weltgeist zw. Jena u. Berlin, 1982; D. Untergang v. Religionen, 1986; Religionswiss. E. Einführung, 1988; Herausforderung Ethikunterricht, 1991.

ZINSMAIER, Paul

Dr. phil., Ltd. Staatsarchivdirektor a. D., Honorarprof. f. Histor. Hilfswissenschaften Univ. Heidelberg - Albtalstr. 9, 7500 Karlsruhe (T. 3 47 19) - Zul. Staatsarchiv Karlsruhe - 1970 BVK I. Kl.

ZINTZ, Richard

Dr. med., Prof., Chefarzt Augenklinik St. Joseph-Stift, Bremen (s. 1968) - Geb. 28. Sept. 1922 Hermannstadt/Siebenb. (Vater: Dr. jur. Richard Z., Rechtsanw.; Mutter: Erna, geb. Chrestels), ev., verh. m. Gisa, geb. Klügel, 2 Söhne (Martin, Georg) - Oberarzt Univ.s-Augenklin. Freiburg (1958-61, 1963-67) u. Basel (1962-63). S. 1960 (Habil.) Lehrtätigk. Univ. Freiburg/Br. (1966 apl. Prof. f. Augenheilkd.). Zahlr. Fachveröff. Mitarb. an Monogr. u. Lehrb. - Spr.: Rumän., Franz., Engl., Ungar.

ZINTZEN, Clemens
Dr. phil., o. Prof. f. Klass. Philologie - Universität (Inst. f. Altertumskunde), 5000 Köln 41 - Geb. 24. Juni 1930 Aachen (Vater: Joseph Z., Gutsbesitzer; Mutter: Elisabeth, geb. Kohl) - Univ. Köln u. Bonn. Promot. (1961) u. Habil. (1963) Köln - S. 1964 Lehrtätig. Univ. Köln, Mannheim (1968 apl. Prof.; Wiss. Rat), Saarbrücken (1969 Ord.), Köln (1972 Ord.) - 1977 o. Mitgl. u. s. 1986 Vizepräs. d. Akad. d. Wiss. u. d. Lit., Mainz; 1980 korr. Mitgl. Berliner Wiss. Gesellsch.; 1981 Mitgl. Mediaeval Acad. of America, Cambridge Mass.; 1990 Mitgl. d. Akad. gemeinn. Wiss. zu Erfurt - BV: Analyt. Hypomnema z. Senecas Phaedra, 1960; Damascii vitae Isidori reliquiae, 1967; D. Laokoonepisode b. Vergil, 1980; D. Zusammenwirken v. Rezeption u. Originalität am Beispiel röm. Autoren, 1986; Grundlagen u. Eigenarten d. Florentiner Humanismus, 1990. Div. Einzelarb.

ZIPF, Karl Eberhard
Dr. med., o. Prof. u. Direktor Inst. f. Sportmedizin/Univ. Münster - Horstmarer Landweg 39, 4400 Münster/W. - Zul. Prof. Univ. Mainz - Sohn Christoph Tenniscrack.

ZIPFEL, Walter
Prof., Bundesrichter a. D. - Reithohl 7, 7500 Karlsruhe 41 - Geb. 8. April 1914 Haßfurt - BV: Lebensmittelrecht, Komm. 1962, 81. Ergänzungslief. 1963-92.

ZIPPEL, Christian
Dr. sc. med., Facharzt, Chefarzt, Mitglied d. Abgeordnetenhauses v. Berlin CDU (Vors. d. Aussch. f. Soziales, s. 1991) - Grabbeallee 46, O-1100 Berlin - Geb. 7. Okt. 1942 Nattkischken/Ostpr., ev., verh. s. 1967, 4 Kd. (Susanne, Johannes, Magnus, Cornelius) - Stud. Humanmed. 1962-68 Humboldt-Univ. Berlin; Facharztausb. - S. 1977 Oberarzt; s. 1982 Chefarzt. B. 1991 Mitgl. d. gemeinsamen Landesregierung Berlin's; Mai-Okt. 1990 Stadtrat f. Gesundheit d. (letzten) Magistrats v. Berlin (Ost) - Mitautor mehr. Fachbücher; ca. 70 wiss. Publik. - Spr.: Engl., Russ.

ZIPPEL, Wulfdiether
Dr. rer. pol. habil., Univ.-Prof. f. Volkswirtschaftslehre TU München - Arcisstr. 21, 8000 München 2 (T. 21 05 86 81/2); priv.: Niederried 34, 8021 Hohenschäftlarn - Geb. 22. Juli 1938 Berlin (Vater: Dr. Hansgeorg Z., Rechtsanw.; Mutter: Anneliese, geb. Peinemann), ev., verh. s. 1972 m. Edith, geb. Fricke, 2 Kd. - Dipl.-Ing. Hannover, Dipl.-Wirtschaftsing. München, Promot. 1971 u. Habil. 1976 ebd. - BV: Gegenstand u. Analyse d. Pläne z. Neugestalt. d. intern. Geldverfass., 1978; zahlr. Aufs. in Fachztschr. (EG-Integr., int. Wirtsch.bezieh.) - Spr.: Engl., Franz.

ZIPPELIUS, Reinhold
Dr. jur. (habil.), Prof. f. Rechtsphilosophie, Staats-, Verwaltungs- u. Kirchenrecht - Niendorfstr. 5, 8520 Erlangen (T. 5 57 26) - Geb. 19. Mai 1928 Ansbach (Vater: Hans Z., Ing.; Mutter: Marie, geb. Stößel), verh. s. 1959 m. Annelore, geb. Fricke, 2 Kd. - 1956-63 im bay. Ministerialdienst - 1961 Priv.-Doz. Univ. München; 1963 o. Prof. u. Vorst. Inst. f. Rechtsphilos. u. Allg. Staatslehre Univ. Erlangen-Nürnberg; 1985 o. Mitgl. Akad. d. Wiss. u. d. Lit. Mainz - BV: Wertungsprobleme im System d. Grundrechte, 1962; D. Wesen d. Rechts, 4. A. 1978; Allg. Staatslehre, 11. A. 1991 (portug. Übers. 1971, 1984, span. Übers. 1985, 1989); Juristische Methodenlehre, 5. A. 1990; Einf. in d. Recht, 2. A. 1989; Grundbegriffe d. Rechts- u. Staatssoziologie, 2. A. 1991; Rechtsphilosophie, 2. A. 1989; D. Bedeutung kulturspez. Leitideen f. d. Staats- u. Rechtsgestaltung, 1987; Zur Rechtfertigung d. Mehrheitsprinzips in d. Demokratie, 1987; Dt. Staatsrecht, 28. A. 1991 (m.

Th. Maunz); D. experimentierende Methode im Recht, 1991. Fachaufs.

ZIPPERT, Christian
Dr., Prof., Bischof (s. 1992) - Burgfeldstr. 14, 3500 Kassel-Wilhelmshöhe (T. 0561 - 3 85 69) - Geb. 30. Okt. 1936 Berlin-Lichterfelde, ev., verh. s. 1960 m. Ruth-Ilse, geb. Kafka, 4 Kd. (Thomas, Katharina, Bernhard, Renate) - Stud. German. 1954-56 München u. ev. Theol. 1956-61 Marburg u. Göttingen - 1. theol. Prüf. 1961, 2. theol. Prüf. 1965; Promot. 1969 Marburg - 1961-64 Wiss. Assist.; 1965-73 Pfarrer bei u. in Marburg; 1973-80 Dir. d. Ev. Predigersem. Hofgeismar; 1980-92 Propst in Marburg - BV: Leben m. Gebeten, 1978; Liedpredigten, 1984; Gottedienstbuch, 2. A. 1991; Geborgen im Lauf d. Zeit. Gebete f. alle Tage, 1992 - 1988 Hon.-Prof. an d. Philippusniv. Marburg.

ZIRKER, Hans
Dr. theol., Univ.-Prof. f. Kath. Theol./Fundamentaltheol. Univ.-GH Duisburg - Blumenstr. 29, 4044 Kaarst 1 (T. 02131 - 6 43 28) - Geb. 17. März 1935 Ludwigshafen - 1962-71 Gymnasiallehrer; 1971-75 Fachleit. Inst. f. Lehrerfort-u. Weiterbild. Mainz; 1975-80 Prof. PH Rheinl., Abt. Neuss; s. 1980 Univ. Duisburg - BV: u.a. D. kult. Vergegenwärtig. d. Vergangenh. in d. Psalmen, 1964; Sprachprobl. im Religionsunterr., 1972; Lesarten v. Gott u. Welt, 1979; Religionskritik, 2. A. 1988 (Übers. span. 1985; ital. 1989); Ekklesiol., 1984 (Übers. ital. 1987); Christentum u. Islam, 1989.

ZIRNGIBL, Willy
Journalist, Leit. Bonner Büro Westd. Allg. Zeitung (WAZ) - Lessingstr. 26, 5303 Bornheim (T. 02222 - 40 78) - Geb. 5. Nov. 1930 Ansbach (Vater: Ludwig Z.; Mutter: Frieda, geb. Schühlein), ev., verh. s. 1962 in 2. Ehe m. Dagmar, geb. Günther, 2 Töcht. (Renate, Sabine) - Realgymn. Nürnberg - Autor v. Politiker-Porträts in Taschbuchserie gefragt - 1980 BVK am Bde.

ZISCHA, Anton
Schriftsteller - San Vicente-Pollensa/Mallorca (Spanien) - Geb. 14. Sept. 1904 Wien (Vater: Edmund Z., Ing.), kath., verh. s. 1935 m. Margarete, geb. Hoff, 3 Kd. (Maria, Jan, Martin) - Internate Eton, Kalksburg, Laa/Thaya; Univ. München - 1924-29 Redakt. Neue Fr. Presse, Wien, u. Südosteuropa-Korresp. Politiken, Kopenhagen, dann Sonderberichterstatter Intransigant, Paris (China, Mandschurei, Japan, USA), ab 1931 Paris Soir, Gringoire u. Voila (Südamerika, Ferner Osten, Arabien), s. 1934 fr. Schriftsteller f. Wirtschafts- u. Weltpolitik San Vicente (1945-47 auf Grund e. alliierten Repatriierungsbefehls interniert) - BV 1934-81 insges. 46, z. T. in 16 Übers.): u. a. Kampf um d. Weltmacht Öl, 1934; Wiss. bricht Monopole, 1936, Japan in d. Welt, 1936; Ölkrieg, 1939; Länder d. Zukunft, 1950; D. Welt d. Stahldämonen - D. Automatisierung wirtschaftl., sozial u. weltpolit., 1963; Welt ohne Analphabeten - Probleme u. Möglichkeiten d. Bildungshilfe, 1964; D. Ruhr im Wandel - Ruinenfeld oder Retter v. morgen?, 1966; War es ein Wunder? - 2 Jahrzehnte dt. Wiederaufstiegs, 1966; Deutschland in d. Welt v. morgen, 1969; D. Trillionen-Invasion. D. Kampf d. Menschen gegen Schädlinge u. Krankheiten, 1971; D. Ende d. amerik. Jahrhunderts - USA/Land d. begrenzten Möglichkeiten, 1972; D. Welt bleibt reich - E. optimist. Bestandsaufnahme, 1974; Europas bedrohte Hauptschlagader. Arabische Renaissance od. neue Großmacht Iran?, 1976; D. neue Spanien zw. Gestern u. Morgen, 1977; Kampf ums Überleben, 1979; D. Nach-Öl-Zeitalter. Wandel u. Wachstum durch neue Energien, 1981; D. Dollar. Glanz u. Elend e. Währung, 1986; Tschernobyl kein Zufall. Sowjetwirtschaft u. d. Fehler d. Westens, 1987; D. alles treibende Kraft, Weltgesch. d. Energie, 1989 - Bek. Vorf.: Jan Ziska v. Trocnow, Hussitenführer (†1424).

ZISCHKA, Gert

Dr. med., Prakt. Arzt - Dreifaltigkeitsstr. 9, A-3425 Langenlebarn b. Wien (T. 02272 - 41 68) - Geb. 30. Jan. 1923 Linz/Donau (Österr.), kath., verh. s. 1956 m. Christine, geb. Plakolb, 2 Kd. (Alexander, Eva) - Stud. Kunstgesch. u. Med. Univ. Wien, Berlin, Prag, Graz, Innsbruck, Med. Akad. Danzig, Militärärztl. Akad. Berlin. Promot. 1954 Innsbruck - U. a. Abt.sleit. (Forsch.) Cilag-Chemie, Schaffhausen, Johnson & Johnson International, New Brunswick (USA), Chefredakt. Duden-Verlag, Mannheim, Leiter Wiss. Informationsdienst Sandoz AG., Nürnberg. - Herausg.: Index Lexicorum - Bibliogr. d. lexikal. Nachschlagewerke, 1959 (New York); Gelehrtenlexikon - Biogr. Handwörterb. z. Gesch. d. Wiss., 1961 (Stuttgart); Meyers Bücherlex., 1963 (Mannheim); Kl. Gesch. d. Privatbibl., 1968 (München); Goethe, Tageskonkordanz, 1981ff.; Autorenlexikon. Biobibliogr. Handb. d. wiss. u. fachl. Literatur, 1992 (Berlin). Mithrsg.: Bibliogr. Handb. d. Sprachwörterb., 1958 (Stuttgart) - Liebh.: Bibliophilie - Bek. Vorf.: Jan Ziska v. Trocnov, Hussitenführer (†1424) - Lit. O. Seemann, 1991 (Wien).

ZISSLER, Josef
Dr. med., Prof., Internist, Chefarzt i. R. Med. Klinik am Hospital zum Hl. Geist Frankfurt/M. (1963-85) - Schweinfurter Weg 25, 6000 Frankfurt/M. 70 - Geb. 30. Nov. 1920 Mainburg/Ndb., kath., verh. s. 1948 m. Dr. med. Renate, geb. Sido, 2 Kd. (Brigitte, Wolfgang) - 1930-39 Gymn. Ettal/Obb.; Stud. Med. - S. 1954 (Habil.) Lehrtätig. Univ. Würzburg (1961 apl. Prof.) u. Frankfurt (Hon.-Prof.). Fachveröff., u.a. Beitrag: Krankheiten d. Gefäße (m. E. Wollheim), in: Handb. d. Inn. Med. (4. A. 1960).

ZITELMANN, Rainer

Dr. phil., Historiker, u. Publizist, Cheflektor (Hardcover) des Ullstein-Propyläen-Verlages - Lindenstr. 76, 1000 Berlin 61 (T. 030 - 25 91 35 72) - Geb. 14. Juni 1957 Frankfurt/M. (Vater: Arnulf Z., Schriftst.), ev., ledig - Stud. Gesch. u. Politikwiss. TH Darmstadt; 1. Staatsex. 1983; Promot. 1986; 2. Staatsex. 1987 - BV: Hitler. Selbstverständnis e. Revolutionärs, 3. A. 1990; Adolf Hitler. E. polit. Biographie, 3. A. 1990 (ital. Ausg. 1991); Adenauers Gegner. Streiter f. d. Einheit, 1991. Herausg.: D. braune Elite. 22 biographische Skizzen (2. A. 1990, m. Ronald Smelser); D. Schatten d. Vergangenheit. Impulse z. Historisierung d. Nationalsozialismus (1990, m. Uwe Backes u. Eckhard Jesse); Nationalsozialismus u. Modernisierung (1991, m. Michael Prinz) - Bek. Vorf.: Prof. Dr. Lothar Hock, Prof. f. physikalische Chemie (Großv.).

ZITSCHER, Wolfram
Dr. jur., Dr. phil., Kulturanthropolog - 2300 Altenholz - s. XXIX Ausg.

ZITTERBART, Gerrit

Prof., Pianist - Brüder-Grimm-Allee 16, 3400 Göttingen (T. 0551 - 5 83 70) - Geb. 9. Mai 1952 Göttingen, verh. m. Ilsemarie, geb. Habermann, 4 Kd. (Christopher, Sophie, Marie, Eva) - 1971-79 Stud. Hochsch. f. Musik u. Theater Hannover, Sommerakad. Mozarteum Salzburg (Leygraf, Haase, Engel); Konzertex. 1979 - Schallpl.-Aufn., intern. Konzerttätig.; 1981 Lehrauftr. Hochsch. f. Musik u. Theater Hannover, 1983 Prof. - Preisträger KJK Hannover (1977, 78), Colmar, Genf (1977, Abegg Trio), Florenz (1980), Bordeaux (1981, Abegg Trio), Bonn (1979, Abegg Trio), 1986 Bernhard-Sprengel-Preis (Abegg Trio), 1988/89 Preis d. dt. Schallplattenkritik (Beethoven, Ravel, Debussy) im Abegg Trio.

ZIWEY, Franz
Bürgermeister Stadt Stockach - Haydnweg 8, 7768 Stockach 1 (T. 07771 - 80 21 95) - Geb. 14. Dez. 1932 Stefansfeld, kath., verh. s. 1957 m. Paula, geb. Hirsch, 3 Kd. (Manfred, Günter, Brigitte) - Dipl.-Verwaltungswirt 1957 - S. 1969 Bürgerm. Stockach. VR-Vors. d. Bezirkssspark. Stockach, MdK Konstanz.

ZIZLSPERGER, Eberhard
Dr. jur., Aufsichtsratsvorsitzender Innstadt-Brauerei AG, Vorst. Waldbaugenossenschaft Steinberg, Ehrenpräs. d. IHK f. Niederbayern, Passau - Hochstr. 9 d, 8390 Passau (T. 69 06) - Geb. 15. Juni 1917 - Beiratsmitgl. div. Ind.- u. Handelsunternehmen, versch. Ehrenämter.

ZMARZLIK, Hans-Günter
Dr. phil., o. Prof. f. Neuere u. neueste Geschichte - Sickingenstr. 50, 7800 Freiburg/Br. (T. 6 50 86) - Geb. 24. Juli 1922 Berlin - S. 1961 (Habil.) Lehrtätig. Univ. Freiburg (b. 1965 ao., dann o. Prof.) - BV: Bethmann Hollweg als Reichskanzler 1909-1914, 1957; D. Sozialdarwinismus in Dtschl., 1961; D. Bismarck-Bild d. Deutschen - gestern u.

heute, 1967; Wieviel Zukunft hat unsere Vergangenheit?, 1970.

ZODEL, Chrysostomus

Chefredakteur - Balterazhofer Str. 50, 7970 Leutkirch/Allgäu (T. 81 25; Redaktion: 20 31) - Geb. 10. Okt. 1920 Kleinweiler-Hofen/Allgäu - S. 1947 Stuttgarter Nachr. u. Schwäb. Ztg. (1963) - 1969 Theodor-Wolff-Preis (f. d. Serie: Fahrt durch d. Sowjetunion, 1968); 1977 BVK a. Bd.; 1981 Bayer. VO - Rotarier.

ZOEBELEIN, Hans

Dr., Chemiker, Mitglied Direktorium Henkel KG. a. A., Düsseldorf (s. 1975) - Am Falder 63, 4000 Düsseldorf 13 - Geb. 4. Aug. 1929.

ZÖBELEY, Hans Rudolf

Dr. phil., Dirigent, Kirchen- u. Univ.-musikdirektor - Arminiusstr. 16, 8000 München 90 (T. 089 - 65 93 10) - Geb. 27. Mai 1931 Mannheim (Vater: Rudolf Z., Pfarrer; Mutter: Martha, geb. Bälz), ev., verh. s. 1956 m. Margarete, geb. Busch, 4 Kd. (Christiane, Martin, Hartmut, Barbara) - Staatsex. Musik u. Latein 1955 Heidelberg; Hauptamtl. Kirchenmusiker - A-Prüf. 1957 ebd., Promot. 1963 München (Musikwiss. m. Nebenf. Latein u. Mediaevistik) - S. 1957 Organist München; s. 1965 Kantor; s. 1962 Doz. Richard Strauss-Konservat. München (Chor u. Chorltg.); 1962-80 Leit. Philharm. Chor Stadt München. S. 1960 Leit. Münchner Motettenchor; s. 1969 Leit. Univ.chor München - BV: D. Musik d. Buxheimer Orgelb., 1964 - 1980 Med. München leuchtet - Liebh.: Bergsteigen - Spr.: Engl., Latein, Griech.

ZÖFEL, Peter

Wiss. Mitarb. Philipps-Univ. Marburg, Ehrenvorsitzender Hess. Schachverband (s. 1977) - Friedrich-Fröbel-Str. 5, 3550 Marburg (T. 06420 - 12 71) - Geb. 30. Dez. 1940 Asch (Vater: Erich Z., Textil-Ing.; Mutter: Emmi, geb. Brunner), ev., verh. s. 1979 m. Margit, geb. Pieper, 2 S. (Christian, Oliver) - Stud. Math. u. Physik (Staatsex. 1966) - BV: Schachlehrb. f. Anfänger; mehrere Bücher üb. Statistik u. EDV.

ZOEGE von MANTEUFFEL, Claus

Dr. phil., Prof. f. Kunstgeschichte u. Museumsdir. - Gunterstr. 1, 7000 Stuttgart 1 (T. 2 57 95 99, Fax 2 57 95 01) - Geb. 6. Mai 1926 Dresden (Vater: Prof. Dr. phil. Kurt Z. v. M., Direktor Staatl. Kupferstichkabinett Dresden †1941; Mutter: Alexandra, geb. Gräfin Schwerin †1972), ev. - Gymn. Dresden; Univ. Göttingen, Basel (Schweiz), München, Freiburg/Br. (Kunstgesch.). Promot. 1952 Freiburg; Habil. 1967 Berlin - 1952-55 German. Nationalmuseum Nürnberg, 1955-57 Städt. Kunstmuseum Düsseldorf, 1957-68 Staatl. Museen Berlin (Oberkustos Skulpturen-Abt.), 1968-78 TU Berlin (Prof.); 1978-91 Württ. Landesmuseum, Stuttgart; 1981 Honorarprof. Univ. Stuttgart, s. 1991 wissenschaftl. Dir. am Stuttgarter Kunstauktionshaus Dr. Fritz Nagel, Betreuer d. Staatl. Sammlung Domnick, Nürtingen - BV: D. Bildhauerfam. Zürn, 1969 - 1971 Bodensee-Literaturpreis Stadt Überlingen.

ZÖGER, Erika,

geb. Assmus

Publizistin (Ps. Carola Stern) - Heinrich-Heine-Str. 23, 5000 Köln 50 - Geb. 14. Nov. 1925 Ahlbeck (Vater: Otto Assmus, Beamter; Mutter: Ella A.), verh. s. 1970 m. Heinz Z. - Abit.; Stud. polit. Wiss. u. Soziol. FU Berlin - In d. siebz. J. Vors. amnesty intern.; s. 1987 Vizepräs. bundesdt. PEN - BV: Porträt e. bolschewist. Partei, 1957; Ulbricht - E. Biogr., 1964; Willy Brandt - E. Monogr., 1974; Strategien f. d. Menschenrechte, 1980; In d. Netzen d. Erinnerung - Lebensgesch. zweier Menschen, 1986; Ich möchte mir Flügel wünschen. D. Leben d. Dorothea Schlegel, 1990 - 1970 Jacob-Kaiser-Preis; 1972 Carl-v.-Ossietzky-Med.; 1988 Staatspreis NRW, Wilh.-Heinse-Med. - Spr.: Engl.

ZÖGNER, Lothar

Dr. rer. nat., Bibliotheksdirektor, Leiter Kartenabt. Staatsbibl. Berlin - Potsdamer Str. 33, Postf. 14 07, 1000 Berlin 30 - Geb. 27. Mai 1935 Eisenach, ev., verh. s. 1962 m. Gudrun - Stud. Geogr., Geol., Musikwiss.; Promot. 1965 Marburg - 1968 Bibl.-Assist.; 1971 Bibl.-Dir.; Vorst.-Mitgl. Ges. f. Erdkunde zu Berlin; Mitgl. d. Vorst.-Rates Dt. Ges. f. Kartogr. d. Preuß. Histor. Kommiss.; 2. Vors. Freundeskr. f. Cartographica in d. Stiftg. Preuß. Kulturbesitz - BV: Hugenottendörfer in Nordhessen, 1965; D. Kartenabt. e. wiss. Universitätsbibliothek, 1969; Amerika im Kartenbild, 1976; Carl Ritter in s. Zeit, 1979; D. Pläne v. Berlin, 1979; China Cartographica, 1983; Verz. d. Kartensamml. d. Bundesrep. Deutschl., 1983; Bibliogr. z. Gesch. d. dt. Kartographie, 1984; V. Ptolemäus b. Humboldt, 1984; D. Weltatlas d. Antonio Millo v. 1586, 1988; D. Welt in Händen. Globus u. Karte als Modell v. Erde u. Raum, 1989; Tilemann Stella, 1989. Herausg.: Bibliographia Cartographica (1974ff.); Kartensamml. u. Kartendokumentation (1975ff.); Bibliogr. z. regionalen Geogr. u. Landeskd. (1979ff., m. W. Sperlin); Quellen z. Gesch. d. dt. Kartographie (1980ff., m. E. Jäger); Kartograph. Miniaturen (1985ff., m. R. Kiepert).

ZÖLLER, Josef-Othmar

Journalist - Enzianstr. 12, 8036 Herrsching/Ammersee (T. 35 00) - Geb. 12 Aug. 1926 Augsburg, kath., verh. s. 1952 m. Marianne, geb. Wehn, 4 Kd. (Dorothea, Ulrike, Christoph, Claudia) - Univ. München (Geschichtswiss., German.) - S. 1951 Dt. Tagespost (Redakt.), Wochenztg. Echo d. Zeit (stv. Chefredakt.), Bayer. Rundfunk (1966ff. ltd. Redakt., Abt.- u. Hauptabt.leit.); Stellv. d. Hörfunkdir. - BV: Irrlehren d. Gegenwart, 1960; Rückblick auf d. Gegenw. - Entsteh. d. Kanzlerdemokr., 1963; Abschied v. Hochwürden, 1969. Herausg.: Massenmedien - d. geheimen Führer, 1965; D. Bayern-3-Story, 1981.

ZÖLLER, Michael

Dr. phil., Prof. Univ. Bayreuth - Walchenseestr. 16, 8580 Bayreuth - Geb. 27. Mai 1946 Würzburg, verh. m. Barbara, geb. Hilgert, 2 Töcht. - Stud. Soziol., Politikwiss., Gesch. u. Phil. Univ. Frankfurt, Würzburg u. München (Promot. 1973) - 1971-76 Vors. Bund Freiheit d. Wiss.; 1974 Mitgl. Dt. Bildungsrat; 1986 Gastprof. Univ. of Notre Dame, 1987 Univ. of Chicago, 1989 Stanford Univ. - BV: D. Utopie d. neuen Intelligenz, 1973; D. Unfähigk. z. Politik, 1975; D. überforderte Staat, 1977; Welfare. D. amerik. Wohlfahrtssyst., 1982; Das Prokrustessystem, 1989 - 1973 Hans-Constantin-Paulssen-Preis.

ZÖLLER, Wolfgang

Dr., Dipl.-Hdl., Inhaber d. Fa. Dr. Zöller Immobilien - Johannesstr. 49, 7000 Stuttgart - Geb. 5. Aug. 1944 Würzburg - BV: u.a. Steinzeitwirtschaft, 1985; D. Wetterminister, 1989; D. Zeitalter d. Blechdosen, 1990; D. Tag als d. Aktien verschwanden, 1991.

ZÖLLNER, Detlev

Dr. rer. pol., Prof. - Ossietzkystr. 20, 5300 Bonn 1 (T. 62 23 60) - Geb. 30. Dez. 1927 Stettin - Ministerialdirektor a.D., Lehrauftr. Univ. Bonn, Beratertätigk. f. ausl. Reg. - Spez. Arbeitsgeb.: Soziale Sicherung - BV: Zahlr. Veröff. - Spr.: Engl., Franz., Span.

ZÖLLNER, E. Jürgen

Dr. med., Univ.-Prof., Minister f. Wissenschaft u. Weiterbildung in Rheinland-Pfalz - Zu erreichen üb. Min. f. Wiss. u. Weiterbildung, Mittlere Bleiche 61, 6500 Mainz - Geb. 11. Juli 1945 - Präs. Univ. Mainz.

ZÖLLNER, Elvira

Dr., Chefdramaturgin am Stadttheater Döbeln (s. 1987) - Bramschstr. 14, O-8028 Dresden - Geb. 30. Juli 1941, led. - Lehre als Stenotypistin 1965-67; Musikstud. Gesang u. Gesangspäd. 1966-71 Dresden; Stud. Kulturwiss. 1971-75 Berlin, Dipl., Ästhetik Leipzig; Promot. Dr. phil. - B. 1968 Sekretärin; 1968-70 Engagements in Döbeln u. 1970-84 Dresden; 1984-86 Instrukteurin f. bild. Kunst u. Musik Kamenz; s. 1987 Chefdramaturgin s.o.

ZÖLLNER, Nepomuk

Dr. med., Prof., Internist, Vorstand d. Medizinischen Poliklinik München (s. 1973) - Plattlinger Str. 22b, 8000 München 71 (T. 79 42 72) - Geb. 21. Febr. 1923 Marktredwitz/Fichtelgebirge, verh. s. 1971 m. Dr. Gabriele, geb. Hector, 5 Kd. (Michael, Andreas, Susanne, Sebastian, Maria Antonia) - Promot. 1945, Habil. 1954 München - S. 1954 Privatdoz., 1961 apl. Prof. Univ. München. 1982-86 Vizepräs. Univ. München. Mitglied zahlr. in- u. ausl. Fachges. - BV: Analyse d. Plasmalipoide (m. D. Eberhagen), 1965. Üb. 800 Einzelveröff. Herausg.: Thannhausers Lehrb. d. Stoffwechsels u. d. Stoffwechselkrankh. (1957); Vom Symptom z. Diagnose (m. Hadorn, 1982, 1986); Hyperurikämie, Gicht u. and. Störungen d. Purinhaushaltes (1986, 1990); Gicht (m. Gröbner, 1976); Handb. d. Inn. Med.; Innere Medizin (m. Gresser u. Hehlmann, 1991); Ztschr. f. experimentelle Med. (1968-83); Klininsche Wochenschrift (s. 1984); Annals of Nutrition and Metabolism (s. 1966) - Liebh.: Musik, Garten, mod. Phil. - Spr.: Engl., Franz.

ZÖLLNER, Wolfgang

Dr. jur., Prof. f. Bürgerl. Recht, Arbeits-, Handels- u. Wirtschaftsrecht - Stauffenbergstr. 71, 7400 Tübingen (T. 2 64 81) - Geb. 31. Dez. 1928 Marktredwitz/Fichtelgeb. - 1960-63 Privatdoz. Univ. München; s. 1963 Ord. Univ. Mainz, Köln (1966), Tübingen (1969) - BV: D. Schranken mitgliedschaftl. Stimmrechtsmacht b. d. privatrechtl. Personenverbänden, 1963; Rechtsnatur d. Tarifnormen nach dt. Recht, 1966; Tarifvertragl. Differenzierungsklauseln, 1967; Wertpapierrecht, 14. A. 1987; Parität. Mitbestimmung u. Art. 9 Abs. 3 Grundgesetz, 1970 (m. H. Seiter); Aussperrung u. arbeitskampfrechtl. Parität, 1974; Arbeitsrecht, 3. A. 1983; Maßregelungsverbote, 1977; Sind i. Interesse e. gerechteren Verteilung der Arbeitsplätze Begründung u. Beendigung d. Arbeitsverhältnisse neu zu regeln?, 1978; Daten- u. Informationsschutz im Arbeitsverhältnis, 2. A. 1983; Kommentar z. GmbH-Gesetz (m. G. Hueck u. J. Schulze-Osterloh), 15. A. 1988. Herausg.: Kölner Kommentar z. Aktiengesetz (1970ff., 2. A. 1987ff.); Informationsordnung u. Recht, 1990.

ZÖPEL, Christoph

Dr. rer. oec., Mitglied d. Bundestages (s. 1990) - Bundeshaus NH 518, 5300 Bonn (T. 16 48 86) - Geb. 4. Juli 1943 Gleiwitz/OS. (Vater: Kurt Z., Oberstudienrat; Mutter: Martha, geb. Grochla), verh. m. Barbara, geb. Rößler (Richterin), 3 Kd. (Claudia, Martin, Alexandra) - Abit. 1962, Univ. Berlin u. Bochum (Wirtschaftswiss., Phil., öfftl. Recht); Dipl.-Ök. 1969; Promot. 1973 - 1969-74 Wiss. Assist., 1974-75 Akad. Rat GH Essen. 1969-72 Stadtverordn. Bochum; 1978-90 MdL NRW; 1978-80 Min. f. Bundesangelegenh.; 1980-85 Min. f. Landes- u. Stadtentw. Nordrh.-Westf.; 1985-90 Min. f. Stadtentwickl. Wohnen u. Verkehr Nordrh.-Westf. SPD s. 1964 (div. Parteiämter) - BV: Ökonomie u. Recht, 1974. Herausg.: Energiepolitik in Nordrh.-Westf., 1977. Mithrsg. Forum Zukunft (1987-90) - Spr.: Engl.

ZÖPFL, Helmut

Dr., Univ.-Prof. f. Schulpäd. - Hallgartenstr. 9, 8000 München 70 (T. 089 - 71 21 68) - Geb. 25. Nov. 1937 München, kath., verh. s. 1975 m. Brigitte, geb. Tomesch, 2 Kd. (Christian, Andrea) - Abit. 1957; Staatsex. f. Lehrer 1962 u. 1965; Promot. 1963; alles München; Habil. 1970 - BV: Einf. in d. Päd., 1969; Erziehungsziele konkret, 1976; Erziehen durch Unterr., 1977; Unser Leben hat Sinn, 1985; Du bist einmalig, 1986; Schalt mal ab, 1988; Sag ja z. Leben, 1989; Üb. Grundl. v. Bildung u. Erziehung, 1990; Humor u. Freude in d. Schule, 1990 - 1986 BVK - Spr.: Engl., Griech., Latein.

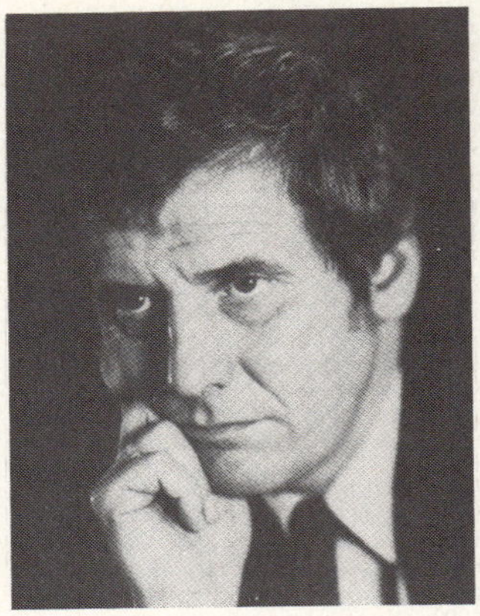

ZÖTTL, Heinz W.

Dr. rer. nat., o. Prof. f. Bodenkunde u. Pflanzenernährung - Keplerstr. 22, 7830 Emmendingen/Baden - Geb. 24. April 1927 München (Vater: Hans Z., Studienrat; Mutter: Wilma, geb. Graf) - Habil. München - 1968 Ord. Univ. Hamburg, s. 1972 Freiburg/Br. Üb. 100 Fachveröff.

ZOGLMANN, Siegfried

Journalist, Inh. Werbeagentur interwerbung, Geschäftsf. Nordwestd. Zeitungs- u. Zeitschriftenverlag GmbH, beide Düsseldorf, MdB (1957-76; 1961ff. Fraktionsgeschäftsf., 1963-68 stv. Fraktionsvors. FDP; 1970ff. Hospitant CSU-Landesgruppe) - Am Stadtwald 35 a, 5300 Bonn 2-Bad Godesberg; Großglocknerstr. 46, 8135 Starnberg-Söcking - Geb. 17. Aug. 1913 Neumark/Böhmen, kath., verh. m. Heidi, geb. Landes, - Mittelsch. - S. 1931 Journ.; 1939-45 Wehrdst. (Offz.); Herausg. u. Chefredakt. Wochenztg. D. Fortschritt, Verleger DEUTSCHLAND-JOURNAL. 1954-58 MdL NRW. B. 1970 (Austr.) FDP (zul. stv. Vors. NRW). Mitbegr. National-Lib. Aktion. Mitgl. Bundes-Vorst. Sudetendt. Landsmannsch., Landes-Obmann d. Landesgr. d. Sudetendt. Landsmannsch. in Bayern - 1973 Gr. BVK; 1984 Bayer. VO.

ZOHLNHÖFER, Werner

Dr. rer. pol., Dipl.-Volksw., M. A., Prof. Univ. Mainz - Bahnweg 33, 6500 Mainz 42 (T. 06131 - 5 94 01) - Geb. 19. Nov. 1934 Lichtenau (Vater: Karl Z., Kaufm.; Mutter: Pauline, geb. Rogner), ev., verh. s. 1965 m. Ingeborg, geb. Duday, 3 Kd. (Burkhard, Dietlind, Reimut) - 1954-58 Stud. Wirtschaftswiss. Univ. München, Erlangen, Berlin u. Freiburg (Dipl.-Volksw. 1958); 1959-63 Stud. Polit. Wiss. Bologna Center u. Univ. North-Carolina (M.A.); Promot. 1965 Univ. Freiburg, Habil. 1972 Univ. Freiburg - 1965-72 Wiss. Assist. u. DFG-Stip.; 1973-80 o. Prof., Dekan, Prorektor Univ. Dortmund; s. 1980 o. Prof. Univ. Mainz; Vorst.-Mitgl. Forschungsinst. f. Wirtschaftspolitik Univ. Mainz - BV: Wettb. im Oligopol, 1968; Wachstumsmind. u. soz. Gerechtigk., 1982; Wirtschaftspolitik in d. Demokr., 1991 - Liebh.: Musik, Malerei - Spr.: Engl., Ital.

ZOLKER, Bernd-Peter

(Autorenps. Peter Cornelsen), Chefredakteur TV HÖREN u. SEHEN (s. 1991) - Zu erreichen üb. Bauer Verlag, Burchardstr. 11, 2000 Hamburg 1 - Geb. 30. Juni 1941 München, ev., verh., 3 Kd. - 1969-76 Chef v. Dienst BILD am

SONNTAG; 1976-78 Redakt.leit. Musik Joker; 1982 stv. Chefredakt. BZ; 1982-85 stv. Chefredakt. Neue Revue; 1985-87 Chefredakteur Das Neue; 1989/90 stv. Chefredakt. Neue Revue - BV: 8 Taschenb. (u.a. Dustin Hoffman, Helmut Käutner) - Spr.: Ital.

ZOLL, Ralf

Dr., Dipl.-Soz., Prof. f. angewandte Soziologie Univ. Marburg (s. 1983) - Zur Burg 2, 3573 Gemünden - Geb. 10. März 1939 Darmstadt (Vater: Paul Z., Musikdir.; Mutter: Erna, geb. Grün), ev., verh. s. 1960 m. Silke, geb. Bindseil, 2 Kd. (Saskia, Kai) - Stud. d. Soziol., Ökonomie, Psychol. Univ. Frankfurt/M.; Promot. 1971 ebd., 1965-68 Assist. Sem. f. polit. Bildung, Univ. Frankfurt; 1968-70 Leit. Seminar-Forschungsinst.; 1970-74 Stellv. Dir. Wiss. Inst. f. Erziehung u. Bildung in d. Streitkräften; 1974-82 Dir. Sozialwiss. Inst. d. Bundeswehr - Mitgl. intern. wissensch. Vereinigungen: Inter-Univ. Seminar on Armed Forces and Society (1976), Research Comm. on Armed Forces and Soc. (1977), Intern. Soc. of Political Psychology (1978), Intern. Sociol. Assoc. (1979); Vors. European Res. Group on Armed Forces and Society (1986) - BV: Massenmedien u. Meinungsbild., 1970 (m. E. Hennig); Gemeinde als Alibi, 1972; Berufsbeamtentum - Anspruch u. Wirklichkeit, 1973 (m. Ellwein); Wertheim III - Kommunalpolitik u. Machtstruktur, 1974; D. soz. Gruppe (m. Binder), Neubearb. 1979 (m. Lippert); Polit. Beteiligung in d. Bundesrep. Deutschld., 1975 (m. Ellwein, Lippert); Civic Education in the Military, 1982; Sicherheit u. Militär, 1982; Wertheim - Politik u. Machtstruktur dt. Stadt, 1982 (m. Ellwein); Forschungsberichte d. Forschungsgr. Ellwein/Zoll, 1972ff. Herausg.: Manipulation d. Meinungsbildung (1971), Berichtsreihe d. Sozialwiss. Inst. d. Bundeswehr (1975ff.); Wörterb. Bundeswehr u. Gesellschaft (1977, m. Lippert u. Rössler); Wie integriert ist die Bundeswehr (1979); Civilmilitary relations in the Federal Rep. of Germany (1979); Festschr. f. Thomas Ellwein, Polit. Praxis u. Polit. Wiss. (2 Bde., 1987) - 1980 BVK - Liebh.: Fußball, Tennis, rustikale Antiquitäten, franz. Rotweine - Spr.: Engl.

ZOLLER, Konrad

Dr. rer. nat., em. o. Prof. f. Techn. Mechanik - Werner-Voß-Weg 7, 7000 Stuttgart 75 - Geb. 14. Febr. 1910 Ulm/D. (Vater: Konrad Z., Schuhmacherm.; Mutter: Pauline, geb. Notter), ev., verh. s. 1939 m. Eleonore, geb. Schiekofer, 2 Tocht. (Gisela, Irmgard) - Oberrealsch. Ulm; Univ. München u. Tübingen (Math., Physik, Phil.). Promot. (1942) u. Habil. (1951) Stuttgart - 1936-38 Volksschul- u. höh. Schuldst., dann Forschungs- u. Lehrtätigk. TH bzw. Univ. Stuttgart (u. a. Mitarb. Prof. Grammels; 1951 Privatdoz.; 1958 apl., 1963 o. Prof.; Dir. Inst. B f. Mech.). Üb. 20 Fachveröff. - Liebh.: Hausmusik - Spr.: Engl., Franz., Schr.: Ital., Russ.

ZORGER, Hans-Hagen

Kanzler d. Universität Regensburg - Universitätsstr. 31, 8400 Regensburg.

ZORN, Erich

Dr.-Ing., Prof. f. Schweißtechnik - Am Thomashäusle 6, 7500 Karlsruhe 41 (T. 47 30 33) - Geb. 21. März 1898 Magdeburg - TH Braunschweig u. Karlsruhe - B. 1963 Leit. Forschungs- u. Entwicklungsabt. Knapsack-Griesheim AG (Werk Griesheim-Autogen, Frankfurt/M.); s. 1949 (Habil.) Privatdoz. u. apl. Prof. (1956) TH u. Univ. Karlsruhe. Zahlr. Fachveröff. S. 1926 Mitgl. d. VDI - 1957 Ehrenring, 1968 Ehrenmitgl. Dt. Verb. f. Schweißtechnik.

ZORN, Hermann

Richter am Bundesgerichtshof - Herrenstr. 45a, 7500 Karlsruhe - Geb. 12. Okt. 1924 Tschechnitz (Vater: Prof. Dr. phil. Dr. h. c. Wilhelm Z., Ord. f. Tierzucht Univ. Breslau u. München †1968 (s. XV. Ausg.); Mutter: Hermine, geb. Rieger †1964) - B. 1968 Regierungsdir. Bundesfinanzmin., dann Richter Bundesgerichtshof. Spez. Arbeitsgeb.: Wiedergutmachungsrecht. Mitarb.: van Dam-Loos, Kommentar z. Bundesentschädigungsgesetz (1957); Dokumentation: D. Wiedergutmachung nat. soz. Unrechts durch d. Bundesrep. Deutschl. (1974-87).

ZORN, Wolfgang

Dr. phil., Prof. f. Sozial- u. Wirtschaftsgeschichte - An der Beermahd 36, 8031 Seefeld-Hechendorf (T. 08152 - 7 87 63) - Geb. 3. Okt. 1922 Augsburg (Vater: Max Z., Kaufm.; Mutter: Wilhelmine, geb. Seyfried), ev., verh. 1965 m. Dietlind, geb. Freiin v. Schnurbein, 4 Töcht. (Elisabeth, Dorothea, Renate, Veronika) - Gymn. Augsburg (St. Anna); Univ. München u. Breslau. Promot. (1945) u. Habil. (1959) München - 1949 Leit. VHS Augsburg; 1955 Mitarb. Histor. Kommiss. Bayer. Akad. d. Wiss., München; 1959 Privatdoz. Univ. ebd.; 1962 Ord. Univ. Bonn; 1967 Ord. Univ. München. Abt.leiter Histor. Kommiss. Bayer. Akad. d. Wiss. - BV: Augsburg - Gesch. e. Stadt, 1955, 2. A. 1972; Histor. Atlas v. Bayer.-Schwaben, 1956; Handels- u. Industriegesch. Bayer.-Schwabens 1648-1870, 1961; Handb. d. dt. Wirtschafts- u. Sozialgesch., 1971/76; Einf. in d. Wirtschafts- u. Sozialgesch. d. Mittelalters u. d. Neuzeit, 1972, 2. A. 1974; Bayerns Gesch. im 20. Jh., 1986. Zahlr. Einzelarb. Mithrsg.: Vierteljahrschr. f. Sozial- u. Wirtschaftsgesch. (federf.).

ZORNACK, Annemarie

Lyrikerin - Graf-Spee-Str. 49, 2300 Kiel 1 - Geb. 12. März 1932 Aschersleben/Harz, verh. m. Hans-Jürgen Heise - BV: u. a. als d. fernsehprogramm noch vorm küchenfenster lief, Ged. 1979; treibanker werfen, Ged. 1982; d. langbeinige zikade, Ged. 1985; D. Macho u. d. Kampfhahn - Unterwegs in Span. u. Lateinamerika (m. Hans-Jürgen Heise), Reise-Ess. 1987; kußhand, Ged. 1987; stolperherz, Ausgew. Ged. 1988; Zikadentreff - Andalusische Motive, Ged., z. T. vertont von M. Sánchez Benimeli (m. H.-J. Heise), 1990; Eingeholte Jahreszeit, Ges. Ged. & Prosa 1991. Herausg.: Schon mal gelebt? - Amerik. Ged. d. 20. Jh., Lyrikanthol. (m. H.-J. Heise, 1991) - 1979 Preis d. Friedrich-Hebbel-Stiftg.; 1989 Ehrengast d. Villa Massimo - Lit.: Art. in Lexika, Ztg. u. Rundf.; div. Rezens. in Ztschr.

ZRENNER, Eberhart

Dr. med., Prof., Ordinarius, Lehrstuhl f. Pathophysiologie d. Sehens u. Neuroophthalmologie, Augenklinik d. Univ. Tübingen - Schleichstr. 12, 7400 Tübingen (T. 07071 - 29 47 86) - Geb. 18. Okt. 1945 München, kath., verh. s. 1979 m. Dr. phil. Claudia, geb. Bulle (Medizinhistorikerin), 3 Kd. (Christoph, Michael, Laura) - Stud. Univ. Erlangen u. München; Approb. als Arzt 1972; Promot. 1973; Habil. 1981 Gießen - 1985 Hon.-Prof. Univ. Gießen; 1973-89 MPI f. physiologische u. klin. Forschung, Bad Nauheim; 1985-89 Leit. d. Lab. d. MPI an d. Augenklinik d. Univ. München; 1989 Univ.-Prof. u. Ärztl. Direktor Univ.-Augenklinik Tübingen - Entd.: Eigenschaften d. Gegenfarbenneurone d. Netzhaut; Biplexiforme Netzhautneurone als neues Verschaltungsprinzip; Pathomechanismen v. Netzhautdegenerat. Entw. nichtinvasiver Techniken z. Funktionsprüf. d. menschl. Sehsystems - BV: Colour Vision in primates, 1983; New techniques of assessing visual function, 1985; Retinitisupigmentosa, 1987. 170 Veröff. - 1973 Promotionspreis TU München; 1979 Franceschetti-Liebrecht-Preis d. Dt. Opht. Ges.; Gen.-Sekr. d. Intern. Ges. f. Klin. Elektrophysiol. d. Sehens - Liebh.: Klass. Musik, Segeln, Telekommunikation, Forschungspolitik.

ZSCHINSKY, von, Freiherr Peter

Journalist u. Public Relations - Adolfsallee 25, 6200 Wiesbaden (T. 0611 - 30 26 66; Fax 0611 - 30 26 66) - Geb. 29. März 1941 Freiburg, verh. m. Luisa,

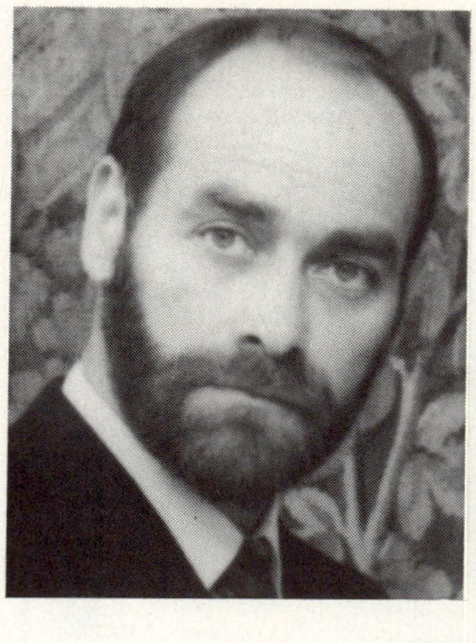

geb. de Malveiro, 4 Kd. (Daniela, Alexandra, Sven, Alexj) - 1961 Abit. Waldorfsch. - 1962-65 TV-Producer in US Werbeagentur H.K.Mc.Cann.; Bühnenbild Assist. b. Wieland Wagner/Hamburger Staatsoper; Regie f. Werbefilmproduktionen. 1973-76 Geschäftsf. RWA-Werbeagentur; 1977-79 MAC Plüss AG, Zürich, Public Relations-Corporate Communications; 1980-86 EVANS PR-Los Angeles USA, Corporate Communications, Luft- u. Raumfahrt. S. 1986 Fr. Berater-Public Relations, Public Affairs, Management-Berat. Film, Funk, Fernsehen - Mitgl.: Dt. Journ.-Verb., DJV-Verwert.-Ges. Wort, DPRG Dt. Public Relations Ges., DRV-Dt. Reisebüro Verb., Präs. RB-Fliegerverb. - Veröff. Flugrevue, Fliegermagazin, Air Magazin, Verlag Industriemagazin, Tageszig., rtv Dt. Supplement Verlag, rtv-Korresp. Herausg. u. Redaktionsleit. d. Manager Magazin Lobby - Interessen: Luft- u. Raumfahrt, Malerei, Jagd - Spr.: Engl.

ZSCHOCKELT, Alfons

Bundesrichter - Herrenstr. 45a, 7500 Karlsruhe 1 - Geb. 15. Jan. 1935 Halle/Saale (Vater: Carl Z., Präsidialdir.) - 1965 Richter Köln, 1973-76 Justizmin. Düsseldorf, b. 1981 OLG Köln, dann BGH - Liebh.: Musik (1953-57 Jazzband Halle, 1958-61 Düsseldorfer Feetwarmers).

ZSCHUNKE, Willmut

Dr.-Ing., Univ.-Prof. f. Übertragungstechnik TH Darmstadt (s. 1979) - Langgässerweg 29, 6100 Darmstadt (T. 06151 - 6 31 61) - Geb. 29. Febr. 1940 Wuppertal-Elberfeld, kath., verh. s. 1965 m. Rita, geb. Ehlen, 2 Kd. (Inken, Dirk) - Dipl. (Elektrotechnik) 1964; Promot. 1968; Habil. 1972, alles Stuttgart - B. 1979 Hauptabt.-Leit. SEL Stuttgart; 1987-90 wiss. Leit. Forsch.Inst. Dt. Bundespost; staatl. gepr. Skilehrer (s. 1962); Funkamateur DL9ZO (s. 1990) - 12 Patente. Üb. 60 Veröff. - Spr.: Engl., Franz., Latein.

ZUBER, Ewald

Rechtsanwalt, Landrat Kr. Hof (s. 1978) - Landratsamt, 8670 Hof/Saale - Geb. 11. Juli 1930 Lehsten - Zul. I. Bürgerm. Stadt Münchberg. SPD - Träger d. Goldenen Ehrenrings Landkr. Hof, d. Ehrenmed. Bez. Oberfranken u. d. Dt. Feuerwehr-Ehrenkreuzes.

ZUBER, Walter

Minister d. Innern u. f. Sport Rheinl.-Pfalz (s. 1991) - Schillerplatz 3-5, 6500 Mainz - Geb. 11. Juni 1943 Alzey, ev., verh., 3 Kd. - Volks- u. Handelssch. (Mittl. Reife) - S. 1960 Finanzamt Mainz, Min. f. Landw., Weinbau u. Forsten (1964) u. Stadtverw. ebd. (1966). 1969 ff. Ratsmitgl. Alzey (1972 Fraktionsvors.). 1974 Kreisdeputierter Kr. Alzey-Worms. SPD s. 1963 (1972 Vors. Unterbez. Alzey-Worms).

ZÜHLKE, Kurt

Dr., Verbandsdirektor d. Landwirtschaftskammern - Godesberger Allee 142-148, 5300 Bonn 2.

ZÜHLSDORFF, Peter

Vorstandssprecher d. Wella Aktiengesellschaft Darmstadt - Berliner Allee 65, 6100 Darmstadt.

ZÜHLSDORFF, Volkmar Johannes

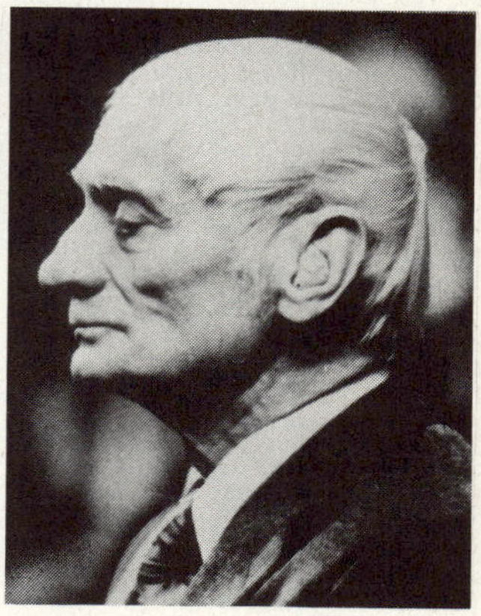

Dr. iur., Diplomat u. Publizist (Ps.: Hans-Achim Finow) - Lahnstr. 50, 5300 Bonn 2 (T. 0228 - 37 54 66) - Geb. 9. Dez. 1912 Finow, Mark Brandenburg (Vater: Georg Z., Rektor; Mutter: Margarethe, geb. Paetzold), kath., led. - Schulen Breslau, München u. Berlin (Abit. 1931), Univ. Berlin, Innsbruck, Wien, Jur. Staatsprüf. Innsbruck 1935, Promot. (m. Ausz.) 1936 - 1931-33 Führer Reichsbanner Jugendorganis. Vortrupp Schwarz-Rot-Gold, Berlin; 1933 stv. Leit. Dt. Legion, Berlin; 1933-46 Exil Österr., Frankr., Engl., USA; 1937-42 Geschäftsf. Dt. Akad. d. Künste u. Wiss. im Exil New York; 1938-46 wiss. Assist. d. Carnegie-Prof. Dr. Dr. Prinz Löwenstein in USA; 1947-57 Sprecher Dt. Aktion (Helgoland, Saar); 1952-56 Redakt. D. ZEIT; 1957-58 Landesgesch.f. Dt. Partei, Saarbrücken; 1960-77 Diplomat in USA, Thailand, Laos, Kambodscha, Kanada; s. 1979 Bundessprecher Fr. Dt. Autorenverb.; Mitgl. Dt. Autorenrat; s. 1983 Vorst.-Mitgl. Union Dt. Widerstandskämpfer- u. Verfolgtenverb. (UDWV); s. 1986 Präsid.-Mitgl. West-Ost-Kulturwerk - BV: Deutschlands Schicksal, 1957, Verteidigung d. Westens, 1960 (auch engl., bde. m. Hubertus Prinz zu Löwenstein); Atem d. Mittelmeers, Ess. 1961; Thailand, 1980; Endlose Trauer v. Sunthon Phu, Nachdicht. aus d. Siames., 1983; Wenn v. Tau d. Reis erwacht, Anthol. Thailänd. Lyrik (Nachdicht.), 1984; Briefe üb. Deutschland 1945-49 (m. Hermann Broch), 1986. Mitautor 10 weit. Bücher. Übers.: Phali Teaches the Young (Autor Klaus Wenk) ins Engl., 1981; D. Gr. Palast, aus d. Thailändischen u. Engl., 1988 - 1970 Komturkreuz d. Weißen Elefanten-O. Thailand; 1978 Ehrenmitgl., s. 1991 Ehrenpräs. Fr. Dt. Autorenverb.; s. 1984 Mitgl. d. Vorst. d. Dt. Kulturrats; s. 1985 Sprecher Arbeitsgem. Lit. u. Kurat.-Mitgl. im Dt. Lit.-Fonds; 1988 BVK I. Kl. - Liebh.: Thail. Kunst, Reiten - 1964, '78, '79, '80, '81, '82, '83, '84, '85, '87, '88, '89, '90, '91 Gold. Sportabz. - Spr.: Engl., Franz., Siamesisch.

ZÜNKLER, Heinz

Dr. rer. pol., Dipl.-Kfm., Geschäftsf. Gesellschafter Quarzwerke GmbH Frechen b. Köln - Osterriethweg 10, 5000 Köln 50 - Geb. 28. Sept. 1929.

ZÜRN, Günter L.

Dr., Dipl.-Chem., Direktor der VEBA Oel AG, Verarbeitung (b. 1987) - Brüggenstr. 8b, 4390 Gladbeck (T. 3 61 87) - Geb. 18. Sept. 1924.

ZÜRN, Herbert

Dr.-Ing., Dipl.-Ing., Prof. - Hainerbergweg 61, 6240 Königstein (T. 06174 - 45 17) - Geb. 14. Juli 1930 Tübingen, ev., verh. s. 1963 m. Dr. phil. Irmgard, geb. Jäger, Biologin, 2 Söhne (Jörg, Veit) - Stud. Maschinenbau, Werkstoffwiss. TH (Univ.) Stuttgart; Dipl.-Ing.; Promot. 1964 Stuttgart - 1963-66 Forschungsleit. SLV Mannheim; 1971 Hoechst AG u. Messer-Griesheim Frankfurt/M.; 1967-71 Prof. Indian Inst. of Technology (Univ.) Madras/Indien; 1981 Lehrauftr. (Hon.-Prof.) TH (Univ.) Darmstadt; div. Gastprofessuren - Üb. 150 wiss. Veröff. im intern. Schrifttum; div. wiss. Fachb.-Beitr. zu Werkstoff- u. Schweißtechnik - 1987 Ehrennadel Techn. Verb. d. Großkraftwerksbetreiber; Ehrenmitgl. Dt. Verb. f. Schweißtechn.; Mitgl. zahlr. techn. wiss. Aussch. - Liebh.: Phil. u. Theol. im Spannungsfeld d. Technik-Gesch.-Kunst - Spr.: Engl., Franz.

ZUGERMEIER, Klaus A.

Dr.-Ing., a. o. Prof., Architekt, Mitinhaber d. Architekturbüros Dr. Zugermeier u. Meinen - Alfred-Kubin-Str. 7, 2900 Oldenburg (T. 0441 - 7 30 33 u. 4 77 33) - Geb. 12. April 1952 Oldenburg, ev., verh. s. 1982 m. Dipl.-Chem. Sabine Barghoorn-Z., geb. Barghoorn, 2 Kd. (Malte, Imke) - 1972-79 Stud./Gasth. Architektur (Hoch- u. Städtebau), Kunstgesch. Oldenburg, Hannover, Göttingen, Zürich, London; Dipl.-Ing.; Promot. Hannover - S. 1979 freischaffender Architekt; s. 1981 Lehr- u. Forschungstätigk. FH-Oldenburg (Baugesch./Entwerfen); s. 1981 ETH-Zürich (Baugesch.); s. 1990 Univ. Qingdao (Baugesch.); Tätigk. im Arbeitskr. Bauen f. Behinderte u. Betagte, Intern. Jugendaustausch (Lions-Club) - BV: Militärbauten in Oldenburg in d. ersten Jahrz. d. 19. Jh., 1981; Leben u. Werk d. Großherzogl.-oldenb. Oberbaurats Hero Diedrich Hillerns, 1983; Architektur in Oldenburg s. d. Jahrhundertwende, 1986 - Hon. Member Acad. of Appl. Sc. - Liebh.: Segeln, Fliegen - Spr.: Engl., Russ., Latein.

ZULEEG, Manfred

Dr. jur., Prof. f. Öfftl. Recht Univ. Frankfurt, Richter am Gerichtshof d. Europ. Gemeinschaften in Luxemburg (s. 1988) - (T. dstl.: 00352 - 43 03-22 30) - Geb. 21. März 1935 Creglingen (Vater: Ludwig Z., Lehrer; Mutter: Thea, geb. Ohr), verh. s. 1965 m. Sigrid, geb. Feuerhahn, 4 Kd. (Sigrun, Tilman, Eike [Manfred], Fabian) - 1953-57 Stud. Univ. Erlangen u. Hamburg, 1959 Speyer, 1961/62 Bologna; 1. jurist. Staatsprüf. 1957, Promot. 1959 Erlangen, 2. Staatsprüf. 1961, Habil. 1968 - 1962-68 wiss. Assist. Köln; 1968-71 Doz. Univ. Köln; 1971-78 Prof. Univ. Bonn; 1978ff. Prof. f. öfftl. Recht Univ. Frankfurt. 1985-88 Vorst.-Vors. Arbeitskreis Europ. Integration - BV: D. Rechtsform d. Subventionen, 1965; D. Recht d. Europ. Gemeinsch. im innerstaatl. Bereich, 1969; Subventionskontr. durch Konkurrentenklage, 1974; Fälle z. Allg. Verw.recht, 1977, 2. A. 1991; Komm. EWG-Vertrag (hg. Groeben u. a.), 4. A. 1991 (Mitautor); Komm. GG (hg. Wassermann), 2. A. 1989 (Mitautor) - Spr.: Engl., Franz., Ital.

ZULEHNER, Paul Michael

Dr. phil., Dr. theol., Prof. Univ. Wien (s. 1984) - Kramer-Glöckner-Str. 36, A-1130 Wien (T. 0222 - 804 06 42) - Geb. 20. Dez. 1939 Wien (Vater: Josef Z., Dipl.-Ing., Beamter; Mutter: Dr. Luise, geb. Tauber), kath. - Promot. 1961 u. 1965 Univ. Innsbruck, Habil. 1973 Würzburg - 1965-67 Kaplan Wien; 1967-69 Seelsorger Wiener Priestersem.; 1969-71 Humboldtstip., 1973-74 Univ. Bamberg; 1974-84 Univ. Passau - BV: Kirche u. Austromarxismus, 1967; Relig. ohne Kirche? D. relig. Verh. v. Ind.arbeitern, 1969 (auch ital.); Heirat-Geburt-Tod, 1976; Helft d. Menschen leben, 1978; Leuterelig., 1982; Scheidung, was dann ..., 1982; Leibhaftig glauben. Lebenskultur nach d. Evangelium, 1983; Kirche-Gottes Friedensbeweg. auf Erden, 1984; Priestermangel prakt., 1984; Denn Du kommst unserem Tun m. Deiner Gnade zuvor, Gespr. m. K. Rahner, 1984; Sie werden mein Volk sein, 1985; D. Gottesgerücht, 1987; Fundamentalpastoral, 1989; Gemeindepastoral, 1989; Pastorale Futurologie, 1990; Übergänge, 1990 - 1966 Kunschak-Preis; 1967 Innitzer-Pr.; 1969 Renner-Pr. - Liebh.: Musik, Sport - Spr.: Franz., Engl., Latein, Griech., (Ital.) - Bek. Vorf.: Georg Z., Musiker (Komp. d. Mainzer Narhalla-Marsches).

ZUMKELLER, Otto

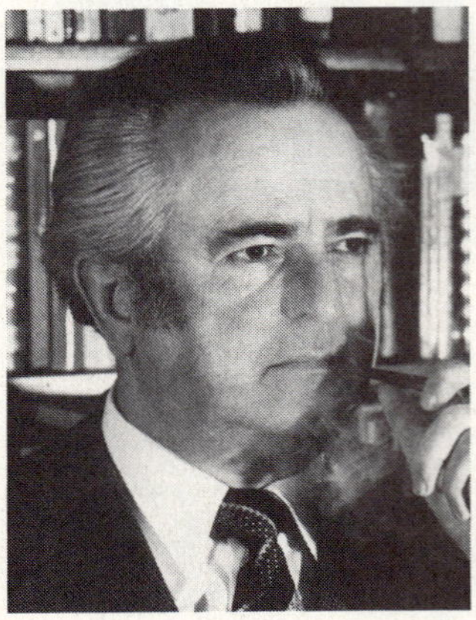

Verbandsdirektor i. R., ehem. Hauptgeschäftsf. Fremdenverkehrsverb. Schwarzwald, Freiburg - Rosastr. 19, Postf. 55 66, 7800 Freiburg/Br. (T. 0761 - 2 55 00) - Geb. 21. Mai (Vater Joseph Z., Orthop. Schuhmacherm. u. Fachlehrer), verh. m. Gertrud, geb. Müller-Degler - Annäh. 40 Jahre Tätigk. im tourist. Bereich: Verkehrsdir. in Säckingen, Dir. FVV Teutoburger Wald u. d. FW Schwarzwald, Funkt. im Dt. Fremdenverkehr, Großen Fahrplanaussch. d. Dt. Ind.- u. Handelstages sow. im Forschungsbeirat d. Dt. Wirtsch.wiss. Inst. f. Fremdenverkehr Univ. München. Langj. Vorst.-Mitgl. Verb. Dt. Kur- u. Tourismusfachleute. Urheber d. 1. Laserbildplatte im dt. Fremdenverkehr - BVK; Ehrenmed. d. Heilbäderverb. Baden-Württ.

ZUMKELLER, W. Adolar

Dr. theol., Dr. phil., Ordensgeistlicher, Dir. Augustinus-Inst. Würzburg (s. 1971) - Steinbachtal 2a, 8700 Würzburg (T. 0931 - 7 10 85) - Geb. 3. Juni 1915 Erfurt (Vater: Alfons Z., Kaufm.; Mutter: Martha, geb. Schratz), kath. - 1934-39 phil.-theol. Stud. Würzburg; Promot (Theol.) 1940, (Phil.) 1942 - S. 1934 Augustinerorden; 1945-57 Seelsorger; 1957-65 Prior Augustinerkloster München; 1965-71 Beirat Ordensgeneral Rom - BV: Hugolin v. Orvieto u. s. theol. Erkenntnislehre, 1941; Dionysius de Montina . . . Augustinertheol., 1949; D. Mönchtum d. hl. Augustinus, 2. A. 1968 (engl. 1986); D. Regel d. hl. Augustinus, 1963 (engl. 1960, niederl. 1960); Hermann v. Schildesche O.E.S.A., 1957; Schrifttum u. Lehre d. Hermann v. Schildesche, 1959; Manuskripte d. Autoren d. Augustiner-Eremitenordens, 1966; Urk. u. Regesten z. Gesch. d. Augustinerklöster Würzburg u. Münnerstadt, 2 Bde. 1966/67; Johannes Zachariae O.S.A., 1984; Erbsünde, Gnade, Rechtfertigung u. Verdienst nach d. Lehre d. Erfurter Aug.theologen d. Spätmittelalters, 1984. Herausg.: Signum Pietatis, Festg. f. C.P.Meyer z. 60. Geb. (1989). Mithrsg. u. Mitarb. wiss. Reihen Cassiciacum (s. 1960), Aurelius Augustinus, Schr. gegen d. Pelagianer (s. 1955); Aurelius Augustinus, Moraltheol. Schriften (s. 1949); Corpus Scriptorum Augustinianorum (s. 1966); weit. Bücher u. zahlr. Beitr. in Ztschr., wiss. Lexika, Sammelw. u. Festschr. - Spr.: Lat., Griech., Engl., Ital. - Lit.: Scientia Augustiniana, Festschr. A. Z. z. 60. Geb, 1975.

ZUNDEL, Georg

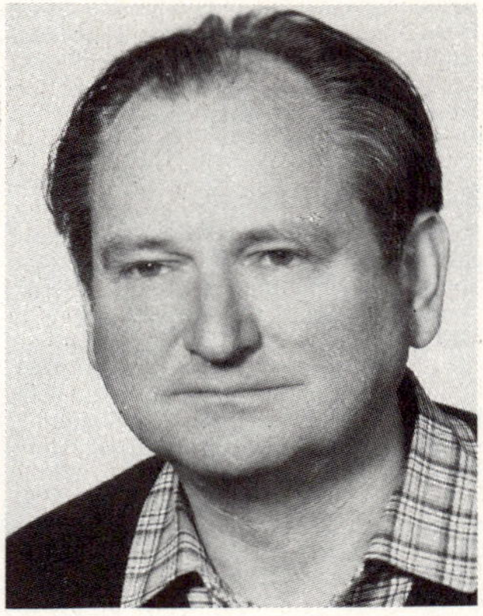

Dr. rer. nat., Prof. f. Biophysikalische Chemie Univ. München - Wilhelmstr. 6, 8000 München 40 - Geb. 17. Mai 1931 Tübingen (Vater: Georg Friedrich Z., Kunstmaler, Landwirt; Mutter: Paula, geb. Bosch), ev., verh. s. 1975 m. Renate, geb. Baumann, 3 Söhne (Johannes Sebastian, Georg, Ulrich Maxim) - Gymn. Tübingen, Univ. München u. Frankfurt (Physik), Promot. 1961, Habil. 1967 München - 230 Publ. in intern. Fachztschr. üb. physik. u. biophysik. Chemie - BV: Hydration and Intermolecular Interaction, Monogr. 1969 (erweit. russ. Ausg. 1972); Mithrsg.: The Hydrogen Bond, Recent Developments in Theory and Experiments, 3 Bde., 1976 - Mitgl. New York Acad. Sci.; Ehrenmitgl. Poln. Chem. Ges.; Board of Governeurs of the American Bibliographical Institute - Liebh.: Forst- u. Landwirtschaft, Friedens- u. Konfliktforsch. - Spr.: Engl. - Lit.: Kürschner's Dt. Gelehrtenkal.

ZUNDEL, Reinhold

Oberbürgermeister, AR-Vors. HVV (Heidelberger Versorgungs- u. Verkehrsbetriebe), VR-Vors. Bezirkssparkasse, u. RRH (Regionales Rechenzentrum Heidelberg), stv. VR-Vors. Südwestdt. Landesbank, Beiratsvors. Speyererhof, Vors. Gesellsch.-Vers. Tiergarten GmbH, Heidelberg - Furtwänglerstr. 9, 6900 Heidelberg (Rathaus: 58-20 10/11) - Geb. 9. April 1930 Brackenheim (Vater: Adolf Z., Schneiderm.; Mutter: Lina, geb. Böttinger), ev., verh. s. 1955 m. Waltraut, geb. Jung, 3 Kd. (Thilo †, Vera, Tim) - Univ. Frankfurt/M. (Rechtswiss.) - Ab 1957 Magistratsrat; 1959-63 Richter; 1964-66 Regierungsdir. u. Ministerialrat Hess. Justizmin.; s. 1966 Oberbürgerm. Heidelberg. - Liebh.: Mod. Lit. - Spr.: Engl. - Rotarier.

ZUNDEL, Rolf

Dr. rer. nat., Prof. u. Direktor Inst. f. Forstpolitik Univ. Göttingen (s. 1975) - Hellerbreite 4, 3406 Bovenden 1 - Geb. 20. März 1929 Brackenheim (Vater: Adolf Z.; Mutter: Lina, geb. Böttinger), ev., verh. s. 1958 m. Ursula, geb. Sachsenheimer, 3 Kd. (Jörg, Frank-Peter, Axel) - Stud. Forstwiss. Freiburg/Br. - 1962-74 Leit. Abt. Landespflege Forstl. Versuchsanst. Bad.-Württ. Fachmitgl.sch. - BV: Landsch.pflege u. Erholungsmaßnahmen im Wald, 1970 (Jap. 1971); Wald-Mensch-Umwelt, 1973; Hilfe f. d. Wald (m. Wentzel), 1984; Naturschutz u. Landschaftspflege, 1987; Einführung in d. Forstwiss., 1990 - Spr.: Engl.

ZUNKEL, Friedrich

Dr. phil., Prof. f. Wirtschafts- u. Sozialgeschichte - Nauheimer Str. 5, 5000 Köln 51 (T. 0221-36 47 10) - Geb. 13. Nov. 1925 Nauen (Vater: Friedrich Z., Pfarrer; Mutter: Hedwig, geb. Hebold), ev., led. - Realgymn. Berlin, Univ. Freiburg, Berlin, Promot. 1955 Berlin, Habil. 1972 Tübingen - 1973 Lehrtätigk. Univ. Tübingen, 1974 Köln - BV: D. Rhein.-Westf. Unternehmer, 1962; Ind. u. Staatssozialismus, 1974; Aufs. - Spr.: Engl.

ZURHEIDE, Burkhard

Rechtsanwalt, Mitglied d. Deutschen Bundestages - Am Gehöft 4, 4904 Enger (T. 05224 - 13 05) - Geb. 16. Mai 1958 Enger, ev., verh. s. 1987 m. Susanne, geb. Redeker, 2 Kd. (Lucas Maximilian, Catharina Victoria) - Stud. Rechtswiss. 1979-85 Bielefeld - Spr.: Engl., Franz.

ZURHORST, Bernhard

Dr. rer. pol., Vorstandsmitglied Bundespost Postbank (Aktivgeschäft d. Postbank, Personal, Rechnungswesen, Controlling, Recht u. Verw.; Unternehmensfinanzierung aller drei Postunternehmen), Generaldirektion Postbank - Friedrich-Ebert-Allee 122-126, 5300 Bonn 1 - Geb. 4. April 1928 - AR-Vors. Detecon GmbH - 1983 BVK I. Kl.

ZUSE, Konrad

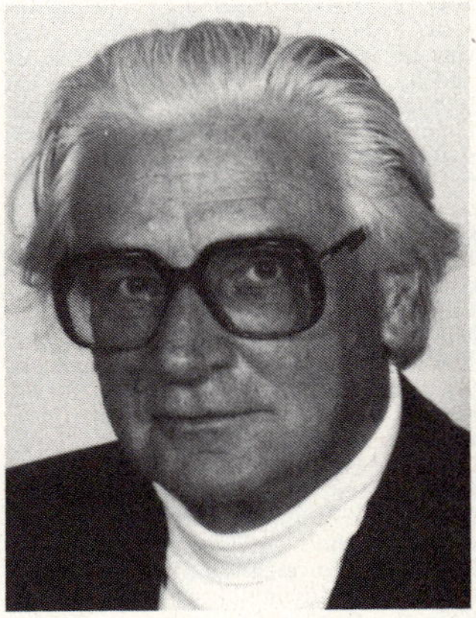

Dipl.-Ing., Prof. Dr.-Ing. E.h., Dr. mult. rer. nat. h.c., Dr. techn. h.c., Dr. h.c. sc. techn., Konstrukteur, Honorarprof. f. Elektron. Datenverarb. Univ. Göttingen (s. 1966) - Im Haselgrund 21, 6418 Hünfeld (T. 29 28) - Geb. 22. Juni 1910 Berlin (Vater: Emil Z., Postsekr.; Mutter: Maria, geb. Crohn), ev., verh. s. 1945 m. Gisela, geb. Brandes, 5 Kd. (Horst, Monika, Ernst †, Hannelore, Peter) - TH Berlin (Bauing.wesen; Diplomhauptprüf. 1935) - S. 1940 selbst. 1949 Mitbegr. Zuse KG. - BV: Rechnender Raum, 1969; D. Computer - mein Lebenswerk, 1970; D. Plankalkül, 1972; Gesichtspunkte z. Beurt. algorithm. Sprachen, 1975; Ansätze e. Theorie d. Netzautomaten, 1975; The Plankalkuel, 1976; Beschreib. d. Plankalküls, 1977; Petri-Netze aus d. Sicht d. Ing., 1980; Anwend. v. Petri-Netzen, 1982; D. Computer - Mein Lebenswerk, 1984 - 1956 Ehrendoktor (Dr. Ing. E. h.) TU Berlin; 1965 Harry H. Goode Memorial Award (USA) u. Werner-v.-Siemens-Ring, 1969 Diesel-Med. in Gold u. Wilhelm-Exner-Med.; 1973 Gr. BVK; 1972 Mitgl. Dt. Akad. d. Naturforscher (Leopoldina), Halle/S.; Namensgeber: 1973 Konrad-Zuse-Straße in Bad Hersfeld, 1978 Konrad-Zuse-Schule Hünefeld, Konrad-Zuse-Zertifikat; 1975 Ehrenbürger Stadt Hünfeld; 1979 Ehrendoktor Univ. Hamburg; 1981 Ehrendoktor Univ. Dresden; 1980 Aachen/Münchener Preis f. Technik u. Angew. Naturwiss. u. Ehrenplak. Bad Hersfeld; 1981 Med. Gustave Trasenster; 1981 Foreign Assoc. National Acad. of Engineering; 1981 Konrad-Zuse-Preis (f. Verdienste auf d. Geb. d. Informatik); 1982 Computer Pioneer Award; 1983 Bernhard-Weiss-Plak.; 1984 Bayer. Maximiliansorden; 1984 Namensgeber Konrad-Zuse-Zentrum f. Informationstechnik Berlin/ZIB; 1985 Ehrenmitgl. Ges. f. Informatik; 1985 Cothenius-Med. (DDR); Gr. BVK m. Stern; Ehrenvors. Wiss. Beirat Konrad-Zuse-Zentrum f. Informationstechn. Berlin/ZIB; 1985 Ernst-Reuter-Plak.; 1986 Dr. techn. h. c. Univ. Reykjavik/

Island; Ehrenmitgl. Verein isländ. Ing.; VDE-Ehrenring durch d. Verb. Dt. Elektrotechn.; 1987 Philip-Morris-Ehrenpreis; Wilh.-Leuschner-Med. durch d. Ministerpräs. Dr. Walter Wallmann; 1991 Dr. rer. nat. h.c. Univ. Dortmund; 1991 Dr. h.c. sc. techn. ETH Zürich; 1991 Dr.-Ing. E.h. HAB/Hochsch. f. Architektur & Bauwesen Weimar - Liebh.: Malerei - Spr.: Engl., Franz. - Konstruierte d. erste funktionsfäh. programmgesteuerte Rechenanlage d. Welt.

ZWANZIGER, Theo
Dr., Regierungspräsident Koblenz (s. 1987) - Lahnblick 19, 6251 Altendiez (T. 06432 - 8 11 33) - Geb. 6. Juni 1945 Altendiez, ev., verh. s. 1966 m. Inge, geb. Keßler, 2 Söhne (Frank, Ralf) - Abit. 1965; 1. Staatsex. 1973; 2. Staatsex. 1975; Promot. - B. 1968 Steuerinsp.; 1979 Richter am Verw.-Gericht; 1980 Richter Oberverw.-Gericht. 1985-87 MdL Rheinl.-Pfalz - Liebh.: Sport, Lesen - Spr.: Engl.

ZWARABER, H.
s. Mende, Herbert G.

ZWECKER, Jochen
Dr., Landrat a.D., Vors. Landesverkehrsverb. Hessen, Wiesbaden, MdL - Eichendorffstr. 11, 6320 Alsfeld - Geb. 9. Juli 1936 - Div. Mandate.

ZWER, Reiner
Dr. rer. pol., apl. Prof. Univ. Heidelberg - Am Schlangengrund 10, 6908 Wiesloch (T. 06222 - 13 19) - Geb. 5. Aug. 1934 Völklingen (Vater: Johann Z.; Mutter: Hedwig, geb. Melchior), kath., gesch., S. Wolfgang - Univ. d. Saarl. (Dipl.-Kfm. 1962, Promot. 1964), Habil. 1976 Univ. Heidelberg - 1962-64 Assist. Univ. d. Saarl.; 1964-68 O.E.C.D., Paris, dann Europ. Gemeinsch., Brüssel; 1971-72 Stv. Dir. d. Fortbild.zentr. München f. Statistiker aus Entw.ländern; s. 1987 Prof. an d. Berufsakad. Mannheim - BV: Intern. Wirtschafts- u. Sozialstatistik, 1981, 2. A. 1986; Einf. in d. Wirtschafts- u. Sozialstatistik, 1985. Herausg.: Probl. intern. Wirtsch.- u. sozialstatist. Vergleiche (1981). Aufs. üb. empir. Wirtsch.forsch. u. Statistik - Spr.: Engl., Franz., Span.

ZWERENZ, Gerhard
Schriftsteller - Brunhildensteg 18, 6384 Schmitten Nr. 3 (T. 06082 - 10 78) - Geb. 3. Juni 1925 Gablenz (Vater: Arbeiter), verh. in 2. Ehe (1957) m. Ingrid, geb. Hoffmann (Verf.: V. Katzen u. Menschen, 1974; Herausg.: Anonym - Schmäh- u. Drohbriefe an Prominente, 1968), Tochter Catharina - Kupferschmiedlehre; 1952-56 Univ. Leipzig (Phil., Lit.) - 1942-48 Wehrdst. u. sowjet. Gefangensch. (1944); 1948-50 Volkspolizist; 1950-51 Lehrer - BV: Aufs Rad geflochten, R. 1959; D. Liebe d. toten Männer, R. 1959; Ärgernisse v. d. Maas b. an d. Memel, Tageb. 1961; Wider d. dt. Tabus - Kritik d. reinen Unvernunft, 1962; Gesänge auf d. Markt - Phantast. Geschichten u. Liebeslieder, 1962; Heldengedenktag, Erz. 1964; Casanova oder D. kl. Herr in Krieg u. Frieden, R. 1965; Erbarmen m. d. Männern, R. 1968; D. Lust am Sozialismus, 1969; Rasputin, R. 1970; Kopf u. Bauch - D. Geschichte e. Arbeiters, d. unt. d. Intellektuellen gefallen ist, 1971; Bericht aus d. Landesinnern - City - Strecke - Siedlung, 1972; D. plebej. Intellektuelle, Ess. 1972; Die Erde ist unbewohnbar wie der Mond, 1973; D. Widerspruch, Autobiogr. Bericht 1974; Magie, Sternenglaube, Spiritismus - Streifzüge durch d. Aberglauben, 1974. D. Quadriga d. Mischa Wolf, R. 1975; D. Westdeutschen, 1977; Wozu d. ganze Theater, R. 1977; D. Großelternkind, R. 1977; D. schrecklichen Folgen d. Legende..., Erz. 1978; Tucholsky-Biogr., 1979; D. Ehe d. Maria Braun, R. 1979; D. lange Tod. d. Rainer-Werner Faßbinder, 1982. Bühnenstücke: Kupfer (1968), D. Rede d. Georg Büchner anläßl. s. Ablehnung als Büchnerpreisträger, 1977; Tucholsky im Gedächtnis, 1978 - 1968 Mitgl. PEN-Zentrum BRD - 1975 Ernst-Reuter-Preis; 1986 Carl-von-Ossietzky-Preis.

ZWICKER, Hans-Ulrich
Dr. rer. nat., o. Prof. u. Vorst. Inst. f. Werkstoffwissenschaften, Lehrstuhl Werkstoffwissenschaft Metalle Univ. Erlangen-Nürnberg/Techn. Fak. (s. 1966) - Jungstr. 27, 8520 Erlangen-Sieglitzhof (T. 5 13 43) - Geb. 20. Okt. 1921 Öhringen/Württ., verh. s. 1952 m. Ilse, geb. Niemann - BV: Titan u. Titanlegierungen, 1974 (auch russ.).

ZWICKERT, Erwin
Dr.-Ing., Prof. - De-Vries-Hof 2, 3000 Hannover 61 - Geb. 19. Juli 1922 Hannover, verh. s. 1947 m. Hildegard, geb. Dettmer, 2 Kd. (Wolf-Dieter, Frauke) - Dipl. (Geodäsie) 1952 Hannover; Promot. (Bergbau u. Hüttenwesen) 1960 Clausthal - 1953-66 Entw., Konstruktion, Erprobung Fa. Fennel, Kassel; 1966-81 Geschäftsleitg. Gebr. Wichmann, Berlin; 1982/83 Berat. Ing.; 1984 Zeiss West-Germany, Johannesburg; ab 1987 Berat. Ing. - Spr.: Engl., Franz., Ital.

ZWIENER, Ulrich
Dr. med., Dr. phil., Prof., Institutsdirektor Inst. f. Pathophysiologie Univ. Jena (s. 1978) - Am Steiger 10, O-6900 Jena (T. 03641 - 2 59 96) - Geb. 6. März 1942, ev., verh. s. 1969 m. Dr. Claudia, geb. Meurer, 2 Kd. (Nadja, Hendrik) - Med.; Staatsex. 1966; Promot. 1967; Habil. 1974 Med. Akad. Erfurt; Promot. 1975 Humboldt-Univ. Berlin - S. 1990 Vors. d. Collegium Europaeum Jenense; 1989 Mitbegr. d. Aktionsgem. f. demokrat. Erneuerung d. Univ.; Inaugurator d. Wartburgtreffens d. dt. Hochsch. f. d. Einheit Deutschlands 1990; 1990 u. 1992 Kurat.-Mitgl. d. Dt. Ges. e.V. u. d. Europ. Deutschland (s. Gründg.) - BV: Neuropathophysiologie (m. G. Fischer), 1990; E. demokrat. Deutschl. f. Europa, 1990; Europa im Aufbruch f. e. offene u. menschlichere Welt, 1991; Verantwortung f. Natur u. Gesellschaft - 1990 Albert-Bezold-Med. - Liebh.: Lit., Bild. Kunst, Politol. - Spr.: Engl., Russ.

ZWIESLER, Hans-Joachim
Dr. rer. nat. habil., Privatdozent f. Mathematik an d. Univ. Ulm - Stiftungsweg 18, 7951 Oberopfingen (T. 08395 - 25 76) - Geb. 2. März 1957 Heidenheim/Brz. (Vater: Werner Z., Obering.; Mutter: Dipl.-Ing. Erika, geb. Hellwig), ev., verh. s. 1982 m. Dipl. math. oec. Kreszentia, geb. Schwarz, 2 Kd. (Jutta, Maximilian) - 1975-80 Mathematikstud. Univ. Ulm u. Syracuse University (USA); Promot. 1983; Habil. 1990 - 1985 Visiting Prof. an d. Syracuse University (USA); Consultant in d. Versich.wirtschaft; Leit. e. d. größten, universitären Studenten-Austausch-Programme in d. USA; Vors. d. Dt. Fechterjugend; Vizepräs. Vereinssport d. Dt. Fechterbundes - Ca. 15 wiss. Veröff., vorwiegend z. Thema Differentialgleichungen - 1975 Silb. Ehrennadel d. Bundes d. Danziger; 1976-80 Stipendiat d. Studienstiftg. d. Dt. Volkes; 1983 Bronzene Ehrennadel. d. Dt. Fechterbundes; 1985 silb. Ehrennadel d. Württ. Fechterbundes - Liebh.: Klass. Musik, Reisen, Essen - Spr.: Engl., Franz., Russ., Latein.

ZWILGMEYER, Franz
Dr. jur., Prof., Kultursoziologe - Leiferdestr. 9, 3300 Braunschweig (T. 61 12 41) - Geb. 8. Juli 1901 Braunschweig - Stud. Rechtswiss., Phil., Soziol. - 1928-33 Gerichtsass.; b. 1951 Rechtsanw. u. Notar; 1951-68 (Ruhest.) Doz. u. Prof. (1955) Päd. Hochsch. Braunschweig (Lehrstuhl f. Soziol.) - BV: D. Rechtslehre Savignys, 1929, NA. 1970; Kultursoziol., in: W. Ziegenfuß Handb. d. Soziol., Bd. II 1956; D. Dorfpraktikum, 1963; Stufen d. Bewußtseinserweiterung bei Goethe, 1978; Stufen d. Ich - Bewußtseinsentwickl. d. Menschheit in Ges. u. Kultur, 1981; Meditatives Üben, 1985; Kulturbereiche u. Bewußtseinsstufen, 1992 - 1991 Ehrenmitgl. d. Sektion Kultursoziol. d. Dt. Ges. f. Soziologie.

ZWILLING, Robert
Dr., Prof. f. Biologie Univ. Heidelberg - 6905 Altenbach b. Heidelberg - Geb. 16. Juli 1934 Walldorf (Vater: Jakob Z., Ang.; Mutter: Elisabeth, geb. Althaus), verh. s. 1966 m. Katja, geb. Kopf, 4 Kd. (Andrea, Valeria, Martin, Caterina) - Promot. 1965 Univ. Frankfurt/M., Habil. 1971 Ruhr-Univ. Bochum - S. 1972 Prof. in Heidelberg (Mitgl. d. Senats u. d. VR; 1987-91 Prorektor). Rd. 70 wiss. Veröff.

ZWING, Rainer
Schriftsteller (Ps. August Kühn) - Jutastr. 16, 8000 München 19 - Geb. 25. Sept. 1936 München - BV: Westendgeschichten (Münchener Arbeiterviertel), 1972; Eis am Stecken, R. 1974; Zeit z. Aufsteh'n, R. 1975 (auch russ.); Jahrgang 22 od. D. Merkwürdigkeit im Leben d. Fritz Wachsmuth, R. 1977; Fritz Wachsmuths Wunderjahre, R. 1978; D. Vorstadt, R. 1980; Wir kehren langsam z. Natur zurück, R. 1984; Meine Mutter, R. 1986; D. Anfänge d. Hochrüstung u. d. Beginn d. stehenden Heere in Europa, hist. Fachabh., 3 Bde. 1985-89; Die Abrechnung, R. 1990. Bühnenst. u. a. - Mitgl. dt.-schweiz. PEN-Zentrum.

ZWOROWSKY, von, Wolf
Oberschulrat a. D., MdL Hessen (1958-79, 1974-78 Vizepräs.) - Oberbinge 25, 3500 Kassel (T. 6 81 44) - Geb. 18. Febr. 1924 Kassel - Abitur - Kriegsdst. (Flieger; Offz.; gegenw. Fregattenkapt. d. R. Bundeswehr), n. Gefangensch. Stud. Päd. S. 1949 Lehrer, Rektor, Oberschulrat Kassel. CDU s. 1948 (b. 1980 Mitgl. Landesvorst.).

ZYMALKOWSKI, Felix
Dr. rer. nat., em. o. Prof. f. Pharmazie - Fahrenheitstr. 10, 5300 Bonn 1 (T. 0228 - 25 66 47) - Geb. 13. Aug. 1913 Berlin - S. 1955 (Habil.) Lehrtätigk. Univ. Kiel, Hamburg (1959 Ord.), Bonn (1963 Ord.) - BV: D. quantitativen Bestimmungen d. Alkaloide in Drogen u. zubereitungen, 1960 (m. O. E. Schultz); Katalyt. Hydrierungen im organ.-chem. Laboratorium, 1965. Herausg.: Methodikum Chimicum, Bd. 6. Üb. 100 Einzelarb. - 1975 Karl-Mannich-Med. Dt. Pharmaz. Ges. - 1972 Mitgl. Dt. Akad. d. Naturforscher (Leopoldina), Halle/S. - Spr.: Engl.

ZYSK, Lothar
Dr. jur., Bundesrichter - Zu erreichen üb.: Bundesgerichtshof, Herrenstr. 45a, 7500 Karlsruhe 1 - Geb. 9. März 1934 - B. 1981 OLG München, dann BGH.

ZYWIETZ, Werner
Dipl.Kfm., Angestellter, MdB (1972-83 u. s. 1987) - Birkenhöhe 16, 2075 Ammersbek (T. 04532 - 71 54) - Geb. 21. Mai 1940 Saleschen/Ostpr. (Vater: Kurt Z., Landwirt †; Mutter: Erna, geb. Jablonowski), ev., gesch., 3 Kd. (Mirko, Lars, Katrin) - Gymn. Ahrensburg (Abit.); Praktikantenzeit Bankfach u. Finanzverw.; Bundeswehrdst. (zul. Major d. R.); Univ. Hamburg (Betriebsw.). Studienaufenth. Engl., Frankr., Ind. - S. 1969 Esso AG, Hamburg; AR-Mitgl. d. Ges. f. Techn. Zusammenarbeit (GTZ), d. GKSS-Forsch.zentrums in Geesthacht u. d. Bernhard-Nocht-Inst. in Hamburg (Tropenmedizin). 1966-72 MdK Stormarn. FDP s. 1964 (s. 1971 Mitgl. Landesvorst. Schlesw.-Holst.; 1983-85 Landesvors.) - Liebh.: Sport - Spr.: Engl., Franz.

Nekrolog — Necrology — Personnalités décédées
Verstorbene der XXX. Ausgabe

A
ADAMS, Alfred E.
ADELMANN, Eberhard
ADELMANN von
ADELMANNSFELDEN,
  Graf, Raban
ADLER, Kurt Herbert
AERSSEN, van,
  Franz-Joachim (Jochen)
AHLBORN-WILKE, Dirk
AICHER, Otl
ALLEMANN, Beda
ALLKOFER, Otto Claus
ALTENHOFER, Norbert
ARTZ, Wolfgang Hans

B
BACHMANN, Erich
BALDAUF, Karl-Eberhard
BALDERS, Bernd
BANASCHEWSKI, Edmund
BAUER, Ernst
BAUMANN, Volker
BAUMANN, Werner
BAUR, Fritz
BAUR, Margarete,
  geb. Heinhold
BAUSCH, Hans
de BEAUCLAIR, Gotthard
BECKER, Alban
BECKMANN, Rudolf
BEHRENS, Dieter
BEICHTER, David
BEITZ, Hans
BEREDIK, Hilde
BERGER, Walter
BERNATZKY, Aloys
BERNING, Paul
BERQUET, Karl-Hans
BEYER, Erwin
BIEGER, Erhard
BIELFELDT, Hans
BIRKMANN, Karl
BIRKNER, Hans-Joachim
BISCHOFF, Bernhard
BÖCKER, Franz
BÖCKLE, Franz
BOETTCHER, Erik
BOGS, Walter
BOHLMANN, Ferdinand
BOLDT, Gerhard
BOLDT, Jens R.
BORNEMANN, Helmut
BRACKMANN, Kurt
BRAEUER, Walter
BRAUNSTEIN, Karl
BRIEGLEB, Günther
BRODAUF, Hans Heinrich
BROICH, Franz
BROMM, Wilfried P.
BROSER, Fritz
BRÜCK, Kurt
BRÜCKNER, Hardo
BUCHER, Ewald
BÜCHEL, Wolfgang
BÜRKI, Peter
BÜTOW, Hans
BUGGLE, Wilhelm
BURMESTER, Albert
BUSAK, Margot,
  geb. van den Heuvel

C
CARSTENS, Karl
CARSTENSEN, Broder
CHONÉ, Karl
CHORY, Werner
CLAASSEN, Günther
COLEMAN,
  Mac Gregor of Inneregny,
  Charles Joachim
COLEMAN, Jürgen
COLLATZ, Lothar
CONRAD, Ferdinand
CONRADT, Max
CREUTZFELDT, Otto
CREUZBURG, Heinrich

D
DASSEL, Hans-Joachim
DECHAMPS, Bruno
DECKER-HAUFF,
  Hansmartin
DENECKE, Kurt
DEPPERMANN, Klaus
DESCHAUER, Alfred
DEUCHLER, Werner
DEUTZ, Josef
DIEM, Liselott,
  geb. Bail
DIETL, Max
DILSCHNEIDER, Otto A.
DIRCKS, Walter-Jürgen
DOETSCH, Werner
DRAWERT, Friedrich
DROSTE, Josef
DUSCHL, Mathias

E
EBERT, Kurt-Hanns
EDELING, Curt
EDER, Rolf
EHNES, Georg
EICHBORN, von, Wilfried
ELSNER, Gisela
EMANUEL, Isidor Markus
ERDMANN, Günter
ERDMANN-JESNITZER,
  Friedrich
ERNST, Christel
ESSIG, Georg
EWALD, Heinz
EWERLING, Johannes
EXNER, Gerhard

F
FABIAN, Walter
FANDERL, Wastl
FAUBEL, Wolfgang
FEGERS, Hans
FIRGAU, Hans-Joachim
FISCHER, Clemens
FISSLER, Rudolf
FLECKENSTEIN, Albrecht
FLEISCHHACKER, Hans
FOLDES, Andor
FRANCHEVILLE, von,
  Klaus
FRANK, Werner
FRANKE, Hermann
FRANKE, Josef
FREISE, Werner
FREY, Günther
FRICKHÖFFER, Wolfgang
FRIEDE, Kurt
FRIEDERICHS, Heinz F.
FRIEDRICH, Karl
FUCHS, Heinz
FÜRST, Reinmar

G
GABELE, Eduard
GAILIS, Werner
GALINSKI, Heinz
GANSLMAYR, Herbert
GEISLINGER, Franz
GERLING, Hans
GERNER, Erich
GMELIN, Hans
GÖLLER, Wilhelm
GÖÖCK, Roland
GÖRLITZ, Walter
GOERTZ, Hartmann
GOLLWITZER, Paul
GOPPEL, Alfons
GOSTOMSKI, von, Victor
GOTTHARDT, Hans
GOUJET, Leo
GRABER, Rudolf
GRAUMANN, Manfred
GREVE, Ludwig
GRONER, Franz Maria
GRÜNEFELDT, Hans-Otto

H
HABERLAND, Eike
HANSEN, Franz H.
HARDT, Hans Joachim
HARDT, Karin
HARNACK, Falk
HARTMANN, Guido
HARTMANN, Klaus
HASELIER, Günther
HASSINGER, Erich
HATZOLD, Karl
HAYEK, von, Friedrich August
HEGMANN, Bruno
HEIMANN, Erwin
HEINZINGER, Albert
HELD, Martin
HELLMANN, Manfred
HELLWEGE, Heinrich Peter
HEMBERGER, Adolf
HEMMER, Karl-Heinz
HENDRIKSON, Kurt Heinrich
HERRLIGKOFFER, Karl M.
HESS, Joachim
HESSE, Ernst O.
HEYDE, von der,
  Carl-Ferdinand
HEYDEN, Paul
HILDESHEIMER, Wolfgang
HINDERER, Fritz
HINDERMANN, Erich August
HIRSCH, Martin
HIRSCHMANN, Johannes
HÖFFE, Wilhelm L.
HÖLLERICH, Gerhard
HÖRAUF, Fritz W.
HOFMANN, Karl B.
HOHENEMSER, Herbert
HOLLWICH, Fritz
HOLZAPFEL, Heinrich
HORN, Otto
HORSTMANN, Manfred
HUCHZERMEIER,
  Hans Martin
HÜLSMANN, Hans
HÜMPEL, Elke
HÜTTENBERGER, Peter

I
IBE, Karla
IHBE, Kurt
INGENSAND, Harald
ITALIAANDER, Rolf

J
JACOBS, Walter
JAGLA, Jürgen C.
JAHN, Kurt
JAHR, John
JANIW, Wolodymyr
JANSEN, Hermann
JEUTE, Karl R.
JOPPICH, Gerhard
JUNG, Hans-Gernot
JUNGANDREAS, Wolfgang

K
KÄHLER, Egon
KALDEWEY, Harald
KALOW, Gert
KAUFFMANN, Kurt
KAULBACH, Friedrich
KEIDEL, Eugen
KELKER, Hans
KIECHLE, Franz
KIRCHBACH, von, Maria
KIRCHNER, Klaus
KLARWEIN, Franz
KLAUS, Emil J.
KLIE, Hermann
KLIETMANN, Kurt-Gerhard
KLINGHAMMER,
  Hans-Dietrich
KLÜSMANN, Günther
KNEBEL, Johann-Heinrich
KNIEP, Horst
KNIEP, Walther
KOCH, Peter
KOCH, Werner
KOCH, Wilhelm
KOCH-SCHWEISFURTH,
  Emil
KÖHL, Gerhard
KÖNIG, René
KÖPCKE, Karl-Heinz
KOLB, Herbert
KORN, Karl
KRÄHE, Walter
KRAUSE, Hermann
KRAUT, Wilhelm
KREINDL, Werner
KREMER, Leonhard
KREMPL, Hans
KRENT, Dietrich
KROCHMANN, Jürgen
KRÖLL, Joachim
KRÖNIG, Wolfgang
KRUMM, Klaus
KUBASCHEWSKI, Oswald
KUCK, Heinrich
KÜHN, Heinz
KÜHNE, Walter G.
KUHLENDAHL, Hans
KUHLMANN, Werner
KUHN, Hans
KUNZ, Joseph
KUSCHEL, Hans

L
LACKNER, Erich
LAHNSTEIN, Peter
LALLINGER, Ludwig M.
LAMPARTER, Helmut
LANDGREBE, Ludwig
LANG, Hans
LANGE, Rudolf
LANGENSIEPEN, Hans
LANGHECK, Wilhelm
LANKHEIT, Klaus
LAPPE, Rolf
LATZIN, Kurt
LAUSBERG, Heinrich
LEDIG-ROWOHLT,
  Heinrich-Maria
LEHMANN, Theodor
LENGERT, Rudolf
LENK, Rudolf
LEUBE, Eberhard
LICHTENSTEIN-ROTHER,
  Ilse
LIETZMANN, Heinrich
LINSER, Hans
LIPINSKY-
  GOTTERSDORF, Hans
LÖBNER-FELSKI, Erika

LOEWENICH, von, Walther
LÖWENTHAL, Richard
LOHMAR, Ulrich
LOTZ, Gustav
LUCKE, Fritz
LUKAC, Alfred
LUSCHEY, Heinz
LUTHER, Henning

M
MACKENSEN, Lutz
MAHR, Carl
MANN, Frederick Alexander
MANN, Gunter
MARGUTH, Frank
MARTINI, Fritz
MASKE, Helmut
MATZEL, Klaus
MEHNER, Alfred
MERZ, Ludwig
MESSEMER, Hannes
METZNER, Wolfgang
MEURER, Kurt
MEYER, Werner
MEYER-SCHWICKERATH, Gerhard
MEYER-SEEBECK, Hans-Heinrich
MILDENBERGER, Gerhard
MILZ, Peter
MÜLLER, Frederick G.
MÜLLER, Karl-Georg
MÜLLER, Klaus Norbert
MÜLLER-WIENER, Wolfgang
MÜNNICH, Werner

N
NECKERMANN, Josef
NEEF, Paul
NEIDLINGER, Gustav
NELL-BREUNING, von, Oswald S.J.
NERGERT, Rudolf
NIPPERDEY, Thomas
NOWY, Herbert

O
OBERMEIT, Werner
OCHEL, Willy
ODIN, Karl-Alfred
OERTZEN, von, Rudolf
OSTAPOWICZ, Georg
OTT, Karl-August

P
PABST, Rudolf
PAESCHKE, Hans
PANCKE, Helmut
PASTOR, Hanns
PETEREIT, Rudolf
PETERS, Walfried
PETERSEN, Oswald
PETERSEN, Ulrich
PETRY, Ludwig
PFUND, Harry W.

PILOWSKI, Karl
PINDTER, Walter Erich
PIOCH, Reinhard
PLOETNER, Kurt
PÖSCHL, Klaus
POHL, Richard
PRIEBE, Leo

Q
QUITZAU, Horst

R
RAKETTE, Egon H.
RAMSAYER, Karl
RANDECKER, Heinz Christian
RAPP, Alfred
RATH, Robert
RAU, Ulrich
RAUCH, von, Georg
REDLICH, Clara
REHBEIN, Fritz
REICHERT, Waltraud
REIN, Heinz
REIPRICH, Walter
REISNER, Hermann E.
REJMONT, Josef
RENGSTORF, Karl Heinrich
REUSCHEL, Heinrich
RICHTER, Kunz
RIECH, Heinz
RIECK, Walter
RIEGE, Gerhard
RIEPENHAUSEN, Carlheinz
RISTOCK, Harry
RITTER, Reinhold
RÖHNISCH, Arthur
RÖSSLER, Otto
ROHRER, Herbert
ROSSOW, Walter
RUBIN, Berthold
RUDOLPH, Martin
RÜCKERT, Otto

S
SACHSE-STEUERNAGEL, Erwin
SACHSSE, Hans
SANN, Bernhard
SANNWALD, Rolf
SATTER, Heinrich
SAUPKE, David
SCHÄFER, Hans
SCHAMONI, Wilhelm
SCHEEL, Detlev
SCHEFFLER, Wolfgang
SCHEID, Paul
SCHENCK, Hermann
SCHENKEL, Erwin
SCHEPP, Georg
SCHEUFELEN, Karl-Erhard
SCHIEDERMAIR, Rudolf

SCHIEFFER, Theodor
SCHINDLER, Reinhard
SCHMECHTIG, Lothar
SCHMID, Helmut
SCHMIDT, Gerhard
SCHMIDT, Gernot
SCHMIDT, Ralf-Bodo
SCHMITT, Michael
SCHMITT, Otto-Michael
SCHMÖKEL, Hartmut
SCHMÖLDERS, Günter
SCHÖFFLING, Karl
SCHÖNDIENST, Eugen
SCHÖNEBORN, Heinz
SCHOOP, Gerhard
SCHOTTLAENDER, Stefan
SCHREINER, Liselotte
SCHRÖDER, Wolfgang
SCHRÖTER, Hermann
SCHÜTT, Franz Theodor
SCHÜTZ, Werner
SCHULTE, Bodo
SCHULTHEIS, Werner
SCHULZE, Erich
SCHULZE, Erich
SCHULZE, Heinz
SCHUMACHER, Walter
SCHUMANN, Carl jr.
SCHUMANN, Heinrich
SCHWAB, Ludwig F.
SCHWANTAG, Karl
SCHWARZ, Gerhard
SCHWARZ, Helmut
SCHWARZ, Kurt
SCHWARZE, Hanns W.
SCHWENNICKE, Carl-Hubert
SCHWITZKE, Heinz
SEIDER, August
SEILER, Karl O.
SEMMELROTH, Wilhelm
SIEGLERSCHMIDT, Hellmut
SIELAFF, Meinhard
SNATZKE, Günther
SOBICH, Gerhard
SOCHATZY, Klaus
SOMBERG, Gerd
SOMMER, Max W. F.
SOUCI, S. Walter
SPRETER von KREUDENSTEIN, Theo
STAMM, Rudolf
STAPP, Gustav
STARCKE, Carl
STAVENHAGEN, Lutz-Georg
STEINBEISSER (ß), Albert
STEITZ, Hermann
STÖCKLEIN, Paul
STÖPPLER, Siegmar
STOLL, Karlheinz
STOLTE, Heinz
STRASSEN, zur, Heinrich

STRASSNER (ß), Ernst
STROMBERGER, Carl
STUDDERS, Hans-Wilhelm
SUCK, Walter

T
TAPPERT, Hans
TEICHMANN, Gerhard
TEICHS, Alf
THALER, Helmut
THIEME, Hermann
THIES, Erhard
THOENES, Wolfgang
THURAU, Rudi (Rudolf)
TIEMANN, Walter
TÖDT, Heinz Eduard
TRÄGER, Otto
TSCHAUNER, Franz

U
UHDE, Jürgen
UHL, Alfred

V
VELTRUP, Anton
VOGELSANG, Kurd
VOGES, Wolfgang Otto
VOGT, Hans
VORETZSCH, Adalbert

W
WAGNER, Erich
WALCHA, Helmut
WALLRAFF, Josef
WALTERSCHEID-MÜLLER, Bernhard
WASSERRAB, Theodor
WEBER, Renatus
WECKS, Helmut
WEGENER, Walther
WEGER, Hugo
WEHRLE, Karl R.
WEIGEL, Hans
WEINITSCHKE, Hubertus J.
WEISS (ß), Johannes
WEITERSHAUS, Friedrich Wilhelm
WESNER, Heinz
WESSENDORFF, Friedrich Wilhelm
WIESNER, Gerhard
WILDEN, Hans
WINKLER, Roland Erich
WIRZ, Hanns-Bernhard
WITSCH, von, Hans
WÖRDEMANN, Franz
WÖTZEL, Rudolf
WÜNSCHMANN, Paul
WÜRMSEHER, Karl

Z
ZECHLIN, Egmont
ZELZ, Lothar
ZIEGLER, Max
ZIMMERMANN, Albert
ZWEIG, Max

Geburtstagsliste

Kalendarische Auflistung der Geburtstage
– ohne Geburtsjahr – der in den Kurzbiographien
dieser Ausgabe enthaltenen Geburtsdaten

Birthday list

Calender list of birthdays (without year
of birth) of the birthdates in the
brief biographies in this edition

Liste d'anniversaire

Liste civile des anniversaires (sans indication de
l'année de la naissance) des dates d'anniversaire
contenues dans les brèves biographies de cette édition

1. Januar

ADOMEIT, Klaus
ANSORGE, Rainer
BALDIN, Aldo
BAUMGARDT, Brigitte, geb. Mlodzek
BOCK, Wolfgang
BOHR, Kurt
BONDY, Francois
CLEVÉ, Bastian
COBAN, Ismail
COX, Helmut
DIETRICH, Werner
DILLER, Hans-Jürgen
EBBIGHAUSEN, Walter
EICHLER, Jörg
ENGELHARDT, Gustav Heinz
FEINDEGEN, Ludwig E.
FOLLERT, Bernd
FRAEDRICH, Anna Maria
FREYBE, Günter
FRISÉ, Maria
GEYER, Erhard
GIDION, Jürgen
GLEITZE, Alfred
GREIF, Eduard
GRIESE, Friedrich-Wilhelm
GRILLMEIER, Alois
GRÜNEBERG, Otto-Hermann
GRÜNEWALD, Wilhard
GUNTERMANN, Hans
HACK, Hubert
HAESEN, Wilfried
HAMMEL, Walter
HANSEN, Gerd
HEIDER, Werner
HELMRICH, Herbert
HELMSCHROTT, Josef
HENSMANN, Jan
HERMEL, Waldemar
IRNGARTINGER, Hermann
JAXTHEIMER, Wilhelm
KABELITZ, Dieter
KELLER, Reiner
KLAUS, Dieter
KLOSE, Wolfgang Dietrich
KNELLER, Eckart
KÖPKE, Karl
KRAUSS (ß), Wolfgang
KRUEGER, Werner
KÜNNETH, Walter
KURZE, Dietrich
LUDYK, Günter
MADER, Wolfgang
MARINESCU, Constantin
MERKLE, Hans L.
MOSLER, Peter
NASTAINCZYK, Wolfgang
OLDEKOP, Werner
PANAGIOTOPOULOS, Panagiotis D.
PAUSCH, Alfons
PICHT-AXENFELD, Edith, geb. Axenfeld
SAFRANSKI, Rüdiger
SANTAMARIA, Pablo
SAUL, Klaus
SCHAAFF, Arnold
SCHAEFFER, Helmut A.
SCHARTNER, Karl-Heinz
SCHILLING, Rudolf
SCHLEBUSCH, Gernot
SCHMIDT, Ottmar
SCHMIDT-WIEGAND, Ruth
SCHOSTOK, Paul
SCHOTTMANN, Hans
SIMON, Helmut
SPRANGER, Jürgen
SPRANZ, Bodo
STEIN, Karl
STENZEL, Alois
STEPHAN, Bruno
STREIM, Alfred
STUCK, Hans-Joachim
SÜSSMANN (ß), Georg
SZENKAR, Claudio
TEMMING, Peter K.
TEMPELMEIER, Horst
TRÄNKNER, Erhard
TWELLMANN, Walter
URBAN, Georg
VOGEL, Alois
VOGT, Armin
WEBER, Kurt
WEISKIRCH, Willi
WILDGEN, Wolfgang
WINDTHORST, Elmar
WOLFBAUER, Günther
ZANDER-PHILIPP, Monika

2. Januar

AXFORD, William Ian
BAETGE, Karl-Heinz
BALZER, Bernd
BAUM, J. Peter
BAUMANN, Heinz
BEL, van, Günter
BERGER, Karl-Christoph
BETZ, Augustin E. A.
BEYER, Heidemarie, geb. Reitzig
BRAUN, Walter
BREDOW, von, Leopold Bill
BREDOW, von, Wilfried
BRENZEL, Heinz
BUSKE, Norbert
CRAM, Kurt-Georg
DIERKER, Egbert
DIETRICH, Richard
DOEHLER, Christian
DOHR, Roman
FISCHER, Erich
FISCHER-DIESKAU, Klaus
FRIEDRICHS, Herbert
FRIEDRICHS, Karl August
FÜNFGELD, Hermann
GEDIGK, Peter
GELFERT, Hans-Dieter
GERSTER, Johannes
GRAMSS, Eike
GRAWERT, Gerald
HABERL, Fritz
HAFERKAMP, Günter
HALBACH, Hans
HALBACH, Hans
HECKER, Hans
INDLEKOFER, Karl-Heinz
JAEGER, Klaus
JEZIORSKY, Klaus Jürgen
JOHANNES, Dieter
JUNG, Horst
KALINOWSKI, Horst Egon
KATH, Joachim
KEUTNER, Herbert
KLAPPERICH, Hans-Joachim
KLATT, Sigurd
KLOPSCH, Paul
KNOELL, Dieter Rudolf
KÖHLE, Klaus Peter
KÖLLMANN, Wolfgang
KRAUSS (ß), Hermann
LINDER, Otto
LINSEL, Eberhard
LOSSOW, Hubertus
MAASS, Wolfgang
MAI, Hermann
MEDIGER, Walther
MITTELSTAEDT, Werner
MOSECKER, Karl
MÜLLER, Helmut
MÜLLER-LINK, Peter-Heinz
NIEMAX, Kay
PAETZOLD, Hans-Karl
PAPALEKAS, Johannes Chr.
PERNICE, Johann-Anton
PETRAT, Gerhardt
PREUSCHOFT, Holger
RAKUSA, Ilma
REINDL, Peter
RENNER, Rudolf
RENZ, Hans Peter
RICHTER, Hans-Günther
SALEWSKI, Michael
SAUER, Wolfgang
SCHLECHTRIEM, Susanne
SCHMID, Christof
SCHMIDT, Hans-Wolfgang
SCHMÖLE, Hans-Werner
SCHULZE, Hadwiga
SEGER, Adolf
SPIES, Klaus Th.
STÜRCKEN, Martin
STURM, Paul
TESKE, Karl W. E.
ULMER, Peter
UTSCH, Wolf-Rüdiger
VERNON(-HOFFMANN), Konstanze, geb. Herzfeld
VESTRING, Alfred B.
WEHEFRITZ, Valentin
WEINMILLER, Lothar
WESSEL, Karl-Heinz
ZAHN, Eberhard

3. Januar

AHRENS, Rüdiger
AICHELBURG, Freiherr von, Wolf
APPEL, Reinhold
BAUMGÄRTNER, Klaus
BECHTLE, Erwin
BÖHME, Gernot
BORRIES, von, Achim (Hans-Joachim)
BREMM, Klaus
BÜTTNER, Helmut
BYLANDT-RHEYDT, Graf von, Bernhard
DEHNE, Corina, geb. Franz
DÖRRIE, Klaus
EBERHARDT, Cornelius
EYSEL, Walter
FINGERLE, Karlheinz Klaus
FIRNHABER, Burkhard
FISCHER, Per
FRANCK, Heinz-Gerhard
FRISCH, Martin
GENTH, Hendrik
GOGOLIN, Peter Hermann
HAHN, Theo
HANSTEIN, von, Fritz Huschke
HARMS, Eckhard
HARTKE, Friedrich
HEINKE, Ernst
HELDT, Hans Walter
HOFFMANN, Hermann
JACKWERTH, Ewald
KALTENTHALER, Albert
KETZEL, Eberhard
KLANTE, Diethard
KLEINSCHMIDT, Georg
LANDERT, Walter
LANG, Hans-Joachim
LAUFER, Gerda
LINDER, Fritz
MAIER, Rudolf Georg
MEYER, Heinrich
MOLINA, Olivia
MOOSBRUGGER, Helfried L.
MÜLLER, Gregor E.,O. S. B.
MURMANN, Klaus
NEIDHARDT, Friedhelm
NISSEL, Siegmund
OPASCHOWSKI, Horst
PACK, Ludwig
PAULY, Ferdinand
PIPPERT, Richard
POECK, Klaus
PRANGE, Klaus
RASP, Renate
REIFF, Rudolf A.
ROSENBACH, Detlev
RÜDIGER, Reinhold
SCHINKEL, Manfred-Carl
SCHRADER, Wiebke
SCHULTE, Willi
SEUSTER, Horst
STREIT, Monica (Marianna)
STUDNITZ, von, Gotthilft
VERGAU, Jan
VORDERWÜLBECKE, Manfred
WEGNER, Gerhard
WIRTZ, Michael
WITTE, Eberhard
WOLF, Werner

4. Januar

BARTHEL, Thomas S.
BECKERT, Ursula
BEYER, Manfred
BINZENHÖFER, Alfred
BIRG, Herwig
BRAUN, Hans-Gert
BUHL, Olaf
CORNELIUS, Ingeborg
DANNENMANN, Arnold
DENKER, Hans-Werner
DOBLER, Carl
ENDRES, Walter
EPLINIUS, Urs
FISCHER, Lothar
FLOROS, Constantin
FRÖSCHEN, Petra Anita
GAFNER, Fritz
GIESEKUS, Hans Walter
GUNDLACH, Karl-Bernhard
HENSELDER-BARZEL, Helga
HOLZER, Hans E.
HÜBL, Lothar
HUTTMANN, Arnold
IRMER, Hans-Ulrich
JANICH, Peter
JOB, Michael
KAHN-ACKERMANN, Georg
KARASEK, Hellmuth
KLEIN, Ernst
KOSTEDE, Norbert
KÜHNE, Ingo
LEISING, Helmut
LICHTNER, Rolf
LIEBRECHT, Klaus
LOEBER, Dietrich A.
LÖHR, Alfred
MARX, Nikolaus
MITTERMAYR, Hannes K.
MÖLLMANN, Gunther
MÜLLER, Dietrich
MUNZ, Gerhard
PFEIL, Dirk
REHM, Sigmund
ROTH, Leo
RÜGER, Hans
SAUTTER, Hermann
SCHMID, Arno Sighart
SCHMIDT, Peter
SCHROEDER, Johannes H.
SCHÜTTER, Friedrich
SCHULER, Peter
SCHUMACHER, Walter
SCHURIG, Volker
SEIFFERT, Peter
STENDER, Hans-Stephan
STOCKHAUSEN, Karl
TAPPER, Werner
TERRAHE, Klaus
TREML, Karl
TRIER, Eduard
TRUBE-BECKER, Elisabeth, geb. Becker
TRUCKENBRODT, Hans
VEENKER, Wolfgang
VOIGT, Erwin
WEHLING, Hans-Georg
WEISS, Karl Georg
WICHELHOVEN, Gertrud, geb. Rickes
WICHMANN, Rolf
WIEDEMANN, Gerhard
WIELAND, Heinrich
WILDEMANN, Horst
WUNDERER, Rolf
ZIMMER, Fritz
ZIMMER, Gerhard

5. Januar

APPEL, Roland
BARTH, Herbert
BECKMANN, Hans-Karl
BEHRENS, Gerhard
BERG, Jan
BESSER, Ursula, geb. Roggenbuck
BLEESER, Peter
BÖCHER, Heinz-Wolfgang
BÖHLER, Dietrich
BOSNIAKOWSKI, Siegfried
BRANDMÜLLER, Walter
BUTZ, Manfred
CLEVER, Peter
CONZE, Wolfgang
DIECKERHOFF, Werner
DIEKMANN, Horst
DOUTREVAL, André
EGGEBRECHT, Hans Heinrich
EICHER, Peter
FALKE, Albert
FISCHER, Kurt Gerhard
FISCHER, Wolfgang
GERSMEYER, Ernst F.
GIERKE, von, Rolf
GLEICHENSTEIN, Freiherr von, Maximilian
GREHN, Josef
HÄNSEL, Rudolf
HAFERLAND, Peter
HAGEN, Horst
HARDER, Günter
HAUMANN, Ernst-Hellmuth
HENGST, Karl
HENRICH, Dieter
HERKNER, Norbert
HILMER, Jürgen
HOENESS (ß), Uli
HOERSCHELMANN, von, Wolf
HOLTHOFF, Fritz
IBACH, J. Adolf
ISENBERG, Günter
JACOBS, Jürgen
JAENICKE, Günther
KAISER, Reinhold
KALBE, Hans H.
KANDOLF, Heinz
KAPP, Helmut
KIEP, Walther Leisler
KLINGMÜLLER, Volker
KNOBLOCH, Johann
KNOTH, Hermann
KOERPPEN, Barbara, geb. Boehr
KRAFT, Ernst
KÜHN, Oskar
LÖLLGEN, Herbert
MAIER, Hans
MELSHEIMER, Olaf
MISCHE, Justus
ORB, Kurt H.
POLLOCZEK, Heinrich
REICHSTEIN, Joachim
REITER, Norbert
ROTHHOLZ, Petra
RUDORF, Dieter
SANDROCK, Otto
SCHIECHTL, Hermann
SCHLEE, Ernst Riewert
SCHLEICHER, Jürgen
SCHMIDBAUER, Bodo
SCHNACKENBURG, Rudolf
SCHUBERTH, Ernst
SCHWARZ, Hans
SEIDEL, Wolfgang
SOLMS-HOHENSOLMS-LICH, Prinz zu, Wilhelm
SPANDAU, Hans
SPATZ, Joachim
TAEGEN, Frank
TULODZIECKI, Gerhard
WASSERMANN, Rudolf
WILLE, Friedrich
WINKEL, Gerhard
WISSER, Richard
WÖHLKE, Wilhelm
WOLF, Manfred
WULFF, Otto
ZIMMERER, Franz

6. Januar

BAEHR, Rudolf
BÄRNER, Johannes
BAUNACK, Fritz
BEERMANN, Albert
BENTHIEN, Klaus
BERTRAM, Rolf
BISER, Eugen

6. Januar

BLASIUS, Wilhelm
BLÜMEL, Willi
BÖHM, Oskar
BONHEIM, Helmut
BRÖDER, Ernst-Günther
DETERT, Günther
DIGEL, Helmut
DITTUS, Erich
ENGELBRECHT, Constanze
ENGELS, K.
ESER, Ruprecht
FAULHABER, Reiner
FINGERHUT, Reinhard
FLESSAU, Kurt-Ingo
FRANZ, Otmar
FUGMANN-HEESING, Annette
GEHLHOFF-CLAES, Astrid
GELBE-HAUSSEN, Eberhard
GERSTNER, Hermann
GESTER, Heinz
GROH, Kurt
GSCHNITZER, Fritz
HAESSNER (ß), Frank
HÄUPLER, Karl
HALTENBERGER, Axel
HARNDT, Raimund
HEIDINGER, Joseph
JAEGER, Wolfgang
JÜNEMANN, Heinz-Robert
KIRCHNER, Walter
KLÖS, Heinz-Georg
KLUGE, Eike-Erik
KOSEGARTEN, Bernd
KRAUSE, Christian
KRETTEK, Otmar
KUHWEIDE, Willy
KUTSCHERA, Rolf
LOMPE, Klaus
MALETZKE, Gerhard
MAUERSBERG, Wolfgang
MEIER, Friedhelm
MEIER, Richard
MIROW, Thomas
NACHTMANN, Josef
NELKOWSKI, Horst Hans
NEUMANN, Bernd
NEVERMANN, Knut
OHNSORGE, Jochen
PETERS, Hugo
PFEFFER, Helmut
PRISSOK, Klaus
PUTZMANN, Joachim
REICHHELM, Günther
RINNE, Hans
RITTER, Werner Heinz
RÖSLER, Ulrich
SACK, Friedrich
SCHAUM, Gustav
SCHENDEL, Josef
SCHLUND, Gerhard H.
SCHMELING-DIRINGSHOFEN, von, Alexander
SCHREY, Helmut
SEGNITZ, Hermann
SEIFERT, Josef
SEIFERT, Jürgen
STREIBL, Max
SUNTUM, van, Ulrich
TEISSIER, Elizabeth
THIEMANN, Franz
TSCHIRREN, Jürg
UNGEHEUER, Edgar
WEIDENBACH, Heinrich
WEYRICH, Claus
WILHELMS, J. Henry
WOLF, Klaus

7. Januar

ALBRECHT, Günter
BAUMANNS, Peter
BEHR NEGENDANCK, von, Sophie-Elisabeth
BÖSEKE, Harry
BÖSINGER, Wolfgang Karl
BRAND, Hans Joachim
BRAUN, Pinkas
BREMSHEY, Helmut
BURCHARD, Johann M.
CADUFF, Sylvia
CLAUSS, Volkmar
CRAUER, Pil
DEGE, Eckart
DENNERLEIN, Paul
DÜRR, Hermann
ECKERT, Willi
FIEDLER, Franz
FISCHER, Franz
FLEINER, Wilhelm
FRANZ, Wolfgang
FRIEDRICH, Manfred
FRITSCHE, Klaus
FRYDRYCH, Roman
GELFERT, Ernst-Otto
GERLACH, Alexander
GUSSONE, Hans-Achim
HAASIS, Hellmut G.
HARMS, Wolfgang
HEUTGER, Nicolaus
HOCHSTRAATE, Lutz
HOLENSTEIN, Elmar
ISSEN, Roland
JORDAN, von, Gerhard
KAHLEN, Wolf
KIELWEIN, Gerhard
KLEIN, Albert
KLIPPEL, Diethelm
KNOCH, Otto Bernhard
KOHM, Eugen
KOLB, Elmar
KOLB, Gerd Dieter
KRAFFT, Olaf
KRÜGER, Rolf
KUHLEN, Rainer
KUNTZ, Stefan
LERSCH, Willy
LIMBERG, Paul
LINSSEN, Dieter
MAENNLE, Ursula
MARQUARDT, Niels
MELCHERS, Georg
MÜLLER, Hans
NEEB, Rolf
NOTTBOHM, Lothar
OPITZ, Klaus
ROSS, Waldo
SCHOWTKA, Peter
SCHULZ, Dieter
SIEGMANN, Otfried
SONNTAG, Werner
STIEWITT, Ilse
STILLER, Axel Bernd
STILLER, Horst
VOGELBACHER, Alfred
WENDT, Hilmar
WICKERT, Erwin
WILKE, Kurt Wilhelm

8. Januar

ANNECKE, Rüdiger
ATZESBERGER, Michael
AULHORN, Elfriede
BACHMANN, Klaus-Ditmar
BEISSER (ß), Friedrich
BERG, Robert F.
BODDEN, Heinrich
BOEHN, von, Ludolf
BRUNE, Hans-Albert
DÄUMEL, Gerd
DECHERT, Hans-Wilhelm
DELSEIT, Elisabeth
DESSOI, Willy
DIETLEIN, Max
DISTLER, Armin
EICHHORN, Gerhard
ELLERBROCK, Olav C.
ENDE, vom, Hans
ESSER, Wolfram
FRANK, Peter
FREYBERG, Rolf J.
GÖBEL, Klaus
GREBE, Siegfried Franz
GUTSCHE, Horst
HÄUSSERMANN, Dieter
HAMMER, Rudolf
HARTLEIB, Jakob
HEIERMANN, Wolfgang
HERCHENBACH, Heinz-Joachim
HEUBERGER, Helmut
HOFMANN, Hans
HOINKA, Günther
HOPMEIER, Fritz
JABLONKA, Hans
JANKE, Wolfgang
KADELBACH, Gerd
KISSEL, Otto Rudolf
KOELLREUTTER, Eberhard
KOEPPE, Hans-Werner
KOLB, Heinrich Leonhard
LANG, Hans Ernst
LANGENDÖRFER, Günter
LAUBE, Heinrich
LEUNER, Hanscarl
LIPPE, Prinz zur, Rudolf
LODERMEIER, Gabi
LOOS, Helmut
LÜTJEN-DRECOLL, Elke
MAHLO, Dietrich
MEBS, Gudrun
METT, Rudolf
MILLOWITSCH, Willy
MUNRO, Peter
NAUMANN, Hans-Heinz
NEUMANN, Heinrich Eberhard
NORDEMANN, Wilhelm
OPPENBERG, Hans
PODEWSKI, Klaus-Peter
RAUSCH, Heinz Volker
REINITZHUBER, Friedrich Karl
SCHATZ, Werner
SCHMIDT-VOGT, Helmut
SCHMITT, Rudi
SCHURIAN, Walter
SCHWEIKLE, Günther
THEIS, Ernst Fr.
TROST, Otto J.
WEHNER, Christian
WESTERMANN, Harm Peter

9. Januar

BERGER, Harry
BING, Sir Rudolf
BOEHM, Hanns-Peter
BORCHERT, Günter
BORGMANN, Fritz-Otto
BREINLINGER, Friedrich
BURKHARDT, Karl
CERVOS-NAVARRO, Jorge
DELEKAT, Lienhard
DÜRKES, Hanns-Peter
FLACH, Karl
FLATOW, Curth
GANSS (ß), Hans-Jürgen
GÖHRING, Clauspeter
GRAMBERG, Michael
GRUNWALD, Henning
GÜNTHER, Harry
HAAS, Walter
HAEFS, Gisbert Jakob
HAGENMÜLLER, Karl-Friedrich
HAGER, Horst
HARTNAGEL, Hans L.
HENSE, Franz
HEUSINGER, Helmut
HODENBERG, Freiherr von, Alexander
HUTTEN, Helmut G.
KAISER, Franz-Josef
KAISER, Herwig
KAISER, Philipp
KANTER, Gustav
KEMPER, Bernhard
KLAUTKE, Siegfried
KLIPPEL, Karl Friedrich
KOCH, Eckart
LIEBERT, Wolfgang
LUEG, Ernst Dieter
MASSENBACH, Freiherr von, Wichard
MAYER, Mechthild
MUNZ, Rudi
PIEPER, Wolfgang
SCHÄFER, Helmut
SCHIRRMACHER, Volker
SCHUBERT, Hans-Joachim
SPEIERER, Ludwig
STAGL, Justin
STARCK, Christian
STÖRMER, Horand

UELHOFF, Klaus-Dieter
VIELLIEBER, Hermann
VOSS (ß), Rudolf
WAGNER, Carl-Ludwig
WAGNER, Hellmut
WAHL, Ernst
WAIDER, Franz
WAIS, Kurt
WENDLER-KALSCH, Elsbeth
WIEDERER, Maria
WOLFF, Henning

10. Januar

AELKER, Erich
ARCHNER, Hans-Peter
ARNTZEN, Helmut
ASCHER, Paul
BANGE, Hermann J.
BARESEL, Alfred
BEHLES, Ferdi
BERTHEL, Gabriele, geb. Noah
BIEHL, Hans-Dieter
BISSINGER, Manfred
BLAU, Günther
BORETZKY, Norbert
BRANDSCH, Hans-Heinz
BÜCHER, Theodor Karl
BÜHLER, Achim-Ernst
CIUCIURA, Theodore Bohdan
DAVI, Hans Leopold
DIEHL, Anton
DODENHOFF, Wilhelm J.
DREYBRODT, Wolfgang
EICHBORN, Franz-Karl
EYRICH, Klaus
FELLBAUM, Klaus-Rüdiger
FISCHER, Werner
FOLZ-STEINACKER, Sigrid
FRANKEMÖLLE, Hubert
FRÖHLICH, Werner D.
GÄRTNER, Klaus
GÄRTNER, Otto
GLÜCK, Hans-Gerd
HADDING, Ulrich
HANKEL, Wilhelm
HEILMANN, Joachim
HEINRICH, Siegfried
HEINZ, Erich
HEYDEN, Gerd
HÖHLER, Gertrud
HÜBNER, Wilhelm
HUFFMANN, Gert
HURRELMANN, Klaus
JACOBY, Peter
JESCHECK, Hans-Heinrich
KAMMEL, Roland
KAMMERMEIER, Rupert
KELLER-STRITTMATTER, Lili-Lioba
KERN, Walter
KLEINEN, Günter
KÖNIG, Paul August
KOTTER, Ludwig
KRAHL, Hilde
KRATSCHMER, Guido
KUSCHINSKY, Gustav
KYRIELEIS, Helmut
LABES, Günther
LANG, Michael
LEHR, Reinhard
LENGEMANN, Jochen
LEROY, Herbert
LEŚNIAK, Zdzislaw K.
MERK, Otto
MÜLLER, Karl
NOGGE, Gunther
OFFERMANN, Helmut
OHLY, Friedrich
OTTO, Gert
OTTO, Gunter
PAEFGEN, Günter Max
PAUER, Max
PLANCK, Ulrich
POTH, Helmut
POTT, Elisabeth
POTTHOFF, Erich
RAUH, Charlotte, geb. Hörgl
REDL, Ernst
REIMERS, Dirk

REINKE-KUNZE, Christine
RENZ, Ulrich
RIESE, Hajo
RÖHRBORN, Klaus
ROPERTZ, Hans-Rolf
RUPPEL, Arnold
SCHAEFFER, Ulrich
SCHMIDT, Bernhard
SCHMOLL, Hans
SCHWEICKHARDT, Dieter
SCHWIETE, M. Rolf
SCHYDLO, Reinhard
SPECHT, Rainer
STAHL, Ulf
STARKE, Matthias A.
STEINBRÜCK, Peer
STIKSRUD, Hans Arne
STOECKLE, Bernhard
STÖSSER, Rudolf
STRASSL (ß), Hans
WAGNER, Erika
WAGNER, Gustav
WAGNER, Hans
WEIGMANN, Gerd
WOESNER, Horst
WOLFF, Heinrich
ZICKENDRAHT, Werner

11. Januar

ADAM, Heinz
BEUTELSCHMIDT, Dieter
BEUTLER, Christian
BIERICH, Jürgen
BONSE, Gustav
BORINSKI, Ludwig
BRANCA, Freiherr von, Alexander
BROCKE, Wolfgang
BUCHHEIM, Hans (Johannes)
BUTENSCHÖN, Rolf
CHRISTBAUM, Wilhelm
DEPENBROCK, Manfred
DISTLER-BRENDEL, Gisela
EBERT, Eike
ELSCHNER, Egmont
FRITZ, Dietrich
FUCHS, Konrad
GERSTEIN, Ludwig
GÖHLER, Max
GOLIASCH, Herbert
HAMER, Jürgen
HANNEMANN, Dieter P.-H.
HANSEN, Kurt
HEILENKÖTTER, Jürgen
HEINZ, Hans-Günther
HENSCHEL, Walter F.
HERING, Franz
HERZOG, Werner
HOPF, Andreas
HUFSTADT, Karl H.
JÄRKEL, Peter
KIRSCHSTEIN, Rüdiger
KRÜGER, Martin Maria
KRUG, Hildegard Maria
KUFNER, Josef
LAGRANGE, Gerhard
LANGEWIESCHE, Dieter
LARINK, Johannes
LEHMANN, Hedi, geb. Steinmann
LEPENIES, Wolf
LUDWIG, Brigitte
METZGER, Martin
MILLER, Frieder
MÖSENEDER, Karl
MOMM, Axel
NEMETH, Carl
NEWESELY, Heinrich
NOLTE, Ernst
OEHME, Peter
OVERBECK, Egon
PUPPE, Gudrun Ingeborg
RHEIN, von, Raphael
RYMSKI, Edda
SANDER, Dietger M.
SANDKÄMPER, Hermann
SCHÄFER, Adolf
SCHAPER, Wolfgang
SCHEUNERT, Gerhart

SCHNEIDER-LANG, Anne
SCHOLL, Günther
SCHRAMM, Gottfried
SCHREIBER, Hermann
SCHÜNEMANN,
　Wolfgang Bernward
SIEBER, Günter
SPRENGER, Reinhard
STAHL, Günter
STERN, Klaus
VEIT, Wolfgang
WAGNER, Paul-Robert
WEISER, Gerhard
WENDEROTH, Heinz
WENDT, Gustav
WILKOMIRSKA, Wanda

12. Januar

AFFLERBACH, Hermann
AFFLERBACH, Otto
AHLSEN, Leopold
AHNEFELD,
　Friedrich Wilhelm
ALTEN, von, Jürgen
ANDERKA, Johanna
ANGSTMANN, Augustin
APELT, Andreas H.
ATROTT, Hans Henning
BAUER, Wilhelm
BECKER, Friedrich
BEHRENDS, Wolfgang
BERG, Dietrich
BÖKE, Wilhelm
BONART, Richard
BRYDE, Brun-Otto
BURGHARD, Peter
DETLEFSEN, Max Werner
DIEMANN, Ekkehard
ERBEN, Johannes
ESSER, Heribert
FRISTER, Albrecht
FRÜHSCHÜTZ, Werner
GEIGER, Erich
GIERSTER, Hans
GIESKE, Friedhelm
GOCKEL, Rudolf
GOEBEL, Heinz
GRÖGER, Herbert
HAMM, Richard
HANSEN, Klaus
HAUPTMANN, Günther
HECKER, Gerhard
HEIN, Jürgen
HELBING, Friedrich
HERBIG, Manfred
HILDEBRANDT, Gunther
HONERKAMP, Josef
JACOB, Robert E.
KIEHL, Marina
KLEIN, Günter
KLEINSTEUBER, Fritz
KOHLBRECHER, Alfons
KOPPENWALLNER,
　Ludwig
KRAUSE, Horst
KRUSE, Wolf Dieter
KUHN, Walther
LANGER, Helmut
LANGHEINRICH,
　Werner Alfred
LAPPAS, Günther
LERCHE, Peter
LINGNER, Michael
LUDWIG, Günther
MARTENS, Wolfgang
MÖLLER, Horst
MÜLLER, Oscar W.
MÜLLER, Thomas
MÜNCHHAUSEN,
　Freiherr von, Thankmar
NITZ, Rolf-Eberhard
OTTO, Walter
PERINO, Werner
PETRY, Heinz
PLESSER, Ernst H.
RICHTER, Hans
RÖHRMOSER, Georg
RÖSEL, Hubert
SAALFRANK, Rolf W.
SCHLAG, Edward William
SCHMIDT, Herbert
SCHNEIDER, Franz
SCHNITKER, Paul
SCHOLZ, Herbert
SCHROT, Wilhelm
SCHUHMACHER, Peter
SIEBEN, Hermann Josef
SUTTER, Gerd Henning
TRAINER-GRAUMANN,
　von, Thea
VIEDEBANTT, Klaus
WEDEMEIER, Klaus
WEINGÄRTNER, Karl
WEISCHET, Wolfgang
WEISSER, Ursula
WILHELM, Jürgen
WIRTH, Harry
WOLF, Klaus-Peter
WOLFRAM, Günter
WÜRZ, Roland
ZIMMERMANN, Klaus

13. Januar

BARTLEWSKI, Kurt
BECK, Götz
BECK, Lutwin
BENDER, Franz
BOLT, Hermann M.
BOSHOF, Egon
CARLS, Fritz
CASTANO-ALMENDRAL,
　Alfonso
CRAMER, Peter
DEKKEN, von, Helmuth J. B.
DIBELIUS, Günther
DIETERICH, Hartwig
DONNER, Hartwig B. B.
ELLIGER, Sigurd
EL-SHAGI, El-Shagi
ERPENBECK, Ferdinand
FISCHER, Werner
FLECKENSTEIN, Günther
FROST, Hans
GRUBE, Hans H.
HARTMANN, Günther
HEINRICHS, Helmut
HEINZE, Helmut
HERRMANN, Ludwig
HIMBERT, Gerhard
HÖRTER, Willi
HURWITZ, Arnold
KIRSCH, Arnold
KLEE, Marie-Elisabeth,
　geb. Freiin v. Heyl zu Herrnsheim
KOCH, Lutz
KRAUS, Wolfgang
LEMCKE, Dietmar
LOWINSKI, Leonhard
MEYER-BLÜCHER,
　Joachim
NEBELUNG, Dietrich
NIESSNER, Wolfgang
NÜRNBERGER, Günther
OEFF, Karl
OELSCHLÄGEL, Dieter
ORTIZ, Cesar
PROFANT, Miroslav
RANG, Otto
REHBERG, Hans-Joachim
RENNER, Egon A. E.
RÖTTGER, Hans
ROSENSTOCK, Günter
RÜTER, Klaus
SCHMALFUSS, Peter
SCHRIEFERS, Heribert
SCHUSTER, Siegfried
SCHWEISFURTH, Theodor
SEEMANN, Klaus
SOMMER, Manfred
SPATSCHEK, Karl-Heinz
SPIEGEL, Frhr. v.,
　Hanns Ulrich
STENDEL, Eberhard
STOECK, Wolfgang
STOLL, Peter
ÜCKER, Josef
WANDER, Fabian E.
WEINRICH, Michael
WEISSMANN (ß), Karlheinz

14. Januar

BAKKER, Franz Joachim
BALLAUFF, Theodor
BEYER, Lioba
BLEISCH, Ernst Günther
BÖTTGER, Klaus
BOHLE, Adalbert
BUSSMANN, Walter
DEGEN, Helmut
DÖNHUBER, Sebastian
DUNST, Erwin
EFFERTZ, Friedrich Heinz
EGGERS, Klaus
EICH, Eckart
ENGELMANN, Heinz
FILZER, Paul
FLÖHL, Rainer
FOLLMANN, Gerhard
FRANCISKOWSKY,
　Hans Gerhard
FRANKE, Paul-Gerhard
GENTSCH, Horst
GIERKE, von, Gerhart
GOERGEN, Josef
GÖRLICH, Ernst
GRIMME, Ernst Günther
GUNSCH, Elmar
HANIEL, Klaus
HEMPFLING, Baptist
HIETSCH, Otto
HOFMANN, Walter
HORATZ, Karl
HOSS, Helmut
KEHLE, Helmut
KEIM, Heinrich
KETTERL, Werner
KNAPE, Walter
KRÜGER, Helmut
LAUTER, Hans
LEIBFRIED, Erwin
LIETZ, Klaus
LINDENFELS, Freiherr von,
　Hans-Achaz
LORETZ, Oswald
LYMPASIK, Siegmund
MAJEWSKI, Hans-Martin
MALTRY, Werner
MORDHORST, Günter
MÜHLENDAHL, von,
　Karl Ernst
NÖTZEL, Klaus
PAPENHEIM-ERNST,
　Margot
PFLEIDERER, Hans-Jörg
PUSCH, Luise F.
RAUSCHHOFER, Hans-Heinz
REHREN, von, Rembert
REIDEMEISTER,
　Jürgen Christoph
REIF, Irene,
　geb. Stauber
RINSCHE, Franz-Josef
RÜHL, Lothar
SCHAFFER, Wolfgang
SCHERER, Franz
SCHEWE, Heinz
SCHIMMER, Ludwig
SCHUHMANN,
　Andreas Arthur
SESEMANN, Heinrich
SIMON, Arndt
STEFENELLI, Arnulf
THIEME, Ekkehard
UDE, Karl
VALENTE, Caterina
VOLLMER, Wilfried
WAGNER, Manfred
WEBER, Jürgen
WEGELEBEN, Gottfried
ZAHORKA, Hans-Jürgen

15. Januar

ALBERTI, Götz
ARNDT, Hans-Joachim
BÄSSLER (ß),
　Karl-Heinz
BAUER, Josef Werner
BECKER, Bernhard
BENDA, Ernst
BESCH, Michael
BOCK, Manfred Günter
BÖHM, Gunther
BORMANN, Manfred
CHOLEWA, Werner
CRAUSHAAR, von, Götz
DOERR, Hans Wilhelm
EBELING, Hans-Wilhelm
EBERWEIN, Alfred Christian
EDENHOFER, Peter
EHLER, Hans Jörg
ESCHE, vor dem, Paul
ETTENGRUBER, Fritz
FLAMMER,
　Ernst Helmuth
FORM, Peter
FREUND, Winfried
FREY, Walter
GALLE, Rolf
GEERKEN, Hartmut
GRÜN, Karl
HAASE, Herwig Erhard
HAGER, Erich Dieter
HAHN, Hugo J.
HEYDEN, Jürgen
JAHRREISS (ß), Heribert
JUNG, Richard
KARZEL, Helmut
KEHREN, Jakob
KÖHLER, Horst
KÖNIG, Ekkehard
KOPP, Gerhard
KRALL, Lothar
KÜHBAUCH, Walter
KÜHN, Gerhard
LEIPOLD, Dieter
LENGSFELD, Peter
LINDEMANN, Willi
LÜTTGEN, Ernst-Günther
MACHER, Hannes S.
MAIER, Volker
MARXEN, Klaus
MAU, Hans
MEIER-BRUCK, Walter
MEYER, Joseph-Franz
MÖCKEL, Ulrich
MÜNSTER, Clemens
NEIDEL, Werner
NETTE, Wolfgang
NÖRR, Knut Wolfgang
PEETZ, Arthur
PFEFFER, Franz
PFEIFFER, Hubertus
PINTGEN, Hans-Werner
PRACHTL, Rainer
PRZYCHOWSKI, von, Hans
RATZINGER, Georg
RENNER, Edmund
RESTLE, Marcell
RUPPERT, Karl
SCHÄFER, Fritz-Peter
SCHÄFER, Harald
SCHANDERT, Manfred
SCHEELE, Hans
SCHELL, Maria
SCHELLONG, Günther
SCHMIDT, Johann-Karl
SCHWINGE, Erich
SELLHEIM, Rudolf
SONS, Hans Ulrich
SPERLICH, Diether
SPERNER, Rudolf
STUCKE, Sigismund
SÜSS, Gustav A.
TEMPLIN, Rainer
TIEMANN, Burkhard
TROBITZSCH, Jörg
WILDENMANN, Rudolf
ZIERENBERG, Dirk
ZSCHOCKELT, Alfons

16. Januar

ADAMS, Willi Paul
AHLRICHS, Reinhart
BARTH, Klaus
BELTZ, Ludwig
BENEDUM, Jost
BERCKHEMER, Hans
BIESTER, Wolfgang
BLECKMANN, Paul
BÖHME, Arnd
BREH, Karl
FESSELER, Ansgar
FLEISCHER, Robert
FLUCK, Bernhard
FREY, Herbert
FRITSCH, Thomas
GIER, Albert
GÖHRINGER, Hans
GOEKE, Klaus
GREGULL, Georg
GREINER, Josef
GRÜNING, Uwe
HALTER, Klaus
HATTEMER, Klaus
HEIN, Gerhard
HEINZE, Hartmut
HELLMANN, Reinhard
HERRMANN, Ingo
HOFBERGER, Anton
JANSEN, Peter
JUHNKE, Klaus-Jürgen
JUNGBLUTH, Heinrich
KÄHLER, Erich
KAISER, Elmar
KALTENSTEIN, Ursula
KLÄR, Karl-Heinz
KLEIN, Erwin
KNUDSEN, Knud
KRAMER, Karl-Sigismund
KRAMER, Walter
KRAUSE, Peter
KREMER, Hildegard,
　geb. Strater
KREMS, Günter
KRÜGER, Hubert
LEIST, Otmar
LINDEMANN, Peter
MAIER, Christoph
MAKRIS,
　Jannis (Ioannis)
MEESMANN, Werner
MERZ, Walter
MEYER, Jörg-Udo
MOLLOWITZ, Günter
MOSIS, Rudolf
MÜNTEFERING, Franz
NEITZEL, Neithart
POSTH, Martin
RAU, Johannes
RICHTER, Franz
SANDER, Alfred
SCHEFFLER, Helmut
SCHIEDERMAIR, Hartmut
SCHMIDT, Manfred
SCHWABEDISSEN,
　Hermann
SEIMETZ, Hermann
ŠKUTINA, Vladimir
SPORER, Eugen
STIER, Reinhart C.
STÖKL, Günther
STROHMEIER, Wolfgang
THUMFART,
　Walter Franz
TIPPELSKIRCH, von,
　Alexander
VOIGT, Fritz
WEISE, Hans
WIRTH, Günter

17. Januar

ALBEVERIO, Sergio
ASSMANN, Heinz-Dieter
BERGER, Arne-Curt
BERGMANN, Fritz
BERNHARD, Franz
BETZ, Manfred
BIERGANS, Enno
BIRZELE, Frieder
BOBBERT, Gisbert
BRANDT, Herbert
BRENK, Werner
BRÜHL, Gisela
CREMER, Michael
DELISLE, Heinrich
DÖPP-WOESLER, Aenne
DREIBUS, Heinz
ECKSTEIN, Charlotte
EGNER, Henning
EILERS, Elfriede
ELFRING, Helmut
ELMENDORFF,
　Freiherr von, Harald
ELSNER, Bertram Georg
ELSNER, Ludwig
EPPING, Dieter
ESSER, Jo
FENDL, Josef
FISCHER, Kurt
FISCHER, Richard H.

FOJUT, Hannelore,
  geb. Kopp
GAUTIER, Fritz
GEERK, Frank
GERLACH, Sebastian A.
GERSTENMAIER, Walther
GÖBEL, Dieter
GÖHR, Hermann
GREULICH, Helmut
GROSSMANN, Helmut
GRUBISIC, Vatroslav V.
HAAG, Helmut
HARLINGHAUSEN, Martin
HEIMANN, Eduard
HEIN, Manfred
HELLMICH, Sigurd
HENKEL, Willi
HETTLER, Manfred G.
HICKEL, Rudolf
HOCK, Wolfgang
HOEPFNER, Albrecht
HÖRNICKE, Heiko
HOFFMANN, Friedrich
ISENDAHL, Walter M.
KAHRS, Wolfgang
KASPER, Hans
KEISER, Horst
KLENK, Helmut
KLESCZEWSKI, Reinhard
KULAWIG, Alwin
KURZ, Rolf
LEININGER, Claus
LENDLE, Otto
LUIG, Heribert
LUNTOWSKI, Gustav
MÄCKE, Paul A.
MATTHIESSEN, Peter
MEIER, Karl A.
MERKEL, Harald
MICHALEWSKY, v., Nikolai
MICHELSEN, Peter
NASER, Siegfried
NEUNAST, Armin
NUYKEN, Gerd
OPPENLÄNDER,
  Karl Heinrich
PEILER, Herbert
PUTSCHKE, Wolfgang
RARISCH, Klaus M.
REINEKER, Peter
RITSCHL, Dietrich
RÖCK, Dieter
ROLLINGER, Alfred
RUEGENBERG, Sergius
SANDER, Klaus (Nikolaus)
SCHEUERL, Hans
SCHLÜTER, Anton
SCHWERIN v. KROSIGK,
  Graf, Dedo
SIEBERT, Rüdiger
SIEDLER, Wolf Jobst
SPELLERBERG, Gerhard
SZÉKESSY, Bernd-Géza
TIEWS, Klaus
TRAUTWEIN, Herbert
TRIESCH, Ernst-Günter
TROBISCH, Heiner
UHLEN, Susanne,
  geb. Kieling
VARGA, Gilbert
VOSS, von, Hubertus
WEBER, Norbert
WETZELS, Egon
WRONSKI, Edmund

18. Januar

ANSPRENGER, Franz
ARNDT, Helmut
BARTH, Herbert
BAUMANN, Gert
BECKER, Jochen
BECKMANN, Uwe
BETHGE, Helmut
BEUG, Hans-Jürgen
BIKFALVI, Andreas
BOGEN, Wolfgang
BRANDT, Hans-Jürgen
BURMEISTER, Walther
DEURINGER, Hubert
DIERKES, Gerhard
DIRLMEIER, Ulf
DOLEZALEK, Gero

ERNST, Karl Heinz
FABER, Werner
FEINE, Ulrich
FISCHER, Ernst Peter
FLOTO, Jobst-Heinrich
GANZ, Clemens
GERSMANN, Wolfgang
GOTTSCHALCH, Wilfried
GRASMÜCK,
  Ernst-Ludwig
GÜTT, Friedel
HAHN, Ferdinand
HASER, Fritz J.
HENSEN, Friedhelm
HERBST, Dietrich
HÖLDER, Helmut
JÄGER, Julius-Alfred
KALTZ, Bernhard
KAYSER, Hans
KIMPEL, Dieter
KLEIN, Jan
KNABE, Joachim
KNÜRR, Alois
KOCH, Ernst-August
KOCH, Werner
KÖSTERS, Hans Georg
KRAMPE, Christoph
KUNOLD, Hans-Joachim
LEGER, Willi
LIEB, Norbert
MARTIN, Hans-Dieter
MECHOW, von, Ulf
MUTZ, Manfred
NORTH, Gottfried
PREM, Hanns J.
REZNIČEK, von, Felicitas J.
RINGER, Karlernst
RITTER, Jürgen
ROMERO, Rolf
SCHECH, Marianne
SCHMIDT, Paul
SCHMÜCKING, Werner
SCHNEIDER, Hans
SEITZ, Konrad
SELLSCHOPP, Hans-Dieter
SIGLOCH, Heinrich
SPONAGEL, Klaus
STUCHTEY, Peter H.
STUHLMACHER, Peter Otto
TILLEN, Walter
VOLLRATH, Horst
WAETZOLDT, Stephan
WAGNER, Josef
WENDLIK, Herbert A.
WOHLFARTH, Gert

19. Januar

ANDREE, Ingrid
ANSMANN, Heinz
BANK, Hermann
BORGELT, Hans-Henning
BRANDT, Ingeborg,
  geb. Kietzmann
BRESINSKY, Andreas
BURCKHART, Theo
DETTMERING,
  Wilhelm Heinrich
EBERITSCH, Otto
ENGELHARD, Günter
EPPENSTEIN, Dieter
FINGER, Ulrich
FISCHER, Dietrich
FRANZ, H. Gerhard
FUCHS, Franz
GENRICH, Albert
GEULEN, Dieter
GLINZ, Hans-Karl
GRÖBEN, Hans-Joachim
GRUNSKY, Wolfgang
GÜNTHER, Horst
HEIERHOFF,
  Friedrich-Wilhelm
HERLYN, Ulfert
HÖLZLER, Erwin
HOFFMANN, Werner
HOTTER, Hans
IRMER, Ulrich (Uli)
JASMUND, Karl
KAUFMANN, Walter
KINDLER, Karl Friedrich
KLEINOW, Walter
KRANEIS, Rolf

KRIELE, Martin
KRÖSKE, Joachim
KUNTZE, Wolfgang
LANGE, Hellmut
LAZAROWICZ, Klaus
LEIDL, August
LICHTENTHALER,
  Frieder W.
LOHMANN, Hans-Wolfgang
LORENZ-MEYER, Hartwig
MASTEIT, Dietrich
MEYER, Gerhard
MÖHRMANN, Dieter G.
MÖHRMANN, Friedrich
MÜHLENHAUPT, Kurt
NEMNICH, Hans Friedrich
NICLAUSS, Karlheinz
OLDENBURG, Dietrich
PADBERG, Friedhelm
PROBST, Jürgen
REDING, Marcel
REDL, Rudy
RESKE, Winfried
RUTH, Volker
SCHÄFERDIEK, Willi
SCHILSON, Arno
SCHMIDT, Alois
SCHMIDT, Georg
SCHMIDT, Willi
SCHMIDT-BARRIEN,
  Heinrich
SEERING, Ruth
SPIELMEYER, Günter
STAMMLER, Albrecht
STODTMEISTER, Rudolf
TILGER, Willi
TROTTENBERG,
  Ulrich
WALTHER, Herbert
WEGENER, Charlotte,
  geb. Schubert
WIECHERT, Karl
WILLICH, Jürgen
WUNNER, Sven E.
ZERBST, Ekkehard

20. Januar

AHRNDSEN, Dietmar
AMTHOR, Uwe
BAATZ, Dietwulf
BACHEM, Carl Jakob
BEER, Klaus
BENNING, Achim
BEWERUNGE, Karl
BÖCKELMANN, Gottfried
BREITMAIER, Eberhard
BRETSCHNEIDER,
  Giorgio
BROCKE, Erwin
BUCHHOLZ, Edwin H.
BUCK, Peter
DAHMEN, Wolfgang
DODERER, Klaus
EGELER, Wolfgang
EMGE, Richard Martinus
ENGELMANN, Bernt
ENGFER, Kurt G.
FISCHER, Martin
FISCHER, Rudolf
FREISE, Valentin
FUHRMANN, Clemens
FUNKE, Hermann
GEMÜSCHLIEFF, Dietmar
GIANNETTI, Stefano
GÖDDE, Stefan
GOLDAMMER, Kurt
GOMRINGER, Eugen
GOSEWITZ, Ludwig
GROSS, Thomas
GRUBER, Reinhard P.
HAARBECK, Ako
HASSEMER, Volker
HELDRICH, Andreas
HERMINGHAUS, Hellmut
HESSELBACH, Walter
HEUCK, Friedrich
JOCHHEIM, Kurt-Alphons
KASACK, Wolfgang
KETELSEN, Gerda
KLEUSBERG, Herbert
KLINKENBERG, Tillmann
KNAUP, Norbert

KNÖDLER, Wilhelm
KOCH, Traugott
KOLB, Rudolf
KOPPE, Paul
KREBS, Karl-Günter
KROLL, Jens M.
KÜMPERS, Hubertus
KUIPER, Hajo
LAUTENSCHLAGER, Hans
LEBEK, Hans
LEIDINGER, Adalbert
LEISTNER, Eckhard
LOEFFLER, Klaus
LUSTER, Rudolf
MARTINOTY, Jean-Louis
MICKSCH, Jürgen
NEBE, Gerhard
NÖDL, Fritz
NÜSSEL, Simon
OBERHAUSER, Alois
PELZER, Hans
REIFENHÄUSER, Hans
RITTER, Wolfgang
RÖHM, Heinrich
RÖSSLER, Dietrich
ROST, Gerhard
ROTHERMUND, Dietmar
SCHAACK, Josef
SCHLÜTTER, Hans
SCHMIDT, Karl
SCHMIDT-ZADEL, Regina
SCHÖNWIESE, Jürgen
SCHULZ-RINNE, Günther
SEFFRIN, Horst
STORK, Walter Wilhelm
VOGEL, Günther
VOGELSANG, Günter
WESSELY, Paula
WILDERMUTH, Burkhard
WOLMAN, Walter
WORSTBROCK, Franz-Josef
WURSTER, Traugott

21. Januar

ALDENHOFF, F.
BAEBEROW, Georg E.
BELLMANN, Klemens
BERCHT, Bernd
BERG, von, Wolf
BEYER, Klaus
BILLWITZ, Konrad
BÖRSCH-SUPAN, Wolfgang
BORCHARD, Franz
BRÄUKER, Rudolf A.
BRANSS, Truck
BRIEGLEB, Hans
BURKHARDT, Joachim
CANZLER, Helmut
DRÜCK, Helmut
FINGER, Hans
FISCHER, Erwin
FROHNE, Heinrich
GABLER, Hans Walter
GOETTING, Hans
GÖTZ, Bernd
GROSCH, Werner Joachim
HERLYN, Wilm
HILDEBRANDT, Hermann
HINRICHS, Hans-Jürgen
HIPPE, Werner
HÖHL, Gudrun
HUBER, Gerhard W. M.
IRLE, Gerhard
JOHANNIMLOH, Norbert
JOHNS, Bibi
KAJA, Hans
KLIEMT, Walter
KNESER, Martin
KOTSCHI, Thomas
KRANZ, Albert Richard
KUNST, Hermann
KUPKA, Engelbert
LAIS, Klaus-Jürgen
LAMPRECHT, Günter
LAUSTER, Peter
LEBEDJEWA, Irina
LECLERCQ, Patrick Gerard
LÜSCHEN, Günther
MAIZIÈRE, de, Thomas
MATTENKLOTT, Gert
MEIER-PRESCHANY,
  Manfred

MICHELS, Gerhard
NOOKE, Günter
OBERMEIER, Siegfried
PFLEGER, Karl
RAFF, Werner Karl
RESS, Georg
SCHMALZRIED, Hermann
SCHMIDT-KOENIG, Klaus
SCHNEIDER, Günther
SCHNEIDER, Volkmar
SCHNURR,
  Friedrich Wilhelm
SCHUCK, Josef
SCHULZE, Fritz W.
SCHWENDENMANN,
  Werner
SIEPER, Bernhard
TESSMER (ß), Gerd
THEUERMEISTER, Käthe
TRAEGER, Jörg
TRANTOW, Rüdiger
VIDAL, Helmut
VOLLENSCHIER,
  Fritz Walter
WERNER, Otto
WILLAMOWSKI, Gerd
WINTER, Franz
ZAHN, Johannes C. D.
ZIEREP, Jürgen

22. Januar

ACHENBACH, Werner
ALBERTZ, Heinrich
ALTEVOGT, Rudolf
AUFFARTH, Fritz
BEHR, Winrich
BENKE, Volker
BERGMANN, Jürgen
BERNDT, Hans
BIRTHLER, Marianne
BLAICHER, Günther
BORGES, Rudolf
BRANDT, Harm-Hinrich
BROMMUNDT, Eberhard
CHERUBIM, Dieter
DIECKMANN, Christoph
DIEPOLD, Peter
DOBNER, Reinhold
DÖSER, Alfons
EICKHOF, Norbert
ENGELHARDT, Udo
ESCHENHORN, Ingo
FALTER, Jürgen W.
FISCHEDICK, Heinz B.
FRENZEL, Burkhard
FRERKING, Horst
FRICKE, Marianne
GAMM, Hans-Jochen
GÖZ, Volker
GRELL, Heinz
HAHN, Norbert
HELFRICH, Heinz
HENNICKE, Hans Walter
HEUSER, Loni
HIRSCHMANN, Erwin
HOFFMEISTER, Albert
HOFMANN, Karl
HORNSTEIN, Otto P.
HÜFNER, Klaus
HÜTTL, Ludwig
JACOBI, Karl-Wilhelm
JUNK, Günther
KASTNER, Michael
KINDSMÜLLER, Werner
KLEBER, Karl-Heinz
KLEINEWEFERS, Paul
KLOSTERMANN,
  Gerald Franz
KÖHNE, Manfred
KOLBECK, Heinrich
KRAFT, Kurt
KRUMMACHER, Friedhelm
LANGHANS, Peter Michael
LEHR, Wolfgang
LEMBKE, Andreas
MAIER, Erwin Otto
MENZEL, Heinz
MICHA, Birgitt
MÜLLER, Friedrich
MÜLLER-HIRSCHMANN,
  Hans-Jürgen
MÜNZNER, Horst

Geburtstagsliste — 22. Januar – 28. Januar

OSTROP, Heinrich
PACZENSKY, von, Susanne
PETERS, Butz
PREUSCHEN, Gerhardt
PRÜTTING, Hanns
RENN, Heinz
RICHTER, Gregor
RUDOLPH, Hermann
RUNGE, Erika
SALMUTH, Freiherr von, Kurt-Wigand
SCHEUBLEIN, Bernhard
SCHIRMER, Karl-Heinz
SCHMITT-RINK, Gerhard
SEELBINDER, Birgit, geb. Schlögel
SEIDEL, Harald
SEILER, Wolfgang
SONNABEND, Eberhard
STEFULA, György
STETTEN, Freiherr von, Wolfgang
STURM, Hertha
SÜNKEL, Wolfgang
TAUCHEL, Theodor
VLASMAN, Robert
WALTHER, Karl-Heinz
WEGENER, Angelica
WINKELMEYER, Gregor
WITTGENSTEIN-BERLEBURG, Prinz zu Sayn, Casimir Johannes
WÜHRER, Friedrich

23. Januar

ANIOL, Peter
BARTH, Joachim
BARTH, Martin
BEIER, Gerhard
BÖHM, Gottfried
BÖTTCHER, Dieter
BOGNER, Willy
BRAUERHOCH, Jürgen
BREIT, Rolf Dieter
BRUCKNER, Wilhelm
BULLING, Burchard
BURGTORF, Cornel
CAMPENHAUSEN, Freiherr von, Axel
CLEMEN, Harald
DELORME, Karl
DETTMER, Hans A.
FLECKENSTEIN, Heinz (Heinrich)
FRANK, Charles
GEBAUER, Gunter
GELBHAAR, Anni
GIES, Helmut
GLOMBIG, Eugen
GOETZE, Wulf F. H.
GRAHMANN, Hans
GREINER, Harry M.
GROSS, Hermann
HAAS, Hans
HARTLIEB von WALLTHOR, Alfred
HARTMANN, Klaus
HASS, Hans
HEINEMANN, Erich
HERMANN, Ingo
HESS, Reimund
HILGER, Erwin
HOLKENBRINK, Heinrich
HOLLERBACH, Alexander
HOLTFRERICH, Carl-Ludwig
IGNÁTIEFF, Michail
JACOBI, Heinz
KASTEN, Hans
KETTENBACH, Richard
KLARMANN, Alfred
KLIMA, Milan
KLUMP, Brigitte
KNOPP, Norbert
KOCH, Guntram
LANGNER, Günther
LEONHARDT, Roland
LUCAE, Hans-Joachim
LUEDDECKE, Werner
MARTIENSSEN, Werner
METZGER, Günther
MÖLLER, Erwin
MÜLLER, Dietrich
MUTTERS, Tom
NEISE, Karl
NEWIAK, Sven-Olaf
NIESSEN, von, Wolfgang
NOLL-WIEMANN, Renate
OPPEL, Falk
OTTE, Hans-Heinrich
PAECH, Eberhard
PETERS, Karl
PICKENPACK, Vinzent Friedrich
PIPER, Hans-Felix
PLATTNER, Ernst-Erich
PLESTER, Dietrich
PÖTING, Friedrich
PUKASS (ß), Joachim
RADTKE, Lutz
RESCH, Hans-Dieter
RIEGER, Franz
ROEPKE, Claus-Jürgen
ROHDE, Ekkehard
ROLLMANN, Dietrich
RÜSSMANN (ß), Helmut
SCHÜTTERLE, Georg
SCHUFF, Hans Otto
SCHULTZE, Joachim Walter
SCHULZE, Dieter
SCHWAIGER, Georg
SELL, Freiherr von, Friedrich-Wilhelm
SELLIER, Alexander
SIMON, Gerhard
SPIERIG, Siegfried
STAUBESAND, Jochen
STAUNAU, Hans Werner
STODIEK, Dieter
STROBEL, Georg-Waldemar
STUCHTEY, Rolf W.
STÜTTGEN, Günter
TAPPE, Karl-Friedrich
VALENCAK, Hannelore
VETTER, Erwin
WALDE, Thomas
WIEGARTZ, Hans
WINCKLER, Lutz
ZANDER, Fred

24. Januar

AMMON, Hermann P. T.
ANDERS, Karl N.
BERGLER, Reinhold
BÖHRNSEN, Gustav
BRANDT, Herbert
BRENDER, Nikolaus
BUCKA, Hans
BÜNSTORF, Jürgen
BÜRKLE, Wolfgang
DIENST, Karl
EICHBAUER, Fritz
EINEM, von, Gottfried
FEIERABEND, Jürgen
FISCHER, Alexander
FREI, Frederike
FRIEDRICH, Ingo
FRIESS (ß), Konrad
GLÜCKLICH, Hans-Joachim
GÖTZ, Hans Michael
GÖTZ-KOTTMANN, Josef
GRADENWITZ, Peter
HAUPT, Wolfgang
HELDMANN, Horst
HEYER, Friedrich
HINSKE, Norbert
HOJER, Ernst
JUNGBLUTH, Adolf
JUNGKURTH, Horst
KINSHOFER-GÜTHLEIN, Christa
KIRCHNER, Johannes-Henrich
KROEKER, Immanuel
KUHLMANN, Norbert
LANGE, Hermann
LIEBERMEISTER, Kurt
MÄGDEFRAU, Werner
MEIER-PETER, Hansheinrich
METZ, Paul
MOHRREM, Siegfried
PFAFF, Dieter
PIETSCHKER, Rudi
POHL, Karl
PRUGGER, Karl
REISCHACH, Carl
RENDTORFF, Trutz
SCHMALE, Franz-Josef
SCHMIDT, Helmut
SCHMIDT, Karsten
SCHNEIDER, Otto
SCHULZ, Herbert
SIEGFRIED, von, Oskar
STABREIT, Immo F. H.
STAFF-STARKE, Werner
STEITZ, Heinrich
STRACK, Herbert Heinrich
STRUCK, Peter
TALKE, Kurt
TRÖHLER, Ulrich H.
ULEER, Hans Christoph
URBÓN, Héctor
WAGNER, Friedrich A.
WALTER, Rudolf
WATERKOTT, Heinz
WEISSENBACH (ß), Anton
WERNER, Klaus
WITTER, Ben
WRIEDT, Renate
ZAHN, Joachim
ZIMMERMANN, Horst

25. Januar

ANSORGE, Dieter
ANTON, Hermann Josef
ASCHOFF, Jürgen
BEINER, Friedhelm
BERGER, Peter
BERGMANN, Ulrich H.
BICKEL, Dietrich
BLATTER, Silvio
BLUMENTHAL, Elke
BODENSTEDT, Erwin
BÖCKING, Werner
BOEHLKE, Hans-Kurt
BOSBACH, Bruno
BRÜGGEMANN, Gerd
CRASEMANN, Hans-Joachim
DALLIBOR, Klaus
DEHNEN, Heinz
DEILE, Volkmar
DIEM, Kurt
DÜRIG, Günter
EITZERT-von SCHACH, Rosemarie
ERNST, Philipp
FISCHER, Arwed
FISCHER, Lutz
FREUDENSTEIN, Reinhold
GERHARDT, Kurt
GÖGLER, Max
GOTTSTEIN, Klaus
GRASS (ß), Hans
GROSSER, Hermann
GYSEL, Gottfried
HASEL, Karl
HERMANN, Peter K.
HINZ, Jochen
HOLST, Herbert
JACKISCH, Paul J. B.
KEILHACK, Irma, geb. Schweder
KLOEPFER, Rolf
KREHER, Richard P.
KRUSCHE, Dietrich
LECHNER, Odilo O. S. B.
LOOS, Gerold
MAIER-BODE, Hans
NAGEL, Bernhard
NEBENTHAL, Lutz D.
OCKENFELS, Wolfgang
PRINZ, Ulrich
RELLERGERD, Helmut
SCHAUB, Jürgen
SCHEFFBUCH, Rolf
SCHEFFLER, Wolfgang
SCHLOTMANN, Axel
SCHOTTROFF, Willy
SCHRÖDER, Hartwig
SCHURIG, Gerhard
SPRENGER, Heinz
STEIGLEDER, Gerd-Klaus
STUTZER, Hans-Jürgen
THIELE, Otto Wolfgang
UPHOFF, Nicole
VITTING, Wilhelm
VOGLER, Toni
VOSTEEN, Karl-Heinz

26. Januar

ARENDTS, Wilhelm
BÄUMLER, Ernst
BALTZER, Gerhard
BARDENS, Hans
BAUERNFEIND, Winfried
BERGWEILER, Paul
BOGS, Dieter
BREUER, Matthias
BROSS, Christine
BRÜCK, Wilhelm
BÜHRING, Wolfgang
BÜTIKOFER, Reinhard
CREMER, Drutmar
CYPRIAN, Rolf Friedrich
DAZERT, Franz Josef
DREIDOPPEL, Emil
DRIESSLER, Johannes
ESER, Albin
FÖRNBACHER, Helmut
FORNDRAN, Erhard
FRANKE, Heinrich
GEIBEL, Kurt
GEIGER, Rupprecht
GERMAN, Rüdiger
GÖLZ, Walter
GOLLNICK, Jonny
GÖSSWALD, Karl
GRÄFEN, Hubert
HAAR, Ernst
HAMESTER, Gustav
HEBELER, Gisbert W.
HERING, Heinrich
HETZEL, Wolfgang
HOPPE, Heinz
HOPPENHAUS, Karl Wilhelm
HORRMANN, Heinrich P.
HÜTTENRAUCH, Roland Johannes
HUNZINGER, Moritz
IRLE, Martin
KARASCHEWSKI, Horst
LAERMANN, Klaus
LANDFRIED, Klaus
LEUZE, Reinhard
LÖWISCH, Dieter-Jürgen
MEYER, Victor
MINETTI, Bernhard
MISSFELDT, Jochen
MÖBUSZ, Rüdiger
MOSEBACH, Karl-Oskar
MÜTHERICH, Florentine
NEUHÄUSER, Gerhard
NIERHAUS, Herbert
ODENBREIT, Günter
OLDERSHAUSEN, Freiherr von, Hans-Felch
OPITZ, Paul Heinrich
OSTWALD, Thomas
PELLERT, Wilhelm
POHLIT, Wolfgang
RAMMSTEDT, Otthein
RAUEN, Peter
RIEDEL, Eibe H.
RIEGE, Fritz
ROTH, Wolfgang
SALZWEDEL, Jürgen
SCHARMANN, Arthur
SCHEFOLD, Karl
SCHEVEN, von, Werner
SCHIRMER, Karl-August
SCHNEIDER, Friedrich W.
SCHNEIDER, Karin
SCHNEIDER, Lambert
SCHWARTLÄNDER, Johannes
SCHWETTMANN, Wilhelm
SOTTORF, Gerd K.
STEUER, Günther
STÖTZER, Utta
STUMPE, Klaus Otto
THOMA, Kathleen
VIEFHUES, Herbert
WEHDEKING, Thomas Pieter
WENNMACHER, Richard
WILLASCHEK, Wolfgang
YORCK von WARTENBURG, Paul, Graf

27. Januar

ALBS, Wilhelm
BAUS, Karl-Heinz
BEAUMONT, Antony
BECKER, Fritz
BEHAM, Hermann
BODE, Helmut
BÖHLAU, Volkmar
BÖTTGER, Harald
BÖTTGER, Wolfgang J. E.
BRÄCKLEIN, Jürgen
CLEFFMANN, Günter
COCHINAIRE, Gilles
DEPPENDORF, Ulrich
DILLER, Karl
DONNER, Wolf
DORN, Wolfgang-Erich
FEHL, Ulrich
FISSLER, Harald
FRIEDLAENDER, Ernst
FROMM, Gerhard
GABRIEL, Erhard
GALLIST, Dieter
GÜRTZSCH, Rolf
HAAS, Gerhard
HANSZEN (ß), Karl-Joseph
HARRIES, Klaus
HARTMANN, Dietrich
HENNING, Eckart
HUNGER, Gerhart
JENTZSCH, Bernd
JUNGHANS, Erhard
JUNGHANS, Hans-Jürgen
JUST, Otto H.
KALBHEN, Dieter Abbo
KELCH, Werner
KEMMELMEYER, Karl-Jürgen
KLEINEBRECHT, Jürgen
KNOERNSCHILD, Eugen M.
KORFMANN, Heinz-Diether
KRAUSE, Alfred
KREPPNER, Oskar
LÜBBEN, Heino
MADAI, Wolfgang
MESCHZAN, Dietrich
MÜLLER, Lothar
OMANKOWSKY, Manfred
PALM, Klaus
PANKOK, Kurt Peter
PFEIFFER, Heinrich
RASSEK, Joachim-Helmut
RIEBER, Heinz
ROSS, Werner
SCHÄFER, Hansjörg
SCHRÖDER, Ernst
SCHUHBECK, Hans
SCHWAN, Werner
SCHWENCKE, Olaf
SIEBLER, Friedrich
SOMMER, Willi
SUHL, Alfred Wilhelm
THÜRNAU, Volker
URBANEK, Johann W.
WÜRTENBERGER, Thomas
ZACHARIAS, Helmut
ZELTNER-NEUKOMM, Gerda
ZIEGENRÜCKER, Joachim

28. Januar

BÄUMLER, Hans Jürgen
BALL, Fritz
BERGER, Markus
BIEDENKOPF, Kurt H.
BIERMANN, Siegfried
BILEK, Karl
BOROWSKY, Kay
BÜHLER, Wilhelm
BURGARD, Horst
BURKARD, Rainer Ernst
BURKEI, Ria, geb. Hilmer
CAHN, Herbert Adolph
CRAMER, Ernst
DASSANOWSKY-HARRIS, von, Robert
DELCOURT, Victor
DIESING, Heinz G.
DÖRFEL, Helmut
DOMSCH, Klaus

28. Januar

DUWENDAG, Dieter
EGGSTEIN, Manfred
EHRENBRAND, Friedrich
EIBL, Karl
ERNST, Werner
EYSEL, Hans-Hermann
FISCHER, Hermann
FLATH, Fritz
FRENZEL, Elisabeth, geb. Lüttig-Niese
FREYE, Hans-Albrecht
FRIEMOND, Hans
GERLACH, Horst-Henning
GLASER, Horst Albert
GLUP, Gerhard
GOMPF, Ludwig
GROTH, Karsten
GRÜNDER, Irene
GUTHOFER, Wilhelm
HAHN, Gerhard
HIPPEL, von, Eike
HOCHHEUSER, Kurt
HÖPKEN, Heinrich
KANTZENBACH, Erhard
KEIL, Wolfgang
KESTEN, Hermann
KLINGENBERG, Wilhelm
KNOOP, Kurt E.
KÖHNKEN, Adolf
KOLVENBACH, Walter
KOPPLIN, Günter
KROME, Adolf
KRUCK, Thomas
KÜLB, Karl Georg
LIEBL, Franz
LÖFFLER, Ernst
LOSKANT, Karl-Adolf
MADER, Franz
MERKEL, Friedemann
MEYER, Anton
MÜLLER, Carl Werner
MÜNDNICH, Karl
OLESCH, Günter
PIEFKE, Gerhard
PÖSCHL, Viktor
POST, Werner Heinrich
PÜRKNER, Erich Walther
RINGLEB, Karl
ROHLOFF, Heide Norika
RUDOLF, Herbert
RÜEGG, Johann Caspar
SCHÄFER, Helmut
SCHARABI, Mohamed
SCHLÜTER, Kurt
SCHLÜTER, Wilfried
SCHMIDT, Friedrich-Werner
SCHUMM, Helmut
SCHWEITZER, Walter
SEIFRIZ, Hans Stefan
STEPHAN, Eberhart
STEPHANOS, Samir
STICHNOTE, Werner E.
STÜTZER, Herbert-Alexander
VOSS, Peter
WALCHSHÖFER, Alfred
WEGHMANN, Jürgen Th.
WEIZSÄCKER, Freiherr von, Carl-Christian
WIEBEL, Martin W.

29. Januar

ADELSBACH, Rudolf
ALEMANN, von, Mechthild
ANKELE, Karl Heinz
ARNDT, Mark (Michael)
BARRELET, Horst
BATTENHAUSEN, Ronald
BIEDERMANN, Günter
BOLL, Kuno Fridolin
BORNHAUPT, von, Kurt Joachim
BOWITZ, Dieter
BRAUN, Werner P. H.
BRAUN-FELDWEG, Wilhelm
BUCHRUCKER, Armin-Ernst
BÜCHLER, Hans-Joachim
DIEDERICH, Jürgen
EBERSBACH, Harry
EGGER-BÜSSING, Klaus
EHLERS, Carl-Christian
EISEL, Horst
ELSÄSSER, Martin
ENSSLIN (ß), Joachim
ERLING, Hans P.
FASOL, Karl-Heinz
FASSBENDER, Hans Georg
FUCHS, Anton
GEBELEIN, Helmut
GODT, Herbert
GÖLLER, Andreas
GÖNNENWEIN, Wolfgang
GÖTZ, Hans Herbert
GRAMM, Hans-Joachim
GRÜBLER, Ekkehard
GUMLICH, Gertrud
HABICHT, Werner
HAMMACHER, Konrad
HANNWACKER, Hannsgünter
HARDER, Wilhelm
HARTMANN, Hans-Joachim
HECHT, Hans-Joachim
HENTSCHEL, Volker
HERBIG, Oskar
HEROLD, Alfred
HESSE, Konrad
HIRSCH, Peter
HOFMANN, Gert
HOLTZ, Wolfgang Harold
HURST, Harald
KELLETAT, Dieter
KERN, Hans
KLEMM, Dietrich D.
KNOPP, Guido
LAITENBERGER, Hugo
LIEBERICH, Heinz
LIEGLE, Ludwig
LUDWIG, Franz
MATTHIESEN, Hinrich
MAUSER, Wolfram
MAYR, Christian
MELCHERS, Hans H. P.
MERGEN, Armand
MÖRBITZ, Eghard
NEFF, Reinhold
NOLL, Josef B.
PICKER, Bernold
REINER, Ludwig
REUTER, H. Jörg
RIEDEL, Heinz
RITTER, Ulrich Peter
RÜDEN, Henning Frank
SACHS, Klaus-Jürgen
SCHIPHORST, Bernd
SCHNEIDER, Uwe H.
SCHUCHARDT, Erika
SCHULTE, Peter
SCHULZ, Rolf S.
SCHWEGLER, Lorenz
SENGLING, Dieter
STAAK, Werner
STEINER, Friedrich
STROH, Günter
SYRING, Rüdiger
TERHEYDEN, Rolf
THIEMANN, Wolfram
TIMM, Curt
ÜBERLA, Karl
WARNKE, Detlef Andreas
WEBER, Heinz C.
WELZEL, Gotthard
ZAHN, von, Peter
ZIMMERMANN, Andreas
ZIMMERMANN, Heinz

30. Januar

ALBRECHT, Ulrich
BASTIAN, Hans Dieter
BECKELMANN, Jürgen
BLÜMLE, Gerold
BOETTCHER, Wolfgang
BOWITZ, Horst
BRACKERT, Helmut
BREITENSTEIN, Rolf
BRUHN, Jochen
DASSMANN, Ernst
DAUTZENBERG, Gerhard
EISENHUT, Werner
EMRICH, Fritz
ENGELBRECHT, Wolfram
FEINENDEGEN, Wolfgang
FIKENTSCHER, Rüdiger
FLECK, Hans-Joachim
FRANCK, Ulrich-Frohwalt
FRIEDRICH, Jörg
FRITZ, Johann Michael
GEISSLER (ß), Ursula
GEMPER, Bodo B.
GOLLWITZER, Heinz
GUTTING, Ernst Josef
HAFERKAMP, Heinz
HAHN, Harry
HEIDBERG, Joachim
HOCKE, Wolfgang
HÖHN, Carola
HOLLMANN, Wildor
KALLEE, Ekkehard
KASSEBOHM, Wolfgang
KEMPF, Alfons
KLEPSCH, Egon A.
KNORR, Günther
KREISKORTE, Heinz
KRONSCHWITZ, Helmut
KRUSCHWITZ, Lutz
KÜNTZEL, Gottfried
KUSCHE, Benno
KUTSCHEID, Michael
LENK, Kurt
LIEGL, J. Alfred
LOHR, Christian
MAHLKE, Knut
MLYNSKI, Dieter A.
MÖCKEL, Andreas
MOTTÉ, Magdalena
NAWRATH, Karl
POHL, Hans-Peter
PREUSSEN (ß), Prinz von, Wilhelm-Karl
QUAST, Heinrich
REICHARDT, Werner
ROSZ, Martin Ulrich
RÜFFER, Hans
SAWODNY, Wolfgang
SCHRANZ, Anton
SCHROEDTER, Paul
SCHULENBURG, Graf von der, Wilhelm
SEIDL, Alfred
SENG, Emil
SEWERING, Hans Joachim
SKALITZKY, Josef (Sepp)
VOSSIUS, Gerhard
WALLHÄUSSER, Hermann
WEIMAR, Karlheinz
WEISE, Klaus
WERREMEIER, Friedhelm
WETTIG, Rainer
WISBECK, Jörg
WOLFF, Erwin
ZISCHKA, Gert

31. Januar

ACKERMANN, Paul
ARENS, Hans
BAUER, Heinz
BAUER, Kurt Heinz
BAUMANN, Helmut
BECKER, Karl
BEHR, Helmut
BIERMANN, Peter F.
BLANK, Herbert C.
BOESCHE-ZACHAROW, Tilly
BÖSEL, Rainer
BORST, Hans-Joachim
COSTABEL, Ulrich
DEGENHARDT, Johannes-Joachim
DETERS, Heiko
DORNIER, Peter
EBERT, Karen
EMMERICH, Kurt
EVERT, Helmut
FELMY, Hansjörg
FENZL, Fritz
FÖRSTER, Hans O. F.
FRIEDBERG, Klaus Dietrich
FÜHRER, Claus
GIESBRECHT, Peter
GORLAS, Johannes
GUTZSCHHAHN, Uwe-Michael
HABERMEHL, Karl-Otto
HAHN, Oswald
HARNACK, von, Gustav-Adolf
HAUCK, Günther
HAUSER, Hans
HEIN-BECKER, Hans
HERRMANN, Joachim
HIMMELMANN-WILDSCHÜTZ, Nikolaus
HOFMANN, Hans
JÖRG, Hans
KEMMINER, Karlheinz
KERMEL, Heinz-Joachim
KHUON, Ulrich
KNOPP, Werner
KUEN, Hermann
KUHFUSS, Günter Friedrich
LÄSSIG, Erik Theodor
LEICH, Werner
LENZ, Helmut
LICHTENBERG, Peter Max
LIESE, Walter
MARTIUS, Gerhard
MEINECKE, Georg
MITTELSTEINER, Karl-Heinz
MÖSSBAUER, Rudolf L.
MÜLLER, Ernst Wilhelm
MUSSNER, Franz
OTTO, Hellmut
PUFF, Alexander
RAPP, Friedrich
REICHARDT, Wilhelm
REMY, Gunther-E.
REUTER, Eike
ROTH, Jörg Kaspar
ROTHENBERG, Leonhard
SCHAUMBERGER, Egon
SCHIEFFER, Rudolf
SCHLIER, Ado
SCHMIDT, Frank
SCHNEIDER, Norbert
SCHRAM, Armin
SCHULZ, Paul
SEITZ, Willi
SIEBENMARCK, Hans-Karl
SPIES, Werner Emil
STEINWACHS, Friedrich
STRATENWERTH, Günter
TÜRK, Hubert
WAHRLICH, Horst
WAND, Karl
WIEANDT, Paul
WIEGELMANN, Günter

1. Februar

ADOLFF, Jürgen
ALDINGER, Hermann
AMSINCK, Werner
ASBECK, Otto W.
BACKES, Hanns
BALD, Werner
BELZNER, Hermann Carl
BENTHAUS, Friedrich
BESECKE, Kurt
BEYERHAUS, Peter
BÖHR, Christoph
BOHL, Martin
BOSETZKY, Horst (-ky)
BRENNECKE, Wilfried
BROMANN, Peter
BRÜGMANN-EBERHARDT, Lotte
CYRAN, Eberhard
DIETRICH, Hans-Walter
EDER, Franz Xaver
ERDL, Oscar
EYRICH, Heinz
FICHTNER, Egon
FRANKE, Jürgen
FREY, Karl Franz
FUNKE, Hans-Günter
GABRIEL, Hellwart
GEHRICKE, Klaus-Peter
GEIPEL, Robert
GLAZIK, Josef, M.S.C.
GROSSER, Alfred
GUPTA, Derek
HARTWIG, Hans-Georg
HEIMES, Rudolf
HEINRICH, Gerhard
HELD, Klaus
HENGSTENBERG, Wolfgang
HERRIG, Gerhard
HILLER, Heinz Herbert
HORST, Eberhard
JACOBI, Renate, geb. Tietz
JACOBSEN, Uwe
JANNOTT, Horst K.
KAUER, Erhard
KAUL, Henning
KEMPER, Gustav Wilhelm
KESSLER, Gerhart
KLEINERT-LUDWIG, Annemarie
KLÖHN, Gottfried
KLOOSE, Hans-Otto
KÖLL, Peter
KOSCHORKE, Ulrich
KREIKEBAUM, Hartmut
KÜHN, Dieter
KUNDE, Wolfgang P.
LAUER, Wilhelm
LORENZEN, Harald
LUCKE, Horst-Günter
MATUSSEK, Paul
MEGERLE, Klaus Reiner
MEINECKE, Carl-Theodor
MENNICKEN, Jan-Baldem
MESSER, Hans
MIDUNSKY, Karl Heinz
MÜLLER, Rolf
MÜLLER-KARPE, Hermann
NESTROY, Harald
PFADENHAUER, Jörg
PFAFF, Gerhard
PLANCK, Alfred
RAUSCH, Edwin
REIS, Maja-Maria
SACHSE, Werner E.
SALZMANN, Christian
SCHAD, Franz
SCHAFFER, Gerhard
SCHEEL, Hans-Dieter
SCHERRER, Gerhard Eugen
SCHIRMER, R. Heiner
SCHLIER, Christoph
SCHON, Hermann
SCHRAMM, Werner
SCHROBENHAUSER, Matthias
SCHULZE, Erich
SEIBEL, Hans Dieter
SOMMER, Friedrich
STEUBING, Lore
STEVES, Kurt
STOCKHAUSEN, Josef
STRIFFLER, Helmut
SYWOTTEK, Arnold
THOMAS, Bodo
TRUCKENBRODT, Erich Andreas
VOSS, Friedrich
WALTER, Rolf
WERDICH, Helmut J.
WERMUTH, Manfred
WESTPHAL, Otto

2. Februar

AMENT, Hermann
BÄUMER, Arno Paul
BALKENHOL, Heinz S. J.
BAUER, Johann
BLÜMMERS, Heinz
BOEKE, Uwe
BOETERS, Max
BOUILLON, Erhard
BRANDMÜLLER, Theo
BÜCHLER, Hans
BURKERT, Walter
DACHS, Joachim
DEISENROTH, Karl A.
DIELMANN, Axel
DOTZENRATH, Wolfgang
DRUBIG, Hans Bernhard
EBERT, Günter
ENDERS, Hubertus
FRANK, Adolf
FRENZ, Karlgustav
FRIEDEL, Lothar
GANZER, Klaus
GERHARDS, Fritzdieter
GESTRICH, Helmut

GRAGES, Erich
GUNDLACH, Friedrich W.
HANKE, Georg
HECKEL, Hans-Wulf
HLAWATY, Graziella
HONNEFELDER, Hans Georg
HORNBOGEN, Erhard
HÜLSMANN, Heinrich (Heinz)
IRMSCHER, Hans Dietrich
KAMPHAUS, Franz
KHAN, Mohammed Hussein
KILLINGER, Erich Trutz
KNEBUSCH, Manfred
KÖRTE, Gerrit
KRAMPITZ, Gottfried
KRIEG, Hermann
KUHN, Hugo jun.
LEUSSINK, Hans
LÜTTICHAU, von, Hannibal
MADELUNG, Gero
MAURER, Hans-Joachim
MAYER, Hans-Eberhard
MEYER, Hans Jürgen
MOHR, Rudolf
MORITZEN, Niels-Peter
MURAWSKI, Josef
NECKER, Tyll
NIEBELING, Hugo
NOACK, Herbert
NOELLE, Horst Carl
OERTER, Georg W.
PUCHER, Paul
REICHERT, Eberhard
RIECKER, Gerhard
ROEDER, Gustav
RÖSEL, Peter
RONGE, Volker
SCHIETZEL, Carl
SCHMIDT, Georg-Winfried
SCHOENEN, Kurt
SCHRAFT, Rolf D.
SCHULZ, Heribert
SCHULZ, Oskar
SENFT, Bodo Ernst
SICKERT, Walter
SOLLBÖHMER, Otto
SOMMER, Gert
STADELMANN, Li
STEUERNAGEL, Friedrich
STORCH, Günter W.
SÜSS, Reiner
TIETZ, Bruno
TOEPEL, Tim H.
WALTEMATHE, Ernst
WASMUND-BODENSTEDT, Ute
WEHKING, Heinrich
WEIDEMANN, Ehrenfried
WELTE, Werner
WENNER, Heinz
WESEL, Uwe
WIESSNER (ß), Gernot
WILLIAMS, Ron (Ronald)
WIRTH, Heinz
ZIMMER, Alf

3. Februar

BECHTOLSHEIMER, Willi (Wilhelm)
BECKEL, Albrecht
BENDER, Karl
BERZ, Ulrich
BLASCHKE, Gottfried
BLEY, Wolfgang
BOLDT, Karl-Heinz
BRIEGER, Norbert
BROER, Ingo
BRUGGENCATE ten, Gerrit
BUDCZIES, Michael
BUGARCIC, Helmut
CORMEAU, Christoph
DALL'ASTA, Eberhard R.
DEBUS, Friedhelm
DEMPWOLF, Gertrud
DETTENHOFER, Günther
DIETZEL, Adolf
DÜCHTING, Helga
EBEL, Siegfried
FLICK, Friedrich Karl
FREYBERGER, Roland
FUSENIG, Norbert, Eugen

GABRIEL, Eugen
GAMER-WALLERT, Ingrid
GERKE, Wolfgang
GIERE, Wolfgang
GLATZEL, Norbert
GOTTLIEB, Gunther
GUDEWILL, Kurt
HAFERLAND, Hans-Ulrich
HALIN, Rudolf
HAMMESFAHR, Manfred
HENCKMANN, Wolfhart
HERRMANN, Bernd
HOLDT, von, Kurt
KAMPHAUSEN, Artur
KIELMANSEGG, Graf von, Carl N.
KILIAN, Wolfgang
KLEIN, Wolfgang
KLINGEMANN, Hans-Dieter
KORB, Gerhard
KRATZMEIER, Heinrich
KREIS, Gabriele
KÜTHER, Kurt
LIEBHART, Ernst
LUTHER, Walter
MARNER, Waldemar Josef
MERCK, Johann Peter
MERCKER, Hermann
MICHELS, Tilde
MOCKENHAUPT, Hubert
MUTH, Hermann
(MYSS-)LUBINGER, Eva
OTTO, Joachim
PADBERG, Rudolf
PIEKENBRINK, Rolf
PISKE, Hubert
REICHMANN, Heinz
REITBAUER, Alois
ROTHSCHILD, Franz
SCHIEBLER, Theodor H.
SCHLIESSER (ß), Theodor
SCHÖNBORN, Wilfried
SCHÖNHALS, Ernst
SCHWALBA, Martin
SEEGER, Karl
SEIBEL-EMMERLING, Lieselotte
SEIBERT, Jakob
SIGLOCH, Walter
SONNEMANN, Ulrich
SPECHT, Ernst-Dieter
STARZACHER, Karl
STAUDTE, Adelheid, geb. Sievert
STEINEL, Kurt
STIER, Kurt-Christian
STURM, Alexander
TAUBERT, Uwe
VAJDA, Ladislaus
VOGEL, Hans-Jochen
VOLK, Eberhard
WAGNER, Wolfgang
WEIGEL, Helmut
WENZEL, Otto
WILLUHN, Dietrich
WILPS, Helmut
WINNER, Christian
ZIESCHE, Norbert

4. Februar

ALVENSLEBEN, von, Joachim
ARNIM, von, Clemens
BACH, Franz-Josef
BLAUROCK, Uwe
BLÖMER, Alois
BOMMERS, Fritz
BRENNBERGER, Ulrich
BRINKMANN, Wolfgang
BRONISCH, Friedrich Wilhelm
BRÜSKE, Hans-Günther
DISTEL, Franz Josef
DRIESCH, von den, Günther
EHMKE, Horst
EHRENSTEIN, von, Dieter
EISENMENGER, Wolfgang
ELTGEN, Horst
ENGELS, Karl-August
FINKE, Joachim
FRENZ, Helmut

FUCHS, Christoph
FUHRHOP, Jürgen-Hinrich
GERBER, Hermann
GIERKE, Max
GNIESMER, Friedrich
GULLOTTA, Filippo
HANSEN, Reimer
HARTUNG, Werner
HEIDE, Gerhard
HENNEBERG, Claus H.
HUND, Friedrich
JETTER, Werner
KELLER, Hans Alfred
KLIER, Freya
KNIOLA, Franz-Josef
KOLARZ, Henry
KREMPEL, Gerhard
KÜHN, Margarete
LENZ, Widukind
LENZEN, Wolfgang
LIPP, Peter
MAEYAMA, Yasukatsu
MANG, Hans J.
MEUSEL, Ernst-Joachim
MEYER-HARTMANN, Hermann
MICHALIK, Regina
NACHTIGALL, Dieter
NACHTIGALL, Horst
NERLICH, Günter
NEUPERT, Herbert
NIGGEMANN, Hermann
POHL, Hans
POLLAK, Helga
PORZNER, Konrad
PRECHT, Herbert
RETEY, Janos
ROST, Richard
SCHIRMER, Kurt-Peter
SCHMITT, Eberhard
SCHÖNBACH, Peter Michael
SCHÖNBÖCK, Karl
SCHULZE, G. E. Werner
SCHURR, Adolf
STAUF, Paul
STRECKER, Otto
STROETMANN, Karl A.
STÜRMER-ALEX, Erika
SUTTER, Christian
TIWISINA, Theodor
TRÖGER, Walther
VOGEL, Helmut
WAGNER, Eugen
WICKERT, Ulrich
WILHELMY, Herbert
WILLGERODT, Hans
ZENK, Meinhart H.
ZIMMERMANN, Eduard

5. Februar

ADE, Meinhard
ANTOINE, Herbert
ANTRETTER, Robert
BAUER, Oswald Georg
BECK, Kurt Georg
BECKER-CARUS, Christian
BEGINNEN, Ortrud
BISCHEL, Franz Josef
BODEMANN, H. Harm
BREDEMEIER, Harm
BREUER, Fritz
BRUNS, Martin
BURG, Günter
BURGEY, Franz
BURKERT, Martin
CHRIST, Paul Wilhelm
COURTH, Paul
DINKELBACH, Werner
DOLLINGER, Hans
EILENDER, Hans Jürgen
EISERT, Wolfgang G.
FELDMANN, Dierk Götz
FRANZ, Gunther
FRANZ, Johannes
FRITSCHE, Peter
FUNCKE, Heinz Peter
FUNKE, Paul
GASCH, Bernd
GLUNZ, Martin
HAAS, Rudolf

HAISCHER, Klaus Adelbert
HAMEL, Winfried
HARMS, Heinrich
HEIMANN, Hans-Peter
HELLENTHAL, Wolfgang
HELMLE, Bruno
HERDE, Peter
HINSKEN, Ernst
HORBATSCH, Olexa
IMIELA, Hans-Jürgen
KEITEL, Klaus
KLOSE, Werner
KNAUER, Peter SJ
KOERNER, E. F. Konrad
KRAMER, Fritz
KREMER, Hans
KRENKEL, Werner
KRETSCHMER, Volker
KRUPP, Bruno
KRUSE, Horst Hermann
KUBITZA, Werner
KUTTER, Peter
LANGE, Franz Christian
LELL, Joachim
LEONHARD, Kurt
LÖWE, Walter
LORENZEN, Rudolf
MIDDENDORFF, Jürgen
MOMMERTZ, Paul
NIENHAUS, Christian
OBERSCHELP, Arnold
OPPOLZER, Siegfried
OTTWEILER, Ottwilm
PARETTI, Sandra
REGLER, Konrad
ROHS, Hans-Günther
RÜTHER, Heinz
RUF, Hugo
SANDSTEDE, Gerd
SCHACHTSCHNEIDER, Herbert
SCHAEFER-KEHNERT, Walter
SCHMIED, Wieland
SCHNEIDER, Josef
SCHWEIGER, Martin
SCHWEIZER, Eckhart
SCHWEMMLE, Berthold
SEELMANN-EGGEBERT, Rolf
SEILER, Emil
SKALWEIT, Stephan
SÖLLNER, Alfred
STROBELT, Manfred
TAYLOR, David Marshall
WOLFINGER, Bernd
ZIMEN, Karl-Erik
ZIMMER, Hans

6. Februar

ARTHECKER, Wilhelm
AUTRUM, Hansjochem
BARTH, Hans Joachim
BECKER, Josef
BERNDL, Ernst Heinrich
BERNHARDT, Günter
BICKELE, Rita
BÖNNER, Karl-Heinz
BORNHEIM gen. Schilling, Werner
BRÄUTIGAM, Hans Otto
BRAUMANN, Philipp
BRENKE, Theodor
BUCHHEIM, Lothar-Günther
BUCHNER, Klaus
CLAPHAM, Ronald
DIETRICH, Wolfgang
DOMBROWSKI, Harald
FECHT, Gerhard
FELLENBERG, Günter
FÖHR, Horst Joachim
FROHBERG, Günther
FUCHS, Michael
GATTOW, Gerhard
GILLE, Klaus-Wilhelm
GILLES, Peter
GROMNICA-IHLE, Erika
GROSCH, Robert F.
HAAG, Ernst
HAMMER, Klaus

HAMMERSCHMIDT, Wolfgang
HEINZ, Rudolf
HELLER, Siegfried
HERHAUS, Ernst
HOLLÄNDER, Hans
HUF, Christoph A.
JACHNOW, Helmut
JORDAN, Kurt
KEESE, Dietmar
KERN, Hartmut
KIESSLING (ß), Werner
LAHUSEN, Carl
LEITZMANN, Claus
LINK, Helmut
MAAS-EWERD, Theodor
MAYR, Anton
MEINDL, Dieter
MEYER, Wilhelm (Willi)
MÜLLER, Klaus J.
NEHLER, Uwe
NEUBAUER, Walter Friedrich
PELZ, Monika
PLACHKY, Detlef Dietmar
PLATTIG, Karl-Heinz
PÖSCHL, Ernst
POHLEY, Heinz-Joachim
RALL, Hans
REICHELT, Achim
RICHOLT, Kurt
RODENSTEIN, Louis
RÖLLIG, Wolfgang
SCHAEFGEN, Heinz
SCHATZ, Klaus-Werner
SCHILKEN, Eberhard
SCHLOBACH, Jochen
SCHUIERER, Hans
SCHUMANN, Thomas B.
SCHWEINFURTH, Ulrich
SCHWENK, Helga
SEIBEL, Wilfried
SENN, Josef Fidelis
SEUFFERT, Brigitta
SOBIREY, Horst
SOLTER, Fany
STAUFFER, Dietrich
SZYMCZAK, Heinz
TETZNER, Bruno
VOSBERG, Henning Richard
WALTER, Helmut
WEIER, Reinhold
WEINER, Richard
WOLLRAD, Rolf
WUERMELING, Hans-Bernhard
ZAHN, Rudolf-Karl

7. Februar

ALBECK, Hermann Christian
ANDRES, Elmar
ANGERMEYER, Helmut
ASMUS, Walter
BÄUMLER, Friedrich
BAUMGART, Hans-Dieter
BECKER, Josef
BECKER, Wolfgang-Helmut
BEUCKERT, Rolf
BÖHM, Rudolf
BÖRNER, Holger
BORGHS, Horst P.
BRISCH, Klaus
BURCHARDT, Lothar
BUSCHBECK, Heinz
CAMPENHAUSEN, Freiherr von, Otto
DENK, Rudolf
DINGEL, Joachim
DRESSEL (ß), Horst
EHMANN, Horst
ESCHENAUER, Hans
FAY, Carl-Norbert
FEY-FEHRENBACH, Anneliese
FINK, Heinrich (Heinz) F.
FISCHER, Dieter
FRIEDL, Herwig
FÜGER, Wilhelm Friedrich
FUNCK, Rolf
GÖLLER, Heinrich
GRIMMER, Gernot

7. Februar

GRÜNDER, Horst
HAIBACH, Marita
HALDER-SINN, Petra
HANDLGRUBER, Veronika
  geb. Rothmayer
HARMS, Ulrich
HARTH, Wolfgang
HARTMANN, Stefan
HEIN, Wolfgang-Hagen
HERBST, Alban Nikolai
HERMANNS, Manfred
HILBERG, Wolfgang
HIRDT, Willi
HOCKERTS, Hans Günter
HOLTMEIER, Gerhard
KAIRIES, Hans-Heinrich
KAISER, Hermann-Josef
KELLNER, Horst
KNÖCHEL, Walter
KOCH, Gerhard
KOCH, Heribert F.
LABARDAKIS,
  Augoustinos
LAMPING, Dieter
LARENZ, Rudolf-Wilhelm
LINDE, Jürgen
LOECKLE, Michael
LOTTES, Günther
MAX, Anton
NICOLAYSEN, Gert
NOLTE, Claudia
PAPENFUSS (ß), Rainer
PFLUGRADT, Helmut
POETZ, Josef
PREUSSLER (ß), Helmut
QUINKERT, Gerhard
RAPP, Rainer
RAWE, Wilhelm
ROSENTHAL, Alfred
ROSZBERG, Dieter
SCHEFFEL, Helmut
SCHEIDT, vom, Jürgen
SCHLEMBACH, Anton
SCHMIDT, Roderich
SCHWEINITZ, von,
  Wolfgang
SCHWEITZER, Hans-Joachim
SCHWERIN von
  SCHWANENFELD,
  Graf von, Wilhelm
SEELING, Reinhard
SEIFERT, Gerhard
SIEGERT, Hans-Christian
SIEGERT, Walter
SPANEHL, Werner
TAKANO, Kohsi
TRIEBEL, Hans
UNGERN-STERNBERG,
  von, Sven
WEIDEMANN, Willi H.
WITTIG, Siegfried
ZANKER, Paul

8. Februar

ALBERT, Hans
ANTHES, Peter
BAERNS, Barbara,
  geb. Beckmann
BARTHEL, Woldemar
BECHTELER, Theo
BECKER, Joseph
BENNINGHOVEN, Alfred
BÖDEKER, Jürgen
BÖTTCHER, Bodo
BRÄUNING, Martin
BRANDENBURG,
  Alois Günter
BRASS, Karl
BREINL, Hermann
BRUNNER, Oskar
BSCHOR, Friedrich
BÜNEMANN, Gerhard
BURKART, Erika
CRONENBERG,
  Dieter Julius
DAUM, Josef
DENFFER, von, Dietrich
DIEHL, Günter
DIEM, Max
ELSHORST, Günter
ELSNER, Reinhard
EMIG, Günther
ERDMANN, Volker, A.
FALK, Walter
FENN, Herbert
FISCHER, Werner
FRANZ, Herbert
FRANZ, Herbert
GEYER, Angelika
GILLES, Sibylla
GOTTZMANN, Carola L.
GRAUERT, Hans (Johannes)
GRIESCHE, Detlef
GÜTSCHOW, Gerhard
HAGENI, Alfred
HAUPT, Jürgen
HEINSCHKE, Horst
HEUER, Hermann
HOPPE, Ulf Armin
JOHANNEMANN, Eugen
KERN, Norbert Heinrich
KIEFERLE, Wolfgang
KLENK, Hans Dieter
KLEVER, Manfred
KOHLER, Hansrobert
KOPPITZ, Hans-Joachim
KRUG, Manfred
KÜHN, Günter
KUNTZE, Herbert
LANGER, Hans
LATENDORF, Fritz
LIPTAY, Wolfgang
MÄGDEFRAU, Karl
MEIER-PLOEGER, Angelika
MELCHER, Hanno W.
MOSEL, Ulrich
MRASS, Walter
MÜLLER, Berndt
NETTER, K. J.
NIEDERMEIER, Georg
NORDHUES, Paul
ORTH, Elisabeth
PICK, Eckhart
POSDORF, Horst
PUFENDORF, von, Lutz
QUARTA, Hubert Georg
REINBOTH, Ernst
REINEFELD, Erich
RICHARD, Karl-Eduard
RÖHLINGER, Peter
RÖTTGEN, Peter
RUST, Ulrich
SCHAD, Alfred
SCHULTE, Harald
SEUFFERT, Otmar
SILBERREIS, Karl W.
STAATS, Reinhart
STÄGLICH, Dieter
STAUDINGER, Max W.
STEINHAUER, Waltraud
TRÄNKLE, Hans
WAGNER, Ulrich
WANGENHEIM,
  Freiherr von, Adolf
WITZEL, Herbert
ZIEMANN, Sonja

9. Februar

ABELS, Ulrich
ADAM, Adolf
AWEH, Carl-August Ludwig
BAIER, Manfred
BECK, Hans Jürgen
BECKER, Hans Joachim
BENTELER, Erich
BETSCHART, Hansjörg
BICK, Otto
BLEICHER, Heinz M.
BÖHM, Wilfried
BORNKAMM, Reinhard
BRAUCHLE, Eugen
BURDA, Hubert
BUSSMANN,
  Karl Ferdinand
CAPELLE, Heinz
CLAUSSEN, Heinz-Helmut
DAHLINGER, Erich
DRACHE, Heinz
DRESCHER, Philipp
DÜCKER, Gertrud Franziska
ECKSTRÖM, Wilhelm
EICHNER, Karl
ELMER, Konrad
ENGELHARDT,
  Freiherr von, Wolf
FECHNER, Jörg-Ulrich
FINK, Ewald
FISCHERKOESEN,
  Hermine Dorothée,
  geb. Tischler
FROESE, Leonhard
GAENSSLER, Peter
GEHLEN, von, Kurt
GEISS, Imanuel
GENZMER, Harald
GIESLER, Hans-Bernd
GOLDBERG, Werner
GOMBEL, Heinrich
GROH, Klaus
GROSS (ß), Christian
HANNEMANN, Volker
HAPPE, Günter
HAPPEL, Otto Bernhard
HEIM, Burkhard
HELLWIG, Günter
HERLITZ, Peter
HOFFMANN, Wolfgang
JUNG, Fredo
KEMPER, Fritz H.
KNAUTH, K. Alfons
KÖSER, Reinhard
KOLMS, Heinz
KRÄMER, Martin
KRANZ, Gisbert
KREINER, Siegfried
KRÜGER, Hans-Helmut
LAFORGUE, de, Leo
LEONHARDT, Rudolf Walter
LOEWE, Lothar
LUBOS, Arno
LUDWIG, Walther
MADER, Rolf
MEYER-MARSILIUS,
  Hans-Joachim
MÜLLER, German
MUNARI, Franco
MUNTER, Heinz
NICKEL, Karl
NÜRNBERGER, Siegfried
OOSTERGETELO, Jan
PAPROTH, Eva
PESCHEL, Gerhard
PFEIFFER, Erhard
PFREUNDSCHUH, Gerhard
RICHTER, Gerhard
RICHTHOFEN, Freiherr von,
  Manfred
ROTH, Oskar
SCHEEL, Günter
SCHEVEN, von, Manfred
SCHÖNE, Wolfgang
SCHOENTHAL, Hans-Ludwig
SCHOEPPLER, Otto
SCHULTZ, Walter
SCHWONKE, Martin
SEIDEL, Max
SEYFARTH, Constans
SIMON, Karl Günter
SPÄTH, Friedrich
SPALLEK, Karlheinz Anton
STILLER, Georg
STOMMEL, Wilhelm Peter
STOTZ, Hermann
THÜRAUF, Jobst R. E.
TIEMANN, Eberhard
WÄFFLER, Hermann
WENGENMEIER, Richard
WIMMER, Alfred
WITT, Alfred N.
WOHLLEBEN, Reinhard
WULF, Karl Christian

10. Februar

ARNOLD, Gottfried
BEUCKER, Frank Gustav
BINDER, Kurt
BISCHOF, Heinz
BOEDEN, Gerhard
BÖHMER, Otto A.
de BOER, Wolfgang E.
BÖRNSEN, Gert
BOGDANDY, von, Ludwig
BORCHERT, Manfred
BOTTERBUSCH, Vera
BÜTTNER, Hans Wolfgang
CHANTRAINE, Heinrich
DAUB, Jörg
DÖRING, Herbert
EBERT, Wolfgang
FACKELMANN, Michael
FLAMMERSFELD, Arnold
FRIESEL, Uwe
FRITZSCH, Harald
FÜRST, Ansgar
FUKAI, Hirofumi
GATZEMEIER, Matthias
GIPPER, Otto
GRÖNIG, Hans
HAASS, Elmar
HACKERT, Klaus
HEESING, Albert
HEINIG, Günter
HELBIG, Ludwig
HELLWIG, Hans
HOCKL, Hans Wolfram
HOLBE, Rainer
HUCKLENBROICH, Volker
HUGHES, Louis R.
JACOBI, Gert
KIMMICH, Erika Gertrud
KINDERMANN, Hans
KLEEMANN, Otto
KLIESING, Georg
KRIVAN, Viliam
KÜCHLE, Hans Joachim
LANGE, Hellmuth
LANGNER, Manfred Rolf
LAVEN, Hannes
LEHMANN, Konstantin
LINDHORN, Rolf
LINK, Helmut
LINSENMANN, Wolfram
LIPKAU, Ernst-Günther
LÖBNER, Gunther
LUDEWIG, Walter
MAHLO, Klaus
MANEVAL, Helmut
MARTZ, Georg
MAURUS, Wolfgang
MERKL, Rudolf
MERTEN, Hubert
NICOLIN, Friedhelm
NIEDERLÄNDER, Hubert
NIGGEMEYER, Heinz
OESTERMANN, Bernhard
PESDITSCHEK, Manfred
PRIEBE, Hermann
RAMSAUER, Peter
REINICKE, Dietrich
RUTH, Friedrich
SACHERL, Karl
SAHR, Peter
SCHÄFER, Harald
SCHLEIFER, Karl-Heinz
SCHMITT, Ludwig-Erich
SCHÖNBORN, von,
  Alexander
SCHWARTZ, Helmut
SEILER, Thomas Bernhard
SIESS, Manfred
SIMON, Hermann
SIMONS, Konrad
SINZ, Rainer
STEINHOFF, Jürgen
STEINHÜSER, Ferdinand
SÜSS, Wolfgang
SUIN de BOUTEMARD,
  Bernhard
TÖLKES, Hans
WEDEKIND, Frank
WIBBING, Siegfried
WICHMANN, Siegfried
WIEDMANN, Franz
WOLANDT, Gerd
ZAPFE, Udo-Wolfgang
ZECHBAUER, Peter Max
ZIMMERMANN, Wolfgang

11. Februar

APELT, Christian
BECHER, Reinhard
BEER, Ulrich
BEHRENS, Arno W.
BERGMANN, Burckhard
BERNHARD-von LUTTITZ,
  Marieluise
BITZ, Michael
BLESSING, Eugen
BOLLMANN, Horst
DILL, Peter
EICHMEIER, Joseph
FLECK, Klaus O.
GADAMER, Hans-Georg
GEH, Hans-Peter
GEMEINHARDT, Ottmar
GERHARDT, Dietrich
GLOGOWSKI, Gerhard
GRÄTZ, Reinhard
GRASHOFF, Eberhard
HAAG, Herbert
HARBORTH, Heiko
HARDER, Dietrich
HARTUNG, Wolfgang
HARZHEIM, Egbert
HECKER, Werner
HEDTKAMP, Günter
HEIDEBRECHT, Brigitte
HELLMICH, Adolf
HELLRIEGEL, Werner
HILPERT, Wilhelm (Willi)
HÖFFGEN, Heinrich
HOFFMANN, Dietrich
HOHNER, Walter
HOLL, Josef
HÜPPI, Alfonso
JELITTE, Herbert
KANTEL, Willy Johannes
KIELMANN, Henry
KÖBERLE, Klaus
KÖNIG, Herbert
KOVÁCS, Herbert
KRAUSE, Rudolf
KRÖGER, Hans
KUNZ, Gerhard
LAMBERT-LANG, Heide
LOEWER, Harald
MÄRKL, Jun
MATHIS, Edith
MIERAU, Hans-Dieter
MITZKAT, Hans-Jürgen
MUSSGNUG, Martin
NIEDRIG, Heinz
NITSCH, Manfred
OSTHOFF, Hans-Werner
PFENNIG, Gero
PILNY, Franz
RAFF, Fritz
RAUSCH, Ludwig
REX, Dietrich
RIES, Wiebrecht
SCHIFFLER, Ludger
SCHRÖDER, Erich
SCHULTZE, Wolfgang
SCHUMANN, Jochen
SCHWILLING, Werner
SEHER, Artur
STORCK, Klaus
STÜRTZEBECHER, Fritz
THOMA, Josef
TREUNER, Peter Hermann
VOGT, Andreas
WEHNELT, Christoph
WERNER, Norbert
WIENDAHL, Hans-Peter
WIESMETH, Hans
ZANDER, Hilmar
ZERCHE, Jürgen

12. Februar

ACKENHEIL, Werner
ARMES, Mary Beth
AUER, Alfons
BADURA, Bernhard
BAYRHAMMER, Gustl
BELZ, Helmut
BERNING, Walter
BLANK, Joseph
BÖHME, Ulrich
BORNEMANN, Gudrun,
  geb. Wattendorf
BRAUER, Karl Matthias
BREUER, Grit
BUCHMANN, Ewald
BURCKHARDT, Jürgen
CRAMER, Wolfgang-Dietrich
DEHNHARD, Fritz
DOTTER, Hans Erich
ECKERT, Gerhard
EPPELMANN, Rainer

EULITZ, Fritz
FEY, Herbert
FICK, Karl E.
FIESELER, Gerhard
FISCHER, Manfred Frithjof
FÖRSTER, Wieland
FRITZ, Volkmar
FUHR, Ernst
GAGEL, Alexander
GASSERT, Herbert
GELDMACHER, Henner
GEWEHR, Wolf
GIULINI, Udo
GLAGOW, Rudolf
GOMPPER, Rudolf
GOYKE, Ernst
GROTH, Hellmut
GUTHER, Max
HABERMANN, Willi
HARMS, Hanns
HARTMANN, Gerhard
HARTMANN, Heinz
HEIMANN, Gerhard
HENSS, Walter
HERMES, Hans
HERRMANN, Karl
HOFFMANN, Hajo
JAEGGI, Eva Maria,
 geb. Schaginger
JANCKE, Egbert
JÖBGES, Horst
JÖTTEN, Robert
KALITZKE, Johannes
KAUSCH, Walter Franz
KIEFER, Wolfgang
KIRNER, Georg-Simon
KLAUS, Bernhard
KLEMER, Almuth
KÖCKLER, Wolfgang D.
KÖHLER, Werner
KOVATS, von, Georg
KRAUSE, Barbara Elisabeth,
 geb. Schmid-Egger
KREITCZICK, Manfred
KREMPEL, Friedrich
KÜNZEL, Klaus
LEUSER, Franz
LOEWENECK, Hans
LUKAS, Georg
MATERN, Siegfried
MEISTER, Erhard
MENKE, Friedrich
MEYER, Detlev
MORGENROTH, Friedrich
MÜLLER-JAHNCKE,
 Wolf-Dieter
MURAWSKI, Hans
NEU, Otto
NOACK, Hans-Georg
NOBILING, Dietmar
OFF, Werner
OPGENOORTH,
 Ernst Rudolf
PETERS, Julius M.
RAUWALD, Armin
REERINK, Wilhelm
REGLER-BELLINGER,
 Brigitte
REINHARDT, Uwe
REULECKE, Jürgen
RIEKERT, Lothar
ROTHENBILLER, Franz J.
RÜHM, Gerhard
SCHARPF, Fritz W.
SCHAUWECKER, Ludwig
SCHILL, Emil
SCHOTT, Carl
SCHUMACHER, Heinz
SCHUPP, Volker Günther
SELBACH, Alfred
SELDIS, Rudolf
SELLMANN, Dieter
SONNTAG, Gerhard
STÄUBLE, Eduard
STEINGRÄBER, Erich
STEINSCHULTE, Gabriel M.
TREBESS, Manfred
TÜRKLITZ, Arno
TWORUSCHKA, Udo
VAHLBERG, Jürgen
WAAS, Anna-Luise,
 geb. Caesar

WAGNER, Norbert
WEISE, Walter
WIELEBINSKI, Richard
WURSTER, Fritz

13. Februar

ARNDT, Dietrich
ARNDT, Erich
BARTELS, Bernd
BEHRE, Karl-Ernst
BERGES, August Maria
BERNHARDT, Otto
BIRKHAN, Walter
BÖTTNER, Bernhard
BOHNSACK, Gustav
BOPP, Karl
DERES, Karl
DERSCHAU, Christoph
ENGELHARDT,
 Werner Wilhelm
FELMY, Karl Christian
FERLUGA, Jadran
FOKKEN, Berthold
FRANCKE, Werner
GRAUMANN, Karl-Heinz
GROPP, Axel
HAGEMANN, Wilhelm
HAHN, Heinz W.
HANSEN, Hans
HANSEN, Hans
HASSLER, Kurt
HENZE, Karl Ludwig
HILSE, Gotthard
HINZ, Hermann
HIRCHE, Walter
HÖYNCK, Klaus-Martin
HRUSKA, Friedrich-Theodor
HÜTTEL, Walter
JAHN, Fritz
JENTZSCH, Klaus
JÜRSS, Lisa
KÄUFER, Hugo Ernst
KAHNT, Günter Alfred
KANTOWSKY, Detlef
KAUL, Alexander
KILIAN, Michael
KLÖTZER, Walter T.
KOLCK, Reinhold
KREBS, Rolf
KÜGELGEN, von, Helga,
 geb. Meyer
LECHELER, Helmut
LEMHOEFER, Dieter Wolf
LÖSCHE, Peter
LOHMANN, Friedrich
MEIER zu KÖCKER,
 Heinz Friedrich
MEURERS, Joseph
MICHEL, Gerhard
NIES, Friedrich (Fritz)
PETERSEN, Joerg F.
PIEPER, Helmut
PILCH, Herbert
PRETZELL, Lothar
RADTKE, Wolfgang
RATZEL, Ludwig
RÖTHEMEIER, Heinz
ROHDE, Jochen
ROMSTÖCK, Kurt
ROSE, Gerd
ROSSA, Kurt
RUDOLPH, Fritz
SCHLEPEGRELL, Sybil,
 geb. Gräfin Schönfeldt
SCHMID, Albert
SCHMIDT-ASSMANN (ß),
 Eberhard
SEEBER, Hans Ulrich
SEHRBROCK, Hermann
SEUSS(ß), Wilhelm
STANKA, Peter
STAPP, Wolfgang
SÜSSENBERGER, ERICH
TAUSIG, Otto
TEGETTHOFF, Folke
VOSS, Frithjof
WEINBERGER, Bruno
WERNER, Helmut
ZIECHMANN, Jürgen

14. Februar

ANZENBACHER, Arno

ARGELANDER, Hermann
BARTHELMESS, Ursula,
 geb. Weller
BAUR, Hans
BAUR-HEINHOLD, Margarete
BÜSING, Arthur
DECKER, Karl
DIESTEL, Peter-Michael
DILCHER, Gerhard
EDEL, Gottfried
FISCHER, Horst
FRANKE, August
FRIEDRICH, Heinz
FÜRST, Ursula
GEIMER, Hubertus
GEPPERT, Hans J.
GÖTZ, Dieter
GRÄBENITZ, Horst
GÜLZOW, Henneke
GÜNTZER, Ulrich
GUTBROD, Jürgen
HABETHA, Klaus
HAHN, Annely
HIELSCHER, Hans-Jürgen
HOFFMANN, Paul
HÜTTINGER, Klaus J.
JUERGING, Karl Heinz
JUSTUS, Harald C.
KAMPMANN, Helmut
KASEMIR, Hans-Dieter
KAUFMANN, Werner
KLENERT, Otto
KLUGE, Alexander
KOCH, Hermann
KRAWEHL, Rolf
KRETSCHMER, Wolfgang
KÜMMERLE, Fritz
KUHLMANN, Friedrich
KUNTZE, Ernst
LEMKE, Karl-Heinz
LEMMEL, Dieter
LINDEMANN-BERK, Hans
LUTZ, Peter
MARX, Eberhard
MEICHSNER, Dieter
MIKURA, Gertrud
MÜLLER, Achim
MÜLLER, Erich
MÜNZER, Holger
NIEMCZIK, Heinz
OAKES, Kevin
OLSCHOWY, Gerhard
PAUL, Heinz Otto
PETTE, Dirk
PFEIFFER, Gerhard
PULLEM, Hans Jürgen
PUTLITZ, Freiherr zu,
 Gisbert
RAHN, Hartmut
RAMELOW, Tomas H.
RENTROP, Friedhelm
RIETZSCH, Alfred
RITTER, Ulrich
ROSE, Harald
RUTTE, Erwin
SCHAEFER, Helmut H.
SCHLUMBERGER,
 Friedrich Claudius
SCHMEKEN, Werner
SCHOLTYSSEK, Karl-Heinz
SCHULZ, Friedrich J.
SCHUMANN, Gerhard
SEAMAN, David
SOMMER, Franz
SPRECKELSEN, Kay
STÜTTGEN, Albert
THIELCKE, Gerhard
THOMALLA, Georg
UNGEWITTER, Inge
UTTER, Werner
VELTINS, Rosemarie
WAGNER, Friedrich
WEHLE, Winfried
WETEKAM, Heiko
WIEGMANN, Hildegard
WRBA, Heinrich
ZOLLER, Konrad

15. Februar

ALBERS, Willi
ALBERT, von, Hans-Henning

ALBRECHT,
 George Alexander
ALTHAUS, Egon
ARNOLD, Erich
BALLE, Hellmut
BAUMGARDT, Johannes
BEER, Christian
BIMBOESE, Bodo
BLOME, Helmut
BOENISCH, Detlef
BOLLIN, P. Eugen
BONNEKAMP, Udo
BONUS, Holger
BUCHWALD, Gerhard
BÜCHS, Hubertus
BUNDSCHU, Hans-Dieter
CULMANN, Herbert
DEML, Friedrich
DIETZ, Hermann
DREYHAUPT, Franz Joseph
EBERHARD, Walter
ECKSTEIN, Wolfgang
EICHSTÄDT,
 Hermann Werner
EILERT-OVERBECK,
 Brigitte
ENGELHARDT, Walter
FELDMANN, Harald
FLAD, Hans-Dieter
FRIEDMANN, Herbert
FRIEDRICH, Hilmar
GROSS, Gisela
HAGEN, von, Heinrich-Otto
HAMMERSCHMID, Josef
HARIEGEL, Werner
HARTMANN, Edith
HECKER, Waldemar
HELLER, Otto
HESSENBRUCH, Friedhelm
HEUER,
 Jürgen Hermann
HÖFER, Milan
HÖHNEN, Heinz Werner
JAKOBI, Gerhard
JANKE, Wilhelm
KIENITZ, Klaus-Peter
KIRTSCHIG, Kurt
KLEMM, Alfred
KLEPPA, Jürgen
KÖNIG, Benno
KRUPPA, Hans
LAHMANN, Erdwin
LANG, Norbert
LANGE, Klaus
LATTMANN, Dieter
LIESS, Bernd
LÖW, Reinhard
MAASS, Fritz
MAATMANN, Hermann R.
MÄRTEN, Heribert
MATTHIESEN, Klaus
MEINDL, Vinzenz
MENDGEN, Jürgen
MEYER, Laurenz
MONREAL, Gerhard
OLZOG, Günter
OPPERMANN, Thomas
PAUL, Wolfgang
PETER, Werner
PFLUGFELDER, Otto
POMMERENKE, Günther
RAU, Wilhelm
RIEDE, Urs-Nikoklaus
RIES, Thomas
ROTERS, Eberhard
RÜCKERT, Wolfgang
RUNDFELDT, Hans
SAKOWSKY, Peter
SCHIEFELBEIN, Gert
SCHLUCKEBIER, Günter
SCHMIDT, Reinhart
SCHMITT, Hatto H.
SCHOBER, Reinhard
SCHOENE, Hanno
SCHWIEGELSHOHN, Karl
SEPPELFRICKE,
 Hans-Wilhelm
SESSLER, Gerhard
SPRAUER, Germain
SPRUTE, Jürgen
STARLINGER, Ursula
STILCKEN, Rudolf

VERWEYEN, Hansjürgen
WAWRZIK, Kurt
WEISS, Arnold
WOLF, Dieter
ZINK, Achim

16. Februar

ANTON, Herbert
APEL, Günter
APPELL, Ehrhart
ARENS, Rolf-Dieter
AVERKAMP, Ludwig
BADER, Hans-Dieter
BALD, Klaus
BAUMANN, Heinrich
BECK, Friedrich
BENNINGHAUS, Hans
BIRNBAUM, Dietrich E.
BRAUER, Elfriede
BRAUER, Peter Sven
BRAUN, Ernst
BUCHWALD, Konrad
BUDKE, Gudula
CASTELL-
 RÜDENHAUSEN,
 Fürst zu, Siegfried
DECKERS, Manfred
DEHN, Mechthild,
 geb. Kasdorff
DOLEZICH, Norbert
DONNER, Herbert
DOSE, Volker
ECKART, Karl
EGE, Richard
ENDRES, Alfred
FISCHER, Erhard
FÖRSTER, Wolfgang
FRANCKE, Robert
FRANKE, Siegfried
FRIEDENBERG,
 Christian Jürgen
FÜRSEN, E. J.
GEHRKE, Helmut
GIERIG, Timm
GILSON, Wilhelm
GROSS, Willi
GROSSE-OETRINGHAUS
 (ß), Hans-Martin
GRÜNEWALD, Helmut
HILGER, Peter
HIRSCHBERG, Lothar
HOCHE, Hans-Ulrich
HOPPE, Heinz C.
HOYNINGEN-HUENE,
 Freiherr von, Gerrick
HUFNAGEL, Helmut H.
INBAL, Eliahu
JAEGER, Richard
KESSLER, Rolf
KICKARTZ, Peter
KIERZEK, Matthias
KILL, Eberhard
KLEINMANN, Reinhard
KLOTZBACH, Günter
KÖBLER, Ludwig
KÖNIG, Josef Walter
KOLLER, Roland
KOVÁTS, Péter József
KRONENBERG, Friedrich
KRUG, Arno
KRUSE, Lenelis
KUGELSTADT, Hermann
LANGE, Günther Joachim
LANGEHEINE, Richard
LANGNER, Heinz
LENZ-GERHARZ,
 Franziska
LOTHHOLZ, Reinhard Georg
MEIER, Christian
MENKE, Klaus
MERK, Rudolf
MÜHL, Karl Otto
NEUFELD, Karl Heinz
NEUFERT, Kurt
OELMÜLLER, Willi
OLDENHAGE, Klaus
PAHL, Walter
PETER, Horst
PFOHL, Gerhard
RASENACK, Christian A. L.
REISSER (ß), Heinrich
REUTER, Edzard

16. Februar

RIECK, Georg Wilhelm
RIEHL, Josef
RÖHL, Uwe
ROSEMEIER, Gustav-Erich
RUDOLPH, Hagen
SAYN-WITTGENSTEIN-HOHENSTEIN, Prinz zu, Botho
SCHEER, Max
SCHLICK, Erich
SCHMIDT, Ellen, geb. Konrad
SCHMÖHE, Georg
SCHMOLL (gen. Eisenwerth), J. Adolf
SCHÖN, Günter
SCHÖN, Hans
SCHRÖDER, Rolf
SCHURIG, Frank Volker
SCHWARZMANN, Hans
SCHWECKENDIEK, Wolfram
SEEFELDT, Karl-Friedrich
SEIDENSTICKER, Bernd
SIEVERS, Heinz
SIMON, Eckhart Heinrich
SLENCZKA, Reinhard
SÖTJE, Peter
SPECHT, Ernst Konrad
STEINHÄUSER, Günter
TIEDEMANN, Heinz
TIMMERMANN, Vincenz Engelbert
UHLENBERG, Eckhard
UHLIG, Siegbert
VIETH, Thomas
VOITLÄNDER, Jürgen
WATERMANN, Friedrich
WEIGAND, Rudolf
WENZEL, Gerhard
WERNER, Robert
WIEDEMANN, Hans-Rudolf
WINKLER, Georg
WÖRZ, Johannes
ZILLESSEN, Dietrich

17. Februar

ACHTERFELD, Hans
BACH, Helmut
BARUZZI, Arno
BAYER, Karl
BECKER, Hansjörg
BEHNE, Jürgen
BEHRENDT, Fritz
BERLET, Hans Horst
BETZ, Esther
BISPING, Wolfgang
BITTNER, Günther
BLUME, Fritz
BÖHL, Felix
BRETT, Reinhard
BUSSE von COLBE, Walther
DREIER, Wilhelm
DRIESEN, Werner
DRIESSEN, Hans
EICHLER, Joachim
EIDEN, Hans
EIKELBECK, Heinz
EITNER, Hans-Jürgen
FANSELOW, Karl-Heinz
FEHN, Gerhard
FELDBAUSCH, Friedrich K.
FLOTHMANN, Hartmut
FÜRST, Carl Gerold
FUNKE-WIENEKE, Jürgen
GEUENICH, Dieter
GROSS (ß), Werner
HAACK, Karl-Hermann
HAMANN, Carl Heinz
HAMMER, Christian
HAMMER, Rainer
HASSEMER, Winfried
HEGER, Lutz
HELM, Johann Georg
HESSENAUER, Ernst
HEYDER, Walter
HÖFLING, Helmut
HOFFMANN, Manfred
HOFMANN, Alfred
HOLDORF, Willi
HOLZAPFEL, Wilfried B.
HUSSY, Karl
JOCH, Winfried
JRION, Dieter A.
JURZIG, Wolfgang G. W.
KAMBARTEL, Friedrich
KAUFMANN, Ekkehard
KIRSCH, Hans-Christian
LANDES, Georg
LANGE, Hermann
LASER, Dieter
LINKE, Horst
LONGIN, Talypin
LORENTZ, Kay
LUBER, Hans
MAEDGE, Rainer
MAIER, Franz
MATZKER, Joseph
MAURICE, Klaus
MEIER, Wilhelm F.
MEYER zu SELHAUSEN, Hermann
MIEDER, Wolfgang
MIESKES, Johann (Hans)
MÜCKENHAUSEN, Eduard
NÄVEKE, Rolf
NAGEL, Hans
NOSSEK, Robert
PETERSEN, Klaus
PILGRIM, Reimer
RIEDLINGER, Helmut
SCHEUERMANN, Karl Josef
SCHLUMBOHM, Jürgen
SCHMITZ, Rudolf
SCHÖNBERG, Walter
SCHRIDDE, Rudolf
SCHÜTZ, Erhard Heinrich
SCHWARZE, Dietrich
STEUDEL, Andreas
STÖLZL, Christoph
STÜBEN, Johannes
ULSAMER, Julius
VAHLDIECK, Heino
VELTEN, Werner
VOGT, Heinz-Josef
VOLKMANN, Karl Heinz
VOLMER, Ludger
WEBER, Hermann
WEBER, Oskar
WERTHEBACH, Eckart
WINKLER, Konrad
WITTIG, Friedrich

18. Februar

AICHELIN, Helmut
ALBRECHT, Gerd
ARAND, Wolfgang Michael
ARFERT, Klaus-Henning
AUWÄRTER, Max
BALLOWITZ, Leonore, geb. Gerlach
BECK, Hans-Georg
BUCHHEISTER, Klaus
BÜSCHER, Otto
BUNGERT, Klaus
DEFREGGER, Matthias
DOEGE, Eckart
DROTT, Karl
DÜLL, Ruprecht
DÜNNER, Hans-Wilhelm
EBERT, Udo
EMONS, Rudolf
ESTERER, Ingeborg, geb. Günther
FERTSCH-RÖVER, Dieter
FLECKENSTEIN, Josef
FORCH, Hubert
FREY, Gerhard Michael
FRITZE, Eugen
GEORG, Edgar
GÖHLER, Gerhard
GOETERS, Cornelius
GRÖBE, Volker
GUNTERMANN, Ernst
HAESE, Günter
HANKE, Wolf
HANSEN, Helmut F. H.
HARTUNG, Wolfgang
HELL, Harald
HENNIS, Wilhelm
HERRMANN, Hans-Volkmar
HINÜBER, von, Oskar Leuer
HOFFMANN, Rolf
JAKUBEIT, Barbara
JANOWSKI, Marek
KACZMAREK, Norbert
KALVIUS, Georg Michael
KELLER, Friedrich
KEPPLER, Horst
KIRSCH, Wolfgang
KLEIN, Hans
KÖNITZ, Barbara
KOLLNIG, Karl
KREY, Franz Heinrich
KRÜGER, Benno M.
LENEL, Hans Otto
LOEWENICH, von, Gerhard
LOUVEN, Julius
MANN, Helmut
MÖLLER, Hugo
MÖLLER, Olaf
MÜLLER, Johannes
MUTSCHLER, Carlfried
NAGEL, Werner
NERTH, Hans
PAASCHE, Wilhelm
PARADIES, Hasko Henrich
PERPEET, Wilhelm
PETERS, Sönke
PETZERLING, Wolfgang
POHL, Rüdiger
PREISER, Gert
RADKE, Gerhard
REINHARDT, Kurt
RÖDDING, Gerhard
ROEMER, Hans Robert
ROGGENKAMP, Peter
RUPPEL, Wolfgang
SCHATTEN, Fritz
SCHILLEMEIT, Jost
SCHLUTZ, Erhard
SCHMID, Friedrich
SCHRAMM, Günther
SCHULZ, Hans-Joachim
SCHULZ-BENESCH, Günter
SCHUSTER, Erich
STUBENVOLL, Hans
TIMM, Jürgen
VOGELER, Wilfried
WAIDER, Josef
WEISWEILER, Werner K.
ZWOROWSKY, von, Wolf

19. Februar

AHLERT, Dieter
AKKERMANN, Siegfried
ALLMANN, Rudolf
ARTL, Fritz
BAUER, Gerhard
BELTLE, Erika
BIEMEL, Walter
BIGGE, Rudolf
BLUMENSTIEL, Georg
BOSCH, Otto
BRAUN, Franz
BURZLAFF, Hans
DAMUS, Renate
DELLWEG, Hanswerner
DEUSER, Hermann
DIETRICH, Theo
DOLDE, Klaus-Peter
DUCHAČ, Josef
ELENZ, Helmut
ELLWANGER, Wolfram
FEDERER, Gustav
FERRARI, Gustav
FLOHN, Hermann
FRANK, Helmar Gunter
FRIEDE, Gerhard
GIENGER, Walter
GIRKE, Horst
GÖTZ, Alfred H.
GOOSSENS, Jan
GROTKAMP, Rudolf
GÜNTHER, Knut
HABERMEHL, Gerhard
HARMS, Gerd
HEISS (Heiß), Otto
HELLWIG, Renate
HENKE, Norbert
HENTSCHEL, Lothar
HOLMES, Kenneth Charles
HÜLS, Helmut
IMHOFF, Hans-Diether
JACOBI, Hans
KLETT, Michael
KOCH, Friedrich
KRÄMER, Peter
KURTH, Matthias
LOHSE, Eduard
MADRE, Alois
MAGNUS, Ulrich
MARX, Hans-Joachim
MENG, Brigitte
MEYER-KRENTLER, Eckhardt
MEYNE, Jens
MIESBACH, Hermann Albrecht
MIETZEL, Gerd
MÜLLER, Walter Jochen
PFIZER, Theodor
RÖNTGEN, Robert E.
ROSENDORFER, Herbert
ROTHKIRCH u. TRACH, Gräfin v., Tini
RUFF, Siegfried
RUSSU, Mircea-Johann
SCHAAF, Johannes
SCHIMMELMANN, Freiherr von, Wulf
SCHMIDT-SCHLEGEL, Philipp
SCHONAUER, Franz
SCHÜLEIN, Johann August
SCHULTZ, Fritz Rudolf
SCHWENN, Hermann
SCHWENZER, Adolf W.
SCHWÖBEL, Christoph
SIEBEN, Peter
SPERLING, Eckhard
STERN, Martin
STEUERWALD, Hans
STÖHR, Johannes
THAPE, Moritz
TWEHLE, Manfred
TYMISTER, Hans Josef
VOIGT, Peter
VOLL, Otto
VOSS, Jürgen
WEISS (ß), Friedrich
WINTER, Wolfgang
WITTING, Ute, geb. Möllenbrock
WODE, Henning
WOLF, Norbert Richard
WRIEDT, Helmut
WÜSTENFELD, Ewald
ZIMMER, Jürgen Gerhard

20. Februar

ANDERSON, Oskar
ARNDT, Jürgen
ARNDT, Klaus Friedrich
BALSER, Gerhard
BANSBACH, Armin Horst
BELLINGER, Knut
BERNDT, Siegfried
BETHGE, Klaus Heinrich
BLECH, Hans-Christian
BLECKMANN, Albert Heinrich
BÖHLHOFF, Heinz
BONITZ, Wolf
BREITKREUZ, Hartmut
BREMER, Dieter
BROELL, Werner
BUDZIKIEWICZ, Herbert
BÜSSE, Helmut
BUSCH, Hermann J.
CHAILLY, Riccardo
DAMM, Carl
DANN, Otto
DIEGEL, Georg
DORN, Bernhard
EHRENSCHWENDNER, Josef
EIFINGER, Franz
FELKE, Aloys
FERNER, Walter
FLOHR, Friedrich
FOLDENAUER, Karl
FORSTER, Balduin
FRANKE, Horst
FRENZEL, Gerhard
FREUDENBERG, Dieter
GAULAND, Alexander
GIPP, Wolfgang
GOEPPERT, Sebastian
GRAEBNER, Wolfgang J. L.
GROSS (ß), Heinz
GÜNTHER, Monika
GUNDERMANN, Karl-Dietrich
GUNDL, Hans
HAASE, Yorck Alexander
HAHN, Rainer
HECKELMANN, Erich
HENTSCHKER, Regina
HEUBERGER, Anton
HILLER, Karl-Heinz
HOSCHEK, Josef Georg
HUBEL, Achim
HUBER, Robert
HUNKEMÖLLER, Jürgen
KAKIES, Dieter
KISKER, Gunter
KLUNCKER, Heinz
KOHLHAGEN, Norgard
KREGEL, Wilhelm
LANGE, Josef
LEUZE, Dieter
MORY, Stephan
MÜLLER, A. M. Klaus
MÜLLER, Claus
NÖRR, Dieter
OBERBERG, Igor
OBERLIESEN, Rolf
PETER, Leo
PIOTROWSKI, Wolfgang-Mario
PREISER, Wolfgang
RAISER, Thomas
REISS (ß), Jürgen
REISSMÜLLER (ß), Johann Georg
RICKERS, Karl
ROTBERG, Hans Eberhard
SABO, Wolf
SAILER, Friederike
SCHMIDT-EICHSTAEDT, Gerd
SCHOLZ, Hans
SCHÜTZ, Egon
SCHULTE HOLTHAUSEN, Heinrich Wilhelm
SCHUSTER, Hans-Uwe
SCHWENS, Christa
SEIP, Günter
SPÖNEMANN, Jürgen
STECK, Wolfgang
STEIN, von, Johann Heinrich
STEINBACH, Hans-Joachim
STREUBEL, Wolfgang
STUEBS, Albin
SYKOSCH, Heinz-Joachim
TIMMERMANN, Hans
TROMMER, Siegfried
ULLMANN, Elsa
WETTER, Friedrich
WINTERSTEINER, Marianne, geb. Portisch
ZEITLER, Erich-Hans

21. Februar

ADEN, Detthold
ALSLEV, Jens
AMBROS, Dieter
APPEL, Reinhard
ATTENHOFER, Elsie
BADURA, Peter
BECKER, Joachim
BECKER, Werner
BERENBERG-GOSSLER, von, Günther
BERTHOLD, Franz
BORNHÄUSER, Hans
BRIEFS, Ulrich
BRÜMMER, Karl H.
CONRADY, Karl Otto
DELLER, Karlheinz
DIETRICH, Hanns
DOLL, Hans-Peter
EITING, Aloys
FREUDENBERGER, Hermann
FUCKNER, Helmuth
GACA, Adalbert-Hans
GANTZEL, Klaus-Jürgen

Geburtstagsliste

21. Februar

GEIGER-NIETSCH, Gisela
GEISBE, Heinrich
GENSKE, Rudolf
GIEBEL, Ortwin
GIERINGER, Wolfgang
GROHMANN, Heinz
GROISSMEIER, Michael
GROSS (ß), Walter
GROTE, Jürgen
HABERLANDT, Walter F.
HAGEN, Ulrich
HAGER, Heinz
HALM, Heinz
auf der HEIDE, Eberhard
HEIM, Willi
HERMS, Wolfgang
HUNING, Alois
KIRCHHOF, Paul
KIRMSE, Gerda Adelheid
KÖHLER, Helga,
 geb. Gohde
KRAUSE, Jürgen
KREMERS, Werner
KREUTZER, Hans Joachim
LAMPL, Wilhelm
LÜCKER, Hans-August
LÜKE, Gerhard
MEYER, Gottfried
MOMPER, Walter
MÜLLER, Hans-Peter
NAGEL, Reinhard
OECHSNER, Hans
PORTATIUS, von, Botho
POSTEL, Rainer
RAABE, Paul
RAUH, Fritz
RAUNER, Liselotte
REICHENBERGER, Kurt
REICHERT, Günter
RITTER, Carl
SAMMET, Rolf
SCHEFFCZYK, Leo
SCHERHORN, Gerhard
SCHILCHER, Heinz
SCHMIDHUBER, Heinrich
SCHMITT-DEGENHART,
 Annegrit
SCHNEEWEISS, Heinz
SCHORMÜLLER, Anton
SCHREINER, Ottmar
SCHUHE, Hans F.
SCHULZ, Wilfried
SCHWEFER, Theodor
SCHWIER, Hans
SCHWINGEL, Paul
SIMSON, von, Werner
SLEUMER, Hermann
STALLMACH, Josef
STELLJES, Günter
STRASSER, Karl
STRUFE, Reimer
THOMAS, Ernst
TITZCK, Rudolf
ULBRICHT, Dieter
VOSS (ß), Rudolf
VOTH, Helmut
WALDNER, Heinz A.
WALTHER, Christian
WEISS, Alarich
WERNER, Karl Ferdinand
WOLTERS, Jürgen-Detlef
ZANKL, Heinrich
ZÖLLNER, Nepomuk

22. Februar

BAUR, Max P.
BECK, Hartmut
BLECKS, Günter H.
BÖRGER, Hans E. A.
BOHR, Kurt
BRASS (ß), Helmut
BRENNER, Lothar
BRONDER, Dietrich
BUCHKREMER, Hansjosef
BURKHARD, Wolfgang
DEHNICKE, Diether
DEIPENBROCK, Norbert
DITTMANN, Jürgen
DODT, Eberhard
DOR, Karin
DROSS, Reinhard
EBERT, Alfred

EHRLICHER, Werner
ERHARD, Benno
FAHLBUSCH, Volker
FREISLEDER, Franz
FURGER, Franz
GÖTZ, Karl Otto
HABIG, Hubert Josef
HÄRTL, Manfred
HAUTEVILLE, von, Tankred
HAVERBECK, Peter
HENNE, Ernst J.
HERMANNS, Walter
HESS, Benno
HÖNES, Winfried
HÜTTEBRÄUKER, Rudolf
HUNGERKAMP, Georg
KAISER, Wolfgang
KLUG, Horst
KNALL, Bruno
KÖGLER, Hubert
KÖHLER, Horst
KOTTMANN, Alfons
KRAUSE, Rolf-Dieter
KUHN, Helmut
KURZ, Hermann
KUTSCHA, Werner
KUTSCHER, Dagmar
LÜDICKE, Manfred
MATTHIES, Horst
MEHNERT, Hellmut
MICHEL, Diethelm
MOKROSCH, Reinhold
MORICH, Horst
NOHR, Günther
OSTERLAND, Martin
PADBERG, von, Lutz E.
PETRI, Franz
PFEIFFER, Heinrich Wilhelm
REDDEMANN, Gerhard
REICHARDT, Helmut
RICHTER, Hermann Lukas
RIEKERT, Christian
ROSTOCK, Wolfgang
SATTEL, Werner
SCHIEDEK, Valentin
SCHIER, Wolfgang
SCHLEMM, Anny
SCHNEIDER, Eberhard
SCHNEIDER, Heinrich
SCHNEIDER-MANZELL,
 Toni
SCHWAB, Karl Heinz
SCHWEIZER, Hans
SEMMLER, Werner
SENZ, Josef Volkmar
SOLDWEDEL, Heinrich
STOY, Ernst
TAUBER, Hans
WACKER, Richard
WALDENFELS,
 Freiherr von, Wilhelm
WARDA, Heinz Günter
WENIGER, Joachim-Hans
WINTER, Gerrit
WOLF, Gerald
ZEHM, Wolfgang

23. Februar

ANYSAS, Siegfried
BACH, Wilfrid
BÄCK, Walter
BARWINSKI, Klaus-Jürgen
BAUER, Wolfgang
BAUSCH, K. Richard
BIGALKE, Hans-Günther
BILLET, Reinhard
BINDER, Frank
BISCHOFF, Friedrich
BÖSZE, Ilse Viktoria
BRAGA, Sevold
BRANDT, Karl Heinz
BRAUKSIEPE, Aenne
BUCHHOLTZ, Stefan
BUCHTALA, Victor
BURKHARDT, Rudolf
CARSTENS, Manfred
DIPPEL, Edler u. Ritter von,
 Dietmar
DREDEN, von, Wolfgang
DROSTEN, Robert
ENGELHARDT, von,
 Wolfgang Georg

ENGELSBERGER, Max
EWEN, Carl
FIEDLER, Friedrich
FLEISCHER, Michael
FREIHEIT, Egon F.
FRIELINGSDORF, Karl
GLEES, Paul
GOTSCHY, Hans-Heinz
HABICHT, Christian
HAUSER, Bodo H.
HELMER, Claus
HUPPERT, Jürgen
ISAY, Wolfgang-Hermann
JUNG, Elwin
KABELITZ, Hanns-Joachim
KALTENBRUNNER,
 Gerd-Klaus
KANOWSKI, Siegfried
KELL, Adolf
KERST, Alexander
KEYSER, Curt
KIECHLE, Ignaz
KIRCHNER, Wilhelm
KRÜGER, Manfred
KUHN, Wolfgang
KULZER, Erwin
LENNINGS, Manfred
MEIRER, Karl
MEYER, Klaus
MIES, Herbert
MILBRADT, Georg
NIEDING, von, Norbert
OOYEN, van, Hansgeorg
PAHLEN, Baron von der,
 Klaus
PFEIFFER, K. Ludwig
PREISSER (ß), Sebastian
RAHARDT-VAHLDIECK,
 Susanne
REICHEL, Georg
REUSS, Bernd
RIEDL, Peter Anselm
RODINGEN, Hubert
ROTHE, Georg
SACHTLEBEN, Peter
SCHICK, Eduard
SCHILLING, Klausjürgen
SCHIRMBECK, Heinrich
SCHLICHTING, von, Horst
SCHOCKENHOFF, Andreas
SCHOELLER, Winfried
SCHÖNHERR,
 Horst Joachim
SCHULZE-VORBERG,
 Max
SEYBOLD, Eberhard
SIMON, Kurt Georg
SLÁDEK, Milan
SPOTKA, Adolf
STEINIGER, Fritz
STROMEYER, Albrecht
STROTHMANN, Werner
TOENZ, Kurt
ULRICH, Ferdinand
WELLER, B. Uwe
WERNER, Nikolaus
WERRINGLOER,
 H. W. Jürgen
WILKE, Günther
WÖSTENBERG, Dieter
WOLFERMANN, Erwin

24. Februar

BACHMANN, Klaus-Peter
BACHMANN, Siegfried
BARTMANN, Theodor
BECKMANN, Jobst B.
BLOCH, Heinz
BÖNING, Walter
BORK, Reinhard
BRENSCHEDE, Wilhelm
BRODOWSKY, Horst
BRONGER, Arnt
BUSS, Otto-Michael
CAMP, Anne
DIETER, Ludwig
DÜLFFER, Jost
ECKERT, Dieter
ECKERT, Oskar
EDEN, Haro
EMDE, Heinrich
ENGEL, Walter

FANTE, Werner
FECHNER, Helmut
FELDBAUSCH, Franz
FINGE, Wilhelm
FINZEN, Asmus
FISTER, Werner
FLEMMING, Kurt
FRITSCH, Horst
GRAF, Horst
GÜNTHER, Rolf W.
ten HAAF, Wilm
HABERMANN, Michael
HALLE, Armin
HARTMANN, Erwin
HARTMANN, Hans Immanuel
HERBERHOLD, Claus
HONTSCHIK, Wilfried
HÜRTEN, Heinz
HUONKER, Gunter
ILGNER, Siegfried
IMMESBERGER, Helmut
IN DER SMITTEN,
 Franz-Josef
JUNG, Volker
KAMINSKI, Wolfgang,
 gen. Max
KAPITZKI, Herbert W.
KEITEL, Ulrich
KIESEWETTER, Ekkehard
KNECHT, Willi Ph.
KORNHUBER, Hans Helmut
KRÄMER, Hermann
KREDEL, Elmar Maria
KRZYSCH, Günter
LIMMROTH, Manfred
LINDNER, Roland
MAIZIÈRE, de, Ulrich
MARKO, Hans
MÖNNINGHOFF, Paul
MUNZINGER, Ludwig W.
NETTA, Heinz
NEUMEIER, John
OEDEMANN, Georg A.
PAWLU, Erich
PLUTTE, Ernst-Günter
RAUBER, Helmut
ROLAND, Berthold
ROVENTA, Peter
RUDER, Robert
SABEL, Hermann
SCHEERBARTH,
 Hans Walter
SCHLIPPSCHUH, Otto
SCHÖNENBERG, Reinhard
SCHREIBER, Detlef
SCHUMANN, Michael
SEILACHER, Adolf
STEDING, Gerd
STELLMACH, Rudolf
STOEBE, Hans-Joachim
STROHMAYER, Max
STRUNZ, Hugo
SÜSSE, Peter
THIELE, Eckhard
WAGENHÖFER, Carl
WAHSNER, Roderich
WALDHERR, Rüdiger
WALTER, Josef
WEISS (ß), Eugen
WIECZOREK, Helmut
WINKLER, Wolfgang
WOLF, Willi
WUTHENAU, von, Rut
WUTHENOW, Ralph-Rainer

25. Februar

ANTENBRINK, Horst
APEL, Hans
APPEL, Rolf
BARTHEL, Manfred
BAUM, Eckhard
BOECK, Dieter
BÖDEKER, Johann Dietrich
BORNSTAEDT, von,
 Hans-Wilhelm
BRESS, Ludwig
BUCHHOLTZ, Christiane
BUDDE, Wolfgang Dieter
CROMME, Gerhard
DOHSE, Richard
DOLL, Erich
DREXELIUS, Günter

DREXHAGE, Karl-Heinz
EISELE, Wolfgang
ENGLERT, Walter
ERTEL, Dieter
FIGALA, Volker
FORSTER, Meinhard Willi
GABKA, Joachim
GELDER, Ludwig
GERRITZ, Eugen
GERSTENBERG, Eckard
GRÖTTRUP, Hendrik
GÜNTHER, Hans-Ludwig
HAAGER, Karl
HABERLAND, Detlef
HÄMMERLEIN, Hans
HALBFASS, Hans-Joachim
HAUCK, Erich
HEROLD, Horst
HERZOG, G. H.
HOENISCH, Michael
HÖSLE, Johannes
HOFFMANN,
 Michael Zeljko
IMDAHL, Hermann
JACOB, Herbert
JAGNOW, Gerhard
KLUCKE, Helmut
KLUSSMANN, Paul Gerhard
KNOBLOCH, Hans Werner
KOINECKE, Jürgen
KONRAD, Johann Friedrich
KORNMANN, Gerhard
KRASKE, Peter
KROETZ, Franz Xaver
KUHN, Hans
LAUBEREAU, Alfred
LESS (ß), Hannes
LUDWIG, Ernst
LÜDERS, Gerhart
METZ, Wulf
MICHAELS, Jost
MÖLLER, Achim-Dietrich
MÜLLER, Karl G.
MÜSELER, Karl
NAOUM, Jusuf
NEUFANG, Günter
OEPEN, Irmgard
OPPEN, von, Kaspar
PAUSE, Gerhard
REIMERDES,
 Ernst Hartmut
RENGELING, Hans-Werner
RING, Klaus
RÖTTGES, Heinz
ROSEMANN, Gerd
ROTH, Karlheinz
SAMTLEBE, Günter
SCHOBERTH, Hannes
SCHRÖDER, Horst
SCHUCHT, Klaus
SCHUDER, Werner
SCHULTZ, Albrecht
SCHULZE, Max-Stephan
SEIFERT, Volker Robert
SPANNHUTH, Walter
STÖGER, Peter
SUCKFÜLL, Hubert
TARNOWSKI, Wolfgang
WAGNER, Adolf
WAGNER, Falk
WILLMS, Günther
WINAU, Rolf
WITTIG, Sigmar
WÖCKEL, Heribert
WÜNSCHE, Konrad
ZINKE, Otto

26. Februar

ANGERMEIER,
 Wilhelm Franz
BACHMANN, Rudolf
BÄCHER, Rosa Maria
BEHRENDT, Lutz-Dieter
BERTRAM, Hans
BEYE, Peter
DENECKE, Ludwig
DITTMER, Wilhelm Gustav
DITTRICH, Herbert
DOST, Klaus
EISENMANN, Otto
ERNESTUS, Hanns Peter
EXNER, Herbert

26. Februar - 2. März

FALK, Karl-Heinz
FISCHER, Herbert
FISCHER, Hermann
FITZER, Erich
FÖRSTNER, Ulrich
FRAUNBERGER,
  Friedrich (Fritz)
GÄFGEN, Gérard
GERLOFF, Johannes
GESTRICH, Christof Georg
GRIEGER, Günter
GROENEVELD, Karl-Ontjes
GRÜNER, Dietmar
GÜNDISCH, Jürgen
HARTUNG, Klaus
HEBER, Gerhard
HECK, Friedrich
HENGST, Friedrich
HENKEL, Gerd Jürgen
HILDEBRANDT, Reinhard
HILLEBRECHT, Rudolf
HÖRIG, Hans-Joachim
HOFFMANN, Karl
HUEBNER, Nikolai
JOHNEN, Hans
KALMAR, Carlos
KELLER, Karl Heinz
KIESL, Erich
KLEWITZ, Martin
KLEY, Max Dietrich
KNAUER, Georg Nicolaus
KÖRBER, Erich
KRASKE, Bernhard W.
LANDAU, Peter
LANGE-BERTALOT, Horst
LEHMANN, Gerhard
LENZ, Hermann
LÖWENBERG, Bernward
MARQUARD, Odo
MÜLLER-HORNBACH,
  Gerhard
MÜLLER-SALGET, Klaus
NEUBERT, Heinz
NILL, Elisabeth
OBERRITTER, Helmut
OSTENDORF, Edwin
PATER, Siegfried
PFROMMER,
  Friedrich (Fritz)
PLOG, Jobst
PÜTZ, Ruth-Margret
RASCHE, Bernd-Ulrich
REIM, Martin
REINBOTH, Rudolf
REJEWSKI, Erwin
RICHTER, Horst
SACHS, Hans
SCHÄFERS, Bernhard
SCHMIDT, Günther
SCHMUTZER, Ernst
SCHOUPPÉ, von, Alexander
SCHÜTTLER, Adolf
SCHÜTZE, Udo
SCHWEDES, Jörg
SCHWESINGER, Curt
SEYBOLD, Gerhard
STREMME, Helmut E.
STROCKA, Volker Michael
TIEFEL, Karl-Heinz
TSCHOELTSCH, Hagen
ULE, Carl-Hermann
VESPER, Ekkehart
VOLKERT, Wilhelm
WAGNER, Karl-Heinz
WAGNER-BÜSCH, Ursula
WALKHOFF, Karl-Heinz
WEBER, Karl
WEYRICH, Willy
WITTING, Christian
WOLF, Inge
WOLTER, Hans-Jürgen
WYDER, Peter
ZEINER, Manfred

27. Februar

ANGST, Dieter
BAUER, Ernst G.
BAUHOFF, Eugen Peter
BEHRENDS, Okko
BLINDE, Alfred
BORCHERS, Elisabeth
BRECKLE, Siegmar-W.
BRENNER, Günter
BRÜCK, Wolfram
DICK, Klaus
DRESSLER (ß), Willi
FINCK, Arnold
FLUCK, Ekkehard
FRANKE, Kurt F. K.
FRESE, Hermann
GEBHARDT, Fred
GEHRMANN, Günther
GENSCHEL, Helmut
GERISCH, Peter
GIESKES, Hanna
GRAEF, Walter
GREBING, Helga
GREUTER, Werner
GRÜNERT, Adolf
HANEL, Alfred
HEYDEMANN, Berndt
HIMMELREICH, Fritz-Heinz
HOHMANN, Manfred
KLING, Albert
KNIGGE, Wolfgang
KOLB, Frank
KRAUS, Rudolf
KRAUSE, Peter
KULS, Wolfgang
LANGE, Hans-Ulrich
LATTMANN, Klaus
LÖHRS, Udo
MARZEN, Philipp
MAUSER, Heinz
MELZER, Friso
MENDEN, Werner
MENDRZYK, Hildegard
MOGWITZ, Hanns
MOLS, Manfred
MÜLLER, Fritz
MÜLLER, Klaus-Jürgen
NAUMANN, Bernd
NEUMANN, Johannes
PETERS, Egbert
PFEIFFER, Wilhelm
PRAUSE, Hartmut
PREISS, Wolfgang
RASPOTNIK, Hans
REINICKE, Ehrhard
RESCHKE, Hans Hermann
RITTERSPACH, Theodor
RÖSER, Dietrich
SCHELLOW, Erich
SCHIRNER, Jochen
SCHLESINGER, Gerhard
SCHLEYER, Paul von Ragué
SCHNEIDER, Heinz
SCHRADER, Jürgen
SCHRÖDER, Johannes Horst
SELIGMANN, Kurt
SPEER, Gotthard
STANG-VOSS, Christiane
STARKE, Heinz
STEINBERG, Heinz
STOLLE, F. Ulrich
STRUCK, Gustav
STRUVE, Hinrich
SUKROW, Joachim
THIELHEIM, K. O.
WACHENDORFF, Rolf
WALDENBERGER, Herbert
WALTHER, Helmut
WEGNER, Konstanze
WERBIK, Hans
WIEDMAN, Alfred

28. Februar

BAEHRE, Rolf
BAUER, Ernst Waldemar
BAUR, Doris
BENTELE, Wolfdieter
BERGERHOFF, Günter
BLUNCK, Jürgen
BOCK, Günter
BOSCHKE, Friedrich Libertus
BREUER, Hans
BUDER, Johannes
BURTH, Jürg
CABANIS, Detlef
CHROBOG, Jürgen
COING, Helmut
DÖBEREINER,
  Wolfgang Ernst
DÖRNER, Friedrich Karl
DUDENHAUSEN,
  Joachim Wolfram
EISINGER, Walther
ENDLICH, Stefanie
ESCRIBANO-ALBERCA,
  Ignacio
ETSCHBERGER, Dietmar
FALLHEIER, Jörg
FERBER, Hubert Peter
FOCK, Hans Werner
FREUND, Eckhard
FRITZ, Karl
GELDSETZER, Lutz
GESSEL, Wilhelm
GROSSMANN (ß), Siegfried
HARTWIG, Thomas
HASSEL, Kurt
HAUPT, Walter
HAUSCHILDT, Karl
HEGEL, Eduard
HEIPP, Günther
HELFRICH, Rudolf
HOMMERS, Friedrich H.
HUMMEL, Konrad
HUTH, Karl
KILBINGER, Heinz
KLEINSTÜCK,
  Johannes Walter
KRAENKEL, Gustav
KREEB, Heinz
KÜMMEL, Georg
LÄSSING, Horst
LAUT, Hans Walter
MÄRZ, Gerhard
MATTHESS, Georg
MAU, Günter
MEYER, Werner
MIETZ, Georg-Wilhelm
MILDENBERGER,
  Friedrich
MORSCH, Hans-Günter
MÜLLER, Rudolf
NEUMANN, Gerd-Heinrich
OELMANN, Hermann-Josef
PAASCH, Robert
PANTELE, Erich Friedrich
PAULING, Linus Carl
PELTZER, Martin
PETERS, Fritz
POSER, Wolfgang Edgar
PRECHTL, Andreas
RAUTENHAUS, Franz
RÖCKL, Helmut
ROHDE, Hubert
SCHEMANN, Hans
SCHMIDT, Helmut
SCHNEIDER, Hans-Jürgen
SCHNELLE, Helmut
SCHOPPER, Herwig
SCHUBERT, Enno
SCHÜSSLER, Hans-Wilhelm
SCHWARZ, Gisela,
  geb. Jordan
SERGIOU, Paul
SIEBERG, Herward
SOMMER, Erhard
STAECK, Klaus
STÄHLIN, Gustav
STÜRMER, Kurt
SÜFKE, Hans-Peter
THIEDE, Günther
TRUCHSESS von und zu
  WETZHAUSEN, Volker,
  Freiherr
TUCHER, Freiin von,
  Leonore
VOLKMAR, Günter
WEBER, Albrecht
WEBER, Dierk
WIENKE, Werner
WIEST, Eugen
WIMMER, Rainer
WÜLBERS, Hermann

29. Februar

ALBERTZ, Jörg
BÖRINGER, Dirk
DALL, Carl
GAISER, Herbert
GIEHRL, Hans E.
GRÜB, Willy
HALHUBER, Max J.
KERTZ, Walter
KIENER, Lorenz
KOCH, Hans Joachim
KÖNIG, Walter
KRAFT, Hanspeter
KRAUSE, Fritz E.
LA ROCHE, von, Walther
LEHMANN, K.-D.
MICHALZIK, Kurt
MÜHLENBERG, Michael
POSCHARSKY, Peter
PRIEBE, Walter
REUFEL, Manfred
SAUERLÄNDER, Willibald
SCHARF, Rudolf
SCHULTE, Dietmar
SCHWALM, Dirk
SIMMERT, Diethard B.
STOERMER, Joachim
THOMA, Manfred
VOGT, Gert
ZSCHUNKE, Willmut

1. März

ANDRES, Klaus
ARNDT, Rudi
ARNTZEN, Friedrich
ASMUS, Dieter
AULENBACHER, Gerhard
BARNER, Gerhard
BECKER, Ernst Wilhelm
BENNER, Dietrich
BERNSMEIER, Arnold
BIECHELE, Hermann
BORCHARD, Klaus
BOUMAN, Johan
CHRISTMANN, Alfred
DANZER, Bruno
DILGER, Bernhard
DÖRGE, Friedrich-Wilhelm
ELBEL, Matthias
ENGELS, Wolf
FASSKE, Erhard
FRAAS, Ernst H.
FUHRMANN, Helmut
GAWLICK, Günter
GERLACH, Siegfried
GOODMAN, Alfred
GROSSPETER, Horst
HAUBRICH, Hans-Jürgen
HENNIG, Ottfried
HENSELMANN, Heinz
HESPING, Heinz
HESSE, Joachim
HOFFMANN, Gert
HOFMEISTER, Gerd
HOHLER, Franz
HORN, Hartmut
JOCHIMSEN, Luc
JOCKEL, Rudolf
KAPPE, Dieter
KAUSS, Heinrich
KEMPSKI, Hans Werner
KERLL, Karl-Heinz
KIERMAIER, Albin Josef
KLEIBEL, Franz
KLEINEIDAM, Hartmut
KLOTZ, Helmuth
KOLLATZ, Udo
KRICKEBERG, Klaus
KROLL-SCHLÜTER,
  Hermann
KÜHNEMUNDT, Walter
KUNCZIK, Michael
KUSS, Bruno C.
LEICHT, Albert
LEMPER, Lothar Theodor
LEWY, Hermann
MAASS, Erich
MAERLENDER, Gerhard
MAMMITZSCH, Volker
MOSLÉ, Hüter-Georg
MÜLLER-EMMERT, Adolf
MÜLLER-NORDEGG, von,
  Bernhard
MÜLLER-WILLE, Michael
PAUELS, Heinz
POLENZ, von, Peter
POTT, Hans-Georg
PUDEL, Volker
RAIBLE, Wolfgang
RAU, Friedrich
REISCH, Johannes
RESTLE, Hugo
RIEDE, Johannes
ROTHER, Klaus
RUSKE, Wolfgang
SACKMANN, Markus
SALZMANN, Siegfried
SASSENBERG,
  Hans-Joachim
SCHEUER, Helmut
SCHLACHETZKI, Joachim
SCHMID, Franz
SCHNEIDER, Jürgen
SCHOLZ, Friedrich
SCHULER, Manfred
SETHE, von, Berthold
SPERLING, Dietrich
SPIRA, Camilla
SPRINGER, Georg F.
SYMANNEK, Werner
TETTINGER, Peter J.
THEILEN, Hermann
TRAMPE, Gustav
UHLIG, Harald
WEH, Herbert
WERRLEIN, Ferdinand
WINKLER, Willi
WITT, Horst Tobias
ZIMMERT, Gerhard

2. März

ALEFELD, Georg
ANGERMANN, Erich
APPELIUS, Erhard W.
BALLING, Ludwig
BAUMANN, Michael
BECKER, Franz Th.
BERENDES, Julius
BERNDT, Karl-Heinz
BINKOWSKI, Bernhard
BÖHME, Wolfgang
BUSCH, Günter
CANTOW, Hans-Joachim
CONZELMANN, Hans
CRULL, Christina,
  geb. Schmitt
DIERKS, Klaus
DIETRICH, Hans J.
DREHER, Anton
EBBIGHAUSEN, Rolf
ERTEL, Suitbert A.
FEITZINGER,
  Johannes Viktor
FISCHER, Manfred
FOSSEN, Herbert
FRELLER, Karl
FRITZE, Ulrich
GAUL, H. Michael
GELENG, Klaus
HAAS, Karl
HABERKORN, Karl
HAEUSSERMANN, Walter
HANDWERKER, Rudolf
HARDEY, Evelyn B.
HENNECKE, Hans Peter
HESSE, Eva
HEUSSNER (ß), Hermann
HOFFMANN-ERBRECHT,
  Lothar
HOLMSTEN, Aldona,
  geb. Gustas
HOLTZ, Jürgen
HORBATSCH, Anna-Halja,
  geb. Lutziak
HÜSCHEN, Heinrich
JAKOBS, Hermann
JANY von BATTASZEK, Anita
JENSSEN, Christian
JUST-DAHLMANN, Barbara
KARRICH, Hans-Joachim
KEHL, Johann
KESSLER, Claus
KETTIG, Konrad
KIES, Ludwig
KOPFSTEIN-GINTOWT,
  von, Ernst
KROKER, Eduard, S. V. D.
KRUSE, Margot
KUHN, Heinz-Wolfgang
KULENKAMPFF, Christoph
LEHMANN-BROCKHAUS,
  Otto

Geburtstagsliste

2. März

LEICHTWEISS (ß), Kurt
LUDOLPHY, Elise Ingetraut
MAIER, Josef
MATZNER, Egon
MOHR, Gerhard
MÜLLER, Hans-Aurel
MÜLLER, Heinrich
NOHSE, Lutz
OTTEN, Kurt
REUMONT, von, Hubertus
SCHINDLBECK, Robert
SCHNABEL, Manfred
SCHUMACHER, Hans
SEGERSTAM, Leif
SEIDLER, Franz W.
STEFFEL, Frank
STEGLICH, Wolfgang
STEINER, Wolfgang
STEINMETZ, Peter
UHL, Ottokar
VOLZ, Eugen
WOLFF, Paul
ZWIESLER, Hans-Joachim

3. März

ASKERLUND, Friedhelm
BALTZER, Klaus
BAYER, Karl Helmut
BEHAGHEL, von, Reinhart
BORCK, Karl-Heinz
BRÄHLER, Elmar
BREITINGER, Dietrich K.
CAUDMONT, Jean
DEILMANN, Hans-Carl
DERLEDER, Peter
DROSTE, Karl-Heinz
DULLENKOPF, Peter
FLORA, Peter
FRIEDRICH, Peter Joachim
GAGNÉR, Sten
GARLICHS, Ariane
GEISSLER (ß), Heiner
GOLLHARDT, Heinz
GRESCHAT, Hans-Jürgen
GRIESE, Walter
GRIMM, Paul F. K.
GROSSKLAUS (ß), Dieter
GRUBER, Kurt
HAFNER, German
HEID, Hans
HEIDEMANN, Jürgen
HENNINGS, Peter
HERHAUS, Friedrich Wilhelm
HILDENBRANDT, Erich
JOSUTTIS, Manfred
KNOBLOCH, Heinz
KNOCH, Peter
KOCHSIEK, Kurt
KRIER, Hubert
KUBICKI, Wolfgang
KUTSCHERA, von, Franz
LADENDORF, Kurt-Friedrich
LEBSANFT, Ulrich
LENGELER, Rainer
MAASS (ß), Max-Peter
MEYER, Adolf
MICHL, Anton
MÜGGENBURG, Günter
NAKHOSTEEN, John Alexander
NISCHKE, Michael
OSTEN-SACKEN und von RHEIN, Freiherr von der, Peter
OTTO, Klaus K.
PAUS, Heinz
PAUSEWANG, Gudrun
POIESZ, Jakob
RAPP, Anton
REIMERS, Karl Friedrich
RÖHRING, Hans-Helmut
SCHEFFBUCH, Kurt
SCHERMER, Franz J.
SCHNEIDER, Karl-Hermann
SCHNEIDER, Siegfried H.
SCHÖNWALD, Fritz
SCHRADER, Hans-Jürgen Fritz
SCHULTE, Bernt
STADLER, Hubert
STEIDLE, Carl Theodor
STEPHAN, Günter
THIEDEMANN, Fritz
VOGT, Hannah
VOHLER, Otto
WALLISER, Otto H.
WAMHOFF, Heinrich
WEISSENBERGER, Franz
WERTHERN, Freiherr von, Hans Wolf
WIECHERT, Rudolf
WOLFRUM, Ludwig
WOLFSLAST, Jürgen

4. März

ALBERS, Hans
BADER, Werner
BECHER, Günther
BEICKERT, Paul
BEINERT, Wolfgang
BELLMANN, Günter
BESOLD, Georg
BIEDERBICK, Jürgen
BOMBOSCH, Siegfried
BRÜGGEMANN, Wolfgang
BUSSHOFF (ß), Heinrich
DIENETHAL, Friedrich
DILLING, Horst
ESSLINGER (ß), Maria
FABEL, Helmut
FETSCHER, Iring
FREUND, Hans-Joachim
FREY, Thomas
FRIEDRICH, Anita
FÜRSTENBERG, Heinz-Siegbert
GAUGUSCH-DJAMBAZIAN, Christine
GÖPFRICH, Peter
GRABKA, Anna
GRIESEL, Heinz
GROSS (ß), Dietmar
GUDERIAN, Claudia
HAACKE, Wilmont
HANAUER, Rudolf
HEINZE, Burger
HOFFMANN-RIEM, Wolfgang
HOHL, Hubert Georg
ILMER, Walther
KITTEL, Gerhard
KNAPP, Josef
KOCH, Harald
KOSSENDEY, Thomas
KRAATZ, Herbert
KUNSTMANN, Heinrich
LADWIG, Zita
LEITNER, Ferdinand
LIST, Paul Heinz
LÖB, Arno
MADER, Helmut
MASSMANN, Renate
MEVES, Christa, geb. Mittelstaedt
MOTSCHMANN, Klaus
NEUHAUS, Wilhelm
OEHL, Wilhelm
OLSHAUSEN, von, Henning
OPHOVEN, Hermann
PEESEL, Heinrich
PIEPER, Paul
RANTZAU, von, Eberhart
REIMANN, Aribert
RÖHRL, Wilhelm
RUDEL, Stefan
SAUBERT, Alfred
SCHEPERS, Uwe R.
SCHIERMEYER, Kurt
SCHNEIDER, Michael
SCHULTE-TORNAU, Joachim
SCHUMACHER, Joseph
SEIFERT, Walter
SIENKNECHT, Walter
SOLBACH, Heinz
SPRENGER, Otto
STROBEL, August
SÜSSMUTH, Hans
TRONNIER, Hagen
WASMUND, Reinhard
WATZKE, Hans
WLOKA, Josef
WÖHRER, Werner
WRIESKE, Udo-Achim
WÜRDEMANN, Walter

5. März

APFELBACH, Raimund
ARNOLD, Hans
BECK, Fritz Paul
BEILE, Werner
BERENDONCK, Gerd
BOHL, Friedrich
BREIDENSTEIN, Hans-Jürgen
BRETTHAUER, Karlheinz
BÜCHNER, Peter
BURDE, Klaus-Friedrich
DANIELMEYER, Hans Günter
EHRMANN, Walter
EISENBERG, Ulrich
EISFELD, Fritz
ENGELBERT, Manfred
FABRY, Hermann
FIRNER, Walter
FISCHER, Fritz
FLECHTHEIM, Ossip K.
FRÖHLICH, Dietmar
FROST, Dietrich
GALIA, Tadeusz
GEIGER, Ludwig
GEYER, Manfred
GOLDMANN, Rudolf A.
GREWING, Michael
GROENEWOLD, Gabriele
HÄNZE, Siegfried
HOFSÄHS, Rudolf
HÜBLER, Olaf
ILTING, Karl-Heinz
JOCKUSCH, Harald
KARTZKE, Klaus
KASPER, Walter J.
KASTENING, Bertel
KILIAN, Peter
KLOTEN, Heinrich
KÖHLER, Claus
KÖRBER, Stefan
KORTH, Albrecht
KRÄMER, Jürgen
KRAUS, Andreas
KRAUSE, Hans-Georg
LAMBERG, Peter
LAMMERS, Alexander
LANGE, Gerhard
LANGE, Rolf
LANGENDORF, Heinz
LINKE, Norbert
MARON, Gottfried
MARTIN, Helmut
MÜHLER, Erich
NERMUTH, Manfred
NEUBAUER, Hellmut
NEUTSCH, Bernhard
PEYERIMHOFF, Alexander
PIRNER, Friedrich Georg
PREIK, Walther
RABAST, Udo
RIED, Walter Georg
RUHNAU, Heinz
SADER, Manfred
SALLOKER, Angela
SCHEFFEN, Erika
SCHENCK, Gerhard
SCHMIDT, Karl
SCHNEIDER, Helmhold
SCHULZ, Peter-Torsten
SCHWINDT, Helmut
SEARCY, Imke
SIEDENTOPF, Heinrich
STUT, Wolfgang
SUTTER, Hans Friedrich
WALDSCHMIDT, Ernst Helmut
WILLS, Jörg Michael
WOLF, Hans U.

6. März

ALTMEPPEN, Heiner
BACHOF, Otto
BARTLING, Hartwig
BARÜSKE, Heinz
BAUER, Hans
BINDING, Günther
BISMARCK, von, Klaus
BOMBACH, Gottfried
BRAUN, Rudolf
BRECHT, Martin
BREHM, Burkhard
BRUCH, Gerhard
BRÜCKEL, Kurt W.
BÜHMANN, Hubertus
CHOU, John Tung-Yang
COLSMAN, Rolf
DROEGE, Herbert
EDER, Fritz
FRANZ, Ove
FREYBERG, Freiherr von, Ulrich
FRIDRICH, Bernd-Dieter
GERHARDT, Ulrich
GLOTZ, Peter
GRAAFEN, Richard
GROSSBACH, Ulrich
GÜTTGEMANNS, Erhardt
HABECK, Dietrich
HÄFELE, Hansjörg
HEGEMANN, Carl Georg
HEINE, Willi
HIRTREITER, Wolfgang
HOFFMANN, Hans-Jürgen
HOFMANN, Paul
HUNDESHAGEN, Heinz
JÄSCHKE, Kurt-Ulrich
JUNG, Hugo
KARKOSCHKA, Erhard
KELLER, Emil Wolfgang
KLAUS, Michael
KLIMMER, Otto-Rudolf
KOTHE, Siegfried
KÜHL, Wilhelm
KÜHNE, Jörg-Detlef
KÜRTHY von FAYKÜRTH u. KOLTA, Tamàs G.
KUHN, Karl-Georg
KUNERT, Günter
KUNTZ, Eugen
LINDINGER, Stefan
LUDWIG, Helmut
MAAZEL, Lorin
MANGER, von, Jürgen
MAURER, Hartmut
MENNEKES, Friedhelm
MENZ, Peter
MODLMAYR, Hans-Jörg
MORITZ, Klaus
MORSBACH, Emil-Wilhelm
MOSER, Alexander Friedrich
NAGEL, Clemens
NICKEL, Hubertus
NIKLAUS, Dietlef
NIKOLOWSKI, Wolfgang
NOLTE, Angela
RAUHE, Hermann
RAUNO, Wulf
REMMER, Herbert
REUTHER, Heiner
ROSS (ß), Hans
ROST, Detlef H.
SAVRAMIS, Demosthenes
SCHAAF, Wolfgang
SCHÄFER, Hermann Ernst
SCHEFOLD, Dian
SCHILDBERG, Friedrich-Wilhelm
SCHMITT, Werner
SCHÖFFLER, Alfred
SPINNER, Kaspar H.
STEFANIAK, Hans
STEINACKER, Claus
STRÖDER, Josef
STRUVE, Günter
THEUERKAUF, Gerhard
THRAEDE, Klaus
THUROW, Werner
VOGEL, Friedrich
WEBERLING, Focko
WEICKER, Helmut
WEISER, Klaus
WIDMAIER, Hans Peter
WUPPERMANN, G. Theodor
YELIN, Rudolf
ZWIENER, Ulrich

7. März

ALBRECHT, Uwe
ALEWELL, Karl
ANTON, Notker M.
ASMUTH, Heinz-Jürgen
AYREN, Armin
BAYER, Hermann-Wilfried
BEHNKE, Horst
BERGMANN, Theodor
BLOHM, Walter
BODENSOHN, Peter J.
BOMSDORF, Eckart
COMPES, Peter Const.
DÖRR, Friedrich
DOMRÖS, Manfred
DOROSLOVAC, Milutin
ERNST, Josef
ERTL, Josef
FITTLER, Robert
GAUSS (ß), Karl
GEBESSLER (ß), Friedrich
GEHRING, Friedrich
GEISSNER, Hellmut
GERLACH, Harald
GRADEL, Jürgen
GREGOR, Manfred
GREVEN, Michael Th.
GRÜNER, Hans
HAHN, Werner
HARSCH, Anton
HERDT, Hans K.
JENTZSCH, Dietrich
JESSE, Walter
KAHL, Günter
KEIM, Karl
KEMPKES, Michael
KLAIBER, Joachim
KLUG, Annelies Ilona
KUPSCH, von, Hans-Karl
KURUS, Ernst
LANGENSCHEIDT, Florian
LAUF, Friedrich
LEIBENGUTH, Friedrich
LERNER, Franz
MARING, Klaus D.
MOLIÈRE, Kurt
NEUKIRCHEN, Kajo
OPITZ von BOBERFELD, Wilhelm
PARR, Franz
PIOCH, Winfried
PLUCIS, Andris
QUENNET, Arnold
REE, van, Jean
ROHRBACH, Christof
ROSER, Hans
ROTTER, Erich
RÜHMANN, Heinz
RUFFMANN, Karl-Heinz
SAAM, Hermann
SCHLÖGEL, Karl
SCHMIDT, Bruno
SCHMIDT-LIEBHAUSER, Brigitte
SCHRÖDER, Josef
SCHÜLER, Manfred
SCHÜRMEYER, Everhard
SECKFORT, Helmut
STEFFENS, Friedhelm
STEHR, Klemens
STEIN, Erwin
STIELAU-PALLAS, Alfred R.
STITZ-ULRICI, Rolf
STRUPPLER, Albrecht
THEOBALD, Michael
THIELE, Rolf
UNRUH, Trude
VOIGDT, Klaus
VOIGT, Gerhard E.
WEISSHUHN (ß), Gernot
WELTZIEN, Heinrich-Carl
WONDRATSCHEK, Hans
ZIMMERMANN, Herbert

8. März

ABEL, Herbert
ANTONI, Manfred
BARCHE, Jürgen
BAUMANN, Erich
BAYER, Alfred
BECKER, Helmut
BEIG, Dieter Andreas
BEYER, Frank M.
BINDER, Max
BORTZ, Jürgen

8. März

BRANDT, Hans Peter
BUNGERT, Hans
DENEKE, J. F. Volrad
DIETERLE, Peter
DOERFER, Gerhard
EGGER, Willy
ENGELHARDT, Markus
ESSBERGER, Ruprecht
FIEBICH, Kurt
FRANKEN, Friedhelm
FREILÄNDER, Hans
GROSSE-SUCHSDORF, Ulrich
HAHMANN, Paul F.
HAUG, Eberhard
HAUSER, Gerd
HEDDEN, Kurt
HEIMESHOFF, Bodo
HELFER, Christian
HEMPEL, Gotthilf
HEMPEL, Karl-August
HENNING, Horst
HENZE, P. Wilhelm
HERMANEK, Paul
HINCK, Walter
HÖLSCHER, Uvo
HÜNERMANN, Peter Heinrich
HUMMEL, Gert
JENS, Walter
JOHANSON, Lars
KAHLE, Heinz-Gerhard
KLINKE, Rainer
KLINZING, Hans Gerhard
KOBER, Willy
KOCH, Josef
KÖGEL, F. X.
KÖRNER, Karl-Hermann
KRÄMER, Werner
KÜBLER, Jochen K.
LEICHT, Martin
LIEDTKE, Max
LÖWISCH, Manfred
LORENZ, Walter J.
MACK, Otto-Heinz
MANNSTEIN, von, Coordt
MARTY, Willy
MATTHEUS, Bernd
MECKE, Dieter
MICHAELIS, Walfried
MONSCHAW, von, Helmut
NAEGELE, Hermann
NEUROHR, Günter
PEIPERS, Harald Rudolf
PERRIG, Alexander
POHLMANN, Willi (Wilhelm)
PREUSCHEN, Freiherr von, Diethardt
PRUYS, Karl Hugo
RADKE, Hans-Dieter
REHDER, Peter
RIEGER, Paul Friedrich
SALGE, Hans-Georg
SCHAAF-SCHMIDT, Inés Elisabeth
SCHÄFER, Herbert
SCHARRENBROICH, Heribert
SCHAUBE, Werner
SCHEELE, Michael
SCHILDBACH, Thomas
SCHNELL, Robert Wolfgang
SCHOEN, Hanns Detlev
SCHÖNBECK, Fritz
SCHREITER, Johannes
SEITZ, Gunther
SEYFFERT, Wilhelm
STRÖHM, Carl Gustaf
THÜRK, Harry
TUENGERTHAL, Hansjürgen
TUGENDHAT, Ernst
VÖGTLE, Fritz
WEINBRENNER, Peter
WILHELM, Kurt
WITASEK, Lisa
WOLLENSAK, Josef
ZEUTZSCHEL, Günter

9. März

APPELT, Gerfried
BARTH, Gerhard Eduard
BARTHEL, Josef
BELITZ, Hans-Dieter
BESCH, Lutz (Ludwig)
BEYSCHLAG, Karlmann
BIEHL, Peter
BLANK, Walter
BOCKELMANN, Thomas
BODDENBERG, Bruno
BÖVENTER, von, Edwin
BRÜHNE, Heinrich
BÜHRING, Richard
CLAASSEN (ß), Jürgen
DAMM, Carlhanns
DAUENHAUER, Erich
DROSTE, Wilhelm
ELFENBEIN, Josef
EMMERICK, Ronald E.
EMMERIG, Ernst
ERBEL, Raimund
FÖRSTER, Karl-Heinz
FRANK, Ellen
FUCHS, Karl-Ulrich
GARBERS, Friedrich
GAUCH, Siegfried
GEILING, Heinz
GILLAR, Jaroslav
GLEISSNER (ß), Gerhard
GOEPPER, Roger
GOTTSCHALK, Diethard
GRIESER, Dietmar
HAGER, Achim
HANSELMANN, Johannes
HEILMANN, W. Erich
HEILMANN, Willibald
HELMS, Eberhard
HERHAUSEN, Wolfgang Günter
HILSBECHER, Walter
HINRICHS, Hans
HINTERSBERGER, Benedikta (Gertraud)
HOLTMANN, Dieter
HOLZHEU, Franz
IMMER, Klaus
JANERT, Klaus Ludwig
JÜTTNER, Siegfried
KAMMERER, Hans E.
KLEINERT, Matthias
KNORR-ANDERS, Esther
KOCH, Lotte
KÖNIG, Eckard
KRENGEL, Ulrich
KRUEDENER, Freiherr von, Jürgen
LANCKEN-WAKENITZ, Freiherr von der, Rickwan
LANZHAMMER, Josef
LAUTS, Jan
LOEFFLER, Wolfgang
LÖFFLER, Wolfgang K.
LOHMANN, Ludger
MASCHMANN, Ingeborg
MÜTHEL, Lola
OHNESORG, Franz Xaver
PABST, Walter
POSSER, Diether
RASCH, Horst
RINSCHE, Peter
SALBER, Wilhelm
SCHACHT, Ulrich
SCHÄFER, Werner
SCHEFFLER, Eberhard
SCHEFFLER, Hans Eberhard
SCHERNUS, Herbert
SCHIRMER, Wulf
SCHMITT, Franz J.
SCHNEIDER, Klaus
SCHOLL-LATOUR, Peter
SCHWOERER, Markus
SEBIGER, Heinz
SOERGEL, Volker
SPIEGEL, Freiherr von, Raban
STAMPE, Eckart
STEINITZ, Hans
STOCK, Mechtilde
SÜNDERMANN, Jürgen
VOIGT, Karsten
WAGNER, Hans-Joachim
WALLBRECHT, Ferdinand
WASSERMANN, Heinrich
WASSMUTH (ß), Rudolf
WEIHE, von, Konrad
WINKLER, Gabriele
WÖLFL, Heinrich
WOLF, Hans Joachim
WOLPERS, Theodor
WÜRZNER, Ulrich
ZEITLER, Eberhard
ZIELONKA, Michael
ZYSK, Lothar

10. März

AHRENS, Hans Georg
ALBUS, Heinz J.
ALVATER, Peter
AMELING, Walter
BARNDT, Dieter
BECHER, Hans Rudolf
BECHTLE, Otto Wolfgang
BENDER, Ignaz
BERKE, Edmund
BÖLKE, Wilfried
BOKELMANN, Hans
BRAUSCH, Gerd
BRÜCKNER, Rolf
BURSKA, Ottmar
BUSSCHE-HADDENHAUSEN, Freiherr von dem, Julius
DEGENHARDT, Hermann
DEHNHARDT, Hans-Georg
DERWALL, Josef (Jupp)
DRACHSLER, Hans
DYCKERHOFF, Peter
EBEL, Hans Friedrich
EMMERT, Karl
ENGELHARD, Rudolf Anton
EVERWYN, Klas Ewert
FOLTIN, Hans-Friedrich
FREESE, Peter
FRICKER, Robert
FRIEDRICH, Gerhard
FÜRNTRATT-KLOEP, Ernst
FUNKE, Alex (Alexander)
GASCHER, Otto
GASSNER, Edmund
GEEST, Ingrid, geb. Reimer
GENSICHEN, Hans-Werner
GERMAR, Manfred
GUMLICH, Hans-Eckhart
HAGEDORN, Jürgen
HANEL, Wolfgang
HARTEN, Hans-Ulrich
HASSENPFLUG, Helwig
HESS, Oswald
HILL, Dieter
HOBERG, Rudolf
HOCK, Wolfgang
HONSEL, Hans-Dieter
HOPPE, Heinz-Friedrich
ISSERSTEDT, Jörg
JENSEN, Uwe
JURT, Joseph
KLAUER, Karl Josef
KNITTEL, Wilhelm
KOCH, Hans
KOLLER, Ingo
KORTHALS, Gernot
KOSSWIG (ß), Wilhelm
KRAUS, Wolfgang
KÜHNER, Otto-Heinrich
LIEDTKE, Karl
MEIER, Eckart
MEYENDORF, Rudolf Albert
MÜLLER, Heinz-Wolfgang
NITTNER, Ernst
PETERS, Kurt J.
PREISER, Siegfried
RENTSCHLER, Ingo
RICHTER, Günter
RIERMAIER, Walter
RITTNER, Fritz
SANDIG, Armin
SCHALTHÖFER, Heinz
SCHARF, Josef
SCHILD, Gregor
SCHMIEGER, Horst
SCHRÖDER, Werner
SCHÜTZ, Harald
SCHULZ-DORNBURG, Stefan
SIEBENHÜNER, Herbert
SIXT, Hans-Martin
SOMMERLATTE, Horst
STIER, Anton
SÜHNEL, Rudolf
VOLLMER, Günter
WEHRMEYER, Werner
WENDE, Wilhelm
WENSKUS, Reinhard
ZESCHICK, Johannes
ZIERITZ, von, Grete
ZOLL, Ralf

11. März

AMZAR, Dinu
BALLWEG, Ottmar
BELLINGER, Gerhard J.
BENEKE, Peter
BERG, Birgit
BÖCK, Peter
BÖHME, Wolfgang
BÖHMER, Werner
BÖNING, Karl
BÖTTCHER, Winfried
BOHL, Hans-Peter
BOSSE, Klaus
BRINKMANN, Curt
BROSER, Immanuel
BRUNS, Wolfgang
BÜRCK, Werner
DAUSCH-NEUMANN, Dorothea, geb. Neumann
DIETZ, Albrecht
DITTRICH, Wolfgang
DROSTE, Hans
ENGL, Heinrich
FÄHRMANN, Walter
FIETZ, Lothar
FINCK, von, August
FRANZ-WILLING, Georg
FREILING, Dieter
FRITSCHE, Wolfgang
FRITZ, Bernhard
FUCHSBERGER, Joachim
GEIS, Heinz-Günter
GERMER, Erich
GILLNER, Robert
GRIPP, Hans
Prinz von HANNOVER, Welf Heinrich
zur HAUSEN, Harald
HOFMANN, Albrecht W.
HOFMEISTER, Walter
HOLTZ, Karl Ludwig
HUBER, P. Reinhold
JAUCH, Bernhard
KARRASCH, Heinz
KAUDEWITZ, Fritz
KAUTZ, Joachim-Rüdiger
KICK, Wilhelm
KLOCK, Franz-Joachim
KOEHLER, Hellmut
KÖNIG, Hans
KORZ, Roland
KROLOW, Karl
KÜHL, Karl Heinz
LAUN, von, Kurt
LELLEK, Walter E.
MASSENKEIL, Günther
MEHLER, Horst
MEIER-BEER, Jürgen
MESSERER, Rainer
MÖHLE, Dorothea
MÖHRING, Helmuth
MOERSCH, Karl
MÖRSDORF, Karl
MOHNEN, Heinrich (Heinz)
NERLICH, Michael
OETTLE, Karl
PAUL, Bodo
PETER, Herbert
PIRSON, Dietrich
PÖLL, Werner J.
PRETZSCH, Gottfried
PROKSCH, Ruth
RECHEIS, Käthe
RITTNER, Günter
RÖTTINGER, Erwin M.
RUPP, Hans-Heinrich
SCHEMKEN, Heinz
SCHMIDT, Peer
SCHMIED-KOWARZIK, Wolfdietrich
SCHÖN, Fritz
SCHRADER, Ludwig
SCHUCHARDT, Gerd
SCHULZ, Walter
SCHUMACHER, Kurt
SPECK, Josef
TIETZ, Horst
VERHOEVEN, Lis
WARBURG, Max A.
WASSERMANN, Ludwig
WEISSGERBER, Hans Hermann
WINNER, Matthias
WOLFF, Christian
ZIMMERMANN, Horst

12. März

AFFELD, Wilfried
AHRENS, Heinz
ALLEMANN, Fritz René
ALTHAMMER, Walter
AVERMEYER, Siegfried
BÄDECKER, Heinrich
BAUSCH, Johan Viktor
BERGER, Heide
BERNHARDT, Richard
BÖCHER, Otto
BÖRKIRCHER, Helmut
BONGARD, Adolf-Eugen
BRANDES, Dietmar
BRUGGER, Peter
BURCKHARDT, Lucius
DEJA, Achim Georg
DOBBECK, Otto D.
EDEL, Elmar
EGGEBRECHT, Arne
EHMANN, Dieter
EHRENWIRTH, Franz
ELLMERS, Detlev
EMRICH, Ortwin
ENGEL, Werner
ESSER, Josef
FLASCH, Kurt
GEBHARD, Torsten
GEORGE, Hans-Joachim
GRAMMEL, Siegfried
GRIGULL, Ulrich
GRÖBL, Wolfgang
GROHN, Hans Werner
HAGEN, Jens
HAUBOLD, Wolfgang
HILLER, Friedrich
HIOB, Hanne
HOFMEISTER, Burkhard
HOPPE, Wolfgang
HOSAK, Werner
HUCKE, Helmut
JELINEK, Richard
JOHNA, Rudolf
KARLOWA, Elma
KESSLER, Hans Hubert
KLOTEN, Norbert
KOPP, Karl-Otto
KRÖHNKE, Friedrich
KRÜGER, Karl-Ernst
KRUSE, Waltraut, geb. Ebbertz
KÜRTEN, von, Wilhelm
KUNERT, Ilse
LOERS, Veit
MAIER, Helmut Ernst
MEIER, Henning
MEYN, Erich
MOND, van den, Friedhelm
NESEKER, Herbert
NEUBAUER, Helmut
NIERMANN, Johannes
OBERLÄNDER, Klaus
PETERSEN, Claus
ROPPILER, Peter
ROSSBERG (ß), Horst
ROSSEN, Hans A.
RÜLCKER, Tobias
SCHELLING, Roland
SCHERZBERG, Max
SCHLAGINTWEIT, Reinhard
SCHLOTTHAUS, Werner

SCHUMANN, Kurt
SCHWEPPENHÄUSER, Hermann
SIEPE, Hans Theo
SOHN, August J.
SPARY, Peter
STARK, Isolde
STEINECKE, Hartmut
STIERLIN, Helm
STRÄTLING, Wolf
TERZAKIS, Dimitri
TÖGEL, Tilman
TÜMMLER, Hans
WAGNER, Günther-Christean
WALLNER, Ernst M.
WEBER-STETTNER, Christel
WEMMER, Ulrich
WEYER, Reinhold
WIELAND, Leo
WIESE, Günther
WISSEMANN, Heinz
ZORNACK, Annemarie

13. März

AHRENS, Karl
ALTHEIM-STIEHL, Ruth
ARMGORT, Karl-Eddi
BÄUMLER, Christof
BATTES, Robert
BAYER, Wolfgang Dieter
BEHRENS, Johann
BENNEWITZ, Jürgen
BIESTERFELD, Wolfgang
BILGER, Harald R.
BIRMELIN, Manfred
BOLAY, Hans Volker
BORNEMANN, Karin, geb. Schmidt
BRACHER, Karl Dietrich
BRAUERS, Jan Josef
BRETSCHNEIDER, Hans
BRÜDERLIN, Heinz
BRUNNER, Helmut
BÜSCHER, Friederike
BUND, Elmar
CLAESGES, Ulrich
DIEZEL, Paul Bernd
DÜCHTING, Reinhard
EBI, Erich
FELDMANN, Horst
FREY, Wolfgang
FUCHS, Walther Peter
GIENOW, Herbert
GIERLICHS, Hanns
GILOW, Peter E.
GÜNTHER, Herbert
HAMMERL, Johann
HAUBENSAK, Gert
HELMS, Dietrich
HEMPEL-SOOS, Karin
HENKEL, Arthur
HERSCHLEIN, Hans-Joachim
HESPOS, Hans-Joachim
HOHLNEICHER, Georg
HOLTMANN, Antonius
HORSTMANN, Martin
HÜRTEN, Klaus
JUNG, Klaus
KALKBRENNER, Karlernst
KATTENTIDT, Wolfhard
KETTNER, Heinz
KLOSE, Horst
KOCH, Peter
KOPPER, Hilmar
KRATZ, Paul
KRÖMMLING, Klaus-Dieter
KRÜGER, Marlis
LASS (ß), Johannes
LÖSENBECK, Hans-Dieter
LORKE, Hans
LÜHRMANN, Dieter
MAYER-TASCH, Peter Cornelius
MEINHARDT, Horst
MICHAELS, Horst
MILLER, Hermann
MÖLLER, Lothar
MUNDT, Hans-Josef
MURRAY, William-Bruce
NAGEL, Carl-Martin
NELLES, Dieter

NEUBER, Peter Hartmann
NEULING, Willy
OHLENDORF, Jürgen
PHILIPP, Werner
PLATTE, Hans-Kaspar
POSER, Hans
RADDATZ, Carl
RADUNSKI, Peter
RODEWALD, Georg
ROST, Armin
RUDOLPH, Heinz
RÜFER, Rüdiger
SCHÄFER, Karl-Hermann
SCHMID, Florian
SCHMID, Franz
SCHNEEWEISS, Hans
SCHNEIDER, Reinhard
SCHRÖDER, Bernt
SCHRÖDER, Werner
SCHUI, Herbert
SCHULTE, Erich
SCHULZE, Hermann
SCHWAIGER, Fritz
SCHWARZWÄLLER, Hermann Klaus
SIEGEL, Curt
STACHOW, Hasso G.
STEINDORFF, Ernst
THOMA, Alfons
THON, Manfred
TIEDEMANN, Dieter
UECKER, Günther
VERNUNFT, Verena, geb. Lippe
VERSÉ, Horst
VINCENZ, de, A.
WEBER, Herbert
WIEDER, Joachim
WIELEK, Han
WINGEN, Max
ZIEGLER, Willi

14. März

AZZOLA, Axel
BACH, Herbert
BAHRS, Uwe
BALDAUF, Michael
BENÖHR, Hans-Peter
BERGEROWSKI, Wolfram
BIMBERG, Guido
BOGDAN, Volker
BORN, Georg
BOSHOLM, Jürgen
BRÄNDLE, Kurt Albrecht
BREHM, Herbert
BRÜCKNER, Wolfgang
BÜCHLER, Klaus Jürgen
BÜLOW, Peter
BURCHARD, Joachim F.
CONSTANTIN, Ion
DAMM, Walter
DÜLFER, Eberhard
DURST, Jürgen
FEGELER, Ferdinand
FEHN, Klaus
FINSCHER, Ludwig
FÖRSTER, Wolfgang
FRANK, Hanns K.
FRIEDMANN, Friedrich Georg
FRÖHLICH, Friedrich Karl
FRÖSCHER, Walter Eberhard
GEYER, Wulf-Dieter
GOSCHMANN, Klaus
GÜTTICH, Helmut
HÄRDTLE, Hans-Günther
HARDER, Günter
HEILMEYER, Wolf-Dieter
HENKEL, Hans-Olaf
HEROLD, Ferdinand
HERTRAMPF, Jürgen G.
HOHORST, Hans-Jürgen
JAINSKI, Paul
KALUSCHE, Dietmar
KIRCHFELD, Hans-Gerd
KLEIN, Peter
KOCH, Ulrich
KOCH, Volkward
KOCKS, Hans-Hermann
KOENIG, Hans-Joachim
KÖSTER, Uwe

KOPP, Otto
KREBS, Gerhard
KRUMBEIN, Wolfgang E.
KUMMER, Jörg
KUTZBACH, Heinz-Dieter
LANG, Erwin
LEGLER, Ulrich
LEHMANN, Henri
LOHMANN, Martin
LORENZ, Otto
MAIER, Konrad
MATHIEU, Theodor
MEININGHAUS, Alfred
MEYER-BERKHOUT, Ulrich
MICHEL, Heinz
MORISSE, Karl August
MÜLLER-FREIENFELS, Reinhart
MÜNZENBERG, Karl Joachim
NETTE, Herbert
NEUGEBAUER, Walter
NOLLAU, Volker E.
PAFFEN, Johann
PFOHL, Hans-Christian
PILGRIM, Volker Elis
RECUM, von, Hasso
ROSEMANN, Hans-Ulrich
SCHIERIG, Hermann
SCHLÜTER, Walter
SCHMITZ, Walter
SCHNABEL, Karl
SCHROEDER-HOHENWARTH, Hanns Christian
SCHULZ-HAGELEIT, Peter
SCHUMANN, Werner
SCHUVER, Friedrich
SELLACH, Brigitte
STIEGLITZ, Heinrich
THOLEY, Paul
TIETZE, Lutz-Friedjan
WÖLFLE, Maximilian
WORMS, Bernhard
ZAHL, Peter-Paul
ZESSIN, Wolfgang

15. März

APEL, Karl-Otto
BAYHA, Richard
BERGMANN, Rudi
BORSCHE, Arnulf
BRIEBACH, Ferdinand
BRÜGGEMANN, Theodor
BUCHRUCKER, Hasso
BUNGARTEN, Hermann-Josef
BUTTENBENDER, Horst
DÖRING, Hans-Werner
DÖRING, Walter
EGENTER, Peter
ELSTER, Kurt
FREEDEN, Willi
FRIEDRICHS, Hanns Joachim
FRITZE, Klaus
FUNKE, Michael
GEISELER, Wolfgang
GERHARD, Karl-Heinz
GEYER, Edward H.
GOETHE, Hans-Georg
GRAESSLIN, Dieter
GRÜNEWALD, Hans I.
GRÜTZNER, Anton
GRUNAU, Joachim
HANSEN, Hans Erik
HAUCHLER, Ingomar
HAUSHOFER, Martin
HEGE, Hans-Ulrich
HEINZ, Günter
HEISER, Irmlind
HENKE, Gerhard
HESTERMEYER, Wilhelm
HINRICHSEN, Georg
HÖPER, Wolfgang
HOERSTER, Heinz
HÖVERMANN, Jürgen
HOFMANN, Rudolf
HONKOMP, Josef
HORSTMANN, Hans-Joachim
IPPEN, Hellmut

JAKSCH, Hans Jürgen
JUNG, Hans
KAHLE, Ernst-Friedrich
KAMMHOLZ, Axel
KITTEL, Norbert
KLEE, Ernst
KRAUSE, Jürgen
KREINER, Josef
KRETER, Herbert
KUPFER, Günther
LAUER, Reinhard
LENK, Klaus
LEVERKUS, C. Erich
LIST, Heinrich
LOEWEL, Horst-G.
MAYERHOFER, Elfie
MÜNTNER, Wolfdieter
MUSCHEID, Dieter
NEVELING, Wilhelm
NOLD, Günter
OKOPENKO, Andreas
PAGNIA, Herbert
PLESSEN, Gräfin von, Elisabeth
PUCHER, Helmut
PÜTZ, Werner
REGENBRECHT, Aloysius
REHN, Jörg
REIMANN, Kurt
RÖGNER, Wolfgang
RÖTHER, Friedrich
RONNEBERGER, Franz
SATTLER, Dietrich
SCHNEIDER, Klaus M. R.
SCHRADER, Bernhard
SCHRECK, Eugen
SIMON, Werner
STRECKER, Georg
STROBEL, Beate, geb. Bartel
TELLENBACH, Hubertus
TOMAN, Walter
TRAUTNER, Hanns Martin
VOLKMANN, Hans-Erich
WACKER, Wilhelm Hermann
WELP, Jürgen
WENZEL, Paul
WEYROSTA, Claus
WORTMANN, Wilhelm
ZAPP, Herbert
ZIEGENAUS, Anton

16. März

ADAM, Wolfgang
ALBRECHT, Alois
ANDRESEN, Dieter
ANTON, Gustav (Gus)
ARNOLD, Wolf
BANTER, Harald
BARTELS, Klaus
BECKER, Wolfgang
BÖHM, Karlheinz
BÖRNER, Manfred
BRAUN, Karlernst
BREUCKER, Oscar Herbert
BRÖMSE, Peter
BRÜCKNER, Jürgen B.
CERVENY, Anneliese, geb. Matzke
CLAMER, Harry W.
CLAUSS, Armin
EICHNER, Dietrich
EIMERN, van, Josef
ERGENZINGER, Peter Jürgen
FERLEMANN, Erwin
FIENSCH, Günther
FLUEGEL, Heinz
FLÜGGE, Siegfried
GARSCHA, Karsten
GLEEDE, Edmund
GROSSMANN (ß), Friedrich
GRUBER, Utta
GRÜTZNER, Peter
HANHART, Werner
HAPP, Josef
HASL, Josef
HEYNE, J. E.
HILBICH, Ernst H.
HILGER, Hans Hermann
HÖLTJE, Georg

HORT, Peter
HUMBURG, Will
IRNICH, Werner
JAHN, Claus
KANNEBLEY, Günter
KEHR, Günter
KESTING, Marianne
KISEL, Gerhard
KOGLIN, Hans-Jürgen
KONEGEN, Norbert
KOST, Arnulf
KRALL, Heribert A.
KÜHNE, Gerhard
LIEBERMANN, Berta R.
LILJEBERG, Thomas
LINDE, Hans
LIPPERT, Ernst
LUDWIG, Christa
LÜCKING, Theodor
LUIG, Michael
LUTZ, Heinz Dieter
MEIDINGER, Ingeborg, geb. Geise
MENNICKEN, Reinhard
MEYER, Jürgen
MEYER, Karl-Otto
MOHING, Walter
MÜHLBERG, Heinz
MÜHLEN, zur, Karl-Heinz
OELMANN, Hubertus
PAWLIK, Kurt
PFÄNDER, Erwin
PFENNIG, Reinhard
RAFFERT, Joachim
REHM, Dieter
RÖHM, Helmut
RÖLIKE, Lothar
ROESSLER, Günter
SCHACHTSCHABEL, Hans Georg
SCHARNHORST, Gerhard
SCHÖNLEIN, Peter
SEIBOLD, Wilhelm
SENF, Paul
SIGL, Rudolf
SIZMANN, Rudolf
STAUDACHER, Wilhelm
STAUDER, Claus
STOLL, Ludwig
TERPLAN, Gerhard
TILLER, Nadja
TRÜPER, Hans Georg
WALTER, Helmut
WEGNER, Rose-Marie
WEINGES, Kurt F.
WELLERSHOFF, Dieter
WURM, Franz
ZELLER, Rudolf

17. März

APEL, Hans-Jürgen
ATTESLANDER, Peter
BACHEM, Achim
BÄCHLER, Hagen
BARTHEL, Günter
BAUSCHULTE, Friedrich W.
BERGMANN, Karl Hans
BONGERT, Dieter
BRONISCH, Matthias
BULL, Bruno Horst
CHILL, Hugo
DEUTSCH, Richard
DÖHLER, Günter
DOEHRING, Karl
DÜRIG, Walter
DZIEMBOWSKI, von, Constantin
EBEL, Gerhard
EBERHARD, Wolfram
EDER, Max
EINSELE, Gerhard
ELSNER, Günter
ENDRISS, Walter
FAHRNSCHON, Helmut
FRANKE, Hansalbert
FÜRSTENAU, Justus
GIERSCHNER, Karlheinz Walter
HECKSCHER, Berthold
HEINE, Karl-Heinrich
HEUSER, Magdalene
HIRSCH, Hans-Helmuth

17. März

HOFMANN, Rolf
HOHENDAHL, Peter Uwe
ISSING, Ludwig J.
JACOBS, Wolfgang
JÜTTNER, Alfred
KELLER, Dietmar
KIRCHHOF, Johannes K. J.
KLESSMANN (ß), Eckart
KREMS, Erich
KRÜGER, Barbara
LEDERBOGEN, Rolf
LENZ, Siegfried
LOHMANN, Klaus
MARTIN, Hans-Herbert
NÖLLE, Peter
NOETZLIN, Günther
NOWAK, Leo
NÜRNBERG, Werner
OETKER, August
OPITZ, Günter
OSTHOFF, Wolfgang
PABST, Hans W.
PAUL, Günter
PEPPER, Karl H.
PERKAMPUS, Heinz-Helmut
PESENACKER, Wilhelm
REICHHARDT, Hans J.
REMMERBACH, Jürgen
RUSNAK, Josef
SAAL, Rudolf
SCHIPPERGES, Heinrich
SCHNEIDER, Christian
SCHWEIG, Armin
STEFFEN, Friedrich
STIEF, Eberhard
SÜHLER, Gustav
SÜVERKRÜP, Fritz
ULRICH, Bernhard
VOLKHOLZ, Sybille
VOLLER, Hellmut
WAETZOLDT, Hartmut
WALDENFELS, Bernhard
WARNSTORFF, Herbert
WENDE, Peter
WIEGAND, Ronald
WOERNLE, Hans-Theo
WÜNSCH, Erich
WULF-MATHIES, Monika, geb. Baier
ZECHMANN, Bernd
ZILLER, Gebhard
ZIMMER, Jochen
ZIRKER, Hans

18. März

BAHR, Egon
BALDENIUS, Christian
BAUER, Wolfgang
BECKER, Johannes
BECKMANN, Dieter
BEURER, Jörg
BISCHOFF, Gerd
BLUME, Helmut
BRICK, Martin
BUND, Karlheinz
CONRAD, Bastian
CÜPPERS, Curt
EDER, Josef
EINWAG, Alfred
FISCHER, Kai
FRANZKE, Hans-Hermann
FRICKE, Karl
GEYER, Albert
GNICHTEL, Horst
GRABER, Hans
GRAF, Hans-Wolff
GRANDERATH, Franz-Joseph
GRASSL, Hartmut
GRIFFITHS, Hilary
HAAK, Dieter
HAMPEL, Klaus Erich
HARDEGEN, Reinhard
HARTGE, Karl-Heinrich
HECKMANN, Ulrich
HERMES, Hermann
HÖLTERSHINKEN, Dieter
HOFFMANN, Günther
HOHOFF, Curt
HUBALEK, Claus
HUFNAGEL, Franz Josef
KESSLER (ß), Helmut
KNOBLOCH, Hans Wilhelm
KOCH, Dankmar
KOLTERMANN, Rainer
KORTE, Karl-Erich
KRAUS, Peter
KRAUSE, Egon
LEIDING, Ekke Nils
LODUCHOWSKI, Heinz
LÖHR, Hanshorst
LÖWEN, Walter
LOOSE, Hans-Dieter
MALY, Werner
MAURER, Rainer
MAY, Michaela
MEMMER, Hermann
METZGER, Ludwig
NEUNZIG, Hans A.
OBERDISSE, Karl
ORLT, Rudolf
OTT, Gabriel
PAVLIK, Ladislav
PETERSOHN, Franz
PLACK, Arno
ROST, Dietmar A.
SCHERER, Klaus R.
SCHMIDT, Gernot
SCHMIDT, Heinz
SCHMIDT-MÂCON, Klaus F.
SCHMITT, Emil
SCHÜTZE, Werner
SCHUH, Friedrich Theodor
SCHWIND, Hermann
SEITZ, Josef
STARKE, J. Peter
STARLINGER, Peter
STAUDE, Ulrich
STRICKRODT, Johannes
TENCKHOFF, Jörg
THIEME, Paul
TRÄNKLE, Hermann
TROCKEL, Walter
WENDT, Dirk
WENZ, Werner
ZIEBURA, Gilbert

19. März

ADAM, Adolf
ANDRZEJCZAK, Milosz
BECKMANN, Günther
BLANK, Joseph-Theodor
BOCKHOFF, Baldur
BÖGE, Kurt
BÖNING, Dieter
BOSCHEINEN, Helga
BUCHINGER, Otto
BUEBLE, Benno
BUSCHBECK, Jochen
CRAMER, Thomas
DALLINGER, Peter
DRECHSLER, Friedrich
DUNDE, Siegfried Rudolf
EIMER, Norbert
ESSER, Karl
FEYOCK, Hans
FIEDLER, Leonhard M.
FRANKE, Wolfgang
FRANKENBERG und LUDWIGSDORF, von, Rutharc
FREDERSDORF, Hermann
GAJEK, Bernhard
GALLAND, Adolf
GECK, Martin
GERCKEN, Günther
GERSDORFF, von, Dagmar
HÄSLER, Alfred Adolf
HALLER, Heinz
HARTL, Paul Walter
HELMSTÄDTER, Wilfried
HEUBL, Franz
HEUMÜLLER, Oskar
HINRICHS, Wolfgang
HOLTZ, Uwe
HUPE, Erich
KAEMMERER, Kurt
KAMMENHUBER, Annelies
KAPP, Bernhard
KARPE, Hans-Jürgen
KATZENSTEIN, Dietrich Edgar
KAUFHOLD, Hubert
KELLER, von, Rupprecht
KLÜNTER, Peter
KÖSTER-PFLUGMACHER, Annelore
KRACHT, Joachim
KRAUSE, Siegfried M.
KROSCHINSKI, Kurt
KÜNG, Hans
KUNZE, Hans-Joachim
LÜDERITZ, Alexander
MANI, Nikolaus
MAYER, Hans
MEYER, Josef
MROSS, Marko Matthias
OBERLÄNDER, Erwin
OFFERMANN, Dirk
PAETOW, Karl
PERLITZ, Manfred
PERTHEL, Jochen
REDLIN, Hans Jochen
RENTSCHLER, Walter
RICHTER, Dieter M.
SAGASTER, Klaus
SANDNER, Gerhard
SCHEYHING, Robert
SCHÜTZE, Klaus
SCHULTE, Franz J.
SCHULZ, Wolfgang
SCHUSTER, Hermann Josef
SCHWARTZE, Hans
SEBENING, Friedrich Emil
SONTAG, Karl-Heinz
SPAAR, Friedrich-Wilhelm
STEINHÄUSER, Hanskarl
STINGL, Josef
TRAUT, Benedikt Werner
TRAUTWEIN, Hans
TROSCHKE, Freiherr von, Jürgen
TÜTKEN, Hans
VOIGT, Wilfried
WEBER, Gerd Wolfgang
WERNER, Karl-Heinz
WESTERHOLT, Graf von, Ignaz
WEVER, Hans
WIESEMEYER, Kurt
WIESNER, Herbert
WIMMER, Hans

20. März

AUER, Otto
BECKER, Norbert
BENESCH, Otto
BERTRAM, Jürgen
BÖRNER, Alfred
BORN, Jürgen
BUSSE, Brigitte
CHRIST, Günter
DÄNZER-VANOTTI, Wolfgang
DEPPE, Hans-Ulrich
DISCH, Friedrich J.
DÖRING, Martin
DOMES, Rainer
ESSER (ß), Gerd
FREUND, Werner
GANSNER, Hans Peter
GIORDANO, Ralph
HAHL, Willy
HARMSTORF, Alnwick
HARNISCHFEGER, Horst
HETTINGER, Theodor
HEUERMANN, Erich
HINRICHS, Hajo
HÖPFNER, Arno
HOPF, Adolf
HORATZ, Ludwig
IMHOFF, Hans
JENTSCHURA, Hansgeorg
JUNGNICKEL, Dieter
KALINKE, Helmut
KINDERMANN, Alan
KLOTZ, Heinrich
KNOLL, Helmut
KOPPE, Franz
KRÖGER, Bernd
KÜRTEN, Josef
KUNERT, Werner
LEHNERS, Richard
LENNARTZ, Franz
LORENZ, Erika
MERSON, Georg
MÜLLER, Hans
NEHER, Erwin
NOELTE, Rudolf
NONHOFF, Dieter
NULTSCH, Wilhelm
PAPE, Hans
PATZELT-HENNIG, Hannelore
RADATZ, Werner
REDING, Josef
RINKE, Werner
RÜTER, Diethard
SCHERER, Bruno Stephan, O.S.B.
SCHICKE, Herwarth
SCHIRMER, Friedel
SCHMIDT, Gerd R.
SCHMIDT-DORNEDDEN, Horst
SCHMUTZLER, Wolfgang
SCHREYGER, Ernst
SCHREYL, Karl-Heinz
SCHWINK, Christoph
SEEBERG, Hans-Adolf
SEUSING, Johannes
SOMMER, Albrecht
SPILLNER, Bernd
STINGL, Manfred
STÜRZE, Wilhelm
STUPP, Wilhelm
TIELSCH, Ilse, geb. Felzmann
TISCHER, Heinz
TOPITSCH, Ernst
UTZERATH, Hansjörg
VORMWEG, Heinrich
WALTER, Harry
WARNKE, Jürgen
WEGENER, Wolf
WEIXLER, Kurt
WERNER, Herbert
WITTE, Bernd
WOLFFERSDORFF-MELLIN-MAYDELL, Freiherr von, Joachim
ZUNDEL, Rolf

21. März

ALTENBACH, Johannes
ARNOLD, Klaus
BALZ, Horst
BAUMANN, Helmut
BENESCH, Otto
BERG, Holger
BIEL, Jörn
BÖCKENFÖRDE, Werner
BUHMANN, Hans
CALLIESS, Rolf-Peter
CASPARI, Fritz
CHASSÉE, Wilhelm
CORDES, Walter
COSTER, Rudolf de
DAHLKE-KOHNEN, Heidrun
DEUBLER, Alois
DOHMEN, Hubert
EDLER, Arnfried
EIFF, Hansjörg
EISENFÜHR, Gottfried W.
ERHARDT, Manfred
FISCHER, Peter-Alexander
FISCHER, Reinhard
FRENZEL, Hans
FRICK, Heinrich
FUCHS, Helmut
FÜSSL, Karl Heinz
GENSCHER, Hans-Dietrich
GENSER, Hugo
GÖTTE, Rose, geb. Wennberg
GRÜNDLER, Gerhard E.
GUGGENBERGER, Vinzenz
HAASE, Hans-Herbert
HARMS, Joachim
HAUPT, Heinz-Gerhard
HEEREMAN von ZUYDTWYCK, Freiherr von, Johannes
HEID, Helmut
HEIGERT, Hans
HERRMANN, Oskar
HILDEBRANDT, Reiner
HÖFER, Werner
HOENERBACH, Wilhelm
JÄCKER, Horst
KEJWAL, Karl
KLEIN, Gerhard
KLINGE, Martin
KNOLL, Wolfgang
KOHLHEPP, Gerd
KOSOK, Heinz
KOTTER, Ludwig
KRAUS, Fritz Rudolf
KREUZER, Ingrid
LAMPERT, Heinz
LENZ, Friedrich
LIEDTKE, Claus-Eberhard
LUCKHARDT, Horst
MARCZOK, Alfons
MARTIN, Gerhard Marcel
MENCK, Horst
MEYER, Jens J.
MUNDORF, Karl-Heinz
NAHRGANG, Siegfried
NIEMEYER, Johannes
OELKERS, Jürgen
PFEIFER, Anton
PLEITGEN, Fritz Ferdinand
PÖTTER, Wilhelm
PÜCKLER v. SCHWICHOW, Graf von, Wendt-Wilhelm
REIFENBERG, Wolfgang
REIFNER, Udo
REMY, Winfried
RICHARDI, Reinhard
ROSENBERG, Frank
SAYLER, Wilhelmine M.
SCHELTEN, Andreas
SCHNEIDER, Heinz
SCHUNACK, Walter
SELLIEN, Reinhold
SENFT, Peter
SETTGAST, Jürgen
SILBERER, Günter
SINJEN-WIEGAND, Frauke
SOBOTTA, Joachim
STACKMANN, Karl
STAHL, Arne
STEINHAUSER, Hugo
SURKAU, Hans-Werner
WIESENBERGER, Alfred
WITTMANN, Fritz
WOLF, Rudolf
ZIMMERMANN, Eugen
ZORN, Erich
ZULEEG, Manfred

22. März

AICHBERGER, Friedrich
ANDREEFF, Alexander
BÄCHLER, Wolfgang
BAUMANN, Ludwig
BERGER, Norbert
BOCK, Peter
BOHREN, Rudolf
BRAND, Peter
BREM, Ilse
BUCHHOLZ, H. E.
BUDDEMEIER, Heinz
BUNDKE, Werner
DECHER, Hellmuth
DENCKER, Klaus Peter
DÜNGEMANN, Hans
DUGE, Walter
EGGER, Kurt Ludwig
FISCHER, Wolfgang
FÖLSTER, Heinz-Wilhelm
FORBACH, Paul Franz
FRITZ, Wilhelm
GEISLER, Hans
GOES, Albrecht
HAAS, Jean Peter
HABERBERGER, Hanni
HAMBURGER, Michael
HARTING, Friedhelm
HASLER, Jörg
HECKMANN, Heinz
HEIDENREICH, Bärbel
HENNING, Friedrich-Wilhelm
HEUSLER, Konrad
HIERSEMANN, Fritz
HIRSCHBERG, Dieter
HÖLLERMANN, Peter W.
HOLMBERG, Börje

Geburtstagsliste

22. März - 27. März

JABLONSKI, Günther F.
KAUTH, Hans
KLEBERGER, Ilse,
  geb. Krahn
KLENK, Volker
KOCH, Kurt
KRIPPENDORFF, Ekkehart
LEUNINGER, Helen
MÖRSDORF, Josef
MOSER, Dietz-Rüdiger
NEUBECKER, Ottfried
NIEDERLEITHINGER,
  Ernst
PAULUS, Dieter
PIES, Eike Egbert
POTTSCHMIDT, Günter
PRESCHER, Hans
REHBINDER, Manfred
RESCHKE, Hans
RISCHBIETER, Henning
RÖSSLER, Helmut
ROTH, Richard
RUBERG, Uwe
SAFRANY, Laszlo
SANDER, Hartmut
SATTES, Hans
SCHMID, Eugen
SCHMIDT, Ernst Heinrich
SCHOCKEMÖHLE,
  Paul Hermann
SCHÜRMEYER, Guido
SCHULZE, Karl-Heinrich
SCHWANHÄUSSER, Wulf
SCHWENKE, Wolfgang
SIMMLER, Franz Josef
STAAK, Michael
STEINER, Gerolf Karl
STROBEL, Wolfgang
TEPE, Walter
TRIFTSHÄUSER, Werner
TROSCHKE, Freiherr von,
  Harald
VERREET, Elisabeth,
  geb. Declercq
VOGEL, Karlheinz
WALDMANN, Peter Klaus
WANGENHEIM,
  Freiherr von, Hans Wilhelm
WIEBE, Gerhard
WINSCHERMANN, Helmut

23. März

AHRENS, August-Wilhelm
ALTENDORF, Wolfgang
ASSMANN,
  Wolfgang Reimer
BAHNE, Siegfried
BARSUHN, Reinhard
von der BEEK,
  Heinrich Hermann
BENDER, Helmut
BERLIN, Henning
BIEBL, Karl-Heinz
BRAUNER, Siegmund
BRESSER, Paul Heinrich
BREU, Josef
BRÖKER, Werner
BÜHR, Siegfried
DANNECKER, Walter
DECKERS, Peter-Josef
DEMMER, Johannes H.
DENZER, Karl-Josef
DESELAERS, Josef
DÖRR, Manfred August
FELDSIEPER, Manfred
FIEBIG, Martin
FISCHER, Kurt
FREIMUTH, Wolfgang
FRENZ, Dieter Claus
FRIEDERICH, Klaus-Peter
FRIEDRICH, Mario
GÄRTNER, Helmut
GERBERICH, Claus W.
GERMANN, Klaus
GEULEN, Hans
GÖB, Albert
GRABBE, Karl H.
GRAMBOW, Rüdiger
GRANETZNY, Rainer
GRÖMMER, Helmut
GROH, Helmut

GUADAGNA, Ingeborg,
  geb. Plappert
HADELER, Hans-Friedrich
HAHN, Norbert
HAJEN, Leonhard
HAUG, Wolfgang Fritz
HEGER, Hans-Jakob
HEINZE, Kurt
HEMPEL, Johannes
HERBER, Rolf
HERMEL, Wolf-Rainer
HERTLEIN, Jürgen
HERZOGENRATH,
  Wulf A.
HILDEBRANDT, Gerhard
HOFMANN, Josef
HUBER, Simon
HUBER, Ulrich
JUHL, Paulgeorg
KLEIN, Fritz
KÖPPLER, Rudolf
KOHL, Horst
KRAUSS, Otto
KREUTZER, Winfried
KRIEG, Klaus Günter
LANG, Eberhard
LANSER, Günter
LAVES, Werner
LENK, Hans
LIEGERT, Friedrich
LIENHARD, Pepe
  (Peter Rudolf)
LOEWENICH, von, Volker
LÜHR, Rosemarie
MUNZERT, Eberhard
NETZER, Remigius
NEUNER, Peter
NÜRNBERGER, Ralf
ÖSTREICHER, Karl
PLASSMANN, Engelbert
POLOMSKI, Georg
RAAB, Walter
RAAF, Hermann
REBHAN, Josef
RESSEL, Gerhard
RUPPERT, Lothar
SATTLER-DORNBACHER,
  Erich
SAUTER, Jörg J.
SCHAA, Lukas
SCHAAF, Erwin
SCHEPPER, Rainer
SCHNEIDER, Herbert
SCHNEIDER, Manfred
SCHRÖTER, Heinrich
SCHÜLER, Hans
SCHULTZ, Gernot
SCHULZ, Günter H.
SCHWABE, Klaus
SCHWARZENBERG, Adolf
SEBOTT, Reinhold, S. J.
SECKEL, Curt
SEMM, Kurt
SIEBERT, Udo
STARKE, O.-Ernst
STEINBACH, Hermann
STOLTEN, Inge
THOMANN-STAHL,
  Marianne
THROLL, Manfred
UNGER, Gert F.
VÖTH, Reinhold
VOGEL, Martin
WÄLTER, Fritz
WASSMUTH, Dietmar
WOLL, Erna

24. März

ADRIAN, Joachim
BÄUERLE, Willi
BÄUERLEIN, Heinz
BAIER, Walter
BAYER, Ernst
BELSCHNER, Wilfried
BENTELE, Günter
BICHSEL, Peter
BROICHER, Paul
BUSCH, Frieder
BUTENANDT, Adolf
DEGNER, Helmut
DIMPFL, Gottlieb
DONTENWILL, Walter

DYCK, Joachim
EGIDY, von, Hans
EHRHARDT, Helmut E.
ENBERGS, Heinrich
ESSER (ß), Hans Helmut
EWERS, Uwe
FABER, Ludwig
FISCHER, Paul Henning
GARBE, Charlotte,
  geb. Nimtz
GEIGER, Klaus-Dieter
GEISEL, Gerwin
GOERTTLER, Klaus
GÖTTE, Martin
von der GROEBEN,
  Carl-Alexander
GROSSE-RUYKEN,
  Franz-Joseph
GROTHE, Heinz
GRÜNER, Oskar
GÜNTHER, Horst
GUTKNECHT, Christoph
HABBE, Rainer
HACKER, Hans-Friedrich
HANFGARN, Werner
HARMS, Joachim H.
HEIDLER, Hans
HELBICH, Wolfgang
HILDEBRAND, Hanns-Botho
HÖCHERL, Hans
HOLTSTIEGE, Hildegard
HUBALA, Erich
HÜBNER, Wilhelm
IBACH, Helmut
JOCHEM, Josef
KOTSCHENREUTHER,
  Hellmut
KÜHLMANN, Wilhelm
KUNZMANN, Bernd
KUTTNER, Stephan
LANGE, Bernd-Peter
LORENZEN, Paul
LUX, Claudia
MATTHÄUS, Volkhart
MATTHYS, Heinrich
MAYER, Ruth
MEYER, Otto
MIELAU, Günter
MÜLLER, Hans-Joachim
MÜLLER, Wilhelm
MÜLLER-RÖMER, Frank
NIKOLAOU, Theodor
OESTREICH, Joachim
OTTO, Marina
PELNY, Stefan
PICHLER, Hans
POORTVLIET, van, Barbara
POPP, Rainer H.
PUFF, Karl
RAUH, Hellgard
RENNER, Ingeborg,
  geb. Meyer
RICHLING, Mathias
RICHTER, Egon W.
RIEDMANN, Gerhard
RITTMANN, Wolfgang
ROCKSTUHL, Joachim
ROHRER, Rudi
SCHANZ, Günther
SCHEUCKEN, Heinrich
SCHMID, Wolf
SCHMITZ, Paul
SCHUHKNECHT, Wolfgang
SCHUMACHER, Heinrich
SIEBERT, Kurt
TREU, Joachim Albert
WALLNER, Franz
WALSER, Martin
WEISCHENBERG, Siegfried
WENDT, Martin
WENK, Klaus
WIEMANN, Kurt
WIEMER, Rudolf Otto
WIMMENAUER, Karl
WITT, Claus Peter
WÖLFLE, Peter
WOMELSDORF, Horst
ZIEGENFUSS (ß), Wilhelm
ZIERER, Benno

25. März

AENGENEYNDT,
  Hans-Wolf
ALBRECHT, Siegfried
AUER, von, Frank
BACKHAUS, Egon
BÄNSCH, Manfred
BELLMANN, Karl
BERG, Heinrich
BOJKO-BLOCHYN, Jurij
BOTTLÄNDER, Reinhard
BRANDT, Karl Heinz
BREDENDIECK, Uwe J.
BRÜCHERT, Erhard
CAPELLMANN, Kurt
CLAUSSEN, Uwe
DAVID, Ernst W.
DRABEK, Kurt
DROEGE, Georg
EHRLICH, Peter
FICHTNER, Otto
FISCHER, Wolfdietrich
FRIEDRICH, Wolf-Hartmut
GEBHARDT,
  Christoph Heinrich
GERBER, Wolf-Dieter
GILCH, Helmut
GOLDMANN, Albrecht
GRUBEL, Gerwin
HABBEL, Wolfgang R.
HAECKER, Hans-Joachim
Prinz von HANNOVER,
  Georg Wilhelm
HASCHKE, Gottfried
HAUPTMANN, Peter
IVEN, Hans
KALLRATH, Helmut
KAUFMANN, Otto
KLUGE, Karl-Josef
KÖDER, Hans Dieter
KÖHLER, Günter
LÜST, Reimar
MICHAEL, Gerhard
MÖLLER, Karl
MUTKE, Hans-Guido
NEUHAUSER, Peter
NEUMANN, Hans
NICOLAI, Walter
PACHOWIAK, Heinrich
PEIPER, Ulrich
PIECHOTA, Ulrike,
  geb. Schreckenbach
PIEPENBROCK, Hartwig
POPPE, Gerd
PÜTTNER, Günter
RAHARDT, Friedrich
RAHTE, Robert
REDEMANN, Rainer
REHWINKEL,
  Johann-Heinrich
RIEBEL, Jochen
  (Hans-Joachim)
RIEGER, Kurt
RÖDER, Walther
SARRE, Hans J.
SCHAUFLER, Ulrich
SCHIESS, Karl
SCHMID, Hermann
SCHMIDT, Paul-Gerhard
SCHMOLZI, Herbert
SCHRÖDER, Gustav Adolf
SCHULTE-FROHLINDE,
  Albrecht
SCHUMACHER, Peter E.
SIEDLER, Josef
SIGRIST, Christian
STAREK, Jiri
STEIN, Fritz
STIMPFLE, Josef
STOBBE, Dietrich
STRÖHER, Manfred
UHL, Sabine
WANNAGAT, Leo
WEBER, Erich
WECZERKA, Hugo
WEINKAUF, Arno
WINKLER-SÖLM, Oly,
  geb. Mosel
WITT, Dieter
WOLFF, Joachim Rudolf

26. März

BAIER, Horst

BALDO, Dieter
BASTIAN, Gert
BECKER, Gerhard
BECKER, Horst
BECKMEYER, Uwe
BOEHNCKE, Heiner
BONZEL, Tassilo Reinhard
BROER, Franz
BURKHARDT, Ole
CAMMERER,
  Walter Friedrich
DICHMANN, Dieter W.
DIERS, Lothar
FELGNER, Kurt
FRANZ, Gerhard
FUCHS, Otto
FÜHRBÖTER, Alfred
GESER, Hans
GOSLAR, Heinz-Jürgen
HAGEDORN, Herbert
HARBODT, Kurt
HARTKE, Stefan
HEINECKER, Rolf
HELLMANN, Hans
HENNIES, Günter
HETTWER, Hans
HÖRSTER, Joachim
HÖVELS, Otto
HÜBEL, Herbert
HUMBS, Manfred
JÄGER-JUNG, Maria
JANSEN, Kurt
JUNG, Wilhelm
JURGENSEN, Manfred
JURKAT,
  Wolfgang Bernhard
KANUS-CREDÉ, Helmhart
KETTRUP, Antonius
KHOURY, Adel Theodor
KIESER, Alfred
KOCH, Günter
KOSENOW, Wilhelm
KRÄNZLEIN, Arnold
KRONE, Winfrid
LANGE, Karl-Heinz
LANGER, Erich
LETZGUS, Klaus
LÜDERITZ, Berndt
MATIS, Ulrike
MAURER, Reinhart Klemens
MEHREN, Günther
MEISTER, Klaus
MEYER, Jürgen
MEYER, Wulf-Uwe
MONTANUS, Heinz
MÜLLER, Hans E.
MUSSMANN, Heinrich
OBERDORFER, Erich
PETZOLD, Kurt
PIELEN, Ludwig
PIRSON, André
RATZA, Odo
REIFENHÄUSER, Fritz
RÖHLER, Hans-Joachim
ROTHER, Werner
RUMPEL, Hubert
RUTHMANN, August
SANGMEISTER, Edward
SCHILLOW, Werner
SCHLEISSING, Horst
SCHLOSSER, Peter
SIEPEN, Volker
STAAB, Heinz A.
STEIN, Helmut
STEINBACH, Peter
TRUM, Rudolf
UEBLER, Emil-Georg
ULMCKE, Reiner
VACANO, von,
  Johannes (Hans)
VÖHRINGER, Otmar
WACKER, Hans
WACKWITZ, Peter
WEINHUBER, Simon
WERZ, Günther Wolfram
WIGGER, Stefan
WILDHIRT, Egmont
WÖRL, Volker

27. März

ACKERMANN, Leonore
AMELUNG, Hans Jürgen

ASANG, Ernst
BASLER, Heinz-Dieter
BAUER, Horst
BAUER, Reinhard
BEISSEL, Heribert
BOETTCHER, Carl-Heinz
BREHME, Gerhard
BÜCKER, Horst
CHRISTADLER, Marieluise
CITRON, Anselm
CZERNETZKY, Günter
DITTMANN, Lorenz
DRINGS, Peter
FACKLER, Willy
FELIX, Kurt
FISCHER, Hans-Albert
FUNKE, Werner
GEROK, Wolfgang
GOTTSCHALK, Gerhard
GRÜNEWALD, Hans-Günter
GÜNTHER, Henning
HAMBLOCH, Hermann
HARMS, Berend
HEINEMANN, Manfred
HELLFRITZSCH, Werner
HEUSSEN, Eduard
HOOSE, York
HORNBOSTEL, Hans
ISSING, Otmar
JONES, Brynmor Llewelyn
JUNGBLUT, Gertrud
KAROLI, Hermann
KASCHKE, Heinz
KLINKE, Erhard D.
KNORR, Ludwig
KNOTHE, Wilhelm
KNÜPPEL, Gustav-Robert
KONRAD, Heinz
KÜPKER, Erich
KUHLMANN, Franz Wilhelm
LIEBER, Hans-Joachim
MADEL, Waldemar
MAIS, Edgar
MAIZIÈRE, de, Eva
MANN, Golo
MENKE-GLÜCKERT, Peter
MEYER, Horst
MEYER-LARSEN, Werner
MÜLLER, Leonhard
OCHWADT, Curd
OEDEKOVEN, Dietrich
OETTING, Hermann
PIKART, Heinz
PIPER, Klaus
POHL, Hans Hermann
PRAUTZSCH, Wolf-Albrecht
RATTELMÜLLER,
 Paul-Ernst
REICHHOLD, Walter
REINHARDT, Georg
RING, Wolf-Dieter
RINNEBURGER, Kurt
SCHIERI, Fritz
SCHINDLER, Herbert
SCHLOEMER, Hermann
SCHMITT, Christian
SCHMUCKER, Josef
SCHRÖER, Alois
SÜCHTING, Joachim
TARGONSKI, György
TRAITTEUR,
 Ritter und Edler von,
 Karlheinz (Karl Heinrich)
WARNICKE, Sigrid
WEBER, Richard
WEIL, Ernö
WEISS (ß), Claus-Erich
WENZL, Helmut Franz
WIEGAND-SONNTAG,
 Ursula
WIENTGES, Heinz
WYNANDS, Alexander J.
ZIESSOW, Dieter

28. März

AHLHEIM, Klaus
ALAND, Kurt
BARLOG, Boleslaw
BARTEL, Jürgen
BAURMANN, Jürgen
BENEKING, Heinz
BERMBACH, Udo
BORGH, Ted
BRANDMÜLLER, Josef
BRUNS, Hans-Jürgen
BÜNGER, Karl
DEUTELMOSER, Otto Karl
DIHLE, Albrecht
DOTZAUER, Josef Anton
EPPLÉE, Eugen
FIEDLER, Hans-Dieter
FISCHER, Wilhelm Anton
FREUNDT, Helmut
FRIEDL, Hans H.
FRIEDRICH, Hansjürgen
FROHN, Peter
GRÄDER, Hanskarl
GROSSMANN (ß), Josef
HARTMANN, Peter C.
HEILAND, Doris
HENN, Günter
HENNIG, Ursula
HERGET, Horst-Ferdinand
HEUSLER, Helmut
HUPFAUF, Lorenz
KELLERMANN, Ulrich
KLEINE, Norbert
KRÜGER, Kurt
KÜNZL, Hannelore,
 geb. Worringen
KUTTER, Eckhard
LANGHAGEL, Joachim
LIPPERT, Wolfgang
LODEMANN, Jürgen
MAGNUS, Dietrich B. E.
MAIER-LEIBNITZ, Heinz
MAYER-KÖNIG, Wolfgang
MERKLE, Ludwig
MIEDERER,
 Siegfried-Ernst
NEUMANN, Rainer
OBERDORF, Anton
PANKNIN, Walter
PERSCHAU, Hartmut
PFAUS, Manfred
PRESS, Volker
PÜTZ, Theodor
REDHARDT, Albrecht
REITER, Udo
REMMERS, Johann
RÖHRIG, Tilman
ROEPSTORFF, Gert
RUSSIG, Armin
SCHMIDT-MATTHIESEN,
 Heinrich
SCHRIMPF, Hans Joachim
SCHRÖDER, Wolfgang
SCHWAMM, Günther
SIEMES, Hans-Dieter
SIES, Helmut
SPRANGER, Carl-Dieter
STADLER-NAGORA,
 Maria Irmgard
TENBRINK, Walter
VORMBAUM, Herbert
WEYDT, Harald
WIECK, Hans-Georg
WISCHNER, Claus
WITTKE, Walter
ZELLER, Friedrich J.

29. März

AHRENS, Tilo
AMELUNG, Ulf
AMSEL, Hans Georg
ANDREAE, Eberhard
ARNOLD, Heinz Ludwig
AX, Peter
BINDEMANN, Wolfdietrich
BOETZKES, Claus-Erich
BOPP, Karl-Philipp
BREDENKAMP, Jürgen
BRÜNING, Jochen
CARIUS, Kay
DEINERT, Wilhelm
ECKERT, Theodor
ECKHARDT, Franz-Jörg
EICHLER, Martin
ELSÄSSER, Hans
ENGEL, Heino
FEIL, Klaus
FISCHER-FÜRWENTSCHES,
 Karl-Heinz
FLESCH, Roman
GRUNDMANN, Gerhard
HAAG, Helmut
HABENICHT, Walter
HAHNL, Hans Heinz
HAMMER, Günter
HANSSLER, Hugo
HENZE, Joachim
HOLTKEMPER, Franz-Josef
HUCKER, Bernd Ulrich
IHDE, Gösta B.
JÜNGER, Ernst
KEJZLAR, Radko
KELM, Bert
KLEINER, Horst
KLIEWER, Werner
KLINGEL, Hans
KLOSE, Hans-Ulrich
KÖTTING, Bernhard
KRETZSCHMAR, Rolf
KUCKARTZ, Wilfried
LEBEK, Wolfgang Dieter
LINDNER, Albrecht Ludwig
LINDNER, Joachim
LÜCKING, Carl Hermann
MATTHEIS, Gregor
MILICH, Günter
MÖLK, Ulrich
MÜLLER, Auwi
MÜLLER, Matthias
NAVE-HERZ, Rosemarie,
 geb. Herz
NEUBER, Karl
NEVEN DUMONT, Alfred
NICOLAISEN, Heinrich
OGIERMANN, Helmut
PAUL, Hans-Ludwig
PETERS, Georg
PIPER, Ernst Reinhard
POHL, Wolfgang
RAAB, Alfons
RECKOW, Fritz
REMMERT, Hermann
RITTER, Gerhard A.
SAUL, Hans Günter
SCHÄFER, Helmut
SCHMIDT, Wieland
SCHMUCKLI, Jack J.
SCHWARZ, Hermann
SCHWEITZER, Heinz
SENGE, Stephan Reimund
SIMMA, Bruno
SPENGELIN, Friedrich
STAAL, Herta
STRÖHLEIN, Gerhard
TESMANN, Rudolf
TREIBEL, Werner
UHEN, Leo
WEILER, Wilhelm Friedrich
WENDEHORST, Alfred
WENDORFF, Rudolf
WIENEKE, Franz
WITTIG, Peter
ZSCHINSKY, von, Freiherr
 Peter

30. März

ADAM, Dieter Robert
AMBROSIUS, Karl-Wilhelm
AMMERMANN, Dieter
ASMODI, Herbert
BACKHAUS, Margarete,
 geb. Schmudek
BARON, Paul
BIERTHER, Wilhelm
BIEWEND, Edith,
 geb. Baumgart
BLENKE, Heinz
BRENNAUER, Thomas
CHRISTE, Alexander
DANIEL, Herbert
DIEGEL, Helmut
DIETRICH, Klaus
DOTTERWEICH, Georg
DREIZLER, Helmut
EICHHORN, Friedrich
ELLGER, Dietrich
EMMERICH, Wolfgang
ENGELMEIER, Max-P.
FEIT, Dietrich
GAA, Lothar
GEIGER, Walter
GOSZTONYI,
 Georg (György)
GROSSE, Peter
GRÜBER, Wilhelm
HAENISCH, Günther
HARTMANN, Wolfgang
HEIDENREICH, Gert
HERHAUS, Werner
HINCKELDEY, von,
 Joachim-Hans
ILG, Anton
JUNGEHÜLSING, Hans
KAUSCH, Walter
KHUON-WILDEGG,
 von, Ernst-Ulrich
KIESS, Friedrich Wilhelm
KLEINERMEILERT, Alfred
KNODEL, Klaus
KORN, Peter J.
LAMPRECHT, Heinz-Otto
LANGE, Horst
LARCHER, v., Detlev
LAUKAT, Gerd-Harald
LAUTWEIN, Theo
MARTENS, Gunter
MITTERER, Erika
MOHR, Curt
de la MOTTE, Diether
MÜLLER, von, Adriaan
MUND, Uwe
OETKER, Arend
PFEIFFER, Rudolf-Arthur
PODEHL, Heinz Georg
RATZKE, Dietrich
RAUSCH-STROOMANN,
 Jan-Gerrit
ROCK, Martin
RÜTTEN, Manfred
SCHILLING, Gertrud
SCHMALZRIEDT, Egidius
SCHMITT, Karl-Heinz
SCHREIBER, Friedrich
SCHUMACHER, Willi
SOWINSKI, Bernhard
SPEIDEL, Sontraud
STAUSKE, Johannes
STEGER, Hanns-Albert
STUMPF, Manfred
THEIS, Edgar
TIMM, Uwe
URICH, Klaus
VÖLCKER, Helmut
WALLNER, Christian

31. März

ADRIÁNYI, Gabriel
ARNOLD, Hans-Joachim
ARNOLD, Heidwolf
BAUER, Helmut Johannes
BECKER, Hans
BEINKE, Lothar
BEYLICH, Frieder
BIEHLER, Axel
BRAMMER, Joachim
BUMKE, Joachim
BUTENANDT, Otfrid
DEUTSCH, Michael
DÖHR, Gerhard
DÖRING, Wolfgang
DOTZAUER, Winfried
DRECHSEL, Reiner
ENGELMEIER, Peter-W.
FATOUROS, Georgios
FREUND-MÖLBERT,
 Elisabeth R. G.
GÄB, Hans Wilhelm
GRAMLICH, Horst
GRAUMANN, Carl-Friedrich
GREIFENSTEIN, Karl
GÜNTHER, Reinhard
GUNSELMANN, Winfried
HAAS, Hermann Josef
HAEHSER, Karl
HAMMERICH, Kurt
HECKEL, Klaus
HEIDRICH, Hanns J.
HERRMANN, Günter
HOFFMANN, Manfred
HOSSMANN,
 Konstantin-Alexander
KÄMPER, Herbert
KLENKE, Günther
KLUGE, Arpad
KNAPPE, Joachim
KÜBLER, Ewald Otto
KÜNZEL, Franz Peter
LANGE, Hartmut
LEHMANN, Markus Hugo
LÜGHAUSEN, Albert
MARSCHEWSKI, Erwin
MAYBERG, Katharina
MELLEROWICZ, Harald
MEYER, Albert
MÜLLER, Richard
NAARMANN, Berthold
NEHRLING, Heinz
PERELS, Joachim
PFAFF, Martin
PFÖRTNER, Dietrich
POHLMANN, Eberhard
POHR, Michael
REIK, Helmut G.
RICHTER, Raymund
RODENSTOCK,
 Randolf Alexander
RÖDER, Erhard
ROTHEMUND, Helmut
RUHBACH, Gerhard
SACHS, Hans W.
SCHALL, Wolfgang
SCHIEFER, Wolfgang
SCHLEE, Dietmar
SCHMIDT, Ulrich
SCHÖNPFLUG, Wolfgang
SCHUSTER-SCHMAH,
 Sigrid
STÄHLI, Hans
ULRICHS, Timm
WAGNER, Klaus
WAGNER, Marita
WERNER, Rudolf August
WEYMANN, Gert
WIEDMANN, Jost
ZEECK, Axel

1. April

BAENSCH, Norbert
BAUERMEISTER, Horst
BAUERSCHMIDT, Herbert
BECKER, Hans Herbert
BERNHARDT, Wolfgang
BIELICKE, Gerhard
BÖGLI, Alfred
BORGSTADT, Alfred
BÜSSOW, Hans-Jürgen
BUSSE, Holger
CRÜWELL, Berndt
DAWEKE, Helmut
DICKENSCHEID, Werner
DRAECKER,
 Claus Friedemann
DÜRRE, Günter
ENGELHARDT, Albrecht
ENGELKE, Kai
ENGELKES, Heiko
EWALD, Günter
FISCHER, O. W.
 (Otto Wilhelm)
FURRER, Ulrich
GANDENBERGER, Otto
GEIGER, Folkwin
GOETERS, J. F. Gerhard
GOLDSCHMIT, Werner
GOOSE, Dieter
GRUNDMANN, Harry
HABEDANK, Manfred
HALLERMANN, Hermann
HEIMANN, Walter
HENNIG, Eike
HOCHHUT, Rolf
HÖHN, Elfriede
HÖSCH, Willi
HOFFMANN, Otto
HOLTZMANN, Thomas
HORNBERGER, Theodor
HORST, Titus
HORSTMEIER, Martin
JANSEN, Wolfram
JUNGK, Theodora, geb. Jung
KAISER, Rudolf
KAISER, Rudolf
KAUFFMANN, Egon
KIMMINICH, Otto

Geburtstagsliste — 1. April – 6. April

1. April

KLINKENBERG, Hans-Martin
KRIEGER, Ernst
KRÜGER-(MÜLLER), Helga
LIEBHERR, Hans
LÜRING, Ingo
MAISCH, Bernhard
MROZIEWSKI, Paul
MÜLLER, Hans Günter
MÜLLER-VOLBEHR, Jörg
NETTER, Petra, geb. Munkelt
NEWIGER, Hans-Joachim
OTTO, Harro
PFINGSTEN, Hans-D.
PFLUG, Reinhard
PILKUHN, Hartmut
PRIESNITZ, Walter
QUECKE, Fred
RICCIUS, Rolf
RODI, Frithjof
RÖLLINGHOFF, Martin
ROHDEWALD, Margarete
RÜHL, Walter
SCHALL, Anton
SCHELLONG, Dieter Makiri
SCHETTER, Willy
SCHÖLLNER, Dietrich Alexander
SCHOLZ, Hans-Joachim
SCHULER, Gerhard
SCHURIG, Klaus Erich
SENSEN, Wil(fried)
STIEBNER, Erhardt D.
STOCHDORPH, Otto
STREB, Walter
STUDNICZKA, Ingeborg
SUNDHOFF, Edmund
SURHOLT, Josef
THEYSSEN, Hansjosef
THOMANN, Heinz
TIEDEMANN, Klaus
TISCHENDORF, Friedrich
TÖPFER, Armin
TREITZ, Norbert
WAAS, Johannes Baptist
WERTHERN-BEICHLINGEN, Gräfin von, Elisabeth, geb. Gräfin von Wedel
WESEMANN, Wolfgang
WIESEBACH, Horst Paul
WITTE, Peter A.
WOLFRUM, Dieter

2. April

ARP, Klaus
BARTH, Gotthold
BECHTOLF, Hans Joachim
BECKER, Martin
BERNHARDT, Wolfgang
BEUTIN, Wolfgang
BODENSIECK, Heinrich
BOEDER, Winfried
BÖTTGER, Horst
BROCKHOFF, Maria Elisabeth
BÜSSELBERG, Wolfgang
CLAAR, Egon
CONZEN, Friedrich G. (Fritz)
DEISSLER, Alfons
DOMES, Jürgen Otto
DÜRIG, Gerhard
EDER, Walter
FAILLARD, Hans
FEURING, Berno-Heinrich
FLUCK, Winfried
FORKER, Armin
FRANK, Werner
FRICSAY, Andras Kali Son
GÄDEKE, Roland
GERLACH, Eckehart
HAGEN, Manfred
HAHNEMANN, Roland
HAMMANN, Peter
HANSEN, Ulf
HAXEL, Otto
HEICHERT, Christian
HENKE, Horst-Eberhard
HOFMANN, Rupert
HOLLECK, Ludwig
HONOLD, Eduard
HUFNAGEL, Gerhard
JACOBI, Horst
JUX, Ulrich
KIRSTEN, Till A.
KLEIN, Adalbert
KOSCHNICK, Hans
KRÜGER, Ulrich F.
LANGE, Dietz
LANGE, Rudolf
LEONHARDT, Gustav
MEURER, Anton
MÜLLER-BÜTOW, Horst
NEUBAUER, Wolfgang
OSTHER, Karl-Heinz
PIEPER, Eberhard
RAAB, Fritz
RAPP, Wilhelm
RASNER, Henning
RAUCH, Siegfried
REICH, Hanns
REITER, Melchior
RICHTER, Joachim
SCHLEGEL, Walter
SCHMIDT, Helmut F. M.
SCHMIDT, Jochen
SCHNEIDER, Dieter
SCHULTE-HOLTMANN, Josef
SCHULZ, Klaus-Peter
SCHWANITZ, Rolf
SEIDL, Karl
STÄBLEIN, Gerhard
STEINER, Heinz-Alfred
STENGER, Horst
STRUZYK, Brigitte geb. Kraft
TAESCH, Hans-Martin
UHL, Fritz
WARNECKE, Hans-Jürgen
WAWRZYN, Lienhard
WILLER, Jörg

3. April

BLANK, Herbert B.
BLEIDICK, Ulrich
BÖRSCH-SUPAN, Helmut
BRAUNFELS, Michael
BRUCKMANN, Peter
BUNNERS, Christian
CUNITZ, Maud
DAUM, Roland
DIETHELM, Lothar
DIETRICH, Bruno
DÜWELL, Henning
DUNKER, Heinz Joachim
EBERLE, Raimund
FLOREY, Ernst
FRANZ, Jost M.
FREESE, Bernhard
GEIGER, Franz
GROENEWOLD, Kurt
HÄGE, Martin
HAEGERT, Lutz
HANSEN, Jürgen
HANZ, August
HARDT, Rolf
HEINICKE, Arndt
HEMMERLE, Klaus
HENECKA, Hans Peter
HENSEL, Kurt
HERBST, Gottfried
HÖTZEL, Dieter
HÜNIG, Siegfried
IBACH, Karl
INGWERSEN, Hans
JENTSCH, Werner
JOEST, Wilfried
JUNGWIRTH, Johann
KLEIN, Karlheinz
KLOSTERMANN, Henning
KLÜNNER, Lothar
KNEIP, Gustav
KOHL, Helmut
LAUN, Herwart
LEHMANN, Michael
LÖSER, Hans-Joachim
LUCK, Werner
MAINZ, Friedrich Stephan
MAYER, Walter
MEYER-OERTEL, Friedrich
MILLER, Hubert
MÜLLER-REINIG, Helmut
NICOLAUS, Norbert
PARTENSCKY, Johannes-Werner
PENK, Wolfgang
PETERSON, Barr
PFAUTER, Hermann
PINKAU, Klaus
REHBERG, Eckhardt
RIEMER, Horst-Ludwig
RIESER, Armin
RUDOLPH, Kurt
RÜTTEN, Herbert
SAAGE, Richard
SCHATTMANN, Werner
SCHEIFFARTH, Friedrich
SCHEPP, Heinz-Hermann
SCHLIPF, Josef
SCHREIBER, Manfred
STEINKÜHLER, Manfred
STEPHAN, Rudolf
STÖRRING, Gustav E.
TESCHEMACHER, August-Friedrich
TRIEBOLD, Karl
WÄLDELE, Walther
WEIDNER, Viktor
WIENS, Wolfgang
WINTER, Helmut
ZIELSKE, Harald

4. April

ABEL, Wolfgang O.
BÄHR, Rainer
BANULS, André
BEATUS, Hans Jürgen
BEBBER, Wolfgang
BONRATH, Herbert
BRODACH, Hans-Georg
BUBLITZ, Gunter
CAMPENHAUSEN, Freiherr von, Christoph Johann
DÖRRHÖFER-TUCHOLSKI, Heide
EISFELD, Rainer
ERDL, Lois
ERNST, Ludger
FERENCZY, von, Josef
FLIEGEL, Peter
FRIEDRICH, Klaus
GERZ, Jochen
GLEICHAUF, Robert
GÖBEL, Dieter
GRÜTZMACHER, Hans-Friedrich
GRUPP, Wolfgang
GÜLPEN, Alfred
HAAS, Roland
HANSEN, Walter
HARTKE, Wolfgang
HAUSHOFER, Bert A.
HEIM, Harro
HEINRICH, Jutta
HELLER, Wilhelm
HÜBSCHER, Angelika, geb. Knote-Bernewitz
JACOBSEN, Jens
JENKE, Manfred
KANN, Hans-Joachim
KLÖCKNER, Wilhelm
KRÄMER, Johannes
KRAPP, Rolf
KUNSMANN, Peter W.
LACMANN, Rolf
LANDFESTER, Manfred
LANGE, Heiner
LATACZ, Joachim
LATTEN, Reiner
LÜER, Gerd
MAST, Günter
MEIXNER, Albert
NAGLSCHMID, Stephanie
NEUBURGER, Edgar
NÖLDNER, Klaus
NOSTITZ-WALLWITZ, von, Oswalt
OEHLERT, Günther
OSTERBRAUCK, Willi-Dieter
PAUL, Fritz
POOL-Zobel, Beatrice Luise
RAMM, Thilo
RATTNER, Josef
RÜEGG, Walter
SANDER, Wilhelm
SCHLUCHTER, Wolfgang
SCHMERMUND, Hans-Joachim
SCHNEIDER, Michael
SCHNEPF, Eberhard
SCHREINER, Adolf
SCHRÖDER, Johann
SCHWARK, Eberhard
SCHWARZKOPF, Dietrich
SEGGELKE, Jürgen
SIEBERT, Hans
SÖHN, Hartmut
SPÄHN, Heinz
SPIEKER, Manfred
STEINBACH, Bernhard
TIBI, Bassam
TODT, Dietmar J.
TRAMER, Erwin
TRUTE, Friedrich
VORLÄNDER, Herwart
WAGNER-PÄTZHOLD, Daniela
WEHRL, Hans-Lothar
WEINBERG, Peter
WEISS (ß), Bruno
WÜST, Gerhard
ZAZOFF, Peter
ZEIDLER, Hans
ZURHORST, Bernhard

5. April

ARX, von, Katharina
BAUM, Winfried
BAUMGARTNER, Hans Michael
BENNDORF, Günter
BÖGEL, Georg
BÖHLER-MUELLER, Charlotte El.
BOHNSACK, Fritz
BORNGÄSSER, Ludwig
BORNMANN, Gerhard
BULLINGER, Martin
CAMPE, von, Burchard
CHRISTENSEN, Erik Martin
DEDERING, Heinz
DRISSNER, Jürgen
EDWARDS, Robert
EICKER, Friedhelm
EIMER, Gerhard
EISERMANN, Walter
FLATH, Hermann
GÄRTNER, Walter
GESTER, Martin
GOLDSCHMID, Helmut
GROBECKER, Claus
HAARMANN, Dieter
HAINDL, Ernst
HARMS, Manfred Robert
HARMS, Wolfgang
HASTENPFLUG, Josef
HAUPT, Peter
HEINLE, Erwin
HELLWIG, Martin
HENNE, Helmut
HERFURTH, Egbert
HERZOG, Roman
HESSE, Peter
HOLLAND, Jörn
HÜLLEMANN, Klaus Diethart
KÄSMAYR, Benno
KAUFFMANN, Georg
KEIM, Karl-Dieter
KESSLER, Horst
KLEEMANN, Wolfgang
KLEPPER, Regina
KNEBEL, Hans
KRÜGER, Paul-Ullrich
LEHMANN, Heiner
LINNENKOHL, Karlheinz
MÄLZIG, Günter
MAHLMANN, Max H.
MEYER zum GOTTESBERGE, Alf
NEGEL, Hans
NEUGEBAUER, Rudolf
NÜRNBERG, Eberhard
OESTERLEN, Dieter
OSCHATZ, Georg-Berndt
PIROTH, Manfred
RANFFT, Klaus
RICHTER, Alfred
RIEGER, Hansjörg
RÜDIGER, Vera
SCHNEIDER, Friedhelm
SCHREYÖGG, Jörg
SCHULZ, Reinhold
SCHWANDA, Hilde
SCHWARZACHER, Hans-Georg
SEDLMEIR, Max
STAHLKNECHT, Peter
STEHKÄMPER, Hugo
STELZIG, Friedrich
STRUVE, Tilman
STÜBLER, Elfriede
THIENEN-ADLERFLYCHT, Freiherr von, Christoph
THUMULLA, Hans-Dieter
TÖRRING, Thoms
VOGEL, Helmut
WEIN, Norbert
WELLER, Albert
WERNSDÖRFER, Robert
WITTKÄMPER, Gerhard W.
WITZLEB, Erich
ZAPP, Carl-August
ZIEGLER, Heide
ZIEM, Jochen

6. April

BAUER, Hans H.
BAUMANN, Alfred
BEERMANN, Wolfgang
BENDER, Bernd Harald
BIERMANN, Karl-Heinz
BODE, Elert
BÖHRINGER, Paul Karl
BÖTTGER, Hermann
BREMER, Erwin
BRINKMANN, Norbert
CHRIST, Karl
DELIUS, Nikolaus
DEUTSCH, Erwin
FINCK v. FINCKENSTEIN, Hans Werner, Graf
FLUEGEL, Erik
FUCHS, Ursula, geb. Sievert
FULDE, Peter
GEISSENDÖRFER (ß), Hans W.
GERHARDS, Hans J.
GIENCKE, Ernst
GRANSER, Günther
GROCHE, Gottfried
GROSSEKETTLER, Heinz
HABSCHEID, Walther
HAMM, von, Michael
HANDWERK, Norbert
HEIDRICH, Ingeborg, geb. Rüdiger
HEINRICH, Peter
HEINZE, Harald
HERBURGER, Günter
HEUMANN, Theodor
HOFFMANN, Johannes
HOLSCHNEIDER, Andreas
HORST, Ulrich Harald
HUBL, Walter F.
HUDELMAYER, Dieter
IRMER, von, Otto
JAEGER, Gerd
JÄGER, Gertrud
KARGER, Wolfgang
KLAUCK, Hans-Josef
KOCH, Fritz
KOCH, Paul-August
KREUSSER (ß), Wilhelm
KRUMHOLZ, Walter
LAMPARTER, Erwin
LANDGRAF, Gerhard
LECKE, Bodo
LEINEN, Jo
LINDE, Horst
LÜBKE, Friedhelm
MAECKER, Heinz
MAYER, Günter

MEISTERMANN-SEEGER,
 Edeltrud, geb. Lindner
MENKHOFF, Herbert
MENNE, Ferdinand W.
MICKEL, Wolfgang W.
MIETH, Walter Heribert
MILDE, Horst G. E.
MÖBIUS, Werner
MÜLLER-IBOLD, Klaus
MYNAREK, Hubertus
PISTORIUS, Helmut L.
REINAUER, Hans
RÖHM, Otto
ROHRBACH, Wilhelm
ROTH, Friederike
SCHEELE, Paul-Werner
SCHICKS, Heinz
SCHÜRMANN-MOCK,
 Iris
SIEGER, Hermann Walter
SPAHN, Norbert
VESPER, Michael
WEYER, Hans-Jürgen
WITTMOSER, Adalbert
ZIMMERMANN, Erich
ZINN, Werner

7. April

ARLT, Gottfried
BÄCHER, Max
BAISCH, Hans Frieder
BENGEL, Gunter
BETZLER, Hans-Jörg
BILLING, Heinz
BLASCHKE, Kurt
BÖTTCHER, Manfred
BORGMEIER, Raimund
BREUER, Bert
BÜHLER-
 KISTENBERGER, Traute
CHRISTOPHERS, Enno
DAMUS, Martin
DÖHN, Lothar
DÖLCKER, Hansheinrich
DURCHLAUB, Wolfgang
ESSERS, Ursula
FADINGER, Eckart
FREITAG, Robert
FREY, Christofer
GÄRTNER, Klaus
GIERTZ, Hubert
GIESELMANN, Helmut
GROTKOP, Wilhelm
HAAS, Karl-Friedrich
HEDEWIG, Roland
HERMANN, Egon
HEYL zu HERRNSHEIM,
 von, Cornelius Adalbert
HOEHL, Egbert
HOFFMANN, Dietrich
HOFFMANN-BERLING,
 Hartmut
IMMERMANN, Udo
KIALKA, Hans
KOBJELA, Detlef
KÖRLE, Hans-Heinrich
KROEBEL, Werner
KROTT, Hugo M.
KUMETAT, Heinrich
KUPSKI, Helmut
LAMPRECHT, Helmut
LAUBER, Rudolf J.
LIXFELD, Ursula Brigitte
LOGES, Werner
LOHR, Helmut
LÜCHTRATH, Helmut
MEHRTENS, Jürgen
MEIERKAMP, Dierk
MÜLLE, Karl
MÜLLER, Richard
NEBELUNG, Günter
NEMO
NEUHAUS, Hermann-Josef
NIETHAMMER, Frank
NUSSGRUBER, Rudolf H.
PILTZ, Stephan
RATHGEN, Günther H.
ROSENBAUM, Wolf-Sighard
SCHAAF, Johannes
SCHERER, Siegfried
SCHIMMEL, Annemarie

SCHLÖGL,
 Friedrich Christian
SCHNEIDER, Lothar
SCHÖLZ, Karl
SCHOLTEN, Hans
SCHRADER, Margarete
SCHRAMM, Norbert
SCHRÖDER, Gerhard
SCHWAKE, H. Peter
SIMMEL, Johannes Mario
SOLCHER, Hanns
SOMMERSCHUH, Dietrich
STELAND, Dieter
STRASSER, Hugo
STRAUF, Hubert
TITTELBACH, Ernst
TRAUTNER, Jörg
UFFHAUSEN, Horst
VOIGT, Rüdiger
WEIGELT, Horst
WERHAHN, Hermann-Josef
WOLFF, Josef
WÜRTHWEIN, Ernst-Ulrich

8. April

ANGELE, Anton
BÄUMER, Willem
BARLAG, Werner
BAUM, Richard
BEICHELT, Frank
BERKHAN, Karl-Wilhelm
BERRY, Walter
BETTS, Peter John
BÖKELMANN, Erhard
BUSCH, Dieter
CLAUSEN, Lars
CROONENBROECK, Hans
DIRSUWEIT, Lothar
DOHMEN, Günther
ENGELHARDT, Hans Peter
ENGL, Walter L.
FELLHAUER, Heinz
FIEGER, Franz-Josef
FIETKAU, Wolfgang
FRANZ, Walter
FRIEDMANN, Bernhard
FRIESENECKER,
 Friedrich
FUNK, Richard
GRÖNEMEYER,
 Heinz-Georg
HARTMANN, Ulrich
HEES, Gebhard
HERBERTZ, Theo(dor)
HERKENRATH, Adolf
JANSSEN, Franzjoseph
KARWETZKY, Rudolf
KILIAN, Werner
KLÖTZER, Wolfgang
KROCKOW, Graf von,
 Matthias
KROHN, Rüdiger
KUEN, Paul
KÜRSCHNER, Wilfried
KUNZE, Jürgen
KURZ, Paul Konrad
KUSSMAUL, Karl
LEMMEL, Ernst-Martin
LERBS, Renate
LICHTE, Heinrich
LORENZER, Alfred
LUNDGREEN, Peter
MacKENZIE,
 David Neil
MEIER, Heinrich
MERZDORF, Günther
MEYER-ABICH,
 Klaus Michael
MINKE, Gernot
MOLTMANN, Jürgen
MOSER, Heribert
MÜNCH, Fritz
MUSSIL, Edgar
NOESKE, Klaus
OETKER-KAST, Dieter
OSTENDORF, Berndt
PETERS-JOOST, Evelyn
PETERSOHN, Jürgen
PFEIFFER, Wolfgang
PFITZMANN, Günter
PFLUG, Johannes Andreas
PIELERT, Klaus

PIENING, Georg
PROKOSCH, Franz
REHM, Erich
REINWEIN, Dankwart
RÜTER, Horst
SCHAUER, Roland
SCHIELE, Horst-Dieter
SCHLICHT, Uwe
SCHLICHTINGER, Rudolf
SCHLÜTER, Wilhelm
SCHMIDT, Hermann
SCHMIDT-COLINET,
 Herbert
SCHMIDT-DENTER,
 Ulrich
SCHMOLL (gen. Eisenwerth),
 Helga, geb. Hofmann
SCHNEIDER-SCHOTT,
 Günther
SIEVERS, Leopold
SPITZEDER, Jürgen
STEINGROBE, Werner
STEININGER, Hanns Karl
STREISSLER (ß), Erich
TOBIEN, Heinz
WENDLAND, Jens
WIEDEMANN, Elisabeth
WILD, Lothar
WILHELM, Günter
WITTEKIND, Dietrich
WITTWER, Georg
WULFF, Manfred
ZEHENDNER, Gerhard
ZIPFEL, Walter

9. April

BAIER, Walter
BARTELS, Hans-Jochen
BEIER, Friedrich-Karl
BICHEL, Ulf
BODE, Fritz
BOEHM, Hermann
BREUER, Walter
BÜRGER, Hans
CORDIER, Dieter
DINCKLAGE, von,
 Hans-Bodo
DOBENECK, Freiherr von,
 Henning
DÖRKEN, Ewald
ENGELS, Joseph
EULENBURG, Graf zu,
 Richard
FAEHNDRICH,
 Henner Peter
FENEIS, Heinz
FREILING, Claus
FRIEDMANN, Rolf
GEIFRIG, Werner
HALLERBACH, Helga
HAMMERSTEIN, Reinhold
HEILMANN, Harald
HIETZIG, Joachim M.
HÖFFKES, Peter
JANZEN, Wolf-Rüdiger
JOOSS (ß), Rainer
JUNG, Claudia Cornelia
KARAS, Harald
KARBUSICKY, Vladimir
KARL, Georg
KATTMANN, Ulrich
KÖHLER, Monika,
 geb. Schulz
KOPELEW, Lew
KREYE, Horst
KÜHN, Jürgen
MARTIN, Hans
MAYER, Christian
MERKER, Günter Peter
MEYER, Manfred
MÖLLER, August
MÖRK, Bernd
OEHLERT, Wolfgang
OSTERHELD, Horst
POETSCH, Walter-Dietrich
RAEITHEL, Gert
REINHARDT, Dietrich
RETTENMAIER, Gerhard
RICHTER, Christoph
RITTBERG, Graf von,
 Jochen
SAUERWEIN, Ernst

SAUTHOFF, Walter
SCHIRNDING,
 Freiherr von, Albert
SCHLEYER, Franz-Josef
SCHMITT, Rudolf
SCHNEIDER, Peter
SCHOTT, Franz
SCHULER, Friedrich Karl
SPENGLER, Erich
STADLER, Arnold
STEINLIN, Hansjürg
STROMBACH, Werner
SZCZESNY, Stefan
THOMAS, Frank
URBANIAK, Hans-Eberhard
WEDEL, Erwin
WESCHE, Karlhans
WICKERT-MICKNAT, Gisela
WIEBECKE, Dieter
WURMB, von, Lothar
ZUNDEL, Reinhold

10. April

ADENEUER, Dieter
AMTHOR, Michael
BARTLSPERGER, Richard
BAUMANN, Heinz H.
BEYERSMANN, Detmar
BLOBEL, Hans-Georg
BONGERS, Jürgen Wilhelm
BRANDT, Reinhard
BRECHTKEN, Josef
BROCK, Gert
BRUTSCHIN, Gerhard
CARD, June
DAHLHOF, Herbert
DIEL, Alfred
ELTING, Theodor
ESSER, Hans
EXNER, Martin
FRIEDRICHS, Günter
FUCHS, Joachim
GEIGER, Martin
GEUS, Armin
GROSS, Wolff
HAHN, Peter
HARTUNG, Hans Rudolf
HERRIG, Horst
HEUBES, Jürgen
HIPPEL-SCHÄFER, von,
 Gabriele
HORN, Sabine
JACOB, Helmut
KALDENKERKEN, van,
 Karl-Heinz
KIRSCH, Winfried
KLEINEWEFERS, Herbert
KLOFT, Hans
KNAUER, Ulrich
KNOTHE, Hans
KOSSMANN, Horst
KOWAR, Johann
KÜLP, Bernhard
LIESS, Reinhard
LÜLLMANN, Heinz
MARKELIN, Antero
MAYER, Karl Ulrich
MENGE, Wolfgang
METTERNICH, Walter
MEYER, Klaus
MIROW, Jürgen
NAUMER, Hans
NEESE, Paul
NIEDERALT, Alois
NIEMEYER, Adolf D.
PEINKOFER, Karl
PFÄHLER, Wilhelm
PFEIFFER, Ernst-Friedrich
PFEIL, Horst
PIETZSCH, Ludwig
QUANZ, Dietrich Reiner
RAUPACH, Hans
REINHARD, Wolfgang
RELIWETTE, Hartmut T.
RINGLEBEN, Hans
SCHEMMANN, Berndt
SCHMALEN, Helmut
SCHMIDT, Reimer
SENF, Heinz
STOMBERG, Rolf
de TERRA, Hans-Adolf
TROOGER, Sabina

WECKESSER, Jürgen
WEISS (ß), Peter
WESSELKOCK, Klemens
WIEDEMANN, Conrad
WILLHÖFT, Jürgen
WINK, Michael
WINKLER, Adolf
ZANDER, Karl

11. April

ANGERMEIER, Heinz
BODE, Karl-Josef
BOHLEN, Heinz
BRAUER, Georg
BREHM, Helmut
CARSTENSEN, Gert
CLASEN, Sigvard
CREZELIUS, Georg
DÖRENMEYER, Walter
EICHER, Wolf
EICHINGER, Bernd
EINSELE, Martin
FERID, Murad
FRANKE, Egon
FRANKE, Klaus
GASSEN, Hans Günter
GIEBLER-KATTENESCH,
 von, Kleopatra
GÖPPINGER, Hans
GREGORIG, Romano
GREILING, Helmut
GRÖTZBACH, Erwin
GÜLICHER, Gottfried
HAMEYER, Uwe
HARPPRECHT, Klaus
HEBEL, Franz
HERMAND, Jost
HERRE, Franz
HIESEL, Franz
HIRSCH, Hans Joachim
HOCHSCHILD, Ulrich
HOMBURGER, Birgit
HUTTERER, Franz
JÄGER, Wolfgang
JAHN, Karl-Heinz
KANIG, Gerhard
KISTER, Willi
KLÄGER, Max
KLAGES, Manfred
KLEIN, Rolf
KNIEPERT, Andreas
KUBE, Edwin
KUHLWEIN, Eckart
LANGEMAACK, Friedrich
LANGOSCH, Karl
LEHMANN, Norbert
LEUSCHNER, Fred
LÜDER, Wolfgang
MAI, Paul
METHFESSEL, Wolfgang
MÖHLENKAMP, Walter
MOLL, Kurt
MUHR, Gerd
NOE, Hermann
NUSCHELER, Franz
PAU, Hans
PLEYER, Friedrich
PRILLWITZ, Siegmund
QUADFLIEG, Christian
RAVEN, von, Wolfram
REINHARDT, Rudolf
REITH, Rudolf
ROHDE, Hanns-Walter
ROHLFS, Jürgen
SCHEURING,
 Ottheinz (Otto Heinz)
SCHLAGENHAUF, Ernst
SCHMIDTCHEN, Dieter
SCHMUTTERER, Heinrich
SCHÖNBERG, Leo
SCHOTTROFF, Luise,
 geb. Klein
SCHRÖDTER, Hans
SCHUBERT, Heino
SCHÜTZINGER, Heinrich
SORG, Margarete
SPANIOL, Otto
STEFFENS, Heiko
STÜRNER, Rolf
SUTOR, Bernhard Heinrich
TAFEL, Hans Jörg
THOMA, Dieter

VOIGT, Karsten

12. April

ALAND, Barbara, geb. Ehlers
ALTWEIN, Jens Erik
ARNOLD, Hans R.
BASSON, Claus-Peter
BECKER, Rüdiger
BERCHEM, Rütger
BINDER-GASPER, Christiane
BITTER, Jürgen
BLASCHETTE, Armand
BÖTTGER, Gerhard
BOGS, Harald
BOPP, Martin
BORNEMAN, Ernest
BRAUNER, Robert
BRENNECKE, Jochen
BREUCKER, Katrin, geb. Hauswirth
BROCKMEIER, Peter
BRÜNING, Walther
BUB, Lothar
BUCHBINDER, Albert
BURDENSKI, Wolfhart
CHRISTIER, Holger
DIEKMANN, Achim
DISTLER, Harry
DORNIER, Silvius
DREHER, Erich
EHLERS, Widu-Wolfgang
ENDRES, Ria
ESSER, Josef
FINKE, Helmut
FISCHER, Joschka
FUNKE, Karl-Heinz
GEBERT, Ernst
GOTTHARD, Werner
HAAS, Gerhard
HABEL, Reinhardt
HAGENLOCHER, Horst
HAUNGS, Peter
HECK, Gernot
HEIN, Günter
HEISS (Heiß), Korbinian
HENNING, Helmut
HIERSCHE, Hans-Dieter
HINDERER, Karl
HUPPERTZ, Franz
HUPPERTZ, Norbert
ILGNER, Rainer
JOCHEM, Rudolf
JÜHE, Hanno
KAELBLE, Hartmut
KAISER, Joseph H.
KALLER, Hans
KEIL, Hilger
KINZELBACH, Ragnar
KLEINSORGE, Hellmuth
KLINGER, Hanns
KÖTTING, Bernd
KOHRT, Manfred
KOLLMANN, Roland
KRAEFT, Wolf-Dietrich
KRONE, Heinrich Adolf
KRÜGER, Hanfried
KRÜGER, Hardy
LAZI, Erhard
LÜBBE, Gustav
MARTINSEN, Wolfram O.
MATZAT, Hartmut
MENZ, Walter
METZ, Wolfgang
MOHLER, Armin
MÜLLENBROCK, Heinz-Joachim
MUNDT, Gerhart
NEFF, Wolfgang
PAFFRATH, Hans-Georg
PETZET, Michael
RAHN, Gottfried
RAUSCH, Jürgen
RAUSCH, Wilfried Wilhelm
REISS, Rolf
REUSCH, Ehrhard
ROSENTHAL-KAMARINEA, Isidora
RUDOLPH, Bernd
RUEGENBERG, Horst
SCHMIELE, Walter
SCHMITZ, Richard
SCHULTZ, Joachim
SCHWETLIK, Gerhard
STANG, Friedrich
STAUDER, Wilhelm
STEIM, Hugo
STRAUB, Eberhard
STUCKENHOFF, Wolfgang
STUDNITZ, von, Wilfried C. J.
TAUPITZ, Jochen
THIELS, Rudolf
THONET, Georg
TRAUTMANN, Friedrich P. O.
WAGNER, Friedrich-Ludwig
WALLER, Peter Paul
WALLIS, von, Hugo
WEIGMANN, Rudolph
WELLER, Robert
WESSEL, Horst A.
WILHELM, Friedrich
WINKELMANN, Heinrich
WITZEL, Horst
WÖHR, Ulrich
WOLLMANN, Hellmut
ZACHERT, Hans-Ludwig
ZEIDLER, Hans-Wilhelm
ZUGERMEIER, Klaus A.

13. April

ASBACH, Hans Helmut
BALTES, Matthias
BARGATZKY, Walter
BEUST, von, Ole
de BOER, Hans A.
BONNET, Peter-Helmut
BREHM, Wolfgang
BRINKMANN, Ernst Reinhart
BULLINGER, Hans-Jörg
BUSSE, Otto
BUTIN, Heinz
EBERT, Gotthold
ERCKENBRECHT, Ulrich
FISCHER, Rainer Dietrich
FRANK-PLANITZ, Ulrich
FRÜH, Isidor
GASPERS, Hans
GENGE, Harald
GERHAHER, Franz
GERINGER, Karl-Theodor
GOERDELER, Ulrich
GROHMANN, Dieter
GROSSKURTH, H. J.
GROSSMANN (ß), Klaus Erwin
HAHN, Manfred
HARTWIG, Frank
HAUSMANN, Franz Josef
HEMPEL, Wido
HENRICH, Hermann
HÜTHER, Werner
HÜTTMANN, Gerd Eberhard
IRMEN, Hans-Josef
JANERT, Wolf-Rüdiger
JÖRNS, Klaus-Peter
KELLERMEIER, Jürgen
KINDERMANN, Gottfried-Karl
KOERTING, Franz
KOPPEL, Karl Heinz
KORZ, Karl
KRÖMER, Eckart
LINKE, Bruno
LOOGEN, Franz
LOTZ, Erwin
MARCHI, Otto
MARUHN, Siegfried
MORGENSCHWEIS, Fritz
MÜLLER, Horst
MÜNZ, Peter
NESTLER, Peter
PELLENS, Karl
PURZER, Manfred
QUINTE, Lothar
REBEL, Karlheinz
ROMANN, Karl-Heinz
SANDER, Wolfgang
SATZ, Helmut
SCHETTLER, Gotthard
SCHICKETANZ, Rolf
SCHIEMANN, Gottfried
SCHLICHTE, Hans-Werner
SCHLÜTER, Franz
SCHMIDT-VOIGT, Jörgen
SCHWEIGER, Karl
SENGPIEL, Ingeborg
SPIESS, Heinz
SPITZLER, Marianne
THEILEN, Ernst Dieter
TRAPPL, Wilhelm
UECKER, Dietrich
VORBECK, Dorothee, geb. Wiebel
WEDEKIND, Beate
WEICHSELBERGER, Kurt
WERNER, Rüdiger
WERNER, Wolfgang
WESTERFELHAUS, Herwarth
WILKE, Otto
WURSTER, Paul
WYRSCH, Peter Beat
WYSS, Urs

14. April

ABB, Friedrich Wilhelm
ANDERSEN, Uwe
ANDRESEN, Matthias
ARNDT, Stefanie
AUER, Erich
BAKELS, Frederik
BANNASCH, Peter
BAUMGARTEN, Edwin
BAUMGARTNER, Fritz
BECKER, Frank
BEKH, Wolfgang Johannes
BERGER, Heinz
BERNEKER, Erich
BIRK, Rolf
BRASS, Wilhelm
BREHLER, Reiner Karl-Heinz
DÄNIKEN, von, Erich
DUDEL, Josef
ENGLER, Helmut
ERMISCH, Günter
FRIIS, Robert R.
GERHARDT, Renate
GRUNDEI, Albrecht
HÄGELE, Gerhard
HAUSCHILD, Reinhard
HENKEL, Wolfgang
HENSEN, Theo
JANTSCHER, Lothar
KAESER, Carl
KARLBERG, Erik
KINNEBROCK, Hans-Jürgen
KNAPP, Manfred
KOSSATZ, Gert
KRISCHKE, Traugott
LAMPE, Bernd
LAMPRECHT, Erich
LANGER, Klaus
LUUK, Dagmar, geb. Pioch
MEISTERJAHN, Reinhold
MESSMER (ß), Kurt
MILDE, Gottfried
MODERHACK, Dietrich
MÜLLER, Hanns Christian
NEIDLINGER, Toni
OLDENDORFF, Klaus E.
OTHMER, Friedrich Ernst
PLOEN, Günther
POENICKE, Irmtraut E.
PUKALLUS, Horst
RABINI, Hubert
RANKE, Kurt
RODECK, Gerhard
SANDHAS, Werner
SCHALLEHN, Ernst
SCHLARB, Auguste
SCHMALZ, Klaus
SCHMID, Erich K.
SCHMIDT, Elisabeth
SCHÖLER, Diane
SCHOOG, Matthias
SCHREINER, Josef
SERVATIUS, Bernhard
SIMON, Helmut
STAHL, Hermann W.
STAMER, Hans
STENZEL, Jürgen
STOLLBERG, Dietrich
STRÄHLE, Joachim
THIEDE, Jörn
WALTER, Hubert
WEIDLICH, Wolfgang
WERNER, Egon
WOESLER, Winfried
WOTSCHKE, Detlef
ZIMMERMANN, Wolfgang

15. April

BACKOFEN, Ulrich
BASCHANG, Hans
BAY, Friedrich
BAYER, Raimund Ludwig
BEUTELSTAHL, Harald
BOCKEMÜHL, Jochen
BRANONER, Wolfgang
BRAUN, von, Sigismund
BUHL, Wolfgang
BUSCH, Wolfgang
BUTZER, Paul L.
CRAMER, Hans
DOETSCH, Wilhelm
DORMANN, Elmar
DRÖGE, Heinz
EBERSPÄCHER, Hans
EMRICH, Ernst
FIEDLER, Heinrich Edwin
FÖRSCHING, Hans
FRIEDRICH, Günther
GERISCH, Herbert
GIERER, Alfred
GLATZEL, Johann
GOEDTKE, Karlheinz
GOGG, Dieter
GRAEFF, Heinz
GROELING-MÜLLER, von, Georg
GÜNTHER, Hans-Ulrich
HÄFELE, Wolf
HAGEDORN, Peter Bernd
HAGEN-GROLL, Walter
HANNASCH, Rolf
HEINRICHS, Josef
HEISING, Ulrich
HELD, Julius S.
HENNEBERG, Werner
HESS, Rainer
HEYMANN, von, Dietrich
HOFMANN, Gerhard
HÜHNERMANN, Harry
IBACH, Harald
JUNKER, Heinrich
KELM, Hartwig
KERSCHER, Rudolf
KIRCHGÄSSNER, Gebhard
KIRSTE, Rudolf
KLAGES, Helmut
KLAGES, Wolfgang
KLEBERGER, Kurt-Eberhard
KNESSL, Lothar
KNUSSMANN (ß), Rainer
KOUBEK, Norbert
KRAMP, Horst
KRUPP, Hans-Jürgen
LAKNER, Laszlo
LASSAHN, Bernhard
LAURIEN, Hanna-Renate
LEHMBRUCH, Gerhard
LIESEN, Klaus
LINK, Ewald
MAURER, Karl
MERK, Bruno
MERTSCH, Hans
MILEWSKI, Peter
MORGENSTERN, Beate
MÜNZEL, Frank
NIESSEN (ß), Ferdinand
PFENDER, Hans
PLACHETKA, Manfred Günther
PLATE, Herbert
RANDOLF, Karl
REICHEL, Andreas
RING, Wolfhard
RÖHRIG, Reinhold J.
ROLLNIK, Horst
RÜHM-CONSTANTIN, Emmy
SAX, Walter
SCHAERER, Reymond
SCHLEGELBERGER, Bruno S. J.
SCHMID, Karl L.
SCHMIDT, Manfred
SCHRÖDER, Gerhard
SCHWERIN, Graf von, Eberhard
SIEDSCHLAG, Hans-Joachim
STILLER, Klaus
TESCHKE, Rolf
TRIEBOLD, Karl Friedrich
URBANEK, Axel
UTZ, Arthur-Fridolin
WAHN, Winfried H.
WEBER-FAS, Rudolf
WEIMANN, Benno
WEIZSÄCKER, Freiherr von, Richard
WETTIG, Klaus
WIEHL, Peter
WILLE, Eberhard
WINDSCHILD, Günther
WISSMANN, Matthias
ZAIKA, Siegfried
ZEPTER, Karl Heinz

16. April

ARNDT, Claus
ARNOLD, Michael
BAUER, Erika
BENDIXEN, Peter
BIRUS, Hendrik
BISCHOFF, Paul Hellmut
BRANDT, Karl
BROCKHAUS, Rudolf
CHRIST, Liesel
DAHM, Herbert
DREWS, Paul
EBNER, Franz
ERLENBACH, Erich
ERNSTING, Uwe
FISCH, Rudolf
FLEISCHER-PETERS, Annette
FRITZE, Wolfgang H.
FUHR, Klaus-Joachim
GERBER, Hermann
GOERTZ, Hans-Jürgen
HAAS, Ludwig
HAUENSCHILD, Carl
HELD, Ernst
HEMFLER, Karl
HENSELER, Klaus
HEUN, Hans
HÖNSCHEID, Jürgen
HÖPKER, Wilhelm
HOFE, von, Hans
HOHEISEL, Karl Robert
HUMMEL, Gerhard F.
IDELBERGER, Karlheinz
JÄGER, Hans-Wolf
JÜRGENS, Günter
JUNGMANN, Karl-Heinz
KEEL, Anna
KEMPF, Eugen Karl
KEMPF, Peter
KIRSCH, Sarah
KOSCHYK, Hartmut
KRAFT, Günther
KRÖGER, Erich
KRÜGER, Wolfgang
KUCK, Gerd Leo
LEIBFRIED, Eugen
LEONHARD, Wolfgang
LEUSCHNER, Kurt
LITZENBURGER, Gernot
MÄURER, Helmut
MECHEL, Fridolin P.
MOLDAENKE, Günter
MOLLENHAUER, Klaus
MÜLLER, Herbert
NIEDERDELLMANN, Herbert
NIENHEYSEN, Franz-Josef
ODLER, Ivan
PRECHT, Manfred
PREUTEN, Günter
QUAST, Günter
RATZINGER, Joseph
ROHNER, Heinz Georg

16. April - 21. April

16. April

RUPPRECHT, Hans-Albert
SALZER, Klaus W.
SCHALLER, Helmut Wilhelm
SCHAUENBURG, Konrad
SCHEFFLER, Beate
SCHMIDT, Willi
SCHNEIDER, Bernd
SCHROEDER, Diedrich
SCHÜLING, Hermann
SEGGER, Heimdal
STEINBACH, Peter
STEINHAUER, Hans-Günter
STELTER, Horst A.
TREUHEIT, Werner
VAHLENSIECK, Winfried
VIEBAHN, Fred
VIKTOR, Herbert
VOLKMANN, Bodo
WAGNER, Friedrich
WAIZENHÖFER, Udo
WAKENHUT, Roland
WANK, Rolf
WEFELSCHEID, Heinrich
WEPPER, Elmar
WIEGAND, Thomas
WIENECKE, Günter
WILHELM, Friedrich
WÖLFEL, Eberhard
WOLFF, Jochem
ZANKL, Heinrich
ZICK, Rolf

17. April

ACHTERBERG, Arno
AHRENS, Joseph
BANZER, Jürgen
BAUER, Wolfram
BEGEHR, Heinrich
BOTHMANN, Eckhard
BRAUER, Wolfgang
BUCHHEIT, Harriet
CLAUSEN, Manfred
DEUBLER, Siegfried
DÖRR, Dieter
DORNDORF, Wolfgang
ENDERS, Kurt
FISCHER, Heinrich
FÜRST, Peter
GEFFKEN, Detlef
GOECKE, Claus
GRAMATKE, Eckart
GROTE, Werner
HAGEN, Kurt
HAUFF, Günther W.
JANECKE, Heinz
JÜTEN, van, Grit
KALTSCHMID, Jochen
KIENER, Franz
KLAIBER, Walter
KLEIN, Albert
KLEIN, Heinrich
LAST, James (Hans)
LEEKER, Joachim
LEHMANN, Hans-Joachim
LEIPOLD, Helmut
LUDAT, Herbert
MEYERING, Horst B.
MÜLLER, Frank G.
MÜLLICH, Hermann
MUSCHAWECK, Willy
NEIDHARD, Hans
PLAUM, Ernst
RAMSEY, Bill
REICHHOLF, Josef H.
REINARTZ, Franz
RENFER, Ted M.
RICK, Josef
RÖHRING, Klaus
ROSENBAUER, Judith
RUPPEL, Walter
RUST, Erich-Alfred
SCHLACHET, Simon
SCHNAUS, Peter
SCHÜNDLER, Rudolf
SCHULTZE, Barnim. A.
SCHWARZE, Hans-Joachim
SEITZER, Dieter
SILJA, Anja
SKONIECZNY, Paul
TENGELMANN, Wolfgang
THEILE, Ursel
WEGER, Hans-Dieter
WEIGEL, Manfred
WEINDL, Georg
WEINGARDT, Carl-Arend
WERCKSHAGEN, Carl
WERNITZ, Axel
WITTSTADT, Klaus

18. April

BALES, Robert H.
BALTES, Joachim
BAMBULA, Anton
BARTH, Friedrich G.
BLUME, Hans-Peter
BÖVERSEN, Fritz
BROECKX, Jan
CLEMENS, Hans-Joachim
CORDES, Hermann
DIESFELD, Hans Jochen
DÖNHARDT, Axel
DOLL-HEGEDO, Hannelore, geb. Weist
DONUS, Bruno
ENGEL, Thomas
ERDTMANN, Lothar
ESS, van, Josef
ESSIG, Karl-August
FERDINAND, Walter E.
FIGGE, Udo L.
FRAHNERT, Michael
FRANZEN, Franz
FRENKEL, Gerhard
GNÄDINGER, Fritz-Joachim
GOUDOEVER, van, Jan
HACKENBROCH, Wolfgang
HASSELL, von, Henning L.
HAUBST, Rudolf
HEIN, Gerhard
HEITJANS, Albert
HERRMANN, Wolfgang Anton
HINZE, Heinz F. W.
HIPPIUS, Hanns
HÜBNER, Wolfgang
HUNOLD, Gerfried Werner
KATZSCHMANN, Ewald
KEILMANN, Ernst
KELLER, Roland
KNIPPERS, Rolf
KNÖDLER, Werner Friedrich
KÖHLER-RECHNITZ, Inka
KRATZSCH, Erwin
LAUER, Hans H.
LIMBOURG, Peter
LINTL, Wolfgang
LOHMANN, Sigrid
MARQUARD, Günter
MEUFFELS, Heinrich
MINTZEL, Johann Albrecht (Alf)
MITSCHKA, Arno
MÖLLER, Helmut
MÜLLER-MICHAELS, Harro
PIENE, Otto
PORTELE, Gerhard
PORTH, Albert Joachim
RICKERS, Folkert
RÖDING, Horst
ROGGENBOCK, Jochen
SALFELD, Kurt
SAUTER, Karl
SCHMALBROCK, Gerd
SCHMIDT, Adolf
SCHMIDT, Wolfgang
SCHNEIDER, Karl
SCHÖTT, Hans Erich
SCHÜTZ, Karl-Heinz
SCHWEITZER, Harald
SCHWEIZER, Eduard
SEIFERT, Jürgen
STEGER, Hugo
STIHL, Hans Peter
THROLL, Wolfgang
TOSCHEK, Peter E.
TRAUTWEIN, Gerhard
TROSSMANN (ß), Hans
VOIGT, Hans-Heinrich
WALTER, Michael
WEIS, August
WIMMER, Paul

19. April

BARNER, Martin
BEIERLEIN, Hans R.
BERG, Rolf
BIERMANN, Klaus
BUNTROCK, Annemarie
DAHMS, Hellmuth Günther
DAXELMÜLLER, Christoph
DENZLER, Georg
DICHANZ, Horst
DIVERSY, Lothar
EHLICH, Hartmut
EICHLER, Johannes
EISENBERG, Johannes
ELSNER, Kurt
ELSTNER, Frank
FLECK, Werner
FORSCHNER, Maximilian
GÄRTNER, Claus Theo
GEBHART, Erich
GRATHOFF, Dirk
GROEBEN, Norbert
HÄUSSLING, Angelus Albert
HAGEMANN, Josef
HAHN, Volker
HAMANN (Hamann-Mac Lean), Richard H. L.
HAMMERSTEIN, Jürgen
HAUG, Albert
HEIMERL, Hans
HENZE, Dieter
HOIER, Henner
HOLLAND, Gerhard
HONSTETTER, Hanns F.
HORNEF, Heinrich
HÜTTERMANN, Jürgen
KATH, Fritz M.
KAUFMANN, Horst
KESSLER (ß), Hermann
KOCKA, Jürgen
KÖPF, Ulrich
KOLB, Rudolf
KOSTA, Tomas
KREUTER, Dieter
KRÜCKEBERG, Fritz
KÜBLER, Werner
KÜPPER, Tassilo Georg
KUMMER, Benno
LAAGE, Gerhart
LAATSCH, Hartmut
LAGERSHAUSEN, Karl-Hans
LAUTENBACHER, Susanne
LOPE, Hans-Joachim
LUTTERMANN-SEMMER, Elisabeth
MANDEL, Hans H.
MATTIG, Edmund
MAUCH, Elmar
MEINEL, Erhard
MEISTER, Richard
MÜLLER, Theodor
NAGEL, Tilman
NEUHAUS, Walter
NOWAK, Winfried
NOWOSAD, Alfred
PAHLITZSCH, Gotthold
RAWER, Karl
REINBOTH, Gudrun
REISEL, Rainer
RIEKS, Rudolf
SASS (ß), Peter
SCHAAF, Heinz
SCHERER, Heribert
SCHMIDT, Felix
SCHNEIDER, Peter Maria
SCHOENE, Heinrich
SCHWARZ, Raimund
SEIBEL, Rainer
SIRTL, Erhard
SOHN, Karl-Heinz
SPENGLER, Helmut
SPIELMANN, Willi
SPORHAN-KREMPEL, Lore
STALLMEYER, Rolf
THALER, Horst
THEISEN, Angela
TÖPPER, Hertha
TSCHIEDEL, Hans Jürgen
TYRELL, Werner
VERJANS, Heinz G.
WEISER, Hans-Jürgen
WITTGEN, Hans-Henning
WUTTKE, Harri
ZELLER, Alfons

20. April

ACKERMANN, Andreas
AŠANIN, Miodrag
BERNHARD, Karl-Heinz
BERNHARDT, Heinz
BESUDEN, Heinrich
BETZ, Dieter
BIEBUSCH, Werner
BIEDERMANN, Edwin Adolf
BLUNCK, Otto
BOEHM (-BEZING), von, Gero
BÖHMER, Klaus W. A.
BOENNINGHAUS, Hans-Georg
BRAND, Wilhelm
BRENDER, Irmela
CLAUSEN, Rolf
DITTRICH, Lothar
DODEN, Wilhelm
DUDA, Seweryn Jozef
ECKMANN, Friedrich
ERTZDORFF-KUPFFER, von, Xenja
FALK, Alfred
FALK, Peter
FOLLNER, Heinz
FRANCESCHINI, Ernst
FRANK-SCHMIDT, Hans-Jürgen
FREUDENBERG, Nikolaus
FRIEBE, Ingeborg
GRÄBER, Friedrich (Fritz)
GRÄSSMANN, Adolf
GRIBKOWSKY, Hellmut
GRUBE, Franzjosef
HARTMANN, Adolf
HEILMANN, Wolfgang
HELLNER, Erwin
HERTING, Andreas
HERZ, Thomas
HERZOG, Wolfgang
HIMMELS, Heinz
HOLIK, Josef
HOSEMANN, Gerhard
IMHOF, Arthur
IRGEL, Lutz
JACOBY, Hildegard (Hilla)
JAGODZINSKI, Heinz
JANZ, Dieter
KAUTZMANN, Theo
KENNER, Hedwig
KIEFER, Günter
KNAUSS, Erwin
KÖBLER, Gerhard
KROHN, Karsten
KÜHLWEIN, Wolfgang
KUHLE, Matthias
LEMKE, Manfred
LIEDTKE, Hans Jürgen
LIST, Günther
LOHMANN, Martin
MIRA, Brigitte
PATT, Hans-Josef
PFLUG, Günther
QUARITSCH, Helmut
RACKÉ, Doris
SCHAAL, Werner
SCHARLAU, Birgit
SCHLEICH, Erwin
SCHLEUSSER (ß), Heinz
SCHMIDT, Uwe
SCHNEIDER, Josef
SCHREINER, Günter
SCHWARZE, Claus W.
SEIDLER, Eduard
SEIFERT, Heinz
SIEBEL, Henning W.
SIMONIS, Paul
SPIEGEL, Bernt
SPROTTE, Siegward
STEFFENS, Werner
STEIN, Erwin
STIEHL, Hans Adolf
STRUNZ, Volker
STÜHLER, Walter
TEPPERWIEN, Fritz
TRUX, Walter Rudolf
UNSÖLD, Albrecht
UNTERHITZENBERGER, Konrad
VOSSMERBÄUMER, Herbert
WÄLZHOLZ-JUNIUS, Hans-Martin
WARNING, Wolf-Elmar
WEIGL, Hans Jürgen
WERNER, Horst
ZENDER, Matthias

21. April

BALZER, Theo
BAUMANN, Manfred
BEREITER-HAHN, Jürgen
BLOCK, Jochen
BOCK, Harald M.
BRIEST, Eckart
CILLIEN, Ursula
DETTMAR, Werner
DREWS, Dietrich Eckhard
DREYER, Nicolaus
ECKEL, Karl
EIGNER, Gerd-Peter
FEIL, Georg
FENTSCHL-WERY, Erna (WERY, Ernestine)
FOET, Karl
FREUDENREICH, Dorothea
FRISCH, Peter
FÜLLEBORN, Ulrich
GREIN, Armin
GREINERT, Karl
GRIESINGER, Annemarie, geb. Roemer
GRIMM, Gunter E.
GÜNTER, Roland
HAASIS, Heinrich
HAEGELE, Rudolf
HANDERER, Hermann
HASSEL, von, Kai-Uwe
HENCKEL, Wolfram
HERRMANN, Hans Peter
HOLZHAUER, Heinrich (Heinz)
HOWALDT, Andreas
JASCHKE, Dieter
JESSEN, Jens
KAICK, van, Gerhard
KALTEFLEITER, Werner
KARCHER, Wolfgang G.
KARDOS, Georg (György)
KASER, Max
KECK, Albert
KENDZIA, Rudolf
KIRCHHOFF, Jochen F.
KLUGE, Manfred
KÖNIG, Klaus
KRAUS, Helmut
KRONAWITTER, Georg
KRUSE, Martin
KÜBLER, Klaus
LACKNER, Stephan
LAPP, Horst M.
LESSLE, Dieter Felix
LUMMA, Udo
MAIER, Karl-Heinz
MANSKE, Dietrich Jürgen
MARIENFELD, Claire
MAYER, Frederic
MEINRAD, Josef
MEVERT, Friedrich
MEYER, Reinhard
MEYER-BRÖTZ, Günter
MILLER, Johannes
MITSCHERLICH, Gerhard
MOOS, Alfred
MÜHL, Johannes
MÜLLER, Ernst Wilhelm
MÜLLER, Thomas
NIMZ, Horst
OEHME, Wolfgang
PAWELSKI, Oskar
PECHEL, Peter
PETZOLDT, Detlef
PFISTER, Max
PLATE, Christina

Geburtstagsliste — 21. April - 26. April

RADEMACHER, Paul
REUTER, Albert
RÖHRIG, Ernst
RUNDGREN, Bengt
SCHEUNEMANN, Hermann
SCHMALEN, Heinz
SCHNEIDER, Hermann
SCHWARZ, Jürgen
SCHWARZ, Wolfgang
SIEPENKOTHEN, Anne-Hanne
STURM zu VEHLINGEN, von, Ferdinand
TERJUNG, Knut
THYEN, Hartwig
TIEDEMANN, Rudolf
ULMANN, von, Elisabeth
VÖLKER, Helmut
VOITH von VOITHENBERG, Freiherr Günter
WALZ, Herbert
WERNER, Herbert
WILL, Wolfgang
WINDGASSEN, Peter
WINTERMANTEL, Erich
WIPPERMANN, Friedrich
WRIEDT, Klaus
WÜNNENBERG, Wolf

22. April

AFFELD, Detlef
ANSCHÜTZ, Dieter
BANNWARTH, Horst
BERGIUS, Rudolf
BERTHEL, Jürgen
BILLIGMANN, Joseph
BLANKENBURG, Günter
BLUME, Horst-Dieter
BOLL, Edith
BOSSECKERT, Hans
BRAND, Karl
BRAUNECK, Manfred
BRÜCKER, Diethelm
BUERSCHAPER, Margret
DOBROSCHKE, Horst
DONNEPP, Bert
ENGEL, Frederico
ERLEBACH, Peter
EVERLING, Wolfgang
FEDDERSEN, Dieter Henning
FRISCH, Mechtild
FÜRSTENBERG, Friedrich
GARBE, Karl
GEBHARDT, Wolfgang
GÖHRINGER, Hans K.
GÖTTE, Klaus
GRASSHOFF (ß), Heinz
GREISS, Franz
GROSS (ß), Rötger
GUTEKUNST, Dieter
HÄDECKE, Wolfgang
HAENSCH, Günther
HAUCK, Michael
HELMSTÄDTER, Ernst
HEMMER, Hans-Rimbert
HENSCHEL, Waldtraut, geb. Villaret
HIRSCH, Joachim
HÖLTZEL, Hans Michael
HOFSOMMER, Ruth
HOLZAPFEL, Wilhelm Heinrich
HUMMEL, Siegfried
HYND, Ronald
JÄGER, Oskar
KHOURY, Raif Georges
KLEINHEYER, Bruno
KLINGENBECK, Fritz
KLIPPERT, Werner
KOCH, Walter
KOLLHOSSER, Helmut
KRONZUCKER, Hans-Dieter
LAUFER, Ernst
LAUTENBACH, Ernst
LEIPNITZ, Harald
LENZ, Hanfried
MAIER-PREUSKER, Wolfgang
MALLACH, Martin
MANNACK, Eberhard
MAZURA, Franz

OLBRICH, Erhard
PEKRUN, Martin
POLL, Michael
PRIESTER, Wolfgang
PYE, Edward Michael
REITER, Johannes
ROSSKOPF (ß), Horst
RUMMENHÖLLER, Peter
SCHAUMANN, Fritz
SCHMIDT, Günter Rudolf
SCHMIDT-DECKER, Petra
SCHMITZ-SCHERZER, Reinhard
SCHRÖDER, Toni
SEITE, Berndt
SPECKMANN, Rolf
SPERLICH, Volker
SPICKERMANN, Diethart
STÖDTER, Rolf C. W.
THIEMEYER, Theodor Heinrich
THÖNE, Ernst
TOMEI, Annemarie, geb. Mohrmann
TRETER, Uwe
UNGERER, Werner
URBAN, Norbert
WAIGEL, Theodor
WINKLER, Erich
WINKLER, Hermann
WURZIGER, Johannes
ZIEL, Alwin

23. April

ARNOLD, Otto Heinrich
BECKER, Peter
BECKMANN, Peter
BERGMANN, Kurt
BORDEN, Friedrich
BRÜCKLE, Wilhelm
CLOERKES, Günther
COENEN, Erich
DEIMLING, Gerhard
DOTT, Wolfgang
ELFE, Horst
FRICKE, Christian-A.
FRIEBEL, Hans
FRISCH, Bertram
GARLOFF, H.
GERSTNER, Roland
GÖRGENS, Egon
GOETZ, Horst
GRIMMING, Jürgen
GROSSE, Wolfgang
GRÜNDER, Karlfried
HANSTEIN, Walter G.
HARTWICH, Günter
HECKING, Peter C.
HEIDRICH, Rudolf
HEINZ, Wolfgang
HENKELMANN, Erich
HÖRNER, Dieter
HUBER, Hubert
KERBER, Robert
KITZINGER, Manfred
KÖBBERLING, Johannes
KÖLLER, Wilhelm
KRANZ, Jakob
LARENZ, Karl
LECLAIRE, Alfred
LEHMANN, Helmut
LEHMANN, Jürgen
LEUWERIK, Ruth
LIENER, Gerhard
LÜTZEN, Ludolf
MAUERSBERGER, Helga
MICHAELIS, Hans-Thorald
MOLSNER, Michael
MÜLLER-SCHWEFE, Gerhard
MÜNZNER, Hans
NEUMANN, Peter Horst
NOLL, Lothar
PAULUS, Herbert
POPP, Werner
RADTKE, Günter
SAENGER, Wolfram H. E.
SAUERBAUM, Eckhard Wilhelm
SCHADEBERG, Friedrich
SCHAEFER, Matthias
SCHERNER, Karl Otto

SCHLÜTER, Marguerite (Valerie)
SCHULZE, Hans-Ulrich
SCHWANITZ, Dietrich
SEEBACH, Gerhard K.
SLOTOSCH, Walter
STEINBRECHER, Michael
STEMMER, Axel B.
STEUER, Walter
STRAATMANN, Victor
STRAKA, Gerald A.
THOMMES, Susanne
TSCHIERSCHWITZ, Gerhard
UNBEHAUEN, Rolf
VOGLER, Theo
WECHSEL, Hans
WICHMANN, Walter
WICKE, Lutz
WINTERSBERGER, Lambert Maria

24. April

ALTMANN, Gerhard
ANDERS, Egon
AUGUSTIN, Anneliese, geb. Mindermann
BECKER, Kurt A.
BECKS, Rolf
BEILNER, Helmut
BOLLMANN, Hans
BORN, Heinz
BREITENSTEIN, Peter
BURG, von der, Detlev
CASPER, Bernhard Josef
DÖRTELMANN, Friedrich W.
DROMMER, Wolfgang
EBERLE, Rudolf
ELSÄSSER, Günter
ENGELS, Odilo
GABRISCH, Rudolf
GESSNER, Hans Heinrich
GIETZELT, Manfred
GOEBEL, Klaus Wilhelm
HAACK, Wolfgang
HÄDRICH, Rolf
HARBERS, Eberhard
HARNISCH, Heinz
HAUSMANN, Klaus Wilhelm
HEISE, Albrecht
HESS-LÜTTICH, Ernest W.B.
HIERHOLZER, Günther
HILGENBERG, Fritz
HIMMELHEBER, Max
HÖGEL, Rolf
HOFMANN, Reinhold R.
HUBER, Ludwig W.
JACOBS, Werner
KEIL, Siegfried
KLEINHERNE, Herbert
KLEINKNECHT, Konrad
KLEINMANN, Horst Joseph
KLOSE, Karl-Dieter
KÖNIG, Hermann
KOHLHASE, Hermann
KOKEMOHR, Rainer
KROGOLL, Johannes
KÜPPERS, Horst
LANGENBUCHER, Wolfgang Rudolf
LÜCKENHAUS, Alfred
LUTZ, Harald
MARNAU, Alfred
MEISSNER, Werner
MEIXNER, Josef
MOEBUS, Joachim Friedrich
MÖHRES, Franz-Peter
MOESTA, Carlheinz
MÜLLER, Klaus
NERKE, Joachim
NEUBERT, Jürgen
NITZSCHKE, Volker
PACHL, Peter P.
PHILIPP, Harald
PIEPER, Theodor
PORTHEINE, Hermann
RHEIN, Arnold
RICHTER, Joachim
RICHTHOFEN, Freiherr von, Hartmann
RITTER, Karl Hermann
RUTSCH, Martin

SCHAUER-PEUST, Rosemarie
SCHEFE, Hans
SCHERTZ, Georg
SCHILLER, Karl
SCHLINGLOFF, Dieter
SCHNEWEIS, Karl-Eduard
SCHÖNBERGER, Franz
SCHULZE-REIMPELL, Werner
SOHL, Beate
SPITZ, Arno
STAEMMLER, Hans-Joachim
STAUDT, Jakob
THEISSEN, Gerd
UEBERHORST, Reinhard
VELDTRUP, Dirk
WAGNER, Hans
WARNECKE, Heinrich
WEISS, Christoph
WEISS, Günther
WERNER, Hans Joachim
WETH, Georg A.
WEYGOLDT, Peter J. H.
WILKING, Siegfried
WILLICH, Martin
WIRTZ, Karl
WITTMANN, Bernd
ZIEGLER, Josef-Georg
ZÖTTL, Heinz W.

25. April

ADAMS, Hans
ANDERS, Richard
ANDRES, Wolfgang Peter
ASSMANN (ß), Erwin
AUGUSTIN, Maria
BACH, Max
BACH, Werner W.
BAUMGARTEN, Werner
BEHRENS, Erwin
BERGMANN, Olaf
BILGRAM, Hans
BRAUN-FALCO, Otto
BRITZE, Martin
CASTENHOLZ, Anton
CZURDA, Elfriede
DORSCH, Bernhard
FECHNER, Wolfgang
FENDEL, Rosemarie
FICHSEL, Helmut
FIRGES, Jean
FISCHER, von, Kurt
FLEISCHMANN, Gerd
FREYH, Brigitte, geb. Mayer
FRITSCH, Rudolf
GANZHORN, Karl
GEIL, Rudolf
GLASER, Günther
GOLÜCKE, Karl-Friedrich
GRANZER, Friedrich
GREIVE, Artur
GRESMANN, Hans
HALLIER, Hans Joachim
HEIMANN, Hans
HEMMELRATH, Markus
HENKE, Wolfgang
HEWEL, Horst
HILLECKE, Werner
HINTZE, Peter
HOOF, Dieter
HORN, Camilla
HRDLIČKA, Bohumil
HUNGER, Fritz
KABALLO, Winfried
KANNEGIESSER, Herbert
KASPER, Hellmut
KIESER, Rolf
KIRCHNER, Erich
KLEE, Hans Dieter
KLUGE, Hans-Jürgen
KNAISCH, Karl-Ernst
KRABS, Werner
KRAMANN, Bernhard Heinrich
KREBS, Adolf W.
KÜHN, Arthur
KUNZ, Christof
LABRYGA, Franz
LANGER, Klaus
LOCHMANN, Ernst-Heinrich

LORTZ, Helmut
MARTIN, Ludwig Markus
MEHLIG, Rainer
MEYER-DOHM, Peter
MÖLLER, Vera, geb. Mohr
NAUMANN, Gottfried
NIEBERGALL, Heinz Rudolf
OBLÄNDER, Manfred H.
ODERMANN, Jochen
PALM, Siegfried
REISINGER, Peter
ROTHE, Friedrich-Karl
ROTHE, Hans-Werner
ROVIRA, German
SANDER, Heinz
SCHÄFER, Jörg
SCHLENDER, Bodo
SCHMIDT, Michael
SCHÖNBACH, Gerhard
SCHOLZ, Ernst
SCHOPPE, Siegfried G.
SCHRÖDER, Walter
SCHUBERT, Walter
SCHULZ, Peter
SCHUTZ, Karl
SCHWOIM, Alois
SPANG, Rudolf
SPEICHER, Rudolf
SPICKER, Heiner
SPRICKMANN KERKERINCK, Detlef
STEINGRÜBER, Hans-Joachim
SUDHAUS, Walter
THIMM, Heinz-Ulrich
TILLMANN, Friedrich
TOLLE, Adolf
TUCHELT, Klaus
VALET, Günter
VOGT, Wolfgang
WALCHSHÖFER, Jürgen Dietrich
WASSENER, Albert
WEHLING, Heinz
WEISZ, Herbert
WERNIG, Dieter
WESSELS, Herbert
WINDSINGER, Josef
WÜST, Gottfried
WUNDERLICH, Heinz
ZAPF, Wolfgang
ZILK, Otmar

26. April

AHLBORN, Hans
ALTMANN, Helmut
AUFERMANN, Jörg
BÄR, Günter
BARTEL, Joachim
BECKER, Hans
BEITZKE, Günther
BENNING, Alfons
BOECK, Wolfgang
BÖLKE, Joachim
BÖRNSEN, Wolfgang
BREHM, Wolfgang
BRÖMER, Herbert
BÜNAU, von, Günther
BUSSE, Heribert
CAMPINGE, Josef
CONNERT, Winfried
CZELL, Gernot
DAUSCHA, Peter
DÖRRENBERG, Peter E.
DORNDORF, Eberhard
EBBEN, Heinz-Adolf
EICKHOFF, Wilhelm Karl
FRIESE, Heinrich
GÄRTNER, Hans
GEORGI, Christian
GRABERT, Hellmut
GREINACHER, Norbert
GROSCH, Heinz
HAHN, von, Walther
HERINGER, Hans Jürgen
HESSE, Hans Albrecht
HILDEBRANDT, Regine
HIRSCH, Hans A.
HOFMANN, Klaus-Dieter
HOPPE, Marianne

HUNKE, Sigrid
INTORP, Leonhard
KAMMERMEIER, Helmut
KERÉKJÁRTÓ, von, Margit
KNOCHE, Michael
KOFLER, Leo
KRÄMER, Hans Joachim
KREILINGER, Hans
KÜMMEL, Friedrich
LEHNHARDT, Ernst
LIESER, Karl Heinrich
LINDT, Peter M.
LINNERT, Gertrud
LUDWIG, Stefan
LUTZ, Hans-Jürgen
MASKUS, Rudi
MEISSNER, Kurt
MILJAKOVIĆ, Olivera
MÖLLENDORFF, von, Horst
MUTHESIUS, Peter
NEUMANN, Dirk
NIEPAGE, Helmut
PISO, Jon
PRAKKE, Hendricus J.
RAUTENFELD, von, Arndt
ROTHE, Wolfgang
SÄTTELE, Hans-Peter
SAZENHOFEN, Frhr. v., Carl-Josef
SCHAEFER, Helmut
SCHAEIDT, Gerd
SCHAFFNER, Hans
SCHEHRER, Rudolf Georg
SCHLEIMINGER, Günther
SCHLÜCHTER, Ellen
SEBALDT, Maria
STIEFEL, Eberhard
TASCHAU, Hannelies
TESSENDORFF, Heinz
THOMAE, Adolf
ULMER, Roland
van de VENN, Herbert
VERHÜLSDONK, Roswitha, geb. Woll
VOGEL, Anton
VOLKART, Karlheinz
WAGENSEIL, Kurt L.
WEIER, Winfried
WELTEN, Peter
WIEGAND, Bernd

27. April

AHRENS, Peter Georg
ALSEN, Kurt
BAUDLER, Marianne
BECK, Heinrich-Rudolf
BÖHLER, Eduard
BREDE, Horst
BRÜTTING, Georg
BÜTTNER, Gisela
BURHENNE, Wolfgang E.
DERWALD, Walter
DÜRR, Walther
ESSLER, Wilhelm K.
FINKE, Kurt
GALSTERER, Hartmut
GHECZY, Zsolt
GIERICH, Peter
GOSTOMSKY, Dieter
GUTHMÜLLER, Hans-Bodo
HEIDEN, Christoph
HEINZMANN, Ulrich
HIRZEBRUCH, Ulrich
HOFFMANN, Klaus-Jürgen
HOFFMEISTER, Hans-Eberhard
JACOBY, Peter
JANSSEN, Gerhard
KANZ, Heinrich
KNAHL, Herbert
KOCHAN, Barbara
KÖSSLER (ß), Henning
KOLLMANNSBERGER, Annemarie
KRAPP, Franzjosef
KRECEK, Heinz
KRIEGER, Margarethe
KULENKAMPFF, Hans-Joachim
KUSTERER, Jürgen A.
KWIET, Hans
LORENZ, Werner

LÜTGEMEIER, Jürgen
MAIER, Franzjosef
MÜHLEN, Heribert
OBERLE, Claus
OPPERMANN, Thomas
PINGEL, Raimund
PIPER, Heinz Peter
POLSTER, Olaf Jürgen
RANFT, Dietrich
RASSEM, Mohammed
RÖHLER, Rainer H. A.
ROHDE-RUDOLPHI, Hans J.
ROSSBERG, Gerhard
ROTHMAIER, Kurt
SCHINK, Bernhard
SCHLAU, Wilfried
SCHMIDT-OSTEN, Hans
SCHORLEMER, Freiherr von, Reinhard
SCHULTZ, Henning
SCHWITZGEBEL, Helmut
SEIFFERT, Helmut
SELMAIR, Hans
SIMON, Dieter
SPEIDEL, Raimund
STAHL, Rolf
SZCZESNY, Ches
VENZLAFF, Helga, geb. Schröder
VOLZ, Friedrich
VORSMANN, Norbert
WAGNER, Erich
WEIGELT, Horst
WIENSTEIN, Eberhard
WIENSTEIN, Richard
WILLE, Günter
WOHLFEIL, Rainer
WOLL, Dieter
ZERFASS (ß), Rolf

28. April

AMLING, Max
BÄR, Günter Frank
BAUER, Rudolph
BEISSE, Heinrich
BENNER, Otto
BERNDT, Rolf
BERNER, Rolf
BERTRAM, Günter
BEUTEL, Ernst
BÖNNINGHAUS, Heinrich
BORCHARDT, Peter
BOYSEN, Gert
BRANDT, Hans Jürgen
DRIEST, Burkhard
ECKERT, Wolfgang
EHRHARDT, Helmut
ELSCHENBROICH, Christoph
ESCH, Arnold
FISCH, Jörg
FORKEL, Hans
FRANK, Günter
FRÖHLER, Ludwig
GAISENKERSTING, Josef
GELDMACHER-v. MALLINCKRODT, Marika
GLOMB, Georg Peter
GRÜNDER, Hans-Dieter
HARREIS-LANGER, Siglinde, geb. Dannenmann
HEENE, Helmut
HELLWEGE, Hans Günther
HEMMER, Frank D.
HESSE, Wolfgang
HOEDE, Mareile
HOFMEISTER, Paul E. J.
HÜNERKOCH, Dieter
JAEGER, Wolfgang
JAENICKE, Walther
KAASE, Heinrich E. A.
KASKE, Wolfgang
KEIL, Gerhard
KELLER, Otfried
KERSTEN, Martin
KERTELGE, Karl
KLÄUI, Wolfgang
KLIE, Hermann
KORNMESSER, Hans-Jürgen
KRASEMANN, Willi
LANGE, Heiko
LEICHTLE, Georg

LEMCKE, Kurt
LIESNER, Claus
LOCKOWANDT, Oskar
LUNDHOLM, Anja
LUTHER, Gerhard
MAIER, Sepp (Josef Dieter)
MAYNTZ, Renate
MEYER, Jürgen
MITTELSTAEDT, Horst
MOSER, Max
NEUBAUER, Dieter
NOLTING-HAUFF, Ilse
ORTMANN, Rolf
PFISTER, Ernst
PODLECH, Dietrich
POTS, Peter
PREISENDANZ, Wolfgang
RICHTER, Hans Peter
RICHTER, Horst-Eberhard
RIESEBECK, Dietrich
RUDOLF, Hans Ulrich
RUSBÜLDT, Volker
SCHUBERT, Roman
SEIFERT, Karl-Friedrich
SEMLER, Johannes
STÄCKER, Horst
STRAATEN, van, Ehrhard
STROMER v. REICHENBACH, Freiherr von STROMER, Wolfgang
STUCKE, Kurt
TOLKEMITT, Georg
TROJE, Hans Erich
VEITHEN, Irma
VERHEUGEN, Günter
VÖLGER, Gisela
WAHREN, Karl Heinz
WASILJEFF, Alexander
WEBER-SCHÄFER, Peter
WERKSTETTER, Franz Xaver
WERNER, Ernst
WIESEND, Martin
WISKEMANN, Arthur
ZEITLER, Rudolf
ZINDLER, Martin

29. April

ALETSEE, Ludwig
BAUMS, Theodor
BERNHARDT, Rudolf
BIERICH, Marcus
BUBECK, Hermann
BURCHARDI, Hilmar
DIETERICH, Wilhelm
DIMITROV, Nikola Spassov
DÖRING, Kurt
DREYER, Wolfgang
DÜSTERLOH, Diethelm
ENGEL, Johannes K.
ENGELHARDT, Dieter
ERPENBECK, John
FELIX, Sascha W.
FIEDLER, Herbert
FREISE, Gerda, geb. Röttger
FUNKE, Karl-Heinz
GADEK, Klaus
GEBEHENNE, Walter
GNEUSS, Walter Christian
GRANSOW, Volker
GRITZ, Klaus
GRUHL, Wolfgang Günter
GÜLCH, Rainer Wolfgang
GÜLKE, Peter
HAMMERSCHMIDT, Ernst
HANSMANN, Manfred
HARLANDER, Willy
HARTEL, Wilhelm
HOFFMANN-AXTHELM, Walter
HOFFSTADT, Josef
HOLLWICH, Werner
KAPFERER, Clodwig
KELLER, Fritz
KEMPOWSKI, Walter
KÖNIG, Hans
KÖSTER, Jens-Peter
KOLLDEHOFF, Reinhard
KREIENBAUM, Karl-Heinz
KREMERSKOTHEN, Josef
KULZE, Rolf

LANCIER, Peter
LANDWEHRMANN, Friedrich
LANGE, Richard
LANKL, Hermann
LENZ, Otto
LÜRIG, Hans Joachim
MARTIN, Adrian Wolfgang
MAURER, Rolf
METZ, Günter
NÄBAUER, Pia
NEUMAR, Rudolf
OTTO, Hermann
OTTO, Karl A.
PACHELBEL, von Rüdiger
PANZER, Baldur
PÖPPEL, Ernst
QUILITZ, Erich
ROLOFF-MOMIN, Ulrich
ROTERS, Matthias
SANDEN, Horst
SANDIG, Barbara
SCHEER, Hermann
SCHEIBE, Reinhard
SERNETZ, Manfred
SIMMROCK, Karl Hans
STAMM, Harald
STUTZ, Hans
ULSHÖFER, Robert
WACHTER, Emil
WETTSTEIN, Karl-Peter
WIESE, Martin

30. April

ALARCÓN, Alberto
ARNDT, Fritz
ARNSWALD, Helmut
BAETHMANN, Alexander-Joachim
BERGNER, Heinz
BERNOTAT, Rainer Klaus
BÖHME, Helmut
BOETTE, Gerhard
BORGWARDT, Jürgen
BRAKE, Klaus
BRINKMANN, Karl
BUBENIK, Gernot
BÜSCH, Otto
CLAUSSEN, Uwe
DICHLER-APPEL, Maria Magdalena, geb. Freiin von Appel
DICK, Rolf
DIEHL, Heidelotte
DINSE, Klaus
ERL, Willi
FUCHS, Eckart
GERBER, Peter
GÖTTSCHING, Christian
GOPPEL, Thomas Johannes
GROSSE, Karl-Heinz
HABERMEHL, Adolf
HAGEMEIER, Rainer Georg
HAHN, Ulla
HENTIG, von, Wolf-Uwe
HOFMANN, Walther F.
HOLLE, Fritz
HORN, Karlheinz
JANCKE, Walter
JANOWSKI, Bernd
JOCHUM, Peter
JUNGNICKEL, Wolfgang
KELLER, Albert
KESSLER (ß), Franz
KIEFNER, Hans
KLUGE, Alfred
KOHLMAIER, Gundolf
KOZA, Ingeborg
KRAUSE, Gotthard Heinrich
KÜHNEL, Wolfgang
MAURER, Christian
MESSERSCHMIDT, Hans
MICHLER, Markwart
MOAZAMI-GOUDARZI, Yadollah
MORGENSTERN, Hans Dieter
PEINEMANN, Bernhard
PEISERT, Hansgert
PETERS, Horst Theodor
PFEIFER, Roland

PÖRTNER, Rudolf
PRÜMM, Karl
RADKE, Rudolf
RINSER, Luise
RÖGER, Christfried
ROMBERG, Ernst
RUPPEL, Fritz Raymond
SCHÄFER, Manfred
SCHERER, Georg
SCHERZ, Udo
SCHÖNWALD, Kurt
STAAS, Hans E. A.
STABEL, Ernst
STEIBLE, Horst
STOFFEL, Wilhelm
STORZ, Oliver
STRACHWITZ, Rupert, Graf
SYDOW, Jürgen
TEUBNER, Gunther
THIEL, Eckhard
ULRICH, Peter
WATZKA, Max
WEISS (ß), Hans-Dietrich
WITTMÜTZ, Volkmar
WUSSOW, Klausjürgen

1. Mai

ALBRECHT, Julius
BAUCH, Jost
BERGER, Karl-Heinz
BERNINGHAUS, Armin
BLANKENBURG, Wolfgang
BORN, Willy
BRAUN, Heribert
BRINK, Jürgen
CAMBEIS, Hansjörg Philipp
CHRISTIANS, F. Wilhelm
DAHRENDORF, Ralf
DEUSS, Walter
DIEHL, Fred
FISCHER, Heinz-Dietrich
FLEGEL, Robert
FLIEDNER, Dietrich Karl
FRANZ, Helmut Jacob
GANTER, Bernhard
HILD, Rudolf
HÖVER, Albert
HUNDELSHAUSEN, von, Heinrich
JUNGK, Klaus
KEMP, Wolfgang
KERP, Lothar
KERSCHE, Peter
KIEFER, Wilhelm
KNOLL, Renate
KÖHNLEIN, Wolfgang
KOKOTT-WEIDENFELD, Gabriele
KRIEGER, Albrecht
KROPPENSTEDT, Franz
KRUSE, Horst
KUDRNOFSKY, Wolfgang
KÜHN, Klaus
KÜPER, Wilfried
KUPKE, Peter
LANG, Hans-Jürgen
LEHNER, Ulrich
LORKOWSKI, Hans-Joachim
MAVIGNIER da SILVA, Almir
MENNIGMANN, Horst-Dieter
MÜLLER, Detlef
NEUREUTHER, Erich
NEVEN-DU MONT, Dietlind, geb. v. Xylander
OBERLÄNDER, Theodor Erich
OEHMEN, Hans-Heinz
PFAHL, Berengar
PREUSS(ß), Horst Dietrich
REMBOLD, Ulrich
RIEDEL, Christian Rudolf
RIET, van, Joseph H.
RUMETSCH, Rudolf
RUMPF, Horst
RUPRECHT, Dietrich
SACK, Horst
SCHABER, Will
SCHLAICH, Klaus
SCHNELLER, Konrad
SCHRÖDER, Walter

SCHULZ, Wolf
SCHWÖRER, Hermann
SEILER, Robert
SIEGMEIER, Albrecht W.
SIMON, Klaus
SKORCZEWSKI, Egon
SUHR, Robert
SZAJAK, Stefan
THOMÉE, Friedrich
THÜMMEL, Hans
TILLMANN, Bernhard
TODT, Eberhard
WASSMANN, Günther
WEINHOLD, Josef
WIRTH, Hans
WUPPERMANN, Hans Joachim
ZANDER, Ernst

2. Mai

ABT, Horst
ADAM, Alfred
ALBERTZ, Rainer
ANDEREGG, Jürgen
ANGERMANN, Torsten
AULFES-DAESCHLER, Gisela
BÄUERLE, Dieter
BAILEY, Charles-James N.
BALDERMANN, Ingo
BEHR, Clemens
BELZ, Günther
BENZ, Walter
BORNSCHEUER, Friedrich Wilhelm
BUSCH, vom, Werner
DÖRICH, Wolfgang
DOERRY, Gerd
DRUX, Rudolf
FALCK, Ingeborg
GERICKE, Dietmar
GOLL, Ulrich
GROTH, Volker
GRÜTZMACHER, Jutta
GÜNTHER, Götz
HEGEL, Ulrich
HEITKÄMPER, Peter
HENKE, Wilhelm
HENSEL, Horst
HERRMANN, Axel
HEYEN, Franz-Josef
HEYNE, Rolf
HORN, Erwin
HOTTES, Karlheinz
KELLER, Hagen
KIERSCH, Gerhard
KIRSCH, Erich A.
KNIEL, Adrian
KÖHRING, Klaus Heinrich
KÖRBER, Friedrich
KONJETZKY, Klaus
KRAUTKRÄMER, Günter Jakob
KRÜGER, Detlof
KÜNZEL, Erich
LEONHARDT, Ernst
LÖNNE, Karl-Egon
MAUVE, Karl-Eberhard
MOH, Günter Harald
NAGEL, Claus Dieter
NIENHAUS, Franz
ORTMEIER, Ludwig
PABSCH, Wiegand
PETERS, Hans-Rudolf
PICKERT, Helmut
PUTZMANN, Johann C.
REIFENBERG, Jan G.
RIEDEMANN, Klaus
SCHIPS, Kurt
SCHMIDT, Bodo
SCHNELLDORFER, Manfred
SCHREIBER, Jens
SCHRÖER, Henning
SEHN, Marita, geb. Kaspar
STEIN, Horst
STERLEY, Christian
THOMAS, Gerhard
TRÖGER, Walter
VOGT, Helmut
WALTER, Wolfgang
WEBER, Karl

WEIGERT, Ludwig J.
WEINERT, Peter Paul
WEYDT, Günther
WILLECKE, Raimund
WINCKELMANN, Hans
WÖHE, Günter
WOLF, Helmut
ZERBIN-RÜDIN, Edith
ZIEGLER, Dieter

3. Mai

ADAM, Gerold
ANDRESEN, Günter Andreas
BARTSCH, Harry
BAUER, Leopold
BAUMGÄRTNER, Franz
BAYERN, Herzog von, Albrecht
BESTERS, Hans
BORCHMEYER, Dieter
BREUNIG, Walter
CHOBOT, Manfred
DERFUß, Alfred
DEUFLHARD, Peter
DIETRICH, Frank
DÖPP, Hansjörg
DÜLMEN, van, Richard
FACK, Fritz Ullrich
FASCHON, Susanne
FIRNHABER, Eberhard
FISCHER, Klaus
FONTHEIM, Joachim
FUHRMANN, Otto
GAMILLSCHEG, Franz
GEIDEL, Herbert
GÖRNERT, Hans
GROTTHUSS, von, Gero
HÄUSSLER (ß), Reinhard
HARTLEB, Hans
HAUCH, Hans-Jürgen
HEIGL, Anton
HELMCKE, Johann-Gerhard
HERRE, Wolf
HERRMANN, Harald
HERRMANN, Wolfgang S.
HOBOM, Gerd
HOFMANN, Hanns
HOFRICHTER, Hartmut
HORRMANN, Horst
KARGER, Reinhard
KNEMEYER, Franz-Ludwig
KREUTZER, Hermann
KUBITZKI, Klaus
LAMBRECHT, Werner
LANGER, Winrich
LEISTNER, Bernd
LEYDHECKER, Wolfgang
MÄHL, Hans-Joachim
MÄNNING, Peter
MASSING, Otwin
MEYER, Herbert
MODICK, Klaus
MOKLER, Paul H.
PAUL, Eugen
PAUL, Fred
PAULITSCH, Peter
PELZER, Heinrich
PETERSEN, Günter
POLLER, Horst
POLLMANN, Leo
REISS, Franz
RICHTER, Klemens
RUPPE, Harry O.
SAHMANN, Otto
SCHEIBERT, Peter
SCHEIBNER, Horst
SCHELLING, von, Friedrich-Wilhelm
SCHMITT-KÖPPLER, August
SCHNELLE, Heinz
SCHRÖDER, Jürgen
SCHUG, Walter
SCHUSSER, Walter H.
SCHWARZMAIER, Hansmartin
SCHWERDTNER, Joachim
SIEGER, Dieter
SKRZYPCZAK, Henryk
SPIESSHOFER (ß), Günther

SPILKER, Karl-Heinz
STÄDING, Karl-Heinz
TANNER, Widmar
THOMA, Helmut
WURSTER, Hans-Emil

4. Mai

ABELS, Herbert
ADLER, Peter
BACHÉR, Peter
BAUER, Ernst
BECKER, Klaus
BEGEMANN, Herbert
BELZ, Hans-Georg
BESCH, Werner
BETTENDORF, Gerhard
BIERSTEDT, Klaus-Dieter
BÖDEKER, Helga
BÖHME, Günther
BOENISCH, Peter H.
CESCOTTI, Roderich
DAUNER, Iris
DEGENHART, Bernhard
DENINGER-POLZER, Gertrude
DOHNA, Graf zu, Lothar
DUDERSTADT, Günter
ENDEMANN, Jürgen
ENGELHARD, Karl
FEIGE, Johannes
FIEDLER, Otto
FRANKE, Günter
FREY, Bruno S.
FRIEDRICH, Herbert
GATZ, Erwin
GIRNUS, Wolfgang
HAFERLAND, Friedrich
HARANGOZÓ, Gyula
HARLOFF, Günter
HARTMANN, Rolf Wolfgang
HEIDUK, Günter
HERTEL, Ludwig
HÖHN, Bärbel
HOFFMANN, Hartmut
HOLZ, Klaus-Peter
KÄSER, Klaus-Dieter
KARSTEN, Erich
KLÜKEN, Norbert
KOERNER, Valentin Theodor
KRAMER, Rudolf
KULISCH, Ulrich
LAMPERT, Fritz
LESCHHORN, Wolfgang
LÜNEBURG, Karl
MAUDER, Horst
MERGELSBERG, Wolfgang
OLBRICH, Josef
OLEARIUS, Christian
OLMS, Walter Georg
OSLAGE, Hans Joachim
PAHLKE, Peter
PIEPER, Josef
REUSS (ß), Christoph
RITTBERGER, Volker
RÜBENACH, Bernhard
SAUTER, Gerhard
SCHELLERER, Wolf Heinrich
SCHLACHTMEIER, Johann
SCHMIDT, Gerhard
SCHMITZ, Eberhard
SCHREIBER, Hermann
SCHULTE, Friedrich-Karl
SEILTGEN, Ernst
STAUFFENBERG, Schenk Graf von, Franz-Ludwig
STÖPPEL, Heinz
STREE, Walter
THIEL, Karl-Heinz
WAGNER, Ingeborg
WERSHOVEN, Theodor
WILD, von, Klaus R.H.
WILK, Manfred
WITTICH, Hans
WOHLERS, Rüdiger
ZIMMERMANN, Wolfgang
ZINGEN, Robert

5. Mai

ANBUHL, Jürgen

ARNOLD, Antonia, geb. Vitu
BACHMANN, Gottfried
BÄUMEL, Eduard
BAR, von, Christian Rudolf
BECK, Wolfgang
BENNER, Karl Ludwig
BIMBERG, Siegfried Wolfgang
BOHNEN, Alfred
BOSCH, Werner
BRINKMANN, Hans W.
BUDDENBERG, Hellmuth
BÜHLER, Jörg
BÜHRINGER, Heinz
COHNEN, Karl
CONRADY, Peter
DÄUBLER, Wolfgang
DAUZENROTH, Erich
DREES, Oskar
EBERLEIN, Gerald L.
ECKES, Konrad
ENGELHARDT, von, Dietrich
ENGELMANN, Ulrich
ESSER, Bernhard
FAISSNER, Helmut
FAULHABER, Ilse
FINKENZELLER, Josef
FRIMMER, Max
GALLOWAY, David
GRÜTTNER, Rolf
GÜNNEWIG, Gerhard
GUTIERREZ-GIRARDOT, Rafael
HANSEN, Klaus
HARLANDER, Florian
HAVER, Eitel Fritz
HENKEL, Heike
HERCHENBACH, Wolfgang
HOFFMANN, Ludwig
JOKOSTRA, Peter
KIRSCH, Theodor
KNAUS, Albrecht
KORHAMMER, Eva
KRAFT, Volker
KRAUTWALD, Alfons
KREKE, Jörn M.
KROEHL, Heinz
KROMER, Wolfgang
KÜHNHOLD, Günther
KÜRTZ, Hans Joachim
LATTE, Konrad
LEUNINGER, Ernst
LIPFERT, Helmut
LIST, Manfred
LOEWEN, Matthias
LUCHNER, Karl
MAYER, Hans-Peter
MAYER, Klaus
MEISSNER, Hans-Dieter
METZ, Roland
MEYER, Michel
MITSCHKE, Manfred
MÜHLBEYER, Hermann
MUNSKE, Horst Haider
OPPENHEIM, Freiherr von, Alfred
PAPE, Uwe
PRANGE, Wolfgang
REINEN, Dirk
REPGEN, Konrad
RIEDEL, Wolfgang
RÖSSNER, Walter
ROMMEL, Alberta
ROTHE, Hans
RUH, Kurt
RUTT, Theodor
SCHÄFER, Klaus
SCHMID, Gerhard
SCHMIDT, Hermann Josef
SCHMITTEN, Franz
SCHNITZER, Hans-Joachim
SCHRÖDER, Diedrich
SCHÜNGEL-STRAUMANN, Helen
SEIDENFUS, Hellmuth
SIKORA, Jürgen
SPAEMANN, Robert
STAHR, Karl
STEER, Max
STOEBER, Elisabeth
THOENEN, Hans

VACANO, von, Otto-Wilhelm
VERHOEVEN, Heinrich
WAGNER, Hans
WAGNER, Klaus
WALTERSPIEL, Karl-Theodor
WEPLER, Wilhelm
WIENECKE, Rudolf
WITTSCHIER, Heinz Willi
ZIENER, Gerhard

6. Mai

ARLT, Jochen
BAAKEN, Renier
BARD, Martin
BAYER, Hans
BERENS, Hubert
BERGMANN, Bernd
BERNECKER, Helmuth
BERNINGER, Ernst H.
BÖKEMEIER, Horst
BUENKER, Robert J.
BUNGARTEN, Frank
BUSCH, Dieter
DAMMANN, Rolf
DAMS, Theodor
DORFF, Gerth
DRUMM, Hans-Jürgen
ELSTER, Hans-Joachim
ERLEWEIN, Günter
EULER, Heinrich
FALK, Sigurd
FISCHER, Max
FRANCK, Burchard
FUCHS, Ottmar
FUCHSHUBER, Annegert
GATTERMANN, Günter
GEHLHOFF, Walter
GEIST, Manfred Norbert
GROSS, Johannes
GUNDLACH, Werner
HAMERLA, Horst
HANSEN, Hans Georg
HESS, Hans Georg
HOERES, Walter
HOFFMANN, Jens
HOFFMEISTER, Friedrich
HOYOS, Carl, Graf
JANSSEN, Wilhelm
JOEL, Klaus
KALKA, Michael
KASTNER, Eberhard
KELLER, Hans
KELLER, Thomas
KELLER, Wolfgang
KIESELBACH, Kurt
KLIEM, Detlef
KNOOP, Bert
KRACHT, Adolf
KREUSER, Kurt
KRUGLEWSKY-ANDERS, Lieselotte
KUHN, Wilfried
LAAF, Wolfgang
LASCHET, Karl
LIEDEL, Herbert
MAIR, Volkmar
MENNINGER, Dieter
METZGER, Günter
MONTFORT, Norbert
PETERS, Otto
PFISTER, Raimund
PILATO, Boris
PÖHLER, Helmut
POLLEHN, Volker
RAU, Hans
ROTHER, Thomas
SACHSENBERG, Klaus J.
SCHERRER, Manfred
SEIFERT, Ilja
SEVERIN, Hans
SIEG, Karl
SITTE, Hellmuth
SLIBAR, Alfred
STARK, Günther
STROHBUSCH, Frank
THIES, Heinrich
THOFERN, Edgar
THOMA, Karl
THOMÄ, Helmut

TREFFERT, Diethild Maria, geb. Pohl
WAGNER, Siegfried
WELTE, Erwin
WERNER, Gerhard
WERNING, Claus
WERNSTEDT, Rolf
WOLF, Horst
WOLFF, Reinhold
ZOEGE von MANTEUFFEL, Claus

7. Mai

ALT, Karin
BALD, Wolf-Dietrich
BALLHOFF, Heinrich
BAUMER, Franz
BECKER, Friedrich
BEHRENS, Hans-Christian
BENZ, Leo
BERNADOTTE, Sonja, Gräfin
BOCK, Irmgard
BÖHME, Kurt E.
BRAUNGER, Horst
CAESAR, Rolf Julius
CROISSANT, Michael
DOERING, Paul
DYHRENFURTH, Norman Günter
EICK, Horst
EITH, Ule J. R.
FALKE, Horst
FAULENBACH, Karl Heinrich
FELLGIEBEL, Walther-Peer
FINKELNBURG, Klaus
FRÜNGEL, Frank
GAUSS (ß), Fritz
GERSTER, Florian
GRÜTTERS, Peter
GSCHWINDT, Erich
HAHN, Michael
HARTWICH, Hellmut
HEIMANN, Holger
HEIN, Erika, geb. Hoer
HERRMANN, Jobst
HORTSCHANSKY, Klaus
JAHN, Friedrich-Adolf
JAPPE, Georg
JUNGRAITHMAYR, Herrmann Rudolf
KAMINSKY, Walter
KELLER, Friedrich Michael
KNOBLOCH, Ekkehard
KNÖBEL, Horst
KOCK, Walter-Dieter
KÖPF, Steffen Ernst
KOLWE, Armin
KORGER, Gerhard
LETZELTER, Franz
LIEBERKNECHT, Christine
LIPPMANN, Horst
MANN, Karl
MEYER-PRIES, Dierk
MILLER, Franz R.
MITTELSTEN SCHEID, Jörg
NEUNHOEFFER, Hans
NIGGEMEYER, Hermann
NINNEMANN, Helga
OEHLER, Christoph
POLL, Kurt
PUNTSCH, Eberhard
RIESE, Teut-Andreas
RUMOHR, Markus
SCHADEWALDT, Hans
SCHLENKENBROCK, Walter
SCHNEIDER, Gerhard M.
SCHNEIDER, Wolf
SCHNETZ, Peter
SCHÖN, Konrad
SCHRÖTER, Robert
SCHULZE-GABLER, Juergen Axel
SCHWACHULA, Gerhard
SEIBEL, Klauspeter
SEITZ, Hanns Martin
SPIEGEL, Richard
THOMAS, Carmen
TÖLKE, Friedrich
TOPMANN, Günter
TRAMNITZ, Helmut Paulus
UTHOFF, Detlef
VOGELPOHL, Alfons
WACKER, Ali
WAGNER, Gábor
WALTENBAUER, Klaus-J.
WAMSLER, Karl
WIESEN, Hans
WOERNER, Gert

8. Mai

AUGSTEN, Helmut
BARING, Arnulf
BAUDISSIN, Graf, Wolf
BECKER, Hans-Peter
BECKER, Max
BEIERWALTES, Werner
BELLMANN, Johann Diedrich
BERGES, Hermann Josef
BERGSTERMANN, Heinrich
BERNADOTTE, Lennart, Graf
BERNARDING, Klaus
BLECHER, Wilfried
BÖRNER, Bodo
BORN, Hans-Joachim
BORST, Arno
BRANDT, Jürgen
BRENNER (FELSENSTEIN), Peter
DOBIAS, Peter
DORN, Martin
DUSKE, Jürgen
EBERT, Achim
FANSELAU, Rainer
FERNOW, Wolfgang
FRANKE, Lothar
FROMMKNECHT, Heinrich
FUCHS, Peter Paul
FUSSENEGGER, Gertrud
GEIGER, Hartwig Heinrich
GEISSLER, Rainer
GINTZEL, Kurt
GREVE, Annette
HANSI, Alfred
HAPP, Heinz
HARTMANN, Hans-Dieter
HEILAND, Helmut
HEINTZEN, Paul
HERLES, Wolfgang
HEUSCHELE, Otto
HOCHGESAND, Peter
HOFFE, Ilse-Ester, geb. Reich
HOFFMANN, Fernand
HUFELAND, Klaus
JACOBSOHN, Helmuth
JAEGER, Heinz
JANTZEN, Günter
KOHLI, Martin
KOPPEL, Uta
KORANSKY, Wolfgang
KROPP, Jürgen
LEPSIUS, Mario Rainer
MANGOLD, Max
MARX, Herbert
MERGNER, Hans
MERK, Gerhard Ernst
MERKES, Manfred
MESSMER, Bruno-Josef
MESTERN, Hans A.
MEYER, Otto
MITTERMÜLLER, Horst
MITTLER, Elmar
MÖRL, Manfred
MORDEK, Hubert
MÜLLER, Erich
NOTHHARDT, Baldur
OHLMS, Winfried
PAULIG, Oswald
PETSCHULL, Johannes
PTAK, Horst-Günter
REBLIN, Erhard
RUDOLF, Walter
SAUERWEIN, Werner
SCHIEK, Gudrun
SCHLEUNUNG, Willy
SCHLUMBERGER, Ernst
SCHOLL-POENSGEN, Adalbert
SCHRAMEYER, Klaus
SCHUNCKE, Michael
STEINBORN, Ernst Otto H.
STÖBER, Werner
STOEWER, Heinz
STRASSERT, Günter
STRÜBING, Hildegard
TEICHTWEIER, Georg
UNGER, Hermann
VAHRENHOLT, Fritz
VELLMANN, Karlheinz
VOIGT, Alfred
WEBER, Carlo
WESSING, Egon
WIMMENAUER, Wolfhard
WOLTMANN, Albrecht
WOLZ, Ivo
ZEH, H.-Dieter

9. Mai

ALBRECHT, Dieter
AMMON, Günter
BACH, Heinz
BÄHRENS, Otto-Ulrich
BANFIELD, Volker
BAUKNECHT, Gert
BAUMGÄRTNER, Franz Josef
BENDER, Wolfhard Friedrich
BERTHOLD, Hans Joachim
BONFIG, Karl Walter
BUBNER, Rüdiger
BÜNCK, Bernhardt
CHRISTIAN, Walter
DAIBER, Hans
DEPNER, Frank A.
DETHLOFF, Hans
EICKMEIER, Gerhard
EIGEN, Manfred
ELBRACHT, Dietrich
ENDERLEIN, Hinrich
FANGMANN, Helmut D.
FELDMANN, Erich
FELDMANN, Olaf
FERTSCH-RÖVER, Wolfgang
FISCHER, Wolfram
FREDERKING, Gert
FREY, Engelbert
FRITZ, Heinz P.
GASSER, Theodor
GAUER, Wilhelm
GIESLER, Walter
GRASMEHER, Friedrich
GREIM, Helmut
HARTENSTEIN, Helge
HELLNER, Thorwald
HERLES, Helmut
HILL, Hans
HONNENS, Max
HUNNIUS, Klaus
KAMINSKY, Hans Heinrich
KERBER, Bernhard
KERN, Peter
KEUTSCH, Wilfried
KIENZLE, Ulrich
KLEINSTÜCK, Hermann
KLOPFER, Heinz
KNÜTTER, Hans-Helmuth
KNUST, Herbert
KÖPFLER, Thilo
KONZE, Hermann-Joseph
LÖGTERS, Herbert
LÖHLEIN, Roland
LOTSCH, Manfred
MEDICUS, Dieter
MERSEBURGER, Peter
MEURER, Siegfried
MOLSBERGER, Josef
NATKE, Hans Günther
NOACK, Detlef
OEDIGER, Friedrich-Wilhelm
OELZE, Fritz
OSTERMEIER, Elisabeth, geb. Gottschalk
OZIM, Igor
PAREIGIS, Bodo
PETER, Siegfried
PLASS, Heinrich
POTEL, Jürgen
RENNER, Hermann
RICHTER, Wilfried
SCHMIDT, Karl-Heinz
SCHMITT, Adolf
SCHNETTER, Reinhard
SCHUBACH, Konrad
SCHULENBURG, von der, Wedige
SCHULTZ, Udo
SCHULZ, Jürgen
SCHWAB, Horst
SEIBOTH, Frank
SEIBT, Ferdinand
SENNHEISER, Fritz
SIEBEL, Günter
SPINDLER, Gert P.
STAIGER, Willi K.
STARBATTY, Joachim
STICKEL, Gerhard
TRAUBLINGER, Heinrich
VOGT, Guntram
WEIDNER, Herbert
WODRICH, Wolf-Wilhelm
WÖLBERT, Günter
ZITTERBART, Gerrit

10. Mai

BALLIN, Wolfgang
BAUM, Georg
BIRKENHAUER, Josef
BOEHMER, Hartmut Henning
BOEHNCKE, Engelhard
BUTZ, Peter Eckehard
CZERWENKA, Hans
DAHMER, Jürgen
DIEDERIX, Frits
DIEL, Willi
EID, Volker
EMMERLICH, Alfred
FALKENHAUSEN, Freiherr von, Bernhard
FLECHSENHAAR, Günther
FOLLMANN, Hartmut
FROMMHOLZ, Rüdiger
GABEL, Julius
GIERS, Walter
GÜLDNER, Walter
GUNNESSON, Uwe
HALBACH, Peter
HANSEN, Ursula, geb. Otto
HAUSWIRTH, Otto
HINNE, Walter
HOFFHENKE, Heinz
JAIDE, Walter G.
JONAS, Hans
JOURDAN, Johannes
KAMM, Bertold
KANZ, Ewald
KAPPUS, Wolfgang
KAUFMANN, Arthur
KLEIST, Hans-Ulrich
KLINGENBERG, Hans-Dieter
KOHLER, Alexander
KOZUSCHEK, Waldemar
KUMMER, Wolfgang
LANGE, Erwin
LAUTERJUNG, Karl Heinz
LINDAU, Friedrich
LOCH, Wolfgang
LÖNS, Rolf
LORENZEN, Hermann
LUTHER, Peter
MAYER-KUCKUK, Theo
MITTIG, Hans-Ernst
MOLL, Hans H.
MÜLLER, Bert-Günter
MÜLLER, Gerhard
MUTHMANN, Robert
NAU, Heinz
NIENHAUS, Antonius
NIGGEMEIER, Horst
OBERSTE-LEHN, Harald
OBRIG, Hans Wilhelm
PAUSENBERGER, Ehrenfried
PETERSEN, Heinrich
PIER, Heinrich
PÜTZ, Peter
RADL, Walter
RAUSCHENBERGER, Hans
RENDTORFF, Rolf
REXIN, Manfred
RIEDEL, Manfred
RÖBBELEN, Gerhard
RÖLL, Walter
SCHARFENBERG, Joachim
SCHERG, Traugott
SCHMID, Lothar
SCHMIDT, Gerhard
SCHREIBER, Hans-Ludwig
SHELDRICK, William Stephen
SOLAROVÁ, Světluše, geb. Wildmann
SONDERMANN, Dieter Friedrich
SPANG, Günter
SPROCKHOFF, Wolfgang
STEIN, Otti
STEINMETZ, Fritz
STROETMANN, Clemens
THEDERING, Franz-Josef
THÜNKEN, Werner
WAFFENSCHMIDT, Horst
WANDREY, Uwe
WEBER, Hubert
WEBER, Karlheinz
WEINMANN, Klaus
WESTHUES, Melchior
WIEDERHOLT, Erwin J.
ZIMMERMANN, Hans-Jürgen

11. Mai

ADLER, Jürgen
ARMANSKI, Gerhard
ARNDT, Helmut
BECK, Marga
BEHRENS, Ernst August
BERDING, Franz
BREITSCHWERDT, Kurt
BRUNNER, Hellmut
CREUTZFELDT, Werner
DEININGER, Oskar
DOEBNER, Heinz-Dietrich
EHHALT, Dieter H.
EILERS, Franz-Josef
EMPACHER, Hans
ENGELHARDT, Klaus
FELBER, Dieter
FRÖWIS, Walter
GARSTKA, Hansjürgen
GEISSLER (ß), Clemens
GIERSCH, Herbert
GRIMM, Dieter
GRÜTTER, Wolf-Dieter
HALBFASS, Wilhelm
HAMM-BRÜCHER, Hildegard, geb. Brücher
HEMMER, Hans-Otto
HESS (ß), Dieter
HONISCH, Dieter
HÜFFMEIER, Werner
JACOBS, Egon
JÄHNICHEN, Rolf
JAKOB, Karl-Heinrich
JENSEN, Jens Christian
JOHNEN-BÜHLER, Kurt
JUNG, Helman
JUNGK, Robert
KABUSS (ß), Siegfried
KACZYNSKI, Reiner
KASSEL, Rudolf
KATZENSTEIN, Bernd
KLEIN, Peter
KLINGENBERG, Gerhard
KRACKE, Rolf
KRUKEMEYER, Hartmut
KRUPKE, Hans-Joachim
KRUSEN, Felix
KÜHNEN, Franz Josef
KUHN, Klaus
LAUGWITZ, Detlef
LEHMANN, Rolf Gerhard
LINDNER, Georg
LINSMAYER, Eleonore
LOCH, Werner
LÜTTGE, Dieter
MAI, Gottfried
MEFFERT, Heribert
MEYER, Ludwig
MICHELSEN, Robert
MIEHE, Ulf
MOHR, Hans

MORAWIETZ, Kurt
MOSER, Wolf
MÜLLER, Hans-Peter
OEHLSCHLÄGEL, Hans Ulrich
PITTELKOW, Fritz
REMER, Andreas
RIBBENTROP, von, Rudolf
RIEDEL, Jutta
RIESENBERGER, Dieter
RILZ, René
ROM, von, Horst
SCHMIDBAUER, Ernst
SCHWEIGGERT, Alfons
SEIBOLD, Eugen
SIEGER, Robert Lutz
SOMMERFELD, Willy
STRIGL, Günter
TEIGELER, Peter
TIETZE, Peter
WALZ, Alfred
WUNDER, Wolfgang
ZIMMERMANN, Werner

12. Mai

ANSCHÜTZ, Felix
BAUMGÄRTNER, Wolfgang
BEHNKE, Heinz-Dietmar
BEUTELMANN, Josef
BEYER, Rolf
BLESSING, Karlheinz
BLÜMEL, Wolf Dieter
BÖHLAND, Heinz
BOEHM, Wolfgang
BRIESEMEISTER, Joachim Dietrich
BROSEY, Dieter
DAUS, Ronald
DEYHLE, Albrecht Ludwig
EMDE, Helmut
ERREN, Karl-Heinz
ESCHENBACH, Rolf
FALCKE, Heino
FISCHER, Ralf-Dieter
FREUND, Bodo
FRIEDE, Reinhard L.
FROWEIN, Heinz
GAIER, Dieter
GALINSKY, Hans
GEHRHARDT, Heinz
GEISSER (ß), Hans
GERBER, Günter
GROB, Günter
HAIKE, Horst Joachim
HAUG, Horst
HEISE, Werner
HELLER, Manfred
HENLE, Jörg A.
HOFER, Gunter
HOFFMANN, (Hans)-Eckart
HUCKAUF, Peter
JAUERNIG, Othmar
KAMMERMEIER, Anneliese, geb. Wagner
KIENECKER, Friedrich
KLEIN, A. Wilhelm
KLEINSCHMIDT, Arnold
KLEY, Walter
KÖHLER, Heinz
KOPP, Horst
KOPPE, Heinz W.
KUNZE, Günther
LEONHARDT, Siegmund
LÜBBERS, Dietrich W.
LUPFER, Horst Paul
MÄURER, Horst-Christian
NEUMANN-DUESBERG, Horst
PEDELL, Klaus
PERELS, Christoph
PÖRTL, Klaus
PRIEBS, Ralf
RATHJENS, Carl
RENARD, Walter
REPP, Hans
ROTH, Hermann J.
SAMWER, Sigmar-Juergen
SAUER, Walter
SCHÄFFER, Karl-August
SCHERZER, Kurt
SCHLEGEL, Ludwig Friedrich
SCHRUDDE, Josef
SCHUH, Josef
STABY, Ludger W.
STOCKHAUSEN, von, Hans-Gottfried
TAMM, Peter
TAUBE, Werner
TILL, Franz
ULBRICHT, Günther
ULMER, Jürgen
VETTER, Eberhard
VOITEL, Gottfried
WALDTHAUSEN, von, Wolfgang
WALL, von der, Heinz
WARLICH, Manfred
WESTERNHAGEN, v., T.-B.
WILDE, Johannes
WIRTH, Eugen
WITTKE, Günter
ZIMA, Hans

13. Mai

APPENZELLER, Immo
BANKHOFER, Hademar
BARTUSCHAT, Wolfgang
BAUMANN, Alexander
BAUWENS, Paul-Ernst
BAYER, Thomas
BECKER, Walter
BEHRENS, Heinrich
BERGER, Senta
BERGMANN, Günter
BLASCHZYK, Joachim
BLÖCKER, Günter
BOCK, Hans Manfred
BREITENBACH, Diether
BUCHHOLZ, Rudolf
BÜCKING, Hans-Jörg
BUS, Heiner
CANONICA, Marco-Maria
CLAUSSEN, Carsten P.
DEBON, Günther
DÖRKEN, Klaus
DOPATKA, Bernhard
DULOG, Lothar
EBERHART, Adolf
ELMER, Wilhelm
FERDINAND, Willi
FISCHER, Fred
FITZBAUER, Erich
FRANKE, Werner
FROHMÜLLER, Hubert G. W.
GANTENBRINK, Heinrich
GIRNDT, Helmut
GÖLLER, Karl Heinz
GRAMM, Reinhard
GROSS (ß), Karl
GRÜNDEL, Johannes
GUNKEL, Peter
HÄBERLE, Peter
HARMS, Henry
HEIDE, Manuel
HILLIGEN, Wolfgang
JÄGER, Gottfried
KASTLER, José
KLAUSS, Heinrich
KLINGHOLZ, Rudolf
LEHMKUHL, Dieter
LENZ, Joachim
LENZEN, Heinrich
LEONHARD, Ernst P.
LÖWE, Rüdiger
MÁLYUSZ, Miklós
MANZKE, Hermann
MASS, Edgar
MECKLENBURG, Norbert
zur MÜHLEN, von, Alexander
MÜLLER (gen. Müller-Remscheid), Adolf
MÜLLER, Irmgard
MÜLLER, Klaus
MÜNCH, Richard Friedrich
MÜRB, Robert Josef
MUSCHG, Adolf
NOWAK, Rudi (Rudolf)
OBOTH, Heinrich
PFEIFFER, Kurt
PFEIFFER, Peter
PIERER, Claus
PÖTZ, Paul-Günter
RASCH, Walter
REZZORI d'AREZZO, von, Gregor
RÖCKE, Heinrich
RÖD, Wolfgang
ROHLFS, Kristen
ROTHE, Oleg
RÜDIGER, Hans
RÜHL, Günter
SCHERPE, Klaus R.
SCHLARBAUM, Erwin
SCHMIDT, Robert H.
SCHNEIDER, Ernst
SCHNEIDER, Günter
SCHÖNFELD, Peter
SCHULZE, Olaf
SCHWARZ, Hans-Peter
SCHWARZ, Otfried
SMITH, Lawrence (Larry)
SPITZMÜLLER, Kurt
STÖBER, Matthaeus
STOJAN, Ernst-Wilhelm
VOSGERAU, Hans-Jürgen
WEIMAR, Robert
WINTERFELDT, Ekkehard

14. Mai

ACKERMANN, Rudolf
ASCHENBACH, Helmut
BARTELS, Horst
BEISENKÖTTER, Hans-Heinrich
BLEI, Hermann
BÖTTGER, Martin
BOROFFKA, Peter
BRENNER, Walter
BROSCHWITZ, Johannes
DAWEKE, Klaus
DELIUS, Juan D.
DIETZEN-SCHLÖSSER, Gaby
DUDDECK, Heinz
EICHHORN, Egon
FANSLAU, Horst
FEHRER, Hans-Heinz
FISCHMEISTER, Hellmut
FRANKE, Herbert W.
GAEDTKE, Joachim
GEBAUER, Adolf
von der GROEBEN, Hans
GUESMER, Carl
HAHN, Wilhelm
HARTWIG, Karl-Hans
HEINSS (ß), Fritz
HERZOG, Rolf
HOFF, Hellmut
HOFMANN, Horst
HOLZ, Harald
HUNGAR, Kristian
JÄGER, Herbert
KAASE, Max Willy
KAISER, Rudolf
KATTERLE, Siegfried
KELLNER, Ulrich
KERN, Werner
KONTARSKY, Aloys
KRÄMER, Walter
KUCHENBECKER, Detlef
KÜHNE, Horst
KULLE, Hermann
LANG, von, Jochen
LEDEBUR, Freiherr von, Wilhelm
LEMBACH, Wolfgang K.
LEY, Josef
LINK, Manfred
LORENZEN, Wolfram
MAJEWSKI, Frank
MATZ, Guenther
MEINHARDT, Hans
MICHEL, Wilhelm
MOMM, Klaus Eberhard
MONISSEN, Hans Georg
MÜLLER, Helmuth
MÜLLER, Wolfgang
NASSENSTEIN, Heinrich
NEUDECK, Rupert
NOVOTNY, Fritz
OEL, Heribert J.
ONKEN, Ulfert
ORLIK, Peter
OSTLER, Fritz
POPITZ, Heinrich
PÜTZHOFEN, Dieter
REUTNER, Friedrich
RHEINBERG, Falko
RIEDER, Georg
RIEGEL, Klaus
RITTER, Wigand
ROTTER, Gernot
SAUER, Karl-Adolf
SCHENCK, Günther O.
SCHMANDT, Paul
SCHRÖDER, Ulrich
SEEFELD, Detlef G.
SPARSCHUH, Jens
SPERBER, Alfred
STEFFEN, Kurt
THALER, Klaus Peter
THÖNI, Hanspeter
TÖNSHOFF, Hans Kurt
VOGLER, Michael
WABRO, Gustav
WARRIKOFF, Alexander
WEBER, Ludwig
WEIGELT, Klaus
WENGST, Klaus
WESTE, Jürgen
WITTE, Erich H.
WÖRDEHOFF, Ludwig W.
ZAKOSEK, Heinrich Michael
ZEEDEN, Ernst Walter

15. Mai

ALFF, Wilhelm
AURADA, Klaus D.
AUTENRIETH, Johanne
BAUM, Hans
BECKER, Peter
BETTSCHEIDER, Heribert
BLOCK, Detlev
BLUM, Klaus-Uwe
BREUNING, Wilhelm
BUCKEL, Werner
DÄMMRICH, Klaus
DIECKMANN, Johann
DIEKMANN, Hans
DINTHER, van, Regina geb. Nowak
DITTRICH, Joachim
EFFINGER, Hans
EICHNER, Der
ELWERT, Gerhard
ENGELMANN, Günther
ENGELS, Hartmut
ERICHSEN, von, Lothar
EVERS, Georg
FECHTRUP, Hermann
FEIL, Ernst
FELDMANN, Winfried
FELIX, Roland
FLACH, Dieter
FLEMIG, Kurt
FÖRSTER, Theodor
GENSCHOW, Fritz
GENTNER, Fritz
GLASENAPP, von, Franz-Georg
GOERTZ, Heinrich
GOLDT, Heinz
GOTTSCHALK, Werner
GRETEN, Heiner
GREUEL, Hans
HARREIS, Horst
HASELMANN, Roland E.
HERRMANN, Siegfried
HEUMANN, Klemens
HOERDER, Dirk
HOFFMANN, Lutz
ISERLOH, Erwin
JACOB-FRIESEN, Gernot
JUNGHANS, Marianne
KARL, Helmut
KESSLER, Heinrich
KLIEGEL, Wolfgang
KNIEPER, Rolf
KOEPPE, Hans-Rudolf
KÜHN, Kurt
KÜRTEN, Hans Peter
LANDGRAF, Friedrich
LANGENMAYR, Arnold
LAUCKEN, Uwe
LIEHR, Harry
LINDNER, Werner
LOEBE, Horst
LUTZ, Joachim
MAI, Manfred
MATIASEK, Hellmuth
MÖBUS, Claus
MONHEIM, Bernd
MÜLLMERSTADT, Helmut
MÜNCH, Joachim
NENTWIG, Armin
OLDENBURG, Julika geb. Fischer
OTTEJANN, Helmut
PINGER, Winfried
POFALLA, Ronald
PUCHELT, Harald R.
PUSCH, Alexander
REGENASS, René
REICHENMILLER, Hans-Eberhard
RESKE, Werner
ROBINSON, David Gordon
RÖHL, Hannelore
ROHLMANN, Rudi
ROXIN, Claus
RUËFF, Fritz L.
RUSS, Michael
SANDEN, Manfred
SANDERS, Hans
SARTORI, Eva Maria
SCHIFFLER, Rudolf
SCHLEICHER, Ursula
SCHLERATH, Bernfried
SCHMID, Detlef Heino
SCHMITZ, Jan
SCHREMMER, Eckart
SCHRÖPF, Johann
SCHWÄBLEIN, Jörg
SCHWARZ, Wolfgang
SIEGLOCH, Klaus-Peter
SPÖRI, Dieter
STOFFELS, Hans
THESING, Jan
TISCHER, Rudi (Rudolf)
TRÖGER, Hans Dieter
VAJEN, Kurt
VOGEL, Hans-Rüdiger
WIEMANN, Günter
WILD, Aloysius
WOLTERS, Gottfried

16. Mai

AIGNER, Georg
ALTROGGE, Günter
ANGERER, Paul
BACHMAYER, Horst
BATTIS, Ulrich
BAUMGARTNER, Johann (Hans)
BAYER, Otto
BECKER, Horst
BEER, Hans
BEHRENS, Jörn
BENTELE, Karlheinz
BERCHTOLD, Horst
BRÖGER, Eberhard F.
BRÜNIG, Eberhard F.
BUSCH, Ernst Werner
CITRON, Klaus
CREMERIUS, Johannes
CYFFER, Norbert
DAUME, Erhard
DHOM, Georg
DREIKORN, Kurt
DRÖSLER, Jan
EIBERGER, Peter
EILERS, Jan
EMMRICH, Johannes
ENGELHARDT, Jürgen Peter
FELDHEIM, Walter
FORGAS, Joseph Paul
FRIEDMANN, Gerhard
FRISCH, Wolfgang
FÜNFSTÜCK, Wolfgang
FUNKE, Hans
GERSTL, Friedrich
GERZ, Alfons
GLOGER, Gottfried
GÖRGEN, Kurt
HABERKORN, Horst

16. Mai - 20. Mai

HARING, Claus
HARTMANN, Wilfried
HAUPT, Walter
HAVERKAMP, Alfred
HELD, Heinz Joachim
HOLST, Klaus-Ewald
HUND, Peter
HUND, Wolfgang
JAGDT, Reinhard L.
JUNGMANN, Horst
KLEMM, Peter
KNIPS, Werner
KÖNIG, Heinz
KOEPCHEN, Hans-Peter
KOLB, Hermann
KÜMMEL, Werner Georg
KUTSCH, Axel
LAYTON, Robert G.
LEHMANN, Karl
LEISER, Erwin
LINDENBERG, Wladimir
LIPPMANN, Friedrich
MAYER, Eberhard
MERZ, Ferdinand
MOHR, Konrad
MÜLLER, Albrecht
MÜNNICH, Frank E.
NAGL, Manfred
NELKEN, Dinah
NOWOTTNY, Friedrich
OSSWALD, Albert
OVERDIEK, Heinz-Friedrich
PASCHEN, Konrad
PETRIDES, Platon
PÖLLER, Wolfgang
PRAUSE, Gerhard
QUEISSER (ß), Wolfgang
RASCHE, Hans O.
RAUH, Werner
REINERMANN, Heinz
REINSBERG, Carl
REMMELE, Wolfgang
REMY, Dietrich
RIXECKER, Roland
ROLAND, Harald
RUPP, Rudolf
SARRAZIN, Jochen
SCHLÜTER, Herbert
SCHMIDT, Adolf
SCHMITZ, Hermann
SCHOLZ, Udo W.
SCHORISCH, Joachim
SCHULTE, Karl-Ernst
SCHWEIZER, Robert
SPETH, Josef
STETTER, Hermann
STÜBINGER, Karl
TRABALSKI, Karl
UEBING, Dietrich
UNGAR, Thomas
WAHL, Otto
WEISSKIRCHEN, Gerd
WILHELM, Theodor
WINKLER, Klaus
ZACHAU, Hans Georg
ZURHEIDE, Burkhard

17. Mai

BECKER, Hellmut
BECKER, Jochen
BELLER, Fritz K.
BENESCH, Kurt
BIEDERBECK, Erich H.
BIEL, Ulrich E.
BLESSING, Manfred
BOCHMANN, Werner
BORN, Gernot
BORTOLUZZI, Paolo
BRUHN, Manfred
BURKHARDT, Dietrich
BUSACKER, Karl-Heinz
DIETZ, Walter
DÖRING, Ulrich
DROSTE, Herbert
DRÜE, Hermann
FALLER, Hans Joachim
FIKENTSCHER, Wolfgang
FINGERHUT, Karlheinz
FRANZ, Klaus-Peter
FUCHS, Heinz R.
GAUSS, Ulrich
GEIDEL, Hans

GEIERSBERGER, Erich
GRASSBERGER, Peter
HAASE, Günther
HANSEN, Karl-Heinz
HANTSCHE, Irmgard
HARTMANN, Peter
HENDRICKS, Alfred
HERMISSON, Hans-Jürgen
HÖHL, Hans Leopold
HORN, Otto
HÜRLAND-BÜNING,
  Agnes, geb. Oleynik
JACOBI, Wolfgang
JACOBS, Jürgen Carl
JONAS, Michael
KAISER, Wolfgang
KERKMANN, Heinz
KLOTZ, Günther
KRAUS, Otto
KREBS, Hartmut
KRETSCHMANN, Winfried
LAAS, Ernst
LANGER, Günter
LEVELT, Willem J. M.
LIEFFEN, Karl
LINDEMANN, Peter
LIPP, Ernst-Moritz
MAHRENHOLTZ, Oskar
MAIER, Johann
MESSERER, Friedrich
MEWS, Sibylle,
  geb. Rörig
MÖLLER, Peter
MÜLLER, Burkhart
NEUMANN, Franz
OBERMAIER, Fritz
PFÖHLER, Wolfgang
PORTUGALL, Karlheinz
PRECHTL, Franz
PRIEN, Hans-Jürgen
REINSCH, Wolfgang
ROGGE, Lothar
SCHLIERF, Werner
SCHMIDTCHEN, Gerhard
SCHÖNHERR
  (Edler von Schönleiten),
  Dietmar
SCHULZ, Max J.
SCHUMANN, Peter B.
SENF, Ralf M.
STEINBACH, Jörg
THIES, Claus-Jürgen
TRUMMER, Hans
VÖLKER, Kurt
WEINSTEIN, Adelbert
WEISGERBER, Antje
WICKERT,
  Johannes Manfred
WINTER, Jürgen Christoph
WOLFFSOHN, Michael
ZETLER, Gerhard
ZUNDEL, Georg

18. Mai

ALTHOFF, Helmut
ARNOLD, Werner
BAMBAUER, Hans Ulrich
BARTH, Hans-Georg
BAUER, Wolfgang
BAYREUTHER, Klaus
BISCHOFF,
  Friedrich Alexander, Baron
BÖHM, Otto Hans
BOSSELMANN, Gustav
BRANDIS, Matthias
BRAUN, Ottheinz
BURGER, L.
CRETIUS, Konstantin
CZWIKLITZER, Christoph
DASCHNER, Franz
DIECKMANN, Albrecht
DIECKMANN, Heinz
ECKERT, Alfred
EID, Ursula
EISENBERG, Peter
EWIG, Eugen
FABER, von, Hans
FABRICIUS, Fritz
FIORONI, Pio
FISCHER, Hermann
FRANZREB, Benno
FRICKE, Werner

GEYER, Otto Franz
GILLE, Hans Werner
GONTER, Norbert
GRAMLICH, Wolfgang
GRAUVOGL, Anton
GÜRT, Elisabeth,
  geb. Balcarek
HÄNDLER, Torsten
HAPPLE, Rudolf
HAUF, Alfred
HAUSSMANN, Helmut
HECKMANN, Sepp Dieter
HEIDEPRIEM, Jürgen
HEINEN, Edmund
HENZLER, Martin
HERBOTH, Hermann
HEYL zu HERRNSHEIM,
  Freiherr von, Ludwig C.
HIPP, Wolfgang
HÖPNER, Thomas
HOHMANN, Karl Adam
JAECKEL, Peter
JOHN, Siegfried
JUST, Wolfram W.
KEMPER, Hans-Georg
KERMER, Wolfgang
KLEINE, Wolfgang
KLUGE, Wolfhard
KNOKE, Udo
KNORR, Knut
KRUMNOW, Jürgen
KUPSCH, Anita
LANCZKOWSKI, Günter
LANGGUTH, Gerd
LOEWE, Werner
LORENZ, Wilfried
MARQUARDT, Manfred
MATIS, Paul
MEIJERE, de, Armin
MERTENS, Peter
METZLER, Dieter
MEYER, Bernd
MOELLER, Peter
MOLL, Friedrich
MOLO, Ritter von,
  Friedrich
MONK, Egon
MUELLER,
  Harald Waldemar
MÜLLER, Traute
OEHMICHEN, Manfred
OELSCHLÄGER,
  Herbert A. H.
OHOVEN, Mario
PABST, Hermann Ulrich
PETERS, Helmut F.
PFEIFER, Hans-Wolfgang
PUTZER, Hannfrit
REINKEN, Lothar
RICKER, Reinhart
ROLLE, Dietrich
RUPPERT, Helmut S.
RUPRECHT, Klaus Wilhelm
SAFFERLING, Anton
SCHAUDIG, Helmut
SCHLIESING, Helmut
SCHNELL, F. Wolfgang
SENFF, Wolfgang
SEYBOLD, Annemarie,
  geb. Brunnhuber
SPIEGEL, Alfons
TALLERT, Alfons
THÜSING, Wilhelm
TRAUT, Horst
UHLIG, Helmut
VERSMOLD, Hans T.
WAGNEROVA-KÖHLER,
  Alena
WEGENER, Hans-Joachim
WEYMAR, Ernst
WIMMER, Willy
ZEMLA, Günter

19. Mai

ALTMANN, Johann (Hans)
ANDREAE, Meinrat O.
ANTES, Heinz
ANTHOLZ, Heinz
BÖTTNER, Theo
BRAUN, Werner H. G.
BRÜTT, Peter
BUCERIUS, Gerd

BURCHARD, Christoph
BUSCH, Kurt
COHORS-FRESENBORG,
  Elmar
CZICHON, Günther
DELLMANN, Klaus
DEUTSCH, Hans Robert
DRUBE, Hans-Joachim
EHRHARDT, Ulrich
EHRING, Franz
ERBEN, Heinrich K.
ERNST, Gernot
ETTL, Peter
FISCHER, Kaspar
FRANK, Rudolf
GERMERDONK, Rolf
GIESEL, Harald Bernhard
GOEBEL, Ingeborg
GOERTZEN, Friedrich
GRANZIN, Martin
GROSSMANN (ß), Jürgen
GUCKENBERGER, Gerhard
HEMPELMANN, Gunter
HILDENBRANDT, Eberhard
HILKE, Wolfgang O. H.
HILL, Hans
HOSTERT, Walter
HULSMAN, Gerd W.
JACOBS, Heinz
JÄGERSBERG, Otto
KIEFER, Heinz J.
KLING, Hansgeorg
KOCH, Gebhard
KOEHLER, Werner
KOTTHAUS, Eva
KOWALA, Gerhard
KRAPP, Otto
KREFELD, Heinrich
KREFT, Friedrich
KRIEGEL, Heinz
KUMMER, Werner
LANGENDÖRFER, Horst
LAUDEHR, Alfred
LEDERMANN, Hellmuth
LEHMANN, Eike
LEHMANN, Harald
LÜKE, Friedmar
LÜPKE, Gerd
MANDEL, Horst G.
MITTELSTENSCHEID,
  Karl Otto
MOELLER, Bernd
MÜLLER-KIRSTEN,
  Harald J. W.
OHLMEIER, Dieter
PIELOW, Winfried
REINHARDT, Klaus
RESSÉGUIER de
  MIREMONT, Graf, Carlo,
REUNING, Jürgen
RÖMHELD, Julius
RÖSLER, Georg
SCHENCK, Georg Friedrich
SCHMETJEN, Klaus
SCHMIDT, Alfred
SCHMIDT, Erwin
SCHMIEL, Martin
SCHÖFISCH, Horst
SCHÖNE, Barbara
SCHRÖDER, Meinhard
SCHUHMANN, Roland
SCHULTZE, Rudolf
SCHUMACHER-
  WANDERSLEB, Otto
SEEL, Barbara
SPITZING, Günter
TECHTMEIER, Eberhard
TOELLE, Tom
VITTINGHOFF, Friedrich
VÖGELE, Josef
VOGEL, Wolfgang Ernst
VOSS (ß), Gerhard Julius
WEBER, Antonius
WEBER, Friedrich
WEINDEL, Elmar
WESSELS, Rolf B.
WILDING, Ludwig
WILHELM, Horst
WITTE, Barthold
WITTEN, Wilhelm
WOLFF, Rudolf
ZADEK, Peter

ZENKER, Herbert
ZIPPELIUS, Reinhold

20. Mai

ADT, Harro
ALTHOFF,
  Friedrich Dankward
BAVENDAMM, Dirk
BECKER, Bernd
BERTRAM, Hans-Dieter
BISCHOFF, Karl-Otto
BLANKART, Charles Beat
BLÜM, Volker
BOEHM, René
BOLZA-SCHÜNEMANN,
  Hans-Bernhard
BOTHE, Bernd
BREIDER, Hans
BÜDELER, Werner
BÜRGER, Christa, geb. Müller
BURSCHEID, Hans Joachim
BUSCH-MEINERT,
  Rotraud
CHRISTMANN, Hansjörg
DEDECIUS, Karl
DIECK, Walter
DRESCHER, Julius
ELSCHNER, Bruno
ENDRES, Werner
FOX, Helmut
FÜRSTENAU, Peter
FUNCK, Hans Jürgen
GEINITZ, Wolfgang
GERSONDE, Klaus
GOTTHOLD, Jürgen
GUNTERMANN, Willi H.
HÄFNER, Heinz
HARRACH, Carl Ferdinand
HEIPERTZ, Wolfgang
HERRMANN, Klaus
HIRCHE, Walter
HOCHGESAND, Gerhard
HOYE, William J.
HÜPER, Ernst-Georg
JÜTTNER, Egon
KEMPSKI RAKOSZYN, von,
  Jürgen
KEPPLINGER, Hans Mathias
KERN, Georg
KESPER, Erich
KIRCHHEIM, E. Heinrich
KÖHLER, Volkmar
KÖRNER, Hans-Wolfgang
KOESTER, Ulrich
KOLBENHOFF, Walter
KRAMM, Bruno
KUEN, Otto L.
LOB, Reinhold
LÖB, Günter
LOHMANN, Erika
LUDEWIG, Rainer
MERVELDT, Gräfin v., Eka
NES ZIEGLER, van, John
NORDHEIM, von, Eckhard
OBERMAIER, Josef Richard
OVERBECK, Ludwig
PAHL, Max(imilian)
PASSIN, Günther
PAUL, Bernhard
PAULSEN, Carsten
PAULSEN, Hans
PRINZ, Harry
RICKENBACHER,
  Karl Anton
SCHARF, Bernhard
SCHLERETH, Max W.
SCHLIEFFEN, Graf von,
  Friedrich
SCHMIDT, Bernhard
SCHNELL, Bernd
SCHÜTZEICHEL, Rudolf
SCHULTZ, Klaus
SCHULTZ, Hans
SCHWOCHAU, Klaus
SEFRIN, Peter
SPRINGER, Rudolf
STEINKÜHLER, Franz
TERFLOTH, Klaus
TOBIAS, Wolfgang W. J.
TRAUPE, Karl
WALLIS, Hedwig
WEIN, Hermann

WEISS (ß), Heinrich Bardo
WELLNITZ, Karl
WICHERT, Günter

21. Mai

ALTEN-NORDHEIM, von, Odal
ASCHER, Felix
BACH, Otto
BERNING, Heinrich
BERR, Ulrich
BIESENBERGER, Günter
BINNEMANN, Peter
BLOEMERTZ, Carl Bruno
BOCK, Rudolf
BOECK, Wilhelm
BOTTLER, Jörg
BREDELLA, Lothar
BRINGMANN, Michael
DANNEEL, Ilse
DANNENBERG, Peter
DERICUM, Christa
DREYER, Horst
DÜNISCH, Oskar
FISCHER, Bernd
FREUDENFELD, Burghard
FRIEDEBURG, von, Ludwig
FRÜHAUF, Martin
FUNKE, Gerhard
GARNJOST, Joachim
GRIMM, Reinhold
GÜNZLER, Hans
GURATZSCH, Herwig
HALÁSZ, Michael
HANSMANN, Karl-Werner
HARTMANN, Irmfried
HOEBEL-MÄVERS, Martin
HOFFMANN, Jean-Paul
HOFMANN, Franz
HUSSING, Dieter
KIRCHGESSNER, Manfred
KLEIHUES, Paul
KLEIN, Richard Rudolf
KOHN, Karl Christian
KRAUSE, Jürgen
KRIEG, Dieter
KUMMERT, Wolfgang
KURP, Karl-Heinz
LACOSTE, Jean Pierre
LAUSCHNER, Erwin A.
LEWANDOWSKY, Helga
LOEW, Hans-Heinrich
MAIER, Karl Friedrich
MANDL, Heinz
MANGOLD, Werner
MATHEIS, Rainer
MEISTER, Edgar
MESSERSCHMID, Ernst
MOHR, Werner
PAAL, Gerhard
PÉUS, Gunter
RECH, Peter W.
REDEKER, Konrad
RIETSCHEL, Ernst Theodor
ROMEN, Werner
SALZMANN, Karl-Heinz
SCHIFFLING, Wolfgang
SCHMALOHR, Emil
SCHMITZ, Hans-Peter
SCHNEIDER, Karl
SCHULTE zur HAUSEN, Wilhelm
SEELIG, Friedrich Franz
STEIMLE, Fritz W.
STENZEL, Kurt
STOCKBAUER, Berthold
VIEBIG, Hasso
VÖLKER, Klaus
VOLK, Klaus Wolfgang
VOLLBRECHT, Fritz
WÄDEKIN, Karl-Eugen
WAGNER, Franz W.
WAGNER, Max
WALLMANN, Johannes Christian
WENDER, Karl F.
WICKERT, Konrad
WIDMER, Urs
WIELAND, Otto Heinrich
WILLISCH, Ruth Claire
WITH, de, Hans

WOHMANN, Gabriele, geb. Guyot
WOLFF, Hans
WÜST, Günther
ZYWIETZ, Werner

22. Mai

ANDRIANNE, Rene
AUTH, Joachim
BECKMANN, Helmut
BEHRINGER, Hans
BERCHEM, Theodor
BERSWORDT-WALLRABE, von, H.-L. Alexander
BEULER, Ernst F.
BIERMANN, Manfred
BLANK, Manfred
BLANKE, Gustav H.
BLECHINGER, Beate
BLOEMECKE, Gerhard
BLOETT, Claus
BRANDS, Horst W.
BREHM, Artur
BRENTANO, von, Peter
BROAD, Charles Robin
BROLL, Werner
BRUHN, Christian
BRUHN, Klaus
BRUMMACK, Jürgen
BUGLA, Gerhard
COLLAS, Karlheinz
CZEMPIEL, Ernst-Otto
DECKER, Rudolf
DIETL, Erhard
DOBBERTHIEN, Marliese
DÜRR, Fritz
ENGELBRECHT, Wilhelm
ESTLER, Claus-Jürgen
FAHN, Karolina
FRÜHWALD, Rudolf
GEIGER, Willi
GERHARDT, Marlis
GIERLOFF-EMDEN, Hans Günter
GLAESER, Karl-Christian
GLOTH, Michael H.
GRAVERT, Anke
HECKEL, Martin
HEKTOR, Erich
HERMS, Dieter
HERRMANN, Peter
HINRICHS, Ernst
HOMFELDT, Hans Günther
HÜBENER, Rudolf Peter
KAUDER, Knut
KAUFMANN, Bruno Maria
KESSLER, Eckhard
KIRCHNER, Alfred
KOCHER, Walter
KÖHLER, Kurt
KÖNIG, Joachim
KOHLER, Friedrich
KROEGER, Heinrich
KÜHNHAUSEN, Wilhelm
KUHN, Annette
LEBUHN, Jürgen
LEHFELDT, Werner
LEISCHNER, Anton
LENZ, Dietrich
LINDENBERGER, Heinz
LINNERZ, Heinz
LUTHE, Hubert
MEYER zu BENTRUP, Reinhard
MEYER-CORDING, Ulrich
MICHL, Berthold
MOLITOR, Karl
MÜLLER-BÖHM, Ulrich
OBERWINKLER, Franz Christoph
OTTO, Hans-Hartwig
PETERS, Arno
PETERS, Karl-Josef
POLLEY, Rainer
PRELL, Hermann
RÖHL, Klaus F.
ROHDE, Achim
ROSSKOPF, Jörg
SAUERMANN, Peter
SCHIELER, Rudolf
SCHLUNGBAUM, Werner

SCHNEIDER, Theodor
SCHNEIDER, Wilhelm
SCHUBERT, Gerhard Oskar
SCHWAN, Gesine, geb. Schneider
SCHWANDNER, Gerd
SEELENTAG, Hedwig
SEEMANN, Heinrich
SEIFFERT, Reinhard
SENGER, Friedrich
SKOPP, Paulus
STÄCKER, Hans-Detlef
STAUDENMAIER, Hans-Martin
STEGMANN, Carl Ulfert
TETZ, Martin
THÜMMLER, Fritz
ULBRICHT, Reinhard
ULMER, Hans-Volkhart
VARJÚ, Dezsö
WALLRAFF, Dieter
WECKER, Fritz
WEINERT, Ansfried B.
WIEDEMANN, Otto
WIMMER, Brigitte
WÖLFEL, Kurt
WOHLFARTH-BOTTERMANN, Karl-Ernst
ZAHM, Herwig
ZIERER, Dietmar

23. Mai

ALFUSS, Kurt
ARETIN, von, Annette
BAEDEKER, Wolfgang
BARNER, Jörg
BEHR, Arnold
BEIER, Udo
BERGDOLT, Bernhard
BERGER, Judith
BEYREUTHER, Erich
BITZ, Werner
BOBERG, Friedrich
BOETERS, Ulrich
BOHLIEN, Guenter
BRAUN, Felix
BRÖMMELHAUS, Helmut
BROSS, Helmut
DESCHNER, Karlheinz
DITTRICH, Wolfgang
DOHRN, Klaus
DREESEN, Ulrich
EVERTZ, Klaus
EWERT, Otto
FLICK, Horst
FRANZ, Günther
GEISSLER, Eberhard
GERATHS, Armin
GITTERMANN, Horst
GÜNTER, Horst
HAACKE, Wolfhart
HÄFELINGER, Günter
HALLSTEIN, Ingeborg
HAMMAD, Farouk
HARDT, Detmar
HASENFUSS, Ivar
HAUSNER, Hans
HAUSSMANN, Hans Georg
HENGLEIN, Arnim
HENRICH, Günther
HILD, Helmut
HUBER, Antje, geb. Pust
KAMPFFMEYER, Hans
KESSLER, Erich
KIESSELBACH, Marianne
KOCH, Helmut
KOMMERELL, Burkhard
KONISZEWSKI, Gerhard Hans
KOPPELMANN, Floris
KOPTON, Boerries-Peter
KRAUSE, Dieter
KÜBLER, Hans-Dieter
KULLMANN, Jürgen
LAUKIEN, Günther
LIEBERS, Gerhard
MITTENDORFF, Herbert
MONNERJAHN, Rudolf
MÜLLER, Rudolf J. E.
MÜLLER-BOHN, Jost
NABER, Kurt G.

NAWROCKI, Joachim
NITSCHE, Peter
NORDMEYER, Kurt
OESTERN, Hans-Friedrich
OTTO, Hansjörg
PRÖPSTL, Georg Hermann
RAPPARD, Friedhelm
RIECKEN, Ernst-Otto
RIETSCHEL, Siegfried
ROTT, Rudolf
RUSCHEWEYH, Walter
RUSS (ß)-MOHL, Stephan
SCHEPANK, Heinz
SCHILLING, Heinz
SCHOLZ, Rupert
SIEVEKING, Klaus L.
SOLTMANN, Otto
STEFFAN, August Wilhelm
STOBBE, Hanna, geb. Kleist
STURMOWSKI, Georg
THALLMAIR, Heribert
THIELE, Rüdiger
TOLLE, Henning
VÖLKERT-MARTEN, Jürgen
VOSWINCKEL, Klaus
WAIDELICH, Jürgen-Dieter
WELLENDORF, Franz
WILLEKE, Rainer
WIMMER, Franz
WINTERFELD, Klaus
WITZENMANN, Walter
WÖLFER, Hans-Jochen
WOLTERS, Jürgen
WUNDER, Wilhelm

24. Mai

ABENDSCHÖN, Günter
ALTENHÖNER, Heinrich
BAGANZ, Horst
BAUER, Alexander W.
BIETHAHN, Jörg
BISCHOFF, Gustaf
BITTER, Heinrich (Heinz)
BITZER, Helmut
BORGER, Riekele (Rykle)
BOST, Hans-Josef
BRAATZ, Ilse
CAESAR, Knud
DAUME, Willi
DEMPEWOLF, Klaus W.
DETJEN, Claus
DIEDERICH, Nils
DÜNSCHEDE, Elmar
FALLAK, Heinz
FENSKE, Hans
FRENSEMEYER, Gert
GERRIETS, Ruth Susanna, geb. Neuling
GISSLER-WEBER, Richard
GLÖCKEL, Hans
GRIMEISEN, Gerhard
HAMANN, Bruno
HAUSBERGER, Karl
HELLIGE, Gerhard
HESSE, Manfred
HIRT, Edgar D.
HÖRMANN, Helmut
HOLZ, Peter Ludwig
KAISER, Helga
KALNEIN, Graf, Wend
KELLER, Karlheinz
KESSEL, von, Immo
KESSLER, Erwin
KIPER, Manuel
KIPPENHAHN, Rudolf
KLEMENTZ, Lothar F.
KNAUF, Heinrich
LEHRECKE, Peter
LOHSE, Bernhard
MASSARRAT, Sadegh
MERKWITZ, Jürgen
MICHELS, Joachim
MINDT, Dieter
MÜHLBACHER, Eberhard
MÜLLER-BUSCHBAUM, Hanskarl
MUTSCHLER, Ernst
NEUSER, Ernst-Jürgen
NIEMEYER, Werner
NOLTE, Hans-Heinrich

PETERSEN, Heinz
PFEIFER, Helmut
POHL, Joachim
PTAK, Heinz Peter
PUSCHNUS, Erika
ROHWER, Jürgen
ROTTGARDT, K. H. Jürgen
SCHLAAK, Max
SCHLIEMANN, Erich E. K.
SCHMIDT, Giselher
SCHMIDT, Heinz Ulrich
SCHMIDT, Ulrich
SCHNEIDER, Karl
SCHOENBERNER, Gerhard
SCHÖNMANN, Hans-Günther
SCHWARZ, Hans-Otto
SEIDL, Josef
SIMONS, Kai Lennart
STACKELBERG, Freiherr von, Curt
STÜMPERT, Hermann
STURM, Dieter
SUTER, Ludwig
THIMM, Walter
TREUTLEIN, Gerhard Constantin
TRUSEN, Winfried
WEISE, Karl-Heinrich
WELGE-LÜSSEN (ß), Lutz
ZIMMERMANN, Günther

25. Mai

ANNIÈS, Hans Georg
AUTENRIETH, Hans
BARSCH, Dietrich
BARTH, Dirk
BEHREND, Trude
BILLINGER, Josef
BLOMEYER, Wolfgang
BOESKEN, Dietrich H.
BROCKHOFF, Victoria
BRUNNSTEIN, Klaus
BURKARDT, Hans Eugen
BUSS, Wilm Harro
COBET, Justus
COUBIER, Heinz
DEHMLOW, Eckehard Volker
DETTMER, Albrecht
DIECKMANN, Friedrich
DÖHMER, Klaus
DÖLLINGER, Kurt Eugen
EICKE, Ruth
ENDERS, Gisela
FERBERS, Eduard
FISCHER, Carl
FISCHER, Franz
FRANK, Karlhans
FROMMHOLD, Hermann
GANZ, Horst
GAREIS, Balthasar
GEMSJÄGER, Werner
GERIGK-GROHT, Silke
GIMM, Martin
GOSS (ß), Irene
GRÜN, von der, Max
HAAS, Sandra Ingrid
HAERDTER, Robert
HANISCH, Joachim
HASENCLEVER, Rolf
HEIN, Manfred Peter
HENTSCHKE, Richard
HILDENBRAND, Werner
HILLE, Hellmut
HOLTFORT, Werner
ITSCHERT, Hans
JUNKER, Johannes
KÄSTNER, Heinz
KIRCHAMMER, Hellmuth
KRAFT, Ernst
KRON, Heinrich
KUBEL, Alfred
KÜHNL, Reinhard
KUHBIER, Heinz
LAUTERBORN, Werner Horst
LEICHT, Arno
LEPACH, Paul
LICHTENBERGER, Hermann
LOHRMANN, Erich
MERIAN, Svende
MEYTHALER, Friedrich-Hermann

MÜLHAUPT, Erwin
NUTZINGER, Hans G.
PATT, Albert H.
PAULSEN, Peter
PENNER, Willfried
POSER, Hans
POTEMPA, Joachim
PRAUSS, Gerold
RIPS, Franz
ROTTLER, Alfred
SANDER, Josef
SARTORIUS, Hans
SCHÄFER, Hans-Bernd
SCHLUTTER, Klaus Erich
SCHMIDT-EFFING, Reinhard
SCHMIDT-ROHR, Ulrich
SCHMITT, Rüdiger
SCHMITZ, Jochem
SCHOPF, Alfred
SCHULZE-ROHR, Peter
SCHULZ-KLINGAUF, Hans-Viktor
SOMMER, Frank
SOMMER, Peter
STORZ, Werner
TABORI, George
WAGNER, Heinz
WENG, Gerhard (Gerd)
WILKENS, Helmut
WILLMS, Johannes
WINTERHAGER, W. Dietrich
WISCHERMANN, Heinfried
ZEYER, Werner

26. Mai

ACHILLES, Walter
BARTLMÄ, Fritz
BEAUGRAND, Lutz-Dieter
BENKER, Hans
BIEGEL, Gerd
BIEHL, Böle
BLANKE, Edzard
BOLDT, Harald
BRADER, Karl-Heinz
BREDEMANN, Werner
BRINKE, Rudolf
BROCK, Norbert
BUMM, Karl Ernst
CHRISTEN-KLEITZ, Ilona
DALMA, Alfons
DOLEZAL, Richard
EHRLICH, Bernd
FAHLBUSCH, Erwin
FISCHER, Gerhard
FLEISCHMANN, Alfons
FRESEN, Otto
FROMM, Hans
GANS, Oskar
GIERNOTH, Peter
GRÄSEL, Friedrich
GROOT, de, Eugenius
GRUENAGEL, Hans Helmut
HAMELMANN, Horst
HAUBRICH, Hartwig
HEILINGBRUNNER, Petra
HILF, Willibald
JAHN, Egbert
JANTZEN, Hinrich
JÖNSSON, Claus
JOST, Elisabeth
KASCH, Friedrich
KELER, Sigrid
KELLER, Günther Montanus
KIP, Manfred
KLEIN, Horst G.
KROCKOW, Graf von, Christian
LARSSON, Lars Olof
LAULE, Gerhard
LÖBBERT, Josef
METTERNICH-WINNEBURG, Fürst von, Paul Alfons
MEYER-KÖNIG, Werner
MICHEL, Detlef
MOLLER-RACKE, Marcus
MOORMANN, Günter
MÜNCHOW, Heinz
NADOLNY, Isabella, geb. Peltzer

NEES, Albin
NESSELHAUF, Herbert
NIEDERMEIER, Hermann Josef
NITSCHKE, Lothar
OEFNER, Claus
OEHRLEIN, Werner
OPP, Karl-Dieter
OPPENHOFF, Walter
PAHLEN, Kurt
PASCAL, Olivia
PAUL, Egbert
PAULI, Hans Adolf
RASKE, Michael
SAMBERGER, Konrad
SCHAEFER, Jürg
SCHEMME, Wolfgang
SCHLENK-BARNSDORF, von, Carl-Günter
SCHMID, Albrecht
SCHMIDT, Ekkehard
SCHNEIDER, Hans-K.
SCHONER, Wilhelm
SCHÜTTE, Franz
SCHULENBERG, Franz
SIMON, Dietrich
SKOLUDEK, Horst
STROTH, Gernot
STUKE, Josef
TAPPERT, Horst
THALHEIM, Karl C.
THÜMLER, Heinz
ULMER, Hermann
VALETON, Ida, geb. Meggendorfer
WEINHOLD, Ernst-Eberhard
WEIS, Karl Heinz
WEISS (ß), Erich
WERBICK, Jürgen
WIRSCHING, Michael Hilmar
ZAPP, Erich

27. Mai

ALADJOV, Peter
BARTEN, Ernst-Heinrich
BAUMERT, Georg
BLUMBACH, Wolfgang
BOENICK, Ulrich
BOTHE, Klaus
BRUNNER, Guido
BÜRGER, Erich
BURKHART, Paul
BUTLER-SKURATOWICZ, Charlotte
DAMMANN, Günter
DEMMER, Klaus
DIETZ, Peter
DOBNER, Eberhard
DOMSCH, Michel
DROSTE, Manfred
FELDHOFF, Heiner
FELDTMANN, Adolf
FISCHER, Hans
FISCHER, Wilhelm
FRANK, Klaus Ottmar
FRIEDRICHSEN, Uwe
FRIEMERT, Manfred
FRIESE, Wilhelm
FRÖLING, Heinz
FROHNE, Dietrich
GEBHARD, Walter
GITZINGER, Siegfried
GOEBEL, Hans Hilmar
GRASSL (ß), Georg
GROFFMANN, Karl Josef
GROTTIAN, Peter
HAESKE, Horst
HAIBEL, Hans
HAKE, Günter
HATLAPA, Hans-Heinrich
HAUSBURG, Hubertus
HAUSCHILDT, Jürgen
HENGSTENBERG, Helmut
HERRENBERGER, Justus
HOPPE, Brigitte
HUBER, Wolfgang
JEITSCHKO, Wolfgang
KALMBACH, Gudrun
KESSEL, Siegfried
KLAMANN, Dieter

KLEIN, Günter
KOCH, Peter
KORTENACKER, Wolfried
KOTTER, Klaus
KRAUS, Theodor
KRAUTKRÄMER, Elmar
KUCHEN, Wilhelm
KÜHL, Heinrich
KUTZER, Reinhard
LANFERMANN, Heinz
LIMBURG, Hans
LÖSCHNER, Fritz
MEIER, Gernot
MEISE, Rudolf
MÜLLER, Heinrich A.
MÜRTZ, Robert
NICOL, Klaus
NIGGEMANN, Karl August
PANITZKI, Werner
PIEPER, Klaus
PLATHOW, Michael
RASKE, Peter
REPNIK, Hans-Peter
RESTIN, Kurt
RIEMER, Klaus
RÜRUP, Reinhard
SAXLER, Josef
SCHLEIFENBAUM, Henning
SCHMITZ, Heinz-Günter
SCHÖNELL, Hartmut
SCHULTZ, Gert A.
SEEBER, Siegfried
SEIFERT, Herbert
SORS, Hans-Edwin
STOCKER, Wilhelm
THUN, Hans Jens
TRÜMPER, Joachim
VENNEMANN (gen. Nierfeld), Theo
VRING, von der, Thomas
WITTKOP-MÉNARDEAU, Gabrielle, geb. Ménardeau
WOISIN, Matthias
ZIMMERMANN, Ulrich
ZÖBELEY, Hans Rudolf
ZÖGNER, Lothar
ZÖLLER, Michael

28. Mai

ABELE, Heinrich Albrecht
ACHTENHAGEN, Frank
ALTHOFF, Theodor
ALTMANN, Roland
BEREKOVEN, Ludwig
BESDO, Dieter
BÖSER, Werner
BRINGMANN, Klaus
BURRICHTER, Clemens
CLAUSSEN, Claus Frenz
DIETL, Wolfgang
DOYÉ, Peter
DUDDA, Waldemar
EBBERT, Hans-Jürgen
FISCHER, Ludwig
FISCHER-DIESKAU, Dietrich
FRANK, Horst
FRENZEL, Konrad
GEPPERT, Maria-Pia
GRAVERT, Hans Otto
GUCKES, Horst
GÜNTHER, Heinz
GUNDERMANN, Iselin
HABERMEHL, Karl-Heinz
HEBER, Johann
HEINRICH, Hellmuth C.
HELMENSDORFER, Erich
HELMER, Karl
HEUSS (ß), Ernst T. V.
HEYLAND, Klaus-Ulrich
HÜNIKEN, Manfred
HUGEL, Heinz
JÜRGENS, Maria
KIENZLER, Klaus
KNÖFEL, Dietbert
KOBBERT, Max J.
KOCH, Wilfried
KRAFFT, Dietmar Roman
KÜPPER, Werner
LÄPPLE, Erich

LANDSTORFER, Friedrich Michael
LEITZ, Ludwig
LORBER, Curt Gerhard
MARR, Folkert
MICHALOPOULOU, Marina
MOKROS, Ralf J.
MÜLLER, Alfons
MÜNSTER, Rudolf
NIEDEREHE, Hans
NIELAND, Helmut
OTTO, Klaus
ROLOFF, Ernst-August
SCHAUER, Alfred
SCHLITTMEIER, Andreas
SCHMIDT, Werner
SCHNEIDER-LENNÉ, Ellen R.
SCHWENK, Alfred
SIPPEL, Wilhelm
SKIBA, Ernst-Günther
SOMMER, Antonius
SPRENG, Manfred
STACHOWIAK, Herbert
STERNBERG, Herbert
TRETZEL, Erwin
VESPER, Guntram
WEINACHT, Paul-Ludwig

29. Mai

ALDEJOHANN, Anton
BLÖMER, Hans
BRUNNER, Heinz-Rudi
BURIAN, Walter
DEIMER, Josef
tom DIECK, Tammo
DITT, Egon
DITTMAR, Friedrich-Wilhelm
DÖHN, Hans
FRIELING, Wilhelm Ruprecht
FRISÉ, Adolf
GILLIES, Peter
HANSEN, Uwe C.
HAUSER, Ulrich
HEINZ, Wolf-Burkhard
HENSEL, Kerstin
HERTZ-EICHENRODE, Albrecht
HIRSCH, Burkhard
HUG, Heinz
KÄUFER, Christoph
KLAUS, Franz
KLOKE, Adolf
KOTHGASSER, Alois M.
KOTTHAUS, Jörg P.
LAUTENBACH, Walter
LESSMANN (ß), Gerhard
LOHMANN, Wolfgang Friedrich
LOOSEN, Joseph
LOSER, Fritz
LUBE, Frank
MARSCHALL von BIEBERSTEIN, Walther, Freiherr
MÜCKE, Gottfried
MÜLLER, Gert Heinz
NENNIGER, Peter
REINERT, Heinrich
RIDDERBUSCH, Karl
RILLING, Helmuth
ROTH, Erwin
SCHENKEL, Gerhard
SCHNÖRR, Robert
SCHOCKEMÖHLE, Alwin
SCHWAIGER, Josef
SIEVERDING, Franz
STEINMÜLLER, Wilhelm
ÜCKER, Bernhard
VOGT, Paul
WALLER, Hans Dierck
WELBERGEN, Johannes C.
WENDIG, Friedrich
WESTERMANN, Herbert
WILDMANN, Georg
WITTING, Hermann
ZILCH, Ernst H.

30. Mai

BAGGE, Erich
BEHRENS, Helmut
BEINHORN, Elly

BLUM, Werner
BÖHME, Horst
BOSCH, Berthold Georg
BRAUER, Heinz Hermann
BROICH, Ulrich
BYDLINSKI, Georg
CORSTEN, Hans
DICK, Werner
DIEHL, Heinz-Georg
DREWS, Gerhart
EKMAN, Bo
FASSBENDER (ß), Heribert
FELGER, Wolf
FRANKE, Dietmar
FREUNDL, Günter
GEHLEN, Walter
GITTER, Wolfgang
GOTTMANN, Günther
GRASSMANN (ß), Siegfried
GUGGENBICHLER, Otto
HAAS, Axel
HECHT, Franz
HEINRICH, Gerd
HELMS, Winfried
HILDEBRANDT, Gerhard
HÖLDER, Egon
HOFFMANN, Diether H.
JANOTA, Johannes
JELESIJEVIĆ, Vladeta
KEMME, Ferdinand
KEMTER, Manfred
KITTNER, Dietrich
KNÖPFLE, Robert
KÖNIG, Karl-Heinz
KRACKOW, Jürgen
KRATZ, Franz
KRENTZ, Klaus
KRUSE, Franz
KURTZ, Gustav
LARISIKA-ULMKE, Dagmar
LASSAHN, Rudolf
LEHRL, Siegfried
LÖFFLER, Gerd
LOEWENHEIM, Ulrich
MALETTKE, Klaus
MEYSEL, Inge
MICHAELIS, Richard
MÜLLER, Benno
MÜLLER, Gerhard
NICK, Dagmar
NÜSSEL, Hans A.
NUHN, Hans-Eberhard
OEHLER, Gerhard
PLÖGER, Hanns-Ekkehard
POHL, Rudolf
RAVENS, Bernd
REBMANN, Kurt
REINELT, Heinz
REINKE, Helmut
ROSENBAUER, Karlheinz A.
RUMMEL, Theodor
SAAD, Margit
SCHADOW, Ernst
SCHMIDT, Ingo
SCHMIDT, Peter
SCHMIDT-TRAUB, Henner
SCHOBER, Otto
SCHREITER, Friedhelm Johannes
SCHULTE-UENTROP, Burkhardt
SCHUMANN, Hans-Gerd
SCHWAMKRUG, Ernst-Günther
SEELIGER, Wolfgang
SEIDEL, Wolfhart
SELMAYR, Gerhard
SPENCKER, Joachim
STAUDINGER, Ulrich
STEINBACH, Gunter
STILZ, Eberhard
THIES, Alfred
WINKEL, Harald
WUNDERLI, Peter
ZEHETMEIER, Winfried

31. Mai

APPEL, Karl-Otto
BACHOFER, Wolfgang
BALZER, Horst
BOLDT, Werner

Geburtstagsliste

31. Mai

BRANDS, Theodor (Theo)
BRUHN, Gerhard
BÜCHNER, Christoph
CHRISTEL, Alexander
DANNER, Max
EGGERT, Hartmut
EHLERS, Joachim
ERZGRÄBER, Willi
FABER, Rainer
FIEGER, Werner
FISCHER, Anneliese, geb. Sell
FITTSCHEN, Klaus
FRANZEN, Klaus
FREERICKS, Wolfgang
GEISSLER (ß), Rolf
GENTH, Klaus Reinhard
GIERING, Oswald
HANSEN, Eliza
HASSENSTEIN, Bernhard
HAUL, Robert A. W.
HEIDEMANN, Karl
HENRICHSMEYER, Rudolf
HIMMELHEBER, Hans
HINZEN, Dieter H.
HÖRMANN, Georg
KAMPE, Walther
KANY, Manfred
KARG, Heinrich
KERN, Matthias
KLÜTSCH, Karl
KNÖSEL, Dieter
KOENIG, Günther
KÖSTER, Rolf
KOSSBIEL, Hugo
KOSZYK, Kurt
KRÜSS, James
KRÜSSELBERG, Hans-Günter
KUBECZKA, Karl-Heinz
KUERPICK, Josef
LIEBAU, Friedrich
LIEBSTER, Günther
LIESBERG, Hansheinrich
MENNER, Klaus
MEUTHEN, Erich
MEYER-LANDRUT, Andreas
MIDDELSCHULTE, Achim
MÜLLER, Johann Baptist
NEUMANN, Günter
OTTO, Frei
PASEL, Johannes
POHL, Erich
POHL, Friedrich
RESE, Martin
RISLER, Thorwald
RÖHRIG, Paul
RÖPKE, Wolf-Dieter
ROTHKIRCH, Gräfin, Ute
RÜTT, August
SCHLOTKE, Helmut
SCHMÄHL, Winfried
SCHMIDT, Karl Horst
SCHNABEL, Ralf
SCHNEHAGEN, Kurt
SCHWIND, Hans-Dieter
SICK, Wolf-Dieter
SIELER, Wolfgang
SPECKER, Hans Eugen
STOLL, Andreas (André)
THOMA, Ernst
THRÄNHARDT, Dietrich
TIETZE-LUDWIG, Karin
WAGENITZ, Gerhard
WANNAGAT, Ulrich
WEBER, Michael
WEGMANN, Rudolf
WEISSENBERGER, Otto
WENDZINSKI, Gerd
WENING, Ludwig K. F.
ZAHRNT, Heinz
ZEISS, Walter
ZEUMER, Brigitta
ZILLIG, Wolfram

1. Juni

BANDEL, Werner
BERGER, Heiner
BERNS, Jörg Jochen
BIELENBERG, Ludwig
BITTRICH, Hans-Joachim
BLÄNSDORF, Jürgen
BOERSCH, Hans
BOESE, Jürgen
BÖTTIGER, Anneliese
BOHN, Thomas
BRAUN, Bernd
BRICKENSTEIN, Rudolf
DEPPING, Friedhelm
DEW, John Roland
DREGER, Wolfgang
DRESCHER, Wilfried H.
ELWERT, Georg
EMONS, Hans-Heinz
EWIG, Klaus
FALÁR, Hans
FEDERMANN, Rudolf
FRIEDERICH, Hugo-Constantin
FUCHS, Karl-Heinz
GOLLASCH, Kurt
HAHN, Klaus-Jürgen
HASENJAEGER, Gisbert
HEDERGOTT, Winfrid
HELBICH, Peter
HÖLZEL, Klaus
JACOBS, Karl
KANTEL, Dietrich
KEMPF-PALMBACH, Wilhelm (alias Wilhelm Kempf)
KIER, Olaf
KLASEN, Hans
KLEINFELDER, Hellmuth
KOBER, Alois
KRÜGER, Ralf
KUGLER, Johann
LAHMANN, Horst-Jürgen
LOSER, Karl Heinz
MAGG, Wolfgang
MARTENS, Günther
MATTHES, Joachim
MATTHIAS, Klaus
MENGDEN, von, Bruno
NIEDERMAYER, Josef
NOBIS, Günter
PELLETIER, Gerd H.
POTTMEYER, Hermann Josef
PUCHNER, Wunibald
REHMANN, Ruth
REITZ, Heribert
RENDA, Ernst-Georg
ROY, Sarbesh Chandra
SCHALLER, Hans-Jürgen
SCHMITT, Rüdiger
SCHNEIDER, Franz
SCHROERS, Gert
SCHÜLLER, Karl-Heinz
SODANN, Peter
STEINOHRT, Wolfgang
STORM, Ruth, geb. Siwinna
STRAUSS, Herbert A.
THIESEN, Peter
THOMAS, Berthold
URBAN, Horst W.
VERBEEK, Paul
VOSSSCHULTE (ß), Karl
WEBER, Werner
WECKER, Konstantin
WECKESSER, August

2. Juni

ALBERS, Herbert
BAIER, Fritz
BAUDLER, Paul G.
BERGER, Michael
BIRN, Willi K.
BOGNER, Hermann
BORELLI, Siegfried
BORN, C. Bob
BRUNNER, Georg
BUSCHBECK, Bernhard
DAHLHEIM, Werner
DEUBNER, Franz-Ludwig
DITHMAR, Reinhard
DOORNKAAT KOOLMAN, ten, Gerhard
DÜRR, Ernst
EBERLEIN, Gregor
EVERLING, Ulrich
FLEISSNER, Herbert
FRIEDRICH, Rudolf
GAERTE, Felix O.
GEBHARDT, Wolfgang
GIEBEL, Werner
GIESE, Bernd
GIRZ, Alexander
GLATZEL, Wolfgang
GLOCK, Erich
GÜNZLER, Claus
HARTLAGE, Hermann
HASSERT, Günter
HEINER, Walter
HERZOG, Gerulf
HILLENKAMP, Thomas
HINTERDOBLER, Anton
HIRCHE, Hans
HÖLZ, Karl
JETTER, Karl
KERN, Peter Christoph
KESSLER, Christoph
KESSLER, Heinz-Gerhard
KISKALT, Hans
KLAUSSNER (ß), Georg
KLEMIG, Roland
KREKEL, Hildegard
KREYE, Walter A.
KRIEG, Robert
KROHN, Wolfgang
KÜHNE, Gerhard
KÜHNE, Klaus Michael
LADIK, Janos
LEWINSKI, von, Wolf-Eberhard
MAHR, Emil
MARQUARDT, Werner
MAUERMAYER, Wolfgang
METTERNICH, Josef
MOSLENER, Gerhard
MÜLLER, Gerhard
MÜLLER, Norbert
MUGHRABI, Haël
NÄGLER, Cornelius
NIGGEMANN, Walter
OBLADEN, Wolfgang
OLSEN, Ferry
ONCKEN, Dirk
PÖPPELMEIER, Otto-Wilhelm
POPP, Hanns-Peter
PRINZ, Helmut
REICH-RANICKI, Marcel
REIMERS, Emil
RIBHEGGE, Wilhelm
RICHERT, Hans-Egon
RUHENSTROTH-BAUER, Gerhard
RUPPANER, Hans
SACK, Rolf
SEEBASS, Gottfried
SIEBERT, Manfred
SIEFARTH, Günter
SILKENBEUMER, Rainer
SPRINGER, Joachim
STEFFANI, Winfried
STEINER, Adolf Martin
STILL, Carl-Otto
STÖTZEL, Georg
SWINNE, Axel Hilmar
TÖPPE, Frank
TROOGER, Margot
VOGEL, Friedrich
VOGEL, Walter
WIRTH, Gabriele, geb. Zimmermann
WOLOWICZ, Ladislaus Alexander
WULFES, Siglinde, geb. Kunert
ZAKY, Renate

3. Juni

ADEBAHR, Gustav
ADRIAN, Fritz J.
ANDEREGG, Johannes
BAACKE, Jürgen
BARNER, Wilfried
BARTSCH, Irene, geb. Appelt
BERKE, Claus
BIRCHER, Martin
BLOECH, Jürgen
BLOSSFELD, Otfried
BORDFELD, Elmar
BOURWIEG, Gerhard
BROICHER, Heinz
BUCHLER, Walther Hartwig
CZERNIK, Inge
DANZ, Werner
DEDNER, Burghard
FEHRMANN, Hartmut
FISCHER, Gerd
GÖHRINGER, Adolf G.
GONDOLATSCH, Friedrich
GRADMANN, Dietrich
GRAEVENITZ, von, Hartwig
GÜNTHER, F. Robert
HAMPE, Michael
HEIN, Olaf
HEITZ, Ewald
HERCHENRÖDER, Christian
JANZARIK, Werner
JARCHOW, Friedrich
JÖNCK, Uwe
KAPS, Karl-Heinz
KICK, Hans
KIENZLE, Bertram
KIRCHNER, Ottmar
KITZLINGER, Baptist
KRAPP, Edgar
KRUGMANN, Günther
KUHNER, Helmut
KUNDT, Wolfgang
KURZ, Jürgen
LANG, Alexander E.
LAPPAS, Alfons
LEIDL, Werner
LEINEMANN, Anneliese
LIESENFELD, Herbert
LIPPROSS, Otto
MANDEL, Michael
MASCHLANKA, Annemarie, geb. Krapp
MASSENBERG, Norbert
MAURER, Friedemann
MEINEL, Hans Georg
MENGELBERG, Heinrich
MICHEL, Reiner M.
MISCH, Gerda, geb. Lachmund
MISCHEL, Werner
MÜLLER-FREIENFELS, Wolfram
NAUJOKS, Eberhard
OHM, Dietrich
OTTO, Rudolf
PAULUS, Hans
PLEYER, Peter
PSCHERER, Kurt
REBERS, Friedrich
REIMANN, Bruno W.
REINTGES, Heinz
RIEHM, Hans
RIHA, Karl
RÖVER, Hans
ROSE, Klaus
RÜHLE, Günther
SAALFELD, Hans
SCHAUPP, Wilhelm
SCHLIETER, Erhard
SCHLOTTER, Eberhard
SCHMIDT, Gerhart
SCHNEIDER, Oscar
SEEFEHLNER, Egon
STILLER, Manfred
SUSSET, Egon
THIEKÖTTER, Friedel
THÜR, Gerhard
TIMMERS, Josef
TRAPP, Klaus
TÜRKE, Joachim
VOCKE, Curt Claus
VOGEL, Axel
WALTER, Hans-Albert
WEISS, Ulrich
WOLLENSCHLÄGER, Harry
WRICKE, Günter
ZELFEL, Rudolf C.
ZUMKELLER, W. Adolar
ZWERENZ, Gerhard

4. Juni

ALBRECHT, Gert
ANDERER, Alfred
BEERMANN, Hans Joachim
BOCHMANN, Dieter
BOEHR, Erdmuthe
BRAND, Hans
BUSSFELD, Klaus
CHRISTIANSEN, Jens
DERINGER, Arved
DINGER, Hubert
EULER, Hans-Helmut
FELDMANN, Uwe
GIERS, Joachim
GÖLZ, Eva, geb. Witte
GRUBITZSCH, Helga
GÜCKELHORN, Herwig
HECKLAU, Hans
HEID, Walter
HEINIKEL, Rosemarie
HÖHNE, Günter
HÖNICK, Hans Hermann
HOYER, Christian
HOYNINGEN-HUENE, Freiherr von, Dietmar
HUBER, Friedo
KARSUNKE, Yaak
KEHRER, Fritz
KESSLER, Alfons
KIRCHHOFF, Heinz
KLINK-HECKMANN, Ursula
KRAUSS, Hans-Ludwig
KRUG, Detlef
KÜGLER, Dietmar
KUNERT, Julius
LENNERT, Karl
LINICUS, Kurt
LOCHER, Friedrich Wilhelm
LÖBKE, Otto
MALICH, Siegfried
MANN, Norbert
MAROTZKI, Winfried
MAYER, Gerhart
MEISSNER, Hans-Otto
MENZLER, Wilhelm
MERTENS, Meinolf
MÜLLER-DECHENT, Gustl
MUSCHALLIK, Hans Wolf
NOLLAU, Günther
OBERHAMMER, Heinz
OFFNER, Klaus Peter
PETERS, Hans M.
RIESS(ß), Peter
SABETZKI, Günther
SAUER, Hans
SCHACHTSCHABEL, Paul
SCHANZ, Bernhard
SCHEDLICH, Hajo
SCHIEFNER, von, Alexandra
SCHMIDT-NARISCHKIN, Dimitri
SCHMIEDER, Ferdinand
SCHÖFER, Erasmus
SCHOLE, Jürgen
SCHOOP, Johann Wolfgang
SCHÜTTE, Dieter
SINGER, Johannes
SKRIVER, Ansgar
SÖLLNER, Horst Winfried
SOIKA, Josef-Adolf
SPIES von BÜLLESHEIM, Freiherr, Adolf
TIEDEMANN, Joachim
TORGE, Wolfgang
WAGNER, Wolfgang
WALK, Harro
WESTPHAL, Heinz
WILD, Franz Josef
ZIEBART, Erwin
ZIEGELMAYER, Gerfried

5. Juni

BARBEY, Jean
BARTELT, Christian
BAUR, Elmar F.
BEEMELMANS, Hubert
BERGMANN, Ludwig
BEUTELSPACHER, Albrecht
BÖRNER, Wilhelm
BRUMMER, Arnd
CLAUSSEN, Georg W.
CONRAD, Jochen F.

5. Juni

EHLICH, Hans-Georg
EILERS, Johannes
FISCHER, Ferdinand
FRENZEN, Karl-Heinz
FRIEDHOFF, Karl Theodor
FRIEDRICH, Hermann
GÄFGEN, Peter M.
GANZ, Johannes
GEHRTS, Barbara
GERAMB, von,
 Heinrich Viktor
HANISCH, Werner
HANNEMANN, Kurt
HARTZEL, Hans-Jürgen
HECK, Elisabeth
HENATSCH, Hans-Dieter
HERBST, Donald
HERZ, Albert
HILLEBRECHT, Wilfried
HOLST, Jürgen
HÜTHER, Helmut
IMMENGA, Ulrich
JANSSEN, Wolfgang
JUNGWIRTH, Christoph
KAUFFMANN, Wolf-Dietrich
KEMPER, Wolfgang
KEVENHÖRSTER, Paul
KLEINSTEUBER, Hans J.
KNÜPPER, Paul
KNÜSEL, Guido
KRAFT, Herbert
KRASKE, Konrad
KREMPEL, Ralf H. B.
KRISCHER, Tilman
KURZ, Georg
LEHR, Ursula Maria
LEIDLMAIR, Adolf
LENHARD, Günter
LENZ, Carl Otto
LENZ, Hans
LICHTENFELD, Manfred
LIEBENOW, Richard
LIESE, Johann Ernst Horst
LOHMANN, Dieter
LOSSE, Heinz
LUHMER, Alfred
MARGGRAF, Wilhelm
MENSCHING, Horst Georg
MÖHLER, Karl
MÜLLER, J. Heinz
NESSEL, Eckhard
NORIS, Günter
OPPELT, Winfried
PÜHSE, Wilhelm
RADLOFF, Heinz
REICHERT-FLÖGEL,
 Ute Maria
RUPERTI, Hans H.
SAURMA, Graf v.,
 Johannes J.
SCHARPENSEEL,
 Hans-Wilhelm
SCHILLING, Wolfgang
SCHISCHKOFF, Georgi
SCHLOEMANN, Martin
SCHRÖDER, Ralph C. M.
SCHULZ, Heinz
SEELMANN-EGGEBERT,
 Ulrich
STEINBRECHT-STRACK,
 Barbara
STEPHAN, Bernd
STEPHANY, Manfred
STOEVESANDT, Hermann
STRALAU, Josef
THIERBACH, Dieter
TRAPP, Erich
UNLAND, Hermann Josef
WALDBURG zu ZEIL
 und TRAUCHBURG,
 Fürst von, Georg
WALTER, Otto F.
WEINLAND, Helene
WEISS, Heinrich
WICHTER, Sigurd
WIELAND, Theodor
WILHELM, Hans-Otto
WÖNNE, Jürgen

6. Juni

ABEL, Hubert
BADER, Dietmar
BAIER, Herwig
BEDNARZ, Klaus
BERGEDER, Hans-Dietrich
BEYER, Hannelore
BISCHER, Kurt
BREPOHL, Klaus
BÜHLER, Liselotte
BÜNSOW, Robert
BUSCHINGER, Alfred
CLOER, Ernst Ludwig
DAMM, Bernhard
DEMANDT, Alexander
DÉRIAZ, Philippe
DULCE, Hans-Joachim
ENDRISS, Günter
ENGEL, Peter
ERLER, Ursula,
 geb. Anwander
FARINA, J. M. Wolfgang
FISCHER, Heinz-Joachim
GIENANTH, Freiherr von,
 Ulrich
GÖLLNITZ, Heinz
GROLL, Freiherr von,
 Götz
GRONE, Friedrich W. E.
GRÜTZMACHER, Curt
HAMMERSTEIN, von, Franz
HARTE, Cornelia
HELLWINKEL, Dieter
HEMPEL, Klaus-Joachim
HOFFMANN, Gerd E.
HORPÁCSY, Géza
INEICHEN, Gustav
INSENHÖFER,
 Hans (Johannes)
JOCKENHÖVEL, Albrecht
KLEIN, Thomas
KLOTZBÜCHER, Alois
KORNBLUM, Udo
KRIMMEL, Arthur
KÜSPERT, Heinz
KUK, von, Alexander
MAI, Ernst
MANGER, Hansjörg
METTLER, Liselotte
MIDDENDORFF, Wolf
MIRBETH, Herbert
MITTERMEIER, Jakob
MOLL, Helmut
OTTINGER, Ulrike
PEEK, Werner
PETER, Dieter
PETERMANN, Ulrike
PILOTY, Robert
REIFENBERG, Hermann
REUTER, Wolfgang
RIELKE, Sigurd
ROHRBACH, Rolf
RUDOLPH, Hansjörg
RUF, Wolfgang
RUMMEL, Alois
SCHMIDT-SALZER,
 Joachim
SCHNAKENBERG, Bruno
SCHULER, Heinz
SCHULZ, Klaus
SCHWERDTFEGER, Inge C.
STINGL, Helmut
STRUECKER, Hans-Erich
STUKE, Bernward
THIMME, Hans
THÜRER, Daniel Georg
TROST, Wilhelm
VETTER, Lothar
WEGENER, Hermann
WIEMERS, Kurt
WILHELMY, Lothar
WITT, Peter-Uwe
WORTBERG, Manfred
ZWANZIGER, Theo

7. Juni

AHLERT, Wilhelm
ALFÖLDY, Géza
ALTMANN, Hans-Werner
BARTSCH, Norbert
BECHERER, Antonia
BECHERER, Ferdinand
BEST, Werner
BLANCO, Roberto
BÖHLE, Eberhard
BRETZ, Heinz
BÜSSER (ß),
 Friedrich-Wilhelm
BURRICHTER, Ernst
BUSCH, Franz
CONTZEN, Heinz
CREMERS, Armin B.
DABS, Otto
DRÜCKE, Paul
EICKMEYER, Karl-Arnold
ESCHMANN, Fritz
EYMER, Peter
FABER-CASTELL,
 Graf von, Anton-Wolfgang
FISCHER-ZERNIN, Lars
FRANKE, Horst-Werner
GERLACH, Dieter
GERRIETS, Dierk
GÖRING, Michael C.
 (Christian)
GÖTTING,
 Fritz Klaus-Jürgen
GRUBER, L. Fritz
HARDER, Theodor
HARTLAUB, Geno(vefa)
HARTMANN, Theo
HEINZE, Meinhard
HEUKÄUFER, Anneliese,
 geb. Altmann
HEUSSEN, Gregor Alexander
HILDENBRAND, Gebhard
JAUNICH, Horst
JESSEN, Uwe
JORDAN, Erich
JUNG, Fritz
KARTTE, Wolfgang
KIRCHHOFF, Hans Georg
KIWE, Tilman
KLÜTSCH, Albert
KOPPER, Gerd G.
KRECK, Walter
KRÖNERT, Wolfgang
KÜNNEMEYER, Friedrich
LAURENT, Jean
LOTHAR, Frank
MATERN, Gerhard
MERKELBACH, Reinhold
MÜHLENWEG, Gustav
NACHTIGALL, Werner
NICKEL, Egbert
ODENTHAL, Hans
PIETSCH, Herbert
REICH, Walther
RINKEN, Alfred
ROTH, Paul
SCHATZ, Walter
SCHINDLER, Adolf Eduard
SCHUHMANN, Gerhard
SEIER, Hellmut
SLOKAR, Branimir
STEINBERGER, Josef
THALHAMMER, Georg
THEUERKAUF, Walter E.
THIE, Antonius
THOMAS, Bernd Georg
THOMAS, Heinz
TOUSSAINT, Friedrich
TSCHESCHE, Harald
WEBER, Christoph
WELLHÖNER, Hans-Herbert
WENDLER, Gernot
WIDMER, Pius
WOHLGEMUTH, Michael
ZÄHNER, Hans

8. Juni

BECKEY, Hans Dieter
BEHNKE, Ernst-August
BETHGE, Herbert
BETZ, Otto
BISINGER, Gerald
BLEISCH-DE LEON,
 Carl Xavier
BÖHRK, Gisela
BOISSERÉE, Klaus
BRINKMANN, Friedrich W.
BRUNK, Manfred
CURDT, Lothar
DANGELMAYER, Horst
DILLER, Justus
DUMKE, Dieter
EICKHOFF, Ekkehard
ENGEROFF, Hubert
ESSER, Karl Heinz
FAHRION, Roland
FETH, Monika
FINSTERER, Alfred
FLECKENSTEIN, Franz
FRANZ, Cornel
FRIEDRICH, Erich
FROWEIN, Jochen Abraham
GERLACH, Ulrich
GUTHARDT, Helmut
HÄRZSCHEL, Kurt
HAUER, Gunther
HAUPT, Peter W.
HENKEL, Roland
HERDING, Otto
HIERHOLZER, Klaus
HUECK, von, Walter
HUHLE, Fritz
HYMMEN, Friedrich Wilhelm
JACOBY, Max Moshe
JOCHIMSEN, Reimut
KLATT, Heinz
KLIEMANN, Carl-Heinz
LANGENOHL, Hanno
LAUR, Albert
LEHN, Erwin
LEYKAUF, Walter Heinz
LINDEMANN, Eckard
LIPPE, von der, Jürgen
LUDA, Manfred
MACKENSEN, Rainer
MAY, Alfred
MAYR, Herbert
MECKSEPER, Friedrich
MENSSEN (ß), Hans Georg
MÜLLER-MEININGEN,
 Ernst, jr.
MUTH, Hanswernfried
NAUCKE, Wolfgang
NAZARETH, Daniel
NEUMAN, Friedrich A.
OPITZ, Otto
PÄTZOLD, Erich
PFLUGRADT, Gisela
PHILIPP, Gunther
RAKE, Heinrich
RECH-RICHEY, Astrid
ROSE, Gerd
RUSS (ß), Friedrich
SCHLIEMANN,
 Joachim E. K.
SCHMIDT, Heinz
SCHMIDT-KALER, Theodor
SCHNEIDER, Lothar
SCHUBERT, Karl
SCHUBERT, Peter
SCHÜTZE, Peter
SCHULTERT, Reinhold
SCHULTZ, Uwe
SCHUMANN, Hans
SCHURIG, Gertrud
SCHWEITZER, Michael
SIEVERTS, Thomas
SILBER-BONZ, Gert
STEEG, Helga
STUHLMANN, Walter
THIEME, Christian
THOMALSKE, R. E. Günther
WACKERBECK, Wilhelm
WAGNER, Norbert
WILHELM, Herbert
WOHLLEBEN,
 Verena Ingeburg,
 geb. Schneiderheinze
ZAUZICH, Karl-Theodor

9. Juni

ALTEKAMP, Heinrich
AUER, Ignaz O.
BECKENDORFF, Helmut
BERCKENHAGEN, Ekhart
BISMARCK, von, Günther
BOVENTER, Karl
BŘEZAN, Jurij
BREZINKA, Wolfgang
BÜRKLE, Horst
CLEVE, Hartwig
DASTON, Lorraine
DEPARADE, Klaus Adolf
DIETZEL, Werner
DOEHRING, Carl
ECKEY, Wilfried
EISELE, Jürgen
ELBERN, Victor H.
ENDLER, Manfred
FEHN, Franz Martin
FRICK, Dieter
FRITZ, Rüdiger
GROENKE, Ulrich
HAACK, Dieter
HAAS, Waltraut
HÄDLER, Christian
HÄUSSER (ß), Erich
HAGN, Herbert
HANKE, Wilfried
HAPKE, Jobst
HAUB, Fritz
HAUPT, Werner
HEBERER, Georg
HEIDT, Frank-Dietrich
HERTEL, Ingolf Volker
HIESTERMANN, Hermann
HINZPETER, Alwin
HÖHN, Franz
HÖNTSCH, Winfried
IPSEN, Knut
ISSEL, Wilhelm
JOST, Jürgen
KASTELEINER, Rolf
KIENHOLZ, Manfred
KOHLMANN, Theodor
KRAUS, Hans
KRAUS, Heinrich
KRAUTER, Edmund Friedrich
KREUTZBERG, Georg W.
KRÜGER, Bernhard
KRÜLL, Herbert F.
KUHL, Wolfgang
LEMMEN, Hans
LEUPOLD, Friedrich
LOGEMANN, Fritz
LOHRMANN, Dietrich
MAUS, Robert
MERKLE, Hans
MILHOFFER, Petra
MÜLLER, Peter
NARHOLZ, Gerhard
NARR, Karl J.
NÜRNBERGER, Richard
PAHLKE, Jürgen
PFARR, Karlheinz
RETTICH, Rolf
RIEBE, Klaus
RIESNER, Detlev Heinz
RIETBROCK, Norbert
ROGGE, Hartwig
SCHEUCH, Erwin K.
SCHLEGEL, Hans-Joachim
SCHMIDT, Lothar R.
SCHMIDT, Werner H.
SCHMITT, Armin
SCHMITZ, Karl-Heinz
SCHMITZ, Richard
SCHMUDE, Jürgen
SCHOTT, Wolfgang
SCHULTE, Dieter
SCHULZ-HARDT, Joachim
SEITZ, Erich
SPLETT, Jochen
STACHEL, Hans-Dietrich
STACKEBRANDT, Erko
STÄMPFLI, Robert
THOMAS, Konrad
TORKE, Hans-Joachim
TREBST, Achim
WAHLEN, Heinrich
WENDLAND, Karl
WESTENBERGER, Rolf
WIELAND, Wolfgang
WIENHAUSEN, Hanns
WINKELMANN, Kurt
WIRTHS, Willi
WOLLRAB, Adalbert
ZIEGENHAIN, Horst

10. Juni

ADAM, Hermann-Heinz
BARTELS, Herwig
BAUER, Friedrich L.
BECHERT, Heinrich
BECKE, Margot,
 geb. Goehring
BENTHE, Hans Friedrich

Geburtstagsliste

10. Juni - 15. Juni

BETZ, Eberhard
BEYERLE, Dieter
BISCHOFF, Bernhard
BRAUN, Werner
BRUHNS, Felix
BUDINGER, Hugo Ernst
CREMER-BARTELS, Gertrud
DEININGER, Jürgen
DIECKERT, Jürgen
DIETZEL, Armin
DORANDT, Ilse, geb. Köster
EPPENDORFER, Hans
ERNYEY, von, Béla István
FAISS (ß), Klaus
FEHLING, Detlev
FERBERG, Nils
FRANK, Albert Konrad
FRITSCH, Walter
FROMME, Friedrich Karl
GAENSLEN, Heinz-Friedrich
GILLMANN, Helmut
GROENEWALD, Horst
GRUENTER, Rainer
HÄUSSLER, Gerhart
HAMMERSCHMID, Josef
HANSEN, Fritz
HEIDER, Hans
HELMDACH, Henry
HÖFFE, Dietmar
HÖYNCK, Rainer
HORNHUES, Karl-Heinz
ISENSEE, Josef
JENNINGER, Philipp
JUHNKE, Harald
KAPUSTIN, Peter
KAUFMANN, Herbert J.
KAUPERT, Günther
KLAUE, Siegfried
KRITZER, Karl-Heinz
KUBATSCHKA, Horst
KURZECK, Peter
LEIBFRIED, Günther
LÜDDECKE, Werner-Jörg
MARTENS, Jochen Alexander
MATKO, Karl
MICK, E. W.
NÖFER, Günter
PAULUS, Rolf Manfred
RAUTENSCHLEIN, Hans
ROMBACH, Heinrich
SCHINK, Wilhelm
SCHLEGEL, Karl-Friedrich
SCHWARZ, Wolf
SCHWEMMER, Oswald
SCHWERD, Wolfgang
SEEWALD, Heinrich
SIMNACHER, Georg
SOMMER, Theo
SPANG, Konrad
SPOHN, Jürgen
STAHL, Alexander, von
STEGNER, Artur
TRINIUS, Reinhold
UNGER, Heinz
WACHINGER, Burghart
WAHL, Volker
WEITZEL, Hermann
WERNER, Dietrich
WIESEMANN, Klaus Heinrich
WITTKE, Günter
ZIECHMANN, Wolfgang
ZINNECKER, Jürgen

11. Juni

ACHT, Peter
AGOP, Rolf
BÄR, Friedrich
BAHMANN, Werner
BAUER, Dietrich
BECKER, Horst
BEHRENDT, Hans-Jürgen
BERGENER, Manfred
BERGER, Reinhard
BLEIBTREU, Eike Günther
BLOTH, Peter C.
BREKLE, Herbert Ernst
BÜHLER, Winfried
DERIX, Christoph Hermann
DOHRMANN, Jürgen
EICHLER, Wolfgang
FEIG, Rudolf
FINGER, Karl Hermann
FISCHER, Jürgen
FREYTAG gen. LÖRINGHOFF, Baron von, Bruno
GARBER, Heinz
GASCHÜTZ, Wolfgang
GEISSLER (ß), Dietmar
GIESE, Egon
GOLLERT, Klaus
GRIESER, Helmut
HEIDENREICH, Ulrich
HENNENBERG, Fritz
HESSE, Franz
HILFENHAUS, Rudolf
HINZ, Uwe
HOFFMANN, Ludwig
HOLLENDER, Wolfgang
IBEL, Wolfgang
JAHN, Reinhold
JANSON, Oskar
KARR-BERTOLI, Julius
KEMPFF, Diana
KEUL, Heinrich
KEUNE, Werner
KIEFER, Georg
KLEIHUES, Josef Paul
KNOBLICH, Herbert
KOERBER, v., Eberhard
KÖRNICH, Heiko
KRABBE, Günter
KRAMER, Horst
KRENN, Herwig
KÜRZDÖRFER, Klaus
KURTH, Paul
LABAN, Jean
LANG, Johann
LOJEWSKI, von, Günther
LUDWIG, Gerd-Reimar
LUMMA, Klaus
MEINARDUS, Günter
MERZYN, Gottfried
METZGER, Heinrich Otto
MITZLAFF, Stefan
MUSSHOFF, Karl A.
OTT, Elfriede
PFEIFER, Ulrich
PFLÜCKE, Rolf
PRECHT, Hermann
RITTER, Heinz
SAUER, Jürgen
SCHERF, Walter
SCHINDLER, Jörg
SCHLEICHER, Klaus
SCHMID, Rupert
SCHMIDT, Erich
SCHMIDT-BLEIBTREU, Ellen, geb. Kesseler
SCHROEDER, Hellmut E.
SCHUBERT, Horst
SCHULENBERG, Wolfgang
SCHULZE, Martin
SCHUMERTL, Franz
SCHWIERS, Ellen
SIGUSCH, Volkmar
STOBER, Rolf
STRESEMANN, Ernst
TROESTER, Arthur
TROMMER, Wolfgang
ULLRICH, Konrad
VOGT, Dieter
WALZ, Ingrid
WEISS, Daniel
WETZEL, Willi-Eckhard
WILL-FELD, Waltrud, geb. Feld
ZIERMANN, Arnold
ZUBER, Walter

12. Juni

AHRENS, Herbert
APOSTOLOV, Blagoy
ARTMANN, Hans Carl
BECKER, Hans
BECKER, Werner
BEHNISCH, Günter
BITTERLING, Klaus
BLÄSS, Petra
BRANDES, Horst
BRESTEL, Heinz
BRUNHÖLZL, Franz
BÜRGEL, Ursula
BUHR, Lothar
BUISSON, Ludwig
DAMRATH, Helmut
DEGENER, Volker W.
DREYER, Inge
ECKER, Günter
ERDMANN, Gerhart
ESSER, Jürgen
FERSTL, Roman
FESTETICS von Tolna, Graf, Antal
FREIDHOF, Gerd
GASPER, Dieter
GEBHARDT, J. O. L.
GEHR, Helmut
GEIGER, Helmut
GERNERT, Wolfgang
GOEBEL, Hans-Rolf
GREEFF, Kurt
GROHS, Erhard
HALSTENBERG, Friedrich
HEHN, Martin H. G.
HEIDUK, Franz
HELMCHEN, Hanfried
HERRMANN, Franz August
HESS, Günter
HESS (ß), Hans-Jürgen
KELLER, Joachim
KOENIGS, Folkmar
KOTOWSKI, Georg
KROSIGK, Konrad von
KÜPERS, Herbert
LAUBER, Hans-Ludwig
LEHR, Werner
LIPKA, Leonhard
MECKEL, Christoph
MÖLLER, Hans
MÜLLER, Ernst
NAST, Klaus
OPEL, Adolf
PFLIGERSDORFFER, Georg
POWROSLO, Johannes
QUAMBUSCH, Erwin
RAUCH, Hans-Joachim
REHM, Stefanie
REIMER, Ludwig
RÖLL, Werner
RÖSSLER (ß), Almut
ROSENAU, Kersten
SANDIG, Heiner
SCHÄFER, Rolf
SCHARLAU, Winfried
SCHMID, Hans-Dieter
SCHÖN, Otto
SCHREIBER, Georg
SELLIN, Hartmut
SLANY, Hans-Erich
STEFFEN, Uwe
STEILMANN, Klaus
STRIXNER, Hans
THIEL, Johannes Christian
TSCHUKEWITSCH, Viktor
VENSKE, Regula
VERSTEGEN, Margarete
WALTHER, Gert-Ulrich
WEINRICH, Werner
WENGLER, Wilhelm
WENNEMER, Karl
WILKER, Erich

13. Juni

ANGER, Hans
BACHMEYER, Bodo
BAUDACH, Heinz
BECK, Karl
BERGMANN, Artur
BREMMER, Gerhard
BROCKMANN, Willibert
BRÜCKNER, Christine
BRÜNNECK, von, Alexander
COHEN, Rudolf
DUCHROW, Ulrich
EISMANN, Josef
ENDRES, Elisabeth
ENGERTH, Horst
FRÖHLICH, Roswitha, geb. Schmölder
FUNHOFF, Jörg
GEORG, Otto
GORDESCH, Johannes
GRAF, Gerd
HART, Wolf (Wolfgang)
HAVEKOST, Hermann
HEINZELMANN, Walter
HELLER, Werner
HERTZ, H. Gerhard
Von HOBE, Bertram
HÖHNE, Klaus
HOSSE, Jürgen
HUCHZERMEYER, Cord H.
HÜSCH, Heinz-Günther
HÜSECKEN, Horst
HUISGEN, Rolf
JANSON, Rainer
KAISER, Hanns
KARL, Fred
KIESGEN, Karl-Heinz
KRISTEN, Kurt
LAMM, Rüdiger
LAUER, Waltraud
LEHMBRUCK, Manfred
LENNER, Volker
LINK, Christoph
LÜBBERT, Jens
LUTZ, Frieder
MACHER, Egon
MAURATH, Johann
MEINERS, Hermann
MERKEL, Horst
MEYER, Josef
MOOG, Hans-Jürgen
MOSTHAV, Franz
MÜLLER-BARDORFF, Ulrich
MUNDINGER, Fritz
NEINHAUS, Bruno
NEUGEBAUER, Günter
NEUSER, Wilhelm
NIEWERTH, Heinrich
OLTERSDORF, Ulrich
PIEROTH, Bodo
PLATEN, Wilhelm
RASS (ß), Hans
RINGE, Karl
SAUTER, Hans
SCHADEL, Erwin
SCHÄFER, Wilhelm
SCHARFE, Wolfgang
SCHLAEFKE, Marianne
SEEGER, Hans-Christian
SIDOW, Kurt
STICKLER, Gunnar B.
STROHEKER, Tina
STUBY, Gerhard
TRUNZ, Erich
VORLAENDER, Karl-Otto
WAIDELICH, Wilhelm
WEBER, Hartwig
WEGENER, Gerhard
WESSEL-THERHORN, Ulrike, geb. Bernhardi-Grisson
WÖLFEL, Erich
WORMIT, Hans-Georg
ZAHN, Helmut

14. Juni

ALSLEBEN, Kurd
ASCHOFF, Volker
BACHMANN, Ulrike
BAUER, Gottfried
BECK, Monika, geb. Eichenlaub
BENECKE, Johann Heinrich
BETHKE, Hans
BEYER, Jürgen
BILLING, Werner
BLOOMFIELD, Theodore
BOCK, Gerhard
BOLL, Erwin
BRAUMUELLER, Gerd
BÜTTNER, Walter
CARTANO, Werner
DIEDERICHS, Claus Jürgen
DITTMANN, Wolfgang
DROGULA, Karl-Heinz
ELLINGER, Theodor
ERLINGER, Hans Dieter
FELDMANN, Harald
FIEBIGER, Harald
FORTE, Dieter
FUCHSSTEINER, Benno
GENUIT, Heinrich
GORNY, Peter H.
GRAF, Steffi
GÜNTHER, Herbert
GÜNTHER, Theodor
GURATZSCH, Dankwart
HAMPEL, Manfred
HARTMANN, Karl Max
HEISING, Gerd Stephan
HILTERMANN, Heinrich
HOLE, Günter
HOLZER, Helmut
HOTJE, Herbert
HUBERT, Nikolaus
JOOSTEN, Bernhardine
KAFFKA, Rudolf
KERRUTT, Günter
KLEVER, Peter
KLOSE, Hans-Ulrich
LASSMANN (ß), Gert
LAY, Rupert
MAHLING, Lothar
MALKOWSKI, Dario
MENNE, Fritz C.
METZ, Karl Heinz
MEYER, Hans-Hermann
MÜLLER, Klaus
MÜLLER-SCHWEINITZ, Günter
NANZ, Claus Ernest
NEDELMANN, Carl
OBERENDER, Peter
ORTH, Ludwig
RANSPACH, Dieter
ROPOHL, Günter
RUHNKE, Martin
RUTSCH, Walter
RUTZ, Hans
SAMSTAG, Karl
SCHIFFERS, Norbert
SCHIMMELPFENNIG, Bernhard
SCHLÖSSER, Ernst
SCHMIDT, Wolfgang
SCHRIEWER, Jürgen
SCHÜTT, Peter
SCHÜTZ, Jürgen
SEGLER, Helmut
SEIFRITZ, Walter
SOMMER, Hans Peter
TELTSCHIK, Horst
THOMAS, Ekkehard
THURAU, Klaus
UHRIG, Karl-Theodor
WEBER, Hans-Otto
WEISSERMEL, Klaus
WIEGENSTEIN, Sigrid, geb. Laumeyer
WILHELM, Hans Adolf
WINTERHAGER, Helmut
WUNDERLICH, Dieter
ZERNACK, Klaus
ZITELMANN, Rainer

15. Juni

ALLERS, Gerd
ALVENSLEBEN, Bodo
BEAUCAMP, Eduard
BENDER, Otto
BEUERLE, Hans Michael
BLEYHL, Werner
BLUM, Winfried E. H.
BRAUNEIS, Helmut
BREUER, Horst
BUCHHEIM, Klaus
BUSCH, Rolf
CLEMENT, Bernd
DANGELMAIER, Paul
DECAMILLI, José Leopoldo
DEFFNER, Peter
DREESMANN, Bernd
EDELSTEIN, Wolfgang
EIBL-EIBESFELDT, Irenäus
FORSTER, von, Walter
FREUND, Bruno
FÜHRER, Helmut K. E.
GERLACH, Walter
GRAF, Engelbert

15. Juni

GREES, Hermann
GÜNTHER, Helmut W.
GUMBRECHT, Hans Ulrich
HABERLAND, Gert L.
HACH, Wolfgang
HAGER, Josef
HANSING, Ernst-Günter
HENNEBO, Dieter
HERTERICH, Günter
HIEL, Ingeborg
HILTMANN, Hildegard
HINZ, Erhard
HOFMEIER, Johann
KAMINSKI, Heinz
KIMPEL, Dieter Heinrich
KLEIN, Armin
KLEINERT, Hagen
KLINGE, Oskar
KÖRTING, Wolfgang
KOOPMANN, Helmut
KOPINECK, Hermann-Josef
KRONBERG, Heinz-Jürgen
KÜCHENHOFF, Klaus Karl
KWASNITSCHKA, Karl
LÄHNEMANN, Johannes
LENK, Thomas
LÜDDECKENS, Erich
MAASS (ß), Wolfgang
MOHR, Lambert
NIERHAUS, Rolf
NUISSL, Ekkehard
OST, Friedhelm
REINHARDT, Günther
RIEHM, Rolf
SÄMANN, Karl-Heinz
SAUER, Eugen
SCHIRMER, Wolfgang
SCHNEIDER, Gerhard
SCHÖNE, Armin
SCHUCH, Hans-Jürgen
SOKOLL, Günther
STEINBUCH, Karl W.
TEICHMANIS, Atis
THURN, Peter
USCHKOREIT, Klaus R.
WEIDENHAUPT, Hugo
WEITKEMPER, Franz-Josef
WIEDEKIND, Friedrich
WIEGENSTEIN, Roland H.
WÖPKEMEIER, Helmut
ZIZLSPERGER, Eberhard

16. Juni

ARIS, Valerie
ARTICUS, Peter
ASSMUS (ß), Friedrich
BÄRSCH, Wilfried
BERTSCH, Ludwig, SJ
BEZ, Max
BÖHLES, Hansjosef
BÖSS, Otto
BOYSEN, Wilfried
BRAESS, Dietrich
BRINKMANN, Richard
BRÜGGEMANN, Jörg
BRUHN, Herbert
BÜSSER, Heinz
CRONE-MÜNZEBROCK,
  Alfred-Adolf
DIMITROV, Simeon
EHRISMANN, Otfrid
ENTZIAN, Wolfgang
ESCHEN, Johannes Th.
FALBE, Jürgen
FISCHER, Hans Arwed
FLUEGEL, Kurt Alexander
FRANK, Armin Paul
FRÖHLICH, Helmut
GÖTTE, Klaus
GRADMANN, Ulrich
GRASER, Fritz
GREWENIG, Leo
GRIMPE, Wolfgang
GUTZ, Herbert
HARDER, Hans-Bernd
HASSENSTEIN, Friedrich
HEER, Hans-Hermann
HEIGL, Curt
HÖFNER, Werner
HUMMEL, Dietrich
HUSTADT, Herbert
JENSEN, Uwe
JUNGFER, Heinz
KAUFMANN, Klaus
KLOSA, Josef Franz
KORNADT, Hans-Joachim
KOWALSKI, Klaus
KRÜGER, Joachim
KRUIP, Julius
KRUNTORAD, Paul
KÜHN-LEITZ, Knut
LEITNER, Anton Gerhard
LICHTENFELD, Herbert
MEYER, Eva
MÖSCHEL, Wernhard
MÜLLER, Hans G.
NAGEL, Frank Norbert
NEBEL, Hans
NELLMANN, Eberhard
OESER, Heinz
PAPPERITZ, Doris
PLÜCK, Kurt
POHL, Klaus Dieter
PÜTZ, Manfred Ernst
RAINER, Alois
SANFT, Ralph W.
SANN, Guenter K.
SCHARBERT, Josef
SCHMIDT, Martin
SCHNEIDEWIND, Dieter
SCHNITZLER, Dierk Henning
SCHRÖTER, Egon-Horst
SCHULTE, Rainer
SCHULTE-HERBRÜGGEN,
  Heinz
SCHULZE, Ursula
SCHURER, Bruno
SEIWERT, Hubert
SIEBEN, Karl-Theo
SPITTLER, Hans-Joachim
STABENOW, Gerhard
STENBOCK-FERMOR,
  Graf, Friedrich
STOLTZENBERG, Peter
STRIBRNY, Wolfgang
TAUSCHER, Bernhard
TEGETHOFF, Walter
WAGNER, Stephan
WENTZLAFF-EGGEBERT,
  Friedrich Wilhelm

17. Juni

AHRLÉ, Ferry
APOSTEL, Rudolf
BAUMANN, Kurt
BERSCHIN, Walter
BÖHNISCH, Lothar
BÖTTCHER, Martin
BOTTLÄNDER-HARBERT,
  Rosemarie
BRAUN, Karl
BRUCKERT, Emil
DAHL, Edwin Wolfram
ERNST, Eugen
FELS, Gerhard Karl
FUNKE, Edmund Heinrich
GRAF, Ferdinand
GROEPPER, Horst
GRUBER, Joachim
HEINELT, Gottfried
HEITSCH, Ernst
HELBIG, Hans-Dieter
HENNINGER, Klaus
HERMANN, Armin
HEYDORN, Volker Detlef
HILDEBRANDT, Irma
HILGER, Werner
HINSCHE, Wilhelm
IPSEN, Jörn
JÄGER, Renate
JANSEN, Hans-Helmut
JESCHAR, Rudolf
JOHANSEN, Ulla Christine
KIEPE, Helmut
KLOFT, Werner J.
KONECNY, Gottfried
KOPKA, Ulrico
KREFT, Hans W.
KRENDLESBERGER, Hans
KROL, Gerd-Jan
KURLBAUM-BEYER,
  Lucie, geb. Fuchs
KURTZ, Walter
KUTSCH, Ernst
LANGENFASS, Martin
LEUSCHNER, Ulrich
MACK, Lorenz
MICHEL, Konrad
NEGLEIN, Hans-Gerd
OBIDITSCH, Fritz
PFEFFERMANN, Gerhard O.
REPGES, Rudolf
SAALFRANK, Max
SCHÄFER, Hans
SCHNEIDER, Gerhard
SCHRÖDER, Karl Heinz
SCHULTZE, Heinz W.
SCHWARZ, Günter
SEIDEL, Dietmar
SENDLER, Horst
SIGLE, Walter
STALP, Hans-Günther
VIEHE, Heinz-Günter
WIETHÖLTER, Rudolf
WILDUNG, Dietrich
WROCHEM, von,
  Johann Gottlob

18. Juni

ADOLFF, Peter
ANTON-LAMPRECHT,
  Ingrun
APPENZELLER, Hans-Georg
ARBOGAST, Rainer Ernst
BÄUMER, Walter
BALTES, Paul B.
BARTH, Nikolaus
BARTMANN, Karl
BELOHLAVEK, Dieter
BERENTZEN, Hans
BINDELS, Gert
BLÜMLEIN, Hermann
BÖTTGER, Otto
BRUHN, Hans-Dietrich
CARSTENS, Veronica,
  geb. Prior
CRONE-ERDMANN,
  Hans-Georg
DEMKE, Claus
DEXHEIMER, Hermann
DIEHL, Johannes Friedrich
DÖRING, Gerhard Karl
ENDLER, Roland
ENSELING, Jost
FAERBER, Joerg
FOERSTER, Rolf Hellmut
FRÖHLICH, Klaus-Dieter
FUNK, Günter
GADDUM, Johann-Wilhelm
GAIER, Ulrich
GELLER, Heinz-Friedrich
GEPRÄGS, Ernst
GOLLER, Max
GUTTENBERGER, Jürgen
HABERMAS, Jürgen
HALBERSTADT, Gerhard
HARTMANN, Herbert
HEIL, Hans B.
HEUBL, Walter
HILGARTH, Manuel
HOPPE, Werner
HORNEFFER, Klaus
HULST, van, Wilhelm
JASPERS, Hansgert
KÄFER, Otto
KAISER, Gert
KANDELER, Riklef
KINZE, Michael
KNIZIA, Klaus
KÖLZER, Helmut
KÖRTING, Heikedine
LAIDIG, Klaus-Dieter
LANDSMANN, Paul
LAUERMANN, Alfons
LOHMANN, Joachim
LUDWIG, Johannes
LÜCK, Wolfgang
LÜDICKE, Klaus
MAIER, Hans
MENKE, Wilhelm
MOLERUS, Otto
MOLL, Albrecht
MUNDHENKE, Reinhard
NEUMANN, Friedrich-Karl
NOLLER, Gerhard
PARUSEL, Jürgen
ROECKEN, Kurt W.
ROLAND, David
ROSEN, Edgar R.
ROSS-STRATTHAUS,
  Marianne
SCHICKEL, Alfred
SCHLENKER, Rudolf
SCHÖNERT, Klaus
SCHOLL, Johannes
SCHRÖCKE, Helmut
SCHÜBEL, Theodor
SEUREN, Günter
STEIN, Hermann
STIETENCRON,
  Freiherr von, Heinrich
STORB, Ilse
SYDOW, von, Rolf
TERSTIEGE, Heinz
THIEL, Harald
VIELSTICH, Wolf
WALTHER, Gerhard
WETZEL, Klaus
WICK, Rainer K.

19. Juni

ADRIAN, Helmut
APFEL, Georg
BARTSCH, Gerhard
BERNHARD, Hans-Dietrich
BERNHARD, Wolfram
BILLICH, Rudolf
BOGNER, Franz Josef
BRANDENBERGER, Anna
BRANDT, Thomas
BRAUN, Sabine
BRINCKMANN, Hans
BRÜHAN, Willfried
BRÜNNER, Hubertus
CHRISTEL, Oswin
CORTERIER, Peter
DIETERICH, Thomas
DIETZE, Lutz
GAUGER, Hans-Martin
GESCHKE, Günter
GRAESER, Wolfgang Rudolf
GROSS (ß), Carl S.
HACHMANN, Rolf
HASENZAHL, Erwin
HERZENSTIEL, Werner
HOFMANN, Friedrich W.
HOWALDT, Hans Viktor
HUBER, Michaela
HÜBNER, Klaus
JACOBSKÖTTER, Wolfgang
JÄKEL, Dieter
KAACK, Heino
KAST, Werner
KELLER, Rolf
KETTELHACK,
  Dietrich Rudolf
KOLANOSKI, Hermann
KUNTZE, Karlheinz
LESSENICH, Rolf Peter
LINDEN,
  Johannes Wilhelm
LINDENBERG, Kurt
LINDNER, Hans-Joachim
MANGOLD, Helmut K.
MEHNERT, Karl-Richard
MENZ, Maria
MENZEL, Josef Joachim
MERL, Wilhelm Anton
MEYER-BURGDORFF,
  Gerhard
MEYER-SCHÜLKE,
  Ellen-Urs
MUMMENDEY, Amelie
PANTKE, Horst
PAWASSAR, Klaus
PÖHLMANN,
  Friedrich Egert
POMMEREHNE, Werner W.
PORSCH, Siglinde
PULCH, Wolfgang
QUALEN, Hans Hellmuth
RECKER, Kurt
REITTER, Hans
ROBERT, Heinz
ROSS, Hans-Georg
ROTHENBERGER,
  Anneliese
RUDIGIER, Helmut
RÜDIGER, Otto
SCHÄFER, Joachim
SCHALLER, Dieter
SCHEUFLER, Monika
SCHICKLER, Adrian G.
SCHÖTZ, Werner
SIEKMANN, Heinz
SIEMANN, Hans-Andreas
SODEN, Freiherr von,
  Wolfram
SPOHN, Kurt
STIEVE, Hennig
TENDAS, Paula
VASKOVICS, A. Laszlo
VORBACH, Walter
WALTER, Maja,
  geb. Angstenberger
WEFERS, Dieter
WOLLER, Rudolf
ZANDER, Josef
ZECH, Gerhard

20. Juni

ALY, Friedrich-Wilhelm
ARFMANN, Georg
AWERBUCH, Marianne,
  geb. Selbiger
BADER, Richard-Ernst
BARZEL, Rainer
BAUER, Friedrich-Wilhelm
BEISSEL, Hanns-Stephan
BIERBRAUER, Günter
BLAUERT, Jens
BODEM, Günter
BOHNET, Armin
BULLA, Hans Georg
CORNELISSEN, Josef
DENKER, Manfred
DENKER, Rolf
DENNINGER, Erhard
DIPPELL, Jürgen
EHRLICH, Hans
ENGELEN-KEFER, Ursula
ENGLHARDT-RÖSLER,
  Anneliese
EXO, Reinhold
FALKE, Franz-Otto
FERSCHL, Franz
FIGGEMEIER, Bernd
FLEISCHMANN, Ulrich
FÖHRENBACH, Jürgen
GAST, Reiner
GEISLER, Erika
GELDMACHER,
  Erwin Helmut
GERSTENBERGER,
  Erhard S.
GOSEBRUCH, Martin
GUDDEN, Helmut
GUSHURST, Egon
HARS, Peter
HASSELBLATT, Arnold
HELD, Günter
HENSCHEL, Harald
HOLDINGHAUSEN, Franz A.
HOLLACK, Joachim
JUNKER, Detlef
KALLINICH, Günter
KERN, Karl-Günter
KEWENIG, Wilhelm A.
KOENIG, Fritz
KOTTMANN, Alois
KRÜGER, Thomas
KRÜGER, Werner
LÄPPLE, Friedel
LASKOWSKI, Wolfgang
LEDERSBERGER, Erich
LICHTENTHALER,
  Hartmut K.
MANN, Dieter
MARX, Wolfgang
MATERN, Norbert
MEIER, Gerhard
MENNE, Alexander
MERBOLD, Ulf
MERZ, Horst
MEYER, Horst
NIEGEL, Lorenz
NÖTH, Heinrich
PARMAR, Daljit Singh
PFEILSTICKER, Konrad

REITZ, Inge,
  geb. Sbresny
RICHTER, Klaus
ROSENKÖTTER, Rolf
SALJÉ, Ernst
SCHEUER, Gerhart
SCHMID, Hubert
SCHNEIDER, Hans-Heinz
SCHOTT, Norbert
SCHÜRMANN, Eberhard
SCHULENBURG,
  Graf von der, J.-Matthias
SIEBER, Kurt
SIMON, Gustav
STEMMER-BEER, Roswitha
STEUER, Wilfried
STRASSMEIR (ß), Günter
THADDEN, von, Rudolf
ULBERT, Günter
UTHEMANN, Wolfgang
VAHLBRUCH, Günther
VÖBEL, Friedrich Wilhelm
WEICHERT, Lothar
WENDLING-PARDON,
  Charlotte
WESSELS, Johannes
WINCKEL, Fritz

21. Juni

BACH, Karl
BALLEER, Martin
BARNER, Klaus
BASSLER, Friedrich
BERCK, Karl-Heinz
BERGANN, Hans-Joachim
BERGEN, Volker
BÖX, Heinrich
BOGATZKI, Marianne
BORNKAMM, Karin
BREITUNG, Wolfgang
BRINKHUES, Josef
BROSZINSKI, Hartmut
COLMANT, Hans Joachim
CORAZOLLA, Paul
CORDES, Hans
DENDEN, Ahcène
DICKMANN, Barbara,
  geb. Kremmin
DIETZE, Ekkehardt
ENDERS, Franz-Karl
ENGELEITER,
  Hans-Joachim
FISCHER, Lothar
FRANZKE, Hermann
FRORATH, Günter
FUNKE, Friedrich W.
GABISCH, Günter
GASPERI, Mario
GEORGI, Peter
GERHARD, Helmut
GÖSSMANN, Elisabeth,
  geb. Placke
GRUBEN, Gottfried
GÜNTHER, Klaus-Dietrich
HANSEN, Dirk
HEISSENBÜTTEL (ß),
  Helmut
HEMPEL, Ludwig
HERZ, Hanns-Peter
HÖRTER, Rudolf H.
HOFFMANN, Gerhard
HUSMANN, Mathias
IPFLING, Heinz-Jürgen
JANSSEN (ß), Günther
KALBFUSS (ß),
  Georg Theobald
KASTL, Jörg
KAUFMANN, Inge
KIRST, Reiner F.
KIRSTEN, Wulf
KURTZ, August F.
LELLEK, Eberhard
LEPSIUS, Renate,
  geb. Meyer
LINSSEN, Helmut
LUTZEYER, Wolf(gang)
MAIROSE, Ralf
MATSCHKE,
  Manfred Jürgen
MUMMENDEY, Hans Dieter
NICOLAUS, Fritz
PALM, Guntram

PETERS, Uwe Henrik
RIEHL, Hans
RIESS, Curt
RUMPFF, Klaus
RUSSELL, Hans-Dieter
SCHERF, Dagmar,
  geb. Weisgräber
SCHMITT, Willi
SCHOENICKE, Werner
SCHÖTTLER, Wilhelm
SCHRAGE, Konrad
SCHÜLLER, Alfred Alois
SIMON, Agnes
STABRIN, Herbert
STEINL, Hans
STENTZLER, Friedrich
STRASSER, Helmut
SZADKOWSKI, Dieter
THOME, Alfons
WEGENER, Hans Th.
WILLIKENS, Ben
WISÉN, Lars
ZACHARIAS, Thomas

22. Juni

ADLER, Brigitte
ASHAUER, Günter
BAADER, Herbert
BADER, Erik-Michael
BASTIAN, Hans Günther
BAUMANN, Jürgen
BECKER, Alfons
BÖRNER, Klaus
BOOMS, Hans
BRENNECKE, Ralph
BRÜDERLE, Rainer
DALLENBACH, Gisela,
  geb. Hellweg
DANNOWSKI, Hans Werner
DECKER, Franz-Paul
DECKER, Werner
DÖLVERS, Horst
DÜRK, Theo
FOLKERTS, Menso
FRICKE, Reinhard
FUHRMANN, Horst
GAUWEILER, Peter
GROB, Karl
GUENTHER, Joachim
HAUPT, Harald
HEGER, Klaus
HENSCHEID, Arnold Matthias
HIERSIG, Heinz M.
HÖLSCHER,
  Friedrich-Wilhelm
HOLL, Karl
HÜBNER, Hans
JEGGLE, Utz
KÄMPFEL, Hans Walter
KONECNY, Ewald
KRÜGER-NIELAND, Gerda
KRUFT, Hanno-Walter
KÜRZINGER, Josef
KUJATH, Rudolf
KURTH, Ulrich
LANG, Hans-Friedrich
LAUFS, Paul
LEHBERGER, Reiner
LEMKE, Willy
LEUSCHNER, Joachim
LIEBE, Wolfgang
LÖCHELT, Ernst
LÜSCHER, Ingeborg
MARKERT, Kurt
MARKERT, Oswald
MARKS, Erich
MARZAHN, Christian
MASING, Walter Ernst
MATZEN, Hans
MAURER, Hans-Martin
MAYER, Richard
MORDSTEIN, Friedrich
NEUMANN, Gerhard
NISSEN, Hans J.
PFANDZELTER, Elmar
PIEPENBURG, Hans
PIPER, Hans-Christoph
REHM, Alfred
REITBÖCK,
  Herbert J. P.
REMMERT, Reinhold
ROESCHMANN, Günter

SCHIMANSKY, Herbert
SCHMID, Lothar M.
SCHMITZ van VORST, Josef
SCHNEIDER, Herbert
SCHÖNE, Hermann
SCHÜGERL, Karl
SCHULZ-BERTRAM,
  Hans-Detlef
SEIDEL, Günter W.
SIMPFENDÖRFER,
  Hansmartin
SINOGOWITZ, Bernhard
STEINBERG, Karl-Hermann
STRECKER, Siegbert
THIMM, Walter
TIEGEL, Giselher
VEIZER, Jan
VOGEL, Walter
VOLLERS, Claus
WALDMANN, Jochen
WENDLAND, Heinz-Dietrich
WESSELS, Bernd-Artin
ZACHER, Hans F.
ZEISSNER, Walter
ZENTES, Joachim
ZIELINSKI, Johannes
ZUSE, Konrad

23. Juni

ARMONIER, Ulrich
BASTERT, Gunther
BEIRER, Hans
BEYERLIN, Walter
BITTLINGER, Herbert
BLUM, Peter Wulf
BROX, Norbert
CARLÉ, Walter
DALHOFF, Willi
DOHNANYI, von, Klaus
DUX, Günter Ernst Karl
EDDING, Friedrich
EICHHORN,
  Franz-Ferdinand
FREUND, Wilfried
FRITSCHE, Lothar
FUHRMANN, Manfred
GAUGLER, Eduard
GEISEL, Alfred
GIESEN, Rudolf
GRUPE, Paulheinz
HAARER, Dietrich
HÄSSELBARTH, Ulrich
HARDELAND, Rüdiger
HAUSER, Hansheinz
HENTZE, Joachim
HIERSEMANN, Karl Gerd
HOLLENBERG, Gerd
JACOB, Adolf
JAEGER, Jost
JAEGGI, Urs
KAISER, Stephan
KAUTTER, Hansjörg
KEMPER, Martin
KERSTEN, Paul
KLEE, Manfred
KNEFÉLI, Wilhelm
KOCH, Alfred
KÖHLER, Oskar
KOEPCKE, Hans-Wilhelm
KÖTTER, Ingrid
KOHLER, Heinz
KRAFT, Colman W.
KRAMMEL, Helmut
KRETKOWSKI, Volkmar
LEBERT, Vera,
  geb. Hinze
LINDENAU, Hans A.
LIPPE, von der, Peter Michael
LOOSE, Siegfried
MENDE, Michael
MEYER, Otto
MOLLWO, Erich
NETTESHEIM, Martin
NEUMANN, Walter
NIERMANN, Ernst
OLSHAUSEN, Hans-Gustav
PANTEL, Ernst-Georg
PAULY, Walter
PAWLIK, Sieghard
PFEIFFER, Alfred
PICKERT, Günter
PIRON, Johannes

RIEDL, Erich
RIES, Roland
RÜSCHEN, Gerhard
SARKISYANZ, Emanuel
SCHÄFER, Eberhard
SCHERMULY, Willi
SCHIERENBECK, Henner
SCHMIDT, Walter
SCHMIDT-BIGGEMANN,
  Wilhelm
SCHÖNECKER, Hanns
SCHRAMM, Gerhard
SCHUBERT, von, Andreas
SCHUMACHER, Hans Walter
SINGELNSTEIN, Christoph
SONNABEND, Bruno
SPATHELF, Ernst
STAGUHN, Kurt
STAUFFER, Robert
STEGEMANN, Hermann
STEINBERG, Rudolf
STELLWAAG-KITTLER,
  Friedrich
STEUBER,
  Friedrich-Wilhelm
STÖCKLER, Manfred
VOSS, Lieselotte,
  geb. Hauser
VOSSSCHULTE, Christa
WALPER, Karl Heinz
WALZ, W. Rainer
WELLENREUTHER,
  Hermann
WELLMER,
  Friedrich-Wilhelm
WENDEROTH, Hans G.
WILHELM, Rolf
WINKELMEYER, Manfred
WOLFF
  von NATTERMOELLER,
  Hans Jürgen
ZENKER, Erich

24. Juni

ASSEL, Hans-Günther
BAEHR, Hans Dieter
BARTUSSEK, Dieter
BAUMANN, Wolfgang
BECK, Hanns
BENNEWITZ,
  Hans-Gerhard
BETHKE, Siegfried
BLÜHER, Karl Alfred
BONATH, Klaus Heinz
BRACKLO, Eike
BRENDEL, Werner
BROMKAMP, Alois
DAVID, Peter
DECK, Ernst
DENK, Bohdan
ESENWEIN-ROTHE,
  Ingeborg
FAUST, Richard
FRÖHLICH, Rainer
FURKEL, Rüdiger
GÖLZ, Hans
GÖRKE, Winfried
GROHS, Gerhard
GWINNER, Manfred P.
HAAG, Gerhard
HAAS, Otto
HARKEN, Claus Dieter
HEINEKE, Richard
HEINEMANN, Hermann
HELWIG, August
HELWIG, Karl-Heinz
HIRRLINGER, Walter
HOFFERBERTH, Bernhard
HOLLREISER, Heinrich
HUGENSCHMIDT, Egon B.
JAECKEL, Jörg
JANSEN, Rolf H.
JANZ, Hans-Werner
JUNK, Wolfgang Johannes
KAISER, Dieter R.
KALTNER, Georg
KASTEN, Ingrid
KIENZLE, Paul
KIESSLING (ß), Werner
KISSACK, Brian
KNOBLOCH, Günter
KONIETZKO, Johannes

KONRATH, Norbert
KOVAR, Karl-Artur
KRISCHKER, Gerhard C.
LAGA, Gerd
LEINER, Bernd
LÖWLEIN, Hans
LOHR, Charles
MALTESE, George
MATZKER, Reiner
MINKE, Hans-Ulrich
NISSEN, Godber
OERTZEN, von, Viktor
PARTSCH, Karl Josef
PAUMEN, Hans
PETERS, Werner
QUADLBAUER, Franz
QUIRIN, Heinz
REIFFERSCHEID, Martin
RIEBENSAHM, Hans-Erich
ROTH, Gerhard
SATTLER, Andreas
SCHÄFER, Hans Erhard
SCHEDLBAUER, Hans
SCHILLER, Ulrich
SCHMIDT-GLINTZER,
  Helwig
SCHREINER, Nikolaus
SCHRÖRS, Heinz
SCHULT, HA
SCHWABL, Franz
SCHWEER, Günther
SEIDLEIN, von, Peter C.
SIEMS, Rolf
SOMMER, Karl
STARKMANN,
  Alfred Johannes
STEPPAT, Fritz
TILLMANN, Karl-Heinz
VETTER, Roland
WEINFURTER, Stefan
WESTE, Hans-Joachim
WIEDENMANN, Frank Maria
WIRTZ, Fritz
WOLF, Hans-Peter
WÜLLNER, Heinrich
WÜRZEN, von, Dieter
ZELLER, Dieter
ZINTZEN, Clemens

25. Juni

ADENAUER, Hans Günther
ANDRAE, Oswald
APITZ, Jürgen
BECKMANN, Klaus F.
BENTRUP, Hans-Hermann
BERGE, Hans Siegmund vom
BINIAS, Udo
BINNENBRÜCKER,
  Rolf Dieter
BÖHM, Peter P.
BRAUER, Heinz-Peter
BREUER, Paul
BRIX, Wolfgang
BUSCHFORT, Hermann
BUSSE, Ulrich Günter
CRONSHAGEN, Eberhard
DAMBACH, Kurt A.
DITTMAR, Friedrich W.
DOR, Milan
FANGHÄNEL, Egon
FISCHER, Dieter
FISCHER-LICHTE, Erika,
  geb. Lichte
GIUSTINIANI, Vito R.
HACHENBERG, Otto
HAMPE, Wilfried
HEESCH, Heinrich
HUBER, Max G.
JÄGER, Adolf Otto
KÄPPEL, Bodo
KAUKE, Walter
KEMPF, Karl
KEYMER, Ullrich
KLENK, Hans-Dieter
KLIMT, Ferdinand
KNAUER, Hans-Jürgen
KOSSACK, Georg
KRAKAU, Knud
KRANZ, Hartmut
KRAUS, Günther
KRIPPENDORFF,
  Wolfgang Walter

25. Juni

LANGE, Gerhard
LIENING, Wolfgang
LUCAS, Klaus
McDOWELL, James
MEHRING, Wolfram
METZING, Hellmut
MEYER, Ernst-August
MOSHAGE, Julius
MÜLLENHEIM-
 RECHBERG, Freiherr von,
 Burkard
MÜRAU, Hans-Joachim
NAUMANN, Joachim
NIETH, Hellmut
PAHL, Gerhard
PALM, Jürgen
RABENALT, Arthur-Maria
REESE, Herbert H.
RETTIG, Moritz Hans
RÖTHIG, Peter
RUDIAKOV, Shoshana
SANDER, Hans-Jörg
SCHEFFLER, Matthias
SCHEITER, Fred
SCHMITZ, Ernst
SCHRICKER, Gerhard
SCHUMACHER, Werner
SESAR, Klement
SIMONIS, Wilhelm
SOMMER, Karl
SONNTAG, Hans-Günther
SPRANDEL, Wolfgang
STACHEL, Günter
STAHL, Erwin
STAHL, Günter
STEINBACH, Christian
TREIBER, Helmuth
WALL, Fritz
WEINSTOCK, Horst
WEISNER, Ulrich
WEIZSÄCKER, Freiherr von,
 Ernst Ulrich
WIEGAND, Günther
WINDELEN, Heinrich
ZANDER, Helmut
ZEDTWITZ von ARNIM,
 Georg-Volkmar, Graf
ZELLER, Werner

26. Juni

ACHENBACH, Hanno E. J.
ACKER, Rolf
ACKERMANN, Hans K.
ASCHE, Sigfried
BARKHOFF, Wilhelm Ernst
BARWASSER, Karlheinz
BECHERT, Heinz
BECKER, Heinz
BECKMANN, Walther
BERTAGNOLLI, Helmut
BIZER, Jürgen
BORCHERT, Ingo
DANN, Gerhard
DAUER, Anton
DIEKMANN, Heinrich
DIETHEI, Paul
DITTRICH van WERINGH,
 Kathinka
DÖPKE, Oswald
DÜNNINGER, Eberhard
EBERT, Kurt Wilhelm
EDEL, Otto
ENWALDT, Runar
ESCHKER, Wolfgang
FEINÄUGLE, Norbert
FINKENRATH, Heinz
FISCHER, Franz
FISCHER, Werner
FISCHER, Winfried
FITTKAU, Bernd
FRANKE, Dieter
FRANKE, Manfred
FRANZISKET, Ludwig
GAST, Theodor
GEISLER, Günther
GEISPERGER, Fritz
GERCHOW, Joachim
GERHAHER, Max
GERMERSHAUSEN,
 Raimund
GOCHT, Werner
GOERLICH, Franz K.

HAZOD, Wilfried
HECKNER, Fritz
HOFFMEISTER, Wolfgang
HOFSTETTER, Alfons G.
HORNUNG, Klaus
HORNUNG, Martin
JOEDICKE, Jürgen
KAEGBEIN, Paul
KEGEL, Gerhard
KIRMSE, Wolfgang
KLUGE, Rolf-Dieter
KUPSCH, Peter
LAMPRECHT, Hans
LATWESEN, Klaus-Hagen
LENZ, Rudolf
LEUE, Hans-Joachim
LIENEN, von, Horst
LORENZ, Siegfried
LORENZ, Steffen
MEYER, Brunk
MISSALLA, Heinrich
MÜLLER-REHM,
 Klaus Hildebrand
NAUMANN ZU
 KÖNIGSBRÜCK, Clas-Michael
PULCH, Otto R.
RÖKEN, Wolfgang
ROGMANN, Norbert
RÜTTGERS, Jürgen
SCHÄFER, Fritz
SCHMID, Rudolf
SCHMIDT, Eberhard
SCHOPPER, Erwin
SCHÜTTE, Jan
STEYBE, Hans
STREIT, Ludwig
SZALAI, Wendelin
THOMAS, Uwe
THÜMMLER, Heinz
TIMM, Gottfried
ULLERICH, Klaus
VERMANDER, Eduard
WAMBECK, Roland
WANNAGAT, Georg
WANNER, Otto
WEBER, Rudolf
WEBER-KELLERMANN,
 Ingeborg
WIDDER, Gerhard
WIESE, von, Peter

27. Juni

ALBATH, Jürgen
ALBRECHT, Wilhelm Otto
BÄUME, Carlheinz
BAEYER, von, Wanda,
 geb. v. Katte
BERG, Karl-Heinz
BETHMANN, Freiherr von,
 Johann Philipp
BETTEN, Dieter
BLANCKART,
 Freiherr von, Clemens
BOVERMANN, Hans W.
BUCHMANN, Hansmartin
BÜHRING-UHLE, Peter
DICHGANS, Johannes
EBNER, Peter
FIEDLER, Gerlach
FREY, Dieter
GATTNER, Heinrich
GRÜNHAGEN, Joachim
HACKSTEIN, Rolf
HÄDER, Donat-Peter
HAJEK, Otto Herbert
HEITJANS, Paul
HELLING, Jürgen
HERTSCH, Bodo-Wolfhard
HERZIG, Heinz (Heinrich)
HEUSS (ß), Alfred
IHMANN, Georg
JÄGER, Helmut
JANSSEN, Heinz
KIELMANSEGG,
 Graf von, Peter
KILLMANN, Renate
KLEMM, Günther
KÖNIG, Wilhelm Karl
KRAINER, Alfred
KRAPPINGER, Odo W.
KRONS, Fritz

LEIBUNDGUT-MAYE,
 Annalis
LEIFELD, Bernd
LÖHR, Albert
LUDWIG, Gerhard
LUKESCH, Helmut
MAASS (ß), Heinrich
MARGARETHA, Paul
MEINHARDT, Karl-Ernst
MEISSNER (ß), Johannes
MEISSNER, Otto
NEHRING, Alfred
OERTER, Rolf
PIPER, Henning
POHLMANN, Heinz-Werner
RASS, Friedrich
RECKERS, Hans
REICHE, Steffen
REINECKE, Hans-Peter
SADOWSKI, Dieter
SANDTNER, Hilda
SCHÄFER, Gerhard
SCHETTER, Martin
SCHIFF, Peter
SCHLÜSSEL, Hans
SCHMINKE, Paul K.
SCHMITZ, Herbert
SCHNEIDER, Hans Julius
SCHÖLMERICH, Paul
SCHOPPE, Waltraud
SCHORER, Rudolf
SIEGELE-
 WENSCHKEWITZ, Leonore
SIMON, Erika
THOR, Erich
TILLMANN, Ferdinand
TRAUB, Peter
TRURNIT (gen. Berkenhoff),
 Hansgeorg
VOSS (ß), Reimer
WALLNÖFER, Heinrich
WEBER, Hans-Günther
WESTPHAL, Frank
WETZEL, Günter
WIEDIG, Hans-Dieter
WILLMS, Manfred
WREDE, Ernst

28. Juni

AMELANG, Manfred
ANTEL, Franz
BACHMANN, Paul
BALTZER, Klaus
BEYER, Harm
BIEBL, Peter
BIEDERSTAEDT, Claus
BIEGER, von, Klaus-Wolfgang
BLUDAU-KREBS, Barbara
BOCKS, Gerd P.
BÖTTNER, Heinrich
BOJANOVSKY, Jiri
BREMER, Jörg
BROGLIE, Max(imilian)
BRÜSSAU, Werner
CELIBIDACHE, Sergiu
DENK, Rolf
EBERHARDT, Ludwig
ELLER, Roland
ELZE, Reinhard
EPPLER, Richard
ERDMANN, Peter
ERLHOFF,
 Eugen Siegfried
ESSER, Adolf H.
EYSHOLDT, Karl-Günter
FEDERSPIEL, Jürg
FEIL, Otto
FERTIG, Ludwig
FETTING, Fritz
FLECK, Hans Günther
FRANK, Gerhard
FREDE, Hans-Rainer
FRIEDLAND, Klaus
FRÖMMING, Hans
Fürst zu FÜRSTENBERG,
 Joachim Egon
GROTEN, Erwin
GROTH, Georg
GRUSS, Peter
HAEBERLE, Karl Erich
HANFLAND, Ulrich
HANSEN, Joachim

HAUSSER, Karl
HESSE, Helmut
HETTWER, Hubertus
HIERSCHE, Ernst-Ulrich
HINZE, Jürgen
HOFFMEISTER, Klaus
HROUDA, Barthel
HUNDEIKER,
 Max Egon Ernst
JORDAN, Hermann L.
KIRCHGÄSSNER, Bernhard
KLÄRE, Helmuth
KLEBE, Giselher
KLITZING, von, Klaus
KOERNER, Ralf Richard
KOPP, Reinhold
KOSFELD, Robert
KRAFT, Gisela
KUBIK, Kalle
KURZ, Wolfgang
LANGNER, Manfred
LÜCKE, Kurt
MASEBERG, Eberhard
MEINHOLD, Gottfried
MEYER, Dieter H.
MÜLLER-BRÜHL, Helmut
MÜLLER-BUSSE, Albrecht
MÜLLER-MERBACH,
 Heiner
MUNRO, Nick
NAGEL, Ivan
NAUMANN, Peter
OFFERMANNS, Ernst Ludwig
ORFANOS, Constantin E.
REINERS, Dieter
REINHOLD, Christine
RESCH, Klaus
RICHTER, Wolfgang
RODENSTEIN, Marianne
RÜLKE, Helmut
RUMMEL, Dieter
SCHAAF, Wilhelm Andreas
SCHEID, Werner
SCHIERBECK, Max
SCHLEICHER, Bernd
SCHNEIDER, Klaus-Werner
SCHNEIDER, Norbert
SCHOMER, Wulf
SCHRÖDER, Jürgen
SCHULZ, Siegfried
SEEBACH, Karl
SEXAUER, Kurt
STEFFEN, Manfred
STEINHAUSEN, Michael
WEICHERT, Willibald
WEIMAR, Wolfgang
WEISS, Joachim-Wolfgang
WEISSBARTH, Friedrich
WEISSLER, Ernst-Peter
WEIZSÄCKER, Freiherr von,
 Carl-Friedrich
WESTPFAHL, Konradin
WINDFUHR, Wolfgang
WIRSING, Eduard
WULF, Peter
ZEDDIES, Jürgen-Friedrich

29. Juni

ALBER, Klaus
ALBRECHT, Ernst
ALTHAUS, Dieter
ANHEUSER, Egon
AUERSWALD, Rolf
BECKER, Wolf-Dieter
BLUMENBERG,
 Franz-Jürgen
BOCHNIK, Hans J.
BRETH, Herbert
BRUSTEN, Manfred
BUCK, Udo
BÜTTNER, Manfred
CORRELL, Werner
DALLACKER, Franz
DIRKSEN, Gebhard
DÖBLER, Hannsferdinand
DÖKER, Klaus
DRUBE, Hans
DÜTZ, Wilhelm
ECKHARDT, Wolfgang
EYER, Hermann
FRANKENBERG, Peter
GALLMEIER, Walter M.

GREITE, Jürgen-Hinrich
GUDENAU,
 Heinrich-Wilhelm
HAHN, Rolf
HEYSE, Hans-Joachim
HINDENBURG, von, Hubertus
HOHENEMSER, Kurt
HOTOP, Hartmut
JÄCKEL, Eberhard
JAHN, Paul Hugo
JÜRGENS, Hans W.
KAHL, Peter W.
KEINER, Gisela
KERBER, Adalbert
KLOSTERMEYER, Wilhelm
KÖPF, Ernst Ulrich
KONOLD, Wulf
KUBELIK, Rafael
KÜHL, Ingo
KURR, Hans-Peter
LADENDORF, Heinz
LEVEDAG, Eduard B.
LICHY, Wolfgang
LIMBURG, Hans
LUCK, Günter
MARISCHKA, Georg
MATENA, August
MÜLLER, Paul-Gerhard
MÜLLER, Petra
NICKEL, Klaus G.
OERTZEN, von, Joachim
PEFFEKOVEN, Rolf
PÖPPL, Ernst Josef
POHL, Peter
RAVENS, Karl
ROSENMANN, Mauricio
SATTLER, Johanna Barbara
SCHÄFER, Peter
SCHEER, Hugo
SCHIRMER, Hans
SCHMID, Erich
SCHMUTH, Gottfried Peter
SCHÖFBERGER, Rudolf
SCHOPPMEYER, Heinrich
SCHRAMM, Raimund
SEITZ, Konrad
SPIES, Klaus W.
SÜSSMANN, Walter
THIEL, Winfried
VOIGT, Dieter
WEISSMAN, Arnold
WOLF, Karl-Jürgen
WOLF, Ror
WÜSTER, Kurt

30. Juni

ALEXANDER, Peter
ALLEN, van, Hans Günther
BAATZ, Herbert
BAUER, Johann
BAUER, Karl Heinz
BEHRENS, Alfred
BENNERSCHEIDT, Willi
BERNING,
 Friedel (Friedrich)
BERTELE, Franz
BODEN, Dorothee
BÖKEL, Gerhard
BOJANOWSKI, Fritz
BROMM, Burkhart
BÜCHNER, Matthias
BUSE, Kurt
DEGNER, Joachim
DOLLINGER, Heinz
DUPUIS, Heinrich
ETZ, Peter Paul
FISCHER, Klaus
FRICKE, Günter
GÄRTNER, Hans Armin
GOETHE, Friedrich W.
GROSS (ß), Walter Carl
GRÜTER, Hans
HAAR, Richard
HARTJE, Wolfgang
HEDDERGOTT, Hermann
HENTSCHEL, Helga
HERKEN, Hans
JUCHEMS, Rudolf Hans
JÜRGENS, Jörg
KAISER, Arnim
KIRCHMEYER, Helmut Franz
KÖRNER, Wolfgang Hermann

KOESTER, Berthold
KRAUS-MACKIW, Ellen
KÜCHENHOFF, Erich
LOEWER, Hans Dietrich
MÁGA, Othmar M. F.
MAYER, Max
MEHRING, Johannes
MITTELSTEN SCHEID,
   Erich
MORGENSTERN, Wolfgang
MOTSCHMANN, Jens
MUTH, Jakob
NASEMANN, Theodor
NEY, Norbert
NIEMEYER, Horst
PAASCH, Hans-Jürgen
PALLASCHKE, Diethard
PAPE, Inge,
   geb. Grundmann
POSNER, Roland
POTOTSCHNIG, Heinz
REICH, Axel
RIETHE, Peter
ROMANN, Gernot
ROOS, Peter
SAUTER, Franz
SCHÄFER, Ernst
SCHEIBLE, Hartmut
SCHERHORN, Klaus
SCHLEY-HEIDEMANN,
   Renate, geb. Schley
SCHMITZ, Kurt
SCHOCH, Agnes
SCHÖN, Alfred
SCHROEDER, Johannes W.
SCHULTE, Friedhelm
SCHWARZ, Helmut
SERICK, Rolf
STARK, Ferdinand
STEINDORF, Gerhard
STOLLENWERK, Christoph
STRNAD, Helmut Frithjof
WAHMANN, Ernst
WALLENFELS, Kurt
WANNER, Herbert
WEGE, Joachim
WIESINGER,
   Johannes Ernst
WOLLMANN, Alfred
ZIMMER, Horst Günter
ZOLKER, Bernd-Peter

1. Juli

BECHER, Jürgen
BECHTELER, Wilhelm
BECKER-FOSS,
   Hans-Christoph
BENDER, Hans
BILLEN, Josef
BREEST, Jürgen
BRÜCKLE, Wolfgang
BUSSMANN (ß),
   Bernhard
CANARIS, Claus-Wilhelm
DENSCHLAG,
   Johannes (Hans) Otto
DUBINA, Peter
DUNCKER, Hans-Rainer
EBING, Winfried
EICHENSEER,
   Joseph Anton
EPPLE, Bruno
FAHNING, Hans
FEULNER, Rolf
GALL, Christian
GIELEN, Wolfgang
GIESEN, Heinrich
GÖHLER, Rudi
GÖHREN, Horst
GRAF, Gerd
GROSSE, Eduard
GRUBER, Gerhard
GÜNTHER, Fritz-Werner
HAEFELIN, Trude
HAFERKAMP, Wilhelm
HAHN, Carl Horst
HARBAUER, Heinz-Georg
HELMREICH, Ernst J. M.
HELMS, Erwin
HENZE, Hans Werner
HILDEBRANDT, Dieter
HORA, Heinrich

JUNG, Hermann Karl
KEESMANN, Karl-Ingo
KISTLER, Fritz
KÖNIG, Rainer Wolfgang
KOLZEN, Hans Peter
KRAFT, Heinrich
KRÜGER, Arnd
LONDENBERG, Kurt
LORBACHER, Peter
MARSCHALL von
   BIEBERSTEIN,
   Michael, Freiherr
MARTINY, Anke
MERTZ, Christian
MESSERSCHMIDT, Lothar
MITTAG, Rudolf
MÖHN, Dieter
MÖSLEIN, Siegfried
MÜHLFRIED, Erich
MÜLLER-BROICH, Adolf
MÜLLER-SEIDEL, Walter
NAYHAUSS-CORMONS (ß),
   Graf von, Mainhardt
NEUENZEIT, Paul
NUSSBAUM, Karl Otto
PEKNY, Romuald
PRIESSNITZ (ß), Horst
REINDKE, Gisela
RODENSTOCK, Rolf
RÖSLER, Johannes Baptist
ROHR, von, Hans Christoph
SCHEIBE, Otto
SCHERER, Heinz
SCHILLING
   von CANSTATT,
   E. Fritz (Friedrich), Freiherr
SCHNIEDERS, Jens Jürgen
SCHWEHM, Günter
STEPHAN, Inge
SUHLE, Günter
TOKARSKI, Walter
TÜTTENBERG, Hanns Paul
VÖLKER, Rudolf
WANGENHEIM, Volker
ZIMMERSCHIED, Dieter

2. Juli

AMANN, Jürg
AMBOS, Eberhard
ARBOGAST, Alfred
ARETIN, Freiherr von,
   Karl Otmar
BAUMGARTE, Joachim
BEHRINGER, Josef Anton
BERGIUS, C. C.
BERTSCHER, Brian
BIDERMANN, Willi
BLANCKENBURG, von,
   Peter
BRINKMANN, Horst
BRONGER, Welf
DERICHS, Heinz-Josef
DOSS, Manfred
EMRICH, Hinderk M.
ENDERLE, Peter
FERBER, Michael Friedrich
FRANK, Willy Heinrich
FUNK, Karl
GEGENHEIMER, Willi
GEORGI, Friedrich
GEWECKE, Michael
GOLL, Klaus Rainer
GRIESSEIER, Helmut
GUGGENMOS, Josef
HADEWIG, Bernd
HARDER-GERSDORFF,
   Elisabeth
HELMS, Hermann C.
HESS, Manfred
IPSEN, Detlev
JUNGE, Christian
KADE, Gerd C.
KENTLER, Helmut
KLEIN, Heijo
KNEIFEL, Hans
KÖSTER, Heinz
KOPF, Wilhelm
KRIWITZ, Jürgen
KULLEN, Siegfried
LENZ, Wilhelm
LENZEN, Hans-Georg
LOTTER, Oskar

LUDWIG, Karl-Hartmann
LUGER, Peter
MANTHEY, Joachim
MARTIN, Gerhard
MEUSERS, Helmut
MEYER, Helmut
MEYER, Joachim-Ernst
MIRWALD, Walter
MOUTY, Friedrich Peter
NOTHHELFER, Norbert
PAGENSTECHER, Ulrich
PATZER, Harald
PFANZAGL, Johann
PLATEN, Wilhelm
ROTTENBURG, von,
   Irmgard
SCHLÖGEL, Anton
SCHMITT, Gerd
SEIDE, Adam
SEIFERT, Karl Heinz
SELLIEN, Helmut
STABERNACK, Wilhelm
VOGEL, Klaus-Peter
VOGLER, Reinfried
VORDEMFELDE,
   Friedrich-Wilhelm
WEDEMEYER, Manfred
WEIDENFELD, Werner
WEIHER, Peter
WEYERS, Willy

3. Juli

AMMON, Ulrich
ANETSEDER, Leonhard
BADEN, Max(imilian),
   Markgraf von
BATTENBERG,
   Johannes Friedrich
BAYER, Eberhard
BECKER, Wilhelm
BECKSMANN, Rüdiger
BEYER, Karl-Heinz
BEYME, von, Klaus
BIELER, Manfred
BOECKMANN, Klaus
DÜRR, Wolfgang
GARBER, Klaus
GIL, Alberto
GÖPPL, Hermann
HASINGER, Albrecht
HIELSCHER, Hans-Georg
HÖHMANN, Bernd
HOFFMANN, Gottfried
HOPPE, Gerhard
HUYN, Hans, Graf
JACOBS, Günther
JACOBS, Kurt H.
JECK, Albert
KEGEL, Helmut
KRAPP, Andreas
LAABS, Joochen
LIENAU, Cay
LINKWITZ, Klaus, W.
LÖWENTHAL, Kurt
LUKSCHY, Stefan
MAINZER, Udo
MILDE, Wolfgang
MUSCHOLL, Erich
OBERMEIER, Frank
RANDOW, von, Bogislaw
REICHERT, Wilhelm
RESCHKE, Eike
RISTOW, Hans-Joachim
RUBAN, Gerhard
RUSH, Antje,
   geb. Hermenau
SAWALL, Edmund
SCHALLER, Klaus
SCHEUERMANN, Audomar
SCHIELIN, Robert E.
SCHMIDT, Karris-Elard
SCHOECK, Helmut
SCHOELLER, Wilfried F.
SCHOELLER, Wolfgang
SCHRÖDER, Erich Christian
SCHRÖTER, Klaus
SEIBEL, Manfred
SPEMANN, Wolf
WÄCHTER, Erich
WANKA, Richard
WILLIG, Hans
WOLFF, Gerhart

4. Juli

BEATO, Miguel
BEI der WIEDEN, Helge
BELEKE, Norbert
BERNHARDT, Jürgen
BIEGLER, Richard
BLOEMEKE, Karl-Heinz
BOCKMAYER, Walter
BROCKHAUS, Wilhelm
CLAUS, Günther
DERICHS, Alfred
DIEGRITZ, Theodor
ECKARDT, Wolfram
EISTERT, Michael Armin
FICHTNER, Heinz-Joachim
FISCHER, Karl
FLACH, Andreas
FRANK, Paul
FRIEDRICH, Horst
FRIEDRICH, Maria,
   geb. Maser
FRITZ, Berthold Friedrich
FRITZ, Herbert
GLASER von ROMAN, Renate
GÖRLITZ, Dietmar
GREIFF, Christoph
GREINER, Albert J.
HARMS, Hans Heinrich
HEINHOLD, Josef
HELLER, Gert
HEYNE, Isolde
HOFFMANN, Karl
JAEGER, Malte
JOCHEM, Hans
JUCHHEIM, Moritz K.
KASTRUP, Hans Adolf
KLICK, Roland
KOPECKY, Peter
KRAH, Franz
KRAUS, Alfred
KREFT, Lothar
KRÜCKELS, Heiner
KRUEGER, Bernhard
KUNRATH, Karl Franz
LEDER, Gottfried
LEHMANN, Karl-Heinz
LEMPER, Ute
LENZ, Marlene
LIEBEREI, Reinhard
LOJEWSKI, von, Wolf
MAROTZ, Günter
MARTIN, Ernst
MÜLLER, Charles
MÜLLER, Horst H. W.
NESTLER, Paolo
NISSEN, Oskar
OBERLINNER, Lorenz
PREUSS, Fritz
PUHL, Johannes
RIX, Helmut
SANDO, Günter
SCHLOTMANN, Gerhard
SCHOELER, von, Andreas
SCHÖPP, Günter
SCHRÖDER, Harald Jürgen
SEINECKE, Andreas
SIEPELMEYER, Ludwig
SIMONIS, Heide,
   geb. Steinhardt
SLEVOGT, Horst
SORG, Margarete
SPIELMANN, Erwein O.
TEITZEL, Helmut
THORN, Werner
VARGA, Tibor
WAHL, Rainer
WALTHER, Helmut G.
WERTZ, Hans
WITZIGMANN, Eckart
WOHNHAAS, Theodor
ZIMMERMANN,
   Hans-Joachim
ZÖPEL, Christoph

5. Juli

ALBERS, August
ANDERS, Rolf H.
BECKMANN, Martin J.
BIRKOFER, Leonhard
BÜNTING, Karl-Dieter
BUSCH, Friedrich W.
CONEN, Peter R.
DOERMER, Christian-Michael
FENNER, Axel
FIGGE, Gustav
FINSTER, Klaus
FISCHER, Albrecht G.
FRIEDBERG, Volker
FUCHS, Anke,
   geb. Nevermann
GAUGER, Rudolf
GEERS, Volker J.
GRÜTZ, Archibald
HAAG, Ansgar
HAGEMANN, Gerd
HARTMANN, Klaus
HEITMANN, Klaus
HELLRIEGEL, Klaus-Peter
HELTAU, Michael
HENRICHS, Norbert
HERTL, Michael
HETTLER, Walther
HOEFFLIN, Johannes
HOFMANN, Walter
HORN, Hans-Dieter
KALFF, Günter
KOCH, Heinz W.
KÖHLER, Joseph
KORTZFLEISCH, von,
   Siegfried
KRAMARZ, Joachim
KRANZ, Jürgen
KRAUSE, Hans
KUBICKI, Stanislaw
KUHNERT, Günter
KUNST, Hans-Joachim
LAMHOFER, August
LANGE, Rudolf
LECHNER, Irmgard,
   geb. Schreckenberg
LÖHLEIN, Herbert A.
LOOS, Helmut
MAY, Willi F.
METHFESSEL, Siegfried
METZGER, Walter Erich
MÜNCH, Helmut
NESTLE, Horst W.
PELCHEN, Georg
PIEPMEIER, Rainer
PRELLWITZ, Werner C.
RAPPE, Hans-Achim
RIMBACH, Erwin
RUDERT, Heinrich
SAGE, Walter
SANDLER, Guido G.
SCHLENKE, Egon H.
SCHMIDT, Werner P.
SCHOLLER, Karl-Ludwig
SCHWARZBACH, Werner
SELBERG, Werner
STAUDINGER, Hugo
STORR, Peter
THIEMANN, Bernd
VOGT, Fritz
VOGT, Walther
WARNER, Alfred
WEYNEN, Wolfgang
WIEMERS, Eckhard
WIETHÜCHTER, Horst
ZEITLMANN, Wolfgang

6. Juli

ALBACH, Horst
ANHEIER, Rudolf
ARNTZ, Helmut
BALKE, Gerd
BAUMBACH, Siegfried
BECKER, Waltraut
BENNING, Helmut A.
BERGSTRÄSSER, Roland
BORGELT, Hans
BRAHMS, Hero
BREIDENSTEIN, Klaus
BUWITT, Dankward
DAMEROW, Reinhard
DEHM, Richard
DEHN, Wolfgang
DETHLEFFS, Ursula
DIESTELKAMP, Bernhard
EBELING, Gerhard
ECKERT, Ernst
EGLI, Urs
FAISST (ß), Lothar

6. Juli

FRANK, Hubert
GALLMANN, Rolf
GALLUS, Georg
GRÄF, Walter
HAEFFNER, Gerd
HAEFNER, Klaus
HAENDLY, Wolfgang
HÄUSSERMANN, Hartmut
HARRER, Heinrich
HEISE, Hans-Jürgen
HEITZ, Walter
HELBIG, Reinhard
HOFMANN, Wilfried
HOPPE, Dieter
HUBER, Alfons
HUDEMANN, Rainer
INTELMANN, Arthur C.
KAMPF, Henning E.
KERSTEN, Walter
KLOFT, Alfred
KNAPP, Fritz Peter
KNIEHL, Hans-Joachim
KÖHLER, Dieter
KRAMER, Manfred
KRUG, Helmut
LEOPOLDER, August
LUDWIG, Kurt S.
LÜSCHER, Kurt
LÜTTRINGHAUS, Arthur
MATTHES, Eckhard
MAYER-KULENKAMPFF, Ilse
MEYER, Lothar
MÜLLER, Bernd
MÜLLER, Manfred Wolfgang
MÜLLER, Ulrich
MÜLLER-BRAUNSCHWEIG, Hans
NEIDEL, Heinz
NEUMEISTER, Hanna, geb. Meyer
NÖLLE, Wilfried
OSTENDORF, Edith
PLÖGER, Josef Georg
POLÓNYI, Stefan
QUEISSER, Hans-Joachim
REIMANN, Helga L., geb. Feick
REUTHER, Bernhard
RÖLLGEN, Franz-Wilhelm
ROHWER, Jens
RÜDEL, Reinhardt
SCHNERING, von, Hans-Georg
SCHOELL, Konrad
SCHUCHARDT, Eduard
SCHWANK, Inge
SIMMEN, Maria
STOLLREITHER, Konrad
STRUBE, Hans-Gerd
TALSKY, Gerhard
TESSNER, Norbert sen.
VOGEL, Claus
WENDEBOURG, Dorothea
WINTERGERST, Erich
WITTHÖFT, Harald
WOLF, Joseph Georg

7. Juli

ASSMANN, Jan
BALK, Wilfrid
BALLA, Bálint
BAUMGART, Reinhard
BECKER, Dietrich
BELTING, Hans
BERTRAND, Colin
BUECHELER, Kurt
BUYER, Karl
DECKER, de, Wilfried
DIEMINGER, Walter
DOHR, Günter
DORGE, Manfred
DREESKAMP, Herbert
EHRBAR, Herbert
EICHLER, Norbert Arik
ERNST, Gerhard
FISCHBACH, Jörn-Uwe
FLEISCHER, Hans
FRANK, Paul Martin
FREITAG, Werner
FRISCH, Alfred
GEBHARD, Rollo
GEISSLER, Heinrich Wilhelm
GRASMAIER, Fritz
GREMMEL, Helmut
GUTTKE, Werner
HÄSSLER, Achim
HASSELFELDT, Gerda
HECKER, Erich
HELFFERICH, Rudolf
HINRICHSEN, Klaus
HÜSSLER, Georg
JÄGER, Annette
JANSSEN(ß), Hans
JOCHMUS, Ingeborg
KLAUS, Joachim
KNORRE, von, Erik
KRAUSSER, Peter
KREISELMEYER, Kurt
KRÖGER, Klaus
KRÜGER, Dieter
LANDGRAEBER, Wolfgang
LANDMANN, Valentin
LANGE, Wolf-Dieter
LANGEMANN, Hans
LUDWIG, Egon
NAJORK, Peter
OPITZ, Peter
OSSIG, Hermann
PAULIG, Ruth, geb. Köhl
PÉE, Herbert
POTOFKSI, Ulrich
RITSERT, Hans-Jürgen
ROLLWAGEN, Walter
ROTHFOS, Cuno
RÜCHARDT, Konrad
SANTNER-CYRUS, Ingeborg
SCHÄFER, Dieter
SCHAUFLER, Hermann
SCHERING, Ernst
SCHLACHETZKI, Andreas
SCHMITT, Walter
SCHNEIDER, Josef
SCHÖNINGER, Artur
SCHREINER, Hanns
SCHULZE, Martin
SEIFFERT, Johannes Ernst
SIBBING, Winfried
STEMPEL, Wolf-Dieter
STÖCKLIN, Gerhard
THADDEN, von, Adolf
THEURER, Hermann
WALCHER, Wilhelm
WEBER, Werner
WEGLER, Richard
WILDERER, Heinz
WISCHER, Robert

8. Juli

ABRAMOWSKI, Luise
ADLER, Rudolf
ALLERT, Hans-Jürgen
AXMANN, Hans
BARTMANN, Otto
BAUMGARTNER, Hans
BENTELE, Hermann A.
BERINGER, Kaj Edzard
BERNHARDT, Herbert
BERTRAM, Hans
BIEWER, Ludwig
BÖTTCHER, Hans Helmut
BRAUN, Peter
DAHM, Helmut
DIEKMANN, Wilhelm
DÖHNER, Hans-Jürgen
DRESCHER, Joachim
DREYER, Heinrich
DURBEN, Maria-Magdalena, geb. Block
FEISST, Werner Otto
FEUSS (ß), Jürgen
FLEISCHHAUER, Günter
FUCHS, Günter Georg
GÄRTNER, Hans
GESCHE, Helga
GRENZEBACH, Rudolf
GÜNTHER, Arnold
GÜNTHER, Harald
GUTH, Wilfried
HAASE, Richard
HÄRLE, Josef
HAGEN, von, Friedrich
HEEPE, Fritz
HETZLER, Hans Wilhelm
HILLER, Erwin
HÖLLE, Matthias
HORN, Adam
JANZEN, Siegfried
JUTZ, Christian
KEHR, Wolfgang
KILLERMANN, Wilhelm
KLUTHE, Reinhold
KNAUFF, Hans Georg
KORELL, Dieter
KRAUTKRÄMER, Horst
KRUSE, Joseph Anton
KUHN, Walfred Anselm
LERMANN, Hilde
LÜTTGE, Günter
MAYR-HOEFFNER, Harald
MELCHIOR, Hansjörg
MEYER, Gerd
MÜLLER, Margarete
OSTHUES, Heinz
PASETTI, Peter
PETZOW, Günter
PFENNIG, Norbert
REES, Peterfritz
REIS, Hans Edgar
RÖSSEL, Theodor Richard
SCHEEL, Walter
SCHENCK, von, Kersten
SCHENK, Christina
SCHMIDT, Ernst-Georg
SCHMIDT, Manfred
SCHMIDTKE, Jörg
SCHREIBER, Othmar
SCHUSTER, Leo
SIEBERT, Horst
SMOLA, Emmerich
SPICHTINGER, Josef
THURM, Ulrich
TITTEL, Klaus
TOPSCH, Wilhelm
UNTERSTENHÖFER, Günter
WASSERMANN, Eberhard
WEHNER, Karl-Heinz
WELTEKE, Günter
WESTERMANN, Jens
WILLERDING, Ulrich
ZWILGMEYER, Franz

9. Juli

ADAMS, Erwin
ASTEL, Arnfrid
BALZER, Hartmut
BASSENGE, Eberhard
BEATUS, Richard
BECKER, Hermann
BLUME, Willi
BRABEC, Franz
BRÄUTIGAM, Karl-Hans
BRANDL, Hans Alfons
BRUNCKHORST, Hinrich
BUDDE, Otto
BUTENUTH, Hans-Hellmuth
DIEDERICHS, Henning
EGGERS, Philipp Bernhard
EISENMANN, Josef
FEUCHTWANGER, Walter
FINGER, Heinz Peter
GEIST, Gerhard
GLUBRECHT, Hellmut
GNIECH, Gisla
GOEDDE, H. Werner
GRESSNER, Axel
GRIESS-NEGA, Torsten
HÄCKER, Fritz
HARLING, Rudolf
HARSTICK, Hans-Peter
HERING, Hans-Jürgen
HERZBERG, Joachim-Johann
HÖHN, Joachim
HÜTTEL, Rudolf
HUG, Wolfgang
ISERMEYER, Christian-Adolf
KERLER, Richard
KNAB, Doris
KÖRBER, Gero
KREY, Volker
KRÖGER, Erich
KRÜGER, Gerhard
KRUSCHE, Peter
KÜMMEL, Reiner
LENNAR, Rolf
LEPPMANN, Wolfgang
LOBKOWICZ, Nikolaus
LOHMEIER, Georg
LORENZ, Egon
LUCHSINGER, Fred W.
LUDWIG, Peter
MARTIN, Albrecht
MAURITZ, Hans Werner
MAYER, Karl Heinz
MÖLLER, Joseph
MÜNTEFERING, Heinrich
MUNKEL, Helmut
NAGL, Walter
NAGY, Janos B.
NEUFANG, Gerhard
NEWMAN, Karl J.
OGRIS, Werner
PETERSEN, Jens
REICHE, Hans-Joachim
REINFRANK, Arno
RUNGE, Johannes
SCHAEFER, Hans Joachim
SCHIDLOF, Peter
SCHILD, Heinz B.
SCHMIDTKE, Hans-Herbert
SCHMITT, W. Christian
SCHREIBER, Karl-Friedrich
SCHÜREN, Peter Oskar
SCHULZE, Waldemar
SCHWAB, Ulrich
SCHWARZE, Jürgen
SPAHMANN, Gerhard Martin
STAHL, Harald
STANKOVIĆ, Borislav
STEFFENHAGEN, Hartwig
TIEDEMANN, von, Heinrich
VLODROP, van, Peter
WEISS (ß), Erwin
WEISSER (ß), Konrad
ZWECKER, Jochen

10. Juli

ABELER, Franz
ACKERMANN, Elisabeth
BABL, Karl
BECKER, Jürgen
BENZ, Eberhard
BERKTOLD, Franz
BIMBERG, Dieter
BIOLEK, Alfred
BÖHLER, Robert W.
BOHLKEN, Herwart
BRAUWEILER, Hans Peter
BUSSMANN (ß), Friedhelm
CHRIST, Hubertus
DIECKMANN, Bernhard
DONATH, Helen
FERLING, Peter
FISCHER, Peter
FRANZ, Erich Arthur
GAUF, Heinrich
GEMMERN, van, Ewald
GRIMM, Gerhard
GÜNTHER, Hans
HANSEN, Richard
HANSER-STRECKER, Peter
HARDT, Erwin N.
HELMS, Wilhelm
HERRMANN, Ernst Otto
HEUSSNER (ß), Horst
HISS (ß), Dieter
HOCHGARTZ, Günther
HOFFMANN, Hans-Georg
HOFFMANN von WALDAU, Goetz
ILTGEN, Erich
JAEGER, Arno
KELLER, Heinz
KNOPF, Jan
KOSTEAS, Dimitris
KOWATSCH, Klaus
KRAFFT, Fritz
KRECHER, Joachim
KRÖHNERT, Otto
LANGE, Dieter Ernst
LESSMANN (ß), Herbert
LICHTNER, Otto
LOBECK, Falk
LORENZ, Rudolf
MAYER, Bruni
MEIXNER, Horst
MERTZ, Bernd-Arnulf
MEYER, Ernst
MEYER, Gerhard
MEYER-JOSTEN, Jürgen
MEYERS, Hans
MIMKES, Jürgen
MÜLLER, Michael
NAGEL, Alexander
NEMITZ, Kurt
NEUBER, Friedel
NIENSTEDT, Gerd
OPPENHEIMER, Johannes
PETERS, Norbert
PRATSCHKE, Gottfried
RAABE, Joachim
RAUTENBURG, Hans-Werner
RHEINHEIMER, Gerhard
ROEHL, Ernst
RÖHR, Franz
SCHÄFKE, Werner
SCHINKE, Hans-Werner
SCHLEE, Günther
SCHLESIER, Erhard
SCHMITZ, Dieter
SCHNEIDER, Peter
SPRENG, Michael H.
TROMMER, Wolfgang
ULLRICH, Erich
VIALON, Friedrich-Karl
WEBER, Heinz (Heinrich)
WILSCH, Manfred
WÜHR, Paul
ZIELASKO, Werner

11. Juli

BACHSTROEM, Rolf Helge
BLEY, Helmar
BLUMENWITZ, Dieter
BOMMER, Dieter
BOPPEL, Hans-Christoph
BREMER, Claus
BRUNS, Herbert
DAERR, Eberhard
DREIER, Franz-Adrian
ELGETI, Klaus
ELM, Theo
ENGELHARDT, Werner Hans
EY, Werner
FLESSA, Richard
FRÖMTER, Eberhard
GAL, Tomas
GALLE, Ullrich
GÖTZ, Lothar
GÖTZE, Wolfgang
GREWEN, Johanna
GRIMM, Hubert Georg
HAAS, Herbert
HAFENBERG, Bernd Dieter
HAHN, Werner
HARTMANN, Dieter
HARTUNG, Fritz
HAUSER, Otto
HEILFURTH, Gerhard
HERRGEN, Erich
HÖFLINGER, Peter
HÖFNER, Klaus
HOFMANN, Karl
JAUS, Albert
KAHLE, Günter
KEMPFLER, Herbert
KIEFL, Josef
KLEIN, Hans
KLINGER, Kurt
KOCH, Hans-Reinhard
KÖRBER-GROHNE, Udelgard
KRECK, Joachim
KUSCHMANN, Walther
LANGHOFF, Udo
LEHNERT, Christa
LEINS, Werner
LEONHARDT, Fritz
LÖNING, Karl
MARTIN, Norbert
MATTHES, Franz
MIECK, Ilja

MOLKENBUR, Günter
MORDHORST, Artur K.
MOSER, Jürg
NELKE, Gerd
NIEHAUS, Ruth
PEEGE, Joachim
PIRNER, Hans Jürgen
PREY, Hermann
PRINZ, Joseph
RAIDEL, Hans
REPPEKUS, Hans-Otto
RÜBBEN, Alfred
SCHELLENBERGER, Christoph
SCHLOSSARECK, Fritz
SCHMITT, Norbert
SCHMITTHENNER, Walter
SCHNEIDER, Gerhard
SCHOLZ, Herbert
SCHRAMM, Julius
SEITZ, Fritz
SOMMER, Heiner
SPENDEL, Günter
SPITALER, Anton
STAMMEN, Theo(dor)
STEGMANN, Hubert
STIENEN, Karl-Heinz
STIERSTADT, W. Otto
STILLE, Günther
STOCK, Josef
STOCKER, Karl
STOPP, Klaus
TALLERT, Harry
TEUBER, Michael
TIMM, Helga
TRUEMPER, Heinrich
VOGELL, Wolrad
VOITL, Herbert
VOLKHEIMER, Gerhard
VOLLRATH, Heinrich
WAGENBACH, Klaus
WANNINGER, Karl
WERKMÜLLER, Dieter
WERNER, Ilse
WESSEL-THERHORN, Michael
WILCZEK, Gerhard
WILKENS, Erwin
WITTROCK, Herbert
WOLFF, Hans
ZEDELMAIER, Helmut
ZÖLLNER, E. Jürgen
ZUBER, Ewald

12. Juli

ASCHOFF, Jürgen C.
BAUMANN, Jakob Albert
BOLDT, Heinz
BRACHT, Thomas
BRADSHAW, Alexander M.
BRÜGELMANN, Jan
BÜRGER, Wolfgang
CLAUSEN, Heinrich
CRAMER, von, Heinz
DETMERING, von, Wolf-Dieter
DUDECK, Lothar
DUSPIVA, Franz
EINBRODT, Hans Joachim
ERBEL, Günter
FLEMMING, Irene
FRIED, Pankraz
GÖRLACH, Manfred
GROBBINK, Gerd
GROTHAUS, Hans
HAASE, Hans-Joachim
HAHNENFELD, Günter
HAKEN, Hermann
HALBFAS, Hubertus
HEGER, Norbert
HELLWIG, Peter
HENGSTENBERG, Eckart
HENKE, Hans Jochen
HERBERTZ, Joachim
HERFF, Eduard E.
HERZOG, Reinhart
HEUER, Ernst
HÜBLER, Klaus K.
JUNGE-HÜLSING, Gerhard
KÄSEMANN, Ernst
KEYSERLINGK, Graf von, Diedrich

KLIE-RIEDEL, Kriemhild
KOPPELMANN, Udo
KORN, Walter
KRAUSS, Karl-Hermann
KRÜGER, Rainer
LANG, Bernhard
LAUER, Brunhilde, geb. Klein
LEDDEROSE, Lothar
MACKENRODT, Jochen
MAIER, Alfons Sebastian
MASER, Werner
MEHLING, Marianne, geb. Wünzer
MILLER, Josef
MOOSDORF, Johanna
MÜCKL, Wolfgang Johann
NIGGL, Günter
OCHSENFARTH, Christoph
OHR, Renate
PREUSS (ß), Helmut
PROCHNOW, Dietrich
REIBER, Wolfgang
ROMPE, Klaus
ROOS, Lothar
RUBERG, Werner
RUMLER, Franz Josef
SCHAEFFER, Burghard
SCHERINGER, Johann
SCHEUERER, Rudolf
SCHÖBERL, Alfons
SCHROEDER, Manfred R.
SCHULER, Peter-Johannes
SEESING, Heinrich
SIEBENEICK, Hans
SOMMER, Alfred
SPRENKMANN, Wolfgang
STOFFREGEN-BÜLLER, Michael
THIELE, Wilhelm H.
WEISER, Paul
WEISS (ß), Gerald
WINGENDORF, Paul
WITSCHEL, Heinrich
WITT, Hans-Jürgen

13. Juli

BEILHARZ, Manfred
BINDSEIL, Heinz
BLUMENBERG, Hans
BRAUN, Michael Herbert
BRINKMANN, Günther
BRUNNER, Edgar
BUNKE, Helga
CATENHUSEN, Wolf-Michael
DIESNER, Jürgen
DIGESER, Andreas
DINESCU, Violeta
DRÄGER, Christian
DUBE, Wolf-Dieter
DUMMEYER, Norbert
FIEBIG, Udo
FORTNAGEL, Peter
FUCHS, Gerhard
GAUGER, Wilhelm
GOEZ, Werner
GÜDE, Jürgen
GUNDELACH, Volkmar G.
HAMER, Sabine
HANAU, Peter
HARTMANN, Jürgen
HASENFUSS (ß), Willy
HENSEL, Georg
HILDEBRANDT, Stefan
HILLE, Heinz
HOMANN-WEDEKING, Ernst
HORSTER, Franz-Adolf
HOYER, Norbert
HUNGER, Roland
INGENDAHL, Werner
JOOS, Wolfram F.
KEILHOLZ, Inge
KLINGMÜLLER, Walter
KLÖPPER, Rudolf
KROSS, Hubert
KRUMWIEDE, Hans-Walter
KUROTSCHKA, Viktor Georg
LANC, Otto
LANGE, Victor
LARSEN, Egon

LEITHOFF, Peter
MARTINI, Gustav-Adolf
MÜLLER, Günter
NASTOLD, Hans-Joachim
OPBERGEN, van, Gert
PASCHOS, Emmanuel A.
PAVEL, Hans-Joachim
PÜCKLER, Graf von, Carl-Heinrich
RAMLER, Hans Gerhard
RATH, Peter Dietrich
REINELT, Peter
REITHER, Werner
RINSCHE, Günter
ROELLECKE, Gerd
SCHERER, Hans Siegfried
SCHIF, Curt
SCHMID, Hermann-N.
SCHMID, Oskar
SCHOLZ, Oskar Berndt
SCHRÖDTER, Hermann
SEIDEL, Friedrich
STRAETEN, Jo
TACKE, Alfred
TOEPFER, Alfred
ULRICH, Peter
WILLEKE, Franz-Ulrich

14. Juli

ALEXANDER, Meta
ALVENSLEBEN, von, Reimar
BAYERN, Prinz von, Franz
BERGMANN, Hellmut
BERNHARD, Hans Joachim
BÖRGER, Leberecht
BULST, Neithard
BUSCH, Günter
CAPIZZI, Carmelo
CHMIELEWICZ, Klaus
CORDES, Eilhard
DINZELBACHER, Peter
DÖRR, Johannes
EICKER, Edmund
ELIAS, Horst
FELDERHOFF, Dieter H.
FINKENSTAEDT, Thomas
FISCHER, Heinz
FRANK, Rainer
FÜLGRAFF, Georges
GIESEMANN, Gerhard
GÖTZE, Rolf
GOTT, Karel
HAWERKAMP, Manfred
HERWARTH von BITTENFELD, Hans-Heinrich
HILPERT, Egon
HOFER, Manfred
HOFFMANN, Ernst
HÜTTEMANN, Karl-Josef
JANSEN, Gerd
JANSEN, Günther
JANSEN, Wilhelm
JURISCH, Joachim
KAWOHL, Marianne
KISTNER, Klaus-Peter
KNÖPPEL, Karl H.
KREFT, Ekkehard
KUNITZSCH, Paul
LEHNER, Franz
LEIDERER, Rosmarie
LENCKNER, Theodor
LEONHARDT, Helmut
LERSNER, Freiherr von, Heinrich
LINK, Werner
MAUER, Aloys
MENDE, Walter
MÜLHAUPT, Ludwig
MÜLLER, Willy
NAU, Wilhelm
NIENS, Walter
NOACK, Dietrich
OSTENDORF, Wilhelm
PETERSEN, Werner
PLATE, Erich
RANFT, Otto
RICHTER, Wilhelm
SCHÄFER, Michael
SCHERER, Hubert
SCHEWE, Dieter
SCHINDEWOLF, Ulrich

SCHLEGEL, Hanns-Ludwig
SCHLICHTER, Otto
SCHMIDT, Hans
SCHMIDT, Walter
SCHMITT, Matthias
SCHOMBURG, Reiner
SCHROEDER, Friedrich-Christian
SCHRÖDER, Hubert
SCHÜTTE, Horst-Robert
SCHULIN, Bertram
SCHWINGER, Walter-Wolfram
SEE, Wolfgang
SIEFKER, Leopold
SMIDT, Diedrich
STELTER, Wolf-Joachim
STRAKA, Herbert
STRUVE, Wolfgang
STURM, Hermann
SUERBAUM, Werner
TRENKLER, Götz
WAGNER, Fritz
WEBER, Ellen
WERNER, Jürgen
WIEGREBE, Wolfgang
WIELAND, Dieter
WINTER, Erich
WOLF, Richard
ZÜRN, Herbert

15. Juli

ABRAHAM, Reinhardt
AHRENS, Dieter
AHRENS, Hans Joachim
BOELTE, Hans Heiner
BOHLE, Hermann
BRANDT, Gerold
BREMER, Hanna
BUCHHOLZ, Ernst Wolfgang
BUDDECKE, Eckhart
BUDIG, Peter-Klaus
BÜRGER, Rudolf
BULLERJAHN, Jens
COTTA, Horst
DIEDERICH, Helmut
DOBERAUER, Wolfgang
EBERT, Klaus
ELKAR, Fritz
FAHLBUSCH, Klaus
FEURLE, Gerhard E.
FISCHER, Walther Leonhard
FÖRSTER, Harald
FRIEDRICH, Hans Joachim
GIESEN, Günter
HAMEL, Peter Michael
HEINRICH, Franz-Josef
HOCKERTS, Theodor
HÖLTJE, Gerhard
HÖPKER, Wilhelm-Wolfgang
HOLM, Werner
ISCHEBECK, Friedrich
JOSTEN, Johann Peter
JUNGE, Friedrich-Wilhelm
KANTCHEFF, Slava
KARST, Uwe Volker
KATH, Dietmar
KISTERS, Theodor
KLEINLOGEL, Alexander
KLIEMANN, Peter
KÖHLERTZ, Fritz
KOHN, Werner
KORGE, Horst
KRUPP, Georg
KUTTERER, Richard E.
LEFERENZ, Heinz
LEMMERMANN, Inge
LENTZEN, Manfred
LENZ, Rolf
LINHARD, Brigitte, geb. Koehler
LINSS, Hans Peter
LOMNITZER, Helmut
LUDWIG, Dieter
MATSCHIE, Christoph
MIETHKE, Jürgen
MÖLLEMANN, Jürgen W.
NAUMANN, Alexander
PETEGHEM, van, Arseen-P.
PRÜFER, Manfred
REMPEL, Ernst Christian
RÖCK, Heinrich

RÖTZER, Hans Gerd
ROSSLENBROICH, Eberhard
SCHENK, Josef
SCHMITZ, Mathias
SCHMITZ, Peter Michael
SELEKEN, Stefanie
STADLER, Heinrich
STEUBEN, von, Hans
STEUSLOFF, Hartwig
WALLMANN, Jürgen P.
WEHRHAHN, Erich
WIENOLD, Götz
WISSEL, Christian
WITTKOWSKY, Wolfgang

16. Juli

ADAM, Wilhelm
BAUMGÄRTNER, Alfred Clemens
BLENDINGER, Friedrich
BLUMHAGEN, Lothar
BÖNNER, Max
BURMEISTER, Peter
CLUSEN, Helmut
CÖSTER, Oskar
DOSCH, Günter
DÜRR, Heinz
ECKERT, Walter Ludwig
ELLWEIN, Thomas
ERNY, Richard
FINSTERWALDER, Rüdiger
FISCHER, Konrad
FRICKE, Reiner
GEITNER, Otto
GEMÜNDEN, Hans Georg
GÜNTHER, Michael
HAMANN, Günter O.
HANF, Dieter
HARDT, Horst-Dietrich
HARTLIEB, von, Horst
HAUSMANN, Bernhard
HEIDSIECK, Horst
HEINER, Wolfgang A.
HENSEL, Friedrich
HERDA, Georg
HÖFER, Ernst
HOFFMANN, Erich
JUNGLAS, Hermannjosef
KAESBACH, Karl H.
KOWALSKY, Hans-Joachim
KRONECK, Friedrich J.
KUMHER, Franz
KUNZE, Klaus
LAIS, Hermann
LINSER, Herbert
MAUCHER, Eugen
MILTNER, Karl
MOHR, Heinrich
MOSER, Albert
MÜLLER, Alfons
MÜLLER-BOCHAT, Eberhard
NEUHOFF, Kurtwalter
NIEPMANN, Fritz
PAWLIK, Peter-Michael
PENNINGSFELD, Franz
PHILIPSON, Lennart C.
REHBOCK, Fritz
REICHARD, Herbert
RIECKE, Erich
SCHENKER, Walter
SCHEWICK, van, Heinz-Helmich
SCHMIDT-THOMÉ, Paul
SCHNEIDER, Edith
SCHWARZENBERG, Ilse, geb. Strasser
SCHWARZL, Friedrich
STETTER, Karl
STROMEYER, Rainald
TICHY, Franz
UNGLAUB, Walter
VONDUNG, Klaus
WALTER, Wilhelm
WEBER, Doris
WINKHAUS, Hans-Dietrich
WINKLER, Ulrich
WOLF, Hans-Christoph
WÜLKER, Gabriele, geb. Weymann

ZIEGLER, Walter
ZWILLING, Robert

17. Juli
ALT, Franz
BAUR, Jörg
BELLSCHEIDT, Heinz
BLISS, Heinz
BORCHARDT, Peter O.
BRANDIS, Henning
BRANDT, Siegmund
BUCH, Aloys Joh.
BÜLOW, von, Andreas
BÜTTNER, Rudolf
DAUENHAUER, Alois
DENEFFE, Peter J.
DICKMANN, Wilhelm G.
FEID, Anatol
FRANCKE, Klaus
FRANK, Winfried E.
FRESENIUS, Wilhelm
FRINGELI, Dieter
GAUCH, Gert
GEBAUER, Alfred
GOOSSENS, Nico
GREINER, Peter Georg
GÜNTHER, Horst
HÄRLE, Franz
HASLEHNER, Elfriede, geb. Götz
HASSKAMP(ß), Peter
HEDEMANN, Walter
HEINOLD, Wolfgang Ehrhardt
HELLWIG, Gerhard
HERBERHOLZ, Horst
HERMESDORF, Herbert
HUSS (ß), Walter
IHLENFELDT, Hans-Dieter
JESSURUN, Berndt Jürgen
JÖSCH, Wilhelm G.
KAISER, Wolfgang
KASCHKAT, Hannes
KEIL, Gundolf
KITTELMANN, Peter
KLINGSZOT, Rüdiger
KÖHLER, Horst
KÖNIG, Dieter
KRÜCKEBERG, Max
KRUG, Edgar
KÜNNEMEYER, Otto
KUPSCH, Bernhard
LINZENMEIER, Götz
LÖBBECKE, Wolfgang
MERTENS, Rudolf
MITSCHERLICH-NIELSEN, Margarete
MORGENSTERN, Frank
MÜLLER-BÖLING, Detlef
NAGL, Erwin Ludwig
ODERSKY, Walter
OEYNHAUSEN, Freiherr von, Rab-Arnd
OSTHEEREN, Klaus Hermann
PANITZ, Manfred
PANKUWEIT, Klaus-Rolf
PFEIFFER, Klaus
PLEYER, Klemens
POHLMEIER, Hermann
REINERT, Jakob
REISCHL, Gerhard
RIED, August
ROGALL, Holger
ROUENHOFF, Otto
RUDOLPHI, Hans-Joachim
SALZER, Egon Michael
SAUERWALD, Karl Josef
SCHMAUS, Michael
SCHMID, Elisabeth
SCHÖNE, Albrecht
SCHORMANN, Klaus
SCHUSTER, Hans-Peter
SEILER-ALBRING, Ursula
SIMON, Heinz-Viktor
SIMSON, von, Otto
SINGER, Hans
STEINFELD, Karl-Heinz
STEINMANN, Horst
STOLZ, Artur
STÜTTGEN, Ulrich
VOLLMAR, Karl Emil
VOLMER, Günter
WEBER, Adolf
WEGER, Karl-Heinz
WEIGHARDT, Annemarie
WEINMANN, Manfred
WILLOWEIT, Dietmar
WOLFARTH, Günther

18. Juli
ABSHAGEN, Ulrich W. P.
ANACKER, Hermann
BAUDLER, Georg
BEDNARIK, Karl
BERG, Horst-Klaus
BEYER, Erich
BIZER, Christoph
BORCHERS, Heinz
BOTHE, Wolfgang
BRAUN, Volkmar
BRELOER, Gerhard
CARDAUNS, Burkhart
COMES, Franz Josef
DAMRAT, Anna
DEIMLING, Klaus
DIEDERICHSEN, Uwe
DÖPP, Dietrich
DORN, Wolfram
DRÜLL, Wolfgang D.
EBEL, Friedrich
EHLERS, Reinhard
ENGELSBERGER, Matthias
FAUST, Herbert
FISCHER, Leni, geb. Lechte
FREUND, Friedemann
FRISCHAT, Günther
FUHRMANN, Jürgen
GERNHUBER, Joachim
GEYER, Dietmar
GOLOMBEK, Michael
GRUNZE, Heinz
HÄRTWIG, Dieter
HAMMAR, Carl-Heinz
HARIG, Ludwig
HESELHAUS, Clemens
HOFFMANN, Karl-Heinz
HOFFMANN, Reinhard W.
HOFMANN, Rolf
JANKE, Georg
KANSY, Dietmar
KATZY, Dietmar
KELLERT, Wolfgang
KIMMEL, Willibald
KIRSCHKE, Dieter
KNORR, Lorenz
KOCH, Reinhard
KOKKELINK, Günther
KORNRUMPF, Hans-Jürgen
KOSSOLAPOW, Line
KREBS, Karl
LANSKY, Ralph
LAUTER, Josef
LEWIN, Bruno
LISCHKA, Joachim Hubertus
MAUERSBERGER, Volker-Jürgen
MEISTER, Dietrich
MESCHKE, Hildegard
MESEKE, Hedda
MICHEL, Hartmut
MÖRATH, Werner
MÖRS, Ingo
NAUMANN, Rudolf
NOTTBERG, Hermann
NOWACK, Kurt
OGAWA, Takashi
PAFFEN, Karlheinz
PATZELT, Paul
PETER, Helwin
PISCHINGER, Franz Felix
PRIEWASSER, Erich
RAULF, Holger
RIDDER, Helmut K. J.
RIX, Rainer
RÖSNER, Dieter
RUBO, Ernst
SALA, Oskar
SCHILDKNECHT, Kurt Josef
SCHLESIER, Raimund
SCHLICHT, Michael Winrich
SCHMITZ, Josef
SOHNS, Ernst-Otto
TREUE, Wilhelm
TURCZYNSKI, Emanuel
TWENHÖVEN, Jörg
UTHMANN, von, Jörg
WALTERT, Bruno
WEIL, Grete, geb. Dispeker
WEITNAUER, Hermann
WIMMER, Hermann
WIRTH, Helmut
WITTE, Helmut
ZIMMERMANN, Friedrich

19. Juli
ALBRECHT, Gerd
BIALAS, Günter
BOCK und POLACH, von, Michael
BÖHM, Wolfgang
BRAUNBURG, Rudolf
COLPE, Carsten
CORYLLIS, Peter
DICKMANN, Herbert
FERNANDEZ, Claire
FIEGUTH, Gerhard
GOTTBERG, von, Rasmus
GRÜNER, Martin
HACKE, Friedrich
HAEGELE, Karl Eugen
HAUCK, Illon Astrid
HECKING, Klaus
HERMANN, Winfried
HÖHNE, Eitel O.
HÜTT, Rainer
KINDERMANN, Udo
KOLPE, Max
KOSTE, Walter
KRÄMER, Gerd
KRUMM, Hans-Jürgen
KRUSE, Rolf
LEYSEN, Luc
LOHMANN, Hans Joachim
MAINUSCH, Herbert
MALLMANN, Walter
MATTES, Helmut
MAURIN, Viktor
MAYDELL, Baron von, Bernd
MENGER, Wolfgang
MINETTI, Hans
MÜLLER, C. Detlef
MUMMERT, Rochus M.
NIEMANN, Hans-Werner
NIENHAUS, Volker
OVERZIER, Claus
PANDULA, Dušan
PECHMANN, Freiherr von, Hubert
PRACHNER, Gottfried
RADEMACHER, Hans C.
REINECK, Hans-Erich
RINGEL, Johannes
RÖPKE, Horst G.F.
ROHDE, Fritz Georg
RUDOLPH, Günther
SCHÄFER, Philipp
SCHREIBER, Friedrich
SCHWEPCKE, Hans-Jürgen
SIGLE, Rolf
TAPHORN, Hans-Joachim
THULL, Roger
WASSMUTH (ß), Heinz-Werner
WEBER, Wolfgang
WERNER, Jürgen
ZWICKERT, Erwin

20. Juli
ADOMEIT, Hans-Joachim
ALTMANN, Siegfried
AUGUSTIN, Manfred
BALTENSPERGER, Ernst
BAUR, Wolfgang
BECK, Emil
BEN-CHORIN, Schalom
BERENDT, Joachim-Ernst
BERTHOLD, Brigitte
BIBERGER, Erich L.
BINNIG, Gerd
BOHNET, Matthias
BRASE, Horst
BRENTANO, Baronin von Angela, geb. Reimann
CLASSEN, Hans-Georg
DAHMEN, Günter
DENSO, Jochen
DERLIEN, Hans-Ulrich
DEUBEL, Franz
DEUTSCHMANN, Martin
DROST, Volker C. A.
EMENDÖRFER, Dieter
ENTRUP, Otto
ERDMANN, Dietrich
FABER, Anne
FISCHER, Rudolf
FRISCHBIER, Hans-Joachim
FUNCKE, Liselotte
GEIST, Reinhold
GIELEN, Michael
GIESENFELD, Günter
GOBRECHT, Heinrich
GOEBEL-SCHILLING, Gerhard
GRILL, Harald
HAINICH, Rainer
HARTMANN, Hans-Joachim
HAUF, Günter
HEINTZE, Joachim
HERLYN, Gerrit
HIRSCH-WEBER, Wolfgang
HUBSCHMID, Paul
KEGEL, Otto H.
KETTELER, Freiherr von, Clemens
KLAUSEWITZ, Wolfgang
KREKELER, Heinz L.
KRENZER, Richard Philipp
KUBALEK, Erich
LEMPPENAU, Joachim
LUDWIG, Otto
LÜTTGAU, Hans-Christoph
MENGES, von, Klaus
PANTEL, Volker
PETRY, Leo
PRINZBACH, Horst
PUHST, Heinz
RAEBER, Robert Eduard
RIEDMAIER, Theresia
RÖDL, Helmut
ROETHER, Wolfgang
SCHÄFER, Harald B.
SCHELL, Jozef Stephaan
SCHIEFELE, Hans
SCHILY, Otto Georg
SCHMID, Gerhard
SCHNEIDER, Alfred
SCHNEIDER, Hans Ulrich
SINGER, Manfred Vinzenz
SINN, Hansjörg Walter
STRESEMANN, Wolfgang
TROST, Klaus
WAGNER, Ernst-Ludwig
WINJE, Dietmar
WRANGEL, Baron von, Olaf

21. Juli
ALLEWELDT, Gerhardt
ARP, Ferdinand
BAUERSCHMIDT, Reinhard
BERGER, Robert
BLÜM, Norbert
BÖRGER, Gisbert
BREUER, Karl Hugo
BRINCKMANN, Herbert
CRAMON-TAUBADEL, von, Detlev Yves
DELVENDAHL, Werner
DEUTSCH, Karl W.
EILENBERGER, Gert
ENDRES, Günther
FAUST, Volker
FELLERMEIER, Jakob
FISCHACH, Hans
FLESCHE, Christian
FRANK, Gerhard
GAHLEN, Walter
GERHARTZ, Heinrich
GERSTENBERGER, Heide, geb. Johannsen
GOMOLKA, Alfred
GOTTSCHALK, Hanns
GREVE, Werner
GRUNST, Friedrich-Wilhelm
HAASEN, Peter
HAEDRICH, Günther
HANDWERKER, Hermann O.
HANSEN, Johannes
HAUSTEIN, Erik
HELWIG, Helmut
HERRMANN, Klaus J.
HESSE, Gerhard
HUFNAGEL, Karl Günther
KEFER, Linus
KEIENBURG, Siegfried
KEUTNER, Richard Josef
KIRSCHKE, Georg
KLEIN, Hemjö
KLINGNER, Edwin
KLOESER, Robert
KNIERIM, Herbert
KOCH, Hans-Albrecht
KÖLBLIN, Rolf
KOLLER, Horst
KROEMER, Walter
KÜCHLER, Wilhelm
KÜHNE, Hartmut
KÜTT, Anton
KURTZE, Gerhard
LAMBINUS, Uwe
LANDOWSKY, Klaus
LICHTENWALD, Gerd
LINK, Walter H.
MACKENSEN, Jürgen
MATTHIESSEN, Kjeld
NIEMÖLLER, Klaus Wolfgang
OETINGER, Friedrich
OHLIGER, Hans W.
PETZET, Heinrich Wiegand
PILLAU, Horst
POTTHOFF, Margot
RINCK, Gerd
ROHDE, Joachim
ROSENBERG, Hartmut Peter
SALA, Gabriel
SALING, Erich
SCHÄFER, Otto
SCHÄFKE, Friedrich-Wilhelm
SCHMUCKER, Ulrich
SCHULZE, Theodor
SCHWIRTZ, Karl-Heinz
SPIELMANN, Heribert
STOCK, Karin, geb. Meißner
STRAUSS (ß), Karl-Hugo
WAGNER, Richard
WEISSFLOG (ß), Jens
WELDIGE-CREMER, de, Wessel
WINKELS, Richard
ZACHMANN, Hans Gerhard
ZEH, Erich

22. Juli
AFFELD, Klaus
AFHELDT, Heik
ALY, Herbert
BATZEL, Siegfried
BAUMANN, Karl-Hermann
BECKER, Eberhard
BEHR-NEGENDANCK, von, Johann
BERG, Dieter
BINDER, Hartmut
BIRKENBEIL, Edward J.
BOLDT, Werner
BRESSER, Klaus
CANSTEIN, Freiherr von, Ludolf
DÜHMKE, Eckhart
ENGELHARDT, Gunther
FISCHER, Jürgen
FLEISCHER, Gundolf
FRANK, Helmut
FREUDENBERG, Reinhart
FROMMER, Werner
GÖTZ, Herbert
GUBERAN, Dieter
HAGEMANN, Heinrich
HAGENAU, Heinz
HEISE, Michael

HENSELER, Rudolf
HIRSCHMANN, Hans
HOFIUS, Otto Friedrich
ISER, Wolfgang
JACOBI, Hans
JÖRDER, Ludwig
JOST, Erich
KATER, Hermann
KIERMEIER, Friedrich
KLIMKEIT, Hans-Joachim
KLINKHAMMER, Georg
KNUST, Dieter
KOCH, Hans Georg
KOEBNER, Thomas
KOELLE, Heinz H.
KOHL, Josef
KRECK, Matthias
KUHLENCORDT, Friedrich
KUHNLE, Helmut
LANDAU, Kurt
LEIS, Rolf
LÜBBERSMANN, Wilhelm
LUTZ, Wilhelm
MANZ, Friedrich
PFLEIDERER, Wolfgang
POPP, Harald
RATSCHOW, Carl-Heinz
RAUHUT, Burkhard
REDDEMANN, Ludger
REGNIER, Charles
RITZERFELD, Wolfgang
ROLLER, Robert
RUNNEBAUM, Benno
SCHMIDT, Hermann
SCHMIDT-DECKER,
 Nils-Peter
SCHULZ, Werner
SIGEL, Heiner
STELZNER, Axel
THEWS, Gerhard
THIEMANN, Friedrich
THOMSEN, Klaus
VOIGT, Jürgen
WALTHER, Franz Erhard
WEBER, Gerd
WEHNES, Franz-Josef
WEISSENBORN (ß), Theodor
WERTHMANN, Hans-Volker
WINNEKNECHT, Dieter
ZERRIES, Otto
ZIPPEL, Wulfdiether

23. Juli

BAERNS, Manfred
BARION, Jakob
BERMIG, Horst
CHOINSKI, Andrzej
DILL, Richard
DÖPPNER, Lothar
ERNST, Friedhelm
EROMS, Hans-Werner
ERWE, Friedhelm
FÜHR, Fritz
GALL, Günter
GEORGE, Götz
GISSEL, Henning
GRAML, Karl
GROSS (ß), Konrad
GUTBROD, Anton
HAASE, Günter
HAINDL, Clemens
HAMM, Jean-Paul
HASSELMANN, Wilfried
HENGSTMANN, Hermann
HERDMANN, Günter
HUMBACH, Walter
KALTHEGENER, Bernd
KAPPELER, Detlef
KOCH, Hans
KOFLER, Werner
KREUTER-TRÄNKEL,
 Margot
LACHMANN, Marcus
LEISTNER, Lothar
LORENZEN, Thomas
LUTZ, Dietmar
MAGNUS, von, Arthur W.
MARX, Siegfried
MORFILL, Gregor
MÜLLER-KRUMBACH,
 Renate
NIEDERMAYER, Josef

NIEZOLDI, Gerhard
OPPERMANN, Hans-D.
OTTEN, Fred
PFISTER, Paul O.
PREUSCHOFF, Hans-Georg
RETTICH, Margret
RICHWIEN, Werner
RUSTA, Irana
SAUER, Heinrich
SCHELLENBERGER,
 Walter
SCHERTZ, Wolfgang
SCHMALZ, Dieter
SCHMITZ-SINN, Heribert
SCHWAB, Werner
SCHWEIZER, Harald
SPRINGER-ANDERSEN,
 Ruth
STROBEL, Käte,
 geb. Müller
TEICHLER, Ulrich
TELLER, Heinrich
THIMIG, Hans
TOMUSCHAT, Christian
TRAUB, Norbert
TRAUGOTT, Edgar
TRITSCHLER, Heinrich
VIERNEISEL, Klaus
VIET, Ursula
WERNER, Paul
WIECHATZEK, Gabriele
WILDE, Hans
WUWER, Johann
ZANG, Klaus D.
ZIMMERMANN, Dieter

24. Juli

BAILER, Balthasar
BARTH, Gerhard H.
BASCHEK, Bodo
BENKER, Fritz
BURKHARDT, Hermann
CHRISTA, Karl
CLEMENS, Helmut
CRAILSHEIM, Freiherr von,
 Hanns-Jürgen
DIECK, Leopold E.
DIETZE, Horst-Dietrich
DÖNHOFF, Graf von,
 Christoph
DÜVEL, Dietrich
ELITZ, Ernst
ENDRUWEIT, Günter
FALKENBERG, Hans-Geert
FALKENBERG, Hartmut
FAUPEL, Rainer
FETT, Walter
FRANKE, Wolfgang
FRITSCH, Bruno
GEBHARDT, Kurt
GEIMER, Franz Josef
GERCKENS, Pierre
GÖSELE, Karl
GOTTSCHALK, Helmut
HÄCKER, Hartmut
HALASZ, v., Robert
HAUG, Hartmut
HEIDERMANNS, Klaus
HEIDSIECK, Carl
HENRICHSMEYER, Wilhelm
HERON, Alasdair Iain
HETTLAGE, Robert
HILDEBRANDT, Walter
HÖLLER, Hugo
HORSTMANN, Heinrich G.
JORDAN, Horst
KAULER, Kurt
KROSS (ß), Eberhard
KÜSTER, Fritz
LANG, Ulrich
LENHARD, Hans
LOEBELL, Ernst
LOSKILL, Jörg
MAUEL, Kurt
MEMMEL, Linus
MEYER, Friedrich A.
MOLL, Silvius
NAUJOKS, Rudolf
NOLTEIN, von, Erich
NOVER, Arno-Hermann
OERTZEN, von, Wolfram
PLATZ, Klaus Wilhelm

RAJEWSKY, Manfred Fedor
RENFERT, Cornel
RINGLEBEN, Joachim
SCHELER, Manfred
SCHERTHAN, Hans-Dieter
SCHEURIG, Bodo
SCHMEDT, Franz
SCHNEIDER, Hans
SCHOELLER,
 Franz Joachim
SCHULZ, Dietrich
SCHULZ, Ekkehard
SCHULZ, Werner
SCHWARZ, Heinz
SCHWARZENBÖCK, Franz
SEITZ, Walter
STABERNACK, Gustav
STEIN, Hans-Joachim
STÖTER, Jochen
STÖVER, Ulla
TAMMANN, Gustav Andreas
TANGE, Ernst Günter
TROEMER, Klaus
VALLENTHIN, Wilhelm
VEIGEL, Günter
VESPERMANN, Gerd
VICKERS, Catherine
WETZSTEIN, Rudolf
WILLHÖFT, Walter
WILLNER, Max
WINKLER, Hans Günter
WOLANY, Josef
ZECH, Jürgen
ZENZ, Emil
ZMARZLIK, Hans-Günter

25. Juli

ABEL, Kurt
AMBS, Erhard
ANNECKE, Horst
ARMBRUSTER, Peter
BARKING, Heribert
BERNING, Vincent
BOTTENBRUCH,
 Hans Walter
BÜCKMANN, Walter
BUTTING, Hannshermann
CROPP, Wolf-Ulrich
DEGEN, Rolf
DEIRING, Hugo
DETRICH, Tamas
EEKHOFF, Johann
ENGELS, Gerhard
FIEDLER, Joachim
FIETZ, Gerhard
FLACH, Werner
FREYNIK, Karlheinz
FÜLDNER, Eckart
GERHARDT, Hans-Jochem
GOLDBRUNNER, Josef
GROLL, Horst
HAMM, Josef
HECKER, Axel
HEINZE, Axel
HELPAP, Burkhard
HENDRICKX, Heinz
HORNUNG, Dieter
KÄMMERER, Hermann
KEWITZ, Helmut
KLINDER, Henry
KLINGE, Heiko
KNÖRZER, Wolfgang
KÖHLER, Wolfram
KÖPF-MAIER, Petra
LENGFELD, Martin
LOSCHELDER, Wolfgang
MALANGRÉ, Heinz
MERTENS, Hans-Joachim
MITSCHERLICH, Eilhard
MÜCHLER, Günter
MUEHLEK, Karl
OFFTERDINGER, Helmut
PALMA, Bernd
PONGRATZ, Ludwig
RAKOB, Friedrich Ludwig
RÜDIGER, Dietrich
RÜHL, Werner
SASS, Heinz-Günter
SAURIN, Wolfgang
SCHÄFER, Wolfgang
SCHILD, Walter
SCHMIDT, Manfred G.

SCHMITZ, Hans Peter
SCHROEDER, Günther
SELL, Hans Joachim
STARK, Franz
STEHLE, Hansjakob
STEPHANI, Claus
STETTNER, Rupert
STÖCKER, Michael
STÖRIG, Hans-Joachim
TRAENKLE, Carl August
TRUHART, Peter
VOGEL, Werner
VOLZ, Heinrich Jakob
WEIDENBACH, Hans-Otto
WENDT, Hans W.
WESSLING, Berndt W.
WIEGHARDT, Karl Ernst
WILDERMUTH, Karl
WILSS, Wolfram
WINKLER, Rainer
WINTER, Detlef
WITTEKIND, Christian
ZETTEL, Waldemar

26. Juli

ADAM, Waldemar
AMMON, Jürgen
APPEL, Reinhold
ARNOLD, Karl Heinz
BALTZ-OTTO, Ursula
BANTLE, Kurt
BAUERSACHS, Gerhard
BAUMGART, Wolfgang
BERGEL, Hans
BRAND, Heiner
BRAUN, Hellmut
CLAESSEN, Herbert
DIMITROVA, Margarita
DRAHEIM, Joachim
EGGERS, Hans Joachim
EIDEN, Reiner
ENGELBERTZ, Wilhelm
ENGELKEN, Dierk
FURTAK, Robert K.
GERTLER, André
GLOGGENGIESSER (ß),
 Fritz
GMELIN, Eberhard
HAMANN, Brigitte,
 geb. Deitert
HARENBERG, Bodo
HAUS, Wolfgang
HESSLER (ß), Hans-Wolfgang
HÖLZ, Peter
HUBER, Erwin
JAKOBS, Günther
JANKO, Zvonimir
JANSEN, Leonhard
KLAGES, Günther
KLEINAU, Wolffjürgen
KLEINERT, Detlef
KLUTH, Gerhard
KOCH, Walter A.
KODER, Johannes
KOWALLIK, Klaus-Viktor
KULL, Ulrich
LAURIG, Wolfgang
LEDERGERBER, Alfred
LEUPOLD, Walter
LINN, Horst
LÜTKEPOHL, Helmut
MÄRKL, Alfred
MESSNER, Rudolf
MÜLLER, Horst
NAPP-ZINN, Klaus
NEUMEYER, Dieter
NIEMEYER, Wolfhart
PALM, Ulrich
PARTZSCH, Kurt
PFLEIDERER, Beatrix
QUACK, Rudolf
REUTER, Michael
RIEHEMANN, Franz
ROETHER, Jürgen
ROWEDDER, Heinz
RÜGGEBERG, Jörg
SABBAN, Kay
SCHARTZ, Günther
SCHICHA, Harald
SCHIRMER, Horst
SCHMALFUSS (ß), Helmut
SCHÖN, Karl

SCHWIND, Ernst
SPERLING, Walter
STEPPUTAT, Olaf
STUMP, Berthold
THÜRER, Georg
WEBER, Albrecht
WEBER, Dietrich
WEIDENMÜLLER, Hans A.
WESTMEYER, Hans
WINKLER, Heinz
WINNACKER, Ernst-L.
WOLFF, Arnold
ZEITLER, Herbert

27. Juli

ALBER, Siegbert
AUGST, Gerhard
BALTES, Adalbert
BARTEL, Hans
BAUMGARTNER, Walter
BETHKE, Hildburg
BLEICHERT, Adolf
BOESE, Ursula
BORNHOFEN, Ludwig
BUTZENGEIGER, Karl H.
CHARELL, Marlene
CLAUS, Willi
COSERIU, Eugenio
COURTOIS, Horst
DAMM, Peter
DEIKE, Wolfgang
DEITERS, Hugo Carl
DENINGER, Johannes
DIETZ, Werner
DILGER, Konrad
DOMIN, Hilde
DREVS, Merten
DRUCKREY, Hermann
FRITSCH, Johannes
FUDICKAR, Eberhard
GIROCK, Reinhard
HAAS, Manfred
HARTHERZ, Peter
HEYN, Karl
HOEGES, Dirk
HOLUBEK, Reinhard
HUDE, von der,
 Georg-Henning
JACOBMEYER, Wolfgang
KIWIT, Walter
KLAER, Wendelin
KOHLENBACH, Hans W.
KONRADI, Inge
KRAUSE, Egon
KREMLING, Horst
KRUMME, Gustaf
KÜSSWETTER, Wolfgang
LANG, Werner
LEVERKUS, Otto C.
LIETZ, Walter
LINDENMEIER, Maria
LÖWE, Heinz-Dietrich
MOSZKOWICZ, Imo
MÜLLER, Erwin
NIETHAMMER, Horst
NOLTE, Margarethe
OKSCHE, Andreas
OTT, Claus
PAND, Michael
PFENNIG, Gerhard
PIRKHAM, Otto G.
PREMAUER, Werner
RIEMANN, Friedrich
RUMMEL, Oskar
SAUR, Klaus Gerhard
SAX, Ursula
SCHAEDER, Burkhard
SCHEER, August-Wilhelm
SCHMALE, Karl
SCHMIDT, Karl Gerhard
SCHNEIDER, Jost
SCHÜTZ, Walter J.
SCHULZ, Hermann
SCHUSTER, Otto
SCHWARZWÄLDER,
 Rainer Matthäus
SEHLBACH, Herbert
SIEVERT, Olaf
SIVKOVICH, Gisela,
 geb. Hennig
STETTER, Inge Heidemarie,
 geb. Steinke

27. Juli - 2. August

STOPE, Herbert
STREHL, Klaus
STRIEK, Heinz
TIELEBIER-
 LANGENSCHEIDT,
 Karl-Ernst
ULICH, Klaus
VETTERLEIN, Pascal
VÖLLING, Johannes
WEGMANN, Klaus
WELLENSTEIN, Gustav
WINTZER, Friedrich
WITZEL, Lothar
WÜNSCH, Dieter

28. Juli

ACHTEN, von, Helmut
ADEN, Walter
AHLENSTORF, Heinz
AMELUNG, Ernst-Wolfram
ANDRITZKY, Michael
BABEL, Dietrich
BERG, Lothar
BERNDT, Rainer
BEST, Otto F.
BLUM, Eberhard
BUCHHOLZ, Quint
BÜCHNER, Georg
BURDA, Aenne
DÜWELL, Kurt
EMDE, Hans-Georg
EMIG, Karl
GARI, Manfred
GMÜR, Rudolf
HARTMANN, Knut
HENNEBERG, Ulrich
HENZE, Rolf
HERZOG, Dietrich
HIERSCHE, Rolf
HÖFGEN, Ralf
JÜNGER, Helmut
JÜRGENS, Heinrich
KEILING, Horst
KELLER, Lorose
KIRSCHNER, Hartwig
KLÖCKER, Rolf
KRISTINUS, Friedrich
KÜHNLE, Ernst
KÜNZEL, Wolfgang
LIPPERT, Herbert
LOEW, Friedrich
LOHFINK, Norbert S. J.
MEYER, Kurt
MÜLLER, Erhardt
MÜLLER, Karl Georg
NAUHAUS, Gerd
OLSZEWSKI, Horst
PANGELS, Franz-Josef
PAPPENHEIM, Graf zu,
 Georg
PIELSTICKER, August
POPPER, Karl
RICHTER, Walther
RIEPL, Edmund
RÖSING, Otto-Eckehard
SCHAEFFER, Klaus
SCHAFFSTEIN, Friedrich
SCHILDKNECHT, Dieter
SCHLECHT, Monika
SCHLETTE, Heinz Robert
SCHMIDT, Peter Lebrecht
SCHMUTZLER, Reinhard
SCHORR, Hermann-Heinrich
SCHUBERT, Peter U.
SENGELEITNER, Richard
STAECK, Rudolf
TIETZ, Reinhard
VILMAR, Fritz
VOIGT, Ehrhard
VOLK, Thomas
WARTENBERG, Hubert
WOLLNER, Gerhard
YZER, Cornelia

29. Juli

AHRENS, Geert-Hinrich
BAAKEN, Gerhard
BACHL, Kunigunde
BAUR, Walter
BECKER, Ulrich
BERGMANN, Günter
BERNDT, Helmut
BITTNER, Siegfried
BITTNER, Wolfgang
BÜNEMANN, Edmund
BUNGE, Hans-Joachim
CRAMER, Hans-Georg
DORNFELD, Georg
EWALD, Ursula
FISCHER, Wolfgang
FROSCHMAIER, Franz
FUHRMANN, Karl
GARBE, Burckhard
GEHRING, Walter
GERINGAS, David
GIUDICE, Liliane
GÖRLITZER, Klaus
GOHLKE, Reiner
GRAETER, Michael
GRUBITZSCH,
 Siegfried Eckhard
HABERLAND, Georg
HAMMEL, Anton Dieter
HARTMANN, Walter
HEBERMEHL, Gerd
HEIL, Erhard
HERBERS, Rudolf
HILDEBRANDT, Helmut
JAGODA, Bernhard
KANDLER, Otto
KANOLD, Hans-Joachim
KIECK, Wolfgang
KIEFER, Hans
KLEEDEHN, Bärbel
KLIPPEL, Susanne
KNACKSTEDT, Günter
KÖNNEKER, Barbara,
 geb. Werner
KREISELMEYER, Michael
KRÖNER, Sabine
LENK, Rudolf
MAIER, Ernst-Hermann
 (gen. Erne)
MÜLLER, Ulrich
NADOLNY, Sten
OPPENBERG, Dietrich
PESCHAU, Bruno
PFEIFFER, Otti,
 geb. Kaulen
PICARD, Hans Rudolf
RIESENHUBER, Klaus
SCHADE, Heinz-Carl
SCHEFFLER, Ursel,
 geb. Regelein
SCHETELIG, Kurt
SCHINDLER, Norbert
SCHLOSSER, Hans
SCHMIDT, Werner Albert
SCHNEIDER, Armin
SCHÖNEMANN, Klaus
SCHRÖDER, Hinnerk
SCHRÖDER, Thomas
SEISS (ß), Rudolf
SELLMANN, Paul
SLESINA, Horst G.
STIEBRITZ, Annett,
 geb. Reichardt
STREHLOW, Hans
TAVERNIER, Pierre
TÖRNER, Günter
TREUTLEIN, Freda,
 Baronin von,
 geb. Baronesse von Stackelberg
TROELTSCH, Walter
UHDE, Hans
VATER, Heinz
WAGENHÄUSER, Ludwig
WATRIN, Christian
WEBER, Franz
WELLIÉ, Wilhelm
ZIMMERMANN, Hans Dieter

30. Juli

ADLER, Friedrich
ALEXANDER, Helmut
BARTH, Joachim
BENNEMANN, Karl-Heinz
BERGMANN, Heinrich Karl
BLÖHM, Lydia,
 geb. Wedel
BLUTH, Manfred
BÖHRET, Carl
BORST, Otto
BRANDT, Hillmer
BREITENBACH-
 SCHROTH, Kurt
BRETSCHNEIDER,
 Hans Jürgen
CAMMENGA, Heiko K.
CASPER, Walther
DAHLHAUS, Horst
DIEHM, Walter
DOMSCHEIT, Arthur
EICHHORN, Peter
GEISS (ß), Dieter
GIMMLER, Hartmut
GOEBELS, Paul
GRIGOROWITSCH, Lucian
HANGSTEIN, Hans-Joachim
HANSEN-WESTER, Peter
HANSMEYER, Karl Heinrich
HEGEMANN, Ferdinand
HILDEBRANDT, Fritz
HÖHN, Siegfried
HÖRSTEBROCK, Reinhard
KÄMPFER, Frank
KARZEL, Karlfried
KELLER, Armin
KÖHLER, Joachim
KÖHLER, Siegfried
KOGGEL, Hans-Josef
MÄHNER, Karl
MEESSEN, Karl Matthias
MEISTER, Konrad
METSCHER, Thomas Wilhelm
MÜLLER, Stephan
MÜNSTER, Hans P.
NEUNEIER, Peter
OPP, Walter
OSTERHOF, Klaus
PEISL, Anton
PFISTER, Albrecht
PURWINS, Hans-Georg
RÖMER, Johann Wilhelm
SCHADE, Heinz
SCHEERER, Thomas M.
SCHERZBERG,
 Hans-Joachim
SCHIFFER, Eckart
SCHMIDT, Eberhard
SCHMITT, Ingo H.
SCHNEIDER, Dietrich
SCHRAGE, Wolfgang
SCHÜTZ, Joachim
SCHWABE, Klaus-Peter
SCHWEISFURTH,
 Karl Ludwig
SEIGFRIED, Adam
SIEVERS, Sven
STAMMBERGER, Erich
STEFFLER, Christel
STENGER, Ernst
STRUMPF, Edith
TREIBER, Hubert Paul
TSCHUPP, Räto
UHDE, Reinhard
WIETEK, Heinrich
ZIELKE, Roland
ZÖLLNER, Elvira

31. Juli

ANDRESEN, Rolf
APELT, Walter
ARCH, Michael
ASMIS, Herbert
BARTSCH, Hans-Joachim
BAUMANN, Herbert
BERGER, Alfred
BOSCH, Eberhard
BREZNAY, Aranka
BUCHWALD,
 Manfred Harald
BÜHLER, Otto-Peter A.
DEGKWITZ, Eva Gertrud
DEICHER, Helmuth
DESCH, Heinz
DINGLER, Emmi
DRAWE, Hans
DUSCH, Hans Georg
ENGEL, Andreas
ENTHOLT, Reinhard
FEIERTAG, Rainer
FEUCHTINGER, Helmut
FRIAUF, Karl Heinrich
FUCHS, Günter
GIESEL, Manfred-Gerhard
GÖHRING, Heinz
GORENFLO, Rudolf
GRIESSER, Gerd
HABERMANN, Ernst
HEBOLD, Gustav G.
HEINZ, Wolfgang
HEUER, Helmut
HOHLOCH, Gerhard
HOLLMANN, Rolf
HOYNINGEN-HUENE,
 Paul
JAHNKE, Karl
JANIK, Dieter
KELLETAT, Alfred
KERKER, Armin
KISCH, Horst
KLEIN, Engelbert
KLEIN, Jürgen Winfried
KLINDWORTH, Dieter
KLOOCK, Josef-Wilhelm
KOCH, Peter
KOPPER, Joachim
LEMKE, Helmut
LEY, Hans
MÄRZHEUSER, Paul Emil
MAINZER, Klaus
MERTEN, Klaus
MEYERS, Franz
MÖCKESCH, Erich
MROZEK, Hinrich
MÜLLER-LINOW, Bruno
OTTO, Herbert
PAUELS, Heinrich
PAUL, Theodor
PENZOLDT, Günther
PETRY, Gerhard
PFEIFFER, Wilhelm P.A.
PÖRTNER, Friedrich
PROTZNER, Wolfgang
REBROFF, Ivan
SCHILLINGER, Wolfgang
SCHNEIDER, Wolfgang
SCHULZE, Hagen
SCHWANTES, Hans-Otto
SEIDEL, Norbert
SIEGWARTH, Camill
SONTHEIMER, Kurt
STOCK, Reinhard
SUCHNER, Barbara,
 geb. Prudix
SZCZESNY, Gerhard
THOMAE, Hans
VOGT, Heinrich
WEBER, Rüdiger
WEITLAUFF, Manfred
WEYER, Fritz
WILITZKI, Günter
WURZBACHER, Gerhard

1. August

ADAM, Theo
AHNSJÖ, Claes H.
AHRENDT, Armin
ALT, Hans Wilhelm
ARNOLD, Rainer
BACHLER-RIX, Margit
BÄUMLER, Lothar
BASIC, Mladen
BELLEN, Heinz
BERNEM, van, Theodor
BIESINGER, Albert
BRÄHMIG, Klaus
BRAUN, Walter
BRAUNER, Artur
BRAUNFELS, Stephan
BRINGMANN, Peter F.
BRINKER, Klaus
CARNAP, Günter
DIECKHUES, Bernhard
DUBBER, Carsten Th.
EICHER, Albert
ELLENBERG, Heinz
FALCH, Wolfgang
FUCHS, Günter
GEISMANN, Hermann-Josef
GERLACH, Hans
GEYER(-KIEFL), Helen
GOTTHARDT, Hartwig
GRÜN, Kurt
HARTMANN, Alois
HEIME, Klaus
HERRMANN, Horst
HOCKEL, Hans L.
HOLTZ, Günter
HOMEYER, Josef
HUTTNER, Gottfried
JANDL, Ernst
JUNKERS, Wilhelm
KNÖRR-GÄRTNER,
 Henriette
KRAUSE-BREWER, Fides
KUPKE, Ingeborg Ruth
LÄUFLE, Karl
LATTREUTER, Ernst-Horst
LINK, Franz H.
LOHMANN, Wolfgang
LUIK, Hans
MARGET, Walter
MERZKIRCH, Wolfgang
MÖLLER, Wolf-Detlef
MOSER, Leo
MÜLLER-ELMAU, Markwart
NAGEL, Alfred
OHM, August
PETERS, Hans Peter
PUCHTA, Dieter
ROSENBERG, Franz
RUND, H.-Rainer
SCHÄFER, Jürgen
SCHALZ-LAURENZE, Ute
SCHMIDT, Peter
SIEBECKE, Horst
SIMON, Josef
SONDERMANN, Heinz
STAFFELT, Ditmar
STANITZEK, Reinhold
STEININGER, Hans
THOBEN, Christa
TRIER, Hann
VAERST, Wolfgang
VĚZNIK, Václav
VIEBROCK, Helmut
VOELKER, Alexander
WEBER, Norbert H.
WEISENSEE, Klaus
WELTNER, Klaus
WIEHN, Erhard R.
WITT, Reimer
ZAUNER, Siegfried

2. August

ALBRECHT, Hartmut
ALTMANN, Geza
BAUER, Franz Xaver
BERGMANN, Rolf
BLEIBTREU-
 EHRENBERG, Gisela
BÖCKSTIEGEL, Karl-Heinz
BÖSCHENSTEIN,
 Bernhard
BÖTTCHER, Siegfried
BRAUN, Karen,
 geb. Renz
BRENNECKE, Ruprecht
BUSSE, Wolfgang
CARRIÈRE, Mathieu
CLAESSENS, Dieter
DINSLAGE, Patrick
DITTMANN, Heinz Wilhelm
DRAEGER, Jürgen
FLÖRKE, Otto W.
FRANCK, Ernst-Ulrich
FREYMANN, Hans-Rudolf
FRÜHWALD, Wolfgang
GAUMER, Walter
GEORGII, Axel
HAHN, Hans Hermann
HAHN, Harro H.
HARDENBERG, Graf von,
 Wilfrid
HART NIBBRIG,
 Christiaan Lucas
HEINZLE, Joachim
HEPP, Volker
HERBERHOLD, Max
HEUCHEMER, Karl-Heinz
HÖR, Gustav
HOFFMANN, Dieter
HOLLÄNDER, Hans-Jürgen
HOPF, Hans
HÜTTNER, Manfred
JANOWITZ, Gundula
JASPER Manfred
KAWLATH, Arnold-Jürgen

Geburtstagsliste

2. August

KEMPEN, van, Simon
KERKHOFF, Heinrich
KLEINHEYER, Gerd
KRÄUSSLICH (ß), Horst
KRAUS, Ursula
KUBITSCHEK, Ruth-Maria
MARQUARDT, Jörg-Werner
MEYER, Philipp
MICHEL, Rudolf (Rudi)
MOMBAUR, Martin
NAHRSTEDT, Wolfgang A.
NIEHUIS, Edith,
 geb. Janßen
PFEIFER, Hermann Gregor
PLINKE, Heinrich Friedrich
REIHLEN, Erika
RETTIG, Wolfgang
SALBERT, Dieter
SCHEU, Hans-Reinhard
SCHILDKNECHT, Hermann
SCHLAGER, Manfred
SCHNEIDER, Erich
SCHORK, Gerhard
SCHUCHARDT, Helga,
 geb. Meyer
SCHÜTZ, Walter
SEYDLITZ-KURZBACH,
 von, Friedrich-Wilhelm
STÖCKER, Kurt
STÜMPFLER, Hermann
SUERMANN, Walter
SZKLENAR, Hans
TARTTER, Rudolf Erich
TIMOFIEWITSCH, Wladimir
TISCHLER, Wolfgang
VOETMANN, Heinz
WALTHER, Alois
WILKE, Manfred
WINKLER, Peter
ZEDLER, Peter

SCHMITT, Hans Jürgen
SCHNEEKLUTH, Herbert
SCHULTZ, Bruno-Kurt
SEEBASS (ß), Horst
SIGEL, Kurt
SPANNER, Hans
SPENGLER, Bruno
STRAUB, Enrico Bernardo
TEILMANS, Ewa
THOMAS, Erhard Peter
WALZ, Hans-Hermann
WEILER, Anton
WILHELMI, Dieter
WILLEKE, Rolf
WINTERHAGER, Eberhard
WORATZ, Gerhard
WUEST, Walter

3. August

BECKER, Roald
BETZER, Ferdinand
BÖHLKE, Peter
BOTSCHEN, Harald
DAHLSTRÖM,
 Hermann Norbert
DAHM, Karl-Wilhelm
DECKWER, Wolf-Dieter
DIETZ, Sigrid Antonia,
 geb. Rehm
DIKAU, Joachim
DOEMMING, von,
 Klaus-Berto
DOUTINÉ, Heike
EMIG, Jürgen
FRICK, Hans
FÜCHTBAUER, Hans
GASSNER, Anton
GEHRE, Ulrich
GEISER, Christoph
GEUSS (ß), Herbert
GUTH, Klaus
HEILIG, Bruno
HELDMAIER, Gerhard
HELLWIG, Fritz
HELLWIG, Klaus
HENKEL, Dieter
HERZBRUCH, Kurt
HOMILIUS, Karl
KEMPSKI, Hans Ulrich
KIERDORF, Hans
KLEY, Gisbert
KLINGELHÖFER, Rolf
KOCH, Reinhard
KORTZFLEISCH, von, Gert
KOSLER, Alois Maria
KÜTTING, Herbert
KUNZ, Ulrich Heinrich
LOCK, Wilhelm
MASER, Peter
MENSLER, Hanns
MÜLLER, Kurt
MÜNCH, Helmut
NAGEL, Wolfgang
NAUDASCHER, Eduard
NEITZKE, Alfred
OTTENTHAL, Johannes
POHL, Fritz
SAUTER, Alfred
SCHMIDT, Siegfried

4. August

ABICH, Hans
AMBURGER, Erik
AUFSESS, Freiherr von,
 Hans Max
BACH, Robert
BECK, Oswald
BELSER, Helmut
BETTERMANN,
 Karl August
BÖS, Dieter
BOOZ, Karl-Heinz
BRANDT, Gerhard Hans
BREDT, Wolfgang
BURKARDT, Friedhelm
CREMER, Peter
DELIUS, Harald
DIEBOLD, Klaus
DOLDI, Günther
EICHHORN, Kurt
ERNY, Horst Friedrich
FOCHLER-HAUKE, Gustav
FREY, Dieter
GAST, Wolfgang
GEHLER, Matthias
GIEBEL, Ewald jun.
GLÖCKNER, Wolfgang
GÖRES, Jörn
GRÄTER, Carlheinz
GRATHOFF, Erich
GURLAND, Harro
HAUG, Herbert
HEINRICHS, Heribert
HERRMANN, Friedrich R.
HILLEMANNS, Hans-Günther
HILTL, Otto
HOFMANN, Hasso
HOLM, Claus
HOLMSTEN, Georg
KAEVER, Matthias J.
KAMMHOLZ, Günter
KLEESPIES, Franz-Josef
KLEIN, Wilhelm (Willi) Paul
KNAPP, Gerhard P.
KÖHNEN, Walter
KORWISI, Angela
KRAUS, Josef
KRAUS, Manfred
KRUSE, Heinrich Wilhelm
LAMPARTER, Fritz Hellmut
LANG, Herbert
LEMMER, Klaus J.
LOTZ, Henrik
LUKAS, Viktor
MARSCHALL von
 BIEBERSTEIN,
 Wolfgang, Freiherr
MELZER-LENA, Brigitte
NEUMANN, Hans-Hendrik
NOHLEN, Heinz
NOLL, Werner
PFLUG, Wolfram
PRANGE, Hilmar Walter
RICHERT, Fritz
RITZ, Burkhard
ROLFS, Rudolf
RUGE, Jens
RUHFUS, Jürgen
SALOMON, Klaus-Dieter
SASS-VIEHWEGER (ß),
 Barbara, geb. Weyand
SCHEER,
 Claus Hermann
SCHMIDT, Hans-Martin
SCHNEEVOIGT, Ihno
SCHWEYER, Carl
SOLLMANN, Hartmut
STANZEL, Franz K.
STEIGER, Otto
STOLL, Brigitte
STOLL, Hans
TENZER, Gerd
TOPF, Hans-Gerhard
TROEBST, Cord Christian
ULLMANN, Günter
ULLRICH, Wolfgang Carl
VALENTIEN,
 Christoph Christian
VALENTIN, Hans E.
VIELMETTER, Joachim
VOGELSANG, Kurt
WEDEKIND, Rudolf
WENZEL, Werner
WÖHLERT, Wolfgang
WULF, Christoph
WUNDERLICH, Werner
ZOEBELEIN, Hans

5. August

APEL, Jürgen
ASSION, Peter
AUERBACH, Leonore,
 gen. Lore
BLOKESCH, Dieter
BORK, Hans-Rudolf
BRANDENSTEIN-
 ZEPPELIN, Graf von,
 Albrecht
BRAUN, Franz
BROICHMANN, Peter
BUTZ, Michael-Andreas
CASPARY, Roland Alfred
DEUSSEN, Giso
DÖLKER, Helmut Bernhard
DOLD, Albrecht
DÜRR, Walter
DYSERINCK, Hugo
FROWEIN, Dietrich-Kurt
GANSEL, Norbert
GELBKE, Heinz-Peter
GOLLENIA, Gerd J.
GROSSMANN (ß), Dieter
GÜTLICH, Philipp
HABERSTOCK, Lothar
HAHN, Hans Georg
HAMM, Bernd
HAMMER, Walter
HEHL, Franz-Josef
HEINEMEYER, Walter
HENN, Ludwig
HINZ, Siegfried
HÖLSCHER, Günter
HOLZINGER, Dieter R.
JANSSEN (ß), Willibald
KERSCHENSTEINER, Jula
KLEIN, Hans Hugo
KRÄMER, Julius
KÜPPER, Karl
KUTZSCH, Gerhard
LATZ, Geert
LEIB, Jürgen
LEIPERTZ, Alfred
LIEPELT, Volker
METZ, Johann-Baptist
MEYER, Heinz
MITTERMAIER, Rosi
MÜLLER, Johannes
MULZER, Johann
NAHRGANG, Günther
NOTH, Johann-Peter
OTT, Gerhard
PLAMBECK, Helmut
POSER, von, Caspar
PUTZ, Reinhard
RENNER, Helmut
ROTH, Ralph
RUDOLPH-HEGER,
 Eva-Brigitte
SCHMIDT, Jürgen
SCHNEIDER, Thomas
SCHÖDEL, Günther
SCHRÖTER, Jürgen
SCHULTE, Hans-Peter
SCHULZE, Joachim
SELTENREICH, Rolf
SEMMEL, Arno

SINGER, Heinz
SÖLLNER, Adolf-Peter
SOHL, Gerhard
SPIELER, Josef
STARATZKE, Hans-Werner
THURN, Hans Peter
VISSE, Rainer
WEBER, Josef
WERNER, Jürgen
WIEACKER, Franz
WIESNER, Knut Arno
WILCKENS, Ulrich
ZIEROW, Klaus-Jürgen

6. August

ANDRE, Johannes
BANDMANN, Volker
BECKMANN, Siegfried
BÖHME, Rolf
BOJAK, Detlef
BOLIUS, Uwe
BONFERT, Wolfgang
BOSKAMP, Arthur
BRAUN, Hans-Arthur
BRAUN, Walter
BRUNNER, Rudolf
BÜRGER, Otto
CASDORFF, Claus Hinrich
DAIBER, Karl-Fritz
DREES, Gerhard
DREES, Heinz
EITNER, Klaus
EPPE, Helmut
ERKE, Heiner
ERNÉ, Marcel
FEDERHOFER, Hellmut
FIEGE, Albert
FUSENIG, Othmar
GERICKE, Reinhard
GIESE, Peter
GOOS, Gerhard
GRABES, Herbert
HASENCLEVER, Alexander
HASFORD, Alfred E.
HEISE, Herbert
HOPPE, Immo
IMDAHL, Heinz
JAEGER, Gerta
JENA, von, Peter
JUNKER, Hans Dieter
KELLNER, Hugo
KOBER, Herbert
KÜHNEN, Harald
LANTERMANN, Klaus
LASCHKA, Boris
LAUNSPACH, Ewald
LOBENSTEIN, Walter
LÖBE, Lutz-Peter
MEHL, Ulrike
NÖRING, Friedrich
NOWY, Arthur
OSWALD, Paul
PETER, Albrecht
PREILOWSKI,
 Bruno Friedrich
REINIG, Christa
RICHTER, Ewald
ROEGELE, Otto B.
RUGE, Gerd
SCHMIDT, Wolfgang
SCHMIDTKE, Heinz
SCHNÄDELBACH, Herbert
SCHULZ von THUN,
 Friedemann
SECKEL, Dietrich
SIEGLIN, Gunter
SIEGRIST, Johannes
STRITTMATTER, Peter
SÜLLWOLD, Fritz
WANDRUSZKA, Adam
WARSINSKY, Werner
WEYREUTHER, Felix
WIDDERICH, Heiner
WIESE, Hans-Ulrich
WOLFF von AMERONGEN,
 Otto
ZIMMERMANN, Rainer

7. August

ADOLPHS, Hans-Dieter
ALBERTS, Helgo
BARTH, Volker

BOHNET, Folker
BOTHE, Rolf
BRANDAU, Hans
BROCKHOFF, Ernst
BURIAN, Peter
DUFNER, Wolfram
DUMKE, Isolde
EHRHARDT, Max
FELDER, Horst Günther
FIGALA, Karin
FISCHER, Walter
FLOHR, Günter
FRITZSCHE, Hans
GIERDEN, Karlheinz
GISY, Friedrich-Hans
GOLITSCHEK
 Edler von ELBWART,
 Manfred
GUNDLACH, Gerd
HANSCHMIDT, Alwin
HAUSCHILD, Wolf-Dieter
HAUTMANN, Wilhelm
HAVSTEEN, Bent Heine
HEINZ, Dieter A.
HILLIGER, Hans G.
HÖNN, Günther
ILZIG, Karl F.
JANKER, Josef W.
JANKO, Wolfgang Heinrich
KAPS, Peter
KORDINA, Karl
KRAUTWURST, Franz
KROMKA, Franz
LUDWIG, von, Hans-Joachim
MEYER, Heinz-Horst
MICHAELIS, Hans
MÜLLER, Horst
ORTHNER, Hans
OSCHE, Günther
RÖHNER, Paul(us)
SAUER, Hans Dietmar
SCHANZE, Helmut
SCHILLING, Freiherr v.,
 Rainer
SCHLESAK, Dieter
SCHMIDT, Johanna
SCHMITT, Thomas
SCHNEIDER, Norbert
SINN, Richard
SPANJER, Gerhard
SPENGLER, Paul
STEINBOECK, Rudolf
THOMAS, Ludwig
VELTE, Joachim
VORNDRAN, Wilhelm
WALTER, Franz Josef
WITFELD, Hartmut

8. August

ANNA, Otto
BASTING, Alexander
BONNER, Trevor C.
BRAUER, Wilfried
DANIEL, Helmut
DANNHEIM, Reinhard
DIEHL, Wolfgang
DREHER, Herbert Emil
EBELING, Hans
EICHLER, Richard W.
FABRICIUS, Brunhilde
FISCHER, Laurent
GALONSKA, Horst
GANZEL, Hans
GIESEN, Peter
GÖTZE, Heinz
GÖTZE, Udo
GOLLINGER, Hildegard
GREIF, Siegfried
GREINER, Wilhelm
GROH, Hansjoachim
GRUNWALD, Franz
HACKBEIL, Werner
HACKENBRACHT, Kurt
HARTWIG, Sylvius
HAUSCHKA, Ernst R.
HERMES, Peter
HÖHNEN, Heinz Anton
HOFLEHNER, Rudolf
HOFMANN, Werner
HOLST, von, Dietrich
HUNSTEIN, Werner
JÄKEL, Ernst

8. August

JETTMAR, Karl
JOERGER, Konrad
KERSTEN, Karl
KÖVES-ZULAUF, Thomas
KOLB, Eberhard
KOSCHWITZ, Hansjürgen
KUTTIG, Helmut
LANGENSTEIN, Hellmut
LIMBACH, Albert
MARTIN, Bernd
MICHAELIS, Rolf
MINTUS, Otto
MÖLLER, Klaus-Peter
MOLLER-RACKE, Harro
MÜLLER-HABIG, Margot
MÜLLER-POHLE, Hans
NEUBAUER, Günter
NEUNDÖRFER, Konrad
NEVEN, Hasso Ernst
NICOLAI, Ulrich
NÖLLE, Ulrich
PACHMAYR, Friedrich
PEETZ, Ulrich
PETERMANN, Bernd
PETRIKOVITS, von, Harald
PFLEIDERER, Albrecht
PODEWILS, von, Angela
RAUSCHER, Anton
ROCKENMAIER, Dieter W.
SCHÄFER, Gerhard
SCHÄRPF, Otto S. J.
SCHOTT, Heinz
SCHRÖTTER, Heinz W.
SCHWARZ, Egon
SCHWARZE, Jochen
SCHWEIZER, Ludwig
SPECKER, Manfred
STOLZ-FRANKE, Korina
THIEDE, Carsten Peter
TRAUB, Robert
ULLMAIER, Hans
VOLLMER, Lothar
WAGNER, Ewald
WEGERDT, Christian
WEGNER, Max
WERLE, Karl-Heinz
WÖBCKE, Hans-Otto
WOLF, Bernhard Anton
ZIMMERMANN, Ekkart

9. August

AXT, Renate
BLÜMMERS, G.
BOSS, Siegfried
BROX, Hans
DEILMANN, Jürgen
EGELKRAUT, Klaus
ERICHSEN, Uwe
GAMS, Konrad Walter
GEMSA, Diethard
GEROPP, Dieter
GIESECKE, Hermann
GIPPER, Helmut
HAEUFLER, Wolfgang William
HANDKE, Freimut Werner
HARTZ, Peter
HASSE, Jörg U.
HAUF, Rudolf
HAUFF, Volker
HEINRICH, Willi
HELVERSEN, von, Otto
HEMBERGER, Karl
HETKÄMPER, Robert
HEUFELDER, Sylvio
HOFFMANN, Johannes
JÄGER, Hans
JÜNEMANN, Reinhardt
KAHLER, Otto
KERN, Otto
KESSLER (ß), Rainer
KNIPFER, Hermann
KÖHLER, Henning
KREYE, Volker A.W.
KUFNER, Georg
LAMMERS, Hans-Jörn
LENZ, Karl
LINDIG, Wolfgang
LINGENS, Franz
MARJAN, Marie-Luise
MEINCKE, Ulrich
MENTEN, Bert
MÜLLER, Richard G. E.

NIESSEN, Heinz-Dieter
POBELL, Frank D. M.
PRECKEL, Heinz
RUMMER, Hans
SCHMIDT, Volker
SCHOLZ, Manfred
SCHREIBER, Hermann
SCHULER, Heinz
SCHUMACHER, Siegfried
SCHWALBACH, Hans
SCHWARZ, Franz Josef
SEELER, Hans-Joachim
SINGER, Herbert
SPAMER, Peter
THIELE, Carl-Ludwig
VAATZ, Arnold
WANKE, Gunther
WINTZEK, Bernhard C.

10. August

ARNBECK, Herbert
BÄR, Siegfried
BELTHLE, Friedhelm
BENDER, Karl-Günther
BÖCKING, Alfred
BONGERS, Aurel
BORCK, von, Ulrich
BORNE, von dem, Albrecht
BROCKARD, Erich
BROY, Manfred
BRUNE, Wilfried
BUSCHULTE, Winfried
DAISENBERGER, Gert
DATHE, Johannes Martin
ELM, Ludwig
EVERSHEIM, Walter
FERLINGS, Wilhelm
FISK, Eliot
FLECKENSTEIN, Bernhard
FROST, Herbert
GEILEN, Gerd
GERKE, Karl
GIRNAU, Günter
GRÜNBERG, Wolfgang
HAASE, Rolf
HÄNTZSCHEL, Günter
HEINEMANN, Manfred
HOFMANN, Heinz
ILLES, Peter
JORDAK, Karl
KAMKE, Detlef
KAUERTZ, Alfred Gottfried
KÖBELE, Bruno
KOOLMAN, Egbert
KRAMER, Rolf
KROMER, Carl Theodor
KUSCHKE, Arnulf
LEHRNDORFER, Franz
LINDHORST, Willi
LÖFFLER, Gerd
LUTTEROTTI, von, Markus
MAYER-BÖRICKE, Claus Ulrich
MEISSNER, Boris
MÖNCH, Ronald
MOLITOR, Bernhard
MÜLLER, Reimund
MÜLLER-LUTZ, Heinz Leo
NIESSLEIN, Erwin
NITSCHE, Hellmuth
OVERBECK, Werner
PAUL, Wolfgang
ROGALL, Klaus
de RUDDER, Helmut
RÜCHARDT, Christoph
SANDKÜHLER, Stefan
SCHNEIDER, Heinrich
SCHOBER, Theodor
SCHOENWALDT, Peter
SCHRÖTER, Klaus
SEE, von, Klaus
SEEHAFER, Wolfgang
SIEMENS, von Peter
SMOLLA, Günter
STAECK, Lothar
STORCK, Harmen
TAUBERT, Hans-Dieter
THIEME, Hans Wilhelm
TÖNNIS, Dietrich
WALK, Lorenz
WEBER, Ernst

WEIDLE, Richard Gottlob
WEINERTH, Hans V.
WIEHN, Helmut

11. August

ARNEGGER, Ernst
BÄUERLE, Dietrich
BARTH, Heinrich
BAUER, Carl-Otto
BAUMÜLLER, Günter
BECKMANN, Klaus
BILKENROTH, Klaus-Dieter
BITTER, Erich
BÖHM, Gerhard
BRAUNE, Tilo
BRUNNER, Heinz
CHRISTIANI, Klaus
CHROMY, Werner
DEGEN, Wendelin
DOERFLER, Walter
DRUXES, Herbert
EICHHORN, Rolf
EMMERICH, van, H. Rolf
EINSELE, Theodor
FLORIN, Gerhard
FORTAK, Heinz
FUCHS, Eduard
GAIL, Adalbert
GESQUIÈRE-PEITZ, Marietta
GIESEL, Rainer B.
GROSER, Manfred
HALFWASSEN, Heinz
HALLEN, Otto
HARMS, Erik
HÖMBERG, Walter
HOHENFELLNER, Rudolf
HÜBENTHAL, Rudolf
JACOBY, Karl-Heinz
JASPERT, Bernd
JEISMANN, Karl-Ernst
KAPPLER, Ekkehard
KARWATH, Karl E.
KESSLER (ß), Franz Rudolf
KHUON-WILDEGG, von, Ernst
KREBS, Diether
KRENZER, Rolf
KROLICZAK, Hans
LAUTH, Reinhard
LÖFFLER, Hans
MEURER, Dieter
MOLINSKI, Hans
MÜLLER, Richard
PAWLEK, Franz
PESCH, Wilhelm
REBER, Roland Edmund
SANDHOFF, Konrad
SCHIEB, Alfred
SCHMIDT, Peter
SCHRITTENLOHER, Ludwig
SCHULZ, Winfried Friedrich
SEIPOLT, Adalbert
SHORT, Leo N., Jr.
SILBERMANN, Alphons
STRAUB, Gerhard
STROBEL, Eberhard
WIRTZ, Eduard
WOLKEN, Elisabeth, geb. Gericke
ZIMMERMANN, Heinz Werner
ZIMMERMANN, Rolf Christian

12. August

AMEND, Erwin
ANGENENDT, Arnold
ARMBRUSTER, Hubert
AUST, Wolfram
BAIER, Bernhard
BRAUER, Hans-D.
BRODERSEN, Klaus
BRUNS, Heiner
BUXBAUM, Otto
DÄUBLER-GMELIN, Herta, geb. Gmelin
DRANSFELD, Klaus
DURBEN, Wolfgang
EBERT, Dieter
EGEN, Peter

EIRICH, Raimund
FINK, Gerhard
FISCHER, Wilfried
FRANCKE, Hans-Hermann
GRAICHEN, Hans-Georg
GRELLERT, Volker
GRIMM, Christoph
GÜLZOW, Hans-Jürgen
HEINRICH, Michael
HEINRITZ, Günter
HELD, Christa, geb. Fleischmann
HELZER, Hans-Gerhard
HUBER, Wolfgang
JAECKLE, Erwin
KAMMERMEIER, Anton Josef
KLEIN, Eberhard
KÖNIG, Gustav
KOLB, Ernst
KRABS, Otto
KREMP, Herbert
KROLLPFEIFFER, Hannelore
KRUBER, Klaus Peter
KRUMSCHMIDT, Otto Erich
KUNERT, Bernhard
LIEBICH, Werner
MAELICKE, Alfred
MECKE, Wilhelm
MÜHE, Marlene
MÜHLFENZL, Isabel, geb. Paintner
MÜLLER, Franz W.
MÜLLER-BARDORFF, Johannes
OBERGFELL, Herbert
PESCHECK, Christian
RÖSENER, Herbert
RUPF, Hugo
SAIER, Oskar
SCHAUER, Hans
SCHIMPF, Klaus
SCHMITZ, Peter
SCHRADER, Achim
SCHRAMM, Bernhard
SCHULTE-HERBRÜGGEN, Hubertus
SIMON, Uwe
SUNDERMEIER, Theo
SUTERMEISTER, Heinrich
TANDLER, Gerold
WEIGT, Ernst
WEISS, Günther
WIEDEMANN, Karl-Eduard
WITHOIT, Norbert
WITTING, Gunther
WOHLRABE, Jürgen
WOLBERT, Erich
WYSOCKI, v., Klaus

13. August

ALBRECHT, Karl-Friedrich
AMMON, Robert
APPEL, Fritz
BARTELS, Norbert
BECKER, Gerhard W.
BERGMANN, Gerhard
BEUSTER, Willi
BIRZLE, Hermann
BOSCH, Gerhard
BRATTIG, Werner
CASTELL-CASTELL, Fürst zu, Albrecht
DÉNES, István
EICHNER, Karl
FALKE, Dietrich
FENDT, Hermann
FERNHOLZ, Hans-Hermann
FINK, Humbert
FREIBÜTER, Ludwig
FRESLE, Franz
GANNS, Harald
GEIER, Michael
GRAHL, Friedrich-Wilhelm
HAERING, Manfred
HÄUSSER, Hermann
HAUBOLD, Ulrich
HAUSMANN, Ulrich
HEIN, Edmund
HEYENN, Günther
HINZ, Theo

JASCHICK, Johannes
KALB, Bartholomäus
KARNICK, Manfred
KRANEIS, Michael
KRIECHBAUM, Frieda
KRIENEN, Karlheinz
KRÜSSMANN (ß), Günther
LANG-DILLENBURGER, Elmy
LANGE, Jürgen
LEHMANN, Heinz
LENDERS, Helmut
LUNDEBERG, Steffan C. A.
MAAK, Wilhelm
MAIER, Hanns
MECHTERSHEIMER, Alfred
MENZEL, Erich
MÜLLER-BECK, Hansjürgen
NOETZEL, Joachim David
OBERKÖNIG, August Christian
OESTERLE, Günter
OSTERLOH, Jörg
OTTO, Werner
PARISEK, Dusan-Robert
PECHSTEIN, Johannes
PETERS, Olaf
PIRKL, Fritz
PÜRER, Heinz
RAFF, Gerhard
RAFFÉE, Hans
ROLLHÄUSER, Heinz
SCHAEFER, Hans
SCHESSWENDTER, Rudolf
SCHLAFFKE, Winfried
SCHÜPPEL, Reiner V. A.
SESSELMANN, Sabina
SIGMUND, Oskar Karl
STÜCKMANN, Werner
TAMASCHKE, Olaf
VOGEL, Hanns
VOLLHARDT, Jürgen-J.
WAGNER, Erika
WINDISCH, Siegfried
WOLLMER, Axel
ZYMALKOWSKI, Felix

14. August

ACKERMANN, Ernst
ACKERMANN, Rolf
ALLEZE, Helmut Gustav
ARNOLD, Hans
ARNTZ, Johann Wilhelm
BALLHAUS, Werner
BAY, Jürgen
BECK, Dieter
BECKER, Joachim
BIERLEIN, Dietrich
BIERMANN, Hans
BLECH, Klaus
BRAUN, Dietmar G.
BRINKMANN, Wolf
DETHLEFSEN, Harald
DITTMANN, Armin
DOETSCH, Heinz Josef
DOMAGK, Götz F.
DREWES, Joseph
EMBACHER, Gudrun
ENDRES, Heinz
FEIN, Hans-Wolfgang
FLATZ, Gebhard
FRANZ, Siegfried
FREY, Wolfgang
FRIK, Wolfgang
FÜNFGELD, Ernst Walter
GEBHARD, Ludwig
GERSS (ß), Wolfgang
GRUTSCHUS, Hans
HEIM, Michael Ernst
HUBSCHMID, Johannes
HUCHO, Ferdinand
KALLIS, Anastasios
KIRKENDALE, Warren
KÖHNE, Anne-Lore
KÖNIG, Wolfgang
KOETSIER, Jan
KOGELFRANZ, Siegfried
KUBICEK, Herbert
LANDWEHR, Karl-Heinrich
LÖTTGEN, Ulrich

Geburtstagsliste — 14. August - 20. August

METZLER, Manfred
MICHEL, Hans
MONTANER, Antonio
MÜLLER, Wilhelm Johann
NETZER, Manfred
OLSSON, Jens D.
POPP, Karl
PUTSCHER, Marielene
REDING, Kurt
REICHENBACH-KLINKE, Heinz-Hermann
REIHLEN, Helmut
RUPPRECHT, Werner
SALISCH, Heinke
SCHAUTZER, Max
SCHEIDL, Karl
SCHELLKNECHT, Helmut
SCHLEISSHEIMER, Bernhard
SCHONEWEG, Rüdiger
SCHULZE, Hugo-Otto
SENGER, Horst
SIXTL, Friedrich
SOMMER, Manfred
STADELBAUER, Jörg
STAKS, Arno
STAMMLER, Eberhard
STRÖBELE, Roland
WEHRLE, Paul
WENTZEL, von, Bogislav
WIEGAND, Hans-Gerd
ZAPF, Uta

15. August

BAUMANN, Hanno Lutz
BECK, Manfred
BERG, Christa
BERGANDER, Helge
BERGHÖFER, Dieter H.
BLÜHM, Elger
BRECHTKEN, Rainer
CLASSEN, Carl Joachim
COX, Heinrich Leonard
ECKHARDT, Juliane
EIFF, von, August Wilhelm
EMMANUELE, Eric Louis
ENGELS, Wolfram
ERKRATH, Carl Heinz
FABER, Gustav
FISCHER-WOLLPERT, Heinz
FRERICK, Günter
FÜRER, Gotthard
GÄRTNER, Horst
GEMMECKE, Rudolf
GEUCKLER, Karlheinz
HANSEN, Walter
HAUSMANN, Karl Josef
HEPTING, Axel
HERMANN, Gerd
HEUSINGER, von, Eberhard
HEUTELBECK, Dieter
HÖHN, Karl
HÖNNIGHAUSEN, Lothar
HOFF, Kay
HUBER, Margaretha
HUPKA, Herbert
JÄNICKE, Martin
KAISER, Matthäus
KERSTEN, Heinrich
KÖNIG, Johann-Günther
KOHLENBERG, Karl Friedrich
KOLLMANN, Franz Gustav
KUNZ, Wolfgang Dietrich
LANGEMAACK, Hans-Eberhard
LOHSE, Gerhart
LÜBKE, Waldemar
MAIDL, Bernhard Robert
MENKE, Karl-Heinz
MÖSER, Georg Otto
MOGGE, Winfried
MÜLLER-HOHENSTEIN, Klaus
NICKEL, Gerhard
OESTERGAARD, Heinz
OSSOWSKI, Leonie
PERST, Hartwig
POPPE, Hanno
RIETHMÜLLER, Heinz
ROSSKAMP (ß), Martin

RUSKE, Bärbel
SCHÄFER, Marian Walter
SCHINCK, Klaus-Jürgen
SCHMUCK, Herbert
SCHNEIDER, Peter
SCHOOP, Werner
SCHUBERT, Werner
SCHWAB, Dieter
STOLP, Heinz
STROBEL, Hans
SÜLE, Tibor
THOMAS, Wolfgang
THORMANN, Eduard
TRÖKES, Heinz
UNTERSEH, Hans
WEITPERT, Hans
WETTIG, Klaus
ZERBST, Irene, geb. Boroffka

16. August

ABENDROTH, Günther
BAETGE, Jörg
BAHLS, Gerhard
BALTZER, Johannes
BAUR, Karl
BLUM, Georg
BOEHMER, von, Henning J.
BRÜGMANN, Henry
CRONE-RAWE, Bernard Gerhard
DETHIER, Brigitte
DIETRICH, Rainer
DREWS, Jürgen
DROST, Wolfgang
ERNST, Roland
FALK, Gottfried
FINK, Walter Friedrich
FRANK, Werner A. K.
FRÖMMING, Karl-Heinz
GERMER, Wolfdietrich
GÖB, Rüdiger
GRABER, Otto
GREVERUS, Ina-Maria
GSCHEIDLINGER, Günter
HAAS, de, Friederike
HECKMANN, Hermann-Hubertus
HEILMANN, Wolfgang
HENNECKE, Dietmar K.
HOEN, Ernst
HUBER, Hansjörg
JARCHOW, Hans-Joachim
JURNA, Ilmar
KATZENSCHWANZ, Norbert
KELLER, Cornelius
KIEL, Gerhard
KLAWE, Gustav
KLIMMT, Reinhard
KNAPP, Wolfgang
KOCH, Walter
KORNBICHLER, Heinz
KRAFT, Ewald
KREBS, Hans Günter
KUNZE, Reiner
KYTZLER, Bernhard
LANG, Jean
LAUSEN, Gerd
LOFINK, Gerhard
LOH, Friedhelm
LORENZ, Eberhard
MARTIN, Janis
MIELERT, Heinz
MÜLLER, Gottfried
MÜLLER, Herbert
MÜLLER, Klaus-Detlef
PATERMANN, Christian
RIEGER, Georg Johann
SCHEEL, Wolfgang
SCHEIBLECHNER, Hartmann
SCHULENBURG, Graf von der, Werner
SCHULTE, Manfred
SCHULTEN, Rudolf
SCHWALM, Hans
SCHWARZENAU, Dieter
SCHWERING, Hans
SIEDLER, Gerold
STARKE, Gerhard
STETTER, Hans
THIELMANN, Fritz Otto
TORBRÜGGE, Walter
WEBER, Werner
WEGENER, Horst
WESSEL, Horst
WESSINGHAGE, Dieter

17. August

ALEMANN, von, Ulrich
AMARELL, Gerald
ARNDT, Horst
ARTELT, Werner
BACHEM, Peter
BARTH, Karlheinz
BAUMGARTL, Wolf-Dieter
BERAN, Thomas
BERNREUTHER, Fritz
BOSCH, Karl
BOURMER, Horst
BURDA, Wolfgang A.
DAS, Arabindo
FETZNER, Steffen
FISCHER, Wolfgang
FORK, Günter
FREUND, Hans-Joachim
FROHBERG, Martin Georg
GEORGI, Hanspeter
GMININDER, Rolf
GOEBBELS, Heiner
GRAFF, Otto
HAAG, Rudolf
HARTMANN, Georg
HASSE, Lutz
HASSELBLATT-DIEDRICH, Ingrid
HESSENBERG, Kurt
HIERSEMANN, Karl-Heinz
HILGER, Marie-Luise
HODIN, Josef Paul
HOFMANN, Anne-Marie
KANDORFER, Pierre A.
KLOCKHAUS, Ruth
KRACHT, Klaus
KREIDLER, Joachim Franz
KROPAT, Wolf-Arno
KUTTRUFF, Karl Heinrich
LIENAU, Rainer
LINDNER, Ernst
LÜTH, Heinrich
MARKL, Hubert S.
MARTINI, Anna
MENZEL, Klaus
MERTÉ, Hanns-Jürgen
MÜLLER, Horst
MÜSSIG, Hans-Joachim
NEUHAUS, H. Joachim
NUNGESSER, Rudolf
REIMERS, Walter
RIEBSCHLÄGER, Klaus
ROST, Hansfrieder
SASSE, C. Dieter
SCHIEWECK, Dieter
SCHREIBER, Werner
SCHUBERT, Günther Erich
SCHULTE, Wolfgang
SCHULZ, Eberhard
SCHWENKMEZGER, Peter
SCHWIER, Walter
SEIBERT-SANDT, Walter
SEIDENSTICKER, Peter
STANGE, Günther Ludwig
STRÖKER, Elisabeth
THOMA, Helmut
THOMAS, Carl-Heiner
UEHLEKE, Hartmut
VOLZ, Eckart
WERWINSKI, Joachim Michael
WICKE, Ewald
ZOGLMANN, Siegfried

18. August

ALBRODT, Hans-Joachim
BARNIKEL, Hans-Heinrich
BATT, Jürgen
BENDER, Wolfgang F.
BERGNER, Dietrich
BEZZENBERGER, Günter E. Th.
BÜHLER, Hans-Eugen
BUGGLE, Franz
CARLSBURG, von, Gerd-Bodo
CHRISTIAN, Ulrich
DIESSELHORST (ß), Malte
DIMROTH, Karl
DOEGE, Eberhard
DOLEZOL, Theodor
DUBBE, Daniel
EHRLER, Walter
EICH, Ludwig
EICHHORN, Wolfgang
ELLWANGER, Wolfgang
ESSER, Claus
FALKE, Konrad
FENEBERG, Hermann
FRANKE, Walter
FREUDENBERG, Hermann
GEBHARDT-EULER, Manfred
GERNER, Berthold
HEIMPLÄTZER, Fritz
HELBLING, Hanno
HELLWEGE, Hans Henning
HERMES, Rudolf
HESSE, Diethard
HIRTREITER, Kaspar
HORN, Norbert
HUG, Gebhard
HUMBS, Hubert
HUTTERLI, Kurt
ICKSTADT, Heinz
IMHÄUSER, Günther
KLEINKNECHT, Theodor
KLITZSCH, Eberhard
LACHER, Günther
LANG, Gerhard
LETZELTER, Manfred
LISCHKE, Gottfried
MECKEL, Markus
MENSAK, Alfred
METZ, Reinhard
MINGERS, Annemarie
PEINE, Franz-Joseph
PFLUG, Hans-Dieter
PIETZCKER, Theodor E.
PORTENLÄNGER, Li
RAUSCH, Franz
REICHERT, Ritter von, Bernhard Rüdiger
REINKEN, Günter
RETZLAFF, Ingeborg
RIEMENSCHNEIDER, Dieter
SAHM, Walter
SANDVOSS, Ernst R.
SCHLIEPHAKE, Erwin
SCHMIDT, Harald
SCHMIDT-THOMÉ, Josef
SCHNEIDER, Berthold
SCHNEIDER, Hans
SCHORLEMMER, Helmut
SCHRADER, Jost-Heinrich
SCHRAMM, Werner
SCHÜFFEL, Wolfram
SCHULZE, Hanno
SCHULZE, Klaus-Jürgen
STEFFEN, Reiner
STEINBACH, Manfred
STEINVORTH, Ulrich
STÖGER, Markus
TIEMANN, Walter
TIETMEYER, Hans
TRÖMEL, Thomas
VOLXEM, Van, Otto
WERNER, Olaf
WICK, von, Georg Ernst
WITTENBRUCH, Wilhelm
WÖHRLE, Dieter
WOLFZETTEL, Friedrich
WOLTERS, Heinz

19. August

ARGYRIS, John
ATHINÄOS, Nikos
BAETHGE, Martin
BARCKOW, Klaus
BARTH, Gunther
BAYER, Heinz
BEIKERT, Walter
BERNDT, Günter
BIERVERT, Bernd
BISMARCK, von, Philipp
BLEYMÜLLER, Josef

BLUM, Albert
BOETTICHER, Wolfgang
BRAUN, Hans-Peter
BRONNEN, Barbara
BRUNNER, Hellmut
BUCHER, Werner
BÜHL, Helmut
CIMIOTTI, Emil
DIETERICH, Hartmut
EICHER, Heinz
ESCHENBECHER, Ferdinand
FEILCKE, Jochen
FLECKNER, Sigurd
FRANKE, Franz-Herbert
FUHLROTT, Rolf M.
GERKE, Hans-Willi
GRILLO, Gabriela Dagmar
HALBEY, Hans-Adolf
HARTMEIER, Winfried
HEYDTMANN, Horst
HÖPCKE, Walter
HOMBACH, Bodo
HORCH, Werner
KERBS, Diethart
KILIAN, Rudolf
KLEINSCHMIDT, Gert
KOCH, Marianne
KÖNIG, Hans H.
KREUZHAGE, Jürgen
LUND, Otto-Erich
MAATZ, Richard
MAIER, Friedrich
MARX, Siegfried
MISCH, Dieter Wolfgang
MÜLLER, Werner E. G.
MÜLLER-LÖNNENDUNG, Ludwig
OHNESORGE, Dieter
OTTO, Eckart
PELS-LEUSDEN, Hans
PETERMICHL, Harald F.
PETROVICI, Johann N.
PFISTER, Manfred
POSER, Sigrid, geb. Wahl
PREUL, Reiner
RABE, Horst
REICH, Roland
REICHOLD, Hans
REISSNER, Helmut
REMKY, Hans
RITZEL, Wolfgang
RUNDEL, Otto
SCHEELE, Erwin
SCHULTES, Theodor
SCRIBA, Peter C.
SIECKMANN, Hartmut
SIEGMUND, Manfred
UNSCHULD, Paul U.
VOLMER, Carl-Alex
WEBER, Hans
WEDLER, Gerd
WENZEL, Hans Gerd
WILLKE, Ingeborg Elisabeth
WINKELMANN, Günther
WREDE, Kraft-Eike
ZIMMERMANN, Heinrich

20. August

ARSENIEW, von, Ludmilla
AUFDERHEIDE, Helmut
BARNEBECK-PEETZ, Olaf
BECKER, Hans
BECKER, Karl Eugen
BERGER, Mathias
BICK, Hartmut
BLASS (ß), Eckhart
BOURQUIN, Dieter
BREUER, Josef
BRUCHMANN, Ernst-Erich
BUSKE, Waldemar
CORDIER, Peter
D'HEIN, Werner P.
DREYER, Ernst-Jürgen
EIMER, Manfred
EYKMANN, Walter
FEHRING, Günter Peter
FICHTELMANN, Helmar
FLENDER, Reinhard David
FREYHOFF, Ulrich

20. August

GIMPLE, Max
GÖRLITZ, Axel
GORENFLOS, Walter
HAASE, Gottfried
HARTINGER, Andreas
HARWEG, Roland
HECHELTJEN, Peter Max
HECKMANN, Klaus
HEESCHEN, Walther
HELFENBEIN, Karl-August
HEROLD, Albrecht
HESSE, Hans
HOESCH, Edgar
ISERMANN, Rolf
JUCKEL, Lothar
KIRSCHNER, Horst
KLATTEN, Werner E.
KLEIN, Hans-Joachim
KLINKOTT, Manfred
KNOCH, Wendelin
KOEPP, Joachim Manfred
KRÄMER, Erwin
LENZ, Bernhard
MOGG, Walter
NÄTSCHER, Karl-Heinz
NEITZEL, Gerhard
NITZ, Hans-Jürgen
NOACK, Cornelius Christoph
PÄTZOLD, Ulrich
PETERSEN, Helge
PETERSMANN, Hubert
PFAD, Peter
POVH, Bogdan
QUEST, Hans
REBLE, Albert
REGITZ, Manfred
REST, Franco (H.O.)
RIEDEL, Eberhard
RIEDT, Heinz
SALMUTH, Freiherr von,
 Georg-Sigismund
SCHICKLING, Dieter
SCHMITT-THOMAS,
 Karlheinz Günther
SCHÖCH, Heinz
SCHÖLER, Walter
SCHULTZ, Jürgen
SIEVERS, Heinrich
SOTHMANN, Bärbel
STÜCKLEN, Richard
SURMINSKI, Arno
THIELEMANN, Wilhelm
THOMAS, Helmut
WALK, Ansgar
WALTHER, Wilhelm-Dietrich
WHIGHAM, Jiggs
WOLF, Stephan
WUNDRAM, Manfred
ZELKOWSKI, Jacek

21. August

ANTONI, Hermann
ASHWORTH, Michael
BECKER, Gert O.
BEHREND, Rainer
BOCKLET, Paul
BRAESEN, Hatto
BRUN, Dominik
BURKHARDT, Klaus
CORNELIUS, Karl
DYK, van, Peter
EISENBERG, Ursula
ERLENKÄMPER, Friedel
FICKLER, Georg
FIGGE, Horst
FISCHER, Werner
FUNK, Franz
GEYGER, Johann Georg
GIRGENSOHN, Jürgen
GÜNTHER, Wilhelm
HEERS, Waldemar
HERRMANN, Hans W.
JOST, Bernhard
JUNGEN, Peter
KADENBACH, Bernhard
KALENBORN, Heinz
KALLENBACH, Reinhard
KERN, Richard
KILLMAYER, Wilhelm
KLIEBHAN, Harald
KLIETMANN, Wolfgang
KNOP, Gerhard
KOPPE, Rolf
KORDES, Gert
KRISEMENT, Otto
KROLL-PRÄTZ, Dieter
KÜHNE, Hans Heiner
LANGE, Hermann
LANGE, Otto Ludwig
LOTZ, Franz
LÜBTOW, von, Ulrich
MAIER, Kurt
MATTHES, Dieter
MEIBOM, von, Irmgard,
 geb. Stoltenhoff
MITGUTSCH, Ali
MÜNZBERG, Hans-Georg
NIESE, Rolf
PACZENSKY u. TENCZIN,
 von, Gert
PFENDER, Max(imilian)
PURUCKER, Kurt
REINHARD, Ernst
RENNEFELD, Dirk-Jens
SCHAAL, Hermann
SCHELLER, Jürgen
SCHLUND, Hans Hermann
SCHNEEMELCHER,
 Wilhelm
SCHNEIDER, Rolf
SCHÜLE, Walter
SCHUMACHER, Franz
SEEBERG, Harald
THUNECKE, Hans-Heinrich
ULLRICH, Johannes Hermann
WAGNER, Herbert
WELTEKE, Ernst
WIEMER, Wolfgang
WINTERFELD, von,
 Dethard
WÖHLBIER, Herbert

22. August

AHRENS, Jens-Rainer
ALBERS, Hans-Karl
ALBRECHT, von, Michael
ALBRECHT, Peter
ANDREAE, Stefan
ARNDT, Karl
BASTEN, Franz-Peter
BERGNER, Heinz
BEUTHIEN, Volker
BINDER, Max
BOOCKMANN, Hartmut
BUBLITZ, Karl-Adolf
BURGGRAF, Hans
BUSCH, Eberhard
DENZEL, Siegfried
DEYM, Graf von, Carl Ludwig
DISDORN, Hannspeter
ERNST, Reinhard
FABRICIUS, Dietrich
FILOHN, Horst-Helmut
FLEISCHHAUER, Jörg
FLÜCK, Doris
FOLLERT, Wolfgang
FUSCH, Klaus
GABRIEL, Hans-Jürgen
GERSTEN, Klaus
GLATZEL, Hans
GLAUERDT, Jochen Otto
GÖTZ, Rainer
HAMACHER, Joseph
HELLER, Kurt A.
HEYME, Hansgünther
HOCKWIN, Otto
HÖRNER, Heinz
HOFFMANN, Paul
HOLTZ, Joachim
HOLZER, Karl
KAP-HERR,
 Freiherr von, Peter
KEGEL, Johannes
KIENAST, Burkhart
KIENAST, Dietmar
KINZ, Helmut J.
KLOSTERMEIER, Karl-Heinz
KNEIDL, Rudolf Karl
KOBLENZ, Babette
KÖHLER, Rolf
KÖSTER, Wilhelm
KRAUTKREMER, Franz
KRUBER, Manfred
KÜNZL, Ernst Rüdiger
LAFFERS, Zoltan
LANGENHAN, Rainer
LICKTEIG, Klaus Erich
LIXFELD, Rudolf
LOBIN, Gerd
MARTIN, Klaus-Rainer
MECKENSTOCK, Hanns J.
MEYER, Franz Hermann
MOELLER, Julius
MOHREN, Joseph Heinrich
NIEDHART, Gottfried
NOTTMEYER, Dieter
PENSKY, Heinz
PFITZER, Albert
PLATH, Peter Paul
POHLMEIER, Heinrich
POLLOK, Karl-Heinz
PREISSINGER, Emil
RIEFENSTAHL, Leni
SCHUCHHARDT, Klaus
SCHULZ, Leo-Clemens
SCHWARZ, Gerhard
STOCKHAUSEN, Karlheinz
STÖCKMANN, Paul
STORCK, Gerhard
STRESOW, Gustav
STRUNK, Klaus
STUMPP, K. Friedrich (Fritz)
WASSERTHAL, Lutz Thilo
WEGMANN, Wolfgang J.
WIEDENHAUPT, Helmut
WILLENBOCKEL, Ulrich
WINKELHEIDE, Joseph
WINKLER, Eberhard
WIRTZ, Waltfried F.
ZENZ, Hermann
ZERBE, Edwin
ZIMMERMANN, Mac

23. August

AHLGRIMM, Ernst-Dietrich
ALTHAUS, Richard Wilhelm
AUST, Siegfried
BARGEN, von, Rolf
BARSCH, Gerhard R.
BÁTORI, István
BERGER, Robert
BRAUN, Reinhold
BRIGGS, Curtis
BROCKMANN,
 Hans Hinrich
CRIEGERN von, Axel
DICKER, Günther
DRERUP, Heinrich
EISNER, Annemarie
ERNST, Gustav
FECHNER, Wolfgang
FORSTNER, Martin
GEROLD, Volkmar
GIBTNER, Horst
GILLER, Walter
GREISNER, Walter
HOELSCHER, Ludwig
HOFFMANN, Heinz
JACOB, Ruthard
JUNG, Karl
KEUNECKE, Helmut
KISHON, Ephraim
KÖRTGE, Peter
KOHL, Norbert
KOLLAR, Axel
KUHNT, Hans Eberhard
KUNZLER, Michael
KUSS, Heinrich
LAGERGREN, Gunnar K. A.
LANDES, Erich
LERG, Winfried B.
LÜTZE, Diethelm
MARCKS, Friedrich
MILZ, Klaus
NATSCHINSKI, Gerd
NAUMANN, Wolf-Dietrich
NITTNER, Konrad
OCKENFELS, Rudolf
PLATT, Gerhard
PLESS, Karl H.
RHEIN, Eduard
RÖSLER, Roland
SACHSE, Günter
SCHEFFLER, Hermann
SCHERBAUM, Adolf
SCHNEIDER-ESLEBEN,
 Paul
SEEBACHER-
 MESARITSCH, Alfred
SIEVEKING, Kai
SOMMER, Siegfried (Sigi)
STEEB, Günther
TÖPFER, Wilfried
UNGER, Hanns-Hellmuth
WAGNER, Wolfgang
WEBER, Hermann
WENDLING, Jürgen
WINSEL, August
WIRTHLE, Werner
WOLTERS, Hans-Georg
ZANOTELLI, Hans

24. August

AXTHELM, Hans-Henning
BAAB, Manfred
BACHMANN, Horst
BARTH, Detlev
BECKER, Erwin Willy
BEUERMANN,
 Dieter Ekkehard
BIRKMANN, Inge
BLASCHKE, Manfred
BLOHM, Hans
BOOS-NÜNNING, Ursula
BROCKHAUS, Christoph
DAHLKE, Walter
DANN, Otto
ERNESTI, Claus
FERNIS, Hans-Georg
FORTH, Wolfgang
GÖBEL, Karl-Detlev
GROSSER, Manfred
HARRIES, Heinrich
HOFFMANN-AXTHELM,
 Dieter
HOPT, Klaus J.
HORNER, Leopold
JACOBS, Konrad
JÄGER, Wolfgang
JANTSCH, Franz
KAMP, Norbert
KATZ, Klaus
KEMPE, Stephan
KIELBURGER, Bernd
KNAUSS, Fritz Ernst
KOHLEN, Heinz-Günter
KOPFERMANN, Klaus
KRONEBERG, Hans-Günther
KROSS, Siegfried
KRUMMACHER, Hans-Henrik
LEMTIS, Horst G.
MERKLE, Udo
MEUELER, Erhard
MEYER, Heinz-Werner
MEYER, Ludwig
MOTTL, Felix
OBER, Karl-Günther
PROBST, Victor
RASSPE, Günther
REUSCHENBACH, Peter W.
RIEDEL, Ulrike
ROSENFELD, Hellmut
RÜBBEN, Hermannjosef
SAYN-WITTGENSTEIN-
 BERLEBURG, Prinz zu,
 Franz Wilhelm
SCHAEDE, Ernst-Joachim
SCHENKEL, Ulla
SCHIMANSKY, Gerd
SCHLÜTER, Arnulf
SCHMIDT-PAULI, von,
 Egbert
SCHMITT, Fridolin
SCHOLZ, Hasso
SCHRICKEL, Waldtraut
SCHULZ, Georg E.
SCHULZ, Gerhard
SEIDL, Rupert Johannes
SOMMERFELD, Alfred
SOMMERFELD, Horst
SPAZIER, Günther
STEURER, Josef
TIEDT, Peter
TORGE, Reimund
TRÖNDLE, Herbert
UNGUREIT, Heinz
WRANGEL, Freiherr von,
 Joost
YORKE, Harold W.

25. August

ARNZ, Alexander
BATZ, Michael
BÖHM, Paul
BRAUN, Herbert
BÜCHNER, Ernst
BURGER, Heinz Otto
CRAMER, Ulrich
DEEG, Peter Franz
DETERMANN, Helmut
DOERR, Wilhelm
FLOECK, Wilfried
FONTAINE, Hans-Joachim
FREY, Hubert
GÄRTNER, Karl
GERRITZEN, Lothar
GRAEF, Martin A.
GREBE, Hans
HAHN, Klaus
HAUBRICH, Walter
HAUSLAGE, Dietrich Albert
HEIZMANN, Lieselotte,
 geb. Stumpf
HOBBENSIEFKEN, Günter
HOFFMANN, Hilmar
HOFMANN, Klaus
HORNYKIEWYTSCH,
 Theophil
KAISER, Peter
KIMMEL, Hans
KOESTER, Helmut
KÖTTNITZ, Werner
KOHLENBACH, Eugen
KRAUS, Willy (Wilhelm)
KRISCHEK, Josef
KÜHNE, Gunther
LUCKERT, Reinhard
MADER, Wilhelm
MARCKS, Marie
MATTICK, Wolfgang
MELLER, Horst S.
MOLZAHN, Alexander
MÜHLBAUER, Klaus Georg
MÜLLER, Detlef Karl
NIEDERREITHER, Ernst
NOTTEBOHM, Rudolf
OSTERWALD, Karl-Hans
PAQUET, Karl-Joseph
PREUSSMANN, Rudolf
RAUCHENECKER, Ludwig
SCHÄFER, Theo
SCHÄFER, Wendel
SCHENCK, Eduard
SCHINDLING-
 RHEINBERGER, Liselott
SCHINTLING-HORNY,
 von, Wolfram
SCHLEE, Albrecht
SCHLIPKÖTER, Hans-W.
SCHMITT, Walter
SCHWEGLER, Erich
SIOLI, Harald
SPETH, Friedrich
SPONSEL, Heinz
STEPP, Walther
STILLE, Bernd
TEIN, von, Dieter
THIEME, Helga
THOL, Alfons
WINKLER, Konrad
ZILIUS, Wilhelm
ZILLICH, Clemens Heinrich
ZIMMERMANN, Felix
ZINK, Ulrich

26. August

BALLESTREM, Graf von,
 Ferdinand
BAUER, Werner
BEHN-GRUND, Friedel
BLÄSE, Dirk
BÖHRINGER, Karl-Heinz
BÖRNER, Dietrich
BONHOEFFER, Thomas
BONSE-GEUKING,
 Wilhelm
BRAUBURGER, Heinz
BRAUN, Bruno O.

BRINGMANN, Gerhard
BRUNE, Pit Jürgen
CHMILL, Heinz
DELANK, Heinz Walter
DIETZ, Klaus
DIRKS, Marianne,
 geb. Ostertag
DOLLINGER, Karl
DREHER, Peter
DRESS, Andreas W. M.
DREWS, Jörg
ERLER, Rainer
FISCHBECK, Gerhard
FORCK, Günther
FRANZEN, Hermann
FREYTAG, Hans-Joachim
FRICKE, Peter
FRITZ, Walter Helmut
GLATZ, Manfred
GRAU, Gerhard K.
GROBE, Rolf
GÜNTHER, Friedrich
HAACKER, Klaus
HEHNER, Georg
HEHRLEIN,
 Friedrich Wilhelm
HOBERG, Fritz-Werner
HOPF, Volker
HORCHEM, Hans Josef
HUYS, Lambert
KERPEN, Hans-Heinz
KILLY, Walther
KLEWIN, Wilfried
KOLLER, Dagmar
KROSS, Hinrich Jürgen
LAACKHOVE, Winfried
LARESE, Dino
LÖCHERBACH, Dieter
MASSON, Christoph
MECHTEL, Angelika
MEISEL, Peter G.
MÖHRMANN, Renate,
 geb. Hammond-Norden
MÜLLER-HENNEBERG,
 Hans
NAGEL, Karl
NIEFER, Werner
PAULS, Rolf Friedemann
PETZOLD, Joachim
POHLERS, Horst Wolfram
QUINGER, Gebhard
RAMSAUER, Helene
ROMETSCH, Sieghardt
RUDOLZ, Hartwig
SAWALLISCH, Wolfgang
SCHAAL, Klaus-Peter
SCHMALZ, Ulrich
SCHMUTZLER, Bernhard
SCHNEIDER, Woldemar
SCHOOF, Carl-Friedrich
SIBBERSEN, Christian
STALLKAMP, Bernhard
STECKHAN, Helmut
STIMPEL, Hans-Martin
STROHSCHNEIDER-
 KOHRS, Ingrid, geb. Kohrs
SZILARD, Rudolph
TERRAHE, Jürgen
TRENDELENBURG,
 Friedrich
TRÖNDLE, Karlheinz
WERBKE, Hans Joachim
WERNER, Gottfried
WOLKEN, Karl-Alfred
WURBS, Richard

27. August

AKINA, Henry
ASSMANN (ß), Hans
BADER, Karl Siegfried
BARDTHOLDT, Claus
BAUER, Eckhart
BLASER, Karl
BUHR, Walter
DACH, Günter
DEY, Reinhold
DOHMEN, Ludwig
ENGEL, Norbert
FALKE, Gerhard
FLOR, Peter
FROHN, Joachim
FURIAN, Martin

GEIGER, Hannsludwig
GÖTTGENS, Helmut
GOETZE, Hans-Helmut
HEIDER, Manfred
HEILINGBRUNNER, Horst
HEITE, Hans-Joachim
HENISCH, Peter
HERLYN, Okko
HUCH, Burkhard
JAKOBS, Eduard
JANSEN, Peter P.
KABEL, Heidi
KAHLFUSS (ß), Hans-Jürgen
KEISER, Helen
KLUGMANN, Norbert
KNEIB, Gerhard
KNÖPFLE, Franz
KOCK, Manfred
KOMNICK, Hans
LANGER, Bernhard
LUDWIG, Werner
MERKEL, Friedrich-Wilhelm
NEUMANN-MAHLKAU,
 Peter
NIMMERGUT, Jörg
PFAFFEROTT, Gerhard
PRIESEMANN, Gerhard
QUADBECK, Günter
REITER, Heinrich
SAPPOK, Christian
SAUER, Michael E.
SCHEID, Hans Peter
SCHMIDT, Claus
SCHMITZ, Norbert J.
SEIDEL, Christian
SENGHAAS, Dieter
SPILLER, Kurt
STEFFE, Horst-Otto
STUTZ, Ernst
TANK, Max Otto
TURBAN, Dietlinde
VOLPERT, Walter
WEBER, Helmut
WILKENING,
 Werner Friedrich Julius
WUNDER, Heide,
 geb. Hübler

28. August

ALTEN, von, Jürgen
BACH, Dieter
BETHGE, Eberhard
BUCHWALD, Wolfgang
BUSCH, Karl
CALBERT, Joseph (Josse) P.
CHRISTMANN,
 Hans Helmut
DECKEN, von der,
 Claus-Benedict
DOEBLIN, Jürgen
DREIER, Josef
EDZARD, Dietz O.
FLOTHO, Manfred
FRANZ, Ingomar-Werner
FROMMHOLD, Walter
FUCHS, Manfred
GASCH, Robert
GIRGENSOHN, Hans
GLASER, Hermann
HEILMEYER, Ludwig
HIPPEL, von, Wolfgang
HORST, Wolfgang
IHLAU, Fritz
JESSEN, Eike
JOHANEK, Peter
JUNG, Volker
KIMMIG, Wolfgang
KLEIN, Ullrich
KLEINADEL, Wilhelm
KONEFFKE, Gernot
KREUTZKAMP, Norbert
KRÜCK, Friedrich
KUNZE, Christian
LEMKE, Alexander-Gotthilf
LEVI, Hans Wolfgang
MAIWORM, Heinrich
MARQUARDT, Hans Wilhelm
MARX, Will
MICHEL, Otto
MORON, Edgar
PALM, Joachim
PETZOLDT, Leander

PIWONSKI, Karl
PRECHTEL, Alexander
PROKOP, Ernst
PUTZAR, Harry
RILLING, Jürgen
RINK, Andreas M.
SCHÖNE, Rotraud,
 geb. Herzberg
SCHROEDER-PRINTZEN,
 Günther
SEIFART, Klaus Heinrich
SINGER, Horst
SORS, Rüdiger
STEINBRENNER, Georg
VEITH, Werner Heinrich
VETTER, Horst
VIEROCK, Frithjof
VOGLER, Karl-Michael
WAGNER, Hildebert
WALTER, Karlheinz
WARNKE, Herbert
WOLFF, Hans-Peter

29. August

ASAM, Walter
BERNUTH, von,
 Hans-Dietrich
BÖLLING, Klaus
BRANKAMP, Klaus Bernd
BREUER, Hans Dieter
BUDDE, Hans-Jürgen
BÜRZLE, Erwin
BURMANN, Hans-Wilhelm
COLNERIC, Ninon
EIDEN, Fritz
FELL, Bernhard
FIJALKOWSKI, Jürgen
FINK, Karl-Heinz
FREIST, Hans-Georg
GEERDS, Friedrich M. J.
GEIGER, Hartmut
GERKE, Friedrich
GRÜTER, Karl
HÄRTER, Georg
HAGEN, Jochen
HARDEGG, Wolfgang
HARM, Wolf
HERFS, John
HIPP, Erwin G.
HOMBERG, Horst
HÜTTL, Adolf J.
HUSLAGE, Walter W.
ILLIG, Leonhard
KARG, Hans-Georg
KAUFHOLD, Karl Heinrich
KOCH, Wolfgang
KUNTZE-JUST, Heinz
LIEBETRAU, Alfred
LIENHARD, Siegfried
LOTH, Wilfried
MEIER, Herbert
MENZEL, Hans-Dieter
MESTAN, Antonin
MICHEL, Heinz
MÖLLER, Rolf
NESSEL, Rolf Joachim
NEUHAUS, Helmut
NEUHAUS, Walter
NOLTE, Jost
OLLENBURG, Günter E. W.
PACHE, Gerhard
PATZSCHKE, Jochen
PETERMANN, Hartwig
PETERSEN, Johannes
PFLÜGER, Hans-Dieter
PIERWOSS, Klaus
REICHEL, Edgar
REUTTER, Rita
RHOTERT, Bernt
SCHENCK, Klaus
SCHMALENBACH,
 Wolfgang
SCHUSTER, Hans
SCHWARZ, Albert
SIEPMANN, Helmut
SONNTAG-WOLGAST,
 Cornelie
SPANN, Wolfgang
STÖBER, Kurt
TESSIN, Baronin von,
 Brigitte
THIEME, Jörg H.

VEEN, Hans-Joachim
VODRAZKA, Karl
ZEHNER, Günter

30. August

ARENS, Heinz-Werner
BÄDEKERL, Klaus
BERGNER, Karl-Heinz
BLÄSE, Günter
BLANKENHEIM, Walter
BÖMERS, Michael
BOVENSCHEN, Claus
BRÜHL, Peter
BURKHARDT, Otto
DAHM, Bernhard
DAHM, Helmut Walter
DEILMANN, Harald
DOEKER, Günther
EGGER, Rosemarie
EHLERS, Peter
ERDENBERGER, Manfred
ERLE, Dieter
ERNSTING, Jans-Paul
FREHSEE, Heinz
GEISENHOFER,
 Franz Xaver
GEISLER, Gerhard
GIERHAKE,
 Friedrich Wilhelm
GMELCH, Ludwig
GRATHOFF, Richard
HAASE, Lothar
HANACK, Ernst-Walter
HAUENSCHILD, Karl
HEINZ, Theo
HELLER, Wolfgang
HESS, Bernhard
HIESTAND, Rudolf
HOFMANN-GÖTTIG,
 Joachim
HOTTINGER, Kurt
HÜBNER, Jürgen
JANNAUSCH, Doris
KANTZENBACH,
 Friedrich Wilhelm
KAPLAN, Reinhard W.
KECK, Ernst W.
KINNE, Otto
KÖLBEL, Herbert
KRESSL, Günther
KRÖNCKE, Adolf
LUCK, Erwin
MEHLHORN, Peter
OTTEN, Ernst-Wilhelm
PETERS, Carl Otto
POSTEL, Wilhelm
RUF, Rudolf Karl
SCHÄTZLE, Alois
SCHALLER, Friedrich
SCHLAPP, Manfred
SCHLENSTEDT, Dieter
SCHLOOT, Werner
SCHNELLENBACH, Helmut
SCHNEZ, Albert
SCHWARZE, Hans Dieter
SELCHERT,
 Friedrich Wilhelm
STAEHLER, Gerd
STELZMANN, Gotthard
STÖHR, Martin
STRASSBURG (ß), Manfred
STROHMAYR, Alois
THIELE, Heinrich
VIEHBACHER, Friedrich
VOGEL, Martin-Rudolf
WAGNER, Wolfgang
WERNHER, Hellmut
WIMBERGER, Gerhard
WOLF, Rudolf
WOLFGRAMM, Torsten
WORMS, Viktor
ZIELINSKI, Diethart

31. August

ASTINET, Helmut
BECK, Kurt-Günther
DRINGENBERG, Rainer
ENGLÄNDER, Hans
GARDOS, Alice,
 geb. Schwarz
GÖBEL, Heinz
GRASMANN, Hans-Heribert

GUNZERT, Gerhard
HAMPEL, Gunter
HEIKS, Michael
JANSON, Hermann
KASCHE, Volker
KASTEN, Arne
KERNER, Hans
KLEIFELD, Otto
KORNBRUST, Leo
KRETSCHMAR, Georg
KRUMSIEK, Rolf
van LAAR, Karl-Wilhelm
LEONHART, Günther
LICHTENTHAELER,
 Charles
LUKAS, Edith
MENKE, Hubertus
MEYER-ARNDT, Hartwin
MORAW, Peter
MÜLLER-LAUTER,
 Wolfgang
NIENDORF, Horst
NOYER-WEIDNER, Alfred
OBERMANN, Holger
OEFTERING, Heinz-Maria
OEHLER, Klaus
POTENTE, Helmut Michael
PREIS, Heinz
RANTZAU, Graf zu, Johann
SAMBRAUS, Hans Hinrich
SCHAAL, Peter
SCHEER, Jörn Wolfgang
SCHEUTZOW, Jürgen W.
SCHIERWATER, Hermann
SCHMIDT-HOLTZ, Rolf
SCHMITT, Lothar
SCHNIPKOWEIT, Hermann
SCHULER, Rudolf
SEEGER, Alfred
SIMON, Udo
STUDNITZ, von,
 Hans-Georg
SUND, Olaf
SYRING, Hans-Willi
THEISEN, Günther
THUL, Heribert
TIMMLER, Markus
VOGEL, Peter
VOGELBACHER, Michael O.
WINNACKER, Albrecht
WOLTER, Jürgen
ZENTGRAF, Karl-Martin

1. September

ADOMEIT, Gerhard
AUDOUARD, Rolf
BAIER, Franz
BARTSCH, Gerhart
BECK, Horst W.
BERNKLAU, Werner
BRINKMANN, Karl-Heinz
BRÜCK, Christoph
BRUNS, Jürgen
BÜNGER, Siegfried
BÜRKLE, Klaus
CHOLLET, Hans-Joachim
CLAUSSEN (ß),
 Hermann
CROLL, Willi
DECKER, Hans
ERGER, Johannes
ESER, Willibald Georg
FELLER, Wolf
FREY, Otto-Herman
GARBE, Otfried
GERLACH, Knut
GLAAP, Albert-Reiner
GUTENSOHN, Wolf
HAGEDORN, Werner Clemens
HALBAUER, Siegfried
HARTERT, Hellmut
HARTUNG, Kurt
HELLNER, Jürgen
HENGSTENBERG,
 Hans-Eduard
HERKOMMER, Sebastian
HOFFMANN, Hildegard,
 geb. Vogels
HONDRICH, Karl O.
HÜBNER, Kurt
JATZKEWITZ, Horst
JOERGES, Bernward

1. September

KLAFKI, Wolfgang
KLINGMÜLLER, Gepa
KLOEPFER, Michael
KOCH, Othmar
KRÜGER, Günter
KRUSE-RODENACKER, Albrecht
LAUFENBERG, Walter
MAUNZ, Theodor
MOSBLECH, Berndt
RÄUKER, Friedrich Wilhelm
RAPPERT, Dieter
REGENSBURGER, Dieter
REIFF, Winfried
ROCKSTROH, Heinz
ROSENHEIM, Bernd
SCHAEFER, Hans
SCHEURLEN, Paul-Gerhardt
SCHMIDT, Hanns-Dietrich
SCHNEIDER, Ivo
SCHRADER, Bodo
SCHRÖCKER, Sebastian
SCHULZE, Gerhard
SCHWAB, Wilhelm
SCHWIND, Otmar
SELL, Werner
SOMMER, Hans Christian
STEGMANN, Tilbert Dídac
ZINK, Karl Friedrich

2. September

BARTZ, Joachim
BAUMBAUER, Frank
BENZ, Karl Josef
BEYER, Helmut
BODE, Helmut
BÖCKL, Manfred Ludwig
BÖHLIG, Alexander
BOEHMER, von, Götz
BÖHRINGER, Alfred
BOZEK, Karl
BRUCHHAUSEN, von, Franz
CRIEGEE, Friedrich C.
DOBLHOFER, Ernst
DÖRING, Ernst
DÖRING, Werner
EBERT, Rolf
EGGERS, Ernst
ERWIN, Joachim
FENSKE, Christian C.
FIALA, Ernst
FREUEN, Helmut
FRITSCH, Andreas
GLITSCH, Helfried
GÖBEL, Gabriele M., geb. Beuel
GÖRGEMANNS, Herwig
HANDL, Horst H.
HANSEN, Kai
HEUBAUM, Werner
HEYDT, von der, Freiherr von Massenbach, Peter
HIRSCH, Helmut
HÖCHERL, Hans-Michael
HOHM, Georg
JOEST, von, Carl August
JÜTTNER, Guido
JUNG, Günther
KAISER, Gerhard
KLUGE, Inge-Lore
KOCH, Hans
KUBACH, Hans Erich
KURZ, Eberhard
MAEDEL, Karl-Ernst
MAYINGER, Franz
MEY, Rudolf
MÖHLIG, Wilhelm
NAGEL, Gottfried
NITSCHE, Joachim
OERTZEN, von, Peter
OSBERGHAUS, Otto
PESCH, Rudolf
RAMDOHR, von, Wilken
REHBERGER, Julius
REUTER, Erich F.
RIEWERTS, Cornelius
RIVINIUS, Karl Josef
SCHEDE, Joachim
SCHENK, Hubertus
SCHMITZ-WENZEL, Hermann
SCHWANDT, Christoph M. F.
SENFT, Helmut
STERCKEN, Hans
STREIER, Joseph
TAUBITZ, Monika
TINSCHERT, Julius
ULMSCHNEIDER, Peter
VOGEL, Heinrich
VOLLRATH, Lutz
WEIMER, Gerhard
WELKE, Heinrich
WENZEL, Heinz
WERNER, Helmut
WILD, Josef

3. September

BARTENWERFER, Wolfgang
BECKER, Helmuth
BERNUTH, von, Horst
BLEICKEN, Jochen
BLESSING, Helmut
BÖHM, Karl Heinz
BRAKELMANN, Günter
BRIELMAIER, Hermann Josef
BRUHN, Peter
BUSCH, Hans-Dieter
CORNELIUS, Joachim
DAMMANN, Heinrich
DÜSING, Klaus
EIKENBUSCH, Gerhard
ERNESTI, Leo
FERLINZ, Rudolf
FERNHOLZ, Hans
FISCHER, Balthasar
FRICKE, Karl Wilhelm
FROWEIN, Werner
GUDIAN, Gunter
GUDJONS, Herbert
HANNICK, Christian
HENKEL, Bernt
HÜRXTHAL, Gerhard
HÜTTERMANN, Aloysius
KANDIL, Fuad
KAYN, Roland
KELLER, Christian Brar
KOLLWITZ, Arne A.
KRUPPA, Claus
KUS, Alexander
LANGEN, Albrecht
LARCHER, Franz
LEFÈVRE, Eckard
LUX, Hermann
MADLINGER, Anton
MAGER, Erich
MANGOLD, Hans
MANZ, Rudolf
MÜLLER, Franz
MÜLLER, Hans-Werner
NISSEN, Walter
NOLZEN, Karl-Heinz
OEHME, Johannes
PAHL, Otto
PEHLE, William
PEHNT, Wolfgang
RADDATZ, Fritz J.
REHM, Wolfgang
REIS, von, Wolf
REUTER, Hans Peter
RIPPERT, Winfried
RÜHL, Bruno
SANDERSLEBEN, von, Joachim
SCHANDER, Karlfried
SCHRÖDER, Diethelm
SCHUBERT, Günter
SCHÜTZ, Rudolf-M.
SIEBECK, Fred C.
STENDER, Heinz-Dieter
THÜRK, Kurt L. F. W.
VEELKEN, Ludger
VIEREGG, Hildegard Katharina
VOGEL, Paul-Otto
WEGNER, Wilhelm
WOHLFAHRT, Adam
WOLLSCHLÄGER, A. E. Johann
WÜST, Walter
ZIMMER, Hardy

4. September

BECKERT, Johannes
BEHLER, Ernst
BERGNER, Karl-Gustav
BRENAUER, Josef
CRAMER, Arno
DETHLOFF, Walter
DOERKEN, Wilhelm
ENNEMANN, Wilhelm H.
FEILNER, Hildegunde
FEY, Klaus H.
FISSAN (ß), Heinz
GEIGER, Kurt
GIERENSTEIN, Karl-Heinz
GLÜCK, Gerhard
HAIN, Dieter
HAUMANN, Friedel
HEINEN, Ernst
HORSTMANN, Bernhard
HÜSKES, Rudolf
KARTE, Helmut
KINDERMANN, Wilfried
KIRCHHOFF, Thomas-Friedrich
KLEYBOLDT, Claas
KORN, Hermann
LEIDINGER, Paul W. J.
LENZEN, Peter Wilhelm
LOOS, Erich
MATEŠIĆ, Josip
MESSERKNECHT, Walter
MÜLLER, Adolf
OTTOW, Johannes C. G.
PAGENSTERT, Gottfried
RÄDLE, Fidel
SÄLZER, Bernhard
SATTLER, Philipp K.
SCHLESINGER, Helmut
SCHMIDT, Alfred
SCHÖNBACH, Klaus
SCHÜBELER, Egon
STAUBER, Manfred
STEIN, Karl
SUNDSTRÖM, Lars
SWART, Bernhard
SWIECA, Hans Joachim
TEUFEL, Erwin
VIERA, Joe
VIERECK, Wolfgang
WEERS, Gerd E.
WENZEL, Hermann
WESTENBURGER, Carl-Heinz
WITTKOWSKY, Alexander
WOLF, Ludwig
WOLF, Norbert
ZIEGLER, Bernhard

5. September

ACHTEN, von, Reimar Guido
ANTON, Uwe
ARNOLD, Tim
BLIEKENDAAL, John
BÖRKER, Christoph
BONNESS (ß), Elke
BRESCH, Carsten
BUSCHMANN, Werner
BUSELMAIER, Werner
CALMEYER, Peter
DEMTRÖDER, Wolfgang
DETTWEILER, Christian Friedrich
DROBESCH, Karl Heinz
DUHM, Jochen
ELZER, Bertold
FISCHER, Max
FRICKE, Jobst P.
GAERTNER, von, Franz-Günther
GERHARDTS, Max Dieter
GRONWALD, Rochus Richard
GRUBER, Edmund
GRÜNWALD, Gerald
JANSSEN, Walter
JOBST, Dionys
JUNG, Karl-Philipp
KAHSNITZ, Rainer
KERNIG, Claus-Dieter
KILLMANN, Erwin
KÖHNE, Heinrich
KOHLHARDT, Manfred
KOPPELMANN, Gerd
KRESING, Bruno
KRIEGER, Karl-Friedrich
KRINK-PEHLGRIMM, Stephanie
KUHNKE, Eberhard
LENZ, Aloys
LOEWIG, Roger
LORENZ, Wolfgang Joachim
MOULL, Geoffrey
MÜLLER, Gerhard
MÜLLER-SALIS, Wolfram
NAUMANN, Karl-Eduard
NEUBERT, Diether
NEUSS (ß), Franz-Josef
OLTMANNS, Horst-Peter
POPP, Manfred
POPP, Walter
QUECKE, Else
REIMER, Thomas Carry
RINCK, Hans-Justus
ROIK, Karlheinz
ROSENBAUM, Heinrich
SAFT, Andreas
SCHARDT, Rudolf
SCHMALTZ, Theodor
SCHMIDT, Doris
SCHMITT-WEIGAND, Adolf
SCHNEIDER, Gerhard
SCHUSTER, Wolfgang
SPANUTH, Jürgen
STEHLING, Thomas Bernd
STEIN, Bernhard
TODT, Hans
UGI, Ivar
WÄNKE, Heinrich
WEBER, Sigurd
ZIEGLER, Daniela

6. September

AHRENS, Hanna
ARNOLD, Udo
ASMUSSEN, Roger
ASTHEIMER, Hanns
BAUMGÄRTEL, Hermann
BEHRENS, Friedrich-Stephan
BINDIG, Rudolf
BÖHM, Wolfgang
BRAUN, Otto Rudolf
BÜCHTING, Carl-Ernst
DANZ, Max
DIEDRICH, Waldemar
EHRENBERG, Birger
ERBE, Michael
EWALDSEN, Hans L.
FOHRER, Georg
FRANKE, Martin
GERKEN, Johann H.
HÄRLE, Wilfried
HARTMANN, Harro Lothar
HASERODT, Klaus
HAUSCHILD, Wolf-Dieter
HEINZL, Joachim
HERBERG, Götz
HOFMANN, Wolfgang
HOKE, Manfried
HOPF, Uwe
HUJER, Reinhard
JAHNKE, Volker
JANSSEN, Peter
JENTSCH, Jürgen
KÖHNE, Josef
KREPLIN, Joachim
KRYSTOF, Gerd-Olaf
KUMMER, Richard D.
LANG, Friedrich
LESAAR, Heinz
LIEPELT, Klaus
LOTH, Helmut
MAHKORN, Richard
MARX-MECHLER, Gerhard
MAYER, Klaus
MÜLLER, Max
OSWALD, Eduard
OTTENTHAL, Elmar
PERSON, Hermann
PETERS, Owe Jens
ROSSBACH (ß), Heinrich Albrecht
SARRY, Brigitte
SAUDER, Gerhard
SCHMIDT, Hansheinrich
SCHMIDT-MÜHLISCH, Lothar
SCHNEIDER, Rolf
SCHULTE, Hans
SCHWEIG, Karl-Franz
SCHWIDETZKY-ROESING, Ilse
SILBEREISEN, Sigmund
TIMMERMANN, Klaus
TRISTRAM, Hildegard L.C., geb. Paul
VOSS (ß), Heinz
WEISE, Karl
WERTHERN, Freiherr von, Hans-Henning
WILLIG, Friedrich
WÜRTZ, Peter

7. September

ADOLPH, Thomas Viktor
BAUMGART, Peter
BERGMANN, Christine
BINDER, Walter
BIRCKS, Wolfgang
BLANQUET, von, G. G.
BLINN, Hans Günther
BÖHM, Peter
BUCHHOLZ, Wolfgang
BULANG, Jan
BURK, Michael
CARDONA, Manuel
COPPIETERS, Francis
EDINGER, Ludwig
FIEGE, Hartwig
FLIETHER, Karl Joachim
FRESE, Erich
GERLACH, Rolf
GRASMANN, Günther
GUNKEL, Karl
GUTER, Josef
HAUNGS, Rainer
HEEGE, Hermann-J.
HEILMANN, Edelgard
HEYER, Herbert
HOLZMANN, Hans
HORST, Heribert
JAENICKE, Joachim
JORDAN, Ernst
JUNG, Karl
KATZ, Casimir
KATZOR, Horst
KINDERMANN, Hans Gerhard
KISSELER, Marcel
KLIMKE, Wolfgang
KLOSSIKA, Walter H.
KOCH, Karl O.
KÖRBER, Kurt A.
KRAFT, Sigisbert
KRAUSE, Martin
KROPFF, Bruno
KUCKUCK, Hermann
KUNISCH, Hermann-Adolf
LEHMANN, Johannes
MACHEMER, Hans Georg
MARTIN, Helmut
MATTHES, Siegfried
MUND-HOYM, Stefan
PASSON, Ingo
PAULSEN, Uwe
PESCHL, Eduard F.
REMMERBACH-KNIPP-RENTROP, Günther
REUSCHER, Hermann D.
RUNGE, Wolfgang
SAHM, Peter R.
SCHÄFER, Hans Dieter
SCHNELL, Rüdiger
SCHOSSER, Erich
SCHRETTENBRUNNER, Helmut
SCHÜRMANN, Ulrich
SINGEWALD, Arno
SÖLL, Ludwig
SPIRO, Herbert John
STROTHMANN, Karl-Heinz
SZEMERÉNYI, Oswald
THOMAS, Erhard

TUCHOLSKI, Barbara Camilla
ULMER, Wolfgang T.
WAPNEWSKI, Peter
WATZINGER, Carl Hans
WINTERS, Karl-Peter
WOLTER, Jürgen

8. September
ADOLFF, Helmut
ADORF, Mario
AFFELDT, Werner
ARNOLD, Wolfgang
AUFFARTH, Susanne
BEER, Otto F.
BERNHARDT, Rüdiger
BOCK, Hans-Hermann
BREGY, Edelbert Werner
BROCK, Rustan
BROCKMEIER, Hubert
BROMMER, Frank
BURGERT, Hans-Joachim
COLLINS, Hans-Jürgen
DAHR, Wolfgang
DANOVSKY, Vladimir
DEGNER-DECKELMANN, Hasso
DOHNÁNYI, von, Christoph
ENGELMANN, Hans-Ulrich
FREITAG, Helmut
FRICKER, Alfons
FRITSCHE, Heinz Rudolf
FUCHS, Sibylle
GAIL, Hermann
GALLENKAMP, Hans-Georg
GHAUSSY, A. Ghanie
GÖRG, Manfred
GOLDBERGER, Kurt
GROTEMEYER, Karl-Peter
HABECK, Fritz
HAMANN, Karl
HASTERS, Heima
HAUBOLD, Erhard
HAUPT, Peter
HEITMANN, Steffen
HILDEBRAND, Jürgen W.
HINKEL, Hermann
HOHLEFELDER, Walter
HUSS, Werner
IMMENKAMP, Aloys
KELTER, Jochen
KNIERIEM, Hans-Jürgen
KOEGEL-DORFS, Helmuth
KÖRNER, Klaus
KOWALD, Rainer
KREITER, Cornelius G.
KRENGEL-STRUDTHOFF, Ingeborg
KRÖNER, Alfred
KRYSTKOWIAK, Bernhard F.
LANDZETTEL, Wilhelm
LEHMANN, Jakob
LENNARTZ, Hans-Albert
MAGNUS, Kurt
MARQUARDT, Rolf
MARTENS, Peter H.
MOERLER, Klaus
MÜLLER, Karlheinz
NOVAK, Helga M.
REICHL, Jan Richard
ROTHE, Arnold
RÜFNER, Wolfgang
SCHAEFER, Hans-Eckart
SCHMOHL, Reinhard
SCHNEIDER, Norbert
SCHNELLE, Udo
SIGRIST, Helmut
STORM, Peter-Christoph
STURSBERG, Rüdiger
TAUBERT, Sigfred
UNGETHÜM, Michael
WEHLE, Gerhard
WEISHAAR, Julius
WITSCHEL, Günter
WOLGAST, Eike

9. September
ALEXY, Robert
AMELUNXEN, Ferdinand
ARNOLD, Fritz
ASCHEID, Reiner

BARLAY, Ladislaus
BARTELS, August Wilhelm
BASCHE, Arnim
BRÄUTIGAM, Walter
DEGEN, Dieter
DIETEL, Klaus-Günter
DÖRNER, Hans-Jürgen
FASTENRATH, Elmar Eduard
FEHLHAMMER, Wolf Peter
FELLINGER, Imogen
FISCHER, Albert
FISCHER, Helmut
FRÖSCHLE, Ernst
GARBE, Herbert
GELSHORN, Theodor
HACKL, Georg
HAFTENDORN, Helga
HAGE, Volker
HECKER, Rudolf
HELMLÉ, Eugen
HERREN, Rüdiger
HOEDERATH, Günter
HÖSS, Dieter
HOHMEIER, Jürgen
HOSTICKA, Bedrich
HUCKSCHLAG, Günter
HUGGLE, Michael
HUNDHAUSEN, Eckhard
INDEN, Wilhelm
KETTLER, Georg
KLEMM, Lothar
KNAPP, Werner
LACHMANN, Rainer
LANGE, Horst Peter
LAUERBACH, Erwin
LIESENDAHL, Heinz
LORENZ, Rüdiger
LUTZ, Wolfgang
MANTHEY, Gerhard
MARKEFKA, Manfred
MATTHÄUS-MAIER, Ingrid, geb. Matthäus
MUCH, Hans Eberhard
NOLTE, Eckhard
OTTNAD, Bernd
PLETICHA, Heinrich
POHL, Herbert
PRÖBSTING, Karl
RATHOFER, Johannes
RAU, Gerhard
RESCHKE, Otto
ROEHRBEIN, Waldemar R.
SCHACK, Kurtreiner
SCHENK, Karl-Ernst
SCHRÖDER, Oskar
SCHRÖER, Heinrich
SCHULTE-VOGELHEIM, Margret
SCHULZ, Wilfried
SEIFERT, Gerhard
SEITZ, Tycho
SONTHEIMER, Heinrich
SPRUCK, Arnold
STELZL, Ingeborg
STRUBELT, Otfried
STUMPF-RODENSTOCK, Michael
THAYSEN, Uwe
THYEN, Johann-Dietrich
TRIPPS, Manfred Wolfram
VÄTH, Werner
VOGEL, H. Gerhard
WEINERT, Franz Emanuel
WELZ, Bertram
WERNER, Otmar
WUCHERPFENNIG, Karl
WÜRTENBERGER, Franzsepp

10. September
BALTES, Werner
BAURS-KREY, Reinhold W.
BEITZ, Wolfgang
BENECKE, Theodor
BENZ, Peter
BISANI, Fritz
BOEDER, Lutz
BÖTTNER, Karl-Heinz
BRAUNE, Gerd
BRINKMANN, Albert
BUCHHOLZ, Axel

BUDDE, Ludwig
BÜCHNER, Otto
BUSCH, Ulrich
DELLING, Rudolf Manfred
FEHLING, Hermann
FIENHOLD, Wolfgang Günther
FLIEGER, Heinz
GÖTTFRIED, Bartholomäus
GRÖTSCHEL, Martin
HANTEN, Alfred
HEILMANN, Hans-Dietrich
HIRSCH, Fritz
JAHN, Gerhard
KIESELACK, Heinz
KLAIBER, Bernd
KLUXEN, Kurt
KÜHBORTH, Wolfgang
KUHNE, Wilhelm
KUTZELNIGG, Werner
MANSTETTEN, Rudolf
MARTIN, Gerhard
MEESSEN, Hubert
MÖSTL, Hubert
MOTZ, Wolfgang
NEUMANN, Volker
NEUSEL, Hans Heinrich
NOVY, Klaus
PREGEL, Dietrich
PURSCH, Cuno
RAATZ, Günther
RAMKE, Günter
RISCHE, Herbert
ROBL, Karl
ROGGENKÄMPER, Peter
SCHLICHT, Herbert Friedrich
SCHMERBECK, Hans
SCHMITT, Anton
SCHNEIDRZIK, Willy Erich
SCHUFFNER, Florian
SCHULZE van LOON, Reiner
SCHUMACHER, Hildegard
SCHWARZ, Dietrich
STAUFF, Joachim
STEIGERWALD, Karl-Heinz
THOMA, Elmar
THURNER, Franz
ULLERICH, Fritz-Helmut
WAGNER, Wilfried
WEIGELT, Werner
WOHN, Georg
WULFF, Hans-Colin
ZIEZOLD, Herbert

11. September
BAHNER, Ludwig
BAHR, Rudi
BECKENBAUER, Franz
BÖHM, Johannes
BRANNER, Karl
BRAUN, Harald
BROCKMEYER, Heinz
BUSHART, Bruno
CASTROP, Helmut
CORNIDES, Thomas
DEEGEN, Eckehard
DOBERER, Kurt K.
DÜSING, Edith, geb. Kallert
EHLERS, Henning Carsten
EICHENAUER, Walter
EISENLOHR, Ulrich
ERKEL, Willi
FELTKAMP, Herbert
FRANK, Harro
FREERKSEN, Enno
FREY, Gerhard
FRÜHSORGE, Gotthardt
GEHL, Hermann Franz
GERKEN, Hartmut
GIESEN, Hermann
GROOTHOFF, Hans-Hermann
HEIB, Rudolf
HERRLICH, Horst
HINRICHS, Hans
HOFFMANN, Thomas
IDEN, Peter
JAKOBY, Richard
KARIGER, Albert
KARNAPP, Walter

KAYSER, Rolf
KOENIGSWALD, von, Wighart
KOSCHEL, Klaus
KRASEMANN, Hans Gerd
KROPF, Heinz
LANG, Hermann
LUIG, Klaus
MANN, Are
MAUERSBERGER, Frank
MINNIGERODE, Bernhard
MOLT, Peter
MORAVETZ, Bruno Stefan
PALITZSCH, Peter
PEISL, Johann S. (Hans)
REH, Hans-Joachim
ROLOFF, Hans-Gert
RONNER, Emil-Ernst
RUPPIN, Hans
SANNEMANN, Wolfgang
SARTORIUS, Horst
SCHMICKLER, Wolfgang
SCHNEIDER von SOVÁR, Johann Alexander
SCHOLZ, Günther
SCHRÖPFER, Johannes
SCHURR, Johannes
SCHWARZMAIER, Michael
SCHWASS (ß), Jürgen
SUMP, Richard
TANTAU, Hans Jürgen
VOGT, Hans
VOIGT, Heinz
WALDRICH, Otto
WEHLER, Hans-Ulrich
WÜNSCHE, Günther

12. September
AMELUNXEN, Clemens
ARBTER, Manfred Josef
BAUR, Jürgen
BENNHOLDT-THOMSEN, Veronika
BERGER, Norbert (Bert)
BRAUN, Freifrau von, Carola
BRAUN, Kurt
BRENNCKE, Michael
BRUMM, Gernot
BUTTLAR, von, Adrian
CONRADS, Bernhard
DÄHNE, Erwin
DÄHNERT, Burkhard
DEGENHARDT, Karl-Heinz
DÜRRSON, Werner
EY, Friedemann
FEHRMANN, Wilderich
FLUME, Werner
FRANK, Hubert Konrad
FREUND, J. Hellmut
FUCHS, Heinz S.
FUHRMANN, Walter
GIOVANNINI, Marco
GOERDELER, Joachim
GRÜNEWALD, Herbert
HARMS, Thomas
HENNINGSEN, Dierk
HERBERG, Horst
HINZ, Günther F.
HÖFFE, Otfried
HÖHLER, Gerhard
HOFFMANN, Erich
HORSTER, Detlef
HÜTHIG, Alfred
IBAÑEZ, Roberto
JACOBY, Gerhard
JUG, Karl
KAHMANN, Uli
KALM, Ernst
KATZ, Norbert R.
KEMPSKI, Ritter von, Josef
KIRSCH, Wolfgang
KUMMERT, Paul
LINDNER, Erich
LINGNAU, Josef
LUSTIG, Ernst
MEISE, Wilhelm
METZNER, Karl Hans
MICHELMANN, Gottfried
MORSBACH, Adolf
MÜNICH, William
NEIDHÖFER, Gerhard

NEITZKE, Klaus
NICOLAI, Sibylle
NÖTH, Winfried Maximilian
NUSSER, Franz
POHL, Gunther
RENK, Rolf
RÖHRL, Manfred
ROSENBERGER, von, Eberhard
RUHSTRAT, Ernst-Adolf
SALCHOW, Roland
SAUER, Hubert
SCHAECHTERLE, Walter H.
SCHÖNSTEDT, Arno
SCHÖNTHAN, von, Gaby
SCHULTZE, Arnold
SCHWAB, Herbert Paul
SORGER, Karlheinz
STRAUB, Heinrich
STREHLE, Hans M.
TOTOK, Wilhelm
WILBERT, Karl-Jürgen
WITTLICH, Bernhard
WOLF, Alois
ZIMMERMANN, Harald

13. September
AECKERLE, Fritz
BASELT, Bernd
BAX, Hans
BECK, Hanno
BECKHOFF, Ernst
BÖRNKE, Fritz
DIECKMANN, Hans
DYCKERHOFF, Harald
EHRENBERG, Hans
ENDERS, Rolf
FALTLHAUSER, Kurt
FEHLER, Wilhelm
FRERK, Peter
FREUND, Hanns Egon
FUNNEN, Hans Ulrich
GEISSLER (ß), Erich E.
GEORGE, Siegfried
de GRAAF, Tonnie
GRABOWSKI, Rainer
GROHME, Sigrid
GROSS (ß), Heinrich
GUGEL, von, Fabius
GUTBROD, Rolf
HABER, Wolfgang
HAMMERSCHMIDT, Rudolf
HEINRICH, Rolf
HENNING, Wilhelm
HESSE, Eberhard
HRUSCHKA, Erhard
JUNG, Ulrich
KLINZ, Wolf R.
KLÖCKNER, Heinz
KNAUER, Norbert
KOLLING, Alfons
KRAUTH, Joachim
KRÜGER, Arnold
LEHMANN-EHLERT, Klaus
LEMMER, Gerd
LUDWIG, Wolfgang
MAETSCHKE, Walter G. R.
MAMPEL, Siegfried
MARSCHALL, Hans
MEVES, Hans
MÜHLSCHLEGEL, Bernhard
NEU, Tilmann
NEUBELT, Wolfgang
NOZAR, Manfred
OEHMKE, Hans-Joachim
PASSREITER (ß), Alois
PEKÁRY, Thomas
PFLAGNER, Margarete Herta, geb. Schneider
PODEWILS, Ulrich
POETHEN, Johannes
PRALLE, Hans
ROHWER-KAHLMANN, Harry
RUDOLPH, Hans-Joachim
SALECKER, Helmut
SAXOWSKI, Karl-Heinz
SCHAUERTE, Hartmut
SCHMALENBACH, Werner
SCHÖN, Lothar

SCHRAMM-WÖHLMANN, Horst
SCHROEDER, Udo
SOMMER, Bertold
SPRENGLER-RUPPENTHAL, Anneliese
STEIN, Paul A.
STÖRMER, Wilhelm
STRECKER, Heinrich
STROMBERGER, Robert
STUPPERICH, Robert
VOGEL, Martin
WEHNER, Friedrich
WEIGEL, Hanns-Jürgen
WOLFF, Michael Johannes
ZIERLEIN, Karl-Georg
ZIMMER, Siegfried

14. September

BECKERLE, Monika
BLIESENER, Max
BOSECK, Siegfried
BROCKHAUS, Lutz
BÜLOW, Erich
CLARIN, Hans
DAMM, von, Jürgen
DENGS, Udo
DICKLER, Erich
DIECKHÖFER, Klemens
FREUDENBERGER, Klaus
GALLWITZ, Klaus
GERNDT, Fritz
GOY, Sebastian
HAARS, Karl-Heinz
HAAS, Walter
HAGEN, Dieter
HECHT, Gerhard
HEINEN, Heinz
HEINRICHS, Erich-Joseph
HEISTERMANN, Walter
HENSCHEID, Eckhard
HIERONYMI, Günther
HÖRMANN, Hermann
ISENBURG, Wilhelm
JAENICKE, Lothar
KIRSCH, Augustin
KLARE, Karl
KLESSINGER, Martin
KOHUT, Karl
KRAUCH, Carl Heinrich
KUBELKA, Margarete
KUDER, Manfred
LANDERS, Siegfried
LEUE, Ernst
LINDEINER-WILDAU, von, Klaus
LÖB, Horst
MAURER, Helmut
MAY, Georg
MESKE, Christoph
MICHATSCH, Walter
MITTER, Wolfgang
MÖLLENSTEDT, Gottfried
MÜLDER, Jürgen B.
NAGEL, Dieter
PAWELKE, Ansgar
PLESCHER, Helmut
REESE, Jürgen
RETHMANN, Norbert
RETTER, Hein
RIBER, Jean-Claude
RITTELMEYER, Christian
RÖSSLE (ß), Franz Xaver
ROGOWSKI, Fritz
RUDERT, Albert
RUST, Heinz
SCHERMER, Günter
SCHNEIDER, Eberhard
SCHNEIDER, Holger Kurt
SCHRÖTER, Hans-Werner
SCHWARZ, Rudolf
STAUDT, Klaus
STEIN, Irmgard
STRAHL, Rudi
STRATMANN, Heinrich
STÜWE, Hein-Peter
TREPTOW, Werner
UNGER, Hans-Georg
WEBER, Albert E.
WEBER, Günther
WEBER, Helmut
WEISS (ß), Ernst

WEISS-THIELE, Günther
WICHELHAUS, Hans
WITT, Matthias
WITTEN, Horst
ZISCHKA, Anton

15. September

AHLSWEDE, Rudolf
BÄTSCHMANN, Oskar
BECK, Peter
BECKER-DÖRING, Ilse, geb. Döring
BORSE, Udo
BRANDENBURGER, Egon
BRANDI, Ernst
BUSS, Peter
COLLET, Hugo
DEHLER, Klaus
DIALER, Kurt
DITTBRENNER, Arnold
DÖRNHÖFER, Alfred
DOMKE, Helmut
DYBA, Johannes
EGGERS, Christian
EISCH, Erich
FILBINGER, Hans
FITZ, Lisa
GANSER, Karl
GRANOW, Dietrich
GRUNDLER, Erwin
HAHN, Helmut
HECKMANN, Paul Henrich
HEEB, Reiner
HERBST, Gerhard
HERING, Jürgen
HOCHSTEIN, Reiner
HOFFMANN, Klaus-Hubert
HUNZINGER, Claus-Hunno
KLEIN-ILBECK, Herbert
KNUDSEN, Knud
KOCH, Wilhelm
KÖRBER, Manfred J.
LANGE, Rudolf Hartwig
LAUX, Hartmut Hermann
LEUTNER, Reinhard
LIEBEROTH-LEDEN, Horst
LINKS, Christoph
LOBENHOFFER, Hans
LÜCKE, Wolfgang
MAHLER, Gerhard
MAHLMANN, Theodor
MARTINI, Wolfram
METZNER, Helmut
MIKI, Mie
OESTERLEIN, Willi
OHLIG, Karl-Heinz
PILGRIM, Horst
PLENGE, Erich
POLLMANN, Josef
QUADFLIEG, Will
RINK, Hermann
ROTH, Adolf
RUPP, Gerhard
SAUER, Helmut Alfred
SCHALLER, Theo(dor)
SCHARF, Jürgen
SCHÖN, Helmut
SCHULZ, Ralph-Hardo
SCHUMACHER, Rudolf
SEEBODE, Manfred
SELOWSKY, Rolf
SOMMER, Johann-Georg
STEINHOFF, Johannes
STIELOW, Jörn P.
UECKER, Gerd
VORLAUFER, Karl
WAXLAX, Lorne R.
WEGENER, Heinz
WETTSTEIN, Horst
WIESENTHAL, Fritz
WILP, Charles Paul
WIMMER, Wilhelm
WITZGALL, Hans
WROCKLAGE, Hartmut
ZIMMER, Uwe

16. September

BENZ, Eberhard
BORDASCH, Fritz
BORKHARDT, Hertha-Lore
BROSSMER (ß), Max
BUCHER, Alexius Jakob

BÜRGEL, J. Christoph
BURSCHEL, Peter
DETTMANN, Günther
EHLERS, Carl-Theo
ENGELHARD, Hans Arnold
FELIX, Rainer
FISCHER, Friedrich Andreas
FITEK, Erich
FREUDENBERG, Günter
GERNDT, Helge
GÖTZ, Franz
GOLL, Ralf M.
GRIES, Ekkehard
GRIESHABER, Bruno
HABIG, Wolfgang
HAGER, Günter
HELCK, Hans-Wolfgang
HERBST, Hans
HERZIG, Manfred
HESS, Moshe Gerhard
HEUMANN, Klaus Gustav
HOPPENSTEDT, Dietrich Hermann
KEYL, Hans-Günther
KOTTMEIER, Klaus
KRENGEL, Rolf
KUTTLER, Wilhelm
LAFONTAINE, Oskar
LANGE, Heinz-Joachim
LANGER, Wolfram
LIESS (ß), Bernhard
MIEHLKE, Adolf
MOECK, Hermann
MÜLLER-BLATTAU, Wendelin
PLATEN, Emil
PRECHTL, Manfred
PUTZO, Hans Georg
RICHTER, Rudi
RICHTER, Uwe
ROHE, Bernhard F.
SCHMIDT, Robert Franz
SCHREIBER, Karl-Heinz
SCHREY, Heinz-Horst
SEIBEL, Claus
SIEVEKING, Friedrich
SPRUNG, Rudolf
STAHMER, Ingrid, geb. Ulrici
STEINER, Udo-Dietrich
STEINHAUER, Friedrich
STELLWAG, Peter
STRAUCH, Rudolf
THUROW, Norbert
TRAPP, Karl
TRÜCK, Klaus
VILAR, Esther
VOGEL, Christian
WERNER, Gerd Peter
WIESEN, Heinrich
WÖLFEL, Ursula, geb. Koethke
WOESLER, Emmi

17. September

ACKER, Ludwig
ASHLEY, Helmuth
BADEWITZ, Siegfried
BAUSINGER, Hermann
BECHERT, Johannes
BISCHOFF, Gerhard Otto
BLUHM, Hans-Dieter
BÖCK, Emmi
BÖCKELER, Wolfgang
BREYCHA, Ottokar W.
BRUNN, Anke
CARSTEN, Peter-Michael
CHRISTENSEN, Helmuth
CLEMENS, Adolf
DENTLER, Theodor
DOEBEL, Günter
EBHARDT, Gisela
EICHNER, Walter
EKLÖH, Hartmut
FISCHER, Günter
FÖRSTER, Hansgeorg
FRIEDEBOLD, Günter
GAGEL, Ernst
GRIESSMANN (ß), Heinrich
GRÜNBECK, Josef
HAY, Peter

HEHENKAMP, Theodor
HEINRICHS, Johannes
HENKE, Klaus-Dirk
HORN, Heinz
HORNDASCH, Matthias
KAUFHOLD, Karl
KLUGE, Gabriele
KRÖHER, Heinrich
KRÜGER, Horst
LANG, Erich
LEHNERT, Siegfried
LOIDL, Christian
LORENZ, Kuno
MERKLEIN, Helmut
MESSNER, Reinhold
OESTERLE, Carl Otto
PAETZOLD, Frank
PHILIPPI, Lotte
PÖHLMANN, Dieter
RAPHAEL, Walter
RÖHR, Christian J.
ROH, Juliane, geb. Bartsch
SCHMIDT-HÄUER, Christian
SCHMIEDING, Karl-Heinz
SCHMITZ, Wilhelm
SCHREIBER, Hans Wilhelm
SCHREIBER, Wolfgang
SCHÜLER, Klaus W.
SCHÜTZ, Klaus
SCHWARZ, Karl
SEGGEWISS, Wilhelm
SIEDENTOPF, Hans-Georg
STAPF, Kurt-Hermann
TELLENBACH, Gerd
TENT, Lothar
THÜMEN, von, Achaz
TIEFENBACH, Heinrich
TILLMANN, Klaus-Jürgen
UEBEL, Erich
VELSINGER, Paul
WAGENER, Hans-Henrich
WEIS, Heidelinde
WIDMANN, Rudolf
WISOTZKI, Karl Heinz
WITTIG-TERHARDT, Margret
YUN, Isang
ZECH, Sabine
ZIMMERMANN, Friedrich K.
ZIMMERMANN, Karl August
ZINKANN, Peter-Christian

18. September

AKTOPRAK, Levent
BAUER, Gerhard
BAUS, Karl
BEHRENDT, Walter
BERGER, Juliane Helene
BÖGER, Helmut
DENKLER, Horst
EMMERLICH, Gunther
FAHRENBERG, Jochen
FELDMANN, Gerhard
FEROLLI, Beatrice
FRAGSTEIN, von, Conrad
GIESECKE, Jürgen
GLESKE, Leonhard
GREGOR, Ulrich
HAAS, Erwin
HAFT, Fritjof
HAMMERMANN, Herbert
HAUSMANN, Gottfried
HEFERMEHL, Wolfgang
HEIDER, Egon
HELLER, Alois
HERRMANN, Richard
HERTZ-EICHENRODE, Dieter
HOFF, Volker
IRSIGLER, Franz
JACOB, Wolfgang
JANTZEN, Karl-Heinz
JEZIOROWSKI, Jürgen
KLEINHERNE, Walter
KUBALLA, Wolfgang
KUMMER, Dieter
LAUENSTEIN, Helmut
LOTZ, Kurt
LUCKENBACH, Helga (Seeger-Luckenbach)

LUCKER, Elisabeth
MACHENS, Kurt
MALANGRÉ, Kurt
MAPPES, Alfons
MICHEL, Markus
MÜHRINGER, Doris
MÜLLER, von, Andreas G.
MÜLLER-GERBES, Geert
NITSCHKE, August
ORTNER, Gerhard E.
PAULINA-MÜRL, Lianne-Maren
PRÖPSTING, Wolf-H.
REIMANN, Hartwig
REISING, Anton
RENGER, Johannes
RITTER, Klaus
RÖSCH, Günter
RÖWEKAMP, Thomas
ROHEN, Johannes W.
SCHÄUBLE, Wolfgang
SCHLANGE, Hildburg
SCHLITT, Gerhard
SCHMIDT, Klaus
SCHRANK, Gustav
SCHWARZ, Kurt
STATHER, Erich
THIEL, Josef Franz
THIES, Jochen
VIESER-AICHBICHLER, Dolores
WEBER, Ulrich
WEIZEL, Rainer
WESTENDORF, Wolfhart
WIMMER, Ruprecht
ZÜRN, Günter L.

19. September

ACHER, Anton
AREND, Fritz
BABILAS, Wolfgang
BARTHELMEH, Hans Adolf
BECKER, Kurt E.
BERGER, Klaus
BINDSEIL, Reinhart
BÖCKENFÖRDE, Ernst-Wolfgang
BOEHM, Gottfried K.
BRUCKSCHEN, Hans-Hermann
BULHOF, Francis
BUSSE, Peter
CORDUA, Klaus-Otto
DEBUCH, Hildegard
DEBUS, Kurt
DIETRICH, Georg
EBERT, Kurt
ELSTNER, Erich
FRANK, Helmut
GÄRTNER, Rudolf
GALLINER, Peter
GEYER, Eduard
GIES, Horst
GIESE, Werner
GLASER, Hans-Georg
GOEBEL, Werner
GOEDECKE, Wolfgang
GÖTZE, Paul
GOMMEL, Günther
GRASSER, Emil
GREINER, Ulrich
GRUPEN, Claus
GRUS, Paul
GÜNNEWIG, Gerhard-Wilhelm
GÜNTHER, Ulrich
HANSEN, Uwe
HEESE, van, Diethard
HEIDE, Winfried
HENNIGFELD, Jochem
HOCK, Bertold
HÖHN, Charlotte
HÖRNER, Horst
HOFFMANN, Ernst
HOLSTE, Werner
HORTON, Peter
JAENE, Hans Dieter
KALLENBERG, Fritz
KAMINSKI, Gerhard
KARTHAUS, Ulrich
KESSLER (ß), Joachim
KLETT, Thomas
KNORR, Dietrich

Geburtstagsliste

19. September

KOCK, Erich
KÖPF, Gerhard
KÖSTER, Hans
LANGENBERGER, Walter
LILLIE, Roland
LIST, Wolfgang
LORENZ, Günter W.
LUNGWITZ, Harald
LUNIN, Hanno
MARX, Werner
MEISER, Ernst
NORTMANN, Joachim
OETTMEIER, Horst
PORSCHE, Ferdinand (Ferry)
RÜBESAMEN, Hans Eckart
RUPERTI, Marina
SANNWALD, Wolfgang
SCHEDEL, Franz
SCHULTZ, Hans Jürgen
SIEBECK, Wolfram
STEFFEN, Günther
STELBRINK, Rudolf
STILLER, Niklas
STRUNZ, Horst
THOENIES, Hans
TRANTOW, Herbert
TRETTNER, Heinz
TRIPATHI, Chandrabhal
TROCKELS, Friedrich
UHL, Hugo
WAGNER, Jürgen
WEIGELT, Willi
WERSCHE, Dietrich
WILCKE, Henning
WOHLFAHRT, Theodor A.
ZAUNER, Friedrich Ch.
ZELLER, Bernhard
KUROPKA, Joachim
LÄMMERT, Eberhard
LANDAU, Edwin M.
MAASS (ß), Dieter
MENZE, Clemens
MIELKE, Friedrich
NEUMANN, Peter
OETKER, Rudolf-August
ORTH, Alfred
PARCHWITZ, Rolf P.
PETER, Helmut
PFEFFER, Carl Felix
RAPPE, Hermann
REITZE, Paul F.
RICHTER, Armin
RÖGENER, Heinz
ROTHSTEIN, Jürgen Karl
SALMEN, Walter
SCHRIEFERS, Heinz
SCHRUMPF, Emil
SCHÜPPERT, Helga
SCHÜRENBERG, Walter
SEITZ, Dieter
STEIERWALD, Gerd
STRUCKSBERG, Michael
UNSELD, Joachim
VALTIN, Renate
VANDENBERG, Philipp
WAGNER, Heinz-Georg
WALDBURG-ZEIL, Graf von, Alois
WEILING, Franz
WENDLAND, Wolfgang L.
WOLL, Ludwig J.
WÜLKER, Wolfgang
WÜRTHWEIN, Ernst
ZENS, Hans
NEUKIRCH, Helmut
NISSEN, Gerhardt
OBERREUTER, Heinrich
OSTEROTH, Dieter
QUENZEL, Heinrich
RICHTER, Achim
RICHTER, Johannes
ROLFES, Hans-Dieter
RONELLENFITSCH, Michael
ROTH, Hans
SCHICK, Manfred
SCHICK, Walter
SCHMELTER, Kurt
SCHMIDT, Heinz-Günther
SCHMIDT, Helmut G.
SCHNELL, Stefan
SCHRÖDER, Heinrich
SEHI, Meinrad
SIEGEL, Theodor
TORRIANI, Vico
TRAUTVETTER, Andreas
UNRUH, Hartmut
VASOVEC, Ernst
VOLZE, Harald
WICK, Klaus
WIEGAND, Otmar Karl
WOLF, Hellmuth
ZIMMERMANN, Roland

22. September

ADAM, Klaus G.
BENSELER, Frank
BEYERMANN, Klaus
BLUM, Reinhard
BOBBERT, Josef Alfons
BOESLER, Klaus-Achim
BONN, Gisela
CASPERS, Heinz
CEZANNE, Wolfgang
CRAMER, Jeannette, geb. Chemin-Petit
DAHRENDORF, Ingo
DREIZLER, Reiner
DREYER, Paul Uwe
EBBERT, Fritz
EHLERT, Claus Paul
ENDE, Werner
ERDMANN, von, Mathias
ESSER, Karl Heinz
FISCHER-FABIAN, Siegfried
FLORET, Klaus
GEFAHRT, Josef
GENTNER, Wolf-Dieter
GÖPFERT, Herbert G.
GOLTZ, Graf von der, Hans
GOTTWALD, Björn A.
HAARMANN, Ulrich
HARDT, Manfred
HAUS, von, Gerhard
HELMCKE, Hans
HENNING, Ulf
HÖMIG, Herbert
HOPKINS, Edwin Arnley
HOSCHKE, Wolfram
HUNDSNURSCHER, Franz
JÄGER, Volker
JOCHIMS, Raimer
JUNG, Gerhard
KARST, Theodor
KEIMEL, Klaus
KELLER, Rainer
KLOCKE, Jürgen
KOLBERG, Franz
KRÖNER, Hans
LAMBSDORFF, Graf, Hans Georg
LINNEWEH, Friedrich
LIPPERT, Michael
LOWITZ, Siegfried
MAYER, Dieter Heinzjörg
MEYENBORG, Ulrich
MÜLLER, Egon
MÜLLER-RUCHHOLTZ, Wolfgang
NOLL, Diether
OLDENKOTT, Bernd
OPPEK, Ernst
PETHIG, Rüdiger
PORNSCHLEGEL, Hans
PRÉVÔT, Robert
QUACK, Friedrich
QUERNER, Hans
RECK, Ralf
REICHENBACH, Klaus
REIMNITZ, Jürgen
REITMEIER, Lorenz
REVENTLOW, Graf von, Henning
RIMPLER, Horst
RÖHRS, Manfred
RÖSCHLEIN, Virgilio
SCHÄFER, Ludwig
SCHENKE, Rudolf
SCHOBERT, Walter
SCHÖTTLE, Ventur
SCHUBERT, Gerhard
SCHWERING, Hans
SIEBENEICHER, Joachim
SPÄING, Ingo
SPECHT, Wilhelm
STOPFKUCHEN, Karl
TACKE, Karl
TENBRUCK, Friedrich H.
THALACKER, Rudolf
TZSCHASCHEL, Gerta E., geb. Pütter
VEITER, Theodor
VOLLMAR, Jörg-Friedrich
WALTER, Kurt
WARTENBERG, von, Ludolf-Georg
WEICHMANN, Jürgen
WEINREBE, Helmut
WELGE, Martin K.
WEWERKA, Michael J.
WIRTH, Franz Peter
WITTE, Siegfried
WOLF, Lutz
ZINN, Karl Georg

23. September

ALTENMÜLLER, Hartwig
AVERY, James
BADTKE, Gernot
BERGE, Heinz
BETHUSY-HUC, Gräfin von, Viola
BINDSEIL, Ilse
BLEULER, Konrad
BREITSCHWERDT, Werner
BRÜCK, Alwin
BRÜCKMANN, Walter
BRUNNER, Karl
BÜNTE, Carl-August
CLAAS, Günther
DIETER, Werner H.
DOHM, Gaby
DORFMÜLLER, Thomas
EBBRECHT, Günter
ELM, Kaspar
ESRIG, David
EY, Richard
GEIST, Manfred August
GERÖ, Stephen
GOCKEL, Heinz
GOETTE, Gerhard
GRASZYNSKI, Kai
GRÜBEL, Ilona
HAHN, Hellmuth
HEINRICH, Klaus
HEINRICH, Peter Claus
HELLIESEN, Tore
HENTIG, von, Hartmut
HERMS, Hans-Joachim
HRBEK, Rudolf
JASTORFF, Bernd
JENDORFF, Bernhard
JORSWIECK, Eduard
KALTENBACH, Martin
KAYSER, Uwe
KÖLSCH, Eckehart
KÖSSEL, Karl
KORTING, Günter
KREUTZMANN, Heinz
KUTZBACH, Karl August
LEISTER, Rolf-Dieter
LIERSCH, Werner
LOWENS, Ralf
MARIACHER, Anton
MEYSENBUG, Freiherr von, Carl-Max
MULACK, Gunter
ONDRACEK, Gerhard
PARLASCA, Klaus
PERSCHY, Maria
PETERS, Werner
PHILIPP, Manfred
PLOBNER, Manfred
POLHEIM, Karl Konrad
REINKING, Gabriel
RHAESE, Hans-Jürgen
ROSCHER, Achim
ROTHAUGE, Carl Friedrich
SCHARF, Wilfried
SCHILLING, Hans
SCHLITT, Adalbert
SCHMIDT-SCHERER, Axel
SCHÖNEMANN, Erwin
SCHWARZER, Jutta
SECKLER, Max
SEIDENATHER, Hans
SIMON, Norbert
SPRINGENSGUTH, Jost
SPRINGHORN, Rainer
STRAUCH, Rudi
STREBEL, Heinz
STREHLE, Franz Josef
STÜRZBECHER, Klaus
THORWALD, Achim
TIETZ, Georg
VOGT, Franz
VOLLKOMMER, Max
WALTER, Norbert
WENDT, Günther
WINZ, Karl
WISNIEWSKI, Roswitha
WULF, Detlev
ZIMMERMANN, Geert Otto

20. September

ALBERS, Gerd
ALNOR, Peter Christian
ALTNER, Günter
ALTRICHTER, Dagmar
ANGERER, August
BADER, Josef
BECKER, Karl
BECKMANN, Klaus
BEUTLER, Johannes Eduard
BODE, Arndt
BOELCKE, Willi
BORSODY, von, Hans
BRAUNS, Adolf
BRINSA, Ulrich
BRUNNER, Hans Peter
BUCHBORN, Eberhard
BUTENUTH-MANI, Claudia
CHRISTIANSEN, Sabine, geb. Frahm
CLAUSSEN, Karl Eduard
CORDUA, Rudolf
CRAMER, Friedrich
DUDEN, Fritz-Christoph
EBEL, Heinz
EHRKE, Franz
EHRLEIN, Hans-Jörg
ERTLE, Hans Jürgen
FLEISCHMANN, Bernhard
FROTSCHER, Werner
GRAUNKE, Kurt
HABERICH, Franz-Josef
HARTENSTEIN, Liesel, geb. Rössler
HEIZMANN, Adolf
HENNEMANN, Heinz Harald
HERCHET, Jörg
HERRMANN, Helmut
HORENBURG, Wolf
HORNSTEIN, Herbert
HUHNSTOCK, Karl-Heinz
JASPER, Klaus
JENTSCH, Hans-Joachim
JOCHIM, Gerd
KADEN, Heiner
KAPPELER, Andreas
KLÜVER, Detlef
KNÖPFEL, Willi
KOCH, Thilo
KOSTA, Peter
KRAMER, Friedrich-Wilhelm
KUDELLA, Peter
KUNKEL, Klaus
KUNZE, Hanns-Ulrich

21. September

ADENAUER, Konrad
ADENAUER, Max
BAUER, Helmut F.
BAUR, Gerhard W.
BECKER, Karl-Heinz
BECKER, Ulrich
BEHRENS, Gerold
BERDING, Helmut
BERGER, Wolfgang
BORCKE, von, Mathias
BRAUN, Ludwig Georg
DÜCKER, Helmut
EHRT, Robert
ETTL, Wolfgang
FLACH, Uwe E.
FRANKE, Hans
FREY, Hans-Hasso
FRITZ, Wolfgang
FUHRMANN, Jürgen
GERSTENHAUER, Armin
GILMORE, Gail Varina
GOEPFERT, Günter
GRELL, Helmut
HAASE, Henning
HAHN, Jörg-Uwe
HARVIE, Christopher Thomas
HERR, Wilfrid
HERZOG, Werner
HOFFMANN, Rüdiger
HOLTZ, Walter
HORNIG, Gottfried
HUCKRIEDE, Reinhold
HUECK, Götz
JÜRGENS, Franz-Heinrich
JUNCKER, Klaus
KÄTZEL, Lutz
KEHLMANN, Michael
KLEIST-RETZOW, von, Heinrich
KÖHNE, Manfred
KORDON, Klaus
KREYSA, Gerhard
KRÜGER, Walter
LICHTENBERG, Ernst
LÜTTIG, Gerd
MADER, Roland
MAYER, Claus-Jürgen
MEHL, Dieter
MEINZOLD, Gerhard
MEYER, Otto
MOHS, Martin H.
MÜLLER, von, Heinrich-Wolfgang

24. September

BACHÉR, Ingrid
BAUMGÄRTEL, Gottfried
BIENERT, Wolfgang A.
BUCHLER, Johann
BÜSCH, Wolfgang
BÜSCHGES, Günter
CARL, Wolfgang
CHRONZ, Horst, Bruno
COSIN, Catharina
DERBEN, Hans
DIERKES, Meinolf
DIETERICH, Hans Armin
DIRX, Willi
ENGELKEN, Hans Gerhard
EVERS, Hans
FABIAN, Bernhard
FALCK, Wolfgang
FÖRTSCH, Otto
FRANZ, Gerhard
GERLICH, Alois
GERMER, Henning
GIUDICE, Henry M.
GÖRNER, Peter
GÖZ, Siegfried
HANSEN, Uwe
HARTEN, Jürgen
HASEMANN, Klaus
HAX, Herbert
HEYER, Günther
HOBERG, Heinz
HOLZWARTH, Gottfried
HÜSER, Karl
HÜTTERMANN, Armin
JANSSEN (ß), Werner
JUNGMANN, Horst
KEPPER, Hans
KIESECKER, Horst
KNEITZ, Herbert
KOCH, Conrad
KOCH, Helmut
KRÄTTLI, Joseph
KUPSCH, Hermann
KUSS, Horst
LAUTERBACH, Heinrich
LÖFFLER, Hans-Jürgen
LOTH, Wilhelm
MAHLER, Margot
MANN, Gerhard
MEISSNER, Hans Günther
MÖHN, Edwin
OLBRICH, Wilfried
POTHMANN, Eberhard
PREUNER, Rudolf

24. September

REICHERT, Bernd
REIMANN, Norbert
REINITZER, Heimo
RING, Peter
ROCKER, Kurt
RUSCHE, Heinrich Thomas
SACHTLEBEN, Horst
SALLMANN, Klaus Günther
SCHEIBE, Erhard
SCHMID, Karl-Theodor
SCHUBEL, Friedrich
SEYBOLD, Detlef
SIEKMANN, Julius
SIES, Walter
SIEVERT, Manfred
SIMON, Robert
SPARBERG, Lothar F. W.
SPITELLER, Gerhard
STEIN, Ekkehart
STEINHÄUSER, Emil W.
STIEFEL, Christian
STORATH, Josef
STRELETZ, Haidi
TEWES, Rolf
VERMEER, Hans Josef
WALLMANN, Walter
WECHSELBERG, Klaus
WEIGEL, Harald
WEIHRAUCH, Georg
WEINRICH, Harald
WÖRNER, Manfred
WURCHE, Gottfried

NEUGEBAUER, Wilbert
NIEMEYER, Gisela
NÖLKE, Ernst-Ludwig
PETERS, Klaus
PFEIFFER, Alois
PREISING, Ernst
REMPPIS, Gerhard
RINGSTORFF, Harald
ROSENBACH, Otto
RÜHE, Volker
RULAND, Franz
SCHUSTER, Ludwig
SENSE, Silke
STAEHELIN, Martin
STUBBE, Helmut
TÜRNAU, Georg
ULEER, Nikolaus
VOLKMANN, Harald
WAGENER, Raimond
WEHRENALP, von,
    Erwin Barth
WEISS, Harald
WEYER, Carl
ZIMPELMANN, Uwe
ZWING, Rainer

26. September

ANKE, Manfred
BEITZ, Berthold
BLACHNIK, Roger
BOESCH, Wolfgang
BOGUSCH, Gottfried
BOHMEIER, Bernd
BOHRER, Karl Heinz
BOHRMANN, Hans
BOYENS, Uwe
BRÜGELMANN, Gerd
CARLBERG, Michael
CHANG, Tsung-tung
CONRAD, Diethelm
CONRAD, Klaus
DIECKMANN von LAAR,
    Günther-August
DOETSCH, Richard Peter
FRICKER, Francois
FRIEDRICH, Rudolf W.
GÄNSHIRT, Heinz
GRANDI, Hans
GRIEPHAN, Hans-Joachim
HAERTEL, Kurt
HENKEL, Christoph
HÖRLER, Rolf
HUCHZERMEYER, Hans
HÜLLER, Gisela
KELLMANN-
    HOPPENSACK, Jutta
KÖRNER, Theodor
KOLBECK, Rosemarie,
    geb. Friedrich
KRALLE, Hendrik
KRENZLIN, Anneliese
KREUZER, Arthur
KUNA, August Karl
KUNKEL, Günther (W. H.)
LIPPELT, Helga
LÜTHJE, Bernd
MAU, Jürgen
MAYER, Josef
MAYRHOFER, Manfred
MEYER-PLATH, Bruno
MÖLLER, Paul
MORGENSTERN, Dietrich
MÜLLER, Walter W.
NENZEL, Walter
NITSCHKE, Eberhard
PIRSCH, Peter
PLETT, Heinrich F.
PRÄTSCH, Kurt
REINSCH, Ernst-Albrecht
SACKENHEIM, Rolf
SCHÄFER, Gerd Elmar
SCHELTER, Kurt
SCHEURLE, Jürgen
SCHMIDT-FALKENBERG,
    Heinz
SCHÜRRLE, Wolfgang
SCHULTE, Brigitte,
    geb. Brewitz
SOÉNIUS, Heinz
STRENGER, Hermann-Josef
THEDIECK, Franz
THIMME, Jürgen

THODEN, Uwe
TRAUTWEIN, Wolfgang
WELBRINK, Friedhelm
WILLEKE, Bernward H.
WOLF, Jörn Henning
ZAHN, Anton

27. September

ALBRECHT, Hans
ALPERS, Klaus
BAUER, Jakob
BAUMANN,
    Eberhard François
BENNEMANN, Otto
BERG, Steffen
BESTMANN, Hans-Jürgen
BRAUER, Walter
BRAUN, Manfred
BRINGEWALD,
    Wolf-Roderich
CONZELMANN, Paul
DAMM, Renate,
    geb. Schünhoff
EBERT, Georg
EILERS, Wilhelm
EITEL, Karl
ELSHORST, Hansjörg
ESSEN, van Jörg
FEIFEL, Erich
FINK, Berthold H.
FORELL, Max Michel
FRANKE, Herbert
FUCHS, Werner
GABRIEL, Helmut
GARTNER, Werner J.
GEHLEN, von, Günter
GEIGER, Albert
GÖTZE, Lutz
GROTE, Wilhelm
GRUNDHEBER, Franz
GÜTTLER, Rainer Carl
HEILMANN, Wolf-Rüdiger
HEISS, Rudolf
HERLITZ, Klaus
HOGREBE, Wolfram
HONEGGER, Arthur
HUBER-HERING, Vita
JANETSCHEK, Albert
JOCKUSCH, Brigitte M.
JOERGES, Christian
KAISER, Heinz
KINNE, Rolf
KNÖBEL, Werner
KRAUSS, Ernst
KRÜTZFELDT, Werner
KÜGLER, Rudolf
LEMKE, Volker
LETTOW, Ellen
LEY, Hermann
LIPPMANN, Klaus
LOTZ, Max
MANN, Heinrich
MARDUS, Günter
MARTENS, Hans-Josef
MICHELS, Willi
MOHR, Heinz
MÜLLER, Günther
PEDDINGHAUS, Günter
PICHT, Robert
PLOECKL, Peter-Rolf
PREUSS (ß), Fritz
QUINN, Freddy (Manfred)
REINHOLD, Heinz
RUPEC, Mladen
SAGURNA, Michael Josef
SANDHÖFER, Karlheinz
SCHABRAM, Hans
SCHATT, Franz
SCHNETZ, Wolf Peter
SIMON, Bettina
SONNTAG, Brunhilde
SPIER, Wolfgang
TEGTMEIER, Werner
THURMAIR-MUMELTER,
    Maria-Luise
VITZTHUM, Otto G.
VÖLKER, Klaus
WESSNER, Kurt
WIMMEL, Walter
WINKLER, Annette
ZEITLER, Klaus
ZIMMERMANN, Rüdiger

28. September

ACKERMANN, Reinhard
ALEXANDER, Dietrich
ALTNÖDER, Jörg
BAUERT, Rudolf
BEHR, Wolfgang
CUNTZ, Joachim
DIETL, Annelies,
    geb. Bachl
DÖLL, Alfred
DÖRNER, Dietrich
DOLL, Hans Karl
DRIEHAUS, Hans-Joachim
ERBSLÖH, Joachim
EYLL, van, Klara
FABRICIUS, Cajus
FEHSE, Klaus-Dieter
FEILHAUER, Karl-Heinz
FLITNER, Andreas
FORSBACH, Edmund
GÖGLER, Eberhard
GOTTSCHALK,
    Dietrich Helmut
GREBEL, Dieter
GREFKES, Dirk
GRIES, Werner
GRUBER, Ferry
GRUNDMANN, Ekkehard
HEIMES, Wilfried
HENKEL, Gerhard
HENNICKE, Wiegand
HOFF, Heinz-Hermann
HOLLER, Alfred
HORCH, Hans-Henning
HÜTHIG, Holger B.
KANSTEIN, Ingeburg
KAZMIERZAK, Herbert J.
KLEEMANN, Dieter
KRASSER (ß), Rudolf
KRAUSS, Walther
KREBS, Claudio
LANGSDORFF, Jens
LEISTENSCHNEIDER,
    Wolfgang
MEDUGORAC, Ivan
METZ, Wolfgang
MEWS, Siegfried
MOMMERTZ, Karl Heinz
MÜTTER, Bernd
NETZER, Hans
NOACK, Barbara
NOACK, Paul
OEPEN, Heinz
PATZIG, Günther
PENSELIN, Siegfried
PETERMANN, Franz
PFIRSCH, Dieter Erwin
PIGGE, Hellmut
PREUSS (ß), Günter
PÜHLER, Alfred
RICHTER, Rudolf
RIDDER-MELCHERS, Ilse
RIES, Gerhild
RÖMER, Ruth
ROTHMEYER-KAMNITZ,
    Helmut B.
SATTLER, Konrad
SAYK, Johannes
SCHIRNDING, Freiherr von,
    Jobst
SCHLEY, Ulrich S.
SCHMELING, Max Siegfried
SCHMIDT, Bernhard
SCHNEIDER, Hans-Jochen
SCHULZ, Wolfgang
SEEBOLD, Elmar
SEIFFGE-KRENKE, Inge
SIEVERS, Angelika
TESCHENDORFF, Lutz
UNRUH, von,
    Georg-Christoph
UNSELD, Siegfried
VITALI, Christoph Johannes
WEISS, Carl Emmerich
ZIEGLER, Hubert
ZINTZ, Richard
ZÜNKLER, Heinz

29. September

ALTHAMMER, Georg
ANWEILER, Oskar

25. September

ABSMEIER, Ludwig
AUFFERMANN, Jan-Dirk
BANTZ, Elmer
BAUSEWEIN, Michael
BECKMANN, Bettina
BEHRENS, Hans
BERENDT, Günter
BERG, Detlef
BIEKERT,
    Ernst Rudolf
BLEYLE, Kurt
BLIESENER, Max-Michael
BODMAN,
    Freiherr von u. zu,
    Heinrich
BOHLE, Andreas
BONSE, Ulrich
BREIT, Gerhard
BREITENBACH, Hans
BRÜGGEN, Jochen
BURMEISTER, Brigitte
BUTENSCHÖN,
    Hinrich-Timm
CASSEL, Dieter
CZERWENSKY, Gerhard
DELBRÜCK, Christian
DINGES, Karl
DOERRIES, Reinhard R.
ENGE, Hans Joachim
EULTGEM, Albert
FRITZE, Kornelius
FROMMEL,
    Christoph Luitpold
FÜLBERTH-SPERLING,
    Georg
GERTH, Ernst
GLÜCK, Wolfgang
GRAF, Maxl (Maximilian)
HAINZ, Josef Georg
HECKMANN, Herbert
HEPP, Karl Dietrich
HOLZHÄUER, Günter
JUNG, Ernst Friedrich
JUNKER, Albert
KAMPER, Ingrid P.
KÖNIG, Carmen
KRINGS, Hermann
KROHMANN, Elisabeth
KRUCK, Jürgen
LANGE, Hellmuth
LENIGER, Elfriede Katharina
MÄRKER, Roland
MATTHÖFER, Hans
MESTMÄCKER,
    Ernst-Joachim
METTMANN, Walter
MÜLDER, Dietrich
MÜNCH, Werner

BAUMGART, Winfried
BECK, Wolfgang
BEELITZ, Günther
BOENISCH, Dietmar
BOSCH, Siegfried
BOTHE, Johannes
BRAND, Willi
BUROSCH, Gustav
CALDER, Clement Barrie
DAUFENBACH, Wilhelm
DIESCH, Jörg
DUUS, Peter
EILERS, Ingo
FRISEE, Dieter
GEIGER, Michaela, geb. Rall
GÖRRES, Tilman
GRESCHAT, Martin
GROEBE, Hans
HAAS, Rainer
HARDACH, Gerd
HAUB, Erivan K.
HECHT, Martin
HIELSCHER, Margot
HOFFMANN, Julius
HOFFMANN, Siegfried
HOFMANN, Helge
HORN, Heinz (Heinrich)
HORNSTEIN, Walter
HOSEMANN, Hans
HÜBNER, Eberhard
HUHN, Rolf
HUSTON, Joseph P.
JAEGER, Nils
JARASS, Hans Dieter
JELEN, Frieder
JOHN, Steffen
JUNG, Fritz
JUNG, Johanna
KAISER, Diethelm
KAISER, Dorothea
KAROW, Otto
KAUP, Wilhelm F.
KERN, Horst Ernst
KLINGMÜLLER, Ernst
KNOP, Jan
KOCHAN, Detlef C.
KÖHLER, Karl
KOESTER, Hermann
KRONES, Paul
LASCH, Hanns-Gotthard
LEICHT, Hugo
MAHNE, Erhard
MANG, Anton
MEHRGARDT, Otto
MISCHNICK, Wolfgang
MÜLLER-GRAFF
    Peter-Christian
NEUMANN, Horst
NIEMITZ, Carsten
ORTEGA Y CARMONA,
    Alfonso
PFANDER, Friedrich
RITTINGHAUS,
    Jürgen Helmut
RITTNER, Christian
RÖBEN, Wilhelm
ROLOFF, Jürgen
ROMMELSPACHER,
    Hans Josef
RÜDIGER, Kurt
SCHANZE, Heinz
SCHILLING, Wolf-Dietrich
SCHMIDT, Hans Dieter
SCHULTE-MIDDELICH,
    Theodor
SCHWARTZKOPFF, Johann
SPIES, Peter Paul
STARCK, Dietrich
STOLTENBERG, Gerhard
STÜRMER, Michael
SUDMANN, Heinrich
TIMMERMANN,
    Otto-Friedrich
TURNOVSKY, Martin
WASSERMANN, Martin
WENZEL, Erich Kurt
WEYH, Kurt
WITTROCK, Karl
WUNDT, Wilhelm

30. September

ABERLE, Gerd

ALEXANDER, Volbert
AUFHAMMER, Walter
BAYER, Oswald
BECKER, Alois
BECKER, Jurek
BEHREND, Horst
BIEMER, Günter
BIERLE, Klaus
BILLER, Manfred
BLUME, Walter
BÖLLHOFF, Wolfgang
BUBENHEIMER, Ulrich
FAHR, Günther
FELIX, Wolfgang Walter
FLECKENSTEIN, Günter
FÖRDERER, Günter
GRABITZ, Eberhard
GRAEBE, Jan E.
HAGEMANN, Wolfgang
HEIBER, Harald
HEINEMANN, Hans
HENGSTMANN, Peter W.
HOFFMEISTER, Hans
HOLTERMANN, Erhard
HUNDT, Dieter
JÄCKEL, Hartmut
JAUN, Sam
JÜRGENS, Udo
KLEINPOPPEN, Hans
KNOTH, Joachim
KÖBERICH, Heiner
KREMER, Arnold
KRONENBERG, Andreas
KUNZMANN, Klaus R.
KWASCHIK, Johannes
LANGE, Elmar
LANGE, Hubert-H.
LEIBER, Bernfried
LEISING, Klaus
LÜBBEN, Gerd
LÜTHJE, Jürgen
MACHERAUCH, Eckard
MÄHLMANN, Peter
MEHLHORN, Heinz
MEYER-LAURIN, Harald
MONDI, Bruno
MORLOK, Jürgen
MÜLLER-HERMANN, Ernst
NARZISS (ß), Ludwig
NICKEL, Horst
PARK, Sung-Jo
PIEGSA, Joachim
RADEMAKER, Josef
REUTER, Gerhard
RITTER, Heinz
RÖHRIG, Georg
RUEDORFFER, Freiherr von, Axel
SCHEIBNER, Peter G.
SCHLEEF, Andreas
SCHMIDLI, Werner
SCHMIDT, Martin
SCHULZE WIERLING, Bernd
SIEGEL, Ralph
SÖLLE, Dorothee
SPRICK-SCHÜTTE, Peter
THOMA, Franz
THUN, Alfred H.
TIESENHAUSEN, Freiherr von, Wolter
TILLMANN, Heinz-Günther
TÖLG, Arnold
TRAGESER, Martin
TRIEBEL, Wolfgang
UHLMANN, Werner
UNGERN-STERNBERG, Freiherr von, Axel Hermann
WABNER, Dietrich
WÄCHTER, Klaus
WAGNER, Otto
WALTER, Paul J.
WASEM, Erich
WEMBER, Franz B.
WINKLER, Cuno G.
ZINNER, Gerwalt

1. Oktober

AMBROSIUS, Gerhard
AZIZ, Omar
BARTHEIDEL, Heinz
BECHER, Walter
BOCK, Wolfgang J.
BRAUN, Alois
BROCHIER, Paul Eugen
BUNGENSTOCK, Wilfried
CAPRA, Ingeborg, geb. Teuffenbach
CICHON, Bruno W.
DAUER, Hanspeter
DRÜPPEL, Adolf
ENGELS, Jürgen
FABER, Heiko
FISCHER, Ulf
FLAGGE, Ingeborg
FLIEDNER, Theodor M.
FREY, Herbert
FRITZSCHE, Albrecht (Ali)
GABLER, Ulrich
GOSTISCHA, Emil
GROSS, Rudolf
GROSZER, Christoph
HAY, Paul Helmut
HEIDGER, Gerd
HEIFER, Ulrich
KAMLAH, Ehrhard
KEIZ, Günter
KESSLER, Albrecht
KETTNER, Bernd-Ulrich
KILLMANN, Peter A.
KRONENBERGER, Franz-Rudolph
LAMBY, Werner
LANGE, Karlheinz
LIPPSCHÜTZ, Alfred
MARQUARDT, Hans
MENNEMEIER, Franz Norbert
MEVEN, Peter
MICHEL, Joseph
MÖSSNER, Jörg Manfred
MORITZ, Horst-Hubert
MUELDER, Dirk
MÜLLER-WARMUTH, Werner
NIEMEYER, Carl Wilhelm
OKSAAR, Els, geb. Järv
PERRIDON, Louis
PETERSEN, Kurt F.
PLEINES, Jürgen-Eckardt
POHL, Gregor
ROSH, Lea
RULLMANN, Hans Peter
SCHÄFER, Wolfgang
SCHLEMPP, Hans
SCHMIDT, Elard Roland
SCHMIDT-CLAUSEN, Kurt
SCHNEIDER, Alfred
SCHULTE-HILLEN, Gerd
SCHULZ, Hartmut
SEYBOLD, Michael
STAHLBERG, Hermann
STEINER, Jacob
STOLL, Karl-Heinz
STRAHM, Christian Niklaus
STÜHLER, Waldemar
TRINCKER, Dietrich E. W.
VEHAR, Max
VOGEL, Helmut
VOGT, Gerd (Gerhard)
VOLLMER, Rainer
VOSSBEIN, Reinhard
WALDHÜTER, Werner
WALLRAFF, H. Günter
WEFERS, Wilhelm
WENDEROTH, Erich
WEULE, Hartmut
WILMBUSSE, Reinhard
WOLFF, Ernst Amadeus
WOLFF, Günter
ZANKER, Valentin
ZATTLER, Friedrich

2. Oktober

AACH, Hans-Günther
ADLER, Hermann
ALBERT, Karl
ANDERSON, Hans-Joachim
BARDONG, Otto
BARTENWERFER, Hansgeorg
BECK, Johannes
BEHRENS, Till
BETHE, Klaus W.
BEUTZ, Hans (Johannes)
BEYSCHLAG, Siegfried
BÖTTICHER, Ernst
BOQUOI, Elmar
BORNEFF, Joachim
BOSSE, Heinz
BRACH, Gisela
BRAND, Matthias
BÜCHNER, Hermann
BÜHRMANN, Werner
DAHRENDORF, Malte
DÜRR, Otto
EGGER, Herwig
EMBORG, Henrik
ERDMANN, Helmut W.
ESCHWEILER, Otto
EVERHARTZ, Heinrich
FANGMEIER, Jürgen
FEIL, Arnold
FEZER, Fritz
FINKE, Karl-Heinz
FISCHER, Konrad
FISCHLE, Willy H.
FLIEGER, Hermann
FRISCHMUTH, Felicitas
GROSSE-BROCKHOFF, Hans-Heinrich
GÜTERMANN, Alex P.
HEIMEN, Volker
HEUER, Walter
HINTZ, Eduard
JENS, Uwe
KELLERER, Hans G.
KOCHAN, Günter
KÖNIG, Gert
KOSLOWSKI, Peter
KOSTA, Heinrich Georg (Jiří)
KRAUSS, Markus
KUENHEIM, von, Eberhard
MARKUS, Axel
MEHNERT, Günther
MORDMÜLLER, Gottlieb
MULJAČIĆ, Žarko
OTT, Werner
PANNENBERG, Wolfhart
RANKE-HEINEMANN, Uta, geb. Heinemann
RENK, Reinhold
ROITZHEIM, Wolfgang Hans
ROSENTHAL, Michael
RÜSBERG (gen. Grosse oder Mittelste Rüsberg), Karl-Heinz
RUH, Ulrich
RUMBERGER, Friedrich Ekkehart
RUPP, Heinz
SCHIEBLE, Leopold
SCHIEFENHÖVEL, Wulf
SCHLICHTING, Hans Burkhard
SCHÜRMANN, Heinrich
SCHÜTZ, Helga
SILBER, Alfred
SOLDMANN, Oskar
STEFFENS, Gerhard
STEGER, Karl Heinz
VITT, Walter
WAGNER, Max
WALENTA, Albert H.
WEGELER, Rolf
WILLE, Günther

3. Oktober

AMMER, Hein
ARNOLD, Wolfgang
BALTZER, Dieter
BASCHANT, Edgar
BAUER, Karl
BAUMANN, Reinhold
BERTELE, Raimund
BÖRDING, Claus
BÖRSING, Hilmar
BUCK, Theo
BUHSE, Karl-Heinrich
CHRISTIANSEN, Waldemar
COENEN-MENNEMEIER, Brigitta
DETLEFSEN, Jürgen
DORNEMANN, Michael
ECKHARD, Fred
ERNST, Walter
FEY, Hans
FISCHER, Klaus
FLOCKERMANN, Paul Gerhard
FRIEDBURG, Helmut
FROEBE, Hans A. (Albrecht)
GAMBER, Gerhard
GERTH, Klaus
GIESELER, Walter
GÖLTNER, Ewald
GOERZ, Günter
GRIEFAHN, Monika
GROOTHOFF, Klaus
GROSSPETER, Carl-Ludwig
GROTEN, Karl-Josef
GRUHLE, Hans-Dieter
HAEDRICH, Heinz
HAMMERSTEIN, Notker
HANNE, G. Friedrich
HAUSSER, Joachim
HAUSSIG, Hans Wilhelm
HEIMSOETH, Harald
HEINZ, Andreas
HELM, Karl
HELMKE, Klaus
HOFMANN, Karl Heinrich
HOLLMANN, Wilhelm
HORZINEK, Marian C.
KAMPF, Wolfgang-Dietrich
KAU, Felix Manfred
KLAFS, Ulrich
KLUSSMANN (ß), Hans-Jürgen
KOEPCKE, Cordula
KRONSEDER, Hermann
KRÜGER, Lorenz
KUHLBRODT, Eckhard
KUMMER, Stefan
LINSINGEN, Freiherr von, Detlev
MENGER, Reinhard
MERKT, Hans
MERZ, Klaus
MEYER-HEYE, Hans-Heinrich
MOXTER, Adolf
MÜNCHSCHWANDER, Peter
MÜNZEL, Manfred
OTTEN, Uschi
PRAHL, Hans-Werner
RAAPKE, Hansjürgen
REICHERT, Franz
RICHTER, Otto
ROERICHT, Reinhard
ROHMANN, Gerd
RUEGER, Christoph
SCHMIDKUNZ, Heinz
SCHULLER, Wolfgang
SCHWEITZER, Carl-Christoph
SCHWERTE, Hans
STEMMLER, Theo
STRACKE, Achim
STRAUBEL, Harald
STRAUMANN, Roland
TAUSCH, Siegfried-Eberhard
TESCHNER, Manfred
THEIS, Werner
THIELE, Willi
THIESS, Alfred M.
TRENSCHEL, Hans-Peter
VITTINGHOFF-SCHELL, Freiherr von, Felix
WEHNER, Martin
WEIDEMANN, Volker
WERHAHN, Jürgen Wolfgang
WILLUDT, Hans-Werner
WINTERSTEIN, Horst
WOLFART, Wilhelm
ZICKGRAF, Hermann
ZORN, Wolfgang

4. Oktober

ADELMANN, von A., Graf, Josef Anselm
ALTHANS, Kurt Karl
ARZT, Gunther
BAARK, Helmut
BADKE, Heinz
BAUMANN, Horst
BAUMANN, Richard
BERGMANN, Heinz
BLASCHKE, Karlheinz
BÖHM, Gert
BOULBOULLÉ, Carla
BRANDNER, Gerhard
BRINGMANN, Jürgen
BUSCHSCHLÜTER, Siegfried
CONRAD, Klaus
DAVID, Peter
DREES, Bernhard
ENZLER, Herbert
FINKE, Lothar
FRANKE, Joachim
FRANZ, Wolfgang
FRIEDRICH, Leo(nhard)
GAFFRON, Hans-Joachim
GECKELER, Horst
GEMPT, Olaf
GLAAB, Richard
GÖRLER, Woldemar
GUTMANN, Hermann
HAAS, Hans-Dieter
HAAS, Walter
HAMDORF, Kurt
HASELMANN, Helmut
HEINRICHS, Siegfried
HENNERKES, Brun-Hagen
HEYNEMANN, Peter
HIRSCHMEIER, Michael
HUMPERT, Alfons
JANY, Hans-Werner
KAHL, Reinhard
KELLER, Rudi
KOCH, Klaus
KÖNIGER, Hans
KOHLMANN, Günter
LILIENFELD, von, Fairy, geb. Baronesse v. Rosenberg
LORENZL, Günter
MATTHESS, Walter
MATTHIES, Frank-Wolf
METZEN, Josef
MÜLLER-STEINECK, Eberhard
OEHLER, Dietrich
PAETZ, Heinz-Hermann
PAPST, Wolfgang
PERA, Franz
PETER, Brunhilde
PÖPPEL, Joachim
POHLE, Werner
RADKAU, Joachim
RICKHEIT, Gert
ROEHL, Lars
SCHARBAU, Friedrich-Otto
SCHLAUCH, Rezzo
SCHMIDMER, Horst Eduard
SCHMIDT-PAULI, von, Edgar
SCHRÖDER, Manfred
SCHÜTZ, Joseph
SCHULTZ-HECTOR, Marianne
SCHULZ, Günter-Viktor
SEIDEL, Martin
STECKEWEH, Carl
SUNDERMEYER, Wolfgang
THOMAS, Helga, geb. Adamovsky
UNGERECHT, Kurt

5. Oktober

BEK, Sigfrid
BLEINROTH, Heinz C.
BOCK, Hans
BÖRNSEN, Arne
BROCKMANN, Theodor
BRÜCKNER, Walter
BUCHHEIT, Vinzenz
BÜCH, Robert
DAHMEN, Karl

5. Oktober

DAMMANN, Klaus
DECHEND, von, Hertha
DETERS, Rolf
DUSSMANN (ß), Peter
ETMER, Horst Christian
FALTERMEYER, Harold
FELIX-DEL MEDICO, Paola
FISCHER, Otfried
FLEMMING, Peter
GARBSCH, Kurt
GÖBEL, Karl
HAAGE, Bernhard Dietrich
HABSBURG-LOTHRINGEN, von, Walburga
HEILMANN, Wilhelm
HEIMANN, Erich H.
HERLEMANN, Hans-Heinrich
HOERSTER, Horst
HOPF-v. DENFFER, Angela
HORN, Wolfgang
HUBER-STENTRUP, Eugen
HUNKEN, Karl-Heinz
JÜRGENS, Jürgen
KALBAUM, R. Günther
KAMPER, Dietmar
KANNICHT, Richard Reinhold
KIND, Dieter
KLINGELE, Werner F.
KOCH, Jens-Jörg
KOST, Rudi
KRÄMER, Jan Emerich
KRAUSE, Rainer
KÜHL, Georg W.
LANGMANN, Hans Joachim
LECHNER, Manfred Dieter
LOHSE, Bernd
MAGIERA, Siegfried
MARQUARDT, Henning
MARTINEK, Michael
MATZ, Johanna (Hannerl)
MAULL, Hanns W.
MENTZ, Siegfried
MÖBUS, Walter
NARTEN, Johanna
OBERBECK, Gerhard
OPPOLZER, Alfred Anton
PIEKARSKI, Gerhard
REHM, Franz
SCHERER, Eberhard
SCHMIDT, Annerose
SCHNEIDER, Horst Reinhard
SCHWARZ, Henning M.
SEELER, Ingrid
SELTEN, Reinhard
SILLESCU, Hans Manfred
STEINBECK, Wolfram
STRACHE, Wolf
SWITALLA, Bernd
TETZLAFF, Frank Rainer
THAUER, Rudolf K.
TROSCHKA, Thorsten
VÖLCKER, Hans Eberhard
WARECKA, Krystyna
WESTPHAL, Gert
WINTZER, Hanns-Jürgen
WOERNER, Lothar
YALDIZ, Marianne

6. Oktober

ADLER, Max
ADLER, Meinhard
ALBRECHT, Hans Peter
ALBRECHT, Theo
ANGERER, Hanskarl
APPEL, Klaus
BERNHARD, Otmar
BEUTER, Hubert
BINGEL, Horst
BRAUN, Hans-Joachim
BRUYCKER, de, Volker E. J.
BUCHNER, Hans
BUTTJES, Dieter
DEUBER, Walter
DILG, Peter
DINGWORT-NUSSECK, Julia
ENGELS, Bruno
ERDMANN, Herbert
ERNST, Werner
FAUTH, Wolfgang
FINK, Ulf
FOHRBECK, Karla
FREY, Karl
GILLISSEN, Günther
GOSSE, Peter
GRUEHN, Reginald
HAFER, Xaver
HAPKE, Hans-Jürgen
HARMS, Rainer-Ute
HAUSER, Walter
HEUSINGER, Peter
HUMKE, Wolfgang
HUNGER, Gerd
IMMENROTH, Lydia
JOHN, Antonius
JUNGK, Dieter
KAHLER, Franz
KARLSSON, Gustav H.
LENZEN, Godehard
MAG, Wolfgang
MAYER, Robert
MICHEL, Lothar
MINNIGERODE, von, Gunther
MIROW, Michael
MOTEKAT, Helmut
MÜLLER, Hermann Josef
MÜSER, Horst
MULERT, Max
NIENABER, Gerhard
PAUW, Ernst-Josef
PETERSEN, Klaus
PONGRATZ, Toni
SCHAFFNER, Kurt
SCHAURTE, Christian W.
SCHIFFER, Karl-Heinz
SCHLAPPNER, Martin
SCHRIEVER, Jörg
SCHULTZE, Rainer-Olaf
SPRINGER, Tasso
STAMM, Dankwart Ludwig
TIEDEMANN, Claus
URBAN, Ralf
VETTER, Udo
VÖLKER, Günter
WEBER, Hans
WETZGER, Joachim
WICHTL, Max
WIMMER, Fritz
ZELZNER, Johann
ZIMMERMANN, Udo

7. Oktober

ALBRECHT, Volker
BEDUHN, Dietrich
BERNS, Ulrich
BERTELMANN, Fred
BOLL, Irene
BRAUN, Lutz
BREBURDA, Josef
BRONSCH, Kurt
BUSE, Gerhard
DAUTZENBERG, Dirk
DÖRNER, Otto
DÜNNWALD, Rolf
EWALD, Wolfgang
FISCHER, Walter
FLEISCHER, Konrad
FONTANIVE, Kurt
FRAHM, August-Wilhelm
FRANK, Hans
FRÖHLINGS, Johannes
GEISLER, Linus
GOTTSCHALK, Eckhard
GRAUMANN, Ernst
GRESKY, Wolfgang
GRIGORIEFF, Rolf Dieter
GRUNENBERG, Nina
HARDENBERG, Graf von, Ernst-Henning
HARTMANN, Hans Albrecht
HEINRICH, Kurt
HENNIG, Dieter
HERFORT, Ronald
HERRMANN, Hans-Joachim
HOMMES, Ulrich
KARASEK, Horst
KLEIN, Klaus-Peter
KNIEPS, Hans Joachim
KÖHRER, Peter
KONZELMANN, Gerhard
KRAGES, Hermann D.
KRATZ, Georg
KRIENITZ, Gerhard
KÜMMEL, Hermann
LEBER, Georg
LUDWIG, Herbert W.
MACKENSEN, Günter
MALCHERS, Heribert
MERKER, Hans-Joachim
METZE-MANGOLD, Verena
MILLING, Peter
MORAVITZ, Ingeborg-Liane
NITTINGER, Johannes
NIXDORFF, Peter
PFAFFENBERGER, Wolfgang
RATHSMANN, Jürgen
REHDER, Helmut
RENGER, Annemarie, geb. Wildung
REUTER, Rolf
RIZKALLAH, Victor
RUDOLPH, Gerhard
RUGE, Manfred Otto
SCHÖNWIESE, Christian-Dietrich
SCHOLTYSECK, Erich
SCHREIBER, Gustav-Adolf
SCHWAB, Günther
SEIFFARTH, Roland
SÖHNE, Walter
STEINER, Tommy
STEMPEL, Hermann-Adolf
STREGER, Hasso
TROTHA, von, Klaus-Dietrich
UNBEHAUEN, Heinz
VIETINGHOFF, von, Eckhart
WESTERMANN, Claus
WÜRTZ, Wolfgang
ZIPPEL, Christian

8. Oktober

ALBRECHT, Erhard
BACMEISTER, Georg
BASSEWITZ, Graf von, Christian
BENÖHR, Hans Christian
BOIE, Jürgen
BRACKER, Jochen
BRECHT, Ulrich
BÜNTE, Hermann
BYSTŘINA, Ivan
COENENBERG, Adolf Gerhard
COSTEDE, Jürgen
CSIKY, Franz
DEMARREZ, Erik
EBLÉ, Thea (Dorothea), geb. Kortlang
ECCARIUS, Franz Heinz
EMMERT, Werner
FAHLBUSCH, Wilhelm
FLOHR, Heiner
FOCKE, Katharina, geb. Friedlaender
FRANTZ, Hermann
FUNK, Hanns
GARDE, Klaus
GÖSSLER, Fritz
GORMSEN, Erdmann
GREINACHER, Ekkehard
GREWE, Hellmut
GRUNERT, Werner
HAUSER, Richard
HERRMANN, von, Friedrich-Wilhelm
HETTRICH, Heinrich
HILDENBRAND, Bruno
HÖFFLER, Dietrich
HOFFMANN, Konrad
JENSSEN, Wolfgang
JESSNITZER, Kurt
KIEFER, Herbert
KREBS, Helmut
LANDEN, Heribert C.
MARIENFELD, Wolfgang
MARQUARDT, Peter
MARTEAU, Claus
MENZEL, H. H. Werner
OELLERS, Norbert
OTT, Ulrich
PESCH, Otto Hermann
PFAHLER, Georg-Karl
PLAMANN, Willi
POPITZ, Peter
PRÜMER, Franz
QUEST, Christoph
REINERSDORFF-PACZENSKY u. TENCZIN, von, Arnd-Wilhelm
RETTIG, Rolf
ROQUETTE, Peter
RÜBE, Werner
SCHÄDLICH, Hans Joachim
SCHATZ, Helmut
SCHLAGER, Karlheinz
SCHLOSSER, Katesa
SCHMIDT-JORTZIG, Edzard
SCHNEIDER, Fritz
SCHNEIDER, Herbert
SCHRADER, Adolf
SCHÜRLE, Werner
SCHULTE-HILLEN, Jürgen
SCHULZ, Kurt
SCHULZE, Hans Herbert
SCHULZE, Hans K.
SÖSEMANN, Bernd
STADLER, Franz
WAGNER, Klaus
Wahl, Gerhard

9. Oktober

AUMANN, Dieter Christian
BACH, Günter
BALZER, Erich
BECKER, Wolfgang
BETZ, Jürgen
BLAHA, Herbert M.
BLUM, Bruno
BONHAGE, Wolfgang F.
BORM, Dietrich
BRASSE, Wilhelm
BREUER, Rüdiger
BROICHHAUSEN, Josef
BULST, Werner, S. J.
CIPLEA, Alexander-Georg
CROMME, Franz
DAAMS, Hans
DIETL, Eduard
DIETRICH, Wolf
DIMLER, Hans
DODERER, Siegfried
DOETZ, Jürgen
von EICKE und POLWITZ, Ernst
FISCHACH-FABEL, Renate
FRÖBA, Klaus
FUCHS, Boris
GABLENTZ, von der, Otto
GASSDORF, Rudolf
GÖRTZ-STRÖMSDÖRFER, Heide
GRIMM, Claus
HACHFELD, Eckart
HALLER, Frank
HERBST, Axel
HETTLING, Ludwig
HÖPPNER, Hans
HUMPERT, Hans Ulrich
JESCHKE, Wolf Dietrich
KIMMICH, Rainer Helmut
KLEMANN, Hartmut
KLINGENBERG, Heinz
KLUNZINGER, Eugen
KLUSEN, Ernst A.
KNEIF, Tibor
KNELL, Heiner
KONTARSKY, Alfons
KOPF, Günther
KRUSE, Hans Jakob
KUSCHINSKY, Klaus
LANGE, Herta, geb. Cosack
LILLELUND, Kurt
MALURA, Oswald
MITTELMEIER, Heinz
MONTLEART, de, Alexander
MÜLLER-ELMAU, Eberhard
NEUHAUS-SIEMON, Elisabeth
PERNICE, Rüdiger
PISCHKE, Horst
QUECK, Claus
RATHERT, Peter
REIHLE, Markus
REST, Walter
REUTLINGER, Wolf-Dieter
RÖHRICH, Lutz
ROLLETT, Brigitte
SCHMIDT, Hugo-Wolfram
SCHMIDT-KESSEN, Wilhelm
SCHRADER, Jürgen
SCHÜTZ, K. Waldemar
SCHULZE-STAPEN, Christoph
SELENKA, Fidelis
SIEFER, Gregor
SINGELMANN, Walter
STAAKE, Erich
STICHWEH, Hermann
STUMPF, Hermann
STUNA, Günther
THOMAS, Peter
WANNENWETSCH, Eugen
WEISS, Hans Georg
WETZEL, Rolf
WIESAND, Andreas Joh.
WÜSTENHÖFER, Arno
ZANDERS, Hans Wolfgang
ZELLERMAYER, Heinz

10. Oktober

BOCK, Eberhard
BOEHM, Ulrich
BOLEWSKI, Hans
BREKENFELD, Henning
BÜHLER, Wolfgang
CERHAK, Jochen M.
CRUMMENERL, Klaus
DÖNGES, Johannes
DOLLINGER, Werner
DREIER, Ralf
ECHTERNACH, Horst
EDELBROCK, Karlheinz
EGGS, Ekkehard
EIKEMEIER, Dieter
EILERS, Karl-Heinz
ERTL, Gerhard
EVERS, Arrien
FÖLLINGER, Otto
FORSSMANN, Wolf-Georg
GEDAMKE, Jürgen
GRESHAKE, Gisbert
GUTBROD, Wolfgang
HALTERMANN, Hermann Johann
HEHLERT-FRIEDRICH, Volker
HELTEN, Fritz
HERRLITZ, Hans-Georg
HERRSCHAFT, Hans
HEYMER, Berno
HINTERBERGER, Ernst
HÜBENER, Erhard
INKIOW, Dimiter
KAMP, Erich
KAYSER, Hans-Wolfgang
KEEL, Daniel
KIENE, Werner
KISSLING (ß), Reinhold
KLES, Werner
KÖLBEL, Eckehard
KRAUSE, Albrecht
KRAWITZ, Günther J.
KREUTZ, Daniel
KÜHN, Robert
MAURER, Hans
MERK, Otto
MOLNAR-WASSMANN, Eva-Maria
MÜHL, Otto
MÜLLER, Bodo
MÜLLER, Lukas-Felix
MÜLLER-STÜLER, Michael Martin
NEUKE, Angela
OHNEWALD, Helmut
PETERSEN, Jens
RABE, Wolfgang Maria

REHBERGER, Horst
RINSER, Stephan
ROSSBERG, Jürgen
SARCINELLI, Ulrich
SCHEURLEN, Rosemarie, geb. Schendel
SCHMIDHÄUSER, Eberhard
SCHNEIDER-MATTHIES, Irene
STILL, Karl-Friedrich
STOBBE, Alfred
STREBLOW, Lothar
SZALLA, Holger Gerald
TELLER, Walter
THIES, Heinrich-Arnold
TREDE, Michael
TREDE, Walter
VATER, Maria
VOGELSANG, Roland
WEINGRABER, von, Herbert
WESSING, Armin
ZEITLER, Otto
ZIMMERMANN, Reinhard
ZODEL, Chrysostomus

11. Oktober

AMBROSIUS, Herwart
ARENS, Rudolf
BERGNER, Hans
BERNATH, Mathias
BERNDT, Ingeburg
BETTHÄUSER, Günter
BLIND, Wolfram
BÖHL, Adolf
BORBEIN, Adolf H.
BRAUN, Hans-Jürgen
BUSCH, Hans-Heino
CAPELLE, Torsten
CHRISTIANS, Clemens
CROY, Herzog von, Carl
DELIUS, Günther
DIETRICH, Fred
DUNTZE, Wolfgang
DUPRÉ, Frank
EBEL, Walter
EGGER, Norbert
EHLERT, Trude
ELSNER, Norbert
FISCHER, Hans Konrad
GOTTWALD, Christoph
HEIDRICH, Hans C.
HILLEBRAND, Elmar
HORNUNG, Jürgen H.
KABUS, Wilhelm
KARLSON, Peter
KILIMANN, Manfred Klaus
KIRCHNER, Hellmut
KNOTT, Roland
KOCH, Hans-Joachim
KOCH-RAPHAEL, Erwin
LEBER, Rolf
LELEK, Antonin
LINDLAU, Dagobert
MARTIN, Jörg
MERZ, Friedhelm
MITTELSTRASS (ß), Jürgen
MÜLLER, Paul
NIRK, Rudolf A.
PETRICH, Kurt
PFEIFFER, Wolfgang
PULVER, Liselotte
RADTKE, Horst
REINBACH, Wolfgisbert
ROTHSTEIN, Wolfgang
SCHLESINGER, Rudolf B.
SCHMITT, Walter
SCHÖLLKOPF, Ulrich
SCHUPPE, Wolf-Dieter
SEWING, Karl-Friedrich
SIMONIS, Udo Ernst
SWOBODA, Michael
THEUNISSEN, Michael
TOEPFER, Helmuth
VESENMAYER, Hans
VOLP, Rainer
WÄSSLE, Heinz
WILMS, Dorothee
WOLTERS, Wolfgang
ZERNA, Wolfgang

12. Oktober

ABE, Horst Rudolf
BAADER, Renate, geb. Hitze
BAUMANN, Karl
BEHRENS, Fritz
BERTHOLD, Will
BIRKE, Adolf M.
BIRKLE, Heinz
BLANK, Otto
BODIN, Klaus
BOETTCHER, Alfred
BRAUN, Edmund
BRÜCK, Inge
BUSCH, Wolfgang
CLAUDE, Dietrich
DETTLOFF, Werner Rainer
DIERIG, Christian G.
DÖRING, Heinrich
DOSCH, Hilmar
EINERT, Günther
EISENLOHR, Horst H.
ENGELHARDT, Wolfgang
FELSCHER, Walter
FERNHOLZ, Hans-Joachim
FISCHER, Siegfried
FRACASSO, Ippazio
FRICKE, Hans
FRONING, Heide
FÜHRER, Artur K.
GENRICH, Albert
GRAMKE, Jürgen
GRASS, Werner
GRÖNER, Helmut
HÄTTICH, Manfred
HAMPRECHT, Bodo
HEIDENREICH, Otto
HENNEBERG, Georg
HENZE, Horst
HERGET, Winfried
HESS, Willy
HEUMANN, Heinz
JACOBS, Otto H.
KETELSEN, Uwe-Peter
KIEFER, Reinhard
KIENBAUM, Gerhard
KOCH, Dieter
KÖRDING, Alfred
KOLL, Eckhard
KÜHN, Claus
KÜRSTEN, Martin
KULLMANN, Wolfgang
LIEBS, Detlef
LILL, Rudolf
LUDWIG, Karl-Heinz
MAASSEN (ß), Hermann
MENZ, Willi
NÖCKEL, Heinz
NÜSSLEIN (ß), Franz
OFFERHAUS, Klaus Dieter
PETRIKAT, Kurt
PFARR, Heide M.
PIETSCH, Eleonore
POMMERENKE, Siegfried
RAASCH, Friedrich-Wilhelm
RAETTIG, Hansjürgen
ROEHRICHT, Karl Hermann
SANDLER, Knut
SCHINZLER, Hans-Jürgen
SCHÖNBOHM, Ekkehard
SCHULIN, Ernst
SPEICH, Peter
SPIEGEL, Arnold
SPINDLER, Herbert
TRÖGER, Rudi Christian
WARNKE, Martin
WEIDMANN, Walter
WETZEL, Wolfgang
WEXLBERGER, Adolf
WIMMER, Heinrich
WITHOF, Georg C. K.
WRUCK, Ekkehard
WUTTKE, Dieter
WUTZ, Maximilian
ZELLER, Helmut
ZORN, Hermann

13. Oktober

ACHENBACH, Hans
BALLHAUSEN, Günter
BARTH, Klaus
BAUMBUSCH, Friedrich
BERG, Hans
BIHN, Willi R.
BRASS, Horst
BREUER, Rolf
BRÜCK, von, Alexander
BRÜNING, Rolf
CHRISTADLER, Martin
CONZEN, Hermann W.
DALCHAU, Ines Angelika
DEGEN, Heide
DOLL, Wolfram G.
EICHHORN, Rainer
ELSENHANS, Hartmut
ERTLE, Christoph
FIPPINGER, Franz
FRAHM, Heinz
GERSTINGER, Heinz
GIRNDT, Joachim
GLEITER, Herbert
GRAF, Klaus-Dieter
GRÖHLER, Harald
GROSSE, Hagen B.
HAGENBÜCHLE, Roland
HENNIGE, Albert
HESSE, Michael
HINRICHSEN, J. Kurt
HÖRBIGER, Christiane
HOLLWEG, Uwe
HOLZAMER, Karl
JACOB, Hans
KARCHETER, Walter
KELLERER, Albrecht M.
KOCK, Werner
KÜLKEN, Horst
LAMMERS, Gadso
LEHMANN, Hans Georg
MANLIK, Josef
MANN, Bernhard
MEYER, Hans Joachim
MÜLLER, Otto
MÜNCH, Ewald
PINI, Ingo
RICHTER, Annegret
ROSCHMANN, Kurt
SAHM, Heinz-Ulrich
SCHELTEN-PETERSSEN, Carl-Edzard
SCHENDA, Rudolf
SCHLORKE, Dieter
SCHMIDT, Max
SCHMITT, Hans Georg
SCHMITZ, Norbert
SCHMITZ-ELSEN, Josef
SCHROEDER, Klaus-Henning
SCHULTE, Hans-Heinrich
SCHULZE, Winfried
SEITERS, Rudolf
STÄHLIN, Adolf
STANGENBERG, Friedhelm
SURKAMP, Alwin
THEISEN, Otto
THIEME, Werner
THOMAS, Fred
TROSSMANN (ß), Ernst
VOGEL, Johann Peter
VOIGT, Johannes H.
WALLRAFF, Hermannn-Josef S.J.
WIMMER, Helmut
WOLF, Helmut
WULF, Horst-Dieter

14. Oktober

AHLERS, Hans-Hermann
BERNUTH, von, Fritz
BIHLER, Heinrich
BLEICHROTH, Wolfgang
BOSECK, Helmut
BOTT, Gerhard
CURZI, Cesare
DEENEN, van, Bernd
DIETZEL, Ernst
DIMPKER, Alfred
EBLE, Franz
EGGERS, Karl
ENGELHART, Anton
FEHRES, Wilfried
FLEISCHHAUER, Kurt
FRANDSEN, Dorothea, geb. Lange
FROHMANN, Clemens
FÜNFER, Ewald
GRASSMANN, Günther
GRUNERT, Eberhard
GUNDEL, Dieter
HARBICH, Helmut
HARFF, Paul
HOFFIE, Klaus-Jürgen
HOLTUS, Günter
HONNEF, Klaus
JOHN, Erhard
JOLMES, Lothar
JÜRGENSEN, Harald
KALKMANN, Ulf
KALUZA, Theodor
KEITEL, Ernst
KEMPE, Erika, geb. Wiegand
KNOBLOCH, Martin
KNOTEK, Otto
KOCH, Karl-Heinz
KÖHLER, Oswin
KOLLMANN, Heinrich
KOUTECKÝ, Jaroslav
KRATZSCH, Gerhard
KUXMANN, Ulrich
LAGALY, Gerhard
LEONHARDT, Karl Ludwig
LINDNER, Fritz
LOEBERMANN, Harald
LUCKMANN, Thomas
MÜLLER-LIMMROTH, Wolf
NAUJOKAT, Dirk
NEUBERT, Oskar-Maria
ORGEL-KÖHNE, Armin
PASDZIERNY, Rolf
PEPPER, Wolfgang
PIEN, Helmut
PRENTL, Sepp
SCHELSKY, Helmut
SCHÖNBORN-WIESENTHEID, Graf von, Karl
SCHÖNE, Wolf-Dieter
SCHOLZ, Helmut
SCHÜTTE, Kurt
SCHÜTZ, Wilhelm Wolfgang
SCHUSTER, Heinz
SCHWARZWÄLDER, Herbert
SEIBOLD, Kaspar
SPIESS, Hans Wolfgang
STACH, Hans
STANGEL, Walter
TAPROGGE, Rainer
VOIGT, Gerhart
VOSS, von, Rüdiger
WEEGEN, Lorenz
WERNIG, Anton
WÖLFFLE, Erich
WÖSSNER, Mark
ZABECK, Jürgen

15. Oktober

ABS, Hermann J.
BASEL, von, Carl
BAUNER, Eberhard
BEISSER, Rolf E.
BERKING, Klaus
BERTHOLD, Adalbert
BEYSE, Jochen
BRAUN, Günter
BRUNTSCH, Karl H.
BÜLTMANN, Elmar L.
BUHR, Gerhard
DRÖSCHER, Vitus B.
ENGELHARD, Michel
ENGELL, Hans-Jürgen
ERICHSEN, Hans-Uwe
ESCH, Arno
FISCHER, Erwin
FLAIG, Aki Beate
FOERSTNER, Rudolf
FRANKE-GRICKSCH, Ekkehard
FRANKL, Hermann
FREYBERGER, Hellmuth
GOTTSCHLING, Erhard
GRUHN, Wilfried
GÜNTHER, Hans
HASSELBACH, Wilhelm
HEINDRICHS, Heinz-Albert
HEINEMANN, Klaus
HERMES, Liesel, geb. Königs
HOFFMANN, Bernhard
HORNFECK, Bernhard
JANKNECHT, Alfons
KARRAS, Christa
KLÖCKER, Michael
KRÖGER, Heinrich
KROGH, von, Jürgen Rudolf
KRONE, Günter
KÜHNE, Horst
LAMSZUS, Hellmut
LINKE, Bernhard
LIPPMANN, Hans
LOOCKE, Gerhard
MELLERT, Volker
OBERMAN, Heiko A.
OETTINGER, Günther
PORSCH, Peter
RICHTER, Manfred Raymund
RODENACKER, Wolf
RÜSTOW, Hanns-Joachim
RUF, Werner
SCHRÖER, Thomas
SCHÜLER-SPRINGORUM, Horst
STECHELE, Ulrich
STENZEL, Hans Joachim
VERSMOLD, Heinrich
WAGNER, August
WEIL, G. M.
WERNER, Peter
WIEDEMANN, Josef
WIENHOLT, Helmut
WIRSCHINGER, Karl-Heinrich
WISCHMEYER, Helmut
WOELLER, Helmut
ZILCH, Bernhard
ZIMMERMANN, Hans

16. Oktober

ASMUS, Werner
BLIND, Adolf
BOKELMANN, Siegfried
BOSCH, Manfred
BRINKMANN, Ulrich
BROCKHOFF, Klaus
BUCHHOLZ, Edith
BUDDECKE, Wolfram
BÜLOW, von, Eberhard
CHANDRA, Prakash
COLLINS, Michael
DAUBERTSHÄUSER, Klaus
ENGELEN, Bernhard
ERB, Wolf
ESSEN, Werner
FELLMANN, Richard
FREITAG, Lutz
FRIDERICHS, Hans
GEISSLER, Thorsten
GOBRECHT von WELSPERG, Wolfgang
GÖSSEL, Karl Heinz
GOSSEN, Manfred
GRASS, Günter
GREISLER, Peter
GREWE, Wilhelm G.
GÜMBEL, Dietrich
HADELER, Karl-Peter
HARLOS, Manfred
HARTMANN, Klaus
HEIMBACH, Heinz-J.
HEUSER-SCHREIBER, Hedda, geb. Demme
HOECK, Klaus
HOPEN, Peter
HÜLLSTRUNG, Herbert
JÜRES, Ernst August
KAEMPFERT, Manfred
KECK, Rudolf W.
KLINKHAMMER, Ferdinand
KVASZ, Csaba
LEUNIG, Manfred
LIEBEROTH, Immo
LUBKOLL, Klaus

16. Oktober - 22. Oktober

MACUCH, Rudolf
MEISSNER, Werner
MORSEY, Rudolf
MOSER, Hubertus
MÜLLER-LUCKMANN,
 Elisabeth, geb. Luckmann
PANCHYRZ, Victor
PILTZ, Klaus
RAMBACHER, Richard H.
RIEGER, Helmut Martin
RÜTHER, Günther
SCHARDEY,
 Hans-Dietrich
SCHELLER, Reinhold
SCHENK, Hans-Otto
SCHMIDT, Ulrich
SCHMITTMANN,
 Hans-Bernd
SCHÖNBERGER, Hans
SPÄTH, Gerold
STEGMANN, Hartmut B. W.
SUND, Horst
TREES, Wolfgang
VOGTMANN, Hartmut
VOLLE, Klaus
WARNER, Jürgen F.
WIGAND, Gerd
WILKENING, Friedrich
WILLAND, Hartmut
WOLF, Gerhard
ZAVELBERG, Heinz Günter
ZINKEL, Heinz Michael

17. Oktober

ACKERMANN, Hermann
AHRENS, Dieter H.
BAECKER, Werner
BARTSCH, Rudolf Jürgen
BERGER, Hermann
BRUHN, Christian
BULL, Hans Peter
CANISIUS, Peter
COLLETTE, Gerard Robert
tom DIECK, Heindirk
DIETZ, Armin
DOTTERWEICH, Helmut
FELDBUSCH, Elisabeth
FELDHAUS, Bernd
FELL, Wolfgang
FELLER, Peter jun.
FRANCKE, Jürgen
FROHBERG, Günter
GABRIEL, Siegfried
GEBAUHR, Werner
HAAG, Karl-Heinz
HERTZER, Heinrich Siegfried
HIRZEBRUCH, Friedrich
HOHORST, Wilhelm
JÄGER, Claus Ludwig
JUNG, Franz
KAGENECK, Graf, Clemens
KASIMIER, Helmut
KEMPNER, Robert
KLEIN, Heinz-Peter
KRONEN, Heinrich
KÜHNHACKL, Erich
KÜMMEL, Werner Friedrich
KUPSCH, Joachim
LAMPRECHT, Walther
LANGER, Wolfhart
LÖWE, Armin
MEINK, Ago
MEYER, Paul Werner
MEYERWISCH, Karl
MÜLLER-BERGHAUS,
 Gert
MUTIUS, von, Dagmar
NASSAUER, Hartmut
NEUMANN, Karl
PIERENKEMPER,
 Toni (Antonius)
POELT, Josef
PUST, Hans-Joachim
RADZIO, Heiner
REMMERS, Walter
SCHNEIDER, Reinhard
SCHÖNHÄRL, Elimar
SMEND, Rudolf
STEFFENS, Hermann
STEINKE, Wolfgang
STUCHLIK, Marlis
TEICH, Gerd-Hermann

THULL, Stefan
TILLY, Richard H.
TOEBELMANN, Peter
WEBER, Jürgen
WOLLSCHEID, Günther
ZELINKA, Fritz-Felix

18. Oktober

ASAM, Walter
BAMBERG, Günter
BERNINGER, Karl Heinrich
BETH, Gunther
BRACKEL, von, Peter
BRINKMANN, Hans-Egbert
BRUDER, Leopold
BURDE, Wolfgang
CHRISTES, Johannes
DEUSTER, Gerhard
DYCKERHOFF, Gert
EISENFÜHR, Franz
ENTEL, Peter
FAULHABER, Franz
FÖLSCH, Ulrich Robert
GERHARDT, Walter
GILBERT, Martin
GIRARDET, Klaus Martin
GÖHLICH, Horst
GROENEWOLD, Sabine,
 geb. Horl
HAASE, Georg
HAMANN, Werner
HÖCKER, Hartwig
HÖTZER, Ulrich
HOFFMANN, Bernhard
JANTZEN, Jens Carsten
KAHN, Ludwig W.
KINGES, Heinrich
KLEIN, Kurt
KODALLE, Klaus-Michael
KOSCHEL, Ansgar
KRÄMER, Volker
KRAFT, Lothar
KRISTOF, Walter
LAATSCH, Willi
LANG, Karl
LAUNHARD, Rolf
LIMLEI, Bruno
LUTHER, Gerhard
MARTIN, Hans
MAYER, Paul
McDANIEL, Barry
MÖNCH, Walter
POEVERLEIN, Hermann
POGGENDORF, Dietrich
POLLERMANN, Max
POLZIEN, Paul
PÜRSCHEL, Heiner
RIEF, Josef
RIES, Johannes
SACKENHEIM,
 Friedrich Franz
SCHMIDT, Kurt
SCHWEITZER, Marcell
SEIDSCHECK, Mark
STICH, Michael
STOCK, Martin
STRAUB, Johannes
THIELE, Alfred
TROMMSDORFF, Volker
VOGT, Hartmut
WAGNER, Gustav Friedrich
WAGNER, Ruth
WALLAT, Hans
WEBER, Eckhard
WENNING, Wilhelm
WIEGMANN, Klaus Werner
ZIFREUND, Walther
ZRENNER, Eberhart

19. Oktober

BESTEHORN, Richard
BILABEL, Peter
BINGEL, Werner A.
BRÄUNINGER, Dietrich
DAHMEN, Wolfgang
DIETZE, Horst
DUFNER, Franz Xaver
EBERS, Erich
ELISEIT, Horst
ESDORN, Horst
FALK, Konrad
FELDTKELLER, Ernst

FINK, Hermann
FLITNER, Hugbert A. W.
FREY, Gerhard
GAULY, Heribert
GERHARDT, Eberhard
GOLENHOFEN, Klaus
GROOTE, Hans
HABERKORN, Axel
HAGEN, Eva-Maria
HERFURTNER, Rudolf
HIRCHE, Hansjürgen
HÖRNING, Karl Heinz
HÜFNER, Karl Friedrich
JÄCK, Reiner
JAHN, Reinhard
JUNG, Rudolf
JUSSEN, Heribert
KAPALLE, Marcel
KOBER, Hermann
KOCH, Heinz
KÖNIG, Wilfried
KOESTER, Lothar
KUCHER, Eckhard
KÜBLER, Friedrich
LINDEMANN, Erich
LINK, Gotthilf
LÖBSACK, Theo
LÜTTGERT, Hans
MAIER, Karl-Heinz
MATZAT, Wilhelm
MÜNSTER, Graf zu,
 Hermann-Siegfried
NEMITZ, Burkhard
NEUDECKER, Gustav
OELLER, Helmut
PENZKOFER, Alfons
QUARTIER, Walter
RÜSEN, Jörn
RUMBERG, Bernd
RUPPERT, Wolfgang
SANNEMÜLLER, Gerd
SATTLER, Hans-Jürgen
SCHACKOW, Albrecht
SCHÄFFNER, Lothar
SCHENK, Hainfried, E., A.
SCHERER, Paul Martin
SCHERF, Harald
SCHERNER, Maximilian
SCHMIDT-BURBACH,
 Gerhard M.
SCHREIBER, Robert
SIMITIS, Spiros
STIEPELDEY, Heinz-Willi
STÖCKMANN, Fritz
STRAUCH, Dieter
TIMMERMANN, Manfred
VETTEN, Horst
WALDMANN, Bernt Gregor
WALTER, Norbert
WEIGELDT, Christian
WEIS, Dierk Joachim
WEISS (ß), Werner
WUTHE, Gerhard
ZELLER, Anton
ZIMMER, Werner

20. Oktober

ABELEIN, Manfred
BATHORY-HÜTTNER,
 Stephan
BERG, Hans-Walter
BERGER, Julius
BLANKENBURG,
 Erhard Rudolf
BÖRNER, Wilko H.
BRÄUER, Karlheinz
BRANDES, Mark Adolf
BRIX, Peter
BRODEHL, Johannes
BURDACH, Jörg
de CHAPEAUROUGE, Donat
DAMMERS, Claus
DÖRR, Herbert
ESCHBERG, Peter
FIEBER, Gerhard
FROSCHAUER, Hermann
FUCHS, Rainer
GAWRILOFF,
 Saschko Siegfried
GELLERT, Horst
GÖSSMANN, Wilhelm
GUNDEL, Hans Georg

HARRER, Manfred
HEILER, Siegfried
HOFSTÄTTER, Peter R.
HOGAUST-PLEUGER,
 Gudrun
HOOR, Dieter
HUMMEL, Dietrich O.
HUVENDICK, Jürgen
IMMENDORF, Anton
JELINEK, Elfriede
KLEMM, Peter
KLEMME, Jobst-Heinrich
KNOBLICH, Klaus
KOCH, Manfred
KÜBLER, Wolfgang
KUFFERATH, Karl-Heinz
KURTZ, Rudolf
LEINERT, Michael
LEMKE, Klaus
LOCHER, Horst
LOESCHCKE, Hans Hermann
MAIHOFER, Werner
MAYER, Carlheinz
MEYER, Jürgen A. E.
MORSCH, Karl-Heinz
MÜLLER, Werner
NAURATH, Bruno
NIEBEL, Fritz
PASTIOR, Oskar
PATZE, Hans
PFANNENSTIEL, Peter
POSER, von, Hilmar
PREUSSLER (ß), Otfried
RODENBERG, Rudolf H. A.
RÖLLER, Wolfgang
SCHICKEDANZ, Grete,
 geb. Lachner
SCHMEIDLER, Felix
SCHNELTING,
 Karl Bernhard
SCHNUR, Roman
SCHÖNE, Jobst
SCHÜTZE, Wolfgang
SCHULZE, Volker
SEUL, Hermann
STECKMEISTER, Gabriele
UBER, Giesbert
VODOSEK, Peter
VOELTER, Wolfgang
WALDENFELS, Hans
WEIS, Kurt
ZAPPE, Karl-Heinz
ZIER, O. P.
ZWICKER, Hans-Ulrich

21. Oktober

BARTELS, Heinz
BECHER, Martin Roda
BEHREND, Robert-Charles
BETTEN, Josef
DONAT, Helmut
DRYGAS, Hilmar
DUNKEL, Winfried
EISENTRAUT, Martin
EMRICH, Dieter
EUSEMANN, Stephan
FECHNER, Eberhard
FÖLLMER, Wilhelm
GOLLING, Ernst
GOTTLIEB, Sigmund
GUHL, Ortwin
HAAS, Helmut
HÄUSER, Karl
HAUPTMEYER, Carl-Hans
HEINKE, Siegfried
HODEIGE,
 Christian Heinrich
HÖCK, Wilhelm
HÖFLER, Manfred
HÖNOW, Günter
HOLZER, Werner
HORN, Manfred
JAUD, Ludwig
JUD, Rudolf
JUTZI, Peter
KIRCHESCH, Günther
KLINKMÜLLER, Erich
KOEPPE, Peter
KRAUSS (ß), Henning R.
KRIBBEN, Klaus
KRINGS, Josef
KUNTZ, Erwin

LEINER, Wolfgang
LEMPP, Reinhart
LISTL, Joseph
LÖWENSTEIN-WERT-
 HEIM-FREUDENBERG,
 Prinz zu, Wolfram Wilhelm
MANTLER-BONDY,
 Barbara, geb. Bondy
MÖRIKE, Klaus D.
MOHR, Walter
NEUHAUS, Ludwig
OSTMEYER, Fritz
PLAPPERER-
 LÜTHGARTH, Heiko
REINELT, Joachim
RÖHRS, Hermann
ROHMERT, Walter
SCHEJA, Günter
SCHLEE, Emil
SCHMINCKE, Hans-Ulrich
SCHNÜRLE, Kurt
SCHÜRGERS, Josef
SCHULTZE v. LASAULX,
 Hermann-Arnold
SEILER, Gerhard
SIEBENMANN, Gustav
SLENCZKA, Werner
SÖLING, Till Klaus
SOLTI, Georg
STEINBRECHER,
 Wolfgang Willi
STEINER, Gerd
THÖNNESSEN, Werner
WACKER, Heinz
WIEDEMANN, Herbert
WUNDERER, Rolf
ZENNER, Maria

22. Oktober

AHRENS, Christian
AMMANN, Erwin
ARNOLD, Rainer
AU, in der, Annemarie
BAUER, Walter
BAUN, Marianne
BESSLICH, Philipp W.
BOONEN, Philipp
BROER, Jochen
BUCHNER, Edmund
CLAES, Fritz
CONRADT, Marcus
CURIO, Eberhard
DIEHL, Horst Alfred
ELIZONDO, Oscar-Luis
ESCHENBACH, Carl
FORKERT, Claus
GABEL, Wolfgang
GRABHORN, Gerd
GRAUE, Eugen Dietrich
GROSSE, Siegfried
GRUHL, Herbert
GÜNTHER, Joachim
GUNDERMANN, Knut-Olaf
HAACKE, Johannes
HANACK, Michael
HAUNSS, Peter
HÖTZEL, Norbert
HOFFBAUER, Hartmut
HOPPE, Harri
HUPPERT, Bertram
JENNE, Josef
KAISER, Dietlind,
 geb. Planer
KLEEMANN, Erich Julius
KLETT, Werner
KNOCKE, Britta
KOCH, Dietrich-Alex
KREIENBERG, Walter
KRÜMMEL, Hans-Jacob
KÜSTER, Eberhard
LANG, Joachim
LINGNAU, Hermann
MARNEROS, Andreas
MATHEWS, Peter
MEHRER, Helmut
MEINCKE, Jens Peter
MEYER, Wolfgang
MEYNEN, Emil
MONSSEN-ENGBERDING,
 Elke
MÜLLER, Andreas
MÜLLER, Walter E.

MÜLLER, Wendelin
NEUMANN, Gerhard
NUSSER, Peter
OETJEN, Georg Wilhelm
PRODAN, Michail
REICHEL, Hans
REIMERS, Edgar
RITZL, Friedrich
RUSCHIG, Heinrich
SAUS, Alfons
SCHMID, Harald
SCHMIDT, Helmut
SCHNEIDER, Hermann
SIEBERT, Wilhelm Dieter
STEINBERG, Hans-Josef
STÜPER, Karl-Heinz
SZYMANSKI, Rolf
TROJAHN, Manfred
ULRICH, Martin
VOLKERT, Heinz Peter
WADLE, Hans
WALTHER, Rudi
WEBER, Georg
WOLF, Anton

23. Oktober

BEUMANN, Helmut
BLETSCHACHER, Richard
BOEHM, Hans-Joachim
BÖHM-WILDNER, Herta
BÖNISCH, Georg
BOMS, Hans Jörg
BREUER, Jürgen-Heinrich
BROICH, Josef
BRÜLLE, Karl-Heinz
DECKEN, von der, Christoph
DENK, Viktor
DUESBERG, Carl
EGERT, Jürgen
ENDRESS (ß), Gerhard
ENIGK, Karl
FRÖSSLER, Herbert
GERSTUNG, Fritz
GERTIS, Karl
GILLESSEN, Günther
GOLSONG, Heribert
GRÄSSER (ß), Erich
GRIEME, Horst Joachim
HAUENHERM, Wolfgang
HECKELMANN, Dieter
HELLBRÜGGE, Theodor
HELLWEGE, Karl-Heinz
HIELSCHER, Udo
HOFMEIER, Rolf
HOLTMEIER, Hans-Jürgen
HOLZHEIMER,
 Franz Hermann
HORN, Klaus
KANDLER, Otto
KARGER, Adolf
KAUFMANN, Dieter
KLEIN, Paul-Günther
KLING, Robert
KÖRNER, Hermann
LAUX, Wolfrudolf
LENZING, Rudolf
LINK, Gerhard A.
LIPPOLD, Adolf
MANTELL, Ursula,
 geb. Oomen
MEYER, Herbert
MÖHLENBRUCH,
 Hermann J.
NAGEL, Wolfram
NOACK, Hugdieter
OHL, Herbert
ORGASS (ß), Gerhard
PAULEIKHOFF, Bernhard
PRICK, Christof
RAAB, Andreas Heinz
RENGER, Gernot
RENSING, Ludger
RIEMANN, Helmut Ernst
RÖSENEDER, Franz
ROHRBACH, Günter
ROMMERSKIRCHEN, Jörg
ROSENSTRÄTER, Heinrich
ROSENTHAL, Philip
RUMMEL, Walter
SAHNER, Heinz
SCHALLER, Kay-Uwe

SCHMITZ-ECKERT,
 Hansgeorg
SCHREIER, Georg
SCHULZ, Bertold
SOENTGERATH, Olly
TRÄNKMANN, Gert Joachim
TRAUTMANN, Christel
TRENDELENBURG, Ingo
WAHL, Willi
WASMUTH, Lutz-Pieter
WEHDEKING, Volker
WUTTKE, Hans A.
ZEISS (ß), Arnold

24. Oktober

BAUER, Adolf
BAUMGARTE, Hans
BERGER, Ulrich
BERNHARDT, Heinz
BITTER, Gottfried
BREVERN, von, Bernhard
BRUMM, Ursula
CLASS, Richard H.
CLEMENT, Danièle
COHNEN, Georg
COLLET, Ingrid
DALTROZZO, Ewald
DENECKE, Hans-Joachim
DONGES, Juergen B.
DREIER, Erich
ESCHENBURG, Theodor
FELL, Margret
FERA, Charlotte
FISCHER, Manfred Th.
FREISEL, Johannes
FRISIUS, Rudolf
GANGEL, Hans
GEGINAT, Eckart
GERLING, Walter
GÖTZ, Heinrich
GÖTZ, Peter
HERRMANN, Reinhold G.
HOCHSTETTER, Herbert
HOLTSCHMIDT, Hans
HOPPE, Jörg D.
HORBELT, Klaus
HÜTER-BECKER, Antje
JÄGER, Ludwig
JOHANNES, Ralph
KAPPACHER, Walter
KLEIN, Jürgen
KÖNIG, Walter
KOHLS, Ernst-Wilhelm
KREMS, Gerd
KÜHN, Hans Adolf
KUNAD, Rainer
LAHN, Lothar
LANGENBECK, Ulrich
MELCHERT, Helmut
MEVISSEN, Annemarie,
 geb. Schmidt
NEBENZAHL, Itzhak Ernst
NEINHAUS, Tillmann
NEUDECKER, Wilhelm
NICOLAI, Jürgen
NIESERT, Karl
NIETHAMMER, Dietrich
NORDEN, van, Günther
OEHMS, Wolfgang
OERTEL, Ferdinand
OSTEN-SACKEN
 und von RHEIN,
 Freiherr von der, Joachim
QUAST, Ute,
 geb. Freiburg
RANDOW, von,
 Andreas Maria
RIEDEL, Friedrich Wilhelm
SCHACHTSCHABEL,
 Dietrich
SCHIEGL, Hermann
SCHLEGEL, Hans-Günter
SCHRANZ, Winfried
SCHREINER, Hans Peter
SCHUBERT, Werner
SCHUMANN, Karl
STAHL, Werner
THOMAS, Hans-Joachim
TÖNNESMANN, Andreas
TÜSCHEN, Wilhelm
UNTERMANN, Jürgen
WENCK, Günther

WERNER, Wolfgang
WILMANNS, Ottilie
WINDFUHR, Manfred
ZIEM, Helmut

25. Oktober

ADAM, Dieter
BEHRENS, Walter
BENNIGSEN, von, Walther
BERGER, Fritz
BETHMANN, Sabine
BREHM, Georg
BRÜCKNER-LACOMBE,
 Marie M.
BUSELMEIER, Michael
CZYGAN, Franz-Christian
DIRX, Ruth
DUCKWITZ, Wolfdieter
FARNUNG, Roland
FLEISCHER, Georg
FREIMARK, Peter
FRICKE, Gerhard
GERTHEINRICH, Gerhard
GRIMMEL, Eckhard
HAASE, Wolfgang
HASSELMANN, Klaus
HEBER, Ulrich
HENKEL, Konrad
JEBSEN-MARWEDEL, Hans
KARENBERG, Leutfried
KIESEKAMP, Fritz
KLINK, Hans-Jürgen
KLÖCKER, Ingo
KOBUSCH, Ernst August
KRAMER, Johannes
KREEB, Karl Heinz
KURRUS, Karl
LORENZ, Hans (Johannes)
MAIER, Franz Georg
MÖLLENDORFF, von, Wolf
MOHLER, Hans
MÜNZBERG, Olav
NEIDLEIN, Richard
NEUMANN, Hans-Joachim
NITSCHKE, Horst
NOCKE, Heinz Peter
OPPEL, Ottomar
PALM, Wilfried
PARAVICINI, Werner
PELSHENKE, Günter
PESCHEL, Karin Johanna
PFLUG, Otto
PFOST, Heiner
RÄTZMANN, Jürgen
REAL, Willy
RESKE, Friedolin
RODE, Detlev
RÜHMKORF, Peter
RUPP, Hans Karl
SCHENKE, Wolf-Rüdiger
SCHMETZ, Ditmar
SCHMID, Wolfgang P.
SCHUBERT, Bruno H.
SCHUTTING, Jutta
SCHWARZ, Alfons
SCHWENDEMANN, August
TRABANT, Jürgen
UEBERHORST, Horst
WEGENER, Wolfgang
WEITZEL, Hans Karl
WEYMANN, Ansgar
WINTER, Werner
WÜNSCH, Hermann
ZAHA, Max
ZDUNOWSKI, von, Dieter
ZIMMERMANN, Roland A.

26. Oktober

ANTON, Hans Hubert
BÄRSCH, Walter
BECKER, Kurt E.
BEHRENDT, Wolfgang
BEHRENS, Erna
BEIER, Henning M.
BENIRSCHKE, Hans
BERLINGER, Rudolph
BESSELL, Fritz
BOETTCHER, Otto
CEDERBAUM, Srulek M.
DELBRÜCK, Axel
DIEDERICH, Klas

DRECHSLER,
 Hans-Alexander
GEMEINHARDT, Wolfgang
GOLL, Heinz
HAASE, Horst
HEILINGER, Franz
HIRSCHLER, Adolf
HOCHMUTH, Karl
HOLTERMÜLLER,
 Karl-Hans
HÜRTER, Peter
JAHNKE, Jürgen
JAHR-STILCKEN, Angelika
JOPPICH, Ingolf
KEUNE, Friedrich W. J.
KIENLE, Adalbert
KLEIN, Heinrich Julius
KÖRNER, Wolfgang
KONZELMANN, Gerhard
KRONAUER, Erich
KRÜGER, Klaus-Dietrich
LILIENFELD-TOAL, von,
 Hans-Otto Konstantin
MANCHOT, Jürgen
MENGES, von,
 Dietrich Wilhelm
MERKEL, Rudolf
MERZBACHER, Klaus Peter
MOULINES, Carlos-Ulises
MÜLLER, Hans-Robert
MUSSGNUG (ß),
 Reinhard Alexander
NECKERMANN, Peter
PESCHEL-GUTZEIT,
 Lore Maria
PYHRR, Christian
RADOMSKI, Jürgen
RICHARDI, Hans-Günter
RODE, Günter
RÜBESAMEN, Karl-Heinz
SCHINDLER, Karl
SCHMIDT, Helmut
SCHÖTTLE, Klaus
SCHUMANN, Horst
SCHUSTER, Helmut
SCHWAIGER, Max
SIEBALD, Manfred
STÄMPFLI, Jakob
STOCK, Heinrich
STRICKER, Herbert
TETZNER, Karl
TEUBER, Hans-Joachim
TÖPFER, Hans-Joachim
WALDMANN, Günter
WELLER, Otto
WOLF, Ernst
WOODS, John David

27. Oktober

AUFENANGER, Georg
BOLLE, Michael
BOTHMER, von, Lenelotte,
 geb. Wepfer
BULLA, Josef S.
BUTTLAR, von, Haro
CONRADS, Ulrich
DAXNER, Michael
DENEKE, Diether
DINGLREITER, Adolf-Josef
DOMRÖSE, Lothar
EDEN, Allrich
ERNST, Wolfgang
ESCHERICH, Rudolf
FEUCHTMAYR, Inge
FRANKE, Hans
FRANZKI, Harald
FREGE, Karl-Ludwig
GARTMANN, Heinz
HÄNDEL, Wolfgang
HAIDER, Gerhard
HEILMANN, Heidi H.,
 geb. Werner
HORST, Peter
JANSSEN, Ernst-Günter
KEGEL, Eberhard
KOCH, Heinrich
KORNFELD, Fritz
KRAUS, Rudolf
KREBS, Peter
KRYSMANSKI, Hans-Jürgen
LATTREUTER, Rolf
MAESS, Gerhard

MARTIN, Michael
MATUZ, Josef Eugen
MEINBERG, Eckhard
MEUSEL, Werner
MÖHR, Jochen Robert
MONTADA, Manfred
MOSER, Edda
OXFORT, Hermann
RANFT, Ferdinand
SABEL, Hans
SCHMIDT, Hartmut
SCHMITT, Karl
SCHORK, Ludwig
SCHULZ, Eberhard Günter
SEIBEL, Johannes Joachim
SOLMS, Helmut
SPRINGER, Ulrich
STAATS, August-Friedrich
STEINBRECHT,
 Rudolf Alexander
STEPHAN, Klaus
STOLLE, Michael
THULLEN, Alfred
UELNER, Adalbert
ULLRICH, Christian
VIGENER, Gerhard
VOGEL, Günter
WEBER-DIEFENBACH,
 Klaus
WERNER, Heinrich
ZINNKANN, Willi

28. Oktober

AIDELSBURGER, Nikolaus
ALBERT, Dietrich
BADECK, Georg
BATSCH, Klaus-Jürgen
BAUER, Heinz
BAUER, Hermann
BAUM, Gerhart-Rudolf
BAUMANN, Carl Michael
BECHTLE, Friedrich
BEER, Friedrich
BEGEMANN, Friedrich
BLEYL, Uwe
BRÜCKNER, Günther
CAPPELLER, Ulrich
DICKEL, Gerhard
DÖRFFLER, Wolfgang
ECKERT-HETZEL, Karl
EGGERT, Astrid
EHRHARDT, Marie-Luise,
 geb. Harder
ENDRES, Michael
ENNEN, Edith
ENTENMANN, Alfred
FINCKENSTEIN, Stefan,
 Graf Finck von
FISCHER, Marie Louise
FISCHER-APPELT, Peter
FREHSE, Jens
GEHRKE, Hans-Joachim
GEWALT, Wolfgang
GOTZEN, Reinhard
GÜNTHER, Otmar
HARNISCH, Jürgen
HAVERBECK, Werner Georg
HAVERKAMP, Wilhelm
HEISCH, Günter
HERING, Gerhard F.
HÜBNER, Hans
KÖSTER, Thomas
KRETSCHMER, Paul
KÜRTEN, Gerold
LÖSER, Hermann
MARTIN, Hans-Peter
MENDE, Erich
NÖHBAUER, Hans F.
OHNESORGE, Bernhart
OLIVARI, Neven
RABAS, Josef
RINGEL, Gerhard
ROHRLICH, Matei
SCHELTER, Christoph
SCHERENBERG, Hans
SCHMAUSER, Harald R.
SCHMIDT, Hannes
SCHMIDT, Siegfried J.
SEIDEL, Peter
SPUR, Günter
STAHL, Friedrich-Christian
STEGER, Max

STEIN, Rudolf
THORWALD, Jürgen
TIESLER, Ekkehard
WICKI, Bernhard
WIELEN, Roland
ZILLIKEN, Friedrich

29. Oktober

AEPLER, Eberhard
BÄSSLER, Ulrich
BECKER, Hansjakob
BIEDENKAPP, Volker
BOHRER, Kurt-Friedrich
BROST, Erich
BUCHMANN, Jürgen
ERMANN, Michael
FRANK, Jürgen
FRIEDERICI, Lothar
FRIEDRICH, Albert
GEISER, Martin
GEISSLER-KASMEKAT, Joachim
GIRARDET, Wilhelm
GNEUSS, Helmut
GÖSSNER, Wolfgang
GOETZE, Dieter
GREINER, Walter
GROSCH, Ernst
GROSS, Joseph
GROTHUSEN, Klaus-Detlev
GÜLICHER, Herbert
HARTUNG, Harald
HAUSDÖRFER, Jürgen
HEININGER, Heinz
HEINZMANN, Richard
HERWIG, Oscar
HESS, Friedhelm
HOEFFKEN, Walther
HOFFMANN, Manfred
HOPPE, Rudolf
HUBER, Otmar
ISRAEL, Walter
JANK, Gerhard
KAHLENBERG, Friedrich P.
KELLER, Jörg
KLEIN, Hans-Wilhelm
KRAFT, Alfons
KREMER, Harry Andreas
KRÖPLIN, Wolfgang
KUNERT, Karl Heinz
LASKA, Michael
LEEGAARD, Alf
LITTAUER, Rudolf M.
MAJONICA, Ernst
MECKSEPER, Cord Reinhard
MEIER, Konrad
MESCHKAT, Klaus
MÖLLER, Carl
NÄHLEN, Egon
NAGLSCHMID, Friedrich G. M.
NEUMANN, Wilhelm P.
OSSWALD, Hans
OTT, Alfred E.
PACHALY, Peter
REIS, Arno
RITTER, Jörg
RUHR, Reinhold
SCHARHAG, Werner
SCHLÜNZ, Hans Hermann
SCHULTHESS, Emil
STAMM, Barbara
STANGE, Carmen, geb. Nitsch
STENZEL, Arnold
STRAUCH, Dieter
STREUL, Eberhard
TAUBE, Werner
ULMEN, Wilhelm
VIERHAUS, Rudolf
WABBEL, Gustav
WALTER, Adolf
WEDEKIND, Werner
WEIDER, Wolfgang
WIEBECKE, Claus
WILL, Oswald
ZELLER, Michael
ZIMMER, Ernst-Günther
ZIMMERMANN, Maria, geb. Bosten

30. Oktober

BAUMGARTNER, Konrad
BEILHARZ, Richard
BERGERFURTH, Bruno
BETKE, Klaus
BOHN, Jürgen
BRANTSCH, Ingmar
BRAUNS, Peter
BRÜCHER, Horst
CASSENS, Johann-Tönjes
CHAPCHAL, George
DANIEL, Günter
DHOM, Günter
DIETTER, Ernst
DOHMEN, Hans Gerd
ECKERT, Alexander
EL-MAGD, Essam Abou
EWERT, Karsten
FINCKE, Martin
FLEITMANN, Theo
GERHARD, Edmund
GERTH, Hans-Joachim
HÄFELE, Hans Georg
HÄNSCH, Theodor Wolfgang
HAUPT, Ullrich
HOLLENBERG, Cornelis Petrus
JAENICKE, Rainer
KAUP, Ludger
KAUP, Wilhelm
KEHR, Theodor Christian
KEHREIN, Peter
KLEIN, Lutz Hans
KOCZIAN, von, Johanna
KÖHLER, Josef-Andreas
KÖSTER, Klaus
KRAAK, Bernhard
KRENKEL, Werner A.
KÜHBACHER, Klaus-Dieter
LENSING, Carlheinz
LUKES, Rudolf Hans Peter
MANTE, Willi
MARSCHNER, Horst
MAURER, Alfons
MERZ, Erich
MEYN, Klaus
OEHMIG, Heinz
OTTO, Hans-Joachim
PAWLOWSKI, Hans-Martin
PETERSEN, Peter
PREUSS, Manfred
RINGENBERG, Georg
ROMPZA, Sigurd
RONGE, Rudi
SAUER, Ralph
SCHEUFELEN, Klaus H.
SIEBECK, Otto
SPAETH, Leopold
STEGH, Marlis
STROBACH, Lothar
STÜRMER, Hans-Dieter
SUCKALE, Robert
SUHR, Heinz
THOMA, Helge
THOMÉ-KOZMIENSKY, Karl Joachim
UCKRO, von, Hanns-Detlef
UHLENBRUCK, Wilhelm
VOGELSANG, Alexander
WACKER, Karl-Heinz
WEICHERT, Thilo
WENDLER, Michael H.
WOLL, Artur
WURDACK, Ernst Michael
ZERSSEN, von, Gerd Detlev
ZIPPERT, Christian

31. Oktober

ADORNO, Eduard
ASSERATE, Prinz, Asfa-Wossen
AU, in der, Dietlind
BÄHR, Jürgen
BAUMEIER, Stefan-Michael
BEHNKE, Hans Heinrich
BETZ, Franz Georg Gerhard
BETZ, Gerhard
BEUSCH, Karl
BODE, Manfred
BREMICKER, Richard
BRETH, Andrea
BURKHARDT, Ludwig
CHRISTOFF, Daniel
DÖTTINGER, Fritz
DORN, Dieter
DÜTTING, Dieter
ECKSTEIN, Brigitte
ENZINCK, Willem
ERNÉ, Nino
EUCHNER, Walter
EVERDING, August
FABERS, Friedhelm
GARNATZ, Eberhard
GELHAUS, Hermann
GIRARDET, Paul
GÖDTEL, Reiner
GÖPEL, Wolfgang
HAASE, Joachim
HAUSER, Siegfried
HENNIES, Jürgen
HESSELMANN, Malte
HETTERLE, Albert
HEYD, Werner P.
HEYMEL, Hans
HOFFMANN, Hans
HORSTKOTTE, Fritz
JAEGER, Heinz Roger
JEDELE, Helmut
KAMPER, Wolfgang
KARL, Johann-Josef
KLUXEN, Wolfgang
KOLATH, Hans-Hermann
LEY, Karl
LICHTENTHALER, Rüdiger N.
LIEBIG, Hans
MOLLENHAUER, Klaus
PÄNTZER, Rudi
PELLNITZ, Dietrich
PFEIFLE, Ulrich
PRÖTTEL, Dieter
REBHAN, Eckhard Friedrich
REICHENBACH, Peter
REITER, Ernst
ROTT, Jeanette
SCHÄCHTER, Markus
SCHERF, Henning
SCHLITZBERGER, Udo
SCHULZ-LINKHOLT, Fritz
STEINWACHS, Ginka
STURM, Gerhard
TAURIT, Rudolf
TETSCH, Peter
TRÄUTLEIN, Willy
TRILLHAAS, Wolfgang
UEBERSCHÄR, Kurt
WALTER, Fritz
WEIGL, Franz
WEIS, Eberhard
WOLF, Jürgen
WULFF, Gerd
ZINK, Otto

1. November

ACKERMANN, Friedrich
ANHÄUSER, Uwe
ARLT, Wolfgang
ARNOLD, Carl-Gerold
ASEMISSEN, Hermann Ulrich
BECKMANN, Dieter
BERTAU, Karl
BIRKENHAUER, Klaus
BRADER, Curt
BRENNICKE, Thomas
CASPERS, Hubert
COPPIK, Manfred
DEMLER, Otto
DEPPE, Heinz
DETERING, Heinrich
DIETRICH, Georg
DOMARUS, von, Dietrich
DRESSLER, Otto
DRÖGE, Franz
DROESE, Werner
DÜNNEBACKE, Hans-Georg
EBERHARD, Rudolf
ECHTERNACH, Jürgen
EICKENBERG, Karl Heinz
FEGER, Hubert
FEILHAUER, Oswald
FRANZ, Isabelle
FUNKE, Carl
GOTTLIEB, Franz Josef
HARTMANN, Siegfried
HAUSTEIN, Werner
HEILMANN, Sigmar
HELLWIG, Hans-Jürgen
HENKE, Michael
HÖSS (ß), Irmgard
IBSCH, Bruno
JAHNKE, Henner
KELCH, Franz
KERNCHEN, Eberhard
KNAUST, Cilly
KREUZER, Helmut
KUPPE, Volker
LAMPE, Joachim
LÜDERS, Detlev
MAMPELL, Klaus
MARTIN, Hansjörg
MARZIN, Werner
MENGER, Christian-Friedrich
MORIO, Walter
MÜLLER, von, Margarethe Maria
NEUBURGER, Kurt
PARISEK-TUSA, Dobra
PFLUG, Bernhard
PUFF, Heinrich
SCHELP, Frank-Peter
SCHLENKE, Manfred
SCHÜNEMANN, Bernd
SEELIGER, Heinz
SEILER, Albert
SIEGELE, Ulrich
SIMON, Klaus
SUCHENWIRTH, Richard Mathias
TIDICK, Marianne
UNSHELM, Jürgen
VALENTIN, Helmut
VOGELSANG, Irmgard
VOLLMAR, Roland
VOSSCHULTE (ß), Alfred
WITTMANN, Reinhard
ZINSER, Hartmut

2. November

ARNTZ, Klaus H.
BAUMBACH, Ernst Georg
BECK, Erwin
BECKEDAHL, Hartmut Johannes
BEICKLER, Ferdinand
BIJOU, Sow
BRÜNNER, Friedrich
BRUNNER, Horst
BUHLMANN, Günther
DEHE, Hans Günther
DIETRICH, Albert
DRUKARCZYK, Jochen
FAHR, Hansjörg
FETZ, Friedrich
FIECHTNER, Urs Michael
FISCHER, Hans
FLAMM, Wilhelm
FRANK, Manfred
FRANKE, Peter Robert
FTHENAKIS, Wassilios Emanuel
FUNKE, Gernot Uwe
GLIEMEROTH, Georg
GNATH, Karl
GÖDERSMANN, Ernst-Walter
GUZZONI, Ute
HAASE, Manfred
HACKER, Hans
HAHN, Karl
HALLERMANN, Ludger
HAUPT, Eckart
HEGERFELDT, Gerhard
HEIM, Wilhelm
HENZI, Max
HÖLSCHER, Tonio
HÖLTGEN, Karl Josef
HOPPE, Rudolf
HÜFNER, Jörg
JÄGER, Alfred
KAISER, Mathias
KAPPEY, Fritz
KINZEL, Walter
KOCH, Nikolaus
KRATH, Herbert
KRIWET, Heinz
KRÜGER, Hans Joachim
LEHMANN, Hans-Ulrich
LINDNER, Wulf-Volker
LINGELBACH, Ernst
MARTENS, Ekkehard
MAYR, Otto
MEHNERT, Peter
MEIDENBAUER, Georg
MÖLLER, Franz
MÖNCH, Ernst
MROSS, Michael
MÜLLER-DIETZ, Heinz
NAUNIN, Dietrich
NEBEL, Gerd
NEUHOLD, Günter
PHILIPP, Fritz
PLESS (ß), Helmut C. H.
PRINZ, Lieselotte
PROPFE, Heinrich
REILAND, Willi
RIEMENSCHNEIDER, Hartmut
ROSENSTIEL, von, Lutz
RUBNER, Heinrich
SALGER, Hannskarl
SALNIKOW, Nikolaj
SCHILD, Wolfgang
SCHMIDT-CARELL, Paul K.
SCHNIEDERS, Rudolf
SCHOENENBERGER, Helmut
SCHRÖTER, Wolfgang
SERVAS, Erhard
SIEP, Ludwig
SPAGERER, Walter
SPRENGER, Bertold
STEIN, Freiherr von, Hans
SUERBAUM, Ulrich
THIELE, Wolfram
TIGGES, Hans
WEGENER, Wilhelm
WIDMAIER, Wolfgang
ZIMMERMANN, Horst

3. November

ABT, Klaus
ACKER, Dieter
ALBERS, Jan
BECKER, Hans-Jürgen
BLENKERS, Hanns
BOLLMEYER, Ulrich K.
BRAUER, Herbert
BRAUN, Stephan
BREUER, Helmut W.
BRUNNACKER, Karl
COY, Wolfgang
DELBRÜCK, Jost
DISCHNER, Gisela
DOMBROWSKI, Heinz Dieter
ECKHARDT, Albrecht
EIGEN, Karl
EYSEL, Ulf
FAISAL, Farhard H.
FELDHOFF, Norbert
FELSCH, Karl-Otto
FRENZEL, Wolfgang
FURCK, Carl-Ludwig
GABEL, Gernot Uwe
GEORGII, Hans-Walter
HÄFNER, Gerald
HÄNFLING, Georg
HÄRING, Rudolf
HAGEDORN, Günter
HARTKOPF, Willi
HARTWICH, Hans-Hermann
HEITFELD, Karl-Heinrich
HEMPFER, Klaus Willy
HEUERMANN, Hartmut
HÜPPE, Hubert
KNITTEL, Georg
KOIZAR, Karl Hans
KORTE, Bernhard
KÜNZER, Wilhelm
LAUX, Manfred
LESCHE, Dieter
LÜBBERING, Gerd
MATZEN, Oscar H. F.
MEINZ, Theo

MENNIG, Günter
MEYER-ABICH, Hans-Jürgen
MINDT, Heinz R.
MÖLLER, Dietrich
NAGEL, Herbert Christian
NAUMANN, Walter
NIPPERT, Oswald
NISSEN, Karl-Heinz
PAETZKE, Ingo
PICKER, Eduard
POHLE, Klaus
POLOMSKY, Hubert Winfried
PONNATH, Rudolf
PRIBILLA, Otto
RÖKK, Marika
SALZMANN, Helmut
SCHÄFERDIEK, Knut
SCHARDT, Alois
SCHLAGA, Georg
SCHMID, Roswitha
SCHOLZ, Heinz
SCHUPP, Franz
SCHWEINS, Adolf
SELLERT, Wolfgang
SEYPPEL, Joachim
STIEBELER, Walter
TOLKMITT, Hans Bodo
TREBITSCH, Gyula
UHLE, Hans-Joachim
WAECHTER, Friedrich Karl
WEIGERT, Manfred
WELLERSHOFF, Dieter

4. November

AHLE, Hans
ALBRECHT-HEIDE, Astrid
BABEL, Ulrich
BARTOS-HÖPPNER, Barbara
BAUER, Georg
BELLMANN, Dieter
BERNHARD, Otto
BLOSS, Georg
BRADL, Hans
BRUCKNER, Werner
BUCHSTALLER, Werner
BÜCKMANN, Detlef
COERS, R. Otto
CZEMPER, Karl-Achim
DANCO, Armin
DITTMANN, Werner
DVORAK, Felix
EBINGER, Blandine
EHRENBERG, Maria
ELMENDORF, Knut
FAUSER, Hermann
FISCHER, Norbert
FRANZ, Peter
FRISCH, Anton
GELDERN, von, Wolfgang
GLEICH, Walter A.
GOLDSCHMIDT, Dietrich
GROBE-HAGEL, Karl
GROENKE, Lutz
GRUPE, Ommo
HAEBERLIN, Hans Ulrich
HAHN, Ottokar
HÜMMER, Ingo
ISCHE, Friedrich
JACOBS, Giesbert
KARSTEN, Detlev
KIPPIG, Bernd
KIRSCHNER, Klaus
KLEINE, Tilmann Otto
KLOIBER, Walther Michael
KNOBBE, Heinrich
KÖNIG, Karl
KÜHN, Volker
LINTNER, Eduard
MARTENS, Karl-Heinz
MARX, Helmut
MEYERHOFF, Günther
MIELE, Rudolf
MOLINSKI, Waldemar
MONNARD, Jean-François
NEUSSER, Martin
NIEMEYER, Gerhard
PAHL, Karl-Heinz
PASTUSZEK, Horst

PICK, Günter
POSENER, Julius
RAMCKE, Rolf
RAUEN, Hermann Matthias
ROTH, Jürgen
SCHEUTER, Karl R.
SCHMIDT, Andreas
SCHOLZ, Peter
SCHROEDER, Wilhelm
SEEHUBER, Andreas
SOEFFING, Werner
SONDERMANN, Johannes Ernst
SONNENBICHLER, Johann Maximilian
STELZNER, Friedrich
STOLLFUSS(ß), Michael Christian
STRACKE, Wilhelm
THOMAS, Alexander Friedrich
TOSSE, Paul
UHLMANN, Günther
UNTERBERGER, Richard
VALÉRIEN, Harry
WICH, Josef

5. November

AUGSTEIN, Rudolf
BEISSEL, Ulrich
BLÖTZ, Dieter
BOVERMANN, Günter
BRAUSS, Friedrich-Wilhelm
BREITENGROSS (ß), Jens-Peter
CHATTERJEE, Niranjan Deb
CZAJA, Herbert
DETERING, Klaus
DRAHEIM, Heinz
DÜSTERFELD, Peter
ECKL, Horst
FECHNER, Gisela, geb. Seling
FRANK, Karl Otto
FRICK, Hans
GNÄDINGER, Karl
GOENECHEA, Sabino
GÖRGENS, Friedhelm
GÜRS, Karl
HAGE, Wolfgang
HANSTEIN, v., Helmar
HOFFMANN, Horst
HOMMERICH, Klaus Walter
HORSTICK, Georg
JACOBS, Manfred
KAPPES, Franz-Hermann
KIRZINGER, Sebastian
KLEIN, Manfred
KLEMENT, Erhard
KOLB, Anton
KRAUSE, Friedrich W.
KÜNSTLINGER, Rudolf
KUHN, Götz-Gerd
KUNDLER, Herbert
LIERSE, Werner
LOHFF, Wenzel
LUDES, Hans
MARSCHNER, Wilhelm
MARTENSEN, Erich
MOMMSEN, Hans
MOMMSEN, Wolfgang J.
NIEDIECK, Lothar
NÖBEL, Wilhelm
OBERBECKMANN, Hans-Ludwig
PREISSLER (ß), Egon K.-H.
SCHMITT, Wolf D.
SCHMITZ, Hans-Peter
SCHUMANN, Olaf
SEELER, Uwe
SIMONIS, Walter
SOMMER, Elke
SPRINGORUM, Gerd
STEIGERWALD, Fritz
STIEVE, Friedrich-Ernst
STREUBEL, Manfred
STUCKY, Wolffried
TRAUTWEIN, Alfred Xaver
UHLIG, Claus
VOIGT, Ekkehard

WAGNER, Werner
WEISS (ß), Armin
ZIMMERMANN, Manfred
ZIRNGIBL, Willy

6. November

ABELN, Olaf
ALBEVERIO-MANZONI, Solvejg
ALLERT-WYBRANIETZ, Kristiane
ASSFALG (ß), Julius
BLASIG, Winfried
BLEISS (ß), Paul
BODE, Bernhard
BÖLLING-MORITZ, Cordula
BOLLE, Günter
BOXBERGER, Ekkehardt
BÜCHERL, Emil Sebastian
DIETRICH, Manfried Leonhard
DOEBEL, Peter
EISERMANN, Gottfried
ESSER (ß), Gregor
FACH, Wolfgang
FISCHER, Gerhard
FISCHER, Rudolf
GEYSER, Maria
GRAEF, Volkmar
GUTH, Manfred E. F.
HAASE, Heinz
HABERLANDER, Franz
HACKETHAL, Julius
HANGERT, Ilse
HEIMES, Theo
HUEMER, Hans
HUMMEL, Klaus
KALTWASSER, Franz Georg
KANEHL, Franz-Joachim
KERSTIENS, Ludwig
KLENNER, Wolfgang
KNOBLOCH, Eberhard
KOHLHAUSSEN, Martin
KRETSCHMANN, Josef
KUTZIM, Heinrich
LEHMANN, Hans M.
LEIPOLD, Heinrich
LENSING-WOLFF, Florian
LÜDEMANN, Hans-Dietrich
LUTZ, Hermann
MAHLER, Gerhard
NEITZEL, Heinz A.
NEUBAUER, Karl Wilhelm
NOSTITZ, von, Siegfried
OETJENS, Johann Detlef
PLECHL, Helmut
RANG, Martin
REXROTH, Günther
RÖLLEKE, Heinz
ROESKY, Herbert Walter
SAURBIER, Helmut
SCHREITERER, Manfred
SCHULZ, Horst
SCHWAB, Robert
SODEN-FRAUNHOFEN, Graf von, Heinrich
STROHMEYER, Georg
SUDER, Alexander L.
TAUSCH, Reinhard
TEYSSEN, Anton
THEOBALD, Jürgen Peter
VOGT, Ernst
WOLFF, Hartmut
WULFF, Hinrich H.

7. November

BAUR, Friedrich G.
BAYRLE, Thomas
BEHNCKE, Horst
BERG, Klaus
BERGSDORF, Wolfgang
BIRTSCH, Günter
BISCHOFF, Theo
BÖSENBERG, Heike
BRAUN, Gerhard Otto
BÜGLER, Gerhard
BURCHARD, Wilhelm-Günther
CHERDRON, Eberhard
DESSAUER, Guido
DÖRRENBERG, Richard

DROEGE, Herbert
EHRHARDT, Wolfgang
FENGLER, Jörg
FISCHLE-CARL, Hildegund
FLEISCHER, Bodo
FLESSNER, Günter
FRIEDRICH, Roland O.
FUHRMANN, Günter Fred
GERHARTZ, Johannes Günter, S. J.
GIESE, Ernst
GRAESER, Andreas
GREVEN, Herbert
GÜNTHER, Reimar
GÜTING, Klaus Rainer
HACKETHAL, Joachim
HÄUSSLING (ß), Josef M.
HAFNER, Lutz
HAMMERICH, Kurt
HANSEN, Niels
HARTMANN, Wolfgang
HEBBEL, Hartmut
HECK, Eberhard
HERRMANN, Ulrich
HESS, Johann (Hans)
HOFFMANN, Hellmut
HOFMANN, Gottfried
HOPF, Anton
HÜBNER, Heinz
HUMEL, Gerald
JENSEN, Hans-Peter
JORDAN, von, Hilda
KASKE, Gerhard
KAUTZKY, Rudolf
KELLER, Claus
KELZ, Heinrich P.
KLEIN, Wolfgang
KLEMMERT, Oskar
KLUG, Ulrich
KOBERG, Wolfgang Rhaban
KOLLMANNSBERGER, Lorenz
KOOLMAN, Jan
KROLLMANN, Hans
KUHN, Manfred
LÖFFELHOLZ, Thomas
MADER, Bernd M.
MANN, Albrecht
MARTI, René
MAYER-SKUMANZ, Lene
MICHEL, Hans
MÖLLERS, Josef H.
MÜLLER, Manfred
PEEKEN, Heinz
PETRI, Helmut
RICHTETZKY, Karl-Heinz
ROST, Sieghard
RUDOLPH, Werner A.
RÜRUP, Bert
SCHEFFLER, Christian
SCHIEVELBEIN, Helmut
SCHULTE, Hans
SCHUSTER, Walter
SCHWERDTFEGER, Gunther
SEIDEL, Hinrich
SIECKMANN, Werner
SONTAG, Helmut W.
TIMM, Johannes-Peter
WEITZ, Hans-Joachim
ZIMMERMANN, Wolf-Dieter

8. November

ADAM, Anton
BENDZIULA, Albrecht
BERGEN, von, Willwerner
BERNHARD, Rudolph
BERTHOLD, Margot
BOTT, Dietrich
BRENNER, Rolf
ENGELS, Heinz
FEHRMANN, Friedrich Helmut
FELSCHE, Jürgen
FLEISCHER, Helmut
GALLER, Heinz Peter
GEIPEL, Horst
GLADIGOW, Burkhard
GLOOR, Kurt
GROTH, Klaus J.
HÄUSSER, Robert
HENRICH, Franz
HENTSCHEL, Bernd

HESBERG, Walter
HEUKELUM, van, Horst
HEUMANN, Wolfram
HILLER, Werner
HLAWITSCHKA, Eduard
HOEPFFNER, Dietrich W.
HOFF, von, Hans-Viktor
ITZENPLITZ, Eberhard
JÄGER, Hans Wolfgang
JASKULSKY, Hans
KILIAN, Hanns-Georg
KIPPER, Peter
KLAMROTH, Klaus
KLÜWER, Carl
KOLOCZEK, Heinz-Jürgen
LOEWEL, Ernst-Ludwig
MARTIN, Ludwig A. C.
MENGEL, Konrad
MEYER, Theo
MÖNNICH, Horst
MOSEBACH, Rudolf
NAUMANN, Walter
NIEHUSS, Achim
OSTENDORF, Hans
REF, Carlheinz
SAILER, Dietmar
SCHÄTZKE, Manfred
SCHILL, Jörg
SCHMETTERER, Leopold
SCHMITZ, Heribert
SCHNELL, Hermann
SCHÖTZ, Franz
SCHUMANN, Hilmar
SCHWINEKÖPER, Berent
STAUDT, Erich
STEGER, Ulrich
THOENES, Hans Willi
TIPKE, Klaus
UHLIG, Egon
WIMMER, Raimund
WITTLING, Henner
WREDE, Henning
ZAPF, Hermann

9. November

ACHMEDOWA, Jacqueline
BALZER, Dietrich
BENRATH, Martin
BERENBERG-GOSSLER, Heinrich, Freiherr von
BRINKMANN, Heinz
EICHLER, Hans Joachim
ENGHOLM, Björn
EYFERTH, Klaus
FEHLING, Dora, geb. Fränkel
FISCHER, Siegfried
FREUNDLIEB, Wilhelm
FRITZSCHE, Klaus Jürgen
GERSTNER, Rudolf Erhard
GODEFROID, Hans A.
GÖTTLICH, Karlhans
GROH, Franz
HAHNE, Peter
HAMMERS, Paul
HENLE, Christian-Peter
HOPPE, Hans-Günter
HORBACH, Gerd
HOTZ, Gerhart
JARREN, Otfried
KEISER, von, Dietrich
KIRCHBERGER, Sonja
KIRCHHEIM, Hartmut
KLÜNDER, Jürgen
KNIES, Wolfgang
KÖLPIN, Wilhelm Dieter
KOLLAT, Horst
KRAUSS, Hartmut
KRETSCHMANN, Hans-Joachim
KULLMER, Lore, geb. Poschmann
LEINBACH, Karl
LEUTZBACH, Wilhelm
MATTHIES, Hans-Jürgen
MEYER, Martin
MÜLLER-GROELING, Hubertus
MÜLLER-PLANTENBERG, Clarita, geb. von Trott zu Solz
NOTTMEYER, Barbara Dorothee, geb. Bobrik

9. November

OELKE, Hans
PATT, Hans-Peter
PIEROTH, Elmar
PREUSSEN (ß), Prinz von,
    Louis Ferdinand
REUTER, Bernd
RIEMERSCHMID, Heinrich
RIENHOFF, Otto
ROHDE, Helmut
RUHRBERG, Karl
SCHAAB, Meinrad
SCHAMONI, Ulrich
SCHLEGELBERGER,
    Hartwig
SCHMIDT, Josef
SCHÖFFL, Friedrich
SCHULZ, Jürgen
SCHULZ, Peter
SCHWEITZER, von,
    Rosemarie
SEIFERT, Hans-Joachim
SOLTERBECK, Hans-Klaus
SOYKA, Dieter Paul
STRATMANN, Karlwilhelm
THIELE, Günter
VEIGEL, Werner
WOLLENWEBER, Eckhard
SCHWEINITZ, v., Mark-U.
SICK, Willi-Peter
STEINMÜLLER, Ulrich
STÖCKL, Rudolf
TSCHICHE, Hans-Jochen
ULLMANN, Uwe
WEBER, Hermann
WEDEKIND, Benno
WESTEN, Ingo
WOLF, Herbert

10. November

AHMAD, Amjad
AUHAGEN, Ernst
BERG, Wilfried
BERKHOLZ, Günter
BOSSLE, Lothar
BRETTEL, Hans-F.
BRIESKORN, Carl-Heinz
BULIRSCH, Roland
BUSSE, Heinrich-Gustav
ENGEL, Peter
FASEL, Wilhelm
FISCHER, Ernst Otto
FREY, Winfried
GERIGK, Horst-Jürgen
GRÜTZMACHER, Martin
GUTJAHR, Lilli,
    geb. Schuch
HALSTRICK, Werner
HEIDECKE, Günter
HERRLICH, Peter
HIEBER, Manfred
HILBER, Walter
HÖPFNER, Niels
HOFER, Walther
HOPPE, Joachim
HÜNDGEN, Manfred
JÖNS, Dietrich
JÖRG, Sabine
KAMMER, Werner M.
KIESBAUER, Hannelore
KLAUS, Francois
KORFSMEIER,
    Karl-Hermann
KOTTHOFF, Ulric
KÜPPER, Heinz
LEHMANN,
    Rainer Hans-Jürgen
LEYHAUSEN, Paul Josef
LOTT, Jürgen
LOUVEN, Klaus
MÄRZ, Fritz
MARTINI, Louise
MOSONYI, Emil
MÜHLBAUER, Adolf
MÜHLFELD, Claus
MÜLLER, Günter
MÜLLER, Wolfgang
NIKURADSE, Alexander
OBERMAYER, Inge
OESTERHELT, Dieter
RABE, Peter
RANDOW, von, Bär
REICHELT, Georg
REISCH, Erwin
RICHTHOFEN, Freiherr von,
    Oswald
RITTER, Friedel
RUPPRECHT, Herbert
SCHELLMANN, Werner
SCHILL, Wolf-Bernhard
SCHMIDTKE, Kurt-Karl
SCHMÜCKER, Kurt
SCHNELL, Emil

11. November

BAUR, Jürg
BECKER, Karl-Heinz
BESSEN, Edgar
BOSL, Karl
BRANTNER, Richard
BÜSCHGEN, Hans E.
BURCZYK, Klaus
BUTZKAMM, Wolfgang
DETTE, Gerhard
EBERT, Franz
EHRICH, Wulf
ENZENSBERGER,
    Hans Magnus
FICKER, Rudolf
FORSTER, Anton
FRÖHNER, Hans-Jochen
GERL, Andreas
GIES, Heinz
GRANDIN, Friedrich-Hans
GROEBEL, Jo
GRULER, Hans
HAAK, Friedhelm Erich
HEILIGER, Bernhard
HULLER, Guido
JANSEN, Peter Wilhelm
JUNG, Eberhard
JUNG, Rainer
KLINK, Dieter
KÖHN, Lothar
KOELBING, Dorothea
KOHLMANN, Ernst
KÜCK, Günther
LAMERS, Karl Franz
LEISNER, Walter
MARTZ, Margarethe,
    geb. Armbruster
MASTHOFF, Helga
MEYER, Volkmar
MÜLLER, Ernst-August
MÜLLER-SUUR, Hemmo
MÜTING, Dieter
NICOLAI, Heinz
OLBRICHT, Peter
PAINTNER, Hans
PIIPER, Johannes
RÖSLER, Hubert(us)
RUDORF, Günter
SCHAAF, Hanni
SCHIEBER, Rudolf
SCHIEMENZ, Bernd
SCHMIDT, Peter
SCHMIDT-RÄNTSCH,
    Günther
SCHMITZ, Egon
SCHWEIZER, Wilhelm
SEEMANN, Klaus-Dieter
STADLER, Peter
STEPHAN, Karl
STOECKER, Dietrich
STÖCKER,
    Hans Jürgen
TEICHMÜLLER, Marlies,
    geb. Köster
WAGENER, Gerhard
WALTZINGER, Karl
WEINHART, Christoph
WILDNER, Horstdieter
WURM, Martin

12. November

AUERNHEIMER, Georg
BAR, Erich
BAUMHAUER, Werner
BENZ, Heinrich
BING, Wilhelm
BÜLOW, von, Vicco
CORINO, Karl
DREYER-EIMBCKE,
    Oswald
ECKSTEIN, Wolfram
EFFERT, Gerold
ENDE, Michael
FUGGER von GLÖTT,
    Graf, Albert
GEIGER, Carl
GLEMSER, Oskar
GRÖNEMEYER, Dietrich
HÄRTEL, Roland
JAKOB, Wolfgang
KAAS, Nikolaus
KADUK, Bernhard
KLUMPP, Werner
KNÖRR, Karl
KOHLEISS, Annelies,
    geb. Bergmann
KREMER, Gerd Josef
KUHN, Siegfried
KULENKAMPFF, Caspar
LORENZ, Dieter Peter
MAACK, Jürgen
MEID, Wolfgang
MENSCH, Gerhard
NEUMANN, Dietrich
NEVEN DU MONT, Reinhold
OBERHEUSER, Wilhelm
PASCHKE, Karl-Theodor
PAULY, Hans
PENSE, Karl Eduard
POSEWANG, Wolfgang
RAAB, Rosemarie
RICHTER, Hans Werner
ROSEMEYER, Bernd
RUST, Josef
SCHAFFER, Franz
SCHEWE, Günter
SCHLETH, Uwe Henning
SCHLOEMER, Gerhard
SCHMITZ, Hermann Josef
SCHRECKENBERGER,
    Waldemar
SCHRÖDER,
    Johann Michael
SCHUBERT, Heinz
SCHWARZ, Eberhard
SEECK, Gustav Adolf
STAIB, Wolfgang
STILZ, Gerhard
TODENHÖFER, Jürgen
URBACH, Reinhard
VOIGT, Hans-Peter
WEBER, Paul
WEDEL, Dieter
WINTER, Martin
WREDE, Lothar
ZAPF, Gerhard

13. November

AUBIN, Bernhard
BAMMER, Hans
BARTH, Hans
BAUMGARTNER, Albert
BELOHRADSKY, Bernd H.
BERG, Hans-Walter
BIEHL, Hans-Reiner
BLECHSCHMIDT, Erich
BONZEL, Justus
BUDDENBERG, Wolfgang
BÜLOW, von, Bernd
CUBE von, Felix
DEIMLING, von, Otto
DEINHARDT, Erich
DIEPGEN, Eberhard
EHRENFORTH,
    Karl Heinrich
EXNER, Walter
FÖRSTER, Ingeborg
FRITSCH, Günther
FROTZ, Max-Josef
GEGINAT, Hartwig
GEIGER, Klaus
GILLERT, Karl-Ernst
GLITZ, Hubert
GRETZINGER, Axel
HÄRTLING, Peter
HAGMÜLLER, Peter
HARTMANN, Rudolf
HEITKAMP, Engelbert
HEYMANN, Rudolf
HILZ, Helmuth
HOLLAND, Günter
HUSSMANN, Walter
JAKUBASS, Franz H.
JORDAN, Horst-Dieter
KIRCHRATH, Phyllis
KLESSMANN (ß), Christoph
KOTTENDORF, Paul
KRETZENBACHER,
    Leopold
KROTZ, Friedel
KUNTER, Manfred
LIEB, Hans-Heinrich
LÖWE, Hartmut
MOORTGAT-PICK,
    Waldemar
MÜNDEMANN, Günter
NUBER, Hans Ulrich
NÜCHEL, Heinz-Josef
NÜSSGENS (ß), Karl
PACHNER, Rainer W.
RITZE, Horst
SCHIDLOWSKI, Manfred
SCHMIDT, Reiner
SCHNABBE-WIECZOREK,
    Sieglinde
SCHNURRER, Achim
SCHWENKE de WALL, Uwe
SEEGER, Thomas
SPECHT, Manfred
STEURER, Hugo
STÖTZEL, Berthold
STURM, Klaus
SUCHY, Kurt
TESCHKE, Gerhard
VALMY, Marcel
VERWEYEN, Theodor
VESELY, Sergio
VOGLSAMER, Günter
WEBER, Herbert
WEBER, Reinhold
WEBER, Werner
WECHSLER, Ulrich
WEIGERT, Alfred
WIEDERHOLD, Karl August
WURM, Karl
ZAGROSEK, Lothar
ZENNER, Hans-Peter
ZUNKEL, Friedrich

14. November

ANFT, Berthold
ARNOLD, Od
ARTUS, Hans-Gerd
BACHMANN, Heinz
BERGER, Dieter A.
BERK, Max
de BOER, Jorrit
BOKERMANN, Ralf
BRANDT, Reinhard
DETLEFSEN, Jörgen
DOHRMANN, Rolf Erich
DÜSING, Wolfgang
EBERBACH,
    Wolfgang Dietrich
ECKERLAND, Günther
ECKERT, Lutz
ERBER, Margareta
FILL, Alwin F.
FLÄMIG, Christian
GIERS, Werner
GLÜCKER, Hans Norbert
GÖRTZ, Herbert
GOTTWALDT, Wolfgang
GUSEK, Wilfried
GUSS, Kurt
HAMACHER, Hermann
HEINTZE, Gerhard
HERMANN, Eugen
HERRMANN, Manfred
HIENZ, Hermann A.
JANSSEN, Horst
JENKNER, Siegfried
JUNGBLUT, Michael
KARTAUN, Joseph
KEMNA, Friedhelm
KLEEMANN, Georg
KLENKE, Werner
KLIEGEL, Maria
KÖRPER, Fritz
KÖTZ, Hein
KREUTZ, Henrik
KROESCHELL, Karl
KUNZE, Herbert
KUTSCH, Karl
LEHMANN, Gerhard
MICHALKE, Alfons
PALM, Ulrich
PLETT, Klaus
POHLENZ, Angelika,
    geb. Pohl
RICHTBERG, Walter
RITTINGER, Josef
RYSANEK, Leonie
SÄCKER, Franz Jürgen
SCHELL, Carl
SCHIMPF, Rolf
SCHINZEL, Dieter
SCHMIDT, Uve
SCHNEIDER, Hans Joachim
SCHREYER, Werner
SCHREYÖGG, Georg
SCHWANENBERG, Gerald
SEIBOLDT, Ludwig
SELLIER, Karl
SENGLE, Friedrich
STASIEWSKI, Bernhard
THIELMANN, Georg
THILO, Waltraud
THOELKE, Horst-Günther
THOMAS, Werner
THULKE, Jürgen
UIHLEIN, Kurt Heinz
VOGEL, Dieter H.
VOIGT, Bernd W.
VONDANO, Theodor
WEICHARDT, Heinz
WICKERT, Günter
WIEHL, Reiner
WIRTH, Irmgard
WULF, Helmut
ZEITLER, Karl
ZÖGER, Erika,
    geb. Assmus

15. November

ANDERSSON, Jöns
ARNETH, Michael
BANGEMANN, Martin
BETHGE, Hartmut
BIEHLE, Alfred
BODENSTEIN, Walter
BOLTE, Achim
BORGMANN, Wilhelm
BUCHWALD, Werner
BUCHWALDT, von, Wolf
CROUS, Helmut A.
DAHMS, Kurt
DANZER, Ludwig W.
DEFFNER, Hans
DINGES, Hermann
DÜRRENFELD, Eva
EICHHOLZ, Reinhold E.
EVERTS, Hans-Ulrich
FISCHER, Willi (Willibrord)
FRIEDENSBURG,
    Ferdinand
GAREISS, Werner
GRABOW, Lutz
GRIMMER, Frauke
GUTH, Fredi
HARDER, Manfred
HAUKE, Harry
HAURAND, Alfred (Ali)
HEGELS, Gerhard
HENZE, Jürgen
HOSAEUS, Lizzie
HUG, Ernst-Walter
JAESCHKE, Lothar
KERN, Tyll-Dietrich
KNACKE, Ottmar
KOHL, Hans-Rudolf
KOHLHAMMER, Konrad
LAUTZ, Günter
LIEBENOW, Peter
LÖGTERS, Gerhard
LOHMEYER, Wolfgang
LORENZ, Werner
MAASS (ß), Heinrich
MEISSNER, Hartwig
MESSING, Theodor
MÜLLER, Günther Heinrich
MÜLLER, Hubert
MURMANN, Heinz
NOACK, Detlef M.
PAUL, Jürgen
PFEIFFER, Albert
PIIRAINEN, Ilpo Tapani

Geburtstagsliste — 15. November - 21. November

PIONTEK, Heinz
RAMM, Klaus
RÖLTGEN, Bert
SCHAEFFER, Otto
SCHIMPF, Albert
SCHMID, Albert
SCHMIDT, Hans
SCHÖNNAMSGRUBER, Helmut
STICHMANN, Wilfried
STRÄSSER, Manfred
TECKENTRUP, Karl-Heinz
TRUSS, Friedrich
UELLENDAHL, Erich
USLAR, von, Rafael
VIESSMANN, Hans
VILLWOCK, Wolfgang
VOGEL, Helmut
WECHMAR, Freiherr von, Rüdiger

16. November

AMANN, Herbert
BACH, Michael Bruno
BAUER, Arnold
BLEKER, Johanna
BREIDER, Theodor
DENGLER, Hans J.
DIEDERICH, Toni
DITTBERNER, Hugo
DRESEN, Lothar
EGGLI, Ursula
FABER, Rolf
FAHR-BECKER, Christoph
FILIUS, Paul Werner
FRANQUÉ, von, Otto
FRITSCH-ALBERT, Wolfgang
GNAM, Andrea
GRÄF, Wolf-Dieter
GREINER, Norbert
GRUBER, Martin
HÄBERLE, Siegfried
HARDER, Hermann
HECKEL, von, Max
HENTSCHEL, Hans-Dieter
HILGER, Wolfgang
HILKER, Helmut F.
HOLBACH, Hans-Peter
HOTZ, Günter
JACOBSEN, Hans-Adolf
JAGENLAUF, Michael
de JONG, Herbert
KARCHER, Fritz-Henning
KEIM, Wolfgang
KISKER, Klaus Peter
KLEINER, Jürgen
KLEINHAMMES, Hans-Jürgen
KLOCKOW, Dieter
KNOCHE, Wilhelm
KOCH, Alexander
KÜHN, Detlef
LADEN, von der, Wolfgang
LAMMERT, Norbert
LANGREDER, Wilhelm
LEWANDOWSKI, Theodor
LUDERER, Ulrike
MERSCHMEIER, Jürgen
MIDDENDORF, Helmut
NASS, Rudolf
REETZ, Christa
REICHARDT, Christian
REICHMANN, Oskar
RÖVER, Karl
RUNNICLES, Donald C.
SARTORIUS, Hermann
SCHLEGEL, Jörg
SCHULZE, Christian
SCHWARZ, Gerhard
SCHWARZE, Aloys
SPÄTH, Lothar
THORN, Friedrich (Fritz)
WEHR, Wolfhorst
WEYER, Martin
WIETASCH, Klaus W.
WILLINK, Joachim
WOLF, Gerd-Peter
WOLFSTETTER, Elmar G.
ZEH, Klaus
ZIMMERSTÄDT, Günther

17. November

ALKER, Heinrich Felix
ANDREAS, Erich
BALDINGER, Kurt
BARTHOLD, Erich
BARTMANN, Ernst
BAUMS, Georg
BOEDER, Heribert
BÖHN, Dieter
BORCH, von, Herbert
DADELSEN, von, Georg
DEGISCHER, Vilma
DÖRSCHEL, Alfons
DRESSLER (ß), Rudolf
ENGELBRECHTEN, von, Georg
FELGNER, Ulrich
FISCHER, Hermann
FLICK, Ursula
FRÄNKEN, Norbert
GÄRTEL, Wilhelm
GÄRTNER, Hartmut
GASSNER, Gerd
GAUL, Lothar
GEBHARD, Helmut
GEIGER, Rudolf
GEIGER, Walter
GRUBER, Gernot
HAMM, Berndt
HAMMERSTEIN-EQUORD, Freiherr von, Ludwig
HARTMANN, Fritz
HEIDTMANN, Frank
HEYSE, Horst
HOYER, Werner
JARMARK, Stanislaus Eugen
JEHLE, Bernhard
KERSTEN, Helga, geb. Schmidt
KEUTH, Ulrich
KLEISS, Wolfram Hermann
KRÖNER, Ekkehart
KÜHNL, Claus
KUROWSKI, Franz
KUSZ, Fitzgerald
LAUTENSCHLAG, Christian
LOCKEMANN, Peter Christian
MANSHARD, Walther
MEISSNER, Carl-Friedrich
NÖLLING, Wilhelm
OCHTRUP, Wolfgang
OVERESCH, Manfred
PAASCHE, Ulrich
PETSCHNER, Raimund
PICKHARDT, Wilhelm
PRINZ, Friedrich E.
QUENTIN, Karl Ernst
RAUPP, Jan
REYER, Eckhard
REZNIK, Hans
RIEMSCHNEIDER, Randolph
ROHR, Rupprecht
ROTH, Klaus
SAUBERZWEIG, Dieter
SCHICKE, Romuald K.
SCHMELZER, Christoph
SCHMIDT, Herbert
SCHMIDT, Karin, geb. Neumann
SCHÜREN, Peter
SCHULTZE-BLUHM, Ursula
SCHULZ, Knut
SHELL, Kurt L.
SIMON, Hansjörg
SPRECHER, Ewald
STEHLE, Peter
STEINHOFF, Martin
STROLZ, Walter
THEMANN, Hermann
ULDALL, Gunnar
VEY, Anno
VOLLMER, Gerhard
WAGNER, Arno
WILHELM, Günter
WLOSOK, Antonie

18. November

ACKERMANN, Theodor
ALLERBECK, Klaus R.
BAHRO, Rudolf
BEYER, Rüdiger W.
BRAWAND, Leo
BRENNEKE, Walter
BUTKUS, Günther
DÜNSCHEDE, Hans
EBERSPÄCHER, Helmut
EBERT, Fritz
ENGEL, Wolfgang
FINCKH, Renate, geb. Ehinger
FREEDEN, von, Max H.
FRISCH, Theodor
FUNKE, Rainer
GARLEFF, Karsten
GNANN, Gerhard
HAKEN, von, Niels Nelissen
HALM, Peter
HALSTRICK, Adolf
HANDSCHIN, Edmund
HENNEMANN, Hans-Martin
HERBERT, Klaus
HERCZOG, Istvan
HILDEBRAND, Klaus
HINZE, Reinhardt Wilhelm
HOLTORF, Jürgen
HORN, Joachim Christian
HÜBNER, Klaus
JOSEF, Konrad
KAFFKE, Helga
KARTEN, Walter
KEIL, Harald G. G.
LANDMANN, Salcia, geb. Passweg
LAUTNER, Karl-Heinz
LORENZ, Gert
MAGET, Franz
MLEINEK, Mischa Joachim
MÜLLER, Bruno
OTZEN, Peter Heinrich
RITTER, Paul
RÖSSLER, Rudolf
RUTKOWSKI, von, Hartmut
SAGER, Ernst
SAMBO, Markus
SCHÜTZE, Diethard
SCHULZ, Walter
SCHUPHAN, Werner
SCHWARZ, Reinhard
SCHWETLICK, Wolfgang
SIEBER, Ulrich
SWODENK, Wolfgang
TÜTTENBERG, Peter
ULLRICH, Karl J.
VOIGT, Klaus-Dieter
WANKE, Klaus
WEDEKIND, Hermann
WICKLER, Wolfgang
WRZECIONKO, Paul

19. November

AENGEVELT, Wulff O.
ARENDT, Hans-Jürgen
BENECKE, Dieter W.
BERNECKER, Hans Achim
BERNSTEIN, Fritz
BIRKHOLZ, Hans
BOGEN, Hans Joachim
CVIKL, Ernst
DALICHAU, Harald
DÖLLE, Wolfgang
ESSER (ESZER), Ambrosius
ESSER, Werner Michael
FRANKE, Rudolf
FREEMAN, Robert B.
FRIEDRICH, Walther
FRITZEN, Theo
GAUL, Hans Friedhelm
GEBAUER, Hans-Joachim
GEIGER, Klaus
GOBRECHT, Horst
HÄDICKE, Franz-Hubert
HASENCLEVER, Wolf-Dieter
HEGGELBACHER, Othmar
HEINIG, Peter
HENSCHLER, Dietrich
HILL, Werner
HINZ, Walther
HÖDL, Ludwig
JARCK, Christian Leonhard
JORISSEN, Hans
JUNG, Dieter
KALLMANN, Günter
KAPITZKE, Gerhard
KEIPERT, Helmut
KEMMLER, Lilly
KIEKENAP, Bernhard
KOCH, Werner
KRAPPMANN, Lothar
KRUSE, Max
KUNERTH, Walter
LEMBCKE, Hans-Rudolf
LINDORF, Helmut Heinrich
zur MEGEDE, Ekkehard
MEYER, Curt
MIKUS, Werner
MITCHELL, Terence Nigel
PERFAHL, Irmgard
REUTHER, Jürgen
RIMPLER, Manfred Ernst
RISLER, Helmut August
RISTOW, Werner
RUPP, Alfred
SAALFELD, Horst
SCHMITZ, Rolf
SCHÖNBERGER, Arno
SCHWARZ-SCHILLING, Christian
SONSINO, Cetin Morris
STEIN, Ulf
TÜLLMANN, Adolf
WAGENLEHNER, Günther
WALTER, Wolfgang
ZEIL, Werner
ZOHLNHÖFER, Werner

20. November

BAUMANN, Max
BAUMANN, Max
BECKER, Volker
BECKER-INGLAU, Ingrid, geb. Neumann
BENKER, Gertrud, geb. Schmittinger
BERG, Bernd
BERG, Fritz
BERGHAUS, Peter
BITTERICH, Eberhard
BROSIUS, Dieter
BURREN, Ernst
BYDLINSKI, Franz
DAUS, Richard
DEMBOWSKI, Hermann
EHLERS, Paul Nikolai
EIGENDORFF, Rainer
ENGEL, Ulrich
FABIAN, Anne-Marie, geb. Lorenz
FLORIAN, Walther
FRANKE, Walter
FRICK, Ewald
FRITZ, Gernot
GACKSTATTER, Fritz
GANTZER, Peter Paul
GIESEN, Dieter
GRIES, Gerhard
GROTHE, Peter
GRÜBER, Katrin
GRUNOW, Dieter
HABSBURG-LOTHRINGEN, von, Otto
HACHMEISTER, Wilhelm
HEIGERMOSER, Alois
HOGE, Rüdiger
HUBER, Franz
JÖRGENSEN, Gerhard
KARSTEN, Alfred
KAUFFMANN, Thomas
KOLLMER-von OHEIMB-LOUP, Gert
KOLLO, René
KRAUSS, Franz
KRECKEL, Reinhard
KRONTHALER, Otto
KRUSE, Rolf
LÜTTKE, Wolfgang
MANN, Walther
MANNHERZ, Karl Heinz
MEISTER, Caesar
MENRAD, Siegfried
MESSER, Walter
MÜLLER, Wolfgang J.
NEUSSER, Hans Jürgen
OHNESORGE, Friedrich-Karl
PRELL, Diethard
RECHENBERG, Ingo
RETTICH, Hannes
RICKE, Helmut
RÓKA, Ladislaus
RÜCKRIEGEL, Helmut
SCHAUMANN, Wolfgang
SCHECK, Florian
SCHERRER, Hans-Peter
SCHMIEDT, Egbert
SCHMITTHENNER, Hansjörg
SCHREYER, Wolfgang
STARKE, Kurt
STULOFF, Nikolaus
TREBCHEN, Alfred
TRIPPEN, Ludwig
WECK, Manfred
WELKER, Michael
WERNER, Adelheid, geb. Huber
WIEGHARDT, Karl
WIRSCHING, Johannes Richard
WITTIG, Horst E.

21. November

ADRIANI, Götz
BAITSCH, Helmut
BEYLICH, Alfred Erich
BIENIAS, Gert B.
BLECHSCHMIDT, Horst H.
BLOBEL, Brigitte
BÖHME, Wolfgang
BRAUNER, Heinrich
BRETZ, Karl-Fritz
BROTZMANN, Fritz Karl
BUSSE, Rudi Franz
DORA, Georg
DRESSEL, Helmut
FEEST, Johannes
FREYBERG, Burkhard
GEIB, Ekkehard
GENDRISCH, Klaus
GLÜCK, Wolfgang
GRASSMANN (ß), Peter H.
GRAWERT, Rolf
GRÜNEWALD, Joachim
HANTSCHMANN, Norbert
HEINRICH, Fritz
HERBST, Gerhard
HEYM, Christine
HITZ, Bruno
HODAPP, Felix
HÖHLING, Hans-Jürgen
HOLTZMANN, Ernst
HONSEL, Kurt
JAHN, Hans-Edgar
KLEIBER, Wolfgang
KRÄMER, Walter
KREMER, Karl
LANG, Armin
LINDEN, Freiherr von, Christoph
LÜDERS, Dieter
LUMMER, Heinrich
MEYER, Hans-Gerd Merten
MOES, Eberhard
MÜLLER-van ISSEM(ß), Gerd
MÜNZBERG, Wolfgang
RADEMACHER, Wolfgang
RÖSENER, Inge, geb. Schmieder
RÜTTING, Barbara
SCHLECHTER, Fritz
SCHRÖDER, Dieter
SCHÜTZ, Eckhard
SCHUG, Hans-Gustav
SEEFELD, Horst
SICHTERMANN, Hellmut
STADJE, Wolfgang
STEINER, Hans-Georg
THEISEN, Helmut
THOMSEN, Peter
VÁMOS, Youri
VOGEL, Gisbert
WARBURG, Justus R. G.

22. November

WEISGERBER, Bernhard
WIECZOREK-ZEUL, Heidemarie
ZEPF, Emil
ZIEHR, Wilhelm

22. November

ABELER, Joachim
ALBANO-MÜLLER, Armin
ANDEL, Norbert
ANDERS, Fritz
ANGERMANN, Dieter
BANDULET, Bruno
BAUMGART, Dieter Jürgen
BAUMGARTL, Franz
BAYER, Adolf
BECKER, Boris
BERGER, Roland
BINDER, Heinz-Georg
BISMARCK, Fürst von, Ferdinand
BOMBOSCH, Wolfgang
BORCHERS, Hans
BORNSCHEUER, Eberhard
BROGLIE, Maximilian Guido
BUCKEL, Wolfgang
CORTESI, Mario
CZERNIK, Theodor Peter
DAECKE, Sigurd
DOMBROWSKI, Horst
DÜHRSSEN, Annemarie
EDERLEH, Jürgen
FAHR, Helmuth
FINKBEINER, Hans (Johannes)
FÖRSTER, Johannes
GEIERHOS, August
GELLNER, Elmar
GLORIA, Hans-Günther
GREUNER, Claus
GSCHWIND, Martin
GUNKEL, Rudolf
HEEREMAN von ZUYDTWYCK, Freiherr, Valentin
HEIDENREICH, Wolfgang
HÖLZL, Josef
HOFFMANN, Hans Peter
HOFMANN, Waldemar
HOISCHEN, Lothar
HOLT, Hans
INGENKAMP, Heinz Gerd
JENKIS, Helmut Walter
KADEN, Rudolf
KANNT, Hans S.
KENN, Karl-Heinz
KOCH, Heinrich
KRABBE, Katrin
KRAPP, Michael
KREMER, Klaus
LAUBER, Theo
LĒITIS, von, Gregorij H.
LOUVEN, Bernd Arnold
MATTIG, Wolfgang
MAUER, Rainer
MEINHOLD, Helmut
MENDE, Hans Horst
MOCKER, Karl
MÖLLER, Heiner
MUELLER, Andreas
MÜLLER, Hans
MÜLLER, Herbert W.
OBERLACK, Hans Werner
OPPEN, von, Dietrich
PLOCK, Karl-Hans
RAMBOLD, Erich
RATH-NAGEL, Klaus-Jochen
REICHOW, Dirk Dagobert
REIMER, Manfred
RIEMENSCHNEIDER, Oswald
RODER, Alois
ROSSMANITH, Kurt
SCHMIDT, Gustav F.
SCHÖNEBERG, Hans
SCHROEDER, Conrad
SCHÜBEL, Klaus Dieter
SCHWANECKE, Helmut
SCHWERTMANN, Clemens
SEUFERLE, Walter
SMOLINSKY, Heribert
SPERL, Georg F.
SPIELER-WITTE, Eleonore B., geb. Witte
UEDING, Gert
UNTERSTE, Herbert
VOGEL, Karl Theodor
WEBER, Helmut Kurt
WEIGEL, Horst
WELTERS, Hans H.
ZINK, Jörg

23. November

ABMEIER, Hans-Ludwig
AIGENGRUBER, Gunter
BADER, Hermann
BAISCH, Christa (Cris) geb. Schauffele
BART, Madeleine
BECK, Max
BECKER, Peter Emil
BECKSTEIN, Günther
BOLAY, Karl-Heinz
BOLZENIUS, Theodor
BORMANN, Karl
BUSSLER, Wolfgang
CASSELMANN, Karl-Heinz
DANIELS, Karlheinz
DEPENHEUER, Helmut
DRECHSLER, Fritz
DURST, Franz
EHRIG, Wolfgang
EICHHORN, Otto
ERBSE, Hartmut
ERDBERG, von, Eleanor, geb. v. Erdberg
FEINEN, Klaus
FISCHER, Klaus
GAUS, Günter
GERL-FALKOVITZ, Hanna-Barbara
GLEISSNER, Alfred
GUHRT, Joachim
HAHNE, Werner
HARNACK, Uwe
HAUG, Walter
HEILMANN, Lutz
HENDRICKS, Wilfried
HILDEBRANDT, Helmut W.
HOFSÄSS (ß), Gerhard
JUNGK, Axel E.
KERN, Günther
KLEIN-BLENKERS, Fritz
KNOLL, Joachim H.
KREUSCH, Erich Adalbert
KUDLIEN, Fridolf
KUHN, Erich
LINKE, Hansjürgen
MAURER, Wolfdieter
MOCKER, Klaus
MÖLLER, Richard
NEUMANN, Johannes
PAUMGARTNER, Gustav
PETERS, Hans
PFÜRTNER, Stephan H.
PIQUARDT, Otto
PODLESCHKA, Kurt
PRILL, Hans-Joachim
RITTER, Adolf Martin
RÖSCH, Heinz-Egon
RONNEBURGER, Uwe
RÜSSMANN (ß), Helmut
SANTARIUS, Kurt Adolf
SCHWEBEL, Horst
SPRINGORUM, Friedrich (Fritz) A.
STAHL, Karl Heinz
VESTER, Frederic
WEIHRAUCH, Thomas Robert
WINTERSTEIN, Helmut

24. November

ABELSHAUSER, Werner
ACKERMEIER, Volker
ALBERS, Claus
ANDRES, Helmut
BERGNER, Christoph
BÖHM, Gerhard
BRECHER, Fritz
BURGER, Norbert
DEUTICKE, Bernhard
DILCHER, Hermann
DITTRICH, Walter
ECKE, Wolfgang
EICHLER, Günter
FÄHRMANN, Rudolf
FRITSCH-PUKASS, Gisela
GNAUCK, Reinhard
GREIFFENBERGER, Heinz
GRUPPE, Werner
HAGER, Günter
HAMMACHER, Klaus
HANSEN, Conrad
HECKMANN, Klaus Dietrich
HEISIG, Norbert
HEPP, Josef
HERBERICH, Gerhard Edwin
HERING, Christoph
vom HÖVEL, Gerd
HOFFACKER, Paul
HOLLFELDER, Peter
HORN, Gerd
JACOBI, Kurt
JAKOBS, Horst Heinrich
KIRCHHOF, Roland
KIRCHNER, Fritz
KLIEFOTH, Friedrich
KOHL, Karl-Heinz
KORTE, Friedhelm
KRAGLER, Otto
KRÖNERT, Heinz
KROH, Hans Jürgen
KUCKERTZ, Josef
LANDWEHR, Götz
LESSING, Alois
LINKE, Manfred
LUCKEY, Eberhard-Rainer
MAAS, Utz
MARCINOWSKI, Heinz
MAUERMAYER, Gisela
MEYER, Gerd
MILCHERT, Petra
NEUHAUS, Dieter E.
NIESSEN, Josef
NONNEMANN, Heimfrid
NORTHEMANN, Wolfgang
PETRY, Norbert
PREZEWOWSKY, Alfred
RADEMANN, Wolfgang
SANDFUCHS, Uwe
SCHILD, Wilhelm
SCHWICKERT, Klaus
SEEGER, Richard
STAN, Hans-Jürgen
STICH, Max
STOLTZ, Dieter
TERNES, Elmar
VOLLRATH, Hans-Joachim
WEIL, Bruno
WEISBECKER, Walter
WEISE, Horst Günther
WENDEL, Brunhild

25. November

AWEYDEN, v., Horst
BECHER, Georg
BENDIXEN, Peter
BERGER, Klaus
BETZ, Heribert
BLUNCK, Hildegard
BREIER, Alfred
BRÖSSE, Ulrich
BÜHLER, Hans
DELP, Ludwig
DREESSEN, Klaus
DREYER, Ernst Adolf
DROBNIG, Ulrich
DUFNER, Hubert
ELSNER, Ilse, geb. Künzel
FARTHMANN, Friedhelm
FINCKH, Eberhard
FLASCHE, Hans
FÜRST, Manfred
FURRER, Reinhard
GALLE, Hans-Karl
GEBHARDT, Kurt
GÖLLNER, Theodor
HAGER, Christof
HAGIN, Karl Heinz
HANSEN, Peter-Diedrich
HART, Franz
HAUSSÜHL, Siegfried
HEYDE, Werner
HINGST, Klaus
HOLLWEG, Hans
HOPF, Diether
JÄCKLE, Josef
KIPER, Gerd
KLÄMBT, Dieter
KLIMM, Anton
KOLLER, Rudolf
KOPPENFELS, von, Werner
KROMPHARDT, Jürgen
KUBALL, Hans-Georg
KUCERA, Gustav
LESER, Hans G.
LIEDTKE, Herbert
LÜTGEN, Kurt
LULEY, Martin
MUNK, Klaus
NÄRGER, Heribald
NATERMANN, Jan
REIMERS, Dieter
ROHE, Karl
ROLLY, Wolfgang
SCHABACK, Robert
SCHAER, Karl-Heinz
SCHAICH, Eberhard
SCHLÖGL, Reinhard W.
SCHLOTFELDT, Walter
SCHMIDT, Pavel
SCHREINER, Lothar
SCHWERTMANN, Udo
STÖHR, Jürgen
STRUMANN, Werner
TETZNER-HALLARD, Ruth, geb. Wodick
TÖPPER, Bernhard
VOIGTLÄNDER, Gerhard
WEIRAUCH, Lothar
ZILCHER, Eva
ZÖPFL, Helmut

26. November

BARTHOLOMÉ, Ernst
BAUMANN, Heribert
BERGMANN, Hans
BINIEK, Eberhard Manfred
BOGE-ERLI, Nortrud
BOLLEN, Helmut
BREUER, Helmut
BRÜCK, Kurt-Herbert
DERCLAYE, François
DLUGOS, Günter
DRENCKHAHN, Detlev
DÜRINGER, Annemarie
DUVE, Freimut
DWORATSCHEK, Sebastian
FEUCHTE, Herbert
FIEDLER, Georg
FISCHER, Helmut
FORSTER, Hilmar
GRAEFF, Roman
GRESHAKE, Kurt
GUTMANN, Gernot
HAMANN, Hans-Jürgen
HOFFMANN, Ingeborg, geb. Hellmich
HORN, Dietward
HÜBNER, Ulrich
KARSTEN, Ulrich
KIEREY, Karl-Joachim
KREBS, Bernt
KREMER, Dieter
KRIENEN, Norbert
KURZ, Carl Heinz
LANDWEHRMEYER, Richard
LEIBINGER, Berthold
LEISTER, Klaus Dieter
LÜDTKE, Helmut
MACKE, Peter
MÄNDL, Bernhard
MAYER, Lothar
MAYER, Ursula Maria
MÜLLER, Rudolf
NAUL, Roland
NEU, Erich
ORTNER, Hans Reinhold
PABSCH, Ekkehard
PAPPERMANN, Ernst
PFEIL, Ludwig
RÄDERER, Karl Paul
ROTHACKER, Helmut F. W.
SACKMANN, Erich
SCHIMKE, Ernst
SCHMID, Gottfried
SCHNEIDER, Hans-Peter
SITZMANN, Werner
SORETH, Marion
TETTENBORN, Joachim
WAGNER, Hans-Georg
YORK, Eugen

27. November

ABELS, Kurt
ADERHOLD, Dieter
AMSTUTZ, G. Christian
ANTWERPES, Franz-Josef
BEAUVAIS, von, Ernst
BERGFELD, Walter
BINKOWSKI, Johannes
BRECHT, Christoph
BREDEHÖFT, Wilfried
BROSIG, Wilhelm
BUSCHBECK, Malte
CHRISTIANSEN, Günther
COSER, Lewis Alfred
DRIESCH, von den, Karlheinz
DRIVER, Winfried
FELTEN, Hans
FEMPPEL, Gerhard
FETTWEIS, Alfred
GEISMAR, Günter
GLEMNITZ, Reinhard
GREWEL, Hans
GROSSKLAUS, Peter E.
HACKEL, Wolfgang
HAFKE, Volker
HEBENSTREIT, Pedro
HERMANOWSKI, Georg
HERTWECK, Friedrich
HILDEBRANDT, Gerd
HÖPCKE, Klaus
HUMMEL, Bertold
HÜTTEMANN, Theodor
JAUCH, Gerd
KABEL, Rainer
KASSEBAUM, Wilfried
KIRSCH, Joachim
KLEYE, Werner Alexander
KNÖPP, Herbert
KOEHN, Hans O.-A.
KOEPPE, Sigrun
KRÄNZLE, Hansjörg
KRAUSE, Jens
LAMPRECHT, Ingolf
LANGEN, Werner
LEHMANN, Joachim
LENZEN, Dieter
LÜTTMANN, Reinhard
LUTZ, Werner
MANNHARDT, Horst-Günter
MANNHEIM, Walter
MARTERSTEIG, Manfred
MARWYCK, van, Christian
MEINIKE, Erich
MÖNCKMEIER, Friedrich
MÜLLER, Rudolf
NEUKIRCHEN, Johannes
NOCKE, Franz-Josef
OESTERHELD, Nikolaus Adolf
OLDENSTÄDT, Martin
PLÖGER, Otto
REICHLMAYR, Hans
RETZKO, Hans-Georg
RICHTHOFEN, Freiherr von, Klaus-Ferdinand
ROEDER, Peter Martin
ROHDE, Max Peter
ROSENTHAL, Klaus
RUTSCHKE, Wolfgang
SCHADOW, Alexander B.I.
SCHLECHT, Johannes
SCHLEUSSNER, Hans C. A.
SCHÜTZ, Jürgen
STROHBACH, Siegfried
VALENTIN, Erich
WEISS, Heinz-Jürgen
WILD, Hans Walter

28. November

ANDREE, Christian
APRATH, Gerd

Geburtstagsliste

28. November - 4. Dezember

ATTIN, Klaus
BADEN, Manfred
BAEDEKER, Hans Jürgen
BARTELS, Gerhard
BAYER, Georg
BEEH, Wolfgang
BEHLER, Aloys
BITSCH, Roland
BOES, Manfred F.
BRAUN, Dietrich
BRENTANO, von, Tremezza
BRILL, Dieter
BRISKORN, Friedrich
BRUNS, Klaus-Peter
BÜCH, Rudolf
BUTTGEREIT, Dieter
DILGER, Friedrich
DÖBERTIN, Winfried
FALK, Herbert
GANZER, Uwe
GEERLINGS, Wilhelm
GEICK, Reinhart
GEILER, Dieter
GIES, Theodor
GIZA, Holger
GÖTZ, Volkmar
GOTTSTEIN, Ulrich
GROTH, Rudolf
GRUMBRECHT, Claus
HEINEN, Norbert
HILPERT, Horst
HOEREN, Jürgen Peter
HOFFMANN, Dieter
HORRES, Kurt
IMHOFF, Leo
KARWECKI, Rolf
KAUFMANN, Reinhard
KIMMESKAMP,
 Heinrich Otto
KLASCHKA, Franz
KLEIN, Rudolf
KÖSTER, Peter E.
KREIBOHM, Henning
KREUTZ, Peter
LITTEK, Wolfgang
LÜTH, Hans
MARTEN, Rainer
MEINEL, Christoph
MÜLLER-JENTSCH,
 Walther
NEUBÜSER, Uwe
NICKLITZ, Walter
OTREMBA, Heinz
PALLAUF, Josef
PETERS, Helge
POCHAT, Götz
PÖHLMANN, Willi
POLLAK, Wolfgang
RENTSCH, Jürgen
ROSENKRANZ, Heinz
SCHARBERTH, Irmgard,
 geb. Bellmann
SCHARF, Helmut
SCHASSBERGER, Rolf
SCHATTENKIRCHNER,
 Manfred
SCHLOTTER, Hans-Günther
SCHMIDT, Gunther
SCHRÖDER, Jochen
SOLINGER, Helga
STEPHAN, Ulrich
STRASSER, Hermann
THOMAS, Heinz
TROITZSCH, Klaus G.
ULE, Günter
VOGEL, Werner
WALZ, Hanna,
 geb. Kegel
WECKERLE, Konrad
WEIL, Bernd A.
WEISS (ß), Paul
WIESE, Rainer
WORCH, Lutz Erich

29. November

ALTMANN, Robert
ARMBRUSTER, Klaus
BECK, Chlodwig
BEUTLER, Heinz
BLAU, Hans-Joachim
BÖHNER, Kurt
BOLTE, Karl Martin
BRUCKS, Eberhardt
DETERT, Klaus
DIEPENBROCK,
 Franz-Reinhold
DRAEGER, Jörg
DRAF, Wolfgang
EMRICH, Wilhelm
ENGELHARDT, Karlheinz
FABER, Malte
FELDKAMP, Rolf
FISCHER, Dirk
FORSSMAN, Bernhard
FRANZBACH, Martin
GÖTZ, Eicke
GROSSMANN (ß), G. Ulrich
HÄRTHE, Dieter
HAHN-WOERNLE, Siegfried
HASENACK, Wolfgang
HASSAUER, Friederike
HAUG, Frigga
HECKMANN, Martin
HEIMPEL, Christian
HERMANNS, Arnold
HERRMANN, Günter
HOCHGÜRTEL, Hans
JÜDE, Hans-Dieter
KAMP, Rolf
KELLY, Petra Karin
KIEF, Heinrich
KIEFER, Jürgen
KORFF, Wilhelm
KOSLOWSKI, Leo
KÜHLEWIND, Manfred
LANGE, Wolfgang Kurt
LUCIUS, von, Wulf D.
MACHE, Jürgen
MALER, Anselm
MAURER, Ulrich
MENACHER, Peter
MERTEN, Detlef
MÜLLER, Helmut
PENIN, Heinz
PLOOG, Detlev
PREY, Wolf-Dietrich
QUANDER, Georg
RAU, Peter-Jürgen
REIMANN, Horst R.
ROHRMOSER, Günter
SCHMID, Peter
SCHMITZ-JOSTEN,
 Franz-Josef
SCHÖNWASSER, Jürgen
SCHRÖDER, Sabine
SEELIG, Peter
SIEWERS, Ehrfried
STIMPEL, Walter
TEBBE, Karl-Friedrich
TRAUTMANN, Herbert
WAMBACH, Paul
WÖSSNER, Günter

30. November

ALBRECHT, Wilhelm
ANDERS, Albrecht
BAUER, Heinrich
BECKER, Wilfried
BINDING, Wolfgang
BÖSWALD, Alfred
BROCKSTEDT, Hans
BUDDRUSS, Georg
BURCK, Erich
CAESAR, Peter
CANZLER, Bertram Georg
DIECKHOFF, v., D. Peter
DÖHLER, Christian
ECKHARDT, Fritz
EINSTEIN, Siegfried
FEGER, Gottfried Alfons
FELDMEYER, Karl
FERY, Nikolaus
FEUCHTE, Paul
FLUSS (ß), Manfred
FREIGER, Stephan Franz
FREUND, Gisela
FRÖHLICH, Andreas D.
FUHRMANN, Peter
GAMM, Freiherr von,
 Otto-Friedrich
GESSNER (ß), Manfred
GUNDERMANN, Hans P.
HAFNER, Anton
HAMM, Walter
HANDSCHUMACHER, Ernst
HEDIGER, Heini Peter
HETTL, Rudolf
HISSERICH, Karl
HÖRR, Gernot Heinz-Jürgen
HOLZKAMP, Klaus
HÜNERMANN, Hans-Joachim
KAISER, Otto
KAKIES, Peter
KANIUTH, Eberhard
KIEFFER, Karl Werner
KÖHLER, Dieter
KRAUS, Detlef
KRAUSNICK, Michail
KRÖHAN, Erich
KURTH, Reinhard
LINDBERG, Albert Hermann
LUCZAK, Holger
LÜCKE, Herman
MASER, Siegfried
MERTENS, Heinz
MITTMEYER, Hans-Joachim
MOESTA, Hasso
MOHL, Hans
MÜHLFENZL, Rudolf
NIEMEYER, Hans Georg
ÖNNERFORS, Alf
OLDIGES, Martin
PETERS, Helge
PETERSEN, Arnold
POMPL, Werner
RAACK, Heinz F.
RÖTTGEN,
 Herwarth Walther
SALLAY, Imre
SCHERINGER, Hans
SCHMIDT, Burghart
SCHNEIDER, Ingrid
SCHULTZ, Lothar
SÖHNGEN, Heinz
SPIETH, Reinhard
SPOREA, Constantin (Marcel)
STAHL, Konrad
STEIN, Wolfgang
WEHMEYER, Otto
WEYERSBERG, Hermann
WITTERN, Renate
ZISSLER, Josef

1. Dezember

ADAM, Gottfried
ALTMANN, Rüdiger
ANDRASCHKE, Peter
AUER, Hermann
BERTRAM, Ernst
BORCHARD, Werner
BREITBART, Gerrard
BRINKMANN, Gerhard
CLAUSERT, Horst
CULLMANN, Hans-Jürgen
DITTBERNER, Jürgen Erwin
EYLMANN, Horst
FREDENHAGEN, Klaus
FREITAG, Alfred
GLINZ, Hans
GRONENBERG,
 Hans-Konrad
HÄFELE, Carl Heinz
HÄNSEL, Otto
HAKE, Bruno
HARDACH, Karl
HEILMANN, Eberhard
HEMPEL, Heinz-Werner
HENRICH, Dieter
HERETH, Michael
HILLERMEIER, Karl
HÖRSCHGEN, Hans
HOLLMANN, Carlheinz
HORN, Hermann
HOSANG, Horst
HUTAREW, Georg
ILLERHAUS, Edmund
KAMINSKY, Gerhard
KARST, Heinz
KEIM, Wilhelm (Willi)
KERNER, Max
KLEINSASSER, Oskar
KNAPPERTSBUSCH, Götz
KOCH, Günter
KOSTHORST, Erich
KREILE, Reinhold
LAUR, Wolfgang
MANLEY, Geoffrey Allen
MEHL, Gerd
MICHELS, Martina
MOSER, Hans
MÜLLER, Rolf
NAHODIL, Otakar
PEIFFER, Jürgen
PÖHL, Karl Otto
REICH, Klaus
REICHENBECHER, Udo
RIESENHUBER, Heinz
SATTLER, Waltraut
SCHALLER, Helmut
SCHERRER, Jutta
SCHIKARSKI, Horst J.
SCHMÜCKLE, Gerd
SCHRAUT, Ludwig
SCHRÖER, Rudolf
SCHUBART, Hermanfrid
SCHUMACHER, Hans J.
SEEHUSEN, Harald
SEUFERT, Karl Rolf
SITTE, Kurt
SITTE, Petra
SLENCZKA, Helmut
STADLER, Michael Aurel
STARNICK, Jürgen
STORCK, Hans
STRICH, Hermann
THOMA, Richard
VOGT, Wolfgang
WAGNER, Hans-Jürgen
WALTHER, Gotfried Friedrich
WENDT, Ernst
WESTPHAL, Jürgen
WITZEL, Ernst
WÜRZBACH, Natascha

2. Dezember

AITZETMÜLLER, Rudolf
ARNAUDOW, Michael
BAACKE, Dieter
BALZEREIT, Bernd
BEER, Rainer
BOLLACHER, Martin
BOSCH, Friedrich Wilhelm
BRAUMANN, Franz
BRAUN, Peter Michael
BUGGISCH, Werner
CROLL, Willi
DEMUS, Jörg
DILLER, Werner Felix
DÖNHOFF, Gräfin, Marion
DREWANZ, Hans
EINSLE, Hans
FIEDLER, Ulf
FILIPPI, Siegfried
FUCHS, Andreas
FUCHS, Peter
GENÉE, Ekkart
GUNDLACH, Heinrich
GUTSCHOW, Harald
HARWARDT, Peter
HASENHÜTTL, Gotthold
HEINRICHT, Johannes
HEINZ, Klaus
HELD, Philipp
HERKE, Horst W.
HEUSS-GIEHRL, Gertraud
HILL, Roland
HINZE, Norbert
HOEPPNER, Reinhard
JONAS, Udo
KLEIST, Frfr. von, Sabine
KNEISSLER, Heinz
KOCH, Ursula E.
KORN, Heinz
KREIBICH, Rolf
LANGES, Horst
LAPP, Klaus
LEIMBERG, Inge
LEINER, Herbert
LÜBBERS, Wilhelm
MARGGRAF, Wolfgang
MÜHLEISEN, Hans-Otto
MURKEN, Axel Hinrich
OPITZ, Claudia
PETERS, Friedhelm
PFUHL, Albert
RICHTER, Manfred
ROMMERSKIRCHEN, Klaus
SCHARPING, Rudolf
SCHMITZ-MOORMANN,
 Paul
SCHÖNENBERG, Hans
STRAUSS(ß), Botho
STÜBIG, Hermann
VOGEL, Emanuel
WAGNER, Klaus F.
WAND, Uwe
WEBER, Hans-Oskar
WEISS, Dieter
WICKERT, Ulrich
WIEFEL, Bruno
WOLF, Lothar

3. Dezember

BAHRDT, Hans-Paul
BALD, Nanette
BARTH, Alfred
BAUM, Lotti,
 geb. Lübbe
BUCK, August
CRAMER, Winfrid Herbert
CRUTZEN, Paul
DEGENHARDT, Franz Josef
DEWIES, Heinz
DIETERICH, Hans Jost
DÜRKOP, Klaus A.
FLASHAR, Hellmut
FRUETH, Manfred
GALL, Lothar
GERRIETS, Edzard
HAERDTER, Michael
HAEUPLER, Henning
HERDEN, Carl-Heinrich
HÖMBERG, Johannes
HOLZSCHUHER, Veit
HUBER, Gerd
IBRAHIM, Fouad Naguib
JACOBY, Wolfgang Robert
JOCHIMS, Wilfried
KARRER, Wolfgang
KINDLER, Helmut
KOBLER, Michael
KRAUS, Helmut
KÜBLER, Klaus-Joachim
LUTTMER, Gerhard
MARTIN, Holger
MÜNZBERG, Gerhard
MUHR, Willi
NEUMETZGER, Curt-Albert
NICOLA, Karl
OKRUSCH, Martin
ORTLIEB, Harald
PERRAUDIN, Wilfrid André
PIRLET, Karl
REHM, Hans-Jürgen
REMMERS, Werner
RÖDER, Berndt
ROGGE, Joachim
SCHÄFER, Ernst-Heinz
SCHELL, Manfred
SCHMIDT, Erich
SCHRADER, Jürgen
SCHRÖDER, Joachim
SCHWARZER, Alice
SING, Alfred-Hermann
SPECHT, Friedrich
STOOB, Heinz
STORCK, Louis
TEICHMANN, Arndt
THEILER, Karl
UELTZEN, Klaus-Jochen
UHLIG, Sigmar
WEINZIERL, Hubert
WENGELER, Fritz
WENIG, Helmut
WINDISCH, Rupert
ZAMBO, Helmut
ZEUNER, Albrecht

4. Dezember

BARTELS, Günter
BAUCH, Hansjoachim
BAUER, Roger
BEGEMANN, Ernst
BUCHHOLZ, Horst
CLOOS, Karl-Günther
EGERTER, Wolfgang
ENKE, Helmut
FLEISCHHAUER, Dietrich
GELDERN-CRISPENDORF,
 von, Günther

4. Dezember

GÖRCKE, Hans-Helmuth
GRÜNDLER, Martin
GRUSCHKE, Dieter
GÜTTER, Ernst
GULLMANN, Erich
HANF, Ehrhart
HARTWIEG, Oskar
HESSELBACH, Josef
HEUDORF, Heinz
HIRSCH, Hans
HÖROLDT, Dietrich
HOFFMANN, Gerhard
HUMBACH, Helmut
JUNGBLUT, Reiner Maria
KARMANN, Wilhelm
KERN, Helmuth
KLASEN, F. G.
KÖNIGBAUER, Josef
KRAKAU, Willi
KRECHEL, Ursula
KROEBER-RIEL, Franco Werner
LANKES, Hans Christian
LIEFLAND, Erika, geb. Cychon
MAATSCH, Richard
MELICHAR, Ferdinand
MÜLLER, Klaus
NICKAU, Klaus
NOLTE, Wolfgang
PEIPER, Hans-Jürgen
PFEIFER, Robert
RITTENBERG, Vladimir
ROSENBERGER, Gustav
ROUVÉ, Gerhard
SCHARLAU, Ulf
SCHMUCK, Alfred
SCHNEIDER, Karl
SCHUBERT, Georg R.
SCHÜTZBACH, Rupert
SCHWEFEL, Hans-Paul
STORCH, Volker
TEWES, Ernst
VÖLKL, Richard
WEBER, Klaus Karl
WEGENER, Ingo
WERMUTH, Nanny, geb. Rudy
WRIEDE, Paul

5. Dezember

APOSTOL, Margot, geb. Müller
BÄRWALD, Günter
BERGER, Jakob
BERGER, Ulrich
BEYER, Herbert
BIDINGER, Helmuth
BODE, Otto
BUHSE, Günter
DÖRING, Willi
DONAT, Klaus
DORMEYER, Detlev
ENGELBERGS, Karl Heinz
FLESSEL, Klaus
FRANK, Hartmut
GANSCHOW, Gerhard
HARTMANN, Gerhard F.
HEESTERS, Johannes
HOCHLEITNER, Anton
HOFMANN, Edgar
HUTH, Rupert
JAUMANN, Anton
JOCHUMS, Arno
JÜNGEL, Eberhard Klaus
KLEMKE, Gerold
KLINGENBERG, Martin
KREUTZBERGER, Alfred
KRIZ, Jürgen
KUHN, Hans W.
LAING, Nikolaus Johannes
LEGGE, Ludwig
LIETZMANN, Sabina
MAROTZKE, Wolfgang
MARTIN, Richard Graham
MEIXNER, Robert
MENKE, Uwe
MÖLLER, Heinrich
MÜLLER, Klaus
MÜLLER-JENSEN, Axel
OEHLER, Hans Albrecht
ORTHEN, Hubert
RANZ, Karl
RIEGGER, Volker
RISCOP, Franz
ROTHERT, Heinrich
SCHEUERLEIN, Robert W.
SCHOMERUS, Lorenz
SELZER, Rolf
SIEBRECHT, Valentin
STRUBELT, Wendelin
UNGER, von, Hanskarl
WAGNER, Fritz
WEINGES, Klaus
WEINMANN, Kurt
WEISS (ß), Wilhelm
WIND, Heinrich
WÜRZBACH, Peter Kurt

6. Dezember

BALHORN, Hans
BERG, Hartmut
BREINERSDORFER, Alfred W. (Fred)
BRINTZINGER, Ottobert L.
BRUST, A.
BUDZINSKI, Klaus
BÜCKER, Joseph
BÜRGER, Peter
CLEMENZ, Manfred
CRAMER, Konrad Niklas
DICK, Alfred
DIEL, Herbert
EBELING, Hans-Wolfgang
EHRIG, Hartmut
ERBE, Günter
FECHNER, Winfried
FEIGE, Karl
FISCHER, Bodo
FREY, Kurt Walter
GLIEM, Hans
GOEBELS, Dieter
GÖTZ, Theo
GRAU, Uwe
GREIFF, Nikola
GRONEN, Peter
GUMM, Horst
HAISCH, Hermann
HAMM, Ludwig
HANDKE, Peter
HECKMANN, Harald
HEINE, Fritz (Friedrich)
HEINLEIN, Leo
HEUTLING, Werner
HÖHN, Artur
HOPPE, Karl
IMEYER, Gerd-Winand
JÄTZOLD, Ralph
JANSCHE, Rudolf
JATHO, Kurt
JENTSCHKE, Willibald
KAMPF, Sieghard-Carsten
KECK, Werner
KIWIT, Wilhelm
KLAPPROTH, Eberhard
KÖLLING, Georg
KONIETZKO, Nikolaus Franz-Josef
KRAMER, Johann
KÜHN, Arthur
KÜHN, Wilhelm
LANGER, Hans-Klaus
LAURITZEN, Christian
LEIBBRAND-WETTLEY, Annemarie, geb. Wettley
MEIER, Christa, geb. Stangl
MEIER, Friedrich Wilhelm
MERTEN, Richard
MEYER, Adolf-Ernst
MORATH, Paul
MÜNDER, Johannes
MÜNKER, Gerd
NEUMANN, Paul
OPPERS, Heinz
PASCHEN, Heinrich
RADZIBOR, von, Cyrill Georg
RAETHER, Martin
REISCHL, Hans
SACHS, Erich
SCHLÖSSER, Manfred
SCHMIDT, Heinz
SCHNEIDT, Hanns-Martin
SCHOLZ, Winfried
SCHULTZ, Jochen
SOMMERAUER, Adolf
SPIES, Karl
TIEDEKEN, Hans
TRAXEL, Werner
ULLRICH, Karl V.
VOLK, Otto Heinrich
WISSMANN (ß), Peter
WUNDERLICH, Hans-Joachim
ZELLER, Manfred Heinz

7. Dezember

ALTENDORF, Irmeli, geb. Seiwert
ANGERMANN, Horst F. G.
BARRELL, Brigitte
BENRATH, Gustav Adolf
BEN-YAACOV, Yissakhar
BINNER, Anton
BOCKELMANN, Paul
BRAUN, Hans
BRINKMANN, Karl
BROSCHE, Peter
CANCIK, Hubert
DAFFNER, Hans
DAMM, Sigrid
DUENSING, Christoph
ELL, Norbert
ENGELHARDT, Andreas
FISCHER, Wolfgang Christian
GÖDDEN, Hans E.
GROHER, Wolfgang
HABIGHORST, Ludwig-Volker
HEIN, Horst
HEMMER, Helmut
HENEKA, Hubert
HESS, Otto H.
HEYN, Wolfram
HIRSCHBERG, Hubertus
JACOBS, Jan
JANSEN, Leonhard Wilhelm
JELITTO, Rainer Johannes
KÖSTER, Heinz
KORB, Ernst
KORN, Walter
KÜHLE, Wolfgang
LEUTENEGGER, Gertrud
LINNEMANN, Hans
MANDELKOW, Karl Robert
MUELLER-STAHL, Armin
NICKLIS, Werner
OLBING, Hermann
OSTENDORF, Heribert
PROBST, Christian
RAMGE, Joachim
RICHTER, Gerhard
ROOSEN, Hans
ROSCHER, Karl-Max
SACK, Hans-Gerhard
SCHEFFLER, Jens-Uwe
SCHWARZBACH, Martin
SINELL, Hans-Jürgen
STECKER, Josef
WALTER, Peter
WEBER, Gustav
WEGNER, Elmar
WILKE, Jürgen
WUTTKE, Günther
ZANGER, Volker-Bodo

8. Dezember

AMMON, Otto
BEUTLER, Maja
BIEWALD, Dieter
BLOEDEN, Claus-Dieter
BÖGER, Horst
BOVENTER, Hermann
CORSTEN, Severin
DAU, Herbert
DEFFNER, Jakob
EDER, Heinz
EGELHAAF, Albrecht
FEST, Joachim C.
GNILKA, Joachim
GORSCHENEK, Günter
GROSSMANN (ß), Walter
GROTH, Klaus
HAEBERLIN, Urs Robert
HAGER, Thorolf
HALLMAN, Viola
HAMPL, Franz
HEES, van, Horst
HEFTRICH, Eckhard
HURRLE, Theodor
JUNG, Klaus-Dieter
KAISER, Karl
KERNER, Hans-Jürgen
KESSLER, Herbert
KLATT, Hans-Adolf
KLESPER, Ernst
KÖBERLE, Rudolf
KORBACH, Heinz
KRADER, Lawrence
KUNST, Herbert
LANGE, Wilfried
LIELIENTHAL, Edwin
LÖWENTHAL, Gerhard
LÜCHAU, Henning
LUHMANN, Niklas
MAIER, Karl Ernst
MARKWORT, Helmut
MAYER, Arthur
NAUMANN, Michael
NEUMANN, Klaus
PAUL, Wolfgang
PRÖSSDORF (ß), Klaus
RAUTE, Karl
REIBER, Emil
REITZEL, Michael
ROSENBERGER, Gerhard
SCHELL, Maximilian
SCHLEUSSNER, Carlfried
SCHÖBER, Johannes Georg
SCHOENEBERG, Bruno
SCHULTE, Hagen Dietrich
SIMMANN, Werner
SITTE, Peter
STARCK, Harry
STECH, Berthold
SYBERBERG, Hans-Jürgen
TEGELER, Josef
VENZLAFF, Ulrich
VOLLAND, Hans
WEGENAST, Klaus
WEIDELENER, Helmut
WEINERT, Lothar Christian
WERNER, Margot
WIELENS, Hans
WOHLMUTH, Karl
ZIEGLER, Reinhard

9. Dezember

ALBIRO, Hartwig
ALBRECHT, Christoph
ALLAM, Schafik
ALTHAUS, Helmut
AUGUSTIN, Hans-Georg
AX, Wolfram
BALLE, Theo
BAUER, Konrad Friedrich
BERK, van, Karl
BIRKENFELD, Wolfgang
BLENK, Hermann
BOLDT, Peter
BUSCH, Manfred
CEN, Medeni
CLASSEN, Harold
CONRAD, Hans Günter
DOERK, Klaus
DOMEYER, Friedrich
EBEL, Volker
EPPLER, Erhard
ERKEL, Günther
ERREN, Manfred
FANTL, Thomas
FISCHOEDER, Georg
FLEISCHHAUER, Carl-August
FOURNIER, von, Dietrich
FRÄNZLE, Otto
FREITAG, Ulrich
FÜRST, Heinrich
GLASL, Heinrich Georg
GOERDT, Wilhelm
GRIMMER, Klaus
HANDLOS, Franz
HAUPTMANN, Gerhard
HOERBURGER, Felix

10. Dezember

ALTHOFF, Karlheinz
ANDRESEN, Egon Christian
BEINDORF, Werner
BEISING, Alfons
BERG-SCHLOSSER, Dirk
BLECKING, Diethelm
BLUME, Jürgen
BÖCKEN, Carl-August
BOLLENBECK, Georg
BRAKEMEIER-LISOP, Ingrid
BRAUN, Alfons
BROCKER, Hildegard
BROSSEDER, Johannes
BRÜCKNER, Christine, geb. Emde
BÜCHEL, Karl Heinz
CONRADI, Peter
DECKEN, Christian
DÖPP, Siegmar
DREGGER, Alfred
DÜRINGER, Werner
DÜWEL, Klaus
DUPUIS, Gregor
EBENROTH, Carsten-Thomas
FAULSTICH-WIELAND, Hannelore
FRANKE, Herbert D.
FRANZEN, Jürgen
FROMEN, Wolfgang
GERULL, Heinz
GÖNNER, Eberhard
GONSER, Ulrich
GOTTSCHALDT, Matthias
GUMP, Johann
HAENSCH, Rudolf
HAFNER, Klaus
HAMMER, Hans Herbert
HELLMANN, Heinrich
HENSEL, Ingo
HRUSCHKA, Joachim
HÜSCH, Erich Adam
KARPP, Heinrich
KULLMANN, Marie-Luise
LICHTENBERG, Paul

(cont. 9. Dezember top right)

HUNGER, Herbert
JÄGER, Hermann
KELM, Werner
KISTLER, Alfons
KLEIN, Herbert
KOENIG, Gerd
KOHL, Wilhelm
LANDAU, Marc
MAUCHER, Helmut
MOMBURG, Rolf
MOOG, Helmut
MÜLLER, Norbert
PAHL, Manfred H.
PERKOW, Werner
RAGUSE, Thomas
REHBEIN, Max H.
REUTTER, Klaus
RITTER, Hermann
ROBERTZ, Hans
ROST, Helmut
RUPRECHT, Arndt
RUTHUS, Franz
RYSSEL, Heiner
SCHÄTTLE, Horst
SCHNELL, Peter
SCHOLL, Roland
SCHUBERT, Heinz
SCHWARZKOPF-LEGGE, Elisabeth
SPRINGBORN, Norbert
STECHER-KONSALIK, Dagmar
STUTZER, Volker
TAUBER, Peter Fritz
TISCHERT, Hans
VEENKER, Gerd
VOGEL, Klaus
WECKER, Christoph
WEISE, Klaus
WILD, Hans
WINTER, Horst
ZÜHLSDORFF, Volkmar Johannes

LIEFFERING,
 Wolfgang Adrianus
LINDEMANN, Helmut
MANN, Hans
MESSERSCHMIDT, Heino
MIKAT, Paul
MÜHLBAUER, Karl
MÜLLER, Gerhard Maria
NOLTING, Rolf
PÄRLI, Hans
PALM, Dieter
PETERS, Hans
PICARD, Walter
PIRKMAYR, Fritzwerner
REHM, Kurt
ROELCKE, Walter
ROSENBAUER, Hansjürgen
ROTT, Hans-Dieter
SCHÄFER, Gerhard
SCHATZ, Manfred Friedrich
SCHEDL, Otto
SCHLIEPER, Ulrich
SCHMIDT, Lothar
SCHMITT, Helma
SCHNEIDER, Siegmar
SCHOLZ, Franz
SCHOTT, Rüdiger
SCHÜTT, Peter
SCHULZE, Wilhelm
SEXAUER, Michael
SOBISIAK, Günter
STROTHE, Stephan
TROLLER, Georg Stefan
UNDERBERG, Christiane
UNTERHALT, Bernard
WEBER, Heinrich
WENO, Joachim
WIEDERHOLD, Reinhard
WITZEMANN, Herta-Maria
WOLF, Viktor

11. Dezember

AURICH, Horst
BÄUMER, Remigius
BECKER, Jürgen Walter
BIRWÉ, Robert
BOCK, Klaus-Dietrich
CZEGUHN, Manfred
DANIELS, Hans
DEDI, Hans (Johannes)
DICKERTMANN, Dietrich
EHRENBERG, Joachim
FASSBENDER (ß), Ludwig
FÖRSTER, Hans-Peter
FUCHS, Jockel
GOUGALOFF, Peter
HÄNDLER, Wolfgang
HARDENBERG, Graf von,
 Hans Carl
HARFST, Gerold
HARTARD, Bertram
HERDING, Klaus
HERMS, Eilert
HOBERG, Hermann
HOF, von, Friedrich Carl
HOOVEN, van, Eckart
IBACH, Rolf
KAISER, Karlheinz
KATÓ, Ferenc
KELLNDORFER, Hans
KEMP, Friedhelm
KLEIN, Richard
KOHDE-KILSCH, Claudia
KRAWITZ, Rudi
KRESS, Otto Erich
LAUFENBERG, Uwe-Eric
LEMP, Hans
LINDNER, Marianne
LINSSER, Hans Ferdinand
MAGER, Inge
MATTERN, Karl-Heinz
MEYER, Peter
MICHALETZ, Claus
MÜLLER, Ulrich
NEDER, Herbert
NEMBACH, Ulrich
OBERLACK, Heinz
PEITZ, Hubert
PÖSCH, Heinz
QUEST, Henner
RICHTER, Claus-Gerd
ROHLFES, Joachim

SAUSER, Rudolf Christian
SCHAECHTERLE, Karlheinz
SCHENK, Heinz
SCHNEIDER, Hans
SCHREIBER, Johannes
SCHRÖDER, Horst
SEIDL, Otto
SELBMANN, Hans-Konrad
SIEVERS, Otto
STRAUB, Otto Christian
STÜTZEL, Werner
WAGNER, Helmut
WALDNER,
 Wolfgang Friedrich
WEISS (ß), Lothar H.
WISCHNEWSKI, Klaus
WITT, Peter
WOLFF, Christof
WUND, Josef
ZABEL, Günter
ZIEGLER, Rolf

12. Dezember

AHNERT, Frank
BARDENHEWER, Hans
BAUER, Hermann
BECKER, Georg Eberhard
BERG, Hans O.
BESKE, Fritz
BÖRNER, Horst
BREHMER, Christian
DÖHRING, Sieghart
ENGELHARDT, Otto
FAUST, Siegmar
FINGER, Willi (Wilhelm)
FRUHMANN, Günter
GANOCZY, Alexandre
GIEHM, Joachim
GÖTHERT, Manfred
GRABERT, Horst
GRODE, H. P.
GROTZFELD, Heinz Hugo
GRÜNINGER, Werner
GRUPP, Franz
HAMMER, Achim
HOFFMANN, Peter
HOTZE, Bernward Georg
KANDLBINDER, Hans Karl
KAPUSTE, Falco
KAUFMANN, Hans Bernhard
KEIL, Ernst-Edmund
KESSLER, Carl
KOHLMANN, Michael
KOLB, Klaus
KOLPING, Adolf Anton
LEHMANN, Hans Joachim
LOHNES, Hans-Herbert
MACK, Günter
MARTIN, Gunther
NEUBERGER, Hermann
PAULS, Wolfgang
PFISTER, Gertrud
PODDIG, Joachim
PÖGGELER, Otto
PRAUSE, Frank-Michael
RIEDER, Hans-Joachim
RINKER, Reiner
SANDVOSS (ß), Ernst-Otto
SCHÖPF, Bernhard
SCHROETER, Jürgen
SCHUMACHER, Adolf
SCHWALBA-HOTH, Frank
SCHWARZ-SCHÜTTE,
 Rolf
SPELLERBERG, Heinz
STÄHLIN, Traugott
STEIGER, Otto
STEINACKER, Peter
STILZ, Walter
THEOPOLD, Wilhelm
THIELEN, Peter G.
THYSSEN, Eberhard
TRAPPE, Paul
TROOST, Alex
VOETZ, Lothar
VOLLMERT, Bruno
VOSS, Friedrich
WAUER, Hans-Günther
WEBER, Beate
WEBER, Wolfgang Hans
WEISS (ß), Hans
WIDERA, Joachim

WIECZOREK, Norbert
WILMERS, Frank William

13. Dezember

ADLER, Clauspeter
AITZETMÜLLER-
 SADNIK, Linda
ARLT, Klaus-Dieter
ASMUS, Klaus-Dieter
BÖHME, Brunhard
BOTHMER, von,
 Hans-Cord, Graf
BUDELMANN, Claus G.
DEGN, Christian
DIRSCHERL, Klaus
DITZEN-BLANKE,
 Joachim
DIZIOĞLU, Bekir
DÖRR, Friedrich
DONNEPP, Inge
DORFMÜLLER, Joachim
EMMINGER, Eberhard
FRIES, Hans-Peter
FRISCH, von, Otto
FÜLLKRUG, Armin
FÜRNKRANZ,
 Otmar Friedrich
GERNHARDT, Robert
GOERKE, Heinz
GUNSSER (ß), Walter
HAAG, Klaus
HELLWIG, Jochen
HESS, Anton
HOHENESTER, Walther
HÜTER, Joachim
ILSCHNER, Bernhard
ISELER, Albrecht
JUNGK, Albrecht
KESSLER (ß), Walter
KIRSCH, Werner
KLEIN, Heinrich
KLUGE, Norbert
KNISSEL, Walter Richard
KRÄMER, Heribert
LIEBAU, Gerhart
LIENERT, Gustav A.
LÜCKERATH, Carl August
LUTTER, Heinz
MAAR, Paul
MARTIUS, Walter
MAYR, Hans
MERTNER, Edgar
MÜLLER-HABIG, Maria
NISIUS, Ernst Heinrich
PREUSS, Fr. (Friedrich) Rolf
PROBST, Manfred
RASCH, Herbert
RÜSCH, Hubert
SALNIKOW, Johann
SCHOBER, Reinhard
SCHUMANN, Erich
SCHUMMER, August
SEIPP, Walter
SPRENGER, Gerhard
STEINBERG, Fred
STEINBERG, Pinchas
STOCKMEIER, Wolfgang
STROHMEIER, Walter
TEUTSCH, Gotthard Martin
VAHS, Wilfried
WILZ, Bernd
WOHLFARTH, Friedrich
WOLFRUM, Rüdiger
ZIEGLER, Klaus

14. Dezember

ADLKOFER, Franz Xaver
AMPARO de TRIANA
AURICH, Hans Günter
BARTNITZKE, Klaus
BENDIXEN, Klaus
BENTE, Wolfgang
BLUCK, Richard
BÖHM, Norbert
BROSOWSKI, Bruno
DICKERHOF, Urs
DONATH, Klaus
DOPPEL, Karl
ERSFELD, Günther
FELLMANN, Ferdinand
FINK, Agnes
FIRNHABER, Wolfgang

FISCHER, Alfred
FISCHER, Hans
FRITZ, Gerhard
FUDICKAR, Wolf-Dieter
FÜRCHTENICHT-
 BOENING, Walter
GEYER, Dietrich
GLOS, Michael
GOOSSENS, Franz
GRAUMANN, Walther
GROSSE, Dieter
GRÜNEWALD, Dietrich
GUMMER, Michael
HAVERS, Christoph
HECK, Heinz
HEIDENREICH, Peter
HENGEL, Martin
HENNING, Rudolf
HOHOFF, Herbert
HOLSTE, Heinz
KEIDEL, Wolf-Dieter
KIRSCHBAUM, Hertha,
 geb. Wittmann
KLINGNER, Klaus
KNÖLKER, Ulrich
KÖHLER, Günter
KORN, Renke
KRACHT, Friedrich
KRAMPOL, Karl
KRUSE-JARRES, Jürgen D.
KUTSCHER, Hans
LANG, Werner
LAUBENBERGER, Theodor
LENHART, Volker
LENSSEN, Gerhard
LERSCH, Rainer
LOIBL, Georg
LOMMEL, Ekkehard
LOSKANT, Dieter
MAISCH, Erich
MARCARD, von, Enno
MATARÉ, Charlotte
MITZSCHERLING, Peter
PABST von OHAIN,
 Hans Joachim
PFEIL, Emanuel
REICHENAU, Georg
REIPRICH,
 Elisabeth Sophie, geb. Simon
RICHTER, Hartmut
RICKMERS, Henry Peter
SCHEIBLER, Christoph
SCHMIDPETER, Alfred
SCHMITHALS, Walter
SCHNEIDER-GÄDICKE,
 Karl-Herbert
SCHOMBURG, Eike Dieter
SCHRAUB, Alfred
SCHRIEVER, Wilhelm
SCHULHOFF, Wolfgang
SCHULZE, Peter H.
SCHUSTER, Annemarie
SEIWERT, Lothar J.
SELLE, Gerhard
SICHERL, Martin
SPOERRI, Helen
STEIN, Gerd
STEIN, Werner
SUNDERMANN, Hans
VÖLKL, Carl
VOGEL, Carl
WEDEGÄRTNER, Karl
WENDT, Heinz
WINTERS, Peter Jochen
WITTMANN,
 Simon Georg
ZIWEY, Franz

15. Dezember

ACKERMANN, Karl
BECKER, Richard
BEMMANN, Günter
BENDER, Klaus Wilhelm
BIEDERMANN,
 Hermenegild (Alfons)
 M. O. S. A.
BIRKIGT, Hermann
BOCKSCH, Karl
BOGDANOV (BOGDIN),
 Michael
BRINKMANN, Heinrich
CROIX, de la, Rolphe

DAHLE, Wendula
DAUGS, Reinhard
EBNER, Fritz
EIMERS, Enno
ESTERS, Helmut
FISCHER, Hermann
FRANK, Hans
GALPERIN, Hans
GEBAUER, Gerhard
GREVEN, Kurt
HÄNSCH, Klaus
HASE, von, Karl-Günther
HAUSER, Erich
HEILMANN, Ernst-Adolf
HEINEMANN, Albert
HOFMANN, Walter
HUBER, Nicolaus A.
HUMMELSHEIM, Hanns
JENSSEN, Jens
JUILFS, Johannes
KARWATZKI, Irmgard
KIRCHGÄSSNER (ß), Alois
KOHLHAAS, Fritz
KREBS, Heinrich
KÜNNEKE, Evelyn
LAUTENSCHLÄGER,
 Manfred
LEHMANN, Hans-Peter
LUCK, Ulrich
MAGIN, Theo
MEINHARDT, Helmut
METZ, Bernhard
MÜHR, Egon
NASTELSKI, Günter
NOSS, Willi
PEZELY, Rudolf
PLETTNER, Hans-Henifried
POPPEN, Marion
REHBINDER, Eckard
REICHEL, Gerhard
ROHE, Hans
ROHLOFF, Paul
ROTHLEY, Willi
SANMANN, Horst
SCHMIDHUBER, Peter M.
SCHUMACHER, von, Felix
SCHWARZ, Hans Thomas
TILLMANN, Wilfried
WEISS, Karl Heinz

16. Dezember

ARNDT, Herbert
BARGEN, von, Peter
BATZER, Hans
BIESALSKI, Peter
BLOMEYER, Arwed
BOAS, Horst
BÖCKMANN, Kurt
BOL, Georg
BREY, Bernhard
BROSCH, Otmar
BUCHENROTH, Günter
BUSHE, Karl-August
CARSTENSEN, Erhard
CHRISTOPEIT, Joachim
DAHEIM, Hansjürgen
DENK, Friedrich
DRECHSLER, Heike
EGE, Günter
FELL, Karl H.
FLECK, Klaus
FUNKE, Klaus
GEYER, Christoph
GLOMBITZA, Karl-Werner
GÖHRE, Frank
GOEKE, Fritz
GORKI, Hans Friedrich
HAENTJES, Werner
HILDEBRAND
 Gerhard Konrad
HOFER, Hermann
HORNISCHER, Edi
JOSTARNDT, Laurenz
KAESCHE, Helmut
KEKULÉ, von, Friedrich
KETTNER, Hans
KLEMANN, Jürgen
KLINGEN, Helmut
KNEIFEL, Johannes
KOERPPEN, Alfred
KOLCK, Walter
KRAHL, Peter

16. Dezember

KRASNEY, Otto-Ernst
KÜSTER, Friedrich O.
LAUKVIK, Jon
LEVSEN, Karsten
LIEBERT, Paul
LIETH, Helmut
LÖFFLER, Leonhard
LÖHN, Johann
Fürst zu LÖWENSTEIN-
 WERTHEIM-ROSENBERG,
 Alois K.
LÜCK, Helmut Ekkehart
MARX, Hans Joachim
MATTHES, Karl J.
MAURITZ, Alfred
MEYER zur HEIDE, Günter
NEUHAUS, Alfred Hubertus
NEUMANN, Dieter
NOLTENIUS, Rainer
PETER, Adalbert
PUPPE, Dieter
ROTHFUSS (ß), Herbert
SCHIEL, Carl-Heinz
SCHLÜTER, Richard
SCHUMACHER, Martin
SCHWENGER, Ferdinand
SCHWINGENSTEIN, Alfred
SEILER, Hansjakob
SIEBER, Karl
SIEBURG, Heinz-Otto
STAEMMLER, Volker
ULRICH, Bernward
URBAN, Martin
VALENTIN, Franz
WEBER, Paul
WIEDENHOFEN, Gert
WITTMANN, Günther
WOLFF, Max Richard

17. Dezember

APPEL, Günter
BALLWIESER, Wolfgang
BARTHEL, Eckhardt
BERGMANN, Richard-Peter
BRÜCKMANN, Willi
BRUNSWIG, Heinrich
CONRADI, Heinrich
DÄUMLER, Klaus-Dieter
DEICHMANN,
 Friedrich Wilhelm
DIEDERICH, Georg
DREIER, Joachim
DRÖGE, Wulf
ECK, Werner
EICKEL, Jürgen
ENGLER, Winfried
ERBERICH, Rudolf
ERLING, Carl R.
FRANK, Peter
FUCHS, Alexander
GAGEL, Walter
GRAF, Herbert Paul Robert
GRAF, Ulrich
GRIMM, Jürgen
GÜTERMANN, Peter
HALMÁGYI, Miklós
HARTEL, Walter
HEEREMAN
 von ZUYDTWYCK,
 Freiherr, Constantin
HERBST, Werner
HERZBERGER, Jürgen
HOSPES, Karl
HUBER, Josef
JÄGGI, René C.
KARL, Emil
KINKEL, Klaus
KLEE, Otto Karl
KOCH, Heidemarie
KÖHLER, Herbert W.
KÖNIG, Gert Albrecht
KRESSEL, Diether
KRÜGER, Peter
KUBIN, Wolfgang
KÜRTEN, Elisabeth Charlotte
LAMMERMANN, Franz
LANDSBERG-VELEN,
 Dieter, Graf
MARKS, Friedrich
NÜSE, Ernst August
POMMERENKE, Christian
PRESLEY, Francois Maher
REUTER, Lutz-Rainer
ROSS, Rudi
SACKMANN, Franz
SCHADT, Jakob
SCHELER, Hans-Wolfgang
SCHEPPING, Wilhelm
SCHIEFER, Hans Gerd
SCHMATZ, Julius
SCHMITZ, Carl-Hinderich
SCHOENEBECK, Heinz
SCHRÖTER, Gottfried
SCHUSTER, Hans-Günter
SPEVACK, Marvin
THEEDE, Hans Johannes
THEENHAUS, Rolf
THOMALE, Friedrich-Heinrich
VÖGTLE, Anton
VOGT, Siegfried H.
WASSMER, Gernold
WEIHRAUCH, Helmut
WOLFF, Hans Walter
ZIMMERMANN, Ingo

18. Dezember

ANGERMEYER,
 Joachim-Hans
AUDITOR, Michael
BÄCKER, Karl
BLAU, Günter
BÖCKER, Felix
BRANDT, Willy
CLAUS, Roland
DERMIETZEL, Friedrich
DINTELMANN, Klaus
ERLER, Luis
FÄHRMANN, Willi
FISCHER, Bernhard
FREIBERGER, Kurt-Udo
FÜRER, Arthur
GLÄSER, Fritz
HARTENSTEIN, Reiner W.
HEMMER, Robert
HODEIGE, Fritz
HOFMANN, Hanns
JASCHKE, Helmut
JÖRIS, Hans
JOHNSTON, Robert
KAISER, Joachim
KERSIG, Hans
KLING, Karl
KOCHENDÖRFER, Albert
KRAMER, Hans
KUHL, Hans-Joachim
LUX, Emil
MARQUARDT, Klaus
MEWES, Dieter
MIHM, Arend
MÖLLER, Dietrich Ekkehard
MOLTMANN, Günter
MÜSER, Helmut
NEUSEL, Hans
NOTHOFER, Bernd
PASSOW, Hermann
PIEL, Walter
RAUM, Georg
REHBEIN, Matthias
RIEDEL, Wilhelm
RIEDL, Josef
RIESTER, Rudolf
RUGE, Doris,
 geb. Obermark
SALZER, Jörg J.
SCHARPENBERG, Margot
SCHNELL, Karl
SCHRIEFERS, Karl-Heinz
SCHULTHEISS (ß), Franklin
SEMLER, Rudolph
SNYDER, Willard B.
SOMMER-BODENBURG,
 Angela
STEFFEN, Hinrich
STEGEMANN, Hartmut
STEINBERGER, Helmut
STEMMLER, Johannes
STRITTMATTER, Thomas
TESCHEMACHER, Hansjörg
THIEDE, Walther
TOBIESEN, von, Fred
TRASTL, Rudolf
VARNHOLT, Theo
WAHL, von, Siegfried
WALTON, Robert Cutler

WEDLER, Wilfried
WEIGELIN, Erich
WEINMANN, Werner
WENKE, Klaus
WILD, Albert
WILL, Heinrich
WOLLEMANN, Horst

19. Dezember

ANDRESEN, Harro G.
BADEM, Berthold
BADINSKI, Nikolai
BAUDER, Uwe Helmut
BAYER, Hans
BERTRAM, Rainer
BERTZBACH, Martin
BÖHMER, Erwin
BÖTTICHER, Herbert
BRAUN, Wolfgang
CHRISTOPEIT, Ulrich
DIESINGER, Walter Helmut
DISSELNKÖTTER,
 Hermann
DORST, Tankred
DÜCKER, Karl-Heinz
DUX, Eckart
EICHHOLZ, Armin
EVERS, Hans-Dieter
EVERS, Werner
FALKENBERG, Jörg
FLÄMIG, Gerhard
FLUEGEL, Hansjürgen
FRISCH, Wolfgang
GAYLER, Wolfgang
GINKO, Helmut
GÖPFERT, Herbert
GOGARTEN, Robert K.
GRÜTER, Werner
HAUSEGGER, von, Friedrich
HELL, Rudolf
HILGER, Marie-Elisabeth,
 geb. Vopelius
HÖLLERER, Walter
HOYER, Franz A.
HÜLSE, Reinhard
JUNGK, Peter Stephan
KEHRER, Hans
KOCKS, Günter
KONNES, Manfred
KÜHL, Kristian
LAUER, Hanswerner
LINDAUER, Martin
MARTIN, Johannes-Josef
MASCOS, Werner
MEIMBERG, Rudolf
MENGES, Georg
MERX, Volker
MEYER, Wilhelm
NIPKOW, Karl Ernst
NOELLE-NEUMANN,
 Elisabeth, geb. Noelle
PAPENHEIM, Felix
PILGER, Andreas
PRAGER, Heinz-Günter
REISSMUELLER, Wilhelm
RIBBENTROP, von, Barthold
RIEDE, Paula,
 geb. Riede
RITZENHOFEN, Walter
ROESSLER (ß), Wilhelm
ROSENOW, Ulf
SALZBORN, Erhard
SCHÄFER, Walter
SCHOTTMAYER, Georg
SCHRÖDER, Werner
SCHÜSSLER, Richard
SCHWINCK, Alexander
SPOO, Eckart
STUHLINGER, Ernst
STURM, Wilhelm
TÖPFER, Friedrich
VOGEL, Bernhard
WALTER, Fried
WEISS (ß), Georg
WERNER, Anneliese
WESTPHAL, Michael
WILKE, Jürgen
WILKENS, Enno Harald
WINDHOFF, Bernd
WINKLER, Heinrich August
ZIMMER, Dieter

20. Dezember

ANGERER, Alfred (Fred)
ANGERMAIER, Michael
ARENS, Werner
BAUER, Hans-Peter
BAUMANN, Gerhart
BAUSENHART, Walter Max
BEUTLER, Gisela
BIER, Gerhard
DASSLER (ß), Jürgen
DITSCHE, Manfred
DOLLICHON, Uwe
DÜRR, Rolf
EBERSOLDT, Franz
ELWERT, W. Theodor
FALK, Erhard
FISCHER, Hans
FRENZEL, Herbert A.
FREUNDT, Klaus J.
FRITZSCHE, Karl
FUCHS, Erich E.
GABRIEL, Peter
GARBE-EMDEN, Friedrich
GIENGER, Karl
GNILKA, Christian
GRAU, Detlev
GRETEN, Ernst
GRIMM, Reinhold R.
GRÜNHAGEN, Wilhelm
HACKL, Maximilian
HAHN, Ronald
HAUSS, Werner H.
HEBBORN, Albert
HEIMANN, Karl-Heinz
HELDMANN, Werner
HELLWIG, Helmut
HENN, Walter
HERMENS, Ferdinand A.
HOPF, Hanns Christian
INGENKAMP, Karlheinz
KESSELER, Wolfram
KLOTZ, Volker
KÖSSEL, Hans
LAHNSTEIN, Manfred
LAMBSDORFF, Graf, Otto
LÖBEL, Bruni (Brunhilde)
MARSCHALL, Manfred
MAYRÖCKER, Friederike
MOLL, Rolf
MUDRACK, Klaus
NIEMITZ, Walter
OCKER, Claus
OLSEN, Karl-Heinrich
PIEPER, Ernst
REINHOLM, Gert
REULEAUX, Christian
RÖSSNER, Lutz
SCHAEFFLER, Richard
SCHALLER, Gabriel
SCHAUMLÖFFEL, Erich
SCHEGA, Hans-Wolfgang
STEINER, Rudolf
WACHSMANN, Felix
WAHL, Manfred P.
WEITMANN, Walter
WERNER, Monika Dorothee
WERSIG, Gernot
ZULEHNER, Paul Michael

21. Dezember

ALTENMÜLLER,
 Georg Hartmut
AMBROSIUS, Wolfgang
ANSPACH, Karl-Friedrich
APPEL, Hermann
ARP, Erich
BARTH, Dieter
BARTON, Dirk Michael
BAUMANNS, Hans Leo
BEHR, Alfred
BESCH, Friedrich
BLUM, Günter
BÖTTCHER, Hans Richard
CHERNIAVSKY, Vladimir
DREWS, Hellmuth
EHRENBERG, Herbert
EHRENWIRTH, Martin
FALTERBAUM, Josef
FEDERN, Klaus
FELDES, Roderich
FISCHER-BOTHOF, Ernst

FOOKEN, Enno
FRAUNHOLZ, Wolfgang
FUCHS, Werner
GALLWITZ, Jörn
GIFFHORN, Hans
GÖTTLICHER, Siegfried
GRETHLEIN, Gerhard
HAGEMEIER, Reinhard
HAUCK, Karl
HEEDE, Konrad
HEINEMANN, Heribert
HENSSGE (ß), Joachim
HIEHLE, Joachim
HILDEBRANDT, Bernd
HOCKS, Michael
HÖFIG, Hans-Joachim
HORBACH, Lothar
JENTSCH, Christoph
KERSCHER, Josef
KRAUSE, Walter
LAUTENSCHLÄGER,
 Heide-Marlis
LEHMANN-GRUBE, Hinrich
LICHT, Josef
LIEKWEG, Georg R.
LIPP, Wolfgang
LITTMANN, Peter
LÖLIGER, Hans Christoph
LUDWIKOWSKI, Peter
MEY, Reinhard (Friedrich)
NIEHOFF, Karena
NOLDEN, Wilhelm
OBERBERGER, Josef
PROPPING, Peter
ROLLAND, Walter
SCHLECHT, Otto
SCHNEIER, Heinrich
SCHÖNFELD, Roland
SCHWEGLER, Helmut
SPRINGENSCHMID, Rupert
STEINEBACH, Josef Gerhard
TOBATZSCH, Stephan-Lutz
URBANEK, Ferdinand
WARTENBERG, Arnold
WEIGAND, Jörg Ernst
WEISE, Günter
WENDT, Michael
ZEISEL, Hans

22. Dezember

ACKEREN, van, Robert
BAUMANN, Wilhelm
BILL, Max
BÖTTICHER, Woldemar
BUCK, Lothar
CONZELMANN, Paulwalter
DAMRAU, Jürgen
DOMBROWSKI, Lothar
DÜRRWÄCHTER, Gerhard
ECKHARDT, Wolf-Rüdiger
ECKMANN, Hans-Heinrich
FIEDLER, Wilfried
FREUDENBERG, Rudolf
FRIEDRICHS, Niels G.
GÖLTER, Georg
GÖSCHEL, Joachim
GOSEPATH, Jochen
GROSS, Engelbert
HAHN, Gerhard
HAMPE, Karl-Alexander
HAUBRICHS, Wolfgang
HILLER, Armin
HIRSCH, Hans
HOFSTADT, Carl E.
HUCHLER, Georg
HÜLLER, Oswald
KAUFMANN, Hans
KIRSCH, Botho
KLEDZIK, Ulrich J.
KLEINE, Karl-Heinz
KNOBLICH, Georg
KONRAD, Klaus
KRONAWITTER,
 Karl Günther
KRONER, Michael
KUHNEN, Frithjof
LACKSCHEWITZ, Klas
LAUTMANN, Rüdiger
LENK, Elisabeth
LOTTER, Friedrich
NEUBURGER, August
NEUMAIER, Ferdinand

NOELL, Kurt
OBLINGER, Hermann
OTTO, Stephan
PATERNA, Peter
PETRI, Heinrich
PFEIFFER, Gerd
RATHKE, Friedrich-Wilhelm
REIMPELL, Peter
REINHARDT, Helmut
RICHTER, Karl
ROHDE, Gerhard
SCHNEIDER, Christel
SOEDING, Helmut
STAUFER, Ludwig
STROBEL, Robert
UNDEUTSCH, Udo
WAHL, Arvid
WEINHOLD, Georg
WELSH, Renate
WIEBEL, Bernhard
WRIGGE, Friedrich-Wilhelm
WÜST, Ottokar

23. Dezember

ANZ, Wilhelm
BACH, Kurt
BARGON, Gerlach Wilhelm
BERNHARD, Herbert
DENKERT, Kurt
DOMENJOZ, Robert
EGIDY, von, Till
ENGELHARD, Hans
FRIEDRICH, Wilhelm
GAASCH, Uwe
GABSTEIGER, Günter
GERICKE, Walter
GLASER, Hubert
GÖRGEN, Hermann M.
GROLMAN, von, Tassilo
GÜNZEL, Klaus Wilhelm
HAENTZSCHEL, Georg
HEINDORF, Wolf-Eckhardt
HERMSDORF, Hans
HOEHER, Ernst
HOLZHEIMER, Dieter
HURRLE, Rüdiger
JANZHOFF, Günter
JUNGBAUER, Helmuth
KEMLEIN, Magdalene
KNIRSCH, Peter
KNÜTEL, Rolf
KÖHLER, Friedemann
KOTTJE, Raymund
KRATZEL, Günter Friedrich
KUSCH, Dieter
LEEB, Wolfgang Th.
LESKIEN, Hermann
LIPPMANN, Thomas
LITZ, Alois
LÜHR, Karl
MIETH, Dietmar
MITTAS, Wolfgang
MÜLLER-GAZUREK, Johann
NIEDDERER, Hans
NORDENSKJÖLD, von, Fritjof
OLZINGER, Franz J.
PESCH, Hubert Hans
PFLUGHAUPT, Friedrich-Karl
PÖGGELER, Franz
PORTENIER, Claude
REENTS, Christine, geb. Kaestner
REICHMANN, Helmut
RICHTER, Gerold
RIETHMÜLLER, Heinrich
ROHLFS, Eckart
SCHMIDT, Helmut
SCHMIDT, Martin Heinrich
SCHMITT, Günther
SCHNACK, Elisabeth, geb. Schüler
SCHÜRGER, Klaus
SCHULZ, Alfred
SODOMANN, Carl-Peter
SONNTAG, Kurt
SPAEH, Winfried H.
STEINMETZ, Eberhard Georg
STERN, Michael

STÜCKLEN, Heinz
TENNYSON, Christel
WEIST, Reinhold
WENDE, Manfred
WERNER, Joachim
WILHELM, Werner

24. Dezember

ARENHÖVEL, Hartmuth
ASMUTH, Bernhard
BENESCH, Hellmuth
BENNHOLD, Martin
BERNHARDT, Karl-Heinz
BERTRAM, Gerhard
BLAUL, Iris
BLECK, Siegfried
BOENING, Dieter
BRÜSTER, Herbert
BUCHHOLZ, Hans-Günter
BUGL, Josef
CAFFIER, Lorenz
DEPPERT, Fritz
DIETZ, Georg Jorge
DÜRING, Jochen
EICHEL, Hans
FEHRENBACH, Elisabeth
FELDMANN, v., Peter
FICK, Eugen
FIEDLER, Kurt
FISCHER, Lothar
FISCHER, Norbert
FOLKERS, Cay
FRANZ, Eckhart Götz
FREY, Hans
GATTERMANN, Hans H.
GERBER, Fritz
GÖTZ, Karl Georg
GRAFSTRÖM, Åke
GROSSGEBAUER (ß), Klaus
GRÜNTZIG, Johannes
HÖLTERS, Maria
HOLZFUSS, Martin
HOOS, Otto
HUFEN, Friedhelm
IBRÜGGER, Lothar
JUNKER, Karin
KAGEL, Mauricio
KALICH, Johann
KLIESS (ß), Werner
KNOCHE, Karl-Friedrich
KNOTZ, Peter
KNUTH, Peter W.
KOMMA, Karl Michael
KOPP, Reiner
KRAMER, Herbert J.
KRELLE, Wilhelm
KROELL, Karl-Heinz
KÜHL, Rolf
LECHER, Kurt
LINGELBACH, Karl Christoph
LITTMANN, Konrad
LOHMÜLLER, Wolfgang
MAY, Hermann
MEYER, Wladimir
MÜLLER, Christian Gerhard
MUSCHLER, Werner
NITZLING, Erich S.
PETERS, Heinz
RAASCH, Martin
RADTKE, Michael
REGENSPURGER, Otto
REINECKER, Herbert
RICHTER, Dieter
RICHTER, Gerhard
RIEDIGER, Günter
RÖHRICH, Wilfried
ROMMEL, Manfred
SAUER, Helmut
SCHLOTTER, Gotthelf
SCHRAMM, Godehard
SCHULTZ-KLINKEN, Karl-Rolf
SEILER, Hans-Hermann
SIELAFF, Hans-Jürgen
SONNTAG, Franz
STENDEBACH, Franz Josef
STRUNK, Peter
SWINNE, Edgar
TAYLOR, Richard
TRESCHER, Karl

VETTER, Heinz
WESSEL, Gerhard
WEYRICH, Karl-Heinz
WINDEN, Kurt

25. Dezember

ACHTERFELD, Wilfried
ADER, Bernhard
BLOBEL, Reiner
BORCHERDT, Christoph
BREHLER, Bruno
BREUER, Franz
CLAUSEN, Wolfgang
DRESE, Claus Helmut
EDER, Gustav
ELLERMANN, Jochen
ENGELS, Hermann
ERB, Ute
FÜRST, Elisabeth
FUNKEN, Michael
GEISSLER (ß), Christian
GREBE, Reinhard
GRÖLLER, Max
GÜLKER, Eugen
GÜNTHER, Eberhard
HANEBUTT-BENZ, Eva-Maria
HEHN-KYNAST, Juliane, geb. Kynast
HENNING, Manfred
HOBEIN, Herbert
HOFMANN, Gustav
JIRMANN, Friedrich
JUNG, Till
KANN, van, Hanns
KÖNIG, Heinz
KOLB, Ernst
KORITNIG, Sigmund
LAUM, Heinz-Dieter
LÖW, Konrad
LOWACK, Ortwin
MEILICKE, Heinz
MEISNER, Joachim
MENDEN, Erich
NANNEN, Henri
O'BRIEN-DOCKER, John
OTTO, Siegfried
POLL, Lothar C.
PREISSLER, Christian
ROLAND, Jürgen
SCHEER, Christian
SCHMIDT, Ferdinand
SCHOLTISSEK, Christoph
SCHUBERT, Konrad
SCHÜLE, Helmut
SCHWEMMLE, Konrad
SITTMANN, Manfred
SPADA, Hans
STOLL, Manfred
TRÖSCHOFF, Tassilo
VORNDRAN, Wolfram
VOSS, E. Theodor
WALLOW, Hans
WEGELER, Hanns-Christof
WIDMAYER, Peter
WISSMANN, Johannes
WUNBERG, Gotthart
ZAHN, Christian
ZIENER, Georg, O. M. I.

26. Dezember

ALBERTIN, Lothar
AMMEN, Alfred Onno
ANDERNACHT, Dietrich
AXENFELD, Theodor
BÄUMER, Hans Otto
BAUER, Heinz
BAWIDAMANN, Stefan
BOESCH, Ernst
BRAUN, von, Luitpold
BRAUN, Ottmar
BREITHER, Karin
BRINGMANN, Karl
DAHESCH, Keyvan
DIEKWISCH, Stefan
DÖHLER, Gottfried
ECKSTEIN, Friedrich
FISCHER, Jens Malte
FREIBERG, Henning
FRICKE, Gerhard
FUNK, Gernot
GABELMANN, Hanns

GLEISSBERG, Wolfgang
GRÜBEL, Rainer
HELLMANN, Diethard
HENNING, Friedrich
HEUSER, Harro
HOLLANDER, von, Jürgen
HROMADKA, Wolfgang
KASTOVSKY, Dieter
KEHLER, Dieter
KÖHN, Kurt
KREUTZ, Hermann-Josef
KRÜGER, Gert
KRUMHOFF, Joachim
LAERMANN, Karl-Hans
LEGIEN, Roman
LORENZEN, Käte
MALKOWSKI, Rainer
MARTIN, Jochen Gustav
MOSLER, Hermann
MÜLLER-FELSENBURG, Alfred
MÜNCH, von, Ingo
NIETHAMMER, Lutz
NITSCHE, Wolfgang M.
OFFELE, Wolfgang
OFFERGELD, Rainer
PLÜMACHER, Wilhelm
PROSKE, Rüdiger
ROSENBAUM, Erich
ROSENBUSCH, Heinz S.
ROSS, Jürgen
SCHLÜTER, Johannes
SCHÜTT, Christa Luzie
SCHWENGER, Hannes
STACKELBERG, Freiherr von, Jürgen
STECK, Odil Hannes
STROH, Wilfried (Valahfridus)
TEGTMEIER, Georg
THIELE, Rose-Marie, geb. Bender
TOTH, Imre
TROSTEL, Rudolf
TSCHECHNE, Wolfgang
ULBRICH, Rolf
VIEBIG, Johannes
WEIERS, Michael
WIETHOFF, Paul
WISCHMANN, Berno
ZENGEL, Hans-G.

27. Dezember

AHRENDS, Günter
ALTHAUS, Peter
ARNOLD, Martin Michael
BAHR, Wolfgang Manfred
BARIN, Ihsan
BAYERL, Alfons
BISCHOFF, Detlef
BOPP, Friedrich (Fritz)
BORHO, Walter
BORK, Kunibert Klemens
DEINLEIN, Adam
DEITERS, Jürgen
EICKELPASCH, Rolf
FAULBORN, Jürgen
FELL, Karl
FEURY, Freiherr von, Otto
FORSSMAN, Erik
FRANZKE, Dietmar
FRIELING, Heinrich
FRITZ, Karl-Walter
GAHR, Michael
GEIS, Manfred
GELDBACH, Manfred
GESCHKA, Ottilia Maria, geb. Bördner
GÖBEL, Rüdiger Gotthard
GÖRLACH, Willi
GROSS (ß), Eberhard
GÜRTLER, Oswald
HAFFNER, Sebastian
HANNEMANN, Ruprecht
HARTKE, Klaus
HEIDMANN, Manfred
HENGST, Martin
HERDING, Klaus
HITZIGRATH, Rüdiger
HÖCKER, Karl-Heinz
HOFMANN, Harald

JEITER, Wolfram
KAAT, te, Erich H.
KAISER, Günther
KAPPERT, Gunter
KÖCHER, Franz
KOLBE, Gerd
KRÄMER, Erich
KRAFT, Helmut
KROSCHEL, Kristian
KUCHINKE, Kurt
KURBEL, Karl E.
LÖCKLE, Walter Gustav
LOOS, Herbert
LORENZ, Wilhelm
MÄTZNER, Karl
MAIER, Oskar
MARCZINSKI, Hans-Jürgen
MATSCHL, Gustav
MERFORTH, Manfred
MEYER, Wolfram
MOHR, Albert-Richard
NÖTZOLDT, Elsbeth, geb. Janda
OBERMANN, Emil
OECKL, Albert
OERTEL, Burkhart
OTTEN, Heinrich
PENNDORF, Paul-Ernst
PISTOR, Ernst-August
PLATH, Wolfgang
PÜNDER, Tilman
REISER, Hermann
ROTHKIRCH, Graf von, Leopold
SALZINGER, Helmut
SARMA, Amardeo
SCHENK, Herbert
SCHMIDTCHEN, Heino
SCHOLZ, Walter
SEIDL, Hubert
STAIN, Walter
STEIN, Heinz
VIERECK, Hans-Joachim
VOGEL, Hans
VORSATZ, Karl-Heinz
WAGNER, Günter
WEBER, Maria
WEDER, Hans
WESTERWELLE, Guido
WIENHOLD, Klaus
WOLF, Gotthard

28. Dezember

BARBE, Helmut
BAUM, Georg
BAUMGARTEN, Michael
BENDER, Birgit (Biggi)
BODEY, Alexander
BORGES, Wolfgang
BRAUER, Heinz
BRAUN, Gerhard
BREITLING, Gerhard
BURR, Wolfgang F.V.
DAFFINGER, Wolfgang
DAMERAU, Rudolf
DESNITSKY, Ivan
DÜCHTING, Werner
EHLERT, Tamara
EICHHORN, Siegfried
ESER, Herbert
FAULSTICH, Werner
GEHRIG, Ulrich
GOLDMANN, Rüdiger
GOSLAR, Hans Günter
GRELL, Karl G.
GROH, Dieter
GRÜNEWALD, Armin
HABERLAND, Karlheinz
HAFFNER, Steffen
HAGEMANN, Ludwig
HARTH, Dietrich
HELIAS, Siegfried
HERZOG, Martin Hans
HINZ, Michael
HIRTE, Klaus
HOFFMANN, von, Bernd
HUBRICH, Erich Wolfgang
HUSEMANN, Klaus
JACOBS, Herbert
KADERSCHAFKA, Franz R.
KALINOWSKY, Lothar B.
KARIMI-NEJAD, Abbas

28. Dezember

KIRCHKNOPF, Andreas
KLEIN, Erich
KNEF, Hildegard
KOHLER-KOCH, Beate
KRANZBÜHLER, Wolf-Otto
KROEPELIN, Hans
LINDEMANN, Hannes
LÖCK, Carsta
MÜLLER, Peter
NAKONZ, Christian
PENZKOFER, Peter
PROBST, Holger
REDING-BIBEREGG, von, Alois René
ROELCKE, Dieter
RÖMMERT, Götz Rüdiger
SAUER, Karl
SCHARF, Albert
SCHEFOLD, Bertram
SCHMIDT, Hermann
SCHMIDT, Johann
SCHMIDT-GERTENBACH, Volker
SCHMITT, Hilmar
SCHMITT, Josef
SCHNEIDER, Burghard
SCHÖNIG, Heinzpeter
SCHOLLMEYER, Peter-Jörg
SCHUBERT, Klaus R.
SCHÜMANN, Hans-Joachim
SCHÜTZE, Walter
SCHULZ-KÖHN, Dietrich
SCHUMANN, Ekkehard
SPEIDEL, Gerhard
STEPF, Werner
TAYLOR, Anthony Simon
THYEN, Rainer
VIEREGGE, von, Henning
VLADAR, Horst
WIEGRÄBE, Winfried
ZELLER, Karl

29. Dezember

ALICH, Georg
BACH, Thomas
BEA, Franz Xaver
BECKER, Günter
BERNDT, Jürgen
BONKOSCH, Konrad
BRANDT, Andreas
BRÜGELMANN, Hans
BURGHART, Heinz
BURKHARDT, Georg
DAHLMANNS, Gerhard J.
DÖHLER, Klaus-Dieter
DOHRMANN, Rolf
EHLERS, Jürgen
EHRLICH, Jürgen
EWERS, Klaus
FISCHER, Dora
FORCHERT, Arno
GERSTL, Max
GESSLER, Georg
GLATFELD, Martin
GOLLWITZER, Helmut
GRAF, Jürgen
GRAUL, Emil Heinz
HABERMANN, Günther
HECK, Dieter (Thomas)
HIEROLD, Alfred Egid
HILTBRUNNER, Otto
HINNENBERG, Klaus
HINZPETER, Reinhard
HORN, Jan Henrik
HUBER, Ludwig
IHM, Peter
JAEGER, Wolfgang
JAHN, Friedrich (Fritz)
JUNGE, Harald
KAISER, Maria Regina
KORFF, Friedrich Wilhelm
KRONAUER, Brigitte
LEUTERITZ, Karl
LOEFEN, von, Michael
MEDEM, Freiherr von, Eberhard
MESSERSCHMIDT, Otfried
MILDE, Gerald
NEUSCHÄFER, Hans-Jörg
OLDEROG, Rolf
PESTUM, Jo
PFALZGRAF, Kurt
PLATZECK, Matthias
RAMPACHER, Hermann
RIEDERER, Josef
ROTH, Christian
RUGE, Ulrich
RUMPF, Wolfgang
SCHLIWKA, Dieter
SCHMIDT-OTT, Wolf-Dieter
SCHÖNNENBECK, Hermann
SCHOEPF, Erich
SCHRÖDER, Walter
SCHWARZBACH, Klaus
SEEMANN, Hans
STORCK, Joachim Wolfgang
STRAUB, Wolfgang
THEBIS, Hansgünter
THEISEN, Paul
THOMA, Heinz
TITZE, Klaus
VÖLKL, Gerhard
WÄGER, Gerd
WALDSCHMIDT, Klaus
WEIHER, Eckhard

30. Dezember

ALTERMANN, Hans
AMBERGER, Anton
ANT, Herbert
AURAND, Karl
BAUMANN, Horst
BAYH, Werner
BECKER, Elisabeth
BECKMANN, Elke
BERNSTEIN, Klaus
BEYER, Lothar
BÖCK, Willibald
BRÄUER, Rolf
BRAUN, Helmut
CHRIST, Richard
COPER, Helmut
COURTH, Franz
DEWALL, von, Christoph
ECKHARDT, Bernd
EISTERT, Ulrich
FEHRENBACH, Karl
FELDMANN, Helmut
FUHRIG, Reiner
GELDMACHER, Jürgen
GENZ, Herbert
GERHOLD, Karl
GROSSFELD (ß), Bernhard
GROSSMANN (ß), B.
GROSSMANN (ß), Paul Bernhard
GULDAN, Ernst
HALLER, Horst
HAMANN, Hans Heinz
HEMMERICH, Peter
HERMANN, Peter
HERRMANN, Konrad
HILDEBRAND, Hermann
HILL, Tilman Oliver
HIRT, Peter
HOFMEISTER, Hans
HUDER, Walter
KAHLKE, Winfried
KERN, Ernst Heinz
KIELMANSEGG, Graf von, Johann Adolf
KLEIN, Günter
KÖHLER, Richard
KREFT, August Ludwig
KRUBER, Dieter
KRUMHAAR, Dieter
LIEBERG, Godo
LINNEMANN, Hans-Martin
LONGOLIUS, Alexander
MUDERSBACH, Martin
MÜLLER, Horst
MUMM von SCHWARZENSTEIN, Christine
ORTH, Hans Joachim
PAGGEN, Rudolf
PELZ, Lothar
PFISTERER, Hansgeorg
PRITZL, Heinz
ROEDEL, Walter Rudolf
SCHMIDT-KÜNSEMÜLLER, Friedrich-Adolf
SCHÖNEWALD, Goswin
SCHÜTZ, Eberhard
STÖCKL, Wilhelm
STORK, Friedrich-Konrad
TRÖSTER, Klaus
WEISSENFELS, Norbert
WELTRICH, Herbert
WESTERNACHER, Richard
WIESSNER, Hans-Jürgen
WIORA, Walter
WIRTHMANN, Alfred
ZÖFEL, Peter
ZÖLLNER, Detlev

31. Dezember

ABEL, Karlhans
BAAKE, Franz
BAHRO, Beatrice
BALKOW, Egon
BARBARINO, Otto
BARTH, Gerhard
BECKER, Wilhelm
BOCK, Hans-Erhard
BOUCSEIN, Hildegard
BÜCHNER, Peter
BURAU, Werner
CLAUSS, Günther
CORDES, Werner
CROPLEY, Arthur J.
DÖRNER, Claus S.
ECKHARDT, Ulrich
FITTING, Wilfried M.
FLESSNER (ß), Hermann
FLISZAR, Fritz
FRIES, Heinrich
FUCHS, Günter
FÜRNROHR, Walter
GÖLLER, Frank
HAGENMAIER, Hanspaul
HAHLWEG, Dietmar
HARMS, Dieter
HEINERTH, Klaus
HEINLEIN, Walter
HEISS, Wolf-Dieter
HERRMANN-TOGO, Günter
HILLGÄRTNER, Rüdiger
HIMSTEDT, Jürgen
HOPPMANN, Erich
JANSEN, Walter
JOOS, Hans
KORSCHUNOW, Irina, geb. Masterow
KREUTZ, Heinz
LAUX, Hans
LENART, Frank
LUDWIG, Hans Dieter
LÜBBE, Hermann
MAI, Franz
MATTHES, Günter
MÖLLRING, Hartmut
MÜLLER, Gerhard Ludwig
NOWAKOWSKI, Henryk
OHRDORF, Hubertus
POHMER, Dieter
RAMMELMEYER, Alfred
RAUCH, Friedrich
ROTH, Günther
RÜHL, Manfred
RÜHLE, Hans
SCHÄFER, Arnold
SCHEEL, Christine
SCHLEIFER, Ludwig
SCHMIDBAUR, Hubert
SCHÖCH, Gerhard Konrad
SCHOLZ, Uwe
SCHROEREN, J. Michael
SCHWARZFISCHER, Friedrich
SCHWEIKHART, Gunter
SCHWIRTZ, Herbert
STEINMETZ, Otto
STINGL, Josef
THIERFELDER, Rudolf
TRAUTMANN, Dietmar
URBAN, Hans-Georg
VOGELLEHNER, Dieter
VONDRAN, Ruprecht
WEGENSTEIN, Willy
WEIRICH, Dieter
WIELING, Hans
WILLUMEIT, Hans-Peter
ZIEGLER, Klaus
ZÖLLNER, Wolfgang